dtv

Goethes Gespräche
Biedermannsche Ausgabe

Band I

Goethes Gespräche
Biedermannsche Ausgabe

Fünf Bände in sechs Teilbänden
Ergänzt und herausgegeben
von Wolfgang Herwig

Band 1
Gespräche der Jahre 1749–1805
Band 2
Gespräche der Jahre 1805–1817
Band 3 · Erster Teil
Gespräche der Jahre 1817–1825
Band 3 · Zweiter Teil
Gespräche der Jahre 1825–1832
Band 4
Kommentar
Band 5
Nachklang/Nachträge/Register

Goethes Gespräche

Eine Sammlung zeitgenössischer Berichte
aus seinem Umgang
Auf Grund der Ausgabe und des Nachlasses
von Flodoard Freiherrn von Biedermann
Ergänzt und herausgegeben
von Wolfgang Herwig

Band 1
1749–1805

Deutscher Taschenbuch Verlag

Diese Taschenbuchausgabe ist band- und textidentisch
mit der im Artemis Verlag, Zürich,
von 1965 bis 1987 erschienenen Ausgabe.

November 1998
Deutscher Taschenbuch Verlag GmbH & Co. KG,
München

Umschlagkonzept: Balk & Brumshagen
Gesamtherstellung: C. H. Beck'sche Buchdruckerei,
Nördlingen
Printed in Germany · ISBN 3-423-59039-4

INHALT DES ERSTEN BANDES

1749–1805

VORWORT

Goethes Gespräche: zum dritten Mal tritt unter diesem Titel ein Werk an die Öffentlichkeit, das in Verbindung mit den Namen seiner Herausgeber, der Freiherren Woldemar und Flodoard von Biedermann, längst ein fester Begriff in der Goethe-Forschung und bei Goethe-Freunden und -Verehrern ist. Den «Biedermann» konnte und kann man nicht missen, wenn man sich mit Goethes Persönlichkeit und ihrer gewaltigen Ausstrahlungskraft, mit seiner Umwelt und den ihn in näheren oder weiteren Kreisen umgebenden Menschen beschäftigt. So wird hier, einer schon seit langem immer wieder dringend geäußerten Forderung entsprechend, ein bekanntes und begehrtes Sammelwerk erneuert: geprüft, verbessert, beträchtlich vermehrt und auf den neuesten Stand gebracht.

Der elementare produktive Trieb, der Goethe bis ins hohe Alter eigen war, hat seinen Niederschlag nicht nur in der großen Zahl seiner Dichtungen und Schriften, in Briefen und Tagebüchern gefunden, sondern auch, flüchtiger und vergänglicher, im persönlichen Umgang, in Rede und Gespräch. Wir wüßten nicht viel davon, hätten nicht die Menschen dieser schreibseligen Zeit es unternommen, ihren Umgang mit Goethe, ihre Gespräche mit ihm aufzuzeichnen, im Tagebuch, im Brief oder auch in späterer Niederschrift. Eckermann war, wenn auch nicht der erste, so doch der bedeutendste dieser Zeugen, die sich nach Goethes Tod zu Worte meldeten. Er schuf in seinen «Gesprächen mit Goethe in den letzten Jahren seines Lebens» die Gestalt des redenden, sich im Gespräch ergehenden Goethe und bestimmte damit auf lange hinaus die Vorstellung, die man sich von der Persönlichkeit des Dichters machte. Neben und nach Eckermanns Werk erschien eine Reihe ähnlicher Aufzeichnungen, Berichte, Darstellungen aus dem Umkreis Goethes, die das Bild seiner Persönlichkeit reicher ausgestalteten, ihm neue Züge hinzufügten und so in höchst reizvoller Weise Gestalt und Wesen von den verschiedensten Seiten, in den verschiedensten Medien spiegelten.

Woldemar Freiherr von Biedermann, auch sonst verdient als Goethe-Forscher, war es, der in den Jahren 1889 bis 1896 in zehn Bänden eine erste Sammlung aller damals bekannten Berichte über mündliche Äußerungen Goethes, einschließlich derjenigen Eckermanns, herausgab, die er «Goethes Gespräche» nannte und die, nach seiner Absicht, das Goethesche Werk ergänzen, ihm als «Anhang» an die Seite treten sollte. Aber der Strom der Bücher und Schriften, die neues Material lieferten, floß ständig weiter, die Sammelarbeit mußte fortgesetzt werden, und schon bald ergab sich die Notwendigkeit einer Neuausgabe der «Gespräche». Der Sohn, Flodoard von Biedermann, übernahm das Werk des Vaters und brachte 1909 bis 1911 in fünf umfangreichen Bänden eine «zweite, durchgesehene und stark vermehrte Auflage» heraus, von der er damals nicht ahnen konnte, daß sie über fünfzig Jahre lang die allein maßgebliche und vollständigste Edition bleiben sollte.

Der Charakter des Werkes hatte sich von der ersten zur zweiten Ausgabe nicht unerheblich gewandelt. War der Begriff «Gespräch» zunächst noch verhältnismäßig eng gefaßt, so wurde er nun erweitert, oder vielmehr: die Sammlung wurde weiter ausgebaut und vervollständigt im Hinblick auf Erfassung aller Berichte, die sich auf die Persönlichkeit Goethes beziehen und denen im letzten Kern, oft mehrfach gebrochen, persönliche Begegnung, persönlicher Umgang zugrunde liegt. Aus den «Gesprächen» wurde damit eine repräsentative Sammlung zeitgenössischer Zeugnisse über den Menschen Goethe, wie man sie auch sonst in neuerer Zeit gern als Anhang oder Ergänzung zum Werk eines Dichters bringt.

Die «Gespräche» blieben die Lebensarbeit Flodoards von Biedermann. Er setzte die Sammelarbeit unermüdlich weiter fort und hatte bald so viel neues Material beisammen, daß er an eine dritte Ausgabe des Werkes denken konnte. Aber die Ungunst der Zeit verwehrte es ihm, die Früchte seiner Mühe und seines Fleißes zu ernten. Als er im Jahre 1934 starb, hinterließ er ein nach dem damaligen Stande druckfertiges Manuskript für eine dritte, abermals erheblich erweiterte und verbesserte Ausgabe. In den «Vorbemer-

kungen zur Neuausgabe des Biedermann» im fünfundzwanzigsten Bande des Jahrbuchs «Goethe» (Weimar 1963) habe ich von den weiteren Schicksalen des Manuskriptes berichtet, das zuletzt von der Schwiegertochter Flodoards von Biedermann, Frau Ellen Freifrau von Biedermann, gehütet und schließlich dem Artemis-Verlag übergeben wurde. Dessen Verlagsleiter, Dr. Bruno Mariacher, hat sich in dankenswerter Weise für die Verwirklichung der Neuausgabe eingesetzt, von der nunmehr der erste von vier Bänden vorgelegt werden kann.

Mit dem Titel «Goethes Gespräche» werden Gehalt und Gestalt, wie sie Flodoard von Biedermann seinem Werk in der zweiten Ausgabe gegeben hat, im wesentlichen beibehalten. Allerdings schien es nun doch notwendig, den Titel durch einen Untertitel zu ergänzen, der den weiteren Umkreis dessen, was hier erfaßt ist, kennzeichnet und den Leser davor bewahrt, etwa gleich bei den ersten Berichten aus der Kindheit des Dichters, die man kaum «Gespräche» nennen kann, zu stutzen. Als eine «Sammlung zeitgenössischer Berichte aus seinem (Goethes) Umgang» möge man das Biedermannsche Werk nunmehr auffassen. Damit wird aber auch zugleich zum Ausdruck gebracht, daß es sich hier um Zeugnisse über Goethe, nicht von Goethe handelt. Die Beschränkung auf Fremdzeugnisse und Ausschaltung aller Selbstzeugnisse Goethes lag bereits in der Intention des ersten Herausgebers und bestimmte die Grundanlage des Werkes, die wohlüberlegt und sinnvoll erscheint. In diesem Punkte abweichend und damit einer völlig andern Konzeption folgend ist eine soeben mit dem ersten Band erscheinende Sammlung «Goethe. Begegnungen und Gespräche», herausgegeben von E. und R. Grumach, in welcher Goethes Selbstäußerungen zusammen mit den Fremdzeugnissen wiedergegeben werden.

Der Materialbestand unserer Ausgabe basiert in erster Linie auf dem Biedermannschen Manuskript, allerdings mit einer Ausnahme: Eckermann wird nicht wieder mit aufgenommen. Wir haben uns nach reiflicher Überlegung zu diesem Verzicht entschlossen. Eckermanns «Gespräche» sind im Rahmen dieses ganzen Kom-

plexes ein Werk sui generis. Man hat seine Glaubwürdigkeit angezweifelt, ihm Fehler in der Datierung und in andern sachlichen Angaben nachgewiesen, ohne freilich zu bedenken, daß dies Buch als Ganzes genommen und gewürdigt sein will. Als Ganzes ist es in unzähligen Ausgaben verbreitet, und nur so, in seinem eigentlichen Zusammenhange, sollte man es lesen und auf sich wirken lassen. Eine Zersplitterung im Rahmen eines Sammelwerkes wie dem unsrigen würde ihm nicht zum Vorteil gereichen, und andererseits würde es durch die zahlreichen Probleme, die es aufwirft, sobald man es als biographisches Dokument ernst nimmt, unsere Ausgabe ungebührlich belasten. Im Kommentarband wird Gelegenheit sein, Eckermann mit einzubeziehen, soweit er für die übrigen Berichte sachlich von Belang ist.

Es versteht sich von selbst, daß das einschlägige Schrifttum der letzten dreißig Jahre, die seit Biedermanns Tode vergangen sind, gesichtet und alles irgend in Frage kommende Material erfaßt werden muß. Darüber hinaus hat eine nochmalige Durchsicht bereits von Biedermann benutzter älterer Quellenschriften manchen neuen Fund ergeben. Der Materialzuwachs unserer Ausgabe ist somit gegenüber der vorigen wiederum beträchtlich. Wenn wir uns dennoch scheuen, von einer «Gesamtausgabe» zu sprechen, so in dem Bewußtsein, daß absolute Vollständigkeit angesichts der Unübersehbarkeit des zu prüfenden Schrifttums unmöglich zu erreichen ist und die Sammelarbeit praktisch nie als abgeschlossen angesehen werden kann.

Der Wert der hier benutzten Quellen ist sehr unterschiedlich, sowohl dem Gehalt als auch der Form nach. Berichten von sehr hohem Wahrheitsgehalt, wie wir sie etwa in manchen Aufzeichnungen der ipsissima verba des Meisters aus dessen nächster Umgebung vor uns haben, stehen solche von unbekannter oder unzuverlässiger Herkunft gegenüber, die wir nur mit mehr oder weniger begründetem Zweifel passieren lassen können. Groß ist die Zahl der Anekdoten, die sich um Goethe gebildet haben und die oft aus zweiter, dritter oder gar vierter Hand stammen. Völlig Unglaubwürdiges wurde selbstverständlich ausgeschaltet; aber die Grenze ist nicht immer leicht zu ziehen, und wenn ein solcher Bericht nur einen wahren Kern enthält, möchte man ihn nicht gerne missen.

Desgleichen weist die Form, die äußere Gestalt der Quellen eine große Spannweite auf. Haben wir es auf der einen Seite mit modernen kritischen Ausgaben zu tun, die in ihrer textgetreuen Wiedergabe höchsten Ansprüchen genügen, so auf der andern mit minderwertigen, fehlerhaften Editionen des neunzehnten Jahrhunderts, ja mit Beiträgen in Zeitschriften oder gar Zeitungen, die nur einen sehr geringen Überlieferungswert haben. Was unsere Ausgabe an Briefzeugnissen bietet, ist zum großen Teil unzulänglich ediert. Besser steht es schon um die größeren Komplexe der Gesprächsüberlieferungen – wir nennen die vorzüglichen Ausgaben der Tagebuchaufzeichnungen Boisserées von Firmenich-Richartz und der Unterhaltungen des Kanzlers von Müller mit Goethe von Grumach –; aber auch hier liegt noch vieles im argen. Wollte man diesem Tatbestand Rechnung tragen und immer dann, wenn die Überlieferung fragwürdig ist, auf Handschriften, sofern diese erreichbar, zurückgehen, man würde nie zu einem Ende kommen. Im Rahmen der Goetheschen Gespräche gibt es eine ganze Reihe spezieller Probleme und Aufgaben, die nur speziell zu lösen sind. Für unsre Ausgabe galt es zunächst, den geradesten Weg zu wählen, die Texte nach den Originaldrucken oder nach den besten modernen Ausgaben zu bieten und überhaupt bei aller Sorgfalt der Textwiedergabe im einzelnen doch das Ziel nicht aus den Augen zu verlieren, daß das Erscheinen der Neuausgabe des Biedermannschen Werkes, die der Öffentlichkeit so lange vorenthalten worden ist, nicht weiter ins Unabsehbare hinausgezögert werde.

Aus dem gleichen Grunde mußte auch prinzipiell darauf verzichtet werden, in Archiven nach neuem, bisher unentdecktem und unverwertetem Material zu fahnden. Ein solches Unternehmen, wollte man es möglichst umfassend und systematisch durchführen, würde Jahre erfordern. Immerhin konnte Biedermann selber noch eine Anzahl von Handschriften aus dem Gräflich Goertzschen Nachlaß verwerten, die bisher unbekannt waren und hier erstmals veröffent-

licht werden. Ferner sind wir, dank der Bereitwilligkeit von Herrn Dr. Hellmuth Freiherrn von Maltzahn, in der Lage, die Bestände des Goethe-Museums, Anton und Katharina Kippenberg-Stiftung, in Düsseldorf zu nutzen.

An dem chronologischen Anordnungsprinzip, dem einzig zweckmäßigen einer solchen Sammlung, wurde selbstverständlich nichts geändert. Beibehalten wurde auch die von Biedermann eingeführte Gliederung in größere Abschnitte, jeweils bestimmte Zeiträume umfassend (im ganzen sechzehn), die sich als praktisch erwiesen hat. Die Einschnitte werden jeweils durch biographisch wichtige Stationen bezeichnet. Am Schlusse eines jeden solchen Abschnittes ergibt sich Gelegenheit, in einer Sammelabteilung diejenigen Stücke, die nicht genauer datierbar sind, aber in den vorangehenden Zeitraum gehören, zusammenzufassen.

Bestimmend für die Einordnung jedes Stückes ist seine «innere Datierung», das heißt der Zeitpunkt oder Zeitraum, auf den sich der Bericht bezieht. Anders jedoch als in der früheren Ausgabe und ganz im Sinne Biedermanns, der diesen Weg bereits gewiesen hat, haben wir darauf verzichtet, in den Überschriften der einzelnen Stücke inhaltsbezogene Daten zu geben. Dort wird jetzt der Charakter der jeweiligen Quelle möglichst deutlich zum Ausdruck gebracht mit Datum oder Jahreszahl. Damit erhält der Leser auf den ersten Blick einen Hinweis auf die Glaubwürdigkeit der Quelle; er erkennt sofort, ob es sich etwa um eine Tagebuchnotiz, einen Brief, ein Memoirenwerk oder gar einen Bericht aus zweiter Hand handelt. Durch Kombination des Datums der Quelle mit dem im Bericht genannten Zeitpunkt läßt sich meist die «innere Datierung» ermitteln. Ist dies nicht ohne weiteres möglich oder bietet sich Anlaß zu Zweifeln, so wird das Datum der Begebenheit an geeigneter Stelle in eckigen Klammern in den Text eingefügt. Falsche oder zweifelhafte Daten der Quelle werden in der tunlichsten Weise berichtigt oder als fraglich bezeichnet. Bei Veröffentlichungen aus dem Nachlaß, wo das Erscheinungsjahr kaum noch etwas für unsern Zweck besagt, wird es in vielen Fällen weggelassen.

Das chronologische Anordnungsprinzip konsequent durchzuführen, ist unmöglich angesichts der Fülle gar nicht oder nur annäherungsweise datierter oder zu datierender Berichte. Ergibt die Sache einen Anhaltspunkt, so erfolgt die Einordnung nach sachlichen Prinzipien. Für zahlreiche Berichte, die zeitlich nicht genau bestimmt werden können, sich auf größere Zeiträume beziehen oder allgemeinerer Natur sind, bleiben die oben erwähnten Sammelabteilungen, denen wir die Generalbezeichnung «Undatiertes» gegeben haben. Hier folgt die Anordnung praktischen Gesichtspunkten; es werden zum Beispiel Berichte zum gleichen Thema oder vom gleichen Berichterstatter zusammengestellt.

Daß die hier zur Verwendung kommenden Stücke in der Regel nicht in sich abgerundete Darstellungen, sondern Ausschnitte aus größeren Zusammenhängen sind, bedarf keines besonderen Hinweises. Der Ausschnitt wird jeweils sorgfältig geprüft mit besonderem Augenmerk darauf, daß etwa reizvolles Beiwerk, das dem Bericht Farbe und Leben gibt, nicht unterdrückt werde. Den Ausschnittcharakter zu vertuschen und auf künstliche Weise etwas Abgerundetes herzustellen, wird nicht angestrebt. So läßt der Anfang eines Stückes oft erkennen, daß hier aus andern Zusammenhängen berichtet wird. Gelegentlich muß dieser Zusammenhang durch eine Sacherläuterung hergestellt werden, die, wie alle Zutaten des Herausgebers, in eckige Klammern gesetzt wird. Solche Erläuterungen werden jedoch auf das äußerst notwendige Maß beschränkt, um den originalen Wortlaut nicht durch ein ständiges Dreinreden des Herausgebers zu unterbrechen. Auslassungen werden, wie üblich, durch drei Punkte bezeichnet.

Die Textkonstituierung wird mit aller gebotenen Sorgfalt und Genauigkeit durchgeführt. Alle Quellen werden, falls nicht völlig unerreichbar (wie bisher nur in ganz wenigen Fällen), herbeigeschafft, maschinenschriftlich abgeschrieben, die Abschriften kollationiert und nach den Grundsätzen einer schonend normalisierten und modernisierten Textwiedergabe bearbeitet. Der Gegenstand fordert es unseres Erachtens, daß er in einer für den heutigen Benutzer möglichst bequemen Lesbarkeit dargeboten werde, ohne daß damit die Textgenauigkeit beeinträchtigt wird. So wird die Rechtschreibung dem heutigen Gebrauch angeglichen. Offenbare Druckfehler in den Originaldrucken werden verbessert. Die Eingriffe des Herausgebers erstrecken sich jedoch in der Regel nicht auf den Lautstand und auf grammatische Formen. Gelegentlich werden zweifelhafte Lesungen mit einem Fragezeichen versehen, vorgeschlagene Besserungen in eckigen Klammern hinzugefügt. Auch in der Zeichensetzung erfolgt Angleichung an den modernen Usus. Wo etwa das Fehlen eines Kommas nach unsern heutigen Regeln die Lesbarkeit erschwert, wird ein solches eingefügt. Dagegen wird eine Reihe von zeitgemäßen Eigentümlichkeiten gerade in der Kommasetzung beibehalten, da hierin ein besonderes Ausdrucksmittel der Zeit liegt, das man nicht eliminieren möchte. Abkürzungen, auch von Namen, sind meist ausgeschrieben.

Auf alle Fragen, die den Text betreffen, wird der Kommentarband, der den drei Textbänden folgen wird, Auskunft geben. Er wird die genauen Quellennachweise enthalten, gegebenenfalls Einordnung und Datierung der einzelnen Stücke sowie besonders zu begründende Eingriffe des Herausgebers in den Text rechtfertigen, Erläuterungen zum Textverständnis bieten und ein ausführliches Register enthalten. Den Textbänden werden Register beigegeben, welche die Quellenautoren und Berichterstatter samt Briefempfängern aufschlüsseln.

Wie alles wissenschaftliche Tun auf Kommunikation angelegt ist, so ist auch das Zustandekommen eines solchen Werkes wie dieser Neuausgabe des «Biedermann» nicht ohne freundlichen und entgegenkommenden Beistand von den verschiedensten Seiten möglich. Allen Helfern, Personen und Institutionen, die bisher zum Gelingen beigetragen haben, sei hier zunächst ein allgemeiner herzlicher Dank ausgesprochen. Der Dankesverpflichtung im einzelnen nachzukommen, möchte ich mir an geeigneter Stelle im abschließenden Kommentarband vorbehalten.

Wolfgang Herwig

I

KINDHEIT UND JUGEND
BIS ZUM AUFBRUCH NACH WEIMAR
1749–1775

1749

1 *Bettina an Goethe* *4. November 1810*

Und somit begreifst Du mich, wenn ich Dir erzähle, daß das Wochenbett Deiner Mutter blau gewürfelte Vorhänge hatte, worin sie Dich zur Welt brachte? Sie war damals 18 Jahre alt und ein Jahr verheiratet. Drei Tage bedachtest Du Dich, eh Du ans Weltlicht kamst, und machtest der Mutter schwere Stunden; aus Zorn, daß Dich die Not aus dem eingebornen Wohnort trieb, und durch die Mißhandlung der Amme kamst Du ganz schwarz und ohne Lebenszeichen. Sie legten Dich in einen sogenannten Fleischarden mit Wein und bäheten Dir die Herzgrube, ganz an Deinem Leben verzweiflend. Deine Großmutter stand hinter dem Bett; als Du zuerst die Augen aufschlugst, rief sie hervor: *Räthin! er lebt!* «Da erwachte mein mütterliches Herz und lebte seitdem in fortwährender Begeistrung bis zu dieser Stunde», sagte sie mir in ihrem fünfundsiebzigsten Jahr. Dein Großvater, der der Stadt ein herrlicher Bürger und damals Syndikus war, wendete stets Zufall und Unfall zum Wohl der Stadt an, und so wurde auch Deine schwere Geburt die Veranlassung, daß die Stadt einen Accoucheur für die Armen einsetzte. «Schon in der Wiege war er den Menschen eine Wohltat», sagte die Mutter. Sie legte Dich an ihre Brust; allein Du warst nicht zum Saugen zu bringen. Da wurde Dir eine Amme gegeben: «An dieser hat er mit rechtem Appetit und Behagen getrunken; da es sich nun fand», sagte sie, «daß ich keine Milch hatte, so merkten wir bald, daß er gescheuter gewesen war wie wir alle, da er nicht an mir trinken wollte.»

2 *Bettina an Goethe* *12. November 1810*

Von seiner Kindheit. Wie er schon mit neun Wochen ängstliche Träume gehabt, wie er allerlei sonderbare Gesichter geschnitten und, wenn er aufgewacht, in ein sehr betrübtes Weinen verfallen, oft auch sehr heftig geschrieen hat, so daß ihm der Atem entging und die Eltern für sein Leben besorgt waren; sie schafften eine Schelle an: wenn sie merkten, daß er im Schlaf unruhig ward, schellten und rasselten sie heftig durcheinander, damit er bei dem Aufwachen gleich den Traum vergessen möge. Als ihn einst die Tante auf dem Arm hatte, fiel er plötzlich auf ihr Gesicht mit dem seinigen, und geriet dadurch so außer sich, daß ihm der Vater stets Luft einblasen mußte, damit er nur nicht ersticke ...

Er war so schön, daß ihn seine Wärterin nicht wohl durch eine volkreiche Straße tragen konnte, weil alle Menschen sich herandrängten, ihn zu sehen; auch begehrten Frauen, die gesegnetes Leibes waren, ihn zu sehen; jedoch ist in seiner Vaterstadt keine Spur von Ähnlichkeit mit ihm zu bemerken.

1751–1752

3 Bettina an Goethe *12. November 1810*

Er spielte nicht gern mit kleinen Kindern, sie mußten denn sehr schön sein. In einer Gesellschaft fing er plötzlich an zu weinen; da man ihn nach der Ursache fragte, schrie er: das schwarze Kind kann ich nicht leiden, das soll hinaus; er hörte auch nicht auf, bis er nach Hause kam, wo ihn die Mutter befragte über die Unart: er konnte sich nicht trösten über des Kindes Häßlichkeit. Damals war er drei Jahr alt ...

Zu der kleinen Schwester Cornelie hatte er, da sie noch in der Wiege lag, schon die zärtlichste Zuneigung; er steckte heimlich Brot in die Tasche, und stopfte es dem Kind in den Mund, wenn es schrie. Wollte man es wieder nehmen, so ward er gewaltig zornig, kletterte an den Leuten hinauf und raufte ihnen die Haare aus; er war überhaupt viel mehr zum Zürnen wie zum Weinen zu bringen. – Die Küche im Haus ging auf die Straße; an einem Sonntag-Morgen, da alles in der Kirche war, geriet der kleine Wolfgang hinein, erwischte ein Geschirr und warf's zum Fenster hinaus; das Rappeln freute ihn gar sehr, die Nachbarn hatten auch ihre Freude dran: nun warf er in größter Eil alles, was er langen konnte, hinaus; wie er bald fertig war, kam die Mutter dazu, und lachte mit.

1753–1754

4 *Goethes Briefwechsel mit einem Kinde* *1835*

[Bettina an Goethe, 24. November 1810] Die Mutter glaubte auch sich einen Anteil an seiner Darstellungsgabe zuschreiben zu dürfen, «denn einmal», sagte sie, «konnte ich nicht ermüden zu erzählen, so wie er nicht ermüdete zuzuhören ... Da saß ich, und da verschlang er mich bald mit seinen großen schwarzen Augen, und wenn das Schicksal irgendeines Lieblings nicht recht nach seinem Sinn ging, da sah ich, wie die Zornader an der Stirn schwoll, und wie er die Tränen verbiß. Manchmal griff er ein und sagte, noch eh' ich meine Wendung genommen hatte: ‹Nicht wahr, Mutter, die Prinzessin heiratet nicht den verdammten Schneider, wenn er auch den Riesen totschlägt›; wenn ich nun Halt machte und die Katastrophe auf den nächsten Abend verschob, so konnte ich sicher sein, daß er bis dahin alles zurechtgerückt hatte, und so ward mir denn meine Einbildungskraft, wo sie nicht mehr zureichte, häufig durch die seine ersetzt; wenn ich denn am nächsten Abend die Schicksalsfäden nach seiner Angabe weiter lenkte und sagte: ‹Du hast's geraten, so ist's gekommen›, da war er Feuer und Flamme, und man konnte sein Herzchen unter der Halskrause schlagen sehen. Der Großmutter, die im Hinterhause wohnte, und deren Liebling er war, vertraute er nun allemal seine Ansichten, wie es mit der Erzählung wohl noch werde, und von dieser erfuhr ich, wie ich seinen Wünschen gemäß weiter im Text kommen solle, und so war ein geheimes diplomatisches Treiben zwischen uns, das keiner an den andern verriet; so hatte ich die Satisfaktion, zum Genuß und Erstaunen der Zuhörenden, meine Märchen vorzutragen, und der Wolfgang, ohne je sich als den Urheber aller merkwürdigen Ereignisse zu bekennen, sah mit glühenden Augen der Erfüllung seiner kühn angelegten Pläne entgegen und begrüßte das Ausmalen derselben mit enthusiastischem Beifall.»

5 Goethes Briefwechsel mit einem Kinde *1835*

[Bettina an Goethe, 24. November 1810] Laß mich Dir noch erzählen, daß Dein Großvater zum Gedächtnis Deiner Geburt einen Birnbaum in dem wohlgepflegten Garten vor dem Bockenheimer Tor gepflanzt hat, der Baum ist sehr groß geworden, von seinen Früchten, die köstlich sind, hab' ich gegessen und – Du würdest mich auslachen, wenn ich Dir alles sagen wollte. Es war ein schöner Frühling, sonnig und warm, der junge hochstämmige Birnbaum war über und über bedeckt mit Blüten, nun war's, glaub' ich, am Geburtstag der Mutter, da schafften die Kinder den grünen Sessel, auf dem sie abends, wenn sie erzählte, zu sitzen pflegte, und der darum der Märchensessel genannt wurde, in aller Stille in den Garten, putzten ihn auf mit Bändern und Blumen, und nachdem Gäste und Verwandte sich versammelt hatten, trat der Wolfgang als Schäfer gekleidet mit einer Hirtentasche, aus der eine Rolle mit goldnen Buchstaben herabhing, mit einem grünen Kranz auf dem Kopf unter den Birnbaum und hielt eine Anrede an den Sessel, als den Sitz der schönen Märchen, es war eine große Freude, den schönen bekränzten Knaben unter den blühenden Zweigen zu sehen, wie er im Feuer der Rede, welche er mit großer Zuversicht hielt, aufbrauste. Der zweite Teil dieses schönen Festes bestand in Seifenblasen, die im Sonnenschein, von Kindern, welche den Märchenstuhl umkreisten, in die heitere Luft gehaucht, von Zephir aufgenommen und schwebend hin und her geweht wurden; sooft eine Blase auf den gefeierten Stuhl sank, schrie alles: «Ein Märchen! ein Märchen!» Wenn die Blase, von der krausen Wolle des Tuches eine Weile gehalten, endlich platzte, schrien sie wieder: «Das Märchen platzt.» Die Nachbarsleute in den angrenzenden Gärten guckten über Mauer und Verzäunung und nahmen den lebhaftesten Anteil an diesem großen Jubel, so daß dies kleine Fest am Abend in der ganzen Stadt bekannt war. Die Stadt hat's vergessen, die Mutter hat's behalten und es sich später oft als eine Weissagung Deiner Zukunft ausgelegt.

1755

6 *Goethes Briefwechsel mit einem Kinde* *1835*

[Bettina an Goethe, 24. November 1810] Betrachtungen aller Art [über das Erdbeben von Lissabon] wurden in Gegenwart der Kinder vielseitig besprochen, die Bibel wurde aufgeschlagen, Gründe für und wider behauptet, dies alles beschäftigte den Wolfgang tiefer, als einer ahnen konnte, und er machte am Ende eine Auslegung davon, die alle an Weisheit übertraf.

Nachdem er mit dem Großvater aus einer Predigt kam, in welcher die Weisheit des Schöpfers gleichsam gegen die betroffne Menschheit verteidigt wurde, und der Vater ihn fragte, wie er die Predigt verstanden habe, sagte er: «Am Ende mag alles noch viel einfacher sein, als der Prediger meint, Gott wird wohl wissen, daß der unsterblichen Seele durch böses Schicksal kein Schaden geschehen kann.» – Von da an warst Du wieder oben auf, doch meinte die Mutter, daß Deine revolutionären Aufregungen bei diesem Erdbeben später beim Prometheus wieder zum Vorschein gekommen seien.

1756

7 *Goethes Briefwechsel mit einem Kinde* *1835*

[Bettina an Goethe, 24. November 1810] Oft sah er nach den Sternen, von denen man ihm sagte, daß sie bei seiner Geburt eingestanden haben, hier mußte die Einbildungskraft der Mutter oft das Unmögliche tun, um seinen Forschungen Genüge zu leisten, und so hatte er bald heraus, daß Jupiter und Venus die Regenten und Beschützer seiner Geschicke sein würden; kein Spielwerk konnte ihn nun mehr fesseln, als das Zahlbrett seines Vaters, auf dem er mit Zahlpfennigen die Stellung der Gestirne nachmachte, wie er sie gesehen hatte; er stellte dieses Zahlbrett an sein Bett und glaubte sich dadurch dem Einfluß seiner günstigen Sterne näher gerückt; er sagte auch oft zur Mutter sorgenvoll: «Die Sterne werden mich doch nicht vergessen und werden halten, was sie bei meiner Wiege versprochen haben?» – Da sagte die Mutter: «Warum willst du denn mit Gewalt den Beistand der Sterne, da wir andre doch ohne sie fertig werden müssen», da sagte er ganz stolz: «Mit dem, was andern Leuten genügt, kann ich nicht fertig werden»; damals war er sieben Jahr alt.

1759

8 Bettina an Goethe *12. November 1810*

Sonderbar fiel es der Mutter auf, daß er bei dem Tod seines jungen Bruders Jacob, der sein Spielkamerad war, keine Träne vergoß, er schien vielmehr eine Art Ärger über die Klagen der Eltern und Geschwister zu haben; da die Mutter nun acht Tage nachher den Trotzigen fragte: ob er den Bruder nicht lieb gehabt habe, lief er in seine Kammer, brachte unter dem Bett hervor ein Menge Papier, die mit Lektionen und Geschichtchen beschrieben waren; er sagte ihr, daß er dies alles gemacht habe, um es dem Bruder zu lehren.

9 Bettina an Goethe *28. November 1810*

Schön wie ein Engel warst Du, bist Du und bleibst Du. So waren auch in Deiner frühesten Jugend aller Augen auf Dich gerichtet. Einmal stand jemand am Fenster bei Deiner Mutter, da Du eben über die Straße herkamst mit mehreren andern Knaben; sie bemerkten, daß Du sehr gravitätisch einherschrittest, und hielten Dir vor, daß Du Dich mit Deinem Gradehalten sehr sonderbar von den andern Knaben auszeichnetest. – Mit diesem mache ich den Anfang, sagtest Du, und später werd ich mich mit noch allerlei auszeichnen. Und das ist auch wahr geworden! sagte die Mutter.

10 Goethes Briefwechsel mit einem Kinde *1835*

[Bettina an Goethe, 1810] Von Deinem Vater erzählte sie mir auch viel Schönes, er selbst war ein schöner Mann, sie heiratete ihn ohne bestimmte Neigung, sie wußte ihn auf mancherlei Weise zum Vorteil der Kinder zu lenken, denen er mit einer gewissen Strenge im Lernen zusetzte, doch muß er auch sehr freundlich gegen Dich gewesen sein, da er stundenlang mit Dir von zukünftigen Reisen sprach und Dir Deine Zukunft so glanzvoll wie möglich ausmalte; von einem großen Hausbau, den Dein Vater unternahm, erzählte die Mutter auch und wie sie Dich da als junges Kind oft mit großen Sorgen habe auf den Gerüsten herumklettern sehen. Als der Bau beendigt war, der Euer altes rumpeliges Haus mit Windeltreppen und ungleichen Etagen in eine schöne anmutige Wohnung umschuf, in denen wertvolle Kunstgegenstände mit Geschmack die Zimmer verzierten, da richtete der Vater mit großer Umständlichkeit eine Bibliothek ein, bei der Du beschäftigt wurdest. Über Deines Vaters Leidenschaft zum Reisen erzählte die Mutter sehr viel. Seine Zimmer waren mit Landkarten, Planen von großen Städten behängt, und während Du die Reisebeschreibung vorlasest, spazierte er mit dem Finger darauf herum, um jeden Punkt aufzusuchen, dies sagte weder Deiner Ungeduld noch dem eilfertigen Temperament der Mutter zu, Ihr sehntet Euch nach Hindernissen solcher langweiligen Winterabende, die denn endlich auch durch die Einquartierung eines französischen Kommandanten in die Prachtstuben völlig unterbrochen wurden …

11 Frau Rat Goethe an ihren Sohn *19. Januar 1795*

Den besten und schönsten Dank vor Deinen Wilhelm! Das war einmal wieder vor mich ein Gaudium! Ich fühlte mich 30 Jahre jünger – sahe Dich und die andern Knaben drei Treppen hoch die Preparatoien zum Puppenspiel machen – sahe wie die Elise Bethmann Prügel vom ältesten Moors kriegte und dergleichen mehr.

12 Böttiger (nach J. I. v. Gerning)

Als Knabe war er sehr ernsthaft und ärgerte sich, wenn seine Gespielen, die er oft hofmeisterte, Polissonnerien begingen. So war er in einer gemeinschaftlichen Zeichenstunde der Fleißigste. Hüsgen aber, noch jetzt ein Kunstkenner in Frankfurt, war immer unfleißig und aß Wecken.

Da rief Goethe immer: der Huschen frißt Wecken. Auch war er Schiedsrichter, wenn sich die andern bei den Perücken zerrten, die damals die Knaben noch trugen.

1764

13 K. Schweitzer an L. Ysenburg v. Buri — *10. Juli 1764*

Wertgeschätzter Freund! Meine Not und Plagen, die hier dulden muß, sind wahrhaft ohnzählbar. Ach denken Sie, der bewußte Freund, Herr W. Goethe, ist zu Offenbach bei unserm André gewesen und dieses vorgestern. Was sagen Sie dazu, mir ist angst und bange, denn wenn Herr André von bewußter Begebenheit nichts weiß, so hat er ihm mit seinen hochtrabenden Reden so sehr eingenommen, daß es zum Erstaunen ist; sogar hat ihm Herr André gesagt, Sie würden bald nach Offenbach kommen ... Was er von Ihnen und U[nsrer] G[esellschaft] gesprochen, weiß ich nicht, er will nicht mit der Sprache raus! Auf! Helfen Sie hier, ich werde von Tag zu Tag getrieben ...

14 J. André an L. Ysenburg v. Buri — *18. Juli 1764*

Herr Goethe ist vorige Woche [am 8. Juli] ohngefähr 1/4 Stunde bei mir gewesen. Er brachte mir ein Kompliment von Herrn Alexis [Karl Schweitzer], aber das Kompliment war erfunden, wie mich Alexis gestern versichert hat. Ich wußte nicht, was ich mit ihm reden sollte; ich fragte ihn, wie er hieß. Er nannte sich, und sagte, Herr Alexis wäre sein vertrauter Freund; so wie er dann auch meine Oprette bei demselben gesehen hätte. Er fing nun an das Stück zu loben. – Kann ich Ihnen mit einer Schale Tee, oder mit einem Glase Wein aufwarten, unterbrach ich ihn, weil ich ihn zu jung für einen Kunstrichter hielt. – Ich bin Ihnen für alles gehorsamst verbunden, antwortete er mir. Hierauf sagte er mir weiter, er wäre bei Herrn Mannskopf zum Besuch, und fing darauf an von der Komödie zu sprechen, die wir bei Ihnen aufgeführt haben; er lobte sie sehr, Herr Alexis hätte sie ihm höchstens angerühmt; ich konnte ihm nicht gänzlich beifallen. Von unserer Komödie kamen wir auf die Frankfurter Komödie und Opera, und das war unser ganzes Gespräch. Er hat mir also kein Wort von Gesellschaftsangelegenheiten gesagt. Nach Ihnen hat er sich erkundiget, und mir ein Kompliment an Sie aufgetragen ... Schließlich bat er mich, ihn zu besuchen. Ich sagte es ihm so zu, wie man etwas wider Willen zusagt. Warum ich aber keine Neigung zu ihm trug, ist bloß, daß er mir zu jung schien. Er mag fünfzehn Jahr oder sechzehn alt sein, im übrigen hat er mehr ein gutes Plapperwerk als Gründlichkeit.

15 L. Ysenburg v. Buri an K. Schweitzer *20. Juli 1764*

Ich bin vorgestern zu Offenbach gewesen! Herr Goethe war eben auch da, allein er hat weder etwas von mir gesehen noch erfahren. Ich hatte dem Amint [Johann André] schon Nachricht von allem gegeben ... es hat daher der kluge Amint den Herrn Goethe, als er vorgestern zu ihm kam, sehr schleunig abgefertigt. Von Gesellschafts-Sachen hat er nicht das mindeste mit ihm gesprochen.

16 Bettina an Goethe *28. November 1810*

«In seiner Kleidung war er nun ganz entsetzlich eigen – ich mußte ihm täglich drei Toiletten besorgen: auf einen Stuhl hing ich einen Überrock, lange Beinkleider, ordinäre Weste, stellte ein Paar Stiefel dazu, auf den zweiten einen Frack, seidne Strümpf, die er schon angehabt hatte, Schuhe pp., auf den dritten kam alles vom Feinsten nebst Degen und Haarbeutel; das erste zog er im Hause an, das zweite wenn er zu täglichen Bekannten ging, das dritte zum Gala. Kam ich nun am andern Tag hinein, da hatte ich Ordnung zu stiften: da standen die Stiefel auf den feinen Manschetten und Halskrausen, die Schuhe standen gegen Osten und Westen, ein Stück lag da, das andre dort; da schüttelte ich den Staub aus den Kleidern, legte frische Wäsche hin, brachte alles wieder ins Geleis; wie ich nun so eine Weste nehme und sie am offnen Fenster recht herzhaft in die Luft schwinge, fahren mir plötzlich eine Menge kleiner Steine ins Gesicht; darüber fing ich an zu fluchen, er kam hinzu, ich zanke ihn aus: die Steine hätten mir ja ein Aug aus dem Kopf schlagen können; – nun es hat Ihr ja kein Aug ausgeschlagen! wo sind dann die Steine? ich muß sie wiederhaben, helf Sie mir sie wieder suchen! sagte er. Nun muß er sie wohl von seinem Schatz bekommen haben, denn er bekümmerte sich gar nur um die Steine: es waren ordinäre Kisselsteinchen und Sand; daß er den nicht mehr zusammen lesen konnte, war ihm ärgerlich; alles, was noch da war, wickelte er sorgfältig in ein Papier und trug's fort. Den Tag vorher war er in Offenbach gewesen: da war ein Wirtshaus zur Rose, die Tochter hieß das schöne Gretchen, er hatte sie sehr gern; das war die erste, von der ich weiß, daß er sie lieb hatte.»

Alter, bist Du bös, daß die Mutter mir dies alles erzählt hat? Diese Geschichte habe ich nun ganz ungemein lieb, Deine Mutter hat sie mir wohl zwanzigmal erzählt; manchmal setzte sie hinzu, daß die Sonne ins Fenster geschienen habe, daß Du rot geworden seist, daß Du die aufgesammelten Steinchen fest ans Herz gehalten und damit fortmarschiert, ohne auch nur eine Entschuldigung gemacht zu haben, daß sie ihr ins Gesicht geflogen. Siehst Du, was die alles gemerkt hat! was die die Mutterfreuden herzig und herzhaft genossen hat! Denn so klein die Begebenheit schien, war es ihr doch eine Quelle von freudiger Betrachtung über Deine Raschheit, funklende Augen, pochend Herz, rote Wangen pp. – es ergötzte sie ja noch in ihrer späten Zeit.

LEIPZIG 1765

17 H. G. v. Bretschneider an Ch. F. Nicolai 16. Oktober 1775

Goethe kam als junger Mensch nach Leipzig, um da zu studieren, und weil er Geld hatte, so wurde er in vielen Gesellschaften zugelassen und fand, daß es eine schöne Sache um einen schönen Geist sei. Er nahm sich also vor coûte que coûte einer zu werden. In dieser Verfassung habe ich ihn in Leipzig kennen lernen und ihm damalen nichts weniger zugetraut, als daß er einmalen das geringste Aufsehen bei der Literatur machen würde.

1766

18 J. A. Horn an L. Moors *12. August 1766*

Von unserm Goethe zu reden! – der ist immer noch der stolze Phantast, der er war als ich herkam. Wenn Du ihn nur sähst, Du würdest entweder vor Zorn rasend werden, oder vor Lachen bersten müssen. Ich kann gar nicht einsehen, wie sich ein Mensch so geschwind verändern kann. Alle seine Sitten und sein ganzes jetziges Betragen sind Himmel weit von seiner vorigen Aufführung unterschieden. Er ist bei seinem Stolze auch ein Stutzer, und alle seine Kleider, so schön sie auch sind, sind von so einem närrischen Gout, der ihn auf der ganzen Akademie auszeichnet. Doch dieses ist ihm alles einerlei, man mag ihm seine Torheit vorhalten so viel man will.

Man mag Amphion sein und Feld und Wald bezwingen,
Nur keinen Goethe nicht kann man zur Klugheit bringen.

Sein ganzes Dichten und Trachten ist nur, seiner gnädigen Fräulein und sich selbst zu gefallen. Er macht sich in allen Gesellschaften mehr lächerlich als angenehm. Er hat sich (bloß weil es die Fräulein gern sieht) solche portemains und Gebärden angewöhnt, bei welchen man unmöglich das Lachen enthalten kann. Einen Gang hat er angenommen, der ganz unerträglich ist. Wenn Du es nur sähest!

il marche à pas comptés,
Comme un Recteur suivi des quatre Facultés.

Sein Umgang wird mir alle Tage unerträglicher, und er sucht auch denselbigen wo er kann zu vermeiden. Ich bin ihm zu schlecht, daß er mit mir über die Straße gehen sollte. Was würde der König von Holland sagen, wenn er ihn in dieser Positur sähe? Schreibe doch bald wieder einmal an ihn und sage ihm die Meinung. Er bleibt sonst samt seiner gnädigen Fräulein närrisch. Wenn mich nur der Himmel solange ich hier bin vor einem Mädchen bewahrt, denn das hiesige Weibsvolk ist ganz des Teufels. Goethe ist nicht der erste, der seiner Dulcinea zu Gefallen ein Narr ist. Ich wünschte nur, daß Du sie ein einzigmal sähest, sie ist die abgeschmack[te]ste Kreatur von der Welt. Eine mine coquette avec un air hautain ist alles, womit sie Goethen bezaubert hat. Lieber Freund, ich wäre hier noch einmal so vergnügt, wenn nur Goethe noch so wäre wie in Frankfurt. So gute Freunde wir auch sonst waren, so vertragen wir uns jetzo kaum $^1/_4$ Stunde. Doch mit der Zeit hoffe ich ihn noch zu belehren, ob es schon schwer ist einen Narren klug zu machen, doch ich will alles mögliche dran wagen.

Ach fruchtete dies mein Bemühen!
Ach könnt ich meinen Zweck erreichen!
Ich wollt nicht Luther, nicht Calvin,
Noch einem der Bekehrer weichen. –

Du kannst ihm nur alles wieder schreiben was ich Dir hier erzählt habe. Es ist mir recht lieb wenn Du es tust. Es ist mir weder an seinem noch an der gnädigen Fräulein Zorne etwas gelegen. Denn er wird doch nicht so leicht bös auf mich; wann wir uns auch gezankt haben, so läßt er mich doch den andern Tag wieder zu sich rufen. – So viel von ihm, künftig mehr ...

Goethe empfiehlt sich Dir. Er schriebe gern an Dich, wenn er nur nicht befürchtete, er möchte morgens mit dintenbekleckten Händen zur gnädigen Fräulein kommen. Wie närrisch sind wir doch wenn wir verliebt sind! –

19 J. A. Horn an L. Moors *3. Oktober 1766*

Aber lieber Moors! welche Freude wird Dir es sein, wenn ich Dir berichte, daß wir an unserm Goethe keinen Freund verloren haben, wie wir es fälschlich geglaubt. Er hatte sich verstellt, daß er nicht allein mich, sondern noch mehrere Leute betrog, und mir niemals den eigentlichen Grund der Sache entdeckt haben würde, wenn Deine Briefe ihm nicht den nahen Verlust eines Freundes vorher verkündigt hätten. Ich muß Dir die ganze Sache, wie er mir sie selbst erzählt hat, erzählen. Denn er hat mir es aufgetragen, um ihm die Mühe die es ihm machen würde zu ersparen. – Er liebt, es ist wahr, er hat es mir bekannt und wird es auch Dir bekennen; allein seine Liebe, ob sie gleich immer traurig ist, ist dennoch nicht strafbar, wie ich es sonst geglaubt. Er liebt. Allein nicht jene Fräulein, mit der ich ihn im Verdacht hatte. Er liebt ein Mädchen das unter seinem Stand ist, aber ein Mädchen das – ich glaube nicht zu viel zu sagen – das Du selbst lieben würdest, wenn Du es sähest: Ich bin kein Liebhaber und also werde ich ganz ohne Leidenschaft schreiben. Denke Dir ein Frauenzimmer, wohlgewachsen, obgleich nicht sehr groß, ein rundes freundliches, obgleich nicht außerordentlich schönes Gesicht, eine offne sanfte einnehmende Miene, viele Freimütigkeit ohne Koketterie, einen sehr artigen Verstand ohne die größte Erziehung gehabt zu haben. Er liebt sie sehr zärtlich, mit den vollkommen redlichen Absichten eines tugendhaften Menschen, ob er gleich weiß, daß sie nie seine Frau werden kann. Ob sie ihn wieder liebt, weiß ich nicht. Du weißt lieber Moors! das ist seine Sache, nach der sich nicht gut fragen läßt, so viel aber kann ich Dir sagen, daß sie für einander geboren zu sein scheinen. Merke nun seine List! Damit niemand ihn wegen einer solchen Liebe im Verdacht haben möchte, nimmt er vor, die Welt grad das Gegenteil zu bereden, welches ihm bisher außerordentlich geglückt ist. Er macht Staat und scheint einer gewissen Fräulein von der ich Dir erzählt habe die Kur zu machen. Er kann zu gewissen Zeiten seine Geliebte sehen und sprechen, ohne daß jemand deswegen den geringsten Argwohn schöpft, und ich begleite ihn manchmal zu ihr. Wenn Goethe nicht mein Freund wäre, ich verliebte mich selbst in sie. Mittlerweile hält man ihn nun in die Fräulein, doch was brauchst Du ihren Namen zu wissen, verliebt, und man vexiert ihn wohl gar in Gesellschaft deswegen. Vielleicht glaubt sie selbst, daß er sie liebt, aber die gute Fräulein betrügt sich. Er hat mich seit der Zeit einer näheren Vertraulichkeit gewürdigt, mir seine Ökonomie entdeckt und gezeigt, daß der Aufwand den er macht nicht so groß ist wie man glauben sollte. Er ist mehr Philosoph und mehr Moralist als jemals, und so unschuldig seine Liebe ist, so mißbilligt er sie dennoch, wir streiten sehr oft darüber, aber er mag eine Partei nehmen welche er will, so gewinnt er; denn

Du weißt, was er auch nur scheinbaren Gründen für ein Gewicht geben kann. Ich bedaure ihn und sein gutes Herz, das würklich in einem sehr mißlichen Zustande sich befinden muß, da er das tugendhafteste und vollkommenste Mädchen ohne Hoffnung liebt. Und wenn wir annehmen, daß sie ihn wieder liebt, wie elend muß er erst da sein? Ich brauche Dir das nicht zu erklären, da Du das menschliche Herz so gut kennest. Genug von dieser Sache. Er wird noch eines und das andre davon selbst an Dich schreiben, wie er mir gesagt hat. Ich hab nicht nötig Dir das Stillschweigen hierbei zu empfehlen, da Du selbst siehst wie nötig es ist.

1766 – 1768

20 K.L.Blum: Ein Bild aus den Ostsee-Provinzen 1846

[Gustav von] Bergmann war in seiner Jugend als Fechter berühmt gewesen, und hatte schon auf dem weimarschen Gymnasium als Vorfechter dem Maler, der damals eine Fechtschule herausgab, zum Modell gedient. In einem und demselben Jahre mit Goethe geboren, traf er mit diesem auf der Universität in Leipzig zusammen, und zeichnete ihm als Fuchs sogleich den Arm.

21 W.v.Biedermann: Goethe und Leipzig 1865

Schon auf dem Gymnasium ein geschickter Fechter, erhielt er [Gustav von Bergmann] in Leipzig bald Gelegenheit, seine Kunst an Goethe zu üben. Dieser traf ihn einst im Schauspielhaus mit andern jüngern Studiengenossen und sagte, gegen seine Bekannten sich wendend: «Hier stinkt's nach Füchsen.» Kaum hatte Goethe diese Worte gesprochen, so gab ihm Bergmann eine Ohrfeige; die Folge war ein Zweikampf, bei welchem Goethe am Oberarm verwundet wurde.

22 E.v.Bergmann: Von unseren Vorfahren 1896

Ein noch jetzt lebender Neffe des Andreas von Löwis [of Menar], welch letzterer offenbar Blums Quelle gewesen ist – der alte Johanniter-Ritter Alexander von Löwis auf

Dahlen in Kurland – erzählte mir, als Mitteilung seines Onkels Andreas, das Duell habe in einer Eifersuchts-Anwandlung Goethes bei dem Verkehre der Katharina Schönkopf mit den Gästen in ihres Vaters Weinstube seinen Grund gehabt. Möglich, daß nicht im Schauspielhause, sondern im Liebhabertheater bei Schönkopf der Fuchs dem Anbeter der schönen Katharina unangenehm wurde. Vielleicht bezieht sich ein Satz aus dem einzigen erhaltenen Briefe des Andreas v. Löwis an Gustav [von Bergmann] auch auf diesen Vorgang. Löwis schreibt aus Jena den 2. Februar 1802: «Ich ... erinnerte mich mit wahrem Vergnügen der Attitüde, in welcher Sie ihn einst in Leipzig hinter der Tür gefunden hatten ...»

23 G. Parthey: Jugenderinnerungen *1871*

Beide Schwestern, Marie und Doris, gedachten [1814] gern ihres Vaters, des Leipziger Kupferstechers Stock, von dem Goethe als Student sich unterrichten ließ. Goethe sagt darüber in seinem Leben, daß beide Schwestern ihm stets ihre Freundschaft bewahrt hätten, daß die älteste glücklich verheiratet, die jüngere eine ausgezeichnete Künstlerin sei. Den Schwestern blieb jene Studentenzeit gar wohl erinnerlich: denn sie waren beinahe erwachsen. Das Gedächtnis der älteren [Marie Körner] bewahrte manche kleinen Züge, die, an sich unbedeutend, zur Vervollständigung von Goethes Lebensbilde dienen können. Stocks Verhältnisse waren sehr beschränkt. Eine geräumige Bodenkammer in dem großen Breitkopfschen Hause zum Silbernen Bären diente ihm, seiner Frau und seinen beiden Töchtern als Arbeits- und Empfangzimmer, in welchem auch der Schüler Platz fand. Während Stock und Goethe je an einem Fenster über ihren Platten schwitzten, saßen die Töchter an dem dritten Fenster mit weiblicher Arbeit beschäftigt, oder sie besorgten mit der Mutter die Küche. Das Gespräch ging ohne Unterbrechung fort, denn schon damals zeigte Goethe eine große «Lust am Diskurieren».

Eines Tages sagte Stock: Goethe, meine Töchter wachsen nun heran: was meinst du, worin soll ich die Mädchen unterrichten lassen? In nichts anderem, erwiderte Goethe, als in der Wirtschaft. Laß sie gute Köchinnen werden, das wird für ihre künftigen Männer das beste sein! Der Vater befolgte diesen Rat, und nicht ohne Empfindlichkeit versicherte mich die ältere Schwester, daß sie dies Goethen immer nachgetragen habe, und daß sie infolge dieses Rates ihre ganze Ausbildung mit der größten Mühe sich selbst habe erwerben müssen.

24 F. Förster: Aus dem Nachlaß *1873*

Was mir Frau Appellationsrätin [Marie] Körner in Loschwitz (1809, Mai) über ihre erste Bekanntschaft mit Goethe mitgeteilt hat ...

Der Vater arbeitete vornehmlich kleine Vignetten für den Verlagsbuchhändler Breitkopf; auch durch Unterricht in seiner Kunst hatte er Verdienst. Von seinen Schülern der eifrigste, zugleich aber auch zu allerhand munteren Streichen der aufgelegteste, war der später so berühmt gewordene Goethe, damals Student der Rechte, sechzehn Jahr alt. Unsrer guten Mutter machte diese Bekanntschaft mancherlei Sorge und Verdruß. Wenn der Vater in später Nachmittagstunde noch fleißig bei der Arbeit saß, trieb ihn der junge Freund an, frühzeitig Feierabend zu machen, und beschwichtigte die Einwendungen der Mutter damit, daß die Arbeit mit der feinen Radiernadel im Zwielicht die Augen zu sehr angreife, zumal er dabei durch das Glas sehe. Wenn nun auch die Mutter erwiderte, *durch* das Glas sehen, greife die Augen nicht so sehr an, wie *in* das Glas und zwar manches Mal zu tief sehen, so ließ doch der muntre Student nicht los und entführte uns den Vater zu Schönkopfs, oder nach Auerbachs Keller, wo in lustiger Gesellschaft die Studien zu den Studentenszenen des Faust entstanden sind. Diese Bekanntschaft hat unsrer guten Mutter manche Träne gekostet. Wenn aber am anderen Morgen Mosje Goethe – denn vornehme junge Herren wurden «Mosje» tituliert – sich wieder bei uns einfand und ihn die Mutter tüchtig ausschalt, daß er den Vater in solche ausbündige Studentengesellschaft führe, in welche ein verheirateter Mann, der für Frau und Kinder zu sorgen habe, gar nicht gehöre, dann wußte er durch allerhand Späße sie wieder freundlich zu stimmen, so daß sie ihn den Frankfurter Strubbelpeter nannte und ihn zwang, sich das Haar auskämmen zu lassen, welches so voller Federn sei, als ob Spatzen darin genistet hätten. Nur auf wiederholtes Gebot der Mutter brachten wir Schwestern unsere Kämme, und es währte lange Zeit, bis die Frisur wieder in Ordnung gebracht war. Goethe hatte das schönste braune Haar; er trug es ungepudert im Nacken gebunden, aber nicht wie der alte Fritz als steifen Zopf, sondern so, daß es in dichtem Gelock frei herabwallte. Wenn ich, erzählte Frau Körner, in späteren Jahren Goethe hieran erinnerte, wollte er es nie zugeben, sondern versicherte: es hätte sich die Mutter ein besonderes Vergnügen daraus gemacht, ihn zu kämmen, so daß sie sein wohlfrisiertes Haar erst in Unordnung gebracht, um ihn dann recht empfindlich durchzuhecheln.

Am meisten verdarb es der lustige Bruder Studio mit uns Kindern dadurch, daß er weit lieber mit dem Windspiele des Vaters, es war ein niedliches Tierchen und hieß Joli, als mit uns spielte und ihm allerhand Unarten gestattete und es verzog, während er gegen uns den gestrengen Erzieher spielte. Für Joli brachte er immer etwas zu naschen mit; wenn wir aber mit verdrießlichen Blicken dies bemerkten, wurden wir bedeutet: das Zuckerwerk verderbe die Zähne und gebrannte Mandeln und Nüsse die Stimme. Goethe und der Vater trieben ihren Mutwillen so weit, daß sie an dem Weihnachtabend ein Christbäumchen für Joli, mit allerhand Süßigkeiten behangen, aufstellten, ihm ein rotwollenes Kamisol anzogen und ihn auf zwei Beinen zu dem Tischchen, das für ihn reichlich besetzt war, führten, während wir mit einem Päckchen brauner Pfefferkuchen, welche mein Herr Pate aus Nürnberg geschickt hatte, uns begnügen mußten. Joli war ein so unverständiges, ja, ich darf sagen, so unchristliches Geschöpf, daß er für die von uns unter unserem Bäumchen aufgeputzte Krippe nicht den geringsten Respekt hatte, alles beschnoperte und mit einem Haps das zuckerne Christkindchen aus der Krippe riß und aufknabberte, worüber Herr Goethe und der Vater laut auflachten, während wir in Tränen zerflossen. Ein Glück nur, daß Mutter Maria, der heilige Joseph und Ochs und Eselein von Holz waren, so blieben sie verschont.

Einer tragikomischen Szene muß ich auch noch gedenken, fuhr die Freundin fort: Unser Unterricht war auf sehr wenige Gegenstände beschränkt. Um 11 Uhr vormittags fand sich ein eingetrockneter Leipziger Magister, welcher in der Druckerei von Breitkopf mit Korrekturen beschäftigt wurde, bei uns ein, der sich durch seine schwarze Kleidung und weiße Halskrause das Ansehen eines Theologen geben wollte. Er unterrichtete uns im Lesen, Schreiben und Rechnen und erhielt für die Stunde *einen* guten Groschen. Was seinem Anzuge im eigentlichsten Sinne die Krone aufsetzte, war seine von haarfeinem Draht geflochtene, in vielen Locken herabwallende Perücke. Beim Eintreten rief er uns schon von der Türe her entgegen: «Ihr Kinder, das Gebet!» Wir sagten nun unisono einen Vers aus einem Gesangbuchliede her, worauf eine Stunde in der Bibel gelesen wurde. Wie ich schon erwähnte, wir allesamt waren auf eine einzige Stube angewiesen, und so geschah es öfter, daß Goethe während unserer Lektion eintrat und sich an den Arbeitstisch des Vaters setzte. Einmal traf es sich nun, daß wir eben mitten aus einem ihm für junge Mädchen unpassend scheinenden Kapitel des Buches Esther laut vorlesen mußten. Ein Weilchen hatte Goethe ruhig zugehört, mit einem Male sprang er vom Arbeitstische des Vaters auf, riß mir die Bibel aus der Hand und rief dem Herrn Magister mit ganz furioser Stimme zu: «Herr, wie können Sie die jungen Mädchen solche H....-Geschichten lesen lassen?» Unser Magister zitterte und bebte, denn Goethe setzte seine Strafpredigt noch immer heftiger fort, bis die Mutter dazwischen trat und ihn zu besänftigen suchte. Der Magister stotterte etwas von «Alles sei Gottes Wort» heraus, worauf ihn Goethe bedeutete: «Prüfet alles, aber nur was gut und sittlich ist, behaltet.» Dann schlug er das Neue Testament auf, blätterte ein Weilchen darin, bis er, was er suchte, gefunden hatte. «Hier, Dorchen», sagte er zu meiner Schwester, «das lies uns vor, das ist die Bergpredigt, da hören wir alle mit zu.» Da Dorchen stotterte und vor Angst nicht lesen konnte, nahm ihr Goethe die Bibel aus der Hand, las uns das ganze Kapitel laut vor und fügte ganz erbauliche Bemerkungen hinzu, wie wir sie von unserm Magister niemals gehört hatten. Dieser faßte nun auch wieder Mut und fragte bescheidentlich: «Der Herr sind wohl studiosus theologiae, werden mit Gottes Hilfe ein frommer Arbeiter im Weinberge des Herrn und ein getreuer Hirte der Herde werden.» – «Zuverlässig», fügte der Vater scherzend hinzu, «wird er sein Fäßchen in den Keller und sein Schäfchen ins Trockne bringen; an frommen Beichtkindern wird es ihm nicht fehlen.» So schloß die Lektion ganz heiter, alle lachten über den Witz des Vaters, und wir eigentlich, ohne zu wissen, warum.

25 G. Parthey: Jugenderinnerungen 1871

Bei einem kleinen unschuldigen Liebeshandel, den Goethe mit der Tochter von Breitkopf anknüpfte, war Marie Stock seine Vertraute. Auf dem Oberboden stand ein altes, sehr verstimmtes Spinett, an dem die beiden Liebenden die zärtlichsten Duetten sangen, Marie mußte auf der Treppe sitzen bleiben und Wache halten, um von jeder herannahenden Störung sogleich Nachricht zu geben. Als sie Goethen viele Jahre später an diese Jugendzeiten erinnerte, sagte er halb unwillig: Sie haben ja ein verfluchtes Gedächtnis!

Für die aufblühenden Reize der jüngeren Schwester Doris Stock war Goethe nicht unempfindlich. Sie vertraute mir einmal unter dem Siegel der Verschwiegenheit, das ich nun wohl brechen darf, die Goethesche Elegie: Alexis und Dora sei an sie gerichtet gewesen.

26 H. W. Behrisch: Tempel der Unsterblichen 1777

Wenn er [Goethe] der neue und deutsche Shakespeare genennt zu werden verdient, so ist dies nicht Nachahmung, sondern eben die Davenantische Gabe des Genies, das zu sehen, was andre nicht sehen, Gedanken zu haben, die nicht leicht in eines andern Menschen Kopf kommen. Auch ist seine Lebensart so sehr von derjenigen verschieden, die andre zu Sklaven der Gewohnheit und der Vorurteile macht, daß er oft halbe und ganze Wochen lang in Wäldern umher seinen Lieblingsideen, seinen Planen nachzieht.

27 K. W. Daßdorf an Goethe *8. April 1804*

Noch immer erinnre ich mich aus den Hofrat Böhmischen historischen Vorlesungen meines schon damals so emporstrebenden Zeitgenossen und Ihrer so geistreichen Parodierung der Clodiusschen prachtvollen und sturmlaufenden [Phrasen] in dem so launichten und witzigen Päan auf Hendeln, den ich noch itzt ganz auswendig weiß. Wir sind in unsren Studien und Lebens-Jahren gleichzeitig, Sie sind, wo ich nicht irre, 1749 so wie ich in dem folgenden Jahre 50 geboren, auch sind Sie eben so lange in Weimar, als ich es in Dresden bin.

28 B. F. Rummel an S. M. Bethmann *22. Februar 1775*

Was macht denn der Herr Doktor Goethe, welcher ehemals in Leipzig studierte und von Ihnen an uns rekommandieret war, für eine Rolle in costi? Es scheint ein großes Genie, nur aber leider! ein Freigeist zu sein. Er hat unter mehreren rausgegebenen Büchern eines geschrieben, so die Leiden des jungen Werthers betitelt ist. Nachdem solches etliche Monate allhier roulierte, so hat man es endlich konfiszieret ... Es sind viele irreligiöse Sentiments in diesem Buche, und schon bei seinem hiesigen Aufenthalt ließ er besondere Denkungs-Arten in der Religion merken.

29 Lavater an Goethe *6. November 1773*

... Den Mann [Goethe], von dem mir mein Bruder Diethelm seit ein paar Tagen sagte, daß er in Leipzig neben ihm bei [Hofrat] Ludwig ge[g]essen hatte.

30 J. G. Dyk: Über einige Vorstellungen der Weimarischen Hofschauspieler zu Leipzig *1807*

[Johann Jakob] Engel war selbst ein ganz vortrefflicher Schauspieler, aber in einem eingeschränkten Fache. Den

Tellheim in der Minna von Barnhelm und den Komtur in Diderots Hausvater, welche zwei Rollen er hier zu Leipzig in einer damaligen Liebhaber-Gesellschaft spielte, zu deren Mitgliedern auch Corona Schröter und Goethe gehörten, von ihm gesehen zu haben, werde ich mich zeitlebens mit Entzücken erinnern.

31 J.G.Dyk (?): Über Dichtung und Wahrheit 1811

Rezensent freut sich auf diesen [zweiten] Teil um so mehr, als er Herrn v. Goethe während seines Leipziger Aufenthalts ziemlich genau gekannt, mit ihm bei Ernesti Collegia gehört, mit ihm bei Oeser gezeichnet hat.

FRANKFURT

32 Cornelia Goethe an Katharina Fabricius 18. Oktober 1768

... j'eus enfin la semaine passée une visite de Mademoiselle votre Sœur et de l'aimable Mademoiselle Baumann, qui était coiffée en forme de pyramide, ou pour mieux dire à la rhinocéros; la pauvre fille avait mal aux dents; et se comportait comme toujours, d'une façon très médiocre; surtout lorsque mon frère entra, elle prit une de ses mines, que vous connaissez; la tête levée et les yeux baissés; et ne parla pas le mot. Au lieu que Mademoiselle votre Sœur se conduisit d'une manière très raisonnable, de sorte qu'elle eut l'approbation de mon frère; qui cependant serait beaucoup plus charmé de vous voir ici. Il ne sait rien du tout de ce que je vous écris, car il ne le souffrirait pas, se nommant mon Secrétaire quand il s'agit de vous. Dites-moi, que pensiez-vous de sa dernière lettre? n'est-ce pas un homme bien hardi et entreprenant de vouloir se mettre là d'abord dans vos bonnes grâces. Il vous admire extrêmement depuis qu'il a lu quelques-unes de vos lettres; et il paraît souhaiter d'entrer sous mon nom dans une correspondance avec vous.

33 Cornelia Goethe an Katharina Fabricius 20. Oktober 1768

Nous irons en plusieurs visites, mon frère et moi, nous passerons le Mein, pour aller voir mon oncle qui a un jardin dèz delà; puis nous ferons encore un grand tour par terre, ce qui sera très utile à notre santé, car il faut que je vous dise en confiance, nous ne sommes pas bien tous les deux, mais ça se passera.

34 G. L. Kriegk: Die Brüder Senckenberg *1869*

Kehren wir zur Darstellung von Senckenbergs Lebenslauf zurück, so gereichte es, nach Vollendung der für das medizinische Institut gemachten Einrichtungen, Anlagen und Gebäulichkeiten, dem Stifter zu einem besonderen Genusse, diese den sich dafür Interessierenden zeigen zu können ... Aus diesem Anlasse lernte er am 22. Oktober 1768 auch den Dichter Goethe kennen, welcher damals von Leipzig heimgekehrt war und die Senckenbergische Stiftung in Begleitung des nach Straßburg reisenden Dr. Kulmus von Danzig besuchte.

35 Cornelia Goethe an Katharina Fabricius *26. Oktober 1768*

à 2 heures après dîner

Dans ce moment mon frère est allé voir deux jeunes seigneurs de qualité, qui viennent de Leipsic, où il a eu connaissance avec eux. Je le priai de me les décrire, ce qu'il a fait avec plaisir. Monsieur de Olderogge l'aîné, me dit-il, a environ vingt-six ans, il est grand, de belle taille, mais son visage a des traits peu flatteurs; il a beaucoup d'esprit, parle peu, mais tout ce qu'il dit, montre la grandeur de son âme, et son jugement élevé; il est très agréable en compagnie; pousse la civilité jusqu'au plus haut bout, supportant avec condescendance les personnes d'un mérite inférieur, enfin il possède toutes les qualités requises pour rendre un cavalier aimable. – Son frère aura vingt ans, il a la taille moins haute que l'aîné, mais ses traits sont d'une beauté charmante; comme vous aimez à les voir, vous autres filles; il est beaucoup plus vif que l'autre, parle souvent, quoique quelquefois mal à propos, il a le caractère aimable, mêlé avec beaucoup de feu, ce qui lui va très bien; encore un peu d'étourderie, mais ça ne fait rien. Il suffit à toi de savoir que c'étaient là les cavaliers les plus distingués de toute notre académie. –

Je suis charmée de cette description, ne l'êtes-vous pas aussi, ma chère, car je vous assure que, quand mon frère loue quelqu'un, il faut qu'il ait beaucoup de mérite. –

à six heures du soir.

Il est de retour, pensez, mon enfant, demain ils viendront chez nous; je suis curieuse de les voir, mais j'ai honte de me présenter à eux.

36 Cornelia Goethe an Katharina Fabricius 27. Oktober 1768

à 2 heures après midi

Que ferai-je? je me suis habillée pour sortir, et je n'en ai pas le courage. Je m'en irai; il m'est impossible de les voir; voyez la folle, comme le cœur lui bat ... Mon frère m'a demandé si je sortais aujourd'hui, et je lui ai répondu qu'oui, ainsi je ne saurais reculer ...

à 5 heures

... Ils sont là, ma chère, et pensez, il est arrivé justement un de mes cousins, qui était depuis quelque temps à la cour, il est aussi auprès de ces seigneurs, s'il lui venait en tête de me voir. – J'ai été surprise, mon frère est entré et j'ai caché vitement ma lettre, ah, ma chère, il a été envoyé de mon cousin qui veut me voir absolument, il a déjà fait mon éloge à Messieurs de Olderogge – je me suis excusée, disant que me trouvais mal, mon frère était effrayé en me regardant, car je suis pâle comme la mort ...

à 7 heures

[Sie hat sich inzwischen zur Gesellschaft begeben.]

... Mon frère aperçoit mon trouble et, pour m'en tirer, il prie les messieurs de s'asseoir ... [Im Verlauf des Gesprächs sagt der Cousin] Ma chère Cousine, je ne vous ai pas encore communiqué la joie que j'ai ressentie en trouvant à mon retour ici un cousin si aimable, je ne le connais que depuis une heure, et dans ce peu de temps j'ai déjà découvert en lui mille belles qualités, on a sujet de vous féliciter d'un frère si digne d'être aimé. – Je suis charmée, Monsieur, que vous êtes convaincu à présent, combien j'avais raison d'être affligée de l'absence de ce frère chéri; ces trois années ont été bien longues pour moi, je souhaitais à tout moment son retour. – Ma Sœur, ma Sœur, et maintenant que je suis là, personne ne désire de me voir, c'est tout comme si je n'y étais pas. – Point de reproches, mon Frère, vous le savez vous-même, que ce n'est pas là ma faute, vous êtes toujours occupé, et je n'ose vous interrompre si souvent que je le voudrais. – Mais, ma chère Cousine, comment va donc la musique, vous excelliez déjà l'hiver passé, que ne sera-ce maintenant? Oserais-je vous prier de me faire entendre vos nouveaux progrès; je suis sûr que ces Messieurs en seront charmés. – Il faut vous dire, ma chère, que je me portais mieux à tout moment, mes terreurs étaient passées, et je commençai à recouvrir toute ma présence d'esprit. Je me levai d'abord, et lorsqu'ils virent que je marchais vers mon clavecin, ils se postèrent tous autour de moi; le cadet se mit de façon à pouvoir me regarder à son aise, pendant que je jouais ... mon cousin... me ramena à ma chaise, et en me demandant ce qu'il devait faire encore pour m'obliger, je le priai de reprendre sa place; vous saurez qu'elle était vis-à-vis de moi. – Je vois à quoi ça aboutit, s'écria-t-il, vous voulez que je m'éloigne, c'est vous, Monsieur, dit-il au jeune d'Olderogge, qu'elle a élu pour être toujours près d'elle ... Mon frère, pour donner un tour à la conversation, parla de Leipsic, du temps agréable qu'il y avait passé, et en même temps il commença à se plaindre de notre ville, du peu de goût qui y régnait, de nos citoyens stupides, et enfin il s'émancipa, que nos demoiselles n'étaient pas supportables. Quelle différence entre les filles saxonnes et celles d'ici, s'écrial-t-il. – Je lui coupai la parole et m'adressant à mon aimable voisin, Monsieur, lui dis-je, ce sont ces reproches qu'il faut que j'entende tous les jours; dites-moi, je vous prie, vous qui n'êtes peut-être pas si prévenu que lui, si c'est en effet la vérité, que les dames saxonnes sont tant supérieures a celles de toute autre nation? – Je vous assure, Mademoiselle, que j'ai vu le peu de temps que je suis ici beaucoup plus de beautés parfaites qu'en Saxe, cependant j'ose vous dire, ce qui porte tant Monsieur votre frère pour elles, c'est qu'elles possèdent une certaine grâce, un certain air enchanteur. –

C'est justement, interrompit mon frère, cette grâce et cet air qui leur manque ici, je suis d'accord qu'elles sont plus belles, mais à quoi me sert cette beauté, si elle n'est pas accompagnée de cette douceur infinie, qui enchante plus que la beauté même?

37 Cornelia Goethe an Katharina Fabricius 28. Oktober 1768

à 7 heures du soir

Dans ce moment mon frère est arrivé à la maison, il a été toute cette journée auprès de ses aimables seigneurs, et il soupera aussi avec eux; j'envie presque le bonheur qu'il a de les voir si souvent.

38 Cornelia Goethe an Katharina Fabricius 2. November 1768

à 8 heures du matin

J'enverrai aujourd'hui cette lettre à la poste, il faut donc que je finisse, – ma chère, Messieurs de Olderogge viendront cet après-midi, je m'en réjouis ... on m'interrompt – c'est mon frère, que va-t-il dire –. Ah, ma chère, plaignez-moi – tout s'accumule pour me faire désespérer – ils partent ce matin ... Mon frère s'en est allé dans ce moment pour leur dire adieu ...

39 Cornelia Goethe an Katharina Fabricius 16. November 1768

J'irai dans ce moment voir mon frère, qui travaille à une nouvelle comédie; il me lit toujours ses pièces, et vous pouvez croire que je l'entends avec un plaisir infini. Il me dessine aussi quelquefois de jolies têtes, dont je vous en enverrai une.

40 Cornelia Goethe an Katharina Fabricius 19. November 1768

Hier nous fûmes au concert, mon frère et moi, l'assemblée était brillante, on y entendit la musique la plus choisie.

41 Cornelia Goethe an Katharina Fabricius 7. Dezember 1768

Mon frère est très mal, il a eu tout d'un coup une violente attaque de colique, qui le fait souffrir extrêmement. On emploie tout pour lui procurer quelque repos; mais en vain.

Je ne saurais le voir dans un tel état sans que mon cœur se fende. Que ne puis-je le secourir.

42 Cornelia Goethe an Katharina Fabricius 10. Dezember 1768

Après deux jours de souffrances, mon pauvre frère est un peu mieux, mais il est si faible qu'il ne saurait rester debout pendant un quart d'heure; si seulement les douleurs finissent, la force reviendra bientôt. Il faut espérer le mieux et avoir patience.

1769

43 Cornelia Goethe an Katharina Fabricius 13. Januar 1769

J'ai écrit aujourd'hui à Mademoiselle Meixner, priez-la de me pardonner d'avoir traîné si longtemps. Nous parlâmes d'elle dernièrement chez Monsieur le Conseiller Moritz, qui donna un repas à mon frère à l'occasion de son rétablissement. – Il faut que je vous dise quelque chose en confiance; Müller et mon frère ne sont plus si bien ensemble, qu'ils l'ont été autrefois; leurs maximes sont différentes, parce que la philosophie de mon frère est expérimentée, au lieu que M. ne doit la sienne qu'à l'étude. Il s'est comporté aussi très froidement durant la dernière grande maladie de mon frère, et je commence à entrevoir moi-même que ses principes ne sont pas propres pour l'usage du monde. – Vous vous convaincrez de plus en plus vous-même des sentiments de mon frère, si vous prenez garde à sa conduite, car il ne parle que comme il pense.

44 Cornelia Goethe (an Katharina Fabricius?) 3. Februar 1769

La maladie réitérée de mon frère ne lui permet pas de vous écrire; il en est très fâché et m'a chargé de l'excuser; et qu'aussitôt qu'il sera rétabli, il aura l'honneur de répondre à une lettre qui lui a causé beaucoup de plaisir. L'espérance qu'il a de vous connaître de personne, la foire prochaine, n'attribue pas peu à sa guérison.

45 *Cornelia Goethe an Katharina Fabricius* *15. Februar 1769*

Mademoiselle votre sœur a été privée de votre lettre par mon frère, il l'en a tant priée qu'elle ne put résister. Vous lui ferez beaucoup de plaisir en écrivant souvent; il est toujours charmé de vos lettres, et puisqu'il est encore confiné dans sa chambre, c'est une sorte de récréation pour lui.

46 *J. A. Horn an Käthchen Schönkopf* *9. April 1769*

Goethe läßt Sie grüßen, Mamsell! Er sieht immer noch ungesund aus und ist sehr stipide geworden. Die Reichsluft hat ihn schon recht angesteckt. Ich muß machen, daß ich wieder wegkomme, sonst geht es mir ebenso, und ich bin doch noch zu jung, um stipide zu werden.

Die Zeit wird mir aber entsetzlich lange, ob ich gleich selten allein bin. Goethe spricht, ich sollte mich hängen, aber hier mag ich nicht; wenn ich klug gewesen wäre, so hätte ich mich in Leipzig hängen sollen.

47 *Katharina Elisabetha Crespel an ihren Sohn* *5. August 1769*

Wegen der montägigen Gesellschaft, so hat sie bis dato noch ihren Fortgang, und die Mademoiselle Goethe ist ohne die ordentliche Gesellschaft öfters bei Deinen Schwestern und sie bei ihr, zumalen im Spazierengehen, welches öfters geschieht und *wobei sich ihr Herr Bruder auch befindet.*

48 *Bericht der Brüdergemeine Marienborn in der Wetterau*

Am 21. [September 1769] hielt uns lieber Bruder Joseph [Bischof Spangenberg] die letzte Gelegenheit [Gottesdienst]. Der Herr Legationsrat Moritz und Herrn Rat Gothis aus Frankfurt Sohn, ein junger Student, die zum Besuch hier waren, wohnten dieser Versammlung bei.

49 *Diarium der Brüdergemeine Marienborn* *22. September 1769*

Der Herr Legationsrat Moritz, der den jungen Herrn Jedde in seiner Gesellschaft hatte und nebst demselben recht vergnügt bei uns gewesen war, retournierten heut nach Frankfurt.

1770

50 *J. A. Horn an Käthchen Schönkopf* *2. Februar 1770*

Unsern Freund Goethe werde ich nur noch bis zu Ende des März behalten, und hernach geht er nach Straßburg.

51 *J. A. Horn an Ch. K. Kanne* *5. März 1770*

Goethe läßt Sie schönstens grüßen! Er geht zu Ende dieses Monats hier weg und kommt etwa in einem Jahr wieder.

52 *J. A. Horn an Käthchen Schönkopf* *19. (?) April 1770*

Goethe ist vor acht Tagen in Straßburg angekommen. – Ich habe ihn bis nach Mainz begleitet.

STRASSBURG

53 *Henrich Stillings Wanderschaft* *1778*

Des andern Mittags gingen sie [Jung-Stilling und Troost] zum erstenmal ins Kosthaus zu Tische. Sie waren zuerst da, man wies ihnen ihren Ort an. Es speiseten ungefähr zwanzig Personen an diesem Tisch, und sie sahen einen nach dem andern hereintreten. Besonders kam einer mit großen hellen Augen, prachtvoller Stirn, und schönem Wuchs, mutig ins Zimmer. Dieser zog Herrn Troosts und Stillings Augen auf sich; ersterer sagte gegen letztern: das muß ein vortrefflicher Mann sein. Stilling bejahte das, doch glaubte er, daß sie beide viel Verdruß von ihm haben würden, weil er ihn für einen wilden Kameraden ansah. Dieses schloß er aus dem freien Wesen, das sich der Student ausnahm; allein Stilling irrte sehr. Sie wurden indessen gewahr, daß man diesen ausgezeichneten Menschen Herr Goethe nannte.

Nun fanden sich noch zween Mediziner, einer aus Wien, der andre ein Elsasser. Der erstere hieß Waldberg [Meyer von Lindau]. Er zeigte in seinem ganzen Wesen ein Genie, aber zugleich ein Herz voller Spott gegen die Religion, und voller Ausgelassenheit in seinen Sitten. Der Elsasser hieß Melzer, und war ein feines Männchen, er hatte eine gute

Seele, nur schade! daß er etwas reizbar und mißtrauisch war. Dieser hatte seinen Sitz neben Stilling, und war bald Herzensfreund mit ihm. Nun kam auch ein Theologe, der hieß Lerse, einer von den vortrefflichsten Menschen, Goethens Liebling, und das verdiente er auch mit Recht, denn er war nicht nur ein edles Genie, und ein guter Theologe, sondern er hatte auch die seltene Gabe, mit trockener Miene die treffendste Satire in Gegenwart des Lasters hinzuwerfen. Seine Laune war überaus edel. Noch einer fand sich ein, der sich neben Goethe hinsetzte, von diesem will ich nichts mehr sagen, als daß er – ein guter Rabe mit Pfauenfedern war.

Noch ein vortrefflicher Straßburger saß da zu Tische. Sein Ort war der oberste, und wär es auch hinter der Tür gewesen. Seine Bescheidenheit erlaubt nicht, ihm eine Lobrede zu halten: es war der Herr Aktuarius Salzmann. Meine Leser mögen sich den gründlichsten und empfindsamsten Philosophen, mit dem echtesten Christentum verpaart, denken, so denken sie sich einen Salzmann. Goethe und er waren Herzensfreunde.

Herr Troost sagte leise zu Stilling: Hier ist's am besten, daß man vierzehn Tage schweigt. Letzterer erkannte diese Wahrheit, sie schwiegen also, und es kehrte sich auch niemand sonderlich an sie, außer daß Goethe zuweilen seine Augen herüberwälzte; er saß gegen Stilling über, und er hatte die Regierung am Tisch, ohne daß er sie suchte.

54 Henrich Stillings Wanderschaft *1778*

Herr Troost war nett und nach der Mode gekleidet; Stilling auch so ziemlich. Er hatte einen schwarzbraunen Rock mit manchesternen Unterkleidern, nur war ihm noch eine runde Perücke übrig, die er zwischen seinen Beutel-Perükken doch auch gern verbrauchen wollte. Diese hatte er einsmalen aufgesetzt, und kam damit an den Tisch. Niemand störte sich daran, als nur Herr Waldberg von Wien [Meyer von Lindau]. Dieser sah ihn an; und da er schon vernommen hatte, daß Stilling sehr für die Religion eingenommen war, so fing er an und fragte ihn: Ob wohl Adam im Paradies eine runde Perücke möchte getragen haben? Alle lachten herzlich bis auf Salzmann, Goethe und Troost; diese lachten nicht. Stillingen fuhr der Zorn durch alle Glieder, und er antwortete darauf: «Schämen Sie sich dieses Spotts. Ein solcher alltäglicher Einfall ist nicht wert, daß er belacht werde!» – Goethe aber fiel ein, und versetzte: Probier erst einen Menschen, ob er des Spotts wert sei? Es ist teufelmäßig, einen rechtschaffenen Mann, der niemand beleidiget hat, zum besten zu haben! Von dieser Zeit an nahm sich Herr Goethe Stillings an, besuchte ihn, gewann ihn lieb, machte Brüderschaft und Freundschaft mit ihm, und bemühte sich bei allen Gelegenheiten, Stillingen Liebe zu erzeigen. Schade, daß so wenige diesen vortrefflichen Menschen seinem Herzen nach kennen!

55 Ph. F. Lucius: Friederike Brion *1878*

Von einem solchen Besuche [Goethes in Sesenheim] im vorgerückten Spätjahr [1770] wußte eine alte, vollkommen zuverlässige Frau hier zu berichten, die in ihren Kinderjahren im Pfarrhaus täglich ein- und ausging. Sie erzählte nämlich – wie der Gatte ihrer Enkelin mir mitgeteilt – zu oft wiederholten Malen, daß, zur Zeit des «Welschkornbastens», eine gewisse Anzahl größerer Mädchen alljährlich im Pfarrhofe sich eingefunden, um das selbstgepflanzte sowohl, als auch das vom Zehnten herrührende Welschkorn des Pfarrers zuzurüsten, damit die Kolben in Büschel gebunden und im Freien aufgehängt werden konnten, was immer eine große Herrlichkeit war, auf welche die weibliche Jugend lange zum voraus schon sich freute, da während der Arbeit allerlei Scherz und Kurzweil getrieben, und nach Beendigung derselben ein Abendessen zum besten gegeben wurde. Wie heute noch, so wurde wohl auch vor Zeiten dies Geschäft vorgenommen, wenn die Feldarbeiten beendigt waren – so etwa Ende Oktober oder anfangs November. «Als wir nun so beisammen waren, kam einst auch der ‹Herr Goethe› zu uns in die Scheune, und machte uns durch seine Späße und drolligen Erzählungen so sehr lachen, daß wir fast gar nichts arbeiten konnten.»

56 Abeken an J. D. Gries *7./16. Oktober 1825*

Fräulein Betty [Wesselhöft] will etwas mehr von Goethes Friederike wissen? – So will ich denn mitteilen, was ich habe. Eine Mamsell Fuchs in Kreuznach ... ist eine Elsasserin, und hält eine Schule für die Töchter der Honoratioren Kreuznachs. Mit ihr lebt ihre über 70 Jahre alte Mutter, die fast taub ist, aber von einer interessanten Gesichtsbildung und einem lebhaften, doch gehaltenen und anspruchslosen Wesen, das mir gefiel ... Die Alte nahm teil am Gespräch, wobei die Tochter die Dolmetscherin machte. Ich erkundigte mich nach Straßburg, nach der Umgegend, dem Orte, wo die Frauen zu Haus waren; und so kam ich auf das durch Goethes Leben bekannte Sesenheim. Da war die Mutter und die Tochter wie zu Hause, und beide hatten jene Pfarrerfamilie oft besucht. Ich fragte, ob die Liebenswürdigkeit Friederikens zur Wahrheit oder Dichtung gehöre? – Da brach der Strom los. Die Alte hatte das jüngere Mädchen genau gekannt, und wußte nun nicht genug von dessen Anmut zu rühmen. Auch die Tochter erinnerte sich jener Zeit; sie ist schon in den Fünfzigern. Beider Erzählungen weiß ich nicht mehr genau zu unterscheiden; sie halfen einander ein. So vernahm ich unter anderm folgendes: «Da sitz' ich einmal an Tisch mit der Frau Pfarr von Sesenheim, die Friederike besorgt die Kinder, die zu Gast sind; die Älteren und andre Fremde sind in der Stube nebenan. Nun seh' ich, wie die Friederike aus einer Schüssel Hühnerfricassée die besten Bissen aussucht, die Leberchen, die Bruststückchen usw. Ich sprech': Frau Base, was ist mit der Friederike? Die ist sonst so demütig, und nun nimmt sie das Beste vom Essen. – Ach, spricht sie, laßt sie nur. Das ist nicht für sie; schaun Sie in die andre Stube, da sitzt ein junger Herr; zu dem werden die Leberchen schon den Weg finden. – Ich schaue hin, und sehe da einen jungen schmucken Student sitzen. Der kriegt' auch alles.» – Das war Goethe. Und nun erzählte die Alte weiter, wie Friederike an diesem gehangen, wie sie nach seinem Abschied habe mehrere Partien tun können; wie sie nie gewollt, und bis an ihren Tod Goethes Porträt in ihrer Schlafstube gehabt habe; wie sie überall geliebt sei; wo ein Kranker von der Bekanntschaft in der Stadt oder der Umgegend gewesen, da habe er nach Friederikens Pflege verlangt. Kinder und Alte, jedermann habe sie lieb gehabt und geehrt. Gestorben sei sie etwa vor 12 Jahren, in Liebe für andre sich selbst vergessend. –

Auf Goethe war die Erzählerin übrigens nicht böse. «Man weiß ja, wie's mit den Herrn Studenten geht; und er konnte damals nicht heiraten.» – Hätte ich nur noch mehr behalten von dem, was die Frauen erzählten! Es hat mich übrigens recht traurig gestimmt.

57 Herder an Merck *1772*

Goethe fing Homer in Straßburg zu lesen an, und alle Helden wurden bei ihm so schön, groß und frei watende Störche; er steht mir allemal vor, wenn ich an eine so recht ehrliche Stelle komme, da der Altvater über seine Leier sieht (wenn er sehen konnte) und in seinen ansehnlichen Bart lächelt.

58 Herder an Caroline Flachsland *21. März 1772*

Goethe ist würklich ein guter Mensch, nur äußerst leicht und viel zu leicht, und spatzenmäßig, worüber er meine ewige Vorwürfe gehabt hat. Er war der einzige, der mich in Straßburg in meiner Gefangenschaft besuchte und den ich gern sah: auch glaube ich ihm, ohne Lobrednerei, einige gute Eindrücke gegeben zu haben, die einmal würksam werden können. Jetzt aber bin ich seit langer, langer Zeit außer Briefwechsel mit ihm, ob ich ihm gleich auf eine mir zugeschickte würklich schöne Produktion seit langem zu antworten habe.

59 Herder an Merck *17. November 1772*

... so wende ich mich von Euch, und halt es kaum wert, mit M., dem leidigen Tröster, und mit Goethe, dem elenden Wahrsager, Naturkenner und Zeichendeuter, so viel Worte zu wechseln, als der geplagte Hiob mit seinen Freunden: unter denen Goethe just zuletzt kommt, wie Elihu.

60 Henrich Stillings Wanderschaft *1778*

Herr Goethe gab ihm in Ansehung der schönen Wissenschaften einen andern Schwung. Er machte ihn mit Ossian, Shakespeare, Fielding und Sterne bekannt; und so geriet Stilling aus der Natur ohne Umwege wieder in die Natur...

Diesen Winter kam Herr Herder nach Straßburg. Stilling wurde durch Goethe und Troost mit ihm bekannt. Niemalen hat er in seinem Leben mehr einen Menschen bewundert, als diesen Mann. «Herder hat nur einen Gedanken, und dieser ist eine ganze Welt.» Dieser machte Stilling einen Umriß von allem in einem, ich kann's nicht anders nennen; und wenn jemals ein Geist einen Stoß bekommen hat zu einer ewigen Bewegung, so bekam ihn Stilling von Herdern, und das darum, weil er mit diesem herrlichen Genie, in Ansehung des Naturells, mehr harmonierte als mit Goethe.

1771

61 Henrich Stillings Wanderschaft *1778*

[Er hatte am 14. Mai 1771 die Nachricht von einer gefährlichen Erkrankung seiner Braut erhalten.] Stilling stürzte wie ein Rasender von einer Wand an die andre, er weinte nicht, seufzte nicht, sondern sah aus wie einer der an seiner Seligkeit zweifelt; er besann sich endlich so viel, daß er seinen Schlafrock auswarf, seine Kleider anzog, und mit dem Brief zu Herrn Goethe hintaumelte. Sobald er in sein Zimmer hinein trat, rief er mit Seelenzagen: Ich bin verloren! da lies den Brief! Goethe las, fuhr auf, sah ihn mit nassen Augen an, und sagte: Du armer Stilling! Nun ging er mit ihm zurück nach seinem Zimmer. Es fand sich noch ein wahrer Freund, dem Stilling sein Unglück klagte, dieser ging auch mit. Goethe und dieser Freund packten ihm das Nötige in sein Felleisen; ein anderer suchte Gelegenheit für ihn, wodurch er wegreisen könnte, und diese fand sich, denn es lag ein Schiffer auf der Preusch parat, der den Mittag nach Mainz abfuhr, und Stillingen gern mitnahm. Dieser schrieb indessen ein paar Zeilen nach Hause, und kündigte seine baldige Ankunft an. Nachdem nun Goethe das Felleisen bereit hatte, so lief er und besorgte Proviant für seinen Freund, trug ihm den ins Schiff; Stilling ging reisefertig mit. Hier letzten sich die beiden mit Tränen.

62 · Henrich Stillings Wanderschaft *1778*

[Er kehrte Ende Juni 1771 nach Straßburg zurück.] Sein erster Gang war zu Goethe. Der Edle sprang hoch in die Höhe als er ihn sahe, fiel ihm um den Hals und küßte ihn: «Bist du wieder da, guter Stilling!» rief er, «und was macht dein Mädchen?» Stilling antwortete: Sie ist mein Mädchen nicht mehr, sie ist nun meine Frau. «Das hast du gut gemacht,» erwiderte jener: «du bist ein exzellenter Junge.» Diesen halben Tag verbrachten sie vollends in herzlichen Gesprächen und Erzählungen.

Der bekannte sanfte Lenz war auch nun daselbst angekommen. Seine artige Schriften haben ihn berühmt gemacht. Goethe, Lenz, Lerse und Stilling machten jetzt so einen Zirkel aus, in dem es jedem wohl ward, der nur empfinden kann was schön und gut ist. Stillings Enthusiasmus für die Religion hinderte ihn nicht, auch solche Männer herzlich zu lieben, die freier dachten als er, wenn sie nur keine Spötter waren.

63 Lenz an Salzmann *3. Juni 1772*

Ich erinnere mich noch wohl, daß ich zu gewissen Zeiten stolz einen gewissen Goethe tadelte und mich mit meiner sittsamen Weisheit innerlich brüstete, wie ein welscher Hahn, als Sie mir etwas von seinen Torheiten erzählten. Der Himmel und mein Gewissen strafen mich jetzt dafür.

64 G.K. Pfeffel (Brief an?) *12. Februar 1773*

Un des principaux auteurs de cette Gazette [Frankfurter Gelehrte Anzeigen] est un nommé Getté, homme de génie à ce qu'on dit, mais d'une suffisance insupportable. J'ai une fois soupé en sa compagnie et même reçu sa visite, mais je ne le connais pas à beaucoup près assez pour en juger d'après mes propres observations.

65 Meyer von Lindau an Salzmann *26. Oktober 1771*

O Corydon! Corydon! quae te dementia cepit! Nach der Kette, nach welcher unsere Ideen zusammenhangen sollen, fällt mir bei Corydon und dementia der närrische Goethe ein. Er ist doch wohl wieder in Frankfurt?

66 E. Stöber an F. D. Ring *4./5. Juli 1772*

Der Herr Goethe hat eine Rolle hier [in Straßburg] gespielt, die ihn als einen überwitzigen Halbgelehrten und als einen wahnsinnigen Religions-Verächter nicht eben nur verdächtig, sondern ziemlich bekannt gemacht. Er muß, wie man fast durchgängig von ihm glaubt, in seinem Obergebäude einen Sparren zu viel oder zu wenig haben. Um davon augenscheinlich überzeugt zu werden, darf man nur seine vorgehabte Inaugural-Dissertation *de Legislatoribus* lesen, welche selbst die Juristische Fakultät *ex capite religionis et prudentiae* unterdrückt hat; weil sie hier nicht hätte können abgedruckt werden anders, als daß die Professores sich hätten müssen gefallen lassen mit Urteil und Recht abgesetzt zu werden.

67 E. Stöber an F. D. Ring *7. August 1772*

Was ich Ihnen, wertester Freund, von des Herrn Goethe seiner vorgehabten Inaugural-Dissertation gemeldet, das habe aus dem Munde des Herrn Professor Reißeißen vernommen, welcher damals Decanus Facultatis gewesen. Und, soviel ich mich zu erinnern weiß, hat er mir gesagt, daß dem Kandidaten seine ungereimte Arbeit zurückgegeben worden. Sie dörfte wohl bei keiner guten Polizei zum Druck erlaubt oder gelassen werden; wiewohl der Herr Autor damit gedrohet.

68 Böttiger (nach Lerse)

Im Jahre 1770 kam Lerse von Gießen nach Straßburg, nachdem er vorher schon in Leipzig mit Clodius batailliert und viele Geniestreiche gemacht hatte. In Straßburg sollte Goethe Doctor juris werden. Dazu schrieb er eine Dissertation, worin er bewies, daß die zehn Gebote nicht eigentlich die Bundesgesetze der Israeliten wären, sondern daß nach Deuteronomium zehn Zeremonien eigentlich die zehn Gebote vertreten hätten. Sie passierte die Zensur des Dekans nicht, und nun schrieb Goethe eine, die noch viel ketzerischer war. Lerse war sein Respondent und stellte sich zum Schein gewaltig orthodox. Er trieb Goethe so in die Enge, daß dieser deutsch anfing: «Ich glaube, Bruder, du willst an mir zum Hektor werden!» Wie Lerse merkte, daß dem Dekan der Spaß zu arg wurde, schloß dieser mit einem fein gedrechselten Kompliment, und die Sache hatte damit ihr Bewenden. Sie waren in dieser Zeit unzertrennlich. Oft gingen sie auf den Münster und saßen stundenlang auf seinen Zinnen. Dort entstand Goethes *Erwin*, die erste Schrift, die Goethe drucken ließ. Oft fuhren sie den Rhein hinauf, lasen bei der Laterne in Ruprechtsau Ossian und Homer, schliefen in einem Bette zusammen, ohne doch zu schlafen. Da geriet Goethe oft in hohe Verzückung, sprach Worte der Prophezeiung und machte Lerse Besorgnisse, er werde überschnappen. Er hatte ein unbegrenztes Zutrauen zu Lerse, der ihn lenken konnte, wohin er wollte. Sechs Wochen, nachdem er aus Straßburg war, schickte er ihm seinen Götz von Berlichingen ganz vollendet, da er vorher gewiß noch nicht daran gearbeitet hatte. Lerse tadelte einige gar zu freie Stellen, und diese blieben auch weg. Er schrieb damals sehr fleißig an Lerse, der auch diese Briefe, zum Teil die interessantesten, die Goethe jemals schrieb, noch aufbewahrt. Jetzt [1798] sind sie bei Pfeffel in Verwahrung.

69 Professor Metzger an F. D. Ring *7. August 1771*

Je vous marque de même une nouvelle qui vous fera voir que notre faculté est aussi bien réglée qu'aucune autre. Il y a un étudiant ici nommé Goethe, de Francfort sur le Mein, qui comme on dit a très bien étudié, ayant été à Gottingue et à Leipsic. Ce jeune homme enflé de son érudition et principalement de quelques chicanes de Monsieur de Voltaire alla faire une soutenance qui devait avoir pour titre: *Jesus autor et judex sacrorum* dans laquelle il avance entre autres que Jésus Christ n'était pas le fondateur de notre religion, mais que quelques autres savants l'avaient faite sous son nom. Que la religion chrétienne n'était autre chose qu'une saine politique etc. Mais on a eu la bonté de lui défendre de faire imprimer son chef-d'œuvre, alors pour faire un peu sentir son mépris il a donné les thèses les plus simples p.e. jus naturae est quod omnia animalia decuit. On s'est moqué de lui et il en fut quitte.

70 W.v.Humboldt an Goethe *28.November 1799*

Der einzige interessantere Mensch, den ich dort [in Paris] sah, war Ramond [de Carbonnières], dessen Sie sich wohl von alter Zeit her aus Straßburg erinnern. Wenigstens sagte er mir, daß er Sie mehrmals gesehen habe und Lenzens vertrauter Freund gewesen sei.

71 August v.Goethe an seinen Vater *12.Mai 1819*

Der Direktor [der Berliner Porzellanfabrik] Staatsrat Rosenstiel, welcher mit Ihnen in Straßburg studiert hat, empfiehlt sich Ihnen bestens.

72 C.Beyers Tagebuch *28.September 1788*

Loos kennt ihn [Goethe] von Straßburg aus, wo er einst studierte, auch Herdern, der mit den Prinzen von Holstein dort sich aufhielt ...

73 H.Storch: Skizzen, Szenen und Bemerkungen, auf einer Reise durch Frankreich gesammelt *1787*

Mein erster Ausflug [in Straßburg] war ein Besuch, den ich bei dem Herrn Aktuar Salzmann abstattete ...

Ich vergnügte mich eine Weile in dem Genuß der Bibliothek und der Kupferstichsammlung meines Freundes, welche letztere vorzüglich auch der Neugier reisender Kunstliebhaber nicht unwert ist. Das Merkwürdigste in dieser Sammlung, wenigstens für mich, war ein artiges Landschaftsstück, welches Goethe selbst gezeichnet und radiert hatte. Als ich es eine Weile mit Aufmerksamkeit betrachtete, sagte Herr Salzmann: Goethe kann aus sich machen, was er will. Wenn er gewollt hätte, so würde er gewiß eben so sehr Chodowiecki sein, als er itzt Goethe ist.

Bald darauf gerieten wir in ein sehr interessantes Gespräch, [über] dessen Inhalt mir die heilige Freundschaft zu schweigen gebeut. Salzmann hatte Goethe, Jung, Lenz und Ramond gekannt, und ihre persönliche Freundschaft genossen. Diese vier treffliche Menschen lebten zu gleicher Zeit in Straßburg ...

FRANKFURT

74 Frau Rat Goethe an G.F.W. Großmann 4. Februar 1781

Meinem Sohn ist es nicht im Traum eingefallen, seinen Götz vor die Bühne zu schreiben. – Er fand etliche Spuren dieses vortrefflichen Mannes in einem juristischen Buch – ließ sich Götzens Lebensbeschreibung von Nürnberg kommen, glaubte, daß es anschaulicher wäre in der Gestalt, wie's vor Augen liegt, webte einige Episoden hinein, und ließ es ausgehn in alle Welt.

75 H.C. Robinson: Reminiscences

It was during this short residence at Frankfort [1802] that I was once or twice in the company of a person who is almost an historic character through the supreme eminence of her son. This was the Frau Räthin Goethe. She had the mien and deportment of a strong person ... She had a bold tone of conversation, spoke of her son with pride and satisfaction ... She spoke also of the origin of *Götz von Berlichingen*. He came home one evening in high spirits. «Oh, mother,» he said, «I have found such a book in the public library, and I will make a play of it! What great eyes the Philistines will make at the Knight with the Iron-hand! That's glorious – the Iron-hand!»

76 Frau Rat Goethe an Ph. Seidel 2. Januar 1778

Ich weiß noch gar zu gut, wie ihr am runden Tisch den Götz von Berlichingen abschriebet, und wie ihr das Lachen verbeißen wolltet, da der junge Offizier nichts bei der

Sache zu danken fand. Ich freute mich damals schon über euch, daß ihr das so alles fühlen konntet.

77 *Caroline Flachsland an Herder* *30. Dezember 1771*

[Merck] war vor einigen Tagen in Frankfurt und hat Bekanntschaft mit einem Ihrer Freunde Gede gemacht, der ihm wegen seinem Enthusiasmus und Genie sehr gefallen. Auch den Verfasser des *Katechismus fürs Landvolk* [Johann Georg Schlosser] hat er da gefunden, mit dem er auch wegen seiner vielen Gelehrsamkeit und liebenswürdigen Charakter sehr zufrieden war.

1772

78 *Nach dem Diarium der Brüdergemeine Marienborn*

Unterm 4. Januar 1772 wird erwähnt, daß «Bruder Riegelmann in Frankfurt Herrn Dr. Goethe, Fräulein von Klettenberg und andere Freunde der Gemeine besucht hat».

79 *J. G. Schlosser an Gleim* *25. Februar 1772*

Ich werde zu Ende dieser Woche nach Darmstadt gehen, um ihn [Merck] zu sehen und einige Tage bei ihm zu leben. Ein junger Freund von mir [Goethe], der sehr viel verspricht, und der mir durch seine ernste Bemühung, seine Seele zu reinigen, ohne sie zu entnerven, außerordentlich ehrwürdig ist, wird mit mir gehen.

80 *Caroline Flachsland an Herder* *9. März 1772*

Ich habe vor einigen Tagen Ihren Freund Goethe und Herrn Schlosser, von dem ich Ihnen schon geschrieben, kennen gelernt. Sie haben Merck besucht auf etliche Tage, und wir waren zwei Nachmittage und ich beim Mittagessen beisammen. Goethe ist so ein gutherziger muntrer Mensch, ohne gelehrte Zierat, und [hat] sich mit Mercks Kindern so viel zu schaffen gemacht, und eine gewisse Ähnlichkeit im Ton oder Sprache oder irgendwo mit Ihnen, daß ich ihm überall nachgegangen. Der erste Nachmittag wurde uns verdorben durch ein Trisept-Spiel und zwei

Leute aus der Stadt. Nur einen Augenblick saß Goethe, meine Schwester und ich der Abendsonne, die sehr schön war, gegenüber und sprachen von Ihnen. Er hat sechs Monat in Straßburg mit Ihnen gelebt, und sprach recht mit Begeistrung von Ihnen. Ich habe ihn von diesem Augenblicke an recht lieb bekommen. Den zweiten Nachmittag haben wir auf einem hübschen Spaziergang und in unserm Hause bei einer Schale Punsch zugebracht. Wir waren nicht empfindsam, aber sehr munter, und Goethe und ich tanzten nach dem Klavier Menuetten. Und darauf sagte er uns eine vortreffliche Ballade von Ihnen her, die ich noch nie gehört, «Dein Schwert, wie ist's vom Blut so rot, Edward, Edward?», er hat sie mir auf meine öftere Bitte den andern Tag nach seiner Rückkunft in Frankfurt, aber ohne Brief, geschickt. Herr Schlosser ist ein guter, sehr guter Mann, nur ein wenig zu viel Welt-Firnis. Er hat mich sehr lieb und mehr, dünkt's mich, als Goethe, das mir doch leid ist. Er hat in einem Brief an Merck sechs Zeilen lang von mir gesprochen. Sie wollen im Sommer wieder kommen.

81 F. M. Leuchsenring an I. Iselin *18. März 1772*

Herrn Schlosser habe ich kennen lernen und noch einen merkwürdigen Mann, namens Goethe.

82 Caroline Flachsland an Herder *13. April 1772*

Unser Freund Goethe ist zu Fuß von Frankfurt gekommen und [hat] Merck besucht. Wir waren alle Tage beisammen, und sind in den Wald zusammen gegangen und wurden auch zusammen durch und durch beregnet, wir liefen alle unter einen Baum, und Goethe sang uns ein Liedchen, das Sie aus dem Shakespeare übersetzt, «Wohl untern grünen Baumes Dach», und wir alle sangen den letzten Vers mit, «nur eins, das heißt Rauhwetter!», aber so vergnügt, daß ich mehr wünsche, so beregnet zu werden. Das zusammen ausgestandene Leiden hat uns recht vertraut gemacht, er hat uns einige der besten Szenen aus seinem «Gottfried von Berlichingen», das Sie vielleicht von ihm haben, vorgelesen. Meinen Liebling, den Geist unsrer alten Deutschen, habe ich da wieder gesehen, und der kleine Georg, wie er um einen weißen Schimmel und Harnisch bittet, ist mein Georg. – Wir sind darauf auf dem Wasser gefahren, von dem ich Ihnen neulich gesagt, es war aber rauh Wetter. Goethe steckt voller Lieder, eins, von einer Hütte, die in Ruinen alter Tempel gebaut, ist vortrefflich; er muß mir's geben, wenn er wieder kommt, und dann teile ich's Ihnen, lieber bester Herder, mit. Merck hat ihm von unsrer Lila erzählt, und hier teile ich Ihnen etwas aus seinem Herzen mit, das er an einem schönen Frühlingsmorgen, da er allein in dem Tannenwald spazieren ging, gemacht hat. Der arme Mensch [Goethe] erzählte meiner Schwester und mir den Tag vorher, daß er schon einmal geliebt hätte, aber das Mädchen hätte ihn ein ganzes Jahr getäuscht und dann verlassen; sie glaubte, daß sie ihn liebte, aber es kam ein anderer, und er wurde der arme Koxkox. Ich kann Ihnen nicht sagen, wie sehr mir alles das ans Herz ging und wie still und traurig wir den Abend vonander gingen ...

Hier ist ein Briefchen von meiner Lila, das ich letzthin vergessen einzuschließen, sie kommt nach den Feiertagen und La Roche und Goethe hierher, und wir werden alle beisammen sein – ach, doch nicht alle –

Ich schicke diesen Brief durch meinen Bruder, weil Merck mit Goethe nach Frankfurt ist und die La Roche abholt; er hat sich recht sehr, sehr über die Rezensionen, die Sie ihm geschickt, gefreut. Goethe hat sie auch gelesen.

83 Merck an seine Frau *April 1772*

Je n'ai que le temps de dire à ma chère amie, que je me porte parfaitement bien, que Goethe et moi nous avons fait un voyage de fou, que nous avons continué notre route jusqu'à Homburg; que j'ai vu Madame de La Roche, qu'elle a sa fille aînée avec elle etc. Mais je ne puis entrer dans aucun détail des scènes, que nous avons vues et jouées nous-mêmes. D'abord il faut que je te dise, que Monseigneur le Landgrave et Madame nous ont comblés de bontés, que j'ai eu l'honneur de voir Son Altesse pendant plus d'une heure ... On nous a fait mener dans un carrosse de la cour dans le bois que Monseigneur a fait arranger, où nous avons trouvé un pays de fées ... J'ai trouvé une belle dinde, que Madame Goethe veut avoir la bonté de faire préparer, c'est-à-dire de la faire passer une nuit dans l'eau de lessive. Je te prie, ma chère amie, de faire arranger les deux lits parce que Mademoiselle Max viendra avec la maman, et de faire coucher tout le train d'enfants d'arrière avec toi. Si tu pouvais faire parler à Jaup pour un lit chez lui dans sa grande chambre pour Goethe et moi ... Mademoiselle Ziegler et Mademoiselle de Roussillon te font mille amitiés aussi bien que Goethe, dont je commence à devenir amoureux sérieusement. C'est un homme, comme j'en ai rencontré fort peu pour mon cœur ...

Je suis logé chez Goethe, quoiqu'il eût de la place chez Dumeiz. Mademoiselle [Cornelia] est une jolie personne, et toute la famille, de très bonnes gens.

84 Caroline Flachsland an Herder *27. April oder 1. Mai 1772*

Endlich ist Madame de La Roche bei uns erschienen ... Goethe ist aufgebracht wie ein Löwe gegen sie. Deswegen ist er nicht mit ihr [nach Darmstadt] gekommen, und mein Lilamädchen und Fräulein von Roussillon waren auch nicht hier ...

Goethe und meine Lila sind wieder hier, ich habe das warme feurige Mädchen nur eine Minute gesehn, und mit Goethe waren wir gestern bei meinem Fels und *Hügel.* Er hat sich einen großen prächtigen Felsen zugeeignet und geht heute hin, seinen Namen hinein zu hauen, es kann aber niemand darauf als er allein.

85 Caroline Flachsland an Herder *8. Mai 1772*

Merck kam mit Goethe zu uns in den Garten ...
Meine Lila habe ich, seit sie hier ist, nur etliche Mal gesehen, und einmal in Gesellschaft Mercks, und Goethe die Geschichte des armen Le Fever aus dem Tristram Shandy lesen hören – o wenn Sie das Mädchen kennten, sie ist ein Engel von Empfindung und tausendmal besser als ich. Sie gab mir Blümchen aus ihrem Garten, und ich legte sie in «Yoricks

empfindsame Reisen». – Wenn Goethe von Adel wäre, so wollte ich, daß er sie vom Hof wegnähme, wo sie auf die unverantwortlichste Art verkannt wird – aber so geht's nicht. Goethe ist ein äußerst guter Mensch, und sie wären sich beide wert ...

Unser vom Himmel gegebener Freund Goethe ist wieder fort, mit Einem Kuß und Träne im Herzen bin ich von ihm geschieden – er geht nach Wetzlar und kommt in drei Monat wieder. Er ist wahrhaftig ein äußerst guter Mensch.

86 Herder an Caroline Flachsland *13. Mai 1772*

Du hast nun Gleim, Wieland, den großen Goethe, den Heidenbekehrer Leuchsenring ... gesehen und beschauet ...

Goethe ist ein guter Junge und wird euch mit seinen Wanderschaften wenigstens ein Bild vortragen, das Lust zu leben hat, und närrisch Zeug zu machen, in Felsen zu hauen, zu hüpfen, und bei einem kleinen Vorfall sehr laut zu krähen. Was würde ich für einige Stunden geben, bei euch zu sein.

87 Herder an Caroline Flachsland *16. oder 20. Mai 1772*

Wenn Goethe wieder kommt, so grüßen Sie ihn doch recht sehr von mir; seinen braven Berlichingen will ich ihm nächstens schicken.

88 Caroline Flachsland an Herder *25. Mai 1772*

Hier haben Sie ... einige Empfindungsstücke von unserm *großen Freund* Goethe. Elysium und Morgenlied beziehen sich fast ganz auf die Zeit, wo er Uranien und Lila in Homburg zusammen zum erstenmal sah. – Jetzt sitzt er in Wetzlar, einsam, öde und leer, und überschickte diese drei Stücke an Lila zum Austeilen ... Ein jedes empfindsames Herz wird von dem Engelsmädchen angesteckt, und mich dünkt, Goethe denkt darüber ernsthaft nach –

89 Böttiger

In seiner Jugend und Genieperiode war er als einer der schönsten Männer von Mädchen und Frauen angebetet.

Oft ging er, als er noch in Frankfurt war, zu Fuß nach Darmstadt. Da gaben ihm die artigsten Frauen das Geleite bis zur Stadt hinaus, und in Darmstadt setzte er sich vor Mercks Haus, wo auf einer steinernen Treppe einige Bänke vor der Haustür standen, um den um ihn versammelten Mädchen Genieaudienz zu geben, die oft länger als eine Stunde dauerte.

90 Merck an eine Freundin *Herbst 1777*

Freilich 8 oder 9 Menschen, wie sie anno 1772 beisammen, und oft in meinem Hause beisammen waren, ist ein seltnes Schauspiel.

WETZLAR

91 Kestner an A. v. Hennings (Konzept) *Herbst 1772*

Im Frühjahr kam hier [nach Wetzlar] ein gewisser Goethe aus Frankfurt, seiner Hantierung nach Dr. Juris, 23 Jahr alt, einziger Sohn eines sehr reichen Vaters, um sich hier, dies war seines Vaters Absicht, in Praxi umzusehen, der seinigen nach aber, den Homer, Pindar p. zu studieren und was sein Genie, seine Denkungsart und sein Herz ihm weiter für Beschäftigungen eingeben würde.

Gleich anfangs kündigten ihn die hiesigen schönen Geister als einen ihrer Mitbrüder, und als Mitarbeiter an der neuen Frankfurter Gelehrten Zeitung, beiläufig auch als Philosophen im Publico an, und gaben sich Mühe, mit ihm in Verbindung zu stehen. Da ich unter diese Klasse von Leuten nicht gehöre, oder vielmehr im Publico nicht so gänge bin, so lernte ich Goethen erst spät und ganz von ohngefähr kennen. Einer der vornehmsten unsrer schönen Geister, Sekretär Gotter, beredete mich einst nach Garbenheim, einem Dorf, gewöhnlichem Spaziergang, zu gehen. Daselbst fand ich ihn im Grase unter einem Baum auf dem Rücken liegen, indem er sich mit einigen Umstehenden, einem epikureischen Philosophen (v. Goué, großes Genie), einem stoischen Philosophen (v. Kielmannsegg) und einem Mitteldinge von beiden (Dr. König) unterhielt und ihm recht wohl war.

Er hat sich nachher darüber gefreuet, daß ich ihn in einer solchen Stellung kennen gelernet. Es ward von mancherlei, zum Teil interessanten Dingen gesprochen. Für dieses Mal urteilte ich aber nichts weiter von ihm, als: es ist kein unbeträchtlicher Mensch. Sie wissen, daß ich nicht eilig urteile. Ich fand schon, daß er Genie hatte, und eine lebhafte Einbildungskraft, aber dies war mir doch noch nicht genug, ihn hoch zu schätzen.

Ehe ich weiter gehe, muß ich eine Schilderung von ihm versuchen, da ich ihn nachher genau kennen gelernet habe.

Er besitzt, was man Genie nennt, und eine ganz außerordentlich lebhafte Einbildungskraft. Er ist in seinen Affekten heftig. Er hat eine edle Denkungsart. Er ist ein Mensch von Charakter. Er liebt die Kinder und kann sich mit ihnen sehr beschäftigen. Er ist bizarre und hat in seinem Betragen, seinem Äußerlichen Verschiedenes, das ihn unangenehm machen könnte: aber bei Kindern, bei Frauenzimmern und vielen andern ist er doch wohl angeschrieben.

Er tut, was ihm einfällt, ohne sich darum zu bekümmern, ob es anderen gefällt, ob es Mode ist, ob es die Lebensart erlaubt. Aller Zwang ist ihm verhaßt*.

Für dem weiblichen Geschlecht hat er sehr viele Hochachtung.

In Principiis ist er noch nicht fest, und strebt noch erst nach einem gewissen System.

Um etwas davon zu sagen, so hält er viel von Rousseau, ist jedoch kein blinder Anbeter von demselben.

Er ist nicht, was man orthodox nennt. Jedoch nicht aus Stolz oder Caprice oder um was vorstellen zu wollen. Er äußert sich auch über gewisse Haupt-Materien gegen wenige; stört andere nicht gern in ihren ruhigen Vorstellungen.

Er haßt zwar den Scepticismum, strebt nach Wahrheit

* [Variante am Rande] Er hat sehr viel Talente, ist ein wahres Genie, und ein Mensch von Charakter. Besitzt eine außerordentlich lebhafte Einbildungskraft, daher er sich meistens unter Bildern und Gleichnissen ausdrückt. Er hat sehr viele Kenntnis. Er ist in allen seinen Affekten heftig; hat jedoch oft viel Gewalt über sich. Seine Denkungsart ist edel; von Vorurteilen frei, handelt er, wie es ihm einfällt, ohne Rücksicht auf Mode, Gewohnheit oder Meinungen.

und nach Determinierung über gewisse Haupt-Materien, glaubt auch schon über die wichtigsten determiniert zu sein, soviel ich aber gemerkt, ist er es noch nicht. Er geht nicht in die Kirche, auch nicht zum Abendmahl, betet auch selten. Denn, sagt er, ich bin dazu nicht genug Lügner.

Zuweilen ist er über gewisse Materien ruhig, zuweilen aber nichts weniger wie das.

Vor der christlichen Religion hat er Hochachtung, nicht aber in der Gestalt, wie sie unsere Theologen vorstellten. Er *glaubt* ein künftiges Leben, einen besseren Zustand.

Er strebt nach Wahrheit; hält jedoch mehr vom Gefühl derselben, als von ihrer Demonstration.

Er hat schon viel getan und viele Kenntnisse; viel Lektüre, aber doch noch mehr gedacht und räsonnieret. Aus den schönen Wissenschaften und Künsten hat er sein Haupt-Werk gemacht, oder vielmehr aus allen Wissenschaften, nur nicht denen sogenannten Brotwissenschaften.

[Am Rande] Ich wollte ihn schildern, aber es würde zu weitläuftig werden, denn es läßt sich gar viel von ihm sagen, er ist mit einem Worte ein sehr merkwürdiger Mensch. Er steht bei mir gleich nach Ihnen.

Ich würde nicht fertig werden, wenn ich ihn ganz schildern wollte.

92 Kestner an A. v. Hennings (Konzept) Herbst 1772

... Ich will jetzo den angefangenen Brief liegen lassen, weil er noch lange kein Ganzes ausmacht, und eine andre, sehr interessante Begebenheit, welche in die Geschichte meiner Liebe schlägt, erzählen ...

Im Frühjahr kam hier der Doktor Goethe von Frankfurt am Main. Er sollte hier die Praxin treiben. Er war 23 Jahr alt und passierte hier für einen Philosophen, welchen Titel er aber nicht auf sich kommen lassen wollte. Die schönen Geister bemüheten sich um seine Bekanntschaft; denn er hatte aus den schönen Wissenschaften sein Hauptwerk gemacht, oder vielmehr aus allen Wissenschaften, nur nicht den sogenannten Brotwissenschaften; er hassete die Juristerei und bedarf ihrer auch nicht, da sein Vater außerordentlich reich, er aber der einzige Sohn ist. Ich lernte ihn von ohngefähr kennen, und mein erstes Urteil von ihm war, daß er kein unbeträchtlicher Mensch sei. Sie wissen, daß ich nicht eilig beurteile.

Den 9. Juni fügte es sich, daß er mit bei einem Ball auf dem Lande war, wo mein Mädchen und ich auch waren. Ich konnte erst nachkommen und ritt dahin. Mein Mädchen fuhr also in einer andern Gesellschaft hin; der Dr. Goethe war mit im Wagen und lernte Lottchen hier zuerst kennen. Er hat sehr viele Kenntnisse, und die Natur, im physikalischen und moralischen Verstande genommen, zu seinem Hauptstudium gemacht und von beiden die wahre Schönheit studiert. Noch kein Frauenzimmer hier hatte ihm ein Genügen geleistet. Lottchen zog gleich seine ganze Aufmerksamkeit an sich. Sie ist noch jung, sie hat, wenn sie gleich keine ganz regelmäßige Schönheit ist (ich rede hier nach dem gemeinen Sprachgebrauch und weiß wohl, daß die Schönheit eigentlich keine Regeln hat), eine sehr vorteilhafte, einnehmende Gesichtsbildung; ihr Blick ist wie ein heitrer Frühlings-Morgen, zumal den Tag, weil sie den Tanz liebt; sie war lustig; sie war in ganz ungekünsteltem Putz. Er bemerkte bei ihr Gefühl für das Schöne der Natur und einen ungezwungenen Witz, mehr Laune als Witz.

Er wußte nicht, daß sie nicht mehr frei war; ich kam ein paar Stunden später; und es ist nie unsere Gewohnheit, an öffentlichen Orten mehr als Freundschaft gegen einander zu äußern. Er war den Tag ausgelassen lustig (dieses ist er manchmal, dagegen zur andern Zeit melancholisch). Lottchen eroberte ihn ganz, um desto mehr, da sie sich keine Mühe darum gab, sondern sich nur dem Vergnügen überließ. Andern Tags konnte es nicht fehlen, daß Goethe sich nach Lottchens Befinden auf dem Ball erkundigte. Vorhin hatte er in ihr ein fröhliches Mädchen kennen gelernt, das den Tanz und das ungetrübte Vergnügen liebt; nun lernte er sie auch von der Seite, wo sie ihre Stärke hat, von der häuslichen Seite, kennen.

93 Kestners Tagebuch *9. Juni 1772*

Le 9me [Juin]. Fut un bal à Volprechsthausen [Volpertshausen], village à deux lieues de Wetzlar. Il était composé de 25 personnes. On s'y rendit le soir en carrosses et à cheval, et on en revint le lendemain matin.

Je fus aussi là. Je partis à 7 heures du soir à cheval tout seul. On se divertit très bien. Je retournai à 4 heures du matin le premier tout seul, et à 5 heures je me couchais jusqu'à 8 ou 9 heures. 12 chapeaux (Monsieur Nieper, Jerusalem, Bostel, Wippermann, Dietz, de Born, Dr. Goede, Monsieur Buchholz, Monsieur Kerckering, König, Bodenlack et moi), 13 dames (Madame Lange, Bostel et Buchholz, Demoiselles 2 Buff teutonique, Bostel, Dietz, Lange, 3 Brand, Bonn et Madame Rennas).

94 Kestners Tagebuch *Ende Juni 1772*

... Nachher, und wie ich meine Arbeit, die ich hatte, getan, gehe ich zu meinem Mädchen, ich finde den Dr. Goede da ... Er liebt sie, und ob er gleich ein Philosoph ist und mir gut ist, so sieht er mich doch nicht gerne kommen, und mit meinem Mädchen vergnügt sein. Und ich, ob ich ihm gleich recht gut bin, so sehe ich doch auch nicht gern, daß er bei meinem Mädchen allein bleiben, und sie unterhalten soll. Ich muß gehen, zum Glück kommt der Vater. Ich gehe schon ruhiger ...

95 K. W. Jerusalem an J. J. Eschenburg *18. Juli 1772*

Jetzt ist unser kleiner Leipziger Konsul Born (gegenwärtig von Born) hier, der auf seinen Reisen recht artig geworden ist. Bei ihm ist sein Freund Göden. Er war zu unserer Zeit in Leipzig und ein Geck, jetzt ist er noch außerdem Frankfurter Zeitungs-Schreiber. Vielleicht erinnern Sie sich seiner noch.

96 F. W. Gotter an Ch. G. Heyne *1. August 1772*

Das ist eine der vorzüglichsten Annehmlichkeiten Wetzlars, daß man unvermutet mit Leuten zusammentrifft, von denen man einen sehr zweifelhaften Abschied genommen hatte, und andere, neue, artige Bekanntschaften macht. So mußte ich unsern liebenswürdigen Born erst hier kennen lernen, nachdem ich ihn in Göttingen und Leipzig verfehlt hatte. So auch den Dr. Goethe von Frankfurt, einen jungen Mann, dessen Genie Ihnen gewiß Gnüge leisten würde und zu dessen Vorteile ich nur dieses sagen will, daß er ein Liebling Herders ist. Beide [Born und Goethe] wohnen zusammen. Ich sehe sie oft, und der Gedanke, gemeinschaftlich nach Göttingen zu reisen, ist unser wichtigster Kommunikationspunkt.

97 J. G. Dyk: Über einige Vorstellungen der Weimarischen Hofschauspieler zu Leipzig *1807*

Den 28. Mai: Die Mitschuldigen von Goethe. Dies Stück ist beinah so alt als Götz von Berlichingen. Es ward, wie dieses, zu Wetzlar geschrieben, wo Goethe, in Verbindung mit Gotter, es auf einem Liebhaber-Theater, soviel ich weiß, aufführte.

98 Kestners Tagebuch *9. August 1772*

Den 9. August. Morgens ging ich mit dem Dr. Goethe der Lottchen entgegen; sie begegnete uns jenseit Garbenheim, da der Rentmeister Rhodius sie begleitete. Dieser kehrte um, und wir nahmen sie in Empfang, brachten sie nach Garbenheim, wo ihre Schwester und Mademoiselle Annchen Brand nebst Dr. Dietz waren. Wir tranken Kaffee; gingen herein, vergnügt, daß wir unsere Lottchen wieder hatten.

Nachmittags waren wir wieder bei ihr, lasen im Garten eine Predigt vom Yorick, unterhielten uns; dann ging ich mit Goethe nach Garbenheim, er war dahin bestellt, um den Professor Schulz und Schmidt von Gießen zu sehen. Unterwegs handelten wir ein ganz System von des Menschen Bestimmung hier und dort ab. Eine merkwürdige wichtige Unterredung. Als die andern von Garbenheim abgingen, folgten wir etwas nach, setzten uns an den Weg, unterhielten uns ferner, dann kehrten wir wieder nach der Stadt zurück; kamen zum Lottchen, wo er bald wegging und ich blieb.

99 Kestners Tagebuch *13. August 1772*

Den 13. August war ich in Gießen ... Über Schiffenberg kehrte ich zurück. Lottchen, Goethe und Mademoiselle Dortchen Brand kamen mir entgegen. Abends das Geständnis von einem Kuß. Kleine Brouillerie mit Lottchen; welche andern Tags wieder vorbei war.

100 Kestners Tagebuch *14. August 1772*

Den 14. Abends kam Goethe von einem Spaziergang vor den Hof. Er ward gleichgültig traktieret, ging bald weg.

101 Kestners Tagebuch *15. August 1772*

Den 15. ward er nach Atzbach geschickt, eine Aprikose der Rentmeisterin zu bringen. Abends gegen 10 Uhr kam er und fand uns vor der Tür sitzen; seine Blumen, Morgens-Dröpperger, wurden gleichgültig liegen gelassen; er empfand es, warf sie weg; redete in Gleichnissen; ich ging mit Goethe noch nachts bis 12 Uhr auf der Gasse spazieren; merkwürdiges Gespräch, wo er voll Unmut war, und allerhand Phantasien hatte, worüber wir am Ende, im Mondenschein an eine Mauer gelehnet, lachten.

102 Kestners Tagebuch *16. August 1772*

Den 16. Bekam Goethe von Lottchen gepredigt; sie deklarierte ihm, daß er nichts als Freundschaft hoffen dürfe; er ward blaß und sehr niedergeschlagen pp. Wir gingen aus dem Neustädter Tor spazieren; hernach in Bostels Gesellschaft ich und Goethe; abends Bohnen geschnitten.

103 Kestners Tagebuch *17. August 1772*

Den 17. ... Nachmittags reiste Lottchen mit ihr [der Oberförsterin] nach Gießen.

104 K. A. v. Hardenbergs Tagebuch *18. August 1772*

[Wetzlar, 17. August.] Visite de Monsieur Goede de Francfort, ancienne connaissance de Leipsic.

105 Kestners Tagebuch *18. August 1772*

Den 18. Goethe, der den Kriegszahlmeister Merck von Darmstadt hier erwartet hatte, ging nach Gießen zu Fuß, traf dort Herrn Merck schon an, bei Kriegszahlmeister Pfaff, wo Lottchen auch war; sie aßen zusammen in Gesellschaft Professor Höpfner p.

106 L.J.F. Höpfner an R.E. Raspe *16. August 1772*

Heute abend oder morgen kommt unser Merck zu mir. Wären Sie doch auch bei uns. Sie und Gotter und Goethe (ein Mann von großen Talenten) und Merck, was sollte das für eine Freude sein, auch für mich

in all my griefs, than god has giv'n my share.

107 K. Wagner (nach mündlicher Überlieferung) *1847*

Goethe hatte sich im Jahre 1772 [am 18. August] dem Professor Höpfner, in fremder Gestalt, verkleidet, als ein zur Heimat kehrender studiosus iuris, vorgestellt und von ihm nicht gekannt mit ihm, Merck, Schlosser und Philipp Heinrich Schmidt sehr ergetzliche Tischgespräche geführt. So geschickt auch Goethe diesen wunderbaren Anfang seiner Bekanntschaft mit Höpfner in Dichtung und Wahrheit ... erzählt, so ist doch eben seine Schilderung ein neuer Beweis, wie ein solcher flüchtiger Scherz, wenn er im trocknen Buchstaben erscheint, so vieles von seinem Salz und Leben einbüßt. Ganz anders nahm sie sich (nach glaubwürdigster Erzählung) im Munde Höpfners aus, wenn er sie dramatisierte, die seltsame Erscheinung des wunderschönen jungen Menschen mit den feuervollen Augen und dem unbeholfnen linkischen Anstande beschrieb, seine komischen Reden wiederholte und dann endlich zur Explosion kam, wie der blöde Student aufsprang und Höpfnern um den Hals fiel, mit den Worten: «Ich bin Goethe! Verzeihen Sie mir meine Posse, lieber Höpfner; aber ich weiß, daß man bei der gewöhnlichen Art, durch einen Dritten miteinander bekannt gemacht zu werden, lange sich gegenüber steif und fremd bleibt, und da, dachte ich, wollte ich in Ihre Freundschaft lieber gleich mit beiden Füßen hineinspringen, und so, hoff' ich, soll's zwischen uns sein und werden durch den Spaß, den ich mir erlaubt habe.»

108 Hallwachs (nach Erzählung von Höpfners Frau) 1885

Eines Tags meldete sich ein junger Mann in vernachlässigter Kleidung und mit linkischer Haltung zum Besuche bei Höpfner mit dem Vorbringen an, er habe dringend mit dem Herrn Professor etwas zu sprechen. Höpfner, obgleich damit beschäftigt, sich zum Gang in eine Vorlesung vorzubereiten, nahm den jungen Mann an. Die ganze Art und Weise, wie sich derselbe beim Eintreten und Platznehmen anstellte, ließ Höpfner vermuten, daß er es mit einem Studenten zu tun habe, der sich in Geldverlegenheiten befinde. In dieser Ansicht wurde Höpfner dadurch bestärkt, daß der junge Mann damit seine Unterhaltung anfing, in ausführlichster Weise seine Familien- und Lebensverhältnisse zu schildern, und dabei von Zeit zu Zeit durchblicken ließ, daß diese nicht die glänzendsten seien. Gedrängt durch die herannahende Collegstunde entschloß sich der Professor sehr bald, dem jungen Mann ohne weiteres eine Geldunterstützung zufließen zu lassen und damit zugleich der peinlichen Unterhaltung ein Ende zu machen. Kaum gab er jedoch diese Absicht dadurch zu erkennen, daß er nach dem Geldbeutel in seiner Tasche suchte, so wendete der vermeintliche Bettelstudent das Gespräch wissenschaftlichen Fragen zu und entfernte sehr bald den Verdacht, daß er gekommen, um ein Geldgeschenk in Anspruch zu nehmen. Sobald der junge Mann bemerkte, daß der Herr Professor eine andere Ansicht von ihm gewonnen, nahm das Gespräch jedoch die alte Wendung, und die Andeutung des Studenten, daß es schließlich doch auf das Verlangen nach einer Unterstützung abgesehen sei, wurde immer verständlicher. Nachdem Höpfner auf diese Weise ein und das andere Mal sich in der Lage befunden hatte, dem jungen Manne Geld anzubieten und dann wieder davon abstehen zu müssen glaubte, entfernte sich der Student rasch und ließ den Herrn Professor voll Zweifel und Vermutung über diesen rätselhaften Besuch zurück.

Als Höpfner am Abend desselben Tages, doch etwas später wie gewöhnlich, in das Lokal trat, wo sich die Professoren der Universität gesellschaftlich zusammenzufinden pflegten, fand er daselbst ein vollständiges Durcheinander. Die ganz besonders zahlreiche Gesellschaft war um einen einzigen Tisch herum gruppiert, teils sitzend, teils stehend, ja einige der gelehrten Herren standen auf Stühlen und schauten über die Köpfe ihrer Kollegen in den Kreis der Versammelten hinein, aus dessen Mitte die volle Stimme eines Mannes hervordrang, der mit begeisterter Rede seine Zuhörer bezauberte. Auf Höpfners Frage, was da vorgehe, wird ihm die Antwort: Goethe aus Wetzlar sei schon seit einer Stunde hier. Die Unterhaltung habe nach und nach sich so gestaltet, daß Goethe fast allein nur spräche und alle verwundert und begeistert ihm zuhörten.

Höpfner, voll Verlangen den Dichter zu sehen, besteigt einen Stuhl, schaut in den Kreis hinein und erblickt seinen Bettelstudenten zu einem Götterjüngling umgewandelt. Höpfners Erstaunen läßt sich denken.

109 L.J.F.Höpfner an R.E.Raspe 19.Oktober 1772

Mit Merck und Goethe habe ich viel vergnügte Stunden gehabt (Goethe in parenthesi ist Doctor iuris in Frankfurt und hat unter andern Ihres Freundes Klotz Leben par Monsieur Hausen, auch den Polnischen Juden in der Frankfurter Zeitung rezensiert). Schmidt kam einst in unsre Gesellschaft. Aber Himmel, wie ging es dem armen Sünder. Feiner, witziger und boshafter ist noch nie ein Mensch gegeißelt worden, als er. Merck sagte von ihm, als er weg war, die Natur habe ihn in einem onanitischen Akt an die Wand geworfen.

110 L.J.F.Höpfner an Ch.F.Nicolai 18.Februar 1773

Die Kritik [Goethes] von Geßners Idyllen war freilich ungerecht. Ich habe mit dem Rezensenten lange darüber gezankt.

111 L.J.F.Höpfner an Ch.F.Nicolai 11.September 1773

Götz von Berlichingen haben Sie doch schon gelesen? Ich wünschte, daß Sie den Verfasser persönlich kennten, ein Mensch, der bei seinem wahren Genius der beste, gutherzigste, liebenswürdigste Sterbliche ist. Auf seine und Mercks Freundschaft bin ich sehr stolz.

112 Merck an seine Frau 18. August 1772

J'ai fait un très heureux voyage, ma très chère amie. On m'attendait et je fus reçu à bras ouverts de mon vieux ami Hoepfner. A Francfort, je n'eus pas le temps de voir Monsieur Dumeiz. On me mena d'abord dans une maison, où je devais trouver Mademoiselle Goethe; mais je trouvai plus que je n'avais espéré. C'était la vue de deux charmantes filles formées d'après l'idéal de notre Goethe, toutes de cœur, pleines de naïveté et l'une des deux remplie de grâces ... Voilà le côté physique de mon voyage; la partie morale se trouva un peu mieux arrangée comme j'ai déjà dit pour la connaissance inattendue des deux amies de notre ami Goethe. Dans ce moment je reviens de Monsieur Pfaff, où j'ai trouvé aussi l'amie de Goethe de Wetzlar, cette fille, dont il parle avec tant d'enthousiasme dans toutes ses lettres. Elle mérite réellement tout ce qu'il pourra dire de bien sur son compte. Nous passerons la soirée avec elle et demain nous partirons ensemble pour Wetzlar ... Peut-être que j'amènerai Goethe et sa sœur lundi avec moi à Darmstadt.

113 Kestners Tagebuch 19. August 1772

Den 19. Wollte ich früh nach Gießen, um die Lottchen zu holen, konnte kein Carriolchen bekommen, und verschob es bis den folgenden Tag ... Abends um 10 Uhr kam Dr. Goethe von Gießen zu mir, sagte, daß Merck hier wäre, erzählte von Gießen, ich sollte machen, daß ich andern Morgens früh zu Gießen wäre. Um 12 Uhr war ich mit der Schreiberei fertig; das Verlangen, mein Lottchen zu sehen und den folgenden Tag, wenn möglich, frei zu sein, beflügelte meine Hand.

114 Kestners Tagebuch *20. August 1772*

Den 20. morgens 4 Uhr stand ich auf; um 5 Uhr ritt ich weg; war um ½7 zu Gießen ... Um ½8 fuhr ich von Gießen mit Lottchen im dorten gemieteten Carriolchen ab; um ½9 zu Atzbach beim Rentmeister; um 9 Uhr weg nach Wetzlar; Lottchen hatte das Leit[Zügel], um ¾10 kamen wir zu Wetzlar an. Nachmittags gingen wir nach Garbenheim, wo Goethe und Merck nach Gießen fuhren.

115 Merck an seine Frau *23. August 1772*

Je me suis très bien amusé à Giessen et à Wetzlar. Je suis ici [in Frankfurt] depuis hier au soir ... Goethe reste encore à Wetzlar, il nous joindra à Coblence, en attendant j'amènerai sa sœur demain matin. Nous partirons à sept heures et nous comptons d'arriver vers l'heure du dîner ... J'ai à voir Mademoiselle Fahlmer de la part de Madame de La Roche et une troupe de jeunes filles de la connaissance de Goethe. Une nouvelle que tu ignores, c'est que Monsieur Schlosser fait très assidûment la cour à Mademoiselle Goethe, et qu'il est écouté favorablement.

116 Kestners Tagebuch *5. September 1772*

5. ... Kleiner Unwillen zwischen Lottchen und mir über die Atzbacher Reise, die dadurch rückgängig worden ...

Abends Versöhnung mit Lottchen. Gespräch, daß Wetzlar auswärts in so üblen Ruf sei, besonders das Frauenzimmer. In der Tat sind sie hier wohl äußerlich etwas freier, aber im Grunde ebenso tugendhaft, wie anderer Orten auch. Man hört hier würklich nicht so viele unrühmliche Geschichten von denselben, als anderer Orten von denen dortigen Frauenzimmern. Lottchen beklagte sich über jenen Ruf und bedauerte solchen.

117 Kestners Tagebuch *8. September 1772*

Den 8. September. Mittag Äpfelschnitzen, Pfannekuchen und Butterbrot und [ein] Glas Wasser, dabei gelesen, ruhig und vergnügt.

Porträt von Lottchen fertig. – Sie ist doch noch hübscher

als das Porträt, nämlich eine einnehmendere Miene, die Nase ist zu lang, das ganze Gesicht zu lang, das Ohr zu groß; in der weißen Gesichtsfarbe ist etwas flattiert, auch die Hand. – Dr. Goethe möchte das Porträt nicht einmal haben; aber sollte es auch nicht; es wäre ein Porträt fürs Publikum; es müßte noch ein goldener Rahmen herum!

118 Kestners Tagebuch *10. September 1772*

Den 10. September ... Mittags aß Dr. Goethe bei mir im Garten; ich wußte nicht, daß es zum letzten Mal war ...

Abends kam Dr. Goethe nach dem Teutschen Hause; er, Lottchen und ich hatten ein merkwürdiges Gespräch, von dem Zustande nach diesem Leben; vom Weggehen und Wiederkommen p.; welches nicht er, sondern Lottchen anfing; wir machten miteinander aus, wer zuerst von uns stürbe, sollte, wenn er könnte, den Lebenden Nachricht von dem Zustande jenes Lebens geben; Goethe wurde ganz niedergeschlagen, denn er wußte, daß er andern Morgens wegreisen wollte.

119 Kestners Tagebuch *11. September 1772*

Den 11. September. Morgens um 7 Uhr ist Goethe weggereiset, ohne Abschied zu nehmen. Er schickte mir ein Billett ... nebst Büchern. Er hatte es längst gesagt, daß er um diese Zeit nach Koblenz, wo der Kriegszahlmeister Merck ihn erwarte, eine Reise tun und er keinen Abschied nehmen, sondern plötzlich abreisen würde. Ich hatte es also erwartet. Aber, daß ich dennoch nicht dazu vorbereitet war, das habe ich gefühlet, tief in meiner Seele gefühlet. Ich kam den Morgen von der Diktatur zu Haus. – Herr Dr. Goethe hat dieses um 10 Uhr geschickt. – Ich sah die Bücher und das Billett und dachte, was dieses mir sagte, er ist fort! – Ich las, stand da, und dachte, doch nein, ich fühlte: Goethe ist fort! – und war ganz niedergeschlagen. Bald hernach kam Hans zu mir, mich zu fragen, ob er gewiß weg sei? Die Hofrätin Lange hatte bei Gelegenheit durch eine Magd sagen lassen, es wäre doch sehr ungezogen, daß Dr. Goethe so ohne Abschied zu nehmen weggereiset sei. Lottchen ließ wieder sagen: Warum *sie* ihren Neveu nicht besser gezogen hätte? Lottchen schickte, um gewiß zu sein, einen Kasten, den sie von Goethe hatte, nach seinem Hause. Er war nicht mehr da. Um Mittag hatte die Hofrätin Lange wieder sagen lassen: Aber sie wolle es des Dr. Goethe Mutter schreiben, wie er sich hier aufgeführet hätte. Unter den Kindern im Teutschen Hause bis zum Kleinsten sagte jedes: Dr. Goethe ist fort!

Mittags sprach ich mit Herrn v. Born, der ihn zu Pferde bis gegen Braunfels begleitet hatte. Goethe hatte von unserem gestrigen Abendgespräch ihm erzählt. Goethe war sehr niedergeschlagen weggereiset. Nachmittags brachte ich das Billett von Goethe an Lottchen. Sie war betrübt über seine Abreise; es kamen ihr die Tränen beim Lesen in die Augen. Doch war es ihr lieb, daß er fort war; da sie ihm das nicht geben konnte, was er wünschte, denn er war sehr verliebt in sie und bis zum Enthusiasmus. Sie hatte solches aber immer von sich entfernt, und ihm nichts als Freundschaft eingeräumet, auch förmlich deklarieret. Wir sprachen nur von ihm, ich konnte auch nichts anders, als an ihn denken, verteidigte die Art seiner Abreise, welche von einem Unverständigen getadelt wurde, ich tat es mit vieler Lebhaftigkeit. Nachher schrieb ich an ihn, was seit seiner Abreise vorgegangen war.

120 Kestners Tagebuch *12. September 1772*

Den 12. September ... Nach dem Essen begleitete ich Lottchen bis gegen Garbenheim, da sie, von des Schulmeisters Tochter begleitet, nach Atzbach ging. Auf dem Berge sah ich ihr noch mit Perspektiv nach, ich sah sie mit einer Bauersfrau unterwegs, die bei ihr still stand, reden. Es war des Dr. Goethe Freundin in Garbenheim, eine Frau, welche ziemlich gut aussiehet, eine freundliche, unschuldige Miene hat, und gut, jedoch ganz ohne Kunst reden kann; sie hat drei Kinder, welchen Dr. Goethe oft etwas mitbrachte, daher sie ihn lieb hatten, die Frau sah ihn auch gern. Diese redte Lottchen an: Ob sie so ganz allein käme? – Ich habe ja hier jemand bei mir! – Die Frau: Ja, ich meine, ob sie keinen Herren bei sich hat? – Was dann für einen? der oft zu ihr gekommen ist? – Die Frau: Den mit der Feder? – Nein, der letzthin bei euch war, der ist fort und kömmt nicht wieder. – Die Frau: Ei, der ist fort! – Ja, habt ihr etwas an ihn zu bestellen, so will ich es durch jemand schreiben lassen. – Die Frau: O dem hätte ich einen ganzen Wagen voll zu schreiben!

121 Kestners Tagebuch *13. September 1772*

Den 13.... Um 1 ½ Uhr ging ich mit Dorthel Brand, Caroline Buff, Amtmann, Dr. Dietz, Rimrod, Hans nach Atzbach, um die Lottchen abzuholen, zu Fuß. Ich war mit der Dorthel voraus. Sie erzählte mir, daß über des Dr. Goethe schnelle Abreise viel gesprochen würde; man glaubte, er habe einen Schuß, selbst Prokurator Ludolf, wo er wohnte, dem er plötzlich sagte, daß er wegreise, ihn bezahlte und Abschied nahm. Ludolf konnte sich nicht darin finden: Wo wollen Sie denn hin? – Er antwortete ganz eilig: Ich reise fort nach Koblenz, Köln p., und eilte weg.

122 F. W. Gotter an H. Ch. Boie *vor dem 18. September 1772*

Goethe ist seit ein paar Tagen verschwunden – im eigentlichsten Verstande verschwunden. Denn kein Mensch weiß, wo er hin ist. Fast vermute ich, daß er nach Wei[l]burg auf die Bilderjagd ausgeritten ist, wo wir diesen Sommer einmal zusammen waren. Die dortige Gegend ist ganz romantisch. Mich freut's unendlich und ihn nicht weniger, daß Sie seine Rezensionen erraten haben. Sowohl Geßner, als der Polnische Jude sind von ihm. Was der letztere zu der Ausschweifung seines Rezensenten sagen wird, weiß ich nicht. Mir ist sie um so leichter aufzulösen – da ich auch das Mädchen kenne – dessen Porträt er – aber *wie sich's die plastische Natur dachte* – und *mit Augen der Liebe* gemalt hat. Nun dürfen Sie es auch wissen, daß das kleine schwärmerische Liedchen von ihm ist. Nur lassen Sie's nicht merken. Denn er hat die Eitelkeit, vor keinen Dichter passieren zu wollen.

1772

123 Kestners Tagebuch *21. September 1772*

Den 21. September. Begleitete ich, nebst Herrn v. Born, die Herren v. Hardenberg und Freytag nach Frankfurt ... Herr v. Born und ich ... kamen um $5^1/_4$ zu Frankfurt an. Stiegen im Römischen Kaiser ab.

124 Kestners Tagebuch *22. September 1772*

Den 22. ... Vorher ging ich zum Dr. Schlosser, um mit ihm unsere Visite in Goethen Hause abzureden, daß ich nach dem Essen zu ihm kommen und wir denn erst zum Vater und Mutter und uns, nach Gelegenheit der Umstände, ausbitten wollten, die Mademoiselle auch zu sehen ...

Um 4 Uhr ging ich zu Schlosser, und siehe da, Goethe und Merck waren da. Es war mir eine unbeschreibliche Freude; er fiel mir um den Hals und erdrückte mich fast. Nun ward mir meine Reise hierher erst wichtig. Wir gingen auf den Römer, wo die Mercken, nebst dem Demoiselle Goethe, auch war. Wir gingen vors Tor auf dem Walle p. spazieren. Unvermutet begegnete uns ein Frauenzimmer. Wie sie den Goethe sah, leuchtete ihr die Freude aus dem Gesicht, plötzlich lief sie auf ihn zu, und in seine Arme. Sie küßten sich herzlich; es war die Schwester der Antoinette. Die Zeit ging untern Spazierengehen und Sprechen, bald der Mercken, bald dem Merck, bald dem Goethe, unvermerkt hin. Wir gingen in Goethes Haus; die Mutter war nur zu Haus und empfing uns, auch mich, auf das bei ihr alles geltende Wort des Sohnes. Der Vater bald hernach, damit war es ebenso; ich unterhielt mich mit ihm. Die Frauenzimmer entfernten sich zum Auskleiden. Der Merck proponierte, die Demoiselle spielen zu hören. Wir fanden sie oben am Klavier. Sie spielt vortrefflich, außerordentlich fertig. – Nach einer Pause bat sie, die Lottchen doch hieher zu bringen, recht inständig bat sie und äußerte, daß sie sie schon in der Ferne sehr lieb hätte. – Um 8 Uhr gingen der Hofrat Schlosser und ich nach Haus.

125 *Kestners Tagebuch* 23. *September 1772*

Den 23. Früh war Hardenberg bei mir und ich bei ihm. Ich ging um 9 Uhr zu Dr. Schlossern. Wir darauf zu Goethe. Ich besah das Haus. Wir gingen nebst Merck auf die Stadtbibliothek; gegen 12 Uhr auf den Römer. Ich aß bei Dr. Dietz. Nachmittags um 3 Uhr zu Goethe. Wir gingen auf die Messe, vor einige Kaufmannshäuser; zur Antoinette, Tochter des Kaufmann Gerock. Nachher zu Haus nach Goethe. Ich holte Schlossern in die Komödie, wo Goethe, seine Schwester und die Mercken auch waren, nachher aß ich bei Goethes und kam um 11 Uhr zu Haus.

126 *Frau Rat Goethe an Anna Amalia* 16. *Oktober 1778*

Gestern war Weinlese hier, es war noch ziemlich Wetter, und alles war fröhlich, mir aber fiel der Herbst von 1772 ein, da der Doktor und Hofrat Schlosser mit Wachslichtern auf den Hüten wie Geister im neuen Weg herum gingen, da waren noch viel andre und beßre Zeiten vor Frau Aja.

127 *Bettina an Goethe* 28. *November 1810*

Einmal zur Herbstlese, wo denn in Frankfurt am Abend in allen Gärten Feuerwerke abbrennen und von allen Seiten Raketen aufsteigen, bemerkte man in den entferntesten Feldern, wo sich die Festlichkeit nicht hin erstreckt hatte, viele Irrlichter, die hin- und herhüpften, bald auseinander, bald wieder eng zusammen, endlich fingen sie gar an, figurierte Tänze aufzuführen; wenn man nun näher drauf los kam, verlosch ein Irrlicht nach dem andern, manche taten noch große Sätze und verschwanden, andere blieben mitten in der Luft und verloschen dann plötzlich, andere setzten sich auf Hecken und Bäume – weg waren sie; die Leute fanden nichts, gingen wieder zurück: gleich fing der Tanz von vorne an, ein Lichtlein nach dem andern stellte sich wieder ein und tanzte um die halbe Stadt herum. Was war's? – Goethe, der mit vielen Kameraden, die sich Lichter auf die Hüte gesteckt hatten, da draußen herum tanzte.

Das war Deiner Mutter eine der liebsten Anekdoten; sie konnte noch manches dazu erzählen: wie Du nach solchen

Streichen immer lustig nach Hause kamst und hundert Abenteuer gehabt pp. – Deiner Mutter war gut zuhören!

128 Kestners Tagebuch *6. November 1772*

Le 6. ... Le même soir deux de mes amis de Francfort, Messieurs le Conseiller Schlosser et Docteur Goethe, arrivèrent [in Wetzlar], le premier pour des affaires et le second pour voir ses amis.

129 Kestners Tagebuch *10. November 1772*

Le 10. Messieurs Schlosser et Goethe sont repartis ce matin pour Francfort. Nous avons presque toujours été ensemble, ce qui m'a un peu dérangé dans mes affaires.

130 Kestner an A. v. Hennings *18. November 1772*

... Ein Mensch, dessen Urteil von Erheblichkeit ist, gestand diesen Sommer, er hätte noch kein Frauenzimmer gefunden, das so von den gewöhnlichen weiblichen Schwachheiten frei und doch so ganz Mädchen wäre [wie Lotte]. Wenn ich vor Ende dieses Briefes die Schilderung bekomme, welche er von Lottchen gemacht hat, will ich sie noch hersetzen.

Ob [sie] nun gleich ... nicht eigentlich eine sogenannte glänzende Beauté ist, nach dem gemeinen Sinne (mir ist sie's), so bleibt sie doch immer das bezaubernde Mädchen, das Scharen von Anbetern haben könnte, alte und junge, ernsthafte und lustige, kluge und dumme etc. Sie weiß sie aber bald zu überzeugen, daß sie entweder in der Flucht oder in der Freundschaft ihr einziges Heil suchen müssen. Eines von diesen, als des merkwürdigsten, will ich doch erwähnen, weil er auf uns einen Einfluß behalten. Ein junger Mensch an Jahren (23), aber in Kenntnissen und Entwickelung seiner Seelenkräfte und seines Charakters schon ein Mann, ein außerordentliches Genie und ein Mensch von Charakter, war hier, wie seine Familie glaubte, der Reichs-Praxis wegen, in der Tat aber um der Natur und der Wahrheit nachzuschleichen, und den Homer und Pindar zu studieren. Er hat nicht nötig, des Unterhaltes wegen zu studieren. Ganz von ohngefähr, nach langer Zeit seines Hierseins, lernte er Lottchen kennen, und in ihr sein Ideal von einem vortrefflichen Mädchen; er sah sie in ihrer fröhlichen Gestalt, ward aber bald gewahr, daß dieses nicht ihre vorzüglichste Seite war; er lernte sie auch in ihrer häuslichen Situation kennen, und ward, mit einem Wort, ihr Verehrer. Es konnte ihm nicht lange unbekannt bleiben, daß sie ihm nichts als Freundschaft geben konnte, und ihr Betragen gegen ihn gab wiederum ein Muster ab. Dieser gleiche Geschmack, und da wir uns näher kennen lernten, knüpfte zwischen ihm und mir das festeste Band der Freundschaft, so daß er bei mir gleich auf meinen lieben Hennings folgt. Indessen, ob er gleich in Ansehung Lottchens alle Hoffnung aufgeben mußte, und auch aufgab, so konnte er, mit aller seiner Philosophie und seinem natürlichen Stolze, so viel nicht über sich erhalten, daß er seine Neigung ganz bezwungen hätte. Und er hat solche Eigenschaften, die ihn einem Frauenzimmer, zumal einem empfindenden und das von Geschmack ist, gefährlich machen können: Allein Lottchen wußte ihn so kurz zu halten und auf eine solche Art zu behandeln, daß keine Hoffnung bei ihm aufkeimen konnte, und er sie, in ihrer Art zu verfahren, noch selbst bewundern mußte. Seine Ruhe litt sehr dabei; es gab mancherlei merkwürdige Szenen, wobei Lottchen bei mir gewann, und er mir als Freund auch werter werden mußte, ich aber doch manchmal bei mir erstaunen mußte, wie die Liebe so gar wunderliche Geschöpfe selbst aus den stärksten und sonst für sich selbstständigen Menschen machen kann. Meistens dauerte er mich, und es entstanden bei mir innerliche Kämpfe, da ich auf der einen Seite dachte, ich möchte nicht im Stande sein, Lottchen so glücklich zu machen, als er, auf der andern Seite aber den Gedanken nicht ausstehen konnte, sie zu verlieren. Letzteres gewann die Oberhand, und an Lottchen habe ich nicht einmal eine Ahndung von dergleichen Betrachtung bemerken können. Kurz, er fing nach einigen Monaten an, einzusehen, daß er zu seiner Ruhe Gewalt gebrauchen mußte. In einem Augenblicke, da er sich darüber völlig determiniert hatte, reisete er ohne Abschied davon, nachdem er schon öfters vergebliche Versuche zur Flucht gemacht hatte. Er ist zu Frankfurt, und wir reden fleißig durch Briefe miteinander. Bald schrieb er, nunmehr seiner wieder mächtig zu sein; gleich darauf fand ich wieder Veränderungen bei ihm. Kürzlich konnte er es doch nicht lassen, mit einem Freunde, der hier Geschäfte hatte, herüber zu kommen; er würde vielleicht noch hier sein, wenn seines Begleiters Geschäfte nicht in einigen Tagen beendigt worden wären, und dieser gleiche Bewegungsgründe gehabt hätte, zurückzueilen: denn er folgt seiner nächsten Idee, und bekümmert sich nicht um die Folgen, und dieses fließt aus seinem Charakter, der ganz Original ist.

131 Cornelia Goethe an Kestner *21. November 1772*

Ich habe Ihren Brief meinem Bruder nach Darmstadt geschickt, mein Herr, denken Sie nur, er ist schon seit am Montag weg, und hat noch kein Wort von sich hören lassen, ist das nicht zu arg. – Aber so macht er's, Sie werden's auch schon an ihm gewohnt sein.

Ehe mein Bruder von hier wegging, hat er mir eifrigst aufgetragen, einige Liedchen vor Ihr liebes Lottchen abzuschreiben …

132 Cornelia Goethe an Kestner *25. November 1772*

Ich danke Ihnen, lieber Freund, für die Nachricht von meinem Bruder, bis jetzt ist er noch immer stumm gegen uns – daß sie nicht nach Mannheim gehen, hat er die vorige Woche Netten [Gerock] zu meinem Trost geschrieben, weil er versprochen hatte, mich mitzunehmen.

133 Caroline Flachsland an Herder *27. November 1772*

Unser guter Goethe ist hier [in Darmstadt], lebt und zeichent, und wir sitzen beim Wintertisch um ihn herum und sehen und hören. Es ist bei Merck eine Akademie; sie zeichnen und stechen in Kupfer zusammen. Mir hat er ein Landschäftchen gezeichent mit einem Bergschloß und unten am Berg ein Dorf, – wärst Du doch darinnen Land-Priester und ich Dein Weib …

Ich dachte, Merck und Goethe schrieben heute mit mir, und so erzählte ich weiter nichts von ihnen. Ich dachte, sie sollten's selbst tun, aber ich zweifle, ob einer schreibt. Du und Dein geliebter Name werden oft mit Freudigkeit unter uns genennt – Blick und Herz sagt alsdann mehr, als alle Worte. Goethe ist ein edler Mensch.

134 Cornelia Goethe an Kestner *4. Dezember 1772*

Mein Bruder hat auch uns geschrieben, er denkt noch nicht ans Wiederkommen.

135 Caroline Flachsland an Herder *5. Dezember 1772*

Goethe ist noch hier und lernt Merck zeichnen. Mich dünkt, er ist überhaupt etwas stiller und geläuterter worden; er will Dich das Frühjahr zu mir führen, wenn Sie in Frankfurt bei ihm einkehren, und hofft viel Gutes von Ihrem Wiedersehn. Er sagt, Du wärst ihm nicht so ganz gut – und er ist Ihnen doch gut, das sehe und höre ich mit Ohren und Herz. Das Wiedersehn knüpft vielleicht den Knoten auf, wie billig! Er denkt noch ein Maler zu werden, und wir rieten ihm sehr dazu. Da ihm doch alle Tugenden fehlten, sagte er, so wollte er sich auf Talente legen. Aus *dem* Kopf könnte da was werden. Uns Mädchen und Weiber ist er auch besser wie sonst und ist uns herzlich gut, aber überhaupt lieben – dazu liegt noch zu viel Asche von seiner ersten Liebe in seinem Herzen, und auch das scheint natürlich. Wir haben ihn hier alle lieb. Sie wissen doch, daß er mit Merck und Madame Merck im Mai in die Schweiz geht?

136 Caroline Flachsland an Herder *7. Dezember 1772*

Goethe gab mir Ihren Brief, ich sagte ihm was von Kurland, wenn Sie als Kurator hinkämen, meint er, dann wär's gut, aber als Professor würde's Ihnen nirgends gefallen ...

Goethe will Ihnen von Frankfurt schreiben; er geht diese Woche wieder fort ...

137 Caroline Flachsland an Herder *15. Dezember 1772*

Goethe ist fort, der gutherzige Wanderer!

138 *Caroline Flachsland an Herder* *12. Februar 1773*

Deine Briefe und Gedichte an mich zeige ich keinem Menschen; wie kann ich mein unverdientes Lob selbst zeigen! Es waren nur die *englischen Romanzen*, die Merck und Goethe bei mir gesehen.

1773

139 *Cornelia Goethe an Kestner* *4. Januar 1773*

Mein Bruder hat mir aufgetragen, Ihnen zu schreiben, daß Sie so gütig sein sollen, den Herrn v. Kielmannsegg zu fragen, ob er jetzt einen Teil vom Ossian will, er ist heut angekommen –

140 *Cornelia Goethe an Kestner* *18. Januar 1773*

Wir leben hier ganz einfach und recht vergnügt, wenn wir des Abends zusammen am Ofen sitzen und schwatzen, oder wenn uns mein Bruder etwas vorliest, da wünschen wir oft, daß Sie bei uns sein und unser Vergnügen teilen könnten.

141 *Caroline Flachsland an Herder* *17. April 1773*

Goethe ist seit zwei Tagen hier [in Darmstadt]. Ich habe ihn nur wenig gesprochen; er ist rückhaltender als jemals und spricht in Gegenwart Mercks in einem wunderlichen Ton mit mir – das mich aber nicht beleidigt, weil Merck das Ressort ist. Wenn ich ihn allein spreche, ist er gut, sehr gut.

142 *Caroline Flachsland an Herder* *19. April 1773*

Goethe kommt nicht oft zu uns, ich habe ihn fast noch nicht gesprochen; ich bin wie ein Ball, oft ganz nah, und wieder weit weg von ihm. Es geht mir aber nichts mehr nah; denn ich finde ja Dich, mein Geliebtester auf der Welt.

143 *G. F. E. Schönborn an Gerstenberg* *12. Oktober 1773*

Frankfurt gefällt mir überaus wohl …

Gleich des Abends nach meiner Ankunft hab ich auch Herrn Göde, den Verfasser des Götze, gesprochen, und das ging so zu. Es saß ein Mann in der Stube des Gasthofes, wo ich logierte, in der Ecke, der ein Pfeif Tobak rauchte.

Der Wirt frug ihn, ob er mit bei Tische zu Abend essen wollte. Er antwortete, nein! ich will es mir auf meiner Stube ausbitten, Herr Doktor Göde wird bei mir diesen Abend sein. Ich frug ihn, ob er den Doktor Göde meine, der neulich ein Drama herausgegeben, er antwortete, ja. Ich sagte ihm, daß ich einen Brief an ihn habe von Herrn Boie. Darauf strömte er in so große Lobeserhebung seines Freundes und über das Stück von Berlichingen aus, daß er sagte, der Ugolino und dieses Drama wären die beiden einzigen Meisterstücke, die in Teutschland von der Art erschienen wären. Da er hörte, daß ich den Verfasser des Ugolino, daß ich Klopstock ganz genau von Person kennte, so erstaunte er über meine Erscheinung, und wir wurden gleich gute Freunde. Ich sagte ihm, daß Gerstenberg und Klopstock beide ausnehmend mit dem Götze zufrieden wären. Dieser Mann ist ein junger Professor Juris in Gießen, welches drei Meilen von hier ist. Sein Name ist Höpfner. Kurz darauf kam Göde selbst, und wir wurden gleich bekannt und gleich Freunde. Es ist ein magerer junger Mann ohngefähr von meiner Größe. Er sieht blaß aus. Hat eine große, etwas gebogene Nase; ein länglichtes Gesichte und mittelmäßige schwarze Augen und schwarzes Haar. [Durchstrichen: Wir sind alle Tage beisammen.] Seine Miene ist ernsthaft und traurig, wo doch komische lachende und satirische Laune mit durchschimmert. Er ist sehr beredt und strömt von Einfällen, die sehr witzig sind. In der Tat besitzt er, soweit ich ihn kenne, eine ausnehmend anschauende, sich in die Gegenstände durch und durch hineinfühlende Dichterkraft, so daß alles lokal und individuell in seinem Geiste wird. Alles verwandelt sich gleich bei ihm ins Dramatische. Er freute sich ungemein, da ich ihm sagte, daß Sie sehr mit seinem Stück zufrieden gewesen. Ihr und Klopstocks Urteil habe er längst gerne vernehmen mögen, und es solle ihn anfeuern, es noch besser zu machen; denn er wisse sehr wohl, wie weit er unter seinem Ideal geblieben. Von Ihrem Ugolino sagte er, daß er mit Götterkraft gemacht sei. Ich sagte ihm, daß ich wünschte, zwei solche Männer wie er und Sie möchten sich schriftlich unterreden:

er wünschte es auch, und da er erfuhr, daß ich von hier aus an Sie schrieb, sagte er mir, er wolle ein paar Zeilen mit beilegen, und da sind sie. Er scheint mit ausnehmender Leichtigkeit zu arbeiten. Jetzo arbeitet er an einem Drama, Prometheus genannt, wovon er mir zwei Akte vorgelesen hat, worin ganz vortreffliche, aus der tiefen Natur gehobene Stellen sind (ich urteile, wie es mir beim ersten Vorlesen vorkam). Er zeichnet und malet gut. Seine Stube ist voller schönen Abdrücke der besten Antiken. Das von deutscher Baukunst ist von ihm. Er sagte mir, daß er Ihnen nachmal etwas von seinen poetischen Sachen im Manuskript zuschicken wolle. Er will nach Italien gehn, um sich recht in den Werken der Kunst umzusehn. Er ist ein fürchterlicher Feind von Wieland et Consorten. Er las mir ein paar Farcen, die er auf ihn und Jacobi gemacht, wo beide ihre volle Ladung von Lächerlichem bekommen. Das will er aber nicht drucken lassen. Allein weh Wielanden, wenn er sich mausig gegen ihn macht! Carissime vale!

Nachschrift

Eben erhalt ich das Brieflein von Goethe; und überlese mein Gewäsch wieder. Haben Sie Mitleiden mit einem von der Reise zerstreuten Kopf.

Haben Sie – doch Sie hatten damals noch nicht das Leben des Götze von Berlichingen gelesen, welches er mit eigner Hand beschrieben. Es ist ein deutscher Ritter, der zu Kaiser Maximilians Zeiten gelebt hat. So deutsch und so kraftvoll ist dieses Leben, daß Sie es notwendig lesen müssen. Denn dieses Leben ist der Führer des Goethe in die Feinheiten des deutschen Charakters gewesen. Es wird gewiß wo in einer Bibliothek in Kopenhagen zu haben sein. Sie müssen es lesen.

144 Frau Rat Goethe an G. F. E. Schönborn 24. Juli 1776

Sie erinnern sich doch, daß beinahe drei Jahr verflossen sind, da wir so vergnügt beisammen waren und Weintrauben aßen.

145 L.J.F.Höpfner an R.E.Raspe *23. April 1774*

Wann Sie beikommendes Stück von Goethe noch nicht gelesen haben, so lesen Sie es ohne Aufschub. Es wird Ihnen ein Gastmahl sein. Sein (nämlich Goethens) Prolog auf die Bahrdtische Bibelübersetzung ist Ihnen doch bekannt? Wo nicht, so steht er Ihnen zu Befehl. Als ich das letzte Mal bei dem Manne in Frankfurt logierte, denn Sie müssen wissen, daß er mein Freund ist, las er mir ein angefangenes exzellentes Ding vor, *Das Unglück der Jacobis*. Wann es fertig ist, sollen Sie es auch haben. Die beiden Jacobi werden darin wacker gepeitscht. Goethe und Merck speien vor den Kerls aus, so wie wir.

Verschaffen Sie mir doch einige hübsche Gipsabgüsse von Antiken für Goethe. Sie sollen dafür seinen Kopf en basrelief à l'antique, von einem Schüler Nahls vortrefflich gemacht, bekommen.

146 J.G.Schlosser an Lavater *17. Oktober 1773*

Mein Freund und künftiger Bruder Goethe hat Ihnen, glaub ich, schon geschrieben, daß ich bald mit seiner liebenswürdigen Schwester mich auf ewig verbinden werde... Ich freue mich, daß mein lieber Goethe Ihr Freund ist. Sein Herz ist so edel als eins. Wenn er einmal in der Welt glücklich wird, so wird er Tausende glücklich machen; und wird er's nie, so wird er immer ein Meteor bleiben, an dem sich unsre Zeitgenossen müde gaffen, und unsre Kinder wärmen werden. Lieben Sie ihn ferner, ich sage Ihnen aber voraus, es gehört eine gewisse Stärke der Seele dazu, sein Freund zu bleiben. Er malt schon lange – oder er zeichnet vielmehr schon lang an meinem Profil. Er sagt aber, er könne mich nicht herausbringen, und noch kenn ich mich auch an keinem seiner Versuche. Morgen werd ich ihm wieder sitzen, vielleicht gerät's ihm besser.

147 H.Ch.Boie an Bürger *10. November 1773*

Falcke grüßt Sie und schreibt, daß alles um ihn von Lenore voll ist, und daß er sie auswendig weiß. Goethe hat sehr begeistert mit ihm davon gesprochen.

148 *Johanna Fahlmer an J. G. Jacobi* *3. Dezember 1773*

A propos. Das Väterchen ist nicht von Goethe selbst, einer seiner lieben Bekannten [Lenz] hat es gemacht, und er will haben, man soll den Menschen nicht nach seinen Schriften beurteilen, denn selbiger seie ein lieber Junge.

149 *Cornelia Schlosser an Caroline Herder* *13. Dezember 1773*

Mein Bruder konnte uns nicht begleiten, ich hätt's gewünscht für ihn und für mich – wir waren in allem Betracht miteinander verschwistert – und seine Entfernung fühle ich am stärksten – vielleicht besucht er uns künftigen Sommer, wenn die schöne Natur hier [in Karlsruhe] in ihrer vollen Pracht ist – ach, liebe Caroline, das soll ein herrlicher Anblick sein –

150 *Merck an seine Frau* *20. Dezember 1773*

Me voilà à la fin heureusement arrivé dans mon tandis [in Frankfurt], ma très chère amie … Mon ami Goethe a été fou dans sa joie.

151 *Frau Rat Goethe an Anna Amalia* *5. November 1779*

Daß in Frankfurt der Witz sehr stark florieret, hat der Häschelhans schon 1773 in Reime gebracht: «Frankfurt am Main, des Witzes Flor, nicht weit vom Eschenheimer Tor usw.» …

1774

152 *Bettina an Goethe* *28. November 1810*

An einem hellen Wintertag, an dem Deine Mutter Gäste hatte, machtest Du ihr den Vorschlag, mit den Fremden an den Main zu fahren: «Mutter, Sie hat mich ja doch noch nicht Schlittschuhe laufen sehen, und das Wetter ist heut so schön pp.» – Ich zog meinen karmesinroten Pelz an, der einen langen Schlepp hatte und vorn herunter mit goldnen Spangen zugemacht war, und so fahren wir denn hinaus: da schleift mein Sohn herum wie ein Pfeil zwischen den andern durch, die Luft hatte ihm die Backen rot gemacht, und der Puder war aus seinen braunen Haaren geflogen;

wie er nun den karmesinroten Pelz sieht, kommt er herbei an die Kutsch und lacht mich ganz freundlich an. – Nun was willst Du? sag ich. Ei Mutter, Sie hat ja doch nicht kalt im Wagen, geb Sie mir ihren Sammetrock! – Du wirst ihn doch nit gar anziehen wollen? – Freilich will ich ihn anziehen. Ich zieh halt meinen prächtig warmen Rock aus, er zieht ihn an, schlägt die Schleppe über den Arm, und da fährt er hin, wie ein Göttersohn auf dem Eis. Bettine, wenn Du ihn gesehen hättest!! – So was Schönes gibt's nicht mehr. – Ich klatschte in die Hände vor Lust! Mein Lebtag seh ich noch, wie er dem einen Brückenbogen hinaus und dem andern wieder herein lief, und wie da der Wind ihm den Schlepp lang hinten nach trug. [Nachträglich hinzugefügt: Damals war Deine Mutter mit auf dem Eis, der wollte er gefallen.]

153 Sophie v. La Roche: Rosaliens Briefe 1781

Wir mußten ein gutes Stück vor die Stadt hinaus fahren, bis wir endlich an der Landstraße still hielten und lang an einer Mauer über gefrornen Boden gingen. Am Ende folgten wir einem kleinen Wiesengraben, woran Weiden stehen, und hörten auf einmal Musik und lautes Rufen. Zugleich flogen über zehn Eislaufer gegen uns, die uns dann die Hand boten, über den Graben zu kommen und uns auf den zubereiteten Platz zu der übrigen Gesellschaft zu setzen. – Eine Reihe Bänke, mit Tuch belegt, und Dielen auf dem Boden, die Füße vor der Kälte zu schützen; ganz kleine Tischchen, immer drei Fuß breit voneinander, mit Servietten gedeckt, worauf dann Schokolade, Kaffee, kleine warme Pastetchen, Konfekt und fremde Weine, Schinken und Braten gesetzt und angeboten wurde. – Der Schauplatz war auserlesen. Eine viel Morgen Lands fassende Wiese, auf welche der noch fließende Bach etliche Tage lang ausgetreten war, und dieses einen halben Schuh tiefe Wasser zu einem festen, glatten Spiegel gefroren; – das ganze Stück auf zwei Seiten mit Weiden besetzt, die dritte, eine weite Aussicht, wo verschiedne Gärten und Lusthäuser stehen, – und oben an der Ecke, die uns am nächsten war, ein Busch Ulmen, hinter denen ein schöner Bauerhof, mit seinem neuen Ziegeldach, die Szene um so viel einnehmender machte. Der Himmel heiter, nicht der geringste Wind und für Jännertage Sonne genug. – Bei den kühnen Schlittschuhläufern waren die Söhne der angesehensten Familien, junge Engländer, Offiziere – und einer der seltensten und vortrefflichsten Köpfe Deutschlands; alle in kurzen Pelzröcken, und runden, ihnen recht passenden Kappenhüten.

154 Susanne v. Klettenberg an v. Moser 21.–27. Januar 1774

An einem stillen empfindungsvollen Abend, wo der Mond, Jupiter und die prächtige Venus in namenloser Majestät am Firmament funklen und mir Jehova mit starker Stimme in mein schmelzendes Herz rufen, überlese ich einmal wieder Ihre beide letzte Briefe, mein teurster Freund ... Beinahe zwei Monat hernach hätte Dr. Goethe gerne seinem Fr[eunde?] M[erck?] das bewußte Päckchen durch die Luft gesendet, seine inquiétudes lächern mich. Lächlend, ohne Gedanke, sage ich: Soll ich Herrn P[räsident] v[on] M[oser] bitten, daß er es mitnimmt. – O! wenn Sie *die* Gnad wollen haben. Nun war ich ertappt. Zurückziehen wollte ich nicht – zum *Tun* hatte ich keine Courage, ich brach vor der Hand ab – in der Stille sagte ich alles dem Heiland und machte es mit ihm aus, wenn das Wort von mir eine Übereilung gewesen, so solle er es diesen Jüngling vergessen lassen, ich wollte sorgfältig alles vermeiden, was ihn daran erinnern könnte. Das tue ich, und der junge Mensch ist an seinem Teil auch so stille, daß ich es vor vergessen hielte – ich wußte, daß Sie bald abreisen würden, ich dachte, Goethe, Du kommst hinten nach. Schnell kommt er an einem Abend wie ein Feind gelaufen – Herr v[on] M[oser] geht in wenig Tagen ab, hier ist das Päckchen, haben Sie die Gnade, es zu besorgen, und so lauft er wieder weg.

155 Merck an seine Frau 29. Januar 1774

La semaine passée je fus à Francfort voir notre amie de La Roche. C'est un assez singulier mariage que celui qu'elle a fait faire à sa fille. C'est un homme assez jeune, mais chargé de 5 enfants. D'ailleurs assez riche, mais un négociant qui a fort peu d'esprit au-delà de celui de son état. C'était un triste phénomène pour moi d'aller chercher notre amie à travers des tonneaux de harengs, des fromages. Il paraît qu'elle s'est laissée induire par Monsieur Dumeiz, qui n'a consulté que la fortune et l'avantage particulier pour lui d'avoir une maison agréable à fréquenter. Tu aurais dû voir Madame de La Roche faire tête à tous ces propos et badinages de ces gros marchands, supporter leurs dîners magnifiques et amuser leurs lourds personnages. Il s'est passé des scènes terribles et je ne sais, si elle ne sera pas accablée sous le fardeau de ses regrets. Goethe est déjà l'ami de la maison, il joue avec les enfants et accompagne le clavecin de Madame avec la basse. Monsieur Brentano, quoique assez jaloux pour un Italien, l'aime et veut absolument qu'il fréquente la maison.

156 Merck an seine Frau *14. Februar 1774*

Madame Hesse affecte un singulier silence sur la situation de sa sœur [Caroline Herder]. Je crois que Monsieur Herder et Madame ont senti quelque chose de l'incrédulité de Goethe et de moi par rapport à la félicité, qui attendait la pauvre compagne d'un homme aussi singulier que Monsieur Herder ...

Goethe ne fera plus le voyage de la Suisse. Le grand succès que son drame a eu, lui a tourné un peu la tête. Il se détache de tous ses amis et n'existe que dans les compositions, qu'il prépare pour le public. Il doit réussir dans tout ce qu'il entreprend, et je prévois qu'un roman, qui paraîtra de lui à Pâques, sera aussi bien reçu que son drame. A côté de cela il a la petite Madame Brentano à consoler sur l'odeur de l'huile, du fromage et des manières de son mari.

157 J. J. Björnsthåls Tagebuch *9. April 1774*

Am 9. April nachmittags waren wir bei Herrn Doktor iuris Goethe, einem höchst zuvorkommenden Manne, der uns nach dem Gymnasium geleitete, dessen Rektor Herr Purmann ist. Später besahen wir die Stadtbibliothek, die durch Herrn Lichtenstein geleitet wird, der in allen für einen Bibliothekar erforderlichen Dingen wohlbewandert ist.

158 J.J.Björnsthåls Tagebuch *13. April 1774*

Wir waren in der Bibliothek ... Die Bibliothek ist nur am Mittwoch und Sonnabend geöffnet. Aber Herr Lichtenstein besaß die Liebenswürdigkeit, sie heute nachmittag für uns besonders offen zu halten, damit wir die kurze Zeit ausnutzen könnten.

159 G.D.Hartmann an seine Eltern *1774*

[Ende April 1774.] In Frankfurt Goethe und Deinet. Mit Goethe speiste ich zu Mittag, und er begleitete mich überall.

160 G.D.Hartmann an Lavater *23. Mai 1774*

Mit Goethe hab ich in Frankfurt gelebt. Viel hätt' ich zu sagen, aber ich kann doch ja nicht.

161 G.D.Hartmann an Bodmer *30. Juli 1774*

Von Goethe in Frankfurt kann ich Ihnen sagen, daß er ein sehr guter Mann ist, mit dem ich in manchen Dingen mehr Interessantes gesprochen habe, als mit allen, die ich auf meiner Reise besucht habe.

162 Goethes Briefwechsel mit einem Kinde *1835*

[Frau Rat Goethe an Bettina, 21. September 1808:] Der Mensch wird begraben in geweihter Erde, so soll man auch große und seltne Begebenheiten begraben in einem schönen Sarg der Erinnerung, an den ein jeder hintreten kann und dessen Andenken feiern. Das hat der Wolfgang gesagt, wie er den «Werther» geschrieben hat; tu es ihm zulieb' und schreib's auf.

163 F.H.Jacobi an Wieland *8. Mai 1774*

Erst vorgestern erhielt ich Nachricht von Tante Fahlmer, wie die Szene zwischen ihr, dem Doktor Goethe und dem Merkur abgelaufen ist. Goethe hatte der Feier einer goldenen Hochzeit, die mit außerordentlicher Pracht auf dem

Lande begangen wurde, beigewohnt und war deswegen verschiedene Tage lang von Frankfurt abwesend. Alles übrige werden Sie in beiliegendem Auszuge finden. Die Freude, welche dieser ganze Vorgang mir verursacht, ist nicht zu beschreiben und nicht zu ermessen. Nächsten Posttag schreibe ich Ihnen mehr von Goethe, dem wir, seiner gegenwärtigen Äußerungen ohngeachtet, nicht zu viel Gutes zutrauen dürfen, denn er ist und bleibt ein zügelloser unbändiger Mensch. Sie sollen das Pasquill, das er, unter dem Titul ... [Schluß des Briefes fehlt.]

164 Johanna Fahlmer an F. H. Jacobi

Goethe. Tante.

Die Tante sitzt vor ihrem Klavier, spielt aber nicht mehr drauf, sondern liest in Madame du Boccage. Goethe kommt gestiefelt und in einem englischen Überrock. Noch auf der obersten Stubentreppe stehend und eines seiner gestiefelten Beine hervorstreckend.

Goethe. Tante! da komm ich ... Ja, gestiefelt und eingemummelt. Das ist die Variation.

Tante. Aber Sie riechen doch, als wie in Ambrosia getaucht.

Goethe. Ich komme vom Dechant [Dumeiz]. – Aber was machen denn Sie, liebe Tante?

Tante. Da, mit Madame du Boccage unterhalt ich mich ganz gut. Wie gefällt Ihnen dies hier?*

Goethe. Oh – gut! gut! ist recht gut!

Tante. Wissen Sie? – Sie haben mir's lange gemacht, bis Sie wieder herangekommen sind. Ich habe etwas bekommen, das für Sie zu allererst mit zum Genuß soll sein; aber mit der Zeit – oh, dann kömmt's zum General-Traktament für das Publikum. Aber erst sagen Sie mir, wie hat's gegangen? Ist brav getanzt worden? War's denn sehr herrlich?

* Aretins Grabschrift:
L'Aretin repose en ce lieu.
De chacun il fit la satire,
Mais ne connaissant point de Dieu,
De Dieu seul il ne put médire.

Goethe. ....

....

(Wir gingen miteinander in der Stube auf und ab. Des kleinen George Kribbel-Krabbel-Briefchen lag auf meinem Tische.)

Tante. Da lesen Sie vom kleinen George.

(Goethe liest. Unterdessen holt die Tante ihre Arbeit und die Blätter vom Merkur, und setzt sich an ihren Schreibtisch, Goethe gegenüber.)

Tante. Sehen Sie hier! Nun, was habe ich?

Goethe. Was ist's? – Was ist's, lieb Täntchen? Lassen Sie sehen!

Tante. Es ist, worauf Sie sich bei Bölling, wenn's ankäme, als auf ein herrliches Traktament zu Gast geladen haben. – Aber ich habe noch mehr.

(Tante hält ihm die Revision [Rezension] über Götz von Berlichingen vor die Augen und gibt ihm die Blätter zusammen.)

Goethe. (Nach einigem Lesen) Nu, Wieland, Du bist ein braver Kerl! ein ganzer Kerl! – Was? fängt er's so an? – Oh, gut! Nun, Sie wissen, Tante, was ich immer von Wieland gesagt habe – ob ich ihm nicht immer gut war? Ich habe allzeit gesagt, es ist ein ganzer Kerl, ein guter Mensch. Aber ich bin gegen ihn aufgebracht worden. Den verfluchten Dreck [Götter, Helden und Wieland] schrieb ich in der Trunkenheit. Ich war trunken! Und, wie ich Ihnen gesagt habe, in Ewigkeit hätte ich's nicht selber in Druck gegeben; aber ich hatte es nicht mehr allein in Händen. – Und ich bin wie der Herodes: in gewissen Augenblicken kann man alles von mir erhalten. Schon lange haben mir die Kerls vorgeschwätzt: «Laß's drucken! laß's drucken!» – Nä, ihr sollt nicht! – Da kommen sie mir aber aufs neu: «O mein! laß es uns drucken!» – Und ich hatte, Gott weiß! weder neue Bosheit noch Ärger gegen Wieland. – Nun, so druckt's und schert euch! – – Da, da! (mit dem Finger auf das Blatt deutend) das ist's just, was mich an Wieland so ärgerte und mich reizte, mich gegen ihn auszulassen. Da, der *Ton*. Sehen Sie, liebe Tante; ich will's nicht sagen: ich selbst hab' recht,

Wieland hat unrecht. Denn Alter, Zeitpunkte, alles macht Verschiedenheit in der Art zu sehen und zu empfinden. Jetzt denk' ich nun *so* und *so*; vielleicht in dem Alter von Wieland – wer weiß, noch eher? – denke ich *just* so, wie *er*. Drum, was soll ich sagen? Hat er *nun* recht? Oder hab ich *nun* recht? Der Eindruck, den man itzt selbst hat, der gilt. Wieland hat recht, daß er *so* urteilt, aber mich ärgert's *nun* noch. – «Mit der Zeit! Mit der Zeit!» Ja, das ist's! das ist's! Just, just *so* spricht mein Vater; die nämliche Händel, die ich mit diesem in politischen Sachen habe, hab' ich mit Wieland in diesen Punkten. Der Vater-Ton! der ist's just, der mich aufgebracht hat. – Sagen Sie mir, um Gottes willen! warum er sich just an seine allerschlechtste Arbeit machte und mit den ewigen Briefen sie verteidigte? Seine Musarion – ein Werk, wovon ich jedes Blatt auswendig lernte, das allervortrefflichste Ganze, das je erschienen ist.... nichts, nichts nimmt er sich so an, als der Alceste, die für mich just das schlechteste von allen seinen Werken ist. – Ich muß weiter lesen. – Ganz brav! Ganz brav! Nun, Wieland; unsre Fehde ist aus; *dir* kann ich nichts mehr tun .... Das garstige Fratzen-Zeug hat er schon gelesen, das seh' ich.

Tante. Ja, freilich! Kommen Sie, lesen Sie! Das hier ist die Antwort drauf.

(Er wurde rot. Ich sah, daß es ihn erschütterte.)

Goethe. Besser hätt er's nicht machen können. Sehr gut! Ich sag's ja; nun muß ich ihn auf immer gehen lassen. Wieland gewinnt viel bei dem Publico dadurch, und ich verliere. – *Ich bin eben prostituiert.*

(Tante lachte herzlich.)

Nun wieder an den Anfang von der Rezension, die Vergleichung mit den jungen Füllen usw. Durchgeschnattert, und dabei vielmal ausgerufen: es ist wahr, er hat recht! ganz exzellent! – Weiter gelesen. – Gut! Meinen Weislingen beurteilt er, wie ich ihn will gelesen haben. – Gut! Besser als Wieland versteht mich doch keiner. – An der Stelle, wo er wegen der Vermischung der Sprachen in verschiedenen Jahrhunderten getadelt wird, sagte er: auch recht, auch gut; aber wer Teufel anders, als ein Wieland, Lessing pp. kann mich hierinnen beurteilen? Freilich hat er ganz recht; ich hab's selber genug gefühlt usw. Die Folge meiner Werke soll's zeigen, ob ich meine Fehler kannte.

– –

Tante. Haben Sie, seit ich zu Düsseldorf war, nicht sonst noch etwas Hübsches im Genre des Götter-Gesprächs komponiert?

Goethe. Nichts, liebe Tante. Den Satyros. Nun, der war schon vor Ihrer Abreise fertig.

Tante. Gar nichts? Ein dergleichen freundschaftliches Drama?

(Sie kuckte ihm gerade in die Augen.)

Sie sind aufrichtig, Goethe! Darum müssen Sie mir's gestehen.

Goethe. Das will ich. Ja, liebe Tante; fragen Sie nur!

Tante. Das Unglück der J[acobi]?

Goethe. Ja, das ist wahr. Aber schon lange, ehe ich sie noch alle kannte; es war bloß auf Anekdoten, auf Wischwaschereien gebaut, alles von Hörensagen. Ihr alle seid lächerlich mitgespielt. Sie auch, Tante! Niemand als die L[a] R[oche], Merck und der Dechant haben's gelesen; und niemand mehr in der Welt soll es auch zu hören und zu sehen bekommen; es soll nie wieder an das Licht riechen. – Es ist auch nicht einmal ausgemacht – gilt nichts mehr.

Tante. Aber ich doch muß es hören?

Goethe. Liebe Tante, das kann unmöglich sein. Verlangen Sie es nicht. – – – – – – – – – – – – – – – – – – –

Nach Hin- und Wider-Reden wurde es klar, wer der Held darin sei und was den Anlaß dazu gegeben hatte. Es wurde gleich nachher, als Goethe und Merck von Koblenz zurückkamen, geschrieben ... Wir hatten großen Spaß und Gelächter über das Ding, wie und wohin er mich schief und über Eck gestellt hätte und dergleichen.

165 Lavaters Tagebuch *19. Juni 1774*

Etwas nach 5 Uhr langten wir in Karlsruhe an ...

Schrieb nach meiner Zurückkonft eins an Goethe, weil

mir seine Schwester sagte, daß er mich schon auf den Sonntag erwartete.

166 Lavaters Tagebuch *23. Juni 1774*

Abends um ½9 Uhr Frankfurt …

Zu Goethe. Allein in seinem Zimmer, mit Schneider von Darmstadt. Zu Nacht. «Bist's» – bin ich's – unaussprechlich süßer unbeschreiblicher Antritt des Schauens – sehr ähnlich und unähnlich der Erwartung. Von tausend Dingen. Einigemal schreckliche Physiognomie. Porträt. – Briefe von Haus noch einmal durchlesen. Von der Fräulein von Klettenberg – ach! wie viel hundert Sachen hab ich vergessen, die er mir mit der Miene des sich fühlenden Genius sagte. Noch wünschten mir sein Vater und Mutter, eine trefflich natürliche Frau, eine gute Nacht. Herzliche Umarmung! Alles Geist und Wahrheit, was er sagte, ich nicht mehr weiß.

167 Lavaters Tagebuch *24. Juni 1774*

Ich packt aus; zeigt Zeichnungen Goethe …

Noch viel sprachen wir, das ich vergaß – vor und bei dem Mittagessen viel von Herder. Goethe las – und gelesen, gelesen – man hätte sich verschworen – er sprach eben dies das erste Mal im Feuer mit mir.

Nach dem Essen [in] seiner Bilderkammer. Da ein guter redlicher Glettwein, der ihm aufraumen will, und mir wünschte, daß ich mich aus meinen Wirblen herauswinden, und ruhiger leben könnte. – Prächtige Malereien seines Vaters. –

Den Abend wo alles weiß ich nicht mehr. – Bei Krafft – ein ehrlicher Theolog von Christus – Joh. XVII den neuern. Goethe mit da – sprach wenig – stimmte bisweilen in wichtigen Dingen herzlich mit ein.

Eine Weile bei Klettenberg: allein – und mit Goethe. Ein herrlicher Abend. Von Gebeterhörungen. *Friede* im *Krieg, wenn ihr stille werdet, so wird euch geholfen*, sagte Goethe, in einem recht brüderlichen Ton. Vom Predigen. – Man *kann* nicht immer *empfinden*. Ich fordre, sagten beide, zu

viel. Nachher spazierten wir – vom Christentum, «die einzig mögliche, wahre, menschliche Religion!» –
Nach Hause zu Tisch – und bei Tisch meist Zeichnungen besehen.

Goethe las mir noch nach dem Nachtessen aus *Werthers Leiden*, eine Sentimental-Geschichte in Briefen, vor. – O Szenen – voll, voll wahrer, wahrester Menschen-Natur – ein unbeschreiblich naives wahres Ding …

Frau Rat Goethe – dankte mir für die Jonas-Predigten, besonders für die Schiffgefährten Jonas. Goethe ist auch mit diesen gut, mit der von der üblen Laune am besten zufrieden … Von Hamann – alles, was man sich Originelles denken kann, von unbetrieglich festem Wahrheitgefühl. Einmal sagt er zu Mercken – «Daß doch Herder nicht deutlich, nicht simpel schreiben kann. Wenn er doch so ganz ungekünstelt schrieb; er wär ein trefflicher Mann – wenn er doch nur so plan, so heiter schriebe wie ich» – und Hamann – schreibt zehnmal dunkler als Herder. Guter Gott, wie sich deine Menschen nicht kennen.

168 Susanne v. Klettenberg an J. K. Pfenninger *25. Juni 1774*

Vorgestern abend ist unser geliebte Lavater gesund und wohl zu unserer größten Freude hier angelangt. Heute macht er mit Goethe eine kleine Tour auf das Land.

169 Lavaters Tagebuch *25. Juni 1774*

Schmoll küßte mich im Namen meiner Frau; zeichnete Goethe … 12 Uhr nach Hause … Unvergleichliches Stück, heilige Familie in Erz. Mittagessen. Von Apollonius von Tyana, ein exzellenter Mann, der durch seine bloße stillschweigende Gegenwart einen Aufruhr stillte.

Nach dem Essen Schlaf … Mit Schmoll und Dr. Goethe zu Cordata; Goethe weg; Frau Rat Goethe da.

170 Lavaters Tagebuch *26. Juni 1774*

Goethe von Bockenheim. Spinoza … 1/4 nach 7 Uhr ward ich von Herrn Passavant Vater und Sohn in ihrer Kutsche nach Bockenheim abgeholt. Goethe mit, schöner Tag, und Weg. Wohl 50 bis 60 Kutschen und viele Fußgänger dahin.

Orgelgesang. Erhebende Predigt von Herrn Hilgenbach – über den Gehorsam gegen die Obrigkeit. Nach der Predigt besahen wir die französische Kirche. Simpel und zierlich. Ihr Haus. Spazierten in General Bauers Landgut, unser etwa 24. Kühlten uns auf einer Altane, zu der man durch einen kurzen, bis zur Begeisterung angenehmen Irrweg geht. – Goethe zeichnete geschwind und mit viel Fertigkeit den Plan zu einem Irrgarten. Im Deutschen Hause aßen wir, unser etwa 18. Goethe, Deinet, Bernus, der uns traktierte, Kandidat Hartmann, Passavant Vater und Sohn usf. Von Moser. Von Crügot – Spalding, ich viel Gutes – von Gottsched, ward zuletzt herab gesetzt, über die Geographie zu lesen. Von Gellert, und Moser, von der häuslichen Tugend sogenannter *großer Männer*. – Goethe – «sobald man in Gesellschaft, nimmt man vom Herzen den Schlüssel ab, und steckt ihn in die Tasche – die, welche ihn stecken lassen, das sind Dummköpfe.» …

Abend ½7 Uhr fuhren wir noch mit Stäheli zurück. Goethe und ich zu Cordata, die meiner Frau ein Präsent gemacht hatte. – Von den heutigen Predigten. Von dem vormaligen Fresenius. Sobald er Beifall erhielt – weg war der Geist und Segen. – Stiller Genuß in sich selbst, das beste.

Goethe machte an dem Plan des Irrgartens. Nach Hause. G[?] aß mit uns. Von Wieland – und Jacobi. Das Weimarsche Schloß brennte beim hellen Mittag ab. Einfluß auf W[ielands?] Schicksal. Goethe las noch eine gedruckte Broschüre – voll enigmatischer Weisheit und Narrheit – der *höhere Ruf*. Über Hartmann gesprochen. Ich ging bald ins Bette.

171 Lavaters Tagebuch *27. Juni 1774*

Schlief mit Fleiß aus bis nach 7 Uhr. Von Herders ökonomischen Umständen; er hat ein mittelmäßiges Amt. Von Leuchsenring …

Bei dem Mittagessen durchsahen wir die Chodowieckischen Zeichnungen; und Goethe rezitierte auswendig mit der natürlichsten kräftigsten Deklamation Satire auf verschiedne. Ein Genie ohne seines Gleichen.

Ich durchging mit Goethe die physiognomischen Kupfertafeln, gab ihm den Anfang meines Menschen-Gedichts zu lesen. Wir besahen seine Gipsbilder. Er suchte die Satiren und fand sie nicht ...

... ob dem Nachtessen lasen wir in Salis Memorialien, ein Rat Schneider (Oncle Tobias im Shandy) saß bei uns. Wir besahen nachmals Chodowieckis Zeichnungen; waren herzgut, ungeniert, vertraulich beieinander. Goethe war den Abend mit Schmoll, der Rat Goethe Porträt heut kenntlich gezeichnet hatte, spazieren gefahren auf'm Main in Sandhof, wo sie nach Frankfurter Manier – einen Teller voll Krebse miteinander aßen; war aber Schmoll nicht wohl. Wir sprachen noch von der Chimie. Goethe hat merkwürdige Versuche, ganz eigne, ganz neuere Chimie wie .... wo alles so honett und anständig gemacht wird – will recht darhinter, und hinters Zeichnen. Wird gewiß in beiden exzellieren, denn er exzelliert in allem. Von dem allgemeinen Verfall in allen Wissenschaften; der Decke ob aller Augen. Um 11 zu Bette.

172 Lavater an seine Frau *27. Juni 1774*

Morgen verreis ich auf Schwalbach; dann vermutlich auf Ems. Frau v. Klettenberg, Goethe – und viele Leute raten mir's.

173 Lavaters Tagebuch *28. Juni 1774*

Ich erwachte um 3 Uhr; sanft schöner Morgen; Vögeljauchzen; stand gleich auf, räumte zusammen, und holte etwas vom gestrigen Tagebuch nach. *Herzlich* kam mich Goethe zu umarmen und mir einen guten Morgen zu wünschen. Korrespondenz.

Um ½5 Uhr setzten wir uns ein, und fuhren durch die sanft von der Morgensonne erleuchte, noch stille, größtenteils schlummernde Stadt – über prächtige Felder – wir befürchteten ein schreckliches Gewitter. Aber es ging uns vorüber. Ein prächtiges Gebäude, das einem Bolongaro gehört, an dem eben gebaut war, frappierte uns. Es regnete eine kleine Weile. Goethe erzählte mir viel von Spinoza und seinen Schriften. Er behauptet, keiner hätte sich über die Gottheit dem Heiland so ähnlich ausgedrückt wie er. Alle neuern Deïsten haben übrigens nur ihn ausspoliert. Er sei ein äußerst gerechter, aufrichtiger, armer Mann gewesen. Homo temperatissimus. Er sei in großem Ansehen gestanden, die größten Männer haben ihn zu den wichtigsten Beratschlagungen und Kalkulationen gebraucht, ihn wegen seiner ausnehmenden Klugheit und Treu herzlich geliebt. Er habe die Prophezeiungen bestritten, und sei selbst ein Prophet gewesen. Er habe die unwahrscheinlichsten Staatsveränderungen vorhergesagt. Seine Hausleute hab' er nach der Predigt von dem Inhalt derselben gefragt. Sie vermahnet, die Kirche zu besuchen, und dem nachzukommen, was da gepredigt würde. Auf eine große Erbschaft, die ihm gehörte und die man ihm streitig machen wollte, hab er um des Friedens willen Verzicht getan, und sich nur seines Vaters Schlafbett ausgebeten. Er sei sehr arm gewesen, und habe sich mit Glasschleifen kümmerlich erhalten können. Sein Briefwechsel sei das interessanteste Buch, was man in der Welt von Aufrichtigkeit, Menschenliebe lesen könne.

Wir stiegen (wo, weiß ich nicht mehr) aus, und saßen unter einem Baum – Goethe ein Glas Wein, ich Himbeeressig, schrieb ein Billettchen. Er auf die andre Seite. Wieder fort. Von seinem Julius Cäsar, einem neuen weitläufigen Drama. Von der Zerstörung und Einäscherung der Stadt Oppenheim und Worms, unter Ludwig dem XIV. – Man sagte es den Einwohnern vorher, auf den und den bestimmten Tag werde man die Stadt an allen vier Ecken anstecken; sie können ausziehen und mit sich nehmen, was sie wollen. Sie sandten an den kommandierenden General erst alle Greisen, dann alle Witwen und Waisen – dann alle kleinen Kinder, Schwangere, Säugende – alle auf den Knieen baten mit Tränen um Gottes willen um Schonung. Der General weinte mit ihnen, aber er muß es tun. – Sie zogen also mit ihrer Habe aufs Feld, und sahn die Flammen, in denen die Stadt aufging! O Gerichtstag! Gerichtstag!

Vor 11 Uhr langten wir in Wiesbaden, einer Badstadt, an, besahen die heißen Bäder, voll trostloser Melancholei – las die Zeitung – schrieb eine Stelle aus *Werthers Leiden* ab.

Aß neben Goethe zu Mittag. Husaren und Offiziers und ein dummer Pfaff waren da; eine sanfte junge knechtische Physiognomie eines Judensohns, der neben dem Tisch feil hatte, frappierte uns. Goethe sprach von einigen seiner Dramen.

Nach dem Essen Erdbeeren miteinander. Von der Physiognomie eines jüdischen Taschenspielers, der mich lernen wollte. «Ihr könnt den Herren nichts lernen», sagte der Wirt, «nicht wahr, Sie sind ja Herr Lavater, der so artliche Sachen geschrieben? Freut mich, die Ehre zu haben, Ihnen kennen zu lernen.»...

Sprach mit Goethe am Fenster, von der Auferstehung Christi. – – –

Um 2 Uhr reisten wir ab. Ich schlief viel. Goethe rezitierte viel von seinem Ewigen Juden. Ein seltsames Ding in Knittelversen.

Um ½6 Uhr langten wir nach einigen harten Stößen den Berg hinab – im stillen berühmten Schwalbach an; Wirtshaus an Wirtshaus – alle Menschen vom kleinsten Kinde bis zum Greisen mit Krügen in der Hand. Wir stiegen beim weißen Roß ab, ein ordentlich Quartier – nahm Himbeeressig. Goethe fing ein Briefchen an meine Frau an – ich vollendet's.

Nachher gingen wir spazieren in der breiten, doppelten, übereinander stehenden Allee. Herrlich angenehm. Trafen wenige Personen an. Gingen zum Brunnen, der mit roten Steinen eingefaßt, in einer Vertiefung, in zwon gevierten Aushöhlungen aufquoll. Wir versuchten das Wasser. Stark. Vitriolisch. Goethe rezitierte uns eine Romanze aus dem Schottischen. Ein elender Mann offrierte uns Büchelchen. Ich kaufte Gedichte im Geschmack des Chaulieu und las sie, und schrieb Billetts. Goethe, Schmoll und ich aßen allein zu Nacht. Ich las im *Werther*. Noch erzählte mir Goethe den ganzen Inhalt der Homerischen Iliade, las mir aus der lateinischen Übersetzung einige Stellen vor.

Von meinem Gedichte, die Art wolle ihm noch nicht recht in Kopf. Doch gab er nach – da ich die Idee näher bestimmte.

174 Lavaters Tagebuch *29. Juni 1774*

½6 Uhr ab ... Goethe von seinem Julius Cäsar. – Rezitierte ganze Stellen aus Voltaire. – – – –

Um ½12 Uhr zu Nassau an. Zwei Stunden von Ems. Besuchten sogleich die Frau Baron von Stein. Ein prächtiges Haus. In einem elenden Nest. – Eine große, ganz originelle Dame, von wohl 50 Jahren. Sie hätte sehr gewünscht, meine Frau zu sehen. Von den reisenden Schweden. Von Salzmanns Vater. Von Ems und La Roche. Sie lud uns zum Mittagessen. Wir gingen ins Wirtshaus, aßen da. – Sie ließ uns nochmals einladen, aber wir blieben, weil wir fortwollten. Billetts Schönhof. Äl im Essig. Weg 2 Uhr. Schöne Aussichten. Ich schlief viel. Um ½5 Uhr langten wir zu Ems an.

Ems.

Mittwochs, den 29. Juni langten wir abends vor 5 Uhr da an. Ein angenehmer Ort an der Lahne und felsichten Bergen gelegen. Wir nahmen unser Quartier im Nassauer Hause Nr. 48, 49. Ein schönes, hohes, weites, halbfürstliches Gebäude. Wir packten aus. Ich schrieb ein paar Billetts auf Zürich, Goethe mit.

Nachher ging ich mit ihm in den Spielsaal, welch ein Leben! hier ein Billard! dort ein Tischchen – dort wieder eins – Offiziers, Generals, Grafen, Baronen, und des weiblichen vornehmen Geschlechts viel. Ein Herr Geheimderat Meyer von Hannover gesellte sich gleich zu mir. Ein verständiger, sanfter, aber dem Ansehen nach hypochondrischer Mann. Wir sprachen von Goethe, seiner Farce wider Wieland, – ein General Winter aus dem Haag machte mir auch seine Komplimente, und noch ein paar, die ich nicht kenne ...

Ich kam in unteren Saal, wo viele vornehme Herren und Frauen speiseten, neben Kanzleidirektor Fischer und Goethe zu sitzen. Unter anderm urteilte Herr Fischer über Götter, Helden und Wieland. – Konnte mich Goethes wegen des Lachens kaum enthalten. – Von Wieland, Geßner, Iselin. Goethe sagte, daß er nach seiner Rückreise auf Frankfurt ein – kurzes Drama verfertigen wolle. – Ich fragte meinen

Nachbar vom Götze von Berlichingen. Er wollte nicht viel daraus machen und verwunderte sich sehr, daß ich ihn bewunderte.

175 Lavaters Tagebuch *30. Juni 1774*

Ich stand um 6 Uhr auf. Kammersekretär Meyer aus Hannover kam im Negligé, von Goethe Abschied zu nehmen. Um 7 Uhr weg.

RHEINREISE

176 Lavaters Tagebuch *15. Juli 1774*

[Ems.] Nach dem Bade Goethe da – – – – von Basedow und der Reise ...

... zum Essen neben Goethe. Von Herder ... von Leuten in Schwalbach, ihrem Urteil über mich; seinem Ewigen Juden – Basedows Einfalt und Stärke. Passavant. Herrlichs Briefchen von Lenz an Goethen etc.

Gibst mir ein, ich soll dich bitten.
Wie der König Salomo.
Herr, ach, Herr, was soll ich bitten,
Seh hinauf zu deinem Himmel,
Bitt' um dieses Stückchen Himmel!
und ein wenig Sonnenschein!
Aber laß mir Bruder Goethen,
den du mir gegeben hast.
Dessen Herz so laut zu dir schlägt.
O für ihn bitt' ich mit Tränen,
Halt ihm nur den Rücken frei,
Platz wird er sich selber machen,
Nur beschirm mit deinem Schilde
Ihn vor Feinden, mehr vor Freunden,
die an seinen Arm sich henken
und den Arm ihm sinken machen.
Ach! bewahr ihn nur vor Freunden,
die ihn nicht verstehn, und gerne
Ihn zu ihrem Bilde machten.
Oder kann's nicht sein, so mache
Mich nur nicht zu seinem Freunde! ...

Goethe gab mir ein griechisch Testamentchen ... Ich ging zu Meyern, bei dem Goethe war. Von da flüchtet' ich mich wieder, stahl mich in der Allee von ihnen, und las im Werther – Regen wieder. In Saal – und las im Werther – dann in unser Haus, und las im Werther – dann zu Basedow, und er las uns einen herrlichen Aufsatz von Goethe *über das, was man ist*. Lessing ist nichts und alles was er sein will ... Ob dem Nachtessen von dem Verfasser des Lebens Jesu –

Goethe neben mir; von – ich weiß nicht mehr ...

Goethe machte noch ein paar Silhouetten. Ostein bat um meine. Ich ging heim zu Basedow und blieb, so wahr ich lebe, wider des nachkommenden Goethes Rat wieder bis Nacht um 1 Uhr bei ihm ... Gal. III lasen wir in Goethes Gegenwart. Basedow schwache Reflexionen drüber ... Ging ins Bette, und las noch bis 2 Uhr den *Werther* aus! Schreckliche Geschichte – seufzte und schlief ein. – Aber doch nicht so ruhig, wie gestern.

177 Lavaters Tagebuch *16. Juli 1774*

Goethe saß Schmollen. Ich ins Bett. Billett Barbara Schultheß. Las von Goethe Ariane an Wetty. «Das Lachen ist der Empfindung feindseliger als die Kälte dem Mai.» – «Lieber schlimm aus Empfindung, als gut aus Verstand.» «Wie die Sicherheit des Ausdrucks dem Gedanken des Redners Flügel gibt, so die Musik der Empfindung.» «Was ist die Harmonie anders, als die Regeln, und die Melodie anders als die Ausübung.» «Die ganze Natur ist eine Melodie, in der eine tiefe Harmonie verborgen ist.» «Ich bin vergnügt; ich bin glücklich! Das fühle ich, und doch ist der ganze Inhalt meiner Freude ein wallendes Sehnen nach etwas, das ich nicht habe, nach etwas, das ich nicht kenne.» ...

Auf ½11 Uhr – noch aus dem Aufsatz: «Wenn das Herz das Gute freiwillig annehmen kann, so findet es sich immer eher, als wenn man ihm aufdringen will.» «Man adoptiert einen Gedanken, eine Meinung eines Freundes, ohne dran zu denken, da man gegen die herrlichste Sentenz einer Strafpredigt einen unüberwindlichen Widerwillen fühlt.»

«Ja der Haß gegen die Hofmeister ist ein ewiges Grundgesetz der Natur.» ...

Goethe kam – klagte ihm – ich ging nicht hinab zum Nachtessen. Brachte Basedow den Brief von Spohr, räumte ein wenig auf, aß mit Goethe auf meinem Zimmer zu Nacht. Clavigo, der Hauptsache nach, ohne den Tod, eine wahre Geschichte; und sogar die Namen der Personen wahre Namen. – Er gab mir viele herrliche Lehren von der Kollektion meiner Kräfte. Ich verschwende sie, und klage immer über Mangel. – Beim 1. Teil Tagbuch sähe er einen Menschen, der das Schnupftuch immer in der Hand hat, zu schneuzen, und unwillig wird, wenn er nicht herauszuschneuzen findet.

178 Lavaters Tagebuch *17. Juli 1774*

... itzt sitz ich und fange eigentlich die Predigt erst recht an ... itzt Goethe läßt sich balbieren ... Ich kroch an der Predigt fort – Goethe zeichnete Schmoll ... [Nachmittags] mit Goethe und Schmoll spaziert in der Allee.

179 Lavaters Tagebuch *18. Juli 1774*

½6 Uhr, Ihr Lieben, erwach' ich, sitz auf – nehme mein Tagbuch und schreib Euch den letzten guten Tag von Ems aus ...

«Unterdes», diktiert mir Goethe aus seinem Bett herüber, «unterdes geht's immer so geradezu in die Welt 'nein. Es schläft sich, ißt sich, trinkt sich, und liebt sich auch wohl an jedem Orte Gottes, wie am andern, folglich also» –

«itzt schreib Er weiter.» – Nun, ich schrieb auf ein Papier an die Wand, wo ich schlief –

Tage der Ruh und des Drangs, und des neuen Menschen-Genusses
Gönnte mein Vater mir hier,
Weit, verbreite sich weit, und tief der Segen, den Gott mir
Gab ins Herz und den Blick.
Ihm, dem Vater in allen, ihm heft' ich die Zeile des Dankes
Hin in die Ecke der Wand,
Daß sich erwecke mit mir zur Freud' in dem Vater in allen,
Wer hier schläft und erwacht,

Wer aus der Ferne her kam zum edeln Quell der Gesundheit,
Freue des Vaters sich hier.
Ems, den 18. Jul. 74. Morgens 6 Uhr. J. Casp. Lavater.

Goethe diktiert weiter.

II. Sura

Es ist so viel Heimweh in der Welt, daß eins dem andern die Waage hält;
Da streckt er sich in seinem Bett – denkt, o daß ich mein Weibchen hätt'.
Ich kröne [gräme] mich in meinem Sinn; fort ist die gute Meyerin!
Doch hoffen wir wieder Maien-Freud,
Er lehret, und bekehrt die Leut',
Ich fahr zum schönen Liesel heut
explicit Sura.

Noch Abschiedsvisiten ...

Goethe schrieb an die Wand.

Wenn Du darnach was fragst,
Wir waren hier,
Du, der Du nach uns kommen magst,
Hab wenigstens so frisches Blut
Und sei so leidlich, fromm und gut
Und leidlich glücklich, als wie wir!

Den 18. Jul. 74. Goethe.

180 Lavaters Tagebuch *18. Juli 1774*

In einem wohl besetzten Schiff auf der Lahne – wo Basedow raucht und Grammatik doziert, Goethe Reimendungen für die Gesellschaft schreibt, Ulrich und Alsdorf den Schirm hält, hier einer einen prosaischen Gedanken in Versen oder einen poetischen in Prosa in *ein* Papierchen hinschreibt – Kaffee getrunken wird; – ob wir gut Wetter kriegen beim Sieden des Rindfleisches, deliberiert wird, – schreib' ich dies, in einem roten Dragoner-Mantel mit messingnen Schließen eingehüllt. – –

Itzt eine Schließe –

Ha! wie schießt im gedrängten Strom das Schiff durch die Wellen –

ha – wie stürmt es hindurch! Nun spritzt der Regen aufs Blatt mir.

Wir stiegen bei der Aalen nicht aus, wo der Herr von der Nil uns einzuladen kam.

Basedow – den Vers.
Nun bald, nun bäldest oder nie
Stift ich ein neu Akademie.
Fischer.
Da wollt ich gern ein Schüler werden,
Wär ich nicht schon so lang auf Erden.
Variante.
Hätt ich nicht schon so alt Gebärden.
Goethe.
Wir werden nun recht gut geführt,
Weil Basedow das Ruder rührt.

Die letzte Schließe. Es kocht und braust – – Rindfleisch und Wellenschaum – überstanden – überstanden – die letzte. –

Eine hohe Einsiedelei blickt bei Lahnstein auf uns herab. – Die Eremitage heißt – der Allerheiligenberg.

Basedow hielt ein witzreiche und gütige Standrede über mich.

Herrlich altes Schloß Lahnegg herab auf die Lahne blinkend.

Goethe diktierte.

Hoch auf dem alten Turne steht
Des Helden edler Geist,
Der, wie das Schiff vorüber geht,
Es wohl zu fahren heißt.
«Sieh diese Sehne war so stark,
Dies Herz so fest und wild –
Die Knochen voll von Rittermark,
Der Becher angefüllt –
Mein halbes Leben stürmt' ich fort,
Verdehnt die Hälft' in Ruh,
Und Du, Du Menschen-Schifflein dort,
Fahr immer, immer zu –»

Itzt fahren wir Lahnstein vorbei, zur Rechten liegt der Flecken ...

Itzt liegen wir am Bord ...

Ich stieg aus. Basedow vor uns in ein Haus, wo man zu Mittag aß, überfiel und aß mit, Speck und Bohnen – alle ihm nach! Gewirr und Leben, und Freude – wieder ins Schiff. – Kapellen – ein zerstörtes Schloß vorbei. Goethe über die Kerls in Schlössern – nun von der Lahne in den Rhein – Goethe las – – – wir fuhren Horchheim vorbei. Von der Staatsnase – der regierenden Frau Gräfin von Thiersdorf.

Die Festung und Thal Ehrenbreitstein. Fliegende Brücke zwischen Thal und Koblenz. Stiegen da aus – – aßen zu Mittag ... Um 3 Uhr ins Schiff – fuhren das Trierische Schloß und Festung vorbei ...

Goethe ging bis Vallendar voraus. Ein Sturm erhub sich. Wir stiegen aus, und gingen bis Benndorf zu Fuße ... Tranken zu Benndorf bei Herrn Remin ein Tee, besahen die neuerbaute reformierte Kirche; setzten uns zu Schiff – schrieben und lasen. Die herrlich herrlich untergehende Sonne erquickte mich.

Goethe schrieb ins Kalenderlin der Frau Hofrat Kämpf.

«Sarah kocht unserm Herre Gott,
Elisabeth Götzen in der Not,
Nahmen sich ihres Hauses an,
Waren Gott lieb, waren lieb dem Mann,
Du sorgtest für die Freunde hier,
Drum, liebes Weibchen, dank' ich dir.»

D. 18. Jul. 74. Goethe auf dem Rhein am Mast geschrieben im Angesicht von Koblenz ...

Herr Hofprediger Roques, ein geschickter junger Mann, kam uns entgegen, führte uns in sein Quartier – ließen die Koffer kommen – aßen zu Nacht. – Nachdem die Tafel aufgehoben war, machten wir noch das Kompliment bei Hofe [in Neuwied] – brillante Menge Grafen und Gräfinnen – Fürstin von Isenburg – allenthalben Spüren der Freude. – Der Graf von den Aussichten. – Die Gräfin eine Lektion von vielen Arbeiten – Abschied.

181 J.J. Björnståhl an C.C. Gjörwell

Den 18. Julius ... Diesen Abend kamen die Herren Lavater, Basedow und Goethe hier [in Neuwied] an. Jedermann bestrebte sich, Lavater zu sehen und kennen zu lernen ... Bei Hofe wurde er mit ausnehmender Achtung aufgenommen, und ihm wurden in einem Flügel des Schlosses Zimmer angewiesen.

182 Lavaters Tagebuch *20. Juli 1774*

Morgens nach 6 Uhr. Im Schiff unterm nassen Decktuch, vor Schmoll, und neben Goethe, der in romantischer Gestalt, grauem Hut, mit halbverwelktem *lieben* Blumenbusch, sein Butterbrot hinter dem braunseidnen Halstuch und grauen Kaputkragen wie ein Wolf verzehrt, und sich nach dem übrigen eingepackten Essen schon weiters umsieht...

Bei Andernach, der zweitältesten Reichsstadt.

Goethe.

Über die Wiesen den Bach herab,
Durch seinen Garten,
Bricht er die frischen Blumen ab,
Ihm schlägt das Herz vor Erwarten.
Sein Mädchen kommt, o Gewinst, o Glück!
Jüngling, tauschtest deine Blüten
Um einen Blick?
Der Nachbar Gärtner sieht herein
Über die Hecke, –
So ein Tor möcht ich sein!
Habe Freude, meine Blumen zu nähren,
Die Vögel von meinen Früchten zu wehren!
Aber sind sie reif, Geld, guter Freund?
Soll ich meine Mühe verlieren?
Das sind Autoren, wie's scheint!
Der eine streut seine Freuden herum
Seinen Freunden, dem Publikum,
Der andre läßt sich pränumerieren.

Nun zum Frühstück im Bruderschifflein. – Nach dem Essen.

Aus Goethe.

Hat alles seine Zeit,
Das Nahe wird weit,
Das Warme wird kalt,
Das Junge wird alt,
Das Kalte wird warm,
Das Reiche wird arm,
Der Narre gescheut,
Alles zu seiner Zeit.

Itzt noch, und bis itzt regnet's – wir sehen Hönningen des Grafen von der Ley[en] vor uns – schöne, aber benebelte Aussicht. Laß regnen, wenn es regnen will, dem Wetter seinen Lauf. Denn wenn es nicht mehr regnen will, so hört's von selber auf.

Goethe las uns aus seiner Elmire, einer Operette, und ich verschlummerte eine Stunde. Itzt schlummert Goethe und Schmoll noch unter der leinwandnen Bogendecke neben mir, als wie unter einem Zelt. Man öffnet, und kühler Wind öffnet beiden die Augen, sie sehen die herrliche Stadt Bonn vor sich, die Residenz des Kurfürsten von Köln. «Macht doch wieder zu» – wieder zu, und ich schreibe fort ... Um 12 Uhr zu Bonn an ... Fuhren um 2 Uhr ab. Regen. Viel Schlummer, wenig gesprochen. Schöne Alleen an einem fort, bis auf Köln. – Da ein Billett. Ein Tee. Schmoll und Goethe auf Düsseldorf, ich auf Mülheim.

183 G.F. Schmolls Tagebuch *20./21. Juli 1774*

Abends um 11 [?] Uhr mit Goethe am Rhein bei Düsseldorf angekommen; weil es aber zu spat war und man uns nicht mehr über den Rhein führte, so mußten wir noch ½ Stund weiters in einem elenden Dorf bei Bauren übernacht bleiben. Morgens früh den 21. um 6 Uhr in Düsseldorf angelangt ...

184 G.F. Schmolls Tagebuch *22./23. Juli 1774*

Den 22. von Düsseldorf abgereist. – Eine Stunde davon begegnete uns Herr Heinrich Jacobi und ging mit uns zurück bis nach Elberfeld, da speisten wir bei Herrn Caspari zu Mittag. – Nach dem Essen gingen wir durch die Mark und kamen abends in Wichlinghausen an, blieben da übernacht beim Herrn Müller.

Den 23. gingen wir in der Früh wieder nach Elberfelde, – ich zeichnete in der Geschwindigkeit den H[?] Doktor Jung. Und in einem erbärmlichen Gefährt kamen wir mittags um 11 in Solingen an, speisten da zu Mittag. – In Opladen Tee getrunken und abends um 6 Uhr in Mülheim am Rhein angekommen ...

185 Henrich Stillings häusliches Leben *1789*

Einige Wochen nachher wurde Stilling einsmals des Morgens früh in einen Gasthof gerufen, man sagte ihm, es sei ein fremder Patient da, der ihn gern sprechen möchte; er zog sich also an, und ging hin; man führte ihn ins Schlafzimmer des Fremden. Hier fand er nun den Kranken mit einem dicken Tuch um den Hals, und den Kopf in Tücher verhüllt; der Fremde streckte die Hand aus dem Bett, und sagte mit schwacher und dumpfer Stimme: Herr Doktor! fühlen Sie mir einmal den Puls, ich bin gar krank und schwach; Stilling fühlte und fand den Puls sehr regelmäßig und gesund; er erklärte sich also auch so, und erwiderte: ich finde gar nichts Krankes, der Puls geht ordentlich: sowie er das sagte, hing ihm Goethe am Hals. Stillings Freude war unbeschreiblich; er führte ihn also fort in sein Haus, auch Christine war froh, diesen Freund zu sehen, und rüstete sich zum Mittags-Essen. Nun führte er Goethe hinaus auf einen Hügel, um ihm die schöne Aussicht über die Stadt [Schönenthal, d.i. Elberfeld] und das Tal hinauf zu zeigen.

Gerade zu dieser Zeit waren die Gebrüder Vollkraft [Jacobi] wieder auf Kommission da; sie hatten einen Freund bei sich, der sich durch schöne Schriften sehr berühmt gemacht hat, den aber Stilling, wegen seiner satyrischen und juvenalischen Geißel, nicht leiden mochte, er besuchte also jetzt seine Freunde wenig, denn Juvenal (so will ich den Mann einstweilen nennen) [Heinse] neckte ihn immer wegen seiner Anhänglichkeit an die Religion. Während der Zeit, daß Stilling mit Goethe spazieren ging, kam der Herr Hofkammerrat Vollkraft zu Pferde an Stillings Tür gesprengt, und rief der Magd zu, sie sollt ihrem Herrn sagen, er sei plötzlich nach Rüsselstein [Düsseldorf] abgereist, weil Goethe dort wäre; Christine war gerade nicht bei der Hand, um ihn von der Lage der Sache zu benachrichtigen, Vollkraft trabte also eiligst fort. Sowie Goethe und Stilling nach Haus kamen, und ihnen die Magd den Vorfall erzählte, so bedauerten sie beide den Irrtum; indessen war's nun nicht zu ändern.

Goethens Veranlassung zu dieser Reise war eigentlich folgende: Lavater besuchte das Emserbad, und von da machte er eine Reise nach Mülheim am Rhein, um dort einen Freund zu besuchen; Goethe war ihm bis Ems gefolgt, und um allerhand Merkwürdigkeiten und berühmte Männer zu sehen, hatte er ihn bis Mülheim begleitet; hier ließ nun Goethe Lavater zurück und machte einen Streifzug über Rüsselstein nach Schönenthal, um auch seinen alten Freund Stilling heimzusuchen; zugleich aber hatte er Lavatern versprochen, auf eine bestimmte Zeit wieder nach Mülheim zu kommen, und mit ihm zurück zu reisen. Während Goethens Abwesenheit aber bekommt Lavater Veranlassung, auch nach Rüsselstein und von da nach Schönenthal zu gehen, von dem allen aber wußte Goethe kein Wort. Als er daher mit Stilling zu Mittag gegessen hatte, machte er sich mit obigem Juvenal zu Pferde wieder auf den Weg nach Rüsselstein, um dort Vollkraften anzutreffen. Kaum waren beide fort, so kam Lavater in Begleitung Vollkrafts, des bekannten Hasenkamps von Duisburg, und des höchst merkwürdigen, frommen und gelehrten Doktor Collenbuschs die Gasse hereingefahren. Dies wurde Stillingen angezeigt, er floh also den beiden Reutern nach und brachte sie wieder zurück.

Lavater und seine Begleiter waren mittlerweile bei einem bekannten und die Religion liebenden Kaufmann eingekehret; Stilling, Goethe und Juvenal eilten also auch dahin. Niemals hat sich wohl eine seltsamer gemischte

Gesellschaft beisammen gefunden, als jetzt um den großen ovalrunden Tisch her, der zugleich auf Schönenthaler Art mit Speisen besetzt war ... [Folgt Beschreibung der Gäste.] Goethe aber konnte nicht sitzen, er tanzte um den Tisch her, machte Gesichter und zeigte allenthalben, nach seiner Art, wie königlich ihn der Zirkel von Menschen gaudierte. Die Schönenthaler glaubten, Gott sei bei uns! der Mensch müsse nicht recht klug sein; Stilling aber und andre, die ihn und sein Wesen besser kannten, meinten oft für Lachen zu bersten, wenn ihn einer mit starren und gleichsam bemitleidenden Augen ansah, und er dann mit großem hellem Blick ihn darnieder schoß.

Diese Szene währte ziemlich tumultuarisch, kaum eine halbe Stunde, als Lavater, Hasenkamp, Collenbusch, der junge Kaufmann, und Stilling zusammen aufbrachen, und in der heiter strahlenden Abendsonne das paradiesische Tal hinaufwanderten, um den oben berührten vortrefflichen Theodor Müller zu besuchen ... während der Zeit waren Goethe und Juvenal nach Rüsselstein verreist ...

Noch eins habe ich vergessen zu bemerken: Goethe nahm den Aufsatz von Stillings Lebensgeschichte mit, um ihn zu Hause mit Muße lesen zu können: wir werden an seinem Ort finden, wie vortrefflich dieser geringscheinende Zufall, und also Goethens Besuch, von der Vorsehung benutzt worden.

186 Nach J. G. Hasenkamps Tagebuch *1861*

Am 21. [Juli] nachmittags fuhren Lavater, Collenbusch und Hasenkamp nach Düsseldorf ...

Dann setzten sie die Reise ohne Verzug nach Elberfeld fort ...

Unterwegs begegnete ihnen Friedrich Heinrich Jacobi, von Elberfeld herkommend. Er wollte nach Düsseldorf zurückeilen, weil eben Goethes Anwesenheit ihm gemeldet worden war. Dieser hatte nämlich Lavatern von Ems bis Köln oder Mülheim begleitet und dann Jacobi und dessen durch einen Besuch in Frankfurt ihm befreundete, lebensfrische und vortreffliche Gattin in Düsseldorf am 21. morgens in der Frühe aufgesucht, beide aber verfehlt. Jacobi hörte nun von den Reisenden, daß Goethe unterdessen zu Jung-Stilling gegangen sei und an eben dem Orte weile, den er kaum erst verlassen hatte. So entschloß er sich denn, mit ihnen wieder umzukehren und setzte sich in ihren Wagen ...

In Elberfeld kehrten sie in dem Hause des dienstfertigen Caspari ein, um sich ein wenig auszuruhen, und dann zu Fuß nach Wichlinghausen zu dem sie erwartenden [Pfarrer] Müller zu gehen.

Bei Caspari trafen wir, erzählt Hasenkamp, den Frankfurter Zuchtmeister, unsern Dichter, Herrn Dr. Goethe. Dem legte ich die Frage vor: ob nicht Klopstocks «Messiade» so umgearbeitet werden könne, daß alle *scholastischen* Ideen, welche das Evangelium der Herrlichkeit verdunkeln, durch lauter *Schriftwahrheiten* ersetzt würden. Auch forderte ich ihn auf, wie Gellert eine Komödie «Die Betschwester» geschrieben habe, so möchte er eine schreiben: «Der Gebetsverehrer.» Er war nicht unwillig darüber. Die Ungläubigen, fügt Hasenkamp hinzu, wenn sie ihre Zweifel überwinden, werden nachher die besten Verteidiger des Glaubens.

187 Heinse an Gleim und Klamer Schmidt 13. September 1774

Goethe war bei uns, ein schöner Junge von 25 Jahren, der vom Wirbel bis zur Zehe Genie und Kraft und Stärke ist; ein Herz voll Gefühl, ein Geist voll Feuer mit Adlerflügeln, qui ruit immensus ore profundo – und mit ihm Lavater und nicht weit davon Basedow ...

188 Heinse an Klamer Schmidt 13. Oktober 1774

Schreibe Herdern, wenn Du gut mit ihm stehst; der hat eine Sammlung von alten Romanzen und aus den alten englischen übersetzten, wovon ich schon solche Meisterstücke von Goethe gehört habe, daß nichts darüber geht...

Lavater ist mit aller seiner Schwärmerei ein liebenswürdiger Mann; das unschuldige Lächeln um seine Lippen ist verführerisch, und sein ganzes Gesicht ist ein Ausdruck der Überzeugung von dem, was er glaubt*. Der erste Auftritt, wo ich ihn sah, muß von einer Meisterhand gezeichnet werden; und die hab ich nicht, und meine wenige Kräfte dazu anzuwenden, hab' ich jetzt keine Zeit. Es ist die einzige Szene ihrer Art, die vielleicht noch an keinem andern Orte der Welt ihresgleichen gehabt hat. Denket euch indessen nur: von ohngefähr in eine Stube zusammen geführt, zuerst Goethen (den wilden Verfasser von Göttern, Helden und Wieland), Heinsen (den Verfasser des Petron und der Laidion), Lavatern den Ausseher darauf, nach diesem den größten Pietisten unsrer Gegend Hasenkamp, dann den Doktor Jung, der die Asineide im Merkur gemacht hat, auch einen Pietisten; dann Teschenmacher, auch einen berühmten Pietisten, und meinen Fritz Jacobi; und einen Maler, Goethens Freund [Schmoll]; und sechs Damen und Herrn, auch Pietisten, die uns zusammen zu sehn kamen, und höret Goethen Klopstocks Messias gegen Hasenkamp verteidigen und Herders Urkunde; und höret ihn mich loben; und seht ihn dann Lavatern zärtlich küssen, und seht die Gesichter voll Verwunderung und Erstaunen darob; und seht uns dann alle friedlich zusammen ein Glas Wein trinken, und unsrer Pferde Sattel besorgen, wieder zurück kehren, und Lavatern schon eine Betstunde halten sehen, und Abschied von ihm nehmen. Alles dies geschah zu Elberfeld. Goethe, Fritz Jacobi und ich ritten dann darauf nach Düsseldorf, und Goethe blieb zween Tage bei uns, wir begleiteten ihn bis nach Bensberg, einem italienischen Schlosse voll Gemälde, auf einem hohen Berge, das die schönste Aussicht vielleicht in Deutschland hat, und unstreitig so liegend das schönste ist, und Köln, wo wir mit ihm einen Abend verlebten, den ich unter die schönsten meines Lebens zähle. Lavater nahm einen andern Weg; und Basedow warb Kinder in Neuwied.

* wir wollen sehn, ob er's noch lange aushält!

189 Heinse an Gleim *13. Oktober 1774*

Von Goethen soll und muß nunmehr schon ein Roman die Presse verlassen haben: Die Leiden des jungen Werthers, welcher, nach dem was ich davon gehört habe, ein Meisterstück ist.

Ich kenne keinen Menschen in der ganzen Gelehrten Geschichte, der in solcher Jugend so rund und voll von eignem Genie gewesen wäre, wie er. Da ist kein Widerstand; er reißt alles mit sich fort, und sein Götter, Helden und Wieland, ein Werk von herkulischer Stärke, wenn man's recht und Zeile vor Zeile durchdenkt und durchfühlt, und wofür Wieland immer seine Musarion geben würde, wenn er's vernichten könnte – kömmt in keine große Betrachtung, wenn man ihn persönlich reden hört.

190 Heinse an Gleim *28. März 1775*

Klopstock und Goethe halten meine *entsetzlichen Hendekasylben* für ein Meisterstück, und Goethe soll sie vortrefflich deklamieren können.

191 Heinse an Gleim *8. September 1775*

Daß Goethe Götterkraft hat in seinem Wesen, weiß jedermann; und auch darauf bin ich stolz, daß er von mir sagte, als er meine Laidion gelesen: Das ist mein Mann – dergleichen Fülle hat sich so leicht mir nicht dargestellt; man muß ihn bewundern, oder mit ihm wetteifern – pp., ohne noch meinen Namen zu wissen, ohne zu wissen, wo ich existierte – und dann in Beisein Lavaters sagte: ich glaubte nicht, daß so was in der deutschen Sprache möglich wäre usw.

192 J. G. Jacobis Tagebuch *23./24. Juli 1774*

Sonnabend, 23. Juli. In Elberfeld. Ich erwachte beim schönsten Sonnenschein, setzte mich an mein Fenster, sah den Wupper-Fluß, die grünen Berge, mit ihren Wiesen, Wäldern und Häuserchen, alle recht herrlich vergoldet; war vergnügt, und wollte mich anziehen, um zu Lavater zu gehen, welcher mich den vorigen Tag in meiner Wohnung aufgesucht, und nicht gefunden hatte. Dieser wunderbare

Mann reist umher, damit er sich näher mit denenjenigen, die er für die besten Seelen hält, vereinige ... [Folgt Bericht über die Begegnung mit Lavater.]

Voll davon, macht' ich mich zu meiner Abreise fertig ... und eilte nach Düsseldorf, wo mein Bruder und Herr Goethe mich erwarteten.

Herr Goethe hatte mich in öffentlichen Blättern empfindlich beleidigt; aber auch hat er das Trauerspiel: Götz von Berlichingen geschrieben. Wir gaben uns die Hand. Ich sah einen der außerordentlichsten Männer, voll hohen Genies, glühender Einbildungskraft, tiefer Empfindung, rascher Laune, dessen starker, dann und wann riesenmäßiger Geist einen ganz eignen Gang nimmt. Seine Tafel-Reden hätt' ich aufzuzeichnen gewünscht.

Sonntag, 24. Mein Bruder, Herr Rost [Heinse], Goethe und ich setzten uns, morgens um 5 Uhr, in den Wagen, um das Schloß Bensberg zu besehen. Ich reiste gern mit unsrem Fremden, so sehr auch wir beide in unsrer Art zu sehen, zu hören und zu fühlen verschieden sind. Ebenso wie ich unter den alten Griechen, so lebt er unter den alten Schotten, Kelten und Deutschen; nur mit dem Unterschiede, daß ich zuweilen mit Lust auf seinen rauhen Gebirgen oder in seinen Felsenschlössern oder in den weiten Sälen ihn besuche, wo Pfeil und Bogen samt der Harfe an der Wand hängen, und die Harfe von selbst einen Klang gibt, weil die Seelen der Väter hinkommen und sie berühren, er aber in meine lustigen Täler, wo eine Grazie auf der Leier spielt, nicht herabsteigen mag.

Wir langten in Bensberg an. Schloß und Dorf liegen auf einem hohen Berge, von welchem man viele Meilen voll Wälder, Äcker und Heiden, in der Fern' eine Strecke des Rheins und die berühmten sieben Berge sieht. Wir speisten in einer schönen Laube, dicht an einem Gärtchen voll Blumen; hinter dem Gärtchen öffnete sich ein Teil der großen Aussicht. Ich glaube, daß die Götter dann und wann auf einer silbernen Wolke so ihren Nektar trinken, und die Hälfte der Erde übersehen.

Nach Tische gingen wir auf das Schloß, dessen Wände

großenteils von berühmten niederländischen und italienischen Meistern gemalt sind. Schade, daß die Malerei der Decke fast in allen Zimmern allegorisch ist, und man den Gedanken des Malers nur selten erraten kann ...

Nachdem Goethe die Natur und das wahre Leben einiger Jagdstücke genug betrachtet, und ich bei dem Reize der artigsten Nymphen und Göttinnen mich aufgehalten hatte, reisten wir nach Köln ... Unser erstes Geschäfte war, ein Gemälde von Rubens in der St. Peterskirche aufzusuchen. Dieses stellt die Kreuzigung des heiligen Petrus vor. In dem Gesichte sowohl als in allen Nerven und Muskeln des Märtyrers ist das höchste Leiden, in den Köpfen und Gebärden seiner Henker sind verschiedene Grade von Grausamkeit und kaltsinniger Härte stark und vortrefflich ausgedrückt. Nicht weit von dem Gemälde stand ein Altar mit Totenköpfen geziert, welcher zu Seel-Messen gedient hatte, und das castrum doloris eines jungen Fräuleins ...

Von hier ließen wir uns in die ehemalige Wohnung der Familie von Jabach führen, und besahen in einem gewölbten, gleich einer Kapelle gebauten Gemach eine Schilderei des Le Brun, worauf die Familie abgebildet ist. Häusliche Glückseligkeit und herzliche Liebe ist in den Gesichtern des Vaters und der Mutter ... Das Zimmer, worin die Schilderei hängt, ist ganz und gar in dem einfältigen Geschmack unsrer Vorfahren, und bekömmt dadurch ein ehrwürdiges Ansehen. Die Bekleidung der Wände, die Geräte, alles stimmt miteinander überein. Der marmorne Tisch ist einer von denen, woran feste Männer und tugendbelobte Jungfrauen saßen, ein echterer Zierat, als unsere französischen Niedlichkeiten. Der Gedanke, daß diejenigen, deren Bildnisse wir vor uns hatten, alle dahin wären; daß der Geist des Jabach öfter diesen Tempel besuchte, die irdische Gestalt, das Fleisch seiner Gattin und seiner Kinder anschaute; daß sein Familienstück in kurzem verkauft, aus dem Tempel herausgerissen, den Blicken der Unheiligen bloßgestellt, nichts als ein Galerie-Stück sein würde: dieser Gedanke machte auf unsern Fremdling einen gewaltigen Eindruck.

Die beste Zierde des Jabachischen Gartens waren antike Urnen. Übrigens war die Anlage desselben voll Einfalt und edel.

Nun kehrten wir in unsern Gasthof zurück, wo Goethe uns in der Dämmerung altschottische Romanzen, voll wahren Gefühls der Natur, mit Geistererscheinungen vermischt, in einem unübertrefflichen Tone dergestalt hersagte, daß wir bei der letzten, ohne falsche Nebenempfindung der Kunst, so wahrhaftig zusammenfuhren, so im Ernste bange wurden, als ehemals in unsren Kinderjahren, wenn wir den abenteuerlichen Geschichten unsrer Wärterinnen von ganzer Seele, mit allem möglichen Glauben daran, zuhörten.

Unsre Abendmahlzeit war fröhlich. Wir sahen nicht weit von uns den Rhein, welchen der Mond versilberte, und dessen Geräusch in der Stille der Nacht etwas Feierliches hatte. Das Ende dieses Tages sollte so schön als der Morgen sein.

193 F.H.Jacobi an Goethe *14. Juni 1775*

Just wie vergangen Jahr im Juli stieg gestern abend bei Sonnenuntergang der Mond herauf, breitete, just wie damals, seinen schimmernden Schatten über den Rhein. Nachts um 11 Uhr stand er hoch, grade über dem Hause seitwärts, auch wie damals; warf keinen Schimmer über den Rhein mehr, nirgend Schatten, alles eine, gleiche Dämmerung –

194 F.H.Jacobi an Goethe *28. Dezember 1812*

Daß im dritten Teil Deines biographischen Versuchs meiner in allem Guten gedacht werden soll, freut mich unendlich. Sorge nur, daß ich die Erscheinung dieses dritten Teils auch noch erlebe. Ich hoffe, Du vergissest in dieser Epoche nicht des Jabachschen Hauses, des Schlosses zu Bensberg und der Laube, in der Du über Spinoza, mir so unvergeßlich, sprachst; des Saals in dem Gasthofe zum Geist, wo wir über das Siebengebirg den Mond heraufsteigen sahen, wo Du in der Dämmerung auf dem Tische sitzend uns die

Romanze: Es war ein Buhle frech genug – und andere hersagtest ... Welche Stunden! Welche Tage! – Um Mitternacht suchtest Du mich noch im Dunkeln auf. – Mir wurde wie eine neue Seele. Von dem Augenblick an konnte ich Dich nicht mehr lassen.

195 F.H.Jacobi an Goethe *3. Juni 1793*

Lotte ... erinnerte sich, wie Du schon vor 20 Jahren so schön von Licht und Farben gesprochen hättest, daß man nichts verstanden, und doch ganz entzückt gewesen wäre.

196 F.H.Jacobi: Woldemar (2. Auflage) *1794*

[Widmung an Goethe.] Zwanzig Jahre sind verflossen, seitdem unsre Freundschaft begann. Damals fragte jemand Dich in meiner Gegenwart: ob wir nicht Freunde wären schon von Kindesbeinen an? und Du gabst zur Antwort: diese Liebe wäre so neu, daß sie, wenn es *Wein* wäre, nicht zu genießen sein würde. – Ein edler Wein ist sie geworden.

Liebend, zürnend, drohend riefst Du mir zu in jenen Zeiten: «Der Genügsamkeit, die sich mit Teilnehmung an Anderer Schöpfungsfreude sättigte, zu entsagen; nicht länger zu *gaffen*; sondern in die eigenen Hände zu schauen, die Gott auch gefüllt hätte mit Kunst und allerlei Kraft.»

197 F.H.Jacobi an Sophie v. La Roche *10. August 1774*

Goethe ist der Mann, dessen mein Herz bedurfte, der das ganze Liebesfeuer meiner Seele aushalten, ausdauern kann. Mein Charakter wird nun erst seine *echte eigentümliche* Festigkeit erhalten, denn Goethens Anschauung hat meinen besten Ideen, meinen besten Empfindungen – den einsamen, verstoßenen – unüberwindliche Gewißheit gegeben. Der Mann ist selbstständig vom Scheitel bis zur Fußsohle.

198 F.H.Jacobi an Wieland *27. August 1774*

Je mehr ich's überdenke, je lebhafter empfinde ich die Unmöglichkeit, dem, der Goethe nicht gesehen noch gehört hat, etwas Begreifliches über dieses außerordentliche Geschöpf Gottes zu schreiben. Goethe ist, nach Heinses Ausdruck, Genie vom Scheitel bis zur Fußsohle; ein *Besessener*, füge ich hinzu, dem fast in keinem Falle gestattet ist, willkürlich zu handeln. Man braucht nur eine Stunde bei ihm zu sein, um es im höchsten Grade lächerlich zu finden, von ihm zu begehren, daß er anders denken und handeln soll, als er wirklich denkt und handelt. Hiemit will ich nicht andeuten, daß keine Veränderung zum Schöneren und Besseren in ihm möglich sei; aber nicht anders ist sie in ihm möglich, als so wie die Blume sich entfaltet, wie die Saat reift, wie der Baum in die Höhe wächst und sich krönt. Sie wissen, mein Bester, daß am Anfange im großen *All* auch die Götter eingeschlossen waren; daß sie gefangen lagen zwischen den Elementen; Sie wissen auch, wie die Götter endlich durchbrachen und sich wider die Titanen lagerten.

Was Goethe und ich einander sein sollten, sein *mußten*, war, sobald wir vom Himmel runter neben einander hingefallen waren, im Nu entschieden. Jeder glaubte von dem andern mehr zu empfangen, als er ihm geben könne; Mangel und Reichtum auf beiden Seiten umarmten sich einander; so ward Liebe unter uns. Sie kann's ausdauern, seine Seele, – zeugte in sich der eine vom andern –, die ganze Glut der meinigen; nie werden sie einander verzehren.

199 F. H. Jacobi an Wieland *15. Oktober 1774*

Die Aufforderung oder der Zuruf, man müsse den wankenden Götzen Wieland vollends niederreißen, ist mir nicht durch Goethen zu Ohren gekommen; dieser spottete nur, ohne jene lächerliche Rede anzuführen, der Schurken und Narren, welche sich in den Kopf gesetzt hatten, er wolle und müsse an Wieland zum Ritter werden ...

Ich müßte zu weitläufig werden, mein liebster Bruder, wenn ich Ihnen noch erklären wollte, in welchem Sinne, nach welcher Vermischung von Charakter und Genie man Sie beschuldigt, Sie seien auf einmal vom Kinde zum Greis geworden. Daß Sie bereits zu sehr empfinden, quantum est in rebus inane, gehört mit dazu. Auch Goethe jammerte hierüber bei Gelegenheit, daß er mit Bewunderung und Entzücken von Ihrem Gedicht an Psyche sprach. Wielands

Weisheit, sagte er, konnt's doch nicht unerörtert lassen, daß die Wonne des Mädchens frühzeitig ein Ende nehmen würde; da macht er ihm einen herrlichen Nektarbecher zurecht, gießt aber beim Hinreichen einen vollen Löffel Rhabarber-Tinktur darunter, und rührt's brav durch, daß das arme Ding nun den ganzen Soff nicht mag.

200 F. H. Jacobi an Wieland *22. April 1775*

Anfangs sahen wir beide ihn [Goethe] als einen feurigen Wolf, der des Nachts an honetten Leuten hinaufsprang und sie in den Kot wälzte. Das garstige Tier! riefen wir aus, und ich weit heftiger und lauter, als Sie. Bald darauf erfuhr ich, daß man um ein bißchen Spukens willens nicht gleich des Teufels sei, sondern oft nur deswegen umgehe, weil man noch nicht ordentlich begraben sei, oder weil man einen Schatz versteckt habe. Also befand sich's mit Doktor Werwolf; Sie aber entsetzten sich sehr, als Sie mich zum ersten Male als Gespann mit ihm einher traben sahen. Allein kurz darauf begab sich das Wunder, daß auch Wieland sich dem Untier ergab, und an seinen Bruder Fritz und an viele andere Freunde und Bekannte schrieb, Doktor Werwolf sei das vortrefflichste aller menschlichen Wesen, Wieland fühle sich in allen Nerven von Liebe für ihn ergriffen. Keine bloß vorüber rauschende Aufwallung war dies; Wieland fuhr fort, es zu sagen und zu zeugen, sagt's und zeugt's bis auf den heutigen Tag. – Wäre Goethe Ihnen erschienen, wie er vor neun Monaten mir erschien, in aller seiner Liebenswürdigkeit, und es hätte beider Seelen gegenseitige Liebe befruchtet, Ihr Inwendiges jenes gewaltige Weben erfüllt, das mit dem Aufkeimen des herrlichen Samens angeht, und zunimmt mit seinem Gedeihen zu Freundschaft: O wer hätte denn mehr viel an den ruhmlosen, in sich gekehrten Bruder Fritz gedacht!

201 F. H. Jacobi an C. W. v. Dohm *20. Juni 1818*

[Goethe] sagte von ihm [Jung-Stilling]: der wunderliche Mensch glaubt eben, er brauche nur zu würfeln, und unser Herr Gott müsse ihm die Steine setzen.

202 Lavater an Herder *27. Juli 1774*

Goethe, eben bei mir [in Ems], läßt Dich grüßen und Dir für Deine «Urkunde» danken.

203 Lavater an Zimmermann *27. August 1774*

Goethes Leiden des Werthers wird Dich entzücken und in Tränen schmelzen. Von meiner Reise kein Wort, als: Basedow ist der gewaltigste Verstandesmann, die ehrlichste Seele, – aber doch auch gar keine sanfte erwärmende Wärme. Goethe, Du würdest ihn vergöttern, er ist der furchtbarste und liebenswürdigste Mensch.

204 Lavater an Zimmermann *20. Oktober 1774*

Goethe wär ein herrliches handelndes Wesen bei einem Fürsten. *Dahin* gehört er. Er könnte König sein. Er hat nicht nur Weisheit und Bonhomie sondern auch Kraft.

205 Lavater an Zimmermann *14. März 1775*

Goethe liebt Dich sehr. Du und Er, das fiel mir tausendmal auf, da ich ihn sahe, würden sich, wie kaum zween Menschen zusammen passen ... Goethe versprach mir auch Lottens Schattenbild, aber auf meine Seele sollt ich's nicht publizieren. Ich habe sie aber heut doch, *auf bessere Zeiten*, ohne was versprochen zu haben, radieren lassen ... Von Goethe (Dir ins Ohr gesagt, denn wüßt er's, er würde tun wie ein Löwe) kommen wohl 10 Porträte. Hab auch schon einen Schattenriß ohne sein Wissen von ihm zu einer Vignette an Reichen geschickt.

206 Lavater an Zimmermann *16. März 1775*

Goethe behauptet, Hamann sei der Autor, von dem er am meisten gelernt. Ich sage von Herder (von dem Hamann sagt: «alles recht, wenn der gute Mann nur auch so simpel schriebe wie Er!!»). Wenn Herder in seiner Urkunde nichts geschrieben hätte, als was ich auszog, verdiente er keine so *bübische* Abfertigung. Ein solch Werk, mit einer so passionvollen verächtlichen Anzeige verächtlich machen wollen, heiß ich Pyramiden wegferzen wollen. «Das sind mir Hunde», hör ich Goethe stampfend rufen. Und diesmal wollt ich ihm den Mund mit der Hand nicht zuhalten!

207 Lavater an einen Freund *10. Juli 1777*

«Historiam morbi zu schreiben ohne unten angegebene Lehren a. b. c. d.», sagte mir einst Goethe, da ich ihm einige Bedenklichkeiten über seinen «Werther» ans Herz legte, «ist tausendmal nützlicher als alle noch so herrliche Sittenlehren, geschichtlich oder dichterisch dargestellt: ‹Siehe, das Ende dieser Krankheit ist Tod! Solcher Schwärmereien Ziel ist Selbstmord!› Wer's aus der Geschichte nicht lernt, der lernt's gewiß aus der Lehre nicht.»

208 Carl August von Sachsen-Meiningen an seine Schwester *20. August 1775*

Goethe, sagt er [Lavater], wäre lauter Kraft, Empfindung, Imagination; er handelte danach, ohne zu wissen, warum und wozu es wäre, wie ein Strom, der ihn fortrisse; Goethe wäre aber doch ein Original-Genie.

FRANKFURT

209 Klinger an Lenz *1775*

Nun wollte ich auf Akademieen gehn, hatte keine 100 fl. Ich ward mit Goethe bekannt. Das war die erste frohe Stunde meiner Jugend. Er bot mir seine Hülfe an. Ich sagte nicht alles und ging so, weil ich lieber sterben wollte als unverdient was annehmen. Die 100 fl. waren bald all. Der große Goethe drang in mich, machte mir Vorwürfe, und nun leb ich schon ein ganzes Jahr von seiner Güte ...

210 Frau Rat Goethe an ihren Sohn *18. Januar 1802*

Das kai[s]erliche Präsent hat mich sehr gefreut – wer hätte vor 25 Jahren gedacht, daß die Freundschaft, die Du Klinger damals erwiesen, von seinem Kaiser so ehrenvoll recompensiert werden sollte.

211 *C. M. Fritz (nach J. L. Blessigs Reise-Journal)* *1818*

[Blessig] setzte nun seine Reise nach Göttingen fort; ging über Frankfurt, wo sich Basedow bei Goethe aufhielt; und lernte beide kennen.

212 *Susanne v. Klettenberg an Lavater* *27. August 1774*

Deine Zeilen an Goethe gabe ihm insgeheim zu lesen. Seinen Vater verdrießt es, wann Du nicht an ihn (den Alten) schreibst und Dich förmlich ob mir mit drei Wort bedankst. Versäume es nicht, der Jüngling bekommt sonst Verdruß.

213 *Merck an Ch. F. Nicolai* *28. August 1774*

Von Goethe sehen Sie nächstens einen Roman: Leiden des jungen Werthers. Das Schicksal des jungen Jerusalems wie sein ganzer Charakter liegt zum Grunde, und Goethe hat hier individuelle Wahrheiten wie bei seinem Götz verarbeitet und verkleistert. Es sind hier wie in dem P. Viaud Szenen, über die nichts geht und gehen kann, weil sie wahr sind. Keine Pasquillen sollen Sie weiter nicht von ihm sehn. Dem guten Goethe geht's indessen wie allen braven Leuten. Es hängen sich den Augenblick, da jemand ein Zoll höher wird als andre, so viele Buben an, die in die Welt Wahres und Falsches schreiben, daß es zu erbarmen ist. Die Pasquinaden, die er gemacht hat, sind aus unserm Zirkel in Darmstadt, und alle Personen sind gottlob so unberühmt und unbedeutend, daß sie niemand erkennen würde. Er hat sich kürzlich mit den Jacobis ausgesöhnt.

214 *Bodmer an Schinz* *4. September 1774*

Itzt hat Passavant mir Goethen en beau geschildert. Er sei nur denen gefährlich, denen er nicht wohlwollte. Sonst von mächtigem Feuer; er könne sich in die Person und Situation versetzen, in welche er wolle, und denn schreibe er fremde und nicht seine Meinungen. Er ist nicht Professor, sondern ein Jurist, der praktiziert. Der Roman sei unter der Presse, betitelt die Leiden. Ein Trauerspiel soll auch von ihm kommen. Man fürchtet, sein Feuer werde ihn verzehren. Er hat erst 25 oder 26 Jahre. Er hat im Sinn, in Italien zu reisen.

215 F. A. Werthes an F. H. Jacobi *18. Oktober 1774*

So weit war ich gekommen, als der Verfasser des Hofmeisters, Herr Lenz, so klein und bescheiden in mein Zimmer herein kam, als ob er nichts weniger und alles eher als der Verfasser des Hofmeisters wäre. Ein feines, zugespitztes Gesichtchen, ein scharfer, stillaurender Blick, und die liebe Mutter Natur im Herzen und auf der Zunge. Ein Shakespearischer Amor, den ich in den Jacobischen Zirkel hinein zaubern würde, wenn ich könnte. Sein Geist mag ein Bruder von Goethens Geist sein, aber für seinen Zwillingsbruder lass' ich ihn auch nicht nach der Loloischen Genealogie gelten. Er ist sein jüngeres Brüderchen; Fleisch von seinem Fleisch, und Geist von seinem Geist; nur alles, wie mich dünkt, in kleinere Form gegossen. – Dieser Goethe, von dem und von dem allein ich vom Aufgang bis zum Niedergang der Sonne, und von ihrem Niedergang bis wieder zu ihrem Aufgang mit Ihnen sprechen und stammeln und singen und dithyrambisieren, möchte, dessen Genius zwischen Klopstocken und mir stand, und über die Alpen und Schneegebirge gleichsam einen Sonnenschleier herwarf, er selbst immer mir gegenüber, und neben und über mir, dieser Goethe hat sich gleichsam über alle meine Ideale emporgeschwungen, die ich jemals von unmittelbarem Gefühl und Anschaun eines großen Genius gefaßt hatte. Noch nie hätt' ich das Gefühl der Jünger von Emmaus im Evangelio so gut exegisieren und mitempfinden können, von dem sie sagten: «Brannte nicht unser Herz in uns, als er mit uns redete?» Machen wir ihn immer zu unserm Herrn Christus, und lassen Sie mich den letzten seiner Jünger sein. Er hat so viel und so vortrefflich mit mir gesprochen; Worte des ewigen Lebens, die, solang ich atme, meine Glaubensartikel sein sollen …

Bei Klopstocken bin ich von nachmittags fünf bis nachts zehn Uhr gewesen. Ich fand einen edlen und großen Mann an ihm; weniger, wie auch Goethe sagte, den Verfasser des Messias als den der Republik.

216 H.Ch.Boies Reisetagebuch 15./17.Oktober 1774

Einen vortrefflichen schönen Tag gehabt! Einen ganzen Tag allein, ungestört mit Goethen zugebracht, mit Goethen, dessen Herz so groß und edel wie sein Geist ist! Beschreiben kann ich den Tag nicht! Und nicht erzählen, was ich Ihnen gern erzählen möchte! Es ist spät, ich bin müde, und wir gehn morgen früh nach Darmstadt. Goethe ist ein Mann ungefähr von Vossens Figur, aber etwas feiner gebaut, sehr blaß, Geist im Gesichte und besonders in dem hellen braunen Auge. Er hat mir viel vorlesen müssen, ganz und Fragment, und in allem ist der originale Ton, eigne Kraft, und bei allem Sonderbaren, Unkorrekten alles mit dem Stempel des Genies geprägt. Sein Dr. Faust ist fast fertig, und scheint mir das Größte und Eigentümlichste von allem. Von seinem Freunde Lenz, dem Verfasser des Hofmeisters und der Plautinischen Lustspiele, bringt die Messe zwei neue Produkte, die beide Werke des Genies und des Denkers sind. Er hat mir noch einiges und besonders ein paar Gedichte voll Seele und Herz von ihm gelesen. Wenn er sie mir, wie er verspricht, geschrieben gibt, sollen Sie sie lesen ...

Den 17. um 2 Uhr waren wir wieder in Frankfurt, wo mich Goethe in unserm Wirtshause mit offenen Armen empfing. Wir blieben bis Mitternacht beieinander, und mußten endlich die Tür abschließen, um nur allein zu sein. Er las mir etwas; wir ließen aber bald das Lesen sein, und die Unterredung fiel auf die wichtigsten Gegenstände des Denkens und Empfindens, wo wir uns sehr oft in unsern Gesinnungen begegneten. Goethes Herz ist so groß als sein Geist.

217 H.Ch.Boie an Ch. und F.L.Stolberg 20.November 1775

Und bei Goethen – Sie sehen ihn ja in Weimar – er hat prosaische Sachen liegen, das weiß ich, zum Beispiel etwas über die Begeisterung.

218 H. Ch. Boie an Luise Mejer *22. Dezember 1777*

Flügge ist sehr gnädig gegen mich und traut mir jetzt sogar ... ein wenig Geschmack zu. Sie hatten die Gesänge aus Goethens *Lila*, einem Feenspiel für den Geburtstag der Herzogin von Weimar, die denn nun sind, wie die meisten Goethischen Verse, wenn er keine Knittelreime macht. Ich weiß, wie er solches Zeug aufs Papier gießt und es ansieht, und ein paar seiner würdige Ideen bezahlen mich genug für Verse, auf die er keinen Wert setzt.

219 Merck an Sophie v. La Roche *20. Oktober 1774*

Ich bin gewiß, Sie verzeihen mir mein Stillschweigen, wenn ich Ihnen sage, daß Goethe zwei Male bei mir gewesen ist, daß wir acht ganze Tage zusammen verlebt haben, daß Klopstock bei uns zugesprochen hat, Boie, Werthes usw. Außerdem hat Goethe das Zeichnen in mir aufgeweckt, so daß ich Tage sitze und nichts andres tue.

220 Henrich Stillings häusliches Leben *1789*

[Er kam im Herbst 1774 nach Frankfurt, um eine Augenoperation vorzunehmen.] Goethe, der sich noch immer bei seinen Eltern in Frankfurt aufhielt, freuete sich innig, seinen Freund Stilling auf einige Zeit bei sich zu haben; seine Eltern boten ihm während seines Aufenthalts ihren Tisch an, und mieteten ihm in ihrer Nachbarschaft ein hübsches Zimmer; dann ließ auch Goethe eine Nachricht in die Zeitung rücken, um damit mehrere Notleidende herbei zu locken.

221 Frau Rat Goethe an Lavater *26. Dezember 1774*

Des Abends [am 12. Dezember], da die andern Freunde weg waren, und ich allein bei ihr [Susanne von Klettenberg] saß, sagte sie: «Der Doktor!» Ich bildete mir ein, sie meine den Medikus, und sagte: «Er ist weggegangen.» «Nein», sagte sie und deutete auf mich. «Meinen Doktor meinen Sie?» Sie nickte mit dem Kopfe. «Ach», sagte ich, «der glaubt so wenig, daß Sie sterben, daß er mir aufgetragen hat, Ihnen zu sagen, wie er morgen mit dem Prinzen von

Weimar nach Mainz reisen werde – dreimal hab ich schon angefangen, ihn auf Ihren Tod vorzubereiten, es ist aber alles vergebens. Sie stirbt nicht! sagt er immer, das kann nicht sein, sie stirbt nicht.»

221a Knebel an seine Schwester Henriette 13. Dezember 1774

Schon gestern hatte ich Dir von Frankfurt aus geschrieben, unser Freund Goethe kam, und ich verbrannte den halbvollendeten Brief. Was soll ich Dir sagen, mein gutes Kind? Alles ist zu viel, um es Dir zu sagen. Ich blieb gestern allein in Frankfurt, um den besten aller Menschen zu genießen. Heute bin ich mit ihm hieher [nach Mainz] gefahren, wo wir unsre Prinzen wieder angetroffen haben, und diesen Abend werden wir in die Komödie gehn.

222 Knebel an Bertuch 23. Dezember 1774

Von Wieland werden Sie erfahren können, daß ich Goethes Bekanntschaft gemacht habe, und daß ich etwas enthusiastisch von ihm denke. Ich kann mir nicht helfen, aber ich schwöre es, Ihr alle, Ihr Leute, die Ihr Kopf und Herz habt, Ihr würdet so von ihm denken, wenn Ihr ihn kennen solltet. Dies bleibt mir immer eine der außerordentlichsten Erscheinungen meines Lebens. Vielleicht hat mich die Neuheit zu sehr frappiert; aber was kann ich dafür, wenn natürliche Ursachen natürliche Wirkungen bei mir hervorbringen ...

Was sagt unser Wieland zu Goethens Brief? Nur böse muß er niemals auf ihn werden. Keine Menschen in der Welt würden sich geschwinder verstehen, wenn sie beisammen wären, als Wieland und Goethe. Ich bin versichert und sehe es aus allem, daß sich Klopstock und Goethe lange nicht so verstanden haben. Goethes Kopf ist sehr viel mit Wielands Schriften beschäftigt. Daher kommt es, daß sie sich reiben. Goethe lebt in einem beständigen innerlichen Krieg und Aufruhr, da alle Gegenstände aufs heftigste auf ihn würken. Daher kommen die Ausfälle seines Geistes, der Mutwillen, der gewiß nicht aus bösem Herzen, sondern aus der Üppigkeit seines Genies [fließt]. Es ist ein

Bedürfnis seines Geistes, sich Feinde zu machen, mit denen er streiten kann; und dazu wird er nun freilich die schlechtsten nicht aussuchen. Er hat mir von allen denen Personen, auf die er losgezogen ist, mit ganz besondrer empfundner Hochachtung gesprochen. Aber der Bube ist kampflustig, er hat den Geist eines Athleten. Wie er der allereigenste Mensch ist, der vielleicht nur gewesen sein mag, so fing er mir einmal des Abends in Mainz ganz traurig an: «Nun bin ich mit all den Leuten wieder gut Freund, den Jacobis, Wieland – das ist mir gar nicht recht. Es ist der Zustand meiner Seele, daß, so wie ich etwas haben muß, auf das ich eine Zeitlang das Ideal des Vortrefflichen lege, so auch wieder etwas für das Ideal meines Zorns. Ich weiß, das sind lauter vortreffliche Leute; aber just deshalb; was kann ich ihnen schaden? Was nicht Stroh ist, bleibt doch, und die Woge des Beifalls, wenn sie sich auch eine Zeitlang abgewendet hat, fällt doch wieder zurück usw.»

Ich mußte herzlich über seine Naivetäten dieser Art lachen, denn der Rektifiziergeist ist bei ihm übel angebracht. Genug, ich konnte mich in die Möglichkeit seines Falles setzen und lachte ihn damit aus. Den ältesten Jacobi liebt er über alles. Er tat mir sogar die Ehre, außerordentliche Ähnlichkeit mit ihm bei mir zu finden. Indessen hat er eine Schrift auf ihn gemacht, die er mir versichert, daß es das Böste sei, was er in dieser Art gemacht habe. Sogar ein Frauenzimmer in Frankfurt, das mit Jacobi liiert ist, hat er hinein gebracht. Sie hat ihn bei allem beschworen, ihr die Schrift lesen zu lassen, und beteuert, daß sie nichts übel empfinden wolle. Er hat ihr aber geradezu versichert, daß es unmöglich sei, daß irgend ein Frauenzimmer in der Welt die Stellen nicht übel empfinden sollte. Nun wartet er, bis Jacobi nach Frankfurt kommt; dem muß er es vorlesen, und dann will er es zerreißen.

So viel von Goethe! Aber lange noch das Geringste. Die ernsthafte Seite seines Geistes ist sehr ehrwürdig. Ich habe einen Haufen Fragmente von ihm, unter andern zu einem Doktor Faust, wo ganz ausnehmend herrliche Szenen sind. Er zieht die Manuskripte aus allen Winkeln seines Zimmers hervor. An den Leiden des jungen Werthers hat er zwei Monate gearbeitet, und er hat mir versichert, daß er keine ganze Zeile darin ausgestrichen habe. An Götz von Berlichingen sechs Wochen. Er macht wieder so eines, und noch ein Dutzend andre – doch davon ein andres Mal, wenn ich an unsern lieben Wieland schreibe, dem Sie mich indes, so wie allen Freunden, tausendmal empfehlen werden.

223 Carl August an Wieland *um Neujahr 1775*
J'ai fait la connaissance de Goethe, qui vous estime fort ...

224 Graf Goertz an seine Frau *13. Dezember 1774*
... faites mille et mille amitiés à l'ami Wieland. Dites-lui ... que nous avons parlé Goethe à Francfort; qu'il est enthousiasmé pour lui, qu'il convient de ses torts, mais qu'il dit que ces moments faibles l'emportent quelquefois et qu'alors il ne se peut refuser à la plaisanterie.

1775

225 Zimmermann an Charlotte v. Stein *19. Januar 1775*
Vous voulez que je vous parle de Goethe; vous désirez de le voir? – Je vous en parlerai tantôt –. Mais, pauvre amie, vous n'y pensez pas, vous *désirez* de le *voir*, et vous ne savez pas à quel point cet homme *aimable* et *charmant* pourrait vous devenir *dangereux!* – Je coupe une planche de la Physiognomique de Lavater, pour vous faire présent de cette physiognomie d'aigle.

Monsieur Goethe est fils unique d'un homme très riche, der den Titel von einem Kaiserlichen Rate hat, et qui vit à Francfort de ses rentes. Son père a voulu qu'il ait un état; c'est pourquoi il est devenu docteur en droit et fait bon gré mal gré quelquefois l'avocat, dont il s'acquitte supérieurement bien. Il entend en maître la musique, le dessin, la peinture, la gravure, et à ce que bien des personnes m'ont assuré, il est versé presque dans tous les arts et dans toutes les sciences.

Un étranger qui a passé dernièrement chez moi a fait de

Monsieur Goethe le portrait suivant: «Er ist 24 Jahre alt; ist Rechtsgelehrter, guter Advokat, Kenner und Leser der Alten, besonders der Griechen; Dichter und Schriftsteller; Orthodox (s. Brief des Pastors zu ††† an den Pastor zu †††); Heterodox (s. Zwo unerörterte Fragen von einem Landgeistlichen in Schwaben); Possentreiber (s. Puppenspiel); Musikus; zeichnet frappant; ätzt in Kupfer, gießt in Gips, schneidt in Holz; kurz, er ist ein *großes* Genie, aber ein *furchtbarer* Mensch.»

Une femme du monde, qui l'a vu souvent, m'a dit que Goethe était l'homme le plus beau, le plus vif, le plus original, le plus ardent, le plus impétueux, le plus doux, le plus séduisant, et le plus *dangereux* pour le *cœur* d'une femme qu'elle avait vu en sa vie.

Mon ami Lavater m'a écrit le 23 juin 1774 de Francfort: «Goethe macht ein Ding, oder hat's gemacht, *Werthers Leiden!* Wenn Du etwas *Wahrers* in Deinem Leben gelesen hast – so lies nichts mehr auf mein Wort.» Le 27 août 1774 de Zurich: «*Werthers Leiden* werden Dich entzücken und in Tränen schmelzen. Du würdest den Doktor Goethe vergöttern. Er ist der *furchtbarste* und der *liebenswürdigste* Mensch.»

226 F.H. Jacobi an Klinger *29. Juni 1803*

Es sind nun bald 30 Jahre, daß wir bei Goethe zum ersten Mal uns sahen.

227 F.H. Jacobi an Knebel *18. November 1780*

Als ich Ihren Brief las, fiel mir ein, daß ich vor sechs Jahren, als Klopstock bei mir zu Mannheim war, über Lavater mit ihm zu reden kam. Mein Freund Lavater, sagte Klopstock, ist sehr eitel; der gute Mann weiß es selber nicht, wie sehr! – Einige Tage darauf erwähnte Goethe einer gewissen Dame gegen mich, die Herder der Eitelkeit beschuldige und sich nicht mit ihr vertragen könne, *weil er selbst der eitelste unter allen Menschen sei.* – Was Goethe von Herder sagte, sagt ganz Deutschland wieder von ihm: er sei aus Eitelkeit und Hochmut zum Narren geworden …

Goethe hat einmal einen Kupferstich von mir erhalten; er ist mir nicht sehr ähnlich, aber ich hätt' ihn gern wieder. Eine feierliche Zurückforderung will ich aber nicht; der Hasenfuß möchte sich wer weiß was dabei denken. Ich habe schon vor Jahr und Tag Wielanden darum ersuchen wollen.

228 F. H. Jacobi an Merck *2. März 1778*

Es war schade, mein lieber Merck, daß wir vor drei Jahren uns nicht noch einmal sprachen. Sie wissen doch meine Geschichte darüber? – Ich war den Abend aus Mannheim gefahren, die Nacht durch, um den folgenden Tag mit Ihnen zuzubringen. Weil ich keinen eigenen Wagen hatte, und in meiner Nachtruhe nicht gestört sein wollte, so nahm ich nicht die Post, sondern einen Hauderer. Das ging in so weit auch recht gut; ich schlief bis an den Morgen. – *Sind wir bald zu Darmstadt?* fragte ich den Schwager. «Zu Darmstadt? Wir sind gleich zu Oppenheim!» *Was Sakrament!* rief ich, *ich muß nach Frankfurt!* – «Ja, nach Frankfurt!» antwortete mir der Kerl ganz kaltblütig, «über Oppenheim.» – Mir war ganz unbekannt gewesen, daß noch ein andrer Weg von Mannheim auf Frankfurt ginge, als über Darmstadt. Über das Komische meiner Situation konnte ich, für Ärger, damals nicht lachen; ich fluchte also, und hieß den Kerl und sein Fuhrwerk zu allen Teufeln. Doch war am Ende kein andrer Rat, ich mußte revozieren, und mir nur eine glückliche Reise wünschen. Nach meiner Ankunft zu Frankfurt erzählte ich Goethe die Begebenheit und trug ihm auf, sie Ihnen zu hinterbringen; aber Gott weiß, ob er es getan hat, zumal da dieser Zeitpunkt in die Lilische Epoche fällt.

229 F. H. Jacobi an Wieland *27. Januar 1775*

Ich soll die Hand aufs Herz legen, trauter Freund, und zeugen, ob der außerordentliche Beifall, den Goethe Ihrer Kantate des Apollo im Midas gegeben, nicht Persiflage sei. O tausendmal kann ich hierüber die Hand aufs Herz legen und zeugen, daß dieser Beifall so ganz und so innig gewesen, als einer sein kann. Wenn Sie mit Goethes epischem Shandysmus bekannter wären, so würden Sie darin nichts Unbegreifliches finden. Überdies ist Persiflage Goethes Lieblingsfigur nicht, ja, ich dürfte wohl behaupten, daß er niemals derselben sich bediene, denn immer ist seine Ironie offenbarer, deutlicher Spott.

Ohne eben ein Wundermann zu sein, wollte ich Ihnen von Goethe Beiträge zum Merkur verschaffen, wenn nicht Goethe mit verschiedenen Ausarbeitungen im Merkur so gar schlecht zufrieden wäre, daß er die Vorstellung nicht ausstehen kann, in Gesellschaft ihrer Verfasser vor dem Publikum aufzutreten. *Sie* achtet er vom Grunde der Seele hoch; aber als Herausgeber des Merkurs sind Sie ihm ärgerlich. Zur Iris hat er verschiedene Beiträge geliefert, und in den dritten Teil kommt ein Drama mit Arien von ihm ...

Goethe grüßt Sie herzlich und bittet Sie, uns Ihre Silhouette zu schicken. Wir wollen sie in Kupfer stechen lassen, wie die inliegenden von Klopstock und Lavater.

230 F. H. Jacobi an seinen Bruder *28. Januar 1775*

Bei Goethe den 28. Jänner 1775.

Freu Dich, lieber guter George, noch in den 2. Band der Iris gibt uns Goethe ein Drama mit Sang, so schön, so herrlich, daß Du närrisch werden wirst, wenn Du's liest. Binnen acht Tagen soll's fix und fertig sein. Auch werden gleich eine oder zween der populärsten Arien in Musik gestochen und sollen beigefügt werden. Mit diesem Drama *Erwin und Elmire* soll das 3. Stück [des II. Teils] der Iris anfangen. Morgen schreib ich's an Rost [Heinse]. Schreib's ihm auch den Augenblick, damit er keine Streiche macht, denn er wird des Teufels darüber werden, daß wir ihm so viel Raum wegnehmen. – Adieu, laß Dir's wohl sein; *ich* bin in Gott, selbst ein Gott, leb wohl, ich will Dir gnädig sein ...

Das Veilchen, das Goethe einst Lottchen schickte, gehört auch in dies Drama. – Seltsam ist, daß das Ganze sich so vortrefflich in die Iris schickt; ich möchte sagen, dafür ausdrücklich komponiert worden zu sein. Es ist gewissermaßen ein Stück zur Erziehung der Töchter.

231 *F.H.Jacobi an Wieland* *11.Februar 1775*

Goethe verdenkt Ihnen keineswegs, daß Sie, zur Verbesserung Ihrer Umstände, sich mit einer literarischen Manufaktur abgeben; das tue ich ja mit, und doppelt, da ich mir zugleich das Beste der Iris angelegen sein lasse. Wenn aber Goethe in Wielands Merkur über Kunst, Künstler und Kunstsachen, kurz über Dinge des Genies, schiefe, verkehrte, nach seinem Gefühle alberne Urteile und *Wegweisereien* findet, so ärgert er sich, und jammert, daß Wieland übers Herz bringen muß, dergleichen herauszugeben.

232 *F.H.Jacobi an Wieland* *22.März 1775*

Hier der zweite Band der Iris. Da fällt mir eben ein, daß Goethe an demselben Abend, da er die *Freuden Werthers* erhielt, die Arie in Erwin und Elmire machte:

Ein Schauspiel für Götter etc.

Es ist nicht zu sagen, wie wenig empfindlich er über Kritik ist. Und Niederträchtigkeit, Falschheit – o! die ist von keiner menschlichen Seele ferner, als von der seinigen.

233 *F.H.Jacobi an G.Forster* *13.November 1779*

[Über Merck.] Kurz es ist ein Mensch ohne Treu und Glauben, der keinen Fetzen *Herz* im Leibe hat; ein *Kerl von Leder*, wie Goethe deswegen von ihm zu sagen pflegte.

234 *F.H.Jacobi an Ch.J.Kraus* *14.September 1788*

Goethe sagte von Herder (ehemals), er existierte in einem unaufhörlichen Blasenwerfen. – Auch zerplatzt ihm alles, und alles ekelt ihn im voraus schon an. Schwerlich hat ja ein Mensch einen andern Menschen so gedrückt, wie er sich selbst drückt.

235 *Carl August von Sachsen-Meiningen*
an seine Schwester *2./4.Februar 1775*

[2.Februar.] Jetzt ist es 11 Uhr; ich werde mich anziehen; um 1 Uhr essen wir. Herr von Riese und der berühmte Doktor Goethe sind unsere Gesellschaft. Der Herr Heim lobt ihn sehr, und hat uns gebeten, ihn kennen zu lernen. Ich werde Dir schreiben, wie ich ihn gefunden habe...

[4. Februar.] Ich fahre also fort. Der Herr Goethe hat bei uns zu Mittag gegessen. Es war mir lieb, daß er neben mir saß, damit ich ihn desto näher bemerken konnte. Er spricht viel, gut, besonders, original, naiv und ist erstaunlich amüsant und lustig. Er ist groß und gut gewachsen, in der Statur des Gotters, und hat seine ganz eigene Façons, so wie er überhaupt zu einer ganz besonderen Gattung von Menschen gehört. Er hat seine eigene Ideen und Meinungen über alle Sachen; über die Menschen, die er kennt, hat er seine eigene Sprache, seine eigenen Wörter. – Er hat mir sehr wohl gefallen.

Sein sanftes Gefühl, seine Richtigkeit des Ausdruckes, der Denkungsart, des Urteils, seine angenehme Lebhaftigkeit verdienen Bewunderung. Er sagte mir, daß er jetzt an zwei Stücken arbeite: Der Tod J. Cäsars, ein Trauerspiel, und eine Oper.

Er blieb bis 5 Uhr nachmittags bei uns, worüber wir sehr erfreut waren.

236 Graf Goertz an seine Frau *16. Februar 1775*

Je viens de lire «Die Freuden des jungen Werthers», et ils m'ont fait un grand plaisir. Vous savez ce que j'ai toujours dit des Leiden, que je ne voudrais pas l'avoir écrit. Celui je le voudrais bien. Goethe nous prouvera s'il sait supporter la plaisanterie. J'en doute fort, quoiqu'il nous en ait dit.

237 H. G. v. Bretschneider an Ch. F. Nicolai *10. März 1775*

Mit Goethe habe ich vor einiger Zeit gesprochen, dem wollen die Freuden Werthers gar nicht schmecken, er behauptete ganz kühn gegen mich, man habe ihn nicht verstanden.

238 H. G. v. Bretschneider an Ch. F. Nicolai *11. April 1775*

Goethe, der den Prometheus verleugnet und sich sogar gegen mich selbst so erniedrigte, daß er sagte, «die Canaille, die ihn verfertigt habe, sei sehr fürsichtig zu Werke gegangen», ist mit Deinet gar sehr über den Fuß gespannt, denn die Gans ist Deinets werte Person; ich könnte Goethen am besten überweisen, wenn ich Lust und Beruf dazu hätte, denn ich weiß den Formschneider zu Offenbach, der die Figuren für ihn geschnitten hat.

239 L. J. F. Höpfner an H. Ch. Boie *18. April 1775*

Goethe versicherte, daß er nicht einmal wüßte, wer den Prometheus gemacht habe. Endlich kommt Wagner, der Verfasser der konfiskablen Erzählungen, zu Goethe und sagt: ich hab's getan.

240 L. J. F. Höpfner an Ch. F. Nicolai *2. Mai 1775*

Wagner, der Verfasser der konfiskablen Erzählungen, hat sich bei Goethe als der Autor von Prometheus und Deukalion angegeben. Goethe glaubt, daß er's sei.

241 Merck an Ch. F. Nicolai *6. Mai 1775*

Verzeihen Sie mir mein langes Stillschweigen, besonders über das mir überschickte Exemplar von den Freuden des jungen Werthers. Ich wollte Ihnen anfangs darüber schreiben, allein es entstand sogleich ein unvermutetes Kriegsfeuer darüber in Sachsenhausen und der Orten, daß ich kein Wort auf beiden Seiten darüber verlieren wollte, aus Furcht, mich in fremde Händel zu mischen, und den Verdacht einer Trätscherei auf mich zu laden. Wäre *ich* bei Goethe und nicht Jacobi bei ihm gewesen, so will ich hoffen, daß der Lärm nicht so laut geworden sein würde. Er scheint indessen die Folgen schon zu empfinden, weil er sogar gegen mich als Herzensfreund auf Ehre und Treue leugnet, daß er der Verfasser des Prometheus sei. Aus einer gedruckten Erklärung werden Sie gesehen haben, daß ein gewisser Wagner der Verfasser davon ist, ob ich's gleich nicht glaube ...

Haben Sie nötig, irgend jetzo wegen geänderter Umstände andres von beiden [«Freuden des jungen Werther», «Prometheus, Deukalion und seine Rezensenten»] in Ihrer Bibliothek öffentlich reden zu lassen, so unterdrücken Sie meine Rezension [der «Freuden des jungen Werther»], und es geschieht mir dadurch ein wahrer Gefallen, weil mich Goethe gewiß erkennt, und in seiner eigenen Sache so blind ist, daß ihn auch das kälteste seinem Gegner gegebene Lob aufbringen kann. Ein Genie ist einmal ein böser Nachbar, und ich möchte, wie Sie leicht einsehen, es mit ihm nicht gerne verderben.

242 J. M. Miller an J. H. Voß *16. Juli 1775*

Er [Klinger] läßt Dich herzlich grüßen. Nach seiner Versicherung muß ich nun gewiß glauben, daß Wagner ohne Goethens Vorwissen den Prometheus gemacht hat. Goethe ist noch in der Schweiz. Er soll auf Claudius sehr übel zu sprechen sein, ich hab aber schon vieles ins Reine gebracht, und Klinger denkt schon billiger von ihm. Goethe schreibt ein Schauspiel für Liebende, das herrlich sein soll.

243 Henrich Stillings häusliches Leben *1789*

... so reiste er [Mitte Februar] mit der Post abermal nach Frankfurt, wo er wieder bei Goethe einkehrte ...

Während der Zeit beging Stilling eine Unvorsichtigkeit, die ihn oft gereuet und ihm viel Verdruß gemacht hat; er fand nämlich bei einem Freunde das Leben und die Meinungen des Magister Sebaldus Nothankers [von Nicolai] liegen, er nahm das Buch mit, und las es durch ... Er schrieb ... die Schleuder eines Hirten-Knaben gegen den hohnsprechenden Philister, den Verfasser des Sebald Nothankers, und ohne die Handschrift nur einmal wieder kaltblütig durchzugehen, gab er's siedwarm in die Eichenbergische Buchhandlung.

244 Ch. F. Nicolai an Merck *28. Dezember 1775*

Man meldet mir glaubwürdig, welche sehr ungezogene Reden Herr Goethe in Frankfurt gegen mich ausgestoßen hat, der ich ihn nie beleidigt, sondern mich nur des Rechts bedient habe, das jeder Schriftsteller hat, zu schreiben, was ihm gut dünkt, und dabei die größte Hochachtung für Herrn Goethes Talente bezeugt habe.

Man meldet mir ebenso glaubwürdig, Goethe habe Dr. Jung

zu der Herausgabe des erbärmlichen Dinges «Die Schleuder des Hirtenknaben» aufgemuntert, und, da er Schimpfworte ausstreichen wollen, die Worte gesagt: «Er wolle ihn in Schutz nehmen, wenn er angegriffen würde.» Risum teneatis!

245 Frau Rat Goethe an ihren Sohn 30. November 1804

... wie Du mir besonders beim Doktor Jung seiner Hirtenschleuder schuld gabst – ich ersparte den Leuten eine Ohrfeige – damit sie ein Loch in Kopf bekämen ...

246 G. M. Kraus an Bertuch 5. März 1775

Nun hören Sie, was Goethe sagt! Dieser hat mich schon etliche Malen besucht. Des Herrn Hofrat Wielands Porträt lobt er über alle Maßen, diese ganze Familie gefällt ihm; Carolinchen heißt er seine Favorite. «Man sieht ihr die Gutheit in ihren Gesichtszügen! Sophiechen, sagt er, ist eine kleine Schönheit, aber etwas schalkhaft und gefährlich! Die wird Männer rasen machen. Dorchen ist ein kleiner Teufel. Malchen sehr unschuldig und angenehmes Kind.» Das ist das Urteil von Goethe über diese Porträts, welches er, wie er mir noch heute sagte, selbsten an Herrn Hofrat schreiben wird. Die Anordnung vom ganzen Bild gefällt ihm nach meiner Skizze sehr wohl, nur mit der Einrichtung des Zimmers ist er nicht ganz zufrieden, es scheinen ihm die darinnen angebrachte Meubles zu reich und prächtig für einen Autor zu sein! Daran läßt sich denken und ändern, ohne dem Ganzen zu schaden. Goethe ist jetzo lustig und munter in Gesellschaften, geht auf Bälle und tanzt wie rasend! Macht den Galanten beim schönen Geschlecht; das war er sonsten nicht. Doch hat er noch immer seine alte Laune. Im eifrigstem Gespräche kann ihm einfallen, aufzustehen, fortzulaufen und nicht wieder zu erscheinen. Er ist ganz sein, richtet sich nach keiner Menschen Gebräuche, wenn und wo alle Menschen in feierlichsten Kleidungen sich sehen lassen, sieht man ihn im größten Negligé, und ebenso im Gegenteil. Goethe will oft zu mir kommen und bei mir zeichnen, welches ich ihme sehr gerne erlauben werde. Er hat seit einem Jahr viel gezeichnet, und auch etwas gemalt. Viele Schattenbilder und auch andere Gesichter in Profil macht er, trifft öfters recht gut die Gleichheit. Nun deucht mich, hätte ich Ihnen genug von diesem Manne geplaudert, ein ander Mal ein mehreres. Noch eins muß ich Ihnen sagen – und das zwar sage ich Ihnen nicht gern – Goethe hat mir angekündiget, daß ich in hiesiger Stadt nicht viel Subskribenten für Ihren Don Quixote anwerben würde. Ein garstiges Zeichen vom Geschmack meiner Landsleute.

247 J.W. Appell: Erinnerungen aus Offenbach am Main 1847

... Lili hielt sich im Frühling des Jahres 1775 zu Zeiten in dem Landhause ihres Oheims Bernard zu Offenbach auf ... André, unerschöpflich in Gesängen und Schwänken zum Klavier, ließ sich dann oft, bis der Nachtwächter die zwölfte Stunde abrief, von den Liebesleutchen ans Klavier fesseln, wodurch sie sich eines längeren Beisammenseins erfreuen konnten. Überhaupt wird noch mancher harmlose Zug aus dieser Periode von dem Dichter erzählt, der damals noch an der ganzen lyrischen Zerfahrenheit der Jugend litt.

Bei einer dämmernden Mondnacht hat er sich einst in weiße Laken gehüllt und so, auf hohen Stelzen in dem Städtchen herumschreitend – Goethe war nämlich in seiner Jugend ein sehr geübter Stelzengänger –, vielen Leuten zu den Fenstern des ersten Stockwerkes hereingeschaut, daß jene ein panischer Schreck befiel ob der langen, weißen, geisterhaften Gestalt. Ein anderes Mal, bei der Taufe des ... Anton André, saß die ganze Gesellschaft bei dem Kindtaufschmause. Da tritt Goethe nach kurzer Entfernung mit einem verdeckten Gerichte herein, das er schweigend auf den Tisch setzt. Und als man später die Serviette von der Platte hob, lag der kleine Täufling, sorgsam eingewickelt, darin.

248 Herder an Hamann 3. Juni 1775

Ihre Prolegomena sind an Moser und Lavater (versteht sich an jenen ohne Zuschrift unde und ubi) gegangen: von mir hat Goethe ein Exemplar bekommen, der Sie stumm, aber desto stärker hochhält. Ich höre nur manchmal von ihm ein Wort, und wie das auch falle, ist's ein Kerl von Geist und Leben. Er will nichts sein, was er nicht von Herzen und mit der Faust sein kann. Lenz (der Verfasser vom Hofmeister und Neuen Menoza), ein Livländer und sehr bescheidener Jüngling, ist sein jüngerer Bruder.

ERSTE SCHWEIZER REISE

249 Ch. Stolberg an seine Schwester Henriette 12. Mai 1775

Von Gießen ging's ganz früh wieder weg, und vormittags bei guter Zeit waren wir hier [in Frankfurt]. Mein Herz schlug mir vor Begierde, unseren lieben Haugwitz zu sehen. Er war bei Goethe. Gleich ließen wir ihn holen. Goethe kam bald zu uns, er war in wenigen Tagen mit Haugwitz intim geworden und ward es auch gleich mit uns. Er aß mit uns, und wir waren, als hätten wir uns Jahre lang gekannt. Es ist ein gar herrlicher Mann. Die Fülle der heißen Empfindung strömt aus jedem Wort, aus jeder Miene. Er ist bis zum Ungestüm lebhaft, aber auch aus dem Ungestüm blickt das zärtlich liebende Herz hervor. Wir sind immer beisammen und genießen zusammen alles Glück und Wohl, das die Freundschaft geben kann. Er kann sich nicht von uns trennen und will zu unserer größten Freude einen Teil der Reise mit uns machen. O möchte es doch die ganze sein! Du kannst denken, wie uns das freut!

250 F. L. Stolberg an seine Schwester Katharina 12. Mai 1775

Die über alles schöne Natur der hiesigen Gegenden, die Freude, Haugwitz, der ein himmlischer Junge ist, wieder zu haben, Goethe zum Freunde, zum vertrauten Freunde schon zu haben, mit ihm nun zu reisen, denn er geht mit uns, zum wenigsten bis sechzig Stunden hinter Karlsruh, eine neue Freundschaft mit einem jungen Menschen, Klinger, der ein treffliches Herz hat und ein herrlicher Dichter ist und sich in unsre Stuben einlogiert hat, alles das läßt noch manche Freude in mein Herz. Gestern waren wir mit

Haugwitz und Klinger in Mainz. Da sahen wir den Main in den Rhein fließen. Wir fuhren auf eine Insel im Rhein; den Rhein und diese Insel kann ich nun nicht beschreiben, es war über alles göttlich ... Sonntag gehen wir von hier.

251 Klinger an E. Schleiermacher *7. August 1776*

Die [Silhouette der] Offenbach[erin] kann ich von Goethe nicht wiederkriegen, weil sie vermutlich verschleudert ist.

252 J. Ch. Ehrmann an Goethe *12. Dezember 1812*

Zürnen Sie ja nicht mit mir, wenn ich Sie im jetzigen Ehestande an ein schönes Mädchen von Offenbach namens Nagel erinnere – an welchem Sie, Klinger, Haugwitz, Stolberg, Jacobi, Willemer – und ich im Vielkampf berühmt wurden. – On est jeune et vieux à tout âge, sagte Chaulieu.

253 Ch. Stolberg an seine Schwester Katharina *17. Mai 1775*

Wenn Du unsere Wirtschaft auf der Reise sähest, Du würdest sehen, daß wir immer in so einem Taumel sind, daß man jeden Augenblick stehlen muß. Das macht uns herrliche Freuden, daß wir mit Goethe reisen. Es ist ein wilder, unbändiger, aber sehr guter Junge. Voll Geist, voll Flamme. Und wir lieben uns schon so sehr. *Schon*, sag' ich. Seit der ersten Stunde waren wir Herzensfreunde. Wir viere sind bei Gott eine Gesellschaft, wie man sie von Peru bis Indostan umsonst suchen könnte. Und so herrlich schicken wir uns zusammen. In Frankfurt haben wir uns alle Werthers Uniform machen lassen, einen blauen Rock mit gelber Weste und Hosen; runde graue Hüte haben wir dazu. In Darmstadt haben wir einen braven Mann kennen gelernt, der auch gleich unser Freund ward und uns eine Tagereise begleitete: den Kriegsrat Merck. Diesen Abend kommen wir nach Karlsruhe. Unsre Gegenden sind noch immer gar schön gewesen, besonders die Bergstraße. Da fährt man immer am Fuß des Gebirges, in Alleen von hohen alten Walnußbäumen, Weinberge zur Seite, oder Äcker, mit Fruchtbäumen hie und da besetzt. Nun gehen wir hin, das weltberühmte Heidelberger Faß zu sehen.

254 Carl Friedrich von Baden an Klopstock 23. Mai 1775

Wir haben jetzo den Herzog von Weimar und seinen Bruder hier [in Karlsruhe]. Der Herzog ist an einem starken Katarrh bettlägerig gewesen ... Die Grafen von Stolberg, von Haugwitz und Göde sind hier gewesen, mir war es sehr angenehm, ihre Bekanntschaft zu machen.

255 F. L. Stolberg an Klopstock 24. Mai 1775

Ich muß Ihnen noch manches von Karlsruh schreiben, mein allerliebster Klopstock. Gestern haben wir's verlassen und sind gestern abend hier [in Straßburg] angekommen...

Der Anblick des Rheins eine Stunde von hier, wo wir auf einer breiten Brücke über ihn fuhren, hat mich wieder sehr gerührt. Es ist ein herrlicher Strom. Aber das Herz im Leibe tat mir weh beim Anblick des bezwungenen nun französischen Ufers. Aber sie werden nicht das schöne Land noch lang besitzen, ich hoffe, wir werden uns endlich fühlen ...

Mein Bruder, Goethe und Haugwitz grüßen Sie herzlich.

256 Carl August von Sachsen-Meiningen an seine Schwester Ende Mai 1775

Donnerstag, den 25. Mai. Nachmittags, als ich in meiner Stube [in Straßburg] saß, und mit dem Herrn Heim in Cronegks ersten Blüten des Geistes las, kam ein Bedienter herein und sagte, es wäre ein Doktor von Frankfurt unten, der mich sprechen wolle, und wie erschrak ich nicht, als der Doktor Goethe hereintrat. Ja, er war es selbsten und war von Frankfurt gekommen, seine Schwester im Badenschen zu besuchen, hatte in Karlsruhe die Prinzen von Weimar gesprochen, und war hergereist, um seinen Freund Lenz zu sehen. Er mußte sich neben mir aufs Kanapee setzen, und der Herr von Dürkheim und Herr Heim setzten sich auch dazu, und wir sprachen recht vertraut zusammen. Nur eine halbe Stunde blieb er da; ich bat ihn noch vor seiner Abreise zu mir zu kommen. Dieser unvermutete Besuch machte mir viel Spaß, da ich den Goethe recht gern habe, weil er so natürlich ist.

257 *F. L. Stolberg an seine Schwester Katharina* 31. *Mai 1775*

Goethe hat uns schon seit drei Tagen verlassen und ist bei seiner Schwester in Emmendingen, sechs Meilen von hier, auf dem Wege nach Basel. Da gehen wir morgen auch hin. Ob er noch weiter mit uns geht, weiß ich nicht; einesteils hat er große Lust, nach Italien zu gehen, zum andern zieht ihn sein Herz nach Frankfurt zurück. Sonst ging' er gern mit uns, zum wenigsten nach Zürich, weil Lavater sein sehr großer Freund ist. An Goethe haben wir gleich einen herzlichen Freund gefunden, sein Herz ist nicht unter seinem Geist, das ist wahrlich alles, was man nur sagen kann!

258 *Luise König an Friederike Hesse* 31. *Mai 1775*

... denken Sie, ich habe Götteen nicht gesehn, er kam den Tag vor meiner Abreise. Lenz versprach ihn mir den Nachmittag zu bringen, ich sah aber niemand ... Was für Freude für seine Schwester, wann sie den besten Bruder sieht! Gott lasse es ihr an Leib und Seele gedeihen! ... Hat Ihnen dann Götte was von mir gesagt, als er bei Ihnen war, daß Sie mir sagen: «Nun werden Sie ihn ganz kennen lernen»? Es ärgerte mich, daß ich gerade fort mußte, als er kam.

259 *Luise König an Friederike Hesse* 14. *Juni 1775*

[Lenz] war mit Götte bei der Schlosserin und kann nicht sagen, was für Wunderwürkung sein Anblick auf ihre Seele und Körper gemacht haben. Sie ging gleich den andern Tag mit ihnen spazieren und soll jetzt ganz wohl sein: O warum müssen solche Menschen voneinander getrennt sein!

260 *F. L. Stolberg an seine Schwester Henriette* 11. *Juni 1775*

[Zürich.] Den Nachmittag um zwei Uhr [am 10. Juni] gingen wir in die Kirche, wo Lavater, nun just Hauptprediger geworden, als Nachmittagsprediger seine Abschiedspredigt hielt. Die Kirche war so voll, daß viele nicht Platz zum Sitzen hatten. Nie habe ich einen Prediger mit der Rührung, mit der herzlichen Innigkeit reden gehört, wie er redete ... Er bekommt nun die Aufsicht über die Waisenkinder, welche er so väterlich und liebreich anredete, für die er so inbrünstig betete, daß ein großer Teil der Zuhörer weinte. Nach der Predigt machten wir gleich Bekanntschaft mit Lavater und gingen mit ihm zum Professor Nüscheler, seinem Freund, welcher sehr schön am See wohnt. Da fanden wir auch Heß, der die Lebensbeschreibung der drei letzten Jahre Jesu geschrieben hat. Goethe, welcher bei Lavater wohnt, ging mit ihm weg; wir drei gingen noch spazieren und fanden ein Bauernhaus am Ufer des Sees, wo wir, eine halbe Stunde von der Stadt, uns auf einige Zeit etablieren wollen zwischen Weinbergen.

261 K.F.v.Beyme an Varnhagen von Ense *5. Mai 1830*

... eine Anekdote, die ich dem Minister Grafen Haugwitz verdanke, daß Goethe, vor etwa 50 Jahren, als er in des erstern und der beiden Stolberge Gesellschaft Lavatern den Besuch in Zürich machte, zu einer Predigt, wovon der letztere nur den ersten Teil konzipiert hatte, die beiden fehlenden Teile in dessen Abwesenheit zugeschrieben hat, welche Lavater Tages darauf ohne die mindeste Abänderung von der Kanzel gehalten.

262 H.Boßhard: Lebensgeschichte *1804*

Den 11. Brachmonat sah und sprach ich in Zürich den Herrn Goethe, die beiden Grafen von Stolberg, und Herrn Baron von Haugwitz, die den 12. nach dem Katzenreutihof zu Kleinjogg reiseten, und ich mit ihnen. Diese Edeln begegneten mir recht freundschaftlich, und ich wußte vor Freude nicht, wo ich stand. Wir kamen zu Kleinjogg, und in dieser edeln, mir unvergeßlichen Gesellschaft hatte ich Freude wie noch wenig. Kleinjogg führte uns in seinen Gebäuden herum, und am Tische unterhielten wir uns mit den weisen Reden dieses wackern Landmanns. Von dem Katzenreutihof reiseten wir wieder nach Zürich. Auf dem Heimweg weinte ich Freudentränen über mein namenloses Glück, von solchen Edeln geliebt zu werden; ich bat den Gott meiner Jugend, der mir so oft schon aus dem tiefsten Elend ausgeholfen, um die Gnade, würdig zu werden der Liebe, mit der ich geliebet wurde.

263 Lavater an Zimmermann *14. Juni 1775*

Itzt ist Goethe in meinem Hause, und die Grafen Stolberg leben bei uns.

264 Bodmer an Schinz *15. Juni 1775*

Herr Lavater hat Goethen und die Grafen von Stolberg zu mir gebracht. Ich habe auch Goethen bei Lavater einen Besuch gemacht. Die Grafen haben ein Landhaus in der Enge gemietet. Herr Lavater hat Goethen eine vorteilhafte Opinion von mir gemacht, die ich noch nicht verdorben habe. Er ist mit meiner Munterkeit am besten zufrieden. Er hat Brutus und Cassius für niederträchtig erklärt, weil sie den Cäsar ex insidiis, von hinten, um das Leben gebracht haben. Ich sagte, daß Cäsar sein Leben durch nichts anderes getan, als die Republik, seine Mutter, getötet, und die meiste Zeit durch falsche Wege. Cicero ist nach ihm ein blöder Mann, weil er nicht Cato war. Es ist sonderbar, daß ein Deutscher, der die Untertänigkeit mit der äußersten Unempfindlichkeit erduldet, solche Ideale von Unerschrockenheit hat. Ist nicht Werther der blödeste, feigherzig[st]e Mann? Aber es scheint, der Verfasser halte die Feigheit, welche den Schmerzen der Liebe durch den Tod entflieht, für Stärke der Seele. Man sagt, Goethe wolle bei uns an einem Trauerspiel von Dr. Faustus arbeiten. Eine Farce läßt sich von einem Schwindelkopf leicht daraus machen.

265 Bodmer an H. Meister *15. Juni 1775*

Goethen ist ein Mann von wenig Worten. Er ist mit meiner Munterkeit recht wohl zufrieden. Er hat mir die Freude machen wollen, daß ich ihn vor meinem Ende sähe, und es ward ihm, da er schon in Eschers Hause war, noch bange, daß er zu spät gekommen wäre, sich von dem alten Manne sehen zu lassen. Ich machte ihm das Kompliment, daß er mich 77 Jahre auf sich habe warten lassen.

266 F. L. Stolberg an seine Schwester Henriette *16. (?) Juni 1775*

Donnerstag früh [den 15. Juni] machten wir uns auf und gingen zum See, der ganz nahe bei unserer Hütte ist, da kam denn auch das Boot aus der Stadt, darin waren Lavater, Heß, der das Leben Jesu geschrieben hat, sein Schwager, ein herrlicher junger Mann, Goethe und zwei Frankfurter, recht gute Leute. Wir ließen uns zwei Stunden weit auf dem See rudern, es war ganz stille, dann reizten uns die schönen Ufer zu sehr, und wir beschlossen zu gehen. Die Ufer des Züricher Sees sind gar zu schön; hart am Wasser geht der Fußsteig, der immer von den schönsten Walnußbäumen beschattet ist. Nußbäume, die so hoch und dick wie die alten Eichen sind, viele davon beugen sich ins Wasser hinein und geben dem Badenden den kühlsten Schatten. Zu Mittag aßen wir bei einem Landpfarrer, der uns sehr liebreich empfing und uns der Milch, der Butter und des Kalbfleisches, wie Abraham, reichlich vorsetzte. Auch Kuchen und sehr schöne Kirschen. Von da gingen wir weiter, immer am See, niedliche Häuser lagen uns zur Rechten, Weinberge erhoben sich über die Häuser, und über die Weinberge hohe Gebirge. Wir verließen den See, um in den Kanton Schwyz nach dem Kloster Einsiedeln zu gehen. Lavater hatte Geschäfte und mußte umkehren. Die Szene änderte sich plötzlich, nun mußten wir einen schmalen, rauhen, steinichten Fußpfad hinaufklimmen, der auf beiden Seiten oft die schönsten Wiesen hatte und den unzählig viele Bäche durchschnitten ... Über Berg und Tal ging's fort, und wir kamen den Abend spät, nachdem wir sieben Stunden gemacht hatten, im Kloster St. Maria zu Einsiedeln an. Es war eben Fronleichnamsfest; wir begegneten unzählig vielen Pilgrimen, die das Kloster besucht hatten, deren viele aus dem Elsaß, aus Lothringen, ja aus Frankreich und Italien waren.

267 Lavater an Goethes Eltern *20. Juni 1775*

Daß Wolfgang Goethe ist, daß er irgendwo ist, daß dies Irgendwo Zürich, in Zürich Waldreis, im Waldreis – ein

Saal oder eine Kammer ist, – daß dieses Waldreis Sohns und Bruders Lavaters Wohnung ist. Daß Johann Wolfgang Goethe ganz gesund, ein bißchen vergnügt, nur wenig grimmig ist – daß er noch – wie viel Tage bei uns bleiben – und die Bewunderung aller Augen sein wird, habe untertänigst berichten wollen, und zu dessen mehreren Gezeugnis beisetzen meiner eigenen wohlbekannten Hand Unterschrift J. C. Lavater.

268 Lavater an Herder *7. Oktober 1775*

Mit Goethe hatt' ich herrliche Stunden. Nur ist's mir unerträglich, daß ich ihm so gar nichts bin. Ich muß andern nur immer die Freude lassen zu geben.

269 Lavater an Wieland *8./9. November 1775*

Wer kann verschiedner denken, als Goethe und ich; und dennoch lieben wir uns sehr ... Goethe war voll Bonhomie, zu Ihnen zu kommen. Das weiß ich. Sie werden über den Mann erstaunen, der mit dem Grimm des Tigers die Gutherzigkeit eines Lämmleins verbindet. Ich habe noch keinen festern und keinen zugleich leitsamern Menschen gesehen. Prometheus? Eh ich wußte, daß Wagner Verfasser war, sagt ich, sagt's ihm selbst – «*Goethes unwürdig!*» – Liebster Wieland, Sie irren sich gewiß, wenn Sie Goethe für den Verfasser des Prometheus halten. Das ist so, so wenig *Sie* die *Menschen, Tier und Goethe*, die man hier *Ihnen* zuschreiben wollte, gemacht haben. Beides bestreit ich mit gleicher Zuversicht. Das erste ist Goethen, das andere Ihnen – unmöglich. – Goethe ist der liebenswürdigste, zutraulichste, herzigste Mensch. Bei *Menschen ohne Prätension;* der *zermalmendste Herkules aller Prätension.* Nehmen Sie zum Pfand seines edlen Herzens seine brüderliche Liebe zu mir tausendmal Schwächern. Der Wurm darf dem Adler um den Schnabel kriechen. Seine Größe ist wirklich übern Neid erhaben, und der Wurm darf ihm dennoch ins lächelnde Herz flüstern: Deiner Flügel Schlag, und ihren Todeston – laß ruhn! Billiger ist kein Mensch in mündlicher Beurteilung anderer – toleranter niemand, als er. Ich hab' ihn neben Basedow und Hasenkamp – bei Herrenhutern und Mystikern, bei Weibchens und Männinnen, bei Kleinjoggen und Boßhard (zwei unendlich verschiedene Himmelsprodukte unsers Landes) allenthalben denselben edeln, alles durchschauenden, duldenden Mann gesehen. Aber ja! – wehe dem, der Prätensionen gegen ihn macht – und – der «seine kanonischen Bücher» angreift.

270 *Bodmer an Schinz* *19. Juni 1775*

Goethe ist auf den Gotthardberg gegangen, er hatte Gedanken, weiter bis Mailand – zu gehen.

271 *F. L. Stolberg an seine Schwester Katharina* *20. Juni 1775*

Goethe ist mit einem hiesigen Freunde zum St. Gotthard gereist; da er nicht lange von Frankfurt sein kann, wollte er den doch sehen. Ich bin neugierig auf seine Wiederkunft; man meint hier, der Berg werde noch voll Schnee sein. Wir werden Goethe sehr vermissen. Er hat uns viele Manuskripte gelesen, welche alle würdige Brüder des Götz von Berlichingen sind.

272 *H. Dechent: Pfarrer Passavant* *1888*

Wenn man Goethes Darstellung Glauben schenkt, so wollte Passavant ihn bestimmen, vom Gotthard aus mit ihm nach Mailand zu wandern, indem er darauf hinwies, daß dort bei mehr als einem von den Messen her bekannten Handelsfreund Kredit sich finden werde. Passavant hätte gehofft, mit liebevoller Arglist ihn an Ort und Stelle zu überraschen, nachdem er sich eine Reise nach Italien schon früher ausgedacht. Dieser Darstellung tritt nun aber die Familienüberlieferung entschieden entgegen, nach welcher vielmehr Goethe den jüngern Freund zu einer Wanderung nach Mailand und zur Erhebung einer Summe bei Meßfreunden habe bestimmen wollen, während dieser in gewohnter Gewissenhaftigkeit den Plan bekämpft habe. Goethe hat in der Tat hier den wahren Sachverhalt unrichtig wiedergegeben, vermutlich aus einer Art Neckerei gegen den nachmaligen Pfarrer, dem er hier die eigene, etwas leichtfertige Gesinnung unterschob ...

273 Bodmer an Schinz *29. Juni 1775*

Goethe hat mich nach seiner Wiederkunft vom Gotthardberge wieder besucht. Es ist mir recht lieb, daß er den Prometheus nicht gesündigt hat. Ich bin immer in seinen Gunsten, wiewohl ich ihm nicht heuchle, jedoch die persönlichen Saiten nie berühre. Er ist aber ganz zurückhaltend. Er spricht kein Wort von seinen Schriften; auch nichts von Wieland. Von Klopstock mit Hochachtung, auch von Homer und der Natürlichkeit seiner Personen. Von Herder nichts.

274 Bodmer an Schinz *6. Juli 1775*

Goethe hat hier keine Freunde, er ist zu hoch und zu entscheidend.

275 Bodmer an J. G. Sulzer *2. August 1775*

Die Grafen von Stolberg, von Haugwitz, der von Lindau, Goethen sind zu uns gekommen; sie mögen den Deutschen sagen, sie haben einen depontanum besuchen wollen und sein zu einem lebenden Mann gekommen ... Herder und Klopstock sind in den Augen dieser Herren Führer des Geschmackes; Wieland nur ein Nachtreter. Goethen war bei Lavater logiert, soll ich sagen sein Waffenträger oder sein Held? Ich fürchte, Sie, mein Freund, halten mich für einen Schmeichler, wenn Sie hören, daß ich ihre Gunst besitze; ich war doch nur fröhlich und polit mit ihnen. Breitinger, Steinbrüchel, Hottinger werden von ihnen gefürchtet oder gehasset. Sie mochten von mir gehört haben, ich wäre ein Wassertrinker und darum ein Freudenhasser. Ich gefiel ihnen, da ich lachen konnte.

276 Bodmer an H. Meister *3. August 1775*

Der Verfasser [von «Werthers Leiden»], Doktor Goethen, ist acht Tage bei Herrn Lavater gewesen. Ich hab ihm nicht geschmeichelt, aber ihn auch nicht beleidiget, und damit gewonnen, daß er etwas aus mir machet. Man erzählt, Herr Lavater urteile von ihm, er sei der wärmste Freund und der gefährlichste Feind der Religion und der Tugend. Ich verstehe diesen Ausspruch nicht, und wenn es nicht fustian ist, so bin ich ein wenig dumm. Goethen sagte, seine Leiden Werthers seien Historie und Natur, der Historiker habe nicht nötig, die Personen gerecht zu schildern. In der Tat aber ist es nur Erdichtung, er ist der ποιητης, der Schöpfer dieser Leiden. Und ein poetischer Schöpfer sollte doch in seiner Welt, das ist in seinem Gedichte, strafen, da er es in der künftigen Welt nicht kann, wie der wahre Schöpfer.

277 *F. L. Stolberg an seine Schwester Henriette* *30. Juni 1775*

Den ganzen Nachmittag sind Lavater und Goethe bei uns gewesen. Eben gehen sie. Da ich Goethe sagte, daß ich an Dich schreiben wollte, trug er mir auf, Dich zu grüßen. Es wäre mir unmöglich, einen Freund zu haben, ohne mit ihm von Dir zu sprechen; er kennt Dich gewiß besser, als viele, die Dich oft sehen. Übermorgen reist er nach Frankfurt; es geht mir sein Verlust herzlich nahe. Er macht so sehr eins mit uns aus, wir sind nicht mehr ein Ganzes, nur drei Viertel.

278 *F. L. Stolberg an J. H. Voß* *1. Juli 1775*

Goethe verläßt Zürich zwei Tage nach uns, wir werden ihn sehr vermissen, es ist ein herrlicher Junge, wir sind ihm und er uns herzlich gut geworden.

279 *Ch. Kayser an seine Schwester Dorothea* *1. Juli 1775*

Triffst Du Goethen einmal allein, so darfst Du ihn keck ansprechen, und ihn fragen, was ich machte? Tu das. Scheu Dich nicht, er ist ein Gott! aber er ist noch ein besserer Mensch.

280 *J. K. Hotze an Lavater* *2. Juli 1775*

[Wegen zu vieler Arbeit] kann ich nicht nach Zürich kommen; Goethe aber verreist bald. Wenn ich nur diesen Mann noch eine einzige Stunde hätte sehen, hören, genießen können! Dem man's vom Haupthaar an bis zum Fußtritt hinab in allen Adern, Zügen, Bewegungen ansieht, daß er der Mann ist, der «Werthers Leiden» schreiben konnte. Er ließ ein Schnupftuch bei mir zurück, aber ich vermag es nicht, ihm's zurückzuschicken. Dieses Andenken seines Seins bleibt bei mir.

281 W. Brenner an Goethe *31. August 1775*

Mein lieber Herr Doktor! Sie sind ein Freund von Herrn Pfarrer Lavater und Herrn Helfer Pfenninger in Zürich, in beider Häusern habe ich Sie gesehen und Gutes von Ihnen gehört, da ich nun auch das Glück habe, mit diesen lieben Männern in Freundschaft zu stehen, so kommt es mir so vor, als ob ich auch einigermaßen mit Ihnen, mein lieber Herr Doktor, verwandt wäre, und nehme daher die Freiheit, Ihnen diese Zeilen zu schreiben. Da ich den 2. Juli die Ehre hatte, Sie zum erstenmal in Zürich bei Herrn Prediger Lavater zu sehen, waren Sie mir ganz unbekannt, daher ich nichts mit Ihnen zu reden wußte, ungefähr vernahm ich, daß Sie der Autor seien von dem Traktätlein: Die Leiden des jungen Werthers (welches mir auch noch unbekannt war – außert, daß ich solches allhier in denen öffentlichen Blättern oft eingetragen gefunden), und wurde daher begierig, solches zu lesen, um Sie einigermaßen daraus kennen zu lernen.

282 Caroline v. Wolzogen an Charlotte Schiller *16. Juni 1802*

Die Schweizern [Magdalene Schweizer geb. Heß] ist eine recht gute originelle Frau ... Sie sagt mir, daß sie Goethen, als er in der Schweiz war, nur einmal durch eine Tür gesehen und sich gleich in ihn verliebt hätte, daß sie ihn nicht hätte noch einmal sehen mögen, da sie eben versprochen war.

283 Johannes Tobler

Im Sommer 1775.

Wie wunderbar die Herren Genien sind!
Herr Goethe kam nach Zürich,
Spricht ein bei seinem Lavater,
Findt Buch und Tisch beim Waldreis wohl bestellt,

Geht 'paar Mal aus, sieht mit dem Adlerblick,
Der auf den ersten Augenblick
Charakter, Kopf und Herz aufs Härchen kennt,
Die Zürcher Herren Gelehrten;
Verreist alsdann und spricht zu sich:
«Ich kenn sie jetzt,
Ei, ei, die Herren Geßner, Bodmer, Breitinger,
Steinbrüchel, Compagnie,
Das Völkchen Zürcher, ha,
Ist das so ganz was Herrliches?
Die kenn' ich mehr als gnug!»
– Und war verreist.

«Und ist er würklich wieder weg?»
So fragten die gelehrten Herrn in Zürich.
«Was das auch heißt!
Das heiß ich auch gereist!
Dem war bei uns gar niemand gut genug,
Auch steht der Übermut ihm an der Stirn geschrieben.

Indes ist's zu erraten,
Warum er hier im Waldreis stecken blieb:
Ihn ließ sein herrlicher Lavater nicht.
Der fürchtet, wo jetzt ein Fremder uns suchte,
Dem würden, ging er umher, die Augen geöffnet!»
Ei, ei, getroffen aufs Haar!
Gesehn wie Goethe sah, ohn' erst die Augen zu brauchen!

284 Bodmer an Schinz *11. Juli 1775*

Jemand, der Goethen nach seiner Abreise in Baden gesehn hat, erzählt, daß er mit mir überaus wohl, und mit keinem Zürcher besser zufrieden sei.

285 Ch. v. Mechel an F. D. Ring *8. Juli 1775*

Aujourd'hui nous goûtons la satisfaction de posséder chez nous [in Basel] Goethe, l'historien du jeune Werther; original dans ses écrits, il l'est de caractère, mais d'une manière à devenir extrêmement intéressant.

293 Ch. M. Engelhardt an Goethe *26. Dezember 1825*

Aktuar Salzmann war ein genauer Freund meiner Familie, eine Freundschaft, deren auch ich bis zum Ende des liebenswürdigen Greises genoß. Eben mit Salzmann besuchten Ew. Exzellenz auch das damalige Engelhardtsche Haus auf dem Paradeplatz [in Straßburg]; und meine Mutter bewahrt in unvertilglicher Erinnerung, wie ihr, der achtzehnjährigen, für reizend geltenden Frau, da sie eben ihren Erstgebornen (meinen um weniges ältern Bruder) säugend auf den Armen hielt, diese treue Erfüllung schöner Mutterpflicht eine mit Enthusiasmus dargebrachte, ehrenvolle Huldigung des bald nachher so berühmten Goethe erworben.

294 Zimmermann an Charlotte v. Stein *22. Oktober 1775*

A Strasbourg j'ai montré entre cent autres silhouettes la vôtre, Madame, à Monsieur Goethe. Voici ce qu'il a écrit de sa propre main au bas de ce portrait: «Es wäre ein herrliches Schauspiel zu sehen, wie die Welt sich in dieser Seele spiegelt. *Sie sieht die Welt wie sie ist*, und doch durchs *Medium der Liebe*. So ist auch Sanftheit der allgemeinere Eindruck.» Jamais, à mon avis, on a jugé sur une silhouette avec plus de génie; jamais on n'a parlé de vous, Madame, avec plus de vérité ...

Il viendra sûrement vous faire visite à Weimar. Rappelez-vous alors que tout ce que je lui ai dit de vous à Strasbourg lui a fait perdre le sommeil pendant trois nuits.

295 Zimmermann: Über die Einsamkeit *1785*

Alles um Liebe, sagt Goethe, und wer ihn gesehen hat, weiß, wie er durch Anmut die Kraft seines Geistes zudecket und durch Freundlichkeit den Ernst seiner einsamen Stunden.

296 Herder an Hamann *29. Juli 1775*

Goethe, der uns zugut aus Straßburg von seiner Schweizerreise heraufeilte und von Darmstadt nach Frankfurt begleitete, ist weidlich voll von ihm [Nicolai] und wird ihn, glaub' ich, nächstens reiben. Sie ehrt er sehr; da ich ihm im

Spaß Kanters Märchen sagte, freute er sich darüber recht im Ernste. Sie glauben nicht, wie er alles aufhascht, was Sie betrifft, und ist überhaupt mit seinen Schriften nur Komödiant, in seinem Leben wilder Mensch und Zeichner und guter Junge.

297 Herder an Lavater *4. Oktober 1775*

Ich habe Goethe gesprochen und mich seiner erfreut, Merck gesehen und ihn besser und mitleidswürdiger gefunden, als ich glaubte ...

Meine «Apokalypse» wird Dir Goethe schicken, oder geschickt haben ...

Was macht Pfenninger? ... Und Deine Freundin Schultheß, die mir Goethe recht hat hermalen müssen, da ich keinen Menschen ohne Bild denken oder lieben kann.

FRANKFURT

298 J. M. Miller an Ch. Kayser *28. August 1775*

Meinen Schattenriß hat Wagner dreien Mädel in Offenbach gemacht; nun hat ihn Goethe und will ihn verkleinern. Sobald ich ihn bekomme, sollst Du ihn haben. Kannst Du mir nicht das Kupfer von Goethe schaffen, das Du Klingern und Wagnern geschickt hast? ... Bei Wagnern bin ich vier Tage gewesen und habe den treuen Jungen recht lieb gewonnen. Goethe lernte mich und [ich] ihn nicht genug kennen, wir wurden also nicht vertraut. Aber er hat mich sehr für sich eingenommen.

299 J. M. Miller an Ch. Kayser *24. September 1775*

Ich und Goethe haben uns kaum halb kennen lernen. Kürze der Zeit und Umstände brachten uns nicht ganz zusammen. Ich glaub Dir, daß er so groß ist und schätz ihn desto mehr.

300 Henrich Stillings häusliches Leben *1789*

[Nach der mißglückten Augenoperation an Herrn v. Lersner in Frankfurt.] Jetzt glaubte Stilling, er müßte vergehen, er rung mit Gott um Hülfe, aber alles vergebens, alle freundliche Gesichter verschwanden, alles zog sich zurück, und Stilling blieb in seinem Jammer allein; Freund Goethe und seine Eltern suchten ihn aufzurichten …

301 J.G.Sulzers Tagebuch *2./3. September 1775*

Ich hatte doch in Frankfurt das Vergnügen, des bereits in jungen Jahren durch verschiedene Schriften in Deutschland berühmt gewordenen Doktor Goethens Besuch zu genießen. Dieser junge Gelehrte ist ein wahres Originalgenie von ungebundener Freiheit im Denken, sowohl über politische als gelehrte Angelegenheiten. Er besitzt bei wirklich scharfer Beurteilungskraft eine sehr feurige Einbildungskraft und sehr lebhafte Empfindsamkeit. Aber seine Urteile über Menschen, Sitten, Politik und Geschmack sind noch nicht durch hinlängliche Erfahrung unterstützt. Im Umgange fand ich ihn angenehm und liebenswürdig.

302 J.G.Sulzer an Bodmer *30. September 1775*

Goethe ist in Frankfurt drei Stunden lang bei mir gewesen und würde allem Anschein nach noch länger mit mir geplaudert haben, wenn ihn nicht die Nacht weggerufen hätte. Die Seite, von der er mir sich zeigte (jedermann sagt mir, er habe zwei ganz verschiedene), hatte nichts, das mir nicht gefiel. Ich irre mich sehr, wenn dieser junge Mann bei reiferen Jahren nicht ein rechtschaffner Mann sein wird. Itzt hat er den Menschen und das menschliche Leben noch nicht von vielen Seiten betrachtet. Aber sein Blick ist scharf.

303 G.Ch.Götz an seine Eltern *30. September 1775*

Den 14. September reiste ich also in Frieden und von meiner Herrschaft und Hausgenossen beweint von Mannheim weg. Den 15. und 16. blieb ich in Frankfurt … Herrn Goethe und Hofrat Deinet, den Verfasser der dasigen gelehrten Zeitung, habe ich auch gesprochen, und beide haben mir ihre Empfehlung an Sie aufgetragen. Bei ersterm siehet es vornehm aus, und man glaubt in das Haus eines Ministers zu kommen. Sein Besuch- oder vielmehr Audienz-Zimmer ist nie leer, immer wechselt einer den andern ab. Goethe ist aber wirklich sehr inkommodiert, denn jeder Reisender will ihn kennen lernen. Er hat sich aber jetzo auf den Fuß gesetzt, nur viermal wochentlich Audienz zu geben und zwar des Vormittags. Die übrige Zeit gehört er seinen Freunden und Geschäften.

304 Zimmermann an Charlotte v. Stein *22. Oktober 1775*

J'ai été logé à Francfort chez Monsieur Goethe, un des génies les plus extraordinaires et les plus puissants qui aient jamais passé dans le monde.

305 Zimmermann an Herder *3. November 1775*

Goethe habe ich zweimal gesehen und das zweite Mal bei ihm logiert, dessen ich mich mein Lebtag freue. Er ist itzt in Weimar; in Frankfurt sah ich mit eignen Augen, daß der Herzog ganz in Goethe verliebt war, und er hat recht.

306 Zimmermann an Lavater *11. Dezember 1775*

Ich habe es an Goethe in Frankfurt gesagt, und er war meiner Meinung, daß Du aber auch wirklich ein wenig Tracassier bist, Tracasserien liebst, id est, denselben Gehör gibst.

307 Zimmermann an Ph. E. Reich *25. Januar 1776*

Wenn Herr Goethe noch in Leipzig ist, so umarmen Sie ihn in meinem Namen, und schreiben mir recht viel von ihm und seinen physiognomischen Transaktionen ... Sein Doktor Faust ist ein Werk für *alle* Menschen in Deutschland. Er hat mir einige Fragmente davon in Frankfurt vorgelesen, die mich bald entzückten und dann wieder bald halb tot lachen machten.

308 A. W. Schlegel an A. Hayward *31. Dezember 1832*

Ceci me rappelle une anecdote que je tiens du célèbre médecin Zimmermann, fort lié avec Goethe dans sa jeunesse.

Faust avait été annoncé de bonne heure, et l'on s'attendait alors à le voir paraître prochainement. Zimmermann...

demanda à son ami des nouvelles de cette composition. Goethe apporta un sac, rempli de petits chiffons de papier. Il le vida sur la table et dit: Voilà mon Faust!

309 Zimmermann an Lavater *7. Oktober 1777*

Von dieser Cenci hat man ein Bild in Rom ...

Pour rendre la chose plus touchante, sagen die Italiener, dieses Bild sei kurz vor der Hinrichtung der Cenci im Gefängnisse gemacht.

Von diesem Bilde hat ein junger deutscher Maler, namens Naumann, ein Schüler und Vertrauter von Mengs, vier Copeien gemacht. *Eine besaß der Baron von Haugwitz und schenkte sie an Goethe, bei dem ich sie gesehen habe ...*

Goethe sagte mir, dieses Gesicht der Cenci enthalte mehr als alle Menschengesichter, die er je gesehen habe. Er glaubte, daß es die höchste Zierde für Lavaters Physiognomik sein würde, und war der Meinung, daß mit diesem Stücke Lavaters Werk geschlossen werden müsse. Nur schmeichelte er sich damals nicht, daß es möglich sein werde, in Deutschland einen Zeichner zu finden, der würdig wäre, dieses Gemälde abzuzeichnen, noch einen Kupferstecher, dasselbe zu stechen.

310 Merck an Ch. F. Nicolai *19. Januar 1776*

Mir tut's leid, daß Sie von einem meiner Freunde gekränkt werden, und daß dies durch die niederträchtige Hände von Zuträgern und Anekdoten-Sammlern geschieht. Haben Sie denn nicht schon längstens den Menschen verachtet, der so etwas fähig ist? Entweder ist es Schaden-Freude, oder Willen, Goethen zu schaden – Freundschaft kann's nicht sein, die Märchen und Tischreden zuträgt. Was wird von dem sonderbaren Menschen nicht alles erzählt! Wär er ich, so hätt' ich ihm längst die Imputation gemacht, so aber kann ich von ihm auch gegen mich nichts andres sagen als: dies tut wohl, und jenes weh. Er folgt ganz seiner Laune, unbekümmert über die Folge ihrer Moralität, allein was er auch über Sie gesprochen und geschrieben haben mag, so ist's nichts als faunischer Mutwillen – zu rachsüchtigen

Absichten, deren Ausgang Pasquillen und Trätschereien wären, dazu hat er erstlich nicht die Seele, und zweitens die Zeit nicht, weil sein Kopf voll immer neuer Träumereien schwirbelt ... das muß ich Ihnen doch aufrichtig versichern, daß er mit Wieland nicht spielt, daß er vielen Mutwillens, aber keiner Duplizität fähig ist, und daß, wenn Sie mit ihm auf einige Abende nur so nahe wie Wieland zusammengesperrt würden, Sie einander ebenso lieb gewinnen würden, wie zwei Eheleute, die sich scheiden wollten, die aber der kluge Amtmann zum Schlafengehn miteinander beredet hat ...

Sobald Sie die *Stella* als Charakterstück betrachten, haben Sie vollkommen recht. Mir ist sie nichts als Anlage von Situationen und gelungenen Situationen, wenigstens auf den Theater-Brettern, wo man durch den Schimmer des Detail nicht Zeit hat wahrzunehmen, daß das Grün des Hains Wasserfarbe und das Sonnenlicht Talg ist. Die am Ende angebrachte Inskription der griechischen Historie ist einer von seinen großen Marktschreierstreichen, womit er den Klugen einen Wink gibt, was er von der ganzen Fresko-Arbeit menschlicher Geschichte, die man Drama nennt, eigentlich selbst hält. Wenn Sie wüßten, wie ich oft mit ihm über Rationem artis disputiere, und Sie sähen den Burschen im Schlafrock und Nachtwams der Bonhomie, er würde Ihnen gefallen. Sein *Faust* ist aber ein Werk, das mit der *größten Treue* der Natur abgestohlen ist, und die *Stella* wie *Clavigo* sind aufrichtig nichts weiter als *Nebenstunden.* Ich erstaune, sooft ich Ein neu Stück zu Fausten zu sehn bekomme, wie der Kerl zusehends wächst, und Dinge macht, die ohne den großen Glauben an sich selbst und den damit verbundenen Mutwillen ohnmöglich wären.

311 Barbara Schultheß an Goethe *27. Oktober 1795*

Schon sint dem August hebe ich Dir einen lieben Gruß auf ... da sahe ich zum ersten Male die Lise Türckheim – und genoß ein paar schöne stille Stunden mit ihr ... Es tat mir sehr wohl, auch von Dir mit ihr zu sprechen – sie sagte:

«Ich laß ihn grüßen, und freue mich beim Andenken an ihn, das reine Bild, das er durch sein Betragen gegen mich in meine Seele gelegt, darin zu wahren, und werde es durch nichts, das mir gesagt werden mag, verwischen lassen!»...

... es war mir so wohl neben ihr, als wann ich in Deiner Iphigenia lese – – so wohl und so wehmütig, als wann ich mir eine Stelle in Werthern aufschlage – – so wohl, von Dir mit ihr zu sprechen!

312 Henriette v. Beaulieu-Marconnay an Goethe *3. Dezember 1830*

... die vortreffliche Frau [Lili v. Türckheim] gestand mir mit rührender Offenheit, sie habe erfahren, in welcher engen Verbindung ich mit Weimar stünde, und bloß deshalb meine Bekanntschaft gewünscht, um etwas Näheres von Goethens Leben und Schicksalen zu vernehmen, den sie den Schöpfer ihrer moralischen Existenz nannte. Die Innigkeit, ja, ich darf sagen, die Begeisterung, womit sie von ihm sprach, rührte mich unaussprechlich ...

Im Laufe unserer traulichen Unterhaltungen erzählte sie mir die Geschichte ihres Herzens, woraus ich deutlich ersah, daß sie, wenn auch nicht vollkommen glücklich, doch mit ihrem Schicksal zufrieden war, weil – Goethe es ihr vorgezeichnet hatte. Mit seltener Aufrichtigkeit gestand mir Frau von Türckheim, ihre Leidenschaft für denselben sei mächtiger als Pflicht und Tugendgefühl in ihr gewesen, und wenn seine Großmut die Opfer, welche sie ihm bringen wollte, nicht standhaft zurückgewiesen hätte, so würde sie späterhin, ihrer Selbstachtung und der bürgerlichen Ehre beraubt, auf die Vergangenheit zurückgeschaut haben, welche ihr im Gegenteil *jetzt* nur beseligende Erinnerungen darböte. – Seinem Edelsinne verdanke sie einzig und allein ihre geistige Ausbildung an der Seite eines würdigen Gatten und den Kreis hoffnungsvoller Kinder, in welchem sie Ersatz für alle Leiden fände, die der Himmel ihr auferlegt. Sie müsse sich daher als *sein* Geschöpf betrachten und bis zum letzten Hauch ihres Lebens mit religiöser Verehrung an seinem Bilde hangen. Da ihr aller Wahrscheinlichkeit nach nicht vergönnt sein würde, Goethen wieder zu sehen, so bäte sie mich, dem *unvergeßlichen* Freunde, wenn ich ihn einst von Angesicht zu Angesicht schaute und sich eine schickliche Gelegenheit fände, dasjenige mitzuteilen, was sie mir in dieser Absicht vertraut habe.

313 Klinger an H. Ch. Boie *5. Dezember 1775*

Den Herbst brachte ich wieder bei meinem besten Goethe zu und seh den Ostern mit Verlangen entgegen.

314 Klinger (Brief an?)

Ich und Ernst [Schleiermacher] haben uns Werthers Uniform machen lassen, haben alles so gleich, daß man einen mit dem andern verwechseln möchte. Auch hat mir den Herbst Goethe gelbe West und Hose gegeben, die er in der Schweiz trug, das mich all kindisch freut.

315 Klinger an seine Schwester Agnes *17. Februar 1776*

Ja Stella! Stella! das ist freilich ein Stück, wobei das Herz einem helle schlägt. Ich hatt' sie in Frankfurt schon und gab Dir's nicht aus Nachlässigkeit. Goethe fragte mich, ob ich Dir's gegeben hätte, und ich log.

316 Klinger an E. Schleiermacher *16. Juni 1776*

Wüte und fluche gegen mich – werf mir all Deine gute und wilde Gefühle hin, vielleicht wird Dir manchmal leicht, auch müßte der Mensch was haben, wohin er gösse und schütte. Das hatt' ich all an Goethe ...

317 Goethes Vater an G. F. E. Schönborn *24. Juli 1776*

Ihr freundschaftlicher Brief d. d. Algier d. 28. Oktober 1775 an unsern Sohn, worinnen eine succinte Beschreibung des spanischen coup manqué besonders enthalten, ist ohngefähr sechs Wochen hernach allhier richtig eingelaufen, und ist seine Schuld nicht, daß er bisher unbeantwortet geblieben. Er war damals schon abwesend, und wir mußten ihm solchen nach Weimar schicken, wo er sich noch aufhält. Hören Sie, wie dies aneinander hängt, weil Ihnen doch alles, schätzbarer Freund, was diesen singulären Menschen betrifft, interessant sein möchte. Ich fange vom Ursprung seiner itzigen Verhältnüsse an. Der Herzog von Weimar lernte ihn schon vor zwei Jahren auf der vorteilhaften Seite kennen, und nachdem er von Durlach, wo er sich mit der Darmstadtischen Prinzessin Louise vermählt hat, wieder zurück nach Frankfurt kam, wurde er von diesem jungen herzoglichen Paar in aller Form nach Weimar eingeladen, wohin er denn auch gefolget.

UNDATIERTES 1765–1775

318 Abeken: Goethe 1771 bis 1775 *1865*

Der Verfasser kannte einen Apotheker, der in seinen jungen Jahren als Provisor in der Merckschen Apotheke in Darmstadt stand. Dieser wurde manchmal nach Frankfurt gesandt, um den Sohn eines Hausgenossen aus der lustigen, ausgelassenen Gesellschaft, von der Goethe ein Glied, und wohl nicht das am wenigsten lustige und ausgelassene, war, in das ernste Vaterhaus zurückzuholen. Eine Jugend wie die Jugend Goethes läßt sich nicht anders denken als gelegentlich übersprudelnd.

319 J. L. Ewald: Fantasieen auf einer Reise *1799*

Ich hatte sie [Frau Christine Reinhard geb. Reimarus] schon vorher gebeten, mir jenes kleine Lied von Goethe zu geben, und mir ihre Deklamation dazu in Noten zu setzen. Ich hätte sie jetzt noch einmal, und recht herzlich, darum bitten mögen, wenn sich der Ton der Innigkeit und Wahrheit durch Linien und geschwänzte Punkte bezeichnen ließe. Es war fast Goethes Deklamation, der mit wenigen (in der Musik sogenannten) ganzen Tönen ehemals alles ausdrückte, was er wollte. Diese Art von Deklamation hat äußerst kleine Tonintervalle. Zwischen C und D zum Beispiel liegen vielleicht 16 Töne, die man mit Musiknoten nicht bezeichnen kann. Der Gang, die Melodie, der Übergang in eine andre und der Rückgang in die vorige Tonart: – alles ist dieser Deklamation eigen; und nur dadurch wird jener einzige Ausdruck möglich, der bloß Ton der Wahrheit zu sein scheint, und so wenig Aufwand von Stimme und Tönen erfordert.

320 Goethes Briefwechsel mit einem Kinde *1835*

[Frau Rat Goethe an Bettina, 21. September 1808] Mein Sohn hat gesagt: was einem drückt, das muß man verarbeiten, und wenn er ein Leid gehabt hat, da hat er ein Gedicht draus gemacht.

321 H. Ayrer an G. F. Ayrer *11. März 1775*

Das Buch «Die Leiden des jungen Werthers» hat hier unendlichen Beifall gefunden … Wir kennen den Verfasser davon persönlich, und mir wenigstens kam er schon auf Universitäten als ein überspannter Kopf vor.

322 Lenz: Notiz

Goethe *wühlt* in der ph[ys]ischen Natur, wie Fritz [Jacobi] die menschliche Seele durchgrübelt, und wie die Zartheit des einen nur in höheren Regionen sich erheben mag, so treibt das ungestüme Feuer des andern, und der Stolz, der nicht suchen darf, ohne zu finden, ihn bis ins innere Mark der Erde und der Gebeine, durchleuchtet das Licht mit neuem Strahl, belebt den grauen Schatten, und bringt unter Gesetz und Regel, was in wilder bunter Vermischung sich vor ihm stellt.

II

VON DER ANKUNFT IN WEIMAR BIS ZUM AUFBRUCH NACH ITALIEN

1775 – 1786

1775

323 Wieland an F. H. Jacobi *10. November 1775*

Dienstags, den 7. d. M., morgens um fünf Uhr, ist Goethe in Weimar angelangt. O bester Bruder, was soll ich Dir sagen? Wie ganz der Mensch beim ersten Anblick nach meinem Herzen war! Wie verliebt ich in ihn wurde, da ich am nämlichen Tage an der Seite des herrlichen Jünglings zu Tische saß!

Alles, was ich Ihnen (nach mehr als *einer* Krisis, die in mir diese Tage über vorging) jetzt von der Sache sagen kann, ist dies: Seit dem heutigen Morgen ist meine Seele so voll von Goethe, wie ein Tautropfe von der Morgensonne.

So unaussprechlich groß, wichtig und lieb mir Goethe geworden ist, so fühle ich doch im Innersten, daß auch Fritz Jacobi, anstatt dabei zu verlieren, mir noch teurer geworden ist, als jemals. Mir ist, ich liebe Sie nun auch in ihm, und das ist just noch einmal so viel.

Wenn Sie Allwills Papiere in *einem* Feuer fortschreiben könnten, sagt Goethe, und Wieland mit ihm, so würde es ein gar herrliches Werk werden. O, daß ich Ihnen nur auf vier Wochen meine Muße geben könnte!

Wenn nun auch Fritz noch bei uns wäre! Doch es ist besser so; ich könnte euch beide zugleich nicht aushalten. Das Feuer von zwei Dämonen, wie ihr seid, würde mich verzehren.

324 Wieland an Lavater *10.–13. November 1775*

Ich *muß* Ihnen sagen, daß seit letzten Dienstag Goethe bei uns ist, und daß ich den herrlichen Menschen binnen dieser drei Tage so herzlich liebgewonnen habe, so ganz durchschaue, fühle und begreife, so ganz voll von ihm bin – wie Sie besser sich selbst vorstellen als ich Ihnen beschreiben könnte. Er hat eine sehr glücklich geratene Silhouette von mir gemacht, wovon Sie ein Exemplar bekommen sollen. Inzwischen laben wir uns an den Kupfern zum zweiten Teil der Physiognomischen Fragmente, die er bei sich hat, und ich sehne mich zu lesen, was *unser* Lavater – Sie sind es doch zufrieden, daß ich Sie auch mir zueigne? – über alle diese Rätsel und Phänomene sagen wird. Vernichten Sie doch meinen letzten Brief, worin, glaube ich, albernes Zeug von Goethen steht. Ich sehe wohl, man muß einander von Angesicht zu Angesicht sehen, um einander recht kennen zu lernen. Bei Menschen von Goethens Klasse ist's wenigstens schlechterdings nötig ... Ich habe Goethen noch wenig *allein* haben können. Ich muß ihn mit so vielen teilen! Aber es wird noch besser werden, und er soll mir noch recht viel von unserm Lavater erzählen. Alles, was Sie angeht, interessiert mich so nahe! ... Goethe bittet Sie, ihm alles, was Sie ihm von den Physiognomischen Fragmenten zu schicken hätten, nach Frankfurt zu schicken. Δευτεραι φροντιδες σοφωτεραι. Wir haben dies Briefchen einen Posttag liegen lassen, um Ihnen meine, meines Weibes und meines ältesten Mädchens (eines Kinds von sieben Jahren) Silhouetten zugleich schicken zu können. Goethe hat sie selbst gemacht, und sind ganz herrlich geglückt – wie alle Welt sagt.

325 Wieland an Meusel *16. November 1775*

Goethe, den wir seit neun Tagen hier besitzen, ist das größte Genie, und der beste, liebenswerteste Mensch, den ich kenne. Vermutlich kommt er auch noch nach Erfurt.

326 Ph. Seidel an J. A. Wolf *23. November 1775*

Nein, in dieser seligen Lage muß ich Dir schreiben, guter Bruder, da kopier ich einen Roman, von welchem mein Herr der Verfasser ist. Ich bin an einer Stelle, die mich wahrhaft himmlisch entzückte, und in dieser Lage will ich Dir schreiben, ob ich gleich sehr getrieben werde, es fertig zu machen ...

Am ♀ [Freitag], den 17. huj. waren wir auf der Redoute, da gefiel mir's. Es gab allerlei artig Zeug. Besonders aber machten sie einen alten deutschen Tanz – so urteile ich mit Zuversicht aus der Musik –, der mir gefiel. Nun hör. Die Nacht schliefen wir also nicht. Die folgende, als Samstags, den 18. November um 12¼ Uhr legten wir uns. Wir schlafen nun zu dreien in einer Kammer. Da kamen wir ins Gespräch aus einem ins andere bis zu allen Teufeln. Stell Dir die erschreckliche Wendung vor: Von Liebesgeschichten auf die Insel Korsika, und auf ihr blieben wir in dem größten und hitzigsten Handgemenge bis morgens gegen viere. Die Frage, über die mit so viel Heftigkeit als Gelehrsamkeit gestritten wurde, war diese: Ob ein Volk nicht glücklicher sei, wenn's frei ist, als wenn's unter dem Befehl eines souveränen Herrn steht. Denn ich sagte: Die Korsen sind wirklich unglücklich. Er [Goethe] sagte: «Nein, es ist ein Glück für sie und ihre Nachkommen, sie werden nun verfeinert, entwildert, lernen Künste und Wissenschaften, statt sie zuvor roh und wild waren.» Herr, sagte ich, ich hätt' den Teufel von Seinen Verfeinerungen und Veredelungen auf Kosten meiner Freiheit, die eigentlich unser Glück macht.

327 F. L. Stolberg
an seine Schwester Henriette *26. November 1775*

Diesen Abend sind wir hier angekommen und haben auch schon unsern lieben Goethe wiedergesehen ... Morgen sehen wir hier bei Hofe Wieland. Goethen gefällt's hier gewaltig.

328 F. L. Stolberg
an seine Schwester Henriette *27. November 1775*

Wir sind einige Stunden bei Wieland gewesen ... Goethe ist mit dem Herzog auf der Jagd und kommt erst morgen abend wieder, die Nacht bringen sie in Erfurt beim Statthalter zu.

329 F. L. Stolberg
an seine Schwester Henriette *6. Dezember 1775*

Einen Nachmittag las Goethe seinen halbfertigen Faust vor. Es ist ein herrliches Stück. Die Herzoginnen waren gewaltig gerührt bei einigen Szenen.

330 Ch. Stolberg an Gerstenberg *21. Januar 1776*

Von da [Gotha] nach Weimar, wo wir unsern geliebten Goethe fanden, mit dem wir so gerne die ganze Reise gemacht hätten. Wir genossen ihn acht Tage, und lebten in Weimar mit ihm, mit dem Herzog, der ein trefflicher junger Mann ist, und mit den beiden Herzoginnen, die sind wie Herzoginnen nicht sind, herrlich und in Freuden. Der ganze Hof ist sehr angenehm, man kann vergessen, daß man mit Fürstlichkeiten umgeht. Wieland sahen wir viel.

331 F. L. Stolberg an J. M. Miller *17. Februar 1776*

In Gotha waren wir drei Tage. In Weimar acht, Goethe war dort, zu unsrer großen Freude. Der Herzog ist ein herrlicher Jung, seine Frau und Mutter zwo treffliche Weiber. Es ward uns sehr wohl in Weimar, so eine gute Fürstenfamilie habe ich nicht für möglich gehalten. Auch werd ich wieder hingehen und zwar dort in Dienste gehen. Der Herzog ließ mir eine Kammerherrn-Stelle mit 600 Talern und freie Tafel antragen, im Fall die Landstände in die Creation von sechs Kammerherrn einwilligen würden, er ließ mir zu verschiedenen Malen durch Goethe und den trefflichen Dalberg, Mainzischen Statthalter von Erfurt, den Antrag tun ...

Wieland war ein wenig verlegen, als wir zu ihm kamen, aber bald verlor sich das ... Er und Goethe sind völlig ausgesöhnt.

332 F. L. Stolberg (Brief an?) *Juni 1776*

Goethe ist nicht bloß ein Genie, sondern er hat auch ein wahrhaft gutes Herz, aber es ergriff mich ein Grausen, als er mir an einem der letzten Tage meiner Anwesenheit in Weimar von Riesengeistern sprach, die sich auch den ewigen geoffenbarten Wahrheiten nicht beugen. Dieser unbeugsame Trotz wird, wenn er in ihm weiter wuchert, auch sein Herz kalt machen. Armer Erdenwurm! Sich den ewigen geoffenbarten Wahrheiten nicht beugen, gleichsam rechten wollen mit Gott!

333 F. L. Stolberg an Klopstock *8. Juni 1776*

Ich habe mit Verwunderung und Ärger Ihre Korrespondenz mit Goethe gelesen. Bester Klopstock, ich kenne zwar ganz Goethens unbiegsames Wesen, aber daß er einen solchen Brief, von Ihnen, so beantworten könnte, davon hatt' ich keine Idee. Es tut mir in der Seele weh für ihn, er verdient's, Ihre Freundschaft zu verlieren, und doch weiß ich, wie er im Herzen Sie ehrt und liebt; das sag ich nicht, ihn zu entschuldigen, ich kann und mag hierin ihn nicht entschuldigen und bin indigniert über seinen Brief. Starrkopf ist er im allerhöchsten Grade, und seine Unbiegsamkeit, welche er, wenn es möglich wäre, gern gegen Gott behauptete, machte mich schon oft für ihn zittern. Gott, welch ein Gemisch, ein Titanenkopf gegen seinen Gott und nun schwindelnd von der Gunst eines Herzogs! Sagen Sie, mein Liebster, denn Sie erkannten früh seinen eisernen Nacken, dachten Sie nicht an ihn, wie Sie die Warnung machten? Und doch kann er so weich sein, ist so liebend, läßt sich in guten Stunden leiten am seidnen Faden, ist seinen Freunden so herzlich zugetan – Gott erbarme sich über ihn und mach ihn gut, damit er trefflich werde, aber wenn Gott nicht Wunder an ihm tut, so wird er der Unseligsten einer. Wie oft sah ich ihn schmelzend und wütend in einer Viertelstunde.

334 F. L. Stolberg
an seine Schwester Katharina *27. Januar 1778*

Aber Shakespeare gehört zu den Dingen, von denen Goethe sagt, daß man nicht von ihnen reden kann, zum wenigsten nicht über sie disputieren.

335 Wieland an Lavater *1. Dezember 1775*

In der Not nimmt man zu den besten Menschen Zuflucht. Goethe sagt mir, Sie könnten und würden mir helfen; und mein Herz sagt mir, Sie werden's tun, wenn Sie können.

Die ganze Sache ist diese.

Aus beiliegender Note werden Sie sehen, wozu ich mich gegen das Publikum anheischig gemacht habe. Kraus (der die beigehende Zeichnung des herrlichen Kopfs von Sebastian Brant gemacht hat) gab mir große Hoffnung, einer von seinen Freunden, der ein guter Kupferstecher ist, würde den Auftrag, «diesen Kopf und alle folgende, die künftig von Monat zu Monat im Merkur erscheinen sollen, zu stechen», willig annehmen. Allein heute erhalten wir eine abschlägige Antwort unter dem Vorwand, er könne nicht ...

Goethe versichert mich, Ihr Lips wäre der Mann, durch den Sie mir helfen könnten, und er glaubt, die Sache ließe sich tun, wiewohl Herr Lips viel für die Physiognomischen Fragmente zu arbeiten habe. Ich bitte Sie also, Teuerster, bewegen Sie diesen Künstler dazu, daß er den beigehenden Kopf baldmöglichst in Arbeit nehme. Die Proben von seinem Talent, die mir Goethe gezeigt hat, geben eine gute Hoffnung, daß er auch dem feinen Lukianischen Geist, der in diesem Kopfe webt, seine Gebühr antun werde ...

Gerne möchte ich Ihnen noch vieles sagen. – Seit vier Wochen haben wir Goethe und seit vier Tagen die Grafen Stolberg, die Sie mir in Ihrem letzten lieben Brief ankündigten. Ich fühle mich seit dieser Zeit neubelebt. Wir sind alle Tage beisammen, lieben uns alle Tage inniger, durchschauen uns und sind glücklich.

Goethe grüßt Sie, das tun auch die Brüder Stolberg, die herrlichen Seelen! Diesen Augenblick gehen sie von mir weg und sagen mir, ich soll nicht vergessen, Ihnen zu schreiben, Ihre Prophezeiung sei völlig eingetroffen. Alle drei lieben ihren Lavater – der gewiß bald auch der meinige ist! – unaussprechlich, jeder nach seiner Weise.

Wenn ich Ihnen wieder schreibe und mehr Muße habe als itzt, will ich Ihnen melden, wie mir's mit dem jungen Prof. Meister gegangen ist. Er hat einen freundschaftlichen Brief von mir erschlichen. Es wird ihm aber nicht wohl bekommen. Ich habe etliche noch ziemlich unschuldige Auszüge aus seinem Geschwätz über die Schwärmerei in den November des Merkurs gesetzt, mit einer *Zugabe*, worin Gegengift für sein Gift ist. Ich merkte zwar schon etwas beim Durchlesen der drei ersten Bogen, die er mir schickte.

Aber Goethe gab mir erst hinterdrein den rechten Aufschluß. So viel nur préalablement.

Nach allem, was mir Goethe und die Stolberge von Ihnen gesagt haben, wag' ich's kaum zu wünschen, daß ich etliche Tage mit Ihnen leben möchte. Denn ich fühl' es im Grunde meiner Seele, mein Herz würde zerreißen, wenn ich wieder von Ihnen scheiden müßte. Teurer Lavater!

336 Wieland an Merck *10. Dezember 1775*

Daß Goethe schon über fünf Wochen hier ist, wissen Sie vermutlich schon; und daß er und ich nicht nötig gehabt haben, einander fünf Wochen lang alle Tage zu sehen, um Freunde zu werden, brauche ich einem Manne von Ihrer Empfindung wohl nicht erst zu sagen. Schiefköpfe und kleine Seelen werden gewaltige Klotzaugen darüber machen, und sich nicht in das Wunder finden können. Goethe ist, *so* wie er *ist*, alles zusammengenommen, der größte Genie und zugleich einer der liebenswürdigsten Menschen unsrer Zeit; und Herder und Lavater sind wohl die einzigen, die ihm allenfalls die *Königswürde der Geister* zu dieser unsrer Zeit streitig machen können pp.

337 Wieland an Auguste v. Keller *21. Dezember 1775*

Gnädige Frau. Mein Herz sehnt sich, einmal wieder einen seligen Tag mit Ihnen in Ihrer Einsiedelei zuzubringen, und Ihre und meine Psyche ladet mich zu Ihnen ein. Darf ich kommen? Darf ich Ihnen einen der herrlichsten, größten, besten Menschen, *meinen Goethe*, mitbringen? Den ich so stolz, und doch unendlich mehr glückselig als stolz bin, *mein* zu nennen! Ja, Sie müssen das edle Geschöpf kennen lernen, und er Sie. Seine Gegenwart ist der trefflichste Kommentar über seine Schriften. Wir kommen, wenn Sie es uns nicht verbieten, an einem der ersten Tage des Jänners, zwischen dem 2. und 6.

338 Bertuch an Carl August *24. Dezember 1775*

[Im Dorf Waldeck bei Bürgel.] Goethe und Einsiedel sind schon seit Tisch auf dem Eise und schreiten mit aller möglichen Grazie ... Wir alle sind hier so glücklich wie die Halbgötter, wenn sie im kristallen Himmel auf Stachelschlitten fahren. Unzähligemal haben wir auf Ihre Gesundheit getrunken, haben's gefühlt, haben's uns einander mit glühenden Herzen gesagt, was es für ein Glück sei, Sie, teurer Durchlauchter Herr, so von ganzem Herzen und ganzer Seele lieben zu können ...

Goethe – der uns nebst Herrn v. Kalb morgen schon verläßt – verspricht mir, Ihnen diesen Brief – nicht Brief! Abdruck meines Herzens – in Ehrfurcht schon zu übergeben.

339 Zimmermann an Charlotte v. Stein *29. Dezember 1775*

Monsieur Goethe fait trop d'honneur à ma fille, qui n'est point développée encore, qui a été timide et craintive dans sa maison où on nous a fait une réception infiniment charmante, et où j'ai passé d'aussi heureux jours que j'ai jamais passé en ma vie ...

Si Monsieur Goethe a trouvé que votre silhouette n'a pas marqué les traits les plus saillants de votre caractère (qu'à présent il a le bonheur de connaître et d'étudier de près), il a sûrement trouvé en vous de nouvelles vertus et de nouvelles beautés, qu'une ombre ne peut pas rendre.

Je ne suis du tout point surpris que Monsieur Goethe ait plu généralement à Weimar. Précédé par une réputation aussi brillante et aussi généralement reconnue que la sienne, portant d'ailleurs à la première vue *la foudre dans ses yeux*, il a dû toucher tous les cœurs par sa bonhomie infiniment aimable, et par l'honnêteté qui va de pair avec son génie sublime et transcendant. Ah, si vous l'aviez vu, mon amie, dans sa maison paternelle, si vous aviez vu que ce grand homme est vis-à-vis de son père et de sa mère le plus honnête et le plus aimable des fils, vous auriez eu, ah, vous auriez eu bien de la peine, um ihn nicht durchs Medium der *Liebe* zu sehen! ...

Insgemein hat man nur eine Seele, dit Lavater, aber Goethe hat hundert.

340 Graf Goertz an seine Frau *28. Dezember 1775*

[Gotha.] A la fin après souper l'aimable, je veux dire le grand Goethe est venu et a rendu notre duc heureux. Il le garde aujourd'hui ici.

341 F. W. Gotter an Lenz *2. Januar 1776*

Goethe war vorige Woche hier [in Gotha]; aber wie kurz! Er kam nach Mitternacht auf der Redoute an, brachte den folgenden Tag bei Hofe zu und reiste sodann mit der Weimarischen Herrschaft wieder zurück. Ich hab' ihn in allem kaum eine Viertelstunde gesprochen. Er weiß noch nicht, wie lang er in Weimar bleiben wird, wo er den Günstling in bester Form und Ordnung spielt und den ihm eigenen vertraulichen nachlässigen hingeworfenen Ton überall eingeführt hat. Ich muß ehestens hinüber, um mich selbst von dem Fuß zu überzeugen, auf welchem er mit Wieland steht. Was man davon hier erzählt, ist nicht zum Vorteil des letzteren.

342 Knebels Skizze zu einer Selbstbiographie

Im Herbst des Jahres 1775, wenn ich nicht irre, brachte der Herzog seine Gemahlin nach Weimar; in demselben Jahre kam auch Goethe zu uns, den sie in Frankfurt zu einem Besuche eingeladen hatten. Wie ein Stern, der sich eine Zeitlang in Wolken und Nebel verborgen hat, ging er auf. Jedermann hing an ihm, sonderlich die Damen. Er hatte noch die Werthersche Montierung an, und viele kleideten sich darnach. Er hatte noch von dem Geist und den Sitten seines Romans an sich, und dieses zog an. Sonderlich den jungen Herzog, der sich dadurch in die Geistesverwandtschaft seines jungen Helden zu setzen glaubte. Manche Exzentrizitäten gingen zur selbigen Zeit vor, die ich nicht zu beschreiben Lust habe, die uns aber auswärts nicht in den besten Ruf setzten. Goethes Geist wußte indessen ihnen einen Schimmer von Genie zu geben.

343 Ch. W. Hufelands Selbstbiographie

Goethe zog im Jahre 1776 [1775] in Weimar ein. Dieser junge 27jährige feurige Herr Doktor – denn so hieß er damals – brachte eine wunderbare Revolution in diesem Orte hervor, der bisher ziemlich philisterhaft gewesen war und nun plötzlich genialisiert wurde. Es war kein Wunder. Man kann sich keinen schöneren Mann vorstellen. Dabei sein lebhafter Geist und seine Kraft, die seltenste Vereinigung geistiger und körperlicher Vollkommenheit, groß, stark und schön; in allen körperlichen Übungen: Reiten, Fechten, Voltigieren, Tanzen war er der Erste ... Zu dem allen kam nun noch seine Gunst bei dem jungen Fürsten, der eben die Regierung angetreten hatte, und den er ebenfalls plötzlich aus einer pedantischen, beschränkten, verzärtelnden Hofexistenz ins freie Leben hinausriß, und damit anfing, daß er ihn im Winter eiskalte Bäder nehmen ließ, ihn beständig in freier Luft erhielt und mit ihm in seinem Lande herumreiste, wobei dann überall brav gezecht wurde, wodurch man aber auch genaue Kenntnis des Landes und der Persönlichkeiten erwarb. Die erste natürliche Folge dieser heroischen Kur war freilich eine tödliche Krankheit des Herzogs, aber er überstand sie glücklich, und der Erfolg war ein abgehärteter Körper für das ganze folgende Leben, so daß er ungeheure Strapazen hat aushalten können. – Genug, es folgte eine vollständige Umwälzung. Alle jungen Leute legten Goethes Uniform: gelbe Weste und Beinkleider und dunkelblauen Frack an, und spielten junge Werther; die Alten murrten und seufzten. – Alles kam aus seinen Fugen. – Auch so die Erziehungsmethode, die in einem Hause, mit welchem Goethe in genauer Verbindung lebte – dem Steinschen – und mit dessen Jugend ich auch vereint war, gänzlich ins Geniale umgeschaffen wurde, unter ihres Hofmeisters Kästners Leitung, der ganz in diese Ideen einging.

344 Carl v. Stein: Erinnerungen *nach 1832*

Ich war ohngefähr 10 Jahr alt, als eines Nachmittags, es war schon dämmericht, und, wo ich mich recht erinnere, im Herbst Anno 1773 oder 74 [1775], in meiner Eltern Wohnung, der junge Herzog (Carl August) von Weimar, der in seinem 19. Jahr etwa sein konnte, und der junge Doktor Goethe hereintraten. Letzterer war eben angekommen und erregte Neugier durch seine bekannt gewordenen Werthers Leiden und Götz von Berlichingen. Es waren außer meinen Eltern noch mehrere im Zimmer, wo mich meine Erinnerung nicht täuscht, auch zwei Fräulein Ilten... Zu jener Zeit kam der Herzog und sein Bruder, so auch ein Major von Knebel (der Gouverneur und Gesellschafter des Prinz Constantin), dann ein Herr von Wedel und Herr von Einsiedel oft in meiner Eltern Haus und auch nach meines Vaters Gut Groß-Kochberg. Goethe hielt sich viel zu dieser Gesellschaft, und da der junge Herzog etwas burschikos lebte, unzertrennlich mit Goethe war, auch einmal mit dem Pferde stürzte, so gab es viele, welche den Einfluß des jungen Goethe auf den jungen Herzog für sehr nachteilig hielten. Zu dieser Mißbilligung gehörte auch unter andern das Schlittschuhlaufen, ein vorher nur bei den untern Ständen der Stadt gebräuchliches Vergnügen. Auf Goethens Veranlassung wurde hierzu ein Teich im sogenannten Baumgarten (eine damals herzogliche, später von Bertuch akquirierte Besitzung) erwählt. Es wurde ein transportabel Bretterhäuschen mit einem Windofen ans Ufer gebauet, mehrere Schlittenstühle angeschafft, Damen auf dem Eise spazieren zu fahren. Die Herzoginnen kamen mit ihren Damen hinaus, und viele Herren, selbst Damen, lerneten Schlittschuh laufen. Goethens Bedienter (er hieß Seidel) erteilte Unterricht. Dieser Diener zeichnete sich durch seinen Gang aus, den er seinem Herrn nachmachte, und was ihm umso mehr glückte, da sie ganz von einerlei Größe, gerade gewachsen, etwas derbe Beine hatten, und beim Gehen den Teil des Körpers, worauf man sitzt, einzogen, dagegen den Unterleib etwas vorstreckten. Auch mir gab er Unterricht, und ich fand die Unterhaltung auf dem Eise weit anziehender als den Cornelius Nepos zu Hause. Selbst mein Hofmeister, der Kästner hieß, ein fürtrefflicher Mensch an Herzen und Charakter, war entzückt für das neue Leben, was Goethe in die Gesellschaft und namentlich in unser Haus gebracht hatte ... Durch Goethen kamen gymnastische Übungen in Schwung, woran man früher in höheren Zirkeln nicht anders gedacht hatte als an unschickliche Beschäftigungen. Wir lernten also auch auf Stelzen gehen, baden, schwimmen, ja der Herzog ließ sogar mir und meinen jüngeren Brüdern in unserem damaligen Hofe (wo jetzt der freie Platz für die Griechische Kirche ist) ein Seil zum Seiltanzen aufspannen, etwa 5 Fuß hoch von der Erde ... Von der jungen Gesellschaft war Goethe gewissermaßen die Seele, und durch ihn entstanden eine Menge Dinge, woran man vorher nicht gedacht hatte ... Die gesellschaftliche Bildung nahm auch einen interessanteren Ton an durch gesellige Spiele, auch Schauspiele, und auf meiner Eltern Gute Kochberg, wo die öftere Anwesenheit Goethens (die er zuweilen in einem im Wohnhause noch befindlichen Schreibtische mit dem Datum aufzeichnete), desgleichen Knebels, des Herzogs, des Prinz Constantin, des Doktor Lenz, des Herrn v. Schardt, der Frau v. Schardt-Bernstorff, der Fräulein von Ilten, Fräulein Kalb, und einer Mehrzahl von Herren und Damen, im Herbste viel fröhliche Gemüter vereinte, lebte man sehr vergnügt. Goethe hatte ein besonderes Talent, angenehme Erzählungen zu machen, was er in späteren Jahren noch mehr kultivierte. An Kartenspielen wurde nie gedacht.

345 K. v. Lynckers Aufzeichnungen

Ich wurde dem Dr. Goethe bald nach seiner Ankunft bei der Oberstallmeisterin v. Stein, mit deren drei Söhnen ich viel Gemeinschaft hatte, als Knabe von acht Jahren in dem dermaligen Landschaftskollegialhause vorgestellt, in welchem jene Dame wohnte. Seine steife Haltung, die enge Bewegung seiner Arme und sein Perpendikulargang fielen allgemein auf. Spaßhaft genug hatte ihm das Schicksal einen Bedienten, nur unter dem Namen Philipp bekannt, zugeführt, der, obgleich etwas kleiner, fast eine gleiche Gestalt mit ihm hatte und seine Bewegungen so treu nachahmte, daß man oft versucht war, ihn von weitem für Goethe selbst zu halten. Dieser Philipp war der nachmalige Rentamtmann Seidel.

Goethe war ein besonderer Patron von Kindern, und ich entsinne mich sehr genau, wie er uns gleich bei dem ersten Zusammentreffen in den Zimmern der Frau v. Stein auf den Boden legte und in mancherlei Kunststücken unterrichtete ...

Ein andermal traf ich den guten Doktor, wie wir ihn damals noch nannten, wiederum in der Steinschen Wohnung; sie befand sich jedoch dermalen da, wo jetzt die Gräfin Henckel wohnt. Er sprang mit uns auf dem Hofe herum und grub mich zuletzt bis an den Kopf in einem Sandhaufen ein, um mir, wie er sagte, Geduld zu lehren, indem hierdurch natürlich jede Bewegung mit irgend einem Gliede unmöglich gemacht war. Der Sand mochte wohl feucht gewesen sein, denn ich fühlte mich mehrere Tage darauf sehr unwohl, und meine Eltern verfehlten darum nicht zu bemerken, wie sonderbare Streiche der anerkannte Favorit des Herzogs unternähme und wohl fernerhin unternehmen würde. Auch hatte uns Goethe auf dem Platze vor dem Steinschen Hause ein Seil aufspannen lassen, auf welchem wir mit der gewöhnlichen Balancierstange gehn und mit der Zeit tanzen lernten.

346 Böttiger (nach Bertuch?)

So kam Goethe in Triumph in Weimar an, und Kalb logierte ihn, bis er selbst eine bequemere Wohnung hatte, bei seinem Vater, dem damaligen alten Kammerpräsidenten, ein, erwies ihm, da er bald merkte, daß dies der allvermögende Liebling des achtzehnjährigen Herzogs werden würde, alle mögliche Gefälligkeit und Gastfreundschaft und hatte selbst gegen die Liebelei, die der schmucke Goethe mit seiner damals noch unverheirateten Schwester, der jetzigen Frau von Seckendorff, trieb, nichts einzuwenden. Nur der alte Kalb rief seiner Tochter ein: Mädchen mit Rat! zu, und rettete sie. Goethe vertauschte bald diese Liebe mit der Seladonschaft bei der damals reizend aufknospenden Kotzebue (nachmaligen Gildemeister), der zu Gefallen er damals auch das liebliche kleine Stück: Die Geschwister, schrieb, worin er sich mit seiner Geliebten selbst kopierte. Später kamen die Liebschaften mit der Frau von Stein, davon der Park ein so schönes Epigramm zum Denkmal enthielt.

347 Böttiger (nach Wieland) 15. Juli 1798

Als Goethe zuerst nach Weimar gekommen war, bat er sich oft selbst bei Wielanden abends zu Gaste. Denn der Herzog, mit welchem Goethe alle Mittage aß, speiste abends nur selten, außer wenn er alle seine Umgebungen mit delikaten Bratwürsten traktierte, die in *unendlicher* Menge gemacht werden mußten. Damals war das Wort *unendlich* überall wiederkehrendes Stichwort. Wenn Goethe abends bei Wieland essen wollte, so schickte er seinen Bedienten (der beiläufig in allem seinen Meister nachahmt, so ging, den Kopf schüttelte, sprach usw.) vorher ins Haus und ließ sich eine unendliche Schüssel unendlicher Borsdorfer Äpfel (gedämpft) ausbitten. Trat er ins Haus, so nahm er jedes der Kinder beim Kopf, gab ihnen komische Namen, schüttelte, hob sie auf den Arm usw.

348 Böttiger (nach Wieland) 2. Februar 1797

Als der Doktor und Exadvokat Goethe als Favorit des Herzogs hier eintrat, fand ihn auch die verwitwete Herzogin äußerst liebenswürdig und witzig. Seine Geniestreiche und Feuerwerke spielten nirgend ungescheuter als bei ihr. Er hat ihr selbst mit Undank gelohnt! Alle Welt mußte damals im Wertherfrack gehn, in welchen sich auch der Herzog kleidete, und wer sich keinen schaffen konnte, dem ließ der Herzog einen machen. Nur Wielanden nahm der Herzog selbst aus, weil er zu alt zu diesen Mummereien wäre. Goertz hielt es mit der regierenden Herzogin. Sonst zog die Verwitwete alles an sich. Oft stellte sich der Herzog mit Goethen stundenlang auf den Markt und knallte mit ihm um die Wette mit einer abscheulich großen Parforcekarbatsche. Niemand kann diese Periode besser beschreiben als Bertuch, der dabei abscheulich mystifiziert und einmal so geärgert wurde, daß er bald an einem Gallenfieber gestorben wäre.

349 Böttiger (nach Bertuch?)

Eine gewisse Gemeinschaft der Güter machte die Genies den Quäkern und Heilandsbrüdern ähnlich. So schickte Goethe oft zu Bertuchs Frau und ließ sich ein Schnupftuch holen. Hatte er keine weiße Kanevasweste und Hosen (die damals Genietracht waren), so ließ er sich aus der herzoglichen Garderobe sein Bedürfnis holen. Versteht sich, daß nie etwas zurückgegeben wurde. Oft schickte er in ein Haus und ließ sagen, er würde heute abend da essen.

350 Böttiger (nach Bertuch) 30. November 1798

Goethe ... wälzte sich damals oft in Bertuchs Zimmer im Schlosse auf der Erde, band sich die langen Haare auf, um einen recht tragischen Nimbus zu bekommen, und tragierte so nach Herzenslust.

1776

351 Julie v. Bechtolsheim an ihren Bruder 19. Februar 1776

Cette année a commencé pour moi le plus agréablement du monde, par un petit séjour avec le plus chéri des époux, chez la meilleure des mères, où nous passâmes trois jours délicieux avec Wieland et Goethe à qui nous avions donné là un rendez-vous; Goethe est depuis le mois d'octobre à Weimar, où il est favori très décidé du jeune Duc; j'ai trop peu de temps, pour vous parler aujourd'hui au long de cet homme *extraordinaire*, qui est peut-être un des plus grands génies qui aient jamais paru; sa physiognomie est charmante tantôt on y voit *le feu du génie*, *l'enthousiasme du beau, du grand*, tantôt *l'expression énergique et persuasive* du *sentiment*, tantôt le mépris d'indignation des vicieux qui peut aller jusqu'au fureur, zu gleicher Zeit *Tiger und Lamm*, so hat ihn sein Freund Lavater geschildert. – Il est avec cela si *simple*, si *naturel*, si *franc* qu'on ne peut s'empêcher de lui vouloir du bien. – Maman et mon Mari en ont été aussi enchantés que moi, et il est à son tour notre ami de cœur et d'âme. Wieland et lui s'aiment comme David et Jonathan, c'est un plaisir que de les voir ensemble. Wieland fut délicieux à Stedten, et il a éternisé ce séjour par un petit poème à Psyché, qui est la plus jolie chose du monde, et dont Maman a voulu vous envoyer une copie.

352 Wieland: An Psyche *Anfang Januar 1776*

...
Und als wir nun so um und um
Eins in dem andern glücklich waren
Wie Geister im Elysium:
Auf einmal stand in unsrer Mitten
Ein Zaubrer! – Aber, denke nicht,
Er kam mit unglückschwangerm Gesicht
Auf einem Drachen angeritten!
Ein schöner Hexenmeister es war,
Mit einem schwarzen Augen-Paar,
Zaubernden Augen voll Götterblicken,
Gleich mächtig zu töten und zu entzücken.
So trat er unter uns, herrlich und hehr,
Ein echter Geisterkönig, daher!
Und niemand fragte, wer ist denn der?
Wir fühlten beim ersten Blick, *'s war Er!*
Wir fühlten's mit allen unsern Sinnen,
Durch alle unsre Adern rinnen.
So hat sich nie in Gotteswelt
Ein Menschensohn uns dargestellt,
Der alle Güte und alle Gewalt
Der Menschheit so in sich vereinigt!
So feines Gold, ganz innrer Gehalt,
Von fremden Schlacken so ganz gereinigt!

Der, unzerdrückt von ihrer Last,
So mächtig alle Natur umfaßt,
So tief in jedes Wesen sich gräbt,
Und doch so innig im Ganzen lebt!

Das laß mir einen Zaubrer sein!
Wie wurden mit ihm die Tage zu Stunden!
Die Stunden, wie augenblicks verschwunden!
Und wieder Augenblicke, so reich!
An innerm Werte Tagen gleich!
Was macht er nicht aus unsern Seelen?
Wer schmelzt wie er die Lust im Schmerz?
Wer kann so lieblich ängsten und quälen?
In süßern Tränen zerschmelzen das Herz?
Wer aus der Seelen innersten Tiefen
Mit solch entzückendem Ungestüm
Gefühle erwecken, die ohne ihm
Uns selbst verborgen im Dunkeln schliefen?

O welche Gesichte, welche Szenen
Hieß er vor unsern Augen entstehn?
Wir *wähnten nicht* zu hören, zu sehn,
Wir *sahn!* Wer malt wie er? So schön,
Und immer ohne zu verschönen!
So wunderbarlich wahr! So neu,
Und dennoch Zug vor Zug so treu?
Doch wie, was sag ich *malen?* Er *schafft*,
Mit wahrer mächtiger Schöpferskraft
Erschafft er *Menschen;* sie atmen, sie streben!
In ihren innersten Fasern ist Leben!
Und jedes so ganz Es *Selbst*, so rein!
Könnte nie etwas anders sein!
Ist immer echter *Mensch der Natur*,
Nie Hirngespenst, nie Karikatur,
Nie kahles Gerippe von Schulmoral,
Nie überspanntes Ideal!

Noch einmal, Psyche, wie flogen die Stunden
Durch meines Zaubrers Kunst vorbei!
Und wenn wir dachten, wir hätten's gefunden,
Und was er sei nun ganz empfunden,
Wie wurd' er so schnell uns wieder neu!
Entschlüpfte plötzlich dem satten Blick
Und kam in andrer Gestalt zurück;
Ließ neue Reize sich uns entfalten,
Und jede der tausendfachen Gestalten
So ungezwungen, so völlig sein,
Man mußte sie für die wahre halten!
Nahm unsre Herzen in jeder ein,
Schien immer nichts davon zu sehen,
Und, wenn er immer glänzend und groß
Rings umher Wärme und Licht ergoß,
Sich nur um seine Achse zu drehen.

353 Wieland an Sophie v. La Roche *11. Januar 1776*

Drei wonnigliche Tage, die ersten in diesem Jahre, haben wir zu Staden [Stedten] bei der Frau von *** [Keller] und meiner Julie gelebt. Beide empfehlen sich Ihnen aufs beste. Goethe war so *gut*, so *lieb*, so unsäglich lieb, daß wir alle wie die Närrchen in ihn verliebt wurden. So geht's nun unserm guten jungen ** [Herzog] auch. Goethe ist sein Alles; und folglich werdet Ihr sein Angesicht so bald nicht wieder zu sehen bekommen.

354 Böttiger *19. Januar 1797*

[Wieland über Goethe:] ... sein Zauber hat mich in der ersten Zeit seines Hierseins dahin gebracht, daß ich ganz in ihn verliebt war und ihn wirklich anbetete. Wir fuhren im Jahre 1776 im Winter nach Stedten zu der Mutter der Frau von Bechtolsheim in Eisenach (das Gut hat jetzt der Graf Keller, ihr Sohn). Da freute ich mich recht innig, wie er so auf alle Leute einen recht großen Eindruck machte, und besang ihn in einem Liede (im Teutschen Merkur) an die Frau von Bechtolsheim, die damals erst an ihren jetzigen Mann versprochen war. Bei der Sammlung und Revision meiner Werke stand ich lange an, ob ich dies Gedicht nicht auch einer neuen Feile unterwerfen und mit aufnehmen sollte. Allein ich hab's doch unterlassen. Dies Monument einer Idololatrie, die ich späterhin nur zu oft zu bereuen Ursache hatte, sollte nicht auf die Nachwelt kommen. Mir fällt immer der Spruch des Plato dabei ein: der Liebende ist der Schwache und Bedürfende, der Geliebte der Starke und Selbständige; und in diesem Verhältnisse stand ich zu Goethe, dessen große Kunst von jeher darin bestand, die Konvenienz mit Füßen zu treten und doch dabei immer klug um sich zu sehen, *wie weit* er's grade wagen dürfe. In Stedten zum Beispiel war er gegen die Alte weit respektvoller als hier gegen die .... Mutter [Herzoginmutter], in deren Gegenwart er sich oft auf dem Boden im Zimmer herumgewälzt und durch Verdrehung der Hände und Füße ihr Lachen erregt hat.

355 *F.H.v.Einsiedel*

Schreiben eines Politikers an die Gesellschaft
am 6. Januar 1776.

...
Dem Ausbund aller, dort von Weiten,
Möcht' ich auch ein Süpplein zubereiten,
Fürcht' nur sein ungeschliffnes Reiten;
Denn sein verfluchter Galgenwitz
Fährt aus ihm wie Geschoß und Blitz.
's ist ein Genie, von Geist und Kraft:
(Wie eb'n unser Herr Gott Kurzweil schafft)
Meint, er könn' uns all übersehn,
Täten für ihn rum auf Vieren gehn,
Wenn der Fratz so mit einem spricht,
Schaut er einem stier ins Angesicht,
Glaubt, er könn's fein riechen an,
Was wäre hinter jedermann.
Mit seinen Schriften unsinnsvoll
Macht er die halbe Welt itzt toll,
Schreibt 'n Buch von ein'm albern Tropf,
Der heiler Haut sich schießt vor'n Kopf:

Meint Wunder, was er ausgedacht,
Wenn ihr einem Mädel Herzweh macht.
Paradiert sich drauf als Doktor Faust,
Daß 'm Teufel selber vor ihm graust.
Mir könnt' er all gut sein im Ganzen,
(Tät mich hinter meinen Damm verschanzen)
Aber wär ich der Herr im Land,
Würd' er und all sein Zeugs verbannt ...
Mephistopheles.

356 Wieland an Zimmermann *8. Januar 1776*

Was Gott zusammengefügt hat, soll der Mensch nicht scheiden. Goethe, Lavater, Herder, warum sollten sie nicht auch meine Freunde sein? seit ich dies Kleeblatt kenne, sind sie *meine Heiligen*.

Ich lebe nun neun Wochen *mit* Goethen, und lebe, seit unsere Seelen-Vereinigung so unvermerkt und ohne allen effort nach und nach zu Stande gekommen, ganz in *ihm*.

Es ist in allen Betrachtungen und von allen Seiten das größte, beste, herrlichste menschliche Wesen, das Gott geschaffen hat.

Dies sag' ich *meinem Zimmermann*, weil er's beinahe mit ebenso innigem Vergnügen lesen wird, als womit ich's ihm schreibe. Möcht ich's der ganzen Welt sagen dürfen! Möcht' alle Welt den liebenswürdigsten der Menschen so kennen, so durchschauen, so lieben, wie ich.

Heute war eine Stunde, wo ich ihn erst in seiner ganzen Herrlichkeit – der ganzen schönen, gefühlvollen, reinen Menschheit sah. Außer mir kniet' ich neben ihn, drückte meine Seele an seine Brust, und betete Gott an.

357 Ch. F. Weiße an Ch. Garve *Januar 1776*

Goethe ist bis jetzt in Weimar gewesen, wo sich Wieland, wie man sagt, bis zum Händeküssen vor ihm erniedrigt hat. Er macht dort viel wunderliche Streiche, die seine Bewunderer Laune nennen, duzt sich mit dem Herzog, mit dem er in der größten Familiarität lebt.

358 *Wieland an Luise Karsch* *11. Januar 1776*

Goethe, der König der Geister, der liebenswürdigste, größte und beste Menschensohn, den ich jemals gesehen habe, ist seit zehn Wochen bei uns und wird noch vielleicht lange bei uns bleiben. Er grüßt Sie, liebe Sappho.

359 *Gleim an Bertuch* *vor dem 14. Februar 1776*

Mag's nicht wissen, warum Sie keine Silbe von Goethe sagen, daß er noch dort ist, vielleicht dort bleibt, daß er dem Herzog in einen Bauer sich verstellt und ihn in Knittelversen regieren gelehrt hat.

360 *J. G. Jacobi*
an Caroline Jacobi *6. März 1776*

[Brief, in welchem er die scherzhafte Anekdote von Goethes Begegnung als verkleideter Bauer mit dem Herzog Carl August erzählt. Er schreibt diese wörtlich nach der Erzählung der «Tante Fahlmer», Goethes Freundin, ab. Goethe habe als verkleideter Bauer dem Herzog eine Schrift in Knittelversen über alles das, was ein Landesherr zu tun habe, überreicht; er habe sich dann eine Weile ganz als Bauer bei den herzoglichen Reitknechten aufgeführt und sei erst nachträglich vom Herzoge erkannt worden.]

361 *Wieland an Merck* *26. Januar 1776*

Goethe kömmt nicht wieder von hier los. Carl August kann nicht mehr ohne ihn schwimmen, noch waten. 's ist aber doch noch nichts Entschiednes …

Goethe hat Ihnen vor kurzem selbst geschrieben. Er grüßt Sie. Der Hof oder vielmehr seine liaison mit dem H[erzog] verderbt ihm viel Zeit, um die's herzlich schad' ist. Und doch bei diesem herrlichen Gottesmenschen geht nichts verloren.

362 *Oeser an Knebel* *2. Februar 1776*

Ich freue mich über das gute Vernehmen, das unter zwei so würdigen Männern, als Herr Hofrat Wieland und Herr

Dr. Goethe sind, entstanden ist, und besonders über letztern, da ich höre, daß sich derselbe des Tages eine Stunde (vermutlich zur Motion) in Konvulsionen übet. Alle gute Menschen sollten gesund sein.

363 Wieland an Lavater *5. Februar 1776*

Hans Sachs kann erst im März kommen, weil Goethe noch etwas über ihn in Hanssachsischer Reim-Weise dichten will. Goethe bleibt vermutlich vielleicht noch lange hier – er ist mächtig umsponnen, und versucht nun das Abenteuer, von welchem ich abgestanden bin, sowie ich sah, daß es für einen andern aufgehoben sei ... Goethe ist seit Sonnabends früh mit dem Herzog in Erfurt, und kömmt erst morgen wieder. Er tut das Mögliche, und was Hunderten andern unmöglich wäre noch dazu, um seinen Lavater nicht im Stich zu lassen. Aber o! wie viel mehr könnte, würde der herrliche Geist tun, wenn er nicht in dies unser Chaos gesunken wäre, aus welchem er doch – mit allem seinem Willen, aller seiner Kraft – doch keine leidliche Welt schaffen wird. Aber – war ich nicht schon 38 Jahr alt, da ich mich noch durch eine magische Einbildung und die noch stärkere Magie des verfüh[re]rischen Gedankens, *viel Gutes*, im *Großen*, auf *Jahrhunderte* zu tun, an diesen Hof ziehen, in dieses gefahrvolle, mit Précipicen umgebne – und beim Tagslicht besehn *doch immer unmögliche* Abenteuer verwickeln ließ? Goethe ist erst 26 Jahr alt. Wie sollt er, mit dem Gefühl *solcher* Kräfte, einer *noch größern* Reizung widerstehen können? Denn sein ascendant über unsre Fürstenkinder, alt und jung, ist unglaublich. Und doch – doch, doch, wollen wir sehen! Wenn's auch nur nicht ganz so schlimm wird, als es sonst geworden wäre, wenn auch nur etwas Gutes geschieht, das sonst nicht geschehen wäre, – so war's ja der Mühe wert! Ich fühle wohl, daß ich Ihnen da weder etwas Halbes noch Ganzes sage; aber es ist doch zureichend, sich einige Idee davon zu machen, *warum* Goethe hier ist, und *wie* er hier ist. In meinem Hause ist er wie einer, der zu uns gehört. Er atmet wieder Ruhe und Liebe bei uns, und das hilft dann dazu, daß er das Herumtreiben in dem großen Rade wieder desto besser aushalten kann ... Eben höre ich, daß Goethe erst Mittwochs wiederkomme.

364 Wieland an Andreä *7. Februar 1776*

Empfehlen Sie mich unserm Zimmermann; sagen Sie ihm, daß ich, von dem Tage der Regierung meines lieben Carls Augusts an, mein mir selbst und meinen Freunden so oft gegebnes Wort erfüllt, und mich vom Hofe gänzlich in mein Schneckenhäuschen zurückgezogen habe. Und wiewohl Goethe, des Herzogs Günstling, Freund, und Alles in Allem, – auch mein ganz inniger Freund ist, so nehme ich doch nicht einmal indirecte nur den mindesten Anteil an irgend etwas, das unseren Hof, unser Gouvernement, oder den Herzog persönlich betrifft; also daß weder Gutes noch Böses jemals auf meine Rechnung kommen kann noch soll. Deus nobis haec otia fecit!

So viel mußte ich Ihnen von mir sagen, weil ich höre, daß gewisse Leute, die aus verächtlichen Ursachen meine und Goethens Feinde sind, allerlei Kalumnien aussprengen, und unter andern auch mich, wegen meiner Konnexion mit Goethen, mit in das, was hier geschieht, und nicht geschieht, einmischen, und zu einem, ich weiß nicht ob Akteur oder Souffleur oder Lichtputzer bei unsrer Staats-Komödie machen, da ich doch, Dank sei Gott und meinem Genius, ein bloßer Zuschauer bin; bereit mit aller möglichen Bonhomie zu klatschen, wenn gut gespielt wird, und höchstens die Achseln zückend, oder ein paar sacrebleus zwischen den Zähnen murmelnd, wenn es dumm geht. Goethe spielt seine Rolle edel, und groß und meisterhaft. Außer der Erfahrenheit, die er nicht haben *kann*, fehlt ihm nichts. Wenn nicht viel Gutes hier durch ihn geschieht, und viel weniger Böses als sonst geschehen wäre, so wird die Schuld gewiß nicht an ihm liegen.

365 Wieland an Lavater *16. Februar 1776*

Was sagen Sie dazu, daß Herder als General-Superintendent nach Weimar kömmt: – nach Weimar!

Goethe ist lieb und gut und tätig mit mehr Weisheit, als seinen Jahren zukömmt.

Ich bin glücklich mit und in ihm.

366 Ph. Seidel an J. A. Wolf *19. Februar 1776*

Ha, wie wohl mir's heute ist, lieber Wolf, und wird mir noch wohler werden. Sie spielen diesen Abend den Westindier, und mein bester Herr hat Belcours Rolle, dessen Charakter so viele Ähnlichkeit mit dem meinen hat, und ich will zum voraus garantieren, er wird auch der Meister sein. Wie lang wir bleiben und ob für immer, kann weder ich noch der Doktor sagen, aber es wird sich wenigstens eine gute Strecke hinausziehen.

367 Wieland an Gleim *22. Februar 1776*

... Goethe nimmt mir alle Zeit zum Briefschreiben weg ...

Von Goethe schreib' ich Ihnen nichts, liebster Gleim. Komm und siehe! Genug, daß ich nichts *Besseres*, Edleres, Herzlicheres, Lieberes und Größeres in der Menschheit kenne als ihn – so wild und siebenseltsam der holde Unhold auch zuweilen ist, oder scheint.

368 Ph. Seidel an J. A. Wolf *1. März 1776*

[Über eine Redoute.] Es war sehenswert. Die Verwünschungen des Heiligen Antonius stellte es vor, der in einer Höhle vor Buch und Totenkopf saß, dann kam ein Teufel nach dem andern und ängstete ihn und suchte ihn zu quälen und irre zu machen; jeder Teufel stellte ein Laster vor, von dem er Teufel war; mein Doktor war der Hochmutsteufel, kam mit Pfauenschwanzflügeln und aufgeblasen auf Stelzen herein.

369 Wieland an Lavater *4. März 1776*

Unser Goethe ist seit vorgestern wieder mit dem Herzog bei Dalbergen in Erfurt, und kommt erst morgen abend zurück. Ist auch ein Müdling, nur auf eine andre Art: denn ach! lieber Lavater, denken Sie sich einmal Favorit und fac totum und Goethe zusammen! Und fac totum, das am

Ende doch – nicht den hundertsten Teil von dem tun kann, was er gerne täte. Und gleichwohl sehen Sie aus Herders Berufung zum General-Superintendenten und Ober-Hofprediger, daß Goethe *etwas* tut. Ich stelle mir seine hiesige Existenz als ein Pharao-Spiel vor; der Herzog hält die Bank, Goethe pointiert wider ihn. Goethe setzt 1, 2, 3, 4, oft 8 und mehr *Tage* auf eine Karte; verliert manchmal; aber weil er sein Spiel poussiert, so braucht er auch nur wieder ein einziges trente-leva oder soixante-leva zu gewinnen, so ist alles wieder ersetzt. So ein trente-leva gewann er mit Herdern – doch, Sie verstehen mich wohl nicht einmal mit meinem Pharao und meinen trente-levas? Verlassen Sie sich inzwischen darauf, daß Goethe, in allem dem Wirbel, worin er sich dreht, Sie und die Physiognomik nicht vergißt, und daß er alles im Gang erhält.

370 Charlotte v. Stein an Zimmermann *6. März 1776*

Goethe est ici un objet aimé et haï, vous sentirez qu'il y a bien de grosses têtes qu'ils ne le comprennent pas. Louise augmente pour moi de jour en amitié, mais beaucoup de froideur entre les époux pourtant je ne désespère pas, deux êtres si raisonnables, si bons, doivent enfin s'accorder.

Au moment Goethe m'envoie votre billet, je vous ai déjà confessé mes péchés. Adieu, avant le départ de la poste je vous dirai, cher ami, encore une fois bonsoir et bonjour.

Ich komme jetzt, Ihnen eine gute Nacht zu sagen. Ich war den Abend im Konzert, Goethe nicht, vor einigen Stunden war er bei mir, gab mir vor Sie das beigeschloßne Billett und war toll über Ihren Brief, den er mir auch vorlas; ich verteidigte Sie, gestund ihm, ich wünschte selbst, er möchte etwas von seinen wilden Wesen, darum ihn die Leute hier so schief beurteilen, ablegen, das im Grund zwar nichts ist, als daß er jagt, scharf reit', mit der großen Peitsche klatscht, alles in Gesellschaft des Herzogs. Gewiß sind dies seine Neigungen nicht, aber ein Weile muß er's so treiben, um den Herzog zu gewinnen und dann Gutes zu stiften, so denk ich davon; er gab mir den Grund nicht an, verteidigte sich mit wunderbaren Gründen, mir blieb's, als hätt' er unrecht. Er war sehr gut gegen mich, nennte mich im Vertrauen seines Herzens Du, das verwies ich ihn mit den sanftesten Ton von der Welt, sich's nicht anzugewöhnen, weil es nun eben niemand wie ich zu verstehn weiß und er ohnedies oft gewisse Verhältnisse aus den Augen setz', da springt er wild auf vom Kanapee, sagt, ich muß fort, läuft ein paar Mal auf und ab, um seinen Stock zu suchen, find't ihn nicht, rennt so zur Türe hinaus ohne Abschied, ohne gute Nacht; sehen Sie, lieber Zimmermann, so war's heute mit unsern Freund. Schon einige Mal habe ich bittern Verdruß um ihn gehabt, das weiß er nicht und soll's nie wissen. Nochmals gute Nacht.

371 Charlotte v. Stein an Herder *31. August 1787*

Im ersten Augenblick, als ich Ihren Brief lese, verstehe ich, Sie schicken mir Goethens Brief an Sie zum Lesen, und ich hatte die Verwechselung nicht begriffen; genug, ohne indiskret sein zu wollen, lese ich den ganzen Brief; zum Glück, daß kein Geheimnis drin war. Ich schicke Ihnen den meinigen auch wieder mit, und ist's mir lieb, daß die Bahn gebrochen ist und mir künftig das brüderliche Du, das mich freut, mit Ihnen gemein zu haben, kein Hindernis mehr ist, sie Ihnen mitzuteilen. Unser Freund war einmal tief von mir beleidiget, als ich diese lateinische Sitte unter uns ablehnte, und von der Zeit an habe ich es so begriffen, als es aus seiner treuen Seele kam.

372 Charlotte v. Stein an Zimmermann *8. März 1776*

Da haben Sie nun auch den guten Morgen, ich könnte Ihnen vor Abgang der Post auch noch eine gute Nacht sagen, aber ich bin nicht zu Haus den Abend, und noch den Vormittag muß ich mich von Ihnen trennen. Ich sollte gestern mit der Herzogin-Mutter zum Wieland gehn, weil ich aber furchte, Goethen da zu finden, tat ich's nicht. Ich habe erstaunlich viel auf meinen Herzen, das ich den Unmenschen sagen muß. Es ist nicht möglich, mit seinen Betragen kömmt er nicht durch die Welt; wenn unser sanfter Sittenlehrer gekreuz'get wurde, so wird dieser bittere zerhackt. Warum sein beständiges Pasquillieren, es sind ja alles Geschöpfe des großen Wesens, das duldet sie ja, und nun sein unanständ'ges Betragen mit Fluchen, mit pöbelhaften niedern Ausdrücken. Auf sein Moralisches, sobald es aufs Handeln ankommt, wird's vielleicht keinen Einfluß haben, aber er verdirbt andre; der Herzog hat sich wunderbar geändert, gestern war er bei mir, behauptete, daß alle Leute mit Anstand, mit Manieren nicht den Namen eines ehrlichen Mannes tragen könnten; wohl gab ich ihn zu, daß man in den rauhen Wesen oft den ehrlichen Mann fände, aber doch wohl ebenso oft in den gesitteten; daher er auch niemanden mehr leiden mag, der nicht etwas Ungeschliffnes an sich hat. Das ist nun alles von Goethen, von den Menschen, der vor Tausende Kopf und Herz hat, der alle Sachen so klar ohne Vorurteile sieht, sobald er nur will, der über alles kann Herr werden, was er will. Ich fühl's, Goethe und ich werden niemals Freunde; auch seine Art, mit unsern Geschlecht umzugehn, gefällt mir nicht, er ist eigentlich, was man coquet nennt, es ist nicht Achtung genug in seinen Umgang.

Zerreißen Sie meinen Brief, es ist mir, als wenn ich eine Undankbarkeit gegen Goethen damit begangen hätte, aber um keine Falschheit zu begehn, will ich's ihm alles sagen, sobald ich nur Gelegenheit finde.

373 Wieland an Merck *11. März 1776*

Unser Goethe hat sich der Welt durch seine *Stella* wieder herrlich geoffenbaret. Wie triumphiert mein Herz über jeden neuen Sieg, den er erhält, jede neue Provinz, die er erobert! Wissen Sie ein ander Beispiel, daß jemals ein Dichter den andern so enthusiastisch geliebt hat? Bald merk' ich, daß es auch wohl mit daher kommen mag, weil ich, gegen ihn, am Ende doch nur ein schwacher Erdenkloß bin.

374 J. A. v. Kalb an Goethes Eltern *16. März 1776*

Bis diesen Augenblick habe ich angestanden, Ihnen, meine liebsten Eltern, über einen Gegenstand zu schreiben, in dem sich alle meine Wünsche vereinigen.

Die wechselseitige Neigung des Herzogs gegen Ihren vortrefflichen Sohn, das ohnumschränkte Vertrauen, so er in ihm setzt, macht es beiden ohnmöglich, sich voneinander zu trennen.

Nie würde er darauf verfallen sein, meinen Goethe eine andere Stelle, einem andern Charakter als denn von seinem Freunde anzutragen, der Herzog weiß zu gut, daß alle andere unter seinem Werte sind, wenn nicht die hergebrachte Formen solches nötig machten.

Mit Beibehaltung seiner gänzlichen Freiheit, der Freiheit, Urlaub zu nehmen, die Dienste ganz zu verlassen, wann er will, wird unser junger edler Fürst in der Voraussetzung, daß Sie unfähig sind, Ihre Einwilligung dazu zu versagen, Ihren Sohn unter dem Titel eines Geheimden Legations-Rats und mit einem Gehalt von 1200 Reichstalern in sein Ministerium ziehen.

Stellen Sie, die Sie mein Herz kennen, in welchem meine Freundschaft zu Ihren trefflichen Sohne zur Leidenschaft geworden, [sich] die Glückseligkeit vor, in Zukunft mein Schicksal mit dem seinigen vereinigt zu sehen!

Wenn etwas solche hat erhohen können, so ist's dadurch geschehen, daß mich das Schicksal zur Mittelsperson bei diesen allen von Anfang an bis zur Entwickelung ausersehen gehabt.

Wie gern werden Sie nicht Ihren Sohn, Ihren ältesten Sohn, bei seinem Bruder wissen, einen Teil des Vergnügens, ihm mehr um sich zu haben, aufopfern, wenn Sie daran denken, von wie viel Tausenden die Glückseligkeit durch diese Aufopferung erhalten wird.

Ihr jüngster Sohn verkennt seine Eltern nicht so sehr, um nur einen Augenblick zu zweifeln, daß diese Betrachtung alle Selbstgefühle bei Ihnen überwieget, und mehr als alle andern Rücksichten Ihre Einwilligung zu einem Schritte vergewissert, der in den edelsten Zwecken, und auf die edelste Art geschiehet. Nehmen Sie hingegen von Ihren Söhnen die Versicherung an, machen Sie es ihnen zur süßen Pflicht, Sie zu besuchen, die glücklichsten Stunden ihres Lebens bei Ihnen zuzubringen. Gern unternähm' ich, Ihnen die Verhältnisse meines Bruders zu bezeichnen, wenn ich mich dazu vermögend fühlte. Denken Sie sich ihn als den vertrautesten Freund unsers lieben Herzogs, ohne welchen er keinen Tag existieren kann, von allen braven Jungen bis zur Schwärmerei geliebt, alles, was wider uns war, vernichtet, und Sie werden sich noch immer zu wenig denken.

Machen Sie, ich beschwöre Sie darum, das Glück Ihrer Söhne dadurch vollkommen, daß Sie ihren Handlungen Ihren Beifall geben.

Wieland und mein Vater nehmen an allen den wärmsten Anteil, und haben mir aufgetragen, Sie davon und von ihrer treuen Freundschaft zu versichern. Noch einige Wochen bleibt diese Sache Geheimnis.

Schreiben Sie mir bald, bester Vater, über eine Sache, die mich so ganz anfüllt, und sein Sie versichert, daß ich bis an das Ende meines Lebens sein werde, meine lieben Eltern,

Ihr treuer Sohn.

Kalb.

375 Wieland an Gleim *22. März 1776*

Wir haben uns, bester Freund und Bruder, des Rechts bedient, das Sie uns vor einem Jahre gegeben haben, und Sie, wiewohl abwesend, aber uns im Geiste gegenwärtig, zum Paten des holden kleinen Geschöpfs ernannt, in Hoffnung, daß es Ihnen angenehm sein würde, diese geistliche Paternität mit unserm Goethe zu teilen, der Sie liebt und ehrt, und sich eine Freude daraus macht, Sie bald persönlich bei uns kennen zu lernen. Die kleine Neuangekommene heißt Charlotte Wilhelmine.

376 C.G.Küttner an Bertuch *22. März 1777*

Ein Jahr ist's, bester Mann, daß ich durch Weimar ging, daß ich das Glück hatte, Sie kennen zu lernen. Was macht Ihr Goethe? Ist er als Regierungsrat noch der liebe herrliche Mensch, der er war, als ich ihn in Weimar sahe und Leben und Wohl von ihm einatmete? Man erzählt hier viel und mancherlei von ihm, aber ich kenne die Leute, die so gerne von Goethen erzählen, und weiß den Wert ihrer

Erzählungen zu bestimmen, also weiß ich nichts von ihm. Ich habe viele seiner Freunde seit einem Jahre kennen gelernt, und mir war wohl bei ihnen ... Empfehlen Sie mich Goethen, wenn ich bitten darf, herzlich, wenn er sich meiner noch erinnert, und den guten Jungen, wie er mich einst nannte, nicht verkennt.

377 Henrich Stillings häusliches Leben *1789*

[Im Frühjahr 1776 hatte Stilling kein Geld, um die fällige Miete zu bezahlen. Der Hausherr stundete sie ihm auf vierzehn Tage.] Das Ende der vierzehn Tage rückte heran, und es zeigte sich nicht der geringste Anschein, woher die siebzig Taler genommen werden sollten. Jetzt ging dem armen Stilling wieder das Wasser an die Seele; oft lief er auf seine Schlafkammer, fiel auf sein Angesicht, weinte und flehte zu Gott um Hülfe, und wenn ihn sein Beruf fort rief, so nahm Christine seine Stelle ein, sie weinte laut und betete mit einer Inbrunst des Geistes, daß es einen Stein hätte bewegen sollen, allein es zeigte sich keine Spur, an so viel Geld zu kommen; endlich brach der furchtbare Freitag an, beide beteten den ganzen Morgen während ihren Geschäften unaufhörlich, und die stechende Herzens-Angst trieb ohne Unterlaß feurige Seufzer empor.

Um zehn Uhr trat der Briefträger zur Tür herein; in einer Hand hielt er das Quittungs-Büchelchen, und in der andern einen schwer beladenen Brief. Voller Ahndung nahm ihn Stilling an, es war Goethens Hand, und seitwärts stand: *beschwert mit hundert und fünfzehn Reichstaler in Golde.* Mit Erstaunen brach er den Brief auf, las – und fand, daß Freund Goethe, ohne sein Wissen, den Anfang seiner Geschichte unter dem Titel: *Stillings Jugend*, hatte drucken lassen, und hier war das Honorarium. – Geschwind quittierte Stilling den Empfang, um den Briefträger nur fort zu bringen; jetzt fielen sich beide Eheleute um den Hals, weinten laut und lobten Gott. Goethe hatte, während Stillings letzter Reise nach Frankfurt, den bekannten Ruf nach Weimar bekommen, und dort hatte er Stillings Geschichte zum Druck befördert.

378 Wieland an Merck *25. März 1776*

Goethe bleibt nun wohl hier, solange C[arl] A[ugust] lebt, und möchte das bis zu Nestors Alter währen! Er hat sich ein Haus gemietet, das wie eine kleine Burg aussieht, und es macht ihm großen Spaß, daß er mit seinem Philipp ganz allein sich im Notfall etliche Tage gegen ein ganzes Corps darin wehren könnte, insofern sie ihm das Nest nicht überm Kopf ganz anzündeten. Er ist auch im Begriff, einen Garten zu kaufen, welches ich auch getan habe, also und dergestalt, daß wir beide, NB. ohne vorgängige Abrede, uns beinahe in ein und ebendemselben Augenblick in den Weimarischen Philister-Orden begeben haben – welches dann mit alle dem lustig genug ist. Gestern abend ist er auf einmal nach Leipzig abgesurrt, wird aber hoffentlich bald wieder kommen. Für mich ist kein Leben mehr, ohne diesen wunderbaren Knaben, den ich als meinen eingebornen einzigen Sohn liebe, und, wie einem echten Vater zukommt, meine innige Freude daran habe, daß er mir so schön *übern Kopf wächst*, und alles das *ist*, was ich nicht habe werden können.

379 Ch. F. Weiße an J. P. Uz *Mai 1776*

Goethe ist einige Tage von Weimar [nach Leipzig] herüber gekommen. Er hat mich einmal besucht. Man gibt Goethe hauptsächlich schuld, daß er den Herzog von Regierungsgeschäften abhalte und zu Polissonnerien verführe. Sie spielen Komödie; es sind wöchentlich Redouten; sie schwärmen überall umher. Doch scheint es mir, wenn ich Goethe recht beurteile, daß er dies nur zu einem Mittel wähle, sich dem jungen Herzog unentbehrlich zu machen, und aus ihm ein Muster eines großen Fürsten zu bilden. Kopf hat er genug dazu, ist voller Einbildungskraft und redet immer in Bildern.

380 Ch. F. Weiße an Blankenburg *18. Juni 1776*

Vor kurzem sprach ich Goethen, der, wie er sagt, seine literarische Laufbahn Lenzen überlassen …

381 Böttiger

Als Goethe nach Weimar gekommen war, vernahm Lenz seines «Herrn Bruders» Glücksfall, und macht sich nun auch auf den Weg, um diesem Sterne sich zu nahen. Er kam eines Tages sehr zerlumpt und abgerissen in Weimar im Erbprinzen an, und schickt sogleich eine Karte an Goethe, der dem Herzog in einer Unpäßlichkeit Unterhaltung leistete, des Inhalts: «Der lahme Kranich ist angekommen. Er sucht, wo er seinen Fuß hinsetze. Lenz.» Goethe lachte laut auf, als er dies Billett erhielt, und weiset es dem Herzog, der sogleich befiehlt, er solle geholt werden.

382 Falk: Goethe aus näherm persönlichen Umgange dargestellt *1832*

Um diese Zeit geschah es auch, daß Lenz, ein früher und genialer Jugendfreund Goethes, nach Weimar kam, als eben dieser und der Herzog zufällig nicht zugegen waren. Er steigt im Gasthofe zum Erbprinzen ab, und hört daselbst bald, daß heute abend am Hofe ein bal paré sein solle. Bal paré oder bal masqué, das kam in Lenz's Ohren auf ein und dasselbe heraus; denn er dachte deutsch, und haßte die französische Sprache als allen gebildeten Deutschen anhaftende Erbsünde. Dem Dinge sollst du doch beiwohnen, denkt er bei sich, und weil dazu weiter nichts als ein schwarzer Domino und eine Maske gehört, so läßt er sich beides durch den Marqueur kommen, der ihn zwar mit großen Augen ansieht, aber doch tut, was der fremde Herr ihm geheißen hat. Sobald die Stunde schlägt, geht Lenz wirklich in diesem Aufzuge an den Hof. Man denke sich das Erstaunen der zum Tanze fröhlich geschmückten Herren und Damen, als plötzlich ein schwarzer Domino in ihrer Mitte erscheint. Lenz bemerkt es indes noch immer nicht, was für eine Rolle er hier spielt. Er geht vielmehr voll Zutrauen in den engen Kreis der Zuschauer und fodert eins der vornehmsten Fräulein zum Tanze auf. Diese aber erkundigte sich, wie zu erwarten stand, zuvor nach seinem Namen und Charakter, wie man es an den Toren nennt, und da er ihr kurzhin antwortet: «Ich bin Lenz», so schlägt sie ihm, da dies kein ebenbürtiger Name ist, unter solchen Umständen den Tanz ebenso kurz ab; das heißt in der Kunstsprache: sie bedauert usw. Glücklicherweise erscheint inzwischen Goethe, als die Verwirrung aufs höchste gestiegen ist. Dieser erkennt sogleich in dem Domino den längst erwarteten, alten, wunderlich humoristischen Freund. Er läßt Lenz alsbald auf die Galerie rufen, die an den Saal stößt, und nach der ersten freudigen Wiedererkennung hebt er an: «Aber sag mir nur zum Teufel, was Dir einfällt, in einem Zirkel bei Hof zu erscheinen, wo Dich kein Mensch eingeladen hat, und noch dazu in einem solchen Aufzuge?» – «Geladen oder ungeladen», versetzte der über seinen Korb noch immer etwas entrüstete Lenz, «das ist all eins! Es ist ein Maskenball, und da, denk' ich, hat jeder freien Zutritt.» – «Was, Maskenball?» fällt ihm Goethe hier aufs neue ins Wort; «bal paré, Kind, oder vielmehr Kindeskopf, daß Du das nicht unterscheiden kannst!» – «Nun meinetwegen bal paré oder bal masqué!» brummte Lenz in den Bart. «Was schiert mich all Euer haarfeiner Distinktionskram und all Euer verwünschter französischer Schnickschnack! Ich meinerseits bekomme jedesmal ein Fieber, sooft ich nur ein Wort Welsch höre, wie ein welscher Hahn, der kaudert, sobald er Rot sieht. Sind Eure Ohren mit reinerm Taufwasser, als die meinigen, ausgewaschen, so dankt Gott dafür; nur sollt Ihr mich mit all solchen höfischen Geschichten ein für allemal ungeschoren lassen, wenn Ihr nicht wollt, daß ich sogleich wieder umkehren und mein Bündel schnüren soll. Ja, wenn es nur noch eine Sprache wäre, die sie sprächen, kurz, laut und verständlich, wie unsere; aber so schnarren sie durch die Nase, wie eine Sackpfeife, und kein ehrlicher Deutscher kann aus dem Zeuge, das sie in Menge vorbringen, klug werden.»

Goethe und Wieland, den Lenz selbst wegen seiner großen Vorliebe für die französische Literatur als einen halben Franzosen betrachtete, suchten den aufgebrachten Lenz möglichst zu besänftigen. Sie verließen bald darauf sämtlich den Hof, aber nicht ohne den Stoff zu einer geistreich fröhlichen Abendunterhaltung mitzunehmen.

383 Lenz an seine Mutter *5. April 1776*

In diesem Augenblicke, meine teureste Mutter, da ich der Mutter meines Goethe schreibe, in seinen Armen, in seinem Schoß, schreib' ich auch Ihnen, sag' Ihnen, daß ich jetzt in Weimar bin, wo Goethe mich heut dem Herzog vorstellen wird …

Sagen Sie unserm lieben Vater, er soll alle unsere Geschwister und Freunde an einem Sonntage zusammen bitten und meines Bruders Goethe Gesundheit trinken. Alsdann seiner Mutter, seiner Schwester, seines Vaters und dann meine. Die Rangordnung hat ihre Ursachen.

384 Wieland an Lavater *15. April 1776*

Goethe ist immer lieb, gut und treu; der einzigste Mensch in der Welt, aber mir ganz verständlich, und der erste, der mich ganz versteht. Fast möcht ich sagen, unsere Liebe ist über Frauenliebe – aber es wäre doch Lästerung, wenn ich's sagte. Aber nach meinem Weib und meinen Kindern ist mir nichts lieber als Goethe.

385 Wieland an Bürger *22. April 1776*

Tausend Dank aus vollem Herzen für das kostbare Pfand Ihrer Liebe, das Sie mir im sechsten Buch Ihrer teutschen Ilias überschickt haben, und für die Erlaubnis, so Sie mir geben, meine Freude daran mit den Lesern des Merkurs zu teilen. Dies würde sogleich im Aprilmonat, der itzt gedruckt wird, geschehen sein, wenn Goethe nicht gewünscht hätte, das Manuskript vorher genauer mit dem Original zu vergleichen, und (wie ich vermute) nach Ihrem Verlangen hier oder da eine Kleinigkeit zu ändern; zum Exempel ein ehrliches obsoletes Wort an schicklicher Stelle anzubringen und dergleichen. Wir sind itzt stark daran, etliche hundert dergleichen Wörter, so Gott will, wieder ins Leben zu rufen; und wir haben große Freude darüber, daß Sie ein gleiches in Ihrem Homer tun. Wie könnten Sie auch ohne dies einen teutschen Homer geben? Sie brauchen den ganzen Reichtum unsrer Sprache dazu; und ich bin ganz überzeugt, daß der einzige Umstand, wenn Ihnen der Gebrauch der veralteten Wörter aus Teutschlands Ritter- und Heldenzeit nicht erlaubt wäre, eine gute Übersetzung Homers unmöglich machte. Auch gewinnt das Kolorit und der Ton dadurch etwas Antikes, Naturkräftiges, von der modernen *Zierlichkeit* Abstechendes, kurz etwas Homerisches, das ich besser fühlen als sagen kann. Überhaupt sind wir, Goethe und ich, *inniglich* mit Ihrer Verteutschung des göttlichen Dichters zufrieden, und freuen uns mit einer Freude, die uns wohl nur wenige nachempfinden können, daß unsre Nation Ihnen den Vorzug zu danken haben wird, die wahreste, treuste, Homers am wenigsten unwürdige Übersetzung zu haben, die irgend eine Sprache aufweisen kann, – und daß der Dichter, dessen Werke uns *Wort Gottes* sind, durch Sie eine Menge von Jüngern, Liebhabern und Anbetern bekommen wird, die der Glückseligkeit, ihn zu fühlen, ihn zu ihrem ewigen Lieblingsbuch zu machen, ohne Sie, hätten entbehren müssen. Ich insonderheit freue mich über den heilsamen Einfluß, den Ihr Homer auf *den gegenwärtigen Moment* unsrer literarischen Verfassung haben wird. Denn der Messias selbst hätte nicht zu einer gelegnern Zeit kommen können. Kurz, wenn man aller Orten so für Sie und Ihre edle Unternehmung eingenommen, und von dem göttlichen Beruf, den Ihnen die Natur dazu gegeben hat, so überzeugt wäre, wie Ihre Freunde in Weimar: so sollten Sie keine Ursache haben, über die von außen nötige Aufmunterung zu einem so furchtbar schwierigen und so großen Mut und hartnäckigen Eifer erfordernden Werke zu klagen.

Dieser Tagen stritten Goethe und ich mit einem enthusiastischen Anbeter des *griechischen* Homers über das Silbenmaß, das Sie zu Ihrer Übersetzung gewählt haben. *Er* bestand darauf, der Hexameter würde besser gewesen sein; *wir*, Sie hätten recht gehabt, den Jamben vorzuziehen. Wir sind gewiß, daß es unnötig wäre, Ihnen die Gründe pro und contra zu sagen: ohne mindesten Zweifel haben Sie das alles längst erwogen und durchgedacht. Aber vielleicht möcht' es doch von einigem Nutzen sein, wenn Sie etwan

Ihre Gründe für den jambischen Vers (nisi quid obstat) in einem kleinen Sendschreiben an Goethen oder mich im Merkur bekannt machten. *Wir* behaupten, Homers Versifikation verliere in jeder Übersetzung notwendig, würde aber in teutschen Hexametern noch weit mehr verlieren als im jambischen Vers, der, unsrer Meinung nach, das echte, alte, natürliche, heroische Metrum unsrer Sprache ist.

386 Carl v. Stein: Erinnerungen *nach 1832*

Er [Goethe] kaufte sich bald an, nämlich einen Garten nebst bewohnbaren Gartenhaus, an dem Fahrweg über die Wiesen nach Oberweimar führend gelegen. Da er aber keine Wirtschaft hatte, so aß er gewöhnlich in meiner Eltern Hause mit meiner Mutter, Hofmeister Kästner, meinen Brüdern und mir. Mein Vater aß gewöhnlich am Hof. Seinen Wein brachte er stets mit, nach welchen er selbst in seiner Ausdünstung etwas wie alter Rheinwein roch ... Ich war sehr eingenommen von Goethen, woran wohl hauptsächlich das bewundernde Urteil meines Hofmeisters über ihn schuld sein mochte, und dann das unterhaltende gesellige Wesen Goethens, gegen mich und meine Brüder, der uns mit in sein neu Gartenhaus nahm, wo wir Eierkuchen buken, was er mir lehrte in der neuen Küche. Auch schenkte er mir den ersten Degen (es war ein hübscher Stahldegen) und die erste goldene Uhr, die er mir am grünen Donnerstag im welschen Garten statt eines roten Eies finden ließ. Mein Vater war aber nicht damit zufrieden, ich mußte sie ihm zurückgeben, und erhielt dagegen von meinen Vater auch eine goldene, die ich mir lange vergebens gewünscht hatte unter seinen Uhren. Doch vergnügte mich die Goethesche Uhr sehr ...

387 Diplom des Rates der Stadt Weimar

Demnach Herr Johann Wolfgang Goethe, beider Rechten Doktor, bei Erkaufung des Börnerischen Gartens, sich zugleich zu Gewinnung des Burger-Rechts anverstanden; als hat wohlgedachtem Herrn Dr. Goethe der allhiesige Rat das Burger-Recht nicht nur konferieret, sondern auch gegenwärtige Urkunde unter des Rats Insiegel darüber ausgestellet.

Weimar, den 26. April 1776. Der Rat daselbst:
Traugott Lebrecht Schwabe.

388 J. H. Voß an Ernestine Boie *23. Juli 1776*

[Klopstock] erzählte mir, daß Bode mit dem Herzog von Weimar, Goethe, Wieland und Lenz gespeist habe. Goethe hätte unter andern bei der Suppe geflucht: das Donner und das Wetter, wie heiß ist die Suppe; vermutlich seine Größe vor Boden zu zeigen. Und der Herzog hätte Devisen nebst dem Papier klein gekrümelt, Wein darauf gegossen und Lenzen gereicht, der es auch angenommen und getrunken. Kurz sie sollen so leben, wie unerzogene Jungen.

389 J. J. Ch. Bode an H. Ch. Boie *31. August 1776*

Zu Weimar habe ich Goethe *auch* und Lenz *auch* kennen gelernt. Was gab es da nicht für Gelegenheit zu Anmerkungen! Mich soll wundern, ob sich die Szene dort wie eine lahme Farce oder wie ein Trauerspiel endet.

390 Nach Sophie v. La Roche

Als Frau von La Roche den von Weimar kommenden berühmten Bode von Hamburg über Goethen vergangenen Herbst fragte, antwortete er ihr, er sei expreß nach Weimar, um Goethen zur Rede zu stellen, ihn zu warnen und sein Gewissen zu schärfen. Er habe ihn gefragt, warum, da er Gutes stiften könnte, er einen so gräßlichen Mißbrauch seines Postens machte, den Herzog im Fluchen, Zotenreißen pp. ex professo unterrichtete und dergleichen? Goethe sei ihm hierauf um den Hals gefallen, hätte ihm mit Rührung dieses Unbegreifliche gesagt: «Freund, warte, warte auf den Erfolg, ich kann meine Absicht jetzt nicht erklären, bald wird die Welt, Du und Weimar erkennen, daß ich einen Stuhl im Himmel verdienet habe.»

391 Bodmer an Schinz *28. Mai 1776*

Salis … zeichnete mir Goethens Charakter wie dem schäumenden sprudelnden Rheinwein ähnlich, den Goethe besungen hat. Er erzählte mir, daß, da er bei Goethe in Weimar war, derselbe vor die Tür gegangen, in kurzer Zeit wieder gekommen, und ihm und Wieland eine Zeichnung gezeiget; es war ein Mensch in sitzender Postur, wovon man nur etliche hingeworfene Züge des hinteren Kopfes und des oberen Rückens sah. Er habe sie gefraget, was dieser Mann täte, und beide haben schnell geantwortet, er esse. Darauf hab' er sie vor die Tür geführt und ihnen da würklich den Mann gezeiget, der so gesessen und gegessen habe. Wir sollen hieraus Goethens Genie erkennen. In der Tat muß er viel Physiognomik haben, daß er auch Lineamente am Rücken entdeckt.

392 Charlotte v. Stein an Zimmermann *10. Mai 1776*

Mir geht's mit Goethen wunderbar, nach acht Tagen, wie er mich so heftig verlassen hat, kommt er mit einen Übermaß von Liebe wieder. Ich hab zu mancherlei Betrachtungen durch Goethen Anlaß bekommen; je mehr ein Mensch fassen kann, daucht mir, je dunkler, anstöß'ger wird ihn das Ganze, je eher fehlt man den ruhigen Weg, gewiß hatten die gefallnen Engel mehr Verstand wie die übrigen …

Ich bin durch unsern lieben Goethe ins Deutsch-Schreiben gekommen, wie Sie sehen, und ich dank's ihm, was wird er wohl noch mehr aus mir machen? Denn wenn er hier, lebt er immer um mich herum: jetzt nenn ich ihn meinen Heiligen, und darüber ist er mir unsichtbar worden, seit einigen Tagen verschwunden, und lebt in der Erde fünf Meilen von hier in Bergwerke. Wieland ist wohl nebst seinen ganzen Haus, vor einigen Wochen hat er aber viel wegen seiner Kinder Krankheit gelitten, es ist ein zärtlicher Vater. Ich weiß nicht, ob ich Ihnen schon geschrieben, daß Goethe und ich haben bei ihn zu Gevatter gestanden, unser Patchen ist ein liebes hübsches Mädchen, es sieht völlig aus wie eine Tochter, die ich verloren habe und die ich sehr liebte, ich bilde mir ein, sie ist bei Wielanden wieder auf die Welt gekommen, und drüber ist mir's nicht anders, als wenn's mein Kind wär. Lenz, Goethens Freund, ist hier, aber es ist kein Goethe. Goethe und Wieland haben sich alle beide hier Gärtens gekauft, sind aber nicht Nachbarn, sondern liegen an verschiedne Tore, in Goethens Garten hab ich schon einmal Kaffee getrunken und von seinen Spargel gegessen, den er selbst gestochen und in seinen Ziehbrunnen gewaschen hatte, in Goethens Garten ist die schönste Aussicht, die hier zu haben ist, er liegt an einen Berg, und unten ist Wiese, die von einen kleinen Fluß durchschlungen wird.

393 Wieland an Merck *13. Mai 1776*

Die *Allwills Papiere* haben diesmal so viel Platz weggenommen, daß verschiedene Rezensionen liegen bleiben mußten. Desto besser für Euer Liebden! Was dünkt Euch übrigens von dem Manne, der so herrliche Materialien roh verkauft, und so viel hätte daran hätte gewinnen können, wenn er sie verarbeitet hätte? Er ist gleich einem Manne, der auf seinem Gut einen köstlichen Marmorbruch von schönem milchweißen Marmor gefunden hätte, und weil er sich nun nicht die Mühe nehmen möchte, oder es nicht erwarten könnte, ihn zu brechen, und in großen Stücken auf die Ebene herabzuführen, und dann zu behauen, und zu glätten, und Götter und Helden, und Wohnungen für Götter daraus zu machen, käm' er mit Brecheisen und Hammer, schlüge alles kurz und klein zusammen, und brächt's uns schubkarrenweise angefahren.

Das Gleichnis ist, wie Ihr seht, aus Goethens Hirnkasten, und paßt, wie alle seine Gleichnisse, nur gar zu wohl ... Goethe und Lenz grüßen Euch und Euren Claudius.

394 Wieland an Merck *27. Mai 1776*

Goethe lebt und regiert und wütet, und gibt Regenwetter und Sonnenschein, tour à tour comme vous savez, und macht uns glücklich, er mache was er will.

395 *Aus Rudolstädter Akten*

Frankenhausen, den 31. Mai 1776.

Bei Fürstlicher Regierung allhier erhielt man acto mittags gegen 12 Uhr die Nachricht, daß des Herrn Herzogs von Sachsen-Weimar Durchlaucht auf dem Rathsfelde angekommen wären. Sogleich ... verfügten sich des Herrn Präsidenten von Kettelhodt Exzellenz von der Fürstlichen Regierung in Dero Quartier, setzten sich zu Pferde und ritten ohne Verzug aufs Rathsfeld, um des Herrn Herzogs Durchlaucht untertänigst aufzuwarten und Ihnen die gebührenden Höflich- und Schuldigkeitsbezeigungen abzulegen ... Des Herrn Präsidenten von Kettelhodt Exzellenz kamen aber kurz hierauf noch vor 2 Uhr nachmittags wiederum anher nach Frankenhausen zurück, indem sie unterweges über dem Rathsfelde nach Tilleda zu durch einen von Tilleda mit einem Briefe an den Herrn Oberforstmeister abgeschickten Boten in Erfahrung gebracht, daß des Herrn Herzogs von Weimar Durchlaucht mit einer Suite von 10 Personen zu Pferde [darunter Goethe] gestern abend zwar in Tilleda angekommen und heute früh auf dem Kyffhäuser gewesen, aber auch schon diesen Vormittag gegen 9 oder 10 Uhr schon wieder von Tilleda weggereiset, und in den hiesigen Fürstlichen Landen nicht mehr befündlich wären. Und weil demnächst des Herrn Präsidenten von Kettelhodt Exzellenz mit vernommen, daß des Herrn Herzogs Durchlaucht einige Unannehmlichkeiten auf dem Kyffhäuser durch des Tilledaiser Försters Begegnung vorgefallen sein sollten, so wurde von des Herrn Präsidenten Exzellenz mir sofort Regierungs wegen aufgegeben, morgen früh mich persönlich nach Tilleda zu verfügen und hiervon sowohl als überhaupt von der hohen Ankunft und dem Aufenthalt des Herrn Herzogs Durchlaucht so viel möglich nähere Erkundigung einzuziehen.

Welches indessen nachrichtlich angemerket.

J. Chr. Scheinhardt S.

Tilleda, den 1. Juni 1776.

Acto früh nach 8 Uhr traf ich allhier in Tilleda ein, fand aber den Gastwirt Lutzie, allwo des Herrn Herzogs Durchlaucht nebst Dero Suite einlogiert gewesen, nicht einheimisch, und als er auch nach Verlauf einiger Zeit noch nicht zu Hause kam, so ging ich indessen zu dem hiesigen herrschaftlichen Förster Schilling, dessen ältester Sohn, der Jägerpursch, als welcher gestern auf dem Kyffhäuser gewesen, mir dann auf Befragen von der Sache folgendes erzählete:

Er habe davon, daß des Herrn Herzogs von Sachsen-Weimar Durchlaucht mit einer Suite am Donnerstage abends allhier angekommen wären, so wenig als sein Vater, der Förster, der, indem er inzwischen auch darzu kommt, solches zugleich versichert, etwas gewußt; und er, der Jägerpursch Schilling, sei daher seiner Ordnung gemäß darauf gestern des Morgens früh um 3 Uhr in den Forst zur Hauung gegangen, da er denn schon von unten einige Personen auf dem Kyffhäuser wahrgenommen, wovon er aber, wer sie wären? weder gewußt noch auch von den Holzhauern benachrichtigt werden können. Er sei hierauf mit einem von den Holzhauern, namens Bernhard Bornkesseln, den Berg hinauf gegangen und habe oben auf dem Kyffhäuser, welches etwa gegen 4 Uhr gewesen sei, drei Herren und dreie, die ihre Bedienten zu sein geschienen, angetroffen. Er habe die Herren vor fremde Kaufleute oder Studenten gehalten. Ehe er ihnen völlig nahe gewesen, sei ein großer Hund am Berge heraus gekommen, da er, Schilling, denn zu dem bei ihm gewesenen Manne, Bornkesseln, daß es jene Herren hätten hören können, gesaget habe: Wenn ich meine Flinte bei mir hätte, so würde ich gleich den Hund tot schießen.

Vor die Herren selbst aber habe er nachher gesprochen: Was sie sich unterständen, hieher zu gehen, und den Forst so früh zu beunruhigen, und den Hund laufen zu lassen?

Worauf sie ihm geantwortet: Ob sie nicht hier herauf dürften? Es sei ja ein kahler Berg.

Er habe erwidert: Es sei dieses ein Berg, wo Erz stünde, und nach vorhandenem Befehle dürfe niemand herauf, er müsse sich erst beim Förster melden; und wen man ohne Erlaubnis hier antreffe, der werde arretiert.

(Wobei Schilling auf Befragen anführet, daß solches der verstorbene Herr Jägermeister von Lengefeld also befohlen.)

Der eine Herr, welches der Herzog, wie er nachher ersehen, gewesen sei, habe geantwortet: Da müßte ich auch dabei sein.

Er, Schilling: Wenn ich nur gleich Leute hätte.

Worauf sie erwidert: Ja, das war's eben;

Er aber versetzt habe: Das hat nichts zu bedeuten, da liegen Örter, da können wir Leute genug kriegen; und unser Herr Oberforstmeister logieren auch nicht weit von hier.

Jene Herren hätten gefraget: Wie denn der Herr Oberforstmeister heiße?

Er habe geantwortet: Der Herr Oberforstmeister von Beulwitz.

Weiter und unter andern spaßhaften Reden mehr, die er aber so genau nicht mehr wisse, die ihm aber von solchen Herren, wofür er sie anfänglich gehalten, fast ärgerlich vorgekommen, habe einer von der Gesellschaft angefangen: Da hätte man sollen Tafeln vor den Berg machen, und es ins Wirtshaus zu wissen tun, daß fremde Herren, wenn welche kämen, ohne Erlaubnis auf den Berg nicht dürften.

Worauf er, Schilling, geantwortet habe: Fremde Herren müßten ja wohl selbst wissen, daß sie so in einen Forst nicht gehen dürfen und ihn beunruhigen. Überdem sehe er schon an ihnen (indem der eine, welches, wie er nachher erfahren, der Herzog gewesen sei, rote Erde an dem Überrock und ledernen Beinkleidern angestrichen gehabt), daß sie nicht des Besehens wegen gekommen wären, sondern auf den Kux gingen, und an dem Herrn (auf den Herzog weisend, so ihm aber noch unbekannt gewesen) sehe man ja das Wahrzeichen deutlich, daß sie in dem Loche gesteckt. Es hat mich Wunder, daß sie in so ein Loch kriechen, es ist oft gefährlich darinnen.

Dieser (der Herzog nämlich) habe geantwortet: Glaubt Er, daß wir Kuxgänger seien? Ich will Ihm den Kux weisen, was wir haben, und habe einen roten Schmergelstein aus der Tasche gebracht, und ihm solchen gewiesen, unter den Worten: Wenn Er wüßte, was das wert wäre! – Das ist vieles wert! und dann den Stein wieder eingestecket.

Ein anderer, der hinten 'naus gestanden, habe weiter angefangen: Er will vermutlich uns begleiten, um etwas – – – Wobei der Herzog, den er aber noch immer nicht gekannt, sich umgesehen und geschüttelt habe, und worauf er, Schilling, in der Meinung, daß sie ihn auf ein Trinkgeld, als welches ihn verdrossen, anstechen wollen, geantwortet: Wo die Herren den Weg herauf gefunden, werden sie ihn auch wieder hinunter finden.

Noch ferner habe unter andern einer von der Gesellschaft zu ihm gesprochen: Hier lassen wir uns nicht arretieren, Er muß mit hinunter gehen in den Gasthof auf ein Glas Wein.

Wogegen der eine, welches der ihm noch immer unbekannte Herzog gewesen sei, gesagt habe: Schenkt ihm hier ein Glas Wein ein, dem Jäger.

Da denn der Herzog das eingeschenkte Glas Wein selbst in die Hand genommen und es ihm, Schillingen, gereichet habe, mit den Worten: Trink Er, auf meinen Befehl.

Er, Schilling, habe das Glas genommen, und des Herrn, der es ihm gegeben, Gesundheit getrunken.

Endlich habe der Herzog sich zu erkennen gegeben, und gesagt: Ich bin der Herzog von Weimar, und, mache Er dem Herrn Oberforstmeister mein Kompliment.

Hierüber nun sei er, Schilling, sehr erschrocken, und habe untertänigst um Vergebung gebeten.

Worauf Sie, der Herzog, geantwortet: Es ist gut.

Ein anderer, welches er glaube, daß es der Herr Oberforstmeister gewesen, habe sodann auf ein Zeddulchen mit Bleistift des Herrn Herzogs Durchlaucht, der mit gegenwärtigen zwei Cavaliers und noch eines Herrn Namen aufgeschrieben und ihm solches gegeben, daß er es sogleich dem Herrn Oberforstmeister von Beulwitz überbringen und sagen solle, wenn sie sie sprechen wollten, sollten sie hinunter kommen in den Gasthof nach Tilleda, und ferner: wenn der Herr Oberforstmeister Straf-Tag hielten, so wollten sie ihre Strafe leiden.

Und so wären hierauf diese Herren fortgegangen; er, Schilling, hingegen sei sofort aufs Rathsfeld gelaufen ...

Er, Schilling, sei sodann nach Tilleda wieder zurückgegangen; als er aber allda, ohngefähr um 9 Uhr gestern vormittags, angekommen sei, wäre des Herrn Herzogs Durchlaucht nebst Suite schon von da wieder weg gewesen, und dem Vernehmen nach über Ichstedt nach Frohndorf zugereiset, allwo sie bei einem gewissen Herrn Baron von Werther das Mittagsmahl gehalten haben sollten.

Dies sei es, was er, Schilling, von der Sache wisse und wie ihm solche noch im Gedächtnis sei.

Hierauf gegen Mittag kehrte ich wieder in den Gasthof zurück, und als indessen der Gastwirt Johann Adam Lutzie wieder zu Hause gekommen war, vernahm ich von ihm folgendes:

Vorgestern, am Donnerstag [30. Mai], nachmittags um 4 Uhr ohngefähr, sei ein Bote zu ihm gekommen, der ihm die Nachricht in einem Billett von einem gewissen Secrétaire in Allstedt, dessen Namen er nicht wisse, den er aber gut kenne, gebracht habe, daß fremde Herren gegen Abend bei ihm einkehren würden, und er ein paar Stuben parat halten solle; welches Billett er, Lutzie, nachhero gestern nachmittags dem Herrn Oberforstmeister von Beulwitz gegeben habe.

Der Bote habe zugleich vor diese Herren einen Vorrat von verschiedenen Weinen, Selterser Wasser benebst einigen Speisen anher mitgebracht, die er, Lutzie, einstweilen in Keller setzen und aufheben müssen.

Gegen Abend Donnerstag, am 30. m. pr. etwa um halb 8 Uhr wären diese fremde Herrschaft hier in Tilleda bei ihm angekommen, 10 Personen zu Pferde, nebst einem Läufer.

Diese Herrschaft habe er nun zwar nicht gekannt, doch aber, weil er von Allstedt die Nachricht erhalten, vermutet, daß es der Herzog von Weimar sein müsse, und den Abend hätten sie sich auch noch nicht zu erkennen gegeben.

Vier Herren hätten sich in der obern Stube, die er benebst einer daran befindlichen Kammer parat gemacht, einlogieret; die übrigen aber, die Bedienten, wären in der untern Stube gewesen.

Den Abend hätten die Herren gespeiset von dem, was sie vorausgeschickt hätten, den Bedienten hingegen habe er Bratwürste geben müssen; und die Pferde wären bei ihm eingestallet und gefüttert worden.

Über der Abendmahlzeit hätten ihn, Lutzien, die Herren examiniert: Wie es mit dem Kyffhäuser stünde? Wovon er ihnen dann Nachricht gegeben, und einen Boten, der sie morgen früh um 3 Uhr hinaufführen solle, bestellen müssen; worzu er den Johann Gottfried Feuchten, einen Handarbeiter allhier, kommen lassen, welcher zugleich die Nacht da geblieben wäre.

Nach 11 Uhren des Nachts wären die Herren zur Ruhe gegangen, hätten sich aber nicht in die bereit gemachten Betten, sondern auf eine Streu, die noch gemachet werden müssen, geleget, und früh um 2 Uhr wären sie wieder aufgestanden; da sie dann Schokolade, die sie mitgebracht und ihr Koch zubereitet habe, getrunken hätten; zu welcher Zeit er, Lutzie, von dem Herrn von Kalb, den er gefraget, gewiß erfahren habe: daß diese Herren des Herzogs von Sachsen-Weimar Durchlaucht, der Herr Kammer-Herr von Wedel, der Herr Kammer-Herr von Kalb, und Herr Goethe seien, nebst Bedienten.

Des Morgens, als gestern früh noch vor 3 Uhr, habe sie der Bote auf den Kyffhäuser bringen müssen, wohin sie dann bis an den Berg geritten wären, und dann etliche Bedienten die Pferde wieder zurückgebracht, die Herren aber indessen mit einigen Bedienten sich zu Fuße auf den Berg verfüget hätten.

Von dem, was sie auf dem Kyffhäuser gemachet, und was sonst dabei vorgegangen sei, werde der mitgewesene Feucht die beste Nachricht geben können.

Gegen 8 Uhr des Morgens wären die Herren Cavaliers in den Gasthof wieder zurück gekommen ...

Nach einem kleinen Zwischen-Raume hätten hierauf die

Herren eine wohl zubereitete Bier-Suppe und darauf etwas Schinken und Wein zu sich genommen; währenddem sie ihn, Lutzien, gefraget: Wo der Weg nach Ichstedt gehe? Worauf er sie dessen benachrichtiget und darneben gesaget habe: Wenn sie es nicht ungnädig nehmen, wolle er ihnen den Weg dahin zeigen.

Und da sie denn um 9 Uhr gestern vormittags abgeritten und von hier fortgereiset wären, sei er, Lutzie, mit- und vorausgeritten bis gegen Ichstedt...

Nun ließ ich auch Johann Gottfried Feuchten anhero in den Gasthof kommen und erfuhr von ihm folgendes:

Er habe Ihro Durchlaucht den Herrn Herzog von Weimar, die zwei Cavaliers und Herrn Goethen nebst ein paar Bedienten auf den Kyffhäuser gestern früh um 3 Uhr, wie er dazu bestellt gewesen sei, gebracht, sie allerwegen herumgeführt, und wo was zu sehen, es ihnen gezeiget, so gut er es wisse, und dieselben hätten sich überall da umgesehen, wie denn auch der Herzog selbst in verschiedene Gewölber mit gegangen; dabei hätten sie sich auch oben in dem sogenannten Kirchhofe vorn vor der Mauer hingesetzt, der Herzog und Goethe, dieser hätte mit Bleistift in ein Buch gezeichnet, und, soviel er, Referent, bemerket habe, alles in Riß gebracht; sie wären so lange sitzen geblieben, daß die zwei Cavaliers sie erst noch ans Weiterfortgehen erinnert hätten. Es habe Ihro Durchlaucht alles wohl gefallen, sie hätten die alte runde Bauart der Mauern gelobet, und gesaget: Es sei schade, daß das Schloß so weit eingegangen sei.

Es sei indessen, als sie ziemlich herum gewesen, wohl gegen 6 oder 7 Uhr früh, seiner Rechnung nach, der Jägerpursch Schilling darzu gekommen, der es nicht leiden wollen, daß sie so ohne Erlaubnis hier oben auf dem Kyffhäuser wären...

Wie der Herzog fortgegangen, wären die andern Herren noch etwas zurück geblieben, und der eine habe auf ein Zeddulchen mit Bleistift etwas geschrieben, das sie dem Jägerpurschen gegeben, um es dem Herrn Oberforstmeister von Beulwitz zu überbringen...

Hiernächst nun erzählet Feuchte ferner:

Als des Herrn Herzogs Durchlaucht nebst Suite vom Berge wieder heruntergegangen wären, hätten Sie sich unten im Mittelwege wieder hingesetzt und gezeichnet ...

396 Aktennotiz des Herzogs Carl August

Einsichtsvolle wünschen mir Glück, diesen Mann [Goethe] zu besitzen. Sein Kopf, sein Genie ist bekannt. Einen Mann von Genie an anderem Orte gebrauchen, als wo er selbst seine außerordentlichen Gaben gebrauchen kann, heißt ihn mißbrauchen. Was aber den Einwand betrifft, daß durch den Eintritt viele verdiente Leute sich für zurückgesetzt erachten würden, so kenne ich erstens niemand in meiner Dienerschaft, der, meines Wissens, auf dasselbe hoffte, und zweitens werde ich nie einen Platz, welcher in so genauer Verbindung mit mir, mit dem Wohl und Wehe meiner gesamten Untertanen steht, nach Anciennetät, ich werde ihn immer nur nach Vertrauen vergeben. Das Urteil der Welt, welches vielleicht mißbilligt, daß ich den Dr. Goethe in mein wichtigstes Collegium setze, ohne daß er zuvor Amtmann, Professor, Kammerrat oder Regierungsrat war, ändert gar nichts. Die Welt urteilt nach Vorurteilen, ich aber sorge und arbeite, wie jeder andere, der seine Pflicht tun will, nicht um des Ruhmes, nicht um des Beifalles der Welt willen, sondern um mich vor Gott und meinem eignen Gewissen rechtfertigen zu können.

397 Charlotte v. Stein an Zimmermann *17. Juni 1776*

Um Ihnen, lieber Zimmermann, etwas Neues zu erzählen, so wissen Sie, daß Goethe endlich hier fest ist; vor einigen Tagen ist er zum Geheimen Legations-Rat ernennt worden, und Sitz im Conseil, ich habe aber doch noch einen Unglauben an seinen unsteten Sinn, wenn ich ihm gleich herzlich wünsche, an irgend einen Eckchen der Welt Ruhe zu finden.

398 Wieland an Lavater *22. Juni 1776*

Unsern Goethe habe ich seit acht Tagen nicht sehen *können*. Er ist nun Geheimer Legationsrat, und sitzt im Ministerio unsers Herzogs – ist Favorit-Minister, Factotum und trägt die Sünden der Welt. Er wird viel Gutes schaffen, viel Böses hindern, und das muß – wenn's möglich ist – uns dafür trösten, daß er als Dichter wenigstens auf viele Jahre für die Welt verloren ist. Denn Goethe tut nichts halb. Da er nun einmal in diese neue Laufbahn getreten ist, so wird er nicht ruhen, bis er am Ziel ist; wird als Minister so groß sein, wie er als Autor war.

399 Klinger an Ch. Kayser *26. Juni 1776*

Lieber Bruder! Hier bin ich seit zwei Tagen unter den großen Himmels-Göttern und kann Dir fast nicht reden, so reich, so arm, so voll, so leer bin ich an Worten und Gefühl. Ich packte auf einmal zusammen und machte mich fort und bin jetzt hier gehalten. Was soll ich Dir sagen, von Goethe, von Wieland? Am Montag kam ich hier an – lag an Goethes Hals, und er umfaßte mich mit inniger, mit aller Liebe. Närrischer Junge! und kriegte Küsse von ihm. Toller Junge! und immer mehr Liebe. Denn er wußte kein Wort von meinem Kommen, so kannst Du denken, wie ich ihn überraschte. O was von Goethe ist zu sagen! ich wollte eher Sonne und Meer verschlingen! ...

Glaub von allem nichts, was über das Leben hier geredet wird, es ist kein wahres Wort daran.

Es geht alles den großen simplen Gang, und Goethe ist so groß in seinem politischen Leben, daß wir's nicht begreifen ...

400 Klinger an E. Schleiermacher *Juni 1776*

Montag abend noch umarmte ich Goethe und er mich mit aller Liebe. Hier sah ich und seh täglich, daß würklich über Goethe sich so wenig sagen läßt, als man eigentlich über den Sohn Gottes sagen sollte, wenn man ihn glaubt. Und so will ich auch schweigen. Er stickt in politischen Geschäften und hat diesem Land genutzt und tut Sachen – wie soll man ihn nennen? Und hier sag ich Dir zugleich, daß alles anders ist, als wir's uns imaginierten, und daß von allem nichts wahr ist, was gesprochen wird, des Du kein Wort glauben mußt, und nur hören. Goethe ist geliebt durchaus und des Lands Heil und der Herzog ein vortrefflicher Mensch. Von all den Nachrichten, die wir aus der Schweiz und sonst wo herkriegten, ist kein Buchstabe Wahres drin. Gestern war ich bei Wieland, dem herrlichen großen, den ganzen Tag. Glaub mir, daß nach Goethe kein Größre existiert, das sag ich Dir ohne Überspannung. Er ist ein erschreckliche große gute Mensch, ganz für unser Herz und Geist. Und wir haben uns keinen Strich seines Charakters imaginiert und auch nicht imaginieren können. Aber weh dem Menschen, der um ihn war, an seinem Herzen lag, mit seinem Geist redete, ihn begriff, und ihn noch verkennt! Ich weiß, Du glaubst mir, und wenn Du das nicht tust, so bist Du unglücklich. Hier ist Balsam auf alle Wunden, wo man nur hinblickt – und besonders bei diesem Menschen, der ganz Liebe, Größe, Demut und Bescheidenheit. Steinige den Menschen, dessen Zunge die Götter hier lästert. Wieland will mich nicht mehr fortlassen, und Goethe spricht von Bleiben.

401 Klinger an E. Schleiermacher *Juni 1776*

Goethes Liebe für mich ist unendlich reich und groß. Und verflucht seien alle Augenblicke des Zweifels und Wankens. Mein Schicksal quälte und drängte ihn, seit er hier ist, und er gestund mir, daß ich ganze Tag' vor seinem Geiste gestanden ... Mit Goethe steht's fest wie Felsen und geht alles den großen simplen Gang, den's geht, wo er ist. Außerhalb ist und kann keine Ahndung sein. Laß Dich nicht irren. Du bist eine seiner liebsten Erscheinungen und hast Dich tief in sein Herz geprägt mit all Deinen herrlichen Gaben, mit all Deiner edlen Bescheidenheit ... Wieland ist immer der große, simple Mensch ... Er meint, ich sollte Lieutenant unter den Preußen werden. Das sind nur aber alles Zuckungen. Goethe hat mit mir über alles ein für allemal geredt.

402 Falk: Goethe aus näherm persönlichen Umgange dargestellt *1832*

Bekanntlich war Klinger Goethes Landsmann. Eines Morgens (so erzählte mir einst, als von Klinger, seinen Schriften, seinem Aufenthalte in Weimar und seinem Abgange nach Petersburg, wo er General ward, die Rede war, ein Freund) sei Klinger zu Goethe gekommen, habe ein groß Paket mit Manuskripten aus der Tasche gezogen und ihm daraus vorgelesen. Eine Weile habe er's ausgehalten, dann aber sei er mit dem Ausruf: «Was für verfluchtes Zeug ist's, was Du da wieder einmal geschrieben hast! Das halte der Teufel aus!» von seinem Stuhle aufgesprungen und davongelaufen. Dadurch aber habe Klinger sich nicht im geringsten irre machen oder aus seiner Fassung bringen lassen, sondern nachdem er ganz ruhig aufgestanden und das Manuskript in die Tasche gesteckt, habe er weiter nichts gesagt als: «Kurios! Das ist nun schon der zweite, mit dem mir das heute begegnet ist!» Wieland versicherte, in solchem Falle würde er schwerlich so gleichgültig geblieben sein. Goethe nahm mit großer Gelassenheit das Wort und sagte: «Ich auch nicht! Aber daraus seht Ihr eben, daß der Klinger durchaus zu einem Generale geboren ist, weil er eine so verteufelte Contenance hat. Ich habe es Euch schon damals vorausgesagt.»

403 Wieland an Merck *5. Juli 1776*

Goethen hab ich wieder ein paar Tage herrlich genossen; aber seit den letzten drei Tagen nur ein Mal flüchtig gesehen. Er hat mich in voriger Woche en profil (auf seinem Garten) gezeichnet – in Größe eines nicht gar kleinen Miniaturbildes. Alles, was halbweg Menschenaugen hat, sagt, es sehe mir ungemein gleich. Mir kömmt's auch so vor. Noch kein Maler von Profession hat mich nur leidlich getroffen. Der Hauptumstand ist, daß es *Goethe* und *con amore* gemacht hat. Er ist aber doch noch nicht zufrieden, will's noch einmal machen. Jenes oder das zweite, das er machen will, soll Chodowiecki radieren, nicht wahr?

Wegen Goethen bitt ich Sie ewig ruhig zu sein. Das

Schicksal hat ihn in affection genommen; es ist Cäsar und sein Glück; und Ihr werdet sehen, daß er sogar in diesen Hafen der Zeit, worin wir leben, große Dinge tun und eine glänzende Rolle spielen wird. Laßt die schäbichten Kerls schwatzen. Graf Goertz rüstet sich nun auch, in eure Gegenden und nach Mainz und Mannheim zu gehen, und dort alles gegen Goethen und mich aufzuwiegeln. Der Elende! – Nichts weiter von dem Geschmeiß. Kommt nur einmal und seht selbst, wie wir's treiben. Es gereut euch gewiß nicht.

Nächstens geht Goethe mit dem Herzog auf vierzehn Tag oder drei Wochen nach Ilmenau. Das erste, was er itzt zu tun hat, ist *sehen*. Bis man 1777 zählt, wird ihm vom Detail unsrer Sachen wenig mehr fehlen (denn er ist dahinter wie ein Feind), und dann laßt die Kerlchens kommen! Er hat, bei all seiner anscheinenden und würklichen Naturwildheit, im kleinen Finger mehr *Conduite* und *Savoir-faire* als alle Hofschranzen, Bonifaz-Schleichers, und politischen Kreuzspinnen zusammengenommen, in Leib und Seele. Solang C[arl] A[ugust] lebt, richten die Pforten der Hölle nichts gegen ihn aus: und fehlte uns der, so sind *wir* noch da, und die Welt ist weit.

Lenz ist seit acht Tagen in Eremum gegangen, wo er vermutlich Heuschrecken und Wildfang frißt, und entweder ein neues Drama, oder ein Projekt die Welt zu bessern macht, das seit geraumer Zeit seine Marotte ist.

Klinger ist auch gekommen, leider! Er ist ein guter Kerl, ennuyiert uns aber herzlich und drückt Goethen. Was ist mit solchen Leuten anzufangen?

404 Wieland an Gluck *13. Juli 1776*

In der Verfassung, worin mich Ihr Brief antraf, konnt' ich mit Ihnen weinen, Ihren Verlust innig fühlen und beklagen, aber etwas hervorbringen, das des entflohenen Engels [der Nichte Glucks] und Ihres Schmerzes und Ihres Genius würdig wäre, das konnt' ich nicht, und werd' es niemals können. Außer Klopstock konnte das nur Goethe. Und zu dem nahm ich meine Zuflucht, zeigte ihm Ihren Brief; und schon den folgenden Tag fand ich ihn von einer großen Idee erfüllt, die in seiner Seele arbeitete. Ich sah sie entstehen, und freute mich unendlich auf die völlige Ausführung, so schwer ich diese auch fand; denn was ist Goethe unmöglich? Ich sah, daß er mit Liebe über ihr brütete, nur etliche ruhige, einsame Tage, so würde, was er mich in seiner Seele sehen ließ, auf dem Papier gestanden sein; aber das Schicksal gönnte ihm und Ihnen diesen Trost nicht ... nun ist beinahe alle Hoffnung dahin, daß er das angefangene Werk so bald werde vollenden können. Er selbst hat zwar weder den Willen, noch die Hoffnung aufgegeben; ich weiß, daß er von Zeit zu Zeit ernstlich damit umgeht; aber in einem Verhältnis, wo er nicht von einem einzigen Tage Meister ist, was läßt sich da versprechen? ... Goethe selbst hoffte immer und vertröstete mich: ich bin auch gewiß, wie ich den herrlichen Sterblichen kenne, daß es noch zu Stande kommen wird – und so spät es auch kommen mag, Freude wird Ihr Genius und der Geist Ihrer Seligen daran haben.

405 Wieland an Merck *24. Juli 1776*

Goethe ist seit acht Tagen mit dem Herzog in Ilmenau und kommt vor vierzehn Tagen schwerlich wieder. Ich hab ihnen Euer Brieflein nachgeschickt.

Daß Goertz uns überall mit Dreckfarbe malt, wußt ich; aber daß auch Dalberg, der mit dem Herzog und Goethen sehr liiert war – Dalberg, von dem ich so viel schriftliche Zeugnisse der *größten wärmsten* Hochachtung und Liebe in Händen habe, schlecht von uns, und von mir besonders, reden sollte, hätt' ich ihm nicht zugetraut. Sind Sie auch gewiß, liebster Merck, daß die rapporteurs nichts vergrößern? – Ihre Erinnerung, daß wir vorsichtiglich wandeln sollen, sind goldne Äpfel in silbernen Schalen. Ich für meine Person lebe so haus- und altväterlich – unschuldig, daß ich wohl wünschte, en détail zu hören, was man gegen mich haben kann.

Goethe hat freilich in den ersten Monaten die meisten (mich niemals) oft durch seine damalige Art zu sein skandalisiert, und dem Diabolus prise über sich gegeben. Aber schon lange, und von dem Augenblicke an, da er dezidiert war, sich dem Herzog und seinen Geschäften zu widmen, hat er sich mit untadelicher σωφροσυνη und aller ziemlichen Weltklugheit aufgeführt. Kurz, Ihr dürft sicherlich glauben und adversus quoscunque behaupten, daß die Cabale gegen Goethen und seine Freunde nichts als Neid und Jalousie und Mißvergnügen über fehlgeschlagne Hoffnungen zur Quelle hat.

406 Wieland an Lavater *29. Juli 1776*

Goethe ist seit vierzehn Tagen mit dem Herzog zu Ilmenau, und kömmt erst ausgangs dieser Woche wieder. Er lebt nur ganz für den Herzog und seine Geschäfte. In seinen Erholungsstunden zeichnet er. Er hat mein Profil vor einigen Wochen mit einer Liebe und Wahrheit gezeichnet, womit er allein es zeichnen konnte. Es soll mir sehr gleichen, und ist also das erste in seiner Art. Denn noch kein Maler hat mich attrappieren können. Weil aber dies nur mein Werkeltagsgesicht ist, so hat er sich in den Kopf gesetzt, auch mein Sonntagsgesicht zu zeichnen. Unser Verhältnis gegeneinander macht mich sehr glücklich. Es ist so rein und schön, als in dieser sublunarischen Welt je eins zwischen zween ganz natürlichen Menschen gewesen sein mag ... Herder wird nun in kurzem hier eintreffen, sagt man. Goethe und ich sind darauf gefaßt.

407 Graf Putbus an Graf Wartensleben *29. Juli 1776*

Nos soi-disants beaux esprits, quelquefois assez laids, font un objet de curiosité pour un observateur philosophe ...

Herder n'est pas encore arrivé ... Goethe, depuis peu Geheimer Legationsrat avec l'entrée au conseil, est le favori déclaré du Duc et le protégé des deux Duchesses. Vous connaissez, mon très cher Oncle, le genre de son génie par ses ouvrages. Malgré le goût qu'il a marqué autrefois pour la satire qui frise le libelle, il paraît honnête homme et marque des sentiments d'honneur. D'ailleurs il a toutes les ambitions: celle de bel homme, d'homme aimable quoique modelé sur le ton de l'académie, d'homme adroit, d'homme à talents. Il se croit un Alcibiade et on l'a gâté assez pour le fortifier dans toutes ses prétentions. Une ambition démesurée l'empêchera toujours d'être pleinement heureux. Wieland, autrefois son antagoniste, pour le moment son adulateur outré, est plus politique et plus dissimulé que lui. Il change aussi souvent de caractère que de style dans ses ouvrages. Lenz, Klinger et quelques autres auteurs subalternes ne respirent que par la protection des deux autres.

408 A. M. Sprickmann an H. Ch. Boie *18. Juli 1776*

In Goethe bin ich verliebt... Von Wieland denk' ich so ziemlich wie sonst. Aber Goethe! – eine der größten Glückseligkeiten meines Lebens, daß ich ihn sah! – Sehen Sie, Boie, ich liebe, wie ich gewiß weiß, daß wenige lieben, und so ganz ohne Hoffnung, daß mir wohl nie ein Augenblick wahren innigen Frohseins in der Welt mehr werden kann, – aber, wenn ich zu wählen hätte, geliebt zu werden, oder Goethens Busenfreund zu sein, – ich möchte das von keinem Sterblichen in der Welt sagen – ich würde mich nicht gleich zu entschließen wissen.

409 F. W. H. v. Trebra: Erinnerungen *25. Januar 1813*

Es war eine gar froh gestimmte, lustige Gesellschaft, welche sich in den Sommermonaten des Jahres 1776 am Fuße der Sturmheide zu Ilmenau versammlet hatte. Die Schätze der Unterwelt hatten hierher gelockt, Nachlese zu halten in den Überbleibseln eines vorhin gar reich und glücklich gewesenen Bergbaues...

Ich war nur seit wenigen Tagen erst in diesen lebenvollen Zirkel eingetreten, angeschwommen aus einer Region her, wo naher und ferner Dienstverhältnisse wegen das Benehmen geräuschlos, sehr klüglich still und forschend aus andern eingerichtet sein mußte, alle frohe Herzensergießung zurückpressend – hier war alles erlaubt. Unbewacht ausgelassen zu sein, war hier, wo nicht gefordert, doch nicht ungern gesehen, wohl gar gewünscht. So hatte auch ich, nach vorleuchtenden hohen Beispiel, bald die Überzeugung erlangt, obwohl auch bis hierher Behutsamkeit gebietende Dienstverhältnisse mich begleitet hatten, denn daß alle übrige, hoher Adel und niederer und Bürger, es glaubten, bewiesen allesamt mit Händen und Beinen, im Gebrauch gegen sich untereinander, und gegen die Höhern. Nicht das – flüsterte der Ernstere von ihnen [Goethe] mir zu, den ich schon vom ersten Moment der Bekanntschaft an im Auge behielt – *nur von ihren Leibern haltet euch fern, und duldet lieber, was sie körperlich euch zufügen, wenn sie sich zur handfälligen Lustigkeit herablassen.*

Noch manche andere solche tief liegende Wahrheiten hatte ich ihm schon abgehorcht, wo *Großes* im Wirken auf Bemerkungen im *Kleinen* lag. – Ich will mir auch gleich die Seitenhaare am Kopfe ganz wegschneiden – war einmal der Einfall des höhern Frohsinns. – Das kann man bald machen, war die Entgegnung des kalten Ernstern darauf, *nicht so sie wieder wachsen machen.* –

Und doch ging diese Stimme der überlegenen Klugheit im Fortlaufe der Lustigkeit zu Regionen hernieder, die ziemlich weit von jenem schutzgeisterischen Benehmen im Tiefblick und in Äußerung entfernt lagen. Freilich hatte auch solches Herabsteigen allemal einen eignen, moralische hohe Zwecke aussprechenden Charakter. So war das launige Gemälde in Stützerbach, wo die lustige Gesellschaft das Glasmachen beaugenscheiniget hatte, und nun – wie sie sich nie entgehen ließ – ein frohes Mittagsmahl zu verzehren sich zusammen fand, das bei einen bemittelten Krämer des Orts veranstaltet war.

Freilich mochte dem Mann neben mehrern andern Torheiten, welche die lustigen Gesellen geschwind genug ersahen, vorzüglich eine hohe Meinung von seiner Handelsmannswichtigkeit inwohnen, in welcher er sich jedem großen Kaufmann in Hamburg und Amsterdam parallel setzen zu können meinte. In der sehr reinlich bürgerlich verzierten Stube, worinnen die Tafel vorgerichtet war, hing dieser gegenüber ein Ölgemälde des wohlberühmten Kaufmanns, Lebensgröße im Bruststück, die eine Hand mit langer Manschette im Busen, das kaufmännisch breite, zahme Gesicht durch sehr weiß gepuderte buschige Perücke sehr herrlich verziert. Manche Gesundheit wurde diesem nur im Ölgemälde anwesenden Besitzer der Handlung während der Mittagstafel zugetrunken. Nun sie aufgehoben war, suchte man das Original im untern Teile seines Hauses, in seinen Warengewölbern auf, und da, um es auch an handgreiflicher Verspottung nicht fehlen zu lassen, wurden ihm von der Gesellschaft manche leere und volle Tonnen, Kisten und Kästen Waren, die mit Pfeffer und Ingwer, Zucker und Kaffee und Tobak überschrieben und mannigfachen kaufmännischen Bezeichnungen, von Ankern und Triangeln geziert waren, vors Haus getragen, und manches gar den Berg hinunter gekollert. In diese etwas weit getriebenen zudringlichen Späße der froh-reichen Gesellschaft, hatte sich der ernstere Geselle nicht eingelassen. Dieser hatte während des Unfugs im Handelsmagazin der untern Region des Hauses ein Gemälde in dem obern Zimmer vorbereitet, das sehr eigen in seiner Art ganz darauf abgemessen war, die höchste Lächerlichkeit darzustellen. Von jenem bürgerlich eleganten Kaufherrns-Porträt hatte er das breite, blonde, fade Gesicht ausgeschnitten; durch die hiermit erlangte Öffnung schob er sein eigenes männlich braunes, geistiges Gesicht, mit den flammenden schwarzen Augen, zwischen der weißen dicken Perücke durch; setzte sich auf einen Lehnstuhl; stellte das Gemälde im goldnen Rahmen vor sich auf die Knie, und verhing die Beine mit einem weißen Tuche. Sowie die lustige Gesellschaft endlich wieder heraufgetobt war, um in dem Speise-Zimmer Kaffee zu trinken, öffnete sich die Tür der dran stoßenden Kammer, und das Kontrastporträt zog überraschend hin, beides zum Gelächter und zum Denken zugleich.

Bei solchen nicht zweideutigen Merkzeichen war es mir gar nicht mehr zweifelhaft, des freundschaftlich leitenden Genius Zweck war: durch einen in überspannter Lustigkeit mitgemachten halben Schritt sich in die Möglichkeit zu bringen, von der andern Hälfte desto gewisser den heranreifenden mächtigen Freund zurück zu halten, und so aus dem dicken Übel der Zerstreuung im Unfug der Leidenschaft zum lichten Sonnenstrahl der Besonnenheit, zum Genuß wahren und nutzbringenden Vergnügens zu führen.

Hierin befestigte mich noch mehr ein schönes Landschafts-Gemälde, das ich zwar nicht ganz fertig, nur angefangen sah, von der Hand dieses freundschaftlich leitenden Genius, während der mehrern argen Zerstreuungen in Ilmenau. Herrlich bedeutsam angefangen. Es war die Gegend von Ilmenau, von der Sturmheide, und den um und neben und über ihr stehenden Gebirgköpfen, in dicken Gebirgsnebel verhüllt, wie dorten oft vorkommt, in dem nämlichen Moment aufs Blatt genommen, wenn eben der Nebel anfängt, sich zerteilend absondernd in Wolken zu verdichten, diese sich voneinander trennen, und zwischen ihnen in den nun sichtbaren Plätzen die Köpfe der fichtenbewachsenen Berge, nur dünn noch verschleiert, schon durchschimmern, und der hiermit schon wirkende Lichtstrahl sich merkbar macht, ob er gleich voll und frei noch nicht durchbrechen kann; des Gemäldes Original sah ich nie fertig, aber eine vollendete Kopie davon sah ich mehrere Jahre später, als die Erfüllung dieser wahr prophetischen Darstellung weit umher schon wohltätigst gefühlt wurde.

Und es waren noch manche andere Zeichen reinsten Edelsinns, entschiedener Klugheit zwischen allen oft auch argen Lustigkeiten des freundschaftlich leitenden Genius in dem kurzen und oft wildrigen Zusammensein mit ihm zu bemerken gewesen.

410 Wieland an Merck *12. August 1776*

Goethe ist mit dem Herzog noch immer in Ilmenau, und zeichnet Tag und Nacht die ganze Hennebergische Natur ab – unbekümmert, daß die Welt, die er vergessen hat, so viel von ihm und gegen ihn spricht. Bei allem dem würde Fieldings Pardridge manchmal den Kopf über ihn schütteln, und sein orandum est, ut sit mens sana in den Bart hinein murmeln.

411 Böttiger (nach Herder) 6. November 1796

Eine der lächerlichsten Genieperioden war die bergmännische in Weimar, als die Bergwerke in Ilmenau wieder gangbar gemacht werden sollten. Da war der Mensch gar nichts, der Stein alles. Goethe fand in der Organisation des Granits die göttliche Dreieinigkeit, die nur durch ein Mysterium erklärt werden könne! Damals hatte Goethe an Knebel einen Schildknappen. Alles mineralogisierte; selbst die Damen fanden in den Steinen einen hohen Sinn, und legten sich Kabinette an, zum Beispiel die Göchhausen. Noch jetzt ekeln Herdern alle Steingespräche seit dieser Periode an.

412 Fürstin von Hohenlohe-Kirchberg an Gräfin Wartensleben (?) 22. August 1776

En arrivant à Weimar, je rencontre notre Eule, den Schardt, je descends vite de la voiture et il me mena chez sa sœur [Charlotte von Stein] qui fut très étonnée de me voir; je trouvais chez elle le fameux Goethe, qui n'a pas l'air d'un Bürger, mais d'un savant gâté par les éloges, malgré cet air que je n'aime pas je l'ai pourtant trouvé assez aimable und bin ihm ganz gut geworden, il sache [sait?] de toi comme s'il venait de te voir et t'aime comme s'il te voyait encore; il étudie ton caractère sur ta silhouette, et il juge de ton esprit par le nez et le tout de ton visage …

J'ai fait ensuite la connaissance de Stein, qui m'a paru fort genießbar et de toute la famille; après le souper les Steins et Goethe m'ont accompagné jusqu'à la maison de Joste [hôte?] …

413 Wieland an Merck 24. August 1776

Goethe ist lieb und brav und fest und männlich. Alles geht so gut es kann, und die Welt, die so viel dummes Zeug von uns sagt und glaubt, hat groß Unrecht. Die Zeit wird auch uns Gerechtigkeit widerfahren lassen.

414 Wieland an Merck *9. September 1776*

Von Eurem Erbprinzen [Ludwig von Hessen-Darmstadt] kann und soll ich viel Gutes melden. Er ist vom Herzog und allen seinen kleinen parties de plaisir *unzertrennlich* gewesen, hat Goethen liebgewonnen, und Goethe ist auch ihm gut. Sein hiesiger Aufenthalt ist ihm im ganzen vorteilhaft gewesen, denken wir, und Ihr, lieber Herr und Freund, werdet's spüren, wenn er wieder nach D[armstadt] kommt. Goethe bittet Sie nur, etwas von Ihrer gewöhnlichen Reserve mit den Fürsten bei ihm nachzulassen, und so offen und natürlich mit ihm zu sein, als er seines Orts Sie durch sein Betragen dazu einladen wird. Er hat starke Eindrücke bekommen, was ein Mann, wie Ihr, wert ist.

415 Wieland an Sophie v. La Roche *19. September 1776*

Ich bin überzeugt, daß Goethe auf dem rechten Wege ist – daß er an seinem Platze alles tut, was er kann – daß er in der besonderen Lage unserer Sachen, die gewiß sehr intrikat und seltsam ist, recht daran tut, nicht das Urteil der Welt über ihn, sondern bloß sein Gewissen zur Richtschnur seines Tuns und Lassens zu machen – daß er, mit einer Gelassenheit und Seelen-Ruhe, die an einem so ungestümen Feuergeist mir und ihm selbst ein Wunder ist, unaufhörlich würksam ist, aus den vorliegenden Umständen das möglichste Gute zu ziehen – und daß (sofern nur die unsichtbare Mächte, auf die am Ende doch alles ankömmt, Freude dran haben, den Herzog leben zu lassen) in wenig Jahren gewiß keine andre Apologie für Goethen nötig sein wird, als nach Weimar zu kommen und zu sehen – selbst für diejenigen, die alles nur nach dem Erfolg beurteilen.

416 Wieland an Gleim *September 1776*

Ihre Zukunft hätte mich unter andern auch schon darum gefreut, weil mein Gleim dann mit eignen unmittelbaren Augen hätte sehen können, wie es zwischen mir und Goethe steht. *Sie*, mein Liebster, haben noch einen Pik gegen diesen edlen herrlichen jungen Mann, den ich schon lange wie meinen Augapfel liebe. Sie brauchten ihn aber nur etliche Tage in der Nähe zu sehn, so würde er Ihnen fast so lieb werden, als mir. In diesen zehn Monaten, die ich nun mit ihm gelebt habe, ist – ein einziges Mißverständnis ausgenommen, das aber nicht länger als *eine Stunde* dauerte – (und auch dies begegnete schon vor mehr als sechs Monaten) – *kein Augenblick* gewesen, wo Goethe und ich nicht in der reinsten Harmonie zusammen existiert hätten. Sein Angesicht zu sehen, ist für mich eine Art von Bedürfnis worden. Wenn er *hier* ist, sehen wir uns beinahe alle Tage. Alles in meinem Hause, Mutter, Weib und Kinder lieben ihn. Kurz, bester Gleim, so seltsam und unglaublich es der Welt vorkommt, so ist's nun so und nicht anders. Vor kurzem hat Goethe mein Bild en profil gezeichnet. Es ist wunderbar charakteristisch, und unstreitig das einzige, das mir ganz ähnlich sieht. Wirklich wird es dem Medailleur Abramson nach Berlin geschickt, der mich schon lange um mein Bildnis peinigt.

Überhaupt, mein Lieber, glauben Sie von allem Bösen, was die Dame Fama von Weimar und dem Herzog und Goethen und der ganzen Wirtschaft aus ihrer schändlichen Hintertrompete in die Welt hineinbläst, *kein Wort*. Dies ist das einzige Mittel, nicht betrogen zu werden. *Komm und siehe!* ruf' ich allen zu, die, in der Verwirrung des Guten und Bösen, was von uns gesprochen wird, nicht wissen, was sie denken sollen. Alles geht so gut es gehen *kann* – welcher gescheuter Mensch kann mehr verlangen?

417 C. A. A. v. Göchhausen an Bertuch 28. September 1776

Also Goethe schaut's Wertherfieber von der *rechten* Seite an? Gut! Um *den* war mir's auch nebst wenig Menschen unsers Schlags zu tun.

418 C. A. A. v. Göchhausen an Bertuch 9. März 1777

O, Guter, was hör ich! Goethe hat gegen jemand gesagt, er habe in meinem Wertherfieber *Satire* über Werthers Leiden gefunden. Ist's möglich überhaupt? Und wär's möglich, daß Goethe Sie hintergangen hätte, als er Ihnen, wie Sie mir meldeten, sagte: er erkenne meine Absicht und danke sie mir? Sie können urteilen, wie viel mir itzt daran liegt, daß Sie mir nur in zwo Zeilen dies Geheimnis erklären. Ich sollte mich auch *da* in Menschen geirrt haben?

419 Wieland an Ch. Kayser *30. September 1776*

Herr Kaufmann ist seit acht Tagen hier und wird, wie ich höre, noch diese Woche bleiben. Er kam den zweiten Tag nach seiner Ankunft nachmittags mit Klingern in meinen Garten und blieb ungefähr eine halbe Stunde. Den folgenden Morgen fand ich ihn bei Goethe. Der Mann hatte, ungeachtet seiner um sich gezogenen Nebelkappe, was Anziehendes für mich. Ich näherte mich ihm voll Gutwilligkeit und vielleicht, nach meiner Art, etwas zu schnell; er zog sich aber ganz in seine Schale hinein; und so haben wir's dann dabei bewenden lassen. Sagen Sie dies Lavatern mit meinem besten Gruß und sagen Sie ihm auch, daß ich mich nicht über Herrn Kaufmann beklage.

Goethe war gestern morgens bei mir und erklärte mir alles. Die Schuld, warum die Enthusiasten nicht mit mir und ich nicht mit ihnen leben können, liegt weder an ihnen noch mir, sondern an den Göttern, die uns so gemacht haben.

Ich habe das Unglück, unter die *Lauen* zu gehören, die von den *Warmen* und *Kalten ausgespien* werden. Leute, die lange mit mir gelebt haben, finden, daß ich mit allen meinen Launen und Ungleichheiten ein guter Mensch bin. Aber die andern sehen das nicht und können nicht aus mir klug werden, sagt man. Was ist also zu tun, als wie (Durandarte) sagt, Geduld zu haben und die Karten zu mischen.

420 J. G. Sulzer an Bodmer *20. Januar 1777*

Vor einiger Zeit besuchte mich der junge Kaufmann aus Winterthur, eben der energumene, von dem das meiste in dem wunderlichen Allerlei herrühret. Er hat sich eine Zeitlang in Weimar aufgehalten. Wenn ich, nicht seinen Urteilen, an denen die Beurteilungskraft wenig Anteil hat, sondern seinen Erzählungen glauben kann, so ist in dem Herzog von Weimar ein männliches Fürstengemüt verborgen, das sich künftig entwickeln wird, und Goethe ist der Mann, dem man diese Entwicklung wird zu danken haben.

421 Caroline Herder an Gleim *6. Oktober 1776*

Goethe kam den Mittwoch abend [2. Oktober] vom Land und der Lerchenjagd zurück, und unser Willkomm war recht freudig und herzlich.

422 Herder an Lavater *13. Oktober 1776*

Goethe habe ich hier weit besser, tiefer und edler gefunden, als ich ihn selbst dachte.

423 Herder an J. F. Kleuker *14. Oktober 1776*

Noch eins! Alle die Geschichten, von denen Sie *dort* hieraus gehört und mir auch zum Teil geschrieben, sind nicht wahr, alle grunderlogen. Der Herzog ist ein Jüngling oder junger Mann, der frei und fest in die Welt sieht, voll Güte und Liebe. Goethe ist hier zu sehr edeln Zwecken, und alle Märchen von ihm sind wahre Lobgeschichten seiner, wenn man sie hier höret.

424 Wieland an T. Ph. v. Gebler *5. Oktober 1776*

Ich bin einige Gegennachricht von unserm kleinen Weimar schuldig, welches wie ehemals Bethlehem-Juda jetzt nicht die kleinste unter den Töchtern Deutschlands scheint und gewissermaßen der Gegenstand der allgemeinen Aufmerksamkeit geworden ist. Wie viel oder wie wenig von dem durch ein seltenes und sonderbares Schicksal veranstalteten Beisammensein Herders, Goethes und Wielands unter den Flügeln eines jungen Fürsten von der edelsten Sinnesart zu erwarten sei, weiß ich nicht. Und was ich sagen kann, ist nur: wir sind da und leben im Glauben, Liebe und Hoffnung einmütiglich und einfältig beisammen, frei von unartigen Leidenschaften und unlauteren Absichten und stolzer darauf, gute Menschen zu sein, als für außerordentliche Geister angesehn zu werden. Zween von uns, Goethe und Herder, werden in der Sphäre ihres Berufes und Amts einen großen Teil ihrer herrlichen Geisteskräfte verbrauchen müssen.

Lenz ist eine wunderbare, aber im Grunde gute und liebenswürdige Seele. Er lebt meistens zu Berka wie ein Einsiedler, bedarf gar sehr wenig und ist nur glücklich, wenn man ihn in seiner Ideenwelt ungestört leben läßt. Stolberg kommt nicht zu uns.

425 Wieland an Merck *7. Oktober 1776*

Goethe ist bald da bald dort, und wollte Gott, *er könnte wie Gott allenthalben sein!* Ich bin immer hier, und Ihr Freund, gewiß so herzlich als Goethe, wiewohl wir leider! nicht viel Salz miteinander gegessen haben.

Herder und seine liebe Eva sind nun seit sieben Tagen auch hier. Mein Herz flog ihm beim ersten Anblick mächtig entgegen. Sooft ich ihn ansehe, möcht' ich ihn zum Statthalter Christi und Oberhaupt der ganzen Ecclesia Catholica machen können. Weimar ist seiner nicht wert; aber wenn ihm nur leidlich wohl bei uns sein kann, so ist Weimar so gut als ein andrer Ort. Und wenn Goethens Idee statt findet, so wird doch Weimar noch der Berg Ararat, wo die guten Menschen Fuß fassen können, während daß allgemeine Sündflut die übrige Welt bedeckt. – Doch, das ist am Ende doch nur eine Grille. So feind wird unser Herr Gott den Menschen nie werden, daß nicht allenthalben einer oder zween oder drei sein sollten, die den übrigen Klumpen vor Fäulnis und Verwesung verwahren.

A propos de bottes, freuen Sie sich nicht auch mit mir und über mich, daß ich Goethen endlich Hand in Hand versprochen habe, keine Noten noch postfacen mehr zu andrer Leute Aufsätzen mehr zu machen. Die postface zu Herders *Hutten* tut mir jetzt weh, nachdem ich den herrlichen Mann von Angesicht gesehn habe. Und doch glaubt ich, da ich sie schrieb, *recht* daran zu tun, und fühle noch immer, daß ich recht habe, und kann es noch immer nicht geruhig ertragen, daß Erasmus um Huttens oder eines Menschen willen so übel traktiert werden soll.

426 Wieland an Merck *17. Oktober 1776*

Goethe ist immer der nämliche – immer würksam, uns alle glücklich zu machen, oder glücklich zu erhalten – und selbst nur durch Teilnehmung glücklich. – Ein großer, edler, herrlicher, verkannter Mensch, eben darum verkannt, weil so wenige fähig sind, sich einen Begriff von einem solchen Menschen zu machen.

Hier etwas von ihm, das Ihnen wohl tun wird. Es kann als eine Erklärung auf alles, was Dame Fama aus ihren beiden Trompeten von ihm in die Welt hineinträtscht, angesehen werden.

427 Wieland an Bürger *12. November 1776*

Liebster Bürger, Ihr Brief über Homer in Jamben ist im Oktober des T[eutschen] M[erkur] und also schon vor vierzehn Tagen abgedruckt. Er hat Herders, Goethes und meinen völligsten Beifall ... Die kleine Abänderung in der Aufschrift, und die Substitution des Buchstabens A an die Stelle *meines* Namens, fand unser Freund Goethe nötig um Ihrent- und meinetwillen. Ich hoffe, Sie werden ihm hierin Beifall geben ...

Wenn es Ihnen für den Moment zu einiger Freude sein kann, daß Ihre hiesige Freunde – und brauch' ich Ihnen unsern, nun auch *ganz meinen* Herder, und unsern Goethe zu nennen? – mit warmem Eifer sich für Ihre Übersetzung interessieren, so versichere ich Sie dessen hiemit aus vollem Herzen.

428 Ph. Seidel an Lenz *nach dem 21. November 1776*

Am Donnerstag wurde Erwin und Elmire und die Geschwister aufgeführt, es wäre mir unendlich leid, wenn Sie's nicht sollten gewußt haben und ich also schuld dran wäre, weil ich's Ihnen am Mittwoch nicht sagen ließ. Ich habe, Fabricens Rolle ausgenommen, die sehr elend war, noch nichts so Liebes gesehen. Das Maidel, ich hätte sie nun auffressen können. Sie war eben ganz Marianne und der Herr Geh. Legations-Rat ganz Wilhelm. Ich kann's Ihnen nicht sagen, was es auch vor einen Eindruck auf alle Leute machte.

429 Ph. Seidel an Lenz *30. November 1776*

Lieber Herr Lenz, ich habe weiter nichts zu erinnern als den Degen. Besinnen Sie sich doch, es wäre doch dumm, wenn's damit gehen sollte wie mit den Goloschen. Und dann hat letzthin der Herr Geh. Legations-Rat nach der Laube gefragt, ich weiß nicht warum, wollt's Ihnen aber doch sagen.

Am vergangenen Donnerstag sind die Mitschuldigen gespielt worden. Die Rollen waren so ausgeteilt: Alcest Herr Geh. Legations-Rat, Söller Bertuch, Wirt Musäus, Sophie Neuhaus, Kell[n]er Kotzebue. Es soll wieder außerordentlich schön gewesen sein.

430 J. K. A. Musäus an Ch. F. Nicolai *12. Dezember 1776*

Es geht mit unserm Liebhaber-Theater noch immer ganz gut vonstatten ... Herr Goethe hat ein paar von seinen Stücken zum besten gegeben: «Die Geschwister», in einem Akt, und ein Stück: «Die Mitschuldigen». Er selbst hat viel wahre Aktion, und macht eine angenehme Figur.

431 H. Döring: Schiller und Goethe *1852*

Bisweilen trat Goethe auf einem Liebhabertheater auf, das der Weimarische Hof, der noch keine stehende Bühne hatte, damals (1776) unterhielt. Sein Spiel fand man hie und da zu ungestüm und die Bewegungen demungeachtet etwas steif, wie zum Beispiel in der Rolle des Alcest in dem von ihm gedichteten Lustspiel: Die Mitschuldigen, und in spätern Jahren als Orest in der Iphigenie, als Belcour in dem Westindier u. a. Rollen. Auch memorierte er selten gut. Da er sich aber aufs Extemporieren trefflich verstand, so hatte niemand sonderlich darunter zu leiden, außer dem Souffleur und gelegentlich dem Mitspieler, wenn das Stichwort nicht gebracht ward. Unübertrefflich war er im Humoristischen, wie mehrere Rollen in des Hans Sachs Fastnachtsspielen, Haman und der Marktschreier im Jahrmarkt zu Plundersweilern usw. bewiesen. In dem von Hans Sachs gedichteten Schwank: Der Kranke und der Narrenschneider zog Goethe als Wunderdoktor zierlich aus Holz geschnitzte Narren dem Kranken aus dem Wams.

432 W. v. Diedes Tagebuch

Er [der Herzog] liebte das Hofleben nicht und erschien mithin nur selten öffentlich. Er lebte mit einigen Freunden, worunter der berühmte Goethe der vornehmste war, auf Studentenmanier ... Herr Goethe, ob er gleich eine Hauptrolle spielte, ließ sich wenig sehen.

433 Wieland an Auguste v. Keller 30. Dezember 1776

Unser lieber, biederherziger C[arl] A[ugust] und unser Freund Goethe haben sich in der ersten Hälfte dieses Monats über vierzehn Tage bei dem Fürsten von Dessau aufgehalten, und sind höchst zufrieden von ihrer Reise zurückgekommen.

434 Wieland an Frau Rat Goethe 31. Dezember 1776

Bruder Merlin, der Zauberer [Goethe], oder sein getreuer Schildknapp und Geheimschreiber [Philipp Seidel] wird Euch unterdessen selbst gemeldet haben, wie es ihm geht. Sie sind alle wohlbehalten, und an Seel und Leib gebessert, denk ich, von Dessau zurückgekommen, wo ein Fürst und eine Fürstin zu sehen sind, von denen niemand, der bei ihnen gewesen ist, gerne wieder scheidet ...

Den Verfasser [von «Eduard Allwills Briefsammlung», Friedrich Heinrich Jacobi] kennt Ihr doch. Bruder Wolf und ich beklagen nichts dabei, als daß Bruder Fritz nicht Gnade von Gott gehabt hat, eine *Komposition* aus dem herrlichen Stoff zu machen, den er vor sich hat.

435 A. Diezmann: Weimar-Album 1860

Dem ihn zwanzig Jahre später besuchenden Gräter erzählte Wieland, es sei wahrhaft bewundernswürdig gewesen, wie Goethes Genie sich damals bei jeder Gelegenheit offenbart habe. Er habe nicht nur die schönsten Gedichte, sondern ganze Dramen improvisiert. Namentlich erinnere er sich, wie sie eines Tages davon gesprochen, welch herrliches Stück Cäsar geben könne. Goethe habe sofort angefangen, die Personen zu charakterisieren, und eine Szene des Stücks nach der andern vom Anfange bis zu

Ende des Dramas vorgetragen. Wenn man die Stücke, die er so improvisiert, hätte aufschreiben können, würde die Welt einige erhalten haben, die noch bewundernswürdiger wären, als seine bekannten. (Aus Gräters Papieren.)

436 Carl v. Stein: Erinnerungen *nach 1832*

Mein Wohlwollen gegen diesen Hausfreund [Goethe] verkehrte sich aber plötzlich in einen lange anhaltenden Haß. Die Ursache war folgende. Er stand im Eßsaal und perorierte vor dem Kamin und hatte beide Rockschöße aufgenommen, um sie nicht zu verbrennen, oder sich besser zu wärmen. Da er neben mir etwas seitwärts stand, um die Gesellschaft neben dem Kamin besser anzusehen, und ich dadurch gewissermaßen hinter ihn, so ergriff ich leise den Blasebalg, steckte ihn unvermerkt in die hinten gewöhnlich befindliche Öffnung unter der Hosenschnalle, und begrüßte ihn mit einem unverhofften Windstoß.

Seine Rede wurde dadurch unterbrochen. Dies machte ihn sehr böse, und er fuhr mich nicht nur gewaltig an, sondern drohte mir sogar mit Schlägen, wenn das wieder geschähe. Ich wär als Junge von etwa 11 Jahren zu schwach gewesen, mich gegen ihn, der wenigstens 27 Jahre alt war, zu wehren, fand mich aber durch diese Drohung entsetzlich beleidigt, und sah es für eine Ehrensache an, die ich nicht ordentlich ausgemacht und bestanden hätte. Unglückseligerweise wußte ich keine passende Antwort und glaubte also alles Unrecht auf seiner Seite, hielt ihn für einen Grobian und fürchtete mich doch, es ihm zu sagen.

437 Ch. W. Hufelands Selbstbiographie

Das Theater war mit dem Schlosse abgebrannt, und die Finanzen erlaubten nicht, eine neue Truppe zu engagieren. Goethe, der ganz im Theater lebte (man sehe Wilhelm Meisters Lehrjahre, die sein damaliges Leben darstellen), ruhte nicht, bis er eine Liebhabergesellschaft zusammengebracht hatte, und außer der großen noch eine kleine von Kindern und jungen Leuten, wozu ich die Ehre hatte mit ausgewählt zu werden. Es wurde zuerst ein kleines Stück gewählt, «Der junge Don Quixote», und ich bekam die Rolle des Großvaters, mit Allongenperücke und altväterischer Tracht. Nach einer Menge Proben erschien endlich der Tag der Aufführung. Die Liebhabertruppe spielte im Hauptmannschen (nachher Reitzensteinschen) Hause in der Esplanade, öffentlich vor dem Hof und dem Publikum. Mit klopfendem Herzen betraten wir (sämtlich zwischen 12 und 14 Jahren) das Haus, dazu kam, daß es ein schwüler Sommertag war, daß sich zugleich ein Gewitter einstellte. Vorher wurde «Erwin und Elmire» vorgestellt, und mit Angst sahen wir schon während dessen die Blitze und hörten den Donner. Nun kam unsere Vorstellung. Das Gewitter tobte immer heftiger, und eben als ich noch auf den Knieen lag und eine Liebeserklärung hersagte, schlug der Blitz wirklich ins Haus ein, doch ohne zu zünden oder zu töten. Aber nun war die Contenance der jungen Schauspieler-Gesellschaft vorbei; alles rannte vom Theater weg und lief im strömenden Regen nach Hause. – Dies Ereignis schien mir ein Omen: daß ich mich nicht dem Theater hingeben sollte. – Doch mußten wir nach einigen Wochen noch einmal spielen, und nun ging alles vortrefflich. Wir wurden applaudiert, zogen nachher am hellen Tage in unserm Kostüm auf das Fürstenhaus und wurden da herrlich bewirtet.

438 Falk: Goethe aus näherm persönlichen Umgange dargestellt *1832*

Um dieselbe Zeit wurde auch ein Liebhabertheater in Weimar eröffnet, woran Goethe, Corona Schröter, Bertuch, von Einsiedel und andere den lebhaftesten und tätigsten Anteil nahmen. Einst spielte man «Den eifersüchtigen Ehemann» [von Gotter]. Die Rolle des Liebhabers in diesem Stücke war dem Herrn von Einsiedel zugefallen. Unglücklicherweise aber überfiel diesen, kurz vor der Aufführung, eine Unpäßlichkeit. Die Rolle war in so kurzer Zeit nicht wieder zu besetzen, und zum größten Verdrusse aller übrigen Mitspielenden stockte nun das Ganze. Da schlug sich, mehr beherzt und gutmütig, als in solchen Dingen gewandt, ein verwegener sächsischer Rittmeister ins Mittel und übernahm die Rolle. Am dritten Tage kam er zum Herrn von Einsiedel und ließ sich dieselbe überhören. Es ging leidlich, besonders wenn man dabei, wie man konnte, auf einen guten Souffleur rechnete. Als es aber zur Aufführung kam, wurde alles anders, und der so unternehmende Rittmeister geriet in die größte Verwirrung. Es wurde ihm so heiß vor der Stirn, als ob er vor einer Schwadron Husaren ritte und eben einhauen sollte; doch faßte er sich einigermaßen und spielte fort, bis auf die Szene, wo er mit seiner Geliebten von dem eifersüchtigen Ehemanne überrascht und mit einem Dolche erstochen wird. Hier vergaß er plötzlich das Stichwort, stockte und meckerte in einem fort, und der eifersüchtige Ehemann, den Bertuch spielte, der schon lange mit einem Dolche hinter den Kulissen wartend dastand, konnte ihm durchaus nichts anhaben. Eben fing jener seine Rolle, Stichwörter und den ganzen Plunder, wie Shakespeare sagt, wieder von vorne an, als Bertuch plötzlich, auf Anraten Goethes, der die Direktion des Ganzen führte, auf die Bühne sprang und dem Leben seines unglücklichen Nebenbuhlers durch einen kräftigen Dolchstich gleichsam ex abrupto ein Ende zu machen suchte. Wer aber nicht fallen wollte, war der Rittmeister. Vergebens, daß ihm Bertuch zu wiederholten Malen ins Ohr raunte: «In's Teufels Namen, so fallen Sie doch!» Er rührte sich nicht von der Stelle, sondern blieb kerzengerade und völlig aufrecht neben seiner Geliebten stehen, den Umstehenden, die ihm zuredeten, daß er fallen sollte, einmal über das andere versichernd, daß sein Stichwort noch nicht gekommen sei. In dieser für den Direktor ebenso sehr als für die Mitspieler peinlichen Lage faßte der erstere einen heldenmütigen Entschluß und rief mit donnernder Stimme hinter den Kulissen hervor: «Wenn er von vorn nicht fallen will, so stich ihn von hinten durch den R[anze]n! Wir müssen ihn uns auf alle Fälle vom Halse schaffen! Er verderbt uns ja das ganze Stück!» Auf diesen entscheidenden Zuruf ermannte sich auch der sonst so tätige, jetzt aber ebenfalls etwas unschlüssig gewordene Bertuch. «Stirb!» rief auch er nun mit schrecklicher Stimme, und führte zugleich einen so nachdrücklichen Dolchstoß in die Flanke seines Widersachers, daß derselbe, durch dieses Seitenmanöver außer Fassung gebracht, diesmal wirklich zu Boden fiel. In demselben Augenblicke aber erschienen auch schon vier von Goethe abgeschickte handfeste Statisten, die bestimmte Ordre hatten, den Toten, er möchte wollen oder nicht, hinweg und beiseite zu schaffen. Dies geschah denn auch wirklich, und zur größten Freude der Zuschauer konnte das Stück nun ungehindert fortspielen.

1777

439 *Wieland an F.H.Jacobi* *27.Januar 1777*

Was Goethe zu den drei letzten Briefen [Allwills] gesagt hat?

——————— *Nichts!* ———————

Überhaupt hab ich ihn seit seiner Zurückkunft von Dessau merklich kälter gefunden, als zuvor. Wir sehen uns selten. Ich habe nichts über ihn zu klagen – (das ist nun freilich cum grano salis zu verstehen; aber basta!!), nur die ehemalige Vertraulichkeit hat aufgehört.

440 *Wieland an Bürger* *22.Februar 1777*

Wir haben hier *große Freude* von Ihrer *Ausforderung* an Fritz Stolberg im Museum gehabt. Wenn er klug ist, sagt Goethe, so läßt er's nun dabei bewenden, und zieht sich in sein Gezelt zurück.

441 *Caroline Herder an Gräfin Eleonore von Bentheim-Steinfurt* *27.Februar 1777*

Der Herzog Ferdinand von Braunschweig ist heute angekommen und wird einige Tage hier bleiben, es werden zu seiner Unterhaltung Komödien von Goethe aufgeführt. – Es sind hier einige vom Adel und Bürgerlichen, die recht gut agieren, und so spielten sie diesen Winter oft. Goethe ist selbst ein guter Akteur.

442 Wieland an J. G. Jacobi *24. März 1777*

Herzensbruder! gleich nach Deiner Entfernung von Weimar ging ich nach Gotha ... ich hätte Dir gar so gerne gleich in den ersten Tagen sagen mögen, wie uns zu Mute war, da kein Jacobi mehr im Hause zu finden war ...

Deine Idee, Deine *Reise nach Weimar* zu schreiben, gefällt mir sehr, und ich sehe gar nicht, warum Du sie nicht ausführen solltest ...

Der Herzog ist bei mir – eben kömmt auch Goethe, sie werden den Abend da bleiben ...

Goethe, dem ich Deinen Brief lesen lassen, grüßt Dich. Er ist der Meinung, Du sollst die Reise nach Weimar *nicht* schreiben. Er meint, es schicke sich für uns am besten, in unserm heiligen Dunkel zu bleiben – es würd' nur dienen, viele boshafte, hämische Seelen hier und dort aufzuwiegeln.

Tu nun, was Dir Dein guter Genius eingibt, und liebe Deinen guten Bruder.

443 Gleim an Bertuch *13. April 1777*

Ich fürchtete mich vor Goethe, nicht vor seinem Genius, den liebe ich, sondern vor seinem ausgelassenen Satir, der den besten der Menschen, meinen Wieland und meinen Jacobi, so boshaft, ehe er sie kannte, den Menschen lächerlich machte. Diese Furcht hat unser Jacobi mir genommen. Goethe gereut es, daß er seinen Satir an der Kette nicht ließ, das ist mir genug.

444 Wieland an Merck *4. April 1777*

Goethe grüßt Sie, und läßt Ihnen wissen, daß er fleißig in seinem Garten arbeite, und hoffe, daß Sie einst zu ihm kommen und mit Augen sehen und Freude dran haben werden. *Zeichnen* ist außer'm Pflanzen itzt sein Lieblingsgeschäft; Sie werden auch hierin über die Wunder seines Genies erstaunen. Er zeichnet völlig wie er dichtet und schreibt. Nur sollen Sie seinen Pflanzungen Zeit lassen, recht einzuwachsen, ehe Sie kommen.

445 Wieland an F. H. Jacobi *24. Mai 1777*

Ich habe nun auch Goethens Meinung von der Sache [der Oper «Rosamunde»], und sie stimmt völlig zu der Deinigen. Er hat mir alles sehr begreiflich gemacht. Seiner Meinung nach liegen die Hauptgebrechen im Sujet selbst. Das proton pseudos aber liegt nach ihm darin, daß ich das Ding, anstatt mit dramatischem, mit epischem Sinn gefaßt habe.

446 Wieland an Merck *13. Juni 1777*

Von meinen hiesigen sogenannten oder auch würklich guten Freunden ist auch nicht ein einziger, der mir nur so viel Licht und Wärme mitteilte, als vonnöten ist, um ein paar Eier dabei lind zu sieden. Sogar Goethe und Herder sind für mich wenig besser, als ob sie gar nicht da wären. Mit jenem – was für herrliche Stunden und halbe Tage lebt' ich mit ihm im ersten Jahre! Nun ist's, als ob in den fatalen Verhältnissen, worin er steckt, ihn sein Genius ganz verlassen hätte; seine Einbildungskraft scheint erloschen; statt der allbelebenden Wärme, die sonst von ihm ausging, ist politischer Frost um ihn her. Er ist immer gut und harmlos, aber – er teilt sich nicht mehr mit – und es ist nichts mit ihm anzufangen. Auch sehen wir uns nur selten, wiewohl ich fest glaube, daß er nichts wider mich hat, und von mir überzeugt ist, daß ich ihn herzlich liebe.

447 Falk: Goethe aus näherm persönlichen Umgange dargestellt *1832*

«Kurz darauf, nachdem Goethe seinen ‹Werther› geschrieben hatte», erzählte mir der alte ehrwürdige Gleim, «kam ich nach Weimar und wollte ihn gern kennen lernen. Ich war abends zu einer Gesellschaft bei der Herzogin Amalie geladen, wo es hieß, daß Goethe späterhin auch kommen würde. Als literarische Neuigkeit hatte ich den neuesten Göttinger Musenalmanach mitgebracht, aus dem ich eins und das andere der Gesellschaft mitteilte. Indem ich noch las, hatte sich auch ein junger Mann, auf den ich kaum gemerkt, mit Stiefeln und Sporen und einem kurzen, grünen, aufgeschlagenen Jagdrocke, unter die übrigen Zuhörer gemischt. Er saß mir gegenüber und hörte sehr aufmerksam zu. Außer einem Paar schwarzglänzenden italienischen Augen, die er im Kopfe hatte, wüßte ich sonst nichts, das mir besonders an ihm aufgefallen wäre. Allein es war dafür gesorgt, ich sollte ihn schon näher kennen lernen. Während einer kleinen Pause nämlich, wo einige Herren und Damen über dies oder jenes Stück ihr Urteil abgaben, eins lobten, das andere tadelten, erhob sich jener feine Jägersmann – denn dafür hatte ich ihn anfänglich gehalten – vom Stuhle, nahm das Wort und erbot sich in demselben Augenblicke, wo er sich auf eine verbindliche Weise gegen mich verneigte, daß er, wofern es mir so beliebte, im Vorlesen, damit ich nicht allzu sehr ermüdete, von Zeit zu Zeit mit mir abwechseln wollte. Ich konnte nicht umhin, diesen höflichen Vorschlag anzunehmen, und reichte ihm auf der Stelle das Buch. Aber Apollo und die neun Musen, die drei Grazien nicht zu vergessen, was habe ich da zuletzt hören müssen! Anfangs ging es zwar ganz leidlich:

Die Zephyrn lauschten,
Die Bäche rauschten,
Die Sonne
Verbreitet ihr Licht mit Wonne.

Auch die etwas kräftigere Kost von Voß, Leopold Stolberg, Bürger wurde so vorgetragen, daß sich keiner darüber zu beschweren hatte. Auf einmal aber war es, als ob den Vorleser der Satan des Übermutes beim Schopfe nehme, und ich glaubte, den wilden Jäger in leibhaftiger Gestalt vor mir zu sehen. Er las Gedichte, die gar nicht im Almanach standen, er wich in alle nur mögliche Tonarten und Weisen aus. Hexameter, Jamben, Knittelverse, und wie es nur immer gehen wollte, alles unter- und durcheinander, wie wenn er es nur so herausschüttelte.

Was hat er nicht alles mit seinem Humor an diesem Abend zusammenphantasiert! Mitunter kamen so prächtige, wiewohl nur ebenso flüchtig hingeworfene als abgerissene Gedanken, daß die Autoren, denen er sie unterlegte, Gott auf den Knien dafür hätten danken müssen, wenn sie ihnen vor ihrem Schreibepulte eingefallen wären. Sobald man hinter den Scherz kam, verbreitete sich eine allgemeine Fröhlichkeit durch den Saal. Er versetzte allen Anwesenden irgend etwas. Auch meiner Mäzenschaft, die ich von jeher gegen junge Gelehrte, Dichter und Künstler für eine Pflicht gehalten habe – so sehr er sie auf der einen Seite belobte, so vergaß er doch nicht auf der andern Seite mir einen kleinen Stich dafür beizubringen, daß ich mich zuweilen in den Individuen, denen ich diese Unterstützung zuteil werden ließ, vergriffe. Deshalb verglich er mich witzig genug in einer kleinen ex tempore in Knittelversen gedichteten Fabel mit einem frommen und dabei über die Maßen geduldigen Truthahn, der eigene und fremde Eier in großer Menge und mit großer Geduld besitzt und ausbrütet; dem es aber en passant wohl auch einmal begegnet, und der es nicht übelnimmt, wenn man ihm – ein Ei von Kreide statt eines wirklichen unterlegt.

‹Das ist entweder Goethe oder der Teufel!› rief ich Wieland zu, der mir gegenüber am Tische saß. – ‹Beides›, gab mir dieser zur Antwort; ‹er hat einmal heute wieder den Teufel im Leibe; da ist er wie ein mutiges Füllen, das vorn und hinten ausschlägt, und man tut wohl, ihm nicht allzu nahe zu kommen.›»

Gleim ergötzte sich ausnehmend über diesen Schwank; ebenso Wieland, aus dessen Munde ich ebenfalls die bedeutsamern Züge, wie sie hier vorkommen, zum öftern gehört und gesammelt habe.

448 Gleim an F. H. Jacobi *21. November 1781*

Ich kam nach Weimar. – Seitdem, mein Lieber, hör ich gern nicht reden von dem großen Goethen. – Eine halbe Stunde bei dem Prinz Constantin an der Tafel schien er mir ein guter Mann zu sein, ich fing schon an zu widerlegen mich selbst und andre, die mir Böses sagten von Goethen; der Engel aber verschwand nach dieser selben Stunde, stehend, an einem Zeltpfahl sah ich bald darauf den zweiten Goethen mit dem zweiten Kopf, sein Auge, wenn er mich ansahe, war das Auge – kann ich doch sogleich mich nicht besinnen auf den bösen Geist der Messiade, der ein Auge hat, wie Goethe. Kurz, mein Lieber! Dank sei meinem Gott! daß ich Goethen Freund nicht ward, ich wäre mit ihm verfallen, ärger als mit Spalding und Ramler –.

449 *Knebel an Herder* *10. Juli 1777*

Goethe ist jetzt zuweilen bei uns [in Tiefurt], bringt eine halbe Nachtwache und einen Morgen bei uns zu und macht uns die Stunden, die er hier ist, sehr angenehm. Er hat uns seine neue Komposition von Wilhelm Meisters theatralischer Sendung vorgelesen, welches ein sehr fein Werk ist. Sonst zeichnet er, liefert unsere Köpfe nach seiner Vorstellungsart, scheint auch, er will das Werk seiner Statthalterschaft mit dem ihm anständigen Eifer sich angelegen sein lassen.

450 *Thunman an Graffman* *22. Juli 1777*

Goethe vermag noch alles beim Herzog von Weimar. Sein Betragen gegen Wieland ist ganz schlecht, den aber die Herzogin-Witwe beschützt. Lenz war auch eine Zeitlang am Hofe, machte aber Schulden, ist ausgerissen und hat den Herzog selbst betrogen.

451 *Wieland an Merck* *30. Juli 1777*

Goethe und ich sind seit meinem letzteren wieder mehr und näher zusammengerückt – und ich habe ihn wieder gefunden, wo ich ihn nun bald vor Jahr und Tag gelassen hatte, habe auch mir selbst geschworen, daß mich nimmer und nimmermehr nichts an ihm irre machen, noch von seiner Liebe scheiden soll.

452 *Wieland an Gleim* *11. August 1777*

Mit Goethe bin ich diese Zeit her ungemein und so sehr als jemals zufrieden. Der Herzog ist auch lieb und gut.

453 *Wieland an Merck* *8. September 1777*

Inzwischen habe zu berichten unermangeln sollen, daß der Herzog und Goethe sich zur Zeit in Eisenach befinden, und allda noch vier bis fünf Wochen verbleiben werden – *hoffende*, Ew. Liebden werden sich durch die nähere Lage bewegen lassen, eine Exkursion nach Eisenach zu machen, welches sowohl dem Herrn als dem Diener große Freude machen würde.

454 Wieland an Merck *22. September 1777*

Haben Sie tausend Dank, liebster Herr und Freund, für das, was in Ihrem mir vorgestern zugekommenen Beitrag das Unverhoffteste und Angenehmste war – für Ihren Brief über die Landschaftsmalerei etc. Ich freue mich zum voraus über die Freude, die Goethe in seiner Wartburg (wohin er sich, um einem bösen geschwollenen Backen abzuwarten, zurückgezogen hat) darüber haben wird. Weiter darf ich Ihnen nichts darüber sagen, damit es nicht so herauskomme, als ob ich Ihnen all das Gute, das Sie von dem sogenannten Sommermärchen gesagt haben, bezahlen wolle ... Goethen hat es als eine Art von Neuigkeit nicht übel gefallen – er sagte mir ein paar Worte über den ersten Teil, eh' er nach Eisenach ging.

455 Wieland an Frau Rat Goethe *30. September 1777*

Ihr Sohn Goethe sitzt, wie D. Luther vor dritthalb hundert Jahren, auf der Wartburg, und zeichnet den Mönch und die Nonne, und läßt sich's unter all den Geistern aus der alten Ritterzeit, die auf dieser edlen Burg ihr Wesen haben, recht wohl sein, denke ich – denn mir Armen gibt er kein Lebenszeichen. Vielleicht macht er's Ihnen nicht besser – aber darum liebt er uns doch nicht weniger. Er ist und bleibt halt doch, mit allen seinen Eigenheiten, einer der besten, edelsten und herrlichsten Menschen auf Gottes Erdboden.

456 F. Oberthür

Eisenach, am 19. September 1777
früh halb 10 Uhr

Warm, enthusiastisch, so wie man vom Heiligtum des Apollo kömmt, komme ich von der Wartburg, wo Goethe wohnet, nach meinen Gasthof zum Rautenkranz zurücke.

Meine Wallfahrt dahin fing frühe an, und um sie noch feierlicher zu machen, hüllte ein dichter Herbstnebel dieses hohe Schloß in heiliges Dunkel ein, das ich erst durchdringen mußte, um an diese heilige Stelle zu kommen.

Fast eine halbe Stunde mußte ich wie im Vorhofe des Tempels warten, bis ich Goethen zu sehen bekam:

... ich ... ging einsam die öde Gegenden dieses nun großen Teils verwüsteten Schlosses durch, und überdachte das, was ich aus der Geschichte von Thüringen wußte, und besonders die Auftritte, die an dieser Stelle und in Eisenach vorgingen; mancher Gemeindanke von der Vergänglichkeit menschlicher Dinge kam freilich unter diesen Trümmern der verwüsteten Berge mit in Betrachtung, bis sich die Pforte des Heiligtums öffnete, und ich vor Goethe stunde.

Ich glaubte einen tiefdenkenden ernsthaften kalten Engländer dem Kleide und der Miene nach zu sehen; ich konnte leicht den Verfasser des Götzens von Berlichingen, der Leiden des jungen Werthers, des Clavigo finden, und das Bild in Lavaters Physiognomik hat viel Ähnlichkeit mit dem Urbild.

Aber den lustigen, launigten, auch ein wenig mutwillig – nehmen Sie dieses Wort nur in keiner üblen Bedeutung – lustigen Gesellschafter, wie man mir Goethe beschrieben, hätte ich bei diesen Besuch nie erraten.

Er hatte soeben die seinem Fenster gerade überstehende zwei von der Natur dahin gesetzte Spitzsäulen gezeichnet, die unter dem Namen des Mönchs und der Nonne bekannt sind, und noch nicht lange zuvor von Wieland im Teutschen Merkur besungen worden: diese betrachtete ich durch ein Sehrohr, von diesem dazu sehr bequemen Standpunkte, einige Augenblicke; übersahe dann die Gegend, die Aussichten von dieser Burg hinab in die Tiefe, und lobte die Wahl des Dichters, der diesen seiner Phantasie und seiner Muse so schicklichen Ort dem Palaste des Herzogs in der Stadt vorgezogen.

Die ganze übrige Unterredung hatte den Zustand der Wissenschaften und Künste in meinem Vaterlande zum

Gegenstand; und ich muß gestehen, daß Goethe meinem Nationalstolz nicht wenig geschmeichelt; er hatte schon in seiner Vaterstadt etliche meiner Landesleute gekannt, und auch in Thüringen bekam er von sicherer Hand vorteilhafte Nachrichten von Franken, und unsern geschickten Hofmaler, von ihm selbst verfertigte Porträts hatte er in Erfurt gesehen, und dieses waren die Data und die Gründe zu seinem Lobe über Franken und den Zustand der Wissenschaften und Künste daselbst.

Sie können wohl denken, daß ich ihm noch mehr Gutes von meinem Vaterlande gesagt, soweit es Wahrheit und Bescheidenheit litten.

Nach und nach merkte ich, daß der Dichter sich noch mehr in sich selbst zurück zog; stille wurde, ernsthaft und kalt, wie in einem englischen Spleen da stunde; da dachte ich, vielleicht hat sich irgend ein großer Gegenstand seiner Seele bemächtiget, und Apollo heißt ihn darüber dichten, und beurlaubte mich. Im Rückwege traten alle seelenerschütternde Szenen und Gedanken, die Goethe gedichtet hatte, je eine nach der andern, in meiner Seele auf; und ganz damit beschäftiget lase ich, ohne daß ich's wußte, etliche Fragmente von Hornstein, die sich vom Felsen, worauf die Wartburg stehet, getrennt hatten, auf, und so kam's, daß ich ganz warm und enthusiastisch, wie man vom Heiligtum des Apollo kömmt, ohne daß ich wußte wie, in meinem Gasthofe wieder eintrafe.

457 J. G. Gademann an W. Schmidt *Oktober 1777*

Das ist wahr, daß Goethe, um den Wolken nahe zu kommen, die Wartburg zur Wohnung gewählt hat, wo ihn der Herzog oft zu besuchen kam, aber er hat nicht Doktor Luthers ehemalige Stube bewohnt. Man hat erzählen wollen, daß er eine Zeichnung der Stadt und ihrer Umgebung, die er sehr schön fand, hat machen wollen, und dafür hätte er keinen geschickteren Ort aussuchen können.

Er ist viel in unserm Haus gewesen. Nach meinem bescheidenen Urteil stellt er den Hofmann recht gut vor; er hat die Gunst des Herzogs völlig, und ich bin versichert, daß er so bald nicht enterbt werden wird; dazu liebt ihn der Herzog viel zu sehr. Er lebt immer sans gêne, und seine Kleidung ist ganz einfach. Ich habe ihn nicht anders als im Überrock gesehen; neulich ging er zum Mittagessen beim Stadtpräsidenten, und da war er ebenso angezogen, auch mit Stiefeln und rundem Hut.

Der Herzog hat mit Ihrem Oheim gesprochen; er ist mit ihm in seiner Fabrik gewesen, in seiner Färberei und in den meisten der kleinen Häuser, wo wir die Handwerke betreiben. Goethe und Knebel ... machten das Gefolge.

458 Merck an eine Freundin *Herbst 1777*

Goethe spielt allerdings groß Spiel in Weimar, lebt aber doch am Hofe nach seiner eignen Sitte. Der Herzog ist, man mag sagen, was man will, ein trefflicher Mensch und wird's in seiner Gesellschaft noch mehr werden. Alles, was man aussprengt, sind Lügen der Hofschranzen. Sie können sich darauf verlassen, daß es Lügen sind, denn Flachsland, der bei mir im Hause wohnt, ist neuerlich von Weimar zurückgekommen und hatte sich neun Monate bei seiner Schwester aufgehalten. Es ist wahr, die Vertraulichkeit geht zwischen dem Herrn und Diener weit, allein was schadet das? Wär's ein Edelmann, so wär's in der Regel. Goethe gilt und dirigiert alles, und jedermann ist mit ihm zufrieden, weil er vielen dient und niemanden schadet. Wer kann der Uneigennützigkeit des Menschen widerstehn? ...

Vielleicht gebe ich Ihnen nächstens nähere Nachricht von Goethe, denn ich hoffe ihn zu sehn.

459 Merck an Ch. F. Nicolai *3. November 1777*

So sehr ich mit Goethe zusammenhänge, so hab ich nie mein Urteil über Sie ein einzig Mal geändert, so wie ich's von Goethe nie gegen Sie ändern werde. Ich hab ihn neuerlich auf Wartburg besucht, und wir haben zehn Tage zusammen wie die Kinder gelebt. Mich freut's, daß ich von Angesicht gesehen habe, was an seiner Situation ist. Das Beste von allem ist der Herzog, den die Esel zu einem schwachen Menschen gebrandmarkt haben, und der ein eisenfester

Charakter ist. Ich würde aus Liebe zu ihm eben das tun, was Goethe tut. Die Märchen kommen alle von Leuten, die ohngefähr so viel Auge haben zu sehn, wie die Bedienten, die hinterm Stuhle stehn, von ihren Herrn und deren Gespräch urteilen können. Dazu mischt sich die scheußliche Anekdotensucht unbedeutender, negligierter, intriganter Menschen, oder die Bosheit anderer, die noch mehr Vorteil haben, falsch zu sehn. Ich sage Ihnen aufrichtig, der Herzog ist einer der respektabelsten und gescheutesten Menschen, die ich je gesehen habe – und überlegen Sie, dabei ein Fürst und ein Mensch von 20 Jahren. Ich dächte, Goethes Gesellschaft, wenn man mutwillig voraussetzen will, er sei ein Schurke, sollte doch mit der Zeit ein wenig guten Einfluß haben. – Das Geträtsche, daß er sich nach Goethe bilde, ist so unleidlich unwahr als etwas, denn es ist ihm niemand unausstehlicher als Goethes Affen.

460 Merck an Carl August *10. Februar 1783*

Ich hoffe, daß mich Ew. hochfürstliche Durchlaucht mit in die erste Reihe dererjenigen zu stellen geruhen werden, die an der glücklichsten Begebenheit, die Ihnen während Ihrer Regierung zu Teile geworden, den lebhaftesten und innigsten Anteil nehmen. Ich erinnere mich noch sehr wohl, was ehedem der Geheime Rat Goethe im Jahr 1777, wo nur angenehme Aussichten dazu vorhanden waren, in seinem ihm eignen Prophetenton davon weissagte. Gott gebe, daß alle seine goldne Träume, die er sich von der Geburt eines Prinzen für die Person Ew. hochfürstlichen Durchlaucht, für Dero Frau Gemahlin, für sämtliche Denenselben *attachierte* Personen und das ganze Land im Geiste vorstellte, möchten in ihre ganze Erfüllung gehen.

461 Merck an Lavater *9. Januar 1778*

Dagegen hab ich Ihnen auch einige gute Nachrichten Goethen betreffend zum voraus in den Kauf zu geben. Ich habe mich vorigen Herbst im Monat September auf meinen Fuchs gesetzt, und bin nach Eisenach zu dem herrlichen Menschen wallfahrten gegangen, allwo ich denn auf der

Wartburg an vierzehn Tage, wie Sie denken können, in Wohlleben mit ihm verbracht habe. Seine Situation ist die beste, die er sich nur wünschen kann. Er lebt völlig nach seinem Kopfe in dem Hause des Herzogs, als wenn's in dem meinigen wäre, hat nicht das geringste, wie die Esel prätendieren, von seiner ehmaligen poetischen Individualität abgelegt, dagegen aber an Hunger und Durst nach Menschenkenntnis und Welthändeln und der daraus folgenden Weisheit und Klugheit wie ein Mann zugenommen. Der Herzog ist einer der merkwürdigsten jungen Leute, die ich je gesehen habe ... Goethe liebt ihn wie keinen von uns, weil vielleicht keiner ihn so nötig hat, als dieser, und so wird ihr Verhältnis ewig dauren, – denn Goethe kann ihn nicht verlassen, oder er müßte nicht mehr der sein, der er ist, und der Herzog wird je so wenig mit ihm brechen, als einer von denen, die Goethes Freunde sind.

462 Ph. Seidel an einen Freund *15. Oktober 1777*

pp. also ich will Dir lieber sagen, daß wir eine Köchin und ich nunmehr eine ordentliche Haushaltung zu dirigieren haben. Ich habe nur so viele Freude über unsere Lebensart, gib nur einmal acht, wie das weiter geht und, oder all mein prophetisches Gefühl müßte mich betrügen, ob wir nicht die A[h]nherren und Erbauer eines Dörfchens oder Vorstadt oder Burg wenigstens werden und man nicht nach ein paar hundert Jahren sagen wird, da geht Goethes und seines Philipps Geist um, einander umschlungen führend: O daß ich meine Seele aushauchen könnte in Liebe zu diesem Manne und würdig wäre, dem Gott zu danken, der mir so viele Seligkeit bei ihm zu kosten gibt.

Wir haben das ganze Verhältnis wie Mann und Frau gegeneinander. So lieb ich ihn, so er mich, so dien ich ihm, so viel Oberherrschaft äußert er über mich.

463 Wieland an Merck *8. November 1777*

Lieber Herr und Kumpan, eine große Bitte! von Goethen und mir gemeinschaftlich. Sie haben doch schon das große opus des jungen *Cramers* – Klopstock, in Fragmenten aus

Briefen von Tellow an Elisa ... und wir bitten Sie nun mit aufgehobenen Händen um eine Rezension desselben, aber um eine Rezension, daß der König und die Königin sagen sollen, liebes Löwchen, brülle noch einmal! – Hier ist doch wieder einmal *Gelegenheit*, ein Meisterstück zu machen – eine Rezension, die Ihnen so viel Ehre machen soll als die beste Komposition von der Welt – kurz, eine Rezension, wie nur Sie allein eine machen können. Goethe sagt: Sie sollen nicht bloß die Seide draus ausbrennen, sondern das Metall selbst so lange durchs Feuer gehen lassen, und so lange schmelzen, scheiden und läutern, bis vom ganzen Werk nichts als der Titel *Klopstock* übrig bleibe ... Ich war gestern nachmittag bei Goethen auf seinem Altan. Kein lieberes, sich wärmer an einen anlegendes, oder, wie die Schwaben sagen, einen mehr anheimelndes Plätzchen auf Gottes Boden müssen Sie nie gesehen haben. Es ist recht, als ob Goethens Genius das alles von Jahrhunderten her so angelegt, gepflanzt und gepflegt hätte, damit er's einst in Weimar völlig und fertig fände und sich nur hineinzulegen brauchte. Wenn doch nur Merck itzt bei uns wäre, und das auch sehen und nießen könnte, sagte ich – das hier! – und dies dort! Das wäre so was für ihn! – Sei ruhig, er wird schon kommen, sagte Goethe, und die Gewißheit, womit er's sagte, machte, daß ich Sie schon halb gegenwärtig fühlte, und etwas von der Wonne vorausgenoß, die mir Ihre Gegenwart und das Koexistieren mit Ihnen und Goethe an irgend einem frohen Morgen oder Abend auf diesem Altane schaffen wird.

464 Wieland an Merck *24. November 1777*

Haben Sie denn mein opus an Olympien noch nicht bekommen, und wenn Sie's bekommen haben, sollten Sie mir nicht wenigstens ein Wörtlein davon gesagt haben? Wenn Sie nicht wissen, was ich da haben will, so ist's ein Zeichen, daß Sie das Ding nicht bekommen haben (ich hab's aber der Frau Aja schon vor vier Wochen geschickt, und sie sollt' es Ihnen kommunizieren), und so warten Sie immer, bis es Ihnen im November-Merkur vor die Augen kommt. Hier hat's Herdern und Goethen mächtig wohl gefallen, und die Halbgöttin, für die es eigentlich geschrieben ist, auf etliche Tage unsäglich glücklich gemacht.

465 Wieland an Frau Rat Goethe 1. Dezember 1777

Bruder Wolf ist mit dem Herzog wieder auf Abenteuer gezogen. In vierzehn Tagen sollen sie wieder hier sein. Das gebe Gott! Befinden sich übrigens an Seele und Leib frisch und gesund.

466 Knebels Tagebuch 15. Dezember 1777

Goethe kam an [in Eisenach]. Gut. Ist im Harz gewesen ... Goethe erzählt. Wunderbare Auflösung des Herzens, bewirkt durch Abgeschiedenheit ... Goethe schlief in der Kammer.

467 F. W. H. v. Trebra: Erinnerungen 25. Januar 1813

Er [Goethe] hatte in seinen Erzählungen von gemachten Gebirgreisen mit vorkommen lassen:

«Daß er mitten im Winter, um die Weihnachts-Feiertage, bei großem Schnee, und heftiger Kälte, den Harz bereiset, und namentlich den Brocken bestiegen habe.»

468 Herder an Gleim 22. Dezember 1777

Goethe arbeitet an einem neuen Stück zum Geburtstage der Herzogin, wovon aber kein Mensch noch nichts weiß.

469 Knebels Tagebuch 28. Dezember 1777

Ging um 8 Uhr zu Goethen in Garten. Neue Grotte beim Stern. Lamberts Architektonik.

1778

470 Ph. Seidel an Frau Rat Goethe 14. Januar 1778

Ich würde Ihnen vorgestern schon geschrieben haben, wenn ich nicht den Westindier, der gestern aufgeführt wurde, hätte abwarten wollen. Hier sind die Rollen.

Belcour	Herr Geh. Legations-Rat
Stockwell	Herr Ekhof von Gotha
Stuckley	Herr Rothmaler
Dudley	Herr v. Knebel
Carl do.	Prinz Constantin
O'Flaherty	Herzog
Fulmer	Herr v. Einsiedel
Frau do.	Fräulein v. Göchhausen
Rusport	Madame Wolf
Miss Rusport	Fräulein v. Wöllwarth
Advokat	Prof. Musäus

Alle sind vortrefflich (darf man sagen) gespielt worden. Der Herr Geh. Legations-Rat in einem weißen Frack, blauseiden West und Beinkleider (NB. von dem Futter des weißen Kleids mit silbernen Knöpfen), mit falschen silbernen Tressen und hübsch rot geschminkt sah so schmuck aus und flink, daß die bloße Figur die Rolle schon spielte. Der alte Ekhof *war* eben der *Vater* des schönen Belcours, und der Herzog *war Major O'Flaherty* usf. ...

Der Herr Geh. Legations-Rat ersucht die Frau Rätin, ihme doch aufs Frühjahr wieder einige Bouteillen oder Krüge *ganz alten* Wein in seinen Keller zu schaffen. Er hat am Sonntag den alten Ekhof zu Gaste gehabt und mit dem alten Wein regaliert, und da hat sich gefunden, daß er bis auf einige Schoppen zu Ende ist.

471 Aus: Julie von Hirtenthal *1781*

[Gustav von Norrmann an Julie von Hirtenthal, Kassel, 30. Januar 1778.] In Weimar blieben wir nur anderthalb Tage, und konnten, weil J... etwas krank wurde, der Herrschaft nicht aufwarten. Es tat uns beiden, besonders mir sehr leid, denn ich habe immer gewünscht, den Herzog zu kennen, von welchem ich so vieles Gute, so vieles, das seinen Untertanen Glück verspricht, gehört habe. Indessen verschaffte mir doch der Zufall die Bekanntschaft des so mannigfaltig beneideten, getadelten, geschmeichelten und nachgeahmten Goethe –. Stellen Sie sich, geliebte Julie, einen Mann von dreißigen vor, denken sich dessen Körper, den er sehr gerade trägt, mehr mager, als stark, und bilden sich dessen Länge über mittelmäßig. In seinem blassen, mit mäßigen Pockengruben bezeichneten Gesicht finden Sie eine große etwas erhabene Nase, schöne feurige schwarze Augen, im Ganzen sehr viel Ausdruck. – Seine Kleidung ist einfach; viele Umstände und ängstliches Wesen sind ihm wie dem Herzog zuwider. Er zeichnet schön. Er scheint die Melancholie zu lieben, und spricht wenig, wo er nicht bekannt ist; dann ist er aber ungezwungen und herablassend, und Spott und Satire beleben oft seine Ausdrücke. Sein Verstand ist durchdringend, und seine Kenntnis des menschlichen Herzens außerordentlich groß. –

Wie gefällt Ihnen der Mann, meine Teureste, den ich gesehen, unter einem fremden Namen gesprochen, und von vielen habe beschreiben hören?

472 J.F.Kranz an Frau Rat Goethe 16. Februar 1778

Von dem neuen Stücke, welches Ihr lieber Doktor und unser Geheimer Legations-Rat Goethe am 30. Januar und hernach am 10. Februar hier aufgeführt, würde ich Ihnen viel schreiben, wenn nicht der glückliche Ph[ilipp Seidel] Ihr Korrespondent wäre. Doch eins muß ich wegen der großen Ähnlichkeit zwischen Ihnen und ihm doch melden. Goethe als Andrason kömmt vom Orakel; ihn empfangen nebst seiner Schwester vier feurige Mädchen, freuen sich herzlich ihn wieder zu haben, fragen ihn, was er vor eine Antwort mitbringe, wie es dort aussähe etc. Er fängt an zu erzählen, aber vor allem Fragen der neugierigen Mädchen kann er in seiner Erzählung nicht fortkommen; endlich kömmt er auf den Ausspruch des Orakels. Andrason: «Wenn wird ein greiflich Gespenst etc.»... [Folgt eine Szene aus dem 1. Akt des «Triumphs der Empfindsamkeit».]

O wenn Sie ihn nur da hätten sehen sollen! Augen, Gebärden, Ton, Gestikulation. Alles in allem, sage ich Ihnen. Ich war gar nicht mehr im Orchester, ganz in der Atmosphäre von Casa santa. Philipp figuriert in diesem Stücke als einer von den Künstlern, als Directeur de la Nature. –

Neues wüßte ich Ihnen nichts zu schreiben, als daß der Geheime Legations-Rat dann und wann mit den Herrschaften abends Schlitt-Schule [!] läuft und zwar en masque. Die Herzoginnen, gnädige Frauen und Fräuleins lassen sich im Schlitten schieben. Der Teich, welcher nicht klein ist, wird rundum mit Fackeln, Lampen und Pechpfannen erleuchtet. Das Schauspiel wird auf der einen Seite mit Hoboisten- und Janitscharen-Musik, auf der andern mit Feuerrädern, Raketen, Kanonen und Mörsern vervielfältigt. Es dauert oft zwei bis drei Stunden.

473 Wieland an Merck *12. April 1778*

Goethen bekomme ich gar nicht mehr zu sehen; denn er kommt weder an den Konzerttagen nach Hof, noch zu mir; und zu ihm zu kommen, wiewohl unsre Domänen eben nicht sehr weit voneinander liegen, ist auch keine Möglichkeit, seitdem er beinah alle Zugänge barrikadiert hat. Denn alle nähere Wege zu seinem Garten gehen über die Ilm, und teils durch eine ehemals öffentliche Promenade, der *Stern* genannt, teils über eine herrschaftliche Wiese. Nun hat er zwar, pour faciliter la communication, im vorigen Jahre drei bis vier Brücken über die Ilm machen lassen; aber, Gott weiß warum, sie sind mit Türen versehen, die ich, sooft ich noch zu ihm gehen wollte, verschlossen angetroffen habe. Da man nun nicht anders zu ihm dringen kann, als mit einem Zug Artillerie, oder wenigstens mit ein paar Zimmerleuten, die einem die Zugänge mit Äxten öffnen, so ist ein gemeiner Mann wie unser einer gezwungen, das Abenteuer gar aufzugeben und in seinem eignen zu bleiben. Soviel ich höre, ist er heute mit dem Herzog nach Ilmenau, wo sie vermutlich eine Zeitlang sich mit der Jagd divertieren werden.

474 Wieland an Merck *20. April 1778*

Goethen hab' ich vergangenen Freitag [17. April] bei der Herzogin-Mutter, wo ein Oratorium von Hasse gegeben wurde, gesehen. Er ist wohl, und immer der Alte, denke ich; aber was sein Treiben eigentlich ist, weiß ich nicht.

475 *Graf E. A. H. Lehndorffs Tagebuch* *Mai 1778*

Im Verlauf des Monats Mai trifft der Herzog von Weimar inkognito unter dem Namen eines Barons v. Altenstein hier [in Berlin] ein, aber die Königin läßt ihm keine Ruhe, bis er in der Gesellschaft erscheint. Ich diniere mit ihm zusammen [am 17. Mai] bei dem Prinzen Heinrich und dem Prinzen Ferdinand. Er macht den Eindruck eines hübschen jungen Mannes, indes hat sein Gesicht einen unfreundlichen Zug. Mit ihm ist der berühmte Verfasser des «Werther» und des «Götz von Berlichingen», Herr Goethe, den der Herzog zum Geheimen Rat gemacht hat. Dieser beherrscht ihn jetzt, nachdem er den frühern Hofmeister, den Grafen Goertz, der eben jetzt in unsere Dienste getreten ist, verdrängt hat. Dieser Herr Goethe ist bei der Tafel mein Nachbar. Ich tue mein Möglichstes, um ihn zum Sprechen zu bringen, aber er ist sehr lakonisch. Er dünkt sich augenscheinlich zu sehr Grandseigneur, um noch als Dichter zu gelten. Das ist im allgemeinen der Fehler der Deutschen von Bildung, daß sie, sobald sie die Stellung eines Vertrauten erlangen, unerträglich hochmütig werden.

Prinz Heinrich fragt Herrn Goethe, ob sich in den Archiven von Weimar nicht Briefe von dem berühmten Bernhard von Weimar fänden. Der junge Herzog behauptet, daß es solche gebe, dieser große Gelehrte weiß davon aber nichts. Das macht auf mich einen recht schlechten Eindruck. Da das eine der ruhmreichsten Epochen für das herzogliche Haus ist, so müßte er wohl damit vertraut sein.

476 *Luise Karsch an Gleim* *27. Mai 1778*

Vors erste wollt ich Ihnen gern erzählen, daß Goethe hier war, Sie wissen's aber schon. Ich hörte sein Hiersein, als er vierundzwanzig Stunden zu Berlin war, denn der Bruder vom Fürsten von Dessau wohnt nicht weit von mir in einem bekannten Hause. Ich ging Tages drauf in das Logis der fremden Prinzen, ich wollte den Goeth' überfallen. Er war ausgegangen, und ich schrieb am andern Morgen wider meine Gewohnheit im halbdrolligen Ton an ihm. Er kam [am 18. Mai]. Lassen Sie sich's meine Tochter sagen, wie er gekommen ist; uns gefiel er gut; Chodowieckin auch, aber die andern Herrn sind gar nicht zufrieden mit ihm. Er machte keinem Dichter die Cour, ging nur bei Moses Mendelssohn, bei Chodowiecki, bei Maler Frisch, bei seinen Landsmann, den Tonkünstler André, und bei mich, hatte Sonntags schon kommen wollen, André aber sagte, daß ich doch nicht zu finden wäre, schon in der Kirche sein möchte, also blieb's. Er ist eines Tages bei einem Baron auf'm Konzert gewesen, und da hat ihm die ganze Versammlung sehr stolz gefunden, weil er nicht Bückerling und Handkuß verteilte. Man spricht, daß ihm der Kaiser baronisieren wird, und daß er alsdann eine Gemahlin aus noblen Hause bekommt. Ich frug ihn, ob er nicht auch das Vergnügen kosten wollte, Vater zu sein; er schien's nicht weit von sich zu werfen. Er ist ein großer Kinderfreund, und eben dieser Zug läßt mich hoffen, daß er auch ein guter Ehemann werden wird und sicherlich noch ein recht guter Mensch, der's einmal bereuet, was in seinen Werken etwan anstößig gewesen ist. Vielleicht kommt er bald mit seinen Herzog allein auf längere Zeit her. Beim Abschied ließ er sich so was verlauten. Ich gab ihm ein paar frische Rosen, und geschwind hub er einen Strohhalm von der Erde auf, band damit die Rosen zusammen, und steckte sie sich auf den Hut. Er liebt die freimütigen offenherzigen Leute, und mag's gern haben, wenn er geliebt wird, das gefällt ihm besser als hohes Lob, wieder ein Merkmal eines gutartigen Gemüts. Er scheint übrigens zum Hypochonder gebauet zu sein, ist kein Wunder, das sind alle guten Köpfe.

477 Caroline Luise Hempel an Gleim *27. Mai 1778*

Möchte Goethe, den ich so lieb habe, doch nur einen sichtbaren Teil dieses nie genug zu preisenden Herzens meines Gleims haben! Diesen Mangel verrät er noch bei aller seiner blendenden Größe, und o! was könnte er sein, wenn er wollte; der schrankenlose Kopf! der Krösus-Lukullus von dem feinsten Menschengefühl! Wenn Sie ihn hätten kommen sehen, unerwartet in unsre Tür treten, mit den

Augen meine Mutter suchen, mit seinen Augen ach! unaussprechlich reizend war die Szene. So kommt nur reuige Liebe zu Liebe ... Aber es war noch etwas süßer in seinem Wesen als das; doch wer kann noch sagen, was für Wesen? das weiß ich, daß in seinen großen hellen Augen der ganze Goethe strahlte, nicht der flammende, zugreifende, ungenügsame Goethe, der, welcher Lotten Brot schneiden sah, der war's ungefähr, nur daß sein Mund stumm blieb und Goethe stumm blieb bei Eintritt, beim Umarmen und einiger Wendung bis zum Sitze, da denn meine Mutter die erste Frage an ihn tat. Ich hätte gar zu gern die Hand auf seine liebe Brust gelegt, ob nur sein Herz auch das geschlagen hätte, was sein seraphgleiches Stummsein verkündigte, aber der Mensch wirft so viel Respekt aus seinen Augen, daß ich mich kaum traute, in seiner Gegenwart zu bleiben. Ich mußte ein paar Mal hinaus, lief aber geschwind wieder hinein, und da hört' ich einmal, daß meine Mutter von Ihnen frug; er antwortete wider seine Gewohnheit in dreien Teilen darauf, und ich fühlt es, daß Ihr Name sein Ohr tränkte, und daß er gerne mehr von Ihnen gesprochen hätte, wenn bei einem Fest-Besuche die Reden nicht zur bloßen Cour wären. Bei Chodowiecki ist er zweimal gewesen, und zwar das letzte Mal mit dem Herzoge: die schönste Lobrede, wer dies hört, für alle drei. Was ihm Chodowiecki unter allen seinen schönen Zeichnungen zuerst wies, war jener Barbier. Ich glaube, der Mann will sich furchtbar machen, denn er zeigt dies Bild allen und jeden, von dem er glaubt, daß er's beurteilen kann ... Mama sagte zu Goethe, sie habe eine neugeborne Dichterin zur Enkelin. Wie alt ist sie? Vierzehn Wochen, sagte sie. «*So lassen sie dieselbe Dichterin sein, bis sie sprechen kann.*» War das wohl menschenfreundlich von dem Unart? so vom Parnaß herunter den armen Dichterinnen den Laufpaß zu geben? Ich empfehle uns alle dreie Ihrer bessern Meinung, bei der wir mehr gedeihen.

478 *F. Münters Tagebuch* *1. September 1782*

[In Berlin.] ... zu Professor Engel ... Von Goethe. Er hat gesagt, in Berlin sein keine Kraftleute. Engel sagte, ein Unteroffizier hätte ihn das besser gelehrt.

479 *Gleim an Caroline Herder* *14. Februar 1787*

Wer, um Gotteswillen, beste Schwester, hat das einzige Berlin, das ich so gut kenne, das ich allen großen Städten Deutschlands, die ich auch kenne, sehr weit vorziehe, wer, meine Teure, hat so garstig von Berlin mit Ihnen gesprochen? War's Goethe, so hat er sich gröblich versündigt; denn er urteilte nicht unparteiisch. Den Berlinern kam er stolz vor, und wurde deswegen nicht eben überall gut aufgenommen. Sie wissen, daß er einst mir auch so vorkam. Also mögen die Berliner nicht ganz unrecht haben.

480 *F. v. Matthisson an C. V. v. Bonstetten* *Januar 1795*

In frühern Zeiten besuchte Goethe in seines fürstlichen Freundes Gefolge Wörlitz oft auf mehrere Wochen. An einem heiteren Sommernachmittage gesellte man sich unter dem Peristyle des Schlosses zusammen. Die Fürstin war mit einer Stickerei beschäftigt, der Fürst las etwas vor, Goethe zeichnete, und ein Hofkavalier überließ ohne Zwang und Sorge sich indes der behaglichen Verführung des Nichtstuns. Da zog ein Bienenschwarm vorüber. Goethe sagte: «Die Menschen, an welchen ein Bienenschwarm vorüberstreicht, treiben, nach einem alten Volksglauben, dasjenige, was gerade im Augenblicke des Ansummens von ihnen mit Vorliebe getrieben wurde, noch sehr oft und sehr lange. Die Fürstin wird noch viel und noch recht köstlich sticken, der Fürst wird noch unzähligemale interessante Sachen vorlesen, ich selbst werde gewiß unaufhörlich im Zeichnen fortmachen, und Sie, mein Herr Kammerherr, werden bis ins Unendliche faulenzen!»

481 *Wieland an Merck* *1. Juni 1778*

Soeben hör' ich, daß der H[erzog] und Goethe wieder angekommen sind. Alle Lande, wo sie gewesen, sind ihres

Ruhmes voll. In ganzem Ernst zu Leipzig, zu Dessau, zu Berlin, ist alle Welt von unserm Herzog ganz eingenommen. Das hat Bruder wohl [Wolf?] hübsch gemacht!!

482 Wieland an Merck *3. Juni 1778*

Von Goethen, lieber Bruder, kann ich Dir nicht viel mehr sagen, als was Du in den Zeitungen von ihm wirst gelesen haben. Vorgestern kamen sie vormittags von ihrer Wanderung nach Leipzig, Dessau und Berlin zurück. Abends ging ich mit meiner Frau und beiden ältesten Mädchen über den (nach Goethens Plan und Ideen, seinem Garten gegenüber) neuangelegten Exerzier-Platz, um von da nach dem sogenannten *Stern* zu gehen und meiner Frau die neuen Poëmata zu zeigen, die der Herzog nach Goethens Invention und Zeichnung dort am Wasser anlegen lassen, und die eine wunderbar künstliche, anmutig wilde, einsiedlerische, und doch nicht abgeschiedene Art von Felsen und Grottenwerk vorstellten, wo Goethe, der Herzog und Wedel oft selbdrei zu Mittag essen, oder in Gesellschaft einer oder der andern Göttin oder Halbgöttin den Abend passieren. Wie wir den Exerzierplatz heraufgehen, begegnet uns der Herzog. Er erblickt uns von fern, bleibt stehen, und sobald er uns erkennt, geht er uns wohl zwanzig bis dreißig Schritte entgegen, und empfängt mich und die Meinigen so liebreich, daß es uns im Herzen wohl tut. Sein Anschauen war mir eine wahre Herzstärkung, so gesund und kräftig sah er aus, und so edel, gut, bieder und fürstlich zugleich fand ich ihn im Ganzen seines Wesens. Ich werde je länger je mehr überzeugt, daß ihn Goethe recht geführt, und daß er am Ende vor Gott und der Welt Ehre von seiner sogenannten Favoritenschaft haben wird. Der Herzog verließ uns wieder und eilte seines Weges, wir verfolgten den unsrigen; weil wir aber einerlei terminum ad quem hatten, so kamen wir bei dem Grottenwesen (wie ich's itzt aus Mangel eines geschickten Namens nennen will) wieder zusammen, und da trafen wir Goethen in Gesellschaft der schönen Schröterin an, die in der unendlich edlen attischen Eleganz ihrer ganzen Gestalt und in ihrem ganz simpeln und doch unendlich raffinierten und insidiosen Anzug wie *die Nymphe dieser anmutigen Felsengegend* aussah. Wir hießen einander also auch willkommen, und Goethe war zwar simpel und gut, aber äußerst trocken, und verschlossen, wie er's schon lange, sonderlich seit meiner Zurückkunft von der Reise in Eure Gegenden, ist. Ich glaube indessen gerne und am liebsten, daß der wahre Grund davon doch bloß in der Entfernung liegt, worin wir durch die Umstände voneinander gehalten werden. Vor zwei Jahren *lebten* wir noch *mitein*ander; dies ist itzt nicht mehr und *kann nicht mehr sein*, da er Geschäfte, liaisons, Freuden und Leiden hat, an denen er mich nicht teilnehmen lassen kann, und an denen *ich* meines Orts ex parte auch nicht teilnehmen könnte noch möchte. Zudem werden sie nun auch diesen Sommer und Herbst über selten acht Tage hintereinander hier sein, und so wird er mir eben immer inakzessibler, und da seine Spirallinie immer weiter und die meine immer enger wird, so ist's natürlich, daß wir immer weiter auseinander kommen. Indessen ist und bleibt er mir einer der herrlichsten und liebsten Menschen auf Gottes Erdboden und damit punctum.

483 Carl August an seine Mutter *24. Juni 1778*

Da es nun bestimmt ist, daß mein Bruder hierbleibt, und er nun ziemlich erwachsen und bald in die Jahre, wo er sein eigner Herr ist, so dünkt es mich, es wäre notwendig und schicklich, daß er ein eigen Haus in der Stadt hätte und auf seine eigne Hand lebte. Ich habe vor allen Dingen über diesen Gedanken mit Goethen und Fritschen gesprochen, welche mit mir ganz einverstanden und es selbst sehr wünschen.

484 Wieland an Merck *27. August 1778*

Verwichenen Sonnabend [22. August] fuhren wir zu Goethen, der die Herzogin auf den Abend in seinen Garten eingeladen hatte, um sie mit allen den Poëmen, die er in ihrer Abwesenheit an den Ufern der Ilm zu Stande gebracht, zu regalieren. Wir speiseten in einer gar holden kleinen Einsiedelei, und da fand sich, daß casu quodam der siebente Stuhl an einer Tafelrunde, woran wir saßen, leer war. Dies brachte in allen einmütig den Wunsch hervor, daß es der Deinige sein möchte; und da wir denn doch nicht Enthusiasten genug sind, uns einzubilden, daß Du würklich dasitzest, so taten wir uns, jedes nach seiner Weise, desto mehr mit der Erinnerung der Tage und Stunden, die wir mit Dir gelebt hatten, und mit der Hoffnung, daß Du mit der Frau Aja kommenden Winter oder Frühling zu uns kommen werdest, eine Güte. Goethen besonders wurde gar wohl ums Herz, die Herzogin so von Dir reden zu hören, wie eine, die den Wert der ganzen Total-Summe Deiner Individualität fühlt. Wir tranken auf Deine und Frau Ajas und Freund Bölling, des Kornhändlers, Gesundheit eine Flasche Johannisberger 60er aus, und wie wir nun aufgestanden waren und die Türe öffneten, siehe, da stellte sich uns, durch geheime Anstalt des Archi-Magus, ein Anblick dar, der mehr einer realisierten dichterischen Vision als einer Naturszene ähnlich sah. Das ganze Ufer der Ilm, ganz in Rembrandts Geschmack, beleuchtet – ein wunderbares Zaubergemisch von Hell und Dunkel, das im Ganzen einen Effekt machte, der über allen Ausdruck geht. Die Herzogin war davon entzückt, wie wir alle. Als wir die kleine Treppe der Einsiedelei herabstiegen und zwischen den Felsenstücken und Buschwerken längs der Ilm gegen die Brücke, die diesen Platz mit einer Ecke des Sterns verbindet, hingingen, zerfiel die ganze Vision nach und nach in eine Menge kleiner Rembrandtischer Nachtstücke, die man ewig hätte vor sich sehen mögen, und die nun durch die dazwischen herumwandelnden Personen ein Leben und ein Wunderbares bekamen, das für meine poetische Wenigkeit gar was Herrliches war. Ich hätte Goethen vor Liebe fressen mögen.

485 Anna Amalia an Frau Rat Goethe 29. August 1778

Die letzt verflossene Woche hat der Herr Doktor Wolf mir ein Souper im Stern gegeben, wo die neuen Anlagen gemacht sind, welche gar lieblich und herrlich sind; nach den Abend-Essen war eine kleine Illumination ganz in dem Rembrandtschen Geschmack veranstaltet, wo nichts als Licht und Schatten würkte …

486 Wieland an Merck *Oktober 1778*

Ich hab Dir letzthin schon gemeldet, daß sich unsere Herzogin itzt eine große fête mit Goethens Puppenspiel macht. Kranz, als Orchestermeister, und Kraus als Dekorateur haben seit vierzehn Tagen alle Hände voll zu tun und sind fast immer zu Ettersburg. Goethe kommt dann und wann, darnach zu sehen und das Werk in Gang zu bringen, und die Herzogin lebt und webt und ist in dem allen von ganzer Seele, von ganzem Gemüt und von allen Kräften. *Ich* darf nichts davon sehen, bis alles fertig ist; das ist bei dergleichen Anlässen immer ein eigner Spaß, den sie sich macht, und wozu ich mich, wie Du denken kannst, de la meilleure grâce du monde pretiere. Der halbe Hof und ein guter Teil der Stadt spielt mit, zum Exempel die Hofdame v. Wöllwarth ist Pfefferkuchenmädchen, ein junger Leyser Marmottenbub, die Schröterin die Tirolerin, Madame Wolf Königin Esther usw. Ich gäbe Geld darum, wenn Du den Spaß mit uns teilen könntest. Aber ohne Zweifel wirst Du damit regaliert werden, wenn Du kommst, wiewohl Goethe haben will, daß Du erst kommen sollst, wenn die Nachtigallen wieder singen – und das muß auch sein, wenn Du an allen den Poesien Freude haben sollst, die er dies- und jenseits der Ilm geschaffen hat und die der hochlöblichen Kammer zwar ein tüchtiges Geld kosten, dafür aber auch diese Seite von Weimar zu einem Tempel und Elysium machen.

487 Luise v. Göchhausen
an Frau Rat Goethe *25. Oktober 1778*

Also den 20. Oktober dieses mit Gott hinschleichenden Jahres trug sich zu, daß auf den hiesigen neuerbauten Ettersburgschen Theater der Médecin malgré lui, von Einsiedeln übersetzt, und das Jahrmarktsfest zu Plundersweilen, zu großen Gaudium aller vornehmen und geringen Zuschauer, hier aufgeführt wurde. Drei ganzer Wochen vorher war des Malens, des Lärmens und des Hämmerns kein Ende, und unsere Fürstin, Dr. Wolf, Kraus etc. purzelten immer übereinander her ob der großen Arbeit und Fleißes. Die spielenden Personen im Médecin waren: Einsiedel als Sganarelle, Ännchen Müller seine Frau. Der Kammerherr Seckendorff Géronte. Herr Seidler Leander. Mademoiselle Schröter Lucinde. Mademoiselle Probsten die Amme. Herr Wolf Goethe Lucas. Der Herzog Vallère, und Professor Musäus als Robert. Die Personen, die Sie unter dieser Gesellschaft nicht kennen, will ich nächstens in Kupfer stechen lassen und sie Ihnen schicken. Das Stück ging sehr gut, und Baron Einsiedel spielte besonders sehr fein, wie auch Doktor Wolf seinen Lucas in Bauertracht, herrlich gut. Zum Nachspiel erschien nun das gepriesene Jahrmarktsfest; der Doktor sagte, er hätt's schon geschickt. Die spielenden Personen, siehe Beilage 1. Das Bänkelsänger-Gemälde, weil es von Kennern und Nichtkennern für ein rares und treffliches Stück Arbeit gehalten wird, und Sie als eine Kunstkennerin und Liebhaberin dergleichen Dinge berühmt sind, wird Ihnen in einer Kopie, ins Kleine gebracht, nebst der Romanze auch zugeschickt. Dr. Wolf spielte alle seine Rollen über alle Maßen trefflich und gut, hatte auch Sorge getragen, sich mächtiglich, besonders als Marktschreier, heraus zu putzen. O hätten Ihnen Wünsche nur auf die paar Stunden zu uns zaubern können!

488 Anna Amalia an Frau Rat Goethe *4. November 1778*

... Freund Merck hat recht, daß er darauf bestehet, mit Ihnen, liebe Mutter, zu künftiger Frühjahr hieher zu kommen, sehen Sie die Sache nicht so schwer an, Freund Wolf wünscht es auch, wir haben letzthin recht viel davon gesprochen ...

Thusnelde wird Ihnen die ganze Beschreibung von der Fête, die ich hier gegeben habe, machen, unser Freund Wolf hat die Freundschaft für mich gehabt, alles selber zu ordnen, der Jahrmarkt von Plundersweilern ist herrlich gegangen. Ihr Sohn schicket Ihnen die Abschrift, wie es hier gespielet worden ist, das Gemälde von Bänkelsänger hat Wolf, Kraus und ich gemalt, da ist wieder etwas vor das Weimarische Zimmer.

489 K. Morgenstern: Reisebericht *Juli 1800*

[Nach Falk.] Goethe ließ durch Rat Kraus zum Geburtstage der Herzogin Anna Amalia ein großes Gemälde verfertigen, worauf der Künstler den Unfug des deutschen Parnasses allegorisch abkonterfeite. Goethe als Bänkelsänger erklärte das Gemälde in Gegenwart des ganzen Hofes. – Wieland selbst kommt übel darin weg. Der Titel ist: «*Das Neueste aus Plundersweilern*». Ich las sehr lange Stücke davon in einem Falkschen Memorandenbuch.

490 Frau Rat Goethe an Anna Amalia *30. November 1778*

Daß Ihro Durchlaucht spinnen, freut mich sehr, Frau Aja hat's auch einmal stark getrieben, und kann's noch so ziemlich. An der Spinnerei vom Doktor habe so meine Freude, daß ich ihm ehestens 25 Pfund schönen feinen Flachs zum Geschenk überschicken will.

491 Riemer: Mitteilungen über Goethe *1841*

Gerade um dieselbe Zeit [1778] war es, wo Goethe die ersten Versuche mit Schwimmen anstellte, zuerst im Floßgraben vor seinem Garten, dann in der Ilm selber. Er hatte es früher schon mit einem *Korkwams* versucht, das daher als Gleichnis mehrmals in seinen Schriften vorkommt; nun geschah es ohne dieses Hülfsmittel, und Goethe scheint es sehr weit in dieser Kunst gebracht zu haben. Er badete in jener Zeit überhaupt häufig, sogar des Nachts in der Ilm, meist bei Mondschein, selbst in November- und Dezembertagen; und trieb auch wohl allerlei Neckereien mit den bei nächtlicher Weile Vorübergehenden. So – erzählte er mir – habe er einmal einen Bauer aus Oberweimar, der spät in der Nacht nach Hause zurückkehrend über das Gatter der Floßbrücke steigen wollen, dadurch in Furcht und Schrecken versetzt, daß er in seiner weißen Gestalt mit schwarzem langem Haupthaar, aus dem Wasser auf- und niedertauchend und dabei wunderbare Töne von sich gebend, in jenem Manne die energische Vorstellung einer Ilmnixe erregte, deren Existenz dieser sich nun wahrscheinlich nicht wieder habe ausreden lassen.

1779

492 Herder an Lavater *3. Februar 1779*

Die Herzogin Louise hatte mir befohlen, Dir ihre Entbindung, wenn sie geschehen würde, zu melden. Sie ist heut geschehen, morgens gegen 6 Uhr, mit vieler harter, doch nicht langer Arbeit. Sie hat eine Prinzessin, die Louise Auguste Amalie heißen soll und gewiß morgen getauft wird: ein großes, schönes Kind, und Goethe versichert, daß es gerade die Geniesnase mit breitem Sattel nach Deiner Angabe habe.

493 Anna Amalia an Merck *8. Februar 1779*

Vor einigen Wochen war ich in Leipzig, wo ich meinem Bruder Leopold ein Rendezvous gegeben ... Bei meiner Zurückkunft fand ich den trefflichen Käse, den ich durch Ihre Güte habe. Von dem allgemeinen Beifall, den er findet, kann nur seine schnelle Abnahme zeugen; besonders hat sich Freund Goethe trefflich bene damit getan.

494 Luise v. Göchhausen
an Frau Rat Goethe *12. April 1779*

Daß der Herr Doktor seiner Schuldigkeit gemäß seine treffliche Iphigenie wird überschickt haben, oder noch schickt, hoffe ich gewiß. Ich will mich also alles Geschwätzes darüber enthalten, und nur so viel sagen, daß er [am 6. April] seinen Orest meisterhaft gespielt hat. Sein Kleid sowie des Pylades seins war griechisch, und ich hab ihm in meinem Leben noch nicht so schön gesehn. Überhaupt wurde das ganze Stück so gut gespielt – daß König und Königin hätten sagen mögen: Liebes Löwchen, brülle noch einmal.

Heute wird's wieder aufgeführt, und so herzlich ich mich darauf freue, so glauben Sie mir, daß ich sehr selig sein würde, wenn ich den mütterlichen Herzen meinen Platz geben könnte.

495 Anna Amalia an Frau Rat Goethe 21. April 1779

Die Nachricht, die Sie mir von der Verheiratung der jüngsten Tochter der La Roche mitteilen, ist so wunderbar, daß der Verstand stille steht; ich habe Ihren Brief an Doktor Wolf gewiesen, da das Hofleben ihm aber sehr gesittet gemacht, so knirs[ch]te er nicht mit denen Zähnen, fluchte noch weniger, sondern zuckte die Achseln über das jämmerliche Abenteur …

Der dritte Feiertag ist glücklich vorbeigegangen, wovon Thusnelde Ihnen Beschreibung gemacht hat. Kurz darauf ist es wiederholt worden und mit dem nämlichen Beifall, ich denke, daß er Ihnen das ganze Stück schicken wird, und da werden Sie selbst ersehen, wie schön und vortrefflich es ist und wie sehr seiner würdig. Sie wollen gerne wissen, liebe Mutter, wer meinen Schattenriß gemacht hat? Es ist der Herr Sohn, der es im großen gezeichnet, und sein getreuer Philipp, der es in kleinem fabrizieret hat, das ist das ganze Rätsel.

495 a Ch. W. Hufelands Selbstbiographie

Ich habe nie etwas Schöneres und Vollendeteres gesehen, als ihn [Goethe] den Orestes in seiner Iphigenie darstellen, Corona Schröter die Iphigenie, v. Knebel den Thoas, Prinz Constantin den Pylades. Es war ein echtes Bild des schönsten klassischen Griechentums.

496 Wieland an Merck 5. Mai 1779

Goethe wird Dir wohl machen; er hat wieder was gar Köstliches produziert und ist überhaupt gar lieb und gut seit einiger Zeit. Der Friede macht ihm eben auch wieder Luft ums Herz – denn wir waren hier in einer garstigen Lage.

497 Herder an Hamann 6. Mai 1779

Ich bin vor acht Tagen mit dem Herzog, Goethe und einem Kammerherrn in Jena gewesen und habe mit dem Corpore gesamter Universität gespeiset …

498 Herder an Hamann *17./19. Mai 1779*

Je mehr ich Ihre Sibylle frage und sie mir hie und da näher wird, desto mehr geht mir auf … Goethe dankt sehr. Er hat Ihre Schriften sehr sorgfältig in einer Schachtel und auch an dieser mit großer Lust gesogen.

499 R. F. Graf zu Lynars Tagebuch *19. Mai 1779*

Wir nahmen unsern Abtritt im Elefanten, wo sich alsobald ein Hof-Fourier einfand, der uns nach Hofe einlud, und bald hernach erschien auch zu unserer Bedienung ein herzoglicher mit rotem Sammet ausgeschlagener Wagen nebst zween Lakaien. Weil vor halb zwei bei Hofe nichts zu tun ist, und die Herrschaft erst um zwei zur Tafel gehet, so wendeten wir die übrige Zeit zu Visiten an und legten solche zuerst bei der Ober-Stallmeisterin von Stein ab, einer überaus artigen Frau und großen Freundin der Belle, die sie in Pyrmont kennen lernen und bei ihrer letzten Anhero-Reise auch auf ihrem Gute besuchet. Hier fanden wir auch den berühmten Goethe, welcher, wie bekannt, des Herzogs Günstling und mit dem Titel eines Geheimen Legations-Rats der Zweite in dem Weimarschen Ministerio ist; ein junger wohlgewachsener schmächtiger Mann, dessen Physiognomie nicht unangenehm ist, der wenig sprach und so tat, wie die Höflinge in den Vorzimmern, wenn Fremde hineintreten, zu tun pflegen. Vermutlich hat man seinem weisen Rate das in allen Wirtshäusern angeschlagene Patent zu verdanken, daß von dem bisherigen Kriege bei Zuchthaus-Strafe nicht gesprochen, noch für eine oder die andere Partei eine vorzügliche Neigung geäußert werden, folglich in diesem Stück aller Empfindsamkeit Fesseln angelegt sein sollen.

500 Luise v. Göchhausen an Frau Rat Goethe *21. Mai 1779*

Iphigenia würd doch nun endlich angekommen sein? Wenigstens hab ich den Doktor und Philipp tagtäglich dazu angemahnt …

Wir sind nun wieder seit acht Tagen mit Sack und Pack in unsern lieben Ettersburg …

Gestern hat uns der Herr Geheime Legations-Rat ein Schäferspiel, *Die Launen der Verliebten*, hier aufgeführt, das er in seinen achtzehnten Jahr sagte gemacht zu haben und nur wenig Veränderungen dazu getan. Es bestand nur aus vier Personen, welche der Doktor, Einsiedel, die Fräulein v. Wöllwarth und Mademoiselle Schröter vorstellten. Es ist von einem Akt, mit einigen Arien, welche der Kammerherr Seckendorff komponiert hat. Es wurde recht sehr gut gespielt, und wir waren den ganzen Tag fröhlich und guter Dinge.

501 Karl Lenz: Bericht *1817*

Um meinen kranken Bruder von den Grenzen der Schweiz abzuholen, erhielt ich von Weimar aus der Großmut der weiland verwitweten Frau Herzogin durch Goethe eine bare Geld-Unterstützung, welche, wie mich deucht, an 60 Louisdor betrug ... Dahingegen war mein Abschieds-Wechsel gänzlich ausgeblieben, und ich mußte immer noch alle möglichen Ökonomieen beobachten. Goethe nahm mich übrigens auf seinem Gartenhause sehr gütig auf, und unterhielt sich mit mir bei unserer Promenade in dem Lust-Wäldchen, der Stern genannt, meistens in sehr liebreichem Andenken an Jakob Lenz, und selbst seine Schwächen berührte er nur mit vieler Delikatesse.

502 Luise v. Göchhausen an Merck *26. Juli 1779*

Den Tag Ihrer Abreise [von Ettersburg] trauerte selbst die Natur; die Herzogin war still, und ich blieb allein bei ihr. Goethe hatte mir seinen *Egmont* und die *Vögel* zum Vorlesen da gelassen, aber's wollt's nicht tun.

503 Wieland an Merck *1. August 1779*

Mit Goethen hab ich vergangene Woche einen gar guten Tag gehabt. Er und ich haben uns entschließen müssen, dem Rat May zu sitzen, der uns ex voto der Herzogin von Württemberg für Ihre Durchlaucht malen soll. Goethe saß vor- und nachmittags, und bat mich, weil Serenissimus absens war, ihm bei dieser leidigen Session Gesellschaft zu leisten und zur Unterhaltung der Geister den *Oberon* vorzulesen. Zum Glück mußte sich's treffen, daß der fast immer wütige Mensch diesen Tag gerade in seiner besten rezeptivsten Laune und so amusable war, wie ein Mädchen von sechzehn. Tag meines Lebens hab ich niemand über das Werk eines andern so vergnügt gesehen, als er es mit dem Oberon durchaus, sonderlich mit dem 5. Gesang war, worin Hüon sich von dem kaiserlichen Auftrag verbotenus akquittieret. Es war eine wahre jouissance für mich, wie Du leicht denken kannst. Ein paar Tage darauf gestund er selbst, daß er in drei Jahren vielleicht nicht wieder in diesen Grad von Rezeptivität und Offenheit jedes Sinnes für ein opus hujus furfuris et farinae kommen würde.

504 W. v. Diedes Tagebuch *1.–5. August 1779*

Wir hatten diesmal Gelegenheit, näher mit Herrn Goethe umzugehen, welcher nun anfing, sich mit Geschäften abzugeben, die ihn nachher ins Ministerium gebracht und ihm die Lust gegeben haben, sich in den Adelstand erheben zu lassen; dessen angenehmer und unterrichtender Unterhalt sowie die des gelehrten Wielands und des würdigen Superintendenten Herder und die Gesellschaft unsers Freundes, des Kammerherrn von Seckendorff, unterhielten vorzüglich das Vergnügen des Aufenthaltes an diesem kleinen Hofe.

505 Sophie v. La Roche an Wieland *12. September 1779*

Nun habe ich eine Angelegenheit, die ist, zu hören, wie viel an der Begebenheit mit Woldemars Briefen wahr ist oder nicht, daß unter einem Eichbaume zu Ettersburg etliche davon vorgelesen worden und dann Goethe auf den Baum stieg, eine geistvolle Standrede über das schlechte Buch hielt, und es endlich zur wohlverdienten Strafe und andern zum abschreckenden Beispiele an beiden Enden der Decke an die Eiche nagelte, wo dann eine große Freude über die im Wind flatternden Blätter war.

506 Wieland an Sophie v. La Roche *21. September 1779*

Sie wollen von mir wissen, was an der Begebenheit mit Woldemars Briefen wahr ist oder nicht, nämlich

> «daß unter einer Eiche zu Ettersburg etliche davon vorgelesen worden und dann Goethe auf den Baum gestiegen, eine *geistvolle* Standrede über das schlechte Buch gehalten, und es endlich zu wohlverdienter Strafe und andern zum abschreckenden Beispiel an beiden Enden der Decke an die Eiche genagelt, wo dann eine große Freude über die im Wind flatternde Blätter gewesen».

Ich will Ihnen hierauf die wahrhafteste Antwort geben, die ich geben kann:

> *«Ich weiß nicht, was hieran wahr ist, denn ich war nicht zu Ettersburg, war nicht gegenwärtig, als diese Büberei vorgegangen sein soll.»*

Wäre ich zugegen gewesen, so ist 10 gegen 1 zu setzen, daß es so weit nicht gekommen wäre.

Indessen gesteh ich Ihnen, daß ich zu Weimar im Publico ein paar Tage nachher, als sich jene Begebenheit zugetragen haben soll, davon reden gehört, und von Leuten, die sich einbildeten, ich müßte auch dabei gewesen sein, gefragt worden, ob es wahr sei? Da ich nun meine Unwissenheit bekennen mußte, und die Leute sahen, daß ich würklich gar nichts von der Sache wußte, so erzählten sie mir solche mit allen obenbemeldten Umständen, aber nicht als Augenzeugen, sondern als Leute, die gehört hatten, daß es sich zugetragen haben *sollte*.

Etliche Tage hernach kam ich wieder nach Ettersburg, und *wurde* beim Spazierengehen in den Wald *erinnert*, mich überall umzusehen. Ich erblickte endlich eine in blau Papier geheftete Broschüre, die an eine Eiche genagelt war, ungefähr wie man die Raubvögel an das große Tor an einem Pachthof oder eine gentilhommière anzunageln pflegt. *Was für eine Broschüre* es sei, wollte mir niemand sagen; man überließ es der Schärfe meines Fernglases oder meines Verstandes, es selbst herauszubringen. Wenn ich nun sagte, ich *vermutete*, daß es Woldemars Briefe gewesen, so würde ich so viel als nichts damit sagen; denn Vermutung in solchen Dingen ist Nichts; *für gewiß* kann ich nichts sagen; denn ich konnte nicht sehen, was für ein Buch es war.

Im übrigen sollten Sie und Jacobi Goethen schon von langem her kennen, und wissen, was er fähig ist oder nicht.

ZWEITE SCHWEIZER REISE

507 J.G.Forster an F.H.Jacobi *10.Oktober 1779*

Vor vier Wochen [am 14. September] war Goethe, nebst dem Kammerherrn von Wedel und dem Oberforstmeister von Wedel, bei mir [in Kassel]. Ich soupierte mit ihnen, ohne zu wissen, daß der letztgenannte der Herzog von Weimar wäre. Zum Glück bewahrte mich mein guter Genius, daß ich ihm keine Sottise sagte, wiewohl ich von großen Herren überhaupt mit großer Freimütigkeit sprach. Ich wette, es hat Goethen Mühe gekostet, bei einigen Gelegenheiten über meine Treuherzigkeit nicht loszuprusschen. Den Tag darauf besahen sie den Garten zu Weißenstein; ich sollte die Partie mitmachen, allein ich war zu sehr beschäftigt. In der Zwischenzeit erfuhr ich, daß der Herzog in der Gesellschaft sei. Den andern Morgen kam Goethe wieder zu mir, und der Kammerherr bald hernach, wir gingen zusammen nach dem landgräflichen Kabinett der Altertümer und der Kunstkammer, wohin der Herzog sich nachher auch begab. Ich mußte bei ihnen bleiben und mit ihnen speisen, und gleich nach frühe eingenommenem Mittagsmahl reisten sie davon. Da sich Goethe anfangs nicht genannt hatte, so kannte ich ihn nicht, und – erkundigte mich nach ihm, – bei ihm selbst. Sie kennen ihn, und wissen, was es für ein Gefühl sein kann, ihn kaum eine Stunde lang zu sehen, nur ein paar Minuten lang *allein* zu sprechen und als ein Meteor wieder zu verlieren. Sagen läßt sich das nicht. Von Ihnen haben wir viel gesprochen, er bat mich, Sie recht herzlich zu grüßen. Ist mir recht, so haben Sie bei ihm eine Antwort zugut. Der Herzog hat mir gefallen. Er frug sehr viel, und doch keinmal albern; gewiß, das heißt alles mögliche prästieren.

508 J.G.Forster an seinen Vater *24.Oktober 1779*

Goethe ist ein gescheuter, vernünftiger, schnellblickender Mann, der wenig Worte macht; gutherzig, einfach in seinem Wesen. Pah! Männer, die sich aus dem großen Haufen auszeichnen, sind nicht zu beschreiben. Der Charakter eines Mannes von hohem Genius ist selten wetterleuchtend und übertrieben, er besteht in einigen wenigen Schattierungen, die man sehen und hören muß, aber nicht beschreiben kann. Der Herzog ist ein artiger kleiner Mann, der ziemlich viel weiß, sehr einfach ist und gescheute Fragen tut. Für einen zweiundzwanzigjährigen Herzog, der seit vier Jahren sein eigner Herr ist, fand ich viel mehr in ihm, als ich erwartete. Ich speiste einmal mit ihnen zu Abend, ohne daß ich den Herzog kannte, der sich für einen Oberforstmeister von Wedel ausgab; daher sprach ich unbefangner, als ich sonst getan hätte, und ohne Zweifel war ihnen das lieb. Des andern Tages sah ich sie nicht, sie besuchten den Weißenstein, wohin ich sie, Geschäfte wegen, nicht begleiten konnte. Den folgenden Morgen sahen wir das Museum zusammen, und ich aß mit ihnen zu Mittag. Dann reisten sie nach Darmstadt ab.

509 J.G.Forster an F.H.Jacobi *2.November 1779*

Ich habe Goethen gesehen, aber nicht genug, um ihn zu kennen. Sein Freund Behrisch in Dessau hat mir seine ausgelassene Laune nicht verhehlt, ich aber habe ihn nicht darin gefunden. Hier war er ernsthaft, machte wenig Worte, frug mich wegen der Südländer, über deren Einfalt er sich freute, und hörte die meiste Zeit zu, da mich der Herzog befragte, in dessen Gegenwart wir uns fast immer nur gesehen haben. Hätte ich vermuten können, ja nur geahndet, daß Goethe Ihnen, mein Bester, so lieblos und ungerecht begegnen könnte, ich hätte doch auf meine und seine Worte besser acht gegeben. Allein ich habe auch nichts gemerkt, das Unbilligkeit gegen Sie verraten hätte. Als ich Ihnen schrieb, *wir* hätten viel von Ihnen gesprochen, sollte ich eigentlich gesagt haben, *ich* habe viel von Ihnen gesprochen; ich sprach von der Art, wie wir bekannt wurden, wie sich Ihr Herz mir öffnete, wie lange ich bei Ihnen blieb und wie ungern ich Sie verließ. Es war, indem wir aus des Landgrafen Antiquitätensammlung in den Gasthof zurückgingen. Der Herzog war mit jemand andern einige Schritte voraus. Goethe hörte mir mit Teilnehmung und in Gedanken zu. Ich erzählte, daß Sie mir aus Woldemar vorgelesen hätten, und sagte, was mein Herz mir eingab. Ganz lakonisch gab er zuweilen ein «ja» drauf, welches meinem Urteil seinen Beifall zu erteilen schien. «Der erste Teil ist nunmehr gedruckt», sagte er. Auch sind, erwiderte ich, vom zweiten Teile Bruchstücke im Museum erschienen. – «Daß er doch nicht hat warten können!» rief er aus; «warum Bruchstücke? Konnt' er's nicht ersparen, bis der zweite Teil ganz fertig gewesen wäre?» – Ich sagte etwas Gleichgültiges dazu, mich dünkt, daß doch manchem die Stücke schon viel Freude gemacht hätten. Wir hatten eben den Gasthof erreicht. – Er hatte nur noch Zeit, zu fragen, ob ich kürzlich Briefe gehabt, und bald an Sie schreiben würde? Ich sollte Sie doch von ihm grüßen. Nun speisten wir mit dem Herzoge, und kaum war das Mittagsessen verzehrt, so fuhren sie ab. Fast sein Letztes war, den Gruß an Sie zu wiederholen. Er nannte Sie noch immer Fritz.

510 W. Tischbein an Merck *23. Februar 1782*

Goethe hat anjetzo das Porträt des Prinzen Constantin von Weimar; wenn er aber nicht weiß, auf was Art und in wie kurzer Zeit es gemacht ist, so wird er keine gute Meinung von mir haben. Ich habe es in Einem Tag gemacht ... Die Farben mit einem Strich hinsetzen, ist die rechte Art, denn wenn man sie lange mit dem Pinsel hin- und hertreibt, so werden sie schmutzig und matt. Das ist auch Goethes Meinung; so ist mir erzählt, daß er es gesagt, als er die Kasselische Galerie besah.

511 Freiherr v. Truchseß an Caroline v. Wolzogen *12. Mai 1822*

... mit eben dem Feuer, mit welchem ich als zwanzigjähriger Bursche bei dem Elefanten in Kassels Menagerie zu Goethe sprach: «Sie sind Goethe, mein Goethe!» so spreche ich jetzt zu meiner Wolzogen ...

512 A. von Binzer: Die Bettenburg 1835

[Unterhaltung des Erzählers mit dem alten Freiherrn von Truchseß.] Ich fragte nur: «So haben Sie Goethe früher gekannt?» – «Sehr genau», erwiderte er; «lassen Sie sich erzählen, wie unsere Bekanntschaft anhub. Ich hatte Goethe noch nie gesehen, als sein Götz von Berlichingen erschien; aber dieses Werk begeisterte mich für den Dichter ... Ich lebte damals in Kassel, und, Sie mögen mir's glauben, ich war ein ganzer Kerl, ein Vierziger, und so viel meine alte Bettenburg deutscher und stämmiger ist, als unsere jetzigen papiernen Häuser, um so viel mochte ich im Äußern meinen Ahnen ähnlicher sein, als es die Söhne unsrer Zeit gewöhnlich ihren Voreltern sind. Kurz, meine Freunde, mit denen ich an demselben Gasttische zu speisen pflegte, meinten, ich sähe aus wie der Götz, und gewöhnten sich bald, mich kurzweg so zu nennen. Es schmeichelte mir doch ein wenig, wenn ich schon weiß, daß ich kein Götz bin. Eines Tags nun kam Goethe nach Kassel und aß an demselben Tische zu Mittag, ohne von irgend einem der Gäste gekannt zu sein. Da ruft sein Nachbar zu mir hinüber: ‹Götz! wann sitzest Du auf, um nach der Burg zu reiten?› – ‹Heißt der Herr da Götz?› fragte Goethe. ‹Nein›, antwortete mein Freund, ‹er heißt nicht so, aber er sieht so aus, darum nennen wir ihn so.› – ‹Wieso?› – ‹Kennen Sie denn nicht Goethes Götz von Berlichingen?› – ‹Meinen Sie den!› rief Goethe, ‹da haben Sie recht, so sah er wirklich aus.› – ‹Sind Sie der Graf Saint-Germain›, sagte mein Freund lachend, ‹daß Sie ihn persönlich gekannt haben?› – ‹Wie sollte ich ihn nicht gekannt haben?› sagte Goethe, ‹habe ich ihn doch gemacht.› Mein Freund prallte ein wenig zurück, denn er hätte sich's eher einfallen lassen, daß es bei dem fremden Herrn rapple, als daß es Goethe selbst sei. Als es aber endlich an den Tag kam, da führte er ihn jubelnd zu mir und sagte: ‹Ihr beide müßt Euch lieben.› – O hätten Sie Goethe damals gekannt! das frohe, frische Leben in schönster Form, unerstarrt vom Frost der Welt, hinreißend geistreich, nicht eingezwängt in die lähmenden Bande des Hoflebens, unbesudelt vom Schlamm der Gemeinheit!»

513 Carl August an seine Frau *19. September 1779*

Guten Morgen, liebe Frau, seit gestern abend bin ich hier [in Frankfurt], und in Goethens Haus. Seine Mutter ist eine ganz treffliche Frau, voll Liebe und Größe.

514 Carl August an seine Mutter *19. September 1779*

Beste Mutter, es ist aus Goethens Haus, den ersten Morgen, den ich daselbst zubringe, daß ich Ihnen schreibe. Goethens Mutter ist eine herrliche Frau. Ich freue mich erstaunlich, sie zu kennen.

515 Frau Rat Goethe an Anna Amalia *24. September 1779*

Der 18. September war der große Tag, da der alte Vater und Frau Aja denen seligen Göttern weder ihre Wohnung im hohen Olymp, weder ihr Ambrosia noch Nektar, weder ihre Vokal- noch Instrumental-Musik beneideten, sondern glücklich, so ganz glücklich waren, daß schwerlich ein sterblicher Mensch jemals größre und reinere Freuden geschmeckt hat als wir beide glückliche Eltern an diesem Jubel- und Freuden-Tag. – Niemal hat mich mein Unvermögen, eine Sache gut und anschaulich vorzutragen, mehr belästig[t] als jetzt, da ich der besten Fürstin (von der doch eigentlich alle diese Freude ausgeht, die doch eigentlich die erste Ursach aller dieser Wonne ist) so recht aus dem Herzen heraus unsere Freude mitteilen möchte. – Es gerate nun, wie es wolle, gesagt muß es nun einmal sein.

Ihro Durchlaucht, unser gnädigster und bester Fürst, stiegen (um uns recht zu überraschen) eine Strecke von unserm Hause ab, kamen also ganz ohne Geräusch an die Türe, klingelten, traten in die blaue Stube usw. Nun stellen sich Ihro Durchlaucht vor, wie Frau Aja am runden Tisch sitzt, wie die Stubentüre aufgeht, wie in dem Augenblick der Häschelhans ihr um den Hals fällt, wie der Herzog in einiger Entfernung der mütterlichen Freude eine Weile zusieht, wie Frau Aja endlich wie betrunken auf den besten Fürsten zuläuft, halb greint, halb lacht, gar nicht weiß, was sie tun soll, wie der schöne Kammerherr von Wedel auch allen Anteil an der erstaunlichen Freude nimmt. – Endlich der Auftritt mit dem Vater, das läßt sich nun gar nicht beschreiben – mir war angst, er stürbe auf der Stelle, noch an dem heutigen Tag, daß Ihro Durchlaucht schon eine ziemliche Weile von uns weg sind, ist er noch nicht recht bei sich, und Frau Aja geht's nicht ein Haar besser. – Ihro Durchlaucht können sich leicht vorstellen, wie vergnügt und selig wir diese fünf Tage über gewesen sind. Merck kam auch und führte sich so ziemlich gut auf, den Mephistopheles kann er nun freilich niemals ganz zu Haus lassen, das ist man nun schon so gewohnt. Wider alle Gewohnheit waren dieses Mal gar keine Fürsten und Fürstinnen auf der Messe, das war nach unsers teuresten Herzogs Wunsch, Sie waren also gar nicht geniert. – Am Sonntag gingen Sie in ein großes Konzert, das im Roten Haus gehalten wurde, nachdem in die Adlige Gesellschaft ins sogenannte Braunenfels, Montags und Dienstags gingen Sie in die Komödie, Mittwochs um 12 Uhr mittags ritten Sie in bestem Wohlsein der Bergstraße zu, Merck begleitete Sie bis Eberstadt. Was sich nun alles mit dem schönen Kammerherrn von Wedel, mit dem Herrn Geheimden Rat Goethe zugetragen hat, wie sich unsere hochadlige Fräulein Gänsger brüsteten und Eroberungen machen wollten, wie es aber nicht zustande kam und dergleichen mehr, das verdiente nun freilich hübsch dramatisiert zu werden.

516 Frau Rat Goethe an Anna Amalia *8. Oktober 1779*

Häschelhans habe ich zu seinem Vorteil sehr verändert gefunden, er sieht gesunder aus und ist in allem Betracht männlicher geworden, sein moralischer Charakter hat sich aber zu großer Freude seiner alten Bekannten nicht im geringsten verschoben – alle fanden in ihm den alten Freund wieder – mich hat's in der Seele gefreut, wie lieb ihn alles gleich wieder hatte – den Jubel unter den Samstags-Mädel, unter meiner Verwandt- und Bekanntschaft, die Freude meiner alten Mutter usw., wie alle Welt nun auch des Goethe seinen Herzog sehen wollte, wie meine Wohnstube immer voll Menschen war, die mit Schmerzen warteten, bis Ihro Durchlaucht die Treppe herunter kamen – wie der beste

Fürst voll Freundlichkeit in die Stube trat, sich von allen beschauen ließ, mit einem und dem andern redete, wie alle Anwesende froh und fröhlich waren usf. Eine Chronik müßte ich schreiben, und keinen Brief, wenn ich Ihro Durchlaucht das alles berichten wollte, was sich in den fünf glücklichen Tagen bei uns zugetragen hat – es waren eben Feier- und Freuden-Tage, deren uns Gott mehrere gönnen wolle.

517 Carl August an seine Frau *29. September 1779*

... wir wanderten durch die Bergstraße nach Heidelberg. Unterwegs, um ehr nach Heidelberg zu kommen, nahmen wir einen Lehnwagen mit zwei Sitzen, und Goethe kampierte auf den estrapontain [estrade pontée?]. Ein vortreffliches Fuhrwerk. Auf den Heidelberger Schloß brachten wir den ganzen Nachmittag zu, Goethe zeichnete, und ich kroch in den alten schönen Trümmern herum. Es ist vortrefflich schön.

518 K. Ch. Gambs an F. L. Weyland *1790*

Daß Sie gut mit Goethe stehen, freut mich. Wenn er sich des Jünglings noch erinnert, der im Sommer 1779 mit ihm an einem schönen Morgen [am 26. September] von Sesenheim nach Drusenheim ritt, so sagen Sie ihm, daß ich ihn grüße, und daß kraft meines Entschlusses, den er damals bestritt, wirklich ein Pfarrer aus mir worden ist, dessen Theologie eben nicht weit her ist, dem's aber wohl tut, wenn er eine Träne trocknen, oder an eines Frohen Freude teilnehmen kann.

519 Carl August an seine Mutter *29. September 1779*

Wir sind, liebste Mutter, nun seit vorgestern abend hier [in Emmendingen], in den Hause von Goethens Schwager, den Hofrat und badenschen Oberamtmann Schlosser. Wir rasten heute noch, und morgen geht es auf Basel, welches zwölf Stunden von hier ist... Sowohl er [Wedel] als Goethe empfehlen sich. Goethe hat sich zwar selber schriftlich herausgenommen, dieses zu tun, indessen tut die Wiederholung nichts.

520 J. G. Schlosser an Merck *14. Oktober 1779*

Daß der Herzog von Weimar, Goethe und Wedel bei uns waren, werdet Ihr von der guten Frau Aja gehört haben. Ich habe mich Goethes wieder sehr gefreut. Des Herzogs auch um beider willen. Auch Wedels. Das ist ein reiner gerader Mann, der uns sehr lieb worden ist. Der Herzog verdient Goethen zu haben, und Herzog zu sein.

521 Johanna Schlosser an F. H. Jacobi *31. Oktober 1779*

Goethe sagte mir gleich eine halbe Stunde nach seiner Ankunft von Deinem Briefe an ihn, den er in Frankfurt erhalten hätte, und was Du ihm darinnen vorwirfst; nämlich Dinge, die durch den Weg der schändlichen Klatscherei Dir endlich zu Ohren gekommen sind. Er erzählte offenherzig den ganzen Verlauf: daß er manche mutwillige Parodien, nicht geschrieben, aber mündlich über Deinen Woldemar geschwatzt habe. Sagte: so schöne Dinge, so viel großer herrlicher Sinn auch darin sei, so könne er nun einmal für sich das, was man den *Geruch dieses Buchs* nennen möchte (anders wisse er sich nicht auszudrücken) nicht leiden. Auch habe er, wie lieb Du ihm seist und wie ungerne er Dir etwas zuleide sagen oder tun möchte, dem Kitzel nicht entgehen können, das Buch, zumal den *Schluß* desselben, so wie es ihm einmal aufgefallen sei, zu parodieren, nämlich, daß Woldemarn der Teufel hole. Man dürfe nur ein paar Zeilen ändern, so sei es unausbleiblich und nicht anders, als der Teufel müsse ihn da holen. Er sprach mit ganz arglosem Wesen davon, und suchte mir zu bedeuten, was dergleichen launichtes Getreibe, in ihm, für eine abgesonderte Sache sei etc. Er schwur darauf, daß er wünschte, Du wärest mit zugegen gewesen. Du selber hättest mit eingeschlagen, mutwillig im Abstrakten die Sache einmal zu nehmen. Nur möchte er sich nicht gerne schriftlich in dergleichen Explikationen einlassen, besonders nach dem, worauf *Dein Brief* gestellt wäre. Doch schrieb' er Dir vielleicht, vielleicht noch bei mir. Ich bestand darauf, es sei Pflicht, er müsse, – das geschah nun freilich nicht. Indessen schien ihm Dein Verdruß über die Sache aufrichtig leid zu sein. Wie peinlich diese Neuigkeiten für mich waren, kannst Du denken. Goethe kann gut und brav, auch groß sein, nur in Liebe ist er nicht *rein* und dazu würklich nicht *groß genug*. Er hat zu viele Mischungen in sich, die wirren, und da kann er die Seite, wo eigentlich Liebe *ruht*, nicht blank und eben lassen. Goethe ist nicht glücklich und kann schwerlich glücklich werden.

522 W. G. Becker an Wieland *13. November 1779*

Von Goethen habe ich hier [in Basel] die angenehme Nachricht gehört, daß wir von Ihnen wieder eine sehr schöne Erzählung zu gewarten haben.

523 Carl August an seine Frau *18. Oktober 1779*

Den Nachmittag, da wir [in Bern] angekommen waren [am 15. Oktober], ward auf die Promenade gegangen, wo wenige Leute waren; überhaupt ist Bern jetzt sehr leer, weil alles noch auf den Lande ist. Ich ging mit Wedeln spazieren, und begegneten Goethen, welcher mit des Schultheiß Sinners Sohne angestiegen kam. Dieser gesellte sich zu uns, führte uns auf die remparts, und aß bei uns zu Nacht.

524 N. A. Kirchberger an Lavater *20. Oktober 1779*

Mit Goethe habe eine interessante Unterredung von 1½ Stunden auf dem Lande ganz allein gehabt. Ich berührte einige von seinen Saiten, die mit den meinigen übereinstimmten, hierauf blitzte er mit eigenen Begriffen um sich her, die aufeinander folgten wie Wetterleuchten an einem Sommerabend. Ich konnte ihm mein Herz über die wichtigsten Gegenstände öffnen – er ist aber nur Goethe, wenn man ihn allein hat. Bei seinem Fürsten ist er ein ganz anderer Mann.

525 N. A. Kirchberger an Lavater *27. Oktober 1779*

Goethe verursachte mir viel Vergnügen, beim Anlaß meiner herzlichen Abneigung gegen die Berliner haben wir von Religion gesprochen, er ist über die gewöhnlichen Vorurteile so weit hinweg gesetzt, daß er sogar eine besondere Hochachtung für Personen trägt, die vom gemeinen Haufen der Gelehrten und Ungelehrten verachtet sind, und die ich äußerst hochschätze. Wir sprachen auch von der Macht der menschlichen Seelen, nicht nur in Rücksicht ihrer Größe, sondern infolg eines wirklichen Ausflusses, der in die Umstehenden auch ohne ein Wort zu sprechen wirkt; hierüber war er zu meiner Verwunderung auch meiner Meinung, so daß bei dieser Übereinstimmung, die ich wirklich in seinem Innersten antraf, ihm alle meine Gedanken aufschließen konnte. Er war auch so gefällig, mir seine Art mitzuteilen, wie er an einem Gegenstand arbeitet – wie außerordentlich lang er solchen in seinem Busen wärmt, bis er ihn der Welt darstellt – dies ist auch das Mittel, um sein ganzes Zeitalter mit sich fortzureißen. Sein Fürst, der völlig an ihm hängt, ist ein gütiger bescheidener, seine eigene Würde fühlender, über alle Schmeichelei hinweg gesetzter Herr, der, obschon noch jung, gewiß nicht ohne Kenntnisse ist; nach dem ersten Eindruck, den er auf Sie vielleicht machen wird, müssen Sie nicht schließen. Goethe beim Herzog ist ein ganz anderer Mann – weil das Regime für den Herzog nicht das gleiche sein kann wie für Sie oder jemand anders insbesonders – dies wird noch komplizierter, wenn Fremde gegenwärtig sind. Wenn Sie Goethe sehen, so melden Sie ihm, daß ich oft mit vielem Vergnügen an ihn denke.

526 J. S. Wyttenbach an J. Hermann *26. Oktober 1779*

Goethe hat mich auch mit einem sehr freundschaftlichen Besuche beehrt und mir einen ganzen Vormittag geschenkt.

527 H. Funck: Frau v. Branconi, Goethe und Lavater *1914*

Am Abend des 22. Oktober 1779 sah und sprach Goethe die schöne Frau [Marie Antoinette von Branconi] zum erstenmal. Tags darauf ließ sie ihm durch Mattei sagen, wenn er noch eine Stunde sie sehen könnte, würde es ihr recht sein. Goethe blieb bei diesem zweiten Besuche zum Essen. Was er und Branconi über Tisch miteinander sprachen, hat Mattei aufgezeichnet. Nach diesen (ungedruckten) Aufzeichnungen war der Inhalt des Gespräches im wesentlichen folgender: Goethes und des Herzogs von Weimar vielbesprochene enge Vertraulichkeit veranlaßte Matteis Gebieterin, ihren Gast zu fragen, woher es käme, daß ein Fürst Munterkeit und Vertraulichkeit kennte. Goethe sagte u.a., es gebe Leute, besonders die Fürsten, mit denen man immer in gleicher Linie gehe, aber dazwischen bleibe stets ein Graben, über den man nicht hinüber könnte. Ferner: bei gewissen Menschen wollte ihm die Sprache nicht fort; man hätte sogleich ausgeredet, man könnte nicht anhaken. Goethe kam auf Zimmermann in Hannover zu sprechen, mit dem er nicht zusammengehen könnte, wegen des Gemisches von Schwäche und Stärke, das er nicht liebe. Er könnte den Poltron in nichts ausstehen – item auf die unglückliche Gewohnheit, Wohltaten ausüben zu wollen, indem man andere in Kontribution setzt. Wenn ich nicht selbst Wohltaten erweisen kann, sagte Goethe, bin ich nicht bestimmt, Wohltaten zu erweisen. Des weiteren redete Goethe von dem fürtrefflichen Menschen Herder, dessen würdevolles Amt nicht litt, dem heitern Welttreiben der Weimarer Gesellschaft teilnehmend sich hinzugeben. Goethe sprach von der Art, sich in Weimar die Zeit zu vertreiben, die doch einmal müßte vertrieben werden – von der Glückseligkeit des Schlafs, wo er jederzeit völlig ausruhe – vom Kaffee und dessen unbarmherziger Verdauung. Er erzählte von seiner Reise mit dem Herzog, vom Staubbach bei Lauterbrunnen, angesichts dessen sein «Gesang der Geister über den Wassern» entstanden. Der Staubbach im Lauterbrunner Tal wäre ihm das höchste Ideal der Ruhe, sein Fall und Wasserstaub hätte ihn mit einem seligen Gefühl überfallen; überhaupt wenn der Mensch sich nur stets der Ruhe überließe, würde er alles in der Natur ansehen, wie Natur es gibt. – Es kam das Gespräch auf Lavater; Goethe sagte, er wäre in seiner Art der einzige Mann. Von dem Fürsten von Dessau ward gesprochen, auf den Carl August unter allen seinen fürstlichen Bekannten am meisten hielt; Goethe sagte: man vermutet nicht in dieser langen Figur mit schwarzen Haaren die sanfte Seele, wenn nicht sein Auge eine gewisse Schwermut verkündigte. Darauf unterhielt man sich darüber, warum Schwermut so sehr gefalle, warum Traurigkeit so sehr einnehmend sei. Doch nur für diejenigen, bemerkte Goethe bedeutsam, die selbst dieses Labsal mit sich in ihrem Busen herumtrügen. Branconis Charakter neigte zur Schwermut, und von Goethe wissen wir, daß auch ihm, dem Lebensfrohen, vermöge der wunderbaren Mischung seiner Natur die trübsinnige Melancholie nicht fremd war.

Im Weggehen sagte Goethe zu Mattei: «Ich danke Ihnen, und sagen Sie ihr, ich danke ihr für das Gute, das ich bei ihr genossen habe. Es ist eine treffliche Frau von Geist und Verstand. Nun sehe ich ein, warum Sie, Mattei, niemand in Lausanne kennen wollen. Jesus! Was könnte diese Frau aus einem machen!»

528 Carl Augusts Reisetagebuch *30. Oktober 1779*

[Genf.] Abends las mir Goethe das Buch der Richter und Ruth vor. Sehr schön gestimmt.

529 Carl Augusts Reisetagebuch *1. November 1779*

Goethe aß bei der Madame van der Borch und fuhr mit ihr den Nachmittag zu Monsieur Huber und brachte von ihm den Abend zwei Radierungen mit ... Um 7 Uhr kam der Maler Juel und fing an, Goethe mit Bleistift zu zeichnen.

530 Carl Augusts Reisetagebuch *2. November 1779*

Juel endigte Goethens Bild, es ist, dünkt mir, sehr gut geraten.

531 Merck an Anna Amalia *19. November 1779*

Ich danke Ew. Durchlaucht untertänigst für die Schrift aus der Calcographia prohibita. Ich möchte aber all den beißenden Witz und die treffende Anspielungen an Meister Fritz [Jacobi] nicht verraten, der ohne das schon von der geschehenen Exekution in Ettersburg wohl instruiert ist.

Von den Herren Reisenden habe ich die Zeit über auch gute Nachrichten erhalten. Goethe hat sich bei meinen Alten brav aufgeführt, und mein Schwager hat die Ehre gehabt, den Herzog einige Tage auf den Gebürgen herumzuführen. Von des Herzogs Herablassung und Güte ist jedermann außerordentlich gerührt, und mein Schwager spricht von dem Baron Wedel wie ein Amant, ganz im romantischen Ton, wie er sich nicht von ihm trennen könne, 160 Meilen weit von ihm leben werde usw. Da sie nun zu den Glaciers in Fautigny sind, so wird die Ankunft allhier wenigstens vor Ende des Monats nicht erfolgen.

532 Carl Augusts Reisetagebuch *7. November 1779*

Endlich nach St. Maurice... Mit Goethen nach einer Kirche, welche über 200 Fuß hoch im Felsen steht und groß ist, nebst einer Einsiedelei gestiegen, auf Treppen in Marmorfels gehauen, nebst einer Brustlehne. Nach Martinach wieder geritten.

533 Carl Augusts Reisetagebuch *8. November 1779*

Zu Fuß bis Seiders oder Siers [Sierre]. Drei Stunden bei schöner Sternhelle. Mit Goethen recht hübsch Geschwätz.

534 Carl Augusts Reisetagebuch *9. November 1779*

Goethe und ich zu Fuß, der Wedel blieb in Seiders, weil in Leuk die Pferde kein Futter haben ... In Leukerbad bei einen sehr braven, äußerst honett dienstfertigen Manne eingekehrt, mit Namen Braun ... Goethe hat eine hübsche Idee von Entstehung der breiten Täler wie Wallis, Chamounix und dergleichen; er meint nämlich, daß sie sonst enge Schluchter gewesen sind, in erstaunlich langer Zeit aber durch die Wasser immer nach und nach zugefüllt worden, und daher dadurch, daß sie zwischen den Bergen höher gekommen, und sich den Auseinanderstehen derselben mehr genähert haben, die Breite erlangt haben. An den meisten Felsbergen, zumal hier, sieht man es deutlich, indem unter denselben Berge von guter Erde aufgeführt sind, welche von ihnen ist abgespült worden, und sie stehen kahl.

535 Bodmer an Schinz *23. November 1779*

Gestern, den 20. [!] November ein wenig nach 9 Uhr bracht Lavater Weimarn und Goethen mit noch einem Edelmann [am Rand: Und sonst keiner von denen, die wir hier haben] zu mir. Der Herzog sagte gleich, daß er käme, den Vertrauten Homers zu begrüßen. Goethe küßte mich, fragend, ob ich Goethen noch kennte. Beide sagten mir viel Fleurettes über meinen Homer. Goethe: er sei ihr Reisegefährte; er habe die Odyssee ex professo auf dem Lemanischen See gelesen, sich mit Ulysses auf die Beschwerden in den Alpen und der glaciers zu stärken. Auf den Alpen habe er den Homer den Alpinern vorgelesen. Er [am Rand: Herr von Wedel, des Herzogs Günstling] lasse sich laut vorlesen. Erst itzt habe man ihn, und wisse, was er sei. Leute von allen Ständen und jedem Alter können ihn verstehn. Man müsse Griechisch können, Stolbergs Homer zu verstehn. Der Herzog fragte, wie lange ich daran gearbeitet habe. Ich sagte: nicht achtzig Jahre, wie jemand gesagt hätte, aber wohl sechzig Jahre hab ich mit ihm Bekanntschaft gehabt ... Ich hoffete, der Herzog habe auf den glaciers ebenso wenig gefroren, als ich bei meinem Homer ... Stolbergs Ilias und die Abschrift des Gedichtes von den Nibelungen lagen auf meinem Pult. Ich sagte, Goethe möchte mir Zeugnis geben, daß ich in Stolbergs Ilias studierte; ich könnte ihn doch nur per intervalla lesen, er schlüge mich zurücke. Der Graf müsse mir dieses verzeihn, wie ich ihm verzeihe, wenn mein Homer ihn, oder er selbst diesen hinter sich würfe. Es sei natürlich, daß der meine ihn so wenig annehme [einnehme?], als der seine mich ... Warum hat Klopstock sich nicht an Homer gemacht, der Mann war dafür nicht zu groß, der so klein war, für seine Zesianische Rechtschreibung in Enthusiasm zu kommen ... Goethe sagte: Klopstock habe eine Buchdruckerei; er möchte durch seine chimärische Orthographie die schon gedruckten Bücher unnütze machen, damit er sagen könne, er drucke nur ungedruckte Bücher. Lavater sagte, Klopstock sollte die Pension von dem Markgrafen nicht mehr annehmen, nachdem er nicht in Karlsruhe leben wollte. Goethe, mit einiger Wärme: er wäre so gewohnt genug, daß man Pensionen in der Entfernung nehme. Der Markgraf habe Klopstock mit Etikette und mit Aufwartungsdiensten exzediert, daß es jedem braven Mann unausstehlich sein würde. Er verwunderte sich, da wir ihm sagten, daß Klopstock ein Verlangen habe, ein Bürger in Zürich zu werden ... Die Rede fiel auf die Poeten des altschwäbischen Zeitpunkts. Ich lachete, daß Klopstock dem deutschen Vaterlande mit der skaldischen verlornen Poesie Ehre machen wollte, und die alemannische darüber verkennete. Dann bat ich den Herzog, daß er Veldigs Äneas, der in der Sachsen-Gothaischen Bibliothek liegt, vor dem Untergange retten möchte. Lavater schrieb es auf Goethens Tabletten. Ein Kupferstich von J. J. Rousseau hängt an der Wand meines Zimmers. Lavater sah den großen Mann an den Zügen, doch kannte er einen andern Stich, welcher noch stärker spräche. Ich sagte, Rousseau würde itzt wohl an einem kühlern Platz sein als Voltaire; ich fürchte sehr, dieser brennete. Lavater warnete mich, daß ich nicht verdammen sollte ... Ich klagte über die Barbarei der Abtei St. Gallen, und Goethe erzählte mit Wärme von einem Griechen, der gewußt habe, daß in einer Klosterbibliothek eine alte griechische membrana lag, die Bücher seien in einem Chaos gelegen, mit Not haben die Mönche ihm erlaubt, sie zu erlesen, aufzustellen und zu katalogisieren. Und so habe er den Code aufgespürt. Als wir standen, stellte Lavater Goethe vor mich und sagte, ich solle die Augbraunen, die Stirne, den Mund (alles in seinen Kunstwörtern) begucken, ob ich darin nicht einen bösen Menschen erblicke. Ich gab die Antwort: ich sehe da nichts Fürchterliches, ich hielt ihn doch für tapfer, und ich freute mich, den tapfern Mann zum Freunde zu haben. Zuweilen geschähen mir Unfugen, die mir einen Beschützer notwendig machten. Goethe solle mein Ritter sein. Der Herzog redete viel, ganz sanft und vertraulicher als einer unserer Zunftmeister, Goethe weniger und ernsthaft ... Ich sagte zu Lavater, er würde sie doch auch zu Herrn Chorherr Geßner führen. Goethe fuhr auf: Zu Geßner! Lavater:

nicht zu dem Poeten, zu dem Physikus. Von der Noachide, der Calliope ward kein Wort gehört. Das verdroß mich ein wenig, doch machte es mir den Geschmack dieser Herren verdächtig. Ich habe ihnen auch gesagt, daß ich viel Dinte vergossen habe, doch nicht in der ersten Begierde nach großem Namen, mehr zur Beschäftigung; man habe in achtzig Jahren viele unbeschäftigte Stunden. Also hab ich meinen Lohn empfangen. Wenn meine Werke doch nützeten oder belustigten, so hab ich keine hörnene Fibern, daß es mir nicht Freude mache. Es war nicht weit von 11 Uhr, als sie von mir schieden. Sie gingen in der Fortifikation nach dem Wolfbache. Abends desselben Tags schickte ich Herrn Lavater, ihnen zu übergeben: Apollons Argonautica dem Herzog; die literarischen Nachrichten und Evadnen und Kreusa Goethen. Auch erwähnte dieser nicht mit einer Silbe der politischen Dramen, die ich ihm im Sommer 1776 zugefertigt hatte.

536 Bodmer an Schinz *27. November 1779*

Gestern nach 11 Uhr kam der Herzog nochmals zu mir und sagte mir, daß er die Argonautica mit großem Vergnügen gelesen. Er war mit Goethen voll Dankes ... Campens Robinson lag auf dem Pult, ich ließ merken, daß ich wenig daraus machete, und mehr tadeln würde, wenn ich nicht fürchtete zu beleidigen. Goethe sagte, daß ich mich nicht scheuen dürfte; also sagte ich, daß Campe den Kindern kaum mehr als eine Wissenschaft von Wörtern beibrächte usw. Von Wieland, Klopstock, Stolberg ward nicht gedacht. Ich gab Goethen das Denkmal König aufgerichtet, nett ins reine geschrieben, aber bat ihn, es für sich im Pult zu bewahren. Er nahm es mit Empfindsamkeit an, und schob es in den Busen. Dann bat ich, Herrn Lavater vorzustellen, daß er sich durch unaufhörliches Kanzelbesteigen, oft vom Pfade auf die Kanzel, den Körper vor der Zeit abnutzete; bei mehr Langsamkeit und Ausruhen würde er mehr Jahre leben und mehr ausrichten. Goethe sagte, daß Lavater einmal so gemacht sei. Das war schier alles, was er redete. Aber er bestätigte mein Geschwätze mit Zuwinken und stillem Bejahen. Sie hatten Sulzers Biographie gesehn, aber nicht gelesen, und schwiegen von Sulzer. Es ist niemand zu mir gekommen, der mir gesagt hätte, was sie in diesen acht Tagen für Besuche gemacht und womit sie sich beschäftiget haben.

537 Carl August an seine Frau *29. November 1779*

Bodmern habe ich in seinen 81. Jahre sehr munter und gut gefunden. Er hat uns viele seiner neueren Schriften gegeben, welche ziemlich unlesbar sind. Die Einteilung dieses Geschenks hat er auf eine wunderliche Art gemacht. Mir hat er seine Übersetzung der Argonauten von Apollonius, Goethen eine kleine Broschüre, und Wedeln alle seine neueren sogenannten *Politischen Schauspiele* geschenkt ... Lavatern sehe ich, wie ich schon gesagt habe, viel ... Sein Verhältnis zu Goethen ist äußerst schön; sie lieben sich außerordentlich und verstehn einander, ohngeachtet sehr voneinander unterschieden, in die tiefsten Falten von Gefühlen und Begriffen.

538 Carl August an seine Mutter *29. November 1779*

Neulich habe ich auch den sogenannten philosophischen Bauer kennen gelernt, er heißt Kleinjogg ... Goethe und Wedel, welche sich Ihnen empfehlen, haben die Nacht bei ihm zugebracht, ich kehrte aber mit Lavatern nach Haus.

539 D. Heß an Goethe *9. November 1820*

[Beckenhof] Landgut an der Schaffhauserstraße, wo die Gesellschaft, welche zu Kleinjogg (dem philosophischen Bauer) fahren wollte, aus dem Wagen stieg, weil Lavatern übel geworden; wo der Herzog sich mit einem Sprung aus dem Bereiche des nach ihm schnappenden Kettenhundes retten mußte; wo einer der Begleiter des Herzogs, ein schlanker lebhafter Mann, mit auffallender Behendigkeit alle die vielen Schneckengänge eines Blumengartens hinter dem Hause durchlief, um alle vorhandenen Pflanzen zu mustern, und wo Schreiber dieses, als neunjähriger Knabe, der wenige Tage zuvor über Erwins und Elmirens Wiedervereinigung Tränen aufrichtiger Teilnahme geweint, dem fremden lebhaften Herrn, aus dem Fenster der Kinderstube, wie einem Götterboten nachstaunte, als ihm seine ältere Schwester gesagt hatte, das sei eben der Herr Goethe, den der Knabe schon aus seinem Stilling kannte, liebte und verehrte.

540 Lavater an Goethe *12. Mai 1780*

«Herr, Herr, Großer Herr, – hast viel zu regieren» – dies Wort, das mein Heirli Dir abgehorcht, macht mir oft so wohl, daß ich's zehenmal im Mund herumwerfe.

541 Lavaters Reisetagebuch *27. Juni 1783*

... Nicolai, von dem Goethe sagte, er sei ein Unteroffizier, der nie, wie im Preußischen, Oberoffizier werden könne.

542 Bodmer an Schinz *11. Dezember 1779*

Lavater hat die freundschaftliche Politesse gehabt, daß er Goethen bis Schaffhausen nachgeritten ist, ihn noch einmal zu umarmen ... Ich vergaß Ihnen zu sagen, daß Goethe Geßnern erzählte, Wieland arbeite an einem Gedicht in Ariostos Geschmack.

543 H. Giger an J. G. Müller *18. Dezember 1779*

Vorige Woche hatte ich das Glück, mit Herrn Diakon Lavater nach Ihrer Vaterstadt zu fahren. Ich sah da, was ich noch nie gesehen hatte, das schöne Schaffhausen, sah ... Herrn Prof. Altorfer und, was manchem das Vornehmste wäre, den Herzog von Weimar und dessen Geheimenrat Goethe ...

544 Carl August an Knebel *7. Juli 1780*

Im Fischhause [beim Rheinfall von Schaffhausen] hielt Goethe und Lavater ein traité du sublime, das nicht gering war.

545 G. Hartmann: Meine Dienstjahre *1806*

Im Jahr 1780 [Dezember 1779] wurde der regierende Herzog Carl August von Sachsen-Weimar mit seinem Freund, dem Geheimenrat von Goethe, auf einer unter fremdem Namen durch die Schweiz unternommenen Reise von Lavater in Zürich an mich adressiert, um sie mit den hiesigen [Stuttgarter] Merkwürdigkeiten, besonders der hohen Karlsschule, bekannt zu machen, ohne sich zu erkennen geben zu müssen. Aber um ihre Absichten ganz zu erreichen, konnten sie um so weniger unerkannt bleiben, als sie nach öffentlichen Blättern schon in der Schweiz erkannt worden waren. Herzog Karl hatte diesen ihren hiesigen Aufenthalt und ihre Adresse an mich nicht so bald erfahren, als er sie durch einen Kammerherrn an den Hof einladen ließ, sie in ihrem Gasthof selbst besuchte und diese Einladung wiederholte, um, wie er sagte, dem Herzog die Ehre zu erweisen, die er ihm als Fürsten und Agnaten schuldig sei. Nachdem aber der Herzog von Weimar die Ablegung des Inkognito und damit alle öffentlichen Ehrenbezeigungen sich verbeten hatte und der Herzog [von Württemberg] gleichwohl alles unter dieser Bedingung Mögliche tun wollte, gingen nun alle Anstalten hiezu durch mich. Ich mußte mich alle Tage bei den beiden Herzogen einfinden und hatte alle dem fremden Herzog und seinem Gesellschafter von Goethe gemachten Vergnügen mitzugenießen. Ich war täglich um sie, ihr Gast und Begleiter in die Akademie, ins Schauspielhaus, auf die in der Gegend der Solitude ihnen angewiesene Jagd, nach Ludwigsburg, nach Hohenasperg zu Schubart, nach Kornwestheim zu Pfarrer Hahn etc., und ich wurde auch an die ihnen zu Ehren im Palais der Herzogin Franziska gegebene große Tafel mit zugezogen. Nur nach Hohenheim wurden sie vom Herzog und der Herzogin im fürstlichen Wagen allein begleitet.

546 I. Hartmann an Elise v. d. Recke *1. Januar 1780*

Denken Sie, den 13. Dezember 1779 ging ich nach Stuttgart und traf bei meinem Vetter [richtiger: Neffen] den Herrn Geheimerat Goethe von Weimar, der eben von Zürich gekommen war. Über eine Stunde sprach ich mit ihm. Er sagte von Lavaters unermüdeter Wirksamkeit. Wenn der Tag 24 Stunden hätte, er wirkte an Einem fort. Am 15. kam Goethe auch mit seinem Herzog nach Ludwigsburg und noch des Nachts auch in mein Waisenhaus. In meiner Schule stellte er mich [wohl am 16.] dem Herzog vor, als des verstorbenen Professor Hartmanns Vater. Goethe freute sich über meinen kleinen Immanuel Israel, von dem er meinte, er habe einen Professorskopf.

547 I. Hartmanns Tagebuch

Wir redeten von Hahn und seinen Werken. Goethe war sehr begierig, Hahn zu sehen und zu sprechen. Beim Abschied war er herzlich, bot mir, da ich ihm die Hand küßte, das Gesicht, küßte mich – ich ihn. Ich segnete ihn im Herzen.

548 Th. Wizenmann an Hausleutner *17. Dezember 1779*

Vorgestern abends neun Uhr kam der Herzog von Sachsen-Weimar mit Goethe bei uns [in Kornwestheim] an. Sie sahen und bewunderten die astronomische und die Rechen-Maschine, höchst anständig, – denn ich erinnere mich, daß das Museum auch darüber, wie man sich anständig verwundern solle, um kein Unwissender und Gefühlloser zu scheinen, einmal Lehren gegeben hat. Indessen scheint der Herzog zu wissen, daß er – ein Mensch ist, und Goethe gewann ich lieb. Hast Du ein Porträt von ihm, so zerreiß es auf der Stelle, und verschaffe Dir den Anblick des angenehmsten, liebenswürdigsten, sanft-witzigen Mannes selbst, damit auch Du ihn lieben könnest.

549 Helene Schubart an J. M. Miller *16. Dezember 1779*

Daß der große Mann Goethe nebst seinem gnädigen Fürsten hier ist, werden Sie schon wissen, ich ward ganz entzückt bei dessen Ankunft, Gott, dachte ich, vielleicht ist auch dieser ein göttliches Werkzeug, uns Freunde zu erwerben, ich entschloß mich, sobald als möglich, ihm meine Aufwartung zu machen, dieses wird aber schwerlich sein können, Herr Elsäßer hatte gleich den zweiten Tag das Glück, er brachte auch meinen Wunsch hervor, Goethe versprach, mich aufzusuchen und zu sprechen, aber bisher vergebens, nun würde ich freilich keinen Augenblick versäumen, ihm nachzulaufen, um mich dieses Glücks würdig zu machen, aber denken Sie, eine schwarze Seele hat Gelegenheit gefunden, unsern Fürsten wider den großen Mann einzunehmen, daß er sogar einigen von seinen Gelehrten verbot, mit ihm umzugehen, ich darf nicht mehr sagen, das übrige können Sie selbst denken, Goethe würde darüber lachen, wann er es erfahren sollte, aber mir möchte mein Herz zerspringen, laut spricht mein Herz mit ihm, und doch darf ich es bei denen Umständen nicht wagen, ihn zu suchen, wann es nicht von ungefähr geschehen kann, dann ich müßte sorgen, mehr böse als gut zu machen ...

550 E. F. v. Gemmingen an Bodmer *8. März 1780*

Vor etlichen Wochen hatte ich hier [in Stuttgart] Gelegenheit, ein paar außerordentliche Pilgrime kennen zu lernen, den Herzog von Weimar und Goethe. Letzterer führte sich zeit seines hiesigen Aufenthaltes sehr bescheiden und vernünftig auf, und von dieser Seite wenigstens hat er durch sein Hofleben offenbar gewonnen. Auch der Herzog ließ keinen von denjenigen Flecken blicken, welche ihm das Publikum schuld gibt.

551 F. W. v. Hoven: Autobiographie *1840*

Weit der interessanteste und besonders für uns angehende Dichter höchst erfreuliche Besuch [in der Karlsschule] war der Besuch Goethes, der sich im Gefolge des über Stuttgart reisenden Herzogs von Weimar befand. War uns schon der Herzog von Weimar als hochverehrter Liebhaber und Kenner der Wissenschaften und Künste, und besonders der Dichtkunst, interessant, so war es noch weit mehr Goethe, da wir eben von seinem Götz von Berlichingen und seinem Werther auf das höchste enthusiasmiert waren. Der Besuch des Herzogs fiel in die Zeit, wo die öffentlichen Prüfungen eben geendigt waren, und er und Goethe denselben nicht mehr beiwohnen konnten. Jedoch kamen sie noch zur rechten Zeit zu der Rede, welche unser Herzog jedesmal nach dem Schlusse der Prüfungen in dem Speisesaal nach dem Abendessen zu halten pflegte. Die Rede war immer von dem Herzog selbst verfaßt, und sie war lange fertig, ehe er sie hielt. So war es auch der Fall mit der, welcher der Herzog von Weimar und Goethe beiwohnten. Allein da er hörte, daß er diese zu Zuhörern haben würde, begab er sich noch vor dem Abendessen der Zöglinge in ein Nebenzimmer, um einiges in seiner Rede abzuändern, was ihm wegen der Anwesenheit dieser Gäste notwendig schien. Der Herzog von Weimar und Goethe waren mit der Rede, sowie überhaupt mit der ganzen Feierlichkeit, wohl zufrieden, und mit Vergnügen folgten sie der Einladung zu der akademischen Hauptfeierlichkeit, zur Feier des Stiftungstages der Akademie. Am Morgen dieses Tages wohnte Goethe, ob auch der Herzog von Weimar, weiß ich nicht mehr, der von den herzoglichen Oberhofprediger gehaltenen Predigt in der Akademiekirche bei, und es hieß, daß sie ihm wohl gefallen habe, ob sie gleich da und dort getadelt wurde. Am Mittag speiste er mit dem Herzog von Weimar an der herzoglichen Tafel, und am Abend fanden sich beide in dem Saale ein, wo die Austeilung der Preise an die Zöglinge vorgehen sollte. Vor der Austeilung der Preise wurde eine Rede von einem der Professoren gehalten, und die Reihe war diesmal an dem Professor der Medizin Cunsbruch. Was der Gegenstand der Rede war, weiß ich nicht mehr, aber um so deutlicher erinnere ich mich, wie bei einer darin vorgekommenen Stelle aus dem Werther Goethe sichtbar errötete und die Augen niederschlug. Während der Preisausteilung stand er zur linken Seite des Herzogs, wie der Herzog von Weimar zu seiner rechten, und es war hoch erfreulich für uns zu sehen, wie sehr ihn der Herzog distinguierte. Hätte Goethe geahnt, daß unter den Zöglingen, die ihn mit Bewunderung ansahen, sich auch der befand, welcher in der Folge als dramatischer Dichter sein würdiger Rival und als Mensch einer seiner vertrautesten Freunde werden würde, gewiß würde er, um ihn auszufinden, jeden von uns mit eben dem Interesse betrachtet haben, wie früher Lavater zum Behuf seiner Physiognomik.

552 Iffland an seinen Bruder *24. Dezember 1779*

Den 21. kamen Goethe und der Herzog von Weimar hier [in Mannheim] an. Sie sahen den Ehescheuen. Den 22. war Goethe zu Ehren freier Eingang für jedermann, und Clavigo. Er ließ um 4 Uhr vor der Komödie mich zu sich bitten; liegt Ihnen etwas daran, sagte er, so versichere ich Ihnen meine ganze Bewunderung. Mit so viel Wahrheit und Delikatesse sah ich seit Ekhof nicht spielen. Folgen Sie meinen Rat, spielen Sie entweder, oder. Immer das Äußerste. Das niedrigst Komische, und höchste Tragische. Es ist ein odieuser Kerl, der einmal Zeug zu was Außerordentlichen hat, und bleibt im Mittel. Uff! und dabei spannte er jede Nerve, hinauf! hinauf! oder ganz im Drecke. Bei Gott, ich wundere mich, daß Sie so jung sind und Resignation genug haben, Alte zu spielen. Wenn ich vierzehn Tage dabliebe, so wollte ich Ihretwegen den Cid von Corneille umarbeiten, so gefallen Sie mir. Adieu. Ich empfehle Ihnen den Carlos. Ich sprach ihn den Tag nach Clavigo bei Herrn v. Dalberg, und er war mit meinem Carlos sehr zufrieden. Ein bißchen zu geschwinde wäre ich gewesen, meinte er. Den 23. sahe er den Baron Abslut in den Nebenbuhlern von mir. Nach der Vorstellung kam der Herzog und Goethe auf das Theater, der Herzog sagte mir so wie Goethe viel Schönes. Gehen Sie stracks fort auf Ihrer Bahn, Sie sind den Beifall wert, den Sie überall erhalten müssen. Adieu. Adieu. Hier gab er mir die Hand. Leben Sie glücklich, denken Sie zuweilen an Goethe, er hat Sie lieb. – Daß ich mir vor Freude hätte – einen Rausch trinken mögen, kannst Du denken. Goethe, Goethe sagte mir das! – Eine Anekdote! Es war eine Seitentür auf dem Theater, durch die der Herzog und sein Gefolge vom Theater ging, Goethe, als ob er mechanisch überall Original wäre, ging schnell hinein und kam eher wie der Herzog. In der Art, mit der er es tat, steckte das Sonderbare.

[Nachschrift:] ... Goethe hat einen Adlerblick, der nicht zu ertragen ist. Wenn er die Augenbrauen in die Höhe zieht, so ist's, als ginge der Hirnknochen mit.

553 Iffland an Eisendecher *26. Dezember 1779*

Goethe, von dessen Unterredung mit mir Ihnen der Sekretär (Philipp) mehreres sagen kann, sagte neulich in einer großen Gesellschaft von mir, er habe heute mit dem artigsten jungen Menschen gesprochen, den er kenne. In Ansehung meines Spieles hat er mir außerordentliche Komplimente gemacht.

554 Freifrau v. Dalberg an Gräfin Goertz *26. Februar 1780*

Goethe m'a paru plus modeste que je ne m'y attendait, seul avec nous il m'a même semblé aimable, mais quelques personnes de plus qu'il ne connaissait pas le mirent mal à son aise, et alors il ne desserrait pas les dents, ou ce qu'il disait et faisait, avait un air ridicule.

555 Louise Pistorius an Emilie v. Gleichen

Dann erinnere ich mich wieder, wie Goethe auf der Reise nach Italien [vielmehr auf der Rückreise von der Schweiz] durch Mannheim kam und von meinem Vater zu einem flotten Essen eingeladen ward, wobei noch mehrere Gelehrte, u. a. auch Professor Heyne aus Göttingen war. Dieser und sein Nebenmann vertieften sich so sehr in gelehrte Debatten und Rheinwein, daß dem einen die Perücke auf dem rechten Ohr, dem andern auf dem linken saß, was mich sehr gaudierte, und ich wünschte sehnlich, daß doch Goethe auch eine Perücke haben möchte; aber der unterhielt sich mit meiner Schwester von Werthers Leiden. Als er, ich glaube erst nach einigen Jahren, wieder zurückkam, war es derselbe Fall, daß er bei uns speiste und zwar in Gesellschaft von Knigge und Meißner, welche beide Herren schrecklich abstachen gegen den lebendigen und gewandten Goethe.

1780

556 Merck an Anna Amalia *2. Januar 1780*

Ich bin so glücklich gewesen, schon seit dem ersten Feiertage den Herzog beinahe alle Tage zu sehen, und ich kann Ew. Durchlaucht versichern, daß er in diesen vier Monaten an Offenheit, Munterkeit, Stetigkeit, Geneigtheit, sehr ernsthafte Gegenstände mit Ernsthaftigkeit zu behandeln, um ein Wunderbares gewachsen ist. Goethe ist auch wieder von der Reise gut wie ein Kind zurückgekommen, und auch an ihm sogar sieht man so deutlich, was Verhältnisse auch auf den besten Menschen wirken können. Bei seiner Ministerschaft in Weimar ist er mir vergangnen Sommer oft mit einer Trockenheit und Kälte begegnet, als ob ich aus seinem alten Freunde ein subalterner Diener und ein Supplikant geworden wäre. Lavaters Gegenwart hat Wunder auf beide getan, und Gott gebe tausendfältige Früchte davon auf lange Zeit zu genießen.

557 Merck an Wieland *Ende Januar 1780*

Ich habe Goethe wiedergefunden, wie ich ihn hoffen würde wiederzufinden, in einer Bauren-Hütte mit dem Vorrat einiger Säcke Erdäpfel, und einer Kuh im Stalle zu seiner ganzen Existenz.

Es war doch nicht der geringste Mißton, und hingegen bei Euch den vorigen Sommer über beinahe kein einziger reiner Ton zwischen mir und ihm.

558 Merck an Carl August *4. Mai 1781*

Die Salvator Rosas hab' ich meiner Frau befohlen, abgehen zu lassen. Die Sammlung ist beinahe ganz vollständig. Von den großen Blättern fehlt nichts. Ein Dutzend Handzeichnungen hab' ich beipacken lassen, nebst einem Everding und zwei van Goyen von einer Schönheit, wie ich sie noch nicht gesehen habe. Ich hoffe, sie sollen Goethe Freude machen. Goethe hat im Januar 1780 Raffaels Bilderbibel, die Raffaelschen Gemälde von Aquila, die Cartons und andre kleinere Sachen, die zu demselbigen Oeuvre gehören, benebst einigen Marc Antonios mitgenommen. Ich weiß aber nun nicht, ob diese Blätter Ew. Durchlaucht behalten werden oder nicht.

559 Merck an Carl August *9. August 1782*

Mit Lavatern mag sie [die Landgräfin Caroline von Hessen-Homburg] nichts zu tun haben, denn ich merke, der kommt ihr vor, als wenn er Theriak verkaufte. Aber Goethe ist ihr Mann, so wie er der Mann aller gesunden Weiber ist.

WEIMAR

560 Wieland an Merck *17. Januar 1780*

Lieber Herr und Bruder, daß wir seit Freitag [13. Januar] unsern Herzog wieder haben, wird Euch vermutlich schon bekannt gemacht worden sein. Wie wir homunciones nun von jeher gewesen sind und immer bleiben werden, so könnt Ihr Euch leicht vorstellen, daß der glückliche Ausgang dieser Reise, des Herzogs herrliches Wohlbefinden und ungemein gute Stimmung und herzgewinnendes Betragen gegen alle seine Leute cujuscunque generis, ordinis, furfuris et farinae bei männiglich einen großen Effekt gemacht und Goethen in ein sehr günstiges Licht gestellt hat, und dies um so mehr, da auch er multum mutatus ab illo zurückgekommen und in einem Ton zu musizieren angefangen hat, in den wir übrigen mit Freuden, und jeder so gut als sein Instrument und seine Lungenflügel verstatten, harmonisch einzustimmen nicht ermangeln werden. Wenigstens gedenke ich meines Orts nichts daran zu verderben …

Diese Schweizer-Reise, nach dem Wenigen, aber Hinlänglichen, was ich aus der Quelle selbst davon vernommen habe, zu urteilen, gehört unter Goethens meisterhafteste *Dramata*. Man muß aber auch gestehen, daß er das wahre enfant gâté der Natur und aller Schicksals-, Glücks- und Zufallsgötter ist, denn am Ende hätt' er doch mit aller seiner dramatischen Panurgie keine einzige fatale Wolke vom Himmel wegblasen können, und ein einziger unglücklicher

Zufall, für den ihn nur ein Narr responsabel machen könnte, und für den ihn doch die ganze Welt responsabel gemacht hätte, war hinlänglich, das ganze Drama zu ruinieren.

561 Böttiger

Zu den kostbarsten Geniestreichen gehörte eine Schweizerreise zu Pferde, die der Herzog mit Goethe machte … Nach der Rückkunft von dieser Expedition in die Schweiz war Goethe ganz metamorphosiert, erschien zuerst in gestickten Westen und Staatskleidern und stimmte einen ganz andern Ton an.

562 Böttiger (nach Wieland) 15. Juli 1798

Als Goethe mit dem Herzoge von Lavater zurückkam, war ihm jedes hübsche Mädchen ein Müschen (das schweizerische Diminutiv von Maus).

563 Carl August an Merck 31. Januar 1780

Ein ganz wunderbarer Katarrh schleicht hier und umliegenden Gegenden herum, und gibt allen Leuten Schnupfen, mit Husten, Kopfschmerz und Fieber verbunden. Die halbe Stadt liegt daran krank, und es hat auch sowohl mich als Goethen überfallen. Ich habe mich anfänglich durch Bewegung und Luft durchgeholfen, Goethen aber hatte es härter gefaßt.

564 Wieland an Ch. F. Schwan 23. Februar 1780

Die Anekdote, Müllern den Malern betreffend, wünsche ich – *nicht* bestätigt zu hören. Katholisch mag er immerhin geworden sein, das war bei einem Menschen wie er eine fast natürliche Folge seines Aufenthalts in Rom und der Magie, womit dort das Äußerliche des Religionswesens auf Sinn und Einbildungskraft würkt. Aber ein Mönch zu werden, ist ein toller Einfall. Goethe will nichts davon glauben, weil er noch im Oktober einen so räsonnabeln, gelaßnen und gescheiten Brief von Müllern bekommen hat, daß ihm gar nicht begreiflich sein will, wie ein Mann binnen so kurzer Frist zu einem solchen Grad von démence herabsinken könnte. Übrigens möchte wohl zuverlässig wissen, ob es wahr ist, daß er von Serenissimo Palatino so gänzlich verlassen werde, und entweder gar keine oder doch keine zulängliche Pension erhalte.

565 Carl August an Frau Rat Goethe *19. März 1780*

Jetzt hat aller Katarrh und Fieber unsere Gegend verlassen... Goethe ist auch wieder wohl, und wohler jetzt, wie mich's dünkt, als ich ihn lang gesehn. Ich aß gestern nacht noch mit einiger Gesellschaft bei ihm...

Ich bin bis dato, hier in der Gegend, noch stark herumgestrichen, seit acht Tagen ohngefähr fange ich erst an ruhig zu werden. Goethe pflegt der Ruhe, des Fleißes und der Arbeit desto mehr. Würde mir alles so leichte wie ihm, so täte ich auch gern, was er tut. Sein Schweizer Drama wird, denk' ich, bald aufgeführt werden, heute ist Musikprobe von Seckendorffs darauf gesetzte[r] Musik. Das neue Theater ist nun bald fertig.

566 Wieland an Merck *16. April 1780*

Goethe hat sich mir von dieser Seite [in der Anerkennung des Oberon] in dem schönsten Lichte gezeigt, und ich kann Dir nicht ausdrücken, wie gänzlich ich mit allem, was er tut und sagt, und kurz mit seiner ganzen Art zu sein zufrieden bin. Das nämliche gilt auch vom Herzog. Ich rede, wie Du präsumieren wirst, bloß von dem Augenpunkt, woraus sie *mir* erscheinen, und bekümmere mich um die übrigen Verhältnisse gar nichts, weiß auch nichts davon, außer daß mich überhaupt bedünkt, es gehe im ganzen merklich besser als vordem, und daß ich in Goethens öffentlichem Benehmen eine σωφροσύνην wahrnehme, welche die Gemüter nach und nach beruhigt, und mir Bürge ist, daß noch alles so gut bei uns gehen wird, als man's rationabiliter verlangen kann.

Seine Beschreibung ihres Zugs durch Wallis über die Furka und St. Gotthard, womit er uns vor kurzem bei der Herzogin-Mutter regaliert hat, ist mir in ihrer Art so lieb als Xenophons 'Ἀνάβασις. Es war auch ein eigentlicher Feldzug gegen alle Elemente, die sich ihnen entgegenstellten. Das Ding ist eines von seinen meisterhaftesten Produkten, und mit dem ihm eigenen großen Sinn gedacht und geschrieben. Die Zuhörerinnen enthusiasmierten sich über die *Natur* in diesem Stücke, mir war die schlaue *Kunst* in der Komposition noch lieber, wovon jene nichts sahen. Es ist ein wahres Poëm, so versteckt auch die Kunst ist. Das Besondere aber, was ihn auch hier, wie fast in allen seinen Werken, von Homer und Shakespeare unterscheidet, ist, daß der *Ich*, der Ille ego, überall durchschimmert, wiewohl ohne alle Jaktanz und mit unendlicher Feinheit. Des Herzogs wird darin (wenigstens in der Skizze, die uns Goethe las) selten und nur mit wenigen Zügen gedacht; aber diese Züge sind so charakteristisch, und zeichnen einen so edlen und fürstlichen Menschensohn, daß mir's, wenn ich der Herzog wäre, mehr schmeicheln würde, als eine Eloge von Mr. Thomas mit Trompeten und Pauken. Das opus ist noch nicht ganz fertig, und nach dem, was er mich hat merken lassen, wird er noch viel Interessantes teils einschieben, teils hinzutun.

567 F.H. Jacobi an Heinse *24. Oktober 1780*

Knebel versicherte, das Lob, das Goethe dem Oberon erteilt habe, sei aufrichtig gewesen. Aber vor Nathan dem Weisen sei er ordentlich prosterniert. Er werde nicht müde, ihn als das höchste Meisterstück menschlicher Kunst zu bewundern und zu preisen. Lessing selbst hatte mir schon gesagt, daß man ihm von Weimar aus große Komplimente über sein Stück gemacht.

568 Luise v. Göchhausen an Merck *26. April 1780*

Mit dem Jean Jacques le fataliste hat es diese Bewandtnis: Wieland hatte dieses Manuskript vom Prinz August von Gotha auf einige Tage geliehen bekommen, mit der ausdrücklichen Bedingung, es nicht aus seinen Händen kommen zu lassen. Die Herzogin und Goethe haben's zwar gelesen, der Poet hat's aber sogleich wieder nach Gotha geschickt ...

Der Herzog und Goethe waren in Leipzig in der Messe und sind gestern wieder zurückgekommen.

569 Carl August an Merck *30. April 1780*

Goethe hat in Leipzig, wo er mit mir etliche Tage gewesen, verschiedene A. Dürers, Originale und Kopien, gekauft; erstere für L., letztere für mich. Ein Original hab' ich erwischt, den Kurfürst Friedrich von Sachsen ... Den Vorfall, welcher Ihnen mit Manco, die Kopieen betreffend, widerfahren ist, hat man hier allgemein bedauert, nur Goethe hat geschimpft, daß sich ein so alter Fuchs so hätte überlisten lassen. Goethen seine Albrecht Dürers sind zum Teil von ihm.

570 Gräfin Goertz an ihren Mann *11. Juni 1780*

Goethe file toujours le parfait amour et le pauvre Stein plus bête qu'il n'a été reçoit en patience les mauvais propos du public et de Monsieur Goethe et les humeurs de sa femme.

571 Carl August an Knebel *15. Juni 1780*

Oesern haben wir von Leipzig mitgebracht, er bleibt vierzehn Tage in Ettersburg. Er hat sich verbindlich gemacht, in dieser Zeit eine Dekoration zu malen, und Goethe soll in eben dieser Zeit ein Stück dazu verfertigen; er wird's tun und die angefangenen Aristophanischen *Vögel* dazu nehmen. Nichts wird diesem Stück vermutlich fehlen als etwa das achevé und Deine Person.

572 S. v. Seckendorff an Knebel *25. Juni 1780*

Goethe ist mit einer Theater-Pièce in Ettersburg, wozu Oesers Pinsel die Magie leiht, beschäftigt. Es ist das Ihnen bekannte Stück der Vögel, wo ich nicht irre, nach dem Aristophan, allein unter einem Wust von Possen versteckt. Weiter weiß ich davon nichts. Gestern abend ist Goethe Freimaurer worden.

573 *Carl August an Merck* *30. Juni 1780*

Goethe sagt, er hätte einmal, er wüßte nicht wo, von einem Everding singen hören, dieser aber wäre vermutlich in dem großen Darmstädter Erdbeben [Sturz des Ministers v. Moser] mit verschüttet worden.

574 *Anna Amalia an Merck* *6. Juli 1780*

Durch meinen Sohn und Goethe hab' ich sonderbare Dinge von neuerlichen Begebenheiten bei Ihnen in Darmstadt vernommen; hätt' ich Euch doch das kaum zugetraut.

575 *Carl August an Knebel* *17. Juli 1780*

Goethe las gestern abend dem Herzog [von Gotha], seinem Bruder und mir, während daß unten soupiert wurde, auf meiner Stube den «Faust» vor. Es schlug doch ziemlich alles bei ihnen richtig an.

576 *Charlotte v. Stein an Knebel* *31. Juli 1780*

Goethens «Jery und Bätely» wurde vergangenen Freitag [28. Juli] aufgeführt. Wedel machte den Thomas vortrefflich; das Ganze paßte sehr gut zusammen. Auf mich wirkt die Liebe zum Autor mit; so auch ist mir's manchmal mit den Acteurs.

Gestern spielte man in Ettersburg den «Agapito» als Impromptu. Ich war nicht zugegen, sondern hatte Gesellschaft, mit welcher ich im Webicht spazierte und durch Goethens Garten nach einem Abendessen bei ihm wieder nach Haus ging.

577 *Charlotte v. Stein an Knebel* *6. August 1780*

Gestern abend hat uns Goethe im Kloster beim Herzog sein Drama «Die Vögel» vorgelesen. Ich glaube nicht, daß es uns wird so viel zu lachen machen, als er denkt. Der Witz ist nicht platt genug; doch kann auch die närrische Verkleidung etwas tun. Ein guter Einfall steht im Epilogus, wo er sagt: «Ihr werdet erwägen, daß von Athen nach Ettersburg mit einem Salto mortale nur zu gelangen war.»

578 J. A. Leisewitz' Tagebuch *8. August 1780*

Zu Goethen, der auf einen sehr simpeln Gartenhause in der Gegend des Sternes wohnt. Er gefiel mir doch sehr, schon seine Physiognomie nahm mich sehr ein. Von Jacobi. Goethe sagte, er hätte schon von der Natur ein kleines Vulkänchen bekommen, durch Wein Schwefel zugegossen und durch die Leidenschaften fleißig zugeschüret. Von meiner Gesundheit. Bode hatte mir geraten, nach Ilmenau zu gehen, und Goethe riet mir auch dazu, weil er die harzigen Ausdünstungen der Fichten für sehr gesund hielt. Ich habe keine Lust dazu. Wir waren nur kurze Zeit da, weil wir später hinkamen, als er uns bestellt hatte, er bat mich aber doch, ihn mehr zu besuchen. Auf dem Hin- und Her-Wege sprachen Bode und ich viel Gescheutes, besonders über Goethens Stolz und Wielands Eitelkeit.

579 J. A. Leisewitz an Sophie Seyler *11. August 1780*

Goethen habe ich zwar kennen lernen, aber auch noch nicht genau, gestern abend haben wir einander wieder bei einem Souper bei einen Geheimden Regierungs-Rate von Schardt verfehlt, indem ich nicht hinkommen konnte.

580 J. A. Leisewitz an Sophie Seyler *14. August 1780*

Ich habe mich schon ein paarmal erbitten lassen, noch hier zu bleiben, und gestern sogar die schon bestellten Pferde abbestellen lassen. Ein sehr artiges Mädchen von einer Sängerin [Corona Schröter] und Goethe haben die meiste Schuld, denn ich wüßte sehr wenig Frauenzimmer, die mir so gefallen hätten als diese Sängerin, und wenig Gelehrte, die mich so interessierten als Goethe.

581 J. A. Leisewitz' Tagebuch *14. August 1780*

Ich bekam es heute mit dem Briefschreiben, ungeachtet ich noch gewaltig viel zu laufen hatte, ob ich gleich auch wohl einsahe, daß ich heute nicht wegkommen würde, da mich Goethe hatte zum Essen bitten lassen ...

Zu Goethen, der mir doch ungemein gefiel. Ich hatte heute Gelegenheit, seine Physiognomie noch genauer zu betrachten: schöne braune Augen und ein hübsches Obergesicht, nur um den Mund einige unangenehme Züge. Wir speisten in einem Zimmer, das mit einigen antiken Statuen und mit Naturalien-Schränken besetzt war; eine Statue des Apolls schien mir nur für das Zimmer zu groß.

Goethe zeigte in seinem Betragen die größte Simplizität, die ich ebenso erwiderte. Ich schien ihm doch sehr zu gefallen, er versicherte mich zu verschiednen Malen, es sei ihm sehr lieb, mich zu kennen, und das letztemal vor dem Marstalle mit einem zärtlichen Hand-Druck. Die Konversation war meistens sehr ernsthaft und daurte lange, ehe ein Wort von Literatur vorfiel; er wiederholte, was ich sagte, oft mit Beifall.

Von den Gegenden um Weimar, von einer Untersuchung der Mineralien im Lande, wobei ich ihm Andreae von Erdarten nannte und versprach. Von Armen-Anstalten; Goethe hat auf seine Kosten in Weimarischen Versuche gemacht, mit denen er zufrieden war. Von Schliestedt, von Herder, von dem Alter der Welt und der Narrheit, dieses Alter auf 6000 Jahr zu schätzen, von einigen Steinarten im Weimarischen. Von Garten und von Landleben; Goethe schätzte sich sehr glücklich, daß er außer der Stadt lebe. Er sagte, es beruhige ihn ungemein, wenn er noch so verdrießlich zu Hause käme und sähe, daß alles noch auf seiner Stelle stünde. Von den immer Neuen in der Natur; ich meinte, daß es gewisse Partien gäbe, die sich nur einen Tag im Jahre ausnähmen, wie man vordem Berceaux angelegt hätte, worin die Sonne alle Jahr nur ein Mal schiene. Von meiner Bedienung, von Voltaire, den er ebenso sehr als ich als ein Individuum, abstrahiert von dem Einflusse auf sein Zeitalter, bewundert. Er billigte meinen Gedanken sehr, daß Voltaire nichts versalzen und nichts verzuckert habe. Von Lessing; mit der größten Achtung, insbesondre wegen seines Nathan und seiner theologischen Kontroversen. Von der Unfähigkeit der deutschen Nation, Laune zu empfinden. Er sagte: «Wenn man ihnen eine Blume zeigt, so fragen sie gleich: Riecht sie? kann man Tee davon trinken? dürfen wir es nachmachen?»

Goethe hatte einen Brief zu schreiben, ließ mich deswegen einige Zeit allein und begleitete mich denn nach dem Marstalle, weil er zu einer Komödien-Probe nach Ettersburg ritte. Unterwegens gingen wir im Stern in die Einsiedelei, die auch inwendig etwas im Goethischen Geschmack ist; ich hatte ihm vorher gesagt, daß mir das Ding sehr gefiele.

582 Wieland an Merck *26. August 1780*

Goethens Epops maximus cacaromerdicus wird Dir ohne Zweifel mehr als einen guten Augenblick gemacht haben, da Du das seltsame Ding (das bei der Vorstellung zu Ettersburg [am 18. August] einen gar possierlichen Effekt gemacht hat) nunmehr mit Frau Aja schon gelesen haben wirst. Da Thusnelda vermutlich umständliche Relationen über diese und dergleichen hiesige Weltbegebenheiten an Frau Aja oder Dich selbst abgehen läßt, so brauch' ich weiter nichts davon zu sagen. – Außer der mächtigen Freude, die der Herzog und die Herzogin-Mutter an diesem Aristophanischen Schwank gehabt hat, ist's auch für Goethens Freunde tröstlich zu sehen, daß er, mitten unter den unzähligen Plackereien seiner Ministerschaft, noch so viel gute Laune im Satz hat.

583 Knebel an Lavater *1. September 1780*

Etwas weh tut es mir, daß *Sie Goethen nicht kennen*. Was soll *ich* sagen? Ich weiß es wohl, er ist nicht *allezeit* liebenswürdig. Er hat widrige Seiten. Ich habe sie wohl erfahren. Aber die Summe des Menschen zusammengenommen ist unendlich gut. Er ist mir ein Erstaunen, auch selbst von Güte. – Der Durchreisenden keiner *sieht* ihn – und doch urteilt jeder. In *Weimar* selbst wird er *kaum* gesehen. In der Entfernung *ist* er nicht zu sehen. Noch zur Stunde schwör' ich, daß seine Richtung *grad*, seine Absichten *rein* und *gut* sind. – Verkannt muß er werden, und er selbst scheint drin zu existieren. Die Schönheit, die sich unter der Maske zeigt, reizt ihn noch mehr. Er ist selbst ein wunderbares Gemisch – oder eine Doppelnatur, von *Held* und *Komödiant*. Doch prävaliert die erste. – Er ist so biegsam als einer von uns. Aber Eitelkeit hat er noch etwas, seine Schwächen nicht zu zeigen. Da läßt er denn gemeiniglich leere Lücken, oder stellt einen Stein darvor, oder, wann er sie sehen läßt, schlägt er mit Fäusten zu, daß man sie ihm nicht berühre. – Wenn er's *nicht sagt*, dann hat er seine Freunde am liebsten. Vor allen Sterblichen liebt und ehrt er *Sie*. Wann Sie den *Herzog* lieb haben müssen, so bedenken Sie, daß ihm *Goethe* zwei Drittel von seiner Existenz gegeben! ...

Noch eins zu Goethe! Er ist weitsehend, vielleicht zu weitsehend zu seinem Stand – und dann oft wieder zu nah. Dies verwirrt den Blick der andern. Er sieht Dinge in Jahren kommen, die man gegenwärtiger glaubt, und holt andre aus der Ferne herbei. Dies liegt in seinem eignen Gefühl, von der *Reife*. Auch hat niemand leicht *genugsamen* Unterricht von der *Beschaffenheit seines Hofes*, und *seines Zustandes darin*. – Die Flügel sind ihm noch, durch das unvermeidliche Schicksal, wie andern, sehr gebunden.

584 Knebels Tagebuch *2. Oktober 1780*

Regnete sehr, gegen Abend kam Goethe [nach Stützerbach].

585 Knebels Tagebuch *3. Oktober 1780*

Goethe las mir von seinen Sachen vor. Ode an die Phantasei, Briefe pp. Goethe ritt abends weg nach Ilmenau.

586 Carl August an Merck *14. Oktober 1780*

Ihre Kupfer sind angekommen. Noch sah ich sie nicht; denn gestern kam ich erst, ging nach Belvedere, wo ich mit meiner Frau bis diesen Nachmittag wohne, und ließ die Kupfer bei Goethen liegen. Goethe sagt, die impudica wären vortrefflich. Auch will er sie schon nachmachen, id est nachzeichnen.

587 Knebel an Lavater *19./20. Oktober 1780*

Acht Tage – und etwas drüber – bin ich hier ... Goethen hab' ich reich an genialischen Werken gefunden. Freilich hat er auch hier wenig Freunde. Es ist aber nicht die Schuld seines Herzens, sondern seiner eigensten Vorstellungsart, die freilich mit vielen ziehet. Er ist der Wahrheit seiner Vorstellungsart ganz treu.

588 Wieland an Merck *8. Januar 1781*

Indessen danke ich Dir nochmals für Dein angefangenes Eulogium von Kassel und seinem Fürsten. Daß das Portal daran fehlt, laß Dich nicht verdrießen. Goethe riß es ein. Es ging damit zu, wie folgt. Ich war (vor etlichen Wochen) bei der Herzogin-Mutter, und hatte Dein Skriptum mitgebracht, weil ich weiß, daß ihr alles, was von Dir kommt, Vergnügen macht. Ich las es vor, und sie machte sich selbst Spaß dabei mit allerlei Glossen über die schönen Dinge, die Du dem Landgrafen sagst. Sie behauptete, Du hättest expreß Deinen roten Rock dazu angezogen, wie Du diesen Aufsatz niedergeschrieben; sie könnte sich Dich dabei nicht anders denken; und dessinierte uns dabei die schelmische Miene vor, die Du dazu gemacht haben müßtest etc. etc. Kaum sind wir mit Lesen fertig, so kommt Goethe, und da er uns, c'est à dire die Herzogin und meine Wenigkeit, letzteren mit einem Manuskript in den Pfoten, sehr intrigiert sieht, will er wissen, was wir haben. Weil nun kein Geheimnis aus der Sache zu machen war, so wurde er gebeten, selbst zu sehen, was es wäre, und das opus allenfalls pro secunda audientia laut zu lesen. Das er dann auch tat. Wurde also eine ordentliche akademische Vorlesung daraus, und das Resultat davon war, daß Goethe, nach verschiedenen Deliberationen und pro und contras, eine große Rabenfeder von der Herzogin Schreibtisch holte, und einen armsdicken Strich durch die Präfation machte, als von welcher er behauptete, daß sie zwar an sich selbst witzig und maliziös genug sei, aber das liebe Publikum auf den Kopf stellen, verwirren, den guten Effekt der folgenden Elogen ruinieren, folglich alles Verdienst, welches E. E. sich dadurch, daß Sie einmal was Gutes von Ihrem Nebenmenschen gesagt, gemacht hätten, wieder vernichten würden. Da ich nun von der Wahrheit dieser Bemerkung höchlich überzeugt war, auch Goethe die Verantwortung dieser liberté grande, die wir uns mit Deinem Werke genommen, wie billig, ganz auf sich zu nehmen versprochen, so blieb es bei dem einhelligen resoluto: das heilige Werk ohne Präfation, und nach homerischer, oder vielmehr tristamischer Weise in medio actu anzufangen.

589 Gräfin Goertz an ihren Mann *24. Dezember 1780*

Madame de Stein s'affiche plus que jamais avec son ami, enfin la plupart des choses sont telles que nous les avons laissées.

1781

590 Carl August an Merck *20. Februar 1781*

Mit dem Gemäldesammeln geht's mir so sehr glücklich. Goethe schenkte mir vor zwei Tagen ein paar Elsheimer, die Sie vielleicht schon kennen; sie sind aus der Fahlmerschen Verlassenschaft und stellen den Tobias, welchen Goudt radiert hat, und die Ceres den Mond anrufend, da sie ihre Tochter suchte, vor.

591 W. v. Diedes Tagebuch *4.–12. April 1781*

In Weimar trafen wir unsern Freund Seckendorff nunmehr verheiratet an, und machten die Bekanntschaft seiner hübschen jungen Frau gebornen von Kalb. Das Wiedersehen des Goethe, Herder, Wieland, des Oberhofmeisters von Stein und seiner Frau gab uns Vergnügen ... nur war ich mit dem Herzog nicht zufrieden, der sich immerhin kalt bezeigte ... Insonderheit aber ging mir nahe zu sehen, daß der Herzog unsern Freund Seckendorff nicht genug schätzte noch ihm Gerechtigkeit widerfahren ließ. Auch dieser lebte also unzufrieden ... Dabei war der Herr von Seckendorff zu stolz, um sich dem Liebling Herrn Goethe gänzlich zu unterwerfen. So war auch Herder mit Herrn Goethe nicht mehr auf völlig freundschaftlichem Fuß.

592 G. Ch. Tobler an Lavater *Mai 1781*

Der Herzog ist auf Dessau und Leipzig. Die Herzogin aufs Land. Sie ist mir doch von allen den Weibern hier, die freilich eine eigne Welt ausmachen, die respektabelste ... Die angenehmste, umgänglichste ist die Frau v. Stein. – Aber ich kann so wenig zu einem hohen reinen Grade von Achtung für sie kommen, als zu einem hohen Grade von Zärtlichkeit gegen Goethe: Der mir sonst weit, unverdient weit artiger, freundlicher, undrückender begegnet, als ich vermutet hätte. Ich habe ein paarmal allein mit ihm zu Mittag gegessen, und von seinen Sachen gibt er mir viel zu lesen und will auch mein Übersetzungswesen sehen. Seine *Vögel* sind unnachahmliches aristophanisch süblimes Persiflage. Seine Befreiung von Holland bis an den letzten Akt fertig – politisch voll herrlicher Gedanken. Auch hat er was geschrieben über des Königs in Preußen Schrift, das mir aber am wenigsten Goethisch ist, in Form eines Gesprächs ... Goethe hat mich gestern abends noch in die Schule genommen, daß ich nicht zu viel aus ihrem Weimarwesen etc. plaudern soll.

593 Herder an Hamann *11. Mai 1781*

Es ist ein junger Tobler aus der Schweiz hier, der hier sehr fetiert wird; ein Sohn des alten Toblers, und neulich ein Übersetzer des Sophokles: ein feiner und scharfsinniger Mensch, der mir aber kein Zutrauen inspirieret, und den Goethe gar den kleinen Lavater genannt haben soll. Das letzte glaube oder begreife ich nicht, ob ich gleich Lavater nicht persönlich kenne ...

Ich weiß nicht, ob ich Ihnen schon gemeldet habe, daß Goethe ein Gespräch «in einem Wirtshause zu Frankfurt, an der table d'hôte» geschrieben hat, wo ein Deutscher und Franzose sich über des Königs Schrift Sur la littérature allemande besprechen? Er hat's mir zu lesen gegeben, und es sind einzelne schöne Gedanken drin; das Ganze aber hat mir nicht gnuggetan und die Einfassung nicht gefallen. Er will's französisch übersetzen lassen und so herausgeben, wo es sich aber nicht ausnehmen wird.

594 *Carl August an Merck* *31. Mai 1781*

Manco war vor einigen Tagen hier; er hatte die Everdings ganz komplett ... Goethe nahm endlich die Everdings für 12 Taler.

595 *H. Ch. Boie an Luise Mejer* *7. Juni 1781*

Unter andern Briefen hatte ich gestern einen von Merck ... Sein Brief ist sehr gut. «Goethe», schreibt er, «lebt still für sich in seinen Geschäften weg und entzieht sich dem Hofe, soviel er kann. Seine Gesundheit ist nicht die beste. Ich wollte überhaupt, daß er aus dieser Galeere wäre.» Er hat mit dem Herzog von Weimar Bürgern besucht.

596 *Merck an Carl August* *15. Juni 1781*

Hierbei kommt der Brief von Wieland. Ew. Durchlaucht können Goethen alles glauben, nur dieses nicht, daß ich dem Deo Stercutio Briefe von meinen Freunden opfere. Von Wielanden ist mir jedes Blatt lieb und heilig, und ich habe noch alles von ihm beisammen.

597 *Marianne v. Wöllwarth an Gräfin Goertz* *9. Juli 1781*

Grandmaman a le cœur navré de douleur, puisque le poète son idole l'abandonne pour s'attacher plus fort que jamais à sa divine Lotte. Il est incroyable comment cet amour peut durer si longtemps, car elle enlaidit à vue d'œil.

598 *Wieland an Merck* *11. Juli 1781*

Für Goethen, lieber Bruder, laß Dir nicht bang sein. Er ist wohl, und das Geschwätze mancher Leute, seine angebliche Gesundheitsabnahme betreffend, gemahnt mich an die Fabel von den zween Wölfen, die gehört hatten, daß der Hirsch nicht wohl sei. Wie befindt sich der Herr Vater? sagten sie zum Hirschkalb etc. Besser, als es die Herren wünschen, antwortete das Kalb – fiat applicatio wo und soweit sich's schicken mag. Denn auf Kaysern paßt das nun freilich nicht, aber der hat sonst Gespenster im Kopf, und meint vielleicht, um wohl zu sein, müsse jedermann so wohl genährt aussehen, wie er selbst. Kurz, ich bitte Dich, ein für allemal, nichts von solchen rumusculis zu glauben. Daß er etwas mager ist, ist wahr; aber fetter wird man freilich in seiner Lage nicht. Indessen ist er doch wohl und munter, und weder sein Genius, noch seine Laune hat ihn verlassen, wiewohl er so sanft und gutmütig gegen alle Leute ist, daß er von dieser Seite nicht mehr zu kennen ist. Seit vierzehn Tagen ist er zu Ilmenau und in dortigen Gegenden, wo er, wie ich nicht zweifle, sich bei und mit der lieben Madre Natura recht wohl sein lassen wird.

599 Anna Amalia an Frau Rat Goethe *13. Juli 1781*

... auch könnte ich erzählen, daß der viel geliebte Herr Sohn Wolf gesund und wohl ist, daß er in Ilmenau auf eine Kommission gewesen und daneben noch allerlei kleine Excursions gemacht und vergnügt und gesund wiedergekommen ist ...

600 Gräfin Gianini an Gräfin Goertz *29. August 1781*

... elle [Anna Amalia] a célébré hier à Tiefurt le jour de naissance de Goethe par une comédie d'ombres chinoises et un petit feu d'artifice, comment cela vous plaît-il?

601 G. Ch. Tobler an Lavater *30. August 1781*

Wir wären fort, wenn die Herzogin niedergekommen wäre. Aber sie und die Doktor haben sich um einen Monat verrechnet. Alle Stunden hofft man den Knall der Kanonen zu hören. Goethe arbeitet in der Hoffnung eines Prinzen am neuen Stücke – und wenn das geschieht, so bleib ich bis zur Aufführung hier; Knebel muß auch dabei sein. Sonst aber gehn wir gleich nach der Niederkonft. Goethe hat gar große Freude mit Deinem letzten Brief gehabt – und sich Deiner *Unüberwindlichkeit* gefreut. Er hat mir draus vorgelesen und mit mir drüber gesprochen. Aber Du lässest mich nicht grüßen – Du glaubtest wohl, ich wäre fort... Vom Pontius Pilatus sagte Goethe: Nun das muß man ihm lassen, wenn er ein Gefäß findet – so ruhet er nicht, bis es voll ist. Es ist gut, daß die Schröter ziemlich gehalten und widerstehend ist. Sonst hätte ich mich hier für einen kurzen

Aufenthalt ein bißchen zu viel angehängt ... Goethes Tasso ist herrlich – in ganz anderer Manier als die bisherigen Stücke, am meisten der Iphigenie ähnlich, noch mehr betrachtend und gesprächartig. Vorgestern war sein Geburtstag. Die alte Herzogin (für deren protégé ich gelte) gab ihm eine fête und Walddrama. Schröterin agierte. Es tat mir weh, sie auf dem Theater zu sehen. Aber morgens drauf machte sie mich's wieder vergessen. [Nach dem 10. September:] Sie spielt mir oft die Lieder von Rousseau voll Einfalt und Natur. Es ist eben kein Wunder, daß sie nicht mehr Lust gehabt, sich an mich zu hängen. Wer mag sich an einen Reisenden attachieren? Die Weiber sind klüger als wir. Und denn hat sie der verzweifelte Goethe gar zu gut verwahret, indem er ihre Kunsttalente beständig in Atem hält – und all seinen Witz braucht, ihre Munterkeit zu nähren ... Und nun ist all das Erwarten hier abermal getäuscht! Knebel wird's gesagt haben, und Goethes Stück mit in der Geburt erstickt – das mich in der Tat fast mehr reut als die Prinzessin, die ohnedies ein Prinzessinnenlos würde gehabt haben.

602 F. Münters Tagebuch *3. September 1781*

Ich spaz[ierte] mit Toblern und aß mit ihm ... Nachher zur Exposition der Gemälde gegangen. Einige gute Stücke, das meiste sonst von Anfängern. Viel Frauenzimmer-Arbeiten – einige Köpfe. Goethe. Wieland, Herder, gut gearbeitet. Eine Landschaft von Goethe, sehr gut – er sah mich, fragte Toblern, wer ich wäre – er ging [au]f mich zu, denn Wieland hatte ihm von mir geredet, und sprach über die Gemälde – er hat ein sehr hohes air, ein schön Auge, und viel Mildes. Bestellte mich auf übermorgen früh.

603 F. Münters Tagebuch *5. September 1781*

Früh bei Goethe. Er wohnt herrlich in seinem Gartenhause. Ein edl[es] Gesicht. Hat etwas Zurückhaltendes. Wir spr[achen] von Stolbergs. Von der Theologie – von Freimaurerei. Gegen mich war er sehr hold.

604 F. Münter an J. A. Ebert *11. September 1781*

In Jena ist's gut sein – aber besser noch in Weimar. Ich habe mich da volle acht Tage aufgehalten ... Goethen habe ich gesehen. Aber Goethe ist mir zu ministermäßig und kalt. Doch war er überaus höflich.

605 A. v. Kotzebue: Aus dem Nachlaß

Als ich nun 1781 von der Universität heimgekehrt war, mußte ich, um Advokat zu werden, mich examinieren lassen ...

Nun war ich Advokat ...

Die Stelle eines Kriegs-Sekretärs in Weimar wurde erledigt, ein Posten, dem ich, in damaligen friedlichen Zeiten, wohl vorstehen konnte. Die Gewährung meines Wunsches hing größtenteils von Goethe ab. Dieser berühmte Mann war Jahre lang ein Freund unsers Hauses gewesen; er hatte meine hübsche Schwester sehr ausgezeichnet, sogar die Geschwister für sie geschrieben und dieses liebliche kleine Stück mit ihr gespielt. Der Umgang mit meiner klugen Mutter hatte ihm stets interessant geschienen, und ich selbst als Knabe seine Aufmerksamkeit erregt; daher war zu hoffen, daß er gern der Schöpfer meines mäßigen Glükkes werden würde. Viermal ließ ich mich bei ihm melden, um meine Bitte vorzutragen, allein vergebens, er ließ mich nicht vor. Es war keine Zeit zu verlieren, darum entschloß sich die liebende Mutter selbst zu einem Besuche bei ihm. Er wohnte in seinem Garten, ziemlich weit von der Stadt. Es war ein sehr heißer Tag. Meine Mutter ging, und ich blieb zu Hause, ihre Zurückkunft mit Sehnsucht erwartend. Sie kam früher zurück, als ich vermutet hatte; sie sank ermattet, erhitzt und in Tränen schwimmend auf den Sofa, denn – Goethe hatte, ob er gleich zu Hause war, durch seinen Bedienten sie abweisen lassen. Nie wird das Bild aus meiner Seele verlöschen, wie meine erschöpfte, tief gekränkte Mutter Schweiß und Tränen sich abtrocknete. – Freilich hatte Goethe selbst eine Art von Sekretär, eigentlich einen Schreiber, aus Frankfurt am Main, den er versorgen wollte oder mußte, und daß er diesen mir vorzog, verdenke ich ihm nicht; aber er hätte es wohl auf eine schicklichere Weise tun können.

606 F.v. Matthisson: Gegenwart und Vergangenheit 1815

Ein einsamer Spaziergang führte mich [1781] nach dem sogenannten Drehberg [bei Dessau], wo in frühern Zeiten alljährlich am vierundzwanzigsten September die Geburtsfeier der verstorbenen Herzogin Luise fröhlich begangen wurde. Dies echte Volksfest versammelte stets eine Menge von Fremden, und in der Tat vergütete das Ganze vollkommen die Mühe des Zureisens aus der Nähe, wie aus der Ferne. Mitten im Schauplatze des Wettreitens und Wettrennens, wobei Sieger und Siegerinnen den Preis aus den Händen der Landesmutter empfingen, erhebt sich ein zierliches Rundgebäude, worin der Hof an solchen Tagen bankettierte. Ich wohnte während meines Aufenthalts in Basedows Philanthropine diesem Schauspiele bei, als es, durch den Reiz der Ungewöhnlichkeit noch jugendlich anzog. Das Personal des Philanthropins ward in Zelten bewirtet. Unter den Hofgästen befand sich der Herzog von Weimar und in seinem Gefolge Goethe. Die Freude, das Antlitz des berühmten Mannes zu sehen, machte vielen Personen diesen Tag zum doppelten Feste. Das Interesse, welches mir schon damals darin lag, die Physiognomie der Bücher mit der Physiognomie der Urheber zu vergleichen, erhielt hier die vollste Befriedigung. Goethes Gesicht glich noch völlig dem Profilporträte vom Jahre 1776, worüber Lavater in den *Physiognomischen Fragmenten* so geistreich kommentiert.

607 Luise Mejer an H.Ch.Boie 5. November 1781

Goethe ist [Anfang Oktober] in Gotha gewesen, hat mit Gotters Komödie gespielt, «Die Geschwister» und die «Sechs Schüsseln». Die Herzogin hat der Gottern und den drei andern mitagierenden Damen Kleider geschenkt, und nach der zweiten Repräsentation hat der Herzog einen Ball gegeben. Goethe will auf Gottern eine eigene Komödie machen. – Nicolai soll in Weimar mit Goethe eine Zeremonialstreitigkeit gehabt haben.

608 *Graf Goertz an seine Frau* *7. November 1781*

Goethe a été pendant quinze jours avec Grimm à Gotha et a lu toutes les nuits jusqu'à 1 heure à Madame de Buchwald.

609 *Anna Amalia an Frau Rat Goethe* *23. November 1781*

Liebste Frau Aja! ich kann Ihnen mit viel Vergnügen ankündigen, daß ihr geliebter Hätschelhans sich in Gnaden resolvieret hat, ein Haus in der Stadt zu mieten, zwar werden sie erst um Ostern es beziehen, weil der Kontrakt von den jetzigen Bewohner bis dahin gehet; indessen haben wir doch, liebe Mutter, halb den Sieg davon getragen, es ist gut, daß es nun so weit gekommen ist; auch habe ich ihm versprochen, einige Möbeln anzuschaffen, weil er so hübsch fein und gut ist ...

Unser Wolf läßt Ihnen tausendmal grüßen, er ist recht wohl und *brav.*

610 *Sophie v. Seckendorff an Knebel* *26. November 1781*

Dann stellen Sie sich einmal für, daß, seit Sie Weimar verlassen, ein ganz nagel-neuer Favorit erstanden, welcher zwar schon dazumal in einigen Kredit, anjetzo aber vielen Einfluß zu haben scheint, und dieses ist der ausgestopfte, mit Häcksel gepfropfte, gedanken- und hirnlose arme Ritter Klink ... [Klinckowström] Gott sei bei uns ... Und wer anders ist schuld an der Favoritenschaft als Goethe, welcher dem Herzog sucht allen Umgang mit Menschen, die nicht ohne Verstand, zu benehmen, und ihm in die Hände solcher Tröpfe, solcher Schmarotzky und dergleichen legt. Meinend, es sind doch zwar dumme Kerls, aber gut, und diese können durch ihren Umgang Fürsten nicht verderben, o wie blind! wie oft wird es ihn noch gereuen.

611 *Wieland an Merck* *3. Dezember 1781*

Vorgestern ist mir auch der Swiftische Schnâk richtig zugekommen und hat mich mitten unter den ermüdenden philologischen Arbeiten, in die ich mich à corps perdu hineingestürzt habe, sehr gelabt. Heute werd' ich's der Herzogin und Goethen vortragen, der über die Vetter Schleglischen Dialoge unsägliche Freude gehabt hat, und Dich nebst der Herzogin herzlich grüßen läßt.

612 Frau v. Lichtenstein an Graf Goertz 16. Januar 1782
[Gotha. Über Carl August:] ... Goethe n'est plus à ses yeux cet homme universel, son cœur lui conserve sa tendresse, mais il ne le consulte plus et ne l'envisage que comme un homme de lettres fait pour son amusement, convenez, mon cher comte, que ce dernier trait parle sa justiciaire.

1782

613 J. Ch. Loder an Bertuch Anfang 1782
Eben ist Goethe hier [in Jena], und ich unterhalte ihn den ganzen Tag. Er ist auch ein treufleißiger Auditor in allen meinen Collegiis, und wir haben nachher herrliche Unterredungen darüber.

614 K. A. v. Kalb an seinen Sohn 16. Januar 1782
Goethe wird nun einsehen, daß man mit Genie allein kein Land regieren kann, sondern daß außer diesen auch Kenntnisse desselben, der angestellten großen und kleinen Diener und gesammlete Erfahrungen nötig sind, und daß man, wenn man dies alles nicht hat, sich Männer, die solche haben und uns unterstützen können und wollen, attachieren muß. Sein Mißvergnügen und Unruhe über den Lauf der Dinge wundert mich nicht; denn da die Welt, die Weimar kennet, weiß, daß Er allein Herrn und Sachen geleitet: so fällt auch ganz natürlich Lob oder Tadel auf Ihn, und da hier der letzte Fall eintritt, kann man leicht ermessen, wie einen Manne, der so viel Ambition hat, zu Mute sein muß.

615 J. A. Ludecus an Knebel 21. Januar 1782
Am Freitag [18. Januar] war Redoute; Goethe und Herr von Stein stellten bei einer Repräsentation Zauberer vor, Frau von Fritsch und Fräulein Voß wurden in Portechaisen hin-

ter ihnen hergetragen, baten aus den Chaisen herausgehen zu dürfen, welches geschah, und die Zauberer tanzten mit den beiden Damen. Hierzu kamen, nachdem die Zauberer für Müdigkeit eingeschlafen waren, zwei Helden, der Herzog und Herr von Schardt, tanzten um die eingeschlafenen Zauberer herum, letztere erwachten, wollten mit Gewalt die Helden vertreiben, diese zuckten ihre Schwerter, worauf sie bezaubert wurden, und auf ihrem Platz unverrückt bleiben mußten; die Tänzerinnen wunden endlich die Zauberstäbe den Zauberern aus den Händen, befreiten die Helden, und die Zauberer wurden in den Portechaisen hinausgetragen. Kleidung, Vorstellung und Musik waren sehr gut gewählt ... Da Goethe das Hendrichsische Quartier gemietet hat, so ist er sogleich zum Bräutigam der Mademoiselle Streiberin aus Eisenach gemacht worden; wobei aber nicht die geringste Wahrheit sein mag.

616 Ch. G. v. Voigt an G. Hufeland *6. Februar 1782*

Was gebe ich Ihnen von hier aus Neues? Gelehrtes – wirklich nicht, denn daß uns Goethe neulich ein Schauspiel ohne Namen gab, mehr pantomimiert, mehr getanzt, gezaubert und maschiniert als gesungen und gesprochen, doch durchaus mit neuer Musik von einem neuen Compositeur Schubert, ist nichts Interessantes und mehr artistisch als gelehrt.

617 Carl August an Knebel *8. Februar 1782*

Hier fängt alles an krank zu werden. Ich hab's mit achttägigen Zahnschmerzen überstanden; jetzt geht Goethe gelb und bleich umher und flickt an sich herum. Herder hatte es im Rücken bekommen, Mieding ist gar gestorben, und Dein Nachbar, der alte Neubert, wird ihm, fürcht' ich, in wenigen Tagen folgen. Mieding starb drei Tage vor Aufführung der Fête oder der *Comédie-Ballet* von Goethen auf meiner Frauen Geburtstag; dem ohngeachtet lief's gut ab und machte einen artigen Effekt. Goethe hat angefangen, seinem Andenken einen Kranz à la façon zu weihen; es sind treffliche Sachen in diesem angefangenen Werke.

618 Luise v. Göchhausen an Merck *11. Februar 1782*

Die Zeit des Karnevals hat indessen für jetzt zu allerlei Selbstbetrug Anlaß gegeben, und man ist wenigstens darauf bedacht gewesen, die maladie contagieuse des Hof-ennui recht brillant zu machen. Komödien, Bälle, Aufzüge, Redouten etc., das alles hat sich gejagt. Auch Freund Goethe hat sein Goldstück zu anderer Scherflein gelegt und auf der Herzogin Luise Geburtstag, der den 30. war, eine artige Comédie-Ballet geliefert, die folgenden Inhalts war: Eine Fee und ein Zauberer hatten einen mächtigen Geist beleidigt, und ihnen wurde dadurch das Vorrecht, ewig jung zu bleiben, geraubt. Sie wurden alt mit allen Feen und Zauberern, die ihnen ergeben waren. Diese Strafe sollten sie dulden, bis in gewissen Bergklüften der große Karfunkel gefunden würde, dem das verzaubert war, was ihnen allen fehlte. Diesen Stein zu erhalten, vereinigte nun die Fee und der Zauberer ihre Macht. Die Berggeister wurden beschworen, Feen, Gnomen und Nymphen taten durch wunderbare Zaubereien ihr Bestes, und das Abenteuer wurde bestanden, der große Karfunkel herbeigeschafft, geöffnet, und – Amor sprang heraus. In diesem Augenblick gingen die großen Verwandlungen vor sich, und aus einem ganzen Theater voll alter Mütterchen und Gnomen wurden lauter schöne Mädchen und Jünglinge. Diese Verwandlungen gingen sehr gut, und Dekoration und Musik war recht artig. Das Ganze war mit Gesang und Tänzen gemischt und endigte mit einem großen Ballett, wo Amor der Herzogin beiliegende Verse gab, die Goethe nebst vielen Grüßen sendet, sich daran zu erbauen. Den Freitag darauf [1. Februar] war Redoute. Unter andern produzierten sich neun weibliche Tugenden, worunter die Bescheidenheit die Verse Nr. 2, auch von Goethen, der Herzogin übergab. Wieland ließ sich bei dieser Gelegenheit verlauten, daß noch eine weibliche Tugend mangele, nämlich die *Schwerenot*, welches eigentlich die echte häusliche sei. Vergangenen Freitag wurde in einem Aufzug zum zweitenmal der Winter mit allen seinen Lustbarkeiten repräsentiert, welches alles auf dem gedruckten Zettel zu lesen.

Goethe ist sehr fleißig. Er hat neuerlich seinen *Egmont* geendigt und arbeitet jetzt an einem neuen dramatischen Werk, *Tasso* genannt, woran Sie große Freude haben werden. Noch etwas ist diesen Winter zu Stande gekommen, wovon ich aber nichts schreibe, weil ich's vielleicht bald selbst schicken kann, und wahre Essenz für Dero Magen sein wird. Überhaupt scheint dieser Freund bei der Austeilung eine gute Portion Öl mehr als gewöhnlich in seine Lampe bekommen zu haben, da sie oft bei trübem Wetter so helle brennt und es ihr zur Zeit der Not noch nie mangelte. Gesegen's ihm Gott!

619 Luise v. Göchhausen an Knebel *7. März 1782*

Für das mitgeschickte A. B. C.-Buch danke ich gleichfalls, es kam recht zu gelegener Zeit, ich hatte eben ein kleines Tee-Convivium, und da kriegten die bonmots gleich Umlauf. Goethe, dem Sie's auch schickten, meinte, bei den Buch käm einen vor, als wär man schon im vollen Sommer, und dort keimten erst die Rapünzchen.

620 J. v. Müller an C. V. v. Bonstetten *19. März 1782*

Goethe m'a amicalement accueilli; il gagne d'être vu; il est simple et aimable, et dès qu'il parle, on ne peut méconnaître les qualités d'un grand caractère.

621 J. v. Müller an Gleim *25. März 1782*

Nicht leicht hat mir ein Mann ... so ganz wie Herder ... gefallen ...

Auch hat Goethe mich durch seinen Verstand und viele Spuren einer großen Seele gewonnen.

622 Carl August an Knebel *23. März 1782*

Goethe reist im Lande herum, mißt das Volk und macht ganz vortreffliche Sachen. «Mieding» ist fertig, und die Corona [Schröter] bekommt darin einen ganz unverwelklichen Kranz. Schade, daß der Minnesold in neuern Zeiten so teuer ist; wäre er es weniger, sie könnte Goethen nicht anders als mit ihrer Person danken. O! wie wollten wir nicht noch in unsern alten Tagen Verse machen lernen!

623 *F. Münters Tagebuch* *30. März 1782*

[Begegnung mit Goethe in Gotha.] Von Passavant, Fritz Stolbergs Heirat und seiner Ökonomie. Von Danows Tod geredet.

624 *W. v. Diedes Tagebuch* *19.–29. April 1782*

Da mir der Geheime Rat Goethe diesesmal mehr Offenherzigkeit und Gehör als ehedessen gönnte, so nutzte ich die Gelegenheit, um mich mit ihm über landwirtschaftliche Sachen und über meine Ziegenberger Anlagen zu besprechen. Er fand Vergnügen an meinen Beschreibungen des Ortes, und ich zog ihn über die fernere Verschönerung des Sophienplatzes zu Rate, auf welchem ich ein drittes Denkmal zur Vereinbarung der beiden vorhandenen zu setzen willens war. Er ging in die Sache willig ein, teilte mir seine Gedanken mit und erbot sich, den Stein unter seiner Aufsicht bearbeiten zu lassen. Ich schickte ihm nochmals die Zeichnung vom Platze mit denen vorhabenden Veränderungen, und er ward mir bei der Ausführung der Sache nützlich ... Demnächst hatte ich den Gedanken gefaßt, noch ein Stück des Waldes zu dem Platz zu ziehen und ein drittes Monument zu setzen, dessen Sinn die beiden anderen zu einem Ganzen vereinigen könnte. Diesen teilte ich bei meiner Anwesenheit in Weimar meinen dortigen Freunden, unter andern dem einsichtsvollen Herrn Goethe mit, welcher in die Sache mit Teilnehmung einging, die Form des neuen Monumentes bestimmte und dessen artige Inschriften angab, wie solches seine beigelegten interessanten Schreiben bezeugen. Ich übergab ihm Zeichnung des Platzes und der nahen Waldgegend, und es ward beschlossen, den Pfad des Einganges von dem schönen Wege her zu verlegen, welches einen der schönsten Gänge des Waldes hervorbrachte, und solchen in die Mitte des Mittelganges zu führen, da dann das neue Monument gerade gegenüber zu stellen wäre, dergestalt daß solches beim Eintritt zuerst in die Augen fiele, jedoch die anderen beiden zugleich mitgesehen würden. Nachdem alles dergestalt beschlossen war, meldete ich solches mit Zurücksendung des

Planes nach Ziegenberg, woselbst die Nachricht am 27. Mai eintraf, worauf sogleich die vorgeschriebenen Änderungen vorgenommen, der Grundstein zu dem Fundament angeschafft und solches gelegt wurden. Das Monument wurde in Weimar unter der Aufsicht des Herrn Goethe verfertiget.

625 J.B.G.d'Ansse de Villoison an Anna Amalia Mai 1782

J'ai passé hier une soirée délicieuse avec Monsieur Goethe; une seule de ses paroles et de ses réflexions suffit pour confirmer la grande réputation dont il jouit à si juste titre.

626 Caroline Herder an J.G. Müller Mai 1782

Wir haben die Reisen der Päpste mit Ihrem Brief, zugleich aber ohne Brief erhalten. Es ist ein köstlich geschriebenes Büchlein; mein Mann hat's dem Haubold Einsiedel und mir vorgelesen, und wir haben Augen und Ohren aufgetan. Mein Mann sagt, es sei herrlich aus der Geschichte genommen, ganz wahr und so sonderbar für den Papst – Goethe kam dazu, dem will das Büchlein nicht gefallen – sein Urteil zu sagen, ist hier zu weitläufig.

627 Luise v. Göchhausen an Knebel 30. Mai 1782

Goethe ist sehr fleißig, ich hoffe, in den nächsten Journal soll sich etwas von ihm produzieren. Vorzüglich beschäftigt er sich jetzt mit – *Inschriften;* eine auf Ihren Schreibtisch, den er jetzt besitzt, wird er nächstens schicken, wenn es noch nicht geschehen.

628 S.v. Seckendorff an seinen Bruder Albrecht 8. Juni 1782

Nos affaires marchent en attendant de jour en jour plus extraordinairement. Monsieur le conseiller privé Goethe vient d'obtenir aux frais du Duc les grades de la Noblesse, et – ce qui surprendra bien davantage – il va être nommé Président de la Chambre à la place de mon beau-frère, qui vient de quitter sa charge et de la troquer contre une pension de mille écus annuels. Je me réserve de vous dire à cet égard les motifs qui l'ont dû engager à faire ce pas. Les affaires n'en deviendront que plus embourbées; le grand ordre, dans lequel Kalb a eu soin de tenir cette branche, a soutenu non seulement la machine, mais encore son crédit établi sur son administration. Il faudra voir comment un homme, qui se connaît dans ce département un peu moins encore que je m'entends au Siriaque, se tirera d'affaire.

629 K. v. Lynckers Aufzeichnungen

Mit dem Jahre 1782 fiel der Präsident v. Kalb in Ungnade, erhielt eine Pension und verließ Weimar. Geheimrat v. Goethe übernahm [am 11. Juni] das Kammerpräsidium auf kurze Zeit, und es wollte verlauten, als habe Goethe einigen Anteil an dieser Entlassung gehabt. In der Wahrheit beruhet aber, daß Kalb mancherlei Verschulden hinsichtlich der Kammerverwaltung auf sich geladen ... Ebenso wahr ist es aber auch, daß man, obgleich alle diejenigen, welche Goethe nicht gern sahen, wohl geneigt waren, ihm mancherlei zur Last zu legen, doch nicht einen einzigen Fall aufführen kann, wo derselbe vorsätzlich irgend jemanden geschadet hätte. Schrieb man ihm auch einigen Egoismus zu, so mußte man doch jederzeit anerkennen, daß er ihn nie auf Kosten anderer geübt hatte.

630 Caroline Herder: Herders Verhältnis mit Goethe

Die Finanzen der fürstlichen Kammer waren durch den jungen Kammer-Präsident von Kalb, welchem Goethe zu dieser Stelle verholfen hatte, in solche Verwirrung und Dunkelheit geraten, daß er seine Entlassung nehmen mußte. Goethe setzte sich an die Spitze der Kammer und brachte in die Verwirrung Licht und Ordnung. Er entwarf einen Finanz-Etat, den der Herzog annahm; er suchte durch Ersparnisse und Einschränkungen einen Fond zu außerordentlichen Ausgaben zu etablieren, besonders für die Universität Jena, wie er uns nachmals vertraute ...

Goethe hatte mehrere unangenehme Auftritte über den neuen Kammer-Etat mit dem Herzog. In diesem gestörten Verhältnis suchte Goethe Herdern täglich und öfterer auf wie sonst, und schloß sich inniger an ihn.

631 Wieland an Merck *26. Juni 1782*

Mit Goethes Standes-Erhöhung hat es seine Richtigkeit, wiewohl, meines Wissens, dato noch nichts legaliter davon im Publico bekannt ist. Er hat ein Haus in der Stadt bezogen, und scheint sich nach und nach immer mehr und mehr auf einen ministerialischen Fuß einrichten zu wollen. Daß der Kammer-Präsident von Kalb auf einmal – jedoch honorificentissime, und mit einer Pension von 1000 Reichstalern entlassen worden ist, wirst Du vermutlich bereits wissen. Der Schlag kam ihm so unerwartet, als dem Publico, welches sich noch nicht davon erholen kann. Goethe, heißt es, soll *einstweilen* die Kammer-Präsidenten-Stelle nur *versehen*. Man nenne es aber, wie man wolle, so wird er, ohne seinen Platz im Geheimen Conseil aufzugeben, in der Kammer präsidieren – quod felix faustumque sit! Homer war wohl auch a man of genius? Nicht wahr? Und baut auch in seiner Odyssee einen Palast oder ein Boot so gut als der beste Architekt oder Schiffszimmermeister. Ob ihm aber die Amphiktyonen darum den Tempelbau zu Delphi, oder das Kommando einer Flotte übergeben, oder er, wenn *sie* es getan, sich dazu verstanden hätte – was meint der Herr Bruder? Ich, meines Orts, habe den Menschen unter allen Formen und Figuren lieb, und bin überzeugt, daß ich nichts von ihm zu befürchten haben kann: also ist mir alles recht, wie es ist ...

632 Luise v. Göchhausen an Knebel *26. Juni 1782*

Könnt ich doch mit unwiderstehlichen Worten an Ihr Herz reden, oder könnt ich jetzt den unaussprechlich schönen Morgen malen, der gewiß in Nürenberg nicht halb so schön sein kann, den Gedanken an Tiefurt in Ihrer Seele zu erwecken oder vielmehr zu befestigen, denn, denkt doch wohl gewiß der abgeschiedene Geist seines Körpers, wie sollten Sie Ihres Tiefurts vergessen! Diesen Gedanken möcht ich zum Entschluß und diesen Entschluß zur Tat zaubern, – o Knebel, Sie setzten sich aufs erste beste Pferd und erfreuten uns irgend einen guten Abend mit Ihrer Erscheinung! – Dies ist der Herzogin, Goethens und meiner liebster Traum, wenn wir in diesen lieben, lieben Tempe die Sonne untergehn oder den Mond in seiner stillen Pracht aufgehn sehn. Lieber, überlegen Sie's! oder vielmehr überlegen Sie nicht und kommen Sie! ...

Den 6. oder 8. Juli kommen sämtliche weibliche Durchlauchtigkeiten von Meinungen und werden wahrscheinlich acht Tage hier bleiben. Die Herzogin wird ihnen hier eine kleine fête geben, aus einem Wald- und Wasser-Drama von Goethen, Die Fischerin, bestehend. Das Stück mit untermischten Gesängen will ich schicken, sobald ich zum Abschreiben Zeit habe. Doch Sie holen's ja selbst!

633 Herder an Hamann *11. Juli 1782*

Schlosser ist ein grober Asinus, und ich bin weit entfernt, ihm zu antworten; ich glaube, ich habe Ihnen gesagt, daß ich an seine Broschüre nur ging, weil sie hier als ein Heiligtum von Goethe in Kurs gebracht war, der auch die Unverschämtheit gehabt hat, mir sein drittes Gespräch anzumelden ... Gestern ist der hiesige Kammerpräsident von hier abgegangen, mit 1000 Talern Gehalt verabschiedet. Er ist ein junger Mann unter meinem Alter, der Goethe hiehergebracht, bei dem dieser zuerst gewohnt hat, der sich nach der allgemeinen Stimme auf seine Geschäfte sehr wohl verstand und der Goethe an seine Stelle brachte. Er ist mit großen Komplimenten verabschiedet worden, «weil der Herzog kein Zutrauen auf ihn hat und er gemerkt habe, daß Kalb (so heißt er) auch keins zu ihm habe»; und nachdem seine ehrenvolle Demission im Conseil diktiert worden, ist Goethe zum Kammerpräsidenten ernannt, doch ohne diesen Namen, der für ihn ohne Zweifel auch als appendix zu klein ist. Er ist also jetzt Wirklicher Geheimer Rat, Kammerpräsident, Präsident des Kriegscollegii, Aufseher des Bauwesens bis zum Wegbau hinunter, dabei auch Directeur des Plaisirs, Hofpoet, Verfasser von schönen Festivitäten, Hofopern, Balletts, Redoutenaufzügen, Inskriptionen, Kunstwerken etc., Direktor der Zeichenakademie, in der er den Winter über Vorlesungen über die Osteologie gehalten, selbst überall der erste Akteur, Tänzer, kurz das fac totum des Weimarschen und, so Gott will, bald der maior domus sämtlicher Ernestinischer Häuser, bei denen er zur Anbetung umherzieht. Er ist baronisiert, und an seinem Geburtstage (wird sein der 28. August a. c.) wird die Standeserhebung erklärt werden. Er ist aus seinem Garten in die Stadt gezogen und macht ein adlig Haus, hält Lesegesellschaften, die sich bald in Assembleen verwandeln werden etc. etc.

634 Luise v. Göchhausen an Knebel *13. Juli 1782*

Hoffentlich haben Sie sich auch schon an Rousseaus Confessions erfreut ...

Eben da ich diesen Brief siegeln will, kommt Goethe und sagt mir unter andern, daß Sie schon sehr gut über die Confessions geschrieben ...

635 Ch. G. v. Voigt an G. Hufeland *14. Juli 1782*

Herr Geh. Rat Goethe ist geadelt worden; wollen sehen, was er als Herr *von* Goethe leisten wird. Der Herr Kammerpräsident von Kalb erhielt schleunig seinen Abschied mit 1800 Talern Pension. Warum? weiß eigentlich niemand. Herr v. Goethe übernimmt die Kammerdirektion.

636 Frau v. Wedel an Gräfin Goertz *20. Juli 1782*

Kalb a eu son congé, on dit que la raison en est que le Duc n'a plus de confiance en lui, et pour que cette confiance ne soit pas abusée, il a donné la direction de la chambre des finances à Goethe. Avez-vous idée que cela puisse aller? Je le désire et n'ose le croire ... Goethe a reçu ses lettres de noblesse, l'aurez-vous cru. Monsieur le Docteur! Ses façons n'ont pas changé avec ses titres, il est toujours raide comme un homme de bois. Ah mon Dieu, la cour d'ici sera encore bien agréable avec le temps, moi, je suis bien aise de tirer mon épingle du jeu!

637 Caroline Herder an J. G. Müller *Anfang August 1782*

In unserm Staatskörper ging auch eine Revolution vor. Unser Kammerpräsident v. Kalb ist vor Johannis mit 1000

Talern jährlichem Gehalt verabschiedet worden, weil *der Herzog kein Vertrauen mehr in ihn gesetzt hat.* Untreue oder Niederträchtigkeit im Dienst konnte man ihm nicht schuld geben, sonst hätte er keine Pension von 1000 Talern erhalten, ein junger Mann von 35 Jahren, der sieben Jahre im Amt ist und sein Geschäft sehr gut verstanden und verwaltet haben soll. Zu gleicher Zeit wurde bekannt, daß Goethe Kammerpräsident sei, und daß ihn der Kaiser aus eigenem Bewegnis in Adelstand erhoben habe. Alles tut hier Augen und Ohren auf, um zu sehen, wo das noch hinaus will, da die meisten wichtigen Ämter der Herr v. Goethe jetzt verwaltet, welches folgende sind: Wirklicher Geheimrat, Präsident des Kriegs-Collegiums, Präsident der Kammer, Direktor des Bauwesens vom Größten bis zum Kleinsten, Direktor des Bergwerks, Oberaufseher der Ökonomie und des Ackerbaus dieses Landes, Direktor der Künste und Maler-Akademie, Directeur des Plaisirs, Schauspieldichter, Komödiant und Favorit des Herzogs. Wie wird Ihnen bei dieser Liste zu Mut, lieber Freund?

638 Caroline Herder an J. G. Müller *Anfang August 1782*

Wir erfahren soeben, daß Lavater hier erwartet wird – sonderbar! sonderbar! und wir sind in Ilmenau! Der Herr von Goethe wird ihm schon die Augen verkleistern und verblenden, daß er so blind wieder geht, als er gekommen ist. Liebster Freund, die Unzufriedenheit, die jetzt hier herrscht, ist nicht zu beschreiben. Die besten Leute aus dem Collegium suchen heimlich anderwärts Dienste. Groß und Klein verachtet und verflucht den Goethe – der Kammerpräsident ist darum fortgeschickt, weil er ihnen schon seit vier Jahren Vorstellungen getan, sie müßten sich einschränken, er könnte so nicht bestehen. Die besten Leute werden verachtet, disgustiert, und die ganze Dienerschaft ist dem Herzog verächtlich gemacht worden; darum nimmt Goethe alle bedeutenden Stellen ein. Seit er von Adel ist, hat er alle Sonnabend Assemblee, dahin kommt aber niemand, als junge Fräuleins, junge Officiers und Jagdjunker, die Frau von Stein und Frau von Schardt und unsere geliebteste

Herzogin, die nun zu ihm geht und bei ihm ißt, *weil er von Adel ist.* Er hat sie nun an ihrer schwachen Seite ergriffen, aber das Gute soll er ihr nicht verderben. Der Herzog hat die tödlichste Langeweile, auch beim Goethe, und gähnt den ganzen Tag.

639 Wieland an Merck *5. August 1782*

Du kannst nicht glauben, was der Herzog, die Herzogin-Mutter, Goethe, und was hier sonst zu denen gehört, die eine *Nase*, oder doch wenigstens einen *Gaumen* haben, für Freude an dem *Briefwechsel* [Mercks Briefe an den Herzog] haben.

640 Gräfin Gianini an Gräfin Goertz *12. August 1782*

Nos nouvelles d'ici ne vous le seront pas tant, en attendant, le renvoi de Kalb vous aura pourtant étonnée davantage au moins que la nouvelle noblesse de Goethe, les amours de ce dernier avec sa vieille haridelle vont toujours grand train, et le pouvoir de cette clique auprès du Duc et de la Duchesse est plus grand que jamais. Ma maladie et mon absence leur a fait gagner du terrain, de façon qu'il y en a pour dégobiller, mais j'en suis fort tranquille, s'ils en font trop, je sais où aller et être reçue à bras ouverts.

641 Luise v. Göchhausen an Merck *16. August 1782*

Zum Beweis, daß Ihr Andenken immer grünend und blühend unter uns ist, dient, daß ich mich nicht gewöhnen kann, irgend eine Kleinigkeit, die uns, wär's auch nur eine Viertelstunde, Spaß macht, Ihnen unmitgeteilt zu lassen. Davon zeigt beikommende Oprette von Freund Goethe [Die Fischerin], hier in Tiefurt vor einigen Wochen aufgeführt. Der schöne Abend, die Musik und Beleuchtung machten das Ganze zu einem sehr artigen Divertimento. Das Gedicht an Mieding mag Ihnen zur Zeit der leidigen Influenza übern Hals gekommen sein, sonst hätten Sie wohl ein Wort davon verlauten lassen.

642 Luise v. Göchhausen an Knebel *19. August 1782*

Wir sind jetzt beschäftiget, ein kleines französisches Stück zu memorieren, eine Parodie der Zaïre, Les Enfants trouvés. Kennen Sie das Stück noch nicht, will ich's Ihnen schicken, es ist voll guten Witzes und wird Ihnen gewiß Spaß machen.

Die Acteurs sind der Herzog, Goethe, Einsiedel, Kraus, Carolinchen und ich. Wir werden's auf den Ettersburger Theater spielen.

643 Prinz August von Sachsen-Gotha an Herder *5. September 1782*

Alleweile komme ich von Belvedere zurück, wo ich mit Goethe gewesen bin.

644 W. Bode: Der fröhliche Goethe *1912*

Prinz August von Gotha, der jüngere Bruder des Herzogs Ernst, kam oft und gern nach Weimar; er liebte den Verkehr mit Herder, Wieland und Goethe, die dann auch ihrerseits ihm gern einen guten Tag einrichteten. Einmal bereitete Goethe ein Mittag- oder Abendessen vor, zu dem er den Prinzen und mehrere muntere Damen der Gesellschaft laden wollte ...

Das Essen fand [am 13. September 1782] im Zeughause statt, wo an den Wänden die alten Ritterrüstungen aufgestellt waren. Als man anfing, recht fröhlich zu werden, hörte der Prinz ein Rasseln hinter sich; erstaunt blickte er sich um – es war wohl eine Täuschung gewesen. Dann schrie eine der Fräulein auf: jener Ritter dort drüben habe sich bewegt! Sogleich ertönte ein Husten aus einer andern Ecke, aus einem Harnisch und Visier heraus. Und nun klappte ein vierter Eisenmann sein Visier auf, stieg heraus und sprach: «Die Herrschaften werden entschuldigen ...»

Goethe hatte vier Soldaten in diese Rüstungen gesteckt; sie mußten sich mausestill verhalten, bis er ihnen das Zeichen gab, das sie zum Leben erweckte.

645 Gräfin Goertz an ihren Mann *21. September 1782*

... le nouveau frère qui nous a été donné et qui fait l'enfant chéri et qui est plus caressé que tous les autres ... ce nouveau frère n'est autre que le Sieur Goethe qui fait ce que faisait autrefois Voltaire, l'oracle par lequel on jure, le Prince Auguste l'accompagne quand il fait des visites en ville, enfin c'est une vraie rage. Il n'est point ici [in Gotha] dans ce moment, mais il y est très souvent ... Je ne puis rien vous dire du Sieur Baron de Goethe, car je n'ai fait que l'entrevoir un instant et il m'a fait généreusement une question, ce qui me fait croire, qu'il s'approche un peu plus de la masse terrestre.

646 Gräfin Goertz an ihren Mann *11./12. Oktober 1782*

J'ai passé hier ma journée à la cour ...

Le Baron de Goethe est venu à moi très cordialement me demandant avec beaucoup d'intérêt des nouvelles de votre santé et continuant la conversation jusqu'au moment qu'on me rappela pour le jeu. Madame de Stein m'a étouffée de tendresse.

[12. Oktober] Pour le Sieur Baron de Goethe, il est devenu très gentil et parlant et a un peu adopté les façons de gentilhomme, il conserve toujours le même empire et sur mari et sur femme, ainsi que Madame de Stein qui joue toujours son rôle le mieux qu'elle peut, mangeant des pommes de terre presque tous les soirs dans sa maison avec Goethe et la Duchesse. Le mari Stein, s'étant mis audessus de tout plus que jamais, est redevenu gros et gras, est aussi insipide et faux que jamais.

647 Luise v. Göchhausen an Knebel *14. Oktober 1782*

Goethe ist immer fleißig, er schreibt jetzt am dritten Buch seines Wilhelm Meisters, es ist, als käm mehr von innen bei ihm heraus, je mehr es von außen um ihn dürr wird. Ich spüre sehr, daß ihm ein männlicher Freund fehlt, und Ihre Entfernung drückt ihn mehr, als er vielleicht selbst weiß.

648 Anna Amalia an Frau Rat Goethe *17. Oktober 1782*

Ich könnte viel Schönes von hier sagen, unter andern daß das Palais des Herrn Geheimden Rats von Goethe von außen und von innen prächtig geschmückt wird und daß es eines der schönsten in der Stadt Weimar werden wird …

649 Anna Amalia an Knebel *8. November 1782*

Goethe hat mich durch ein Geschenk von allen seinen ungedruckten Schriften sehr erfreut; sollte Das einem nicht schmeicheln, lieber Knebel? Ich bin aber auch ganz stolz darüber.

650 J. A. Ludecus an Knebel *25. November 1782*

Die Herzogin Frau Mutter läßt den Tiefurtischen Garten nach dem Altan zu verlängern, und jetzo wird die Mauer vom Hause nach dem Garten abgebrochen, und von der Seite des Gartens breiter gemacht. Goethe hat die Idee angegeben. – Er hat die Herzogin mit dem ersten Heft seiner ungedruckten Sachen zu ihrem Geburtstag beschenkt.

651 K. Mattei an Lavater *19. November 1782*

In Weimar, [am 9. November] einen Mittag von vier Stunden bei dem kraftvollen Menschen, ganz und nichts halb und nichts klein in allem, was ihn umgibt und von ihm ausgeht – bei Goethe – der von Geschäften überhäuft, alles was – geschieht – dirigiert, und der mich indes mit *der* Freundschaft aufnahm, die nur Männern zukömmt. Ich war unendlich wohl bei ihm: Deinem Pilatus ging's nicht so wohl; daß er mit Dir Berge versetzen will, habe ich nicht nötig Dir zu sagen, so wahr schätzt er Dich.

1783

652 Eckermanns Gespräche mit Goethe *13. November 1823*

[Goethes ehemaliger Kammerdiener Christoph Sutor berichtet:] «Einst klingelte er mitten in der Nacht, und als ich zu ihm in die Kammer trete, hat er sein eisernes Rollbette vom untersten Ende der Kammer herauf bis ans Fenster gerollt und liegt und beobachtet den Himmel. ‹Hast Du nichts am Himmel gesehen?› fragte er mich, und als ich dies verneinte: ‹so laufe einmal nach der Wache und frage den Posten, ob der nichts gesehen.› Ich lief hin, der Posten hatte aber nichts gesehen, welches ich meinem Herrn meldete, der noch ebenso lag und den Himmel unverwandt beobachtete. ‹Höre›, sagte er dann zu mir, ‹wir sind in einem bedeutenden Moment, entweder wir haben in diesem Augenblick ein Erdbeben, oder wir bekommen eins.› Und nun mußte ich mich zu ihm aufs Bette setzen, und er demonstrierte mir, aus welchen Merkmalen er das abnehme.»

Ich fragte den guten Alten, was es für Wetter gewesen.

«Es war sehr wolkig», sagte er, «und dabei regte sich kein Lüftchen, es war sehr still und schwül.»

Ich fragte ihn, ob er denn Goethen jenen Ausspruch sogleich aufs Wort geglaubt habe.

«Ja», sagte er, «ich glaubte ihm aufs Wort, denn was er vorhersagte, war immer richtig. Am nächsten Tage», fuhr er fort, «erzählte mein Herr seine Beobachtungen bei Hofe, wobei eine Dame ihrer Nachbarin ins Ohr flisterte: ‹Höre! Goethe schwärmt!› Der Herzog aber und die übrigen Männer glaubten an Goethe, und es wies sich auch bald aus, daß er recht gesehen; denn nach einigen Wochen kam die Nachricht, daß in derselbigen Nacht ein Teil von Messina durch ein Erdbeben zerstört worden.»

653 Herder an Hamann *10. März 1783*

Bei der Predigt am Geburtsfest [des Erbprinzen Carl Friedrich am 9. Februar] hat sich unmittelbar nach dem Amen folgender Dialogus in der Kirche, in dem sogenannten Ratsstande zugetragen:

Goethe: Was denkst du zu der Predigt?

Wieland: (wie er wenigstens sagt:) Nun, es war eine wackre Predigt.

Goethe: Er hat doch aber so eine harte Manier, die Sachen zu sagen. Nach solcher Predigt bleibt einem Fürsten nichts übrig als abzudanken.
(Ergreift seinen Hut und geht still aus der Kirche.)

Zweiter Dialogus bei der Herzogin-Mutter.

Sie: Was denken Sie von der heutigen Predigt? (*Wieland* ohngefähr wie oben.)

Sie: Mich dünkt aber, daß sie doch vor diesen Tag unerwartet war: beim Regierungsantritt oder solchen Tagen könnte sie wohl gehalten werden.

Wieland: Je nun! weil der Herzog sonst nicht in die Kirche kommt, so hat Herder vermutlich den Augenblick ergriffen, da er ihn hatte.

Sie: Er sollt' freilich mehr in die Kirche gehen etc.

Dritter Dialogus, abends im großen Saal bei Hofe.

Herzog: Sind Sie heut in der Kirche gewesen?

Wieland: Ja, Euer Durchlaucht.

Herzog: Wie hat Ihnen die Predigt gefallen?

Wieland: (wie oben.)

Herzog: Ich weiß doch aber nicht, was die Leute bei einem Kind für erstaunende Hoffnungen haben. Es ist doch nur ein Kind.

Wieland: Aus dem indessen alles werden kann, und da hofft jeder, daß das Beste aus ihm werde.

Herzog: Übrigens war die Predigt ganz ohne *Piques*. (Das ist ein Lieblingswort hier.)

Wieland: O ganz ohne Piques: sie war, dünkt mich, so rein, wie sie von der Kanzel kommen mußte.

Herzog: Es war eine brave Predigt.

654 K.v. Lynckers Aufzeichnungen

Eins der glänzendsten Feste, an dem ich vor meinem Abgang an die Universität teilgenommen, war der sogenannte venezianische Karneval, der nach der Geburt des Erbprinzen, der jungen Herzogin zu Ehren, veranstaltet und vom Großherzog [Herzog] selbst angeführt wurde. – An diesem Aufzug nahmen 139 Personen mit nahezu 100 Pferden teil, darunter natürlich auch der Geheimrat von Goethe, als Ritter in altdeutscher Tracht, im weißen Atlaskostüm mit Purpurmantel, auf dem Kopf ein Barett mit Federn, reitend auf einem weißen Pferde, dessen Zeug gelb und mit Silber reich gestickt war, von Fackelträgerknaben im gleichen weiß und gelben Kostüm umgeben.

655 Frau v. Oppel an Gräfin Goertz 4. April 1783

Jeudi passé [27. März] il [der Graf von Marschall] a dîné chez nous, et notre bonne grande maîtresse, la Comtesse de Bernstorff, Wedel, Oertel et Goethe pour la première fois, toute la compagnie a été de la meilleure humeur du monde et m'ont fait passer une bien agréable journée. La semaine passée nous avons été priés pour le jeu chez Monsieur de Goethe, où j'ai rencontré à peu près les mêmes personnes, que j'ai eu l'honneur de voir chez moi; sa maison est très bien meublée et il voit souvent du monde.

656 Freiherr v. Üchtritz an Gräfin Goertz 10. Mai 1783

Monsieur de Goethe a eu l'adresse de se mettre en bonne odeur chez la tante Oppel, il lui a donné l'Excellence, elle l'a pris pour de l'argent comptant, quoique tout le monde voie bien qu'il a voulu s'amuser d'elle; elle m'a raconté plus de vingt fois: nein, das ist wahr, Goethe ist ein ganz ein anderer Mensch worden, je ne pouvais pas du tout comprendre d'où venait ce changement avant d'en savoir la cause.

657 F. v. Matthisson an C. V. v. Bonstetten Januar 1795

Ich lerne Goethe zuerst an einem Tage persönlich kennen, wo seine Menschlichkeit sich ganz heilig und rein offenbarte. Er gab ein Kinderfest in einem Garten unweit Weimar. Es galt Ostereier aufzuwittern. Die muntere Jugend, worunter auch kleine Herder und Wielande waren, zerschlug sich durch den Garten, und balgte sich bei dem Entdecken der schlau versteckten Schätze mitunter nicht wenig.

Ich erblicke Goethe noch vor mir. Der schöne Mann, im goldverbrämten blauen Reitkleide, erschien mitten in dieser petulanten Quecksilbergruppe als ein wohlgewogener, aber ernster Vater, der Ehrfurcht und Liebe gebot.

Er blieb mit den Kindern beisammen bis nach Sonnenuntergang, und gab ihnen am Ende noch eine Naschpyramide preis, welche die Kokagnen zu Neapel gar nicht übel repräsentierte. Ein Mann, der an der Kindheit und an der Musik Ergötzen findet, ist ein edler Mann, wie schon Shakespeare behauptet, und welchen Satz mir auch die Erfahrung mehr als einmal in das Buch meiner heiligsten Wahrheiten einschrieb. Ich war eigentlich zudringlich, bloß um dem Verfasser von *Werthers Leiden* einen Blick abzugewinnen und mir sein Bild bleibend in die Seele zu prägen. Er war sehr artig, und äußerte beim Anblick der ihm wohlbekannten Uniform des damals noch blühenden Philanthropins zu Dessau: «Sie sind hier völlig in Ihrem Elemente; ich bitte Sie zu bleiben, solang' es Ihnen angenehm ist.» Dieses Bild von Goethe, beglückt und beglückend im Kreise schuldloser und lieblicher Kinder, wird mir immer von diesem seltenen Manne das wohltuendste bleiben.

658 K.v. Lynckers Aufzeichnungen

Ein in Weimar noch nie gesehenes Fest gab der nunmehrige Legationsrat am Oster-Heiligabend in seinem soeben erst bezogenen, an den oberweimarischen Wiesen gelegenen Garten einer Menge Knaben aus guten Häusern. In allen Winkeln des Gartens waren Orangen und bunte Eier versteckt, die wir aufsuchen mußten. Alles war erlaubt; unsere Hofmeister, deren es damals viele gab, weil es nicht Sitte war, daß damals Söhne angesehener Eltern auf das Gymnasium gingen, schmausten an einem besonderen Tische und durften uns nicht stören. Gegen Abend ließen sich dann zwei hohe, wandelnde Pyramiden sehen, welche mit Eßwaren aller Art, namentlich mit Bratwürsten, Karbonaden und dergleichen behangen waren. An diesen sprang die muntere Jugend in die Höhe, rupfte sich nach Belieben herunter, was ihr annehmlich schien, und geriet vor Lust dergestalt außer sich, daß sie die eine umwarf, aus welcher der letztverstorbene Bauinspektor Götze, damals Paul genannt, zu allgemeinem Gelächter hervorkroch.

659 Caroline Riemers Niederschrift

Einige Jahre nach Goethes Ankunft in Weimar stellte er für die Kinder seiner Bekannten in weiter Ausdehnung ein Eiersuchen an, das meistens im Freien an der sogenannten Schnecke gehalten wurde, die auf dem freien Platz am Eingange des Parkes stand und aus zwei kolossalen Linden gebildet war, die ein Gebäude überzogen, auf dessen aufsteigenden Doppelgängen man sich nie begegnete.

Bei plötzlich eingetretenem Regenwetter wurde das Fest im Theatergebäude gehalten, was jedoch nur selten geschah. Entweder waren die Frühlinge damals wärmer und zeitiger als jetzt, oder, was wahrscheinlicher ist, das Fest der roten Eier fand nach Ostern, vermutlich um Himmelfahrt statt, denn immer grünten die Linden und die Hecke um die Schnecke, auch konnte die Gesellschaft einiger Eltern der Kinder und anderer Freunde Goethes im Freien stundenlang ausdauern. Die Familie Herder fehlte nie dabei. Die Mutter hatte eine besondere Gabe, die Kinder an sich zu ziehen, sie durch Erzählungen und Märchen zu unterhalten, ihre Spiele zu leiten, sie war also hier ganz an ihrem Platze.

Die in allen Farben prangenden Eier waren an zwei Orten in den Hecken verteilt, niedriger für die kleinen, höher für die größeren Kinder. Das Nest mit dem die Eier legenden Hasen, hier aus Zuckerteig geformt, fehlte nie. Wie jubelte der oder die, welche es fanden! Pyramidenartige Erhöhungen der geschnittenen Hecken waren mit Bratwürsten und ähnlichen eßbaren Dingen behangen. Danach sprangen die größern Knaben, die sich bei dem Wettlauf die Gänge der Schnecke herab, später mit den übrigen munter erwiesen.

Nach geendigtem Eiersuchen wurden die Kinder mit Backwerk, Mandelmilch, Himbeersaft und ähnlichen erfrischenden Getränken bewirtet. Spiele jeder Art wurden auf der nahen Wiese und im engeren Kreis des Schneckenbezirks getrieben. Erst mit einbrechender Nacht zog die frohe Schar heim, im voraus sich auf die Wiederholung im nächsten Frühling freuend. Es geschah dies eine Reihe von Jahren fort, bis endlich irgendein Grund Goethe veranlaßte, das fragliche Kinderfest nicht länger zu halten.

660 F. de la Motte Fouqué: Lebensgeschichte 1840

Laßt mich's hier einschalten, was mir Fritsch in traulichen Stunden nachherigen Beisammenseins mitgeteilt hat, wie Goethe seltsamlich ehedem – es mochte so in den späteren Dreißigen seiner Lebensjahre sein – Kinderfeste bei sich zu halten pflegte. Da mußten ihm die näher Befreundeten (Fritschens Vater, ein angesehener Mann in Weimarschem Zivildienst, endlich Minister, gehörte dazu) ihre Kindlein, Mädchen und Bübchen, ohne weiteres – nicht Eltern, nicht Aufseher durften sie begleiten – anvertrauen. Es galt hauptsächlich geselligen Tanz. Goethe empfing in völliger Hofgala seine Gästchen, die er allsamt: «Ihr kleinen Menschengesichter!» zu titulieren pflegte. Er selbst eröffnete ganz feierlich den Ball mit einer der Dämchen ... Nach dieser Feierlichkeit aber ließ er dem kindlichen Getriebe freien Lauf, doch so, daß er die «kleinen Menschengesichter» als getreuer Aufseher keinen Augenblick aus den Augen verlor, ihren Tanz, ihre Genüsse bewachend, so daß keines Nachteil für Gesundheit oder Sitte zu erleiden hatte, und dennoch allen unter dieser väterlich gastlichen Obhut unaussprechlich frei und wohl zu Sinne war, und sie auch wiederum zu rechter Zeit, gehörig abgekühlt und wohl eingepackt, heimgefördert wurden.

661 Therese Heyne an ihre Eltern 30. April – 2. Mai 1783

Den 28. um 12 Uhr kamen wir hier an ... Blumenbach machte denselben Nachmittag einige Besuche, und wir gingen mit Grote in die herzoglichen Gärten, von denen der neuste und größte der *Stern* heißt ... Der Herzog hat sich hier eine kleine Wohnung anlegen lassen, die er das Kloster nennt, und wozu, sowie zu den ganzen Garten, Goethe die Idee hergegeben ... Den Kloster gegenüber hat Goethe einen Garten, wo unter den Büschen ein simples Haus, mit gebleichten Schindeln gedeckt, heraussieht, unter dem Grün macht dies einen lachenden, reizenden Anblick, wenn das glänzend weiße Dach von den weichen Grün umgeben sich zeigt ... Den 30. früh um 10 Uhr holte uns Herr von Grote in seinen Cabriolet ab, und begleitete uns zu Pferd, um uns

Belvedere, ein Lusthaus des Herzogs, zu zeigen. Blumenbach besuchte Goethe, und speiste bei der Herzogin-Mutter, war also nicht mit uns … Wie wir nach Hause kamen, kam Blumenbach bald auch und erzählte uns zu unsern großen Verdruß, daß er mit Goethe uns an allen Ecken aufgesucht hätte, ohne nur eine Spur von uns zu entdecken. Goethe ist sehr artig gegen ihn gewesen, und hatte ihm gesagt, er würde uns heut früh besuchen. Also kam er heut den 1. Mai um halb 10 Uhr zu uns, er hat mir sehr gefallen, ohne alle Prätensions und gar nicht steif, ehe[r] ein wenig verlegen, bei dem ersten Anblick. Er sprach viel von unsrer Reise, und um uns den Plan zu zeigen, den er für uns hatte, malt er uns aus freier Hand eine ganze Karte aufs Papier. Er hat eine kluge Physiognomie, starke Augenknochen über den Auge, und sehr dünne Lippen. Sein Auge ist ernst und groß. Eine Art Steifigkeit in der Bewegung des Kopfs gibt ihm ein unangenehmes Air, aber er ist ein wakkerer Mann, der meine völlige Gnade hat. Er steht auf einen sehr guten Fuß mit den andern Geheimeräten, die sich vor ihn, den jüngsten und jüngstgeadelten, beugen müssen… Den 2. Mai gingen wir früh zu Wieland…Goethe hat mir besser wie Wieland gefallen, aus der Ursache, daß es gewiß nicht oft geschieht, daß ein Genie, das so ausschweifte, und Dinge schrieb, die so manchen ehrlichen Mutterkinde den Kopf umdrehten, an Ende alle seine Torheiten liegen läßt, und ein vernünftiger *Geschäftsmann* wird. Wieland hat weit mehr Eitelkeit, Goethe sprach kein Wort von sich; wenn Blumenbach von seinen Geschäften anfing, brach Goethe ab und redete von uns.

662 J. F. Blumenbach an Ch. G. Heyne *4. Mai 1783*

Nun, liebster Herr Bruder, noch etwas von Weimar, wo wir bis vorgestern nachmittag geblieben sind und wo ich zu meiner Freude Wieland und Goethe, zumal aber letztern, recht genau habe kennen gelernt. Sie werden zwar über diese beiden Herren was Ehrliches von meinen beiden Damen zu lesen kriegen, die zu meiner großen Erbauung, sowie sie nur diese Herren gesprochen hatten, sich flugs über das Schreibzeug hermachten und hastu nicht porträtieren gesehen! – also meinerseits nur ein tenue spicilegium. Goethe, den ich oft und in verschiedenen Situationen, bei Hof, unter den Herrschaften, unter seinen Kollegen, unter den Damen, vis à vis von Wieland, und mehrere Male recht lange mit mir tête à tête gesehen habe, da er mich in seinen Garten und spazieren führte usw., hat alle meine Vorstellungen, die ich mir nach anderer Erzählung von ihm gemacht hatte, gar sehr übertroffen. Nichts den Geh. Rat Ankündigendes, Zurückhaltendes, sondern ein gesetzter, aber ganz unaffektierter, äußerst zugänglicher Mann; unglaublich offen, hell und doch tief penetrierend in seinem Urteile; und doch überaus billig, gar nicht dezisiv, wie ich zumal in unserer Unterredung über Lavater und Physiognomik, über Verfassung der Jenaischen Universität usw. gesehen habe. Überall viel gesunde, richtige und deutliche Philosophie und den reifen Geschmack, der auch in seinem Zimmer und artigen Garten usw. durchgehends herrscht. Wieland schien mir daher in seiner Gegenwart eine etwas abstechende, nicht sehr vorteilhafte Figur zu machen. Sie duzen sich zwar und sind herzlich gute Freunde, aber man spürt doch Goethes Superiorität. Dieser sagte mir zum Exempel in Wielands Gegenwart, daß Villoison so für Wieland eingenommen sei, rühre daher, weil dieser sein lateinisches Gedicht auf die Geburt des Erbprinzen in gleichem Silbenmaß so künstlich deutsch übersetzt habe. Dafür habe ihn Villoison zwar Chrysostomus genannt, aber doch auch im Grunde mit König Midas verglichen, indem er gesagt, daß unter Wielands Händen alles zu Gold werde.

663 Carl August an Merck *2. Juni 1783*

So gut die Handzeichnungen immer sind, so kann ich doch, da Sie mir erlaubt haben, etwas wieder zurück zu schicken, sie nicht alle behalten. Ich sammle keine Handzeichnungen, sondern was ich von solchen behalte, ist alles zum Nutzen und Frommen meines Herrn Kammer-Präsidenten, dem man mit so etwas ein bißchen Freude machen und seine Taciturnität etwas entrunzeln kann. Einem Vogel wie ihm darf man keinen gemeinen Hanf vorsetzen, und obgleich der Both qua Both ein Kapitalblatt sein mag, so ist er's doch nicht vergleichungsweise mit andern, für meinen Geschmack und für Goethes Liebhaberei ... Goethe selbst hat zu seiner Nutznießung weiter keines als den Schellinks und den Hobbema behalten. Die andern gehn also, erlaubtermaßen, mit Protest zurück.

664 Fritz v. Stein: Aufzeichnung

Nachdem mein Lehrer Kästner Pagenhofmeister geworden, erteilte er mir noch Unterricht, und ich schlief in seiner Wohnung. Mein zweiter Bruder Ernst, der Jagdpage des Herzogs war, ging zu dieser Zeit auf das Land zu einem Forstmanne, um das Forstwesen zu lernen. Hierdurch war ich öfter allein unter den Pagen, welches Goethe abzuändern, wie es notwendig wurde, mir [am 25. Mai 1783] ein Zimmer in seinem Hause gab. Unendlich war die Sorge und Liebe, mit der er mich behandelte, und ich verdanke ihm sehr viel in dieser glücklichen Epoche von 1782 bis 86, wo er nach Italien reiste.

665 Charlotte v. Stein an Sophie v. Schardt *2. Juni 1783*

Goethe hat Fritzen zu sich genommen und benimmt sich so verständig und gütig in seiner Erziehung, daß man von ihm lernen kann. Er ist von den wenigen, die Rousseaus innern Sinn der Erziehung zu fassen wissen, und weil Fritz von Natur ein hübsches Ebenmaß in sich hat, macht's Goethen selbst Freude, sich mit ihm abzugeben.

666 Charlotte v. Stein an Sophie v. Schardt *6. Juni 1783*

Ich fragte Goethen, warum es [die Verteilung des erledigten Gehaltes von Berendis] nicht bis zu meinem Bruder gelangt wäre, aber weil zwischen dem Minister und der Aufrichtigkeit der Freundschaft ein Abgrund gesetzt ist, so bekam ich Antworten, die ich nicht verstand, und sehe wohl so viel, daß es nicht Dein Mann als eine Verachtung seiner Dienste anzusehen habe, sondern daß wer weiß was für Anforderungen anderer auf Zulage ihm die seinige erschwert haben.

667 J.H.Landolts Reisetagebuch *9.Juni 1783*

Heute entdeckte uns unser Friseur, daß er auch die Ehre habe, den Herrn Geheimderat Goethe zu bedienen; und da wir ihn fragten, ob wir denselben wohl diesen Morgen sehen könnten, so sagte er: O! ja wir sollten nur hingehen, er werde uns gewiß annehmen. Wir versuchten es, und es war so ... Goethe ist Geheimer Rat, und läßt sich Exzellenz heißen, denn der Herzog hat ihn geadelt! – Er empfing uns sehr höflich. Seine Physiognomie ist stark, und eben nicht einnehmend, die Gesichtsfarbe schwärzlich, und die Nase ziemlich groß; seine schwarzen Augen sind lebhaft, und verraten einen feurigen Geist. Itzt schreibt er nicht mehr viel, weil er, wie er sagte, so sehr mit Geschäften überhäuft ist. Wir blieben eine kleine Viertelstunde bei ihm, unser Gespräch betraf ganz gleichgültige Dinge. Man merkt es ihm an, daß er sich Mühe gibt, seine Würde zu behaupten und immer zu repräsentieren.

668 Prinz August von Sachsen-Gotha an Herder 16.Juni 1783

Goethe hat uns ein paar Tage besucht, und ist nach Eisenach, hat uns aber wenig Hoffnung gemacht, uns auf der Rückreise wieder zu sehen.

669 Merck an Carl August *20.Juni 1783*

Der zweimalige Besuch von dem Herrn Rat Ludecus ist mir doppelt erfreulich gewesen, weil ich nun von ihm aus der sichersten Quelle so gute Nachrichten von Weimar gehört habe, als ich mir selbst in dem schönsten Morgentraum nicht hätte erfinden können. Besonders erbaulich war mir die Wärme, womit er mir unsern Freund Goethe überall als den fleißigsten Kammerpräsidenten und allgemein geliebten Geheimen Rat schilderte.

670 Charlotte v. Stein an Knebel *7.Juli 1783*

Goethe, mein treuer Abendgast, zu dem sich, seit Sie fort sind, kein zweiter gesellt, unterhält mich oft von Ihnen ...

Der Herzog ist recht gut, verständig und liebenswürdig, Goethe weise; Erfahrung und Gesundheit können ihn noch zum Meister machen. Ich halte mich glücklich, daß mir beschieden ist, seine goldnen Sprüche zu hören.

Er hat Fritzen zu sich genommen und hat eine vortreffliche Art, mit ihm umzugehen. Sie können sich vorstellen, wie mich das beruhigt.

671 Charlotte v. Stein an Knebel *15. Juli 1783*

Ihr Urteil über «Wilhelm Meister», das mir Goethe hat lesen lassen, war ganz vortrefflich; es war ganz aus meiner Empfindung heraus gesprochen, und doch hätte ich dies auszudrücken nicht finden können …

Goethe grüßt Sie tausendmal, wie auch mein Mann.

672 Carl August an Merck *18. August 1783*

Ich weiß nicht, ob Goethe heuer nach Frankfurt kommen wird. Eine andere Reise, die er auf den Harz vorhatte und die wohl zu Ende dieses Monats wird ausgeführt werden, möchte ihn davon abhalten. Ich treibe ihn fort, soviel ich kann. Seine Gesundheit ist jetzt besser, als sie diesen Winter war.

673 Caroline Herder an J. G. Müller *7. September 1783*

Den 28. August war Gottfrieds und Goethens Geburtstag, den letztern haben wir den Tag selbst bei ihm bei Tee und Soupée gefeiert. Er ist und bleibt ein edler Mensch, und man muß ihn lieben.

674 Gleim an Herder *14. September 1783*

[Halberstadt.] Ich hörte von Goethen (den ich verwandelt gefunden habe), hörte, daß Ihr alle wieder besser Euch befändet.

675 Gleim an Herder *6. April 1784*

Grüßt die Freunde dort, die Wielande, die Einsiedel, die Bertuche, die Seckendorffe. Könnt' ich mich rühmen, daß ich Euern Goethe gefunden hätte, wie Lavater neulich in einem Briefe (nicht an mich) sich rühmte, daß er die Fürstin von Dessau gefunden hätte, so bät' ich auch den zu grüßen; ich hab' ihn aber nicht gefunden, er war mir hier zu kalt, zu hofmännisch, und dort zu feurig und zu stolz – ich lieb' ihn aber doch, wie man die Mädchen liebt, von welchen man geliebt zu werden keine Hoffnung hat, und beklage, daß er stolz und feurig nicht geblieben ist.

676 Luise v. Göchhausen an Knebel *10. November 1783*

Habe ich Ihnen schon gesagt, daß auf dieser Rückreise [von Braunschweig] ich die Freude hatte Goethen in Halberstadt zu finden? Der Herzog von Braunschweig, die Herzogin-Mutter und Prinzeß Auguste begleiteten die Herzogin bis Halberstadt, wo sie noch einen Tag und eine Nacht zusammen bleiben wollten; als der Wagen, in welchen ich war, ins Tor fuhr, sahe ich Sudern [Sutor], und, als ich ins Zimmer trat, den Herrn Geh. Rat; ich hatte große Freude an seinen Anblick, und auch ihm wollte sein Stern so wohl, daß er bei dieser Gelegenheit diesen Herzog mit Augen sahe, – viel mehr als *sehen* konnte er auch wohl nicht, denn es waren der Menschen und des Wirrwarrs zu viel da, und diesen Herzog muß man länger als einen Tag kennen.

677 F. W. H. v. Trebra: Erinnerungen *25. Januar 1813*

Im Jahre 1783, nun ich schon am Harze, und mit dem Harze, ziemlich bekannt worden war, besuchte mich im September der waghalsige Erzähler [Goethe], und natürlich mußte ich ihn selbst nach den Brocken führen, der nun gewissermaßen unter meinen Dienstsprengel mit gehörte. Von Zellerfeld aus, wo ich wohnte, nach nächsten Wege, und damit ich durch eine noch nicht durchreiste Gruppe der Harz-Gebirgsköpfe zum höchsten unter ihnen steigen konnte, ging ich diesmal auf das sogenannte Kommunion-Torfhaus zu, an der Hauptstraße von Nordhausen nach Braunschweig gelegen. Das Forst- und zugleich Wirtshaus allhier bewohnte der gehende Förster Degen ... Vor seinem kleinen Hause, bei heitern Wetter jetzt im Freien, richteten wir unser mitgebrachtes Mittagsmahl vor. Er war sehr geschäftig bei so seltnen Besuche, als ihm sein Vize-Berghauptmann war, mit Anstand Tische und Stühle für seine hohen Gäste herbei zu schaffen. Sein Augenmerk nur immer auf mich gerichtet, damit er mit seinen Anordnungen meine Wünsche treffen möge, fielen nur spät erst seine Augen auf den mich begleitenden Fremden.

Ihn erblickend, sah er ihm erst noch forschender ins Gesicht, sprach dann: Nun! da kommen Sie dann doch noch einmal, in einer bessern Jahrszeit den Brocken zu besuchen. Ja! Sie würden dorten, als Sie mitten im Winter von mir begehrten, daß ich Sie auf den Brocken führen sollte, mich mit allen Ihren guten Worten – er gab ihm einen Louisdor – doch gewiß nicht beredet haben, Ihr Führer zu sein, wenn nicht eben durch den gar starken Frost eine harte Rinde über den tiefen Schnee gezogen gewesen wäre, die uns tragen konnte. Aber noch nie hatte ein Fremder das von mir begehrt, auch würde ich mit keinem das Wagstück unternommen haben, wiewohl es diesmal gut ablief und wir in guter Zeit von der Spitze des unbewohnten großen Brokkens wieder hier waren, nachdem wir eine gar seltene heitere Aussicht in der Runde umher genossen hatten. –

Indem ich so, in noch angenehmer Jahreszeit die Harzgebirge nach dem Brocken hinauf und von ihm wieder herab durchstreifte, führte mich mein waghalsiger Freund noch zu einem Vergnügen, ebenfalls *einzig* in seiner Art, und was es auch wohl lange noch ihm, mir, und andern Gebirgforschern bleiben wird.

Wir gingen durch Schierke über Elend und Oderbrückhaus, vom Brocken wieder zurück ... unser romantischer Weg führte uns vom Oderteichdamme, in einer mehr auf Dienstleistungen sich beziehenden Richtung, auf den Rehbergersgraben herunter nach Andreasberg, und so, nah an der Rehbergerklippe vorbei. Diese hohe, nahe am Graben, ganz senkrecht dastehende Felswand war mit einem großen Haufen herunter gestürzter Bruchstücke von Tisch- und Stuhl- und Ofen-Größen verschanzt, von welchen sogleich viele zerschlagen wurden. Unter ihnen fanden sich mehrere von jenen Doppelgesteinarten Granit, mit aufgesetzten, eingewachsenen, dunkelblauen, fast schwarzen, sehr harten (jaspisartigen) Tongestein. Die können nirgends anders herkommen, als von jener Klippe da vor uns. Dahin müssen wir, antwortete mein Freund. Behutsam! vorsichtig! schrie ich ihn nach, die moosbedeckten schlüpfrigen Felsstücke liegen gefahrvoll durcheinander, wir können die Beine dazwischen brechen. Nur fort! nur fort! antwortete er voran eilend, wir müssen noch zu großen Ehren kommen, ehe wir die Hälse brechen! Und wir kamen zusammen heran an den Fuß der Felswand, wo wir nun gar deutlich den Abschnitt des schwarzen Gesteins, auf den blaß fleischroten Granit in gar langer Linie sich hinziehend, erkennen konnten. Aber, unserer ziemlichen Größe ungeachtet, erreichen mit unsern Händen konnten wir sie doch nicht. Wenn du dich fest hinstellen wolltest, sagte mein Freund zu mir, so wollte ich jene in den Felsen eingewachsene Strauchwurzel ergreifen, mich im Anhalten an sie hebend auf deine Schultern schwingen, und dann würde ich den so kenntlichen Abschnittsstrich wenigstens mit der Hand erreichen können. So geschah's, und wir hatten das seltne Vergnügen, den merkwürdigen Abschnittsstrich von hier eingewurzelten Urgebirge roten Granit und drauf stehenden dunkel-, fast schwarzblauen Tongesteins nahe zu sehen, sogar mit Händen zu greifen.

678 Lichtenberg an J. A. Schernhagen 29. September 1783

[Göttingen.] Am Sonnabend abend [27. September] habe ich einer sehr illüstren Gesellschaft ein Collegium gelesen. Dem alten Grafen von Hardenberg (der mir ein sehr kluger Kopf zu sein schien), 2. seiner Gemahlin, 3. seiner Tochter und ihrem Gemahl, 4. der Gräfin Reventlow, 5. und 6. zweenen Grafen von Moltke, und den 7. raten Sie wohl nicht, dem berühmten Herrn Goethe, nunmehr Herrn Geheimden Rat von Goethe aus Weimar, der noch zwei junge Leute bei sich hatte. Ich konnte es nicht abschlagen, es kostet mich aber in der Tat etwas. Indessen macht die Sache Aufsehen, denn ich erkläre jedesmal alles nach dem Verstand der Gesellschaft, und ihren Fähigkeiten; daß ich der dephlogistisierten Luft nicht geschont habe, werden Ew. Wohlgeboren daraus sehen, daß ich 36 Quartier verbraucht habe.

679 Caroline Michaelis an Luise Gotter 30. September 1783

Goethe war hier [in Göttingen], und ich hab ihn nun gesehn. Er hielt sich zwei Tage hier auf. Am ersten waren wir mit seinem Anblick zufrieden, weil wir uns nicht träumen ließen, daß er so weitläuftige Besuche geben würde; der folgende Tag war zu einer kleinen Reise aufs Land bestimmt, die einige Herren veranstaltet hatten, uns jungen Damen in die schönsten Gegenden vom ganzen Hannöverischen Land einzuführen. Wir fuhren mit schwerem Herzen weg, und die liebe Sonne am Himmel freute uns nicht. Alles Schöne, was wir sahn, konnte ihn uns nicht vergessen machen. Da ward denn ein bißchen geschwärmt, aber nicht tragisch, versteht sich. Ich machte mir unter andern weis, wir wären hieher gegangen, seine Gegenwart zu feiern, wir konnten uns ihm nicht so ganz nahen: daß er uns lieb gewonnen hätte, wie Werther das Plätzchen am Brunnen, wollten ihm also entfernt huldigen, wie Werther Lotten, da er sich auf die Terrasse warf, die Arme nach ihrem weißen Kleid ausstreckte – und es verschwand. Wie wir abends zu Haus kamen, war er bei Böhmers und bei uns gewesen, und unsre Väter aßen bei Schlözer, wo Goethe war. Da ging ein Wehklagen an.

Jedermann ist zufrieden mit ihm. Und alle unsre schnurgerechten Herren Professoren sind dahin gebracht, den Verfasser des Werther für einen soliden hochachtungswürdigen Mann zu halten.

680 J. G. Forster an F. H. Jacobi 13. November 1783

Vor sechs Wochen war Goethe hier [in Kassel] *am Hofe*, und besuchte Sömmeringen fleißig in der Anatomie. Ich habe ihn nur wenig gesehen, da wir verschiedene Wege hatten. Er schien mir ernsthafter, zurückhaltender, verschlossener, kälter, magerer und blässer als sonst, und doch mit Freundschaft und einem Etwas, welches zu sagen schien, er wolle nicht verändert scheinen. Sein Dichten und Trachten war Wissenschaft und Kenntnis. Naturgeschichte schien er neuerlich sehr fleißig zu studieren, denn er wußte vieles davon zu sagen.

681 S. Th. Sömmering an Merck 8. Mai 1784

In Ansehung der Experimente mit Blasen, so reüssierte mir die erste schon den ersten November 83 ... Ich habe schon viele Versuche darüber gemacht ... Im September war Goethe hier, und da hatte ich schon einen Kubus von $^5/_4$ Ellen in der Arbeit. Der gute Mann half mir noch füllen, allein die Übereilung machte den Versuch nicht gelingen.

682 Luise v. Göchhausen an Knebel 10. November 1783

Gestern war Goethe bei mir und kam mit folgenden bonmot in meiner Stube nieder:

Entschuldigung.

Du verklagest das Weib, sie schwanke von einem zum andern.
Tadle sie nicht, sie sucht einen beständigen Mann.

683 Ch. F. Rincks Reisetagebuch 10. November 1783

Den 10. November. Früh um 9 Uhr ließ ich mich bei Herrn Geheimen Rat von Goethe melden, wurde auch gleich vorgelassen. Er empfing mich höflich, doch mit der Miene eines Gnädigen. Ich saß neben ihm im Sofa, er fragte etwas weniges von meiner Reise: ich erkundigte mich, ob er nicht bald wieder etwas wolle drucken lassen – er entschuldigte sich aber mit vielen Geschäften. Dann sprachen wir etwas von Herdern. Er schien aber abbrechen zu wollen, dann er schwieg oder antwortete nur kurz mit einem gnädigen ha! oder nein! Ich merkte den Wink, und brach auf, da ich ohngefähr ½ Viertel-Stund in seiner Atmosphäre atmete. Sein Ansehen ist gar nicht einnehmend, seine Miene mehr fein und listig, als leutselig.

684 Caroline Herder an J. G. Müller 14. Dezember 1783

Mit Goethe, der Frau von Stein, Frau von Schardt haben wir öfters angenehme Abendstunden. Unser Horizont fängt an, heller, sanfter und ruhiger zu werden. Goethe ist herzlich gut gegen meinen Mann, und diese Gemütsverfassung ist beiden Balsam aufs geknickte Herz – denn Goethe leidet noch mehr als mein Mann.

1784

685 Wieland an Merck *5. Januar 1784*

Mit Goethe ist der Herr Bruder vermutlich selbst in Korrespondenz. Er schickt sich überaus gut in das, was er vorzustellen hat, ist im eigentlichen Verstande l'honnête-homme à la cour, leidet aber nur allzusichtlich an Seel' und Leib unter der drückenden Last, die er sich zu unserm Besten aufgeladen hat. Mit tut's zuweilen im Herzen weh, zu sehen, wie er bei dem allen Contenance hält, und den Gram gleich einem verborgnen Wurm an seinem Inwendigen nagen läßt. Seine Gesundheit schont er soviel möglich, auch hat sie es sehr vonnöten.

686 Ch. G. v. Voigt an G. Hufeland *12. Januar 1784*

Sie erhalten ein paar *Ilmenauer Nachrichten*. Als mich vorgestern Herr v. Goethe fragte, ob mir neue Subskribenten vorgekommen, nannte ich Sie alsbald. Sie sind also eingezeichnet.

687 Ch. G. v. Voigt an G. Hufeland *20. Februar 1784*

Ich lege die Rede bei, die Herr von Goethe halten wird, wenn wir zur feierlichen Eröffnung des Bergwerks ausgehen. Wirklich ist morgen früh die Reise angesetzt, und ich denke im Schlitten mit Goethe nicht zu frieren.

688 Anna Amalia an Frau Rat Goethe *22. Februar 1784*

Der Herr Sohn ist nach Ilmenau, in Bergwerks-Angelegenheiten. Sie wollen Silbergruben suchen und Weimar damit reich machen, Gott gebe sein Gedeihen! Wie hat Ihnen denn *Wilhelm Meister* gefallen? Es wird wohl wieder ein Meister-Stück von unsern Herrn Wolf werden. Da ist Leben drin. Er ist ein Prometheus, der sich seine eigene kleine Welt schafft.

689 Ch. G. v. Voigt an G. Hufeland *12. März 1784*

Da ist die Rede, die ich neulich beizulegen vergessen. Sie ist mit Fleiß sehr populär gehalten, wurde aber von Goethe ganz vortrefflich gehalten ... Vielleicht können Sie mehr Kuxe absetzen. Sie werden sich bei Goethe einen gefälligen Namen damit machen, und er ist wirklich ein Mann, dessen Liebe kein edles Herz zu erwerben sich schämen darf. Je näher ich ihn kennen lerne, je mehr innere Güte entdecke ich an ihm.

690 J.C.W. Voigts Bericht *24. Februar 1784*

An dem heutigen zum feierlichen Wiederangriff des hiesigen Bergwerks bestimmten Tage versammelten sich früh ½ 9 Uhr die allhier wohnhaften Standespersonen und Honoratioren geistlichen und weltlichen Standes bei Fürstl. Bergwerkskommission; sämtliche Knappschaft aber zog von dem Zechenhause her mit fliegender Fahne, und klingendem Spiel, und stellte sich vor den Posthause als den Quartier der Fürstl. Herren Kommissarien.

Hierauf wurde in dem Versammlungszimmer von Seiner Hochwohlgeboren dem Herrn Geheimen Rat von Goethe die Absicht des feierlichen Tages durch eine Rede eröffnet, die man zu gleicher Zeit der versammelten Knappschaft gedruckt austeilte ...

Nach Schluß dieser Rede zogen die Bergleute voraus in die Kirche, nach ihnen folgten die Herren Kommissarien mit der ganzen Versammlung von Honoratioren.

Von dem Herrn Superintendent Jacobey wurde eine eigene auf diesen Tag gerichtete Predigt gehalten, nach der Predigt Musik gegeben und hierauf der Zug zu dem zum neuen Schacht bestimmten Punkte angetreten ...

Als man bei den zum neuen Johannisschacht abgesteckten Platz, der mit einem grünen Schirm von Tannenreis ausgezeichnet war, ankam, wurde ein Kreis um denselben geschlossen; worauf der Fürstl. Berggeschworene die neue Keilhaue der Fürstl. Kommission präsentierte.

Des Herrn Geh. Rat von Goethe Hochwohlgeboren taten hierauf den ersten Anhieb; es wurde hierauf von den Anwesenden ein dreimalig Glückauf ausgerufen. Als hierauf noch von dem Herrn Regierungsrat Voigt und einigen Honoratioren, denen die Keilhaue präsentiert worden, der erste Anhieb gleichmäßig vollführt worden, riefen Seine Hochwohlgeboren der Herr Geheimerat von Goethe den Fahnenträger der Knaben, namens Christoph Bernhard Friedrich Höhn, herbei und ließen demselben, um bei der Jugend dieser Feierlichkeit noch mehreren Eindruck zu verschaffen, ebenfalls einen dreifachen Anhieb tun, und demselben zum Andenken der Sache den Kux Nr.404 frei zugewähren. Hiermit wurde diese Feierlichkeit beschlossen, der übrige Tag aber unter mancherlei Vergnügen hingebracht; wie denn der Herr Geheimerat von Goethe einen Teil der Standespersonen und Honoratioren bei sich bewirteten; abends aber auf dem Rathause war ein Ball veranstaltet worden.

691 Sorets Tagebuch *14. April 1831*

Dans une soirée donnée à quelques employés pour le Prince, Monsieur Ackermann le père raconte que Goethe au moment où l'on procéda à l'ouverture d'une nouvelle mine à Ilmenau fit assembler les notables et les intéressés pour leur tenir un discours qu'il avait appris par œur. Tout à coup, au milieu d'une phrase, la mémoire lui manque. Il avait son manuscrit en poche, mais il s'obstine à vouloir retrouver le fil de son discours et, sans balbutier, il se met à regarder ses auditeurs pendant près de vingt minutes. Son air de dignité les tient en suspens et leur impose silence. Enfin, il rentre dans la voie qu'il avait perdue et continue son discours comme si rien ne s'était passé.

692 Carl August an Merck *6. März 1784*

Die große Wassersnot, welche diese arme Stadt [Jena] betroffen hat, nötigte mich hierher zu gehn und Anstalten zu machen, damit das Unglück nicht noch größer würde ... Goethe hat sich bei der hiesigen Gefahr sehr brav gehalten und die besten Anstalten getroffen.

693 Charlotte v. Stein an Knebel *26. März 1784*

Goethe hat über die geschickte Versteinerung eine große Freude gehabt.

694 *Sophie v. La Roche: Reise von Offenbach nach Weimar 1800*

Goethe ... hatte den Kunstgeist des Herrn Klauer mit zwei allerliebsten Gedanken zu halberhabner Arbeit beseelt, da er ihm zwei Denkmäler für die frühverstorbenen Prinzessinnen von Weimar angab, von welchen die erste, die nur einige Stunden lebte, als ein holdes, von einem Engel auf die Erde gebrachtes, schnell zurück eilendes Wesen erscheint, dessen liebreicher Führer im Vorbeischweben den Schleier, welcher den aufblühenden Engel deckt, ein wenig empor hält, um sie den Sterblichen einige Augenblicke zu zeigen; die zweite, älter gewordene aber, in dem Moment, wo sie, vor der Erdkugel stehend, das Weimarische Land betrachtet, von der ersten, welche aus den Wolken hervortritt, bei der Hand gefaßt, von dieser Aufmerksamkeit abgezogen wird, sie aber ihrer himmlischen Schwester, mit dem Finger auf Weimar deutend, die andre Hand darreicht.

695 *H. K. G. Graf zu Lynars Tagebuch 6. April 1784*

Goethe lebt eingezogen, nimmt sich der Geschäfte mit Eifer an, ist noch immer ledig, und die Gerüchte von seiner Heirat sind ungegründet gewesen; ehedem soll er den Taumel etwas geliebt haben, aber jetzt nicht mehr; er hat allgemein den Ruf eines ehrlichen Mannes, läßt sich die Finanzen sehr angelegen sein; er mischt sich weder in Religions- noch gelehrte Sachen, antwortet auf keine ihm gemachten Vorwürfe, hat wenig Umgang, mit der Frau von Stein ihres Verstandes wegen noch am meisten.

696 *Charlotte v. Stein an Knebel 1. Mai 1784*

Herders neue Schrift [Ideen zur Philosophie der Geschichte der Menschheit] macht wahrscheinlich, daß wir erst Pflanzen und Tiere waren; was nun die Natur weiter aus uns stampfen wird, wird uns wohl unbekannt bleiben. Goethe grübelt jetzt gar denkreich in diesen Dingen, und jedes, was erst durch seine Vorstellung gegangen ist, wird äußerst interessant. So sind mir's durch ihn die gehässigen Knochen geworden und das öde Steinreich ...

Ich freue mich gar innigst, Sie bald hier zu sehen. Goethe

hat mir gesagt, er lasse Ihnen in seinem Haus ein Quartier zurecht machen, und da sind Sie wieder in meiner Nachbarschaft.

697 Herder an Hamann *10. Mai 1784*

Hier haben Sie, liebster bester ältester Freund, den ersten Teil meiner neugebackenen Philosophie der Geschichte...

Keine Schrift in meinem Leben habe ich unter so vielen Kümmernissen und Ermattungen von innen, und Turbationen von außen geschrieben, als diese; so daß, wenn meine Frau, die eigentlich Autor autoris meiner Schriften ist, und Goethe, der durch einen Zufall das erste Buch zu sehen bekam, mich nicht unablässig ermuntert und getrieben hätten, alles im αδης der Ungebornen geblieben wäre...

Den Winter über hat sich Goethe, der auch in seiner Seele, aber großmütiger als ich, leidet, sehr freundlich und mit seiner alten Biedertreue zu uns getan: wir sind meistens alle Woche einmal bei ihm; aber doch alles ohne mich zu erquicken und zu erwärmen.

698 F. L. Stolberg an J. H. Voß *2./3. Juni 1784*

Den 27. [Mai] kamen wir hier [in Weimar] an. Der kleine Schardt, den Sie in Borstel gesehn haben, kam und brachte uns zur Bernstorffen, wo wir beide den Abend zubrachten. Als wir bei Tische saßen, kam Goethe, blaß wie die Wand vor Freude und Rührung, war ganz unser alter Goethe von dem Augenblick an bis heute morgen, da er uns verlassen hat, weil er mit dem Herzog auf den Landtag muß. Er ist weniger brausend, weniger ὑπεροπλος (brausend ist nicht das wahre Wort), weniger leicht aufflammend, gewiß nicht weniger feurig als er war, und sein Herz liebevoll, immer sich sehnend nach mehr Freiheit der Existenz als Menschen finden können, und doch immer Blumen um den Pilgerstab des Lebens windend. Wenig Menschen sind so liebevoll, so rein, so Liebe bedürfend, so hingerichtet aufs unsichtbare Ideal der καλοκαγαθια, so sich anschmiegend an alles Liebe und Schöne der moralischen und sichtbaren

Natur. Der Herzog und beide Herzoginnen waren viel unter uns, störten uns aber nie. Sie sind wie Fürsten nicht sind. Die junge Herzogin sieht aus und ist wie eine reine Vestale, dabei voll Empfindung und Verstand. Wir waren viel in einem Hölzchen, in welchem Goethe ein Gartenhäuschen hat, wo er drei Jahre Winter und Sommer gewohnt hat, itzt aber nur dann und wann eine Nacht dort schläft, und nicht alle Tage besuchen kann. Hinzugehen muß man durch einen hohlen Felsengang an einem Strom, einen allerliebsten Gang.

Herder ist erstaunlich interessant im Umgang ...

Herder beteuert *heilig*, er habe von mir in der Vorrede zu den Volksliedern nicht sagen wollen. Was soll ich, was kann ich dazu sagen? Goethe, der die Wahrheit selber ist, der Herdern so lange kennt, liebt ihn wie seine Seele.

Goethe schreibt einen Roman, *Wilhelm Meister*, der sehr schön sein soll. Er hat ein Trauerspiel, Tasso, geschrieben, das ich nicht gesehen habe, und, nach dem Aristophanes, ein Stück *Die Vögel* angefangen. Den 1. Akt habe ich gehört, der ist sehr launig und schön. Hie und da stehen Inschriften von ihm im Wäldchen, ich wollte sie für den M[usen-]A[lmanach] haben, aber das will er nicht. Sie sollen noch nicht ins Publikum kommen, um an ihrer Stelle mehr zu würken. Eine ist zu schön, als daß ich sie Ihnen nicht hinschreiben sollte. In einem Gebüsch am Fluß ist ein Amor von Stein, der mit dem Pfeil eine junge Nachtigall ätzet. Darunter steht:

Dich hat Amor gewiß, o Sängerin, fütternd erzogen,
  Kindisch reichte der Gott dir mit dem Pfeile die Kost;
Schlürfend saugtest du Gift in die unschuldige Kehle,
  Und mit der Liebe Gewalt trifft Philomele das Herz.

Den 3. Juni ...

Goethe hat mich gebeten, ihm ein Stück aus dem Aischylos zu zeigen, der nach Homer auch sein Lieblingsdichter ist. Lassen Sie doch die Eumeniden abschreiben.

699 F. L. Stolberg an seine Schwester Katharina 11. Juni 1784

In Weimar ward uns von Herzen wohl. Goethe war ganz der alte geist- und liebevolle Goethe und fühlte sich um neun Jahre verjüngt. Er ist zwar noch nicht alt, just zwischen meinem Bruder und mir, aber acht Jahre fataler Geschäfte sind doch keine kleine Zeit. Herder ist sehr interessant, in manchem mir rätselhaft, aber sein liebevolles Herz, seine wahre Liebe für uns blieb kein Rätsel. Goethe hat dicht bei der Stadt ein Gartenhäuschen, in einem Wäldchen am Fluß bei Felsen. Durch unendlich schöne Felsengänge geht man hin. Hier hat er drei Jahre Winter und Sommer gewohnt. Oft ging er im Mondschein durch die Felsengänge aus der lärmenden Stadt zurück, oft im Winter über tiefen Schnee beim Glanz der Fackel. Da schwand ihm das Gewirr des Tages schnell, und hohe Erscheinungen gingen in ihm auf. Mehrere Geschäfte zwangen ihn, diese süße Einsiedelei zu verlassen. Die höchsten Rosenstöcke, die ich je gesehen, und Geißblattranken umziehen das ganze Haus, und rundumher singen nahe Nachtigallen.

700 F. L. Stolberg an F. H. Jacobi 19. Februar 1794

Ich erinnere mich Goethen darüber, daß man dieses [einen bestimmten Hauptzweck] bei Dichtungen jeder Art verlanget, spotten gehört zu haben. Itzt würd' er, glaub ich, anders urteilen. Sein Werther indessen hat zwar keinen moralischen Hauptzweck, aber als Dichtung wird ihm dieser Mangel durch den zwar verderblichen, doch sehr einschmeichelnden Hauptgedanken, *man müsse sein Herzchen halten, wie ein krankes Kind*, auf eine solche Art ersetzt, daß die Wirkung des Büchleins außerordentlich ist.

701 Carl August an seine Mutter 8. Juni 1784

[Eisenach.] Überbringer dieses, liebste Mutter, ist ein italienischer Improvisatore, welcher, wenn er nicht ausgezeichnete Verdienste hätte, von mir nicht würde empfohlen werden; mir wurde er durch die Markgräfin von Erlangen zugewiesen. Sie werden Herdern und Wielanden ein sehr großes Gastmahl durch diesen Künstler geben. Ich habe Goethen aufgetragen, mein Zeugnis zu bekräftigen.

702 Knebels Tagebuch *22. Juli 1784*

Den Montag, nämlich den 19. dieses, kam Goethe wieder, und er schickte den folgenden Morgen zu mir, mich zu sich, in sein Haus, bitten zu lassen. Die Zeit im Wirtshause wurde mir in der Tat schon lang, und ich wünschte, daraus errettet zu sein -- zumal da es sehr schlecht ist. Ich ging zu ihm, fand ihn äußerlich wenig geändert, und bestellte, meine Sachen in sein Haus zu bringen. Mittags fuhr ich mit Einsiedel nach Tiefurt, nachdem ich zuvor der Herzogin Haus hier in der Stadt besucht und die schöne Vestalin besehen hatte. Wir brachten den Nachmittag so zu, ich las etwas vor, und gegen Abend kam Goethe. Wir soupierten, und ich ging zu Fuß mit Einsiedel zurück.

Gestern las ich Mémoires pour servir à la vie de Monsieur de Voltaire, aß zu Mittag mit Goethen, besuchte Wieland und Herder, welchen erstern ich etwas unpäßlich fand, und soupierte in Goethes Garten.

703 Knebel an Ph. Seidel *4. Februar 1785*

Mein Aufenthalt, lieber Seidel, in des Geheimen Rats Hause in vorigem Herbst, hat gedauert vom 20. Julius bis zum 30. August. Machen Sie also Ihre Rechnung darnach, wenn Sie so gut sein mögen, und haben Sie für alle die vielen Beschwernisse, die ich Ihnen mache, meinen besten Dank.

704 Caroline Herder an J. G. Müller *7. August 1784*

Wir haben diesen Sommer ziemlich wohl gelebt. Der Hof war Juni und Juli abwesend in Eisenach zum Landtag gewesen, und es ist jedermann hier wohl gewesen; wir haben viele Tage in Tiefurt bei der Herzogin-Mutter zugebracht, die uns liebreich und freundlich die Zeit da versüßt hat. Goethe war mit in Eisenach, den haben wir aber sehr vermißt; er ist uns jetzt das Liebste, was wir hier haben. Heute ist er mit dem Herzog nach Braunschweig.

705 *Luise Mejer an H. Ch. Boie* 24. *August 1784*

Donnerstag nachmittag [19. August] gegen sechs Uhr kamen wir in Braunschweig an ... Wir sahen «L[es] ombres chinoises», sehr hübsch. Der Hof war den Abend da und die Loge so nahe, daß ich mit meinem Glase Goethe, der mit dem Herzog von Weimar darin war, sehr gut sehen konnte.

706 *Gräfin Goertz an ihren Mann* 23./26. *August 1784*

Le Duc de Weimar est ici [in Braunschweig] depuis huit jours ... Il est accompagné de Stein et de Goethe, qui est à ce qu'on dit fort aimable ...

[26. August] J'ai vu le Baron Goethe, qui fort honnêtement est venu à moi me saluer comme ancienne connaissance. D'ailleurs il me paraît qu'il cache ici ses trésors comme ailleurs, et que pour avoir un bel habit il n'a pas gagné plus de courage en bonne société. Il ne dit presque rien, excepté à Madame l'Abbesse qui m'en paraît un peu éprise, et qui va lui parler quelquefois seule à l'antichambre. On dit cependant qu'il fait souvent rire les jeunes dames de l'antichambre.

707 *Herder an Anna Amalia* 30. *August 1784*

[Über Goethe.] Ein wahrer Genius in seinen Geschäften und ein Engel in der Freundschaft ...

Die Nachbarschaft bei ihm tat meinem Herzen so wohl, daß ich mich wie unter seinem Schatten erquickte.

708 *L. F. Göritz: Jena zur Zeit Schillers* *1837*

Goethe machte eine kleine Reise mit dem bekannten Maler, Rat Kraus von Weimar. Als sie in die Gegend von Wörlitz [?] kamen, stiegen sie aus und gingen zu Fuße. Schon mehrere Tage vorher war das Gespräch zufällig oder absichtlich auf übernatürliche Künste und ihre Möglichkeit gefallen, und Goethe baute darauf einen Plan. Er war in der Gegend aufs genaueste bekannt und fing nun an, dem Rat Kraus im Vertrauen zu sagen, daß es wohl solche Kräfte gebe und daß er auch mehrere besitze; wenn er ihn nicht verraten wolle, so wolle er ihm einige zeigen, wenn es einmal Gelegenheit gebe. Kraus war es zufrieden. «Zum Beispiel», sagte nun Goethe, «es ist heute ein sehr heißer Tag, es wäre wohl gut, wenn wir etwas zur Erfrischung hätten. Lassen Sie mich sehen, was ich vermag.» Er führte ihn zu einer Felsenquelle, murmelte einige Worte und ging auf einen Stein los, den er hinwegschob. Hier fanden sie herrlichen Wein und Früchte, die sie mit großem Appetit genossen. Kraus war sehr erstaunt; Goethe wußte ihn hinzuhalten bis an den Abend, so daß es zu spät war, ins Logis zu kommen. «Nun will ich Ihnen noch mehr zeigen», fuhr er fort. «In diesem Pavillon wollen wir zu Nacht essen und schlafen.» Der Pavillon war nicht bewohnt; Goethe pochte an, es ließ sich kein Mensch sehen noch hören, aber die Türe öffnete sich, und der Vorsaal war erleuchtet; sie gingen durch mehrere Zimmer und fanden in einem ein paar hübsche Betten mit allen Bequemlichkeiten. «Das ist gut», sagte Goethe, «aber wir sollten auch unsere Nachtkleider und ein gutes Abendessen haben.» Er führte ihn in ein anderes Zimmer, wo sie eine Tafel mit zwei Couverts gedeckt antrafen und herrlich besetzt, und als sie satt waren, fanden sie ihre Nachtkleider in dem Schlafzimmer und schliefen bis an den Morgen, wo sich wieder ein Déjeuné fand, von unsichtbarer Hand im Nebenzimmer bereitet. – Kraus war einige Zeit eigentlich mystifiziert, und ich weiß nicht, wann er erfahren hat, wie natürlich alle diese Zauberei zuging.

709 Knebel an seine Schwester Henriette 23. September 1784

Goethe kam mit dem kleinen [Fritz] Stein vorigen Sonntag [den 19.] früh herüber [nach Jena], mich zu besuchen. Du kannst glauben, daß mir der Besuch lieb war, zumalen Goethe von Braunschweig, wo er mit dem Herzog war, und von einer wichtigen Harzreise zurückkam. Ich kann mich in keine Sinnesart, wenn er mir zumalen gegenwärtig ist, leichter schicken als in die von Goethe; abwesend hat er mir zuweilen wehe getan. Dies macht mir, zumalen jetzt, viel Leichtigkeit im Umgang, durch schnelles, wechselseitiges Verständnis. Er war, wie gewöhnlich, gut, traktierte von seinen hiesigen Geschäften, gab mir einige Winke von dem, was er gesehen, bemerkt. Es kamen Leute dazwischen und nahmen das Interesse der Unterredung, doch ging es noch bis gegen Abend, der schön war, wie der Tag, und Goethe fuhr wieder zurück nach Weimar.

Den Morgen darauf fuhr ich nach Tiefurt, weil mich die Herzogin [Mutter] dahin bestellt hatte. Sie wollte mir eine kleine Fête geben ... Wir sahen die Zeichnungen, die Kraus mit Goethe von den Harzgegenden aufgenommen hatte, seltsam schön und wohl vierzig an der Zahl. Gegen Abend kamen unsre Werten aus der Stadt und mit ihnen Jacobi aus Düsseldorf und seine Schwester ... Abends war Illumination, die schon zu Goethes Geburtstag bereitet war. Der alte Oeser, der auch zugegen war, hatte einen herrlichen Transparent dazu gemalt, wo sich Tugend und Genie über einem Altar die Hände geben und mit der Fackel die Flamme des Altars anstecken; oben sah man in Olivenkränzen Goethes und Herders Silhouette.

710 F.H.Jacobi an Fürstin Gallitzin 11.Oktober 1784

Goethe war, nach einem langen Herumreisen im Harz, eben nach Hause gekommen. Wegen der mit einem solchen Zuge verknüpften Ungewißheiten hatte er sich, nachdem er Braunschweig verlassen, nichts mehr nachschicken lassen. Er fand also nach seiner Zurückkunft meine beiden Briefe, war voll Sorge, ich möchte nicht mehr kommen, und wurde nun, da er mich unversehens in sein Zimmer treten sah, vor Freude blaß. Herders Seele öffnete sich mir gleich nach den ersten Umarmungen. Es war uns allen unaussprechlich wohl. Den 25. kam nun auch Claudius. Aber Sie, liebe Amalia, kamen nicht. Nach mir und meiner Schwester trauerte niemand mehr darüber als Goethe. Er hatte über Ihren großen Schattenriß eine unsägliche Freude. Mein Vorsatz war, ihn nur eine Kopie davon nehmen zu lassen; aber er eignete sich ihn so eifrig zu, daß ich unmöglich dagegen an konnte. Von der vornehmen Gesellschaft haben wir uns nicht stören lassen. «Ich weiß wohl», sagte Goethe, «daß man, um die dehors zu salvieren, das dedans zu Grunde richten soll; aber ich kann mich denn doch nicht wohl dazu verstehen.»

711 *F. H. Jacobi: David Hume über den Glauben* 1787

Die Anmaßungen und Begierden der Menschen sind sonderbar genug. Sie möchten gern mit den bloßen Augen sehen können, ohne Licht; und noch lieber gar auch ohne Augen. So, meinen sie, würde man erst recht *eigentlich, wahrhaft* und *natürlich* sehen. Nach dergleichen Vorstellungsarten das Unnatürlichste als das Natürlichste, und das Natürlichste als das Unnatürlichste zu betrachten, das heißt dann Philosophie. Ich erinnere mich, daß ich in einer vermischten Gesellschaft einmal die Frage aufwerfen hörte: wie das menschliche Geschlecht wohl möchte fortgepflanzt worden sein, wenn der Sündenfall nicht eingetreten wäre? Ein geistvoller Mann [Goethe] antwortete schnell: *ohne Zweifel durch einen vernünftigen Diskurs!*

712 *Caroline Herder an Knebel* 5. Oktober 1784

Wenn ich Ihnen nur sagen könnte, wie wohl es mir bei Ihnen gewesen ist! Erquickt durch Ihre schöne Seele, die mich über das Alltägliche erhoben, fuhr ich vergnügt in der Mondnacht, wo Goethe uns vom Zustand der Seele nach dem Tode erzählte. Nur ein wenig nicht schwärmerisch genug für das überirdische Licht, in dem wir dahingleiteten.

713 *Herder an Knebel* 5. Oktober 1784

Jacobi ist sehr gerührt weggegangen, insonderheit von Goethe: unsre Bekanntschaft wird ihm gewiß an Leib und Seele wohltun. Claudius sehnte sich wie ein Vertriebener nach Hause, weil es ihm nirgend mehr wohlbehagte. Die so verschiedene Gemütsart dieser zwei guten Leute hat mich in einem stillen Konflikt zurückgelassen, so daß mir ihr ganzes Dasein hieselbst wie ein Traum oder eine Art von Reise ist, die ich selbst gemacht habe. Ich bin also in eine sonderbare Einsamkeit zurückgesunken, zu der mich auch einige aufgeschobene notwendige Arbeiten nötigen, und die endlich ein versteckter Schnupfen befördern mag. Goethes Abreise kam dazu, der noch in Ilmenau ist und dem die Gegenwart der Fremden auch gut getan hat. Er ist nur einmal hier bei mir gewesen, und vom Herzoge und seiner Reise ist kein Wort vorgefallen, weil ich mit ihm von politischen Sachen so wenig als möglich spreche, obgleich auch mir die dumme Märe zu Ohren gekommen war.

714 Wieland an Merck *3. Januar 1785*

Jacobis Anwesenheit hat Herdern, Goethen und mir einige sehr gute Tage gemacht; ich habe ihn zwar, wie billig, größtenteils an die beiden ersten überlassen müssen; jedoch kann ich mich nicht beklagen, daß sie mir nicht auch meinen bescheidenen Teil hätten zukommen lassen.

715 Herder an Hamann *Ende Oktober 1784*

Mich freuet der Gedanke der Sammlung sehr; verändern oder verkürzen Sie doch aber nicht viel, und beschenken sodenn mich und Goethe (der Ihre Schriften alle ungebunden in einer eignen Lade wie in einem Heiligtum gesammlet hat) mit einem hübschen Exemplar auf Postpapier ... Sobald Sie von Mendelssohns Aufnahme Ihres Golgatha etwas erfahren: so teilen Sie mir's doch mit. Uns, d.i. Goethe, Jacobi und mir, hat es herzliche Freude gemacht, von so verschiednen Seiten wir auch die Schädelstätte fassen mochten.

716 Herder an F. H. Jacobi *2. November 1784*

Goethe lebt, wie er gelebt hat. Er hat uns neulich einen neuen, sehr schönen Band von seinem «Wilhelm Meister» und ein andermal den Anfang einer neuen, sehr vortrefflichen Arbeit vorgelesen. *Die* Arbeiten und *die* Stunden sind wohl die einzigen, die den trefflichen Menschen ihm selbst zurückgeben; wiewohl er auch in der kleinsten und sogar gehässigsten anderweiten Beschäftigung mit einer ganzen Ruhe wohnet, als ob sie die einzige und eigenste für ihn wäre.

717 Herder an Knebel *6. November 1784*

Goethe hat uns seine Abhandlung vom Knochen vorgelesen, die sehr einfach und schön ist; *der* Mensch geht auf dem wahren Naturwege, und das Glück geht ihm entgegen.

Wir haben indes neulich ausgemacht, daß er, alten Münzen nach, einmal in Rom dictator perpetuus und imperator unter dem Namen Julius Caesar gewesen, zur Strafe aber nach beinahe achtzehnhundert Jahren zum Geheimerat in Weimar avanciert und promoviert sei. – Lasset uns also Fleiß anwenden, daß wir nicht noch ärger promoviert werden. Mit Ihnen muß etwas Ähnliches vorgefallen sein: darum sitzen Sie jetzt auf dem Schloß zu Jena.

718 Caroline Herder an Knebel *17. November 1784*

Hier sind die griechischen Gedichte; sie haben uns zwei köstliche Abende mit Goethe und der Frau von Stein gemacht. Goethes griechische Seele wurde ermuntert, und er gab uns einige, die Sie das nächste Mal haben sollen, damit Sie des Guten nicht zu viel haben.

719 Knebel an seine Schwester Henriette *28. November 1784*

Daß wir nicht überall ganz glücklich sind, Du Liebe, das ist nicht zu vermeiden. Erlaube mir, daß ich in dem, was ich Dir sagen will, mir Goethens Weisheit etwas zu Hülfe rufe! Er hat sie mir zwar weniger gesagt als angedeutet, aber ich verstehe ganz, daß es seine rechte Meinung sei, und sie wird sich auch Dir als eine richtige und wahrheitsvolle schon jetzt andeuten und stets mehr aufklären.

Der Mensch nämlich ist weder zum Glück noch zum Unglück geschaffen; er ist geschaffen, daß er da sei; die Ordnung der Dinge rief ihn hervor. In dieser Ordnung ist er ausgerüstet zum Glück oder Unglück. Das Schicksal, das ihn von außen treibt, legt ihn, wenn ich so sagen darf, zwischen wechselseitige Schalen. Jedem ist nach seinem Maße eine gute Portion Glück zugeteilt, das er sich nicht gegeben hat, das ihm zufällig, gleichsam aus der Hand des Schicksals, kömmt, wie Du mir, Liebe – und so vieles andres Gute nebenher! Und auch ist in dem Leben eine fast unvermeidliche Portion Elend, das die Besten und Glücklichsten auch gefühlt haben. Von der verschiedenen Mischung dieser beiden Dinge können wir nichts sagen, als daß es so ist. In Betracht der Sache selbst finden wir, daß selbst dem Unglücklichsten vor unsern Augen oft da Hülfe, Glück und Genuß zugeteilt ist, wo wir es nicht erraten, kaum selbsten für ihn fühlen können, das heißt uns nicht durch Vorstellung den Genuß zueignen können, den ihm manche Sache gibt, die uns entweder zu gering scheint oder gänzlich außer dem Kreise unsrer Genießungsart liegt – als zum Beispiel die Zufriedenheit, die ein Mathematiker bei einem schwer aufgelösten Problem findet, ein Armer oder Kranker bei einer geringen Wohltat oder Erleichterung usw. – und daß hingegen auch wieder dem Glücklichsten ein unvermeidlich Elend kommt, wo er es nicht sah, noch beinah voraussehen konnte. Was in Beziehung auf den Menschen selbst davon zu halten sei, so scheint dieses Gesetz der allgemeinen Notwendigkeit, wie wir es einstweilen nennen wollen, ihn, moralisch wenigstens, in einer steten Achtsamkeit und Spannung zu erhalten. Er hat stets Ursache zu hoffen und zu fürchten; das Unwahrscheinlichste ist doch möglich, und hat sich schon ereignet, und das Glück, worauf er am sichersten baute, ist vor seinen Augen verschwunden. Die Abwechslung scheint sogar in dem gemeinen Laufe der Dinge notwendig.

Durch diese beiden Schicksale oder Gesetze der Notwendigkeit geht nun, wenn ich so sagen darf, ein elektrischer oder magnetischer Faden, der das Gute von den Dingen zu erhalten sucht und an sich reißt, und das Böse von sich stößt. Dies ist die Kraft des Geistes. Sie beweist sich darin, daß sie das Gute fixiert und dauerhaft macht, und deshalb, obgleich allem zufälligen Glück bereit, dennoch nichts zuläßt, was ihr das Gefühl davon zu einer andern Zeit benehmen könnte oder sie überhaupt zu entkräften oder zu schwächen vermöchte. Dadurch erhält sie, daß sie in dem glücklichen Strome oder in der Flut des Daseins leicht sich und gemächlich und ihrer bewußt erhält, sind hingegen die Wasser enger und trüber und sinken zur Ebbe, so wird sie nicht so leicht mit vom Ufer weggetrieben. Sie hat sich vieler dauerhaften Dinge bemeistert, die ihr das Schicksal nicht nehmen kann, ihr Geist selbst ist frei und tätig, wie Ulyß in den Meereswogen; sie hat ruhig dulden gelernt und wird also zur Zeit des zögernden Schicksals nicht erdrückt, und was sie nun noch verlieren kann, sind meist nur Spiele, die sie nie anders betrachtet, und die sich zur Zeit des Glücks gar leicht wieder anhängen.

720 Caroline Herder an J. G. Müller *12. Dezember 1784*

Goethe macht uns je länger je glücklicher durch seine große Seele und sein brüderliches Herz; dies ist nebst unserm lebendigen Reichtum im Haus das beste, was wir haben.

721 Herder an F. H. Jacobi *20. Dezember 1784*

Hamanns Brief ist Goldes wert ...

Ich habe Goethe den Brief kommuniziert, und er hat ihm so viel Freude gemacht, wie mir: wir denken in jeder Zusammenkunft voll treuer Liebe Deiner, und haben uns, meine Frau mit eingeschlossen, an Deinem Bilde, das in Goethens Saal steht, als an einem Denkmal Deiner Gegenwart gelagert ...

Ich befinde mich seit geraumer Zeit in großer Schwachheit des Leibes und Geistes und zugleich in dringender Arbeit ... Goethe besucht mich fleißig, und seine Gesellschaft erquickt mich wie Balsam ...

Goethe hat, seit Du weg bist, den Spinoza gelesen; und es ist mir ein großer Probierstein, daß er ihn ganz so verstanden, wie ich ihn verstehe. Du mußt auch zu uns herüber ...

Goethe macht eine Oper im italienischen Geschmack, die allerliebst sein wird.

722 Sophie Beckers Tagebuch *30. Dezember 1784*

Ich muß nicht vergessen, daß wir gestern zum Diner bei der Frau von Stein waren und zu Ende desselben den Geheimen Rat Goethe hineintreten sahen. Er ist in dem Hause des Herrn von Stein sehr bekannt. Er hat etwas entsetzlich Steifes in seinem ganzen Betragen und spricht gar wenig. Es war mir immer, als ob ihn seine Größe verlegen machte. Indessen behaupten alle, die Goethe in der Nähe kennen, daß er in seinem Amte gewissenhaft und redlich ist, auch Arme heimlich unterstützt. Sein neuer Standort hat aber nach derselben Zeugnis etwas Fremdes in sein Wesen hineingebracht, das manche Stolz, manche Schwachheit nennen.

1785

723 *Sophie Beckers Tagebuch* *2. Januar 1785*

Vom Morgen besuchten Elise [von der Recke] die Frau von Seckendorff, die Geheimrätin Schardt, Herr von Stein, die Obristin Witzleben, Wieland, Goethe, Herder, Geheimer Hofrat Schmidt und Bode; auch Musäus kam auf ein paar Minuten. Diese Besuche währten nicht sehr lange. Elise fuhr um zwölf mit Goethe und Wieland zu Bildhauer Klauer.

724 *Charlotte v. Stein an Knebel* *24. Januar 1785*

Goethe grüßt Sie. Der Stein war ihm lieb: so schön ausgewaschen hatte er ihn noch nicht in seiner Sammlung. Gestern abend bin ich mit Herders bei ihm gewesen, wären Sie doch auch in unserer Mitte!

Ich glaube, Goethe hat viele Freuden, ernste Freuden, welche die Welt nicht begreift ...

725 *Charlotte v. Stein an Knebel* *15. Februar 1785*

Vorerst danke ich Ihnen fürs Mikroskop, das Sie heute werden zurückerhalten haben; aber ich muß Sie noch einmal damit plagen. Eigentlich will die Herzogin Luise dem Goethe ein recht extra gutes Mikroskop schenken, weil sie einmal von ihm gehört hat, daß er sich's wünschte. Ein Sonnen-Mikroskop hat er schon; demohngeachtet strebt er nach einem, wovon ihm Loder erzählt hat. Und so wünschte ich, wenn es Loder noch weiß, mir die Adresse davon zu verschaffen.

Ich habe das berühmte Stück «Le mariage de Figaro» gelesen, nämlich, wie man es bei der Vorstellung nachgeschrieben hat. Goethe sagt, es komme ihm wie ein Feuerwerk vor. Daß die ganze Intrige auf nichts als Rendezvous hinausläuft und doch man vom Stück nicht gut wegkommen kann, wenn einmal angefangen ist, mag wohl für die Geschicklichkeit des Autors sprechen. Goethe muß es gleich dem Geheimrat Frankenberg nach Gotha zurückschicken, sonst hätten Sie's auch haben sollen.

Ich habe von der Imhoff sonderbar geträumt: ich wäre in England bei ihr, und es war etwas Trauriges in unserm Wiedersehen. Lachen Sie mich nicht aus wie Goethe, wenn die Herdern und ich uns etwas in Träumen zu Gute tun und die Verbindung mit höheren Wesen oder eigene Kräfte der Seele uns manchmal im Schlaf zueignen, welche die Männer freilich immer wachend besitzen!

726 Herder an Knebel *2. März 1785*

Ich lese jetzt die Mem[oires] de Scott, die trotz aller Merkwürdigkeiten der Authentizität selbst für mich etwas langweilig sind. Haben Sie sie noch nicht: so will ich Goethe, von dem ich das Buch habe, an Sie erinnern, ob er wohl meine Erinnerung nicht braucht. Er hat Sie sehr lieb, und hat Ihnen einen Besuch zugedacht, der für Euch beide erfreulich sein wird. Er trägt seinen Kopf und sein Herz immer auf der rechten Stelle, und ist in jedem Schritt seines Lebens ein *Mann*. Wie viele gibt's solcher?

727 Sophie Beckers Tagebuch *2. März 1785*

Hier sind wir nun zum andernmal in dem Hause der lieben Gräfin Bernstorff ... Nachmittag kam Goethe auf ein Viertelstündchen. Er war diesmal schon etwas gesprächiger. Überhaupt nimmt man ein gewisses Interesse an Goethe, so sehr er sich zurückzieht. Der alte Schardt machte nunmehr auch seinen Besuch, und gleich bei seinem Eintritte lief Goethe davon. Der alte Mann ist gleichsam das Schreckbild jedes klugen Kopfes, eine verjahrte Hofschranze, die ihre Existenz in dem Lächeln der Fürsten sucht.

728 Herder an Knebel *März 1785*

Mich freut's innig, daß Goethe bei Ihnen und es Euch beiden so wohl ist. Ihr bedürft's und genießet's beide.

Mit meinen leidigen «Ideen» stockt's abermals ... Der Pontifex maximus (zu deutsch oberste Wegaufseher und Straßenkehrer) Goethe soll den Ausschlag geben. Grüßen Sie ihn bestens! Ich freue mich auf seine Zurückkunft wie auf Ihren Besuch in bessern Zeiten.

729 Caroline Herder an Gleim *10. April 1785*

Mit Goethe leben wir herzlich gut manchen Abend bei ihm. Er hat viele Geschäfte seines Amts, ist aber in seinem innern Geist nicht müßig und teilt uns manchmal davon was Gutes mit.

730 Herder an Hamann *23. April 1785*

Mit dem Druck meiner Ideen will's nicht fort ... Einige Stücke dieses Teils [des zweiten] haben mir entsetzliche Mühe gekostet, ohne daß sie mich noch befriedigen; insonderheit das caput mortuum der Regierung, an dem doch die ganze leidige Geschichte, wie sie der Herr Immanuel und das Publikum der Universalgeschichte will, hänget. Den zweiten Aufsatz drüber, nachdem ich den ersten selbst ad carceres verdammet, gab ich unserm Freund Goethe zur Ministerial-Zensur, und er brachte ihn mir mit der tröstlichen Nachricht wieder, daß füglich kein Wort davon stehen bleiben könnte.

731 Herder an Knebel *Anfang Mai 1785*

Goethe guckt fleißig ins Glas und auf die Pflanzen; vielleicht tun Sie es auch. Macht aber nicht, lieben Leute, daß Euch die große Massenwelt fatal werde, weil die kleine Samen- und Baumwelt so niedlich ist, damit Ihr nicht gar Infusions-Tierchen werdet.

732 Knebel an Herder *7. Mai 1785*

Goethe hat sich hier [in Jena] wieder etwas Mut geholt. Er gibt sich selbsten, was er empfängt, aber er weiß sich doch sehr glücklich zu nehmen, und sein Herz hat einen tiefen Ton der Freundschaft. Sein reifendes Gefühl für das, was menschlich im Leben ist, nimmt ihm nachgerade alle Freude seines politischen Zustandes. Dies ist nicht trostvoll, weder für seine Freunde, noch für das armselige Land.

733 Wieland an Gleim *15. Mai 1785*

Unsere Herderin kann Ihnen sagen, wie sehr meine Wahl [Reinholds zum Schwiegersohn] ihren, ihres Mannes und Goethes Beifall hat.

734 Wieland an Merck *22. Juni 1785*

Herder und seine Frau, Goethe, die Frau von Stein, die Gräfin Bernstorff und Bode mit einem ganzen Heer von umbris und capite censis sind alle nach Karlsbad abgegangen, und ich bin beinahe der einzige in Weimar, der in den Boden eingewachsen ist und es nicht einmal zu einer Reise nach Gotha oder Eisenach bringen kann.

735 Knebels Tagebuch *24. Juni 1785*

Wir gingen gestern eilf Uhr mittags von Jena weg, Goethe und ich, und nahmen zwei Bedienten mit uns …

Der Tag war trübe, es regnete mitunter, doch war es nicht unlustig. Mein Reisegefährte war stillern, ruhigern Mutes als ich. Er suchte viele vertrauliche Reden hervor, und ich war dagegen nicht unfreundlich. Unterwegs, als wir im Wagen hielten, zeichnete er das Tor und die Einfahrt von dem Hause des Herrn v. Schmerzing in Hummelshain, das er abends, als wir hier [in Neustadt an der Orla] ankamen, gar hübsch mit der Feder ins reine brachte. Eine kleine Weile darauf, bei Gelegenheit einer Pfeife Tabak, die ich aufs neue anstecken wollte, bat er mich, solches zu unterlassen, weil er von dem Tabaksrauche Erhitzung spüre. Ich unterließ es, wunderte mich aber über die leichte Reizbarkeit seiner Nerven von einer so geringen Ursache. Das Übel nahm bei ihm zu, und er mußte sich wirklich mit Frost und einem besonders krampfhaften Zustande, der ihm starken Schmerz erregte, zu Bette legen. Diesen Morgen hat sich das Übel noch nicht gegeben, und wir werden wohl heute hier bleiben müssen.

Ich bemerkte, wie Goethes Natur leicht bis auf den letzten Augenblick sich unverändert erhält, dann von dem leichtesten Umstande Gelegenheit sich nimmt und ihn gänzlich zu Boden wirft. Dies trifft in vielen Stücken bei ihm ein.

736 Knebels Tagebuch *25. Juni 1785*

Wir bleiben hier, wegen der Unpäßlichkeit Goethes.

Als wir vorgestern in die Stadt hereinfuhren, fielen Goethen, bei dem Regen, den wir hatten, die Pflastersteine auf. Gestern morgen, bei einem Spaziergange, den ich machte, nahm ich einen der hier um die Stadt herumliegenden blauschwarzen Steine mit, aus dem ich nicht recht wußte, was ich zu machen hatte, da er mir für Tonschiefer zu rauh und griesicht war, auch quarzichte und rötlichgelbe Punkte führte. – Goethe erkannte ihn aber sogleich, als ich ihn zu Hause brachte, für Lava. Die Erscheinung in dieser Nähe war uns etwas neu. Wir ließen einen Maurer fragen, ob von dieser Art Steine Steinbrüche in der Gegend seien, und wir erhielten zur Antwort: sehr viele. Ich war also im Begriff, sogleich nach dem Mittagsessen solche zu besichtigen, und als ich schon auf dem Wege zum Tore war, begegnete mir ein Wagen, worin Frau v. Seckendorff und Fräulein Caroline Ilten sich befanden. Ich kehrte also mit diesen zurück, und nun fing unser Aufzug hier an, eine romanhafte Malerei zu bekommen. Zwei feingekleidete hübsche Damen wurden von mir aus dem Wagen gehoben, und ich führte sie in Goethes Zimmer, den sie sehen wollten. Goethes Schmerz wurde vergessen, und wir lachten wechselsweise über das artige Ansehen der Zusammenkunft. Die Leute im Hause und an den Fenstern gafften und staunten noch mehr. Es wurde ein kleines Mittagsmal gehalten, und, nach Damen Weise, auch sogleich Tee getrunken.

Die Dämchen waren artig und gefällig. Carolinchen erzählte uns ihren goldenen Traum, wie sie in voriger Nacht in Afrika gewohnt habe, wo die Häuser mit Gold bedeckt gewesen seien. Die Seckendorff war süßverbindlich und aufmerksamartig. Sie band Goethen ein aus ihrer Tasche hervorgeholtes reinliches, rotgestreiftes Schnupftuch um den Kopf, und bat ihn nachher, solches zu behalten. Sie legte sich auch auf das Kanapee, auf den Sitz des Kranken, und hüllte sich in seinen Mantel, und war überhaupt anmutig. Da sie sahen, daß Goethen eben nicht mit ihrem Hiersein länger dürfte gedient sein, ließen sie einspannen, und begaben sich den Abend noch nach Schleiz.

Ich eilte mit unserm Botanikus und meinem Maurermeister, die Basaltberge zu besuchen ...

Diesen Morgen habe ich die Gegend weiter westlich gegen Neuhofen zu besucht ...

Als ich nach Hause kam, fand ich Goethes Backen geschwollen, und also sein Übel im Ausbruch. Dies freute mich, und gab mir Hoffnung zu unserer baldigen Abreise; doch blieb er diesen Tag zu Bette.

737 Knebels Tagebuch *27. Juni 1785*

Wir führen unser Leben hier fort, das freilich anfängt, etwas langweilig zu werden ...

Goethes Befinden ist immer noch zu unserer Weiterreise mißlich. Ich habe dem Hofrat Loder gestern geschrieben, und ich hoffe, daß er diesen Morgen kommt.

Die Zeit vertreibe ich mir mit Lesen und Besuchen der Gegenden. Goethe war gestern abends sehr munter im Gespräch, hat aber diese Nacht desto schlimmer zugebracht. Wir lasen und sprachen viel vom Hamlet des Shakespeare, den wir zugegen hatten.

Frau v. Hendrich und Fräulein Staff besuchten Goethe, da ich nachmittags abwesend war.

738 Knebels Tagebuch *28. Juni 1785*

Gestern kamen Hofrat Loder und Büttner von Jena herüber. Ich freute mich, den Alten wieder zu sehen, und nachdem wir erstern konsultiert hatten, stiegen wir zusammen zu den Basaltbergen. Nachmittags fuhren sie wieder fort, und Goethe machte nachher mikroskopische Belustigungen. Er wird besser, und vielleicht können wir morgen reisen.

739 F. G. Dietrich: Aufzeichnung

Auf einem ziemlich hohen Berg, dem sogenannten Ochsenkopf, sahen wir in einer nur wenig tiefer liegenden, von grotesk geformten Felsen umschlossenen Bergwiese einen purpurroten Fleck, der schon in der Ferne Bewunderung erregte. Goethe sagte: das ist mir ein unerklärbares Phänomen, wir wollen hinabgehen und an Ort und Stelle die Sache näher betrachten und genau untersuchen. Da wir an der Stelle ankamen, fanden wir einen Sumpf (Torfmoor) mit torfliebenden Laubmoosen dicht angefüllt. Auf diesen Torfmoosen hatte sich die kleine Drosera rotundifolia L. in ungeheurer Menge angesiedelt und die andern Gewächse verdrängt, so daß fast der ganze Torfmoor wie mit einem Purpurteppich bedeckt erschien. Die Wurzelblätter dieser niedlichen Pflanze breiten sich stern- oder rosettenförmig auf den Torfwiesen aus, sind rot, gestielt, kreisrund, löffelförmig ausgehöhlt, die Oberfläche sowie die Stiele mit roten reizbaren Drüsen verziert, und besonders des Morgens mit einer glänzenden Feuchtigkeit, gleichsam wie mit Tau, überzogen, daher der deutsche Name Sonnentau (Ros solis Bauh. pin.). Zwischen den Blättern erhebt sich ein zarter aufrechter Schaft, der wenige kleine weiße Blumen trägt, die eine meist einseitige Endähre bilden ... Häufig kam auch eine kleine zierliche Pflanze vor, Vaccinium Oxycoccus L., deren fadenförmige Stengel auf den Torfmoosen liegen und mit lieblichen, roten Blumen sich schmücken. Beide Pflanzen, die ich mit Moosballen aus dem Sumpfe hob und zur näheren Anschauung und Beobachtung vorzeigte, gewährten den Herren große Freude und belehrende Unterhaltung: Goethe, der damals sein Werk (Versuch die Metamorphose der Pflanze zu erklären) angefangen hatte, suchte sich näher mit den Pflanzen zu befreunden, nahm eine Drosera rotundifolia in die Hand und sprach sich über die wunderbare Gestalt und regelmäßige Stellung der mit reizbaren Drüsenhaaren bekränzten Blätter belehrend aus, insonderheit über die Irritabilität (Reizbarkeit) der Pflanzen im allgemeinen. Wir fanden einige Sonnentaupflanzen, in deren

Blättern kleine Insekten von den Drüsenhaaren eingeschlossen waren, und bemerkten zugleich, daß, solange die eingeschlossenen Insekten leben und durch die Bewegung ihres Körpers und der Füße die Drüsen reizen, die Haare desto kräftiger und fester sich zusammenziehen und nicht eher wieder aufrichten, bis das Insekt getötet ist. Auch hat man versucht, durch sanftes Berühren der Drüsen mit einer Borste die Reizbarkeit zu erregen ...

740 Sophie Beckers Tagebuch *5. Juli 1785*

[Karlsbad.] Den Nachmittag wollte ich mit Elise in den Saal gehen, aber dies wurde erst durch Darbes sein Malen an Elisens Bild und nachher durch die unerwartete Ankunft Göckingks und Bernhards verhindert. Kurz nach ihnen machte auch Goethe seinen Besuch.

741 Sophie Beckers Tagebuch *6. Juli 1785*

Am Morgen war der Himmal bloß mit Wolken bedeckt, daher konnte man sich beim Sprudel einfinden. Nunmehr war Goethe auch da. Er ist bloß an seinen schönen Augen aus dem großen Haufen auszufinden.

742 Sophie Beckers Tagebuch *15. Juli 1785*

[Göckingks Geburtstagsfeier am 13. Juli.] Den Mittag speisten wir in einer geschlossenen Gesellschaft in einem der Säle. Göckingk selbst wie auch Bernhard und die Rutenberge mußten bei Prinz Adam dinieren. Unsre Tischgesellschaft bestand aus dem Brühlschen Hause, Herder, Goethe, Hofrat Voigt mit seiner Frau, Bergrat Rosenstiel mit seiner Frau, Buchhändler Spener mit seiner Frau, Hofrat Lieb, Schwarz, Darbes, Ursinus, Frau von Stein, Herrn von Schardt, Herrn von Knebel.

743 Herder an Knebel *28. August 1785*

Nach Ihrer Abreise ist in Karlsbad nicht so gar Merkwürdiges vorgefallen ... Goethe blieb noch da (wir zogen den 1. August), und er hat tapfer ausgehalten, die Fürstin noch überlebt, und überhaupt die Kur wie ein vernünftiger

Mensch gebraucht und abgewartet. Wir haben sie nur durchjagt; zumal Sie, und überhaupt haben wir die Hauptlektion des Lebens, «warten zu lernen», noch nicht gelernt. Dafür sieht er auch sehr wohl aus.

744 Graf Moritz Brühl: Miscellanea

Der Geheimde Rat Goethe fand in Karlsbad ein französisches Liedchen, dessen Melodie ihm gefiel, er machte deutsche Worte darauf, die Bezug auf die Trennung und hoffentlichen Wiedervereinigung unserer Gesellschaft hatten, sie wurden Naumann, der sich zu der Zeit in Dänemark aufhielt, geschickt, und dieser komponierte es, wie es hier stehet.

Auf den Auen wandlen wir
Und bleiben glücklich ohne Gedanken,
Am Hügel schwebt des Abschieds Laut,
Es bringt der West den Fluß herab
Ein leises Lebe wohl.
Und der Schmerz ergreift die Brust,
Und der Geist schwebt hin und her,
Und sinkt und steigt und sinkt.
Von weiten winkt die Wiederkehr
Und sagt der Seele Freude zu.
Ist es so? Ja! Zweifle nicht.

Goethe den 12. August 1785 in Karlsbad.

745 Charlotte v. Stein an Knebel *22. August 1785*

Ich will Dir nur mit ein paar Worten sagen, daß ich wegen Eures projektierten hiesigen Aufenthaltes selbst mit dem Herzog gesprochen habe. Er will dem Imhoff den Vorteil von frei Quartier und Zuschuß an Holz machen. Dieses will ich Dir nur vorläufig schreiben, bis Goethe wieder hier ist, mit welchem ich den Herzog gebeten habe, ein Näheres drüber zu bestimmen ...
Nachschrift: Goethe ist kommen. Ich habe ihn schon wegen der Sache gesprochen. Der Herzog braucht weiter nichts von Imhoffs Revenue zu wissen; er wird ihm sagen, daß Imhoff noch 100 Dukaten Zuschuß braucht, um hier zu leben.

746 G. Forster an F. L. W. Meyer *September 1785*

Ich war entschlossen, durch Weimar bloß durchzugehen, allein mein Vorsatz wankte, wie ich in die Nähe der Stadt kam, und wohl mir, denn zwei der frohesten Tage meines Lebens habe ich hier verlebt. Goethe, Herder, Wieland und Bertuch waren unsere Gesellschaft, und ich fand beide, Herder und Goethe, weit besser, als ich sie erwartet hatte. Da mir zu der Bekanntschaft so kurze Zeit nur übrig war, versuchte ich gleich den ersten Tag mit Herdern, den man bekanntlich für so difficile d'abord ausgibt, *genau* bekannt und vertraut zu werden, und es gelang mir, gleich anfangs sein Zutrauen zu gewinnen. Den andern Tag [15. September] waren wir beinahe den ganzen Tag beisammen, und abends, als wir bei Goethe waren, entfaltete sich sein Herz noch mehr, und er sprach so ehrlich, daß er das alles, was *wir* für nichts achten, auch für nichts achte, daß ich ihn ehrte und lieb gewann. Goethe war munter und *artig;* und Wieland witzig und allerliebst. Therese war die Seele der Gesellschaft, und die liebenswürdige Amalie [Seidler] begleitete sie auf allen Wegen und Stegen.

747 G. Forster an Ch. G. Heyne *19. September 1785*

... Goethe gab uns des Abends ein griechisches Abendmahl, wo außer uns beiden nur noch Herder und seine Frau nebst Wieland und Mamsell Amalie Seidler zugegen waren. Sie können denken, daß unter solchen Menschen der Abend früh hinging, und mich freute es sehr, diese drei vorzüglichen Männer auf einen so freundschaftlichen Ton untereinander gestimmt zu sehen, zu bemerken, daß sie sich aufs Wort sogleich verstanden, und daß die Verwandtschaft ihrer Studien sie einander näher gebracht hatte, denn freilich ist Weisheit des Altertums und griechische Eleganz ihnen allen geläufig, ihrer aller Muster.

748 G. Forster an F. L. W. Meyer *10. Oktober 1785*

Goethe ist wohl schwerlich so fromm, wie Sie ihn dafür halten. Seine jugendlichen Schriften könnten so etwas an sich haben, aber sein Kopf ist zu hell, um lange bei dergleichen zu bekleiben, auch schien sich nichts davon in seinem Umgange zu verraten. Schon das, daß Herder mir sagte, Goethe sei sein einziger Herzensfreund, ist mehr für, als wider ihn, denn Herder schwärmt wohl, aber er ist nicht fromm.

749 Herder an F.H.Jacobi *16. September 1785*

Dein Brief und Buch hat mich sehr gefreut ... Auch hast Du mit Deinen Axiomen: «Spinozismus ist Atheismus usf.» einen Pfahl vorgeschlagen, den umrennen mag, wer will ... Wir waren gestern abend bei Goethe und haben durch eine sehr glückliche Buchstabenschnitzerei aus Katechismus Atheismus herausgebracht, wenn man ein paar schwere Buchstabierlia wegnimmt. Vor der Hand scheint es mir nicht vergönnt, aus Atheismus Katechismus rückwärts zu machen ...

Goethe und ich laden alle guten Menschen zum Karlsbade ein, und wenn der Himmel Glück verleiht, ziehen wir mit Heerskraft dahin.

750 Wieland an Gräfin Tina Brühl *19. September 1785*

Goethe legt sich Ihnen zu Füßen und trägt mir auf, Ihnen tausend schöne Dinge in seinem Namen zu sagen, die ich Ihnen recht gerne sagen möchte, wenn ich nicht vergessen hätte, mir seinen Geist dazu zu leihen.

751 Prinz August von Sachsen-Gotha an Herder *21. September 1785*

Nach der Tafel werde ich wohl nach Tiefurt müssen. Goethe war bei mir und hielt mich ab, Ihnen Lebewohl zu sagen.

752 Fritz v. Stein an Frau Rat Goethe *3. Oktober 1785*

Ihr Sohn läßt Sie gar schon grüßen ... Ihr Sohn hat sich recht gewundert, daß Sie bei dem Ballon so eine Philosophin gewesen sind.

753 *Caroline Herder an Knebel* *7. November 1785*

Es herrscht eine allgemeine Stille hier, oder wie die Herzogin-Mutter letzt sagte: *sie schlafen alle.* Goethe besucht uns oft wie ein Stern in der Nacht.

754 *Herder an Gräfin Tina Brühl* *18. Dezember 1785*

Goethe hat eine Operette [Die ungleichen Hausgenossen] verfertigt, davon zwei Akte komponiert sind, ein Zauberstück in der Komposition und in den Worten. Wir haben nur eine, noch dazu äußerst mangelhafte, Probe gehört; unser Ohr aber ist ganz offen und sehnend, sie zum zweiten Male noch mit mehr Wollust zu hören. Das ist ein Mensch, der alles kann, was er will, und, wohin er blickt, das Höchste erreicht.

755 *J. Ch. Loder an Knebel* *23. Dezember 1785*

[Es ereignete sich,] daß sich um Michael im Altenburgischen ein im sechsten Monat schwangeres Mädchen ersäufte, deren Kadaver ich aufs anatomische Theater bekam. Ich demonstrierte daran zuerst der halben Welt und konservierte dann den ganzen Leib mit dem uterus und Kind in einem zinnernen Kasten voll Branntwein, worin alles, wie Herr Geh. Rat v. Goethe sagt, in seiner Sauce schwimmt ...

Von Herrn Geh. Rat v. Goethe brauche ich Ihnen wohl nichts zu sagen, denn er schreibt wohl oft an Sie. Vor kurzem war er noch hier [in Jena] und brachte einen Abend bei uns zu, wo wir alle gar guter Laune waren.

756 *Herder an Hamann* *2. Januar 1786*

Über Ihren Rezensenten in der lat. Zeitung geben Sie sich, liebster Hamann, durchaus keine Mühe ... Neulich kam ich mit Goethe, der mir jedesmal einen Gruß an Sie aufträgt, darüber zu sprechen, und ich verwunderte mich, daß er sie eben dem Verfasser, den wir beide kennen, in Gedanken zugeschrieben hat ...

Goethe, ein sehr braver Mensch, grüßt Sie herzlich.

1786

757 *Charlotte v. Stein an Charlotte v. Lengefeld* *30. Januar 1786*

Ich möchte Sie gern mit dem, was Goethe über Lavaters Magnetisieren denkt, befriedigen, aber er ist der immer Schweigende; so viel sagte er mir, daß ihm der Zustand von Lavaters Frau nicht so wunderbar vorkäme als es schien, indem sie nur Dinge erkennt, wozu sie einen Teil ihrer Sinne nicht gebrauchte, die aber doch in den Kreis ihrer Ideen gehörten, und wäre nun ein Beweis, daß der Mensch zu den allerfeinsten Apperzeptionen kann gestimmt werden, welches lang bekannt ist.

758 *Carl August an Lavater* *22. Februar 1786*

Goethe ist diesen Winter wohler wie gewöhnlich. Seine Existenz ist eine der fleißigsten, moralischsten, besten, die sich über dreißig erhalten hat.

759 *Charlotte v. Stein an Knebel* *29. März 1786*

Goethe ist wohl und vergnügt hier wieder angekommen und pinselt immerfort an seinen Prometheusschen Menschen, die er sich schafft und gut und bös seine Lieblinge sind.

760 *F. A. Wolf* *1822*

Vor einem neuen Bildnis Goethens,
von dem Maler Franck zu Berlin aufgestellt …

Den Verfasser überraschte, da er eben solch einer Freude höchst bedürftig war, dies Ölgemälde, das den alternden Dichter ihm fast in derselben Gestalt wieder darstellte, wie er ihn seit dem Frühjahre von 1786 außer sich nicht gesehen hatte. In jenem Jahre war es, wo der Verfasser, selbst im siebenundzwanzigsten Jahre, ihn, der in der schönsten männlichen Kraft strahlte, zu Jena kennen lernte auf der Büttnerschen Bibliothek, wo sich bald ein langes Gespräch über die Ausstellung der unlängst angekommenen Bücher und über Bücherwesen und -unwesen überhaupt anknüpfte, ein Gespräch, woraus ihm noch manche geistvolle Ansichten gegenwärtig blieben, bis in die neueste Zeit, wo er die Jenaischen und Weimarschen Bibliotheken nach gleichen Grundsätzen geordnet und gewissermaßen vereinigt sah. Eine nähere Verbindung mit dem Dichter und Weisen entstand ihm erst später, die dann bei der Nähe der beiderseitigen Wohnorte, etliche glückliche Jahre hindurch, bis zu einer Freundschaft aufwuchs, die nicht einmal eines Briefwechsels bedarf.

761 Charlotte v. Stein an Knebel *6. Mai 1786*

Es tut mir wohl, daß Ihr Philosoph Sie so glücklich macht und daß Sie auf dem Weg sind, in der Ergebung zu leben, weil Ihnen der hinten zuletzt gemalte Vorhang, wie es Goethe pflegt zu nennen, keine Illusion machen kann.

762 Herder an Ch. G. Heyne *13. Juni 1786*

Er [Goethe] ist in seiner Naturforschung der freieste, gründlichste, reinste Geist, den ich als Beobachter kennen gelernt habe, ein wahres exemplar humanae naturae in diesem Fache, dessen Umgang mein Trost ist und dessen Gespräche jedesmal meine Seele erweitern.

763 Bertuch an G. J. Göschen *15. Juni 1786*

Goethe kommt erst auf den Sonnabend von Ilmenau zurück. Er hat noch am Sonntage [9. Juni] mit Wieland über die Sache gesprochen, und Wieland ihn versichert, daß er sich über den vorteilhaften accord seiner Schriften sehr Glück wünschen könne. Die Ratifikation der Präliminar-Artikel ist also gewiß.

764 Prinz August von Sachsen-Gotha
an Herder *etwa 20. Juni 1786*

Wir haben in Schnepfenthal und Reinhardsbrunn einen recht schönen, heitern und fröhlichen Tag zugebracht. Nach der Tafel las er (Goethe) uns auf einem steinernen Tische, der vermutlich noch von den guten Reinhardsbrunnischen Benediktinern herrühret, zwar keine Epistel Pauli an die Römer oder Galater, aber doch eine Epistel V. Cl. Weikhardi ad V. Cl. Zimmermannum homiletisch vor, die nicht leicht eine andere an feinem attischem Salze und an römischer Urbanität übertreffen wird. An eben den Orten, wo vormals die dicken Mönche, aus natürlichem Hange zur Naturkenntnis, den Fungum apocalypticum hypostaticum gesucht hatten, fanden wir den Fungum iambicum trimetrum catalecticum Hendecasyllabum (der vom Fungo alcaico iambico ... wohl zu unterscheiden ist), zu unserem unaussprechlichen Vergnügen und Erstaunen, und dankten den Göttern und Göttinnen, daß sie, *für uns*, diese Schwämme zu fernerer Verehrung ihrer Weisheit vor unsern Füßen hatten aufwachsen lassen.

765 Bertuch an G.J. Göschen *29. Juni 1786*

Ich war am Dienstage [27. Juni] bei Goethe, und sprach mit ihm über seine Erklärung. «Sie haben die Schraube sehr scharf angezogen», sagte ich ihm; «Göschen wird zukken; indessen wir wollen sehn, was er drauf sagt; einige Milderung werden Sie ihm auf alle Fälle akkordieren müssen». – «Es ist wahr», sagte er, «ich habe meine Forderung etwas gesteigert, meine gedruckten und ungedruckten Werke in eine Brühe geworfen, und eine Summe überhaupt gefordert, erstens weil ihm beide wegen der neuen Bearbeitung gleich, und so gut wie ganz neu sind; zweitens um uns nicht wegen der diversen Bogen-Berechnung zu genieren; drittens weil ich, da Göschen nicht changiert, sondern bloß coulant handelt, auf eine *zweite Auflage* so gut als nicht rechne, und also alles, was ich hoffen kann, von dieser erwarten muß. Hingegen will ich ihn wegen der Stärke der Auflage gar nicht einschränken, und für die gute Auflage in Großoktav auch nichts verlangen; auch die Subskription auf alle Art durch meine Freunde unterstützen helfen» etc. etc. Dies war ohngefähr seine Meinung, und ich merke, daß er von den 2000 Talern wohl nicht abgehen wird; allein eine Milderung auf 1 ½ Louisdor pro Bogen einer zweiten Auflage, und der 80 Frei-Exemplare vielleicht auf 40, nämlich 25 ordinär und 15 in Großoktav, wird er sich gewiß gefallen lassen. – Da er nun kommende Woche ins Karlsbad geht, und doch noch gern die Ankündigung entworfen sehen wollte, so setzte er mir gestern den verabredeten Brief-Extrakt dazu auf, und ich habe sie insoweit als ich sie ohne Ihren Calcul machen konnte, entworfen. Hier ist sie. Er hat sie gelesen und ist damit zufrieden. Gehen Sie nun auch genau durch, füllen Sie die Preise aus (wenn Sie zuvor die Verlages-Kosten genau berechnet haben) und fügen Sie noch hinzu, was Sie teils wegen der guten Edition, teils sonst noch überhaupt für nötig finden. Schicken Sie mir sie dann auf den Montag zurück und melden mir, wie viel tausend ich davon soll drucken lassen. Ich rechne, daß sie zwei Oktav-Blätter Median mit Petit gibt, und dächte, 20000 wären nicht zu viel, weil wir sie durchaus bei etlichen der gangbarsten Zeitungen sowohl gelehrte als politische, mit beischlagen lassen müssen. Goethe allein will 1000 Stück ins Karlsbad zum Verteilen haben. Und Sie müssen auch eine starke Partie mit auf Ihre Reise nehmen.

766 S.G. Dittmar: Unterredung mit Goethe *1832*

In der Erzählung meiner Sommerreise ... wird erwähnt, auf welche Art ich von dem verstorbenen Hofrat Wieland dem damaligen Herzog von Weimar vorgestellt ward, und daß ich unter den im Stern (so heißt ein Teil des Herzoglichen Gartens) ihn umgebenden Gelehrten, außer Bertuch und Musäus, auch den nun verewigten Goethe fand. Er unterhielt sich eben mit einem Offizier, und ich hatte nicht Gelegenheit, mich ihm zu nähern. Nach meiner Rückkunft von Schnepfenthal [am 24. Juli] stattete ich, an demselben Orte im erwähnten Garten, den Bericht über das Erziehungs-Institut dem Herzog von Weimar ab, wie er es verlangt hatte, und beim Abtreten äußerte ich mein Bedauern gegen Musäus, den berühmten Goethe nicht gesprochen zu haben.

«Das können Sie noch verbessern», meinte Musäus. «Wenn Sie jetzt nachmittags gegen 6 Uhr zu ihm gehn, will ich Sie begleiten.» Dieses Anerbieten nahm ich dankend an. «Melden Sie sich nur als der Studiosus, den er im Stern, vor acht Tagen, zuerst auf der Linde gesehen hätte, dann nimmt er Sie gewiß an. Der Salto mortale von einem Hofrat auf den Lindengipfel hat ihm gefallen, und wir haben Ihre damalige Standeserhöhung herzlich belacht.» Unter der von Musäus angeratenen Adresse ließ ich mich bei Goethe anmelden.

«Sie kommen von Ihrer Schnepfenthaler Reise zurück?» – fragte mich der damals noch in der Blüte seines männlichen Alters stehende Goethe. (Er war erst 37 Jahr alt.) «Haben Sie Ihre Wißbegierde befriedigt?» – Ich erzählte ihm alles, was mich von dem Salzmannschen Erziehungs-Institut interessiert hatte. Mein Vorschlag, den ich dem Professor Salzmann getan, die Naturgeschichte den Kindern in den Abendstunden, mittelst einer Laterna magica, zu lehren, gefiel ihm besonders. «Er hat einen Bruder in Erfurt», erwähnte Goethe, «der ein geschickter Tier-Maler ist, der ihm die unvernünftige Welt zu diesem Behufe auf Glas malen könnte. So wahr und gut es wäre», fuhr Goethe fort, «den Kindern frühzeitig Geographie zu lehren, so bin ich doch der Meinung, daß man mit den nächsten Umgebungen der bildenden Natur zuerst anfangen müßte. Alles, was auf ihre Augen und Ohren Eindruck macht, erregt ihre Aufmerksamkeit. Sonne, Mond und Sterne, Feuer, Wasser, Schnee, Eis, Wolken, Gewitter, Tiere, Pflanzen und Steine sind die besonders wirksamsten Eindrücke auf das kindliche Gemüt. Kinder haben Mühe, die von Menschen gebildeten Formen von den natürlichen Gestalten zu unterscheiden, und es wäre nicht zu verwundern, wenn sie den Vater fragen: wie machst du die Bäume?»

«Haben Sie auch die Merkwürdigkeiten in Erfurt beachtet?» fragte Goethe. – «Ich war im Dom, in welchem man mich auf das Gewölbe des Chors aufmerksam machte, das auf keinem Pfeiler ruht, und auf ein schlechtes Gemälde, den großen Christoph in kolossaler Größe vorstellend. Auf dem Glockenturme nahm ich noch die große Glocke in Augenschein, die 275 Zentner schwer sein soll, und im Jahre 1497 von Gerhard de Campis gegossen ist.» – «Sie brummt einen tiefen, ernsten Baß», meinte Goethe, «und läßt sich nur an hohen Festtagen hören. Die Kirche ist alt und zur Zeit des Bonifatius erbaut. Die kleinen Glocken sind, wie ich gehört habe, fast 200 Jahr älter. Nichts von Luther?»

«Ich habe den kleinen Hügel, Steiger, besucht, auf welchem Luthers Jugendfreund, Alexis, an seiner Seite vom Blitz getötet ward.»

«Dieser Blitz hat in Deutschland ein großes Licht verbreitet, indem er den jungen Luther, der die Rechte studieren wollte, ins Kloster trieb, und dann zur Erkenntnis eines Funkens der Wahrheit brachte. Sahen Sie seine Zelle, die er in Erfurt bewohnte?»

«Ich habe mich in dem beschränkten Raume umgesehen, und von der weißen Bretterwand mir dessen Lebensgeschichte, mit roten Buchstaben geschrieben, kopiert. Auf einer runden Tafel über der Tür stand die lateinische Inschrift:

Cellula
divino magnoque habitata Luthero, salve etc.»

«Ich kenne sie. Die Augustiner-Kirche, in welcher der Mönch Luther gepredigt hat, ist seit kurzem renoviert worden.»

«Haben Sie auch Lavater gesehn in Gotha?» – «Ich habe ihn gesprochen.» – «Er ist kein großer Freund von mir. Es ist lächerlich, wie er über mich denkt. Er hat dem Versucher Christi in der Wüste, wie man sagt, im Kupferstiche meine Physiognomie geben lassen. Das gehört zu seinen Phantasien, die ihn oft zu übertriebenen Vorstellungen verleiten. Unser Musäus hat ihn ziemlich gut beleuchtet. – Was haben Sie von meinen Schriften gelesen?» – «Werthers Leiden.» – «Welchen Eindruck machte seine Leidenschaftsgeschichte auf Sie?» – «Ich fand seine Empfindungen für Lotte so rein menschlich, daß ich ihm alles verzeihen konnte, was er fühlte, sprach und tat.» – «Haben Sie auch schon geliebt?» – «Ich kann es nicht leugnen. In einem Alter von 21 Jahren kam ich in die Nähe einer schönen Witwe, für die sich alle Gefühle in mir regten; – aber Verhältnisse hinderten mich, in jeder Rücksicht ihr meine Zuneigung zu gestehen. Ich verehrte sie, und nur in ihrer

Gegenwart befand ich mich wohl; aber – ich sah die Unmöglichkeit, ihr die Unruhe meines Herzens zu offenbaren.» – «War sie schön?» – «So fand ich sie, und man sagte mir, daß sie in ihrem unverheirateten Stande das schönste Mädchen in der ganzen Umgebung gewesen wäre.» – «Wissen Sie wohl, daß das Herz Geheimnisse hat, wovon der Verstand nichts weiß?» – «Das habe ich schon öfters eingesehen, aber nicht mit Worten auszudrücken verstanden.»

«Wissen Sie: le paradis est pour les âmes tendres, et condamnés sont ceux qui n'aiment rien.»

«Davon bin ich überzeugt, aber so glücklich die Liebe macht, so viele Leiden und Schmerzen führt sie auch mit sich. Ich habe die schöne Stelle memoriert, welche mir in Ihrem ‹Werther› gefiel.»

«Und welche war es?»

«Wer hebt den ersten Stein gegen das Mädchen, das in einer wonnevollen Stunde sich in den unaufhaltsamen Freuden der Liebe verliert? Unsere Gesetze selbst, diese kaltblütigen Pedanten, lassen sich rühren, und halten ihre Strafe zurück.»

«Die ganze Theorie des Anstandes läßt sich auf den unsichern Grund des Vorurteils zurückführen. Es gibt allerdings Situationen des Lebens, in welchen das Herz beredt und der Mund verschwiegen ist. Ja das erstere ist sogar in Furcht, seine kleinen, aber heftigen Bewegungen zu verraten, und, um nicht in diese Gefahr zu kommen, wählt das furchtsame Herz die Verschwiegenheit – oder sucht die Unterhaltung auf gleichgültige, fremde Dinge zu leiten.»

«Ich habe mich noch nie», sagte Goethe, «mit einem jungen Manne, der eben die Universität verlassen, so ernsthaft unterhalten.»

«Verzeihen Sie, ich bin schon 27 Jahr alt, und spät auf Universitäten nach Halle gegangen.»

«Oft quälen mich Durchreisende mit langweiligen Besuchen, und da ich mich jetzt mit der Osteologie beschäftige», fuhr Goethe fort, «so lege ich ihnen zuweilen meine vorhandenen Knochen vor, das erregt den Besuchenden Langeweile – und sie empfehlen sich. Ich habe diese Vorlage bei Ihnen vergessen.»

767 Lavater an Spalding *August 1786*

Ich fand Goethe älter, kälter, weiser, fester, verschlossener, praktischer.

768 Lavater an Goethe *27. September 1786*

Herzlichen Dank für die edle, freundschaftliche, gütige Manier, womit Du mich bewirtetest. Die anderthalb Tage in Weimar vergeß ich so bald nicht.

769 Lavater an die Herzogin Luise *3. Juni 1788*

Ein Wort über Goethe.

Es ist nichts schwerer, als über einen großen Mann zu schreiben; so wie nichts schwerer ist, als sein Bild zu entwerfen. – Ein großer Mann ist ein reichhaltiges Eins – ein Unum Continuum. – Alles, was geschrieben wird, ist sukzessiv. – Wer die großen Momente großer Menschen fixieren, und sie nicht sukzessiv, sondern auf einmal wie in der Camera obscura darstellen könnte, der könnte uns ihre Größe empfindbar machen.

Goethe –, wenn ich einen Sterblichen mit Zuversicht groß genennet habe, so nenn' ich Ihn groß! Goethe will gesehn sein in lebendigen Momenten seiner Kraft, oder seiner alles vergessenden Nonchalance. – Sein Adleraug erblickt ganz, und verbannt jedes seichte Urteil aus seinem Kreise. – Er faßt so ganz, so kräftig, so sicher, wenn ich mich so ausdrücken darf, so Vandyckisch im großen, so Chodowieckisch im kleinen, so fest, daß gar keine Besorgnis statt hat, daß Er leicht wieder fallen lasse. So königlich schweigen und sprechen – wer kann's wie Er? welche Anmaßung kann neben Ihm bestehen, und welche harmlose Bescheidenheit neben Ihm in Verlegenheit kommen? So demütigen (ekrasieren) und so erhöhen, wer kann's wie Er? – Wenn Er will – willst du zu Ihm sagen: «Er soll nicht wollen»? Und, wenn Er einen Schluß gefaßt hat, wirst du Ihm die Hände binden? – So offen dem einen, so bepanzert dem andern, so horchend wie ein Kind, so fragend wie ein Weiser, so entscheidend wie ein Mann, so derbausführend wie ein Held – wer kann so leicht alle Gestalten annehmen, ohne die seinige zu verlieren. – Ich deklamiere nicht! Zug für Zug erkennt jeder, der Ihn kennt – Züge, die man doch nicht jedem, der daher kömmt, sogleich auf die Brust oder auf den Rücken heften kann – selten findet sich so viel Geschmack bei so viel Mut, so viel Kraft bei so viel Bonhomie. – Ich rate dir nicht, Ihn zu erzürnen; Sein Zorn ist furchtbar. – Nicht wie eines Weibes, einer Furie, eines Weltweisen oder Pedanten. – Du fühlst, daß Er sich fühlt, und hast kein Wort dazu oder davon zu tun. – Aber sicherlich, du wagst es nicht zum zweitenmal, Ihm unbescheiden in die Quer zu kommen. Ich habe keinen zugleich so toleranten und intoleranten Menschen gesehen. – Alles, was ins Reich des Gecken oder Prätendenten gehört, alles, was scheinen will, und sich zudrängt, fühlt in seiner Atmosphäre eine Unbehaglichkeit, die schwerlich wieder zu vergessen ist. – Aber schlichte Einfalt, ruhiger, gerader Sinn, kühler Menschenverstand – kurzsilbige derbe Entschlossenheit werden, aller ihrer Gebrechen ungeachtet, einen tätigen, einen entschiedenen Freund an Ihm finden –. Man geht selten von Ihm weg, wie man zu Ihm gekommen ist. – Man wird immer gewonnen oder verloren haben –. Er prägt euch mit Einem Worte ein Heer unbestimmter Begriffe. – Er gibt euch ein Bild, das alle Augenblicke wiederkömmt, und euch unentbehrlich ist wie das liebe Brot. – Hütet euch, daß Er euch mit nichts vergleiche, wenn es euch mit euerer Selbstverbesserung nicht wahrer Ernst ist.

Bei ernsthaften Geschäften werden Ihm an Besonnenheit, Dexterität und simpler Würde wenige beikommen. – Im Kreise der frohen Laune wenige an genialischer Jovialität – das Bittersalz seiner Laune ist korrosiv, und seine seltenen Lobsprüche sind, ohne Schmeichelei zu sein, unaussprechlich schmeichelhaft – was konsequent und sich selbst gleichförmig ist, wie unendlich es von seiner Denkungsart verschieden sei, darf auf seine Verehrung, und das Bekenntnis derselben sichere Rechnung machen. – Und was noch mehr ist, was Ihn noch verehrenswerter macht, ist die Kraft, womit Er mit dem Strome seines Witzes an sich zu halten weiß – wenn Er an einem sonst konsequenten Menschen etwas Lächerliches bemerkt. Ich hab einer Szene beigewohnt, wo Er sich gegenüber eines sehr respektablen Schwärmers durch Menschenkenntnis und Bonhomie noch respektabler zu machen wußte – wo alles zermalmenden Witz erwartete, sprach Er mit einer Bescheidenheit und Ansichhaltung, daß man Ihn hätte küssen mögen. – Wir wollen Ihm das nicht anrechnen, daß Er, vielleicht nach unserem Vorurteile, Vorurteile haben kann. – Aber das sei Ihm hochangerechnet, daß Er sie zu besiegen und nachher immer von sich entfernt zu halten weiß, und noch höher: daß Er es auf die leiseste Veranlassung zu gestehen redlich und bescheiden genug ist.

Ich empfinde es jeden Moment, wie alles, was ich sage, nur Fragment von Fragment ist. – Welche Anmaßung, welche Unbescheidenheit, wenn man sich erkühnen will, das Bild eines Menschen zu entwerfen, der, gering zu sprechen, unter einer Million nicht Einen findet, der an Blick, an Genie, Schöpfungskraft und klugbestimmter Tätigkeit, Simplizität und Erhabenheit Ihm an die Seite zu setzen sei.

Donnerstag, den 29. Mai 1788. Johann Caspar Lavater.

770 Lavaters Tagebuch *31. Mai 1793*

Ich pflege, wie meine Freunde wissen, die Momente, von denen ich denke, «sie kommen nicht wieder» – oder von denen ich nicht ahnen konnte, «sie werden kommen», so sehr wie möglich zu fixieren, und, wie Goethe sagte – «den fliegenden Papillon zu spießen».

771 Schiller an Körner *10. September 1787*

Über die hiesigen Menschen hat mir Bode manche und drollige Aufschlüsse gegeben ...

Wieland ... hatte sich immer dezisiv und scharf gegen Lavatern erklärt. Lavater kam nach Weimar, und bei Goethen war Souper, wo er, Wieland, Herder, Bode und der Herzog beisammen waren. Da kriegte ihn Lavater so ganz weg, daß er ihm die Hand küßte, als er in den Wagen stieg; und jetzt spricht Wieland wieder mit bitterer Verachtung von ihm ...

772 Fürst G. A. Czartoryski: Memoiren *1887*

Le ministre Franckenberg nous facilita la connaissance du célèbre Goethe. Je fus même admis avec Monsieur Ciesielski à une réunion où le poète lut à quelques amis son drame d'*Iphigénie en Tauride* qu'il venait d'achever, et qui n'avait pas encore paru. J'écoutai cette lecture avec grand enthousiasme. Goethe était alors dans tout l'éclat de sa jeunesse; il était grand, avait une figure aussi belle qu'imposante, le regard perçant, quelquefois un peu dédaigneux, dominant de sa hauteur l'horizon humain, sentiment qui marquait un sourire sur ses belles lèvres. L'admiration d'un jeune homme comme moi fut à peine remarquée par lui, c'était un hommage auquel il était habitué.

773 Frau v. Gravmayer
an Caroline v. Beulwitz *14. Oktober 1786*

Goethe hat viel (in Karlsbad) vorgelesen, unter andern Doktor Faust, und es schien, daß meine beide Freundinnen Lanthiery und Fräulein Asseburg mich recht bedauerten, es nicht gehört zu haben. Ich bedauerte mich damals schon selbst darum, und noch hinten nach jedes Mal, wenn ich dran denke ... Denn bei dialogierten Stücken ist es von vorzüglichem Wert, sie von den Autoren selbst lesen zu hören. Überhaupt ist es mir unersetzbar, Goethen nicht selbst *sein* Stück haben lesen hören ...

Die Lanthiery haben wir viel gesehen und wirklich genossen, es ist eine schöne, offene, reine Seele, voll Licht und der wahren Güte. Goethe gefiel ihr ganz ausnehmend, si j'avais un cœur à donner, sagte sie, je le donnerai à Goethe; nachher glaube ich hätte sie es unter Herder und Goethe geteilt, denn sie liebte beide.

774 Amalie v. d. Asseburg an Carl August *8. September 1786*

Der Herr Geheime Rat von Goethe ist ein Deserteur, dem ich gern nach aller Strenge des Kriegs-Rechts behandeln möchte. Er hat sich saloisiert [salviert?], ohne von uns Abschied zu nehmen, ohne im geringsten seinen Entschluß vermuten zu lassen. Das war wirklich recht häßlich! bald möchte ich sagen à la française.

1775–1786

775 *Eckermanns Gespräche mit Goethe* *13. November 1823*

Vor einigen Tagen, als ich nachmittags bei schönem Wetter die Straße nach Erfurt hinausging, gesellte sich ein bejahrter Mann zu mir, den ich seinem Äußeren nach für einen wohlhabenden Bürger hielt. Wir hatten nicht lange geredet, als das Gespräch auf Goethe kam. Ich fragte ihn, ob er Goethe persönlich kenne. «Ob ich ihn kenne!» antwortete er mit einigem Behagen, «ich bin gegen zwanzig Jahre sein Kammerdiener gewesen!» Und nun ergoß er sich in Lobsprüche über seinen früheren Herrn. Ich ersuchte ihn, mir etwas aus Goethes Jugendzeit zu erzählen, worein er mit Freuden willigte.

«Als ich bei ihn kam», sagte er, «mochte er etwa 27 Jahre alt sein; er war sehr mager, behende und zierlich, ich hätte ihn leicht tragen können.»

Ich fragte ihn, ob Goethe in jener ersten Zeit seines Hierseins auch sehr lustig gewesen? «Allerdings», antwortete er, «sei er mit den Fröhlichen fröhlich gewesen, jedoch nie über die Grenze; in solchen Fällen sei er gewöhnlich ernst geworden. Immer gearbeitet und geforscht und seinen Sinn auf Kunst und Wissenschaft gerichtet, das sei im allgemeinen seines Herrn fortwährende Richtung gewesen. Abends habe ihn der Herzog häufig besucht, und da hätten sie oft bis tief in die Nacht hinein über gelehrte Gegenstände gesprochen, so daß ihm oft Zeit und Weile lang geworden und er oft gedacht habe, ob denn der Herzog noch nicht gehen wolle. Und die Naturforschung», fügte er hinzu, «war schon damals seine Sache.»

776 *F. Reil: Leopold Friedrich Franz von Anhalt-Dessau* *1845*

[Gespräch des Erzählers mit dem Fürsten von Anhalt-Dessau etwa im Jahre 1814.] Euer Durchlaucht müssen aber doch auch unter den ausgezeichneten und hochgestellten Fremden, die Ihnen fast täglich zuströmten und, von der Idee ergriffen, welche Sie beseelte, Ihre Bewunderer wurden, Männer gefunden haben, die Ihres Umgangs wert waren und Ihnen gewiß jetzt noch teuer sind. Ich denke hierbei namentlich an Goethe. Doch wundere ich mich, daß ich ihn in den letzten zwanzig Jahren hier nicht gesehen habe.

«Goethe, mein lieber Propst, paßte nicht für mich. Er paßte besser zum Großherzog. Wir harmonierten nicht recht in Gesinnung und Gefühl. Als Dichter kam er mir nie, als Staatsmann nur auf Augenblicke nahe. Als Kunstkenner und Freund des Altertums stand er mir schon näher, in manchen Stücken war er sogar weiter gekommen; denn er hatte tiefere Studien gemacht. In den Grundsätzen und Ansichten von der schönen Baukunst und ihren Werken waren wir nicht immer einig. Die Schauspielkunst, die ihn damals, als er mich zuweilen mit dem Großherzog, zuweilen allein besuchte, ganz besonders interessierte, ließ ich noch links liegen. Ich hatte mehr und anderes zu tun. Nur, was die gotische Baukunst und die schöne Gartenkunst anlangt, da mußte er mir den Preis zugestehen und vor mir die Segel streichen. *Er hatte ja England nicht gesehen.* Sonst war er mir, ich weiß nicht, wie ich es ausdrücken soll, zu vornehm, zu höfisch-gemessen, manchmal unangenehm schweigsam. Auch spürte ich im allgemeinen etwas von Inhumanität an ihm. Wir sind so auseinander gekommen. Kennen Sie denn den Vorfall mit Kretschmar?» – Nein, Durchlaucht! – – «Nun, den muß ich Ihnen doch mitteilen. Sie haben doch Kretschmar gekannt?» – Ja, recht wohl, Durchlaucht.*

«Ich hatte befohlen, einen Jagdwagen bereit zu halten, der Goethen, welcher zu einer genau bestimmten Stunde in Dessau ankommen würde, sofort nach Wörlitz bringen solle. Auch sollte Kretschmar benachrichtigt werden, sich

* Kretschmar, Hofrat und Leibarzt des Fürsten, ein Schlesier, den der Fürst sehr schätzte und bei Einrichtung und Verwaltung des Armenwesens außerordentlich brauchen konnte und stets zu Rate zog – ein Mann, derb, kurz angebunden, der sich nichts nehmen und nichts bieten ließ, harmlos, launig, immer guten Humors, human und hülfreich. An seinem Sterbetage trauerte die Stadt!

beizeiten auf dem Schlosse einzufinden, um mitzufahren. Beide kannten sich noch nicht, und der Hofmarschall hatte versäumt, sie einander vorzustellen. Eine Zeitlang saßen sie, Goethe gerade und feierlich wie ein Licht, Kretschmar leicht und beweglich wie ein junger Rehbock, nebeneinander. Endlich drehet Goethe ein wenig den Kopf nach Kretschmarn und frägt über die Schulter: *Wer ist Er?* – Schnell und barsch, Goethen den Rücken zukehrend, erwidert Kretschmar: *und wer ist Er?* ... So kamen sie an. Ich stand neben Louisen am Eiserhart, wo ich die kleinen Anhöhen auffahren ließ: «Gib acht, Louise, die beiden haben sich unterwegs gezankt.» – Goethe stieg links aus und kam in steifer Haltung auf uns zu; Kretschmar rechts, uns nur grüßend, nach der Stadt eilend. Ich schickte ihm einen Diener nach, der ihn auf das Schloß bestellen und zur Tafel laden mußte. Da ließ er mir sagen: er äße nicht mit dem Menschen, habe auch in Dessau schwere Kranke, die er noch besuchen müsse. Nachher erzählte er mir den Vorfall. Er war ganz entrüstet und wollte schlechterdings nichts von Goethen wissen. Ich brachte sie aber doch endlich zusammen.»

777 v. Lose: Schattenrisse edler Teutschen *1783*

Johann Wolfgang Goethe,
Herzoglich Sachsen-Weimarischer Geheimer Rat ...

Wann je ein Gesicht – was, nur Gesicht! nein! ganzer Umriß, Wuchs, Einheit des Körpers, *physiognomisch* und zugleich *ästhetisch* schön war, so ist das physische All von Goethe schön. Welch ein herrlicher Zusammensatz, welche schöne Symmetrie! Ich sahe ihn zum erstenmale, ohne ihn zu kennen, seinen Namen zu kennen; aber seine Seele und sein Herz – die kannte ich sogleich. Tausend unsichtbare Fesseln der Liebe, der Geneigtheit, des Gutseins fesseln unsern Blick, daß er an dem seinem sich weide. Und selbst der Fremde, der eiskalte rousseauische Waldmensch würde, wenn er Goethen im Walde begegnete, weilen, ihm nachsehen, und ihn ungern aus den Augen verlieren wollen.

Dieses weitgeöffnete, helle, oft verliebt-schwärmende, öfters mächtigdurchdringende Auge, diese lange, etwas sanft geschweifte Nase, diese Hoheit und Würde, schmachtende Liebe und zärtlichkeitströmende Lippen, und das feste, kraftstarke Kinn, wie viel Charakter? So viel, daß ihr's nicht fassen könnt! Wahrlich, Goethe ist so reich an Genie, als Crösus an Golde! ...

In der Gesellschaft der Seinen ist dieser Liebling der Musen offen, ausfließend, mitteilend und sympathisierend; – unter fremden Menschen ist er ebenfalls frei und ungezwungen, aber etwas stille und politisch klug. Alle seine Bewegungen und Äußerungen haben liebenswürdigen Anstand und Gefälligkeit. Er redet gern mit Kennern über Wissenschaft und Kunst, und ist alsdann mit der Fülle seiner Kenntnis und Gelehrsamkeit in seinem Elemente. – Der Natur liegt er immer am Busen, belauscht sie in allen ihren Aufzügen und Geheimnissen. Er wohnt deshalb nicht in der Stadt, sondern in einer ländlichen einsamen Wohnung vor dem Tore, und ist in seiner ganzen Lebensart und Handlung so einfach und ungeniert, wie ein Mann sein muß, der Welt und Verhältnis kennet.

778 J.K. Riesbeck: Briefe eines reisenden Franzosen 1784

Goethe ist der Liebling des Herzogs. Sie sind Du zusammen. Was die Natur Herrn Wieland gänzlich versagte, das gab sie Herrn Goethe im Übermaß. Ehedem verleitete ihn seine Süffisance wirklich zu Ausschweifungen; allein er hat sich seit einigen Jahren merklich geändert. Er ist nicht nur ein Genie, sondern hat auch wirklich viel Ausbildung. Einige sonderbare Grundsätze trugen mehr dazu bei, als seine natürliche Raschheit, daß er – gewiß gegen seine Erwartung – einer Kalmückenhorde das Signal gab, den deutschen Parnaß, der in voller Blüte stand, vor einigen Jahren zu verheeren. Er ist in allen Dingen – aus Grundsatz – für das Ungezierte, Natürliche, Auffallende, Kühne und Abenteuerliche. Er ist der bürgerlichen Polizei ebenso feind als den ästhetischen Regeln. Seine Philosophie grenzt ziemlich nahe an die Rousseauische. Ich will mich nicht damit aufhalten, sie zu zergliedern. – Als das Gefühl seines Genies in ihm erwachte, ging er mit abgekrempten Hut und unfrisiert, trug eine ganz eigne und auffallende Kleidung, durchirrte Wälder, Hecken, Berg und Tal auf seinem ganz eignen Weg; Blick, Gang, Sprache, Stock, und alles kündigte einen außerordentlichen Mann an.

779 Merck an Carl August *10. März 1787*

Ob ich mich gleich sehr wohl zu bescheiden weiß, daß meine Briefe keiner Antwort bedürfen, so bin ich doch so oft das Schlachtopfer der müßigen Tripoteurs gewesen, daß ich mich zuweilen fürchten mußte, man habe versucht, mich bei Ew. Hochfürstlichen Durchlaucht in ein fatales Licht zu stellen ... Ebenso war mein Verhältnis mit Goethe, von dem ich hörte, daß er an alle Menschen geschrieben hatte, nur an mich nicht. Jetzo aber hat er seit ohngefähr vierzehn Tagen auch an mich und zwar aufs freundschaftlichste gedacht. Dieser Mann hat nun in meinen Augen niemals unrecht, allein ich sah es als ein Verhängnis an, daß mir vielleicht ein geschäftiger Bube einen bösen Dienst bei ihm erwiesen habe.

780 Merck an Wieland *8. August 1778*

Das ganze Geheimnis, warum Goethe, wo er ist, unentbehrlich ist, das ist seine wahre Liebe gegen die Menschen, mit denen er lebt, und darin wird's ihm niemand gleich tun.

781 Fritz v. Stein: Erinnerungen

Im ersten Jahre nach meiner Geburt kam Goethe nach Weimar, dem ich einen großen Teil dessen, was in meiner Jugend für mich geschehen, verdanke und den ich vorzüglich geliebt habe ... Mit vollem Herzen hing ich ... an meiner Mutter, und fast noch mehr an Goethe, der zu jener Zeit fast täglich meiner Eltern Haus besuchte, und mir mit Liebe, Ernst und Scherz, so wie es nötig war, begegnete, so daß ich sein Betragen gegen Kinder als ein Muster dieser Art betrachte. Er nahm mich zu jener Zeit mit sich auf eine Reise nach Dessau und Leipzig, wo ich meine Begriffe sehr erweiterte. Ich war etwa 9 Jahr, als mich Goethe zu sich in sein Haus nahm, welches ich die glücklichste Periode meiner Jugend nennen darf. Die Liebe, mit der er meine mannigfachen kleinen Wünsche erfüllte, sichte ich durch Anstrengungen zu verdienen. Durch Diktieren suchte er meine unfertige Handschrift auszubilden, und dadurch, daß er mir seine Wirtschaftsbücher und Rechnungen zu führen übergab, meine Fertigkeit im Rechnen zu üben. Ich machte mehrere kleine Reisen mit ihm, besonders nach Ilmenau und in die Grafschaft Henneberg, wo er die Direktion eines in der Folge mißglückten Bergbaues führte, und mich hierüber gern und vollständig belehrte. Dieses Glück hatte nur zwei Jahre gedauert, als Goethe eine Reise nach Karlsbad und von da nach Italien unternahm, ohne es jemand anderem als dem Herzog anvertraut zu haben. Ich blieb noch, weil man stets seine Rückkehr erwartete, fast ein halbes Jahr in seinem Hause, zog jedoch zuletzt wieder zu meinen Eltern, weil es mir in dem Hause zu einsam war.

782 Carl v. Stein: Erinnerungen *nach 1832*

Was mir jetzt jugendlich und lieblich vorkommt, kam mir damals als alt und sonderbar vor. So zum Beispiel, daß Goethe sich anzog wie Werther in seinen Werthers Leiden, nämlich blau mit gelber Weste und lederner Hose. Doch enthusiasmierte er mich für Tugenden, ritterliche Bravheit, und zur Teilnahme an unterdrückter Unschuld. Von ihm bekam ich den gehörnten Siegfried, die vier Kinder Haimon, die Heilige Genoveva, die Schöne Melusine, den Kaiser Oktavian und las sie mit Entzücken immer wieder ... Sein Gartenhaus mit dem Schindeldach und dem großen Balkon, den er sich daran gebauet hatte, der so breit war, wie das ganze Haus, und auf den zwei Türen führten, gefiel mir ausnehmend, und in das Bild der Cenci, welches in dem einen Zimmer hing, verliebte ich mich so, daß ich es oft mit Tränen ansah.

783 Carl v. Stein: Erinnerungen *nach 1832*

Der Einfluß, den aber Goethe damals auf das Gesellige hatte, war so widersprechend würkend, daß die fröhliche jugendliche Sorgenlosigkeit bei mir ganz verloren ging. Er hatte sich zwei Erziehungen vorgenommen, nämlich die meines jüngern Bruders und die von Peter Lindau. Meinen jüngsten Bruder hatte er zu sich in seine Wohnung genomman, ihn auch zu seinem Erben bestimmt. Unter andern hatte er den Plan, bei Jena ein Gut und dazu die Lobedaburg zu akquirieren. Er brachte ihn auch zu seiner Mutter nach Frankfurt. Was den Peter Lindau betrifft, so hatte er früher in der Schweiz eine Freundschaft geknüpft mit einem Herrn v. Lindau. Dieser Lindau, Hypochonder über seine ruinierte Gesundheit, hatte sich vorgenommen, das Ende seines Lebenslaufs im amerikanischen Freiheitskrieg, welcher zu der Zeit geführt wurde, zu suchen. Vorher hatte er in den Schweizergebürgen einen kerngesunden Buben, den eine Ziege gesäugt hatte, angenommen, und diesen Goethen gegeben mit der Bitte, für ihn, bis er groß geworden, zu sorgen, wozu er auch ihm die nötige Gelder angewiesen. Er blieb in einer Bataille, wie er es sich vorgenommen, den Buben aber mit mir von gleichen Alter brachte Goethe nach Kochberg in unser Haus und übergab ihn mit an meinen Hofmeister. Da meine Mutter alle Sommer und Herbst mit ihre Kinder in Kochberg zuzubringen pflegte, so sollte also auch Peter Lindau bei uns bleiben ... Goethe, bei dem Prinzip, daß ein Mensch sich lediglich selbst bilden müsse, bekümmerte sich nicht viel um ihn, als daß er sich, erinnere ich mir, ein paar Mal seine Vorschriften zeigen ließ, die viel Fehler hatten, worüber er einen Verweis bekam, und das war alles. Als er aber älter wurde und ein Mädchen verführte, schien sich Goethe ganz von ihm losgesagt zu haben.

784 A. v. Kotzebue: Mein literärischer Lebenslauf *1796*

Ich schrieb ein Lustspiel, *Ende gut Alles gut* ... Goethe besuchte damals oft unser Haus ... er hörte von meinem Lustspiel, und war so herablassend, oder so höflich, sich das Ding zum Durchlesen auszubitten. Er machte meiner Mutter durch diesen Wunsch eine große Freude, und das war auch wohl seine Absicht. Ich habe nachher nichts wieder davon gehört noch gesehn, würde es ihm auch sehr vergen, wenn er seine Zeit damit verdorben hätte.

Indessen war dieser geistreiche Mann in meinem Knabenalter doch immer sehr gütig gegen mich. Er erlaubte mir, in seinem Garten Vögel in Schlingen zu fangen, denn ich war damals schon ein leidenschaftlicher Jäger. Wenn ich nun des Morgens um sechs Uhr, auch wohl noch früher, hinauswanderte, um zu sehen, ob ich einen Kramm[et]svogel oder ein Rotkehlchen erbeutet hätte, so kam er oft zu mir herab, unterhielt sich freundlich mit mir, und munterte mich auf zum Fleiße. Er hat das vermutlich schon längst vergessen, ich aber werde es nie vergessen; denn jedes seiner Worte war mir höchst merkwürdig, und machte einen tiefern Eindruck auf mich, als die schulgerechten Ermahnungen meines Konrektors.

Goethe hatte damals sein allerliebstes kleines Stück *Die Geschwister* geschrieben. Es wurde auf dem Privattheater zu Weimar aufgeführt, er selbst spielte den Wilhelm, meine Schwester [Amalie] die Marianne, und mir – mir wurde die wichtige Rolle des Postillion zuteil!

785 K.v. Lynckers Aufzeichnungen

Possierlicherweise hatte das Hofpferd, auf welchem Goethe in vorbenannten Angelegenheiten umherritt, den Stallnamen *Poesie* erhalten, und, wo dieses Pferd mit seinem geistreichen Reiter erschien, da, sagte man, gab es wunderbare Veranstaltungen.

786 K.v. Lynckers Aufzeichnungen

Wenn sich der Herzog nach seinen Landpartien wieder bei der gewöhnlichen Tafel einfand, brachte er fast ohne Ausnahme Goethe mit, der dazumal in seinen steifen Bewegungen noch gar nicht für den Hof geeignet schien und statt der herkömmlichen Komplimente nur ganz kurze Kopfnicker zu machen pflegte. Die Herzogin war mit ihm immer sehr freundlich.

787 K. v. Lynckers Aufzeichnungen

Der Drang, von allem Kenntnis zu erlangen, was irgend der Mühe wert schien, hatte auch den jungen Fürsten zu dieser Zeit bewogen, sich den Freimaurern anzureihen; doch hielt er es für geraten, seinen Vertrauten vorangehen zu lassen. Goethe meldete sich bei der Loge und wurde ohne weiteres aufgenommen. Einige Zeit darauf äußerte auch der Herzog diesen Wunsch in optima forma. In der gewiß sehr begründeten Meinung, daß diese Verbindung sich nicht wohl für einen regierenden Herrn eigne, machte der Geheime Rat v. Fritsch, als Meister vom Stuhl, seinem Durchlauchtigsten Gebieter manche Gegenvorstellungen, doch umsonst. Die Rede, die der benannte Meister vom Stuhl bei dieser Rezeption hielt, wurde allgemein gerühmt.

Der Erfolg erwies indes, daß man Recht hatte; denn nachdem die beiden Aspiranten alle drei Grade in kurzer Zeit durchlaufen, wurde ihnen dieses Treiben gleichgültig; sie besuchten die Versammlung nicht mehr, und die Loge Amalie, welche hier und in den entferntesten Ländern die höchste Achtung genoß, wurde nach Verlauf weniger Jahre gedeckt.

788 K. v. Lynckers Aufzeichnungen

Als aber später hier die Schwanseewiesen überschwemmt wurden, gab der Herzog dort größere Feste, sogar Eis-Maskeraden und Illuminationen, denen die Durchlauchtigsten Damen und der Adel beiwohnten. Wir Knaben erschienen gewöhnlich nur zweimal die Woche, um unsere Lehrstunden nicht zu sehr zu vernachlässigen, und der Herzog, sowie Goethe, ließen uns Kunststücke erlernen. Wir mußten nämlich in vollem Schlittschuh-Fahren Äpfel mit bloßen Degenspitzen aufspießen, über Stangen springen, wurden gleich Hasen mit Parforcepeitschen gehetzt; ja, man schoß aus nur mit Pulver geladenen Pistolen hinter dem flüchtigen Wilde drein, welches für uns die größte Lust war.

789 K. v. Lynckers Aufzeichnungen

Jeder von den Pagen wartete gern bei der Mittwochstafel der Herzogin-Mutter auf, wozu nur einer oder zwei vom Adel, jederzeit aber mehrere sogenannte schöne Geister eingeladen wurden. Goethe, Wieland und Herder gerieten regelmäßig in lebhaften Streit; v. Knebel und Einsiedel nahmen dann Partie; so entstand ein zwar an sich interessantes, aber oft solch lautes Gespräch, daß die Herzogin, Mäßigung gebietend, zuweilen die Tafel früher aufheben mußte, als es außerdem geschehen wäre. Jene Mittagstafeln waren mir, der ich nun wohl 14 Jahr alt war, besonders ansprechend, weil das Gespräch mehrenteils auf die gegebenen Theaterstücke und Redoutenaufzüge kam, an denen teilzunehmen mir gestattet wurde. Wieland und Herder pflegten diese zu kritisieren, und Goethe hatte höchst schneidende Redensarten zur Hand, welche Wieland mitunter etwas unhöflich erwiderte.

790 K. v. Lynckers Aufzeichnungen

Goethe pflegte [auf Redouten] sehr oft in dem geschmackvollsten Theateranzug zu erscheinen und machte sich durch seine majestätische Gestalt, zugleich aber auch durch seine steife Haltung bemerkbar; auch er tanzte sehr oft mit der Corona.

791 H. Eisenschmidt: Erinnerungen *1860*

Vorzüglich interessant waren mir die Mitteilungen eines alten pensionierten Souffleurs vom weimarischen Theater, der viel zu erzählen wußte von den Ettersburger Festen und der Kirmse in Brembach, einem Dorfe hinter dem Ettersberg, zu der sich Goethe mit den Mitgliedern des weimarischen Hofes gern einfand, wo dann unter der Dorflinde extemporierte Stücke aufgeführt wurden, zu denen Goethe, auf einer alten Gießkanne trommelnd, einlud mit den Worten: «Standespersonen zahlen nach Belieben, Kinder und Narren gehen frei aus.»

792 *Knebel an A. J. G. Batsch* *18. März 1788*

Ich erinnere mich, was unser Goethe zu sagen pflegte: daß man aus guten Kompendien am meisten lernen könnte.

793 *Knebel an Herder* *19. Mai 1788*

Goethe sagte immer, man könne aus wohlgeschriebenen Kompendien am meisten lernen ...

794 *Böttiger (nach Herder)* *30. November 1799*

Als Goethe noch Kammerpräsident war, arbeitete er dahin, daß dem Herzog ein fester Etat der Ausgaben und Einnahmen vorgelegt und der Herzog dann verpflichtet werden könnte, sich selbst anheischig zu machen, seine Forderungen *nie* darüber zu erstrecken. Dazu aber hatte der Herzog wenig Lust, und dies verleidete Goethen seine Präsidentschaft so sehr, daß er, um die ganze Sache los zu werden, die Reise nach Italien unternahm.

795 *Böttiger*

Es war eine frühere Periode, wo Goethe auf die Alten, Horaz, Virgil usw., als auf alte Knasterbärte schimpfte und Wieland persiflierte, daß er sich so mit ihnen abgeben könnte. Allein in spätern Zeiten änderte sich der Ton, und Goethe sagte zum Beispiel Wielanden über seine Übersetzungen des Horaz die übertriebensten Schmeicheleien.

796 *Böttiger*

(Ex ore Kalbii:) Es wurden einst eigene Künste hier gespielt, um Goethen spielfähig mit der regierenden Herzogin zu machen. Erst ging er nach Meiningen, wo er am Hofe öffentlich mit den Herrschaften Whist spielte. Nach dieser Einleitung kam er hierher, und nun mußte die Sache so eingerichtet werden, daß der Stallmeister von Stein mit der Herzogin spielte, plötzlich abgerufen wurde und nun Goethe, der schon darauf wartete, sich indes für ihn einsetzte. Nun war das Eis gebrochen, und von nun an ging die Sache ohne Schwierigkeit.

797 Böttiger

[Wieland am 31. August 1799:] «Ich habe Goethes Hermann und Dorothea wieder gelesen ... die Vernachlässigung des Verses kommt daher, weil er alles diktiert. Jamben und Hexameter sind ihm ungefähr gleich geläufig. Aber er achtet es nicht, zehn Verse von demselben Einschnitt aufeinander folgen zu lassen. Ich erinnere mich aus den ersten Jahren noch einer Aufgabe, wo wir ein englisches Liedchen zusammen aus dem Stegreif übersetzen sollten. Ich bin nie ein Improvisator gewesen. Aber Goethe nahm das Buch, übersah eine Strophe und diktierte nun, es mochte brechen oder klappen, wenn's nur ungefähr der Sinn war.»

798 F. v. Müller: Goethe in seiner ethischen Eigentümlichkeit *1832*

Ich halte mich verpflichtet, hier von einer vertraulichen Äußerung Gebrauch zu machen, die einst unser verewigter Bruder Wieland mir machte: «Und wenn ich jemals – sprach er – noch so sehr mit Goethe zu zürnen veranlaßt werden, mich von ihm oder seiner Handlungsweise noch so sehr verletzt fühlen könnte, und es fiele mir ein – was niemand besser als gerade ich wissen kann –, welche unglaubliche Verdienste er um unsern Herzog in dessen erster Regierungszeit gehabt, mit welcher Selbstverleugnung und höchsten Aufopferung er sich ihm gewidmet, wie viel Edles und Großes, das in dem fürstlichen Jüngling noch schlummerte, *er* erst zur Entwicklung gebracht und hervorgerufen hat, so möchte ich auf die Knie niedersinken und Meister Goethen dafür mehr noch als für alle seine Geisteswerke preisen und anbeten.»

799 Abeken: Goethe in meinem Leben

In Hinsicht auf den völligen Schluß der Tragödie [Faust] scheint Goethe wohl in verschiedenen Zeiten verschiedene Absichten gehabt zu haben, wenn anders Wieland sich recht erinnerte, der mir einmal 1809 erzählte: Goethe habe sich nie über seinen Plan für den Faust ausgelassen; nur einmal, in einer aufgeregten Gesellschaft, habe er gesagt: «Ihr meint, der Teufel werde den Faust holen. Umgekehrt: Faust holt den Teufel.» – Dies Wort gehört wohl in die früheste Weimarische Zeit.

800 F. Münters Tagebuch *18./20. Mai 1787*

18. – Zu Herder, wo wir für Goethe meine besten griechischen Münzen abformten ...

20. Mit Herder zu Frau v. Stein, seine, der Herdern und Goethens vertrauter Freundin, eine Frau von großem Verstande. Wir redeten viel von Goethe und Italien, und sahen einen Teil Kupfer von Unteritalien und Sizilien aus dem Voyage pittoresque de l'Italie et de la Sicile. – In dem englischen Garten, vulgo der Stern genannt. Hier traf ich Frau v. Stein wieder, ging ein paar Stunden mit ihr spazieren. Ich habe es schon lange bemerkt, daß Eheleute, die sich lieben, oder vertraute Freunde selbst in ihren Gesichtsbildungen viel voneinander annehmen, und sah dies auch in Weimar. Frau von Stein hat nicht allein in der Sprache, sondern auch in ihrer Physiognomie erstaunlich viel von Goethe. Ich machte Herder auch drauf aufmerksam, der mir recht gab.

801 Henriette v. Egloffstein: Memoiren

Auch von Goethen, der sich leider! bei unserer Ankunft zu Weimar [im Herbst 1787] schon in Italien befand, kann ich in diesem Abschnitt nichts sagen. Dagegen lernte ich an jenem ersten Hoftage Frau von Stein kennen, die seine und der Herzogin Luise vertrauteste Freundin und – wie man mir versicherte – dieser Auszeichnung vollkommen würdig sein sollte. Späterhin überzeugte ich mich selbst davon. Der Charakter dieser Frau gehörte unstreitig zu den edelsten, und ihr Verstand, der mir zwar nie bedeutend erscheinen wollte, führte sie glücklich an den mannigfachen Klippen des Hoflebens vorüber, obgleich diese noch viel gefahrvoller für sie, als andere waren, weil die regierende Herzogin durchaus nicht mit der verwitweten harmonierte, weshalb die Vertraute der erstern ein Dorn im Auge der letztern sein mußte. Sachkundige haben mir versichert, Goethe habe Frau von Stein aufs treffendste in der Leonore, im Tasso, dargestellt, was mir sehr wahrscheinlich dünkt, wenn man annimmt, daß er sich selbst in jenem großen Dichter gezeichnet und manche Umstände benutzt hat, die seine eigne Lage mit sich brachte. Es läßt sich nicht leugnen, daß Frau von Stein bei dem besten Herzen viele Schlauheit und Weltklugheit besitzen mußte, sonst wäre es ihr unmöglich gewesen, bis ans Ende ihrer sehr langen Laufbahn, ohne die mindeste Unterbrechung, eine Stellung zu behaupten, die sie der Herzogin Luise und Goethen so nahe brachte, daß nur der Tod dies innige Verhältnis lösen konnte, auf welchem selbst jetzt noch, wo ich dies schreibe, ein undurchdringlicher Schleier ruht. Goethe allein vermöchte es, ihn zu lüften – aber schwerlich wird er sich dazu verstehen, folglich auch die Nachwelt über eine Sache nicht klarer urteilen, die den Zeitgenossen des großen Mannes stets rätselhaft blieb. Dem sei nun wie ihm wolle, was auch jener Schleier verhüllen mag – *Unwürdiges* kann es nicht sein, dafür bürgt die makellose Tugend der erhabenen Fürstin.

802 Caroline Herder an J. G. Müller *4. Februar 1787*

Daß unser Goethe in Rom ist, wissen Sie. Er ist dort sehr glücklich und hatte diese Erholung seines Geistes nötig. Wie einsam sind wir aber seit seiner Abwesenheit! Unser ganzes Leben teilten wir nur mit ihm und wußten's nicht anders, da er auch so mit uns lebte. Er ist einer der wenigen Sterblichen, der die Weisheit des Lebens gelernt und mit dem man so gern *eines* Trittes den Weg wandelt.

803 Caroline Herder an Gleim *8. Februar 1787*

Von Goethe wissen Sie also noch nicht, daß er seit Oktober vorigen Jahres in Rom ist? Er lebt dort sehr glücklich. Sein Geist hatte hier keine bleibende Stätte mehr, und er eilte im stillen, ohne es den vertrautesten Freunden zu sagen, fort. Ihm ist diese Erholung äußerst nötig gewesen, und wir sehen schon, daß er in einem halben Jahr vergnügt wieder zu uns kehrt. Wir genießen sein Glück ganz mit ihm. Wir haben in den letzten drei Jahren nur mit ihm gelebt, an Geist und Herz verbunden.

804 Caroline Herder an Gleim *23. Februar 1787*

Sie tun Goethe sehr unrecht wegen Berlin. Mein Mann und ich haben längst diese Scheu davor gehabt; es ist eine Art Instinkt in uns. Goethe würden Sie jetzt mehr als jemals lieben, wenn Sie ihn so kennten wie wir. *Er ist ein Mann*, in allem Betracht. Wir sind ohne ihn hier ganz allein ...

805 Schiller an Körner *24. Juli 1787*

Ich komme von Herdern ... Goethen liebt er mit Leidenschaft, mit einer Art von Vergötterung. Wir haben erstaunlich viel über diesen gesprochen, was ich euch ein andermal erzählen will ...

Goethe, gesteht er, habe viel auf seine Bildung gewirkt.

806 Schiller an Körner *12. August 1787*

Diese Tage bin ich auch in Goethens Garten gewesen beim Major v. Knebel, seinem intimen Freund. Goethens Geist hat alle Menschen, die sich zu seinem Zirkel zählen, gemodelt. Eine stolze philosophische Verachtung aller Spekulation und Untersuchung, mit einem bis zur Affektation getriebenen Attachement an die Natur und einer Resignation in seine fünf Sinne, kurz eine gewisse kindliche Einfalt der Vernunft bezeichnet ihn und seine ganze hiesige Sekte. Da sucht man lieber Kräuter oder treibt Mineralogie, als daß man sich in leeren Demonstrationen verfinge. Die Idee kann ganz gesund und gut sein, aber man kann auch viel übertreiben ...

Die beste unter allen [adligen Damen] war Frau von Stein, eine wahrhaftig eigene interessante Person, und von der ich begreife, daß Goethe sich so ganz an sie attachiert hat. Schön kann sie nie gewesen sein, aber ihr Gesicht hat einen sanften Ernst und eine ganz eigene Offenheit. Ein gesunder Verstand, Gefühl und Wahrheit liegen in ihrem Wesen. Diese Frau besitzt vielleicht über tausend Briefe von Goethe, und aus Italien hat er ihr noch jede Woche geschrieben. Man sagt, daß ihr Umgang ganz rein und untadelhaft sein soll.

Goethe (weil ich Dir doch Herders Schilderung versprochen habe), Goethe wird von sehr vielen Menschen (auch außer Herdern) mit einer Art von Anbetung genannt, und mehr noch als Mensch denn als Schriftsteller geliebt und bewundert. Herder gibt ihm einen *klaren* universalen Verstand, das wahrste und innigste Gefühl, die größte Reinheit des Herzens! Alles, was er ist, ist er ganz, und er kann, wie Julius Cäsar, vieles zugleich sein. Nach Herders Behauptung ist er rein von allem Intrigegeist, er hat wissentlich noch niemand verfolgt, noch keines anderen Glück untergraben. Er liebt in allen Dingen Helle und Klarheit, selbst im kleinen seiner politischen Geschäfte, und mit eben diesem Eifer haßt er Mystik, Geschraubtheit, Verworrenheit. Herder will ihn ebenso und noch mehr als Geschäftsmann denn als Dichter bewundert wissen. Ihm ist er ein allumfassender Geist.

Seine Reise nach Italien hat er von Kindheit an schon im Herzen herumgetragen. Sein Vater war da. Seine zerrüttete Gesundheit hat sie nötig gemacht. Er soll dort im Zeichnen große Schritte getan haben. Man sagt, daß er sich sehr erholt habe, aber schwerlich vor Ende des Jahres zurückkommen würde.

807 Schiller an Körner *29. August 1787*

Ich habe am 28. August Goethens Geburtstag mit begehen helfen, den Herr von Knebel in seinem Garten feierte, wo er in Goethens Abwesenheit wohnt. Die Gesellschaft bestand aus einigen hiesigen Damen, Voigts, Charlotten und mir. Herders beide Jungen waren auch dabei. Wir fraßen herzhaft, und Goethens Gesundheit wurde von mir in Rheinwein getrunken. Schwerlich vermutete er in Italien, daß er mich unter seinen Hausgästen habe, aber das Schicksal fügt die Dinge gar wunderbar. Nach dem Souper fanden wir den Garten illuminiert, und ein ziemlich erträgliches Feuerwerk machte den Beschluß.

808 *Frau Rat Goethe an ihren Sohn* *17. November 1786*

Lieber Sohn! Eine Erscheinung aus der Unterwelt hätte mich nicht mehr in Verwunderung setzen können als Dein Brief aus Rom. – Jubilieren hätte ich vor Freude mögen, daß der Wunsch, der von frühester Jugend an in Deiner Seele lag, nun in Erfüllung gegangen ist. – Einen Menschen, wie Du bist, mit Deinen Kenntnüssen, mit dem reinen großen Blick vor alles, was gut, groß und schön ist, der so ein Adlerauge hat, muß so eine Reise auf sein ganzes übriges Leben vergnügt und glücklich machen – und nicht allein Dich, sondern alle, die das Glück haben, in Deinem Wirkungskreis zu leben. Ewig werden mir die Worte der seligen Klettenbergern im Gedächtnüs bleiben: «Wenn dein Wolfgang nach Mainz reiset, bringt er mehr Kenntnüsse mit, als andere, die von Paris und London zurück kommen.» – Aber sehen hätte ich Dich mögen beim ersten Anblick der Peters-Kirche!!! Doch Du versprichst ja, mich in der Rückreise zu besuchen, da mußt Du mir alles haarklein erzählen ... Deine übrigen Freunde sind alle noch, die sie waren, keiner hat so Riesenschritte wie Du gemacht (wir waren aber auch immer die Lakeien, sagte einmal der verstorbene Max Moors).

809 *Frau Rat Goethe an Charlotte v. Stein* *29. Januar 1787*

Ich freue mich, daß die Sehnsucht, Rom zu sehen, meinem Sohne geglückt ist, es war von Jugend auf sein Tags-Gedanke, nachts sein Traum.

810 *Frau Rat Goethe an Anna Amalia* *9. März 1787*

Mich haben sie [Goethes Briefe aus Italien] freilich unendlich gefreut, weil sein innigster und heißester Wunsch erhört worden ist – von früher Jugend an war der Gedanke, Rom zu sehen, in seine Seele geprägt ...

III

VON DER ITALIENISCHEN REISE
BIS ZUM BEGINN DES UMGANGS MIT SCHILLER
1786–1794

ITALIENISCHE REISE

811 J. H. W. Tischbein an Lavater *9. Dezember 1786*

Sie haben in allem recht, was Sie von Goethe sagten. Das ist gewiß einer der vortrefflichsten Menschen, die man sehen kann. Stellen Sie sich meine unbeschreibliche Freude für, welche ich vor einigen Wochen hatt', Goethe kam mir unverhofft hierher, und jetzt wohnet er in meiner Stube neben mir, ich genieße also von des Morgens bis zur Nacht den Umgang dieses so seltenen klugen Mannes, was das nun für Vergnügen für mich ist, können Sie sich leicht denken, indem Sie Goethens Wert und meine Hochachtung gegen große Männer kennen. Lieber bester Lavater, könnte ich Sie hier auch ein Mal sehen, auf denen Ruinen, wo vordiesem so große Taten geschahen, scheint ein lebender Mann erst recht groß, es ist, als erkennte man ihn besser. Goethe ist ein *wirklicher Mann*, wie ich in meinen ausschweifenden Gedanken ihn zu sehen mir wünschte. Ich habe sein Porträt angefangen, und werde es in Lebensgröße machen, wie er auf denen Ruinen sitzet und über das Schicksal der menschlichen Werke nachdenket. – Unter allen Versprechungen, die ich Ihnen getan, und nicht vollbracht habe, soll dieses aber gewiß geschehen, daß ich Ihnen sein Porträt bestimmt gezeichnet schicke. Sein Gesicht will ich recht genau und wahr nachzeichnen. Denn man kann wohl keinen glücklichern und ausdrucksvolleren Kopf sehen. Goethe war mir durch Ihnen und seinen anderen Freunde schon ziemlich bekannt, durch die vielen Beschreibungen, welche ich von ihm machen hörte, und habe ihn ebenso gefunden, wie ich mir ihn dachte. Nur die große Gesetztheit und Ruhe hätte ich mir in dem lebhaften Empfinder nicht denken können, und daß er sich in allen Fällen so bekannt und zu Hause findet. Was mir noch so sehr an ihm freut, ist sein einfaches Leben. Er begehrte von mir ein klein Stübchen, wo er in schlafen und ungehindert in arbeiten könnte, und ein ganzes einfaches Essen, das ich ihm denn leicht verschaffen konnte, weil er mit so wenigem begnügt ist. Da sitzet er nun jetzo und arbeitet des Morgens an seiner Iphigenia fertig zu machen, bis um 9 Uhr, denn gehet er aus und siehet die großen hiesigen Kunstwerke. Mit was für einem Auge und Kenntnis er alles siehet, werden Sie sich leicht denken können, indem Sie wissen, wie wahr er denkt. Er laßt sich wenig von denen großen Welt-Menschen stören, gibt und nimmt keinen Besuch außer von Künstler an. Man wollte ihm eine Ehre antun, was man denen großen Dichter, die vor ihm hier waren, getan hat, er verbat sich es aber, und schützte den Zeit-Verlust vor, und wandte auf eine höfliche Art den Schein von Eitelkeit von sich ab. Das ihm gewiß ebenso viel Ehre macht, als wenn er wirklich auf dem Capitol gekrönet worden wäre. Ich freue mich, daß ich jetzo lebe des Goethens und Lavaters wegen.

812 J.H.W. Tischbein an Goethe *14. Mai 1821*

Aber nie habe ich größere Freude empfunden, als damals wo ich Sie zum erstenmal sah, in der Locanda auf dem Wege nach St. Peter. Sie saßen in einem grünen Rock am Kamin, gingen mir entgegen und sagten: ich bin Goethe! und ich erkannte im Augenblick den Mann, der das Wellen-Getöse des menschlichen Gemüt[es] in seiner Tiefe kennt; sowohl in den wildesten Stürmen als auch in seiner Ruhe, wenn es den klaren Himmel in seinem Spiegel zeigt; so stehen Sie mir noch immer vor Augen. [Randbemerkung: ich kannte Sie schon durch unsere Freunde Jacobi und Lavater.] Und ich habe Sie in tausend Abwechselungen gesehen, aber immer mit dem Zepter, der dem Aufwogen Ruhe gebot: als Sie vor Moritz auf den Knien lagen, ihn haltend, und ich mußte ziehen, und Sie ihm sein höllisches Fluchen mit sanften Freundes-Worten dämpften. –

Erinnern Sie sich noch eines Abends, als wir beim Prinzen Lichtenstein waren, der so viele Beichtväter und Geistliche versammelt hatte, was diese, als ihnen der Wein in die Krone gestiegen war, da alle erzählten? –

Und als wir bei der Angelika waren? da habe ich zum erstenmal lesen hören, und das tönt noch immer vor meinen Ohren, obgleich ich schon viele Male Ihre Iphigenia beim Lavater hatte vorlesen hören. –

Auch wird Ihnen das noch gegenwärtig sein, wie wir uns übten, dem Vorbeigehenden den Mantel von der Schulter zu winden …

Meine größte Lust geben mir meine Kinder … Eine kann gar lieblich singen: «Dort oben auf jenem Berge, da stehe ich wohl tausendmal» etc. etc. … Singt sie denn: «ich bin herunter gekommen, und weiß es selber nicht wie», denn geben ihre Augen und Züge des Gesichts eben die Töne an. «Vorüber, ihr Schäfchen, vorüber», sagten Sie immer in Rom, wenn Sie das Bleistift weglegten, «immer vorwärts gerückt, denn wird's fertig.»

813 J. H. W. Tischbein an Goethe *10. Februar 1817*

In Rom, wenn wir ein Fragment fanden, dann konnten Sie so leicht erraten, was das Ganze gewesen sein müsse, wo dieses Stück abgebrochen sei … In Rom schliefen Sie in einem Zimmer, wo im Fries die Geschichte der Maria war …

Ich werde mich über alle Maßen freuen, wenn ich Ihnen wieder sehen könnte, und daß wir über das Leben in Rom miteinander sprechen. Erinnern Sie sich noch, als wir in den Farnesischen Gärten die Porphyr und Granite und Bronzen zusammen lasen, und sie versteck[t]en an der Mauer eines Garten-Hauses, um sie ein ander Mal mit nach Haus zu nehmen? Ich glaube, sie liegen noch da. Denn führte ich Ihnen in ein Rondell unter der Erde durch eine dunkle Treppe, und Sie sahen auf einmal die Statuen in den Nischen, die ganz mit dicken Stämmen von Efeu umwachsen waren. Auch erinnere ich mich noch oft, als wir in dem Minerven-Tempel die vielen Schweine schlachten sahen, wo wir in denen ausgeröchelten Schweine-Seelen in einen blauen Dunst standen. Auch denke ich noch ofte daran, wie Sie ergriffen worden von der Einfachheit, Zartheit und Innigkeit eines Bildes von Mantegna in der Justinianischen Galerie, ein Schäfer betrachtet ein schlafendes Mädchen. Jetzt fehlt dieses Bild in der Sammlung. Ich sahe sie in Berlin, suchte danach, aber es war weg.

Auch war das ein wahrer Schmaus, wenn wir bei der Angelika des Sonntags waren und bei Kaffeetrinken ihre ausgesuchten alten Bilder besahen, welche Zucchi gemacht hatte, daß sie wie Türen aufgeklappt werden konnten. Und des Abends lasen Sie uns Ihre Iphigenie vor. Das einzige Mal, das ich habe lesen hören, daß es in mich gedrungen ist, und noch tönt es oft in mir, und wallen mir Gedanken auf, die ich wohl schreiben möchte …

Seitdem daß ich von Dresden wieder zurück kam, wo ich die Antiken zu meiner größten Freude wieder sahe, fing ich gleich ein großes Bild an, die Figuren in Lebensgröße, wo ich die weibliche Schönheit in vorstellen willens bin. In der Helena das schöne Weib, und die männliche Schönheit im Menelaus. Wie Sie in Rom ein Mal sagten, das Kind muß ein Name haben, darum wählte ich diese Begebenheit.

814 J. H. W. Tischbein an Goethe *2. Juli 1821*

Als wir in Rom oft miteinander spazierten, und wenn wir dann auf unserem Wege ein Stück von einem Schnörkel oder sonst etwas Eingemauertes in der Wand sahen, so wußten Sie gleich, was das gewesen war.

815 K. Ph. Moritz (an J. H. Campe?) *20. November 1786*

Der Herr von Goethe ist hier angekommen, und mein hiesiger Aufenthalt hat dadurch ein neues und doppeltes Interesse für mich gewonnen.

Dieser Geist ist ein Spiegel, in welchem sich mir alle Gegenstände in ihrem lebhaftesten Glanze und in ihren frischesten Farben darstellen.

Der Umgang mit ihm bringt die schönsten Träume meiner Jugend in Erfüllung, und seine Erscheinung, gleich einem wohltätigen Genius, in dieser Sphäre der Kunst, ist mir, sowie mehreren, ein unverhofftes Glück.

Denn bei allen Schönheiten der Natur und Kunst gibt es doch nichts Höheres, als den harmonischen Gedankenwechsel, wodurch die dunklen Empfindungen erst zur Sprache und zum Bewußtsein kommen.

Es ist hier jetzt mitten im November noch das angenehmste Frühlingswetter, und ich machte vor ein paar Tagen in der Gesellschaft des Herrn von Goethe und einiger Künstler, die mit ihm wohnen, einen Spaziergang nach der Villa Pamfili, der mich in eine neue Welt von Ideen und herrlichen Eindrücken geführt hat.

816 K. Ph. Moritz an K. F. Klischnig 23. November 1786

Was meinen Aufenthalt in Rom noch angenehmer macht, ist die Gesellschaft eines Mannes, der mir wie ein wohltätiger Genius nirgend gewünschter erscheinen konnte, als eben hier.

Goethe – ich brauche nur seinen Namen zu nennen, um Dir alles gesagt zu haben – ist vor kurzem angekommen. Ich habe mich sogleich an ihn angeschlossen und mit ihm mehrere kleine Spaziergänge in der umliegenden Gegend gemacht.

Es ist eine Wollust, einen großen Mann zu sehen! – Wie warm empfinde ich dies jetzt.

Ich hab' ihm von Dir, unserm Zusammenwohnen und unsern Wanderungen erzählt. Er nimmt viel Anteil daran.

O warum kannst Du nicht auch Dich an seines Geistes milder Flamme wärmen!

Ich fühle mich durch seinen Umgang veredelt. Die schönsten Träume längst verfloßner Jahre gehn in Erfüllung.

817 Alexander Trippel (Brief an?) 9. Dezember 1786

Der Herr Göde ist vor ungefähr vier Wochen hierher gekommen unter dem Namen Müller eines teutschen Gelehrten, er logiert beim Tischbein, er geht bei niemand als beim Reiffenstein und bei der Angelika Kauffmann denn sie haben einen Komplott gemacht, daß er nirgends darf hingehen, als wo sie ihn hinführen, also dieser große Löwe läßt sich durch die Gasse an der Nase herumführen, es heißt, er bleibt den ganzen Winter hier, und er schreibt Tragödie, die Iphigenia, er ist einmal bei mir gewesen, sonsten bei keinem anderen.

818 Maler Müller an Heinse

Goethe logierte beim Maler Tischbein, schien ein Staatsgefangener vom neugebacknen Antiquar Hirt (ein erbärmlicher Prinz), von Schütz, Bury usw. zu sein. Diese machten seine Leibgarde aus, und es schien mir immer, wenn ich den starken Goethe unter den schalen Schmachtlappen so herummarschieren sah, als erblickte ich den Achilles unter den Weibern von Skyros.

819 F. Münters Tagebuch *23. November 1786*

Nach Tisch zu Tischbein, bei dem ich Goethe, der in Rom einen Teil des Winters zubringen will, traf. Wir redeten viel über Sizilien, und über meine Reise, gingen dann an der Tiber – deren Gewalt überall deutlich an dem eingerissenen Ufer zu sehen war. Goethe machte Bemerkungen über das Reißen des Stroms, und wie ihm Dämme entgegenzusetzen seien – miteinander spazieren.

820 F. Münters Tagebuch *24. November 1786*

Nachmittags war ich bei Zoega und bei Tischbein und Goethe, denen ich einen Teil meiner Medaillen zeigte. Ich aß den Abend bei Tischbein. Goethe aber war vorher ausgegangen.

821 F. Münters Tagebuch *29. November 1786*

Ich hätte mit Goethe, Tischbein, Moritz und and[ern] eine Reise nach Fiumicino machen sollen, konnte es aber nicht, weil ich die Vaticana nicht versäumen wollte.

822 F. Münters Tagebuch *30. November 1786*

Den ganzen Morgen brachte ich bei Moritz zu, der das Unglück gehabt hatte, auf der Rückkehr von Fiumicino, bei S. Luigi de' Francesi, den Arm zu brechen, da sein Pferd mit allen vieren hinfiel ... Bei Goethe. Ging dann zu Moritz, und mit allen zu Grund ... Drauf suchte ich den Wundarzt von La Consolazione, Massimi, auf, da Moritz greuliche Schmerzen litt, und seiner Sachen, ob er gut verbunden sei, nicht gewiß war. Holte ihn, und Moritz ward verbunden. Wir ordneten die Stunden der Wache, und die Nächte, die jeder bei ihm zubringen sollte, und blieben alle bis spät bei ihm.

823 K. Ph. Moritz an J. H. Campe *20. Januar 1787*

Der Ungenannte, welcher Ihnen von meinem Unfall Nachricht erteilet hat, ist der Geh. Rat von Goethe aus Weimar, der kurz nach mir hier eintraf, und sich anfänglich unter dem Namen Müller hier aufhielt, um unbekannt und ungeniert zu sein, und es auch in Deutschland nicht wissen zu lassen, daß er hier sei: sein Namen blieb aber demohngeachtet nicht lange verschwiegen; jedermann kennt ihn itzt, und die Italiener haben ihn schon feierlich zum arkadischen Schäfer ernannt, so gern er sich diese Ehre verbeten hätte. Ich machte seine Bekanntschaft ein paar Wochen vorher, ehe ich den Unfall hatte, der mir auf der Rückkehr von einer kleinen Reise nach der Mündung der Tiber begegnete, wo Goethe und Tischbein nebst noch zweien von der Gesellschaft fuhren, und ich mit noch einem von der Gesellschaft ritt, und, da wir schon in Rom wieder angekommen waren, nicht weit von der Ponte Sixto, wo die Straße mit lauter breiten glatten Steinen gepflastert war, meinem Gefährten zurufe, er soll hier langsam reiten, weil es ein wenig geregnet hatte, und die breiten Steine so glatt wie Eis waren. Kaum hatte ich dies gesagt, so glitschte mein Pferd mit den Vorderfüßen, ich riß es zum zweiten und dritten Mal wieder in die Höhe, endlich konnte es sich nicht länger halten, sondern glitschte mit allen vier Füßen aus, und schlug mit mir auf die linke Seite. Weil es sich gleich wieder aufraffte, so hatte ich am Beine nur eine schwache Kontusion bekommen, mit dem linken Oberarm aber war ich an die Erhöhung von einer Mauer gefallen, welche von einem Hause etwas herausgebaut war, und mußte ihn also notwendig brechen ... Was nun während den vierzig Tagen, die ich unter fast unaufhörlichen Schmerzen unbeweglich auf einem Fleck habe liegen müssen, der edle menschenfreundliche Goethe für mich getan hat, kann ich ihm nie verdanken, wenigstens aber werde ich es nie vergessen; er ist mir in dieser fürchterlichen Lage, wo sich oft alles zusammenhäufte, um die unsäglichen Schmerzen, die ich litt, noch zu vermehren, und mei[nen] Zustand zugleich gefahrvoll und trostlos zu machen, alles gewesen, was ein Mensch einem Menschen nur sein kann. Täglich hat er mich mehr als einmal besucht, und mehrere Nächte bei mir gewacht; um alle Kleinigkeiten, die zu meiner Hülfe und Erleichtrung dienen konnten, ist er unaufhörlich besorgt gewesen, und hat alles hervorgesucht, was nur irgend dazu abzwecken konnte, mich bei guten Mute zu erhalten. Und wie oft, wenn ich unter meinem Schmerz erliegen und verzagen wollte, habe ich in seiner Gegenwart wieder neuen Mut gefaßt, und weil ich gern standhaft vor ihm erscheinen wollte, bin ich oft dadurch wirklich standhaft geworden. Er lenkte zugleich den guten Willen meiner hiesigen deutschen Landsleute, deren itzt eine starke Anzahl ist, und deren freundschaftliches Betragen gegen mich mir auch nie aus dem Gedächtnis kommen wird. Sie waren den andren Tag fast alle bei mir; sie erboten sich alle bei mir zu wachen. Goethe ließ sie losen, wie sie der Reihe nach bei mir wachen sollten; und sogleich waren alle Nächte besetzt, so daß es an jeden nur ein paarmal kam, und dann ließ er andre zwölf um die Stunden am Tage losen, so daß jeder den Tag über eine Stunde bei mir bleiben sollte, damit ich immer abwechslende Gesellschaft hätte. Alle waren sogleich willig, und so waren auch die Stunden am Tage besetzt, und wurden alle richtig gehalten. – Selbst die Leute, bei denen ich wohne, waren durch diese Liebe und Freundschaft so vieler Menschen gegen einen ihrer leidenden Brüder gerührt, und folgten dem Beispiel, indem sie mir die ganzen vierzig Tage hindurch, ohne Murren, und mit der größten Bereitwilligkeit, die beschwerlichsten Dienste leisteten, die ein Mensch, der unbeweglich auf einem Fleck liegen muß, bedarf. – Dies alles zusammengenommen flößte mir zuletzt wieder eine Art von Zutrauen gegen mein Geschick ein: ich dachte: es drückt mich zwar nieder, aber es will mich doch nicht sinken lassen! Es gibt mir einen sehr bittern Kelch zu trinken, von dem ich wohl gewünscht hätte, daß er vorüber gegangen wäre – vorüber ging er nun freilich nicht, aber der stärkende Engel stand mir doch auch zur Seite.

824 F. Münters Tagebuch *1. Dezember 1786*

... war den Abend ... mit Goethe bei Moritz.

825 F. Münters Tagebuch *2. Dezember 1786*

Abend bei Moritz. Ich sprach viel mit ihm und Goethe, über Dolom[ieus] Buch über Calabr[ien] und über allerhand Theologisches, über concilia besonders, und ihren Einfluß. Er sagte mir, der fürchterliche sächsische Dienereid sei nun im herzoglichen Sachsen abgeschafft worden.

826 F. Münters Tagebuch *11. Dezember 1786*

Den Abend war ich mit Goethe und Tischbein etwas beim Reiffenstein. Es ward allerhand Antikes in feinem Leim abgedruckt.

827 F. Münters Tagebuch *14. Dezember 1786*

Den Nachmittag ... war mit Tischbein und Goethe.

828 F. Münters Tagebuch *18. Dezember 1786*

Mittag aß ich mit Goethe bei Reiffenstein. Nachmittags formten wir einige meiner besten Medaillen in Gips ab, und ich ging drauf mit Goethe und Tischbein in den Palast des Duca di Nemi, wo wegen der Promotion seines Bruders Fest war, um den Spektakel anzusehen.

829 A. Gyrowetz: Biographie *1848*

Kurz darauf erschien der schon damals berühmte Schriftsteller und Dichter Goethe, welchen der Großherzog [Herzog] von Weimar nach Sizilien schickte, um dort die Merkwürdigkeiten der Natur zu besehen und zu beschreiben ... Einstweilen blieb Goethe für einige Zeit in Rom, und es bot sich dem Gyrowetz die erwünschte Gelegenheit dar, dessen nähere Bekanntschaft zu machen. So geschah es, daß

Gyrowetz in Goethes Gesellschaft die Merkwürdigkeiten und Altertümer Roms besah, manche alte Ruine selbst mit Gefahr bestieg und auf diese Art die meiste Zeit in Durchschauung und Durchkriechung verfallener Denkmäler und in Bewunderung so mancher künstlerischen Schätze zubrachte. Die Bäder des Caracalla wurden durchsucht, wo man auf lauter Mosaikbruchstücken herumwandelt, und noch die Säle zu sehen sind, worin die Gladiatoren ihre Spiele übten. Auch fand man unter diesen Ruinen zuweilen einige Bruchstücke von alten musikalischen Instrumenten, welches dann Gelegenheit gab, über alte und neue Musik und deren Ausübung und Zustand manches zu sprechen und zu bemerken, worin auch Goethe bewies, daß er einen richtigen Begriff von gründlicher und wohlgeordneter Musik besaß und nicht mit denjenigen gleicher Meinung war, welche jede Musik, geordnet oder ungeordnet, für klassisch halten, wenn selbe durch bizarre, ungeregelte Ideen, durch Getöse und Lärm oder durch verwirrte Modulationen dem Ohre fremd klingt, und so etwas in der Musik für neu halten, weil es eben durch seine Unregelmäßigkeit und Systemlosigkeit ihrem Ohre als ungewöhnlich erscheint, und womit sich manche selbst verständig scheinende Musiker gröblich täuschen lassen.

Wenn diese Durchsuchungen und Beschauungen so vieler Altertümer zum Teil beendet waren, und der Tag sich zu neigen schien, wurde eine Abendgesellschaft beschlossen, in der sich mehrere Künstler und Schriftsteller einfanden. Man bildete einen Kreis inmitten eines großen Zimmers, in welchem sich ein Kessel mit glühenden Kohlen befand, der die Anwesenden, weil es damals schon Winter war, nach Art der Römer vor Kälte schützte und sie in Vertraulichkeit einander näher brachte. Goethe führte den Vorsitz. Gespräche aller Art wurden nun gewechselt, ein jeder erzählte die besonderen Ergebnisse seines Lebens. Abenteuer und Zufälligkeiten bildeten den Stoff der Erzählungen, bis die spätere Abendzeit einbrach und einige Erfrischungen aufgetischt wurden, welche in Brot, Käse, Salami und derlei kalten Speisen bestanden, wozu dann auch Bier, welches ein deutscher Bräumeister in Rom gebraut hatte, gebracht wurde. Auf diese Art verging der Abend auf eine sehr angenehme Weise. Und gegen zwei oder drei Uhr morgens trennte sich die Gesellschaft, und jeder ging nach seiner Wohnung, um auszuruhen und sich für den künftigen Tag vorzubereiten. Diese Lebensweise wurde so lange fortgesetzt, bis Goethe Rom verließ und nach Neapel reiste.

1787

830 K. Ph. Moritz an J. H. Campe 3. Februar 1787

... in einem Monate läßt sich schon viel studieren und verarbeiten, wenn man keinen Tag versäumt. Und ich versäume seit meiner Wiederherstellung gewiß keinen Tag, das kann mir der Geh. Rat v. Goethe Zeugnis geben, der meine jetzige Einrichtung kennt, und dessen freundschaftlicher Rat mir dabei oft sehr zustatten gekommen ist.

831 K. Ph. Moritz an Herder 17. Februar 1787

Ich würde es nicht gewagt haben, die Zahl Ihrer Korrespondenten zu vermehren, wenn nicht der Herr Geheimrat von Goethe, dessen langgewünschte und mir unschätzbare Bekanntschaft ich hier in Rom gemacht habe, mich selbst dazu aufgemuntert, und mir die Versichrung gegeben hätte, daß es Ihnen nicht unangenehm sein würde, wenn ich meinen Plan, ein gemeinnütziges Werk über die römischen Altertümer hier an Ort und Stelle auszuarbeiten, Ihnen zur Prüfung vorlegte, um Ihre Winke darüber, besonders in pädagogischer Rücksicht, zu vernehmen.

832 Kardinal Graf Herzan an Fürst Kaunitz 3. März 1787

Herr Goethe hat sich zwei Monate hier [in Rom] aufgehalten: er trachtete, unbekannt zu bleiben, und änderte deswegen seinen Namen in jenen Müller, unter welcher Aufschrift auch seine Briefe an ihn gekommen. Er soll wenige Gesellschaften besuchet haben, einige Male war er bei dem jungen Fürsten von Lichtenstein, und mein deutscher Sekretär, welcher in einem Gasthofe mit ihm bekannt geworden, sagte mir, daß er vermute, seine Absicht sei, eine Reise-Beschreibung zu machen, und daß er ihm einige Stücke aus seinem Tagebuche vorgelesen, wo er über die Inquisition, die gegenwärtige Regierung und das große Elend Roms sehr scharfe und bissige Anmerkungen macht. Er wohnte hier bei dem deutschen Maler Tischbein, und mit eben diesem ist er nach Neapel gereiset. Ich habe meinen Sekretär, auf dessen Rechtschaffenheit ich mich verlassen kann, aufgetragen, daß er bei seiner Zurückkunft, die wahrscheinlich bald erfolgen dürfte, sich mit jenen in einen näheren Umgang setzen soll, um hiedurch im Stande zu sein, mit Sicherheit ein wachsames Auge auf seine Aufführung und allfällig geheime Absicht tragen zu können, wo sonach Ew. Liebden das, was immer zu meiner Kenntnis gelangen wird, unverweilt zu berichten die Ehre haben werde.

833 Kardinal Graf Herzan an Fürst Kaunitz 24. März 1787

Was ich inzwischen von dem Herrn Goethe in Erfahrung gebracht, ist, daß die Briefe, die er an seinen Fürsten geschrieben, unter seiner eigenen Aufschrift waren, nämlich: *An Herrn Goethe, Geheimer Rat des Herrn Herzogs von Sachsen-Weimar*, er hatte auch einen starken Briefwechsel mit verschiedenen Gelehrten und seiner Mutter in Frankfurt, von welch letzterer mein deutscher Sekretarius einen Brief in seine Hände bekommen, und ich hier beilege. Die Ursache, die er angegeben, warum er niemand wolle vorgestellet, noch in eine Gesellschaft eingeführet werden, wäre, weil er keine Garderobe mit sich führe, noch sich eine anschaffen wolle; dann, weil er beschlossen, sich ein Studium aus dem zu machen, was Rom einem Gelehrten, der zugleich so sehr Kunstliebhaber ist, darbietet, und endlich weil er in einem oder längstens zwei Jahren mit seinem Fürsten wieder zu kommen hoffe. Er ließ sich öfter verlauten, daß gedachter Herr Herzog dieses Jahr nach Rom gekommen sein würde, wenn ihn nicht Umstände daran gehindert hätten, indessen sei ihm dessen Unterbleibung nun aus der Ursache lieb, daß er nun im Stande sein werde, ihm bei dessen Aufenthalte in Rom den Cicerone zu machen. Sein Umgang hier war fast einzig mit deutschen Künstlern, in deren Gesellschaft er die hiesigen Galerien, Antiquitäten und übrigen Merkwürdigkeiten wiederholt und jedesmal mit großer Aufmerksamkeit besah. Er machte die Bekanntschaft des schon seit einer geraumen Zeit hier anwesenden Berliner Professors Moritz, in dessen Gesellschaft er die umliegenden Örter besuchte.

Der Maler Tischbein hatte ihn bei seinem großen Freund und Gönner, dem Herrn Russischen Rat Reiffenstein, eingeführt, bei dem er öfters speiste und sehr vertraulich war, und der Antiquarius Hirt, welcher öfters im Hause des jungen Herrn Fürsten Lichtenstein ist, hatte ihn überredet, sich bei diesem, jedoch mit ausdrücklicher Verbietung aller Etikette, vorstellen zu lassen, wo er dann nachher auch öfters hinkam, zu Mittag speiste, und vom gedachten Herrn Fürsten in die hiesige Arkadische Versammlung eingeführt und als Mitglied unter dem Namen Megallio akklamiert wurde, von welcher Zeit an er sich auch Herr Goethe oder Geheimrat Goethe nennen ließ. Er verfertigte mit eigener Hand mehrere Zeichnungen, arbeitete an einer neuen Ausgabe seiner Werke in acht Bänden, und vollendete sein angefangenes Trauerspiel Iphigenia, welches Herr Abbate Tacchi, Ajo des jungen Herrn Fürsten von Lichtenstein, nun in das Italienische übersetzet, um es auf einem der hiesigen Theater vorstellen zu lassen. Er wird mit Ende dieses Monats oder Anfang des künftigen von Neapel zurückerwartet, und sich dann über das Petersfest hier aufhalten, in welcher Zwischenzeit er sehr wünschet, eine Gesellschaft zu finden, mit der er eine zweite Reise nach Neapel, und von da nach Sizilien machen könnte; dann wollte er mit Anfang des Julius seine Rückreise nach dem Vaterland entweder durch die Schweiz, und sodann nach Frankfurt und Mainz, um seine Mutter und Freunde zu sehen, oder aber, wozu er mehr Lust zu haben scheint, über Wien antreten.

834 F. v. Elsholtz: Ansichten und Umrisse *1831*

Ein Ort aber, den Leute unsrer Art ... nicht gern unberührt lassen, ist das Theater des Marcellus, oder besser derjenige Teil seines untern Gewölbes, welcher unter dem Namen «la campanella» eine zwar unscheinbare, doch darum nicht weniger berühmte Weinschenke in sich faßt. Ein unwiderstehliches Anziehungs-Vermögen übt an Roms deutschen Gästen dieser merkwürdige Ort, seitdem ihn, ob dem klassischen Boden, oder der Güte des Weins, oder beiden huldigend – *Goethe* durch seinen Besuch zum Heiligtume geweihet hat. Hier war es, wo der edle Meister in harmonischer Lust manche heitre Stunde verlebte, den Göttern des Orts gefällige Opfer bringend; hier war der Sitz seines fröhlichen Rebendienstes, vielleicht auch der Schauplatz des holden Abenteuers seiner funfzehnten römischen Elegie!! Drum wird der enge Raum zwischen den mächtigen, vom Hof her gleich zugänglichen Gewölbbogen kurzweg «Goethes Kneipe» geheißen, und von Gästen nicht leer, die hier ein doppeltes Fest begeisterter Gegenwart und heiliger Erinnerung zu feiern kommen!

835 Frau v. Gravmayer
an Caroline v. Beulwitz *18. März 1787*

Goethe hat diesen Winter in Italien zugebracht, zwei Hannoveraner haben ihn in Rom begegnet und sind ganz von ihm eingenommen. Ich denke, er ist über Graz gegangen, um die Lanthiery zu besuchen, denn er schätzt sie ganz so, wie es ihre schöne liebe Seele verdient.

836 J. H. W. Tischbein an Goethe *14. Mai 1821*

Ich habe mich recht herzlich gefreut, einmal wieder einen Brief von Ihnen zu haben, der so viel Erinnerung aus alten Zeiten enthält, wo mir nun so viel Liebliches und auch manch Schauderhaftes vor meiner Seele schwebt. Oft bebt mir es noch durch alle meine Glieder, wenn mir das einfällt, als wir nach Neapel reisten und der Vetturino vor der ersten Osteria nicht weit von Rom stille hielt. Wir stiegen aus und standen vor einem Abhang Erde, und besahen die verschiedenen Erdschichten, wo Lagen von Kies hinstreiften, dann wieder Erde, Streifen von weißem Sande und dergleichen. Sie waren eben etwas zurück getreten, und ich stand, um noch einige Kieskörner herauszupicken, als plötzlich ein schwerer Wagen, mit Ochsen bespannt, den diese auf dem schrägen Berge nicht halten konnten, herunterrannte und zwischen uns durchlief. Ich hatte es nicht bemerkt, als ich mich aber umwandte, sahe ich unseren Vetturino zu seinen Pferden laufen. Diese haltend und sich gegen den Ochsenführer wendend, dessen Wagen ich eben auf der Berghöhe gesehen hatte und nun unten in der Tiefe, rief er in heftigstem Zorne, den gebogenen Finger zwischen die Zähne nehmend, alle Heiligen an, und verwies ihnen, daß sie den Menschenmord nicht erlaubten, da man doch das Messer gegen diesen Ochsenführer gebrauchen müßte, der ihm bald seine Pferde gerädert und seine Sedia zerbrochen hätte. Um uns bekümmerte er sich nicht, denn das waren ja nur Fremde, er wußte aber nicht, was für ein seltenes Kleinod für die Welt hätte verloren gehen können. Denke ich daran, in welcher Gefahr Sie damals schwebten, so läuft mir noch jedesmal ein Schauder durch alle Glieder.

837 J.H.W. Tischbein an Goethe *28. August 1821*

Sie werden sich noch erinnern, als wir zu Neapel in der Locanda di Castello abgestiegen waren, foderten Sie ein Glas Wasser zum Trinken, und als man es Ihnen gereicht, wurde ich gewahr, daß viele Insekten darin waren. Ich wollte verhindern, es zu trinken, und foderte reineres, es ward aber von dem Mädchen versichert, daß dies das beste sei, welches sie hätten, und jeder trinke es gern. Sie nahmen das Glas und tranken es ruhig aus, und sagten: «Essen wir doch Krebse und Aal und schaden nicht, so werden diese kleinen zarten Tierchen es auch nicht tun, und nähren vielleicht.» Dann ließen wir uns den Ort zeigen und schöpften selbst aus der Cisterna ein Glas recht aus dem Grunde, wo unzählige Geschöpfe von ungeheuern Gestalten drin waren.

838 J.H.W. Tischbein: Aus meinem Leben *1861*

Am 22. Februar 1787 reisete ich mit Goethe von Rom nach Neapel. Es wurde mir leicht, ihn auf alles Sehenswürdige aufmerksam zu machen, was sich auf diesem Wege zeigte, den ich schon ein Mal zurückgelegt hatte, da mir die schönsten Stellen noch lebhaft in der Erinnerung waren. Fast jeder Stein von den alten verfallenen Gräbern in der Nähe und Ferne wurde begierig aufgesucht und ins Auge gefaßt. Zunächst ging es den Hügel hinan, worauf Albano liegt und wo man eine große Fläche des Tibertales übersieht. Diese Hügel gaben Rom die große Mauer und machten es zu dem, was es wurde. Der Weg geht bergauf und -ab. Unser Vetturino machte vor einer Osteria halt, welche an einem abhängigen Wege lag. Wir standen eben an der steilen Wand dieses Hohlweges, um die verschiedenen Erdlagen zu betrachten, als wir plötzlich ein Geräusch dicht hinter uns vernahmen. Indem ich mich umwandte, sah ich einen Wagen mit Ochsen bespannt den schrägen Abhang herunterlaufen. Der Wagen drückte so gewaltig auf die Ochsen, daß sie ihn nicht aufhalten konnten. Dicht zwischen unserer Sedia und uns durch stürmte er herunter, und der Führer lief ganz bestürzt hinterher. Man denke sich meinen Schreck! Ich, der Begleiter und Schützer von Goethe, hatte mir ja vorgesetzt, ihn zu hüten, wie eine Mutter ihren Säugling, dieses Kleinod für die Welt, diesen lieben Freund, und nun wäre er fast in einer Minute gerädert worden und ich mit ihm! ... Die Gefahr war indessen so blitzesschnell vorübergegangen, daß Goethe sie kaum bemerkt hatte, was mir lieb war. So glücklich das Unglück auch abgelaufen war, so hatte es mich doch verstimmt, und es überfiel mich ein Schauder, wenn ich daran dachte, daß die Ochsenhörner und der schwere Wagen uns so nahe am Rücken vorbei gerannt waren. –

Auch die Pontinischen Sümpfe passierten wir ...

In Neapel war unser erster Weg zum Cavaliere Venuti ... Er führte uns nach Pompeji; seine Gemahlin und der Kupferstecher Georg Hackert waren auch mit ...

Nachdem wir uns lange an der schönen Gegend ergötzt hatten und vom Anschauen der ausgegrabenen Antiken und so vielfacher Gegenstände ermüdet waren, gingen wir nach Torre dell'Annunziata, wo uns in einer Osteria ein Mittagsmahl erwartete. Hier wurde viel gescherzt; aber der rechte Spaß begann erst nach dem Essen. Wir gingen an den Strand des Meeres, welcher gerade hinter dem Hause war. Die meisten streckten sich hier auf den Sand nieder, der sanft wie Sammet ist. Doch war ihre Ruhe nur von kurzer Dauer. Sie sprangen bald wieder auf, und der gute Lacrimae Christi, welcher in die Köpfe gestiegen war, tat seine Wirkung, besonders bei Hackert. Sie fingen an zu schäkern und sich mit Sand zu werfen. Die Marchesina Venuti, welche einen munteren Geist hatte, wollte sich nicht überwinden lassen. Beide Hände griff sie voll Sand und warf damit. Nun wurde der Kampf allgemein; jeder wurde beworfen und jeder griff nach Sand; anfangs nur nach trockenem, dann nach feuchtem und endlich nach ganz nassem, so daß alle ganz übertüncht wurden. Dann fielen sie erschöpft zur Erde; aber kaum ausgeruht, erneuerten sie den Kampf mit noch größerem Eifer. Jetzt wurde nur nach dem nassesten im Wasser gegriffen; der Gegner wollte das Einsammeln dieser anklebenden Munition verhindern und stieß den, welcher sich eben danach bückte. Dadurch kam der ins Wasser, und damit auch der andere naß würde, zog er ihn nach. So begann nun der Kampf im Meere. Sie benetzten sich mit Seewasser und trieben sich in dem nassen Elemente umher, wo dann die Kampflust abgekühlt wurde. Ganz ermattet streckten sie sich auf den Sand an die Sonne; in kurzer Zeit war alles wieder trocken, der Sand fiel ab und ließ nicht den geringsten Fleck nach. Das Ufer ist hier so flach, daß man weit ins Meer hineingehen kann, ehe das Wasser bis an die Waden steigt. Goethe hatte sich vom Kampfe abgesondert und klopfte Stücke von den Felsblöcken, welche hier liegen, um die Brandung zu brechen, und untersuchte die Steinarten. – Von da fuhren wir mit Venuti nach seinem Hause...

Dann suchte ich meinen Freund Kniep auf, der schon

geraume Zeit in Neapel lebte ... Ich hatte Goethen schon vieles von ihm erzählt, von seinem ausgezeichneten Talent und der großen Geschicklichkeit im Landschaftzeichnen, welchem Fache er sich ganz gewidmet hatte, so daß auch Goethe begierig geworden war, ihn kennen zu lernen ... Als er hörte, daß auch Goethe in Neapel sei, stieg seine Freude noch höher, und er ging gleich mit mir, um ihn zu sehen. Dem gefiel er, und von nun an war er täglich bei uns. Goethe bestellte bei ihm Zeichnungen von neapolitanischen Gegenden, und ich riet ihm, statt meiner den Kniep mit nach Sizilien zu nehmen; der könnte ihm die schönsten Gegenden auf der Reise zeichnen, und so entstände daraus ein doppelter Vorteil: für Kniep wäre diese Reise ein Glück auf zeitlebens, und Goethe erhielte durch die Zeichnungen ein sichtliches Andenken daran. Dies wurde denn auch beschlossen; Kniep reiste mit.

Eines angenehmen Tages erinnere ich mich, den wir in Bajä zubrachten. Prinz Christian von Waldeck, der zu der Zeit in Neapel war, lud uns ein, mit ihm jene Gegend zu sehen. Nachdem wir den Golf von Bajä durchfahren und die Gegend durchwandert hatten, speiseten wir in einer Villa, welche einem Freunde des Prinzen gehörte. Sie lag auf der Höhe der Solfatara und hatte die schönste Aussicht auf den Golf von Pozzuolo.

Der Prinz von Waldeck war mir sehr gewogen, bestellte verschiedene Arbeiten bei mir und bezahlte sie sehr gut ... Von meinem Freunde Trippel ließ er Goethes Büste in Marmor fertigen. – Beiläufig muß ich doch noch eines mir interessanten Vorfalles gedenken, den ich mit Goethe in der Locanda di Mariconi hatte. Goethe forderte Wasser zum Trinken, und da ich auf alles acht gab, was er zu sich nahm, so bemerkte ich, daß in dem Glase das Wasser trübe sei, warnte ihn und verlangte, daß man ihm anderes hole. Man erwiderte, daß man kein anderes hätte; es sei gutes, gesundes Wasser und aus der Zisterne, woraus sie alle täglich tränken. Wir besahen es genau und fanden es voll lebender Insekten von wunderbaren Gestalten; krebs- und taschenkrebsartige, mit Scheren und ohne Scheren, aalförmige usw., welche mit der lebhaftesten Bewegung durcheinander schossen. Goethe meinte: «Das Wasser kann gut sein; schmecken doch Austern und Krebse und andere Meererzeugnisse gut; aber das nicht allein, es kann auch heilsam sein.» Er trank es, wir ließen uns die Zisterne zeigen und schöpften mit einem Glase aus dem Grunde die schönsten Gestalten von Geschöpfen hervor und machten dabei unsere Betrachtungen über die produzierende Natur in dieser warmen Gegend.

839 Marianne v. Eybenberg an Goethe *28. August 1802*

Gräfin Filangieri, die Sie in Neapel gekannt hat, trug mir viel Schönes für Sie auf, bittet Sie, ihrer sich zu erinnern sowie des Spazierganges, den sie mit Ihnen in der Villa Reale gemacht ...

840 Z. Werners Tagebuch *7. Mai 1810*

Er [Kniep] war übrigens Goethens Begleiter auf dessen Reise nach Sizilien und weiß höchst interessante Anekdoten von ihm; unter andern daß Goethe bei seiner Überfahrt nach Sizilien sehr heftig krank geworden war, wie ein Wahnsinniger phantasiert und das Gehen der Matrosen auf dem Verdeck, als er es unten im Bette der Kajüte gehört, für den Gang seiner Großmutter gehalten hätte.

841 A. Gyrowetz: Biographie *1848*

Zur nämlichen Zeit war es, daß Goethe aus Sizilien nach Neapel zurückkam und Gyrowetz auf der Promenade al Giardina Reale traf, wo sie beide öfters zusammen auf- und abgingen und nebst andern Gegenständen vieles über Musik und den Zustand der Musik in Italien überhaupt sprachen. Goethe bewies dabei, daß er sehr große Kenntnis in der Musik besitze. Er behauptete auch, daß die alten italienischen Meister in ihren Opern mehr kontrapunktische Figuren anzubringen suchten und mehr für den Sänger als für das Orchester in ihrem Satz gesorgt hätten. Auch hätten die alten Meister vermieden, die Stimme des Sängers durch starke Instrumentierung und besonders durch zu viele Anwendung von Blasinstrumenten zu verdecken. Paisiello sagte bei einer musikalischen Konversation, daß man die Blasinstrumente in einer Oper so wie die Blumen bei einer schön gedeckten Tafel nur als Zierde und nicht als Überladung, nur hie und da anzubringen habe. So wurde auch erzählt, daß in einer musikalischen Konversation, wo sich mehrere Kapellmeister und Opernkomponisten befanden, jemand von den Beistehenden tadeln wollte, daß man immer denselben Stil, dieselbe Schreibart fortbehalte, und nicht weiter vorwärts schreite; da sprang der alte Guglielmi auf und schrie mit seiner weichlichen Stimme: «Nein, nein, Gott verhüte, wir dürfen nicht sehr viel vorwärts schreiten, wir müssen das Publikum im mäßigen Genuß der Musik zu erhalten suchen, denn, wenn wir zu weit vorwärts schreiten, wird auch das Publikum immer mehr und mehr verlangen, und wenn dieses hernach stufenweise immer höher steigt, wo wird es am Ende hinkommen? Man wird die Theater zusperren müssen, weil das Publikum in der Folge übersättigt keinen Geschmack mehr haben und die Theater unbesucht lassen wird.»

So gestaltete sich das Gespräch und dauerte bis spät in die Nacht, wo ein jeder sich nach Hause begab. Zu jener Zeit wurden auch bei dem österreichischen Gesandten Baron Thugut mehre Konzerte durch den Herrn Legationsrat Hradava veranstaltet, wozu auch Goethe sowie Gyrowetz geladen wurden. Als Gyrowetz dort eingetreten war, fand er Goethe zwischen einer Türschwelle, die in den großen Saal führte, ganz allein und unbeachtet dastehen. Gyrowetz ging sogleich zu ihm und sagte ihm, er möchte doch vorwärts in den Saal schreiten und nicht so versteckt dastehen. Goethe dankte höflich und bat, man möge ihn nur ruhig stehen lassen, er höre alles und liebe nicht, in die große Welt zu treten. Überhaupt war zu dieser Zeit das Benehmen Goethes sehr freundlich, ja sogar etwas schüchtern und demütig. Goethe hielt sich nicht lange mehr in Neapel auf und reiste bald nach seiner Heimat zurück.

842 F. Cacault an Knebel *12. November 1789*

Dès que j'ai su que Monsieur Goethe était ici [in Neapel], j'allai le trouver pour savoir de vos nouvelles et de celles de nos amis d'Allemagne. Je l'avais beaucoup prié de vous assurer tous de mes sentiments. J'ai trouvé le grand homme si froid avec moi, si peu parlant, que je n'ai pas eu avec lui le plaisir que je me promettais d'abord de leur amitié; mais il a bien voulu se charger de parler de moi à mes amis, dont il apprit une liste.

843 L. Strack an Merck *30. Juni 1787*

Ein anderes Stück, in dessen Vollendung nun Herr T[ischbein] begriffen und das in seiner Art nicht minder interessant ist, als das vorige, ist das Bildnis des Herrn v. Goethe. Dieser Lieblingsschriftsteller unserer Nation, der sich seit einem halben Jahr in Rom aufhält, schenket unserm Künstler die Freundschaft, dessen Wohnung mit ihm zu teilen, und an dessen gewöhnlichem Tische vorlieb zu nehmen. Tischbein hatte also alle Muße, die Züge und den Charakter seines Gastfreundes zu studieren, um ein würdiges Bildnis von einem so vortrefflichen Mann zu entwerfen. Man sieht nämlich den Dichter, eingehüllt in einen weißen Mantel, den Hut auf dem Kopf, in der Attitüde von Sitzen und Liegen mit dem tiefdenkenden Blick über die Vergänglichkeit der Dinge, auf einem umgestürzten, und in Trümmer gegangenen Obelisken ruhen; die darauf eingehauenen Hieroglyphen geben zu erkennen, daß er aus dem höchsten Altertum der ägyptischen Kunst ist. Daneben liegt ein verstümmeltes Basrelief, woraus man aber noch die beste Zeit der griechischen Kunst wahrnimmt, und das die Erkennung der Iphigenia und ihres Bruders Orestes mit Pylades vorstellt; ein Gegenstand, den unser Dichter seit mehreren Jahren bemüht war, in ein Schauspiel zu bringen, und ihm endlich auf der Stube des Künstlers seine letzte Politur gab. Eine gebrochene Säule, deren Kapital vom ionischen und korinthischen zusammengesetzt ist, zeiget, daß es ein eignes Werk der Römer unter den Kaisern ist. Hin in die Ferne sieht man die Campagna di Roma mit den vielen an der Strada Appia zerstreuten Grabmälern, deren Pracht aber vergebliche Denkmäler waren, die Namen derjenigen, deren Asche darin ruhte, auf uns zu bringen. Die Menge und Festigkeit der ruinierten Aquädukte ebenda beweisen noch, wie viel trinkende Wesen auf einem Flecke beisammen wohnten, wohin sie geleitet wurden. Weiterhin sieht man das durch den Weisen der Römer, Tullius Cicero, und den hetrurischen Helden Lucullus so berühmte Tusculum; über diesem erhebt sich der durch einen Vulkan formierte Berg Albano, an dessen Fuß die beiden Seen Albano und Nemi liegen, gleichfalls entstanden aus eingefallenen Kratern ehemaliger Vesuve. Über diese Revolutionen der Natur und der menschlichen Dinge staunet das Auge des philosophischen Dichters hin, und der schauervolle Gedanke der Vergänglichkeit scheinet auf seinem Gesichte zu schweben. Der Künstler hat sich bemüht, die Ähnlichkeit und die charakteristischen Züge seines Urbildes so viel möglich zu treffen. Seine Absicht war, nicht sowohl das Malerische und die Farbe eines Tizians und van Dycks, als die Bestimmtheit und die feinen und eignen Lineamente im Ausdruck, das wir so sehr in den Porträts eines Raffael und Holbein bewundern, nachzuahmen. Die letzte Handanlegung wird zeigen, in wie ferne der Künstler seinem Vornehmen nahe gekommen.

844 K. F. Klischnig: Erinnerungen aus den zehn letzten Lebensjahren meines Freundes Anton Reiser *1794*

Reiser [K. Ph. Moritz] suchte ... viel in der Maurerei und war auch, bis zu seinem Tode, fest überzeugt, daß viel Gutes dadurch bewirkt werden könne, wenn man sie recht zu nutzen verstehe.

Er sahe indessen bald, daß dies wohl schwerlich geschehn dürfte, – daß seine großen Ideen über diesen Punkt fromme Wünsche sein und bleiben würden und zog sich nach und nach mißvergnügt zurück.

Ganz kalt wurde er dagegen auf seiner Reise in Italien, durch seine genauere Bekanntschaft mit dem Herrn Geheimenrat von Goethe. Dieser große Mann hat in seinem

Faust deutlich genug gezeigt, wie wenig er von der Maurerei hält – ob mit Recht oder Unrecht, bin ich zu schwach zu entscheiden.

Nur so viel weiß ich, daß seine Demonstrationen und – um ehrlich zu sein – vielleicht noch mehr sein Spott:

«Mein Gott, und auch Sie können noch so schwach sein, darin etwas zu suchen»,

bei Reisern die Wirkung hervorbrachte, daß er nun das Kind mit dem Bade ausschüttete.

845 K. Ph. Moritz an J. H. Campe *1. September 1787*

Ich antworte Ihnen, mein Teuerster, auf Ihren Brief weit später, als ich gesollt hätte, weil ich diese Tage über in der größten Unentschlossenheit gewesen bin. – Da ich nämlich im Begriff war, Rom zu verlassen, so eilte ich, alle die merkwürdigen Gegenstände, von denen ich nun auf immer Abschied nehmen sollte, noch einmal mit Aufmerksamkeit zu betrachten; und bei dieser Betrachtung fand ich, wie der Aufenthalt von noch sechs Monaten, vorzüglich in Gesellschaft des Herrn v. Goethe, der den Winter über noch hier bleibt, mir eine Quelle zu nützlichen Ausarbeitungen auf mehrere Jahre lang werden könnte; und daß es mir fast unmöglich sein würde, nachher der Reue zu entgehn, wenn ich diese Gelegenheit, meinen Geschmack noch mehr zu bilden, und meine Kenntnisse zu vermehren, itzt aus den Händen ließe, da ich das hier täglich für wenige Groschen sehen kann, dessen Anblick nachher durch eine ganze neue Reise erst wieder erkauft werden müßte. Dieser überwiegende Grund hat mich zu dem Entschluß gebracht, noch bis zum künftigen Frühjahr hier zu bleiben, und es dabei so einzurichten, daß ich Ihnen mit Vorschuß nicht ferner beschwerlich fallen dürfte. Ich habe mich nämlich durch Umgang und Lektüre mit dem Zustande der neuesten italienischen Literatur einigermaßen bekannt gemacht, und verschiednes dahin Einschlagendes gesammlet, das unter einem schicklichen Titel ein kleines nicht uninteressantes Werkchen, etwa von einem halben Alphabet stark, werden könnte; vermittelst dessen, was mir diese leichtere Nebenarbeit eintrüge, gedächte ich dann diesen Winter hier noch zu subsistieren, und dabei alle mein Bestreben dahin zu richten, um über die Altertümer ein vollkommnes und auffallendes Werk zu liefern, wodurch ich zugleich meinen literarischen Ruf auf immer befestigte. Ich habe dies alles mit dem Herrn v. Goethe überlegt, der meinen Entschluß auch billigt. Sein Umgang kömmt mir hier außerordentlich zustatten, fast alle Tage bringe ich einige Stunden mit ihm zu, wo ich schon oft meine Ideen durch Mitteilung derselben berichtigt und erweitert habe, und auf neue Aussichten geführt bin. Er ist mit meinem Plane, durch die Stellung der Gegenstände in dem Werk über die Altertümer gleichsam den Geist der Alten aufzuwecken und sichtbar zu machen, und so viel wie möglich lebendige Darstellung hinein zu bringen, nicht nur zufrieden, sondern interessiert sich auch dafür, so daß ich seinen Rat und seine Aufmunterung hiebei nicht gern entbehren möchte; da wir überdem sehr viele Sachen zusammen in Augenschein nehmen, welches mir, da er in Kunstsachen sehr tiefe Kenntnisse besitzt, vorzüglich nützlich ist. Ich könnte alsdann auch, wenn ich noch den Winter hier bleibe, im künftigen Frühjahr mit ihm zugleich nach Deutschland zurückreisen.

846 J. H. W. Tischbein an Merck *10. Oktober 1787*

Ich bin wieder in Neapel ... kommen Sie diesen Winter nach Italien, wir wollen recht vergnügt sein. Goethe bleibt auch noch hier; der ist ein halber Maler geworden; ich höre, daß er in Rom fleißig zeichnet, Köpfe und Landschaften. In einigen Tagen erwarte ich ihn hier, und werde dann wieder mit ihm nach Rom zurück gehen.

847 K. Ph. Moritz an J. H. Campe *27. Oktober 1787*

... ich habe mich bisher immer mehr damit beschäftigt, über das, was ich wußte, nachzudenken, als mir viele neue Kenntnisse zu verschaffen. Jetzt sehe ich aber täglich mehr ein, und lerne durch den Umgang mit dem Herrn v. Goethe, daß die Denkkraft notwendig ebenso stark außer sich, als in sich wirken muß, wenn sie nicht auf metaphysische

Spitzfindigkeiten geraten und die gehörige Elastizität und Leben behalten soll.

Es kommt mir außerordentlich zustatten, daß ich mit dem Herrn v. Goethe beständig meine Ideen wechseln kann; und ich bin dadurch schon auf vortreffliche Grundsätze geleitet worden.

Alles, was ich um mich her in der wirklichen Welt und in der vergangenen sehe, wird mir immer heller und deutlicher, und bekömmt immer mehr Beziehung auf einander, je vollständiger meine Ideen davon werden.

848 Platens Tagebuch *24. Dezember 1824*

Er [der Schweizer Bildhauer Joseph Christen] hat viele der bedeutendsten Männer seiner Zeit gekannt, und ist vor der Revolution schon in Italien gewesen, eine Zeit, die er sehr lobt, und wo er jahrelang mit Goethe und Meyer in einem Hause wohnte. Er sagte, Goethe und Meyer wären so gute Freunde, daß wahrscheinlich einer dem anderen nachsterben würde. In Rom hätten sie immer in einem Bette geschlafen. Goethe hätte damals viel Satirisches in seinem Wesen gehabt, und zum Beispiel Danneckern, der damals auch in Rom gewesen, hätte er immer einen Windbeutel geheißen.

1788

849 Schiller an Körner *31. März 1788*

Hier wird Goethe jeden Tag aus Italien zurückerwartet; der Herzog hat ihn verlangt und ihm, wie man mir gesagt, eine Prolongation seines Urlaubs verweigert.

850 Kardinal Graf Herzan an Fürst Kaunitz *16. April 1788*

Herr Goethe wird künftigen Sonnabend seine Rückreise von hier nach Weimar antreten.

851 Barbara Schultheß an ihre Tochter Bäbe *4. Juni 1788*

Wir sind seit 9 Uhr schon hier [in Konstanz], liebe Bäben – so schön wie erwartet. K[ayser] wird selbst ein Wort schreiben. G[oethe] grüßt Dich sehr – die Zeichnung nahm er sehr gefällig und lieb auf.

852 Döde Schultheß an ihre Schwester Bäbe 4. Juni 1788

Wir sind schon eine Stunde hier, Herr K[ayser] ist sehr freundlich, und der andre [Goethe], ach den kann ich nicht genug ansehen, so freundlich und artig ist er, wir trinken jetzt ein Tee miteinander auf unserm Zimmer, das recht lustig ist, es hat ein Erkel wie im Thalegg. Denk, eben sagt Mamma, es sei gut daß ich brav schreibe, da sagt der Goethe, schreiben Sie auch meine Empfehlungen an ihre Schwestern, und K[ayser] desgleichen ... Mamma packt der Frau Meiß Porträt aus, und G[oethe] beguckt er [es] sehr begierig ...

853 Barbara Schultheß an ihre Tochter Bäbe 5.–7. Juni 1788

Der gestrige Tag ging herum, ich wußte nicht wie – es wurde immer erzählt – meistens über Kunst-Sachen, wo einem immer Lichter aufgesteckt werden, viel Neues und viel Altes gesagt wird, so vieles deutlich gemacht, davon der dunkle Begriff dalag, und so nun Genuß wird – der Rat gibt sich so viel Mühe,und läßt keinen Augenblick verloren gehen ... K[ayser] ist wohl, sieht recht gut aus – geht mit G[oethe], laßt aber Hoffnung zu einer Rückkehr ...

Freitag morgen [6. Juni]

Den Abend wird der Brief abgehen – es geht überall recht gut – gestern nacht ließ der Geheime Rat den Mond scheinen – und versprach mir auch einen Mondschein. Das kannst Du nun gar nicht verstehen, wenn Du es nicht ganz einfältig und buchstäblich nimmst – Du siehst also, daß er Mondschein mit sich führt – wirst noch allerlei hören und vernehmen, habe nur Geduld – ...

Den 7. Juni 88.

Der Herr Geheime Rat grüßt recht sehr.

854 Döde Schultheß an ihre Schwester Bäbe 7. Juni 1788

Es tut mir so leid, daß niemand nichts darvon sagt, auf die Reichenau zu gehn, aber ich kann's darnach wohl begreifen, daß ihnen so was zu gemein ist – doch ist's nur eine Stunde weit, ach Du sollest ihn hören erzählen, wenn man nur alles aufsetzen könnte ...

... das muß ich Dir noch sagen, wie wir kurios leben, des Morgens trinkt K[ayser] ganz früh auf seinem Zimmer sein Kaffee, darnach trinken wir unser Tee zusammen, nämlich die Mama, der V[etter] und ich, wo oft Herr K[ayser] bei uns ist, das währt so bis 8 Uhr, nachher kommt der andre [Goethe] so um ½ 9 Uhr auch und ißt Butterschnitten, dann raucht der V[etter], und wir sehen zum Fenster hinaus, oder ich arbeite, K[ayser] ist oft auf seinem Zimmer, und die andern, M[ama] und G[oethe] reden miteinander. Das währt bis 1 Uhr, dann speisen wir an einem ovalen Tisch Gügeli und Däubli usw., sitzen so bis ½ 3 Uhr, dann es wird immer erzählt – nicht nur geessen. – Dann um 6 Uhr das Tee, und um 7 spazieren – und zuletzt um ½ 9 Uhr zu Nacht gespiesen, 10, ½ 11 geschwatzt und erzählt ...

855 Döde Schultheß an ihre Schwestern *8. Juni 1788*

Ich muß euch doch etwas Lustigs erzählen, das über Tisch erzählt wurde. Nämlich von einer Maske. Die alten Römer müssen sehr viel damastene Röcke getragen haben, wormit man jetzt nichts zu tun wüßte, als sie vor Masken zu brauchen – die Maske also bestund aus dem Rock mit sehr großen Blumen, und das Schönste davon waren die langen Manschetten an Ellenbogen. Hernach eine ringsherum gleich rund gekräuste Perücke und hinten dran drei ganz dünne dünne Zöpfli, die nicht mit schwarzen, sondern das eine mit einem hoch-gelben, das andre mit einem roten und das dritte mit einem grünen Band gebunden, die dann immer hüpfen, dann haben sie eine sehr große Brille auf, mit der sie bei jedermann still stehn und begucken, das muß hübsch aussehn, denn grüßen sie die Leute so – sie hüpfen mit beiden Beinen zugleich in die Höhe, und das einige Mal – wobei dann die Zöpfli recht schön hüpfen –.

856 Barbara Schultheß an ihre Tochter Bäbe *9. Juni 1788*

G[oethe] und K[ayser] packen ein – und dann werden wir den letzten Tag noch ruhig genießen ...

Adieu, ich will itzt machen, daß es fertig ist, wenn der Rat kommt, der Dich grüßt und sich sehr viel von Dir denkt, eine gar hohe Meinung von Dir hat – –

Mit dem Liedchen «Hm hm so so» ging's gar wunderlich, sowie ich's ihm geben wollte, riß er mir's schon halb aus der Hand, übersah's und fuhr mit in die Tasche, «das behalt ich», und wandte sich um –

Du kannst Dir ihn denken –

Ich mochte ihm das Gefühl nicht verderben und ließ es gut sein –

Hier ist's ein bißchen verändert ...

Schon ist das Päckchen zugemacht, und zwar hat mir's der Geh. Rat aus der Hand genommen, und selbst zugemacht ...

857 Döde Schultheß an ihre Schwester Bäbe *9. Juni 1788*

Wohl ich hab was, denk es freut mich erstaunlich, ein Brotkügeli, das [er] über ein Mittagessen in Händen herum drückte, ich sitz immer neben ihm, und wenn ich ihm aufwarten kann, so tu ich's geschwind, o das freut mich dann, ich ihn gewiß Dir grüßen, wegen einem Krämli mußt Du Dich trösten, wie ich auch. Er trägt immer ein braunes Kleid, und prächtige Schuhschnallen, von Steinen sehr prächtig ...

... ich will gewiß sehen, wo ich noch was auffange von Goethe vor Dich ...

858 Barbara Schultheß an ihre Tochter Bäbe *10. Juni 1788*

Nun sind wir seit Tuttlingen auf dem Dir bekannten Weg, liebe Bäben ... das Gefühl des Abscheids liegt mir noch schwer im Sinn – in der letzten Viertelstunde sagte er mir, grüß die Bäben recht, recht sehr von mir ... Kayser sagte manchmal mit vielem Verlangen, ach, die Bäben auch nur eine Stunde – – Goethe hat das Scherli aus seiner Brieftasche verlegt, verloren, und ich gab ihm das aus Deiner, mit der Versicherung, daß Dir das Bewußtsein Freude machen werde.

859 Lavater an G. Ch. Tobler *20. Juni 1788*

Dich wird es auch freuen, daß die Frau Schultheß, die nach Eßlingen reiste, Goethe in Konstanz traf und ein paar

Tage so harmlos wie möglich mit Tochter und Neveu ihn genoß.

860 Schiller an Körner *12. Juni 1788*

Goethe wird auf den 20. hujus erwartet. Man ist sehr begierig, ob er bleiben wird.

WEIMAR

861 Sophie v. Schardt an Ch. A. v. Seckendorff *19. Juni 1788*

L'ami Goethe est revenu hier au soir tard; on dit que la duchesse mère remuera ciel et terre pour l'engager à retourner avec elle en Italie; jusqu'à présent il n'y a pas à y penser qu'elle demeure ici: tous les préparatifs se font sans interruption.

862 W. v. Diedes Tagebuch *19. Juni 1788*

Nun war der Mann da, der aller Augen und Gedanken auf sich zog, insonderheit war er von denen, die seinem Beispiel zu folgen gedachten, sehnlich erwartet worden. Aber auch jedermann nahm an seiner Rückkunft Anteil. Der Fragen war kein Ende – er zog sich aus dieser Beschwerlichkeit mit dem ihm gewöhnlichen Verstand; er zeigte sich mehr als gewöhnlich gesprächig, wie er denn wirklich Ermunterung und Zufriedenheit zurückgebracht hatte, und verweilte bei Kleinigkeiten, um Hauptpunkten, über die er sich nicht auslassen wollte, auszuweichen. Für uns war es ein wahrer Genuß, manches Gesehene mit ihm zu wiederholen und darüber seinen immer sonderbaren Gesichtspunkt und seine Meinung zu vernehmen. Er zeigte uns diesmal Zuneigung und Vertrauen. Der Herzog, dessen Zutrauen in Geschäfte vor gedachter Reise abgenommen zu haben geschienen hatte, behandelte ihn dermalen überaus freundlich und unterredete sich ohne Unterlaß mit ihm.

863 Herder an Knebel *22. Juni 1788*

Er [Goethe] ist seit dem 18. abends um zehn Uhr mit dem Vollmonde hier, ist gesund und wohl, und hat uns schon tausend Dinge erzählt.

864 Frau v. Wedel an Gräfin Goertz *23. Juni 1788*

Goethe est de retour, il est venu à point nommé et nous n'avons entendu qu'Italie et Italie, on n'en part plus. La vieille maman paraît de mauvaise humeur depuis ce temps, je crois qu'elle a espéré que Goethe retournait avec elle, et il paraît qu'il n'en a pas envie.

865 Caroline Herder an J. G. Müller *30. Juni 1788*

Nun, denken Sie, liebster Freund, mein Mann wird bald in Ihre Nähe kommen! Der Domherr Fritz von Dalberg hat ihm eine Reise nach Italien angetragen ... Unser Goethe ist den 18. wiedergekommen, gestärkt und befestigt in seinem ganzen Wesen; er hat Ratschläge zur Reise gegeben, und nun hängt's von Dalberg ab, ob es zuerst nach der Provence geht, wie es sein eigentlicher Plan war, oder ob sie nach Goethes Rat den kürzeren Weg durch die Schweiz über den Gotthard nehmen.

866 Knebel an Charlotte v. Lengefeld *30. Juni 1788*

Goethe ist so unglücklich nicht hier. Er kennt die Dinge, und weiß, daß man die vergangenen als einen Traum ansehen muß. Indes, wenn der Traum gut gewesen ist, bleiben doch noch Erinnerungen, die den Zeitpunkt, worinnen wir stehen, glücklich und reich machen können.

867 Schiller an Körner *5. Juli 1788*

Goethe ist jetzt in Weimar seit vierzehn Tagen; man findet ihn wenig verändert. Wie es weiter mit ihm werden wird, weiß noch niemand.

868 Schiller an J. R. Ridel *7. Juli 1788*

Goethe ist jetzt bei Ihnen. Ich bin ungeduldig, ihn zu sehen. Wenige Sterbliche haben mich so interessiert. Wenn Sie mir wieder schreiben, liebster Freund, so bitte ich Sie, mir von Goethe viel zu schreiben. Sprechen Sie ihn, so sagen Sie ihm alles Schöne von meinetwegen, was sich sagen läßt.

Die Iphigenia hat mir wieder einen recht schönen Tag gemacht; obschon ich das Vergnügen, das sie mir gibt, mit der niederschlagenden Empfindung büßen muß, nie etwas Ähnliches hervorbringen zu können.

869 J. R. Ridel an Amalie Buff *14. Juli 1788*

Goethe ist seit dem 18. des vorigen Monats hier. Er war abends spät gekommen, und wenn ich gleich wußte, daß man ihn da erwartete, so überraschte er mich doch, denn die Herzogin sagte mir den Nachmittag, sie glaubte, daß er erst den 20. kommen würde. Den andern Morgen um 8 Uhr, wie ich's noch gar nicht wußte, daß er wirklich angekommen, und eben bei Akten saß, stand er vor mir und embrassierte mich. Er ist magerer geworden und war zudem sehr von der Sonne gebrannt – ich kannt' ihn also nicht einmal gleich!

Er bezeigt sich sehr freundschaftlich gegen mich, reicht mir selbst bei Hofe ganz zutraulich die Hand und ist in der Erziehung [des Erbprinzen] ganz mit mir einstimmig. Eine stundenlange Promenade hab' ich schon mit ihm gemacht und ihn auch da sehr offen gefunden; nur packt ihn jetzt der Herzog so oft, und er hat so vieles und so mancherlei so vielen Menschen zu erzählen, daß ich ihn noch nicht so genießen konnte, wie ich's gewünscht hätte. Es sind zudem jetzt Fremde hier, die oft bei Hofe kommen und viel Zeit wegnehmen: da kann ich ihn also noch nicht recht habhaft werden. Ich bin indes aus vielen Umständen überzeugt, daß er gewiß sehr mein Freund ist.

So im Vorbeigehn hab' ich ihm auch schon gesagt: ich glaubte, es würde gut sein, wenn die Einrichtung getroffen würde, daß in meiner Abwesenheit jemand anderes bei dem Prinzen sein könnte außer dem Kammerdiener, da ich doch notwendig zu meiner Erholung mich zuweilen entfernen möchte und der Kammerdiener zwar ein recht guter Mensch wäre, aber nicht Einsicht und Autorität genug hätte und haben könnte, um alsdann den Prinzen so zu behandeln, wie ich's wünschte. Er sah das ein und hat mir versprochen, es gelegentlich anzubringen.

870 Schiller an Körner *27. Juli 1788*

Von Weimar höre ich schon viele Wochen nichts, doch wird dieser Tage Frau von Stein hierher kommen, die mir von Goethen erzählen soll ...

Nach Weimar werde ich doch wohl nicht so bald kommen. Es ist eine kleine Tagreise hin, und es sind der Orte, nach denen ich meinen hiesigen Leuten habe versprechen müssen Partie mit zu machen so viel, daß mir keine Zeit für so große Exkursionen übrig bleibt. Ich bin sehr neugierig auf ihn, auf Goethe, im Grunde bin ich ihm gut, und es sind wenige, deren Geist ich so verehre. Vielleicht kommt er auch hierher [nach Volkstädt], wenigstens nach Kochberg, eine kleine Meile von hier, wo Frau von Stein ein Gut hat.

871 Abeken: Goethe in meinem Leben

Die Griesbach schilderte ihn [Goethe] mir einmal in einer Szene, wo er sie, aus Italien zurückkehrend, besuchte. «Er schnaufte», war ihr Ausdruck; sie wollte einen Menschen darstellen, der in einer seiner Natur nicht gemäßen, drükkenden Atmosphäre nicht atmen, nicht leben kann.

872 Herder an seine Frau *11. Oktober 1788*

Goethe hat gut reden; alle seine Ratschläge in Ansehung Roms taugen nicht; er hat wie ein Künstlerbursche hier gelebet. Da schwätzt er und warnt mich vor dem schwarzen Rock, und macht, daß ich den meinigen nicht mitnehme, und nun muß ich mir einen hier machen lassen, weil ich mit keinem andern, auch keinem gestickten, der immer nur Frack ist, in eine Gesellschaft kommen kann ... und so hat er mehr geredet; ich habe mich manchmal schon über ihn geärgert, daß ein Mensch, der zwei Jahr in Rom gewesen ist, einen so ziehen läßt.

873 Caroline Herder an ihren Mann *7. August 1788*

Goethe kam [gestern] den Nachmittag zu mir, als eben die Volkstädtin da war. Er hat mich recht gutmütig getröstet, für mich war aber gestern kein Trost da ...

Goethe kam auch heute wieder und sagte mir die besten Folgen Deiner Reise vor. Unter andern sagte er auch, daß er vierzehn Tage vor der Abreise aus Rom täglich wie ein Kind geweint habe; das hat mich sehr gejammert.

874 Caroline Herder an ihren Mann *8. August 1788*

Elisa [Gore] will Dir das nächstemal schreiben. Sie hat zwei Briefe aus *Werther* übersetzt ins Italienische; da wir dabei waren, kam Goethe. Sie hat ein sehr warmes Herz für ihn, und konnte nicht mehr lange bleiben. Goethe grüßt Dich tausend-, tausendmal. Er empfindet Deine Abwesenheit nach mir am meisten. Durch Dein Gespräch, durch die Aufnahme seiner Gedanken und Mitteilung der Deinigen, die ihm forthelfen, hattest Du ihm viel gedient. Mit Knebel, sagt er, seie das nicht so. Auch im Politischen sieht er, daß nichts zu tun sei. Er hat sehr offen darüber gesprochen, das sich aber nicht schreiben läßt, und Du alles selbst schon weißt. Sobald der Herzog fort ist, will er an den achten Band seiner Werke gehen. Will dies Jahr noch viel arbeiten. Sein Motto ist abermals: «Wenn du stille bist, wird dir geholfen.»

875 Caroline Herder an ihren Mann *14. August 1788*

Eben war Goethe da, er hat viel Lustiges, ich möchte sagen, Betäubendes über seine häusliche menschliche Situation gesagt – es war aber in allem so viel Klarheit und Richtigkeit, daß das Betäuben nicht statt hat. Er hat nun alles Glück und Wohlsein auf *Proportion* und das Unglück auf *Disproportion* reduziert. Ihm sei es jetzt gar wohl, daß er ein Haus habe, Essen und Trinken hätte und dergleichen. Alles, was Du in Deinen drei Bänden der Philosophie von den Tartaren bis zu den Römern geschrieben hättest, käme alles darauf hinaus, daß ein Mensch ein Hauswesen besäße, und (setzte ich hinzu) mit Vernunft sich regierte!

Dies ist der kurze Auszug unseres Gesprächs, das wir mit ziemlich guter Laune gehalten haben.

876 Caroline Herder an ihren Mann *15. August 1788*

Goethe besucht mich fleißig; er war gestern da, ich habe Dir im Brief der Herzogin etwas vom Gespräch erzählt. Im ganzen will es mir nicht wohl mit ihm werden. Er lebt jetzt, ohne seinem Herzen Nahrung zu geben. Die Stein meint, er sei sinnlich geworden, und sie hat nicht ganz unrecht. Das Hofgehen und Hofessen hat etwas für ihn bekommen. Er will sich diesen Winter ganz an die Herzogin halten; das sei die einzige, die ihm geblieben. Mitunter sollte ich und die Imhoff zu ihm zum Tee kommen. Ich sagte ja, wenn die Stein mitkäme. Ach mit der ist nicht viel anzufangen, sagte er; sie ist verstimmt, und es scheint nicht, daß etwas werden will. Ich nahm ihre Partie, so gut ich konnte; ich glaube aber nicht, daß er ihr entgegengeht.

877 Caroline Herder an ihren Mann *18. August 1788*

Goethe besucht mich meistens all ander Tag. Er war gestern nachmittag da. Er ist beinah wie ein Chamäleon; bald bin ich ihm gut, bald nur halb. Er will sich auch nie zeigen, und nimmt sich vor jeder Äußerung in acht, daraus man Schlüsse machen könnte; darum ändert er auch, glaube ich, so oft die Reden. Jetzt schreibt er sein Pflanzensystem auf und erwartet Dich künftiges Jahr mit Verlangen dazu; er will's ins Lateinische übersetzen, und Du sollst es korrigieren. Dabei war nun zu hören, daß er auf einige Jahre Arbeit sich zugeschnitten hat. Er hat das erste Buch und das übers Christentum Deiner *Ideen* gelesen und hat großes Wohlgefallen daran; im ersten Buch hättest Du dem Gewirr der Völker ein eignes Interesse dadurch gegeben, daß Du sie auf den Ursprung zurückgeführt. Dem Rom und Papst hättest Du auch Gerechtigkeit widerfahren lassen, indem Du gezeigt, was sie getan usw. Deutlich kann ich's nicht so recht wiederholen; ich sagte ihm, er möchte Dir einmal ein Wort darüber schreiben.

878 Schiller an Körner *20. August 1788*

Goethen habe ich noch nicht gesehen; aber Grüße sind unter uns gewechselt worden. Er hätte mich besucht, wenn er gewußt hätte, daß ich ihm so nahe am Wege wohnte, wie er nach Weimar reiste. Wir waren einander auf eine Stunde nahe. Er soll, höre ich, gar keine Geschäfte treiben. Die Herzogin ist fort nach Italien, und der Herzog wird nächstens bei euch in Dresden sein. Goethe bleibt aber in Weimar. Ich bin ungeduldig, ihn zu sehen.

879 Caroline Herder an ihren Mann *29. August 1788*

Den 25. wurde dem guten Adelbert [zum Geburtstag] das Tischchen gedeckt; er soll Dir's beschreiben ... Um 11 Uhr kam Knebel und bald darauf Goethe; zugleich kam auch das Paketchen Bücher aus Nürnberg, und das Jubeln der Kinder war sehr groß ... Ich las aus dem Brief Goethe und Knebeln vor, und sie hatten beide gleiche Freude mit mir; nicht genug können sie die gute Art und das rein gewaschene Auge loben, mit dem Du alles siehest und so vielfach siehest. Goethe interessiert das um so mehr, da er, wie er sagte, nur *eine* Sache sähe. Nun wurde der Pack aufgemacht. Goethe bekam seinen Brief oder vielmehr Gedichte. Emil maßte sich den Pack Pfefferkuchen an, und teilte so kindlich großmütig aus, daß bald keine mehr übrig geblieben wären; die Deute Zuckersachen wurde auf einen Teller getan. Goethe und Knebel aßen von allem mit ... Goethe war sehr gut. Ich lobte ihn, daß er zu dieser guten Stunde gekommen, da er die ganze Woche nicht da gewesen sei. Ja, sagte er, ich war schon auf dem Weg nach meinem Garten und mußte umwenden; es trieb mich her, nicht die Liebe, sondern vielleicht die Verzweiflung; ich ging soeben vom Herzog weg. Nun war von seinem Geburtstag die Rede; ich erinnerte ihn an unsern *Gott*, den er voriges Jahr erhalten hatte. Da bekam ich, sagte er lächelnd, den Gott, um dies Jahr an keinen zu glauben. Es müssen unangenehme Dinge durch sein Gemüt gehen ...

Da gestern Gottfrieds Geburtstagsbescherung vorüber war, so schickte ich ihn und August zu Goethe ... Goethe selbst habe ich nicht gesehen; er muß immer beim kranken Zehen des Herzogs sein. Auch war ein Ball im Komödienhaus, wo er gewesen ist ...

Goethe war diese Woche noch zweimal da; er liest noch an Deinem vierten Teil [der *Ideen*]. Die wilden Völker, Attila, Geiserich und Konsorten, haben ihn sehr interessiert; er hat viel davon gesprochen und wird Dir schreiben. Er meint, wenn Du wieder kommst, wirst Du dem Werk einen eignen Glanz geben, aber in der Grundidee nichts ändern können, weil alles unvergleichlich und glücklich gedacht und gestellt sei. Er war wieder sehr heiter und gut ...

Wir haben nun hin und her geraten, ob die Frau von Seckendorff mit Euch oder der Herzogin-Mutter fahren wird? Da war eine Deliberation über den Wagen von Dalberg, und mir war schon leid, daß es nicht der nämliche sein würde, in dem ich gesessen habe. Nun sagte Gottfried, er könne zu vier Personen eingerichtet werden, und Goethe meinte, für eine Frau wäre es immer angenehmer, mit zwei Herren als in der Herzogin Wagen mit zwei Frauen zu fahren. Dazu habe ich Ja und Amen gesagt.

880 Gottfried Herder an seinen Vater *29. August 1788*

Als ich zum Herrn Geh.-Rat Goethe ging, so schenkte er mir einen Ring mit einem geschnittenen Steinchen, womit ich nun den Brief siegeln will.

881 Caroline Herder an ihren Mann *4. September 1788*

In der Stadt spricht man über die Reise der Seckendorff mit Dalberg sehr ... Goethe ist recht billig. «Wie Herder die Sache mit der Seckendorff ansieht, so ist sie», sagte er; «nimmt er sie gut auf, so ist sie gut.»

Des Herzogs Zehen wird nur langsam besser; Goethe muß täglich, ich glaube, auch stündlich bei ihm sein.

882 Charlotte v. Kalb: Aufzeichnung

Diesen Sommer [1788] war Goethe auf einige Monate in Weimar anwesend, und während dieser Zeit waren zuweilen Partien, wo sich die Bekannten vereinigten. Die Unterhaltung war nicht so teilnehmend und lebhaft wie früher; spärlich war die Rede, und der Ausdruck erstarrte meist auf den

Lippen, es herrschte oft feierliches Schweigen und gleich frostiges Meinen und Sinnen.

Einen Tag verlebten wir bei Frau v. Stein zu einer Kollation. Goethe stand am Fenster, hatte eine Glasscheibe in der Hand und einen Bogen, zeigte, wie bei jeder Bewegung des Bogens der Sand auf dem Glase verschiedene Figuren bildete. Das Geringste war ihm bedeutend, was zum Gesetz der Ordnung gehörte, und so interessierte ihn dies wunderbare Spiel lebhaft; und wie unzerstörbar die geheimnisvolle Ordnung der Natur, konnte wohl auch dies Experiment beweisen; die Winde zerstreuen den feinen Sand, doch der leise Strich des Bogens zwingt die Körnchen zu bestimmten schönen Formen. Es beschäftigten uns seine Versuche in lebendig angeregter Teilnahme mit ihm... Goethes prägnanter Ausdruck bezeichnete zuweilen wie vorausschreitend und voraussagend: es wird sich auch kristallisieren! – O wohl uns, wenn wir einst nur schöne Strahlen darin zu erkennen vermögen. – Gemeinsam gab man seit diesem Tag Kollationen in dem Tempelhause; da fanden wir leichter die sonst erloschene Rede. Seine Abreise nach Italien war wieder bestimmt; uns zeigte er, aus Gunst oder auf Bitten, Gemälde und Seltenheiten, die er früher aus dem Südlichen mitgebracht hatte ... Durch die bedeutsame Anschauung angeregt, herrschte mehr Sinnigkeit und Scherz, und besonders ergötzte der Frau von Schardt launige Anmut, und so trennte uns die Mitternacht in erfrischter heiterer Stimmung.

Noch kann ich gedenken, daß Goethe, als er von mir Abschied nahm, mir einige Bücher überbrachte, es waren Übersetzungen von Voß und Stolberg, und auch auf der Reise nicht von ihm vergessen, erhielt ich manches Sonett und Epigramm, was man nachher in seinen Schriften gelesen hat.

883 Caroline Herder an ihren Mann *12. September 1788*

Goethe sagte neulich einmal: «Man reist ja nicht, um anzukommen, sondern um zu reisen.» Ehe ich weiter schreibe, will ich Dir auch etwas von der Kochberger Fahrt sagen.

– Den 5. früh 6 Uhr fuhren wir ab, Goethe, die kleine Schardt, ich und Fritz [von Stein]. Der schönste Himmel war's, kein Wölkchen den ganzen Tag; wir waren alle gleich heiter gestimmt. Die Schardt ward über ihre Zuneigung zu den Engländern sehr railliert. Goethe hat ihr vornehmes und borniertes Wesen detailliert, ist über das Betragen des Hofs gegen sie ziemlich pikiert, und hat offen und sehr vernünftig darüber geredet. Um halb 11 Uhr hatten wir den stoßigen Weg geendigt. Lotte Lengefeld kam zuerst, uns zu empfangen, dann die Frau von Stein, die uns alle freundlich empfing, doch ihn [Goethe] ohne Herz. Das verstimmte ihn den ganzen Tag. Wir sahen Zeichnungen, die er mitgebracht. Nachmittag schlief er, und abends las ich ihr Stellen aus Deinen Briefen vor. Das gab nun eine allgemeine Wärme und Teilnehmung. Tags vorher hatte Goethe dem Prinz August und dem Herzog über das Christentum [aus den *Ideen*] vorgelesen, die es außerordentlich erfreut hatte. Da bekam er nun in Kochberg einen Brief hierüber, den er Dir schicken wird. Wir sprachen viel von Dir. Der andre Tag war in allem diesem gleich, nur daß Goethe einiges las, das er in den Merkur geben will, etwas über die Kunst, Beobachtungen über die Witterung und von der heiligen Rosalia in Palermo ... Den Sonntag ging's nach Rudolstadt ins Lengefeldische Haus, das eine herzgute Familie ist. Schiller war auch da; Goethe betrug sich gut gegen ihn, und es war eine gute Stimmung. Die Gegend ist schön. Abends nach Kochberg im Mondschein. Goethe sagte das Gedicht über die Rosenkreuzer [Die Geheimnisse] und erzählte aus dem *Tasso*. Den andern Tag ging's wieder nach Hause über Orlamünde und Jena in dem unvergleichlichen Saaltal und schönsten Wetter. Durch Schillers Gedicht im Merkur über die Götter [Griechenlands], das Du kennst, kam Goethe auf die Eigenschaften, die die Alten in ihren Göttern und Helden in der Kunst dargestellt haben, wie es ihm geglückt sei, den Faden des *Wie* hierin gefunden zu haben. Er hat hierüber mit Dir, da ich auch zuhörte, viel gesprochen. Die ganze Idee liegt, wie es mir dünkt, wie ein *großer Beruf in seinem Gemüt*. Er sagte endlich, wenn Ludwig XIV. noch lebte, so glaubte er durch seine Unterstützung die ganze Sache ausführen zu können; er hätte einen Sinn für das Große gehabt; mit 10–12000 Reichstalern des Jahres könnte er's in zehn Jahren, in Rom allein, versteht sich's, ausführen. Der moralische Sinn darinnen hat mich sehr gerührt. Ihr beide geht, wie zwei Genien der Menschheit, zu *einem* Ziel. Gar schön war's, wie er sagte, daß ein einzelner Mensch nie einen Charakter in dem höchsten Ausdruck haben könne; er würde nicht leben können; er müsse vermischte Eigenschaften haben, um zu existieren. Er war in der Stunde, da er dies alles sprach, recht in seinem Himmel, und wir haben ihm endlich versprechen müssen, mit niemand davon zu reden. Du warst natürlich nicht darunter begriffen; denn Du gehörst ja ganz eigentlich und allein zu diesem Gespräch. Dich vermißt er je länger je mehr. Mit Knebel kann er über nichts reden, sagte er; Du verstehst ihn und hilfst ihm vorwärts durch Dein Studium. In Jena aßen wir den Mittag bei Knebel, der durch die hiesige Wirtschaft ziemlich verstimmt war ...

Gehe ja gleich aufs Land nach Tivoli etc., damit das schwere Rom Dich nicht so sehr drückt. Goethe sagte, wenn er wieder nach Rom käme, würde er von 12 Uhr bis 2 schlafen, die Stunden vor dem Essen; viele täten es so und befänden sich wohl dabei. – Einen seidnen Gürtel, der dort morgens und abends getragen wird, unter der Weste, kaufe ja bald, und vergesse ihn besonders des Abends nicht; man trägt ihn in der Tasche mit sich, um ihn immer zu haben.

884 Caroline Herder an ihren Mann *31. Oktober 1788*

Über die Götter und Helden will ich Dir doch etwas sagen, was ich damals beiläufig von Goethe gehört habe, als er von den Charakteren in den Bildsäulen sprach, als wir von Kochberg zurückfuhren. «Es ist selbst schwer, einen echten und wahren Götter- und Heldenkopf unter den alten aufzufinden. Der Künstler hat oft, wenn er diesen oder jenen ehren wollte, sein Porträt zum Gott oder Helden oder jenes Frauen-Porträt zur Göttin genommen. Dazu gehört ein Studium, die echten Ideale aufzufinden.» Vielleicht weißt Du dies schon, oder es wird Dich aufmerksam machen. Wenn Goethe begünstigt würde, durch Glück, Geld und Künstler in Rom, so glaube ich gewiß, daß er jeden menschlichen Charakter vom Scheitel bis auf die Fußsohle, wie er glaubt, herausbringen könnte. Dies scheint tief in seiner Seele zu liegen. Sage aber um Gotteswillen keinem etwas davon, weder Angelika noch den Malern! wir haben ihm ein heiliges Stillschweigen angeloben müssen.

885 Ludwig Friedrich Prinz von Schwarzburg-Rudolstadt: Tagebuch *7. September 1788*

Den 7. September kam der Herr Geheimerat Goethe mit dem Herrn von Stein und noch einigen Dames nach Rudolstadt und speisten bei dem Herrn Hofrat von Beulwitz, lernte Schiller kennen und sah bei dem Herrn von Brockenburg das Naturalienkabinett.

886 Schiller an Körner *12. September 1788*

Endlich kann ich Dir von Goethe erzählen, worauf Du, wie ich weiß, sehr begierig wartetest. Ich habe vergangenen Sonntag beinahe ganz in seiner Gesellschaft zugebracht, wo er uns mit der Herder, Frau v. Stein und der Frau v. Schardt, der, die Du im Bad gesehen hast, besuchte. Sein erster Anblick stimmte die hohe Meinung ziemlich tief herunter, die man mir von dieser anziehenden und schönen Figur beigebracht hatte. Er ist von mittlerer Größe, trägt sich steif und geht auch so; sein Gesicht ist verschlossen, aber sein Auge sehr ausdrucksvoll, lebhaft, und man hängt mit Vergnügen an seinem Blicke. Bei vielem Ernst hat seine Miene doch viel Wohlwollendes und Gutes. Er ist brünett und schien mir älter auszusehen, als er meiner Berechnung nach wirklich sein kann. Seine Stimme ist überaus angenehm, seine Erzählung fließend, geistvoll und belebt; man hört ihn mit überaus viel Vergnügen; und wenn er bei gutem Humor ist, welches diesmal so ziemlich der Fall war, spricht er gern und mit Interesse. Unsere

Bekanntschaft war bald gemacht und ohne den mindesten Zwang; freilich war die Gesellschaft zu groß und alles auf seinen Umgang zu eifersüchtig, als daß ich viel allein mit ihm hätte sein oder etwas anders als allgemeine Dinge mit ihm sprechen können. Er spricht gern und mit leidenschaftlichen Erinnerungen von Italien; aber was er mir davon erzählt hat, gab mir die treffendste und gegenwärtigste Vorstellung von diesem Lande und diesen Menschen. Vorzüglich weiß er einem anschaulich zu machen, daß diese Nation mehr als alle andre europäische in *gegenwärtigen Genüssen* lebt, weil die Milde und Fruchtbarkeit des Himmelsstrichs die Bedürfnisse einfacher macht und ihre Erwerbung erleichtert. – Alle ihre Laster und Tugenden sind die natürlichen Folgen einer feurigen Sinnlichkeit. Er eifert sehr gegen die Behauptung, daß in Neapel so viele müßige Menschen seien. Das Kind von fünf Jahren soll dort schon anfangen zu erwerben; aber freilich ist es ihnen weder nötig noch möglich, ganze Tage, wie wir tun, der Arbeit zu widmen. In Rom ist keine Debauche mit ledigen Frauenzimmern, aber desto hergebrachter mit verheirateten. Umgekehrt ist es in Neapel. Überhaupt soll man in der Behandlung des andern Geschlechts hier die Annäherung an den Orient sehr stark wahrnehmen. Rom, meint er, müsse sich erst durch einen längeren Aufenthalt den Ausländern empfehlen. In Italien soll sich's nicht teurer und kaum so teuer leben, als in der Schweiz. Die Unsauberkeit sei einem Fremden fast ganz unausstehlich.

Die Angelika Kauffmann rühmt er sehr; sowohl von seiten ihrer Kunst, als ihres Herzens. Ihre Umstände sollen äußerst glücklich sein; aber er spricht mit Entzücken von dem edlen Gebrauch, den sie von ihrem Vermögen macht. Bei allem ihrem Wohlstand hat weder ihre Liebe zur Kunst, noch ihr Fleiß nachgelassen. Er scheint sehr in diesem Hause gelebt zu haben, und die Trennung davon mit Wehmut zu fühlen.

Ich wollte Dir noch mehreres aus seiner Erzählung mitteilen, aber es wird mir erst gelegenheitlich einfallen. Im ganzen genommen, ist meine in der Tat große Idee von ihm nach dieser persönlichen Bekanntschaft nicht vermindert worden; aber ich zweifle, ob wir einander je sehr nahe rücken werden. Vieles, was mir jetzt noch interessant ist, was ich noch zu wünschen und zu hoffen habe, hat seine Epoche bei ihm durchlebt; er ist mir (an Jahren weniger, als an Lebenserfahrungen und Selbstentwickelung) so weit voraus, daß wir unterwegs nie mehr zusammenkommen werden; und sein ganzes Wesen ist schon von Anfang her anders angelegt, als das meinige, seine Welt ist nicht die meinige, unsere Vorstellungsarten scheinen wesentlich verschieden. Indessen schließt sich's aus einer solchen Zusammenkunft nicht sicher und gründlich. Die Zeit wird das weitere lehren.

Dieser Tage geht er nach Gotha, kommt aber gegen Ende des Herbstes wieder zurück, um den Winter in Weimar zu bleiben. Er sagt mir, daß er verschiedenes in den Teutschen Merkur geben werde; ob er auf nächste Ostermesse seine Schriften endigen würde, macht er zweifelhaft. Jetzt arbeitet er an Feilung seiner Gedichte.

887 Charlotte v. Schiller an Körner *1810*

Im Jahr 1788, wo ich in Weimar war, war Goethe noch in Rom, und kurz nach seiner Rückkunft, 88, im Sommer, kam er nach Kochberg und Rudolstadt, und ich weiß mir noch zu besinnen, daß sie zusammen an der Saale herum gingen und Schiller sehr zufrieden mit seinem Gespräch war.

888 Caroline v. Wolzogen: Schillers Leben *1830*

Während dieses Sommers sah Schiller Goethen zuerst in unserm Hause. Wie alle rein fühlenden Herzen, hatten uns dieses Dichters Schöpfungen mit Enthusiasmus erfüllt. Alle unsre erhöhteren, echt menschlichen Empfindungen fanden durch ihn ihre eigentümliche Sprache; Goethe und Rousseau waren unsre Hausgötter. Auch floß des erstern so liebenswürdige Persönlichkeit, die wir bei unserer Freundin, Frau von Stein, kennen gelernt, mit dem Dichter in unserm Gemüt in eins zusammen, und wir liebten ihn, wie einen guten Genius, von dem man nur Heil erwartet. Wir hatten Schillern die Rezension des Egmont fast nicht verzeihen können.

Höchst gespannt waren wir bei dieser Zusammenkunft, und wünschten nichts mehr als eine Annäherung, die nicht erfolgte. Von Goethen hatten wir, bei seinem entschiedenen Ruhme und seiner äußern Stellung, Entgegenkommen erwartet, und von unserm Freunde auch mehr Wärme in seinen Äußerungen. Zu unserm Trost schien Goethe von schmerzlicher Sehnsucht nach Italien befangen; und da wir selbst bei der Rückkehr aus der Schweiz empfunden, wie man sich nach dem Genusse einer größern Natur nicht sogleich wieder mit ihrer gewöhnlichen, wenn auch anmutigen Erscheinung verträgt, so liehen wir ihm gern diese Empfindungsart, als Grund seiner Kälte.

Es freute uns sehr, daß Goethe das Heft des Merkurs, welches die Götter Griechenlands enthielt, und das von ungefähr auf unserm Tisch lag, nachdem er einige Minuten hineingesehen, einsteckte und bat, es mitnehmen zu dürfen.

889 Knebel an seine Schwester Henriette 9. September 1788

Gestern war die Herdern nebst der kleinen Schardt, Goethen und Fritz Stein zum Besuch bei mir [in Jena]. Sie kamen mittags von Kochberg, wo sie Frau von Stein besuchten, und fuhren abends wieder nach Weimar. Der Tag war sehr schön...

890 Caroline Herder an ihren Mann 11. September 1788

Aus Deinem Brief aus Innsbruck war genug zu ahnen. Ich sagte nur wenige Worte an Goethe, da antwortete er: «Er wird Italien schnell, aber gut sehen, im Juni eilt er wieder zu Ihnen.» Es ist alles aufs höchste gegen die Seckendorff aufgebracht, und das mit Recht, aus doppelter Ursache: Euch die Reise zu verderben, sieht ein jeder, und dann die weibliche Ehre so ganz zu beleidigen ... In Rom kann Dalberg die Seckendorff nicht bei sich haben; das ist gegen alle Sitte, man duldet es sogar nicht. Goethe zuckt darüber die Achseln. In Neapel, sagt er, ist das alles erlaubt, nur in

Rom nicht ... Suche oft die Angelika auf, die Goethe so hoch hält; an andern und viel Bekanntschaften wird Dir's nicht fehlen. Goethe ist gestern mit dem Prinz August nach Gotha gereist; sobald er kommt, sollst Du einen Wechsel von 100 Dukaten haben durch Reiffenstein. Ich werde ihm sagen, daß Du zu Deinem Equ[ip]ieren noch Geld brauchst.

891 Caroline Herder an ihren Mann *22. September 1788*

Lieber Engel, ich schreibe Dir heute schon wieder; die Affäre des Geldes kränkt mich aber je länger je mehr. Je länger ich darüber denke, je unedler und niedriger finde ich's, daß Dich Dalberg bezahlen läßt. Er hat Dir die Reise angetragen, er wußte so gut als wir, daß Du nicht in der Verfassung bist, eine Reise nach Italien zu unternehmen, noch weniger mit ihm al Barone zu bezahlen. Unsre Gutheit spielt uns eben immer üble Streiche, und in der ersten Aufwallung und Teilnehmung an Deinem Verdruß dachte ich, ich könnte und müßte Dir Geld schaffen, wenn auch gleich zu unserm Nachteil. Die Sache wird mir aber je länger je wichtiger; ich habe daher gegen Dein Verbot gehandelt, und in Zeiten, ehe wir etwas durch gutherzige Übereilung verderben, Goethe um Rat gefragt. Wie ihn das ganze Betragen indigniert hat, kann ich Dir nicht sagen. An dem allen ist freilich niemand als die Seckendorff schuld; Dalberg selbst ist aber äußerst schwach, daß er Dein Anerbieten des Mitbezahlens angenommen hat. Jetzt müssen wir darauf denken, daß wir in kein größeres Labyrinth kommen ohne unsre Schuld. Das Resultat unsrer Beratschlagung hierüber ist dieses. Das Geld, was ich Dir diesen Winter bis Ostern ersparen kann, – müssen wir als einen Hinterhalt zu Deiner Rückreise aufheben. Du selbst mußt nun mit Dalberg *mündlich* und *allein*, nur um Gottes willen *nicht schriftlich, durch einen Brief etwa*, sprechen, ihm ungefähr dies sagen: «Du hättest die Reise auf sein Anerbieten mit ihm unternommen. Er wüßte so wohl als Du, daß Du nicht mit Frau und sechs Kindern in dem Verhältnis wärest, eine solche Reise auf Deine Kosten zu tun. Du sowohl als alle

Deine Freunde hier sind in der Meinung gewesen, daß Du auf seine Kosten mitreisest. Er selbst war es gewiß nicht anderes Sinnes, da er in Augsburg alles zu zahlen übernommen hat. Da nun die Reise durch den Beitritt der Frau von Seckendorff so hoch gekommen, so hättest Du freilich aus übergroßer Gutmütigkeit Deinen Teil daran mitbezahlt; Du müßtest ihm aber sagen, daß Du Dich nicht darauf eingerichtet hättest, auch nicht in der Verfassung seiest, Dir von Hause Geld kommen zu lassen. Indessen wenn es seine Meinung sei, daß Du bezahlen sollst, so müsse er Dir aus seiner Kasse so viel leihen, als Du brauchst, und Du würdest ihm solches nach Deiner Heimkunft nach und nach abtragen.» Hier bitte ich Dich nun, lieber Engel, auf den Knieen, gegen undelikates Betragen nicht delikat zu handeln, sondern diesen Vorschuß als Gerechtigkeit von ihm zu verlangen, und Du wirst es auch erhalten. Goethe behauptet, Dalberg müsse einen unbedingten Kreditbrief mithaben, anders hätte er die Reise nicht unternehmen können. Sie sind eben wie Kinder, sagte er, die einen Spinnrocken anzünden, und, wenn er dann brennt, darüber erschrecken. Ja ich weiß am besten, was es für Geld kostet, und obendrein ein Weib mitzuführen ist lächerlich, kostspielig, und macht weder Spaß noch Nutzen...

Findest Du für notwendig, von Dalberg zu ziehen, mehrerer Ersparnis wegen, so ist das Zimmer, das für den Kayser bestimmt war und worinnen Goethe logiert hat, noch ledig. Da könntest Du, wenn Du auch mit ihnen zu Tische gehest, was Merkliches ersparen, und mit Bury kannst Du das alles abmachen. Goethens Freunde werden Dir dort mit Rat und Tat an Hand gehen, wenn Du Zutrauen zu ihnen hast, sagt Goethe. – Die Rückreise hat den Goethe 500 Reichstaler gekostet; Dich wird sie nicht um einen Pfennig weniger kosten; die 100 Reichstaler, die darüber sind, gehen für einige Liebhabereien zu kaufen drauf. So wäre Dein Rückzug gedeckt und gesichert.

892 *Caroline Herder an Gleim* *22. September 1788*

Goethe ist gar trefflich lieb und gut seit seiner Wiederkunft. Er erscheint mir immer wie ein höherer Genius. O wie jammert es mich, daß er jetzt nicht in Rom ist!

893 *August Herder an seinen Vater* *3. Oktober 1788*

Vorigen Dienstag als den 23. September bin ich mit dem Erbprinzen, dem Herrn Geheimerat von Goethe und Herrn Landkammerrat [Ridel] nach Jena zu dem Herrn v. Knebel gefahren, und haben das Kabinett gesehn, wir sind auch in des Herrn Griesbachs Garten gewesen, und zweimal spazieren ...

894 *Sophie v. Schardt*
an Ch. A. v. Seckendorff *26. September 1788*

Goethe a acquis par son voyage et par la liberté dont il jouit et sans doute par l'espoir de retourner en Italie une gaieté qu'il n'a pas eue depuis longtemps ...

895 *Caroline Herder an ihren Mann* *26. September 1788*

Goethe ist seit Mittwoch in Ilmenau ... Wie Goethe vom Bezahlen hörte, rief er aus: «Den Teufel auf den Kopf! nicht einen Pfenning muß Herder dort bezahlen! Glaubt der kleine Mensch, daß er Herdern nicht unendliche Verbindlichkeit schuldig ist, daß er die Reise mit ihm unternommen hat! Sein Verstand, seine Kenntnisse und sein Wert müssen unschätzbar für ihn sein. Nein, Ihr müsset durchaus in keine Verlegenheit durch ihn kommen. *Er muß bezahlen*, das ist er schuldig!» Seitdem ich mit Goethe gesprochen habe, schlafe ich wieder besser ...

896 *C. Beyers Tagebuch* *28. September 1788*

Abends auf dem Keller, wo ich mich mit R. [Justizrat] Loos unterhielt ...

Goethe ist wieder in Weimar, er soll das Heimweh nach Italien stark fühlen – in Rom ist er zuweilen ganzer acht Tage nicht aus seinem Zimmer gekommen, manchmal aber auch ebenso lange nicht hinein – sein Geist ist immer unruhig – und er ist würklich bei allen seinen Glücksumständen und glänzenden Talenten unglücklich, da ihn eine peinigende Unbehaglichkeit, ein düstrer Spleen überall verfolgt – seine Briefe aus Rom atmen ganz den Ton, der in seinen Werther spricht ...

897 Caroline Herder an ihren Mann *1. Oktober 1788*

Wir sind über Deine Fahrt am Meer und noch mehr über Deine Heiterkeit der Seele, über alles erfreut gewesen ... Nur höre ich so beiläufig von Goethe, daß Ihr zu geschwind reiset, und das tut mir doch gar leid. Habt Ihr den Volkmann nicht bei Euch? In Bologna ist ein Raffael aus seiner Jugend, ein Stück, wie es nicht in Rom ist, ein Guido, ein Guercino, die man nicht einmal, sondern so oft sehen muß, als es möglich ist. An dem Eilen ist wohl niemand als die schöne Dame schuld ... Ich habe leider Dein Verbot übertreten – und habe Goethe die Sache erzählt. Ich glaube nicht, daß ich so ganz unrecht getan habe; wirklich ist uns der Rat eines Dritten sehr notwendig; und wie vorteilhaft und gut ist er für uns ausgefallen! Auch ist Goethe ja so sehr verschwiegen ...

Goethe hat mir die erste Abteilung seiner Gedichte gegeben; es sind gar schöne darunter, besonders zwei idyllenartig[e], die mir ganz vorzüglich gefallen. Ich habe recht vernünftig mit ihm darüber gesprochen; er wird auch *An die Christel* und *Käthchen* auf meine Bitte herauslassen.

898 Caroline Herder an ihren Mann *6. Oktober 1788*

Mein erster Gedanke heute warst Du und bist Du allezeit, und das erste, was ich sah, waren heute früh zwei Täubchen. Bald nachher ließ mir Goethe sagen, daß er Briefe aus Rom hätte, Du seist da. Auch schickte er das Bild und Vignette zum achten Band [seiner Schriften], von der Angelika gezeichnet. Es hat mich recht überrascht ...

Abend 8 Uhr.

Ich bin durch einen Besuch vom Erbprinzen und Ridel, die sich diesen Nachmittag angemeldet hatten, um die Kinder auf dem Seil zu sehen, verhindert worden, weiter zu schreiben. Goethe kam auch, und hat mir nachher, nachdem wir vorher viel von Dir geredet haben und er sich recht gefreut hat über das, was und wie Du gesehen hast, und mich über das Ausbleiben der Briefe getröstet und es als notwendige Zufälle einer Reise betrachtet, so hat er mir nachher aus dem *Tasso* einige Stellen gelesen. Es ist eine vortreffliche Arbeit, eine vortreffliche, würdige Sprache, ein herrlicher Geist, der die Charaktere so präzis darstellt. Ich habe nur noch wenig gehört, es gefiel mir aber sehr, und es freute ihn. Er sagte, die Jamben seien noch besser als in der *Iphigenia.* Es ist ihm lieb, daß Du nun in Rom bist. Da, sagt er, brauchst Du auch nicht mehr so viel Italienisch; er hätte meist Deutsch gesprochen. Ich hoffe, daß Ihr den Antiquarius Hirt nicht vergessen werdet zu nehmen und die Dukaten doch da nicht sparen werdet. Es freute ihn, was Du sogleich vom Bury und der Angelika geschrieben.

899 J. v. Müller an seinen Bruder *18. Oktober 1788*

... ich war nach Potsdam gesandt worden; unterwegen hab ich mich nur in Fulda einen halben Tag, auf der Heimreise ebenso lang in Weimar verweilt. Hier überraschte ich die Herderin mitten im Essen ... da wurde von der Maria viel viel gesprochen; bis der kleine Gottfried – an den Hof ging, Goethe zu holen, und dann mich bei die gotische Kirche in des Herzogs Garten brachte, da denn der Mann erschien, und wir eintraten in alle Politik des heiligen Reichs, bis plötzlich geklatscht wurde, und die Postpferde trabten; da ging's noch auf Erfurt.

900 Caroline Herder an ihren Mann *12./14. Oktober 1788*

Heute mittag aß Schäfer mit; da wir am Braten waren, meldete sich ein Fremder, und wer hereintrat, war Johannes Müller aus Mainz! ... Unser Hauptgespräch war von Dir, von Deinen Arbeiten vorzüglich... vom Herzog und Goethe ward auch gesprochen; er verlangte sehr, letztern zu sehen, und Gottfried hat ihn um 4 Uhr ins Tempelhaus zu Goethe geführt, wohin er ihn beschieden hatte; um halb 5 Uhr hat er die Postpferde wieder bestellt ...

Dienstag [14. Oktober].

Goethe kam den Montag zu mir. Von Müller sagte er, er sähe völlig wie ein Domherr aus; und das ist wahr. Übrigens gefällt er ihm so halbwegs; die Zeit war freilich zu kurz. Vom Kaiser sagte er, er hätte das Haus Östreich durch diesen Krieg so heruntergebracht, daß es sich in hundert Jahren nicht erholen werde. Ich sagte: «So wird's unserm Herzog auch gehen.» «Ja nicht anders», antwortete er; «und so geht's uns allen, wenn wir unsre *Eigenheit* irgendwo oder am unrechten Ort, wie es gemeiniglich geschieht, durchsetzen. So ist mir's von Jugend auf ergangen; ich war frei und reich, konnte sie also öfters und mehr durchsetzen als ein andrer, und ich weiß am besten, wo und wie sie mir geschadet; und wenn ich mich jetzt nicht so zusammennähme, so würde es noch mehr geschehen. So schadet dem Herder jetzt seine Eigenheit. Niemand wird es glauben, aber Zartheit und Nachgiebigkeit ist seine Eigenheit, und nun leidet er darunter. Hätte er gefühlt, wer er ist, und wie ihm mankiert worden, er hätte von Augsburg aus sich nicht so gütig betragen. Und daher kommt's manchmal, daß er hernach am unrechten Ort gegen Menschen das Rauhe hervorkehrt.» Diese goldnen Worte waren, als wenn sie aus unser beider Seelen herausgeredet wären. Ich sagte ihm, daß Du es so gut als ich wüßtest, daß wir bei jeder Gelegenheit es merkten und es oft übel empfänden. Bei Deinem Verhältnis zu Dalberg sagte er ferner: «Und wenn ihn Herder 3000 Reichstaler kostet, so ist's nicht zu viel; er hat ihm ja noch immer seine Person nicht bezahlt.» Ferner sagte er: «Die Seckendorff zeigt einen unsäglichen Verstand in ihrer Einrichtung – es ist das schönste Haus in Rom – mit Eklat und Anstand will sie den Schritt gut machen. Sie versteht ihr Handwerk, und der künftige Kurfürst kann's bezahlen.»

901 Caroline Herder an ihren Mann 17. Oktober 1788

Was Dir auch vorfallen mag, Du hast Hirt, Reiffenstein, Moritz, Bury etc. Sie werden Dir gewiß Freundschaft genug erzeigen ... Goethe sagte es schon zum voraus: «Herder wird Rom gewiß gut sehen. Den Kurs macht er freilich mit Dalberg, der nichts recht sehen wird, alsdann sieht er's hernach mit Hirt und den andern für sich allein, und genießt's erst.» Das sehe ich nun alles so kommen ...

Goethe ist seit Dienstag [14. Oktober] in Jena. August ist mit dem Erbprinzen den Dienstag und Mittwoch auch wieder drüben gewesen ...

Goethe ist recht brav und gut gegen mich und Dich. Ich sehe ihn gemeiniglich die Woche ein- oder zweimal, und werde alles von ihm schreiben. Es ist nur schlimm, daß er immer seinen Panzer anhat; manchmal blicke ich doch durch!

902 Knebel an Charlotte v. Lengefeld *28. Oktober 1788*

In Weimar ist man zu zerstreut, und bald hie und da und nirgends recht, und dies gibt keine Zufriedenheit. Goethe hat mich einigemal hier besucht, und ist letzthin acht Tage bei mir gewesen. Sein Umgang ist reich und kostbar, aber wie starke Getränke.

903 Knebel an Herder *7. November 1788*

Ich lebe noch immer im alten Jena und fürchte mich, nach Weimar zu gehen ...

Goethe ist zuweilen bei mir. Letzt war er verschiedene Tage hier. Er ist nicht wohl fähig, eine andere Vorstellungsart aufzunehmen als die seinige, oder er macht jene zu der seinigen. Ich habe seinen dringenden Geist in allem, dessen sich seine Vorstellung bemeistern will, noch wahrer als sonst angestaunt. Die Kunst hat ihn ganz eingenommen; er sieht solche als das Ziel aller menschlichen Erhöhung. Ich kann solches in seiner Seele begreifen, wenn nämlich sinnliche Blüte für das höchste Dasein der Menschheit erkannt wird. Er ist geboren und gebildet zum Künstler, und nichts kann ihm weiter sonderliche Nahrung geben.

904 Caroline Herder an ihren Mann *20. Oktober 1788*

Gott gebe, daß nur Dein Verhältnis mit Dalberg einigermaßen gut bleibt. Die Seckendorff fängt's doch auch gar zu toll an. *Reiffensteins wieder abzuschlagen*, der so manche

Gefälligkeiten erweisen kann, heimlich zur Angelika zu fahren usw. Goethe ist diesen Augenblick bei mir gewesen. Er findet es ebenso unverständig wie ich. Er glaubt, daß sie aus Knickerei nicht nach Frascati gefahren sind. Es freute ihn, daß Du hingefahren bist. Er will nur sehen, wie die Römer, die so beißende Zungen haben, den ganzen unverschämten und ungewöhnlichen Auftritt ansehen und bereden werden. Einem reichen Mylord ist von seiten der päpstlichen Polizei an die Hand gegeben worden, seine Mätresse wegzuschaffen, weil es nicht Sitte in Rom sei. Gegen den Bruder des künftigen Kurfürsten werden sie freilich schonender sein, aber Goethe glaubt doch, daß man *sie's* wird empfinden lassen. Einmal erscheint sie doch als Dalbergs Mätresse, der ganze Zuschnitt ihrer Einrichtung zeigt's deutlich genug. Eine ehrliche Frau treibt's nicht so. Eine reiche schlesische adelige Frau mit ihrem Mann haben nur wenige Zimmer zusammen gehabt, wofür sie monatlich vielleicht nur zehn Zechinen gegeben haben, und haben doch ein sehr gutes Haus ausgemacht, wie mir Goethe erzählte. Ich hoffte noch immer, daß sie sich zur Herzogin schlagen wird; *er* meint, sie wird eine größere Rolle zu spielen suchen als die Herzogin. Er bedauert Dich unsäglich, doch glaubt er gewiß, daß es nach und nach besser gehen wird ... Die Angelika wird ihre Pfiffe schon durchschauen. Goethe hat der Angelika ihren Namen nicht genannt, auch Dalbergs nicht. Dich hat er ihr aber sehr empfohlen, auch die Herzogin-Mutter mit dem Zusatz: «Ihr eigner Verstand wird das Gute an ihnen am besten selbst beurteilen.» –

Die Preußen ziehen einen Kordon gegen die Dänen. Des Herzogs Regiment ist aber nicht dabei. Er ist noch nicht hier, wird immer von einer Woche zur andern erwartet. Vor Dresden hat er wieder einen so heftigen Sturz getan, als voriges Jahr vor Berlin. Er hatte das Pferd den ganzen Tag geritten, es war endlich müde, er wollte es nach Hause forcieren, und es überschlug sich wieder mit ihm. Goethe hat mir's selbst erzählt.

905 Schiller an Körner *20. Oktober 1788*

Meine Rezension von Egmont hat viel Lärm in Jena und Weimar gemacht, und von der Expedition der Allgemeinen Literatur-Zeitung sind sehr schöne Anerbietungen an mich darauf erfolgt. Goethe hat mit sehr viel Achtung und Zufriedenheit davon gesprochen.

906 Caroline Herder an ihren Mann *24. Oktober 1788*

Da Du Dich mit den Künstlern, wie Goethe selbst sagt, in das Detail, ihre Mühe und Arbeit nicht einlässest, so hast Du mit ihnen auch den Genuß nicht, den er hatte. Ob Du mit dem gutherzigen Bury umgehen kannst, zweifelt er; das Gemüt (nämlich des Bury gutes Gemüt) kann ja nicht sprechen, sagte er.

907 Caroline Herder an ihren Mann *31. Oktober 1788*

Ich sprach mit Goethe wegen dem Wechsel. Es sind 150 Reichstaler bar da, des Herzogs halbjährige Zulage; ich wollte noch 150 dazu leihen und den vollen Wechsel von 300 Reichstalern Dir schicken. Er widerriet mir aber das Leihen, und meint, vor der Hand soll ich Dir nur 150 Reichstaler oder 100 Scudi (durch Scudi gewinnt man, durch Zechinen aber verliert man) schicken, welches er auch vorigen Posttag besorgt hat. In vier Wochen – wäre das andre erfolgt, bis ich über die ganze Summe mir Rat geschafft hätte.

908 Landgraf Friedrich V. von Hessen-Homburg an seine Frau *1. November 1788*

Je m'étais proposé de passer un jour à Weimar, mais je fus réduit à n'y faire qu'une courte apparition …

Mais ce qui me chagrina encore plus vivement, c'est que Monsieur Goethe, qui vient tout chaud de Rome, me fit naître quelques soupçons sur mon os de Scipion.

909 Caroline Herder an ihren Mann *7. November 1788*

Goethe scherzte letzthin, es würde Dir nicht eher wohl werden in Rom, bis Du liebtest. Gebe das gute Schicksal Dir gute Stunden für manches lange Leiden; nur sei klug und vorsichtig, lieber Engel …

Ich habe Dir im vorigen Brief die Abschrift vom Brief des Unbekannten geschickt. Ich erzählte es Goethe, und sagte, wie wichtig es für uns sei, *jetzt* zu wissen, ob das Geld von Dalberg sei. Da antwortete er: «Ihr habt das bisher immer so gewiß angenommen, als ob es Dalberg sei. Man glaubt aber, es sei der Markgraf von Baden, Dalberg sei dabei meliert gewesen.» Ich habe ihn soeben durch ein Billett gefragt, ob er mir etwas Gewisses hierüber sagen könne; er antwortete aber nichts darauf. Verzeihe, daß ich noch einmal diese Sache berühre; es ist aber das letztemal, und ich werde in keinem Brief mehr daran denken. Nach dem, was Goethe gesagt, wird es mir evident, daß es der Markgraf ist, und Dalberg was davon weiß.

910 Schiller an Charlotte v. Lengefeld *13. November 1788*

Goethe ist nicht hier [in Weimar], kommt aber bald wieder...

Goethe, heißt es, wird bei uns bleiben, ob er schon so gut als ganz ausgetreten ist, und alle Geschäfte abgegeben hat. Alles spricht hier mit ungemeiner Achtung von ihm und will ihn zu seinem Vorteil verändert gefunden haben. Er soll weit weniger *Härten* haben als ehmals.

911 Schiller an Körner *14. November 1788*

Bei meiner Zurückkunft [nach Weimar] habe ich den armen Merkur in Todesnöten gefunden. Das Feuer brennt Wielanden auf den Nägeln, und er fängt an, mich sehr nötig zu brauchen ... Goethe ist jetzt auch dazugetreten, und er [Wieland] hat mir im Vertrauen gesagt, daß Goethe nichts wegschenke ... Ich dachte, Goethe könnte der dritte Mann werden, Wieland setzt aber kein großes Vertrauen in seine Beharrlichkeit ...

Goethe ist jetzt auf einige Tage verreist. Es ist nun so ziemlich entschieden, daß er hier bleibt, aber privatisiert. In dem Conseil steht nur noch sein Stuhl, er ist so gut als ausgetreten, die Kammer hat er ganz an Schmidt abgetreten, er ist jetzt nur noch bei der Bergwerkskommission als einer bloßen Liebhaberei.

912 Caroline Herder an ihren Mann *14. November 1788*

... er [Goethe] ist jetzt gerade in Jena, und hört bei Loder Collegia mit den Studenten. Er ist seit Sonntag [9. November] dort. August fuhr mit dem Erbprinzen und Ridel den Dienstag nach; er erzählte mir, daß Goethe bei der Zergliederung eines Kopfes gewesen sei. Goethe hatte mir's längst gesagt, daß er auf sechs Wochen nach Jena gehen wollte. Es sind dies lauter Vorbereitungen zum Charakterstudium des menschlichen Körpers. Er tut sehr wohl daran, und ich wollte, daß er den ganzen Winter drüben bliebe. Sein Betragen ist gar sonderbar. Vorigen Sonnabend wurden wir endlich zur Ansicht der Zeichnungen zu ihm eingeladen, die Stein, Schardt, Imhoff und ich. Wir hofften auf *diesen* engen Zirkel, weil es das erstemal war. Aber siehe die Frau von Oertel, ihr Mann und alle Kinder waren dazu geladen, auch Voigt. Die Kalbin kam nicht, da er ihr noch nicht einmal einen Besuch gemacht hat. Es war uns allen höchst unwohl, und ein jedes ging vor 7 Uhr mit Vergnügen weg. Die Schardt erzählte mir hernach, daß er den Tag vorher auf dem tanzenden Picknick mit keiner gescheiten Frau ein Wort beinah geredet, sondern den Fräuleins nach der Reihe die Hände geküßt, ihnen schöne Sachen gesagt und viel getanzt hätte. Die Kalbin findet das nun abscheulich, daß er die jungen Mädchen auf diese Weise reizt etc. Kurz, er will durchaus nichts mehr für seine Freunde sein. Ich vermute, daß er nach Weihnachten bald zu Euch kommt, und dies wäre sehr gut. Für Weimar taugt er nicht mehr; im Gegenteil glaube ich, daß das Gelecke an den jungen Mädchen dem Herzog, der dabei war, nicht eben die besten Eindrücke gibt. Der Herzog kam den Sonnabend auch zu Goethe ...

Ich denke, in einem Jahr hat man für die Menge Geld Italien satt, wenn man kein Künstler ist. Goethe gedeiht am besten in Rom. Sein ganzes Wesen ist mir noch ein Rätsel; ich weiß nicht, wie ich ihn entziffern soll. Vor mehrern Wochen sagte er mir einmal, er für seine Person hätte viel Glück, ja es strömte ihm von allen Seiten zu, aber nur für andre habe er kein Glück. Ich fühlte diese Wahrheit sehr tief. Sogar sein Petschaft, mit dem Du mir siegeltest, hat mir nichts Gutes gebracht ...

Er [Knebel] kommt diesen Winter nicht nach Weimar, sondern bleibt in Jena ... Goethe wird's auch wohler in Jena; er fühlt sich dort zu Hause und hier fremd, das sagte er mir selbst.

913 August Herder an seinen Vater *14. November 1788*

Den Mittwoch [12. November] kam der Herzog auch hin [nach Jena], nachmittag ist er mit Herrn Geh. Rat v. Goethe in das Collegium von der Anatomie, welches Herr Professor Loder liest, gegangen. Der Herr Geh. Rat v. Goethe ist schon am Sonntag nach Jena gereist und bleibt noch vierzehn Tage dort, er geht alle Tage von 3 bis 4 Uhr ins Collegium. Den Dienstag sagte er zu mir, wenn es appetitlicher wäre, so hätte er mich mitgenommen ...

914 Caroline Herder an ihren Mann *23. November 1788*

Goethe und Knebel sind gestern von Jena gekommen; sie haben mich besucht, jeder einzeln, und trafen sich zusammen. Goethe hat den ganzen menschlichen Körper durchgenommen bei Loder, und ist sehr heiter. Er hat die Briefe an Gottfried über Tivoli und an August über das Museum gelesen, und sich sehr darüber gefreut ...

Knebel hat Besitz von seinem neuen Logis hier genommen, und wird einige Zeit hier bleiben. Er und Goethe grüßen Dich tausendmal. Es marschieren 20000 Preußen nach Polen, und da murmelt man sich ins Ohr, daß der Herzog wieder nach Berlin gehe. Das ist das Neueste; Goethe weiß aber nichts davon.

915 Carl August an seine Mutter *29. November 1788*

Goethe lebt immer als homme de lettre, Knebel als Natur- und Menschenforscher, wohl auch als etwas Grübler ... Goethe hat mir einen sehr schönen Stein von Pichler, eine Nemesis vorstellend, verschafft; sie ist vortrefflich geraten.

916 Knebel an seine Schwester Henriette *5. Dezember 1788*

Gestern ... kam Moritz zu mir, der Verfasser von «Anton Reiser» ... Er bleibt einige Zeit hier, und wohnt bei Goethen, bei welchem ich gestern abends noch mit ihm war...

917 K.Ph. Moritz an A. Macco *6. Dezember 1788*

Seit gestern bin ich nun hier, mein lieber, angenehmer Macco! in *Goethens Hause*, wo ich mich, wie Sie leicht schließen können, sehr wohl befinde. Gleich gestern abend über Tisch fragte Goethe ausdrücklich: was macht Macco? und freute sich sehr, als ich ihm Ihre glücklichen Umstände erzählte.

918 Schiller an Caroline v. Beulwitz *10. Dezember 1788*

Diese Woche hat mich Moritz besucht, und mir eine sehr angenehme Unterhaltung verschafft, weil wir auf meine Lieblingsideen geraten sind. Von Goethen ist er nun ganz durchdrungen und enthusiasmiert. Dieser hat ihm auch seinen Geist mächtig aufgedrückt, wie er überhaupt allen zu tun pflegt, die ihm nahe kommen. Aber ich finde, daß er auf Moritz gut gewirkt hat...

Von Goethen spricht er mir zu panegyrisch. Das schadet Goethen nichts, aber ihm.

919 Schiller an Körner *12. Dezember 1788*

Moritz ist eben hier auf seiner Rückreise von Italien; er wohnt bei Goethe. Letzterer hat ihm seinen Stempel mächtig aufgedrückt; sie kamen einander in Rom sehr nahe, und Moritz ist über Goethes *Humanität* panegyrisch entzückt.

920 Caroline Herder an ihren Mann *12. Dezember 1788*

Goethe kam [am 8. Dezember] den Abend ein wenig zu mir, um zu hören, was ich Gutes von Dir hätte. Er nahm an allem teil, und besonders daß die Herzogin so artig gegen Dich ist. Die Göchhausen schrieb an die Stein und die Kalb viel Gutes von Dir, so wie sie an die Steinin von Deinem Mißverhältnis mit der Seckendorff ein Wort fallen ließ, und an andre vielleicht schon mehr darüber geschrieben. Kurz,

Goethe erzählte mir, daß der Herzog ihn darüber befragt, und daß er nicht umhin gekonnt hätte, ihm die Wahrheit zu sagen. Darauf habe der Herzog gesagt: «Wenn Herder was braucht, so will ich's ihm geben.» Goethe lehnte es aber ab und sagte: «Für diesmal muß Dalberg zahlen, und ist hierüber alles in Richtigkeit: wenn Sie aber zu einer andern Zeit etwas für ihn tun wollen, so tun Sie's.» Mich dünkt, diese Antwort war von Goethe ganz verständig und gut. Ich hoffe nicht, daß Du darüber ungehalten wirst. Jedermann weiß hier, daß Du nicht bei Dalberg wohnst und nicht mehr bei ihm issest, und es würde sonderbar lassen, wenn man gegen die wenigen, mit denen wir umgehen, ein Geheimnis daraus machen wollte. Goethe grüßt Dich herzlich. Moritzens Gegenwart tut ihm sehr gut, und er muß so lange hier bei ihm bleiben, bis *Tasso* fertig ist ...

Als Dein Brief an Prinz August [in Gotha] kam, stand gerade Goethe bei ihm, und bat ihn, unserm Herzog nichts davon zu sagen, weil er noch keinen von Dir erhalten hat. –

Abends 8 Uhr.

Ich bin diesen Nachmittag zu Frau von Stein eingeladen worden, weil Moritz bei ihr war. Goethe blieb nur eine Stunde noch da; wir waren heiter.

921 Schiller an Charlotte v. Lengefeld und Caroline v. Beulwitz *12. Dezember 1788*

Heute habe ich mir viele Besuche vorgenommen, au[ch] bei Goethen. Goethe ist so gar selten allein, und [ich] möchte ihn doch nicht gerne bloß beobachten, sondern mir auch etwas für mich aus ihm nehmen. Der Herzog ist die Abende fast immer da, und den Vormittag belagern ihn Geschäfte.

922 Caroline Herder an ihren Mann *19. Dezember 1788*

Goethe war vorigen Sonnabend [13. Dezember] eine Stunde bei mir, es waren aber die Volkstädts gerade da. Von Moritz wurde viel gesprochen, und ich freue mich recht an seinem metaphysischen Kopf.

923 Schiller an Körner *15. Dezember 1788*

Du wirst in zwei oder drei Monaten aller Wahrscheinlichkeit nach die Nachricht erhalten, daß ich Professor der Geschichte in Jena worden bin; es ist fast so gut als richtig. Vor einer Stunde schickt mir Goethe das Reskript aus der Regierung, worin mir vorläufige Weisung gegeben wird, mich darauf einzurichten. Man hat mich hier übertölpelt, Voigt vorzüglich, der es sehr warm beförderte. Meine Idee war es fast immer, aber ich wollte wenigstens ein oder einige Jahre zu meiner bessern Vorbereitung noch verstreichen lassen. Eichhorns Abgang aber macht es gewissermaßen dringend, und auch für meinen Vorteil dringend. Voigt sondierte mich, an demselben Abend ging ein Brief an den Herzog von Weimar ab, der just in Gotha war mit Goethe; dort wurde es gleich mit ihnen eingeleitet, und bei ihrer Zurückkunft kam's als eine öffentliche Sache an die Regierung. Goethe beförderte es gleichfalls mit Lebhaftigkeit und machte mir selbst Mut dazu ... Goethe sagt mir zwar: docendo discitur; aber die Herren wissen alle nicht, wie wenig Gelehrsamkeit bei mir vorauszusetzen ist.

924 Gottfried Herder an seinen Vater *19. Dezember 1788*

Wir haben schon seit vierzehn Tagen keinen Brief von Ihnen bekommen, und die Mutter war recht traurig. Der Herr Geheimderat Goethe heiterte uns aber wieder auf, da er uns einen Brief von der Herzogin-Mutter aus Rom zu lesen schickte, worin sie gar viel Gutes von Ihnen sagte ...

925 August Herder an seinen Vater *Winter 1788/89*

Der Herr Geheimrat von Goethe hat uns zwei Bilder geschickt, wo Brunnen in Rom ganz mit Eis überzogen waren, und alles beschneit war, und ließ dabei sagen: so sähe es jetzt in Rom aus, aber Sie wärmten sich am Vesuv ...

926 Schiller an Charlotte v. Lengefeld
und Caroline v. Beulwitz *23. Dezember 1788*

Es ist beinahe schon richtig, daß ich als Professor der Geschichte künftiges Frühjahr nach Jena gehe ...

Goethen habe ich unterdessen einmal besucht. Er ist bei dieser Sache überaus tätig gewesen, und zeigt viele Teilnehmung an dem, was er glaubt, daß es zu meinem Glück beitragen werde. Knebel, dem er es entdeckt hat, war vermutlich just in seiner teilnehmenden Laune, denn ich höre, daß es ihn sehr freuen soll.

927 Charlotte v. Lengefeld an Schiller 28. Dezember 1788

Daß Sie Goethens Teilnahme an den Schicksal andrer haben kennen lernen, freut mich, er hat so etwas Zutrauen Erweckendes in sich, daß ich ihm alles sagen könnte; ich habe mich schon oft gefreut, wenn ich hörte, wie er sich für das Wohl andrer interessieren kann.

928 Caroline v. Beulwitz an Schiller 29. Dezember 1788

Innigst freue ich mich der Nachricht von Ihrem künftigen Aufenthalt in Jena, liebster Freund ... Den Anteil Goethens an dieser Sache finde ich sehr natürlich und habe ihn erwartet, es müßte sonderbar gehen, wenn Menschen wie ihr diesen nicht aneinander nähmet.

929 Caroline Herder an ihren Mann 25. Dezember 1788

Den Montag [22. Dezember] war die Stein, die Kalb und Moritz zum Kaffee bei mir; gegen Abend kam Goethe und Knebel. Wenn wir Frauen mit Moritz allein sind, da geht es gar hübsch; er ist alsdann unser Prophet, und unsre Kenntnisse nehmen jedesmal zu. So war er zwei Tage vorher zum Kaffee allein bei mir; wir kamen auf Goethens Werke; da sagte er mir, wie er durch das Studium der Perspektive darauf gekommen sei, den Mittelpunkt in einem Stück aufzusuchen; den müsse man nun nicht am Ende des Stücks, sondern in der Mitte suchen, so wie alle Radien vom Mittelpunkt ausgehen, und sich in den Anfang und Ende verlieren ... Den Montag war nun wieder die Rede davon, und wir frugen nach dem Mittelpunkt in *Götz von Berlichingen;* den sollten wir aber selbst aufsuchen, sagte er; er hätte ihn auch gefunden, und es Goethe gesagt; da hätten sie zusammen sehr gelacht. Goethe war über Deinen Brief an ihn vergnügt; er dankt Dir und grüßt Dich ...

930 Caroline Herder an ihren Mann *2. Januar 1789*

Den Dienstag mittag [30. Dezember] kam eine Schachtel von der Frau von Frankenberg, darinnen Neujahrgeschenke für die Kinder waren, die ihnen allen unsägliche Freude machten. – Die Geschenke sind gewiß über 10 bis 12 Louisdor wert. Ich war recht verlegen darüber. Nun wollten wir uns den Mittwoch hinsetzen, und ihr schreiben, da trat Goethe herein, den ich seit vierzehn Tagen nicht gesehen habe. Er nahm teil an der Freude, schrieb den Kindern ihre Briefe, die sie wieder abschrieben, und buchstabierte dem Emil den seinigen vor; in einer Stunde war alles expediert.

1789

931 Caroline Herder an ihren Mann *2. Januar 1789*

Der erste Tag im Jahre war heiter, gut und still ...

Goethe hat mir seine abgedruckten Gedichte gegeben, und da ich nach dem Abendessen allein war, las ich darinnen ...

Moritz ... ist die Abende mit Goethe oft beim Herzog oben.

932 Caroline Herder an ihren Mann *9. Januar 1789*

Den Montag [5. Januar] ward ich zum Tee bei die Stein eingeladen ... Goethe kam mit Moritz, ging aber bald wieder nach Hause; er arbeitet viel am *Tasso*, und Moritz soll nicht eher reisen, bis er damit fertig ist ...

Ich habe einen närrischen Traum diese Nacht gehabt. Goethe aber warnte mich letzthin sehr ernstlich vor meinen Träumen; das Schlimmste dabei sei, sie machen den Verstand krank.

933 K. Ph. Moritz an Freiherrn v. Heinitz *12. Januar 1789*

So bin ich ... im November des vorigen Jahrs von Rom abgereist, und halte mich nun seit einigen Wochen in Weimar auf, wo ich in dem Hause des Herrn Geheimrats von Goethe bin, mit dem ich anderthalb Jahre zugleich in Rom gelebt habe, und durch dessen lehrreichen Umgang und tiefe Kunstkenntnisse ich viele Aufschlüsse erhalte, welche für meinen künftigen Unterricht gewiß höchst nützlich sein werden.

934 Caroline Herder an ihren Mann *19. Januar 1789*

Goethe ist fleißig beim *Tasso* gewesen, wie mir gestern Moritz sagte; er ist aber noch nicht damit fertig, und pausiert ein wenig ...

Goethe habe ich dieses Jahr nur wenige Minuten bei der Stein gesehen; ich habe ihm Deinen Brief heute geschickt, und er hat mir sagen lassen, Du hättest ihm viel Hübsches geschrieben.

935 Caroline Herder an J. G. Müller *19. Januar 1789*

Moritz ist hier bei Goethe; er hat ihn in Rom kennen lernen; er ist ein trefflicher Mensch ... Goethe arbeitet an seinem Tasso. Der Band, der die Gedichte enthält, ist bald gedruckt und wird früher erscheinen, als die übrigen.

936 Schiller an Körner *2. Februar 1789*

Öfters um Goethe zu sein, würde mich unglücklich machen: er hat auch gegen seine nächsten Freunde kein Moment der Ergießung, er ist an nichts zu fassen; ich glaube in der Tat, er ist ein Egoist in ungewöhnlichem Grade. Er besitzt das Talent, die Menschen zu fesseln, und durch kleine sowohl als große Attentionen sich verbindlich zu machen; aber sich selbst weiß er immer frei zu behalten. Er macht seine Existenz wohltätig kund, aber nur wie ein Gott, ohne sich selbst zu geben – dies scheint mir eine konsequente und planmäßige Handlungsart, die ganz auf den höchsten Genuß der Eigenliebe kalkuliert ist. Ein solches Wesen sollten die Menschen nicht um sich herum aufkommen lassen. Mir ist er dadurch verhaßt, ob ich gleich seinen Geist von ganzem Herzen liebe und groß von ihm denke. Ich betrachte ihn wie eine stolze Prüde, der man ein Kind machen muß, um sie vor der Welt zu demütigen. Eine ganz sonderbare Mischung von Haß und Liebe ist es, die er in mir erweckt hat, eine Empfindung, die derjenigen nicht ganz unähnlich ist, die Brutus und Cassius gegen Cäsar gehabt haben müssen; ich könnte seinen Geist umbringen und ihn wieder von Herzen lieben. Goethe hat auch viel Einfluß darauf, daß ich mein Gedicht gern recht vollendet wünsche. An seinem Urteil liegt mir überaus viel. Die Götter Griechenlands hat er sehr günstig beurteilt; nur zu lang hat er sie gefunden, worin er auch nicht unrecht haben mag. Sein Kopf ist reif, und sein Urteil über mich wenigstens eher *gegen* mich als *für* mich parteiisch. Weil mir nun überhaupt nur daran liegt, Wahres von mir zu hören, so ist dies gerade der Mensch unter allen, die ich kenne, der mir diesen Dienst tun kann. Ich will ihn auch mit Lauschern umgeben, denn ich selbst werde ihn nie über mich befragen.

937 Schiller an Caroline v. Beulwitz *5. Februar 1789*

Über Goethen möchte ich wohl einmal im Vertrauen gegen Sie ein Urteil von mir geben, aber ich könnte mich sehr leicht übereilen, weil ich ihn so äußerst selten sehe und mich nur an das halten kann, was sich mir in seiner Handlungsart überhaupt aufdringt. Goethe ist noch gegen keinen Menschen, soviel ich weiß, sehe, und gehört habe, zur Ergießung gekommen – er hat sich durch seinen Geist und tausend Verbindlichkeiten Freunde, Verehrer und Vergötterung erworben, aber sich selbst hat er immer behalten, sich selbst hat er nie gegeben. Ich fürchte, er hat sich aus dem höchsten Genuß der Eigenliebe ein Ideal von Glück geschaffen, bei dem er nicht glücklich ist. Dieser Charakter gefällt mir nicht – ich würde mir ihn nicht wünschen, und in der Nähe eines solchen Menschen wäre mir nicht wohl. (Legen Sie dieses Urteil bei Seite. Vielleicht entwickelt ihn uns die Zukunft, oder noch besser, wenn sie ihn widerlegt.)

938 Charlotte v. Lengefeld an Schiller *11. Februar 1789*

Sie haben ein Urteil von Goethe gefällt, das mir einiges klar macht in seinen Charakter, was ich sonst nicht gut zusammen reimen könnte. Daß er sich ein Ideal von Egoismus gebildet hat, und daher sich an nichts recht innig zu seinen eignen Glück anschließen kann; er kann denen Menschen viel für sie selbst geben, aber andre ihm nichts, dies habe ich schon oft bemerkt. Er kommt sich daher oft so einsam vor, weil er sich zu groß fühlt, und ich glaube, dies kann ihm trübe Augenblicke machen, deren er viele hat.

939 Schiller an Caroline v. Beulwitz 25. Februar 1789

Was Sie von Goethen schreiben, mag allerdings wahr sein – aber was folgt daraus? Wenn ich auf einer wüsten Insel oder auf dem Schiff mit ihm allein wäre, so würde ich allerdings weder Zeit noch Mühe scheuen, diesen verworrenen Knäuel seines Charakters aufzulösen. Aber da ich nicht an dieses einzige Wesen gebunden bin, da jeder in der Welt, wie Hamlet sagt, seine Geschäfte hat, so habe ich auch die meinigen; und man hat wahrlich zu wenig *bares* Leben, um Zeit und Mühe daran zu wenden, Menschen zu entziffern, die schwer zu entziffern sind. Ist er ein so ganz liebenswürdiges Wesen, so werde ich das einmal in jener Welt erfahren, wo wir alle Engel sind.

Im Ernst, ich habe zu viel Trägheit und zu viel Stolz, einem Menschen abzuwarten, bis er sich mir entwickelt hat. Es ist eine Sprache, die alle Menschen verstehen, diese ist, gebrauche deine Kräfte. Wenn jeder mit seiner ganzen Kraft wirkt, so kann er dem andern nicht verborgen bleiben. Dies ist *mein* Plan. Wenn einmal meine Lage so ist, daß ich alle meine Kräfte wirken lassen kann, so wird er und andre mich kennen, wie ich seinen *Geist* jetzt kenne. Aber dieses lassen Sie mich Ihnen einmal für allemal sagen. Erwarten Sie nicht zu viel Herzliches und Ergießendes von Menschen, die von allem, was sich ihnen nähert, in Bewunderung und Anbetung gewiegt werden. Es ist nichts zerbrechlicher im Menschen als seine Bescheidenheit und sein Wohlwollen; wenn so viele Hände an dieses zerbrechliche zarte Ding tappen, was wunder, wenn es zuschanden geht? …

Haben Sie noch keine Schrift von Mirabeau zu Gesichte bekommen, die eine Histoire Secrète vom preußischen Hofe enthält. Sie ist in Paris erst vor kurzem erschienen, und soll die allerungeheuersten Dinge von dem jetzigen König, dem Prinzen Heinrich und mitunter auch von dem Herzog von

Weimar enthalten – und was das Schlimmste ist, diese skandalosen Dinge sollen *wahr* sein. Wenigstens das, was den Herzog von Weimar angeht, hat Goethe bejaht und die Herzogin nicht verneint.

940 Schiller an Körner *9. März 1789*

Ich muß lachen, wenn ich nachdenke, was ich Dir von und über Goethen geschrieben haben mag. Du wirst mich wohl recht in meiner Schwäche gesehen und im Herzen über mich gelacht haben, aber mag es immer. Ich will mich gerne von Dir kennen lassen, wie ich bin. Dieser Mensch, dieser Goethe ist mir einmal im Wege, und er erinnert mich so oft, daß das Schicksal mich hart behandelt hat. Wie leicht ward *sein* Genie von seinem Schicksal getragen, und wie muß *ich* bis auf diese Minute noch kämpfen!

941 Knebel an Herder *2. Februar 1789*

Um Ihnen von unserm philosophischen Wesen ... etwas zu sagen, so ist die Sache sogar unter uns zum Kriege gekommen. Goethe hat nämlich aus Italien eine Menge eingeschränkte Begriffe mitgebracht, so, daß wir von dem allen nichts wissen, daß unser Wesen zu eingeschränkt sei, um von der Dinge Dasein und Wesen nur einigen Begriff zu fassen, daß alles absolutissime auf die individuelle Existenz eingeschränkt sei, und daß uns also nichts zu denken und zu begreifen übrig bleibe als einzelne Fälle und Untersuchungen, oder der Umfang der Kunst usw. Diese Sätze wurden mehr und mehr in Gesellschaft des guten Moritz, der ein sehr mikroskopisches Seelenauge hat, zubereitet, und, da ich nicht ganz derselben Meinung war, auch mich wider einige Sätze und sonderlich wider die Manier des Stils und das Mystische desselben in Moritzens Schrift von der Nachbildung des Schönen einigermaßen erklärt hatte, nach und nach auf mich zugemünzt. So lange ging alles freundschaftlich und gut. Vor acht Tagen schickt mir Goethe einen im neusten Stück des Teutschen Merkurs gedruckten Brief von ihm von Neapel datiert zu, mit dem schriftlichen Beisatz, daß dieses die Antwort auf meine von Jena aus geäußerten Meinungen (wegen Kristallisation des

Eises an den Fensterscheiben, worin ich den Hofrat Büttner für mich hatte) sei und daß er sich damit gegen alle unsere hagestolzen Meinungen verwahren wolle etc. Eine *gedruckte* Antwort auf einige unbestimmte Meinungen in einem bloß freundschaftlichen Briefe mit dieser persönlichen Adresse verdroß mich. Ich sagte ihm dieses sogleich denselben Mittag bei Frau von Stein, wo wir in größerer Gesellschaft beisammen aßen. Ich sagte, ich würde auch gewiß darauf antworten etc. Dies wurde mit gewöhnlicher vornehmer Gleichgültigkeit behandelt. Unterdes schlug sich Moritz in Weg und wollte mit seiner Gutheit den kleinen Groll, den ich gefaßt hatte, besänftigen. Ich sagte ihm, Goethe habe mich auf eine ganz unschickliche Art öffentlich angegriffen, und da noch seine Argumente überdies sehr schlecht wären, so glaubte ich, er habe es bloß getan, um mir Verdruß zu machen oder mich auf diese Art demütigen zu wollen. Er leugnete dieses, und ich erhielt darauf ein Schreiben von Goethe, um die Sache zu akkommodieren, das ich aber grob von mir wies. Nun sollte die Beleidigung auf meiner Seite sein; ich gestand es aber nicht zu und verfertigte die Antwort auf das gedruckte Schreiben, die ich Moritzen zuschickte. Goethe weigerte sich, solche zu lesen, weil ich ihn nun vorher durch meinen Brief beleidigt hätte; ich sagte aber an Moritz, er *müsse* den Brief lesen, oder ich ließe ihn *drucken*, und es fände keine Vereinigung mehr unter uns statt. Er tat's und verlangte nun, daß der Brief, mit Auslassung alles Leidenschaftlichen, gedruckt werden möchte; er wolle auch wieder antworten. So weit ist es, und wir sind nun wieder Freunde, und ich bin gestern bei ihm gewesen.

942 Caroline Herder an ihren Mann *6. Februar 1789*

Ich war gerade vorgestern den Mittag bei der Steinin ... Goethe und Wieland kamen nach Tafel herüber, und da war von dem Unwesen die Rede, das die Frau Vizekanzler Ziegesar seit Sonntag mit ihren Krämpfen treibt ...

Goethe hat uns Neapel, das Meer und Vesuv aus dem Stegreif gezeichnet ...

... gestern vertraute mir Knebel etwas von seinem Streit mit Goethe und Moritz über des letztern Abhandlung. – Es ist nun alles wieder gut. Goethe zeigt Moritzens Abhandlung in der Literaturzeitung an, und hat einen Auszug davon gemacht, den er Knebeln gestern gegeben hat, worüber er sehr zufrieden war, und ihm nur nochmals seine eigne Vorstellungsart von der Schönheit der Kunst und der Schönheit der Natur deutlicher gemacht hat, und worüber, wie mich dünkt, Knebel die richtige Grenze gefunden hat. Moritz hat diese Grenze in der Abhandlung nicht deutlich bemerkt oder gar in eins gebracht; dies war's, was den Knebel so sehr aufbrachte. Heute schrieb er mir: «Grüßen Sie doch Herder tausendmal von mir; selbst kann ich nicht schreiben. Ich war gestern den meisten Teil des Abends noch bei Goethe. Den Unterschied der Schönheit als Vollkommenheit eines Ganzen und als Vollkommenheit eines scheinbaren Ganzen erkannte er nicht nur, sondern sagte auch darüber noch mehrere sehr richtige Sachen. Schönheit der Natur ist Vollkommenheit des Ganzen, zu einer anschaulichen Kenntnis gebracht; Schönheit der Kunst ist gleichsam der Anblick des Vollkommnen, in der Seele des Künstlers zur Gestalt gereift und durch innere Kraft wieder zur Gestalt wirkend. Die erste Schönheit besteht in Ordnung und Gesetzen der Natur, soweit sie übereinstimmend erkannt werden; die Schönheit des Künstlers gründet sich auf dieselbe Ordnung, aber sie wirkt stärker auf die Sinneskräfte, und äußert sich durch die Art und Weise, wie der Künstler jene aufzunehmen und darzustellen vermag. Beiderlei Arten mischen sich in der Seele; die letzte allein bestimmt den Wert des Künstlers. So etwa. Ich denke, das wird uns Licht geben, über beide Arten konsequent zu denken, daß Philosoph und Künstler in richtigem Verhältnis nebeneinander stehn können. Leben Sie wohl.» So weit Knebels Billett, das soeben kam ...

943 Caroline Herder an ihren Mann *13. Februar 1789*

Goethe besuchte mich den Montag [9. Februar], und läßt Dich herzlich grüßen. Er begreift und versteht Dein inniges

Gefühl ganz. Er sagte: «Wenn man sich die Gegend zueignen will, so geht man unter» ...

Mit Goethe habe ich mich am Montage über die Leonore im *Pater Brey* ausgesprochen. Ich frug ihn, ob ich diese Person so ganz gewesen wäre? Bei Leibe nicht! sagte er; ich solle nicht so deuten. Der Dichter nehme nur so viel von einem Individuum, als notwendig sei, seinem Gegenstand Leben und Wahrheit zu geben; das übrige hole er ja aus sich selbst, aus dem Eindruck der lebenden Welt. Und da sprach er gar viel Schönes und Wahres darüber. Auch daß wir den *Tasso*, der viel Deutendes über seine eigne Person hätte, nicht deuten dürfen, sonst wäre das ganze Stück verschoben usw. Kurz, ich war völlig befriedigt, da ich mir ihn so ganz als Dichter denke. Er nimmt und verarbeitet in sich aus dem *All der Natur* (wie es Moritz nennt), in das ich auch gehöre, und alle andre Verhältnisse sind dem Dichter untergeordnet. Das sehe ich jetzt deutlich, und ich sehe ihn täglich mehr in seinem eigentlichen Licht. Er ist eben ein glücklich Begünstigter von der Natur.

944 Sophie v. Schardt an Ch. A. v. Seckendorff 13. Februar 1789

Cependant il me reste à vous répondre touchant Goethe.

Il aime le Duc, il l'aime de cœur, et cela le retiendra ici pour des années, mais il semble qu'il croit mieux le servir, en l'aimant, qu'en occupant des places en son service. Le temps fera voir si ou quels conseils il lui donne: je pense toujours que le Duc peu à peu s'attachera à son pays. Au reste Goethe a vraiment rajeuni, il s'en faut peu qu'il ne devienne aussi *careless*, aussi heureux que son Egmont ...

945 Knebel an seine Schwester Henriette 16. Februar 1789

Gestern hat uns Goethe den ersten Akt seines «Tasso» vorgelesen; er ist vortrefflich.

946 Ch. G. v. Voigt an G. Hufeland 16. Februar 1789

Herr Geh. Rat v. Goethe interessiert sich vor den jungen Hunnius, den Hammerdörfer mitgebracht hat. Dieser Mensch ist allenthalben verlassen, und ich fürchte, er betritt am Ende auch das Theater, wie sein Bruder tat. Und doch hat er Fähigkeiten.

947 Wieland an K. L. Reinhold *18. Februar 1789*

Goethe studiert seit einiger Zeit Kants *Kritik* pp. mit großer Applikation, und hat sich vorgenommen, in Jena eine große Konferenz mit Ihnen darüber zu halten.

948 Caroline Herder an ihren Mann *20. Februar 1789*

... die erste Szene aus *Tasso.* Ich habe sie vorgestern von Goethe bekommen, und sie eilig für Dich abgeschrieben, aber nur für Dich allein ... Goethe kam den Montag [16. Februar], um nach Dir zu fragen. Es freute ihn sehr, als ich ihm sagte, wie Dir sei. «So war mir's auch», sagte er; «ich ließ die Hände sinken, und tat nichts mehr.» Knebel kam noch dazu. Goethe setzte sich nieder und zeichnete mir ein Landschäftchen. Es war ein guter Geist und ein gutes Gespräch unter uns; denn Du warst immer dabei. Zuletzt wurde noch viel vom Römischen Karneval gesprochen. Er gibt nämlich eine Beschreibung des Römischen Karnevals, wie es in den letzten acht Tagen ist, mit achtzehn Kupfern heraus, die schon meist durch Kraus fertig sind. Die Beschreibung davon ist so voll Ordnung und einer eignen Darstellung des Ganzen, die Euch wohl schwerlich, wie er selbst sagt, zum erstenmal in dem entsetzlichen Gedränge erschienen ist. Das Ende schließt sich mit einer Betrachtung über das menschliche Leben, die mir sonderbar rührend war. Auch dieser Abend schloß sich bei den Kindern mit dem sia ammazzato etc.; sie bliesen sich die Lichter aus, da sie hinunterleuchten sollten ...

Goethe und Knebel grüßen Dich. – In Moritzens Abhandlung hat Goethe das Wort *nützt* in meinem letzten Gespräch hierüber in *dient* verwandelt; dies dünkt mich noch viel richtiger.

949 Knebel an Herder *20. Februar 1789*

Sie wissen, daß ... der gute Wiedeburg am Neujahrstage gestorben ist ... Er wird für die Akademie nie ersetzt werden;

aber da unser Herzog das mathematische Fach an den Herzog von Gotha überlassen hat, so setzt dieser einen gewissen Vogel hin, von dem Goethe sagt, daß er sich in einigen mathematischen Sachen ganz passabel erwiesen habe.

950 Knebel an Caroline Herder *Februar 1789*

Unser Freund Goethe aber ist in seinen Meinungen selbst so poetisch, als wir andern nur immer. Er setzt gar leicht etwas auf die höchste Spitze, wenn er davon eingenommen ist. Dies muß auch so sein; denn sonst wäre er kein Dichter, und die äußere gesetztere Gestalt verwahrt nur fester den leicht beweglichen Dichtergeist, den er ja selbst von sich gesteht und gestehn muß.

951 Caroline Herder an ihren Mann *2. März 1789*

Über Goethe habe ich wirklich einen großen Aufschluß bekommen. Er lebt eben wie *der Dichter mit dem Ganzen* oder *das Ganze in ihm*, und da wollen wir als einzelne Individuen nicht mehr von ihm verlangen, als er geben kann. Er fühlt sich als ein höheres Wesen, das ist wahr, aber er ist doch der Beste und Unwandelbarste unter allen. Seitdem ich weiß, was ein Dichter und Künstler ist, seitdem verlange ich kein engeres Verhältnis, und doch, wenn er zu mir kommt, fühle ich, daß ein sehr guter Geist um und in ihm ist ...

Abends 8 Uhr. – Soeben geht Goethe weg, und gibt mir inliegenden Brief.

952 Caroline Herder an ihren Mann *8. März 1789*

Goethe und Knebel waren gestern einen Augenblick da und besuchten uns. Ich habe nun das Geheimnis von der Stein selbst, warum sie mit Goethe nicht mehr recht gut sein will. Er hat die junge Vulpius zu seinem Clärchen, und läßt sie oft zu sich kommen etc. Sie verdenkt ihm dies sehr. Da er ein so vorzüglicher Mensch ist, auch schon vierzig Jahr alt ist, so sollte er nichts tun, wodurch er sich zu den andern so herabwürdigt.

953 August Herder an seinen Vater *9. März 1789*

Ich habe auch italienische Pinchen vom Geh. Rat von Goethe, und die sind aufgegangen, und da wollen wir einst recht viel darunter spazieren gehn. Bringen Sie mir Steine mit, lieber Vater, der Geh. Rat von Goethe sagte, es wären dort Kaufleute, die hätten solche Scherbel und Steine von Karneol, Achat, Chrysopas und dergleichen zu verkaufen, und man bekäme für ein paar Pfennige einen großen Haufen.

954 Wilhelm Herder an seinen Vater *9. März 1789*

Wir haben auch den Karneval gesehen und die Masken alle, von der Quacqueri hat uns der Herr Geh. Rat von Goethe erzählt.

955 Caroline Herder an ihren Mann *16. März 1789*

Goethe sagte mir in dieser Woche, daß er im September nach Rom zur Herzogin reise und künftigen Sommer mit ihr herauskäme. Er hat mir's nicht als ein Geheimnis anvertraut ...

Der kleine Amor von der Elise Gore ist von einer Muschel geschnitten. Goethe sagte mir, daß man solche Kleinigkeiten häufig dort haben könne, das Stück für eine Zechine.

956 Gottfried Herder an seinen Vater *16. März 1789*

Der Herr Geheimrat Goethe ist gar gut gegen uns, und ich habe ihn recht sehr lieb; er schenkte mir in meiner Krankheit die so prächtige Ausgabe des Curtius von Petiskus mit vielen Kupfern, die mich halb gesund wieder machte, wenn ich nur bald wieder in die Schule gehen und Gebrauch davon machen könnte.

957 Caroline Herder an ihren Mann *20. März 1789*

Ich habe die Fortsetzung von *Tasso* wieder abgeschrieben. Goethe kam dazu; er absolvierte mich hierüber, wie leicht zu denken, und grüßt Dich. Von diesem Stück sagte er mir im Vertrauen den eigentlichen Sinn. Es ist die *Disproportion des Talents mit dem Leben*. Er freut sich recht über mich, daß ich es selbst so gut empfinde ...

Das Ende der dritten Szene hat mir Goethe soeben noch geschickt. Ich habe ihn gefragt, ob Du's der Herzogin und Angelika lesen darfst; so antwortete er mir, Du könntest beliebigen Gebrauch davon machen.

958 August Herder an seinen Vater *3. April 1789*

Der Herr Geheimrat von Goethe hat mir auch viele italienische Gewächse gegeben, und die sind auch aufgegangen ... Sagen Sie Wernern, wenn er spazieren oder ausgeht und er findet Samen, daß er mir ihn doch mitbrächte, denn der Geheimrat Goethe sagte, dort röchen alle Blumen gut.

959 Carl August an seine Mutter *5. April 1789*

Goethe ist sehr fleißig und wird nun wohl bald den «Tasso» zustande haben.

960 Caroline Herder an ihren Mann *20. April 1789*

Hier weiß schon jedermann von dem Antrag [einer Professur], indem es von Göttingen an den Direktor geschrieben worden. Der Herzog hat es durch den Fürst von Dessau erfahren, und Goethe darum gefragt. So viel sagte Goethe zu mir darüber vorige Woche: «Wenn der Herzog klug ist, so muß er ihn auch nur Jenas wegen erhalten; denn sein Hinziehen nach Göttingen ruiniert ihm Jena.» ...

Goethe sagte: «Es ist so viel dafür als dagegen zu sagen»; im ganzen findet er's gleichwohl gut, daß es so gekommen ist.

961 Caroline Herder an ihren Mann *24. April 1789*

Wie ich [gestern] nach Hause kam, fand ich Goethe bei dem Kinderfest. Wir sprachen bald von Göttingen, wie wir denn schon einigemal davon gesprochen haben. Daß Du den vorteilhaften Antrag beherzigtest und beherzigen müßtest, sagte ich ihm; er fand es ganz recht, so wie er gleich von Anfang den Antrag als ein gutes Evenement, wir möchten nun bleiben oder gehn, ansah. Er will Dir selbst schreiben den nächsten Posttag, heute kann er nicht. Er dringt aber darauf, daß wir ihn allein von der ökonomischen Seite betrachten und gebrauchen müssen. In der Verhandlung mit den Hannoveranern müssen wir mit Recht das hoch anschlagen, was wir Gutes hier haben – kurz, in eine Waagschale das Vorteilhafte von Göttingen und in die andre das Gute von hier legen. Dieses war, nachdem ich mich von der ersten Gemütsbewegung des Antrags erholt hatte, mein eigner erster Gedanke gewesen, der mir nicht von ihm eingehaucht worden ist; ich schwieg Dir aber davon, weil ich Dein Gefühl rein darüber erst hören wollte. «Glaubt nicht», sagte er gestern, «daß er dort frei von Verdruß und Ärger sein wird; er wird überall die Neider und Heuchler, und wie sie heißen, finden; sein Gemüt bringt er ja überall mit. Also von dieser Seite ist's dort nicht um ein Haar besser als überall. Kurz, laßt nur das Gemüt aus dem Spiel, und bleibt bei dem äußerlichen Vorteil stehn. Der Herzog kann und darf ihn nicht gehn lassen, er ruiniert sich Jena und Weimar zugleich. Auch nicht einmal nach Jena wünsch' ich Herdern; ich hab' ihn viel zu lieb, er ist zu gut zum Professor; er kennt ihre kleinlichen Leidenschaften noch nicht. Es ist gut, daß der Antrag gekommen ist; jetzt kann ihm durch das *Muß*, und mit Ehren, ein gutes und sichres Etablissement für ihn und die Seinigen gemacht werden, und die ganze Stadt wird damit zufrieden sein, und es wünschen.» …

Luischen beschreibt Dir ihren Geburtstag. Ich war gestern heiter … Reichardt aus Berlin trat nach dem Bescheren herein, blieb den Mittag bei mir; den Nachmittag ging er zu Goethe, der ihn um diese Zeit bestellt hatte, und um dessentwillen er eigentlich gekommen war; er komponiert die *Claudine*, wird aber bald wieder abreisen.

Liebes Herz, über Goethe und Knebel habe ich sehr klare und reine Begriffe bekommen. Der erste ist bei Dir jetzt im Schatten, aber ich weiß, Du erkennst ihn wieder. Knebel bleibt ein unstetes, unsichres Rohr … Er hat ein so großes Maul gegen Moritzens Abhandlung gehabt, und da Goethe einen nur wörtlichen Auszug gemacht und ihm gegeben hat, da fand er es ganz vortrefflich, golden und verständlich – und es waren Moritzens eigne Worte und Zeilen. So liest er immer mit einem heißen Kopf, und so ist er einige Zeit grob und fremd gegen mich ohne Ursache. Goethe bleibt sich gleich; er steht auf festem Boden. Mündlich mehr im Detail von; es schmerzt mich, daß Du Dein Gemüt von ihm abwendest, und er ist doch der einzige rein gute Mensch hier.

962 L. Ch. Althof an Ch. F. Nicolai *Dezember 1796*

Bürger und Goethe hatten sich nie gesehen, aber vormals manchen Brief miteinander gewechselt. Goethe hatte diesen Briefwechsel angefangen und, von Bewunderung und Liebe für seinen Bruder im Apoll hingerissen, diesen bald nicht mehr mit *Sie*, sondern mit *Du* angeredet. Da nun Bürger diese vertrauliche Annäherung erwiderte und Goethe in dem einmal angenommenen Tone blieb, so wurden beide schriftlich Duzbrüder. Als in der Folge Goethe zu höheren irdischen Würden emporstieg, da wurde auch die Sprache in seinen Briefen an Bürger feierlicher, das *Du* verwandelte sich wieder in *Sie*, und bald hörte der Briefwechsel ganz auf. Im Jahre 1789 schickte Bürger dem Herrn von Goethe ein Exemplar von der zweiten Ausgabe seiner Gedichte mit einem höflichen Schreiben zu, und machte bald darauf eine Reise, die ihn durch Weimar führte. Er stand bei sich an, ob er's wagen sollte, den Herrn von Goethe zu besuchen, weil er von Natur blöde war, und sich nach dem, was er von andern wohl gehört hatte, eben keine herzliche Aufnahme von seinem ci-devant Duzbruder versprach. Indessen da seine Freunde ihn mit der Versicherung dazu ermunterten, Herr von Goethe sei seit seiner Reise nach Italien leutseliger geworden, da er überdem gerade jetzt einen kleinen Dank für das Geschenk seiner Gedichte und auch wohl eine lehrreiche Beurteilung seiner neuesten Produkte von Goethe erwartete: so faßte er ein Herz und verfügt sich an einem Nachmittage [Ende April 1789] in die Wohnung des Ministers. Hier hört er von dem Kammerdiener, Se. Exzellenz sei zwar zu Hause, aber eben im Begriff, mit dem Herrn Kapellmeister Reichardt eine von diesem verfertigte neue Komposition zu probieren. O schön, denkt Bürger, da komme ich ja gerade zu einer sehr gelegenen Zeit, halte Se. Exzellenz nicht von Staatsgeschäften ab, und kann ja wohl zu der Musik auch meine Meinung sagen. Er bittet also den Kammerdiener, Sr. Exzellenz zu melden, Bürger aus Göttingen wünsche seine Aufwartung machen zu dürfen. Der Kammerdiener meldet ihn, kommt zurück und führt ihn – nicht in das Zimmer, wo musiziert wird, sondern in ein leeres Audienzzimmer. In diesem erscheint nach einigen Minuten auch Herr von Goethe, erwidert Bürgers Anrede mit einer herablassenden Verbeugung, nötigt ihn, auf einem Sofa Platz zu nehmen, und erkundigt sich, da Bürger, der doch einen ganz andern Empfang erwartet hatte, ein wenig verlegen wird, nach – der damaligen Frequenz der Göttingischen Universität. Bürger antwortet, so gut er bei seiner Verlegenheit kann, und steht bald wieder auf, um sich zu empfehlen. Goethe bleibt mitten im Zimmer stehen und entläßt Bürger mit einer gnädigen Verbeugung. Auf dem Wege nach Hause machte nun Bürger nachstehendes Epigramm:

Mich drängt' es in ein Haus zu gehn,
Drin wohnt' ein Künstler und Minister.
Den edlen Künstler wollt' ich sehn
Und nicht das Alltagsstück Minister.
Doch steif und kalt blieb der Minister
Vor meinem trauten Künstler stehn,
Und vor dem hölzernen Minister
Kriegt' ich den Künstler nicht zu sehn.
Hol ihn der Kuckuck und sein Küster!

963 G. v. Loeper an W. v. Biedermann *8. Mai 1872*

... [Reichardts] Darstellung [der Begegnung Bürgers mit Goethe] habe ich gelesen. Reichardt sagt ungefähr: wir probierten eben ein Musikstück, ich glaube aus Claudine von Villa Bella, als Bürger gemeldet wurde. Goethe ging ihm «in freudiger Bewegung» entgegen, aber es machte sich leider so, daß beide, Goethe von innen, Bürger von außen, in der Tür zusammenstießen. Bürger trat an Goethe mit den Worten heran: Sie Goethe – ich Bürger! Dies Zusammenprallen und die Art, wie Bürger diese sonderbare Vorstellung hervorbrachte, brachte Goethe etwas aus der Fassung, erkältete ihn total, vielleicht auch eine stille Enttäuschung über Bürgers ganzes Aussehen: genug er fand keine rechten Anknüpfungspunkte zur Konversation, geriet ganz außer Stimmung, dies wirkte natürlich zurück auf Bürger, die Unterhaltung wollte nicht werden, und beide schieden so.

964 Caroline Herder an ihren Mann *1. Mai 1789*

Die Steinin grüßt Dich herzlich. Über Goethe leidet die Arme noch immer sehr viel, und ich fühle und sehe, daß er's zu toll macht. Den Reichardt, der es von ihm verlangt, hat er zu sich ins Haus genommen. Er komponiert die *Claudine*, die ich in Gesellschaft bei ihm gehört habe, worunter nur einiges gut ist, Goethe aber alles hübsch findet. Nun fällt mir Goethe eine Zeitlang auch aus den Händen, da er gute und schlechte Menschen mit gleicher Freundlichkeit aufnimmt. Ich habe mit ihm von Dir, solange Reichardt hier ist, nicht gesprochen ...

965 Caroline Herder an ihren Mann *4. Mai 1789*

Es ist alles Deinetwegen hier in großer Bewegung. Der Herzog ist den 2. Mai hier angekommen, und hat sogleich der Herzogin versichert, daß er Dich nicht gehn ließe. Gestern gab er dem Goethe vorläufig auf einem Billett die Punkte, die er für Dich tun will. Ich habe sie von ihm erhalten, und schreibe sie Dir ab, weil ich des Herzogs Billett verwahren will ... Ich habe dem Goethe gesagt, daß wir so viel haben müssen, daß Du nicht mehr schreiben dürfest. Dies habe ich ihm auf die derbste Weise gesagt, und er billigt es. Er meint auch, daß noch mehr Zulage unter dem Namen für die Erziehung der Kinder werden könne ...

Den Nachmittag hörten wir abermals *Claudine*; morgen geht Reichardt fort. Goethe hat ihn über Erwarten gut aufgenommen, doch aber nichts anders als Musik mit ihm abgehandelt.

966 Caroline Herder an ihren Mann *8. Mai 1789*

Was sagst Du zu dem Kanzellariat über Jena? Goethe meint, er wolle Dir nicht dazu raten; Du würdest Dir den Griesbach zum großen Feind machen.

967 Caroline Herder an ihren Mann *10. Mai 1789*

Ich habe Dir bisher Goethe so wenig genannt, weil ich ihn wenig allein gesprochen habe. Gestern hat er den *Tasso* bis auf drei Szenen der Herzogin vorgelesen. O wie bestrafe ich mich, daß ich ihn auch nur einen Augenblick verkenne. Er ist durchaus eine treue männliche Seele, und es freut mich, daß Du dies in einem Deiner letzten Briefe so gut wieder erkennst. Er kam gestern abend noch zu mir, und da wir über *Tasso* fertig waren, über den Du Dich gewiß freuen wirst, warst Du unser Gespräch. Dem Herzog hat er gesagt, daß unsre Schulden 1800 bis 2000 Reichstaler betragen. Es war des Herzogs eigner Entschluß, sie zu bezahlen. Die übrigen Bedingungen müssen alle alsdann noch besser und anders eingerichtet werden, wenn wir bleiben wollen ...

Von Deiner Herreise meint Goethe, Du hättest besser getan, wenn Du von Bologna nach Ferrara und die schönen Städte hinauf nach Venedig, dann quer über Oberitalien nach Mailand und durch die Schweiz gegangen wärest. Jetzt, da Du schon in Parma seist, ginge dieser Weg nicht mehr an ...

Soeben schickt Goethe diese Inlage. Ich setze nichts dazu, seine Stimme redet von selbst, und Du wirst sie gut aufnehmen.

968 Caroline Herder an ihren Mann *15. Mai 1789*

Abends 8 Uhr.

Ich komme soeben von der Herzogin, bei der ich von 3 Uhr an gewesen bin ... Goethe hat ihr diesen Nachmittag bei meinem Dasein die Geschichte der Hierarchie aus Deinem vierten Teil der *Ideen* vorgelesen. Wir sind nur bis zur Hälfte gekommen; es gefiel ihr aber sehr, noch einmal es zu hören, und Goethe las es auch gut.

969 Caroline Herder an ihren Mann *25. Mai 1789*

Goethe wird Dich auch auf einige Tage dort [in Karlsbad] aufsuchen; er will den Egerbrunnen trinken, den der alte König lange Jahre getrunken hat; er soll eine besonders auflösende und stärkende Kraft zugleich haben.

970 Caroline Herder an ihren Mann *29. Mai 1789*

Goethe will auf einige Tage zu Dir, reitend, ins Karlsbad kommen. Er ist in diesem wichtigen Zeitpunkt jetzt unser treuester Freund, und einen Freund müssen wir jetzt haben. Glaube mir's. Einen Brief von ihm wirst Du in Parma finden, wenn Du, wie ich glaube, diesen Weg nimmst. An die Angelika liegt auch ein Brief dort...

Goethe liebt Dich, und ist's vor allen Menschen wert, von Dir geliebt zu werden. Wende Dich nicht von ihm ab! Du achtest und liebst an der Angelika, was die Natur ihr Glückliches und Heiliges gegeben hat; er ist von dieser Seite ihr Bruder, und wir wollen ihn nicht mehr verlieren, wie Du es einmal (vor sechs Jahren war's) so heilig zusagtest. Es schmerzt ihn, daß Du in dieser wichtigen Sache so stumm gegen ihn bist; ich habe Dich entschuldigt. Das Wiedersehen im Karlsbad wird alles gut machen...

Goethe ist in Belvedere; ich habe ihn heute über den Brief, der in Venedig liegt, um Rat gefragt. Da ein gutes Wort über Dich im Brief steht, so schicke ich Dir seinen Brief selbst. Nimm aber das Wort «guten Alten» nicht übel auf; er liebt Dich, wie Du es nicht weißt, das glaube mir.

971 Caroline Herder an ihren Mann *1. Juni 1789*

Gestern bin ich mit der guten verständigen Kalb [auf Goethes Einladung] in Belvedere gewesen, und wir haben einige sehr gute Stunden da gehabt, ob es gleich regnete. Der Herzog ist gestern wieder von der Revue zurückgekommen. Goethe wird wohl nicht mehr lange den stillen Aufenthalt, in dem er sehr fleißig gewesen ist, genießen. «Der Pan ist wieder erwacht», sagte die Kalbin.

972 Caroline Herder an ihren Mann *22. Juni 1789*

Ich habe diese Woche niemand gesehen als Goethe und Knebel. – Ich bin heute zu Goethe zum Tee geladen mit den andern Frauen …

973 Carl August an seine Mutter *27. Juni 1789*

Die Kinder halten sich vortrefflich, und Goethens Umgang, der sich des Jungens recht ernstlich annimmt, tut letztern außerordentlich gut.

Ich habe Goethen Ihren Auftrag kundgetan; er wird sich bemühn, Ihre Befehle zu erfüllen.

974 H. E. G. Paulus: Goethe und Paulus *1849*

Lebhaft gegenwärtig ist mir noch der Augenblick, wo ich Goethe das erstemal sah. Zufällig ging ich mit meiner Frau auf einem Morgenspaziergang durch das Schloß zu Jena, wo die Büttnersche Raritätenbibliothek und die physikalische, von Goethe geförderte Sammlung, welche der Stifter der Naturforschenden Gesellschaft, der meist auf das Materielle beschränkte Professor Lenz, durch ausgebreitete Korrespondenz glücklich zu mehren wußte, im untersten und obersten Stockwerke aufgestellt waren, die mittlere Etage aber für Besuche von Hof frei war, so daß dort besonders Goethe oft abzusteigen pflegte. Wir wußten, daß Goethe noch nicht lange vorher von seiner fruchtbarsten Durchreise Italiens zurückgekommen war. Mitten im Hofe trat uns ein kräftig Daherschreitender nahe. Er redete uns forschend an. Ich blickte in sein heiter ernstes, vom Morgenlicht beleuchtetes Gesicht. Unmittelbar sprach sich in mir der Gedanke aus: «Ein Apollokopf! Ein echter Apollokopf im Übergang ins kräftigste Mannesalter!» …

Die kleine Frau (so pflegte Goethe in der Folge meine liebe Karoline zu nennen) hatte schon bei dem ersten Zusammentreffen die Aufmerksamkeit des Menschenkenners gewonnen. Er weilte später öfters vertraulich in unserem Kreise. Noch besitze ich die erste Reinschrift von *Alexis und Dora*, wie er sie uns vor einem solchen Abendessen überraschend vorlas, und darauf der dem Geheimnisse der sinnreichen Darstellung nachforschenden Hörerin zur wiederholten Erwägung zum Geschenke machte.

975 Caroline Herder: Erinnerungen

Bei seiner [Herders] Rückkunft bat die regierende Herzogin ihn selbst auf eine so edle Weise, er möchte in Weimar bleiben. Sie, ihre und Herders Freundin, Frau von Stein, sagten vereint, er dörfe nicht aus Weimar, er sei ja noch allein die moralische Mauer dort...

Alle Freunde zu Weimar vereinigten sich, ihm zuzureden zu bleiben...

Goethe zeigte sich jetzt als ein treuer Freund, wie jenes Wort sagt: *im Ungewissen erkennt man den gewissen Freund.* Er wollte nicht drein reden, wollte Herders Schicksal nicht irre leiten, er bat nur, daß wir in unsrer Agitation *ruhig* beide Lagen überlegen mögen, so daß wenigstens von der ökonomischen Seite Göttingen uns eine sorgenfreie, heitre Lage und Wohlhabenheit gewähre. Über die Lage zu Weimar sagte er zum Vater: «Jetzt bist Du hier *der Erste* in Deinem Collegium (der kranke Präsident wird bald sterben). Hier kannst Du arbeiten, was Du willst. In Göttingen bist Du unter die andern Professoren verrechent, und in einem akademischen Senat gibt's die dummsten, ärgerlichsten Auftritte und Beschlüsse. – Auch gilt auf der Akademie am meisten der Scharlatan von Professor. Alle Professoren werden *gegen Dich sein*, da Du ihnen superior bist. Du wirst als Mensch und Professor ein viel unzufriedeners Leben führen als in Weimar, wo Du in der Gesellschaft gebildeter und guter Seelen, die Dir wohlwollen, Dich erheitern kannst, sooft Du willst. Dieser Genuß geht Dir in Göttingen ab. Auch Deine Frau wird sich unter die Professors-Weiber und dem eingeführten Gastmahlgeben, wo man mit Silber und äußerlicher Wohlhabenheit prunken muß, nicht gut schicken. Ihr seid beide ein stilles häusliches Glück gewohnt, das wird dort sehr gestört werden. Der regierenden Herzogin zu Liebe solltest Du fast allein hier bleiben.» So sprach Goethe; so sprachen die vertrauten Freunde.

976 Caroline Herder an Frau v. Frankenberg
(Konzept) *20. August 1795*

Als man damals mit meinem Mann unterhandelte, hier zu bleiben, sahe man wohl ein, und verschwieg es nicht, daß die theologische Fakultät in Jena ruiniert würde, wenn er nach Göttingen ging. Jetzt hat man dies alles vergessen und glaubt seines Versprechens los zu sein. Damals stellte mein Mann Goethe vor, wie vorteilhaft ihm allein die Göttinger *Bibliothek* sein würde, um durch Schriften seinen Kindern ein Kapital zu erwerben, da so viel ungebrauchte Schätze, die nirgends in Deutschland seien, darinnen wären. Dies alles, sagte Goethe, will Dir der Herzog durch die Kosten zur Erziehung Deiner Kinder vergüten, und Du lebst hier ein vergnügliches Leben, bei Deinen Freunden.

977 Caroline Herder an Frau v. Frankenberg
(Konzept) *20. August 1795*

Mein Mann kam zurück, ohne sich mit Göttingen einzulassen. Es wurde über die vorgeschlagenen Punkte des Herzogs verhandelt. Befremdend war's meinem Mann, daß ihn der Herzog mit 200 Talern jährlicher Zulage zu halten gedachte. Unter 400 Talern Zulage bleibe ich nicht, sagte er zu Goethe; Kanzler der Universität Jena will ich nicht werden, wohl aber meinen Rat gerne geben. Die andern Punkte bleiben, außer daß meiner Frau 300 Taler versichert werden. Der Herzog akkordierte alles. Da nun die Geschäfte zugleich bestimmt wurden, und mein Mann die Kirchrechnungen und Leichen abgab, so verlor er dadurch an der Einnahme 112 Taler jährlich; diese zu ersetzen, leitete Goethe es also ein, daß der Herzog zur einstweiligen Erziehung für Gottfried jährlich ein Geschenk von 50 Talern und ebenso viel für August aussetzte. Die regierende Herzogin aber 50 Taler für Wilhelm. Als Goethe die Zusicherung dieser Geschenke mündlich überbrachte, sagte ich zu ihm in Gegenwart meines Mannes: «Damit glaubt doch der Herzog nicht, die Kosten des Studiums schon zu bezahlen?» «Nein», antwortete Goethe. «Es ist aber doch nötig», erwiderte ich, «über diesen Punkt eine schriftliche Versicherung vom Herzog zu haben.» *Goethe* (unwillig): «Nein, das ist nicht nötig; man muß den Herzog jetzt, da er sich gutmütig zeigt, durch eine solche Forderung nicht unwillig machen.» Und hiermit ward die Sache geschlossen.

978 Caroline Herder an Anna Amalia nach dem 9. Juli 1789

Goethe bringt die Woche einige Abend bei uns zu, aber die zwei Herren hüten sich sehr, Italien zu berühren, um sich nicht Schmerzen zu machen. Ich werde in allen meinen Fragen über Italien immer an Eure Durchlaucht verwiesen. Übrigens ist Goethe wohl und weiß die Welt, die Liebe und die Häuslichkeit recht artig zu verbinden.

979 N. Karamsin (Brief an ?) 21. Juli 1789

Goethe hab' ich nur gestern im Vorbeigehen am Fenster gesehen; ich blieb stehen und betrachtete ihn einige Minuten. Ein wahres griechisches Gesicht! Heute morgen, da ich ihn besuchen wollte, fand ich ihn nicht. Er war ganz früh nach Jena gefahren.

980 H. Döring: Schiller und Goethe 1852

Als sich Goethe (1789) in dem damals sehr besuchten Badeorte Ruhla befand, beredete er seinen Reisegesellschafter, den Oberforstmeister v. Stein, an einem sehr trüben Tage zu einem Spaziergange nach dem Inselsberge. Vergebens stellte ihm dieser das ungünstige, Regen drohende Wetter vor. Goethe blieb bei seinem Entschluß. Als nun unterwegs der Nebel immer dichter ward und zuletzt in einen Regen sich auflöste, machte Stein seinem Unmut durch die wiederholte Äußerung Luft, «daß er dies vorausgesagt». Goethe schwieg. Beschäftigt, Steine zu suchen, die er mit einem Hammer zerschlug, nannte er dem murrenden Freunde deren Namen, Eigenschaften und die Klasse, zu der sie gehörten. «Was gehn mich Ihre Steine an!» rief sein Begleiter ziemlich heftig. «Ich rede von Ihrem Starrsinn, der uns in dies Wetter geführt hat. Doch» – fügte er einlenkend hinzu, als wolle er seine Heftigkeit wiedergutmachen – «da Sie ein so großer Mineralog sind, so sagen Sie mir doch, was bin ich für ein Stein?» «Auch das will ich Ihnen sagen», erwiderte Goethe. «Sie gehören in die Klasse der Kalksteine; kommt Wasser auf diese, so brausen sie.»

981 Carl August an seine Mutter *3. August 1789*

Goethe ist mit mir hier [in Eisenach] und auch mein Sohn; dem Kleinen bekömmt die Abwechselung sehr gut. «Tasso» ist fertig, ein großes Kunststück; ich bin neugierig, wie es Ihnen gefallen wird. «Faust» kömmt auch ehstens ans Licht.

982 Carl August an seine Mutter *15. August 1789*

Goethen zeigte ich neulich in einen hiesigen Dorfe eine Kirche, welche wahrscheinlich in die Mauern eines römischen Grabmals gebauet ist; er fand, daß dieses seltsame Werk mit den Capo di Bove oder Grabe der Cecilia Metella ähnelte und dessen Dimensionen nahe käme. Sie sehn daraus, daß man noch aus Italien ins Eisenachische reisen wird, um Altertümer römischer Zeiten zu suchen.

983 Ch. G. v. Voigt an G. Hufeland *22. August 1789*

Von Herrn Geh. Rat v. Goethe habe ich Ihnen ein Kompliment mit folgender Bitte vorzutragen. Er will den jungen Facius aus Gera (ein gelernter Kaufmann, der sichmit innerer Furie der Skulptur widmet) gern mit Döll bekannt machen, um ihn von demselben etwas profitieren zu lassen, da er selbst schon so weit gekommen ... Es käme darauf an, ihn an Herrn Döll zu empfehlen, und ein solches Empfehlungsblatt glaubt Herr von Goethe von Ihnen erlangen zu können. Ist es tunlich, so schreiben Sie es.

984 Sophie v. Schardt
an Ch. A. v. Seckendorff *12. September 1789*

Tout ce qui nous manque ici c'est un ministre juste, noble et zélé pour le bien sans crainte de le dire. Fritsch n'est pas l'homme; Goethe, qui en a assurément le caractère, n'en a pas les vues. Il sent qu'il n'a pas l'espèce de savoir-faire en ce genre qui surmonte les difficultés, voilà pourquoi il a quitté les affaires; il est assez utile au Duc, étant son ami, je ne saurais voir l'injustice que le monde y trouve qu'il garde sa pension. Un prince n'a-t-il pas le droit de faire du bien à un homme qu'il aime …

985 Knebel an seine Schwester Henriette *14. September 1789*

Max soll sich Volkmanns Beschreibung von Italien (NB. die neuste Ausgabe) anschaffen und solche als seinen Begleiter mit sich nehmen. An jedem Orte Italiens findet sich sogleich eine eigene Beschreibung desselben Ortes, die man gebrauchen muß. Die italienische Sprache muß er täglich üben. Die Eingeborenen hören es gar gerne, wenn man ihre Sprache spricht. Da diese Nation hauptsächlich zu Weichlichkeit, Bequemlichkeit und Aisance in ihrer Lebensart und Sitten gewöhnet ist, so tut ihnen alles Harte und Rauhe unsrer Sitten besonders weh. Man richtet auch mit einem fahrenden, stürmischen Wesen gar nichts aus, als daß man allenfalls Messerstiche bekommen kann; klug und vorsichtig darf man aber in allen Stücken sein und genau das Seinige wollen, sonst wird man nur ausgelacht. Nichts zu scharf, nichts zu heftig, aber bestimmt und fest.

Was die Kleidung anbetrifft, so sagt mir Goethe, daß man die seidnen Kleider in Italien viel wohlfeiler kaufe, wie bei uns, die andern aber seien ungleich teurer. Mit einem guten gestickten Kleid, ein paar Fracks und allenfalls einer Montierung, wie sie Herr von Wöllwarth hier getragen, rot mit grünem Revers, komme man in Italien überall trefflich fort. Die meisten Franzosen und Engländer tragen solche Uniforms.

Cento, das Vaterland des Guercino da Cento, läßt Goethe besonders wegen der schönen Gemälde dieses Meisters rekommandieren. Es liegt zwischen Ferrara und Bologna, und wenige Reisende kämen dahin, ob es gleich sehr der Mühe wert wäre. Vor allem läßt Goethe auch diese Aisance, diese Bequemlichkeit, von der ich vor sprach, rekommandieren, daß man sich's durchaus müsse wohl sein lassen, und das nehme immer zu, je näher es gegen Neapel käme.

Übrigens empfiehlt er auch vorzüglich, mit eigenen Augen wohl zu sehen; das wäre das Beste, was man raten könne.

986 Knebel an Luise v. Imhoff *18. September 1789*

Gestern bin ich mit Goethen herübergereist [nach Jena], und die Gesellschaft des berühmten und in seiner Art einzigen Mineralogen, des Herrn Werner aus Freiberg, hat uns den Nachmittag und Abend sehr unterrichtend und angenehm gemacht. Heute hat mir Goethe die ersten Szenen seines «Fausts» vorgelesen, so wie sie zum Druck bereit liegen, und das hat mich sehr ergötzt. Er wird Donnerstags und Freitags gewiß wieder von hier abgehen …

987 Knebel an Herder *12. Oktober 1789*

Eine Freude habe ich gehabt über Gärtners Buch de fructibus et seminibus plantarum, wovon Ihnen Goethe ohne Zweifel schon gesprochen hat.

988 Caroline v. Beulwitz an Schiller *2. November 1789*

Ich stimmte die letzten Tage unseres Zusammenseins besser mit der Stein. Sie war in eine stille Trauer über ihr Verhältnis mit Goethe gesunken, und da schien sie mir wahrer und harmonischer als in der widernatürlichen [Stimmung] von Gleichgültigkeit oder Verachtung. Ein zwölfjähriges zärtliches Verhältnis kann sich nicht in so widrige Empfindungen auflösen, ohne die besten Kräfte des geistigen Lebens zu vernichten. Viele Schwächen muß Goethe haben, und zur Freundschaft gehört Stärke.

989 Sophie v. Schardt
an Ch. A. v. Seckendorff *10. November 1789*

Goethe est presque enterré pour finir le 6me et 7me volume de ses œuvres, il me dit qu'il se rendrait plus sociable à présent.

990 C. Beyers Tagebuch *1. Dezember 1789*

[Erfurt.] Nach Tische in die Assemblee, wo zahlreiche Gesellschaft sich eingefunden hatte. – – – – – Jetzt wurde Lärm – der Herzog von Weimar kommt! – Die Lakaien liefen mit Lichtern hinunter – die sämtlichen Kurfürstlich Mainzischen Offiziers gingen in Corpore hinaus, um ihn zu empfangen. Jetzt trat er herein – in seiner Regiments-Uniform, weiß und rot, mit großen mächtigen Reitstiefeln. Der berühmte Geheimde Rat Goethe war sein Begleiter nebst den Kammerherrn von Wedeln. Goethe geht nicht mehr so geniemäßig einher wie ehmals – er ist viel stärker, hofmäßiger geworden – hat sich ganz nach Hofetikette geformt. – Er kam in einen zimtbraunen Bratenkleide – Chapeau bas mit den Degen an der Seite dahergeschritten – machte Komplimente wie der steifste Hofjunker …

991 Caroline v. Beulwitz an Schiller 5. Dezember 1789

Goethe war artig; er dauert mich so: sein Liebchen ist in Kindesnöten seit fünf Tagen und wird vermutlich sterben, er sah milder aus als gewöhnlich und zerstreut.

992 Schiller an Charlotte v. Lengefeld 8. Dezember 1789

Ich habe schon gedacht, wie es vielleicht möglich wäre, unsre Vereinigung auf das Frühjahr durch Goethen zu befördern, und die Idee wird mir immer annehmlicher, je mehr ich darüber nachdenke. Auf einen fixen Gehalt, der mir von Ostern ausgeworfen wird, kommt alles an bei der chère Mère. – Wie wär es nun, wenn wir uns Goethe anvertrauten, so daß er sich für unser Verhältnis interessiert, daß es ihm gleichsam in die Hände gegeben wird. Er wird nicht ohne Anteil dafür sein, und in solchen Sachen Vertrauen zu erfahren, mitwirken zu können, schmeichelt einem jeden; Goethe besonders ist nicht ohne Sinn für Verhältnisse von der Art. Er würde sein Interesse daran auch vielleicht dem Herzog mitteilen, und wenn 200 Reichstaler die Sache ausmachten, so ließe sich der Herzog vielleicht dazu bringen, besonders da ich auch ohne das auf eine Besoldung Anspruch machen könnte. Überlege dieses mit Linen – und wenn ihr etwas Gutes davon hofft, so schreibe mir, wie ihr ohngefähr glaubt, daß es anzufangen wäre. Ob es angeht für euch, Goethe und die Stein zugleich in euer Vertrauen zu ziehen – dies ist freilich eine Frage.

993 Caroline v. Beulwitz an Schiller *10. Dezember 1789*

Der Plan, Goethe in unsere Projekte zu ziehen, ist gar nicht übel, nur möchte ich die Stellung seines Gemütes noch etwas zuvor beobachten.

Er ist krank oder sagt sich krank, seines Liebchens wegen, und geht nicht aus. Wenn ich ihn nur noch einige Male gesehen habe, dann wird sich eher etwas bestimmen lassen; ich meine nicht, daß das Verhältnis mit der Stein die Zutraulichkeit mit ihm stören wird.

994 Charlotte v. Lengefeld an Schiller *17. Dezember 1789*

Gestern hat mir der K[oadjutor] über Dich gesprochen, aber nicht lang, so viel habe ich heraus, daß ihm Goethe in Weimar unser Verhältnis gesagt hat, dies sagte er so ganz von ohngefähr.

995 Charlotte v. Lengefeld an Schiller *20. Dezember 1789*

Goethe bleibt bis den ersten Feiertag in Jena. Du wirst ihm wahrscheinlich sehn. Ich wünschte es um seiner selbst willen, daß er mit Dir umginge. Dein Geist könnte wohltätig auf ihm wirken. Er scheint mir uneins mit sich, daher wird er es auch mit der Welt sein. Ich schließe es daher, weil er so viele Menschen um sich versammelt, die nichts sind. Fände er sich selbst wieder, so brauchte er diese nicht zu suchen.

996 Charlotte v. Lengefeld an Schiller *29. Dezember 1789*

Humboldt wird Dir erzählt haben, was wir gestern bei Goethe gemacht haben. Er war recht freundlich und zutraulich mit mir. Er ist aber doch anders geworden; ehe er nach Italien ging, war er mir doch lieber; schon der Ausdruck in seinen Gesicht, er hat an Feinheit verloren. Sonst war es mir wohl da, wir haben schöne Abdrücke gesehn, und waren unter uns; wir haben ausgemacht, daß wir bei keinen Menschen sind, wo man uns auch hinbittet, sondern die Menschen sind bei uns, wir etablieren uns gleich, als wären wir einheimisch, und die andern fremd.

997 *W. v. Humboldt an F. H. Jacobi* *20. Juni 1790*

Von Goethe muß ich Ihnen noch ein Wort sagen. Ich sah ihn zwar sehr wenig, so oft ich ihn auch besuchte, nur einmal bei ihm, und das in großer Gesellschaft; aber Sie müssen ihm das nicht übel nehmen, lieber Freund, so wenig als ich es tat. Er hat sich hernach beklagt, daß er gerade in einer sehr unglücklichen Stimmung damals gewesen wäre, und sehr viel Freude hat es mir schon gemacht, ihn nur zu sehn, und vorzüglich das herrliche Auge, in dem so unendlich viel seines bewundernswürdigen Geistes sich ausdrückt. Es ist mir doch immer, als wär er unser einziger Dichter. Sein Tasso, und einige Stellen in Faust haben mich aufs neue darin bestärkt.

1790

998 *Charlotte v. Lengefeld an Schiller* *3. Januar 1790*

Ich war gestern in der Komödie, es war ein einfältiges Stück ... Die K[alb] war auch darin ... Ich saß bei Goethe, mit dem sie viel sprach, und einiges, was mir nicht gefiel.

999 *Charlotte v. Lengefeld an Schiller* *27. Januar 1790*

Goethe war gestern mit uns in Gesellschaft, und er war gar artig.

1000 *Knebel an seine Schwester Henriette* *29. Januar 1790*

Gestern erhielt ich Dein Paket ... da just der Herdern Geburtstag war ...

Wir hatten gestern einen guten Abend bei Herders. Frau von Stein nebst ihren beiden Söhnen, Fräulein Waldner, Frau von Schardt usw. waren da, auch kam Goethe nachher hin. Jedes brachte ein kleines Geschenk ...

1001 *J. Gaudenz v. Salis-Seewis: Tagebuch* *8. Februar 1790*

Von Wieland aus ging ich zu Goethe. Er empfing mich mit viel Anstand und Kälte. Wir speisten bei Herrn von Kalb ... Wieland, Herder und Goethe saßen mir gegenüber. Auch lernte ich Madame de Kalb und ihre Schwester kennen. Goethe scherzte viel, parodierte den Ton der Beisitzer der

Nationalassemblee – verteidigte Sophismen mit Laune, Deutschland mit Wärme.

1002 *Ch. G. v. Voigt an G. Hufeland* *16. Februar 1790*

Dem Herrn Geh. Rat v. Goethe waren die Erläuterungen sehr angenehm, die ich ihm von Ihren [Ihnen?] puncto der akademischen Politik im Rezensionswesen überbrachte. Er hielt sich versichert, daß ohne Unwahrheit und ohne Schmeichelei eine prudente Mittelstraße immerfort übrig bleiben werde, und trug mir auf, mit seinen Komplimenten Ihnen zu danken. Meine schriftliche Relation über diesen Punkt ist zugleich an die weitere Behörde gegangen. Nun ist auch Goethes sechster Band erschienen! Er wünscht sehr, daß der gelehrte Kongreß nach Eisenach verlegt werde. Dort könne das nötige Wildpret, Holz für Küche, Saal zur Versammlung etc. höchsten Orts leicht ausgewirkt werden. Freie Logis sind genug in der Stadt außer den Gasthäusern. Die ganze Hofsuite hat vielmal da gelegen. Wenn man zehn bis zwölf Tage vorher Nachricht hat, kann alles herrlich eingerichtet werden. Der Herr Geh. Rat v. Goethe meint, daß es wohl gut sei, erst die Sentiments eines Teils der Gelehrten, die Lust haben zu kommen, abzuwarten. Alsdann kann man überlegen, wie man am besten den Vorschlag ins Mittel brächte. Er sah gern, daß Sie ihm auch einen Brief geschrieben hatten.

1003 *Knebel an seine Schwester Henriette* *19. Februar 1790*

Hier, liebe Henriette, schicke ich Dir «Tasso». Es ist das erste Exemplar, das ich aus Goethes Hand erhalte.

1004 *Knebel an seine Schwester Henriette* *23. März 1790*

Goethe, der ganz nahe in Deiner Nachbarschaft war, ist nicht zu Dir gekommen. Er sehnt sich aufs neue nach seinem Italien, und will Palmsonntag schon in Venedig sein.

1005 *Schiller an Körner* *26. März 1790*

Goethe ist von Weimar weg, und, wie er angibt, der verwitweten Herzogin von Weimar entgegen, die man zu Ende des März aus Italien zurück erwartet. Man vermutet aber stark, daß er nicht mehr zurückkommen werde. Lips ist jetzt in Weimar und bleibt auch da ... Goethe hat eine Idee zu einem Titel-Kupfer für den ersten Teil meiner Memoires angegeben, die Lips gezeichnet hat und jetzt eben sticht. Idee und Zeichnung sind ganz vortrefflich. Zum zweiten Band hat er den Kopf von Bohemund erfunden und äußerst treffend.

1006 Luise v. Göchhausen an Wieland *21. Mai 1790*

[Venedig.] Dies ist der letzte Brief, den ich aus den glücklichen Italien ins Vaterland schicke ...

Unsere Herzogin, die gesund und froh wieder kommt, freut sich mit mir, und Goethe, der ihr gern die Rückkehr so froh wie möglich machen möchte, hat als ein guter Kenner des menschlichen Herzens ihr wohl abgemerkt, daß seine Unterhaltungen von Ihnen und noch einigen guten Menschen dieses Gefühl am lebendigsten bei ihr hervorbringen können.

1007 Ch. G. Heyne an F. L. W. Meyer *15. Juli 1790*

Auf meiner diesjährigen Wallfahrt nahm ich den Weg über Weimar und brachte einen Tag vergnügt mit Goethe und Herder zu. Beide gedachten Ihrer mit Ausdrücken von Achtung und Freundschaft. Zwei edle Menschen!

1008 Ch. G. Heyne an F. L. W. Meyer *30. Januar 1791*

Nun müssen Sie bald einheimisch in Italien geworden sein. Wenn es Ihnen nur nicht geht, wie mir Goethe sagte: Ein Jahr lang sei man in sinnlichen Genuß versunken, aber weiterhin fühle man doch, daß wir mehr bedürfen und daß der geistige Genuß unter *dem* Volk nicht möglich sei.

1009 Schiller an Körner *12. September 1790*

Hier übersende ich Dir den zweiten Band der Memoires mit dem Kupfer ... Zugleich folgt ein Kunstwerk von meiner Hand, in einer Manier und Form, die Dir vielleicht noch ganz neu ist. Wenn Du dieses opus mit meinem neuesten vergleichst, was ich vor vier Jahren zu Deinem Geburtstage gemalt habe, so wirst Du Dich über meine Progressen wundern. Diese Art Landschaften hat uns Goethe kennen gelehrt. Er hat vortreffliche Stücke der Art aus Italien gebracht. Du hältst sie abends mit der schmutzigen Seite gegen zwei hintereinandergestellte Lichter; des Tages darf sie nicht angesehen werden.

1010 *Charlotte v. Stein an Knebel* *3. Juli 1790*

Der Herzog läßt den Geheimrat v. Goethe nach Schlesien kommen. Dem wäre es unstreitig bei seinem Christelchen hier wohler.

1011 *Körner an Schiller* *13. August 1790*

Goethe war auch vor kurzem [28. bis 30. Juli] ein paar Tage hier [in Dresden]. Graf Geßler suchte ihn auf und brachte ihn einen Abend auf unseren Weinberg. Er taute auf und war zuletzt sehr mitteilend. Aber seine Art, sich anzukündigen, hat immer etwas Kaltes und Zurückscheuchendes. Ich habe wieder eine halbe Stunde lang ein interessantes Gespräch über Kunst mit ihm gehabt. Auf dem Rückwege [von Schlesien] denkt er hier wieder durchzukommen und länger zu bleiben.

1012 *F. v. Schuckmann an J. F. Reichardt* *11. August 1790*

[Breslau.] Heute war bei Ankunft des Königs große Cour. Ich sah einen farbigen Rock, – gegen das Kostüm, und aus diesem supplikantenähnlichen gemeinen Rocke ein ungemeines Gesicht hervorblicken. Fragte lange vergebens nach dem Namen des Eigentümers – und höre endlich *Goethe!*

Wir machten Bekanntschaft, aber freilich wie man sie so macht. Ich nahm Deinen Namen zum Empfehler und hoffe ihn wohl noch mehr zu sehen.

1013 *Carl August an seine Mutter* *15. August 1790*

Beschwerliche Soupers, böses Steinpflaster, häßliche Weiber, weitläufige Verlegung derer Truppen und vieler Staub sind unsere angenehmsten Zugaben. Goethe isset und trinket stark, bloß seinetwegen steigt die Teurung in hiesiger Gegend. Er wird ehstens ins Glatzer Gebirge reisen. Er empfiehlt sich zu Gnaden.

1014 F.v.Schuckmann an J.F.Reichardt 18.August 1790

Goethe aß gestern mittag grade bei Ankunft Deines Briefes mit mir, und ich konnte ihm seine Einlage alsogleich geben. Nachmittag waren wir im Zwinger, in einem Getümmel von 400 Menschen, und da war's denn, wo wir Muße und Einsamkeit genug fanden, viel und vertrauter miteinander zu reden. Ich hab' ihn doch ganz anders, als meine Vorstellung war, gefunden, grade zu meiner Zufriedenheit. Daß es schwer ist, ihm näher zu kommen, liegt nicht in seinem Willen, sondern in seiner Eigentümlichkeit, in der Sprachschwierigkeit, seine Gefühle und Ideen so, wie sie in ihm liegen, auszudrücken; in der Intension beider, und der Liebe, die diese ihm für sie abdringt. *Bis er weiß*, daß man ihn errät, fühlt, ihm durch jede Öffnung, die er gibt, hineinsieht, kann er nicht reden.

So stell' ich mir's vor; sag' Du mir, ob ich recht habe? Einige Menschen, von denen er ist, würden gewiß leichter und besser sprechen, wenn sie gemeinerer Natur wären, weil in die kurrenten Formeln nur die kurrenten Dinge passen.

Das Bergamt ist mir jetzt recht interessant geworden ... Reden, der Direktor, ist ein feiner Mensch, der auch Goethen gefällt ...

Bei Reden sah Goethe die sonderbare Kreatur Colonna, die ihn sehr amüsiert hat. Ich war zu weit von Goethe, um mit ihm zu reden ...

Goethe läßt Dich grüßen und Dir sagen, er werde nächstens schreiben. Er wollt' es durch mich; da ich ihm aber heut auf der Cour sagte, daß ich heut schreibe, und er Mittag gebeten war, so muß er es unterlassen.

1015 F. v. Schuckmann an J.F.Reichardt 26.September 1790

Böse Beispiele verderben gute Sitten, und so macht der Anblick imponierender Müßiggänger *faul*, oder vielmehr das sinnlose Drehen in ihrem Kreise zu *leer*, um sich in solcher

Stimmung dem Freunde zu nahen. Doch bin ich äußerst zufrieden über diese verlebte Zeit, in der ich im größten Kontrast auch manche Stunden des höchsten Lebensgenusses gehabt habe. Ohne daß ich Dir's sage, wirst Du erraten, daß ich sie Goethen verdanke.

Ich bin sehr nahe und innig mit ihm bekannt geworden und habe einen vortrefflichen Menschen an ihm gefunden. Was ich Dir über seine Schwierigkeit im Ausdruck schrieb, war ganz weg, sobald er herzlich ward und außer der Konvention mit mir lebte. Kalt kann er eigentlich nicht reden, und dazu will er sich mit Fremden zwingen; und das wohl aus guten Gründen. Vertraut folgt er seiner Natur und wirft aus dem reichen Schatze die Ideen in ganzen Massen hervor. Ich möchte sagen: er spricht, wie der Algebraist rechnet, nicht mit Zahlen, sondern mit Größen, und seine lebendige Darstellung ist nie Gaukelspiel der Phantasie, sondern seine Bilder sind immer das wahre Gegenstück, was die Natur dem Dinge gab, und führen den Hörer ihm zu, nicht ab. Das ist jetzt, nachdem er acht Tage weg ist, mein reines Urteil über seine persönliche Art, ohne Einwirkung der Zuneigung, die ich zu ihm gewonnen habe. Freilich alle übrigen Menschen hier, von Garve bis zu Seydlitz, finden, daß er sich sonderbar ausdrücke, daß er nicht zu verstehen sei, und lästige Prätensionen mache; – und doch hat er sich von meiner guten Mutter recht vertraulich die Wundertaten des Enkels und ihre Wirtschaft erzählen lassen, die ihn auch recht lieb darum hat. Auch Kessel ist eine Ausnahme, dem war er durch seine Liebhaberei verwandt, und er hat ihn einen Nachmittag, da er seine Sachen besah, durch das, was er darüber äußerte, sehr entzückt.

Sein Studium scheint jetzt Kant, und auf seinem Wege in eigener Manier der *Mensch* zu sein. Das sieht man auch klar in Faust und Tasso, und ich habe manche vortreffliche Dinge von ihm gehört, die da zu stehen verdienten. Über seine Werke haben wir nicht gesprochen, weil er es zu vermeiden schien; doch konnt' ich's nicht lassen, ihm einmal ein paar Worte über Tasso zu sagen, der meinem Gefühl immer das erste von allem, was ich je gelesen, bleibt.

Ein Mädchen gefiel ihm hier; die Freundin meiner Seligen, von der Du die Zeichnung bei mir gesehen hast. Auch da hat ihn sein Auge nicht betrogen.

1016 *Freiherr v. Lüttwitz: Biographie der Freiherrn von Schuckmann* *1835*

Goethes Verehrer werden ... gern vernehmen, daß Goethe während seines Aufenthalts in Breslau in Schuckmanns Hause bei dessen Frau eine Freundin hatte kennen lernen, die er zur Gattin begehrte; nämlich die älteste Schwester des Verfassers dieser Biographie [Henriette Eleonore Auguste Freiin von Lüttwitz], welche zwar den Dichter von Werthers Leiden nicht verschmähte, aber doch seine Wünsche nicht erfüllen durfte und späterhin zweite Gemahlin Schuckmanns wurde.

1017 *Ch. Garve an Ch. F. Weiße* *10. Oktober 1790*

Daß Goethe bei uns [in Breslau] einige Wochen lang gewesen ist, habe ich Ihnen, glaube ich, schon gesagt. Ich will glauben, daß das, was in gewissen Augenblicken Stolz zu sein scheint, im Grunde nur Zurückhaltung ist. Er kann nur auf eine einzige Art sein (um seiner eigenen metaphysischen Art zu reden mich zu bedienen). Um vertraulich und offenherzig mit jemanden zu werden: muß er sich erst in diesen Ton hineinfinden.

1018 *Topographische Chronik von Breslau* *1806*

[Beschreibung der kurfürstlichen Kapelle im Dom.] Auf dem Altar steht die Bundeslade, über welcher die Sonne der Gerechtigkeit aufgeht, alles aus Metall und im Feuer vergoldet. Rechts steht Moses, links Aaron aus weißem Tiroler Marmor ... Man erzählt, daß Goethe bei seiner Anwesenheit in Breslau stundenlang vor diesem Altare gestanden und diese Bildsäulen betrachtet habe.

1019 *A. von dem Knesebeck: Haus und Dorf Carwe* *1865*

[Aus dem Leben des General-Feldmarschalls Carl Friedrich von dem Knesebeck.] Im Sommer 1790 erhielt das Regiment «Herzog» Marschordre nach Schlesien, wo ein beträchtliches Armee-Korps versammelt wurde, um den in Reichenbach eröffneten Unterhandlungen preußischerseits Nachdruck zu geben ...

In Breslau war in der Umgebung des Herzogs von Weimar zu der Zeit auch Goethe. Der Zufall hatte mich mit ihm bei einer großen Abend-Assemblee in einer Fensternische zusammengeführt, in die ich mich bei dem Menschengedränge zurückgezogen hatte, und wie man von einem merkwürdigen Menschen jede Äußerung lange behält, so entsinne ich mich noch folgender Aussprüche von ihm ganz deutlich. Bei dem stolzen gravitätischen Ernste, mit dem er da stand, war ich lange stumm in meiner Ecke und er in der seinigen geblieben, und ich betrachtete mir den Mann so recht von oben bis unten, um mir sein Bild einzuprägen. Endlich frage ich ihn: welches jetzt das neueste bemerkenswerteste Buch wäre? – Und er nannte trocken antwortend, wahrscheinlich um mich loszuwerden: «Kants Kritik der Urteilskraft.» Ich hatte es mir gerade vor vierzehn Tagen gekauft und antwortete also, daß ich es habe und studieren wolle, da es mir leichter zu verstehen vorkomme als die Kritik der reinen Vernunft. Er sah mich mit etwas höhnender Miene an, antwortete nicht weiter darauf, und frug weiter:

«Sie haben ja auch wohl bei dem Regimente einen Offizier, der Verse macht?»

«Ja, den Dichter Franz Kleist.»

Er ward nun gesprächiger, lobte die Leichtigkeit und Sprachfertigkeit, sowie Glätte und Weichheit der Reime in den Kleistschen Versen, von denen er einige gelesen, sprach dabei sehr interessant darüber, wie schöne Verse und glatte Reime konstruieren noch keinen Dichter mache, sondern nur zeige, daß man die Sprache in seiner Gewalt habe, und schloß mit der Bemerkung, wie seit einigen Jahren sich die deutsche Sprache so ausgebildet habe, daß nach funfzig Jahren wohl jede Kammerjungfer ihre Liebeserklärung in Reimversen machen würde. Diese funfzig Jahre sind nun verflossen, und die Berliner Zeitungen zeigen täglich, wie richtig Goethe prophezeit hat.

1020 *Körner an Schiller* *6. Oktober 1790*

Goethe ist [vom 25. September an] acht Tage hier [in Dresden] gewesen, und ich habe viel mit ihm gelebt; es gelang mir, ihm bald näher zu kommen, und er war mitteilender, als ich erwartet hatte. Wo wir die meisten Berührungspunkte fanden, wirst Du schwerlich erraten. – Wo sonst, als – im Kant! In der Kritik der teleologischen Urteilskraft hat er Nahrung für seine Philosophie gefunden. Doch haben wir nicht bloß philosophiert; wenigstens nicht bloß über Natur. Seine Begriffe von Stil und Klassizität in der Kunst waren mir sehr interessant, und ich suche sie mit meiner Theorie der Ideale zu vereinigen. Hier waren wir auf ganz verschiedenen Wegen; aber in seinem Gesichtspunkte ist viel Fruchtbares, das ich bis jetzt übersehen hatte. Auch verdanke ich ihm manche treffliche Winke im Genuß der bildenden Künste. Von seinen Elegien hat er uns einige vorgesagt.

1021 *Schiller an seine Frau und Caroline v. Beulwitz* *8. Oktober 1790*

Der Herzog ist vorgestern hier [in Jena] durchgekommen, und von den Weimarischen Menschen, der Herzogin Luise und Amalie und dem ganzen Anhang hier abgeholt worden ... Goethe kam auch mit, und ich vermute, daß er in den Ferien noch hierher nach Jena kommen wird.

1022 *Schiller an Körner* *1. November 1790*

Goethe hat uns viel von Dir erzählt, und rühmt gar sehr Deine persönliche Bekanntschaft. Er fing von selbst davon an, und spricht mit Wärme von seinem angenehmen Aufenthalt bei Euch und überhaupt auch in Dresden. Mir erging es mit ihm, wie Dir. Er war gestern bei uns, und das Gespräch kam bald auf Kant. Interessant ist's, wie er alles in seine eigene Art und Manier kleidet und überraschend zurückgibt, was er las; aber ich möchte doch nicht über Dinge, die mich sehr nahe interessieren, mit ihm streiten. Es fehlt ihm ganz an der herzlichen Art, sich zu irgend etwas zu *bekennen*. Ihm ist die ganze Philosophie subjektivisch, und da hört denn Überzeugung und Streit zugleich auf. Seine Philosophie mag ich auch nicht ganz: sie holt zu viel aus der Sinnenwelt, wo ich aus der Seele hole. Überhaupt ist seine Vorstellungsart zu sinnlich und *betastet* mir zu viel. Aber sein Geist wirkt und forscht nach allen Direktionen, und strebt, sich ein Ganzes zu erbauen – und das macht mir ihn zum großen Mann.

Übrigens ergeht's ihm närrisch genug. Er fängt an alt zu werden, und die so oft von ihm gelästerte Weiberliebe scheint sich an ihm rächen zu wollen. Er wird, wie ich fürchte, eine Torheit begehen und das gewöhnliche Schicksal eines alten Hagestolzen haben. Sein Mädchen ist eine Mamsell Vulpius, die ein Kind von ihm hat und sich nun in seinem Hause fast so gut als etabliert hat. Es ist sehr wahrscheinlich, daß er sie in wenigen Jahren heiratet. Sein Kind soll er sehr lieb haben, und er wird sich bereden, daß, wenn er das Mädchen heiratet, es dem Kinde zuliebe geschehe, und daß dieses wenigstens das Lächerliche dabei vermindern könnte.

Es könnte mich doch verdrießen, wenn er mit einem solchen *Geniestreich* aufhörte; denn man würde nicht ermangeln, es dafür anzusehen.

1023 Caroline v. Dacheroeden
an W. v. Humboldt *24. November 1790*

[Erfurt.] Ich … ging … gestern zum Koadjutor [Dalberg] … Den Mittag saß ich bei Tisch neben dem Herzog von Weimar … Goethe war auch da, und den Abend hatt' ich einige interessante Unterredungen mit ihm, nur daß ich ihn mit meinem zerstörten Kopfe nicht recht genießen konnte.

1024 Caroline v. Dacheroeden
an W. v. Humboldt *19. Dezember 1790*

Mit Goethen möcht ich viel leben. Er hat für mich etwas sehr Anziehendes, so eine Geistes- und Herzensverschwebung ist sein ganzes Wesen. Aber dann kann er auch wieder wunderbar sein, drückend und leer, wenn er spricht, da, wo er glaubt, sprechen zu müssen. So ging es mir mit ihm, als er vor einigen Wochen mit der Herzogin hier war. Er ging mir fast nicht von der Seite, sprach so offen, so geistvoll und herzlich, aber wenn ein Dritter dazu kam, sprach er das fadeste Zeug, das man denken mag. Lili schrieb mir einmal, es sei schmerzlich, ein Wesen wie Goethe auch für Momente nur bloß *dulden* zu können. Und so ist's. Die Weimaraner plagen und verschrauben ihn auch.

1025 Wieland an K. L. Reinhold *20. Dezember 1790*

Goethe, der in Mineralogicis wie in vielem andern Kenner ist, hat mir zu dem allzugütigen Geschenk unsers lieben Barons [von Herbert] sehr Glück gewünscht. Er besitzt selbst einige Stücke von dem Klagenfurt[er] Muschelmarmor, die aber, wie er selbst gerne gestand, an Schönheit und Wert mit denen, woraus meine Dose zusammengesetzt ist, gar nicht zu vergleichen sind.

1026 H. Beck an W. H. v. Dalberg *29. Juli 1797*

Ich brauche das Gleichnis hier, welches Goethe gegen mich brauchte. Errichtung eines Theaters ist wie eine Kupferstich-Sammlung; anfangs ist man genötigt, allerlei Gut und Schlechtes mit aufzunehmen; nach und nach, wie man bessere Akquisitionen macht, schließt man das Schlechtere aus.

1791

1027 Herder an Knebel *7. Januar 1791*

Goethe hat eine Zeitlang an seiner Osteologie gearbeitet; neulich haben wir ihm sehr zugeredet, wieder an seinen Wilhelm Meister zu gehen. Ob er's tun wird? mag die Zeit lehren.

1028 C. Graß' Tagebuch *6. Februar 1791*

Sonntag, den 6. Februar. Um 11 ging ich mit Lips zu Goethe, der mich vorläufig bei ihm empfohlen hatte. Er war sehr heiter und sagte, da ich hereintrat: «Es freut mich, Ihre Bekanntschaft zu machen.» Ich sagte ihm dann, wie ich schon lang den Wunsch auf dem Herzen gehabt etc. Wir sprachen von der zum Reisen notwendigen Gesundheit. Er sprach mit vieler Ungezwungenheit und verlangte nicht, meine Zeichnungen zu sehen, als bis ich sie selbst hervorholte. Er sah sie aufmerksam durch und war bei manchen, besonders den italienischen, sehr zufrieden und bat, daß ich sie ihm dalassen möchte, um Seiner Durchlaucht, mit dem er von mir gesprochen, sie zu weisen. Dies machte ihm vielen Spaß, wie Lips sagte, sie nun herumzuweisen, und er sieht jedes noch so geringe Blatt mit Aufmerksamkeit durch und studiert es durch. Durch diese Methode lernt er selbst bei Kleinigkeiten, und er drückte sich bei einem Bilde von Meyer in Stäfa am Züricher See aus: «Mit so einem Menschen rückt man doch selbst weiter.» Er will jetzt eine kleine Landschaft radieren, und es soll unglaublich sein, was er für Sachen durchstudiert hat, bis er über die Manier einig geworden ist. Bei den unbedeutendsten Sachen, sagt Lips, macht er Bemerkungen, die voll Geist sind und wobei es den, der die Sache vorher ansah, ärgert, daß ihm auch nicht so etwas beifiel.

Das Gesicht Goethens ist voll Feuer und doch Weichheit, nicht wie bei Herder – Marmor. Sein Auge ist rund und frei, braun, ein dunkler Spiegel, der desto reiner und heller auffaßt. Sein Blick ist oft unmerklich auf Sachen gewandt, die er gar nicht zu bemerken scheint. Er ist noch voll Manneskraft, schnell in seinem Wort und Tun, überlegend prüfend im Urteil, und wenn es nur eine Zeichnung eines Künstlers beträfe, der aber selbst denkt. Lips hat ihn, wie noch niemand vor ihm, gezeichnet und sticht jetzt sein Bild.

Goethe wies uns ein großes Portefeuille mit schönen Sachen, besonders von Kniep, teils in Sepia, teils in einer sehr lebhaften Manier, die aber nicht leicht nachzuahmen ist. Der Künstler legt gleich alles mit Farben an, zeichnet aber vorher die Umrisse mit der Feder. – Ohne weitere Anfragen oder Bitte sagte er: «Sie bleiben doch heute hier und möchten vielleicht die Sachen der Herzogin Amalie sehen» – und schrieb sogleich ein Billett, und es wurde erlaubt, wie auch Goethe mir erlaubte wiederzukommen, weil er mir noch manches weisen könnte.

Dieser Mann ist in Weimar wie ein Gott, aber es ist auch, wie ein Gott, nur ein Goethe. Mir ist's viel wert, ihn kennen gelernt zu haben, weil ich weit anschaulicher die Schriften eines Mannes fasse, den ich auch nur minutenlang kenne.

Nachmittags um 3 Uhr ging ich mit Müller, Facius, Westermeyer zur Herzogin Amalie. Sie war bei Hofe und wir in ihrem Zimmer allein, wo schon die großen Portefeuille[s] auf der Erde bereit lagen ... Am meisten entzückte mich ein Mondschein von Guido in Neapel, eine Ansicht auf den Vesuv am Meer, unbeschreiblich klar, ohne große Massen, mit Tusche gezwungen, sanft wie hingeblasen. Goethe selbst sagte, es wäre ihm unerklärlich, wie das gemacht sei, die Fertigkeit der Behandlung muß alles machen.

1029 C. Graß: Sizilische Reise *1815*

Vieles vereinte sich, den Namen Sizilien zu einem bedeutenden Laute für meine Phantasie zu machen. Unter andern erinnerte ich mich, daß mir einst Herr Geheime Rat von Goethe gesagt hatte: Sizilien ist noch schöner als das neapolitanische Land.

1030 Schiller an Körner *10. April 1791*

Goethe hat ihn [Carl Graß] kennen lernen, und er versicherte mir, daß er die Anlage zu einem vortrefflichen Maler in ihm finde.

1031 Herder an Knebel *6. März 1791*

Goethe ist mit dem Herzog und Wedel ein paar Tage in Jena gewesen ... Goethe, der gestern wiedergekommen ist, habe ich noch nicht gesprochen. Er ist auch auf seine Art fleißig, und arbeitet an einem Lustspiel.

1032 Sophie v. Schardt an Ch. A. v. Seckendorff *8. April 1791*

Le beau monde a été affligé hier par le départ de notre troupe de comédiens que Monsieur Bellomo mène à Graz. Monsieur Goethe prend une espèce de direction du théâtre ici, quoique le directeur proprement dit est un acteur Fischer, – et on nous promet quelque chose de bon, peu à peu …

1033 Ch. G. v. Voigt an G. Hufeland *29. Mai 1791*

Herr v. Goethe ist sofort von der Sache [einem Rufe nach Halle] benachrichtigt worden. Herr v. Goethe sagt: «Ich will es dem Professor Hufeland gar nicht verdenken, wenn er suchet, was die Höfe für ihn tun wollen; raten Sie ihm nur, seine Geistesfreiheit äußersten Falls recht teuer nach Berlin zu verkaufen, daß es ihm nicht gereut, wenn er in der Folge zu Halle geschulmeistert wird.» Also würden Sie nach Eisenach und Gotha Ihr Schifflein auslaufen lassen müssen.

1034 F. Münters Tagebuch *5. Juli 1791*

Bei Goethe war ich auch und fand ihn sehr viel freundschaftlicher als sonst, obgleich immer noch kalt, wie er es gegen jeden ist. Er ist ein sehr unglücklicher Mensch. Muß beständig mit sich selbst in Unfrieden leben. Alles arbeitet in seinem Kopf und drängt ihn zur Tätigkeit, und doch will er nicht sein Amt abwarten. Er hat alle Regierungsgeschäfte abgegeben, bezieht aber doch für nichts seine 2000 Reichstaler, hat Botanik, Anatomie, Kunst studiert, alles wieder liegen lassen und arbeitet nun über die Theorie der Farben. Ein osteologisches Buch, was er geschrieben hat, soll gut sein.

1035 F. Münters Tagebuch *11. Juli 1791*

Am 11. früh fuhr ich mit Gottfried Herder, der noch nie in Erfurt gewesen war, hin und traf Goethe im Wirtshause, zugleich mit Lips.

1036 Wieland an Schiller *9. Oktober 1791*

Ich habe, Ihrem Auftrage zufolge, mit Goethe wegen Aufschub der Vorstellung Ihres Don Carlos gesprochen. So willig er sich, aus Achtung gegen Sie, bezeugte, so verbarg er mir doch nicht, daß er sehr ungern daran gehe. Er war gesonnen gewesen, Don Carlos künftigen Sonnabend zu geben, und gegen seine rationes decidendi, die sich ganz auf den Gesichtspunkt eines Theater-Direktors gründeten, war in dieser Rücksicht nicht viel einzuwenden. Das Interesse der Cassa und der Umstand, daß das Stück den Schauspielern noch frisch im Gedächtnis ist, vereinigten sich, ihn zu determinieren, es um so viel balder zu geben, da die Erwartung des hiesigen Publikums sehr darauf gespannt ist. Hiezu kommt noch, wie er sagt, der Umstand, daß den Schauspielern nichts beschwerlicher und beinahe unmöglicher ist, als ein Stück, das sie einmal memoriert haben, mit Veränderungen des Textes von neuem einzustudieren. Sie entschließen sich nicht nur sehr ungern dazu, weil diese Operation für so mechanische Wesen sehr penibel ist, sondern die Erfahrung hat auch von jeher gezeigt, daß, sobald sie im wirklichen Spiel begriffen sind, die alte habitude im Moment die Oberhand gewinnt, und die neu memorierte Veränderung ihnen erst auf die Zunge kommt, wenn sie die Stelle so, wie sie solche zum erstenmal einstudiert hatten, hergesagt haben. Dessen allen ungeachtet hat sich Goethe doch erklärt, daß er, aus Deferenz für Ihren Wunsch, den Don Carlos bis in die letzte Woche dieses Monats, allenfalls bis zum letzten Tag desselben zurückbehalten wolle, und dies ist alles, was er glaubt, daß ihm billiger Weise zugemutet werden könne.

1037 Böttiger

(Nach einem Abendessen bei Wieland, am 8. Oktober 1791.) …

Auch über die Ursachen wurde gesprochen, warum man in hiesiger Gegend so wenig erträgliche Gesichter unter den Bauermädchen fände. Wieland fand die vorzüglichste in dem vielen Kuchenfressen, da es jährlich wohl acht Festtage gibt, wobei der Magen mit Kuchenteig vollgestopft wird. Goethe bemerkte, daß die hier überall gewöhnliche Sitte, jede Last auf dem Rücken zu schleppen, den Körperwuchs zerdrücke und platte Physiognomien hervorbringe. Bei den alten Griechen und in Italien trügen die Mädchen alles auf dem Kopf. Es gebe eine sehr angenehme Form im

Umrisse, ein schlankes Mädchen mit einem gut geformten Wasserkruge auf dem Kopfe mit größter Leichtigkeit einhergehen zu sehen. In Italien gebe es auch, die Seehäfen ausgenommen, selbst unter dem männlichen Geschlechte, wenig Lastträger und Crocheteurs. Der ärmste Kohlgärtner halte doch seinen Esel, den er früh mit Gewächsen beladen hereintreibe und dafür den Dünger empfange, den er wieder in sein Gärtchen aus der Stadt hinausschleppe.

Goethes Erzählung von dem aus zwei natürlichen Felsen gehauenen Theater von Taormina in Sizilien. Die Alten benutzten die Natur zu solchen großen Werken, daher Goethe auch die Geschichte mit dem Sosthenes, der dem Alexander die architektonische Gaskonade gemacht haben soll, nicht so ganz unwahrscheinlich fand. (Le voyage pittoresque par Monsieur Houel sehr empfohlen.) Übrigens versicherte mich Goethe, was ich auch von andern Reisenden so oft bestätigt gehört habe, daß unter den niedern Volksklassen in Italien noch fast durchaus die Sitten, Denkart und Gebräuche wiedergefunden werden, wie wir sie in den alten Schriftstellern bezeichnet finden. Auch die Religion ist überall auf heidnische Superstition gepflanzt. – Vom ungesunden Klima in Rom. Überall gibt es Häuser daselbst, die wegen der mal' aria nicht bewohnt werden. Oft ist es jedoch nur Vorurteil. Man könne mit Recht sagen, daß die Römer aus Drang und Not Welteroberer geworden wären, weil es ihnen zu Hause in ihrem infizierten Neste nicht gefallen konnte. Doch sei es glaublich, daß bei der stärkeren Kultur der Campagna di Roma vorzeiten das Klima weniger Krankheitsstoff in sich gehabt habe. – Einige Engländer haben den Einfall gehabt, die Tiber in ein anderes Bette um Rom herumzuleiten, um in ihrem ausgetrockneten Bette Schätze versenkter Altertümer wiederzufinden. Es ist dies aber ein der Lage Roms nach unmögliches Unternehmen. Die Tiber hat übrigens gewiß allein den ältesten Bewohnern Roms Anlaß gegeben, das auf dem hohen Berg göttlich liegende Alba zu verlassen und sich in diesem Sumpfloch anzusiedeln, welches ohne diesen Bewegungsgrund ein Unternehmen von lauter Tollhäuslern gewesen wäre.

Goethe bereiste Italien vorzüglich der Kunst wegen. Seinem Kennerauge ist hier nichts entgangen. So wurde zum Beispiel die Frage aufgeworfen, wie die Alten bei ihren Riesengebäuden die ungeheuern Steinmassen in solche Höhen hinaufgebracht hätten? Hier sagte Goethe, daß er in Sizilien einen unvollendeten Tempel gesehn hätte, wo an den Quadersteinen noch auf beiden Seiten die Henkel sichtbar gewesen wären, um welche man die Seile geschlungen und die man alsdann beim Aneinanderpassen abgeschlagen habe. Übrigens habe man lauter solche schneckenförmig auflaufende Gerüste gehabt, wie sie in Merians Bilderbibel noch um den babylonischen Turm herum zu sehen wären. – Goethe bewundert auf den alten Münzen die schönen festen Umrisse aller Formen, zum Beispiel auf den Münzen von Tarent den Delphin. Aber auch hier hat er über Verhältnisse und Proportionen treffliche Beobachtungen angestellt. So frappierte ihn zum Beispiel lange die Bildung eines Menschenkopfs an einem Stierleib auf mehren Münzen des untern Italiens, wo ein schönes Menschengesicht doch einzig [?] auf den Körper eines Ochsen paßt. Allein das Geheimnis besteht darin, daß der Künstler zwischen den festen hervorstehenden Teilen des Gesichts ungewöhnlich verlängerte Zwischenräume angebracht hat, sowie im Gegenteil beim non plus ultra weiblicher Schönheit, der mediceischen Venus, jene Zwischenräume außerordentlich verkürzt sind.

Es ist Wonne, Goethe über solche Gegenstände mit lichtvoller Präzision sprechen zu hören.

1038 Schiller an Körner *24. Oktober 1791*

Ich möchte gern meiner Lotte etwas zum Kopieren verschaffen, denn sie ist jetzt voll Eifer fürs Zeichnen, und viele geschickte Künstler, auch Goethe, munterten sie auf, weil sie wirklich einiges Talent dazu hat.

1039 Böttiger

(Den 4. November 1791.) Diesen Abend wohnte ich zum erstenmal einer Sitzung der neuen gelehrten Gesellschaft

bei, die sich jeden ersten Freitag im Monat bei der Herzogin-Mutter versammelt …

Die Ordnung der *heutigen* Sitzung war folgende. Der Präsident der Gesellschaft, der Geheimerat von Goethe, eröffnete sie mit fortgesetzten Betrachtungen über das Farbenprisma. Er wiederholte erst ganz kurz die Resultate dessen, was er im ersten Hefte seiner Beiträge zur Optik weitläuftiger und durch 24 kleine illuminierte Kupfertäfelchen, die dazu ausgegeben werden, veranschaulicht hat.

Die Hauptsätze demonstrierte er an einer schwarzen Tafel, wo er die Figuren schon vorher angezeichnet hatte, so lichtvoll vor, daß es ein Kind hätte begreifen können. Goethe ist ebenso groß als scharfsinniger Demonstrator an der Tafel, als er's als Dichter, Schauspiel- und Opern-Direktor, Naturforscher und Schriftsteller ist. Er erklärte sich hier im kleinern Zirkel gradezu gegen Newtons Farbentheorie, die durch seine Versuche ganz umgeworfen wird, und zeigte zugleich an diesem Irrtum des großen Newton, dem nun ein Jahrhundert lang alles nachgebetet hat, sehr schön, wie Nachbeterei auch unter guten Köpfen so tief Wurzel schlagen könne.

1040 Caroline Herder an Gleim *6. November 1791*

Goethe macht optische Versuche, besucht uns oft und ist heiter und wohl. Es wird eine Komödie von ihm in Berlin gedruckt, der Groß-Cophta. Lesen Sie sie doch, sobald Sie sie erhalten können.

1041 E. Genast: Aus dem Tagebuche eines alten Schauspielers *1862*

Mein Vater besaß eine sehr hübsche Tenorstimme … Für dies Fach [Tenorbuffo] erhielt er auch im Jahre 1791 einen Antrag nach Weimar …

Kaum war mein Vater in Weimar angekommen, so wollte er auch schon wieder fort, denn großes Entsetzen flößte ihm die kleine Stadt ein, wo Rinder-, Schaf- und Schweineherden ungehindert durch die Straßen lustwandelten. Auch das vornehme Kopfnicken, womit Goethe ihn empfangen, behagte ihm nicht ...

1042 E. Genast: Aus dem Tagebuche eines alten Schauspielers *1862*

[Über Christiane Neumann.] Ihre erste bedeutende Rolle war der Arthur in «König Johann». Goethe hatte besonderes Interesse an diesem Stück und setzte es selbst in Szene...

Es ist wohl nicht uninteressant, hier eine Stelle des Gedichts [Euphrosyne] zu erklären, welche dem mit den damaligen Verhältnissen weniger Vertrauten unverständlich sein dürfte: «Drohtest mit grimmiger Glut den armen Augen.»

Bei der Hauptprobe zeigte Christiane nicht genug Entsetzen vor dem glühenden Eisen; ungeduldig hierüber riß Goethe dem Darsteller des Hubert das Eisen aus der Hand und stürzte mit solch grimmigem Blick auf das Mädchen zu, daß dieses entsetzt und zitternd zurückwich und ohnmächtig zu Boden sank. Erschrocken kniete nun Goethe zu ihr nieder, nahm sie in seine Arme und rief nach Wasser. Als sie die Augen wieder aufschlug, lächelte sie ihm zu, küßte seine Hand und bot ihm dann den Mund; eine schöne und rührende Offenbarung der väterlichen und kindlichen Neigung beider zueinander.

1792

1043 H. Stephani: Über die Duelle *1828*

[Plan zur Abschaffung der Duelle an der Universität Jena.] Vertrauensvoll und ruhig sahen die Verbundenen dem Erfolge ihres Unternehmens entgegen. Aber es wollte nichts zum Vorschein kommen. Ein Gespräch mit Goethe ließ nicht viel Gutes ahnen, denn dieser ließ die Worte fallen, daß man die Eingabe nur für das Werk einiger bessern Köpfe hielt, daß selbe dem noch rohen Geiste des großen Haufens aber nicht entspräche; und es sei eine Maxime der Regierungsklugheit: «die Menschen nicht so zu behandeln, wie sie sein sollten, sondern wie sie wirklich sind.»

1044 Böttiger

Gesellschaft den 17. Februar 1792. Der Geheimerat Goethe las zuerst einen kleinen gedruckten Aufsatz vom Hofrat Moritz vor: Grundlinien zu meinen Vorlesungen über den Stil (Berlin 1791), ein halber Bogen ... Nach diesem Leitfaden hat nun Moritz, wie uns Goethe noch im Diskurs mitteilt, seine Vorlesungen schon angefangen. Sie werden alle einzeln gedruckt; einige davon hat Goethe schon in den Händen und wird uns daraus gelegentlich etwas mitteilen. In einer der letzten hat er eine Stelle aus Werthers Leiden meisterhaft kommentiert.

1045 Böttiger

(Versammlung den 2. März.) ...

Der Geheimerat Goethe las hierauf Proben eines Lehrgedichts über die Pflanzen in deutschen Hexametern vor, das ihm die Gräfin Harrach aus Wien zugeschickt hatte. Der Verfasser ist ein Schüler Linnés, ein Schwede, der aber die deutsche Sprache vortrefflich in seiner Gewalt haben muß. Ich erinnere mich nicht, in diesem Fache etwas Hinreißenderes je gehört zu haben. Vater Wieland war ganz entzückt darüber. Hier war mehr als Kleist und Haller. Die Alpenszenen, die Schilderungen der ost- und westindischen Blumen, die abstrakte botanische Sprache durch die glänzendsten Bilder gehoben, zum Beispiel von der Begattung der Pflanzen, alles verriet einen großen Meister, dessen Werk freilich noch durch Goethes meisterhafte Deklamation sehr gehoben wurde.

1046 Böttiger

(Den 23. März.) ...

Nun überraschte uns Goethe mit einem Aufsatz, dessen Ankündigung ebenso befremdend, als die Ausführung hinreißend und unterhaltend war. Es ging ein auf einen Bogen gezeichneter Stammbaum herum, und zugleich kündigte uns Goethe an, er wolle uns etwas über Cagliostros Stammbaum und die Familie dieses Wundermannes vorlesen.

Als ich, fing er an zu erzählen, im Jahre 1787 mich auf

meinen Reisen einige Zeit zu Palermo in Sizilien aufhielt, wurde in allen Gesellschaften vom Grafen Cagliostro als einem gebornen Palermitaner, dessen nächste Blutsfreunde noch in kümmerlichen Umständen in Palermo lebten, gesprochen. Man sagte mir in einer Gesellschaft, ein sehr geschickter Advokat habe auf Requisition des französischen Hofes die Familienumstände des Herrn Landsmannes genau untersucht und darüber ein Memoire nach Paris geschickt, wo sich damals der berühmte Halsbandprozeß für Cagliostro damit geendigt hatte, daß dieser freigelassen wurde und nach England ging. Meine Neugier, diesen Advokaten selbst kennen zu lernen, wurde durch die Dienstfertigkeit eines aus der Gesellschaft bald befriedigt, der mich schon des andern Tages bei diesem Manne einführte. Dieser legte mir hierauf den ganzen Stammbaum des Abenteurers und zugleich eine Abschrift des Memoires vor, das er nach Frankreich zur Entlarvung des Herrn Balsamo geschickt hatte. Sein mütterlicher Großvater hatte wirklich Joseph Cagliostro geheißen, unter welchem Namen sich noch Verwandte in Messina befinden. Sein Vater war ein Kaufmann, der insolvent geworden und bald gestorben war. Der junge Balsamo hatte einige Zeit in einem Kloster der barmherzigen Brüder zugebracht, wo er eben sein bißchen empirische Medizin gelernt hatte, weil dieser Orden die Krankenpflege in den Spitälern besorgte. Als er dieser Klosterzucht entlaufen war, lernte er alle Hände meisterhaft nachmachen, kam dieser Kunst wegen ins Gefängnis und entkam diesem durch eine Flucht nach Rom, wo er seine Seraphine, eine Gürtlerstochter, heiratete, durch ihren *Erwerb* nun die Rolle eines Grafen Pellegrino zu spielen anfing und unter diesem Namen selbst die Unverschämtheit hatte, wieder nach Palermo zu kommen. Aber hier wurde er erkannt und zum zweiten Male festgemacht. Aber auch diesmal wußte er sich seine Freiheit durch die Schönheit seiner Frau zu verschaffen, deren erklärter Liebhaber, ein roher junger Principe, den Advokaten, der gegen Balsamo diente, so mißhandelte, daß dieser aus Angst nun selbst die Loslassung des Gefangenen bewirkte. Nun verließ unser Held

Palermo zum zweiten Male, nahm seines Großvaters Cagliostro Namen an und durchstrich, wie bekannt, Europa. Dies und vieles andere lernte ich aus jenem Memoire, das ich vom Advokaten zum Ansehen erhielt, sowie ich mir auch den dabei befindlichen Stammbaum kopierte. Der Advokat hatte die Data zu dem letztern von Balsamos noch lebender Mutter und Schwester auf eine gute Art zu erhalten gewußt. Dies machte mich neugierig, diese Familie selbst kennen zu lernen. Es hielt schwer, da es arme Leute waren, die jeden Besuch eines Fremden sehr verdächtig finden mußten. Aber der Schreiber des Advokaten, der mir die Sache kommunizierte, erbot sich doch, mich als einen Engländer dort bekannt zu machen, der genaue Nachricht von der Befreiung Cagliostros aus der Bastille und seiner glücklichen Ankunft in England zu überbringen habe. Der Anschlag glückte.

Nun erzählte Goethe mit seiner unnachahmlichen Kunst, zu erzählen und Familienszenen zu malen, seinen Eintritt in die kleine Wirtschaft dieser armen Bürgerfamilie. In der Küche wusch Cagliostros Schwester eben das Eßgeschirr auf und deckte sogleich beim Eintritt des Fremden, der hier durch die Küche in die Wohnstube passieren mußte, durch Überschlagen der Schürze den noch weniger abgetragenen und verschossenen Vorderteil ihres Rockes auf. In dem Wohn- und Familienzimmer, die ganze Familie hatte nur dies einzige, sah alles ärmlich, doch reinlich aus. Schwarze Heiligenbilder hingen an den Wänden, die einst gefärbt gewesen waren. Die Rohrstühle waren einst vergoldet gewesen. Ein einziges Fenster erleuchtete das Zimmer, an dessen einem Ende die alte harthörige Mutter, an dem andern eine kranke, schlafsüchtige Frau saß, die man in der Familie, trotz alles eignen Mangels, aus Barmherzigkeit unterhielt. Goethe mußte nun der alten Mutter die Nachricht von ihrem Sohne weitläufig verdolmetschen lassen, da er des gemeinen Dialekts der Sizilianer nicht ganz kundig war. Die Schwester, die selbst schon drei erwachsene Kinder hatte und eine arme Witwe war, erzählte, wie es ihr kränkend sei, daß ihr Bruder, der große Schätze besitzen solle, nicht einmal die 13 Uncie d'oro (Dukaten) wieder schicke, womit sie ihm bei seiner letzten Abreise aus Palermo seine versetzten Sachen eingelöst habe. Fragen an Goethe, ob er nicht das Rosalienfest in Palermo mit abwarten wolle, ob er einen Brief an ihren Bruder in England bestellen wolle. Die alte Mutter fragte, ob er wohl ein Ketzer sei usw. Beim Abschied, der schon sehr traurig war, verspricht Goethe, morgen wieder zu kommen und den Brief selbst abzuholen. Er kommt auch den andern Tag wirklich wieder und erhält einen Brief und einen pathetischen (rührend geschilderten) mündlichen Auftrag von der alten Mutter, die keinen ganzen Mantel mehr hat, um in die Messe gehen zu können. Beim Abschied rührende Zunötigung, das Fest der heiligen Rosalia noch in Palermo und in Gesellschaft dieser guten armen Leute zu feiern. – Hätte es Goethes Reisekasse auf der Stelle erlaubt, er hätte seinen kleinen Betrug sogleich dadurch gut gemacht, daß er unter dem Vorwand, er wolle sich das Geld in England vom Bruder wiedergeben lassen, der Schwester noch vor seiner Abreise die 13 Dukaten geschickt hätte, die sie für ihren Bruder ausgelegt hatte. Was indessen damals nicht geschehen konnte, ist später von Deutschland aus geschehen. Goethe hatte diese Auftritte in einigen Zirkeln seiner Freunde erzählt. Diese setzten ihn in den Stand, der armen Familie noch mehr zu schicken, als jenes betrug. Der englische Kaufmann Corf in Palermo, an den es Goethe spedierte, händigte es ohne alle Adresse ein. Die guten Leutchen meinten, dies käme wirklich von ihrem Bruder aus England, und dankten ihm schriftlich. Auch diesen Brief, den dann Goethe von jenem Kaufmann zugeschickt bekam, las er uns jetzt vor. Er war sehr rührend, die Gabe war gerade zum Weihnachtsfeste angelangt. Die Mutter schrieb die Rührung des Herzens ihres Sohnes dem heiligen Mutter-Gottes-Kinde zu. Noch hat Goethe eine Summe in den Händen, die er der armen Familie, welche durch Cagliostros neueste Schicksale in Rom aller Hoffnung beraubt sein muß, noch zuschicken wird. – Einer aus der Gesellschaft glaubt, es sei das Honorar, welches Goethe von Unger in Berlin für das Manuskript des Groß-Cophta erhalten hat. Mir ist's auch aus andern Gründen wahrscheinlich; und so wäre es in der Tat höchst sonderbar, daß eine Summe Geldes, die durch ein Schauspiel erworben wurde, das Cagliostros Betrügereien und stirnlose Frechheit geißelt, dieses nämlichen Cagliostros alter Mutter und hülfloser Schwester in Palermo zur Erquickung gereicht, und daß beides ein und derselbe *Deutsche* tat.

Vergeblich würde ich mich übrigens bemühen, die Schilderungen und kleinen entzückenden Details wiederzugeben, die Goethe in die Erzählung dieses kleinen Reiseabenteuers zu verweben gewußt hatte. Enfin la sauce valait bien la viande. So schwebt mir jetzt gleich noch das Gemälde vor Augen, wie beim ersten Besuch bei der Familie Goethe mit seinem Begleiter ins große Gemach eingewiesen worden war, so verweilte die Schwester, die sie in der Küche angetroffen hatten, noch etwas in derselben. Als sie hereintrat, erzählte Goethe, hatte sie eine reine weiße Schürze umgetan und statt der klappernden Korkpantoffeln Schuhe mit einem roten Bändchen angezogen. Sie setzte sich mir schief über, stemmte beide Hände auf die Knie und befühlte nun so vorwärts gebogen mit arglosem, unbeleidigendem Blicke jede Muskelbewegung des ihr fremden Mannes.

Vieles, was später in den zu Rom aus dem Verhöre gedruckten Nachrichten von Cagliostro stand, war noch ausführlicher in jenem Memoire des palermitanischen Advokaten, das Goethe bloß darum nicht ganz kopierte, weil er gewiß glaubte, man würde es in Paris selbst sogleich drukken lassen.

1046a E. Genast: Aus dem Tagebuche eines alten Schauspielers *1862*

Nach «Don Carlos» brachte Goethe beide Teile «Heinrichs des Vierten» zur Aufführung, und zwar wurde der erste am 14., der zweite am 21. April [1792] gegeben. Obgleich der Übersetzer auf dem Zettel nicht angeführt war, so wußten doch alle Schauspieler, daß Goethe selbst nach Eschenburg die Einrichtung des Stücks gemacht hatte. Die erste Leseprobe davon war höchst amüsant. Der Schauspieler Krüger, welcher den Falstaff spielte, konnte nach Goethes Intention den Ton nicht treffen, der zu diesem Charakter gehört, und so las Goethe selbst einige Szenen mit so sprudelndem Humor und so überaus treffender Charakteristik vor, daß wir alle vor Lachen kaum zu lesen im Stande waren. Krüger, ein höchst talentvoller Schauspieler, folgte Goethes Anleitung in Ton und Gebärde, ohne ihn sklavisch nachzuahmen, und wurde ein trefflicher Falstaff.

1047 Herder an Ch. G. Heyne *Mitte Mai 1792*

Goethe, der sich jetzt sehr mit der Optik abgibt, wünscht sehr beigeschriebene Bücher, die nirgend hier anzutreffen sind, ansehn zu können. Sie verbänden ihn sehr, Bester, wenn Sie ihm solche auf einige Zeit zukommen ließen.

1048 Ch. G. Heyne an Herder *18. Mai 1792*

Die von Goethe verlangten Bücher erfordern eine baldige Antwort. Der gute Mann hat die Titel so unbestimmt angegeben, daß ich nicht zu helfen weiß. Die Herren machen es immer wie Pharao: man soll den Traum nicht nur auslegen, sondern auch erraten, was man geträumt hat. Ich lass' ihn bitten, die Zitate genau nachzusehen und anzugeben. Antonius de Dominis kenne ich nicht, kann auch keine Spur finden; was ich von ihm weiß, sind kirchliche Sachen. Wo fand Herr von Goethe das Citatum und wie?

Marat steht vielleicht im Rezier. Was wir von ihm haben, ist Sur l'électricité oder Sur le feu, und dasjenige, was hiebei folget. Von Gauthier habe ich eine dunkle Idee, kann aber nichts davon finden. Ich bitte nur um das Jahr der Schrift, um weiter nachzusehn.

1049 Falk an seinen Bruder David *Februar/März 1793*

Den folgenden Morgen [24. Juni 1792] besuchte ich den Geheimen Rat Goethe. Du kennst ihn als Verfasser von Werthers Leiden, Götz von Berlichingen und andern Meisterstücken. Er ist der Liebling des regierenden Herzogs und kommt ganze Tage lang nicht von der Residenz. Als ein armer Advokat kam er nach Weimar, und machte hier diese glänzende Laufbahn. Über die Vierzig ist er jetzt wohl schon hinaus. Er ist von mittlerem Wuchse, hat ein männlich braunes Antlitz, schwarze funkelnde Augen, einen tieffassenden Blick, einen starken schwarzen Bart und genialische, aber regelmäßige Züge. Sein Anzug war bürgerlich einfach, ein simpler blauer Überrock, sein Anstand kunst- und anspruchslos. Ein mehr angeborener als angenommener Ernst erweckt in jedem, der mit ihm spricht, ein gewisses Gefühl von Hochachtung, ich möchte beinahe sagen von Ehrfurcht, das aber keineswegs zurückstoßend ist. Ich hätte ihn eher für einen biederherzigen Amtmann, als für den großen Schriftsteller gehalten, auf den unser Vaterland nicht ohne Ursache stolz sein darf. Er empfing mich freundschaftlich, und wir sprachen über eine Stunde miteinander. Goethe erzählte mir, daß Schiller mit unsäglicher Anstrengung arbeite. Als Schiller sich noch in Weimar befand, verschloß er sich oft acht Tage lang, und ließ sich von keiner Seele sprechen. Abends um Acht stand noch sein Mittagsessen vor seinem Studierpult. Doch glaubte er nie die strengen Forderungen der Kunst befriedigt zu haben; denn seine Begriffe von dem Ideal, nach dem er hinauf arbeitete und alle seine Geistesgeburten abmaß, waren zuweilen etwas überspannt und abenteuerlich. Deshalb hielt es auch eben so schwer, die Psychologie aus seinen Stücken, als aus seinem Gesichte herauszufinden. Der Don Carlos ließe sich besser lesen als aufführen, und die darin verwebte Psychologie der Charaktere sei auch selbst bei der Lektüre und der angespanntesten Aufmerksamkeit nicht immer bemerkbar. Die übergroße Anstrengung, mit der Schiller arbeitete, glaubte er auch in seinen flüchtigsten hingeworfenen Stücken zu entdecken. Selbst an den Briefen über den Don Carlos im Teutschen Merkur sähe man die Schweißtropfen hängen, die sie dem Verfasser gekostet. Wie Goethe glaubte, sei der Kampf, den Schwärmerei, Vernunft und Einbildungskraft, die in der Seele dieses Dichters gekämpft, mit unverkennbaren Zügen seinem Gesicht eingegraben, und daraus entstehe in demselben die sonderbare Mischung von Schwermut, Freundlichkeit, Ernst und Zerstreuung. Kurz, auf ihn passe ganz, was er einst in seinen Werken zur Charakterisierung eines

Dritten sagt: «In seine Phantasienwelt verschlossen, war er ein Fremdling in der wirklichen. Sein Körper mitten aus der Zerrüttung hervor verrät einen hohen männlichen Geist, gleich den Ruinen eines ehrwürdigen alten Tempelgebäudes. Ihr ahnt aus dem Schauer der Ehrfurcht, der eure Seele ergreift, daß einst eine Gottheit hier wohnte; aber erkennen könnt ihr es jetzt nur aus Trümmern und Überbleibseln, die der Zahn der alles zerstörenden Zeit verschonte.»

Noch sprach Goethe viel von Italien, wo er sich lange Zeit aufgehalten. Sonderbar ist es, daß der Papst ihn, wie ich nachher erfuhr, so liebgewann, daß er sich Goethes Marmorbüste zum Andenken aushauen ließ. Von den schönen Gegenden und selbst von den Einwohnern dieses Landes sprach er mit vielem Enthusiasmus. Die Luft ist lauer, reiner; der Himmel blauer und unbewölkter; die Gesichter offen, freundlich und lachender; die Formen und Umrisse der Körper regelmäßig und anlockender. Selbst das Grün der Wiesen und Bäume nicht so kalt und tot, sondern höher, heller, mannigfaltiger, als in den nördlichen Himmelsstrichen. Alles scheint zum lieblichen Genusse einzuladen, und Natur und Kunst bieten sich wechselseitig die Hand. Nirgends oder selten finden Sie in Italien solche zurückstoßende kolossale Gestalten wie in unsern Gegenden; nirgends so verkrüppelte und zusammengeschrumpfte Figuren. In unsern Gesichtern verlaufen die Züge regellos durch- und ineinander, oft ohne irgend einen Charakter anzudeuten, oder es hält wenigstens schwer, das Original herauszufinden; man kann sagen, in einem deutschen Gesichte ist die Hand Gottes unleserlicher als auf einem italienischen. Bei uns ist alles verkritzelter, und selten selbst in der Form etwas Vollendetes. Kopf und Hals scheinen bei jenen Menschen gleichsam unmerklich ineinander gefugt; bei uns sind sie größtenteils eingeschoben oder gar aufgestülpt. Die sanft geblähte Brust schwellt allmählich in ihren Umrissen; nicht solche kugel- und muskelhafte Massen von Fleisch, die das Auge mehr beleidigen als einladen. Ich habe in Italien unter der gemeinsten Menschenklasse Körper gesehen, gleich den schönsten Antiken, und andere, die entkleidet dem Künstler durch die Regelmäßigkeit ihres Baues den vollkommensten Torso vertraten. Kurz, in Italien wohnen schöne Körper und schöne Seelen unter Einem Dach und Fach in brüderlicher Eintracht zusammen; bei uns wohnen sie durch verschiedene Stockwerke abgesondert und ungesellig; jedes treibt seine Wirtschaft für sich. Ich bedaure einen großen Künstler wie Herrn Lips in Deutschland, wo ihm das Studium der Formen in seiner Kunst keinen Vorschub tut; er muß unaufhörlich aus seiner Phantasie hervorarbeiten. Die Römerinnen sind die reizendsten Gestalten, die ich je erblickte. Ein schlanker Wuchs, regelmäßige majestätische Gesichtszüge, große gewölbte Augenbrauen, die wie abgezirkelt einen Halbbogen bilden, sind unter dem männlichen und weiblichen Geschlechte nichts Ungewöhnliches. Auch herrscht unter ihnen weit mehr Künstlergeschmack, als in Deutschland, wozu freilich der frühe Anblick der unsterblichsten Meisterstücke der Kunst in Tempeln und öffentlichen Gebäuden viel beitragen mag. Bei uns ist der gute Geschmack größtenteils in Studierstuben eingeschlossen. Freilich herrschen dagegen Luxus und Üppigkeit, diese von den schönen Künsten unzertrennlichen Übel, ausgebreiteter wie bei uns, in Italien. Doch muß man auch hier nicht zu vorschnell die Wirkungen des wollüstigen Klimas dem Einfluß der schönen Künste und Wissenschaften beimessen. So wie Pflanzen und Blumen unter der milden Sonne Italiens sich schneller und üppiger entfalten, aber auch rascher dahinwelken, so ist es auch vielleicht der Fall mit den Einwohnern dieses Himmelsstrichs selbst. Früher und reizender aufblühend und reifend, sind ihre Körper wollüstiger, idealischer, aber auch hinfälliger und vergänglicher als die unsrigen. – Goethe war zwei Jahre in Italien und arbeitete hier seinen Tasso und zum Teil auch seine Iphigenie aus.

1050 Knebel an Herder *30. Juli 1792*

Goethe reiset in wenigen Tagen nach Koblenz ab. Es ist mir fast wehmütig geworden, daß er dahin soll; doch es gehört wahrscheinlich in sein Schicksal, und in sein besonder System von Nachgiebigkeit. Ich bin diesen Morgen bei ihm gewesen, in seinem nun wieder neuen Hause, das er sich sehr artig zurichtet.

1051 Knebels Tagebuch *2. August 1792*

Nachher bei Goethe, Versuche mit den Farben.

CAMPAGNE IN FRANKREICH

1052 L. F. Huber an Körner *24. August 1792*

Endlich habe ich Goethe kennen gelernt, er war diese Woche zwei Tage hier [in Mainz], und ich habe zwei Abende mit ihm zugebracht. Er war gesellschaftlich lustig, und ich bin in dieser Rücksicht sehr von ihm erbaut gewesen. Übrigens treibt er das Vermeiden aller Individualität im Umgang bis zum Lächerlichen; es war zum Beispiel zweimal, durch einen höchst natürlichen Zusammenhang, von Dir die Rede, ohne daß auch nur eine Silbe von ihm heraus kam. Die ihn früher kannten, finden, daß seine Physiognomie etwas ausgezeichnet Sinnliches und Erschlafftes bekommen hat. Zugleich scheint er politica im Kopf zu haben, wozu ich ihm denn von Herzen gratuliere. Indessen freute mich, nachdem der erste Anfall von zurückstoßender Steifigkeit vorbei war, die milde Leichtigkeit und der Schein von Anspruchlosigkeit in seinem gesellschaftlichen Ton. Den ersten Abend wurden wir alle durch guten Wein gestimmt, er hatte Einfälle mit Raisonnement vermischt, und war würklich lebhaft; in Augenblicken machte es mir vielen Spaß, seine Mutter ganz in ihm wieder zu finden, und das war dann, wenn er launig-kräftig etwas auseinandersetzte, worin eben *ihre* Originalität vorzüglich liegt. Den zweiten Abend tranken wir Bier, wobei denn für die allgemeine Konversation viel verloren ging, aber er erzählte sehr niedlich und launig manches von Italien, und war durchaus leicht und gutmütig. Ich habe übrigens nicht ein einziges besondres Wort mit ihm gesprochen, obgleich den ersten Abend ziemlich viel in der allgemeinen Unterredung. Er will sich hier wieder aufhalten, wenn er von der Armee wieder kömmt...

An Begeisterung für ein höheres Ziel glaube ich in Goethe

nicht mehr, sondern an das Studium einer gewissen weisen Sinnlichkeit, deren Ideal er vorzüglich in Italien zusammen gebaut haben mag, und in welche denn mannigfaltige, und, gegen seinen ehemaligen Geist, oberflächliche Beschäftigungen mit wissenschaftlichen und andern *vorhandnen* Gegenständen mit einschlagen. Vielleicht hat er recht, vielleicht auch nicht.

1053 J.C. Wagners Tagebuch *27. August 1792*

[Bei Praucourt.] Heute kamen der Herr Geheime Rat von Goethe bei uns in Lager an!

1054 Carl August an seine Mutter *2. September 1792*

[Lager bei Verdun.] Das gestrige Bombardement hat vier Häuser eingeäschert. Die Franzosen schossen viel und schlecht heraus; indessen sind Goethen und uns andern manche Kugel um die Ohren gepfiffen.

1055 J.C. Wagners Tagebuch *6. September 1792*

[Jardin Fontaine.] Durchl. Herzog logierten allhier recht gut, Sie hatten eine schöne große Stube, und ein herrliches Kamin; daran war noch eine Stube, in welcher Herr Geh. Rat von Goethe die Nacht schlief, den Tag über hatte ich und Kämpfer solche inne...

1056 J.C. Wagners Tagebuch *13. September 1792*

Diese Nacht [12./13. September] hatten Durchl. Herzog samt den Herrn Geh. Rat v. Goethe in den Regiments-Stabs-Wagen in den Lager bei Landres geschlafen.

1057 A. Herzen: Memoiren eines jungen Menschen *1838*

[Besuch bei Trensinski, einem gebürtigen Polen, der früher die preußische Staatsangehörigkeit besaß.] An der Wand hingen einige Stiche, ich stand auf, um sie anzusehen und blieb vor einer Abbildung der Rauchschen Goethebüste stehen. Himmel! wie hatte sich die kraftvolle und erhabene Schönheit noch bis ins hohe Alter bewahrt! Dieser Kopf hätte einem griechischen Bildhauer als Typus dienen können. Diese Stirn, hoch und kraftvoll in ihrem Bau, dieser ruhige Blick, diese Brauen ... Ja, grade der gealterte Leib gab diesem Antlitz eine besondere Bedeutung, einen Sinn, den sein ihm in manchem ebenbürtiger Zeitgenosse ganz erfaßt hatte ... Ich stand lange vor dem Bilde des Dichters und fragte Trensinski, ob er Goethe gesehen und ob die Büste ähnlich sei. – Zweimal, antwortete er. Ja, er war manchen Augenblick seiner Büste ähnlich. Rauch hat es in genialer Weise verstanden, den Augenblick des höchsten Ausdrucks zu erfassen. – Erzählen Sie mir, bitte, wo und wie Sie ihn gesehen haben. Ich liebe es leidenschaftlich, mir von Augenzeugen über große Persönlichkeiten berichten zu lassen. – Ich glaube nicht, daß Ihnen meine Erzählung gefallen wird. Sie sind ein Träumer, Ihnen steht wahrscheinlich Goethe beständig als ein blitzeschleudernder Zeus vor Augen, ewige Wahrheiten und hohe Worte verkündend. Ich hingegen habe es nie verstanden, mich in der Vergötterung und Verherrlichung bedeutender Individualitäten zu verlieren und habe sie stets ohne vorgefaßte Theorien angesehen – und da habe ich zum größten Teil erfahren, daß sie – sont ce que nous sommes, daß sie eine rechte Seite und eine Kehrseite haben. Ihr, Poeten, wollt von einer Kehrseite nichts wissen, und doch ist ohne sie eine Individualität nicht vollständig, ist sie ohne Leben. Und nun hören Sie meine Begegnungen, nach dieser Vorrede, mit der ich Sie nicht erzürnt haben möchte. Ich war ein sechzehnjähriger Knabe, als ich ihn das erste Mal sah. Im Anfang der Revolution war mein Vater in Paris und ich mit ihm. Das Schrekkensregiment blickte schon deutlich durch die süßsprechende Gironde hindurch. Ganz unsinnige Leute mit zerzausten Haaren und in schmierigen Anzügen ließen sich in den Pariser Salons sehen und verkündeten laut die Vernichtung aller bisherigen gesellschaftlichen Bande. Für Ausländer war das Abreisen gefährlich und das Bleiben noch gefährlicher. Mein Vater entschied sich für das erstere, und wir machten uns heimlich aus Paris davon. Es gab allerlei Schwierigkeiten, ehe wir ans Elsaß gelangten. Wenn ich ein echter Preuße wäre, dann würde ich unbedingt ein dickes

Buch unter dem Titel «Außerordentliche Reise-Abenteuer eines Flüchtlings aus der Hauptstadt der Franzosen zur Zeit der großen Umwälzung – anno 1792 nach der Erlösung etc.» herausgeben. In der Tat gerieten wir einige Male in Gefahr, für Überläufer gehalten zu werden. Endlich wies uns ein schiefgewachsener Junge, der uns durch einen Wald geführt hatte, in der Ferne Feuer und sagte: V'là vos chiens de Brunswick! nahm den versprochenen Dukaten in Empfang und schrie aus voller Kehle: «ça ira!» Man hielt uns an der Postenkette an, und während der Feldwebel mit dem Paß, ich weiß nicht wohin, ging, blickte ich mit Verwunderung die Soldaten an. Die Wache war durch Österreicher besetzt; ich hatte mich so an die lebhaften, ausdrucksvollen Physiognomien der Franzosen gewöhnt, daß mich die kühle Stummheit dieser Gesichter mit den hellen Bärten und in den weißen Uniformen überraschte. Unbeweglich und griesgrämlich standen sie da, wie schmutzig gewordene Bildsäulen des Komtur aus «Don Juan». Man führte uns zum General, und nach allerhand Verhören und Ausfragen erlaubte man uns weiter zu reisen; aber es war unmöglich, Pferde zu bekommen, alle waren zur Armee genommen, für die damals die kritischeste Zeit gekommen war. Die Armee kam um vor Hunger und Schmutz. Am nächsten Tage lud uns ein regierender Fürst zum Abend zu sich. In dem kleinen Salon, der dem Geistlichen des Ortes gehörte, trafen wir einige Obristen, wie alle deutschen Obristen mit grauen Haaren und mit dem Ausdruck von Ehrenhaftigkeit und nicht allzu großem Scharfsinn. Sie rauchten trübsinnig ihre Zigarren. Zwei, drei Adjutanten radebrechten ganz vergnügt auf Französisch; es schien, als hätten sie nicht den mindesten Zweifel, daß sie ihre frischfarbigen Gesichter, die geheiligte Locke, die ihnen beim Abschied gegeben worden war, und ihre deutsche Eigenschaft, bei jedem zweideutigen Worte zu erröten, bis ins Palais Royal bringen und dort ein Gelage abhalten würden. Es war langweilig im allgemeinen. Ziemlich spät erschien noch ein Gast, im Frack, ein Mann von schönem Wuchs, ziemlich stark und von stolzem, gewichtigem Aussehen. Alle begrüßten ihn mit der größten Ehrfurcht, aber sein Blick war nicht entgegenkommend, erweckte keine Freundschaft, sondern nahm gnädig den gewohnten Vasallentribut entgegen. Ein jeder konnte fühlen, daß er ihm nicht gleichgestellt war. Der Fürst bot einen Sessel neben sich an; er setzte sich, jene besondere «Steifheit» wahrend, die deutschen Aristokraten im Blute liegt. «Heut morgen», sagte er nach den üblichen Begrüßungen, «hatte ich eine ungewöhnliche Begegnung. Ich fuhr im Wagen des Herzogs wie immer; plötzlich reitet ein Krieger heran, des Regens wegen ganz in seinen Mantel gehüllt. Als er das Weimarer Wappen und die herzogliche Livree sah, ritt er dicht an den Wagen, und – stellen Sie sich die beiderseitige Überraschung vor, als ich in dem Krieger seine königliche Majestät erkannte, und seine Majestät anstatt des Herzogs – mich fand. Dieser Zufall wird mir lange im Gedächtnis bleiben.»

Das Gespräch ging von der Erzählung dieser außergewöhnlichen Begegnung zu dem König über, und dann kam man ganz natürlich auf die Fragen, die damals alle Anwesenden beschäftigten, das heißt zu Krieg und Politik. Der Fürst führte meinen Vater an den Diplomaten heran und sagte ihm, daß er von meinem Vater die neuesten Nachrichten hören könnte. «Was macht General Lafayette und all diese Anthropophagen?» fragte der Diplomat. – «Lafayette», gab mein Vater zur Antwort, «beschützt den König unerschrokken und im offenen Kampf mit den Jakobinern.» Der Diplomat schüttelte mit dem Kopfe und bemerkte nachdrücklich: «Das ist alles bloß Maske; Lafayette, bin ich fest überzeugt, ist eins mit den Jakobinern.» – «Aber ich bitte Sie!» entgegnete mein Vater, «es ist ja von Anfang an eine unversöhnliche Feindseligkeit zwischen ihnen gewesen.» Der Diplomat lächelte ironisch und sagte nach kurzem Schweigen: «Ich hatte mich vor zwei Jahren angeschickt, nach Paris zu reisen, aber ich wollte das Paris Ludwigs des Großen sehen und des großen Arouet, aber nicht eine auf den Trümmern seines Ruhmes rasende Hunnenhorde. Hätte man erwarten können, daß die gewalttätige Demagogenbande einen solchen Erfolg haben würde? O, wenn Necker seinerzeit andere Maßnahmen getroffen hätte, wenn Ludwig XVI. nicht seinem Engelsherzen, sondern ihm ergebenen Leuten gehorcht hätte, deren Ahnen unter den Lilien glorreich geblüht, dann brauchten wir uns nicht jetzt zu diesem Kreuzzug aufzumachen! Aber unser Gottfried wird sie bald zur Vernunft bringen, daran zweifle ich nicht, und die Franzosen werden ihm selbst helfen; Frankreich besteht nicht allein aus Paris.»

Der Fürst war mit diesen Worten ungemein zufrieden.

Aber wer kennt nicht die Aufrichtigkeit deutscher Krieger und der Krieger überhaupt? Ihre zerhackten Gesichter, ihre durchschossenen Leiber geben ihnen das Recht, da zu sprechen, wo wir das Recht haben zu schweigen. Unglücklicherweise stand hinter dem Fürsten, auf den Säbel gestützt, einer der ergrauten Obristen. Sein Äußeres verriet, daß er sein Leben seit zehn Jahren wohl im Biwak und Lager zugebracht haben, daß er sich noch gut auf den alten Fritz besinnen mochte; seine Züge drückten stolze Mannbarkeit und unbedingte Ehrenhaftigkeit aus. Er horchte aufmerksam auf die Worte des Diplomaten und sagte schließlich: «Aber Sie können doch nicht jetzt noch im Ernst glauben, daß die Franzosen uns mit offenen Armen aufnehmen wollen, wo jeder Tag zeigt, was für einen verzweifelt nationalen Charakter dieser Krieg annimmt, wo das Landvolk sein Getreide verbrennt und seine Häuser, bloß um es uns schwer zu machen? Ich gestehe, ich glaube nicht, daß es uns bald gelingen sollte, Paris auf den rechten Weg zu bringen, besonders wenn wir auf einem Fleck stehen bleiben.» – «Der Obrist ist schlechter Laune», entgegnete der Diplomat und sah nach ihm hin mit einem Ausdruck, als wollte er ihn mit dem Fuß niedertreten. «Aber ich vermute, Sie wissen besser als ich, daß im Herbst, im tiefen Schmutz, kein Vorwärtskommen möglich ist. Bei einem Feldherrn ist nicht edles Aufbrausen, sondern Einsicht zu schätzen; denken Sie an Fabius Cunctator.» Der Obrist ließ sich nicht einschüchtern, weder durch den Blick noch durch die Worte des Diplomaten. «Es versteht sich, jetzt ist es unmöglich vorzurücken, aber auch zurückzugehen ist schwer. Übrigens ist es ja dies

Jahr nicht zum ersten Mal in Frankreich Herbst, den Schmutz hätte man voraussehen können. Ich flehe zu Gott, es käme zu einer allgemeinen Schlacht; besser, vor seinem Heer mit der Waffe in der Hand von einer Kugel zu sterben, als in diesem Schmutze festzusitzen....» Und seine Hand preßte sich um das Gefäß seines Säbels. Da erhob sich ein Flüstern, und in einiger Entfernung wurde ein .... «Ja, ja, der Obrist hat recht, ... wäre der große Fritz – oh! der große Fritz!» hörbar. Der Diplomat wandte sich, lächelnd, zum Fürsten und sagte: «In welcher Form auch immer sich dieser Siegesdurst der teutonischen Krieger äußern mag, es ist unmöglich, ihn ohne Rührung zu betrachten. Freilich, unsere augenblickliche Lage ist nicht grade die glänzendste, aber denken wir daran, womit sich Joinville tröstete, als er mit dem heiligen Ludwig in Gefangenschaft war: Nous en parlerons devant les dames.» «Ergebensten Dank für den Rat!» entgegnete der unerbittliche Obrist, «ich würde meiner Frau, Mutter oder Schwester, wenn ich sie hätte, nicht ein Wort von dieser Campagne sagen, aus der wir den Schmutz an den Stiefeln und Wunden auf dem Rücken davontragen werden. Ja, davon werden unseren Damen am Ende noch eher diese tintigen Jakobiner erzählen, von denen man uns versichert hat, daß sie wie Rauch vor unserem ersten Schuß verschwinden würden.»

Der Diplomat merkte, daß er mit diesem Gegner nicht fertig werden würde, und zog sich, wie Xenophon, mit den folgenden zehntausend Worten ehrenvoll zurück: «Die Welt der Politik ist mir vollständig fremd; es langweilt mich, wenn ich von Märschen und Evolutionen, von Debatten und staatlichen Maßnahmen höre. Ich habe niemals ohne Langeweile die Zeitungen gelesen; alles das ist etwas so Vorübergehendes, Zeitweiliges, ja und seinem ganzen Wesen nach uns Fremdes. Es gibt andere Gebiete, in denen ich mich als Herrscher fühle; weshalb soll ich, ohne dazu berufen zu sein, als ein dutzendmäßiger raisonneur mich in Dinge mischen, welche die Vorsehung denen auferlegt hat, die sie auserwählt, die schwere Last der Regierung zu tragen? Und was geht es mich an, was in dieser Sphäre geschieht?» Das Wort «dutzendmäßiger raisonneur» hatte ins Ziel getroffen. Der Obrist preßte seine Zigarre so zwischen den Fingern, daß der Rauch aus zwanzig Stellen herausquoll, und sagte: «Nun, ich als einfacher Mensch fühle mich nirgends weder als Herrscher noch Genie, aber überall bleibe ich *Mensch*, und ich erinnere mich, daß ich als Schulknabe auswendig gelernt habe: Homo sum et nihil a me alienum puto. Zwei Kugeln, die mir durch den Leib gedrungen sind, haben mir das Recht gegeben, mich in die Angelegenheiten zu mischen, für die ich mit meinem Blute zahlen muß». – Der Diplomat tat, als hätte er die Worte des Obristen nicht gehört, dieser hatte sie auch, zu seinem Nachbar gewendet, gesprochen. – «Und hier», fuhr der Diplomat fort, «mitten im Lager, fühle ich mich ebenso weit von aller Politik entfernt, wie im Weimarer Kabinett.»

«Und womit beschäftigen Sie sich denn jetzt?» fragte der Fürst, seine Freude kaum darüber verbergend, daß das Gespräch eine andere Wendung genommen. – «Mit der Theorie der Farben; ich hatte das Glück, vorgestern Ihrem durchlauchtigen Oheim daraus Bruchstücke vorzulesen.»

Das konnte kein Diplomat sein. «Wer ist das?» fragte ich einen Emigranten, welcher neben mir saß und, ungeachtet des Biwaklebens, es möglich gemacht hatte, aufs sorgfältigste Toilette zu machen, obgleich er nur einen kurzen Rock trug. «Ah, bah! C'est un célèbre poète allemand, M..r Koethe, qui a écrit, qui a écrit.... ah bah!.... la Messiade!» – Das also ist der Autor von Werthers Leiden, das mich beinah um den Verstand gebracht hat, dachte ich bei mir, über die philologischen Kenntnisse des Emigranten lächelnd. – Hier haben Sie meine erste Begegnung.

1058 J.C. Wagners Tagebuch *27. September 1792*

[Im Hauptquartier bei Hans.] Heute nachmittag, da es nicht regnete, stelle ich mich auf einen Hügel und sehe mich um. Bei dieser Gelegenheit entdecke ich noch von weiten zwei Wagen, die sich feste gefahren hatten, und welche ich vor Marketender hielt ... Es waren deutsche Fuhrleute, welche Tabak, Branntewein, Schinken, und Faß Butter geladen hatten, welcher herrliche Fund war dieses! ... Um den Tabak und Branntewein rissen sie sich, aus allen Regimentern kamen welche herbei gelaufen, es war nicht anders, als wenn alles verschenkt würde, es war von den versammelten Volk um die Wägen herum ein Gedrücke, das nicht zu beschreiben ist. Herr Geheime Rat von Goethe wurde von vielen Reutern angegangen und gebeten, ihnen nur etwas Tabak zu verschaffen. Sie stiegen endlich selbst auf den Wagen, denn unten war sich in deren Nähe gar nicht zu erhalten, und teilten für ihr eignes Geld Tabak unter die Reuter aus!

1059 J.C. Wagner Tagebuch *9. Oktober 1792*

Den 9. Oktober hatten Durchl. Herzog die Gnade, unsern Kranken, und den kranken Junker, zu besserer Genesung nach Verdun zu schicken. Herrn Geheimen Rat v. Goethe lag ebenfalls etwas daran, aus den üblen Wetter zu kommen, waren ebenfalls entschlossen, mit dahin zu gehen. Als Durchl. Herzog mit gedachten Herrn Geh. Rat v. Goethe noch über diese Sache sprachen, waren Sie so gnädig und sagten mir: ich könne auch mit nach Verdun gehen, daß ich auch einmal unter ein Dach käme... Durchl. Herzog waren noch überdies so gnädig, und gaben Herrn Geh. Rat von Goethe einen Brief an den Herrn General-Lieutenant von Courbière, Gouverneur von Verdun, mit, in welchen der Wunsch Durchl. Herzogs an den Herrn Gouverneur enthalten war, daß Sie uns nicht allein in Protektion nehmen, sondern auch, wenn Verdun übergeben würde, welches Durchl. wohl, aber wir nicht wußten, uns in rechter Zeit davon zu avertieren.

1060 J.C. Wagners Tagebuch *10. Oktober 1792*

Den 10. Oktober. Diesen Vormittag um 10 Uhr ließen mich der Herr Geheime Rat von Goethe zu sich rufen, und bedeuteten mir: alleweile habe der Herr General-Lieutenant v. Courbière einen Unter-Offizier zu Ihnen geschickt, hätte Ihnen durch denselben sagen lassen, daß Sie in Zeit von 36 Stunden die Festung übergäben, in dieser Zeit möchten wir auf unsere Sicherheit denken, und solche suchen, indem er uns länger keine Sicherheit zusichern könne. Dieses war nun freilich unerwartet, indem wir in Verdun knapp warm worden waren.

1061 Ch. F. Wehrhan: Szenen und Bemerkungen aus meinem Feldpredigerleben *1802*

Die Fourage um die Stadt [Verdun] her wurde immer seltner und dünner, und nur unter starker Bedeckung wurde das Einholen derselben vom Lande unternommen. Doch gewährte mir dies düstre notreiche Verdun das Glück, den Herrn von Goethe hier kennen zu lernen, der sich einige Tage in der Nähe des Herzogs von Weimar hier aufhielt, und den ich mit seiner geistvollen Physiognomie bei einem Lieutenant unsers Regiments am Pulte schreibend antraf.

1062 J. C. Wagners Tagebuch *11. Oktober 1792*

Wir fuhren bis in die sinkende Nacht, in einen Dorfe namens Spincourt mußten wir Halt machen ...

Allhier machte unser Husar Liser einen Meisterstreich. In den dasigen Wirtshaus fuhr dieser unter die alle Stuben und Kammren vollgestopften Emigranten, und sagt' ihnen in gebieterischen Ton: sie müßten eine Stube räumen, es käme ein großer preußischer General, welcher Schwager des Königs von Preußen wäre, dieser wär hier angewiesen zu logieren, sie müßten also Platz machen. Willig befolgten dieses die Emigranten, stopften sich aber dermaßen ineinander ein, daß gewiß keiner umfallen konnte, und wenn er auch ohnmächtig worden wäre. Auch waren viele Frauenzimmer, mitunter recht artige Geschöpfe, unter ihnen. Wir erhielten also ganz allein eine Stube. In derselben standen zwei große Betten ... Der Herr Geh. Rat von Goethe hatte sich entschlossen, in den Schlafwagen auf der Straße zu schlafen. Ehe Sie noch zu ihrer Ruhe gingen, kamen zwei Husaren-Offizier, ein Major und ein Rittmeister von Regiment von Koehler, bei uns an, als Preußen konnten wir nicht hindern, daß sie nicht auch in der Stube blieben, es gab konträre Unterhaltung, und in den Augen der Emigrierten war dies nun der General mit seinen Adjutant, für welchen sie viel Respekt hatten.

1063 Carl August an seine Mutter *12. Oktober 1792*

[Im Lager bei Louvement vor Verdun.] Goethen habe ich voraus nach Longwy geschickt. Er hat neun Tage seine Equipage entbehrt, die sich verfahren hatte, und in dieser Zeit ohne Bette, Hemde und dergleichen gelebt.

1064 Zelter an Goethe *17. August 1823*

Ein alter versuchter Obermilitärarzt, namens Rosenmeier, der ... mein Ober- und Unterhaus in anständiger Sanität erhält ... sieht letzthin Dein Buch [Campagne in Frankreich] liegen, kuckt hinein und spricht: «Ei, da bin ich ja auch bei gewesen! Darf ich wohl das Buch mitnehmen?»

Heute bringt er mir's wieder und spricht: «... Nun kann ich auch sagen, daß ich den Herrn zweimal gesprochen habe, das heißt: er sprach zu mir, indem ich bei der Arbeit war, und das kam mir so natürlich vor, daß ich bei mir dachte: der müßte wohl vom Metier sein.»

1065 J. H. Wyttenbach an Schiller *22. November 1796*

Vor einigen Jahren hatte ich das Glück, mit dem Herrn Geheimeraten v. Goethe bekannt zu werden, als er durch Trier reiste. Diesem großen Manne habe ich viel zu verdanken. Er ließ sich zu mir herab, und gab mir, im echten Verstande, manche Stunde den lebendigsten Unterricht.

1066 J. C. Wagners Tagebuch *22. Oktober 1792*

In den letzten Luxemburgischen Dorfe, nahe an der Trierischen Grenze, namens Igel, steht noch heute zu Tage eine große Merkwürdigkeit, römischer Bauart, unter den Kaiser Augusto, in Jahr der Geburt Christi erbauet. Es ist ein Epitaphium eines römischen Commissairs, welches sich bis daher, ob es gleich in Freien steht, ziemlich gut konserviert hat. Herr Geh. Rat von Goethe verweilte lange dabei.

1067 F.H.Jacobi an W. v. Humboldt *31. Januar 1794*

[Pempelfort.] Damals [im November 1792] lag ich eines Abends wegen Kopfweh hingestreckt auf einem Kanapee, und Lene las mir vor. Ein geschwätziger Kriegsrat R., den ich auf meiner Rückreise von Karlsruhe bei Dohm kennen gelernt hatte, wollte mir über den Hals. Er kam mit seinem Registerschiff von Wesel zurück. Ich hatte ihm sagen lassen, daß ich todkrank, – wenn es sein müßte – gestorben, begraben wäre. Das war geschehen, schon vor zwei Stunden, und ich glaubte mich gerettet. Da klingelte es, und ich höre Geräusch; ein Bedienter kommt hereingeschlichen – «ein fremder Herr» – doch der verdammte R., sagte ich verzweiflungsvoll; ich sehe .... ich spreche ihn nicht! Lene ging hinunter, um zu sehen, wie sie dem Übel abhülfe; der Fremde war schon an der Treppe, das hörte ich, sprang auf – *Goethe!* rief ich aus; gewiß Goethe! – Er war es, liebster Humboldt, er selbst! Er war nur auf acht Tage gekommen, blieb vierzehn Tage, blieb drei Wochen, und wäre wahrscheinlich bis zum Frühjahre, wenigstens noch eine gute Zeit geblieben, wenn nicht Dumouriez mit Riesenschritten herangerückt wäre. Da die Franzosen zu Aachen einrückten, brach Goethe auf.

1068 Lotte Jacobi an J. G. Jacobi *6. Dezember 1792*

Die Tante wird Euch gesagt haben, denn ich trug's ihr auf, was für einen Gast ein freundlicher Genius vorgestern vor vier Wochen uns abends bescherte, und den wir bis vorgestern morgen behalten haben. Da ich nicht weiß, was Euch alles mitgeteilt worden, so mag ich hier nicht weitläufig über ihn werden. Du kannst uns aber ausfratschelen, lieber Georg, was Du gerne noch wissen möchtest, wir wollen pünktlich antworten. Du kennst Goethe zum Teil, wie gönnte ich Dir, daß Du ihn ganz kenntest, so wie wir ihn diese Wochen immer näher gesehen haben. Es ist ein unvergleichlicher Mensch von Kopf, Herz und Sinn. Die Tage mit ihm flossen wie einzelne Stunden. Er gab uns viel, hat aber auch durch Fritz noch mehr empfangen, viel Schönes und hoffentlich bleibendes Gute. Eine ganz neue Existenz des Denkens hat sich für ihn geöffnet; und auch *das*, was Lavater irgendwo sagt – «Es ist in diesem Erdenleben mächtige Erquickung, Menschen zu finden, die an unser Herz glauben und an welche das Herz glauben darf» – ist ihm hier worden, und hat mächtig sein Innerstes aufgerührt. Fritz wird nächstens selbst über ihn schreiben, darum wende ich mich jetzt zuerst wieder zu meiner lieben Marie und will ihrem herzigen Geschwätz mit uns antworten ... Goethe war in der Seele betrübt, als er von uns schied. Der Abschied, man sah es seinem blassen Gesichte an, kostete ihn unendlich. Er hat seinen Weg über Paderborn genommen und wird zwei Tage bei der Prinzessin von Fürstenberg zubringen.

1069 F. H. Jacobi an Johanna Schlosser 10. Dezember 1792

Ich sehe kaum, wie das Volk der Franken am Ende nur ein Volk wird bleiben können. Ganz Europa muß sich jetzt dagegen vereinigen, wenn es nicht erfahren will, was es ehmals von Goten, Hunnen und Vandalen erfuhr. Goethe, dem ich diesen Gedanken sagte, war äußerst davon frappiert, und ich glaube, daß auch Schlosser ihn nicht ganz ungegründet finden wird.

Wäre ich gesund geblieben und ungeängstigt, so hättest Du einen ordentlichen Bericht von meinem Leben mit Goethe, während der vier Wochen, die er hier zubrachte, von mir erhalten, und ich weiß, ich hätte mir keinen geringen Dank damit von Dir und auch von Schlossern verdient. Auch hätte ich diesen Bericht gern erstattet, um das Zerstreute in meinem Kopf zu sammeln, und an einen fortgehenden Faden zu knüpfen. Nun muß ich mich damit begnügen, daß ich Dir versichre, Du tust Goethe gewiß unrecht, wenn Du ihn einer Verachtung gegen Schlosser beschuldigst. Ich habe ihn hierüber gleich den Morgen nach seiner Ankunft vorgenommen, und ihm mit dürren Worten gesagt, was mir Schlosser vorigen Sommer geschrieben hatte, nämlich: «Wenn ihn Goethe verachte, sei er ein Narr, und wenn er etwas wider ihn habe und es ihm nicht sage, ein schlechter Mensch.» – Es tat ihm weh, dies zu hören, das sah ich, und es war ihm gewiß Ernst mit der Versicherung, daß er zwar Vorwürfe, aber nicht diese verdiene; er ehre und liebe Schlossern, aber Schlosser habe für ihn etwas Unverträgliches, weswegen er sich vor ihm scheue. Dies war die Substanz von dem, was er vorbrachte. Er setzte hinzu, daß er sehr gewünscht und auch gehofft hätte, Euch in Karlsruhe zu besuchen. Denselbigen Morgen gab es Gelegenheit, daß ich ihm Schlossers jüngsten Brief zu lesen reichte. Goethe hatte nämlich bei einer Stelle des Aristoteles, die ich ihm vorlas, sich gerade so geäußert, wie Schlosser über eine Stelle des Plato in diesem Briefe. Dieser ganze Brief machte ihm ungemeine Freude, er brachte ihm Schlossern in seiner ganzen Schönheit und Größe vor die Seele. Nachher hat er mich bei Gelegenheit oft gefragt: Weißt Du nicht, wie Schlosser hievon denkt? – Mit dieser oder jener Sache, gibt sich Schlosser damit ab? – Wie weit haltet ihr auf diesem oder jenem Wege gleichen Schritt? und dergleichen. – Den Tag vor seiner Abreise bat er jeden von uns insbesondre und mich zu wiederholten Malen, Schlossern und Dich doch recht herzlich von ihm zu grüßen, Euch viel Liebes von ihm zu sagen. Ich gab ihm noch ein paar besondere Abdrücke von Schlossers Antiberolinianis, die er mit Begierde annahm. Am Morgen seiner Abreise wiederholte er seine Aufträge an Euch. Ich vermute, daß er nach seiner Zurückkunft in Weimar Schlossern schreiben wird. Gesagt hat er nichts dergleichen; ich habe ihm auch keinen Anlaß dazu gegeben.

Was Du von Goethes Stolz im *allgemeinen* sagst, lasse ich Dir gelten. Ich habe ihn von dieser Seite jetzt noch viel näher kennen gelernt, auch durch eigene Bekenntnisse, die er mir von seinem Ehrgeize und seiner Eitelkeit ablegte. Viele seiner Handlungen, die ich ehmals nicht begriff, oder mir doch nicht genug auslegen konnte, begreife ich jetzt vollkommen. Auch ist Dein Verdacht in Absicht des Mangels an Glut im Mittelpunkt seines Wesens nicht ganz ohne Grund. Aber Du nimmst mir dieses oder jenes, überhaupt den ganzen Menschen nicht recht zusammen, und vergissest, wie Du ihn ehmals gekannt hast. Zum Beispiel in Deinem gestern angekommenen Briefe steht: «Das Alcibiadische modelt sich wohl für den Moment in alle Formen, und mißt sie sich selbst gern an, des Genusses wegen. Man macht nicht gern mit seiner Person die schroffe Ecke zwischen einem Kreise der unter sich harmonisch sich bindenden Figuren, oder es gehört eine Festigkeit dazu usw.» – Dies paßt nun einmal gar nicht auf den Goethe, den Du mit eigenen Augen gesehen, so oft hin und her betrachtet und anderen dargestellt hast. Gern mag er überall hervorglänzen und der Erste sein; aber durch Akkomodation zu gelten, ist ihm verhaßt; auch übermannt ihn nicht leicht das Wohlgefallen an andern; und wo es ihn übermannen will, da ist seine erste Bewegung zu widerstehen. Hat es ihn überrascht, so widersteht er nachher aus Überlegung. So hat er es auch hier getrieben, und ich weiß von keiner Verwandlung, außer in Meinungen, welches vielleicht in der Folge doch auf ihn wirken kann. Ohne dieses wird die Stimmung, die er hier empfing, nicht lange halten. Diese aber war so, daß er, bei seinem Charakter, sie nicht hätte annehmen können, wenn nicht zugleich in seiner Denkungsart eine große Veränderung vorgegangen wäre. Hätte ich Dir meinen Bericht abstatten können, so hättest Du gewissermaßen selbst gesehen, und würdest begreifen, was ich meine und nicht meine. Getäuscht hat mich Goethe diesmal gewiß in nichts.

1070 Helene Jacobi
an Gräfin Sophie Stolberg *Dezember 1792*

Von Politik und Goethe wird Fritz wohl an Nicolovius schreiben. Die Politik hat mir zu viel Greuel, als daß ich nur davon anfangen möchte, und Goethe zu viel Gutes und Schönes, als daß ich damit zu Ende kommen könnte. Er ist und bleibt der wahre Zauberer, und auch Sie werden ihn lieben und bewundern, sobald Sie ihn kennen. Was die Leute Sonderbares von ihm schwatzen und reden, ist, weil sie immer nur die linke Seite sehen; und das ist auch das Verkehrteste an ihm, daß er so gerne das Verkehrte an sich herauswendet. Ich verglich ihn deswegen einmal gegen ihn selbst mit einer haute-lisse auf dem Gestell; wer sich nicht bückt, die untere Seite zu sehen, wird die schönen Farben darin nicht ahnden, oder die Ware für sich mögen. Ihm ward unendlich wohl unter uns, und der Abschied kostete ihm viel. Fritz und er haben sich tiefer durchdrungen und inniger erkannt wie je. Fritzens offenes sanftes Wesen, seine fromme und doch so freie Seele haben Goethen sehr ergriffen, und so ergriffen, daß ich fast glaube, daß die Folgen davon in eigener Sinnesänderung bei ihm spürbar sein werden, denn Wahrheit ist ihm teuer, sobald er als Wahrheit sie erkennt; aber ihr falsches Bild ihm auch so verhaßt, daß sie eben deswegen die größte Gefahr bei ihm läuft; denn indem er jenes rastlos verfolgt, stürzt er über diese oft hin, und tritt sie mit Füßen: Um nicht betrogen zu werden von dem, was er scheut, betrügt er sich selbst um das, was er liebt, und je blühender die Schöne ihm entgegenkommt, desto vorsichtiger glaubt er in ihr nur die feine Schminke der Falschen zu erblicken. Auch ist es in unserer Natur der Brillen nicht zu mögen, weil wir Schwäche des Alters mit dieser Hülfe zu verbinden gewohnt sind, und so wird das Auge oft blind, bis man *sieht*, daß man *nicht* sehen kann! Goethe hat mir unendlich hohen Genuß gegeben; aber auch manchen tiefen Schmerz der Seele. Je mehr ich ihn liebte, desto ängstlicher hätte ich ihn schützen mögen, daß er sich selbst wenigstens nicht schade.

1071 F. H. Jacobi an K. L. Reinhold 26. Februar 1794

Daß Goethe meine Aufträge an Sie unausgerichtet ließ, hat mich äußerst befremdet. Er übernahm sie mit sichtbarer Freude, und ich stehe dafür, daß sie nicht geheuchelt war. Bisher, sagte er mir, hätte er wenig Umgang mit Ihnen gehabt, aber nun sollte es anders werden; er würde gleich in den ersten acht Tagen nach seiner Zurückkunft nach Jena reisen usw.

1072 F. H. Jacobi an Goethe 16. Dezember 1794

Auf meine Anfrage wegen *Wilhelm Meister* hast Du mir nicht geantwortet; bei welcher Gelegenheit ich Dich erinnere und Dir zu Gemüte führen will, daß es nun zwei volle Jahre sind, da Du mir zu Pempelfort Deine Elegien, eine Sammlung Sinngedichte, und noch andere Gaben versprachest. Ich warnte Dich, nicht zu versprechen, und Du versprachst dennoch...

1073 F.H.Jacobi an Goethe (Entwurf) November 1815

... mir stand unser Wiedersehen nach zehn Jahren in Weimar, dann nach andern acht Jahren unser Wiedersehen in Pempelfort zu lebendig vor der Seele. Das letzte vornehmlich. Du warest gekommen, um mir «Rechenschaft von Deinem Haushalte abzulegen.» Ich sollte Dich um alles, was ich von Dir zu wissen begehrte, ungescheut fragen, und mir sollte auf alles und jedes vollständige, unverhohlene Antwort werden. Du fordertest nicht dagegen das gleiche von mir, würdest aber jeder vertraulichen Mitteilung aus meinem Innern [Dich] herzlich erfreuen. Ich verhieß Dir, was Du mir verheißen hast.

1074 F.H.Jacobi an Goethe (Entwurf) November 1815

Ich gedachte zumal jener fünf Wochen, die Du im Winter des Jahres 1792 bei mir in Pempelfort zubrachtest, und des Zeugnisses aus voller Seele, das Du mir beim Scheiden gabst. Wir hatten Stunden miteinander verlebt, die keiner von uns je vergessen konnte. Jene Ahndungen in der Mitternachtstunde zu Köln wurden uns jetzt zu Erkenntnissen; wunderbar hatten selbst die Täuschungen sich zur Wahrheit verklärt. Für Dich zumal hatte die *Reife unserer Freundschaft*, wie Du es nanntest, die *höchste Süßigkeit;* und es mußte so sein, denn Dir war in Erfüllung gegangen, über Deine Erwartung, was Du auch gestandest; mir nicht darüber noch darunter.

1075 Böttiger

Sie [Christine Reimarus] fragte mich, ob ich das von Goethe in Pempelfort bei Jacobi improvisierte Gedicht kenne, welches er gemacht habe, als ihm die Rezension von seinem Groß-Cophta in der Neuen Bibliothek der schönen Wissenschaften zu Gesichte kam. Sie hatte es von Jacobi, der von seinem Eutiner Exil fleißig nach Hamburg kommt und dann gewöhnlich bei Reimarus speist. Auf meine Bitte gab sie mir eine Abschrift davon, und so erhielt ich in Hamburg, was einem Stadtgenossen Goethes in Weimar nie zu Gesicht gekommen wäre.

[Anmerkung von K. W. Böttiger: In dieser Abschrift liegt es vor uns und ist überschrieben Fabula narratur.]

1076 C.Th. Perthes: Friedrich Perthes Leben *1855*

Goethes Erzählung von Pempelfort [in der Campagne in Frankreich] hat mich etwas verdrossen, schrieb Nicolovius; er ist ungerecht, kühl und übergeht oder vergißt manches, was dort vorgefallen und tiefen Eindruck auf ihn gemacht hat. Jacobi scheint recht gehabt zu haben, wenn er sagt, daß Goethe in jenen Tagen die Spuren des wilden Kriegerlebens an sich getragen hat. Auch die Stelle über Schlosser legt davon ein Zeugnis ab.

1077 W. Gronau: Christian Wilhelm von Dohm *1824*

Es scheint uns der Erwähnung wert zu sein, daß Dohm sogar in dieser gewirrvollen Zeit sich einige Tage für Pempelfort frei zu machen wußte, wohin Jacobi ihn eingeladen hatte, um dort Goethe, der von der Armee zurückkehrend bei dem Freunde etwas verweilte, näher kennen zu lernen ... Im Tagebuche ist darüber, jedoch bei der Menge der Gegenstände, die zu jener Zeit darin zu berühren waren, nur andeutend, bemerkt worden: «Goethe sprach viel und gut! Tiefe Blicke über christliche Religion; überall tief eindringender Scharfsinn zugleich mit sehr viel Witz!» – Auf briefliche, dankvolle Äußerungen gegen Jacobi über die bei ihm verlebten reichen Tage, und die gemachte hocherfreuliche Bekanntschaft, erwiderte dieser: «Ich freue mich darauf, wenn wir uns wiedersehen, recht viel mit Ihnen von Goethe zu sprechen. Mein Vorsatz war, den Verfolg meiner Gespräche mit ihm, ihrem Hauptinhalt nach, aufzuschreiben; meine Krankheit hat das aber verhindert.»

1078 J. G. P. Goetze an Goethe *7. März 1822*

Ew. Exzellenz muß ich untertänig um Verzeihung bitten, daß mir von der Reise von Düsseldorf über Duisburg (zählte zu jener Zeit 60 Studenten), Münster, Paderborn, Kassel nach Weimar nichts mehr aus den alten Schädel will, ich mag schütteln so viel ich mag. Erhebliches ist auf dieser Reise, außer den ganz schlechten Wetter und Wegen, auch nichts vorgefallen, als daß wir in Münster vor Emigranten nicht unterkommen, und Sie in der Gaststube auf einen Stuhl übernachten mußten, den andern Tag aber bei der Fürstin (ich glaube Gallitzin) einquartierten.

WEIMAR

1079 H. E. G. Paulus: Goethe und Paulus *1849*

Auch, als der Herzog von Weimar als preußischer General in Begleitung seines Goethe in den von den beiden deutschen Großmächten übel berechneten und unglücklich ausgeführten Feldzug verwickelt wurde, und sich da zugleich die Furcht verbreitete, daß die feinere Konversation der zu Eisenach zugelassenen Emigrierten höhern Einfluß gewinnen könnte, sprach Goethe selbst bei der Rückkehr, dem Herzog nahe stehend, laut die Versicherung aus: «Jedermann darf gewiß sein, daß der Regent ganz ungeändert zurückgekommen ist.»

1793

1080 D. J. Veit an Rahel Levin *20. März 1793*

Ich hätte Ihnen schon in Weimar schreiben mögen; allein wir eilten zu sehr und mußten schnell über Erfurt hieher [nach Gotha], wo ich in einem schönen Gasthofe äußerst bequem sitze.

Ich habe sie wirklich alle gesehen und einen jeden ziemlich umständlich gesprochen, wie sie Namen haben, Goethe, Wieland, Herder.

Wir kamen [am 18. März] um eilf Uhr nach Weimar, kleideten uns mit Blitzesschnelligkeit um, und sahen während dem Umkleiden die Herzoglich Rudolstadtsche Familie, zierliche Prinzen und einige Prinzessinnen, davon die eine passiert, in denselben Gasthof ankommen.

Aus Furcht, er würde nun bei Hofe erscheinen müssen, nahmen wir uns keine Zeit, die Kleider abzubürsten, und verfügten uns, von einem Lohnlakei begleitet, unter dem Jubelgeschrei der lauschenden Menge, zu Goethe. Sein Bedienter sagte uns, es wäre jetzt ein Graf bei ihm, der ihn schwerlich vor ein Uhr verlassen dürfte, und wir möchten nur gegen zwei wiederkommen; ich ließ mich nicht abschrecken, sondern sagte dem Bedienten, er möchte uns nur als Berliner melden, die einen Brief vom Hofrat Moritz mitbrächten. Hierauf wurden wir zwei Treppen hinaufgeführt. Unten in der Mauer vor der ersten Treppe stehen in einer Art von Nischen die Figuren des Apollo und Antinous in Lebensgröße mit ihren Attributen. Aus der Treppe kommt man in ein Vorzimmer, worin verschiedene Gemälde, vorzüglich Köpfe, hängen; aus diesem Zimmer in ein kleines, niedliches, in welches wir zugleich mit Goethe, den wir aus dem andern Teil der Wohnung kommen und mehrere Zimmer durchgehen sahen, als wir noch in der Antichambre waren, hineintraten. Er hatte uns nicht zwei Minuten warten lassen. Das erste, was mir an ihm auffiel und Sie zu wissen verlangen, war seine Figur.

Er ist von weit mehr als gewöhnlicher Größe, und dieser Größe proportioniert dick, breitschulterig. Wenn Sie meinen Onkel Salomon Veit kennen, so haben Sie die Ähnlichkeit der Figur; aber Goethe ist doch noch größer und stärker. Die Stirn ist außerordentlich schön, schöner als ich sie je gesehen; die Augenbraunen im Gemälde vollkommen getroffen, aber die *völlig braunen* Augen mehr nach unten zugeschnitten, als dort. In seinen Augen ist viel Geist, aber nicht das verzehrende Feuer, wovon man so viel spricht. Unter den Augen hat er schon Falten und ziemlich beträchtliche Säcke; überhaupt sieht man ihm das Alter von vierundvierzig bis fünfundvierzig recht eigentlich an, und das Gemälde ist in der Tat zu jugendlich; es müßte denn wahr sein, was man in Weimar allgemein behauptet, daß er während seinem Aufenthalt in Italien merklich gealtert habe. Die Nase ist eine recht eigentliche Habichtnase, nur daß die Krümmung in der Mitte sich recht sanft verliert. (Ich habe ihn, indes er meinem Onkel verschiedene Fragen vorlegte, von der Seite und in dem Spiegel recht starr angesehen.) Der Mund ist sehr schön, klein, und außerordentlicher Biegungen fähig; nur entstellen ihn, wenn er lächelt, seine gelben, äußerst krummen Zähne. Wenn er schweigt, sieht er recht ernsthaft, aber wahrhaftig nicht mürrisch, und kein Gedanke, keine Spur von Aufgeblasenheit. Auch dem Dümmsten müßte Aufgeblasenheit an einem Menschen mißfallen, der in Sprache und Manier so ganz simpel wie jeder Geschäftsmann ist. Das Gesicht ist voll, mit ziemlich herabhängenden Backen. Im ganzen ist das Gemälde wohl getroffen; aber es macht doch einen sehr falschen Begriff von ihm; Sie würden ihn gewiß nicht erkennen. Er hat eine männliche, sehr braune Gesichtsfarbe, die Farbe der Haare ist etwas heller. Er trägt das Vorderhaar ratzenkahl abgeschoren, an den Seiten ausgekämmt und völlig anliegend, einen langen Zopf; weiß gepudert. Die Binde im Porträt verstehe ich gar nicht. Lips muß ihn haben putzen wollen. Seine Binde ist eine von den unter gesetzten Männern ganz gewöhnlichen, hinten zugeschnallt, vorne glatt und dünn, und wegen dem übergelegten Hemdkragen wenig zu sehen. Die Wäsche fein, mit wenig vorstehendem Jabot. Kleidung: ein blauer Überrock mit gesponnenen Knöpfen, doppeltem Kragen (der eine über die Schultern, der stehende nicht recht hoch), eine schmalgestreifte Weste von Manchester oder ähnlichem Zeuge und – vermutlich Beinkleider; der Überrock bedeckte sie; kalbledernde ordinäre Stiefel. Alles zusammen genommen, kann er ein Minister, ein Kriegsrat, ein Geheimrat, allenfalls ein Amtmann sein, nur kein Gelehrter und gewiß kein Virtuose. In Berlin würde ihn jeder einheimisch glauben. Er hat uns ungemein höflich aufgenommen; als er auf uns zukam, sah er uns recht freundlich an (sein Blick ist gewöhnlich ernsthaft, aber ohne alle Arroganz, wie es scheint; wenn er sich nicht an einen wendet, so sieht er gesenkt zur Erde, mit den Händen auf dem Rücken, und spricht so fort), fragte nach dem Endzwecke unserer

Reise, erzählte uns, daß es in Frankfurt sehr lebhaft aussähe, daß er Frieden wünsche usw. Nachdem er einen Brief durchgelesen hatte, erkundigte er sich kaltblütig, aber mit vieler Aufmerksamkeit, nach Moritz. Sobald ich nur von ihm und der Entweichung seiner Frau zu reden angefangen hatte, sagte er in einem sehr ernsthaften Ton: «Er muß jetzt viel zu tun haben; er *muß* arbeiten, er ist wirklich ein gar lieber Mann, und wenn er etwas unternimmt, so greift er die Sache immer so ganz recht an; er hat wirklich zu gar vielen Sachen ein recht hübsches Talent. Hm! herkommen kann er freilich nicht; er muß sehr viel Arbeit haben.» Er ließ sich nun noch über unsere Reise selbst, über die Kriegsoperationen mit uns ein, sprach aber von keiner Partei mit Dezision; jedoch immer überaus natürlich, immer, als ob er nur die Sachen, nicht die Worte suchte. Man hört's ihm noch manchmal an, daß er aus dem Reich ist, wie er uns auch selbst sagte. Das Zimmer, in welchem wir standen (sitzen ließ er uns nicht), war mit grünen Tapeten ganz modern geziert; Gemälde und Köpfe rings umher, von der Größe, wie das Studierzimmer der Herz, ein völliges Quadrat: zwei Mahagoni-Tische, ein Spiegel, sechs Lehnstühle, weiß, mit grün- und weißgestreiften seidenen Polstern. Eine Viertelstunde (eher mehr als weniger) hielt er uns auf; machte dann eine bedeutend lächelnde Miene, und wir waren nicht dumm. Nach Mendelssohn erkundigte er sich gar nicht, ohngeachtet im Briefe Herr Veit als dessen Schwiegersohn genannt ist. Überhaupt haben wir keinen literarischen Punkt berührt; er fragte nicht einmal nach Moritzens neuesten Sachen; der Mann hat nicht unrecht, wenn ihm mies ist. Er begleitete uns aus der Antichambre, und war noch beim Abschiede sehr höflich. Die ganze Aufnahme war sehr höflich, ziemlich kalt und allgemein, aber viel wärmer, als ich sie erwartet hatte; sie war ganz so, wie ich sie erwartet hätte, wenn mir noch kein Mensch von Goethe erzählt hätte...

Goethe hat jetzt keine juristischen Geschäfte mehr; als Amt hat er das Departement der Gnadenerzeigung (keine emzoe, der wirkliche Namen) sich selbst gewählt. Den von ihm angelegten Park, den er noch immer weiter ausführt, und mit dem er, laut des Herzogs Vollmacht, auch in dessen Abwesenheit machen kann, was er will, müssen Sie sehen...

Goethe ist hier unter vielen Volksklassen (ich habe in den sechs Stunden viel Leute gesprochen) als sehr freundlich, gutmütig bekannt, und hat die allgemeine Achtung und Liebe; die mittlern Stände nennen ihn den Genius des Orts; diese Benennung läßt auf Kraftgeniemäßigkeit schließen; doch habe ich einige dem Scheine nach nicht ungeschickte, und von Pedanterie freie junge Leute gesprochen ...

Die Vulpius ist sechsundzwanzig bis siebenundzwanzig Jahre alt, nicht hübsch (ich selbst habe sie nicht gesehen), ihm zur Linken angetraut, kommt nie in sein Haus. Er besucht sie nicht täglich, indessen soll sie noch viel Einfluß auf ihn haben. Länger als zwei bis drei Stunden ist er nie bei ihr; das Antrauen war die Folge des jungen Goethe, der jetzt im dritten Jahre sein soll. Er unterstützt die ganze Familie, schafft dem Bruder, der Schriftsteller ist, Verleger usw.

Zur Cour kommt Goethe freilich; aber wenn der hohe Adel bei dem Herzog speist, kann er nicht zur Tafel gezogen werden...

In den herzoglichen Park hat Goethe unter andern sehr viele ausländische Pflanzen hingesetzt, damit ihm das Studium der Botanik nicht allzu kostbar werde. Seine nähere Bekanntschaft erhält man sehr schwer; die Menschen, welche ich gesprochen, wissen alle keinen, mit dem er sehr genau umgehet.

1081 Caroline Herder an F.H.Jacobi *5. April 1793*

Es hat den Anschein, daß uns Goehte bald wieder verlassen und zum Herzog gehen wird. Bedauern Sie ihn und uns! Doch scheint er lieber in jene Gegenden zu gehn, als wir ihn lassen. Er hat uns diesen Winter manch frohe Stunde gemacht mit einem poetischen Werk, wovon er Ihnen wohl wird geschrieben haben [Reineke Fuchs]. Sie ist eben ganz einzig, diese deutsche Epopöe, und Sie werden auch Freude daran haben. Die guten Götter mögen ihn dafür behüten und bewahren bei seinem zweiten Feldzug...

[Von Herders Hand:] ... ich bin sehr alt und werde es von Stunde zu Stunde. Goethe wird dagegen jung, korpulent und rund von Stunde; seine Epopöe, die älteste und ewige, ist bald, bald fertig. Verstehe mich wohl, die ewige auf unsrer Erde, nicht im Saturn, der Sonne oder der jetzt so hell leuchtenden Venus.

1082 Herder an Gleim *12. April 1793*

Goethe hat eine Epopöe, die erste und größte Epopöe deutscher Nation, ja aller Nationen seit Homer, und sehr glücklich versifiziert. Raten Sie welche? Er ist eben zu Ende. Ihnen wird sie sehr wohl tun, des bin ich gewiß und sicher.

1083 Gleim an Herder *23. April 1793*

Wer kann's erraten? Keiner! ... Hat er's selbst gemacht? Hat er's nur in schöne Verse gebracht? ...

Ist Goethe bei Euch? hier sagt man, er wäre beim Herzog, in den Blutgegenden! Grüßt ihn zehntausendmal, wenn er dort ist.

1084 Herder an Gleim *1. Mai 1793*

Die erste und größeste Epopöe deutscher Nation, ja aller Nationen seit Homer, die Goethe sehr glücklich versifiziert hat, ist «*Reineke der Fuchs*». Dies ist der Aufschluß des Rätsels ... In ein paar Tagen reiset Goethe an den Rhein, und Ihr Gruß an ihn soll ausgerichtet werden.

1085 Herder an Gleim *12. Mai 1793*

Goethe ist heute zum Vater Rhein gereiset.

1086 Caroline Herder an F. H. Jacobi *12. Mai 1793*

Goethe ist endlich heute doch noch zum Herzog abgereist, mit unsern Wünschen und unserer Liebe begleitet. Die guten Götter bringen ihn glücklich und mit dieser Reise zufrieden wieder zu uns!

BELAGERUNG VON MAINZ

1087 Prinz August von Sachsen-Gotha an Herder 15. Mai 1793

Goethe ist bei mir [in Gotha] abgestiegen, und indem er dieses ist, erhalt' ich Ihren zweiten Band ... Wir haben schon viel Tollheiten geredet, und das hält Leib und Seele zusammen, wie Ew. Hochwürden wohl wissen.

1088 Frau Rat Goethe an Christiane Vulpius 20. Juni 1793

Zehn kurze Tage war er nur bei mir und seinen Freunden – wir lebten herrlich und vergnügt – und trösten uns auf seine Wiederkunft – und hoffen, ihn alsdann etwas länger zu genießen.

1089 Helene Jacobi an Sophie v. La Roche 28. Juni 1793

Sie sagten mir und fragten mich so manches über Goethe in Ihrem Letzten, liebe Sophie. Seitdem hat er sich nun selbst Ihnen wieder gestellt, und *Sie* können es mir sagen, wie Sie ihn gefunden haben. Seine Mutter schrieb der Schlosserin, daß er *schöner* und munterer und beredter gewesen sei wie noch nie und daß alle seine Freunde sich seiner erfreut hätten.

1090 Varnhagen von Enses Tagebuch 24. Juli 1846

Smidt erzählte merkwürdige Geschichten. Von Goethes Mutter; er sah sie im Jahre 1795 in Frankfurt, als er von Jena kam, und brachte ihr Grüße ... Ferner erzählte sie, sie habe dem Sohne geklagt, es würden ihr so oft Gemälde gezeigt, und sie wisse dann nie, was sie davon sagen solle, er möchte ihr doch etwas angeben, wie sie sich dabei helfen könne? Da habe er gesagt: «Mutter, wenn man Ihr ein Bild zeigt, so sehe Sie es eine Weile recht scharf an und sage dann bedeutend: ‹Das macht seinen Effekt!› Da wird jedermann Sie für eine Kennerin halten.»

1091 Caroline Jagemann an ihre Eltern 9. September 1793

Goethe war [am 2./3. August] auch hier [in Mannheim] mit Kraus, der aufs Theater kam, als ich in der Operette «Der Aufschluß» eine Bäuerin machte und im Chor mitsang, und mir die besten Nachrichten von den Meinigen gab. Goethen sprach ich bei Becks; ich sang ihm eine Arie vor, und nach Madame Becks Aussage ist er mit meinen Fortschritten sehr zufrieden gewesen.

1092 Carl August an seine Mutter *10. August 1793*

Goethe und der alte Gore haben mich in Mannheim verlassen. Papa war über die Maßen vergnügt; ich weiß nicht, was aus ihnen geworden ist.

1093 J. I. v. Gernings Tagebuch *12. August 1793*

[Nachdem Goethe am 1. August Gerning aufgefordert hatte, ihn zu besuchen, führte letzterer dies bei Goethes Rückkehr nach Frankfurt aus.] An diesem Morgen hatte ich das gewünschte Glück, bei Goethe zu sein, ihm mein poetisches Zeug zu bringen und von ihm schönen Unterricht zu empfangen. Es schien ihm nicht übel zu behagen, und weil ich Anlage oder Liebhaberei dran hätte, so müßte ich auch die nötigen Grundlagen wissen. Er riet mir besonders zu Hexametern und Pentametern, worin er mir ein artiges Gedicht, «Das Wiedersehn», zeigte. Moritzens «Prosodie» und Herders «Zerstreute Blätter» riet er mir auch an.

1094 J. I. v. Gernings Tagebuch *14. August 1793*

Von 10 bis 11 Uhr bei Goethe, der mich um meine Pläne fragte, welche ich ihm – nämlich den des Wählens und Neapelsehens – genüglich erklärte. Er riet mir, vorher einen Cursum von drei bis sechs Monden in Jena oder Weimar zu machen, das besser wäre, als zehn Jahre literarischen Vegetierens. Der Edle scheint doch mein Zeug zu liken.

1095 J. I. v. Gernings Tagebuch *15. August 1793*

Mit Goethe ums Tor gewandelt; über das zerstreuende Glück, das ihn oft genierende Zeitverlieren etc. gesprochen und zu Barkhausens gegangen, Louisens Gemälde und Zeichnungen bewundert, wo eben deren ältere Schwester, Frau v. Oettingen von Wetzlar, eine weiland Amasia Goethes, ankam, der er entgegenging und welche ihm noch schmachtende Augen zuwarf.

1096 *J. I. v. Gernings Tagebuch* *18. August 1793*

Nach dem Essen zu Goethe, der mir wieder, und wärmer, Jena anriet. Wir sprachen von seinen Jugendprodukten, zum Beispiel «Von deutscher Baukunst», worüber er sagte: «wir empfinden da zu lebhaft» und: der Gegenstand wäre nicht immer so der obgleich richtigen Empfindung wert. Er gab mir einen Kupferstich von Lips an Sophie [Bethmann] zu schicken, mit einem Verslein.

1097 *S. Th. Sömmering an Goethe* *18. Januar 1794*

Ihr wahrhaft himmlischer Versuch, den Sie mich noch zuletzt [in Frankfurt] sehen ließen, kommt mir gar nicht aus dem Sinne – zuverlässig ist die Farbe des Firmaments mit ihm analog. Wenn ich ehedem den Himmel zum Beispiel einer Landschaft, die ich malen wollte, anlegte, so konnte ich mich nicht genug wundern, wie hier Blau und Gelb zusammenkommen.

1098 *J. I. v. Gernings Tagebuch* *20. August 1793*

Heute früh deutete mir Goethe seine morgende Abreise an, und diesen Abend 7 ½ bis 8 Uhr habe ich noch erwünscht bei ihm zugebracht, über vielerlei gesprochen: ja nach Weimar und Jena zu kommen, wo er mich gut bewirten und besorgen wolle etc.... Goethe gab mir noch einige Wein-, Tuch- etc. Aufträge, er bot mir seine Dienste, Wohnung in Jena etc. zu besorgen, und nahm herzvollen Abschied von mir.

WEIMAR

1099 *H. Ph. C. Henkes Tagebuch* *2. Oktober 1793*

[Jena.] Herder und Goethe kamen eben an. Einsiedel hatte schon zu meinem Quartier geschickt, und auf morgen gebeten, bat jetzt wieder mündlich, und darauf die Herzogin in Person. Herder sprach viel von Erasmus, Grotius, Andreä; Goethe, es scheine, als ob das Gute nur ein Werk des einzelnen Menschen sein könne usw. Ein vergnügter Abend.

1100 H. Ph. C. Henke an seine Frau *2. Oktober 1793*

Gestern ließ mir die verwitwete Herzogin von Weimar, die sich jetzt hier aufhält, sagen, sie wünsche mich kennen zu lernen ... Heute früh um 10 Uhr wartete ich ihr auf, und brachte eine angenehme Stunde bei ihr zu. Heute nachmittag ließ sie mich zu einem Konzerte und Tee invitieren. Ich ging wieder hin. Der Kammerherr von Einsiedel kam zu mir, und bat mich auf morgen zur Tafel; ich lehnte es ab, weil ich morgen nach Weimar reisen würde. Bald darauf kamen Goethe und Herder von Weimar angefahren und fanden sich sogleich im Konzerte ein; zwei Männer von Geist und Kraft, wie ich wenige gesehen habe. Ich saß zwischen beiden, und plauderte. Auf einmal kam die Herzogin auf mich zu, und sagte: «Sie haben morgen nach Weimar reisen wollen; hier habe ich Ihnen die beiden braven Männer, die Sie dort würden besucht haben, von Weimar kommen lassen. Wenn Sie sich noch länger mit ihnen unterhalten wollen, so bleiben Sie noch einen Tag hier, und kommen morgen zu uns.» Da durfte ich denn nicht länger, ohne Unschicklichkeit, es verbitten ... Jedermann macht mir Vorwürfe, daß ich den Antrag [einer Professur in Jena] nicht angenommen habe, und ob ich es gleich allerdings nicht bedaure, wie Du mir eingeschärft hast, so habe ich doch Ursache, für die viele Achtung und Freundschaft, die man mir erweiset, dankbar zu sein. Besonders waren mir die Unterredungen mit der vortrefflichen Herzogin, mit Goethe, Herder und Griesbach über diesen Punkt überaus rührend. Goethe sagte in seiner Kraftsprache: Herr, sprechen Sie Ein Wort, so sind Sie doch noch unser.

1101 H. Ph. C. Henkes Tagebuch *3. Oktober 1793*

Um halb zwei Uhr zur Tafel; Gäste: Herzogin, Goethe, Herder, Wieland, v. Knebel (Übersetzer des Lukrez), v. Einsiedel, Prorektor Voigt pp. ... Unterhaltung von Wielands Aristophanes, von Büttners Wissenschaft, von Akademien.

1102 *Sophie v. Schardt an Fritz v. Stein* *15. November 1793*

Deine Existenz in Hamburg fängt mir nach und nach an, besser zu gefallen, lieber Fritz ... Goethe sagte neulich: «daß, wenn Fritz nicht ein Mensch wäre, der sich zu finden wüßte, und gleich eine Sache so zu nehmen, wie sie nun wäre, so müßte er gleich gerade nach Hause kehren, Fritz würde aber immer noch Nutzen daraus ziehen», er sagte es der Herdern, damit sie ihren Wilhelm lieber nicht hinschicken sollten ... Heute habe ich beim Goethe bei einem déjeuné Frankenbergs, Gores, die Herzogin-Mutter, Hofdamen, Wieland, Meyer gesehen, und die Voß mitgebracht. Daselbst Kaffee getrunken, bon-bons gegessen und Gemmen beschaut. Das Gespräch teilte sich zwischen Kunst, Politik und Hauben nebst Müffen von Silberlöwen.

1103 *Charlotte v. Stein*
an ihren Sohn Fritz *nach dem 21. November 1793*

Goethe hat nun auch ein Töchterlein, seit ein paar Tagen; er hat eine entsetzliche Freude darüber; denn er ist freundlich wie ein Ohrwürmchen, und macht französischen Calembours, hat auch sein Töchterchen selbst gehoben.

1104 *Charlotte v. Stein an ihren Sohn Fritz* *30. Dezember 1793*

[Nach dem Tode ihres Mannes.] Die Herzogin erzählt mir, der Geh. Rat Goethe habe den Herzog erinnert, vor Dich zu sorgen; so dann und wann kommt doch noch ein Funke von Anhänglichkeit an Dir.

1794

1105 *Fichte an seine Frau* *20. Mai 1794*

Er [Wieland] empfing mich höchst freundschaftlich.
So auch Goethe.

1106 *J. H. Voß an seine Frau* *6. Juni 1794*

Darauf gingen wir [gestern] zu Goethe. Er wohnt in einem prächtigen Hause, das mit Statuen und Gemälden des Altertums prangt. Herders kamen bald nach. Wir setzten uns zu

Tische, und sprachen von Italien, Griechenland usw. Ich merkte, daß Goethe mich oft scharf betrachtete. Er ward allmählich lebhafter. Nach Tische gingen wir in sein Gartenkabinett, und tranken Kaffee. Er las Briefe von dem Maler Meyer, einem gar trefflichen Genie, der sich ganz nach den Alten gebildet, und Zeichnungen für Wielands Werke gemacht hat. Dann zeigte er einige Gemälde von ihm, zum Entzücken schön. Die Unterhaltung ward sehr herzlich und vertraut. Goethe wandte sich zu mir, warum ich so schnell abreisen wollte; ich möchte ihm noch einen Tag schenken. Ich gab ihm die Hand, und versprach, einen Tag länger zu bleiben. Heute morgen soll ich seine Kunstwerke besehn, und zu Mittage in der gestrigen Gesellschaft bei ihm essen. Ich ging mit Herder, um auf seiner Studierstube eine Pfeife mit ihm zu rauchen ... Wir wurden zum Tee gerufen, und fanden Wielands, Goethe, Böttiger und von Knebel. Man umringte mich, und wollte dies und jenes von meinen Untersuchungen über Homer hören. Am weitläuftigsten ward von der Homerischen Geographie geredet, die sehr interessierte. Ich mußte die Karte von der Odyssee erklären, und die Reisen des Odysseus. Alle gestanden, daß sie überzeugt wären, und freuten sich der Homerischen Einfalt. Aber nun sollte ich vorlesen. Die Odyssee ward gewählt, und ich las den Sturm des fünften Gesanges und den ganzen sechsten Gesang von Nausikaa. Ein einhelliger, warmer Beifall erfolgte. Alle gestanden, sie hätten einen solchen Versbau, eine so Homerische Wortfolge, die gleichwohl so deutsch, so edel, so kindlich einfach wäre, sich nicht vorgestellt. Goethe kam, und drückte mir die Hand, und dankte für einen solchen Homer. Ebenso Wieland; ich hätte ihn belehrt; er begriffe nicht, wie er mich hätte verkennen können. Man müßte von mir erst lernen, wie Homer müßte gelesen werden, und dergleichen. So auch Herder und seine Frau. Bei Tische ging das Gespräch fort über Homers Gedichte und Zeitalter. Ich ward dringend gebeten, viel von meinen Ideen aufzuschreiben, und mich um die böse Rotte nicht weiter zu bekümmern. Ich mußte noch das Homerische Haus erklären. Alles schien neu und befriedigend. Wir wurden ausgelassen fröhlich. Die Erzväter der Bibel wurden rezensiert mit unauslöschlichem Lachen, indem Herder komisch ihre Verteidigung übernahm. Dabei ward rechtschaffen gezecht, Steinwein und Punsch. Goethe saß neben mir; er war so aufgeräumt, als man ihn selten sehen soll. Nach Mitternacht gingen wir auseinander. Wieland herzte und küßte mich auf dem Wege, und sagte, ich hätte allen im äußersten Grade gefallen; ich gehörte ganz zu ihnen; ich müßte hier leben (welches ich lebhaft verbat); man hätte sich durchaus einen andern Begriff von mir gemacht; Goethe hätte mit Begeisterung von mir geredet, und was dergleichen mehr war. –

Nachmittag. Ich hatte einen vergnügten Tag bei Goethe in der gestrigen Gesellschaft. Nach Tische zeigte er mir die Gemälde im Schlosse, und stellte mich der Herzogin vor, die sehr einnehmend war.

1107 J.H. Voß an seine Frau *13. Juni 1794*

Goethes Reineke Voß habe ich angefangen zu lesen; aber ich kann nicht durchkommen. Goethe bat mich, ihm die schlechten Hexameter anzumerken; ich muß sie ihm alle nennen, wenn ich aufrichtig sein will. Ein sonderbarer Einfall, den Reineke in Hexameter zu setzen.

1108 Caroline Herder an Gleim *16. Mai 1796*

Als Voß vor zwei Jahren hier war, äußerte mein Mann seine Ideen über Homer bei einer Gesellschaft, die bei uns war, die aus Voß, Goethe, Wieland, Böttiger, Knebel und Meyer bestand. Es wurde darüber wie über etwas Fremdes gesprochen. Da nun Wolf hier gewesen war, feuerte Goethe, Schiller und Meyer meinen Mann an, seine Gedanken über den Homer in den *Horen* zu sagen.

1109 Böttiger an F. A. Wolf *23. März 1795*

Daß es mit der ganzen Legende von Cadmus' Buchstabentransport, und der frühen Schreiberei sehr mißlich aussähe, und daß von hier aus alle Kritik des Homers anheben müsse, dies habe ich Voßen, als er hier war, bei Herdern abends bei

Tische vordemonstriert, so gut *ich* es vermochte. Er stritt aber mit Händ' und Füßen vor seine Buchstaben-σημεῖα, wiewohl er ja nun wohl auch schon lange von Ihnen eines Besseren belehrt worden ist. Damals machte Goethe unserm Streit durch das böse Bonmot ein Ende, daß er sagte: wenn in Athen erst unter dem Solon und den Pisistratiden die Ilias zusammengedrechselt worden wäre, so würden wohl die Athener nicht so kahl und ruppicht im catalogo navium erscheinen, und eine viel anständigere Rolle spielen, wo ihrer Homer jetzt kaum erwähnt. Wir ließen uns dies inter pocula ganz wohl gefallen. Aber Voß schien doch selbst mit dieser Art von Verteidigung unzufrieden, und schüttelte ehrlich – wie immer – den Kopf.

1110 Böttiger

Den 6. Juni [1794] waren wir mittags bei Goethe zusammen. Beinahe während der ganzen Mahlzeit sprach Goethe mit einer von mir an ihm noch nie beobachteten Heftigkeit gegen Lavater, den er für den studiertesten Heuchler und Bösewicht erklärte, aber seiner unendlichen Kunst, allen alles zu werden, völlige Gerechtigkeit widerfahren ließ. Anekdote von Hottinger und der Fürstin von Dessau. Lavater schenkte Hottinger, seinem abgesagtesten Gegner, ein Halstuch, das auf der Fürstin Busen geruht hatte und von ihren Tränen benetzt war, um den jungen Hottinger durch Sinnlichkeit zu fesseln. Goethe antwortete Lavater nie, ohngeachtet dieser durch Grobheiten Antworten erzwingen will, und ließ sich vor ihm in Mainz verleugnen. Warum er überall seinen Namen einkritzle? In Frankfurt zerbrach Goethe bei seiner Mutter viele Scheiben und Spiegel, wo überall Lavater sein Gedächtnis gestiftet hatte. Wieland, der, seit Lavater mit Reinhold bei ihm war, immer Lavaters Partie nahm, wurde durch das alles, was Goethe sagte, so aufgebracht, daß er sich selbst ausschalt, weil er zeither den Fremden, gegen die er Lavatern lobpries, so viel Ärgernis gegeben habe. Voß, der auch Unwillen gegen Lavatern zeigte, erzählte, Lavater habe in Kopenhagen und überall im Holsteinischen mit großer Selbstgefälligkeit erzählt, als er mit Reinhold und

Wieland zu Tische gesessen, da hätten die Dichtkunst, Philosophie und Schwärmerei Tischgenossenschaft gemacht.

1111 Ch. G. v. Voigt an G. Hufeland 29. Juni 1794

Es sind mir einige recht angenehme Stunden gewesen, die ich bei Goethe mit Fichte zugebracht habe. Ich hoffe, er soll mit uns zufrieden sein, so wie ich ganz gewiß mir viel Gutes verspreche. Er ist ein sehr gescheuter Mann, von dem schwerlich etwas Unbesonnenes oder Gesellschaftswidriges kommen kann.

1112 Charlotte v. Stein an ihren Sohn Fritz Anfang Juli 1794

Nach den schönen englischen Landsitzen wird Dir's auf dem unsrigen nicht mehr gemütlich werden. Nimm Dich in acht, daß Dir's nicht wie unserm ehemaligen Freund nach seiner italienischen Reise geht. Noch letzt antwortete er jemanden, der die Aussicht ins Ilmtal lobte: «Das ist keine Aussicht!» und sah dick mürrisch dazu aus.

1113 Gräfin Goertz an Gräfin Schlitz 24. Juli 1794

J'ai vu Goethe, qui n'a plus l'air bel esprit, mais enfoncé dans la matière. Nany qui était à sa portée à table a été fort étonnée qu'un bel esprit ne put dire que des platitudes. Sans doute son esprit a-t-il été épuisé dans un roman, dont il va faire incessamment présent au public, pour l'argent qu'on y sacrifiera.

UNDATIERTES 1786–1794

1114 Carl v. Stein: Erinnerungen nach 1832

Zuweilen ging mein Bruder auch nach Goethens Gartenhaus, um zu sehen, wie es dort aussäh. Eines Tages, wie er unbefangen in jenes Gartenhaus geht, und sich allein glaubt, begegnet ihm ein kleines korpulentes Frauenzimmer, welche auch daselbst zu Hause zu sein vermeint. Goethe selbst hatte so viel Sittsamkeit, daß er nicht anders ins Bad ging als in einem Badeanzuge, wobei ich mir noch des Zufalls erinnere, daß nahe an der Ilm auf der Wiese vor seinem Garten in Gegenwart von Damen, die an der Tür standen, ein paar Knöpfe dieses Anzugs aufgesprungen waren und etwas Großartiges des Körpers an dem großartigen Geiste enthüllten, was er doch sorgfältig verhüllt glaubte. Mein Bruder, mit beinahe pedantischer Sittsamkeit erzogen, konnte sich nicht denken, in was für Verhältnissen sein Lehrer zu jener plötzlichen Erscheinung des gedachten Mädchens stehen möchte. Die Trennung zwischen ihm und Goethen bei dessen Zurückkunft von Italien war bald darauf die Folge davon. Doch blieben sie immer in freundlichen Verhältnissen. Jenes Frauenzimmer war die Mademoiselle Vulpius, Goethes spätere Gemahlin.

1115 Carl v. Stein: Erinnerungen *nach 1832*

... als Goethe von Italien heimgekehrt war, veränderte sich das Verhältnis zu meiner Eltern Haus. Mein Bruder zog wieder zu den Eltern. Goethe kam seltener, aß auch nur selten da, doch schickte er zuweilen irgend etwas Gutes aus seiner Küche, und umgekehrt geschah dies aus unserm Hause. Er aß gern trisenet [?], und meine Mutter brachte uns einmal, als er mitten im Zimmer stand, eine potagère mit trisenet und zwei Löffel, so daß wir dies Gericht stehend und das Gefäß haltend mitten im Zimmer ausspeisen mußten, wobei Goethens Feierlichkeit, die er im spätern Alter sowie auch hier angenommen hatte, einen possierlichen Eindruck für Zuschauer gemacht haben müßte.

1116 H. Laube: Reisenovellen *1847*

Als die Freunde Goethe mit der sogenannten Vulpia neckten, und seinen Sieg über sie, als den ersten, welchen die Dame erlebt, aufhetzend in Zweifel zogen, gab er die merkwürdige Antwort: «Daß sie auch andern würde gefallen haben, bezweifle ich nicht.»

1117 Charlotte v. Kalb: Aufzeichnung

Goethe sagte mir einst: «Sie sind für Herder und überhaupt der Freundschaft fähig, weil Sie persönliche Beziehungen, die andere nur suchen, zu meiden verstehen.»

1118 J. Erichson an Varnhagen von Ense 22. Dezember 1853

[Über Charlotte von Kalb.] Sie erzählte mir ... einmal folgende charakteristische Anekdote. Sie hatte sich einen Abend im Herzoglichen Schlosse mit Goethe in einem Zimmer befunden, und mit ihm in einer Fensternische über den Garten geblickt, über den eben der Mond aufzugehen anfing. Sie hatte diesen Augenblick, in dem sich die übrige Gesellschaft in die andern Zimmer gezogen zu haben scheint, benutzt, ihm mit begeisterter Seele und großer Lebhaftigkeit den Vorwurf zu machen, daß er ihr ernstes Streben nach Bildung so ganz unberücksichtigt gelassen habe. Goethe hatte – ohne Zweifel in der Annahme, daß ihr gegenwärtiger Zustand der Seele nur Moment sei, erwidert: «Der Mond ist nur einen Augenblick voll.» Diese Antwort in ihrer Angemessenheit für die Umstände und einfachen Größe hat ganz Goethisches Gepräge.

1119 Caroline Herder: Erinnerungen

Goethe sagte zu Herder: «Ich nehme jetzt die Grundsätze meines gnädigsten Herrn an, er gibt mir zu essen, es ist daher meine Schuldigkeit, daß ich seiner Meinung bin.»

1120 H. C. Robinson: Reminiscences

One day, at Knebel's house, Herder said to Goethe, «Do you know that we have in the German language an epic poem with as much poetry in it as the ‹Odyssey›, and more philosophy?» When *Reineke Fuchs* was named, Goethe said he had been deterred from looking into it, by its being published by Gottsched, a sort of evil spirit who presided over the infant genius of German literature in the eighteenth century.

1121 Charlotte v. Schiller an Körner 1810

Als Schiller nach Jena kam, hatte er die ersten Jahre gar keinen Verkehr mit Goethe. Ich weiß selbst, daß ich einmal auf einem Spaziergang ihn fand, wo er mich sehr nach Schiller fragte, sich freute, als ich ihm sagte, wie glücklich uns sein Faust machte. Aber sie kamen nicht zusammen.

1122 Böttiger

[Über Goethe.] Der unabhängigste, aber auch launenvollste Mann in Weimar. Vor seiner italienischen Reise wollte er öffentlich regieren und hatte trotz der erklärten Liebe seines Herrn Bruders, des Herzogs, zu ihm tausend Verdruß. In Italien hat er die Kunst besser gelernt. Sogleich nach seiner Rückkunft gab er selbst Sitz und Stimme im Geheimenratskollegium auf und behielt sich nur die Ilmenauer Bergwerksdirektion, die Aufsicht über die Zeichenakademie und das Theaterwesen vor. Aber nun herrscht er erst heimlich unumschränkt. Der Herzog tut nichts ohne sein fiat.

1123 Böttiger

Traum. Als noch die Bellomosche Gesellschaft in Weimar spielte, träumte Goethen einst, er sitze in einer sehr vertraulichen Stellung mit Madame Bellomo (mit der er doch nie auch nur von ferne in Verbindung getreten war) auf einem Sofa. Indem trete einer seiner Freunde herein und mache eine sehr spöttisch bedauernde Bewegung mit dem Kopf und der Hand. Auf der Stelle rächte sich Goethe träumend mit einem Epigramm in vier Versen:

Du spottest über deinen Freund,
Den Zufall nur mit einer Sängerin vereint.
Ach, möchtest du zum Lohn für deine Sünden
Dich wirklich selbst in ihrem Arm befinden.

Kaum hatte er diesen Vers gesagt, so erwachte er und lachte selbst über seine Traumpoesie.

1124 Böttiger

Seine Versuche über Farben und Lichtbrechung, wovon er jetzt die ersten Sätze in einer Schrift, die im Industriecomptoir diese Messe herauskommt, bekannt macht, erregen bei Kennern, zum Beispiel bei dem Herrn v. Zach in Gotha, viel Achselzucken, und bei den Spöttern bon-mots. So sagte der trockene Geheimerat Bode, die Geißel der hiesigen Genies, als von Goethes Prisma gesprochen wurde: «Die Genies müssen immer eine Puppe haben, womit sie spielen, und weil sie Kraft in sich fühlen, so wollen sie mit Felsenstücken wie mit Schnellkäulchen spielen.» Man erwartet jetzt ein neues Schauspiel von ihm auf die Bühne gebracht zu sehen, worin er die geheimen Gesellschaften persifliert. Aber die Schauspieler sollen sich erst besser eingespielt haben. Man glaubt noch immer, daß er seine bisherige Mätresse, Demoiselle Vulpius, einmal heiraten werde. Als vor einiger Zeit ein junger Goethe aus dieser Verbindung in die Welt gewandert kam, so bat er den Herzog zu Gevatter, der es zwar annahm, aber der Taufe nicht beiwohnte. Diese Vulpius ist übrigens eine kleine unansehnliche Person, die mit dem so wohl gewachsenen, männlich schönen Goethe (man sehe das äußerst wohlgeratene Porträt von Lips) nicht wenig kontrastiert.

1125 Böttiger

Nichts ist einfacher als seine jetzige Häuslichkeit. Abends sitzt er in einer wohlgeheizten Stube, eine weiße Fuhrmannsmütze auf dem Kopf, ein Wollenjäckchen und lange Flauschpantalons an, in niedergetretenen Pantoffeln und herabhängenden Strümpfen im Lehnstuhl, während sein kleiner Junge auf seinen Knieen schaukelt. In einem Winkel sitzt stillschweigend und meditierend der Maler Meyer, auf der anderen Seite die Donna Vulpia mit dem Strickstrumpf. Dies ist die Familiengruppe.

1126 Böttiger

[Goethe:] Als ich in meinen früheren Jahren einmal auch die Bibel wie ein andres vernünftiges Buch durchzulesen anfing, fiel mir unter andern der sonderbare Umstand auf, daß Moses die zehn Gebote gar nicht geschrieben habe. Denn da, wo sie eigentlich vorkommen sollten, im zweiten Buch Mosis, da ist bloß die Bundesformel zwischen Jehova und den Israeliten angeführt, und im fünften Buch, das Moses doch auch nach der alten schroffen Hypothese nicht einmal geschrieben haben soll, kommen sie erst vor, und so sind sie durch ein ὕστερον πρότερον erst später in die zwei Tafeln hereingebracht worden. Ich habe dies damals selbst in einem gedruckten theologischen Aufsatze (in Goethes Schriften, älteste Berliner Ausgabe) kundgetan, man scheint aber darauf nicht gemerkt zu haben.

1127 Böttiger

[Goethe:] Die orthodoxen Schulen in allen Wissenschaften, die aus Bequemlichkeit gern beim Herkömmlichen bleiben, halten ihr altes System noch mit den Zähnen, wenn ihnen schon beide Arme abgehauen sind. Aber natürlich ist dann der Sturz auch um so plumper und schneller.

1128 Böttiger

[Goethe:] Beim erneuerten Studium Homers empfinde ich erst ganz, welches unnennbare Unheil der jüdische Praß uns zugefügt hat. Hätten wir die Sodomitereien und ägyptisch-babylonischen Grillen (?) nie kennen lernen, und wäre Homer unsere Bibel geblieben, welch eine ganz andere Gestalt würde die Menschheit dadurch gewonnen haben!

1129 Böttiger

Physiologische Bemerkung. Gewisse Konfigurationen im menschlichen Körperbau tragen noch die letzte Spur der veredelten Tierheit zum prototypon der organischen Schöpfung, zum Menschen, sehr deutlich an sich, zum Beispiel das os coccygis den Rest des tierischen Schwanzes, die Milz (Anekdote, die Loder Huntern von einem englischen Soldaten erzählte, der bei Culloden verwundet worden war und die halbe ihm weggeschnittene Milz mit chirurgischen Attesten zur Schau herumtrug und darauf bettelte, better than ever) und das überzwerch Schleudern der Hände, wenn man geht (Nachahmung des vierfüßigen übereck schreitenden Tieres. «Ich», sagt Goethe, «lasse meine beiden Hände schleudern, wenn ich übers Feld allein gehe, denn so geh ich naturgemäßer.» Nie geht er mit einem Stock), daher auch diese Spur der Tierheit in der feinen Welt für unanständig gehalten wird. Zu was nutzen die papillae an der Brust des Mannes? Schon Sterne in seinem Koran findet dies unerklärlich. Man muß annehmen, es sei gleichsam ein allgemeiner Typus in der Natur für die menschliche Organisation.

Hier sind beim Manne wenigstens noch die Spuren der Brüste, die sich beim homo lar nur auf zwei vermindert haben. Die Natur hat gewisse Generalformen, die sich auch da abdrücken, wo sie kein unmittelbares Bedürfnis erfüllen, zum Beispiel bei allen unsern Rohrgewächsen liegt am untern Schilfblatt ein Auge, das sich nie entwickelt.

Des Grafen Fritz Stolberg lächerliche Hypothesen in seinen Reisen. Gott gab den ersten Menschen eine Getreidegarbe mit aus dem Paradiese. Die alten Götter sahen in den Bildsäulen so ernsthaft aus, weil ihre Urbilder ohne Hoffnung der Unsterblichkeit waren. Dominichinos Sakrament des heiligen Hieronymus.

1130 Böttiger

Er hat lange Untersuchungen über das sogenannte os intermaxillare, welches die Tierphysiognomien nach Camper und Blumenbach von der menschlichen unterscheiden soll, angestellt. Loder wird sie herausgeben.

Es ist äußerst interessant, ihn seine Abenteuer beim Feldzug in die Champagnie 1792, wo er den Herzog begleitete, erzählen zu hören. Er hielt sich immer zum Vortrab, wo es am lustigsten zuging. Anekdote von einem Bauer bei Verdun, der sich allein in einen Weinberg versteckt hatte und gegen die preußische Armee schoß. Er sollte gehängt werden, und man fand keinen Baum, woran man ihn hätte hängen können. Endlich ließ ihn der preußische Major mit 25 Arschprügeln laufen. Ein niedliches Bauerweibchen, die sich hatte flüchten wollen, brachten sie mit ihren zwei Wägen und Effekten glücklich in ihr Dorf zurück. In Verdun ließ sich Goethe Empfehlungsbriefe nach Paris an die schöne Weile [Welt?] geben, weil er auch gewiß überzeugt war, es ging grade nach Paris. Ein Blatt vom Moniteur, das sie auf einem feindlichen Wagen erbeuteten und worin stand: les Prussiens pourront venir à Paris, mais ils n'en sortiront pas, bestärkte sie alle in diesem Glauben. Goethe ließ sich schon die Spezialkarten zum Marsche nach Paris durch einen Soldaten, der dies Geschäft als Feldbuchbinder trieb, auf Leinwand ziehn.

1131 Böttiger

Goethe, sagte Wieland neulich, will aller Künste Meister sein, will alle Kulturstufen und Arten zu sein in sich repräsentieren. Leicht möglich, daß er auch einmal den Spieß gegen die Schriftsteller kehrt. Vor vier Jahren konnte er Schillern kaum nennen hören.

1132 Böttiger

(Den 10. November 1794 im Club.) ... [Wieland über sein nachlassendes Gedächtnis.] Ganz anders sei es mit Goethe. Dieser wisse fast alle seine Werke auf den Nagel herzusagen, denn, setzte er hinzu, es sind Emanationen seines *Ichs*, das er unbeschränkt lieb hat.

1133 August Herder an Goethe *22. November 1794*

... Sie haben mir so viel Gutes immer erwiesen, wovon ich jetzt erst den Wert davon einsehe, da ich von Ihnen entfernt bin. Für alle ihre schönen guten Lehren muß ich Ihnen den herzlichsten Dank sagen ... Auch treibe ich die Botanik und das Zeichnen hier wieder *sehr* und mit vieler Lust; ich wünsche nur, daß ich Sie fleißiger besucht hätte, um noch mehr von Ihnen gelernt zu haben.

1134 F. G. Dietrich: Lexikon der Gärtnerei und Botanik 1840

Im Jahr 1792, nach Vollendung meiner Studien in Jena, wurde ich in Weimar als Botanikus und Lehrer der Kräuterkunde mit Besoldung angestellt. Diese Anstellung war für mich allerdings ein glückliches Ereignis. Weimar war damals der Musensitz und der Aufenthalt vieler gelehrten Männer, welche sich an die Herren Goethe, Schiller, Herder, Wieland liebevoll anschlossen, gelehrte Vereine bildeten und sich bestrebten, die Wissenschaften und Künste auf alle Art und Weise zu fördern. Außer Goethe hat sich auch Bertuch um die Naturwissenschaft verdient gemacht, und so erregte sich auch in mir ein neues Streben nach höherer wissenschaftlicher Ausbildung, umso mehr, da Goethe unermüdet mit der Pflanzenkunde sich beschäftigte und nach der Vollendung seines lehrreichen Werkes (Metamorphose) auf den Gedanken kam, die natürlichen Pflanzenfamilien im lebenden Zustande zu sehen, die Entwicklung der Pflanzenorgane zu beobachten, sowie überhaupt das vegetabilische Leben anschaulich bis zur höchsten Stufe der Ausbildung zu verfolgen.

Dieser Plan war im Jahr 1794 realisiert. In dem Garten des Herrn von Goethe wurden hiezu schickliche Beete abgeteilt, dann die einheimischen, auch ausländischen Gewächse, die in unserm Klima unter freiem Himmel gedeihen, angeschafft, auf die bestimmten Beete gepflanzt und in Gruppen zusammengestellt, so wie in Jussieus natürlichem System die Gattungen aufeinander folgen. Es versteht sich übrigens von selbst, daß in einem so beschränkten Raum nur niedrige Sträucher und krautartige Pflanzen aufgenommen werden konnten. Manche Familien, zum Beispiel die einheimischen Orchideen, Irideen, Liliaceen, Syngenesisten, Ranunkuleen und Rosaceen, wenn sie ihre lieblichen Blumen entfalteten, boten den gelehrten Herren von Knebel, Herder, Einsiedel, Gerning u.a., auch wohl Frauen, welche den Garten besuchten, sehr angenehme und belehrende Unterhaltung dar, besonders dann, wenn Goethe selbst zugegen war, das Umwandeln der Pflanzen erklärte und über analytische Forschung freie Vorträge hielt, die auch mir von größter Wichtigkeit waren, und ich mag jener schönen Zeit und Goethes synthetischer Lehre mit Vergnügen noch gerne gedenken.

1135 Herder an Böttiger *um 1793/94*

Aufs ergebenste danke ich für die Anmerkungen [zu Herders Abhandlung «Von der Auferstehung»] ...

Mir wäre es genug, das factum des vierzigtägigen Umgangs [Apostelgeschichte 1, 3] nebst dem, was in dieser neuen Situation notwendig lag, als factum gerettet zu haben; jetzt, sagt jemand [Goethe?], kann man doch darüber sprechen, und auf honette Art ein Christ sein.

1136 J. G. Gruber: Wielands Leben *1828*

Herder rüstete sich um eben jene Zeit zum Kampfe gegen die Kantische Philosophie ... Während dessen hatte Goethe, zufolge seiner gewohnten objektiven Ansicht der Dinge, und seiner größeren eben hieraus entspringenden epischen Ruhe, sein besonderes Interesse daran, vornehmlich in Beziehung auf Naturwissenschaft und Kunst, und erklärte: «Wir sehen diese Philosophie als ein Phänomenon an, dem man auch seine Zeit lassen muß, weil alles seine Zeit hat.» Herder, der ihr eben keine Zeit lassen wollte, ward dadurch nur erbitterter, so daß das Band der Harmonie, das ihn und Goethe bis dahin umschlungen hatte, immer lockerer wurde, und endlich gar zerriß. Da schloß sich Goethe enger an Schiller, Herder an Wieland an, der für jenen schon seit langer Zeit eine ebenso große Verehrung als Zuneigung gefühlt hatte, die ihm in gleichem Grade nie erwidert wurde. Kein Wunder, wenn unter solchen Verhältnissen jetzt auch zwischen Wieland und Goethe eine Spannung entstand, die aber der letztere bald hob, da er durch einen schönen Zug Wielanden innigst erfreute. Eben um jene Zeit war nämlich dieser mit Ausfeilung seines Oberon beschäftigt. Da nun Goethe urteilte, daß Wieland bei der neuesten Ausgabe seiner Werke sich der Feile bisweilen ein wenig über die Gebühr bedient habe, so kam er zu ihm, und bat, daß nicht auch dem Oberon also geschehen möchte. Er erbot sich, seine Bemerkungen und Ansichten Wielanden mitzuteilen, und zu diesem Behuf den Oberon gemeinschaftlich mit ihm zu lesen. Endlich kommen beide darin überein, daß Wieland seine Umänderungen jedesmal Goethen mitteilen solle, und daß sie dann darüber sich beraten wollten. So geschah es dann auch, und Wieland befolgte Goethes Rat an mehreren Stellen unbedingt; nur an einer wollte er nicht nachgeben. «Nachher», sagte er, «habe ich wohl gesehen, daß Goethe auch da recht hatte, und eigentlich in allen Stücken; allein ich wollte doch auch einmal recht haben.»

1137 Grillparzer: Selbstbiographie

Da ... begegne ich ihm [Schreyvogel] auf einem Spaziergang am Glacis. Er ruft mir schon von weitem zu: Wie steht's mit der Ahnfrau? Ich aber antworte ihm ganz trübselig: Es geht nicht!

Schreyvogel ... war in den neunziger Jahren des verflossenen Jahrhundert ... in den Verdacht einer Anhänglichkeit an die Grundsätze der französischen Revolution gekommen ... Er ging nach Jena und Weimar, wo er, durch mehrere Jahre verweilend, mit den damaligen Heroen der deutschen Literatur in nähere Verbindung kam.

Als ich ihm nun sagte: Es geht nicht! erwiderte Schreyvogel: Dieselbe Antwort habe ich einst Goethen gegeben, als er mich zur literarischen Tätigkeit aufmunterte; Goethe aber meinte: Man muß nur in die Hand blasen, dann geht's schon!

IV

VOM BEGINN DES UMGANGS MIT SCHILLER BIS ZUM ENDE DES ACHTZEHNTEN JAHRHUNDERTS

1794–1800

1794

1138 Schiller an Goethe *23. August 1794*

Die neulichen Unterhaltungen mit Ihnen haben meine ganze Ideen-Masse in Bewegung gebracht, denn sie betrafen einen Gegenstand, der mich seit etlichen Jahren lebhaft beschäftigt. Über so manches, worüber ich mit mir selbst nicht recht einig werden konnte, hat die Anschauung Ihres Geistes (denn so muß ich den Totaleindruck Ihrer Ideen auf mich nennen) ein unerwartetes Licht in mir angesteckt. Mir fehlte das Objekt, der Körper, zu mehreren spekulativischen Ideen, und Sie brachten mich auf die Spur davon. Ihr beobachtender Blick, der so still und rein auf den Dingen ruht, setzt Sie nie in Gefahr, auf den Abweg zu geraten, in den sowohl die Spekulation als die willkürliche und bloß sich selbst gehorchende Einbildungskraft sich so leicht verirrt. In Ihrer richtigen Intuition liegt alles und weit vollständiger, was die Analysis mühsam sucht, und nur weil es als ein Ganzes in Ihnen liegt, ist Ihnen Ihr eigener Reichtum verborgen; denn leider wissen wir nur das, was wir scheiden. Geister Ihrer Art wissen daher selten, wie weit sie gedrungen sind, und wie wenig Ursache sie haben, von der Philosophie zu borgen, die nur von Ihnen lernen kann. Diese kann bloß zergliedern, was ihr gegeben wird, aber das Geben selbst ist nicht die Sache des Analytikers, sondern des Genies, welches unter dem dunkeln, aber sichern Einfluß reiner Vernunft nach objektiven Gesetzen verbindet.

1139 Schiller an Körner *1. September 1794*

Bei meiner Zurückkunft [von Weißenfels] fand ich einen sehr herzlichen Brief von Goethe, der mir nun endlich mit Vertrauen entgegenkommt. Wir hatten vor sechs Wochen über Kunst und Kunsttheorie ein langes und breites gesprochen, und uns die Hauptideen mitgeteilt, zu denen wir auf ganz verschiedenen Wegen gekommen waren. Zwischen diesen Ideen fand sich eine unerwartete Übereinstimmung, die um so interessanter war, weil sie wirklich aus der größten Verschiedenheit der Gesichtspunkte hervorging. Ein jeder konnte dem andern etwas geben, was ihm fehlte, und etwas dafür empfangen. Seit dieser Zeit haben diese ausgestreuten Ideen bei Goethe Wurzel gefaßt, und er fühlt jetzt ein Bedürfnis, sich an mich anzuschließen, und den Weg, den er bisher allein und ohne Aufmunterung betrat, in Gemeinschaft mit mir fortzusetzen. Ich freue mich sehr auf einen für mich so fruchtbaren Ideenwechsel ...

1140 Charlotte v. Stein an ihren Sohn Fritz 1. August 1794

Du hast einen hübschen Brief aus dem Haag an Knebel geschrieben; auch Goethe hat mir ihn gerühmt ...

1141 Fichte an F. A. Weißhuhn Sommer 1794

Goethe kenne ich wirklich erst seit gestern, aber ich liebe ihn sehr, und er verdient es auch um mich. Er ist weit mehr eingeweiht in das *freie* Forschen, als man bei seinem dichterischen Charakter glauben sollte, und übertrifft Schiller darin um vieles, der eigentlich in zwei Welten lebt, in der poetischen und dann und wann auch in der kantisch-philosophischen. Mit Ihrem Urteil über jenen bin ich völlig einverstanden. Was Wieland betrifft, so glaube ich, dieser beherrscht seinen Genius; Goethe wird von dem seinigen beherrscht, und dann ist ohne Zweifel der letztere stärker. Als Mensch ist Goethe ungleich mehr wert als Wieland. Sonderbar; als Mensch ist Goethe wieder frei, und Wieland wird vom Genie Capriccio beherrscht. Man sollte glauben, er sei falsch; aber das ist er gewiß nicht; er ist prädikatlos.

1142 W. v. Humboldt an Schiller 22. September 1794

Mit Fichte habe ich ganz interessant gesprochen, sehr viel auch über Sie. Er erwartet von Ihnen sehr viel für die Philosophie. Sie hätten, sagte er, jetzt Ihr spekulatives Nachdenken fast nach allen Seiten hin gerichtet ... Auch Goethe wünschte er für die Spekulation zu gewinnen. Sein Gefühl leite ihn so richtig. «Neulich», fuhr er fort, «hat er mir mein System so bündig und klar dargelegt, daß ich's selbst nicht hätte klarer darstellen können.» Sie kennen diese Manier.

1143 Schiller an Cotta *1. September 1794*

Goethe ist voll Eifer, er wird uns alles geben, was er vorrätig hat, und er hat schon erklärt, daß das Journal [Die Horen] ihn in neue Tätigkeit setzen werde. Wahrscheinlich wird gleich das erste Stück etwas von ihm und auch von Herder enthalten.

1144 Charlotte v. Stein an Schiller *10. September 1794*

Ich bitte Sie, mein bester Herr Schiller, beikommenden Tisch in Abwesenheit unserer Lollochen in ihre Stube zu setzen. Ein guter Freund von Ihnen beiden [Goethe] hat mir den Auftrag gegeben, und ich habe es mit Vergnügen besorgt.

Goethe war letzt bei mir und hat sehr gut von Ihnen gesprochen; es stimmte mit dem überein, was Sie von Ihrer neulichen Unterredung von ihm sagten, und es freute mich, daß es bei Goethe kein nur flüchtiger Eindruck war.

1145 Schiller an seine Frau *12. September 1794*

Die Stein hat mir dieser Tage geschrieben, daß Goethe kürzlich bei ihr gewesen, welches mir unerwartet gewesen ist. Von allen Orten her erfahre ich jetzt, wie sehr sich Goethe über die Bekanntschaft mit mir freut. An Meyern in Dresden hat er, wie Körner schreibt, vieles darüber geschrieben und auch mit der Stein viel davon gesprochen...

Nun bin ich voll Erwartung, was die Berührungen mit Goethen Neues in mir entwickeln werden. Wir finden bei ihm einige schöne Landschaften, die er dieser Tage von Neapel erhielt.

1146 Schiller an Körner *12. September 1794*

Ich werde künftige Woche auf vierzehn Tage nach Weimar abreisen und bei Goethe wohnen. Er hat mir so sehr zugeredet, daß ich mich nicht wohl weigern konnte, da ich alle mögliche Freiheit und Bequemlichkeit bei ihm finden soll. Unsre nähere Berührung wird für uns beide entscheidende Folgen haben, und ich freue mich innig darauf. Der Hof ist nach Eisenach abgereist, und Goethe hat sich losgemacht, so daß wir nun ganz unseren Ideen leben können.

1147 Schiller an seine Frau *16. September 1794*

Seit drei Tagen bin ich hier [in Weimar], und nun schon ziemlich bei Goethe eingewohnt. Ich habe alle Bequemlichkeiten, die man außer seinem Hause erwarten kann, und wohne in einer Reihe von drei Zimmern, vorn hinaus. Diese meiste Zeit aber bin ich fast immer mit Goethe zusammen gewesen, doch ohne den ganzen Genuß dieses Umgangs, weil ich mich selten wohl befand ...

Ich habe bei Goethe schon schöne Landschaften gesehen. Wir haben viel über *meine* Sachen gesprochen, auch von seinen Arbeiten in der Naturgeschichte und Optik hat er mir viel Interessantes erzählt. Doch alle diese Sachen, die für Briefe zu weitläuftig wären, will ich aufsparen, bis wir uns sehen. Gesehen habe ich hier noch niemand, doch bin ich heute vormittag mit Goethe im Stern spazieren gewesen. In seinem Hause sahe ich noch niemand als ihn.

1148 J. I. v. Gernings Tagebuch *Mitte September 1794*

Bei Goethen mußte ich zweimal essen, er schien zufrieden und mich bei Rückkunft aufnehmen zu wollen, hieß auch meinen musenhaften Studien-Plan gut. Er nannte mich einen der heiligen drei Könige, wegen der mitgebrachten Gaben. Seinen mich sonst bedienten Ernst nahm ich denn förmlich an.

1149 F. W. B. v. Ramdohr an Böttiger *19. September 1794*

Ich hatte mir fest vorgenommen, gestern morgen zu Ihnen zu kommen. Um 8 Uhr war ich zu Kraus bestellt, um 10 Uhr zu Goethe, um 11 Uhr zur Gräfin Bernstorff. Wohl! sagte ich mir: um 1 Uhr fährst du erst weg, also findest du gewiß eine Stunde für den lieben Böttiger. Inzwischen l'homme propose, mais Dieu dispose. Ich komme zu Goethe, finde ihn erst gesprächig, bald darauf interessant von seiten des Kopfs, und endlich gar zutraulich und herzlich. – Das böse Gewissen wird bei mir wach! Du hast dem Manne unrecht getan, sag' ich mir. Er spielt nicht den Minister, nicht den Sonderling: es ist Folge der ersten Erziehung, es ist Mißtrauen gegen sich und andere, die ihm anfangs das kalte, stolzc Ansehen geben. – Wir sehen schöne Zeichnungen, Gemälde, Überbleibsel des Altertums. Zu ihrem innern Werte gesellt sich das Andenken an Italien. Ich werde warm, entzückt, begeistert. Die Glocke schlägt 11 Uhr, ich muß zur Gräfin Bernstorff. – So ungern ich mich losreiße, ich muß zur Gräfin Bernstorff, Herr Geheimer Rat. – Da gehen Sie und kommen wieder: ich habe noch einige Sachen, die Sie interessieren werden. – Ich expediere meine Gräfin Bernstorff in zehn Minuten – und wieder hin zu Goethe. Ich war in der festen Meinung, als ich Abschied von ihm genommen hatte, es sei 12 Uhr – es war 1 Uhr vorbei. – Ich beeile mich zugleich bei dieser Gelegenheit das Urteil zurückzunehmen, welches ich übereilt über Goethen gefällt hatte. Ich habe es ihm selbst gesagt, daß ich ihn verkannt hätte.

1150 F. W. B. v. Ramdohr an Ch. G. Schütz 28. September 1794

Goethen habe ich in Weimar sehr verschieden von der Art, wie er in Dresden war, angetroffen. Anfangs nur interessant, zuletzt sogar herzlich. Sie werden mich verbinden, teurer Schütz, wenn Sie allen denen, die mein voreiliges Urteil über seine Steifheit bei Ihrem Diner mitangehört haben, sagen wollen, daß ich mich in ihm geirret habe. Ich fühle jetzt, daß nicht sowohl Stolz, als vielleicht Mangel an Biegsamkeit, Folge der früheren Erziehung, und (meiner Einsicht nach) irriger Grundsatz über die Notwendigkeit, gegegen Unbekannte zurückzuhalten, bei jener Kälte zum Grunde liegen, die ihm von Personen, welche sich ihm zum ersten Male nähern, vorgeworfen wird. Ich habe es selbst gegen ihn gestanden, daß ich ihn verkannt hätte.

1151 Schiller an seine Frau 20. September 1794

Ich bringe die meiste Zeit des Tages mit Goethen zu, so daß ich, bei meinem langen Schlafen, kaum für die nötigsten Briefe noch Zeit übrig habe. Vor einigen Tagen waren wir von halb 12, wo ich angezogen war, bis nachts 11 Uhr ununterbrochen beisammen. Er las mir seine Elegien, die zwar schlüpfrig und nicht sehr dezent sind, aber zu den besten

Sachen gehören, die er gemacht hat. Sonst sprachen wir sehr viel von seinen und meinen Sachen, von anzufangenden und angefangenen Trauerspielen und dergleichen. Ich habe ihm meinen Plan zu den Maltesern gesagt, und nun läßt er mir keine Ruhe, daß ich ihn bis zum Geburtstag der regierenden Herzogin, wo er ihn spielen lassen will, doch vollenden möchte. Es kann auch ganz gut dazu Rat werden, denn er hat mir viel Lust dazu gemacht, und dieses Stück ist noch einmal so leicht als Wallenstein. Er hat mich gebeten, seinen Egmont für das Weimarische Theater zu korrigieren, weil er es selbst nicht wagt, und ich werde es auch tun. Meinen Fiesco und Kabale und Liebe rät er mir, auch nur ein wenig zu retuschieren, daß diese Stücke ein bleibendes Eigentum des Theaters werden. Was seinen Anteil an den Horen betrifft, so hat er großen Eifer, aber freilich wenig vorrätige Arbeit. Seine Elegien gibt er uns zwar gleich für die ersten Stücke. Alsdann hat er mir vorgeschlagen, einen Briefwechsel mit ihm über Materien zu eröffnen, die uns beide interessieren, und dieser Briefwechsel soll dann in den Horen gedruckt werden.

1152 Schiller an seine Frau *24. September 1794*

Das Spaziergehen mit Goethe abgerechnet, bin ich hier noch gar nicht ausgegangen, und noch bei niemand gewesen.

1153 Schiller an Goethe *29. September 1794*

Ich sehe mich wieder hier [in Jena], aber mit meinem Sinn bin ich noch immer in Weimar. Es wird mir Zeit kosten, alle die Ideen zu entwirren, die Sie in mir aufgeregt haben, aber keine einzige, hoffe ich, soll verloren sein. Es war meine Absicht, diese vierzehn Tage bloß dazu anzuwenden, so viel von Ihnen zu empfangen, als meine Rezeptivität erlaubt; die Zeit wird es nun lehren, ob diese Aussaat bei mir aufgehen wird …

Da ich nächster Tage an Herrn Arens schreiben will, so ersuche ich Sie, mir seine Adresse gütigst mitzuteilen. Sie sprachen neulich davon, daß Sie Herrn Hirt in Rom veranlassen wollten, uns das Neueste, was im artistischen Fach in Italien vorgeht, zu kommunizieren. Dies würde gewiß nützlich sein, und ich bitte, gelegentlich daran zu denken ...

Herr von Ramdohr hat hier, wie ich höre, über den Empfang, den er in Dresden bei Ihnen fand, nicht zum besten gesprochen.

1154 Schiller an Körner *29. September 1794*

Jeden Augenblick, wo ich zu irgend etwas aufgelegt war, habe ich mit Goethen zugebracht, und es war meine Absicht, die Zeit, die ich bei ihm zubrachte, so gut als möglich zu Erweiterung meines Wissens zu benutzen ...

Seit vorgestern bin ich wieder hier angelangt, nachdem ich vierzehn Tage mit ihm zusammengelebt hatte. Ich bin sehr mit meinem Aufenthalt zufrieden, und ich vermute, daß er sehr viel auf mich gewirkt hat. Doch das muß die Zeit lehren. Was in unsern Unterhaltungen aufs Tapet kam, was ich über ihn selbst bemerkt habe, und zu welchen Resultaten wir gekommen sind, das soll Dir nach und nach alles mitgeteilt werden.

1155 Schiller an Cotta *2. Oktober 1794*

Ich komme eben von Weimar, wo ich vierzehn Tage bei Goethe gewohnt, und mit ihm langes und breites über unsre Horen ausgemacht habe. Er ist einer der eifrigsten von uns, und wird zu jedem Stücke des Journals einen Beitrag geben. Zugleich unterhält er deswegen einen Briefwechsel mit einem Freunde in Rom [Hirt], um immer das Neueste aus dem artistischen Fache in Italien zu erfahren. Goethe und ich werden eine Korrespondenz über die schöne Kunst miteinander führen, die gleichfalls bestimmt ist, einmal für die Horen gebraucht zu werden. Mein Schauspiel [Die Malteser], hoffe ich, soll auch vor Ostern fertig sein, und ein ganzes Monatstück der Horen einnehmen. Auch Goethe hofft uns im nächsten Jahre gleich etwas Dramatisches geben zu können. Auch Hofrat Schütz ist Mitarbeiter an den Horen und wird uns über Beredsamkeit und Poesie der Alten Beiträge liefern. Für das Fach der bildenden

Kunst, der Musik, der Baukunst, der Schauspielkunst haben wir auch schon eigene Mitglieder, so daß kein Zweig der Ästhetik wird zurückgelassen werden.

Wir sind der Meinung, daß deutsche Schrift der lateinischen vorzuziehen sei...

1156 Schiller an Körner *9. Oktober 1794*

Wir haben eine Korrespondenz miteinander über gemischte Materien beschlossen, die eine Quelle von Aufsätzen für die Horen werden soll. Auf diese Art, meint Goethe, bekäme der Fleiß eine bestimmte Richtung, und ohne zu merken, daß man arbeite, bekäme man Materialien zusammen; da wir in wichtigen Sachen einstimmig, und doch so ganz verschiedene Individualitäten sind, so kann diese Korrespondenz wirklich interessant werden.

Seinen Roman will er mir bandweise mitteilen; und dann soll ich ihm allemal schreiben, was in dem künftigen stehen müßte, und wie es sich verwickeln und entwickeln werde. Er will dann von dieser antizipierenden Kritik Gebrauch machen, ehe er den neuen Band in den Druck gibt. Unsere Unterredungen über die Komposition haben ihn auf diese Idee geführt, die, wenn sie gut und mit Sorgfalt ausgeführt werden sollte, die Gesetze der poetischen Komposition sehr gut ins Licht setzen könnte.

Seine Untersuchungen über Naturgeschichte, von denen ich Dir einmal mehr sagen will, haben mich so sehr als sein poetischer Charakter interessiert, und ich bin überzeugt, daß er sich auch hier auf einem vortrefflichen Wege befindet. Auch was er gegen die Newtonische Farbentheorie einwendet, scheint mir sehr befriedigend zu sein.

1157 Schiller an F. W. v. Hoven *22. November 1794*

Überhaupt bin ich in diesem Sommer endlich mit Goethen genau zusammen gekommen, und es vergeht keine Woche, daß wir nicht einander sehen oder schreiben. Vor einiger Zeit habe ich mehrere Wochen in Weimar bei ihm gewohnt und ihn ganz in seinem Wesen kennen lernen. Er ist ein höchst interessanter Charakter in jedem Betracht, und seine

Sphäre ist so weit ausgebreitet. In naturhistorischen Dingen ist er trefflich bewandert und voll großer Blicke, die auf die Ökonomie des organischen Körpers ein herrliches Licht werfen. Sein Dichtergeist ist noch ganz und gar nicht ausgelöscht, nur hat er sich seit einiger Zeit auf alle Teufeleien eingelassen, davon Du in den ersten Stücken des Journals Proben finden wirst. Über die Theorie der Kunst hat er viel gedacht und ist auf einem ganz andern Wege, als ich, zu den nämlichen Resultaten mit mir gekommen. Gegenwärtig korrespondieren wir darüber.

1158 J. J. Horner an seinen Bruder Caspar 25. Oktober 1794

Am Sonntag morgen [5. Oktober?] machte ich Goethen meine Aufwartung, bei welchem Meyer im Hause wohnt. Er ist ein Mann gerade in seinen besten Jahren, ziemlich groß, und hat bei einer gemeinen Physiognomie doch sehr viel feine Züge. – Er war damals ziemlich kurz an Worten, welches ich ihm auch gar nicht verdenken kann. Ich besah noch sein fürstliches Kabinett von Handzeichnungen berühmter Meister und sein mit dem feinsten epikureischen Geschmack eingerichtetes, wie es scheint, inwendig neu gebautes Haus … Auf den Abend war ich mit Meyer zu Herder zum Tee und Nachtessen eingeladen, wozu sich Goethe, Böttiger und noch andere einstellten. – Herder hat mir äußerst wohl gefallen – er ist ein großer, beinahe vierschrötiger Mann und hat etwas beinahe schwärmerisch Heiteres in seinem Blicke. – Die Gesellschaft war äußerst ungeniert, ohne unhöflich zu sein. Jeder sprach und stand oder setzte sich, zu wem er wollte. Ich unterhielt mich fast die meiste Zeit mit Herdern und mußte ihm von allen unsern Gelehrten sagen, was ich wußte … Überall mußte ich Herders feine Bemerkungen, seinen geläuterten Geschmack und sein feines Gefühl bewundern. – Bei Tische hatten Kopf und Magen den köstlichsten Schmaus. – Ein gewisser Professor Meyer aus Berlin erzählte die Heirats- und Sterbensgeschichte des Hofrat Moritz auf eine so infam witzige und freilich mitunter selbst erfundene Manier, daß wir uns alle vor Lachen den Bauch halten mußten. – Dies weckte Goethen so nach und nach aus seiner Kälte auf. – Er saß neben mir, und wir schenkten uns wechselseitig um die Wette ein – nun fing auch er an von Moritz zu erzählen, was er in Rom für dumme Streiche gemacht hatte, und schlug mit seinem Witz, der viel feiner war, den Professor und bisweilen auch Herdern zu Boden. – Bald kam die Rede wieder auf andere Gegenstände, zum Beispiel das Theater, dem Herder gar nicht günstig ist – und nachher auf die Oper. Hier ließ sich Goethe ganz mit mir ein, weil ich ihm unsere Italiener, die er auch gesehen hatte, so sehr lobte. – Ich mußte erzählen, was ich wußte und nicht wußte – doch Du bist nicht dabei gewesen, und eine trockene Erzählung von solchen Sachen interessiert eben nicht immer.

1159 D. J. Veit an Rahel Levin *20./21. Oktober 1794*

Wenn Sie mir jemals gefehlt haben, liebe Rahel, so war es gestern, nachdem ich Goethe drei Viertelstunden hindurch ununterbrochen gesprochen hatte, und noch mehr den Abend nach der Komödie in Weimar. Gott weiß es, wie sehr ich jetzt ungeduldig bin, und wie sehr Sie sich selbst schaden, daß Sie die Antwort auf meinen Brief aus Leipzig unnötigerweise verschieben. Ich will mich ordentlich dazu zwingen, Ihnen, so viel möglich, ausführlich zu schreiben.

Goethe hat mich erstaunlich freundlich aufgenommen, hat sich angelegentlich nach Maimon erkundigt, und über sehr viel Dinge mit mir gesprochen. Es ist wahr, daß er älter geworden, aber nicht zu seinem Nachteil, wie Reichardt gesagt haben soll; er ist etwas magerer, und bleich im Gesicht; die Nase sieht länger aus, und die ihm gewöhnliche steife Stellung wird um so auffallender; nichtsdestoweniger ist er außerordentlich freundlicher Gesichter und der heitersten Laune fähig. Er hat viel über Maimon mit mir gesprochen, über Dichtkunst, Philosophie, Genie und andere Materien mehr. – Doch ehe ich etwas Besonderes erzähle, muß ich Ihnen die Ursache der Unruhe erzählen, die Sie in diesem ganzen Briefe gewiß wahrnehmen werden, und Sie bitten, mir Ihre Meinung aufrichtig zu offenbaren. Hier ist die traurige Geschichte: Beim Weggehen sagte mir Goethe:

«Besuchen Sie mich, wenn Sie wieder nach Weimar kommen; komme ich nach Jena – und ich denke bald –, so will ich schon nach Ihnen fragen. Wenden Sie sich immer an mich, sobald Sie etwas suchen; den Hofrat Gruner will ich bitten, daß er Ihnen Bücher leiht» usw. *Ich:* «Ich danke Ihnen recht sehr, Herr Geheimerat; aber ich muß gestehen, daß ich *wirklich* Anstand genommen habe, zu Ihnen zu kommen, ich weiß, wie sehr Sie von Fremden inkommodiert werden!» usw. Das nahm er wohl auf, und ich ging. Den Abend wurde in Weimar der Diener zweier Herren zu meiner Verwunderung recht hübsch gespielt; besonders gefiel mir das Ensemble des Spiels, und die sichtliche Einigkeit der Schauspieler untereinander. Goethe war auch im Theater, und zwar, wie immer, auf dem Platz des Adels. Mitten im Spiel gehet er von diesem Platze weg – was er sehr selten tun soll –, setzt sich, solange er mich nicht anreden konnte, hinter mir (wie mir meine Nachbarinnen erzählt haben), und sowie der Akt zu Ende ist, kommt er vor, macht ein äußerst verbindliches Kompliment, und fängt in einem recht vertraulichen Ton an: «Das ist ein recht vorzüglich Stückchen; o! es ist schon sehr alt, und von Goldoni; der Schröder hat's ins Kurze gezogen für die Hamburger Bühne, und alle Theaterschwänke sind recht gut darin benutzt.» *Ich:* «Jawohl, und ich habe noch keine Unanständigkeit gehört.» *Goethe:* «Kommt auch keine.» – Hierauf fängt er an, einen Augenblick zu schweigen; indem vergesse ich, daß er Theaterdirektor ist, und sage: «Sie spielen es auch recht hübsch.» Er sieht noch immer gradeaus, und so sage ich in der Dummheit – aber wirklich in einer Empfindung, die ich mir noch nicht zu zergliedern weiß – noch *einmal:* «Sie spielen *recht* hübsch.» In dem Augenblick macht er mir ein Kompliment, das aber wirklich wie das erste so verbindlich war, und fort ist er! Habe ich ihn beleidigt, oder nicht? Hat so etwas viel zu sagen? Unbescheiden war es in jedem Fall; Vorwürfe machen Sie mir nur nicht mehr; denn Sie *können* gar nicht glauben, wie ich noch immer geängstigt bin, ohngeachtet ich schon von Humboldt, der ihn jetzt genau kennt, die Versicherung habe, daß er oft so schnell weggeht, und

Humboldt es schon auf sich genommen hat, noch einmal mit ihm von mir zu sprechen ...

Den 21. Oktober ...

Nun meine *angenehmen* Vorfälle mit Goethe. Ich war vormittags hingegangen, vorsätzlich zu einer Zeit, wo er immer zu Hause ist, und sich niemals sprechen läßt, und hatte den Brief dem Bedienten mit dem Bedeuten gegeben: daß ich nachmittags um drei Uhr wiederkommen würde, um zu fragen, ob mir der Herr Geheimerat die Ehre erzeigen wollte, mich zu sprechen. Das war, dünkt mich, eine ausgerechnete Höflichkeit. Um drei Uhr kam ich, und der Bediente führte mich in das Besuchzimmer.

Goethe (aus einer andern Stube): Sie haben mir einen Brief von Herrn Maimon gebracht? *Ich:* Zu Befehl. *Goethe:* Heißen? *Ich:* Veit. *Goethe:* Ich freue mich recht sehr. *Ich:* Ich hatte schon vor anderthalb Jahren die Ehre, Sie zu *sehen*, durch eine Empfehlung des verstorbenen Hofrats Moritz. *Goethe:* Ach ja! Auch ist mir Ihr Gesicht recht bekannt. Nun wie geht es denn Herrn Maimon? – Ich sagte ihm hierauf sein jetziges Verhältnis, und daß er nebenher von dem geringen Ertrag seiner Schriften lebt. *Goethe:* Ei, ei! und er schreibt so starke Sachen, und so hübsch. *Ich:* Ja, und hat das schwerste Fach. *Goethe:* Ganz gewiß, das schwerste von allen; man kennt ihn gar nicht so recht; das Publikum ist gar klein; ich wollte, er käme her. *Ich:* Haben Sie seine neue Theorie gesehen, Herr Geheimerat? *Goethe:* O wohl; er hat mir auch seinen Plan zur Erfindungslehre geschickt; das muß er ausführen. *Ich:* Er wünscht, sich mit mehr Gelehrten verbinden zu können. *Goethe:* Hm, warum? Sehen Sie, in wissenschaftlichen Sachen ist so etwas gar nicht nötig; sowie ich da eine *Idee* habe, kann und muß ich sie jedem sagen; wie einer das Schema sieht, weiß er schon, was er erwarten kann; in ästhetischen ist es umgekehrt; wenn ich ein *Gedicht* machen will, muß ich es erst zeigen, wenn es fertig ist, sonst verrückt man mich, und so bei allem, was Kunst ist. – Hierauf sprach er mit mir von Jena eine lange Zeit. Dinge, die *zu* weitläuftig würden. Dann sagte ich ihm, daß Maimon den Plan hätte, ein neues Wörterbuch der schönen

Künste herauszugeben, und spielte hinten herum auf ihn als Mitarbeiter heran. *Goethe:* Ja, sehen Sie, Moritz wollte das auch, und der war lebhaft; dem habe ich schon gesagt, daß es noch zu frühe ist; erst müssen die Philosophen die Principia in Ordnung gebracht haben, und wie jetzt die Gärung ist, das wissen Sie. Man könnte da viel schreiben, und manches aufwärmen, das will man nicht; und in sechs oder acht Jahren wäre das Neue wieder verworfen; das ist doch auch nichts. Moritz kehrte sich nicht daran, und seinen Beistand kann man keinem hübschen Unternehmen versagen; aber ein Lexikon, das ist zum Nachschlagen, für Leute, die keine weitläuftige Sachen lesen, und ist kein Buch für Erfindungen. Soll es Theorie der Künste sein? Künste müssen *ausgeübt* werden, es sei nun Poesie, Malerei, oder was sonst. Der die Regeln gibt, der muß sehr langsam sein, und der Künstler – kann wieder nicht warten, und muß sich an etwas halten; dazu ist nun freilich das Genie. Das Genie kommt mir immer vor, wie eine Rechenmaschine; die wird gedreht, und das Resultat ist richtig; sie weiß nicht warum? oder wieso? –

Ich sprach immer viel dazwischen, und kam ihm oft zu Hülfe; denn er kann sich gemeinhin auf viele Wörter nicht besinnen, und macht beständig Gesichter. «Bisher», sagte er unter andern, «hat man sich in der Theorie häufig auf empirische Regeln, auf Erfahrungssätze eingelassen, und immer in den Künsten gesprochen, wie die Sachen *erscheinen* müssen, nicht wie sie *sein* müssen, und wie man sie *machen* soll. Ja, hören Sie, das kommt mir vor, als wenn einer ins Theater gehet, und das Stück gefällt ihm. Nun denkt er, wie natürlich ein jeder: Du möchtest wohl auch ein schön Stück schreiben, und schreibt nach dem Effekt. Ja, lieber Gott! der bringt nichts heraus; man muß wissen, wie viel unangenehme Teile dazu gehören, bis ein Ganzes angenehmen Effekt macht. Kurz: so, wie die Leute reden und schreiben, *das* heißt meistenteils, ein Stück *als Zuschauer* schreiben; hinter die Bühne muß man, und muß die Maschinen und die Leitern kennen.» Ist das nicht *rührend?* Es kommt mir jetzt vor, als kenne ich alle große Männer aller vergangenen Zeiten.

Ein göttliches Kind hat Goethe. Kohlschwarze Augen, sprechende Physiognomie, und wahres Goldhaar, das gar keine Lust zum Dunkelwerden hat. – Die Vulpius ist ihm *nicht* angetraut.

1160 D. J. Veit an Rahel Levin *23. Oktober 1794*

Goethe glaubt, sein Roman werde keine Sensation machen; denn er war schon 1780 fertig, und ist nur hier und da abgeändert. Eigentlich arbeitet er jetzt meist wissenschaftliche Sachen; er hat ganze Stöße Dichtungen liegen; sogar die Iphigenie ist sehr alt. Noch als Doktor Goethe hat er im Jahre 1775 [vielmehr 1779] den Orest selbst gespielt und zwar außerordentlich. Damals war er weit und breit der beste Tänzer, Schauspieler, Reiter, *Schwimmer*, *Fechter* und der *schönste Mann*. Viel von seiner Lebensgeschichte kommt in dem Roman vor. Habe ich Ihnen nicht geschrieben, daß Schiller ein Journal herausgibt, woran Goethe und alle Menschen arbeiten? Auch habe ich Ihnen folgendes Wort zu erzählen vergessen: «Man sollte doch billig Herrn Maimon in der Literatur-Zeitung rezensieren; wenn ein Mann so erstaunend viel tut, ist's doch auch recht, daß man von ihm *spricht*.»

1161 Ch. G. v. Voigt an G. Hufeland *25. Oktober 1794*

Betreffend Fichte, so wünscht auch Herr v. Goethe sehr, er leihe seinen Namen oder auch seine Anonymität (die so gut als Name ist) vor der Hand zu keiner neuen Auflage der *Beurteilung*. Er glaubt, daß dieses selbst damit übereinstimme, was Fichte bei seiner ersten Unterredung mit ihm verheißen habe. Dieses sagt er mir ganz vertraulich, und ich weiß nicht, ob wir davon gegen Fichte Gebrauch machen können; indes ist dieses damals auch dem Herzog von seinen Freunden zugesichert worden, die also gewissermaßen kompromittiert werden, wenn er Anteil an der Herausgabe jener Schrift nimmt.

1162 Böttiger

In einem alle Freitage sich versammelnden Abendzirkel für den Winter zwischen 1794 und 1795 wurde beschlossen, jedesmal einen Gesang der Ilias nach Voß vorzulesen und sich dann die dabei von selbst kommenden Bemerkungen mitzuteilen. Goethe ist Vorleser. Einige lesen im Originale nach. Die andern sitzen im Zirkel herum.

Den 31. Oktober 1794.

Die härtesten Stellen wurden durch Goethes treffliche Deklamation und richtig wechselndes Andante und Adagio außerordentlich sanft und milde. Es ist unleugbar, daß Voß nur fürs Ohr und den lebendigen sukzessiven Eindruck, nicht fürs Auge und zergliedernden Überblick des Stils gearbeitet hat.

Fragen. 1) Tat Voß recht daran, das anstößige κυνῶπα V. 159 und βοῶπις 551, jenes durch *Ehrvergessener!* dieses durch *Hoheit blickende* zu mildern und das echthomerische 588 θεινομένην nur durch das sanftere: *wenn er dich straft*, zu übersetzen? Antwort: Keineswegs! in allen drei Fällen wird das stark Sinnliche durch abstraktere Vorstellungen entnervt. Auch ist das *Hoheit blickende* nicht einmal im Sinne Homers, da es bloß die auch in den Kunstwerken charakteristischen großen Augen der Juno (s. Winckelmann, Geschichte der Kunst V, 2. T. 1. p. 316. ed. Fea. So die Ludovisische Juno) bezeichnet. Sollte Voß nicht bloß das *Farrenäugige* seiner Vorgänger haben vermeiden wollen, und, weil er fühlte, er könne nichts Besseres geben, lieber eine unbefriedigende Abstraktion gesetzt haben?

2) Ist das ἀμβρόσιαι χαῖται ἐπεῤῥώσαντο wohl ganz richtig von Voß übersetzt: sie walleten *vorwärts?* Voß dachte sich das Haar im Augenblick des Zunickens. Aber *so* dachte sie sich wenigstens Phidias nicht. Da ist diese gewaltsame Bewegung, wenn sie überhaupt stattfand, schon vorbei, und die Locken zittern nur noch dem Scheitel entlang.

In einigen Stellen ist der Nachdruck des Originals merklich geschwächt, als V. 132 μὴ κλέπτε νόῳ: *Sinne nicht auf Trug!* Nach dem Original war dies schon geschehen, und jetzt suchte er nun wirklich Ausflüchte. Das χόλον καταπέπτειν ist auch zu schwach übersetzt, und *Galle* wollte Goethe der verschiedenen Nebenbegriffe wegen durchaus nicht gefallen. So tadelte Goethe auch das mehrmals wiederkommende: *traun!*

V. 151 ist bei Homer ein distributiver Satz: ἢ ὁδόν ἐλθέμεναι, ἢ ἀνδράσιν ἶφι μάχεσθαι. In Vossens Übersetzung: *Einen Gang dir zu gehn, und kühn mit dem Feinde zu kämpfen*, fließt dies in einen einzigen Begriff zusammen. Voß wollte das gehässige *oder* vermeiden.

Über die Roheit der ältesten Mythen, zum Beispiel die Vorstellung vom Briareus V. 400 ff. Goethe verglich sie mit dem Gradlinigten und Steifen des alten Stils in der Kunst. – Unverdauliche Abgeschmacktheit im Göttersystem Homers. Seine Menschen handeln viel edler als seine Götter.

1163 Hölderlin an Ch. L. Neuffer *November 1794*

Auch bei Schiller [in Jena] war ich schon einige Male, das erstemal eben nicht mit Glück. Ich trat hinein, wurde freundlich begrüßt, und bemerkte kaum im Hintergrunde einen Fremden, bei dem keine Miene, auch nachher lange kein Laut etwas Besonderes ahnden ließ. Schiller nannte mich ihm, nannt' ihn auch mir, aber ich verstand seinen Namen nicht. Kalt, fast ohne einen Blick auf ihn begrüßt' ich ihn, und war einzig im Innern und Äußern mit Schillern beschäftigt; der Fremde sprach lange kein Wort. Schiller brachte die Thalia, wo ein Fragment von meinem Hyperion und mein Gedicht an das Schicksal gedruckt ist, und gab es mir. Da Schiller sich einen Augenblick darauf entfernte, nahm der Fremde das Journal vom Tische, wo ich stand, blätterte neben mir in dem Fragmente, und sprach kein Wort. Ich fühlt' es, daß ich über und über rot wurde. Hätt' ich gewußt, was ich jetzt weiß, ich wäre leichenblaß geworden. Er wandte sich drauf zu mir, erkundigte sich nach der Frau von Kalb, nach der Gegend und den Nachbarn unseres Dorfs, und ich beantwortete das alles so einsilbig, als ich vielleicht selten gewohnt bin. Aber ich hatte einmal meine Unglücksstunde. Schiller kam wieder, wir sprachen über das Theater in Weimar, der Fremde ließ ein paar Worte fallen, die gewichtig genug waren, um mich etwas ahnden zu lassen. Aber ich ahndete nichts. Der Maler Meyer aus Weimar kam auch noch. Der Fremde unterhielt sich über manches mit ihm. Aber ich ahndete nichts. Ich ging, und erfuhr an demselben Tage im Klub der Professoren, was meinst Du? daß *Goethe* diesen Mittag bei Schiller gewesen sei. Der Himmel helfe mir, mein Unglück und meine dummen Streiche gut zu machen, wenn ich nach Weimar komme. Nachher speist' ich bei Schiller zu Nacht, wo dieser mich so viel möglich tröstete, auch durch seine Heiterkeit, und seine Unterhaltung, worin sein ganzer kolossalischer Geist erschien, mich das Unheil, das mir das erstemal begegnete, vergessen ließ.

1164 Schiller an Körner *7. November 1794*

Goethe war wieder eine Zeitlang mit Meyern hier, wodurch unsere schriftliche Unterhaltung unterbrochen worden ist. Er ist jetzt beschäftigt, eine zusammenhängende Suite von Erzählungen im Geschmack des Decameron des Boccaz auszuarbeiten, welche für die Horen bestimmt ist.

1165 Schiller an Ch. G. Schütz *12. November 1794*

Können Sie mir nun bestimmt sagen, wie es mit der Rezension der Horen in der Allgemeinen Literatur-Zeitung gehalten werden soll? Ich habe mit Goethe überlegt, daß es gerade genug sein würde, vierteljährlich und also für jeden Band eine eigene Rezension zu haben, das erste Stück noch extra gerechnet, welches ich gleich bei seinem Erscheinen beurteilt wünschte.

1166 Schiller an Cotta *14. November 1794*

Vor allen Dingen aber bitte und beschwöre ich Sie, für eine genaue Korrektur zu sorgen, damit von dieser Seite die Horen ein rühmliches Muster sind ... Einige unsrer Mitglieder, zum Beispiel Goethe, sind in diesem Stück äußerst empfindlich, und wir könnten sie verlieren, wenn sie hierin Ursache zur Unzufriedenheit bekämen ...

Das noch restierende Manuskript zu diesem ersten Stücke

läßt Goethe wirklich in Ordnung bringen, und ich sende es in spätestens zehn Tagen nach. Die Epistel ist von ihm und die Briefe von mir. Goethe will für jedes Stück des ersten Jahrgangs eine Epistel geben.

1167 Schiller an Körner *19. Dezember 1794*

Meine Büste erhältst Du nun gewiß, und vielleicht eh ein Monat vergangen ist. Abgegossen ist sie nun, wie mir Dannecker schreibt, und er hat nun bloß die letzte Hand daran zu tun. Meyer und Goethe sind äußerst wohl damit zufrieden.

1168 Böttiger

Den 7. November.
Zweiter Gesang der Ilias.

Goethe hatte bei einer vorausgehenden Durchlesung die Bemerkung über den Catalogus navium gemacht, daß Homer nach einer fest angenommenen Rangliste die Völkerschaften sich nebeneinander stellen lasse. Dies erhelle ganz deutlich daraus, daß er da, wo die Myrmidonen jetzt nicht standen, weil sie mit dem Achill still saßen, sie doch in Reih und Glieder stellt V. 681–694. Die hier von der Rechten zur Linken gehende Ordnung war also beim Dichter nicht *willkürlich*, sondern er singt nach Stammsagen und empfangenen Registern. Agamemnon führt allem Anschein nach das Corps de Bataille. Zugleich wurde nach d'Anvilles Karte von Griechenland der Weg aufgespürt, in welchem Homer bei der Aufzählung geht. Er fängt mit Aulis an und macht einen doppelten Kreis.

Diesmal war Wieland bei der Vorlesung, der auch in seinem kleinen Berglerschen Homer, so gut es gehn wollte, nachlas. Dieser war äußerst streng gegen Voß und gab besonders darüber seinen Unwillen zu erkennen, daß er oft bloß die natürlichste Art der Übersetzung darum verworfen habe, um nicht einerlei mit seinem Vorgänger zu sagen. Besonders ärgerte er sich über das häufig vorkommende: *Jener sagt's*, zum Beispiel V. 84, da doch das *Jener* in Relation mit *dieser* stehen müßte, im Homer aber das ὢς ἔφατ' dies gar nicht sagen wolle. Goethe las also von nun an, um Wielands Ohr zu schonen, immer: *also sprach er*. Auch rügte Wieland das Willkürliche im Gebrauch oder Nichtgebrauch der Homerischen Konjunktionen. So habe zum Beispiel Voß selten das ἐπεί gesetzt, wo es im Griechischen stehe. Ferner die Auflösung des Adjektivs als Beiwort in ein neues Substantiv, zum Beispiel V. 89 ἄνθεσιν εἰαρινοῖσιν, wo Voß übersetzt: *Blumen des Frühlings*. Wieland behauptete nach einem sehr richtigen Gefühl, daß *lenzische Blumen* weit individueller und malerischer sei als jene Zerstücklung in zwei Begriffe.

Stellen, wo der griechische Ausdruck in der Übersetzung nicht erschöpft ist, V. 117 κατέλυσε κάρηνα, 132 πλάζουσι, 147 ἐπαιγίζων; διοτρεφέος bei König sei gar nicht das Vossische weit verkünstelte: *Götterbeseligt*. 266 θαλερὸν δάκρυ. 269 ἀχρεῖον. 399 κάπνισσαν. 595 ἀντόμεναι, mißbilligte Goethe *fanden*.

V. 209, 210. Hier hat Voß ein Paar Hexameter im Klopstockischen Silbentanz sehr passend angebracht, wie Goethe bemerkte.

V. 225–43. Das herrlichste Original einer sansculottischen Demagogenrede. Auch Voß ist mit guter Absicht hier etwas *niedriger* in seinem Ausdrucke geworden.

1169 Böttiger

Den 14. November.

Dritter Gesang.

Bei dem Schreien der Trojaner und dem stillen Anrücken der Griechen, welches schon die Alten als einen charakteristischen Zug der wahren Tapferkeit bemerkt haben, erinnerte Goethe noch sehr fein, daß dieser Kontrast durch den im zweiten Buch vorhergehenden Catalogus noch auffallender werde, wo die Schiffs- und Heerliste der Griechen so viel mehr Platz einnehme und Nachdruck zeige, als das enge Verzeichnis der Troer und ihrer Genossen, die doch nun grade, nach Art aller Poltrons, den größten Lärm machten.

V. 33 übersetzt Voß δράκοντα, *Natter*. Dachte dies wohl Homer dabei? V. 39 hat Voß für das schleppende: *unglück-*

seliger Paris! wie Stolberg das δύσπαρι übersetzt hat, gradezu nur einen andern Begriff gesetzt: *Weichling!* Δύσπαρις war unübersetzbar. Aber Weichling drückt doch auch gar nichts von dem aus, was in Δύσπαρι liegt. Es ist: *verhaßter, verderblicher Paris!*

V. 54 werden δῶρ' 'Αφροδίτης durch *Huld Aphroditens* übersetzt, und weiter unten V. 64 wörtlicher: *Gaben der goldenen Aphrodite.* Diese Ungleichheit ist nicht im Homer.

V. 75. Jene entschiffen zu *Achajas rosigen Jungfraun.* Ist ganz etwas anders, als das Homerische 'Αχαΐδα καλλιγύναικα. Nach Vossens Übersetzung wären die Zurückschiffenden nicht viel weniger als παρθενοπίπαι gewesen.

V. 130. νύμφα φίλη Voß: *du trautes Kind!* Es ist die Schwägerin Laodice, nicht Priamos, der spricht (wie unten V. 162 *du trautes Töchterchen*, φίλον τέκος). Ich ziehe daher Stolbergs *Geliebte!* vor, obgleich auch dies das νύμφα φίλη, *liebes Weibchen!* nicht ganz ausdrückt.

V. 152. ὄπα λειριόεσσαν, *hellschwirrende?* Stolberg noch schlechter: *schwacher Gesang.*

V. 166 ff. «Nur den einzigen Agamemnon nennt uns Homer nicht in voraus und hebt ihn durch die so gespannte Erwartung vor den übrigen heraus.» Goethe.

V. 176. τέτηκα, *in Tränen verschwind ich. Zerschmelz ich*, wie es Stolberg hat, wäre weit besser. Allein Voß verwarf es nur darum, weil es Stolberg schon vor ihm gebraucht hatte.

V. 180. Δαὴρ αὖτ' ἐμὸς ἔσκε κυνώπιδος, εἴποτ' ἔην γε. Voß: *Schwager mir war er vordem, der schändlichen (?) ach er war es.* Κυνῶπις ist auch hier, wie oben I, 159 βοῶπις, verwässert. Das εἴποτ' ἔην γε drückt etwas ganz anderes aus, als Voß übersetzt hat. Es soll heißen: wenn er überhaupt je mein Schwager war, wenn ich's überhaupt verdiente, je seine Schwägerin zu heißen. Stolberg hat es lieber ganz weggelassen.

V. 224. «Sinn: Nun wunderten wir uns nicht mehr so sehr darüber, daß Odysseus ein so dummes Ansehn gehabt habe.» Wieland.

Ζάκοτος im 220sten V. ist unvergleichlich durch *tückisch* übersetzt.

Man könnte hierbei fragen: Hat bloß Homers Phantasie diese Körperformen geschaffen, oder hatte er sie durch Bild und Überlieferung?

V. 286, 87. Die τιμή, die hinfort auch *daure* bei kommenden Menschengeschlechtern, veranlaßt in der Übersetzung leicht den Begriff eines *fortdauernden Tributs*. Homer will aber nur eine Buße andeuten, die auch den Nachkommen unvergeßlich bleibe.

V. 362. φάλος kann nicht durch *gekegelten* Helm gegeben werden. Es waren die φάλοι kleine polierte Metallplatten, womit der Helm ausgeschmückt war. Dies lehrt schon das abgeleitete Wort τρυφάλεια. Das Mißverständnis ist aus der gewöhnlichen lateinischen Übersetzung conus entstanden. S. Ernesti in Clav. Cic. s. v. phalerae.

V. 399 ff. «Helena behandelt hier die Venus wie eine Kupplerin.» Goethe.

V. 419. κατασχομένη, *gesenkt*.

V. 449 ff. Goethe fand den Kontrast zwischen der Gardinenszene und dem auf dem Schlachtfelde wütenden Menelaus um so lächerlicher, weil hier der wütige Menelaus mit seinem Aktäonischen Schmuck, als cocu, herumlaufe. Wieland macht einige Gegenbemerkungen, aus dem frühen Zeitalter hergenommen.

1170 W. v. Humboldts Tagebuch *21. November 1794*

21. nach Weimar gefahren. Mittag bei Goethe gegessen ... Abends in der Homers-Gesellschaft bei Goethe; dort gegessen mit Böttiger.

1171 Schiller an Goethe *29. November 1794*

Herr v. Humboldt, der sich Ihnen aufs beste empfiehlt, ist noch ganz voll von dem Eindruck, den Ihre Art, den Homer vorzutragen, auf ihn gemacht hat ...

1172 Böttiger an F. A. Wolf *23. April 1795*

... wir fingen zu Anfang des Winters an, bei Goethen uns wöchentlich einmal zu versammeln, wo der Wirt selbst einen Gesang nach der Vossischen Übersetzung vorlas und wir uns dann darüber besprachen. Wir kamen zwar nur bis zum sechsten Gesang. Allein es wurde doch von Wieland und Goethe manche feine Bemerkung dabei angebracht. Besuche ich Sie einmal, so bringe ich einige Memoranda mit, die ich mir bei dieser Gelegenheit aufschrieb. Einiges soll Ihnen ein köstliches Lachfest bereiten.

1173 Böttiger

Als ihn [Goethe] unser Rat Kraus zuerst in Frankfurt kennen lernte (Kraus suchte das patrocinium seines Vaters, der viel im Rate galt, um den in eine Gilde verbundenen Malern zum Trotz eine Zeichenschule in Frankfurt errichten zu können), schlotterte alles an ihm, er trug ein großes Pflaster um den Hals, sah ekelhaft gelb im Gesicht und hatte beinahe keine Haare mehr am Kopf. So sehr hatten ihn seine Kämpfe auf dem Schlachtfelde der Venus vulgivaga zum Invaliden gemacht. Jetzt hat er fast alles von seiner schlanken Apollofigur durch das sich überall ansetzende Fett verloren. Er extendiert sich täglich durch embonpoint, und seine Augen sitzen im Fett der Backen. Nur wenn er aus Vossens Iliade vorliest, verherrlicht sich seine Gestalt, und da, sagte mir Schütz, der ihn vor zehn Jahren kannte, finde ich den alten Goethe wieder.

1174 Hölderlin an seine Mutter *16. Januar 1795*

Schiller nimmt sich meiner recht herzlich an ... Auch Herder, den ich einmal in Weimar besuchte, interessiert sich sehr für mich ... Auch den großen Goethe sprach ich drüben. Der Umgang mit solchen Männern setzt alle Kräfte in Tätigkeit.

1175 Hölderlin an Neuffer *19. Januar 1795*

Auch mit Goethen wurd' ich bekannt. Mit Herzpochen ging ich über seine Schwelle. Das kannst Du Dir denken. Ich traf ihn zwar nicht zu Hause; aber nachher bei der Majorin [von Kalb]. Ruhig, viel Majestät im Blicke, und auch Liebe, äußerst einfach im Gespräche, das aber doch hie und da mit einem bittern Hiebe auf die Torheit um ihn, und ebenso bittern Zuge im Gesichte – und dann wieder von einem Funken seines noch lange nicht erloschnen Genies gewürzt wird – so fand ich ihn. Man sagte sonst, er sei stolz; wenn man aber darunter das Niederdrückende und Zurückstoßende im Benehmen gegen unsereinen verstand, so log man. Man glaubt oft einen recht herzguten Vater vor sich zu haben. Noch gestern sprach ich ihn hier [in Jena] im Klub.

1176 Hölderlin an Hegel *26. Januar 1795*

Goethen hab ich gesprochen, Bruder! Es ist der schönste Genuß unsers Lebens, so viel Menschlichkeit zu finden bei so viel Größe. Er unterhielt mich so sanft und freundlich, daß mir recht eigentlich das Herz lachte, und noch lacht, wenn ich daran denke.

1795

1177 Schiller an Körner *5. Januar 1795*

Goethe wird in einigen Tagen hier [in Jena] sein, und vielleicht drei Wochen bleiben. Es wird eine sehr angenehme Zeit für uns sein. Möchtest Du sie teilen!

1178 Böttiger

Im Anfang Januar 1795 ging er [Goethe] auf vierzehn Tage nach Jena, um zwei Stunden täglich bei Loder Syndesmologie zu hören. Beiläufig machte er mit Göttling chemische Versuche, um die achromatische Flüchtigkeit [wohl: Flüssigkeit] herauszubringen, die jüngst im Reichsanzeiger aus England angezeigt war.

1179 J. Ch. Loder an Bertuch *14. Januar 1795*

Goethe hat sich eben gemeldet ... Goethe und Meyer hören die Syndesmologie con amore.

1180 Schiller an Körner *19. Januar 1795*

Wie viel Deutlichkeit der Aufsatz [Über die ästhetische Erziehung des Menschen] in seiner jetzigen Gestalt auch für nicht Kantische Leser habe, davon machte ich gestern abend eine sehr interessante Erfahrung. Ich las ihn Goethen und

Meyern, die seit acht Tagen hier sind, vor, und beide wurden von Anfang an bis hinaus davon fortgerissen, und zwar in einem Grade, wie kaum ein Werk der Beredsamkeit vermag ...

Deinem Aufsatz über die Musik sehe ich mit großem Verlangen entgegen. Auch Goethe ist sehr begierig darauf.

1181 Schiller an Körner *25. Januar 1795*

Goethe nennt dieses vierte Stück [der Horen] den Centaur, weil seine Elegien einen seltsamen Kontrast mit meiner Philosophie machen werden.

1182 Schiller an Charlotte v. Kalb *16. Februar 1795*

Wie ich aus Goethens Äußerungen schließe, so müssen Sie in Weimar sehr eingezogen leben, und wenig Gesellschaft sehen.

1183 Caroline Herder
an Frau v. Frankenberg (Konzept) *20. August 1795*

Ich schrieb daher Ende 1794 an Goethe:

«Da unsre Söhne Wilhelm und Adelbert im Frühjahr ihrer Bestimmung nachgehen müssen und Gottfried bereits auf der Universität sei, so möchte er die Freundschaft haben und unsre Bitte um ein Anleih von 1000 Talern auf acht Jahre beim Herzog unterstützen.»

Er antwortete mir darauf nicht. Endlich kam er nach fünf Wochen einmal zu meinem Mann. Ich nahm den ersten Augenblick wahr und bat ihn um Antwort auf meinen Brief, im Beisein meines Mannes – er ging eben die Stube auf und nieder – mein Mann und ich saßen und sahen ihn an – er blickte uns aber kaum an, sah vor sich hin und murmelte etwas, das wir ohngefähr so verstunden: «*Nicht darauf antworten.*» Wir waren bestürzt und schwiegen.

1184 D. J. Veit an Rahel Levin *8. Februar 1795*

Auf der Redoute in Weimar, die als eine bloße Tanzgesellschaft in dem Komödienhause, mit einigen simplen, aber geräumigen Nebenzimmern, nicht übel ist, wüßte ich nichts

Merkwürdiges erlebt zu haben. Man hat Pharao gespielt, hat Goethe drehen (so nennt man hier langsam walzen) gesehen, hat die Vulpius gesehen, und abscheulich gefunden ...

Er hat hier [in Jena] einem Menschen selbst gestanden, daß er nicht mehr fähig wäre, sich seiner ersten Jugendeindrücke so lebhaft zu erinnern, als er es im Wilhelm getan hat; denn die Lebhaftigkeit des Gedächtnisses, mit welcher er den Meister vor funfzehn Jahren entworfen habe, sei ihm nun bei der Ausfeilung ganz fremd geworden. – Noch eines, das ich vergessen möchte: er spielt Klavier, und gar nicht schlecht.

1185 Charlotte v. Kalb an Schiller 24. Februar 1795

So ist zum Beispiel Goethe nirgends mehr wenigstens für mich zu sehn und zu hören. – Ich leugne nicht, daß, wenn er willig ist und gut, ich manchmal wünschte um ihn zu sein – und das ist weder Schwäche noch Eitelkeit von mir – aber mein Gemüt mag nicht herab – es will hinauf! Jetzt bei Gores sah ich ihm – ich will's Ihnen lieber erzählen.

1186 Charlotte v. Stein an Charlotte Schiller 25. Februar 1795

Daß Goethe sich Schiller immer mehr nähert, fühle ich auch, denn seitdem scheint er mich wieder ein klein wenig in der Welt zu bemerken. Es kommt mir vor, er sei einige Jahre auf eine Südseeinsel verschlagen gewesen und fange nun an auf den Weg wieder nach Hause zu denken.

1187 Schiller an Körner 5. April 1795

Vorgestern kam mein Bild von Dorchen [Stock] an, welches uns allen eine herzliche Freude gemacht hat ... Goethe und Meyer, welche eben hier sind, haben sich auch recht darüber gefreut.

1188 Schiller an Körner 10. April 1795

Goethe ist schon seit vierzehn Tagen hier, und erscheint jeden Abend pünktlich, wo dann allerlei durchgesprochen wird. Er ist jetzt mit einem Trauerspiel im alt-griechischen Geschmack beschäftigt: der Inhalt ist die Befreiung des Prometheus.

1189 Böttiger an F. A. Wolf *23. April 1795*

Goethe steckt seit vier Wochen in Jena, wo er mit Schiller über den Horen brütet. Der Himmel gebe, daß es keine ἠλιτομηνα και ὑπηνεμια setzt. Bis jetzt ist nicht viel Verständliches herausgekommen. Aber daß er über seinen Reineke gerade so denkt, wie Sie mutmaßen, und das Werk für eine nach und nach so zusammengefügte Satire auf die damaligen Hofhaltungen hält, und sie verschiedenen Verfassern zuschreibt, hat er selbst in einer Einleitung, die er zu seinem hexametrierten Reineke geben wollte, behaupten wollen.

1190 K. Ch. Rolsch an Jean Paul *24. April 1795*

Goethe ist wieder hier [Irrtum!], und wird sich wahrscheinlich nicht ganz entfernen, er ist vor wenig Tagen wieder von Jena gekommen, wo er eben so lange war. Ich weiß nicht, hat er Obstruktion, weil er nicht spazieren geht, ausgenommen in die Komödien, weil vielleicht das ein Mittel ist, das zur Digestion hilft, wenn man lange Weile daselbst hat. Wieland, [den] ich so getroffen in Spaziergängen (als in Welschen Garten, Stern p.), hat das Gegenteil im Kopftragen und in der Fressur [Frisur] von Goethen; das [heißt] er trägt ihn erhaben, und englisch die Haare; jener tiefsinnend, die Haare statt einer Stustparocke [Stutzperücke]. Wieland hat Stiefeln, die den Herrn Verwalter in Schwarzenbach zu raten wären, und ein Art Gamaschen bilden, oder wie sie der verstorbene Friederich ein Mal trug. Goethe geht auch in Stiefeln, aber nicht die der Schneider macht wie Wielanden seine.

1191 Hölderlin an Neuffer *28. April 1795*

Zu Schillern mach ich immer noch meinen Gang, wo ich itzt meist Goethen antreffe, der sich schon ziemlich lange hier aufhält.

1192 Schiller an Ch. J. Zahn *4. Mai 1795*

Ich habe vor acht Tagen Herrn Cotta ganz vergnügt und wohlauf verlassen und hoffe, daß er mit seinen Expeditionen in Leipzig wird zufrieden sein. Wir haben einen sehr vergnügten Tag, in Goethens Gesellschaft, zusammen zugebracht.

1193 Schiller an Körner *1. Mai 1795*

Goethe ist noch immer hier, und wir bringen viele vergnügte Stunden miteinander zu. Wärst Du doch auch in unserm Kreise.

1194 Leopold Graf Egloffstein an F. Oberthür *8. Mai 1795*

Herrn v. Goethe sehe ich vielfältig, öfterer aber noch Jagemann, der mich fleißig besucht. Diese Männer sollen mich schadlos halten, wenn das langweilige Kartenspiel meine Sinnen abgestumpft hat. Beides sind brave liebe Männer, wo bleibt aber die Herzlichkeit eines Oberthürs?

1195 H. Meyer an G. Hufeland *20. Mai 1795*

Goethe hat mir aufgetragen, Sie zu benachrichtigen, daß ihn eine kleine Krankheit genötigt, acht Tage das Zimmer zu hüten, und darum keine Proben von der *Claudine* gehalten werden konnten; so wird es also unmöglich sein, dieses Stück, wie sonst geschehen sollte, auf den zweiten Pfingstfeiertag zu geben.

1196 H. Meyer an G. Hufeland *27. Mai 1795*

Es ist mir der angenehme Auftrag gemacht worden, Ihnen zu melden, daß künftigen Sonnabend die Oper Claudine gegeben werden wird; wenn es Ihnen nun gefällig sein sollte, an diesem Feste teilzunehmen, so soll ich Sie im Namen unseres Geh. Rat v. Goethe ersuchen, mit den Ihrigen und Ihren musikalischen Freunden sich auf ein bescheidenes mäßiges Mittagsmahl bei guter Zeit hier einzufinden; der Wirt würde sich doppelt freuen, wenn Hofrat Loder und Frau hiervon benachrichtiget werden und die Gesellschaft mehren helfen wollen. Man wird sich einrichten, zehn Gäste zu empfangen.

1197 F. A. Wolf an Goethe *22. Juni 1795*

Es wird mir schwer, den Genuß der vier unbeschreiblich glücklichen Tage, die ich Ihnen neulich zu danken hatte, einen Genuß, der mir immer noch täglich wie neu ist, und Ihr Bild täglich vergegenwärtigt, länger in mir zu verschließen. Was mich oft in eine melancholische Stimmung setzt, der Mangel eines Freundes, mit dem ich Empfindungen wechseln könnte, die doch am Ende das wahre Leben sind, das drückt mich itzt vorzüglich. Ich war dem Bücherkerker entlaufen, um mich zu zerstreuen; und statt Zerstreuung gewährte mir die Reise so unendlich viele Freuden höherer Art, daß ich, um den Geschmack an den Büchern wieder zu bekommen, noch ausdrücklich eine Zerstreuungsreise machen muß. Unter jenen Freuden wird mir die, Ew. Hochwohlgebornen persönlich kennen gelernt zu haben, auf immer die unvergeßlichste sein. Es ist doch durchaus etwas anderes, Schriften, selbst die, worin das Herz noch so stark redet, zu bewundern und hochzuschätzen, und den Quell, der sich in unserm Zeitalter kaum genug in Schriften ergießen kann, in seiner eigentümlichen Fülle und Klarheit zu sehen.

1198 F. A. Wolf an Böttiger *5. Juni 1795*

Auch lassen Sie dann gelegentlich den edeln lieben Goethe ein Wort davon merken, der mir – wenn meine Ohren recht hörten – so etwas Ähnliches von einer Reise oder einem Durchfluge hieher [nach Halle] merken ließ.

1199 F. A. Wolf an J. H. Voß *12. Oktober 1795*

Goethen habe ich unendlich schätzen lernen: bei dem paart sich deutsche Kraft und griechische Grazie am schönsten. Doch Sie lernten ihn ja früher kennen.

1200 Böttiger

Bei Goethe. Zuerst über Lessing. Er war bloß zum Literator geboren, aber ein sehr schlechter Bibliothekar. Plan, nur bis 1740 bei der Wolfenbütteler Bibliothek komplett zu sein. Große Unordnung. Seine eignen Schriften auf der Bibliothek zerschnitt er, um sie abdrucken zu lassen. Seine Neigung zur Orthodoxie empfing er in Berlin, wo er weder Spalding noch die andern Aufklärer ausstehen konnte. Langer, sein Nachfolger, wohnte den vornehmsten Auktionen auf seinen Reisen bei und erstand überall kostbare Bücher, die er aber so lange stehn ließ, bis er in Wolfenbüttel sedem fixam bekam, wo er alles zusammen kommen ließ. Er arbeitete sehr gründliche Rezensionen in der «Allgemeinen Deutschen Bibliothek»; so hat er unter andern des Erlanger Beyer Versuch über den Theokrit sehr scharf rezensiert.

Wir besahen Goethes Gemmensammlung. Bemerkung über eine Stelle im Bion, die ich nirgends finde. «Bei den alten Theatern», sagt Goethe, «war weit mehr etikettenmäßige Konvention, als bei den unsrigen, da wir das, was der inneren Energie an Überredungskunst abgeht, durch [Betonung?] der Äußerlichkeiten und Szenerie zu ersetzen suchen. Die Alten hatten in ihren Masken, Dekorationen, Maschinen und Theaterkostüm unendlich mehr, was durch allgemein angenommene Konvention niemand mehr beleidigte, uns aber unendlich lächerlich vorkommen würde, eine reiche Fundgrube für die Parodie und Travestierung der Komiker. So bin ich überzeugt, daß das Theater gleichsam in gewisse Regionen geteilt gewesen sein muß, und daß die Luftregion, in der die obere Maschinerie, die dii ex machina (Wolken, Vögel usw. im Aristophanes) schwebten, und die Wasser- und Orkusregion übereinander rangierten, ohngefähr so, wie in den Gemälden und Reliefs des Altertums eine Reihe Figuren auf den Köpfen der untern Reihe steht. Dies war unwandelbar und stets vor den Augen der Zuschauer, auch dann, wenn im ganzen Stück das Bedürfnis der einen Region nicht ein einziges Mal eintrat. Etwas anders war es mit den exostris und ἐκκυκλήσεσι des Innern des Hauses und der Veränderung gewisser Gassen, wie dies auch Palladio beim Theater zu Vicenza sehr artig angebracht hat. Diese stehenden Dekorationen machen es auch allein begreiflich, wie mehrere, oft acht Stücke in einem Tage gleich nacheinander ohne Störung und Embarras aufgeführt werden konnten.» Wolf bemerkte hierbei, daß er vollkommen überzeugt sei, daß mehrere Tetralogien gleich nacheinander aufgeführt worden wären, nur daß die Stelle in Aristoteles' Poetik, wo von hundert Stücken die Rede sei, zu unglaublich sei, um nicht den Verdacht einer Verfälschung gegen sich zu erregen.

Hierauf erzählte Goethe, wie die Advokaten in den großen Sälen des Gerichtshofes von Venedig ihre Sachen plädieren. Den Richtern gegenüber, so daß die Sachwalter im Rücken sind, sitzt ein Segretario, der Stunden- oder Halbestundensanduhren vor sich stehen hat und diese, während der Advokat spricht, auslaufen läßt. Der Advokat läßt oft Instrumente, Zeugnisse, Gesetze vorlesen, das durch einen besondern Schreiber geschieht. Solange dies dauert, wird das Stundenglas umgelegt, weil dies Ablesen nicht zugerechnet wird. Der Advokat, dem alles daran liegen muß, zu seinem Vorteil Zeit zu erobern, spricht oft nur ein paar Worte drein, als: «Hört! Bemerkt vorzüglich dies Zeugnis!» Augenblicklich stellt der Sekretär wieder das Stundenglas, welches oft sehr schnelle Vibrationen veranlaßt. Der Gegner hat ebenso viel Zeit zugemessen. Es plädieren in wichtigen Sachen gewöhnlich zwei Advokaten für den Kläger und zwei für den Angeklagten. Die ersten reden mehr statarisch und gemäßigt und haben nur die ruhige Auseinandersetzung der Tatsachen, die zwei letzten aber wirken auf die Leidenschaften und wenden alle Redekünste an. Hier entstehen auch wirkliche concertationes und altercationes, indem der Gegner den Redenden oft ins Wort fällt, der Redende aber über diese Unterbrechungen laute Klage führt. Der Fall, den Goethe plädieren hörte, betraf die Ableugnung eines Fideikommisses von 6000 Scudi, wo die Prokuratoren der pia causa die Kläger waren. Da bediente sich der Redner für den Beklagten aller Kniffe, um das Mitleid der Richter zu bewegen. Der Beklagte war ein alter siebzigjähriger Mann. «Bedenkt!» sagte sein Sachwalter, «daß es hier nicht eigentlich auf die Summe von 6000 Scudi, sondern auf Ehre und bürgerliche Existenz [eines] Bürgers abgesehen ist, und daß der so viele Jahre lang gesparte und vermehrte Schatz von Bürgertugend durch euer

Verdammungsurteil auf einmal verloren gehen würde.» Beide Parteien, für welche die Redner sprechen, sitzen einander gegenüber und sind gegenwärtig. Sie beobachten nicht allein die größte Demut mit niedergeschlagenen Augen und gesenktem Haupte, sondern der Beklagte ist auch wirklich nach seinem Anzuge in luctu et squalore. Die Dokumente und Instrumente, worauf es auf beiden Seiten ankommt, und die von dem Schreiber abgelesen werden, sind schon gedruckt, und die Richter haben sie in den Händen; nach beendigter Ballotage der Richter können sie auch die umstehenden Zuhörer zu kaufen kriegen, vorher aber nicht. Goethe hatte die in Großquart sehr splendid gedruckten Dokumente beider Parteien in zwei Cahiers bei dem erwähnten Handel gekauft und zeigte sie uns noch vor. Auch hatte er den einen Advokaten im größten Affekt des Harangierens aufs Papier gezeichnet und wies ihn der Gesellschaft vor. Er macht mit vorliegendem Körper mit der rechten Hand einen besondern Gestus [durch Aufsetzen der Spitze des Zeigefingers auf die Spitze des ausgestreckten Daumens], welcher eigentlich das Wiegen mit der Waage oder das Senken der Sonde anzeigt und eine besondere Genauigkeit ausdrückt (pensitato rem agitare). Die ganze Zahl der Richter teilt sich in quarantarios, öfter nach zwanzig, sechzehn, ja nur Dekaden, die zusammen in verschiedenen Teilen des ungeheuren Saales (also wie in den basilicis zu Rom die judicia centumviralia) zu gleicher Zeit Prozesse abhören. Die corona populi steht gierig horchend herum und ermüdet mehrere Stunden nicht. Neben Goethe stand ein Knabe von zehn Jahren, der vier Stunden lang mit nimmersatter Spannung alles auffing. Die Redner haben eigentlich kleine Kanzeln oder suggestes, in welchen sie sprechen sollten; aber sie stellen sich gewöhnlich davor und harangieren mit ganz freistehendem Körper. Wolf bemerkte, daß sich zu dieser Sitte alle Belege teils aus den Römern, teils aus den Griechen finden ließen. Die neuern Reisebeschreiber erzählen fast gar nichts davon; einige unvollständige Winke gibt Meyer in seinen «Darstellungen aus Italien».

Bei der Betrachtung einiger altsizilischen Münzen von

vorzüglich schöner Arbeit wurde die Hypothese sehr wahrscheinlich gefunden, daß die Griechen in Sizilien ihre eigene selbstwachsene Kunst und Literatur lange vor den Athenern und Pisistratiden gehabt hätten.

Über Deklamation des Hexameters nach der Quantität und dem Akzent. Wenn ihn Voß feierlich liest, so ist es wahrer Gesang und Intonation. Die Silbe, wo der Akzent steht, wird etwas gehoben und geschärft, zum Beispiel hómini, homínibus, etwa wie die Engländer den Konsonanten in der Aussprache verdoppeln, der den Akzent hat. Aber der Akzent gibt auch eine gewisse Erhöhung des Tons, der ganz verschieden von der Länge und Kürze der Silbe ist. Jeder Hexameter hat 24, also jeder pes 4 Zeiten, von welchen in den alten Scholien oft die Rede ist.

Es wurde ein Versuch mit dem Anfang der Ilias gemacht. Gleich das erste Wort μῆνιν gab zu der Bemerkung Gelegenheit, daß man hier eigentlich μέενιν aussprechen müsse; denn das η sei doch nur ein doppeltes εε und sei auch, sowie alle Diphthongen der Griechen, getrennt, schnell ausgesprochen worden. Daraus sei auch auf allen langen Vokalen der Zirkumflex zu erklären, der eigentlich nichts als ein acutus und gravis —´`— sei, aus welchen später die sonderbare geschlängelte Form entsprang. Man müsse sich also μῆνιν so geschrieben und akzentuiert vorstellen: μέὲνιν. Die Griechen haben eigentlich nur Einen Akzent, den acutus; der gravis zeigt bloß absentiam acuti und der Zirkumflex den acutus neben dem gravis an. – Die Ungarn haben in ihrer Sprache das meiste von dem, was die Alten Akzent nannten. Sie begriffen auch in Wolfs Vorlesungen alles sogleich, da die übrigen Zuhörer große Mühe hatten. So sprach ein Ungar Wolfen um den Chestérfield an, und als ihn Wolf tadelte, bewies er, daß er recht gesprochen habe. Auch die Lateiner akzentuierten so gut, als die Griechen, nur daß sie die Akzente nicht schrieben. Wolf rezitierte zugleich den ersten Vers der Eklogen [Vergils] und zeigte, wie ihn die Römer ausgesprochen haben müßten:

Τιτυ̲ρε τυ̲ πάτυ̲λα̲ι ρέκυ̲βανς συβ τεγμινε φαγε̲ι.

Es sei allerdings möglich, die alte Aussprache der Römer

ganz aufzufinden und wieder herzustellen, aber ihren lebendigen Ton hätte man darum nicht.

Wolf erklärte sich sehr lebhaft gegen Wielands Verdeutschung des φ in f. F war ein barbarischer, den Griechen ganz unbehülflicher und unaussprechlicher Buchstabe, daher Cicero einmal gegen einen Graeculus das Argument braucht: er könne nicht einmal den Namen Fundanius aussprechen. Die eigentliche Aussprache der Griechen sei π-h, Phi, gewesen. Wieland horchte hierbei sehr auf.

Die unnachahmliche Naivität des Magister Hederich in seinem Mythologischen Lexikon: die Töchter des Asklepios.

Goethe läßt auf einem Friese eines seiner Zimmer die Metamorphose der Tyrrhener in Delphine aus der Laterne des Demosthenes zu Athen abkopieren. Sonderbare Behandlung dieses Sujets auf diesem Kunstwerke nach einem ältern μῦθος.. – Eine kleinere Bronze, ein Priap ohne Hoden, vielleicht ein Archigallus, obgleich mit einem Barte, das vielleicht klimatisch zu erklären sein dürfte.

Wärmezusammenfassende Kraft der wollenen Kleidung, erkältende der Leinewand. Vorzug des Altertums in Kleidung und accubitus.

Die Reime sind barbarischer Abkunft. «Nur ein Wieland», sagte Goethe, «sollte reimen.» «Gleim tut's ohne Freibrief», sagt Wieland. Der Reim paßt eigentlich nur für kürzere canzoni; sobald er zu den Stanzengedichten in Ariost, Tasso usw. übergeht, verirrt er aus den Jamben in Anapästen, als: armī pīētōse [in La Gerusalemme liberata]. Wer mag ihn eingeführt haben?

Als Goethe von Palermo nach Girgenti reiste, sah er vom Wirtshause, wo er mittags hielt, mehrere reisende Sizilianer die Distelköpfe, die in unzähliger Menge auf einer verwilderten Wiese emporragten und eben noch im Schossen und Aufblühen waren, abhauen, schälen und essen. Er probierte es nun selbst und fand die so geschälte Sprosse zart und süßlich, so daß sie nach unserer Salatzurichtung dem Spargel sehr ähnlich gewesen wäre. Der Vetturino raufte Puffbohnen und verteilte sie als große Delikatesse; er selbst verzehrte einen rohen Kohlrabi, wie wir einen Apfel verzehren würden.

Über Träume. Wolf erinnert sich nie, geträumt zu haben, auch kann er schlafen, wann und wie lange er will. Den traumlosen Schlaf erklärt auch Goethe für den erquickendsten. Goethe erzählt einen sehr scharfsinnigen, philosophischen Traum, den er in verflossener Nacht gehabt habe.

1201 Böttiger

[Goethe über F. A. Wolfs «Prolegomena ad Homerum» wohl am 29. Mai 1795] Die zwei scheinbarsten Widersprüche ließen sich a) aus dem Glauben ableiten, daß Homer sich der Errungenschaft und des Eigentums vieler Sänger vor ihm bemächtigt, und so auf dieser Basis solche Epopöen erbaut hätte, wie wir sie noch haben. Dann fiele die psychologische Unmöglichkeit doch ganz weg. Aus so vielen und so oft schon bearbeiteten Sujets ließe sich ja wohl noch eine Ilias und Odyssee von einem Homer zusammen setzen; b) aus der Tradition, daß die schon geordneten und von Homer in wahren Zusammenhang gestellten Rhapsodien durch die Ungeschicklichkeit der spätern Rhapsoden auseinandergerissen und erst von Solon wieder zusammengefügt worden wären. Viel von Wolfs Behauptung würde auch bei dieser Hypothese sehr wohl bestehen können.

Den meisten Beifall hat sich Wolf von den neueren Theologen zu versprechen, die kein geringes Triumphlied darüber anstimmen werden, daß nun auch dieser heidnische Moses entthront ist.

Ich als Dichter habe ein ganz anderes Interesse, als das der Kritiker hat. Mein Beruf ist zusammenfügen, verbinden, ungleichartige Teile in ein Ganzes zu vereinigen. Des Kritikers Beruf ist aufzulösen, trennen, das gleichartigste Ganze in Teile zu zerlegen. Als Dichter habe ich also eine unübersteigliche Scheidewand zwischen mir und dem heillosen Beginnen des Kritikers gezogen. Aber ich kann nun doch des Kritikers in hundert Fällen nicht entbehren. Ich lese meinen Homer mit Bewunderung, stoße aber auf einmal auf Szenen und einzelne Stellen, die allen Eindruck stören, und mich aufs unangenehmste situieren. Hier weiß ich's dem Kritikus unendlichen Dank, wenn er mir sagt: ja grade diese Stelle ist unecht.

Wolf würde, wenn er nicht öffentlicher Lehrer wäre, diese Ideen schwerlich so fein ausgesonnen haben. Der Drang und die Begeisterung öffentlicher Mitteilung bewirken Wunder.

Wenn nach Wolfs Andeutung die Odyssee um 100 Jahre später, und unter einem ganz andern Himmel als dem Jonischen gesungen ist, so dürfte man wohl auf Sizilien raten.

Wolfs unbegrenzte Mitteilungsfertigkeit und Bereitwilligkeit steht mit seiner Belesenheit und Wissenschaft im vollkommensten Ebenmaß.

1202 Schiller an Körner *2. Juni 1795*

Deine Ergießungen über Meister habe ich Goethen, der wieder hier [in Jena] ist, vorgelesen und ihm Freude damit gemacht. Auf die Komödie will er aber nicht entrieren, denn er meint, daß wir kein gesellschaftliches Leben hätten.

Er hat bei der Revision seines Manuskripts für die Fortsetzung des Wilhelm Meister eine interessante Materie über den Unterschied zwischen Roman und Drama unter die Feder bekommen, worin mir die Hauptidee sehr gefällt. Der Roman, sagt er, fodert Gesinnungen und Begebenheiten, das Drama Charakter und Tat. –

Im Roman darf der *Zufall* mit handeln, aber der Mensch muß dem Zufall eine Form zu geben suchen. Im Drama muß das *Schicksal* herrschen, und dem Menschen widerstreben usf. Die Ausführung dieser Ideen, wovon er mir ausführlicher gesprochen, gibt ihnen sehr viel Wahres.

1203 W. v. Humboldt an F. A. Wolf *3. Juni 1795*

Gegen Mittag kam Goethe zu mir, und bedauerte sehr, Sie nicht mehr zu finden. Er ist Ihnen äußerst gut geworden, und trägt mir viele herzliche Empfehlungen an Sie auf. Die Prolegomena beschäftigen ihn sehr ernstlich, und ich kann Ihnen nicht sagen, wie zufrieden er damit ist. Zwar ist er noch weit entfernt, sich überhaupt für eine Meinung entschieden zu haben; Sie kennen seine weise Bedachtsamkeit. Allein die Methode, und der Gang der Untersuchung machen ihm vorzügliche Freude, und er hat mir namentlich gesagt, daß in dieser Rücksicht schon jede Seite lehrreich sei. Böttiger hat letzten Freitag eine Abhandlung bei Goethe gelesen, wo er beweist, daß eine von Psammetichus berufene Jonische Kolonie zuerst auf Papyrus geschrieben habe. Gestern und heute blieb Goethe hier [in Jena], und morgen gehe ich mit ihm auf zwei bis drei Tage nach Weimar. Außer einigem an meinen metris ist seit Ihrer Abwesenheit nicht viel bei mir geschehen. Indes ist doch die Anzeige Ihrer Odyssee fertig, und Sie müssen nicht schelten, wenn ich sie beilege ... Der letzte Grund, warum ich schicke, ist, daß es doch, wie Goethe immer sagt, hübsch ist, auch Kleinigkeiten gemeinschaftlich zu machen ...

[Am Rande] Ich habe Goethe ermuntert, die Ilias in Rücksicht auf Ihre Prolegomena durchzulesen, und ich hoffe, er wird es tun.

1204 W. v. Humboldt an Schiller *2. Oktober 1795*

Auch die Kleinigkeiten dieser Lieferung [des Musenalmanachs für das Jahr 1796] haben meinen vollkommenen Beifall. Die beiden an Fichte haben uns viel zu lachen gegeben. Ob er sich wohl erkennen wird?

Herr Lappe wird sich doch durch dies und das erste Stück wieder einigermaßen bei Goethe rechtfertigen, der, wenn Sie sich noch erinnern, sich sehr über ihn lustig machte.

1205 W. v. Humboldt an Schiller *2. Februar 1796*

Ich habe mich wirklich schon gestern nach einigen alten Ausgaben des Fuchs umgesehn, nicht um in das eigentlich Literarische einzugehen, wozu ich auf keine Weise im Stande bin, allein um doch einigermaßen zu sehen, wie viel oder wenig Goethe im Materiale geändert hat. Leider kann ich hier die Gottschedische Ausgabe (1752) nicht habhaft werden, nach der doch Goethe, wie er mir, dünkt mich, sagte, zunächst gearbeitet hat.

1206 *W. v. Humboldt an Goethe* *9. Februar 1796*

Leben Sie recht wohl, teurer Freund, und vergessen Sie nicht, was Sie mir einmal in Dornburg mit so vieler Güte sagten, daß man auch abwesend immer einen gewissen fortdauernden Umgang unterhalten müsse.

1207 *D. J. Veit an Rahel Levin* *4./6. Juni 1795*

Goethe hat die Claudine am vorigen Sonnabend [30. Mai] aufführen lassen; vor einiger Zeit, da er hier [in Jena] war, ließ ihm Latrobe ein Lied von ich weiß nicht wem? und aus dem musikalischen Blumenstrauß, komponiert von Zelter, mit dem Anfang: «Ich denke dein», vorsingen, und spielte es selbst. Er war tief gerührt von der Komposition, ging nach Hause, und flickte es mit aller Gewalt in die Claudine ein, aber mit ganz abgeändertem Text...

Heute habe ich ihn wieder gesehen, und gegrüßt, und war eine Stunde hindurch in einem Zimmer mit ihm; denn er war und kömmt jedesmal nach unsrer Krankenanstalt, und läßt sich über jede Kleinigkeit belehren. Die theoretischen Teile der Medizin hat er vollkommen inne. Die Claudine ist, bis auf das (wie es heißt) äußerst gute Orchester, und bis auf die Gruppierungen, die eingesetzt werden, äußerst miserabel gesungen und gespielt worden. Der Rugantino singt wie ich, und spielt vollkommen die Rolle wie ein liederlicher Barbiergeselle. Goethe hat das Stück in Prosa gesetzt, und verkürzt; dabei ist aber gar nichts Merkwürdiges. Die Stelle: «Wer dichtet nicht, dem diese Sonne» usw. ist geblieben, und unser Rugantino hat sie mit einer Art von dummen Hohngelächter, mit Spaß vermischt, hergeplärrt. Auf Goethes Frage an Latrobe: «Nun wie hat es Ihnen denn gefallen?» und Latrobes Antwort: «Ihr Orchester ist äußerst brav», erwiderte Goethe: «Ja, sehen Sie, es ist gewiß im einzelnen recht schlecht gegangen; denn niemand war in der Rolle; indessen geben sie uns doch hier das Äußerste, was sie haben, und wenn man das sieht, hat man immer Vergnügen. Ganz verhunzen können sie es nicht, und mich hat der fünfte Akt sehr überrascht; ich habe gar nicht geglaubt, daß er so viel Zusammenhang und so viel Theatralisches hat;

und Benda (der in Berlin war) singt doch wenigstens.» Übrigens weiß ich von den Schauspielern, daß sie äußerst aufgebracht sind, und behaupten, Goethe könnte wohl etwas schreiben, aber nichts angeben, und vom Schauspieler verstände er gar nichts. Das ahndet er freilich nicht. – Morgen wird Chladni hier seine Künste machen; vermutlich ist er wieder da. Sehr amüsiert hat es mich, im Theater Goethe und Wieland nebeneinander mit den Büchern in der Hand sich innig freuen und miteinander sprechen zu sehen. Goethe war den Tag äußerst vergnügt; er hatte traktiert, und zwar hiesige Professoren und Latrobe und Schleusner ...

Den 6. morgens 5 Uhr ...

Latrobe ist ein jüngerer Sohn eines Herrnhuters in London ... hier war er immer mit Hufelands (Professor der Rechtsgelahrtheit; es gibt auch einen Arzt dieses Namens hier) viel zusammen, ein sehr angenehmes Haus, wohin Goethe immer kömmt, sooft er hier ist. Die Frau singt sehr schön, der Mann ist fein, gescheit, gelehrt, äußerst rechtschaffen, etwas kalt; in diesem Hause hat er Goethe kennen lernen, der erst vorgestern wieder da gespeist hat.

1208 J. F. Latrobe an W. v. Bock *15. Februar 1842*

Was Goethes Persönlichkeit betrifft, so muß ich ehrlich sagen, daß der Eindruck, den sie auf mich jungen Laffen von etlichen zwanzig Jahren machte und [der] mir jetzt lebendig wieder geworden, vollkommen mit der vorteilhaften Riemerschen Darstellung übereinstimmt. Ich bin wohl mehr als ein dutzendmal von Teezeit bis Schlafengehen bei Hufeland in seiner Gesellschaft gewesen und zuletzt einen ganzen Tag von 10 Uhr mit der Hufelandschen gewöhnlichen Gesellschaft als Gast bei ihm im Hause. Ich war sehr jung und unerfahren und längst für ihn enthusiasmiert – aber ganz dumm doch nicht – und so mag der dem Gefühl des damals noch unbefangenen Jünglings eingeprägte und gebliebene Eindruck vielleicht mehr Richtigkeit und Wert haben, als was andere nicht ohne schlimme Motive herausspekuliert und sich selber zu Ehren der Welt aufgebürdet haben.

1209 *Th. v. Bernhardi: Jugenderinnerungen* *1893*

Latrobe war ein großer starker Mann, der Brillen trug, sehr entschieden englisch und etwas derb aussah, auch das Deutsche mit einem sehr merkbaren englischen Akzent sprach; er war gescheit, hatte vielerlei Interessen und sprach besonders immer mit der größten Begeisterung von Goethe, mit dem er als Jenenser Student in Berührung gekommen war und der ihn mit Güte behandelt hatte.

1210 *C. Schönborn: Zur Verständigung über Goethes Faust* *1838*

Weniger bekannt ist wohl die Veranlassung zu dem vielbesprochenen Märchen in den Unterhaltungen deutscher Ausgewanderten. Ich verdanke die folgende Auskunft darüber einer sehr zuverlässigen Hand: «Goethe im Paradies, einem Spaziergang längs des Saalufers bei Jena, auf und nieder wandelnd, sah jenseits des Flusses auf bunter, mit Bäumen besetzter Wiese eine schöne Frau, der die Natur eine herrliche Stimme geschenkt hatte, in weißem Kleide und buntem Turban mit andern Frauen umherstreifen, und hörte ihren Gesang über das Wasser herüber. In der Nähe des Paradieses wohnte ein alter Mann, der um geringen Lohn jeden, welcher da wollte, in einem schmalen Kahn nach dem jenseitigen Ufer brachte. Als es schon dämmerte, kamen ein paar Studenten und schifften mit Hülfe des alten Fischers lachend und den Kahn schaukelnd über den Fluß. Jener Abend erweckte, wie Goethe einmal erzählte, in ihm den Gedanken an das Märchen mit der grünen Schlange.

1211 *Schiller an Goethe* *29. August 1795*

Das Märchen ist bunt und lustig genug, und ich finde die Idee, deren Sie einmal erwähnten, «das gegenseitige Hülfleisten der Kräfte und das Zurückweisen aufeinander», recht artig ausgeführt.

1212 *W. v. Humboldt an seine Frau* *Frühsommer 1795*

Gestern abend waren wir mit Meyer allein und ebenso heute mittag. Der Herzog nämlich war auf der Jagd, und so wäre ich heute vergebens am Hofe gewesen. Goethe hat das so arrangiert, obgleich die Herzogin schon hatte die Tafel auf meine Anmeldung ansagen lassen. Diese Jagd hat nun unsere Pläne ein wenig derangiert. Es wird nämlich nicht angehen, daß ich Sonnabend zurückkomme; da ich doch einen Mittag beim Herzog und einen anderen bei der Herzogin-Mutter sein muß, und Du schlechterdings auch einen Mittag bei Goethe zubringen mußt, so ist der Plan nun so gemacht. Ich bleibe bis Sonntag abend hier, und Du kommst Sonntag morgen bei *guter Zeit*, spätestens um 10 Uhr, mit den lieben Kinderchen her, issest bei Goethe, und wir fahren in der Kühle zurück. Goethe hat dies so vorgeschlagen und läßt Dich recht freundlich bitten, uns keinen Strich durch die Rechnung zu machen. In der Tat, liebe Li, mußt Du uns folgen. Es wird Dich nicht reuen. Außer so vielem, was Du bei Goethe schon sehen kannst, hat auch Meyer prächtige Sachen für des Herzogs Gartenhaus fertig, die nicht bei ihm bleiben, aber jetzt noch hier sind, und schon Goethe in seinem Hause zu sehen, ist interessant. Auch sieht liebes Kind, wo Bill gewohnt hat, das tut's ja auch gern. Goethe inkommodiert's gar nicht, und um es noch besser zu machen, können wir ja die Kinder den Mittag mit Emilie und Günther im Erbprinzen essen lassen, und vor- und nachmittag ist in Goethes Garten hinterm Hause recht hübsche Gelegenheit für sie. Meyer rechnet mit Gewißheit, Dich den Morgen in seiner Stube zu unterhalten, und freut sich schon im voraus. Goethe hat mich gefragt, ob er jemand für Dich dazu bitten sollte. Ich hab's aber abgesagt. Wir sind hübscher allein ... Als wir gestern ankamen, kam der August Goethen entgegengesprungen, und Du hättest nur sehen sollen, wie der Junge so lieb tat mit seiner heftigen Zärtlichkeit, und der alte Goethe so herzlich froh dabei war.

1213 D. J. Veit an Rahel Levin *5. Juni 1795*

Indem ich dieses schreibe, ist Goethe entweder schon in Karlsbad, oder kömmt doch bald hin. In beiden Fällen ist es gut, wenn Sie wissen, daß er nicht in Gesellschaft mit irgend einem Vornehmen kömmt (soviel ich weiß), daß er jetzt besser gelaunt ist als jemals, wiewohl er steifer aussieht als jemals, und äußerst gerne in völliger und fröhlicher Ungezwungenheit lebt. Ich denke, Sie kommen gewiß mit ihm zusammen, besonders da er ohne Zweifel begierig ist, die Unzelmann kennen zu lernen. Berlin haßt er ziemlichermaßen. Das fürs Gespräch! Sollte die Vulpius mit ihm sein? Die Bekanntschaft mit ihr dürfte wohl von ihm ganz entfernen. Doch hierüber weiß ich nichts Gewisses. Für ganz gewiß sagen alle Menschen hier, er reise, und so glaube ich es.

1214 Böttiger an F. A. Wolf *11. Juni 1795*

Der arme Goethe! er leidet seit länger als acht Tagen an einem häßlichen tumor maxillaris und sieht aus wie eine Kropfgans. Er ist daher für niemand sichtbar, studiert aber desto fleißiger Ihre Prolegomena. Da haben Sie einen großen Proselyten gemacht, auf den man schon etwas stolz sein kann.

1215 K. Ch. Rolsch an Jean Paul *15. Juni 1795*

Fliegen Sie – fliegen Sie! Sie finden alle, die Sie wünschen, Wielanden – Herdern – Goethen – ebens komme ich aus dessen Hause, mit der Nachricht, daß Goethe mit Ende dieses Monats oder mit Anfang des künftigen verfliegt.

1216 Fritz v. Stein an Charlotte Schiller *17. Juni 1795*

Der Goethe ist wieder wohl, indes ist er doch ein wenig abgemattet von denen spanischen Fliegen. Er hat immerfort seinen stupenden Fleiß und läßt sich wenig in der Welt sehen. Nach Ilmenau wird er nun nicht gehen, aber in der Mitte des Juli nach Karlsbad.

1217 Böttiger an F. A. Wolf *18. Juni 1795*

Goethe reist wahrscheinlich in acht bis zehn Tagen von hier ins Karlsbad, nach Pyrmont und, was weiß ich, wo sonst noch hin, so daß er vor Ende Augusts nicht wieder zurückkommt.

1218 Böttiger an F. A. Wolf *29. Juni 1795*

Goethe ließ mir sagen, als ich ihm ... Ihren Brief insinuierte – denn er war die letzte Zeit, Gott weiß aus welcher Geschäftigkeit, jedem persönlichen fremden und einheimischen Besuch unzugänglich –, er würde mir einen Brief an Sie zuschicken. Er ist aber diesen Morgen abgereist, und ich bin leer ausgegangen. Er hält nichts auf geschwängerte Briefe ... Noch ehe ich Ihren Brief erhielt und Ihre Vollmacht hatte, wanderte ich schon mit meinen drei sauber in apfelgrün Livrei gekleideten homerischen xeniis zu Goethe, weil ich durch seinen Hausgenossen Meyer erfahren hatte, daß es ihm bei diesem Geschenke wirklich heiße ωκειαι χαριτες χαριεστεραι. Ich hatte Meyer auch Ihr Plänchen wegen der Sachsischen Bimssteintoilette mitgeteilt, und Goethe hatte darauf geäußert: Das wäre doch von einem so präzisen Logiker der erste Paralogismus gewesen. Das Einbinderlohn wolle er lieber einmal mit Ihnen in Champagner vertrinken. Sunt ipsissima verba. Als ich mit meiner Spende eingetreten war, kam mir sehr ungelegen der Geheimerat Voigt, um ihm wegen Ilmenauer Bergwerksachen Bericht abzustatten. Er dankte also nur mit der ihm eigenen Lieblichkeit, und nun kam er gleich auf Voß, der Goethen seine vierte Ekloge usw. geschickt hatte. Goethe war auch über das vale an Heyne erstaunt und sprach mit vieler Herzlichkeit von dem wackeren Voß. Zugleich hörte ich, daß er spätestens in sechs Wochen von Karlsbad zurückkommen müsse, weil dann eine starke Untersuchung in Jena zur Abstellung der Ordensteufeleien, die immer stinkender werden, angestellt werden soll. Er hat übrigens auch Hoffmann versprochen, nächstens mit dem Herzog nach Dieskau zu kommen, und dann besucht er Sie ganz gewiß auch in Halle.

1219 K. L. v. Woltmann: Selbstbiographie *1818*

Nach Weimar zu gehen, säumte er nicht. Er stand jetzt in einer Periode der Kultur, wo Goethe ihm Altertum und neue Zeit zugleich war ... Dieser empfing ihn mit jener sonnenhellen Milde und Fülle, womit die Götter ihren Liebling, als der auszeichnenden Eigentümlichkeit, begabt zu haben scheinen. Ihr Gespräch kam auf das wahrhaftige Leben von Individuen, so in poetischer als historischer Darstellung, und zum erstenmal sprach Woltmann darüber aus ganz freier Brust, und so, daß ihm dieses tiefste Geheimnis aller darstellenden Kunst durch das Gespräch lichter wurde.

1220 *Carl August an Schiller* *9. Juli 1795*

Für die überschickten Horen, werter Herr Hofrat, sage ich Ihnen den verbindlichsten Dank. Die Elegien hatten mir sehr wohlgefallen, da sie mir der Autor vorlas oder herzählte, indessen glaubte ich immer, er würde sie noch etwas liegen lassen, ehe er sie öffentlich erscheinen ließ. Wenn sie vor dem Druck in die Hände mehrerer Freunde gegeben worden, so würde man vielleicht den Autor vermocht haben, einige zu rüstige Gedanken, die er wörtlich ausgedrückt hat, bloß erraten zu lassen; andere unter geschmeidigeren Wendungen mitzuteilen, noch andere ganz zu unterdrücken.

1221 *Charlotte v. Stein an Charlotte Schiller* *4. Juli 1795*

Ich hoffe, Goethe soll von Karlsbad wieder gesund zurückkommen. Seit dem Winter auf der Redoute habe ich ihn nicht wieder gesehen, als letzt einen Augenblick im Garten, wo er aber so eilte, aus der Luft zu kommen, daß ich meine Ansprache gegen ihn nicht endigen konnte.

1222 *Friederike Bruns Tagebuch* *7.–9. Juli 1795*

[Karlsbad.] Abends brachte mir die brave Göchhausen den Goethe. Anspruchloser wie er es ist in seinem Reden und Schweigen, in seinem Gehen und Stehen, ist es unmöglich zu sein. Sein Gesicht ist edel gebildet, ohne gleich einen innern Adel entgegen zu strahlen, eine bittere Apathie ruht wie eine Wolke auf seiner Stirn. Bei einem schönen, männlichen Wuchs fehlt es ihm an Eleganz, und seinem ganzen Wesen an *Gewandtheit;* ist das der Günstling der Musen und Grazien? Dies der Schöpfer des Tasso, des Egmonts, und der Iphigenia, des Werthers und Götz, des Faust, und ach der Sänger jener herzempörenden und herzstillenden, jener sanft einlullenden und aufschreckenden Lieder? Ich sah nur den Verfasser des Wilhelm Meister diesen Abend, und auch *der* ist aller Ehren wert. – Da faßte mich bei einem Gedanken, aus dem der seinige zurück strahlte, plötzlich sein Flammenauge, und ich sahe Fausts Schöpfer. Ich sehe ihn seitdem täglich und versäume keine Gelegenheit ihn zu sehen. Anfangs quälten mich seine Blicke, die ich immer auf mir und an mir empfand, wenn ich ihn *nicht* ansah, und die dann die des *forschenden* Beobachters waren; und des Beobachters ohne *Hoffnung* und Glauben an reinen Menschenwert, der nur neue Gestalten zu seinen lebenvollen Gemälden sucht und in die Welt sieht wie in einen Guckkasten. Gestern und heute ist er sehr liebenswürdig und traulich gewesen, und ich habe zuweilen den Werther und Egmont hervorleuchten sehen, ob ich den Tasso und die Iphigenia erblicken werde? Das Glück hat ihn verzogen und die Weiber. Er hat geschwelgt ohne zu genießen, genommen ohne zu geben, ob je in seinem Herzen der reine Ton der Liebe wieder erklingen wird? Er hat viel geredet und immer als ob's halb im Scherz wäre, aber im bittern Scherz herrliche Sachen gesagt über Kunst, Epigramme, Elegisches, Improvisieren, Liebe als Mittel zum *Zweck*, über Hoffnung, die in ihm erstorben ist, von seiner äußersten Empfänglichkeit durch Phantasie bei Gelegenheit der Kupfer zu Wielands Werken. Ärgerlich ist's, daß er seine Paradoxe, wenn man ihm drüber zu Leibe geht, oft mehr wie halb zurück nimmt, so daß sie darüber nicht selten zu Gemeinplätzen werden. Nun hab ich doch ein Interesse hier, und nun fängt die Kur auch an, mir zu bekommen; ach, bei aller Erinnerung ist's doch etwas Elendes um eine öde Gegenwart! Ich gerate immer mit dem Goethe in sehr lebendige Unterhaltung. Er redete über die stille Hoffart und den Übermut der *Dänen*, der sich, wie er neckend versicherte, in mir besonders offenbare. Er öffnet mit viel Bonhomie sein Inneres, in dem sich mir ein reicher Fond von Wahrhaftigkeit und Billigkeit offenbart. Übrigens war er heut (dies ist alles beim Sprudeltrinken auf und ab geredet) schrecklich paradox, und ich ergrimmte über sein Wegwerfen der *Erinnerung*, «die Gegenwart ist die einzige Göttin, die ich anbete», sagte er – über seinen Unglauben an intellektuelle Freundschaft. «Freundschaft werde durch Verhältnisse genährt» (daß sie aus Sympathie entstünde, gab der *Sünder* doch zu), und wenn diese sich änderten oder aufhörten, stürbe sie Hungers. Ich ward zur Salzsäule! Da kam die Rede vom seligen Moritz, mit dem er viel in Italien gelebt, und da war er so weich und gut und lobte und bedauerte den Moritz so aus meinem Herzen heraus, daß ich ihm hier alles verzieh. Einmal sagte er: «Niemand hat Mitleiden mit mir, wenn ich klage» (es war Scherz), ich sagte ihm ernst: «ich habe bei manchem Ihrer Lieder inniges Mitleiden empfunden». – «O ja, ich war wohl unglücklich in diesen Augenblicken, aber dergleichen muß man abschütteln», – «Nein nicht abschütteln! durch Arbeiten und in sich zur Heiterkeit verwandeln», – sagte ich; denn seine Gleichgültigkeit ohne Heiterkeit und daß er schon so ganz mit den Menschen abgerechnet hat, ist mir schrecklich.

1223 Friederike Bruns Tagebuch *12. Juli 1795*

Heute sah er zuweilen leibhaftig aus wie sein Faust. Bald glaubte ich ihn auf dem Faß zu sehen, und dann glaubte ich wieder, der Gottseibeiuns würde ihn auf der Stelle holen. Heute hatte ich eine sehr lehrreiche Unterhaltung über Italien mit diesem Proteus; er habe seinen Zweck während seines zweijährigen Aufenthalts doch nicht erreicht, und warum? Denn wirklich, mir ist unbegreiflich, *was* dieser Adler nicht erreichen *könnte*, wenn er *will*. Er habe wollen so ins Anschauen der Kunst sich vertiefen, daß diese Vorstellung ganz objektiv, und sein ganzes Wesen, seine Ichheit ins Anschauen der Schönheit übergegangen wäre, er sozusagen sein *Selbst* darin verloren hätte! Ich sagte ihm, dies sei noch aus der *Agathonischen* Schwärmerei von intellektueller Schönheit. O, Goethe, wie irret Dein großer Geist umher! Die Erde war Dir zu niedrig, und Du *verschmähst* den *Himmel, welche Stunde wird die Deines Erwachens sein?* Nun schwebt er zwischen Himmel und Hölle. Wenn Dein Sonnenblick sich dem neuen Lichte öffnet, dem Du ihn mit wahrer *Her-*

zenshärte verschließest; was hat Dich zu diesem Trotze gegen alles das gebracht, welches doch so göttlich aus Dir redet? Denn wirklich ist in gewissen Momenten ein Blick in Goethes Auge ein Beweis für Unsterblichkeit mehr. Heute redete ich viel mit ihm über seine häuslichen Verhältnisse, seine Freunde, seinen Knaben. Wie er aus Scheu vor einer genauen Verbindung nach und nach mit einem Wesen, das Gleichheit der Denkart und Handlungsweise ihm lieb gemacht habe, in die genaueste [Verbindung] geraten sei. Ich sagte ihm meine Freude an seiner Wahrhaftigkeit und Billigkeit. «Das erste ist man, weil man *muß*, das zweite, soviel man *kann*», sagte er sehr bescheiden. Wir freuen uns aufrichtig unseres Bekanntwerdens, und er schließt mir von seinem Innern auf mit einer Treulichkeit, für die ihm mein Herz Dank weiß. Über Poesie, daß sie keinem Gesetz untertan sei, als dem der Schönheit, und frei zwischen Himmel und Erde herum schwebe und sich keine Fesseln anlegen lassen müsse. Über Erziehung. Er hat einen Jüngling von zwanzig Jahren seit dem fünften gebildet, nun erzieht er nach denselben Grundsätzen sein Kind von sechs Jahren. «Daß man das Kind auf eignen Beinen stehen, mit eignen Augen sehen lasse, auf daß es selbstständig bleibe», ist ihm wie mir eine Hauptsache. Wirklich und wahr! Das erste ihm oft mehr wie das letzte, kraft seiner Anbetung der Gegenwart. Er scheint sehr kinderlieb zu sein. Am Abend war er hier bei uns mit der kleinen Levin und der Unzelmann, die sehr verständig tut und etwas Treuherziges in ihrem Blick hat, welches mir gefällt. Sein Ton mit Frauen, die nicht streng auf sich halten, ist nicht fein, und an zarter Grazie fehlt's ihm überhaupt. Der Herr Rittmeister von Gualteri war ungebeten dazu gekommen, ein *avantageuser* fât, mit dem Goethe zu meinem Erstaunen sehr bekannt und vertraut tut, ihn aber dabei heimlich schraubt. Er sagte viel Treffliches über Theater und Kunst, daß man die Grenzen des ersteren nicht erweitern sollte. Moritz' orginale Idee mit dem *Menschenantlitz im Meergewoge*, als der vollendetesten Bildung, aus ungeheurer Formlosigkeit hervorgegangen. Ein sinnreicher *Mythos!* Über das Theater der Italiener, es habe eine bestimmte *Norm* und drehe sich im engen Kreise, in dem es vollkommen sei. Vergleich mit dem französischen. Schönes Wort von *Goethe über Schönheit*, wie ich nach Moritz' Äußerem fragte: «In Ihren Kinderjahren würden Sie ihn *schön* genannt haben» (ich hatte ihm nämlich gesagt, wie ich Physiognomie und Bildung verwechselte als Kind). «Das ist die Eigenschaft, die die Menschheit vor allen andern organisierten Wesen unterscheidet, daß wir freilich alle *schön sein sollten*, daß es aber nichts dazu tut, wenn wir's auch nicht sind, weil die Moralität aus uns spricht» – und *die Seele* von innen heraus das *Ungebildete bildet und adelt*, setzte ich hinzu. «Das nennen wir andern Menschen nun nicht *so*», sagte er etwas *trocken* und nicht ohne Bitterkeit. Wie er sich aus diesem Widerspruch heraus wikkeln wird, soll mich verlangen. Er hat sehr viel *mimisches Talent* und kann aussehen wie der lebendige *Miltonische Teufel*, doch ist's schade um ein so edles Gebilde, es verzerrt zu sehen! Mittags mit meiner kleinen «*Heidelbeere*» Levin geschwatzt, es ist ein herziges, *sinnvolles* Wesen, die so rein und unbefangen aus dem Schatz ihres guten Herzens mitteilt. Fräulein von Bradele, Hofdame aus Dresden. Eine *Bacchantin* aus der niederländischen Schule. Goethe studiert sie ...

Nachmittags kam Goethe, um mit mir zu Sarah und Marianna zu gehen; bis ich fertig war, lies er *Lotte lesen*. Er hat so viel Kindlichkeit und Einfalt in seinem Wesen wie alle erhabenen Geister. Bei Meyers war er gar hold, und Marianne, die holde Seele, geht ihm ans Herz. Er ist fertig mit dem dritten Teil von Meister. «Ich bin der Redakteur jetzt, und sehe das Ding nach, wie das Werk eines Verstorbenen.» ...

Kleine Polin [Therese Brzozowska], *mit der Goethe viel sprach*. Ein stilles, liebes Wesen. Goethe liebt die Leidenden und gesellt sich sanft und teilend zu ihnen. Wir redeten über das große unerschöpfliche Sujet «den Menschen». Wie kein Mensch die ganze hehre Form und Würde der Menschheit ausfülle und erreiche. Wie jeder Mensch in seinem Innern eine ganze Weltgeschichte erlebe. Über Kinder, man muß ihren Begierden *entgegen kommen*. Je lebhafter sie sind, um desto mehr, – weil nur aus innerer Begierde und äußerem

Widerstand Unwahrheit geboren wird. Aber ich mag's nicht mehr abschreiben und skelettieren, was er mit lebendigem Feuergeist gesagt und von sich offenbart. Nur so viel, es ist unmöglich *unmaßgeblicher* und anspruchsloser zu sein, – ach, seine Forderungen sind nur zu eingeschränkt, nur wenige Worte über das Leiden, das er erduldet, ehe er nach und nach dahingekommen, wo er nun sei. «*Es war gräßlich oft*», und wie er sein Wesen in hohem Grade dem Publikum mitgeteilt, «aber mit großen Lücken», wie die zwischen der Iphigenie, dem Tasso und Faust. Alle seine neuen Produkte lagen 18–15–10 Jahre da...

Abends war Goethe wieder etwas *Faustinisch* wild (wie er es leider Frauen, die ihm *nur schön* sind, gegenüber *leicht* wird), doch sagte er herrliche Sachen über 1) Voß, seine Luise, Odyssee, 2) über das Briefschreiben.

1224 Friederike Bruns Tagebuch *19./20. Juli 1795*

Abend still und ruhig mit Goethen, Mariannen und Sarah. Meine Bosheit von voriger Mitternacht fehlte noch, um uns zu Freunden zu machen. Lieblicher Morgen mit der kleinen Polin, die mir holde Lieder vorsang, voll von *süßer Melancholie*. Sie hängt mit sanft sympathetischem Gefühl an mir. *Dann mit Goethe gefrühstückt* und spazieren gegangen. Ganz öffnete er mir sein Herz und ließ mich in seine Verhältnisse blicken. Dieser außerordentliche Mensch konnte freilich nicht auf gewöhnliche Weise sein viel forderndes Herz und seinen ungestümen Sinn befriedigen. Innig erfreu ich mich, ihn häuslich glücklich zu wissen, als guten zärtlichen Vater. Seine Kinder-Liebe ist *charakteristisch*. Die meinigen hängen mit Leidenschaft an ihm, und ich würde ihm mit Freuden ein *Mädchen* anvertrauen. Denn seine Überzeugung über weibliche Bestimmung und weibliche Würde ist äußerst edel und zart. Seit fünfzehn Jahren studiert er ausschließend *Naturgeschichte*.

1225 Friederike Brun: Stammbuchnotiz

Goethe und ich sehen uns täglich in Karlsbad, und er war dort mein höchstes Interesse, aber *ihn* bitten, in mein Tagebuch zu schreiben? Unmöglich. Als er dieses am dritten Orte bei einer gemeinschaftlichen Freundin sieht, blättert er darin und sagt mir: «Es steht so mancher Narr drin, soll *der Goethe* nicht hinein?» – «Ach nur zu gerne! Darf ich's senden?» – Ja! ich tat's; nach acht Tagen bringt er mir's wieder: «Liebes Frauchen, hätten Sie mich gleich einschreiben lassen, Sie hätten was recht Schönes hinein bekommen, – aber nun ist's entflogen, aber ich schicke es einmal!» und dabei sagt er mir, er könne selten dergleichen, wenn er gerade wollte, und schreibe daher oft mit Bleistift.

1226 Friederike Brun an Ch. H. Pfaff *26. Juli 1795*

Die letzte Zeit meines Aufenthalts in Karlsbad ward mir höchst lehrreich und zuletzt lieb durch meine Bekanntschaft mit Goethen. Wir sahen uns täglich erst mit Neugierde, dann mit Interesse, dann schieden wir voneinander mit Wohlwollen. Mir erschien er als eins der seltensten Exemplare der Menschheit, in voller Kraft eines unbeugsamen Willens und hohen Geistes. Ihm war es vielleicht neu, ein Weib zu sehen, die ruhig und ungeblendet ihn beobachtete. So blieben wir eine Weile einander gegenüber, aber dann öffnete er sich mir mit edler Offenheit, fühlend, daß ich sein besseres Selbst suchte – und ich entdeckte in ihm einen Schatz der Wahrheit, Billigkeit und häuslichen Güte, die, verbunden mit dem, was der Schöpfer des Tasso und der Iphigenia und des Egmont zu geben vermag, mir ihn unvergeßlich machen. Lassen Sie mich immer stolz darauf sein, mich mit Goethen auf diesem Wege gefunden zu haben – und denken Sie auf mein Wort gut von Goethen, dem Menschen, man sage, was man wolle ...

Die Kinder sind brav. Goethe war in beide vernarrt, zumal in Lotte. «Die jungen Dinger sind gar liebe Narren», sagte er, und sie hingen an ihm wie Trauben. Lotte lehrte er richtig lesen – Karl unterrichtete er über Mineralogie. Seit fünfzehn Jahren ist Naturgeschichte (zumal Mineralogie und Physik) Goethes ausschließendes Studium. Alle seine neueren Schriften sind lange fertig im Pult gewesen.

1227 *Friederike Brun an Böttiger* *14. Mai 1799*

Die Kupfer von Catel und Nahl in Hermann und Dorothea sind so schön, als die von Bolt empörend schlecht sind. Die Leier-Vignette ist prächtig! Sagen Sie Goethen (denn ich hoffe, alle Fehd' hat ein Ende), ich könne sie nie ansehen, ohne an das Soupé in Karlsbad zu denken, da Goethe auf *Adlerweise* die jungen *Hühner zerlegte*. Ich besitze eine Skizze von Tischbein (Orest und Iphigenia nach Goethe), wo der Orest beinahe Porträt von Goethe ist, und die Tischbein mir schenkte, weil ich *das* sah...

1228 *Marianne Meyer an Goethe* *22. September 1795*

Adieu, guter Goethe (den Geheimen Rat habe ich mir sehr gern von Ihnen wegräsonnieren lassen), also immer *guter lieber* Goethe, dabei bleibt es, von nun an bis in Ewigkeit. Amen! Wie steht es mit meiner Patin? ich hoffe, Sie vergessen Ihre Versprechen nicht – mein Blättchen und noch mehr Versprochnes – wie auch die Haare, auf alles harre ich mit Ungeduld – *ich* vergesse *nichts*, mit nächstem Posttage erhalten Sie alles.

1229 *Marianne Meyer an Goethe* *11. Dezember 1795*

Sie haben mir einmal gesagt, Sie verständen meine Schwester nicht! – ich weiß nicht, welche falsche Delikatesse mich zurückhielt, *Ihnen* meine Meinung über ihr zu sagen... [Folgt eine längere Auseinandersetzung über den Geisteszustand der Schwester Sara von Grotthus.]

1230 *W. v. Humboldt an Schiller* *12. Oktober 1795*

Von Goethe höre ich hier allerlei possierliche Geschichten erzählen, die von zwei getauften Jüdinnen, die mit in Karlsbad waren, herkommen. Außerdem daß er ihnen soll erstaunlich viel vorgelesen, in Stammbücher und auf Fächer geschrieben, und ihre Produktionen korrigiert haben, erzählt auch die eine, die sonst ein sehr schönes Mädchen war, daß er ihnen die einzelnen Gelegenheiten erzählt habe, die ihn zu den Elegien veranlaßt, namentlich die zu dem Vers: und der Barbar beherrscht römischen Busen und Leib! Dies läßt doch wohl auch auf die Unterwürfigkeit des Jüdischen schließen, nicht wahr? Übrigens aber, obgleich diese mit vieler Indiskretion herumgetragnen Geschichtchen Goethes Bild hier mit einigen neuen Zügen ausgestattet haben, finde ich es äußerst vernünftig, einige sogenannte aufgeklärte Männer und denkende Köpfe von hier, die zugleich da waren, und über ihre Zurücksetzung sehr mißmutig schienen, vernachlässigt, und diese Getauften erwählt zu haben, die in der Tat, viel Preziöses und Affektiertes abgerechnet, recht geistvoll und angenehm sind. Sie sollen auch, wie sie erzählen, bei dem erwarteten neuen Ankömmling in Weimar Patenstelle vertreten.

1231 D. J. Veit an Rahel Levin *14. August 1795*

Und so habe ich denn Goethe [in Karlsbad] oft gesprochen, in der ersten Viertelstunde über Sie gesprochen, und Horn auch. Das mag Sie trösten; denn Horn kann es Ihnen erzählen; jeder von uns hat ihn einzeln gesprochen; ich bei weitem am längsten, und über mehrere Materien.

Er redete mich auf dem Ball von selbst sehr freundschaftlich an, fragte in der Geschwindigkeit nach den Örtern, die ich passiert hätte; ich nannte Töplitz und Sie, und sagte ihm, wiewohl ganz flüchtig, daß ich Sie schon sehr lange kennte, und Ihretwegen nach Töplitz gereist wäre. Nicht um zu *urteilen*, sondern um unwillkürlich mit seinen Empfindungen auszubrechen, sagte er: «Sie haben sehr recht getan; o die Levin hat sehr viel gedacht, hat Empfindungen und Verstand, es ist was Seltnes; das muß ich sagen – wo findt man das? Wir haben auch so vertraut zusammen gelebt, wir waren beständig zusammen. Ja – das ist gewiß. Nun, wenn Sie sie lange nicht gesehen hatten, ja freilich» usw., und dabei lauter freundliche Gesichter, und beständig entouriert, im Geschrei sagte er mir das immer weiter. Wir gingen auseinander ... Während des dicksten Tanzes war Goethe eine Zeitlang frei; Horn tanzte, und ich konnte die Zeit abwarten. Ich ging zu ihm hin, und redete ihn mit den Worten an: «Sie werden wohl noch einige Zeit hier bleiben, Herr Geheimerat?» Goethe: «Länger als ich dachte – o setzen Sie sich – solange es hübsch ist; ich habe so viel Freunde hier, man macht hübsche Bekanntschaften, und so weiß ich noch nicht, wann ich abgehe; aber dann komme ich wieder nach Jena (er ist hier) und arbeite.» Darauf kamen wir in ein Gespräch über seine anatomischen Arbeiten, von denen er sagte, er hätte sie schon zehnmal zum Druck fertig gehabt, und ebenso oft wieder unterdrückt; es wäre unendlich schwer auszuführen; «wir befinden uns in einem Chaos von Kenntnissen, und keiner ordnet es; die Masse liegt da, und man schüttet zu, aber ich möchte es gerne machen, daß man wie mit *einem Griff* hinein griffe und alles klar würde; es ist nun nicht mein Fach; ich treibe es aus Begierde, aus Leidenschaft; ich will gerne zeigen, daß alles auch hier einfach ist, wie in den Pflanzen; daß aus Knochen alles deduziert werden kann; aber noch sehe ich das Ende nicht; vor jedem neuen Buch erschrecke ich; denn es ist den Versuchen nicht zu trauen; achten muß man darauf, und in einem Menschenleben macht man nicht alle nach. Es ist überhaupt mein Grundsatz: den umgekehrten Weg einzuschlagen; man hat bisher so viel Hypothesen in der *Naturlehre* gemacht; das ist falsch; denn für meine Meinung finde ich immer Gründe in dem Unendlichen der Natur; die Kräfte sind so mannigfaltig, daß ich immer *einige* derselben unter einen Gesichtspunkt bringen kann, wenn er auch unrichtig ist; *hier* muß man viel Versuche machen, um nicht zu irren; in der *Naturgeschichte* hingegen hat man immer klassifiziert und nebeneinander gestellt, ohne zu räsonnieren; *hier* kann man Hypothesen wagen; denn die Fehler sind leicht zu finden; jeder Knochen, jede Pflanze, die mir in die Hände fällt, widerlegt mich.» Über diese Materie haben wir noch lange gesprochen, und *nun kommt Ihr Triumph*, meine liebe Rahel; eine Sache, die Sie kaum glauben werden, die ich so *unglücklich* bin, Ihnen schreiben zu müssen. Hören Sie! ich sprach mit ihm über den literarischen Sansculottismus (Horen, fünftes Stück) und sagte ihm geradezu: «Herr Geheimerat, Sie werden es vielleicht für Arroganz, für Unbescheidenheit halten, aber es ist wirklich keines von beiden; ich *muß* Ihnen sagen, daß mir Ihr literarischer Sansculottismus eine große

Freude war; wenn man selbst jung ist, so kann man nichts lieber hören, als wenn ein Mann wie Sie mit einer solchen Deutlichkeit an seine Jugend denkt, und so warm sich für die jetzigen größeren Fortschritte interessiert» usw. *Goethe:* «Unbescheidenheit? warum? es ist mir sehr lieb, daß Sie mir das sagen; sehr lieb. Sagen Sie, warum soll man dabei still sein? Ich habe dem ganzen Gang so mit zugesehen; ich, *und wenn ich auch nicht gewirkt habe*, so glaube ich doch, *daß ich nicht ohne Wirkung* gewesen bin; und nun kommt einer, und sagt: ‹es ist nichts, und wir haben nichts.› Daß ich so immer den Gang mit weiter mache, und mich daran vergnüge, das muß ich ja tun; das, was mir entgegen wächst, entgegen kommt, was aufsproßt, – *anderer Leute Kinder oder meine, hier einerlei*, – das *ist* ja das Leben; was erinnert mich sonst, daß ich bin und wie ich bin? Ich sehe ja, daß man weiter kommt, und man will mich überreden, daß man zurück gehe?» usw. Wir haben über eine Stunde miteinander gesprochen; ich nicht weniger als er; diese Hauptsachen habe ich Ihnen schreiben können. Was sonst noch passiert ist, ist größtenteils unbedeutend, und soll der Inhalt künftiger Briefe sein.

1232 D.J. Veit an Rahel Levin *3. September 1795*

Den zweiten Tag nach unserer Ankunft war Ball, und Goethe kam mir entgegen, mit den Worten: «Nun, wie geht's Ihnen denn, lieber Herr Veit? Sie haben sich hieher gemacht; sehr recht! Wo kommen Sie denn jetzt her?» usw. Als ich ihm hierauf geantwortet hatte, und ihm sagte, daß ich in Töplitz acht Tage gewesen, und hingereist wäre, um Sie zu sprechen: «Ja, da haben Sie wohl recht getan», versetzte er, «wenn Sie sie in langer Zeit nicht gesehen hatten; freilich. – Ja es ist ein Mädchen von außerordentlichem Verstand, die immer denkt, und von Empfindungen – – wo findet man das? Es ist etwas Seltenes. O wir waren auch beständig zusammen, wir haben sehr freundschaftlich und vertraulich miteinander gelebt.» Zu Horn, der sich ihm von selbst präsentierte, hat er gesagt: Sie hätten stärkere Empfindungen, als er je beobachtet hätte, und dabei die Kraft, sie in jedem Augenblick zu unterdrücken, und noch mehr.

(Ich war nicht zugegen.) Er ging fort ... Während des Tanzes saß er einmal allein; ich ging zu ihm hin, und habe über viel Sachen mit ihm gesprochen; mit mehr Wärme, und zugleich mit mehr Achtung für mich habe ich ihn noch nicht mit mir sprechen hören. Ich fragte ihn nach seinen anatomischen Plänen, und seinen Arbeiten überhaupt. Was er mir hierüber gesagt hat, und was besonders neu war, läßt sich in kurzem darauf zurückführen: «Man sollte in der Natur*geschichte* mehr räsonnieren; denn das Räsonnement kann sehr viel helfen, und nie schaden, da jeder Naturkörper, jede Pflanze, jeder Knochen mich widerlegt, wenn ich gefehlt habe, und in der Natur*lehre* mehr Versuche machen; da man nicht leicht eine Hypothese aufstellen kann, für die sich nicht Erscheinungen finden, bei der Unendlichkeit der Natur, und den unzuberechnenden Modifikationen der Kräfte.» Aber nun die Hauptsache. Nachdem wir ein langes und breites darüber und über die vielen unzuverlässigen Bücher gesprochen hatten, sagte ich ihm, daß mir sein literarischer Sansculottismus ein erstaunliches Vergnügen gemacht hätte, und er möchte es nicht für Unbescheidenheit nehmen, daß ich es ihm sagte. Wenn man selbst jung ist, Herr Geheimerat, so muß es einen wohl freuen, wenn man sieht, daß ein Mann wie *Sie* sich der Jugend und der jetzigen Zeit so sehr annimmt. «Warum für Unbescheidenheit? Mir ist das sehr lieb. Ja, warum soll ich mich überreden lassen, daß wir zurück gehen, wenn wir offenbar vorwärts kommen? und warum sollt' ich mich nicht um alles bekümmern? Das, was heran wächst, was mir entgegen sproßt, – *anderer Leute Kinder, oder meine, hier einerlei,* das ist ja das Leben; nicht wahr, das ist das Leben?» So sprachen wir noch lange, und gingen durch Zufall auseinander. Er hat mich seitdem oft angeredet, und wenn auch nur von albernem Zeug, Ortentfernungen, Reisen, doch immer einige Worte mit mir gesprochen. Auf einem andern Balle, wo Polinnen tanzten, sagte ich ihm einmal, gegen die Polen wären wir Deutschen doch nur eine Art Holländer und wie die Menschen mit Grazie tanzten! «Kein Wunder», versetzte Goethe, «die Grazie ist ihnen eingeboren.»

1233 *Herder an Schiller* *16./17. August 1795*

Hier ist das Opus über Homer, das mir viele Mühe gekostet hat, indem ich den Knoten auflösen, nicht zerschneiden wollte. Goethe hat die Auflösung in dieser Manier ein Gnüge geleistet.

1234 *Schiller an Körner* *17. August 1795*

Goethe ist seit acht Tagen wieder zurück, und dies bringt wieder einige Veränderung in meine Einsamkeit.

1235 *Charlotte v. Stein an Charlotte Schiller* *29. August 1795*

Hier wieder ein Teil Erzählungen. Mögen sie Schiller so gut einschläfern, wie Goethes Märchen neulich Wieland, als Goethe in einer Gesellschaft bei sich vorlas.

1236 *Schiller an W. v. Humboldt* *7. September 1795*

Mich amüsiert der sonderbare Widerspruch zwischen euch vier Kunstrichtern, Goethen, Sie, Körner und Herder. Jeder hat einen andern Liebling unter meinen Stücken, Goethe die Ideale ...

1237 *Charlotte v. Kalb an Charlotte Schiller* *8. September 1795*

Goethe sah ich noch nicht; er ist aber wieder hier. Meyer sagte mir, er habe schon längst mich besuchen, mich zu sich einladen wollen; aber sein *Mißstand mit der ganzen Sozietät* hier macht, daß er auch für mich verloren ist. Das könnte, das sollte anders sein.

1238 *Fichte (Brief an?)* *Sommer 1795*

Goethe gesprochen. Er war die Artigkeit, die Freude mich zu sehen, die Freundschaft selbst; er bezeigte mir ungemeine Achtung. Wir sprachen Philosophie; von Geschäften kein Wort. «Er hoffe, *wenn wir einander in der Nähe blieben*, aus diesen, den philosophischen Dingen, noch sehr viel mit mir zu sprechen», sagte er etliche Male, ohne daß ich es zu bemerken schien.

1239 Falk an K. Morgenstern *27. September 1795*

Goethe hat mich mit all der stillen Liebe und Freundschaft aufgenommen, als ahndete es ihn, daß wir vielleicht Hand in Hand unter den geheiligten Schatten des Helikons lustwandeln dürften.

1240 Schiller an W. v. Humboldt *5. Oktober 1795*

Heute ritt Goethe zu mir herüber [nach Jena] und ist soeben wieder abgereist. Nächsten Donnerstag geht er mit einem Auftrag vom Herzog nach Frankfurt, wo er einige Wochen zu bleiben gedenkt. Er grüßt Sie freundlichst und wird Ihnen bald schreiben. In den letzten Wochen war er so beschäftigt, daß er das Zimmer kaum verließ, weil Unger Manuskript haben wollte, und er über seinen italienischen Sachen den Rest des sechsten Buchs von Meister hatte liegen lassen. Er will mir vor oder auf der Reise eine kleine Schrift der Madame Staël *von der Erfindung* (nur etliche Bogen stark) übersetzen, welches wir dann mit einigen Anmerkungen convoyiert in die Horen setzen wollen. Sonst ist für dieses Jahr schwerlich mehr etwas von ihm zu erwarten. Ihre längere Abwesenheit beklagt er sehr. Auch der Anatomie wegen hat er sich auf Ihr Hiersein im Winter gefreut. Würden Sie sich dazu entschließen können, ihm Ihr Logis zum Absteigs-Quartier zu erlauben, wenn er den Winter eine Zeitlang hier zubrächte? Für Ihre Sachen, die etwa aus dem Wege zu räumen wären, würde Lolo schon Sorge tragen ...

Goethe wird Sömmering in Frankfurt aufsuchen und mir von der feuchten Seele schreiben. Was für seltsame Dinge doch die Sucht nach dem Neuen und Außerordentlichen ausheckt!

Hier die Elegie [Würde der Frauen]. Ich habe sie heute auch Goethen gelesen, auf den sie sehr gewirkt hat.

1241 Charlotte Schiller an Goethe *16. Oktober 1795*

Es hat uns recht weh getan, daß Sie uns so schnell verlassen mußten, kommen Sie doch ja bald wieder, daß wir wieder recht lustig sein können. Wenn Sie unter Ihre Kunstwerke suchen und finden vielleicht etwas von dem, was Sie mir vorigen Sommer versprochen, nämlich was mir nützlich wäre zum Kopieren, so würden Sie mich sehr damit erfreuen. Sie sagten mir vorigen Sommer, daß Sie unter Ihren Reichtümern nachsehen wollten, und trugen mir auf, Sie wieder daran zu erinnern, Sie werden mir also verzeihn, daß ich es tue.

1242 Böttiger an F. A. Wolf 8. Oktober 1795

Goethe ist vielleicht, indem ich dies schreibe, bei Ihnen. Erst mußte er seinem Freunde und wackern Hausgenossen Meyer seinen Segen nach Italien, wohin er auf ein Jahr gereist ist, mitgeben. Dann, sagte er mir, könnte wohl noch zu einem Besuche in Halle Rat werden. Eben weil er dies immer noch gehofft habe, sei er Ihnen eine schriftliche Antwort schuldig geblieben, da er doch Ihr Werk selbst an den Karlsbader Heilssprudeln mit inniger Zufriedenheit gelesen und – verdaut habe.

1243 Schiller an W. v. Humboldt 26. Oktober 1795

Goethe erwartet jeden Tag die Niederkunft seines Schätzchens; er grüßt Sie.

1244 F. A. Wolf an Varnhagen von Ense 14. Juni 1823

[Über Wolfs Antwort auf Herders Aufsatz «Homer, ein Günstling der Zeit»] ... das Blatt, das Goethe damals eine Gabe lapis infernalis für den General-Superintendenten nannte ...

1245 Schiller an Herder 30. Oktober 1795

Der Geheimerat Goethe ist der Meinung, daß es wohl am besten getan sein würde, die Replik auf den Wolfischen Ausfall in das zwölfte Horenstück zu verweisen, wo dann auf alle Kritiken, die im einzelnen und allgemeinen über unser Journal öffentlich gefällt worden sind, auf einmal und für immer geantwortet werden könnte.

1246 Schiller an Cotta *30. Oktober 1795*

Im Äußern der Horen wünschen gar zu viele Stimmen eine Veränderung. Lassen Sie sich die Unkosten gar nicht abhalten, andere Schrift zu nehmen. Herder, Goethe und ich (die andern Autoren ohnehin) lassen gern 1 Louisdor an jedem Bogen für das Jahr 1796 fallen, daß der Buchdrucker entschädigt werden kann. Auch das Papier wird nicht weiß genug befunden, und verliert freilich neben der Gentzischen Monatsschrift. Herder, Goethe und ich sind der Meinung, daß man in dieser Kleinigkeit dem Publikum nachgeben müsse, und wir alle wünschen, daß Sie die Gentzische Monatschrift zum Muster sowohl in der Schrift, als in der ganzen Anordnung, Durchschießung der Wörter und Zeilen, Anzahl der letztern usf. nehmen möchten.

1247 Schiller an W. v. Humboldt *9. November 1795*

Goethe ist seit dem 5. hier [in Jena] und bleibt diese Tage noch hier, um meinen Geburtstag mit zu begehen. Wir sitzen von Abend um fünf Uhr bis nachts zwölf, auch ein Uhr beisammen und schwatzen. Über Baukunst, die er jetzt als Vorbereitung auf seine italienische Reise treibt, hat er manches Interessante gesagt, was ich mir habe zueignen können. Sie kennen seine solide Manier, immer von dem Objekt das Gesetz zu empfangen und aus der Natur der Sache heraus ihre Regeln abzuleiten. So versucht er es auch hier, und aus den drei ursprünglichen Begriffen, der Base, der Säule (Wand, Mauer und dergleichen) und dem Dach, nimmt er alle Bestimmungen her, die hier vorkommen. Die Absurditäten in der Baukunst sind ihm nichts als Widersprüche mit diesen ursprünglichen Bestimmungen der Teile. Von der schönen Architektur nimmt er an, daß sie nur Idee sei, mit der jedes einzelne Architekturwerk mehr oder weniger streite. Der schöne Architekt arbeitet, wie der Dichter, für den Ideal-Menschen, der in keinem bestimmten, folglich auch keinem bedürftigen Zustand sich befindet, also sind alle architektonischen Werke nur Annäherung zu diesem Zweck, und in der Wirklichkeit läßt sich höchstens nur bei öffentlichen Gebäuden etwas Ähnliches erreichen, weil hier auch jede einschränkende Determination wegfällt und von den besondern Bedürfnissen der Einzelnen abstrahiert wird. Sie können wohl denken, daß ich ihn bei dieser Idee, die so sehr mit unseren ästhetischen Begriffen zusammen stimmt, fest gehalten und weiter damit zu kommen gesucht habe. Ich glaube, man kann den Zweck der Baukunst, als schöner Kunst, objektiv ganz füglich so angeben, daß sie in jedem *besondern* Gebäude den *Gattungs*begriff des Gebäudes überhaupt gegen den *Artbegriff* zu behaupten sucht, wodurch sie dann subjektiv den Menschen aus einem beschränkten Zustand zu einem unbeschränkten (der doch wieder durchaus auf Gesetze gegründet ist) führt und ihn folglich ästhetisch rührt.

Goethe verlangt von einem schönen Gebäude, daß es nicht bloß auf das Auge berechnet sei, sondern auch einem Menschen, der mit verbundenen Augen hindurch geführt würde, noch empfindbar sein und ihm gefallen müsse.

Daß von seiner Optik und seinen naturhistorischen Sachen auch viel die Rede sei, können Sie leicht denken. Da er die letztere gerne vor seiner italienischen Reise (die er im August 96 anzutreten wünscht) von der Hand schlagen möchte, so habe ich ihm geraten, sie in einzelnen Aufsätzen in *seiner* darstellenden Manier zu den Horen zu geben. Ohnehin ist sonst nicht viel von ihm für das folgende Jahr zu hoffen.

Wir haben dieser Tage auch viel über griechische Literatur und Kunst gesprochen...

Ihren Brief an Hellfeld [wegen Überlassung der Wohnung an Goethe] habe ich noch nicht abgegeben. Goethe will sich erst noch besinnen, denn er hat einen neuen Bedienten, der ihn noch nicht recht zu besorgen weiß, und trennt sich deswegen nicht gern von dem Schloß, wo ihn Trapizius, der Schloßvogt, bedient. Die Ilgen, die er neulich sah, gefiel ihm sehr wohl, wie es schien, und ich merkte wohl, daß er nachher mehr Lust zu Ihrem Logis hatte. Wie er aber hörte, daß sie in Ihren Namen und Ihre Tugend verliebt sei, so wurde von dem Logis nicht mehr gesprochen.

1248 *Schiller an Körner* *16. November 1795*

Ich habe Deinen letzten Brief Goethe, der eine Zeitlang hier war, gewiesen und ihn sehr damit erfreut. Denn außer Deinem Urteil über das Märchen und den Meister interessierte ihn auch, was Du von [Fritz von] Stein und seiner Erziehung sagtest. Goethe hat ihn eigentlich ganz erzogen, und sich dabei vorgesetzt, ihn recht objektiv zu machen.

1249 *Charlotte v. Stein an ihren Sohn Fritz* *18. November 1795*

Von Goethe erhielt ich gestern abermals einen Teil des *Wilhelm Meister*, der mich beim Lesen sehr unterhalten hat. Er hat wieder ein Faulconbridgen taufen lassen, und es ist gestern wieder gestorben.

1250 *Böttiger*

[Wieland:] Da hat sich aber neuerlich ein gewisser Herr Richter in Hof hervorgetan ... Der Mensch ist mehr als Herder und Schiller. Er hat eine Allübersicht wie Shakespeare. Goethe urteilt von ihm: man müsse sich mit diesem Menschen in acht nehmen und ihn weder zu viel noch zu wenig loben – ein sehr alltäglicher Orakelspruch.

1251 *Böttiger*

[Wieland:] Bei Ende des zweiten Bandes des Wilhelm Meister hoffte Goethe mit vier Bänden auszukommen. Jetzt spricht er schon von fünf Bänden. Die vier Friedrichsdor pro Bogen schmecken so gut, daß noch sechs oder acht Bände daraus werden können. Die Geständnisse der schönen Seele, welche die größte Hälfte des dritten Bandes ausmachen, sind von einer verstorbenen Dame, die Goethe nur nach seiner Art zuschnitt. Man sieht ihnen das Fremdartige auf jedem Worte an. Es fehlte eben Goethe an Manuskript. Das ganze Buch hat dadurch schon eine auffallende Ungleichheit, daß morceaux aus ganz verschiedenen Perioden Goethes darin sind. Überhaupt arbeitet Goethe so, daß er Stücke (zum Beispiel bei einem Schauspiel Szenen aus dem ersten und fünften Akt) einzeln ausarbeitet und sie dann sehr lose zusammenhängt. Das erste Buch im Wilhelm

Meister war schon vor zehn Jahren *viel lebendiger* einmal niedergeschrieben. Aber seltsam ist es, daß Goethe, der in seinem Serlo und Meister solche Ideale von guten Theaterdirektionen aufstellt, selbst ein so abscheulicher Direktor ist und bald den Geschmack des weimarschen Publikums auf Haberstroh reduziert haben wird (zum Beispiel der Zauberzither).

1252 Charlotte v. Stein an ihren Sohn Fritz 29. November 1795

Der dritte Teil von «Wilhelm Meister» ist sehr unterhaltend. Wie ich dem Autor sagte, ich wäre aufs Ende der Personnagen sehr neugierig, wie er es ausführen würde, so sagte er mir: im Leben brauche man nicht konsequent zu sein, aber freilich in einem Roman verlange man es. Ich stutzte ordentlich, daß er das Herz hatte, mir Das zu sagen, und unsere Unterhaltung war am Ende.

1253 Knebel an Caroline Herder 13. Dezember 1795

Es ist mir lieb, liebe Frau, daß Sie mir Gelegenheit geben, Ihnen ein Wort zu sagen, das ich so lange zu tun aufschob, weil ich es in Gegenwart unsers guten Herders nicht tun sollte noch wollte. Es kommt nämlich jetzt alles nicht auf Worte noch Schreiben, sondern darauf an, daß Ihnen wirklich geholfen werde, zum Unterhalt und fernern Fortkommen Ihrer so lieben Kinder. Vergessen Sie selbst alles, was vorgefallen ist, denn die Sache läßt sich nicht psychologisch ausmachen, und so weit bin ich mit Goethe überein, daß er *gewiß* beitragen wird, Ihnen eine gewisse Summe von dem Herzog zu verschaffen. Solche sei nun etwa 1000 oder 1200 Taler. Denn NB., und darin müssen Sie und werden Sie auch in den Gesichtspunkt von Goethe eingehn, er erkennt, obgleich nicht in denselben Ausdrücken und Worten, die Lüderlichkeit der Wirtschaft vom Herzog. Er sagte mir vor acht oder zehn Tagen, daß er überzeugt seie, daß gegenwärtig in allen Kassen des Herzogs nicht 5 oder 600 Taler bar zu finden seie. Da helfen also alle Sentiments nichts; die Sache ist durchgebracht, und man muß, wenn Notwendigkeit und Umstände es erfodern, bloß auf Gelegenheit lauern. *So* versteht es eigentlich Goethe, und aus diesem Gesichtspunkte sieht er es an. Kurz und gut, er meint, Sie sollten Ihre Anfoderung an den Herzog auf eine gewisse Summe fixieren, die der oben von mir benannten gleich ist, und dann bitten, daß man sie Ihnen in Terminen ausbezahlen möchte.

NB. in eben der Rücksicht, weil das Geld effektiv so selten da ist, und es bloß darauf ankomme zu lauern, ob und wann welches vorhanden seie – welches letztere er dann auf sich nehmen wolle. Ich glaube, Sie sollten also die Sache so suchen, entweder durch mich oder durch sich selbst bei ihm – weil ich doch von seinem guten Willen gegen Sie und Ihre Familie hierinnen von ihm überzeugt bin – und nun machen, daß Sie 5 oder 600 Taler gegen das Neue Jahr, und die andre Hälfte gegen Ostern ausgezahlt kriegten.

So weit bin ich ohngefähr letzthin mit ihm überein gekommen, und er hat mir nach seiner Art zugesagt, hierinnen so viel möglich beizustehen.

1254 Karoline Wilken: Erinnerungen

Einst nahmen die Eltern mich mit ins Theater, und ich erhielt einen Platz neben einem schönen, stattlichen Mann. Was gegeben wurde, weiß ich nicht mehr, wohl aber, daß ich sehr entzückt war und dadurch meinem Nachbar auffiel, der anfing, sich mit mir zu unterhalten, mir Bonbons anbot und immer freundlicher wurde, je offener ich mich aussprach. Nachher erfuhr ich, daß ich neben Goethe gesessen hatte.

1255 J.F.A.Tischbein an A.W.Schlegel — Herbst 1795

In Goethen habe ich bisher nur noch den Minister, nicht aber den feurigen, kraftvollen Schriftsteller gesehen. Hierüber zu einer andern Zeit nähere Erklärung.

1256 Sophie Tischbein an A.W.Schlegel — 14. Dezember 1795

Tischbein hatte Ihnen versprochen, etwas von Ihrem Abgott [Goethe] zu sagen. Die Zeit hat ihm gefehlt, sein Versprechen zu halten, und jetzt gibt er mir den Auftrag, es zu tun; er meint, einem Weibe würde es leichter, ein solches Kapitel abzuhandeln, als einem Mann. Nun, ich will es versuchen, und sehen, ob ich Ihnen begreiflich machen kann, daß dieser Halb-Gott (wie Sie ihn zu nennen pflegten) nur ein Mensch ist. Sie fragen mich, ob ich seinen Wilhelm Meister gelesen habe? O ja, verschlungen habe ich ihn mehr als gelesen, so außerordentlich schön finde ich ihn; aber eben darum verdrießt es mich, daß ein so schöner und großer Geist auch so einen schwachen Geist zeigen kann. Hören Sie nur und urteilen Sie. Erst muß ich Ihnen aber sagen, daß ich ihn wohl im Schauspielhaus gesehen habe, aber nie gesprochen; denn er würdigte uns seines Besuchs nicht. – Er hat einen jungen Künstler [Meyer] mit von Italien gebracht, gibt ihm Wohnung und den Tisch und hat ihn dem Herzog empfohlen, der ihm auch des Jahrs etwas gibt; und Goethe sein Plan ist, diesen Menschen in der Folge dort zu fixieren. Was dieser Mensch leisten kann, ist (wie alle Kunstverständige sagen) sehr wenig; auch ist dies das allgemeine Urteil des dortigen Publikums über ihn. Tischbein hatte ein besonderes Empfehlungs-Schreiben an Goethe. Dieser aber empfing ihn sehr kalt, und kam, obgleich halb Weimar Tischbein besuchte, in den ersten sechs Wochen nicht zu ihm; endlich ist er denn doch gekommen, aber immer kalt geblieben, und je mehr Arbeit Tischbein bekam, je mehr man mit seiner Arbeit zufrieden war, je zurückhaltender wurde Herr Goethe; auch hat er es nicht bei der Kälte bewenden lassen, sondern wirklich Kabale gegen Tischbein gemacht; es tut mir leid, dieses von ihm sagen zu müssen. Der Herzog sowie die Herzogin äußerten den Wunsch, Goethe von Tischbein seiner Hand gemalt zu sehen. Tischbein bat ihn um sein Porträt. Wieland, Herder und Böttiger haben ihm dies sehr gütig zugestanden, Herr Goethe aber abgeschlagen. Da nun die Arbeit vor den Hof geendigt war, ging Tischbein nochmals zu Goethe und bat ihn doch, zu kommen und sein Urteil über die Gemälde zu sagen, und können Sie es glauben? Er ist nicht gekommen. – Was konnte anders die Ursache dieser sonderbaren Behandlung sein als Furcht, daß seines Protégé Arbeit in Vergleichung mit der von Tischbein seiner zu viel verlieren würde, oder die, daß Tischbein sein Urteil über diesen Menschen frei heraussagen würde, und er auch ebenfalls dadurch verlieren würde.

Beides verbesserte nun Goethe durch sein Betragen nicht, und Sie selbst werden mir zugestehen, daß diese Behandelung keinen edlen Zug in seinem Charakter bewies, und dabei sehr viel Menschliches hatte. – Sobald es hieß, Tischbein würde den Winter in Weimar bleiben, ließ Herr Goethe seinen Künstler geschwind nach Italien reisen, und nun höre ich wird er wieder zurückkommen. – Mir ist es sehr leid, daß ich um einer so läppischen Ursache willen um das Vergnügen gekommen bin, die Bekanntschaft eines Mannes wie Goethe gemacht zu haben.

1257 J.I. Weitzel: Das Merkwürdigste aus meinem Leben 1821

Im Spätjahr 1795 kam ich nach Jena …

Mit Goethe fand ich Gelegenheit, einige Worte bei dem Eislaufe auf der Saale zu wechseln, wo ich einem Knaben, der sich nicht fest auf seinen Schlittschuhen zu halten wußte und öfter fiel, hülfreich an die Hand gehen wollte. Der Junge war, wie ich hörte, Goethes Sohn, und quälte sich verlassen auf der glatten Bahn, während der Vater in dem Gewühle rüstiger Läufer sich auf ihr noch ziemlich gewandt bewegte. Der große Mann sah mir etwas vornehm aus, und das Vornehme ist, wie ich in seinen Schriften gelesen zu haben glaube, abstoßend. War ich verständig, dann mußte ich gestehen, daß er sich gegen mich benahm, wie er sich gegen einen Menschen von meinem Stande und Alter benehmen konnte. Warum sollte er anders als vorübergehend und auf eine gleichgültige Weise Notiz von meiner Erscheinung nehmen? Unglücklicherweise wußte er nicht, wie lange wir schon bekannt gewesen, und wie nahe er mir und meinem befreundeten Kreise schon seit Jahren gestanden. Ich habe diesen außerordentlichen Mann später noch einigemal gesehen und, soviel ich es vermochte, zu beobachten gesucht. Sein ganzes Wesen, redend oder schweigend, in Ruhe oder in Bewegung, erfüllte mich mit einer gewissen Scheu. Auch dem Gefühle schon kündigt die Natur sich an, die herrschen will, ohne beherrscht zu werden. Alles um ihn wird, in des Meisters Hand, zum Stoff.

1796

1258 *Schiller an W. v. Humboldt* *4. Januar 1796*

... Goethe, der bei uns ist, macht mir zu viel Lärm ...

Seitdem Goethe hier ist, haben wir angefangen, Epigramme von einem Distichon im Geschmacke der Xenien des Martial zu machen. In jedem wird nach einer deutschen Schrift geschossen. Es sind schon seit wenig Tagen über zwanzig fertig, und wenn wir etliche hundert fertig haben, so soll sortiert und etwa ein Hundert für den Almanach beibehalten werden ... Man wird schrecklich darauf schimpfen, aber man wird sehr gierig darnach greifen ...

1259 *Schiller an Körner* *7. Januar 1796*

Deinen Brief erhielt ich gerade, als Goethe bei uns war, und gab ihm solchen zu lesen, weil Du über seine Beiträge zum Musenalmanach so urteilest, als er es vertragen kann. Er war auch sehr wohl mit Deiner Kritik zufrieden.

1260 *Schiller an W. Archenholz* *8. Januar 1796*

Goethe, der gerade bei mir war, als das zwölfte Stück der Horen ankam, hat dieser Aufsatz [von Archenholz über Sobiesky] auch sehr gefallen.

1261 *Schiller an A. W. Schlegel* *9. Januar 1796*

Goethe, der eben hier ist, war mit Ihrer Rezension [der Horen], sowie überhaupt mit Ihrer Art zu urteilen, sehr zufrieden, nur daß auch er sowohl gegen Ihre, als gegen die Vossische Prosodie noch manches einzuwenden hat. Er glaubt, und muß *seiner* Natur nach diese Meinung haben, daß in Rücksicht auf den Versbau den Foderungen des Moments und der Konvenienz des individuellen Falles weit mehr als einem allgemeinen Gesetz müsse nachgegeben werden.

1262 *Schiller an W. v. Humboldt* *9. Januar 1796*

Alsdann erschien Goethe, der mir alle Abendstunden nimmt ...

Die erste Abteilung der Rezension der Horen [von A. W. Schlegel] haben Sie nun wahrscheinlich schon gelesen … Mit seinen Kritiken, den Versbau betreffend, werden Sie auch wohl nicht durchaus einig sein. Goethe hat zwar auch vieles gegen die Rezension einzuwenden, besonders in Rücksicht auf das, was an seinen Versen getadelt wird, im ganzen aber ist er sehr wohl damit zufrieden, und hat eine gute Meinung von Schlegeln bekommen …

Ich hoffe, daß Sie diese hier roh hingeworfene Ideen [über den naiven und sentimentalischen Dichtergeist] mit sorgfältiger Strenge ausgeführt finden sollen. Da ich selbst ein Idealist bin, so mußte ich mich sehr objektiv machen, um ein entscheidendes Urteil in dieser Sache zu haben; aber ich bin überzeugt, daß mir in diesem Punkt keine Menschlichkeit begegnet ist. Goethe, als ein ganz verhärteter Realist, hat mir folgen können und mich auch gefaßt.

1263 K. W. F. v. Funk an Körner *17. Januar 1796*

Schillern habe ich vier Nachmittage und Abende gesehen. Niemand als Goethe war mit uns. Ich rechne diese vier Tage in meinem Lebenslauf sehr hoch. Nie habe ich Goethen angenehmer, offener und mehr zu seinem Vorteil gesehen als da. So wie er den einen Abend bei Ihnen in Dresden war, fand ich ihn hier immer. Man darf den Mann schlechterdings nicht in Weimar als Höfling sehen …

Goethe ist der einzige, der die Zeit, wo er in Jena ist, viel mit Schillern lebt, er kömmt alle Nachmittage um 4 Uhr und bleibt bis nach dem Abendessen. Gewöhnlich tritt er schweigend herein, setzt sich nieder, stützt den Kopf auf, nimmt auch wohl ein Buch oder einen Bleistift und Tusche und zeichnet. Diese stille Szene unterbricht etwa der wilde Junge [Schillers Sohn Karl] einmal, der Goethen mit der Peitsche ins Gesicht schlägt, dann springt dieser auf, zaust und schüttelt das Kind, schwört, daß er ihn einmal wurzeln oder mit seinem Kopf Kegel schieben müsse, und ist nun, ohne zu wissen wie, in Bewegung gekommen. Dann folgt gewöhnlich ein interessanter Diskurs, der oft bis in die Nacht fortdauert. Auf alle Fälle taut er beim Tee auf, wo er eine Zitrone und ein Glas Arrak bekömmt und sich Punsch macht...

... Goethes Umgang ist ihm [Schiller] als Schriftsteller sehr heilsam. Statt, wie ich mit Ihnen glaubte, ihm Trockenheit mitzuteilen, zieht ihn der durchaus verfeinert sinnliche Goethe immer wieder in die Körperwelt zurück und gewinnt selbst, indem er sich an diesen, ich möchte sagen, ganz transzendentalen Menschen anschließt.

1264 Schiller an Körner *18. Januar 1796*

Wie man mir von mehreren Orten her sagt, findet der Almanach vielen Beifall und einen großen Absatz. Für das nächste Jahr sollst Du Dein blaues Wunder sehen. Goethe und ich arbeiten schon seit einigen Wochen an einem gemeinschaftlichen Opus für den neuen Almanach, welches eine wahre poetische Teufelei sein wird, die noch kein Beispiel hat...

Goethe war vierzehn Tage hier, und da ist allerlei abgehandelt worden.

Funks Anwesenheit, der vier Tage hier blieb und fast immer mit uns lebte, war mir sehr wohltuend. Ich habe ihn weit weniger gespannt gefunden als sonst, obgleich Goethe, der sonst nicht geeigenschaftet ist, die Leute à leur aise zu setzen, zugleich mit ihm da war...

... mein Karl ist wohl und entwickelt sich, daß es eine Freude ist. Goethe ist ganz von ihm eingenommen...

1265 Schiller an W. v. Humboldt *25. Januar 1796*

Wenn es Sie nicht inkommodiert, lieber Freund, so bittet Goethe Sie um die Gefälligkeit, ihm sechs Fäßchen guten Kaviar von Berlin schicken zu lassen.

1266 Schiller an W. v. Humboldt *1. Februar 1796*

Die Xenien, von denen ich Ihnen einmal schrieb, haben sich nunmehr zu einem wirklich interessanten Produkt, das in seiner Art einzig werden dürfte, erweitert. Goethe und ich werden uns darin absichtlich so ineinander verschränken, daß uns niemand ganz auseinander scheiden und absondern soll. Bei einem solchen gemeinschaftlichen Werk ist natürlicherweise keine strenge Form möglich; alles, was sich erreichen läßt, ist eine gewisse Allheit, oder lieber Unermeßlichkeit, und diese soll das Werk auch an sich tragen. Eine angenehme und zum Teil genialische Impudenz und Gottlosigkeit, eine nichts verschonende Satire, in welcher jedoch ein lebhaftes Streben nach einem festen Punkt zu erkennen sein wird, wird der Charakter davon sein. *Unter* sechshundert Monodistichen tun wir es nicht, aber womöglich steigen wir auf die runde Zahl tausend. Von der Möglichkeit werden Sie sich überzeugen, wenn ich Ihnen sage, daß wir jetzt schon in dem dritten Hundert sind, obgleich die Idee nicht viel über einen Monat alt ist. Bei aller ungeheuren Verschiedenheit zwischen Goethe und mir wird es selbst Ihnen öfters schwer und manchmal gewiß unmöglich sein, unsern Anteil an dem Werke zu sortieren. Denn da das *Ganze* einen laxen Plan hat, das Einzelne aber ein Minimum ist, so ist zu wenig Fläche gegeben, um das verschiedene Spiel der beiden Naturen zu zeigen. Es ist auch zwischen Goethe und mir förmlich beschlossen, unsere Eigentumsrechte an die einzelnen Epigrammen niemals auseinander zu setzen, sondern es in Ewigkeit auf sich beruhen zu lassen, welches uns auch, wegen der Freiheit der Satire, zuträglich ist. Sammeln wir unsere Gedichte, so läßt jeder diese Xenien *ganz* abdrukken. Daß ich für eine große Korrektheit auch in der Prosodie sorgen werde, verspreche ich Ihnen sowohl in meiner als Goethens Portion. – Übrigens bitte ich Sie, von dieser Eröffnung vor der Hand auch Goethen selbst nichts zu sagen.

1276 Schiller an F. Huber *10. Februar 1796*

[Über den Wunsch, einem befreundeten Emigranten die Aufenthaltserlaubnis in Weimar zu vermitteln.] Auch Goethen sage ich nichts davon, da er gar kein Freund der Emigrierten ist, die in Weimar alle über ihn klagen. Zwar tut er keinem was zuleide, aber er nimmt sich auch keines an, und würde ihre Anzahl eher zu vermindern als zu vermehren wünschen.

1268 *Charlotte Schiller an Fritz v. Stein* *10. Februar 1796*

Goethe war vorigen Monat vierzehn Tage hier und recht heiter und froh, wir zeichnen zusammen, und ich habe schon manches gelernt. In einigen Tagen kömmt er wieder und bleibt länger hier. Sein gleiches freundschaftliches Verhältnis mit Schiller macht mir viele Freude, und es ist beiden dadurch ein neuer schöner Lebensgenuß aufgegangen.

1269 *Böttiger an F. Schulz* *24. Februar 1796*

In unsrer Weimarischen Welt bleibt's beim alten. Die heiligen drei Könige beschatten und bewetterleuchten einander wie sonst. Goethe, der seine Winterassembleen wieder hält, aber nur die Zimmer und Lichter gibt – er selbst arbeitet bei Schiller in Jena, mit dem er ganz zusammengeflossen ist –, hat doch allerliebste Epigramme im Schillerschen Almanach geliefert. Können Sie denken, daß das Publikum gänseköpfig genug ist, das † S. 241 für Gott weiß welches Geheimnis auszudeuten, da es doch vor den Augen steht, daß er den Judengalgen selbst meint.

1270 *Charlotte v. Stein*
an ihren Sohn Fritz *nach dem 24. Februar 1796*

[Begegnung mit Goethe bei Schiller in Jena.] Ich hatte ihn seit ein paar Monaten nicht gesehen; er war entsetzlich dick, mit kurzen Armen, die er ganz gestreckt in beide Hosentaschen hielt. Schiller hatte seinen schönen Tag und sah neben ihm wie ein himmlischer Genius aus. Seine Gesundheit war leidlich, und die blasse Ruhe auf seinem Gesicht machte ihn interessant. Ich möchte nur wissen, ob ich dem Goethe auch so physiognomisch verändert vorkomme, als er mir; er ist recht zur Erde worden, von der wir genommen sind. Der arme Goethe, der uns sonst so lieb hatte!

1271 *Knebel an Goethe* *2. März 1796*

Ich ergötze mich noch in Gedanken und Anwendungen an der trefflichen Theorie, die Du mir jüngst vom *Auge* gabst.

1272 Schiller an A.W.Schlegel *11. März 1796*

Auch Bürgers Macbeth und die übersetzten Hexengesänge haben Sie mir zu räsonnabel behandelt. Ich halte die letztern für eine recht Bürgerische Pfuscherei, so arg als irgend eine von ihm, und das ist nicht bloß meine Privat-Meinung. Goethe zum Beispiel, mit dem ich erst kurz noch davon sprach, findet sie greulich, und er hat, da er den Macbeth gern einmal in Weimar spielen lassen wollte, schon darauf gedacht, wie er sie anders übersetzt bekommen könnte.

1273 J.G.Rist: Lebenserinnerungen *1880*

[Über seine Studentenzeit in Jena 1795/96.] Das weimarsche Theater war für uns begeisterte Jünglinge ein Zaubergarten, wo der strenge Ernst des akademischen und philosophischen Strebens durch die heiteren Musen gemildert, und die Ahnung eines reichern und zierlichern Lebens erhalten wurde ... Nach einer kleinen Erfrischung eilten wir ins Theater und warteten dort mit stiller Freude, bis der verehrte Goethe seine rätselhafte Erscheinung machte, seinen Stuhl im Parkett aufschloß und gemächlich einnahm. Da war Hof und Herzog für uns nicht mehr; zwischen ihm und der Bühne wechselten unsere Blicke ...

Um diese Zeit erst fing ich allmählich an, Goethes einzelne Meisterwerke kennen zu lernen, welche mich früher nicht angesprochen hatten, jetzt aber mit desto größerer Gewalt auf mich einwirkten. Er war mir von nun an die bedeutendste Figur in der ganzen Umgebung, und für die jugendliche Phantasie mit einem heimlichen Zauber umflossen, der durch sein seltenes Erscheinen stets lebendig erhalten wurde. Er brachte den letzten Teil des Winters auf dem Schloß in Jena zu, wo er, wie es hieß, an den letzten Bänden des Wilhelm Meister arbeitete. Einige Glückliche unter den Freunden kannten ihn näher und hatten ihn besucht. Ich hatte aber so viel richtigen Takt und wußte die Unbedeutsamkeit meines Daseins genug zu würdigen, um auch nicht einmal den Wunsch zu hegen, ihm vorgestellt zu werden. Ich fürchtete mich auch wohl vor der Exzellenz, die den Zauber gar leicht hätte zerstören können. Nichtsdestoweniger ward es mir so gut, Goethe öfter zu begegnen, wenn er in steifer Haltung auf der gefrorenen Saale am Paradiese sich unter die Schlittschuhläufer mischte, unter denen seine gerade, starke Figur, die nicht aus dem Gleichgewicht des gravitätischen Schrittes kam, sein langer, braunroter Überrock und sein dreieckiger Hut nebst dem steifen Zopfe, seltsam abstach.

Öfter sah ich ihn auch im Professorenklub, zu welchem und dem vierzehntägigen Konzert die gebildeteren Studenten sich unterschreiben durften. Er wechselte dort einige Worte, unterhielt sich mit einigen Frauen, reisenden oder einheimischen Gelehrten, nahm auch wohl an den Spielen teil, welche die ganze jüngere Gesellschaft bunt durcheinander zu mischen pflegte. Kam ich dann bei Tisch ihm gegenüber zu sitzen, so weidete ich mich an den großen, strahlenden Augen, und suchte, so gut ich es konnte, die seltsame Mischung des Anziehenden und Abstoßenden in dem rätselhaften Manne zu entziffern. Ich muß aber gestehen, daß ich damit noch jetzt nicht viel weiter bin als damals. Über das, was er jetzt ist, möchte sich leicht ein Urteil fällen lassen, aber schwerer über den Zusammenhang und den eigentlichen Kern seiner reichen Natur in jener Zeit seiner vollen Kraft.

1274 Böttiger

Den 18. März 96. Heute hielt uns Goethe einen freien mündlichen Vortrag über kristallisierte strahligte Schwefelkieskugeln, die er beim unglücklichen Zug in der Champagne pouilleuse 1792 auf den Ebenen von Grandpré auf freiem Felde entdeckte. Nach der berühmten fürchterlichen Kanonade fanden die Soldaten Kugeln, die sie für verschossene Kanonenkugeln hielten. Goethe erhielt eine und entlangweilte sich durch ihre sorgfältige Betrachtung, wobei er zu seinem Erstaunen bemerkte, daß sie von außen kristallisiert zu sein schienen. Kristallisierte Kanonenkugeln! ein wunderliches Phänomen. Zufällig wurde ihm beim Pakken die Kugel zerschlagen, und hier entdeckte sich's denn auf dem Bruch, daß es ein eisenhaltiger Schwefelkies sei.

Man fand beim Nachsuchen bald kleinere und größere Kugeln der Art in zahlloser Menge. Beim Rückzug fanden sich solche noch mehre Meilen weit. Einige der vorzüglichsten, unter andern eine doppelte, aneinandergewachsene, hob Goethe zum Andenken auf und zeigte sie uns vor. So mineralogisierte Goethe, während alles in der größten Verwirrung und Angst war, ganz ruhig und machte gelehrte Ausbeute, wo andere alle ihre Habseligkeiten im Stich ließen. Von Sonneberg im Meinungischen hat Goethe eine vollkommene Kollektion aller dortigen Artefakte und erzählte uns, wie wunderbar alles Holz und Schiefer dort als Stoff zu Fabrikaten bearbeitet werde.

1275 Schiller an W. v. Humboldt *21. März 1796*

Übermorgen, liebster Freund, reise ich auf vierzehn bis achtzehn Tage nach Weimar, wenn meine Gesundheit es erlaubt. Ich habe Goethen versprochen, während Ifflands Anwesenheit, der am Karfreitag ankommt, ihm Gesellschaft zu leisten, damit er für Iffland um so ehr eine Sozietät eröffnen könne. Er wollte nicht gern zu viel Anstalten Ifflands wegen machen, und doch wissen Sie, daß man in Weimar alles aufbieten muß, um auch nur etwas von Sozietät zu haben. Nun geht ein Teil der Sozietätsarrangements auch auf meinen Namen, und wenn wir, Goethe und ich, beide zusammen sind, so verwandelt sich die ganze Historie in eine Komödie für uns.

1276 Schiller an Körner *10. April 1796*

Im Komödienhaus, das keine Logen hat, hat Goethe mir eine besonders machen lassen, wo ich ungestört sein kann und, wenn ich mich auch nicht ganz wohl fühle, wenigstens den Vorteil habe, mich vor niemand zwingen zu dürfen.

1277 L. F. Göritz: Schiller in Jena *1838*

Seine Hypochondrie und seine Scheu vor Umgang mit Menschen war zu der Zeit, als Iffland auf dem Weimarschen Theater eine Suite von Vorstellungen gab, aufs höchste gestiegen. Schiller sollte auch dabei sein; nun entstand die große Frage, wie ihn hinüber bringen nach Weimar und wie es möglich machen, daß Schiller die Vorstellung seiner Räuber etc. sehen könne, ohne selbst gesehen zu werden? Der Herzog ließ eine grillierte Loge am Proscenium für ihn zurichten. Goethe nahm ihn mit seiner Familie in sein schönes Haus auf, wo er ihm ein ganzes Stockwerk allein einräumte. Schiller wurde von Goethe mit beispielloser Schonung behandelt. Kleine Mittagessen, wobei funf bis sechs Personen im ganzen waren, wurden täglich von ihm gegeben. So saß ich mehrere Male mit Schiller, Goethe, Iffland und noch einem oder dem andern zusammen, es wurden alle Besuche verbeten. Goethe gab eines Abends eine große Gesellschaft nach der Komödie, wo man an kleinen Tischen zu vier Personen aß und wozu auch der Herzog und der Hof kamen. Man versammelte sich in einem Saal, an den mehrere Nebenzimmer stießen. Im hintersten, dessen Türe nicht geöffnet war, befand sich Schiller; nur einer oder zwei seiner näheren Bekannten gingen zu ihm hinein. Ihnen folgten andere, und so bereitete man ihn vor, daß auch diese Türe geöffnet werden konnte und er nach und nach an den Anblick einer größern Gesellschaft gewöhnt wurde.

1278 Charlotte v. Stein an ihren Sohn Fritz 14. April 1796

Sein kleiner August kommt jetzt oft als Spielkamerad vom kleinen Schiller zu mir. Es scheint ein gutes Kind. Ich schenkte ihm einige Spielereien, die ihn sehr freuten, und nach drei verschiedenen Pausen, wo er sich vermutlich einzeln die Geschenke in seinem Köpfchen rekapitulierte, sagte er allemal ein recht ausgesprochenes: «Ich bedanke mich.» Ich kann manchmal in ihm die vornehmere Natur des Vaters und die gemeinere der Mutter unterscheiden. Einmal gab ich ihm ein neu Stück Geld; er drückte es an seinen Mund vor Freuden und küßte es, welches ich sonst am Vater auch gesehen habe. Ich gab ihm noch ein zweites dazu, und da rufte er aus: «Alle Wetter!» Vor einigen Tagen schickte mir Goethe durch den Kleinen ein dick Paket Kochberger Akten, oder waren's Kammerakten (das muß ich erst nachsehen), die Du bei ihm hattest liegen lassen, und schrieb mir ein recht papiernes Billett dazu. Hat er Dir wohl auf die drei Briefe, die Du ihm nacheinander schriebst, geantwortet? Schillers sind nun beinahe vier Wochen hier, und Goethe macht Anschläge, im Fall er Ifflanden nicht hier fürs Theater engagieren kann, dem Schiller die Theaterwirtschaft, welche er zeither verwaltet, zu übergeben, da er nach Italien geht.

1279 W.v. Humboldt an Goethe *19. April 1796*

Unser Freund Schiller hat mir in Ihrem Namen aufgetragen, mich nach einem Mathematiker für das Erziehungsinstitut umzusehen, das unter Mouniers Direktion in Weimar errichtet werden soll.

1280 Schiller an Goethe *21. April 1796*

Wir sind gestern recht wohl hier angelangt, aber mit der halben Seele bin ich noch immer in Weimar. Wie gut der dortige Aufenthalt im Physischen und Moralischen auf mich gewirkt, fühlte ich schon unmittelbar, und es wird sich gewiß in Tat und Wirkung beweisen.

1280a K. Eberwein: Goethe als Theaterdirektor *1856*

Ein andermal, 1796, sollte «Egmont» nach Schillers Einrichtung für die Bühne gegeben werden. Der Meister war behindert, den ersten Proben beizuwohnen; dem Regisseur Genast blieb die Leitung derselben überlassen. Die Schauspieler beklagten sich im stillen, daß sie noch nicht wüßten, wie sie die Volksszene, wodurch die Tragödie eingeleitet wird, im Sinne des Dichters darstellen sollten. Endlich erscheint Goethe in der Probe. Als er das Gewirre sah, worin die Schauspieler sich notdürftig bewegten, rief er: «Halt!», ging auf die Bühne und ordnete die Stellung der zunächst Beschäftigten. Damit die Szene an Abwechselung gewinne, ließ er den Seifensieder von der linken Seite her auftreten und sich an einen Tisch setzen, der besonders für ihn serviert wurde. Vansen hingegen erhielt die Weisung, aus dem Hintergrunde aufzutreten. Da merkte man es deutlich, wie durch diese kunstgemäße Gruppierung den Schauspielern das Verständnis aufging und nun Sicherheit in ihre Leistungen kam.

1281 *Böttiger*

Goethes Urteil über Ifflands Schauspiele.

Sie haben alle zwei Hauptfehler. 1) Alle moralische Besserung wird in seinen Stücken von außen herein, nicht von innen heraus bewirkt. Daher das Gewaltsame, unwahrscheinlich Zusammengedrängte und Überhäufte in seinen Stücken, zum Beispiel der Commissair *Wallmann* in der *Aussteuer* ist schon viele Jahre bei der verkehrten Wirtschaft seines Bruders Augenzeuge, schon viele Jahre ebenso heftig, auffahrend, gewaltsam gewesen. Aber erst heute, wo das Stück zu spielen anfängt, regt sich der Brausekopf, stürmt an der großen Glocke, poltert und will das gut machen, was bei frühern, nur halb so heftigen Warnungen an seinen Bruder und dessen Kinder nicht halb so schlimm geworden wäre. Es ist also durchaus keine zureichende Ursache da, warum dies alles erst jetzt, wo das Stück eintritt, so von außen *herein* kommen müsse. So macht der Stabschirurg *Rechtler* im *Scheinverdienst* heute erst Lärm und Ordnung, da er doch schon zwanzig Jahre lang sein Pfeifchen bei seinem amicus geraucht und die Scheinversuche seiner Frau und Kinder mit angesehen hat. Eben darum, weil alle Motive nur von außen herein bloß zufällig zur Hauptentwickelung wirken, nicht aus dem Charakter selbst hervorgehn, braucht Iffland so viel Nebenfiguren und unnütze Ausstaffierungen zu seinen Stücken, weil er durch sie den Ausgang motivieren will.

2) Er setzt überall Natur und Kultur in einen falschen Kontrast. Kultur ist ihm immer die Quelle aller moralischen Verdorbenheit; wenn seine Menschen gut werden sollen, so kehren sie in den Naturstand zurück; der Hagestolze geht auf seine Güter und heiratet ein Bauermädchen usw. Dies ist ein ganz falscher Gesichtspunkt, aus welchem er alle Kultur verunglimpft, da vielmehr das Geschäft eines Schauspieldichters in unserm Zeitalter sein sollte, zu zeigen, wie die Kultur von Auswüchsen gereinigt, veredelt und liebenswürdig gemacht werden könne. Die Idyllenszenen aus Arkadien, die in Ifflands Stücken so wohl gefallen, sind eine süße, aber darum nur um so gefährlichere Schwärmerei.

Freilich sieht er auch in M[annheim] die Grundsuppe der sogenannten Kultur in ihrer hassenswürdigsten Abscheulichkeit. Losgerissen von diesen herzlosen Modepuppen, würde er auch ganz andere Charaktere zeichnen und ganz neue Ansichten in seine Stücke bringen können.

1282 Böttiger

Ifflands Urteil über Goethe. Es ist etwas Unstetes und Mißtrauisches in seinem ganzen Wesen, wobei sich niemand in seiner Gegenwart wohl befinden kann. Es ist mir, als wenn ich auf keinem seiner Stühle ruhig sitzen könnte. Er ist der glücklichste Mensch von außen. Er hat Geist, Ehre, Bequemlichkeit, Genuß der Künste. Und doch möcht ich nicht dreitausend Reichstaler Einnahme haben und an seiner Stelle sein.

1283 F. Kirms an Iffland *17. Juli 1796*

Goethe schätzt Sie hoch, was Sie aus dem Empfang und aus dem ganzen Benehmen mit Ihnen müssen bemerkt haben. Sie vermissen vielleicht eine Herzlichkeit an ihm; das kann sein. Von dieser Seite zeigt er sich nicht oft und alsdann nur, wenn er die Menschen lange geprüft und bewährt gefunden hat.

1284 F. Kirms an Ch. W. Opitz *16. November 1797*

Incidenter muß ich aber bemerken, daß gedachter Herr Geheimer Rat, wenn er auch zu jener Zeit Ihren Wünschen nicht begegnen konnte, Ihren Verdiensten doch Gerechtigkeit widerfahren läßt: denn ich erinnere mich, nach Herrn Ifflands Anwesenheit in Weimar, eine[r] Äußerung des Herrn Geheimen Rats, die Ihnen zu keinem Nachteil gereicht. Er sagte nämlich: Ich wünsche, daß alle Jahre auf diese Art einige Wochen lang einer oder der andere von den sich auszeichnenden Künstlern bei uns sein möge, unter denen ich auch Ihren Namen hörte.

1285 Böttiger an F. Schulz *13. Mai 1796*

Da Goethe anfangs August mit dem Herzog nach Italien geht, so muß eine neue Theaterdirektion stattfinden ... Legen Sie nun ernstlich Hand an Ihre Italienische Reise. Sonst kommt Ihnen Goethe zuvor. Denn, wie mir Unger unter der Hand verraten hat, wird er gleich nach Goethes Zurückkunft eine artistische Reise von Goethe erhalten, dergleichen noch nie erhört und gesehn war. Der Goethische Kammerherr Meyer ist schon seit Jahr und Tag in Italien und hat dem, der da kommen soll, die Stätte bereitet. Darum wird auch Goethe seinen Wilhelm Meister auf einmal schließen und die auf acht Bände geschürzten Knoten mit seinem unwiderstehlichen Genieschwert mächtig zerhauen.

1286 Charlotte v. Stein
an ihren Sohn Fritz *nach dem 16. Mai 1796*

Goethe ist noch immer in Jena. Es kam eben, wie ich da war, eine kleine Viktoria von Dresden für ihn an. Er setzte sie am Tisch vor sich, und meinte, beim Essen und Trinken sei am besten von der Kunst zu sprechen. Er nahm auch wirklich an nichts viel weiter Anteil, und zuletzt hatte er das Glas Wein in der einen Hand und die Viktoria in der andern.

1287 Marie Körner an K. G. Weber *August 1796*

Unsere Reise nach Jena war sehr interessant ... In Jena fanden wir über Erwarten Schiller gesund, den Tag nach unserer Ankunft kam Goethe auch hin, und blieb die drei Wochen unsers Aufenthalts auch da. Sie können denken, daß von Körners Seite rechte Geistesschwelgerei getrieben wurde, wir genossen freilich auch manche herzerhebende Brosamen von der Reichen Tische. Schillers und Goethens schönste Sachen für den diesjährigen Almanach wurden in dieser Zeit gemacht ... Goethe sein Aussehen hat sich sehr verändert, er ist sehr stark geworden, dadurch sind ganz die großen Augen verloren gegangen, alle Züge auseinander, nun ist zwar sein Gesicht nicht mehr dem Apoll von Belvedere ähnlich; aber die Leier weiß er noch ebenso gut wie er zu spielen.

1288 G. Parthey: Jugenderinnerungen 1871

Marie Körner erinnerte sich sehr genau, daß eine ganze Menge Xenien in dieser ländlichen Einsamkeit entstanden seien. Die beiden Schwestern saßen zusammen unten in der Wohnstube, und hörten über sich in der Dachkammer die Stimmen der dichtenden Freunde. In kürzeren oder längeren Pausen ertönte ein schallendes Gelächter, zuweilen von sehr vernehmlichem Fußstampfen begleitet. Wenn die Herren um 12 Uhr zum Mittagessen herunter kamen, waren sie äußerst aufgeräumt, und sagten mehr als einmal: Heute sind die Philister wieder tüchtig geärgert worden!

1289 Abeken: Goethe in meinem Leben

Auch anderweitig wurde ich durch Griesbach auf Goethe geführt ... Besonders gern verweilte er bei dem Lustigen, was in seinem Hause vorging. Schiller bewohnte in diesem die Etage unter seinen Zimmern; und hier wurde ein großer Teil der Xenien von beiden Freunden gemeinsam produziert, in den ersten Monaten des Jahres 1796. Gelang eine, dann wurde das Gelingen von einem unbändigen Gelächter begleitet, das durch die Decke des Zimmers zu Griesbachs Ohren drang.

1290 L. F. Göritz: Schiller in Jena 1838

Besonders interessant war der Sommer des Jahrs, wo die Xenien entstanden. Es waren da in Jena versammelt: Obertribunalrat Körner aus Dresden, ein intimer Freund Schillers, mit seiner Gattin, einem sehr interessanten Weibe, ihre Schwester, eine berühmte Malerin, Mademoiselle Stock, ehemals Gesellschafterin der Herzogin von Kurland, der Graf Kolle, preußischer Gesandter am kursächsischen Hofe, die beiden Humboldt; Goethe, Wieland und Herder kamen oft; Goethe blieb Monate lang der Tischgenosse Schillers. Da wurden die Angelegenheiten der deutschen Literatur verhandelt, und bei Symposien die Xenien meist verfertigt oder veranlaßt. Alle diese Männer lebten in der innigsten Harmonie, und besonders die beiden Humboldt gaben zu der Unterhaltung reiche Beiträge.

1291 H. Düntzer: Charlotte von Stein 1874

Von Lottchen [Schiller] hatte sie [Charlotte von Stein] vernommen, daß er [Goethe] einmal den eben abgereisten Grafen Geßler, einen Freund Körners, zum Heiraten habe bereden wollen, und auf die Frage der Schwägerin Körners: «Warum heiraten Sie denn nicht selbst?» erwidert habe: «Ich bin verheiratet, nur nicht mit Zeremonie.»

1292 Schiller an Körner 23. Mai 1796

Goethe habe ich während Eurer Abwesenheit nicht sehr oft gesehen. Er war einmal in Weimar, und da er wieder hier ist, macht er viele Exkursionen auf das Land. Hero und Leander hat er noch nicht angefangen; aber noch etwas anderes von lustigem Inhalt las er neulich vor, das ich Euch schicken will, sobald ich's abgeschrieben erhalte ...

Goethe grüßt Euch freundlich, so wie wir alle.

1293 Böttiger an Wieland 6. Juni 1796

Jetzigen Freitag wird man die Herzogin mit Erwin und Elmire überraschen, wobei die Göchhausen die Theaterdirektion hat, und die Wolfskeel zur großen Augenweide unserer Pisistratiden als Erwin eine Beinkleiderrolle spielen wird ... Goethe hat die zwei Dutzend Hemden für seine Reise nach Italien wieder abbestellen lassen, und entschädigt sich wegen dieser Fehlschlagung durch den Weihrauch, mit dem ihn Schiller und Schlegel in Jena, wohin ihm nun auch die Donna Vulpia nachgefolgt ist, bis zum Ersticken umräuchern.

1294 Schiller an Körner 6. Juni 1796

Goethe ist noch hier, und der Roman rückt zu seinem Ende. Auch gibt es wieder viel neue Xenien, fromme und gottlose.

1295 Schiller an W. Reinwald 6. Juni 1796

Hier, lieber Bruder, das fünfte Stück der Horen, worin Dein Aufsatz [Die Pulververschwörung] abgedruckt ist. Nach den Urteilen, die ich hier eingezogen, findet er vielen Beifall, und Goethe, der eben von mir weggegangen ist, war auch recht wohl damit zufrieden.

1296 Schiller an Cotta *10. Juni 1796*

[Über den Musenalmanach auf das Jahr 1797.] Für Musik werde ich sorgen, Goethe schreibt diese Woche deswegen an den Musikus Zelter in Berlin, der einige seiner Lieder trefflich komponiert hat.

Für das Titelkupfer haben wir einen Centaur gewählt, der die Leier spielt.

1297 A. W. Schlegel an G. J. Göschen *24. Juni 1796*

In Weimar war ich noch nicht: ich hatte einen großen Reiz weniger hinzugehn, da Wieland abwesend, und Goethe den größten Teil der Zeit hier [in Jena] gewesen ist ...

Meine Übersetzung des Romeo hat bei Goethen, dem ich sie ganz vorgelesen, großen Beifall gefunden.

1298 A. W. Schlegel an Schiller *28. Juni 1796*

Ich habe Goethen von meiner Reise und ihrer Ursache gesagt. Er erinnerte sich, meine Freundin [Caroline Böhmer] in Mainz bei Forsters gesehen zu haben, und es wurde ihm dabei lebhaft, wie erstaunlich die Zeiten sich seitdem verändert. Ich habe ihm auch von der *Erzählung* meiner Freundin gesagt, die Sie in Händen haben.

1299 Charlotte v. Stein an Charlotte Schiller *19. Juni 1796*

Augustchen brachte mir gar letzt seinen Vater geführt, als ich unter den Orangenbäumen vor meinem Hause saß. Er nahm es an, sich neben mich zu setzen; es ist mir noch immer unbegreiflich, daß er mir so fremd werden konnte.

1300 Jean Paul an Ch. Otto *17./18. Juni 1796*

Ich habe in Weimar zwanzig Jahre in wenigen Tagen verlebt – meine Menschenkenntnis ist wie ein Pilz mannshoch in die Höhe geschossen ... Ich bin *ganz* glücklich, Otto, *ganz*, nicht bloß über alle Erwartung, auch über alle Beschreibung ... Heute ess' ich bei Goethe ...

Den 18. Juni. Sonnabends.

Schon am zweiten Tage warf ich hier mein dummes Vorurteil für große Autores ab, als wären's andere Leute; hier weiß jeder, daß sie wie die Erde sind, die von weitem im Himmel als ein leuchtender Mond dahinzieht und die, wenn man die Ferse auf ihr hat, aus boue de Paris besteht und einigem Grün ohne Juwelennimbus. Ein Urteil, das ein Herder, Wieland, Goethe etc. fällt, wird so bestritten wie jedes andere, das noch abgerechnet, daß die drei Turmspitzen unserer Literatur einander – meiden. Kurz ich bin nicht mehr dumm. Auch werd' ich mich jetzt vor keinem großen Mann mehr ängstlich bücken, bloß vor dem Tugendhaftesten. Gleichwohl kam ich mit Scheu zu Goethe. Die Ostheim [Charlotte von Kalb] und jeder malte ihn ganz kalt für alle Menschen und Sachen auf der Erde – Ostheim sagte, er bewundert nichts mehr, nicht einmal sich – jedes Wort sei Eis, zumal gegen Fremde, die er selten vorlasse – er habe etwas steifes reichstädtisches Stolzes – bloß Kunstsachen wärmen noch seine Herznerven an (daher ich Knebel bat, mich vorher durch einen Mineralbrunnen zu petrifizieren und zu inkrustieren, damit ich mich ihm etwan im vorteilhaften Lichte einer Statue zeigen könnte – (Ostheim rät mir überall Kälte und Selbstbewußtsein an). Ich ging, ohne Wärme, bloß aus Neugierde. Sein Haus frappiert, es ist das einzige in Weimar in italienischem Geschmack, mit solchen Treppen, ein Pantheon voll Bilder und Statuen, eine Kühle der Angst presset die Brust – endlich tritt der Gott her, kalt, einsilbig, ohne Akzent. Sagt Knebel zum Beispiel, die Franzosen ziehen in Rom ein. «Hm!» sagt der Gott. Seine Gestalt ist markig und feurig, sein Auge ein Licht (aber ohne eine angenehme Farbe). Aber endlich schürete ihn nicht bloß der Champagner, sondern die Gespräche über die Kunst, Publikum etc. sofort an, und – man war bei Goethe. Er spricht nicht so blühend und strömend wie Herder, aber scharf-bestimmt und ruhig. Zuletzt las er uns – das heißt spielte er uns* – ein ungedrucktes herrliches Gedicht vor,

* Sein Vorlesen ist nichts als ein tieferes Donnern, vermischt mit dem leisen Regengelispel: es gibt nichts Ähnliches.

wodurch sein Herz durch die Eiskruste die Flammen trieb, so daß er dem enthusiastischen Jean Paul (mein Gesicht war es, aber meine Zunge nicht, wie ich denn nur von weitem auf einzelne Werke anspielte, mehr der Unterredung und des Beleges wegen) die Hand drückte. Beim Abschied tat er's wieder und hieß mich wiederkommen. Er hält seine dichterische Laufbahn für beschlossen. Beim Himmel, wir wollen uns doch lieben. Ostheim sagt, er gibt nie ein Zeichen der Liebe. 1 000 000 etc. Sachen hab' ich Dir von ihm zu sagen.

Auch frisset er entsetzlich. Er ist mit dem feinsten Geschmack gekleidet.

1301 Jean Paul an Charlotte v. Kalb *18. Juni 1796*

Er [Goethe] ist ein Vulkan, außen überschneit, innen voll geschmolzner Materie.

1302 Charlotte v. Kalb an Jean Paul *19. Juni 1796*

Goethe hab' ich immer wahr gefunden in seinen Äußerungen. Die Zukunft wird's Ihnen zeigen. Sie sind ein Wesen, das ihn interessieren muß.

1303 Caroline Schlegel an Luise Gotter *17./18. Juli 1796*

[Jena.] Diesen Morgen lag ich noch im Bett, als ich ein weitläuftiges Billett von Schütz bekam, worin wir zu einer Spazierfahrt eingeladen wurden, allein das schlug ich ab.

Den 18. Juli.

Und wohl mir, daß ich es tat. Ich hätte Goethen versäumt. Gestern nachmittag, da ich allein war, meldet man mir den Herrn Geheimerat. Ohngemeldet hätte ich ihn nicht erkannt, so stark ist er seit drei Jahren geworden. Er war gar freundlich, freute sich, mich in so angenehmen Verhältnissen zu treffen, sagte viel Schönes von Schlegel, bis dieser selbst kam. Er hat mir gedroht, oft, auf seinen Weg ins Paradies, bei uns einzusprechen. Wir gingen nachher zu Schillers, und abends in den großen hiesigen Klub, wo er an beiden Orten war. Diesmal wird er nicht lange bleiben; er hat nur das Ende von Wilhelm Meister herüber gebracht, um mit Schiller darüber zu sprechen.

1304 Caroline Schlegel an Karl Schlegel und Frau *Juli 1796*

Goethe hat den letzten Teil des Wilhelm Meister, hinter sich aufs Pferd gebunden (denn er reitet trotz seiner Korpulenz wacker darauf los), in Manuskript herüber gebracht, und Schiller sagte gestern, daß er uns in den nächsten Tagen zu einer Vorlesung desselben einladen würde. Ich wünschte, daß Sie das, ohne sich von der Stelle zu bewegen, mit anhören könnten. Es hat mir große Freude gemacht, Goethen, und zwar so holdselig, wiederzusehn. Er sprach davon, wie lustig und unbefangen wir damals noch alle gewesen wären, und wie sich das nachher so plötzlich geändert habe.

1305 Schiller an Körner *23. Juli 1796*

Goethe war unterdessen auch auf einige Tage hier, um mit mir eine Konferenz über den Meister zu halten.

1306 Schiller an Körner *15. August 1796*

Der Almanach geht seinen Gang fort und fällt sehr reich aus; ja er übertrifft den vorjährigen gewiß. Die Idee mit den Xenien ist nicht ganz aufgegeben. Bloß die ernsthaften, philosophischen und poetischen sind daraus vereinzelt und bald in größeren, bald in kleineren Ganzen vorne angebracht. Die schönsten von diesen kennst Du gar nicht und wirst Dich sehr darüber freuen. So haben wir, außer mehreren kleineren Ganzen, siebzig, achtzig, die zusammengehören, in Einer Folge vereinigt, und uns beide unterschrieben, ohne anzumerken, von welchem unter beiden die einzelnen sind.

1307 Schiller an Zelter *18. August 1796*

Geh. Rat Goethe sowohl als ich wünschen, daß die Melodien nicht wie gewöhnlich an das Gedicht, worauf sie sich beziehen, gebunden werden, welches immer viel Inkonvenienzen hat. Unsre Meinung ist, daß sie entweder alle zusammen ganz hinten angebunden oder auch ganz aparte ausgegeben werden.

1308 Schiller an Cotta 18. August 1796

Ich habe schon zu einer simpeln und artigen Decke [für den Musenalmanach] in Weimar Anstalt machen lassen, die auch nicht viel kosten wird. Goethe hat die Einfassung angegeben, und in die Mitte kommt auf jeder Seite, anstatt einer Figur oder eines Ornaments, ein Vers von Goethen und von mir. So erhält der Almanach schon auf der Decke etwas Auszeichnendes und Neues.

1309 Charlotte v. Stein an ihren Sohn Fritz 2. September 1796

Daß Du gesonnen bist, in preußische Dienste zu gehen, habe ich aus einem Brief gesehen, den Du Goethen geschrieben. Mit allem guten Willen, den ich bei ihm bemerkte, fürchte ich, er wird wegen seiner allzu literarischen Existenz zu unbehülflich sein, Dir mit Geschick aus der Sache zu helfen. Er war nur einen Augenblick hier und ist wieder nach Jena. Ich bat ihn, es noch etwas zu überlegen; alsdann will er mir den Brief an Dich offen schicken. Er sagte, er habe gar keinen Einfluß auf den Herzog, sondern ich solle doch der Herzogin erzählen, er (Goethe) hielte es für gut, daß der Herzog Dir die Kammerpräsidentenstelle in Eisenach, im Fall Herda stürbe, verspräche, nachdem Du den Prinzen einige Jahre würdest begleitet haben. Ich habe aber gar nichts gesagt.

1310 Caroline Schlegel an Luise Gotter 4. September 1796

Goethe ist jetzt wieder hier [in Jena] und läßt das Theater arrangieren, sonst gibt er sich diesmal viel mit Raupen ab, die er tot macht und wieder auferweckt. – Wenn Du den Almanach siehst, so wirst Du auch sehn, wie er sich seither mit dem Totschlagen abgegeben hat. Er ist mit einer Fliegenklappe umhergegangen, und wo es zuklappte, da wurde ein Epigramm. Schiller hat ihm treulich geholfen, sein Gewehr gibt keine so drollige Beute von sich, aber ist giftiger. Goethe hat eine Parodie auf den Kalender der Musen und Grazien gemacht, die einem das Herz im Leibe bewegt. Es heißt die Musen und Grazien in der Mark …

Wir hatten wieder einige Gastierungen, weil zwei Schwestern, ein Bruder und eine Schwägerin von der Hufeland aus Braunschweig ins Land rückten ... Goethe war mit bei Hufelands.

1311 Schiller an Zelter *4. September 1796*

Sie haben mich durch die Melodie zu dem Goethischen Liede [wohl «Musen und Grazien in der Mark»] recht angenehm überrascht und mein Verlangen nach den übrigen dadurch nicht wenig erhöht ...

Herr von Goethe empfiehlt sich Ihnen. Die Melodie zu seinem Gedicht hat ihn sehr unterhalten.

1312 Friederike v. Mandelsloh an Novalis *16. September 1796*

Vor einigen Tagen ist unsere kleine Stube so glücklich gewesen, den großen Geist Goethens in sich zu fassen. Er war scharmant, hielt sich aber nicht lange bei uns auf, machte uns aber die Hoffnung, daß wir bald wieder so glücklich sein würden, ihm von Angesicht zu Angesicht zu schauen. Verwundert war ich sehr, daß unsre kleine Stube keinen Spalt bekam, ich hatte aber auch bei Goethens Ankunft die Vorsorge, sogleich die Fenster zu öffnen.

1313 G. Merkel: Darstellungen und Charakteristiken *1840*

In seinem [Loders] Hause war es auch, daß ich [am 15. September 1796] zum ersten und einzigen Male mit

Goethe

zusammentraf, aber leider auf eine Weise, die unsre persönliche Antipathie auf immer entschied ...

Ich las eines Abends gerade in dem Schillerschen Taschenbuche auf 1797 die Xenien und las sie mit steigendem Unwillen ... Indem ich über meinem Mißvergnügen brütete, erhielt ich ein Billett von Loder, mich ja so bald als möglich zur Abendgesellschaft bei ihm einzufinden; *auch Goethe würde da sein.* Meine erste Regung war, zu antworten, ich würde eben deshalb nicht kommen; aber bald beschwichtigte mich die Betrachtung, daß durch mein Wegbleiben niemand verlieren könnte, als ich selbst ... Ich kleidete mich an und ging hin.

Ich fand schon eine sehr zahlreiche Versammlung von fast allen Professoren und einigen Studenten beisammen. Im Prunkzimmer stand Goethe mit ernster, stolzer Miene vor dem Spiegeltische, auf beiden Seiten von Kerzen und vorne vom Kronleuchter beleuchtet, prunkend da, und um ihn eine Halbrunde von mehrern Reihen ehrfurchtsvoll Lauschender. Bei dem Gefühl, mit dem ich soeben die Xenien gelesen, widerte mich jenes Schauspiel an. Ich glaubte den Triumph strafloser Insolenz feiern zu sehn. Loder stellte mich Goethen vor, als den Verfasser der Letten. Er nickte herablassend, und fuhr fort in seiner Rede. Das verdroß mich, denn ich war mir bewußt, in Rücksicht meiner *Zwecke* über dem Verfasser der Xenien zu stehn. Daß er mein Buch wahrscheinlich gar nicht kannte, fiel mir nicht ein.

Er sprach gerade in einem dozierenden Tone über Raffaels Gemälde im Vatikan. Den letzten Umstand hatte ich nicht bemerkt und sagte: «Es wäre viel, wenn die Franzosen sich ihrer nicht bemächtigten.» Mit einer wegwerfenden Miene, als hätte ich eine Dummheit gesagt, erwiderte Goethe: «Sie sind ja auf die Mauer gemalt.» – Doch nur auf Stuck, antwortete ich, und zog mich aus dem bewundernden Halbkreise zurück, und habe mich Goethen nie wieder genähert. Mir hatte bei meiner Antwort dunkel vorgeschwebt, es müsse ein Mittel geben, die Stucklagen abzulösen, ohne Verletzung der Gemälde, die sie verherrlichen. Welcher Art dies Mittel sein könne, ahnete ich freilich nicht; doch wenige Monate später erzählten die Zeitungen, daß die Franzosen Wandgemälde abgesägt hätten. Mit welchem Erfolge, weiß ich nicht mehr; gewiß aber hätten sie ihr Verfahren bis zum glücklichsten ausgebildet, wenn sich ihnen nicht bald die Aussicht eröffnet hätte, Rom selbst samt seinen Herrlichkeiten zu behalten.

1314 Caroline v. Wolzogen: Schillers Leben 1830

Mein Mann wurde nun dem Herzoge von Weimar bekannt, und von ihm als Kammerrat und Kammerherr angestellt …

Goethe zeigte sich teilnehmend bei diesem Ereignis. Das Anschauen des innigen Verhältnisses zwischen ihm und

Schiller, der immer rege Ideenwechsel, das offene, heitere Zusammensein – dies alles bot tausendfältigen Genuß. An Gegenständen der Unterhaltung fehlte es nicht; Goethe sprach gern mit meinem Manne über Architektur; in den Abendstunden entwarf er bei meiner Schwester Mondlandschaften; auch Schiller machte einige Versuche. Indes entstanden unsterbliche Werke, Wallenstein und Hermann und Dorothea ... Mit Rührung erinnere ich mich, wie uns Goethe, in tiefer Herzensbewegung, unter hervorquellenden Tränen, den Gesang, der das Gespräch Hermanns mit der Mutter am Birnbaume enthält, gleich nach der Entstehung vorlas. «So schmilzt man bei seinen eigenen Kohlen», sagte er, indem er sich die Augen trocknete.

1315 Caroline Schlegel an Luise Gotter *3. Oktober 1796*

Goethe sagte gestern noch, die Geisterinsel [von Gotter] wäre ein Meisterstück von Poesie und Sprache. Es ließe sich nichts Musikalischers gedenken.

1316 F. Schlegel an Novalis *4. Oktober 1796*

Goethe hat nicht den mindesten Anteil an den Epigrammen auf mich, wie er meinem Bruder versichert hat.

1317 A. W. Schlegel an Goethe *24. September 1797*

Ich habe diesen Sommer auch noch fleißig gedichtet: Sie werden mich mehrmals im Almanach finden. Ich gehöre zu den Leuten, die Lust zum Spazierengehen bekommen, wenn das Tor eben geschlossen werden soll; erinnern Sie sich noch, wie Sie mich einmal vorigen Herbst auf dem Garten zum Dichten ermunterten, und sagten: man rechne bei dem Almanach auf nichts, was nicht vor dem Schlusse des Jahres fertig wäre?

1318 Böttiger an F. Jacobs *9. Oktober 1796*

Der neue Schillersche Musenalmanach ist ein wahres Revolutionstribunal, ein Terrorism, gegen welchen alle guten Köpfe in Masse aufstehen müssen.

Es ist mir unbegreiflich, wie Goethe, der sonst so leise auftretende, furchtsame Zauderer, sich zu einem so *jugendlichen* Mutwillen mit offenem Visier hinreißen lassen konnte. Aber ich erinnere mich noch zum Glück, ihn das Urteil sprechen gehört zu haben: das deutsche Publikum erträgt und verschlingt *alles.*

1319 Schiller an Körner *17. Oktober 1796*

Es geht mir mit Euch Herren und meinen diesjährigen Gedichten wie im vorigen Jahre, jeder wählt sich ein anderes für seinen Geschmack aus. Dem Humboldt geht nichts über die *Geschlechter*, Goethen sind die *tabulae votivae*, an denen er selbst sehr wenig Anteil hat, das liebste von mir …

1320 Charlotte v. Stein
an ihren Sohn Fritz *nach dem 18. Oktober 1796*

[Am Abend des 18. war sie mit der Herzogin bei dem kranken Herzog mit Goethe zusammengetroffen.] Goethe sah recht ennuyiert aus, der Herzogin wurde es ganz weh dabei; da ich aber gar keinen Respekt vor den schönen Geistern mehr habe, so sprach ich die Kreuz und die Quer, und es ging die Stunde ziemlich frisch vorüber.

1321 Leopold Graf Egloffstein
an F. Oberthür *20. Oktober 1796*

Sind Ihnen schon die *Gegengeschenke an die Sudelköche in Jena und Weimar* vor das Gesicht gekommen? Es sind beißende Xenien auf Goethe und Schiller und, wie man sagt, von Dyk und Manso in Leipzig verfaßt. Wieland meint, daß künftig Ostern ein ganzer Schubkarren voll vorgeführt und zu Markte gebracht werden wird. Goethe bereut es sehr, diese sogenannten Kinder seiner satirischen Laune in die Welt geschickt zu haben, und gäbe viel darum, wenn er das Geschehene ungeschehen machen könnte.

1322 Schiller an Körner *28. Oktober 1796*

Goethe hat jetzt ein neues poetisches Werk unter der Arbeit, das auch größtenteils fertig ist. Es ist eine Art bürgerlicher Idylle, durch die Luise von Voß in ihm zwar nicht veranlaßt, aber doch neuerdings dadurch geweckt; übrigens in seiner ganzen Manier, mithin Voßen völlig entgegengesetzt. Das Ganze ist mit erstaunlichem Verstande angelegt, und im echten epischen Tone ausgeführt. Ich habe zwei Drittteile davon, nämlich vier Gesänge, gehört, die vortrefflich sind. Das Ganze kann wohl zwölf Bogen betragen. Die Idee dazu [Hermann und Dorothea] hat er zwar mehrere Jahre schon mit sich herumgetragen, aber die Ausführung, die gleichsam unter meinen Augen geschah, ist mit einer mir unbegreiflichen Leichtigkeit und Schnelligkeit vor sich gegangen, so daß er neun Tage hintereinander jeden Tag über anderthalb hundert Hexameter niederschrieb.

1323 Schiller an Körner *7. April 1797*

Das epische Gedicht von Goethen, das ich habe entstehen sehen, und welches, in unseren Gesprächen, alle Ideen über epische und dramatische Kunst in Bewegung brachte, hat, verbunden mit der Lektüre des Shakespeare und Sophokles, die mich seit mehrern Wochen beschäftigt, auch für meinen Wallenstein große Folgen...

1324 Schiller an Goethe *18. Mai 1798*

Was mich aber besonders von ihm [Cotta] zu hören freute, ist die Nachricht, die er mir von der ungeheuren Ausbreitung Hermanns und Dorotheas gab. Sie haben sehr recht gehabt, zu erwarten, daß dieser Stoff für das deutsche Publikum besonders glücklich war, denn er entzückte den deutschen Leser auf seinem eigenen Grund und Boden, in dem Kreise seiner Fähigkeit und seines Interesse, und er entzückte ihn doch wirklich, welches zeigt, daß nicht der Stoff, sondern die dichterische Belebung gewirkt hat.

1325 Caroline v. Humboldt an Rahel Levin *30. Oktober 1796*

Goethe habe ich nicht hier [in Jena] gefunden, er mußte eine Reise nach Ilmenau machen, kommt aber künftige Woche her ... Goethe macht eine Idylle in einem durchaus eignen und rührenden Ton. Sie würden wie ich bei der simplen Erzählung weinen.

1326 *Böttiger an F. Schulz* *30. Oktober 1796*

Sein [Schreyvogels] neuer Lovelace, der zu Ostern bei Vieweg erscheint, wird gewiß großes Aufsehen und Goethe, der ihn zuletzt in Jena überall anfletschte, noch bitterer gegen ihn machen. – – Goethe war fast den ganzen Sommer in Jena, weil er hier immer mehr seinen Einfluß verliert. Niemand flucht den Franzosen mehr als er, denn durch ihre Invasion und Kunstplünderungen in Italien verderben sie seinen Plan, in der Mitte des Sommers dahin abzugehn. Er muß sich also mit den Berichten genügen lassen, die ihm Meyer pünktlich aus Florenz abstattet, und seine Galle am deutschen Publikum auslassen. Davon haben wir nun eine schöne Portion im neusten Schillerschen Musen-Almanach durch seine Xenien bekommen ...

Alles ist in Aufruhr über diese Unverschämtheit. Man begreift nicht, wie der furchtsame Goethe *so* heraustreten konnte. Aber er denkt: künftiges Jahr bist du in Italien! ... Dagegen hat nun Goethe seinen Wilhelm Meister sehr glorreich geendigt. Auch seine bittersten Feinde müssen dies eingestehn.

1327 *Böttiger an J. F. Rochlitz* *27. September 1809*

Allerdings hab' ich das köstliche Bruchstück aus Wilhelm Meisters Wanderschaft gelesen und wieder gelesen ... Ich wage übrigens zu glauben, daß Goethe, als er seinen Meister vor fünfzehn Jahren schloß, an diese Fortsetzung schwerlich dachte. Damals genoß ich sein ganzes Zutraun und weiß daher Geständnisse von ihm, die mich dies glauben lassen.

1328 *Herder an Gräfin Baudissin* *1796*

Zuerst, liebe gnädige Gräfin, bin ich Ihnen noch eine Antwort über Goethes Roman schuldig. Machen Sie mir doch Vorwürfe, als ob ich ihn selbst geschrieben hätte, und ich habe ihn später als die meisten Leser in diesen Tagen erst gelesen. Vor vielen Jahren las er uns daraus Stücke vor, die uns gefielen, ob wir gleich auch damals die schlechte Gesellschaft bedauerten, in der sein Wilhelm war und so lange, lange aushielt. Ich weiß, was ich auch damals dabei gelitten habe, daß der Dichter ihn so lange unter dieser Gattung Menschen ließ. Indessen war damals der Roman anders. Man lernte den jungen Menschen von Kindheit auf kennen, interessierte sich für ihn allmählich und nahm an ihm teil, auch da er sich verirrte. Jetzt hat der Dichter ihm eine andre Form gegeben; wir sehen ihn gleich da, wo wir ihn nicht sehen mögen, können uns seine Verirrungen nur durch den Verstand erklären, interessiert aber hat er uns noch nicht so sehr, daß wir irgend mit ihm sympathisieren könnten. Ich habe dem Dichter darüber Vorstellungen getan; er blieb aber bei seinem Sinn, und den zweiten Teil des ersten Bandes, wo die Philine vorkommt, habe ich im Manuskript gar nicht gelesen.

1329 Ch. G. v. Voigt an G. Hufeland 9. November 1796

Herr Geh. Rat v. Goethe ist, was mich gefreut hat, für Sie und Ihr Haus sehr freundlich gesinnt und hat mir von der Vorlesung seiner Epopee, die er in neuerer Zeit zu verlegen gewagt hat [Hermann und Dorothea], erzählt. Schreiben Sie mir etwas von dem Gegenstande und Inhalt dieses Phänomens, worüber ihn zu fragen der Anlaß durch Nebendinge mir abgeschnitten wurde.

1330 Charlotte v. Stein an ihren Sohn Fritz 22. November 1796

Heute oder morgen wird das Einpacken Deiner Kiste vollendet, und zwar hat Goethe schon zwei Vormittage damit zugebracht und wird heute auch noch einige Stunden damit zubringen. Er macht es sehr ordentlich und gern. Es ist doch schade, daß der Goethe in so dummen Verhältnissen steckt; er hat Verstand und eine Seite von Bonhomie, und nur sein dummes häusliches Verhältnis hat ihm etwas Zweideutiges im Charakter gebracht. – Auch ich habe manche Päckchen eingepackt; auch der kleine August hat Münzen eingewickelt.

1331 Caroline v. Humboldt an Rahel Levin 1. Dezember 1796

Bei Goethe waren wir [am 29. November] einen ganzen Tag. Er ist in seinem Hause immer etwas feierlich und war es diesmal vielleicht noch etwas mehr, weil wir uns in 1 ½ Jahre nicht gesehen hatten, Burgsdorff eine neue Gestalt für ihn war usw., aber doch war es ein schöner Tag, und Burgsdorff hat große Freude gehabt, ihn von Angesicht zu sehen. Er las uns sein neuestes Gedicht so weit vor, als es vollendet ist. Man kann nichts darüber sagen, man muß es hören, um das Gefühl der innigsten Anbetung gegen den göttlichen Menschen voll zu genießen, dem es gegeben ist, die tiefste Wahrheit, die vollste Menschlichkeit so in Worten auszusprechen.

1332 W.v.Burgsdorff an C.G.v.Brinckmann *12.Dezember 1796*

Ich bin in seinem [Goethes] Hause gewesen, fast einen ganzen Tag, ich habe ihn viel lesen hören, es hat mich unendlich gefreut und interessiert.

1333 Wieland an K.L.Reinhold *2.Dezember 1796*

Goethe, der beinahe fünf Monate in Jena lebte, ist seit fünf bis sechs Wochen wieder hier und fährt fort, ein mir sehr angenehmes Verhältnis mit mir zu unterhalten, wirklich das reinste und einzige, das zwischen uns bestehen kann und soll. Er ist ein sonder- und wunderbarer Sterblicher, aber bei allem dem so sehr *aus Einem Stück*, so sehr bona fide alles was er ist, mit allem seinem Egoismus so wenig übeltätig, oder vielmehr im Grunde so gutartig, und mit allen Anomalien seiner produktiven Kraft ein Mann von so mächtigem Geist und unerschöpflichen Talenten, daß es mir unmöglich ist, ihn nicht lieb zu haben, wie oft ich auch im Fall bin zu wünschen, daß dies oder jenes anders an ihm wäre. Von *seinem Anteil* an den Xenien haben Sie sehr richtig geurteilt. Aber die Welt ist nicht so nachsichtlich, und beide Epigrammatisten haben sich selbst durch diese Ergießung ihrer Laune und – Galle einen unendlich Mal größern Schaden getan, als alle ihre literarischen Widersacher und Diaboli ihnen zusammengenommen in ihrem ganzen Leben hätten tun können.

1334 Falk an K. Morgenstern *Dezember 1796*

Goethe und Wieland zusammen zu sehen, ist eine wahre Herzenslust. Ich spreche sie beide beinah täglich und Goethen fast noch mehr wie Wieland. Sie sind jetzt enger verbunden wie jemals. Wieland schüchtern, verlegen, jungfräulich, der von Winkel zu Winkel schleicht, immer durch Umwege geht und bald nach seiner Schnupftabaksdose, bald nach seinem Schnupftuch greift, dabei immer im Begriff, sich selber zu verlieren, und dagegen Goethe fest, männlich einherschreitend, die Hände am Leibe etwas steif herunterhängend, zuweilen beinah so, als ballte er die Fäuste und wollte männiglich in der Gesellschaft zu Boden rennen. So ihr Körper und ihre Seele; ihre Art zu sein und sich auszudrücken beinahe ebenso verschieden. Wieland mit aller Bedachtsamkeit des Alters und einer grenzenlosen Bonhomie immer auf seiner Hut, alles zum Besten deutend, so ganz seinem gefühlvollen Herzen und seiner zarten Organisation hingegeben, daß er selbst einen Vatermörder entschuldigen würde, weil es ihm unendlich weh tut, die Menschheit so unendlich heruntergesunken zu sehen – – kurz ein Mensch, der mit Körper und Seele zugleich, vermöge einer angeborenen jungfräulichen Schüchternheit, überall ausweicht und anzustoßen fürchtet, der sich bei einer jeden Haustür (moralisch und physisch genommen) tief und krumm zusammenbückt, weil er sich für alle zu groß scheint; da hingegen Goethe so prall und grade hinläuft, als wollte er jeden Schlagbaum nieder- oder seinen eigenen Kopf einrennen. Neulich im Klub zum Beispiel geriet Wieland in einen liebenswürdigen, mit etwas Possierlichkeit untermischten Eifer, daß die jungen Leute so viel Tee tränken, da doch Tee offenbar schwäche.

Goethe (mit aufgehobenem Rockschoß am Ofen stehend und mit vorstrebender Brust sich hin- und herbewegend): Da irrst Du, Herr Bruder, Tee stärkt.

Wieland: Wieder ein Paradoxon!

G. O ich habe Gründe dafür genug und satt.

W. Um nur mit meinem schwächsten Argument anzufangen-

G. Das tue ja nicht, Herr Bruder, um's Himmels willen nicht. Immer die stärksten voraus. Ich habe mich verzweifelt ausgerüstet.

W. Also erstlich wirst Du nicht leugnen können, daß trotz aller Deiner Sophisterei aufgekochte Kräuter von schädlicher Natur und laues Wasser –

G. Also der Tee schwächt, willst Du sagen?

W. Ja, doch ich –

G. Also der Tee stärkt, sag' ich.

W. Und schwächt nicht?

G. Stärkt und schwächt.

W. Stärkt und schwächt?

G. Wie jedes Corroborans, zu häufig genommen. Man stärkt sich zu sehr.

W. Aber das Gift darin?

G. Es gibt kein Gift.

W. Ein neues Paradoxon!

G. Alles kommt auf die Dosis an. Auch Champagner kann Gift werden.

W. Am Ende wird der Sophist noch gar behaupten, wir stürben nicht.

G. Ei, das lassen wir *so* bleiben.

W. (weggehend) Das wird zu toll.

G. (ihm nachrufend) Geh nur, Alter! sonst provoziere ich auf unsre Unsterblichkeit, und Du hast verloren.

Nun vergleiche diese Art zu disputieren psychologisch mit meinen vorigen Behauptungen. Wieland, wenn ihm Goethe so ein Paradoxon in den Weg wirft, stutzt und steht ebenso verlegen da, als wenn ihm plötzlich jemand den Weg verliefe oder Stirn an Stirn mit ihm zusammenstieße. – – – Herder hab ich noch nicht gesprochen, will auch nicht. Ich sah ihn bei Goethe. Seine breite, pfäffische Sinnlichkeit widersteht mir.

1335 Böttiger an J. v. Müller *7. Dezember 1796*

Das sansculottische Skandal unserer Literaturwidder wird immer ärger. Nun sind gegen Goethe und Schiller schon *Gegengeschenke an die Sudelköche in Weimar und Jena* auf zwei

Bogen, ungefähr sechzig Epigramme von Dyk und Manso, erschienen. Einige treffen, die meisten sind sehr plump. Des freuen sich die Herren Duumviri Goethe und Schiller höchlich; denn sie haben noch an sechshundert Epigramme liegen, die, hätten die Gegner geschwiegen, unterdrückt werden mußten, nun aber an Cotta in Tübingen Stück für Stück mit einem Dukaten verhandelt werden können.

Schiller vollendet jetzt sein längst projektiertes Trauerspiel *Wallenstein;* Goethe hat uns jüngst ein treffliches, in seiner Art völlig neues bürgerliches Heldengedicht vorzulesen angefangen, worüber man ihm freilich, man mag wollen oder nicht, wieder gut sein muß.

1336 Schiller an Goethe *25. Dezember 1796*

Knebel war bei mir und hat mir auch die Schottländer gebracht, die ganz gute Leute scheinen. Knebel erzählte mir auch viel von den optischen Unterhaltungen mit Ihnen, es freut mich, daß Ihre Mitteilung gegen ihn die Sache mehr in Bewegung brachte. Seine Idee, daß Sie das Ganze in einige Hauptmassen ordnen möchten, scheint mir nicht übel; man würde so schneller zu bestimmten Resultaten geführt, da man bei einer künstlichern Technik des Werks die Befriedigung erst am Ende findet ...

Leben Sie recht wohl. Alles grüßt herzlich und wünscht Ihnen viel Unterhaltung auf dieser Reise.

1337 Caroline Schlegel an Luise Gotter *25. Dezember 1796*

Den Mittag drauf [19. Dezember] waren wir bei Goethe, und Herder auch, wo ich bei ihm und Knebeln saß, allein ich hatte den Kopf immer nur nach Einer Seite. Goethe gab ein allerliebstes Diner, sehr nett, ohne Überladung, legte alles selbst vor, und so gewandt, daß er immer dazwischen noch Zeit fand, uns irgend ein schönes Bild mit Worten hinzustellen (er beschrieb zum Beispiel ein Bild von Füßli aus dem *Sommernachtstraum*, wo die Elfenkönigin Zetteln mit dem Eselskopf liebkoset) oder sonst hübsche Sachen zu sagen. Beim süßen Wein zum Dessert sagte ihm Schlegel grade ein Epigramm vor, das Klopstock kürzlich auf ihn gemacht, weil Goethe die deutsche Sprache verachtet hat, und darauf stießen wir alle an, jedoch nicht Klopstock zum Hohn; im Gegenteil, Goethe sprach so brav, wie sich's geziemt, von ihm. Gern wär ich noch länger dageblieben, um bei Goethe nicht allein zu hören, sondern auch zu sehn, und daneben freilich auch zu hören, aber das muß auf den Sommer verspart bleiben. *Was* ich sah, paßte alles zum Besitzer – seine Umgebungen hat er sich mit dem künstlerischen Sinn geordnet, den er in alles bringt, nur nicht in seine dermalige Liebschaft, wenn die Verbindung mit der Vulpius (die ich flüchtig in der Komödie sah) so zu nennen ist. Ich sprach noch heute mit der Schillern davon, warum er sich nur nicht eine schöne Italienerin mitgebracht hat? Jetzt tut es ihm freilich auch wohl nur weh, die Vulpius zu verstoßen, und nicht wohl, sie zu behalten.

1338 Max Jacobi: Anmerkung *1846*

[Über Hermann und Dorothea.] Als der Jüngling die Blätter dem übergütigen Dichter tief bewegt und angeregt wieder übergab, verbarg dieser ihm seine Freude nicht, heiter hinzufügend: Nach Ihnen ist nun Böttiger der nächste, dem ich es mitteile; denn bei dem bin ich bei der Beurteilung vor allem Einfluß des Gemütes auf den Verstand sicher, und so einen brauche ich.

1339 Böttiger

Den 25. Dezember 1796. Goethe liest seinen Hermann und Dorothea.

... Die Abgesandten gehen, nachdem ihnen Hermann zuvor durch eine meisterhafte Schilderung das Mädchen kenntlich gemacht hat. –

So weit las Goethe auch den *vierten Gesang* vor ...

Goethe ging seit zwei Jahren mit diesem Sujet schwanger und versuchte es erst als Drama, dann als eine Idyllenreihe. Aber grade durch diese vorbereitenden Studien wurde er erst des Gegenstandes ganz mächtig, und konnte nun alle diese mühsamen Vorbereitungen wie Blütenblätter zu einem Fruchtknoten schließen.

1340 *Böttiger an J. v. Müller* *28. Dezember 1796*

... Goethe hat soeben ein Heldengedicht in sechs Gesängen, *Hermann und Dorothea*, vollendet, das auf die Emigrantenszenen dieses trostlosen Krieges gegründet so unvergeßlich sein wird, als die ungeheure Ländererschütterung, die ihm zur Basis dient. Die Nation hat durchaus noch nichts der Art aufzuweisen, und Goethe ist darin ganz Goethe. Übrigens wünscht er sehnlichst nach Italien zu gehen, wo er gleichfalls einen großen Plan auszuführen gedenkt, ein Gemälde Italiens nach seinen verschiedenen Erd- und Staatsrevolutionen von den frühesten Zeitaltern her.

1341 *Böttiger an G. J. Göschen* *28. Dezember 1796*

Der Weimarische Sudelkoch ist eben in Leipzig. Sollte das nicht zu einer drolligen Begegnung Anlaß geben? So viel kann ich Ihnen sagen, daß er ein neues Heldengedicht in sechs Gesängen unter der Feder hat, welches sich auf die französische Revolution gründet, ohne diese doch zu berühren, und in dem Goethe ganz der göttliche Goethe ist. Es muß das erste Volksgedicht werden, das eine neuere Nation aufzuweisen hat. Wieland hat geweint, als es ihm Goethe vorlas.

1342 *G. J. Göschen an Böttiger* *Dezember 1796*

Soviel ich weiß, hat Goethe durch ein artiges Benehmen alles zur Artigkeit gebracht, wo er sich genähert hat. Er hat unsern alten Weiße besucht und viel mit ihm über griechische und römische Literatur gesprochen und sich äußerst gut benommen.

1343 *Ch. F. Weiße an H. K. A. Eichstädt* *März 1797*

[Über Eichstädts Berufung nach Jena.] Ich weiß aus mehrern Briefen, daß die Sache entschieden ist. Vor kurzem war der Geh. Rat Goethe mit dem Herzog von Weimar hier [in Leipzig], und wir sprachen ein langes und breites davon ...

1797

1344 Karoline Wilken: Erinnerungen

Bei einem seiner Besuche [bei Johann Friedrich August Tischbein] brachte er [der Fürst Leopold von Anhalt-Dessau] auch einmal Goethe mit, der auf kurze Zeit nach Dessau gekommen war, obwohl der Fürst dessen Abneigung gegen den Vater kannte. Der Fürst hatte aber geäußert, trotz seines Eigensinnes solle Goethe den Vater besuchen. An der Mutter fand Goethe viel Gefallen und hatte nachher geäußert, «die Tischbein sei eine höchst angenehme Gegenwart».

1345 Schiller an Goethe *17. Januar 1797*

Ihr letzter Besuch [am 13. Januar], so kurz er auch war, hat eine gewisse Stagnation bei mir gehoben, und meinen Mut erhöht. Sie haben mich durch Ihre Beschreibungen wieder in die Welt geführt, von der ich mich ganz abgetrennt fühlte.

1346 Schiller an Goethe *31. Januar 1797*

Da Sie neulich von Ihrem Gartenhause sprachen und meinten, es habe Raum genug, so wünschte ich zu wissen, ob Sie es vielleicht für eine längere Zeit entbehren und es mir ordentlich vermieten könnten. Es ist ja ohnehin schade, daß es dasteht, ohne sich zu verinteressieren, und mir wäre sehr damit geholfen.

1347 Caroline Jagemann: Erinnerungen

Zu Goethe trat ich nach dem Abschlusse meines Engagements in dieselbe Stellung, die ich in Mannheim dem Intendanten gegenüber eingenommen hatte. Die Unterhandlungen waren zwischen dem Hofkammerrat und meinem Vater geführt worden, wobei sich Goethe so steif und gerade verhalten hatte, wie er sich in seiner äußeren Erscheinung zeigte. Ich glaube auch nicht, daß ihm meine Akquisition besonders angenehm war, denn meine Stellung, mein Talent und meine Neigung entzogen mich der sklavischen Unterwürfigkeit, in der er die Theaterdamen sich gegenüber zu sehen wünschte, doch war sein Empfang, als ich ihn als engagiertes Mitglied [am 26. Januar 1797] zum erstenmal besuchte, überaus freundlich und verbindlich. In seinem Wesen lag eine gewisse Pedanterie, in seiner Haltung eine Steifheit, die in früheren Jahren die Jugendlichkeit trotz seines klassisch schönen Gesichts nicht zu voller Erscheinung kommen ließ; der schön geformte Mund, der an den Apoll von Belvedere erinnerte, konnte lachen, ohne freundlich zu sein, das große dunkle, scharf geschnittene Auge blieb immer ernst, selbst wenn der Mund lächelte, und störte die Harmonie, die bei weniger schönen Zügen so angenehm berührt, das Ganze imponierte, sprach aber nicht zum Herzen.

1348 Böttiger an J. v. Müller *3. Februar 1797*

Auf der andern Seite ist es Ihnen vielleicht nicht unlieb, eine schöne Elegie von unserm Goethe im voraus zu besitzen, die dem Gedichte zur Einleitung gegeben werden soll, wovon ich Ihnen schon schrieb und in meinem nächsten Briefe vielleicht noch etwas mehr mitteile. An seine Reise nach Italien ist vor der Hand wohl nicht zu denken.

1349 Schiller an Körner *13. Februar 1797*

Goethe ist seit gestern hier, geht aber heute wieder fort, weil er in Weimar nötig ist. In einigen Wochen werde ich länger mit ihm leben können.

1350 Schiller an Goethe *17. Februar 1797*

Ich wünsche, daß Sie neulich wohl mögen angekommen sein. Ihre Erscheinung war so kurz, ich habe mein Herz gar nicht ausleeren können. Aber es ist wirklich notwendig, daß man einander, wenn es nicht auf länger sein kann, manchmal nur auf einige Stunden sieht, um sich nicht fremder zu werden.

1351 Caroline Jagemann: Erinnerungen

Als ich ihm [Goethe] durch das Theater näherkam, fanden sich neue Gründe zur Unzufriedenheit, wenn auch nur künstlerische, die sich gleich bei meinem ersten Auftreten offenbarten. In Mannheim war alles einfach, aber anmutig arrangiert, die Versöhnungsszene Oberons und Titanias [in der Oper «Oberon» von Wranitzky] malerisch geordnet; hier [bei der Weimarer Aufführung, die am 18. Februar 1797 zum ersten Mal mit Caroline Jagemann stattfand] legte Goethe der Wiedervereinigung Schwierigkeiten in den Weg, indem er hinter dem Wolkenwagen, in dem sich Oberon der Erde nähert, um mit der Gattin in die Lüfte zu entschweben, eine durch eine Wolke schlecht versteckte Leiter anbringen ließ, auf der zwei Genien – wieder jene hausbakkenen Seminaristen – über den Häuptern der neu Versöhnten einen Kranz halten mußten. Durch die Leiter blieben aber die Gatten getrennt, konnten nur die Arme sehnsüchtig ausstrecken und sich einander zuneigen, während das Verschweben in den Wolken ganz wegfallen mußte. Daß meine Titania ein gestreiftes Musselinkleid anhatte, hoch frisiert war und statt fleischfarbener Sandalen schwarze rauhlederne Schuhe mit Schnallen trug, indignierte mich ebenfalls, und die kleinen steifen Röschen, die hie und da auf Kleid und Frisur angebracht waren, konnten mich mit dem lächerlichen Ganzen nicht versöhnen. Ich kam von einer Bühne, die nach Regeln geleitet wurde und auch darin zum Muster dienen konnte, daß der Ton, der unter den Künstlern herrschte, anständig und fein war, während hier Willkür und Despotismus regierten. Das Personal war mit geringer Ausnahme von unglaublicher Roheit, der allgemeine Ton nicht viel von einer herumziehenden Truppe unterschieden. Wie ich früher schon sagte, gehörte es zu den Grundsätzen des Hofkammerrats, die Schauspieler durch Vorschüsse zu fesseln; die Abzüge versetzten dieselben in die drückendste Lage, und so mußte ich mit armen unzufriedenen Leuten und wenig bedeutenden Talenten – ich spreche nicht von der Oper allein – meine Aufgaben ausführen, daß mir alle Freude zu neuen Rollen verging. Diese Mängel schrieb ich dem Lenker des Theaters zu und war böse, daß er geschehen ließ, was so leicht besser gemacht werden konnte, auch, daß er für alle Nebendinge kein Interesse hatte, die dem Schauspieler gleichwohl wichtig sind, weil er bei der ersten Auffassung der Rolle sein Spiel daran anknüpft. Wenn zum Beispiel in einem Stücke eine Grotte vorgeschrieben war, die mit Kränzen geschmückt werden, eine Laube, in der man lauschen, ein Wasserfall, an dessen Rande man einschlummern sollte, so wurde in der Probe nichts von diesen Requisiten vorgeführt oder auch nur angedeutet, vielmehr rief Goethe aus dem Parterre, wo er zuweilen, aber nicht oft, den Proben beiwohnte: «das supponiere man!» Wenn man sich aber wirkungsvollere Aktionen bis zur Vorstellung supponieren soll, so ist das ein sehr großes Hindernis für die Darstellung und verdirbt dem Künstler die Freude an der Arbeit.

1352 W.v. Humboldt an F.A. Wolf *3. März 1797*

[Jena.] Vom Agamemnon erhalten Sie abermals ein paar Szenen, die Ihnen wenigstens ein Zeichen meiner Sorgfalt sein werden, die Arbeit so gut als möglich zu machen ...

Das einzige, was bei diesen Versen zu befürchten ist, etwas Steifes und Feierliches, kann wenigstens im Aeschylus gewiß nicht schaden. Es ist mir eine große Freude gewesen, daß Goethe, dem ich es zu lesen gab, sehr damit zufrieden war.

1353 Charlotte Schiller an Fritz v. Stein *3. März 1797*

Goethe schiebt seine Plane, nach Italien zu reisen, auch auf, solange es noch so übel aussieht. Ich wollte nur, Meyer wäre zurück. Dieser wird wahrscheinlich immer denken, Goethe kömmt, und so kann sich sein Aufenthalt doch sehr verzögern. – Goethe ist jetzt hier, und ich hoffe, er vollendet sein großes episches Gedicht hier, was sehr schön ist. Es ist einem oft, als hörte man den Homer ...

... Karl entwickelt sich sehr vorteilhaft ... Der kleine Ernst ist zärter und schwächlicher ... Goethe sagt, er würde nicht so verständig wie Karl.

1354 Caroline v. Humboldt an Rahel Levin *6. März 1797*

Goethe ist jetzt hier seit vierzehn Tagen, ich sehe ihn ziemlich oft, und es ist jedes Mal ein neuer Genuß. Er vollendet hier sein neuestes Gedicht, dessen einzige Schönheit *von Ihnen* recht verstanden werden wird.

1355 W.v.Humboldt an Körner *7. März 1797*

Mit herzlicher Freude packte ich neulich das Goethische Gedicht für Sie ein, liebster Freund, im Vorgefühl des Genusses, den es Ihnen verschaffen würde. Gewiß kommt es auch, Ihrem Urteile nach, Goethens besten früheren Produkten gleich, und sein episches Genie zeigt sich hier schon in seiner vollen Größe. Er ist jetzt in der Mitte der Arbeit der letzten Gesänge und denkt sie noch hier zu vollenden; Schiller scheint – denn gesehen habe ich noch nichts davon – mit gleichem Glück mit seinem Wallenstein beschäftigt, und ich habe eine unendlich interessante Existenz zwischen ihnen beiden, wie sie beide jetzt gerade in dem Feuer der Komposition sind...

Stellen Sie sich nur vor, liebster Freund, daß ich es gewagt habe, eine Übersetzung des Agamemnon des Aeschylus zu unternehmen, und wirklich schon über ein Drittel des Ganzen vollendet habe. Die Schwierigkeiten haben mich nicht abgeschreckt, und Goethe, dem ich meine Arbeit gezeigt habe, nimmt lebhaften Anteil daran, und ist zufrieden damit.

1356 F. Schlegel an Novalis *10. März 1797*

Goethe grüßt auch sehr freundlich und hat meine Rezension des «Woldemar» mit Beifall gelesen. Doch hat er gemeint, es wäre, als ob einer mit einem eisernen Griffel hineinschriebe.

1357 H. Steffens: Was ich erlebte *1841*

Das Athenäum ward fortgesetzt. Die Charakteristiken und Kritiken enthielten gründliche Beurteilungen bedeutender Männer. Besonders war die schneidende Kritik von Jacobis Woldemar und Allwills Briefsammlung durch Friedrich Schlegel geeignet, ein großes Aufsehen zu machen. Es sei, sagte Goethe, diese Kritik mit eisernen Griffeln in Metalltafeln eingeschrieben.

1358 F. Schlegel an Böttiger 11. April 1797

Was Sie mir von Goethe schreiben, ist mir sehr angenehm, und ich danke Ihnen bestens für die Mitteilung. Ich hatte schon hin [hier?] aus einigen Gesprächen mit ihm ersehen, daß er sich für meine Studien interessiert und auch meinen ersten Versuch gelesen hat. Es ist mir ungemein erfreulich, gerade durch *diese* Stimme eine Bestätigung zu erhalten, daß ich, obgleich ein Laie in der Kunst, doch nicht ganz ohne allen Beruf über dieselbe schreibe.

1359 Carl August an Goethe 13. März 1797

Erzeige mir den Gefallen, unsere neuliche Abrede wegen Abschickung eines Menschen nach Schlesien, der dorten das Zusammenbacken der gepulverten Steinkohlen lernen sollte, in ein promemoria zu fassen, damit ich es den G[rafen] Reden schicken könne; ich fürchte sonst, daß ein Mangel von terminis technicis meine Bitte undeutlich machen möchte.

1360 W. v. Burgsdorff an Rahel Levin 7. April 1797

Goethe sah ich hier [in Jena] noch den Tag, als ich ankam, und hörte ihn aus seinem göttlichen Gedicht: Hermann und Dorothea lesen.

1361 Schiller an Goethe 30. Oktober 1797

Ich las neulich den Hermann vor einer Gesellschaft von Freunden in Einem Abend vom Anfang bis zum Ende: er rührte uns wieder unbeschreiblich, und mir brachte er noch die Abende, wo Sie ihn uns vorlas[en], so lebhaft zurück, daß ich doppelt bewegt war.

1362 W. v. Humboldt an F. A. Wolf 31. März 1797

Sie erhalten hier wieder ein reichliches Stück Agamemnon...

Goethe ist, wie ich aus vielfältigen Äußerungen gegen mich und andere und aus dem großen Interesse, das er daran nimmt, da er sich ganz eigentlich und täglich damit beschäftigt, mit der Arbeit im ganzen sogar sehr zufrieden. Er macht nur einzelne Bemerkungen ganz eigner Art, die ich Ihnen zum Teil mitteilen kann. Er ermuntert mich, nicht nur den Agamemnon zu endigen, sondern auch ein Stück des Sophokles, eins des Euripides und eins des Aristophanes, alle charakteristisch gewählt, nachfolgen zu lassen.

Alle Sie zusammen scheinen den Versbau, meine sauerste Arbeit, und meiner Meinung nach auch meine verdienstvollste, gar nicht sonderlich zu achten ... Goethe scheint ihn zu fühlen und zu billigen; aber zum Beurteilen fehlt's ihm an Kenntnis ...

Goethes Beifall ist mir aus mancherlei Gründen weniger erfreulich. Er findet sich durch meine Übersetzung beim Lesen des Originals erleichtert, dafür ist er dankbar, und so lobt er leichter.

1363 W. v. Humboldt an seine Frau *3. April 1797*

Ich schicke Dir hier eine Abschrift eines angefangenen Chores aus Goethes gelöstem Prometheus, ein Gespräch der Okeaniden mit Prometheus ... Goethe hat es mir mitgegeben, um ihm ein passendes Silbenmaß dazu aufzufinden.

1364 W. v. Humboldt an seine Frau *7. April 1797*

Goethe ist unendlich gut und freundschaftlich, und es lebt sich sehr schön so nah und allein mit ihm. Zwar allein seh ich ihn gewöhnlich nur die Abende, aber die sind auch überaus hübsch. Er ist so vertraulich, spricht so leicht über die Dinge, die ihm die liebsten sind, wird so schön davon erwärmt und erscheint ganz, zugleich in der eignen Zuversicht und Bescheidenheit, die ihm so ausschließend eigen sind. Auf die Freude und den Nutzen, den ihm das Zusammenleben mit Schiller gibt, kommt er sehr oft zurück. Nie vorher, sagt er, hätte er irgend jemand gehabt, mit dem er sich über ästhetische Grundsätze hätte vereinigen können; die einzigen wären noch Merck in Darmstadt und Moritz gewesen; allein obgleich beide mit ihm in Absicht des Takts übereingekommen wären, so hätte er sich wenig mit ihnen verständigen können. Zwanzig bis fünfundzwanzig Jahre hätte er also so ganz über sich allein gelebt, und daher sei es mit gekommen, daß er in einer ganzen langen Zeit so wenig gearbeitet habe. Desto rüstiger scheint er jetzt. Den Plan von Hero und Leander hat er zwar ziemlich aufgegeben; er meint, es sei ein fremdes Sujet, das sich nie recht frei würde behandeln lassen. Aber dafür hat er mir seinen andern Plan erzählt, von dem mir schon Schiller sagte. Dieser Stoff ist aus höhern Ständen genommen, und damit er doch alles Förmliche los wird und eine reine und volle Natur bekommt, hat er eine Jagdpartie gewählt. Nur bei der Jagd, meint er, zeige sich noch etwas dem Heldenalter gleichsam Ähnliches, weil doch da jeder selbst tätig sein, selbst Hand anlegen muß. Er läßt einen deutschen Erbprinzen, der mit im Kriege gewesen ist, im Winter zu seiner Familie zurückkommen. Der erste Gesang fängt mit einem Frühstück an, das nach einer geendigten Schweinsjagd genommen wird. In den Gesprächen, die bei dieser Gelegenheit entstehen, findet er Veranlassung, über den Krieg, über das Schicksal der Staaten usw. zu reden und so das Interesse auf einen weiten Schauplatz hinaus zu spielen. Plötzlich kommt die Nachricht, daß in einem benachbarten kleinen Städtchen beim Jahrmarkt Feuer ausgekommen sei und bei der Verwirrung, die dadurch entsteht, wilde Tiere losgekommen wären, die man da sehen ließ. Nun macht sich der Prinz und sein Gefolge auf, und die heroische Handlung dieses epischen Gedichts ist nun eigentlich die Bekämpfung dieser Tiere. Der Plan gefällt mir sehr, es scheint mir ein schöner und so natürlicher Kunstgriff, die prächtigen und wunderbaren Gestalten, die Löwen, Tiger usw., auf einheimischen Boden zu versetzen. Auch das Feuer ist ein schöner Gegenstand der poetischen Schilderung. Mehr vom Detail hat er mir noch nicht gesagt. Zum Hermann wird sich dieses Gedicht schön stellen. Der Hermann ist so durchaus rührend; er hat überall den Menschen, das Schicksal, den Wechsel, dem das Privatglück unterworfen ist, zum Hintergrunde, dies wird prächtiger und feuriger, es wird weniger idyllenartig auf einzelne Lagen, friedlichen Genuß, noch mehr episch auf große Massen, Staaten und Völker, kühne Unternehmungen usw. hinweisen. Der ganze Ton von Anfang herein soll dies ankündigen und jeder Umstand dazu passen. So erscheint zum Beispiel im Hermann die Feuersbrunst schon wie sie verglimmt und nur noch der letzte Rauch aufsteigt; in diesem neuen Gedicht schlagen die vollen Flammen noch wild übereinander. Was diesen Goetheschen Gedichten ein so schönes Leben und diese bewundernswürdige Individualität gibt, ist, daß er nichts schildert, was er nicht ganz oder doch einigermaßen gesehen hat. Davon geht er überall aus, und da er nun auf der andern Seite diesen feinen und hohen Kunstsinn hat, so erkläre ich mir dadurch die unnachahmliche Haltung, in der immer Natur und Kunst bei ihm stehen, wo nie etwas anders, als die volle und reine Natur, und doch nie die bloße Natur, nie etwas Materielles erscheint.

1365 W.v.Humboldt an seine Frau 7. April 1797

Goethe quält mich so sehr, bis Sonntag früh zu bleiben. Er wünscht es auch wegen des Hermanns und stellt mir ordentlich rührend vor, daß wir uns vielleicht sehr lange nicht wiedersehen.

1366 Charlotte v. Stein an Charlotte Schiller 9. April 1797

Daß Goethe die Welt lustig ansieht, macht, weil diese Seite seines Verstandes die klarste ist; er hat begriffen, daß ihre Natur von der Beschaffenheit sei, daß sie keine Philosophen je verbessern werden; und da er sich selbst wie billig auch zu der Welt rechnet, weiß er wohl, daß auch er nicht anders sein kann, und je mehr ihn diese Dinge sonst gequält und er sie durchdacht, hat er sich gemütlich darüber zur Ruhe gesetzt. Dabei hat er jetzt eine gute Gesundheit und mehr Fleisch im Topf als der arme Rousseau, um sich gute Bouillons kochen zu lassen.

1367 Böttiger

Den 15. April 1797. Ich habe diesen Abend die letzten fünf Gesänge von Hermann und Dorothea vom Meistersänger selbst vorlesen hören. Welch eine Welt voll Handlung und Gefühl, in welchem engen Raume, mit wie wenigen Mitteln!

1368 Caroline v. Humboldt an ihren Mann 1. Mai 1797

Goethe war Sonnabend und Sonntag [29./30. April] hier [in Jena]. Er war einmal bei mir, aber traf mich nicht allein. Er ist sehr freundlich und grüßt Dich herzlich. Alexander scheint ihn bewogen zu haben, jetzt seine optischen Versuche liegen zu lassen und seine anatomischen herauszugeben.

1369 Schiller an Körner 1. Mai 1797

Goethe wird wohl auch am Ende Sommers nach Italien gehen, da der Friede jetzt die Reise wieder möglich macht...

Goethens Hermann und Dorothea erscheint diese Michaelismesse in Kalenderform bei Vieweg in Berlin. Er hat diese Form vorgezogen, teils weil man ihn noch einmal so gut dafür bezahlen kann, teils um das Gedicht auf diese Weise recht in Umlauf zu bringen.

1370 Caroline v. Humboldt an ihren Mann 12. Mai 1797

Das Honorar für den Hermann ist ungeheuer, und doch gibt es keinen Preis für solch eine Arbeit. Schiller meinte auch, es sei enorm bezahlt, aber Vieweg werde es herausbringen, noch einen ansehnlichen Gewinst davon zu machen, und sei unklug, wenn er nicht eine Auflage von 4000 Exemplaren veranstalte. Er erzählte mir, daß er Goethe gefragt, ob er zufrieden mit dem Honorar sei, und dieser habe ihm geantwortet: «O ja, recht gut, ich kann leidlich zufrieden sein.» Etwas Außerordentliches habe Goethe also gar nicht darin gefunden ... Goethe kommt den 15. und bleibt so lange wie wir hier. Wir denken etwa den 31. abzureisen.

1371 Caroline v. Humboldt an ihren Mann 22. Mai 1797

Goethe war heut hier und grüßt herzlich. Er ist sehr gut gestimmt, und ich bin wie immer ganz verliebt in seine schönen Augen. Er dankt tausendmal für Deine Mühe wegen des Hermanns.

1372 Caroline v. Humboldt an ihren Mann *26. Mai 1797*

Goethe ist sehr freundlich und gut und hat ein gar niedlich neues Gedicht, Der neue Pausias und sein Blumenmädchen, für den Almanach gemacht und uns letzt vorgelesen. Er grüßt Dich herzlich ...

1373 Böttiger

(Den 28. Mai 1797 in Jena.) Goethe hat die Idee, Bernhards von Weimar Biograph zu werden, wozu er große Sammlungen angelegt und unter andern von Gotha, wo das meiste darüber ist, ganze Kisten voll Akten erhalten hatte, völlig aufgegeben. Seine Sammlungen hat er teils dem Geheimenrate Voigt, teils dem Professor Woltmann abgetreten. Letzterer ist fest entschlossen, das Werk nach Goethes Plan auszuführen. Bernhards Größe bestehe weit weniger in Taten, als in großen Entwürfen, in Visionen eines Reichs, das ihm sein Heldenmut erwerben solle. Von dieser Seite müsse also der Biograph Interesse in das Leben zu bringen und mehr das zu beschreiben suchen, was er tun wollte, als was er getan hat. Man denke an Vogts Gustav Adolf oder die deutsche Republik.

Goethe arbeitet seine Gedichte alle erst im Kopfe aus, wo er sie fest eingeprägt mit sich herumträgt. Sind sie so weit vollendet, läßt er sie niederschreiben, und da kann er die niedergeschriebenen noch acht Tage lang feilen und verbessern. Dann ist es ihm aber unmöglich, wieder dazu zurückzukehren. Sie sind ihm gleichsam zum Ekel geworden, und es kostet ihm die größte Überwindung, noch einmal auf sie zurückzukommen. Ganz anders bei Wielanden. Man sehe seine sämtlichen Werke und in diesen den Amadis und Oberon.

Jeder Mensch hat einen chien à tondre, wie es die Franzosen nennen, sagte Goethe Schleusnern, der sich Reinhards [Reichardts?] annahm. Man hat ja wohl selbst etwas der Art, aber man spricht nicht gern davon. Die Geschichte mit den Sachsenhäusern, die über den Exstudenten herfielen, der auf ihrer Gasse wetzte, ihn aber herzlich bedauerten, als sie hörten, er sei voll süßen Weines.

1374 *Schiller an Goethe* *29. Mai 1797*

Ich wünsche, daß Sie auf die gestrige Partie recht wohl geschlafen haben mögen. Der Besuch von Mignon war mir sehr erfreulich, bleiben Sie ja bei diesem Individuum, es läßt sich in dieser eigenen Seele so vieles empfinden und aussprechen, was in keiner andern geschehen kann. Böttigern hätte meine Frau morgen abend am liebsten. Wenn Gerning so bald geht, so würde die Reise Sie doch früher überraschen, als Sie gedacht haben – und wie steht's dann um die Urania? und um die übrigen poetischen und biblischen Plane?...

Leben Sie recht wohl. Wir sehen Sie doch heut abend?

1375 *Caroline v. Humboldt an ihren Mann* *29. Mai 1797*

Goethe reist wahrscheinlich in zehn Tagen nach Italien, um den Winter dort zu bleiben. Es ist aber ein großes Geheimnis.

1376 *Schiller an Körner* *3. Juni 1797*

Wir hatten immer Fremde, auch ist Goethe seit mehreren Wochen hier, den ich, vor seiner italienischen Reise, jetzt wohl zum letztenmal sehe. Er ist beinah entschlossen, sich in zwei Monaten auf den Weg zu machen...

Ich habe vor einiger Zeit Aristoteles' Poetik, zugleich mit Goethen, gelesen...

1377 *K. Morgenstern: Reisebericht* *29. Juli 1797*

Nach elf Uhr ging ich zum Hofrat Schiller ... Schiller und Goethe hatten sich eben an des Aristoteles Poetik gemacht. Der letztere hatte dem erstern gesagt: er habe die Poetik des Aristoteles sonst nicht goutieren können: jetzt erst sei er in den rechten Geschmack daran gekommen; er finde den Aristoteles durchaus nicht so diktatorisch, als er sich ihn vorgestellt habe: alles sei mit so vieler Ruhe, mit so fleißiger Rücksicht auf die vorhandenen Dichterarbeiten gesagt etc.

1378 Schiller an A. W. Schlegel *Ende Juni 1797*

Ich hatte in jedem Falle darauf gerechnet, daß Sie Ihren Anteil an dem Almanach fortsetzen würden, und Goethe hat es mir, wie er hier war, auch in Ihrem Namen bestätigt.

1379 Schiller an Körner *12. Februar 1798*

Ich sende Dir Humboldts Brief gleich wieder zurück, daß Du in der Antwort nicht aufgehalten wirst; bist Du mit dieser fertig, so sende mir ihn aber wieder, ich zeigte ihn gern Goethen, dem es immer angenehm ist, über sich urteilen zu hören.

Was Du über seine Braut von Korinth schreibst, ist im ganzen unser aller Meinung, und Du nimmst das Gedicht noch ästhetischer, als es vielleicht gemeint war. Im Grunde war's nur ein Spaß von Goethe, einmal etwas zu dichten, was außer seiner Neigung und Natur liegt. Die Bajadere ist freilich schöner.

1380 Schiller an Goethe *18. Juni 1797*

Seit Ihrer Entfernung habe ich schon einen Vorschmack der großen Einsamkeit, in die mich Ihre völlige Abreise versetzen wird ...

Die Entscheidung, ob Sie weiter gehen werden als nach der Schweiz, ist auch mir wichtig, und ich erwarte sie mit Ungeduld. Je mehr Verhältnissen ich jetzt abgestorben bin, einen desto größern Einfluß haben die wenigen auf meinen Zustand, und den entscheidendsten hat Ihre lebendige Gegenwart. Die letzten vier Wochen haben wieder vieles in mir bauen und gründen helfen. Sie gewöhnen mir immer mehr die Tendenz ab (die in allem Praktischen, besonders Poetischen eine Unart ist), vom Allgemeinen zum Individuellen zu gehen, und führen mich umgekehrt von einzelnen Fällen zu großen Gesetzen fort. Der Punkt ist immer klein und eng, von dem Sie auszugehen pflegen, aber er führt mich ins Weite und macht mir dadurch, in meiner Natur, wohl, anstatt daß ich auf dem andern Weg, dem ich, mir selbst überlassen, so gerne folge, immer vom Weiten ins

Enge komme, und das unangenehme Gefühl habe, mich am Ende ärmer zu sehen als am Anfang.

1381 Charlotte v. Stein an ihren Sohn Fritz *nach dem 17. Juni 1797*

Über seine italienische Reise scheint er unentschlossen; indessen will er nach der Schweiz; vielleicht will er's mir nicht sagen, daß er dahin will; denn es ist in seiner Art, unnötig Geheimnisse zu machen.

1382 W. v. Humboldt an J. F. Unger *24. Juni 1797*

[Über die Herausgabe Goethescher Gedichte.] Goethe äußert, ob Sie nicht die, welche jetzt nicht aufgenommen werden konnten, in der andren Ausgabe mit lateinischen Lettern brauchen wollten, und ich hielt dies für ganz schicklich.

1383 Böttiger an J. v. Müller *16. Juli 1797*

Ich lege diesem Briefe die Fortsetzung des Goethischen Gedichtes bei, soweit es nun in meinen Händen ist ... Goethe hat den Plan aufgegeben, *jetzt* über die Alpen zu gehen. Er wird nun seinen krank aus Florenz zurückgekehrten Freund, Maler Meyer, in seinem Vaterort Stäfa am Zürichersee besuchen, und ihn zum Herbst wieder mit hieher bringen. Übrigens dichtet er jetzt mit Schiller um die Wette Balladen, und so werden wir im neuen Schillerschen Musenalmanach diese Dichtart in ganz neuem Glanze erscheinen sehen. Die beiden Dichter haben sich eine eigene Theorie davon gebildet, nach welcher sie alle Wundergeschichten aller Zeitalter hineinziehen, und sich dabei in die Elemente geteilt. Goethe dichtet drei Balladen, wo die Auflösung des historischen Knotens durch Feuer erfolgt (darunter ist eine Erscheinung des Vischnu aus der Tradition der Brahminen); und Schiller nimmt das Wasser. Bis jetzt ist der Ring des Polykrates und die Geschichte des Cola Pesce fertig. Zum Schlusse wollen sie beide noch die Geschichte mit den Kranichen des Ibykus ohne vorherige Rücksprache um die Wette bearbeiten, und das Publikum zum Schiedsrichter machen.

1384 Schiller an Amalie v. Imhoff *17. Juli 1797*

Geheimrat Goethe wünschte, daß Sie morgen mittag mit ihm und mir sein möchten und Ihre Gedichte mitbrächten. Sie können denken, daß mir dieses unendlich am Herzen liegt, und wenn Sie es möglich machen können, so kommen Sie ja. Auch wünschte er, daß Sie zeitig, spätestens um elf Uhr kommen möchten, damit wir Zeit haben, recht viel zu sprechen.

1385 Schiller an Körner *21. Juli 1797*

Deinen Brief erhielt ich in Weimar, wo ich eine Woche zugebracht habe, um Goethe in den letzten Tagen, die er hier zubringt, noch zu genießen.

1386 Schiller an Goethe *21. Juli 1797*

Ich kann nie von Ihnen gehen, ohne daß etwas in mir gepflanzt worden wäre, und es freut mich, wenn ich für das viele, was Sie mir geben, Sie und Ihren innern Reichtum in Bewegung setzen kann. Ein solches auf wechselseitige Perfektibilität gebautes Verhältnis muß immer frisch und lebendig bleiben, und gerade desto mehr an Mannigfaltigkeit gewinnen, je harmonischer es wird und je mehr die Entgegensetzung sich verliert, welche bei so vielen andern allein die Einförmigkeit verhindert. Ich darf hoffen, daß wir uns nach und nach in allem verstehen werden, wovon sich Rechenschaft geben läßt, und in demjenigen, was seiner Natur nach nicht begriffen werden kann, werden wir uns durch die Empfindung nahe bleiben.

1387 F. Kirms an Sophie und Marianne Koch *19. Juli 1797*

Der Herr Geheime Rat von Goethe sind eben im Begriff, eine Reise nach Frankfurt und in die Schweiz zu machen; haben mir daher Ihre Geschäfte beim Theater auf einige Zeit abgetreten, und überlassen mir, auf welche Art ich das Fach der Madame Becker – aber zur Schonung dieser guten Frau so bald als möglich – besetzen werde.

1388 Herder an Knebel *5. August 1797*

Vorigen Sonntag [30. Juli] ist Goethe ipse cum sua und dem Sohne, wie man sagt, fortgereist: denn uns hat er keinen Wink gegeben. Man sagt, nach der Schweiz.

DRITTE SCHWEIZER REISE

1389 H. S. Hüsgen an J. I. v. Gerning *15. August 1797*

[Frankfurt.] Letzt abgewichenen Freitag morgen [11. August] erschien ganz unerwartet ein Fremder in meinem Zimmer, den ich vor seinem wohlgemästeten Bauch nicht erkannte, bis ihn seine Stimme bei der Frage verriet: Kennen Sie denn Ihren alten Freund nicht mehr? und siehe da, es war Goethe in eigener hoher Person, und ungeachtet er eine geraume Zeit bei mir blieb, so bliebe er doch erbärmlich steif und zurückhaltend. Das einzige, was er mir durch seine Zunge mitteilte, war, daß er gesonnen sei, in die Schweiz zu reisen. Als ich ihn am andern Tag besuchte, war er redsprächiger und gefühlvoller. – Was halten Sie aber von dem sonderbaren Verfahren Goethens, der vor seiner Abreise etwas tat, was er in seinem ganzen achtundvierzigjährigen Leben nicht getan hat, nämlich alle Briefe durchs Feuer zu vernichten, darunter ihn diejenigen des Selbsttöters Merck wegen ihres Geistesinhalts zwei Tage Überwindung kosteten.

1390 A. Mendelssohn an Zelter *1. September 1797*

Meine im Anfang sehr traurige Stimmung in Frankfurt am Main hat auf einmal eine günstige und für mich sehr glückliche Wendung genommen; ich habe, wie Ihnen die Veit auch schon erzählt haben wird, einen Menschen gesehen, der mir eine Menschheit wert war, Goethe. Lassen Sie sich diese Geschichte etwas ausführlich erzählen, Sie glauben nicht, wie es mich freut, daran denken zu können. Ich gehe eines Abends mit Veit in das Theater, ennuyiert und verdrießlich; wir bleiben einen Augenblick auf den Platz stehen, als mich Veit auf einmal anstieß und mir leise zuschrie, da ist Goethe! Da ich gar nicht mehr daran dachte, ihn in Frankfurt zu finden, so wußte ich gar nicht, was Veit wollte, und sah ihn nur immer an; indes kam Goethe bei uns vorbei, und sobald ich ihn nur im Auge bekam, erkannte ich ihn; er führte seine Mutter, eine alte geschminkte prätensionsvolle Frau, nach die Komödie. Wir gingen ihm nach, zum Glück läßt er seine Mutter allein hineingehen, und geht zurück; Veit redet ihn an, und ich bleibe in der Entfernung, er erlaubt ihm, den andern Tag zu ihn zu kommen, und mich mitzubringen. Von den Stück, das ich nun aufführen sah, weiß ich Ihnen nicht viel zu erzählen, ich dachte an meinen Besuch auf morgen, und zwar mit einer gemischten Empfindung, man hatte mir immer so viel von seinem Stolz und seiner Herabsetzung erzählt, dazu kam, daß ich ihn nur in der Ferne und daher nur seine steife Figur, die er mit vieler grandezza trägt, gesehen hatte; mir wurde ziemlich angst. Den andern Tag um 12 Uhr gingen wir zu ihn, er hatte uns erwartet; man führte uns in ein Zimmer, wo wir einige Minuten allein waren, alsdann trat er herein. Sind Sie ein Sohn von Mendelssohn? fragte er mich, und das war das erstemal, daß ich meinen Vater ohne Beiwort und so nennen hörte, wie ich es immer wünschte. Nachdem ich es bejaht hatte, wurde das Gespräch bald allgemein und interessant. Was soll ich zu eurem Lobe sagen? oder vielmehr, was soll ich zuerst sagen? Man hatte gerade damals Palmira [von Salieri] mit vieler Pracht in Frankfurt gegeben (was ich zu sehen versäumt), er sprach darüber mit uns mit einer Schonung, mit einem Blick aufs Ganze, und doch so feiner Einsicht des einzelnen, wie nur ein solcher Kenner sprechen kann. Man wundert sich, daß der Geschmack an Opern und Operetten auf unsern Theatern prädominiert? sagt er zuletzt, ich wundre mich nicht, in unsern Opern und Operetten ist doch wenigstens Kunst, und auch von der findet man nichts in unsern Schauspielen; das sind seine eigne Worte. Ich erzählte ihm darauf, daß ich Schillern von Ihnen Kompositionen zu dem neuen Almanach mitgebracht hätte, er frug mich, ob ich nicht wüßte, was Sie komponiert haben? und ich nannte ihm, um alle Indiskretion zu vermeiden, nur die, welche ich bei Schiller gesungen hatte. Ich sagte ihm darauf, daß eine Reise nach

Jena eines von Ihren Lieblingsprojekten wäre, das Sie gewiß einmal ausführen würden. Ich wünschte, daß er es bald täte, sagte er! ich freue mich sehr, ihn zu sehen. Er schätzt Ihre Kompositionen sehr, und was Sie noch mehr freuen muß, er schließt davon auf Sie selbst, und ich beneide Sie sehr um Ihre Unterredungen mit ihm. *Reisen Sie nach Jena.* Nach einer halbstündigen Unterredung, die mir wahrlich stärkend war, gingen wir fort. Am andern Tag war ich wieder in Komödie, ich seh mich sogleich nach Goethe um, und entdecke ihn in der dritten Loge von mir. Veit war gerade zu Haus geblieben; am Ende des zweiten Akts gehe ich heraus, und habe das Glück, ihn auf dem Gang zu begegnen; er erkennt mich, erwidert mein Kompliment mit vieler Höflichkeit, und da ich sogleich vorbeigehen will, so redet er mich an, und ich sprach wieder eine halbe Stunde mit ihm. Das soll was sehr Seltenes bei ihm sein, und ein Beweis, daß ich ihm nicht mißfallen habe. Den hat die Natur zum großen Mann gezeichnet, und in seinem Auge steht alles da, was er jemals Gutes und Großes gemacht hat; wenn man ihm gegenüber steht und ihm scharf ins Auge sieht, so erweitert sich der Raum zwischen ihm unmerklich und ganz ungeheuer, man hört ihn kaum mehr sprechen, und weiß doch ganz genau, was er gesagt hat; ich kann Ihnen meine Empfindung nicht so deutlich machen, aber seine Augen sind göttlich, Sie werden sie sehen. Ich kam einigemal in Verlegenheit, denn ich sah ihn äußerst scharf und oft an, und er hat die Gewohnheit, jeden, den er zum erstenmal sieht, ganz genau und fast unverrückt mit *seinen Augen* anzusehen; daher wir uns oft begegneten. Der nur kann Goethe stolz finden, der gern alles zu sich herunterziehen will und die Mühe, sich ein wenig anzustrengen, und zu überdenken, was er spricht, scheut, mir machte es ein unendliches Vergnügen, mich in seiner Gegenwart gewissermaßen erhoben zu fühlen. Noch mag es manchem auffallen, daß Goethe sich nicht wie mancher andre empressiert, das Gespräch ununterbrochen, sei es auch mit den kleinsten Kleinigkeiten, fortzuführen; er schweigt manchmal fünf Minuten lang, und fängt nicht eher wieder zu reden an, bis er was Interessantes sagen kann. Ich finde darin eine feine und wahrhaft große Bescheidenheit. Er spricht stets mit großem Ernst ganz kurz und gedrängt, und verlangt kurze und bestimmte Antworten; ich war davon präveniert, bemühte mich sehr, ihm wie er es gern hat zu antworten, und das hat ihm vielleicht gefallen. Wenn ich Ihnen nicht so kurz und gedrängt über ihm geschrieben habe, so verzeihen Sie es mir, es macht mir in Frankreich, wo man vergebens einen Goethe suchen würde, doppelte Freude, mir diese Unterredungen ins Gedächtnis zu rufen.

1391 Maria Belli-Gontard: Leben in Frankfurt am Main 1850

Die gänzlich ungebildete, aber gutmütige Vulpius liebte er [Goethe] außerordentlich. War er hier [in Frankfurt], so sprach er stets von ihr mit seinen Freunden; einst begleitete er Frau Schöff Stock aus dem Theater bei Mondenscheine nach Hause, und sagte: «Was würde wohl meine kleine Frau dazu sagen, wenn sie sehen könnte, wie zärtlich wir hier im Schein des Mondes zusammen wandelten.»

1392 Frau Rat Goethe an Christiane Vulpius 2. April 1798

Mein Sohn ... hat bei seinem Hiersein gesagt, daß seine Geistesprodukte dort [in Jena] zur Reife kommen ...

1393 J. H. Dannecker an W. v. Wolzogen 26. Oktober 1797

Sie haben mich schon längst aufgefordert, Ihnen Nachricht über des Herrn Geheimen Rat von Goethes Aufenthalt in Stuttgart zu geben. Was soll ich Ihnen sagen? Sie kennen seine ungeheure Kunst-Kenntnis, seine Liebe zum Großen, Vollendeten, Charakteristischen, Schönen! O ich bin äußerst glücklich, einige schöne Meinungen, die mir nun *Gesetze* bleiben, von ihm gelernt zu haben, ja was er mir sagte, war in mir zwar wie ein Nebel, schon ehe er zu mir kam, aber daß ich's nicht ausdrucken konnte, so kam es auch, daß ich's gleich zu Tausenden anzuwenden wußte. Das ist gewiß, daß ich in meinem Leben nichts mehr ausführen werde, das nicht sozusagen in sich eine Welt ausmacht. Täglich waren wir beisammen, und er machte mir ein Kompliment, das ich vor groß halte, indem er mir sagte, nun habe ich Tage hier erlebt, wie ich sie in Rom lebte. Unsere gelehrte Männer spitzten ihre Nasen, da sie ihn nur mit einem Bildhauer oder Kaufmann gehen sahen und sie nicht einmal von ihm Besuche erhielten. Für mich waren die Täge, die ich mit ihm durchbrachte, *Feste* und bleiben mir unvergeßlich. Meinem Schwager und seiner Frau, meinem lieben Weibchen, und mir las er eines Abends seine Elegie vor. Ach Gott, wie schön, wie groß, wie voll Gefühl ist dieses Werk! Das heiß' ich zeichnen, malen, bilden, kurz ich war entzückt; es fatiguierte mich auch so, daß ich den andern Tag zu nichts taugte. Den Auftrag, den ich durch meinen lieben Schwager von Ihnen erhielt, über Verzierungen der Stukkator-Arbeit und sonstigen Fürsprache, habe ich besonders gut getroffen, er war gleich meiner und ich der seinigen Gesinnung. Ich hoffe, Sie haben vielleicht schon etwas bemerkt. Thouret ist sein Mann, Isopi desgleichen, der letzte soll einen Eleve hieher bekommen. Leybolds Arbeit gefällt ihm äußerst, und er wünschte ihn in Weimar, ohne ihm etwas bemerkt zu haben. Schillers Porträt und meine Sappho gefällt ihm besonders...

Vor Goethe habe ich von Claude-Lorrain eine Landschaft von Abel gekauft, die Herr von Goethe so sehr wünschte.

1394 W. Vollmer: Anmerkung *1876*

[Mitteilung von Professor Moriz Rapp in Tübingen.] Als Goethe 1797 nach Stuttgart kam, brachte er ein Schreiben von Schiller und präsentierte sich meinem Vater [Gottlieb Heinrich Rapp] auf dem Kontor als Geheimerat Goethe. Sie haben auch Ausflüge gemacht, einmal in ein österreichisches Lager bei Neckarrems.

1395 W. Vollmer: Anmerkung *1876*

Mit dem Brief [Goethes an G. H. Rapp vom 8. November 1797] wurde ein Exemplar von Hermann und Dorothea ... übersandt, zum Andenken an den Abend des 5. September, an welchem Goethe dieses Gedicht im Hause Rapps vorgelesen. Frau Regierungsrat Weckherlin in Cannstatt, eine Tochter Rapps ... erzählte aus den Familien-Erinnerungen jenes Abends, ihr Vater habe ein im Zimmer anwesendes fünfjähriges Schwesterchen entfernen wollen, damit es die Vorlesung nicht störe. Goethe legte Fürbitte für das Mädchen ein, das dann bleiben durfte und zu den Füßen der Mutter sitzend lautlos zuhörte. Da habe es nun den Dichter hoch erfreut, als das Kind nach Beendigung des Vortrags bat, «der Herr möge doch weiterlesen».

1396 Cotta an Schiller *3. Oktober 1797*

Sie haben mir durch Ihr Schreiben vom 21. hujus eine unbeschreibliche Freude gemacht, da ich mir nie träumen lassen konnte, bei Goethe so wohl angeschrieben zu sein. Bei einem so seltenen Mann, wie dieser ist, muß dies doppeltes Vergnügen verursachen, und ich wünschte nur, sein günstiges Urteil verdienen zu können. Ich werde die Stunden nie vergessen, die ich [in Tübingen] mit ihm zubrachte, und nichts bedauern, als daß ich mit Ihnen und ihm nicht mein Leben zubringen kann; man wird in solchem Umgang ein ganz andrer Mensch, und nie fühlt man den Wert und Unwert des Menschen mehr, als wenn man aus solchen Beispielen [sieht], was er werden kann, und aus seinem eigenen, was er nicht ist.

Was Sie von den Vorteilen schreiben, wozu dieses nähere Verhältnis mit Goethe mich führen könnte, erkenne ich vollkommen, allein ich war zu schüchtern, in dieser Hinsicht etwas zu erwähnen, weil ich für alles in der Welt nicht wollte, daß mein Benehmen gegen Goethe dadurch den Schein von Eigennutz bekäme, da mich dieser nie leitete, sondern ich den Mann, den ich hochachtete und verehrte, ehren wollte.

Nur einmal äußerte ich den Wunsch, auch in literarische Verbindung mit ihm treten zu können, und er schien nicht ganz abgeneigt zu sein.

1397 G. Geßners Tagebuch *20. September 1797*

Nette gab mir ein Billett von Mama [Schultheß]: Goethe ist hier [in Zürich]! – ich erschrak recht, eilte in den Schönenhof für einen Augenblick. Was ich fürchtete, war: – Goethe ambetiert gegen Papa [Lavater] ... ich sah ihn nicht. α/ω [das Los] sagt, ich sollte nicht zu ihm gehen heute. Heim – sehr ungemütlich, weil ich die schwere Lage der Mama, die Kränkung Papas und den Eigensinn Goethes gar so klar sah.

1398 Lavater an Meta Post *21. September 1797*

Goethe ist bei uns – ohne daß wir uns sahen.

1399 J. v. Müller an Böttiger *8. Januar 1798*

Goethe habe ich das große Vergnügen gehabt, in Zürich unerwartet anzutreffen. Auch ich war (aber nicht zugleich) in Stäfa.

1400 A. Bielschowsky: Miszelle *1894*

[Nach einer Mitteilung von Dr. Treichler aus Stäfa.] Goethe hat Magdalena Pfenninger während seines Aufenthaltes in Stäfa im September und Oktober des Jahres 1797 kennen gelernt. Magdalena war damals erst 15 ½ Jahre alt, aber, wie wir vermuten dürfen, schon voll entwickelt; und ihre geistreiche, witzige, frische Art, verbunden mit großer Schönheit, konnten wohl im Stande sein, dem Dichter einiges Interesse abzulocken. Das junge Mädchen war, wie natürlich, von dem Wohlgefallen, das sie dem berühmten Manne einflößte, hochbeglückt und bewahrte die Erinnerung daran zeitlebens wie einen Schatz. Noch als Greisin sprach sie zu ihren Bekannten, von denen Dr. Treichler und eine ältere Dame noch leben, mit Begeisterung von den schönen und fröhlichen Tagen, die sie mit Goethe verbracht, und sie lebte jedesmal jugendlich auf, wenn sich in Gesellschaft das Gespräch auf den Dichter lenkte. Ein fünf Minuten östlich von ihrem Vaterhause belegener Hügel, der «Reesenrain», von dem eine herrliche Aussicht sich öffnet, soll Goethes Lieblingsplatz gewesen sein.

1401 W. v. Humboldt an Schiller *7. Dezember 1797*

Goethen trafen wir leider nicht mehr, allein die Spuren seines Andenkens erheiterten uns einen sonst sehr verdrießlichen Tag. Wir fuhren bei ganz dunklem fatalen Wetter von Rapperswyl, am Ende des Zürcher Sees, nach Zürich und aßen den Mittag in einem Dorfe am See [Stäfa]. Ganz ohne daß wir es ahndeten, entdeckte es sich da, daß der Wirt ein Onkel von Meyer sei und daß Goethe dort mehrere Wochen gewohnt habe. Wir besuchten seine Stube, den Altan, von dem er eine herrliche Aussicht genossen haben muß, erkundigten uns viel nach seinem Tun und Befinden, und aus den Reden des sehr verständigen Wirtes glaubten wir schon da das Dasein einer neuen Arbeit zu bemerken, die Sie uns nun im Tell verkündigen. Nur um acht Tage haben wir uns verfehlt, und hätte er mir auf meinen Brief von Wien aus geantwortet, so hätte ich mich sicherlich so einrichten können, ihn noch zu finden.

1402 C. F. Meyer: Mitteilung an H. Haessel

Auf der rechten Seite der untern Hälfte des Zürichsees liegen nebeneinander zwei Landhäuser: «Mariahalde», wo Graf Benzel-Sternau sein Leben beendigte, und die «Schipf», welche Jakob Escher, ein genialer Maschinenfabrikant, besaß. Diesen kannte ich noch in seinen letzten Lebensjahren – er überschritt die Achtziger. Als mich der greise Escher einst durch den Schipfsaal führte, erzählte er mir, Goethe habe – zu Ende des vorigen Jahrhunderts – auf einem Besuche in der Schipf, von seinem Freunde Meyer, dem «Kunschtmeyer», wie ihn später die Weimarer hießen, gebracht, diesen Saal, in dessen Hintergrund er eine Orgel erblickte, mit den lustigen Worten: «Hier muß man tanzen» betreten und dann den ganzen großen Raum im Tanzschritte durchmessen.

Natürlich wollte ich nun mehr von Eschers Beziehungen zu Goethe wissen. Der alte Herr hatte aber – den Eindruck der imponierenden Erscheinung seines Gastes ausgenommen – nicht viel zu erzählen; nur ein Geschichtchen hatte sich unauslöschlich in sein Gedächtnis gegraben. Ich lasse ihn selbst reden in der vagen Form, deren sich der Greis bediente, die ich aber, Wort um Wort, verbürgen kann.

Wir machten, berichtete er, einen Ausflug von Zürich nach der gute zwei Stunden entfernten Albishöhe. Vor dem Tore der Stadt – damals war Zürich noch befestigt – betraute

Goethe einen jungen Mann, der ihn begleitete, mit einem Fernrohre. «Tragen Sie dazu Sorge!» schärfte er ihm ein. Als wir auf dem Rückwege wieder vor dem Tore anlangten, fragte Goethe den jungen Herrn: «Wo haben Sie das Perspektiv?» Dieser befühlte seine Taschen, nirgends war es zu finden. «Es liegt auf dem Tischchen vor dem Spiegel im Eßsaale des Albishauses. Gehen Sie gleich zurück und bringen Sie es!» Der junge Mann ging.

Das fand ich etwas hart, schloß Escher sein Geschichtchen, aber Goethe wollte seinem jungen Begleiter eben eine tüchtige Lehre geben.

1403 G. Geßners Tagebuch 22. Oktober 1797

Ich ging in den Schönenhof, in der sonderbaren Erwartung, da vielleicht Goethe zu sehen. Er kam. *Stirne und Augen Moses', lauter Geist und Feuer* – im Munde etwas Verzogenes, woran er selbst muß schuld sein. Wir sprachen von Fichtianismus – seiner Unheilbarkeit – von Niethammer, der ein sehr moralischer Mensch sein soll. Dann von den Franken, er urteilte äußerst vernünftig über den Extremzustand ihres Geistes, wo alle Moral beseitigt wird. Er erzählte von seinem mitgemachten Feldzug – äußerst feine psychologische Bemerkungen. Der Krieg zeigt die Menschen in der rohen Stärke aller Leidenschaften. Viel Edukation – Gehorsam – Menschenverschiedenheit. Ich begleitete ihn noch zum Schwert [damaligem ersten Gasthof Zürichs].

1404 G. Geßners Tagebuch 23. Oktober 1797

Er [Lavater] fragte mich ganz ruhig, ob ich Goethe gesehn? Ich sagte ihm «ja» und erzählte vom gestrigen Abend und wie mir Goethe vorgekommen. Papa war sehr ruhig und nahm nichts im mindesten übel ... [Abends um 7 Uhr wieder im Schönenhof.] Goethe war da zum Nachtessen; er schien nicht sehr im Strumpf zu sein. Ich fragte ihn über Vossens Übersetzung, die ihm nach guten Grundsätzen gemacht schien. Über seinen Hermann – über diese Art der Dichtung. Am Tisch über allerlei gesprochen. Erst nach 10 Uhr weg. Ich begleitete Goethe noch bis zum Schwert.

1405 G. Geßners Tagebuch 24. Oktober 1797

Nette sagte mir, daß Goethe mich habe besuchen wollen; ich schrieb ihm ein Billett.

1406 G. Geßners Tagebuch 25. Oktober 1797

Ich ging zum Schwert zu Goethe. Er sprach mit mir über Ruth [eine biblische Dichtung, an der Geßner arbeitete], ich täte wohl, wenn ich die erläuternde Stelle in den Text verwöbe, was jetzt noch möglich wäre.

1407 Wieland an H. Geßner 25. Dezember 1797

Da er alles sein kann, was er will, so wundert's mich nicht, daß er so artig bei Euch gewesen ist und Euch alle so bezaubert hat.

1408 Lavater an J. K. Hotze 14. November 1797

Goethe sah ich nur von ferne – er will in keinem Verhältnisse mehr mit mir stehen.

1409 J. K. Hotze an Lavater 24. November 1797

Zur Frau Schultheß soll Goethe gesagt haben, daß er Passavant und mich auf seiner Rückreise [in Frankfurt] sehen wolle ...

1410 Lavater an J. K. Hotze 29. November 1797

Daß ich Goethe nicht sprach, weißest Du schon – sein Hermann ist vortrefflich – und ein Versöhnopfer für die Xenien.

1411 Gräfin Schimmelmann an Schiller 13. Dezember 1797

Purgstall lernte Goethe erst in Jena kennen. Sie sahen sich in der Schweiz: eine große Freude war es für Purgstall.

1412 J. K. Osterhausen an J. B. Erhard 30. November 1797

Goethe war über acht Tage hier [in Nürnberg]. Ich sprach ihn, und fand nichts von dem Stolz, den man ihm vorwirft. Wir sprachen von Schiller. Er sprach mit Enthusiasmus von ihm und seinen philosophischen Ideen, und bedauert, daß er sie nicht bekannt machte, hoffte aber, daß er noch im

Stande sein würde, ihn dazu zu überreden. – Ob die Welt viel dabei gewinnen wird, wenn sie den Probestücken in den Horen gleichen? – Ich sagte ihm, daß ich bedauere, Schillern nicht persönlich kennen gelernt zu haben, indem er nicht zu Jena war, als ich da war, und als er zu Nürnberg war, wo er bei Dir war, wäre ich nicht hier gewesen. Als ich Deinen Namen nannte, fragte er mit Lebhaftigkeit: «Was macht Erhard? Ist er hier? Das ist auch ein vortrefflicher Kopf.» Ich sagte ihm von Deiner Orts- und Geschäftsveränderung. Er entgegnete: «Ein so trefflicher Kopf wie dieser kann sich in alle Sättel werfen.» Daß ich mir gegen Goethe auf Deine Freundschaft viel zugute tat, wirst Du mir nicht verdenken. Er sagte gleich anfangs unserer Unterhaltung zu mir: «Sie finden wohl unter den Nürnberger Ärzten wenig Unterhaltung, denn sie scheinen sich nicht sonderlich mit Gelehrsamkeit und Literatur abzugeben», worauf ich mich auch expektorierte, und als wir von Dir sprachen, so sagte ich: «Sie können die hiesigen Ärzte daraus vollkommen kennen lernen, wenn ich Ihnen sage, daß sie den Doktor Erhard deswegen nicht in ihr Kollegium aufnahmen, weil er nicht zunftmäßig drei Jahre auf Universitäten war.»

WEIMAR

1413 Schiller an Körner *20. November 1797*

[Jena.] Diesen Mittag überraschte mich Goethe, der mit Meyern aus der Schweiz wieder zurück ist...

Goethen hat seine Reise recht gut zugeschlagen; so auch Meyern, der viel gesunder zurückgekommen ist.

1414 G. Friederich: Erinnerungen *1859*

Die Eltern des Verfassers dieser Mitteilung sendeten denselben im Herbste 1797 nach Jena, zur Universität, wo er beinahe drei Jahre in der Nähe dieser gefeierten Männer lebte. Er erblickte den Dichterheros [Schiller] zuerst im Spätherbste des genannten Jahres auf einem Spaziergange am Ufer der Saale, wie er in einem anmutigen Laubengange, genannt das Paradies, umherwandelnd, Arm in Arm mit

Goethe, echt peripatetisch verkehrte. Dieses geschah beinahe an jedem Samstage in der Morgenstunde von zwölf bis ein Uhr, so wie es die Witterung gestattete.

Noch steht diese Erscheinung, nach einem Zeitraume von einigen sechzig Jahren, so klar und lebendig vor meiner Phantasie, als hätte dieselbe sich mir heute dargestellt, was beinahe immer bei den Erinnerungen aus der Jugendzeit der Fall ist.

1415 Schiller an Cotta *22. November 1797*

Goethe ist seit drei Tagen wieder in Weimar glücklich angelangt. Mich freut sehr, ihn wieder zu besitzen. Von Ihnen spricht er mit ungemeiner Achtung und Zuneigung.

1416 August v. Goethe an den Vater *26. (?) September 1798*

Am Montage nach Mittag bin ich in Gesellschaft meiner lieben Mutter und noch anderer Personen in Tiefurt gewesen, wo mir die Frau Grobin zwei große Kürbisse gezeigt hat, welche sie mir schenken will. Wenn ich sie erhalten habe, will ich mir große Schiffe daraus machen, oder ich will sie aufheben; vielleicht sind Sie, liebes Väterchen, so gütig und machen mir mit demselben wieder einen Spaß wie vor dem Jahre, wo Sie mir aus einem Kürbisse einen bösen Manneskopf machten, welcher mir mit seinen feurigen Augen und seinem weiten Maule sehr furchtbar war.

1417 A. W. Schlegel an Therese Peche *1827*

Als ich Goethen zuerst meine Übersetzung [von Shakespeares «Romeo und Julia»] noch in der Handschrift mitteilte, hatte er große Lust, das Stück auf die Bühne zu bringen, doch unternahm er es nicht, weil kurz zuvor eine junge, liebenswürdige Schauspielerin [Christiane Becker geb. Neumann] gestorben war, der er damals einzig einen vollkommenen Erfolg zutraute.

1418 H. Meyer an Knebel *30. November 1797*

Ihrer Gedichte erste Hälfte ist bereits durch Herders Hände passiert, und Böttigern übergeben. Vorgestern erhielt ich auch diejenigen, welche Sie nachgesendet, und nachdem Goethe mit vielem Vergnügen darin gelesen, habe ich solche an Herder befördert ...

Goethe grüßt Sie vielmals; haben Sie nochmals von uns beiden Dank für alle erwiesene Liebe und Freundschaft.

1419 Jean Paul an Ch. Otto *19. Dezember 1797*

Goethe ist zurück und in Weimar einsam: sie [Emilie von Berlepsch] will mir ihr langes ihr gefallendes Gespräch mit ihm über mich erzählen und ich Dir. Sie spricht von seiner Seelen-Doublette, wovon die bessere immer vor ihr auftrete. Nach meiner Einsicht in ihre und seine Seele gab es für ihn keine Frau weiter als diese.

1420 Jean Paul an Ch. Otto *17. Januar 1798*

Was ich Dir von Goethe versprochen, ist unbedeutend, er urteilt über den Hesperus günstig, so wie ich einmal von Ahlefeld hörte, und Dir nicht sagen wollte – ferner, er sähe doch, daß es mir mit dem Guten Ernst wäre – er bekäme aber Gehirnkrämpfe von dem Werfen aus einer Wissenschaft in die andere – ich zeige mein Wissen zu sehr; er wisse auch ein wenig, liefere aber nur das Resultat; – wenn er über das Irdische in den Himmel gehoben sei, komm' auf einmal wieder ein Spaß.

1421 Falk: Goethe aus näherm persönlichen Umgange dargestellt *1832*

So wurden einst auf dem Landsitze der verwitweten Herzogin Amalia zu Tiefurt die «Ritter» des Aristophanes durch Wieland, der sie für sein «Athenäum» übersetzt, vorgelesen. Es war im Spätherbst und Egidi vorbei. Nun traf es sich, daß den regierenden Herzog, der eben von der Jagd zurückkehrte, sein Weg durch Tiefurt führte. Er kam, als die Vorlesung bereits angegangen war. Wegen der vorgerückten Jahreszeit waren die Zimmer geheizt. Der Herzog, der aus freier Luft kam und dem es in der Stube zu heiß wurde, öffnete die Flügel eines Fensters. Einige Damen, die leichtbekleideten Achseln in seidene Tücher gehüllt, die diesen

Fenstern zunächst saßen, beklagten sich kaum über den Luftzug, als auch schon Goethe mit bedachtsamen Schritten, um die Vorlesung auf keine Weise zu stören, sich dem Orte näherte, woher der Zug kam, und die Fenster leise wieder zuschloß. Des Herzogs Gesicht, der indes auf der andern Seite des Saales gewesen war, verfinsterte sich plötzlich, als er wieder zurückkehrte und sah, daß man so eigenmächtig seinen Befehlen zuwiderhandelte. «Wer hat die Fenster, die ich vorhin eröffnet, hier wieder zugemacht?« fragte er die Bedienten des Hauses, deren keiner jedoch auch nur einen Seitenblick auf Goethe zu tun wagte. Dieser aber trat sogleich mit jenem ehrerbietig schalkhaften Ernste, wie er ihm eigen ist, und dem oft die feinste Ironie zum Grunde liegt, vor seinen Herrn und Freund und sagte: «Ew. Durchlaucht haben das Recht über Leben und Tod der sämtlichen Untertanen. Über mich ergehe Urteil und Spruch!» Der Herzog lächelte, und die Fenster wurden nicht wieder geöffnet.

1422 Böttiger an J. v. Hammer *22. Dezember 1797*

Goethe und Schiller arbeiten an Elegien für die künftige Almanachslieferung. Aber zugleich ordnet Goethe seine reichen Materialien über Antike und Kunst, die er in Gesellschaft des Prof. Meyers (eines trefflichen Künstlers aus Stäfa bei Zürich, mit dem er in diesem Herbst den St. Gotthard bereiste) herausgeben wird.

1423 Böttiger an F. A. Wolf *26. Dezember 1797*

Ihr Beifall [für «Hermann und Dorothea»] gilt ihm zehn Schlegelsche profuse Rezensionen in der Allgemeinen Literatur-Zeitung, und in der Tat ist bis jetzt meist nur lahmes Zeug über sein treffliches Gedicht geschwatzt worden. Goethe beschäftigt sich jetzt neben allgemeinen, höchst wichtigen Betrachtungen über die Kunst, worin er von seinem fidus Achates, dem Maler Meyer, wacker unterstützt wird, mit Elegien, wobei er die Griechen und Römer fleißig liest.

1424 *Böttiger*

(Den 28. bis 30. Dezember 1797.) ...

Bei der Betrachtung der trefflichen Kopie der Madonna della Seggiola in Goethes Hause glaubte Wieland, so eine weibliche Gestalt, wie die Madonna, sei nirgends in Deutschland anzutreffen. Meyer behauptete: Wir fänden sie überall. Goethe setzte die Erklärung hinzu: «Die Künstler sind wie die Sonntagskinder; nur sie sehen die Gespenster. Wenn sie aber ihre Erscheinung erzählt haben, so sieht sie jedermann.»

1425 *H. Meyer an Knebel* *Dezember 1797*

Beiliegend erhalten Sie, edler Freund, die Zeichnung, welche als Titelkupfer für den Properz dienen kann ... Was die Zeichnung nun selbst betrifft, so werden Sie wohl erkennen, daß Goethes Siegelring dabei zum Muster gedient hat. Die Vorstellung scheint mit dem allgemeinen Geiste in Properz' Werken verwandt, und gleichsam anzukündigen, was man zu erwarten hat; deswegen hat sie uns geschienen, ganz schicklich zum Titelblatt dienen zu können ...

Wenn die Zeichnung gestochen ist, so hat dieselbe für niemand weiter einen besondern Nutzen – und wenn es geschehen kann, so wünschte Goethe solche zu bekommen.

1798

1426 *Schiller an Goethe* *5. Januar 1798*

Meine Hauswirte [Griesbachs] können den freundlichen Empfang, den sie bei Ihnen [am 3. Januar] erfahren, und die schönen Sachen, die ihnen gezeigt worden sind, nicht genug rühmen.

1427 *H. Meyer an Böttiger* *14. Februar 1798*

Goethe dankt Ihnen für die Mitteilung [von Briefen und Zeichnungen des Prof. Stieglitz]. Vom Klosterbruder will er nichts wissen ... Ich erzählte Goethe vom *Gespräch unter vier Augen* [von Wieland]. Er läßt anfragen, ob es möglich sei, etwas davon zu sehn zu bekommen.

1428 C.G.v.Brinckmann an Böttiger *23.Juli 1834*

... habe ich selbst das Glück gehabt, bei einem vierzehntägigen Aufenthalt in Weimar 1798 [im Februar] den großen Mann beinahe täglich zu sprechen. Mit der herablassendsten Güte unterhielt er sich öfters mit mir über seine uns andern noch unbekannte Jugendgeschichte, von Eltern und Großmutter; dann wieder von seinem Anteil an meinem Vaterland, wohl mit dem Zusatz: «Ich bin überhaupt den Schweden immer *gewogen* gewesen.»

1429 C.G.v.Brinckmann an L.Tieck *28.Februar 1835*

... *Deutschland* ist und bleibt auf ewig das wahre Vaterland meines *Geistes* und meines *Herzens* ... Schon vor einigen und zwanzig Jahren durchglühte mich diese Vorliebe so kräftig, daß Goethe mich einmal im Scherze «einen Allemand enragé» nannte, und mich riet, nach England zu reisen, wo man mich mit dem Gruß empfangen würde: «*No German nonsense swells my British heart.*» (Ein Vers aus einer damals eben erschienen[en] Satire: Pursuits of Literature.)

1430 Böttiger an J.v.Müller *5.März 1798*

... hier sagt man allgemein, was ich auch durch das, was mir Goethe und Meyer gesagt haben, sehr bestätigt finde, daß die Schweiz zwei ihrer edelsten Söhne, Johannes Müller und Hotze, von den Habsburgern dann reklamieren werde, wenn die Wahl des neuen Direktoriums zu außerordentlichen Zwecken außerordentliche Männer verlange ...

Goethe arbeitet an sehr feinen geologisch-naturhistorischen Bemerkungen über die Schweiz, wozu ihm sein letzter Exkurs reichen Stoff geliefert hat. Sein treuer Gefährte und Hausgenosse Meyer schreibt ein herrliches Werk über die Kunst, das in jeder Rücksicht Epoche machen muß.

1431 Schiller an Goethe *9.März 1798*

Meine Frau hat sich sehr gefreut, Sie neulich [am 6. März] in Ihrem Hause zu sehen, und kann es noch nicht satt werden, Meyers schöne Werke zu preisen.

1432 Böttiger an J. v. Müller *28. März 1798*

Goethe ist in Jena, um sich von Schillern den Wallenstein vorlesen zu lassen und die Horen zu Grabe zu tragen, die leider das vorige Jahr auch erschlug.

1433 Schiller an Cotta *28. März 1798*

Goethe und Meyer wollen ein gemeinschaftliches Werk über ihre Kunsterfahrungen in einer Suite von kleinen Bändchen herausgeben, und diesen Verlagsartikel kann ich Ihnen anbieten. Die Schrift wird in kleinen Abhandlungen, zum Beispiel Über den Laokoon, über die Niobe etc. etc., geschrieben sein. Auch ich werde Anteil daran nehmen und mehrere Aufsätze dazu geben. Von Zeichnungen wird es nicht viel enthalten. Goethe ist aber entschlossen, den Cellini, den er nun ganz übersetzt und mit bedeutenden historischen Erläuterungen begleitet hat, an die Suite dieses Werks anzuhängen. Es frägt sich nun, ob Sie Lust dazu haben, und welche Bedingungen Sie machen können, denn wohlfeil gibt es Goethe nicht. Auf die nächste Ostern 1799 gedenkt er vier kleine Oktavbändchen, jeden etwa zu 17 Bogen, fertig zu bringen, wobei aber noch nichts vom Cellini ist. Beraten Sie sich nun mit sich selbst, ob die Unternehmung Ihnen zusagt, und geben Sie mir bald eine *ostensible* Nachricht von Ihrem Entschluß.

1434 Novalis an Schiller *23. Juli 1798*

... so hoffe ich Sie vielleicht bald in Jena zu sehen ... Mein Glück würde vollkommen sein, wenn es bei dieser Gelegenheit dem Manne, dem ich so viel verdanke, den ich so unaussprechlich verehre, Ihrem Freunde Goethe, gefiele, einmal offen und mitteilend zu sein, wenn ich dabei wäre, daß ich ein Bild von seinem persönlichen Umgang hätte, das dem Bilde vom Schriftsteller entspräche. Verzeihen Sie diesen frei geäußerten Wunsch – er fiel mir, indem ich schrieb, ein, bei der Erinnerung an den Abend, wo ich letzthin bei Ihnen war [29. März] und mein Unstern wollte, daß ich Ihren Freund nicht in der Stimmung fand, wie ich ihn mir so sehnlich gewünscht hätte.

1435 Schiller an Goethe *6. April 1798*

Ihr Aufenthalt hier kommt mir jetzt noch kürzer vor, als er war. Er ging gar schnell vorüber, und für eine so lange Abwesenheit war es wirklich zu wenig.

1436 Charlotte Schiller an Goethe *20. April 1798*

Ich möchte Sie an Ihr Versprechen erinnern, das Sie mir gaben, da Sie die Camera obscura hervorgesucht haben, Sie wollten sie längst einmal mit nach Jena bringen.

1437 Schiller an Körner *27. April 1798*

Vorher war Goethe vierzehn Tage hier, wo ich auch wenig arbeitete...

Deine Kritik des Almanachs hat Goethen viel Vergnügen gemacht, er hat sich lange damit beschäftigt. In dem aber, was Du über den Ibykus und Polykrates sagst und was ich auch für gar nicht ungegründet halte, ist er nicht Deiner Meinung und hat sich beider Gedichte nachdrücklich gegen Dich und gegen mich selbst angenommen. Er hält Deinen Begriff, aus dem Du sie beurteilst und tadelst, für zu eng, und will diese Gedichte als eine neue, die Poesie erweiternde Gattung angesehen wissen. Die Darstellung von Ideen, so wie sie hier behandelt wird, hält er für kein Dehors der Poesie, und will dergleichen Gedichte mit denjenigen, welche abstrakte Gedanken symbolisieren, nicht verwechselt wissen etc. Dem sei wie ihm wolle, wenn auch die Gattung zulässig ist, so ist sie wenigstens nicht der höchsten *poetischen* Wirkung fähig, und es scheint, daß sie deswegen etwas außerhalb der Poesie zu Hülfe nehmen müsse, um jenes Fehlende zu ergänzen.

1438 Schiller an Cotta *30. April 1798*

Ich habe schon längst die Idee gehabt, einen Theaterkalender herauszugeben, auch Goethe würde daran Anteil nehmen. Diesen sollte er [Göschen] gleich haben, wenn wir über die Bedingungen einig würden, wie ich nicht zweifle.

1439 *K. Morgenstern: Reisebericht* *25. April 1798*

Mittwoch, den 25. schickte Oberkonsistorialrat Böttiger zu mir. Er wolle mich von Falks Wohnung zu Goethe führen. Ich hatt' ihn nicht darum ersucht... Böttiger kam gleich darauf und brachte mich zu Goethe, wo ich eine große Gesellschaft zum Déjeuner versammelt fand. Hier fand ich Iffland, den Rat Schlegel und seine Frau, den Prof. Meyer aus der Schweiz (Goethes Hausgenossen und Reisegefährten in Italien), den Hofkammerrat Kirms, Mademoiselle Ludecus, Mademoiselle Jagemann (welche sang), Justizrat Hufeland und seine Frau, Hofrat Hufeland und seine Frau... Dr. Paulus etc., selbst den regierenden Herzog, von dem ich erst nach dem Weggehen erfuhr, daß er's gewesen; den zweiten Prinzen von Gotha (blondes Haar etc.), einige Schauspielerinnen etc. – Goethens Haus ist sehr geschmackvoll eingerichtet. Die Treppe ist in einem einfachen Stil (weiß und blaßgelb; unten stehn in Nischen ein paar Statuen; nach oben zu ist ein leichter Plafond). In dem Hauptsaal hängt ein großes Gemälde (mich dünkt, eine Venus und Kupido, Kopie eines italienischen Originals); an die Breite des Saals stößt ein blaues Kabinett mit der Büste des Vatikanischen Apolls etc. Aus diesem sieht man in den Garten auf blühende Rosenstöcke etc. In den Saal kam ich durch zwei Nebenzimmer, in deren einem über einem Kamin eine von Prof. Meyer verfertigte Kopie des antiken Gemäldes «Die Aldobrandinische Hochzeit» hing. Fußboden en mosaique und schöne Teppiche. An den Wänden des Saals umher illuminierte Kupfer unter Glas, mich dünkt, die Loggie di Raffaello. In einem andern Zimmer auf der andern Seite, worin gespeist ward, hingen viele getuschte etc. Zeichnungen unter Glas, auch ein gezeichneter alter Kopf von Meyer. Das Déjeuner währte bis nach zwölf.

1440 *Charlotte v. Stein an ihren Sohn Fritz* *26. (?) April 1798*

Eben komme ich von einem großen Déjeuner von Goethe, der seine mit Eleganz und schönen Künsten möblierten Zimmer einmal mit hohen Herrschaften hat beehren wollen. Es waren alle hiesigen Fürstlichkeiten da nebst Erbprinz von Gotha, auch viele Damen.

1441 K. Morgenstern: Reisebericht *30. April 1798*

Montag früh dreiviertel auf elf bis dreiviertel auf eins bei Goethe, der mich zum Déjeuner hatte einladen lassen. Ich fand dort außer Iffland und dessen Frau den Hofrat Loder, Geh. Rat Voigt aus Weimar, den Justiz-Rat und den Hofrat Hufeland, Prof. Meyer, Falk und seine Frau, Corona Schröter, Mademoiselle Jagemann, Hofmaler Tischbein, Böttiger etc. Ich sprach diesmal Goethen mehr als das vorige Mal und unbefangener. Ich redete mit ihm über seinen Hermann und Dorothea, über Meisters Lehrjahre; was ich von der Entwickelung etc. bemerkte, billigte er; der Roman, sagte er, sei nun einmal keine reine Gattung, nicht völlig episch etc., aber angemessen unserer Zeit etc. Er bezeugte sein Wohlgefallen darüber, daß ich auch post Jenisch wohl noch etwas über seinen Meister schreiben möchte. Über Stolberg etc. – Die Jagemann und Mademoiselle Schröter sang.

1442 J. F. Abeggs Tagebuch *2./3. Mai 1798*

[Besuch bei Fichte in Jena.] Auf dem Spaziergange sprachen wir über Herder, Goethe und Böttiger. Goethe ist, äußerte u. a. Fichte, hier viel angenehmer als in Weimar, wo er sich ziemlich steif zeigt. In unser hiesiges Professoren-Kränzchen geht er jedesmal, wenn er hier ist. Heute findet keines statt, sonst wollte ich Sie einführen; unter vier Augen und bei guter Gesellschaft ist Goethe ein trefflicher Gesellschafter. Ich sagte: In Weimar mag er freilich vielseitigeren Umgang haben als hier. Ich dächte, erwiderte Fichte, daß er doch auch bei uns hier einige Stunden besser zubringen könnte als bei den faden Leuten, die größtenteils um ihn sind. Freilich tadelt man an ihm den Stolz, mit dem er oft manche Fremde und Bekannte behandelt. Bürger kam einmal zu Goethe und wollte ihn umarmen, Goethe aber war und blieb zurückhaltend. Bürger ärgerte sich darüber entsetzlich und machte über diesen Vorgang ein Epigramm, das gedruckt worden ist. Die Sache aber war diese. Bürger wollte, wie Goethe wußte, in Jena etabliert werden, und zwar durch Goethes Einfluß. Weil dieser aber Bürger in Jena nicht haben wollte, zeigte er sich kalt, damit jener keinen darauf zielenden Antrag stelle. Ich hätte freilich zu Bürger gesagt: Herzensfreund, ich kann dir in diesem Falle nicht helfen, hätte aber nicht in jener Weise gehandelt. Unstreitig, setzte ich hinzu, hat Goethe die Maxime des Hofmanns befolgt, Sie hätten die Maxime des Ehrlichen befolgt.

[3. Mai. Abegg hatte von Fichte ein Empfehlungsschreiben sowie den zweiten Teil seines «Naturrechts» für Goethe erhalten.] Ich fuhr mit unendlicher Freude hierher [nach Weimar], weil ich nun hoffen konnte, den Mann des Himmels und der Erde persönlich kennen zu lernen. Sogleich nach meiner Ankunft wurde ich vorgelassen und nach einem wohlwollenden Empfange von Goethe in einen Zirkel geführt, der sich täglich des Morgens bei ihm versammelt. Er fragte mich, ob ich Fichte schon lange kenne, lobte ihn, jedoch, wie der Vornehmere lobt, erkundigte sich nach dem Zwecke meiner Reise und wünschte mir Glück, daß ich durch meinen Bruder in den Stand gesetzt werde, eine so interessante Reise zu machen. Dann fragte er mich, welche Männer ich in Jena kennen gelernt hätte, und stellte mich dem Justizrat Hufeland und Dr. Paulus, mit dem ich mich lange unterhielt, vor.

Die Räume in Goethes Hause sind äußerst geschmackvoll. In dem Zimmer linker Hand befinden sich prachtvolle Gemälde, unter anderen eins, das eine römische Hochzeit darstellt und in Rom gefunden ist. Auf der vorderen Seite liegt ein kleines Zimmer, in dem ein Fortepiano stand; aus diesem gelangt man in einen niedlichen Garten, durch dessen Tür man in den Park tritt. Goethe ist einer der schönsten Männer, die ich je gesehen habe. Er ist fast einen halben Kopf größer als ich, sehr gut gewachsen, angenehm dick, aber sein Auge ist nicht so grell wie auf dem Kupferstiche. Ruhe, Selbständigkeit und eine gewisse vornehme Behaglichkeit werden durch sein ganzes Benehmen zur Schau getragen. Mit keinem Teilnehmer der Gesellschaft unterhielt sich Goethe besonders lange. Er ging aus einem Zimmer ins andere und zeigte bald diesem, bald jenem ein freundliches

Gesicht. Gegen 11 Uhr kam Iffland, der erstaunlich viel dicker geworden ist. Diesen nahm Goethe bei der Hand und führte ihn einige Male auf und ab ... Nun kam Frau Hofrätin Schiller. Ihr Mann habe, wie sie sagte, den Katarrh und könne nicht ausgehen. Sie scheint eine sehr artige, gebildete Frau zu sein. Goethe sprach sehr vertraut mit ihr. So äußerte er: Ihr führt mir aber eine wunderliche Haushaltung! und noch mehr in diesem Tone, was ich nicht verstehen konnte. Jedem Ankommenden wurde Schokolade angeboten. Gegen 11 ½ Uhr begab sich die ganze Gesellschaft in ein prachtvoll ausgeschmücktes Zimmer, um hier etwas zu genießen. Es standen da allerlei mit Kunst arrangierte Speisen: Krebse, Zungen etc.; dazu wurde der feinste Wein gereicht. Mich zogen die Gemälde mehr als alles andere an. Dann gingen wir wieder in die übrigen Zimmer, worauf sich einer nach dem anderen still entfernte. Ich trat an Goethe heran und dankte ihm mit kurzen Worten. Nachdem ich mit großem Wohlwollen entlassen worden war, ging ich sehr befriedigt heim. Hatte ich doch von 10 ½ bis 12¾ Uhr die angenehmsten und für mich ewig denkwürdigen Stunden verlebt und konnte mein Geschick preisen und Fichte, der sie mir verschafft hatte. Goethes Knaben sah ich ebenfalls. Er gleicht dem Vater, was die Gestalt anbetrifft, sehr.

1443 K. Morgenstern: Reisebericht *2./3. Mai 1798*

Von ein Viertel auf sieben bis halb acht war ich bei Hofrat Schiller allein ... Auf meine Hoffnung, daß unser Zeitalter durch die politischen Revolutionen etc. zur Einfalt der Alten in Sitten etc. zurückkommen werde, äußerte Schiller einige Zweifel. Wir hätten keinen reinen Boden. Und unsere Dichter, die Iphigenien etc. aufführen lassen wollten, hätten kein Publikum. Er und Goethe hätten sich darüber besprochen, ob nicht von Weimar aus (wenn einmal ein zehn bis zwölf Personen dort nicht mehr sind, ist freilich auch dort alles aus) etwas geschehn könne, wenn zum Beispiel ein neues Schauspielhaus in griechischer Form gebauet würde, das Theater als antikes Theater ohne die Dekorationen der Neuern; nur mit ganz einfacher Architektur, die zu mehrerlei Szenen paßte. Die Gewöhnung an einfache äußere Form würde vielleicht (gab er zu verstehn) auch zur Gewöhnung an einfache innere hinführen.

[3. Mai.] Von drei Viertel auf elf bis halb eins war ich wieder eingeladen, bei Goethe zum Déjeuner. Ich sprach ihn diesmal noch länger als das vorige Mal. Wir redeten über Tragödie der Alten und Neuern, Schauspiel etc. Einen Schauspieler wie Iffland gesehn haben, sagte er, erregt beim Publikum ein Bedürfnis, künftig wieder dergleichen zu sehen; und ein solches Bedürfnis erwecken, ist der erste Schritt zum bessern Geschmack. Wie man sich gewöhnen kann, viel oder wenig zu essen; ein stärkeres oder schwächeres Bedürfnis des Essens zu haben etc.: so etc. – In einem Gespräch mit Justizrat Hufeland etc. kam er auf das Handeln nach reinen Grundsätzen. «Ich handle nach Instinkt», sagte er; «aber ich geb es auch nicht für Handeln nach Vernunftprinzipien aus.» Man müsse darin ehrlich sein etc. Die beiden Hufelands und ihre Frauen waren wieder da; Dr. Paulus mit dem Inspektor Abegg aus Boxberg; Prof. Meyer; der Schauspieler Beck und seine Frau, auch noch eine oder zwei Schauspielerinnen; die Familie Ludecus, Kirms, Rat Schlegel und seine Frau, Bibliotheks-Sekretär Vulpius etc. Auch Schillers Frau kam, mit der ich sprach. Die Tür des blauen Kabinetts nach dem Garten hin war geöffnet: Rosenstöcke machten den Hintergrund (Goethes Knabe zeigte sich im Garten). Iffland sprach sehr interessant...

Zuletzt bei Falk, wo ich noch zu Abend aß...

Gespräche über Goethe, Wieland, Herder, Böttiger etc. (Auch Goethen vermag Falk nicht nach seinem ganzen Umfang zu schätzen. Nur für das ihm Gleichartige an jenem hat er Sinn. Daß Goethe in seinem Charakter von jenen drei großen Männern in Weimar der größere Egoist ist, glaub ich indes wohl.)

1444 Schiller an Goethe *4. Mai 1798*

Meine Frau hat mir von Ihrer freundschaftlichen Aufnahme, von der bunten lebhaften Gesellschaft bei Ihnen und von

Ifflands lustigem Apotheker sehr viel zu erzählen und zu rühmen gewußt.

1445 Iffland an Kirms *3. Juni 1810*

Als ich in Weimar war, sagte Herr von Goethe, er habe eine Fortsetzung der Zauberflöte fast vollendet und – war er es selbst oder ein anderer – das weiß ich nicht mehr genau, doch meine ich, er war es selbst, der sagte, er würde dieses Werk für 100 Dukaten verkaufen.

1446 Schiller an Körner *25. Mai 1798*

Goethe ist seit acht Tagen wieder hier und wird noch wohl einen Monat bleiben. Ein Manuskript von Humboldt über Hermann und Dorothea, welches eine ausführliche Analysis nicht nur dieses Gedichts, sondern der ganzen Gattung, zu der es gehört, samt allen Annexis enthält, beschäftigte uns indessen sehr, weil es die wichtigsten Fragen über poetische Dinge zur Sprache bringt.

1447 Schiller an W. v. Humboldt *27. Juni 1798*

[Zu Humboldts Schrift «Über Goethes Hermann und Dorothea».] Goethe und ich haben uns epische und dramatische Poesie auf eine einfachere Art unterschieden, als Ihr Weg Ihnen erlaubte, und diesen Unterschied überhaupt nicht so groß gefunden. So können wir die Tragödie sich nicht so sehr in das Lyrische verlieren lassen, sie ist absolut plastisch, wie das Epos: Goethe meint sogar, daß sie sich zur Epopee wie die Skulptur zur Malerei verhalte. An das Lyrische grenzt sie allerdings, da sie das Gemüt in sich selbst hineinführt; so wie die Epopee an die Künste des Auges grenzt, da sie den Menschen in die Klarheit der Gestalten herausführt. Uns scheint, daß Epopee und Tragödie durch nichts als durch die vergangene und die gegenwärtige Zeit sich unterscheiden. Jene erlaubt Freiheit, Klarheit, Gleichgültigkeit, diese bringt Erwartung, Ungeduld, pathologisches Interesse hervor.

Auch meint Goethe, und mit Grund, däucht mir, daß man die Natur des Epos vollständig aus dem Begriff und den Circumstantien des Rhapsoden und seines Publikums deduzieren könne, und daß sogar die *Roheit* und die *gemeine ungebildete* Natur des ihn umgebenden Auditoriums auf die epische Form einen entscheidenden Einfluß habe, wenigstens auf die Homerische gehabt habe, die der Kanon für alle Epopee ist...

Doch genug für heute, lieber Freund. Ohnehin kann ich mich jetzt nicht ins Besondere einlassen, da Goethe Ihre Schrift in Händen hat. Er wollte Ihnen mit mir schreiben, hat aber in Weimar zu tun bekommen. Ihre Schrift hat ihn, wie Sie leicht denken können, sehr angenehm gerührt.

1448 Schiller an Cotta *29. Mai 1798*

Goethe schickt Ihnen hier das Schema von dem Werk, das er herausgeben will. Sie ersehen daraus, wie ernstlich und bedeutend die Sache wird, und daß es eine wichtige, auf keinen Fall riskante Unternehmung für Sie werden muß. Eine Art von Zeitschrift, die Goethe herausgibt, muß einschlagen und muß Ihrem Verlag einen neuen Glanz verschaffen.

Die Früchte meiner Finanznegotiation mit ihm sind diese, daß er für jedes Stück à 11 Bogen sechzig Karolin sich ausbedingt. Der Kontrakt kann von Ihnen auf eine beliebige Anzahl von Stücken gestellt werden, worauf man ihn wieder erneuern oder, wenn das Werk sehr gut geht, zu seinem Vorteile steigern kann. Die Summe wünschte er nach Ablieferung des jedesmaligen Manuskripts zu einem ganzen Stück bezahlt zu bekommen, es ist ihm aber ganz eins, ob in Gold oder Laubtalern. Die Lettern, woraus der Haupttext der Horen gedruckt ist, gefielen ihm am besten, 24 Zeilen wünschte er die Seiten stark, aber das Format so groß wie das der Horen. Alles übrige werden Sie in seinem eigenen Schema finden. Das Werk wird wahrscheinlich den Titel:

Der Künstler

erhalten, und schon dadurch einen weiten Kreis um sich ziehen.

Jetzt bitte ich Sie aber, sich schnell zu resolvieren und

mir bald möglichst Nachricht zu geben (in einem ostensibeln Briefe), ob Sie die Vorschläge eingehen wollen. Goethe ist lebhaft für die Sache interessiert und wünscht bald zu wissen, wie er daran ist.

1449 Charlotte v. Stein an Charlotte Schiller *13. Juni 1798*

In Ihrem Garten ist es wohl sehr schön ... Ich begreife nicht, daß sich Goethe in das Schloß in Jena stecken kann, da er hier in eignen Gärten wohnt, er müßte denn viel mit Ihnen beiden sein; denn sein hiesiges häusliches Verhältnis muß ihn ganz abpoetisieren ...

Adieu, Liebes, Einziges, das sage ich ohne Rausch. Emilie Gore erzählte mir, daß, als sie letzt zugleich mit Goethe bei Hof aß, er mit Ausdruck süßen Weins nach der Tafel vor sie trat und zu ihrer größten Verwunderung sagte: ma chère, seule, unique amie! Er muß doch noch ein Winkelchen im Herzen haben, wo ihm noch Liebe sitzt.

1450 Schiller an seine Frau *5. Juni 1798*

Goethe kam Montag abend [4. Juni] hier an, und läßt Dich grüßen.

1451 Schiller an Körner *15. Juni 1798*

Goethe ist auch schon lange hier, und wir sehen uns alle Abende.

1452 Burggraf Wilhelm zu Dohna-Schlobitten: Reisetagebuch *26. Juni 1798*

Um 11 Uhr ging ich zu dem Geheimrat von Goethe. Er wohnt in Weimar in einem sehr antiken, geschmackvoll und gut möblierten Hause. Er hat ein sehr tiefdenkendes und dabei lebhaftes Aussehn, viel Artiges und Teilnehmendes; spricht nur wenig, gibt Anlaß zum Sprechen. – Über meine Reise, den Rhein, die Franzosen am Rhein und in Mainz, über Berlin, Königsberg, Kant, den er als einen vortrefflichen Anthropologen, scharfsinnigen Denker in allen Fächern, als einen großen Philosophen, dem die Deutschen sehr viel zu verdanken haben, schätzt und liebt, über Weimar etc. war die Rede.

1453 Böttiger

(Den 15. Juli 1798 bei Wieland in Oßmannstedt.) [Wieland:] «Klarheit ist jetzt das Lieblingswort von Goethe. Das Genie hat sich zu Boden gesetzt, und klares Wasser schwimmt oben...»

1454 A. Matthiä an W. Berg *29. Juli 1798*

Vorige Woche bemerkte ich einmal beim Eintritt in unser Gesellschaftszimmer [auf Schloß Belvedere] einen Fremden, der lebhaft von Italien erzählte und der mir auffiel durch seine würdevolle Haltung und seine schöne Gesichtsbildung. Als ich ihm vorgestellt wurde, sagte er: «Wenn Sie einmal nach Weimar kommen, besuchen Sie mich; ich bin Goethe.» Die Unterhaltung ging nun weiter. Später vertauschten wir das Zimmer mit dem Freien und wandelten im Parke zwischen den Orangenbäumen. «Kennst du das Land, wo die Zitronen blühn», sprach ich. Goethe lächelte und schilderte nun noch manches aus diesem Wunderlande mit so lebendigen und reizenden Farben, daß ich gestehen muß, nie etwas Schöneres gehört zu haben.

1455 A. Matthiä an W. Berg *2. September (?) 1798*

Vorige Woche sprach ich hier den Dr. van Marum aus Haarlem, den uns Seine Exzellenz der Herr Geheime Rat von Goethe (so ein großes Tier ist jetzt der Verfasser der Leiden Werthers) zuführte. Goethen blitzt das Dichterfeuer recht aus den Augen; übrigens sieht man ihm aber an, daß ihn Charakter, Titel und Stand genieren; er ist sehr steif.

1456 F. A. Wolf an Böttiger *17. August 1798*

Ich war Ihnen neulich sehr nahe... Durch einen herrlichen Zufall fand ich... Ihren Goethe grade bei Schiller [in Jena], und habe sieben glückselige Stunden mit ihm verbracht. Sie können leicht denken, wie und auf wie lange das einem Menschen schmeckt, dem längst der Zirkel gewöhnlicher buchmachenden Zunftgenossen herzlich ekelhaft war.

1457 *Schiller an Körner* *15. August 1798*

Ich habe Goethen dieser Tage die zwei letzten Akte des Wallensteins gelesen, soweit sie jetzt fertig sind, und den seltenen Genuß gehabt, ihn sehr lebhaft zu bewegen, und das ist bei ihm nur durch die Güte der Form möglich, da er für das Pathetische des Stoffes nicht leicht empfänglich ist.

1458 *Schiller an Goethe* *21. August 1798*

Daß ich Ihnen die zwei letzten Akte vom W[allenstein] vorlas, und mich von Ihrem Beifall überzeugen konnte, ist eine wahre Wohltat für mich gewesen, und wird mir den Mut geben und erhalten, den ich zur Vollendung des Stücks noch so nötig brauche.

1459 *Jean Paul an Ch. Otto* *2. September 1798*

Apropos ich war auch bei Goethe, der mich mit ganz stärkerer Verbindlichkeit und Freundlichkeit aufnahm als das erstemal: ich war dafür freier, kühner und weniger voll Liebe und darum in mich gegründeter. Er fragte mich nach der Art meiner Arbeiten, weil es völlig seinen Kreis überschreite, – wie mir Fichte gefallen. Auf letzteres: «Es ist der größte neue Scholastiker – zum Poeten wird man geboren, aber zum Philosophen kann man sich machen, wenn man irgend eine Idee zur transzendenten fixen macht – die Neuern machen das *Licht* zum *Gegenstand*, den es doch nur zeigen soll.» – Er wird nach vier Monaten den Faust vollenden; er sagt, «er könne sechs Monate seine Arbeit voraussagen, weil er sich zu einer solchen Stimmung der Stimmung durch geistliche und leibliche Diätetik vorbereite».

1460 *Jean Paul an Ch. Otto* *2. Oktober 1798*

Mit Goethe stritt ich für Deinen Satz der Weltfortschreitung – «Umschreitung müssen wir sagen», sagte er. A priori folgt's aus der Vorsehung; aber nicht in jedem a posteriori ist der Fortschritt zu zeigen, wenigstens nicht in den gallischen Fortschritten.

Auch die gelesene Wahrheit muß man hinterher erst selber erfinden. Die Gehirnhöhlen sind volle Samen-Düten; das Gefühl erst die Blumenerde und d[er] Treibscherben.

1461 Karl Graf v. Brühl an seine Mutter 28. August 1798

Mein hiesiger Aufenthalt ist so angenehm wie möglich ... Herders und Goethe sagen Ihnen tausend schöne Sachen ...

1462 Schiller an Goethe 18. September 1798

Noch einmal meinen besten Dank für alles, was Sie mir in Weimar Schönes und Gutes erwiesen. Sobald der Prolog weg ist, werde ich an nichts anders mehr denken, als das Stück fürs erste in dem Theatersinne zu vollenden, und werde von Ihren Ratschlägen und Bemerkungen allen Gebrauch machen, der mir möglich ist.

1463 Böttiger an J. v. Hammer 27. September 1798

In Schillers und Goethes neuem Musenalmanach werden Sie schöne Sachen finden. Goethe eröffnet gleich mit einem Gedichte an Euphrosyne. So nennt er unsere allgemein bedauerte Schauspielerin Becker. Sie starb, als er vorigen Herbst in der Schweiz war. Nun erscheint ihm ihr Schatten in einer Grotte eines Gletschers. Sie war seine Schülerin in der Schauspielkunst. Dies erzählte er höchst mir selbst.

1464 Schiller an Körner 30. September 1798

Goethe hat mir keine Ruhe gelassen, bis ich ihm meinen Prolog zu Eröffnung der theatralischen Wintervorstellungen und eines renovierten Theatergebäudes überließ. In zehn Tagen wird er also in Weimar gespielt werden ...

Das Stück selbst [Wallenstein] habe ich nun, nach reifer Überlegung und vielen Konferenzen mit Goethe, in zwei Stücke getrennt, wobei mich die schon vorhandene Anordnung sehr begünstigt hat ...

Goethe grüßt Dich. Ich hab ihm Deinen letzten Brief mitgeteilt, und er findet auch, daß Du Deine Lage so gut nimmst, als es möglich ist, und daß sich gegen Deine Gründe nichts einwenden lasse.

1465 E. Genast: Aus dem Tagebuche eines alten Schauspielers *1862*

So kam das Jahr 1798 heran, in welchem das Theater durch Baumeister Thouret aus Stuttgart renoviert wurde. Am 12. Oktober begannen die Vorstellungen wieder, und mit den «Korsen» von Kotzebue, auf die der Prolog* und dann zum ersten Male «Wallensteins Lager» folgte, wurde das neuhergestellte Haus eingeweiht. Goethes Tätigkeit bei der Inszenierung war unermüdlich. Hofrat Meyer mußte alle möglichen Holzschnitte, welche Szenen aus dem Lagerleben des Dreißigjährigen Krieges darstellten, herbeischaffen, um die Gruppen auf der Bühne darnach zu stellen; sogar eine alte Ofenplatte, worauf eine Lagerszene aus dem 17. Jahrhundert sich befand, wurde einem Kneipenwirt in Jena zu diesem Zweck entführt. Goethe leitete das Studium der Schauspieler und stattete an Schiller (nach Jena) genauen Bericht ab; bis zur letzten Probe veränderte Schiller noch dieses und jenes. Mir war der Dragoner zugeteilt worden. Eines Tages jedoch ließ mich Goethe zu sich rufen und teilte mir mit, daß Schiller gesonnen sei, noch einen Kapuziner in das Lagerleben hineinzubringen, der den Soldaten predigen sollte; da Schiller dabei um Rat frage, so habe er ihm einen Band des Abraham a Sancta Clara gesandt und mich zum Darsteller der drastischen Figur, welche der Kapuziner abgeben würde, vorgeschlagen. «Da Ihr», sagte er, «viel mit solchen Kuttenmännern in Berührung gekommen seid, so werdet Ihr gewiß den Ton treffen, der zu einem solchen Feldpfaffen gehört. Schickt Euren Dragoner in meinem Namen an Benda.»

Bestimmte Rollenfächer durften die Schauspieler unter Goethe nicht beanspruchen, und selbst die ersten durften sich nicht weigern, wenn es zum Besten des Ganzen war, eine Anmelderolle zu übernehmen. Er verlangte von jedem, daß ihm die Kunst höher stände als sein liebes Ich. Ein Beispiel möge hier folgen.

Meinem Kollegen Becker hatte Goethe den zweiten Holk-

* Vohs sprach ihn in dem Kostüm von Max Piccolomini.

schen Jäger zugeteilt. Obgleich Becker von Anfang an mit dieser untergeordneten Rolle sehr unzufrieden war und weit lieber den Wachtmeister gespielt hätte, getraute er sich doch nicht, die Annahme derselben zu verweigern, solange ich im Besitz einer ähnlichen war; kaum hörte er aber von dem mir übertragenen Kapuziner, so erklärte er mir auch schon, daß er den Jäger nicht spielen würde, und beauftragte mich, als fungierenden Wöchner, dies dem Herrn Geheimen Rat zu melden. Mir ward nicht wohl bei der Kommission, und ich kleidete sie wenigstens in die etwas gefälligere Form einer Bitte meines Kollegen. Nichtsdestoweniger geriet Goethe in den heftigsten Zorn, bestand darauf, daß Becker die Rolle spielen müsse, und setzte hinzu: «Sagen Sie dem Herrn Becker, wenn er sich dennoch weigern sollte, so würde *ich* die Rolle selber spielen.» Becker weigerte sich aber nicht mehr.

Erst am 8. Oktober traf die Kapuzinerpredigt ein, aber noch dreimal hat Schiller dieselbe überarbeitet, ehe sie im Druck erschien. Für den Charakter des Wachtmeisters hatte Goethe ein ganz besonderes Interesse und war bemüht, dem Darsteller dieser Rolle die steifen Bewegungen, den schwerfälligen Gang und den bombastischen Ton beizubringen. Mit der Exposition war er nicht einverstanden; sie erschien ihm nicht wirksam genug. Er veranlaßte deshalb Schiller, noch ein Soldatenlied als Einleitung zu schreiben; da dieser aber nur vier Verse einsandte, so schrieb Goethe noch einige dazu, und dies Lied wurde nach einer Melodie aus «Claudine von Villa Bella» gesungen...

Bei dieser Vorstellung war es, wo nach Goethes Befehl auf dem Komödienzettel zum ersten Mal die Herren, Madames und Demoiselles vor den Namen der Mitglieder wegfielen. Ich fragte Goethe um den Grund dieser Anordnung; er meinte: der Name des Künstlers sei genügend; Herren und Madames gäb es sehr viele in der Welt, aber Künstler sehr wenig. Doch gab diese Eigenheit zu manchem Irrtum Anlaß, namentlich wenn Frauen in Männerrollen auftraten.

1466 Caroline Schlegel an F. Schlegel *14. Oktober 1798*

Ich kann Ihnen heut allerlei sagen, was Sie gern wissen wollen. Wilhelm blieb in Weimar zurück, um Goethen zu sprechen, und der ist sehr wohl zu sprechen gewesen, in der besten Laune über das Athenäum, und ganz in der gehörigen über Ihren Wilhelm Meister, denn er hat nicht bloß den Ernst, er hat auch die belobte Ironie darin gefaßt und ist doch sehr damit zufrieden und sieht der Fortsetzung freundlichst entgegen. Erst hat er gesagt, es wäre recht gut, recht charmant, und nach dieser bei ihm gebräuchlichen Art, vom Wetter zu reden, hat er auch warm die Weise gebilligt, wie Sie es behandelt, daß Sie immer auf den Bau des Ganzen gegangen und sich nicht bei pathologischer Zergliederung der einzelnen Charaktere aufgehalten, dann hat er gezeigt, daß er es tüchtig gelesen, indem er viele Ausdrücke wiederholt und besonders eben die ironischen. Sie haben alle Ursache, Ihr Werk zu vollenden von dieser Seite, und so tun Sie es denn doch recht bald. Er hat Wilhelm mit Grüßen für Sie beladen, und läßt vielmals um Entschuldigung bitten, wegen des Nichtschreibens, eine Sache, die wirklich aus der Geschäftigkeit des letzten Vierteljahrs, wovon nachher ein mehreres, zu erklären ist. An Wilhelm hat er den ganzen Brief schon fertig diktiert und doch nicht abgeschickt. Auch von der griechischen Poesie hat er gesprochen; bei manchen Stellen hätte er eine mündliche Unterredung und Erläuterung dazu gewünscht, um etwa ein längeres und breiteres Licht zu erhalten. Gelesen hat er auch redlich; das kann man ihm nicht anders nachrühmen. Die Fragmente haben ihn ungemein interessiert; ihr hättet euch in Kriegsstand gesetzt, aber er hat keine einzige Einwendung dagegen gemacht; nur gemeint, es wäre eine allzu starke Ausgabe [Zusatz A. W. Schlegels: die Verschwendung wäre doch zu groß, war der pivot seines allgemeinen Urteils], und es hätte sollen geteilt werden. Wilhelm hat ihm geantwortet, in Einem Strich ließe sich's freilich nicht lesen; da hat er so etwas gemurmelt, als das hätte er denn doch nicht lassen können, es wäre denn doch so anziehend ...

Nun von Goethens Geschäftigkeit. Er hat das weimarische Komödienhaus inwendig durchaus umgeschaffen, und in ein freundliches glänzendes Feenschlößchen verwandelt. Es hat mir erstaunlich wohl gefallen. Ein Architekt und Dekorateur aus Stuttgart ist dazu herberufen, und innerhalb dreizehn Wochen sind Säulen, Galerien, Balkone, Vorhang verfertigt und was nicht alles geschmückt, gemalt, verguldet, aber in der Tat mit Geschmack. Die Beleuchtung ist äußerst hübsch, vermittelst eines weiten Kranzes von englischen Lampen, der in einer kleinen Kuppel schwebt, durch welche zugleich der Dunst des Hauses hinaus zieht. Goethe ist wie ein Kind so eifrig dabei gewesen, den Tag vor der Eröffnung des Theaters war er von früh bis spät abends da, hat da gegessen und getrunken und eigenhändig mit gearbeitet. Er hat sich die gröbsten Billetts und Belangungen über einige veränderte Einrichtungen und Erhöhung der Preise gefallen lassen und es eben alles mit freudigem Gemüt hingenommen, um die Sache, welche von der Theaterkasse bestritten ward, zustand zu bringen. Nun kam die Anlernung der Schauspieler dazu, um das Vorspiel ordentlich zu geben, worin ihnen alles fremd und unerhört war. Es stellt Wallensteins Lager dar, wie Sie wissen, und ist in Reimen in Hans Sachsens Manier, voller Leben, Wirkung, Geist der Zeit und guter Einfälle. Schiller hat doch in Jahren zu Stande gebracht, was Goethe vielleicht (die Studien abgerechnet) in einem Nachmittag hätte geschrieben, und das will immer viel sagen. Er hat sich (dies kommt von Wilhelm) dem Teufel ergeben, um den Realisten zu machen und sich die Sentimentalität vom Leibe zu halten. Aber genug, es ist gut, er hat alle Ehre und die andern viel Pläsier davon. Goethens Mühe war auch nicht verloren; die Gesellschaft hat exzellent gespielt, es war das vollkommenste Ensemble und keine Unordnung in dem Getümmel. Für das Auge nahm es sich ebenfalls trefflich aus. Die Kostüme, können Sie denken, waren sorgfältig zusammen getragen, und kontrastierten wieder untereinander sehr artig. Zum Prolog war eine neue, sehr schöne Dekoration. – Bei der Umwandlung des Hauses war Schillers Käfig weggefallen, so daß er sich auf dem offnen Balkon präsentieren mußte, anfangs neben Goethe, dann neben der herzoglichen Loge. Wir waren im Parkett, das denselben Preis mit dem Balkon hat, wo wir auch hätten hingehn können, aber lieber die bekannten Stellen wählten ...

Piccolomini wird wohl im Dezember, ebenso, gleichsam auf die Probe gespielt werden, wo man sich mit unsern Schauspielern behilft. Goethe meint, der alte Piccolomini (denn Vater und Sohn sind darin), das würde eine Rolle für Iffland sein. Auf Schröder rechnet man schon. – Goethe ist heute wiederum hier [in Jena] angelangt, um nun weiter den vergangenen Effekt des Vorspieles und den zukünftigen des Piccolomini zu überlegen. Desto besser für uns ...

Tieck muß sich nun ebenso wenig über Goethens Schweigen skandalisieren als Sie, denn er bittet auch ihn um Nachsicht. Und ich will Ihnen auch sein Urteil über den ersten Teil von Sternbald wiedergeben; Sie überantworten es Tieck. Man könnte es so eigentlich eher musikalische Wanderungen nennen, wegen der vielen musikalischen Empfindungen und Anregungen (die Worte sind übrigens von mir), es wäre alles darin, außer der Maler. Sollte es ein Künstlerroman sein, so müßte doch noch ganz viel anders von der Kunst darin stehn, er vermißte da den rechten Gehalt, und das Künstlerische käme als eine falsche Tendenz heraus. Gelesen hat er es aber, und zweimal, und lobt es dann auch wieder sehr. Es wären viel hübsche Sonnenaufgänge darin, hat er gesagt [A. W. Schlegel: an denen man sähe, daß sich das Auge des Dichters wirklich recht eigentlich an den Farben gelabt, nur kämen sie zu oft wieder].

1467 Schiller an Cotta *19. Oktober 1798*

Heute hat Goethe auch ein Paket für die Expedition der Allgemeinen Zeitung abgeschickt, er rechnet darauf, daß es sogleich und ohne den Umweg nach Tübingen zu machen als Beilage abgedruckt und ausgegeben werde. Es ist berechnet, daß es gerade ein Blatt von einem halben Bogen füllen wird.

1468 Charlotte Schiller an Fritz v. Stein 23. Oktober 1798

Goethe ist hier und grüßt Sie, er spricht mit Anteil und Liebe von Ihnen. Hier ist er immer ein ganz andrer Mensch als in Weimar, und ich habe ihn hier sehr lieb; in Weimar, wenn ich ihn da sehe, muß ich mir manches zurecht legen in seinem Wesen.

1469 Schiller an Körner 29. Oktober 1798

Das Vorspiel ist nun in Weimar gegeben ... Du kannst, wenn die Allgemeine Zeitung von Posselt in Dresden zu haben ist, das Nähere über diese Wallensteinschen Repräsentationen in Weimar gedruckt lesen; denn Goethe hat sich den Spaß gemacht, diese Relationen selbst zu machen, daß er sie Böttiger aus den Zähnen reiße ...

Es freut mich, daß der Almanach Euch Vergnügen gemacht hat ...

Für das beste im Almanach halte ich aber, und Goethe auch, den Prolog zum Wallenstein. Er hat auch in Weimar, sowohl beim Lesen, als beim Rezitieren selbst, viel Sensation gemacht.

Wir freuen uns auf Deinen kritischen Brief über den Almanach. Sieh, daß Du ihn bald schickst. Goethe ist auch recht begierig danach.

1470 Charlotte v. Stein an ihren Sohn Fritz nach dem 27. Oktober 1798

Goethe seh' ich selten, und wenn es einmal geschieht, so erschrickt mich seine immer zunehmende Dickheit.

1471 Jean Paul an Ch. Otto 3. November 1798

Die Sä[ngerin] ... Matiegzeck ... ist eine geradbrechte Version von Philine, und ohne Schönheit ... Sie lacht und singt mehr, als sie spricht, und mit Recht. Sie erzählte mir, daß sie Goethen gefragt, wie sie mich zu empfangen habe, und sie wolle mir trillernd entgegentanzen. «Kind, mach's wie bei mir und sei natürlich», sagt er.

1472 Caroline Schlegel an Novalis *15. November 1798*

Wir haben die Propyläen noch nicht gesehn. Was brauchen wir auch die Vorhöfe, da wir das Allerheiligste selber besitzen. Er [Goethe] lebt alleweil mitten unter uns; gestern habe ich mit ihm soupiert, heute werde ich mit ihm soupieren, und nächstens gebe ich ihm selbst eine Fête. Kommen Sie dann auch. – Ich freue mich sehr auf die Propyläen, das ist auch ein Genuß. Er hat kein Exemplar mitgebracht; denen, die hier etwa sind, mögen wir nicht nachjagen. Er will eins von Weimar kommen lassen. Die Vorrede scheint voll väterlichster Milde... Wenn Sie die Allgemeine Zeitung lesen, so haben Sie auch den echten Bericht von Wallensteins Lager gelesen. Der darin enthaltene Brief ist gewiß von der Hand des Meisters. So viel tut er für seinen Freund, der sich auch im Vorspiel und Prolog als sein Jünger – Goethesker wie jemals zeigt.

1473 Schiller an Cotta *21. November 1798*

Ich wollte Ihnen heute verschiedenes schreiben, was wegen Wallensteins noch zu besprechen ist, aber Goethe, der eben da ist, unterbricht mich...

1474 Schiller an Goethe *30. November 1798*

Ich bin es diese Tage her so gewohnt worden, daß Sie in der Abendstunde kamen, und die Uhr meiner Gedanken aufzogen und stellten, daß es mir ganz ungewohnt tut, nach getaner Arbeit, mich an mich selbst verwiesen zu sehen. Besonders wünschte ich, daß es uns nicht erst am letzten Tag eingefallen wäre, den chromatischen Kursus anzufangen, denn gerade eine solche reine Sachbeschäftigung gewährte mir eine heilsame Abwechslung und Erholung von meiner jetzigen poetischen Arbeit, und ich würde gesucht haben, mir in Ihrer Abwesenheit auf meine eigene Weise darin fortzuhelfen. So viel bemerkte ich indessen, daß ein Hauptmoment in der Methode sein wird, den rein faktischen sowie den polemischen Teil aufs strengste von dem hypothetischen unterschieden zu halten, daß die Evidenz des Falles und die des Newtonischen Falsums nicht in das Problematische der Erklärung verwickelt werde, und daß es nicht scheine, als wenn jene auch so wie diese einen gewissen Glauben postuliere.

1475 *Schiller an Goethe* *7. Dezember 1798*

Wollten Sie mir nicht das Buch über den Kaukasus verschaffen, von dem Sie mir öfters sagten. Ich habe jetzt gerade ein Bedürfnis nach einer ergötzlichen Lektüre.

1476 *Schiller an Cotta* *16. Dezember 1798*

Goethe hat an seinem Faust noch viel Arbeit, eh er fertig wird. Ich bin oft hinter ihm her, ihn zu beendigen, und seine Absicht ist wenigstens, daß dieses nächsten Sommer geschehen soll. Es wird freilich eine kostbare Unternehmung sein. Das Werk ist weitläuftig 20 bis 30 Bogen gewiß, es sollen Kupfer dazu kommen, und er rechnet auf ein derbes Honorar. Es ist aber auch ein ungeheurer Absatz zu erwarten. Es wird gar keine Frage sein, daß er Ihnen das Werk in Verlag gibt, wenn Ihnen die Bedingungen recht sind, denn er meint es sehr gut mit Ihnen. Nächster Tag erhalten Sie auch einen neuen Beitrag von ihm zur Allgemeinen Zeitung.

1477 *Böttiger an J. v. Müller* *7. Dezember 1798*

So viel sich aus der freilich sehr unvollkommenen Zeichnung der Onyxkamee schließen läßt, die Sie, mein verehrungswürdiger Freund, Ihrem letzten höchsterfreulichen Briefe beigefügt hatten, ist ein sehr schöner Stein in die Hand eines gar ärmlichen Meisters gefallen. Ich habe die Sache auch mit Meyer und Goethe besprochen. Sie bedauern gleichfalls den Stein, wenn er nicht nachgemacht ist. Es scheint die Porträtfigur einer Kaiserin aus dem dritten Jahrhunderte zu sein in der gewöhnlichen Gestalt der Abundantia.

1478 *Charlotte v. Kalb an Jean Paul* *Dezember 1798*

Gestern mittag war ich bei Goethe. Es waren da Dichter, die nichts sagten, Hofleute und ordentliche Leute; ich allein war etwas unordentlich, das heißt, ich habe gesprochen und etwas zu lebhaft für die Zeit.

1799

1479 *Schiller an Goethe* *10. Januar 1799*

Ich wünsche und hoffe zu hören, daß Sie diese Nacht ausgeschlafen haben und sich heute wieder besser befinden. Gestern mußte ich mich wundern, wie Sie sich nach einer schlecht schlafenden Nacht und unter Wolken von Tabakrauch noch so ganz gut bei Humor erhielten.

1480 *Knebel an F. v. Matthisson* *15. Januar 1799*

Goethe scheint sich nämlich für diese Übersetzung [des Lukrez von Knebel] zu interessieren, und er hat mich gleichsam ersucht, die Abschrift des ersten Buchs, die ich schon für Sie hatte machen lassen, ihm für die Jenaischen Kunstrichter mitzuteilen ...

Das Wichtigste, was ich Ihnen zu sagen vergessen habe, ist, daß Goethe im Ernste daran zu denken scheint, ein Gedicht in der Art des Lukrez zu verfertigen. Es war dies längst mein geheimer Wunsch, da ich mich selbst von dieser Bahn, die eine Hoffnung meiner Jugend war, durch Alter und Umstände verscheucht sahe. Er kann es mit höherm Sinn und größern Kräften, und es dürfte vielleicht der dauerndste Lorbeer in seinem Kranze werden. Er rechnet auf meine Übersetzung als Basis zu seiner Arbeit.

1481 *Böttiger an J. v. Müller* *22. Februar 1799*

Von Goethe haben wir vielleicht bald ein Gedicht über die Natur der Dinge im Geiste Lukrez zu erwarten. Sonderbar, daß über sein letztes Gedicht: *Hermann und Dorothea* der ästhetische Kommentar uns erst von Paris kommen mußte. Denn dort schrieb August [vielmehr Wilhelm] von Humboldt (nicht der Physiker, der lange in Wien war; der ist jetzt in Afrika) seine soeben in Berlin erschienenen, auf Kantischen Prinzipien gegründeten Beurteilungen.

1482 *Böttiger*

(*Den 16. Januar 1799 bei Goethe.*) ... Nach Tische wird die Aldobrandinische Hochzeit (jetzt unter Glas in der Mauer) aufgezogen, unter schöner Beleuchtung von dem gegenüber auf den Dächern liegenden Schnee. Goethe äußert dabei die Mutmaßung, daß vielleicht der Maler, der eine etwas frechlustige Komposition machen wollte, die Hauptfiguren, der pronuba und der nova nupta, nach einem Gemälde des Echion, das Plinius (XXXV, 10) nova nupta, verecundia notabilis nennt, kopiert, das andere aber aus verschiedenen Stücken komponiert habe ... Schiller spricht mit Bitterkeit von dem Leichtsinne der Franzosen in der Behandlung geraubter Kunstwerke, darum würden auch die Rollen von Portici schlecht in ihren Händen sein. Man solle sie wie Kuxe im Bergbau behandeln und auf alle Universitäten und Akademien austeilen. Gerning sagt dies dem König. Wir können es selbst, erwiderte dieser. Von 900 sind höchstens 100 aufgewickelt. Aber chemische Prozesse sind noch nicht daran versucht. – Goethes Witz über Gerning: er nehme die Königinnen nicht in acht. Die syrakusanische Königin Philistis [eine Münze] sei ihm abhanden gekommen.

1483 Böttiger

(19. Januar 1799.) Ich fahre mit Bertuch nach Belvedere zu Mounier. Im Wagen: Goethe will eine Biographie des Tigers schreiben, dessen gefrornen Kadaver der Herzog aus Nürnberg bekommen hat. Die Ahnen wird er von dem Menageriehalter Albi erfahren. Loder, der immer geschäftige Handlanger Goethes und des Herzogs Prokyon, wird anatomische Vorlesungen öffentlich über den Tiger halten.

1484 Jean Paul an Ch. Otto *27. Januar 1799*

Noch in keinem Jahr stritt und trank ich so viel. Mit Schiller neulich bis um 12 Uhr nachts; und mit ihm und Goethe [am 21. Januar] bei der Kalb. Ich bin jetzt kecker als je, bloß durch das Erraten des fremden Haltens von mir, nicht durch mein eignes. Goethen sagt' ich etwas über das hiesige Tragische*, worüber er empfindlich 1/4 Stunde den Teller

* Böttiger, alles lobend, lobte mich auch darüber, «wir denken alle dasselbe, aber es hat's ihm noch keiner gesagt».

drehte (ich hatte Champagner und einen Vulkan im Kopf). Aber Wieland – der wieder da war und dessen Gegenwart mich durch das Simultaneum der Einladung allzeit aufzehrt – sagte, «so wär's recht, und ich gew[änne] ihn dadurch – wir w[ürden] noch die besten Freunde – [er] hat mit Respekt von [mir] gesprochen.» Als ich [am 16. Januar] [zu] einem Diner bei Goethe geladen war Schiller zu Ehren, nebst Herder und andern, der ihm aber nicht ein Ölblatt, geschweige einen Ölzweig des Friedens, den Goethe gern schlösse, reichte – wurd' ich und Herder zu Goethes Einfassung gemacht, ich der linke Rahmen und er der rechte; hier sagte mir Goethe, der nur allmählich warm werden will – so ist er gegen Schiller so kalt wie gegen jeden –: «er habe seinen Werther zehn Jahre nach dessen Schöpfung nicht gelesen; und so alles: wer wird sich gern eines vorübergegangnen Affekts, des Zorns, der Liebe etc. erinnern?»

1485 Jean Paul an F. v. Oertel *6. April 1799*

Mit Goethe wär' ich näher, hätt' ich ihm nicht einmal an einem Champagnerabend, wo Schiller dabei war, zu kecke Sätze gesagt.

1486 Böttiger

(Den 22. Januar 1799.) Goethe äußert gegen Wieland, daß die ursprüngliche einzige vis comica in den Obszönitäten und Anspielungen auf Geschlechtsverhältnisse liege und von der Komödie gar nicht entfernt gedacht werden könne.

1487 Böttiger

(Den 6. Februar 1799 Schlittenfahrt zu Wieland.) Goethe erklärt sich stark gegen die, welche Weimars Gemeinvorteil verraten. Wieland sagte einst zu ihm: Aber wie könnte ich mich so ekelhaft loben lassen, Herr Bruder, wie es die Sch[legel] tun? Antwort: Man muß sich das ebenso gefallen lassen, als wenn man aus vollem Halse getadelt wird. Wieland mißbilligt Macdonalds blinden Eifer gegen die Kantische Philosophie ... Auch gegen Fichte werde

er [Wieland] nie öffentlich etwas sagen, ob er gleich seine letzte Appellation kindisch finde. Das Kind singt im Finstern, wenn es Gespenster fürchtet. Ihm brandert es schon, sagte Goethe, darum schreit er vom Scheiterhaufen.

1488 Caroline Jagemann: Erinnerungen

Ich eilte zu Goethen, um mich wegen einer Rolle mit ihm zu besprechen ...

Die Rolle ... war die Thekla in Wallensteins zweitem Teil, dessen Leseproben in Goethes Hause abgehalten wurden. Der Charakter tritt schon in dieser Abteilung so entschieden auf, daß ich mir kein allzu großes Verdienst zuschreibe, Schillern vollständig zufriedengestellt zu haben. Goethe hat sich wahrscheinlich ausgeschwiegen, denn die hilfsbedürftigen Talente waren ihm immer angenehmer als die, welche aus sich selbst zu schöpfen vermochten, diese Thekla wollte ich aber nach keiner fremden Ansicht, sondern nur nach meinem Gefühle gestalten.

1489 H. Steffens: Was ich erlebte *1841*

Piccolomini war das erste große Stück, welches ich [am 30. Januar 1799] in Weimar sah ...

Nun aber saß Schiller selbst neben mir und war mit allem nicht allein zufrieden, sondern überaus glücklich ... Selbst Goethe, der ab und zu in die Loge hineintrat, schien mit der Aufführung sehr zufrieden, obgleich er sich nicht enthusiastisch äußerte, wie Schiller.

1490 Karl Graf v. Brühl an seine Mutter *7. Februar 1799*

Die Truppe des hiesigen Theaters ist in einzelnen Teilen nicht schlecht, und manche Stücke werden wirklich gut gegeben. Der erste Darsteller, Vohs, ist sehr brav, allein das Ganze könnte besser sein, wenn die Direktion besser wäre. Allein Goethe, dem es doch nicht an Verstand und Kenntnissen fehlt, nimmt sich so schlecht dazu, daß wirklich Sachen vorkommen, die unverantwortlich sind. Die Verteilung der Rollen ist manchmal sehr falsch, und er sorgt so wenig für Anschaffung guter, neuer Darsteller, da doch die Gage sehr beträchtlich ist, daß manche Stücke elend besetzt sind. Am besten in langer Zeit haben sie die «Piccolomini» von Schiller gegeben, weil gerade die Rollen gut verteilt waren und die Leute mit Interesse spielten.

1491 Caroline Schlegel an Novalis *20. Februar 1799*

Wilhelm hat die Elegie [Die Kunst der Griechen] geendigt. Eine Abschrift hat Goethe, der hier [in Jena] ist, die andere Friedrich. Sie müssen also warten ...

Goethe ist sehr mit Optik für die Propyläen beschäftigt und an keinem öffentlichen Orte sichtbar.

1492 Schiller an Goethe *1. März 1799*

Nach acht Wochen Stillstand beginnt also das Commercium durch die Botenfrau wieder. Ich glaube in eine viel ältere Zeit zu blicken, als es wirklich ist, das theatralische Wesen, der mehrere Umgang mit der Welt, unser anhaltendes Beisammensein haben meinen Zustand indessen um vieles verändert ...

1493 Schiller an Goethe *5. März 1799*

Es hat mich diesen Winter oft geschmerzt, Sie nicht so heiter und mutvoll zu finden, als sonst, und eben darum hätte ich mir selbst etwas mehr Geistesfreiheit gewünscht, um Ihnen mehr sein zu können. Die Natur hat Sie einmal bestimmt, hervorzubringen; jeder andere Zustand, wenn er eine Zeitlang anhält, streitet mit Ihrem Wesen. Eine so lange Pause, als Sie dasmal in der Poesie gemacht haben, darf nicht mehr vorkommen, und Sie müssen darin ein Machtwort aussprechen und ernstlich wollen. Schon deswegen ist mir Ihre Idee zu einem didaktischen Gedichte sehr willkommen gewesen; eine solche Beschäftigung knüpft die wissenschaftiche Arbeiten an die poetischen Kräfte an und wird Ihnen den Übergang erleichtern, an dem es jetzt allein zu fehlen scheint.

Wenn ich mir übrigens die Masse von Ideen und Gestalten denke, die Sie in den zu machenden Gedichten zu verarbeiten haben und die in Ihrer Phantasie lebendig liegen, so daß ein einziges Gespräch sie hervorrufen kann, so begreife ich gar nicht, wie Ihre Tätigkeit auch nur einen Augenblick stocken kann. Ein einziger dieser Plane würde schon das halbe Leben eines andern Menschen tätig erhalten. Aber Ihr Realism zeigt sich auch hier; wenn wir andern uns mit Ideen tragen und schon darin eine Tätigkeit finden, so sind Sie nicht eher zufrieden, als bis Ihre Ideen Existenz bekommen haben.

Das Frühjahr und der Sommer werden alles gut machen, Sie werden sich nach der langen Pause desto reicher entladen, besonders wenn Sie den Gesang aus der Achilleis gleich vornehmen, weil dadurch eine ganze Welt in Bewegung gesetzt wird. Ich kann jenes kurze Gespräch, wo Sie mir den Inhalt dieses ersten Gesangs erzählten, noch immer nicht vergessen, so wenig als den Ausdruck von heiterm Feuer und aufblühendem Leben, der sich bei dieser Gelegenheit in Ihrem ganzen Wesen zeigte.

1494 H. Steffens: Was ich erlebte *1841*

Eines Abends wurde ich zu Frommann eingeladen; Goethe wurde erwartet. Mit welcher Spannung ich dem Abend entgegensah, begreift ein jeder, der es weiß, was mir Goethe von meiner Kindheit an geworden war ...

Es ist eine eigene Empfindung, wenn man zum ersten Male einem Manne vorgestellt wird, der einen großen und entschiedenen Einfluß auf unser Leben gehabt hat. Ein solcher Moment bildet eine wahre Epoche, und mir war es, als ich zu Frommann hinging, als stünde mir ein verhängnisvolles Ereignis bevor. Goethe erschien. Es ist einem jeden bekannt, der ihn jemals gesehen hat, wie seine edle Gestalt, seine Art sich darzustellen, sein mächtiges Auge und das wahrhaft Vornehme seiner ganzen Gestaltung, die Ruhe, mit welcher er erschien, während eine reiche Welt sich sichtbar in ihm bewegte, auch demjenigen imponierte und überraschte, der die Größe seiner Schriften durch die Gestalt ausgedrückt zu sehen erwartete. Ich mußte, als ich ihn zuerst erblickte, mich schnell abwenden, denn mir traten unwillkürlich Tränen in die Augen. Es war mir, als sähe ich

Egmont, der sich als Oranien, Tasso, der sich als Antonio darstellte. In der Gesellschaft war ein Herr von Stackelberg aus Livland, dessen schöne und anmutige Frau mir sehr gefiel; er ward zugleich mit mir Goethen vorgestellt.

Die Selbsttäuschung, als müßte Goethe eine Ahnung haben von alle dem, was er mir geworden war, ist zu natürlich; er aber unterhielt sich den ganzen Abend mit dem Herrn von Stackelberg. Es gelang mir nicht einen Augenblick, die Aufmerksamkeit auf mich zu ziehen. Goethe war noch in seinen besten Jahren. Die vornehme Ruhe, mit welcher er sich bewegte, fing an, mir beschwerlich zu fallen, ja mich zu erbittern; ich war stumm, verlegen und fühlte mich verletzt. Ich erinnerte mich der vielen Geschichten, die man von seinem Stolz und seiner kalten Herablassung erzählt hatte, und ging in einer Stimmung nach Hause, die unerträglich war. Es schien mir, als wäre nun jede Annäherung unmöglich geworden ... Ich verbarg glücklicherweise meine Empfindlichkeit, und wiederholte, nach Hause gehend, fortdauernd Philinens Worte: «Wenn ich Dich lieb habe, was geht es Dich an», aber was mich durchdrang, war ein vernichtendes Gefühl, ein schwarzer Schatten, der sich breit und finster über meine ganze Vergangenheit warf ...

Die Familie des berühmten Anatomen Loder gehörte auch zu denen, die mich freundlich aufgenommen hatten. Sein Geburtstag nahete, und man wünschte diesen Tag durch ein Schauspiel zu feiern; man wählte den «Schauspieler wider Willen», und meine große Beweglichkeit erweckte die Vermutung, daß ich wohl fähig wäre, die Hauptrolle zu übernehmen ... Die Hauptrolle enthält bekanntlich eine Menge deklamatorische Stellen aus verschiedenen Dramen; die in dem Stück vorkommenden waren meist veraltet und unbedeutend. Ich vertauschte sie mit übertrieben deklamatorischen Stellen aus Ifflandschen und Schillerschen Stükken ...

Die Tage der Proben gingen vorüber; wir waren zur General-Probe versammelt: da trat auf einmal Goethe herein. Er hatte freundlich, wie er bei solchen Gelegenheiten immer war, versprochen, die General-Probe zu leiten; mir hatte man es verborgen gehalten. Nachdem er die Frauen begrüßt hatte, ging er auf mich zu, sprach mich freundlich und gütig als einen Bekannten an. «Ich habe», sagte er, «lange erwartet, Sie einmal in Weimar bei mir zu sehen; ich habe vieles mit Ihnen zu sprechen, Ihnen vieles mitzuteilen. Wenn diese Tage verflossen sind, werden Sie mich, wie ich hoffe, begleiten.» Wer war glücklicher wie ich. Es war mir, als wäre ich jetzt erst heimisch geworden in Jena. Ich jubelte, und der frohe Jubel einer übermütigen Stimmung ergoß sich in mein Spiel. Hier und da gab Goethe einen guten Rat, und mir schwebten auf eine wunderbar heitere Weise die dramatischen Auftritte in Wilhelm Meister vor der Seele, die sich nun hier durch den großen Verfasser zu verwirklichen schienen. Als ich die Stellen aus den Schillerschen Stücken deklamiert hatte, trat Goethe freundlich auf mich zu. «Wählen Sie doch», sagte er, «andere Stücke; unsern guten Freund Schiller wollen wir doch lieber aus dem Spiele lassen.» – Es war seltsam, daß weder ich, noch die Mitspieler etwas Anstößiges bei dieser Wahl gefunden hatten ... Indessen erbot ich mich auf der Stelle, Kotzebue zu wählen statt Schiller ...

Den Tag darauf hielt, der Verabredung gemäß, Goethe vor meiner Wohnung; ich eilte mit meinem Mantelsack hinunter und fuhr nun an Goethes Seite nach Weimar. Ich war dort einige Tage sein Gast ...

Goethe war im höchsten Grade mitteilsam; es war ihm darum zu tun, junge Naturforscher für seine Ansichten zu gewinnen. Die paar Tage verflossen in einer beständig fortdauernden naturwissenschaftlichen Unterhaltung. Ich lernte nun Goethe von einer mir bis dahin unbekannten Seite kennen. Das tiefe Naturgefühl, die lebendige schöpferische Macht, die durch alle seine Gedichte hindurchging, über alle seine Darstellungen ein helles Licht ergoß, rang nach Bewußtsein; Pflanzen und Tiere und das allbelebende Licht, welches, als ein Ding unter den andern Dingen, zusammengesetzt wie diese, sich in Farben verteilen ließ, und so nur in ein äußeres Verhältnis zu allem Lebendigen treten konnte, erschienen hier zwar nicht in einer bewußten

Einheit, aber ein tiefer geistiger Instinkt faßte sie dennoch zusammen. Wer mein Leben und meine Neigung mit einiger Teilnahme verfolgt hat, wird einsehen, wie bedeutend mir diese Zeit sein mußte. Was ich zu erringen strebte, alle Richtungen meines Daseins schien er zu kennen, und der Schatz, den ich unruhig suchte, schien ihm ein von einer günstigen Natur geschenkter Besitz zu sein. Ich verlebte diese kurze Zeit wie in einem Taumel, und hielt mich nun für entschieden überzeugt, daß eine lebendige Naturanschauung, die ich als die Quelle der echten Dichtkunst betrachtete, und die so heitere und bedeutungsvolle Früchte getragen hatte, auf immer für die Geschichte gewonnen wäre. Mein ganzes früheres Leben schien mir eine dunkle Prophezeiung, deren Erfüllung nahe lag, und voll Begeisterung eilte ich nach Jena zurück, um Schelling mitzuteilen, was ich entdeckt zu haben glaubte.

1495 E. Genast: Aus dem Tagebuche eines alten Schauspielers *1862*

[Anläßlich eines Gastspiels in Breslau im Juni 1830.] Ein Mittagessen bei dem Buchhändler Max war für mich höchst interessant, da ich dabei den Professor Steffens, den ich bei meiner ersten Anwesenheit in Breslau nur flüchtig gesehen hatte, näher kennen lernen sollte. Höchst drollig erzählte er uns seinen ersten Besuch bei Goethe. Goethe habe ihn mit sehr stolzer Haltung und einem ernsten Gesicht empfangen, aus dessen Zügen die Absicht hervorgeleuchtet habe, den Besucher etwas auf die Probe zu stellen, wes Geistes Kind er sei. Er müßte das Examen gut bestanden haben, denn Goethe wäre immer freundlicher und das Gespräch immer lebhafter geworden.

1496 Sophie v. Schardt an Carl v. Stein *18. März 1799*

Gestern war Herr von Haren (der neue Hofmeister des Erbprinzen) über eine Stunde bei uns ... Haren scheint dem Herzog sehr zu behagen; dies wäre gut. Wenn Goethe es nur so läßt, diesem ist es merklich unheimlich mit Haren: so eine gewisse moralische Rechtlichkeit drückt ihn leicht.

1497 A. W. Schlegel an Zelter *März 1799*

Wenn Sie Goethe sehen und sprechen wollen, was er selbst sehr wünscht, so werden Sie doch schon einmal unsre Gegend besuchen müssen. Er macht sich schwerlich anders los, als zu einer großen Reise, und an dem Gerüchte, das sich in Berlin von seiner Ankunft verbreitet, hat er nicht die geringste Schuld – er wußte nicht einmal, was Veranlassung dazu könnte gegeben haben.

1498 Schiller an Cotta *13. April 1799*

[Über «Die Schwestern von Lesbos» von Amalie v. Imhoff.] Ich habe ein kleines episches Gedicht, von der Größe wie Goethens Hermann und Dorothea, und von sehr großem Interesse, erhalten, welches ganz dazu qualifiziert ist, den Inhalt unsers neuen Almanachs abzugeben. Es soll ganz allein darin erscheinen, und Goethe wird es mit einem darauf Bezug habenden kleinen Einleitungsgedichte, ich aber mit einer Vorrede begleiten, vielleicht auch noch einige kleinere Gedichte anhängen.

Damit aber dem Almanach die Mannigfaltigkeit nicht fehle, so haben wir ausgemacht, das Gedicht mit vier Kupfern, außer dem Titelkupfer, zu begleiten, Meyer macht die Zeichnungen …

1499 Jean Paul an Ch. Otto *7. Mai 1799*

Goethe und Schiller waren das letztemal [am 15. April] ganz frostig gegen mich; bloß – wie man dort beim Tee sagte – weil ich an der Herderschen Metakritik schuld sein und sogar Hand darin haben soll, und Schiller hofft, unsere (Herder und meine) Freundschaft werde dadurch brechen.

1500 Caroline Schlegel an ihren Mann *11. Mai 1801*

Auf diese leere Stelle will ich gleich noch etwas Amüsantes setzen, das uns Schelling diesen Mittag zum besten gab, wie ihm Goethe einmal beschrieben, daß er mit Jean Paul einen ganzen Abend Schach gespielt, figürlich. Der hat nämlich ein Urteil über ihn und seine Gattung herauslocken wollen, und ihn nach Goethes Ausdruck auf den Sch – dr –

führen, hat einen Zug um den andern getan von Yorick, von Hippel, von dem ganzen humoristischen Affengeschlecht – Goethe immer neben aus! Nun, Du mußt Dir das selbst mit den gehörigen Fratzen ausführen, wie Jean Paul zuletzt in die höchste Pein geraten ist und sich schachmatt hat nach Hause begeben. Einen durchtriebnern Schalk gibt es auf Erden nicht wie den Goethe und dabei das frömmste Herz mit seinen Freunden.

1501 H. v. Krosigk: Karl Graf von Brühl *1910*

Mit Entzücken wohnte Tina [Gräfin v. Brühl] den Aufführungen der «Piccolomini» und «Wallensteins» [am 17. und 22. April] bei ... Von Goethe berichtet sie, sie habe ihn kaum wiedererkannt, er sei unförmig dick geworden und sähe wie ein Weinkaufmann aus Frankfurt aus, «sein Geist ist damit aber nicht schwerfälliger geworden, er besitzt doch erstaunlich viel davon!»

1502 Caroline Herder an Knebel *25. April 1799*

Goethe hat durch Meyer [für Herders «Metakritik»] danken lassen; der zweite Teil habe ihm gefallen.

1503 Caroline v. Herder an J. G. Müller *14. März 1807*

Goethe hat bei Erscheinung der Metakritik gesagt: «Wenn ich gewußt hätte, daß Herder dies Buch schrieb, ich hätte ihn kniend gebeten, es zu unterdrücken.» Und nachher bei der Kalligone ließ er dem Vater durch einen Freund sagen: «die Grundsätze der Kalligone seien auch die seinigen.»

1504 Schiller an Körner *8. Mai 1799*

Könntest Du Dich entschließen, die Anzeige des dritten Stücks [Wallensteins Tod] für die Allgemeine Zeitung aufzusetzen, so würdest Du Goethen und mir einen großen Gefallen erzeigen, denn diese Arbeit liegt sowohl ihm als mir jetzt außer dem Wege, und sie muß doch getan sein. Du kannst Dich darin nach der Anzeige der Piccolomini in eben dieser Zeitung, die Goethe und ich in Gemeinschaft, obgleich etwas eilfertig, aufgesetzt, richten, und brauchst

Dir dabei keine große Mühe zu machen, da es nur um den Haupteindruck zu tun ist …

Goethe hat sich jetzt Equipage angeschafft, und fährt mich alle Tage spazieren …

1505 A.W. Schlegel an J. D. Gries 10. Mai 1799

Goethe arbeitet an einem großen epischen Gedichte und ist jetzt wieder hier [in Jena].

1506 Fichte an K. L. Reinhold 22. Mai 1799

… was mir nunmehr durch die neuesten Begebenheiten und besonders seit dem gräßlichen [Rastatter] Gesandtenmord (über den man hier jubelt, und über welchen Schiller und Goethe ausrufen: So ist's recht, diese Hunde muß man totschlagen!) völlig gewiß ist, daß der Despotismus sich von nun an mit Verzweiflung verteidigen wird …

1507 Caroline Schlegel an J. D. Gries 9. Juni 1799

Ein sehr angenehmer Besuch ist uns Dohm gewesen (der – im Vorbeigehn – sich sehr gut für Fichte erklärt hat). Huber hatte mir schon geschrieben, wenn jene Greuel in Rastatt ans Tageslicht kämen, und andre Höfe bestimmten, so sei es Dohms ewig preiswürdigen Bemühungen zu verdanken, der mit Heldenmut die augenblicklichen Maßnahmen betrieben. Wir sprachen ihn nun hier selbst darüber, denn er besuchte uns. Ein wahrhaft verehrungswürdiger Mann, der in Staatsgeschäften sein Haar gebleicht, ohne den Bürgersinn einzubüßen. Er macht einen starken Kontrast mit Goethe und Schiller, die über jene Begebenheit wie Emigrierte sprechen. «Wer es getan habe, sei einerlei, nur gut, daß es geschehn, denn das Abscheuliche müsse geschehn.»

Bei Goethe ist das eine Art von Verzweiflung darüber, daß die Ruhe, die er liebt, sich ferner und ferner hält.

1508 Schiller an J. F. Unger 26. Mai 1799

Zu Ihrer Sammlung von Romanen werde ich gern meinen Beitrag geben, sobald sich Stoff und Stimmung zu einer solchen Arbeit bei mir findet, und habe daher auch nichts dagegen, wenn Sie mich unter der Zahl derer, die dazu beitragen wollen, nennen. Ein gleiches trägt Goethe mir auf, Ihnen zu versichern. Über die Bedingungen werden wir alsdann leicht einig werden …

Goethe sagte mir dieser Tage, daß Sie ihn an einen neuen Band seiner Schriften erinnert hätten. Ich weiß nicht, ob er jetzt etwas Neues für diese Sammlung hat, ich habe ihm aber schon längst angelegen, die kleinen Gedichte, Elegien, Idyllen, Epigramme, Balladen, Lieder etc., die er in den letzten acht Jahren gemacht und in Almanachen und Journalen zerstreut hat drucken lassen, in einen Band, etwa den siebenten seiner Werke, zu sammeln. Eine solche Sammlung würde gewiß vielen sehr willkommen sein, und ich wünschte, daß Sie ihn dazu bereden könnten.

Wegen unserer Ausgabe eines deutschen Theaters ist nur Eine Schwierigkeit, ob man die Unternehmung nicht unter der verhaßten Form eines Nachdrucks betrachten wird. Wenn dies nicht zu fürchten ist, so wäre Goethes und meine Idee, jede Messe fünf oder sechs Stücke, in zwei Bänden verteilt, herauszugeben, nebst einer kritischen Rechenschaft über die Wahl der Stücke und einer kurzen Beurteilung derselben.

1509 Schiller an Goethe *29. Mai 1799*

Ich habe in den zwei Tagen, daß Sie von uns sind, in meinem angefangenen Geschäft emsig fortgefahren und hoffe, daß ein beständigeres Wetter auch meinen Bemühungen förderlich sein wird. Indem ich mir von unserm letzten Zusammensein Rechenschaft gebe, finde ich, daß wir uns, ohne produktiv zu sein, wieder nützlich beschäftigt haben, die Idee besonders von dem notwendigen Auseinanderhalten der Natur und Kunst wird mir immer bedeutender und fruchtbarer, sooft wir auf diese Materie zurückkommen, und ich rate, bei dem Aufsatz über den Dilettantism auch recht breit darüber heraus zu gehen.

1510 *H. Steffens: Was ich erlebte* *1841*

Ich trennte mich nicht ohne Schmerzen von Jena ... Ich reiste über Weimar, ich besuchte Goethe, der mich mit ermunternden Worten entließ, obgleich ich einige Verlegenheit in seinem Benehmen zu spüren glaubte. Er schien mit der Rolle, die ich in der Fichteschen Sache gespielt hatte, nicht unbekannt zu sein ...

1511 *I. H. Fichte: J. G. Fichtes Leben* *1862*

[Bei Fichtes Weggang von Jena.] Wie wir aus sicherer mündlicher Überlieferung wissen, war es Goethe, der bei dem Schwanken der andern Räte, namentlich des Geheimrat Voigt, die Maßregel durchsetzte, Fichte die Demission zu erteilen und ihm den «Rat des Wanderns» zu geben, und, als man ihm vorwarf, dadurch der Universität einen unersetzlichen Schaden zugefügt zu haben, in die Worte ausbrach: «Ein Stern geht unter, der andere erhebt sich!»

1512 *Carl v. Stein an seinen Bruder Fritz* *Juni 1799*

Wen sie [die Zeit] aber von Seiten des Körpers unkenntlich gemacht hat, ist Goethe. Sein Gang ist überaus langsam, sein Bauch nach unten zu hervorstehend ... sein Kinn ganz an den Hals herangezogen ... seine Backen dick, sein Mund in halber Mondsform, seine Augen allein noch gen Himmel gerichtet, sein Hut aber noch mehr, und sein ganzer Ausdruck eine Art von selbstzufriedener Gleichgiltigkeit, ohne eigentlich froh auszusehen. Er dauert mich, der schöne Mann, der so edel in dem Ausdruck seines Körpers war. Meine Mutter gab uns zu Ehren einen Tee vor ihrem Hause. Herr von Haren, Herr Gening, Herr Dumanoir etc. etc. waren da. Sie ließ den vorbeigehenden Goethe einladen, diesem war dies unheimlich, er setzte sich hin, sprach nichts und machte ein entsetzlich verdrüßlich Gesicht. «Haben Sie Nachricht, Frau von Stein, von dem Herrn Kriegsrat aus Breslau?» war alles, was er unaufgefordert an Discours hervorgehen ließ.

1513 *Jean Paul an Ch. Otto* *28. Juni 1799*

Mit meinen gedruckten [Briefen] ist das boshafte Weimar doch zufrieden, sogar Goethe ...

1514 *Caroline Jagemann: Erinnerungen*

Ende Juni 1799 erfreuten der König und die Königin von Preußen, denen sich die reizende Prinzeß Taxis angeschlossen hatte, unser herzogliches Haus mit ihrem Besuche ... Unter die Feste dieser Tage gehörte auch die Aufführung von Wallensteins Tod (2. Juli), der damals außer in Weimar noch nirgends gegeben war; während eines Zwischenaktes kam Goethe in seidenem Galakleid mit Degen und Chapeaubas in strengster Haltung auf die Bühne, um mir zu verkünden, daß mich die Königin morgen früh zu sehen wünsche.

1515 *Sophie v. La Roche:*
Reise von Offenbach nach Weimar *1800*

Bald [am 17. Juli] folgte ein Tag mit Wieland und Goethe auf dem Landhause der verwitweten Frau Herzogin in Tiefurt ... Äußerst angenehm war für meinen Geist und meine Augen der Spaziergang nach dem Mittagessen, wo die Herzogin mit Künstlern, Adel und Gelehrten umher ging, und freundlich geistvoll mit allen sprach ... Artig war der Zufall, daß ich ... unweit der Fürstin auf der Wölbung der Brücke stand, also einen großen Teil des wirklich schönen Parks vor mir sah, Wieland und Goethe bei zwei der höchsten Bäume hervor kamen, die übrigen aber ihnen in verschiedenen Richtungen folgten ... Wenige Tage nachher [am 21. Juli] kam Goethe freundlich die Mittagsuppe mit uns zu teilen – mir war äußerst schätzbar, ihn und Wieland wie zwei verbündete Genies, ohne Prunk oder Erwartung, mit dem traulichen *Du* der großen Alten sprechen zu hören, und der Zufall gab heute wieder meiner Phantasie den eignen, gewiß nie wieder kommenden Anblick, beide auf dem schönen heitern Gange vor Wielands Wohnzimmer zu treffen, als Goethe mit lebhaftem Vergnügen von dem soeben gemachten Ankauf eines ländlichen Ruhesitzes sprach, und gerade vor dem großen charakteristischen Bilde des alten Grafen von Stadion stille stand …

Nach Tische bedauerte Goethe, daß die Gegenden um Weimar so wenig Erdbeeren und Kirschen tragen …

Bald nach diesem schönen Tage [am 25. Juli] speisten wir bei ihm, und genossen wirklich ein Fest der Seele, wie einst ein Brite sich ausdrückte. – Mich deuchte das Ganze in einer römischen Villa veranstaltet zu sein, da man gleich in dem Vorhause eine Bildsäule erblickt, und oben vor der ersten Türe mit dem in großen Buchstaben eingeschriebenen *Salve!* begrüßt wird, und sich dann mitten zwischen Raffaels Stanzen findet, welche da mit aller Würde behandelt wurden; denn die Aufmerksamkeit wird durch keinen andern Gegenstand zerstreut oder abgezogen. Was sollte auch ein Kenner anders wünschen, als diese herrliche Ausbeute einer Reise nach Rom! – Bald aber kamen wir in ein Zimmer, welches mit der edelsten Simplizität verziert, in schöner, doch kein kaltes Staunen erregender Größe angelegt ist, wie es zu Bewahrung eines Heiligtums der Kunst gefodert werden kann; denn hier sieht man, wenn der ein wichtiges Geheimnis anzeigende Vorhang zurück gezogen wird, die vollkommenste Kopie des sich seit 1900 Jahren in frischer Farbe erhaltenen Gemäldes, das unter dem Namen der Aldobrandinischen Hochzeit bekannt ist …

Der Eintritt in das Eßzimmer schien mir eine Art Zuruf:

«Alte Baucis! dein scherzender Traum, in Briefen an deinen Neffen Gerning, steht nun als Wahrheit vor dir – du dachtest in Weimar ein Göttermahl nur von der Türschwelle eines Tempels zu sehen, und bekommst nun selbst einen Anteil von Ambrosia» – denn die mit Blumen und Früchten aller Art so niedlich verzierte Tafel war gar nicht nach dem gewöhnlichen Geschmack der Gastmahle, und die Gegenwart der Verfasserin der reizenden Agnes von Lilien, die Dichterin der Gesänge von Lesbos, Wieland und Goethe, lauter Lieblinge des Apolls, konnten diese Vermutung rechtfertigen. Eine aus dem Garten zwischen schönen Gewächsen ertönende Musik und die Erscheinung eines Amorino dienten zum Beweis, daß ich bei einer Art von Götterfest zugelassen war.

1516 Charlotte v. Stein an Charlotte Schiller 27. Juli 1799

Gestern [vielmehr vorgestern] aß ich mit der La Roche bei Goethe, es war ein empfindsames Diner; wir mußten uns jedes nach unseren Namen auf dem Couvert setzen, und Nachbarn oder vis-à-vis, eines oder das andere, waren am schicklichsten zur Unterhaltung ausgesucht. Auf dem Tisch standen anstatt der Gerichte Blumennäpfe mit raren Gewächsen und Bouteillen mit Wein dazwischen. Die Unterhaltung ging gleich auf die Blumen, und nach einer Weile wurden uns vorgelegte Speisen gebracht. Gegen das Dessert erhob sich eine unsichtbare, sanfte Musik, und endlich trug man schöne Früchte und wohlgestaltete Kuchen auf den Tisch zwischen die Blumenstöcke, die auch Carlchen und Ernstchen würden interessiert haben. Außer einigen Personen war dieselbe Gesellschaft abends bei der Herzogin im Römischen Hause zum Tee.

1517 Schiller an Goethe 30. Juli 1799

Die zwei Damen [Sophie Brentano und Susette Gontard] haben mich neulich wirklich besucht und für sie zu Hause gefunden ... Sie gaben mir den Trost, daß die Furcht vor der Schnecke [Fahrweg nach Jena] die alte Großmutter [Sophie von La Roche] wohl von der Herreise abschrecken würde. Von dem eleganten Diner bei Ihnen wußte sie viel zu erzählen.

1518 Sophie Brentano an Henriette v. Arnstein 8. August 1799

Goethens Umgang allein tut einem nicht wohl; er ist kalt und trocken für Menschen, die ihm gleichgültig sind, und um ihm mehr als das zu sein, dazu gehöret viel. Doch sehe ich den Sänger Dorotheens mit einem lebendigen Gefühl des Dankes und der Verehrung, und wiederhole mir geflissentlich und oft in seiner Gegenwart, was alles sein Pinsel gemalt hat.

1519 *R. Köpke: Ludwig Tieck* *1855*

Zugleich war eine andere Hoffnung im Sommer 1799 in Erfüllung gegangen. Tieck war dem Altmeister der Poesie genaht, er hatte Goethe gesehen. Schlegel, der bei Goethe als metrischer Ratgeber in Ansehen stand, und Novalis hatten es übernommen, ihn einzuführen. Sicherer und unbefangener, als er selbst geglaubt hatte, trat er nun endlich jenem Dichter entgegen, dessen Gestalten ihn seit den Tagen frühester Kindheit begleitet hatten, der zu einer großen geistigen Macht in seinem Leben geworden war. Diesen Augenblick hatte er als Knabe geahnt, und ihn mit heißer Sehnsucht als Jüngling herbeigewünscht, darauf schien eine Seite seines Lebens angelegt. Jetzt endlich war er da! Goethe stand wirklich vor ihm. Das war er selbst, Götz, Faust, Tasso! Aber auch der Herrscher im Reiche der Poesie, in abgeschlossener Hoheit, stand vor ihm. Ein gewaltiges, erschütterndes Gefühl erfüllte ihn beim ersten Anblicke. «Das ist ein großer, ein vollendeter Mensch, du könntest bewundernd vor ihm niederfallen!» Zugleich erhob sich aus dem Grunde seiner Seele wie ein Wolkenschatten der leise aufsteigende Zweifel: «Könntest du ihn zu deinem Freunde, deinem Vertrauten machen?» Und er mußte sich antworten: «Nein, das könntest du nicht!»

1520 *Aus ungenannter Quelle* *1904*

Tieck hatte schon verschiedenes veröffentlicht und selber mehrere seiner Schriften Goethe zugesandt. Er konnte also annehmen, kein Unbekannter für ihn zu sein, und erlaubte sich deshalb, als er eines Tages in Weimar war, den Dichterfürsten ohne weitere Empfehlung einfach in seiner Wohnung aufzusuchen. Ob Goethe gerade schlechter Laune war oder sich im Augenblick des Namens Tieck nicht erinnerte, läßt sich nicht feststellen. Tatsache aber ist, daß er dem den Besuch anmeldenden Diener den Auftrag erteilte, den fremden Herrn abzuweisen. Er besann sich jedoch sofort eines anderen, rief den Diener zurück und trat selbst in das Vorzimmer. «Sie wünschen mich zu sehen?» fragte er den sich ehrerbietig vor ihm Verneigenden. «Gewiß, Herr

Geheimer Rat», antwortete Tieck. «Nun, so sehen Sie mich», sagte Goethe, indem er sich langsam und majestätisch um seine Achse zu drehen begann. «Haben Sie mich gesehen?» fragte er, als er seine Drehung beendet hatte. «Unzweifelhaft», antwortete Tieck, der sich von seiner anfänglichen Verblüffung bereits wieder erholt hatte. «Nun, so können Sie wieder gehen», sagte der Olympier, indem er sich selbst würdevoll umwandte, um in sein Zimmer zurückzukehren. «Noch einen Augenblick, Herr Geheimer Rat, wenn ich bitten darf», rief Tieck ihm nach. «Was wünschen Sie noch?» fragte Goethe unwillig. «Nur eine Kleinigkeit», antwortete Tieck, indem er mit der Hand in die Tasche fuhr. «Was kostet die Besichtigung?» Eine solche Keckheit war dem Dichterfürsten in seinem eigenen Hause noch nicht entgegengetreten. Wortlos betrachtete er den kühnen Besucher, den er bis jetzt kaum flüchtig angesehen hatte, mit scharfen, durchdringenden Blicken, und da gewahrte er so viel Ungewöhnliches und Interessantes, daß sein Zorn sofort verrauchte. «Sie gefallen mir», sagte er nach einigen Augenblicken, «treten Sie bei mir ein.» Auf diese Weise begann zwischen den beiden so verschieden gearteten Männern die persönliche Bekanntschaft, die auch dann noch unterhalten wurde, als Goethe den Übertreibungen der romantischen Schule entgegenzutreten genötigt war und von den Jüngern Tiecks deshalb aufs heftigste angegriffen und maßlos bekämpft wurde.

1521 *A. W. Schlegel an L. Tieck* *16. August 1799*

Goethe ist noch immer in Weimar. – Meine Verwandten, die hinüber gereist sind, haben ihn in sehr guter Laune getroffen und gesprochen. Was er zum Athenäum sagt, weiß ich noch nicht, – ich habe es ihm erst heute geschickt.

1522 *Caroline Schlegel*
an Auguste Böhmer *21. (?) September 1799*

Goethe ist heute [16. September] hier [in Jena] angekommen. Er hat expreß gewartet, der alte Herr, bis ihr weg waret, glaub ich.

1523 *A. W. Schlegel an Frau v. Nuys* *September 1799*

Goethe ... ist jetzt hier und hat sich bei dem ersten Besuche mit dem größten Interesse nach Ihnen erkundigt. Eine ganze Woche habe ich alle Vormittage bei ihm zugebracht.

1524 *R. Köpke: Ludwig Tieck* *1855*

Auch den «Zerbino» lernte er [Goethe] kennen. Er schenkte den ernsten Charakteren und den lyrischen Partien vollen Beifall, und forderte Tieck auf, diese zusammenzuziehen, und zu einem Ganzen abzurunden, welches alsdann auf der weimarischen Bühne dargestellt werden sollte. Obgleich es Goethe war, von dem dieser Vorschlag ausging, konnte sich Tieck doch nicht entschließen, darein zu willigen. Beide Teile, der satirische wie der dichterische, gehörten unmittelbar zusammen, sie gewannen erst durch einander ihre Bedeutung. Ein Streichen des einen Teils würde einem Zerstören des Ganzen gleichgekommen sein.

1525 *Schiller an Körner* *26. September 1799*

Leider erscheint diesmal von Goethe gar nichts im Almanach; alle Produktivität hat ihn diesen Sommer verlassen. Er ist seit etlichen Wochen hier und läßt euch grüßen.

1526 *Schelling (an F. A. Carus?)* *9. November 1799*

Vor einiger Zeit brachte er [Goethe] mehrere Wochen hier zu, ich war eine Zeitlang täglich bei ihm, und mußte ihm meine Schrift über Naturphilosophie vorlesen und auseinandersetzen. Welch ein Ideen-Zuwachs für mich diese Gespräche gewesen sind, mögen Sie sich denken.

1527 *Schelling an Schiller* *25. April 1800*

Herr Geheimer Rat von Goethe hat schon letzten Herbst, als ich ihm meinen Entschluß, gegen die Literatur-Zeitung etwas schriftlich ausgehen zu lassen, eröffnete, die Gewogenheit gehabt, mir davon abzuraten, sobald es nämlich nicht die *Sache selbst* notwendig machte. Ich glaube, dieser Fall war eingetreten, und ohne Zweifel enthielt die Schrift selbst, die auf lauter Tatsachen sich stützt, die Belege dazu.

1528 Johanna Maria Fichte an ihren Mann *Anfang Oktober 1799*

Goethe ist jetzt hier und hat sich bei Schlegel sehr freundschaftlich nach Dir, Deinen jetzigen Arbeiten und Befinden erkundigt; Schlegel muß sehr viel bei ihm gelten, denn er nimmt mit Goethe seine Gedichte durch, welche letzterer herausgibt.

1529 F. Schlegel an F. Schleiermacher *Oktober 1799*

[Über Schleiermachers Reden «Über die Religion».] Goethe hat sich mein prächtiges Exemplar geben lassen, und konnte nach dem ersten begierigen Lesen von zwei oder drei Reden gegen Wilhelm die Bildung und die Vielseitigkeit dieser Erscheinung nicht genug rühmen. Je nachlässiger indessen der Stil und je christlicher die Religion wurde, je mehr verwandelte sich dieser Effekt in sein Gegenteil, und zuletzt endigte das Ganze in einer gesunden und fröhlichen Abneigung.

1530 Dorothea Veit an F. Schleiermacher *11. Oktober 1799*

Ungeheuer aber ist es, daß Goethe hier ist, und ich ihn wohl *nicht* sehen werde! Denn man scheut sich, ihn einzuladen, weil er wie billig das Besehen haßt, er geht zu niemand als zu Schiller, obgleich Schlegels und Schelling ihn täglich auf seiner alten Burg besuchen, in der er haust; bis die andre Woche bleibt er nur hier. Zu Schiller geht man nicht, also: ich werde in Rom gewesen sein, ohne den Papst den Pantoffel geküßt zu haben. Es ist unrecht, und was noch mehr ist, dumm, und was noch mehr ist, lächerlich; aber man kann mir nicht helfen!

1531 Johanna Maria Fichte an ihren Mann *Mitte Oktober 1799*

Die Schlegel courtoisieren jetzt Goethe erstaunlich: täglich ist einer von ihnen bei ihm, und ihr neues Journal [das «Athenäum»] läßt nur Dich und ihn gelten. Daß darüber hier mancherlei Rede ist, kannst Du Dir denken. Übrigens ist Goethe vornehm geworden; er geht zu niemand als zu Schiller und vielleicht zu Griesbach.

1532 *Christiane Vulpius an Goethe* *13. November 1799*

Man spricht auch hier sehr, Du seiest zur guten Stunde nach Jena gekommen, denn sobald man nur Deine Ankunft erfahren hätte, so wär auch alles ruhig gewesen. Du erscheinst überall immer als ein guter Engel.

1533 *Dorothea Veit an F. Schleiermacher* *15. November 1799*

Nun hören Sie!

Gestern mittag bin ich mit Schlegels, Caroline, Schelling, Hardenberg, und ein Bruder von ihm, ein Lieutenant Hardenberg, im Paradiese (so heißt ein Spaziergang hier), wer erscheint plötzlich vom Gebirg herab? kein andrer als die alte göttliche Exzellenz, Goethe selbst. Er sieht die große Gesellschaft, und weicht etwas aus, wir machen ein geschicktes Manöver, die Hälfte der Gesellschaft zieht sich zurück, und Schlegels gehen ihn mit mir grade entgegen. Wilhelm führt mich. Friedrich und der Leutenant gehen hinterdrein. Wilhelm stellt mich ihn vor, er macht mir ein auszeichnendes Kompliment, dreht ordentlicherweise mit uns um, und geht wieder zurück und noch einmal herauf mit uns, und ist freundlich und lieblich, und ungezwungen und aufmerksam gegen Ihre gehorsame Dienerin. Erst wollte ich nicht sprechen, da es aber gar nicht zum Gespräch zwischen ihn und Wilhelm kommen wollte, so dachte ich, hol der Teufel die Bescheidenheit, wenn er sich ennuyiert, so habe ich unwiederbringlich verloren! Ich fragte ihn also gleich etwas, über die reißenden Ströme in der Saale, er unterrichtete mich, und so ging es lebhaft weiter. Ich habe mir ihn immer angesehen, und an alle seine Gedichte gedacht; dem Wilhelm Meister sieht er jetzt am ähnlichsten. Sie müßten sich totlachen, wenn Sie hätten sehen können, wie mir zumute war, zwischen Goethe und Schlegel zu gehen. Die Wasserprobe des Unmuts habe ich ehmals glücklich überstanden, werde ich auch die Feuerprobe des Übermuts überstehen? – An Friedrich machte er auch ein recht auszeichnendes Gesicht, wie er ihn grüßte, das freute mich recht.

1534 Dorothea Veit an Rahel Levin 18. November 1799

Goethe habe ich gesehen! und nicht bloß gesehen; er ist mit mir und den beiden Schlegels wohl eine gute halbe Stunde spazieren gegangen; hat mich mit einem auszeichnenden Blick gegrüßt, als mein Name genannt wurde, und sich freundlich und ungezwungen mit mir unterhalten. Er hat einen großen und unauslöschlichen Eindruck auf mich gemacht; diesen Gott so sichtbar und in Menschengestalt neben mir, mit mir unmittelbar beschäftigt zu wissen, es war für mich ein großer, ein ewig dauernder Moment! – Von dem zurückschreckenden Wesen, das man so allenthalben von ihm sich erzählt, habe ich wenig gemerkt; im Gegenteil, obgleich meine Schüchternheit und Angst groß war, so nahm sie doch sehr bald ab, und ich gewann vielmehr ein gewisses schwesterliches Vertrauen in ihn. Ewig schade ist es, daß er so korpulent wird, das verdirbt einem ein wenig die Imagination! Wie er so neben mir her ging, und freundlich redete, da verglich ich seine Person mit allen seinen Werken, die mir von ihm in der Eil' einfielen, und da habe ich gefunden, daß er dem Meister, und dem Hermann, am meisten ähnlich sieht, am allerwenigsten konnte ich aber den Faust in ihm finden. Alles andre aber ganz deutlich, die vermischten Gedichte, Tasso, Egmont, Werther, Götz, Elegieen, überhaupt alles, alles! – Auch der väterliche Ton in seinen letzten Sachen ward mir klar! – Er geht zu niemand, als zu Schiller, dessen Frau sehr krank ist; die Schlegel macht mir aber doch Hoffnung, daß er einmal ein Soupé annehmen wird. Wenn es geschieht, so sollen Sie davon hören. Denn Sie, meine Liebe, verdienten eigentlich mit dabei zu sein!

1535 Dorothea Veit an Karoline Paulus

Der alte Herr (der, beiläufig gesagt, gar nicht alt ist, Goethe und ich, wir werden beide nicht alt) war recht scharmant, und hat mich scharmiert. Kannst Du es nicht dahin bringen, daß wir beide *allein* ihn etwa einmal auf einen Spaziergang sehen?

1536 *Dorothea Veits Tagebuch*

Goethe sowohl als Schiller können sehr leicht in Verlegenheit vis-à-vis de certaines personnes geraten, der ganze Unterschied ist nur, daß Goethe dann höflich, Schiller aber grob wird.

1537 *Dorothea Veit an F. Schleiermacher* *9. Dezember 1799*

Friedrich entbietet Ihnen seinen Gruß; Europa, und der Widerborst, werden beiderseits *nicht* ins Athenäum gedruckt! Dem Himmel sei es tausendmal und noch tausendmal gedankt. Ich war gleich von vorneherein sehr dagegen, aber das war eine Stimme in der Wüste. Endlich wollte es Wilhelm nicht ohne eine Note, die wollte Schelling nicht, Goethe ward zum Schiedsrichter genommen, und der hat es ganz und gar verworfen! Vivat Goethe! – Der ist übrigens nebst Schiller nach Weimar gereist, kömmt aber in acht Wochen wieder, und hat gesagt, nun sie ihn so öffentlich und gradezu als Haupt einer Partei ausschrieen, wollte er sich auch auf eine honette Weise sich als einen solchen zeigen. Ein Gedicht, das Wilhelm gemacht hat, und das ihn sehr gefiel, hat er mit nach Weimar genommen, um es anonym den Schlegels Feinden vorzulesen, und den Eindruck [zu] bemerken, den es machen wird. Tieck hat ihn in zwei Abenden seine heilige Genoveva vorlesen müssen, von der er überaus viel Gutes gesagt hat. Von Ihnen hat er gesagt, Sie gehörten sehr zum Berge, nämlich zu Schlegels.

1538 *R. Köpke: Ludwig Tieck* *1855*

Im November [1799] kam darauf Goethe nach Jena. Tieck hatte die «Genoveva» vollendet, und sie den Freunden mitgeteilt, jetzt kam die Gelegenheit, das Gedicht auch ihm vorzulesen. Goethe wohnte auf dem Schlosse. Da der erste Abend [5. Dezember] nicht ausreichte, so konnte die Vorlesung erst am folgenden beendet werden. Aufmerksam und teilnehmend war Goethe ihr gefolgt. Er sprach sich wohlwollend und anerkennend aus. Dann wandte er sich zu seinem neunjährigen Sohne, der am zweiten Abend zugegen war. Indem er ihm mit der Hand über das Haar hinstrich, sagte er: «Nun, mein Söhnchen, was meinst du denn zu allen den Farben, Blumen, Spiegeln und Zauberkünsten, von denen unser Freund uns vorgelesen hat? Ist das nicht recht wunderbar?» Einige Einwendungen, welche Goethe machte, wurden später berücksichtigt.

1539 O. L. B. Wolff: Das Büchlein von Goethe 1832

Goethe pflegte zu erzählen, wie ihm Tieck in Jena einst seine Genoveva vorgelesen, und bemerkte dabei: «Als er anfing, schlug es acht Uhr, als er aufhörte eilf Uhr, neun und zehn habe ich gar nicht schlagen hören.»

1540 R. Köpke: Ludwig Tieck 1855

Tieck erzählte von seinen Studien des Shakespeare und dessen Zeitgenossen. Dies führte auf Ben Jonson. Er schilderte dessen durchgehenden Gegensatz gegen Shakespeare, und endete mit der Frage, ob Goethe nicht einen Versuch mit dem sonderbaren Schriftsteller machen wolle. Da Goethe bereitwillig darauf einging, schlug er ihm den «Volpone» vor, und überbrachte ihm die Folioausgabe. Als er ihn nach einiger Zeit wieder besuchte, hatte Goethe das empfohlene Drama soeben durchgelesen. Das Buch lag noch vor ihm. «Hören Sie, verehrter Freund», rief er ihm besten Humors entgegen, indem er mit der Hand auf den Deckel des Buches schlug, «das ist ja ein ganz verfluchter Kerl! ein wahrer Teufelskerl! «Tieck sprach seine Freude aus, daß seine Empfehlung sich bewährt habe. «Ja, das ist ein Schwerenotskerl!» fuhr Goethe mit derselben Handbewegung fort, «was hat der für Kniffe im Kopfe!» Auf die Frage, ob er nicht noch einiges andere lesen wolle, um ihn ganz kennen zu lernen, antwortete er abwehrend: «Nein, verehrter Freund, nun ist es genug, nichts weiter. Ich kenne ihn jetzt, und das reicht hin!»

1541 Caroline Schlegel an J. D. Gries 27. Dezember 1799

[Über den Konflikt zwischen A. W. Schlegel und der Allgemeinen Literaturzeitung.] Unter die vielen Geschwätze gehört auch, daß der Herzog sich in die Sache gemischt und

Schlegeln eben das freimütige Urteil untersagt haben soll. An allem diesen ist nichts. Wenn sich auch der Herzog aufhetzen ließe, so würde Goethe es ihm wohl mißraten. Goethe hat sich in diesen Dingen äußerst freundschaftlich bewiesen. Er hat sich mit Rat und Tat tief in alles eingelassen und stimmt Schlegeln auch völlig bei, was die Literatur-Zeitung betrifft. Ehe Schiller Jena verließ, war Goethe noch vier Wochen hier, selbst nach Schillers Abreise noch, und hat auch versprochen wieder zu kommen.

1542 Schiller an seine Frau *13. Dezember 1799*

Goethe war den Abend eine Stunde da.

1543 J. A. Ludecus an Gräfin Goertz *19. Dezember 1799*

Goethe gibt jetzo den Mahomet von Voltaire mit einigen Veränderungen deutsch heraus, und hat ihn gestern unsern Herrschaften bei einem Tee vorgelesen.

1544 K. Eberwein: Goethe als Theaterdirektor *1856*

In einer Probe des «Titus» geschah es einst, daß die Jagemann zur Unzeit in einer Kulisse sichtbar wurde. Goethe rief – wie er den Regisseur zu nennen pflegte: – «G'nast! Sorgen Sie dafür, daß das Theater frei bleibt.» – Genast tat, wie ihm befohlen worden. Die Jagemann, mutwillig wie sie war, schlüpfte kurz darauf aus der Kulisse in die nebenan befindliche. Da verließ Goethen die Geduld, und er sprach mit gewaltiger Stimme: «Tausend Donnerwetter! Das ist ja wie in einem Taubenschlage! Ich will, daß niemand das Theater betrete, wer nicht dahin gehört.»

1545 Caroline Herder an Knebel *3. Januar 1800*

Auch hat mein Mann dem durch Goethe übersetzten Mahomet in Jamben [am 23. Dezember 1799] bei ihm beigewohnt. Vortreffliche, vortreffliche Verse, sagte mein Mann – aber der Inhalt – ist eine Versündigung gegen die Menschheit und gegen alles.

1546 Carl August an Goethe *26. Dezember 1799*

Wegen das, was gestern über die Schmelzung mit Steinkohlen gesagt wurde, empfehle ich doch Deiner Vorsorge einige Proben anstellen zu lassen.

1547 H. Meyer an G. Hufeland *29. Dezember 1799*

Ihren Auftrag wegen der Rezension der «Propyläen» habe ich an Geh. Rat v. Goethe gebracht und mit ihm überlegt, was in dieser Sache am besten zu tun sein möchte. Von uns bekannten Kunstrichtern sind es allein Ramdohr und Hirt, welche sich zu Rezensenten qualifizieren würden, allein da die «Propyläen» gerade den ihrigen entgegengesetzte Grundsätze aussprechen, so würde auch bei dem besten Willen, der sich von beiden voraussetzen läßt, die Beurteilung doch parteiisch sein, und es wäre zu befürchten, daß dadurch wirklich selbst der guten Sache einiges Hindernis in den Weg gelegt werden könnte. Wäre es Ihnen nicht entgegen, so wünscht der Herr Geh. Rat v. Goethe und ich, daß die Rezension der «Propyläen» dem Herrn Jakob Horner in Zürich aufgetragen werden möchte. Er ist ein junger Mann, der das Studium aller schönen Wissenschaften und Künste mit Glück treibt und nebstdem gründliche philosophische Kenntnisse besitzt; er hat ein freies Urteil und wird sich gewiß viele Mühe geben, um sich mit Ehren aus der Sache zu ziehen, und wo ihm die Anschauung mangelt (denn er ist nie in Italien gewesen), so wird er sich des Rats und Beistandes verschiedener Künstler von Einsicht, die seine Bekannte sind, bedienen. Ich werde ihm meines Orts auch Nachricht geben.

1800

1548 H. Düntzer: Anmerkung *1883*

[Zur brieflichen Äußerung Carl Augusts an Knebel vom 4. Januar 1800: «Heute abend sehen wir ‹Gustav Wasa› von Kotzebue zum erstenmale.»] «Gustav Wasa» war am vorigen Abend bei der Herzogin-Mutter, die viel auf Kotzebue hielt, in Gegenwart des Herzogs vorgelesen worden. Herder und dessen Gattin waren von dem reinen Umriß dieses ganz historischen Stücks überrascht. Goethe meinte, Kotzebue habe von seinem Kalkül Ehre; denn er habe die Stimme des Publikums auf seiner Seite.

1549 Schiller an Goethe *8. Januar 1800*

Ich wünsche, daß Sie auf unser gestriges Quartett gut geschlafen haben.

1550 H. Meyer an Böttiger *16. Januar 1800*

Goethe freut sich über die Nachricht in des Herrn v. Retzers Brief, daß seine Iphigenie in Wien aufgeführt werden soll.

1551 Carl v. Stein
an seinen Bruder Fritz *30. Januar 1800*

Kotzebue gehört unter die Damengesellschaften, doch lieben ihn auch die Herren, nicht aber die Schiller und Goethe ... Auch lassen dieser Castor und Pollux den Jean Paul [hier] verächtlich herumkriechen, selbst Wieland, finden sie, mache jetzt fehlerhafte schlechte Verse.

1552 Schiller an Goethe *2. Februar 1800*

Es ist ein weißer und kein roter Wein, von dem ich Ihnen gestern sprach.

Ich werde mich heut abend einstellen.

1553 Knebel an Caroline Herder *3. Februar 1800*

Daß Sie von Mahomet nicht sehr erbaut waren, kann ich mir fast denken. Goethe scheint es selbst nicht überall zu erwarten, und meint, er habe doch jedem sein Teil gehörig gesagt, woraus er sich was nehmen könne.

1554 Böttiger an J. F. Rochlitz *5. April 1800*

[Rochlitz hatte verlangt, sein Lustspiel «Es ist die Rechte nicht» solle ohne den Namen des Verfassers aufgeführt werden, was nicht berücksichtigt wurde. Goethe hatte darüber geäußert:] Der Verfasser habe nicht Ursache, sich zu verbergen; das Stück werde gewiß gefallen.

1555 *Abeken: Goethe in meinem Leben*

In einem Heft von Notizen aus meiner Jenaischen Zeit finde ich folgendes: «Ich sah Goethe zum erstenmal im Anfang des Jahres 1800, im Weimarischen Theater, wo der Wallenstein gespielt wurde ... Schiller stand während jener Vorstellung des Wallenstein in einer Loge, Goethe saß im Parterre dicht hinter mir in einem bequemen Sessel, von dem aus er damals die Vorstellungen beherrschte. Hundertmal wandte ich mich um, das herrliche Gesicht, diese gewaltigen Augen zu sehen. Manches auch von ihm an seinen Nachbar gerichtete Wort vernahm ich, und ein sehr lobendes über das Schauspiel, das ich vor Augen hatte. Dann begegnete mir Goethe manchmal in Jena, wo er, auch nachdem Schiller sich in Weimar niedergelassen, oft verweilte.» Er war damals stark, mehrere Jahre später hatte er eine bessere Proportion; noch trug er das Haar in einem starken, den ganzen Rücken hinabreichenden Zopf gewunden.

1556 *W. G. Gotthardi: Weimarische Theaterbilder* 1865

Ein glückliches Ohngefähr wollte es, daß ich die persönliche Bekanntschaft dieses Goethe zu machen gewürdigt wurde.

Ja, nicht bloß unzähligemal hab' ich ihn gesehen außer und in dem Theater: – er machte mich zu seinem «kleinen Freund», wie er mich zuweilen scherzend nannte. Sie vermittelte sich, diese «Freundschaft», als ich eines schönen Abends [am 26. Februar 1800] in eben demselben Theater, wo ich außer dem Rochus Pumpernickel noch manche andere heitere und ernste Stücke aufführen sah, und von derselben breiten einfach bretternen Brüstung der Loge des alten Herrn, auf welcher ich in der erstgenannten Posse zum ersten Mal gesessen hatte, wohlgemut und spannungsvoll auf die Bretter da vorn lugte, welche die Welt bedeuten. Es wurde, um diplomatisch zu erzählen, die Salierische Oper «Tarare» (Axur, Text von Beaumarchais) gegeben. Da, als der zweite Akt begonnen hatte, die Jagemann (Astasia) in ihrem großen verzweiflungsvollen Rezitativ begriffen war und mir Tränen jammervollen Mitleids über ihr schreckliches Los abzwang, – da plötzlich knarrt die Logentür in den Angeln und öffnet sich. Nichts Fataleres hätte mir in diesen wichtigen Augenblicken begegnen können. Fort auf einmal alle meine Illusion, meine Ruhe hin, mein Herz schwer; ich konnte der Ärmsten da oben nicht helfen, erbarmungslos mußte ich sie ihrem tragischen Schicksal überlassen, denn ich bekam es nun mit meinem eigenen, vielleicht noch viel tragischeren, vollauf zu tun. – *Goethe* trat in die Loge. In so nahen Gesichtskreis war «der Geheimrat» mir noch nie gekommen. Seine Erscheinung hatte stets etwas Ehrfurchtgebietendes für den Knaben gehabt; jetzt überkam mich auch das Gefühl einer andern Furcht vor dem mächtigen Manne, dem ich ein Stück Eigentum unbefugter Weise besetzt hielt. Goethe erblicken und zitternd zum Sprung herunter mich anschicken war eins. – Da erfaßt meinen *Arm* eine starke Hand, – die seine; Entsetzen erfaßt *mich*. – «Bleib getrost, mein Sohn, wir beide haben Raum genug. Wer wird den andern ohne Not verdrängen?» tönt – noch heute hör' ich sie – alsbald eine volle, ruhige Stimme mir ins Ohr, – die seine. Ach, wie weich und mild und schön erklang sie! Ich glaubte zu träumen. Wohin nun Furcht und Entsetzen? Und als ich mich jäh umwandte, ruhete sein großes, dunkles, wundervolles Auge liebreich und warm auf dem bepurpurten Antlitz des bewegten Knaben. *Den* Blick werd' ich nie vergessen, nie jene Worte; keine hab' ich fester behalten, wie sie. Wie stolz und «vornehm» hatte ich mir den alten Herrn gedacht, auch da, wo er zuweilen, die Arme auf dem Rücken, dem Stelzenlauf oder dem Ballspiel von uns Knaben auf dem Theaterplatz für Augenblicke wohlgefällig zuschaute, und nun, – welch liebliche Enttäuschung! Ja selbst seine majestätische, heroengleiche Gestalt im schwarzen Frack erschien mir kleiner, «menschlicher». Mein «Respekt» vor dem Alten war im Sinken; dafür aber begann ich ihn zu lieben. Er reichte mir sein Textbuch zum Mitnachlesen, und bald entspann sich eine Unterhaltung, in deren Verlauf *er*, der große Mensch, dem kleinen seine winzig kleine Lebensgeschichte anteilvoll entlockte. Er war ein Kind mit dem Kinde, – war er es doch mit den Kindern! Wer war glücklicher als der Knabe? Und noch oft nahm er den Platz ein, noch oft in unmittelbarer Nähe des Eigners, der ihn, neben steter freundlicher Ansprache mit Erkundigung nach den Fortschritten in den Schulwissenschaften, auch materiell mit manch Stücklein Kuchen, hin und wieder auch einem Glas Wein aus seinem Flaschenkorb erquickte. Denn Goethe liebte es, zuweilen einen kleinen Vorrat kalter Speise und Weins in seiner Loge bereit zu halten, mehr für andere, deren – Einheimische und Fremde von Bedeutung – er nicht selten auch dort empfing.

1557 Caroline Herder an Knebel *März 1800*

Wir waren vor acht Tagen in einer Morgenstunde bei Goethe mit der Herzogin-Mutter, um sein Bild, durch Bury gezeichnet, zu sehen. Es übertrifft alles, was Bury seitdem gemacht hat. Ein einziges, bewundernvolles Bild. Etwas über Lebensgröße, ein volles, großes Brustbild, idealisiert und doch ganz ähnlich. Ein Admiral und erster Konsul kann so aussehen. Jetzt zeichnet er ihn sitzend, mit den Attributen der Bühne. Bury meint, das wird noch höher.

1558 Schiller an Cotta *24. März 1800*

Nun noch einen guten Rat. Ich fürchte, Goethe läßt seinen Faust, an dem schon so viel gemacht ist, ganz liegen, wenn er nicht von außen und durch anlockende Offerten veranlaßt wird, sich noch einmal an diese große Arbeit zu machen und sie zu vollenden. Der Faust wird, wie er mir sagte, wenn er vollendet ist, zwei beträchtliche Bände, über zwei Alphabete betragen. Er rechnet freilich auf einen großen Profit, weil er weiß, daß man in Deutschland auf dieses Werk sehr gespannt ist. Sie können ihn, das bin ich überzeugt, durch glänzende Anerbietungen dahin bringen, dieses Werk in diesem Sommer auszuarbeiten. Berechnen Sie sich nun mit sich selbst, wie viel Sie glauben, an so eine Unternehmung wagen zu können, und schreiben alsdann an ihn. Er fodert nicht gern und läßt sich lieber Vorschläge tun, auch akkordiert er lieber ins Ganze als bogenweis.

1559 Schiller an Goethe *24. März 1800*

Da Sie, wie Sie gestern sagten, die noch ungedruckte Elegie, welche so viel persönliche Beziehung auf Sie selbst hat, mit abdrucken lassen und mit diesen geselligen und gefälligen Theaterreden schließen wollen, so möchte ich um so weniger raten, das Publikum durch die abgerißne Erscheinung des Fragments aus dem Faust, von Oberons Hochzeit, scheu und irre zu machen.

1560 Dorothea Veit an Rahel Levin *10. April 1800*

Haben Sie das «Athenäum» schon? Wie gefällt Ihnen die Kritik von Schmidt, Matthisson und Voß und der Wechselgesang, in dem sich diese verwandten Geister vereinigen? Ist es nicht so gründlich als spaßhaft, so würdig als witzig? Papa Goethe hat sich ganz wie rasend damit gefreut. Schlegel hat es ihm dreimal de suite vorlesen müssen.

1561 Dorothea Veit an Zelter *11. April 1800*

Papa Goethe ist in Weimar, allwo ich noch nicht war, aber hinzureisen gedenke, sobald die Bäume grün sind. Er ist sehr beschäftigt, unter andern auch mit der neuen Ausgabe seiner Gedichte, die nun wohl fertig sein wird. Die meisten von den neuen Sachen, die hinein kommen, sowie viele Abänderungen der alten, habe ich schon gesehen, aber ich bin dennoch sehr begierig auf das Ganze. Haben Sie viel darin komponiert?

1562 Jean Paul an F. v. Oertel *1. Mai 1800*

Thieriot besuchte mich und wurde dadurch ein Herderscher Tischgenoß; geigte da; dann [am 9. April] bei Goethe; dann am Hofe und war sehr glücklich.

1563 Charlotte v. Stein an ihren Sohn Fritz *26. April 1800*

Ich erinnerte ihn [Goethe] ans messingene Alphabet, das Du wünschest; er sagte mir, es sei nicht leicht zu verschaffen, er wolle Dir das seinige leihen, bis er's etwa gebrauche...

Er dauert mich; denn er sieht nicht glücklich aus. Er hat auch einen besondern Zufall schon seit dem vorigen September; es ist ihm eine Empfindung, als wenn er immer in Spinneweben mit seinem Gesicht hineinführe.

1564 O. Jahn: Gottfried Hermann *1866*

Bei dem allgemeinen Aufschwung der poetischen Tätigkeit machte sich damals das Streben geltend, auch in der Vollendung der Form sich den Mustern des Altertums zu nähern; wie willkommen mußte ein Werk wie die Metrik [von Gottfried Hermann] sein. Besonders Goethe, der damals mit der Achilleïs und der Helena beschäftigt war und genauer in das Wesen der antiken Versmaße einzudringen strebte, nahm den regsten Anteil daran, und als er bald darauf nach Leipzig kam (1800), trat er eines Abends [am 7. Mai] unerwartet zu dem erstaunten Hermann ins Zimmer. In dem Gespräche, das sich über Verskunst zwischen ihnen entspann, forderte ihn endlich Goethe auf, eine deutsche Metrik zu schreiben, was Hermann mit dem Bemerken ablehnte, es sei Goethes Aufgabe, die deutsche Metrik zu schaffen.

1565 G. Hermann: Praefatio zu «Euripidis Hecuba» *1831*

Stupent omnes Aeschyli vim et magnitudinem ... Admiramur decoram gravitatem Sophoclis ... De Euripide in diversa abeunt sententiae ... Euripidis versatile et diversissimis argumentis aptum ingenium memini ante multos annos Goethium in sermone quodam, quum ego Aeschylum et Sophoclem anteferrem, multa cum laude praedicare. Et quis magis idoneus arbiter sit, quam is vir, quem, si quem umquam, nascentem placido lumine viderunt Musae? Manebit merito haec laus Euripidi, etiam si non eius sit solius propria.

1566 J. F. Unger an Schiller *13. Mai 1800*

Ein Glück ist mir in Leipzig widerfahren, daß ich *Goethe* habe kennen gelernt. Ich wüßte keinen liebenswürdigeren Mann.

1567 J.F.Unger an Schiller *14. März 1801*

Ob Goethe wohl einen achten Band seiner Schriften herausgeben wird? Ich werde ihn nächstens darum bitten, wenn ich von Ihnen weiß, daß er es nicht für eine zu große Zudringlichkeit hält. In Leipzig versprach er es, auch eine Reise nach Berlin wohl zu tun. Wann aber, äußerte er nicht.

1568 A.W.Schlegel an Schelling *31. Mai 1800*

Übrigens haben Sie nur Geduld, Schütz kann seinen Demütigungen nicht entgehen. Jetzt habe ich die sämtlichen Akten meiner Verunglimpfungs-Sache an Goethe auf sein Verlangen geschickt. Er hatte die Verteidigung gegen Ihre Schrift noch gar nicht gelesen ...

Goethe hat in Leipzig über die Sache fast nur leicht und lustig gesprochen, Ihre Schrift hat er im ganzen sehr gelobt, doch gemeint, manches darin fordre Leser, die schon auf dem wahren Punkte ständen, und sei für die Wirkung nach außen noch nicht überzeugend genug vorgetragen. Unter anderm wünschte er, die Wendung mit dem Widerwillen wäre nur Einmal gebraucht worden.

1569 V.H.Schnorr v.Carolsfeld: Lebensgeschichte

An Goethe hatte ich einmal, veranlaßt durch einen Aufsatz in seinen Propyläen, geschrieben. Ich erhielt keine Antwort; hatte aber bescheiden auch keine erwartet; denn ich fühlte hinterdrein, daß ich ihm keineswegs etwas Bedeutendes gesagt haben würde. Jedoch beruhigte ich mich hierüber: wenigstens mußte dem Manne meine Aufmerksamkeit gefallen. Und siehe! nach vier Wochen erschien Goethe in meiner Dachwohnung [in Leipzig] in eigener Person. – Ich war höchst überrascht. – Goethe war sehr freundlich und mitteilend und gedachte meiner in jenem Briefe an ihn ausgesprochenen Ansichten mit Zufriedenheit. Die Unterhaltung hatte, wie man sich denken kann, die Kunst vorzüglich zum Gegenstand. – Ich hatte nicht lange erst ein Bild von Guido Reni, den Evangelisten Johannes, für 100 Dukaten angekauft und zu diesem Kauf den dritten Teil der vor kurzem erhaltenen kleinen Portion von Erbteil angewendet. Dieses Bild, das Böttiger zuerst bei mir sah, betrachtete nun auch Goethe mit Wohlgefallen: ich seh' ihn heute noch vor mir stehn; denn seine Kleidung, sein ganzer Anzug hat diese lebenvolle Vorstellung noch besonders vermittelt. Er trug ein dunkelblaues frackartiges Kleid ohne Klappen, eine geblümte lange Weste; einen großen dreieckigen Hut; zwei tüchtig pomadesierte Querlocken über die Ohren – das Haar war gepudert – und einen sehr langen steifen Zopf; kurzes schwarzes Zeug-Beinkleid und große Stiefel mit braunen Stulpen. Zu allem diesen denke man sich seine große Gestalt und sein imposantes Auge! Weit eher hätte man den Dichter in seiner Erscheinung a prima vista für einen Herzoglichen Stallmeister genommen. Böttiger und Goethe waren die ersten von jenen in Weimar lebenden ausgezeichneten Männern, die ich kennen lernte.

1570 E. Genast: Aus dem Tagebuche eines alten Schauspielers *1862*

Unserm Vohs, der ... ein ausgezeichneter Künstler war, hatte Schiller die Rolle des Macbeth zugeteilt. Bei der ersten Theaterprobe war er seiner Aufgabe noch gar nicht so mächtig, wie man es von ihm erwarten durfte, und selbst die lauteste Hülfe des Souffleurs fruchtete nur wenig. Da aber Vohs wegen seines eminenten Talents bei Goethe und Schiller in hoher Achtung stand und man seine Reizbarkeit kannte, so machten Dichter und Direktor gute Miene zum bösen Spiel, und keine Rüge erfolgte ob der Nachlässigkeit. Dieser störende Übelstand trat aber auch bei der Hauptprobe hervor, und Goethe schwoll nun die Zornesader, und er rief, da ich zu fungieren hatte, mit seiner mächtigen Stimme: «Herr G'nast» (Goethe liebte es, meinen Namen zu apostrophieren), «verfügen Sie sich zu mir herab!» Er, Schiller und Meyer saßen im Parterre, und der zweite Akt war eben zu Ende. «Was ist denn das mit diesem Herrn Vohs?» fuhr er mich an. «Der Mann kann ja kein Wort von seiner Rolle; wie will er denn den Macbeth spielen? Sollen wir uns vor den höchsten Herrschaften und dem Publikum blamieren? Man sistiere das Stück für morgen, und Sie brauchen das Warum weder vor Herrn Vohs noch dem Personal zu verschweigen.» Schiller suchte Goethes Zorn zu beschwichtigen und rühmte die künstlerische Ruhe von Vohs, seine Genialität, die ihn gewiß bei der Darstellung über diese Klippe hinwegführen würde, denn die Auffassung des Charakters sei doch vortrefflich. Auch ich stimmte der Ansicht Schillers bei, und Goethe, der schon aufgestanden war, um das Theater zu verlassen, fügte sich endlich, beauftragte mich aber, Vohs im Vertrauen einen Wink zu geben, was ich wohlweislich bleiben ließ, da ich die heftige Gemütsart von Vohs nur zu gut kannte.

1571 Charlotte Schiller an ihren Mann *29. Mai 1800*

Goethe hat heute ein großes Gastmahl, Madame Sander ist da, und der Mann, dem Du kennst. Sie waren gestern in meiner Loge, die Frau ist nicht übel und [hat] schöne Züge, hat aber etwas Abgelebtes und Leichtes. Sie hat erzählt, daß Goethe versprochen habe, sie solle Dich sehen, und Du bist vor einer Visite nicht sicher.

1572 Charlotte Schiller an ihren Mann *31. Mai 1800*

Die Berliner Dame [Frau Sophie Sander] ... ist aber recht artig, und nicht geziert, ich kann aber Goethens Neigung doch nicht begreifen, denn sie scheint ehr in dem Zirkel zu passen, dem er nicht gern hat. Die Madame Frommann zum Beispiel, auch Campens, die sie sehr preist. Aber hübsch ist sie.

1573 W. Grimm an K. H. G. v. Meusebach *22. April 1827*

... von den vielen artigen Anekdoten will ich nur anführen, was er [August Wilhelm Schlegel] von dem Verhältnis Goethes zu Schiller erzählte. Goethe behandelte den kränklichen, oft launischen Dichter wie ein zärtlicher Liebhaber, tat ihm alles zu Gefallen, schonte ihn und sorgte für die Aufführung seiner Trauerspiele. Doch manchmal brach Goethes kräftige Natur durch, und einmal, als eben die Maria Stuart bei Schiller besprochen war, rief Goethe beim Nachhausegehen: mich soll nur wundern, was das Publikum sagen wird, wenn die beiden Huren zusammenkommen und sich ihre Aventüren vorwerfen!

1574 R. Köpke: Ludwig Tieck *1855*

Vor allem wünschte Tieck den Meister auch im Reiche der Bühne kennen zu lernen, auf einem Gebiete, welches er selbst so allseitig studiert hatte, und dem noch immer seine Neigung angehörte. Konnte ihm doch selbst damals noch der Gedanke kommen, Goethe um die Erlaubnis zu ersuchen, die Bühne zu betreten. Wäre es auch nur einmal gewesen, er wünschte wenigstens den Versuch eines öffentlichen Spiels gemacht zu haben. Indes gab er diesem Einfalle keine weitere Folge.

Die weimarische Gesellschaft hatte er früher in Lauchstädt spielen sehen, und in ihre unbedingte Anerkennung nicht einstimmen können. Seiner Meinung nach verdienten manche Schauspieler nicht den Ruf, in welchem sie standen. Graffs Pathos unterschied sich wenig von dem verrufenen tragischen Gurgelton. Jetzt wohnte er an Goethes Seite einer Vorstellung der «Maria Stuart» bei, die soeben auf die Bühne gebracht worden war. Auch diesmal konnte er nicht anderer Meinung sein. Den künstlerischen Instinkt, welchen er an Fleck bewunderte, fand er hier nicht wieder. Alles war auf ein gewisses durchschnittliches Mittelmaß zurückgeführt. Ein ihm aus Berlin bekannter Schauspieler [Cordemann] gab den Leicester in so ungeschickter Weise, daß er die Bemerkung nicht unterdrücken konnte, wie dieser das Ganze entschieden störe. «Ich kann es nicht finden», antwortete Goethe trocken, «er tut seine Schuldigkeit gleich allen andern.»

1575 F. L. Schröder: Aufzeichnungen *28. Juni 1800*

Goethe war um acht Uhr morgens für mich zu Hause, und empfing mich verbindlich. Er ist geschmackvoll eingerichtet. Ich war eine kleine Viertelstunde bei ihm, als jemand gemeldet wurde, dem ich Platz machte, obgleich mich Goethe aufforderte zu bleiben. Der Ankommende sagte mir im Vorbeigehn, die Gräfin Bernstorff wünsche mich zu sehn ... An Böttigers Tafel lernte ich den Mann kennen, der mich bei Goethe abgelöst hatte. Es ist der Steuerrat Ludecus, ein alter Freund von Bode.

1576 Schiller an seine Frau *29. Juni 1800*

Schröder aus Hamburg ist seit gestern hier, ich hab ihn aber noch nicht gesprochen. Gestern fuhr ich mit Goethen nach Ettersburg, wo wir Griesbachs einen Rendezvous gaben, die sich recht wohl amüsierten.

Heute bin ich Mittag und Abend bei Goethen, und gestern abend bei Wolzogens gewesen.

1577 Schiller an Körner *3. Juli 1800*

Ich kann Euch nicht raten, die Maria [Stuart] auf dem Theater zu Leipzig vorstellen zu sehen, weil diese Truppe gar erbärmlich sein soll, wie mir Goethe, der während der Messe in Leipzig war, nicht genug beschreiben kann.

1578 Schiller an Cotta *10. Juli 1800*

Wegen der Propyläen habe ich mit Goethen gesprochen, und er proponiert vor der Hand, daß Sie ihm für das Stück, welches jetzt gedruckt werden soll, geben können, was Ihnen beliebe. Sie brauchen ihm also nicht mehr zu geben, als Ihnen nach Abzug der Druckkosten von dem Gelde, das dafür einkommt, noch übrig bleibt; so daß Sie also bei diesem Stück keinen Verlust erleiden. Was die künftige Fortsetzung betrifft, so will er den Absatz der Propyläen noch ein halbes Jahr abwarten, und vor den nächsten Ostern kein neues Stück mehr herausgeben.

1579 N. Meyer: Notiz

Eines Morgens (1800) zeigte mir Goethe mehrere sauber gestochene und kolorierte Blätter naturhistorischer Gegenstände, welche der mir befreundete tüchtige Zeichner und Kupferstecher Horny angefertigt, ohne denselben jetzt eine Bestimmung geben zu können; weshalb er sich bei Goethen Rats erholt hatte. Bekannt mit meiner Gewandtheit, einen gefälligen Vers zu schaffen und in gebundener Rede klar etwas darzustellen, machte mir Goethe den Vorschlag, eine erläuternde, versifizierte Erklärung zu den Bildern zu schreiben, und so zur Herausgabe eines kleinen, sich von den gewöhnlichen vorteilhaft auszeichnenden Bilderbuches Veranlassung zu geben. Mit Lust machte ich mich an die Arbeit, und vollendete in wenigen Tagen die Vorrede, die Einleitung und die versifizierte Erklärung der dreizehn ersten Kupfertafeln. Bald darauf trat ich meine Reise an. Indes hatte Horny die vierzehnte noch folgende Tafel der Mineralien auch beendigt, welcher nun Goethe selbst die poetische Erklärung hinzufügte.

1580 K. Morgenstern: Reisebericht *14. Juli 1800*

Am Montag ging ich vormittags auf einige Augenblicke in den Park. Auf der Brücke unweit des Eingangs begegnete mir Goethe. Ich grüßte nicht und ward erst mit mir selbst eins, daß er's wäre, als er mir vorbei war. Ich kehrte aber gleich um und redete ihn an. Ich hatte den Tag vorher eine Karte zu ihm geschickt, anzufragen, welche Stunde ihm mein Besuch gelegen sei. Er war gerade nicht zu Hause gewesen. Er hatte, wie er wenigstens sagte, mich erwartet etc. – «Haben Sie Zeit, noch etwas mit zu spazieren?» sagte er. Natürlich folgte ich ihm. Wir gingen neben dem Park weg bis an das neue Schloß und dort einigemal auf und ab. Er erkundigte sich nach Danzig, nach meinen Arbeiten – nach unsern Anpflanzungen an den Dünen der Ostsee etc. Einiges über Italien. Ich merkte wohl, daß, wenn Friede werden sollte, er wohl wieder einmal zurückginge. Ich erwähnte meiner Reiseprojekte und seiner Propyläen mit Dank etc. Er sprach in einem milden, freundlich heitern Tone; sehr natürlich. – Ich fühlte, wenn ich in Weimar lebte, müßte ich ihn oft zu sprechen suchen. An Wolf in Halle trug er mir auf, für ihn sich Reizens lateinische Übersetzung von Aristoteles' Poetik auszubitten. Ich ersuchte ihn, mir das Weimarsche Schauspielhaus zeigen zu lassen. Er werde nachmittag jemand hinschicken, es öffnen zu lassen. Er schied beim Eingang des Parks hinter dem neuen Schlosse. Vielleicht ging er in seinen Garten, der im Park liegt.

1581 Schiller an Körner *17. Juli 1800*

Auch wünschte Goethe, daß ich nach Lauchstädt ginge, einiger Arrangements mit dem Theater wegen.

1582 Schiller an J. F. Unger *26. Juli 1800*

Auch habe ich des herauszugebenden deutschen Theaters wegen mit Goethen neuerdings gesprochen, und er hat große Neigung dazu. Diesen Winter sollen die Anstalten dazu gemacht werden, wo ich Ihnen dann auch unseren Plan ausführlicher mitteilen werde.

1583 Schiller an Körner *28. Juli 1800*

Das Mädchen von Orleans ist der Stoff, den ich bearbeite... Auf das Hexenwesen werde ich mich nur wenig einlassen, und soweit ich es brauche, hoffe ich mit meiner eignen Phantasie auszureichen. In Schriften findet man beinah gar nichts, was nur irgend poetisch wäre, auch Goethe sagt mir, daß er zu seinem Faust gar keinen Trost in Büchern gefunden hätte. Es ist derselbe Fall mit der Astrologie, man erstaunt, wie platt und gemein diese Fratzen sind, womit sich die Menschen so lange beschäftigen konnten.

1584 F. Schlegel an seinen Bruder August Wilhelm *26. Juli 1800*

Goethe ist hier [in Jena] und wird auch noch einige Zeit wenigstens hier bleiben. Gestern habe ich ein langes Gespräch mit ihm gehabt, wobei aber alle Regierungsangelegenheiten sorgfältig vermieden wurden. Es scheint, daß er zeither nicht viel gearbeitet hat, wenigstens klagte er, da ich ihn nach seiner Optik fragte, sehr über Abhaltungen. Von Schellings Naturphilosophie spricht er immer mit besondrer Liebe.

1585 Schiller an seine Frau *16. August 1800*

Vielleicht holt Goethe mich diesen Abend im Wagen ab, und ich kann Dich alsdann in der Stadt sehen. Gestern abend war ich Dir näher, Goethe fuhr mit mir spazieren, und wir aßen in seinem Garten draußen, unter den Bäumen.

1586 Jean Paul an Ch. Otto *21. August 1800*

Über H[erders] Parteilichkeit überall steigt nichts ... Steht in einem französischen oder andern Journal etwas gegen Goethe oder gar Schiller: so wird's gepriesen und umhergeschickt ...

Auch Goethe ist – wenigstens äußerlich – parteiisch; jetzt schweigen er und Schiller über das gelobte Gedicht der Imhoff still, das ich fortlobe. «Wie gefällt Ihnen Jacobis Brief an Fichte?» fragt' ich ihn. – «Er bleibt sich gleich.» – «Gott und auch der Teufel bleiben sich gleich», sagt' ich; darauf bleibt er aus Unbehülflichkeit und Stolz und Zorn dann – stumm. Kein Epigramm kann ihn in Bewegung stochern.

1587 Schiller an Körner *4. September 1800*

... Goethe ist auch in die Einsamkeit [nach Jena] gegangen, um etwas zu treiben, denn er hat das Unglück, daß er in Weimar gar nichts arbeiten kann. Was er binnen vier und fünf Jahren geschrieben, ist alles in Jena entstanden.

1588 Caroline Herder an Knebel *10. September 1800*

Goethe ist in Jena und schafft etwas. –

Ach, dieser hätte uns der Natur wiedergeben können auf einem edlen und dem rechten Wege, wenn er gewollt hätte.

Seine Vergötterung war ihm aber lieber als die Wahrheit.

1589 Abeken: Goethe in meinem Leben

Am 21. September 1800 wurde mir eine große Freude. Ich hatte dem ehrwürdigen Griesbach, in dessen Hause ich mehr und mehr heimisch geworden war, bei seinen kritischen Arbeiten für das Neue Testament einen kleinen Dienst geleistet. Mein Vater war in dieser Zeit gestorben, und die trefflichen Menschen waren bemüht, mich zu erheitern. Goethe, damals in Jena verweilend, Schiller mit seiner Gattin und dem Hofrat Meyer, dem Schweizer, von Weimar herübergekommen, waren bei ihnen zu Mittag, und ich wurde dazu eingeladen ... Von dem Gespräche bei Tisch haftet nur weniges in meinem Gedächtnis, nur daß Goethe einmal des Ossian gedachte, freilich in einer andern Weise als im Werther. Nach dem Essen trat die Gesellschaft auf den die reizendste Aussicht in das Saaltal bis nach Dornburg gewährenden Balkon des Hauses, wo Goethe dieselbe in mannigfaltigen farbigen Bändern und Blumen das Phänomen der sich gegenseitig erzeugenden physiologischen Farben sehen ließ. Da machte es mir große Freude, daß er mein sicheres Auge lobte, welches alle Erscheinungen genau auffaßte. (Damals hätte er, was er später tat, mein geistiges Auge noch nicht loben können, noch nicht die Fähigkeit, den Sinn und die Wahrheit in seinen Dichtungen zu entdecken.) Der Kaffee wurde im Garten getrunken, in der nach der Stadt hinsehenden Nische. Schiller hatte sich neben dem in jener sitzenden Freunde auf dem Rasen niedergelassen; ich konnte mich nicht enthalten, wiewohl in einiger Entfernung, auf demselben Rasen meinen Platz zu nehmen. Er sprach, da das Gespräch auf neuere Erscheinungen in der Literatur kam, auch von Broxtermann, und mit Beifall; und es behagte mir nicht wenig, einen Landsmann aus solchem Munde loben zu hören.

1590 Schiller an Goethe *23. September 1800*

Ihre neuliche Vorlesung [der «Helena»] hat mich mit einem großen und vornehmen Eindruck entlassen, der edle hohe Geist der alten Tragödie weht aus dem Monolog einem entgegen und macht den gehörigen Effekt, indem er ruhig mächtig das Tiefste aufregt. Wenn Sie auch sonst nichts Poetisches von Jena zurückbrächten, als dieses und was Sie über den fernern Gang dieser tragischen Partie schon mit sich ausgemacht haben, so wäre Ihr Aufenthalt in Jena belohnt. Gelingt Ihnen diese Synthese des Edeln mit dem Barbarischen, wie ich nicht zweifle, so wird auch der Schlüssel zu dem übrigen Teil des Ganzen gefunden sein, und es wird Ihnen alsdann nicht schwer sein, gleichsam analytisch von diesem Punkt aus den Sinn und Geist der übrigen Partien zu bestimmen und zu verteilen. Denn dieser Gipfel, wie Sie ihn selbst nennen, muß von allen Punkten des Ganzen gesehen werden und nach allen hin sehen.

1591 *Schiller an Goethe* *27. September 1800*

Wenn Sie mir den Hermann von den griechischen Silbenmaßen zu lesen verschaffen könnten, so wäre mir's sehr lieb; Ihre neuliche Vorlesung hat mich auf die Trimeters sehr aufmerksam gemacht, und ich wünschte in die Sache mehr einzudringen.

1592 *Dorothea Veit an A. W. Schlegel* *30. September 1800*

Goethe ist noch hier [in Jena]. Er scheint nun mit Ernst etwas lernen zu wollen; er ist sehr fleißig, läßt sich ein Privatissimum nach dem andern lesen. Übrigens ist er auch sehr lustig, und Friedrich hat neulich [am 28. September] den Abend tête-à-tête mit ihm gespeist.

1593 *Schiller an Körner* *21. Oktober 1800*

Goethe ist von seiner Exkursion nach Jena, wo er etwas zu arbeiten hoffte, längst zurück, hat aber nur etwas weniges vom Faust gearbeitet, welches aber vortrefflich ist. Im ganzen bringt er jetzt zu wenig hervor, so reich er noch immer an Erfindung und Ausführung ist. Sein Gemüt ist nicht ruhig genug, weil ihm seine elenden häuslichen Verhältnisse, die er zu schwach ist zu ändern, viel Verdruß erregen.

1594 *Cäcilie (anonyme Verfasserin)* *1840*

Eine ganz eigentümliche Bewandtnis hatte es mit der Aufführung von Paläophron und Neoterpe am Geburtsfeste der Herzogin Amalia, 24. Oktober 1800.

Ganz kurz vorher war die «stolze Vasthi» [von Gotter] im Salon der Herzogin wiederholt gegeben worden, und alle Teilnehmenden spielten so allerliebst, daß Goethe, von dem heitern Eindrucke hingerissen, ihnen alsobald gelobte, schnell noch ein neues Stück zu dichten, mit dem sie am Geburtstage die geliebte Fürstin überraschen sollten. Aber bis dahin waren nur noch ganz wenige Tage. Um nun die bei so knapper Frist allerdings schwierige Aufgabe möglichst rasch zu lösen und sowohl sich als die Spielenden in begeisterte Stimmung zu versetzen, ergriff Goethe folgendes heroische Mittel. Er lud sich bei den Hofdamen zum

Frühstück, und zwar auf Punsch, ein, versammelte die Personen, denen er Rollen zudachte, um sich, und diktierte nun der Fräulein v. Göchhausen die verschiedenen Rollen in die Feder, während er selbst im Zimmer gravitätisch auf- und abschritt.

Sobald eine Rolle bis auf einen gewissen Punkt diktiert war, mußte sie sofort memoriert – und sobald die entsprechende zweite Rolle auf das Papier gebracht war, gleich mit dieser zusammen probiert werden, wobei Goethe aufs lebhafteste antrieb, vorspielte und einwirkte. So geschah es denn, daß in zweien Vormittagen das Stück fertig wurde und, nach einer Hauptprobe am dritten Tage, wirklich am 24. [vielmehr 31.] Oktober aufs trefflichste und zu höchster Freude der Herzogin gespielt werden konnte.

Neoterpe ward von der Hofdame Fräulein v. Wolfskeel,
Paläophron vom Grafen Brühl,
Griesgram vom (damaligen Regierungsrat) Freiherrn v. Fritsch II.,
Haberecht vom Kammerrat Ridel

gegeben; aber beinahe wäre noch im letzten Momente alles an Gelbschnabelchen und Naseweis gescheitert, indem die dazu angelernten Kinder sich die häßlichen Nasen-Masken durchaus nicht anhängen lassen wollten, so daß Goethe sich genötiget sah, noch in größter Hast ein paar Kinder vom Theater aufzutreiben und einzuexerzieren, die denn doch glücklicherweise sich ihrer Rollen ganz leidlich entledigten.

1595 *Karl Graf v. Brühl an seine Mutter* *3. November 1800*

Wir haben in Zeit von acht Tagen zweimal Komödie gespielt; erstens zum Geburtstag der guten alten Herzogin «Die stolze Vasthi», eine Posse von Gotter, worin ich den König Ahasver gemacht, und dann noch ein Stück von Goethe, das er ausdrücklich zu dieser Geburtstagsfeier für die Wolfskeel und mich gemacht hat. Natürlich ist es nicht bloß eine Schmeichelei für unsere liebe Herzogin, aber so schön und fein gewendet, als man es nur in der Welt hören kann. Es war in Versen und stellte den Streit der alten und neuen Zeit vor.

Ich spielte die alte Zeit in einem antiken, prächtigen Gewand, wie ein indischer Bacchus, und die Keele die neue Zeit ...

... die Ausführung ist unendlich schön. Die Verse prächtig, und das Ganze hat eine unbeschreibliche Wirkung getan. Ihr Sohn hat dabei mancherlei Lob eingeerntet, und Goethe selbst hat mir viel Schönes über mein Spiel gesagt. Aber es ist auch das Gedicht so schön geschrieben, daß man fast nicht schlecht hätte spielen können, wenn man nur einiges Gefühl hat. Die gute kleine Keele hat außerordentlich gut gespielt und allerliebst ausgesehen.

1596 F. Kirms an J. H. Vohs *13. November 1800*

Der Herr Geheime Rat von Goethe haben nichts dagegen, wenn Graf Essex [von Dyk] einmal wieder gegeben wird, sehen es sogar gerne, wenn Sie, jedoch ohne Nachteil Ihrer Gesundheit und mit vollkommener Übereinstimmung des Arztes, den Essex selbst spielen wollen, nur meinen sie, müsse auf dessen Vorstellung kein großer Aufwand gemacht werden, weil bei diesem alten Stücke außer den Abonnenten auf keine Einnahme von Fremden zu rechnen sei. Wenn unter den vorrätigen Mänteln keiner brauchbar sei (welches jedoch zu wünschen wäre), so solle für Madame Vohs einer gekauft werden: ein neues Kleid aber auch zu kaufen, komme zu hoch. Vielleicht könne sie sich des weiß atlassenen Kleides von Maria Stuart bedienen, oder ich soll das in der Garderobe befindliche weiß atlassene Kleid, wovon Demoiselle Jagemann neulich als Elisabeth den Rock angehabt, zurechte machen lassen. Lassen Sie das Ihre liebe Frau überlegen und geben mir gelegentlich davon Nachricht.

1597 Caroline Herder an Knebel *15. November 1800*

Sie müssen sich durch die Herzogin-Mutter die *alte und neue Zeit* zu Ihrem Geburtstag durch Goethe geben lassen.

Sie werden eine ebenso große Freude daran haben als wir. O könnte er nur etwas Gemüt seinen Schöpfungen geben, und sähe man nicht überall eine Art von Buhlerei oder, wie er es selbst so gern nennt, das *betuliche* Wesen darinnen! Was hätte er seiner Nation werden können! Trauern muß man um diesen seltnen Genius! Nie weiß man, wie man in seinen Stücken daran ist, ob er das Rechte oder das Falsche meint, ob er diesem oder jenem das Wort redet. O Sophokles, welch einen *sichern* Maßstab hast du!

1598 F. Schlegel an seinen Bruder August Wilhelm *24. November 1800*

Goethe ist wieder hier [in Jena] und hat mir eine Kleinigkeit, die er zum Geburtstag der alten Herzogin gemacht, Alte und neue Zeit, gezeigt. Er hat mich über die griechischen Namen konsultiert und schien mit denen, die ich ihm vorschlug, *Paläophron und Neoterpe*, zufrieden. – Daß ein gewaltiges griechisches Trauerspiel von ihm zu erwarten ist, in Trimetern und chorähnlichen Chören, hat Dir Dorothea glaube ich schon als Resultat seines letzten Hierseins geschrieben. Er hat einigemal recht viel darüber mit mir gesprochen, indessen habe ich mich doch nicht überwinden können, zu fragen nach dem Sujet.

1599 Schelling an A. W. Schlegel *15. Dezember 1800*

Goethe ist seit gestern hier [in Jena], ich habe ihn aber noch nicht gesehen. Er hat sich vorige Woche, da ich ihn in Weimar besuchte, sehr angelegentlich nach Ihnen und Ihren jetzigen Arbeiten erkundigt.

1600 Schiller an Iffland *18. Dezember 1800*

Goethe ist jetzt sehr pressiert, den Tancred zu vollenden, Sie haben uns dadurch, daß Sie ihn ein wenig drängen und treiben, einen guten Dienst getan, weil dieses Stück ohne diesen neuen Sporn leicht auf die lange Bank hätte geschoben werden können, denn Goethe hat einmal den Glauben, daß er winters nichts Poetisches arbeiten könne, und weil er es glaubt, so ist es bis jetzt auch wirklich der Fall gewesen.

1601 F. Schlegel an seinen Bruder August Wilhelm *20. Dezember 1800*

[Über A. W. Schlegels «Ehrenpforte und Triumphbogen für den Theaterpräsidenten von Kotzebue.»] Zu Goethe bin ich gleich gegangen, um den Effekt recht frisch zu vernehmen. Er hat es durch alle Kategorien gelobt, am meisten das, was ich vor allem liebe, nämlich die Reisebeschreibung. Es ist noch vieles mündlich darüber zu reden, es sind mir ganz neue Lichter über die Komödie aufgegangen.

1602 Caroline Schlegel an ihren Mann *27. April 1801*

Übrigens gibt es keinen lebhafteren Verehrer Deiner Muse als Schelling. Ich muß diese Kotzebuiade zum hundertstenmal hören; er behauptet eine eigne Form im Vorlesen einiger Stücke derselben zu haben, die er auch Goethen vorgelesen, der das erstemal an der Reisebeschreibung, die er bei Tische zur Hand nahm, schier erstickt ist, denn es blieb ihm während des Lachens ein Bissen im Halse stecken.

1603 H. Voß an Börm *1. Mai 1804*

Nicht wahr, Du hast noch die Idee von Goethe, er sei steif und kalt und Minister? Man sagt es allgemein, und die Berlinische «Freimütigkeit» [Merkel und Kotzebue, die Herausgeber des «Freimütigen»] hat das Gerücht auf elende Weise weiter verbreitet. Es ist indes etwas Wahres daran. Wer von Goethe (wie es Bürger tat) eine weichliche Hingiebigkeit erwartet, ein zärtliches Entgegenkommen und ein herzliches Anschmiegen, der wird gewöhnlich betrogen. Ich kann mein eigenes Beispiel anführen, da ich, als ich Schiller soeben verlassen hatte, vor drei Jahren zuerst zu Goethe kam und ihn ebenso erwartete. Ich ward zurückgestoßen durch sein Auge; ich fühlte mich zu klein, zu schwach, mit Einem Worte, es war der Eindruck einer gewaltigen Masse auf das unvorbereitete Auge. Ich verließ ihn voll Ehrfurcht, aber konnte ihn nicht *lieben*.

Nachher sah ich ihn öfter auf Augenblicke, konnte aber nie meine Schüchternheit überwinden, noch mein reines Zutrauen erwecken. Als mich nun Goethe als Lehrer der

Weimarer Schule in Vorschlag brachte, und mein Vater deshalb herüber reiste, sagte Goethe zu ihm, nun solle er mich einmal auf drei Tage hinüberschicken; er kenne mich freilich wohl, aber doch nur oberflächlich, denn ich sei immer so schüchtern und einsilbig gegen ihn gewesen. Denke Dir meine Freude, als mein Vater mir das wiedersagte und mir hierdurch die Gewißheit gab, von nun an alle Schüchternheit fahren lassen zu dürfen.

1604 H. Steffens: Was ich erlebte *1841*

Den wirklichen Anfang des Jahrhunderts verlebte ich ... mit meinen Jenaer Freunden, und zwar in Weimar auf einer Maskerade, durch den Hof veranstaltet ... Ein wohlgeordneter, von Goethe entworfener Aufzug machte den Anfang. Später fing der Maskenball an, und die verkleideten Tänzer bewegten sich ungezwungen durcheinander ...

Nach Mitternacht zogen Goethe, Schiller und Schelling sich in ein Nebenkabinett zurück. Ich durfte von der Gesellschaft sein. Einige Bouteillen Champagner standen auf dem Tisch, und die Unterhaltung ward immer lebhafter. Da fiel mir, der ich mit meiner nordischen Virtuosität nüchterner blieb, als die alten Herren, die Veränderung auf, die mit zwei so bedeutenden Persönlichkeiten vorging. Goethe war unbefangen lustig, ja übermütig, während Schiller immer ernsthafter ward und sich in breiten doktrinären, ästhetischen Explikationen erging; sie hatten die größte Ähnlichkeit mit seiner bekannten Kritik über Klopstock, und er ließ sich nicht stören, wenn Goethe ihn durch irgend einen geistreichen Einwurf in seinem Vortrage zu verwirren suchte. Schelling behielt fortdauernd seine ruhige Haltung, ich konnte ihm kaum eine Veränderung anmerken. Der Arzt Hufeland war eben im Begriff, einem Rufe nach Berlin zu folgen. Er trat etwas später herein, und so beliebt der treffliche Mann war, sprach sich doch die Abneigung gegen Preußen ziemlich unbefangen aus, und er ließ sich's gutmütig gefallen, Gegenstand unserer Scherze zu sein.

Diese Nacht ist mir um so wichtiger geworden, weil ich

bald darauf in Freiberg erfuhr, welche bedenkliche Folgen dieser Abend für Goethe gehabt hat. Er unterlag zum erstenmal, wenn ich nicht irre, in seinem Leben einer bedeutenden Krankheit, und der Gedanke an seinen bevorstehenden Tod, der ihn später, wenigstens mehrere Jahre hindurch, gequält hat, war eine Folge dieser Krankheit.

UNDATIERTES 1794–1800

1605 F. Förster: Aus dem Nachlaß *1873*

[Marie Körner berichtet 1809] Wir haben wohl noch einen guten Freund in Weimar, ich glaube aber nicht, daß Körner dafür sein wird, Ihnen Aufträge oder Empfehlungen an ihn mitzugeben: es ist Goethe; der ist aber für fremden Besuch nur als Exzellenz Geheimerat, nie als der gemütvolle Dichter zu Haus. Denn gemütvoll, das ist er, und da unsere Bekanntschaft aus sehr früher Zeit datiert, als er Student in Leipzig und ich ein Mädchen von sechs Jahren war, hat er mich und meine Schwester in gutem Andenken behalten und hört es gar zu gern, wenn «les enfants terribles», wie er uns nennt, ihm aus seinem Studentenleben erzählen. Durch das Freundschaftsverhältnis Körners zu Schiller sind wir auch mit Goethe in ein näheres Verhältnis gekommen, wir haben sehr angenehme Tage mit ihm in Weimar und er mit uns in Dresden verlebt, und auch hier in Loschwitz hat er einige Male, und zwar noch zu Schillers Lebzeiten, gefrühstückt und Tee getrunken; doch hatte Schiller uns bereits verlassen.

1606 F. L. Ch. v. Oertel: Briefe eines ehrlichen Mannes *1800*

Goethe war der zweite, den ich sahe. Er hat sich, seit ich Straßburg, zwar nur flüchtig, kennen lernte, sehr verändert. Damals schien er mir äußerst lebhaft, ungeniert, und froh, jetzt aber betrug er sich steif, so daß mein Besuch mehr das Ansehn einer Audienz nahm, als einer freundschaftlichen Mitteilung, bei welcher Geist und Herz gleich ausgeströmt wären, und die ich doch so innig wünschte. –

Sein Porträt von Lips ist sehr getroffen, wenn ich den starren Blick ausnehme, den der Künstler dem Dichter gegeben hat, den Goethe aber gar nicht in dem hohen Grade besitzt. Er hat eine männliche Statur – ist ziemlich groß und stark – sein Auge blickt lebhaft, und das Ganze hat mehr den Ernst und die Wichtigkeit eines Ministers, als die freundliche Miene eines so geist- und gefühlvollen Dichters. Sonderbares Zusammentreffen! Wo im Innern so viel Wärme, im Äußern so viel Kälte scheint ...

Sein Gefühl für das Schöne der bildenden Künste ist tief und rein, und steht mit seinem Gefühl für Dichtkunst in genauem Ebenmaße, so daß es mir äußerst belehrend und merkwürdig war, als Goethe die Gefälligkeit hatte, mir seine Zeichnungen und Antiken, die er in Italien gesammlet, zu zeigen und dabei seine Bemerkungen, seine Urteile zu sagen.

1607 F.L.Ch.v.Oertel: Briefe eines ehrlichen Mannes 1800

Vor einigen Tagen war ich wieder bei Goethe, und zwar innigst vergnügt. Je mehr man ihn kennen lernt, desto interessanter wird er, desto schönere Dinge hört man von ihm, und die Kälte des ersten Besuches schwindet bald durch das geistige Feuer, wodurch man, bei einem weiteren Umgange mit ihm, sanft erwärmt wird. Er erzählte mir viel von seinem Aufenthalte und seiner Reise in Italien, wobei ich mich so ganz in die schönen Gefilde der Kunst und Natur wieder hinträumte. Es ist doch ein himmlisches Land! Eine Reisebeschreibung von ihm dahin würde sicher einzig in ihrer Art sein. Nicht nur, wie ich schon in meinem vorigen Briefe geschrieben, würden wir treffliche Bemerkungen über Kunst, sondern auch über Natur und Menschen darinnen finden, und seine spaßhaften Abenteuer, von denen er mir einige erzählte, würden, da er alles auf eine so unterhaltende, ihm eigne, genialische Art dargestellt, bei der Lektüre ein lustiges angenehmes Interesse erregen. In Venedig soll er besonders mit den dortigen schönen Mädchen manchen Scherz getrieben haben ...

Goethe lebt nämlich mit einer Demoiselle V[ulpius] in

engem Verhältnis. Sie ist ein kleines lebhaftes Mädchen, eben nicht schön, und auch nicht von ausgezeichnetem Verstande, aber voller Natürlichkeit, und durch Goethens Umgang soll sie gebildet und intressant geworden sein, so daß sie manche artige witzige Bemerkung macht. Goethe führt mit ihr ein häusliches, ruhiges vergnügliches Leben, sie wohnt in seinem Hause, und besorget die Wirtschaft. Er hat einen allerliebsten Jungen, den er August Walther hat taufen lassen, und von den ich begierig bin in der Folge mehr zu hören, wie und was er unter Goethes Anleitung geworden ist. Der bekannte unglückliche Theaterdichter V[ulpius] ist der Bruder dieses Mädchens. – –

Die innere Einrichtung seines Hauses ist schön und geschmackvoll, es herrscht ganz ein römischer Geist darinnen. Neben der breiten Treppe im Hause – nach römischer Art – sind mehrere Nischen, in denen Statuen stehen, und an der Decke ist ein plat fond, das ein Gemälde der Iris enthält. Vor der Türe ist im Fußboden das Wort Salve mit großen schwarzen Buchstaben eingelegt, und in den Zimmern findet man die schönsten Gemälde und Zeichnungen nach Raffael, Correggio, Angelika Kauffmann u.a.m., so daß jeden, der in dieses Haus tritt, die geschmack- und geistvolle Einrichtung innig wohl tut.

1608 L.v. Wolzogen: Memoiren *1851*

[Über Jean Paul:] Sein überaus lebhafter Geist und seine ungemeine Jovialität machten ihn zum liebenswürdigsten Gesellschafter. Auch verschmähte er die Genüsse des Lebens so wenig, daß ich ihn öfters in ziemlich benebeltem Zustande nach Hause zu bringen die Freude hatte. Goethe verglich ihn in solchen Momenten mit einem Salamander, womit seine damalige hagere Gestalt vortrefflich bezeichnet war.

1609 Falk: Aus dem Nachlaß

Goethen war die Formlosigkeit der Jean Paulschen Kunst durchaus verhaßt. Er aß zuweilen bei der Herzogin Amalie zu Tiefurt zu Mittag. Er beschwerte sich, daß der dortige herzogliche Mundkoch Goullon so oft Sauerkraut vorsetze. Eines Tages, da man ihm wieder Sauerkraut aufgetischt hatte, stand er voll Verdruß auf und ging in ein Nebenzimmer, wo er ein Buch aufgeschlagen und auf dem Tische liegen fand. Es war ein Jean Paulscher Roman. Goethe las etwas darin, dann sprang er auf und sagte: «Nein, das ist zu arg! Erst Sauerkraut und dann fünfzehn Seiten aus Jean Paul! Das halte aus, wer will!»

1610 Falk: Aus dem Nachlaß

«Jean Paul» – so erzählte Goethe – «gestand mir, daß er in seinem Leben nie einen Vers habe machen können, ein Beweis, wie fremd ihm die Form war, die sich ihm überall wie eine abgesagte Feindin verweigerte. So sind alle seine genialen, bis zur Fieberhitze gesteigerten Vorzüge mehr oder minder aus genialen Aufgelöstheiten entstanden. In seiner Seele herrschte wie in seinen Schriften der Zusammenhang des Doktrinärs[?].»

1611 K. Morgenstern: Reisebericht *Juli 1800*

Wieland war öfters der Gegenstand meiner Gespräche mit Falk. Höchst interessant ist's, ihn mit Goethe zusammen zu sehn. Sie nehmen einander nichts übel. Goethe erzählt in einer Gesellschaft etwas mit ernster feierlicher Miene. Ein Kreis steht herum, Wieland ihm gegenüber. Wieland unterbricht den Erzählenden: «Schatz! was machst du für eine Fresse!» Natürlich lacht die Gesellschaft.

1612 K. Morgenstern: Reisebericht *Juli 1800*

Zerstreute Bemerkungen Wielands über sich selbst aus Falkschen Papieren.

«Ich sah nie etwas, was ich nicht sogleich entweder haßte oder liebte; also sah ich alles im Schleier. Hierdurch unterscheid ich mich von Goethen. Denn Goethe verschließt sein Innerstes, bleibt kalt bei einem kalten, scharfen Verstande zur Beobachtung, obgleich im Kern eine gewaltige Flamme lodert; aber er sieht die Dinge mehr, wie sie in der Wirklichkeit sind ...»

1613 *K. Morgenstern: Reisebericht* *Juli 1800*

Aus Falks Papieren ...

«Goethe ist weit kräftiger [als Wieland]; Verstand und die fünf Sinne: dies sind seine Gottheiten. Das übrige ist rein, rein abgeschnitten. So viel Sinnengenuß wie möglich ist bei ihm Prinzip. Daher ist sein Schlüpfriges auch weit gefährlicher. Daher ist ihm die übersinnliche Welt, wie die im Klopstock, völlig lächerlich. – Daher betrachtet er den Herzog wie einen Pächter, dem er in keinem Dinge widerspricht. Viele Dinge hält er unter sich. Ein kaltes Gefühl seiner Außerordentlichkeit – dies allein ist der Götze, dem er Weihrauch streut. Seine Ruhe wohnt nicht in ihm, ihr habt sie in euren Händen. (Ich bin weit, weit davon entfernt, alle diese Ansichten zu den meinigen zu machen. Für manche Eigentümlichkeiten Goethens fehlt meinem Freunde Falk ganz das Organ.) Alle Formen wird er versuchen, um sich sagen zu können: Auch in dieser hast du etwas möglichst Vollendetes aufgestellt. Alles andere verachtet er. Jetzt ist dieses absprechende Verachten in Schweigen übergegangen. In frühern Jahren war es lebhafter Widerspruch. Immer so der dux zu sein; immer etwas zu machen, was ein ganzes Heer ihm nachzieht, das war's im ‹Götz von Berlichingen›, im ‹Werther›, in der ‹Stella› etc.»

1614 *K. Morgenstern: Reisebericht* *Juli 1800*

Aus Falks Papieren ...

«Goethe ist nicht immer der hohe begeisterte Tragödus, der unsre Herzen tief erschüttert und, des allmächtigen Zaubers seiner Kunst gewiß, mit einfachen, aber aus der Tiefe der Seele, aus der Mitte der Sprache lebendig hervorgegriffenen Tönen seine erstaunten Zuhörer von Mitleid zum Schrecken, vom Schrecken zum Mitleiden unwillkürlich mit sich fortreißt. Oft sitzt er tagelang angetan mit einem grünen Pantalon von Fries, in einer unscheinbaren Nachtmütze behäglich auf seinem Armsessel, seinem Galakleide, das im Winkel hängt, gegenüber, spielt mit seinem Jungen, den er zeugte in seiner Kraft, und läßt, alles rings um sich vergessend, sich und die Welt gehn, wie er will und sie kann. Mehrere seiner originellsten Gedichte in Knittelversen verdanken dieser periodischen Stimmung ihr Dasein. Das Publikum, das immer in Goethe nur den Schöpfer von ‹Werther›, ‹Tasso› und der ‹Iphigenia› erblickt, beurteilt die mutwilligen Kinder solcher vorübergehenden Dichterlaunen oft zu streng. Wenn Goethe Goethe sein will und sich ernstvoll darauf setzt, so ist er es auch; aber oft will er's nicht sein ... ‹Ich male›, sagte er zu F[alk], ‹bald mit der Feder, bald mit dem Bleistift, bald mit dem Pinsel und folge hierin der Mannigfaltigkeit der Natur, die je und je mein Urbild war.›»

1615 Böttiger

Goethe wollte eine gewisse Fräulein von Voß heiraten, jetzige Frau von Staff in Eisenach. Diese aber zog Staffen vor. Par dépit gegen die Frau von Stein (die ihn eigentlich moralisch ausgesogen und alles das Mißtrauen eingeflößt hat, was ihm jetzt die Menschheit verleidet) griff er zur Dame Vulpia. Es ist lächerlich und tritt alle Idee des Wohlstandes mit Füßen, daß sie, indem sie ihren siebenjährigen Goethulum vor sich sitzen hat, sich öffentlich im Theater und sonst mamsellisieren läßt. Wieland drückte sich einmal so darüber aus: Das geschieht alles aus Goethischer Machtvollkommenheit. Goethe hat gewiß poetische Momente, wo er sich für den Heiligen Geist, die Vulpia für die gebenedeite Jungfrau und seinen Jungen für das Christuskind hält.

1616 Böttiger

(Den 6. Februar 1796 abends, als Gotter da war.)

Von den Gemmen, die Goethe aus Hemsterhuis' Sammlung durch die Fürstin Gallitzin besitzt, fing Meyer die vorzüglichsten zu zeichnen an. Zehn sind davon fertig. Auch zeichnete Meyer den priapischen Carpophoros, den Goethe von dem Herrn von Murr bei seiner Rückkehr aus Italien kaufte. Schon bei der Hinreise hatte ihn Murr und wollte 20 Dukaten dafür haben. Jetzt bekam ihn Goethe durch die feine Art, mit der er dem Brocanteur Gold zeigte, für die Hälfte.

Hierbei einige Anekdoten von Murrs Erwerbfleiß. Als Goethe bei ihm war, kam die Magd herein und hatte in einem Korbe alte Bücher, die eben draußen auf dem Trödel feil geboten würden. Murr beschwerte sich höchlich über den lästigen Überlauf und kaufte einige davon für wenige Kreuzer. Wollen Sie, sagte er zu Goethe, nicht etwa auch so einen Ratkauf machen? Goethe ließ sich wirklich beschwatzen und legte einige Zwanzigkreuzer hin. Hinterdrein erfuhr er, daß Murr den ganzen Boden voll solchen alten Praß, den er zentnerweise kauft, hat, und den Fremden, die bei ihm zusprechen, auf diese Weise einige Kreuzer ablockt, daß er ihnen unter dem Schein eines fremden Trödels einige davon aufhängt. Er hat selbst allerlei alte Schächer, Unkepunze usw. drucken lassen. Diese verschenkt er an die Fremden, die sie aber durchaus nicht selbst mit nach Hause nehmen dürfen. Er schickt sie ihnen durch die Magd ins Logis, und das Trinkgeld, was man dieser geben muß, bezahlt diese Makulatur vielfach. Vermutlich ist die Magd auf diesen Erwerb angewiesen.

Goethe kaufte herrliche Handzeichnungen und Kartons in Rom, unter andern einen Ezechiel von Pietro von Cortona und andere fast kolossalische Zeichnungen, zu denen er einen eigenen großen Saal, wie man etwa zu Florenz und Mailand für die Kartons besonders hat, haben müßte. Jetzt liegen sie auf seinem Boden zusammengerollt, und oft deliberierte er mit Meyer, ob er nicht die bloßen Köpfe davon besonders ausschneiden wollte. Meyer hat einen Poussin für ihn in Gouache gekauft, den er eben noch vom Untergange rettete, da das Weib kurz vorher drei andere Poussins, um die Leinwand zu bekommen, ausgewaschen hatte. Meyer ist zweifelhaft, ob er die Ariadne im Vatikan oder die Madonna von Raffael in der Villa Borghese oder die Aldobrandinische Hochzeit mit größtem Fleiße malen solle. Er fragte Goethe darüber, der ihm aber die Frage zurückschob. Meyer wird wohl die Aldobrandinische Hochzeit malen.

Hamilton in Neapel hatte in den frühern Jahren noch herrliche Gelegenheit, Antiken um ein Spottgeld zu kaufen.

Als Goethe dort war, fand er selbst in seinem Gewölbe, wo *verkäufliche* Sachen standen, einige prächtige Kandelabern, die aus Portici gestohlen worden, ganz nachlässig in Bretter eingenagelt. Als Goethe wieder nach Rom zurückkam, hörte er, daß großer Lärm darüber entstanden sei, und Hamilton habe sie dem König zurückgegeben. Jetzt mag Hamilton leicht selbst für eine gute Vase zwanzig bis dreißig Dukaten bezahlen müssen. Sonst konnte er sie wohlfeiler haben.

1617 Böttiger (nach J. I. v. Gerning)

(Den 26. November 1798 auf einer Reise von Jena): ... In Jena ist er darum so gern, weil er dort zwölf Stunden zu seiner Disposition hat. Nach dem Mittagsessen geht er gewöhnlich eine halbe Stunde im Zimmer der Verdauung widmend auf und ab. Er trinkt dabei viel Bier, aber keinen Kaffee.

1618 Böttiger

(Die verwitwete Herzogin an eben dem Tage [30. November 1799]): Goethe kann es niemand, der als Schriftsteller ihn um Verbesserung und Rat fragt, sagen, wie er es anfangen müsse, eine Sache zu bessern. Aber bei italienischen Opern und seinen eigenen Schauspielen konnte er sich allerdings viel Mühe zur Belehrung und Abrichtung der Schauspieler geben.

1619 Böttiger *6. November 1800*

Goethe hat nicht den Mut, gewissen äußern Eindrücken zu widerstehen. Viele Menschen flieht er zum Beispiel schon darum, weil sie Tabak rauchen. Neben seinem Hause wohnt ein Leinweber. Das Pochen und Anschlagen an den Weberstuhl, was das Geschäft dieses Handwerkers mit sich bringt, ist ihm so verhaßt, daß er alles angewandt hat, um diesen pochenden Kobold zu bannen oder ihm zu entfliehen. Darauf hat sich Goethe entschlossen, lieber in seinem Gartenhause vor der Stadt zu wohnen, das er seit vielen Jahren nicht mehr bewohnt hat, weil ihm die Erinnerungen an früher dort verlebte Tage unangenehm waren – als den Leinweber zu hören. Oft ist er deswegen auch schon Wochen lang nach Jena gezogen. Indes muß er sich doch manches, durch häusliche Umgebung eingeengt, gefallen lassen. Neulich fand es die Dame Vulpius sogar für geraten, Schweine, deren Geruch ihm eine Pest ist, einzustallen. Hier indes drang sein Widerwille durch, und die Circeischen Gesellen mußten sogleich geschlachtet werden.

1620 H. Eisenschmidt: Erinnerungen *1860*

Ferner fand ich da [in einem Gasthofe] öfter Goethes Schreiber John, der immer mit hoher Verehrung von Goethe sprach und so viel Merkwürdiges von ihm zu erzählen wußte, vorzüglich auch von seiner Freundlichkeit gegen Menschen jeden Standes. So wohnte zum Beispiel neben Goethe ein Zeugweber, dessen Webstühle gerade in einem Zimmer standen, das von Goethes Saal nur durch eine Brandmauer geschieden war, so daß man, wenn Goethe Gesellschaft gab, jeden Schlag der Webstühle hörte. Goethe hatte das viele Jahre ertragen, ohne ein Wort darüber zu sagen. Einst wollte er wieder Gesellschaft geben und ließ seinen Nachbar zu sich bitten, dem er nun den Übelstand mitteilte mit der Frage, wie viel sein Verlust betrage, wenn er die Arbeit einen Abend aussetze. Als der Nachbar unter keiner Bedingung auf eine Entschädigung eingehen wollte, sich aus nachbarlicher Gefälligkeit zur Unterbrechung der Arbeit erbot, sagte Goethe: «Aber Ihre Leute, was werden die dann anfangen?» – «Ei, die werden froh sein, wenn sie einen freien Abend haben!» – «Nun, dann verteilen Sie wenigstens dies unter die Leute, damit sie ein Glas Bier trinken können.»

1621 K. Morgenstern: Reisebericht *31. Juli 1797*

Böttigers interessante Erzählungen von Goethes Lebensweise. (Ich bewundere Goethe auch hier. Rastlose Tätigkeit für Wissenschaft und Kunst. Kabinett geschnittener Steine, worunter die vortrefflichsten Originale; man weiß nicht, woher Goethe sie hat; auch nicht, ob sie ihm eigentümlich sind etc.*)

1622 L. F. Göritz: Schiller in Jena *1838*

Schiller mit seinem heiligen, hohen Gemüt haßte die positive Religion, so wie *er* sie kannte ...

Von seinem Vorurteil gegen die christliche Religion befreite ihn Humboldt ... Dies fällt in die Zeiten, wo Schiller sich auf Philosophie warf, in deren Abgrund er auch versunken wäre, wenn nicht Goethe, der nun anfing, seinen Umgang zu suchen, und sich oft Vierteljahre lang in Jena aufhielt, ihn herausgerissen und aufgemuntert hätte, seinen Blick auch nach außen zu richten. Es bildete sich überhaupt damals ein reges und schönes Verhältnis zwischen Schiller und Goethe, wenn nicht von der Seite des letztern ein wenig Künstlerneid manchmal mit eingeflossen wäre; wenigstens weiß ich bestimmt, daß Goethe über mehrere Arbeiten Schillers, besonders über Wallenstein, gegen andere urteilte: er überzeuge sich nun immer mehr, daß Schiller nie etwas Erträgliches in diesem Fache liefern werde.

1623 W. v. Humboldts Reisetagebuch

[Über seinen Besuch bei Friedrich Heinrich Jacobi in Wandsbeck im August und September 1796.] Sonderbar ist der Kontrast seiner drei Söhne mit ihm und ihre Gleichheit hierin untereinander. Sie sind durchaus derbe Naturen, im Äußern stark, dick, nicht recht gewandt ... Ihre körperliche Gestalt soll, wie mir Goethe einmal sagte, von der Mutter herkommen.

1624 W. v. Humboldt an Uhden *15. Oktober 1803*

Ich werde jetzt vollkommen an mir gewahr, was mir Hirt und Goethe oft sagten, daß Rom die Sehnsucht nach jeder andern Stadt und jedem andern Lande im Gemüt unterdrückt.

* [Dazu die nachträgliche Bemerkung] sie waren von Franz Hemsterhuis an die Fürstin Gallitzin gekommen, die sie Goethen auf unbestimmte Zeit geliehen.

1625 Knebel an seine Schwester Henriette 20. September 1797

Goethe sagt, man lebe erst dann gut, wenn man es vergesse, daß man lebe ...

1626 C. Brentano an Bettina Sommer 1800

In Jena hat sie [Madame de Gachet] eine geraume Zeit geweilt und war in einer wissenschaftlichen Verbindung mit meinem Freund, dem großen Physiker Ritter, von dem Goethe sagt: Wir alle sind nur Knappen gegen ihn.

1627 R. Schleiden: Jugenderinnerungen 1886

Über die Kahlheit der umliegenden schön geformten Berge [bei Jena] trösteten wir uns leicht mit Goethes witziger Bemerkung gegen eine Dame [Frau von Nuys?]: «Möchten Sie den Apoll von Belvedere in Pantalons sehen?»

1628 Charlotte v. Schiller an Knebel 14. Juni 1813

Ich habe jetzt den «Reineke Fuchs» wieder vorgenommen, und die klare Ansicht hat mich recht erfreut und ergötzt von neuem. Ich sehe auch immer Goethe im Geist dabei und gedenke der Zeit, wo er uns daraus gelesen. Die Beichte Reinekes liest er einzig vor.

1629 Caroline v. Wolzogen: Niederschrift

Als ich mit Goethe über meine Agnes [von Lilien] sprach, für die er sich sehr interessierte, sagte er: Ich fülle gern aus in meinen Kompositionen, wenn die ersten Linien schon da sind.

1630 F. J. Frommann: Das Frommannsche Haus 1872

Damals [1796] nahm mein Vater [Carl Friedrich Ernst Frommann] den Rückweg über Weimar, wo er Herder predigen hörte und besuchte. Dieser hielt auch gegen ihn nicht zurück mit seinem bekannten Unwillen über des Herzogs kostspielige Liebhabereien, während für Kirche und Schule (ihn selbst wohl eingeschlossen) nichts zu erlangen sei, tadelte besonders dessen Eintritt in den preußischen Kriegsdienst. Auch auf Goethe war Herder schlecht zu sprechen, fügte aber doch hinzu: «Das muß man ihm lassen, daß der Herzog alle seine dummen Streiche in Goethes Abwesenheit gemacht hat.»

1631 *Herder an Knebel* *1800*

Von Voigts Hypothese oder Idee hat Goethe mir einiges erzählt, was mich vergnügt hat; wenn er die Idee nur nicht zu weit ausbreitet! daß es zuletzt ein Spiel der Worte und des Witzes scheine. Doch dafür mag Er sorgen.

1632 *Böttiger an J. F. Rochlitz* *7. Januar 1801*

Herder ist seit mehreren Jahren Goethen fremder geworden, und es scheint, als wenn es nie wieder zu einem ganz herzlichen Vernehmen zwischen beiden kommen könnte. Hier scheint mir Goethe ganz unschuldig, und sein Benehmen hat mir stets Achtung eingeflößt. Ich weiß die ersten Veranlassungen des Mißvernehmens nicht und mag sie auch nicht wissen, aber so viel weiß ich, daß Goethe oft Herdern zuvorgekommen ist, ihn zu sich eingeladen und überhaupt alles getan hat, um es zu keinem öffentlichen Bruch kommen zu lassen.

1633 *J. F. Rochlitz an Böttiger* *22. Juni 1808*

Goethes Faust [1. Teil] ist allerdings eine wahre und köstliche Bereicherung der deutschen Literatur ... Ob noch mehr zurückgeblieben? Ich glaube ja! ... aus einigen frühern Äußerungen Goethes gegen mich, die auf das jetzt Hinzugekommene nicht recht passen ...

1634 *Max Jacobi an Goethe* *3. August 1799*

Als ich Sie in meinen früheren Jünglingsjahren zuerst sah, hatte ich nur weniges von Ihren Schriften gelesen, noch wenigeres gefaßt. Eine gewaltige Neigung riß mich zu Ihnen hin; und während Ihre Freundschaft zu meinem Vater mir an Ihrem Herde eine gütige Aufnahme verschaffte, ward in der Folge mein ganzes Wesen durch Ihre liebreiche und edle Behandlung noch inniger an Sie gefesselt. Es war meine Freude und mein Stolz, daß ich selbst Ihnen dies sagen durfte. Ich fühlte es ganz, daß von allen Männern, die ich bisher gesehen hatte, Sie der einzige waren, dem ich mich mit vollem Zutrauen hingeben konnte; und so klein Ihnen auch dies Geschenk meiner Liebe scheinen mochte, so zeigte mir dennoch Ihr ganzes Benehmen gegen mich, daß Sie mich bemerkten, und ich war zufrieden. Kein Tag ist seitdem bis auf den heutigen vergangen, den ich in geringerer oder größerer Entfernung von Ihnen verlebte, wo Ihr Bild mir nicht lebendig vor der Seele geschwebt, und wo ich nicht im Geiste Ihnen dankbar Hände und Stirne geküßt hätte, wie einem zweiten Vater. Denn ich mußte es mir an jedem derselben von neuem sagen, daß ich Ihnen, Ihnen allein, den größten Teil meines besseren Daseins verdankte, und daß es unter Ihren Augen zuerst heller in meiner Seele geworden.

1635 G.J. Schleusner an J.F. Latrobe

Goethe ist hier [in Jena], er hat Deine Bilder gesehen, er lobte den artigen Pinsel – das sind seine eigenen Worte –, auch vieles in der Zusammenstellung, er tadelte aber, daß sie noch kein Ganzes ausmachten, und sagte, daß in einer guten Schule Du viel werden müßtest.

1636 Louise Seidler: Erinnerungen

Dieser Hund, Dacke mit Namen, war ein unausstehlicher Beller und Kläffer; eine Eigenschaft, durch welche er sich den ernsten Unwillen Goethes zuzog. Der Dichter brachte in jenen Jahren oft ganze Monate in dem Hauptflügel des altertümlichen Jenaischen Schlosses zu, dessen Querbau meinem Vater als Dienstwohnung angewiesen war; die beiderseitigen Fenster – jene Goethes und die meiner Eltern – lagen einander grade gegenüber; beide gingen auf den inneren Schloßhof. Ich bemerkte nun, wenn ich bei den Eltern war, mit nicht geringem Verdrusse, daß Goethe, dem alles Hundegebell in den Tod zuwider war, häufig nach Dacke, meinem beständigen treuen Begleiter, erklärten Lieblinge und Spielkameraden, warf, um ihn unter seinem Fenster fortzujagen; ja, endlich gab er den gemessenen Befehl, das Tier solle eingesperrt oder ganz weggeschafft werden. Als dasselbe nun bald darauf starb, welcher Todesfall mir bittere Tränen entlockte, warf ich einen großen Haß auf Goethe, denn ich ließ mir nicht ausreden, daß er meinen Dacke habe umbringen lassen. Solcher Haß auf den Dichter hielt mich jedoch nicht ab, unter den Fenstern seiner Zimmer mit seinem damals etwa siebenjährigen Sohne, der den Vater häufig besuchte, recht nach Herzenslust vergnügt zu spielen. August (geboren am 25. Dezember 1789) war ein wunderschöner Knabe und sah in der schwarzen idealen Bergmannstracht, die ihm sein Vater hatte anfertigen lassen, besonders reizend aus. Goethe hing mit unendlicher Liebe an ihm; oft fütterten beide miteinander die Tauben; noch öfter versüßte der Dichter des Götz und Werther unsere Kinderspiele dadurch, daß er Stückchen Torte, an einem Bindfaden gebunden, aus dem Fenster seines Arbeitszimmers in den Schloßhof, wo wir uns tummelten, herniederließ, damit wir danach haschten. Herzlich lachen konnte er, wenn die Leckerbissen endlich, zu kleinen Brocken zerkrümelt, in unsere Hände gelangten.

1637 S. Hirzel: Nicolaus Meyer (Biographische Skizze) 1856

Im achtzehnten Jahre ging er [Nicolaus Meyer] auf die Universität nach Kiel und 1798 nach Jena. Als er durch Weimar kam, konnte er dem Hause des Gefeierten nicht vorübergehen. Der Name einer geachteten Familie, seine liebenswürdige Persönlichkeit und seine Begeisterung für Goethe waren alles, was er zum ersten Besuche mitbrachte, bei dem er eine so freundliche Aufnahme fand, daß er nun in Jena jede freie Zeit benutzte, nach Weimar zu gehen. Hier erwartete ihn jederzeit ein väterlicher Empfang im Hause des hochverehrten Mannes, der es verstand, in dem jungen Freunde keimende Kräfte zu entwickeln und Neigung für Kunst und Wissenschaft zu entflammen. Den größten Teil des Winters 1799–1800 brachte Meyer im Hause Goethes zu, dessen naturhistorische Sammlungen von dem jungen Anatomen bei Ausarbeitung der Dissertation Prodromus anatomiae murium benutzt wurden. Die Präparationen der

Mäuse geschahen zum Entsetzen der kleinen Freundin Vulpia auf dem Küchenherde.

1638 Amalie v. Imhoff: Aufzeichnung

Zu wiederholten Malen verbrachte ich Wochen bei Schillers, wo jedes Wort die Grenzen meiner Begriffe erweiterte. – Goethe kam oft nach Jena, und abends zu vieren um einen kleinen runden Tisch versammelt, nährte ich mich weit mehr mit geistiger als leiblicher Speise, oft bis tief in die Nacht hinein, den bedeutendsten Gesprächen beider Männer im lebhaftesten Umtausch der Ideen horchend.

1639 Henriette v. Bissing (nach Amalie v. Imhoff)

Einen andern Abend demonstrierte der Freund [Knebel] in heftigster Weise seine Ansichten über verschiedenes dem stillhorchenden Goethe vor, und als er keine Gegenrede erhielt und betroffen darüber vor Goethe stehen blieb, erwiderte dieser ganz behaglich: «Ach sag' doch noch mehr so was Dummes.»

1640 Amalie v. Imhoff: Aufzeichnung

Nie haben Goethe oder Schiller in dieser Zeit eine Zeile in einer meiner Arbeiten selbst gestrichen, sie aber ebensowenig anders als fertig gesehen, soweit ich sie ihnen mitteilte. Zwei Gesänge der Schwestern von Lesbos waren eben in dieser Weise vollendet, als Goethe, von meiner neuen Arbeit unterrichtet, sie zu hören begehrte. Ich las sie, auf sein Verlangen, ihm vor und erzählte ihm den Plan des Ganzen.

Als Goethe so gütig war, mir einige Bemerkungen wegen des Hexameters zu machen, entdeckte er, nicht ohne spaßhafte Verwunderung, daß ich noch gar nicht wisse, was ein Hexameter sei. Er sagte mir: «Ich verstehe, das Kind hat die Hexameter gemacht, wie der Rosenstock die Rosen trägt.» –

Goethe selbst setzte sich hin, mir das Schema für diese Versform aufzuschreiben, die ich freilich von da an sehr ernstlich studierte, besonders an «Luise» von Voß, die

Goethe mir angeraten. Ich habe das von mir korrigierte Manuskript für die zweite Auflage mit eingerechnet eigenhändig sieben Mal abgeschrieben. Goethe selbst war so gütig, die Korrekturbogen mit mir nachzusehen; welche Stunden einen so reichen Schatz von Unterricht für mich enthielten und überhaupt etwas so Erhebendes und Poetisches in allen Nebenumständen hatten, daß diese Momente allein ein gewöhnliches langes Leben aufwiegen.

1641 F. Schubart: Aus dem Nachlaß

Als nun Fräulein von Imhoff ihr poetisches Werkchen [Die Schwestern von Lesbos] zu Stande gebracht hatte, teilte sie dasselbe vertraulich ihrer Tante, der mit Goethe befreundeten Frau von Stein, mit. Diese schenkte dem Versuch ihrer Nichte so weit Beifall, daß sie dieselbe nicht nur ermunterte, ihr Gedicht dem großen Dichter, den sie darin nachgeahmt hatte, vorzulegen, sondern sie vermittelte es auch, daß sie ihm dasselbe selbst vorlesen durfte. Fräulein von Imhoff wurde von Goethe in sein vielbekanntes Gartenhaus am weimarischen Parke eingeladen, wo sie ihm an einem Nachmittag in Gegenwart von Frau von Stein ihr idyllisches Gedicht vortrug. Nachdem sie mit zaghaftem Gemüt den ersten Gesang gelesen hatte, spricht ihr Goethe sofort seinen Beifall aus und fügt die Worte hinzu: «Und wie richtig und wohlklingend sind auch schon die Hexameter gemacht!» Da bricht das junge Fräulein erschrocken und verwundert in die Worte aus: «Wie denn, Exzellenz, sind denn das Hexameter?» Da kann er sich des lauten, frohen Lachens nicht enthalten und ruft aus: «Nun, da sieht man, wie es geht! Unsereiner quält sich, diese Verse herauszubringen, und das Kind macht sie.»

1642 H. Laube: Moderne Charakteristiken *1835*

[Eine Dame berichtet, was eine Freundin ihr über die «Heroenzeit in Jena» erzählt habe.] Die Xenienzeit fiel nach dieser meiner Bekanntschaft [mit Schiller]. Seine Exzellenz, der Geheimrat v. Goethe, kam oft nach Jena, und es war namentlich bei Tische, wo diese stachligen Verse fabriziert wurden. Wenn ich offen sein soll, so muß ich zugestehen, daß Schiller der schlimmste war, Goethe lächelte oft bei seinem Zorne, ließ ihn aber lächelnd geißeln. In der ersten Hälfte des Essens war die Exzellenz gewöhnlich schweigsam, und der vornehme Mann hielt alles in einiger Entfernung, wie denn überhaupt bei aller Sicherheit und Gewandtheit der gemessene, förmliche Reichsbürger oft an ihm zu sehen war. Man tat gut, ihn nicht zu stören, später, namentlich wenn der Champagner kam, wurde er doch munter. Seine Heiterkeit war überaus lieblich, und die Damen ließ er auf das reizendste gewähren. Ich war jung und ausgelassen und turbierte ihn mit den tollsten Dingen – «das Kind, das wilde Kind springt wieder», pflegte er dann zu sagen. So hatte er den verzweifelten Geschmack, stets fleischerfarbige, braunrote Überröcke zu tragen, mit denen ich ihn beständig aufzog. Er lachte; wenn er aber in einem neuen Kleide kam, so war's eben wieder solch ein fleischerfarbenes, wie ich es nannte, um ihn herauszufordern. Das Bild, was ich von ihm bewahre in meinem Herzen, stammt von einem Abende her, wo er bei Schiller zum Tee war. Eine Menge Notabilitäten waren zugegen, und ihre Gespräche wurden mir zu hoch, ich ging. Im Vorzimmer finde ich Goethes grünen Mantel und seinen Hut, ein kindischer Übermut stachelt mich, ihn umzuschlagen und den Hut aufzusetzen. So tret' ich noch einmal ins Zimmer, und erkläre, ich würde in diesem berühmten Mantel allein nach Hause gehen. Alle waren erstarrt über meine Dreistigkeit gegen die Exzellenz, er aber lächelte so liebenswürdig, und wünschte mir so humoristisch glückliche Reise, daß ich diesen wohlwollenden Ausdruck seines Gesichts nie vergessen werde. Damals trug er lange Locken an der Seite, und das oft starre, große Auge war von einem ungewöhnlichen Liebesschimmer belebt.

Am nachteiligsten war sein Erscheinen zu Jena für Woltmann, weil dadurch eine Art geselliger Rivalität entstand, wie sie sich sonst nirgends zeigte. Woltmann war nämlich ein sehr hübscher, sehr artiger, sehr feiner Mann, ein Held der Damen, ein sehr beliebter Redner, dessen sauberer, norddeutscher Akzent – er kam aus Hannover – im Sachsenlande mit sehr viel Vorliebe aufgenommen wurde. Es mag sein, daß sich zu alledem etwas Ziererei in sein Wesen gedrängt hatte, kurz, Goethe fühlte sich gar oft veranlaßt, ihn aufzuziehen, ihn anzustoßen …

Man hat viel davon gesprochen, daß Goethe nicht ganz ohne Neid auf Fichtes damalige Popularität geblickt habe, und man hat viele Geschichten erzählt. In Jena war Fichte allerdings der Abgott der Studenten; aber es ist wohl töricht – indessen will ich Ihnen doch ein darauf bezügliches Geschichtchen erzählen.

Fichte kam eines Tages sehr mürrisch zu uns. – «Was gibt's, Fichte?» «Ach, ich komme von Goethe.»

«Nun?»

«Man sollte es nicht erzählen. – Die Studenten haben gestern abend Goethe eine Abendmusik gebracht, und er hat das in seiner vornehmen Manier übelgenommen. Heute sag' ich ihm, er möge bedenken, daß die jungen, feurigen Leute das Ständchen nicht dem Minister Goethe, sondern dem Dichter Goethe gebracht hätten. ‹Ich wünsche nicht›, erwiderte er, ‹daß man den Minister über dem Dichter vergesse.›»

– Ich erzähle Ihnen das, mein Herr, nicht aus animoser Absicht, denn Goethe ist mein liebster und größter Dichter, sondern als etwas wirklich Dagewesenes. Die Worte sind gesprochen worden, Fichte log nicht, und ich verbürge sie Ihnen.

1643 H. E. G. Paulus: Goethe und Paulus *1849*

Dieses Vieltätigsein [Goethes] war möglich, weil, wie wir von ihm selbst hörten, er wie ein Gesetz befolgte, was Amt und Geschäftsaufträge betraf, immer zuerst abzumachen, alsdann aber dem, wozu ihn der Geist trieb, mit ungeteilter Fertigkeit sich ganz hinzugeben.

Zu allen diesen Tendenzen kam in Goethe fortwährend, aber mehr wie eine problematische Unterhaltung und nicht eigentlich als Beschäftigung, eine gegen hyperphysische Selbsttäuschung des damals gepriesenen «absoluten Spekulierens» sehr behutsame Aufmerksamkeit hinzu. Für Ahnungen über das Übermenschliche hatte Goethe eine erhebende, staunende Andacht in sich. «Wie jenes Übersinnliche gleichsam von oben her mit unserer Natur und Naturphilosophie zusammenhängt, dies» – rief er mir einmal zu – «ist die Frage.» Aber sein ahnendes Denken war mit der besonnensten Scheu vor allen Dogmen als Behauptungen verbunden, besonders wenn man das Praktische darnach oder dagegen regulieren zu wollen fürchten ließ …

Spinoza, weil die alte Ausgabe seiner Schriften eine Rarität in den Bibliotheken war, wurde, wie eine mystisch magische Offenbarung, von Schelling hervorbeschworen, geheimnisvoll gedeutet und mißgedeutet. Ich förderte deswegen 1802 und 1803 als in der Jenaischen Denkfreiheit rationalisierender Professor der Theologie die Ausgabe Spinozas.

Goethe stimmte mit der von dem abstraktesten Philosophen nicht zu erwartenden Weltanschauung überein, wie sie von diesem im tractatus theologico-politicus auf das sogenannte Alte Testament angewendet ist.

Was das Hinüberblicken in das absolute Hyperphysische in der Philosophie betrifft, so wollte Goethe die Philosophen von Profession darüber, wie er zu sagen pflegte, «gerne gewähren lassen, so viel sie könnten.» Er ließ als Zuhörer gerne sie sich aussprechen, auch wenn sie, wie Schelling, es gleichsam als etwas ihnen ausschließlich offenbar Gewordenes im Besitz und Verschluß zu haben, die Miene machten.

Goethe sagte oft wünschend und hoffend: «Je mehr man sich an dem Spekulieren über das Übermenschliche trotz aller Warnungen Kants vergeblich abgemüht haben wird, desto vielseitiger wird dereinst das Philosophieren zuletzt auf das Menschliche, auf das geistig und körperlich Erkennbare der Natur gerichtet und dadurch eine wahrhaft so zu benennende Naturphilosophie erfaßt werden.»

Was die mathematischen und physikalischen Vorkenntnisse betraf, schätzte Goethe, wie er dies mir mehrmals sagte, Hegel mehr, als Schelling.

1644 A. L. Hülsen an F. Schleiermacher 13. April 1800

In Ihrem Urteil über Goethe muß ich noch bemerken, daß das Verhältnis zwischen ihn und seiner Geliebten doch vielleicht reiner ist. Die christliche Einsegnung ist freilich nicht erfolgt, aber diese Negation will für das schöne Verhältnis der Geschlechter auch wahrlich nichts sagen. Ich weiß, daß Goethes Genossin keinesweges eine Magd im Hause war. Ich selbst habe beide Hand in Hand und in traulichen Gesprächen öffentlich spazieren gehen sehen, und ein schöner muntrer Knabe geleitete sie. Auch habe ich die Frau selbst gesprochen, und könnte nicht sagen, daß es ihr an Bildung fehlte. Sie hat sehr viel Einnehmendes, und ich sehe besonders mit Wohlgefallen ihre Liebe zu dem trefflichen Knaben, der mich ganz bezaubert hat. Ferner weiß ich auch, daß sie sogar bei Staatsvisiten die Honneurs im Hause macht, welches mir unter anderm die Geheimderätin von Koppenfels in Weimar erzählt hat, die auch Besuche von ihr erhielt, und sie erwiderte. Sonst will ich freilich die Heiligkeit des Geschlechtsverhältnisses bei Goethe nicht suchen. Sein Leben hat ihn nicht darauf zugeführt. Hätte Goethe keinen Freund, so müßte ich ihn beklagen, denn er wäre sehr arm. So viel weiß ich aber, daß in seinen Schriften darüber goldene Sprüche zu lesen sind, daß er äußerst bescheiden und anspruchslos ist, und sonach wohl einen Freund verdiente. Ich gestehe, daß ich Goethes Natur immer verehrt habe, und den Künstler in ihn noch immer nicht denken kann.

1645 Schiller an H. Meyer 21. Juli 1797

Herzlich heißen wir sie willkommen auf deutschem Boden, lieber Freund …

Was wir trieben und wie es um uns stand, das erfuhren Sie von unserm Freund, und der wird Ihnen auch gesagt haben, wie sehr Sie uns gegenwärtig waren. Von ihm habe ich mit herzlichem Anteil vernommen, was Sie betrifft, wie trefflich Sie Ihre Zeit benutzten und welche Schätze Sie für uns alle sammelten.

Auch wir waren indes nicht untätig, wie Sie wissen, und

am wenigsten unser Freund, der sich in diesen letzten Jahren wirklich selbst übertroffen hat. Sein episches Gedicht haben Sie gelesen; Sie werden gestehen, daß es der Gipfel seiner und unsrer ganzen neueren Kunst ist. Ich hab es entstehen sehen und mich fast ebenso sehr über die Art der Entstehung als über das Werk verwundert. Während wir andern mühselig sammeln und prüfen müssen, um etwas Leidliches langsam hervorzubringen, darf er nur leis an dem Baume schütteln, um sich die schönsten Früchte, reif und schwer, zufallen zu lassen. Es ist unglaublich, mit welcher Leichtigkeit er jetzt die Früchte eines wohlangewandten Lebens und einer anhaltenden Bildung an sich selber einerntet, wie bedeutend und sicher jetzt alle seine Schritte sind, wie ihn die Klarheit über sich selbst und über die Gegenstände vor jedem eiteln Streben und Herumtappen bewahrt. Doch Sie haben ihn jetzt selbst, und können sich von allem dem mit eignen Augen überzeugen. Sie werden mir aber auch darin beipflichten, daß er auf dem Gipfel, wo er jetzt steht, mehr darauf denken muß, die schöne Form, die er sich gegeben hat, zur Darstellung zu bringen, als nach neuem Stoffe auszugehen, kurz daß er jetzt ganz der poetischen Praktik leben muß. Wenn es einmal einer unter Tausenden, die darnach streben, dahin gebracht hat, ein schönes vollendetes Ganzes aus sich zu machen, der kann meines Erachtens nichts Besseres tun, als dafür jede mögliche Art des Ausdrucks zu suchen, denn wie weit er auch noch kommt, er kann doch nichts Höheres geben – ich gestehe daher, daß mir alles, was er bei einem längern Aufenthalt in Italien für gewisse Zwecke auch gewinnen möchte, für seinen höchsten und nächsten Zweck doch immer verloren scheinen würde. Also bewegen Sie ihn auch schon deswegen, lieber Freund, recht bald zurückzukommen, und das, was er zu Hause hat, nicht zu weit zu suchen.

1646 Charlotte Schiller an Fritz v. Stein *1. Oktober 1797*

Goethe ist nun in Stäfa bei Meyer, und hat sich auf seiner Reise wohl befunden, und hat schöne Briefe geschrieben, von der Schweiz hörten wir noch nichts von ihm. In Stuttgart hat er sich sehr gefallen, die Künstler dort haben ihm viel Freude gemacht. Ich glaube auch nicht, daß er sich bei den ungewissen politischen Aussichten nach Italien wendet, und da er nun Meyer wieder hat, so hoffe ich wendet er sich ehestens wieder unsern Thüringischen Bergen zu, und ist vielleicht den Winter wieder in Weimar. Es ist erstaunend, welchen Einfluß seine Nähe auf Schillers Gemüt hat, und wie belebend für ihn die häufige Kommunikation seiner Ideen mit Goethe ist, er ist ganz anders, wenn er auch nur in Weimar ist. Mir selbst ist Goethe auch sehr lieb, aber er wird mir noch lieber um Schillers willen. Goethe ist auch hier viel anders, es ist recht eigen, welchen Eindruck der Ort auf ihn macht, in Weimar ist er gleich steif und zurückgezogen, hätte ich ihn hier nicht kennen lernen, so wäre mir viel von ihm entgangen und gar nicht klar geworden. Ich glaube doch, daß auf diese Stimmung die häuslichen, zu der Welt in Weimar nicht passenden Verhältnisse am meisten Einfluß haben; hier fällt die strenge Beurteilung weg, und dies macht ihm seine Existenz freier in der Idee.

1647 Schiller an Körner *31. August 1798*

... es gibt so gar erschrecklich wenig wahre Verhältnisse überhaupt, und so wenig gehaltreiche Menschen, daß man einander, wenn man sich glücklicherweise gefunden, desto näher rücken sollte.

Ich bin in dieser Rücksicht Goethen sehr viel schuldig, und ich weiß, daß ich auf ihn gleichfalls glücklich gewirkt habe. Es sind jetzt vier Jahr verflossen, daß wir einander näher gekommen sind, und in dieser Zeit hat unser Verhältnis sich immer in Bewegung und im Wachsen erhalten. Diese vier Jahre haben mir selbst eine festere Gestalt gegeben, und mich rascher vorwärts gerückt, als es ohne das hätte geschehen können. Es ist eine Epoche meiner Natur, und sie würde noch reicher und bedeutender geworden sein, wenn auch wir in dieser Zeit uns näher gelebt hätten.

1648 Schiller an Gräfin Schimmelmann 23. November 1800

Was ich Gutes haben mag, ist durch einige wenige vortreffliche Menschen in mir gepflanzt worden, ein günstiges Schicksal führte mir dieselben in den entscheidenden Perioden meines Lebens entgegen, meine Bekanntschaften sind auch die Geschichte meines Lebens.

Dieses und einige Äußerungen in Ihrem Briefe führen mich natürlich auf meine Bekanntschaft mit Goethen, die ich auch jetzt, nach einem Zeitraum von sechs Jahren, für das wohltätigste Ereignis meines ganzen Lebens halte. Ich brauche Ihnen über den *Geist* dieses Mannes nichts zu sagen. Sie erkennen seine Verdienste als Dichter, wenn auch nicht in *dem* Grade an, als ich sie fühle. Nach meiner innigsten Überzeugung kommt kein anderer Dichter ihm an Tiefe der Empfindung und an Zartheit derselben, an Natur und Wahrheit und zugleich an hohem Kunstverdienste auch nur von weitem bei. Die Natur hat ihn reicher ausgestattet als irgend einen, der nach Shakespeare aufgestanden ist. Und außer diesem, was er von der Natur *erhalten*, hat er sich durch rastloses Nachforschen und Studium mehr *gegeben* als irgend ein anderer. Er hat es sich zwanzig Jahre mit der redlichsten Anstrengung sauer werden lassen, die Natur in allen ihren drei Reichen zu studieren, und ist in die Tiefen dieser Wissenschaften gedrungen. Über die Physik des Menschen hat er die wichtigsten Resultate gesammelt und ist auf seinem ruhigen einsamen Weg den Entdeckungen voraus geeilt, womit jetzt in diesen Wissenschaften so viel Parade gemacht wird. In der Optik werden seine Entdekkungen erst in künftiger Zeit ganz gewürdiget werden, denn das Falsche der Newtonischen Farbenlehre hat er bis zur Evidenz demonstriert, und wenn er alt genug wird, um sein Werk darüber zu vollenden, so wird diese Streitfrage unwiderleglich entschieden sein. Auch über den Magnet und die Elektrizität hat er sehr neue und schöne Ansichten. So ist er auch in Rücksicht auf den Geschmack in bildenden Künsten dem Zeitgeiste sehr weit voraus, und bildende Künstler könnten vieles bei ihm lernen. Welcher von allen

Dichtern kommt ihm in solchen gründlichen Kenntnissen auch nur von ferne bei, und doch hat er einen großen Teil seines Lebens in Ministerialgeschäften aufgewendet, die darum, weil das Herzogtum klein ist, nicht klein und unbedeutend sind.

Aber diese hohen Vorzüge seines Geistes sind es nicht, was mich an ihn bindet. Wenn er nicht als Mensch für mich den größten Wert von allen hätte, die ich persönlich je habe kennen lernen, so würde ich sein Genie nur in der Ferne bewundern. Ich darf wohl sagen, daß ich in den sechs Jahren, die ich mit ihm zusammen lebte, auch nicht einen Augenblick an seinem Charakter irre geworden bin. Er hat eine hohe Wahrheit und Biederkeit in seiner Natur, und den höchsten Ernst für das Rechte und Gute; darum haben sich Schwätzer und Heuchler und Sophisten in seiner Nähe immer übel befunden. Diese hassen ihn, weil sie ihn fürchten, und weil er das Flache und Seichte im Leben und in der Wissenschaft herzlich verachtet und den falschen Schein verabscheut, so muß er in der jetzigen bürgerlichen und literarischen Welt notwendig es mit vielen verderben.

Sie werden nun aber fragen, wie es komme, daß er bei dieser Sinnesart mit solchen Leuten, wie die Schlegelischen Gebrüder sind, in Verhältnis stehen könne. Dieses Verhältnis ist durchaus nur ein literarisches und kein freundschaftliches, wie man es in der Ferne beurteilt. Goethe schätzt alles Gute, wo er es findet, und so läßt er auch dem Sprach- und Vers-Talent des ältern Schlegel und seiner Belesenheit in alter und in ausländischer Literatur, und dem philosophischen Talent des jüngern Schlegel Gerechtigkeit widerfahren. Und darum, weil diese beiden Brüder und ihre Anhänger die Grundsätze der neuen Philosophie und Kunst übertreiben, auf die Spitze stellen und durch schlechte Anwendung lächerlich oder verhaßt machen, darum sind diese Grundsätze an sich selbst, was sie sind, und dürfen durch ihre schlimmen Partisans nicht verlieren. An der lächerlichen Verehrung, welche die beiden Schlegels Goethen erweisen, ist er selbst unschuldig, er hat sie nicht dazu aufgemuntert, er leidet vielmehr dadurch und sieht selbst recht wohl ein, daß die Quelle dieser Verehrung nicht die reinste ist; denn diese eiteln Menschen bedienen sich seines Namens nur als eines Paniers gegen ihre Feinde, und es ist ihnen im Grund nur um sich selbst zu tun. Dieses Urteil, das ich Ihnen hier niederschreibe, ist aus Goethens eigenem Munde, in diesem Tone wird zwischen ihm und mir von den Herren Schlegel gesprochen.

Insofern aber diese Menschen und ihr Anhang sich dem einreißenden Philosophie-Haß und einer gewissen kraftlosen seichten Kunstkritik tapfer entgegen setzen, ob sie gleich selbst in ein anderes Extrem verfallen, insofern kann man sie, gegen die andere Partei, die noch schädlicher ist, nicht ganz sinken lassen, und die Klugheit befiehlt, zum Nutzen der Wissenschaft ein gewisses Gleichgewicht zwischen den idealistischen Philosophen und den Unphilosophen zu beobachten.

Er wäre zu wünschen, daß ich Goethen ebenso gut in Rücksicht auf seine häuslichen Verhältnisse rechtfertigen könnte, als ich es in Absicht auf seine literarischen und bürgerlichen mit Zuversicht kann. Aber leider ist er durch einige falsche Begriffe über das häusliche Glück und durch eine unglückliche Ehescheue in ein Verhältnis geraten, welches ihn in seinem eigenen häuslichen Kreise drückt und unglücklich macht, und welches abzuschütteln er leider zu schwach und zu weichherzig ist. Dies ist seine einzige Blöße, die aber niemand verletzt als ihn selbst, und auch diese hängt mit einem sehr edeln Teil seines Charakters zusammen.

Ich bitte Sie, meine gnädige Gräfin, dieser langen Äußerung wegen um Verzeihung; sie betrifft einen verehrten Freund, den ich liebe und hochschätze und den ich ungern von Ihnen beiden verkannt sehe. Kennten Sie ihn, so wie ich ihn zu kennen und zu studieren Gelegenheit gehabt, Sie würden wenige Menschen Ihrer Achtung und Liebe würdiger finden.

V

VOM BEGINN DES NEUNZEHNTEN JAHRHUNDERTS BIS ZU SCHILLERS TOD

1801–1805

1801

1649 Wieland an Böttiger *9. Januar 1801*

Ich höre heut abend beunruhigende Nachrichten von Goethes Gesundheitsumständen. Hoffentlich, lieber Freund, können Sie mir – morgen (denn ich schreibe dies am 9. abends) etwas Tröstlicheres berichten. Der Verlust, wenn wir so unglücklich sein sollten ihn zu verlieren, wäre in mehr als einer Rücksicht unersetzlich und nicht zu berechnen.

1650 Schiller an Cotta *10. Januar 1801*

Leider ist Goethe in diesem Augenblick sehr krank, und seine Ärzte sind nicht ohne Furcht eines unglücklichen Ausgangs. Auch wenn er für jetzt der Gefahr entrinnt, so könnte ihm doch eine große Schwäche und kränkliche Disposition übrig bleiben, die seine Tätigkeit hemmen würde. Es ist ein katarrhalisches Fieber mit einem heftigen Rotlauf, welches sich ins linke Auge geworfen, und mit einem schmerzhaften Krampfhusten verbunden. Der Arzt fürchtet, daß die äußere Entzündung ins Gehirn schlagen, oder daß ein Steck- oder Schlagfluß dazu kommen könnte. Heut ist der sechste Tag, und ich schreibe Ihnen mit der nächsten Post, wie es um ihn steht.

1651 Charlotte v. Stein an ihren Sohn Fritz *12. Januar 1801*

Ich wußte nicht, daß unser ehemaliger Freund Goethe mir noch so teuer wäre, daß eine schwere Krankheit, an der er seit neun Tagen liegt, mich so innig ergreifen würde. Es ist ein Krampfhusten und zugleich die Blatterrose, er kann in kein Bett und muß in einer immer stehenden Stellung erhalten werden, sonst will er ersticken. Der Hals ist verschwollen sowie das Gesicht, und voller Blasen inwendig, sein linkes Auge ist ihm wie eine große Nuß herausgetreten und läuft Blut und Materie heraus, oft phantasiert er, man fürchtete vor eine Entzündung im Gehirn, ließ ihm stark zur Ader, gab ihm Senf-Fußbäder, darauf bekam er geschwollne Füße und schien etwas besser, doch ist diese

Nacht der Krampfhusten wiedergekommen, ich fürchte, weil er sich gestern hat rasieren lassen; entweder meldet Dir mein Brief seine Besserung oder seinen Tod, ehe laß ich ihn nicht abgehen. Die Schillern und ich haben schon viele Tränen die Tage her über ihn vergossen; sehr leid tut mir's jetzt, daß, als er mich am Neujahr besuchen wollte, ich leider, weil ich an Kopfweh krank lag, absagen ließ, und nun werde ich ihn vielleicht nicht wieder sehen.

1652 Caroline Herder an Knebel *22. Januar 1801*

Der Anfang von Goethes Krankheit soll ein Katarrh gewesen sein, den er den 1. Januar im Theater, als Haydns *Schöpfung* gegeben wurde, bekommen hatte und der sich allmählich in eine Geschwulst der Rose mit Fieber und einem Krampfhusten verwandelte. Es stieg damit so schnell, daß er den 5. und 6. Januar nicht mehr im Bett bleiben konnte, um nicht zu ersticken. Er wollte sich nicht zur Aderlaß verstehen, die Huschke, sein Arzt, für notwendig hielt. Den 7. Januar war das linke Auge durch die Geschwulst und Eiterung in Gefahr; auch teilte sich die Geschwulst allen Drüsen des Kopfs und Halses mit. Stark erschien den Nachmittag. Eine sehr starke Aderlaß und darauf ein sehr reizendes Fußbad wurde auf seine Verordnung unternommen: beides rettete ihn. In dieser Nacht und den Morgen kannte er die Menschen nicht mehr; das rechte Auge, das sonst gut war, wurde jetzt mit ergriffen; er sah durch dieses die Adern des Auges an der Wand rot, so wie ihm alles rötlich vorkam. In dieser Nacht nach der Aderlaß und Fußbad erschien am Fuß eine rotlaufartige Geschwulst und die am Gesicht verlor sich nach und nach. Es kam eine Art Bräune, die eben auch gefährlich war. Stark, den wir den ersten Tag selbst gesprochen, hielt ihn für ganz tödlich und befürchtete einen Schlag, da Kopf, Gehirn und Brust so sehr befallen war.

1653 Schiller an Körner *13. Januar 1801*

Du hast vielleicht schon von der schweren Krankheit gehört, welche Goethen befallen und einige Tage in große

Gefahr gesetzt hat. Es fing zwar nur wie eine Blatterrose an, aber Krämpfe und ein böser Hals schlugen sich dazu, und Stark, der ihn behandelte, fürchtete, daß eine Hirnentzündung daraus werden könnte. Es ist aber alles seit drei Tagen wieder auf gutem Wege, er läßt Dich freundlich grüßen, da er gehört, daß ich an Dich schreibe.

1654 Charlotte v. Stein an ihren Sohn Fritz *14. Januar 1801*

Mit Goethe geht es besser, doch muß der einundzwanzigste Tag vorüber sein, bis dahin könnte ihm noch etwas zustoßen, weil ihm die Entzündung etwas am Kopf und am Zwerchfell geschadet hat. Gestern hat er mit großem Appetit Suppe gegessen, die ich ihm geschickt habe, mit seinem Auge soll es auch besser gehen, nur ist er sehr traurig und soll drei Stunden geweint haben, besonders weint er, wenn er den August sieht, der hat indessen seine Zuflucht zu mir genommen: der arme Jung dauert mich, er war entsetzlich betrübt, aber er ist schon gewohnt, sein Leiden zu vertrinken, neulich hat er in einem Klub von der Klasse seiner Mutter siebzehn Gläser Champagner-Wein getrunken, und ich hatte alle Mühe, ihn bei mir vom Wein abzuhalten.

1655 Charlotte v. Stein an ihren Sohn Fritz *15. Januar 1801*

Goethe schickte heute zu mir, ließ mir danken für meine Teilnahme, und er hoffte, er würde bald wieder ausgehen können; die Doktors halten ihn außer Gefahr, aber seine Genesung werde noch lange werden.

1656 F. Schlegel an seinen Bruder August Wilhelm *16. Januar 1801*

Daß Goethe ganz wieder besser ist, weißt Du gewiß schon.

1657 Caroline Herder an Knebel *21. Januar 1801*

Daß Goethe lebt, darüber wollen wir Gott danken. Es möchte ohne ihn nicht gut in Weimar werden. Er ist doch immer der, der Schranken setzt, wenn es zu bunt werden will!

Mein Mann hatte ihn vorgestern besucht – fand aber leider den Herzog und Schiller da – ein solcher Dreiklang war seiner Natur fremd – ungewohnt – er kam verstimmt nach Hause, bis die Nacht und der Schlaf die Saiten wieder stimmte.

1658 Charlotte v. Stein an ihren Sohn Fritz 27. Januar 1801

[Charlotte v. Stein war mit Charlotte Schiller am 26. Januar bei Goethe gewesen.] Er bat uns aufs neue um unsere Freundschaft, als wenn er wieder in der Welt angekommen wäre. Sonderbar ist, daß er auch nicht um ein Lot hat abgenommen, aber sein Auge ist noch bös, aber mehr die äußere Haut daran als der Augapfel. Fünf Tage wußte er nichts von sich, und weiß sich nur eines sonderbaren Gefühles zu erinnern, als wenn er etwas Ganzes gewesen wäre, eine Landschaft, so etwas Allgemeines etc.; wie er sein Individuum wieder fühlte, war ihm die Empfindung unglücklich. Gestern schien er mir aber heiter, aber leicht zum Zorn gereizt; denn er wurde sehr heftig, daß man ein Stück von Kotzebue hier gespielt, *Die Sucht zu glänzen.*

1659 J. Ch. Loder an Böttiger 15. März 1801

Daß Goethe fast alle seine Arbeiten bloß in Jena macht, wissen Sie, und noch neulich sagte er mir, daß er in Weimar nichts zu Stande bringen könne.

1660 Schiller an Cotta 6. Februar 1801

Goethe ist wieder hergestellt und befindet sich recht wohl. Seine gute Natur und die Geschicklichkeit des Dr. Stark, seines Arztes, haben ihn gerettet.

1661 Charlotte Schiller an Fritz v. Stein 17. Februar 1801

Daß Goethe so krank war, wissen Sie. Wir haben viel Angst seinetwegen gehabt. Es war eine Hirnentzündung nahe, und Stark hat ihn allein durch seine Schnelligkeit gerettet, hat eine starke Aderlaß tun lassen, die ganz entscheidend war. Wenn ich auch nicht fühlen könnte, was wir an Goethens Geist verloren hätten, so würde mir sein Verlust unendlich schmerzlich gewesen sein um Schillers willen, der in seiner Freundschaft durch die Nähe seines Geistes so reich ist, und der niemanden wieder finden könnte, an den er sich so anschlösse. Auch liebe ich Goethe so herzlich, daß ich mir die Welt ohne ihn schwer denken kann. Ob ich ihn hier gleich weniger sehe als in Jena, so lebe ich doch mit seinem Geist durch Schillers Mitteilung. Schiller ist fast täglich bei ihm. Daß wir Frauen nicht so sans façon in seinem Hause Eintritt haben können und wollen, hängt von seinen inneren Verhältnissen ab. Obgleich Schiller selbst nie die Dame des Hauses als Gesellschafterin sieht und sie nie bei Tisch erscheint, so könnten doch andere Menschen es nicht glauben, daß sie sich verbärge, wenn unsereins auch diese Gesellschaft teilte. Sie wissen am besten, wie die Menschen hier sind, wie sie lauern usw. Man wäre vor tausend Erdichtungen nicht sicher.

1662 J.I.v.Gerning an A.v.Hennings 21.März 1801

Goethe war sehr krank. Wie viel hätte man an ihm verloren, weil er doch noch manches zusammenhält, auch im Landes- und Hofwesen.

1663 Caroline Schlegel an ihren Mann 27.Februar 1801

Schelling war wieder einige Tage bei Goethe ...

Goethe ist wohl und freundlich und sprudelt von bon mots auf alle schlechten Poeten; ein wenig eingefallen soll er im Gesicht aussehn. Er hat das Zimmer verlassen, in welchem er krank gelegen, um nicht an diesen Zustand erinnert zu werden. Schiller erzählt, daß das Hauptthema aller seiner Phantasien die Naturphilosophie war, die Natur, und die Philosophie.

1664 Riemer: Mitteilungen über Goethe 1841

[Über Goethes Religiosität.] Vor allem aber würde höchst bedeutsam sein, jene *an Christus* gerichtete Apostrophe, in seiner schweren Krankheit zu Anfang des Jahres 1801, wo er, nach seiner Gattin Zeugnisse, das sie wiederholt ablegte, wenn das Gespräch auf diese Epoche seines Lebens kam, von Schmerz übermannt in Fieberphantasien, mit wahrhafter Begeisterung, in die beweglichsten herzergreifendsten Reden an den Erlöser ausgebrochen sei. Sie bedauerte nur, daß damals niemand daran denken können, diese aufzuzeichnen; es würde mehr als alles andere beurkunden, was in seiner Seele für christlich-religiöse Gesinnungen gelegen, und wie sie nur bei solchen Gelegenheiten ohne Heuchelei und Rückhalt sich zu äußern veranlaßt werden.

1665 Charlotte Schiller an ihren Mann *10. März 1801*

[Über den Streit zwischen den Schauspielerinnen Jagemann und Vohs wegen der Rolle der Thekla im «Wallenstein».] Meyer war bei mir, Goethe hat eben sich sehr ereifert, und gesagt, er dürfe nicht nachgeben, weil er sonst um jede andre Schauspielerin auch geplagt würde, und das Protegieren satt hätte, das ihm schon ehmals bei der Göchhausen und Herzogin über die Rudorf so gequält hätte usw. Daß er unrecht hat, ist keinen Zweifel unterworfen ... Goethe ist mir unbegreiflich, Kirms lügt, denn die Herzogin hat es ihm ja aufgetragen, mit Goethe zu reden, und Goethe behauptet, es hab sich niemand an ihm gewendet –. Er ist noch krank, man muß auch ihm schonen ...

1666 Carl v. Stein an seinen Bruder Fritz *12. März 1801*

Die Jagemann hat sich mit dem Kranz entzweit, weil er in der Oper nicht nach dem (vorgeschriebenen) Takt spielen soll, sondern nach ihrer Stimme. Dies scheint für das ganze Orchester etwas viel verlangt zu sein, doch hat Goethe dem Kranz bis zur Zurückkunft des Herzogs die Direktion des Orchesters untersagt, worüber denn jetzt die Operetten nicht reüssieren. Bei dem Gelächter, was in dieser Unordnung geschah, so daß die Annonce des neuen Stückes nicht gehört werden konnte, hat sich Goethe so echauffiert, daß er laut aus seiner Loge dem publico Stillschweigen geboten. Man hat aber doch gelacht.

1667 Böttiger an J. F. Rochlitz *13. März 1801*

Goethe ist zwar völlig genesen, und die kleinen Überreste einer Beule, die er noch über einem Auge hat, sind von gar keiner Bedeutung, indessen will man doch bemerken, daß er äußerst reizbar und wieder in andern Rücksichten weicher und menschlicher sei.

1668 H. Schmidt: Erinnerungen eines weimarischen Veteranen *1856*

Ich beschloß, mich dem Theater zu widmen, jedoch nicht ohne vorher den Rat einsichtsvoller Männer darüber erforscht zu haben. Wie konnte ich aber in Weimar über die Wahl dieser Männer anstehen! Lebte nicht Schiller da, und hatte er mich nicht freundlich aufgenommen? An ihn wandte ich mich und wagte es, ihn um seine Meinung zu bitten. Der sorgsam bescheidene Mann wollte es nicht allein auf sich nehmen und versprach, mit Goethe darüber zu sprechen. Mit Goethe! Wie sehr ergriff mich diese Aussicht! War nicht Goethe mein höchstes Ideal, dessen Schriften mir von frühester Jugend an den höchsten Genuß gewährt hatten! Oft hatte ich die heißesten Tränen dabei vergossen und wußte mir selbst nicht zu erklären, warum. Mit hochklopfendem Herzen sah ich also dem weitern Erfolg entgegen. Bald darauf erhielt ich auch wirklich eine Einladung, zu Schiller zu kommen. Es war eines Sonntags nachmittags um fünf Uhr. Auch Goethe kam. Ich las einiges vor, einen Monolog und einige Szenen aus «Leben und Tod König Johanns» von Shakespeare. Goethe sprach sich dann weitläufig und, was noch mehr, mit augenscheinlicher innerer Anregung über den Schritt aus, sich dem Theater zu widmen, und wandte dann das Ausgesprochene auf mich an. Wenn er auch, meinte er, hier Verständnis des Dichters, entsprechende Äußerlichkeit, gutes Organ zugeben wolle, so könne er doch zwei Besorgnisse nicht umgehen, nämlich daß mich, wenn ich jetzt so unvorbereitet in die Welt träte, das Leben selbst in seine magischen Kreise und somit von der Neigung und Liebe zum nachgespiegelten hinwegziehen würde, und doch würde ich der Nachhülfe dieser

Neigung und Liebe noch sehr bedürfen, um auf dem Wege zum Ziele zu beharren, da er mir dadurch sehr erschwert werden würde, daß mir Nachahmungstrieb und Nachahmungsgabe, worauf jetzt noch die Schauspielkunst hauptsächlich mit begründet sei, gänzlich abzugehen scheine. Er verbreitete sich noch umständlicher darüber und verließ uns hierauf, um zu den Frauen, wie er sagte, in das anstoßende Zimmer hinüber zu gehen. Währenddessen war der höcht liebens- und verehrungswürdige Schiller treulich und angelegentlich bemüht, mir noch näher zu erklären, was Goethe gemeint und geäußert hatte, doch ohne sich irgend einen Zusatz zu erlauben. Er bezeigte dabei so viel gutmütigen Anteil, daß ich davon innigst gerührt wurde...

Goethe erschien mir von diesem Abend an noch liebens- und verehrungswürdiger, da ich so unmittelbar gesehen und empfunden hatte, wie sehr Schiller ihn liebte.

Als Goethe zurückgekommen, erteilte er mir für den Fall, daß ich nun noch bei meinem Vorsatz beharren wollte, die höchst willkommene Erlaubnis, zweimal die Woche zu ihm zu kommen und mit ihm eine auswendig gelernte Rolle durchzugehen.

1669 H. Schmidt: Erinnerungen eines weimarischen Veteranen *1856*

Daß und mit welchem Eifer ich nun die mir von Goethe erteilte Erlaubnis, die Woche zweimal zu ihm zu kommen, benutzte, darf ich nach dem bereits Mitgeteilten wohl nicht besonders erwähnen. Wir waren gewöhnlich in seinem Studierzimmer und gingen dann wohl auch im Garten auf und ab. Da ich schon früher bei Veranlassung meiner Unterredung mit Herder des berühmten Monologs aus «Hamlet» gedacht habe, so sei es mir vergönnt, ihn auch jetzt wieder als die Veranlassung zu einigen Bemerkungen von Goethe anzuführen.

Ich sprach wieder nach der Schlegelschen Übersetzung und hatte dabei die Stellung angenommen, daß ich die rechte Hand an das Kinn legte, während die linke Hand den rechten Arm, an der Spitze des Ellenbogens herabhängend, unterstützte. Goethe äußerte sich nicht mißbilligend über diese Stellung, auch tadelte er nicht, daß ich den größten Teil des Monologs dabei beharrt hatte, denn dieses Beharren des Schauspielers in einem Gest teilte dem Zuschauer das Gefühl einer gewissen Ruhe und Sicherheit mit, das jeder Darstellung wohl zustatten komme, und sei bei tragischen Rollen insbesondere von größerer Wirkung als das öftere Wechseln der Stellung und der Gesten, wenn diese nicht durch besondere Ursachen etwa bedingt würden. Doch müsse ich nicht glauben, daß ich nun durch Wahl und Ausführung der angegebenen Stellung dem Ziel, dem Auge ein gutes Bild vorzurücken, viel näher gekommen sei, wenn nicht alles und jedes miteinander übereinstimme. Hier sei zum Beispiel die Hand unter dem rechten Ellenbogen jetzt in eine Faust zusammengezogen, was jedoch gegen alle Regel der Schönheit sei. «Die Hand muß so gehalten werden!» sagte er und streckte mir dabei seine Hand hin, von der er die mittelsten zwei Finger zusammen, den Daumen aber und die andern zwei Finger etwas auseinander hielt, die letzten aber auch außerdem etwas gebogen herabhängen ließ. «So ist sie harmonisch mit dem Ganzen, in der rechten Form und anmutig zugleich, doch sie so zu biegen und zu gestalten, sieht leichter aus, als es ist. Nur langer Umgang mit der Malerei, mit der Antike insbesondere, verschafft uns eine solche Gewalt über die Teile des Körpers, denn es gilt hier nicht sowohl Nachahmung der Natur als ideale Schönheit der Form. Bei Veränderung der Stellungen und Gebärden ist vorzüglich zu beachten, daß sie vorbereitet und langsam geschehe, nicht etwa mitten in der Rede, wobei immer Mäßigung hauptsächlich zu empfehlen ist, damit man zur Steigerung der Effekte Ausdauer gewinnt.» Besonders empfehle er mir, den obern Teil des Arms so ruhig als möglich zu halten, sowie mit dem Arm nicht den Körper zu decken und ihn dadurch gleichsam zu durchschneiden. Der Körper muß immer möglichst frei und zwei Dritteile dem Publikum zugekehrt bleiben, damit alles Profilspiel vermieden werde. Um sich Gebärdenspiel zu erwerben und das Spiel der

Arme gelenksam und bezeichnend zu machen, empfahl er bei Übung der Rolle gegen einen Spiegel gekehrt zu sprechen, wobei der Schauspieler jede unrichtige Bewegung bemerken und die passendsten Gesten wählen könne; vorausgesetzt jedoch, daß er vorher seine Aufgabe, seinen Charakter gut durchstudiert habe. Übrigens gab er mir den Rat, auch im Lebensverkehr nie die Haltung und das Gebärdenspiel aus dem Auge zu verlieren, sondern immer an mir zu beobachten, denn dies erleichtere die Aufgabe auf der Bühne außerordentlich; besonders müsse man bei einem Monolog daran denken, daß man nun allein im Rahmen stehe und daher dem Auge des Zuschauers auch allein ausgesetzt sei. In Bezug auf die Deklamation dieses Monologs traf Goethes erste Bemerkung die Stelle der Übersetzung: «die unsers Fleisches Erbteil, 's ist ein Ziel aufs innigste zu wünschen.» «Das ist ganz gefehlt; setzen Sie ein ‹sind› dazu, wenn es nicht da steht, denn das erste von der Bühne herab ist Verständlichkeit, daher ist die vollständige Aussprache jeder Silbe, umsomehr jedes erfoderlichen Wortes nötig. Nichts darf dem Zuhörer vorenthalten werden, damit er hauptsächlich verstehe, was zu verstehen ist.» Besonders warnte er vor allem Dialekt, wobei er die dem Sachsen eigene offene Aussprache des e, wie geben, leben (in Sachsen oft wie gäben, läben), als ihm besonders gehässig bezeichnete. Vor allem aber solle anfänglich die Rolle, bevor sie gelernt werde, recht langsam und bestimmt gesprochen und dabei der Ton so tief als möglich gehalten werden, um für die Steigerung desselben auszureichen. Beim Auswendiglernen derselben sei vorzüglich darauf zu sehen, daß es nicht mit falscher Akzentuation usw. geschehe, daß jedes Wort richtig, dem Sinn gemäß gesprochen werde, denn sonst werde der Vortrag und die Aussprache immer fehlerhaft bleiben.

1670 H. Schmidt an Goethe *29. Oktober 1801*

... Ihnen verdank' ich die weise Lehre, von deren Wahrheit jeder neue Tag ein neuer Beweis ist, daß nur durch das äußere Leben das innere Leben erregt wird, nicht durch gefühlloses Spekulieren, was des Lebens Mark nur austrocknet.

1671 Caroline Herder an Knebel *15. April 1801*

Gerning ist endlich am Montag früh nach Frankfurt abgereist. Ich bin gewissermaßen froh; denn sonst wäre der Säkulargesang nie fertig worden ... Gerning war noch Freitag [10. April] bei Goethe und Wieland, und hat's dort vorgelesen. Da fand Goethe, daß des großen Schillers dramatische Kunst nicht gefeiert worden ist, daß Kants große Wirkung nicht genannt worden ist, und daß der Vers: *Wenn nicht nannte die Muse* etc. zu hart wäre etc., das meinte auch Gerning. Die Änderung des letzten Verses aber ließen wir nicht geschehen; gerade das Steigen hebt den Namen Herder noch höher; ich ließ es durchaus nicht zu. Am Schiller wurde folgendes gezimmert:

Schillers Lied ertönt am Altar der Musen,
Wo ihm Weisheit, Kunst und die höchste Dichtkunst,
Jede den Kranz flicht.

Kant blieb – er konnte nicht höher gefeiert werden – es war ganz im Sinn des großen Urteils über ihn [in Herders «Metakritik»] – und Goethe ist zu beklagen, daß er's nicht verstanden hat. Schiller und Niethammer müssen's ihm erst erklären ...

Und nun basta. Goethes Urteile sind meinem Mann feurige Pfeile ...

Mit Gutskaufen geben Sie sich ja nicht ab! Ich muß Ihnen den Schleier über Wielands und Goethes Lage, in Absicht ihrer Güter, aufdecken ...

Goethe hat das Roßla überteuer mit 14000 Reichstalern gekauft, mit schlechtem Haus und Stallung, alles baufällig, und schlechter Gegend. Er hat darauf 6000 Reichstaler bezahlt. Jetzt soll er abermals 4000 Reichstaler abzahlen und sucht in Apolda und umliegender Gegend bei *Rentbeamten* und dergleichen das Geld zusammen!! Mit seinem Pachter, der ihm zwei Jahre den ordentlichen Pacht nicht gegeben hat, hatte er bei dem Hofgericht einen Prozeß, den er zwar gewonnen und den Pachter herausgeworfen hat, indessen aber Unkosten und Verdruß davon getragen. Jetzt, heißt es, will er das Gut selbst administrieren – durch die Mademoiselle Vulpius, die Nachbarschaft prophezeit aber kein Gelingen, da er und sie die Landwirtschaft nicht verstehn. Das Gerede über ihn tut uns oft sehr leid; er wird meist in zweideutigem Licht beurteilt, und wir haben zu tun, die Menschen eines andern zu überzeugen.

1672 Caroline Herder an Knebel *22. April 1801*

Wieland lassen wir gewiß nicht fallen; wenn er nicht von Goethe gerückt und verschoben wird, so ist sein erstes Gefühl doch so rein und schön. – Er hat in seinem ersten Gefühl über die Adrastea an mich geschrieben, so rein und wahr ... Goethe hat ihn bald nach diesem Brief in Oßmannstädt besucht, ihn nach Roßla eingeladen, wieder besucht etc. Kurz, ich merkte durch Gerning, daß Wieland für Goethe und Schiller das Wort sprach.

Goethe spielt ewig seine Buhlerkünste, wenn er glaubt, jetzt sei ein Augenblick, da ein anderer, außer seiner Clique, etwas geleistet hat. O Lieber, uns ekelt dieser Buhlerlist! niedrig, eitel!

1673 H. Düntzer: Charlotte von Stein *1874*

Auch mit Goethe ist sie [Charlotte v. Stein im April 1801] wieder zusammengekommen, der ihren Vorschlag, seine Übersetzung des *Tancred* durch Fritz an das Breslauer Theater zu verkaufen, dankbar annahm, und ihr versicherte, es werde ihm unangenehm sein, sollte ihr Fritz während seiner Abwesenheit in Weimar sein, so daß er ihn nicht zu sehen bekomme. Seine Äußerung, Fritz solle sich nicht durch des Herzogs Anwesenheit hindern lassen, da man in politischen Dingen vergessen müsse, was den Tag vorher geschehen, drängt sie zu dem Stoßseufzer: «Wohl ihm, wenn er mit seinem Herzen so kann fertig werden! ich glaube, Du und ich, wir können es nicht.» Dem Sohne erzählt sie, nachdem sie bemerkt, Goethe brauche Geld, da die Familie der Vulpius ihn viel koste: «Vorgestern (den 21.) saß ich mit Frau von Trebra in der ehemaligen Rosenhecke; Goethe kam mit seiner Kammerjungfer (sie meint Christianen) an seiner Seite an uns vorbeigegangen. Ich schämte mich in seiner Seele und hielt mein Sonnenschirmchen vor, als hätte ich ihn nicht bemerkt.»

1674 Schiller an Körner *27. April 1801*

Goethe ist wieder ganz hergestellt und hat indessen vieles an seinem Faust getan, der aber noch immer als eine unerschöpfliche Arbeit vor ihm liegt, denn dem Plan nach ist das, was gedruckt ist, nur höchstens der vierte Teil des Ganzen, und was seitdem fertig geworden, beträgt noch nicht so viel als das Gedruckte. – Sonst beschäftigt er sich auch viel mit seinen optischen und naturhistorischen Dingen, die gewiß von sehr großer Bedeutung sind.

Mit Hartmann geht es Dir wie mir; ich habe ihn auch nicht kennen lernen, weil ich damals in Jena abwesend war. Man rühmt aber sehr sein Talent, und Goethe hält ihn für einen tüchtigen Burschen.

1675 Caroline Schlegel an ihren Mann *7. Mai 1801*

Goethe ist hier [in Jena]. Schelling war gestern den ganzen Morgen bei ihm und fuhr mit ihm aus, kam auch ganz ermüdet von scherz- und ernsthaften Reden bei uns an. Er hatte sich eben auf das angelegentlichste nach Dir und Deinem Tun und Treiben erkundigt und wann Du kämest, als ich das Paket hinschickte. Schelling erzählte ihm Deine Händel mit Unger, er las Deinen Brief und sagte: nun, er scheint doch recht vergnügt und wohl zu sein, und es freut mich, ihn bald zu sehn. Er wird nicht lange bleiben. Den Nicolai [von Fichte] hatte er noch nicht gelesen, er war gleich in Schillers Hände gekommen. Ein vollständig Exemplar habe ich nicht für ihn erhalten, und Schelling muß ihm das seinige mitteilen.

1676 Schiller an Friederike Unzelmann *11. Mai 1801*

Wir erwarten Sie mit großem Vergnügen auf den künftigen Sonnabend, und ich bitte Sie, mich in zwei Zeilen wissen zu lassen, wie bald Sie einzutreffen glauben, und ob Sie noch den Sonntag bleiben können. Auch Goethe wünschte sich darnach einzurichten. Er hat vorgezogen, auf den Sonnabend den Wallenstein spielen zu lassen; Maria Stuart kann nicht gegeben werden, weil die Elisabeth nicht besetzt ist. Unser Theater ist jetzt leider in einer Krise, und ich habe mich für meine Person ganz davon zurückgezogen.

1677 Schiller an Körner *13. Mai 1801*

Ich habe große Lust, mich nunmehr in der einfachen Tragödie, nach der strengsten griechischen Form, zu versuchen, und unter den Stoffen, die ich vorrätig habe, sind einige, die sich gut dazu bequemen. Den einen davon kennst Du, die Malteser ...

Ein anderes Sujet, welches ganz eigne Erfindung ist, möchte früher an die Reihe kommen; es ist ganz im reinen, und ich könnte gleich an die Ausführung gehen. Es besteht, den Chor mit gerechnet, nur aus zwanzig Szenen und aus fünf Personen. Goethe billigt den Plan ganz ...

Deinem Urteil über meine Jungfrau von Orleans sehe ich mit großem Verlangen entgegen. Goethe meint, daß es mein bestes Werk sei, und ist mit dem Ensemble besonders zufrieden.

1678 Caroline Herder an Knebel *28. Mai 1801*

Herr von Goethe hat letzthin [am 17. Mai], da mein Mann auf dem Stadthaus in einer geschlossenen Gesellschaft aß, wobei Schiller und Goethe auch waren, wieder einen hohen Spruch getan. Es war nämlich von den neuern Systemen die Rede; da sprachen Hochdieselben: «Das Neuere zeichnet sich vor allem andern dadurch aus, daß es ganz allein, ohne sich an das Alte zu heften, dasteht!» Sie sehen daraus, daß wir unmittelbar vom Heiligen Geist empfangen und geboren worden sind. Amen!

1679 H. Becker an F. Haide *22. Mai 1801*

Da ich, wie ich von Dir weggegangen, in Erfahrung gebracht, daß der Herr Geheimerat von Goethe heut nachmittag um zwei Uhr verreiste, so bin zu ihm gegangen, um noch einmal für Dich, um die Entlassung des Arrestes zu bitten. Er wollte anfangs nichts davon hören, doch habe ich nicht eher nachgelassen, bis er mir versprochen, daß Dein Arrest nicht länger als 24 Stunden dauern sollte. Da nun der Geheimerat nicht mehr hier ist, so will ich noch alles versuchen, daß die Wache sich heute abend aus Deinem Hause entfernt. –

Zu Deinem Troste und Deiner Beruhigung kann ich Dir versichern, daß er jetzt nicht mehr so böse auf Dich ist, als er gestern abend war; und ich aus seiner Unterredung mit mir schließen konnte, daß es ihm leid tut, daß gerade bei Dir zuerst der Anfang seiner strengen Form, wonach er jetzt handeln will, in Ausübung gehen muß.

1680 Caroline Schlegel an ihren Mann 25. Mai 1801

Es fällt mir ein, daß Luise vom Geheimrat Voigt bei Hufelands hat erzählen hören, Goethe wär zu ihm gekommen und hätte ihn befragt, ob folgende Maßregel gegen die Schauspielerinnen wohl rechtmäßig sei; sie wollten immer nicht spielen und meldeten sich kurz vorher krank, da gedächte er ihnen allemal einen Jäger vor das Bett zu setzen, der ihnen die Medizin reichte und den sie bezahlen müßten, weil er sie doch nicht wie die Herren auf die Wache schikken könnte.

1681 Caroline Schlegel an ihren Mann 31. Mai 1801

Den alten Meister wirst Du nicht vorfinden und wenn Du Flügel nähmest. Er ist zwei Tage hier gewesen [27. bis 29. Mai], um Jena noch einmal zu sehn, hat auch sonst nichts hier gesehn wie Jena und Schelling. Er geht auf sieben bis acht Wochen nach Pyrmont, und ich wünsche, das Bad möge sich noch einmal recht königlich beweisen. Er ist sehr munter. Ich habe ihm sagen lassen, er soll Söder nicht versäumen, da dieses vermutlich das einzigemal ist, daß er Niedersachsen berührt; er hat die Erinnrung dankbar aufgenommen ...

Wir haben für den Sonnenklaren*** ein Motto ausgefunden:

Zweifle an der Sonne Klarheit,
Zweifle an der Sterne Licht,
Leser, nur an meiner Wahrheit
Und an deiner Dummheit nicht.

Das Fundament des Einfalls ist von Schelling, die letzte Zeile von mir. Schelling hat es Goethen mitgeteilt, der, sehr darüber ergötzt, sich gleich den Sonnenklaren geben ließ, um sich auch ein paar Stunden von Fichte malträtieren zu lassen, wie er sich ausgedrückt hat.

1682 F. K. J. Schütz (Brief an?)

In einer hiesigen [Jenaer] geistvollen Abendgesellschaft, in der sich auch Goethe befand, wurde ein alt-rheinisches Volkslied gesungen, daran die Poesie gemein, die Musik aber unendlich *herzig* war; und darum den Goethe innig ergriff. Der Dichter versprach, ein eigenes Lied zu der vorhandenen Melodie zu dichten, und als hätte diese seine Einbildungskraft nicht im mindesten fixiert, erhielten wir schon am folgenden Tag:

Schäfers Klagelied.

Da droben auf jenem Berge
Steh ich wohl tausendmal,
An meinem Stabe gebogen,
Und schau' hinab in das Tal!

Dann folg ich der weidenden Herde,
Mein Hündchen bewahret mir sie,
Ich bin hinunter gekommen
Und weiß doch selber nicht wie.

Da steht von schönen Blumen
Die ganze Wiese so voll.
Ich breche sie, ohne zu wissen,
Wem ich sie geben soll.

Und Regen, Sturm und Gewitter
Verpass' ich unter dem Baum, –
Die Türe dort bleibt verschlossen
Und *alles* ist leider ein – *Traum!*

Es stehet ein Regenbogen
Wohl über jenem Haus.
Sie aber ist weggezogen,
Und weit in das Land hinaus!

Hinaus in das Land und weiter,
Vielleicht gar über die See! –
Vorüber, ihr Schäfchen, vorüber,
Dem Schäfer ist gar zu weh!

Der Dichter hat versprochen, mehr solche alte Volksmelodien durch neue Dichtungen zu bereichern. Freilich müssen dann alle künftige seiner Lieder wie dieses nur gesungen und vom Spiel begleitet werden. Dann spricht sich die Verwandtschaft zwischen Poesie und Tonkunst inniger aus, als es sonst vielleicht je geschehen kann. Wenn Sie dies Lied *singen* hören werden, so müssen Sie empfinden, wie die Musik hier die Poesie eigentlich hervorgebracht hat.

Sie haben eine so liebliche Gitarrespielerin in [Gotha]. *Ihr* geben Sie dies Lied, und beifolgende Komposition.

1683 Caroline Schlegel an ihren Mann *11. Juni 1801*

Goethe ist vorige Woche abgereiset, nachdem er seinen Sohn vorher hat legitimieren lassen, und nur diesen und seinen Geist hat er mitgenommen. Die Weimaraner behaupten, Goethens Finanzen wären in einem sehr schlechten Zustande, und zwar durch die Vulpius, die ihre Unordentlichkeit und ganze Sippschaft mit ihnen nähret. Sie hat am Tage nach Goethes Abreise ihren Leuten in Goethes besten Zimmern ein Fest gegeben, dessen Evan Evoë in der ganzen Gegend umher erschollen ist. O das Unkraut, die Weiber! Goethe ist über Göttingen gegangen und kann auf dem nämlichen Wege nachher sehr gut Söder berühren. Ich werde Brabeck einen Wink davon geben lassen.

1684 Schiller an Cotta *17. Juni 1801*

Goethe ist zu Pyrmont und nur mit Wiedererlangung seiner Gesundheit beschäftigt; von ihm dürfen Sie für den Kalender diesmal nichts erwarten, denn er ist seit lange ganz unproduktiv, und es ist nur zu wünschen, daß er nicht ganz alle seine poetische Tätigkeit verlieren möge.

1685 C. Brentano an seine Schwester Gunda *um den 7. Juni 1801*

Goethe ist hier [in Göttingen], wir haben ihm gleich ein Vivat zusammen gerufen, indem so viel Stimmen waren, als Leben in Göttingen ist, das Stimme hat. Nachher haben Winkelmann, Kestner, Heyer, der liebenswürdige Arnim und Dein armer Bruder auf unserem Garten uns lustig getrunken, und auch Dein Lebe! hat Winkelmann und ich so herzlich getrunken als Goethen.

1686 A. v. Arnim an A. Winkelmann *Juni 1801*

Goethe war hier, ich hab ihn gesprochen, ihm ein dreifaches öffentliches Lebehoch ausgerufen allen Verboten zum Trotz ...

1687 A. v. Arnim an Bettina *30. August 1806*

Goethe hat an Blumenbach geschrieben, daß er sich nach dem Bade sehr wohl befinde. Er lebe hoch und abermals hoch und immerdar hoch! Hier sah ich ihn zum erstenmal, ich kenne noch die Stelle auf dem Walle, er sah so groß und gewaltig aus, daß ich fürchtete, nicht vorbeikommen zu können.

1688 C. Brentano an Savigny *gegen den 12. Juni 1801*

Goethe ist schon mehrere Tage hier, warum, weiß Gott und Goethe. Er stakelt mit seinem verkehrten Hut zu allen Professoren.

1689 C. Brentano an Savigny *erste Julihälfte 1801*

Winkelmann scheint sich schon zu rüsten, in der großen Freundeslosigkeit ein herrlich Ideal zu haben, er hängt deswegen hinter seine Darstellungen seiner verlornen Freundschaft, wie unglücklich das Schicksal Goethens sei, der über kurz oder lang gefühlt habe, die Liebe sei nichts und alle Menschen seien Schuften wie der Hund. Er will auch dadurch allein den höhnischen kalten Zug an Goethens Oberlippe erklären und daß er aufs Pickenick und bei Loder essen gehen kann.

1690 Caroline Schlegel an ihren Mann 22. Juni 1801

Goethe hat sich acht Tage in Göttingen aufgehalten, wie mag er das angefangen haben? Die Loder wußte nichts Genaues davon, weil ihre Eltern nicht da sind, sie war selbst neugierig und hat mich ordentlich gebeten, an Fiorillo darüber zu schreiben, um das Nähere zu erfahren. Die Studenten haben ihm eine Musik gebracht, sicher auf Winkelmanns Anstiften, er hat darauf seinen Geist herunter geschickt mit einem Gegenkompliment, weil er schon ausgekleidet sei. Sie hatten es freilich darauf angelegt, ihn selbst reden zu hören, wäre es auch mit der Nachtmütze auf dem Kopf und sans culottes gewesen. Auch den allgemeinen Klub hat er besucht, wo denn die sämtliche Gesellschaft ihm ein Vivat brachte. Übrigens hat er wohl allerlei zu sehn gehabt, und die Loder meinte, die Bibliothek hätte ihn gewiß sehr beschäftigt, denn ich könnte nur glauben, er gäbe sich seit einiger Zeit sehr viel mit reellen Wissenschaften ab.

1691 Caroline Schlegel an ihren Mann 6. Juli 1801

... vom Goethe weiß er [Fiorillo] weniger, als ich wissen wollte, er sah ihn nur einmal bei sich und kam krankheitshalber nicht anderwärts mit ihm zusammen. Sartorius hat das Los getroffen, sein Führer zu werden, den hat ihm Loder zugewiesen, und denke, er hat sich auf einen Monat ein Logis im Körnerschen [Krämerschen] Hause auf der Allee mieten lassen nach vollendeter Kur. Fiorillo sagt, er habe ihn gefunden garbato, cortese ed amabile wie vor zehn Jahren in Weimar.

1692 Mietvertrag

Der Herr Instrumentmacher Krämer vermietet dem Herrn Geheimde Rat von Goethe von Weimar zwei Zimmer seines Hauses, in der ersten Etage, nach der Allee zu, nebst einer Kammer hinten hinaus, mit drei Betten und den nötigen Meubles für drei Friedrichsdor auf vier Wochen, von der Hälfte des Monats Juli ohngefähr, bis in die Hälfte des Augusts, vom Tage der Rückkunft des Herrn Abmieters von Pyrmont an gerechnet. Hierüber ist, um mehrerer Sicherheit willen, Gegenwärtiges in doppelter Abschrift ausgefertiget und von beiden Seiten unterzeichnet worden. Göttingen, am 11. Junius 1801.

1693 Christine Horstig in:
Zeitung für die elegante Welt *19. September 1801*

[Über Goethe in Pyrmont.] Der beliebte Dichter erweckte das Interesse von jedem Brunnengast; doch sich ihm zu nähern, wagten nur wenige. Sein Äußeres erweckte die Frage:

ist Goethe stolz?

Bist Du stolz, lieblicher Sänger des Landes, wo die Zitronen blühn, Dichter des Werther, und Vater von Hermann und Dorothea: bist Du stolz? –

Ach! wie vielsinnig ist das Wörtchen *stolz*, um mit einem Ja oder mit einem Nein die Frage beantworten zu können. In dem alten, veralteten Sinne, wo ein Mensch, nur aufgebläht durch äußere Vorzüge, selbst des Verdienstvollern Bekanntschaft gering schätzt, weil ihm dieser an solchen Vorzügen nicht gleich kommt, sind ja wohl nur noch wenige stolz; und Goethe unter diese Klasse zu rechnen, wird hoffentlich keinem einfallen. Den Wert seines gesuchten Ichs aber so weit zu kennen, daß ihm ein eigener Stempel der Absonderung aufgedrückt werde, der manchen Unberufenen zurückhält, sich an seine Person und Zeit zu wagen, dies versteht Goethe meisterlich. – Ob dies bloße Schutzwehr oder Naturgabe sei, ist schwer zu entscheiden; aber fast sollte man aus der Bemerkung, daß er auch in kleinern und bekanntern Zirkeln eine gewisse Kälte nicht ablegt, urteilen, daß dieses Zurückziehen ihm sehr natürlich sei. Den *neugierigen* Brunnengästen war es nicht angenehm, gegen alle Ideale, die sie sich von dem gewandten feinen Dichter gemacht hatten, einen ernsten majestätischen Mann zu finden, der, die Hände in beiden Rocktaschen, mit quer in die Breite stehendem Hute, in mäßigen gleichem Schritte die Allee auf- und abwandelte, ohne auf die Sterblichen um ihn her zu achten. Hätten alle die Unterhaltung genießen können, die er dann denen, die zunächst um ihn waren, gewährte, gewiß sie wären versöhnt worden. Langsam sich entwickelnd, aber immer deutlich malend waren seine Beschreibungen; anziehend und fortgesetzt (suivis) seine Gespräche über interessante Gegenstände. Sein munterer zehnjähriger Knabe scheint in den lebhaften braunen Augen den Geist des Vaters zu fassen.

1694 J. D. Schmid an Salzmann *9. Januar 1802*

[Mit Bezug auf die Begegnung mit Goethe in Pyrmont.] Er hat im Frühjahr 1801 eine große Krankheit ausgehalten; man bemerkt aber davon keine Spuren mehr, denn er ist von gutem Aussehen und beträchtlicher Korpulenz. Wir hatten, nämlich mein seliger Schwager, meine Schwester und ich, viele Empfehlungen von seiner hier lebenden Mutter, deren ich mich in einem schicklichen Augenblick entlud. Nachher kam er uns als wohlwollender freundlicher Landsmann selbst bei jeder Gelegenheit entgegen, und wir fühlten, daß es gut gemeint war. Andere, und wohl der größte Haufen, wollten ihn stolz finden. Allein nicht besser kann ich antworten als mit einem Auszug aus der «Zeitung für die elegante Welt», welchen ich Sie um Erlaubnis bitte, nach der Länge herzusetzen: ...

Er schien sich Ihrer, bester Freund, mit vieler Wärme zu erinnern und lächelte zufrieden und freundlich dabei. Wenn nicht obige Bemerkung von einem feinen Beobachter herrührte, so hätte ich darauf keine Rücksicht genommen; aber besser Ihren Freund zu schildern, wäre mir unmöglich gewesen.

1695 J. G. Schütz an Goethe *Januar 1802*

Der Herr Geheime Rat von Goethe war so gütig, mir in Pyrmont zu versprechen,

ein Exemplar seiner *Beiträge zur Optik*, zur Fortsetzung seines mir unvergeßlichen Unterrichts in der Theorie der Farben.

1696 Böttiger an L. v. Seckendorff *27. Juli 1801*

Goethe ist, von Pyrmont zurückgekehrt, in Göttingen und findet die dortige literarische Schatzkammer, die er einst auslachte, immer ehrwürdiger. Der zweite Teil der Zauberflöte, den er vor mehreren Jahren schrieb, erscheint im Taschenbuch, das bei Wilmanns schon Ende August erscheint, und sehr reich werden wird.

1697 J. D. Reuß an Goethe *10. November 1801*

Euer Exzellenz haben bei Ihrem mir unvergeßlichen und so lehrreichen Aufenthalt [in Göttingen] den Wunsch geäußert und mir den angenehmen Auftrag gegeben, Rizzetti Buch de luminis affectionibus pp. in der Kästnerischen Auktion zu kaufen. Es gereicht mir zum wahren Vergnügen, durch Gegenwärtiges die Nachricht geben zu können, daß ich es gestern für 2 Reichstaler 15 Groschen erhalten habe.

1698 Ch. v. Rommel: Erinnerungen

Während meines ersten Aufenthalts in Göttingen besuchte auch Goethe die dortige Bibliothek zu einem seiner naturhistorischen Hors d'œuvres. Ich sah ihn fast täglich mit seinem etwa achtjährigen Sohne in einem sehr nachlässigen Kostüme vorbeiwandern, hörte aber, wie elegant er des Abends in den Soireen bei Blumenbach erscheine. Den alten Heyne hatte er bei dem ersten Besuche durch ein scherzhaftes, unter archäologischen Gesprächen eine Zeitlang fortgeführtes Inkognito mystifiziert. Ich war auch bei der abendlichen Studentenovation in der Allee, die ihm, eben weil sie polizeiwidrig war, im Kontrast zu der weimarischen Philisterhaftigkeit so viel Freude machte.

1699 *Jean Paul an Ch. Otto* *20. Oktober 1801*

Goethe ließ mich neulich aus Eisenach grüßen; er pries meine Klotilde [im Hesperus] gewaltig und sagte, der Schlegel Urteil über mich sei über alles gemein.

1700 *Katharina v. Bechtolsheim: Erinnerungen*

Ich hatte Goethe beim Baron [Grimm in Gotha] persönlich kennen gelernt. Als er einstmals dort zu Mittag speiste, saß ich neben ihm, und da der gute Herr von Grimm ihm eben erzählte, daß ich mehrere seiner Werke kenne, dachte ich, es zieme sich, ihm zu sagen, daß ich gerade «Hermann und Dorothea» mit Freuden gelesen habe. – Seine Antwort war nicht sehr ermunternd, weiter von diesem Thema zu reden, er sagte nämlich mit gemessener, gravitätischer Stimme: «So, haben Sie *das* gelesen!»

1701 *A. W. Schlegel an Sophie Bernhardi* *4. September 1801*

Den Montag und Dienstag [31. August und 1. September] habe ich in Weimar zugebracht, um den eben wieder angekommnen alten Meister zu begrüßen, und da war er [Friedrich Tieck] noch nicht da. Seitdem habe ich nichts aus Weimar vernommen, wo ich Auftrag gab, mir seine Ankunft baldigst zu melden. Er hat Goethe Zeichnungen für die Preisaufgaben versprechen lassen, die er selbst mitbringen wollte; das Sonderbare dabei ist, daß, während ich in Weimar war, eine Preiszeichnung einlief, von einem andern in Paris studierenden Künstler, welche Tieck hatte mitbringen sollen, und nun kam sie mit der Post.

Mit den Bestellungen im Schloß, was ich letzthin auf Humboldts Aussage schrieb, das ist dahin zu berichtigen, daß Goethe sagte, allerdings gebe es mancherlei Arbeiten im Schloß, und man habe Friedrich Tieck erwartet, doch da er nicht da gewesen, müsse sich dies nun erst noch näher bestimmen.

Die Zeichnung vom Raub des Hylas habe ich nun auch bei Goethe gesehn. Sie ist meisterlich …

Von den *Zeichen im Walde* [von Ludwig Tieck] ist Goethe, dem ich sie vorlas, und mein Bruder außerordentlich erbaut…

Ich habe bei Goethen wegen der Intrigenkomödie angefragt. Es kommt allerdings auf ein vierzehn Tage später nicht an, vielmehr sagte er, er würde mir sehr verbunden sein, wenn ich ihm noch etwas ins Netz jagen könnte. Bis jetzt sind erst fünf Stücke eingelaufen; die Verfasser von ein paaren haben erklärt, daß sie nicht konkurrieren wollten, und eins, worin er hineingesehen, hat ihm nicht zu gefallen geschienen. Freilich ist der Termin noch nicht ganz verlaufen. – Wenn ich nur erst Goethen mit Gewißheit melden kann, daß er etwas durch meine Hände zu erwarten hat, so könnte die Frist wohl immer noch bis in den Anfang Oktobers verlängert werden …

Goethe hat den Aufsatz von Schadow immer noch nicht gesehen, und kann ihn hier nicht bekommen. Wenn Bernhardi beim Verleger anfragen wollte, ob das Stück einzeln zu haben ist. Wo nicht, so ist geradezu ein Kompliment von Goethe an Schadow zu bestellen, und er ließe sich die Bogen von ihm ausbitten, weil hier niemand das Journal halte. Dies könnte ja Buri am besten bestellen.

1702 A. W. Schlegel
an Friederike Unzelmann *7. September 1801*

Ich bin froher, als ich es Ihnen sagen kann, teuerste Freundin, endlich einen so lieben freundschaftlichen Brief von Ihnen zu haben, und Ihrer Ankunft gewiß zu sein …

Morgen reite ich gleich wieder nach Weimar hinüber, um Goethen die angenehme Botschaft zu bringen, wenn er etwa noch keinen Brief von Ihnen erhalten hat …

Ich habe Goethen manche Rolle genannt, die Sie nicht mit anführen, dagegen wußte ich von ein paaren nicht, die Sie nennen. So empfahl ich ihm besonders Minna von Barnhelm …

1703 H. Meyer an Schiller *10. September 1801*

Vom Herrn Geheimderat erhalte ich den Auftrag, Ihnen, teuerster Freund, Nachricht zu geben, daß wir von Kassel, wo ich, wie Sie wissen, ihn abholen sollte, seit ohngefähr zehn oder zwölf Tagen wieder zurückgekommen und manches Schöne und Erfreuliche zu unserer nicht geringen Erbauung gesehen haben. Ferner soll ich Sie vielfältig begrüßen, um Ihr Befinden anfragen und das Beste wünschen; endlich Ihnen bekannt machen, daß durch A. W. Schlegels Unterhandlung die Madame Unzelmann auf den 20. dieses laufenden Monats hieher kömmt und einige Rollen spielen will, wozu Sie, bester Freund, freundlichst eingeladen werden.

Wir harren recht mit Ungeduld, Sie wieder zu sehen und von Ihnen zu erfahren, wie es in jenen Gegenden [Dresden] aussieht, was in Kunst und Wissenschaft dort vorgeht, dagegen Ihnen dann Berichte aus Pyrmont, Göttingen, Kassel, Eisenach und Gotha zu Diensten stehen.

1704 A. W. Schlegel an L. Tieck *17. September 1801*

Dein Bruder [Friedrich] ist vor beinahe vierzehn Tagen in Weimar angekommen. Am Dienstage vor acht Tagen [8. September] fuhr er mit Catel (der in Weimar am Schlosse Arbeit hat, und bei dem er wohnt) nach Jena herüber, ich war aber gerade denselben Tag nach Weimar geritten, um ihn aufzusuchen, und verfehlte ihn also dort. Das schlechte Wetter hielt mich ab, den Abend noch wieder zurück zu reiten, ich brachte also den Tag bei Goethe zu, und kam am andern Morgen nach Jena zurück ... Er verläßt Weimar noch nicht so gleich, weil er Goethes Büste machen wird, wozu dieser ihm acht Tage sitzen muß ...

1705 A. W. Schlegel an Sophie Bernhardi *18. September 1801*

Von Friedrich Tieck erhielt ich, am Dienstage glaube ich, beiliegendes Billett aus dem Wirtshause, da er schon wieder fort war. Es ist mir recht lieb, daß er Goethes Büste macht ... er hat gesagt, Goethe müsse ihm achtmal sitzen ...

Meyer hat, wie Sie schon wissen, gesagt, er ahme den Giulio Romano nach; Goethe drückte es gemäßigter aus: die Werke dieses Meisters schienen den größten Eindruck auf ihn gemacht zu haben ...

Goethen habe ich noch nichts von Ihren Beiträgen vorlesen können; das letztemal war die *Ballade* noch nicht abgedruckt. Jetzt hat er sie aber in den Aushängebogen drüben. Er interessiert sich überhaupt sehr für den Almanach...

Ich freue mich sehr Goethen ankündigen zu dürfen, daß er noch ein Intrigen-Lustspiel zu erwarten hat.

1706 A.W.Schlegel an Cotta *20. September 1801*

Der Almanach wird ziemlich stark, und ich hoffe, auch reichhaltig. Von Goethe habe ich keinen Beitrag bekommen, er hat schlechterdings nichts Einzelnes vorrätig; er interessiert sich aber sehr, und hat über vieles seinen Beifall lebhaft geäußert.

1707 F.v. Müllers Tagebuch *21. September 1801*

Kunst-Ausstellung. Goethes Bekanntschaft und Gespräch mit ihm. Er sieht von weitem dem Jud Meinzer gleich, spricht sehr ruhig und gelassen, wie etwa ein bedächtiger kluger Kaufmann. Nur das Aug ist scharf. Er war recht artig und gesprächig. Herrlicher Rubens.

1708 Schiller an Körner *23. September 1801*

Goethen habe ich wohl aussehend und gesünder als vor der Reise gefunden. Ich habe noch wenig mit ihm sprechen können, weil ihn, außer den theatralischen Dingen und dadurch veranlaßten Gesellschaften, die Ausstellung der eingesandten Preisstücke beschäftigt. Es sind jetzt in allem 22 Preisstücke eingekommen, außer einem ganzen Saal voll anderer Kunstwerke: Nahls, Catels, Burys und mehrerer anderer, welche wirklich zum Teil sehr schön und sehenswürdig sind. Das Institut scheint in Aufnahme zu kommen, und leicht könnte in einigen Jahren eine allgemeine Kunstausstellung der neuesten Künstlerwerke bei uns zu Stande kommen. Goethe läßt die Entree bezahlen, und der Ertrag wird zu dem Preis geschlagen.

1709 A.W.Schlegel an Sophie Bernhardi *3. Oktober 1801*

Erst gestern mittag kam ich von Weimar zurück, wo ich mit Schelling und meinen Hausgenossinnnen, Madame Unzelmann zu Ehren, eilf Tage zugebracht ... habe ... ich habe Goethen recht viel gesehen, teils im Schauspiele, teils des Vormittags, wo Ihr Bruder, der unser täglicher Gesellschafter war, ihn modellierte ... Goethes Büste war schon sehr weit vorgerückt und geriet vortrefflich: es ist eine Arbeit, die ihm in ganz Deutschland Ehre bringen muß. Die Unzelmann, die sie noch am letzten Tage sah, und so etwas ohne alle artistische Gesichtspunkte betrachtet, war über die sprechende Ähnlichkeit ganz entzückt. Zugleich gewährt ihm diese Arbeit den Vorteil, in ein ungenierteres Verhältnis mit Goethe zu kommen, welches bei seiner Zurückhaltung anfangs schwer hält. Friedrich Tieck ist auch sehr offenherzig gegen ihn und macht ihm seine Preiszeichnungen gehörig herunter, welches Goethe mit gutem Humor aufnimmt ...

Ihrem letzten Briefe zufolge habe ich Goethen immer noch ein nachzusendendes Intrigen-Stück erwarten lassen. Lassen Sie mich nicht damit zu Schanden werden.

1710 Böttiger an J. F. Rochlitz *8. Oktober 1801*

Von den Gesinnungen der Herren Goethe und Schiller gegen Sie und gegen Ihr Stück weiß ich weder im Guten noch Bösen das Mindeste. Sie wissen, wie wenig ich von ihnen selbst etwas erfahren kann, da ich ganz von ihnen entfernt bleibe. Goethe lebt ganz in seiner Kunstausstellung, die seit drei Wochen in den Zimmern des Komödienhauses für 8 Groschen Entree jedem sichtbar ist. Die Verteilung des Preises mag ihm bei der vielfachen *wichtigen* Konkurrenz viel Not machen ... Sobald ich nur etwas erfahre, das auf Sie Beziehung hat, so sollen Sie es sogleich wissen. Goethe (nicht Schiller) liegt ganz in den Händen der Schlegel. Einer aus ihrer Clique, der Bildhauer Tieck, der Bruder des Dichters, modelliert jetzt hier Goethes Büste und sitzt ganze Tage vor ihm, wie man sagt.

1711 Gräfin Henriette v. Egloffstein: Erinnerungen

Sonderbarerweise schien grade in jener Zeit auch bei Goethe der Sinn für den geselligen Verkehr wieder zu erwachen. Man sah ihn jetzt weit häufiger als sonst, ja, selbst an Orten, die er früher nie mit seiner Gegenwart beehrt hatte. Hiezu gehörte u.a. auch seine Erscheinung in der kleinen Mansarden-Wohnung der Hofdame von Göchhausen, wo sich an den sogenannten *Freundschaftstagen* eine buntgemischte Gesellschaft zum Frühstück versammelte. Das Auftreten des olympischen Jupiters, wie man Goethe scherzweise nannte, wollte zwar anfangs dem hier vereinten lustigen Völkchen nicht sonderlich zusagen; als er sich jedoch weit heiterer und herablassender denn seit vielen Jahren bezeigte, verschwand allmählich die durch seine Nähe veranlaßte Scheu, und man gab sich ohne Rückhalt der guten Laune hin, zu welcher der köstlich bereitete Mokka auf dem Kaffeetisch der geistreichen Wirtin alle Besucher ermunterte, welche letzteren sich gleichsam dazu verpflichtet fühlten, die harmlosesten und anmutigsten Scherze als Dankopfer auf den Hausaltar des kleinen boshaften Genius loci darzubringen.

Eines Morgens, an welchem sich zufälligerweise außer mir nur noch einige Freundinnen bei der Göchhausen zum Dejeuner eingefunden hatten, da die übrigen Mitglieder der Gesellschaft anderwärts versagt waren, stellte sich auch Goethe ein und äußerte seine Zufriedenheit darüber, daß er heute Hahn im Korbe sei. Hierauf erklärte er, dies käme ihm recht gelegen, weil er schon längst den Wunsch gehegt, ein vernünftiges Wort mit uns im Vertrauen zu sprechen, – und doch brachte er nur die extravagantesten Dinge vor, die uns desto mehr überraschten, als die meisten von uns ihn noch nie in einer solchen Stimmung gesehen, und wir uns nunmehr erklären konnten, wie anziehend und liebenswürdig er in früherer Zeit gewesen sein müsse, bevor er die ihm jetzt eigene pedantische Steifheit angenommen hatte. In seiner lebhaften Unterhaltung kam er, wie man im gemeinen Leben sagt, vom hundertsten ins tausendste, und endlich auch auf das, was er das Elend der jetzigen gesellschaftlichen Zustände nannte. Mit den grellsten Farben schilderte er die Geistesleerheit und Gemütlosigkeit, die sich gegenwärtig überall, besonders aber im geselligen Verkehr, bemerklich mache, und hob dagegen das ehemalige gesellige Leben in kräftigen Zügen hervor. Während er hierüber wie der Professor auf dem Katheder dozierte, erhitzte er sich mehr und mehr, bis er endlich seinen ganzen Zorn über den Teufel der Hoffart ergoß, der die Genügsamkeit und den Frohsinn aus der Welt verbannt, dagegen aber die unerträglichste Langeweile eingeschmuggelt habe. Man müsse, meinte er, mit vereinten Kräften gegen diesen bösen Dämon zu Felde ziehen, sonst würde derselbe noch weit mehr Unheil stiften, und gleich auf der Stelle wolle er uns den Vorschlag machen, wir sollten zur Erheiterung des nah bevorstehenden traurigen Winters einen Verein bilden, wie es deren in der guten alten Zeit so viele gegeben habe. Wenn nur ein paar *gescheite* Leute den Anfang machten, dann würden die übrigen schon nachfolgen, – und sich plötzlich zu mir wendend, setzte er hinzu, indem er mir seine Hand reichte: die Wahrheit seiner Behauptung würde sich sogleich bestätigen, wenn ich ihn zum Partner annehmen und den anderen mit gutem Beispiel vorangehen wollte. – Obgleich mich dieser Antrag überraschte, so hielt ich denselben doch nur für das Aufblitzen einer schnell vorübergehenden mutwilligen Laune und würde es für die lächerlichste Prüderie gehalten haben, nicht in den Scherz einzugehen. Ich legte also unbedenklich meine Hand in die seinige, und belachte den Eifer, womit er die anderen anwesenden Damen aufforderte, jede von ihnen möge sich gleichfalls einen poursuivant d'amour erwählen, denn unser Verein müsse nach der wohlbekannten Minnesänger-Sitte eine cour d'amour bilden, und auch so genannt werden, indem der Name die poetische Tendenz desselben und die Zwanglosigkeit bezeichne, die unter den Mitgliedern herrschen solle. Ob übrigens Amor seine Rechte bei den letzteren geltend machen könne und dürfe, möge der Macht des kleinen schelmischen Gottes überlassen bleiben.

Goethes Aufforderung hätte eigentlich unsre Wirtin wegen ihres Alters und ihrer Mißgestalt beleidigen können, wäre die sogenannte *gute Dame* nicht schon längst an unzarte Behandlung gewöhnt gewesen, und hätte sie nicht bereits eine zu große Virtuosität in der Kunst, sich selbst zum besten zu haben, erlanget, als daß sie sich davon verletzt fühlen sollte. Auch war sie durch ihre Katzennatur hinlänglich befähigt, sich in alle Launen und Einfälle derjenigen zu schmiegen, die ihr in dem Grade wie Goethe imponierten, mochten jene ihr auch noch so absurd erscheinen. Daher kam es denn im gegenwärtigen Falle, daß sie sogleich in seinen Vorschlag einging und mit der ihr eignen komischen Manier erklärte: sie sei bereit, dem Aufruf Folge zu leisten, da sie mit Gewißheit darauf rechnen könne, einen treuen Seladon zu finden; die anderen schönen Damen möchten nur ihr Heil versuchen, ob ihnen ebenso dienstwillige Narren zu Gebote stehen würden, als ihr.

Goethe nahm diese humoristische Erklärung mit dem lebhaftesten Beifall auf, und begab sich sogleich an den Schreibtisch unserer gefälligen Wirtin, wo er in der größten Geschwindigkeit die folgenden Statuten der cour d'amour improvisierte:

Erstlich sollte die zu errichtende Gesellschaft aus lauter wohlassortierten Paaren bestehen, die Versammlungen derselben wöchentlich einmal, abends nach dem Theater, im Goetheschen Hause stattfinden und dort ein Souper eingenommen werden, zu welchem die Damen das Essen, die Herren den Wein liefern würden.

Zweitens werde jedem Mitgliede die Erlaubnis erteilt, einen Gast mitzubringen, jedoch nur unter der unerläßlichen Bedingung, daß dieser allen Teilen *gleich angenehm* und *willkommen* sei.

Drittens dürfe während des Beisammenseins kein Gegenstand zur Sprache kommen, der sich auf politische oder andere Streitfragen beziehen könnte, damit die Harmonie des Vereins keine Störung erleide.

Viertens und letztens sollten die gegenseitig erwählten Paare *nur so lange* zur Ausdauer in dem geschlossenen Bündnis verpflichtet sein, bis die Frühlingslüfte den Eintritt der mildern Jahreszeit verkündigten, wo dann jedem Teile freistehen müsse, die bisher getragenen Rosenfesseln beizubehalten, oder gegen neue zu vertauschen.

Als Goethe dies merkwürdige Aktenstück uns vorlas, konnte ich mich nicht enthalten, seine auffallende Gravität und den imponierenden Nachdruck zu belächeln, womit er einzelne Stellen betonte. Ich mußte dabei an die Xenie denken, in welcher er sagt: «Alles fängt doch der Deutsche mit Feierlichkeit an» – auch den Scherz, setzte ich in Gedanken hinzu ...

1712 H. Düntzer: Charlotte von Stein 1874

Zu dem in Goethes Haus alle vierzehn Tage mittwochs nach dem Theater gehaltenen Abendessen wurde Charlotte nicht eingeladen, wahrscheinlich weil sie bis spät in die Nacht dauerten und für Charlotten eine passende Hälfte sich nicht wohl finden ließ ... Goethe hatte auch wohl gemerkt, daß Charlotte sich wieder absichtlich zurückzog und verstimmter geworden war. Sie aber meinte, alte Freunde dürften vermutlich nicht dabei sein; auch schien es ihr nach der Beschreibung nicht zu vergnüglich. Goethe mache immer, auch beim besten Willen, einen steifen Wirt. Sie war eben darüber verstimmt, daß sie nicht eingeladen war, obgleich sie die Einladung wohl abgelehnt haben würde.

1713 Schelling an A. W. Schlegel 9. November 1801

Goethe war seit Ihrer Abreise noch bis heute hier [in Jena]. Gestern abend habe ich bei ihm zugebracht, wobei er viel Spaß machte. Unter anderm sagte er: Der Schlegelsche Almanach, soviel ich merke, schleicht sich überall gut ein, trotz der bösen Namen, die vorn stehen. – Nur zu viel Blut und Wunden seien für ihn darin. Das Heidentum stecke ihm zu fest in den Gliedern. – Mit der Jungfrau von Orleans hat er sich sehr gequält, nicht zu sagen, wie sie seie. – Unter anderm sagte er, daß sie den Frauen sehr gefalle, weil es einmal keine H –, sondern eine Jungfrau seie. – Denken Sie, daß die *Flußgötter* keinen Preis erhalten, der aber für *Achill auf Skyros* zwischen Hoffmann und Stahl [Nahl] geteilt wird. So haben wir wenigstens bestimmt hören müssen. Er selbst hat es mir nicht gesagt. Den Schadow wollte er hier auch schinden, wie er sagte (dies für Sie); es ist aber, soviel ich weiß, nicht dazu gekommen. Tiecks Porträt hat er sehr gelobt; Loder, der es bei ihm sah, wollte über die Ähnlichkeit ganz närrisch werden. Eine komische Begebenheit der letzten Zeit war ein Souper, das die neu angekommenen Ausländer den sämtlichen Professoren gaben; Goethe war auch dabei.

1714 *Schiller an Körner* *16. November 1801*

Wir suchen uns hier aufs beste durch den Winter hindurch zu helfen. Goethe hat eine Anzahl harmonierender Freunde zu einem Klub oder Kränzchen vereinigt, das alle vierzehn Tage zusammenkommt und soupiert. Es geht recht vergnügt dabei zu, obgleich die Gäste zum Teil sehr heterogen sind, denn der Herzog selbst und die fürstlichen Kinder werden auch eingeladen. Wir lassen uns nicht stören, es wird fleißig gesungen und pokuliert.

1715 *Schiller an J. F. Rochlitz* *16. November 1801*

Ich habe Ihr Paket zu rechter Zeit erhalten und es an Goethen besorgt. Daß er Ihnen noch nicht geschrieben, müssen Sie seinen vielen Geschäften, und ich darf hinzusetzen, auch seiner Schreibscheu, die er oft nicht zu überwinden im Stande ist, zurechnen. Indessen weiß ich so viel, daß er gegen alle eingesandte Konkurrenzstücke, ohne Ausnahme (es sind deren dreizehn gewesen), beträchtliche Einwendungen hat, und daß der Preis nicht wird ausgeteilt werden. Es findet sich allerdings Gutes darunter, aber nicht was man eigentlich verlangt hatte.

1716 *H. C. Robinsons Tagebuch* *20. November 1801*

One of the most interesting days of my life for I visited in it Goethe, Wieland and Herder ... Afterwards went with Seume and Schnorr to Professor Meyer and after waiting some time and looking at a number of prizedrawings he introduced us to Goethe. Our visit was short and not otherwise agreeable than from the consciousness of being in the presence of perhaps the greatest poet of his age. In his person Goethe is the most oppressively handsome I ever saw.

He is tall and inclining to be fat, his eye the most striking I ever beheld, his lips expressive of contempt and luxury. In short, the tout ensemble so affected me that I was utterly incapable of uttering a word to him and scarcely opened my lips. My feelings were also rendered more acute by my not quite approving of the conversation of my companions. Schnorr talked a great deal about a picture he had made and Seume spoke about his hardiness, his poverty, etc. Goethe's voice is weak or at least he affected a softness which did not harmonise with the otherwise uniform dignity and majesty of his appearance.

1717 H.C. Robinson
an Anthony Robinson *30. November 1801*

I have had the good fortune to see the four great literary wonders of Weimar. Goethe is the most oppressively handsome man I ever saw. He is Minister as well as Poet, and the dignity and majesty of his figure are painful: instead of attempting to describe the indescribable I will repeat what I heard Herder say. He was criticising a recent portrait of him and, after finding some fault with it as a portrait, added: But at any rate the painter has only to change the drapery and clap a few flashes of lightning into his hand and transform him into a Jupiter at once.

1718 H.C. Robinson
an seinen Bruder Thomas *13. Januar 1802*

I said to Seume that I wished to speak with Wieland and to look at Goethe, and I literally and exactly had my desire. I sat a quarter of an hour with him and did not open my lips. I was so awed and oppressed by the «manly grace» of his figure which according to Milton's testimony is so superior to female beauty, that I believe I should have forgotten my German had I attempted to speak. Goethe is about fity and he begins to be corpulent, his features are regularly handsome, majestic and commanding. After a courteous bow to each of us he sat – would you believe it? – precisely in the posture in which Kemble seats himself in

Measure for Measure when he judges the Judge – i.e. with his bent fists on his knees, and with his burning eyes fixed on the person he was speaking to. I cannot more strongly express my feelings than by saying that I felt in beholding Goethe during a most insignificant conversation precisely what I have felt on seeing Mrs. Siddons with all the pomp and corroborative aid of scenery and decorations. And not contemplating him as we do the actor at a distance, as an object we pay for seeing, being in his presence and subject to be observed by him, I was painfully oppressed by my admiration of him and was really glad when I was away. Goethe's deportment to strangers has often been the subject of comment and satire. He has of course many enemies as well as admirers. He has been known to refuse the visits of men of rank. He did not honour me with more than the necessary glance at introduction, while each of the others as complaisance required, particularly to a foreigner, addressed their conversation to me.

1719 H.C. Robinson: Reminiscences

My companions then took me to Professor Meyer, who introduced us into the presence of Goethe – the great man, the first sight of whom may well form an epoch in the life of any one who has devoted himself seriously to the pursuit – that is given himself over to the enjoyment of poetry and philosophy. I had said to Seume that I wished to speak with Wieland and to see Goethe and my wish was gratified. My sense of his greatness was so intense that had I been invited to it I should have been utterly incapable of entering into conversation with him – but I was allowed to gaze on him in silence – Goethe lived in a large and handsome house – that is, for Weimar. Before the door of his study was marked in mosaic, SALVE. On our entrance he rose, with rather a cool and repulsive air he beckoned to us to take a seat; and fixing his burning eye on Seume who took the lead, I had his profile during over twenty minutes' stay. Goethe was then about fitfy-two years of his age. He was beginning to be corpulent and I think was then one of the most oppressively handsome men I ever saw. My feeling of awe was heightened by an accident. The last play which I had seen in England was *Measure for Measure* in which one of the most remarkable of moments in it is that in which Kemble being the Duke and disguised as the Monk has his hood pulled off by a bad brother. On this Kemble with an expression of wonderful dignity ascended the throne and putting his fists on his thighs delivers a crushing philippic to the brother – precisely so did Goethe sit, and I had the same view of his side face. The conversation was very insignificant. My companions talked about themselves – Seume about his youth of adversity and his strange adventures. Goethe smiled with, as I thought, the benignity of condescension. When we were dismissed, and I was in the open air, I felt as if a weight were removed from my breast and I exclaimed: Gott sey Dank! Before long I saw him under more favourable auspices; but of that hereafter.

Goethe has been often reproached for his *hauteur*, and Bürger made an epigram which the enviers and revilers of the great man were fond of repeating. I believe, however, that this demeanour was necessary in self-defence. It was his only protection against the intrusion which would otherwise have robbed him and the world of a large portion of his life.

1720 F.v.Gentz' Tagebuch *20.November 1801*

... nous avons passé la soirée jusqu'à 9 heures, chez Monsieur de Goethe, où on a vu réunis Wieland, Herder, Schiller; soirée qui aurait dû être brillante, mais qui m'a paru froide, et presqu' insipide.

1721 F.v.Gentz' Tagebuch *21.November 1801*

Après le spectacle j'ai soupé chez Schiller, avec Goethe, Mademoiselle d'Imhoff, le peintre Meyer et Monsieur Ridel, ancien gouverneur du prince héréditaire. C'était une charmante soirée, qui a duré jusqu' à 1 heure ...

1722 *Falk: Goethe aus näherm persönlichen Umgange dargestellt* *1832*

Es geschah fast um dieselbe Zeit, wo Kotzebue zu Weimar eintraf, daß eine Gesellschaft von erlesenen Männern und Frauen wöchentlich in Goethes Hause auf dem Plane am Frauentore eine Zusammenkunft hielt und so einen der geistreichsten Zirkel in der kleinen Residenz bildete ...

Herr v. Kotzebue war wieder einmal zu Weimar angelangt. Das Fräulein v. Göchhausen, Dame am verwitweten Hofe, hatte den Wunsch für Aufnahme desselben in diesen Zirkel auf alle Weise laut werden lassen. So gelang es ihr durch den Einfluß, den sie ausübte, einige andere Mitglieder der Gesellschaft in dies Interesse zu ziehen. Bei so bewandten Umständen, besonders da Schiller und Goethe viel daran lag, das bis dahin bestandene gute Vernehmen der Gesellschaft auch in Zukunft aufrecht zu erhalten, und man das Ungewitter, was aufzog, wenigstens im Geiste schon von weitem erblickte, wurde als neuer Artikel in den Statuten der Zusatz beliebt: «Daß niemand weder einen Einheimischen noch einen Fremden in diesen geschlossenen Zirkel mitbringen sollte, wenigstens nicht ohne vorangegangene allgemeine Zustimmung der übrigen Mitglieder.» Daß dies Gesetz ursprünglich gegen Kotzebue gerichtet war, konnte wohl niemandem ein Geheimnis bleiben; Kotzebue aber mußte dies wohl um so empfindlicher vermerken, da in Weimar zu sein und nicht in diesen Zirkel aufgenommen zu werden, damals für eine Art von Ehrenpunkt für ihn gelten konnte, und Goethe überdem durch ein flüchtiges Bonmot, was Kotzebuen indes bald genug wieder zu Ohren kam, seine Eitelkeit noch mehr gereizt hatte. Es ist nämlich bekannt, daß zu Japan neben dem weltlichen Hofe des Kaisers auch ein geistlicher Hof des Dalai Lama oder Patriarchen besteht, der im stillen oft einen größern Einfluß als jener ausübt. Nun hatte Goethe im Scherze einmal gesagt: «Es helfe dem Kotzebue zu nichts, daß er an dem weltlichen Hof zu Japan aufgenommen sei, wenn er sich nicht auch zugleich bei dem geistlichen Hofe daselbst einen Zutritt zu verschaffen wisse.»

Allerdings konnte Goethe damit nichts anderes meinen als jenen Abendzirkel, wo er und Schiller allein den Vorsitz führten. Das hieß denn aber nun freilich bei einer so eiteln, reizbaren Natur, wie die von Kotzebue, Öl ins Feuer schütten. Und so geschah es auch in der Tat, daß er dem in einem augenblicklich genialen Übermute leicht hingeworfenen Worte des großen Mannes eine viel zu ernsthafte Bedeutung unterlegte …

Durch eine etwas auf Spitzen gestellte Erklärung Goethes war seit kurzem eine gegenseitige Erkältung zwischen den Herren und Damen jenes Zirkels eingetreten. Weil nämlich die Bittgesuche des weiblichen Teiles der Gesellschaft zur Aufnahme Kotzebues, die bald im Ernst und bald im Scherz wieder in Anregung gebracht wurden, noch immer nicht aufhörten, so wurde Goethe zuletzt auch seinerseits verdrießlich, so daß er sich folgendermaßen hierüber erklärte: «Den einmal als gültig anerkannten Gesetzen müsse man wohl treu bleiben; wo nicht, so solle man lieber die ganze Gesellschaft aufgeben, was vielleicht auch um so rätlicher sei, da eine zu lange fortgesetzte Treue für die Damen allerdings etwas Beschwerliches, wo nicht gar Langweiliges mit sich führe.»

1723 Gräfin Henriette v. Egloffstein: Erinnerungen

In gewisser Hinsicht war es Falk, wie jedem andern, der unsern Zusammenkünften niemals beigewohnt, zu verzeihen, wenn er sich eine falsche Vorstellung von den dort obwaltenden Zuständen machte, da selbst die Mehrzahl der Mitglieder unsers Vereins in der Erwartung der Annehmlichkeiten, die uns zuteil werden sollten, sich getäuscht sahen, indem wir statt der verheißenen poetischen Freiheit und Zwanglosigkeit mit gêne und Steifheit umgeben waren, welche Goethes pedantisches Wesen herbeiführte. Alles mußte, nach seiner Vorschrift, mit feierlicher Förmlichkeit getan werden; ohne seine Erlaubnis durften wir weder essen oder trinken, noch aufstehen oder uns niedersetzen, geschweige denn eine Konversation führen, die ihm nicht behagte. So kam es denn dahin, daß die Langeweile, über die er sich kurz zuvor so bitter beklagt hatte, mit unerträglicher Schwere auf uns lastete, ohne daß er selbst es im mindesten bemerkte.

Wie gern würde ich meinen Platz an seiner Seite denen überlassen haben, die mich darum beneideten; was leider bei vielen meiner Bekannten der Fall war, da es für die höchste Auszeichnung galt, einer Gesellschaft einverleibt zu sein, in welcher der Diktator von Weimar präsidierte. Deshalb fühlten sich auch die meisten Ausgeschlossenen tief verletzt, insbesondre Kotzebue, der sich in seiner lächerlichen Eitelkeit geschmeichelt hatte, es müsse ihm gewährt werden, was anderen versagt blieb, und zur Erreichung dieses Vorzugs seine Gönner und Freunde in Bewegung setzte, vor allen anderen aber Böttiger, der die rechte Hand der Göchhausen war. Der dienstwillige Böttiger bot gern die Hand dazu, seinen Einfluß auf die Göchhausen geltend zu machen ... Trotz ihrer Klugheit ließ sich die Göchhausen von ihrer Neigung zur Intrige verleiten, einen Versuch in der Sache zu machen, der jedoch an Goethes Starrsinn und Willenskraft scheiterte. Es erfolgte zwischen beiden eine heftige Szene, worin er der kleinen Dame mit harten Worten ihre Achselträgerei vorwarf, und ihr unter Hinweisung auf den 2. Paragraphen der Statuten sogar die geringe Gunst versagte, ihren Protégé nur *einmal* als Gast einführen zu dürfen.

1724 Schiller an Cotta *10. Dezember 1801*

Sie fragen mich nach Goethen und seinen Arbeiten. Er hat aber leider seit seiner Krankheit gar nichts mehr gearbeitet und macht auch keine Anstalten dazu. Bei den trefflichsten Planen und Vorarbeiten, die er hat, fürchte ich dennoch, daß nichts mehr zu Stande kommen wird, wenn nicht eine große Veränderung mit ihm vorgeht. Er ist zu wenig Herr über seine Stimmung, seine Schwerfälligkeit macht ihn unschlüssig, und über den vielen Liebhaberbeschäftigungen, die er sich mit wissenschaftlichen Dingen macht, zerstreut er sich zu sehr. Beinahe verzweifle ich daran, daß er seinen Faust noch vollenden wird.

1725 *C. Brentano an Savigny* *erste Dezemberhälfte 1801*
... mein Stück [Ponce de Leon], von ihr [Dorothea Veit] bewundert, hat Goethen, der mit Friedrich sprach, gefallen, er erriet, daß es von mir sei, gut, nur zu sehr auseinandergeflossen.

1726 *C. Brentano an Savigny* *1. Januar 1802*
Goethe hat sich etwas infam vor kurzem geäußert; da man von Schlegel und Tieck sprach, sagte er: Bei Gott, sie lassen sich es sauer werden. Die Propyläen kommen nicht mehr heraus, sie gehen nicht, in die ersten Stücke der Literatur-Zeitung kommen die Kritiken.

1802

1727 *Schelling an A. W. Schlegel* *4. Januar 1802*
Von der Aufführung des Ion [am 2. Januar], teuerster Freund, werden Sie die vollständigste Nachricht durch Carolinens Hand erhalten ...

Goethe hat den größten Fleiß darauf verwendet, er verdient Ihren Dank; auch habe ich ihn selten oder niemals so erfreut über einen theatralischen Erfolg, so guter Laune gesehen, als die war, in welche ihn dieser Sukzeß versetzt hat.

1728 *Caroline Schlegel an Sophie Bernhardi* *4. Januar 1802*
Da ein Gerücht sagt, daß der Verfasser des Ion in Ihrer Nähe ist, liebe Bernhardi, so ist mir in den Sinn gekommen, ob es Ihnen vielleicht nicht uninteressant sein möchte, etwas von der ersten Aufführung desselben in Weimar zu hören.

Und so muß ich gleich damit anfangen, Ihnen zu sagen, daß es die vollkommenste Vorstellung war, welche ich auf diesem Theater gesehn habe, das doch mit Recht für seine harmonische Ausbildung berühmt ist. Sie schien mit wahrer Liebe dirigiert worden zu sein, und die unsägliche Mühe, die dabei aufgewendet sein mußte, war in einem Grade gelungen, der einen sehr glänzenden Beweis abgeben konnte, was sich durch treue Mühe ausrichten läßt.

Das Interesse des Stücks war aber vom ersten Moment an noch durch etwas Schöneres, nämlich durch die äußerst glückliche Persönlichkeit der Jagemann entschieden. Es kann keinen herrlichern Ion geben …

Goethe hatte die Jagemann angewiesen, sich schon zu Anfang des Stücks, wie sie den Tempeldienst verrichtet hat, in die Pforte ebenso zu stellen, wie Apollo zuletzt – und da einige Minuten zu verweilen. Es knüpfte sich dadurch eine Erinnerung des Anfangs sehr schön an den Schluß und verband zugleich Vater und Sohn durch eine stärker auffallende Gleichheit.

Auf diese Weise hatte sich Goethe das Stück angeeignet und mit den Geist desselben die Schauspieler zu beseelen gesucht. Er lebte und webte – zunächst dem Verfasser – darin, als der unsichtbare Apollo …

Schelling blieb den gestrigen Tag hindurch bei Goethe und hat mir noch allerlei Nachrichten mitgebracht. Vor allem hat er bestätigt, was sich gewahr werden ließ, daß das Stück sehr allgemein gefallen und einen angenehmen Eindruck hinterlassen hat, was mir denn hier auch zu Ohren gekommen ist …

Goethe hat übrigens nicht eine Zeile ausgelassen. Nur einiges weniges hat er geändert, unter andern in der Rede des Apollo:

Ob meiner offenbarten Vorgenossenschaft.

Das hieß:

Ob meiner offenbarten Neigung zu der Braut.

Er hat sich nach seiner spaßhaften Art über die Veränderung erklärt, die mir sehr lieb war …

Goethe hat sich vorgenommen, die Aufführung des Ion noch immer weiter auszubilden. Ein paarmal will er die Schauspieler noch ungestört spielen lassen, dann ihn aber von neuen vornehmen.

Die Brüder läßt er vors erste nicht wieder geben, weil sie das letztemal schlecht gespielt haben.

Er hat sehr artig darüber gesprochen, was sie nach und nach den Spielern und dem Publikum zumuteten. Erst hätten sie die drei Stücke von Schiller zu sich nehmen müssen (die sie indessen unverdaut wieder von sich gegeben haben), und überhaupt hätten sie sie recht zum *Hören* gezwungen. Nun sie auch den Ion hinunter hätten, da könne man wieder etwas Tüchtiges darauf bauen.

Am Geburtstag der Herzogin wird die Turandot des Gozzi von Schiller bearbeitet mit italienischen Masken gegeben.

1729 Caroline Schlegel an ihren Mann *4. Januar 1802*

Ja, Freund, es verhält sich so, Du kannst ganz und gar zufrieden sein. Ich bin entzückt gewesen. Meine Hoffnung war gut nach allem, was Goethe geschrieben hatte, indes saß ich nicht ohne Herzklopfen da, aber ich wurde ruhig, sowie ich die Jagemann sah und hörte, wir sahn uns gleich an, Schelling und ich, und nun ging es alles in Einem Guß fort...

Goethe hat mit unendlicher Liebe an Dir und dem Stück gehandelt. Ich weiß nicht, was Kotzebue dort [in Berlin] gesagt hat, aber es kann sein, daß die Schauspieler anfangs rebellisch waren, ja die Jagemann soll dumm genug gewesen sein, den Ion für eine undankbare Rolle zu halten, aber er hat alles überwunden. Sie sind hoffentlich nun zufrieden, denn sie sind alle sehr applaudiert worden... Goethe hat sich nichts verlauten lassen übrigens von bezahlen. Tut er's nicht, so schenk es ihm diesmal gern, da er sich sonst so gut benommen. Er hat erwähnt, ohne Beziehung jedoch, daß ihnen für die Beschaffenheit ihrer Kasse das Stück viel Ausgabe gemacht, was ich auch glaube, da alles neu war...

Goethe hat versichert, daß er bis diesen Augenblick weder Schiller noch Meyer gesagt, von wem das Stück sei. Er hätte selbst viele Freude daran gehabt, wenn es verschwiegen geblieben wäre, aber es ist ohne Gnade bekannt. Alle Studenten wissen's, und wie kann es anders sein?

Es ist die Rede gewesen, wie Schiller zufrieden sein möchte – es soll mich doch wundern, hat Goethe gesagt, wie es dem Alten gefallen (den er nicht mehr täglich zu sehn scheint). Meyer, der Professor, hat darauf gesagt, er wäre im zweiten Akt bei ihm gewesen, wo es ihm sehr gefallen hätte ... Goethe kommt am 12. auf mehrere Wochen her [nach Jena], denn um Turandot will er sich gar nicht bekümmern.

1730 *Caroline Schlegel an ihren Mann* *11./12. Januar 1802*

Schelling, der in Goethens Hause schlief, hatte sich mit Geist beim Zubettgehn ins Gespräch begeben: ob er auch im Schauspiel gewesen? – nein, er habe nicht gekonnt, und es sei ihm sehr leid, denn er habe doch vielfache Gelegenheit gehabt, das Stück zu *perlustrieren*, indem er es für Berlin abgeschrieben und auch die Rollen ausgeschrieben, und der Herr Geheimrat haben sich so undenkliche Mühe gegeben, ja, ein Punsch könne Wunder tun, und die hätten der Herr Geheimrat nicht gespart, hätten auch einen um den andern beiseit gezogen und sie gebeten: um Gotteswillen, ins Teufels Namen (meine Erfindung), spielt gut! – Ist das nicht prächtig? ...

12. Januar

... Dem Komödienzettel seh ich's gleich an, daß das Stück von Kotzebue schlecht ist. Goethe hat eins von ihm gelobt, das auch nächstens gegeben werden wird: *Der Wirrwarr*, nämlich gelobt so in der Art: «Wenn man nicht allzu rigoristische Forderungen macht, so kann man ihm die Beleuchtung vielleicht ein klein wenig loben.»

1731 *Caroline Herder an Knebel* *6. Januar 1802*

Den Tag darauf wurde *Ion*, von August Wilhelm Schlegel *frei* übersetzt und bearbeitet, gegeben. Ein schamloseres, frecheres, sittenverderbenderes Stück ist noch nicht gegeben. Jena war wieder herüberzitiert zum Klatschen. Bei der zweiten Vorstellung waren wenige darin; zum drittenmal wollen sie's nicht wagen; denn da möchte das Haus ganz leer bleiben. Ach Freund, wohin ist Goethe gesunken!

1732 *Böttiger an J. F. Rochlitz* *21. Januar 1802*

[Über A. W. Schlegels «Ion».] Gereizt von jenem Unsinn, vielleicht auch von prickelndem Krankheitsstoff, schrieb ich fürs Modenjournal eine Kritik desselben mit der möglichsten Schonung unserer Theaterdirektion, mit der ich um alles in der Welt in keinen öffentlichen Krieg geraten wollte. Goethe erhält indes, noch ehe das Stück die Druckerei verließ, Nachricht davon und fulminiert so fürchterlich auf mich und schreibt so drohende Billette an Bertuch, daß dieser die Unheilsbogen sogleich kassierte, ob er gleich Zensurfreiheit hatte und ganz anders hätte verfahren können. Doch Goethe drohte sogleich seine Demission von der Theaterdirektion zu geben, wenn es geschähe. Die Sache machte hier Aufsehn und indignierte jeden, der kein Sklave der Schlegelschen Clique ist. Wahrscheinlich wird auch auswärts manches davon erzählt. Ich teile Ihnen hier im strengsten Vertrauen die für mich zurückbehaltenen Aushängebogen mit … Urteilen Sie, ob etwas gegen Goethe Achtungswidriges darin ist und ob nicht alles vielmehr nur zu viel gelobt scheint. Auf jeden Fall macht dies meine hiesigen Verhältnisse noch unangenehmer. Sei es! Ich will furchtlos und meiner Überzeugung gemäß handeln.

1733 Caroline Herder an Knebel *etwa 20. Januar 1802*

Der Artikel *Drama* im vierten Stück der Adrastea soll und muß Ihren Beifall und Ihre Zustimmung erhalten. Zwei herrliche Blätter aber über den Ion kommen nun heraus; denn mein Mann will mit Goethe nichts zu tun bekommen.

Denken Sie! Böttiger schreibt im Mode-Journal eine Kritik über den Ion, wobei er unvermeidlich Wahrheiten sagen mußte; – als der Bogen gesetzt war, forderte ihn Goethe von Bertuch, und nachdem er ihn erhalten, schrieb er an Bertuch: wenn er diese Kritik über Ion nicht augenblicklich unterdrücke, so ginge er sogleich zum Herzog, und fodere seine Dimission als Direktor des Theaters. «Auch wolle er künftig die Theater-Nachrichten im Mode-Journal selbst liefern, und wolle im nächsten Stück mit dem Ion den Anfang machen.»

Sehn Sie, so steht's mit unsrer Theater-Wahrheit!

Dies alles aber ist ein *großes Geheimnis*, das indessen schon von Ohr zu Ohr sachte herumgeht. Böttiger hat den Bogen als den einzigen Abdruck gerettet – er wird ihn gewiß für Sie geben, wenn Sie ihn sehen mögen!

1734 Caroline Herder an Jean Paul und dessen Frau *17. Februar 1802*

Goethe bearbeitet jetzt im Modejournal die Theaterartikel von hier, nachdem eine Rezension von Böttiger über den Schlegelschen Ion auf Goethes Befehl hat förmlich unterdrückt werden müssen. Böttiger hatte darinnen die Erscheinung des Apolls eine *göttliche Unverschämtheit* genannt. Goethe ist sehr böse auf Böttiger. Doch dies alles nur Ihnen beiden allein. Ich mag es andern nicht erzählen; es ist auch ein großes Geheimnis.

1735 C. Bertuch an L. v. Seckendorff *12. März 1802*

Böttiger schrieb im Januar-Stück des Journals der Mode eine Darstellung des Ion; allein noch ehe sie ausgedruckt war, fulminierte Goethe dagegen, und wollte sich ganz vom Theater zurückziehen, wenn sie im Publikum erschiene. Mein Vater, der diesen Zwist keineswegs in seinem Journale haben wollte, ersuchte Böttigern um Zurücknahme seines Aufsatzes, um zu zeigen (da beide Parteien nicht parteilos waren), daß er parteilos sei. So erschien dieser Aufsatz nicht. Ich schicke Dir ihn aber hier in den Aushängebogen, die Du behalten kannst; äußere aber nichts davon in Briefen nach Weimar.

Um die Zänkereien los zu sein, forderte der Vater Goethen auf, künftig selbst den Artikel des Weimarischen Theaters zu bearbeiten, und er hat es übernommen.

1736 F. K. J. Schütz (Brief an?) *April 1802*

Als neuerlich A. W. Schlegels Ion aufgeführt worden war, zog am folgenden Tage Herr Böttiger mit einer Kritik darüber im Manuskript durch die Stadt, die in das Modejournal eingerückt werden sollte. Schon ist ein Bogen abgedruckt, als Goethe durch Böttigers voreilige Bekanntmachung desselben den Inhalt des Aufsatzes erfährt. Goethe ging zu Bertuch und erklärte, die ganze Theaterdirektion niederzulegen, wenn Böttigers Hudelei erschiene. Der industriöse Bertuch berechnete schnell Gewinn und Verlust, und das Resultat war: daß die Theaterartikel überhaupt (*dieser* mit eingeschlossen) der Böttigerschen Feder entzogen wurden, und Goethe sie selbst zu übernehmen versprach. Ihm haben wir den einfachsten Aufsatz über das Weimarer Theater im vorletzten Stück des Modejournals daher zu danken.

1737 Charlotte v. Stein an ihren Sohn Fritz 7. Januar 1802

Schreib mir ja keine leeren Briefe à la Goethe, welcher mir zwar schon lange keine mehr schreibt, wenn er abwesend ist. Gestern fuhr er mit seiner Hausmamsell auf dem Schlitten.

1738 Carl v. Stein an seinen Bruder Fritz 9./11. Januar 1802

Dieser Tage her waren einige mit Musik begleitete Schlittenfahrten zum großen Vergnügen meiner Frau, die gern Schlitten fährt. Niemand fährt aber mit einer triumphierenderen Miene und mit mehr Passion, scheint es, als der dicke Geheimrat Goethe neben seiner Gattin sitzend ... fährt aber nicht selbst, sondern läßt sich fahren. Bei den großen Gesellschaftschlittenfahrten aber gibt er den Platz seiner Füchsin an eine Dame der Gesellschaft ab. Zu einem Konzert bei Zabels frug ich ihn, wenn ich ihm gelegen käme, ihm einmal meinen Besuch abstatten zu dürfen. Meine Geschäfte, antwortete er, erlauben mir nicht, Ihnen eine Zeit zu bestimmen, aber schicken Sie nur einmal morgens um neun, mich fragen zu lassen. Da sonst sein Haus und unser Haus wie eins anzusehen waren, er auch nicht in dem Fall ist wie Bonaparte, ein Land zu repräsentieren, und den Geschäften zu unterliegen, so schien mir seine Antwort etwas eitel, er müßte denn meine Frage so genommen haben, als wenn ich ihm etwas Spezielles zu sagen hätte. Ich würde, sagte ich ihm, ihm gern einmal besuchen, wenn ich wüßte, ihn nicht zu inkommodieren, und wenn er eben einmal melierte Gesellschaft hätte.

Den 11. Die Cour war gestern nicht sehr zahlreich ... Frau von Kotzebue ist gestern zum ersten Male bei Hofe erschienen, auch er war wieder da und mir umso interessanter, weil ich eben seine Reise nach Sibirien gelesen hatte, von welcher übrigens Goethe behauptet, es sei das Schlechteste, was er noch geschrieben.

1739 Schiller an Körner *21. Januar 1802*

Hier wollen wir im nächsten Monat Goethes Iphigenia aufs Theater bringen; bei diesem Anlaß habe ich sie aufs neue mit Aufmerksamkeit gelesen, weil Goethe die Notwendigkeit fühlt, einiges darin zu verändern. Ich habe mich sehr gewundert, daß sie auf mich den günstigen Eindruck nicht mehr gemacht hat, wie sonst; ob es gleich immer ein seelenvolles Produkt bleibt. Sie ist aber so erstaunlich modern und ungriechisch, daß man nicht begreift, wie es möglich war, sie jemals einem griechischen Stück zu vergleichen. Sie ist ganz nur sittlich; aber die sinnliche Kraft, das Leben, die Bewegung und alles, was ein Werk zu einem echten dramatischen spezifiziert, geht ihr sehr ab. Goethe hat selbst mir schon längst zweideutig davon gesprochen – aber ich hielt es nur für eine Grille, wo nicht gar für Ziererei; bei näherem Ansehen aber hat es sich mir auch so bewährt. Indessen ist dieses Produkt in dem Zeitmoment, wo es entstand, ein wahres Meteor gewesen, und das Zeitalter selbst, die Majorität der Stimmen, kann es auch jetzt noch nicht übersehen; auch wird es durch die allgemeinen hohen poetischen Eigenschaften, die ihm ohne Rücksicht auf seine dramatische Form zukommen, bloß als ein poetisches Geisteswerk betrachtet, in allen Zeiten unschätzbar bleiben.

1740 Caroline Schlegel an ihren Mann *21. Januar 1802*

Goethe ist da [in Jena], er hat Schelling zu wissen getan, er wär tief in Arbeit und wolle ihn erst bei mehr Muße sehn. Also kann ich Dir noch nichts melden. Hätte er aber von Berlin Nachricht von Ion, so würde er es Schelling gewiß geschrieben haben.

1741 *Caroline Schlegel an ihren Mann* *28. Januar 1802*

Goethe hat nichts von Berlin vernommen, er hat sich im Gegenteil stark erkundigt, ob *Du* noch nichts wüßtest.

1742 *E. Genast: Aus dem Tagebuche eines alten Schauspielers* *1862*

Zum 30. Januar 1802 trat er [Schiller] mit der «Turandot» nach Gozzi hervor ... die vier Masken Pantalon, Tartaglia, Brighella und Truffaldin verbreiteten große Heiterkeit ... Goethe sagte bei der ersten Leseprobe [am 12. Januar?] zu den Darstellern dieser Rollen: «Nun wollen wir einmal diese vier Masken ganz besonders ins Auge fassen. In Italien hatte ich großes Wohlgefallen an ihnen, und sie haben mich stets ergötzt. Zunächst ist zu beachten, daß eine bedeutende Abstufung in der Charakteristik bei den vier Personen, in Bewegung, Mimik und Rezitation sich herausstellt.» Nun las er uns die Szenen derselben vor und entwickelte dabei eine solche drastische Komik, daß sich unter dem ganzen Personale eine ausgelassene Heiterkeit verbreitete. Er selbst amüsierte sich höchlich dabei. «Nun», sagte er, «versucht einmal auf diese Art und Weise, den Intentionen unsers Schiller nachzukommen, aber ohne mich zu kopieren; jeder folge seinem eigenen Naturell.» Schiller konnte der ersten Leseprobe nicht beiwohnen, da er unwohl war; die zweite Leseprobe leitete er selbst, wie er denn überhaupt das Ganze szenierte und Goethe erst wieder an der Hauptprobe [am 28. Januar] teilnahm.

1743 *Sophie v. Schardt an Fritz v. Stein* *4. Februar 1802*

Kotzebue ist der humanste unter unsern Poeten; dafür hat er aber auch gute Revenuen und geht an Hof mit seiner Frau. Goethe hat eine Mittwochs-Soupé-Gesellschaft, die ist aber geschlossen, und er sagt: frägt ja man warum – so sprecht: ich sei der Bär. Unter der Elite der Gesellschaft, die dort versammelt ist, glänzte der Capitaine Egloffstein und Caroline Egloffstein mit heiserm Stimmchen, auch der dicke Gemahl von Agnes Lilie. Ferner gibt's Redouten, wo man der Herzogin gratuliert: Ein Kind der Liebe stellte den Amor dar, der der Herzogin Verse brachte. Die Leute sagen, das sei unrecht gewesen, ein Kind der Liebe hätte nicht dürfen als Amor unter honetten Leuten erscheinen. Der arme Wurm wird doch nicht dem berühmten Edmund im King Lear nachschlagen – er ist ein gutes Kindle.

1744 F. de la Motte Fouqué:
Goethe und einer seiner Bewunderer *1840*

Ein etwa fünfundzwanzigjähriger Reiter-Offizier, innerlich lebend und glühend für die Poesie, kam ich eines schönen Winters nach Weimar, fest entschlossen, aus Goethes Munde, als aus absolut erster Instanz für mich, das Urteil über Sein oder Nichtsein meines Dichterlebens zu vernehmen ...

Durch die Verhältnisse der Hofgesellschaft war ich bekannt geworden mit einer ausgezeichneten Hofdame, der damals eben erst als Dichterin aufgeblüheten und durch ihre «Schwestern von Lesbos» berühmten Fräulein Amalie von Imhoff ...

So viel ... ist gewiß, daß die jugendliche, bereits durch Goethe und Schiller zu sehr klarem Selbstbewußtsein angeregte und ausgebildete Dichterin der Schwestern von Lesbos es der Mühe wert hielt, mich dem Dichterfürsten bemerklich zu machen, ja, während eines glänzenden Maskenfestes mich ihm selbst vorzustellen.

Während eines Maskenfestes!

Und ich hatte noch niemal sein erhabnes, von allen mir gepriesnes Antlitz erschauet, ja noch nicht einmal vor jenem Abend eine solche Abbildung von ihm gesehn, die mir etwa durch Tradition oder eigne Ahnung hätte genügen mögen. Und nun lag die schwarze Larve über dem ersehnten Angesicht. Aber die herrlichen Augen leuchteten herdurch, und blickten mich freundlich an. Und auch freundliche Worte tönten hervor: – wie es mir hier gefalle, – wie das Fest mir zusage, – oder so dergleichen. Ich weiß es nicht mehr genauer anzugeben; kaum damals hätt' ich es gewußt. Auch war es in der Tat nur Konventionelles, aber es klang huldreich, und überhaupt: Goethe hatte zu mir gesprochen. Ich stand wie in der Erfüllung eines seligen Traumes.

Und es sollte noch besser kommen.

In einem Nebenzimmer bald nachher hatte sich Goethe mit seinem fürstlichen Freunde, dem Herzog Carl August von Weimar, bei einer Flasche edlen Weines niedergelassen, beide nun entlarvt, und in der phantastischen Dominotracht dennoch so eigentümlich enthoben der gewöhnlichen Welt.

Der Herzog, mein verehrter General, galt mir mit vollem Recht für das Ideal eines edelkühnen Reiteroffiziers, jetzt auch gewissermaßen durch die Huld, mit welcher ich an seinem Hofhalt empfangen war, als mein großmütiger Wirt. Ihm gegenüber saß Goethe, auf dessen Lippen, meinte ich, die Entscheidung meines Dichterschicksals schwebte, in aller Schönheit seines apollinischen Angesichtes …

… er stand vom Tischlein, wo er dem Herzog gegenüber saß, auf, trat grade auf mich zu, und sagte mir einige freundliche Worte, auf künftig nähere Bekanntschaft hindeutend. Dann ging er wiederum zu seinem fürstlichen Freunde zurück …

Etwa zwei Tage nach jenem Feste trat zur herzoglichen Mittagstafel, wohin ich täglich geladen war, in das Versammlungs-Zimmer auch ein recht stattlicher Herr mit herein, im damals noch üblichen, aber doch schon etwas unmodisch gewordnen gestickten Hofkleid, Galantriedegen an der Seite, dazu gehörigen Hut unter dem Arm. Just mit der Muse von Lesbos im Gespräch, erwiderte ich nur eben den etwas feierlichen Gruß des Ankommenden gleich allen andern mit schuldiger Höflichkeit, und beachtete ihn weiter nicht, als er gelassen zu meiner Dame herantrat, sie ohne weitres anredend, als sei ich eben gar nicht mit ihr im Sprechen begriffen, oder überhaupt gar nicht in der Welt vorhanden. Etwas verletzt schritt ich zur Seite, just nur vermeinend, irgend ein alternder Dikasteriant sei mir in das Gespräch hereingeraten, und man müsse sich dergleichen, mit Vorbehalt künftigen harmlosen Spaßes darüber, gefallen lassen. Aber ein Blick auf die Lesbische Muse, – und sie lächelte hold, ja sichtlich geehrt, den uns Unterbrechenden an. Ein zweiter Blick auf den vermeinten Dikasterianten, – und es war Goethe …

Bei der Hoftafel nachher saß er mir fast grade gegenüber, und fragte unter anderm Fräulein Amalie von Imhoff: «Haben Sie schon etwas von unsrem Genossen, dem indischen Dichter Jajadewa, gelesen?» –

Von *unsrem* Genossen! Welch ein Wort von Goethe an irgend einen Dichtergeist! – O, wenn ein Ähnliches je an mich selbst ergehen könnte! – Die Tiefen meiner Seele erschauerten vor Wehmut und Sehnsucht bei diesem Gedanken. –

Ein paar Tage darauf ward ich zu Goethe beschieden. Er wolle von meiner Poesie und meinem ganzen Tun und Schaffen gütig Näheres durch mich selbst vernehmen, hieß es …

Da fügte sich's, daß ich Goethe nicht zu Hause traf, den ein unversehnes Zusammentreffen von Geschäften und Besuchen abgerufen hatte. Eine von ihm auf späterhin mir bestimmte Stunde mußte wiederum durch mich wegen eines Hoffestes, wobei ich nicht fehlen durfte, abgelehnt werden.

Kurz vor seiner Abreise aus Weimar fand der junge Reiteroffizier noch Zutritt in Goethes Haus für einen bedeutungsvollen Abend, der eigentlich einem geschlossen geselligen Kreise angehörte, sich aber durch besonders günstiges Zusammentreffen der Umstände für dasmal auch ihm eröffnete. Außer manch erhaben Gegebnem und heiter durch ihn Empfangenem, ward ihm selbst noch Gelegenheit für manch offen Auszusprechendes, wo er spüren durfte, gutes Wort habe gute Statt gefunden. Überdem nahm er doch nun den architektonisch so unaussprechlich wohltuenden Eindruck des Goetheschen Hauses mit sich, allerdings, wie man wohl sagen darf, auch das ein Teil von Goethes Persönlichkeit …

Der junge ritterliche Pilgrim nahm denn im ganzen also grade genugsam des Wohltätigen aus dem ersehnten Weimar mit sich, so viel er damals zu ertragen vermochte …

Auch gehörte zu dem Erfrischenden mit, daß ich vernahm, Goethe habe mich noch einige Zeit nachher, einer Dame gegenüber, mit welcher er zufällig in Lauchstädt zusammentraf, einen recht wackern jungen Mann genannt.

Ich dagegen bewahrte eine mir von Goethe in Weimar zugesandte Visitenkarte jahrelang wie ein Heiligtum auf.

1745 Schiller an Cotta *5. Februar 1802*

Bei Goethen will ich tun, was ich kann, um Ihnen einen Beitrag von ihm für den Damenkalender zu schaffen. Aber noch sehe ich nicht, wo es herkommen soll, da er in ganz andern als poetischen Beschäftigungen steckt. Es hatte ihn verdrossen, daß Sie Böttigern wegen des Gangs der Propyläen Eröffnungen getan, weil er nicht gut gegen ihn gesinnt ist und Böttiger, dessen Indiskretion bekannt ist, mit Begierde alles ergreift und verbreitet, was der guten Sache, für welche Goethe streitet, Nachteil bringt.

Übrigens könnte es nicht schaden, wenn Sie sich Goethen durch ein paar Zeilen selbst wieder in Erinnerung brächten.

1746 Caroline Schlegel an ihren Mann *8. Februar 1802*

Dieses soll Dir nur in aller Kürze folgendes den Ion Betreffendes melden.

Böttiger hat nicht umhin gekonnt, für das Modejournal einen Bericht über Ion abzufassen, der erstlich dartut: wenn man es anders wie Euripides machen wolle, müsse man es besser machen, und das habest Du nicht getan; nebst allen dahin gehörigen Erörterungen; zweitens aber, Dein Stück sei von der größten Anstößigkeit. Bis diese Stunde ist es indes bei der Genugtuung des Abfassens geblieben, denn Goethe hat die Sache erfahren, und ist dergestalt ergrimmt, daß er sogar zu dem Donnerkeil seine Zuflucht genommen. Er hat dem Herzog und Voigt gesagt, er wolle mit der ganzen Direktion nichts mehr zu tun haben, wenn solche Schmeißfliege immer hinterher kommen und sich auf das Beste, was sie lieferten, hinsetzen dürfe. Er verlange, daß künftig alles, was in Weimar über ihr Theater erschiene, seiner Zensur unterworfen wäre. Man hat ihm denn das gern zugestanden, und er hat sie auch ganz gegen Böttiger aufgebracht und gegen dessen Hinterlist. (Denn die Vorstellung als Vorstellung hatte dieser mit Lob überschüttet.) Hierauf hat er den formellen Beschluß Bertuchen deklariert, und, wie ich bis jetzt von der Froriep weiß, selbst den Theaterartikel übernommen, besonders aber den Ion; das Modejournal für diesen Monat wartet nur auf seinen Aufsatz, um zu erscheinen, ja er hat ihnen auch die Zeichnung der Kostüme versprochen. – Böttiger hat nun wollen sein Geschriebenes in die Allgemeine Literatur-Zeitung rücken lassen, diese aber, durch Bertuch preveniert, hat nicht das Herz gehabt, es aufzunehmen...

Es tut mir leid, daß ich Dir nichts Unmittelbares von Goethe für heute melden kann, Schelling hat ihn nicht gesprochen, seitdem dies vorgefallen ist, denn wie wir vor acht Tagen in Weimar waren, mußte er sich einmal zu Schiller statt zu Goethe verfügen. Nun ist Goethe diesen Morgen wieder hier [in Jena] angekommen, allein es ist unmöglich, daß ihn Schelling noch vor Abgang der Post sieht.

1747 Caroline Schlegel an ihren Mann *15. Februar 1802*

So ist mir diesesmal die kleine Fee mit den Ionischen Nachrichten zuvorgekommen, das vorigemal war es eine Hexe. Ob es mich nun nicht wunder nimmt, daß die kleine Fee alles weiß, so ist mir doch verwunderlich, wie sie dieses so geschwind erfahren. Goethe sagt, er habe gegen keinen Menschen den Mund darüber aufgetan, aber freilich, da zwei bereits gesetzte Bogen entsetzt werden mußten, ist es gleich unter die Setzer, Drucker und das Fußvolk gekommen. Die Sache verhält sich denn völlig so, und wird Dir wahrscheinlich nicht weniger inniglichen Spaß machen wie uns. Sie hätten den Böttiger jetzt so daran gehabt, daß er sich so bald nicht vernehmen lassen würde. Es scheint, als habe er vom Geh. Rat Voigt eine förmliche Weisung bekommen. Mit der allgemeinen Zensur, die sich Goethe vorbehalten, das glaub ich noch nicht, aber in das Modejournal kommen künftighin nur offizielle Artikel, und Goethe verfaßt den über Ion...

Nun hab ich Dir noch etwas darüber zu sagen, worin mir gewiß niemand zuvorkam. Das Frankfurter Theater hat gestern angefragt bei Goethe, ob es eine Abschrift des Ion erhalten könne und zu welchem Preis. Goethe wollte nun wissen, ob man Dir erst schreiben solle und Dich den Preis bestimmen lassen – da ich aber glaubte, Du würdest eben auch mit Goethe darüber beratschlagt haben, so konnten wir dieses ohne Zeitverlust in Deiner Seele. Er ist der Meinung, es der Direktion zu überlassen, dann bekomme man am meisten, und da sie vollends mit Goethe zu unterhandeln hat, mag es wohl sein, und er wird demgemäß verfahren, aber zugleich gehörig Sorge tragen, daß Du genug bekommst.

Ist das nicht hübsch, mein Freund? Und was soll ich haben, wenn diese Anfrage auf den bescheidnen Aufsatz in der Eleganten Zeitung [über die Weimarer Aufführung des «Ion»] geschieht? –

Mit dem hab ich aber noch eine andre kleine Freude gehabt. Goethe fragt Schelling, ob er ihn gelesen, der habe ihm sehr wohl gefallen, er habe ihn recht mit Vergnügen durchgesehn – und dieses so ohne alle Ahndung, er könne von bekannter Hand herrühren, daß er noch hinzusetzt, man sehe, es habe ihn jemand ganz de son propre Chef gemacht, es wäre auch manches noch unbestimmt gelassen, herrsche aber eine reine und schöne Ansicht darin. Schelling hat ihn dabei gelassen, und er soll auch dabei bleiben.

Aber wie artig das ist, daß ich immer hinter Deine Geheimnisse komme! Wie, mein Herr, Sie haben ein Intrigenstück gemacht, und ich weiß nichts davon? Goethe dachte sich gar nicht anders, als daß ich es wissen müsse, und der Oheim selber verrät mir die Sache, der noch nie ausgeplaudert. Ich nahm mich gleich zusammen, und redte so zierlich unbestimmt, daß er es gar nicht gewahr wurde, und ich alles erfahren, was man mir nicht hat anvertrauen wollen, die ich doch so verschwiegen bin wie der alte Herr kaum. Was Du nun aber zur Strafe nicht erfahren sollst, ist seine Meinung davon, die er doch von sich gegeben hat, so viel wie möglich war, indem ich mich auf kein Detail einlassen konnte. Und zum Wahrzeichen sag ich Dir dieses, obgleich Du gegen ihn es unentschieden gelassen, daß Du dies Stück wirklich gemacht hast, so schließe ich doch aus dem, was er darüber sagte, daß es nicht von Dir ist. Eh bien, mon ami? ...

Höre, Goethe weiß das vom Alarcos und Friedrich so gut wie die Unzeline das vom Ion und Böttiger. Er hat mancherlei über ihn gesagt, er sei der immer Hetzende und immer Gehetzte und eine rechte Brennessel, samt einer Reihe von Einfällen über ihn, die Friedrichs Epigramme auf ihn allenfalls aufwiegen ...

Wie sich Goethe über Vermehrens Almanach lustig macht, ist nicht zu sagen, über den Beiwagen und nicht einmal Beiwagen, über den Covent von eurem Bier etc. Goethe ist hier [in Jena], um die Büttnersche Bibliothek säubern und ordnen zu lassen.

Daß er einen Roman schreibt, hab ich Dir wohl nicht einmal gesagt. Er heißt Cäcilia.

Die Anekdote von Kotzebue hat ihn gehörig ergötzt, und uns nicht minder.

1748 Caroline Schlegel an ihren Mann *22. Februar 1802*

Nach dem letzten [Brief], welchen Du an Goethe geschrieben, zu schließen, wird Ion vielleicht am zehnten März noch nicht [in Berlin] aufgeführt, nämlich Du hättest es sonst wohl ausdrücklich bemerkt. Daß Iffland sich höflich bezeugt hat, haben wir nun auf diese Art erfahren; Goethe hatte indes vorgestern noch nicht den Brief, von dem Iffland gesprochen hat, gesehn, vermutlich weil er an Kirms gegangen ist, und Goethe bis gestern hier war; Mittwoch kommt er wieder und wird dann auch von den Bedingungen Rechenschaft zu geben wissen, doch hoff ich, Du teilst sie mir selbst um die Zeit mit, denn daß ich noch nicht unterwegens bin, wirst Du aus meinen letzten Brief gesehn haben.

Wir haben jetzt den Ion wieder unter den Augen, denn Goethe hat ihn hier gelassen, weil er schnell für das Frankfurter Theater abgeschrieben werden soll, wozu er auch für einen baumstarken Unteroffizier gesorgt hat, dem Schelling das Manuskript nachsehn muß. Goethe hat doch noch eine bestimmte Foderung gemacht, und zwar 30 Dukaten. Ist das meinem allerliebsten Schlegel recht? ...

Goethe gibt sich überhaupt recht viel mit dem Theater ab. Da ich nicht weiß, ob er Dir gleich schreibt, so will ich, selbst auf die Gefahr, daß Du es nicht von mir zuerst hörst, gut sein und verraten, was er ungefähr über das eingesandte Intrigenstück denkt. Erstlich hält er es für sehr aufführbar, und er will sehn, daß er die Jagemann dazu anstellt. Es habe den Fehler, daß die Intrige psychologisch seie, innerlich und nicht sichtbarlich vorgehe. Außerdem aber sei es leicht, grazios, und lustig, kurz er hat es recht gelobt! ...

Ich lege Dir auch eine kleine Romanze bei, die Goethe nach einer Volksmelodie, die er kürzlich hier singen hörte, und die vom Rheine kommt, gemacht hat. Man hat mir auch vor Abgang der Post noch die Melodie versprochen, kommt sie, so sollst Du sie der Unzelmann von mir geben, da sie doch diese leichten Lieder so artig singt. Sie ist besonders auf der Gitarre sehr schön ...

... [Schelling] hat diesmal Fichtens Wünschen gemäß Goethen den ganzen Hergang von Fichtens Weggang offenbart, worüber dieser denn, bis dahin völlig unwissend, sehr erstaunt ist. Nie zwar habe er sich eingebildet, daß Fichte ohne Rückhalt handle, aber er hat selbst bis dahin geglaubt, es sei von Niethammer und Schelling die Rede, vielleicht noch von ein paar andern jungen Lehrern.

Fichten hat die Entdeckung Vorteil in seiner Meinung gebracht, und dieser hatte ja geschrieben, es sei ihm an keiner andern Meinung etwas gelegen. Öffentlich wird Schelling nichts darüber sagen.

1749 A. v. Kotzebue in: Der Freimütige *20. Mai 1803*

Über einen Zwist,

welcher durch das Lustspiel *Die deutschen Kleinstädter* zwischen Herrn von Goethe und Herrn von Kotzebue entstanden.

... Das Stück wurde von der Direktion gütig aufgenommen, die Rollen wurden ausgeschrieben, und nach des Verfassers Angabe verteilt. Bald nachher wurde er auch ersucht, die Leseprobe selbst zu halten, um den Schauspielern denjenigen Ton anzugeben, aus welchem er das Stück gespielt wünschte. Herr von Kotzebue hatte diese Gefälligkeit; die Leseprobe und noch andere Proben wurden gehalten, die Dekoration des vierten Akts war gemalt, und sogar schon der Tag der ersten Vorstellung angesetzt. Wenige Tage vorher [am 22. Februar 1802] kam Herr von Kotzebue zufällig in einer Gesellschaft mit Herrn von Goethe zusammen, der ihn bei Seite nahm, und ihm ganz höflich erklärte, er habe manches in den Deutschen Kleinstädtern streichen müssen, habe auch deshalb die sämtlichen Rollen zurückgefordert, um die Weglassungen anzumerken. Herr von Kotzebue war nicht wenig befremdet; er meinte bereits alles gestrichen zu haben, was den Umständen nicht angemessen sei; sollte aber auch wirklich etwas dergleichen stehen geblieben sein, so glaubte er doch, es sei nun zu spät, es wegzustreichen, nachdem man ihn Lese- und andere Proben habe halten lassen, denn er werde dadurch im Angesicht der Schauspieler geringschätzig behandelt; nach *seinen* Begriffen müsse eine Direktion das Stück *vorher* lesen, ehe sie es ausschreiben und austeilen lasse usw. – Herr von Goethe versetzte hierauf: es sei Grundsatz bei ihm, nichts auf seiner Bühne aussprechen zu lassen, was irgend eine Partei bezeichne, oder überhaupt Beziehung auf neuere Literatur habe. – Kotzebue bemerkte dagegen: das sei wohl nicht immer des Herrn von Goethe Grundsatz gewesen, da er zum Beispiel in der Oper *Die theatralischen Abenteuer* ausdrücklich durch den berühmten Herrn Vulpius eine Szene einschalten lassen, in welcher die *Gurli* persifliert werde. – Dies überraschte Herrn von Goethe, er wurde verlegen, und sagte, um doch etwas zu sagen: «Der Charakter der Gurli gehöre gleichsam schon der ganzen Welt an.» – Kotzebue verstand zwar nicht recht, was das eigentlich heißen sollte, meinte aber doch, das ließe sich wohl von *jeder* Rolle sagen. Es wurde noch einiges hin und her gesprochen, dessen Resultat dahin ausfiel, Herr von

Kotzebue solle doch die gemachten Veränderungen nur erst selbst beaugenscheinigen, welches er denn auch versprach. – Herr von Goethe hielt Wort, und sandte Kotzebuen das Stück zu, in welchem er eigenhändig vernichtet und wieder geschaffen hatte. Kotzebue erstaunte über die Menge und gänzliche Unbedeutenheit der meisten dieser Veränderungen. Er sah nach kurzem Überblick, daß es ihm unmöglich sei, ohne Beschämung vor allen, die das Stück schon kannten, dasselbe so mißhandeln zu lassen. Er erklärte diese seine Meinung. Herr von Goethe beharrte bei der seinigen, und meinte, es sei ein unbestrittenes Recht aller Direktionen, die Stücke, die sie aufführen lassen wollen, nach Gefallen zu streichen. Kotzebue gab ihm dieses Recht bei *gedruckten* Stücken zu, aber nicht bei *Manuskripten*, die der Verfasser noch keinesweges dem Publikum abandonniert hat, und bei deren Überlassung er wohl allerdings Bedingungen machen darf. Herr von Goethe glaubte das nicht. Kotzebue, der aus hundert Ursachen weder mit Herrn von Goethe zu zerfallen, noch dem Weimarischen Publikum entfremdet zu werden wünschte, beschloß, nachzugeben, so viel nur immer möglich sei, erbot sich, auf halbem Wege entgegen zu kommen, und *fast alle* Veränderungen gelten zu lassen, wenn man, damit er doch nicht zu sehr kompromittiert werde, dagegen nur *einige* aufopfern wolle – umsonst! Endlich bestand Kotzebue sogar nur auf einer *einzigen* Stelle, nämlich der Erwähnung der *Ehrenpforte* am Schluß des Stücks. Er führte an, daß *erstens* ja nicht geradezu jenes famöse Pasquill bezeichnet sei, und daß *zweitens*, wenn auch der Zuschauer sogleich diese Auslegung machen sollte, der *Verfasser* der *Ehrenpforte* ja selbst die noble Bescheidenheit gehabt habe, sie in öffentlichen Blättern für ein *Kunstwerk* zu erklären, er sich also keinesweges durch Erwähnung derselben beleidigt finden könne. Überhaupt genommen, dieses oder jenes Buch mit satirischem Rückblick auf der Bühne zu nennen, sei ja durch Herrn von Goethes eigene Autorität zu einem Rechte gestempelt, maßen er sich wohl noch erinnern werde, wie er einst eine *geflickte Braut* ausweiden lassen, deren ganzer

Bauch voll Bücher steckte, die, so gut sie auch zum Teil waren, eben nicht artig behandelt wurden. – Alle diese Gründe vermochten nichts über Herrn von Goethe, und es blieb also Herrn von Kotzebue nichts anders übrig, als sein Stück zurückzunehmen. Das ist der wahre Hergang der Sache, der, was auch sonst darüber geurteilt werden mag, Herrn von Goethe doch abermals als einen warmen Freund seiner Freunde darstellt.

1750 *Caroline Schlegel an ihren Mann* *4. März 1802*

Goethe kommt heut wieder hieher [nach Jena]. Zelter ist sehr entzückt von seinem ganzen Aufenthalt...

Gries kam eben und erzählte mir allerlei von Zelters Aufenthalt. Hufeland, der sich gleich seiner bemächtigt hatte, war mit ihm nach Weimar hinüber gefahren, ganz gegen seine Art auf zwei Tage auszusetzen, er hätte diese Gelegenheit, meint Gries, recht absichtlich genutzt, um Goethen einmal wieder näher zu kommen, der ihn seit Jahr und Tag in auffallender Entfernung hält. Das ist ihm denn auch insoweit gelungen, weil man ihn nicht hat ausschließen können, und er soll ganz taumelnd von den Dingen sein, die er gesehn und gehört hat, und erwähnt alles so geheimnisreich, als wenn er eben den dritten Grad erlangt hätte. Goethe und Schiller sollen sehr eingenommen von dem guten Zelter sein. Goethe hat ihm, wie es scheint, etwas vom Faust mitgeteilt und ihm neue Sachen zu komponieren gegeben, die aber nicht zum Vorschein kommen sollen. Sie wollen auch eine Oper für ihn machen. Kurz, diese große ruhige Säule von Mann hat recht viel Bewegung hervorgebracht. Uns ist er ebenso unschuldig wie bürgerlich vorgekommen. Er sagte, er wüßte nicht, womit er das alles verdienet.

1751 *Schiller an F. Haug* *5. März 1802*

... mit der Oper ist vor der Hand hier nichts zu machen, so gern auch Goethe die Hand dazu geboten hätte. Die Theater-Kasse ist erschöpft, und zum Unglück liegen mehrere noch ungespielte Opern da, die vieles Geld gekostet haben.

1752 Böttiger an J. F. Rochlitz *8. März 1802*

Hier, mein geliebter Freund, was Sie zu haben wünschten, Goethes Theater-Edikt, wie es hier genannt wird. Hier bringt es eine sehr widrige Sensation hervor, besonders unter den Schauspielern, die nur Iffland und Demoiselle Unzelmann gelobt, ihre trefflichen Bemühungen aber ganz verschwiegen sehen.

Wahrscheinlich wünscht Goethe, daß Ihr Stück hier noch aufgeführt werde; dies scheint mir wenigstens aus einigen Äußerungen unseres Freundes Kirms hervorzugehen, der mir Ihr letztes Briefchen richtig übergeben hat.

Da nun auch Kotzebue, der sich Goethes eigenmächtige Korrekturen in seinem neuesten echt komischen Stücke «Die Kleinstädter» nicht gefallen lassen konnte – sie betrafen Stellen, worin Goethe Anspielungen auf seine Lieblinge, die Schlegel, witterte – nichts mehr von sich auf unserm Theater aufführen läßt, so ist in der Tat die schrecklichste Dürre und Hungersnot eingebrochen.

Die Eingebungen der Schellingisch-Schlegelschen Clique, von welcher sich jetzt Goethe ganz beherrschen läßt, machen ihn täglich herrischer und gewaltsamer in seinen Maßregeln. Alle Unparteiischen beklagen dies umso mehr, da noch weit unangenehmere Folgen aus diesem allem vorauszusehen sind. Goethe ist jetzt fast beständig in Jena, wo er sich in Weihrauchwolken einhüllen läßt!

1753 Henriette Gräfin v. Egloffstein: Erinnerungen

So trug er [Kotzebue] uns denn, bei der nächsten Versammlung in seinem Salon, ganz einfach die Bitte vor, wir möchten ihn bei einem Feste unterstützen, das er am 5. März, Schiller zu ehren, veranstalten wolle, da ohne unsere Beihülfe der Glanzpunkt jener Feier, der in Darstellung einzelner Szenen aus den vorzüglichsten dramatischen Werken des verehrten Dichters bestehen sollte, nicht erreicht werden könnte ...

Mir ward die Johanna von Orleans zugeteilt, weil Schiller bei der ersten Vorlesung des Stücks erklärt hatte, daß ihm während des Entwurfs seiner Heldin meine Persönlichkeit stets vor Augen geschwebt, und weil auch Goethe sich dahin zu äußern beliebte, ich sei ganz für diese Rolle geschaffen. Letzterer hatte mir sogar öfters Vorwürfe darüber gemacht, daß ich mich durch ein törichtes Vorurteil abhalten ließe, ihm und dem Publikum den hohen Genuß zu gewähren, öffentlich als Johanna aufzutreten. Ich ergriff demnach die erste Gelegenheit, ihm zu berichten, daß zufälligerweise sein Wunsch erfüllt werden und er mich als Mädchen von Orleans auf dem Theater erblicken würde.

Er schien auch in der Tat aufs angenehmste von dieser Nachricht überrascht zu sein, und zeigte sich sehr teilnehmend gespannt auf die Details des projektierten Festes, denn er erkundigte sich nach den geringsten Dingen, ließ sich mein Kostüm beschreiben, und erteilte mir hierbei nicht nur seinen Rat, sondern erbot sich auch am Ende unserer langen Unterredung, mir das Modell zu dem Helme senden zu wollen, der mich als Johanna schmücken sollte, und den ich auch wirklich am andern Tage erhielt.

1754 Caroline Schlegel an ihren Mann *11. März 1802*

Ich will Dir indessen noch einmal schreiben, um Dir die merkwürdigste Woche aus Kotzebues Leben seit dem merkwürdigsten Jahr seines Lebens mitzuteilen; vielleicht hast Du schon davon gehört, allein ich will mich das nicht verdrießen lassen. Du mußt wissen, daß er sich's angelegen sein läßt, ein sehr brillantes Haus in Weimar zu machen, daß er alle Woche einen adeligen und einen bürgerlichen Tee gibt, und sein Adelsdiplom produziert hat, damit seine Frau an den Hof gehn kann. Da es mit Goethe nicht glückt, macht er Schillern unsinnig die Cour, und Frommanns zum Beispiel behaupten auch, daß er ihn gänzlich anbetet und aufrichtig über alle Schauspieldichter der Erde setzt. Nun hatte er auf Schillers Namenstag eine Fête veranstaltet, wo aus der Jungfrau, dem Don Carlos usw. Szenen aufgeführt werden sollten, ja sogar *Die Glocke* dramatisch rezitiert, und man spricht von einer großen Glocke von Pappe, die dazu verfertigt wurde. Die Imhoff, die Egloffstein und fast lauter Adelige waren die Spielenden, der Saal im Stadthause sollte den Schauplatz abgeben, und er hatte ihn vorläufig besprochen, ohne genau anzugeben, daß er ein Theater wollte aufschlagen lassen. Dieses wird von Etter[s]burg herbeigefahren, wie es aber vor dem Stadthause abgeladen werden soll, lassen es der Rat und Bürgerschaft nicht ein, weil es den Saal verderben würde. Kotzebue unterhandelt, aber erlangt nichts, und nun geht das ganze Fest in Trümmern, denn das Anerbieten andrer Lokale, welche ihm geschahen, nahm er nicht an, weil sich im Moment die Sage erhob, Goethe habe als Baudirekteur dem Stadtrat das Nötige inspiriert, und er [Kotzebue] wieder vollständig die Rolle des Verfolgten und Beneideten zu spielen gedachte. Auch gerät ganz Weimar über die Sache in Aufruhr, die Teilnehmenden hatten sich, besonders die Damen, herrliche Sachen angeschafft, viele Ausgaben waren von allen Seiten gemacht. Wer nicht laut zu schimpfen wagt, tut es doch ingeheim, es gehn die dummsten Gerüchte und Urteile herum, Goethe soll neidisch sein, nicht sowohl auf Kotzebue als vielmehr auf Schiller, weil es dem galt, und er habe sich gleich hieher [nach Jena] geflüchtet, wie er immer tue, wenn er dergleichen angestellt habe. Nun trifft noch ein andres Ereignis hiemit zusammen. Kotzebue hat ein Stück gegeben: Die Kleinstädter, aller Wahrscheinlichkeit nach dasjenige, welches als Tollhaus angekündigt wurde. Goethe hat alle *Persönlichkeiten* darin gestrichen, und Du kannst Dir denken, auf wen diese gingen – ja, ein Stück der Intrige darin deutet das Weimarische Publikum auf eine Hausgeschichte von Goethe selbst. Kotzebue hat manches wegstreichen lassen, ist aber auf einigem bestanden, was Goethe durchaus nicht zugab, nun nahm er das Stück ganz zurück. Über dieses kommt es in einem Konzert bei der Herzogin-Mutter zu einem Wortwechsel zwischen Goethe und Kotzebue, in welchen sich Frau von Kotzebue mischt und versichert, ihr Mann solle nun gar nichts mehr aufs Theater in Weimar geben. Nicht genug, die alte Kotzebübin schreibt Goethen einen Brief – welchen, das magst Du ermessen. So ist der Gott unter die Fischweiber geraten. Er hat ihr geantwortet, und das müßte freilich lustig zu lesen sein.

Dies hat die Alte ohne Vorwissen ihres Sohnes getan, welcher sich dem Teufel hat darüber ergeben wollen, allein es war geschehn.

Schelling hat Goethe diesen Morgen gesprochen, er ist sehr gut gelaunt gewesen, aber sie waren zu kurz beisammen, als daß Schelling ihn gleich drauf hätte bringen mögen, um alles zu erfahren. Wir glauben freilich auch, daß Goethe an der Saalaffäre nicht unschuldig ist, vermutlich mit Schiller und dem Herzog einverstanden, aber ist es nicht prächtig von ihm? …

Goethe hält sich denn doch tapfer gegen die Halunken und prononciert sich scharf; es kann auch nicht schaden, daß er selbst einmal ins Handgemenge mit ihnen kommt. Er hat sich sehr freundschaftlich nach Dir erkundigt, und Schelling hat mir die stattlich aufgesetzte Antwort der Berliner Theaterdirektion, signiert Iffland, mitgebracht…

Wegen obiger Geschichte muß ich noch melden, daß sie mit der Unterdrückung Böttigers in Verbindung gebracht und über den Despotismus geschrien wird. Das Volk stellt sich ganz demokratisch an, nun es einmal nicht den Hammer machen soll. Höre, wenn Goethe das Intrigenstück, das bewußte, nur bei sich gehabt hätte, so läse ich es nun heute abend. Schellingen wird er es schicken, sobald er wieder drüben ist.

1755 Caroline Schlegel an Julie Gotter 11. (?) März 1802

Was Du mir übrigens erzählst, damit hat mich gestern die Niethammer prächtig unterhalten. Aber Minchen Conta hat Dir bei allen dem doch eine Menge Lügen debitiert, selbst nach denen aus Weimar herübergekommnen Berichten. Der Rat und die Bürgerschaft hat sich nicht wollen den Saal verderben lassen – Kotzebue *will* nur durchaus, daß es Goethe sein soll, um den Gedrückten und unschuldig Verbannten zu spielen, und hat auch eben deswegen kein Anerbieten eines andren Lokales, die ihm geschehn sind, angenommen.

Goethe hat ferner in den Kleinstädtern nur – einige wenige Persönlichkeiten gegen Schlegels usw. gestrichen, weil sie dazu das Theater nicht hergeben könnten. Kotzebue ist so unverschämt geworden seit den Rubeln und dem Adelsdiplom, das er produziert hat, damit *sie* an den Hof gehn kann – daß er Goethe bei der Herzogin-Mutter darüber angefallen hat, ja die liebe Christel ist herzugetreten und hat gesagt, nun solle ihr Mann auch kein Stück mehr hergeben, und die alte Kotzebübin hat Goethen einen ganz pöbelhaften Brief geschrieben, darüber daß sie ihren Sohn von Weimar verdrängen wollten. So manifestiert sich die Niederträchtigkeit, und so wird sie in Schutz genommen. – Schiller ist herzlich froh gewesen, daß sie ihm seine *Glocke* nicht aufgeführt haben. Fräulein Lesbos hat freilich sehr gejammert, denn ihre Kleidung hätte ihr schon fünfzig Goldgulden gekostet. Was es mit Goethes Flucht auf sich hat, weißt Du ja, und daß seine Ankunft schon lange bestimmt war ...

NB. Mit der *Gegenvisite* verhält es sich auch nicht so. Du wirst Dich entsinnen, daß Frommanns sogar gegenwärtig waren, wie Goethe die Gegenvisite bei Kotzebue machte. Er war nur steif und sprach nicht.

1756 Caroline Schlegel an ihren Mann *18. März 1802*

Damit Du Dir unter den letzthin erwähnten Kotzebübischen Persönlichkeiten keine Elefanten vorstellst, so will ich Dir sagen, was es für kleine blinde Mücken waren. Der alte Herr schweigt zwar wie eine Mauer und ist so klug gewesen, sich alles das von Schellingen erzählen zu lassen, was dieser von ihm wissen wollte. Aber mir hat's die Niethammer berichtet, die das Stück hier bei Gruners hat vorlesen hören, und mit vieler Langeweile dafür bezahlte. Es war nichts als eine miserable völlig hors d'œuvre-Rolle eines Poeten, der viel von Sonetten spricht (wofür Goethe jedesmal Gedicht gesetzt hatte), einen frommen Almanach herausgibt und zuletzt jemand mit einer Ehrenpforte droht. Dieses letzte ist es, worauf er so bestand, und was Goethe durchaus nicht zugab. – Ja, die Kleinstädter wären den Kleinstädtern sehr gefährlich gewesen, sagte Goethe zu Schelling, hat aber, selbst bei vollen Bechern und einer sehr ausgelaßnen Laune, sich nicht so weit herauslocken lassen, von den beiden Briefen zu sprechen.

Der Iffland ist doch ein F[ilou?], daß er mit dem Ion so zögert und den Regulus so proniert. Goethe hat sich unbarmherzig über das Ionische Gutachten mokiert, was so fürstlich ästhetisch aussehn solle, und wobei er doch so aus der Rolle fiele und in die Natur hinein, daß er dick großmütig täte. Er hat durch Kirms schreiben lassen, das Honorar möge Dir dort ausgezahlt werden.

1757 Charlotte v. Stein
an ihren Sohn Fritz *nach dem 25. März 1802*

Du weißt, daß einige mit besondern Vorzügen geschmückte Personen einen Tag in der Woche abends beim Goethe nach der Komödie sich versammelten. Unter diesen waren auch die drei Egloffsteinschen Frauen, Fräulein Wolfskeel und Fräulein Göchhausen. Nun wurde ein artiger Brief geschrieben von der Gräfin Egloffstein, welchem die übrigen ihren Namen untersetzten, und sehr zärtlich vom Freund Goethe Abschied genommen, unter dem Vorwand, daß es nunmehr Frühlingsanfang sei, so lange man zur Dauer der Gesellschaft bestimmt gehabt Und den nächsten Abend wurde nach der Komödie bei Kotzebue soupiert. Die Amalie Imhoff war die einzige, die nebst Schillers bei Goethe blieb (die Wolzogens waren verreist). Die Lolo wollte mich bereden, die leere Tafel beim Goethe mitbesetzen zu helfen, aber ich versicherte ihr, daß ich viel zu müde wäre, nach der Komödie noch zu einem Souper zu gehen.

1758 Wieland an Böttiger *11. April 1802*

Goethe hat mir allerdings am verwichnen Donnerstag [8. April] einen ebenso unerwarteten als angenehmen Nachmittagsbesuch gemacht. Wir waren mehrere Stunden vergnügt und traulich, und sprachen von mancherlei; aber von allen theatralischen Abenteuern der letztvergangenen Wochen und Monate ne γρυ quidem. Da K[otzebu]e zufällig erwähnt wurde, sprach er im Vorbeigehen unbefangen und *gut* von ihm; ebenso unbefangen wurde auch der Schlegelsche Ion und meine Übersetzung des Euripidischen berührt. Überhaupt schien er sich keines Dings, das einer Apologie bedürfte, bewußt zu sein; und ich glaube fast, daß dies wirklich der Fall bei ihm ist. Er schien auch gern zu hören, daß ich mich an die Helena des Euripides machen wollte, erklärte sie für sein Lieblingsstück und hielt es nicht für unmöglich, daß sie dereinst bonis avibus aufs Theater gebracht werden könnte.

1759 Schiller an Cotta *18. Mai 1802*

Ich habe mit Goethen Ihrentwegen gesprochen und kann Ihnen nun seine bestimmte Meinung wegen der zu verlegenden Werke geben. Es ist durchaus nötig, daß Sie mit einem bestimmten Entschluß hieher kommen, wie weit Sie mit ihm gehen wollen, und Ihnen diesen Entschluß zu erleichtern, ist die Absicht meines heutigen Schreibens.

Goethe will aufs nächste Jahr einen Almanach von Liedern, welche zu bekannten volksmäßigen Melodien von ihm gemacht sind, herausgeben. Ich habe einen Teil dieser Lieder gehört, sie sind vortrefflich, und man kann sagen, daß sie die Melodien selbst mit sich erheben und diesen besser sogar anpassen als die ursprünglichen Lieder, zu denen man sie erfunden hatte. Der innre Wert dieses Liederalmanachs, der Name Goethens und der Umstand, daß jedermann die Lieder sogleich singen kann, weil die Melodien dazu schon alt und im Gange sind, läßt einen großen Absatz dieses Almanachs sicher erwarten. Es wäre also keine Frage, daß Sie ihm die 1000 Reichstaler, die er dafür haben will, geben könnten, obgleich viele Exemplare verkauft sein müßten, ehe die Kosten heraus kämen.

Hiebei aber ist nun eine Bedingung, welche mir bedenklich scheint. Goethe will nämlich, daß Sie auch zwei andere Werke, vielleicht noch mehrere, binnen der nächsten Jahre verlegen, welche bei weitem diesen Cours nicht haben können, und die das Schicksal der Propyläen haben dürften. Das eine davon ist eine *Geschichte der Kunst im verflossenen Jahrhundert*, welche Meyer aufgesetzt hat und begleitet von eignen Aufsätzen Goethens. Es läßt sich von diesem Werk etwas wahrhaft Vortreffliches dem innern Gehalt nach erwarten, aber die große Frage ist, ob der höchste innre Wert, den doch gewiß die Propyläen haben, auch ein sichres Unterpfand für den Absatz ist. Die Aufsätze in den Propyläen über die alten Maler und dergleichen zeigen den Geist, in welchem jene Geschichte der Kunst geschrieben sein wird. Goethe wird zwar diese Schrift noch mit einem sehr merkwürdigen Beitrag begleiten, aus dem er jetzt noch ein Geheimnis macht, das ich Ihnen aber, damit Sie alles wissen, im Vertrauen eröffnen will, sobald Sie hier sind. Er verlangt ferner nur ein verhältnismäßiges Honorar für diese Schrift, wird sich aber, wie ich ihn kenne, mit 100 Carolin kaum begnügen.

Nun glaube ich zwar nicht, daß Sie bei diesem Werk in Verlust kommen würden, obgleich ich keinen *großen Gewinn* voraus sehe; besonders auch darum nicht, weil in den nächsten sechs bis acht Jahren gewiß seine sämtlichen Werke gesammelt herauskommen, worin alle jene Schriften wieder erschienen; aber von einem andern Werke, das er gleichfalls von Ihnen verlegt haben will, wenn er Ihnen irgend etwas Poetisches zum Verlag geben soll, ist weit mehr zu befürchten. Dies Werk ist der *Cellini*, den er, nun vollständig und mit Noten begleitet, herausgeben will. Er erkennt zwar, daß er dafür beträchtlich weniger als für ein Originalwerk fodern kann, und nimmt auch darauf Rücksicht, daß Sie ihm für einen Teil desselben in den Horen schon ein gutes Honorar bezahlt haben. Dieses Werk, das etwa ein Alphabet betragen wird, überließ er Ihnen vielleicht um 50 Carolin; aber im Druck und Papier würde es Ihnen doch auf mehr als 100 Carolin zu stehen kommen, und diese möchten schwer dabei zu gewinnen sein, da selbst die Horen, zum Teil dieser Cellinischen Aufsätze wegen, von ihrem Absatz verloren haben. Sie würden also den Verlust, welchen Sie bei diesem Werke erleiden können, in den Liederalmanach einrechnen müssen, und sich folglich wohl fragen, ob jener Almanach unter besagten Umständen eine gute Spekulation ist.

Vielleicht könnten Sie aber alle diese Risikos nicht achten, in der Hoffnung, sich auf einmal an dem *Goethischen Faust* für alle Verluste zu entschädigen. Aber außerdem, daß es zweifelhaft ist, ob er dieses Gedicht je vollendet, so können Sie sich darauf verlassen, daß er es Ihnen, der vorhergehenden Verhältnisse und von Ihnen aufgeopferten Summen ungeachtet, nicht wohlfeiler verkaufen wird, als irgend einem andern Verleger, und seine Foderungen werden groß sein. Es ist, um es gerade heraus zu sagen, kein guter Handel mit Goethe zu treffen, weil er seinen Wert ganz kennt und sich selbst hoch taxiert, und auf das Glück des Buchhandels, davon er überhaupt nur eine vage Idee hat, keine Rücksicht nimmt. Es ist noch kein Buchhändler in Verbindung mit ihm geblieben, er war noch mit keinem zufrieden, und mancher mochte auch mit ihm nicht zufrieden sein. Liberalität gegen seine Verleger ist seine Sache nicht ...

Wie ich nun glaube, daß Sie sich mit Goethe zu explizieren haben, will ich Ihnen mündlich sagen. Er wird Ihrentwegen am Sonnabend nach Himmelfahrt zuverlässig hier sein.

1760 Marie Körner an Charlotte Schiller 30. Mai 1802

Sag mir nur, wie's kommt, daß auf einmal der Goethe wieder so Freund mit Reichardt ist? Er ist immer auf Giebichenstein, logiert da, wenn er wegen des Baues vom Komödienhaus in Lauchstädt sein muß; so erzählt die Schwester von Madame Reichardt, die hübschen Mädchen mögen ihn wohl anziehen, die Reichardt hat.

1761 F. A. Wolf an Ch. G. Schütz 27. Mai 1802

Mit Goethe habe ich soeben [in Giebichenstein und Lauchstädt] ein paar recht herrliche Tage gelebt.

1762 F. A. Wolf an J. H. Voß 8. Juni 1802

Eben itzt habe ich von jenen halbierten Existenzen eine Erfahrung gemacht, da Goethe etliche Tage in Giebichenstein war, dem ich aber nun ein vierzehn Tage in Lauchstädt zugesagt habe, wo wir nicht bloß uns sehen und Sachen ansprechen, sondern auch durchsprechen wollen. Möchten Sie doch um diese nämliche Zeit hier sein!

1763 Henriette Gräfin von Egloffstein: Erinnerungen

Je näher der zur Aufführung des Alarcos [von Friedrich Schlegel] anberaumte Tag herankam, desto lebhafter ward die Neugierde, das vielbesprochene und vielbekrittelte Stück zu sehen, und als er endlich erschien, strömte die halbe Bevölkerung von Weimar zum Theater, das die Menge kaum zu fassen vermochte.

Trotz so vieler Jahre, die seit jenem Tage [29. Mai 1802] über meinem Haupte hingezogen sind, sehe ich doch noch jetzt in dem ungetrübten Spiegel der Erinnerung, ebenso deutlich wie damals in der Wirklichkeit, das überfüllte Schauspielhaus vor mir, – mitten im Parterre Goethe, ernst und feierlich auf seinem hohen Armstuhle thronend, während Kotzebue auf dem vollgedrängten Balkone, weit über die Balustrade vorgebeugt, durch lebhafte Gestikulationen seine Gegenwart bemerkbar zu machen sucht.

Im Anfange der Vorstellung verhielten sich die Zuschauer völlig passiv; je weiter aber das Stück vorwärts schritt, desto unruhiger ward es auf der Galerie und im Parterre. Ich weiß nicht, ob dem fein gebildeten Geschmack des Weimarischen Publikums der barbarische Inhalt der alten spanischen Tragödie nicht behagte, oder ob Kotzebues Bemühungen doch nicht ganz fruchtlos geblieben – kurz, in der Szene, wo gemeldet wird, daß der alte König, den die auf seinen Befehl ermordete Gattin des Alarcos vor Gottes Richterstuhl zitierte, «aus Furcht zu sterben, endlich gar gestorben sei» – da brach die Menge in ein tobendes Gelächter aus, so daß das ganze Haus davon erbebte, während Kotzebue wie ein Besessener unaufhörlich applaudierte.

Aber nur einen Moment. Im Nu sprang Goethe auf, rief mit donnernder Stimme und drohender Bewegung: «Stille! stille!» – – und das wirkte wie eine Zauberformel auf die Empörer. Augenblicklich legte sich der Tumult, und der unselige Alarcos ging ohne weitere Störung, aber auch ohne das geringste Zeichen des Beifalls zu Ende.

1764 *E. Genast: Aus dem Tagebuche eines alten Schauspielers* *1862*

[Zur Aufführung des «Alarcos».] In der ersten Vorstellung dieses Stücks war es, wo Goethe, als die benannte Partei [die Kotzebuesche] bei einer Stelle lachte, in seiner Loge wütend aufsprang und mit seiner Donnerstimme rief: «Man lache nicht!»

1765 *E. Genast: Aus dem Tagebuche eines alten Schauspielers* *1862*

[Nach der Aufführung des «Alarcos».] Als ich den andern Tag [30. Mai 1802] meinen Rapport an Goethe überbrachte, sagte er zu mir: «Nun, ich bin zufrieden mit der gestrigen Vorstellung, und was die andern Leute dazu sagen, geht mich und Euch nichts an.» Er sprach das mit großer Gleichgültigkeit aus, aber ich fühlte recht gut heraus, daß ihn die Niederlage verstimmt hatte. Es war ihm gar nicht gleichgültig, was das Publikum zu seinen Experimenten sagte – ich hatte Gelegenheit gehabt, das zu beobachten – ja er hielt sogar sehr viel auf die Stimme des Publikums.

1766 *Schiller an Körner* *5. Juli 1802*

Mit dem Alarcos hat sich Goethe allerdings kompromittiert; es ist seine Krankheit, sich der Schlegels anzunehmen, über die er doch selbst bitterlich schimpft und schmält. Das Stück ist aber hier nur einmal, und völlig ohne allen Beifall, gegeben worden.

1767 *P. A. Heiberg an K. L. Rahbek* *2. Juli 1802*

Falk ist mit Goethe sehr intim, und bewies mir klar, wie dieser aus Prinzip stolz ist, wenn er repräsentiert oder sich in Gesellschaft von Leuten befindet, mit denen er nicht harmoniert, dagegen ungemein liebenswürdig ist unter denen, die er kennt und schätzt ... Trotzdem er Goethens sehr guter Freund ist, folgt er doch nicht blind allen dessen Ansichten, sondern persifliert oft, was Goethe lobt, und vice versa. Schlegels Alarcos fiel vollständig durch auf dem Weimarer Theater, trotz der Protektion Goethes. Als dieser Falk fragte, wie er über das Stück denke, antwortete er:

Schlegel habe größere Ursache zufrieden als unzufrieden zu sein. «Sie wissen ja, daß Schlegel stets über die feine undurchdringliche Ironie redet. Nun ist Alarcos durch und durch nichts anderes. Das feinere Publikum fühlte dies, lächelte und lachte schon von Anfang an, das war ein Triumph für Schlegel, verstanden worden zu sein, doch nun kam der minder gebildete Teil des Publikums, der nicht die feinen Ironien verstand und pfiff und trampelte, wodurch das Vergnügen der ersteren gestört wurde, und Schlegel wiederum Ursache hatte, unzufrieden zu sein.»

1768 Amalie v. Imhoffs Tagebuch *15. Juni 1802*

Wir versammelten uns in dem Saal, welchen Gräfin Egloffstein zur Disposition gestellt hatte, und mir wurde die Aufgabe übertragen, dem Improvisator [Scotes] den Text zu geben. Ich schlug vor: Die Flucht der Musen aus Griechenland nach Italien. Er führte das Thema befriedigend durch. Aber zu meiner Genugtuung begegnete ich mich im Urteil mit Goethe darüber: daß Scotes sich hauptsächlich auf Details über die Dichter eingelassen hatte und das eigentlich poetische Motiv des Gegenstandes vernachlässigte.

1769 Böttiger: Der Veronesische Improvisator Scotes

Weimar, den 15. Juni 1802.

... Nachdem Herr Scotes hier in einigen höchst achtungswürdigen Privatzirkeln die auffallendsten Proben seiner vielversuchten Fertigkeit und Gewandtheit gegeben und überall den ungeteiltesten Beifall eingeerntet hatte, hielt er heute abends eine öffentliche Akademie vor einem zahlreichen Publikum ... Die erste Aufgabe war die Flucht der Musen aus Griechenland nach Italien, ein Thema, dessen überströmenden Reichtum der verständige Künstler überall sehr gut zu beherrschen und durch eine feine Anordnung lichtvoll darzustellen wußte ... Einigen Anwesenden schien dieser Gegenstand für einen solchen Künstler zu leicht. Der Herr Geh. Rat v. Goethe nannte also ein weit beschränkteres, aber eben darum dem wahren Künstler zum Aufgebot seiner ganzen Dichterschätze noch willkommeneres Thema: das Vergnügen eines italienischen Zuschauers in einem Nationallustspiel an den vier bekannten Charaktermasken. Mit sichtbarer Freude ergriff der stets fertige Improvisator diesen Stoff fast ohne alles vorhergehende Nachdenken ...

1770 Schelling an A. W. Schlegel *16. Juli 1802*

Goethe, der dieser Tage von Lauchstädt zurückkommt, will den ganzen Monat August hier [in Jena] zubringen.

Es würde vielleicht unterhaltend sein, von Madame S[ande]r die Höflichkeiten zu vernehmen, die sie und ihr Gemahl hier und in Weimar von Goethe genossen haben. Für uns war es nicht wenig lustig, es zum Teil mit anzusehen und zu hören, wie sie bei Goethes Ankunft in Lauchstädt [am 21. Juni] schon wieder gegenwärtig waren, und er ihn beim Aussteigen empfing, von ihm aber mit der Äußerung gegen seinen Reisegefährten, daß es ein wahres Zigeunerpack sei, empfangen wurde. Natürlich, daß S[ande]r das nicht hörte.

1771 E. Genast: Aus dem Tagebuche eines alten Schauspielers *1862*

Am 20. Juni [1802] ging die Gesellschaft nach Lauchstädt, wo das neuerbaute Theater am 26. Juni mit dem Vorspiel «Was wir bringen» und der Oper «Titus» eröffnet wurde ...

Goethe hatte seinen Platz auf dem Balkon genommen. Nach dem Vorspiel brachte das Publikum Goethe ein dreimaliges Hoch, indem es sich erhob und seine Blicke nach ihm richtete. Er trat vor und sprach: «Möge das, was wir bringen, einem kunstliebenden Publikum stets genügen.» Nach diesen Worten zog er sich zurück und kam auf die Bühne, um dem Personale seine Zufriedenheit mitzuteilen ...

Goethe fühlte sich einige Zeit ganz behaglich in dem Treiben; seine Freunde von Leipzig und Halle besuchten ihn, und er erwiderte ihre Aufmerksamkeit. In Lauchstädt schien ihn ein Individuum besonders zu interessieren, von welchem er mir bei meinem Morgenrapport sagte: «Ich habe gestern abend einen originellen Menschen, ein lebendiges Konversations-Lexikon, kennen lernen, einen gewissen Ferdinand Baron von L., der in unserer europäischen Literatur sehr bewandert ist und sie nicht bloß *oberflächlich* kennt. Er schwärmt für unsere dramatische Kunst und ist mit Iffland, Fleck, der Bethmann und mehreren wackern Künstlern befreundet. Indessen scheint mir, daß er sich hauptsächlich der Spielbank und nicht des Badens wegen hier aufhält.»

1772 Christiane Vulpius an N. Meyer *etwa 10. Juli 1802*

Schon seit drei Wochen bin ich mit dem Geheimen Rat und August in Lauchstädt ... Ich war schon hier auf sechs Bällen, wo es sehr brillant ist. Es sind viele junge Komtessen hier, die alle recht hübsch sind, viele Offiziere sind nicht da, aber die Hallischen Studenten sind meist sehr gescheute Leute, und der Geheime Rat ist sehr mit ihrem Betragen sowohl auf Bällen als im Theater zufrieden. Am Sonntag kamen Biörklands hierher und waren auch auf dem Ball, wurden aber gar nicht aufgefordert und mußten bloß mit der Unterhaltung von Becker und Oellers vorlieb nehmen. Von mir und der Götz wurde so gerührt, daß wir auf Zureden vom Geheimer Rat ihnen bald unsere Tänzer zugeschickt hätten, denn sie sahen gar zu betrübt aus ... Ich tanze auf jedem Ball mit einem wie mit dem andern, weil sie mir alle gleich sind. Sie erweisen mir alle, wo ich bin, sehr viel Artigkeit. Sie haben auf dem Geheimen Rat und mein Vivat zugerufen. Das Theater ist hier sehr schön geworden, es können tausend Menschen zusehen, – im ersten Stück, das mit einem kleinen Vorspiel vom Geheimen Rat anfing, betitelt: «Was wir bringen», waren achthundert Menschen – wir waren auf dem Balkon in einer sehr schönen Loge, und wie das Vorspiel zu Ende war, so ruften die Studenten: «Es lebe der größte Meister der Kunst, Goethe!» Er hatte sich ganz hinten hingesetzt, aber ich stand auf, und er mußte vor, und sich bedanken. Nach der Komödie war Illumination und dem Geheimen Rat sein Bild illuminiert und sein Name brennt. Und wir speisen mit im Salon, wo auch wieder alles illuminiert war, und der ganze Saal mit Blumen-Girlanden geschmückt. Die Jagemann ist auch vierzehn Tage hier gewesen und hat auch sehr viel tanzen müssen. Itzo ist der Geheime Rat auf ein paar Tage in Halle ...

1773 J. G. Gruber: August Lafontaine 1833

Ein andermal hatte der Kapellmeister Reichardt ihm [August Lafontaine in Halle] gesagt, daß er in einigen Tagen ihm einen Kaufmann aus Hamburg zuführen werde, und kam wirklich auch mit einem Fremden zu ihm, den er ihm mit einigen Worten vorstellte, die er nicht verstand, und für das Gewöhnliche nahm. Man ging in den Garten. Den Fremden interessierte die schöne Baumallee, er blieb aber am Ende des Ganges stehen, betrachtete lange die Aussicht, und äußerte dann, eine so imposante Masse von großartigen Gebäuden, wie sich hier auf einen Blick darstelle, nie, selbst in Italien nicht, gesehen zu haben. Das Gespräch lenkte sich davon auf Kunst und Altertum, und Lafontaine hörte mit Erstaunen, wie kenntnis- und geistreich dieser Kaufmann war, an welchem sein Interesse von Minute zu Minute wuchs. Es war ganz gegen seine Sitte, jemand um seinen Namen zu fragen, diesmal aber sagte er beim Abschied: «Mein Herr, Sie haben mir ein so großes Interesse eingeflößt, daß ich nicht unterlassen kann, Sie um Ihren Namen zu bitten.» – Mein Name ist: Goethe. – «Mein Himmel», sagte Reichardt, «ich hab's Ihnen ja beim Eintreten gesagt.» – «Was wollen Sie gesagt haben! Einen Kaufmann aus Hamburg haben Sie mir angekündigt, und beim Eintreten haben Sie nichts gesagt, sondern etwas gemurmelt. Wenn Sie künftig Goethe ankündigen, so sprechen Sie deutlich, Herr! Sie brauchen bloß seinen Namen zu nennen. Aber» – so wendete er sich zu Goethe – «im Grunde ist mir das Mißverständnis recht lieb: denn hätte ich Ihren Namen gewußt, so hätte ich gleich nichts anders von Ihnen erwartet, als was ich gehört habe.» Schnell eilte er nun aber zu seiner Frau: «Geschwind, Fiekchen, Goethe!» Die gute Frau sah aber nichts weiter von ihm als – was mancher Kritiker auch nur gesehen hat – seinen Zopf.

1774 Wilhelmine Bardua: Erinnerungen

Noch eine andere kleine Geschichte erzählte Anton Niemeyer aus dem häuslichen Leben seines Pflegeschwiegervaters [August Lafontaine]. Ein Weinhändler kam nach Halle, meldete sich bei Anton und bat zugleich um eine Rekommandation an Lafontaine. Zur selben Zeit kommt Goethe auf einer weiteren Reise durch Halle und wünscht Lafontaine, den er noch nicht kennt, einen Besuch zu machen. Es war im Sommer. An einem schönen, warmen Nachmittag introduziert sich in Lafontaines Hause ein fremder Herr. Lafontaine denkt sogleich an den Weinhändler und nimmt ihn an. Der Fremde tritt ein. Lafontaine nötigt ihn in den Garten; sie wandeln in der kühlen alten Lindenallee längs der Saale auf und nieder. Auf Weingeschäfte kommen sie nicht; Lafontaine aber ist angenehm angesprochen von der charmanten Persönlichkeit des Mannes und kann sich gar nicht genug wundern, was das für ein gebildeter Weinhändler ist! Der Fremde merkt den Irrtum, läßt ihn aber bestehen. Lafontaine tut sich keinen Zwang an, sondern entfaltet seine Natur, so gut und so schlecht, wie sie ist. Beide gehen in herzlichstem Behagen und gegenseitigem Wohlgefallen lange nebeneinander her, durchsprechen allerlei in vollständigem Vergessen des Weingeschäfts. Als der Fremde sich empfohlen hat, kommt Anton Niemeyer gestürzt, voll von dem Ereignis des Goetheschen Besuches bei seinem Schwiegervater, der schon ruchbar geworden war. Vergnügt ruft ihm dieser entgegen: er habe eben den Weinhändler bei sich gehabt und könne gar nicht sagen, wie gut ihm der Mann gefallen habe. Anton Niemeyer erkennt sogleich die Verwechselung und entdeckt dem alten Lafontaine, daß der vermeintliche Weinhändler niemand anders, als Goethe, gewesen sei. Nun geht dem Alten ein Licht auf; er will aus den Wolken fallen und macht sich die größten Vorwürfe, den Fremden doch etwas von oben herunter behandelt zu haben. Lange konnte sich Lafontaine über diesen Irrtum nicht beruhigen.

1775 F. A. Wolf an H. Escher *15. Juni (Juli?) 1802*

Friedrich Schlegel zieht itzt gen Frankreich ... Soeben hat er ein Trauerspiel, *Alarcos*, geschrieben, dessen trefflichen Effekt auf dem Theater mir Goethe, der gestern bei mir war, hoch rühmte.

1776 F. A. Wolf an Ch. G. Schütz *17. Juli 1802*

Heute, teurester Freund, da Goethe seit einigen Tagen bei mir ist, wird es mir unmöglich, mehr als ein Lebenszeichen an Sie zu geben.

1777 J. L. Ch. Thilo an Riemer *9. August 1802*

Lauchstädt, wo der Herzog von Weimar ein neues Theater hat bauen lassen, und wo Goethe selbst eine Zeitlang die Direktion führte, hat mir dieses Jahr ein mehrmals wiederholtes Vergnügen gewährt.

Goethe ist acht Tage in Halle gewesen und hat bei Wolf logiert. Ich habe ihn mehrmals in Gesellschaften bei Wolf, Madeweis und Niemeyer, und einmal allein gesprochen, und in ihm einen äußerst interessanten Charakter lieben und verehren gelernt. Vor allem nahm ich an ihm eine ruhige Wärme war, womit er sich für alles einigermaßen Bedeutende intressierte, und im Gespräch den Gegenstand faßte und sich in eine gemeinschaftliche Untersuchung einließ. Seine Gestalt hat etwas Stolzes, seine Physiognomie, besonders der Blick seiner Augen drückt bald eine Erhabenheit, bald die kindliche Liebe seiner Gefühle über die Natur aus. Sein Körper hat nicht den Grad von Gewandtheit, den sein Geist vermuten läßt, auch hat sein mündlicher Ausdruck nicht die Leichtigkeit, die man aus seinen Schriften kennt. In seinen Urteilen fand ich eine gänzliche Unparteilichkeit, eine große Billigkeit und ein ausgezeichnetes Bestreben, überall auch am Mittelmäßigsten das Gute hervorzuheben, und dankbar als Bereicherung menschlicher Fortschritte anzunehmen. Man war hier sehr gegen ihn eingenommen, als er kommen wollte, und ist sehr für ihn eingenommen, nachdem er da gewesen ist.

1778 K. F. v. Klöden: Jugenderinnerungen 1874

Wir [Klöden und Friedrich August Wolf] kamen auf die Autoren zu sprechen, die in verschiedenen Klassen gelesen werden, und auf die Behandlung derselben in den Gymnasien. Wolf war wenig damit zufrieden und meinte, die Lektüre müsse sich weit weniger nach den Autoren, als vielmehr durch deren Behandlung unterscheiden. Der Stoff könne sogar in allen Klassen, oder doch durch eine Reihe von Klassen, derselbe bleiben, der Unterschied läge bei weitem nicht so sehr im Stoffe, als in der Art, wie man etwas daraus zu machen und was man Belehrendes daran zu knüpfen wisse. «Ich kam einmal», fügte er hinzu, «in einer Gesellschaft von Gelehrten auf dies Kapitel und stellte meine Behauptung auf. Man sprach dagegen und stritt sich viel herum. Ich sollte durchaus unrecht haben. Um dem Streite ein Ende zu machen, erbot ich mich, im Gymnasio durch alle Klassen ein und dieselbe Stelle des Cornelius Nepos zu erklären, in jeder folgenden Klasse die Schwierigkeit zu steigern, in jeder anderes zu sagen und in jeder dafür zu sorgen, daß die Schüler einen Zuwachs an Kenntnis gewönnen, und daß dennoch die Erklärung überall nach dem Standpunkte jeder Klasse als eine abgeschlossene und vollständige erschiene. Die Sache machte Aufsehen; Tag und Stunde wurde festgesetzt, und es fanden sich noch mehrere Zuhörer. Goethe, der es nie versäumte, solche Kunststücke, wie er es nannte, mit anzusehen, fand sich auch zu diesem ein. Ich begann in Sexta, endigte in Prima und löste vollständig mein Versprechen. Goethe war voll Bewunderung und meinte: er habe so etwas nicht für möglich gehalten, und es sei ihm von großem Werte, diesen Stunden beigewohnt zu haben. «Ja, der Alte verstand so etwas zu würdigen.»

1779 F. Tieck an A. W. Schlegel 2. August 1802

Goethe ist seit zwei Tagen wieder hier, hat aber noch nichts Besonders von sich vernehmen lassen. Ich habe gestern abend ein sehr langweiliges Souper bei ihm überstanden, wo nichts als Männer, die Künstler vom Schloßbau, und ein paar Räte waren ... Tue mir doch den Gefallen, und laß die Büste der Unzelmann, die unfertig bei mir steht, einpacken, und schicke sie mir her, ich will sie gern Goethe schenken.

1780 Schelling an A. W. Schlegel *3. September 1802*

Daß mit Goethe in dieser Sache [einer Auseinandersetzung mit dem Herausgeber der Allgemeinen Literatur-Zeitung, Hofrat Schütz] sehr wenig anzufangen war, haben Sie sehr richtig vorausgesehen. Nicht als ob er nicht die ganze Schändlichkeit und Abscheulichkeit gefühlt, den besten Willen gezeigt hätte, sondern weil er versicherte, in der Sache keinen Erfolg *versprechen* zu können. Mein Ansinnen war nämlich, einen unmittelbaren Schritt der Regierung durch ihn zu bewirken. Er versicherte mich der Schwierigkeiten, die er hierbei zu überwinden haben und wahrscheinlich nicht überwinden würde – er riet von nichts ab, gab aber nur den einzigen, sich von selbst verstehenden Rat, nichts zu unternehmen, wobei man der kompletten Sache und des zu wünschenden Erfolgs nicht versichert sei.

Das persönliche Gewicht von Goethe konnte, um etwa die jetzigen Redakteure der Literatur-Zeitung zu einer Zurücknahme auf die von Ihnen angegebene, auch von mir gedachte Weise zu bewegen, bei der grenzenlosen und von Ihnen vielleicht selbst nicht so gewußten Unverschämtheit und Infamie des Schütz, die seitdem immer zugenommen hat, nichts fruchten, vielmehr hätte Goethe sich einzig selbst dadurch ausgesetzt.

1781 Schiller an Cotta *10. September 1802*

Goethe hat Ihnen sein Drama [das Vorspiel «Was wir bringen»] angeboten, wie er mir sagt, und das Honorar Ihnen überlassen. Auf eine Anfrage, die er vorher bei mir getan, was er ohngefähr dafür erwarten könne, habe ich ihm von 60 Carolin gesprochen, und er scheint damit zufrieden. Es steht bei Ihnen, ob Sie dieses Honorar um etwas übersteigen wollen. Das Stück, welches natürlicherweise im Druck auf die möglichst größte Bogenzahl muß ausgedehnt werden, kann, wie ich es nach einer flüchtigen Übersicht taxiere, sechs Bogen, Kleinoktav und etwas weit gedruckt, ausmachen. Die Buchhändler aus Berlin und Leipzig haben sich, wie ich von guter Hand weiß, darum gerissen, und es ist ein gutes Zeichen, daß Goethe sich nicht durch ihre Anerbietungen blenden ließ.

1782 Böttiger an J. v. Müller *13. September 1802*

Goethe ist ganz in seinen Kunst- und Theaterausstellungen und hilft unserm Fürsten eine Wohnung für die russische Schwiegertochter bauen.

1783 Henriette v. Knebel an ihren Bruder *14. September 1802*

Goethe, dem wir unsre lieben Steine zeigten, hat sie auch mit großem Beifall beehrt.

1784 Caroline Schlegel an ihren Mann *September 1802*

[Zur Trennung ihrer Ehe.] Ich habe mich also an einen Mann [Goethe] gewandt, der guten Willen für uns beide und Macht genug hat, es bei ihm [dem Herzog] durchzusetzen, er hat auch versprochen zu tun, was er vermag, nur hat er mich auf die Möglichkeit einer abschlägigen Antwort bereitet, die mir indessen nicht glaublich scheint, da er es einmal unternommen. Er wird die Sache unmittelbar mit dem Herzog verhandeln, und er ist der einzige, dem sie mitgeteilt worden ist, außerdem ist kein Wort und kein Wink vorgefallen. An seiner Verschwiegenheit ist kein Zweifel, sogar habe ich ihm versprochen, *ihn* gegen niemand zu nennen, weswegen ich im Fall des Erratens auch bitten muß, diese Diskretion gegen ihn selbst sowohl wie gegen andre zu beobachten.

1785 Christiane Vulpius an N. Meyer *17. September 1802*

Die Victorie könnte ich Ihnen schicken, aber der Geh. Rat und alle sagen: daß man sie nicht packen könnte, und Sie würden sie bloß in tausend Stückchen bekommen.

Die Matten wünscht der Geh. Rat nur so ohne zusammengenäht zu haben, auch wünscht er jedesmal, wenn Sie ihm etwas von einer Sorte Wein schreiben, immer die Preise zu wissen, wollten Sie wohl die Güte haben und in Ihrem nächsten Briefe die Preise sowohl als die ganze Rechnung beilegen.

1786 W.v.Humboldt an C.G.v.Brinckmann 2.Oktober 1822

Der Alarcos hat ihn frappiert, wie es ihm manchmal geht; noch jetzt sagt er, man könne nichts einzelnes angreifen. Alles lasse sich mit Stellen aus Calderon, Dante, Shakespeare usf. belegen ... Doch haßt er jetzt das Produkt; er ist damit einig, daß es alle echte Maximen der Kunst verdreht, und findet eben darum die Clique verderblich, weil sie doch nimmer von echten Maximen ausgeht ... Meine Frau erinnert mich noch an Goethens eigene Worte über den Alarcos. Sie lauten buchstäblich: Verfluchen muß man das Produkt.

1787 F.Tieck an Böttiger 18.Juni 1803

... diese Arbeit [die Anfertigung einer Büste Wielands] ... welche mir nämlich sechs Monate vorher, und wiederholentlich, von Seiner Durchlaucht dem Herzoge aufgetragen, und nur durch andere Arbeiten, welche die Baumeister schnell beendigt wünschten, und letztlich durch Herrn von Goethe, welcher es bis zum Winter aufgeschoben wünschte, verhindert war, daß die Büste nicht schon längst fertig war.

1788 J.G.Schadows Tagebuch 22.September 1802

Der dritte Besuch war zu Herrn von Goethe, bei welchem uns Meyer gemeldet hatte. Louis Catel ging mit, der Bediente frug gleich, ob ich dabei wäre, und eröffnete den Saal. Meyer erschien sogleich, eine Kopie nach Tizian von Bury und vier illuminierte Blätter aus Raffaels Psyche und dann die Büste der Madame Unzelmann war, was ich bemerkte. Herr von Goethe erschien, mit schnellen Schritten, blauer Überrock und Stiefel. «Sie wollen mir das Vergnügen Ihres Besuchs geben», sagte er, dann gebot er, uns Stühle zu geben, seine erste Frage war nach Zelters Befinden, von dem ich ihm einen Brief gab. Dabei blieb auch das Gespräch, eigentlich sprach er wenig. Ich wollte auf etwas anderes kommen, und frug ihn, ob er mir wohl erlauben würde, nach Maßen seinen Kopf zeichnen zu dürfen. Er stutzte, sagte halb lachend und halb höhnisch, das sei bedenklich, denn die Herren Berliner wären Leute, die daraus etwas deuten würden; auch in Weimar hätten sie jemand gehabt, der Galls Lehre anhing, dies sei der Dr. Froriep, der jetzt verreist sei. Schon vor diesem Antrag hatte er sich durch seinen Bedienten abrufen lassen, und blieb so lange weg, daß uns Meyer ein anderes Zimmer zeigte, wo er selbst die Superporten gemalt hat und auch ein Medusenkopf im Fußboden. Als Herr von Goethe wieder kam, entschuldigte er sich mit seinen Geschäften, und da wir aufgestanden waren, so fiel dies Gespräch stehend vor; wir wollten zu Pferd noch vor Tisch nach Jena zu Herrn von Kotzebue, mußten Reuter-Toilette machen, also brach ich ab, da er uns nicht wieder zum Sitzen nötigte, und wir empfahlen uns. Er sagte: « Sie werden doch noch einige Zeit hier bleiben» etc. Die Catels meinten, ich sei mit meinem Antrage in die Quere gekommen, wie es auch wohl war.

1789 J.G.Schadows Tagebuch *29.September 1802*

Ich eilte nun zu Böttiger, der sich über die Bereitwilligkeit Wielands [zu einer Büste zu sitzen] wunderte und freute ... Herrn von Goethe, meinte er, würde diese Geschichte nicht recht sein. Daß ihm mein Herkommen nicht behage, merke er aus manchem, sei es nun weil ich einst an seiner Göttlichkeit gezweifelt habe, oder weil seine Ausstellung so armselig ausgefallen ist, oder weil er selbst die Wielandsche Büste habe besorgen sollen und dazu bis jetzt nichts getan habe. Und überhaupt im Kunstfache dürfe ohne sein Wissen nichts geschehen, weil dies zu seinem Departement gehört. Ich begriff dies alles nicht so ganz, und es machte mir gar keinen Kummer.

1790 *J.G. Schadows Tagebuch* *2. Oktober 1802*

Um 10½ Uhr erschien Wieland; ich spannte meine Aufmerksamkeit, um sowohl gut als prompt zu arbeiten, und die so wesentliche erste Anlage fiel zu meiner eigenen Zufriedenheit aus. Wir wurden durch niemand gestört. Nachmittag erzählte mir Böttiger, es sei in Tiefurt bei der alten Herzogin eine starke Szene vorgefallen, Herr von Goethe sei, wie es scheine, ausdrücklich deshalb hingegangen, er habe mich einen geizigen neidischen tracassièren Mann genannt; sie, die Herzogin, könne und dürfe es nicht zugeben, daß Wieland mir zu seiner Büste sitze. Er selbst komme hierbei in Verlegenheit, denn es sei doch einmal des Herzogs Wille gewesen, daß Tieck diese Büste machen solle. Genug, der Herr von Goethe habe es dahin gebracht, daß die Herzogin und selbst Wieland nicht mehr gewußt hätten, was sie tun oder lassen sollten, bis der Herzog, dem es zufälligerweise einfiel, seine Frau Mutter zu besuchen, dazu kam, der denn als ein verständiger Herr sich hierüber verwunderte und die Meinung äußerte, daß sie alle hierin nichts zu sagen hätten, und daß die Sache lediglich vom alten Wieland abhinge, dem es freistände, zu sitzen, wem es ihm beliebte, und ebenso wäre ja Schadow auch der Mann, der jede Büste machen könne, welche ihm einfiele.

Nun machte mir Böttiger insbesondere darüber Vorwürfe, daß ich in dem Tee bei Cramer [am 29. September] davon geredet hätte, Meyer wäre dagewesen, und so hätte es Goethe gleich erfahren, es wäre aber politischer gewesen, wenn ich geschwiegen hätte ...

Abends in der Komödie saß Goethe zwei Bänke von mir, er sah mich und mußte mich sehen, vertiefte sich aber in ein Gespräch mit Loder, tat freundlich mit W., und sah alles, nur mich nicht, ich verließ meinen Platz und ging in eine Loge.

1791 *Christiane Vulpius an N. Meyer* *2. Oktober 1802*

Der Herr Geheime Rat befindet sich jetzt recht wohl und wünscht nun auch die Rechnung von Ihnen zu haben. Sollten Sie etwa eine Anweisung wegen des Geldes hierherschicken, so wünscht er es doch etwas voraus zu wissen, damit er sich darnach einrichten kann.

1792 *Schiller an Cotta* *8. Oktober 1802*

Für das Goethische Stück [Was wir bringen], da es nur fünf kleine Bogen gibt, werden 60 Carolin vollkommen hinreichen, vergreift es sich schnell, nun so können Sie immer noch ein übriges tun.

Jetzt beschäftigt ihn die Ausgabe des Cellini sehr ernsthaft, er tut sehr viel für die Übersetzung und erhöht den Wert des Buchs durch vortreffliche Anmerkungen und Beilagen. Aber da er dieses Werk mit Liebe und vielem Studium bearbeitet, so will er es nicht mit Nachteil verkaufen, und freilich wär es schade, wenn er oder Sie dabei zu kurz kommen sollten.

1793 *Schelling an A. W. Schlegel* *13. Oktober 1802*

Heute habe ich Ihre Schrift [An das Publikum, Rüge einer in der Jenaischen Allgemeinen Literatur-Zeitung begangenen Ehrenschändung] hier [in Jena] bekannt gemacht …

Warum entschließen Sie sich nicht kurzweg, gegen Schütz und die Literatur-Zeitung die Szene mit Kotzebue zu erneuern? Gegen unsere von Grundsätzen der Honnetetät ausgehenden Erörterungen wird Schütz sich immer halten können, da er den tiefsten Grund der Infamie aufzuwühlen sich nicht scheut. Gegen den Witz hält auch dieser Heroismus der Niederträchtigkeit nicht Stich. Eine große Tat dieser Art befreit uns auf immer. – Rücksichten sind hier keine mehr zu beobachten. Machen Sie gegen Schütz, was Sie wollen, er wird ohnmächtig stampfen und sich wütig anstellen, aber in die Falle des Verklagens geht er gewiß nicht mehr, gegen welches wir auch ein ganz sicheres Mittel haben, nämlich das Perhorreszieren des hiesigen Forums. Von seiten der Regierung in Weimar ist durchaus kein Schritt zu erwarten: sie hat die Maxime des gänzlichen

Ignorierens angenommen und wünscht nur, von Jena gar nichts mehr zu hören – was ich aber geschrieben, ist im Grunde auch die Meinung Goethes, der eben jetzt auf einige Tage hier war. Er hatte gegen Ihre Schrift nichts auszusetzen, als daß sie kein radikaler Totschlag sei.

Wenn Goethe in dieser Sache weniger tut, so ist es, weil er im Grunde ganz in derselben Lage ist, wie wir, da er in Weimar ganz allein steht, und selbst seine unmittelbaren Bekannten mehr oder weniger auf beiden Achseln Wasser tragen. Soviel ich merken kann, denkt er auf eine ziemliche Zeit wegzugehen, wohin, weiß ich nicht. – Sie werden seinen und aller Verständigen Beifall haben, wenn Sie mit Einem Streich alles vollführen.

Von dem spanischen Stück [Die Andacht zum Kreuz] kann Goethe nicht aufhören zu reden. Wenn man Guido sehe, sagt er, so meine man, daß niemand besser gemalt habe, wenn Raffael, daß die Antike nicht besser sei. So mit dem Calderon: nicht nur Shakespeare gleich, sondern, wenn es möglich wäre, ihm noch mehr zuzugestehen! – Unbegreiflicher Verstand in der Konstruktion, Genie in der Erfindung. – Genug, diesmal kann man ihm nicht vorwerfen, daß er zu kalt lobt. Die Aufführung, meinte er, sei unmöglich, da es auf die Menge doch nur durch den Stoff wirke, der als fremdartig, selbst schon durch die Freiheit, womit er behandelt sei, gerade den Protestanten anstößig sei. Mit Ihrer Antwort gegen den Schwadke schien er nicht zufrieden. Sie verderben die Leute, sagte er, indem Sie sich darauf einließen, sie zu belehren, und er hätte gar zu gern gesehen, wenn Sie dem Kerl das Fell über die Ohren gezogen und dann ausgestopft ihm selbst zurückgegeben hätten.

Stellen Sie sich die Plattheit von Schadow vor, daß er Goethen gleich nach dem ersten Willkomm darum ansprach, seinen Kopf ausmessen zu dürfen. Goethe sagte davon, er habe ihn, wie der Oberon den Sultan, gleich um ein paar Backenzähne und Haare aus seinem Bart gebeten. Nach dem Eindruck, den er auf Goethe gemacht hat, muß er gegen ihn wie einen Bierbruder sich aufgeführt haben.

1794 Ch. A. Vulpius an N. Meyer 15. Oktober 1802

Was den Schauspieler Zwick anbetrifft, so wissen Sie, wie der Geheime Rat ist, wenn er einmal nicht will, so will er nicht, und ist sehr soupçonnös, sobald man sich einer Sache recht ernstlich annimmt. Deshalb möchte ich nicht gern ein Wort darüber verlieren. Ich will aber dennoch, wenn ich ihn einmal bei Laune finde, mit ihm darüber sprechen, indessen mag Zwick das Seinige tun und noch einmal anbohren, so wie Frau Wunschel im Schauspiel mit dem Ellenbogen, bis es geht…

Noch haben wir kein einziges neues Schauspiel hier gesehen. Es geht etwas lahm, zumal da die J[agemann] jetzt so *öffentlich hochsteht*, daß sie macht, was – sie will.

1795 Ernestine Voß: Über Voßens Verhältnis zu Schiller und Goethe

Goethe besuchte uns [in Jena] gleich, als wir im Griesbachschen Hause eingezogen waren. Ich sah ihn zuerst, als ich aus einer Auktion zurückkam. Es schien ihm zu gefallen, daß ich, erfreut durch meinen Ankauf, welcher die häusliche Bequemlichkeit vermehren sollte, mich durch seine Gegenwart nicht stören ließ, von allem zu erzählen, was ich erhascht. Ich holte Wein und was sich sonst fand herbei, um den Gast zu erfreun, und wir stießen auf ein behagliches Leben in Jena an.

1796 Ernestine Voß an H. Ch. Boie 13. November (?) 1802

Goethe haben wir hier schon oft gesehn, und auch bei Schillers war er, er ist ein äußerst angenehmer Mann, nur herzlich kann man wohl nicht mit ihn werden. Ein bißchen traulicher ging es das letzte Mal schon. Er zeigt gewaltige Achtung für Voß.

1797 H. Voß an Hellwag 1802

Goethe und mein Vater gewinnen sich immer lieber. Neulich war Goethe mit seinem allerliebsten Knaben acht Tage hier – jetzt wird er wieder erwartet. Nie kann ich Goethe ansehn, ohne daß mir Stolberg einfällt, so auffallend ist mir eine gewisse Ähnlichkeit des Profils. Goethe hat freilich etwas Steifes in seinem Wesen, aber es verliert sich bei näherer Bekanntschaft. Er schreibt jetzt an seiner Optik, und man verspricht sich viel von diesem Werke. Er und Schelling sind unermüdet im Experimentieren, und von zwei so ausgezeichneten Köpfen und leidenschaftlichen Naturforschern läßt sich was erwarten.

1798 Schelling an A. W. Schlegel *21. Oktober 1802*

Mit dem Lacrimas [von Wilhelm v. Schütz] ist es mir auf eigne Weise ergangen. Ich habe ihn bisher immer nicht gelesen, weil ich nur Augenblicke dazu hatte. Nun ich ihn Goethen gegeben, schimpft dieser (unter uns!) ebenso ungemessen darauf, als er das Stück des Calderon mehr, als ich je von ihm gehört, erhoben hat. Dadurch bin ich in der Alternative, mich auch entweder über den Lacrimas oder über Goethen zu ärgern, der auch keinen gesunden Bissen daran finden wollte, so daß ich bis jetzt noch immer verschoben habe, mich an die Lektüre zu machen.

1799 F. Tieck an A. W. Schlegel *27. Oktober 1802*

Schreibe mir unverzüglich, ob Du oder Genelli der Verfasser des Aufsatzes über die hiesige Ausstellung in der Eleganten Zeitung bist ... Goethe ist wütend darüber, spricht von *Buben*, die sich unterfangen, und mit dem Bruder und Hartmann, und da Sachen darin sind, die nur ich gesagt habe, so meinen sie, ich sei auch mit im Spiele. Meyer stellt sich ganz gelassen, und sagt, es sei dumm und platt, und er begriffe nicht, wie es Goethe ärgern könne. Der Herzog amüsiert sich am meisten, und neckt Goethe rasend damit ... Ich sehe Goethe sehr wenig, und daß er mir's nicht sagt, versteht sich, er würde alsdann erstaunen ...

Zwei schöne Abende hat mir Dein Göttliches Kreuz, was nur in Spanien geboren werden konnte, gemacht, ich habe [es] nur zwei Mal gelesen, erst den Abend, als ich's erhielt und durch Deine Eile getrieben es am andern Morgen Goethe überschickte, das zweite Mal trieb mich wieder Goethe, der es Schelling überschicken wollte.

1800 Schelling an A. W. Schlegel *29. November 1802*

Mit dem Bericht von der Kunstausstellung – das war allerdings ein guter Spaß, um ihn so mit anzusehen; in Rom konnte jeder, der das Waffenhandwerk übte, auch den Triumphator insultieren, aber der gemeine Soldat zu sein, der das Organ der genommenen Satisfaktion war, kann doch nicht für wünschenswert gehalten werden. Sie zerbrechen sich den Kopf über den Verfasser? – Hier war man so ziemlich gewiß darüber. Man glaubte allgemein, es sei *Bothe*, der doch in der Gigantomachie einigen Witz gezeigt hat. Was sagen Sie dazu? – Daß er nichts von Kunst versteht, ist kein Beweis, wahrscheinlich haben ihm Künstler (Schadow?) geholfen. Synthetisch ist die Person auf jeden Fall. – Goethe scheint auch jener Meinung gewesen zu sein, da er gesagt haben soll, es hab' es ein Lausbub gemacht, welches in unserem südlichen Dialekt ein Subjekt bedeutet, das kein übles Ingenium hat, aber sich durch einen schäbigen Willen unnütz macht.

1801 Schelling an A. W. Schlegel *7. Januar 1803*

Ich kann nicht glauben, daß Goethe einigen Kaltsinn gegen Sie habe. Wegen des Calderon hat er mich einmal gebeten, ihn bei Ihnen zu entschuldigen, daß er nicht gleich darüber geschrieben: habe ich es nicht getan, so muß ich sehr um Verzeihung bitten: ich erinnere mich, daß er es mir auftrug, nachdem ich eine halbe Stunde vorher einen Brief an Sie abgeschickt hatte, worin ich von seinem Urteil darüber geschrieben hatte; ich sagte ihm dies, und er dankte mir, es getan zu haben. Ich kann Ihnen wohl sagen, da Sie keinen weitern Gebrauch davon machen werden, daß er ohnlängst in einem sehr allgemeinen Gespräche von der Kunstausstellungsgeschichte etwas von Impietät sagte, wodurch er auf Urheber zu zielen schien, mit denen er in freundschaftlichen Verbindungen gestanden hatte; allein gewiß hat er dabei an keinen Ihrer unmittelbaren Freunde gedacht (so wie manche, nach dem, was ich von Friedrich Tieck gehört habe, diesen und seinen Bruder für die Urheber jenes Berichts ausgegeben haben sollen); wenn dies Wort, außer der ganz allgemeinen Bedeutung, da er sich, wie Sie wissen, gern die Ansprüche des Alters gibt, eine nähere Beziehung hatte, was ich nicht glaube, so mochte es auf Hartmann zielen, der jetzt allgemeiner für den Verfasser gehalten wird, wie ich gleichfalls von Tieck erfahren habe. Über die [des?] letztern Arbeiten hat er sich in der besten Laune mit wahrhafter Teilnahme und Billigung geäußert, so daß ich nicht begreife, wie Tieck einigen Grund haben konnte, eine minder gute Stimmung gegen sich bei Goethe vorauszusetzen.

1802 Carl v. Stein an seinen Bruder Fritz *22. März 1803*

Willst Du etwas Interessantes über das Weimarsche Wappen lesen, wo Du es nicht schon gelesen hast, so wirst Du es in der Zeitung für die elegante Welt finden, in dem Artikel über die Weimarsche Kunstausstellung, die Goethen so geärgert hat, und den Herzog nicht minder. Ich kenne den Verfasser vom Ansehen, aber nicht persönlich ...

1803 Herder an Knebel *1802*

Goethe, höre ich, hat sich in Jena die Chemie vortragen lassen; *sie* ist jetzt an der Tagsordnung.

1804 K. Sondershausen: Der Letzte aus Altweimar *1859*

Es gab eine Zeit, wo die Saalnixe, die aus einem Vulpiusschen Roman entlehnte Oper [von Kauer], eine befreundetere Welt in Weimar hatte ...

Einmal hatte sich ihr [der Bertha Götz] Bruder mit ins Theater geschlichen und kam lachend zurück. «Heute hat der Goethe im Theater gesungen!» rief er uns schon von weitem zu.

Dem war wirklich so. Das schöne Lied: «Das Wasser rauscht» etc. war von Goethe eingelegt worden. Es paßt auch gut dazu. Es ist der Schlüssel zu der Nixensage, die offenbar in der wundersam geheimnisvollen Macht des Wasserspiegels auf die Phantasie ihren Grund hat. Auch sang es Bertha Götz so kunstlos, kindlich, daß man es nicht ohne Rührung hören konnte.

Aber Goethen wollte das lange nicht genügen. «Wohl zehnmal» – erzählte der Augenzeuge – «mußte sie wieder von vorn anfangen, und immer war es ihm noch nicht recht. Da trat er endlich selbst hin und sang und machte die Gesten dazu.» – Ritter Hartwig war eilends hinter die Kulissen gekommen und hatte gerufen: «Um Gotteswillen, kommen Sie! Goethe singt die Bertha selbst!»

1805 H. Düntzer: Charlotte von Stein *1874*

Eine Woche später [am 7. November 1802] war glänzende Cour bei Gelegenheit der Anwesenheit des Erbprinzen von Gotha. Hier sprach sie [Charlotte von Stein] Goethe, der auch meinte, Fritz müsse eine bessere Heirat in Schlesien finden.

1806 Charlotte v. Stein
an ihren Sohn Fritz *21. November 1802*

Gestern abend war die Schillern bei mir zum Tee; wir mochten beide nicht in die Komödie (es wurde *Nathan der Weise* gegeben) gehen und lieber still für uns den Verlust einer lieben Person aus unserer Gesellschaft [Eliza Gore] betrauern. Goethe fand's nicht recht, erzählte mir die Schillern, und meinte, das Märchen repetiere sich ja alle Tage. Dennoch glaube ich, er fühlt mehr, als er es Wort halten will, aber er hat's nun einmal weggeworfen.

1807 Henriette v. Knebel an ihren Bruder *1. Dezember 1802*

Es ist hier in Weimar, wo das Leben aus vollen Pulsen quillt und die Tätigkeit und Wirksamkeit zur höchsten Anstrengung steigt, nicht Sitte, von Toten oder gar von Begrabenen zu sprechen. Als man an dem Todestag der guten Elise Gore mit dem Goethe von ihr sprechen und ihren Verlust bedauern wollte, so wies er das Gespräch gleich zurück und sagte, wie man sich nur von einem Märchen, das immer dasselbe wäre, unterhalten könnte. Ganz kurz zuvor hatten ihm Gores sehr viel Gutes und Angenehmes erzeigt. Aber in dem sogenannten Genuß seines vollen Lebens darf ihn nichts stören.

1807a *K. Eberwein: Das Personal der Weimarischen Bühne* *1857*

Am 29. November [1802] machten wir abermals eine hoffnungsvolle Erwerbung.

Aus Achtung für Frau Unzelmann, aus Neigung zu derselben, als einer allerliebsten Künstlerin, nahm Goethe ihren zwölfjährigen Sohn auf gut Glück nach Weimar. Zufällig prüfte er ihn auf ganz eigene Weise. Er [der Knabe] mochte sich eingerichtet haben, ihm mancherlei vorzutragen; allein Goethe gab ihm ein zur Hand liegendes orientalisches Märchenbuch, woraus er auf der Stelle ein heiteres Geschichtchen las, mit so viel natürlichem Humor, Charakteristik im Ausdruck beim Personen- und Situationswechsel, daß Goethe nun weiter keinen Zweifel an ihm hegte.

1808 *Caroline v. Herder an Knebel* *15. Dezember 1802*

Bergrat Werner ist vorigen Sonnabend [11. Dezember], von Paris kommend, hier durchgekommen. Er hat mit meinem Mann bei Goethe zu Mittag gegessen, im Trio; Voigt hat die Einladung abgesagt. Goethe, der sonst ein Gegner von Werners System war, lenkt nun ein, und tat Werner sehr schön, und hat mehrere Stunden sich allein mit ihm über sein System unterhalten, den halben Vormittag. Über Tisch war er ein *Selbstständiger*, *Hoher* etc. etc., kurz mein Mann hat es fast nicht verdauen können. Ihre Briefe und Blätter haben die Verdauung befördert und *vollendet*.

1809 *F. Kirms an Iffland* *13. Dezember 1802*

Ein Wort unter uns! Goethe hat das Theater satt und will dem Herzog den Vorschlag tun, das Theater dem Becker und Genast, welche zeither Wöchner waren, dergestalt zu übergeben, daß sie diese Entreprise auf Gewinn und Verlust übernehmen sollen, welches aber der Herzog schwerlich eingehen wird.

1803

1810 Wieland an Luise v. Göchhausen *18. Januar 1803*

Neulich wurde ich durch sehr unvermutete und Unglück weissagende Gerüchte, den Geheimen Rat Goethe betreffend, nicht wenig beunruhigt. Da ich einige Tage darauf von Freund Böttiger versichert wurde, alles sei nur ein blinder Lärm gewesen und Goethe befinde sich im besten Wohlsein, so darf ich Ihnen wohl sagen, daß man von nichts Geringerm sprach, als er würde eine Reise nach dem berühmten promontory of noses des Tristram-Shandyschen Hafen Slawkenburgius machen müssen, um sich mit einer neuen Nase zu versehen. Die weimarische Stadtfama ist eine bösmäulige Gevatterin, vor der man sich, wie es scheint, nicht genug in acht nehmen kann.

1811 L. Geist (Brief an?) *28. Januar 1803*

Doktor Chladni aus Wittenberg, von dem Sie schon viel werden gehört haben, ist seit einigen Tagen mit einem ganz neu von ihm erfundenen Instrument hier, welches er Clavicimbel nennt, und wird sich nächsten Sonntag im Liebhaberkonzert auf dem Stadthaus hören lassen, er scheint in früherer Zeit viel Konversation mit dem Herrn Geh. Rat gehabt zu haben und hat in diesen Tagen schon einigemal bei uns gespeist.

1812 Christiane Vulpius an N. Meyer *7. Februar 1803*

Zuerst also den schönsten und besten Dank für die überschickten Schellfische und Butten, sowie auch für die fürtrefflichen Dorschen, wovon ich den großen sehr schmackhaft habe zurechtmachen lassen und wozu wir nachstehende Gäste eingeladen hatten, als:

Herrn Oberforstmeister v. Stein
Herrn Oberforstmeister v. Fritsch
Herrn Rittmeister v. Fritsch
Herrn Becker und
Herrn Ehlers.

Der Herr Geheime Rat war selbigen Tag sehr vergnügt, so wie Sie ihn immer kennen, und ich und der Oberforstmeister v. Stein haben Ihre Gesundheit getrunken. Auch haben Sie mir sehr große Freude mit dem Häubchen gemacht, wofür ich Ihnen den besten Dank sage. Mein einziges Vergnügen ist jetzt Schlittenfahren, welches ich täglich tue, und da wir sehr schöne Pferde haben, so mache ich mir ein großes Fest damit...

Unsern lieben Geheime Rat beurteilen Sie ganz recht, wenn Sie überzeugt sind, daß er zu den Kotzebueischen Ausfällen schweigen wird. Was für Zeit und Kräfte hätte er verloren, wenn er seit dreißig Jahren von allem Ungeschickten, was man über ihn gedruckt hat, hätte Notiz nehmen wollen. Er arbeitet vielmehr diesen Winter manches, das Ihnen sowie allen Freunden gewiß Freude machen wird, es geht bei ihm, wie Sie wissen, immer vorwärts, ohne daß er sich viel umsieht.

1813 Ch. A. Vulpius an N. Meyer *7. Februar 1803*

Kotzebuen ist das Land verboten worden. Er verkauft jetzt seinen Garten zu Jena. Schiller hat ein neues Stück mit Chören geschrieben. Goethe vollendet sein Trauerspiel. Kotzebue hat sich allgemein verhaßt gemacht. Goethe antwortet ihm nicht, aber er soll dennoch gezüchtigt werden.

1814 Schiller an Cotta *11. Februar 1803*

... Goethe klagt sehr über die Druckfehler im *Was wir bringen* und auch im Cellini und will nichts mehr im Reich drucken lassen.

1815 Schiller an W. v. Humboldt *17. Februar 1803*

Es ist zu beklagen, daß Goethe sein Hinschlendern so überhand nehmen läßt und, weil er abwechselnd alles treibt, sich auf nichts energisch konzentriert. Er ist jetzt ordentlich zu einem Mönch geworden und lebt in einer bloßen Beschaulichkeit, die zwar keine abgezogene ist, aber doch nicht nach außen produktiv wirkt. Seit einem Vierteljahr hat er, ohne krank zu sein, das Haus, ja nicht einmal die Stube verlassen. Von dem, was er treibt, wird er Ihnen selbst Nachricht gegeben haben. Wenn Goethe noch einen Glauben an die Möglichkeit von etwas Gutem und eine Konsequenz in seinem Tun hätte, so könnte hier in Weimar noch manches realisiert werden, in der Kunst überhaupt und besonders im Dramatischen. Es entstünde doch etwas, und die unselige Stockung würde sich geben. Allein kann ich nichts machen, oft treibt es mich, mich in der Welt nach einem andern Wohnort und Wirkungskreis umzusehen; wenn es nur irgendwo leidlich wäre, ich ginge fort.

1816 Schiller an W.v.Humboldt *18. August 1803*

Goethens *Natürliche Tochter* wird Sie sehr erfreuen und, wenn Sie dieses Stück mit seinen andern, den früheren und mittleren, vergleichen, zu interessanten Betrachtungen führen ... Daß er zu *der* Zeit, wo Sie nach meinem letzten Brief an seiner Produktivität ganz verzweifeln mußten, mit einem neuen Werk hervorgetreten, wird Sie ebenso wie mich selbst überrascht haben; denn auch mir hatte er wie der ganzen Welt ein Geheimnis daraus gemacht. Auf den Oktober wird es gedruckt erscheinen.

1817 Ernestine Voß an Ch. A. Overbeck *21. Februar 1803*

Bei Goethe zu sein, danach kann einen auch nicht gelüsten, denn seine Dame wohnt mit ihm unter einem Dach. Wir haben ihn bei Schiller und auch hier in Jena mehrmalen gesehn; er ist sehr angenehm, sehr unterhaltend, aber fürs Herz findet man nichts bei ihm. Den Winter war er nicht hier, er hat viel gekränkelt, und soll jetzt sehr verstimmt sein über manches, was von seinem Theaterdespotismus öffentlich gesagt wird.

1818 Ch. A. Vulpius an N. Meyer *26. Februar 1803*

Mich dauert der Geh. Rat sehr. Er ist nun seit sieben Wochen nicht aus dem Hause gegangen, und als er neulich in den Garten, an die Luft kam, ist er umgesunken ...

Der verwitwete Hof hat gleichsam *offene* Fehde gegen Goethe, und dort hängt alles auf des Kotzen-Buben Seite. Man sollte sie alle ihm zu fressen geben. Das Volk hier verdient Goethe gar nicht! Der *Schuft* hat sogar *Partie* hier; können Sie sich das denken? Nur der Herzog steht fest bei Goethe und hat Kotzebue sein Land verboten.

1819 Schiller an Zelter *28. Februar 1803*

Sie haben durch Ihr Außenbleiben die Hoffnungen vieler Freunde getäuscht, die Sie lieben und verehren, und manches Plänchen, das auf Ihr Hiersein berechnet war, scheitern gemacht. Unter diesen war auch eines von mir, das auch Goethen sehr am Herzen lag – es ist eine Tragödie von mir, mit dem Chor der alten Tragödie, vorhanden, worin dieses wirksame Organ der alten Bühne nicht ohne Erfolg versucht worden ist. Ich sende das Stück mit heutiger Post nach Berlin an Iffland, von dem Sie es zu lesen bekommen können. Wir hielten es nicht für unmöglich, die lyrischen Intermezzos des Chors, deren fünf oder sechs sind, nach Gesangsweise rezitieren zu lassen und mit einem Instrument zu begleiten.

Übrigens verließen wir uns auf Ihr sachverständiges Gutachten und auf die Eingebungen Ihres Genies. Ihr Wegbleiben zernichtet nun zwar diese Hoffnung, und wir werden das Stück mitsamt den Chören bloß deklamieren lassen. Vielleicht aber interessieren Sie sich doch für diese Arbeit und Sie überraschen uns einmal mit einer musikalischen Ausführung derselben.

Goethe sagt mir von mehreren schönen Melodien, die Sie ihm geschickt hätten, er läßt sie einstudieren und verspricht uns diese Woche ein rechtes Fest davon.

1820 C. Bertuch an L. v. Seckendorff *28. Februar 1803*

Goethe kränkelt seit einiger Zeit und hütet das Haus. Von einer Reise nach Italien ist nicht die Rede.

1821 *Ch. A. Vulpius an N. Meyer* *12. März 1803*

Daß der Geh. Rat wirklich, wenn auch nicht *äußerlich*, krank war, ist gewiß. Jetzt ist er schon in neun Wochen nicht vor die Haus-Tür gekommen. Das Kotzebue[ische] Wesen hat ihn sehr getroffen; auch hat er viel Gram der Cantatrice J[agemann] wegen, die jetzt alles ist. Sie kommt oft mit 5–6000 Reichstaler Schmuck und Ketten aufs Theater ...

Der Geh. Rat hält jetzt wöchentlich dienstags Konzert. Die Sänger singen. Diese Woche waren der Herzog, die Prinzessin und Prinz Bernhard drinne. – Er arbeitet viele Gedichte jetzt aus, und sein Schauspiel: Die natürliche Tochter ...

Jetzt speisen sonntags jedesmal zwei Schauspieler und eine Schauspielerin beim Geh. Rat.

1822 *Caroline v. Herder an Knebel* *18. März 1803*

Mein Mann ist in voriger Woche bei Goethe in seinem Konzert gewesen, ist aber krank davon geworden – mehr aber von der *Bajadere*, die gesungen worden war. Er kann nun einmal diese Sachen nicht vertragen. Das ganze Konzert bestand aus Goethe-Schillerschen Romanzen.

1823 *Charlotte v. Stein an ihren Sohn Fritz* *13. März 1803*

[Fritz hatte Ungarwein aus Breslau geschickt.] Das Kästchen mit Proben steht noch unaufgemacht. Goethe und Schiller werden sie bei mir versuchen, aber Goethe will nicht eher als *Palmarum* ausgehen. Ich weiß nicht, ob ihm Zweige werden gestreut werden.

1824 *Carl v. Stein an seinen Bruder Fritz* *22. März 1803*

Goethen sieht man nicht viel. Stein [der Oberforstmeister von Stein-Nordheim] geht wunderbar mit ihm um. Auf einer Redoute sagt er zu ihm: «Schick dein Mensch nach Hause, ich habe sie besoffen gemacht.» Also Goethe geht hin und deutet der armen Vulpius an, nach Haus zu gehen, die ganz nüchtern gewesen ist.

1825 *Caroline v. Herder an J. G. Müller* *28. März 1803*

[Über Schelling.] Diesen Winter hat man hier viel Wunderbares aus seinem Collegium erzählt – Hohes und Tiefes, Mystisches und Wahnsinniges. – Goethe, der ihn sonst sehr protegierte, weil er Goethe in allen seinen Collegien als den sichtbar gewordenen Gott der Kunst aufstellte, soll ihn jetzt auch nicht mehr so hoch halten.

1825a *K. Eberwein: Das Personal der Weimarischen Bühne* *1857*

Schillers Braut von Messina ward mit großem Fleiß einstudiert. Sehr ergötzlich war es, den Geheimerat zu sehen, wie er gleich einem Kapellmeister mit der Hand das Tempo und den Rhythmus der Chöre markierte.

1826 *Schiller an Körner* *28. März 1803*

Vor neun Tagen ist die Braut von Messina hier zum erstenmal gegeben und vorgestern wiederholt worden ... Was mich selbst betrifft, so kann ich wohl sagen, daß ich in der Vorstellung der Braut von Messina zum erstenmal den Eindruck einer wahren Tragödie bekam. Der Chor hielt das Ganze trefflich zusammen, und ein hoher furchtbarer Ernst waltete durch die ganze Handlung. Goethen ist es auch so ergangen, er meint, der theatralische Boden wäre durch diese Erscheinung zu etwas Höherem eingeweiht worden.

In dieser Woche kommt von Goethe selbst ein neues Stück: *Die natürliche Tochter* auf unsere Bühne, von dem Du aber nicht eher sprechen mußt, bis es öffentlich bekannt ist.

1827 *Charlotte v. Schiller an Fritz v. Stein* *31. März 1803*

Goethe hat sehr herzlichen Anteil an Ihnen genommen, und ich habe mich recht über den Ausdruck des Gesichts gefreut, als ich ihn Ihren Brief sehen ließ. Er trug mir auf, Sie recht herzlich zu grüßen ...

Der Effekt [der «Braut von Messina»] ist in meinen Augen sehr groß, und Goethe meint, es wäre eine neue Forderung aufgestellt bei Theaterstücken, und man würde sich nach und nach ganz daran gewöhnen. Goethe hat eine unaussprechliche Freude daran. Am nächsten Sonnabend [2. April] wird ein neues Stück von Goethe aufgeführt, der erste Teil erst. Es ist ein Geheimnis, der Name ist «Eugenie». Auch Schiller hat es nicht gewußt, daß Goethe, der sich beinahe drei Monate ganz verschlossen hatte, und auch nicht an den Hof ging, mit einer solchen Arbeit beschäftigt war. Mich freut es nur, daß ich ihn tätig weiß, denn wenn ein Mann von solchen Kräften feiert, so schmerzt einen jeder Zeitverlust ...

Über Goethes Stimmung wird Ihnen die liebe Mutter auch sprechen. Schiller ist der einzige Mensch hier, der ihn sieht wie sonst; er gibt auch dann und wann Konzerts und Soupers, wo wir Damen zu ihm kommen; aber er will nicht öffentlich mehr erscheinen. Ob er diesen Vorsatz hält, wissen die Götter.

1828 C. Brentano an Savigny *etwa 14. Juni 1803*

Goethens Eugenie ist nach dem Urteil bescheidner Kenner das Größte, was er je und was seit langen Jahren die Welt hervorgebracht hat. Es wird nächstens bei Cotta der erste Teil en Almanach erscheinen, die beiden andren Teile sind auch fertig, nur die letzte Feile fehlt. Dies Werk ist so vortrefflich, daß Goethe, als er es den Schauspielern vorlas, selbst bitterlich weinte; das ist das Schönste, was ich von ihm gehört habe, überhaupt erscheint er mir, seit [ich] vieles und näheres von ihm höre, als der einfachste edelste reinste Mensch, und von Stolz und Kälte sprechen nur die Schafsköpfe.

1829 Böttiger

(Den 11. April 1803.) ...

Mit Unwillen sprach er [Wieland] von Goethes neuerer Gefallsucht, dem Hof durch Sentenzen, welche die Willkür begünstigen, sich zu verbinden, wie dies bei dem neuesten Produkt, der Natürlichen Tochter, wieder sehr auffallend gewesen ist. Goethe hatte die vorige Woche ein déjeuner gegeben, bloß um sich wegen seines neuen dramatischen

Produkts von den Hofdamen usw. loben zu hören. Die Tränen hatten ihm in den Augen gestanden.

1830 Caroline v. Herder an Frau v. Berg *14. April 1803*

Goethes guter Genius ist wieder erwacht. Er hat ein Trauerspiel «Eugenie oder die natürliche Tochter» gemacht, ein unvergleichliches, wahrhaft klassisches Stück ... Das Stück spielt in unsrer Zeit und gibt um so mehr ein großes, lebendiges Interesse. Er will das Ganze in drei Abteilungen geben, wovon das jetzige die erste ist. Dies Kunstwerk ist Goethes ganz würdig.

1831 Christiane Vulpius an N. Meyer *21. April 1803*

Ich lebe ganz still und sehe fast keinen Menschen. Das Theater ist noch einzig und allein meine Freude, ich lebe aber sehr in Sorge wegen des Geh. Rats, er ist manchmal ganz hypochonder, und ich stehe viel aus, weil es aber Krankheit, so tue ich alles gerne. Habe aber so gar niemanden, dem ich mich vertrauen kann und mag. Schreiben Sie mir aber auf dieses nichts, denn man muß ihm ja nicht sagen, daß er krank ist; ich glaube aber, er wird wieder einmal recht krank. Neulich als Ihr Brief kam, war er sehr lustig, und sagte zu mir: «Sehe nur einmal, was dem Doktor seine Briefe an Dich so klein und unbedeutend werden, erinnerst Du Dich, ich habe Dir es einmal voraus prophezeit, und wirst Du bald gar keine mehr bekommen.» ...

Mit dem Wein haben Sie dem Geheimen Rat eine große Freude gemacht, er ist sehr gut ...

... sobald das neue Stück vom Geheimen Rat gedruckt ist, so sollen Sie es gleich bekommen, hier folgt einstweilen nur ein Zettel ... Es wurde mit großem Beifall aufgeführt, die Jagemann spielte die natürliche Tochter sehr schön, ich habe Sie nur bei der Aufführung gewünscht sowie auch bei der Braut von Messina von Schiller.

1832 Schelling an A. W. Schlegel *22. April 1803*

Mit den Calderonschen Werken haben Sie mir das größte Vergnügen gemacht und mich zum wärmsten Dank verpflichtet. Ich hatte gleich Gelegenheit, sie Goethen zu geben, der gegenwärtig hier [in Jena] ist. Er ist auch von dem zweiten Stück [Über allen Zauber Liebe] entzückt und von dem ersten aufs neue durchdrungen, von dem er sagt: keine Zunge könne aussprechen, wie gut es sei. Er erkennt die Einheit desselben Geistes in beiden und hätte nicht übel Lust, beide aufführen zu lassen, wenn nur nicht einige Veränderungen zu diesem Behuf, nur um sie auch nicht durch die äußere Wirkung zu entheiligen, besonders in Ansehung der Andacht zu dem Kreuz notwendig wären.

Von Goethes neuem Stück zu schreiben, läßt die Kürze des Briefs und die Beschränkung der Zeit nicht zu …

Dr. Schelver aus Halle, den Sie kennen, hat die hiesige botanische Lehrstelle erhalten … Er ist bereits hier und Goethe äußerst wohl mit seinen ersten Schritten und Arbeiten zufrieden.

1833 Ernestine Voß: Über Voßens Verhältnis zu Schiller und Goethe

Als wir im neuen Hause eingerichtet waren, kam Goethe auf mehrere Wochen nach Jena, und besuchte uns oft; auch holte er Voß mehrmals zu einer Spazierfahrt ab, von der dieser stets heiter nach Hause zurückkehrte. Unsre Bitte, abends zuweilen mit uns vorlieb zu nehmen, erfüllte er gern; sich anmelden zu lassen, dazu war er nicht zu bewegen, hinzufügend, für das, was er bei uns sich holen wollte, wäre auch das kleinste Mahl das rechte.

Gegen mich war er stets sehr artig. Eine Freundlichkeit werde ich ihm nie vergessen, die mein Herz traf. Einmal fand er mich im Garten knieend auf dem Boden, um die Einfassung auszubessern. Er untersuchte teilnehmend mein Geschäft, und riet Sachen zu wählen, die nicht so leicht vom Zufall gestört würden. Meine Antwort war, ich wäre noch zu unkundig in Jena, um die Plätze zu wissen, wo man sich dergleichen verschaffe. Ich arbeitete fort, während die Herren auf- und abgingen. Als wir einige Tage später abends aus einer Gesellschaft heimkehrten, fanden wir alles gar zierlich und hübsch eingefaßt, und überall

Sommerblumen hingepflanzt, unter denen so manches alte Bekannte. Goethe wollte den Dank dafür nicht annehmen, ward aber beim nächsten Besuch sehr heiter gestimmt durch unsre Freude daran.

Goethe redete auch mit Voß traulich über den Erziehungsplan seines August, den er zuweilen mitbrachte. Es war ein gar lieber lebendiger Knabe. Der Rat fand Eingang, daß er ihn früh gewöhnen müsse, sich in bestimmten Stunden zu irgend einem Zweck zu beschäftigen, und Rechenschaft von dem zu geben, was er aufgefaßt. Während des Aufenthaltes in Jena ward das Anerbieten, ihn täglich eine Stunde und auch wohl länger zu beschäftigen, freudig aufgenommen. Ein paarmal ging dies zu gegenseitiger Freude, solange die Sache dem Knaben noch ein Spiel schien. In der Folge schlief er, das Buch vor sich habend, ein. Voß erzählte dies Goethe mit Laune, und fügte hinzu: «Ich will nicht bestimmen, ob die Schuld an mir oder an August liegt, denn wir haben beide Gefallen aneinander.» Goethe meinte gleichfalls im scherzenden Ton, er könne es wohl bestimmen, denn er habe Ähnliches schon an sich selbst und anderen erfahren. Der Knabe kam noch fortwährend zur bestimmten Stunde, war aber sichtbar froh, wenn Voß grade beschäftigt war und ihn zu mir schickte.

1834 Abeken: Goethe in meinem Leben

So erzählte sie [Ernestine Voß] mir folgendes: In Jena sich einrichtend, war sie mit Bepflanzen und Besäen von Blumen- und andern Beeten beschäftigt, wobei sie sich häufig bücken mußte. Da trat Goethe zu ihr, sah, wie sie arbeitete, und sagte: «Mütterchen, das ist nicht für Sie»; worauf sie erwiderte, sie habe keinen Gehülfen, und diese Arbeit treibe sie gern. Gleich darauf mußte sie ausgehn, und als sie in den Garten zurückkehrte, fand sie daselbst einen Gärtner (wahrscheinlich einen im Botanischen Garten dienenden) mancherlei Schönes dem Garten bringend und mit Pflanzen desselben beschäftigt. Wer ihn geschickt, konnte sie aus dem Manne nicht herausbringen, erkannte aber leicht die Sache als von Goethe ausgehend.

Dieser besuchte damals oft ihr Haus in den Abendstunden, wo er, der um Erwerbung und Erweiterung von Kenntnissen jeder Art sich Bemühende, sich häufig in ein Gespräch mit Voß vertiefte. Dies machte die Hausfrau verlegen, da ihr Mann gern zur gewohnten Stunde zu Abend aß. Einmal konnte sie nicht umhin, Goethen zu bitten, er möge mit ihnen vorlieb nehmen, die einfache Kost entschuldigend. «Lassen Sie das gut sein», erwiderte er, «ich komme zu Voß nicht des Essens wegen; wenn ich einmal nach etwas Gutem lüstern bin, dann habe ich meine aparten Freunde.»

1835 Ernestine Voß: Über Voßens Verhältnis zu Schiller und Goethe

Goethe ließ damals grade die Natürliche Tochter drucken, und Voß erfüllte gern seine Bitte, diese in einer bestimmten Stunde mit ihm zu lesen; vorzüglich wolle er seine Ansichten über den Versbau benutzen. Als er das erstemal zu diesem Zwecke kam, begegnete er mir auf der Treppe. Aus Erfahrung kannte er meine Gewohnheit, mich neben die Männer zu setzen, wenn sie miteinander lasen oder sprachen. «Diesmal», sagte er, «dürfen Sie nicht bei uns sein, bei der nächsten Vorlesung werde ich Sie aber selbst bitten, Sitz und Stimme zu haben.» Dazu war der Reineke Fuchs bestimmt, über den beide sehr verschiedene Ansichten hatten; denn Voß hielt dafür, daß Goethe schon durch die Wahl des Hexameters den rechten Ton habe verfehlen müssen. Zu dieser Vorlesung kam es nie, für Voß ein Beweis, daß die erste Goethe nicht befriedigt. Es war Voß sehr recht, daß Goethe von ihm kein Urteil über dieses Stück begehrte, da es, wie er sich äußerte, bei ihm einen Eindruck zurückgelassen, den er nicht einmal im Gespräch mit mir wiederholen könne. Solche Verschiedenheit der Ansichten vermochten keinen vertraulichen Verkehr zu begründen, zur Not nur einen freundlichen.

1836 Ch. A. Vulpius an N. Meyer *2. Mai 1803*

Der Geh. Rat ist vorgestern nach Lauchstädt gereiset, wo er acht Tage bleibt, das Schauspielhaus einzurichten.

1837 J. H. Voß an H. Ch. Boie *16. Mai 1803*

Dieser Nachmittag brachte uns Goethe, der gestern von Lauchstädt zurückkam, und unsere Studien im Versbau fortsetzen wollte. Er will sich nächstens in Trimetern mit untermischten Sätzen in anapästischen und choriambischen Versen versuchen, und ich hoffe, es wird gehen. Seine Schauspieler, sagt er, bekommen immer mehr Ohr und Gefühl für den edleren Gang des Verses.

1838 J. H. Voß an H. v. Nicolay *20. Mai 1803*

Was sein [Kotzebues] Freimütiger von Goethe etc. erzählt, ist verunstaltet oder falsch. Doch hat Goethe mit seiner Zuneigung gegen die Schlegel es verdient, daß ihm der Freimütige das ausgebrannte Räuchwerk, mit etwas anderem versetzt, noch einmal unter die Nase qualmen läßt. Goethe kömmt oft nach Jena, und ich freue mich seiner Besuche. Er legt es ernstlich auf Reinheit des Ausdrucks und des Verses an, und denkt selbst seine Dorothea noch einmal zu verbessern.

1839 W. Bode: Der letzte Bekannte Goethes *1905*

Aus Goethes Leben wußte Stötzer manches zu berichten; leider ließ sich nicht mehr genau feststellen, ob er die Geschichten alle von so gut Unterrichteten hatte, wie der Kanzler v. Müller und Frau Ridel waren. Die letztere erzählte ihm als Grund der gänzlichen Entfremdung zwischen Herder und Goethe folgendes: Goethe habe seine «Natürliche Tochter» in Jena im Kreise der Professoren vorgelesen, und Herder sei auch dabei gewesen. Als Goethe geendet, hätten alle das Stück außerordentlich gelobt, nur Herder sei stumm geblieben. «Nun, Alter», habe ihn Goethe angeredet, «Du sagst gar nichts, gefällt Dir denn das Stück gar nicht?»

«O doch!» antwortete Herder. «Deine ‹Natürliche Tochter› gefällt mir viel besser, als Dein natürlicher Sohn!»

1840 W. v. Biedermann: Anmerkung *1891*

Die nach Goethes eigner Erzählung ihn so tief verletzende Äußerung Herders, womit er das Lob von Goethes «Natürlicher Tochter» beschloß, lautete nach Mitteilung der Geheimen Kammerrätin Ridel geb. Buff: «Am Ende ist mir aber doch Dein natürlicher Sohn lieber, als Deine ‹Natürliche Tochter›.»

1841 Schiller an F. W. v. Hoven *18. Mai 1803*

Du wirst Dich über das lange Ausbleiben Deiner Vokation gewundert haben, lieber Freund, weil nach den letzten Nachrichten, die Du von mir erhalten, eine baldige Entscheidung zu erwarten war. Aber ein Umstand, den ich Dir noch nicht schreiben kann, weil ihn Goethe mir im geheimen vertraute, hat die ganze Sache für jetzt ins Stocken gebracht. Es ist nämlich zweifelhaft, ob Himlys Stelle überhaupt wird besetzt werden, dieses wird sich wahrscheinlich Anfang des nächsten Monats, wo unser Herzog von seiner Reise zurückkommt, entscheiden.

1842 Christiane Vulpius an N. Meyer *Ende Mai 1803*

Ehlers ... hat wieder sehr viel neue Lieder vom Geheime Rat komponiert, die Sie gewiß gefallen werden, überhaupt hat er sich wohl als Sänger als auch im Schau- und Lustspiel gebessert, und der Geheime Rat ist sehr zufrieden mit ihm, er ist auch oft bei uns. Der Geh. Rat sieht itzo die Schauspieler mehr als sonst, alle Woche haben wir solche zu Gaste, und so geht es reihum ...

Von dem Geheimen Rat werden Sie nicht längst einen Brief erhalten haben, vor itzo befindet er sich in Jena, wo ich bis Freitag auch hingehe zu einem großen Ball auf der Rose, wozu ich heute eingeladen worden bin. Die Tanzlust will sich bei mir noch immer noch nicht verlieren, wir werden auch wieder einige Wochen nach Lauchstädt gehen.

1843 Böttiger an J. v. Müller *4. Juli 1803*

Haben Sie Goethes Anhang zu seinem Benvenuto Cellini gelesen? Wie viel wagt der Mann, der sich alles zutraut, weil man ihm einbildet, er könne alles, mit einigen seiner dortigen Urteile in der Florentinischen Geschichte! Übrigens beschäftigt ihn jetzt seine dramatische Staats- und Trauerhandlung in fünfzehn Akten, wovon wir das erste Dritteil unter dem Titel «*Die natürliche Tochter*» zu Ende des Winters auf unserer kleinen Bühne gesehen haben. Das Ganze ruht auf der französischen Revolution und soll eine neue Jeanne d'Arc in höherer Instanz werden.

1844 F. Schubart: Erinnerungen

Als Jüngling war [Pius Alexander] Wolf, ein Augsburger Patriziersohn, mit einem Jugendfreunde namens Grüner nach Weimar gezogen, um sich in die Schule Goethes für das Theater zu begeben. Über den Empfang der beiden jungen Männer von seiten des großen Dichters [am 22. Juli 1803] hat mir Wolf erzählt, daß er nie wieder das erhabene Bild vergessen habe, welches ihnen Goethe von der Kunst entworfen, der sie sich widmen wollten, daß er aber, als er ihnen die Aufnahme zugesagt, mit der Bemerkung geschlossen habe: «Mit dem Gehen wollen wir anfangen!»

1845 Friederike Brun: Idas ästhetische Entwickelung 1824

In Jena verweilten wir einen Tag [8. August 1803], und brachten den Nachmittag und Abend desselben bei Goethe in seiner hohen Wohnung auf dem Schlosse zu – schöne, unvergeßliche Stunden! Goethe war ganz milde hingebende Güte für uns, und die acht Jahre, welche entflohen, seit wir zusammen an der heißen Quelle von Karlsbad uns begegneten, waren wie in Morganens Zaubergarten an ihm vorübergegangen. Goethe, ein tiefblickender Kinderfreund, hatte sich damals viel mit meinen beiden ältesten Kindern abgegeben, in der Zwischenzeit hatten wir nur durch freundliche Grüße Kunde voneinander gehabt. Nun empfing er dich [Ida] kleine, neue Bekanntschaft mit wahrer väterlicher Vorliebe, und erkannte mit freundlicher Rückerinnerung im hochaufgeschossenen Jünglinge lächelnd den unbändigen Knaben.

Wir waren ganz allein bei ihm. Mit höchstem Interesse sahe er mit meinem Sohne und dessen Begleiter auf den Universitäten, dem Zoologen Reinhardt (zwei eifrigen Schülern des großen Werners), die Sammlung naturhistorischer Merkwürdigkeiten durch, in deren Mitte er uns empfing. Aber als *du* einem sehr wohlausgestopften afrikanischen Tiger schüchtern immer näher kamst, erwachte der dichterische Bildungsgeist! Er hob dich auf das furchtbar schöne Tier, mit unseren Shawls in immer neuen und reizenden Stellungen einer Ariadne dich mit dem Tiger gruppierend; und indem er so ganz mit den lieblichen Phantasiebildern beschäftigt auf nichts außer *euch* achtete, ward für uns Zuschauer die hohe Gestalt zu einem bildenden Prometheus oder Dädalus. Auch einen Zyklus von Stellungen wollte er von dir sehen, und seine herrlichen Augen umfaßten dich dabei wie mit einem Strahlenkreise.

1846 Riemer: Aus dem Nachlaß

Eine Dame [Friederike Brun] hatte ihre in der Kunst der Lady Hamilton mit Hinopferung ihrer kindlichen Triebe und Neigungen herangebildete ganz junge Tochter, mehr Kind als Mädchen, ihre Exhibitionen machen lassen und befragte ihn [Goethe] um sein Urteil. Einer laut ausgesprochenen Belobung so vieler Talente folgte ein leiser, mit Abwendung des Gesichts gemurmelter Nachsatz: «zum Hals umdrehen!» Die harthörige Dame hatte doch etwas von Hals vernommen, und nun mußte freilich dieser Hals durch ein angemesseneres Kompliment bemäntelt werden, welches denn auch mit großer Gewandtheit zu völliger Befriedigung der guten Dame geschah.

1847 Caroline v. Herder an Jean Paul — 14. August 1803

Hier steht alles noch beim Alten ... Goethe und Schiller sollen manchmal miteinander spazieren gehn, wo keiner ein Wort mit dem andern spricht.

1848 Henriette v. Knebel an ihren Bruder — 18. August 1803

[Über Knebels Übersetzung des Lukrez.] Gelegentlich

sprach ich mit Goethen davon, der meinte, er könnte an Bertuch verkauft werden, welchem damit gedient sein würde.

1849 Charlotte v. Stein
an ihren Sohn Fritz *nach dem 27. August 1803*

[Beim Tee in Schillers Hause.] Goethe nahm Schiller von uns weg ins Nebenzimmer; sie stellten sich im Discours neben eine Bouteille Wein und ließen sich nicht wieder mit uns ein. Dies mochte wohl Helvig etwas verdrießen. Goethe verdirbt einem meistenteils die Gesellschaft. Wahre Güte des Herzens gibt auch Lebensart. Goethe hat eigentlich nur Schwäche des Herzens; dies habe ich lange für Güte gehalten.

1850 Ch. A. Vulpius an N. Meyer *4. September 1803*

Der Freimütige Schuft hat Jenas Untergang prophezeit. Die Clique schlägt sich aber selbst, und Jena wird wohl stehen bleiben. Loder hat aus Dankbarkeit für die vielen Gnaden vom Herzog seinen Abgang nach Halle unvergeßlich machen wollen, er hat deshalb so lange durch Kotzebue und andere große Männer scil. negoziert, bis die Literatur-Zeitung nach Halle kam. Nun gut! Kotzebue stieß sogleich in die Tuba, und siehe da, alles ist voll Schrecken und Furcht. Aber sie hatten nicht alles wohl überlegt, und die *Jenaische* Literatur-Zeitung *bleibt.* Goethe und Schiller sind an die Spitze getreten, und Eichstädt wird Redakteur. Es ist ein Fonds von 5000 Reichstalern dazu da. Mit dem 1. Jänner 1804 erscheint das erste Stück.

1851 Charlotte v. Stein an ihren Sohn Fritz *4. September 1803*

Manchmal fällt ihm [Goethe] so eine Visite ein, wie vom Himmel gefallen. Es war bald ein Uhr. Ich unterhielt ihn mit den Kupfern, die eben da lagen, von Skiöldebrands Reisen nach Kap Nord; diese gefielen ihm sehr, und dann empfahl er sich wieder.

1852 Schiller an W. v. Humboldt 12. September 1803

Riemer hat uns keine üble Meinung von sich erweckt, und Goethe ist so gut für ihn gestimmt worden, daß er ihn diesen Winter hier behält, um seinen August im Griechischen zu unterrichten. Fernow geht unter keinen guten Auspizien nach Jena, da die Universität in diesem Augenblick von allen Seiten Verluste erleidet, Loder, Paulus, Hufeland und Schütz mit der ganzen Literatur-Zeitung auswandern und Griesbach hoffnungslos krank ist.

1853 Riemer an Frommann 28. September 1803

Sie kommen doch zum Julius Caesar? Goethe hofft selbst etwas geleistet zu sehen: und er hat sich's sauer werden lassen!

1854 Ch. G. Schütz an Ch. A. Overbeck September 1803

[Zum Plan einer Aufführung des «Britannicus» von Racine in Overbecks Übersetzung.] Die erste Antwort empfing ich natürlich von Goethe, und diese werden Sie längst von Voß erfahren haben, der selbst auch mit ihm über «Britannicus» gesprochen hat. Sie wissen, daß sie nicht entscheidend war, und daß Goethe mich bat, das Manuskript ihm noch zu lassen. Daher ich immer noch der Hoffnung lebe, für diesen Winter, sobald die Truppe von ihren Reisen nach Weimar zurückkehrt und dort fixiert sein wird.

1855 Schiller an S. L. Crusius 3. Oktober 1803

Die Zeichnung [zu einer Prachtausgabe von Schillers «Glocke»] von Herrn Schnorr bitte ich noch vierzehn Tage hier behalten zu dürfen. Es ist gerade Kunstausstellung in Weimar, und Herr Geh. Rat v. Goethe, dem diese Zeichnung sehr wohl gefällt, hat mich ersucht, solche mit ausstellen zu dürfen.

1856 Schiller an V. H. Schnorr v. Carolsfeld 4. Februar 1804

Bei dieser Gelegenheit erlauben Sie mir auch, Ihnen die große Freude, die Ihre Zeichnung zu der Glocke mir gemacht hat, zu erkennen zu geben ...

Goethe und Meyer haben diese Zeichnung auch sehr schön gefunden, und solche auch bei der letzten Kunstausstellung in Weimar mit aufgestellt.

1857 C.L.Fernow an Böttiger *16.Oktober 1803*

Ich bin am Donnerstag [13.Oktober] glücklich herübergekommen [nach Jena] ... Ich habe vor meiner Abreise von Weimar den Geh. Rat Voigt nicht gesehen. Er war den letzten Nachmittag nicht zu Hause, aber Goethe versicherte mich, es sollte mir keinen Schaden bei ihm tun. Er habe meinetwegen mit ihm gesprochen, und sei mit ihm dahin übereingekommen, daß ich dem Geh. Rat Voigt schreiben und demselben meinen Vorsatz melden solle, daß ich willens sei, Unterricht im Italienischen zu erteilen und die klassischen Dichter jener Nation zu erklären, mit der Bitte, «daß, wenn etwa mit dem Lektorate der italienischen Sprache eine Änderung vorgenommen würde, derselbe auf mich Rücksicht nehmen möge». Das waren Goethes eigene Worte. «Denn», fügte er hinzu, «es würde unter Ihrer Würde sein, um das Lektorat *anzuhalten.*» Diese Unterredung, die letzte, und die ich kurz vor meiner Abreise mit ihm hatte, schloß mit einigen anderen Winken, die mich glauben lassen, daß er entschlossen sei, zu meinem Besten tätig zu wirken; denn er sagte: «Es wird sich gewiß noch Gelegenheit geben, mehr für Sie zu tun; aber ich spreche nicht gern von Dingen vorher, die noch nicht abgemacht sind, und mag lieber durch die Tat, als durch bloße Worte reden, wo etwas zu tun ist.»

1858 Böttiger an J.F.Rochlitz *27.Oktober 1803*

Goethe errichtet jetzt eine eigne Schule für jüngere Schauspieler und Schauspielerinnen, welcher er täglich oft mehrere Stunden widmet. Neulich [am 13.Oktober] wurde bei verschlossenen Türen von diesen Lehrlingen sein Mahomet über alle Erwartung gut gegeben. Er hatte mir auch Billetts dazu geschickt. Ob der zweite Teil seiner Eugenie diesen Winter noch auf der Bühne erscheinen wird, ist sehr zweifelhaft. Da könnte er freilich die Mémoires de la Princesse Stéphanie Conti nicht zur Grundlage machen.

1859 *Caroline v. Herder an Knebel* *19. Oktober 1803*

Mein Urteil über Goethe kommt mir gerade so vor, als wenn das Lamm dort am Bach dem *Wolf*, der's eben fressen will, eine Lobrede hält.

Ach, er hat eine *Wolfs-Natur!*

1860 *A. Duval: Notice sur Le Chevalier d'Industrie*

La cour était absente ... Goethe seul habitait encore la résidence; mais nous choisîmes juste pour le voir le moment où il se disposait à partir. Cependant il eut la bonté de retarder pour nous son voyage de quelques heures. J'eus un plaisir extrême à causer avec cet homme de mérite, avec l'auteur d'un livre que j'avais lu au sortir de l'enfance, et qui avait produit sur moi de si vives impressions.

1861 *C. L. Fernow an Böttiger* *6. November 1803*

Gestern war ich bei Frommann zu Abend, wo u. a. auch Goethe und Loder gegenwärtig waren, auch die beiden anderen Abtrünnigen, Hufeland und Paulus. Man war sehr vergnügt, besonders Goethe, den ich noch nie so guten Humors gesehen habe!

1862 *Hegel an Schelling* *16. November 1803*

Goethe geht sehr auf das Reelle und Apparate los, nicht nur veranlaßte er Schelvern, ein botanisches Kabinett anzulegen, sondern es wird auch ein physiologisches errichtet, und von Rittern foderte er sogleich den Plan zu einem galvanischen Apparate.

1863 *Ernestine Voß an Luise Nicolovius*

Vom Onkel [Goethe] lassen Sie mich zuerst erzählen, der gar große Freude an der unbekannten Nichte hat, die ich ihm als mein Herzblättchen geschildert und dem ich von Ihrem häuslichen Leben und den raschen Knaben erzählt habe. Aus Ihrem letzten Briefe habe ich ihm auch mitgeteilt, als er einmal recht Sinn für sowas hatte. Da sagte er wirklich recht gerührt, er erkenne in der Tochter die Seele der Mutter, sogar in Ihren Schriftzügen die Hand der

Mutter. Ich solle Ihnen sagen: er sei kein Rabenonkel, aber schreiben, das wäre eine Sache, die selten bei ihm ausgeführt würde. Herzlich soll ich Sie grüßen, Sie und Ihren Mann, und Ihnen sagen, er sähe Sie gar gern einmal in Ihrem häuslichen Kreise, aber die Reise über die Heide schrecke ihn.

Er ist wirklich allerliebst, wenn er hier in Jena ganz aus seinem steifen Berufe heraus ist und, in seinen langen Mantel gehüllet, mit der Zauberlaterne in der Hand, in unsere Stube tritt.

1864 Ernestine Voß: Über Voßens Verhältnis zu Schiller und Goethe

Gegen die Zeit der Weinlese war Goethe wieder auf einige Monate in Jena, aber er traf es bei uns nicht so, daß bei ihm die Lust zu häufigen Besuchen entstehen konnte; denn was uns drückte, lag außer dem Kreise seiner Teilnahme. Doch sollten wir ihn auch in dieser Zeit von seiner liebenswürdigsten Seite kennen lernen. Dann kam er abends in seinen Mantel gehüllt, den er, wie er erzählte, noch in seiner Kriegsperiode genutzt, und hatte vorn auf der Brust eine Laterne, an einem Haken hängend. So faßte ihn einmal Voß, als er seine Hülle abgeworfen hatte, kräftig schüttelnd an beide Schultern, und sagte: «Ihr habt etwas gemacht, was uns gar sehr mißfallen.» – Wieso? rief er verwundert, mit ernstem Gesicht. – «Ihr habt eine Sammlung so schöner Lieder soeben drucken lassen, und uns nicht einmal auf diese Freude vorbereitet.» Der Übergang vom Ernst zu heiterer Gemütlichkeit in seinem schönen Auge war unbeschreiblich, und er ließ uns beide fühlen, daß ihn dieses angenehm überrascht. Voß las nun mehrere Lieder selbst vor, über andere entstand ein lebhaftes Gespräch. – Ein andermal trat er ins Zimmer, als ich eben einen herzlich kindlichen Brief von seiner Nichte Nicolovius erhalten hatte, in dem sie auf ihre gar zu liebe Weise aus dem häuslichen Kreise erzählte, wo ich so ganz heimisch war. Von dieser Nichte hatte ich ihm schon manches mitgeteilt. «Wenn Sie diesen Brief lesen», sagte ich zu ihm, «so sehen

Sie das liebe Kind ganz wie es ist.» Er nahm ihn rasch aus meiner Hand, und fing mit heitern Zügen an zu lesen. Allmählich wurden sie ernster, und am Ende liefen ihm die hellen Tränen über die Wangen. Er saß eine Weile schweigend, bis er mit lebhaftem Gefühl ausrief: «Diese Tochter ist das wahre Ebenbild meiner Cornelia.»

1865 Ph.O. Runge an Pauline Bassenge 15./16. November 1803

Morgen werde ich die Ehre haben, den Herrn Geheimen Rat v. Goethe zu sprechen ...

Den 16. November

Wie ich hier gestern abend abbrach und nebenan zu Voigts ging, traf ich Goethe auch dort, der zufällig hingekommen war, er gefällt mir sehr, muß ich sagen, er kam mir gleich entgegen und fragte, was ich machte und arbeitete – wir haben so die Präludia miteinander gemacht, ich schien ihm doch zu gefallen, er wollte mich einigemal versuchen, mich durch eine derbe Anrede und sein starkes Ansehen aus den Zusammenhang zu bringen, ich blieb aber darin und werde es will's Gott auch, ich habe ihn aber wieder grad angesehen und das, was ich meine, ihn so grade gesagt, daß er es wohl sah, wie sehr es mein Ernst und mein ist, nicht von mir selbst mein, sondern von Gott, dem alle Dinge sind, er hatte keine Zeit, sein Wagen stand vor der Tür, und doch sagte er: ich kann nicht davon kommen, es ist ein starker und hartnäckiger Mann, gegen den ich wie ein Kind stehe, das ohn' Waffen ist, und doch fürchte ich mich nicht, auf welche Seite er steht, neben oder gegen mir ...

1866 Ph.O. Runge an Pauline Bassenge 21. November 1803

Bei Goethe waren wir den letzten Mittag [18. November] noch recht vergnügt, er unterhielt sich nach Tischen noch sehr lange mit mir, fragte mich in mancher Hinsicht über meine Ansichten, wie ich von seinen dortigen Anstalten dächte, und sagte mir, wie sie gemeint sein, gab mir den[n] auch in allen, wie ich meine Sachen einrichtete, großen Beifall.

1867 *Charlotte v. Schiller an Fritz v. Stein* *22. November 1803*

Ich muß Ihnen nur unter uns gesagt ein bon mot von Goethe erzählen, worüber ich recht gelacht habe. – Der Graf Reuß, der hier wohnt, hat den Einfall, alle Gelehrten, deren er nur habhaft werden kann, crayonnieren zu lassen. Nun sind denn alle schon daran gewesen hier, nur Goethe und Schiller wollen nicht. Goethe hat es sehr übel genommen, daß der Graf den Herrn Roux von Jena so ohne Vorbereitung zu ihm geschickt hat, und sagte neulich in einem Anfall von guter Laune: Christus hat doch sagen lassen durch seine Jünger, wie er die Eselin brauchte, der Herr bedarf ihrer, aber uns läßt der Graf kein gutes Wort sagen.

1868 *Riemer an Frommann* *27. November 1803*

Von Böttigers Weggehn nach Berlin weiß ich nichts. Ich habe ihn lange nicht gesprochen. Goethe sagt mir, daß man in der Stadt davon spreche: sonst wüßt' ich's nicht einmal.

1869 *H. Voß an Abeken* *25. November 1803*

Jetzt ist Goethe wieder hier [in Jena], nun kann auch ich ihn genießen, da ich den Tag über schon wieder bei meinen Eltern bin.

1870 *H. Voß an Abeken* *26. Januar 1804*

Welchen herrlichen Abend hatten wir neulich [4. Dezember 1803?] durch Goethe, der um sieben Uhr kam und sich selbst zum Abendessen meldete. Er war so lebendig, teilnehmend, herzlich, wie ich nie von ihm erwartet hatte. Auch offenherzig, selbst in unser aller Gegenwart, wie er vielleicht seit Jahren nicht gewesen ist. Auf meinen Vater hält er gar viel. Der sagte wie im Zorne zu ihm: «Es ist doch eine Schande, daß Sie einen so herrlichen Liederalmanach herausgeben und es Ihren Freunden geheim halten.» Da funkelten dem Goethe die Augen, er fiel meinem Vater um den Hals und konnte seine Freude nicht stark genug ausdrücken, daß er was produziert habe, was einem solchen Richter, wie er sagte, gefiele. Er wurde immer wärmer und sprach nun von dem, was er ausführen wollte, wenn ihn Götter und Menschen begünstigten. Auch über Schlegel sprach er; er meinte, Ansichten über Dinge wechselten, wie die Tage. Nun sei diese an der Ordnung, dann jene, so wie im Homer an einem Tage Diomedes der Held sei, an einem andern Achilles usw. Der Unterschied, daß jene Meinung länger daure, jene kürzer, sei nicht anders, als wie Sommertage länger dauern, als Wintertage. Den Unterschied, der jetzt gang und gäbe ist zwischen Romantischem und Klassischem, verwarf er mit meinem Vater, denn alles, was vortrefflich sei, sei eo ipso klassisch, zu welcher Gattung es auch gehöre. Noch eher wollte er einen Unterschied zwischen Plastischem und Romantischem gelten lassen: ein plastisches Werk stelle der Einbildungskraft des Betrachters ein Werk in einer ganz bestimmten und abgeschlossenen Form dar, ein romantisches deute vieles unbestimmt an und ließe der Einbildungskraft Spielraum zum eigenen Phantasieren. Jenes sei für die geregelte Einbildungskraft, dieses für zügellose, oft auch regellose Phantasie. Zu der ersten Klasse rechnete er Homer, Sophokles, Pindar, Shakespeare pp. Zu der zweiten deutete er die Subjekte nur an, und ob ich ihn gleich verstanden zu haben glaube, will ich doch meine eigne Vermutung nicht in den Bericht von seinem Urteil einmischen; doch nannte er Klopstock. Aber unwillig über Schlegels Vernichtungsgeist gegen solche, die ihm nicht anstehen, war er auch, wenn man Goethen anders Unwillen zuschreiben kann, den er im strengsten Sinne gegen keinen Menschen hat ... Schlegels Talente weiß er wie jeder zu schätzen – aber daß er, wie Christian Schlosser immer vorschnell behauptete, ein unbedingter Lober von ihm sei, das ist grundfalsch. Nicht befangen durch Schlegels Apotheose hat er sehr frei über die Grenzen seiner Verdienste gesprochen ... So stimmte er sehr ein, als Fernow über die Nichtigkeit der «Blumensträuße» sprach, der sie eine Sudelarbeit nannte.

1871 *Ernestine Voß an H. Ch. Boie* *5. Dezember 1803*

Jetzt gehn wir ernsthaft damit um, auf einige Tage nach Weimar zu gehn, Voß bei Goethe, ich bei Schillers, aber für die Ausführung stehe ich nicht, denn der Winter hat seine Tücke. Goethe ist jetzt oft in Jena, und sehr heiter. Jetzt sitzt er gerade mit Voß am Tisch, und sie lesen im Horaz. Goethe ist gar ein angenehmer Mensch, er hat so viel frohe Laune, und legt in unsrer Wohnstube alle seine Steifheit mit den Mantel ab, in den er immer eingehüllt ins Zimmer tritt.

1872 *K. D. M. Stahl an G. Hufeland* *22. Januar 1804*

Mein mir so liebes Jena wird nun bald in eine Einöde verwandelt sein, weil Hufeland, Paulus, Schelling, Loder und Schütz es verlassen haben. Die Studenten gehen in großer Anzahl ab, und die Professoren wünschen sich sämtlich weg. Zwar gibt sich Goethe alle mögliche Mühe, die Dozenten mit Kuchen und Wein zu erheitern, es will aber alles nichts helfen.

1873 *Henriette v. Knebel an ihren Bruder* *15. Dezember 1803*

Aber noch eine Person, die wir den Mittag sehen werden! Madame de Staël, die gestern hier angekommen ist ... Goethe ist in Jena und will sie da sehen, und sie wird sich wahrscheinlich entschließen und hingehen. Wir wollen sehen, wie es gehen wird; denn ihre Absicht ist, ein paar Monate hier zu bleiben.

1874 *Charlotte v. Stein*
an ihren Sohn Fritz *16. Dezember 1803*

Gestern abend lernte ich Frau von Staël kennen ... Heut früh haben Wieland und Schiller sie besucht. Goethe, der in Jena ist, will durchaus nicht herüberkommen, obgleich der Herzog ihm einen Expressen geschickt hat, sondern er will ihr daselbst ein Zimmer mieten, um sie recht tête à tête zu genießen. Sie bleibt bis in den Januar hier.

1875 Henriette v. Knebel an ihren Bruder 22. Dezember 1803

Goethe wird künftigen Sonnabend herkommen und die Frau von Staël bei sich im Hause zuerst bewirten. Sie hat ihn so dringend und von allen Seiten darum bitten lassen, daß er nicht anders konnte, aber er sträubt sich und ist sehr melancholisch.

1876 Henriette v. Knebel an ihren Bruder 23. Dezember 1803

Vom Goethe hofft sie [Frau von Staël] viel. Wir wollen sehen. Seine «Eugenia» hat ihr, einige wenige Stellen ausgenommen, sehr mißfallen. Sie sagt, in Paris hätte man nicht den ersten Akt ausgehalten. Goethen ist es äußerst beschwerlich herzukommen. Er hat an die Schillern geschrieben, daß er sich am liebsten mit Herdern möchte begraben lassen. Doch kann ich nicht glauben, daß ihm die Staël weh tun wird.

1877 Amalie v. Helvig
an ihren Mann nach dem 24. Dezember 1803

Die Staël wurde erwartet und ist nun hier angekommen... Goethe war ebenso gespannt ihre Bekanntschaft zu machen, als sie die seinige. Nach der Begegnung berichtete Goethe seinen Freunden: «Es war eine interessante Stunde, ich bin nicht zu Worte gekommen, sie spricht gut, aber viel, sehr viel.» Ein Damenkreis wollte inzwischen wissen, welchen Eindruck unser Apoll auf die Fremde gemacht habe, auch sie bekannte, nicht zu Worte gekommen zu sein. «Wer aber so gut spricht, dem hört man gerne zu», soll sie geseufzt haben. Wer sprach? Wer schwieg?

1878 Frau von Staël an ihren Vater 25. Dezember 1803

Goethe me gâte beaucoup l'idéal de Werther. C'est un gros homme sans physionomie, qui veut être un peu homme du monde, ce qui ne vaut rien à demi, et qui n'a rien de sensible ni dans le regard, ni dans la tournure d'esprit, ni dans les habitudes; mais c'est du reste un homme très fort dans l'ordre de pensées littéraires et métaphysiques qui l'occupent.

1879 *Frau von Staël an C. Hochet* *26. Dezember 1803*

Wieland, Schiller et Goethe jugent Jean Paul comme un homme singulièrement inégal qu'on peut conserver dans un cabaret à bière et au milieu de la fumée du tabac …

Goethe n'est pas Werther, il engraisse, ce qui par parenthèse est le défaut des Allemands de manière à perdre toute physionomie, mais c'est un homme qui a lentement beaucoup d'esprit … Il m'a dit que de sa vie il ne s'était amusé en Allemagne.

1880 *Böttiger: Frau von Staël in Weimar*

Goethe war bei der Ankunft der Frau von Staël in Jena und entschuldigte sich auf ihre dringenden Einladungen mit Unpäßlichkeit. Nun sprach sie davon, selbst nach Jena zu fahren und ihn dort zu besuchen. Dies bewog ihn endlich, zu den Weihnachtsfeiertagen herüber zu kommen und der Dame Wunsch, ihn von Angesicht zu Angesicht zu sehen, zu gewähren. Allein ob er es gleich offenbar recht darauf angelegt hatte, liebenswürdig zu sein, so machte doch gleich sein höchst materielles Ansehen einen nachteiligen Eindruck auf die Frau, die sich immer einen höchstens etwas älter gewordenen Werther in ihm phantasiert hatte. Nach ihrer unbesiegbaren Offenheit sagte sie ihm bald zu Anfang ein Wort über seine Anhänglichkeit an Schelling und die Gebrüder Schlegel. Dies nahm er sehr übel und schien eine Zeitlang alle Berührung mit dieser ihm so wenig zusagenden Frau zu vermeiden. Frau von Staël merkte dies sehr wohl und erlaubte sich in diesem Fall, was sie sonst fast gar nicht tut, einige witzige Bemerkungen über ihn, zum Beispiel: «Il voudrait nous persuader, que la sensibilité soit passée de mode, parce qu'il n'en a plus», oder: «lorsqu'il entre dans ma chambre, je cherche avant toute chose une chaise pour le mettre à son aise.»

Man sagt hier allgemein, sie habe ihm geraten, die natürliche Tochter nicht fortzusetzen und die Schlegel zu lassen. Goethe habe darauf geäußert: er sei über vierzig Jahre alt.

Goethe war oder hielt sich wenigstens eine Zeitlang für krank, war also für niemand zugänglich und hielt sich dadurch auch alle Besuche und Anmutungen der Frau von Staël und des Herzogs, der ihn gern mit der von ihm hoch fetierten und geehrten Frau zusammengebracht hätte, mehrere Tage vom Leibe. Frau von Staël wurde deshalb nicht müde, sich täglich nach seinem Befinden erkundigen zu lassen, ihm Billetts zu schreiben, worin sie ihn zu Unterredungen einlud, und überhaupt alles zu tun, was ihm ihre Achtung beweisen konnte. Denn freilich wußte sie sehr gut, daß Goethe noch vor ihrer Ankunft ihre Delphine einmal bei einer Hoftafel mit einer ihm ganz ungewöhnlichen Lebhaftigkeit für ein Produkt erklärt habe, das dem Zeitalter Ehre mache, und daß er sich selbst die Anzeige dieses Meisterwerks in der Jenaischen Literatur-Zeitung vorbehalten habe.

1881 H.C.Robinson: Reminiscences

[Über Frau von Staël:] It is very apparent from the correspondence of Goethe and Schiller that these two great poets regarded her visit to Weimar as an infliction. Schiller would not go near her, and Goethe made himself scarce. There was a report that she extorted from the latter, by some advice on his *Natürliche Tochter*, this reply: «Madam, I am more than sixty years old!» But that is not after his fashion. I know, however, that she did speak irreverently of that masterly work ...

1882 Böttiger: Frau von Staël in Weimar

Als Goethe sie [am 27. Dezember 1803] zum erstenmal in ihrem Logis besuchte, regalierte sie ihn mit der Erzählung, wie sie Schillers Bekanntschaft in den Zimmern der Herzogin gemacht habe. Beide waren zur regierenden Herzogin geladen und fanden sich da, bevor die Herzogin selbst erschien, in ihrem Zimmer. «J'y entre, j'y vois un seul homme grand, maigre, pâle, mais dans un uniforme avec des épaulettes. Je le prends pour le commandant des forces du Duc de Weimar et je me sens pénétré de respect pour le général. Il se tient à la cheminée dans un silence morne. En attendant je me promène dans la chambre. Puis vient la duchesse et me présente mon homme, que j'avais qualifié de général, sous le nom de Monsieur Schiller. Me voilà toute interdite pendant quelques instants.» – «Que penserez-vous donc de moi», répondit Monsieur Goethe, «si vous me verrez dans le même costume?» (es ist die Weimarische Hofuniform, die Goethe auch trägt, wenn er an den Hof geht.) – «Ah, je ne m'y tromperais point, et puis cela vous ira à merveille à cause de votre bonne et belle (avec un geste fort significatif) *rotondité*.»

1883 E. v. Schardt an Fritz v. Stein *31. Dezember 1803*

Madame Staël, die schon zwölf Tage hier ist, besitzt die Kunst, aller Verständigen Beifall sich zu verschaffen ... Mit Schiller sprach sie von Kant ... Goethe kommt mit ihr besser weg, dieser gibt zur ersten Antwort immer ein Späßchen, und beruhigt sie sich dabei nicht, so hat er doch Zeit gewonnen, sachgemäß zu antworten.

1884 Henriette v. Knebel an ihren Bruder *3. Januar 1804*

Von Goethe sagt sie [Frau von Staël]: qui'l pouvait être aimable, quand il était sérieux, mais qu'il ne devait jamais plaisanter.

1804

1885 F. A. Wolf an Goethe *13. Januar 1804*

Gern hätte ich Ihnen schon am vorigen Posttage etwas von den Empfindungen der Verehrung und Hochachtung gesagt, mit denen mich aufs neue die bei Ihnen verlebten herrlichen Tage beseelten ...

1886 Riemer an Frommann *11. Januar 1804*

Sie wissen doch, daß Goethe unpaß ist, krank mag ich nicht sagen, ob er gleich meist zu Bett liegt; es rührt wahrscheinlich von einem zurückgetriebenen Echauffement her und scheint weiter nichts auf sich zu haben, als daß er nun nicht ausgehn kann, und manchmal nicht guten Humors ist. Gestern abend las ich ihm einen Gesang aus der Vossischen Iliade vor. Da war er sehr gesprächig, und ich habe manches dabei gelernt, was man eben nicht in der Schule lernt...

Die Frau von Staël ist noch immer hier und scheint sich mit den schönen Geistern, Wieland und Schiller, gut zu stehen; wie man in der Stadt sagt, aber nicht mit Goethe. Was daran wahr ist, weiß ich nicht, und will es auch nicht wissen.

1887 Ch. A. Vulpius an N. Meyer *15. Januar 1804*

Sie wollen wissen, was bei uns passiert? Weniges, das tröstlich ist. Unter andern, ist der Geheime Rat Goethe wieder einmal unpäßlich, und hat einige Tage im Bett gelegen. Er ist überhaupt, im ganzen, physisch und moralisch nicht wohlauf ...

Goethe arbeitet jetzt seinen Götz von Berlichingen fürs hiesige Theater zu, und der zweite Teil der Natürlichen Tochter ist auch bald fertig.

1888 Christiane Vulpius an N. Meyer *17. Januar 1804*

Die Frau v. Staël hält sich einige Zeit in Weimar auf und ist oft in unserm Hause, auch war der Herr Prof. Wolf von Halle einige Zeit bei uns, Herr Prof. Sartorius aus Göttingen, Graf Harrach aus Wien, Prof. Fernow, der aus Italien kam und jetzt in Jena angestellt ist, und andre mehr, so daß kein Mittag vergeht, wo nicht immer Fremde bei uns speisen ...

... zu einer Reise nach Bremen wird der Geh. Rat sich wohl nicht entschließen können, denn er liebt die Ruhe jetzt mehr als alles, und ist sehr bequem geworden, und wird wohl nicht viel mehr reisen.

1889 B. Constant: Journal *23. Januar 1804*

Vu Goethe. Finesse, amour-propre, irritabilité physique jusqu'à la souffrance, esprit remarquable, beau regard, figure un peu dégradée.

1890 J. G. Cogswell an C. S. Daveis *16. März 1817*

[Beim Ehepaar Sartorius in Göttingen.] They amused us with some very pleasant anecdotes of their own literary men, particularly of Goethe, with whom they are intimate.

One of the anecdotes shows so exactly the character of this great, but insufferably vain and affected man, that I give it to you ... Some fifteen or twenty years since, Constant ... went to Weimar ... Being introduced to Goethe, he began in the style of a true Frenchman to load him with flattery, saying that the world was wondering at the stupendous productions of his genius, that he had secured to himself immortal fame, etc., etc. Goethe turned his large, fiery eyes upon Constant, and replied, «I know it, I know all that, I know too that the world regards me as a carpenter, who has built a ship of war, of the first rate, upon a mountain, thousands of miles from the ocean – but the water will rise, my ship will float, and bear her builder in triumph where human genius never reached before.» This is vanity which can have no parallel.

1891 Böttiger: Frau von Staël in Weimar

Endlich den 23. Januar kam es zu der längst gewünschten Unterredung [mit Goethe]. Sie fuhr früh in Begleitung ihres Freundes Constant zu ihm und brachte fast eine Stunde bei ihm zu, nachdem sie ihm schon den Tag vorher die Übersetzung von seinem Geistergruß zugeschickt hatte. Der Gegenstand der Unterhaltung war vorzüglich der Unterschied zwischen der französischen und deutschen Poesie. Jene, sagte Goethe, sei Poesie der Reflexion, diese der Situation; der Franzose schildere das Erscheinen, der Deutsche das Sein. Übrigens bemerkten beide bei dieser Unterredung, daß er sich sehr ungern etwas abfragen oder auf sich eindringen lasse; daß dann gleichsam seine ganze Natur reculiere und sich in sich zusammenziehe. Freilich schonte ihn Frau von Staël nicht immer. Sie sprach zum Beispiel mit tiefem Bedauern von Herder und ging so weit, sehr freundschaftlich von mir zu urteilen und meinen Abgang von Weimar für einen Verlust zu erklären, ohngeachtet sie wohl wußte, wie ungern Goethe dies höre. Seine ganze Antwort auf alle diese Bemerkungen war: «Es ist einmal so, die Älteren müssen den Jüngeren Platz machen.»

Übrigens erkennt auch nach der letzten Unterredung Frau

von Staël Goethes Geistesüberlegenheit aufrichtig an, setzt aber hinzu: «Mais je voudrais, que je pourrais mettre son esprit dans un autre corps. Il est inconcévable, qu'un esprit supérieur tel que celui puisse être si mal logé!» Sie erlaubte sich über die dicke Pastetenkruste, in welche er eingebakken sei, allerlei böses Witzspiel. So sagte sie zum Beispiel in einer Gesellschaft, wo über den Schellingschen Idealismus gesprochen wurde: «Goethe, le poète par excellence, le vrai représentant de la poésie unique, est le beau idéal; Goethe, le mari ou l'amant de Mademoiselle Vulpius, est le beau empirique.»

1892 Böttiger an J. F. Rochlitz *4. Februar 1804*

Wenn ich nur wüßte, wer mein Nachfolger hier werden sollte, um allerlei danach einzurichten. Der Herzog sprach selbst mit mir sehr zutrauensvoll darüber, aber Goethen ist so etwas ein Greuel. Er bleibt sich gegen mich bis auf den letzten Augenblick gleich. Mag er! Bin ich doch bald außer der Spannweite seiner freundlichen Berührungen. Als ihm die unvergleichliche, täglich womöglich noch in unserer Verehrung gewinnende Frau v. Staël neulich (ein wenig absichtlich) eine große Lobrede auf mich vorhielt, sagte er weiter nichts über meinen Abgang als: C'est dans l'ordre. Ce qui vieillit, fait place à la jeunesse.

1893 Böttiger: Frau von Staël in Weimar

Übrigens sprach Goethe mit vielem Geist über Literatur und Poesie mit ihr, und dies veranlaßte sie zu folgendem Urteil: «Écoutez, il y a un *double Goethe*, le poète et le métaphysicien. Le poète est lui-même, l'autre est son fantôme. Mais il me semble, que ce lui-même a souvent peur de son autre Soi, comme on dit, qu'il y a des visionnai[r]es qui se voient double. Quand ce fantôme se met devant ses yeux, Goethe, qui est lui-même, s'effraie, recule, se renferme en soi-même. Puisse un génie bienfaisant le délivrer de cette funeste doublure! Car sans elle il est et il sera toujours le plus grand homme en originalité et en conceptions pures en Allemagne.»

1894 *Böttiger: Frau von Staël in Weimar*

Da es ihre Absicht ist, ihren Urteilen über unsere Literatur eine Dokumentensammlung aus unsern besten Dichtern hinzuzufügen, so übersetzt sie jetzt täglich etwas von Goethe, Schiller usw. Vor allen hat ihr Goethes Fischer so gefallen, daß sie ihn mit seltener Anschmiegung ans Original in demselben Versmaß gereimt übersetzt hat. Damit fuhr sie vor einigen Tagen [am 26. Januar] selbst zu Goethe und las ihm ihre Übersetzung vor. Johannes Müller, der sich eben bei Goethe befand, war bei der Unterredung gegenwärtig; sie habe Goethe bei allem Schmeichelhaften, was sie ihm sowohl über dieses Gedicht als über seine Genialität als Dichter überhaupt sagte, doch auch mit der liebenswürdigsten Unbefangenheit so viel Tadel und Mißbilligung zu erkennen gegeben, als ihm vielleicht in seinem Leben noch niemand ins Gesicht gesagt. Sie tadelte seine scheue Zurückgezogenheit, seine kalte, zurückstoßende Verschlossenheit, kurz alles dasjenige, was Goethe, der die Weiber stets nur als Spielwerkzeuge ansehe, und bei wahrhaft geistreichen und witzigen Frauen, die ihn nicht anbeteten, sich stets übel befinde, erst in dem Kreise *der* Frauen verlernen müsse, *die sich selbst schätzen.*

1895 *Böttiger: Frau von Staël in Weimar*

Frau von Staël hatte in ihrer metrischen Übersetzung von Goethes «Fischer» in den Worten: «Was lockst du meine Brut hinauf in Todesglut?» das letzte durch air brûlant übersetzt. Allein Goethe, als sie ihm ihre Übersetzung vorlas, berichtigte sie und sagte, es sei dies die Kohlenglut in der Küche, an welcher die Fische gebraten würden. Das fand nun Frau von Staël äußerst maussade und geschmacklos, sich aus ihrer schönen Begeisterung so auf einmal in die Küche verwiesen zu sehen. Dies sei es eben, woran es unsern besten Dichtern fehle, das τὸ πρέπον, das feine Gefühl des Schicklichen. Hier also war sie ganz Französin.

1896 Charlotte v. Stein an ihren Sohn Fritz *27. Januar 1804*

Goethe hat mir zu Deiner Verlobung Glück gewünscht; die beste Qualität der Braut waren ihm die sechzehn Jahr. Er war die ganze Zeit krank; das ärgert Frau von Staël, die ihn gern recht viel sehen möchte; jetzt hat sie es durchgesetzt und fährt täglich zu ihm.

1897 B. Constant: Journal *27. Januar 1804*

Dîner chez Goe[the]. Un Français, même quand il n'approuve pas tout ce qui se fait dans son pays, est toujours mal à son aise avec des étrangers. Goethe. Gêne de toute conversation avec lui. Quel dommage que la philosophie mystique de l'Allemagne l'ait entraîné! Il m'a avoué que le fond de cette philosophie était le spinozisme. Grande idée que les mystiques schellingiens ont de Spinoza; mais pourquoi vouloir y allier des idées religieuses et qui pis est le catholicisme? Le catholicisme, disent-ils, est plus poétique. «J'aime mieux, dit Goethe, que le catholicisme fasse du mal, que si on m'empêchait de m'en servir pour rendre mes pièces de théâtre plus intéressantes.» Ses prétentions en chimie et dans les sciences exactes. Abus de l'analogie. Son indifférence sur la politique.

1898 Riemer *29. Januar 1804*

[Goethe:] «Die Weiber, auch die gebildetsten, haben mehr Appetit als Geschmack. Sie möchten lieber alles ankosten, es zieht sie das Neue an. Sie unterscheiden nicht zwischen dem, was anzieht, was gefällt, was man billigt, sie werfen das alles in eine Masse. Was nur nicht gegen ihren konventionellen Geschmack anstößt: es mag noch so hohl, leer, seicht, schlecht sein: es gefällt. Es mißfällt ihnen aber oft etwas, was bloß gegen diese ihre Konvention anstößt, sei es an sich noch so vortrefflich.»

1899 Riemer

[Goethe:] «Bloß die Naturwissenschaften lassen sich praktisch machen und dadurch wohltätig für die Menschheit. Die abstrakten, der Philosophie und Philologie (Geschichte), führen, wenn sie *metaphysisch* sind, ins Absurde der Möncherei und Scholastik; sind sie *historisch*, in das Revolutionäre der Welt- und Staatsverbesserung.»

1900 *Frau von Staël an ihren Vater* *2. Februar 1804*

L'homme le plus supérieur d'ici, sans aucun doute, c'est Werther Goethe, mais il a un amour-propre d'une nature aussi bizarre que son imagination. Il se croit inspiré d'une manière surnaturelle. Il est spiritualiste, et à la tête d'une nouvelle philosophie dont c'est l'idée; il croit donc que le monde idéal et réel n'est qu'une pensée qui est Dieu, et il se croit plus près de cette pensée qu'aucun être vivant, de manière qu'il est impossible de savoir en conversation si l'on ne heurte pas sans y songer sa religion de lui-même. Il m'attache cependant par l'étonnante analyse de son esprit dans les sujets les plus subtils, et l'inattendu de son imagination dans une foule de petites productions, que tu ne connais pas et dont je t'ai envoyé une petite, il y a deux courriers, je crois.

1901 *Böttiger: Frau von Staël in Weimar*

Den 9. Februar bei ihr zum Mittagessen ...

Viel über Goethe bei Tische. Er habe das meiste Originalgenie unter allen mitlebenden Dichtern; es werde aber wenig von ihm auf die Nachwelt kommen. Er habe ihr selbst, als sie ihn über die natürliche Tochter (welche sie einen noble ennui nannte) befragte, aufrichtig eingestanden, daß sie, wie so viele andere seiner Arbeiten, nur Künstlerversuch sei, der nach einer Auflösung einer noch nie gelösten Aufgabe strebte (darum traut auch Goethe diesem Versuch so wenig, daß er in die erste Vorstellung dieser Eugenie gar nicht einmal kommen mochte).

1902 *Riemer an Frommann* *4. Februar 1804*

Von Goethes Hinkunft oder Advent[us] [nach Jena] weiß ich nichts. Nur daß ich mich öfterer mit ihm unterhalte und finde, daß er mir sehr wohl will. Ich gehe ihm gewiß nicht so bald weg ... Goethe will auch Hegeln sehr wohl, und er urteilt, finde ich, immer ein wenig anders im Schlafrock, als wenn er in Gesellschaft urteilen soll. Aber ich begreife ihn. Weil man ihn auspumpen will, so gibt er eben nur das, was ihm beliebt, und womit er zwischen den Parteien so eben durchkommt. Wo er keine Hinterlist ahndet, da gibt er sich auch frei. Mir wird immer wohler bei ihm.

1903 Schiller an W. v. Wolzogen 7. Februar 1804

Goethe hat mich gebeten, Dir sein Anliegen wegen russischer Kupfermedaillen noch einmal ans Herz zu legen. Du wirst ihm gewiß ohne mein Erinnern gern diese Freude machen. Es ist einmal sein Steckenpferd, was ihn besonders jetzt beschäftigt. Auch hat er wirklich schon eine recht auserlesene Sammlung zusammen gebracht.

1904 H. K. A. Eichstädt an A. W. Schlegel 11. Februar 1804

Für den vortrefflichen Beitrag, den Sie, mein wertester Freund, unserer Allgemeinen Literatur-Zeitung geliefert, meinen herzlichen Dank! Auch Goethe hat sich daran geweidet, dem ich die Rezension sogleich im Manuskript mitteilte, da er die Ankunft derselben, nach Ihrem einige Tage früher erhaltenen Briefe, noch nicht so nahe glaubte …

Bei dem allen wünschte doch Goethe, daß Ihre Kritik über Schützens Aeschylus ein wenig gemildert würde, damit nicht wir, scheinbar als angreifender Teil, dadurch ungünstige Urteile des größeren Publikums veranlaßten. Die Sache wird sich mit Abänderung weniger Worte machen lassen.

1905 Christiane Vulpius an N. Meyer etwa Mitte Februar 1804

Lieber Freund! Soeben, da ich Ihren mir lieben Brief erhalte, sind wieder sehr angenehme Freunde bei uns. Es waren Voß, der Dichter, mit seiner Frau, sie wohnen itzo in Jena, sind aber ein paar recht liebe Leute. Nachdem sie sich einige Tage bei uns aufgehalten haben, sind sie wieder nach Jena, und haben uns ihren ältesten Sohn geschickt, welcher auch ein sehr gebildeter junger Mann ist, und dem es bei uns besonders wohl gefällt. Und dem August sein Hofmeister [Riemer], welcher auch ein gescheiter Mensch ist, so gibt es alle Mittag ein sehr gelehrtes Gespräch ... Das beste ist, daß der Geheime Rat jetzo wieder recht heiter und vergnügt ist, diesen Anfang aber vom Jahr war er wieder sehr krank. Er arbeitet den Götz von Berlichingen für das Theater um, und wir freuen uns alle schon auf die Aufführung ...

1906 Ernestine Voß an Esmarch *26. Februar 1804*

Goethens Umgang ist ein wahrer Zuwachs unsrer Glückseligkeit. Man gewinnt ihn lieber, je mehr man ihn sieht.

1907 Ernestine Voß an Ch. A. Overbeck *25. März 1804*

Goethe haben wir diesen Winter viel gesehen und gewinnen ihn mit jedem Male lieber. So ganz allein muß man ihn haben. Einen angenehmeren Gesellschafter kann man sich kaum denken. Voß und er treffen nicht in allen Punkten zusammen, aber doch in sehr vielen, und wo sie nicht zusammentreffen, geht jeder seinen Weg ruhig fort. Er hat eine gewaltige Freude daran, daß Voß nicht fortzieht, ob er gleich das Ding nicht ganz geleitet hat; der Geheime Rat Voigt treibt die Schulgeschäfte ...

Ihre Rezension des Schlegel hat Voß viel Freude gemacht, ich meine aber gehört zu haben, sie müsse noch zurückgelegt werden, weil Eichstädt sie schon einem andern übertragen hätte. Auch ist der Punkt, daß man mit dem Knaben Schlegel säuberlich verfahren muß, einer von denen, wo Voß und Goethe nicht einerlei Meinung haben. Zu einer deutlichen Erklärung ist es darüber noch nicht unter ihnen gekommen. Goethe wird bald hierher [nach Jena] kommen, und dann wird Voß Gelegenheit suchen, mit ihm hierüber zu reden.

1908 Ernestine Voß: Über Voßens Verhältnis zu Schiller und Goethe

Als die Unterhandlungen mit Weimar über unsern Sohn in Gang kamen, entschloß sich Voß, auf Goethes Bitte, selbst auf einige Tage hinüber zu gehen. Wie gerne wär' ich daheim geblieben, aber eine Flechtenwunde an seinem Rükken machte meine Gegenwart notwendig. Goethe hatte für eine bequeme Wohnung in seiner Nähe gesorgt. Der Empfang in seinem Studierzimmer war sehr freundlich. Selbst meine Gaben fanden eine herzliche Aufnahme: ein lockeres Hausbrot, woran er bei uns öfters Freude geäußert, und ein selbstgezogener schön blühender Rosenstock.

Voß hatte sich am Tore den Namen Hofrat Bach gegeben, weil er, durch den Körper gehemmt, dem Herzoge nicht persönlich aufwarten durfte. Eines Nachmittags war dieser ohne Begleitung zu Goethe gekommen, und hatte im launigen Ton geäußert: Er habe aus dem Torzettel die Ankunft eines Hofrat Bach ersehen, der bei ihm abgestiegen sei. Da er gern neue Bekanntschaften mache, möge er ihm diesen vorstellen. Dies geschah nun auf die ungezwungenste Weise, Voßens Entschuldigung ward als eine natürliche aufgenommen, und er von jeder ferneren Rücksicht freigesprochen. Der Herzog zeigte ihm große Teilnahme, und fügte den Wunsch hinzu, daß er sich bald im besseren Klima erholen möge, nebst der Versicherung, daß es ihm eine Freude sein würde, wenn er zu seinem Wohlsein beitragen könne.

Über unsern Sohn ward zwischen Voß und Goethe beschlossen, daß er vor dem Antritte seines Lehramtes einige Wochen bei Goethe wohnen, und sich mit den näheren Verhältnissen seines Berufs allmählich vertraut machen solle. Wie wohl er sich dort gefühlt, und wie wahrhaft väterlich er von Goethe behandelt ward, das hat er selbst in Briefen mit aller Wärme eines fühlenden Herzens ausgesprochen. – Bei der feierlichen Einführung des Sohnes konnte Voß nicht zugegen sein. Er zog es vor, Goethes Einladung einige Wochen später zu folgen, und seinen Sohn in der Schule zu besuchen. Auch damals war Goethe sehr herzlich gegen uns, besonders abends, wenn wir an einem kleinen Tisch, in einem kleinen Zimmer unser Abendbrot verzehrten. Lebhaft wiederholte er einen schon früher geäußerten Wunsch, Voß solle vom Herzog eine Pension annehmen, und da dieses verworfen ward, hieß es, Kleinigkeiten für die Wirtschaft dürfe er doch nicht ablehnen: Korn zum Brotbacken, Futter für die Hühner, Brennholz, ein paar Hasen und Rehe in die Küche, für welche Gegenstände denn auch bald die nötige Anweisung erfolgte.

1909 H. Voß (in Gräfs Bearbeitung)

Ich bin zehn Tage bei Goethe gewesen. Eine himmlische Zeit, die mir noch wie ein schöner Traum vor der Seele steht.

Ich kann Dir nicht sagen, wie schwul ich anfangs wurde, als ich mich in Weimar präsentieren sollte. Die Leute hatten – Gott weiß wodurch! – eine zu vorteilhafte Meinung von mir; auch Goethe. Nun hatte er sich zu meinem Examinator erboten. Das alles war mir so feierlich und – ich weiß selbst nicht wie! Mir hat das Herz gepocht, als ich vor seinem Hause still hielt [Sonntag, den 12. Februar], als ich die Treppe hinaufging, als sich die Stubentür öffnete. Der Mann war mir so furchtbar majestätisch! Aber wie ganz anders war mir zu Mute, als er mich freundlich anblickte, und ich Durchgefrorner seinen warmen Händedruck fühlte. Er fing auch gar nicht auf der Stelle ein ernsthaftes Gespräch an; er fragte mich mit herzlicher Stimme nach meiner Gesundheit, die ich zum ersten Mal einem so strengen Winter- und Windtage ausgesetzt hatte, ließ mich nahe an den Ofen rücken, wollte mir Kaffee, Wein, kurz alles Mögliche zum Frühstück auftischen. Der Ton, in dem er mit mir redete, war wie der eines Vaters, und da ward es mir nicht schwer, so viel Zutrauen zu ihm zu fassen und den Mut in seiner Gegenwart zu behaupten; was er so gerne an jungen Leuten wahrzunehmen scheint.

Wir kamen unvermerkt in das erste Gespräch über Schulunterricht hinein, das denn über eine Stunde dauerte, bis wir zu Tische gerufen wurden.

Bei Tische ward Goethe aufgeweckt und munter und erzählte viel von seinen Reisen, besonders von Venedig. Nach dem Essen entließ er mich und ging auf sein Zimmer, um fünf Uhr beschied er mich wieder zu sich.

Er ist mit mir zufrieden, ich habe es aus seinem eigenen Munde, daß er mich der Stelle [eines Gymnasiallehrers in Weimar] würdig erkennt, daß er Zutrauen zu mir hat, daß er mich lieb gewonnen – Gott! ich weiß mein Glück zu schätzen, indem ich dies schreibe, wenn ich's Dir gleich mit Worten nicht sagen kann. Goethe ist der herzlichste, der innigste Mann unter Gottes Sonne!

Jeden der folgenden Tage wurde ich um Zehn oder Elf zu ihm gerufen und blieb dann bei ihm, je nachdem er Zeit hatte, ein oder zwei Stunden; manchmal fuhr ich auch mit ihm vor dem Mittagsessen spazieren. Des Nachmittags – Goethe ist dann selten zu sprechen, er bleibt bis zum Abendessen in seinem Zimmer und arbeitet – machte ich Besuche, oder ging ins Schauspiel; des Morgens arbeitete ich oder las, wenn mir Goethe etwas Interessantes mitteilte, oder überdachte seine geistvollen und lehrreichen Gespräche.

Gleich den ersten Abend war eine Gesellschaft Schauspieler und Schauspielerinnen da, die sich immer bei ihm des Sonntags zu Leseübungen versammeln. Es wurde der dritte Gesang aus meines Vaters «Luise» gelesen. Wir saßen um einen langen Tisch herum, Goethe in der Mitte, und jeder las, wenn an ihn die Reihe kam. Goethe saß voll Ruhe, die Augen geschlossen, um nicht gestört zu werden. Mein Blick war nur auf ihn gerichtet. Wie habe ich sein Mienenspiel, seine Aktion, seine besonnene Lebendigkeit während dieser Vorlesung betrachtet und bewundert, mehr aber als alles im Herzen empfunden. An ihn kam die Stelle von der Trauung. Was Schöneres habe ich nie gehört, was Schöneres kann nicht existieren! Nie habe ich einen Mann so bewegt gesehen, die Tränen standen ihm in den Augen; er konnte nicht fortlesen. «Es ist eine heilige Stelle!» sagte er voll tiefer Rührung und gab das Buch seinem Nachbar. Gott! ich habe innerlich geweint, mein Auge ruhte nur auf seinem Gesichte, ich mußte mir Zwang antun, um nicht auf ihn zuzustürzen, ihn zu umarmen. – Von nun an war in der Gesellschaft eine Totenstille und die andachtvollste Aufmerksamkeit. Als er zum zweiten Male las, war es die Stelle, wo das Hochzeitlied vorkam, welches «unser Voß in Eutin uns dichtete». In dem Pathos, worin er diese Worte vortrug, hätte ich schon allein die Liebe zu meinem Vater sehen können.

Mir war es lieb, daß nun die Vorlesung bald abgebrochen ward. Er stand auf und ging in den Saal, ich folgte ihm. Ich trat weinend (laß mich's nur sagen) zu ihm, und er drückte mir beide Hände: «Sie haben einen edlen Vater», das war alles, was er sagte. Den Abend kam mir Goethes Gestalt als Pfarrer von Grünau nicht aus der Seele.

Nun weißt Du es, daß ich fröhlich war, als wir uns bald darauf zum Abendessen und zu scherzhafteren Unterhaltungen vereinigten. Es wurde bei Tische gescherzt, gelacht, am Ende sogar die bunte Reihe hindurch geküßt, und Goethe war fast am lustigsten. Nur ein klein Geschichtchen. Ich bat gegen das Ende der Mahlzeit den Hofmeister von Goethes August [Riemer], mir einen Schlag zu geben mit den Worten: «Schick weiter.» Ich gab ihn meiner Nachbarin Silie und diese ihrem Nachbar, und so ging's weiter, bis zur Maaß, die neben Goethe saß. (Der zum Possen hatte ich den Spaß mit der Silie verabredet, und sieh, wie pfiffig ich bin: um nicht vor dem Riß zu stehn, bat ich meinen linken Nachbar, den Anfang zu machen.) Die Maaß stutzte ein wenig, doch entschloß sie sich endlich, Goethe einen tüchtigen Klaps zu geben. Goethe dreht sich zu ihr, und küßt sie und drauf seine andere Nachbarin mit den Worten: «Schick's weiter.» Die will durchaus nicht, wahrscheinlich weil ihr der Nachbar nicht anstand. «Nun», sagt Goethe, «wenn's so nicht herum will, muß es retour gehn», läßt sich wieder küssen, küßt wieder die Maaß, und so geht's fort, bis auf die kleine Silie, die mir den letzten Kuß gab. Nun denk' Dir den armen Riemer, der neben mir saß und leer ausgehn mußte, weil bei mir die bunte Reihe aufhörte, und noch dazu belacht wurde, als Goethe den Urheber des Scherzes ausfragte und alle auf Riemern wiesen.

Den folgenden Morgen [Montag, den 13. Februar] stand ich um sechs Uhr auf, um einige Übersetzungen aus dem Horaz ins reine zu schreiben und einige Arbeiten durchzusehen, die ich für Goethe mitgebracht hatte. Ich war um zehn Uhr fertig, und da kam auch der Bediente, der mich zu Goethen in sein Studierzimmer bringen sollte.

Ich überreichte die Arbeiten, er las gleich eine Horazübersetzung durch und schien zufrieden damit. Wir kamen unvermerkt auf meine Lieblingsbeschäftigung: alte Geographie und Mythologie, und das waren auch auf die Folgetage unsere hauptsächlichen Gespräche. Ich war so glücklich, von allem Rechenschaft geben zu können, wonach mich Goethe in dieser Wissenschaft fragte, und besonders zufrieden war er, als ich ihm die Wanderungen der Jo im «Prometheus» und den Argonautenzug in der vierten Pythischen Ode Pindars erklärte. Dieses Gespräch hat ihn in die «Mythologischen Briefe» meines Vaters geführt, die er noch denselbigen Tag mit großer Lebhaftigkeit zu lesen anfing und den folgenden Tag endigte. Er sagte mir, nun wolle er sich ein Exemplar mit Papier durchschießen lassen, um auch in seinem Studium der alten Kunst auf diese Weise meinem Vater in seinem Studium zu begegnen. Und mich encouragierte er zu mehreren Arbeiten, die ich, wenn ich erst in seiner Nähe lebte, teils durch eigenen Fleiß, teils durch Unterstützung von ihm und meinem Vater ausführen sollte. Goethe hat überall die hellsten Blicke. Diese «Mythologischen Briefe» hatte er sich in Einem Tage mit solcher Klarheit in der Phantasie versinnlicht, daß ich beinahe über die Größe der menschlichen Fassungskraft erstaunt bin. Kein Mensch dringt so auf Klarheit der Vorstellung wie Goethe.

Am Abend dieses Tages nach Tische mußte ich Goethe meine Übersetzung von Horazens sechster Epistel des ersten Buchs vorlesen. Dies gab zu einem sehr schönen Gespräch Anlaß, dessen Eindruck nur mit dem Tode aus meiner Seele schwinden kann. Er redete über das nil admirari – oder vielmehr über den Platonischen Ausspruch, daß die Verwunderung die Mutter alles Schönen und Guten sei. «Der ist ein Tölpel», sagte er, «der sich nicht verwundern kann, auf den nicht die ewigen Naturgesetze in großen und kleinen Gegenständen – gleichviel wie groß oder klein die Masse sei – einen mächtigen Eindruck machen.»* Das Re-

* [Anm. Gräf] Nach einer anderen Briefstelle lautete Goethes Ausspruch: «Der ist ein Klotz, der sich nicht verwundern kann; dessen matte Seele nie in solche Zustände versetzt werden kann, die einzig

sultat seiner Rede war, daß der Weise mit dem Nichtbewundern aufhöre, und so kam er auf den «edlen Horaz» zurück. Er sprach wohl anderthalb Stunden, mit feurigen Mienen, mit der lebendigsten Aktion, aber immer mit solcher Besonnenheit, daß er die Wahrheit seines Themas so recht eigentlich durch die Tat beherzigte. «Begreifen wir's», sagte er einmal, «warum wir hier so zusammensitzen? was war der nächstvorhergehende Moment, was war die Veranlassung zu diesem, und weiter rückwärts und noch weiter, bis ins Unendliche fort?» Dann redete er auch: über die Empfänglichkeit des Gefühls, wie ein lebendiger Geist in der ganzen Gotteswelt nichts als Wunder erblickt und heilige Gottesoffenbarung. – Ich kann Dir das so nicht wiedererzählen; nimm mit bloßen Andeutungen vorlieb. Als er ausgesprochen, nahm er sein Licht, sagte ein trockenes «Gute Nacht» und ging davon und ließ mich und Riemer wie Stumme gegen einander sitzen. Ob Goethe uns in Verwunderung hat setzen wollen, das weiß und glaube ich nicht, aber daß er's tat, weiß ich; denn wohl keiner hat einen Mittler Gottes und der Menschen mit solcher Ehrfurcht betrachtet, als wir diesen Mann in diesem Augenblicke. Ich saß noch nach zwölf Uhr auf und überdachte das gehörte Gotteswort. – Und die erstaunenswürdige Menschlichkeit dieses Mannes! Der Schöpfer des «Faust» und der Mann, der über den Pfarrer von Grünau Tränen vergießt – beide sind in Einer Person vereinigt. Die Miene, die eben über alles Irdische erhoben schien, sagt gleich darauf freundlich: «Und ich bin doch, wie ihr seid, ich bin Mensch!»

1910 B. Constant: Journal *15. Februar 1804*

Visite à Goethe. Conversation intéressante sur la descente d'Ulysse aux enfers et sur le tableau de Polygnote à Delphes représentant cette fable. La description s'en trouve dans

im Stande sind, der Seele einen Schwung zu geben, in ihr eine Sehnsucht zu erregen, die nur durch Ergründung des vor uns liegenden Gegenstandes, durch erworbene, innige Vertrautheit mit demselben kann befriedigt werden.»

Pausanias. Polygnote a fait entrer dans son tableau la morale qui n'était pas entrée dans le poème d'Homère.

1911 H. Voß an Abeken *21. Februar 1804*

Heute will ich Dich vom Kotzebue unterhalten. Denkt Euch, Solger und Abeken, «Die Hussiten [vor Naumburg]» (lacrymosa poëmata Puppi) sind in Weimar aufgeführt [am 15. Februar] ... Goethe saß derweile ruhig in seinem Zimmer. Seinen Geist (so heißt der Bediente) schickte er ins Theater, und der arme Schelm mußte bei jedem Akt zu Hause laufen und das Geschehene erzählen ... Auch Goethe hat gegen seinen Sohn ein Kopfstück verloren über die Stelle: «Dicke Pfaffen knistern in den Flammen», von der er behauptete, sie könnte nicht darin stehn. – Goethe sagte, wenn die «Hussiten» die Auslage abverdient hätten, dann sollte der «Herodes vor Bethlehem» [von Mahlmann] gegeben werden. Sonst darf sich Kotzebue nicht beschweren; denn man hat viel Geld ausgegeben für die Sterbekleider und die Hussitenpanzer.

1912 B. Constant: Journal *16. Februar 1804*

Souper très remarquable chez Goethe. C'est un homme plein d'esprit, de saillies, de profondeur, d'idées neuves. Mais c'est le moins bon homme que je connaisse. En parlant de *Werther*, il disait: «Ce qui rend cet ouvrage dangereux, c'est d'avoir peint la faiblesse comme de la force. Mais quand je fais une chose qui me convient, les conséquences ne me regardent pas. S'il y a des fous à qui la lecture en tourne mal, eh bien ...» Il a développé en plusieurs phrases un système de personnalité le mieux combiné. Système de Schelling, que le secret de la morale est d'être d'accord avec soi-même. Il y a une singulière uniformité dans le fond de toutes les subtilités métaphysiques. Ce système moral se rapproche du quiétisme, et plus anciennement des gnostiques. Il y a une partie de l'homme qui agit, et une autre qui juge. Celle qui juge est indulgente pour celle qui agit.

1913 Böttiger: Frau von Staël in Weimar

Sie hat vor einigen Tagen [am 16. Februar] mit Constant ganz allein bei Goethe soupiert und ihn dabei unvergleichlich, offen, geistreich, überfließend an Bemerkungen und Scharfsinn gefunden. Er spricht nach dem Herzoge hier am besten französisch und immer treffend. Er hat ihr die Übersetzung des Fischers mit vielen Anmerkungen begleitet zurückgegeben.

1914 Riemer: Mitteilungen über Goethe *1841*

[Über Frau von Staël.] Sie hatte es gleich anfangs dadurch bei ihm verdorben, daß sie mit größter Naivetät ihm versicherte: Sie werde seine Worte, wenn sie solcher habhaft werden könne, sämtlich drucken lassen ...

So erinnere ich mich noch jetzt eines Tages, wo die Dame bei Goethe zum Besuch war, in einem Zimmer, das gerade unter dem meinigen lag, beide in überlautem und heftigem, fast leidenschaftlichem Gespräch begriffen gehört zu haben, wobei besonders sie so kreischend schrie und tobte, daß ich fürchtete, sie würde, nach oben die dünne Decke durchbrechend, gleich einer zornigen *Fee*, zum Dache hinaus in die Lüfte fahren. Goethe versicherte mir auch nachher, daß er sie durch seine Argumente so ins Enge getrieben, daß es beinah diesen Anschein gehabt hätte. Doch fehlten auch heitre und gemütliche Szenen nicht ...

1915 H. Voß (in Gräfs Bearbeitung)

War ich bei Goethe auf seinem Zimmer oder fuhr ich mit ihm spazieren, dann war er beständig ernsthaft im Gespräche – aber bei Tische bald heiter ernsthaft, bald grenzenlos lustig. Es ist eine Wonne, ihn von seinen Reisen erzählen zu hören. Da ist unsereins ganz Ohr und Auge. Einmal vor Verona wird Goethe, als er eine alte Ruine zeichnete, von Häschern angegriffen. «Da ward mir schwul», sagte er, «aber ich erwog gleich das Beste. Ich raffte mich zusammen, nahm alle Würde an und begann eine Rede. Ich entwickelte ihnen die Schönheit der Ruine, den Wert durch das Alter;

ich griff ihren Stumpfsinn an und schalt sie für Klötze und Stöcke, lenkte aber bald ein, sie entschuldigend: Ihr könnt solche Schönheiten nicht fühlen, da Ihr sie täglich vor Augen seht, und das Alltägliche keiner Aufmerksamkeit würdigt» usw. Die Häscher werden ganz erstaunt über die Unbefangenheit des Spions und sehen nun alle auf die Ruine, um auch die Schönheiten zu entdecken; und da sie doch nichts sehen können, werden sie ganz verdutzt. Endlich zieht Goethe seinen Geldbeutel aus und läßt Münzen klingen. Nun verändert sich ihre Sprache. Der eine sagt zu den übrigen: «Hab ich's Euch nicht gleich anfangs gesagt, daß der Mann ein Ehrenmann sei? Da seht Ihr's!» Als Goethe einige Tage darauf nach Verona kommt und die Gefängnisse von außen betrachtet, «da», sagte er, «dankte ich doch dem lieben Gott, daß er mich von diesem Unglück befreit hatte.»

Ein andermal bei Tische hielten wir Philistergespräche über Rindfleisch, Kartoffeln, Marzipan und Sellerie, woran auch die Vulpius teilnahm. Goethe sprach im Zorn über die Weimarischen Schlächter, dann kam er auf die Schneider, die es in Fahrlässigkeit den Schlächtern gleich täten, und endlich auf die Buchbinder. «Ich will die Lumpenhunde einmal alle zu Hauf treiben», sagte er, «und ihnen eine Strafrede halten, ich will ihren Ehrgeiz erwecken» usw.

Lustig ist's, Goethe über die Staël reden zu hören. Er erkennt die «Delphine» als ein geistreiches Werk, tadelt vieles daran, was auf Rechnung der Französin fällt, aber lobt doch mehr. Einen Mittag sprach er darüber und sagte, einige Darstellungen, die er nun auf seine Weise, mit der größten, lebendigsten Klarheit wieder darstellte, hätten ihn beinahe außer sich gesetzt; und wäre das Ganze diesen gleich, «so müßte die ganze Welt davor auf Knieen liegen». Mitunter mokiert er sich über die Staël. «Ich pflege sie in die Enge zu treiben, wenn sie räsonniert», sagte er, «erst vermaure ich sie auf dieser Seite, dann auf jener (und dies alles zeigte er mit dem Finger auf der Serviette). Bin ich dann so ganz im Kreise um sie herumgekommen, dann kann sie nicht vorwärts und nicht rückwärts; dann will sie aber durchaus entfliehen, sie muß sich einen effort geben, schwingt sich in die Höhe und macht es jetzt, wie der Flußgott Achelous, sie entflieht in einer fremden Gestalt.» Madame Staël hat meines Vaters «Luise» gelesen und sich sehr daran ergötzt. Nur die Tabakspfeife hat sie nicht verdauen können. Goethe* erinnert sie an die Schweine im Homer. «Ja», sagt sie, «die gehörten auch nicht in ein honettes Gedicht.» Darauf erinnert Goethe sie an den Bandwurm in Delilles L'homme des champs, der sich durch zwei Alexandriner hindurchschlängelt – da wird sie verdutzt und – entflieht in einer fremden Gestalt.

Einmal bei Tische wird die Vulpius abgerufen. Sie kommt bald lachend zurück und ruft mich ab. In der Türe begegnet mir die Mamsell Silie. Auf der Treppe stehen Bode, Hain und der Schauspieler Oels. Ich kann das so wenig begreifen als die Kuh das rote Tor. «Was ist denn?» frug ich. «Es gilt eine Reise nach Erfurt; bist du dabei?» – «Ja», sag' ich, «nur geschwind den Wagen bestellt. Wer ist sonst dabei?» – «Die Silie und die Vulpius.» – «Desto besser», sag' ich und gehe wieder ins Zimmer zurück. Aber da war es noch nicht abgetan, denn Goethe mußte erst die Erlaubnis geben. Die Vulpius stand in froher Erwartung vor Freude zitternd; die Silie saß schmeichelnd bei Goethe. Goethe ganz ernsthaft: «Lieben Kinder», sagte er, «bringt mich nur erst ins Klare!» Aber das konnte keiner. Dann: «Liebe Kinder, der Weg ist schlecht, was habt Ihr für einen Zweck?» – «Wir haben große Zwecke», sagte die Silie. «Und welche denn?» – «Wir wollen ins Schauspiel.» – «Nun, nun! Hm, hm! recht artig! Aber wir haben jetzt alle ein Glas Wein getrunken, und das Sprichwort sagt, daß feurige Entschlüsse mit nüchternem Mute müssen erwogen werden.» – «Ja», sagte die Silie, «wenn wir darnach warten wollten, so verfliegt die Zeit, es ist so schon zwei Uhr.» Und nun schmeichelte sie von neuem. Und Goethe ließ sich auch nicht lange bitten, er sagte ja und gab der Silie einen Kuß zur Bestätigung seines Wohlgefallens. Die Vulpius juchheite und versicherte, was ihr jeder glaubte, daß sie für heute

* [Anm. Gräf] Nach einem andern Briefe: Der Herzog.

keine größere Freude zu erdenken wüßte. Sie wurde von Goethe meiner Obhut anvertraut. «Nun», sagte Goethe, «müssen wir noch eine Flasche Rheinwein haben.» Unterdessen ging ich auf mein Zimmer, einen Brief zu versiegeln. Als ich zurückkam, war der Wein da, und Goethe meinte, ich könnte heute wohl ein übriges tun, weil es kalt sei. Ich ließ mir's gefallen, die Damen entfernten sich, und ich blieb bei Goethe am Tische sitzen, bis der Wagen kam. Wir sprachen von den Hyperboreern, Greifen und Arimaspen. Es ging oft prestissimo, ich weiß nicht wie und warum. Böse Leute sagen vom Weine. Um drei Uhr kam der Wagen, und Goethe wünschte eine glückliche Reise, lachte aber erst tüchtig über den Schimmel, auf dem Bode als Vorreiter paradierte.

1916 H. Voß an Abeken *23. Februar 1804*

Ich fragte Goethe unter anderm einmal, was die mystischen Figuren in Tiecks Minneliedern bedeuteten, und erhielt zur Antwort: das ließe sich nur durch ein tiefes Studieren *ausmitteln*. Das hätte er nicht von den «klaren Gestalten Raffaels» gesagt, die er so oft und so gern nennt.

1917 H. Voß an Abeken *23. Februar 1804*

Die Religion soll jetzt in Halle sehr Mode sein und, wie Goethe sagt, wie die Pest anstecken. – Goethe fürchtet, daß sie einem gewissen Manne in G[iebichenstein?] (den ich nicht nennen will) auch noch zu dem vielen Hauskreuze ins Haus kommen möchte.

1918 H. Voß an Abeken *21. Februar 1804*

In einem der letzten Tage sagte mir die Vulpius: «Sie hätten gar keine schönere Zeit zum Besuche wählen können; denn so fortdauernd heiter hat weder Professor Wolf noch Ihre Eltern den Geheimerat gefunden.»

1919 H. Voß (in Gräfs Bearbeitung)

Schillers «Tell» ist fertig. Den letzten Morgen [Montag, den 20. Februar], kurz vor meiner Abreise, zeigte mir Goethe das Manuskript. Ach, wie leid tat es mir jetzt, nicht noch einen Tag bleiben zu können. Es war meines Vaters Geburtstag. Aber wie wohltätig waren mir Goethens Worte: Nur bei diesem Umstande willigte er in meine Abreise, sonst sollte ich noch vier Tage bleiben, dann hätte er mich selbst zurückgebracht.

1920 Böttiger: Frau von Staël in Weimar

Den 24. Februar. Abends bei der Herzogin. Frau von Staël kam sehr zufrieden von einer Unterredung mit Goethe. Da sie anfänglich über den Alarcos mit ihm gesprochen und das Abgeschmackte desselben (turpe est difficiles habere nugas) gezeigt hatte, war seine Stirn etwas bewölkt gewesen, und er hatte die ganze Erscheinung nur durch den Kunst*versuch* entschuldigt. Allein nun war er auf die Parallele zwischen der Tragödie, als dem obersten, dem Indifferenzpunkt der Plastik, gekommen und hatte hierüber sehr scharfsinnige Bemerkungen gemacht. «La plastique mène au seuil de la vie.» Beim Abschied kündigte ihr Goethe auf morgen einen Besuch von seinem Sohn an, der ihr sein Stammbuch präsentieren würde.

1921 Hegel an Schelling *27. Februar 1804*

Wilhelm Tell von Schiller wird in Weimar einstudiert; Goethe wollte diese Woche wieder hieher [nach Jena] kommen, er macht sich viel mit der neuen Literatur-Zeitung zu tun, in der Du die Reinhold[sche] Rezension Krugs wirst erkannt haben, er hatte aber nicht Zeit wegen eines Mondregenbogens und anderer wunderbarer Dinge, die in Wilhelm Tell sollen aufs Theater gebracht werden.

1922 B. Constant: Journal *27. Februar 1804*

Visite à Goethe. Conversation intéressante sur la géographie des Anciens.

1923 B. Constant: Journal *28. Februar 1804*

Soirée et souper avec Goethe et Schiller. Je ne connais personne au monde qui ait autant de gaîté, de finesse, de force et d'étendue dans l'esprit que Goethe.

1924 F. v. Müller: Goethe in seiner praktischen Wirksamkeit *1832*

Es ist bekannt, wie er [Goethe] Frau von Staël einst aufs heftigste anließ, als sie ihm die Nachricht von Moreaus Gefangennehmung hinterbrachte und gleich darauf von ihm verlangte, sich auf heitere Gespräche und witzige Repartien einzulassen.

1925 B. Constant: Journal *29. Februar 1804*

Soupé chez la D[uchesse] mère, avec Wieland et Goethe. Il y a bien de la bizarrerie dans l'esprit de Goethe.

1926 Riemer: Aus dem Nachlaß

Frau von Staël habe an der fürstlichen Tafel gesagt: «Sie möge Goethe nicht anders, als wenn er eine Bouteille Champagner getrunken habe.» Dieser habe zu seinem Nachbar halblaut gesprochen: er wisse doch nicht, daß er je mit ihr Schmollis getrunken habe. Worauf denn ein lautes Gelächter entstanden, das, bis zu ihr sich fortpflanzend, ihre Nachfrage veranlaßt, der man aber nicht mit dem vollen, nachdrücklichen Begriff des Schmollis habe dienen können und es nur in ziemlich flacher Übersetzung habe bewenden lassen.

1927 Böttiger: Frau von Staël in Weimar

Zuweilen scheine es ihr, daß wir Deutsche sehr witzige Ausdrücke hätten, oder sehr neue; es sei aber nur Unkunde der französischen Sprache. So habe sie einmal einen Ausdruck von Goethe, der eine Idee von Schiller eine neuve et *courageuse* nannte, sehr bewundert, bis ihr endlich deutlich geworden, daß Goethe bloß aus Unkunde der Sprache courageuse statt hardie gesetzt habe.

1928 Frau von Staël an Goethe *9. April 1804*

Vous avez bien voulu me dire que vous auriez été bien aise de voir Berlin avec moi.

1929 Frau von Staël an F.H. Jacobi 11. März 1804

Je me suis plu à Weimar. Goethe est un homme d'un esprit étonnant; son caractère et ses opinions ne sympathisent pas avec moi; mais j'admire ses facultés profondément ...

1930 Frau von Staël: De l'Allemagne 1810

Goethe est un homme d'un esprit prodigieux en conversation; et, l'on a beau dire, l'esprit doit savoir causer... Quand on sait faire parler Goethe, il est admirable; son éloquence est nourrie de pensées; sa plaisanterie est en même temps pleine de grâce et de philosophie; son imagination est frappée par les objets extérieurs, comme l'était celle des artistes chez les anciens; et néanmoins sa raison n'a que trop la maturité de notre temps. Rien ne trouble la force de sa tête, et les inconvénients même de son caractère, l'humeur, l'embarras, la contrainte, passent comme des nuages au bas de la montagne sur le sommet de laquelle son génie est placé...

Au premier moment on s'étonne de trouver de la froideur et même quelque chose de raide à l'auteur de Werther; mais quand on obtient de lui qu'il se mette à l'aise, le mouvement de son imagination fait disparaître en entier la gêne qu'on a d'abord sentie: c'est un homme dont l'esprit est universel; car il n'y a point d'indifférence dans son impartialité: c'est une double existence, une double force, une double lumière qui éclaire à la fois dans toute chose les deux côtés de la question. Quand il s'agit de penser, rien ne l'arrête, ni son siècle, ni ses habitudes, ni ses relations; il fait tomber à plomb son regard d'aigle sur les objets qu'il observe...

1931 Böttiger: Frau von Staël in Weimar

«Es war eine große Freude», sagt eine liebenswürdige und scharf beobachtende Frau, «die Frau von Staël in vertrauten Tischgesprächen Goethe gegenüber zu sehen. Sie ist ganz Gemüt, Sentiment, moralische Empfinderin, voll glühenden Enthusiasmus, aber eben deswegen zur ruhigen, ästhetischen Kunstbeschauung und zu einem reinen Kunsturteil wenig geschickt. Sie hat treffliche Blicke über Menschenleben und Charaktere, über politische Erregungs- und Besänftigungstheorien, über Umgang, Reize der Geselligkeit, Lebensphilosophie. Dies alles ist bei ihr zu einem moralischen Schnellgefühl und Takt sublimiert, der ihr im Umgang mit den entgegengesetztesten Menschenklassen und Charakteren auf immer die höchste Sicherheit und Gewißheit gewährt, Geister, welche sie will, zu erobern und die eroberten fest zu halten. Goethe hat stets nur starksinnliche Eindrücke und rein ästhetische Bildung in sich genährt. Er ist in allem weit mehr Form und formelle Anschauung. – Man denke sich nun diese zwei so organisierten Psychen gegeneinander, im ewigen Wechsel sich berührend und anziehend, und dann wieder sich fliehend und abstoßend. Bald fällte Frau von Staël über Kunst ein Urteil, wobei Goethe erstarrte. Bald sprach Goethe ein schneidendes Wort über falsche Sentimentalität und die verruchte moralische Tendenz, die alle Kunstreinheit beflecke; da bebte wieder Frau von Staël ob solcher Ketzerei zurück. Neue Annäherung, neue Abstoßung. So ging es in endlosen divergierenden und zuneigenden Linien, eine lange Konversations-Menuett, die zuletzt mit zwei tiefen Verneigungen endigte.»

1932 Henriette v. Knebel an ihren Bruder 28. Februar 1804

Goethe wird uns jetzt vielleicht wieder aufgehen, wenn Frau von Staël untergegangen ist. Sie besuchte ihn öfters, aber er kam nicht an Hof. Man nimmt's ihm übel, aber das tut nichts, und ich kann's ihm nicht verdenken. Sich so alle Tage mit ihr am Hof zu präsentieren, ist keinem unsrer Männer zuzumuten. Ihre Sprache, ihre Ausbildung und Gewohnheit, sich mitzuteilen, sind zu verschieden.

1933 Charlotte v. Stein an ihren Sohn Fritz 8. März 1804

Goethe hat aus lauter Freude, daß die Staël fort war, seine ihm bequemere Donna zwei Tage nacheinander durch alle Straßen auf dem Schlitten gefahren. Ich wundere mich, daß er Dir nichts über Deine vorseiende Heirat geantwortet. Wenn er kein Herz hat, so sollte er doch Lebensart haben.

1934 Charlotte v. Stein an Knebel *17. März 1804*

Ich hatte Ihnen über Frau v. Staël geschrieben ...

Goethe hat von ihr gesagt: «Wenn sie hübsch wäre, müßte man sie umbringen!»

1935 C. L. Fernow an Böttiger *Mitte März 1804*

Da Goethe selbst sich mir anbot, daß er für die Erfüllung meiner Wünsche bei der Herzogin interzedieren wollte, und mir den Auftrag gab, ihm die Punkte, die ich verlangte, schriftlich mitzuteilen, so konnte ich ihn nicht vorbeigehen. Es dürfte ja der gütigen Herzogin nur vorgetragen werden, um der Gewährung gewiß zu sein.

1936 Dresdner Anzeiger *1896*

Wie der im Schiller-Hause aushängende, von Schillers Hand geschriebene Theaterzettel zu Wilhelm Tell besagt, war der Hofschauspieler Haide der erste Tell. Geheimer Hofrat Dr. Gille in Jena teilt dazu der Weimarischen Zeitung mit: Als Haide vor der ersten Aufführung des Tell [17. März 1804] bei einem Spaziergange von dem ihm begegnenden Goethe gefragt wurde, wie ihm seine Rolle gefalle, die er fleißig studieren möge, gab er bei aller Anerkennung der bedeutenden und dankbaren Rolle doch der einschränkenden Bemerkung Raum, daß bei seiner eigentlich sehr sporadischen, nur in kurzen Szenen auftretenden Rolle für den Darsteller keine rechte Gelegenheit, sich zu zeigen, geboten sei, sozusagen kein dankbarer szenischer Abgang; dies sei für den Schauspieler doch wichtig. Goethe hat diesen Bemerkungen aufmerksam zugehört. Allen Vermutungen nach ist aber diese Unterredung zu Schillers Kenntnis gekommen und insofern gewürdigt worden, als einige Tage darauf ein verlängerter und veränderter Monolog «Durch diese hohle Gasse» usw. Haide zugekommen und von ihm freudig benutzt wurde.

1937 *Schiller an Iffland* *14. April 1804*

Auch Goethe ist mit mir überzeugt, daß ohne jenen Monolog und ohne die persönliche Erscheinung des Parricida der Tell sich gar nicht hätte denken lassen.

1938 *Berliner Fremdenblatt* *1886*

Die erste Darstellung von Schillers Wilhelm Tell sollte in Weimar unter Goethes persönlicher Leitung stattfinden. Der letztere ließ auch die Dekorationen dazu größtenteils neu anfertigen. Eines Tages nahm er die schon fertig gewordenen Hintergründe in Augenschein, unter welchen sich auch der zu der Szene vor Stauffachers Haus befand. Bei Betrachtung desselben schüttelte Goethe mißbilligend den Kopf und bat den Maler freundlich, ihm einen recht dicken Pinsel zu geben. Ohne ein weiteres Wort tauchte er denselben dann in die Farbe und begann zum Schrecken des Künstlers durch die schöne Schweizerlandschaft mit ihren Höhenperspektiven kräftige Striche zu ziehen. Aber siehe da! Bald entwickelten sich statt der fernen kleinen Gipfel unter Goethes Händen gewaltige, ganz nahe Berge und Felsmassen. «Wir dürfen nicht vor der Schweiz stehen», rief er dabei, «wir wohnen mitten drin.» Der Maler erkannte das als zutreffend und verbesserte seinen Fehler gern im Sinne des Dichters.

1939 *B. Constant: Journal* *15. März 1804*

Promenade avec Goethe. La nouvelle philosophie, avec tous ses inconvénients, a ceci de bon qu'elle met tous les esprits dans une grande activité; et quant au danger du mysticisme et du catholicisme dont elle nous menace, je compte sur la collision qui doit avoir lieu. Elle est à présent dans les nues, et ne rencontre dans ses ébats ni gouvernement ni religion, mais elle ne tardera pas à les heurter du bout de ses ailes, et alors la lutte.

1940 *C. L. Fernow an Böttiger* *6. April 1804*

Ich glaubte, das ganze halbjährige Gehalt, also 150 Taler, zu erhalten, aber Goethe hat mich dahin bedeutet, daß die

Kammer, welche mir 100 Taler vom Herzoge ausbezahlt, keine Vorschüsse machen darf; daß ich also die 100 Taler nur von der *Herzogin* im voraus bekommen könne.

1941 C. L. Fernow an Böttiger *9. April 1804*

Ich möchte nicht gern Herrn von Goethe deshalb aufs neue behelligen, denn auch er gab mir die Versicherung, daß zwar nicht jene 50 Taler vom Herzog, doch diese 100 Taler als Vorschuß von der Herzogin würden zu erhalten sein...

1942 H. C. Robinson an seinen Bruder Thomas *29. März 1804*

Lately [17. März] I was at the Theatre. Benjamin Constant said to Goethe in a half whisper, «That is Mr. Robinson of whom Mrs. Staël was speaking.» I was really oppressed by Goethe's turning round and saying with a courtesy really wonderful in so proud a man: «Mr. Robinson you have been, as I hear, a long time in our neighbourhood and have never once paid me a visit.» On my making the only possible answer – he gave the accustomed reply. Why should I try to conceal that this insignificant compliment, forgotten as soon as made, gave me a more lively pleasure than almost any incident that has occurred to me since a year.

1943 H. C. Robinson: Reminiscences

In March I was introduced to the great Goethe, a man so much superior to all other men whom I have ever come near in intellectual power that I am anxious to record every, even the slightest incident that I can recall to mind. At the Theatre he had his arm-chair reserved for him in the front row of the Pit. I had repeatedly taken a seat near him, that I might occasionally catch a glimpse of his countenance. But I never presented myself to his notice. On the evening of the 17th I placed myself immediately behind him. Benjamin Constant came in with him and shook hands with me. I heard him whisper my name to Goethe. On this he turned round and with a smile as ingratiating as his ordinary expression was cold and repulsive, he said: «Wissen Sie, Herr Robinson, daß Sie mich beleidigt haben? – Do you know that you have affronted me, Mr. Robinson?» «How is that possible, Herr Geheimrat?» «Why, you have visited every one at Weimar except me.» I felt that I blushed, and said in the fitting tone: «You may imagine any cause, Herr Geheimrat, but want of reverence.» He smiled. «I shall be happy to see you at any time.» Of course, I left my card the next morning, and the next day there came an invitation to dinner; and I dined with him several times before I left the neighbourhood of Weimar.

1944 H.C. Robinson: Reminiscences

I cannot be sure of the precise dates of my several interviews with him [Goethe] and I will relate what occurs to me as it does occur. I believe it was this very evening in the theatre that I asked him whether he was acquainted with our «Venice Preserved». «Oh, very well, the comic scenes are particularly good.» I actually started at so strange a judgment. «Indeed! in England those scenes are considered so very bad that they are never acted.» «I can understand that; and yet, on reflection, you will perceive that those scenes are quite essential to the piece. It is they alone which account for, and go near to justify, the conspiracy; for we see in them how utterly unfit for government the Senate were become.» I recognised at once the truth of this and felt ashamed of myself for not having perceived it before. Indeed, in all his conversations, delivered in the most simple and unpretending tone, there was a remarkable significance. A quiet strength, a power without effort that reminded me of a criticism I read in Germany of a painting of a man wrestling with an angel. An ignorant man abused the picture, on the ground that in the angel there was no sign of effort – no muscle was strained. But this was designed to show the angelic nature.

1945 E. Genast: Aus dem Tagebuche eines alten Schauspielers *1862*

In diesem Stück [Wilhelm Tell] war es auch, wo Corona Becker, die Tochter unserer unvergeßlichen Neumann, zum ersten Mal als Walther Tell auftrat. Mit Teilnahme betrachteten wir Schauspieler und wohl auch das ältere einheimische Publikum dies Engelsgesicht, das von seiner Mutter wohl die Schönheit, denn sie sah ihr sprechend ähnlich, aber weniger das Talent geerbt hatte. Goethe hob sie zu sich empor, küßte sie und sah sie mit trüben Blicken an.

1946 *B. Constant: Journal* *18. März 1804*

Pris congé de Goethe. Singulier système que celui de ne compter le public pour rien, et de dire à tous les défauts d'une pièce: «Ils s'y feront.» Je crois qu'indépendamment du système, Goethe n'est pas très fâché des absurdités de Schiller.

1947 *Ludwig Geist (Brief an?)* *26. März 1804*

Auch verfehle ich nicht Ihnen zu melden, daß ich jetzt nur noch bis Ostern im Hause des Herrn Geh. Rats sein werde, indem ich durch die Gnade und der bisherigen Zufriedenheit meines guten und bravdenkenden Herrn, als durch die Gunst des Herrn Hofkammerrat Kirms, die Stelle (ad interim) eines Stallschreibers auf fürstlichem Stallamt nach Ostern begleiten werde, ich werde vor der Hand noch beim Herrn Geh. Rat ein- und ausgehen und werde also nach wie vor recht sehr gern Ihre etwaigen Aufträge in hiesiger Stadt mit der größten Pünktlichkeit besorgen.

1948 *Henriette v. Knebel an ihren Bruder* *28. März 1804*

Vorgestern nachts sind meine Landsleute, nämlich Altenstein aus Bayreuth und Langermann, angekommen ... Da sie expreß zum Besuch zu mir gekommen waren, so wollt' ich ihnen gern Ehre antun, und bat Goethe und Schiller auf den Abend. Letzterer hatte mir's sogar vorher schon versprochen, aber sie kamen nicht. Doch erlaubte er den Herrens zu ihm auf eine Stunde zu kommen – fremde Verhältnisse müssen doch etwas menagiert werden –, und meine Herrens waren auch von Schiller zufrieden, mehr als von Goethe, der sie, da sie ihm von Berlin was mitgebracht hatten, den Mittag um zwölf Uhr bestellt hatte.

1949 H.C.Robinson: Reminiscences

It was at no great distance from this time, that I called on Goethe to see whether I could engage him to act as Mediator between the Duke and the Students in the quarrel that ended in an *Auszug*, a withdrawing from the University of the best members. Having heard my representations, he coolly said: «So ist es in diesen Polizeiangelegenheiten, worin beide recht haben. The Students seeing the matter from their point of view are perfectly in the right, but then the Duke is equally in the right. He has his own mode of seeing things, which is equally right in him as sovereign.» This was a most hopeless view of things. I could not get anything in the way of concessions from a man who had already conceded so much.

1950 F.Laun (Schulze): Memoiren *1837*

[3. April 1804.] In Weimar ... war natürlich mein Hauptwunsch, einige der dortigen Heroen der deutschen Dichtkunst und Literatur in Person kennen zu lernen. Von einem einzigen Tage ... ließ sich jedoch freilich nicht viel erhoffen. Goethe und Wieland blieben daher die ersten Gegenstände, nach denen ich hinstrebte ...

Kaum hatte ich Falk mein Verlangen eröffnet, so tat er solches auch schon in einem Billett an Goethe, mit der Bitte um Bezeichnung einer Stunde zu meinem Empfange, kund. Die Antwort erfolgte unmittelbar darauf, sie lautete, daß Goethe von zwölf Uhr an zu Hause sein werde. Offen gestehe ich meine tiefste, innigste Verehrung des Vollendeten, und daß schon beim Eintritt in sein Haus meine ganze Seele freudig war und zwischen Hoffnung und Furcht sich bewegte. Das Salve am Fußboden, womit der hohe Mann jedem Eintretenden sogleich sein Willkommen so freundlich ausdrückte, beschwichtigte einigermaßen die letztre. Kaum hatte man mich im ersten Stocke in ein Zimmer geführt und dem Hausherrn Meldung von meiner Ankunft getan, als auch schon Goethe erschien, ohngefähr in derselben Art gekleidet, wie späterhin Rauchs plastische, herrliche Nachbildung ihn so geistvoll und wahrhaft wiedergegeben hat. Seine Körpergröße und Haltung, das mächtig imponierende Jupiterhaupt, die mit starken Brauen regelmäßig überwölbten, dunkeln, ernsten Augen in dem edelsten Antlitz, das alles zusammen bildete eine unübersteigliche Schranke um ihn her. Aber er selbst zerbrach sie unmittelbar darauf mit einem belebenden und erwärmenden Sonnenblicke, als die schön geschnittenen Lippen sich zur Rede öffneten. Nichts hat mir meine damalige Geistesverfassung besser ins Gedächtnis zurückgeführt, als das, was der geniale H. Heine vor kurzem von seinem Besuche bei Goethe berichtete. Wie Heine, und ohne Zweifel manche andere, hatte auch ich mir oft und lange die Gegenstände bedacht, von denen ich, wo möglich, Gelegenheit nehmen wollte, zum Gespräch mit dem großen Manne. Aber alles wie von einer Windsbraut gewaltsam hinweg geblasen aus meinem Gedächtnisse! Und wenn ich auch nicht gerade, wie Heine, von den schönen Pflaumen auf dem Wege nach Weimar mir Stoff zur Anknüpfung eines Gespräches herholte, so bin ich doch überzeugt, daß es mir wenigstens gewiß nicht gelang, einen bessern zu diesem Zwecke aufzutreiben. Da Goethe hörte, daß ich soeben das Weimarsche Schloß in Augenschein genommen, so erkundigte er sich, wie mir eine erst angekommene neue Landschaft von Hakkert dort gefallen habe. Soviel ich mich erinnere, handelte sich's bei ihr nicht um eine große, kunstreiche Komposition, aber sie zeugte von des berühmten Malers ungemeine[r] Fertigkeit und sichrer Hand. Das äußerte ich rühmend. «Allerdings», antwortete Goethe, «ist dergleichen ungemein verdienstlich, und Hackert hat es sehr weit hierin gebracht. *Zu* weit, könnte man vielleicht sagen! denn er wird dadurch zu dem Irrtume verleitet, die Natur ganz auswendig zu wissen und ihr ferneres Studium entbehren zu können. Gleichwohl ist in der Malerkunst, wie in allen Künsten, die Natur die ewige Quelle, aus der auch der Vollendetste nie aufhören darf, fortdauernd zu schöpfen. Denn sie ist *unerschöpflich* und nur auf diesem Wege das wahrhaft Lebendige zu ergreifen und wiederzugeben.»

Dann brachte er unter anderm die Rede auf die Kunst und die Künstler Dresdens, namentlich auf Hartmann, dessen großem Gemälde des Aeneas, sowie der Zeichnung des von den Furien gepeinigten Orest, er vollen Beifall erteilte. Nach des trefflichen Landschaftmalers Mechau neuesten Kunsterzeugnissen fragte er ebenfalls. Besonders kam auch auf eine bekannte sehr große und ausgezeichnete Landschaft dieses Künstlers die Rede, die Flucht nach Ägypten darstellend. Goethe wünschte den Preis davon zu wissen, wahrscheinlich in der Hoffnung, daß sie eine Zierde des Schlosses zu Weimar abgeben könnte ...

Noch erkundigte sich Goethe nach den neuesten Leistungen eines mit ungemeinem Talent begabten, damals in Dresden lebenden jungen Zeichners und Malers namens Runge, an dessen sehr frühzeitigem Tode die Kunst ohne Zweifel eine wichtige Einbuße erlitt ...

Goethe äußerte seinen Beifall über mehre der frühern Produktionen Runges, die er gesehen hatte. Was aber soll man sagen – fügte er hinzu –, wenn ein Künstler nichts weiter machen will, als solche Dinge? Was kann die Kunst dabei gewinnen?

Erst später geriet ich auf den Gedanken, daß Goethe wohl mit diesem Ausspruche, wie mit dem frühern, wo er Hackert, wegen nicht hinreichender Betrachtung der Natur bei seinen späteren Kunstproduktionen tadelte, mir zugleich einen lehrreichen Wink habe geben wollen.

Als ich von ihm schied, äußerte er wohlwollend, ich möchte bei einem nochmaligen Besuche Weimars längere Zeit darauf verwenden und nicht vergessen, wieder zu ihm zu kommen.

Der Eindruck von der ganzen Gestalt und dem Wesen des unsterblichen Mannes auf mich, als ich die durch sein Walten für immer geweihte Stätte verließ, war so mächtig, daß ich, wenn meine Verhältnisse damit zu vereinigen gewesen wären, lieber sogleich Weimar für immer zu meinem Aufenthalte erkoren hätte, um von den Gedanken seiner persönlichen Nähe fortdauernd erquickt und erhoben zu werden.

1951 *Charlotte v. Stein an ihren Sohn Fritz* *3. April 1804*

Ich komme von Goethe, der mich einmal für immer auf die Donnerstage eingeladen hat, seine Kunstsammlungen zu sehen. Ich nehme mir immer noch eine Dame mit, und da lerne ich allerhand, denn man muß immer lernen; ich bleibe von elf bis um eins. Ich glaube, Frau von Staël hat ihm das Bedürfnis beigebracht, wieder etwas gebildetere Frauen bei sich zu sehen, als bisher es seine Umgebung war.

1952 *Ernestine Voß an H. Ch. Boie* *9. April 1804*

Unser junge Professor ist zehn Tage in Weimar gewesen. Er mag Dir selbst sagen, wie glücklich er sich unter Goethens Flügel gefühlt hat, und wie sehr er Ursache hat, mit seiner ganzen Lage zufrieden zu sein ... Eine Pension an Gelde, die im Anfang bestimmt war, verbot Voß sehr ernstlich. Goethe sagte gleich: Dann kömmt es uns zu, darauf zu sinnen, das Gold in etwas zu verwandeln, das sich nicht verbitten läßt!

1953 *H. Voß (in Gräfs Bearbeitung)*

Ich bin abermals in Weimar gewesen bei dem Herrlichen, und diesmal als Stubengenoß und Vizehofmeister seines August. Ich wurde seinem freundlichen Schreiben gemäß auf das herzlichste aufgenommen [Gründonnerstag, den 29. März]. «Da ist ja unser Freund wieder», sagte er, drückte mir treulich die Hand und küßte mich. Ich sah ihm steif ins Auge, und es schien mir freundlicher und milder als jemals. Ja wohl ist es wahr: «es ist eine Wonne, einen großen Mann zu sehen», aber es ist noch eine größere Wonne, ihn von Herzen und in der innersten Seele zu lieben. Euch darf ich's ja unverhohlen sagen, daß auch ich ein wenig Liebe von ihm habe und mich dessen unaussprechlich freue. Da denke ich manchmal: wenn Der für dich ist, wer mag wider dich sein. Ich verstehe jetzt das freundliche Salve, das vor seiner Stubentür steht – wahrhaftig auch zu seinem Herzen haben wir Söhne des Staubes Zutritt. – Meine Freunde verstehn mich, sonst schämte ich mich, daß ich Dinge schreibe, die so nahe an Überspannung grenzen. Aber Gott sei mein

Zeuge, daß ich in diesem Augenblicke von jeder Überspannung entfernt bin!

Du teurer Goethe, wer kann lebhaft an deine schöne, edle und freundliche Miene denken, ohne auf das innigste bewegt zu sein! Wenn Du wüßtest, welche Ehrfurcht und Liebe dieser Mann in Weimar durch sein bloßes Dasein verbreitet; wenn Du die vielen leisen Stimmen behorcht hättest, die über ihn einstimmig sich vernehmen lassen, ja, dann würde kein böses Gerücht über ihn mehr bei Dir Eingang finden können, wie Du schreibst, daß man dergleichen so oft hörte und dadurch irre würde. Ich bin weit entfernt, Goethe für ein durchaus fleckenloses Wesen zu halten; aber Fehler, die seine kleinste Tugend verdunkeln könnten, in ihm aufzufinden, das halte ich für ein vergebliches und, ich möchte sagen, ein verwegenes Unternehmen.

«Ein gütiger, gnädiger Herr», das sind Benennungen solcher, die von seinem künstlerischen Wert keine Ahnung haben. In Jena hörte ich oft über sein Mißverhältnis mit Herder klagen. Ich glaube selbst, daß beide nicht zum besten standen; aber wer hat Goethe treuer gepflegt, als er vor drei Jahren sterbend lag, als Herder? Wer hat an Herders Hinscheiden innigeren Anteil genommen als Goethe? Goethe erfuhr, daß ein Sohn von Herder achtzig Taler Schulden habe (dies weiß ich vom Professor Stark.) Aus Besorgnis, die Schuldner möchten Herder noch seine letzte Lebensstunde trüben, hat Goethe die ganze Schuld aus seiner Tasche bezahlt.

Ich bin diesmal Hofmeister bei August gewesen, was mir gar große Freude machte, besonders dadurch, daß ich Goethe zeigen konnte, wie gerne ich für seine Güte und Liebe erkenntlich sein möchte. Wenn Du doch einmal Zeuge wärest, mit welcher Liebe er diesen seinen einzigen Sohn liebt. Fünf Kinder sind ihm gestorben, und noch jetzt denkt er oft mit Rührung der Entschlafenen. Hast Du wohl in seinem neuen Liede «Die glücklichen Gatten» den einen Vers gelesen, wo er diese Empfindung ausspricht? August war sehr krank, und acht Tage hindurch ist Goethe nicht von seinem Bette gewichen. Als er genesen war, stellte er ein Freudenfest an. Da hätte ich Goethe sehen mögen.

1954 H. Voß (in Gräfs Bearbeitung)

Außer meinen Pflichtbesuchen bei meinen Kollegen und Übergeordneten bin ich wenig aus gekommen, denn ich hielt es für unverzeihlich, wenn ich auch nur einen Augenblick, wo ich bei Goethe sein konnte, unbenutzt vorbei gehen ließe. Schon um sechs Uhr, zweimal sogar noch früher, war ich bei ihm. Nur des Nachmittags, entweder nach dem Essen, wenn wir lange bei Tische gesessen hatten, oder nach einem Spaziergange, den ich bei gutem Wetter mit Goethe nach dem Essen in den Park machte, war ich ganz frei, weil Goethe immer von vier bis sieben Uhr in seinem Zimmer arbeitet. Dann war ich entweder bei Schiller oder Bode oder ging ins Schauspiel. Aber um sieben Uhr war ich schon wieder auf meinem Zimmer* und las mit August Griechisch. Dann kam Goethe manchmal zu uns, oder ließ mich auf sein Zimmer holen, ihm Gesellschaft zu leisten. Weil er nie ernstlich des Abends arbeitet und seine Augen das Lesen bei Licht nicht vertragen, so hat er gerne jemand bei sich, mit dem er sprechen kann.

Nie ist der Mann liebenswürdiger als in solchen Abendstunden. Dann sitzt er, im tiefsten Negligé, in einem wollenen Jäckchen, ohne Halstuch, mit bloßer Brust, die Strümpfe über die Hosen gezogen, auf seinem Sofa und unterhält sich oder läßt sich vorlesen. Und diese Bequemlichkeit, die Abendstille und die Ruhe nach schwerem Tagesgeschäft machen ihn so überaus heiter und gesprächig. Seine Gespräche dabei sind das Lehrreichste und Schönste. Wenn er dann recht lebendig ist, so kann er auf dem Sofa nicht aushalten; dann springt er auf und geht hastig im Zimmer auf und nieder, und jede Gestikulation, ihm selbst unbewußt, wird zur lebendigsten Sprache. Ja, dieser Mann spricht nicht bloß mit dem Organ der Zunge, sondern zu-

* [Anm. Gräf] In Erinnerung dieses Aufenthaltes schrieb Heinrich später: «Wohnte acht Tage bei Goethe so ungeniert, daß ich sogar auf meinem Zimmer abends Tabak rauchte.»

gleich mit hundert andern, die bei gewöhnlichen Menschen stumm sind; und aus seinen Augen strahlt das seelenvollste Feuer. Dann hat sein manchmal furchterregender Blick auch alles Schreckhafte verloren. Besonders gern erzählt er dann von seinem Leben, nie aber etwas anderes als heitere Dinge. So hat er, obgleich ich ihn mehrmals drauf lenkte, nie umständlich von seiner Krankheit vor drei Jahren gesprochen, und was er davon erzählte, waren auch nur die heitern Seiten der Krankheit.

Einmal sprach er von Gott und Unsterblichkeit, und war dabei in einer Bewegung, die ich Dir nicht beschreiben kann. Aber wohl steht mir noch vor Augen, wie er mit dem Leibe rückwärts sich lehnte, und sein unbeweglicher, nur auf den Gegenstand, der seine Seele füllte, fixierter Blick, von dem Irdischen weggewandt, das Höhere und Unnennbare suchte. Dann ist er mehr als ein Mensch, ein wahrhaft überirdisches Wesen, dem man sich mit tiefer Ehrfurcht nur nahen kann. Und dagegen kann er bei Tische oft so launig, so komisch, ich möchte sagen, so sinnlich fröhlich sein – recht die beiden äußersten Extreme in der schönsten Vereinigung. In seinen heitern Augenblicken ist ihm alles willkommen, jeder Schwank, jedes Lachen, selbst ein von der Nachbarin geraubter Kuß, den er eigentlich selbst in seiner Schauspielergesellschaft eingeführt zu haben scheint, ist ihm gar nicht zuwider; das ungezwungenste Benehmen ist ihm das liebste. Und doch ist er dann bei aller Laune und gutherzigen Fröhlichkeit so, daß man nie vergessen kann, daß man in Goethes Nähe ist, nie sich geneigt fühlt, auch nur die weiteste Grenze der Ehrfurcht zu überschreiten. Mir ist, auch wenn ich am freisten und offensten gegen ihn bin, immer zu Mute wie im Shakespeare irgendwo steht: «Wenn die Sonne scheint, so mögen die Mücken in ihren Strahlen spielen; aber wenn sie sich verbirgt, muß alles zu Loche kriechen.» – Mit Schiller geht es mir anders; da kann sich das Gefühl der frommen Ehrfurcht (mißverstehe mich ja nicht) mitunter aufgeben. Ich kann manchmal *Schiller* vergessen, und den fröhlichen Menschen allein sehen. Er kommt mir eher vor wie unsereiner.

Goethe ist mir wie ein Vater, Schiller wie ein älterer Verwandter, gegen den man sich schon etwas herauswagen darf.

1955 H. Voß (in Gräfs Bearbeitung)

Ich hab' Dir schon die Schauspielergesellschaft erwähnt, die Goethe dann und wann bei sich versammelt und im Deklamieren übt. Er liest mit ihnen die ausgesuchtesten Sachen, weil er zugleich die Absicht hat, auf ihre Sittlichkeit zu wirken. Er sagte einmal: «Wenn das wahrhaft Schöne und Gute Eingang gefunden hat, so ist das Schlechte auf ewig verbannt.»

Sobald ich in Weimar etwas eingerichtet bin, will Goethe eine ähnliche Gesellschaft junger Leute um sich versammeln, von solchen, die Lust haben vorwärts zu schreiten. Da sollen Schriften aus mehreren Fächern und Sprachen gemeinschaftlich gelesen und besprochen werden. Ich weiß schon aus Erfahrung, wie mit Liebe er so was unternimmt und betreibt. Welche Übung wird es für uns sein, Winke und umhergestreute Ideen aus Goethes Geiste auffassen zu lernen und in Aufsätze oder Rezensionen sie zu fixieren! Weiß man doch das erst am deutlichsten und klarsten, was man selbst andern mitzuteilen genötigt wird. Ich sagte Goethe einmal auf einem Spaziergange, er möchte mir erlauben, daß ich manchmal Gespräche von ihm, die doch billig dem Publikum wie dem Einzelnen zugehören sollten, in Aufsätze oder Rezensionen verarbeiten dürfte. Dies hat ihm die erste Veranlassung zu jener Idee gegeben. Das schließe ich daraus, weil er, als er mit Lebhaftigkeit von dieser Gesellschaft sprach, damit schloß, daß auch die Allgemeine Literaturzeitung durch diese Konversation gewinnen müßte. Goethe selbst taugt zum Rezensenten nicht, wenigstens sobald er die Feder ansetzt. Er nimmt *zu sehr* auf die Umstände, unter denen ein Werk entstanden ist, schonende Rücksicht, als daß er sich, was ein Rezensent muß, an das Werk allein halten sollte. Im Gespräch indes ist er ganz anders, und da möchten oft nachgeschriebene Urteile schon als die vollendetste Rezension dastehen.*

Goethe hat seit einiger Zeit die Gedichte meines Vaters zu rezensieren angefangen. Da er aber herausgekommen war, verlangte er meinen Beistand, seine Arbeit wieder anzuknüpfen und zu vollenden. Ein Band Gedichte mußte noch gelesen, mancher Umstand zur Vervollständigung des Gemäldes mir abgefragt werden. – Die Hauptursache, warum ich diesmal in Weimar war. Gleich nach meiner Ankunft [29. März] gab er mir das Manuskript, und am Abend las ich's mit Aufmerksamkeit durch. Der erste Teil war vollendet: ein recht originelles und schönes Ding, aber keine Rezension, sondern vielmehr ein Gedicht über die Gedichte. Ich war erstaunt darüber, an mancher Stelle recht innig gerührt. Welch ein schöner Gedanke, des Dichters poetisches Leben aus seinen Gedichten zu entwickeln, und welch ein tiefes Studium der Gedichte in dieser Entwickelung! Ein wahres lebendiges Votivgemälde. Fast jedes Wort könnte als Zitat ein Lied bekommen. Ungemein schön ist der Übergang von den Herbstliedern zu den religiösen. Ich habe diese Rezension recht von Grund aus entstehen sehn. Jeden Abend, gewöhnlich von acht bis zehn Uhr, war ich bei Goethe auf seinem Studierzimmer; er lag in seinem weißen, über der linken Schulter ein klein wenig zerrissenen Nachtjäckchen, und der Minister hing mit dem Staatsrocke im Kleiderschranke. Dann las ich Goethe die Gedichte vor, und dazwischen wurde ein wenig gegessen und getrunken. Als ich das Herbstlied anfangen wollte: «Die Bäume stehn der Frucht entladen», nahm er mir das Buch aus der Hand und sagte: «Das will ich selber lesen.» Er las es, und gleich darauf: «Trost am Grabe». Die Worte in der Rezension, mit denen er diese Lieder bezeichnet, mögen Dir die gerührte Stimmung aussprechen, womit er

* [Anm. Gräf] Hier fügt sich am schicklichsten eine Bemerkung ein, die Voß in viel späterer Zeit (3. Februar 1820) macht, bei Gelegenheit einer ausdrucksvollen, kritisierenden Gebärde seines Vaters: «Schade, daß man dergleichen nicht gut drucken kann, so wenig als Goethes Mienenrezensionen, von denen mir noch viele vorschweben. Schiller hatte auch einige Rezensierblicke und ein ganz eigenes Achselzucken von kritischer Bedeutung.»

sie las. Eines Morgens um zehn Uhr, als ich gerade seinen August im Griechischen unterrichtete, kam Goethe zu uns herauf; er hatte eben die Stelle niedergeschrieben, wo wir den Dichter im Kampfe gegen ausschließende Meinungen, Macht- und Bannsprüche erblicken, und das Blatt war noch feucht. Mitten im Zimmer blieb er stehn (August mußte hinausgehn), den rechten Fuß ein wenig vorausgestemmt, und fing an in seinem melodisch kräftigen Baß zu lesen, erst piano, dann steigend immer feuriger und gediegener bis zum fortissimo, und mit dem Worte «Teufel» senkte er das Blatt und kuckte mich mit starrem, aber freundlichem Auge an, als wollte er sagen: «Hab' ich's recht gemacht?» Was hab' ich ihm da die Hand gedrückt! indem ich nicht wußte, ob ich mich in dem Augenblicke mehr über meinen Vater freuen sollte, weil er so *wäre*, oder über Goethe, weil er ihn so *aufgefaßt hätte*. Willst Du Goethe charakterisiert haben, so kann ich Dir nichts Besseres raten, als die Rezension zu lesen, da ist der ganze Goethe, wie er leibt und lebt. Einige Stellen habe ich ausgearbeitet, nämlich die über die höheren Stände und den letzten Teil über Sprache, Rhythmik und Mythologie. Ich machte es denn, so gut ich konnte, Goethe übersah das Ganze und korrigierte, wo es not tat.

1956 H. Voß (in Gräfs Bearbeitung)

Ich muß Dir noch ein Stückchen erzählen, das mir den Goethe so unendlich lieb gemacht hat. Man hatte mich in Jena während meiner Abwesenheit zum doctor philosophiae gemacht, und Goethe erhielt mein Diplom, es mir zu überreichen. Er schickt seinen Sohn nach dem Gewächshause, Lorbeer und Pomeranzenzweiglein zu holen. Nach der Mahlzeit, wie wir noch bei Tische saßen, sagt Goethe zur Vulpius: «sie möchte noch einen kleinen Nachtisch besorgen, weil der Voß ihm noch so hungrig aussähe, und man nach dem Gastrechte doch seinen Gästen satt zu essen geben müsse.» Ich entschuldigte mich natürlich in demselben lustigen Tone und versicherte, ich sei voll satt; aber es half nichts. August mußte eine große Schüssel holen, die er mir auf den Kopf setzte. Mir wurde ein komisch-feierliches Versprechen abgezwungen, daß ich vom Gerichte wenigstens noch einen Bissen essen sollte. Und nun stand vor mir ein Schaugericht, mit Lorbeeren gekrönt. Denke Dir mein Erstaunen. Ich sah Goethe an und wußte nichts zu sagen. Äußerst rührend war mir die Herzlichkeit, mit der ich von den drei Anwesenden beglückwünscht wurde. Goethe schloß mich in seine Arme und nannte mich zum ersten Mal seinen «lieben Sohn», ein Schmeichelwort, das er nachher öfter wiederholt hat. Nun wurde ich Herr Doktor genannt. Ich bat dagegen. «Nein», sagte Goethe zur Vulpius, «er bleibe Herr Doktor heute durch und morgen bis zum Abend, aus Strafe, daß er Doktor geworden ist. Dann haben wir eine kleine Gesellschaft, wo auch der neue Doktor Bode sein wird, dann trinken wir der Herren Doktoren Gesundheit und nehmen ihm», auf mich zeigend, «den Doktortitel wieder ab, damit er wieder unser ‹guter Voß› werde. Und nun (zur Vulpius) wäre es nicht übel, wenn wir in einem Glase Champagner des neuen Doktors Gesundheit tränken.» Denke Dir, wir hatten schon anderthalb Flaschen getrunken, aber die Flasche Champagner wurde dennoch, bis zum Schwindligwerden, auf den letzten Tropfen geleert. Wahrhaftig, wäre Goethe nicht dabei gewesen, ich hätte vor lauter Freude mich gewiß ungereimt aufgeführt. Nach dieser Champagneroperation führte er mich auf die Bibliothek. Könnte ich Dir doch Goethes komische Miene schildern, als er mich dem Doktor Vulpius und ihn mir vorstellte mit den Worten: «Doktor Voß! Doktor Vulpius!» – Ich mußte auf eine Leiter steigen, um einen Persius herunter zu holen. Was mir das Mühe machte, dieweil der Kopf schwerer war als gewöhnlich. Nachher im Park verlor sich der Taumel; wir gingen noch ein paar Stunden spazieren, und Goethe hielt mir eine Vorlesung über die Naturgeschichte. Da war Goethe ganz allerliebst munter. Es ist kein Gegenstand, der seiner Aufmerksamkeit entgeht; in alles bringt er Geist und Leben, und wenn er auch von entlegenen Dingen redet, so nimmt er doch die um ihn her liegenden und wechselnden

Gegenstände zu Hülfe, um seine Gedanken in sie einzukleiden. Nie braucht er je ein anderes Gleichnis, als das von Dingen hergenommen ist, die er grade vor sich sieht, und man wundert sich oft, wie er aus einem erbärmlichen Stoffe etwas so Herrliches und Herzerhebendes zu bilden wußte.

1957 H. Voß (in Gräfs Bearbeitung)

Sonnabend [den 7. April] hatten wir den «Macbeth»; er ward meisterhaft gegeben, obgleich in seiner ganzen blutigen Gräßlichkeit. Die Hexen waren junge Mädchen, schön von Wuchs, und recht artig gekleidet, die eine sogar zierlich. Es war ein kühner Gedanke von Goethe, das Schreckliche dieser Wesen mehr in die Wirkung, als in die Gestalt zu setzen; und sie taten so auch bei weitem größere Wirkung; so wie der Teufel in schöner Gestalt gräßlicher ist (für mich wenigstens) als in der teuflischen. Ungemein rührend und voll Wirkung war die Szene, wo dem Macduff die Ermordung seines Weibes und seines Kindes verkündet wird. Goethe trocknete sich die Augen. Die Totenstille unter den Zuschauern war mir manchmal ebenso schrecklich, als das Stück selbst. Dann war es, als stünde das ganze Geisterreich geöffnet. Goethe war den Abend außerordentlich fröhlich (wir saßen noch um halb zwölf auf), daß die Vorstellung so geglückt sei; auch Schiller, mit dem ich nach der Vorstellung noch einen Augenblick nach Hause ging.

1958 H. Voß (in Gräfs Bearbeitung)

Über die Einrichtung meiner Stunden habe ich Ursache sehr zufrieden zu sein. Ich habe nur drei oder vier Stunden täglich, und dabei gar keinen Unterricht, der mich im geringsten in meinen Arbeiten zerstreuen könnte. Ich bin zum Lehrer der griechischen Sprache und Literatur in den drei obersten Klassen ernannt – auf diese Weise lehre ich alte Geschichte, Antiquitäten, Geographie, neben den Schriftstellern, die ich erkläre oder kursorisch lesen lasse. Daneben habe ich einige Stunden in der lateinischen Sprache zu geben. Mit neueren Sprachen, mit dem theologischen

Unterricht, Mathematik und Physik werde ich mich gar nicht befassen. Denn Goethe und Voigt sind darüber eins, daß jeder das lehre, dessen er Meister ist. Die Ästhetik wird mir freilich zuteil werden, aber ich werde sie ganz praktisch treiben und das Theoretische, soviel ich für nötig erachte, beiläufig. Goethe hat mir seinen Beistand versprochen. Wir werden gemeinsam, wie er schon angekündigt hat, die griechischen Silbenmaße durchgehn. So hoffe ich auch mich selbst bestimmt zu einem poetischen Übersetzer auszubilden, was ich nun einmal werden will, und nach Goethes Wunsch auch werden soll.

Goethes Zutrauen und seine Liebe zu verlieren, wäre das Schrecklichste, was mir in Weimar begegnen könnte; aber solange ich bleibe, was ich bin, und fortfahre zu werden, was ich werden kann, so lange werde ich sein «lieber Sohn» bleiben, wie er mich mehrere Male genannt hat.

1959 Caroline v. Humboldt an ihren Mann 18. April 1804

Ich habe ein großes Verlangen, Schiller und Goethe zu sehen. Sie haben mich beide freundlich grüßen und mir sagen lassen, sie würden einmal zusammen [nach Erfurt] herüberkommen, mich zu sehen ...

1960 Caroline v. Humboldt an ihren Mann 29. April 1804

Von der Staël ging ich zu Goethe, der mich in seinem Garten erwartete, sehr lieb und gar nicht zeremoniös aufnahm. Die Helvig, geborene Imhoff, kam hin, mich zu sehen. Als wir uns umarmten, sagte Goethe, das sei der Gruß der Elisabeth. Ich konnte nur sehr kurz bei ihm bleiben, da der Weg übel war und kein Mondenschein. Riemer kam in den Garten mit Theodor, den ich ihm schon früher zugeschickt hatte. Goethe wird Dir dieser Tage schreiben und freute sich, sagte er, auf die Tage, wo ich nach Weimar kommen würde.

1961 H. C. Robinson an seinen Bruder Thomas 3. Juni 1804

[Robinson war am 26. April von Goethe zum Mittagessen eingeladen worden.] I should be ashamed to confess what a childish pleasure so trifling a circumstance caused. And yet on reflection I know not whether it be trifling. How often do we say to ourselves: Oh that I had known Shakespeare! We think what a singular delight the associates of a Plato, a Raphael or a Socrates must have had. And Goethe is one of those illustrious few whose names alone serve to characterise and illustrate our age. I can therefore without shame confess that it is with triumph and pride I make known to you I have dined with Goethe. I have seen him in his familiar moments, as stript of disguise as he can be, and quite himself. And what was in this wonder? methinks I hear you exclaim. Repeat his Bon Mots! Cite his Apophthegms! paint his looks! decsribe his attitudes! I have nothing of this to do, dear Thomas, and I am happy that I have nothing of the sort to relate. Goethe said nothing which *un de nous autres* could not have said too, and yet everything was of infinite importance, *for Goethe said it.* This may seem at first a childish prejudice, and you may say: Does an insignificant thing become important because it falls from the tongue of a great man? I answer: In a truly great man everything is important. But, mind me, I distinguish very pointedly a truly great man from a man of great talents. Schlegel, who was at table too, showed himself to be the latter. He related witty anecdotes, recited *epigrams* and *shone.* He spoke like Dr. Johnson in order to shine, and he succeeded. But this class of men whose talents are a something they *possess* (a property, a thing foreign from and attached to themselves) is very different from that of those, of whom it should not be said that they *have genius* but that they *are geniuses.* Goethe did not say a single good thing, but all his sentiments were the inartificial expressions of a powerfully energetic and an elaborately cultivated mind. Without striving at singularity or originality, everything he said had the stamp, not of talents but of his sentiments, his permanent habitual feelings, and habits of thinking. And it is the knowledge of these which can be acquired alone by personal acquaintance that is of such vast importance. Goethe is a great man not merely because he has produced masterpieces of poetry rivalling the best works of antiquity, but that he is distinguished by an habitual manliness, consistency, vigour, truth, and health of opinion and sentiment. He is a man of practical wisdom, and though a poet only as artist, a critic in the plastic arts and a profound judge in matters of philosophy. One of his characteristic qualities, perhaps the most peculiar of all, is the universality of his taste. He respects all things and despises nothing but frivolity. In one of his distichs he says: «Do but go forward with love and earnestness be it what it will, for this adorns so beautifully the German who is deformed by so much.» I was therefore flattered enough by his saying to me: «I see you must have laid great stress on learning our language.» The conversation was chiefly, as is usual, literary gossip, sometimes literary scandal. Schlegel's brother means to translate Sacontala out of the original. «That's capital,» said Goethe. «I shall rejoice to read it free from the changes which the moral Englishman had made in it.» I take for granted therefore Sir W. Jones has corrected certain pruriencies of oriental fiction, and this would not be allowed in a German translator. (I believe that I have already told you to express what we should call *puritanism* in language and excess of delicacy in matters of physical love, the word *Engländerei* has been invented, i.e. an Englishism).

The conversation turned on Eastern literature, and it was interesting to me to perceive that Goethe had a great aversion to the Easterns. «I do hate the Egyptians and all that are connected with them.» And he then added: «And I am glad that I have something to hate, otherwise one is in danger of falling into the dull liberal habit of finding all things tolerable and good in their place, and that is the ruin of all good sentiments.» This antipathy for the Orientals was an interesting trait for me, as it confirmed what I fancied I had abstracted out of Goethe's works, that he is as a mere matter of taste averse to Christian views and feelings, though he has written very bitter (and indeed decisive) satires against *you* Socinians. He is no friend to Christianity considered as a positive institution, supplanting the splendid, heroic, poetic religion of the ancients. The negative virtues chiefly inculcated by the Jewish reformer ill suit a powerful mind more directed to the study of the nature of things, and to the poetic display of human nature than to the culture of moral qualities. In this habit of feeling and thinking he treads in the steps of the great masters of art whom he has, as an artist, equalled. But I forget that I am not only referring to the Greeks, but talking Greek to you. This is one of those texts which I hope one day in detail to comment. Although I am not furnished with a single repeatable anecdote, by this visit to Goethe, I still rank it as one of the most interesting moments of my life. It is so gratifying to see, as it were, an abstract of all intellectual powers combined, and then employed in the common concerns of life. And the sight of Goethe is enough to correct the childish misconceptions we form of a *poet* and a *genius* as if they were wonders and shows, objects rather to be stared at and admired than soberly esteemed. In Goethe's person we see an elderly man of uncommon dignity: his penetrating and *insupportable* eye, his somewhat aquiline nose and most expressive lips which seem, when still, to be anxiously striving after motion, as if they could scarcely retain the treasures of language within, his firm step which ennobles his otherwise too corpulent body, and a certain external ease and freedom in his gestures which evince as much the gentleman as his whole figure the great man. These qualities overpowered me some years ago, when I visited him, an intrusive guest. Now that I sat at his table and heard his sonorous and courtly voice addressed to me, and saw his most courteous smiles directed towards me I now felt myself, as it were, raised and supported by those qualities which otherwise depressed me. I cannot avoid mentioning a singular feeling excited in me. When I saw Goethe smiling looking at me (in full) I thought the expression of his countenance singularly amiable. But when I saw a profile smile, I had an obscure sentiment as if there was something in it that ought not to be. Goethe lives in style though his house would not be distinguished even in Bury, yet there is by means of a few great pieces of sculpture, etc., an air of magnificence in the house which like everything connected with Goethe is *imposing*. On the threshold immediately before the ante-chamber is inlaid in large letters: SALVE.

1962 H.C. Robinson: Reminiscences

A month after the first introduction when Madame de Staël returned from Berlin, and brought A. W. Schlegel in her train, I dined at Goethe's with Schlegel, Tieck the sculptor and Riemer the literator who has written so much about Goethe. No one else but Madame Goethe. I was struck by the contrast between the two. Nothing could exceed the repose of Goethe. On Schlegel's part a striving after pun and point. Of these I recollect nothing but that Böttiger was his butt whom he compared to Bardolph. From Goethe I recollect a word or two of deep significance. He said to Schlegel: «I am glad to hear that your brother means to translate the Sacontala. I shall rejoice to see that poem as it is and not as we have it from the ‹moral Englishman›.» There was a sarcastic emphasis on the words «des moralischen Engländers». He then went on: «Eigentlich aber hasse ich alles Orientalische,» by which, probably, he meant rather that he infinitely preferred the Greek to the Oriental mind. He then went on: «I am glad there is something that I do hate. For otherwise one is in danger of falling into the dull habit of literally finding all things good in their place and that is destructive to all true feeling.» This casts a light on many of his sentiments towards the two religions that had their origin in the East. And yet this might have been a transient feeling, for in less than ten years he withdrew himself from the contemplation of the miseries which then surrounded him, and took refuge in the study of Oriental literature. The result is given in his «West-Eastern Divan».

During these my occasional visits I saw the companion of his table, the mother of his children. She had an agreeable countenance and a hearty cordial tone, her manners were unceremonious and free. When she was young queer stories were told of her undignified ways and the freedom of her intercourse with him. She had survived all eccentricities of that kind now.

1963 B. Constant: Journal *29. April 1804*

Soirée avec Goethe. Il a une manière admirable de lire ses poésies.

1964 H. Voß (in Gräfs Bearbeitung)

Gestern [Montag, den 30. April] reiste ich aus Jena. Nie ist ein Abschied heiterer gefeiert worden, als dieser. «Ich stoße Dich nicht aus dem Paradiese», sagte mir mein Vater mit dem Abschiedssegen, «ich schicke Dich vielmehr ins Paradies hinein.» Wahrlich, mein Vater hat wahr geredet. –

Du solltest mich einmal in meiner neuen Wohnung sehen, wie niedlich ich eingerichtet bin. Ich habe ein Zimmer und drei Kammern, Sofa, Schränke, Kaffeemühle, Weingläser mit goldenen Rändern. Morgens um fünf Uhr stehe ich auf. Ich kann mit Riemer und August aus meinem Fenster sprechen; wer am frühesten aufsteht, weckt den andern durch einen lauten Ruf, der in die Ohren dröhnt. Mit diesem Riemer, den ich innigst liebe, habe ich noch in Halle gelebt, obgleich nicht mehr als Mitstudent, denn er ist schon dreißig Jahre alt. Mein Name: «Der alte Ehrwürdige» hat mich auch hieher geleitet und wird mir wohl bleiben, bis ich alt und ehrwürdig werde. Goethe hat, wie mir Riemer sagte, neulich bei Tische gesagt: er käme mir so recht eigentlich nicht zu, denn bei aller Ehrenhaftigkeit trüge ich doch einen nicht geringen Schalk im Hintergrunde.

Dem herrlichen Goethe bin ich nun in meiner neuen Wohnung recht nahe, ich kann ihn täglich sehen und darf zu ihm kommen, wann ich will. Ich darf ihn um alles fragen, um jede Belehrung bitten, jeden Zweifel unverhohlen mitteilen. Gewöhnlich zweimal die Woche esse ich bei ihm, einmal abends, einmal mittags, aber auch sonst läßt er mich manchmal zu sich kommen, entweder zum Spazierengehn, oder wenn er so Lust zu sprechen hat, oder dies oder jenes zeigen und erklären, oder auch, wenn meine Kräfte reichen, erklärt haben will. Wie lehrreich das für mich ist, brauche ich Dir nicht zu sagen; aber es ist noch etwas in ihm, das nicht bloß auf den Kopf und Verstand wirkt, sondern auf den ganzen Menschen; es ist das Unnennbare, das durch ihn in die Herzen dringt, und mit Worten nicht ausgesprochen werden kann. Ich möchte sagen, schon der Anblick, die Gegenwart dieses Mannes hat einen Zauber, der unwiderstehlich wirkt; Goethe hat die Kunst inne, andere, ohne daß sie es merken, zum Guten und Schönen zu lenken; ja es ist auch gar nicht Absicht, wenn er es tut; es ist vielmehr sein ganzes Wesen, das es, ihm selbst unbewußt, hervorbringt.

1965 H. Voß (in Gräfs Bearbeitung)

Könnte ich Dir doch den einen Nachmittag [Sonntag, den 6. Mai] schildern, wo ich bis in den Abend hinein fünf volle Stunden bei ihm allein war. Er war vom Hofe gekommen, alle seine Hausgenossen waren spazieren gefahren, da schickte er zu mir mit den Worten: «ich solle ihm Gesellschaft leisten». Als ich zu ihm ins Zimmer trat, fand ich ihn, schon wieder in seinem blauen, heimischen Überrock, seine Medaillen und Münzen durchmusternd; er gab mir freundlich die Hand und sah mir noch freundlicher ins Gesicht. Er sah so recht behaglich und gemütlich aus und war es auch in der Tat. «Sie sollen meine Münzen sehn», sagte er. Dies hatte er mir schon lange versprochen. Er besitzt eine herrliche Sammlung, die er als Künstler und kritischer Kenner zu ehren weiß. Diese zeigte er mir stückweise mit vollständigen Erläuterungen, die ihn aber oft auf die lieblichsten Allotria führten. Das Gepräge der Peterskirche endlich brachte ihn ganz von den Münzen ab, wir standen nun auf und gingen auf und ab im Zimmer. Es ist unbeschreiblich, wie diese großen Gegenstände auf seine große Seele wirkten, und was während der Stunde, wo er darüber sprach, in seinem Innern vorging und durch Worte, Mienen, Bewegungen und noch sonst so viel Bedeutsames sich kund tat. Er erzählte, wie der erste Ursprung der Idee zu solch einem Gebäude in dem Augenblicke entsprossen sei, als man es gewagt habe, die Basilika Neronis einzureißen. Nun aber wagte keiner ans Werk zu gehn, bis Michael Angelo kam und den Bau unternahm. Dann erzählte er, wie nach diesem wohl fünfzig Baumeister den Bau fortgesetzt hätten, und kam dahin, worauf er's von Anfang an anlegte: daß die Einheit der Idee durch diesen sukzessiven Wechsel der Künstler gänzlich zerstört sei; daß der ein Tor sei, der aus dem jetzigen Gebäude Eine homogene und einfache Idee herauskonstruieren wolle; daß man nur auf dem praktischen Wege der Erklärung hier Befriedigung erhalten dürfe. Mit wahrer Begeisterung rief er einmal aus: «Was sind wir doch gegen jene Künstler dieses kraftvollen Jahrhunderts, wahre Schufte, wahre Taugenichtse!»* Ich bin in meinem Leben nicht in einer so schönen Stimmung gewesen, als dazumal. Mir wurde recht wohl und weh ums Herz; ich habe meinen Blick nicht von ihm gewandt; es war mir, als müßte ich mich immer recht fest an ihn schmiegen. Wenn das fromm sein heißt, Gott in seinem Meisterwerke zu lieben und zu ehren, so bin ich in der Stunde recht fromm gewesen. Bode sagte mir neulich etwas sehr Wahres: «Es ist nicht möglich, in Goethes Gegenwart zu sein, ohne ihn anzusehn.» Und nun denke Dir Goethes edle Gestalt, noch veredelter durch den Ausdruck eines Gedankens, der nicht bloß uns, sondern ihm selbst erhaben dünkt – wahrlich, dann ist er ein Gott unter den Sterblichen.

Gegen Abend regnete es ein wenig. Wir saßen während des Regens in Goethes Gartensaale. Als es ein wenig aufhörte, ging er mit mir in seinen Garten. Hier machte die Pracht der Blüten, der erquickende Duft, die Kühlung und Frische nach der großen Wärme einen wunderbar fröhlichen Eindruck auf ihn. Er sah so freundlich aus, so liebevoll, so milde, er sprach mit unendlicher, mir fast unbe-

* [Anm. Gräf] Nach einem andern Briefe rief Goethe aus: «Was sind wir doch gegen die Künstler des fünfzehnten und sechzehnten Jahrhunderts? wahre Taugenichtse! was ist unser Jahrhundert gegen dieses kraftvolle!»

greiflicher Wärme. Wenn ich Dir doch den Goethe hinzaubern könnte, daß Du sähest, wie er dasteht, den einen Fuß vorgestellt, mit dem Kopfe rückwärts gebogen, und man in allen seinen Mienen den Gedanken wahrnimmt, den er mit ungeteilter Seelenkraft faßt und nährt, ich möchte sagen, jene himmlische Verklärtheit, die man ohne Ehrfurcht nicht an ihm wahrnehmen kann.

Da die Hausgenossen nicht zu Hause kamen, aß ich allein mit ihm an einem kleinen runden Tisch. Er war unbeschreiblich launig, das Gespräch fiel unter andern auf das Pestalozzische System und auf das vergriffene ABC der Anschauung. «Pah!» rief er einmal aus, «eine Rose von einer Nelke zu unterscheiden ist das ABC der Anschauung, nicht das geheimnisvolle Dreieck oder Viereck.»

1966 H. Voß (in Gräfs Bearbeitung)

Was Goethes Gespräche so lehrreich und interessant macht, welchen Gegenstand er auch berührt, ist das Allgemeine, was allem, auch dem Speziellsten seiner Rede zu Grunde liegt. Goethe eröffnet mir den wahren Sinn für klassische Literatur immer mehr, obgleich er selbst nur ein sehr dürftiger Philolog ist, und kaum den Sophokles im Original lesen kann. Es geht mir in seiner Gegenwart so, wie er im «Faust» gleichnisweise vom Webstuhle sagt:

«Wo *ein* Tritt tausend Fäden regt,
Die Schifflein herüber, hinüber schießen,
Die Fäden ungesehen fließen,
Ein Schlag tausend Verbindungen schlägt.»

Wenn ich aber sagte, daß Goethes Gesprächen so viel Allgemeines zu Grunde läge, so ist das nicht so zu verstehen, als ob er abstraktes Zeug (wie im Athenäum) in Sentenzen spräche – ich meine nur das Ideenreiche dieses so geistreichen Mannes, das aus jeder Hülle und Einkleidung so klar hervorleuchtet. Er ist das wahre Gegenspiel von aller abstrakten Weisheit. Ich möchte Goethe den popularsten Philosophen nennen, der uns auch bei den geringfügigsten Gegenständen wahre Weisheit in die Seele redet.

1967 H. Voß (in Gräfs Bearbeitung)

Die Art, wie Goethe die Menschen betrachtet und demgemäß mit ihnen umgeht, ist die eines durchaus vollendeten Menschen. Er verfährt hier ganz kontemplativ, er sieht in jedem Menschen eine bestimmte Modifikation der Menschheit, recht ein Naturforscher, der jedem Tiere, jedem Pflänzchen seinen ehrenvollen Rang zugesteht. Könnte nun wohl ein Naturforscher sich über einen Giftbaum oder eine Kröte ärgern? Nun, so verdrießt Goethe auch ein Kotzebue, selbst ein Merkel nicht. Er denkt, der liebe Gott, der von allen Arten etwas gibt, hat ihnen einmal diese eselhafte Natur gegeben, sie müssen ihr treu bleiben. Auch solche Subjekte sind notwendig zum Heil des Ganzen, wenn sie gleich nur negativ wirken.* Daher haben auch diese Herren die Freiheit, ungestraft auf ihn zu schimpfen, wie viel sie wollen. So ist Goethe als ruhiger Beobachter.

Freilich, so gern Goethe jeden Menschen in seiner Haut läßt, so ist er doch auch gegen Schlechtigkeit und Intoleranz intolerant, sobald es das *Handeln* gilt. Wenn ein Klotz im Wege steht, da wird er bei Seite geschafft, damit die Bahn frei werde, und je hartnäckiger der Widerstand, je heftiger die Gewalt, ihn fortzuschaffen. Denke an das schöne Wort über die Grenzen der Duldsamkeit in seiner Rezension, das alles umfaßt, was über diesen Stoff gesagt werden kann. Ich habe Goethe schon zornig gesehen über Eseleien und Teufeleien, aber das war der Zorn des Gerechten, ein schneidender, kräftiger Unwille, nicht zügellose Erbitterung und Leidenschaft. Nie sind Goethes Forderungen an die einzelnen Menschen unbillig, sie richten sich nach der

* [Anm. Gräf] An anderer Stelle (die zugleich als Beispiel dafür dienen kann, wie Voß einunddasselbe in verschiedenen Briefen variiert): Seine Weise, die Menschen zu betrachten, ist ganz die eines kontemplativen Naturforschers, im edleren Sinne des Wortes. Er betrachtet die Menschen als Naturprodukte, und wie könnte er sich da über den Makassarischen Giftbaum ärgern? Kein Mensch ärgert ihn, wenn er einen bestimmten Charakter hat, selbst ein Kotzebue nicht. Er denkt, so hat ihn einmal der liebe Gott, der von allen Arten etwas gibt, geschaffen; und ist er nicht positiv, so ist er doch negativ zum allgemeinen Heile notwendig.

Fähigkeit jedes Subjektes; aber was einer leisten kann, das fordert er ganz und ungeteilt. Jedes Talent ehrt Goethe, jede mechanische Fertigkeit, jedes Streben zum Besseren unterstützt er nach Kräften. Wer nach Selbständigkeit ringt und ausbildet, was in ihm auszubilden ist, den liebt er; aber kein Charakterloser findet Gnade vor seinen Augen. Die Losung: «es ist doch ein guter Mensch», ist ihm unausstehlich, und wehe dem, der sein Zutrauen durch Trägheit, hartnäckiges Stillestehn, oder gar Scheinsucht statt reellen Wertes zu täuschen beginnt. Anfangs ist er noch schonend und sucht in das Bessere zurück zu lenken. Hilft es nichts, dann wird er zornig, und wendet sein Antlitz auf ewig ...

Was mir Goethe geworden ist, und wie gut er neben seiner geistigen Größe ist, das wünschte ich Dir einmal mündlich erzählen zu können. Ich lebe ganz unter seinen Augen, ich enthülle ihm die geheimsten Winkel meines Herzens, nicht weil er es fordert, sondern weil ich ohne das gar nicht leben kann. Wenn ich traurig bin, so schütte ich gegen ihn mein Herz aus, und gehe getröstet von dannen, und wenn ich fröhlich bin – ja, für mich existiert keine Freude, ehe ich ihm nicht mitgeteilt habe, was mich fröhlich macht, – und dann ist ein freundlicher Blick von ihm mir doch das Höchste dabei, oder ein väterlicher Kuß oder Händedruck, oder der süße Laut, wenn er mich mit einem lieben Namen nennt.

1968 H. Voß (in Gräfs Bearbeitung)

Gestern sagte mir eine Frau, bei der ich meinen Mittagstisch habe, Goethe wäre der Segen Weimars, alles brächte er ins Geleis, und er sei der Wohltäter aller Hülfsbedürftigen. Gott weiß es, wie aus ganzem Herzen ich dieses Wort unterschreibe. Verdanke ich ihm nicht das Glück meines Lebens?

1969 H. Voß (in Gräfs Bearbeitung)

Kennst Du schon den Goetheschen Almanach? Der enthält schöne gesellige Lieder und muß von jedem Dichterfreunde und *Sänger* gelesen werden. Sieh aber zu, daß Du die Ehlersschen Kompositionen dabei bekömmst; sie sind unter Goethes Aufsicht gemacht. Die «Generalbeichte», das Lied: «Mich ergreift, ich weiß nicht wie, Himmlisches Behagen», «Der Rattenfänger», «Die Hochzeit des Grafen», das «Frühlingsorakel», das sind Stücke, die wir oft bei Goethe singen oder anhören. Ich wollte, Du hörtest Goethe einmal seine «Generalbeichte» vorlesen oder sähest sein Gesicht, wenn Ehlers das Lied: «Mich ergreift, ich weiß nicht wie» vorsingt. Der Gesang ist bei Goethe durch die Schauspieler recht einheimisch geworden, und der Ehlers muß so recht eigentlich die Stelle eines Demodokos vertreten. Herrlich ist's, wenn Goethe in seinem tiefen klaren Basse intoniert. Ehlers spielt die Guitarre wirklich sehr schön, und den Geist der Goetheschen Lieder hat er auch erfaßt. Viele der Lieder sind etwas dunkel, zwei derselben wurden mir erst bei wiederholtem Durchlesen verständlich; ich habe sie alle von Goethe in dem gehörigen Ton vorlesen hören, worauf beim eigentlichen Verständnisse alles ankommt. Wie unendlich erhaben gedacht und klar ausgeführt ist das Lied: «Weltschöpfung»!

1970 Caroline v. Humboldt an ihren Mann *16. Mai 1804*

Gestern mittag habe ich im Schloß bei der regierenden Herzogin gegessen – er ist abwesend –, Goethe war auch da, den Abend bei der Witwe Herzogin Tee getrunken. Alle sehr gnädig und enchantiert. Goethe ist ungemein lieb und freundlich mit mir.

1971 Riemer *20. Mai 1804*

Pfingstsonntag

Nach Goethens sehr treffender Bemerkung kann die Sprache nicht das Individuum (das Individuelle der Erscheinung, wie ich's nenne) ausdrücken, das Spezifische. Unsre Worte für die species sind doch nur generell. Es ist daher gar nicht möglich, verständlich zu sein, wenn der andre nicht die nämliche Anschauung hat. Er muß mehr auf die Intration [Intention?] des Sprechenden als dessen Worte sehen.

Auf einer Spazierfahrt nach Belvedere.

1972 Riemer an Frommann *22. Mai 1804*

Goethe wollte vor einigen Wochen nach Jena gehn; aber die Abwesenheit Ihrer, Eichstädts und andrer, nebst manchem, was die Quere kam, hielt ihn davon ab.

Ich lebe ziemlich schlaraffisch: esse, trinke, schlafe, spaziere, küsse mitunter, weiter kommt es aber nicht. Bei Goethe höre ich einige Collegia über Metamorphose der Pflanzen, Theorie der Farben; wir besehen den Mond durch einen siebenfüßigen Herschel und wissen uns sonst über allerlei zu unterhalten.

1973 J. A. Ludecus: Aus Goethes Leben *1849*

Als der Marionettenspieler Geiselbrecht in Weimar war, fand derselbe durch seine Vorstellungen vielen Beifall; vorzüglich durch die Geschicklichkeit, womit er seine Puppen manöverieren ließ. Auch Falk besuchte dies Theater oft, aber wenn er auch der Geschicklichkeit Geiselbrechts Gerechtigkeit widerfahren ließ, ärgerte er sich doch, daß die aufgeführten Stücke nicht nur keinen Witz enthielten, sondern oft gar plump waren. Er faßte endlich den Entschluß, für das Geiselbrechtsche Theater selbst ein Stück zu schreiben, welches die Bedingungen erfüllen sollte, welche man an ein Marionettentheater machen müßte. Er verfaßte auch wirklich das Lustspiel: «Die Prinzessin mit dem Schweinsrüssel», in welchem die Zunft der Schauspieler und deren Arroganzen scharf gegeißelt wurden, und hatte die Genugtuung, daß das Publikum das Stück mit allgemeinem Jubel aufnahm, denn es hatten damals die Schauspieler sich eben nicht beliebt zu machen verstanden. Geiselbrecht wollte diese Stimmung benutzen und kündigte die Wiederholung des Stückes, von welcher er sich allerdings großen Vorteil zu versprechen berechtigt war, auf den folgenden Tag an, allein er hatte die Rechnung ohne den Wirt gemacht. Die Weimarischen Schauspieler, welche sämtlich der Vorstellung beigewohnt hatten, spieen Feuer und Flammen und ernannten eine Deputation, welche bei der Theaterdirektion auf Genugtuung wegen des erlittenen Schimpfes und auf Bestrafung des Übeltäters antragen sollte. Die Deputation verfügte sich noch an demselben Abend zu dem Geh. Rat v. Goethe, entledigte sich ihres Auftrags, brachte aber Goethe dadurch in Verlegenheit, denn obwohl er den Schauspielern nicht unrecht geben konnte, wenn sie sich gekränkt fühlten, sah er doch ein, daß es schwer halten werde, ihnen Genugtuung zu verschaffen. Er versuchte die Klagenden zuerst zu beruhigen, indem er ihnen vorstellte, was auf dem Theater gesprochen werde, dürfe nicht so genau genommen werden; sie wüßten ja selbst, wie Juristen, Ärzte und andere Personen in den Lustspielen dem allgemeinen Gespötte preisgegeben würden und wie es noch niemand eingefallen, darüber Beschwerde zu führen. Von Persönlichkeiten aber scheine in der «Prinzessin» nichts vorgekommen zu sein. Die Deputation wollte sich hierbei nicht beruhigen, sondern erwiderte, es sei aber doch der ganze Stand der Schauspieler angegriffen und beschimpft worden, und wie soeben das Theaterpublikum seine große Freude über die Tendenz der Posse laut ausgesprochen, so werde es den folgenden Tag bei der Wiederholung in noch höherem Grade geschehen, und darum wollten sie bitten, daß wenigstens die Wiederholung nicht stattfinde. Goethe entließ endlich die Deputation mit der Versicherung, er wolle überlegen, was sich in der Sache tun lasse, und am folgenden Tage kündigte Geiselbrecht – ein anderes Stück mit der Bemerkung an, daß die Wiederholung der Prinzessin untersagt worden sei.

1974 Caroline v. Humboldt an ihren Mann 7. Juni 1804

Goethe war in Jena, wohin auch Kohlrausch einen der drei Tage fuhr ... und woselbst er von Goethe, an den Schiller ihm ein Billett mitgegeben hatte, sehr freundlich soll aufgenommen worden sein.

1975 Schiller an Goethe 5. Juni 1804

Ich sagte Ihnen gestern abend von dem Schritte, den ich bei unserm Herrn getan, und heute früh erhalte ich beifolgendes Billett von ihm, welches die günstigsten Gesinnungen für mich enthält.

1976 Carl August an Ch. G. v. Voigt *6. oder 7. Juni 1804*

Mit Goethe habe ich puncto Schillers folgendes verabredet:
Ich will ihm 400 Reichstaler von Johanni an zulegen und bei schicklicher Gelegenheit noch 200 Reichstaler, indessen wollen wir die Sache ein bißchen stille gehen lassen, damit Schiller vielleicht die Berliner um eine tüchtige Pension prellen könne, die sie ihm vielleicht akkordieren, wenn er sich auf gewisse Akkorde mit seinen Stücken, und vielleicht auf eine gewisse Zeit mit den Berlinern setzt, wo er dorten gegenwärtig wäre, um die Aufführung seiner theatralischen Arbeiten zu dirigieren: mir ist dieser Gedanke beigefallen, um Schillern für sein honettes Betragen einen Weg an Hand zu geben, wo er noch besser stehen wird, als wie er es in seinem Briefe auszudrücken waget, und um meinen Spaß mit den Berlinern zu haben.

1977 Schiller an Carl August *8. Juni 1804*

Die gnädigen Gesinnungen, welche Eure Durchlaucht so edelmütig gegen mich äußern, befreien mein Herz von einer großen Last ...

Und wenn Euro Durchlaucht, wie mir der Geh. Rat v. Goethe sagt, Ihre Gnade für mich noch dadurch vermehren, daß Sie mir erlauben wollen, zuweilen einige Monate in Berlin zuzubringen, so wird es meine Ansichten erweitern und auf meine Arbeiten einen glücklichen Einfluß haben.

1978 Schiller an Cotta *8. Juni 1804*

Kann ich aus Goethen einen poetischen Funken herausschlagen, so soll es an mir nicht fehlen, aber leider sehe ich jetzt wenig Anschein dazu, da ihm andre Sachen den Kopf warm machen.

1979 Ernestine Voß an H. Ch. Boie *15. Juni 1804*

Goethe wird auch morgen kommen. Er gewinnt nicht bloß mein Herz durch seine Liebe zu Heinrich, sondern er sorgt auch für unsern Garten. Meine Blumen-Zucht und -Liebe macht ihn Freude. Da hat er den botanischen Gärtner bestellt, daß er nicht allein den Garten voll Blumen pflanzt, sondern ich bekomme abgeschnittne Blumen in Menge, und Töpfe mit blühenden Sachen.

1980 Luise v. Göchhausen an Frau v. Staël *Juni 1804*

Hier au soir le jardin réunissait ma bonne Duchesse, Messieurs Goethe, Voß, et votre humble servante. A haute voix, Goethe nous porta votre santé dans le noble vin de Champagne. Ce que je vous rapporte n'est pas précisément un événement très remarquable, mais votre souvenir fut si doux, mêlé à cette belle soirée, qu'il me semble le revivre en vous écrivant.

1981 H. Voß (in Gräfs Bearbeitung)

Ich sehe Schiller sehr oft; regelmäßig alle Mittwoche, Sonn, abende und Montage nachmittags anderthalb Stunden- aber außerdem noch manchmal des Abends entweder bei ihm oder bei Goethe, oder bei der Wolzogen. Das ist Dir ein liebenswürdiges Weib. Neulich [Dienstag, den 19. Juni] war ich dort eingeladen. Die Schillern fand ich schon da, dann kam Frau von Stein und Amalia von Imhoff (jetzt Helvig). Gegen acht Uhr kam Schiller und unvermutet auch Goethe. Was das für eine Freude erregte, glaubst Du nicht. Wir blieben bis elf Uhr zusammen. Das war ein seliger Abend. Was haben wir gelacht bei Tische, wo Schiller aus der «Tausend und einen Nacht» erzählte, und Goethe dazu die allerernstesten und zugleich komischsten Anmerkungen machte.

1982 Henriette v. Knebel an ihren Bruder *22. Juni 1804*

Goethe hat uns gestern vormittag gebeten, und wir haben ein paar sehr angenehme Stunden bei ihm zugebracht.

1983 H. Becker an Kirms *4. August 1804*

[Im «Freimütigen» und in der «Eleganten Zeitung» waren kürzlich die weimarischen Schauspieler verspottet worden.] Sie sagen wohl, man soll nichts dazu sagen; aber schlimm wäre es, wenn man erst so abgestumpft ist, daß man nicht mehr empfindlich wäre, ob einen Lob oder Tadel trifft. Das ist ein schlechter Künstler, der für beides kein Gefühl mehr hat. Und obgleich der Geheimerat zu allem so geschwiegen hat, so weiß ich doch, daß alles dies, was man auf ihn losgebrannt hat, einen großen Teil seiner Unzufriedenheit ausmacht und ihn öfters sehr angreift; und wenn er was sagen könnte, wider solche Leute, würde er es wohl tun; aber so erlaubt es seine Lage nicht.

1984 H. Voß (in Gräfs Bearbeitung)

Heute [Sonnabend, den 7. Juli] ist der Tag der Zurückkunft des lieben Goethe [von Jena], den ich so lange mir zurückgesehnt habe. Schon ist das Tor in seinem Hause geöffnet, welches so manchen Tag verschlossen war; schon kann ich wieder auf das Wagengerassel horchen, und darf hoffen, daß er es ist ...

Goethe ist wieder da. Kaum eine Viertelstunde nach seiner Ankunft sah ich Schiller zu ihm gehn. Der hat's auch nicht länger abwarten können.

1985 H. Voß (in Gräfs Bearbeitung)

Was sagst Du zu Hölderlins Sophokles? Ist der Mensch rasend oder stellt er sich nur so, und ist sein Sophokles eine versteckte Satire auf schlechte Übersetzer? Ich habe neulich [Sonntag, den 8. Juli] abends, als ich mit Schiller bei Goethe aß, beide recht damit regaliert. Lies doch den vierten Chor der «Antigone» – Du hättest Schiller sehn sollen, wie er lachte; oder «Antigone» Vers 20: «Was ist's, du scheinst ein rotes Wort zu färben?» Diese Stelle habe ich Goethe als einen Beitrag zu seiner Optik empfohlen, zu welcher ich ihm aus meiner antiquarischen Lektüre alles, was ich finde, mitteile.

1986 H. Voß (in Gräfs Bearbeitung)

Goethe findet die «Corday» [anonym erschienenes Trauerspiel, irrtümlicherweise Heinrich Luden zugeschrieben] geistlos, matt und nullenartig, auch die Ausarbeitung, nämlich Sprache und Diktion, Versbau und Rhythmik etc. äußerst notdürftig. Er lächelte über die Gutmütigkeit des Verfassers und hat mir obiges Urteil mit Ruhe und Wohlwollen gegen den Verfasser als Mensch gesagt, sowie er denn nie heftig urteilt. Ob Goethe ihm antwortet, weiß ich nicht; ich zweifle aber daran, denn dieser Fall ist ihm schon unzählig oft vorgekommen, und Goethe hat sich endlich über Zeremonien und dergleichen weggesetzt. Wenn er eine Spur von Talent in ihm gefunden, so antwortet er gewiß, aber die scheint er nicht gefunden zu haben.

Bereite doch Luden darauf, wie auf einen möglichen Fall, vor, und überzeuge ihn, daß er Goethen auf jeden Fall sehr willkommen sein wird, wenn er einmal nach Weimar kommen sollte. Goethe wird dann kein theatralisches oder tragisches Talent in ihm suchen, aber für jedes andere Talent ein offenes Auge haben, und es aufzuregen sich bemühen.

1987 Schiller an F.I. Niethammer *2. April 1805*

Wegen Ihres Anliegens, das Döderleinsche Monument betreffend, habe ich gleich im vorigen Sommer mit Goethen gesprochen. Er meinte aber, daß es nicht schicklich sein würde, einem theologischen Gelehrten ein Monument in einem botanischen Garten zu setzen. Deswegen schien ihm der Vorschlag mit einer Büste, die in Jena und Weimar könnte aufgestellt werden, viel ratsamer zu sein.

1988 H. Düntzer: Charlotte von Stein *1874*

[Goethe hatte seinen Besuch bei Charlotte v. Stein für den Nachmittag des 12. Juli angekündigt.] Er kam wirklich und blieb zwei Stunden, aber Charlotte war wieder gegen ihn verstimmt. «Ich fühle, daß es ihm unheimlich ist», schreibt sie an Fritz, «und unsere Denkarten sind so auseinander gegangen, daß, ohne es zu wollen, ich ihm alle Augenblicke einmal weh tue. Zum Unglück wurde mir eben *Der Freimütige* gebracht. Er erwähnte der Dummheit des Publikums, das eine solche Schrift lese; da hatte ich also auch mein Teil. Er wollte es gar nicht sehen, und ich mußte es verdecken.» ... Goethe erzählte ihr, daß Laharpe, der Erzieher des Kaisers Alexander, ihn besucht habe, der ihm sehr verständig und leidenschaftslos vorgekommen sei. Wäre aber nur der hundertneunundneunzigste Teil von dem wahr, was dieser erzählt habe, so müsse die französische Übermacht die Erde zur Hölle machen. Sehr gefiel ihr Goethes Bemerkung, über den Geist der Vernunft könne doch endlich kein Tirone Herr werden.

1989 Ch. A. Vulpius an N. Meyer *31. Juli 1804*

Wenn Sie den Rinaldo von $^{9}/_{4}$ Jahren sähen, Sie lachten sich tot über seinen Witz und sein ganzes Wesen. Er ist Goethens Liebling, der ihn nicht von sich läßt, und ihm dereinst etwas Großes prophezeit. Er selbst nennt sich: «Naldo Naldini, der Räuberhauptmann».

1990 H. Voß (in Gräfs Bearbeitung)

Die Schwierigkeit des ersten Examens ist überstanden [Ende Juli]. Als ich nach geendigtem Examen zu Goethe kam, hatte sich zu dem schon das Gerücht verbreitet, welches kein Mensch herzlicher aufgenommen hat, ich hätte meine Sache brav gemacht. Da nannte er mich mehrmals «mein gutes Voßchen» und umarmte mich bei freundlichem Händedrucke. Nun hatte ich Rasttage auf fünf Wochen. Es traf sich für mich schön, daß in der Zeit Schiller verreist war, um in Jena die Geburt seines Töchterchens abzuwarten. Goethes übrige Familie war in Lauchstädt. Da hatte ich das Regiment bei ihm allein. Ich war nun acht Tage beständig bei ihm, aß fast alle Abende und Mittage bei ihm, und die Zeit verging unter Gesprächen und Griechischlesen.

Sonntag vor vierzehn Tagen [29. Juli] setzten wir uns um ein Uhr zu Tisch und standen erst gegen sechs Uhr auf. Da haben wir ein paar Stunden Griechisch gelesen: etwa hundert Verse aus den «Trachinerinnen», und dann mußte ich Goethe auf seine Bitte die schönsten Chöre aus der «Antigone» vorübersetzen, während er das Griechische nachlas. Den folgenden Tag [30. Juli] sagte er mir, wir wollten in Zukunft oft Griechisch zusammen lesen, es habe ihm gar sehr behagt. Es ist eine Wonne, mit Goethe zu lesen, denn bei solchen Gelegenheiten tun sich die Goldgruben seines Inneren auf. Er ist recht wie in den arabischen Märchen das goldene Bassin mit dem goldenen Wasser, das in alle Regionen hin seine verklärten Strahlen sendet. Der Sophokles, durch Goethes Geist belebt, wird zu einer Schule alles Schönen und Trefflichen. Lieben Freunde, da saß ich recht in der Nähe des großen und liebenswürdigen Mannes, denn wir sahen aus Einem Buche.

Er hat schon oft von einem kleinen literarischen Klub gesprochen, den wir im Winter mit ihm einige Mal die Woche haben sollten. Den Gedanken faßte er jetzt von neuem mit ganzer Kraft und mit rechtem Wohlgefallen. Endlich sagte er: «Nur nicht zu hitzig wollen wir anfangen. Es ist eine Schande, bei so etwas das Tempo nicht bewahren zu können. Lieber im Fortgange der Sache wärmer, als im Eifer nachgelassen!» – Wenn wir jungen Leute um Goethe sind, so gefällt mir das so besonders an ihm, daß er nie wie ein Meister zu den Jüngern, sondern wie ein Freund zum Freunde spricht – eine Humanität, die seine Jünger nur um so fester an ihn kettet, indem er es nicht merken läßt, daß wir Jünger sein sollen.

Er verträgt jeden Widerspruch, und es ist nicht selten, daß er in Disputen gern und willig nachgegeben hat. Denn manchmal trifft auch solch ein Fall ein, daß, was der Prophet Bileam nicht sehen konnte, sein Esel sah. Dabei ist Goethe die Liebe selbst und sucht in allen Dingen und bei allen Menschen nur die vorteilhaften Seiten auf, und beurteilt den Menschen nur nach dem Maßstabe dessen, was er seiner inneren Natur nach zu leisten im Stande ist. Wie kämen wir schwachen Kinder des Staubes auch sonst neben ihm zurecht, wenn er diese schonende und liebreiche Maxime nicht hätte?

1991 H. Voß (in Gräfs Bearbeitung)

Neulich fuhr ich mit Goethe und Riemer einmal nach Tiefurt. Da war er unterwegs überaus herzlich. Er sprach von verschiedenen Arbeiten, die er noch vornehmen wolle. «In meinem Alter», sagte er, «kommt man denn doch allmählich auf den Gedanken, daß es mal zu Ende gehen könne.» Sieh, daran hat Goethe früher niemals gedacht, das sieht ihm recht ähnlich. Ein andermal sprach er von einem Quidam, der schon sehr bejahrt sei, dessen Mutter aber noch lebte. Da meinte er: das sei gar schön; der Mann müsse sich so viele Jahre, als seine Mutter Vorsprung habe, noch recht sicher vorkommen. Konnte ich da umhin, an Goethes eigene Mutter zu denken? Da habe ich mich innig gefreut, daß wir zwanzig Jahre noch wenigstens auf unsern Goethe rechnen dürfen.

1992 J. G. S. Schwabe an Böttiger *5. August 1804*

Der alte Voß hat mir einen Besuch gemacht. Ich war den Sonntag vor Himmelfahrt in Jena bei ihm, wo er mich mit Tokaier traktierte. Er soll von mir sehr vorteilhaft gesprochen haben. Ich habe es an nichts fehlen lassen und auch dem Geh. Rat Goethe meine Cour gemacht, den ich da in meinem Leben zum ersten Mal gesehen habe. Er empfing mich mit ausgezeichneter Höflichkeit. Doch dies Wesen kennt man schon. Haben Sie ihn gesprochen?

1993 Henriette v. Knebel an ihren Bruder *5. August 1804*

Goethen habe ich gesehen, und er sprach mit Freundschaft von Dir. Dein Quartier, sagt er, wäre das schönste in der Welt. Mich dünkt, er hätte was Milderes und Angenehmeres in Wort und Ausdruck bekommen.

1994 Böttiger an J. v. Müller *13. August 1804*

In Weimar erwartet man jetzt mit spekulativen, langen Hälsen den trousseau der Großfürstin, der auf fünfzig Wagen auf dem Wege ist, und Ende Oktobers das neue Ehepaar selbst ... Goethe präpariert seine Theatertruppe zum Empfang der jungen Herrschaften und dichtet allegorische Maskenspiele darauf.

1995 A. Müller an die Seinigen *25. August 1804*

Goethe ist jetzt hier [in Halle]. Er arbeitet ein Werk über's Licht, das Ostern in drei Quartbänden herauskommen wird, und geht hier mit Wolf ein altes griechisches Werk über das Licht durch, in dem schon viel Schönes sein soll. Ihn selbst zu sehen, habe ich nicht einmal Lust, sonst könnte ich zu Reichardt hinausgehen.

1996 A. Müller an die Seinigen *27. August(?) 1804*

[Zur Aufführung von Shakespeares «Julius Caesar» in Lauchstädt am 30. August.] Haide als Antonius agierte meisterhaft, so daß Goethe bei der Rede auf dem Forum selbst mit in die Hände klatschte. Goethe saß in einer ganz nahen Loge, und ich habe sein Jupitergesicht ebenso scharf ins Auge gefaßt, als die Szenen der Bühne, doch hat mich auch der große Shakespeare nicht wenig begeistert.

1997 J. Ch. Loder an Böttiger *5. September 1804*

Ich weiß nicht, ob ich es Ihnen schon gemeldet habe, daß Goethe (mit der Vulpia!) drei Tage hier [in Halle] war und bei Wolf logierte. Wir wurden tags vor seiner Abreise zu Wolf gebeten, wo wir bloß noch Schmalz und seine Frau fanden und dinierten und soupierten, auch eine sehr angenehme Unterhaltung hatten. Vorher, von 11–12 Uhr, besuchte mich Goethe. Wir waren sehr freundlich gegeneinander, und von alten Dingen war gar nicht die Rede zwischen uns. Er ist bei niemand als bei Schmalz, Reichardt und mir gewesen.

1998 Ch. A. Vulpius an N. Meyer *13. September 1804*

Meine Schwester war erstlich drei Wochen in Lauchstädt, kam wieder, und nahm dann den Geheimen Rat mit, der in Lauchstädt und Halle auch beinahe drei Wochen blieb. – Meine Frau war einige Wochen hier mit Rinaldo, der nun schon drittehalb Jahr alt ist, und ein recht gutes, braves Kind wird. Er ist Goethes Augapfel, der ihn stets bei sich hat.

1999 Riemer an Frommann *4. September 1804*

Goethe ist gestern abends um sieben Uhr zurückgekommen und war sehr guter Laune. Ich habe ihm Ihr Anliegen gleich vorgetragen: er wird Rat schaffen. Heute habe ich ihn noch nicht gesprochen. Er ist beim Herzog und sonst Visiten zu machen. Er wird auch nach Jena kommen; ich werde ihn bitten, mich mitzunehmen. Den Tag weiß ich noch nicht. Vielleicht noch diese Woche.

2000 Ch. G. v. Voigt an H. K. A. Eichstädt September 1804

Nach des Herrn Geheimen Rats v. Goethe Zurückkunft habe ich über die Beilage umständlich konferiert. Unsere gemeinsame Meinung war diese: Es ist nicht geraten, die Allgemeine Literaturzeitung eine entschiedene Meinung in der Politik ergreifen zu lassen, am wenigsten wenn der Fall ist, die schwächere Partei zu ergreifen. Daher ist des Herrn Gentz Plan, der französischen Eitelkeit, Intrige, Übergewalt etc. durch das Vehicul öffentlicher Blätter entgegenarbeiten zu wollen, für ein gelehrtes Blatt unanwendbar, welches durch Unbefangenheit und Neutralität allein bestehen kann. Meine spezielle Meinung war, jenen Gedanken vorausgesetzt, doch etwa erst, wenn man des Herrn Gentz Rezension lesen könne, sich zu determinieren.

2001 St. Schütze an Jariges 20. September 1804

Falk ist noch nicht herein, ich bin also auch noch nicht bei Goethen gewesen. Auf Spaziers Veranlassung besuchte ich August Bode. Dieser sagte, daß eine gewöhnliche Aufwartung bei Goethe oder Schiller so kalt-höflich und stumm aufgenommen werde, daß man jederzeit würde gehen können; und er meinte, daß es recht gut sei, wenn Falk mich einführen wolle ... Bei der Menge von Fremden, die, wie ich höre, Goethen und Schillern besuchen, ist es leicht begreiflich, warum diese Männer in ihren Äußerungen so allgemein und so einsilbig sind. Diese Art des Empfangs macht es ihnen allein möglich, so viele Fremde vor sich zu lassen; denn ein paar Minuten sind schon hinreichend, den andern stillschweigend in Verlegenheit zu setzen, und ihn zum Rückzuge zu nötigen. Jedoch soll Schiller noch viel zugänglicher sein als Goethe, bei dem ich deshalb einen

Schildknappen mitnehmen will. – Goethe ist jetzt sehr mit seinem Götz von Berlichingen beschäftigt, mit dem schon über vierzehn Tage probiert wird. Er sollte schon vorigen Sonnabend gegeben werden, allein man hatte, wie mir mein Stiefelwichser, ein Statist, sagt, mit der Probe nur bis zum fünften Akt kommen können, und mußte die Vorstellung bis zum künftigen Sonnabend (übermorgen) aussetzen. Zur ersten Vorstellung wurde die Donaunymphe, hier Saalnixe, gegeben, die ich ruhig vorbei ließ. Das Abonnement nimmt erst mit dem künftigen Monat seinen Anfang. Auf den Götz bin ich sehr neugierig ...

Die Einwohner von Weimar sind sehr für so etwas [Lustbarkeiten], und nach dem Beispiel des Herzogs, der die Sängerin Jagemann, und des ersten Geheimrats, der die Vulpius zur Maitresse hat, geht hier fast alles der ehelosen Liebe nach.

2002 Henriette v. Knebel an ihren Bruder 26. September 1804

[Nach der Aufführung des «Götz» in der neuen Bühnenbearbeitung am 22. September.] Goethe will das nächste Mal etwas wegstreichen; das vorige Mal dauerte es just bis 11 Uhr. Das ist viel zugemutet!

2003 Caroline v. Egloffstein
an Henriette v. Beaulieu-Marconnay Herbst 1804

Die Vorstellung des Götz von Berlichingen dauerte bis um 11 Uhr, und Deine arme Cara-lina konnte kaum mehr auf den Rohrstuhl sitzen, ihre Gebeine waren, wie die Davids, zerschlagen. Ein Wort über das Stück; es ist nicht mehr das alte deutsche Stück, welches wegen seiner einfachen Deutschheit so geachtet war, der Geist des Shakespeare ist hineinverwebt, und es hat eine ausländische, dabei moderne Tendenz bekommen, es hat Szenen bekommen, welche vortrefflich sind, aber durch das Ermüdende der Länge verloren gehen. Gestern war Apollo [Goethe] hier und sagte, er würde es in zwei Teile teilen, und es wird nun besser gehen, auch umgibt ein Sternenkranz seitdem mein Haupt, denn als ich einige Stellen lobte, erhob sich Apoll und küßte die Stirn, welche so fein und zart sentierte, und das fühlte, was nur die zartesten Seelen fassen könnten – seit diesem Tag glänzt meine Stirn, wie das Angesicht Moses … Um aber auch Dir ein Wort des Trostes zu sagen, muß ich Dir melden, daß *Er* auch Deiner mit Huld gedachte, es bedauerte, daß Du der Aufführung nicht beiwohntest, und mir sagte, daß die Feinheit und Liebe, mit der Du die Natürliche Tochter aufnahmst, ihm nie aus dem Sinn kommen würde und es den Dichter freute, für solche zarte Seelen zu schreiben.

2004 J.D. Gries an G. Hufeland *5. Oktober 1804*

In Weimar habe ich [am 29. September] den ersten Teil von Goethes umgearbeitetem *Götz* gesehen. Das Stück ist schon vor meiner Rückkehr ganz aufgeführt worden, da die Portion aber auf einmal zu nehmen, zu stark befunden ward (es dauerte bis nach 11 Uhr), so ist sie jetzt geteilt worden. Im ganzen scheint man mit den Veränderungen wenig zufrieden zu sein; es ist nur eine Stimme darüber, auch glaube ich wirklich, daß der zwischen der ersten Bearbeitung und der jetzigen verflossene Zeitraum ein wenig zu sichtbar ist. Goethe scheint, menschlicher Weise, in seiner eigenen Sache die im Werther aufgestellte Bemerkung vergessen zu haben, daß ein Autor durch eine Veränderung seines Werkes, wenn es in seiner ersten Gestalt gefallen hat, dem Werke notwendig schaden muß. Er will das Stück jetzt noch einmal überarbeiten und für einen Abend vorstellbar machen. Am besten wär' es wohl, er ließe es so, wie es seit dreißig Jahren entzückt hat.

2005 H. Voß (in Gräfs Bearbeitung)

Zu einem akademischen Amte habe ich niemals Neigung gefühlt; ich bin nicht stark genug, einem solchen Posten vorzustehen. Daß ich akademischer Philolog vom ersten Range, wenigstens einer wäre, der weit über dem Mittelmäßigen steht, die Überzeugung habe ich nicht. Es gibt niedrigere Stufen, und eine von denselben ganz auszufüllen, ist auch schon löblich. Wenn ich aber wirklich zum

Schullehrer geboren bin, und ich bin es, so wahr ich mich kenne, so wäre es unverzeihlich, wenn ich mich diesem Stande entreißen, und mich zu einem andern erheben wollte.

Goethe und Schiller pflichten meinem Urteile vollkommen bei. Ich habe sehr ernsthaft mit beiden die Sache erwogen. Beide sahen, während sie mir Rat gaben, väterlich auf mein Bestes. Goethe sagte am Ende: «Ich wollte Sie gerne, auch gegen meine Neigung, ziehen lassen, wenn es wahrhaft ein Glück für Sie wäre. Jetzt rate ich Ihnen als Vater und Freund, Ihrer Neigung, die ich anerkenne und heilig achte, zu folgen, und hier zu bleiben.» So sprach dieser Mann ...

2006 J.H. Voß an F. Weinbrenner (Entwurf) 30. März 1805

[Zur Frage einer Berufung an die Universität Heidelberg.] Soll der Maßstab meiner Schätzung sein, was ich in Jena über meine Eutinische Pension habe, so waltet auch hier Irrtum. Ich habe, durch Zufall, ein wohlfeiles und schönes Haus mit einem Garten; aus Weimar: 1) die Freiheit der Professoren, wodurch ich Wein und Bier pp. ohne Abgaben erhalte; 2) an Naturalien, Getreide weit mehr, als ich verbrauchen kann, nämlich 4 Weimarische Scheffel Weizen, 20 Scheffel Roggen, 30 Scheffel Gerste, 6 Klafter Buchenholz, 2 Rehböcke, 12 Hasen. Den Wert davon rechnete ich zu etwa 150 Reichstalern; man hat mich aber belehrt, daß er über 200, und dies Jahr weit darüber, beträgt. Und diese Gratifikation ward mir von Goethe aufgedrungen, nachdem ich das Anerbieten einer *Pension*, die mich an Jena gefesselt hätte, abgelehnt ...

Dazu noch dieses. Als ich aus Würzburg zurückkam, und Goethen bei Erzählung der Geschichte auch das sagte, daß allerdings die Sorge für die Meinigen Einfluß auf meine Wahl gehabt hätte, erklärte er von neuem, ich müßte eine genügende Pension von Weimar annehmen. Auf meine Entschuldigung, daß es mir unrecht schiene, den Arbeitenden ihr Brot zu mindern, antwortete er rasch – was ich Ihnen, meinem Vertrauten, ohne Schein der Eitelkeit wiederholen kann –, mein bloßes Hiersein wirke mehr, als die Arbeit von so manchem, und ich hätte genug für Deutschland, und dadurch mit für Jena, gearbeitet, man sei mir meine Existenz zu erhalten schuldig.

2007 Ernestine Voß: Über Voßens Verhältnis zu Schiller und Goethe

Als die Würzburger Angelegenheit sich zerschlug, war Voß sehr gerührt über die herzliche Freude, mit der Goethe diese Nachricht empfing. Von neuem suchte er seine Bedenklichkeiten wegen der Pension zu heben, und mancherlei Plane kamen zur Sprache, die sein künftiges Leben erheitern sollten.

2008 H. Voß an Solger *10. Oktober 1804*

Vor acht Tagen [Mittwoch, den 3. Oktober] habe ich Goethe die ganze Rezension [von Sophokles' Trauerspielen] vorgelesen. Er sagte mir manchen einzelnen Einwand. Mehrere Einwendungen habe ich zurückgewiesen, mehrere mit Dank angenommen, und in seiner Anwesenheit geändert, wo er selbst mir zum Teil die Änderung angab. Goethe ist mit meiner Arbeit sehr zufrieden, wie er an Schiller und zum Teil auch mir selber gesagt hat. Besonders hatte er Freude an meiner Verteidigung der Vulgata Aj. 674 δεινῶν, wo Jacobs λείων höchst *physikalisch* und unpoetisch emendiert. Ja, sagte Goethe, wenn die Gothaner aus ihrem Teeklub kommen, dann wissen sie freilich nicht, daß ein Sturm auch das Meer *beruhigen* kann. Bravo, sagte er zu mir, als ich diese Anmerkung vorgelesen hatte, und klopfte mir freundlich auf die Schultern: recht, als wenn er im Herzen dachte, ich hätte dir so viel poetischen Scharfsinn nicht zugetraut ... Ich werde viel rezensieren, und es wird mir leicht werden, da ich in vielen Rezensionen, zum Beispiel in mythologischen, Goethens Beistand habe. Noch heute morgen sagte er zu mir: Nun kommen die traulichen Winterabende, da wollen wir zusammen lesen, und brav rezensieren. Sieh! lieber Junge, da rezensiere ich mir noch eine Bibliothek zusammen.

2009 *H. Voß (in Gräfs Bearbeitung)*

Neulich des Abends [Sonntag, den 7. Oktober] hatte ich schon einen herrlichen Vorschmack von solchen Winterabenden. Ich bin gewöhnlich bei Goethe, wenn seine Familie mal verreist ist. Nun war Riemer mit August und der Vulpius nach Oberweimar gefahren, um dort einer Fête beizuwohnen. Goethe schickte also um fünf Uhr zu mir, ob ich nicht zu ihm kommen und den Brunckischen Sophokles mitbringen wollte. Als ich zu ihm kam, fand ich's gar behaglich bei ihm. Er hatte eingeheizt, hatte sich ausgezogen bis auf ein wollen Wämschen, worin der Mann sich gar prächtig ausnimmt. Nun bot er mir freundlich und liebreich die Hand und schüttelte sie recht treuherzig. «Ja», sagte er, «die Jugend ist verreist und springt in der Welt herum, nun wollen wir Alten zusammen sein.» Er weiß nämlich, daß ich «der alte Ehrwürdige» heiße. Bis gegen sieben Uhr hin sprachen wir; dann kam Licht, und nun fingen wir an Griechisch zu lesen. Ich übersetzte ihm erst den langen Chor aus der «Elektra». Und dann fingen wir an, den «König Oedipus» zu lesen – ich hatte Solgers Übersetzung mitgebracht. Daraus hat Goethe mit inniger Freude bis zum ersten Chor mit lauter Stimme deklamiert. «Der versteht's!» sagte er einmal, «aber er ist noch glücklicher Anfänger in der Kunst. Die rauhen Ecken werden sich schon abschleifen, und dann haben wir einen Sophokles.» Noch dröhnt mir in den Ohren, wie prächtig er den Vers [23 f.]:

«... vorzutauchen strebt bereits
Umsonst ihr Haupt aus Tiefen blut'gen Wogenschwalls»

deklamierte. Nachdem wir ausgelesen hatten, ging's zu Tische, und ich blieb bis zwölf Uhr bei ihm sitzen, «reichlich mit Fleisch und lieblichem Weine gelabet».

Solche frohe Tage soll ich noch oft erleben! Ich sagt' es ihm selbst mal, wie es mich glücklich macht, daß er nicht gleichgültig gegen mich ist, und erhielt ein treuherziges: «Gutes Kind!» mit Kuß und Händedruck dafür zur Antwort. Ja, er behandelt mich wie einen zärtlich geliebten Sohn. Schon seit lange darf ich unangemeldet zu jeder

Tageszeit, so oft ich will, zu ihm aufs Zimmer kommen, was wahrhaftig bei Goethe nichts Geringes ist. Ich bin glücklich; aber ich genieße mein Glück mit Maß und Bescheidenheit, und so bleibt es mir von Dauer. Wenn mir Goethes Zuneigung je entzogen werden sollte, so glaube mir, daß kein anderer die Schuld haben wird .... als ich selber. –

Heute morgen [Mittwoch, den 10. Oktober] war ich schon vor sieben Uhr bei ihm. – Eben schickt mir Goethe ein schön launisches Billett, das sich mit «Wertester Herr Professor» anfängt, wie er mich noch nie nannte. Ich soll mich «in meinen schönsten Sonntagsornat» werfen, und zu ihm kommen, binnen zwei Stunden, da soll ich «Serenissimo» vorgestellt werden. Mir ist das lieb, denn ich habe den Herzog bis dato noch nicht gesehn und gesprochen. Die Herzogin Amalia hat mich schon mehrmals einladen lassen, und Goethe wird mich nächstens zu ihr führen. Es geht hier am Hofe sehr ungeniert zu, und das ist das Beste.

2010 H. Voß (in Gräfs Bearbeitung)

Dem Herzog hat mein Weigern [wegen Würzburg] gar wohl gefallen. Goethe führte mich zu ihm. Wir blieben fast zwei Stunden dort; und nie ist mir eine herzogliche Unterredung so leicht geworden, als jetzt, da ich mit freier Stirn sagen konnte, daß mich einzig die Liebe zu seinem Lande gefesselt habe.

2011 H. Voß (in Gräfs Bearbeitung)

Ich habe Goethe einmal über seinen «Faust», ein andermal über «Götz von Berlichingen» reden hören. Er fühlte die Größe dieser Werke mit unendlicher Seelenerhebung. Aber wahrhaftig, er dachte nicht daran, daß sein Individuum der Verfasser sei; was ihn begeisterte, war die Idee, die jenen Stücken zu Grunde liegt, und ihm galt es in dem Augenblicke völlig gleich, in wessen Gehirne sie entsprungen sei. Da schrein denn gleich die Philister: «Der Mann ist in sein Werk verliebt.» Der Philister muß ja wohl sein Persönchen lieben, weil kein Geist darin ist. Aber ein Mann von so erhabenen Gefühlen und Gedanken, wenn der einmal in Staunen gesetzt wird über eins seiner Geisteswerke, ist es da noch die elende Berücksichtigung seiner Persönlichkeit, daß die Persönchen in der Welt ihn angaffen möchten? Ist es nicht vielmehr die Gottheit der Idee, die ihn von neuem weg aus allem irdischen Tande zur Gottheit emporzieht? – Ich habe Goethe unendlich oft in diesem Zustande gesehn und mich dann an seiner ehrlichen Miene gefreut. Wie sagt doch Schleiermacher in einer seiner Predigten? «Wir werden angezogen, wenn wir den Frommen erblikken.» Das fühlte ich als Knabe schon (instinktmäßig) in Stolbergs Gegenwart. Und jetzt, warum erfüllt es mich immer mit heiliger Ehrfurcht, die mein ganzes Innere kräftigt, wenn ich in Augenblicken bei ihm bin, wo ein großer Gegenstand seine große Seele erfüllt? Ich habe Goethe über Unsterblichkeit reden hören mit unendlicher Bewegung, mit unnennbaren Gefühlen, ich habe ihn bei herzlichen Gegenständen weinen sehn. Wer so, mit so inniger Teilnahme an allem hängt, was gut ist, und mit ganzer Seele darin gegenwärtig ist, der ist in meinen Augen ein Frommer. Und der Philister kennt wahre Frömmigkeit kaum dem Namen nach, wie möchte er wohl den Spruch auslegen: «Ihr sollt den Klugen in der Welt eine Torheit sein.»

2012 Schiller an Cotta *16. Oktober 1804*

Goethe denkt jetzt an eine Herausgabe seiner sämtlichen Schriften in einer Handausgabe, ohne Pracht und Verzierung. Nach den Erkundigungen, die ich darüber bei ihm eingezogen, ist er gesonnen, das Werk so zu verakkordieren, daß die sämtlichen Bände im Verlauf von dritthalb Jahren erscheinen sollen und in fünf Jahren, von Erscheinung des ersten Transports an gerechnet, das Recht einer neuen Auflage an ihn heimfallen soll. Der Verleger müßte sich also freilich tummeln, um in diesem kurzen Zeitraum das Werk zu verkaufen. Wie ich ihn sondiert habe, so scheint er nicht weniger als 4 Carolin für den gedruckten Bogen zu erwarten, und er rechnet das Ganze auf etwa

380–400 Bogen. Einige ungedruckte Sachen aus seiner frühern Jugend sind darunter, auch denkt er vom Faust so viel dazu zu geben, als er fertig hat, wenn er auch nicht dazu käme, ihn ganz zu vollenden.

2013 H. Voß (in Gräfs Bearbeitung)

Goethe ist jetzt mit der neuen Ausgabe seiner gesamten Werke beschäftigt. Daß er den «Götz von Berlichingen» umgearbeitet hat, wird Dir bekannt sein. Er ist jetzt so angeschwollen, daß die Aufführung sechs Stunden währt. Das erste Mal kamen wir halb zwölf Uhr aus dem Theater. Jetzt wird die Aufführung geteilt: das erste Mal gibt man drei Akte und dann vierzehn Tage darauf die beiden andern. Das zweite Mal indes wird des Zusammenhangs wegen der dritte Akt repetiert, so daß wir diesen in Zukunft am öftersten sehn werden. Wie ist der gute Papa jetzt fröhlich über dieses Stück! Er sagte mir neulich: «Die Narren (vielleicht auch auf Babo hindeutend) haben es sich recht angelegen sein lassen, die regellose Form meines alten ‹Götz› nachzuahmen, als ob ich die mit Bedacht gewählt hätte. Damals verstand ich's nicht besser und schrieb hin, was mir in den Sinn kam.» – Wir haben bei dieser Gelegenheit Hoffnung, daß der ganze «Faust» erscheint, Goethe wird ihn jetzt schwerlich als Fragment drucken lassen, besonders da er so manchmal die Empfindung im Herzen nährt, daß man jetzt eilen müsse, bevor die ewige Nacht eintritt.

Die Rezension von der «Eugenie» [von Delbrück] ist sehr brav und hat Goethe Freude gemacht. Er sagte mir: nur an einigen Stellen hätte der Rezensent den Bohrer noch ein paar Mal umdrehen müssen; aber er bohrte doch wenigstens jedes Mal in der geraden Richtung. – Goethe sagte: «Es tut mir wohl, doch jetzt in einem Zeitalter zu leben, wo man gerade das versteht, was ich haben wollte.» Dann fügte er hinzu: «Wenn ich doch eine so gründliche Beurteilung vor fünfundzwanzig Jahren an meinem ‹Götz von Berlichingen› und an meinem ‹Werther› erlebt hätte!» Er fand nicht daran Wohlgefallen, daß er war gelobt worden, sondern daß er war gründlich verstanden worden. Dann setzte er aber hinzu: «Wenn nun ein Fremder verstanden hat und zugleich billigt, so ist das natürlich eine doppelte Freude.»

2014 Nach einem Bericht von Knebels Enkelin

[Zu Knebels Distichon:
Tritten des Wand'rers über den Schnee sei ähnlich mein Leben;
Es bezeichne die Spur, aber beflecke sie nicht.]

Seine Entstehung verdankt es einem heiteren Beisammensein Goethes, Knebels und einiger anderer Jenenser Freunde im Hause des Botanischen Gartens zu Jena [am 22. Oktober 1804?]. Während eine lebhafte Unterhaltung die Geister völlig in Anspruch genommen hatte, war draußen der erste Schnee gefallen. Plötzlich bemerkte Goethe das überraschend veränderte Bild, und von dessen Schönheit mächtig ergriffen, schlug er vor, jeder solle ein Gedicht darauf machen.

Knebel trat an das Fenster, blickte eine Zeitlang sinnend hinaus über den Garten, das Tal, zu den Bergen – überall dieselbe blendend weiße, weiche Hülle von frisch gefallenem Schnee. Er nahm ein Blatt Papier zur Hand und schrieb das erwähnte Distichon nieder, und Goethe, der andere so gern anerkannte, war so entzückt davon, daß er ausrief: «Knebel, für dieses Distichon gäb' ich einen Band meiner Werke hin!»

2015 H. Voß (in Gräfs Bearbeitung)

[Montag, den 29. Oktober war Heinrich Voß' Geburtstag.] Von Goethe bin ich nicht weniger herzlich bewillkommt worden; der hat mir auf den Mittag ein kleines Familienfest gegeben.

2016 F. Kirms an Böttiger *19. November 1804*

Goethe und Schiller hatten nichts getan, um die Groß-Fürstin im Theater gehörig zu empfangen. Neun Tage vorher disputierte ich dem Goethe alle Trug-Schlüsse weg, und so versprach er mir, wenn Schiller nicht wolle, daß er noch einen Prolog liefern wolle.

2017 Schiller an Körner *22. November 1804*

Die Festivitäten, welche die Ankunft unsrer Erbprinzessin veranlaßte, sind nun zu Ende ...

Auf dem Theater wollten wir uns anfangs eben nicht in Unkosten setzen, sie zu bekomplimentieren. Aber etliche Tage vor ihrem Anzug wurde Goethen angst, daß er allein sich auf nichts versehen habe, und die ganze Welt erwartet etwas von uns.

In dieser Not setzte man mir zu, noch etwas Dramatisches zu erfinden, und da Goethe seine Erfindungskraft umsonst anstrengte, so mußte ich endlich mit der meinigen noch aushelfen.

2018 J. Schwabe: Harmlose Geschichten *1890*

Als im Jahre 1805 [1804] die neuvermählte Erbprinzessin Maria Paulowna nach Weimar kam, wurde sie mit vielen Festlichkeiten empfangen, unter denen Schillers Huldigung der Künste selbstverständlich den ersten Rang einnahm. Aber auch Goethe hatte seine Dichterader fließen lassen. Beim Einzuge der durch Schönheit und edle Anmut alle Herzen gewinnenden jungen Fürstin in die festlich geschmückte Stadt fehlten auch die bekannten Weißgekleideten nicht, deren eine ein von Goethe verfaßtes Bewillkommnungsgedicht zu sprechen hatte. Hierzu war Minchen Klauer, die Tochter des bekannten Bildhauers Klauer, eine stattliche blonde Jungfrau, auserlesen worden. Für den Fall aber, daß diese durch Krankheit oder einen sonstigen, nicht vorherzusehenden Unfall verhindert werden sollte, war ihr eine Stellvertreterin in der Person einer anderen jungen Weimaranerin, Luise Schmidt, die später meine Mutter wurde, beigegeben. Die beiden jungen Mädchen lernten das von Goethe in ottave rime verfaßte Gedicht sorgfältig ein und mußten sich dann an fünf oder sechs der Einzugsfeier vorhergehenden Tagen vormittags 11 Uhr in Goethes Wohnung einfinden, um den Vortrag unter seiner Leitung einzuüben. Hier wurde ihnen von einem Bedienten Konfekt und ein Glas Malaga präsentiert, nach einigen Minuten trat Goethe ein, begrüßte die beiden Jungfrauen freundlich, und ließ sich dann sein Gedicht vortragen. Die Anweisungen über Ausdruck, Betonung, Aussprache usw., die er nun erteilte, waren sehr genau, und manche Stelle ließ er wohl zehnmal wiederholen, bis sie zu seiner Zufriedenheit vorgetragen wurde. Hierbei war er von unermüdlicher Geduld und bezauberte die beiden jungen Mädchen durch die wohlwollende, liebenswürdige Art, mit welcher er seine Anweisungen erteilte. Dabei ereignete sich ein kleiner Vorfall, dessen meine Mutter noch in ihrem hohen Alter mit lebhaftem Vergnügen und einigem Stolze gedachte. Am ersten oder zweiten Unterrichtstage sprach Minchen Klauer in einem Verse das Wörtchen «auch» nicht zu Goethes Zufriedenheit aus. Der eingeborene Weimaraner pflegt allerdings von jeher den Diphthong au zu mißhandeln und ihn in etwas platter, seinen vollen, runden Ton nicht achtender Weise auszusprechen. «Sagen Sie noch einmal diesen Vers, und sprechen Sie das Wort ‹auch› richtig aus, wie Sie es soeben von mir hörten.» Minchen wiederholte den Vers, aber das «auch» fiel abermals sehr weimarisch aus. «Aber, gutes Kind», sagte Goethe, «das Wort lautet ja nicht ‹aich›, sondern ‹auch›! Noch einmal!» Auch bei drei- und viermaliger Wiederholung wollte das «auch» nicht gelingen. «Sagen Sie mir einmal den Vers, Demoiselle Schmidt», wendete sich Goethe an meine Mutter. Dieser gelang es, den Diphthong im «auch» gleich beim erstenmale voll und rund hervorzubringen. «So war es brav», sagte Goethe erfreut, faßte mein Mütterchen mit beiden Händen am Kopfe und gab ihr einen Kuß, während dem guten Minchen die Tränen in die Augen traten. Goethe suchte sofort sie zu begütigen, indem er die Hand über ihr blondes Haar führte und ihr Mut einsprach. Minchen sollte auch nicht allzusehr verkürzt werden, denn nach dem Schluß der letzten Lektion vor dem großen Tage dankte Goethe den beiden Mädchen nicht nur in seiner gütigen Weise für die Geduld und Beharrlichkeit, welche sie gezeigt, sondern verabschiedete sich auch von ihnen, indem er jeder einen herzhaften väterlichen Kuß auf die Lippen drückte. Das «auch» aber lernte Minchen Klauer durch fleißiges Üben richtig aussprechen, wie sich zeigte, als sie Goethes Gedicht beim Einzuge der Erbprinzessin vortrug.

2019 St. Schütze an Jariges *21. November 1804*

[Über die Feierlichkeiten beim Einzuge der Großfürstin Maria Paulowna.] Den 12. erschien die Großfürstin zuerst im Theater. Ich ging deshalb mit meinem Wirt schon um 4 Uhr hin. Wir hatten einen recht guten Platz getroffen ... Oben saß Schiller, unten, ziemlich nahe vor uns – Goethe, den ich nun zum erstenmal sah, neben ihm stand seine Vulpius, die immer lachend ihn auf Personen des Balkons aufmerksam machte, so daß er mit seinem Glase immer zu schauen hatte. Er ist etwas völlig, groß, mit einem Kopfe von ziemlichem Umfange, seine Gesichtsfarbe ist ziemlich blühend, aber das Ganze hat ein ruhiges Ansehn. Ich würde ihn am ersten für einen Musikdirektor gehalten haben, wobei sowohl Roller als Zachariä Ähnlichkeit mit ihm behielten. Schiller war oben in der Hofuniform, Goethe unten im Überrock. – Es wurde zuerst ein Vorspiel von Schiller gegeben ... Darauf wurde Mithridat gegeben, das in lauter Reden besteht ... Goethe klatschte bei jedem Abgange, und hatte nicht immer Nachfolger.

2020 H. Voß (in Gräfs Bearbeitung)

Diese beiden Monate (bis zu Ende Januar) sind Goethes «Faulenzermonate». Er kränkelt da fast jedes Jahr, ohne eben krank zu sein, ist aber dabei äußerst gesellig und liebenswürdig. Denn, selbst unfähig zu arbeiten und zu schaffen, lebt er in dieser Zeit für häusliche Geselligkeit. Ich bin oft ganze Nachmittage bei ihm, lese mit ihm und sehe mit ihm seine Münzen und Antiquitäten durch. Gestern vor acht Tagen [Mittwoch, den 28. November] wurde er so gut aufgeräumt, daß er die Vulpius bat, die Persikoflasche zu holen. Bei der Gelegenheit fiel ihm eine Begebenheit ein, wo er vor zwanzig Jahren auch die Persikoflasche nicht geschont habe, und fing an zu erzählen, und während dessen wurde das Gläschen oft gefüllt und ging die Runde. Die Vulpius leerte es dreimal und ward in den dritten Himmel gesetzt, und als Goethe einmal hinausging, strömte ihr Herz über zu des lieben Geheimerats Lobe.

Ein anderes Mal haben wir wohl drei Stunden mit Taschenspielerkünsten und Lappalien der Art zugebracht, und Goethe ist auch hierbei liebenswürdig.

Manchmal geht es auch (dente Theonino) recht über Böttiger her, oder über Asts «Crösus», und da werden denn die guten Leutchen nicht bloß bei den Haaren, sondern auch bei dem Felle gezaust. Dem Böttiger ist er so gram, daß er ihm auch nicht Ein gesundes Haar läßt. Sonst ist Goethe mild und schonend, nur gegen das kapitale Schlechte ist er streng und unerbittlich, recht um zum Ersatze gegen das Gute recht vom Grunde gerecht sein zu können. Du wirst bald in der Literaturzeitung eine heftige Drohung gegen mich vom Dr. Ast lesen für die Rezension seines Sophokles. Ich hatte sehr schneidend geantwortet – und gewiß auch treffend. Als ich es aber Goethen vorlas, schüttelte er bedächtig den Kopf und sagte: «Ich muß es Ihnen nur gerade heraussagen, Sie sind ein Hitzkopf. Wollen Sie denn mit Gewalt eine Feindschaft fortsetzen, die Ihnen über kurz und lang selbst den Sophokles verleiden wird?» Endlich sagte er: «Überlassen Sie mir die Antwort. Einen Stoß sollen Sie ihm wieder versetzen, aber nicht durch Leidenschaft, sondern durch Ruhe. Glauben Sie mir», fuhr er fort, «er wird sich mehr ärgern, wenn Sie sich durch Ruhe eine Superiorität über ihn beilegen, als wenn Sie mit gleicher Leidenschaftlichkeit erwidern. Dieses erwartet er, jenes wird ihn stutzig machen. Dazu», sagte er endlich, «sind wir Alten ja da, daß wir die Jugend vor Unbesonnenheiten warnen; als wir jung waren, machten wir es selbst nicht besser, aber es hat uns Verdrießlichkeiten zugezogen in zahlloser Menge.»

Ich habe in der vorigen Woche Goethe einen Akt aus «Richard III.» metrisch übersetzt gebracht, der ihm viele

Freude gemacht hat. Nun hat er mich gebeten, den «Othello» für die Bühne zu bearbeiten, wobei er mir helfen will.*

2021 Schiller an G. J. Göschen 10. Dezember 1804

Goethe hat sich mit großem Eifer an die Übersetzung des Rameau gemacht, und es ist ihm so ernst, etwas Gutes zu leisten, daß wir uns gewiß ein vortreffliches Werk versprechen können. In der Mitte des Januars kann er mit dem ersten Wurfe der Übersetzung fertig sein, und dann könnte auch bald mit dem Druck angefangen werden. Ich habe mit ihm, nach Ihrer Vollmacht, um 100 Carolin gehandelt, denn er wollte anfangs noch höher hinaus, und – im Falle Sie mit dem Werke sehr glücklich wären – habe ich ihm in Ihrem Namen noch etwas extra versprochen, wenn es zu einer zweiten Auflage kommt.

2022 Henriette v. Knebel an ihren Bruder 12. Dezember 1804

Ich kann nicht begreifen, wie man sich selbst ersticken kann, wie es doch mit unserm Goethe der Fall ist. Er hat jetzt an seinem «Götz» so viel verdorben, und ihn wirklich durch seine neuen Zusätze lahm gemacht. Wieland ergrimmte neulich über ihn und meint, daß er seinen eigenen Wert gar nicht mehr zu schätzen wüßte. Goethe fragt mich immer sehr freundlich nach Dir und will Dich beim ersten Schnee im Schlitten besuchen.

2023 Schiller an G. J. Göschen 23. Dezember 1804

Goethe, dessen Billett an mich ich beilege, wünscht, daß die Schrift von Diderot nicht eher, als unmittelbar ehe sie ausgegeben wird, angezeigt werde, und daß man das Publikum im eigentlichen Sinn damit überrasche. Übrigens will er, Ihrem Wunsch gemäß, sich gern mit seinem Namen dazu bekennen. Die Verhältnisse unsers Hofs mit Herrn

* [Anm. Gräf] An Abeken (5. März 1811): «Diese Szene [die vierte des ersten Aufzuges von ‹Richard III.›, insbesondere die Traumerzählung des Herzogs von Clarence], die ich Schiller und Goethe mitteilte, war Ursache, daß mir die Verdeutschung des ‹Othello› aufgetragen ward.»

Grimm in Gotha und Grimms mit den Diderotischen Erben machen jene kleine Vorsicht nötig, weil sonst allerlei dazwischen kommen könnte.

2024 *Charlotte v. Schiller an F. v. Stein* *27. Dezember 1804*

Wir waren eben mit der lieben Mutter, ich und meine Schwester und kleine Tante, bei Goethe, wo die Herzogin Luise auch war, wo wir uns an den Abguß der Minerva von Velletri ergötzt haben; Goethe hat ihn bekommen und aufgestellt. Es ist ein eigner hoher Geist darin und dabei so lieblich und rein …

Goethe war auch krank und fürchtete, bedeutend krank zu werden. Er geht nicht förmlich aus, weil er sich vor aller Erkältung hüten muß. – Die Hofluft tut den schönen Geistern nicht wohl. – Schiller wird auch immer krank, wenn er an Hof geht.

1805

2025 *H. Voß (in Gräfs Bearbeitung)*

Am Morgen des letzten Neujahrstages, den Schiller erlebte, schreibt Goethe ihm ein Gratulationsbillett. Als er es aber durchliest, findet er zu seinem Schrecken, daß er darin unwillkürlich geschrieben hatte: «der letzte Neujahrstag», statt «erneute» oder «wiedergekehrte» oder dergleichen. Voll Schrecken zerreißt er's und beginnt ein neues. Als er an die ominöse Zeile kommt, kann er sich wiederum nur mit Mühe zurückhalten, etwas vom «letzten» Neujahrstage zu schreiben. So drängte ihn die Ahnung! – Denselben Tag besucht er die Frau von Stein, erzählt ihr, was ihm begegnet sei, und äußert, es ahne ihm, daß entweder er oder Schiller in diesem Jahre scheiden werde.

2026 *J. I. v. Gerning an Knebel* *4. Januar 1805*

Vorgestern ging ich gleich zu Goethe, und eben komm' ich von Voigt. Beide zeigten sich als Ihre Freunde. Sie müssen aber wegen der Durchlauchtigen Militärehre noch etwas anderes unterschreiben, doch nicht, daß Hendrich ein braver und rechtschaffener Mann sei; dieses könnten

Sie nicht, versicherte ich scherzend in Ihrem Namen. Goethe und Voigt mußten selbst schon 8 Groschen bezahlen und spaßten politisch darüber; schon seit 1757 besteht die Verfügung. Also sein Sie billig!

2027 J.I.v. Gerning an Knebel *10. Januar 1805*

Goethe versicherte, daß er auch 8 Groschen Strafe zahlen mußte, als Sie bei ihm übernachteten, und jetzt diese Dinge zur Sache seiner Dienstboten gemacht hätte. Der Herzog schien nicht böse, wenigstens nicht mehr.

2028 Luise v. Göchhausen an Knebel *5. Januar 1805*

Wir haben das Vergnügen, den Geh. Rat Wolf aus Halle bei uns zu sehen. Dieser geistreiche, gelehrte, jovialische Mann ist der beste Gesellschafter und erfreut würklich Goethens und nebenbei auch unsere Tage ...

Goethe aß gestern mittag bei uns und war sehr heiter. Er scheint wieder Glauben an seine Gesundheit zu bekommen. God save him.

2029 Carl v. Stein an Frau v. Seebach *17. Januar 1805*

Goethe scheint mit Son Altesse Impériale [der Großfürstin] verlegen. Sie frug ihn nach den Regeln der Zeitentfernung als auch der Ortsveränderung in den Akten eines Stücks. Er hat sich bekanntlich nicht sehr dran gebunden: ich stand neben ihm, er antwortete undeutlich. Ich glaube, er spricht nicht gern französisch.

2030 Riemer an Frommann *18. Januar 1805*

Unser teurer Goethe ist gar nicht wohl. Die chemische Stunde ist ihm schlecht bekommen. Es war stark eingeheizt: er ging zu Fuß nach Hause, und es war kalt. Dies brachte ihm Halsweh und Katarrh, hierauf hat sich das Übel nach dem linken Auge gezogen und es inflammiert. Er muß es daher schonen und sich meiner zum Schreiben bedienen. Doch scheint es weiter nichts auf sich zu haben, und wird sich geben, wenn er sich nur zu Hause halten kann. Er selbst will nicht, daß man groß Aufhebens davon mache, und so werden Sie auch die Sache darnach nehmen ...

Am Mittwoch [16. Januar] sind die Mitschuldigen vom Geheime Rat gegeben worden und haben sehr gefallen. Es wird nun öfter gegeben werden und ebenso auch ein früheres von ihm, das er hervorsucht.

2031 H. Voß (in Gräfs Bearbeitung)

Die sechs letzten Wochen hindurch habe ich alle Nebenstunden auf den «Othello» verwandt, und ich bin mit der Arbeit zu Stande gekommen und zwar so, daß ich Goethes und Schillers ungeteilten Beifall habe. So oft ich einen Stoß übersetzt hatte, ging ich zu Goethe hin und las ihm vor; und mit Schiller habe ich die Arbeit gemeinsam durchgesehn. Schiller will nun an Iffland schreiben, und hoffentlich wird dann meine Übersetzung auch in Berlin aufgeführt werden. Die drei letzten Akte las ich Goethe vor. Am Ende der dritten Szene im dritten Akte rief er mir ein herzlich gemeintes «Bravo» zu, und da kannst Du leicht denken, daß ich nicht mit kaltem Herzen weiter las.

Was er am «Othello» bewundert, ist die unendliche Regelmäßigkeit des Plans und die große Wahrheit in den Charakteren der Hauptpersonen. Vom Cassio sagte er: «Er ist betrunken, aber nur so weit, als sich noch Liebenswürdigkeit mit diesem Zustande verträgt.» Dann, sagte er, hätte es ihm immer Bewunderung abgezwungen, wie es nur möglich gewesen wäre, mit einem so hohen Interesse eine so einfache Begebenheit fünf Akte hindurch auszuspinnen. Shakespeare, sagte er einmal, sei der erste Genius gewesen, den die Natur getragen hätte, und man könne es nicht begreifen, wenn man's nicht selber erlebt hätte.

Goethe will es haben, daß ich den «Lear» übersetzen soll; und vor einigen Tagen erzählte ich ihm, daß ich von Berlin aus Hülfe erwartete. Bei der Gelegenheit sagte er: es könnten allerdings mehrere an einem Werke übersetzen, nur sei dann notwendig, daß die einzelnen Teile nicht aneinander gereiht, sondern daß sie von einem einzigen redigiert und zur Einheit verschmolzen würden; wo er denn offenbar recht hat.

2032 *H. Voß (in Gräfs Bearbeitung)*

Ich wollte, Du hättest Goethe den Abend gesehn, als er Hebels Gedichte gelesen. Nach neun Uhr abends lud er mich noch ein. «Und wenn Sie im Schlafrock wären», sagte der Bediente, «Sie sollten nur so zu meinem gnädigen Herrn kommen; er *muß* Sie noch sprechen.» Als ich kam, sprudelte ein serapiontischer Erguß über die Gedichte, der am andern Morgen um sieben Uhr schon Rezension war.

Gestern abend [Sonnabend, den 26. Januar] war ich bei Goethe bis elf Uhr, und er las mir aus den Alemannischen Gedichten vor, was nun aus seinem Munde gar herzig klingt.

2033 *Henriette v. Knebel an ihren Bruder* *2. Februar 1805*

Wenn ich Dir nur die Mémoires von Marmontel gleich verschaffen könnte, die wir jetzt, da die Unpäßlichkeit der lieben Prinzeß noch nicht ganz gehoben ist und sie, zumal bei der groben Kälte, noch nicht ausgehen darf, mit großem Vergnügen zusammen lesen. Wir dürfen sie nicht lange behalten. Marmontel, der von Natur fein jovialisch und gesellig war, sieht den Rousseau ganz in fatalem Licht. Goethe, der die Prinzeß kürzlich besucht hat, sprach hierüber recht gescheit. Er meint, daß zwar die Freunde, die mit Rousseau in naher Verbindung gestanden hätten, oft übel dran gewesen wären, daß aber Marmontel nicht hoch genug gestanden wäre, um nicht einseitig zu sehen. Den Voltaire sieht man durch Marmontel recht leibhaft und lebhaft vor sich. So soll es auch mit Necker sein, zu dem wir noch nicht gekommen sind.

2034 *J. I. v. Gernings Tagebuch* *31. Januar 1805*

Bei Goethe war mir's gestern sehr wohl. Er sprach von Freund Knebels Unverträglichkeit und leichtem Losziehen, auch über ihn und bei Leuten, wo er's nicht sollte. Am Tische sagte er, daß er sich hier des Obstes enthalte, weil es so selten gerate und doch schlechter ist als am Main. Er lobte meine griechischen Münzen etc., die Erheiterung und den Genuß an solchen Dingen, selbst wenn sie ein anderer besitze; doch müsse man etwas davon haben, das denn manchmal differiere. Kupfer-Sammlungen seien wegen Allgemeinheit so gut. Er sagte von dem Sehen mit der Lupe: «Man sieht nur, was man weiß und näher der Erkenntnis gebracht ist durch Überzeugung.» Die Zerrbilder sah er nicht an, erinnerte sich an Böttiger, verwies sie als bösen Geschmack und Gegenstück zu Natur-Bildern, und als ich von Kotzebue redete, sagte er: «weg mit Karikaturen.»

2035 Henriette v. Knebel an ihren Bruder — 9. Februar 1805

Goethe war aufs neue bedenklich krank. Heute geht es doch etwas besser, und er konnte doch die Nacht eine Stunde schlafen.

2036 Schiller an Cotta — 10. Februar 1805

Wir sind hier alle noch mehr oder minder krank. Goethe lag einige Tage gefährlich an einer Lungenentzündung, ist aber jetzt wieder außer Gefahr.

2037 Charlotte v. Stein an ihren Sohn Fritz — 10. Februar 1805

Diesen Brief wollte ich nicht endigen, bis ich wüßte, daß Goethe, der todkrank ist, außer Gefahr sei; denn bis morgen, hatte Stark geäußert, könnte man's erst wissen. Nun hat er aber die Nacht gut geschlafen und befindet sich nur heute matt. Also, hoffe ich, ist die Gefahr vorüber; er hatte ein Brustfieber. – Eben schickt mir Goethe August und läßt mir sagen, daß ihn Stark außer Gefahr erklärt.

2038 H. Voß (in Gräfs Bearbeitung)

Du wirst nichts von meiner Bangigkeit um Goethe geahnt haben und von seinen großen Leiden. «Ich selbst», sagte er neulich, «wußte besser, wie es mit mir stand, als es nur ein Arzt vermuten konnte.» Stark kam aus Jena – es war am Freitag [8. Februar] abend – der erklärte, wenn Goethe bis Sonntag früh lebte, so sei Hoffnung da. Ich wagte den folgenden Morgen nicht vorzufragen; ich tat es nach vieler Überwindung. Aber wie wurde ich angenehm überrascht.

Schon in dieser Nacht hatte die Krankheit umgeschlagen, die Krämpfe hatten nachgelassen, das Fieber war sanfter gewesen, und der Geliebte hatte über die Hälfte der Nacht ruhig geschlafen. Um elf Uhr [Sonnabend, den 9. Februar] forderte er mich zu sich, weil er mich in drei Tagen nicht gesehn hatte. Ich war sehr bewegt, als ich zu ihm trat, und konnte aller Gewalt ungeachtet, die ich mir antat, die Tränen nicht zurückhalten. Da sah er mir gar freundlich und herzlich ins Gesicht, und reichte mir die Hand und sagte die Worte, die mir durch Mark und Gebein gingen: «Gutes Kind, ich bleibe bei Euch, Ihr müßt nicht mehr weinen.» – Da ergriff ich seine Hand und küßte sie, wie instinktmäßig, zu wiederholten Malen, aber ich konnte keinen Laut sagen.*

Von dem Tage an ist Goethe zusehends besser geworden. Die Nacht vom Sonnabend bis zum Sonntag wachte ich bei ihm, und da hab' ich recht die Fortschritte beobachten können, die er machte, habe ihn so eigentlich genesen sehen. Als er um zwölf Uhr zum ersten Mal aufwachte, fragte er mit ängstlicher Stimme: «Hab' ich auch wieder im Schlaf gesprochen?» Wohl mir, daß ich mit gutem Gewissen der Wahrheit gemäß verneinen konnte, was ich jedenfalls gelogen hätte. «Gut», sagte er nach einer Pause, «das ist wieder ein Schritt zur Besserung.» – Wenn ich ihm dann recht schmeichelte, so nahm er jedesmal ganz geduldig seine Medizin, aber mit innerer Überwindung. Nun sollte ich ihm aber auch den Leib mit scharfem Spiritus einreiben, und, wie der Arzt befohlen hatte, zweimal des Nachts. Dazu konnte ich ihn nur mit Mühe bringen. Wie ich aber gar nicht ablassen wollte und immer mehr schmeichelte, sagte er endlich ganz ruhig: «Nun denn im Namen Gottes.» – Dann wachte er einmal von einem Traum auf, wo er einem Turniere beigewohnt hatte; diesen Traum erzählte er mir mit großer Freude, und in diesem Augenblicke war er an

* [Anm. Gräf] An anderer Stelle: «‹Weinet nicht, gute Jungen›, sagte er einmal so herzlich und treuherzig zu mir und Riemer, ‹ich bleibe bei Euch.› Bei den Worten merkten wir zuerst den Anfang seiner Genesung; denn vorher war er sehr kleinmütig, und ahndete seine letzte Stunde. Da habe ich gezittert vor Freuden.»

energischem Ausdruck, an Lebendigkeit ganz Goethe, trotz seiner Krankheit. Über alles rührte mich seine wirklich väterliche und zärtliche Fürsorge für mich (ob ich mir nun nicht den Kaffee machen wollte, nun nicht ein Glas Wein trinken wollte usw., wobei er mich denn immer sein gutes Voßchen nannte). Wenn er dann wieder einschlief und sein Gesicht matt beleuchtet wurde, schien er mir immer so leidend auszusehen, wie einer, der eben anfängt, sich aus einem unermeßlichen Jammer heraus zu arbeiten, und noch die Spuren davon in seinen Mienen trägt. Da fielen mir denn die Erzählungen von den fröhlichen Taten seiner kraftvollen Jugend ein, die ich so manches Mal angehört hatte, und ich konnte nicht umhin, beide Zustände mit ihren schärfsten Kontrasten zusammen zu halten.

Zwei Tage nach jener Nacht [Dienstag, den 12. Februar] stand er zum ersten Mal wieder auf und aß ein gesottenes Ei. Bald fing er auch wieder an, sich vorlesen zu lassen. Nur hielt hier die Befriedigung schwer. Goethe verlangte launige Sachen, und Du weißt, daß die keiner heutzutage schreibt. Ich brachte ihm Luthers «Tischreden» und las ihm daraus vor. Das ließ er sich gefallen eine Stunde lang. Aber da fing er auch zu wettern und zu fluchen an über die verfluchte Teufelsimagination unseres Reformators, der die ganze sichtbare Welt mit dem Teufel bevölkerte und zum Teufel personifizierte. Bei der Gelegenheit hielt er ein schönes Gespräch über die Vorzüge und Nachteile der Reformation und über die Vorzüge der katholischen und protestantischen Religion. Ich gab ihm vollkommen recht, wenn er die protestantische Religion beschuldigte, sie hätte dem einzelnen Individuum *zu viel* zu tragen gegeben. Ehemals konnte eine Gewissenslast durch andre vom Gewissen genommen werden, jetzt muß sie ein belastetes Gewissen selbst tragen und verliert darüber die Kraft, mit sich selber wieder in Harmonie zu kommen. «Die Ohrenbeichte», sagte er, «hätte dem Menschen nie sollen genommen werden.» – Da sprach der Mann ein herrliches wahres Wort aus, wie mir in dem Augenblick recht anschaulich wurde. Ich selbst bin in dem Fall gewesen. Als im vorigen Sommer sich alles vereinigte, mich von Weimar weg nach Würzburg ziehn zu wollen, da fand ich nirgends Trost, solang ich auf meinem Zimmer war. Jedes Mal aber, wenn ich zu Goethe kam und ihm mein ganzes Herz (selbst alle Schwächen meiner Innerlichkeit) wie einem Beichtvater ausschüttete, so ging ich wie mit neuem Mut gekräftigt in meine Einsamkeit zurück, und ich werde ihm diese Wohltat an mir mein Leblang danken. Ich kann wohl sagen, daß mich Goethe in den Tagen wie neu geschaffen hat. Er hat manche Schwäche von mir bei der Gelegenheit erfahren, weil ich ihm auch gar nichts verhehlen *wollte*. Meine Offenheit hat mich hinterdrein auch nicht eine Minute lang gereut. Ich kann im *eigentlichsten* Sinne sagen, daß mir Goethe alle meine Sünden vergeben hat, oder ich mir selber, dadurch daß ich sie ihm mitgeteilt habe, und ohne dies letztere hätte ich mich selber verzehrt. Ja, wären solche Beichtväter nur viele in der Welt, da wären der gekränkten Herzen weniger. –

Den Tag darauf, nachdem Goethe den Luther genossen hatte, ließ er ihn zur Tür heraus transportieren. Nun liest Goethe die Cervantischen Novellen, die ihm Freude machen.

2039 H. Voß an Abeken *4. Januar 1813*

Goethes «*Leben*» (den zweiten Teil) habe ich bis zur Hälfte gelesen, und mit großem Vergnügen, bis auf die Sakramente, in deren allegorischer Darstellung er offenbar dem Zeitgeiste huldigt. Lieber Gott, wie ganz anders habe ich darüber Goethe *reden* gehört ... Die Geschichte von Gottsched kannte ich schon aus seinem Munde; sie ist mit Gold nicht zu bezahlen.

2040 H. Voß (in Gräfs Bearbeitung)

Kaum war Goethe dabei zu genesen, so fing der liebe Schiller zu kränkeln an ... Ich habe während der Zeit von zwölf Tagen bei Schiller vier Mal gewacht und bei Goethe zwei Mal. Diese Nächte gehören zu den schönsten meines Lebens. Goethe ist ein etwas ungestümer Kranker, Schiller aber die Sanftheit und Milde selber.

2041 H. Voß (in Gräfs Bearbeitung)

Seit der Zeit, daß Goethe das Bette verlassen hat, bin ich unzertrennlich bei ihm gewesen. Ich habe ihm Neuigkeiten erzählt, ihm vorgelesen, kurz alles getan, was in meinen Kräften stand, ihn aufzuheitern. Und das ist Goethe nun so recht gewohnt worden. Abends, wenn es Sechs schlägt, so versammelt sich ein kleines Häufchen um ihn, außer mir noch Professor Meyer, Fernow und Riemer, und da bleiben wir dann bis Acht, Neun oder auch wohl bis Zehn bei ihm, und ich muß mir jeden Abend von neuem sagen, daß ich meinen Tag nicht lehrreicher und angenehmer hätte schließen können. Denn Goethe, obgleich er noch nicht viel arbeiten kann, ist doch in seinem Umgang ganz Goethe, so launig mitteilend von seinen ungeheuren Schätzen und so herzlich.

2042 Riemer an Frommann *20. Februar 1805*

Mit Goethe steht's sehr gut. Er liest und studiert jetzt die übrigen Briefe von Winckelmann, um sich Winckelmanns Charakter noch mehr zu vergegenwärtigen und zusammenzufassen. An Ausgehn ist aber nicht zu denken, bevor das Wetter nicht milder wird, und so zweifle ich auch, daß wir sein kleines Stück [Die Laune des Verliebten] eher als auf folgenden Monat sehen werden.

2043 H. Voß (in Gräfs Bearbeitung)

Gestern [Sonnabend, den 23. Februar] hat Goethe wieder angefangen zu arbeiten, und zweimal ist er schon ausgefahren. Und grade jetzt macht auch der Winter Miene zu weichen ...

2044 H. Voß (in Gräfs Bearbeitung)

[Sonntag, den 24. Februar.] Abends ging ich zu Goethe, wo ich Fernow und Meyer (den Schweizer) fand. Da haben wir dem alten guten Papa aus den französischen, englischen und italienischen «Miszellen» vorgelesen. Er kam wieder auf seine Krankheit zu reden; da sagte er: «Ich habe da ein Experiment gemacht, das beinahe schlimm abgelaufen wäre.»

2045 Schiller an G. J. Göschen *25. Februar(?) 1805*

Hier überschickt Ihnen Goethe den Neffen des Rameau. Seine Krankheit hat die Vollendung des Werks so lange verzögert. Wenn es ihm möglich ist, will er noch einen oder zwei Bogen Anmerkungen nachliefern, doch kann er es noch nicht für gewiß versprechen, und Sie brauchen sich auf keinen Fall mit dem Druck zu genieren.

2046 Riemer *1. März 1805*

[Goethe und Riemer:] «Für eine chemische Gesellschaft wäre ein gutes Motto und Emblem die Stelle im Homer vom Menelaus und Proteus (Odyssee IV, 450ff.). Proteus kann für ein Symbol der Natur, Menelaus für ein Symbol der naturforschenden und naturzwingenden Gesellschaft gelten.»

2047 Riemer

Ein andermal sagte Goethe: «Er hätte den Einfall gehabt, auf die Mineralogen, zu der Zeit wo sie in allen Gegenden mit Hämmern herumgingen und an die Steine schlugen, ein Bild zeichnen zu lassen, wo ihrer *zwei* von entgegengesetzten Seiten an *einen* Felsen kämen und daran schlügen. Der Felsen spränge, und nun erblickten sich die Herren staunend und grimassierend.» – Er erzählte dies mit seinem gewöhnlichen humoristischen Tone und der kleinen Andeutung von Gest, die er in solchen Fällen sich erlaubte.

2048 H. Voß (in Gräfs Bearbeitung)

Kaum konnte er [Schiller] wieder ausgehen, so besuchte er seinen lieben Goethe [Freitag, den 1. März?], nachdem er sich durch mich hatte anmelden lassen. Ich war bei diesem Wiedersehen zugegen, und es rührt mich noch jedes Mal, wenn ich daran denke. Sie fielen sich um den Hals und küßten sich in einem langen, herzlichen Kusse, ehe eines von ihnen ein Wort hervorbrachte. Keiner von ihnen erwähnte weder seiner, noch des andern Krankheit, sondern beide genossen der ungemischten Freude, wieder mit heiterm Geiste vereint zu sein.

2049 *H. Voß an Abeken* *9. März 1805*

Der «Othello» soll nun aufgeführt werden …

Goethe sagte neulich: er wäre recht froh, daß er mal wieder ein Stück von Shakespeare sehen sollte. Er hat nunmehr meinen «Othello» ganz gelesen und sagte mir, ich hätte in der Übersetzung alle seine Wünsche befriedigt.

2050 *Ch. A. Vulpius an N. Meyer* *7./8. März 1805*

Goethe war drei Wochen lang so gefährlich krank, wie vor vier Jahren. Doch hat ihm Stark wieder geholfen. – August geht auf einige Zeit zur Groß-Mutter nach Frankfurt …

Den 8.

Über Nacht ist der Geh. Rat v. Goethe wieder sehr schlecht und bedenklich krank geworden.

2051 *Henriette v. Knebel an ihren Bruder* *9. März 1805*

Goethe war vorletztere Nacht aufs neue sehr krank. Es ist wieder besser.

2052 *H. Voß (in Gräfs Bearbeitung)*

Gestern [Freitag, den 8. März] haben wir wieder einen jammervollen Tag gehabt. Goethe bekam ein gefährliches Rezidiv, und was das Gefährlichste dabei war, so ganz ohne Vorbereitung. Vorgestern abend und nachmittag brachte ich bei ihm zu, da war er so heiter, frisch, jugendlich, geistreich, so recht lebensfroh und wohl, als ich ihn lange nicht gefunden hatte. Wir tranken eine halbe Flasche Wein zusammen, wovon ihm etwa anderthalb Gläser zufielen. Da scherzte er, sprach von Studentenjahren; nachher lasen wir im Calpurn zusammen. Als ich ihn um zehn Uhr verließ, kam August zu ihm, und der blieb noch bis nach elf Uhr beim Vater und verließ ihn auch nach seiner Meinung recht kerngesund. Kaum ist er fort, so bekommt Goethe die unerträglichsten Leibschmerzen, die bis zwei Uhr zunehmen. Da ist er so elend, daß Arzt, Apotheker und Barbier müssen bemüht werden. – Der Zustand nun dauerte fort bis gestern nachmittag fünf Uhr, da nahm er ein Bad, äußere Umschläge und dergleichen, und fing nun erst an sich allmählich wieder zu erholen. Gestern abend um neun Uhr besuchte ich ihn, fand ihn matt, aber heiter. Die Nacht hat er, Gott sei gelobt, wohl geschlafen, heute [Sonnabend, den 9. März] ist er wohl, aber sehr matt. Nun versichert Stark hoch und heilig, es sei keine Gefahr dabei, und der Kranke werde in wenig Tagen ganz genesen sein. Aber, großer Gott, wo soll das enden! –

Ich wollte, Du könntest Goethe nur einmal in seiner Krankheit sehn, Du würdest seine Seelengröße und ruhige Ergebung in alles bewundern, aber sie würde Dir auch ans Herz greifen. Ich konnte ihm kein Wort sagen, als er mich heute zu sich holen ließ; und als er mir so freundlich und milde zulächelte, da mußte ich weinen. Vielleicht habe ich ihm in dem Augenblicke mehr gesagt, als durch Worte; denn er hatte, als ich weggegangen war, zur Vulpius gesagt: er hätte es lange gefühlt, daß ich ihn als einen Vater liebte...

Ich studiere jetzt schon mit Riemer darauf, wie wir es anfangen wollen, ihm einen angenehmen Sommer zubereiten zu helfen, ihm körperliche Bewegung zu schaffen und dergleichen. Denn das fehlt ihm; Mangel an Bewegung und Winterkälte, die schaffen ihm Unlust, und Unlust wirkt bei keinem mehr auf den Körper zurück, als eben bei Goethe.

Heute mittag, als ich von ihm ging, schien er mir sehr wohl zu sein; und seit der Zeit habe ich auch nur gute Nachrichten gehört. Er geht wohl nicht von uns; er bleibt uns noch, der Herrliche, Edle; er hat ja selber Lust, bei uns zu bleiben, das hat er manchmal auf seinem Krankenbette gesagt. Gott gebe ihm Mut und Heiterkeit, so hoffe ich alles.

2053 H. Voß (in Gräfs Bearbeitung)

Wir haben auf Goethes Zimmer (Riemer, Fernow und Meyer waren außer mir gegenwärtig) ein Stück aus den «Nibelungen» gelesen, das von Hagen, meinem Universitätsfreunde, herrührte. Es fehlt noch an Biegsamkeit des Ausdrucks, das war unser einstimmiges Urteil. Die Einleitung war sehr unverständlich, rauh, indexmäßig, mehr einer Relation als einer Darstellung gleichend. «Was auch noch zu tadeln sein mag», fügte Goethe hinzu, «wir wollen diese Bemühungen mit Dank hinnehmen.»

2054 *C. Brentano an Savigny* *30. März 1805*

Goethe war wieder auf den Tod krank und ist zum zweitenmal durch Stark gerettet, so haben wir also doch der Empirie mehr für die Poesie zu danken als der Spekulation ... Ackermann ... hat übrigens geschrieben, daß er seinen Abschied von Weimar nicht erhalten habe ... Er hat zugleich gemeldet, daß Goethe, unwillig, daß die Gelehrten nichts mehr studieren, als wie sie sich versteigern sollen, erklärt hat, man solle künftig die Professoren wie die Schauspieler auf bestimmte Jahre engagieren.

2055 *Schiller an W. v. Humboldt* *2. April 1805*

Goethe war diesen Winter wieder sehr krank und leidet noch jetzt an den Folgen. Alles rät ihm, ein milderes Klima zu suchen und besonders dem hiesigen Winter zu entfliehen. Ich liege ihm sehr an, wieder nach Italien zu gehen, aber er kann zu keinem Entschlusse kommen, er fürchtet die Kosten und die Mühseligkeiten, auch mögen ihn vielleicht andere Einflüsse binden. Unter diesen Umständen hat er freilich nicht viel im Poetischen leisten können, aber Sie wissen, daß er nie untätig und sein Müßiggang nur ein Wechsel der Beschäftigung ist. Er hat in diesem Winter eine ungedruckte, sehr geistreiche Satire von Diderot übersetzt, die diesen Sommer bei Göschen herauskommt. Auch ist er mit Herausgabe ungedruckter Briefe von Winckelmann beschäftigt, und zuweilen ließ er sich auch mit vieler guter Laune in der Literatur-Zeitung hören. Er wird, wenn es irgend seine Gesundheit erlaubt, Ihnen gewiß auch mit dieser Gelegenheit schreiben. Wir sahen uns diesen Winter selten, weil wir beide das Haus nicht verlassen durften.

2056 *Riemer an F. A. Wolf* *5. April 1805*

Der Geheime Rat, der die Zeit her sehr munter war und am Winckelmann arbeitete, hat gestern gerade nach drei Wochen einen nur schwächern Anfall seines vorigen Übels bekommen. Nach meinem und anderer Urteil scheinen es Hämorrhoiden zu sein, die noch nicht zum Durchbruch kommen können. Wenn es erst einmal so weit ist, dann hat es keine Not. Heute ist er etwas besser. Hoffentlich geht es ebenso wie neulich vorüber, um periodisch wiederzukommen. Ich schreibe Ihnen dies nur, wenn etwan eine üblere Nachricht nach Halle kommen sollte, damit Sie wissen, was Sie davon zu halten haben.

2057 Sophie v. Schardt an A. Duvau *April 1805*

Goethe ist nun, zum dritten Mal seit sechs Wochen, in der größten Gefahr gewesen, er wird nicht wieder eine solche Krise überstehen, wie die letzte vor drei Wochen, er wird bald dahin gehen! wenn ihm seine Konstitution nicht wider allem Anschein nach durchhilft.

2058 H. Voß an Solger *22. Mai 1805*

Goethe arbeitet jetzt *(doch dies sei nur für meine Freunde gesagt!)* an der Ausgabe seiner sämtlichen Werke. Auch an seiner Optik arbeitet er, um nichts unvollendet zurückzulassen, und doch ist bei ihm des Unvollendeten noch sehr viel, und wird's auch bleiben. Riemer und ich haben hiebei auch unser Geschäft bekommen. Mir hat Goethe ein Exemplar von Hermann und Dorothea gegeben, mit Papier durchschossen. Ich soll die Hexameter mustern, und alle meine Einfälle unter dem Namen Änderungen und Vorschläge beischreiben. Drauf wollen wir Konferenzen halten, und über die Lesarten debattieren. Ihr könnt leicht denken, daß dies für mich ein zugleich angenehmes und lehrreiches Geschäft sein wird.

2059 H. Voß (in Gräfs Bearbeitung)

Ich habe Goethes «Hermann und Dorothea» schon in bessere Hexameter umgeschmolzen, wozu ich vierzehn angestrengte Tage gebraucht. Goethe hat mir seinen Beifall gegeben und mich gelobt, daß ich so schonend verfahren und nie dem Charakter Abbruch getan; er meinte, ich habe ihm, wenige Stellen ausgenommen, nichts hinein gebracht, was seinem Geiste fremd wäre. Er hat mir schon andere Sachen aufgegeben, und ich werde auch noch wohl den «Reineke Fuchs» durchzunehmen bekommen. Nun werde ich all dies noch mit ihm gemeinschaftlich durchgehn, wozu ich mich unsäglich freue.

Der «Lear» ist schon seit drei Wochen fertig. Er ist mir noch besser gelungen als der «Othello»; Goethe ist zufrieden. Den fünften Akt habe ich noch nicht an Goethe abgeliefert.

2060 Riemer: Mitteilungen über Goethe *1841*

Einen prosodischen Fehler, «einen Vers mit überzähligem Halbfuß», nämlich:

«Ungerecht bleiben die Männer *und* die Zeiten der Liebe vergehen»

rügt das Morgenblatt von 1808, Nr. 123, mit Bedauern, daß der Vers unverbessert geblieben, aber – setzen wir hinzu – mit Bewußtsein und Absicht in die letzten Ausgaben miteingewandert. Ich hatte Goethen bereits aufmerksam darauf gemacht, weil aber der Vers, ohne sein *proverbialisches* Ansehn zu verlieren und eine gewisse grata negligentia einzubüßen, nicht wohl zu ändern war, ich mich auch erinnerte, daß F. A. Wolf einmal von diesem Verse sprechend ihn nicht nur entschuldigt, sondern auch durch Homerische Beispiele erläutert habe: so ließen wir ihn stehen oder hingehen. Nun machte später auch H. Voß, der Sohn, auf ihn aufmerksam, und Goethe soll, wie jener erzählt, gesagt haben: «die siebenfüßige Bestie möge als *Wahrzeichen* stehen bleiben!»

2061 Fritz v. Stein an Charlotte v. Schiller *12. April 1805*

Goethes Krankheit ist mir nahe gegangen, ob mir gleich seine Freundschaft völlig abgestorben ist. Er hat mir seit mehreren Jahren höchstens nur dann ein freundlich Wort gegönnt, wenn er eine Dienstleistung verlangte, und mir übrigens die größte Gleichgültigkeit bewiesen. Unter den Wesen, welche Einfluß auf mich in meinem Leben hatten, ist er eines der wichtigsten, und darum ist mir das Andenken dessen, was er für mich war, noch immer wert. Sollte er sterben, so wird sein armes Kind einer Sippschaft anheim fallen, von der ich mein Kind nicht erzogen haben möchte: doch vielleicht überzeugt er sich dessen und übergibt den Knaben fremden Händen.

2062 Luise v. Göchhausen an Böttiger *11. April 1805*

Goethe ist noch immer sehr bedenklich krank. Die Zufälle, die zwar schnell vorübergehen, wiederholen aber zu oft, um nicht große Sorge um ihn zu haben. Seine Krankheit hält Stark für ein Lokal-Übel in den Eingeweiden. Bald, o wie sehr fürchte ich es! wird in Weimar, von allen was darinnen groß und vorzüglich war, nichts mehr übrig sein als – das neue Schloß.

2063 Christiane Vulpius an N. Meyer *12. April 1805*

Der Geheime Rat hat nun seit einem Vierteljahr fast keine gesunde Stunde gehabt und immer Perioden, wo man denken muß, er stirbt ...

Vor zwei Tagen begleitete ich August, der mit einer Gesellschaft nach Frankfurt geht, zur Messe, bis Erfurt. Ich verließ den Geheimen Rat wohl, ich war kaum ein paar Stunden da, als ich einen Boten erhielt, daß er sich sehr übel befände, ich reiste gleich zurück und fand ihn sehr schlecht. Itzo, daß ich Ihm das schreibe, befindet er sich durch Hülfe des Hof-Rat Stark besser, aber nicht außer Bette, und stelle mir nichts Gutes vor. Wenn Sie mir auf diesen Brief antworten, so adressieren Sie ihn an meinen Bruder, oder an die Frau Doktorin Buchholz, weil ich weiß, der Geheimer Rat hat es nicht gern, wenn ich was von seiner Krankheit schreibe. – Ach Gott, wenn Sie nur hier wären, ich glaube, die Ärzte kennen seine Krankheit nicht recht, oder es ist ihm nicht mehr zu helfen.

Ich weiß gar nicht, was ich denken soll, der Zufall kommt gewöhnlich alle vier Wochen mit den größten Schmerzen, wobei er gewiß noch unterliegen muß. Ich glaube, es sind Hämorrhoidalumstände, denn der Schmerz ist im Unterleibe, aber Stark will nichts wissen ... Soeben, als ich dieses schreibe, schläft er ein bißchen ... ob ich gleich nicht geschrieben habe, so vergeht doch kein Tag, wo nicht von Ihnen gesprochen wird, auch der Geheimer Rat spricht immer von Ihnen ...

2064 *Schiller an Fritz v. Stein* *13. April 1805*

Leider war Goethe diesen Winter einigmal sehr hart krank, und es ist zu fürchten, daß gefährliche Rückfälle kommen.

2065 *C. L. Fernow an Nauwerk* *14. April 1805*

Goethe ist diesen Winter hindurch einigemal sehr gefährlich krank gewesen, so daß man für sein Leben besorgt war. Und wer wünschte zu erleben, daß dieser Angelstern unserer Kunst und des deutschen Geschmacks untergehe? Ich bin während dieses Winters zur Zeit seiner Rekonvaleszenz oft des Abends bei Goethe gewesen, weil ich wußte, daß ihm in diesen Stunden, wo er doch nicht arbeiten konnte, Gesellschaft und Unterhaltung angenehm ist. Außer mir durften nur wenige Freunde so ohne Umstände zu ihm kommen, Schillers nicht zu erwähnen, der natürlich mit seinem Titanenbruder in der genauesten Freundschaft lebt. –

Ich bin zufrieden, wenn ich zuweilen ein paar Stunden in Goethes und Schillers Unterhaltung verleben kann ...

2066 *Charlotte v. Stein an ihren Sohn Fritz* *18. April 1805*

Goethe wandelt wieder herum, aber sein Übel ist vielleicht unheilbar und kann ihn schnell zum Tode führen, wenn Entzündung dazu tritt; es ist ein Fehler an der Niere.

2067 *Falk an Böttiger* *18. April 1805*

Goethe ist sehr verfallen, und ich mag es Ihnen nicht verbergen, daß sein Gesundheitszustand mir anfängt, wie der des seligen Herder vorzukommen. Ich fürchte sehr vor dem künftigen Winter: von einem tief brütenden Hypochonder wird er schwerlich zu retten sein. Drei Mal wehe aber dem armen Dichter, weh ihm, wie jedem andern Sterblichen, dessen produktive Einbildungskraft sich in diese bodenlose Tiefe stürzt.

2068 Ch. A. Vulpius an N. Meyer *19. April 1805*

Goethe war wieder sehr krank, doch ist es nun besser. Er hat uns diesen Winter hindurch stets sehr besorgt für sein Leben gemacht.

2069 Schiller an G. J. Göschen *24. April 1805*

Goethe hat mir die Aushängebogen von Rameaus Neffen mitgeteilt, mit dem er sehr zufrieden ist ...

Die Anmerkungen übersende ich hier, mit Ausschluß weniger Blätter, die mit nächstem Posttage folgen. Sie können sich freuen, daß Goethe noch dazu gekommen, weil diese Anmerkungen an sich sehr bedeutend sind und den Wert des Werkes erhöhen.

Goethe wünscht, daß solche merklich enger als der Text und zwar in Einem Continuo gedruckt werden, so daß mit einem neuen Artikel nicht auch eine neue Seite angefangen wird, wie im Manuskript. Nach dieser Schätzung werden diese Noten gegen drei Bogen füllen.

Nach vollendetem Druck bittet sich Goethe sein Manuskript wieder aus; auch wünschte er baldmöglichst eine korrekte Abschrift des französischen Originals zu besitzen.

2070 Schiller an Körner *25. April 1805*

Goethe war sehr krank an einer Nierenkolik mit heftigen Krämpfen, welche zweimal zurückkehrte. Dr. Stark zweifelt, ihn ganz herstellen zu können. Jetzt hat er sich wieder ganz leidlich erholt, er ging soeben aus meinem Zimmer, wo er von einer Reise nach Dresden sprach, die er diesen Sommer zu machen Lust hat. Arbeiten kann er in seinen jetzigen Gesundheitsumständen freilich nicht, und gar nichts vornehmen ist wider seine Natur. So ist ihm am besten geraten, wenn er unter Kunstanschauungen lebt, die ihm einen gebildeten Stoff entgegenbringen.

2071 Riemer an Frommann *Mai 1805*

Goethe ist über den schlimmen Tag, der heute eintreten müßte, wie es scheint, hinweg und grüßt Sie alle schönstens.

2072 J. Schwabe: Schillers Beerdigung *1859*

Voß, der Sohn des bekannten Dichters, damals Professor in Weimar und Schillers wie Goethes Hausfreund, besuchte Goethen, als dieser den ersten kurzen Gang ins Freie in seinem Hausgarten wagte. Er fand ihn langsam und mit tränenerfüllten Augen zwischen den Beeten umher wandelnd. «Lebt Schiller noch?» war seine erste bange Frage an Voß. «*Noch* lebt er!» lautete die mit unsicherer Stimme gegebene, nichts Gutes verheißende Antwort. Goethe bedeckte das Gesicht mit der einen Hand, mit der andern winkte er Voß schweigend, ihn zu verlassen.

2073 H. Voß (in Gräfs Bearbeitung)

In der letzten Krankheit Schillers war Goethe ungemein niedergeschlagen. Ich habe ihn einmal in seinem Garten weinend gefunden; aber es waren nur einzelne Tränen, die ihm in den Augen blinkten. Sein Geist weinte, nicht seine Augen; und in seinen Blicken las ich, daß er etwas Großes, Überirdisches, Unendliches fühlte. Ich erzählte ihm vieles von Schiller, das er mit unnennbarer Fassung anhörte. «Das Schicksal ist unerbittlich, und der Mensch wenig!» Das war alles, was er sagte; und wenige Augenblicke nachher sprach er von heitern Dingen.

Aber als Schiller gestorben war, war eine große Besorgnis, wie man es Goethe beibringen wollte. Niemand hatte den Mut, es ihm zu melden. Meyer war bei Goethe, als draußen die Nachricht eintraf, Schiller sei tot. Meyer wurde hinausgerufen, hatte nicht den Mut, zu Goethe zurückzukehren, sondern ging weg, ohne Abschied zu nehmen. Die Einsamkeit, in der sich Goethe befindet, die Verwirrung, die er überall wahrnimmt, das Bestreben, ihm auszuweichen, das ihm nicht entgehen kann, – alles dieses läßt ihn wenig Tröstliches erwarten. «Ich merke es», sagt er endlich, «Schiller muß sehr krank sein», und ist die übrige Zeit des Abends in sich gekehrt. Die gute Vulpius hat doch so viel Fassung, daß sie Goethe nichts entdeckt, sondern nur von einer langen Ohnmacht erzählt, aus der er sich jedoch erholt habe.

Goethe läßt sich täuschen, aber er ahnt was Schlimmes. Als er zu Bette gegangen ist, stellt sich die Vulpius, die die ganze Nacht kein Auge zugetan hat, schlafend, um Goethe sicher zu machen, daß kein besorgliches Unglück vorgefallen sei, und Goethe, der die Vulpius ruhig atmen hört, schläft auch am Ende ein. Am Morgen [Freitag, den 10. Mai] sagt er zur Vulpius: «Nicht wahr, Schiller war gestern *sehr* krank?» Der Nachdruck, den er auf das «sehr» legt, wirkt so heftig auf jene, daß sie sich nicht länger halten kann. Statt ihm zu antworten, fängt sie laut an zu schluchzen. «Er ist tot?» fragt Goethe mit Festigkeit. «Sie haben es selbst ausgesprochen!» antwortet sie. «Er ist tot», wiederholt Goethe noch einmal, wendet sich seitwärts, bedeckt sich die Augen mit den Händen und weint, ohne eine Silbe zu sagen.

2074 C. F. A. v. Conta (Brief an?) *etwa 1832*

Meyer befand sich bei Goethe, als die Nachricht von Schillers Tod ihm gebracht wurde. «Nun, so ist denn wieder einer dahin gegangen», war alles, was Goethe über diesen Todesfall äußerte.

UNDATIERTES 1801–1805

2075 Riemer: Mitteilungen über Goethe *1841*

Seiner Programme zu Kinderballetten erwähnte Goethe mehrmals gegen mich, aus der frühern Theaterzeit von Bellomo und Morelli, welche bei ihrem Weggange sie mitgenommen haben müßten.

Eins waren *Die Weiber von Weinsberg*, ein anderes *Der Rattenfänger*, aus welchem noch die Romanze: «Ich bin der wohlbekannte Sänger etc.» sich erhalten hat.

2076 Riemer *1803(?)*

[Goethe:] «Die große Notwendigkeit erhebt, die kleine erniedrigt den Menschen.»

2077 Riemer *1804*

[Goethe:] «Aeschylus und Sophokles führen den Pylades nur stumm ein. Orest und Pylades sind ja Freunde, Eine Seele in zwei Leibern, also was der eine denkt und sagt, tut der andere auch.» –

«Die alte Tragödie bei Aeschylus hat Ähnlichkeit mit den alten tragischen Balladen, besonders den schottischen. Vielleicht ließen sich diese *auf alte Weise* zu Dramen machen.»

2078 Händel: Erinnerungen *1832*

Nie werde ich der Stunden, der Tage vergessen, wo ich als Knabe, als Spielgefährte August von Goethes – des biedern, freundlichen Sohnes Goethes – im Vereine mit den beiden Söhnen Schillers, unter den Augen und in Gegenwart dieser unsterblichen Dichter, so manchmal bei dem lärmenden Treiben, das wir oft über die Gebühr vollführten, den fast gleichmäßigen Ausruf: «Jungens! macht doch keinen so entsetzlichen Spektakel!» ertönen hörte. Wie oft hat in späterer Zeit mein freundlicher Vater und Gönner, oder vielmehr, mein väterlicher Freund Goethe, mich an jene Zeit erinnert, mit der Frage: «Wissen Sie noch, wie Ihr Euch, Sie, August, Ernst, Friedrich und die v. E. in meinem Garten meinen Götz von Berlichingen zum Exerzitium nahmet; wie Ihr in tollem Wahne das Stück im Freien verlebendigen wolltet!»

2079 W. Bode: Vom Kindererzieher Goethe *1909*

Karl Schäffer, ein Sohn des weimarischen Stiftspredigers, war als Knabe ein Spielkamerad von Goethes August. Einst waren die Jungen an einem kalten Tage im Hause des Geheimrats, und da sie froren, kamen sie auf die Idee, sich in aller Stille Holz heraufzuholen und den Ofen zu heizen. Wie sie gerade darüber waren, ihr Feuerchen anzublasen, trat Vater Goethe herein; die Knaben erschraken, aber statt der erwarteten Schelte hörten sie freundliches Lob. Das sei recht von ihnen, daß sie nicht erst zu Vater oder Mutter gelaufen und über die Kälte geklagt hätten, solche Jungen müßten sich schon selber gegen das Unbehagliche zur Wehr setzen, und

«Mit einem Herrn steht es gut,
Der, was er befohlen, selber tut.» – –

Dies kleine Erlebnis bewirkte, daß der nachmalige Kommissionsrat Schäffer von den tausend Sprüchen Goethes dieses Verslein am wenigsten vergaß. Eine seiner Töchter hat mir die kleine Szene erzählt.

2080 H.v.Egloffstein: Alt-Weimars Abend *1923*

[Über seine Großmutter Isabelle v. Egloffstein, geb. Waldner v. Freundstein.] Gegenüber der schwärmerischen Verehrung, die dem großen Dichterpaare sonst in der Egloffsteinischen Familie gezollt wurde, pflegte sie sich im Alter, wenn von ihnen die Rede war, kühl und nüchtern zu äußern: «Vous vous exaltez toujours de Goethe et de Schiller», bemerkte sie dann, «moi qui les ai connus, je vous assure, que c'étaient les hommes les plus ennuyeux du monde … Les soirées de Goethe étaient d'une raideur, d'un ennui» …

2081 H. Laube: Reisenovellen *1847*

[Nach den Mitteilungen einer lebhaften Dame.] Besonders bei Hofe, sagt sie, sei der Herr Geheimderat gewöhnlich sehr maussade gewesen, sehr zugeknöpft. Einmal habe sie eine große Gesellschaft auf ihn zum Abende eingeladen. Er kommt, ist aber sehr schweigsam und unergiebig; sie fragt ihn, er lacht und versichert, so viel gegessen zu haben, daß er zu keiner redenswerten Unterhaltung was tauge.

Aber, mein Gott, die Leute sind auf Sie gebeten, was sollen die in der Ferne erzählen? Sie müssen durchaus reden, 's wird immer gut genug sein. Er lacht wieder und bestellt eine Flasche Wasser beim Bedienten. Die hat er dann genossen, und hat sich dann vortrefflich aufgeführt.

2082 K. L. v. Woltmann: Memoiren des Freiherrn von S-a *1815*

«Ich hatte Goethe nur einmal gesehn», sagte die Gräfin unter andern, «so war ich schon inne geworden, daß beinahe alles, was man ihm für Unart und Eigensinn auslegt, ein inneres Bangen seiner Natur sei. Die Angst, von welcher das Genie in Verhältnissen, die allen andern Menschen leicht und handlich sind, oft ergriffen wird, und die uns Rousseau so überaus beredt geschildert hat, leidet mein Lieblingsdichter im Leben unbeschreiblich. Man glaubt es ihm nicht, weil er in vielen Dingen so stark ist, weil er so manches, das andre Menschen wie eine ungeheure Last drückt, leicht handhabt und bewegt. Ist nur ein Mensch gegenwärtig, fast hätte ich gesagt, nur ein Körper, der mit seiner physischen Natur in gar keiner Wahlverwandtschaft steht, so ist dadurch sein Genie wie gelähmt. Da er zugleich die menschliche Freiheit stark in sich fühlt, wird er verdrießlich, angstvoll, daß er über diese Lähmung nicht Herr werden kann. Ich gestehe, daß es mich geschmerzt hat, ihn so zu sehen, wenn die andern über seinen vermeintlichen Hochmut und seine Eigensucht erbittert waren. Man wird um so leichter über ihn irre geführt, weil er nie sein Herkommen aus einer angesehenen und obrigkeitlichen Familie einer freien Reichsstadt in seiner äußern Haltung verleugnet hat. Das Leben an einem kleinen Hofe diente zur Bewahrung dieser reichsbürgerlichen Feierlichkeit, und Repräsentation ward bei ihm zur Folie derselben.» Behält er denn, fragte ich, dieses repräsentative Wesen des Reichsbürgers auch in seiner Freude und Freundlichkeit, auch während der freien Ergießung seiner Natur? und wie sehr muß dann deren geniale Schönheit durch solche beengende Steifheit leiden.

«Mit nichten», entgegnete die Gräfin rasch, und die flüchtigste Röte ging über ihr Gesicht, wie bei der Hast holder Frauen in Verteidigung von etwas, das ihnen sehr lieb ist. «Wenn Goethe sich froh seiner Natur überläßt, so ist es wirklich, als wenn die Sonne aufgeht. Vor seinem Licht verschwindet immer mehr alle Schranke, und in seinem Auge, seiner Stirn, seinen Zügen, die sich immer mehr erweitern, liegt gleichsam das Universum. Dennoch ist wahr, selbst wenn seine Natur in ihrer heitren Fülle waltete, steckte bisweilen etwas wieder hervor, das mich an den Schultheißen von Frankfurt erinnerte. Mich dünkt, es war in solchen Augenblicken, wo viel Einzelnes in seiner Seele erst zu einem Allgemeinen werden wollte. Aber dann freute ich mich der rechtlichen Menschheit mitten unter seiner dämonischen Gewalt; und wenn er auch des Einzelnen noch nicht ganz habhaft war, dann wohl mit der Hand griff, als wollte er Bilder greifen, sehen Sie, dann hat er mich selbst kindlich gerührt. Das scheint mir überhaupt in Goethes Persönlichkeit wie in seinen Werken die am meisten durchgehende Eigentümlichkeit, daß man sieht, wie das Einzelne in ihm zum Allgemeinen, und das Allgemeine zum Einzelnen wird. Ich habe ihn einigemal mit Schiller zusammengesehn, und ich würde sagen, durch den Gegensatz dieser Natur hätte ich ihn erst ganz gefaßt, wenn ich nicht schon den Anfang eines Spottes um Ihren Mund sähe. Wie sagte noch unsre philosophische Freundin?»

Lachend sagt' ich: Die erhabene Sentimentalität Schillers lehrt uns die antike Frische – «Gut, gut», fiel sie ein, «und doch ist in dieser geschraubten Bemerkung viel Wahrheit. Schiller ist eigentlich ein Denker, und Goethe ein Dichter. In jenem war, über wie tiefe Sachen sich das Gespräch verbreitete, immer alles fertig, und ich habe nie bemerkt, daß er mit seinen Gedanken in irgend eine Verlegenheit kam; und in meinem Liebling wurde alles, man schuf mit ihm, wenn jener nur gab.»

Man hat mir gleichwohl viel von der Freundschaft der beiden Männer gesagt?

«Die war sehr schön und hatte einen großen Charakter. Keiner ordnete sich dem andern unter, und wenn Schiller wohl fühlte, daß die bildende Kraft in seinem Freund unendlich größer wie in ihm sei, wenn er im eigentlichsten Sinn glaubte an die dämonische Gewalt desselben: so trat Goethe mit Ehrfurcht in das Gebiet der hohen Ideen, worin Schiller seine Heimat hatte. Mir schien freilich nicht, daß er eben den Dichter in dem Freunde bewunderte, und am wenigsten den dramatischen. Ich merkte selbst, als ich einst fallen ließ, ob dessen Wallenstein denn etwas Wirkliches, Lebendiges, seine Darstellung ein Werk des dramatischen Genius sei? daß über Goethes Gesicht ein Erröten der Überraschung ging, ein Ausdruck, der gutmütig fragte, warum man ihm seine geheimsten Überzeugungen entlocken wolle? Und so bin ich überzeugt, daß er nicht einmal seinen Freund nur habe ahnen lassen, wie er über den *Dichter* Schiller denke. Überhaupt ist der zarten Schonung, der Gutmütigkeit in Goethe weit mehr, als die Menschen glauben, und ich meine, daß in seinem Charakter viel weniger Härte sei, als in Schillers. Doch ist es freilich leichter, keine Härte an sich hervortreten zu lassen, wenn man in Lebensfülle, reicher Wohlbehaglichkeit, und rüstiger Gesundheit blüht, was doch im ganzen von Goethe gilt, als wenn ein starker Geist seinem Körper, in welchem das Leben untergraben ist, die lebendigste Anstrengung abtrotzen muß...»

2083 R. Springer: Die klassischen Stätten von Jena und Ilmenau *1869*

Goethe, weil er ... sich auch in späteren Jahren ... in Ilmenau gezeigt hat, steht freilich noch dort in Andenken ... Es lebt noch ein Zeitgenosse, der auch in persönlichem Verkehr mit ihm gestanden hat: der hochbetagte Bergrat Mahr, ein schöner Greis, der sich trotz seinem Alter noch ungewöhnliche Geistesfrische bewahrt hat. Knebel hatte er nicht gekannt; von und über Goethe erzählte er mir manches, das mir zum Teil neu war. Er hatte ihn in Ilmenau oft schon am frühen Morgen beschäftigt gefunden, Manuskripte, die ihm Knebel eingeschickt, durchzulesen. Hier in Ilmenau habe er sich durch die Nachtwächter belästigt gefühlt ... Goethe habe zu Knebels Zeiten in einem Mühlengebäude gewohnt, und der neckische Freund habe einstmals veranlaßt, daß ihm die Haustür mit Mehlsäcken barrikadiert und der Ausgang ganz verhindert worden sei.

2084 F. J. Schelver: Lebens- und Formgeschichte der Pflanzenwelt *1822*

An Herrn Geheimenrat von Goethe.

Dieses Buch ist eine Frucht, deren erste Aussaat ganz in Ihnen, mein teurer väterlicher Freund! Nahrung und Licht empfing. Darum eile ich, Ihnen darzubringen, was nun schon seit zwanzig Jahren in Ihrer liebreichen ersten Pflege wurzelt, und Ihnen so innig verbunden ist. Seit jenen unvergeßlichen Tagen, an welchen in Ihren sinnreichen Sammlungen, und unter Ihrer liebreichen Führung, in mir das Seelenauge erwachte, hat mich jeder Herbst mit der Frage gemahnet: warum denn nicht auch, für den Geist des Pflanzenlebens, unter den reichen Segnungen des Jahrs, jene Hoffnung zu einer abgeschlossenen Gestalt gereift sei, welche Sie einst in meine Wirksamkeit gelegt hatten? In den Metamorphosen, welche diese einer Pflanze gleich durchlief, war mir der Druck, eine alte Pflicht für Sie nicht abgetragen zu haben, empfindlicher, als das Gefühl des Unbestandes, gegen welchen die feste Haltung des Blicks fortgesetzt werden sollte. Urteilen Sie hieraus, wie sehr ich mich freue, Ihnen dieses Buch überreichen zu können, und wie sehr ich wünsche, daß es Ihnen, auch in den Fesseln der strengen Wissenschaft, eine kleine Rückgabe jenes heiteren freien Schauens werde, in welches ich durch Sie zuerst eingeweihet wurde.

2085 A. v. Löwis of Menar an G. v. Bergmann *2. Februar 1802*

Ich bin schon einige Male in Weimar gewesen und habe dort Schiller, Wieland, Goethe, Falk, Herder, Bertuch, Kotzebue teils gesehen, teils selbst gesprochen. Unter anderem hatte ich Gelegenheit, Goethe an einem Feste, das wir Livländer und Kurländer den Professoren gaben, zu sprechen ... Jetzt ist er sehr stolz und finster und ernst; jedoch hat er der Liebe noch nicht entsagt, denn er hat so ein Mittelding zwischen Frau und Mädchen bei sich und führt es überall mit herum, auch sitzt es im Theater neben ihm und sieht ihn zärtlich an, wenn verliebte Stellen vorkommen.

2086 K. L. Blum: Ein Bild aus den Ostsee-Provinzen 1846

Er [Andreas von Löwis of Menar] gedachte später gern eines Mahls, das seine Landsmannschaft, wenn ich nicht irre, zur Feier von des Herzogs Geburtstage gab. Die großen Dichter fehlten nicht; und unser Freund freute sich noch in der Erinnerung einer besonders lebhaften Gruppe, die sich nach Tisch um Goethe her gebildet. Dieser setzte lebhaft dem nachdenklichen Schiller interessante Dinge auseinander, indes Vater Wielands heiterster Humor dazwischen sprudelte.

2087 Henriette v. Knebel an ihren Bruder 11. November 1807

Ich erinnere mich auch, daß Goethe mir einmal sagte, daß Herder in seinen Religionslehren für die Jugend ganz herrlich und unnachahmlich wäre.

2088 E. Genast: Aus dem Tagebuche eines alten Schauspielers 1862

Wir blieben bis Ende August [in Lauchstädt] und gingen dann auf vier Wochen zum Vogelschießen nach Rudolstadt, wo eine große Masse von Fremden sich alljährlich zu diesem Hauptvergnügen des Thüringer Volkes versammelte. Der Herzog Carl August, der Herzog von Gotha, der Fürst von Sondershausen und die von Reuß, Schleiz, Greiz und Lobenstein waren zu diesem Fest gewöhnlich die Gäste des Fürsten von Rudolstadt und amüsierten sich, stets unter das Volk sich mischend, wochenlang. Auch Goethe kam zuweilen. Drollig war es anzusehen, wenn die fürstlichen Herren, Goethe mit unter ihnen, sich um eine Bratwurstbude stellten und dann, ein jeder mit einer solchen bewaffnet, unter dem Publikum einherwandelten; oder wenn sie mit den hübschesten Landmädchen in einer Lottobude saßen und diese mit Wein oder Punsch regalierten; der Schluß war dann gewöhnlich, daß jeder seine hübsche Dirne an den Arm nahm, die Musik herbeigeholt und eine Polonäse eröffnet wurde, die den ganzen Anger und alle Säle durchwogte und an der das ganze Volk jubelnd teilnahm. Diese Herablassung gewann ihnen aber auch die Herzen aller, nicht nur der begünstigten Schönen.

2089 H. Voß an Abeken *12. Juli 1822*

Goethes Aufsatz über den Calderon ist, bei aller Einseitigkeit, die diesmal in seinem Plane lag, höchst trefflich. Nur in Einem Punkte hat Goethe unrecht. Wie kommt er dazu, die «Andacht zum Kreuze» unter die (ich will der Kürze wegen sagen) papistischen Stücke zu zählen? Ich habe sie von neuem gelesen und sie in der Tat höchst unschuldig gefunden. Es wird darin gar kein dogmatischer Glaube in Anspruch genommen, sondern bloß ein poetischer, wie bei Macbeths Hexen. Ich weiß auch bestimmt, daß Goethe ehemals ganz anders über das Stück dachte, und Schiller mit ihm.

2090 C. Brentano an A. v. Arnim *1. Januar 1806*

Goethe hat einstens zu Friedrich Tieck gesagt, er wundre sich, daß Preußen keinen Dichter habe als Ramler.

2091 Louise Seidler: Erinnerungen

... namentlich in der Musik machte ich tüchtige Fortschritte. Von diesen eine Probe abzulegen, bat man mich einst in einer Soirée, welche unser Hausgenoß, Major Hendrich, Kommandant von Jena, zu Ehren Goethes veranstaltet hatte. Namenlose Befangenheit ergriff mich; unter dem Banne derselben haspelte ich eine Sonate von Clementi ab – der Erfolg war sehr dürftig; Goethe, damals gegen mich noch ganz «Geheimrat», sagte mir in herablassender Weise einige freundliche Worte, gab mir aber nie wieder Gelegenheit, ihm einen ähnlichen «Kunstgenuß» zu bereiten.

2092 Louise Seidler: Erinnerungen

[Bei Frommanns in Jena.] Andere Abende waren wohl dem Scherze und der frohen Laune gewidmet; Frommanns sahen junge Seelen gern bei sich, um ihren Zirkel gehörig zu beleben. Einst war als Weihnachtsgeschenk der Kinder eine Laterna magica ins Haus gekommen. Diese ergriff Goethe, ließ die bunten Bilder auf der weißen Fläche der Stubentür sich abschildern und trug improvisierte Knittelverse des witzigsten Inhalts dazu vor. Ein andermal hatten wir uns damit unterhalten, aus einzelnen großen Buchstaben Namen zusammenzulegen; am nächsten Tage schickte Goethe ein mit einer Anzahl solcher Buchstaben angefülltes Kuvert, welches die Aufschrift trug: «Drei Namen, davon der erste mit einem M anfängt, der letzte mit einem A endigt.» Das Verlangen, die geheimnisvollen Namen zu kennen, ruhte nicht eher, als bis dieselben entdeckt waren, sie hießen: «Minchen, Anmut, Alwina» – nämlich Minchen Herzlieb und Alwina Frommann, die Tochter vom Hause.

2093 Johanna Frommann an ihren Sohn Friedrich Johannes *29. November 1823*

Bei des Sohnes Liebe zur Mutter im «Paria» fühlte ich sie tief mit. Diese Geschichte erzählte uns Goethe mal oben auf des Vaters Stube, er saß auf dem Sofa, ich stand horchend an den Tisch gelehnt, Minchen [Herzlieb], noch Kind, saß auf einem Schemel vor ihm ganz Ohr. Sie lag mir seitdem immer im Ohr, diese Geschichte.

2094 Th. Körner an die Seinigen *15. Januar 1812*

[Friedrich] Schlegel hat mir erzählt, daß, als Goethe die Eugenia arbeitete, diese als Emigrantin, eine Prinzessin Stephanie Conti, in Weimar war, wo sie eine Färberei anlegen wollte, da sie im Chemischen sehr bewandert und mit Lavoisier befreundet gewesen. Besonders Goethe, den sie nicht kennt, verhinderte es. Schlegel hat sie dann noch in Paris gesehen, wo sie recht gut von ihrer Dramatisierung unterrichtet war. Sie ist späterhin verschwunden, wahrscheinlich in Moreaus Verschwörung verwickelt.

2095 K. A. v. Reichlin-Meldegg: H. E. G. Paulus *1853*

Die Professorengesellschaft (in dem der Universität gehörigen Rosengarten), in welcher gebildete Studenten mit Freude willkommen waren, wurde mitunter von Goethe besucht, und dieser unterhielt sich hier sehr oft stundenlang mit Frau Paulus, die später noch im hohen Alter sich durch weibliche Grazie und Anmut auszeichnete, und mit vielem Verstande und richtigem Gefühle das Schöne und Gute in einer Dichtung herauszufinden verstand. Goethe trug hier aus der Fülle seines Geistes improvisierte Märchen und Erzählungen vor, und alle, die sie hören konnten, waren von dem originellen Geiste des Improvisators entzückt.

2096 K. F. Horn: Notiz

Goethe, Schiller und Herder saßen eines Abends bei der Prinzessin Karoline, die als Erbgroßherzogin von Mecklenburg gestorben ist, um einen Tisch und waren im heitern Gespräch begriffen. Sie hatten ein Blatt Papier vor sich, auf welchem sie mit der Bleifeder ihre Köpfe, nämlich ihre Schädel, gezeichnet hatten. Sie suchten durch darein gezogene Linien anzugeben, in welchem Verhältnisse zueinander und untereinander Verstand, Vernunft und Phantasie sich in denselben befänden, wie viel davon in jedem der drei Köpfe enthalten sei und worin demnach sie einander ähnlich und voneinander verschieden wären. Sie gerieten darüber in einen unterhaltenden Streit, konnten aber nicht einig werden, und das Ende vom Liede war ein fröhliches Gelächter: – So hat es die Prinzessin mir mit Freuden erzählt.

2097 A. Müller an seinen Vater *6. August 1804*

Jeglicher ist etwas Eigenes, und von dem Renommisten, der die Niemeyer beinahe umstieß, sagte Goethe, der daneben stand: «Eine besondere Natur!»

2098 Graf H. G. Trolle-Wachtmeisters Tagebuch *1804*

Bei Goethe sah ich zum ersten Male den bedeutenden Staatsbeamten und den großen Dichter in einer Person vereinigt. Unser Oxenstjerna ist nie etwas mehr als der bloße Schatten eines Staatsbeamten gewesen. Goethe hingegen steht an der Spitze der fünf Geheimräte, welche das Weimarer Geheimconseil ausmachen. Anfangs wirkte sein Benehmen abstoßend auf mich. Ich glaubte bei ihm einen schlecht angebrachten bürokratischen Stolz zu bemerken, vereint mit der Eigenliebe eines umschmeichelten Schriftstellers. Bald erkannte ich indessen, daß ich ihm unrecht getan. Seine Zurückhaltung muß wohl einer Art von Hypochondrie zugeschrieben werden, die durch das Gefühl der ihn umgebenden Leere hervorgerufen worden. Denn die Bevölkerung Weimars ist nicht derart, wie ich es mir versprochen hatte … Nach unserm ersten und zweiten Zusammensein wurden wir recht gut bekannt, und ich hatte das besondere Glück seiner zweimaligen Nachbarschaft bei Tische. Jedesmal, nachdem Goethe einige Gläser Champagner geleert, erfuhr sein Wesen eine Veränderung, und dann war der Anfang zu einer näheren Bekanntschaft leicht gemacht. Ein guter Einfall war es schon, daß ich mit meinem halbschwedischen Deutsch auf ihn einredete; denn er spricht gleich Voß, Schiller und Wieland höchst ungern Französisch. Nie zuvor habe ich ein Antlitz gesehen, welches sich mit dem Goethes vergleichen ließe. So männlich schöne Gesichtszüge, die so deutlich das Gepräge der Elevation, der Energie und der Genialität tragen, oder ein solches Feuer, wie es aus seinen großen schwarz-braunen Augen blitzt, vermag man sich nicht vorzustellen.

2099 L. Robert: Denkblatt

… als ich einst, ich glaube im Jahre 1804, bei ihm zu Tische war, kamen Almanache, der Chamisso-Varnhagensche war auch darunter, und Goethe nahm einen nach dem anderen, hielt sie an seine und seiner Frau Ohren, und fragte: «Hörst Du was? ich höre nichts. Nun! wir wollen die Kupfer betrachten, das ist doch das Beste»; und so legte man die Almanache bei Seite.

2100 F. Irrgang: Mitteilung *1855*

Ein anderes Mal ist Schiller bei Goethe zu Gast. Es pflegte nun Schiller gern nach Tische Tabak zu rauchen; er wußte aber, daß dem an Weihrauch gewöhnten Goethe das virginische Aroma zuwider war, wollte ihm auch seine Lorbeerkränze nicht umqualmen; da fand er einen Ausweg. Er nahm einen Vorwand hinauszugehen, zündete in der Küche sein Pfeifchen an und ging ein Viertelstündchen im Garten rauchend auf und ab. Er wollte nirgends mit seinen Gewohnheiten lästig sein.

2101 Böttiger

Unterredung mit Falk im Wagen auf der Reise nach Leipzig Ende April 1804 über Goethe und Schiller …

Goethe sah nie ein Blatt des Freimütigen. Man drang es ihm auf. Er gab es ungelesen zurück; hat aber darum keinesweges es verschworen, einmal Rache an jenem Gesindel zu nehmen. Er gab einmal eine Karikatur an: Goethe mit einigen andern Kunstfreunden wandelt in den Propyläen unter den Säulengängen vornehm gutmütig herum. Unten hat Kotzebue die Hosen abgezogen und setzt einen Sir Reverence, indem er sehnsuchtsvoll hinanblickend spricht:

Ach könnt' ich doch nur dort hinein,
Gleich sollt's voll Stank und Unrat sein!

Bei der Eleganten Zeitung schlug er vor, den Buben, der die Greifen zügelt, umzukehren und dem Publikum das Gesäß zeigen zu lassen. Überhaupt liebt Goethe dies Genre des Aristophanes. Auch Nicolai hat er einmal vorgestellt, wie er auf Werthers Grabhügel einen Haufen setzt. Die Xenienlaune kehrt oft bei ihm ein. Nur läßt er sich nicht immer von ihr fortreißen.

2102 F. G. Welcker: Autobiographie

An Goethe hatte ich einen Brief des Professors Schaumann in Gießen, der mehrere Rezensionen Goethischer Werke für die Jenaische Literaturzeitung geschrieben hatte. Er empfing mich stehend, in der Mitte des Zimmers, ein kräftiger rüstiger Mann, auch dem Anzuge nach mannhaft, etwa wie ein Forstmann, und setzte sich mit mir an ein Fenster. Er fragte mich nach den wissenschaftlichen Zuständen meiner ihm ehemals wohlbekannten Heimat [Hessen]; das Gespräch fiel auch auf Wetzlar, und da ich naiv genug war, auch Werthersche Lokalitäten zu berühren, sagte er: «Ja, das war ein Stoff, bei dem man sich zusammenhalten oder zu Grunde gehen mußte.» Eine Audienz bei Schiller, die Professor Voß vermittelt hatte, wurde durch einen Zufall vereitelt. Voß, der tägliche Besucher der beiden großen Dichter, erzählte mir von Goethe, wie angenehm es ihm sei, wenn er mit ihm Sophokles lese, wie er die Wörter, die er zuerst lerne, aufzufassen und nach allen Beziehungen zu würdigen verstehe; daß sich Goethe aus spanischen Büchern, die er von Göttingen erhalte, viele Wörter aufzeichne. Aber auch mit Rührung, wie weise und geschickt Goethe ihn, als er über eine böswillige Kritik aufgebracht war, besänftigt und auf alle Erwiderung zu verzichten bewogen habe, und so immer wohlmeinend und edel in seinem Rate sei.

REGISTER

In diesem Register sind die Namen der Berichterstatter mit Verweisung auf die *Nummern* der zugehörigen Stücke erfaßt. In den Fällen, wo der Berichterstatter nicht mit dem Quellenautor identisch ist, der Bericht also aus zweiter Hand stammt, werden beide Namen aufgeführt. Unmittelbar an den Namen anschließend folgen die Berichte aus Tagebüchern, Erinnerungswerken und sonstigen Schriften, sodann die Briefstellen mit Angabe der Empfänger

Bibliothek der Erstausgaben im dtv

Herausgegeben von
Joseph Kiermeier-Debre

Gotthold Ephraim Lessing
Nathan der Weise
dtv 2600 · DM 8,-

Friedrich Schiller
Die Räuber
dtv 2601 · DM 8,-

Johann Wolfgang Goethe
Die Leiden des jungen Werthers
dtv 2602 · DM 6,-

Novalis
Heinrich von Ofterdingen
dtv 2603 · DM 10,-

Heinrich von Kleist
Michael Kohlhaas
dtv 2604 · DM 6,-

Joseph Freiherr von Eichendorff
Aus dem Leben eines Taugenichts
dtv 2605 · DM 6,-

Georg Büchner
Danton's Tod
dtv 2606 · DM 6,-

Annette von Droste-Hülshoff
Die Judenbuche
dtv 2607 · DM 6,-

Adalbert Stifter
Brigitta
dtv 2608 · DM 6,-

Frank Wedekind
Frühlings Erwachen
dtv 2609 · DM 6,-

Gotthold Ephraim Lessing
Minna von Barnhelm
dtv 2610 · DM 6,-

Friedrich Schiller
Maria Stuart
dtv 2611 · DM 8,-

Johann Wolfgang Goethe
West-oestlicher Divan
dtv 2612 · DM 8,-

Bibliothek der Erstausgaben im dtv

Herausgegeben von
Joseph Kiermeier-Debre

E.T.A. Hoffmann
Der goldene Topf
dtv 2613 · DM 8,-

Heinrich Heine
Buch der Lieder
dtv 2614 · DM 12,-

Franz Grillparzer
Der arme Spielmann
dtv 2615 · DM 6,-

Eduard Mörike
Mozart auf der Reise nach Prag
dtv 2616 · DM 6,-

Gottfried Keller
Kleider machen Leute
dtv 2617 · DM 6,-

Theodor Storm
Der Schimmelreiter
dtv 2618 · DM 8,-

Rainer Maria Rilke
Die Aufzeichnungen des Malte Laurids Brigge
dtv 2619 · DM 10,-

Gotthold Ephraim Lessing
Emilia Galotti
dtv 2620 · DM 6,-

Jakob Michael Reinhold Lenz
Der Hofmeister
dtv 2621 · DM 6,-

Friedrich Schiller
Kabale und Liebe
dtv 2622 · DM 6,-

Johann Wolfgang Goethe
Faust. Eine Tragödie
dtv 2623 · DM 8,-

Friedrich Hölderlin
Hyperion
dtv 2624 · DM 10,-

Heinrich von Kleist
Der zerbrochne Krug
dtv 2625 · DM 6,-

dtv

Goethes Gespräche
Biedermannsche Ausgabe

Band II

Goethes Gespräche
Biedermannsche Ausgabe

Fünf Bände in sechs Teilbänden
Ergänzt und herausgegeben
von Wolfgang Herwig

Band 1
Gespräche der Jahre 1749–1805
Band 2
Gespräche der Jahre 1805–1817
Band 3 · Erster Teil
Gespräche der Jahre 1817–1825
Band 3 · Zweiter Teil
Gespräche der Jahre 1825–1832
Band 4
Kommentar
Band 5
Nachklang/Nachträge/Register

Goethes Gespräche

Eine Sammlung zeitgenössischer Berichte
aus seinem Umgang
Auf Grund der Ausgabe und des Nachlasses
von Flodoard Freiherrn von Biedermann
Ergänzt und herausgegeben
von Wolfgang Herwig

Band 2
1805–1817

Deutscher Taschenbuch Verlag

Diese Taschenbuchausgabe ist band- und textidentisch
mit der im Artemis Verlag, Zürich,
von 1965 bis 1987 erschienenen Ausgabe.

November 1998
Deutscher Taschenbuch Verlag GmbH & Co. KG,
München

Umschlagkonzept: Balk & Brumshagen
Gesamtherstellung: C. H. Beck'sche Buchdruckerei,
Nördlingen
Printed in Germany · ISBN 3-423-59039-4

INHALT DES ZWEITEN BANDES

1805–1817

VI

VON SCHILLERS TOD
BIS ZUM ERFURTER KONGRESS
1805–1808

1805

2103 *H. Voß (in Gräfs Bearbeitung)*

[10. Mai 1805.] Den Morgen nach Schillers Tode schien der Jammer recht bei den Einwohnern Weimars eingekehrt ...
Um zehn Uhr sehe ich Goethe im Park gehen. Ich hatte aber nicht den Mut, ihm zu begegnen. – In sanftem Schmerze bringt er den Tag zu, und am Abend schon soll er gefaßt gewesen sein.

2104 *Luise v. Göchhausen an Knebel* *10. Mai 1805*

Mit Goethens Gesundheit geht es, dem Himmel sei Dank! sehr gut. Der bedenkliche Zeitpunkt, wo man eine Rückkehr des Übels fürchtete, ist glücklich und nur mit leisen Spuren der weichenden Eumeniden vorübergegangen.

2105 *Carl v. Stein: Erinnerungen* *nach 1832*

Als Schiller starb, wollte ihn [Goethe] meine Mutter bereden, ihn noch zu sehen. Er antwortete aber mit Widerwillen: «O nein! die Zerstörung!»

2106 *Charlotte v. Stein an ihren Sohn Fritz* *11. Mai 1805*

Goethe ist völlig wieder hergestellt und kommt jetzt öfter zu mir. Schiller bleibt ihm ein unersetzlicher Verlust. Er sprach heute so schön und original über den physischen und geistigen Menschen, daß ich's hätte mögen gleich aufgeschrieben haben.

2107 *Riemer an Frommann* *11. Mai 1805*

Gewiß wird die Nachricht von unsers Schillers Hingange Sie sehr erschreckt haben. Keiner von uns erwartete ihn ... Goethe ist, wie Sie denken können, sehr dadurch alteriert, ob er sich gleich zusammennimmt und vor uns ruhig erscheint, wie es einem Manne seiner Art ziemt.

2108 *H. Voß (in Gräfs Bearbeitung)*

Drei Tage lang bin ich Goethe ausgewichen. Ich weiß nicht wie, aber mir graute und bangte vor seinem Anblick! Auch er hat an die Vulpius gesagt, er wollte, daß er mich erst wiedergesehn hätte. Er hat mir herzliche Worte durch seinen August sagen und mich mehrmals zu sich bitten lassen; aber ich bin erst den dritten Tag zu ihm gekommen. Als ich wieder vor ihm erschien, da fühlte ich's, daß ich ihm jetzt kein angenehmer Bote war, wie ehemals, wenn Schiller sich wohl befand, und ich dies so freudig an Goethe meldete. Ich mußte alle Kraft zusammennehmen, um den lieben Mann durch keine weichherzige Äußerung oder Miene traurig zu machen.

Am vierten Tage [Montag, den 13. Mai] paßte ich die Zeit ab, wo er auf die Bibliothek gegangen war. Ich folgte ihm, wünschte ihm einen guten Morgen, und fing wohl zehn bibliothekarische Fragen an, bei denen ich so wenig etwas dachte, als Goethe bei seinen Antworten, die er mit sichtbarer Geistesabwesenheit, aber mit der größten scheinbaren Geschäftigkeit mir gab. Er hatte nachher gesagt, es wäre ihm sehr lieb gewesen, daß ich ihm nichts von Schiller gesagt hätte; er wäre schwerlich gefaßt gewesen, mir mit Ruhe darauf erwidern zu können.

2109 Riemer an Johanna Frommann *13. Mai 1805*

Mit Goethe steht es gut. Er arbeitet alle Morgen (unter uns!) an seiner Optik, und ich bin ihm treu dabei behülflich. Die Krankheit scheint sich einen ordentlichen Ausweg verschafft zu haben, der, wenigstens nach des jungen Starks Versicherung, unschädlich, ja unschuldig ist. Meyer, Fernow und ich sind abwechselnd seine Unterhaltung in den Stunden der Abspannung und Erholung.

2110 Ch. A. Vulpius an N. Meyer *13. Mai 1805*

Nach vielen Leiden und Schmerzen ist Goethe endlich wieder hergestellt …

2111 E. Genast: Aus dem Tagebuche eines alten Schauspielers *1862*

[A. Genasts Bericht über die Zeit nach Schillers Tod.] Unser Jammer war groß, aber keiner wagte, sein Dahinscheiden

Goethe mitzuteilen, und doch wußte man nicht, wie man es anfangen sollte, ohne seinen Befehl die nächste Vorstellung zu sistieren. Endlich legte sich die Jagemann ins Mittel und erklärte dem Herzog unumwunden, daß sie in ihrer Stimmung nicht Komödie spielen könne. Darauf wurde auf Befehl des Herzogs Sonnabend, den 10. Mai die Bühne geschlossen. Statt des Theaterzettels erschien den andern Tag folgende aus einer Kanzlei hervorgegangene Bekanntmachung:

«Weimar, den 10. Mai 1805.

Bei der traurigen Stimmung, welche durch das Ableben des allgemein geschätzten und um das deutsche Theater so sehr verdienten Herrn Hofrat von Schiller, allhier, besonders bei dem Personale des fürstlichen Hoftheaters hervorgerufen worden, wird auf Ansuchen desselben die morgende Darstellung mit gnädigster Zustimmung ausgesetzt.»

Alle diese Vorkommnisse waren Goethe, der selbst bettlägerig war, bis nach der Beerdigung Schillers verheimlicht worden; erst Sonntag, den 12. teilte sein Sohn August ihm die Trauerkunde mit. Darauf soll er den Befehl erteilt haben, niemand, wer es auch sei, zu ihm zu lassen. Einige Zeit darauf führten mich dringende Geschäfte zu ihm; mit Zittern und Zagen trat ich den Weg an. Er empfing mich mit ernster Miene, äußerte aber kein Wort über Schillers Dahinscheiden. Als ich seine Befehle eingeholt hatte, wollte ich mich entfernen, da rief er: «Noch eins! Sagt dem, der die sonderbare Annonce über den Tod meines Freundes verfaßt hat, er hätte es sollen bleiben lassen! Wenn ein Schiller stirbt, bedarf es dem Publikum gegenüber wegen einer ausgefallenen Theatervorstellung keiner Entschuldigung.» Ich wußte recht gut, wer sie verfaßt hatte, schwieg aber wohlweislich, um einen sonst hochverdienten Mann nicht bloßzustellen. Es war eben damaliger Kanzleistil, Goethes Entrüstung hielt ich aber doch nicht gegen ihn zurück. Längere Zeit ging Goethe nicht in das Theater.

2112 Voigt an Böttiger *16. Mai 1805*

Herr von Goethe ist wieder sehr wohl und munter; ich fürchtete einen fatalen Eindruck von Schillers Tod, aber das contra audentior ito scheint eingetreten zu sein, und frischer Mut ist schon Lebensstärke.

2113 Riemer an Frommann *18. Mai 1805*

Goethe ist sehr fleißig und war bis auf gestern abend immer wohl. Von dem Eindruck, den Schillers Ableben auf ihn gemacht, ließ er sich nichts merken. Es ward ihm künstlich beigebracht. Bei dem ersten Eindruck war niemand als die V[ulpius] zugegen. Den Tag über durfte niemand davon reden. Am dritten Tage sprach er zuerst selbst mit mir von dem Verlust, den die Literatur erlitten, was Schiller noch alles vorgehabt zu tun und zu leisten. – Vorigen Abend aber befiel ihn sein alter Seitenschmerz, doch nicht so stark, wie das vorige Mal. Er hat auch geschlafen und will nur heute noch sich ruhig verhalten. Morgen wieder ad laborem.

2114 H. Voß (in Gräfs Bearbeitung)

Goethe ist fast noch herzlicher gegen mich und Riemer geworden als ehemals. Wir sind auch nun, einer von uns beiden, beständig um ihn. In den ersten acht Tagen haben wir von Schiller gar nicht geredet. Doch am 18. Mai ging ich mit Goethe im Park spazieren, da war er in einem bewegten Zustande, wie ich ihn nimmer gesehn habe. Er hatte einen kleinen Rückfall von seinem Übel gehabt und ging zum ersten Mal im Park spazieren, wo ich ihm begegnete. An dem Tage hatte er durch Riemer erfahren, daß mein Vater nach Heidelberg gehn würde. Seine Krankheitsschwäche, Schillers Tod und der Verlust meines Vaters, – alles lag schwer auf seinem Gemüt. Da redete er im Gefühl der tiefsten Leidenschaft; er sprach Worte, die mir durch Mark und Bein gingen. «Schillers Verlust», sagte er unter andern, und dies mit einer Donnerstimme, «*mußte* ich ertragen, denn das Schicksal hat ihn mir gebracht; aber die Versetzung nach Heidelberg, das fällt dem Schicksal nicht zur Last, das haben Menschen vollbracht.» Ich vermochte ihm nicht zu antworten; aber nie habe ich einen größeren Jammer gefühlt, als in diesem Augenblick. Ich mußte weinen vor Wehmut, und Goethe weinte auch. Wir gingen wohl fünf Minuten stumm nebeneinander. Endlich ergriff er meine Hand mit einer leidenschaftlichen Heftigkeit und drückte und schüttelte sie, wie er es nie getan. – Wir sind darauf stillschweigend zu Hause gegangen. Ich ergriff seine Hand und umklammerte sie mit der meinigen, und folgte ihm so in seinen Garten hinein, wo ich stummen Abschied von ihm nahm. Ich sah ihm ins Gesicht, ich fand so viel Güte in seinen Augen, so viel Wohlwollen auf seiner Stirn, so viel menschlich Erquickendes! Er glich einem sanften Regen nach einem Gewitterschauer. Das war zu viel für mich, ich hätte in Tränen zerfließen mögen. Ich tat mir noch einige Augenblicke Gewalt an und verließ ihn.

Aber ich hatte den ganzen Abend keine Ruhe, weil ich in dieser Erschütterung einen Rückfall für Goethe befürchtete. Abends besuchte ich die Vulpius; die sagte mir, er sei sehr bewegt nach Hause gekommen und habe lange Zeit mit dem Gesicht ans Fenster gelehnt gestanden. Unter andern hatte er gesagt: «Voß wird seinem Vater nach Heidelberg folgen, und auch Riemer wird man über kurz oder lang wegziehn, und dann steh' ich ganz allein!» – Endlich sei August ins Zimmer getreten, und des Sohnes Gegenwart habe seine heitere Stimmung zurückgeführt.

Ich habe ihm mehrmals schon seitdem gesagt, daß ich nicht aus Weimar ginge, daß ich sein treuer Gefährte bleiben wolle.

2115 Ch. A. Vulpius an N. Meyer *20. Mai 1805*

Ihre Teilnahme an Goethens Gesundheitszustande verlangt öftere Relationen deshalb. Leider! so gesund er auch wieder zu sein schien, so kamen vorgestern seine Krämpfe doch so schrecklich wieder, daß Stark von Jena um Mitternacht herbei mußte. Es hat sich jetzt wieder gegeben, und Stark meint, das Übel wird chronisch werden, doch so, daß es immer nur nach längeren Pausen wieder käme, um endlich zu verschwinden. Aber bis dahin? – Seine Kräfte gehen sehr darauf. Er hört ungern davon reden, und man muß sich hüten, Briefe sehen zu lassen, in welchen davon gesprochen wird.

2116 H. Voß an Solger *22. Mai 1805*

Goethe ist im Grunde jetzt recht wohl. Ein kleiner Rückfall, den er neulich bekam, ward uns von guter Vorbedeutung. Er war diesmal erst nach sechs Wochen wiedergekehrt und so schwach, daß Goethe schon den folgenden Tag aufsein konnte, und nur durch das Gebot des Arztes zurückgehalten wurde vom Spazierengehen. – Ich werde noch manchen seligen Augenblick durch ihn und mit ihm genießen; aber mit *der* Unbefangenheit, wie im vorigen Jahre, genieße ich das Glück nicht mehr, ihn zu besitzen ...

Seinen Sohn will Goethe nun in die Schule geben, wozu ich mich freue, weil ich nun Gelegenheit habe, dem Vater an seinem Sohne nach meinen besten Kräften und auf die einzig mögliche Weise ein weniges zu vergelten. Riemer bleibt bei Goethe, und gewinnt dadurch den Vorteil, mehr um Goethe sein zu können, was auch ein großer Vorteil für Goethe ist. Er hat Riemern lieb wie seinen Sohn, und Riemer verdient es auch. – Riemer und ich sprechen täglich davon, und machen beständig Plane, wie wir dem *guten* Manne sein Leben erleichtern können, und Goethe hat wenigstens Freude an unserem Willen, den er für echte Tat hinnimmt.

2117 H. Voß an Solger *26. Mai 1805*

Gestern abend wurde Maria Stuart gegeben. Es hat mich unbeschreiblich gerührt, dieses herrliche Stück, und vieles erinnerte so lebhaft an den herrlichen Verfasser. Auch Goethe war darin zwei Akte hindurch. Ich wollte noch zu ihm gehn nach der Vorstellung, aber es war um ¾ auf zehn, als ich zu Hause kam, und Goethe war schon zu Bett gegangen. Dafür habe ich heute einen Morgenbesuch bei ihm gemacht um halb 7 Uhr, wo ich ihn ungemein herzlich fand. Der Mann ist mir nun mein Alles in dieser Gegend, denn die Eltern gehn nach Heidelberg. Heute abend erwarte ich meine Eltern von Halle zurück, sie bleiben einen Tag hier, und dann reise ich mit ihnen nach Jena.

2118 Charlotte v. Stein an ihren Sohn Fritz Anfang Juni 1805

Goethe kommt jetzt öfterer zu mir; Schiller ist ihm ein großer Verlust. Nur, wer recht geliebt hat, kann und muß an eine Zukunft glauben. Hätten Schiller und Goethe nur *einen* Menschen so geliebt, wie ich Dich liebe, die Zukunft, das Wiederfinden wäre ihnen unentbehrlich gewesen.

2119 Wieland an Göschen 6. Juni 1805

Ich kann mir vorstellen, welche Sensation die Nachricht von Schillers Tode in Leipzig gemacht haben mußte. Nach Herdern, und solange uns Goethe noch erhalten wird, konnte Deutschlands Literatur keinen empfindlichern Verlust erleiden. Wollte Gott, daß wir nur nicht auch über den Einzigen, der uns darüber trösten kann, noch immer in Sorgen schweben müßten! Ich kann Ihnen nicht ausdrücken, wie leicht mir um's Herz würde, wenn ich gewiß sein könnte, diesen Fall nicht zu erleben. Indessen nimmt doch die Hoffnung täglich zu, daß seine treffliche Natur das Übel, das ihn schon zweimal in diesem Jahr dem Tode nahe gebracht, zuletzt doch, wo nicht gänzlich besiegen, wenigstens so modifizieren und dämpfen werde, daß seine Freunde und die Welt seines Daseins in unserer Mitte noch lange genießen, und sich noch manche Früchte seines herrlichen Geistes, gleich denen, womit er uns in dieser Messe beschenkt hat, versprechen können.

2120 Luise v. Göchhausen an Böttiger 10. Juni 1805

[Über Schillers Tod.] Keine Tränen-Szene ging auf dem Theater vor – wer sollte sie veranstalten? Goethe war kränklich und im tiefsten Schmerz ...

Mit Goethes Gesundheit geht es besser, und ich hoffe, er wird uns erhalten. Er besucht wieder Gesellschaften und ist oft bei uns. Jetzt hat er einen Besuch, auf einige Wochen, von dem Geh. Rat Wolf, aus Halle, der ihm sehr erheitert.

Winckelmann und sein Jahrhundert, sowie der Vetter Rameaus, wird Ihnen nicht unbekannt sein.

2121 *H. Voß (in Gräfs Bearbeitung)*

Goethe hat vorigen Sonnabend [den 22. Juni] einen Anstoß seiner Krankheit gehabt, aber schon wieder schwächer als das letzte Mal. Starks Prophezeiung trifft ein: die Anfälle kehren von Zeit zu Zeit seltner und schwächer zurück, ehe sie ganz aufhören. Nur zwei Stunden hat Goethe gelitten, dann ruhig geschlafen, und am andern Morgen ist er wieder spazieren gegangen. Dieses Übel hat in ihm gewühlt, als meine Eltern hier waren.

2122 *August v. Goethe an N. Meyer* *24. Juni 1805*

Der Vater befindet sich jetzt wieder recht wohl, ob er gleich am 21. dieses Monats den sechsten Anfall von den ihn sehr quälenden Krämpfen hatte, dieser Anfall war aber sehr schwach, und er ging schon den andern Tag wieder aus. Der Herr Geh. Rat Wolf aus Halle war einige Zeit bei uns, und jetzt ist der Herr Geh. Rat Jacobi bei uns.

2123 *H. Meyer* *24. Juni 1805*

Es war am 24. Juni 1805, als Wieland und Jacobi bei Goethe aßen ...

Goethe lobte Lavaters Geist, Talent und Beobachtungsgabe – er wüßte keinen zu nennen, dem er Lavatern vergleichen könnte.

2124 *Charlotte v. Stein an Charlotte v. Schiller* *24. Juni 1805*

Von Goethe habe ich, seit Sie weg sind, nichts gesehen, gehört habe ich von der Göchhausen, daß Jacobi bei ihm ist ...

Die Göchhausen ... ist mit mir von Tiefurt herausgefahren, bei mir abgestiegen und in den Park gegangen, um Philosophen aufzusuchen, aber es begegnete uns nur einer, der Doyen Wieland, er hatte bei Goethe mit Jacobi und des Jacobi Schwester zu Mittag gegessen. Die Vulpia war von der Gesellschaft ***. Am Tisch, sagt Wieland, habe er (der Hausherr) ihr mit zarten Attentionen begegnet, und doch ist's entweder Lüge, oder er müßte eine Analogie mit der Mägdenatur haben.

2125 H. Voß (in Gräfs Bearbeitung)

Jacobi, der liebenswürdige Mann, war in dieser Gegend und hielt sich sechs Tage in Weimar auf. Goethe hat ihn in dreizehn Jahren nicht gesehn, das Wiedersehn war herzlich von beiden Seiten, aber beide haben vor Wehmut geweint, denn so vieles hatte sich seit der Zeit geändert. Es war gar interessant, beide von vergangenen Zeiten reden zu hören. Bei Tische saß Jacobi an Schillers Platze, und ich hatte eine herzliche Freude daran, einen so liebenswürdigen Mann mir als Stellvertreter Schillers zu denken ...

Jacobi hat es bei Goethe glücklicher getroffen als meine Eltern, denn jetzt ist Goethe um vieles heiterer. Goethe hat sogar einen Geniestreich gemacht. Kaum ist Jacobi nach Jena abgereist, so folgt ihm Goethe nach [Donnerstag, den 27. Juni] und überrascht ihn daselbst. Das freut mich herzlich, daß Goethe meine Eltern noch einmal in Jena sieht.

2126 Knebel an seine Schwester Henriette 28. Juni 1805

Goethe war gestern hier [in Jena] nebst dem Geheimenrat Jacobi, der nach München, als Präsident der dortigen Akademie der Wissenschaften, geht. Wir waren den größten Teil des Abends bei Voß zusammen, und der Abend hat mir einen Teil meiner bisherigen Freudenlosigkeit abgestreift, da unter zusammengestimmten Menschen wirklich eine Art neuen Lebens entsteht. Goethe scheint mir den Rest seiner Tage bloß zum Gebrauch und zu Vollendung seiner Geistesarbeiten anwenden zu wollen, welches denn sehr rühmlich ist. Seine letzten Schriften sind auch vortrefflich und zu einem gewissen zusammenfassenden Endzweck.

2127 Ernestine Voß an Charlotte v. Schiller 15. August 1805

[Über ihren Abschied von Jena und Weimar.] Mit Goethe sind wir gerade da stehen geblieben, wo wir standen, als ich Sie zuletzt sahe. Es ist auch nicht eine Silbe von unserem Wegziehen geredet. Es ist nicht ein herzliches Wort gesprochen. Goethe ist nicht bestimmt, das Wohltätige, was herzliche Verbindung geben kann, sich zu eigen zu machen; ich beneide auch seine einsamen Stunden nicht, denn er muß doch manchmal eine dunkle Ahndung davon haben, daß es nicht gut ist, daß der Mensch allein stehe. Ich habe auch keine Sehnsucht nach seiner Nähe; mir ist gottlob die Welt noch nicht wieder so eng gewesen, als in seinen Zimmern!

2128 F. H. Jacobi an Zelter *3. Juli 1805*

Lieber Vortrefflicher! Ich sollte Ihnen von Weimar aus schreiben, wie ich Goethen gefunden hätte. Der Mann hat mir, während ich bei ihm war, keine freie Stunde dazu gelassen; auch konnte ich mein Versprechen besser erfüllen, nachdem ich wieder von ihm geschieden, und mein diesmaliges Leben mit ihm ganz zu Ende gelebt war.

Am 22. Juni langte ich zu Weimar an. Goethe hatte den Tag zuvor wieder einen Anfall von seinem Übel gehabt, der aber so schwach gewesen war, daß er 24 Stunden nachher wieder hatte ausgehen können. Seine Freude, mich wiederzusehen, war groß. Er beklagte sich, daß ich so lange auf mich hätte warten lassen; Wolf aus Halle wäre bei ihm gewesen, und hätte fünf Tage seine Abreise verschoben, hoffend von einem Tage zum andern, daß ich noch kommen würde. Ich hatte mich doch erst auf den 18. frühestens, wahrscheinlicher auf den 20. angemeldet. Diese lebhaften Äußerungen täuschten mich, so daß ich unsern Freund in der ersten Stunde weniger krank glaubte, als er es in Wahrheit doch war. Bald sah ich ihn ermüdet, und wie er eine Stelle nach der andern suchte, um sich auszuruhen. Dieser Wechsel trat an demselben Tage mehrmals ein, und abends um halb zehne sehnte er sich sichtbar nach Bette; er war erschöpft. Ebenso fand ich ihn an den folgenden Tagen, nämlich abwechselnd sich ermunternd und wieder sinkend. Am sichtbarsten wurde mir der schlechte Zustand seiner Gesundheit während der zwei Tage, die er mit mir in Jena zubrachte. Nachher aber war er munterer, und die zwei letzten Tage hindurch, die wir zu Weimar miteinander zubrachten, fast der alte Goethe wieder. Er wiederholte täglich, daß er, mit seinem August, mich in München besuchen und eine Zeitlang bei mir bleiben wollte. Zuletzt setzte er auch den Zeitpunkt dazu fest, und bestimmte alles, was vorhergehen müsse, so genau, daß es mir bewies, wie ernstlich sein Vornehmen war. Binnen Jahresfrist würde er reisefertig. Von Bayern aus wolle er dann vielleicht noch einmal nach Italien hinüber, diesmal bloß zum Genuß. – Es lag ihm sehr am Herzen, sich über meine Philosophie erst zu verständigen, und hierauf die seine damit wenigstens in eine Art von Harmonie zu bringen. Ich gab nach und ließ zu, was möglich war, aber die Harmonie wollte doch nicht werden. – Von Ihnen, mein liebster Zelter, wurde gleich in der ersten Viertelstunde gesprochen. Goethe fragte nach meinem Aufenthalt in Berlin, was ich von Menschen dort gefunden hätte. Ich nannte Sie, und besann mich in Wahrheit in dem Augenblick auf keinen andern. Das freute Goethen unaussprechlich, und ich erfuhr, wie sehr er Sie liebt und ehrt. Wie oft Ihrer hernach wieder gedacht worden ist, kann ich Ihnen nicht erzählen. Sein Nichtschreiben an Sie entschuldigt er nicht, sondern vergrößert die Sünde durch die Lüge, daß ihm die entfernte Persönlichkeit, das Individuum, verschwinde, daß es keine actio in distans gebe, und was dergleichen Scheußlichkeiten mehr sind, die ich von ihm nur noch mehr *gelogen* wünschte, als sie es sind. – Man muß diesen Menschen ganz kennen, um ihn nicht zu viel und nicht zu wenig zu lieben und zu achten. – Seine äußerliche Lage, wie er sie hat werden lassen, wie das Schicksal sie gemacht hat, im einzelnen und im ganzen Zusammenhange, ist so, daß er unmöglich darin glücklich sein kann. Daß er heraus muß, fühlt er selbst. Aber in welche neue nun hinein? Hier ist so vieles zu schlichten und guter Rat teuer. – Wegen seiner Kränklichkeit müßte er reisen, entferntere Bäder besuchen, zum Beispiel Karlsbad; und wegen eben dieser Kränklichkeit kann er nicht reisen ohne eine Umgebung, die ihn unaufhörlich in Verlegenheit setzt. – In Weimar selbst, welch ein verwünschtes Verhältnis des Sohnes zwischen diesem Vater und dieser Mutter. Die Mademoiselle hilft sich, und nennt den Sohn August; aber wie soll der Sohn die Mademoiselle anreden? – Die ganze Haushaltung, wie sie jetzt besteht, ist ungereimt, und muß jedem weh tun, diesem so, jenem anders. Darüber sind alle eins, daß Goethe diese gemeine Natur nicht heiraten kann; aber (setzen sie hinzu) mit welchem Rechte nötigt er uns dann, ihr zu begegnen und mit ihr umzugehen, als wäre sie unserer wert, da er sie doch seiner selbst nicht wert hält? – Schauen Sie hinein in diesen ärgerlichen Wirrwarr, und denken Sie sich immer den 14- oder 15-jährigen Sohn dazwischen; und einen Herr Sekretär Vulpius, den man zwar in Goethes Hause antrifft, von dem aber August doch weiß, es ist sein Onkel usw. usw. Am Ende wird denn Goethe doch noch die Mutter seines Sohnes ehlichen müssen, und ich wünschte nur, es wäre schon geschehen. Jetzt ist er mit seiner Hausfreundin in Lauchstädt; wenigstens war es sein Vorsatz, den Tag nach meiner Abreise (den 2.) dahin abzureisen. Die Ärzte hoffen jetzt wieder, da der alle vier Wochen wiederkehrende Paroxysmus nun schon dreimal immer schwächer gewesen. Von der Beschaffenheit seines Übels, nämlich wie es sich äußert, wird Doktor Voß Sie unterrichtet haben, oder kann Sie noch davon unterrichten, besser als ich es vermag. Ganz schmerzenfrei in der linken Seite ist er nie.

2129 F. H. Jacobi an F. Köppen *24. Juli 1805*

Von dem mißlichen Gesundheitszustande, worin Goethe sich seit dem Anfange dieses Jahres befindet, werden Sie gehört haben. Meine Erscheinung machte ihn sehr froh, und nach und nach erheiterte und erholte er sich dergestalt, daß ich die zwei letzten Tage fast meinen alten Goethe wieder hatte. Sein großes Anliegen war, meine Philosophie ganz zu erfahren und hierauf sie mit der seinen verträglich zu machen. Ich glaube, er hätte mir gern dartun mögen, daß er alle meine Wahrheiten in sein System aufnehmen könne, dem meinigen aber einige Wahrheiten des seinigen mangelten. Einmal wurde er fast ärgerlich, da ich es ihm zu klar machte, daß, wie Pascal sagt, ce qui passe la géométrie, nous surpasse, und deswegen eine spekulative Naturlehre nach der neuern Art nur ein Hirngespinst sein könne. Er erholte sich aber gleich wieder, da ich mit Heiterkeit den Beweis fortsetzte und die Gründlichkeit meines Dualismus gegen alle neuere Identitäts-Systeme ins Licht stellte.

2130 F. H. Jacobi an Goethe (Entwurf) November 1815

... was Du mir öfter, auch noch zuletzt in Weimar [1805], wiederholtest: es bestehe der große, wesentliche Unterschied zwischen Dir und mir darin, daß ich ein Christ sei, Du aber ein Heide, doch durfte ich dann, oder mußte vielmehr auch hierbei wieder anführen, daß «der wahrhaft *Julianische Haß* (so bezeichnetest Du ihn) wider das Christentum und namhafte Christen», den Du im Jahre 1792 mit nach Pempelfort brachtest, und mir wiederholt auf das lebhafteste darzustellen wußtest, sich dort schon gemildert, so daß zuletzt wenig fehlte, Du hättest wie der Kämmerer in der Apostel-Geschichte gesprochen: was hindert, daß ich getauft werde! Du gestandest zu von einem gewissen Christentum, daß es der Gipfel der Menschlichkeit sei (wolltest, sobald Du wieder zu Hause und einigermaßen in Ruhe wärest, von neuem die ganze Bibel lesen), und wie ich Dein Heidentum jenem Dir verhaßten Christentum, das auch ich nicht mochte, vorzog, so zogst Du hinwieder Deinem eignen Heidentum vor, was Du mein Christentum [nanntest], ohne jedoch Dir dieses aneignen zu können.

2131 Varnhagen von Ense: Denkwürdigkeiten 1840

Als Friedrich Heinrich Jacobi im Jahre 1805 nach München reiste, kam er auch durch Weimar, und sprach bei Goethen ein, der ihn mit alter Freundschaft empfing, und sich traulich mit ihm hinsetzte. Manches alte Thema wurde hervorgerufen und besprochen, wobei schon einigemal Goethe über den Standpunkt und die Meinungen Jacobis sehr den Kopf schütteln mußte. Als sie aber allein geblieben waren, kam Jacobi mit der vertraulichen Anfrage, Goethe möchte ihm doch nun einmal unter vier Augen offen und wahr bekennen, was er mit seiner Eugenie eigentlich gewollt habe? Goethen war es, wie er nachher selbst gestand, als wenn man ihm einen Eimer kalt Wasser übergösse, er sah plötzlich eine nie zu füllende Kluft zwischen sich und jenem, einen Abgrund ewigen Mißverstehns, und dabei war das Begehren so dumm und albern! Doch faßte er sich, und um nur den Freund und den Abend leidlich abzutun, sagte er begütigend: «Lieber Jacobi, lassen wir das! Das würde uns für heute zu weit führen; ein andermal, wenn es sich so fügen will!» Und fing sogleich ein andres Gespräch an.

2132 H. Voß (in Gräfs Bearbeitung)

Ich habe in diesen vierzehn Tagen ein Geschäft eigner Art, das mich ganz beschäftigt. Goethe hat mir [vor seiner Abreise nach Lauchstädt am 2. Juli 1805] die Umarbeitung von «Hermann und Dorothea» aufgetragen, und ich darf ändern, wo und wie viel ich will. Dazu hat er mir sein Manuskript gegeben, wo die einzelnen Verse so weit voneinander abstehn, daß ich viel dazwischen schreiben kann. Ich war anfangs schüchtern dabei, doch nun habe ich, da er es nicht anders haben will, auch toll hineinkorrigiert. «Nicht bloß begangene Sünden», sagte er, «sondern auch die Unterlassungssünden suchen Sie zu tilgen.» Nun lege ich jeden Hexameter auf die Goldwaage und sehe zu, das Gedicht auch in dieser Hinsicht vollkommen zu machen, ohne daß die naive Sprache und die vollendete Diktion dabei einbüßt. Goethe lachte fürchterlich, als wir einen Siebenfüßler antrafen, dem ward auf der Stelle ein Bein untergeschlagen. Goethe ist jetzt in Lauchstädt; ich gebe ihm alle Woche Rechenschaft, wie weit ich gekommen bin, und wenn er zurückkommt, heute [Sonnabend, den 3. August] über vierzehn Tage, da wollen wir das Gedicht noch einmal gemeinschaftlich durchgehn. Goethe ist mit dem Anfang meiner Arbeit, den er nur gesehn hat, zufrieden, und sagte: sie wäre besonnen, und mit Eindringung in seinen Sinn gearbeitet. Dies Zeugnis macht mir Mut, unverdrossen fortzufahren. Nun hat er mir auch einzelne Distichen zu solcher Durcharbeit gegeben.

2133 *H. Voß an Hellwag* *26. August 1805*

Nun eine Bitte an Sie, lieber Hellwag, von Goethen. Er hat Ihre scharfsinnigen optischen Bemerkungen mit Vergnügen gelesen, und wünscht, daß Sie ihm zu seiner Belehrung mehr dergleichen schicken möchten. Vorläufig habe ich Sie durch Ihre jetzige ausgebreitete Praxis entschuldigt, aber bitten möchte auch ich, daß Sie einige freie Augenblicke benutzten, um ähnliche Bemerkungen, wenn auch nur fragmentarisch, aufzuschreiben.

2134 *H. Meyer an N. Meyer* *4. Juli 1805*

Wegen der Gemälde des Herrn Menken, den ich zu grüßen bitte, wünscht der Herr Geh. Rat Goethe zu wissen, ob er, da sie nächstens wieder zurückgesendet werden sollen – nicht rücksichtlich auf die Ökonomie der Transportkosten es für Herrn Menken besser wäre, wenn man die Bilder von den Blindrahmen abnähme und alles aufgerollt in einem Kästchen überschickte, da die Ölgemälde gegenwärtig trokken sind und also durchs Aufrollen keinen Schaden nehmen werden.

2135 *Christiane Vulpius an N. Meyer* *2. Juli 1805*

Der Geheimer Rat befindet sich wieder etwas besser, aber das Übel kommt doch immer wieder, und man ist sozusagen keinen Augenblick sicher davor. Ich lebe in lauter Angst. Seit einiger Zeit ist es bei uns von Fremden nicht leer geworden. Der Professor Wolf von Halle mit seiner Tochter war vierzehn Tage bei uns, Jacobi mit seiner Schwester ist erst seit gestern wieder von hier weg. Es will ihn alles besuchen, Hummel, der Maler aus Kassel, der hat mir bei einem Spaziergang nach Tiefurt sehr viel Gutes von ihm erzählt, und ich habe mich recht gefreut, wieder so viel von ihm zu hören.

Und für den schönen Lachs danke ich Ihnen sehr. Der Geheime Rat befand sich, als er ankam, recht wohl und hat sehr viel davon gespeist. Auch habe ich den Gästen davon vorgesetzt. Gestern erhielt der Geheime Rat Briefe von Halle, daß der berühmte Gall seine Vorlesungen nun anfängt, und heute um 4 Uhr gehen wir nach Lauchstädt und von da nach Halle.

2136 Ch. A. Vulpius an N. Meyer *4. Juli 1805*

Dienstag abends [2. Juli] ist Goethe mit meiner Schwester nach Lauchstädt abgereiset, und geht nach Halle, dort den Dr. Gall zu hören, dann wird er zurückkommen, und *vielleicht* (aber nur vielleicht) auf vierzehn Tage ins Karlsbad gehen.

2137 E. W. Weber: Zur Geschichte des Weimarischen Theaters *1865*

So kam Johann Friedrich Lortzing aus der Königstadt [Berlin], wo sein Vater Kaufmann war, im Juni 1805 nach Lauchstädt und wurde daselbst von Goethe in dem Saale des alten Schlosses geprüft. In dieser Prüfung ließ der Meister den jungen Künstler einige Proben seiner Kunst ablegen, um seine Befähigung zum Schauspieler in verschiedenen Richtungen kennen zu lernen, und hörte ihn aufmerksam an, bald in seine Nähe, bald in die Ferne des Saales tretend. «Nun gut», sprach Goethe, «ich sehe schon, Sie sind gut geübt, und was mir lieb ist, das Wort mit seinem Ton und Akzent ist Ihnen wichtig, und wer das Wort zu seinem Rechte bringt, macht wesentlich die Dichtung geltend, Sie sollen an unserm Theater eine Stelle finden. Lieb ist es mir auch, daß Sie sich, wie ich höre, anfänglich der Malerkunst widmeten und deshalb die Zeichen- und Bauakademie Ihrer Vaterstadt besuchten. Denn da haben Sie Ihr Auge frühzeitig gewöhnt, die Merkmale der Gegenstände aufzufassen und zu unterscheiden, und manches Schöne in der Natur und Kunst wird Ihnen aufgeschlossen sein.» Weil Lortzing durch äußere Vorzüge, Jugend, Gestalt, durch eine freundliche Erscheinung, durch ein wohlklingendes, etwas weiches Organ, sowie durch ein höfliches Benehmen und gesellige Turnüre als Darsteller unterstützt wurde, bestimmte ihn Goethe für die Liebhaberrollen.

2138 *Eichendorff: Tagebuch* *8. Juli 1805*

Hielt der berühmte Doktor Gall hier [in Halle] seine erste Vorlesung über die Schädellehre in dem großen Saale im Kronprinzen. Auch wir beide hatten uns ein Entreebillett, welches 1 Louisdor kostete, gekauft. Das Publikum, welches über die Hälfte aus Studenten bestand, war sehr zahlreich. Was uns aber fast mehr als die Schädellehre interessierte, war, daß wir hier nicht nur alle unsere berühmten Professoren, die fast in summa gegenwärtig waren, sondern auch den unsterblichen Goethe kennen lernten. Seine Exzellenz der Herr von Goethe, welcher diesen Sommer das Bad in Lauchstädt genoß, logierte nämlich, solange die Vorlesungen des Galls währten, hier beim Prof. Wolf, und besuchte täglich das Schädelcollegium (von 6 bis 8 abends), wodurch wir in den Stand gesetzt wurden, die Physiognomie dieses großen Mannes, und die Art seines Umganges, die wir jedesmal nach geendigter Vorlesung auch beobachten konnten, unserer Seele einzuprägen.

2139 *Eichendorff: Tagebuch* *12. Juli 1805*

Begann Halles unruhige Periode: die Prorektorswahl ... Als wir endlich am Hause des alten Prorektors (Eberhards) angelangt waren, wurde halt gemacht. Alle, die in Burschenwichs waren, machten Fronte vor dem Hause, und nun wurde ihm ein dreifaches Vivat gebrüllt, wofür er sich mit einer kurzen Rede aus dem Fenster bedankte. (Dies alles beobachtete auch Goethe aus den Fenstern des gegenüberstehenden Wolfischen Hauses.)

2140 *H. Steffens: Was ich erlebte* *1842*

Einen Auftritt muß ich hier noch darstellen, der für mich etwas Überraschendes und zugleich Ergötzliches hatte. Goethe war von Weimar [nach Halle] herübergekommen, und zwar um Gall zu hören. Er war auch in Halle oft mein Zuhörer gewesen, aber unsichtbar. Wolf hatte mir sein Auditorium überlassen; das Katheder war vor der Türe, durch welche er es zu besteigen pflegte, angebracht. In der angrenzenden Stube, dicht an dieser verschlossenen Tür, saß nun Goethe, ohne daß ich es wußte. Wie meine Ansichten ihn interessierten, wie er sich von mir bald angezogen, bald zurückgestoßen fühlte, weiß man aus seinen eigenen Äußerungen. Je mehr ich mich selbständig entwickelte, je entschiedener die Resultate eigener Probleme sich dartaten, desto heftiger mußten solche Schwingungen wechselnder Abneigung und Zuneigung entstehen. Daß Goethe auf eine solche Weise öfter mein Zuhörer gewesen war, erfuhr ich durch Wolf und seine Tochter, die für mich etwas sehr interessant Anziehendes hatte.

Ich wünschte nun Goethe als Zuhörer (wenn auch nicht als meinen) zu sehen ... Goethe saß nun unter den Zuhörern auf eine höchst imponierende Weise. Selbst die stille Aufmerksamkeit hatte etwas Gebietendes, und die Ruhe in den unveränderten Gesichtszügen konnte dennoch das steigende Interesse an der Entwickelung des Vortrages nicht verbergen. Rechts neben ihm saß Wolf und links Reichardt. Gall beschäftigte sich eben mit der Darstellung der Organe verschiedener Talente, und bei seiner unbefangenen Art, sich zu äußern, scheute er sich nicht, die Exemplare, zur Bestätigung seiner Lehre, unter seinen Zuhörern zu wählen. Er sprach zuerst von solchen Schädeln, die keine in einer Richtung ausgezeichnete Erhebung darstellten, wohl aber ein schönes, bedeutendes Ebenmaß aller; und ein lehrreiches Exemplar eines solchen Gebildes erkannte man, wenn man den Kopf des großen Dichters betrachtete, der seine Vorträge mit seiner Gegenwart beehrte. Das ganze Auditorium sah Goethe an. Er blieb ruhig, ein kaum bemerkbares vorübergehendes Mißvergnügen verlor sich in einem unterdrückten ironischen Lächeln, aber die stille, unbewegliche imponierende Ruhe seiner Gesichtszüge ward dadurch nicht gestört.

2141 J. Gall: Meine Reise durch Deutschland *1806*

In Halle überraschte mich der Besuch des Herrn Geheimde-Rats von Goethe aus Weimar, dieses großen Kunstkenners und allgemein verehrten Dichters. Ich hatte ein zahlreiches Auditorium ...

Von Halle besuchte ich Jena. Auch hier bekam ich ein zahlreiches Auditorium und den Herrn Geheimerat von Goethe zum zweitenmale zu meinem Schüler.

2142 *Charlotte v. Stein*
an ihren Sohn Fritz *20. August 1805*

Gall hat ein bedeutendes Gesicht, er scheint gutmütig, doch schlau zu sein. Wenn er vorträgt, so fährt er sich mit der Hand übers Gesicht, gerade wie Goethe zu tun pflegt, wenn er etwas vorträgt ... Goethe hat den Dr. Gall in Halle gehört, und da Goethe seinen periodischen Anfall von Kranksein eben bekam, hat er ihn noch dreimal vor seinem Bette gehört. Doch schreibt mir Goethe gar nichts darüber. Weil er aber alle seine Briefe nur diktiert, so kann er doch nie ganz offen sein.

2143 *H. Laube: Reisenovellen* *1847*

Goethe mündlich über Gall.

Von seinem Vortrag ist man im ganzen wohl zufrieden. Ist er gleich nicht immer streng logisch geordnet, und laufen gleich zuweilen entbehrliche excursus mit unter, so ist er doch immer nicht nur unterhaltend, sondern auch wirklich belehrend. Ich habe den Schlüssel zu manchen von mir gemachten Beobachtungen gefunden. Auch ist mir Galls Organenlehre, ob wir gleich noch nicht an das Detail gekommen sind, doch schon ziemlich klar, und scheint mir sehr annehmlich. Das den Schädel ein wenig emportreibende kleine Partikelchen Hirn tut's freilich nicht, sondern der gesamte Teil des Nervensystems, der in jenem Partikelchen sich endet. Ich stelle mir es so vor. Wenn wir einen Schädel in den Händen haben, und auf ein an demselben befindliches sogenanntes Organ hinabsehen, so blicken wir aus der Höhe auf einen belaubten Wipfel eines Baumes, dessen Äste wir aus unserem Standpunkt nicht bemerken, und noch weniger den (hier in Rückenmark eingehüllten) Stamm sehenkönnen. Aber wenn ich aus meinem Fenster meiner obersten Etage auf einen tief darunter stehenden Baum hinabsehe, so unterscheide ich gewiß sehr richtig an der Belaubung des Wipfels, ob der Baum in gesundem starkem Trieb stehe, oder ob er am Stamm den Brand habe, an der Wurzel von Wassermäusen angenagt sei und dergleichen. Selbst die einzelnen kränkelnden oder gesunden Äste erkenne ich so von oben herab sehr sicher an der Beschaffenheit ihrer Belaubung. Nicht als wenn die Kraft des Baumes von dem üppigen Laube abhinge, sondern ich dort oben, der ich nicht hinabsteigen und Stamm und Wurzel untersuchen kann, erkenne nur die kräftige und kränkelnde Vegetation am Laube des Wipfels.

2144 F. Passow an M. H. Hudtwalker *30. Juli 1805*

Vor ungefähr vierzehn Tagen habe ich einen überaus angenehmen Tag in Halle verlebt; ich war zu Fuße hinüber gelaufen, ohne eigentlich zu wissen warum? – Ich ging, wie Du wohl denken kannst, zu Wolf; wir kamen auf Goethe zu sprechen. Er sagte mir, Goethe sei jetzt im Bade zu Lauchstädt, könne aber nach aller Ärzte Aussage dies Jahr nicht mehr zu Ende leben. Wie ich Abschied nehmen wollte, bat er mich, zum Abendessen wieder zu kommen; er habe einige Gesellschaft, die mich gewiß interessieren würde. Wie ich hinkam, fand ich von Hallensern Schütz, Schleiermacher, den Kapellmeister Reichardt, Steffens und Knapp, aber außer diesen Doktor Gall und – rate einmal! – G-o-e-t-h-e-n. Er sprach viel mit mir, denn ich würde gar den Mut nicht gehabt haben, ihn auch nur mit einem halben Wörtchen angeredet zu haben. Um so mehr freute ich mich, daß er mich anredete, denn sprechen mocht ich herzlich gern mit ihm. Beim Weggehn sagte er mir: ich solle ihn besuchen, wenn ich nach Weimar käme; aber ich möchte die Reise nicht zu weit hinaussetzen, sonst suchte ich dort wahrscheinlich vergebens, aber auf jeden Fall hoffe er, mich wiederzusehn. Wolfen bin ich unmenschlich gut geworden für diesen merkwürdigen Abend, den er mir dazu so überraschend bereitete. Ich bat Goethen um ein Blatt für mein Stammbuch, wo ich es jedoch nicht will hineinbinden lassen. Er schrieb mir aus seiner Elegie Euphrosyne die Worte der Weihung auf:

Sei mir lange zur Lust, und ehe mein Auge sich senket,
Wünsch ich dein schönes Talent glücklich vollendet zu sehn.
Goethe.

Ich werde das Blatt sehr heilig halten, denn ich sehe Goethen wohl nicht wieder. Es ist mir teuer wegen der großen Hand, die es geschrieben hat, und durch seinen Inhalt, ein mächtiger Sporn, diesen Inhalt einst mehr zu verdienen als jetzt.

2145 *J. Röckl: Pädagogische Reise durch Deutschland* *1808*

Aber für mich bei weitem die interessanteste Bekanntschaft, welche ich in Halle zu machen Gelegenheit fand, war die Zusammenkunft mit dem Herrn von Goethe, mit diesem Lieblinge der Musen und der Grazien, in dem Hause des Geheimen Rats Wolf.

Goethe war eben in Halle anwesend, weil in den ersten Tagen des Julius der Wundersmann Gall daselbst eingetroffen war, und seine Vorlesungen über Graneognomie [Kraniognomik] begonnen hatte. –

Goethe wohnte bei Wolf, der schon lange Vertrauter und Freund von ihm ist ...

Am 14. Julius sah ich Goethe. Wolf und seine reizvolle Tochter Mina umgaben ihn. – Die Umgebung war seiner würdig. – Der berühmte Philolog, und ein blühendes weibliches Wesen, die wie eine Huldin dasaß, und Anmut und Grazie ausströmte. –

Die Situation, in der ich mich befand, war die einzige meines Lebens. – Eine Menge verborgener Saiten meines Herzens schienen das erstemal zu spielen, und der Wechsel der Gefühle, welcher in mir vorging, machte mir beinahe jene ruhige Haltung ganz unmöglich, die so notwendig ist, die Augenblicke der Gegenwart nicht ungenossen entschlüpfen zu lassen. –

Goethe stellte einige Fragen über das bayerische Schulen- und Studienwesen, über die Organisation, über die Direktion desselben etc. an mich. – Ich beantwortete sie, und fand dabei zugleich Gelegenheit, mich mehr auf Goethes Physiognomie, und überhaupts auf seine ganze Körperlichkeit zu fixieren.

Ich muß bekennen, daß dieses Geschäft für mich weniger schwierig gewesen wäre, wenn sich nicht Mina in der Nähe befunden hätte.

Doch so viel kam ich ab, daß meine Vorstellung, die ich mir von der körperlichen Beschaffenheit Goethes gemacht hatte, auch ganz und gar falsch gewesen sei. Ich hatte dem geistvollen Dichter in meiner Einbildung eine beinahe ätherische Hülle zugeteilt. Ich nahm als gewiß an, daß der Geweihte der Pierinnen nicht groß und mager sein müsse. – Nun war es das Gegenteil, was ich fand. –

Goethe ist groß und hat einen sehr starken und vollkommenen Körperbau. Doch umfließen passende Verhältnisse und eine schöne Regelmäßigkeit seine ganze Form. – Seine Stirn ist breit und erhaben, seine Augen sind die Träger seiner Gedanken; sie strahlen Licht und Wärme. – Aber doch schien ich für die Gegenwart in seinem Blicke und in seinen Zügen jene süße Natürlichkeit, und jene zulächelnde Heiterkeit, wovon seine Schriften oft so voll sind, nicht zu bemerken.

Goethe kränkelt; wie niederschlagend ist der Gedanke, daß auch die schönste Blume in der Schöpfung Gottes dem Verwelken nicht entgehen kann. –

Es war der Anstrengung nötig, um bei diesem Gedanken, der an der Seite Goethes meine Seele durchschauerte, eine gewisse Art Beklommenheit verbergen zu können.

Aber plötzlich entfernte sich der Dichter …

2146 F. A. Wolf an Eichstädt *4. März 1806*

[Über die Schrift «Anweisung für angehende Theologen zur Übersicht ins Studium und zur Kenntnis der vorzüglich für sie bestimmten Bildungsanstalten und anderer akademischen Einrichtungen auf der kön. preuß. Friedrichs-Universität».] Als ich vorigen Sommer das schändliche Libell mit Goethe durchsah, versprach ich anfänglich gleich ihm eine Beurteilung für die Zeitung; kurz drauf aber verlor ich die

Lust und bezeigte ihm dies: erst nach seinem Weggehen überfiel es mich, als müßte ich schreiben. Aber kalt habe ich bis itzt das Geschriebne liegen sehen; und lieb ist mir's itzt, daß auch Goethe unser Geheimnis nicht weiß.

2147 *Reichardt an Arnim* *25. Juli 1805*

Goethe hatt[en] – wir die vierzehn Tage auch hier [in Giebichenstein], und ist aber mehr krank als gesund; er braucht jetzt in Lauch[städt] das Tropfbad und kommt dann hoffentlich wohler wieder zurück ...

2148 *Luise v. Göchhausen an Böttiger* *1. August 1805*

Goethe war wieder sehr krank in Halle, jetzt ist er besser und in Lauchstädt.

2149 *Eichendorff: Tagebuch* *3. August 1805*

Bald nach unserer Ankunft in Lauchstädt begaben wir uns ins Theater, welches klein, aber geschmackvoll gebaut ist, und wo eben Götz von Berlichingen von Goethe gegeben wurde, das auch eigentlich die Veranlassung unseres heutigen Hierseins war. Bald anfangs, da die Vorstellung nicht sogleich anfangen wollte, machten die Studenten, von denen das Theater wimmelte, mit ihren Kanonen und Pfundsporen einen so unbändigen Lärm, daß sich alles die Ohren zuhalten mußte. Um desto mehr aber erfreute uns das vortreffliche Trauerspiel und die nicht minder gute Darstellung der Schauspieler, die sich alle in Weimar unter den Augen eines Goethe und Schillers gebildet haben. Seine Exzellenz der Geheime Rat von Goethe saß selbst mit seiner Demoiselle Vulpius in der Loge und blickte so herab auf das Entzücken, welches das Kind seines Geistes rings verbreitete.

2150 *Riemer an Frommann* *5. August 1805*

Goethe ist wohl, und seine Gesundheit scheint, als wolle sie von nun an beständiger bleiben. Die Tuschbäder bekommen ihm sehr wohl. Er hält auf Diät und ißt des Abends nichts, außer Tee und vielleicht späterhin eine Suppe. Aber lange wird es wohl nicht dauern: denn der Hausgeist wird ihm so lange zureden, daß der Tee ihn schwäche und er etwas Ordentliches genießen müsse etc., wie wir es schon erlebt haben.

Auf den Sonnabend [10. August] wird Schillers Glocke gegeben, das heißt dramatisch aufgeführt.

2151 Riemer *16. (6.?) August 1805*

[Goethe:] «Die Natur hat offenbar gewollt, daß wir nicht eben unsre körperlichen Kräfte in dem Grade des natürlichen Zustandes erhalten sollten, daß wir schwächer werden sollten, ohne doch darum einzubüßen; denn sie hat uns in der menschlichen Gesellschaft, im Zusammenleben und in der Gewalt des Verstandes eine Stärke zubereitet, die alle Stärke der wildesten Tiere übertrifft. Und gewisse Operationen des Geistes gelingen nicht anders, als bei einer zarteren Organisation.»

2152 A. Müller an seine Schwester Elise *2. September 1805*

... «Die Glocke», von Schiller, fürs Theater von Goethe arrangiert ... ist ein unkünstlicher Theaterprunk. Männer, die wie Arbeiter und Bergleute, und Mädchen, die bunt und phantastisch gekleidet sind, daß man nicht weiß, wofür sie gehalten werden sollen, sind bei dem Guß der Glocke. Sie deklamieren nach der Reihe die einzelnen Verse, wobei sie immer schöne Gruppen formen. Mehrmals tritt Musik ein. Endlich geht der Guß vor sich; nachdem sie bei einem Choral von Blasinstrumenten gebetet haben, wird die Form zerschlagen, die Glocke mit Blumen und Bändern in die Höhe gewunden, und nun tritt die Becker, griechisch gekleidet, unter sie, und hält einen Epilog, der allegorisch auf Schillers Leben hinspielt, aber so viele Lokalitäten der weimarischen Bühne hervorruft, daß man durchaus den Kunstgenuß dafür einbüßt. Aber Goethes schöne Zeit ist verronnen. Deswegen wäre er indes doch noch Kerl genug, wenn er es nicht unter seiner Würde hielte, die erbärmlichen Ausfälle Merkels und anderer amphibienartigen Kreaturen mit Einem Schlag zu vernichten. Ich habe ihn in dieser Zeit ziemlich oft gesehen, und wie kraftlos und ernst ist sein Wesen. Seine Philistrosität, die der prophetische Novalis durch die verschlungenen Gewebe des «Wilhelm Meister» deutlich erkannt hatte, kommt immer mehr zu Tage, wovon der «Rameau» – Du kennst ihn gewiß schon – ein treffender Beweis ist.

2153 Loder an G. Hufeland *19. Januar 1806*

Mit Goethe stehe ich zwar nicht in Briefwechsel, aber sonst in gutem Vernehmen. Er war im Herbst mit Wolf in Helmstedt und brachte auch hier [in Halle] ein paar Tage zu, wo er denn auch mich besuchte und nach alter Weise bei mir aß.

2154 Riemer an Frommann *14. August 1805*

... Goethe und August sind noch nicht hier [in Weimar]. Sie machen erst einige kleine Reisen und kommen nicht leicht vor Ende August wieder.

Goethe befindet sich nicht nur leidlich, sondern auf dem Wege zur völligen Gesundheit. Es sind nicht Hämorrhoiden, noch was man sonst glaubte; sondern es war eine örtliche Schwäche des Unterleibs, welche durch das Tuschbad und die strenge Diät in Absicht des Champagners und des Abendessens und durch reichliche Bewegung ganz gehoben scheint: denn Goethe fühlt auch nicht den leisesten Schmerz mehr an den sonstigen Stellen. Dies gibt uns schöne Aussichten für die Zukunft ...

2155 F. Schleiermacher an Henriette Herz *15. August 1805*

Habe ich Dir denn schon geschrieben, daß ich nun auch Goethes Bekanntschaft gemacht habe? Gleich nach meiner Rückkunft [nach Halle] sah ich ihn noch eine Stunde bei Wolf, den Tag darauf ging er nach Lauchstädt. Vorgestern war ich auf einem großen Diner mit ihm bei Wolf; gestern haben sie eine kleine Reise zusammen angetreten, und nach ihrer Rückkunft will er, glaube ich, noch vierzehn Tage hierbleiben, wo ich ihn denn hoffentlich mehr sehen werde. Er war gleich das erste Mal sehr freundlich zu mir, aber freilich ins rechte Sprechen bin ich noch nicht mit ihm gekommen, denn damals war Gall an der Tagesordnung, und neulich waren gar zu viel Menschen da.

2156 F. Schleiermacher an Henriette Herz 23. August 1805

Von Goethe kann ich Dir wahrlich weiter nichts sagen, als ich Dir gesagt. Als Mine Wolf herüberging, ihm zu sagen, ich wäre da, lag er auf dem Bett und las und sagte: ei, das ist ja ein edler Freund, da muß ich ja gleich kommen, und so kam er denn auch bald und nahm mich wie einen alten Bekannten, und ich auch so; denn man kann das sehr bald. Worüber ich am liebsten mit ihm spräche, darauf bin ich noch nicht gekommen; er war eben damals von Gall und Schiller voll, und das zweite Mal waren zu viel Leute da, als daß ich mich hätte besonders an ihn machen sollen. Ich hoffe Dir aber bald mehr zu sagen, wenn ich ihm anders nicht mißfallen habe; er soll gestern mit Wolf zurückgekommen sein. Die, welche Goethe früher gekannt haben, sagen übrigens fast einstimmig, daß er sich sehr zu seinem Nachteil verändert habe, in eben dem Sinne, wie man das von seinen Werken und seinen Kunstansichten sagen kann. Aber wie seine Werke immer noch etwas Herrliches sind, so ist er doch noch eine der edelsten und liebenswürdigsten Gestalten, die man sehen kann.

2157 Charlotte v. Stein an ihren Sohn Fritz 20. August 1805

Goethe ist mit dem Professor Wolf nach Helmstedt gereiset, um den Beireis kennen zu lernen, der viele bedeutende Sammlungen hat.

2158 Charlotte v. Schiller an F. v. Stein 22. August 1805

Goethe ist jetzt viel besser; er ist nach Helmstedt von Lauchstädt aus gereist, um Beireis kennen zu lernen. – Ich hoffe, wenn er wieder kommt, hat er Mut, mich zu sehen. Er war sehr krank, daher habe ich seine zu große Weichlichkeit mir gedeutet.

2159 Abbé Grégoire an Goethe 12. August 1829

Dans mes voyages en Allemagne j'ai fait provision de souvenirs agréables et ineffaçables, mais surtout à Helmstedt en 1804 [1805] où j'ai passé des moments délicieux avec le chef et patriarche de la littérature allemande et qui par la traduction de ses ouvrages appartient à tous les pays civilisés. Si les illusions de l'amour-propre ne me trompent pas, je puis croire que cette époque a laissé quelques traces dans votre mémoire.

2160 K. C. v. Leonhard: Aus unserer Zeit 1856

[Bei einem Besuch F. A. Wolfs in Heidelberg im Jahre 1820.] Unter andern kam mein Gast auf die Reise zu reden, welche er einst mit Goethe nach Helmstedt unternommen. Er erzählte ungefähr folgendes …

«Etwas Ergötzliches – ich sah freilich die Lacher nicht auf meiner Seite – ereignete sich bei einem Festessen, das man uns, Goethe und mir, zu Ehren veranstaltete. Sämtliche Professoren mit ihren Frauen waren gegenwärtig. Unbemerkt nahte sich ein reizendes Mädchen meinem Reisegefährten und setzte ihm einen Lorbeerkranz auf. Mit rascher Wendung umfaßte er die holde Geberin und drückte ihr einen Kuß auf die Lippen. Gleichzeitig war ein anderes schönes Kind zu mir getreten, um die ähnliche Huldigung mir darzubringen. Das Unglück wollte, daß der viel zu weite Kranz bis auf die Nase herabsank. Mit Heftigkeit riß ich denselben vom Gesicht, da rief Goethe entrüstet: Wolf, Wolf! wie alt bist Du geworden!»

2161 F. Weitze: Rückblick eines evangelischen Predigers 1841

[Weitze war Hauslehrer bei Herrn von Hagen in Nienburg.] Gerade um diese Zeit [19. August 1805] kam in das Haus ein Besuch, welcher mein höchstes Interesse rege machen mußte; es war eine Trias von Männern, wovon jede Einzelheit hingereicht hätte, einen bewundernden und wißbegierigen Blick auf sich zu ziehen. Henke, Goethe und Wolf hatten sich vereinigt, um dem Herrn von Hagen einen Besuch zu machen. Ich hatte gerade Ernteferien, und blieb in dieser Zeit immer auf dem Gute, um den Unterricht in der Religion ununterbrochen fortzusetzen. Wie erstaunte ich, als mir beim Kaffee gesagt wurde, wen ich heute sehen werde! Goethes Gestalt, wie ich ihn vor zwei Jahren in Halle und Lauchstädt gesehen hatte, schwebte mir noch als eine überaus stattliche vor …

Als der Wagen vorfuhr, ging der Herr von Hagen den Dreien entgegen und rief ihnen zu: «Willkommen, willkommen, Ihr Ersten bei einem der Ersten Eurer Verehrer!» Seine Augen funkelten dabei vor Freude und Bewegung. Goethe schien anfangs etwas zurückhaltend und gemessen; aber er tauete immer mehr auf, als er sah, welchen regen Geist und welch redliches Gemüt er hier vor sich hatte. Er wurde auf eine Art gesprächig, wie ich es von keinem gehört; so inhaltsreich und doch so einfach und so darstellend war seine Mitteilung. Er sprach unter anderm über Gebirgsschönheiten und Aussichten, und was sie bedinge; über Farben, Licht und Schatten, und über Landschaftsmaler, und ich brauche gewiß nicht erst zu versichern, daß alle mit gespannter Aufmerksamkeit ihm zuhörten. Einige frappante Witze, welche der Wirt dazwischen schleuderte, brachten ihn zum lauten Lachen, was ihm gewiß nicht oft vorgekommen sein mag. Der Hausherr wagte sogar mit Goethe zu disputieren, indem letzterer der Behauptung widersprach: daß eine Person, welche die Erfüllung des kategorischen Imperativs in sich darstelle, zugleich als sittlich vollendetster Charakter der höchste Gegenstand schöner Darstellung sei, weil die wahre Größe stets eine sittliche sein müsse. Und wie klar und geistreich widerlegte Goethe diese Behauptung! Auch auf objektive und subjektive Darstellung kam die Rede.

Wolf behauptete, bei den Griechen habe, sowohl bei den Dichtern als bei den Rednern der besten Zeit, die objektive Darstellung vorgeherrscht, weil die Objektivität zur Subjektivität, nicht des Individuums bloß, sondern der Nation geworden sei; als die Nation diese Richtung verloren, sei immer mehr das Individuell-Subjektive hervorgetreten und dadurch die volkstümlich-klassische Darstellung verloren gegangen ... In Beziehung auf poetische Behandlung philosophisch-religiöser Gegenstände, welche Goethe einen widerstrebenden Stoff nannte, kam die Rede auf Tiedge, den der Wirt kannte, und an welchem er Wohllaut und Musik der Sprache lobte. Ein nicht gedrucktes, wirklich schönes Gedicht, welches er einst von dem Dichter erhalten hatte, trug er mit bewundernswertem Wohlklange und richtiger Betonung vor. Das nahm Goethe mit großer Freude auf, bemerkte aber einige Stellen, wo «der alte Herr» doch gefehlt hatte. Herr von Hagen sagte: «Die Urania gefällt mir nicht; als Philosophen stört mich die Poesie, und bei der Poesie sperrt sich der Stoff, der sich mir immer in philosophischer Reinheit entgegendrängt. Stoff und Gewand gehören hier nicht zusammen; es ist mir dabei so, als wollte ich dort dem Apoll oder dort der Venus (er wies auf zwei im Saale befindliche Kartonstatuen) ein Kleid von Drapd'or anziehen.» Goethe gab diesem Einfalle seinen Beifall.

Am Abende, als die Gesellschaft sich in Gruppen verteilte, würdigte mich Goethe einer kurzen Unterhaltung. Er hatte zufällig gehört, daß ich jetzt hier Religionsunterricht gebe. Da erzählte er mir, daß sein Sohn vor kurzem von Herder konfirmiert und vorher unterrichtet worden sei. «Ich habe bei dieser Gelegenheit», sagte er, «selbst zugehört und auf den Lehrgang geachtet. Licht und Finsternis, Gutes und Böses im Menschen, im Zwiespalte und in Mischung, war die Grundlage. Dann folgte die Lehre von des Menschen Freiheit und Sittlichkeit als Bestimmung und seine Hilfsbedürftigkeit. Daraus ward die Notwendigkeit der Erlösung und Beseligung dargetan, und diese, als in Jesu erschienen, nachgewiesen. Was mir dabei sehr gefiel, war, daß alles dem Konfirmanden so hingehalten und überall so klar dargestellt wurde, daß er immer selbst das Rechte erkennen und bei sich feststellen konnte. Es war eine Vollständigkeit, welche keinen Fehlgriff oder Zweifel aufkommen ließ; überall stand die Frage vor ihm: ob er dem Lichte oder der Finsternis angehören wollte?» ...

Goethe hatte auf dieser Reise seinen Sohn bei sich; ich ging mit ihm spazieren und zeigte ihm von einem nahen Berge die wenigstens zehn Meilen weit reichende Aussicht, und ließ ihn durch einen Tubus den Magdeburger Dom erkennen. Dieser blühende Jüngling gefiel mir außerordentlich, er schien sehr gutmütig, freundlich und bescheiden.

Am spätern Abend setzte sich die Gesellschaft nochmals zu Tische: mehr der Unterhaltung als des Essens wegen.

Der Wirt gab eine für die seltensten Gäste gesparte Flasche zum besten. Er bemerkte, daß diese Flasche ein Jahr älter sei, als Goethe und er selbst, beide waren 1749 geboren. Henke, der gerade etwas an Halsschmerzen litt, hatte wenig Wein getrunken, und wollte zu Abend durchaus keinen mehr trinken, sondern hatte sich ein Glas Bier erbeten. Da wollte ihn der heitere Wirt auf seine Weise bewegen, seine Rarität auch zu kosten. Es entstand ein Spaß daraus, der viel Heiterkeit erzeugte. Der Herr von Hagen ernannte nämlich Goethe zum Gesetzgeber und Kampfrichter gegen Henke. «Es hilft nichts, Hochwürden», sagte er, «Sie müssen sich heute der Exzellenz unterwerfen.» Da diktierte Goethe, jeder solle, wie er es am besten könne, Henke einladen und treiben, den Wein zu kosten. «Der alte Herr hier», sagte er zu Hagen, «von dem ich höre, daß er ein fester Kantianer sei, muß es in Form eines Syllogismus tun, dem Henke nichts anhaben kann. Wolf muß ihn in einer griechischen Anrede im anakreontischen Ton auffordern.» Hierauf sah er mich an; ich verneigte mich mit den Worten: «Ich komme bei dem Symposion solcher Männer nicht in Betracht.» Aber das ließ der Wirt nicht gelten, sondern sprach: «Ei was, der Herr macht Verse, gebe er sein Scherflein auch.» – «Nun gut», sagte Goethe, «so schmieden Sie schnell ein Distichon. Henke aber mag sich verteidigen, aber nur in lateinischer Rede, die ihm ja so zu Gebote steht.» – «Nein», sagte Henke, «da sitzt der Mann (auf Wolf zeigend), der eine fünfte Fakultät, die philologische, gestiftet hat; der läßt mir nicht ein Wort passieren; es wäre Verwegenheit, mit theologischem Latein vor ihm zu erscheinen.» – «Wenn das erste Glas getrunken und das zweite eingeschenkt ist», sagte Goethe, «muß jeder fertig sein, und wenn Henke überwunden wird, trinken wir mit ihm auf seine Gesundheit.» … [Der Vorschlag wird ausgeführt.]

Henke setzte darauf sein Bierglas zur Seite und ließ sich einige Tropfen des Weines einschenken, und alle stießen mit ihm auf seine Gesundheit an, wofür er auf die gemütvollste und heiterste Weise dankte. Am andern Morgen schrieb Goethe einen Vers in mein mir leider in der Franzosenzeit entwendetes Stammbuch. Auch die Züge seiner schönen Handschrift kündigten ein vollendetes Können an.

In einem Alter von sechsundfünfzig Jahren stellte sich der große Dichter als einen kräftigen Vierziger dar, als einen vollendeten Mann, dem die höchste Anmut und Gewandtheit der Haltung und des Ausdruckes zu Gebote stand. Seine Erscheinung ist mir in meinem so oft dunkeln Leben ein Lichtpunkt geblieben, der nie seinen Glanz verloren hat.

2162 F. Weitze: Handschriftliche Fassung (erste Niederschrift)

Der Wirt wagte sogar, mit Goethe zu disputieren. Er behauptete, weil er Kantianer war und dem kategorischen Imperativ huldigte, die wahre Größe müsse auch immer eine sittliche sein. Dagegen Goethe: Größe ist keine Eigenschaft an sich, sondern besteht in dem Eindrucke, die eine Sache oder Person durch Darstellung auf uns, wenn nach gewissen Gesetzen, allgemein macht. Nun kann aber eine Sache oder Person nicht alles, was in und an ihr ist, auf einmal allen zukehren. Selbst aber in den schillerndsten Gestalten herrschen nach Lage und Darstellung gewisse Farben und Töne vor, welche den Eindruck bestimmen. Es gibt eine dämonische, ja diabolische Größe. Erstere erscheint uns, wo der Einfluß unsichtbarer Mächte, wobei wir nicht immer an Gott als das sittlich vollkommenste Wesen denken, in der Erscheinung und Handlung sichtbar zu werden scheint, letzteres da, wo die Handlungen in einem über alles Gesetz hinausliegenden Gebiete zu walten scheinen. Alles, auch das sittlich Abnormste, hat daher für den Eindruck der Größe seine darstellbare Seite, wenn wir sie zu finden wüßten.

2163 F. Weitze: Handschriftliche Fassung (spätere Ausarbeitung)

Herr v. H. wagte sogar mit Goethe zu disputieren. Er behauptete als Kantianer, daß eine Person, welche die Erfüllung des kategorischen Imperativs in sich darstelle, zugleich als sittlich vollendetster Charakter, der höchste Gegenstand schöner Darstellung sei, weil die wahre Größe stets zugleich eine sittliche sein müsse. Dem widersprach Goethe. Die vollendete sittliche Größe, sagte er, ist in keinem Individuo der Menschheit vorhanden, wird also nur gedacht und nirgend angeschaut. Eben deshalb liegt ihre Schilderung über das Interesse hinaus, in welchem sich die Schönheit kundgibt und welches nie die Sinnlichkeit unberührt läßt. Eine solche Darstellung, wie Sie sich denken, enthält lauter Licht ohne Schatten und läßt kalt. Es gibt eine dämonische, ja diabolische Größe. Es ist unrecht, sich immer die Größe als etwas an sich Existierendes zu denken und nicht vielmehr als Begreifung des Eindrucks, der auf uns gemacht wird, der aber bei derselben Person oder Sache nicht immer notwendig immer wieder, sondern nur unter bestimmten Umständen und gegebenen Bedingungen derselbe ist, weshalb sie sogar in schillernden, schnell wechselnden, ineinander fließenden Farben und Tönen sich darstellen können. Der kantische Imperativ setzt die Menschen autonomisch und autokratisch voraus, in welchen die Leidenschaften kaum entstehen, viel weniger siegen können. Nun aber sehen wir die Menschen oft in der Gewalt unsichtbarer Mächte, denen sie nicht widerstehen können, die ihnen ihre Richtung geben; und oft scheinen ihre Neigungen und Handlungen in einem über alles Gesetz hinausliegenden Gebiete willkürlich zu walten. Alles, auch das sittlich Abnormste, bietet eine Seite dar, von wo es als groß erscheinen kann.

2164 F. Schleiermacher an Henriette Herz 26. August 1805

Goethe ist gestern abend mit Wolf zurückgekommen [nach Halle], und heute bin ich schon hingebeten, und zwar ohne andere Gesellschaft; da wird sich also mehr reden lassen, und nächstens sage ich Dir auch etwas mehr. Goethe ist übrigens gar nicht so *für* Gall, daß uns das irgend trennen könnte ...

2165 Ch. A. Vulpius an N. Meyer 30. August 1805

Meine Schwester ist von Lauchstädt seit vierzehn Tagen zurück. – Der Geheime Rat aber ist umher gereiset und in

Helmstedt gewesen, um den sonderbaren Bauerreis [Beireis] kennen zu lernen. Jetzt ist er wieder in Lauchstädt und schreibt etwas, womit im Oktober Schillers Apotheose auf dem hiesigen Theater gefeiert werden soll. Gegen den 12. September wird er nach Weimar zurückgehen.

2166 *A. Oehlenschläger: Meine Lebens-Erinnerungen* *1850*

Wir besuchten [Ende August, Anfang September 1805] an einem frühen Vormittage Goethe, der sich einige Tage in Lauchstädt aufhielt. Sein schönes, kräftiges Gesicht erfreute mich und flößte mir Ehrerbietung ein. Die braunen Augen erquickten mich, in denen ich zu gleicher Zeit Werthers Gefühl, Götz' gutherzige Kraft, Fausts Tiefsinn, Iphigenias Seelenadel und Reinekes Schalkhaftigkeit zu lesen glaubte. Er kannte etwas von meinem Aladdin. Wilhelmine Wolf, eine Tochter des großen Philologen, hatte von dem nun verstorbenen Etatsrat Gjerlew, als er in Halle war, dänisch gelernt; sie hatte Goethe Noureddins ersten Monolog übersetzt. «Wenn ich einen Dichter rasch kennen lernen will», sagte er zu mir, «so lese ich einen seiner Monologe, darin spricht sich sein Geist sogleich aus.» Er lobte das Motiv des Noureddin, welchen Aladdin als einen Lotteriejungen gebrauchen will, der ihm mit verbundenen Augen das große Los ziehen soll. Wie gern hätte ich länger mit diesem großen Manne gesprochen, aber die Höflichkeit gebot uns abzubrechen; er bat mich, ihn in Weimar zu besuchen.

Als wir zur Tür hinaustraten und wieder in der freien Luft standen, waren Steffens' und meine Gefühle sehr verschieden. Ich war entzückt, Goethe zum ersten Male gesehen zu haben, darüber, daß er mich als Dichter gelobt hatte; Steffens aber war entrüstet, daß er uns nicht zu Mittag eingeladen hatte, da wir doch nur seinetwegen nach Lauchstädt gekommen waren. Ich leugnete nicht, daß mir dies eine unendliche Freude bereitet haben würde; aber gerade weil sie so groß gewesen wäre, fand ich mich mit der Geduld in mein Schicksal, mit der wir Sterbliche uns allmählich daran gewöhnen, der irdischen Glückseligkeit zu entbehren. Aber Steffens schalt auf Goethes Vornehmtuerei und Egoisterei.

Ich leugnete nicht, daß trotz all des Einnehmenden, das ich bei ihm gefunden hatte, etwas Stolzes, Abgemessenes und Kaltes da war – das nicht der Dichternatur anzugehören schien. Es versteht sich von selbst, daß das Gefühl der Gastfreundschaft etwas abgestumpft werden muß, wenn ein großer Mann an einem Orte lebt, an dem er häufig von Fremden heimgesucht wird. Die Bequemlichkeit verlangt – und die Ökonomie gebietet oft Einschränkung, aber Steffens war ein ausgezeichneter Mann, Goethe hatte selbst den jungen Dichter gelobt, den er zum ersten Male sah, und der aus einem fremden und unbekannten Lande kam; – er brachte seinen Tag in Lauchstädt ganz allein zu, stand sich gut, und konnte wohl den einen Tag zwei geistig Verwandte speisen, die sich nur nach dem Mannabrote seines Mundes sehnten. Nun mußten wir uns mit einer kurzen Ministeraudienz begnügen und wieder gehen. Glücklicherweise hatte er mich gebeten, ihn in Weimar zu besuchen. Dies tröstete mich, aber die Höflichkeit kam nicht Steffens zugut. – Merkwürdig ist es übrigens als ein Zug in der Goetheschen Charakteristik, daß er mir einige Monate darauf, als ich das Glück hatte, ihn auf eine kurze Zeit zu gewinnen und ihm zu gefallen, gestand, er hätte uns damals gern eingeladen – und er wisse selbst nicht, warum er es nicht getan habe; aber ich weiß es jetzt: es war eine Art *Geiz*, nicht auf Geld, sondern auf Freundlichkeit; es war eine geistige Knauserei in der geheimen Furcht: daß zu viel draufgehen und daß ich zu viel von – dem großen Goethe auf einmal bekommen würde.

2167 H. Steffens: Was ich erlebte *1842*

Während Oehlenschläger bei mir [in Halle] war, machte er Goethes Bekanntschaft, welcher sich eine längere Zeit bei Wolf aufhielt, und auch einige Male in Giebichenstein erschien. Er gewann Goethe ganz; zwar hatte Oehlenschläger während seines längeren Aufenthaltes in Halle die Fertigkeit, sich in der deutschen Sprache mit Leichtigkeit auszudrücken, immer mehr ausgebildet, aber seine Rede, wenn auch ungehemmt, war nichts weniger als fehlerfrei. Er wagte es, dem großen Dichter Szenen aus seinem Aladdin, der noch nicht deutsch erschienen war, unmittelbar aus dem Dänischen ins Deutsche zu übersetzen. Vielleicht waren eben die Fehler ihm pikant, viele gewagte Konstruktionen, viele wunderbare Äußerungen, wie sie einem Deutschen nie eingefallen wären, ergötzten Goethe nicht allein, sondern schienen ihm bemerkenswert und bedeutend. «Die uns verwandten Dänen», hörte ich ihn sagen, «könnten wohl unsere Sprache bereichern, und was wir, von der einseitigen Ausbildung ergriffen, nur zu tadeln geneigt sind, verdiente wohl nicht selten unsere Aufmerksamkeit.» Die gesunde, ursprüngliche und aus einer reinen Quelle hervorsprudelnde Eigentümlichkeit gefiel ihm sehr.

2168 A. Carus an Böttiger — Juli oder August 1805

Gern hätte ich Ihnen erzählt, wie Jacobis wiederholte Unterhaltungen in Leipzig mir in Lauchstädt Goethes Bekanntschaft zuführten, von dem ich ein ganz anderes Bild mir gemacht hatte, und mit dem ich dort in so lange und mir so interessante Verhandlungen über Ästhetik und Philosophie verflochten wurde, daß wir nicht zu Ende kamen und er mir sogar bei seiner ersten Reise nach Leipzig einen Besuch ankündigte.

2169 Wilhelmine Bardua: Aufzeichnungen

In Weimar fand Caroline [Bardua] Wohnung und Kost bei dem Schauspieler Oels im Hause des Kammerrat Ridel. Ihr erster Weg war zu Goethe. Mit ihrem Empfehlungsbrief von Körte wurde sie wohlwollend von ihm aufgenommen. Er interessierte sich für ihre Studien und machte sie gleich mit Prof. Meyer bekannt. Goethe stand damals noch in frischem Lebensalter und sah viel Gesellschaft in seinem Hause, zu der Caroline oft hinzugezogen wurde. Er selbst ist auch der erste gewesen, der ihr in Weimar zu einem Porträt gesessen hat.

2170 Henriette v. Knebel an ihren Bruder — 14. September 1805

... gestern ... um 11 Uhr war die Prinzeß mit ihrer Frau Schwägerin bei Goethen eingeladen. Er ist sehr gerührt von

Deinem Geschenk, und wünscht sehnlich, Dich bald hier zu sehen.

2171 Charlotte v. Schiller an Cotta 20. (?) September 1805

Goethe ist jetzt zurück von seiner Reise, und ist gesünder und stark im Gemüt, ich habe ihn einigemal gesehen, und er kann jetzt mit Fassung mich sehen. Sein Umgang ist mir wohltuend, er spricht über wissenschaftliche Dinge mit uns und Naturgeschichte. Es scheint, er hat jetzt mehr als je das Bedürfnis, sich mitzuteilen, und ich höre ihn gern.

Es tat mir seiner selbst willen weh, daß ich ihn nicht sah, denn es zeigt mir, daß sein Gemüt noch nicht so gefaßt war, als es ihm gut ist.

Es ist ja das einzige, was uns bleibt, mit unsern Freunden zu leben, und in der Erinnerung an das, was wir verloren. – Über Schiller hat er mir noch nicht gesprochen, aber ich fühle, daß sein Andenken ihm nahe ist, und daß es ihm auch schmerzlich, doch aber wohl ist, mich zu sehen.

2172 Abeken: Marmorglatt und marmorkalt 1857

Die Schauspielerin Wolff erzählte mir einmal (1809), sie habe, da sie die Eugenie habe spielen sollen, bei Goethe, in seinem Zimmer allein, Leseprobe gehabt. Als sie an das Ende des vorletzten Monologs gekommen:

Und wenn ich dann vom Unbill dieser Welt
Nichts mehr zu fürchten habe, spült zuletzt
Mein bleichendes Gebein dem Ufer zu,
Daß eine fromme Seele mir das Grab
Auf heim'schem Boden wohlgesinnt bereite –

habe Goethen sein Gefühl bewältigt; mit Tränen im Auge habe er sie inne zu halten gebeten. Gerade wie damals, als sie den Epilog zu Schillers Glocke bei ihm einübte, er bei einem besonders treffenden Worte sie faßte, mit den Worten: «Ich kann, ich kann den Menschen nicht vergessen!» sie unterbrach und eine Pause, und sich zu erholen verlangte.

2173 *Riemer* *21. Oktober 1805*

[Goethe:] «Alle unsere Erkenntnis ist symbolisch. Eins ist das Symbol vom andern: die magnetischen Erscheinungen Symbol der elektrischen, zugleich dasselbe und zugleich ein Symbol der andern. Ebenso die Farben durch ihre Polarität symbolisch für die Pole der Elektrizität und des Magnets. Und so ist die Wissenschaft ein *künstliches* Leben, aus Tatsache, Symbol, Gleichnis wunderbar zusammengeflossen.»

2174 *Riemer an Frommann* *24. Oktober 1805*

Gestern kam der erste Bogen der Optik an. Goethe ist mit Druck und Einrichtung ganz zufrieden und läßt Sie schönstens grüßen.

2175 *Luise v. Göchhausen an Böttiger* *2. November 1805*

Goethes wissenschaftliche Bemühungen zu Gunsten eines kleinen Zirkels von Damen, zu welchen auch ich die Ehre habe zu gehören, haben wieder ihren guten Fortgang. Mittwochs von 10 bis 1 Uhr hält er über verschiedentliche naturhistorische Gegenstände Vorlesungen, die auch Papa Wieland zuweilen besucht. Diese sind würklich sehr lehrreich und unterhaltend.

2176 *H. Voß (in Gräfs Bearbeitung)*

Goethe forderte dringend von mir, ich sollte den Schlegelschen «König Johann» von Shakespeare für unsre Bühne ajustieren; denn die Corona Becker, Euphrosynes Tochter, ist nun für den Arthur herangereift und soll da fortfahren, wo die Mutter aufhörte. Ich sitze mitten in dieser Arbeit, die aber nun bald vollendet sein wird.

Mit meinem «Lear» ist Goethe sehr zufrieden. Als er zurückkam [Freitag, den 6. September], da trat ich ihm freudig unter die Augen, und den folgenden Tag las ich ihm den ersten Akt, und so die folgenden Tage der Reihe nach die übrigen Akte vor.

Goethe ist mit meiner Arbeit [«Hermann und Dorothea»] zufrieden und will jetzt mit mir das Ganze noch einmal durchgehn, wobei wir, wie er sich ausdrückte, einmal ein ganzes Vierteljahr auf Hexameter verwenden wollten.

Goethe sagte mir vorgestern [Donnerstag, den 7. November], ich hätte mich seit der Othello-Übersetzung recht herausgemeistert, und es mache ihm Freude, daß ich mich durch diese Übersetzung als einen würdigen Shakespeareleser legitimiert hätte. Er ließ auch eine Flasche Wein holen, die wir der Übersetzung zu Ehren auszechten. Es ist eine Wonne, von Goethe gelobt zu werden, aber um meiner selbst willen freute ich mich, daß er seit einem halben Jahre Fortschritte in mir bemerkte.

2177 Riemer an Frommann *16. November 1805*

Unser Herzog ist krank ... Goethe hat sich auch einen steifen Hals am Hofe geholt und war gestern nacht recht krank. Heute geht's. Er grüßt Sie schönstens. Durch die Störungen bei Hofe ist er aus der Arbeit gekommen. Er wird aber dieser Tage wieder dran gehen. Manuskript so bald als nur möglich.

2178 Riemer an Frommann *20. November 1805*

Goethe ist wieder vollkommen besser und sonst immer wohl und heiter. Der Würzburger als gewöhnlicher Tischwein und zu fetten Braten das englische Gewürz Piccalillo bekommen seinem Magen so vortrefflich, daß ich ihm gern das Vergnügen machte, ihn mit einer solchen Flasche Piccalillo zu überraschen, wenn ich nur wüßte, wo es aufzutreiben wäre, in der Nähe nämlich. Er hat eine von Zeltern geschickt bekommen.

2179 Christiane Vulpius an N. Meyer *25. November 1805*

Mit des Geh. Rats Gesundheit haben wir die beste Hoffnung. Er grüßt Sie herzlich und wird Ihnen über alles, worüber er Ihnen die Antwort schuldig ist, nächstens selbst schreiben.

Den Portwein darf er wegen seiner Gesundheit nicht trinken. Wenn Sie uns aber von dem letztern Franzwein, der ihm sehr gut bekömmt, noch etwas senden könnten, sowie auch noch ein Fäßchen von der schönen Butter, die diesmal außerordentlich schön war, so erzeigten Sie uns eine sehr große Freundschaft.

2180 Ch. A. Vulpius an N. Meyer 6. Dezember 1805

Goethe arbeitet an seiner Farbenlehre, die Ostern erscheinen soll, und hat für gar nichts sonst Zeit.

2181 Henriette v. Knebel an ihren Bruder 14. Dezember 1805

Goethe hat am vergangnen Mittwoch [11. Dezember] gar schön über die Elastizität der Luft gesprochen und noch hübscher über die moralische Elastizität, wie große und ungewöhnliche Erscheinungen und Begebenheiten auf den Menschen wirken, ganz nach seiner Art, schön und frisch.

2182 Charlotte v. Stein an ihren Sohn Fritz 19. Dezember 1805

Indes alles nur Krieg und Politik spricht, hören wir alle Mittwoch bei Goethen eine gelehrte Vorlesung, die meisten Male sagt er einen lichten Punkt, worauf man sich denn freut, daß er ihn ausführen wird, aber er berührt ihn nicht wieder, es müßte denn sein, daß er sie zuletzt wie Raketen zum Himmel steigen ließ, und sie nicht vielleicht verhüllt läßt, wie das Büst der Minerva in seiner Stube mit ein abgelegten Shawl von Mademoiselle Vulpius verschleiert ist.

2183 Prinz Louis Ferdinand
an Pauline Wiesel 16. Dezember 1805

[Jena.] Ich habe nun Goethen wirklich kennen gelernt; er ging gestern noch spät mit mir nach Hause, und saß dann vor meinem Bette, wir tranken Champagner und Punsch, und er sprach ganz vortrefflich! Endlich deboutonnierte sich seine Seele; er ließ seinem Geist freien Lauf; er sagte viel, ich lernte viel, und fand ihn ganz natürlich und liebenswürdig.

2184 Arnim an C. Brentano 16. Dezember 1805

Meine Überkunft [nach Jena] danke ich Goethe, der viel, sehr viel Güte für mich hat. Er grüßt Dich, dankt für unsre

Sammlung, findet sie sehr angenehm, hat sie gegen viele in Weimar gelobt und wird vielleicht selbst einige Worte darüber in der Jenaer Literaturzeitung sagen. Er hat mich auf alle Tage eingeladen zum Mittagessen, fast über jedes Lied gesprochen, er läßt Dir viel Schönes über des Schneiders Feierabend sagen. Die Fischpredigt, die Mißheirat, der Stauffenberg, das von Procop, zwei Nachtigallen, der Lindenschmidt, der Neidhard mit seinen Mönchen schienen ihm am besten. Er sagte mir, die Prinzen und Prinzessin hätten es mit Lust gelesen. Es war mir dabei, als wenn eine schöne Königin mit ihren Fingern durch meine Mähne striche und mir den Hals klatschte. Er wünschte unsre Sammlung auch über die ausländischen Romanzen, sowohl die heiligen der Edda als noch die andern altfranzösischen, englischen, schottischen, spanischen, ausgedehnt.

2185 Arnim an C. Brentano *17. Dezember 1805*

Der Abend gestern hat mich sehr lebendig bewegt, ich hatte den Tag mit Goethe zugebracht. Morgens übersah ich mit ihm von den Bergen der Rasenmühle die unendliche Sternensaat des Schnees.

2186 Arnim an C. Brentano *20. Dezember 1805*

Ein ander Mal mehr von Goethe; von seinem Sohne habe ich Schrittschuh laufen gelernt, von ihm alles übrige ertragen und entsagen ...

2187 Arnim an Goethe *Februar 1806*

Ich sollte etwas von mir hören lassen, war Ihr liebreicher Auftrag an mich beim leidigen Abschiede [im Dezember 1805]. Wenn ich von mir etwas hören wollte, ich würde immer und immer wieder mir erzählen, wie leicht und erwartend ich die sanften Stufen Ihrer Treppe angestiegen, wie befriedigt und schwer ich immer hinabgestiegen auf die wildfremde, winterharte Erde. Ich würde anfangen zu denken in dem sicheren Augenblicke meines Daseins, als ich Ihnen auf den altlandschaftlichen Bergen von Jena zur Stütze diente, und wie ich die schönste Beobachtung der Welt hatte, als ich die schöne Farbenerscheinung auf der alten gemalten Scheibe in Ihrer Hand wahrnahm.

2188 *J. D. Gries an F. L. W. Meyer* *Sommer 1839*

Vor vielen Jahren erschien eine antikisierende Tragödie: Polyidos, von dem verstorbenen Apel in Leipzig. Man versprach sich viel davon, und ich ward [im Dezember 1805?] aufgefordert, das Stück bei Frommanns vorzulesen. Goethe selbst wollte zugegen sein. Ich präparierte mich recht ordentlich und las – so gut ich konnte. Nach beendigter Vorlesung trat eben auch so eine peinliche Stille ein. Endlich erhob sich Goethe, kam auf mich zu, und sagte: Ich bin Ihnen um so mehr verpflichtet, daß Sie diese Mühwaltung übernommen haben, da ich, wäre ich allein gewesen, das Stück schwerlich zu Ende gebracht hätte.

2189 *Charlotte v. Stein an ihren Sohn Fritz* *20. Dezember 1805*

Eben war Goethe bei mir, ich las ihn einige Stellen aus Deinen letzten Brief, die ihm gefielen. Er freute sich auch Deiner wohlangebrachten Blumen-Stöcke ...

2190 *W. v. Schack: Erinnerungen*

[22. Dezember 1805.] Hierauf ging ich zu Goethe, wo der Adjutant Leutnant von Kleist in Quartier kommen sollte. Wie bedauere ich jetzt, daß ich nicht dieses Quartier für mich genommen habe! Ich mußte eine ganze Weile warten, ehe ich von seiner Wirtschaftsmamsell in ein Zimmer geführt wurde; doch entschuldigte dies alles bei mir der Gedanke an den großen Dichter. Das ganze Haus war für den Liebling der Musen besonders arrangiert. Schöne Gemälde, Kunstsachen, Statuen, Büsten usw. sah man hier in großer Menge. Nach einiger Zeit kommt Goethe herein, ein schöner Mann, dessen Alter zwischen vierzig und fünfzig fällt. Sein ganzer Anstand war der eines Hofmanns; sein gekräuselt Haar, das einen Tituskopf formiert, mit seiner übrigen feinen eleganten Morgenkleidung deutete den Mann von Welt an. Ich kündigte ihm seine Einquartierung an und freute mich zugleich, bei dieser Gelegenheit seine Bekanntschaft gemacht zu haben. Er war sehr artig, bat mich aber, womöglich die Pferde des Adjutanten woanders unterzubringen, welches auch geschehen ist. Nach dieser Zusicherung entfernte ich mich sehr bald.

2191 Ch. A. Vulpius an N. Meyer *28. Dezember 1805*

Daß Sie von Goethe wenig lesen, kömmt daher, daß er gar nicht à son aise ist. Immer kränkelt er. Die Ärzte sagen, er halte sich in Essen und Trinken nicht nach ihren Vorschriften. Ich habe ihn erinnert, und er diktierte mir sogleich einen Brief, den Sie hierbei erhalten.

1806

2192 Ch. A. Vulpius an N. Meyer *7. Januar 1806*

Diesen Morgen um 11 Uhr ist meine Schwester Ernestine sanft für immer entschlafen …

Wir dürfen es dem Geheimen Rat noch nicht sagen, daß Ernestine tot ist; es greift ihn alles gar zu sehr an. Er ist auch nicht recht taktfest. Dies Jahr *beginnt* für uns gar nicht hold, wie soll es *enden?*

2193 Christiane Vulpius an N. Meyer *Januar 1806*

… die gute Ernestine hat ausgelitten, und ihren Wunsch, Sie, lieber Freund, noch einmal hier zu sehen, ist nun für diese Arme auf immer dahin. Sie können denken, wie unaussprechlich leid mir es tut, daß für diese Jugend keine Hilfe mehr ward. Die Tante ist auch ganz stumpf geworden, und ich fürchte auch sehr für sie – mit dem Geheimen Rat geht es wieder leidlich, aber ich fürchte auch nur, daß es Flickwerk ist. O Gott, wenn ich mir denke, daß eine Zeit kommen könnte, wo ich so ganz allein stehen könnte, das verdürb' mir manche frohe Stunde …

Der Geheim-Rat und August grüßen herzlich, und beide werden bald schreiben.

2194 *Charlotte v. Schiller an Cotta* *10. Januar 1806*

Goethe war auch einigemal diesen Winter krank, doch ist er wieder so wohl, daß wir Mittwoch früh [8. Januar] bei ihm waren. Seine Vorlesungen sind sehr bedeutend. Seine Blicke sind einzig, so tief und reich.

2195 *W. v. Schack: Erinnerungen*

[9. Januar 1806.] Heute ward ich zu Mittag vom Geheimrat Goethe eingeladen. Ich ging um halb zwei hin, hielt mich bei Kleist bis zur Essenszeit auf und ward dann mit ihm ins Speisezimmer gerufen, wo ich Goethe schon vorfand. Er empfing mich sehr artig, und ich kann nicht, wie so viele andere, über seinen Empfang klagen; doch ist es gegründet, daß er sich gegen ihn besuchende Fremde zuweilen äußerst sonderbar benimmt, welches ihm aber auch nicht zu verdenken ist, da er außerordentlich überlaufen wird. Besonders soll er gegen junge Gelehrte zuweilen sich so unhöflich betragen, daß sich diese voller Bestürzung aus seinem Zimmer entfernen. Doch ist dies nur dann der Fall, wenn Goethe ihnen ihre geringe Geistesfähigkeit ansieht und er sich ihr Erscheinen nur aus Neugierde erklärt ... Wenn man bedenkt, wie oft Goethe auf diese Art von seinen Arbeiten abberufen wird, so ist sein Betragen sehr verzeihlich ... Ich fand bei Goethe bloß den Leutnant von Kleist, die Mademoiselle Vulpius, seine Mätresse, seinen Sohn, einen jungen liebenswürdigen Menschen von sechzehn Jahren, und dessen Hofmeister. Unsere Unterhaltung beschränkte sich meist aufs Theater und auf die jetzigen Zeitumstände. Er unterhielt uns vortrefflich, ließ sich in Erklärung der unbedeutendsten Sachen ein und ließ uns durchaus den Stolz nicht merken, dessen man ihn sonst beschuldigt. Wir aßen recht gut. Nach der Mahlzeit stand er auf und verfügte sich sogleich nach seinem Arbeitszimmer, welches einmal bei ihm hergebrachte Sitte ist. Ich blieb noch eine kurze Zeit dort und entfernte mich gleichfalls. Bei Kleist fand ich mehrere seiner Werke, unter anderem interessierte mich außerordentlich ein Exemplar des Reineke Voß, in welchem er sehr vieles mit eigener Hand korrigiert hatte. Nachher ging ich mit dem jungen Goethe auf seine Stube, wo ich eine recht hübsche Naturalien-, Schmetterlings- und Tierschädelsammlung fand.

2196 Riemer *11. Januar 1806*

[Goethe:] «An der Newtonischen Lehre ist schon so viel verändert und hinzugeflickt worden; und doch meinen die Herren, sie hätten noch die alte. Sie ist ein wahrer Bettlersmantel, der schon aus den Flicken der vierten, fünften Generation besteht, den die Prorektoren umtun, und immer wieder Doktoren dieser Bettlerfakultät kreieren.»

2197 Riemer *11. Januar 1806*

[Goethe:] Cotta, so gescheit und unternehmend er sei, ruhe doch mit seinem Gemüt auf dem Mittelmäßigen; es tue ihm doch gewissermaßen leid, daß er aus den Pulvertonnen von G[oethe], H[erder] und S[chiller] nicht Speiteufel und Raketen machen könne.

2198 H. Meyer *11. Januar 1806*

Das bei Göschen in Leipzig herauskommende Journal für Frauen und geschrieben von Frauen gab Goethen, da er es auf der Bibliothek fand und darin eine Nekropompe von Seume auf Schiller bemerkte, Anlaß, sehr witzig zu sagen: Mancher Hermaphrodit mag in diesem Werke stehen!

2199 H. Meyer

Eben damals war die Rede von einem Almanach, den Nicolai, Herdern zu necken, unter dem Titel *Ein Feiner Almanach* herausgegeben, der *Volkslieder* enthalten soll. Hierauf sagte Goethe, Nicolai sei mit Bileam, der Feine Almanach mit dessen Esel zu vergleichen, der klüger als der, der ihn ritt, gewesen, und Nicolai habe gegen seine Absicht darin recht gute Lieder drucken lassen und also mehr gesegnet als geflucht.

2200 *Charlotte v. Schiller an F. v. Stein* *13. Januar 1806*

Goethe hat Trauer im Haus. Die Schwester der Vulpius ist gestorben; der arme Mann hat so geweint! Dies schmerzt mich, daß seine Tränen um solche Gegenstände fließen müssen. – Ich hoffe, Goethe bleibt diesen Winter wohl; er war einigemal krank, doch ist es jetzt vorüber. – Seine Mittwochs-Gesellschaften sind sehr interessant. Ich wollte, Sie hätten es hören können. Ich habe manches aufgeschrieben. Seine Farbenlehre wird jetzt gedruckt.

2201 *Charlotte v. Stein an ihren Sohn Fritz* *15. Januar 1806*

Goethens Vorlesungen gehen alle Mittwoche ihren Weg, ein Viertelstündchen wird der Politik gewidmet oder vielmehr den jetzigen Begebenheiten, doch hat er das nicht gern. Vor acht Tagen war eben seine Schwägerin, die jüngere Schwester seiner Demoiselle, gestorben, und zwar wie wir eben da waren, aber alle Todesfälle in und außer seinem Haus läßt er sich verheimlichen, bis er so nach und nach dahinter kommt, doch soll er sie beweint haben, sie war schon lang an der Auszehrung krank, sein Bube kommt mir auch nicht vor, als könnte er lange leben, gebe der Himmel, daß er nicht vor ihm stirbt, seine Demoiselle, sagt man, betrinkt sich alle Tage, wird aber dick und fett, der arme Goethe, der lauter edle Umgebungen hätte haben sollen! doch hat er auch zwei Naturen. Er liest uns jetzt über die Farben, sagt, daß sie in unsern Augen liegen, drum verlange das Auge die Harmonie der Farben wie das Ohr die Harmonie der Töne etc.

2202 *Riemer: Mitteilungen über Goethe* *1841*

[Über Goethes früheren Plan, den Tell als episches Gedicht zu bearbeiten.] Wie Goethe mir mündlich schon den 16. Januar 1806 sagte: so sollte sowohl Tell als der Landvogt in einem heitern Charakter erscheinen, jener mehr der gute, aber *unbesonnene* Tell, und der Landvogt wenigstens gegen die Weiber freundlich und zutulich seyn, kurz alles läßlicher gehalten, und, soviel ich mich erinnere, auch der Apfelschuß nicht so *barsch* und präzipitiert.

2203 *Riemer* *16. Januar 1806*

[Goethe:] «Der Mensch, wenn er wider Willen von einer Maxime, Art, zu sein oder zu handeln, lassen soll und zur entgegengesetzten, bisher von ihm gehaßten übergehen, muß erst von dieser einigen sichtlichen Vorteil, der den Schaden durch den Verlust jener überwiegt, erhalten haben, ehe er ihr ganz von Herzen beitritt und mit ihr eins wird.»

2204 *Henriette v. Knebel an ihren Bruder* *18. Januar 1806*

Was Du mir Gutes vom jungen Blomberg sagst, freut mich gar sehr. Wieland, welchen wir vorgestern bei der Herzogin-Mutter antrafen, lobte ihn auch. Goethe war diesen Abend auch da und war sehr lebhaft und brillant, fast ein wenig zu sehr in der Gegenwart vom alten Wieland, welcher jedoch, wie der sanfte Mond, seinen Platz am Himmel auch nicht schlecht behauptete und dem die sanft empfindenden Gemüter fast noch williger folgten. Indes sprach Goethe sehr gescheit, und ich kann sagen, daß ich sein Gespräch mit Vergnügen angehört und behalten habe. Nur daß man den Vorsatz in ihm zu bemerken glaubte, allein gelten zu wollen, schreckte etwas ab.

2205 *Henriette v. Knebel an ihren Bruder* *27. Januar 1806*

Es wäre mir ein wahres Vergnügen gewesen, wenn ich Dir neulich von Goethes und Wielands Kampfgespräch einiges hätte mitteilen können, und ich zog mich ungern zurück, da ich unterbrochen wurde ... Der Streit kam über Tischbeins Zeichnungen her, die er kürzlich an die Herzogin-Mutter geschickt. Unter dem Lobe, das ihnen Goethe erteilte, sprach er viel von Talent und Übung in der Kunst, welche durchaus zu ehren und zu preisen wäre, sollte es auch nur an *dem* Manne sein, welcher einst vor Alexander dem Großen die Hirsenkörner durch ein Nadelöhr geworfen hätte. Es war artig, wie Wieland noch lange ruhig zuhörte, und endlich gleich wieder bei den Hirsenkörnern anfing, welche Kunst er so dumm und albern fand, daß er den Mann noch ganz besonders hätte strafen lassen, daß er so unendlich viel Zeit darauf verwendet hätte. Alle Künste der Technik, wodurch die Engländer sich auszeichneten, behauptete Goethe, wären durch diese Geduld und Anhaltsamkeit entstanden, und Alexander als Monarch hätte ganz unrecht gehabt, den Mann so verächtlich zu behandeln. Er hätte vielmehr zu den Umstehenden sagen sollen: «Seht, dieser Mann hat es durch außerordentliche Geduld und Übung zu solch einer Fertigkeit gebracht. Könntet ihr es nicht in etwas Gescheiterm auch so weit bringen?» usw.

Noch lieber möchte ich Dir von Goethes letztem Vortrag vom vorigen Mittwoch [22. Januar] Bericht abstatten können, der mir ganz außerordentlich wohl gefiel. Es war das angenehmste Gefühl, sich mit ihm gleichsam auf eine höhere Stufe gestellt zu sehen, und wirklich die schönste menschliche Natur belebte sich aufs neue in ihm. Er sprach von dem Bezug, den der Mensch zu sich selbst und zu den Dingen außer ihm hat, so reich, reif und mild, daß ich wirklich noch nie so habe sprechen hören. Ich wünschte, er hätte die Rede aufgeschrieben. Mich dünkt, sie allein müßte ihm den Ruhm eines seltnen Menschen machen. Ich selbst dünkte mich glücklicher und vornehmer durch die unzähligen Fäden, durch die wir mit Himmel und Erde zusammenhängen. Es ist eine wahre Freude, wenn der Geist, wie die Natur, alt, und doch so verjüngt, sich darstellt, ein kräftiger, erfreulicher Frühlingshauch. Prinzeß freute sich mit mir.

2206 H. Voß (in Gräfs Bearbeitung)

Goethe ist nicht, wie er sein sollte. Seine Nieren sind wahrscheinlich desorganisiert. Er hat täglichen Blutabgang durch den Urin; oft aber stockt dieser, und dann ist er sehr krank. Ich glaube, daß er alt werden kann, aber gesund wird er nie wieder. Gott erhalte ihm nur seine frohherzige Laune. Neulich sagte er: «Wenn mir doch der liebe Gott eine von den gesunden Russennieren schenken wollte, die zu Austerlitz gefallen sind!» – Das Schauspiel besucht er fleißig, auch geht er jeden Tag im Park spazieren.

2207 *Henriette v. Knebel an ihren Bruder* *1. Februar 1806*

Wir sind gestern vormittags beim Goethe gewesen, da es den Mittwoch nicht anging. Er hat uns schöne galvanische Versuche gemacht, die mich sehr interessiert haben. Die schönen Reden, die ich Dir neulich angedeutet habe, kann ich Dir leider nicht schriftlich mitteilen.

2208 *W. v. Schack: Erinnerungen*

[31. Januar 1806.] Heute war der letzte Tag unseres Aufenthaltes in Weimar, wo wir so gern noch länger geblieben wären. Nach der Parade gingen ich und Wrangel im Namen des Offizierkorps zu Wieland und empfahlen uns seinem Andenken ... Goethe, zu dem wir auch gingen, gab der Herzogin eine Vorlesung, und sie war noch nicht zu Ende, als wir das zweite Mal zu ihm kamen. Deshalb unterblieb unser Besuch, und wir trugen es seinem Sohne auf, ihm die Absicht unserer Sendung bekanntzumachen.

2209 *H. Meyer*

Da Pitts Tod kund wurde, stund eben in der Allgemeinen Zeitung [vom 5. Februar 1806] ein wahrscheinlich von Böttiger geschriebener Aufsatz, welcher mit den Worten: *Der arme podagrische Pitt* anfing. Sehr passend, sagte Goethe, lasse sich hierauf die Fabel vom Fuchs anwenden, welcher den toten Löwen bep–ßt.

2210 *H. Meyer*

Da Bertuch, mit lächerlicher Eitelkeit, sich gerührt stellend, Mouniers Tod dem weimarischen Publikum im Wochenblatt [vom 8. Februar 1806] verkündete, rief Goethe aus: O, wie wohl täten diese, wenn sie kein Herz haben wollten!

2211 *Luise v. Göchhausen an Böttiger* *12. Februar 1806*

Goethe fährt noch immer fort, uns naturhistorische Vorlesungen zu halten. Er verleugnet *hier* das Genialische seines Geistes nicht, der da weiß, einen großen Gegenstand groß zu behandeln – die Vorträge sind sich nicht alle gleich, aber er hat uns vortreffliche gehalten.

2212 *Henriette v. Knebel an ihren Bruder* *15. Februar 1806*

Goethe ist wieder wohl, und die Stunden, die wir bei ihm zubringen, sind uns sehr angenehm und interessant.

2213 *H. Meyer* *22. Februar 1806*

Goethe bemerkte, da der *Macbeth* aufgeführt wurde, er kenne weder aus dem Altertum noch neuerer Zeit eine bessere Komposition als diese. Sie enthalte nicht weniger verständige Überlegung als geniale poetische Freiheit, grenze mit der größten Kühnheit zuweilen bis ans Übertriebene, und nie sei doch die Schranke des Erlaubten und Rechten überschritten worden.

Die Erscheinung des Banquo schien er für einen der herrlichsten Züge echt dramatischen Werts zu halten.

2214 *Henriette v. Knebel an ihren Bruder* *26. Februar 1806*

Inzwischen ist Goethe wieder etwas unpaß, ich hoffe, daß es nicht viel bedeuten soll.

2215 *Ch. A. Vulpius an N. Meyer* *3. März 1806*

Vorgestern früh 7 Uhr ist unsre gute alte Tante, 74 Jahr alt, nach einer zweitägigen Brustkrankheit am Schlage gestorben. Wir beklagen die gute alte Pflegerin unsrer Jugend recht sehr ...

Goethe ist schon wieder krank gewesen. Monatlich kömmt jedesmal sein Übel zurück, und macht ihn sehr mürbe. Es sind böse Hämorrhoidal-Zufälle ...

Goethe hat seine Stella neu für's Theater bearbeitet.

2216 *Charlotte v. Stein an ihren Sohn Fritz* *3. März 1806*

Goethe war wieder recht krank, seine Krankheit ist periodisch, er bekommt sie alle drei, vier Wochen; er sagte mir, er nähme Bilsenkraut statt Opium dafür und täte ihm letzteres besser. Neulich wurde seine Stella gegeben, er hat aus dem Drama eine Tragödie gemacht, es fand aber keinen Beifall. Fernando erschießt sich, und mit den Betrüger mag man kein Mitleid haben, besser wäre es gewesen, er hätte Stella sterben lassen, er nahm mir's übel, als ich's ihm tadelte.

2217 *Eichstädt an A. W. Schlegel* *12. März 1806*

Goethe grüßt herzlich und freundschaftlich. Er hat mir diesen Gruß zu wiederholten Malen aufgetragen. Seine Gesundheit ist leider schwankend; aber er erholt sich immer schnell wieder, und ist dann wie gestärkt zu neuer Arbeit. Auch in unserer Zeitung [Jenaische Allgemeine Literatur-Zeitung] werden Sie ihn oft finden *(Des Knaben Wunderhorn – Müllers Selbstbiographie – Humboldts Vorlesung* pp.).

2218 *Charlotte v. Stein an ihren Sohn Fritz* *14. März 1806*

... ich will lieber Goethens Vorlesungen fort hören, um die übrige menschliche Welt zu vergessen. Jetzt kommt er auf sein Farbensystem, schade, daß aber sein periodisches Übel oft die Vorlesung unterbricht, er hat sich entschlossen, nach Karlsbad zu gehen, ich finde ihn mißmütig, sein Leiden ist sehr schmerzhaft.

2219 *H. Meyer* *21. März 1806*

Goethe erklärte, er habe niemals über die Theorien der Poesie anhaltend und ernst nachgedacht; von allen seinen poetischen Werken sei keines mit klarem Verstande dessen, was gemacht werden solle und müsse, sondern bloß durch ein Gefühl, eine Ahndung, das sei das Rechte, entstanden, ohne weiteres Räsonnement darüber. In Sachen der bildenden Kunst hingegen habe er zwar wenig geleistet, aber viel über die Theorien derselben nachgedacht und meinte, diese hätten bei ihm gleichsam statt eines Symbols der Poesie gedient und das Nachdenken im Fach der bildenden Kunst ihn in seinem eigentümlichen Feld, im poetischen Schaffen und Wirken, viel gefördert.

Er sprach hierauf von der Farbenlehre und sagte, in naturhistorischen Dingen wäre einigermaßen derselbe Fall bei ihm, daß er nämlich eines durch Nachdenken über das andere besser begreifen hätte lernen: die Forschungen über die Farben hätten ihm die Elektrizität klarer gemacht, den Magnet, den Galvanism p., und umgekehrt Nachdenken über diese Teile der Physik hätte ihm bei den Forschungen über die Farbenerscheinungen Nutzen gebracht, weil in elementarischen Dingen immer eines das Symbol für das andere sei.

2220 *Falk an J.v. Müller* *25. März 1806*

Goethe hat monatliche Anfälle von der güldenen Ader, die bei ihm den Weg durch den Urin nimmt. Sonst, wenn sie kamen, waren sie höchst schmerzhaft, und er schrie so, daß ihn die Wachen am Tor hören konnten. Jetzt ist es gelinder damit.

Kutsche und Pferde hat er abgeschafft und geht, wie die thüringischen Landleute sagen: eben auch propper zu Fuß. Auf jede Weise ist ihm dieses auch zuträglicher.

2221 *Charlotte v. Schiller an Cotta* *28. März 1806*

Goethe ist jetzt recht heiter, seine Anfälle kommen leider regelmäßig, und er hat viel Schmerz dabei, doch sah er besser aus als lange nicht, und man sah seinen Zügen an, daß sie lang keinen Schmerz empfunden hatten. Stark hofft viel vom Karlsbad, wo er schon voriges Jahr hätte hingehen sollen, aber dieses Jahr gewiß hingehen wird.

2222 *J. D. Gries an G. Hufeland* *28. März 1806*

Übrigens befindet Goethe sich jetzt ganz leidlich und arbeitet sehr eifrig an der neuen Ausgabe seiner Werke, sowie an einem neuen Werke über die Farben, auf welches er selbst vielen Wert zu legen scheint. Gebe nur der Himmel, daß diese Ausgabe endlich einmal eine vollständige werde und daß er selbst sie noch ganz vollenden möge!

2223 *Riemer* *März 1806*

[Goethe:] «Lichtenbergs Wohlgefallen an Karikaturen rührt von seiner unglücklichen körperlichen Konstitution mit her, daß es ihn gefreut, etwas noch unter sich zu erblikken. Wie er sich wohl in Rom gemacht haben würde beim Anblick und Einwirkung der Kunst? Er war keine konstruktive Natur, wie Äsop und Sokrates; nur auf Entdekkung des Mangelhaften gestellt.»

2224 Riemer *März 1806*

[Goethe:] «Ritter winde die Natur wie eine Aderlaßbinde von zwölf Meilen um sich herum als um eine Mumie, daß man nicht sagen könne, wo sie anfange, wo sie aufhöre, wo der Kopf und wo der Fuß sei pp.»

2225 Riemer *März 1806*

[Goethe:] «Wielands neustes Gedicht an die Großfürstin sei so hohl, so leer, als wenn einer mit den dürren Hülsen von Bohnen (mit dürren Bohnenschalen) klapperte.»

2226 Riemer *März 1806*

[Goethe:] «Die Dilettanten hätten überall die Wissenschaft gefördert; ein Gärtner das Barometer erfunden, – vor hundert Jahren schon die neue Chemie gelehrt, – ein Musikus den Uranus entdeckt pp.» Äußerung Goethes bei Gelegenheit einer groben Rezension von Gall in der Jenaischen Allgemeinen Literatur-Zeitung, wo gesagt ward: der Engländer Wilkes habe schon dasselbe in Absicht des Gehirns gesagt.

Anekdote von der Katzenpastete, die man für eine Hasenpastete gefressen, auf die Newtonische Farbenlehre bezogen

2227 Voigt d.J. an Eichstädt *7. April 1806*

Bei der Unterredung mit Herrn v. Goethe hat es mir geschienen, daß er über die Gallsche Rezension [von Reil] insofern verlegen sei, als ohne Not mit einiger Animosität dabei verfahren worden und er daher wohl gewünscht hätte, davon vorher unterrichtet gewesen zu sein, zumal Sachkenntnis ihn dazu qualifiziere.

2228 Riemer *Anfang April 1806*

[Goethe:] «Es gibt Tugenden, die man, wie die Gesundheit, nicht eher schätzt, als bis man sie vermißt; von denen nicht eher die Rede ist, als wo sie fehlen; die man stillschweigend voraussetzt; die dem Inhaber nicht zugute kommen, weil sie in einem Leiden, in der Geduld bestehen. Sie scheinen, wo sie sind, nur aus einer Abwesenheit von Kraft und Tätigkeit zu bestehen, und sie sind die höchste Kraft, nur nach innen gewandt, und zur Abwehr äußeren Unglimpfs, nur als Gegendruck gebraucht. *Hammer* zu sein, scheint jedem rühmlicher und wünschenswerter, als *Amboß*, und doch was gehört nicht dazu, diese unendlichen, immer wiederkehrenden Schläge auszuhalten!»

2229 Christiane Vulpius an N. Meyer *4. April 1806*

Den Verlust, den ich von neuem erlitten habe, hat Ihnen mein Bruder schon geschrieben, ich bin aber noch ganz untröstlich darüber, und dazu kommt noch immer die Sorge um den guten Geheimer Rat, mit dem es doch auch noch immer auf der Spitze steht.

2230 H. Meyer *16. (17.) April 1806*

Déjeuner bei Goethe. Gegenwärtig waren Fräulein aus dem Winkel und Kapellmeister Eberl aus Wien.

Letzterer erzählte mancherlei von Mozart. Dessen Vater, ein tüchtiger Musikus und Kapellmeister des Erzbischofs zu Salzburg, habe den Sohn gleich vom vierten Jahre an unterrichtet und alle seine Geisteskräfte für die Musik in Anspruch genommen, daher Mozart auch von jeder andern Seite ungebildet gewesen. Eberl schien sich darüber zu wundern, wie Mozart ohne Welt, ohne vielseitiges Wissen doch die Charaktere aus den Dichtungen, die er in Musik gesetzt, so gut habe fassen und halten können.

Wir fanden beinahe Ursache, uns über Herrn Eberl zu verwundern, der nicht einzusehen schien, daß eine vollkommne Bildung, worin sie auch besteht, eben alles umfaßt und daß einer, worin er exzellent ist, allemal zu den vorzüglichen und gebildeten Menschen überhaupt gehört.

2231 H. Voß (in Gräfs Bearbeitung)

Bei Goethe hab' ich seit meiner Zurückkunft schon einige vergnügte Abende zugebracht. Es kommt mir vor, als wenn er mit seinem Oberrock an jedem Abend zugleich alle seine Sorgen auszieht. So, sagt man, soll er mit seinem grünen Ministerrocke auch noch allerlei *an*ziehn; aber in diesem habe ich ihn noch nicht gesehn, wiewohl ich zwei Jahre hindurch fast sein täglicher Hausgenoß bin.

Ich habe ihm gestern [Mittwoch, den 23. April] viel von meinem Onkel Boie erzählt, und mich erquickte recht seine Teilnahme. Ich wollte, daß ich dies alles noch meinem Onkel hätte schreiben können; er wäre um eine Freude reicher aus der Welt gegangen.

2232 Riemer *10. Mai 1806*

[Goethe:] «Es ist lächerlich, wenn die Philister sich der größern Verständigkeit und Aufklärung ihres Zeitalters rühmen und die frühern barbarisch nennen. Der Verstand ist so alt, wie die Welt, auch das Kind hat Verstand: aber er wird nicht in jedem Zeitalter auf gleiche Weise und auf einerlei Gegenstände angewendet. Unser Zeitalter wendet seinen ganzen Verstand auf Moral und Selbstbetrachtung; daher er in der Kunst, und wo er sonst noch tätig sein und mitwirken muß, fast gänzlich mangelt. Die Phantasie wirkte in frühern Jahrhunderten ausschließend und vor, und die übrigen Seelenkräfte dienten ihr; jetzt ist es umgekehrt, sie dient den andern und erlahmt in diesem Dienst.

Die frühern Jahrhunderte hatten ihre Ideen in Anschauungen der Phantasie; unseres bringt sie in Begriffe. *Die großen Ansichten des Lebens waren damals in Gestalten, in Götter gebracht;* heutzutage bringt man sie in Begriffe. Dort war die Produktionskraft größer, heute die Zerstörungskraft, oder die Scheidekunst.»

2233 H. Meyer *10. Mai 1806*

Als die Vier Tageszeiten, Kupferblätterumrisse von Runge, ankamen und Goethe die Zweckmäßigkeit, das Charakteristische im Ausdruck und die Mannigfaltigkeit und Gewandtheit des Künstlers betrachtet hatte, sagte er: Endlich hast du, Galiläer, doch überwunden.

2234 Voigt d. J. an A. W. Schlegel *3. Juni 1806*

Goethe ist im Begriff, nach Karlsbad zu gehen, um sein Übel im Unterleib zu vertreiben, was seit einiger Zeit oft wiederkam, und gefährlich zu werden drohte. Er freut sich Ihres Andenkens und empfiehlt sich Ihnen.

2235 *Henriette v. Knebel an ihren Bruder* *7. Juni 1806*

Dann ist auch gestern Herr Jagemann bei mir gewesen, und läßt Dich bitten zu kommen, da er just jetzt Zeit hätte, und so sehr wünschte, Dein Bild machen zu dürfen. Nur wenige Stunden dürften dazu erforderlich sein. Goethe hätte ihm auch davon gesagt, und er wünschte, daß es noch bei dessen Hiersein könnte angefangen werden.

2236 *H. Meyer* *7. Juni 1806*

Einsiedels «Bekanntschaft im Bade».

Goethe bemerkte vom Advokat Strampel, es sei fehlerhaft, diesem Würdigkeit zu geben und ihn zugleich zur lustigen Person im Stück zu machen und dabei noch das Deforme in der Gestalt zuzuschreiben.

Nichts werde zur Erscheinung gebracht, sondern bloß erzählt, was geschehen ist und was geschehen soll.

Die Alten wären auch hierin zum Muster zu nehmen. Wenn sie den Parasiten verfratzten, so sei derselbe nichts anders als der Parasite, bloß der, über welchen gelacht wird; wenn er hingegen wie hier Würdiges tue oder ausspreche, so belache nachher das Lächerliche niemand mehr.

2237 *Sophie v. Schardt: Aufzeichnungen nach Goethes Vorträgen*

Wär nicht das Auge sonnenhaft,
Wie könnten wir das Licht erblicken?
Lebt' nicht in uns des Gottes eigne Kraft,
Wie könnt' uns Göttliches entzücken?

Physiologische Farben. Sind die, die im Auge entstehen. Warum sehn wir das dunkle Fensterkreuz, wenn wir hernach auf eine helle, graue Fläche blicken, hell, und das übrige dunkel?

Der Teil der Retina, wo das dunkle Kreuz hinfiel, ist mehr ausgeruht und noch empfänglich für das Licht, da der Teil, der das Helle des Fensters aufnahm, schon so viel Licht empfangen hat, daß er's nicht gleich wieder admittiert.

Von allen Farben rufen sich Grün und Purpur am auffallendsten hervor.

Der doppelte Schatten von Mondlicht und Kerzenlicht zusammen. Den der Vollmond wirft und das Kerzenlicht bescheint, ist ganz rotgelb.

Den die Kerze wirft und der Mond bescheint, ist vom schönen Blau. Wo beide Schatten sich zu einem vereinen, ist er schwarz.

Verweilt der Blick lange auf der Tafel, so wird das geforderte Blau das fordernde Gelb bis ins Gelbrot steigern, welches dann wieder seinen Gegensatz, eine Art Meergrün, hervorbringt.

Pathologische. / Krankhaftes Sehen des Auges / entstehn aus sie deuten auch auf organische physische Gesetze.

Rot ist der Abklang vom Gelb des Lichts.

Bei *physischen* Farben richten wir uns darauf, wie durch farblose Mittel verschiedne Bedingungen entstehn.

Wenn es von der Oberfläche eines Mittels zurückstrahlt: *katoptrische.*

Wenn es vom Rande herstrahlt: *paroptische;* wenn es durch einen durchsichtigen Körper geht: *dioptrische.*

Das Licht durch ein *trübes* Mittel erscheint *gelb.* Die Finsternis durch ein trübes von einem darauf fallenden Licht erleuchtetes Mittel gesehn – scheint *blau.* Welche immer heller und blässer, je trüber das Mittel; immer dunkler, je durchsichtiger das Trübe – ja bis ins schönste Violett sich steigern. Solch gemäßigt, getrübtes Licht wirft einen Schein auf die Gegenstände, gelb, gelbrot, purpur.

Dies die Ursach der blauen Farbe der Atmosphäre, der Berge und des dunklern Blaues, wenn man auf hohen Bergen ist.

Chemische. Die fest adhärierenden.

Aus *Gelb* und *Blau* vermischt wird Grün.

Abstufend kommen sie in Rot und Purpur zusammen. Alle dunkle Körper ränden sich hell; alle hellen dunkel.

Nach dem allgemeinen Gesetz der aufeinander wirkenden Gegensätze geht diese Beziehung zwischen der Sonne und dem Auge vor, sie schaffen sich die Farben momentan, nach den Verhältnissen der Dinge zu ihnen.

Dünste auf Licht werden blau; ein getrübtes Glas zum Exempel verdickter, weißer – grau usw.

Jede Farbe hat ihren Gegensatz in einer andern.

/Versuch mit einem Bande auf einer weißen Fläche – der Gegensatz ist das nachbleibende Bild. (Sie ruft nämlich ihren Gegensatz hervor.)

Die vollendeteste Farbe ist rot. Rot ist das Blut. usw.
Gelb fordert Rotblau
Blau – Rotgelb
Purpur – Grün, und umgekehrt.

Die Farben von der Plus-Seite.
Gelb. Orange oder Rotgelb. Gelbrot (Zinnober) Gelb. Rot. Blau. Sind überhaupt die einzigen Farben.

Von der Minus-Seite.
Blau. Blaurot. Violette.
Plus-Seite. Verwandtschaft mit *Säuren*.
Minus — ——— mit Alkalien.

Plus.	*Minus.*
Gelb.	Blau.
Wirkung.	Beraubung.
Licht.	Schatten.
Hell.	Dunkel.
Kraft.	Schwäche.
Wärme.	Kälte.
Nähe.	Ferne.
Abstoßen.	Anziehen.
Verwandtschaft mit Säuren.	Verwandtschaft mit Alkalien.

Das Blaue sowie das Gelbe steigern sich ins Rote, aber auf verschiedene Art.

Das *Rot* die reine Farbe, ist gleichsam der Gipfel der Pyramide.

Die Farbe läßt sich im △ schematisieren, durch Verdopplung oder Verschränkung zum alten Sechseck bringen.

Oberwärts das Rot | ⟋ hier die hohen
unterwärts das Grün | ⟍ hier die irdischen Dinge.

2238 H. Düntzer: Zwei Bekehrte *1873*

Unter den uns vorliegenden Aufzeichnungen Sophiens [von Schardt nach Goethes Vorträgen] befindet sich außer den auf die Farbe bezüglichen eine besonders ausführliche, über den Magnet, sein Wesen, seine Beziehung 1) auf sich, 2) zum Erdmagneten, und die Minerale, welche magnetische Kraft besitzen. Wir heben daraus die Bemerkung aus: «Verschiedene Arten der Darstellung eines Begriffs. Viererlei Sprachen gibt es dafür. Die erste möchte man die goldene nennen, wodurch das Phänomen, die Begebenheit, selbst erscheint. Die zweite nenne ich die poetische, wobei eine Nebenidee, die dem Hauptbegriff eine größere Klarheit mitteilt, hervorgerufen wird. So sind die Erläuterungen durch Beispiele: ‚Ein guter Regent ist gleich einem schattenden Baume, unter dem die Vögel des Himmels nisten.' Die mnemonische, wo man an gewisse Dinge willkürlich Erinnerungen knüpft, um sich dieselben dabei zu vergegenwärtigen. Die mathematische.» Auf einem besondern Blättchen hatte sie sich aufgezeichnet: «Was ist träger als die Starrheit des Steines? Und siehe, die Natur verleiht ihm Sinne und Hände. Was ist streitbarer als die Härte des Eisens? Aber es gibt nach und unterwirft sich der Sitte; denn es wird vom Magnetstein gezogen. Und so rennt ein allbeherrschendes Wesen, wer weiß wie? einem Leeren nach, und indem es nahe kommt, tritt es heran und wird festgehalten in umklammernder Umarmung.» Aus einem andern Vortrage hatte sie folgendes aufgezeichnet:

«Zweierlei Vorstellungsarten.

Dynamisch, atomisch.

1. Das Wirkende, sich Äußernde, Handelnde, Bewegende, Schaffende.
2. Das Erleidende, Duldende, Angeregte, Bewegte. Gegensatz des einen zum andern.

1. Ein Unsichtbares, ein Daseiendes ohne *vehiculum*, eine Kraftäußerung ohne ein Wie, das uns bekannt sein könnte.
2. Atome, wirkliche, sichtbare, zu ergreifende.
1. Die physische, die sich auf das Ganze bezieht.
2. Die chemische, die sich mit dem Besondern, mit dem Realen beschäftigt.

Aus verschiedenen Vorstellungsarten entsteht ein neues Resultat. Jeder hat die seine, jeder neigt mehr zu der einen oder zu der andern herüber. Lukrez, Epikur bekannten sich zu der Vorstellungsart, die wir die atomistische oder chemische nennen möchten; in den realen Stoffen der Materie suchten sie Entstehung und Ordnung durch Hülfe des Zufalls. Andere suchten es in einer unbekannten, unsichtbaren, höhern Gewalt, in anregenden Kräften.

Stets setzt das Wirkende ein Erleidendes, das Bewegte wieder ein Erregendes voraus. Nichts ist, nichts ist geworden, alles ist stets im Werden, in dem ewigen Strom der Veränderung ist kein Stillstand. Der Mensch ist mit jeder Minute ein anderer, doch sich selbst sonderbar gleich, beharrlich in der Veränderung; dies ist ein Vorzug des höhern Wesens. Die Pflanze zum Beispiel, deren organische Natur so viel Ähnlichkeit mit der unsrigen hat, wird ganz verändert und durchaus, ihre Identität geht verloren.

Das Gesetz der Schwere, ein Anziehen und Abstoßen, eine Ausdehnung und in sich Zusammenziehen des elastischen Wesens. Die Erde zieht die Luft, diese zieht sich in sich. Diese gegenseitige Wogung erhält das Gleichgewicht. Ungeheure Gewalt der Luft oder Streben, von ihr alles zu erfüllen, nichts Leeres zu dulden. Daher der in eine verdünnte Luft tretende Körper von der in ihm selbst enthaltenen sich entlastet; im Verhältnis der Verdünnung der äußern strebt dann die in ihm haftende hinauswärts, um diesen leeren Raum zu erfüllen. Dieses Ursache der Atemlosigkeit, Nasenblutens auf hohen Bergen. Nach demselben Prinzip sehe ich Tropfen aus dem Erz dringen, das unter der Luftpumpe liegt.»

Auf einem weitern Blatte lesen wir:

«Was ist das Sein? Es äußert sich durch Form und Bewegung oder Handlung. Warum soll das Sein anders als durch diese Darstellung aller Existenz definiert werden? Der Geist ist so gut wie die Materie das sich gestaltende und handelnde Sein in seiner Äußerung. Alle Hauptformen des Erdbodens, die Berge, Steinmassen etc., streben vom Mittelpunkte der Erde nach den Polen zu; kleinere Massen durchkreuzen seitwärts diese Strömung, als ob sie nach kleinern verschiedenen Anziehungspunkten strebten.

Jede verschiedene Substanz modifiziert die, mit der sie sich vermischt. Diese gegenseitige Wirkung bringt dann unendliche Abweichungen und Abwechslungen hervor. Beobachtungen hierüber im Steinreiche etc. Keine Substanz existiert auf Erden rein für sich und unvermischt. Alles Herabfallende von einer angemessenen Höhe (ductile) bildet sich in der Kugelform. Beispiele, wenn man Blei gießt, Wassertropfen etc.»

Abgesondert hat Sophie noch folgendes aufgezeichnet:

«Strömungen der Berge von Norden nach Süden, von Osten nach Westen. Die Erde ist unter dem Meer fortgehend nach denselben Regeln. Inseln sind Köpfe der Berge. In den Richtungen von Norden nach Osten [Süden?] befindet sich das Eisen, von Westen nach Osten die Silberadern. – Wir verbinden die erste Empfindung von etwas, zum Beispiel die der Ehrfurcht, der Liebe etc., mit dem Gegenstande, der sie erweckte; darum sind die ersten Empfindungen so dauernd.»

2239 A. Oehlenschläger: Selbstbiographie 1829

Goethe empfing mich [am 25. April 1806] sehr liebevoll, und ich brachte drittehalb Monat in dieses großen Meisters beinahe täglicher Gesellschaft zu …

Auch Goethe, obschon er sich in einer gewissen Steifheit und Zurückgezogenheit mitunter gefiel, war immer gut … Darum freute es mich auch sehr, wenn Schleiermacher von ihm sagte: «Der Goethe ist doch eigentlich eine gute Haut!»

Er empfing mich väterlich, ich aß oft bei ihm, und ich mußte ihm meinen ganzen Aladdin und Hakon Jarl aus dem

Stegreif deutsch vorlesen. Da machte ich mich denn vieler Dänismen schuldig; er verwarf sie aber nicht alle; er meinte, die beiden verwandten Sprachen, aus einer Wurzel entsprungen, könnten einander mitunter mit guten Worten schwesterliche Geschenke machen. «Hm, das ist hübsch!» sagte er mitunter, wenn ich etwas vorlas. «Sagen Sie denn das so deutsch?» frug ich. «Nein, wir sagen es nicht, könnten es aber sagen.» – «Soll ich denn ein anderes Wort brauchen?» – «Nein, tun Sie das nicht.» – Einen Mann, der mich in Berlin gekannt hatte, und nach Weimar kam [Reichardt], fragte Goethe: «Kennen Sie etwas von Oehlenschläger?» – «Nein», war die Antwort, – «aufrichtig, ich mag die deutsche Sprache nicht radebrechen hören.» – «Und ich», antwortete Goethe mit imposantem Gefühle, «mag die deutsche Sprache *sehr gern* in einem poetischen Gemüte entstehen sehen!»

2240 *A. Oehlenschläger: Meine Lebens-Erinnerungen* *1850*

Als ich meinen Aladdin zu schreiben anfing, und meiner Schwester und einigen andern guten Freunden die ersten Szenen vorlas, fand er keinen Beifall ... So ging es mir auch hier bei Goethe mit dem Hakon Jarl. Aladdin hatten wir in kleinen Portionen zusammen gelesen, und er hatte ihn aufmerksam gehört und aufgefaßt; Hakon Jarl las ich ihm auf ein Mal nach Tisch vor. Er verlor den Faden, der Gang des Stückes verwirrte ihn; und er äußerte nach beendigter Lektüre, daß einiges in der Komposition des Stückes geändert werden müsse ...

Goethe hatte mich gebeten, ihm den kurzen Inhalt des ganzen Stückes aufzuschreiben. Ich brachte ihm das Verlangte, und nachdem er es gelesen hatte, billigte er durchaus den Gang des Stückes und fand nichts daran auszusetzen ...

Goethe munterte mich selbst dazu auf, das Stück schriftlich zu übersetzen (denn ich hatte es bei ihm nur mündlich übersetzt), damit es in Weimar gespielt werden könne, was doch nicht geschah, da der Krieg dies verhinderte.

2241 *A. Oehlenschläger: Selbstbiographie* *1829*

Das Nibelungenlied war eben herausgekommen[?], und Goethe las uns einige Gesänge vor. Weil nun vieles in der alten Sprache mit altdänischen Worten verwandt ist, so konnte ich ihnen manches deuten, was die andern nicht gleich verstanden. «Sieh einmal», rief dann Goethe lustig, «da haben wir wieder den verfluchten Dänen.» – «Nein, Däne», sagte er einmal in demselben Tone, «hier kommt etwas, was Ihr doch nicht hättet sagen können:

Es war der große Siegfried, der aus dem Grase sprang,
Es ragete ihm vom Herzen eine Speerstange lang.»

«Es ragete ihm vom Herzen eine Speerstange lang!» – wiederholte er staunend, die Worte stark betonend, in seinem Frankfurter Dialekt: «Das ist kapital!»

Einmal bei Tische sprach er so feurig und mit so vieler Achtung und Kraft für Bürgerrecht und Bürgerehre gegen einen kalten Hofmann, der zur Unzeit über das wackere Betragen eines Bürgers spotten wollte, daß ich es nicht lassen konnte, als der Fremde weg war, ihm um den Hals zu fallen und ihn zu küssen. «Ja, ja, lieber Däne», – sagte Goethe – «Ihr meint's auch treu und gut in der Welt!»

2242 *A. Oehlenschläger: Meine Lebens-Erinnerungen* *1850*

Er [Goethe] sagte gern «Ihr» in vertrauter Rede zu Leuten, die er lieb hatte. Johann Heinrich Voß (der Jüngere) erzählte mir, daß Goethe, als einmal die Rede auf mich kam, mit ungewöhnlicher Wärme und Freundlichkeit gesagt habe: «O, das ist mir ein herzlieber Junge!» – Ich hätte kaum geglaubt, daß er nach der Trennung so bald sein Herz von mir wenden würde.

2243 *A. Oehlenschläger: Meine Lebens-Erinnerungen* *1850*

Ich sah zuweilen Falk bei Goethe. Eines Mittags hielt er uns eine lange Vorlesung, und ich wunderte mich über die Geduld, mit der ihn Goethe angehört hatte. «Nun», entgegnete Goethe, «wenn ein Mensch so mit einer Tafel auf der Brust zu mir kommt, auf die er alles geschrieben hat, was in ihm wohnt, so kann ich mich wohl einmal darein finden, zu lesen, was darauf steht.» – Er war nicht immer so geduldig; es mußte auch etwas auf der Tafel stehen. Ein junger Baron kam ihm einmal mit erschrecklich großen Lobreden entgegen, aber auch mit sehr eingebildeten Erklärungen über Goethes Genie, die kein Ende nahmen. Als er fertig war, sagte Goethe: «Sie hören sich gerne selbst reden, Herr Baron!» und kehrte ihm den Rücken zu. Goethe haßte die Affektation. Er saß einmal bei einer Mittagstafel zwischen zwei Fräulein vom Lande. Das eine war sehr ästhetisch, das andere geradezu und prosaisch. Das ästhetische hatte ihn lange mit ihren närrischen Entzückungen und sublimen Affektationen ermüdet. Als eine Ananas gegessen wurde, rief es: «Ach, ach, Herr Geheimerat! so eine Ananas riecht doch ganz göttlich!» – «Hm!» sagte Goethe, «woher wissen Sie denn eigentlich, wie die Götter riechen?» Drauf wandte er sich an das andere und fragte: «Wie viel Kühe hat Ihr Vater, Fräulein?»

2244 *A. Oehlenschläger: Selbstbiographie* *1829*

Als ich wegreiste, schrieb ich eine dänische Übersetzung des Erlköngliedes ins Stammbuch des jungen Goethe, und zum Schluß die deutschen Zeilen:

«Erinnern Sie sich, wenn längst ich schied,
Bei der Übersetzung des Vaters Lied,
Des Dichters vom Lande, wo Nacht und Wind
Und Elf' und Schauder zu Hause sind.»

«In Weimar weht es schon mehr gelind,
Gott segne den Vater mit seinem Kind!»

«Ja, ja!» sagte Goethe, als er es gelesen hatte, mir freundlich ins Auge blickend und die Hand auf meine Schulter legend – «*Ihr seid ein Poet!*»

In mein Stammbuch schrieb er:

«Zum Andenken guter Stunden, dem Verfasser des Aladdin.»

2245 *A. Oehlenschläger: Selbstbiographie* *1829*

Um Goethes Gesellschaft noch acht Tage zu genießen, ging ich nach Jena, wo er sich jetzt [seit dem 15. Juni 1806] aufhielt, um von da aus nach Karlsbad zu reisen ... Ich war beim Buchhändler Frommann in Gesellschaft mit Goethe ...

Bei den lieben Frommanns fand ich meine alte Heimat wieder. Sie waren Goethes Gastfreunde, besuchten ihn oft in Weimar, und wenn er nach Jena kam, war er da zu Hause; das will sagen: meistens des Abends, nach der Arbeit, denn er bewohnte mit Riemer einige kühle, große Zimmer ganz allein im alten Schlosse, wo der Poet mitunter hinflüchtete, und ließ so lang den Minister in Weimar bleiben.

Das war nun recht ein trefflicher Aufenthalt zum Schreiben und zum Dichten; auch mußte es ja herrlich sein, einen gebildeten, treuen, gelehrten Freund bei sich zu haben. Das *Diktieren* aber ist mir immer eine unbegreifliche Sache gewesen ... Daß der große Goethe, des Diktierens ungeachtet, uns doch immer so viel Schönes und Herrliches geschenkt hat, dafür danken wir seinem mächtigen, durch keinen Zwang gefesselten Genie. Ich bin aber davon überzeugt, er würde uns bis zum Grabe noch mehr von jenem humoristischen Jugendfeuer, von jener schönen *Leidenschaft* einer gefühlvollen Seele, ohne die Meisterschaft der Darstellung einzubüßen, gegeben haben, wenn er nicht *diktiert* hätte. Man braucht ihn ja nur *sprechen* zu hören, um davon überzeugt zu sein!

2246 *A. Oehlenschläger: Meine Lebens-Erinnerungen* *1850*

Den letzten Abend [in Rom] war bei Thorwaldsen Gesellschaft ... Einige sangen, und ich sang unter anderm Goethes «Musen und Grazien in der Mark», nach einer alten, pathetischen Freimaurermelodie mit Rouladen und Trillern, welche dazu beitrugen, die Ironie des Gedichtes zu verstärken. Ich hatte Goethe selbst dieses Lied [am 19. Juni 1806] vorgesungen, und es hatte ihn sehr amüsiert und machte ihm besonders Spaß, wenn ich zuletzt das deutsche harte B und das weiche T gebrauchte und sang: «Wir sind pieder und nadierlich.» Er wiederholte es lachend und rief laut: «Pieder und nadierlich, der verfluchte Däne!»

2247 *Riemer: Mitteilungen über Goethe* *1841*

Wie Goethe sich die Insolenz des wandernden Antiquarius [Arndt] hatte gefallen lassen, so ertrug er auch andere Unarten des freilich schönen und liebenswürdigen Oehlenschläger, der sich überdies damals als angehender, aber vielversprechender Dichter empfahl. Beinah ein halbes Jahr hielt er sich in Weimar und Jena abwechselnd auf, und war häufiger Tischgenosse Goethes und in allen Weimarischen und Jenaischen Zirkeln gern gesehen. Jetzt nur von seiner sonderbaren Angewöhnung zu reden, so hatte er – wohl kann man sagen – die Wut, unversehens ein halbdutzendmal hintereinander mit allen fünf Fingern schlenkernd so zu knacken, daß man darüber erschrak, irgend eine Verletzung fürchtend, ja sie beinah an sich zu empfinden glaubend. Goethe sagte eine Zeitlang nichts dazu; als sich aber die Sache zu oft repetierte, bat er ihn, mit freundlicher Verwunderung über die seltsame Gymnastik, in seinem treuherzigen und familiären Tone: «Tut mir das nicht zuleide», oder: «Laßt mir das unterwegs, Ihr wißt, daß es mir fatal ist», und dergleichen. Die Vermahnung hielt freilich nicht lange vor, und zwischendurch entwischte doch wieder ein halber Knick oder Knack, der dann gutmütig überhört wurde.

Goethe wußte nun zwar uns andern dieses gefährlich klingende Manöver physiologisch und osteologisch zu erklären; es hörte aber doch nicht auf, uns, wo nicht zu erschrekken, doch zu irritieren, bis wir es gewohnt waren.

2248 *Ch. A. Vulpius an N. Meyer* *21. Juni 1806*

Ich gehe morgen oder übermorgen von hier [Jena] nach Weimar, weil der Geh. Rat Goethe jetzt hier ist und in acht Tagen nebst dem Major von Hendrich ins Karlsbad geht, dort seine Gesundheit wieder zu erlangen. Gott gebe es!

Meine Schwester ist schon seit zwei Tagen nach Lauchstädt, und ich kann das Goethische Haus in Weimar nicht ganz leer lassen.

2249 *Louise Seidler: Erinnerungen*

Nicht selten verherrlichte auch Goethe, der sich oft mit seinem Sekretär und Freunde Riemer von Weimar nach Jena zurückzog, um dort ungestörter zu arbeiten, einen Abend bei Frommanns durch seine Gegenwart, ja, bisweilen sogar durch seine Kunst im Vorlesen. So erinnere ich mich, daß er – es war dies aber erst 1808 [25. Juni 1806?] – das Nibelungenlied, mit dem er sich eben damals beschäftigte, teilweise vortrug und erläuternde Bemerkungen scharfsinnigster Art dazu gab.

2250 *Riemer* *30. Juni 1806*

Als wir auf der Reise nach Franzenbrunn in Asch übernachten mußten und daselbst die *Hussiten vor Naumburg* [von Kotzebue] in einer Scheune gegeben wurden, wovon wir Spaßes halber einen Akt mit ansahen, sagte Goethe: «Er könne mit Recht hier anwenden: ‚Und hätt' ich Flügel der Morgenröte und flög' an die äußersten Enden der Erde, so würde seine (Kotzebues) Hand mich doch treffen usw.' – Übrigens sei Kotzebue ein vortrefflicher Mann; was für eine Menge Menschen er abspeise, die wie hungrige Raben auf ihn warteten!»

2251 *Riemer* *Juni 1806*

Bei Gelegenheit über die Art, wie Kotzebue seine Octavia durch Frommann bei ihm habe einschwärzen wollen, bemerkte Goethe: «Auch nach Berlin habe er sie anonym geschickt; die Rolle der Octavia habe gleich Gunst gefunden, da jede doch einmal einen Abend eine rechtschaffne Frau sein wolle; und die große Zuneigung zu dem Antonius habe gemacht, daß sie [Friederike Unzelmann] ihren Unzelmann verlassen und zu ihrem Bethmann übergegangen sei.»

2252 *Riemer: Briefe von und an Goethe (Anhang)* *1846*

«Von einem König in Spanien (es war Alfons der Weise von Kastilien) erzählt man, er habe die Welt besser machen wollen als Gott in sieben Tagen. Dies sei aber nur in Bezug auf das damalige ptolemäische Weltsystem und dessen sehr verwickelte Planetenbahn gesagt und keine Blasphemie.»

Ein Gegenstück ist die Anekdote, die mir Goethe [am 5. Juli 1806?] erzählte. Fürst Putiatin, ein bekannter Sonderling, habe einmal gesagt: «Wenn Er Gott gewesen wäre und hätte gewußt, daß ein Stück, wie Schillers *Räuber*, in der Welt aufkommen würde, er hätte die Welt nicht geschaffen.»

2253 Riemer an Johanna Frommann *24. Juli 1806*

[Karlsbad.] Goethe grüßt Sie sämtlich freundlichst und befindet sich äußerst wohl. Die Kur schlägt an. Motionen macht er sich viel, in einem Tage mehr als in Weimar während eines ganzen Jahres, und er übernimmt sich damit nicht; er kann es aushalten. Wir machen zusammen nur mineralogische Spaziergänge und Fahrten und kehren steinreich zurück. Die Natur ist hier groß. Verschwenderisch tritt man hier den Inhalt kostbarer Mineralienkabinette mit Füßen. Nichts wie Granit und wieder Granit in allen Arten und Abarten!

2254 C. Voght
an Johanna Margaretha Sieveking *5. August 1806*

Vorzüglich habe ich [in Karlsbad] Goethe genossen. Ich traf ihn an mehrern Orten. Er hat oft bei mir gegessen, und nachdem die Höflichkeitskruste abgestreift war, in die er sich zu werfen so gewohnt ist, ward er äußerst interessant. Er hat mir auf mehrern stundenlangen Gängen sein System einer für den gesunden Verstand äußerst anziehenden Metaphysik mit viel Wärme und Beredsamkeit auseinandergesetzt. Diese *Symbolistik* – diese *physiologische* Ansicht der Physik, die weder eine subjektive noch platt objektive ist, scheint einem so ganz *ins Leben und in die Welt hinein zu setzen*, die in jedem andern System durch die Abstraktion zerstört wird.

Dies führt dann wieder auf eine *klarere* Weise zum Spinozism, zum Platonism und zu den Ansichten der mehrsten alten Philosophen, die die Materie für ewig hielten und die Gottheit in *allem* sahen. In diesen Ideen, die ihm nun alles, womit er sich sonst beschäftigte, auf das eigenste zu ordnen und zu verbinden scheinen, lebt er nur *allein*. Von seinen Dichter-Arbeiten spricht er, als wenn ein andrer sie gemacht hätte.

Er hat mit Beihülfe seines Gesellschafters, des Dr. Riemer, der ein großer Grieche ist, alles gesammelt, was die Alten über das *Sehen* gesagt haben, und wird in einer Optik in drei Bänden, die auf Ostern herauskommen wird, diesen Sinn nach seinem System darstellen, welches denn mit der Ansicht der Alten wunderbarlich zusammentreffen soll. *Die Wissenschaften*, sagt Goethe, *gehn vorwärts nicht im Zirkel, aber in einer Spirallinie – dasselbe kommt wieder, aber höher und weiter.*

Unter den sonderbaren Kollektionen, die er macht, ist denn auch eine von *Handschriften* bekannter Männer. Er hat mich um die Handschriften derer gebeten, die auf einliegender Karte verzeichnet sind, damit haben Sie denn auch *seine Handschrift*, und dafür bitte ich Sie mir zu helfen, daß ich sie bald beisammen bringe. Noch möchte er gern Hagedorns Handschrift haben, aber das wird wohl schwer sein ...

Hier hört man so wenig von der Politik als von der Literatur etwas, daher wird mir alles neu sein, was unterdessen erschienen ist, wie alles was geschehn ist. Goethe wundert sich über das Aufheben, das Jacobi von Körtes Bekanntmachung der Briefe [zwischen Gleim, Wilhelm Heinse und Johann von Müller] gemacht hat – wenn er indessen bei der Gelegenheit etwas Gutes über Freundschaft gesagt hat, so wollen wir ihm auch das gut heißen.

2255 Böttiger an Bertuch *25. August 1806*

Mit Goethe habe ich in den vier Wochen, wo wir zusammen im Karlsbad gewesen sind, mich nur stumm gegrüßt. Er wollte es so haben, wie mir Hendrich sagte, und ich fand mich natürlich auch nicht geneigt, ihm zu hofieren. Welch eine sultanische Arroganz!

2256 E. M. Arndt: Meine Wanderungen und Wandelungen mit dem Reichsfreiherrn H. K. F. von Stein *1858*

Hier eine hübsche Böttiger-Goethe-Anekdote, welche mir mein Graf Geßler erzählt hat. Goethe war in Karlsbad, kam von einem Morgenspaziergange zu Hause und sagte: «Man stößt in der Welt doch immer und allenthalben auf unsaubere Geister, da habe ich von fern einen Mann vorbeirutschen gesehen, der Kerl hat mich ordentlich erschreckt; ich glaubte den leibhaftigen Böttiger erblickt zu haben.» «O», erwiderte der Freund, «Ihre Augen haben sich da nicht versehen, Sie haben wirklich den Leibhaftigen gesehen.» Bei diesen Worten rief Goethe aus, wie einer, der von einem Schrecken wieder aufatmet: «Gottlob! gottlob! daß Gott nicht ein zweites solches A.... gesicht geschaffen hat.»

2257 *Ulrike v. Levetzow: Erinnerungen*

Meine Mutter hatte Goethe, als ganz junge Frau, in Karlsbad [1806] kennen gelernt oder wieder angetroffen; denn sie erzählte oft, daß sie durch Goethe in große Verlegenheit gesetzt worden, da er sie in Karlsbad bei einem Spaziergange gefragt habe, welche Gedichte ihr lieber, die seinen oder die von Schiller? Mutter hatte erwidert: «Ich verstehe wohl beide nicht immer, doch die von Schiller fühle ich.» Goethe nahm ihr die Antwort nicht übel, sondern blieb sehr freundlich mit ihr und zog sie sehr viel ins Gespräch.

2258 *Riemer* *8. August 1806*

Es war den 8. August 1806 unterwegs von Pößneck nach Kahla zu, wo Goethe und ich neue Titel für Napoleon ersannen. Wo wir den Spaß von subjektiven Prinzen machten und Fichtes Lehre in Napoleons Taten und Verfahren wiederfanden. Goethe hat es auch in seinem Tagebuche angemerkt.

«Wir Napoleon, Gott im Rücken, Mahomet der Welt, Kaiser von Frankreich, Protektor von Deutschland, Setzer und Schätzer des empirischen Universums usw.»

2259 *Riemer* *10. August 1806*

Abends bei Knebel [in Jena]. Geh. Rat Hufeland. Prof. Luden. Goethe. Bei Gelegenheit des bewunderten Experiments mit dem schwimmenden Stein sagte Goethe: «Es ist gar zu hübsch, wenn die Natur einmal natürlich ist, da weiß man nicht, was man anfangen soll.»

Als von Gespensterglauben und einem Hause in Weimar, worin es spuken sollte, die Rede war, sagte Goethe: «Der Glaube muß sich doch irgendwohin flüchten können, wenn es auch in ein altes Haus wäre.» Es ist das sogenannte Kornhaus, das einst Schiller angeboten worden, und worin zuletzt noch Frau von Staël logiert hatte.

2260 H. Luden: Rückblicke in mein Leben *1847*

Im Frühlinge des Jahres 1806 wurde ich zum außerordentlichen Professor in Jena ernannt. Um die Mitte des Jahres erklärte ich, daß ich dem Rufe folgen und mein Amt zu Michaelis antreten wollte: denn ich wünschte den Sommer hindurch die Bibliothek in Göttingen zu benutzen und überhaupt für meine akademische Wirksamkeit vorzuarbeiten. Gegen das Ende des Monates Julius aber entschloß ich mich, nach Jena zu reisen und mich einige Wochen daselbst aufzuhalten ...

Als ich eben im Begriffe war, mit der Post nach Jena abzureisen, traf der Staatsrat Hufeland in Göttingen ein. Dieser so vortreffliche als berühmte Mann kam aus Pyrmont, und wollte über Weimar und Jena nach Berlin zurück reisen ... Hufeland bot mir eine Stelle in seinem Wagen an: er sei ganz allein, und würde sich freuen, die Reise in meiner Gesellschaft zu machen. Natürlich schlug ich ein ...

Wir kamen abends in Jena an und traten im Gasthofe zur Sonne ab. Am anderen Morgen [10. August] sagte Hufeland: «Von nun an, lieber Freund, werden unsere Wege leider wohl auseinander laufen ... Indes kann ich mir das Vergnügen nicht versagen, Sie mit einem Manne bekannt zu machen, den ich sehr hochhalte, der gewiß nicht der gelehrteste, aber zuverlässig der interessanteste Mann in Jena ist. Sie werden mir seine Bekanntschaft danken, und er wird sich der Ihrigen freuen. Es ist der Major von Knebel.» Um 10 Uhr gingen wir hin ...

Knebel und Hufeland begrüßten sich auf das freundschaftlichste und schienen beide über das Wiedersehen eine gleich herzliche Freude zu haben. Und auch mich empfing Herr von Knebel, als Hufeland meinen Namen genannt und einige empfehlende Worte über mich gesagt hatte, auf eine sehr wohlwollende Weise ...

Als wir hierauf in Knebels Wohnzimmer eingetreten waren, sagte dieser zu Hufeland: «Wahrlich, ich freue mich sehr, Sie gesund und wohl wiederzusehen; aber doppelt erfreulich ist mir Ihr Besuch gerade am heutigen Tage. Gestern abend spät ist Goethe aus dem Karlsbade angekommen, und hoffentlich mit frischen Kräften und heiterem Geiste. Vor einer Viertelstunde habe ich ein Billett von ihm erhalten, in welchem er mir ankündigt, daß er diesen Abend bei uns essen will. Ich habe soeben meine Frau avertiert. Wollen Sie mir die Ehre erweisen, Teil zu nehmen, so soll es mich sehr freuen; ich werde meine Frau veranlassen, zu leisten, was Haus und Stadt vermögen, und ich hoffe, wir wollen recht vergnügt sein.» Hufeland nahm die Einladung gern an. «Und Sie, mein junger Freund», setzte Knebel gegen mich gewendet hinzu, «werden meine Bitte doch auch nicht zurückweisen; es wird Sie, denke ich, freuen, Goethen bekannt zu werden und kennen zu lernen.» «Ja, den da», rief Hufeland, «machen Sie glückselig durch Ihre Einladung; glauben Sie mir das.» Und ich gestehe gern, daß ich auf das höchste erfreuet war ... Wir blieben bis gegen 1 Uhr ...

Voll von der Erinnerung an den Morgen dieses Tages, voll von der Erwartung des Abends, eilte ich nach Tische ins Freie hinaus, an die Saale im Paradiese, über die Brücke, auf die Berge, nach dem Fuchsturm. Ich war sehr glücklich und gedachte mit den schönsten Hoffnungen der Tage, die mir in der großen Stadt Weimar-Jena bevorstanden. Ich bemerkte nicht, wie weit ich mich entfernte, und wie die Stunden verschwanden. Als ich mich endlich besann, lief ich so schnell als möglich nach der Stadt zurück, vermochte aber die Sonne erst nach 8 Uhr zu erreichen. Hufeland war schon zum Herrn von Knebel gegangen, und hatte dem Kellner aufgetragen, mir zu sagen, daß ich mich beeilen möchte. Ich wechselte schnell mein Kleid, ging nicht ohne einige Beklommenheit rasch fort, und mochte etwa um halb 9 Uhr im Knebelschen Hause eintreffen. An der Treppe kam mir die Frau von Knebel entgegen, eine sehr hübsche und äußerst lebhafte Dame. «Aber, Herr Professor», sagte sie nach der ersten Begrüßung, «Sie haben lange auf sich warten lassen. Drinnen ist eine große Verstimmung. Der Geheime Rat ist sehr eigen; er will auf niemand warten, sondern verlangt, daß alle Welt auf ihn warten soll. Es hat nicht viel gefehlt, so wäre er wieder fortgegangen.» – «Sie erschrecken mich, gnädige Frau», antwortete ich. «Es tut mir um so mehr leid, da Seine Exzellenz recht hat. Indes hoffe ich, Verzeihung zu erhalten. Sollte aber meine Entschuldigung nicht ausreichen, so hoffe ich, Sie werden mir beistehen, und einer schönen Frau wird es ja leicht gelingen, auch die Verdrießlichkeit einer Exzellenz in Heiterkeit umzuwandeln.» – Frau von Knebel führte mich in das Zimmer: «Hier ist der Zauderer», sagte sie. In dem Zimmer befanden sich, außer den Herren von Knebel und Hufeland, nur Goethe und Riemer, der Goethe zu begleiten pflegte. Alle standen schweigsam da; kein Gesicht zeigte sich freundlich. Hufeland sah gutmütig vor sich hin, Riemer gleichgültig, Knebel verlegen, Goethe verdrießlich. Knebel, gegen Goethe gewendet, wies mit der Hand nach mir her: «Herr Professor Luden.» Goethe machte eine kleine, verstümmelte Bewegung, in welcher kaum der Anfang zu einer Verbeugung zu erkennen war, ohne ein Wort zu sagen. Das war die ganze Vorstellung; und vielleicht war sie die beste: denn nun brauchte ich auch nichts zu sagen und hatte doch Zeit gehabt, mir den Heros anzusehen. Ich wandte mich daher sogleich an den Herrn von Knebel: «Frau von Knebel hat mir soeben gesagt, daß auf mich gewartet worden ist. Das tut mir unendlich leid; aber ich glaube, Absolution von meiner Sünde zu verdienen, auch ohne Buße. Eine Stunde war mir nicht bestimmt, und als Neuling bin ich natürlich unbekannt mit der Weise der Götter in diesem Lande. Was ich diesen Morgen aus diesen Fenstern gesehen hatte, das übte auf mich eine unwiderstehliche Anziehungskraft. Ich mußte die Herrlichkeiten, den Fluß, die Berge, alles soweit als möglich in der Nähe sehen. Also bin ich hinausgelaufen, habe die Fluren durchstreift und mehre Berge bestiegen; und in meiner Begeisterung habe ich nicht an die Zeit gedacht und ganz vergessen, daß der Rückweg so lang zu sein pflegt, als der Anmarsch. So habe ich mich, in aller Unschuld, verspätet.» Während ich diese Worte sprach, ließ Goethe ein paar Male ein beifälliges Hm! Hm! vernehmen, und Knebel warf sein gewöhnliches Jo, jo! Jo, jo! hinein. Endlich sagte Goethe: «Die Entschuldigung des Herrn Professors ist ausreichend; wir wollen ihm vollkommene Absolution erteilen, unter der Bedingung, daß er künftig, da er nunmehr mit der Weise der Götter in diesem Lande bekannt geworden ist, pünktlicher sei.» Ich sprach sogleich das Gelübde aus. «So ist», rief Frau von Knebel, «mein Beistand, den ich dem Herrn Professor zugesagt habe, wohl gar nicht nötig?» – «Gar nicht, schöne Frau», antwortete Goethe. «Aber wir müssen die Zeit wieder einbringen; darum geben Sie uns nur bald zu essen und zu trinken.»

Fünf Minuten nachher saßen wir um einen runden Tisch. Wir aßen gut und tranken noch besser. Auch schienen alle einen vortrefflichen Appetit zu haben und einen anständigen Durst. Anfangs wurde hin und her geplaudert, in gewöhnlicher Weise. Kaum aber mochte eine Viertelstunde verlaufen sein, so hatte Goethe es übernommen, die Gesellschaft zu unterhalten. Und er unterhielt sie auf eine bewunderungswürdige Weise. Er erzählte Anekdoten und Abenteuer von seinen Reisen, im besondern von seinem letzten Aufenthalte im Karlsbade, charakterisierte die Menschen auf das lebendigste, warf mit Scherzen und Witzworten um sich, und schien aus seinem unermeßlichen Vorrate um so freigebiger und lieber mitzuteilen, je aufmerksamer wir sämtlich auf seine Worte waren und je dankbarer für seine Mitteilungen. Die Gesellschaft wurde ungemein lebendig und brach zuweilen in ein schallendes Lachen aus, nur dem Lachen der unsterblichen Götter vergleichbar. An diesem Lachen nahm Goethe selbst nur mäßigen Anteil, schien aber mit großer Lust in dasselbe hinein zu schauen und nur den Wunsch zu haben, es nicht ausgehen zu lassen. Im allgemeinen hatte er das Wort ganz allein; nur Herr von Knebel ließ sich sein Hausrecht nicht nehmen, brach hier und dort ein, und gab damit Veranlassung zu neuen Witzen und Anekdoten. Wir übrigen machten alles mit Lachen gut. Zuweilen jedoch richtete Goethe auch wohl eine Frage an diesen oder jenen, und im besonderen wiederholt an mich, sei es, daß er seine erste Unfreundlichkeit noch mehr gut machen, sei es, daß er mir, dem Ankömmling, wie man zu sagen pflegt, auf den Zahn fühlen wollte. Und in der Stimmung, in welcher ich war, blieb ich eben keine Antwort schuldig. Ein paar Male sang auch Frau von Knebel ein Goethesches Lied, nach Zelters Komposition, sehr schön. Sie wurde zuerst durch Hufeland ersucht, der, wie er versicherte, eine wahre Sehnsucht hatte, die herrliche Stimme dieser Frau einmal wieder zu hören; alsdann wünschte Goethe selbst, daß sie noch ein Mal singen möchte. Er fühlte wohl, wie Hufeland, daß der ganzen Gesellschaft eine Erholung Bedürfnis sei. Und Frau von Knebel erfüllte bereitwillig die ausgesprochenen Wünsche, ohne alle Ziererei. Nach den Gesängen aber ging es von neuem weiter in der alten Weise.

Mehr als eine Anekdote, die von Goethe erzählt ward, ist mir noch im Gedächtnis. Aber sie zu erzählen, wage ich nicht. Jedes Falles würde das Anmutigste und Pikanteste fehlen: Goethes Augen, Stimme und Gebärdenspiel; denn er erzählte nicht bloß, sondern er stellte alles mimisch dar. Besonders kam er wiederholt auf zwei alte Gräfinnen, mit welchen er in Verkehr gebracht worden war. Sie hätten einen unermeßlichen Umfang gehabt, und deswegen eine bewunderungswürdige Unbeweglichkeit gezeigt, sobald sie einmal Platz genommen. Dabei hätten sie eine große Geläufigkeit der Zunge behalten und ein endloses Geschwätz geführt. Ihre Stimme sei jungfräulich gewesen, sei aber oft, wenn sie lebhaft geworden, oder das Gefühl ihrer Würde an den Tag zu legen für nötig gehalten, bald in ein artiges Krähen, bald in ein girrendes Zwitschern übergegangen. «Mir selbst», sagte Goethe, «waren die wunderlichen Kugelgestalten dieser Damen am merkwürdigsten. Ich konnte nicht begreifen, wie es einem Menschen, Mann oder Weib, gelingen könne, es zu einer solchen Masse zu bringen; auch hätte ich die Dehnbarkeit der menschlichen Haut nicht für so grenzenlos gehalten. Sobald ich aber die Ehre erhielt, einmal mit den edlen Damen zu speisen, wurde mir alles klar. Wir andern wissen doch wahrlich auch, was essen und trinken heißt, und ich denke, wir geben unserer vortrefflichen Wirtin einen schlagenden Beweis; aber ein solches Essen – vom Trinken sage ich nichts – überstieg doch meine Vorstellungen. Jede der beiden Damen nahm zum Beispiel sechs harte Eier zum Spinat, schnitt jedes Ei in der Mitte durch, und warf nun das halbe Ei mit ebenso großer Leichtigkeit hinunter, wie der Strauß ein halbes Hufeisen.» Übrigens teilte Goethe noch einzelne Bemerkungen der edlen Damen mit über die Wirkungen des Karlsbader Sprudels auf ihren Körper, über die Zeitläufe und über die Gesellschaften, und einzelne Urteile über Schriftsteller und Kunstwerke, die prächtig waren, naiv, drollig, barock, toll. Und ernsthaft setzte er alsdann hinzu: es sei viel Wahres in diesen Bemerkungen und Urteilen, und er habe manches von den Damen gelernt.

Noch eine Anekdote mag mitgeteilt werden, weil sie uns ungemein ergötzte durch die Weise, in welcher sie erzählt wurde. Ich will sie mit Goethes Worten wiedergeben; die Weise muß freilich ein jeder hinzu denken.

«In meiner Art auf und ab wandelnd, war ich seit einigen Tagen an einem alten Manne von etwa 78 bis 80 Jahren häufig vorübergegangen, der, auf sein Rohr mit einem goldenen Knopfe gestützt, dieselbe Straße zog, kommend und gehend. Ich erfuhr, es sei ein vormaliger hochverdienter österreichischer General aus einem alten, sehr vornehmen Geschlechte. Einige Male hatte ich bemerkt, daß der Alte mich scharf anblickte, auch wohl, wenn ich vorüber war, stehen blieb und mir nachschauete. Indes war mir das nicht auffallend, weil mir dergleichen wohl schon begegnet ist. Nun aber trat ich einmal auf einem Spaziergang etwas zur Seite, um, ich weiß nicht was, genauer anzusehen. Da kam der Alte freundlich auf mich zu, entblößte das Haupt ein wenig, was ich natürlich anständig erwiderte, und redete mich folgendermaßen an: ‚Nicht wahr, Sie nennen sich Herr Goethe?' – Schon recht. – ‚Aus Weimar?' – Schon recht. – ‚Nicht wahr, Sie haben Bücher geschrieben?' – O ja. – ‚Und Verse gemacht?' – Auch. – ‚Es soll schön sein.' – Hm! – ‚Haben Sie denn viel geschrieben?' – Hm! es mag so angehen. – ‚Ist das Versemachen schwer?' – So, so. – ‚Es kommt wohl halter auf die Laune an, und ob man gut gegessen und getrunken hat, nicht wahr?' – Es ist mir fast so vorgekommen. – ‚Na, schauen's, da sollten Sie nicht in Weimar sitzen bleiben, sondern halter nach Wien kommen.' – Hab' auch schon daran gedacht. – ‚Na, schauen's, in Wien ist's gut; es wird gut gegessen und getrunken.' – Hm! – ‚Und man hält was auf solche Leute, die Verse machen können.' – Hm! – ‚Ja, dergleichen Leute finden wohl gar – wenn's sich gut halten, schaun's, und zu leben wissen – in den ersten und vornehmsten Häusern Aufnahme.' – Hm! – ‚Kommen's nur; melden's sich bei mir; ich habe Bekanntschaft, Verwandtschaft, Einfluß; schreiben's nur: Goethe aus Weimar, bekannt von Karlsbad her. Das letzte ist notwendig zu meiner Erinnerung, weil ich halter viel im Kopf habe.' – Werde nicht verfehlen. – ‚Aber sagen's mir doch, was haben's denn geschrieben?' – Mancherlei, von Adam bis Napoleon, vom Ararat bis zum Blocksberg, von der Ceder bis zum Brombeerstrauch. – ‚Es soll halter berühmt sein.' – Hm! leidlich. – ‚Schade, daß ich nichts von Ihnen gelesen und auch früher nichts von Ihnen gehört habe. Sind schon neue verbesserte Auflagen von Ihren Schriften erschienen?' – O ja, wohl auch. – ‚Und es werden wohl noch mehr erscheinen?' – Das wollen wir hoffen. – ‚Ja, schauen's, da kauf' ich Ihre Werke nicht. Ich kaufe halter nur Ausgaben der letzten Hand; sonst hat man immer den Ärger, ein schlechtes Buch zu besitzen, oder man muß dasselbe Buch zum zweiten Male kaufen. Darum warte ich, um sicher zu gehen, immer den Tod der Autoren ab, ehe ich ihre Werke kaufe. Das ist Grundsatz bei mir, und von diesem Grundsatz kann ich halter auch bei Ihnen nicht abgehen.' – Hm!» –

Die Sitzung dauerte bis gegen 1 Uhr. Etwa in der letzten halben Stunde wurde die Unterhaltung matter, ja flau. Endlich sah Goethe nach der Uhr. Wir erhoben uns. Goethe sagte alsdann noch jedem einzelnen einige verbindliche Worte. Zu mir sagte er: «Es freuet mich wirklich, Herr Professor, Ihre Bekanntschaft gemacht zu haben. Ich hoffe, das wird weiter führen. Sie werden gewiß oft nach Weimar kommen; alsdann bitte ich mich zu besuchen. In Jena wird es Ihnen schon gefallen, wenn Sie sich nur erst gewöhnt haben.» Nach diesen Worten, welche ich so gut, als ich vermochte, beantwortete, wandte er sich ab und ging ein paar Schritte weiter, drehete sich aber sogleich wieder um: «Man muß nichts verschieben. Mit einem neuen Freunde muß man doch auch ein ernstes Wort sprechen; und dazu sind wir heute nicht gekommen. Die Nachwirkung des Bades hat uns auf tolle Dinge gebracht, und das ist für alle recht gesund gewesen. Ich reise aber erst übermorgen nach Weimar, und habe morgen den Morgen frei. Kommen Sie früh zu mir.» Er bestimmte 8 Uhr. Hierauf gingen wir vier Gäste zusammen nach der Stadt zurück; aber in tiefem Schweigen. Am Tore trennten wir uns; Goethe und Riemer gingen um den Graben, Hufeland und ich in die Stadt und nach der Sonne.

2261 Charlotte v. Stein an ihren Sohn Fritz 10. August 1806

Neulich hat sich Fräulein von Günderode bei allen Vorzügen des Körpers und Geistes umgebracht. Sie hat allerliebste dramatische und andere Poesien unter dem Namen Tian herausgegeben. Ich war erstaunt über die tiefen Gefühle und den Reichtum der Gedanken bei den schönen Versen, und Goethe fand es auch ... Wir haben hier einen neuen Schuldirektor, welcher seine Schüler die alten Dichter gleich in deutsche Verse übersetzen läßt; dieses wird den jungen Leuten sehr schwer, und August Goethe nahm das Wort und sagte ihm, er würde es nicht tun; denn sein Vater habe ihm verboten, Verse zu machen. Bei der unpoetischen Mademoiselle Vulpius und ihrer Dependenz mag ihm das wohl natürlich eingefallen sein.

2262 *Luise Gräfin v. Voß an A. W. Schlegel* *12. August 1806*

Bei meinem hiesigen Aufenthalt [in Weimar] habe ich alles auf den alten Fleck gefunden. Goethe ist wohl und munter aus dem Karlsbade zurückgekommen.

2263 *Charlotte v. Stein an Charlotte v. Schiller* *14. August 1806*

Goethe war vorgestern ziemlich lange bei mir, sehr gesprächig und heiter und zufrieden vom Karlsbad.

2264 *H. Luden: Rückblicke in mein Leben* *1847*

Goethe empfing mich [am 19. August 1806] ungemein heiter und freundlich, lobte meine Pünktlichkeit und erinnerte sich mit Vergnügen an den gestrigen Abend. Alsdann ging er ans Fenster. «Es ist ein schöner Tag», sagte er, «warm bei bedecktem Himmel. Ich denke, wir gehen in den Garten.» Wir gingen und wandelten auf und ab, kreuz und quer, und ließen uns auch von Zeit zu Zeit etwas nieder. Er fragte mich zuvörderst über die Städte, in welchen ich mich in den letzten Jahren aufgehalten hatte, über Göttingen und über Berlin. Über Göttingen nicht viel; denn er kannte die Anstalten und Einrichtungen selbst genau; unter den gelehrten Männern schien ihn eigentlich nur Blumenbach zu interessieren, und mit Blumenbach war ich nur sehr wenig bekannt geworden. Mehr über Berlin. Er erkundigte sich nach Menschen und Dingen. Ich vermochte über das meiste Auskunft zu geben: denn ich war mit den bedeutendsten Männern, die damals in Berlin lebten, das Militär ausgenommen, entweder in Verkehr oder doch in Berührung gewesen. Goethe schien mit meiner Auffassung der Dinge und mit meinen Urteilen über die Menschen keineswegs unzufrieden zu sein. Er hörte mich ruhig an, ließ zuweilen ein beifälliges Hm! Hm! vernehmen und sprach sich auch wohl zustimmend aus, bald erläuternd, bald bestätigend. Damals hatte ich die Gewohnheit, meine ausgesprochenen Ansichten, Meinungen oder Urteile mit einem tüchtigen Worte aus dem Faust zu bekräftigen; eine Gewohnheit, der ich nicht gänzlich entsagt habe bis diesen Tag. Ich muß aber bemerken, daß hier nur von dem alten Faust die Rede ist, von dem

Fragmente, das sich noch nicht für eine Tragödie gab. Ob schon im Jahr 1806 eine Ausgabe mit neuen Zusätzen erschienen war, weiß ich nicht; ich selbst kannte nur den Faust, wie er im 7. Bande von Goethes Schriften, Leipzig bei Göschen 1790, zu finden ist. Als ich nun einige Male diesen Faust angeführt hatte, sagte Goethe, den bisherigen Gang des Gespräches abbrechend:

«Sie scheinen sehr belesen im Faust. Hat das wunderliche Gedicht auch Sie so stark angezogen?»

Ich glaube, Ew. Exzellenz, ich würde den Faust vom Anfange bis zum Ende her rezitieren können; nur die tolle Wirtschaft in der Hexenküche dürfte mich in einige Verwirrung bringen.

«Wo und wie haben Sie die Bekanntschaft gemacht? Doch wohl in Berlin; denn in Göttingen bekümmert man sich wohl nicht viel um den tractatum de Fausto.»

So arg, Ew. Exzellenz, ist die Philisterei denn doch in Göttingen nicht. Und ich habe wirklich in Göttingen viel Interesse für den Faust gefunden. Ich selbst hatte ihn aber schon vor acht Jahren, als ich in Bremen auf der Schule war, gelesen, aber freilich damals nicht mit sehr großer Teilnahme. Ich hatte nämlich als Knabe in meinem Geburtsorte ein Puppenspiel gesehen, der Erzzauberer Dr. Faust genannt. Das Ding mochte schlecht genug sein, ergötzte oder ergriff mich jedoch unbeschreiblich. Bald nachher fiel mir das bekannte Volksbuch, das in Köln, denke ich, gedruckt ist, in die Hände, und regte meine Phantasie gewaltig an. Als mir daher in Bremen, etwa im Jahr 1797 oder 1798, der Goethesche Faust vor die Augen kam, griff ich mit beiden Händen zu, fand aber meinen alten Faust nicht wieder. Indes las ich fleißig in demselben; viele Reime, Kernsprüche enthaltend, blieben mir im Gedächtnisse hängen, und ich warf diesen und jenen häufig in ein Gespräch hinein, oft zu rechter, zuweilen wohl auch zu unrechter Zeit, niemals jedoch verfehlten sie ihre Wirkung auf meine jungen Genossen. Während meines Aufenthaltes in Göttingen, vom Jahr 1799 an, kamen einige Studierende aus Jena nach dieser Universität. Es waren zum Teil schon reifere Jünglinge. Einige waren Fichtes Zuhörer gewesen; viele hatten Schelling gehört und die Schlegel; auf alle hatte das damalige philosophische und ästhetische Treiben in Jena eingewirkt, und das Theater in Weimar hatten sie nur so oft versäumt, als der leere Beutel Einsprache tat. Mehrere von diesen jungen Männern wurden mir befreundet; unter ihnen ein Dr. Winkelmann.

«Winckelmann?»

Ja, Ew. Exzellenz; Winkelmann aus Braunschweig, ein Verwandter des berühmten Winckelmann. Es war eine große, derbe Gestalt. Aber auf dem unbehülflichen Rumpf saß ein sehr schöner Kopf.

«Ich glaube ihn gesehen und auch einige Worte mit ihm gesprochen zu haben.»

Er rühmte und freuete sich dieser Ehre. – Da nun mein häufiges Berufen auf den Faust zunächst die Veranlassung zu unserer näheren Bekanntschaft gegeben hatte, so wurde der Faust gar oft der Gegenstand unserer Gespräche, unserer Diskussionen und Disputationen.

«Wieso? wie kam es denn unter Ihnen zu Disputationen?»

Meine Freunde hatten den Kopf voll von allerlei Ansichten und Ideen, die mir nicht immer recht klar und faßlich waren, sprachen dieselben in Worten aus, die mir oft wunderlich vorkamen, schienen aber doch so viel bei diesen Worten zu denken, daß sie unsereinen halb vornehm, halb mitleidig anblickten, so daß man nicht umhin konnte, einmal heraus zu fahren und den Selbstseligen entgegen zu treten.

«Ich kenne das; aber was brachten sie denn über den Faust vor, diese Philosophen?»

Genau, Ew. Exzellenz, wüßte ich das in der Tat nicht mehr zu sagen; auch würde ich es vor Ihnen nicht ohne einige Befangenheit aussprechen können.

«Sagen Sie es nur immer ganz unbefangen. Es würde mir doch interessant sein, zu hören, wie von den jungen Leuten die Ideen ihrer Lehrer aufgefaßt werden. Denn diese Ideen waren es doch wohl im Grunde, welche sie sich in ihrem Kopf und auf ihre Weise zurecht gelegt hatten.»

Ohne Zweifel. Es waren aber lauter «hohe Intuitionen». Es waren mystische Worte, die aus dem Ungeheuern hervor zu kommen und an das Ungeheuere gerichtet zu sein schienen. Sie verwarfen meine Auffassung des Einzelnen im Faust, welchem ich den Sinn gab, der in den Worten liegt, und behaupteten, man müsse sich zu der Anschauung des Geistes erheben, aus welchem das Einzelne hervorgegangen sei. In der Anschauung dieses Geistes aber erkenne man und müsse man erkennen, daß dieses Fragment, Faust genannt, ein Bruchstück aus einer großen, erhabenen, ja göttlichen Tragödie sei. In dieser Tragödie, wenn sie einst vollendet erscheine, werde der Geist der ganzen Weltgeschichte dargestellet sein; sie werde ein wahres Abbild des Lebens der Menschheit sein, Vergangenheit, Gegenwart und Zukunft umfassend. In Faust sei die Menschheit idealisiert; er sei der Repräsentant der Menschheit. Bei seinem Auftritt in dem Fragmente habe er sich schon von dem Unendlichen, oder dem Absoluten, nicht nur losgerissen, sondern er sei auch schon von dem Gefühle des Unglückes dieser Losreißung durchdrungen. In ihm sei die Sehnsucht nach der Wiedervereinigung erwacht. Aus dieser Sehnsucht sei sein Durst nach Wissen und Erkennen hervorgegangen; er habe in demselben nach allen Seiten ausgegriffen, und alle Wissenschaften «durchaus mit heißem Bemühn studiert». Aber er habe das Unendliche nicht zu erkennen vermocht: denn das Unendliche sei nicht zu erkennen, sondern es müsse angeschauet und gelebt werden. Deswegen habe er Zweifel gegen all sein Wissen gefaßt, und all sein Erkennen für nichts geachtet. Er sei in Verzweifelung geraten, und habe diese Verzweifelung in sinnlichen Genüssen zu betäuben gesucht, ohne jemals das Streben nach dem Unendlichen aufzugeben. So sei er verirrt, so zu Schlechtigkeiten und Verbrechen gekommen, zu welchen Mephistopheles, die Personifikation des bösen Prinzips, ihm geraten, ihn verleitet und unterstützt habe. Auf diesem Wege der Verirrung, den übrigens Faust stets richtig erkenne, wandele derselbe noch, wo das Fragment abbricht; «er taumele noch von Begierde zu Genuß, und verschmachte noch im Genuß vor Begierde». Aber schon ekele ihm «vor dem Gefährten, obgleich er denselben nicht mehr entbehren könne». Aber er sei schon zu dem Gefühle gekommen, daß dieser Gefährte «ihn kalt und frech vor ihm selbst erniedrige». Das sei ein Beweis, daß er bald zurück kehren werde zu der Wahrheit, zu dem Unendlichen, und daß er alsdann dieses Unendliche nicht mehr zu erkennen suchen, sondern daß er es anschauen, daß er es leben, und durch dieses Leben des Unendlichen oder im Unendlichen selig sein werde. Das sei der Gang der Menschheit, das der Geist der Weltgeschichte. – In diesen oder ähnlichen Worten, welche mir ungefähr dasselbe zu bedeuten schienen, teilten meine Freunde ihre jenaische Weisheit mit; und dieselben Phrasen habe ich später auch in Berlin häufig genug anhören müssen.

«Haben Sie Schlegels Vorlesungen beigewohnt?»

Nein, Ew. Exzellenz. Ich habe nur ein paar Male hospitiert. Überhaupt bin ich in Berlin nur Fichtes Zuhörer gewesen, und auch nur in den wissenschaftlichen Vorträgen, nicht in den populären.

«Sie scheinen also nicht viel auf Schlegel zu halten, oder sind wohl selbst ein Gegner?»

Keinesweges. Ich verehre Schlegels Verdienste um die teutsche Literatur auf das höchste, und bin ihm selbst große Dankbarkeit schuldig; denn ich habe manches von ihm gelernt und bin, was ich noch höher anschlage, oftmals mächtig durch ihn angeregt worden zum Lernen und Denken. Seinen Vorträgen aber konnte ich nicht wohl beiwohnen, weil sie für die Ordnung meiner Zeit unbequem fielen. Auch bedurfte ich des Zuhörens kaum; denn mein Freund Kohlrausch schrieb fleißig und verständig nach und erstattete mir immer getreulich Bericht zu gegenseitiger Besprechung. Und endlich muß ich auch gestehen, daß ich lieber las, was Schlegel geschrieben hatte, als anhörte, was er sagte. Seine Persönlichkeit hatte für mich etwas Störendes. Übrigens habe ich bei den Worten, daß ich in Berlin dieselben Phrasen hätte anhören müssen, die ich in Göttingen angehört hatte, durchaus nicht an Schlegel gedacht.

«Aber Sie haben nicht bloß angehört, sondern Sie haben disputiert.»

Nur in Göttingen mit meinen jungen Freunden. In Berlin habe ich die Redensarten nur angehört, habe zugestimmt und zuweilen etwa gelacht.

«Gelacht?»

Versteht sich, in mich hinein.

«Aber eben damit haben Sie stillschweigend das Disputieren fortgesetzt. Sie sind nicht zu der Meinung Ihrer Gegner übergegangen, sondern in der Opposition geblieben. Sie haben Ihre Argumente also fortwährend für stark genug gehalten, um die Gegner aus dem Felde zu schlagen. Darf man denn die Gründe nicht kennen, mit welchen Sie gestritten haben?»

In der Tat, Ew. Exzellenz, würde ich kaum imstande sein, vor Ihnen diese Gründe auszusprechen. Sie waren gar verschieden, heute andere, als gestern, wie der Augenblick sie eingab. Auch waren sie von sehr verschiedener Art.

«Es würde mich doch interessieren, sie kennen zu lernen, wenigstens in der Hauptsache. Auch scheint mir billig, da Sie so gütig gewesen sind, die Meinungen des einen Teiles mitzuteilen, die entgegenstehenden Meinungen auszusprechen. Und tun Sie das nur mit völliger Unbefangenheit; vergessen Sie, daß der Dichter des Faust mit Ihnen spricht.»

Meine Freunde aus Jena waren natürlich sämtlich große Philosophen. Ich war im ersten Jahre meines Universitätslebens nicht eben zum Studium der Philosophie angeregt; denn die Lehrer in Göttingen, Buhle und Bouterwek, verstanden es, bei aller Gelehrsamkeit, keinesweges, für dasselbe zu begeistern. Jene Freunde nötigten mich zu diesem Studium, und ich stürzte mich hinein mit dem feurigsten Eifer. Ich studierte die Schriften von Kant und Fichte, auch alles, was von Schelling und Hegel ausging; und las alles, was die Schlegel schrieben und diejenigen, die auf deren Seite standen, wie zum Beispiel die Herzensergießungen eines kunstliebenden Klosterbruders und vieles andere. Aber zugleich pflegte ich meine alte Liebe für die Geschichte, und Thibaut hatte mich durch seinen anmutigen Vortrag für die Mathematik gewonnen. So kam es denn, daß ich durch die Intuitionen nicht geblendet wurde, daß ich verlangte, ein Begriff müsse bei dem Worte sein, daß ich Worte verwarf, welche sich einstellten, wenn Begriffe fehlten, wie trefflich sich auch mit denselben streiten ließ. Wir disputierten über alle Gegenstände der Philosophie, zuweilen ich allein gegen mehrere, zuweilen unterstützt von göttingischen Freunden, besonders von einem herrlichen Jüngling Ebers aus Hannover, einem tüchtigen Philologen, Wolfs Schüler, mit welchem ich den Plato las. Unser Streit wurde zuweilen so heftig, daß wir die Freundschaft aufkündigten und grimmig auseinander liefen; aber am folgenden oder am dritten Tage suchten wir uns wieder auf und wandelten miteinander auf der alten Bahn, als wäre nichts vorgefallen. Bei diesen Disputationen kamen wir denn auch oft auf den Faust zurück, und ich holte bald dieses, bald jenes Geschütz aus meinem Arsenal hervor, um den Bau meiner Freunde zu beschießen.

«Das ist recht hübsch. Ich hätte kaum geglaubt, daß man es in dieser Weise in Göttingen getrieben habe. Ihre übrigen Disputationen würden uns zu weit führen; was Sie aber gegen die Ansichten Ihrer Freunde vom Faust vorgebracht haben, wäre ich wohl begierig, der Hauptsache nach, zu erfahren. Gelang es Ihnen, den Feind mit Ihrem Geschütz aus dem Felde zu treiben?»

Nein, Ew. Exzellenz; aber ich habe ihn doch zuweilen in seinem Lager stark beunruhigt. Mehr war nicht zu gewinnen. Denn, wer recht behalten will und hat nur eine Zunge, behält's gewiß. Man verwarf meine argumenta ad hominem, und wandte sich mit der Behauptung hinweg, ich stecke noch in der Sphäre des gemeinen Menschen-Verstandes, und man könne nur mit dem ordentlich disputieren, der sich zu der Höhe der wahren Philosophie erhoben habe. Das mußte ich mir denn wohl gefallen lassen und abwarten, ob der Streit wieder anfangen würde. Gewöhnlich dauerte es nicht lange.

«Nun, so fahren Sie doch eine oder die andere Ihrer Batterien vor, damit man ihre Stärke und Tragweite erkenne.»

Wenn Ew. Exzellenz es wollen, so gehorche ich dem wiederholten Befehl; ich muß aber um Nachsicht und zu erwägen bitten, daß ich Student war. Auch können natürlich nur ein paar Beispiele gegeben werden.

«Ganz recht, ganz recht. Geben Sie nur.»

Meine Freunde hatten, wie gesagt, behauptet: der Faust sei oder werde sein eine divina tragoedia, in welcher der Geist der ganzen Weltgeschichte dargestellt, in welcher das ganze Leben der Menschheit sei, Vergangenheit, Gegenwart und Zukunft umfassend. Dieser Behauptung stellte ich den Begriff der Tragödie entgegen, wie derselbe von alten und neuen Philosophen bestimmt worden, und behauptete alsdann, eine Darstellung der Weltgeschichte könne unmöglich eine Tragödie sein. Allerdings gab ich gern zu, daß der bis jetzt geltende Begriff von Tragödie zu eng sein möge. Wie es früher dramatische Dichtungen einer gewissen Gattung gegeben habe, ehe man den Namen Tragödie gefunden und mit demselben jene Gattung bezeichnet habe: so könnten wohl neue Dichtungen nötigen, den Begriff der Tragödie zu erweitern. Wie man ihn aber auch fassen möge: solange es ein Begriff bleibe, eine bestimmte Dichtungsgattung umfassend, solange dieser Gattung andere Gattungen gegenüber ständen, so lange könne und dürfe die Weltgeschichte nicht als Tragödie bearbeitet werden, und ebenso wenig als Komödie oder als Schäferspiel. Denn die Weltgeschichte sei, der Idee nach, alles, und Tragödien und Komödien seien kleine Teile derselben. Auch scheine mir die Einschränkung, daß es nicht die Weltgeschichte sei, die dargestellt werde, sondern der Geist der Weltgeschichte, oder, wie auch gesagt worden, der Geist der Menschheit, nicht weiter zu führen. Denn leiblich erscheine der Geist der Menschheit doch nicht in dem Fragmente, und werde auch nicht in dem vollendeten Faust leiblich erscheinen können, um in eigener Person zu tragieren. Auch begriffe ich nicht, mit wem der Geist der Menschheit, falls er in Person erschiene, tragieren sollte; ich begriffe nicht, wen man diesem Geiste gegenüber oder an die Seite stellen könnte. Ich fürchtete daher, demselben werde nichts übrig bleiben, als endlose Monologen zu halten, oder sich einsam in der freien Luft zu ergehen. Und wie denn der Geist der Menschheit, wie er sich in der Weltgeschichte offenbare, gedacht werden könne. Wir sprächen zwar von einer Geschichte der Menschheit und von einem Geiste der Geschichte der Menschheit und philosophierten über die Menschheit und ihre Geschichte: aber wir bezögen diese Ausdrücke doch nur auf die Vergangenheit. Von der Zukunft, die sie auch in die göttliche Tragödie hinein ziehen wollten, gelte noch immer Horazens Wort: futuri temporis exitum caliginosa nocte premit Deus. Die Vergangenheit aber, soweit wir dieselbe geschichtlich zu erkennen vermögen, sei sehr kurz, und doch abstrahierten wir aus ihr allein das Leben der Menschheit, indem wir aus dem eigenen Geiste und den eigenen Gefühlen hinzutäten, was uns nötig oder wünschenswert zu sein scheine. Es wäre nicht nur möglich, sondern sogar wahrscheinlich, und ich glaubte, wir müßten es wünschen, daß unsere Nachkommen nach 10 000 Jahren die Weltgeschichte ganz anders auffaßten, als wir, und in ihr, wenn nicht einen ganz anderen Geist, doch denselben Geist viel klarer, deutlicher und bestimmter erkennen würden; es wäre möglich, daß sie alles, worin wir es so herrlich weit gebracht zu haben glaubten, nur als Anfänge, als kindische Versuche betrachteten und all unsere Weisheit als knabenhafte Torheit.

«Hm! Hm!» – (dem Laute nach halb beifällig und halb zweifelnd.) –

Eben deswegen hielte ich nicht für denkbar, daß irgend einem Menschen der ungeheuere Gedanke in den Kopf kommen könne, das Leben der Menschheit, wenn nicht für das Theater, doch jedes Falles in dramatischer Weise, zu bearbeiten; und am wenigsten könnte ich mir dieses von dem Dichter des Faust vorstellen, in dessen übrigen Schöpfungen, zum Beispiel in meinen Lieblings-Gedichten, der Iphigenia und dem Torquato Tasso, alles so hell und lauter erscheine, so wahr, menschlich und schön, so scharf und gerundet.

Dieses letzte Argument ward aber auf eine Weise schnöde verworfen, welche ich, da ich einmal in das Schwatzen hinein gekommen bin, nicht unberührt lassen möchte, weil sie am besten zeigen kann, wie es in den Köpfen einiger meiner Freunde aussah.

«Nun, ich bin begierig.»

Meine Freunde gaben zu, daß der Dichter des Faust den Gedanken gar nicht gehabt haben möge, ja vielleicht einen ganz anderen, aber sie behaupteten, daß er diesen Gedanken dennoch gegen sein Wissen und seinen Willen dem Gedichte zum Grunde gelegt und die ganze Dichtung mit demselben durchdrungen habe. Sie sahen nämlich die dichtende Kraft oder den Dichtergeist als eine unabhängige, freiwirkende Gewalt an, welche den Menschen, den man den Dichter zu nennen pflegt, nötige zu dichten und so zu dichten, wie er eben dichtet. Sie nahmen an, die Dichtung dringe aus dem sogenannten Dichter hervor, wie etwa der Quell aus dem Felsen. Wie alte Theologen sich die Inspiration dachten, als habe der Heilige Geist den heiligen Schriftstellern die Hand geführt, damit sie eben schreiben mußten, was sie geschrieben haben, kein Jota zu viel und kein Jota zu wenig: so dachten sie sich den Dichtergeist wie eine mystische Macht, die den Menschen, in welchem sie wohnt oder welchen sie erfaßt, nur als Werkzeug gebraucht, um sich in der Weise vor der Welt zu bewähren, in der sie sich eben bewähren will. Rhythmus, Metrum, Reim, alles ist nicht Werk des dichtenden Menschen, sondern die Wirkung des dichterischen Geistes, welchem der Mensch nicht zu widerstehen vermöge, er möge sich stellen, wie er wolle.

«So? Ei, das ist ja ganz charmant.»

Meine Gegenbemerkungen, zum Beispiel, daß zwar Gott, nach einem alten Sprichworte, seine Gaben wunderbar verteile und seinen Freunden vieles im Schlafe gebe, daß ich aber doch, wie hoch ich auch den Dichter ehre, nicht umhin könne, nur Einen Geist anzunehmen, der sich zwar im Dichter anders offenbare, als im Bildhauer, im Redner, im Geschichtschreiber, der aber doch immer derselbe bleibe; daß ferner die Dichter gerade bei ihren schönsten Werken tüchtige Vorstudien zu machen gehabt hätten, und namentlich der Dichter des Faust für den Götz, für die Iphigenia, für den Tasso, ja daß sich fast alle Gedichte entweder auf Selbst-

Erlebtes oder auf Überliefertes bezögen, und daß das Studium wie das Erleben bei dem Dichter ganz auf dieselbe Weise vorgehe, wie bei anderen Menschen; daß manche Dichter sich Jahre lang mit Entwürfen zu dichterischen Schöpfungen herum getragen, und diese Entwürfe, zuerst ganz im allgemeinen aufgefaßt, nach und nach schärfer gestaltet, selbst verändert, auch wohl Winke und Belehrung von kritischen Freunden erhalten und befolgt hätten, ehe sie zu der Ausführung geschritten; daß sie auch die Darstellung selbst nicht selten überarbeiteten, um den Stoff zu reinigen und die Form zu verbessern: die verschiedenen Ausgaben gäben Zeugnisse; daß viele Dichter die Musen um Beistand angeflehet, viele über die Hindernisse geklagt hätten, welche ihnen die Sprache in den Weg lege, und daß es daher offenbar sei, auch der Dichter habe seine Werkstatt und er empfinde bei der Arbeit dieselben Geburtswehen, an welchen andere Sterbliche zu leiden hätten –

«Da haben Sie wohl recht.»

– diese Gegenbemerkungen wurden als unphilosophisch, prosaisch und gemein zurück gewiesen. Und um mich vollends von der Nichtigkeit derselben zu überzeugen, wurde zum Beispiel folgende Anekdote erzählt. Ew. Exzellenz wären einmal in einem lebhaften Gespräche verwickelt gewesen. Sie hätten an einem Tische gesessen, auf welchem Ihr rechter Arm geruht habe. Während des Gespräches hätten Sie eine Bleifeder ergriffen und ein Stück Papier, beides mechanisch; denn Sie hätten gar nicht hingesehen. Sie hätten angefangen zu zeichnen, die Augen abgewendet und das Gespräch ununterbrochen fortsetzend. Am Ende hätte sich ergeben, daß Sie eine recht schöne Landschaft gezeichnet; und darüber seien Sie höchst verwundert gewesen; denn Sie hätten gar nicht gewußt, daß Sie die Bleifeder in der Hand gehalten, viel weniger, daß Sie gemalt hätten. So habe die dichterische oder die schaffende Kraft in Ihnen sich Ihrer Hand als bloßen Werkzeugs bedient: denn sie habe sich offenbaren müssen, diese Kraft, und habe sich in diesem Augenblicke nicht anders offenbaren können.

«So?»

Ein zweites Beispiel. Meine Freunde behaupteten, Faust sei, oder solle sein, der Repräsentant der Menschheit und Mephistopheles das personifizierte Böse. Ich leugnete beides. Was Faust sein solle, sagte ich, oder was er einst sein werde, wenn die ganze Tragödie vollendet sei, lasse ich auf sich beruhen. Aber in dem Fragment sei er offenbar nicht Repräsentant der Menschheit, sondern ein Einzelner. Neben ihm erschienen ja auch andere Menschen, wie der ehrliche Wagner, die tapferen Burschen, Frosch, Brander, Siebel und Konsorten, die lüsterne Frau Marthe und das wunderliebliche Gretchen, welche sämtlich doch auch zur Menschheit gehörten und, so zu sagen, einen Teil der Menschheit in sich trügen, wenn auch nur einen sehr kleinen. Wollte man aber den Faust etwa einen Repräsentanten der Menschheit nennen, wie ein Gesandter der Repräsentant eines Reiches oder eines Volkes sei, oder ein Deputierter im englischen Parlamente der Repräsentant einer Grafschaft, einer Stadt, eines Fleckens: so fürchtete ich, es würde ihm nicht möglich sein, seinen Vollmachts-Brief vorzuzeigen. Auch sei es doch sonderbar, daß das Böse, welches sich im Leben der Menschheit finden möge, hier als Person neben dem Repräsentanten der Menschheit, als gehorsamer Diener, herlaufe und dergleichen mehr.

«Alles dieses läßt sich hören; es sind jedoch nur Negationen, was Sie vorbringen, oder vorgebracht haben, die nicht weiter führen. Indem Sie aber die Ansichten anderer von dem Faust zu widerlegen suchten und zu diesem Zweck den Faust abermals und abermals lesen mußten, sind Sie ohne Zweifel zu einer eigenen Ansicht von dem wunderlichen Gedicht gekommen, die solchen Gründen, als Sie aufgestellt haben, zu widerstehen imstande ist. Wollen Sie nicht wenigstens zum Schlusse unserer Unterhaltung diese Ansicht, die Sie selbst aus der Lektüre des Faust gewonnen haben, mitteilen?»

In der Tat, Ew. Exzellenz, habe ich wohl Versuche gemacht, die Idee, welche der Dichter darzustellen unternommen habe, aufzufinden, und aus derselben das Einzelne in dem Gedichte zu erklären; es hat auch wohl Augenblicke, vielleicht Stunden und Tage gegeben, in welchen ich an die Richtigkeit dieser Idee geglaubt habe. Aber sie ist mir immer wieder, wie man zu sagen pflegt, unter den Händen zerronnen, und mein Glaube ist verschwunden. Daher, wie ich alles Streiten längst aufgegeben habe, so habe ich auch aller Grübelei entsagt. Ich freue mich dessen, was wir haben, nehme es, wie es vorliegt, und überlasse anderen zu ergründen, was vielleicht unergründlich ist.

«Wie ist denn das möglich?»

Ich lese die einzelnen Szenen, und oft, und mache das Büchlein immer mit neuer Lust wieder auf. Des gelehrten Doktors Selbstpeinigung, die allerdings bei einem Manne von 54 Jahren etwas auffallend ist –

«Warum geben Sie ihm denn grade 54 Jahre?»

Auf und ab. Da Faust sich durch den Hexentrank 30 Jahre vom Leibe schaffen, und doch wohl, weil er nach gewissen Genüssen lüstern ist, nicht als unreifer Bursche erscheinen will, so dächte ich, 54 Jahre wären ungefähr ein angemessenes Alter.

«Nun, ich habe Sie unterbrochen; fahren Sie doch fort.»

Des Doktors Selbstpeinigung erregt mein Mitleid und macht mich besorgt für den Mann; seine weisen Lehren gewinnen meinen Beifall, sein Streben nach tieferer Erkenntnis meine Achtung, sein Gebet im Walde greift tief in meine Brust, und sein Gespräch mit Gretchen über Religion spricht lebendig zu meinem Herzen. Bei allen diesen Vorgängen nehme ich ihn, wie er eben erscheint, und suche weder den eitlen Hans in der Hexenküche, noch den groben Gesellen im Verkehre mit Mephistopheles, oder den arglistigen Verführer der Margaretha mit ihm, in jenen Vorgängen, in Übereinstimmung zu bringen. Und auf dieselbe Weise fasse ich die übrigen Personen, wie sie sich eben geben, jedes ihrer Worte in dem einfachen Sinne nehmend, den sie in der Sprache haben.

«Ja; so mögen denn die Orakelsprüche, Sentimentalitäten, Schelmereien, Spitzbübereien und Schweinereien auch ihr Interesse haben. Aber es ist ein kleinliches, ein zerhacktes Interesse. Ein höheres Interesse hat doch der Faust, die

Idee, welche den Dichter beseelt hat, und welche das Einzelne des Gedichtes zum Ganzen verknüpft, für das Einzelne Gesetz ist und dem Einzelnen seine Bedeutung gibt.»

Darüber könnte freilich der Dichter den besten Aufschluß geben.

«Mit diesem Aufschlußgeben wäre die ganze Herrlichkeit des Dichters dahin. Der Dichter soll doch nicht sein eigener Erklärer sein und seine Dichtung in alltägliche Prosa fein zerlegen; damit würde er aufhören, Dichter zu sein. Der Dichter stellt seine Schöpfung in die Welt hinaus; es ist die Sache des Lesers, des Ästhetikers, des Kritikers, zu untersuchen, was er mit seiner Schöpfung gewollt hat.»

Ich gebe dieses alles sehr gern zu, Ew. Exzellenz; aber mir scheint doch auch, daß es dem Leser oder Kritiker unmöglich sein werde, die Idee der ganzen Schöpfung anders, als aus der ganzen Schöpfung zu gewinnen.

«Aber wir erkennen doch im Torso den Herkules.»

In tantum, Ew. Exzellenz. Wir erkennen in dem schön bearbeiteten kolossalen Block, den ich leider nicht gesehen habe, daß derselbe der Rumpf einer kolossalen Statue gewesen sein müsse, und wir sind, so zu sagen, stillschweigend übereingekommen, in dieser Statue den Herkules zu sehen, weil wir sie sonst nicht unterzubringen wissen. Wenn aber irgend ein Zauberer die Statue wieder herstellte und ihr den Torso ohne Fuge und Naht einverleibte: so würde sich doch vielleicht zeigen, daß selbst Winckelmann sich geirrt habe, und daß der Torso nicht einem sitzenden Herkules, den Kopf auf die Hand gestützt und das Auge zum Himmel gerichtet, angehöret habe. Ich sage, das wäre möglich.

«Soll ich etwa anstatt des Torso die Löwenklaue nennen?»

Wenn uns eine abgeschnittene Klaue dargeboten würde, also ein Fragment eines Löwen, so würden wir gewiß erkennen, daß es eine Löwenklaue sei, aber ich fürchte, den Löwen, von welchem sie abgeschnitten ist, würden wir nimmermehr erkennen. Und wenn das Geschlecht der Löwen ausgestorben wäre, und die abgeschnittene Klaue würde einem großen Kenner der Natur vor die Augen gelegt, so würde er gewiß sogleich behaupten, es sei die Tatze eines großen und starken Tieres, etwa aus dem Katzengeschlechte; ob er aber aus dieser Tatze den Löwen, wie er leibt und lebt, zu konstruieren imstande sein würde, scheint mir weniger gewiß. So halte ich für unmöglich, daß jemand den Faust zu lesen vermöchte, ohne den großen und gewaltigen Dichtergeist zu erkennen, der, ich möchte sagen, in jeder Zeile wehet und wirkt, einen Dichtergeist, der das Heiligste durchdrungen und das Gemeinste ins Auge gefaßt hat, ohne von demselben besudelt oder nur berührt zu werden. Aber für unmöglich halte ich, aus dem Fragment einen ganzen Faust zu konstruieren, oder in dem Fragment eine Idee aufzufinden, aus welcher die vorliegenden Szenen ebensowohl erklärt werden könnten, als was noch an einem Ganzen fehlen mag.

«Und dennoch hat man allgemein einen Mittelpunkt gesucht, aus welchem heraus das Einzelne, sich gegenseitig ergänzend, erwachsen sei und ferner erwachsen könnte. Und große Gelehrte und geistreiche Männer haben es nicht für zu gering gehalten, sich nach diesem Mittelpunkt umzusehen.»

Das zeugt jedes Falles für das allgemeine Bedürfnis eines solchen Mittelpunktes.

«Was hat denn aber dieses Bedürfnis erzeugt? Doch ohne Zweifel das Fragment selbst. Das Einzelne, das Ihnen zu genügen scheint, hat andere nicht befriedigt, und doch haben sie das Büchlein nicht hinweg geworfen, sondern sie haben es festgehalten, oder es von neuem und abermals wieder in die Hand genommen. Es muß also doch etwas in dem Büchlein sein und durch das Büchlein hindurch gehen, das auf den Mittelpunkt hinweist, auf die Idee, die in allem und jedem hervortritt.»

Ich habe nicht gerade gesagt, Ew. Exzellenz, wenigstens hätte ich nicht sagen sollen, daß mir das Einzelne genüge, sondern ich habe nur sagen wollen, daß ich mich des Vorhandenen freue, und daß ich das tiefere Forschen darum aufgegeben habe, weil meine Versuche mißlungen wären, und weil mir auch die Versuche anderer mißlungen zu sein schienen. Und dann gestehe ich auch, daß die beständige Erneuerung dieser Versuche, den Mittelpunkt oder die Grund-Idee des Faust aufzufinden, nicht gerade so zu erklären sein dürfte, wie Ew. Exzellenz sie zu erklären geruhet haben.

«Wie wollten Sie dieselbe denn anders erklären, als aus der poetischen Richtung des Einzelnen, welche auf einen notwendigen Zusammenhang, also auf einen Mittelpunkt, auf eine Grund-Idee hinweist überall?»

Das könnte vielleicht auf mehr als eine Weise geschehen. Wenn aber Ew. Exzellenz mir verstatten wollen, nur Eins anzuführen, das mitgewirkt haben könnte zu diesem allgemeinen Eifer in der Erklärung des Faust, so möchte ich mir fast erlauben, mit Worten aus dem Faust zu sprechen, wenn es auch Hexen- und Teufelsworte sind:

Aus Eins mach Zehn,
Und Zwei laß gehn,
Und Drei mach gleich,
So bist du reich.
Und Neun ist Eins,
Und Zehn ist keins.

«Wie gehört dieses Hexen-Einmal-Eins hierher? Was wollen Sie damit sagen?»

Mit anderen Worten:

– ein vollkommner Widerspruch
Bleibt gleich geheimnisvoll für Kluge wie für Toren.

Und je geheimnisvoller der Widerspruch ist und je rascher sich ein Widerspruch an den anderen drängt, als sollten sie sich gegenseitig, wie ergänzen, so erklären oder auflösen, desto stärker und allgemeiner, denke ich, muß das Verlangen werden, wenn der gemeine Ausdruck verstattet ist, dahinter zu kommen.

«Im allgemeinen möchte in dieser Bemerkung immer einige Wahrheit sein. Auf den besonderen Fall aber angewandt, scheinen Sie die große Teilnahme, welche der Faust gefunden hat, nicht dem Werke selbst, nicht der Macht der Poesie zuzuschreiben, sondern einem mystischen Etwas, das hinter dem Faust liegt; die Leser werden nicht angezogen durch das, was ihnen dargeboten ist, sondern durch etwas, was sie zu suchen veranlaßt werden, und was sie niemals zu finden vermögen.»

So ist es nicht gemeint, Ew. Exzellenz. Ich habe ja von mir selbst gesagt, daß ich mich des Gegebenen herzlich erfreue, und ich hätte hinzusetzen können, daß ich des Faust erst recht froh geworden bin, seitdem ich mich entschlossen habe, das Einzelne zu genießen, und das Suchen nach einer Grund-Idee, nach einem Mittelpunkt, wodurch mir der Genuß verkümmert worden war, gänzlich aufzugeben. Es ist aber eben die Macht der Poesie, welche das ergriffene Gemüt überwältigt, und den klügelnden Verstand anreizt, noch einen tieferen Sinn in den Worten und Darstellungen zu vermuten: er weiß sonst den Eindruck nicht zu erklären, denn er ist eben nicht poetisch, der Verstand. Würden ihm die Widersprüche in schlichter Prosa dargeboten, oder in Reimen ohne Poesie, so würde er die Widersprüche ohne weiteres, als unvernünftig, zur Seite schieben.

«Also abermals die Widersprüche? Wollten Sie nicht die Güte haben, den einen oder den anderen dieser Widersprüche etwas näher zu bezeichnen, an welchen Sie Anstoß genommen haben, oder welche Ihnen so geheimnisvoll zu sein scheinen, daß Kluge und Toren sich zu der Auflösung aufgefordert fühlen?»

Hätte ich ahnen können, daß mir die Ehre zuteil werden würde, mit Ew. Exzellenz diesen Morgen ein solches Gespräch zu führen: so würde ich den Faust einmal wieder durchgelesen haben, um alles frisch und lebendig aufzufassen. Denn es ist mir in der letzten Zeit so mancherlei durch den Kopf gegangen, daß eins und das andere im Faust doch zurück getreten ist. Und deswegen, und weil ich ohnehin doch nur wenig werde vorbringen können, will ich den ganzen wunderlichen Hexenspuk übergehen, obwohl derselbe, als dem Glauben einer früheren Zeit angehörend, mit der Welt, in welcher wir leben, in einem schneidenden Widerspruch steht. Und auch die Geister-Erscheinungen will ich übergehen, die nicht minder jenes Geheimnisvolle an sich haben, das die Seele stachelt. Selbst den prächtigen Gesellen Mephistopheles will ich nicht anführen, obwohl er wohl Stoff zu mancher Bemerkung darböte. Dieser Teufel ist so stark von der Kultur beleckt worden, daß er ein recht behaglicher Gesellschafter zu sein scheint, sehr verschieden von dem alten Teufel, der wie ein brüllender Löwe herumlief und die Menschen zu verschlingen suchte. Nur die Atmosphäre wird durch ihn, nach Gretchens Bemerkung, etwas schwül gemacht, trotz seines freiherrlichen Benehmens. Da er aber nicht Ein Teufel aus vielen ist, sondern da er sich selbst den Teufel nennt und den Gruß der Seinigen als Junker Satan annimmt, so muß man erstaunen, daß der Fürst der Finsternis sich so weit herabläßt, den Diener eines so unholden Herrn zu machen; man muß sich wundern, daß er sein großes Reich so lange verlassen kann, um sich um die Seele eines pedantischen Magisters zu bewerben, und man kommt zu dem Schlusse, daß, wenn der Teufel sich so viele Mühe um jede Seele geben muß, die Hölle unmöglich stark bevölkert sein kann. Doch dieses sind nur Einfälle des Augenblickes; ich komme auf den Helden, auf Faust selbst.

Faust ist, wie mir scheint, am besten von dem Dichter selbst bezeichnet worden. Mephistopheles nennt ihn einen «übersinnlichen, sinnlichen Freier», allerdings nur in Beziehung auf Gretchen; aber es ist wahr in Beziehung auf alles, um das er sich bewirbt, wornach er strebt. In ihm sind unverkennbar zwei Seelen –

«Hm!» –

Diese beiden Seelen, zusammengewachsene Zwillinge, befinden sich miteinander in einem unausgleichbaren Kampfe. Die eine, der göttlichen Natur im Menschen entsprechend, strebt dahin, woher sie stammt, nach dem Göttlichen, nach Wahrheit, Erkenntnis, Licht; die andere, die tierische Natur im Menschen, treibt zu jeglichem sinnlichen Genuß. Das ist nun, meine ich, nichts Unerhörtes; derselbe Kampf findet sich mehr oder minder, verschieden gestaltet und geführt, in dem Leben eines jeden Menschen. Das Abweichende und Widersprechende ist aber, daß sonst die tierische Natur wohl in der Jugend von Zeit zu Zeit den Sieg gewinnt, in späteren Jahren aber von der göttlichen überwunden wird, daß in Faust hingegen die göttliche Natur ein halbes Jahrhundert vorherrschend gewesen ist, und daß alsdann die tierische alle Gewalt dergestalt ausübt, daß er, der alternde Mann mit erkünstelter Jugend, oder vielmehr mit einer Hexen-Jugend, daß

Er taumelt von Begierde zu Genuß,
Und im Genuß verschmachtet vor Begierde.

Und nur von Zeit zu Zeit erinnern seine Worte, im Widerspruche mit seinen Handlungen, daran, daß einst ein höherer Geist in ihm gelebt und gewirkt hat. Im wirklichen Leben ist das üppige Alter widerwärtig, und ein lockerer Greis eine häßliche Erscheinung. Den Faust macht nur die Poesie erträglich. Das ist der erste Widerspruch. Und andere drängen sich hervor.

Faust tritt auf, nachdem er schon Philosophie, Juristerei, Medizin und Theologie mit heißem Bemühen studiert hat. Nun macht er die Entdeckung, daß wir nichts wissen können; aber zugleich auch die Entdeckung, daß er weder Gut noch Geld, noch Ehr' und Herrlichkeit der Welt hat. Darum mag er so nicht länger leben. Aber er weiß auch recht gut,

warum sein Herz
Sich bang in seinem Busen klemmt,
Warum ein unerklärter Schmerz
Ihm alle Lebensregung hemmt.

Denn er antwortet selbst:

Statt der lebendigen Natur,
Da Gott die Menschen schuf hinein,
Umgibt in Rauch und Moder nur
Mich Tiergeripp und Totenbein.

Auch verschreibt er sich sogleich ein Recipe:

Flieh! Auf! Hinaus ins weite Land! –
Denn wenn Natur Dich unterweist,
Dann geht die Seelenkraft Dir auf.

Anstatt aber der eigenen Vorschrift zu folgen, anstatt sich von allem Wissensqualm zu entladen und in die Natur hinaus zu gehen, ergreift er «das Buch von Nostradamus eigner Hand» und fängt an die Geister zu beschwören. Die Erscheinung bringt ihm nur Schauer, Demütigung, Verwirrung. In der Fülle der Gesichte aber wird er gestört durch den ehrlichen Wagner, den trocknen Schleicher. Und wie schön und menschlich weiß er, der Mann der Verzweifelung, «des unerklärten Schmerzes», der unendlichen Sehnsucht, wie schön und menschlich weiß er den redlichen Forscher an die einzige Quelle zu verweisen, aus welcher allein der Mensch sein heiligstes Bedürfnis befriedigen kann.

> Das Pergament ist das der heil'ge Bronnen,
> Woraus ein Trunk den Durst auf ewig stillt?
> Erquickung hast Du nicht gewonnen,
> Wenn sie Dir nicht aus eigner Seele quillt.

Er aber verläßt diese Quelle und ergibt sich dem Teufel.

Bei seiner ersten Erscheinung mit Mephistopheles spricht er noch eine Sprache, die seines früheren Strebens würdig ist. Er stellt seine Forderungen so hoch, daß man, wenn er auf die Erfüllung bestände, selbst die Ergebung an den Teufel verzeihen, daß man begreiflich finden würde, wie er geglaubt habe, um einen solchen Preis dürfe und müsse er selbst seine Seele verkaufen.

> Und was der ganzen Menschheit zugeteilt ist,
> Will ich in meinem innern Selbst genießen,
> Mit meinem Geist das Höchst' und Tiefste greifen,
> Ihr Wohl und Weh auf meinen Busen häufen.

Diese Worte erregen hohe Erwartung. Sie eröffnen die Aussicht auf Großes, Gewaltiges, Erhabenes. Mephistopheles aber hat den Mann schon durchschauet: das beweiset die schnöde und höhnische Weisheit, welche er dem Manne zu predigen wagt, der alle Wissenschaften studiert hat. Und wenn Faust ihm auch noch einmal mit einem scheinbar-entschiedenen: «ich will!» entgegentritt, so läßt er sich nicht irre machen. Und bald hat er die Freude zu sehen, daß der

Held Vernunft und Wissenschaft vergißt oder verrät, daß er mit der feigen Frage:

Wie fangen wir das an?

allem Willen entsagt, daß derselbe sich mit der Antwort begnügt:

Wir gehen eben fort.

Deswegen höhnt ihn Mephistopheles denn auch noch:

Den schlepp' ich durch das wilde Leben,
Durch flache Unbedeutenheit,
Er soll mir zappeln, starren, kleben.

Er setzt hinzu, als hätte er die Entdeckung gemacht, daß es kaum der Mühe wert gewesen, sich um diese arme Seele zu bewerben, weil sie ihm doch nicht entgangen sein würde:

Und hätt' er sich auch nicht dem Teufel übergeben,
Er müßte doch zu Grunde gehn.

Und in der Tat: welchen Gewinn hat denn Faust, der so Großes erstrebte, so Großes wollte, aus dem Bunde mit dem Teufel gezogen? Er hat mit Hülfe desselben ein junges, liebes, unschuldiges Mädchen verführt; das ist alles. Und für diesen Zweck sind die aufgewandten Mittel etwas groß. Denn ein solches Bubenstück ist schon manchem gelungen, ohne daß er einen Bund mit dem Teufel geschlossen, einen Hexentrank verschlungen oder Geschenke der Hölle angewendet hätte, um dem armen Kinde die Augen zu verblenden. Ist es daher zu verwundern, daß so viele, unbefriedigt von einem solchen Resultate, sich gleichsam von der Handlung losreißen, eine hohe Idee hinter derselben suchen, jede Szene, ja jedes Wort symbolisch nehmen, und es nach der Idee des Ganzen erklären oder deuten?

«Alles, was Sie da vorbringen, kann nichts gelten. In der Poesie gibt es keine Widersprüche. Diese sind nur in der wirklichen Welt, nicht in der Welt der Poesie. Was der Dichter schafft, das muß genommen werden, wie er es geschaffen hat. So wie er seine Welt gemacht hat, so ist sie. Was der poetische Geist erzeugt, muß von einem poetischen Gemüt empfangen werden. Ein kaltes Analysieren zerstört die Poesie und bringt keine Wirklichkeit hervor. Es bleiben nur Scherben übrig, die zu nichts dienen und nur inkommodieren.»

Eben deswegen habe ich alles Räsonnieren verworfen, und nehme die Handlung rein und lauter, wie sie dargestellt, und jedes Wort, wie es gesprochen worden ist.

«Aber Sie nehmen nur immer die einzelnen Szenen, Sprüche, Wörter, und wollen von dem Ganzen nichts wissen.»

Weil es dem Dichter nicht gefallen hat, uns ein Ganzes zu geben. Wir haben ja nur Bruchstücke.

«Aber eben weil es Bruchstücke sind, müssen sie ja zu einem Ganzen gehören, und im Ganzen poetisch aufgefaßt werden.»

Ich gestehe, daß dazu eine größere poetische Empfänglichkeit gehören würde, als deren ich mich rühmen kann. Sollte es dem Dichter gefallen, einmal das Ganze vorzulegen, so werde ich gewiß versuchen, dieses Ganze in mich aufzunehmen, und die Idee zu erkennen, von welcher er bei seiner Schöpfung ausgegangen ist. Nur würde es mir sehr wehe tun, wenn irgend etwas von diesem Fragmente, das mir so wohl bekannt und so lieb geworden ist, in dem Ganzen verloren ginge.

«Wie könnten aber diese Bruchstücke in einem Ganzen verloren gehen, aus welchem sie herausgenommen sind? Sie werden in demselben als organische Teile erscheinen und erst ihre wahre Bedeutung erhalten.»

Diese Äußerung Ew. Exzellenz scheint zu beweisen, daß das Ganze schon wirklich vorhanden ist. Alsdann würde ich mich unendlich freuen, wenn es bald erschiene, und durch die Erscheinung würde auch allem Streit ein Ende gemacht werden.

«Es ist vorhanden, noch nicht alles geschrieben, aber gedichtet. – Nun? Sie schweigen? Sie sehen mich ungläubig an?»

Wie könnte ich wagen, den Worten Ew. Exzellenz meinen Glauben zu versagen? Ich bin nur überrascht, und muß beschämt meinen Irrtum und meine Schwäche bekennen.

«Wieso? – Beichten Sie einmal.»

Da Ew. Exzellenz die Gnade gehabt haben, mir so lange geneigtest zuzuhören, daß ich selbst betreten bin über alles, was ich zu sagen mir erlaubt habe, so will ich denn auch ehrlich bekennen, daß ich wirklich oft, weil ich es glaubte, auch behauptet habe: dieses sogenannte Fragment gehöre keinesweges einem Ganzen an, aus welchem es als Bruchstücke, gleichsam zur Probe mitgeteilt wäre, und sei auch nicht im Geist eines Ganzen gedichtet; ja es sei kein dramatisches Werk, möge man es eine Tragödie nennen oder anders, das irgend eine Idee, irgend einen Gedanken, abgerundet und vollendet darstellen und zur Anschauung bringen solle, – es sei kein solches dramatisches Werk möglich, in welches diese Bruchstücke dergestalt eingefugt werden könnten, daß sie als organische Teile des Ganzen, ergänzend und ergänzt, erscheinen könnten. Allerdings könnten noch viele Szenen hinzugefügt werden, im Anfang, am Ende, in der Mitte; diese Szenen würden ohne Zweifel von demselben hohen Dichtergeiste Zeugnis geben, der uns aus dem gegenwärtigen Faust so gewaltig anspräche; auch möchten sie durch die Namen Faust, Mephistopheles, Gretchen, Wagner mit dem vorliegenden Fragment in Verbindung gebracht werden können und uns bekannte Gestalten zeigen; aber sie würden immer nur an die Handlungen des Fragmentes und aneinander gereihet sein, und niemals würde ein Ganzes entstehen, das sich, wie von innen heraus, wie organisch gebildet, darstellte. Die Gründe, auf welche ich diese Behauptung stützte, liegen in dem, was ich früher gesagt habe, und mir schien die Behauptung auf diesen Gründen allerdings ziemlich festzustehen. Nach dem aber, was Ew. Exzellenz soeben zu versichern die Gnade gehabt haben, muß ich allerdings einräumen, daß ich im Irrtume gewesen bin; aber Sie werden mir auch gewiß verzeihen, wenn ich bekenne, daß ich nur durch die Erscheinung des ganzen Faust selbst von meinem Irrtum völlig geheilt werden kann.

«Es ist Ihnen nicht zu verargen, daß Sie sehen und nicht glauben wollen. Wie aber haben Sie sich denn die Entstehung des Faust gedacht? Habe ich Sie recht verstanden, so sind Sie der Meinung gewesen, und sind noch der Meinung, daß der Dichter gar nicht gewußt hat, was er wollte, als er die Dichtung begann, sondern daß er auf das Geratewohl, daß er in das Blaue hinein gedichtet und sich nur des Namens Faust wie einer Schnur bedient habe, um die einzelnen Perlen aufzuziehen und vor der Zerstreuung zu bewahren.»

Es bleibt mir nur übrig, Ew. Exzellenz einfach und kurz zu erzählen, wie mir durch häufiges Lesen des Faust die Sache erschienen ist. Der Dichter kannte die Sage vom Faust; wohl auch ein Puppenspiel. Zugleich ward er, vielleicht sehr früh, veranlaßt, sich in Schriften, die Magie, Alchimie und andere geheime Wissenschaften betreffend, umzusehen. Hierauf kam er als Student nach Leipzig und sah in Auerbachs Keller das alte Bild, auf welchem, wie mir erzählt worden ist, Faust auf einem Fasse reitend den Keller verläßt. Dieses Bild ergötzte ihn bei seinen Kenntnissen des Faust. Nun mag ein wildes Studentengelag in Auerbachs Keller hinzugekommen sein, von welchem der Dichter Zeuge war, von welchem er jedes Falles unterrichtet wurde. So ward er veranlaßt, einen Scherz zu machen, das Gelag und Fausts Erscheinung im Keller zu verbinden und teils wahr und teils ergötzlich darzustellen. Die Szene in Auerbachs Keller schien mir zu allererst geschrieben zu sein. Sie ist so frisch, so lebendig, so jugendlich, so burschikos, daß ich geschworen haben würde, sie sei in Leipzig von dem Dichter-Studiosus geschrieben oder gedichtet worden. Die zweite Szene, die nach dem Auftritte im Keller gedichtet worden, schien mir der Auftritt zwischen dem Schüler und Mephistopheles. Diese Szene ist gleichfalls so frisch, so lebendig und wahr, daß sie nur aus der unmittelbaren Anschauung des Lebens und Treibens auf der Universität, wie es gewesen, wie es wohl hier und dort auch noch ist, hervorgegangen sein muß. Hat man die Universität nur einige Jahre verlassen, so denkt man kaum noch an das Collegium logicum und an die rastlose Heftschreiberei des Trosses der Studierenden. Das Gespräch mit dem Schüler aber konnte Faust nicht führen; nur Mephistopheles durfte solche höhnende Bezeichnungen der Wissenschaften aussprechen. Um daher den Schüler mit dem Mephistopheles zusammenzubringen, war die Szene zwischen diesem und Faust notwendig, welche jenem Gespräche vorausgeht. Diese schien mir daher als die dritte der Dichtung, nach der Zeit berechnet. Und nun sind die übrigen nach und nach entstanden, so wie irgend ein Vorgang im Leben den Dichter reizte oder beschäftigte. So mag die Verführung eines Mädchens Veranlassung zu der Schöpfung der lieben, unschuldigen und unglücklichen Margarethe gegeben haben, die ich, trotz ihrer garstigen und rauhen Hände, von welchen sie selbst spricht, schön nennen würde, wenn man sich auf des Doktors Geschmack verlassen könnte; in diesem Doktor aber regt sich, seit er den Hexentrank verschlungen hat, Cupido und springt hin und wieder, und des Mephistopheles schnödes Wort:

> Du siehst mit diesem Trank im Leibe
> Bald Helenen in jedem Weibe,

schreckt zurück. Und um aus dem alten Pedanten einen Galan zu machen, der um Margaretha mit Glück freien durfte, war die Hexenküche notwendig; und um Margaretha ins Garn zu locken, mußte die Nachbarin Martha herein gezogen werden. Zuletzt von allem schien mir der Monolog gedichtet zu sein, mit welchem Faust das Fragment eröffnet. Der Hans Lüderlich sollte zu Ehren gebracht, es sollte ihm ein Empfehlungsschreiben an die Welt mitgegeben werden, damit man ihn zuließe, auch in honette Gesellschaft.

«Nun, nun, das ist auch eine Meinung, und eine Meinung, die schon bestritten, vielleicht schon widerlegt ist. Sie gebe Stoff zu neuen Gesprächen oder zur Fortsetzung des gegenwärtigen. Wir wollen indes für dieses Mal abbrechen, und den Gegenstand nicht wieder aufnehmen, bis die ganze Tragödie vorliegt.» –

So weit habe ich Goethes Unterhaltung mit mir, wenige Tage nach derselben, aufgeschrieben, und hier nur einiges, im besondern einzelne Namen, ausgelassen, und einige Sätze abgekürzt. Als jetzt eine kleine Pause entstand und ich Goethen bestimmter ins Angesicht schauete, kam mir vor, als ob seine Züge weniger freundlich seien, als früher. Zwar hatte ich auch während des Gespräches zuweilen bemerkt, daß seine Augen stark hin und her rollten; aber das war auch am vorigen Abende bei der heitersten Stimmung der Fall gewesen, und darum hatte ich weder auf dieses Rollen, noch auf eine Veränderung der Stimme zum Kurzen und Scharfen hin, geachtet. Jetzt fiel mir sein Gesicht etwas auf, und diese Bemerkung brachte eine kleine Unruhe in mir hervor. Als er nach einigen Augenblicken von neuem das Wort nahm, zeigte sein Gesicht abermals eine große Freundlichkeit, aber es war derselben ein Zug beigemischt, den ich weder jetzt zu benennen weiß, noch damals zu deuten wußte. Indes sammelte ich mich und faßte den Entschluß, mich in keiner Weise verblüffen zu lassen, überall bescheiden nachzugeben, aber auch jedes Falles auf dem Wege fortzuwandeln, den ich einmal eingeschlagen hatte, oder vielmehr, auf den ich, ohne zu wissen wie, geraten war. Und bald nach dem Beginne des Gespräches kam mir vor, als habe er die Absicht, mich ein wenig zu necken, um zu versuchen, ob ich fest und wie fest ich im Sattel säße. Das schien mir aus den Wendungen seiner Fragen und Einwürfe hervorzugehen, welche letztere mir zuweilen etwas wehe taten, mir, einem jungen Manne, der ich, wie ich wohl sagen darf, begeistert war für meinen neuen Beruf, und große Dinge erwartete von meiner künftigen akademischen Wirksamkeit. Goethe begann:

«Ja, wir haben lange geplaudert. Und doch sind wir noch gar nicht auf das gekommen, worüber ich mich mit Ihnen zu unterhalten gedachte, auf Ihr eigenes Vorhaben, auf Ihr Tun und Treiben. Sie wollen also – Geschichte lehren? wollen ein – Historiker werden? oder vielmehr sind ein – Historiker?»

Meine Absicht ist allerdings, einen Versuch zu machen, Geschichte zu lehren. Ob es mir gelingen werde, Teilnahme zu finden oder zu erregen, ist eine andere Frage. Übrigens würde das eine unverzeihliche Anmaßung sein, wenn ich sagen wollte, ich sei ein Historiker; dagegen leugne ich nicht, daß es mein heißester Wunsch ist, einst diesen hohen Namen zu verdienen. Und an Fleiß und Anstrengung soll es gewiß nicht fehlen. Der Erfolg liegt in Gottes Hand.

«Warum sollte das Lehren der Geschichte Ihnen nicht gelingen? Sie haben eine reine, wohlklingende Stimme und gute Manieren; Sie werden gut erzählen, und das Erzählen ist leicht. Und wer hört nicht gern guten Erzählungen zu? Das Kind liebt es, sich was erzählen zu lassen, und der Greis hat noch dieselbe Lust oder dieselbe Schwachheit, gleichviel. Und warum wollten Sie sich gegen den ‚hohen' Namen eines Historikers sperren? Ein jeder, der sich mit der Historia beschäftigt, ist ein Historicus.»

Die Worte Ew. Exzellenz sind eben nicht sehr ermunternd für einen jungen Mann, der entschlossen ist, sein Leben der Geschichte zu widmen, der Forschung, dem Lehren, der Darstellung.

«Warum nicht? Ich dächte, ich hätte einen heiteren Glanz auf diese heilige Dreieinigkeit geworfen.»

Eine Erzählung, welcher Jung und Alt ein geneigtes Ohr leiht, die Erzählung einer Anekdote nämlich, mag leicht sein; und doch gibt es nicht viele Menschen, die eine Anekdote gut zu erzählen wissen. Die Erzählung großer und komplizierter Ereignisse und Begebenheiten hingegen, wie sie im Leben der Völker und Staaten vorkommen, hat denn doch wohl einige Schwierigkeiten, die nicht oft überwunden werden. Wenigstens wüßte ich nicht, daß es viele große Lehrer der Geschichte gegeben hätte, das heißt solche Lehrer, welche die Gegenstände der Geschichte klar und anschaulich zu entwickeln und ein lebendiges Interesse in ihren Zuhörern zu erregen und zu erhalten verstanden hätten. Und alsdann ist ja auch die bloße Beschreibung geschichtlicher Dinge oder die bloße Erzählung der Begebenheiten nicht die Hauptsache bei dem Lehren der Geschichte: es soll vielmehr durch die Erzählung der Sinn und die Bedeutung der Begebenheiten erkennbar gemacht werden. Was aber das Studium der Geschichte betrifft, so ist dasselbe, weil das Feld unermeßlich ist, gewiß das schwierigste von allen Studien.

«Zu dieser Meinung sind Sie wohl zunächst gekommen, weil Sie sich am meisten mit der Geschichte beschäftigt haben. Wäre Mephistopheles gegenwärtig, so würde er etwa folgenden Knittelreim pathetisch herdeklamieren:

So war es schon in meinen Tagen:
  Ein jeder schlägt gar hoch sich an,
Und, würdest Du sie alle fragen,
  Das Wichtigste hat er getan.

Es lastet schwer die schwere Last,
  Die selber Du zu tragen hast,
Und ob ein andrer ächz't und keucht,
  Für Dich ist seine Bürde leicht*.»

Ganz unwahr mag der Spruch nicht sein; und vielleicht hält darum zum Beispiel jeder Philosoph seine eigenen Gedanken für die richtigsten, ja sein eigenes System für das einzig wahre, weil er beides nur mit großer Mühe zutage gefördert hat, während er fremde Gedanken bequem vom Blatte abliest. In Beziehung auf die Geschichte indes bin ich doch der Meinung des guten Wagner, daß schon die Mittel schwer zu erwerben sind, womit man zu den Quellen steigt, und weiß gar wohl, daß die Zahl dieser Quellen, zu welchen man steigen muß, nicht gering ist.

«Es ist doch auch viel vorgearbeitet, viel getan. Die meisten Quellen sind längst durchforscht; was sie an reiner Flut enthielten, ist ausgeschöpft; nur trübes Wasser zurück geblieben.»

Es wäre aber doch möglich, daß die Forscher das Wasser auch zuweilen getrübt hätten, und daß man, würde dasselbe abgeklärt, neue Entdeckungen machen würde. Auch dürfte noch manche Quelle nicht durchforscht und ausgebeutet sein.

«Und wenn Sie nun auch alle Quellen zu klären und zu durchforschen vermöchten: was würden Sie finden? Nichts anderes, als eine große Wahrheit, die längst entdeckt ist, und deren Bestätigung man nicht weit zu suchen braucht;

* Diese Verse sind wohl nicht ganz richtig, obgleich ich sie oft ins Gedächtnis zurück gerufen habe. Nur den Reim glaube ich als echt bezeichnen zu können, und den Sinn gewiß.

die Wahrheit nämlich, daß es zu allen Zeiten und in allen Ländern miserabel gewesen ist. Die Menschen haben sich stets geängstigt und geplagt; sie haben sich untereinander gequält und gemartert; sie haben sich und anderen das bißchen Leben sauer gemacht, und die Schönheit der Welt und die Süßigkeit des Daseins, welche die schöne Welt ihnen darbietet, weder zu achten noch zu genießen vermocht. Nur wenigen ist es bequem und erfreulich geworden. Die meisten haben wohl, wenn sie das Leben eine Zeitlang mitgemacht hatten, lieber hinausscheiden, als von neuem beginnen mögen. Was ihnen noch etwa einige Anhänglichkeit an das Leben gab oder gibt, das war und ist die Furcht vor dem Sterben. So ist es; so ist es gewesen; so wird es wohl auch bleiben. Das ist nun einmal das Los der Menschen. Was brauchen wir weiter Zeugnis.»

Ich sah Goethe an; er machte ein sehr ernstes Gesicht. Dennoch antwortete ich halb lachend:

Ich kann unmöglich glauben, daß dieses Ew. Exzellenz eigene Meinung sei. Mir kommt vor, Mephistopheles habe abermals gesprochen. (Goethe lächelte.) Wenn auch viele Menschen in alten und neuen Zeiten so gelebt haben mögen, so ist deswegen ein solches Leben noch nicht das Los der Menschen, und das Los der Menschen ist auch nicht das Schicksal der Menschheit.

«Die Menschheit? Das ist ein Abstraktum. Es hat von jeher nur Menschen gegeben und wird nur Menschen geben.»

Das Wort bezeichnet, denke ich, den Menschengeist, wie derselbe sich in dem gesamten Leben der Menschen entwickelt und offenbart. Das Abstraktum muß daher von dem Leben der Menschen abstrahiert werden. Im Leben der einzelnen Menschen kann das Wesen und der Geist nicht erkannt werden, weil es unübersehbar ist. Es ist nur zu erkennen im Leben der Völker, in den gesellschaftlichen Verhältnissen der Menschen. Wer den Geist eines Volkes erkennt, wie derselbe sich in dem Leben des Volkes gezeigt hat, der hat das Wesen des Lebens aller Menschen erkannt, die zu diesem Volke gehörten. Und der Gesamtgeist aller Völker ist die Menschheit.

«Es ist mit den Völkern, wie mit den Menschen. Die Völker bestehen ja aus Menschen. Auch sie treten ins Leben, wie die Menschen, treiben's, etwas länger, in gleich wunderlicher Weise, und sterben gleichfalls entweder eines gewaltsamen Todes, oder eines Todes vor Alter und Gebrechlichkeit. Die Gesamtnot und die Gesamtplage der Menschen ist eben die Not und die Plage der Völker.»

Aber, wie Menschen späteren Menschen, so lassen Völker späteren Völkern etwas zurück, das nicht mit ihnen stirbt.

«Sie lassen etwas zurück? Freilich. Mephistopheles würde vielleicht in seiner Weise sagen:

Was Völker sterbend hinterlassen,
Das ist ein bleicher Schattenschlag.
Du siehst ihn wohl; ihn zu erfassen,
Läufst Du vergeblich Nacht und Tag.

Und vielleicht setzte er gutmütig warnend hinzu, der Schalk:

Wer immerdar nach Schatten greift,
Kann stets nur leere Luft erlangen;
Wer Schatten stets auf Schatten häuft,
Sieht endlich sich von düstrer Nacht umfangen.»

Der Schatten, den ein Volk wirft, es mag blühen oder zu Grunde gehen, fällt zurück, nicht vorwärts; er fällt auf die früheren Völker und nicht auf uns, die späteren Enkel, oder wir müßten uns freiwillig und einfältig zugleich hineinstellen. Was uns ein Volk hinterläßt, wenn es nicht überhaupt ohne Nachlaß verscheidet, ist der Geist seines Lebens. Wir müssen uns nur bemühen, die Erbschaft gehörig zu würdigen und zu benutzen, und uns nicht mit dem Inventario begnügen. Wir müssen die Geschichte des Volkes studieren, und, was sie zeigt, verwenden. Denn die Geschichte eines Volkes ist das Leben des Volkes.

«Die Geschichte eines Volkes, das Leben des Volkes? Das ist kühn. Wie wenig enthält auch die ausführlichste Geschichte, gegen das Leben eines Volkes gehalten? Und von dem wenigen, wie weniges ist wahr? Und von dem Wahren, ist irgend etwas über allen Zweifel hinaus? Bleibt nicht vielmehr alles ungewiß, das Größte wie das Geringste? Daher scheint doch das Wort von Faust festzustehen:

Die Zeiten der Vergangenheit
Sind uns ein Buch mit sieben Siegeln?»

Gewiß, Ew. Exzellenz, so weit hat der Dichter vollkommen recht; er würde aber unrecht gehabt haben, wenn er hinzugesetzt hätte, daß auch nur eins dieser sieben Siegel unlösbar wäre.

«Lösbar sind sie vielleicht; es fehlt aber das Instrument, sie zu sprengen.»

Ich möchte doch glauben, daß dieses Instrument nicht fehle. Wir vermögen sogar an jedes geschichtliche Werk, an jede Überlieferung einen dreifachen Hebel anzulegen: die Kenntnis der Zeit, die jener Zeit vorausgegangen ist, von welcher die Überlieferung berichtet, die Kenntnis der Zeit, die jener Zeit nachfolgte und gleichsam ein Produkt derselben gewesen, und endlich die Wahrheit, die jede Überlieferung teils durch ihr bloßes Dasein, teils durch ihre Eigentümlichkeiten, der Ansicht, der Auffassung, der Darstellung, in sich trägt. Der Stützpunkt für jeden dieser Hebel ist die menschliche Natur, das Gewicht der eigene Geist des Forschers.

«Ihre Ausdrücke erinnern mich daran, daß Sie vorhin sagten, Sie wären von Thibaut für die Mathematik gewonnen worden. Haben Sie sich mit dieser Wissenschaft viel beschäftigt?»

Einige Jahre hindurch, nach Zeit und Umständen, ziemlich viel. Ich habe sogar selbst ein mathematisches Buch geschrieben, das ich bald, wie einen verlorenen Sohn, in die Welt hinein laufen zu lassen gedenke.

«Um so mehr wundert mich, daß Sie diese erste aller Wissenschaften, in welcher alles Gewißheit und Wahrheit ist, verlassen haben, um sich auf der Bahn der Geschichte zu versuchen, die bei jedem Schritte schwankt, und in einer Arbeit zu verharren, in welcher Sie, selbst mit drei Hebeln, nichts zutage fördern werden, das Ihnen nicht streitig gemacht werden könnte. Gewiß hat Johannes Müller Sie zu dieser Veränderung bestimmt.»

Johannes Müller hat allerdings einen großen Einfluß auf mich gehabt. Er hat mich schneller zum Entschlusse gebracht. Aber auch ohne ihn würde ich mich für die Geschichte entschieden haben. Ich habe schon die Ehre gehabt, Ew. Exzellenz zu sagen, daß die Geschichte meine erste Liebe gewesen sei, und die erste Liebe hält fest. Auch haben meine Verhältnisse mir nicht verstattet, mich zum Beispiel durch die Beobachtung der Wunderwerke des Himmels zu ergötzen oder zu erbauen, oder nur auf der Erde mich einer bedeutenden Anwendung meiner theoretischen Kenntnisse zu erfreuen; und bei dem beständigen Verkehren mit Zahlen, Buchstaben und Figuren ist mir, ich muß es gestehen, begegnet, was Mephistopheles dem Schüler bei seiner Gottähnlichkeit weissagt: es ist mir bei aller Wahrheit und Gewißheit recht herzlich bange geworden.

«Gibt denn Ihnen die Geschichte, bei aller Ungewißheit, mehr Befriedigung, als die Wahrheit der Mathematik?»

Freilich. Die Geschichte ist gleich befriedigend für den Geist und das Herz, für den Verstand und das Gemüt, und zugleich regt sie die Phantasie allgewaltig auf und treibt, wie zum Denken, so zum Dichten. Auch wüßte ich nicht, warum eine geschichtliche Wahrheit weniger wahr sein sollte, als eine mathematische.

«Gewiß; nur kommt es darauf an, die Wahrheit herauszubringen. Könnte man die geschichtliche Wahrheit demonstrieren, wie die mathematische, so wäre aller Unterschied verschwunden; solange man das nicht kann, so lange wird wohl ein Unterschied bleiben, nicht zwischen dem, was wirklich wahr ist, sondern zwischen dem, was hier als wahr demonstriert, dort als wahr angenommen wird.»

Was wirklich Geschichte ist, das ist auch wirklich wahr.

«Aber nicht alles ist wirklich geschehen, was uns als Geschichte dargeboten wird, und was wirklich geschehen, das ist nicht so geschehen, wie es dargeboten wird, und was so geschehen ist, das ist nur ein Geringes von dem, was überhaupt geschehen ist. – Sie wissen ohne Zweifel, warum Sir

Walter Raleigh seine Geschichte nicht fortgesetzt, sondern das Manuskript ins Feuer geworfen hat?»

O, ja, Ew. Exzellenz. Er tat es, wie die Anekdote sagt –

«Er sagt es selbst.»

Das hab' ich nicht gewußt; denn ich muß bekennen, daß ich noch nichts von Sir Walter gelesen habe. Dieser also warf die Handschrift ins Feuer, weil er Augenzeuge eines Vorganges gewesen war, den andere Augenzeugen, abweichend voneinander, auch ganz anders erzählten, als er denselben selbst wahrgenommen hatte.

«Das ist uns anderen wohl auch schon ebenso gegangen, und es wird in früheren Tagen nicht anders gewesen sein.»

Mich wundert nur, daß Sir Walter eine besondere Erfahrung nötig gehabt hat, um die Entdeckung zu machen, daß verschiedene Menschen jeden Gegenstand verschieden auffassen. Schon das alte Sprichwort: Duo quum faciunt idem, welches doch gewiß ebenso wohl vom Anschauen und Erzählen, als vom Handeln gilt, hätte ihm ja die große Wahrheit lehren können, und das Lesen mehrer Geschichtschreiber, welche denselben Gegenstand darstellen, hätte dieselbe bestätigen mögen. Also, meine ich, hätte er sein Werk niemals anfangen, oder er hätte es auch fortsetzen sollen.

«Sir Walter wußte gewiß längst, was wir alle wissen; er war aber in dem alten Schlendrian fortgegangen. Jetzt nun, als er den Vorfall vor seiner Wohnung mit eigenen Augen angesehen und alsdann die verschiedenen, abweichenden, unwahren Erzählungen vernahm, jetzt trat ihm plötzlich der Gedanke, daß es keine Wahrheit in der Geschichte gebe, in die Seele, und sogleich faßte er in seinem Unmut den Entschluß, nicht ferner mitzuwirken zur Erhaltung und Verbreitung des Truges, nicht ferner seinen Zeitgenossen von der Welt der Vergangenheit ein falsches, ein lügenhaftes Bild vorzuhalten.»

Er muß aber doch, wie mir scheint, eine wunderliche Vorstellung von der Wahrheit der Geschichte gehabt haben. Denn es versteht sich ja von selbst, daß der Historiker von den Begebenheiten und Ereignissen früherer Zeiten nichts anderes wissen kann, als was uns überliefert worden ist.

Wenn er dieses redlich erforscht und ehrlich wiedergibt, so, denk' ich, ist er alles Truges frei.

«Aber der Trug bleibt. Er ist nicht Urheber der Lüge, aber der Verbreiter; nicht der Dieb, aber der Hehler. Die Lüge fällt nur auf euere sogenannte Quellen-Schriftsteller zurück.»

Wenn diese Schriftsteller ehrlich und redlich aufgezeichnet haben, was sie wahrnahmen oder was zu ihrer Kenntnis kam, so sind sie ebenso frei von Lug und Trug. Sie konnten nicht mehr geben, als sie hatten.

«Die Lüge bleibt immer; sie ist nur abermals zurück geworfen, und zurück geworfen auf die Sache selbst; und wir bekommen stets ein unwahres, ein verzerrtes, ein schiefes und falsches Bild von der früheren Welt. Und besser wäre doch wohl, sich gar nicht um die Vergangenheit zu bekümmern, als falsche, also unnütze und verwirrende Vorstellungen von derselben mit uns herum zu tragen. Dadurch werden wir nur verführt, auch die Welt, in welcher wir leben, falsch aufzufassen, und verkehrt in ihr und auf sie zu wirken.»

Das wäre, wenn es so wäre, gewiß sehr schlimm; aber es würde auch zu dem Lose der Menschen gehören, und wir würden genötigt sein, es zu tragen. Aber so ist es nicht. Die Abweichungen in den Erzählungen sind keineswegs sofort als falsche Angaben zu bezeichnen; sie entstehen vielmehr meistens daraus, daß der eine etwas anderes von dem Vorgange aufgefaßt hat, als der andere. Manches liegt auch in den Worten. Über den Ursprung und den Zusammenhang mögen Irrtümer vorkommen, weil weder jener noch dieser in die Augen fallen, sondern aus allgemeinen Notizen, aus Gerüchten, aus Vermutungen erschlossen werden müssen. Zuweilen täuschen auch die Sinne, nach der Stellung des Zeugen: dieser hält für schwarz, was dem anderen als blau vorkommt und was dem dritten als grün erscheint. Über die eigentliche Tatsache aber, über das, was zunächst unser Interesse erregen muß, und was für spätere Ereignisse von der größten Bedeutung ist, weil es dieselben erzeugt oder bedingt, pflegen die verschiedenen Zeugen nicht voneinander abzuweichen. Napoleons Bülletin mag etwas ganz anderes enthalten, als die österreichischen und russischen Berichte, und die Erzählungen der Offiziere und Soldaten in den verschiedenen Heeren mögen vom Bülletin und von den Berichten abweichen: über die Tatsachen, die entscheidend sind und, weil sie entscheidend sind, der Geschichte angehören, über die Tatsachen, daß am 2. Dezember 1805 eine Schlacht zwischen dem französisch-teutschen und dem russisch-österreichischen Heere bei Austerlitz stattgefunden, daß die Franzosen den Sieg gewonnen, daß die Russen sich nach Schlesien zurückgezogen, daß der Kaiser Franz hierauf im französischen Lager mit Napoleon eine Unterredung gehabt habe, daß hierauf zuerst ein Waffenstillstand und weiter ein Friede zu Preßburg abgeschlossen worden – über diese Tatsachen sind alle Nachrichten ebenso einig, als die Bedingungen des Friedens außer allem Zweifel stehen. Und so möchte ich gleichfalls glauben, daß selbst wegen des Ereignisses vor Raleighs Wohnung die übrigen Augenzeugen mit ihm selbst und untereinander in vielem übereingestimmt haben: Ort, Zeit, Parteien (falls es Parteien gab), Ausgang und Folgen sind ohne Zweifel von allen auf gleiche Weise angegeben. Nun will ich zwar keinesweges behaupten, daß die übrigen Erscheinungen, welche bei einem Ereignis, zum Beispiel bei der Schlacht von Austerlitz, vorkamen, ohne Bedeutung wären, und daß man deswegen die Verschiedenheit der Angaben über dieselben auf sich beruhen lassen könnte; aber einen festen Anhalt gewähren doch jene Tatsachen unleugbar. Sie sind die Knochen, das Gerippe des Körpers, in einem besonderen Falle der Begebenheit, überhaupt der Geschichte. Die verschiedenen Angaben über die übrigen Erscheinungen, unter welchen und in welchen jene feststehenden Tatsachen stattfanden, hat der Historiker zuerst kritisch auf ihren wahren Wert zurückzuführen; er hat sie untereinander und mit den Tatsachen zu vergleichen; er hat sie, nach seinen Kenntnissen von der Lage und der Natur der Länder, von der Stellung der Völker zueinander, von der früheren und späteren Geschichte, von dem inneren Zustande der Staaten, von den Charakteren und den Gesinnungen der handelnden Menschen, zu prüfen, und alsdann wird die Ungewißheit verschwinden, und dasjenige wird sich als die Wahrheit herausstellen, was er als geeignet zu Nerven, Fasern, Muskeln, Mark und Haut für jenes Gerippe erkennt, um dasselbe mit schaffendem Geist und künstlerischer Hand als einen lebendigen Leib hinzustellen.

«Das wird freilich eine große Operation sein; aber was der Historiker nach solcher Plage für Wahrheit hält, ist immer nur für ihn, ist nur subjektive Wahrheit; unbestreitbare, objektive Wahrheit ist es nicht.»

Fichte beantwortete die Frage des Pilatus: was ist Wahrheit? – einmal mit folgenden Worten: Wahrheit ist, was notwendig so gedacht werden muß, wie es gedacht ist; was schlechthin nicht anders gedacht werden kann.

«Nämlich von Fichte oder von mir. Also hat ein jeder seine eigene Wahrheit. Die mathematische Wahrheit aber ist für alle dieselbe.»

Fichte erläuterte seinen Satz mit mathematischen Beispielen. Zwei, zwei Male gesetzt, sei vier, weil es unmöglich sei, die Sache anders zu denken, sobald man nur wisse, was zwei und was vier. Er habe, sagte er, das Lachen nicht lassen können, als ihm zum ersten Male demonstriert worden sei, daß vier Einheiten, nicht mehr getrennt, sondern vereint gedacht, eben vier seien: denn das, habe er gemeint, verstehe sich ja von selbst und könne gar nicht anders gedacht werden. Und so würde alles, was nicht anders gedacht werden könne, notwendig allgemein als Wahrheit erkannt werden, sobald es nur allgemein verstanden würde.

«Da eben liegt es. Der Unterschied ist, daß die Mathematik jeden Menschen zwingen kann, anzuerkennen, daß alle rechte Winkel gleich sind; daß Sie hingegen in historischen Dingen mich niemals zwingen können, Ihrer Meinung zu sein.»

Nein, aber ich glaube doch, daß ich jeden von der Wahrheit zu überzeugen imstande sein würde, der nicht etwa entschlossen wäre, sich nicht überzeugen zu lassen. Und das scheint mir ein Vorzug. Der Mathematiker zwingt die Menschen, die Wahrheit seiner Sätze anzunehmen; er unterwirft die Geister einem gewissen Fatalismus, bei welchem keine Freiheit der Entschließung möglich ist. Der Historiker läßt die Geister frei; er wendet sich an den ganzen Menschen, an Verstand, Herz und Gemüt, und will nur die freie Überzeugung gewinnen.

«Man braucht wahrlich nicht den Widerspruch zu seinem Grundsatze gemacht zu haben, um den Gang der Dinge anders zu denken, als sie uns überliefert oder von irgend einem Historiker dargestellt worden sind oder dargestellt werden können. Und solange dieses der Fall ist, so lange wird es verstattet sein, die Geschichte des Irrtums zu zeihen, und ihre Überlieferungen als falsch anzusehen.»

Es leidet gar keinen Zweifel, daß auch der gelehrteste, redlichste, scharfsinnigste und geistreichste Historiker in Irrtümer verfallen kann, ja daß er in Irrtümer verfallen muß, weil auch er seinen Teil von dem allgemeinen Lose der Menschen zu tragen hat. Das ist aber auch kein Unglück. Lessing verbat sich ja die Wahrheit. Er hielt das Suchen nach Wahrheit dem Menschen für zuträglicher, als die Wahrheit selbst. Wenn, sagt er irgendwo, der liebe Gott vor mich hinträte und zu mir spräche, «in der rechten Hand halte ich die Wahrheit, in der linken den Irrtum; Lessing, wähle»: so würde ich antworten: Vater, die Wahrheit ist für Dich, laß mir den Irrtum. Und wenn nun auch ein Historiker in seinem redlichen Irrtume das Geschehene anders darstellt, als es geschehen ist: welcher Schaden ist zu fürchten? Das Geschehene wird dadurch nicht ungeschehen, daß ein Historiker es übergeht; es wird dadurch nicht verändert, weder in seinem Ursprunge, noch in seinem Wesen oder in seinen Folgen, daß ein Historiker es unrichtig ableitet, unrichtig verlaufen und unrichtig wirken läßt; sondern es behält in der Vergangenheit die Stelle, die es gehabt, nimmt den Raum ein, den es ausgefüllt, und kann den Einfluß auf die spätere Zeit nicht verlieren, den es einmal ausgeübt hat. Auch werden die Überlieferungen, welche ein Historiker unrichtig gedeutet und unrichtig benutzt hat, nicht zerstört, sondern sie liegen unverletzt für und für vor der Welt. Also kann ein anderer Historiker die Geschichte von neuem bearbeiten und die Irrtümer des ersten berichtigen; und sollte er selbst in neue Irrtümer verfallen, so mag ein dritter hinzutreten, beide zurechtweisen und die Wahrheit herstellen, die er erkannt zu haben glaubt. Auf solche Weise kommt Leben in das Studium der Geschichte, Leben in die Geschichtschreibung, und der Geist findet Gelegenheit, sich zu üben und zu versuchen, desto öfter, je zahlreicher und je abweichender die Überlieferungen und die Bearbeitungen sind. Überlieferungen hingegen, wie Sir Walter Raleigh sie gewollt zu haben scheint, nämlich eine vollkommene Übereinstimmung aller Zeugen nicht nur über die Haupt-Tatsachen, sondern auch über alle Umstände, über alle Erscheinungen, unter welchen die Tatsachen geschehen sind, würde den Tod in das Studium und in die Geschichtschreibung bringen, selbst wenn ihr Zeugnis ebenso vollständig als einstimmig wäre. Wir hätten alsdann an Einer Überlieferung vollkommen genug, und die seelenvollste Wissenschaft würde zu einem langweiligen Gedächtniskram hinabsinken, zu einer drückenden Masse von Namen, Zahlen und Notizen. Ein Gips-Abdruck, von einer Leiche genommen, hat gewiß die größte Ähnlichkeit mit dem Bau des Gesichtes des Hingeschiedenen; aber es ist eine seelenlose Larve, die uns nimmer das Bild des Mannes gewähren wird, wie er dagestanden hat voll von Leben und Kraft. Viel lieber will ich die Büste besitzen, welche der Künstler mit freiem Geist und freier Hand geschaffen hat, um den Charakter des Mannes, seinen Geist und seinen Willen, ja sein ganzes Leben und Sein hineinzulegen; und es verdrießt mich nicht, daß etwa das Wärzchen fehlt, das jene Larve getreulich aufgenommen hat. So will ich auch in der Geschichtschreibung nicht die nackte, tote, aber treue Wirklichkeit, sondern eine lebensvolle, farbenreiche Welt, welche die unzweifelhaften Tatsachen unverkürzt und unentstellt darbietet, aber mit poetischem Geist aufgefaßt und mit künstlerischer Hand ausgearbeitet.

«Sie machen also den Historiker zum Dichter.»

Da ich selbst noch nichts in der Geschichte geleistet habe, Ew. Exzellenz, so darf ich ja wohl meine Meinung aussprechen; denn ich rede nicht pro domo mea. Ich glaube wirklich, daß Geschichte nicht würdig geschrieben werden könne, ohne eine wahre ποιησις, und daß niemand ein Historiker sein könne, im schönsten Sinne des Wortes, dem die schöpferische oder dichterische Kraft fehlt. Denn er muß ja die Welt der Vergangenheit vor Augen haben, in welcher die Ereignisse stattfanden, die er darstellen will, und die er nur in der Anschauung dieser Welt darstellen und in ihrer ganzen und echten Bedeutung darstellen kann. Diese Welt aber wird ihm nicht zur Anschauung dargeboten, sondern er muß sie schaffen, um sie anschauen zu können.

«Wenn man auch dieses zugäbe, so würde doch ein großer Unterschied zwischen dem Dichter und dem Historiker bleiben. Der Dichter schafft seine Welt frei, nach seiner eigenen Idee, und darum kann er sie vollkommen und vollendet hinstellen; der Historiker ist gebunden; denn er muß seine Welt so aufbauen, daß die sämtlichen Bruchstücke hineinpassen, welche die Geschichte auf uns gebracht hat. Deswegen wird er niemals ein vollkommenes Werk liefern können, sondern immer wird die Mühe des Suchens, des Sammelns, des Flickens und Leimens sichtbar bleiben.»

Um so größer ist die Aufgabe des Historikers, um so schwieriger seine Arbeit, um so mehr verdient ein gelungenes geschichtliches Werk Dank, Ehre und Preis, ein weniger gelungenes Nachsicht und Schonung. Auch darf nicht übersehen werden, daß der Dichter nur seine eigene Idee, so tief und groß, als die Kraft seines Geistes sie zu fassen vermag, darzustellen sucht, der Historiker aber die Idee Gottes, wie sie sich im Leben der Menschen offenbart hat.

«Am Ende steht Ihnen der Historiker über dem Dichter.»

Ja nicht, Ew. Exzellenz. Ich kann mich überhaupt mit der Stufenleiter, auf welche man die Geister zu stellen pflegt, nicht recht vertragen, und möchte glauben, daß die Bahnen des Geistes nicht untereinander gebauet sind, sondern nebeneinander fortlaufen. Jedes Falles glaube ich, daß derjenige, der Tüchtiges in der Geschichte leistet, niemandem seine Stelle zu beneiden brauche.

«Wenn ich nun aber aus Ihren Bemerkungen über geschichtliche Forschung und Geschichtschreibung das Resultat ziehe, so scheint doch, mit Schillers Worten, der langen Rede kurzer Sinn zu sein, daß Faust recht habe:

Was man den Geist der Zeiten heißt,
Das ist im Grund der Herren eigner Geist,
In dem die Zeiten sich bespiegeln.»

Mit diesem klassischen Spruche bin ich vollkommen einverstanden. Wenn uns aber die Herren Geist geben, und wäre es auch der eigene, und wenn sie uns in diesem Geiste das Spiegelbild der Zeiten zeigen, so können wir, denke ich, einigermaßen zufrieden sein.

«Aber nun doch noch Eine Frage. Was wollen Sie denn zuletzt mit Ihrer Geschichte, mit allen diesen historischen Wahrheiten, Irrtümern, Dichtungen? Welches ist das endliche Ziel Ihrer Studien und Ihrer Bestrebungen?»

Das ist eine große Frage, Ew. Exzellenz, die eine weitläufige Antwort notwendig macht. In der Kürze wüßte ich sie in der Tat nicht besser zu beantworten als mit Fausts Worten:

– Was der ganzen Menschheit zugeteilt ist,
Will ich in meinem innern Selbst erkennen.

«Genießen, wollen Sie sagen.»

Ew. Exzellenz halten's zu Gnaden; ich möchte doch bei dem Erkennen bleiben, und mich mit dem Genusse begnügen, den etwa das Erkennen abwirft. Das Erkannte aber möchte ich alsdann durch Lehre und Schrift mitteilen. Übrigens darf ich wohl nicht hinzufügen, daß ich natürlich nur von meinem Wunsch und Willen gesprochen habe; das Vollbringen liegt nur zum kleinsten Teil in des Menschen Hand. Aber in magnis voluisse sat est.

«Ja, ja. Wir haben nunmehr Stoff zu vielen künftigen Unterhaltungen. Aber es ist schon weit am Tage; wir müssen's diesmal unterbrechen.»

Indem ich nun meine Entlassung zu nehmen gedachte, sagte ich ungefähr folgende Worte: Ich kann nicht aussprechen, mit welchen Gefühlen ich von Ew. Exzellenz scheide. Der gestrige Abend hatte mir die Brust mit der heitersten Freude angefüllt, und mit dieser Freude trat ich diesen Morgen bei Ihnen ein. Im Laufe des Gespräches aber ist ein Schatten in diese reine Heiterkeit gefallen, dem ich nicht auszuweichen vermocht habe, und der mich jetzt, da ich Ew. Exzellenz verlassen soll, etwas stark zu inkommodieren anfängt.

«Wieso, Lieber? Was ist denn das?»

Seit ich die Vokation nach Jena angenommen hatte, hat mich der Gedanke begleitet, daß mir nun auch das Glück beschieden sein möchte, nach welchem ich mich schon lange gesehnt hatte, das Glück, in die Nähe Ew. Exzellenz zu kommen, Sie zu sehen, Sie zu sprechen. Und doch vermochte ich die Erfüllung dieses Wunsches nicht ohne große Ängstlichkeit zu denken. Zu meiner Sehnsucht mischte sich, bei meiner Verehrung und Bewunderung des Fürsten der Dichter, ich möchte sagen, eine heilige Scheu. Ich fürchtete, daß ich, wenn mir einmal die Ehre zuteil werden möchte, Ew. Exzellenz vorgestellt zu werden, wie ein Berauschter vor Ihnen erscheinen möchte, unbehülflich, hölzern, verwirrt, tölpelhaft. Der gestrige Abend hat mich nun über alle Verlegenheit rasch und glücklich hinweggerissen; aber ich fürchte, er hat mich zu weit hinweggerissen; ich fürchte, daß ich heute gesprochen habe, wie ich nicht hätte sprechen sollen. Ich bin aber in die Rednerei hineingekommen, ich weiß selbst nicht wie. Ich habe wohl gefühlt, daß ich nicht hätte hineinkommen sollen; da ich aber einmal hineingekommen war, so vermochte ich mich nicht wieder hinauszufinden. Was ich Irriges gesagt haben mag, das werden Ew. Exzellenz gewiß nicht beachtet haben; aber ich bitte so untertänig als herzlich, mir auch zu Gnaden zu halten, was etwa Ungebührliches und Ungehöriges vorgekommen ist.

«Ei, lieber Herr Professor, seien Sie darüber ganz ruhig. Wir haben unter vier Augen gesprochen, im Ernst und im Scherz, und ich wüßte nicht, was wir, einer dem anderen, vorzuwerfen oder übel zu nehmen hätten. Unser Gespräch hat mich interessiert und unterhalten, sonst würde es wohl auch nicht so lange gedauert haben. Ich habe in Ihnen einen jungen Mann kennen gelernt, der klar sehen will, der sich nicht durch hohle Worte verwirren und nicht durch Blendwerke irre führen läßt. Sie streben eifrig nach Wahrheit, ohne der Poesie entfremdet zu sein; selbst ihre täuschenden Gebilde mögen Sie wohl leiden. Das ist löblich und gut. In Ihrem wissenschaftlichen Treiben sind Sie auch auf gutem, auf dem rechten Wege. Fahren Sie fort, in der Geschichte zu leben und kühn in die vergangenen Zeiten zu schauen, ungestört von den Wirrungen der Gegenwart. Forschen Sie mit Anstrengung aller Kräfte in den Jahrbüchern der Völker; teilen Sie ehrlich und redlich mit, ohne alle Nebenabsicht, was Sie durch Ihre Forschung als wahr erkannt zu haben glauben, in Wort und Schrift; in Ihrer Darstellung aber machen Sie sich frei von jedem Vorbilde, und geben Sie namentlich jede Hämmerung und Verrenkung auf, die an Johannes Müller, der selbst nur ein Nachahmer von Tacitus ist, erinnern könnte; überhaupt frönen Sie nicht der Geschmacklosigkeit der Zeit und verachten Sie die Weisheit, die in den sogenannten literärischen Blättern altklug verkündigt zu werden pflegt. Schreiben Sie vielmehr klar und einfach, ohne Scheu vor einem poetischen Anflug, und ziehen Sie eine bequeme Entwickelung der geschraubten Kürze vor, die man schlagend zu nennen und hoch zu bewundern pflegt. Sie werden späteren Geschlechtern gefallen, wenn Sie auch den Tadel Ihrer Zeitgenossen zu erdulden haben sollten. Jedes Falles hoffe ich von Ihrer Anstellung in Jena Gutes für Sie selbst und für die Universität. Und nun (mir die Hand reichend) leben Sie recht wohl. Auf baldiges Wiedersehen.»

Ich mochte mich zwölf bis sechzehn Schritte entfernt haben, als Goethe mir nachrief: «Herr Professor Luden.» – Rasch kehrte ich um, und fragte nach seinen Befehlen. «Ich habe Sie», sagte er, «gebeten, mich in Weimar zu besuchen; habe aber vergessen hinzuzusetzen: kehren Sie ja nicht in einem Wirtshause ein, sondern fahren Sie bei mir vor. Es soll immer ein Couvert für Sie bereit gehalten werden, und sooft Sie über Nacht in Weimar bleiben können und wollen, sollen Sie auch ein Bette finden. Und so noch einmal: leben Sie recht wohl.»

2265 H. Luden: Rückblicke in mein Leben *1847*

Am anderen Morgen um 6 Uhr saßen wir im Wagen und rollten bei dem schönsten Wetter dahin. Auf dieser Fahrt [nach Dornburg] nun fragte Hufeland mich, wie ich denn gestern mit Goethe ausgekommen sei? Er habe die Exzellenz gestern abend noch gesehen und von ihr erfahren, daß ich gar lange bei derselben gewesen sei. Goethe habe gesagt, er habe ein wahres Examen mit mir angestellt, und dieses sei in eine Diskussion, ja in eine Disputation übergegangen; wir hätten uns so in dem Gespräche verwickelt, daß das Netz zwei Male gewaltsam hätte durchbrochen werden müssen. Auf meine Frage, ob denn Goethe nicht die Gegenstände unsers Gespräches genannt und kein Urteil über meine Ansichten und Weisen hinzugefügt habe, erhielt ich eine verneinende Antwort. Es sei dazu auch keine Zeit und keine Gelegenheit gewesen. Goethe habe nur gesagt, ich sei nicht übel bestanden; er hoffe Gutes von meiner Anstellung für die Universität, und glaube, daß es mir gelingen werde, das Studium der Geschichte empor zu bringen. Hierauf erzählte ich Hufelanden den Inhalt, den Gang und das Ende meiner Gespräche mit Goethe.

2266 Sophie Meyer an Goethe *25. August 1826*

Ew. Exzellenz
freundliche Zuschriften an meinen Mann [Nicolaus Meyer] haben auch mir jedesmal die herzlichste Freude erweckt, und mir die schönen Tage [Mitte August 1806] zurückgerufen, in denen ich, noch ein unbefangenes Kind, als junge Frau zuerst von Ihnen so freundlich aufgenommen wurde. Jetzt, Mutter einiger schon erwachsenen Söhne, bin ich stolz darauf, daß auch Sie sich jener Zeit noch erinnern, und der freundliche Beweis, den Sie mir in dem lieben Geschenke, welches der Sendung an Meyer für mich beigefügt war, gegeben, hat mir jene frohen Tage doppelt lebhaft zurück-

gerufen, welche damals auf mein jugendliches Gemüt einen unauslöschlichen Eindruck machten.

Noch immer hoffe ich, daß das damalige «*Bübchen*» einmal noch so glücklich sein werde, Ihnen, als Mutter, den stattlichen Sohn zuzuführen, der Ihren Namen trägt.

2267 Johanna Frommann an ihren Mann *20. August 1806*

8 ½ Uhr abends.

[Jena.] Vor einer halben Stunde ging Goethe fort. Wie freut' ich mich, als er bald nach 5 in die Tür trat, da ich ihn fast drei Tage [wegen eines Unwohlseins] nicht sehen konnte. Wie freundlich und gut war er: ich mochte mich gar an kein Kranksein erinnern. Erst sprachen wir von Deiner Reise, seiner Mutter, ich las ihm vor, was sie gesagt hatte; das gefiel ihm sehr, und er wünschte besonders, die Gentzianer möchten es beherzigen. Darauf erblickte er auf einmal den Oehlenschläger [ein von Johanna Frommann verfertigtes Miniaturbild] an der Wand, erkannt' ihn gleich und lobte mich. Dann mußte Mine [Herzlieb] ihre Werke vorzeigen, endlich fing er selbst an zu zeichnen und machte einen hübschen Entwurf, will es fertig machen, wenn er wieder kommt. Endlich wollt' er vom Frankfurter Theater hören, und da Du das sehr kurz abgespeist hattest, entschuldigte ich Dich, Du hättest so viel von Deinem Freunde Ebel zu schreiben gehabt. – Nun, was der denn mache? es müsse eine «hübsche Natur» sein. Goethe kennt seine Schweizerreise, und muß auch Briefe von ihm gelesen haben, die ihm gefallen. Endlich schloß er: eins wär' ihm doch nichts nutz, er siegle mit einem Tyrannenkopf, und da ihm diese doch zuwider wären, müsse er auch den Kopf nicht haben. Goethe fand den Kopf sehr schön und hielt ihn für einen Diokletian. Er scheint Ebel sehr zu schätzen.

2268 Johanna Frommann an ihren Mann *29. August 1806*

Hier unterbrach mich [gestern] eine Botschaft von Goethe, daß er kommen wolle. Eine Stunde vor ihm kam schon die Schmid, dann Goethe und Riemer, dann von selbst Hegel. Goethe war sehr munter; es war sein Geburtstag. Er mag aber deswegen nichts gemacht haben. Erst schickte er uns ein groß Stück Brezel mit Blumen besteckt. Als er gegen 8 gehen wollte, frug ich ihn, ob's ihm nicht gefällig wäre, noch ein Stündchen zu bleiben, und er nahm gleich an. Bei Tisch aß er wenig und trank zwei Gläser alten Malaga, der mir zur Stärkung ordiniert ist, und das schien ihm gut zu tun. Es kamen sehr hübsche Sachen zum Vorschein und wurde herzlich gelacht. Unter andern sagte er, seine Mutter könne er über Fräulein v. Günderode nicht fragen, denn da kriegte er gleich die Antwort, sie müsse toll geworden sein. Mit Hegel sprach er sehr interessant im Halbdunkel über Steffens' Schrift; ich saß und horchte, verstand aber wenig. Mit den Kindern war er äußerst freundlich. Die führten vor Tisch Krieg mit bleiernen Soldaten und prahlten nun gegen ihn an auf Du und Du. Seine angefangne Zeichnung hatten wir ihm irgendwo aufgestellt, aber er machte sich nicht dran.

2269 Riemer *31. August 1806*

[Goethe:] «Das Beste in den Briefen des Bonifacius sind die Stellen aus der Bibel, weil es ewig nur *Mosaik* ist, was die Leute machen, aber in *dem* Sinne gut.

Wir haben ja auch unsere Koteriesprache, zum Beispiel August.» (Man kann von den Humanisten, welche römisch schreiben, dasselbe sagen. R.)

2270 Riemer *31. August 1806*

[Goethe:] «Wie der Polyp das Ködertier frißt und, weil er durchsichtig ist, man dieses sieht, so sind die neuern idealistischen Menschen auch so durchsichtig, daß man den Dreck in den Magen hinuntergehen und wieder abgehen sieht, wie bei einer Ente. Aber Gott hat uns nicht durchsichtig haben wollen. Die arme Tian ist auch so durchsichtig.»

2271 Riemer *November (31. August/1. September) 1806*

Horaz. [Goethe und Riemer:] «Sein poetisches Talent anerkannt nur in Absicht auf technische und Sprachvollkommenheit, das heißt Nachbildung der griechischen Metra und der poetischen Sprache, nebst einer furchtbaren Realität, ohne alle eigentliche Poesie, besonders in den Oden.»

2272 *Riemer* *31. August (1. September) 1806*

[Goethe:] «Die beiden ersten Akte von *Minna von Barnhelm* sind schön und gut, sie haben Handlung und Fortschritt, im dritten stockt's. Man weiß nicht, woran es sich akkrochiert. Da erscheint ein retardierender Auftritt zwischen dem Wachtmeister und Franziska. Man sieht, Lessing hat Lust an den Charakteren selbst gewonnen und spielt nun mit denen, malt sie zu einzelnen Szenen aus, die als solche recht schön sind. Sensation des Stücks bei seiner ersten Erscheinung. Im *Tellheim* die Ansicht seiner Zeit und Welt im Punkt der Ehre; in *Minna* Lessings Verstand.»

2273 *H. Düntzer: Charlotte von Stein* *1874*

Als sie [Charlotte] am Abend [des 6. September 1806] in der Dämmerung unter den Orangen saß, sah sie zu ihrer Verwunderung Goethe und Meyer auf sich zukommen; sie waren auf dem Schießhaus gewesen, wo sie sehr guten Kaffee getrunken hatten. Sie kann, als sie dies Fritz mitteilt, die Bemerkung nicht unterlassen, Goethe habe sich jetzt zum Kaffee bekehrt, obgleich er von seinem Sohne sich habe versprechen lassen, nie Kaffee zu trinken und nie Verse zu machen. Dieser war durch die Angelegenheiten des Theaters und die drohenden politischen Verhältnisse früher, als er gedacht, nach Weimar zurückgezogen worden.

2274 *Prinzessin Caroline*
an Charlotte v. Schiller *11. September 1806*

Goethe ist hier, das wissen Sie, aber das wissen Sie wohl nicht, Schlüsseldame, daß er 32 Zeichnungen auf seiner Reise gemacht hat, die hübschesten und geistreichsten, und mir sie geschenkt hat. Liebe Loloa, können Sie sich mein Glück recht lebhaft denken? und meinen Stolz, wenn ich Übermut in der Seele hätte.

2275 *Riemer an Frommann* *20. September 1806*

Goethe ist wohl und grüßt schönstens. Wir arbeiten fleißig an den Farben. Wenn wir Manuskript bringen oder schikken, so ist's diesmal viel, woran Sie ein Weilchen zehren können. Gelegentlich schicken Sie uns wohl den 4. Aushängebogen vom 2. Teil.

2276 *F. A. L. von der Marwitz: Memoiren* *1835*

In diesen letzten drei Tagen hatten wir [in Jena] viel mit der Verpflegung zu schaffen. Wir standen mit dem größten Teil auf Weimarschem Territorio. Der Herzog hatte daher seinen Minister, Seine Exzellenz von Goethe, als Verpflegungskommissarius in unser Hauptquartier geschickt. Hier habe ich diesen berühmten Dichter täglich zu Mittag beim Fürsten [Hohenlohe] gesehen. Er war beflissen, vom Gelehrten und Dichter nichts, sondern allein den Minister sehen zu lassen. Er erschien nicht anders als im Hofkleide und größten Staat. Gepudert und mit einem Haarbeutel, gesticktes Hofkleid und Weste, schwarze, seidene Beinkleider, weiße, seidene Strümpfe, Galanteriedegen und ein kleines seidenes Dreieck statt eines Hutes unter dem Arm. Er war ein großer, schöner Mann und verstand die Würde seines Ranges, wenngleich nicht den natürlichen freien Anstand eines vornehmen Mannes, sich anzueignen.

Den ersten Tag [2. Oktober 1806] trug der Fürst mir und meinem Kameraden Blumenstein auf, uns neben Goethe zu setzen und ihn zu unterhalten. Der Prinz Louis und der General Grawert saßen nämlich neben dem Fürsten, und Seine Exzellenz von Goethe sollte ihm gegenüber sitzen. – Nun kam unerwartet noch der General Holtzendorff, mein ehemaliger Kommandeur bei den Gendarmen und Goethes Freund von Schlesien im Jahre 1790 her. Dieser war damals als Sekretär mit dem Herzog, der die Gendarmen in seiner Brigade hatte, mit zu Felde gewesen, und wenngleich Holtzendorff vielleicht in seinem Leben kein Gedicht gelesen hatte, so mußte doch wohl sein gerader Verstand und tüchtiger Sinn den ähnlichen Eigenschaften des andern entsprochen haben. Jetzt war Holtzendorff Generalleutnant und kommandierte unsere Reserve. Er setzte sich natürlich auch dem Fürsten gegenüber, und so war nur eine Seite des großen Ministers frei, welche der dienstfertige Franzose Blumenstein alsbald einnahm.

Ich gab acht, was die Konversation für eine Wendung nehmen würde, bemerkte aber nur während der Suppe einige Fragen mit sehr verbindlichen Mienen von seiten des Franzosen und kalte Antworten von seiten Seiner Exzellenz, nachher altum silentium während der ganzen Tafel. Wie selbige beendigt war, sagte ich zu Blumenstein:

«Ihre Unterhaltung ging ja nichts weniger als brillant, wo hatten Sie denn Ihre sonstige Amabilität gelassen?»

«Der verfluchten Kerlen hatten ja wie ein'n Pechflastern auf sein Maulen, wollte nicht antworten, schwiegen ick auck stillen.»

«Wovon sprachen Sie denn?»

«Wovon kann man denn spreken mit ein Poete als von sein' Werken?»

«Das war fehlgeschossen! Sie mußten von Verwaltungsgegenständen des Herzogtums reden!»

«Aha! Iß die Kanaille so hokmütig? Nach mein' Meinungen issen ein großen Poete ganz andere Kerlen als klein miserable Minister.»

«Von welchem seiner Werke redeten Sie denn?»

«War eine verfluchten Streichen, deutsche Literaturen mir nicht so geläufig. Wollte Sie vor Tischen noch fragen, was der Kerlen eigentlich hat geschrieben, vergaßen aber und nun sitzen ick da, kann mir partout nix erinnern von sein'n Werken. Zum größten Glücken fällt mir noch ‚*Die Braut von Messina*' ein!»

«Das war noch besser. Das ist ja von Schiller!»

«Hols der Teif! Das ist perfide. Schadet aber gar nixen. Der Kerlen taugt doch nixen. Iß eine große Poete und will kleine Minister spielen! Ha! Ha! Ha! Ha!»

2277 Knebel an seine Schwester Henriette *15. Mai 1807*

Hegel und Seebeck, meine Freunde, von denen Goethe [am 3. Oktober 1806?] selbst sagte, sie machten mit Schelver, der auch schon fort ist, allein eine Akademie aus – diese reisen auch noch in diesem Jahre ab.

2278 H. Meyer

Ahndung.

Einige Zeit vor dem 14. Oktober ging er [Goethe] in Jena den Graben hinauf, bedenkend die Anstalten, die Gefahren, die möglichen Folgen, blickte über die Häuser der Stadt, und ihn dünkte, es flimmerte und regte sich über den Dächern wie etwa, wenn eine Kohl[en]pfanne im Freien steht und man über derselben die Luft sich bewegen sieht. Dieses Phänomen erschien ihm zu derselben Stunde mehrere Male, indem er wiederholt seinen Blick auf die Häuser richtete, und er hatte kein Hehl, daß dieses Ereignis Ursache war, von Jena nach Weimar zu gehen, wo seine Gegenwart auch ohne allen Zweifel Ursache war, daß sein Haus von Plünderung verschont geblieben; sonst gedachte er in Jena noch länger zu verweilen und seinen *Elpenor* für den Druck zu korrigieren.

2279 Johanna Frommann: Die Schlacht bei Jena

Goethe war in Jena. Wenn er abends zu uns kam, ließen wir es uns um ihn herum so ruhig und gemütlich als möglich sein. Den ganzen Tag und an der Tafel des Fürsten (Hohenlohe) hatte er nichts als Politik gehört – gern kam er auf andere Gegenstände – die aufgeregten Seelenkräfte wurden bei allen dadurch besänftigt. An einem Abend, der mir unvergeßlich sein wird, fingen wir mit Zeichnen und komischen Geschichten, bei Mainz, wo er mit dem Herzoge im Felde war, an, dann ging es auf andre Gegenstände über – wir endigten beim wahrscheinlichen Laufe der Ceres. Wolf war auch da, wie Blitze erleuchteten die Gedanken dieser beiden Männer ihren Kreis. Wenn Goethe kam, fand er in seiner Nähe seine angefangene Zeichnung und alles Nötige, denn er zeichnete in der Zeit gern beim Reden. Es war schon in den Tagen eine Stärkung auf die folgenden. Als er acht Tage vor der Schlacht [am 6. Oktober 1806] vorbei, zu Hause, fuhr, sah er mich und Minchen am Fenster stehen, er hielt und schickte noch herauf, uns ein Lebewohl sagen zu lassen; uns war, als entflöhe unser Schutzgeist – er *blieb* uns doch. Wer in seiner Nähe gelebt hat, wer ihn verstanden hat, wird sich des wohltätigen Eindrucks ewig erfreuen können. Ich vergesse nie das ahnende Gefühl eines nahenden Schicksals, das mich an einem dieser schönen Abende überschauerte – Entschlossenheit folgte. An seinem Platze zu bleiben, das mögliche Rechte zu tun, schien uns jetzt die Losung.

2280 G. Reinbeck: Reise-Plaudereien *1837*

Bei dem Dichterfürsten Goethe glaubte ich keiner fremden Empfehlung zu bedürfen, denn er hatte mehrere meiner Dramen auf die Bühne zu bringen gewürdigt, und hatte mir öfter durch Reisende nach Petersburg freundliche mich ehrende Grüße gesendet. Ich ging in sein Haus, traf ihn aber nicht an. Doch sandte er noch am nämlichen Tage zu mir und ließ mir anzeigen, daß er im Begriff sei, nach Jena zu gehen, und mich dort zu sehen hoffe. Dies lag aber nicht in meinem Plan, und ich beschloß, seine Rückkunft abzuwarten ...

Goethe kam nach acht Tagen zurück, und ich ging [nach dem 6. Oktober 1806?] zu ihm. Freundlich begrüßte mich das vor der Zimmerschwelle eingelegte Salve, und ich fand es in meinem Empfange bestätigt. Der Dichterfürst nahm mich wie einen Bekannten auf, erkundigte sich nach meinen Zwecken, meinen Arbeiten, und erzählte mir von der nicht ungünstigen Aufnahme meiner Dramen und von seiner Absicht bei der Aufführung meiner nach Monsieur de Pourceaugnac des Molière bearbeiteten Posse: *Herr von Hopfenkeim*. Er klagte darüber, daß das deutsche Publikum zu prüde sei und nicht recht Spaß verstehe, wodurch der Bühne ein Gebiet verschlossen werde, das wenigstens dem Genuß größere Mannigfaltigkeit geben könnte, und recht behandelt könne das Grotesk-Komische gerade ein Vehikel sein, so manches zur Sprache zu bringen, was in zarterer Behandlung einen zu ernsten Charakter gewinne ... Der Komiker Becker war damals Regisseur der Weimarischen Bühne, und

Goethe wies mich an diesen in Theaterangelegenheiten; in Kunstangelegenheiten an seinen Freund Meyer, den Direktor der Kunstschule, der mir sehr gefällig seine Sammlung von Studien vorlegte; in Bibliotheksangelegenheiten an Vulpius, der mir nicht uninteressant war ... So war ein Stündchen verflogen, und ich freute mich der persönlichen Bekanntschaft und freundlichen Aufnahme des Mannes, der jetzt, nachdem Schiller nicht mehr neben ihm hienieden wandelte, im deutschen Bardenhain die bedeutendste Stelle allein behauptete ... Diesen noch in voller Lebensfülle vor mir gesehen zu haben, ist wahrlich eine der schönsten Erinnerungen aus meinem Leben, und welche herrliche Erscheinung lag schon in dem hohen Geistesblick des Auges, in dem stattlichen Äußern, das noch damals die Spuren hoher plastischer Schönheit zeigte.

2281 Falk: Aus dem Nachlaß

Einige Zeit vor dem unglücklichen 14. Oktober, als alle andern begeistert waren und an nichts als an Kriegslieder dachten, sagte Wieland eines Abends bei der Herzogin Amalie: «Warum schweigt nur unser Freund Goethe so still?» – da sagte Goethe: «Ich habe auch ein Kriegslied gemacht!» – Man bat ihn schön, es zu lesen. Da hub er an und las sein Lied: «Ich habe meine Sach' auf nichts gestellt!» – Was ihm Wieland noch zwei Jahre nachher übel nahm.

2282 A. Oehlenschläger: Selbstbiographie 1829

Besser wäre es doch gewesen, nach Wien gegangen zu sein. Bröndsted aber und Koës, die fleißige Zeitungsleser waren, versicherten, es habe keine Not; und so ließ ich mir es gern gefallen, um mich von den lieben Landsleuten nicht zu trennen, und um Goethe noch einmal zu sehen.

Als wir [am 8. Oktober 1806] nach Weimar kamen, trafen wir ihn im Schauspiele. «Nun seid Ihr», sagte er, «wo Ihr billig nicht sein solltet; weil Ihr aber hier seid, so seid willkommen!» Diesen Abend und den folgenden Mittag brachte ich bei ihm in alter Behaglichkeit des Friedens zu. Weiter zu reisen, fanden wir nicht ratsam; wir entschlossen uns, da zu bleiben, um den Ausgang der Sache zu erwarten; und diesen Ausgang bekamen wir denn in der Nähe zu sehen.

2283 *Charlotte v. Stein an ihren Sohn Fritz* *12. Oktober 1806*

Mein Kopf ist mir heute recht schwer von allem Lärm, Furcht und Hoffnung; die meisten um mich herum sind aber noch ängstlicher als ich. Goethe sagte, die Franzosen hätten ja schon längst die Welt überwunden, es brauchte kein Bonaparte. Die Sprache, Kolonien von Refugiés, Emigrierte, Kammerdiener, Köche, Kaufleute etc., alles dies hinge an ihrer Nation, und wir wären verkauft und verraten.

2284 *Johanna Schopenhauer*
an ihren Sohn Arthur *19. Oktober 1806*

Den 12. besuchte mich erst Bertuch, der mich sehr beruhigte; man glaubte bestimmt, die Franzosen zögen nach Leipzig, alles könne gut werden, wir wären nicht in Gefahr. Kurz drauf meldete man mir einen Unbekannten; ich trat ins Vorzimmer und sah einen hübschen, ernsthaften Mann in schwarzem Kleide, der sich tief mit vielem Anstande bückte und mir sagte: «Erlauben Sie mir, Ihnen den Geheime Rat Goethe vorzustellen.» Ich sah im Zimmer umher, wo der Goethe wäre, denn nach der steifen Beschreibung, die man mir von ihm gemacht hatte, konnte ich in diesem Manne ihn nicht erkennen; meine Freude und meine Bestürzung waren gleich groß, und ich glaube, ich habe mich deshalb besser genommen, als wenn ich mich drauf vorbereitet hätte. Wie ich mich wieder besann, waren meine beiden Hände in den seinigen und wir auf dem Wege nach meinem Wohnzimmer. Er sagte mir, er hätte schon gestern kommen wollen, beruhigte mich über die Zukunft und versprach wieder zu kommen.

2285 *J. H. C. Koës: Tagebuch* *13. Oktober 1806*

Spaziergang mit Goethe und dem Major Hendrich neben dem großen Lager. Der König steht jetzt hier mit 95 000 Mann; die Großfürstin ist fort nach Altstädt, gestern schlugen die Sachsen bei Jena ein Lager auf. So weit wir über die Berge umher sehen konnten, standen Zelte; die Soldaten kochend Kohl und Kartoffeln, andere Holz umhauend aus den Alleen, andere Ochsen oder Kühe schlachtend, die nachher stückweise auf Pfählen ins Lager getragen wurden. Marketenderinnen mit Branntwein und Kaffee, Feldwachen, Hauptwache, Kavallerieregimenter defilierten vorbei, ringsherum stieg Rauch aus dem Lager herauf. Es war ein schöner Herbsttag. Goethe ist ein ansehnlicher Mann, herrliche Augen; doch schien sein Gemüt niedergedrückt durch die kritischen Umstände. Gestern zerschlugen ihm die Soldaten die Fenster und Möbel in seinem Gartenhause. Heute, heißt es, seien bei dem Bäcker die Laden eingeschlagen, weil nicht Brot genug da war. An Butter fehlte es schon gestern, auch heute morgen.

2286 Riemer: Mitteilungen über Goethe *1841*

Dienstag, den 14. Oktober 1806 des Morgens um 7 Uhr hörte man in Weimar ganz deutlich die Kanonade der Schlacht bei Jena. In Goethes Hausgarten vernahmen wir diesen Donner pelotonweise, weil die Morgenluft den Schall in gerader Richtung dahinbrachte, der, wie der Tag zunahm, sich verminderte und endlich ganz aufzuhören schien. Wir setzten uns daher ohne weitere Beunruhigung zu Tische, wie gewöhnlich um 3 Uhr etwa, aber wir hatten kaum angefangen von den Speisen zu genießen, als wir Kanonenschüsse erst einzeln, darnach mehrere hintereinander ganz in der Nähe vernahmen. Wir standen sogleich auf, der Tisch wurde schleunigst abgeräumt; Goethe entfernte sich durch die vordern Zimmer, ich eilte von der andern Seite durch den Hof in den Hausgarten und fand ihn bereits darin auf- und abgehend. Währenddessen pfiffen Kanonenkugeln über das Haus hin. Es war von der Altenburg her, und eine der Kugeln hatte in das alte Theater eingeschlagen.

Ich eilte durch den Hof ins Haus zurück, mich in den untern Räumen aufzuhalten. Währenddessen ging die preußische Retirade hinter dem Garten dicht an der Ackerwand weg, in der gräßlichsten Verwirrung.

Ich sah sie nicht, sondern hörte nur das Geschrei und bemerkte die Spitzen der Gewehre und sonstigen Waffen über der Gartenmauer hinschwankend.

Unter Angst und Erwartung der Dinge, die da kommen sollten, unter Hin- und Wiederrennen der Hausleute und Wegschaffen von zurückgelassenen Effekten der bisherigen preußischen Einquartierung, war vielleicht eine Stunde vergangen, als eine furchtbare Stille die Straßen und den Platz vor Goethes Hause erfüllte.

Da kamen einzelne französische Husaren ans nahe Frauentor gesprengt, spähend ob Feinde in der Stadt wären. Einer wagte sich etwas weiter herein; wir eilten, Goethes Sohn und ich, mit Bouteillen Weins und Biers auf sie zu und reichten ihnen diese Erfrischungen, die sie aber nicht eher annahmen, als bis wir ihnen versicherten, daß keine Preußen mehr in der Stadt wären. Hierauf ritt jener erste und einige mit ihm weiter in die Stadt herein, bis etwa an die Wohnung des Kaufmann Martini, von wo aus man die ganze Straße, die nach dem Markt führt, absehen kann, und als er alles leer sah, galoppierte er und mehrere ihm nach in die Stadt hinein.

Zu gleicher Zeit oder bald darauf bemerkte ich, daß Goethe zu Fuße an der Seite eines Husarenoffiziers nach dem Markte zu, also vermutlich auf das Schloß ging. Erst lange nachher erfuhr ich, dieser Offizier, der mir als ein Bekannter Goethes bezeichnet wurde, habe sich sehr geheimnisvoll nach ihm erkundigt; es war ein Baron von Türckheim, Sohn der unter dem Namen Lili als Goethes frühere Geliebte berühmt gewordenen Frau v. Türckheim geb. Schönemann.

Goethe ließ uns vom Schloß ins Haus sagen, wir würden zur Einquartierung den Marschall Ney bekommen und außerdem noch einige Kavalleristen, sollten aber sonst niemand hereinlassen.

Es lagerten sich auch bald sechzehn derselben, meist Elsasser, in das Bedientenzimmer, waren aber so ermüdet von dem sechzehnstündigen Ritt aus Franken bis nach Jena zur Schlacht, wie sie sagten, daß sie nach nichts als Streu verlangten und das angebotene Essen und Trinken beinahe ablehnten, und sich rasch nur an einigen Bouteillen Weins und Biers erquickten.

Mittlerweile war Feuer in der Stadt ausgekommen; es brannten mehrere Häuser in der Nähe des Schlosses, höchstwahrscheinlich, ja gewiß durch die Franzosen selbst angezündet, welche dadurch Signale ihres Einzugs in Weimar gaben, und daher auch zur Löschung selbst wieder beitrugen.

Währenddessen herrschte die größte Verwirrung in der Stadt durch das Hereinströmen immer neuer zahlreicher Truppen, die auf den Plätzen der Stadt bivouakierten, Läden und Keller erbrachen, in die Häuser drangen, um zu plündern und Mißhandlungen zu verüben.

Goethe war indes zurückgekommen, allein der Marschall erschien immer noch nicht, ohngeachtet die Tafel für ihn und seine Begleiter schon lange bereit war. Die Elsasser schliefen indessen fest. Das Haus war verriegelt. Ich hielt mich auf der Hausflur hin- und wiedergehend auf, um gleich zur Hand zu sein, wenn der Marschall komme, indessen aber andres Volk, das sich eindrängen wolle, abzuhalten, und im Notfall die Hülfe der schlafenden Reiter anzurufen.

Während ich so allein auf der Diele des Hauses auf- und abgehend verweilte, ohne Licht und nur von den hochaufleuchtenden Flammen der in der Ferne brennenden Häuser die nötige Hellung empfangend, waren in einem der Zimmer des Hinterhauses eine Menge Personen aus der Stadt zusammengedrängt, die geflüchtet vor der Wut und den Mißhandlungen der Plünderer hier Schutz und Verborgenheit zu finden hofften. Einige derselben waren der Wirtin in Bereitung der Speisen und der Heraufschaffung des nötigen Kellervorrates für den erwarteten Marschall und sein Gefolge behülflich; andere jammerten über das wie ein Blitz hereingebrochene noch nie erfahrene Unglück und Elend, und vermehrten so die Bestürzung und Unruhe der Hausgenossen, die den Kopf zusammenzunehmen hatten, um das Nötigste und Geeignetste in dieser Bedrängnis nicht zu verfehlen.

Es war schon tief in der Nacht, der Lärm auf den Straßen dauerte immer fort; ich hatte bisher meinen Posten unangefochten behauptet, als plötzlich fürchterliche Kolbenstöße an die Haustür donnerten und, auf mein endliches Wer da! Rufen, Einlaß verlangt wurde. Ich schlug ihn ab, mit der Bedeutung, das Quartier sei schon für den Marschall in Beschlag genommen, dessen Ankunft man jeden Augenblick entgegensehe, und außerdem mit 16 Reitern belegt. Mein Einwenden wollte nichts verfangen; ich weckte daher einen der Reiter, einen Elsasser, ebenden, der gleich bei seinem Eintritt ins Haus so viel Gutmütigkeit hatte blicken lassen, daß ich mit Vertrauen, er werde über diese Störung im Schlafe nicht unwillig werden, ihn bat, seine Kriegskameraden zu bedeuten, daß hier für sie keine Aufnahme zu verlangen noch zu hoffen sei. Er stand auch auf, ohne ungehalten zu sein, öffnete das Fenster, schalt sie aus und verwies sie wieder an ihr Bivouak zurück, wo sie eben herkommen mochten, um sich eine bessere Lagerstatt auszumitteln. Es half auch für den Augenblick. Schimpfend und brummend gingen sie fort, und ich glaubte mich und das Haus schon geborgen. Es dauerte aber nicht lange, so pochte es wieder an die Tür, diesmal höflicher, und verlangte mit sanfter Bitte Einlaß. Es waren die Vorigen. Sie wollten sich nur unter Dach befinden und etwas ausruhen, und was sie sonst noch Mitleiderweckendes vorbringen mochten. Ich wies sie dennoch ab, zwar mit Bedauern, aber doch mit der geschärften Bemerkung, der Marschall sei bereits da, und es fände sich nirgends Platz für sie mehr. Nun wurden sie heftiger, drohten die Tür einzuschlagen; und da sie vollends die niedrigen Fenster nebenan gewahrten und durch diese bemerken konnten, daß ich mich in einem beinahe zimmerähnlichen Raum befände, so machten sie Anstalten, das Fenster einzuschlagen und sich mit Gewalt in das verweigerte Asyl zu setzen. Nun hielt ich es nicht für geraten, den Widerstand weiter zu treiben; ich schob daher den Riegel zurück und ließ sie ein. Es waren zwei kleine Kerls, von der damals spottweis so genannten Löffelgarde, eigentlich Tirailleurs in voller Bewaffnung. Als sie eintraten, wiederholte ich nochmals meine Vorstellung, und öffnete zum Beweis die Türe des Zimmers, wo die Reiter schliefen. Sie überzeugten sich durch Einblick und schienen gelassener, indem sie nichts weiter verlangten, als hier im Schauer zu verweilen und einiges zu genießen. Ich holte Licht aus der nahen Küche und einiges Getränk und Speise, und setzte es auf einem bereitstehenden Tisch ihnen vor. Schemmel waren auch zur Hand, und so nahmen sie bald Besitz von dem allen und sprachen der Flasche weidlich zu. Der Wein schien ihnen zu munden, sie wurden heiter und gesprächig, fragten nach diesem und jenem, auch nach dem Hausherrn. Ich entschuldigte seine Abwesenheit, und mochte ihnen scheinen die Wahrheit zu verhehlen. Sie wurden immer dringender ihn zu sehen; ich mußte befürchten, sie möchten sich selber den Weg zu seinem Zimmer suchen, und es ihm dann empfindlicher entgelten lassen. Ich eilte also zu Goethe hinauf, erzählte mit kurzen Worten den Hergang, und wie ich mir nicht weiter zu helfen wüßte und ihn bäte herunterzukommen, sich den Leuten zu zeigen und sie mit mehr Gewicht abzuweisen als ich haben könne.

Er tat es auch, ohne betroffen zu sein oder zu scheinen. In Erinnerung ähnlicher Auftritte der deutschen Krieger in der Champagne mochte er wohl denken, daß jetzt die Reihe an die Deutschen komme, und wie er sich in alles zu finden und zu fügen wußte, so auch in dieses. Obgleich schon ausgekleidet und nur im weiten Nachtrock – der sonst scherzhaft Prophetenmantel von ihm genannt wurde – schritt er die Treppe herab auf sie zu, fragte, was sie von ihm wollten, und ob sie nicht alles erhalten, was sie billigerweise verlangen könnten, da das Haus bereits Einquartierung habe und noch einen Marschall mit Begleitung erwarte. Seine würdige, Ehrfurcht gebietende Gestalt, seine geistvolle Miene schien auch ihnen Respekt einzuflößen, sie waren auf einmal wieder die höflichen Franzosen, schenkten ein Glas ein und ersuchten ihn, mit ihnen anzustoßen. Es geschah auf eine Weise, die jeder Unbefangene den Umständen gemäß und seiner nicht unwürdig erkannt haben würde. Nach einigen gewechselten Reden entfernte er sich wieder; sie schienen zufrieden und beruhigt, und sprachen den Flaschen von neuem zu; bald aber schienen sie schläfrig sich nach einer Ruhestatt umzusehen, und da ihnen die bloßen Dielen nicht genügen mochten, verfolgten sie die nahe Treppe, auf der sie den Hausherrn hatten kommen und gehen sehen. Ich eilte ihnen nach, sie nahten dem Zimmer, worin die Betten für die Begleitung des Marschalls standen, und drangen hinein. Widerrede half nichts, Widerstand war so unmöglich wie töricht, ich mußte es geschehen lassen, in der einzigen Hoffnung, daß einer der auf jeden Fall angekündigten Adjutanten wenigstens und mit erfolgreichern Mitteln sie vertreiben werde.

Er kam auch, aber als bereits der Tag angebrochen war; mein erstes Wort bei seinem Eintritt ins Haus war die Meldung, daß sein Zimmer und Bett bereits von zwei Marodeurs eingenommen worden sei, die sich auf keine Weise davon hätten abhalten lassen. Wütend stürzte er die Treppe hinauf, und in das Zimmer dringend, fuchtelte er mit flacher Klinge die Kerls aus den Betten heraus, die nicht eilig genug Zimmer und Haus verlassen konnten. Ich sehe sie noch vorübereilen, und war damals nicht ohne Besorgnis, sie möchten noch etwas von Silbergeschirr und dergleichen haben mitgehen heißen.

Es war nun völlig Tag geworden, der Marschall, der die Nacht anderswo geblieben, kam an; augenblicklich trat Sauvegarde vor das Haus, größere Ruhe und Ordnung stellten sich ein, und ich erfuhr in der ersten Unterredung mit den übrigen Hausgenossen: daß, während ich die beiden Marodeurs in den Betten glaubte, sie dem Hausherren auf das Zimmer gerückt wären und sein Leben bedroht hätten. Da habe seine Frau einen der mit ins Haus Geflüchteten zu Hülfe gerufen, dieser habe Goethe von den Wütenden befreit, sie hinausgejagt, die Türen seines Zimmers und Vorgemachs verschlossen und verriegelt.

Goethe selbst ließ sich nie etwas davon merken; ich aber war nicht wenig bestürzt über die Gefahr, in welcher er ohne mein Wissen und Gedenken geschwebt hatte.

2287 Johanna Schopenhauer an ihren Sohn Arthur *19. Oktober 1806*

Die Stadt ist förmlich der Plünderung preisgegeben ... Am besten kamen die fort, die, wie wir, Mut genug hatten, keine Angst zu zeigen, der Sprache und der französischen Sitte mächtig waren, darunter gehört Goethe, der die ganze Nacht in seinem Hause die Rolle spielen mußte, die bei mir Sophie und Conta spielten ... Meyers Schwiegervater [Kanzler v. Koppenfels] ist ein alter, kränklicher, hypochondrischer Mann, der eine Kasse zu verwalten hat und ängstlich Ordnung liebt. Goethe sagte mir nachher, er hätte nie ein größeres Bild des Jammers gesehen, als diesen Mann im leeren Zimmer, rund um ihn alle Papiere zerrissen und zerstreut. Er selbst saß auf der Erde, kalt und wie versteinert. Goethe sagte, er sah aus wie König Lear, nur daß Lear toll war, und hier war die Welt toll ...

Was mich beim Anblick alles Entsetzlichen, was man sich denken kann, noch hielt, ist, daß ich half, wo ich konnte, um den Jammer zu lindern. Mein Landsmann Falk gab mir die Wege an, und so habe ich mich einer Stube im Alexandershofe [am Karlsplatz], in der an 50 Verwundete lagen, meistens Preußen, angenommen. Ich schickte ihnen altes Leinen zum Verbinden, Wein, Tee ... Suppe, einige Bouteillen Madeira ... Brot, und was ich konnte ... Goethe und andre haben davon gehört und sind meinem Beispiel gefolgt.

2288 H. Voß an Abeken *26. April 1807*

Mir war es rührend, wie Goethe am zweiten Abend nach der Schlacht, als wir um ihn versammelt waren, der Vulpius für ihre Treue in diesen unruhigen Tagen dankte und mit den Worten schloß: «So Gott will, sind wir morgen mittag Mann und Frau.»

2289 Ch. A. Vulpius an N. Meyer *10. November 1806*

Den 15. bis 17. [Oktober] waren wir im Hause des Geheimen Rats Goethe, und unsre Wohnung war mit allem, was darinnen war, denen preisgegeben, die es besetzen wollten. Und das geschah auch endlich. Gegen 16 Mann hausten darinnen, als mich endlich (da Napoleon Bücher von der Bibliothek verlangte) auf Requisition seines Ingenieurs d'Alma Grenadiere in meine Wohnung einsetzten. Den 18. zog ich ein; aber – wie fand ich es? Ach Gott! lassen Sie mich davon schweigen! – Dann tägliche Einquartierung, so daß wir einmal 10 Mann hatten, und kein Geld, keine Lebens-Mittel. – Meine Schwester stand bei, aber – dem Geheimen Rat selbst hat es über 2000 Reichstaler gekostet; allein 12 Eimer Wein. Er ist nicht geplündert; den ersten Abend hat er's mit Wein und Klugheit abgewendet, dann bekam er Sau[v]egardes, da die Generale Victor, Marschälle Ney, Lannes, Augerau, und andere Offiziere bei ihm logierten; zuweilen 28 Betten in seinem Hause, aber es hat ihn sehr mitgenommen; doch ist er gesund, wofür Gott zu danken ist.

2290 Johanna Schopenhauer an ihren Sohn Arthur *19. Oktober 1806*

Es ist unbegreiflich, wie man dem größten Unglück entgangen ist; Gottes Engel wachte über uns. Noch heute sagte mir Goethe, daß man in seinem Hause überall zerstreutes Pulver und gefüllte Patronen gefunden hat. In einem Hause ihm gegenüber ist förmlich Feuer angelegt und nur durch Zufall entdeckt und ausgelöscht worden. Überall lag Pulver und Patronen, überall standen Pulverwagen, überall lief man mit brennenden Lichtern umher, und Gott erhielt uns doch. Meine Existenz wird hier angenehm werden, man hat mich in zehn Tagen besser als sonst in zehn Jahren kennen gelernt. Goethe sagte heute, ich wäre durch die Feuertaufe zur Weimaranerin geworden, wohl hat er recht. Er sagte mir, jetzt da der Winter trüber als sonst heranrücke, müssen wir auch zusammenrücken, um einander die trüben Tage wechselseitig zu erheitern. Was ich tun kann, um mich froh und mutig zu erhalten, tue ich. Alle Abende, solange diese Tage des Trübsals währen, versammeln sich meine Bekannten um mich her, ich gebe ihnen Tee und Butterbrot im strengsten Verstande des Wortes. Es wird kein Licht mehr als gewöhnlich angezündet, und doch kommen sie immer wieder, und ihnen ist wohl bei mir; Meyers, Fernow, Goethe bisweilen, sind darunter.

2291 *Ch. A. Vulpius an N. Meyer* *20. Oktober 1806*

Welch ein Unglück hat uns betroffen! Den 14. wurde die unglückliche Schlacht bei Jena verloren, abends 5 Uhr ging bei uns die Plünderung an, die 36 Stunden dauerte, und mich von allen, *allen* entblößet hat ...

Etwas Frohes: Gestern hat der Geh. Rat Goethe sich mit meiner Schwester trauen lassen. Sein Haus ist verschont geblieben. Er hatte stets Marschälle drinnen.

2292 *Riemer: Mitteilungen über Goethe* *1841*

Alle Freunde und Verehrer Goethes billigten und belobten diesen längst erwarteten Schritt [der Trauung], und so war es denn der 19. Oktober, der erste Sonntag nach der Schlacht vom 14., wo Goethe mit seiner Gattin, seinem Sohne und mir, als Zeugen, des Morgens nach der Schloßkirche fuhr und in der Sakristei den Akt der Trauung vollziehen ließ. Der Oberkonsistorialrat Günther verrichtete die Zeremonie in angemessener Weise.

2293 *J. A. Ludecus: Aus Goethes Leben* *1849*

[Nach Goethes Trauung am 19. Oktober 1806.] Seine täglichen Haus- und Geschäftsfreunde waren nicht wenig überrascht, als er ihnen seine Gattin mit den Worten vorstellte: «Sie ist immer meine Frau gewesen.»

2294 *Charlotte v. Stein an ihren Sohn Fritz* *24. Oktober 1806*

Die Schiller hat wenig verloren, Goethe gar nichts, er hat den Augereau bei sich gehabt. Während der Plünderung hat er sich mit seiner Mätresse öffentlich in der Kirche trauen lassen. Dies war die letzte hiesige kirchliche Handlung, denn alle unsre Kirchen sind nun Lazarette und Magazine.

2295 *Fernow an Böttiger* *26. Oktober 1806*

Vater Wielands Haus ist in den ersten Momenten glücklich verschont geblieben; hernach bekam er eine Sauvegarde ins

Haus; so auch Goethe, der indessen die Last einiger kostbaren Einquartierungen, die aber auf der andern Seite auch wieder interessant gewesen, tragen müssen. Die Marschälle Lannes und Augereau, und der Pariser Kunstfreund de Nou wohnten nacheinander bei ihm ... Unser Freund Meyer hat so wie sein Schwiegervater v. Koppenfels beträchtlich gelitten. Erster hat zufällig ein Portefeuille seiner besten Zeichnungen, die er wohl auf 1000 Reichstaler schätzen kann, eingebüßt. Goethe hat sich in diesen bedenklichen Zeiten mit seiner alten Freundin heimlich trauen lassen, und die bisherige Demoiselle Vulpius ist jetzt Frau Geheimerätin. Sie ist also wahrscheinlich die einzige, die in dieser allgemeinen Not ihren Schnitt gemacht hat.

2296 Charlotte v. Schiller an F. v. Stein 24. November 1806

Sein [Schillers] Freund [Goethe] hat sich seiner selbst nicht so würdig gezeigt, und es hat mein Gefühl verwundet, ihn in einer schmerzlichen Anschauung zu sehen. Er wollte sich zusammennehmen, wollte heiter scheinen, wie wir noch keinen Sinn dafür hatten. Man fühlte auch, daß es nicht aus der rechten Quelle kam, und deswegen blieb auch der Eindruck verloren.

Die Trauung hat mir etwas Grausenhaftes, gesteh' ich; in einer Kirche, wo Tote, Verwundete tags vorher lagen, wo man sicher erst alle Spuren der vorhergehenden Tage sorglich verwischt hatte, eine Zeremonie vorzunehmen, die jeder Mensch nur in den glücklichsten Tagen seines Lebens oder nie feiern sollte, dieses ist mir ein Gefühl, das ich nicht ganz verdrängen kann. Das Nachteilige des Eindrucks, den dieser Schritt auf die Gemüter tun muß, ist nicht zu unterdrücken. Auch ist es so ohne Nutzen und Zweck. Ich habe nicht Glück wünschen können, wie andere, und schwieg lieber. Es war etwas Unberechnetes in diesem Schritt, und ich fürchte, es liegt ein panischer Schrecken zum Grund, der mir des Gemüts wegen wehe tut, das sich durch seine eigene große Kraft über die Welt hätte erheben sollen.

2297 Johanna Schopenhauer an ihren Sohn Arthur *24. Oktober 1806*

Goethe hat sich Sonntag mit seiner alten geliebten Vulpius, der Mutter seines Sohnes, trauen lassen, er hat gesagt, in Friedenszeiten könne man die Gesetze wohl vorbeigehen, in Zeiten wie die unsern müsse man sie ehren. Den Tag drauf schickte er Dr. Riemer, den Hofmeister seines Sohnes, zu mir, um zu hören, wie es mir ginge, denselben Abend ließ er sich bei mir melden und stellte mir seine Frau vor; ich empfing sie, als ob ich nicht wüßte, wer sie vorher gewesen wäre, ich denke, wenn Goethe ihr seinen Namen gibt, können wir ihr wohl eine Tasse Tee geben. Ich sah deutlich, wie sehr mein Benehmen ihn freute; es waren noch einige Damen bei mir, die erst formell und steif waren und hernach meinem Beispiel folgten. Goethe blieb fast zwei Stunden, und war so gesprächig und freundlich, wie man ihn seit Jahren nicht gesehen hat. Er hat sie noch zu niemand als zu mir in Person geführt. Als Fremden und Großstädterin traut er mir zu, daß ich die Frau so nehmen werde, als sie genommen werden muß; sie war in der Tat sehr verlegen, aber ich half ihr bald durch. In meiner Lage und bei dem Ansehen und der Liebe, die ich mir hier in kurzer Zeit erworben habe, kann ich ihr das gesellschaftliche Leben sehr erleichtern. Goethe wünscht es und hat Vertrauen zu mir, und ich werde es gewiß verdienen. Morgen will ich meine Gegenvisite machen.

2298 Johanna Schopenhauer: Jugendleben und Wanderbilder *1839*

«Daß jeder Narr jetzt seine eigne Geschichte hat, das eben ist keine der geringsten Plagen der jetzigen bösen Zeit», seufzte freilich einst Goethe, als einige übrigens ganz vortreffliche Personen, wenige Tage nach der Schlacht bei Jena, in etwas ungehöriger Breite von ihrem während derselben und den ihr unmittelbar folgenden drei Plünderungstagen erlittenen Drangsale uns unterhalten hatten ...

2299 *Knebel an Jean Paul* *8. Januar 1807*

Den mächtigen Kaiser haben wir mitten in den Flammen gesehen. Goethe schickte mir in meiner Not ein paar Flaschen Kapwein, die gerade recht kamen zu einem Mann, den die Franzosen ganz aufs Trockne gesetzt. Er selbst war die ganze Zeit mit seiner Optik beschäftigt. – Wir studieren hier unter seiner Anleitung Osteologie, wozu es passende Zeit ist, da alle Felder mit Präparaten besät sind.

2300 *Riemer: Mitteilungen über Goethe* *1841*

Das Stück [Elpenor] war ursprünglich in der sogenannten poetischen, das heißt rhythmischen Prosa, wie auch die erste Iphigenia, und zwar in fortlaufendem Kontext geschrieben; als aber Goethe die Ausgabe in Oktav besorgte und mir das Manuskript zur Durchsicht gab, bewog ich ihn, den größtenteils schon jambisch hinschreitenden Text vollends in Verse abzuteilen. Er überließ jedoch, da er fast kein Interesse mehr daran hatte, die Arbeit mir, der sie, als seine erste der Art, noch furchtsam und vielleicht zu ängstlich gewissenhaft ausführte, in der Meinung, es sei so wenig als möglich durch Zusätze oder Weglassung daran zu ändern; daher denn hie und da Verse mit zu viel oder zu wenig oder gar keinen Füßen unterlaufen. Goethe war indes damit zufrieden, und so ward das Manuskript zum Druck abgesendet.

2301 *H. Voß (in Gräfs Bearbeitung)*

Ich habe dies Jahr [1806] Goethe nur wenig genossen, und die wenigen Male, die ich ihn sah, empfing ich Worte und mitleidige Blicke über meinen Zustand; ich kann ihm nicht vorlesen, ich kann keine Hexameter mit ihm machen, ich muß stumm bei ihm sitzen und darf nur stammeln statt zu reden; darum gehe ich jetzt seltner hin als im vorigen Winter.

Außer «Hermann und Dorothea» habe ich nichts durchgesehen. Nur schade, daß ich nicht dazu gekommen bin, sie noch einmal mit ihm gemeinschaftlich durchzusehn. Das wollten wir immer, aber in der letzten Zeit hat meine Lippe mich abgehalten.

2302 H. Meyer *Anfang November 1806*

Goethe verglich die Fr[anzosen] mit Haaren, die, an dem Schweif des Fuchses durch Löcher und Schluchten gezogen, noch gestreichelt werden und sich am Ende wundern, wie sie da durchgekommen sind.

2303 H. Meyer

[Goethe:] In Bezug auf Werke guter Schriftsteller: Wenn der Bäcker wüßte oder bedächte, was für Lumpenpack sein Brot äße, er würde lieber keines backen.

2304 Riemer *(1.) November 1806*

[Goethe:] «Es wird bald Poesie ohne Poesie geben, eine wahre ποίησις, wo die Gegenstände ἐν ποιήσει, in der *Mache* sind, eine *gemachte* Poesie. Die Dichter heißen dann so, wie schon Moritz spaßte, a spissando, densando, vom Dichtmachen, weil sie alles zusammendrängen, und kommen mir dann vor, wie eine Art Wurstmacher, die in den sechsfüßigen Darm des Hexameters oder Trimeters ihre Wort- und Silbenfülle stopfen.»

2305 Riemer

[Goethe:] «Die Stelle aus Delilles l'Imagination (Chant IV, p. 224), welche den Eindruck der Verödung von Versailles schildert, ist poetisch durch den Gegenstand, und die rhetorisch-energische Behandlung, welche die Franzosen ihren Poesien geben, tut hier gut und ist an ihrer Stelle. Wie aber da, wo der Mann sich im Gegenstand vergreift und diesen λήκυθος (Farbenkasten) an unrechten Stellen ausschmiert!»

2306 Riemer *2. November 1806*

[Goethe:] «Es ist ein greuliches Verfahren, welches die Mineralogen bei der Bestimmung der Farben beobachten. Nicht nur mengen sie apparente Farben, chemische, und unter diesen durchsichtige und Erdfarben untereinander; sondern auch die physischen mischen sie mit chemischen wie auf der Palette durcheinander: Morgenrot mit gelblich braun und dergleichen.»

2307 Riemer *November 1806*

[Goethe:] «Wenn Paulus sagt: *gehorchet der Obrigkeit, denn sie ist Gottes Ordnung*, so spricht dies eine ungeheuere Kultur aus, die wohl auf keinem frühern Wege als dem christlichen erreicht werden konnte: eine Vorschrift, die, wenn sie alle Überwundenen jetzt beobachteten, diese von allem eigenmächtigen und unbilligen, zu ihrem eigenen Verderben ausschlagenden Verfahren abhalten würde.»

2308 Riemer *6. November 1806*

Angefangen an dem Schema und der Einleitung zur Morphologie, des Abends um acht Uhr.

[Goethe:] «Das Gallsche System kann dadurch zu einer Erläuterung, Begründung und Zurechtstellung gelangen.

Es ist ein sonderbarer Einwurf, den man gegen dasselbe davon hergenommen hat, daß es eine partielle Erklärungsweise sei von Erscheinungen, die aus dem gesamten organischen Wesen ihre Erklärung schöpfen. Als wenn nicht alle Wissenschaft in ihrem Ursprunge partiell und einseitig sein müßte! Das Buchstabieren und Syllabieren ist noch nicht das Lesen, noch weniger Genuß und Anwendung des Gelesenen; es führt doch aber dazu. Eine Würdigung dieser erst aufkeimenden Wissenschaft oder dieser Art des Wissens ist noch viel zu früh.»

2309 Riemer *November 1806*

[Goethe:] «Wie die Schaltiere im nächsten Bezug auf den Kalk stehen, daß man sagen kann, sie seien organisierter Kalk, so kann man sagen, daß diejenigen Insekten, welche auf färbenden Pflanzen leben und gleichsam lebendig den Farbestoff derselben darstellen, als die Kokkusarten, gleichsam die organisierten Pflanzen sind. Steffens nannte gewisse Käfer in Bezug auf den Blumenstaub, den sie der Blume zuführen, das fliegende Gehirn derselben. Mit demselben Rechte einer witzigen Kombination, wenn es weiter nichts wäre, kann man jene Insekten organisierten Farbestoff nennen. Lebendiger Farbestoff, wie jeder sagen würde und könnte, drückt das nämliche aus, nur versteckter.»

2310 *Riemer* *7. November 1806*

[Goethe:] «Die Naturphilosophie konstruiert zuerst aus dem Lichte die Solidität und die Schwere. Den die Schwere konstituierenden Kern des Erdkörpers bilden die Metalle. Demnach müßte man sagen: die Metalle seien das solidierte Licht und Darsteller der Schwere; daher auch ihr übriger Bezug zum Lichte teils durch ihren Glanz, teils durch die Farbe, die sie in ihrem regulinischen, kristallischen und kalkhaften Zustande bereits haben und noch annehmen.»

2311 *Riemer* *7. November 1806*

[Goethe:] «Bücher werden jetzt nicht geschrieben, um gelesen zu werden, um sich daraus zu unterrichten und zu belehren, sondern um rezensiert zu werden, damit man wieder darüber reden und meinen kann, so ins Unendliche fort.

Seitdem man die Bücher rezensiert, liest sie kein Mensch außer dem Rezensenten, und der auch so so. Es hat aber jetzt auch selten jemand etwas Neues, Eigenes, Selbstgedachtes und Unterrichtendes, mit Liebe und Fleiß Ausgearbeitetes zu sagen und mitzuteilen, und so ist eins des andern wert.»

2312 *Christiane Kotzebue*
an ihren Sohn August *November 1806*

Es wird Dich von Goethe freuen, daß er kurz nach der Plünderung, wie Kraus begraben wurde [9. November], auf dem Kirchhofe zu mir kam, mich fragte, wie es mir gegangen, und wünschte, daß ich in sein Haus gekommen wäre. Er sei nicht ausgeplündert, weil er sich eine Sauve-garde, die ihm zwar viel gekostet, ausgebeten. Er habe bis auf den Wein doch das Seinige behalten, und bedauerte mich sehr freundschaftlich über meinen Verlust.

2313 *Riemer* *10. November 1806*

[Goethe:] «Qualis rex, talis grex paßt niemals mehr als jetzt, und miles gregarius versteht man jetzt, wovon es ausgeht.

Es bemerkte jemand sehr gut, daß Napoleon in seinem Zimmer wie ein Löwe oder Tiger in seinem Käfig unruhig auf- und abgeht und sich dreht.»

2314 Johanna Schopenhauer an ihren Sohn Arthur *14. November 1806*

Montag [10. November] war ich mit Adelen zu Mittag bei Goethe, die Gesellschaft war klein, ich, Bertuchs, Major Knebel mit seiner Frau aus Jena, ein höchst interessanter Mann, der auch als Dichter bekannt ist, und einige Fremde. Ich kann Goethen nicht genug sehen, alles an ihm weicht so vom Gewöhnlichen ab, und doch ist er unendlich liebenswürdig; diesmal habe ich ihn einmal böse gesehen, sein Sohn, eine Art Tapps, der aber im Äußern viel vom Vater hat, zerbrach mit großem Geräusch ein Glas. Goethe erzählte eben etwas und erschrak über den Lärm so, daß er aufschrie, ärgerlich darüber sah er den August nur einmal an, aber so daß ich mich wunderte, daß er nicht untern Tisch fiel, ein ausdrucksvolleres, mobileres Gesicht habe ich nie gesehen; wenn er erzählt, ist er immer die Person, von der er spricht, der Ton seiner Stimme ist Musik; jetzt ist er alt, aber er muß schön wie ein Apoll gewesen sein ...

[Am Abend des 12. Besuch von Goethe, Fernow, Meyer, Ridel und Stephan Schütze.] Goethe war in einem seltenen Humor; eine Anekdote jagte die andere; es war ganz prächtig. Wir haben einigemale so gelacht, daß die Leute auf der Straße still gestanden wären, wenn es dergleichen hier gäbe ...

Die leichte Art, mit der ich die vorzüglichsten Menschen für mich interessiert habe, ist mir selbst ein Wunder. Ich habe noch keine Visite gemacht; alles ist so ganz von selbst gekommen. Alle Sonntag und Donnerstag von fünf bis gegen neun werden sich meine Freunde bei mir versammeln; was an interessanten Fremden herkommt, wird mitgebracht. Ich habe Goethe den Plan gesagt; er billigt ihn und will ihn unterstützen. Ich gebe Tee, nichts weiter; das übrige Vergnügen muß von der Gesellschaft selbst entstehen ... Goethe, Meyer, Fernow, Schütze, Madame Ludecus, Conta und die Schwester, Bertuchs, Falks, Ridels, Weylands sind vors erste eingeladen; die übrigen werden sich von selbst finden. Kosten macht das Ganze gar nicht, und unendlich viel Freude. Es fehlt hier an einem Vereinigungspunkte, und sie sind alle froh, ihn bei mir zu finden.

2315 St. Schütze: Die Abendgesellschaften der Hofrätin Schopenhauer *1840*

Die Gesellschaft nahm – den 12. November 1806 – einen ganz kleinen Anfang. Wie Fernow, der schon früher die Bekanntschaft der Frau Schopenhauer gemacht hatte, mich gegen Abend dazu abholte, fand ich Goethe, Meyer und den Kammerrat Ridel (den früheren Erzieher des Erbprinzen, jetzigen Großherzogs). Ich fühlte mich um so mehr beglückt, hier Goethen vorgestellt zu werden, da ich bisher vergebens darnach gestrebt hatte, denn damals war er lange nicht so zugänglich, wie in späterer Zeit, so wie denn überhaupt der spätere Goethe sich viel milder und mitteilender bewies, als der frühere. – Fünf Personen saßen denn also um die Schopenhauer her, die in stiller Geschäftigkeit hinter der Teemaschine ihr Amt als Wirtin verwaltete, während ganz gemächlich wissenschaftliche Gespräche geführt wurden. Die Unterhaltung verbreitete sich über Italien, die italienische Sprache und ihre verschiedenen Dialekte, über welche Fernow nach vielen mit Fleiß angestellten Nachforschungen seine Bemerkungen mitteilte. Man blieb indes immer nur bei Erfahrungssätzen stehen, auf ästhetische oder philosophische Betrachtungen, auf die ich am meisten begierig war, ließ man sich nicht ein. Um endlich doch auch etwas zu sagen, faßte ich mir ein Herz und äußerte gegen Goethe, da man seines Egmonts erwähnte, daß die Lichterscheinung Klärchens zuletzt dem Stück erst eine höhere Bedeutung gäbe, indem sie das Verdienst Egmonts um die ganze Nation der Niederländer in seinen Folgen ausspräche. Schiller hatte sich, wie bekannt, *gegen* die Erscheinung erklärt. Goethe lobte mich über mein Lob und sagte, daß er das Stück *auch* nicht ohne die Erscheinung sehen möchte. Damit war denn meine geistige Bekanntschaft mit Goethe eröffnet.

2316 *H. Voß (in Gräfs Bearbeitung)*

Der Abschied vom Schillerschen Hause und von Goethe ist mir schwer geworden, und auch ihm, dem guten Vater, wie sein gerührter Blick und der letzte Kuß, den er mir auf die Backe drückte, mir versichert haben. Es mußte aber geschieden sein. Ich weiß, er hat mich ungern verloren; er hat es mir selber gesagt, und die Tränen traten ihm in die Augen.

2317 *Charlotte v. Stein an ihren Sohn Fritz 19. November 1806*

Goethe läßt Dir Glück wünschen zum neugeborenen Sohn, es schien ihm zu freuen, seine Besuche sind mir nicht wohltätig, ich kann nicht offen gegen ihm sein, manchmal ist er ganz wie verrückt, und nicht allein mir kommt er so vor, sondern mehreren Menschen.

2318 *Riemer 18. November 1806*

[Goethe:] «Der Freiheitssinn und die Vaterlandsliebe, die man aus den Alten zu schöpfen meint, wird in den meisten Leuten zur Fratze. Was dort aus dem ganzen Zustand der Nation, ihrer Jugend, ihrer Lage zu andern, ihrer Kultur hervorging, wird bei uns eine ungeschickte Nachahmung. Unser Leben führt uns nicht zur Absonderung und Trennung von andern Völkern, vielmehr zu dem größten Verkehr; unsere bürgerliche Existenz ist nicht die der Alten; wir leben auf der einen Seite viel freier, ungebundener und nicht so einseitig beschränkt als die Alten, auf der andern ohne solche Ansprüche des Staats an uns, daß wir eifersüchtig auf seine Belohnung zu sein Ursache und deswegen einen Patrizieradel zu soutenieren hätten. Der ganze Gang unserer Kultur, der christlichen Religion selbst führt uns zur Mitteilung, Gemeinmachung, Unterwürfigkeit und zu allen gesellschaftlichen Tugenden, wo man nachgibt, gefällig ist, selbst mit Aufopferung der Gefühle und Empfindungen, ja Rechte, die man im rohen Naturzustande haben kann. Sich den Obern zu widersetzen, einem Sieger störrig und widerspenstig zu begegnen, darum weil uns Griechisch und Lateinisch im Leibe steckt, er aber von diesen Dingen wenig oder nichts versteht, ist kindisch und abgeschmackt. Das ist Professorstolz, wie es Handwerksstolz, Bauernstolz und dergleichen gibt, der seinen Inhaber ebenso lächerlich macht, als er ihm schadet.»

2319 Riemer *18. November 1806*

[Goethe:] «Jetzt gilt es nicht trotzig, auch nicht verzagt, sondern pfiffig zu sein. Es gereicht uns nicht zur Ehre, daß wir uns haben überwinden lassen (der Sieg spricht es nun einmal aus, was nicht mehr zu ändern ist, und es findet keine Selbsttäuschung über unser Vermögen und Können statt). Aber wahrlich noch weniger, wenn wir den Trotz, die Entgegensetzung, die uns vor der Überwindung geziemt hätte, jetzt in der Ohnmacht fortsetzen, wodurch wir uns im Innern nur umso fruchtloser erbittern und unsre noch leidlich mögliche Existenz aufheben. Wer größer ist, als ich, ist und bleibt es, wenn ich auch noch zwanzig aufweisen könnte, die größer sind als er. Es ist aber der kindisch egoistische Widerspruchsgeist im Menschen, daß er gegen sich selbst zerstörend verfährt, nur um ein anderes nicht über sich zu leiden. Lobt man ein Bestimmtes, so weiß er gleich noch ein andres darüber aufzustellen, um jenes zu vernichten; tadelt man etwas, so steigt er gleich einige Stufen tiefer, um zu zeigen, daß es noch vieles unter jenem gebe, und so dies zu entschuldigen, ja zu erheben.»

2320 Riemer *November 1806*

[Goethe:] «Den Verstandesphilosophen begegnet's und muß es begegnen, daß sie undeutlich aus gar zu großer Liebe zur Deutlichkeit schreiben. Indem sie für jede Enunziation die Quelle oder ihr Acheminement nachweisen wollen, von dem Orte an, wo sie ins Räsonnement eingreift, bis zu ihrem Ursprunge, auf welchem Wege wieder anderes acheminiert und einläuft, geht es ihnen, wie dem, der einen Fluß von seiner Mündung an aufwärts verfolgt, und so immer auf einfallende Bäche und Flüßchen stößt, die sich wieder verzweigen, so daß er am Ende ganz vom Wege abkommt und in Deverticulis logiert. Beispiele geben Kant, auch Hegel.

Aristoteles ist noch mäßig mit seinen *Denns* und γάρ. Sie weben eigentlich nicht den Teppich, sondern sie dröseln ihn auf und ziehen Faden aus; die Idealphilosophen sitzen eigentlich am Stuhl, zetteln an und schießen ihr Schiffchen durch. Manchmal reißt wohl ein Faden, oder es entstehen Nester, aber im Ganzen gibt's doch einen Teppich.»

2321 Riemer *20. November 1806*

Aus einem Gespräch mit Goethe. «Der Streit, ob die männliche Schönheit in ihrer Vollkommenheit, oder die weibliche in ihrer Art höher stehe, kann nur aus der größern oder geringern Annäherung der männlichen oder der weiblichen Form an die Idee geschlichtet werden. Nun reicht die männliche aber mehr an die Idee: denn in ihr hört das Reale auf. Die Männerbrust ist keine Brust mehr. Des Weibes Brust ist ein Reales, denn sie säugt damit. Die Zeugungsteile des Mannes sind nicht so in die Organisation des übrigen integrierend als bei dem Weibe. Ihr Geschäft ist bloß begeisternd, denn was der Mann auch dabei tun mag – wir wissen's ja so nicht –, ist ja doch nicht so real wie des Weibes Anteil, das die Keime hergibt. Des Weibes innere Organisation ist zum Zeugen eingerichtet. – Des Mannes Bildung geht offenbar über die des Weibes hinaus und ist keineswegs die vorletzte Stufe. Des Mannes Brust ist nicht etwa die Andeutung zu der darauf folgenden Weiberbrust, sondern die Weiberbrust, die von den Zitzen der Tiere heraufgekommen ist, ob sie gleich in dieser Doppelgestalt ihre höchste Schönheit erreicht hat, geht im Manne über den Zweck hinaus (denn er säugt ja nicht), sondern ist mehr ein Schmuck und Hindeutung auf eine höhere Bedeutung. – Das Weib ist ein organisiertes Gebären, das Organ des Gebärens. Des Mannes τέλος ist viel idealer und geistiger. Und sein Verdienst besteht im ideellen und geistigen Wirken.»

2322 Riemer *23. (20.?) November 1806*

[Goethe:] «Obgleich die Natur einen bestimmten Etat hat, von dem sie zweckmäßig ihre Ausgaben bestreitet, so geht die Einnahme doch nicht so genau in der Ausgabe auf, daß nicht etwas übrig bliebe, welches sie gleichsam zur Zierde verwendet. Die Natur, um zum Menschen zu gelangen, führt ein langes *Präludium* auf von Wesen und Gestalten, denen noch gar sehr viel zum Menschen fehlt. In jedem aber ist eine Tendenz zu einem andern, was über ihm ist, ersichtlich. Die Tiere tragen gleichsam das, was hernach die Menschenbildung gibt, recht zierlich und schön geordnet als Schmuck, zusammengepackt in den unverhältnismäßigen Organen, als da sind Hörner, lange Schweife, Mähnen usw., welches alles beim Menschen wegfällt, der schmucklos, durch sich selbst schön und in sich selbst schön, vollendet dasteht; der alles, was er hat, auch ist, wo Gebrauch, Nutzen, Notwendigkeit und Schönheit alles eins ist und zu einem stimmt. Da beim Menschen nichts Überflüssiges ist, so kann er auch nichts entbehren und verlieren, und was er verliert, kann er deswegen auch nicht ersetzen (Haare und Nägel ausgenommen und die geringe Reproduktionskraft in Rücksicht auf Haut, Fleisch und Knochen), dagegen bei den Tieren, und je niedriger die Tiere stehen, die Reproduktionskraft ebenso wie die Zeugungskraft größer ist. Die Reproduktionskraft ist nur eine unabgelöste Zeugung, und umgekehrt.»

2323 Riemer *November 1806*

[Goethe:] «Die Weiber haben das Eigene, daß sie das Fertige zu ihren Absichten verarbeiten und verbrauchen. Das Wissen, die Erfahrung des Mannes nehmen sie als ein Fertiges und schmücken sich und anderes damit. Nicht die Raupe zu erziehen, das Kokon abzuhaspeln, die Seide zu spinnen, zu färben und zu appretieren, sondern sie zu Blumen zu versticken oder in schon gewebtem Stoffe sich damit zu putzen, ist im allegorischen Sinne dieses Bildes ihre Sache. Daher folgen sie dem Manne nicht in seiner Deduktion und Konstruktion, ob sie ihnen schon manchmal artig vorkommen kann, sondern sie halten sich an das Resultat; und wenn sie ihm auch folgen, so können sie ihm doch darin nicht nachahmen und es in anderem Falle wieder so machen. Der Mann schafft und erwirbt, die Frau verwendet's: das ist auch im intellektuellen Sinne das Gesetz, unter dem beide Naturen stehen. Daher muß man einer Frau das Fertige geben; und aus eben dieser Ursache sind sie das wünschenswerteste Auditorium für einen Dogmatiker, der nur Geist genug hat, das, was er ihnen sagt, angenehm und sinnlich ergreifend zu sagen. Das Positive lieben sie in diesem Falle, solche Undulisten sie auch in andern Rücksichten sein mögen.»

2324 Caroline Falk an ihren Mann *22. November 1806*

Sonntag abend um 9 Uhr

... Soeben komme ich von der Schopenhauern, die Dich recht freundlich grüßen läßt. Ich fand daselbst wieder eine recht artige Gesellschaft, unter andern den Geheimerat v. Goethe, der sich angelegentlich nach Dir erkundigt hat, wir haben eine ganze Weile zusammen über Dich und Dein jetziges Geschick gesprochen: er lobte Dich aus dem Grunde heraus, und erinnerte sich dabei mit vieler Heiterkeit der angenehmen Stunden, welche Du ihm nach Deiner Wiener Reise, durch Mitteilung so mancher Beobachtungen gemacht hättest. Er meinte, Dir würde das Geschäft um so vieles leichter werden, weil Du die Gabe hättest, die Dinge alle heiter zu nehmen, und Du zugleich immer für Dich Beobachtungen machtest, kurz wir haben eine ganze, ganze Weile zusammen gesprochen, dabei saß er am Tisch, und zeichnete und tusch[t]e kleine Landschaften. Über Runge mit seinen Blumentalent wurde auch gesprochen, letzterer hat ihn nämlich einen Kranz mit der Schere ausgeschnittener Blumen von der größten Zierlichkeit geschickt, welches er für Goethe zu einen Ofenschirm bestimmt hatte. Zugleich habe er ihn auch mit der größten Naivität detailliert, daß er Hausblase dazu nehmen müßte, um es auf braunes Papier zu kleben, wovon er die Probe auch beigelegt hatte, kurz Goethe war encharmiert von Runge, und wie die Schopenhauern nachher sagte: *auch von mir*. Welches letztere ich aber nicht nachsagen will ...

Überhaupt lobte ihn [Herrn Villain] Goethe sehr, es wäre ein Mann von Kopf, spräche sehr gut, sei *fest*, und zu einem solchen Platz gehöre ein Mann von solchem Charakter. Kurz er scheint hier sehr wohl gefallen zu haben.

2325 Riemer *26. November 1806*

[Goethe:] «Daß der Mensch, zu Behauptung seiner Freiheit, den Gegensatz des Gegebenen selbst hervorruft, diese Erscheinung zeigt sich auch im Physischen, wo das Auge den Gegensatz einer gegebenen Farbe selbst hervorbringt, und mit dem Gegebenen und dem selbst Hervorgebrachten die Totalität abschließt.»

2326 Johanna Schopenhauer
an ihren Sohn Arthur *28. November 1806*

Der Zirkel, der sich sonntags und donnerstags um mich versammelt, hat wohl in Deutschland und nirgends seinesgleichen; könnte ich Dich doch nur einmal herzaubern! Goethe fühlt sich wohl bei mir und kommt recht oft. Ich habe einen eigenen Tisch mit Zeichenmaterialien für ihn in eine Ecke gestellt. Diese Idee hat mir sein Freund Meyer angegeben. Wenn er dann Lust hat, so setzt er sich hin und tuscht aus dem Kopfe kleine Landschaften, leicht hingeworfen, nur skizziert, aber lebend und wahr, wie er selbst und alles, was er macht. Welch ein Wesen ist dieser Goethe! wie groß und wie gut! Da ich nie weiß, ob er kommt, so erschrecke ich jedesmal, wenn er ins Zimmer tritt; es ist, als ob er eine höhere Natur als alle übrigen wäre; denn ich sehe deutlich, daß er denselben Eindruck auf alle übrigen macht, die ihn doch weit länger kennen und ihm zum Teil auch weit näher stehen als ich. Er selbst ist immer ein wenig stumm und auf eine Art verlegen, wenn er kommt, bis er die Gesellschaft recht angesehen hat, um zu wissen, wer da ist. Er setzt sich dann immer dicht neben mir, etwas zurück, so daß er sich auf die Lehne von meinem Stuhle stützen kann; ich fange dann zuerst ein Gespräch mit ihm an, dann wird er lebendig und unbeschreiblich liebenswürdig. Er ist das vollkommenste Wesen, das ich kenne, auch im Äußeren; eine hohe, schöne Gestalt, die sich sehr gerade hält, sehr sorgfältig gekleidet, immer schwarz oder ganz dunkelblau, die Haare recht geschmackvoll frisiert und gepudert, wie es seinem Alter ziemt, und ein gar prächtiges Gesicht mit zwei klaren braunen Augen, die mild und durchdringend zugleich sind. Wenn er spricht, verschönert er sich unglaublich; ich kann ihn dann nicht genug ansehen. Er spricht von allem mit, erzählt immer zwischendurch kleine Anekdoten, drückt niemand durch seine Größe. Er ist anspruchslos wie ein Kind; es ist unmöglich, nicht Zutrauen zu ihm zu fassen, wenn er mit einem spricht, und doch imponiert er allen, ohne es zu wollen. Letztens trug ich ihm seine Tasse Tee zu, wie das in Hamburg gebräuchlich ist, daß sie nicht kalt würde, und er küßte mir die Hand; in meinem Leben habe ich mich nicht so beschämt gefühlt; auch alle, die in der Nähe waren, sahen mit einer Art Erstaunen zu. Es ist wahr, er sieht so königlich aus, daß bei ihm die gemeinste Höflichkeit wie Herablassung erscheint, und er selbst scheint das gar nicht zu wissen, sondern geht so hin in seiner stillen Herrlichkeit wie die Sonne. – Dann ist immer Meyer und Fernow da, beide auch gar interessant, jeder anders ... Dann kommen die Bertuchs, Dr. Schütze, ein sehr mittelmäßiger Dichter, aber sonst sehr gescheit, Dr. Riemer, der bei Goethe im Hause ist, auch ein sehr gebildeter guter Kopf. Das sind die Hauptpersonen, meine gute Ludecus nicht zu vergessen, die unter dem Namen Amalie Berg manchen recht hübschen Roman geschrieben hat, und noch verschiedene Nebenpersonen, die anderswo Hauptpersonen wären. Um halb sechs versammeln sie sich. Wir trinken Tee, plaudern; neue Journale, Zeichnungen, Musikalien werden herbeigeschafft, besehen, belacht, gerühmt, wie es kommt. Alle, die was Neues haben, bringen es mit; die Bardua zeichnet irgend einen als Karikatur, Goethe sitzt an seinem Tischchen, zeichnet und spricht. Die junge Welt musiziert im Nebenzimmer; wer nicht Lust hat, hört nicht hin. So wird's neune, und alles geht auseinander und nimmt sich vor, nächstens wiederzukommen.

2327 *St. Schütze: Die Abendgesellschaften der Hofrätin Schopenhauer* *1840*

Zu den ausgezeichneten Fremden in unserer Gesellschaft war endlich noch besonders Zacharias Werner zu rechnen. Goethe hatte vor seinem Auftritt schon öfters über sein halb mystisches, poetisch-praktisches Poetisieren gespottet, auch mich, da ich damals nicht selten in scherzhaften Aufsätzen über Zeit- und Literatur-Ereignisse mich belustigte, mit Andeutungen ermuntert, ihn und besonders seinen Luther zu persiflieren. Er hatte auch eines Abends (den 27. November 1806) zu einer ausführlichen Erörterung der Gesellschaft die Frage vorgelegt, welchen Sinn der Titel von Werners Luther: «*Weihe der Kraft*» wohl haben möchte. Jeder sollte seine Meinung sagen, ob eine geweihte Kraft, oder eine Weihung der Kraft, oder eine Weihung *durch* die Kraft, oder was sonst darunter zu verstehen sei. Seine Absicht ging indes weniger dahin, jene Worte erklärt zu wissen, als darüber zu scherzen.

2328 *Fernow an Böttiger* *30. November 1806*

Unser Weimarisches Theater bleibt beisammen, spielt aber noch nicht. – Am zweiten Weihnachtsfeiertage soll es seine erste Vorstellung geben. – Goethe will das Institut, wo möglich, erhalten, und er hat recht. In diesen Zeiten der Zerstörung muß man alles Bildende und Gebildete, was zu retten ist, retten und erhalten.

2329 *Fernow an Böttiger* *7. Januar 1807*

Am Abend desselben Tages, wo ich meinen letzten Brief an Sie absandte [30. November 1806], hatte ich eine sehr interessante Unterredung mit Goethe, von der ich Ihnen das Wesentlichste je eher je lieber mitteile. – Ich kam zufällig mit Goethe über das Journal- und Zeitungswesen unseres Vaterlandes ins Gespräch. – Sie wissen, wie Goethe von jeher über die Neuigkeitskrämerei der Journale gedacht hat; und er war auch jetzt indigniert über so manche Nachrichten, welche in diesen Zeiten über Weimar in einigen Zeitungen gestanden haben, zum Beispiel die Notiz, unsere verwitwete Herzogin betreffend, deren Beweggründe zu ihrer Abreise dort völlig falsch angegeben waren; und die andere, daß die Herzogin von Weimar dem gefallenen Prinzen Louis Ferdinand von Preußen einen Lorbeerkranz geweiht habe – woran, wie Sie leicht denken können, kein wahres Wort ist – und andere Indiskretionen mehr, die Ihnen bekannt sind.

Er sagte mir, er habe deshalb auch ernstlich an einige Redakteurs geschrieben, daß sie jetzt besonders, wo Deutschland eine große und heilige Sache habe, das in dem allgemeinen Ruine wenigstens bis jetzt noch unangetastete Palladium unserer Literatur aufs eifersüchtigste bewahren, und dergleichen Frivolitäten, welche nur zum Gespött der Schadenfrohen und zum Geklatsch der Müßiggänger dienen, nicht in ihren Blättern hegen und pflegen müßten. Er sagte, nach dem 14. Oktober müßte kein «Freimütiger» mehr existieren; und was man sich sonst von Berlin aus mit verachtendem Stillschweigen habe gefallen lassen, müßte man keineswegs von dem südlichen Deutschland und von Ulm aus erdulden. Besonders müsse man in Sachsen, welches vor vielen anderen geschont worden ist, jetzt mehr als je zusammenhalten, da Dresden, Leipzig, Jena und Weimar künftig leicht der Hauptsitz der germanischen Geisteskultur im nördlichen Deutschland bleiben dürften, wie sie es ja auch schon früher größtenteils gewesen seien. Alle die Nekkereien, welche ehemals in Zeiten der Ruhe und friedlicher Verhältnisse, wenn auch unanständig, doch im wesentlichen unschädlich gewesen, würden jetzt höchst nachteilig werden, wenn sie dazu beitragen könnten, daß die Franzosen die einzige Achtung, die sie jetzt noch für die Deutschen haben könnten, die Achtung für unsere Kultur und unser geistiges Streben, wovon sie jetzt als Augenzeugen genauer und besser als je unterrichtet werden können, verlieren müßten.

Es sei also jetzt, wo alles auf der Spitze steht, eine wahre Verräterei, mit dem alten Leichtsinn fortzufahren, Orte, welche als ein Sitz der Kultur, und Männer, welche als tätige Beförderer derselben einige Ansprüche auf öffentliche Achtung haben können, unwürdig zu behandeln; und daß der Feind uns um so weniger ehren werde, wenn wir uns selbst so wenig ehren und achten, daß wir nichts Besseres zu tun wissen, als vor seinen Augen unsere Blößen aufzudecken. Besonders müßte Weimar jetzt mit gebührender Rücksicht behandelt werden, umsomehr, da der Kaiser Napoleon selbst auf Weimar aufmerksam geworden sei, so daß er den berühmten Johannes Müller in einer Unterredung gefragt habe, ob denn Weimar auch in Deutschland wegen seiner höheren Bildung in demselben Ansehen stehe, wie bei den französischen Gelehrten. – Man müßte also auf alle Weise darauf achten, daß der, in dessen Hand jetzt Deutschlands Schicksal liege, die Achtung, die wir ihm durch ein höheres Übergewicht abgenötigt haben, nicht wieder verliere.

Dies ungefähr war der Inhalt dessen, was mir Goethe sagte, und ich glaube, Sie werden eingestehen, daß er recht hat.

Wie wahr und begeisternd muß für jeden Deutschen das Wort sein, welches Johannes Müller neulich sagte: «Italien hat seine Kunst, Frankreich eine vielseitige Bildsamkeit: *möge Deutschland die Lehrerin sein!*» – Es hat mich gefreut, ganz denselben Geist dessen, was Goethe mir in jenem denkwürdigen Gespräche sagte, in diesen Worten wiederzufinden.

Es kann sein, daß Goethe, der wohl weiß, daß ich mit Ihnen in freundschaftlichem Verhältnisse stehe, mir das obige absichtlich gesagt hat; und wäre das auch nicht der Fall, so halte ich es für meine Pflicht, es Ihnen mitzuteilen, da die Sache so wichtig ist, wie irgend eine in der Welt.

2330 Riemer *November 1806*

[Goethe:] «Die guten Vorsätze im Menschen, die Grundsätze, die immer wieder von der Natur überwältigt werden, sind wie die Reinigung, Scheuerung und Schmückung an Sonn-, Fest- und Ehrentagen. Man wird zwar immer wieder schmutzig, aber es ist doch gut, daß man durch solche partielle Reinigung die Reinigkeit überhaupt nicht unmöglich macht.»

2331 H. Meyer

Im November 1806, als der erste und zweite Band der neuen Auflage seiner sämtlichen Werke gedruckt war und man überhaupt davon sprach, sagte er [Goethe] zu mir und Riemer scherzend: Gestern habe ich ein wenig vorne hinein im *Wilhelm Meister* gelesen. Hören Sie, das Ding ist gar nicht schlecht geschrieben, dünkt mich.

Dieses naive Urteil bezog sich nämlich darauf, daß eben das erste oder der Anfang im Wilhelm Meister noch in seiner frühern Zeit angelegt und, als in den neunziger Jahren das übrige hinzugefügt wurde, mit aufgenommen und wie natürlich überarbeitet worden.

2332 Riemer *2. Dezember 1806*

[Goethe:] «Wenn die Natur einen bestimmten Etat für die genera der organischen Wesen hat, demzufolge sie eine starke Ausgabe durch eine Ersparnis wieder kompensieren muß, so hat sie ihn wahrscheinlich auch bei den Individuen. Um nur vom Menschen zu reden, so scheinen die starken Ausgaben an gewissen Teilen der Organisation gewisse Schwächen an anderen nach sich zu ziehen. Und auf dieser Lässigkeit, auf dieser Balancierung, scheint es, beruht alle Verschiedenheit der Bildung, und nur auf diesem Wege dürfte Galls Theorie zu begründen sein.»

2333 Riemer *Dezember 1806*

[Goethe:] «Man kann die Phalangen (Wirbel im Rücken und sonst) als die Knoten ansehen bei den Pflanzen. Wie die Pflanze von Knoten zu Knoten wächst, so die Organisation der Tiere. Die Knochen der Arme und Beine sind auch nichts anderes als größere Knoten oder Phalangen. Von eins fängt's an, geht im Vorderarm und im Unterschenkel in zwei, dann in drei, vier, fünf über etc.»

2334 Riemer *Dezember 1806*

[Goethe:] «Die Farbe zeigt eine *Polarität*, sie oxydiert und desoxydiert, und wird es: beides Erscheinungen wie bei Magnet und Elektrizität. Sollte die Farbe nicht eine nur für den Sinn des Auges erfolgende Erscheinungsweise eines und desselben Entis sein, das sich bald als Magnetismus, bald als Elektrizität, bald als Chemismus zeigt? Sollte nicht beim Erscheinen der prismatischen Ränder gleichsam eine Oxydation und Desoxydation des Lichtes durch das Medium des brechenden Mittels und auf Anlaß dessen vorgehen? Daß also das Prisma nur für den Sinn des Auges täte, was bei dem Galvanismus die beiden Drähte im Wasser tun, eine Zersetzung des Lichts hervorbringen. Elektrizität wird ja sehr leicht für die taktische Empfindung als Galvanismus erregt, warum nicht ebenso leicht für die Empfindung des Auges durch das prismatische Medium als Farbe?»

2335 Riemer

[Goethe:] «– Alles was *Meinungen* über die Dinge sind, gehört dem Individuum an, und wir wissen nur zu sehr, daß die Überzeugung nicht von der Einsicht, sondern von dem Willen abhängt; daß *niemand etwas begreift*, *als was ihm gemäß ist* und was er deswegen zugeben mag. Im *Wissen* wie im *Handeln* entscheidet das *Vorurteil* alles, und das Vorurteil, wie sein Name wohl bezeichnet, ist ein Urteil vor der Untersuchung. Es ist eine *Bejahung* oder *Verneinung* dessen, was unsere Natur anspricht oder ihr widerspricht; es ist ein freudiger Trieb unseres lebendigen Wesens nach dem Wahren wie nach dem Falschen, nach allem, was wir mit uns im Einklang fühlen» etc.

2336 Riemer

[Goethe:] «Es gibt keine Individuen. Alle Individuen sind auch genera: nämlich dieses Individuum oder jenes, welches du willst, ist Repräsentant einer ganzen Gattung. Die Natur schafft nicht ein *einzelnes* Einziges. *Sie* ist ein *Einziges*, sie ist *Eine*, aber das Einzelne ist oft, viel, in Menge, zahllos vorhanden.»

2337 Riemer

[Goethe:] «Jeder Irrtum ist eine Falschheit, und zwar gegen uns selbst. Die Vernunft kann nicht irren, denn sie ist ja die oberste Einsicht. Sollte diese in je einem Augenblicke fehlen können, wie möchte sie die oberste Einsicht sein und wie wäre man versichert, daß sie sich nicht *immer* irrte?

Es fällt also bloß auf das unterste Seelenvermögen, auf die Leidenschaft, welche an sich auch nicht irrt, aber in diesem Falle die Vernunft übereilt, daß sie konniviert, wenn jene den Entschluß macht.

So ist es auch in der Liebe und überall in dem Leben. In der Liebe ist man oftmals falsch, denn man konniviert gegen die Unvollkommenheiten des andern und erhebt sie zu Tugenden, dagegen man im Haß viel klarer sieht.»

2338 Luise v. Göchhausen an Knebel *3. Dezember 1806*

Manches habe ich in meinem Leben durch Zungen gelitten, aber die Zunge, die ich der guten Rudel [Knebels Frau] danke, macht viel wieder gut! Schon zwei Abende hat Goethe und Wieland sich daran gelabt, und ich denke, sie soll noch einigemal dieser Herrn eigene Zunge zu ihren Lobe lösen.

2339 Johanna Schopenhauer
an ihren Sohn Arthur *8. Dezember 1806*

[Am 3. Dezember schenkte ihr Goethe einen Scherenschnitt des Malers Philipp Otto Runge, ein Blumenstück, das sie anregte, ihn mit einem gleichen Kunstwerk ihrer eigenen Hand zu überraschen; bei seinem nächsten Besuch fand er diese Silhouette, einen von einer Fuchsia umschlungenen blühenden Kastanienzweig, auf seinem Zeichentisch.] Nun hättest Du ihn und seine Freude über meine Kunst sehen sollen, wie er es gewahr wurde, er hatte mir eben ein Bouquet von Runge mitgebracht, wogegen ich freilich zurückstehen mußte, aber meines war in der Art ein erster Versuch; denn die Blumen sind in Lebensgröße. Nun kamen verschiedene, die meine Arbeit für Runges Arbeit hielten, welche sie früher gesehen hatten; und Goethe rief dann ganz triumphierend, wenn sie lange bewundert hatten: «Nein, die Frau, die kleine Frau hat das gemacht! Solche Streiche macht sie! Sehen Sie einmal, sehen Sie einmal recht, wie hübsch das ist!» Er freute sich wie ein Kind zum Weihnachten drüber, es war Donnerstag [4. Dezember]. Den Abend ward nicht gelesen, aber viel Musik gemacht. Die übrigen gingen ans Klavier im Nebenzimmer, ich blieb allein bei Goethen an seinem Zeichentische; denn ich kann ihn nicht genug sehen und hören. Nun erzählte er mir von einem Ofenschirm, den ich so machen müßte, machte mir mit ein paar Strichen eine Zeichnung dazu und will mir auch beim Aufkleben helfen. Wer kann sich Goethen so denken? Hernach versammelten sich Meyer, Fernow und Schütze zu uns, wir machten einen kleinen Kreis; die Bardua kam dazu, mit welcher immer heillos umgegangen wird, und der Abend verging unter Scherz und Lachen.

2340 H. Voß an L. v. Seckendorff *6. Dezember 1806*

Goethe war mir in den traurigen Tagen ein Gegenstand des innigsten Mitleidens; ich habe ihn Tränen vergießen sehen: «Wer», rief er aus, «nimmt mir Haus und Hof ab, damit ich in die Ferne gehen kann?» Als der erste Schrecken vorüber oder zur Gewohnheit worden war, ward er ruhiger, und jetzt ist er sehr heiter; ich möchte sagen, er ist noch liebenswürdiger geworden; manche starre Seite an ihm ist gebrochen, er ist milder, freundlicher, herzlicher. Geplündert worden ist er nicht, aber sich selbst hat er plündern müssen, um nicht geplündert zu werden. Ob seine Verheiratung aus dem Gefühle seiner baldigen Hinfälligkeit entsprungen ist, oder aus dem sich aufdringenden Bewußtsein aller aufgehobenen Standes- und Rangesverschiedenheit, will ich nicht entscheiden; aber gewiß hätte er keinen schöneren Moment ergreifen können; kein Weimaraner hat über dieses Faktum zu reden Muße gehabt, und Goethes Freunde haben sich um so herzlicher freuen können. Jetzt lebt Goethe sehr häuslich, fast von allen Geschäften zurückgezogen, und arbeitet an seiner Optik.

2341 Johanna Schopenhauer
an ihren Sohn Arthur *8. Dezember 1806*

Vors erste schrieb ich Dir den Tag, wie ich bei der Frau v. Fritsch sein sollte, ich hoffte Wieland dort zu finden, er war nicht da, aber Goethe, er war wieder liebenswürdig, aber doch nicht so wie bei mir, zu mir hat er sich ganz gewöhnt, er kommt donnerstags und sonntags, als ob es so sein müßte, solange Weimar steht, hat er das nirgends getan, des Abends sticht er eine kleine Handlaterne an und geht wohlgemut zu Hause, denke Dir Goethen mit der Handlaterne ...

[Goethes Besuch am 7. Dezember.] ... er wurde schon um sieben Uhr abgerufen und war ganz verdrießlich darüber. Die Frau des Marschall Lannes kommt hier durch und sollte bei ihm logieren. Weil sie schon viele Tage erwartet wurde und nicht kam, so meinte er, sie käme gar nicht, aß richtig zu Mittag eine kalte Gänseleberpastete, die für die Dame bereitet war, und kam den Abend zu mir. Nun kam die Dame, und die Pastete war verzehrt, und er war bei mir und mußte fort.

2342 Riemer *8. Dezember 1806*

[Goethe:] «So werden die Franzosen nach innen zu genötigt, sich tugendhaft zu zeigen, ehrlich, honett, rechtschaffen usw. zu sein, da sie nach außen zu als Räuber und Spitzbuben und Mörder zu agieren gezwungen sind. Wir Deutsche waren im Bewußtsein unserer Tugenden früherhin im Ausdruck freier und loser, da wir jetzt bei ungebundenen Sitten zu einer Dezenz des Ausdruckes streben müssen.» Nach einem Spaziergang mit Goethe, mit ungefähr seinen Worten.

2343 Riemer *11. Dezember 1806*

[Goethe:] «Die Nationen lassen sich auch mit Pflanzen, ihren Blüten und Früchten vergleichen. Die untern Stände sind die Kotyledonen und die daraus sich entwickelnden ersten Stengelblätter; die höhern Stände und die Kulturen derselben repräsentieren die fernern Blätter, Blüten, Früchte.

Hier öffnete sich ein weites und artiges Feld für die Rungische allegorisch-symbolisch-mystische Pflanzenmetamorphose.» –

Über Tisch die Romanze: En manteau, manteau sans chemise, woraus Goethe sein «Woher der Freund pp.» genommen.

2344 *Riemer* *12. Dezember 1806*

Motiv in einem Roman. Goethe liebte in seiner Jugend einen jungen Freund außerordentlich. Dieser starb; bei seinem Begräbnis warf ihm Goethe den linken Handschuh nach ins Grab. Dies erregte äußerste Bewegung und Sensation unter den Anwesenden, die diese Äußerung jeder anders anklagten und entschuldigten.

K-r ließ dem Herzog von Braunschweig-Oels noch im Grabe das Hemd des Herzogs von W[eimar] wiederausziehen, das von jenem geliehen, und verbrannte es eigenhändig im Park.

Der sogenannte Aberglaube beruht auf einer viel größern Tiefe und Delikatesse, als der Unglaube.

Der Verstand, der, wie Aristoteles sagt, nicht riecht, zieht seine gefallenen Ochsen und Pferde selbst ab und seinen Leichnamen die Hemden der Lebendigen an!

2345 *Riemer* *13. Dezember 1806*

[Goethe:] «Der Krieg ist in Wahrheit eine Krankheit, wo die Säfte, die zur Gesundheit und Erhaltung dienen, nur verwendet werden, um ein Fremdes, der Natur Ungemäßes, zu nähren.»

2346 *Riemer* *15. Dezember 1806*

Abends.

[Goethe?:] «Basedow pflegte immer zu sagen: Wenn ein Gott im Himmel wär', so müßte er den Kerl erschlagen haben, wie er nur anfing, an dies zu denken.»

Von Jean Pauls neustem Erziehungsbüchlein [Levana] sagte Goethe: es käme ihm vor wie ein Züchtling, dessen Ketten man immer klirren höre, wenn er auch noch so leise Bewegungen mache. Man höre immer die Catena von Zitaten, Exzerpten, Kollektaneen und so fort.

Über Schreiber in Eisenach hatte neulich die Zeitung für die elegante Welt ein gutes Bonmot: Das Schlimmste, was einem großen Manne widerfahren könne, sei ein solcher lebendiger Leichenstein, der einem den Toten im Grabe noch verhaßt machen könnte.

Und von ein paar schlechten Gedichten Schreibers: sie hätten das Gute noch, daß sie gar nicht an Schiller erinnerten.

Goethes Unterschrift in Knittelversen unter das Porträt eines reichen Weinhändlers in Frankfurt.

2347 *Riemer* *16. Dezember 1806*

Goethe bemerkte, daß, da er nach Gall die Gabe habe, sich nur gleichnisweise auszudrücken, er nun auch das Verhältnis der Newtonischen Lehre zu seiner und der frühern in einem Gleichnis darstellen wolle. Er habe dieses gefunden in den verschiedenen astronomischen Systemen. Das Newtonische verhalte sich zu dem neusten seinen, wie das Tychodebrahische zu dem Kopernikanischen.

2348 *Riemer* *18. Dezember 1806*

[Goethe:] So schwer, ja so unmöglich es wäre, aus gefilzter Wolle, aus dem Hutfilz alle die Hasenhaare wieder zu sondern, so bei Newton diese Verfilzung von Wahrem und Falschem, Gesehenem und Gemeintem.

Auf Newtons Art zu schließen passe Basedows ergo bibamus.

2349 *Riemer* *20. Dezember 1806*

[Goethe:] «Die Idee, man kann sagen, wie sie in die Erscheinung tritt, wird zur Fratze, zur Mißgeburt. Der Hermaphrodit, was zeigt er anderes als die Identität der Geschlechter, daß ein Glied beides sein kann! Um zu erscheinen, muß sie sich trennen. Die Elektrizität erscheint nur, indem sie sich trennt, in Plus und Minus.»

Auch Voigt kam auf die Vergleichung des os temporum mit den scapulis.

«Aus drei Rückenwirbeln läßt sich die Hirnschale konstruieren.»

[Spätere Bemerkung Riemers hierzu:] Diese Notiz ward aus einer mündlichen Unterredung mit Goethe geschöpft und kann zum Beweis dienen, daß lange vor Okens Programm diese Idee von Goethe gefaßt worden.

2350 Johanna Schopenhauer an ihren Sohn Arthur *22. Dezember 1806*

Vorige Woche [17. Dezember] brachte ich einen sehr angenehmen Abend bei der Herzogin [Anna Amalia] zu, es war niemand dort als ich, die Hofdamen [v. Göchhausen und v. Stein], Goethe, Wieland und Einsiedel. Goethe zeichnete wie immer, ich finde ihn aber nirgends heitrer und liebenswürdiger als bei mir … Goethe ist noch immer jeden Gesellschaftsabend bei mir. Gestern war mein Zirkel klein, aber um so interessanter, obgleich gerade niemand etwas zum Vorlesen mitgebracht hatte. Ich schnitt wieder Blumen aus, und Goethe war gewaltig geschäftig, sie zu einem Ofenschirm zu ordnen, den er selber aufkleben will; dabei erzählte er Anekdoten aller Art … Die Bardua malt jetzt Goethen; ich glaube fast, er würde mir auch sitzen, wenn ich ihn darum bäte; den Mut dazu hätte ich wohl, aber wenn's zur Ausführung käme, und er mich dann so ernsthaft mit seinen durchdringenden Augen ansähe, dann wäre ich in Gefahr, davonlaufen zu müssen. Also laß ich es lieber; die Bardua wird mir aber das Bild, welches sehr ähnlich werden soll, kopieren …

Die Italiener mit ihrer Verwunderung über den Schnee kann ich mir lebhaft denken, ich erzählte es neulich, und Goethe, Fernow und Meyer, die lange in Italien waren, amüsierten sich sehr darüber … Letzt sprach man bei mir vom Latein, wie notwendig es wäre, und wie wenig es jetzt gelernt würde, ich sagte, Du hättest es in Deiner Kindheit durchaus nicht lernen können, obgleich Du lebende Sprachen sehr leicht vollkommen begriffest, Goethe sagte, es wundere ihn nicht, es wäre ungeheuer schwer, da hülfe keine Methode, die ganze Kindheit müsse darauf zugebracht werden, denn wenn 10 Louisdor auf einem Tische liegen, kann man sie leicht einstreichen, aber wenn sie tief in einem alten Brunnen liegen und Steine, Schutt und Gebüsch obendrauf, dann ist's ein ander Ding, ein Kind kriecht dann wohl mühsam hinein, aber ein Erwachsener muß es bleiben lassen. Ich sagte, Du hättest Lust, es noch zu lernen, ich wolle Dir aber abraten, das sollte ich auch nicht tun, sagte er, es bliebe doch immer etwas hängen, und wenn Du es noch tun wolltest, so wäre es sehr gut und nützlich, obgleich Du es zur Vollkommenheit nicht bringen können wirst.

2351 *H. Meyer an H. K. A. Eichstädt* *22. Dezember 1806*

Es geschahe auf Herrn Geh. Rat v. Goethes Geheiß, daß ich die Stelle über den Verkauf der [Gallitzinschen] Gemmensammlung dem Manuskript [zu dem Programm «Unterhaltungen über Gegenstände der bildenden Kunst»] eingerückt, und glaubte, er habe mit Ihnen darüber Rücksprache genommen. Ich bin die Weglassung darum wohl zufrieden und habe ferner mit Goethe gesprochen, der es ebenfalls genehmigt und wünscht, Sie möchten auch mit der Anzeige des Verkaufs-Anerbietens im Intelligenzblatt so lange warten, bis die gegenwärtigen Besitzer dieser Sammlung sich solches von Ihnen selbst ausbitten würden.

2352 *Riemer* *22. Dezember 1806*

Goethe sagte, «daß ihm die Lust, zu zeichnen, oft gekommen sei, und zuweilen mit der größten Gewalt. Er habe darüber reflektiert, da es doch eigentlich nicht sein Talent sei, und wenn es Talent wäre, es sich völlig entschieden und zur Beruhigung gekommen sein würde, – was es denn eigentlich sei? Nun habe er gefunden, daß bei ihm sich die Sehnsucht, die jeder Mensch habe, darin auflöse.»

2353 *Riemer* *24. Dezember 1806*

Goethe wünschte einmal die Frage: ob ein nützlicher Irrtum, eine nützliche Lüge einer schädlichen Wahrheit vorzuziehen sei, in einer Fabel zu behandeln. Ich soll ihn daran erinnern, wiewohl sie in der Iphigenie schon durchgeführt sei. Während Orest und Pylades ihre Zwecke durch Lug und Trug zu erreichen streben, sucht sie auf ihre Weise durch die Wahrheit dahin zu gelangen.

2354 Riemer

Goethe habe nur drei Arten, sein Urteil zu äußern, indem er lobe, oder schweige, oder schelte.

2355 H. Schmidt: Erinnerungen eines weimarischen Veteranen *1856*

Als ich von Berlin nach Wien meine Tour über Weimar nahm, säumte ich natürlich nicht, sondern war vielmehr im Drang jugendlicher Dankbarkeit hochbeglückt, den göttlichen Mann [Goethe] wiederzusehen, um ihm nochmals danken zu können. Bald nach meinem Eintritt [am 24. Dezember 1806] fragte er mich: «Nun, wie geht's und wie ist's gegangen? Wie haben Sie sich mit dem Theater zurechtgefunden?» Erfreut legte ich sogleich eine vollkommene, doch kurzgefaßte Beichte ab, deren Kern im wesentlichen darin bestand, daß ich ihm seinen eigenen frühern Ausspruch zurückrief, der dahin lautete, daß er fürchtete, meine Neigung zum Geschäft des Schauspielers würde nicht standhalten, um dabei mit Erfolg zu beharren, wie es die Aufgabe erfordere. Wie sehr bestätigte sich dies. Ja! es gehört eine große, beharrlich große Liebe zu diesem Geschäft dazu, um zum Ziele zu gelangen. Mir aber wurde es, je länger ich dabei blieb, um so abstoßender ... Dies immer mehr einsehend, war mir daher auch nichts willkommener, als daß sich mir eine in jeder Hinsicht erwünschte Gelegenheit darbot, meine Vorliebe für das Theater, besonders aber auch für Musik und Oper auf andere Weise zu betätigen, indem das Fürstlich Esterházysche Theater im Schloß zu Eisenstadt eröffnet werden sollte und mir die Mitwirkung bei der Her- und Einrichtung sowohl als auch bei Fortführung des Ganzen zuteil wurde. Nun fand sich erst, wofür meine Neigung die eigentliche Richtung erhalten sollte. Goethe sagte hier die für mich so wohltuenden Worte: «Nun, das freut mich. So, wie ich mir's gedacht hatte, als ich damals mit Schiller davon sprach. Nun! Glück zu!»

2356 Johanna Schopenhauer
an ihren Sohn Arthur *5. Januar 1807*

Goethe ist ein unbeschreibliches Wesen, das Höchste wie das Kleinste ergreift er, so saß er denn den ersten Feiertag eine lange Weile im letzten meiner drei Zimmer mit Adelen und der jüngsten Conta, einem hübschen unbefangenen sechzehnjährigen Mädchen, wir sahen von weitem der lebhaften Konversation zwischen den dreien zu, ohne sie zu verstehen, zuletzt gingen alle drei hinaus und kamen lange nicht wieder. Goethe war mit den Kindern in Sophiens Zimmer gegangen, hatte sich dort hingesetzt und sich Adelens Herrlichkeiten zeigen lassen, alles Stück vor Stück besehen, die Puppen nach der Reihe tanzen lassen, und kam nun mit den frohen Kindern und einem so lieben milden Gesicht zurück, wovon kein Mensch einen Begriff hat, der nicht die Gelegenheit hat, ihn zu sehen, wie ich. Ihn freut alles, was natürlich und anspruchslos ist, und nichts stößt ihn schneller zurück als Prätension. Wir hatten den Abend nichts zu lesen; ein Aufsatz über die verschiedenen Mundarten der italienischen Sprache, welchen Fernow mit der ihm ganz eigenen Grazie und Klarheit geschrieben und vorgelesen und der uns einige Abende hindurch unterhalten hatte, war aus ... Also kam es dann wieder in mein Ausschneiden, wofür Goethe sich lebhaft interessiert. Mein Ofenschirm ist in voller Arbeit ... Ich fabrizierte den Abend noch mit Meyern einen transparenten Mondschein; denn Meyer muß immer so etwas vorhaben; die übrigen standen umher und konversierten im zweiten Zimmer; Conta und die Bardua sangen zwischendurch ein Liedchen, und Goethe ging ab und zu, bald an meinen Tisch, wo ich mit Meyern arbeitete, bald nahm er teil an jenem Gespräch. Mit einemmale kam man, ich weiß nicht wie, dort auf den Einfall, die Bardua, die sich ohnehin leicht graut, mit Gespenstergeschichten angst zu machen. Goethe stand gerade hinter mir. Mit einemmale machte er ein ganz ernsthaftes Gesicht, drückte mir die Hand, um mich aufmerksam zu machen, und trat nun gerade vor die Bardua und fing eine der abenteuerlichsten Geschichten an, die ich je hörte; daß er sie auf der Stelle ersann, war deutlich, aber wie sein Gesicht sich belebte, wie ihn seine eigene Erfindung mit fortriß, ist unbeschreiblich. Er sprach von einem großen Kopf, der alle Nacht oben durchs Dach sieht; alle Züge von dem Kopf sind in Bewegung; man denkt die Augen zu sehen, und es ist der Mund, und so verschiebt sich's immer, und man muß immer hinsehen, wenn man einmal hingesehen hat. Und dann kommt eine lange Zunge heraus, die wird immer länger und länger, und Ohren, die arbeiten, um der Zunge nachzukommen, aber die können's nicht. Kurz es war über alle Beschreibung toll, aber von ihm muß man's hören und besonders ihn dazu sehen. So ungefähr muß er aussehen, wenn er dichtet.

2357 H. Schmidt: Erinnerungen eines weimarischen Veteranen *1856*

Hier will ich nur eines interessanten Theaterabends [in Berlin] insbesondere erwähnen, an dem Schillers «Don Carlos» gegeben wurde, weil er mir Gelegenheit gibt, eines merkwürdigen Zuges von Geistesgegenwart zu gedenken, durch den sich die geniale Schauspielerin Bethmann auszeichnete. Sie gab die Eboli, Mattausch, ein großer Naturschauspieler, der leicht den Kopf verlor, den Prinzen. Es kommt zur Szene im Pavillon, wohin Carlos eingeladen ist und wo er die Königin zu finden meint, jedoch die Prinzessin Eboli findet ... [Folgt Schilderung der Szene, in welcher die Eboli Carlos den verhängnisvollen Brief des Königs übergibt, ihn dann aber wieder zurückverlangt. Carlos verweigert dies und geht ab.] Hier nun beging Mattausch die entsetzliche Unvorsichtigkeit, den Brief auf dem Theater zu verlieren, eh er abging. Er war nun also in der Gewalt der Prinzessin, die zu dem großen Monolog in der Szene zurückbleibt. Um das höchst Kritische dieser Situation ganz zu durchschauen, muß zweierlei erwogen werden. Erstlich, daß von diesem Briefe die Motive aller darauf folgenden Schritte der Prinzessin abhängen, und daß eigentlich das Stück zu Ende ist, wenn sie den Brief zurückerhält. Zweitens, daß die Szene vor den Franzosen gespielt wurde, die eben erst als Feinde eingezogen waren und bei denen eine gute Vorstellung einer geglätteten Tischplatte gleichen muß, auf der kein Staubkorn haftet; daß diese Franzosen den Gang der Handlung mit der größten Aufmerksamkeit verfolgten und jetzt eine Aufregung, eine Unruhe blicken ließen und endlich einen Lärm machten, als bräche das ganze Publikum zum Weggehen auf. Eboli, die höchst talentvolle, besonnene Bethmann, stand auf der einen Seite der Bühne, jedoch ohne den Brief wahrzunehmen. Vielmehr warf sie ihre Blicke überall im Publikum umher, um dort vielleicht die Ursache der allgemeinen Aufregung zu finden, die sie nicht zum Worte kommen ließ. Denn es geschah damals wohl, daß Siegesnachrichten, Bulletins im Theater von Generalen vorgelesen wurden. Nirgends einen Aufschluß entdeckend, fällt ihr Auge endlich auf die Bühne selbst und – auf den Brief. – Bis hierher hatte ich, als ich bald darauf nach Weimar kam und bei Goethe speiste [26. Dezember 1806?], über Tische den Vorfall erzählt und bat ihn nun zu raten, was die Bethmann wohl in diesem Augenblicke getan haben möchte; denn er hatte uns vorher auch lange auf den Namen des damals noch anonymen Verfassers von dem Lustspiel «Das Rätsel» [von Contessa] raten lassen. Er stand einige Augenblicke an, und Frau von Goethe, die kurz vorher ihren Ehrentag gehalten, meinte, sie würde getan haben, als sehe sie den Brief nicht. «Da wären denn freilich Madame wohlfeilen Preises davongekommen», erwiderte Goethe, und foderte mich auf, weiter zu erzählen. «Denn wer kann erraten», fügte er hinzu, «was eine kluge, verständige Schauspielerin in so kritischem, dringendem Augenblick tut!» – Die Bethmann, in demselben Moment, als sie den Brief erblickt, bezeigt die höchste freudigste Überraschung und stürzt mit der auffallendsten Hast auf den Brief hin, ergreift ihn begierig, durchfliegt ihn mit vor Hoffnung funkelnden Augen und – wirft ihn endlich mit dem Gest getäuschter Erwartung wieder hin, als sei es ein falsches Papier. Man muß es mit eigenen Augen gesehen haben, um das höchst Verdienstliche und Überraschende dieser besonnenen Handlung ganz zu würdigen, durch welche die auseinandergerissenen Fugen eines so herrlichen, ergreifenden Kunstwerks mit dem einzigen Griff einer kleinen, aber verständigen Frauenhand wieder zusammengefaßt und zusammengehalten wurden. Alles brach auch in einen solchen Beifallssturm aus, daß das ganze Haus davon erbebte.

2358 Caroline Falk an ihren Mann *27. Dezember 1806*

Gestern abend war ich in die Komödie, man gab ein neues Lustspiel von Frau v. Weißenthurn [Die Erben] ... Goethe saß vor mir, auf seinen alten Platz mit seiner Donna, und sprach einige recht freundliche Worte mit mir, die von meiner abwechselnden Witwenschaft handelten ...

2359 Riemer *26. Dezember 1806*

Gegen die Newtonianer.

[Goethe:] «Die Butter auf dem Butterbrot schmiert zwar die Löcher des Brotes zu; aber wir wollen sie nicht zuschmieren, sondern auskratzen.

Hauy gehöre zu den wiederkäuenden Tieren, wie die Newtonianer sind, bei denen der Schlund sich in lauter aufeinander folgende Magen zusammenfaltet. Das Newtonische Heu schlucken sie hinunter, aber sie können's im Magen weder verdauen, noch ver–; sie ruminieren es also durch alle Magen herauf bis ins Maul und können's doch nicht digerieren, käuen den Dreck aber immer fort; da hingegen andre edlere Tiere das ihrem Magen Widerspenstige gleich von sich geben.

Den Hauy müsse man in ein Ragout zerpflücken (diszerpieren) und ihn recht zierlich auf einem silbernen Teller über einer Lampe à la Schart zurecht machen.»

2360 Riemer *27. Dezember 1806*

Goethes Gleichnis vom alten ehrwürdigen Eichbaum, den ein Eiferer umhaut. Aber wenn der Aberglaube aufhören solle, so müsse auch der Eichbaum umgehauen werden.

[Goethe:] «Bei Hauy müsse gezeigt werden, daß die Franzosen sich Unrecht täten, des alten Engländers Irrtum in ihren Prytaneen zu verewigen. Da sie überall aufs Exstirpieren der Engländer ausgingen, so müßten sie es auch hier und diejenigen ihrer Landsleute: Castel, Mariotte, Gauthier und andere, welche durch Voltaire und andre Journalisten – die bloß um Phrasen, nie um die Sache sich bekümmern – unterdrückt worden wären, wieder zu der verdienten Ehre bringen.»

2361 G. Reinbeck: Reise-Plaudereien 1837

[28. Dezember 1806.] In der Gesellschaft im Hause der Frau Hofrätin Schopenhauer, von welcher wir mit vieler Güte empfangen wurden, hatten wir das Vergnügen, Bertuch, Vater und Sohn, Riemer, Falk, Fernow, Stephan Schütze u. m. und einige Damen zu finden. Zum erstenmale erschien die Frau Geheimerätin v. Goethe darin: eine Frau von noch vielem materiellen Reiz, an welcher man Gutmütigkeit und einen stets gleich heitern Sinn rühmte, wie dies mit Temperamenten der Art gewöhnlich verbunden ist. Später kam der Geheimerat. Er trat mit einem freundlich gezogenen Hm! Hm! nach allen Seiten grüßend ein und sah sich gleich nach einem Stuhle um. Jetzt beschaute er sich den Kreis, und als sein Auge auf mich fiel, stand er auf und kam auf mich zu. Natürlich erhob ich mich sogleich. Er bückte sich feierlich und sagte: Er habe mir seinen Dank abzustatten. Ich fragte, wodurch ich so glücklich gewesen sei, mir diesen zu erwerben? «Ich hatte immer den Vorsatz, Rußland einmal zu besuchen», antwortete er, «Sie haben mich aber vollkommen davon geheilt.» – «Das würde ich sehr bedauern», erwiderte ich, «zunächst für Rußland, welches des Glücks beraubt werden sollte, den Mann bei sich zu sehen, den es so hoch verehrt; dann aber auch, erlauben Ihre Exzellenz, daß ich es sage, um Ihrer selbst willen, denn Rußland würde Ihnen gewiß der nähern Bekanntschaft würdig scheinen.» – Es war dies von seiner Seite eine scherzhafte Wendung, mir anzudeuten, daß er meine damals erschienenen «Flüchtige Bemerkungen auf einer Reise über Moskwa, Warschau usw.» gelesen habe, die einiges Aufsehen machten durch die von den gewohnten Lobpreisungen eines Storch hier und da abweichenden Ansichten und Schilderungen nach einem vierzehnjährigen Aufenthalt in Petersburg. Ich stellte ihm nun meine Frau vor, mit welcher er sich sehr freundlich unterhielt. – Goethe war in der besten Laune von der Welt. Er sprach viel mit mir über Rußland, fragte nach mehreren Bekannten daselbst, wir kamen auf das wieder eröffnete Theater, die Konversation wurde allgemein und war ungeniert, und ich dankte meinem lieben Fernow für diese reiche Quelle des Genusses, die er mir in Weimar eröffnet hatte und die ich von diesem Abend an nie unbenützt ließ.

2362 Riemer *30. Dezember 1806*

Bei Ifflands Almanach fürs Theater.

Auf meine Bemerkung, daß die Deutschen den *Franz Moor* nicht los werden könnten, erwiderte Goethe, daß Iffland ihn in seiner Jugend gut gespielt habe, und, weil er ihn nicht losgeben wolle, ihn nun in das Würdige ziehe, einen *Richard* aus ihm mache etc. Was es denn aber helfe, Eine grelle Figur abzudämpfen, wenn die übrigen es noch blieben, ja nur stärker hervorträten? Schillers Intention, als Mann von Genie, sei vielmehr gewesen, in diesem fratzenhaften Stücke auch einen fratzenhaften Teufel auftreten zu lassen, der die andern übertrumpfe. – – – Aber nun beschneiden sie ihm die Krallen, *und da soll es ein würdiger Hundsfott werden, damit ihn ein würdiger Mann spielen könne.*

2363 Riemer *Dezember 1806*

Goethe sagte: «Die vornehmen Herren hätten die Hundsfötter außerordentlich gern.» Mir fiel jener Fürst ein, von dem er mir oft erzählt hatte, der seine Diener durch Nachsicht verdarb und dann ausrief: «Nun, der Hundsfott wär' mir gelungen!»

2364 Johanna Schopenhauer an ihren Sohn Arthur *5. Januar 1807*

[Ihr erstes Souper am Silvesterabend 1806.] Goethe mit der Frau, Fernow, Meyer, Dr. Riemer, der bei Goethe lebt, die

Bardua und der Dichter Schütze, der ihr ein wenig die Cour macht, Professor Froriep aus Halle, Bertuchs Schwiegersohn und einer der schönsten und dabei angenehmsten Männer, Conta mit der Schwester, ich und Adele, das waren wir alle, und gewiß einer der angenehmsten Zirkel. Goethe war auf sein Bestes, und alle versichern mir, seit vielen Jahren keinen ähnlichen Abend erlebt zu haben. Auch war das alte Jahr schon seit zwei Stunden vorüber, wie wir uns trennten.

2365 St. Schütze: Die Abendgesellschaften der Hofrätin Schopenhauer *1840*

Am Silvester-Abend [1806], wo Frau Schopenhauer einen *engeren* Kreis (wozu ich auch mit gehörte) geschmackvoll bewirtete, war er [Goethe] überaus heiter. Unter anderm erzählte er von dem Erfolge des großen Rätsels, das er in die Welt ausgesandt. Briefe über Briefe kamen mit Auflösungen. Es kostete viel Porto, und der Bediente geriet außer sich. Lassen wir das noch eine Weile, sagte er: «Es ging vorzüglich nach dem Harze zu, und endlich brach es sich am Brocken.» – Dann neckte er die Bardua, die mich mit einem Einfalle malen sollte. Den folgenden Tag, als er wieder kam, saß sie unter dem Tische, weil sie seinen Befehl nicht vollzogen hatte. Wie sie aber jetzt hervorrauschte, erschreckte sie ein sehr ernstes Gesicht, – der Scherz war vorüber.

1807

2366 Johanna Schopenhauer an ihren Sohn Arthur *5. Januar 1807*

Den Neujahrstag wurde bei mir ein Lustspiel von Schütze gelesen, das ganz hübsch ist und allgemeinen Beifall fand. Sieh doch zu, daß Du es liest; es heißt: «Der Dichter und sein Vaterland» ... Schütze hat diese Bahn noch nicht lange betreten, aber der erste Versuch ist glücklich; es ist Witz und Satire, aber ohne alle Bitterkeit, und das ist selten. Goethe hatte auch viel Behagen dran. Er war aber recht müde von der Schwärmerei der vorigen Nacht.

2367 St. Schütze: Die Abendgesellschaften der Hofrätin Schopenhauer *1840*

Vorlesungen hielt Fernow [bei Johanna Schopenhauer] zweimal über die italienischen Dialekte. Dann kam von mir ein Lustspiel daran: Der Dichter und sein Vaterland. «Als Vorschlag zu einer Totenfeier für alle Dichter, die gestorben sind, und noch sterben werden.» Es wurde zur Zeit der Jenaischen Schlacht gedruckt, und jetzt, vom Krieg umringt, mußte es sein Publikum in Weimar, ja in diesem Kreise suchen. Fernow brachte es am Neujahrstage [1807] zum Vortrag, und Goethe, der es schon kannte, äußerte zuletzt, wo das zu einem Denkmal gesammelte Geld auf den Grabhügel des totgeglaubten Dichters gelegt wird, und er nun plötzlich selbst, es zu empfangen, hervortritt: «Hier will ich dem Autor den Vorschlag tun, daß er einen von den Gesandten der grünen Inseln sagen läßt: ‚Ich muß protestieren, für diesen Fall habe ich keinen Auftrag!'» – gewiß ein köstlicher Einfall, der den Widerspruch – für einen lebenden Dichter nichts zu tun, und für den toten Schätze zu einem Denkmale zu sammeln – recht in das hellste Licht setzt. Goethe schickte das Lustspiel auch an Knebel, und die Herzogin Amalia, glorreichen Andenkens, ließ es sich ebenfalls in ihrer Abendgesellschaft vorlesen.

2368 H. Schmidt: Erinnerungen eines weimarischen Veteranen *1856*

In Weimar blieb ich nur sechs Tage, da ich meine guten Eltern vom Kriegstrubel ziemlich unverletzt und die Lage und Verhältnisse der Theatermitglieder anders gefunden hatte, als vorausgesetzt worden war. Denn das Theater hatte sich keineswegs aufgelöst, und so waren auch hier die bessern Mitglieder wenig geneigt, es zu verlassen, bis auf Madame Beck, eine sehr brave Schauspielerin, mit der ich abschloß, und Herrn Haide, wegen dessen ich jedoch erst nach Wien schrieb und wohlweislich vorher ein Gastspiel anriet, bevor man ihn engagiere ... Auch in Bezug auf die andern vorzüglichen Mitglieder unterließ ich jedoch nicht, meinem Auftrag gemäß weitere Schritte zu tun, worüber mir Goethe, als ich vor meiner Abreise das letzte Mal bei ihm speiste [2. Januar 1807], das aus seinem Munde mir höchst erfreuliche Zeugnis gab, daß er meine Schritte, die ihm nicht unbekannt geblieben wären, ganz gebilligt, und daß ich es zu vereinigen gewußt habe, meinen Pflichten ganz treu zu bleiben und doch dem Theater in Weimar nicht nachteilig zu werden. (Noch im Jahre 1828, wo ich das letzte Mal die Freude hatte, ihn in Weimar zu sprechen, erinnerte er sich an dies Zeugnis.) Zugleich bedauerte er, daß es nicht möglich gewesen sei, mich während meines Aufenthalts seinen «Egmont» sehen zu lassen. Ich hätte dabei abnehmen können, auf welche sinn- und effektvolle Art Klärchens Erscheinung am Schlusse, die er nun beschrieb, plastisch bewirkt würde. Ich fragte ihn hierauf, ob das Stück noch mit den Abänderungen in Weimar gegeben würde, wie sie mir von Ifflands Gastspiel her, der 1796 den Egmont als Gast gab, erinnerlich waren. Goethe fragte, worin sie bestanden hätten. Ich erwähnte nur die eine, daß nämlich bei der Unterredung Egmonts mit Ferdinand im Kerker, im fünften Akt, auch Alba im weiten schwarzen Gewande mit der Kapuze über den Kopf herabgezogen und dem Henkerschwert an der Seite gegenwärtig gewesen sei und daß dann Egmont bei einem Ausbruch seines Unmuts (es war bei der Rede: «Und ich falle ein Opfer seines (Albas) niedrigen Hasses, seines kleinlichen Neides. Ja ich weiß es und darf es sagen, der Sterbende, der tödlich Verwundete kann es sagen, mich hat der Eingebildete beneidet, mich wegzutilgen hat er lange gesonnen und gedacht») noch die Worte hinzugefügt habe: «Ja ich darf es sagen, und wenn Herzog Alba selbst es hören sollte», womit er Alba die Kapuze vom Gesicht herabriß und dieser in seines Nichts durchbohrendem Gefühle dastand. «Ja», erwiderte Goethe, «ich erinnere mich, daß es damals so arrangiert war, und zwar von Schiller selbst. In Schillersche Stücke hätt' es auch wohl gepaßt; allein das ist mein Genre nicht.» Dies ganz seine eigenen Worte.

2369 *H. Schmidt: Erinnerungen eines weimarischen Veteranen* *1856*

Beim Abschied von Weimar drang ich mit der wiederholten Bitte in Goethe (es war schon früher mehrmals davon gesprochen worden), in diesem Sommer nach Wien zu kommen, wo ich Quartier und alles Nötige für ihn besorgen und bereit halten würde. Er sagte die Erfüllung der Bitte halb zu, sowie er auch versprach, einige seiner Stücke für Wien bearbeitet zu schicken.

2370 *Johanna Schopenhauer an ihren Sohn Arthur* *5. Januar 1807*

Gestern war wieder Gesellschaft, Goethe fing an von seinem herannahenden Alter zu sprechen, mit einer Weichheit des Tones, mit einem so edlen Selbstbewußtsein, daß er uns alle tief rührte. Dabei hielt er mich fest bei der Hand; er tut das oft, und erinnert mich dann lebhaft an Deinen Vater, der mich denn auch so festhalten konnte. [Sein Besuch am folgenden Morgen.] Es ist unbegreiflich, wie er sich an mich gewöhnt hat. Alles wundert sich drüber, und ich selbst wundre mich auch, aber ich freue mich darüber unbeschreiblich ... Er ist mir bei weitem hier das Interessanteste; auch lebe ich so viel mit ihm, daß er sich in alle meine Vorstellungen einmischen muß.

2371 *Caroline Falk an ihren Mann* *14. Januar 1807*

... à propos. Weil wir von der Komödie reden, so fällt mir zugleich ein Glied der Gesellschaft ein, nämlich die Demoiselle Jagemann. Sie hat einen kleinen Sohn ... Goethe hat das Kind [am 11. Januar] aus der Taufe allein gehoben...

2372 *Ch. A. Vulpius an N. Meyer* *13. Januar 1807*

Nach einem Ärger bekam der Geh. Rat Goethe seinen Anfall wieder; es ist aber wieder vorbei.

2373 *Riemer* *13. Januar 1807*

Abends bei Goethe. Newtons zweites Buch der Optik besprochen. Wie es sich damit verhalte, daß der Spektator die Farben umgekehrt sehe im Prisma gegen die, welche das

Prisma an die Wand werfe. Versuch mit dem Kerzenlichte. Es ist gar nicht dasselbe, was er im Prisma und an der Wand sieht. Jenes ist das ganze Bild des Lichts vom Auge rückwärts gefärbt, das an der Wand sind die Ränder des Prismas.

2374 Riemer *14. Januar 1807*

Äußerte sich Goethe über das Steife und Leblose der mathematischen Formeln, sobald sie außer ihrem Kreise, das heißt außer dem Räumlichen angewendet werden.

2375 Riemer *14. Januar 1807*

[Goethe:] «Die mathematischen Formeln außer ihrer Sphäre, das heißt dem Räumlichen, angewendet, sind völlig starr und leblos, und ein solches Verfahren höchst ungeschickt. Gleichwohl herrscht in der Welt der von den Mathematikern unterhaltene Wahn, daß in der Mathematik allein das Heil zu finden sei, da sie doch, wie jedes Organ, unzulänglich gegen das All ist. Denn jedes Organ ist spezifisch und für das Spezifische.»

2376 Luise v. Göchhausen an Böttiger *15. Januar 1807*

Goethe beschäftiget sich sehr anhaltend mit seiner neuen Optik, die nächstens bei Frommann herauskommt.

2377 Riemer *19. Januar 1807*

Abends der Amerikaner [Lustspiel von W. Vogel]; Goethe bemerkte, daß er sich zu einer vortrefflichen Oper machen ließe.

2378 Riemer *20. Januar 1807*

Abends Leseprobe vom Tasso. – Nach Goethes Bemerkung gebe ein schmarutzender Tyrann oder tyrannischer Schmarutzer ein gutes Stück.

2379 Charlotte v. Stein an ihren Sohn Fritz *23. Januar 1807*

Goethe war eben bei mir; er hat Deinen Brief mitgenommen, um ihn zu Haus zu lesen ... Goethe war traurig, seine Gesundheit ist nicht sonderlich. Doch ist mir seine Traurigkeit wohltuender, als seine unnatürliche Lustigkeit. Prinz August von Preußen hat, als er hier durch gefangen (nach Frankreich) ging, für den Grafen Schmettau ein Monument beim Goethe bestellt ...

2380 Johanna Schopenhauer
an ihren Sohn Arthur *30. Januar 1807*

Die Kreide kam unversehrt an, hast Du sie eingepackt, so mußt Du ebenfalls gelobt werden. Ich habe Goethen, Fernow, Meyer und der Bardua jedem einen Kreidestift verehrt, und sie haben sich alle hübsch bedankt. Ich habe Goethen auch die Nachtlampe, um nach der Uhr zu sehen, gegeben, weil er letzt darüber klagte, daß er oft aufwache und dann nicht wissen könne, wie viel es an der Zeit wäre. Dafür hat er mir einen Kasten mit transparenten Mondscheinen gegeben, und er wird mir zu dem Kasten immer mehr neue Mondscheine erfinden, und ich und Meyer werden sie ausführen, er mit dem Pinsel, ich mit der Schere ... Klugen, vernünftigen Leuten muß unser Beginnen fast töricht erscheinen. Wenn so ein Senator oder Bürgermeister sähe, wie ich mit Meyer Papierschnitzel zusammenleime, wie Goethe und die andern dabei stehen und eifrig Rat geben, er würde ein recht christliches Mitleid mit uns armen kindischen Seelen haben; aber das ist eben das Göttliche der Kunst, sagt Dein Liebling Tieck, wenn ich nicht irre, daß ihr Beginnen, ihre Werkzeuge fast kindisch und einfältig aussehen. Der Ofenschirm ist fertig und die Bewunderung aller Welt; er ist wirklich über Erwarten hübsch. Goethe hat letzt mit dem Lichte in der Hand wohl eine halbe Stunde davor gesessen und ihn besehen, und wer ihm näher kam, der mußte mit bewundern und besehen. Jetzt wird ein anderer gemacht, und zwar der echte Bogen Goldpapier, den ich aus London brachte, mit dazu gebraucht. Goethe ist seit einiger Zeit nicht recht wohl; er ist nicht krank, aber er fürchtet, krank zu werden, und schont sich ängstlich, doch kommt er zu mir, wenn er irgend kann, und läßt sich in der Portechaise zu mir tragen. Er kommt mir bisweilen etwas hypochondrisch vor; denn seine Krankheit verschwindet, wenn er nur ein wenig warm in der Gesellschaft wird, und das geschieht so leicht. Am Dienstag [dem 27.] gab ich einmal eine Extragesellschaft; denn ich mußte einige der adligen Häuser, in denen ich gewesen war, einladen. Wie wenig kostet ein solcher Zirkel und wie hübsch ist er! Ich hatte ein kleines Konzert. Mein neues Piano ist wunderschön von Ton; Werner, mein Musikmeister, spielt es sehr schön; auch singt er einen schwachen, aber angenehmen Tenor. Die Bardua und der erste Sänger bei der Oper, Stromeyer, sangen Duette, Arien und auch kleine Lieder, meistens von Goethen, zur Gitarre. Dann waren noch drei Musici von der Kapelle des Herzogs da ... Die Goethen kam allein und sagte mir, er wäre nicht wohl, würde aber, wenn es ihm möglich wäre, eine halbe Stunde kommen, doch sei dies nicht gewiß. Miteins sah ich ihn aber im Nebenzimmer zwischen der Bardua und der Conta ganz gemütlich sitzen. Ich lief gleich voller Freude zu ihm, die Mädchen machten mir Platz, und ich habe fast eine Stunde mit ihm geplaudert. Er erzählte mir viel von Huber, dessen Leben jetzt herausgekommen ist. Er war unbeschreiblich sanft und liebenswürdig gestimmt. Du meinst, es sei unmöglich, vis-à-vis ihm nicht ein wenig scheinen zu wollen. Sähest Du ihn nur, Du würdest fühlen, wie unmöglich es ist, ihm gegenüber sich anders als natürlich zu zeigen. Er ist ganz Natur, und seine klaren, hellen Augen benehmen alle Lust sich zu verstellen; man fühlt, daß er doch durch alle Schleier sieht, und daß diesem hohen reinen Wesen jede Vorstellung verhaßt sein muß. Ich pflegte ihn nach besten Kräften, und hatte die Freude, einen Bedienten, der schon um acht Uhr gekommen war, bis elf mit der Laterne warten zu sehen.

2381 Riemer an Frommann *28. Januar 1807*

Unser teurer Goethe ist zeither nicht ganz wohl. Er will zwar nicht, daß man es laut werden lasse, und ich sage es Ihnen nur im Vertrauen; allein er kann es doch nicht verbergen. Es sind die schlimmen Monate gerade; und es kommt so vieles zusammen, was auf ihn nicht zum besten einwirkt. Wenn wir nur den Mai erreichen, ohne heftigere und eigentliche Anfälle; dann wollen wir ihn schon wieder mit Gesundheit ausrüsten. Das alles unter uns; denn er hat's nicht gern, wenn ihm aus der Nähe und Ferne die Wirkungen seines Zustandes zurückstrahlen.

2382 Hegel an Schelling *23. Februar 1807*

In Ansehung der siderischen Versuche habe ich deswegen mit Vergnügen gehört, daß er [Ritter] eine Vorrichtung angegeben zu haben schreibe, durch welche das Zufällige, das sich in diese Versuche einmischen kann, entfernt werde – ohne diese wage ich es nicht, bei mir einen für gelungen zu halten – freilich habe ich auch nur mir Bleiwürfeln, Geldstücken und dergleichen – nicht mit goldnen und silbernen Würfeln experimentieren können.

Goethen hab' ich [am 31. Januar?] neugierig darauf gemacht, der einstweilen seine Späße dabei anbrachte. – Er arbeitet an seiner Farbengeschichte fort, von der er an zwei Teilen zugleich – einem theoretischen, das heißt empirischen, und einem geschichtlichen drucken läßt, – von jedem sind wohl schon ein zwanzig Bogen fertig. – Ich habe einen Teil derselben gesehen, erhält sich aus Haß gegen den Gedanken, durch den die andern die Sache verdorben, ganz ans Empirische, statt über jenen hinaus zu der andern Seite von diesem, zum Begriffe, überzugehen, welcher etwa nur zum Durchschimmern kommen wird. – Zugleich läßt er auch an einer Morphologie drucken – er scheint überhaupt sein Haus bestellen und seine zeitlichen Angelegenheiten in Richtigkeit bringen zu wollen – der Anfang derselben ist der ungeänderte Abdruck seiner Metamorphose der Pflanzen! - Die Abhandlungen über den tierischen Organismus, zu denen er von hier übergehen wird, kennst Du wohl schon näher.

2383 Johanna Schopenhauer
an J. H. W. Tischbein *2. Februar 1807*

Sie wünschen einen Kommentator zu Ihren Zeichnungen zu haben, wozu soll Ihnen noch ein Kommentar; geben Sie es der Welt, wie es ist; wer Sinn dafür hat, dem spricht Ihr

Pinsel deutlicher, als die beredteste Feder, wer ihn von der Natur nicht erhielt, der faßt sie nicht, und wenn Engelszungen es ihm erklärten. Ihr Werk ist ein vollendetes Ganze, mehr hinzutun wäre zu viel und würde der schönen Einheit schaden. Diese Meinung habe ich Goethen abgefragt; ich bin überzeugt, Sie werden sie für die rechte erklären, wenn Sie um sich her die Menschen ansehen. Goethe ist vielleicht der einzige, der einen Kommentar dazu machen könnte.

2384 Riemer *3. Februar 1807*

[Goethe:] «Die Reflexion führt darum so leicht aufs Unrichtige, aufs Falsche, weil sie eine einzelne Erscheinung, eine Einzelheit, ein Jedesmaliges zur Idee erheben möchte, aus der sie alles ableite; mit einem Worte, weil es eine partielle Hypothese ist. Zum Exempel wenn man sagt: ‚Jeder handele aus Eigennutz.' – ‚Die Liebe sei nur Selbstsucht.' – Als wenn die Natur nicht so eingerichtet wäre, daß die Zwecke des Einzelnen dem Ganzen nicht widersprechen, ja sogar zu seiner Erhaltung dienen; als wenn ohne Motive etwas geschehen könnte, und als wenn diese Motive außerhalb des handelnden Wesens liegen könnten und nicht vielmehr im Innersten desselben; ja, als wenn ich die Wohlfahrt des andern befördern könnte, ohne daß sie auf mich inundierte, keineswegs mit meinem Verlust, mit meiner Aufopferung, welche nicht immer dazu erfordert wird, und welches nur in gewissen Fällen geschehen kann.

Wäre es wahr, daß jeder nur aus und zu seinem Vorteil handle, so würde einmal folgen, daß, wenn ich zu meinem Abbruch, Nachteil, Detriment handelte, ich erst die Wohlfahrt des andern beförderte, welches absurd ist. Ferner, daß, wenn ich dem andern Schaden täte, wenn ich in Zorn gegen ihn aufwallte und ihn schlüge oder dergleichen, daß ich alsdann zu meinem Vorteil, für mein Interesse handelte, welches ebenso absurd ist. Man unterscheidet hier nicht die Aufwallung, die Regung der Natur, die in jedem Einzelnen den Mittelpunkt vom Ganzen aufschlagen will.»

2385 Riemer

[Goethe:] «Außerordentliche Menschen, wie Napoleon, treten aus der Moralität heraus. Sie wirken zuletzt wie physische Ursachen, wie Feuer und Wasser.»

2386 Riemer

[Goethe:] «Ja schon jeder, der aus der Subordination heraustritt – denn die ist das Moralische –, ist insofern unmoralisch.»

2387 Riemer

[Goethe:] «Wer von seinem Verstande zum Schaden anderer Gebrauch macht, oder diese auch nur dadurch einschränkt, ist insofern unmoralisch.»

2388 Riemer

[Goethe:] «Jede Tugend übt Gewalt aus, wie auch jede Idee, die in die Welt tritt, anfangs tyrannisch wirkt.»

2389 Johanna Schopenhauer
an ihren Sohn Arthur *12. Februar 1807*

Bei Goethen war's den Abend [3. Februar] wie ich Dir schrieb ganz allerliebst, er hatte einige junge Schauspieler, die er oft bei sich deklamieren läßt, um sie für ihre Kunst zu bilden, eingeladen und las mir mit ihnen eine seiner frühesten Arbeiten, ein Stück voll Laune und Humor, «Die Mitschuldigen» betitelt, vor. Er hatte selbst die Rolle eines alten Gastwirts darin übernommen, was bloß mir zu Ehren geschah, sonst tut er das nicht. Ich habe nie was Ähnliches gehört, er ist ganz Feuer und Leben, wenn er deklamiert, niemand hat das echt Komische mehr in seiner Gewalt als er. Zwischendurch meisterte er die jungen Leute, ein paar waren ihm zu kalt. «Seid Ihr denn gar nicht verliebt?» rief er komisch erzürnt, und doch war's ihm halb ein Ernst, «seid Ihr denn gar nicht verliebt? Verdammtes junges Volk! Ich bin sechzig Jahr alt, und ich kann's besser.» Wir blieben bis halb zwölf zusammen, ich saß bei ihm und die Bardua auf der andern Seite, wir beide sind seine Lieblinge.

2390 *Wilhelmine Bardua: Erinnerungen*

Auch bei den dramatischen Leseproben bei Goethe durfte Caroline [Bardua] öfter zugegen sein. Die Schauspieler hatten sich da sehr zusammenzunehmen, denn Goethe war sehr streng in der Kritik ihres Vortrags und konnte es besonders nicht vertragen, wenn sie ihm zu schläfrig erschienen. Eines Tages wurden «Die Mitschuldigen» gelesen. Der erste Liebhaber trug seine Rolle nicht nach Goethes Sinn vor. Da ward dieser heftig, warf das Buch auf den Tisch, klagte, wie die Jugend doch so wenig Enthusiasmus habe, und fing dann selbst zu lesen an mit einem solchen jugendlichen Feuer, daß alle hingerissen waren.

2391 *K. Eberwein: Goethe als Theaterdirektor* *1856*

In einer Leseprobe von den «Mitschuldigen» sprach er [Goethe] den Wirt, wobei er eine Komik entwickelte, daß man vor Lachen den Geist hätte aufgeben mögen.

2392 *H. Meyer*

Nach Goethes Rat, den 4. Februar 1807, wäre ein Bändchen gleichsam *Initiationen* in Kunst und Kunstgeschichte abzufassen, wo die *berühmtesten* Künstler aller Schulen verzeichnet wären mit Angabe, wenn sie geboren, wo sie gelebt und wenn sie gestorben sind, dazu einige Hauptzüge ihres Kunstcharakters und endlich, wo ihre vorzüglichen Werke zu finden sind.

2393 *Johanna Schopenhauer an ihren Sohn Arthur* *12. Februar 1807*

Am Donnerstag drauf [5. Februar] bestand mein Zirkel fast nur aus Herren, aber es waren grade die interessantesten, Frau v. Goethe war die einzige Dame. «Weil wir eben in solchem kleinen vertraulichen Zirkel sind», fing er an, «so will ich denn einen Bericht von einer Naturmerkwürdigkeit mitteilen; es ist billig, daß man unter Freunden sich dergleichen wechselseitig mitteilt und weil wir eben so ganz unter uns sind» – und damit fing er aus einem Briefe die Geschichte einer Mamsell, die in die Wochen gekommen war, an zu lesen. Darüber kam die Bardua. «Gerechter Himmel, da kommt die Bardua», rief er aus, «nun darf ich nicht weiter lesen.» «Es tut nichts», sagte ich, «die Bardua muß so lange draußen bleiben.» Das war Wasser auf seine Mühle. Der Bardua kündigte er gleich gravitätisch an, sie müsse draußen bleiben, den Bertuch, den Sohn, der gewaltig lang ist, stellte er an die zugemachte Türe, welche die Bardua von draußen gewaltig berennte. «Halten, halten Sie Ihren Posten wohl, Bertuch, denken Sie, Sie sind in Breslau, es soll Ihr Schaden nicht sein, ich will schon so lesen, daß Sie dort so gut hören sollen als hier.» Die Bardua machte einen erbärmlichen Spektakel, er ließ sich nicht stören und verwies sie nur von Zeit zu Zeit mit ein paar Worten zur Ruhe und Geduld, zuletzt spielte sie aus Leibeskräften auf dem Klavier. «Eine Kriegslist», sagte er, «hilft nichts, wir lesen lauter», und so erhob er die Stimme oder ließ sie sinken, nachdem sie akkompagnierte, wie in einem Melodram, bis ans Ende, wo sie dann feierlich hereingeholt ward. – Alles dies ist nichts, aber man muß es sehen. Dieses kleine Intermezzo stimmte uns alle lustiger, es wurde viel den Abend gelacht, zuletzt aber kam das Gespräch auf die Alemannischen Gedichte [von Hebel]. Meyer als Schweizer und Legationsrat Weyland als Elsasser sind der Sprache mächtig und lasen manches daraus sehr hübsch vor; Goethen ist die Sprache fremde ... er las aber doch sein Lieblingsstück, das Gespenst von der Kanderer Straße (er hält viel von diesem Gedichte), und er las es, wie nur er lesen kann. Mache doch, daß Du die Alemannischen Gedichte zu lesen bekommst, ich weiß, sie gefallen Dir, wenn Du Dich nur erst mit der Art bekannt gemacht hast ... Ich bin heute unsäglich liebenswürdig, würde Meyer sagen, darum schreibe ich Dir auf der andern Seite ein neues Lied von Goethen ab [«Ich hab mein Sach auf nichts gestellt»], welches mir sehr gefällt, es erscheint in seinen neuen Schriften ...

[Über vier in ihren Zimmern ausgestellte Porträts von Gerhard v. Kügelgen: Oehlenschläger, Seume, Adam Müller und Fernow.] Du siehst einliegende Karte; die habe ich mit Goethe fabriziert, nämlich er hat R gezeichnet, und ich habe es ausgeschnitten, dann hat er es auf Papier gelegt, ist mit einem Tuschpinsel darüber gefahren, und wir haben eine gewaltige Freude über das schöne R gehabt, das dadurch wie gedruckt stand. Es will verlauten, daß man in England ganze Alphabete dieser Art von Blech hat, die dazu dienen, um Inschriften und dergleichen sehr sauber zu fabrizieren und auch schnell.

2394 C.L. Fernow an G.v. Kügelgen *19. Februar 1807*

Seit vierzehn Tagen bin ich nun im Besitze der mir übersandten vier Porträts. Sie sind glücklich und unbeschädigt angekommen, und machen allen, die sie sehen, große Freude. Daß es mehrere und gerade vier so verschiedene Individualitäten sind, gibt ihnen um so mehr Interesse, erhöht bei Kennern den Genuß, und setzt sie in den Stand, den Künstler um so richtiger zu schätzen, der jedes Individuum auf die ihm angemessene Weise zu nehmen, und darzustellen weiß. Goethe ist ganz vorzüglich befriedigt und zufrieden, sowohl über die technische Vollendung, welche den viel geübten Künstler zeigt, als auch über das Charakteristische, was in jedem Bilde so glücklich aufgefaßt und als Einheit durchs Ganze gehend ausgedrückt ist. Vorzüglich gefällt ihm die Individualität des Kolorits in jedem Kopfe, sowie die Bestimmtheit der Formen, die Du besonders in meinem Kopfe beobachtet hast ...

Bei Goethe hast Du mit Deiner Kunst einen großen Stein im Brette gewonnen. Er sucht und schätzt nur das Solide und läßt sich nicht von leerem Scheine blenden. Er meint, daß man jetziger Zeit wohl keinen Porträtmaler finden möchte, der im Stande wäre, bessere Porträts wie diese zu liefern, und wünscht auch einmal etwas von Deinen größern Arbeiten und Erfindungen zu sehen.

2395 C.L. Fernow an G.v. Kügelgen *1. März 1807*

Ich schrieb Dir neulich, daß man an meinem Bilde auszusetzen gefunden habe, allein dies Urteil, nach welchem Du mir zu viel Bewegung gegeben, war nur das einiger Menschen, die mich vielleicht nicht anders, als in einer gewöhnlichen und gleichgültigen Stimmung aufgefaßt haben. Halte Dich an Goethens Urteil, welcher, sehr zufrieden damit, zu einem jener wenigen, der in der Gesellschaft, wo auch ich mich befand, diese Einwendung machte, sagte: «Ist denn Fernow nicht lebhaft? Lassen Sie sich nur mit ihm ein, und Sie werden ihn finden, wie ihn sich Kügelgen gedacht hat. Wenn man vier solche Bilder von einem Maler sieht, so kann man überzeugt sein, er hat über jeden Charakter reflektiert, er hat ihn nach seiner Ansicht genommen, und damit muß man zufrieden sein, und ihm die Ehre geben, daß er recht getan hat, was er tun sollte. Wenn Kügelgen Fernows Porträt noch vier Mal malte, so würde er ihn vielleicht vier Mal anders nehmen, und alle vier Variationen könnten vortrefflich sein.» – So denk ich auch, und es hat mich gefreut, daß Goethe Deine Intention und Dein Streben so richtig aus dem Gemälde herausempfunden hat. Darinnen ist er aber auch ganz besonders glücklich organisiert, daß jeder anklingende Ton von außen in seinem Gefühle richtiger widerklingt, und sowie er dergleichen Anklang in sich wahrnimmt, so ist er darauf, wie auf eine Naturerscheinung, aufmerksam. Dann sucht er sich den *Eindruck* zur Klarheit zu bringen, und ihm, wo möglich, Namen und Ausdruck wenigstens in einem Gleichnisse zu geben. Er wäre ja auch der einzige Dichter nicht, der er ist, wenn er das nicht könnte. Daher kommt's aber auch, daß so unendlich wenig Menschen Goethen verstehen und kennen; und daß die, welche ihm als Künstler Gerechtigkeit widerfahren lassen, ihn außer dieser Sphäre als Menschen so schief beurteilen. Nach dem, was ich nach so vielfältiger Beobachtung von seinem Charakter begreife, und ahne, so halte ich ihn auch für einen der trefflichsten und edelsten Menschen, überhaupt in jeder Hinsicht für eine der vollkommensten und gediegensten Naturen, die ich unter den Menschenkindern gefunden habe. Wer könnte auch ein wahrhaft großer und trefflicher Künstler sein, und nicht zugleich ein ebenso großer und trefflicher Mensch! Nur müssen wir den Begriff Mensch nicht nach dem armseligen Maßstabe eines Philisters, oder eines Pedanten, und was es sonst für verkrüppelte Ebenbilder Gottes gibt, abmessen.

2396 Charlotte v. Stein
an ihren Sohn Fritz *nach dem 10. Februar 1807*

Wir kommen oft in Streit; das letztemal war's über Meyer. Ich tadelte, er mache Goethe nach. «Den Teufel noch einmal, Dame!» sagte er. «Ich will doch sehen, wer immer mit mir lebt und mir nicht ähnlich werden soll.» Ich erwiderte, es wäre aber nur in seiner Ruchlosigkeit. Wie es Nacht war, ging er, um sich von Meyern *Die Weihe der Kraft* [von Werner] vorlesen zu lassen. Ich versicherte ihm, ich würde über die Tragödie lachen, wenn ich sie Meyern in seiner schweizerischen Mundart lesen hörte. Wir haben auch einen jungen Bildhauer hier, der recht geschickt ist; er heißt Weißer. Jetzt läßt Goethe auch von diesem seine Büste machen; in der von Tieck sieht er eitel, prätentiös und schwach aus. Ich bin neugierig, was für Tugenden ihm Weißer ausmeißeln wird.

2397 Riemer *11. Februar 1807*

Die Wahlsprüche, bemerkte Goethe, deuteten auf das, was man nicht hat, sondern wonach man strebt. Nec temere nec timide. Richter in Göttingen hatte ebensowenig auream mediocritatem als Wieland, der sein ganzes Leben in Extremis zubrachte.

2398 C. L. Fernow an Böttiger *15. Februar 1807*

Bei dem seit einiger Zeit wieder neu aufgeregten Interesse für Winckelmanns große Verdienste um die Geschmacksbildung unserer Nation, und bei dem immer mehr sich verbreitenden Studium des klassischen Altertums und der Kunst, scheint gerade jetzt der günstigste Zeitpunkt zu sein, wo eine neue und vollständige Ausgabe der sämtlichen Schriften Winckelmanns, die ohnedies im Buchhandel nicht mehr zu haben sind, wohl der Mühe lohnen dürfte ...

Goethe hat versprochen, die neue Ausgabe der Winckelmannschen Muse, wenn sie zustande käme, durch eine Vorrede beim Publikum einzuführen und sich auch sonst durch

Rat und Tat für die Unternehmung, die seinen Beifall sogleich fand, als ich ihm zuerst davon sprach, tätig zu interessieren.

Hoffentlich wird uns Goethe auch einen Aufsatz, Einleitung oder etwas ähnliches dazu geben, welches bei dem Liebhaber-Publikum von guter Wirkung sein könnte.

2399 Luise v. Göchhausen an Knebel 16. Februar 1807

Wie krank Goethe gewesen, wissen Sie, auch mit ihm geht es besser.

2400 G. Reinbeck: Reise-Plaudereien 1837

Außerdem bot uns auch das auf Goethes Betrieb bald wieder eröffnete Theater eine sehr willkommene Unterhaltung …

… *Tasso* von Wolff und die beiden Eleonoren von den Damen Silie und Wolff gewährten einen seltenen Genuß [in der Aufführung vom 16. Februar 1807?]. Goethe fragte mich am Tage nach der Aufführung: «Nun, wie hat sich mein Dichter gehalten?» – Er selbst war nicht bei der Darstellung gegenwärtig gewesen. – Ich gestand ihm offen, daß ich bei der großen Bewunderung im Lesen doch diese Wirkung auf der Bühne nicht vermutet hätte, und nur wünschen müßte, Tasso möchte auch immer eine so meisterhafte Darstellung erhalten. – Das schien ihm nicht zu mißfallen – und er stimmte ein, daß es schwer sein möchte, einen zweiten Wolff-Tasso zu finden.

2401 Riemer an Frommann 18. Februar 1807

Wir waren zeither an Newtons Optik beschäftigt und übersetzten vor ein paar Tagen zwischendurch Müllers Rede in der Akademie zu Berlin: de la gloire de Frédéric.

2402 Johanna Schopenhauer an ihren Sohn Arthur 20. Februar 1807

Ehegestern las Einsiedel und Fernow Goethen, mir, Meyern und noch einigen, die deshalb mich besuchten, eine Komödie aus dem Lateinischen des Plautus vor; sie heißt: «Das Gespenst» [Mostellaria]. Einsiedel hat sie gar hübsch übersetzt. Goethe war so bezaubert davon, daß er sie ehestens hier spielen lassen will. Trotz dem Abweichenden der Sitten ist das Ganze so durchaus unterhaltend, die Situationen so komisch, daß die alte Ludecus, die oben nervenschwach auf dem Sofa liegt, ganz unruhig über den Jubel ward, den wir unten trieben.

2403 St. Schütze: Die Abendgesellschaften der Hofrätin Schopenhauer *1840*

Einsiedel gab in seinem kräftig-biederherzigen Ton zwei Übersetzungen aus dem Plautus zum besten, und wie Goethe darauf über die mögliche Darstellung sprach, glaubte ich zu bemerken, daß er mit seiner Neigung zum Plastischen in Gefahr war, im Komischen in eine mimische Breite zu geraten, in welcher Stand zu halten kaum dem größten Komiker gelingt. Er erzählte aber in dieser Weise gern von den italienischen Komikern, wie zum Beispiel ein im Rausch ins Elysium versetzter Mensch allmählich erwacht, um sich tastet, die Augen reibt usw.

2404 Riemer *21. Februar 1807*

Morgens an der Newtonischen Optik. Ein Goldblättchen, durch eine Röhre angesehen gegen das Licht, erscheint in der schönsten Smaragdfarbe.

2405 Ch. A. Vulpius an N. Meyer *22. Februar 1807*

Der Geh. Rat Goethe ist jetzt ziemlich wohl, nur sehr krittlich und grämlich; da hat man doch ein wenig seine Not. Ach! wie war's vor acht Jahren, und wie ist es jetzt!

2406 Riemer *22. Februar 1807*

«Es ist ganz einerlei, auf welcher Seite ihr zu Grunde geht, auf der aktiven oder passiven», erwiderte Goethe scherzhaft auf die Bemerkung, daß ein kleiner, zeither wilder vorwitziger Knabe auf einmal wie geknickt und umgekehrt erscheine, ohne krank zu sein, so daß man ihn nicht wiedererkenne.

2407 Riemer *22. oder 23. Februar 1807*

Bei der Ode auf Napoleon, in der zuletzt für den König von Preußen interzediert werde, im Publizisten, hatte Goethe die Vermutung, daß sie von Napoleon selbst herrühre, um einzulenken.

2408 Riemer *1. März 1807*

[Goethe:] Kotzebue sei wie ein Pagliasso: Wenn er die Leute auf dem Drahte tanzen sieht, so sagt er: Was ist denn das weiter? das kann ich auch (nämlich auf dem Erdboden). Was soll denn das *dort* heißen, warum nicht *hier?* Das kann *ich* und noch dazu ... Das macht mir einmal nach auf eurem Drahte! – Bei Gelegenheit von Kotzebues Reisen. Er sei wie die Sau ins Judenhaus so in die Peterskirche gerannt.

2409 Johanna Schopenhauer
an ihren Sohn Arthur *10. März 1807*

Am Sonntage [1. März] hatte Goethe mich mit meinen beiden Freunden Meyer und Fernow zum Frühstück eingeladen, um mir Arbeiten von Runge zu zeigen. Beschreiben kann ich sie Dir nicht, sie sind zu wunderbar ... Erst sah ich viel von seinen ausgeschnittenen Sachen; sie sind sehr schön, aber ich mache sie fast so gut. Goethe sagt, ich mache sie ebenso gut; das ist aber nicht [wahr]. Dann ist sein Gesicht in Kreide gezeichnet. Goethe sagt, er hat nie ein Profil wie seines gesehen. Dieser Kopf ist leider en face, er hat aber einen raffaelschen Blick, ohne Raffael zu gleichen. Dann sind vier große Blätter, bloße Umrisse in Kupfer gestochen; sie werden aber nicht verkauft, er verschenkt sie nur. Die sind eben das unbeschreiblich Wunderbare; es sind Blumen und Genien wie Arabesken, aber der tiefe Sinn, der darin liegt, die hohe Poesie, das mystische Leben! ... Meyern dabei zu sehen, ist höchst ergetzlich; er schimpft drauf wie ein Rohrsperling, weil er immer davor stehen bleiben muß, bis ihm der Kopf weh tut. Hernach führte Goethe mich im Parke spazieren. Daß ich immerfort dachte: O Lord, o Lord etc., wirst Du Dir wohl selbst denken. Seit ein paar Abenden liest

Goethe selbst bei mir vor, und ihn dabei zu hören und zu sehen, ist prächtig. Schlegel hat ihm ein übersetztes Schauspiel von Calderon [«Der standhafte Prinz»] im Manuskripte geschickt; es ist Klingklang und Farbenspiel, aber er liest auch den Abend keine drei Seiten, sein eigener poetischer Geist wird gleich rege: dann unterbricht er sich bei jeder Zeile, und tausend herrliche Ideen entstehen und strömen in üppiger Fülle, daß man alles vergißt und den Einzigen anhört. Welch ein frisches Leben umgibt ihn noch immer! Der arme alte Wieland kommt mir gegen ihn vor, wie der alte Kommandant von Eger, wenn Wallenstein ihm sagt: «An meinen braunen Locken zogen die Jahre leicht vorüber.» Du kennst die Stelle; sie heißt anders, aber dies ist der Sinn davon. Auch fühlt Wieland sich durch Goethens Gegenwart gedrückt; deshalb kommt er nicht in meine Gesellschaft, so gern er möchte; denn wo er mich zu treffen weiß, geht er gerne hin.

2410 Wilhelmine Bardua: Erinnerungen

An Johanna Schopenhauer gewann Caroline [Bardua] eine mütterliche Freundin. In ihrem Hause versammelte sich die gewählteste Gesellschaft von Weimar. Auch Goethe brachte gern seine Abende bei ihr zu. Für ihn stand da ein besonderer Tisch bereit mit Zeichenapparat, Blättern, Broschüren und allem, was in Kunst und Literatur Neues erscheinen mochte. Die Tagesblätter von Runge erregten damals gerade großes Aufsehen. Goethe hatte viel Freude an ihnen und machte in einer dieser Abendgesellschaften auf die sinnreiche Komposition des «Morgens» aufmerksam, hindeutend auf die Genien, wie sie, aus den Blumenkelchen emporsteigend, den Tag verkündigen. «Am Abend kriechen sie wohl wieder hinein?» bemerkte Falks Frau, sich schmeichelnd, da einen recht artigen Spaß zu machen. Goethes Stirn verfinsterte sich. «Als der Frau eines Satirikers», erwiderte er, «mag Ihnen die Bemerkung verziehen sein.»

2411 F. Passow an A. L. Bucher 10. Oktober (wohl März) 1807

Neulich hatte Goethe angefangen, uns [bei Johanna Schopenhauer] Schlegels Übersetzung von Calderons Standhaftem Prinzen vorzulesen, von der er das Manuskript hat. Das Stück selbst genießen wir nicht sonderlich, aber Goethen desto mehr, weil er sich beim Vorlesen so recht gehn läßt. Erstlich spricht er so laut und heftig, daß die Leute in allem Ernst unterm Fenster stehn bleiben müssen; dann wiederholt er oft lange Stellen, die ihm besonders gefallen, zwei- und dreimal, und endlich spricht er selbst alle Augenblicke dazwischen, wo er etwas zu loben oder zu tadeln findet.

*2412 Johanna Schopenhauer
an ihren Sohn Arthur 13. März 1807*

Gestern war mein Teezirkel. Ich denke, ich habe Dir den Tod des Generals Schmettau, der hier verwundet lag und im Augenblick, da die Franzosen einzogen, sich aus dem Fenster stürzte, erzählt, und wie ehrenvoll er hernach vom Feinde begraben ward. Die rechte Geschichte seines Todes wurde nicht ganz offenbar; es hieß, er wäre an seinen Wunden gestorben. Die Familie läßt ihm ein Denkmal setzen, wozu Goethe die Idee gab. Ein Haus, welches einstürzt, weil Jupiters Donnerkeil drauf fällt. Schmettau, in Rittertracht, das Schwert in der Hand, geht im Augenblick des Einsturzes mit festem Tritt heraus und sieht zürnend hinauf nach dem Donnerkeil, der eben einschlägt. Goethe zeichnete es mit ein paar Strichen auf, um es mir deutlich zu machen. Ich schicke Dir seine Skizze.

2413 Riemer 19. März 1807

[Goethe:] «Man wird sich dessen, was man hat oder nicht hat, ist oder nicht ist, erst am Gegenteile von diesem bewußt oder inne.

Darum werden so viele Menschen durch die Erscheinung eines neuen, fremden Menschen in der Gesellschaft beunruhigt. Er entdeckt ihnen, was sie nicht haben, und dann hassen sie ihn, oder er entdeckt ihnen durch sein Gegenteil, was sie haben, und so verachten sie ihn wieder. Ist er besonders höflich und galant, so ist er den Groben zuwider; ist er grob, so ist er den Höflichen und im Grunde allen zuwider; und so durch alles durch.»

2414 *Riemer* *19. März 1807*

[Goethe:] «Die Natur kann zu allem, was sie machen will, nur in einer *Folge* gelangen. Sie macht keine Sprünge. Sie könnte zum Exempel kein Pferd machen, wenn nicht alle übrigen Tiere voraufgingen, auf denen sie wie auf einer *Leiter* bis zur Struktur des Pferdes heransteigt. So ist immer eines um alles, alles um eines willen da, weil ja eben das Eine auch das Alles ist. Die Natur, so mannigfaltig sie erscheint, ist doch immer ein Eines, eine Einheit, und so muß, wenn sie sich teilweise manifestiert, alles übrige diesem zur Grundlage dienen, dieses in dem übrigen Zusammenhang haben.»

2415 *Riemer* *20. März 1807*

«Franzosen sind Pedanten» – bemerkte Goethe –, «das heißt sie können aus der Form nicht heraus.»

2416 *H. Meyer* *21. März 1807*

Vom *Standhaften Prinzen* des Calderon, den er in diesen Tagen bei der Hofrätin Schopenhauer stückweise vorgelesen, meinte er, zwar habe dieses Stück in manchem den modernen Zuschnitt, sei aber so groß gedacht und angelegt wie *Ödipus in Kolonos*. Es entlasse seines Endes wegen den Hörer oder Zuschauer befriedigt, da hingegen die Stücke des Shakespeare immer in Disharmonie sich auflösen und entweder traurige oder schmerzhafte Empfindungen zurücklassen.

2417 *Riemer* *22. März 1807*

Morgens bei Goethe. Interessante Materien im Gespräch. Fürstin Gallitzin ging noch in der Blüte ihrer Jahre vom Hofe ab, aus Religiosität. Sie sagte zu Goethe, als sie ihm was Großes anvertraute (es waren die geschnittenen Steine): «Wenn Ihr mich betrügt, so schadt's auch nichts, so bin ich um eine Erfahrung reicher.» – Es hat wohl jeder im Leben Momente, Vorfälle gehabt, über die er nicht hätte hinauskommen sollen (und doch ist er's, wie Goethe über den Werther). – Abends bei Madame Schopenhauer. Endigte Goethe den Standhaften Prinzen.

2418 H. Düntzer: Charlotte von Stein *1874*

Am 21. [22. März 1807] besuchte Goethe sie [Charlotte], und sprach sein Bedauern aus, sollte er Fritz während seiner Anwesenheit nicht sehen.

2419 Johanna Schopenhauer
an ihren Sohn Arthur *23. März 1807*

Goethe verläßt mich nicht, er hat jeden Abend seinen «Standhaften Prinzen» standhaft vorgelesen, bis gestern, wo er ihn zu Ende brachte. Es ist ein wunderbares Wesen drum, und es sind wahrlich Stellen darin, die gerade ins Herz dringen, und wo es mir anfängt möglich zu erscheinen, daß man Calderon neben Shakespeare nennt. Aber wie viel Wust, Haupt- und Staatsaktionen sind mit hineingewebt, und dann das ganze südliche Wesen, das Farbenspiel, das Spiel mit Bildern und Tönen, die unsere nördlichen Naturen gar nicht ansprechen. Indessen ist's doch ein hoher Genuß von Goethen dies lesen zu hören; mit seiner unbeschreiblichen Kraft, seinem Feuer, seiner plastischen Darstellung reißt er uns alle mit fort. Obgleich er eigentlich nicht kunstmäßig gut liest, er ist viel zu lebhaft, er deklamiert, und wenn etwa ein Streit oder gar eine Bataille vorkommt, macht er einen Lärm, wie in Drurylane, wenn's dort eine Schlacht gab, auch spielt er jede Rolle, die er liest, wenn sie ihm eben gefällt, so gut es sich im Sitzen tun läßt, jede schöne Stelle macht auf sein Gemüt den lebhaftesten Eindruck, er erklärt sie, liest sie zwei-, dreimal, sagt tausend Dinge dabei, die noch schöner sind, kurz es ist ein eigenes Wesen, und wehe dem, der es ihm nachtun wollte; aber es ist unmöglich, ihm nicht mit innigem Anteil, mit Bewunderung zuzuhören, noch mehr ihm zuzusehen, denn wie schön alles dieses seinem Gesichte, seinem ganzen Wesen läßt, mit wie einer eignen hohen Grazie er alles dies treibt, davon kann niemand einen Begriff sich machen. Er hat etwas so rein Einfaches, so Kindliches. Alles, was ihm gefällt, sieht er leibhaftig vor sich; bei jeder Szene denkt er sich gleich die Dekoration, und wie das Ganze aussehen muß.

Diesen Sonntag [den 29.] wird Fernow eine Erzählung von Stephan Schütze vorlesen, die hübsch und lustig sein soll; dann kommt Goethe wieder mit einer Ballade. Zwischendurch singt die Bardua uns ein Lied von Goethe, von Zelter oder Hummel komponiert; er hat das gern und extert die gute Bardua nicht wenig, wenn sie undeutlich ausspricht oder gar die Verse verwechselt. Letzt habe ich entdeckt, daß sein Lied «Ich hab' mein' Sach' auf nichts gestellt» recht gut zur Melodie «Es gingen drei Burschen zum Tor hinaus» sich paßt. Darüber hatte er große Freude, und nun muß die Bardua es jeden Abend singen ...

Dann ist hier auch ein Kammerherr der Großfürstin [von Schardt] ... Am Freitag [20. März] hatte er mich und meinen ganzen Zirkel zu sich gebeten; die Bardua, seine Vertraute, mußte ihm eine Liste davon machen. Wir kamen auch alle, selbst Goethe. Ich machte den Tee, und er spielte die Harmonika dazu.

2420 St. Schütze: Die Abendgesellschaften der Hofrätin Schopenhauer *1840*

[Über Goethe.] So angenehm-fesselnd indes auch seine Schilderungen waren, die höchste Glorie umleuchtete ihn erst in Augenblicken der Begeisterung, wenn ein lebhafteres Rot die Wangen überflog, deutlicher der Gedanke auf der erhabenen Stirn hervortrat, himmlischer noch die Strahlen seines Auges glänzten, und sein ganzes Antlitz sich zum Ausdruck einer göttlichen Anschauung verklärte. Es war dies namentlich der Fall, als er eines Abends Calderons Standhaften Prinzen vorlas (den 22. März 1807). Bei der Szene, wo der Prinz als Geist mit der Fackel in der Nacht dem kommenden Heere voranleuchtet, wurde er so von der Schönheit der Dichtung hingerissen, daß er mit Heftigkeit das Buch auf den Tisch warf, so daß es auf die Erde fiel.

2421 *Wilhelmine Bardua: Erinnerungen*

Auch in der Musik bildete sich Caroline [Bardua] in Weimar weiter; sie nahm Unterricht bei Destouches. Goethe ließ sich oft von ihr vorsingen. Von seinen Liedern hörte er besonders gern «Füllest wieder Busch und Tal» und «Wenn die Reben wieder blühen». Namentlich letzteres schien ihn immer wieder zu bewegen; sinnend pflegte er dabei auf und ab zu gehen, indem er die großen Augen an der Decke wandern ließ. Wenn Caroline aber die Worte seiner Lieder nicht deutlich aussprach, war er ungehalten und neckte sie, ob das Italienisch oder Deutsch sei?

Eines Abends bei Goethe fiel es ihr ein, ihre Bekannten aus Goethes Kreise auf dem Fortepiano phantasierend zu charakterisieren und sie nach ihrer Eigentümlichkeit und in den verschiedensten Stimmungen einen nach den anderen darzustellen. Wie zum Beispiel Stephan Schütze vergnügt und wie er traurig ist, wie er zornig, grob und wie er sanft und höflich ist, wie er liebt und wie er dichtet, wie er in eiligen Geschäften ist oder sinnend spazieren geht, philosophiert, räsonniert, lobt oder tadelt – das stellte sie in ihrer Weise dar, unter lautem Beifall der Zuhörer, unter denen sich auch die Originale ihrer musikalischen Porträts befanden. Goethe hatte sein großes Ergötzen an diesem Scherz und ließ sich ihn noch öfters wiederholen.

2422 *G. Reinbeck: Reise-Plaudereien* *1837*

Ich machte hier [bei Johanna Schopenhauer] die interessantesten Bekanntschaften, Goethe fehlte selten dabei, und in der Unterhaltung war stets Abwechslung, wie in solchem wohl seltenen Kreise natürlich. Besonders trug dazu der höchst lebendige und liebenswürdige Vater Bertuch bei, dem seine verschiedenen Institute, worunter das damalige Moden-Journal, reichen Stoff gaben, und nicht weniger der tätige Ökonomierat Bertuch, der Sohn. Da fand sich immer etwas Neues zu berichten oder vorzuzeigen, wozu denn auch Goethe und Meyer hülfreich waren ... Oft wurde auch vorgelesen, besonders Calderon in der Übersetzung von Schlegel. Die Rollen wurden verteilt, und an den Chören mußten auch die Frauen teilnehmen. Goethe wies sie an, wie sie sie sprechen sollten, wobei es denn oft belustigenden Widerspruch gab. – Im Tragischen gefiel mir Goethes Vortrag nicht, ich fand zuweilen falsches Pathos darin; aber im Komischen war er ganz unvergleichlich. – Oft betraf auch die Unterredung die Sprache, und ich erinnere mich noch des Aufwandes von Scharfsinn, für aufgegebene Fremdwörter echt deutsche zu suchen. So schuf Goethe für balancieren: in der Schwebe, und ich glaube, der Ausdruck, der in den meisten Fällen, wenn auch nicht in allen, so treffend ist, trat an diesem Abende zuerst hervor. – Der unlängst erlebten Katastrophe wurde fast gar nicht gedacht, und ich erinnere mich nicht, daß Goethe jemals über Politik gesprochen hätte.

2423 Riemer *24. März 1807*

[Goethe:] «Die Formel der Steigerung läßt sich auch im Ästhetischen und Moralischen anwenden.

Die Liebe, wie sie modern erscheint, ist ein Gesteigertes. Es ist nicht mehr das erste einfache Naturbedürfnis und Naturäußerung, sondern ein in sich kohobiertes, gleichsam verdichtetes und so gesteigertes Wesen.

Es ist einfältig, diese Art zu verwerfen, weil sie auch noch einfach existiert und existieren kann.

Wenn man in Küche und Keller ein Gesteigertes sucht und darauf ausgeht, warum soll man nicht auch diesen Genuß für die Darstellung oder für das unmittelbare Empfinden steigern dürfen und können?

Jeder Koch macht auf diese Weise seine Brühen und Saucen appetitlicher, daß er sie in sich kohobiert.»

2424 H. Meyer *4. April 1807*

Emilie Galotti von Lessing wurde gegeben. Goethe machte die Bemerkung, nie habe der Verstand ein genialischer Werk hervorgebracht. Die beiden Motive, wo im Anfang des Stücks der Prinz der Gräfin Orsina Brief nicht liest und ungeduldig, gegen den Plan des Marinelli, in die Kirche läuft, um die Emilie zu sprechen, woraus die Verwicklung des ganzen Stücks entsteht, nannte er groß und unübertrefflich.

2425 Riemer an Frommann *6. April 1807*

Auch können wir nicht eher [nach Jena kommen], bis die Geheimerätin [von] Frankfurt wieder zurück ist. Ich bin in ihrer Abwesenheit mehr um Goethe als sonst, und kann ihn nicht verlassen. Kommen wir nicht eher, so geschieht es gewiß kurz vor oder zu Pfingsten, um uns zur Reise ins Karlsbad zu präparieren.

2426 St. Schütze: Die Abendgesellschaften der Hofrätin Schopenhauer *1840*

[Über Goethes Förmlichkeit.] Einen Auftritt dieser Art gab es eines Abends [am 9. April 1807] bei einer Vorlesung, wobei das Feierliche aber beinahe ins Komische umschlug. Goethe hatte nämlich schottische Balladen mitgebracht und erbot sich, eine von ziemlicher Länge selbst vorzutragen, doch so, daß den wiederkehrenden Satz, der bei jedem Verse vorkam, die Frauen immer im Chor dazwischen sprechen sollten. Der pathetische Vortrag begann, die Damen hielten sich bereit und fielen zur rechten Zeit ein, glücklich kam man über den ersten Vers hinaus, aber als dieselben Worte sich zum zweiten- und drittenmal wiederholten, überwältigte die Frau Professorin Reinbeck ein unwillkürliches Lachen; Goethe hielt inne, ließ das Buch sinken und strahlte sie alle mit den feurigen Augen eines donnernden Jupiters an: «Dann lese ich nicht!» sagte er ganz kurz. Man war nicht wenig erschrocken; aber Johanna Schopenhauer bat vor, gelobte aufs neue Gehorsam und verbürgte sich für die Übrigen. Nun ging es in Gottes Namen wieder vorwärts – und in der Tat! sämtliche Damen auf Kommando das Kinn taktmäßig zugleich bewegen zu sehen, hatte so viel von der Komik an sich, daß die volle Autorität eines Goethe dazu gehörte, die ganze Gesellschaft in dem angeordneten feierlichen Ernste zu erhalten.

2427 *G. Reinbeck: Reise-Plaudereien* *1837*

Die ehrwürdige Herzogin Amalie, die Gründerin von Weimars literarischem Ruhm, erkrankte und starb [am 10. April 1807] ... Die Bestürzung war allgemein. Ganz Weimar drängte sich mit Liebe und Verehrung zu dem Totenbette der verewigten Fürstin. Besonders ergriff aber die Trauer um sie die Männer, die in ihr einen schützenden Genius zu beweinen hatten: Goethe, Wieland, Bertuch, von Einsiedel. Es war ergreifend, die Tränen dieser Männer sich vereinigen zu sehen über einen Verlust, der gemeinschaftlich unmittelbar ihr Herz getroffen. – Goethe war mehrere Wochen nicht sichtbar; auch war er viel mit dem Herzoge, der mit ihm trauerte.

2428 *Riemer* *11. April 1807*

Abends zu Hause bei Goethe, Schema zu den Personalien der Herzogin-Mutter.

2429 *Henriette v. Knebel an ihren Bruder* *18. April 1807*

Goethe hat mir sagen lassen, daß er Dir heute die Trauerrede selbst schicken würde. Er hat diesen Morgen die Prinzeß mit schönen Blumen beschenkt, die sie sehr erfreuen, einem Lack- und einem Levkojenstock, in schönster Blüte. Vorigen Mittwoch [15. April] waren wir vormittags bei ihm. Der Geheimerat Wolf war da, und hielt anfangs auch einen kleinen Vortrag über die Alten, ihre Geschichte, ihre Sprache usw. Dann brachte uns Goethe einige Frühlingsblumen, und zeigte uns recht hübsche Sachen, mit guten Bemerkungen; wobei ich das artige Hungerblümchen besonders lieb gewann, das so wenige Bedürfnisse hat, und bei wenig Saft und geringer Wärme sich so schnell entwickelt und hervorkommt, daß man es fast wachsen sehen kann.

2430 *Riemer an Frommann* *15. April 1807*

Der Druck unserer Farbenlehre leidet, durch den Tod der Herzogin-Mutter und diesen [F. A. Wolfs] Besuch, eine für uns und Sie gleich unangenehme Unterbrechung, die jedoch so kurz als möglich dauern soll, indem ich besonders darauf dringe, daß die Polemik völlig gedruckt sei, ehe wir nach Karlsbad gehen. Denn es ist gar zu unangenehm, nach einer Unterbrechung, wie diese sein würde, wieder ins alte zurückzukehren, und sich von neuem in den Zusammenhang einzustudieren. Nach der Rückkunft gehen wir mit frischen Kräften und größerer Lust zu dem historischen Teil über. –

Goethe ist übrigens wohl. Die Geheimerätin ist wieder zurück [von Frankfurt] und unterhält uns von dem, was sie sah und hörte.

2431 Mine Wolf an Christiane v. Goethe *19. April 1807*

[Nach F. A. Wolfs Besuch in Weimar vom 12. bis 16. April.] Die Rückreise des Vaters war wegen des schrecklichen Wetters sehr unangenehm geworden, und nur zu ertragen durch die Erinnerung an die schönen, herrlichen Stunden, die der Vater in Ihrem Hause genossen hat; er läßt dem Herrn Geheimenrat und Ihnen allen noch tausendmal für die Güte und Freundschaft danken, womit Sie ihn aufgenommen haben: wie sehr hätte ich gewünscht, mit dem Vater dies Vergnügen teilen zu können!

2432 Riemer *16. April 1807*

Ward Goethe krank. Sehr schlimme Nacht.

2433 Riemer *17. April 1807*

Bei Goethe, der noch im Bett blieb, den ganzen Tag. Von allerlei gesprochen, über Wolf u. a.

2434 Riemer an Frommann *18. April 1807*

In der Hoffnung, daß dieser Brief Sie noch in Jena antreffe, lege ich mit einem freundlichen Gruße von Goethe den von den Kanzeln zu verlesenden Aufsatz zum Andenken der Herzogin bei. Ein erweiterter wird zu andern Zwecken mit nächster Gelegenheit anderen Orts erscheinen. Der Tod der Herzogin, die unverhoffte Rückkehr der Geheimerätin, die Ankunft Wolfs und seiner Reisegefährten, die zwischenfallende Ausarbeitung gedachten Aufsatzes, eine

Vorlesung für die Damen, die Übertretung der gewohnten Diät führten am Donnerstag abend [16. April] den alten Anfall mit schon vergessener Heftigkeit herbei, und Goethe mußte gestern noch den ganzen Tag im Bette zubringen. Erst heute hat er es verlassen und ist in soweit wieder hergestellt, doch muß er sich noch ein paar Tage schonen. Die Abäscherung in vier Tagen hintereinander war bei seiner gewohnten Ruhe zu groß. Es ließ sich aber nicht anders machen. Gott sei Dank, daß es vorüber ist!

2435 Ch. A. Vulpius an N. Meyer *26. April 1807*

Eben als ich Ihnen geschrieben hatte, starb unsere gute Herzogin Frau Mutter ...

Ich schicke Ihnen hierbei die Personalia, die nach ihrer Leichpredigt abgelesen wurden, weil sie Goethe aufgesetzt hat. Dieser hat einmal wieder seinen Anfall gehabt.

2436 Riemer: Mitteilungen über Goethe *1841*

[Über die «Unterhaltungen deutscher Ausgewanderten».] Goethe wollte darin, wie er mir [etwa 19.–21. April 1807] sagte, eine Art von *Tausend und einer Nacht* liefern, so nämlich, daß eine Erzählung durch die andere hervorgerufen würde; dankte aber zuletzt Gott, daß er bis an das *Märchen* kam.

2437 Henriette v. Knebel an ihren Bruder *22. April 1807*

Goethe war sehr krank, ist aber wieder ganz hergestellt, doch kann er sich heute noch nicht mit Sprechen fatigieren.

2438 Bettina an Arnim *13. Juli 1807*

... in Weimar ward mir ein einziger Wunsch erfüllt, die vier Stunden, die ich dort [am 23. April 1807] zubrachte, schaute ich in Goethes Antlitz, der mich wieder so freundlich ansah, so freundlich! Kein Wesen in der ganzen Natur war mir so angemessen, gab so, was ich begehrte, als eben das seinige ... Mit Goethe sprach ich viel von Ihnen, er hat Sie lieb, er kann es sehr gut begreifen, daß ich Sie auch lieb habe. Ich wundre mich, daß ich so ruhig war bei ihm, bei ihm allein, daß ich auf seiner Schulter lag und beinah schlief, so still war die Welt um mich her, und er ließ sich's gefallen und war auch still und war so ehrend in dem wenigen, was er zu mir sprach. Ich trug einen Ring von ihm am Mittelfinger der rechten Hand, es ist eine kleine Figur in einen blauen Stein geschnitten, die ihre Haare löst oder bindet …

2439 Goethes Briefwechsel mit einem Kinde 1835

[Bettina an Frau Rat Goethe, 5. Mai 1807.] Den Wolfgang hab' ich endlich gesehen; aber ach, was hilft's? Mein Herz ist geschwellt wie das volle Segel eines Schiffs, das fest vom Anker gehalten ist am fremden Boden und doch so gern ins Vaterland zurück möchte.

2440 Goethes Briefwechsel mit einem Kinde 1835

[Bettina an Frau Rat Goethe, 16. Mai 1807.] In Weimar kamen wir um zwölf Uhr an; wir aßen zu Mittag, ich aber nicht. Die beiden [das Ehepaar Jordis] legten sich aufs Sofa und schliefen; drei Nächte hatten wir durchwacht. «Ich rate Ihnen», sagte mein Schwager, «auch auszuruhen; der Goethe wird sich nicht viel draus machen, ob Sie zu ihm kommen oder nicht, und was Besondres wird auch nicht an ihm zu sehen sein.» Kann Sie denken, daß mir diese Rede allen Mut benahm? – Ach, ich wußte nicht, was ich tun sollte, ich war ganz allein in der fremden Stadt; ich hatte mich anders angekleidet; ich stand am Fenster und sah nach der Turmuhr, eben schlug es halb drei. – Es war mir auch so, als ob sich Goethe nichts draus machen werde, mich zu sehen; es fiel mir ein, daß ihn die Leute stolz nennen; ich drückte mein Herz fest zusammen, daß es nicht begehren solle; – auf einmal schlug es drei Uhr. Und da war's doch auch grad', als hätte er mich gerufen, ich lief hinunter nach dem Lohnbedienten, kein Wagen war da, eine Portechaise? Nein, sagt' ich, das ist eine Equipage fürs Lazarett. Wir gingen zu Fuß. Es war ein wahrer Schokoladenbrei auf der Straße, über den dicksten Morast mußte ich mich tragen lassen, und so kam ich zu Wieland, nicht zu Ihrem Sohn. Den Wieland hatte ich nie gesehen, ich tat, als sei ich eine alte Bekanntschaft von ihm, er besann sich hin und her und sagte: «Ja, ein lieber bekannter Engel sind Sie gewiß, aber ich kann mich nur nicht besinnen, wann und wo ich Sie gesehen habe.» Ich scherzte mit ihm und sagte: «Jetzt hab' ich's herausgekriegt, daß Sie von mir träumen, denn anderswo können Sie mich unmöglich gesehen haben.» Von ihm ließ ich mir ein Billett an Ihren Sohn geben, ich hab' es mir nachher mitgenommen und zum Andenken aufbewahrt; und hier schreib' ich's Ihr ab. «Bettina Brentano, Sophiens Schwester, Maximilianens Tochter, Sophie La Rochens Enkelin wünscht Dich zu sehen, lieber Bruder, und gibt vor, sie fürchte sich vor Dir, und ein Zettelchen, das ich ihr mitgebe, würde ein Talisman sein, der ihr Mut gäbe. Wiewohl ich ziemlich gewiß bin, daß sie nur ihren Spaß mit mir treibt, so muß ich doch tun, was sie haben will, und es soll mich wundern, wenn Dir's nicht ebenso wie mir geht. Den 23. April 1807. W.»

Mit diesem Billett ging ich hin, das Haus liegt dem Brunnen gegenüber; wie rauschte mir das Wasser so betäubend – ich kam die einfache Treppe hinauf, in der Mauer stehen Statuen von Gips, sie gebieten Stille. Zum wenigsten ich könnte nicht laut werden auf diesem heiligen Hausflur. Alles ist freundlich und doch feierlich. In den Zimmern ist die höchste Einfachheit zu Hause, ach so einladend! «Fürchte dich nicht», sagten mir die bescheidnen Wände, «er wird kommen und wird sein, und nicht *mehr* sein wollen wie Du», – und da ging die Tür auf, und da stand er feierlich ernst und sah mich unverwandten Blickes an; ich streckte die Hände nach ihm, glaub' ich – bald wußt' ich nichts mehr, Goethe fing mich rasch auf an sein Herz. «*Armes Kind, hab' ich Sie erschreckt*», das waren die ersten Worte, mit denen seine Stimme mir ins Herz drang; er führte mich in sein Zimmer und setzte mich auf das Sofa gegen sich über. Da waren wir beide stumm, endlich unterbrach er das Schweigen: «Sie haben wohl in der Zeitung gelesen, daß wir einen großen Verlust vor wenig Tagen erlitten haben durch den Tod der Herzogin Amalie.» «Ach!» sagt' ich, «ich lese die Zeitung nicht.» – «So! – Ich habe geglaubt, alles interessiere Sie, was in Weimar vorgehe.» – «Nein, nichts interessiert mich als nur Sie, und da bin ich viel zu ungeduldig, in der Zeitung zu blättern.» – «Sie sind ein freundliches Kind.» – Lange Pause – ich auf das fatale Sofa gebannt, so ängstlich. Sie weiß, daß es mir unmöglich ist, so wohlerzogen da zu sitzen. – Ach Mutter! Kann man sich selbst so überspringen? – Ich sagte plötzlich: «Hier auf dem Sofa kann ich nicht bleiben», und sprang auf. – «Nun!» sagte er, «machen Sie sich's bequem»; nun flog ich ihm an den Hals, er zog mich aufs Knie und schloß mich ans Herz. – Still, ganz still war's, alles verging. Ich hatte so lange nicht geschlafen; Jahre waren vergangen in Sehnsucht nach ihm – ich schlief an seiner Brust ein; und da ich aufgewacht war, begann ein neues Leben.

2441 Bettina an Goethe *Juli 1808*

Aber da ich nun endlich endlich bei Dir war – Traum? jetzt noch – wunderbarer Traum! – da kam mein Kopf auf Deine Schulter zu ruhen – schlief ich ein paar Minuten, nach vier bis fünf schlaflosen Nächten zum ersten Mal.

2442 Goethes Briefwechsel mit einem Kinde *1835*

[Bettina an Goethe, 17. November 1807.] Wie ich Dich zum erstenmal sah, da sagtest Du: «Du gleichst deinem Vater, aber der Mutter gleichst du auch», und dabei hast Du mich ans Herz gedrückt und warst tief gerührt ...

2443 Goethes Briefwechsel mit einem Kinde *1835*

[Bettina an Frau Rat Goethe, 12. Juni 1808.] Es war voriges Jahr im Eingang Mai, da ich ihn sah zum erstenmal, da brach er ein junges Blatt von den Reben, die an seinem Fenster hinaufwachsen, und legt's an meine Wange und sagte: «Das Blatt und deine Wange sind beide wollig»; ich saß auf dem Schemel zu seinen Füßen und lehnte mich an ihn, und die Zeit verging im stillen. – Nun, was hätten wir Kluges einander sagen können, was diesem verborgnen Glück nicht Eintrag getan hätte; welch Geisterwort hätte diesen stillen Frieden ersetzt, der in uns blühte? – O wie oft hab' ich an dieses Blatt gedacht, und wie er damit mir die Stirne und das Gesicht streichelte, und wie er meine Haare durch die Finger zog und sagte: «*Ich bin nicht klug;* man kann mich leicht betrügen, du hast keine Ehre davon, wenn du mir was weismachst mit deiner Liebe.» – Da fiel ich ihm um den Hals.

2444 *Goethes Briefwechsel mit einem Kinde* *1835*

[Bettina an Frau Rat Goethe, ohne Datum.] Er hat gesagt, ich soll ihn vertreten bei Ihr und soll Ihr alles Liebe tun, was er nicht kann, und soll sein gegen Sie, als ob mir all die Liebe von Ihr angetan wär', die er nimmer vergißt. – Wie ich bei ihm war, da war ich so dumm und fragte, ob er Sie liebhabe, da nahm er mich in seinen Arm und drückte mich ans Herz und sagte: «Berühr' eine Saite und sie klingt, und wenn sie auch in langer Zeit keinen Ton gegeben hätte.» Da waren wir still und sprachen nichts mehr hiervon ...

2445 *C. Brentano an Arnim* *Juli 1807*

Indessen reist Bettine Carrière in Geschäften mit Jordis durch Berlin und Weimar. Dort war sie bei Goethe drei Stunden, und er steckte ihr einen Ring an den Finger und gedachte unsrer Mutter ... Goethens Gespräche mit Bettinen sind ein Schatz für uns Freunde, er war wie ein Kind; er gestand ihr, daß er mürrisch und kalt oft sei, daß er sie ewig um sich wünsche, daß er dann nie alt geworden, daß er nie einen Jüngling so schnell geliebt wie Dich, daß sie um ihn bleiben möge. Er hat ihr erlaubt, sein Leben nach den Aussagen seiner Mutter zu schreiben. Er wolle ihr noch viel dazu sagen, das solle seine Biographie werden, einfältig wie die Haimonskinder. Sie war mit ihm, wie der Genius mit dem Dichter in Hans Sachs spricht. Sie hat ihn gezankt, gestärkt, gebessert und verjüngt in drei Stunden, und alles ist so in ihm, wie wir es uns gedacht. Von der Biographie, das verschweige! es gibt ein göttlich Buch! ... Um den Ring, den Goethe Bettinen gab, haben ihn früher seine besten Freunde gebeten, und er hat ihn versagt. Ihr wunderbares Gespräch mit ihm ist mir ein rührender Beweis, von welcher göttlichen Wirkung auf Erden dies erleuchtete Kind sein würde, wenn sie nicht so viele Worte an die Gemeinheit ausspräche.

2446 *Malla Silfverstolpe: Reisejournal* *11. Mai 1826*

Mit dieser Empfehlung Wielands begab sich Bettina nun zu Goethe, übergab das Billett einem Bedienten und blieb allein in einem Gemach, wo sie sich an einen Kachelofen lehnte. Nach einiger Zeit öffneten sich ein paar Flügeltüren, und der herrliche Mann, damals über sechzig Jahre, trat allein ein. Sie zitterte so, daß sie sich nicht von der Stelle rühren konnte. Er merkte es und führte sie zum Sofa. Da saßen sie nun und sahen sich an. Er begann von dem Verlust der verehrten Herzogin-Witwe Amalie zu sprechen, die kürzlich verschieden war. «Nein», rief Bettina und sprang auf, «das kann ich nicht aushalten.» Da umfaßte er sie und zog sie auf seinen Schoß, ihr Kopf sank auf seine Schulter, und sie schlummerte ein wie ein Kind. Alle Unrast, alle Sehnsucht war nun gestillt, alles war Friede und Ruhe! – So saß sie eine Weile und hörte nur sein Herz schlagen.

Er hob ihr Köpfchen: «Du hast geschlafen, mein Kind!» sagte er, und nun entspann sich ein recht vertrautes Gespräch, in dem sie ihrer Bewunderung, ihrer Liebe, ihrer Eifersucht Worte lieh. «Mignon» nannte er sie, und sie erzählte von ihrer Liebe zu dieser seiner Schöpfung, und wie es ihr dünkte, daß diese Figur die einzige sei, die sie im Wilhelm Meister, den sie sonst nicht so recht mochte, fassen und verstehen könne. Aber Mignon sei ihr so lieb geworden, daß sie sich von dem Buche nicht trennen konnte.

Goethes Frau (er hatte sich damals kürzlich mit Demoiselle Vulpius trauen lassen) trat in die Türe. Er winkte mit der Hand und bat sie, ihn bei seinen Gästen zu entschuldigen, er könne nicht zu ihnen zurückkommen, weil er selbst unvermutet den Besuch einer alten Bekannten bekommen habe. Er sagte zu Bettina: «Du bist deiner Mutter sehr ähnlich, aber du bist geistreicher; dein Vater hatte so einen Kopf!» – Von 4 Uhr bis 10 Uhr abends waren sie beisammen, dann mußte sie gehen. Er zog sie herzlich in seine Arme und hielt sie lange an seinem Herzen. Fünfundsiebzig Schläge zählte sie, sprach es aus, riß sich los und lief hinaus. «Wunderliches Mädchen! Du rufst die Jugend in meine Brust zurück!» rief er ihr nach. Sie verschwand und reiste am nächstfolgenden Tage ab.

2447 Malla Silfverstolpe: Reisejournal *11. Mai 1826*

Einmal klagte Bettina Goethe, sie habe mit der größten Eifersucht einen Ring gesehen, den er einem gegeben hatte, der sich dessen rühmte. Da zog Goethe einen Ring vom Finger, steckte ihn ihr an und sagte: «Wenn einer sagt, er habe einen Ring von mir, so sage du, Goethe erinnert sich an keinen wie an diesen!»

2448 Johanna Schopenhauer
an ihren Sohn Arthur *28. April 1807*

Ein großes Unglück hat über uns geschwebt; es ist vorübergezogen. Goethe ist dem Tode nahe gewesen. Seit vierzehn Tagen, die er krank war, habe ich ihn nicht gesehen; jetzt ist er besser und kommt hoffentlich übermorgen zu mir; dann gebe ich meine Gesellschaft zum letztenmale. Es wird jetzt Sommer und die Zeit der Geselligkeit ist vorüber. Er hat der verwitweten Herzogin eine Standrede geschrieben, die am Tage ihres feierlichen Leichenbegängnisses in der Kirche abgelesen wurde. Gerne schickte ich sie Dir, wenn sie nicht auf so dickem Papier gedruckt wäre. Wie wunderbar der große Mann jeden Ton zu treffen weiß! wie meisterhaft alles ist, was von ihm kommt!

2449 Henriette v. Knebel an ihren Bruder *29. April 1807*

Wir sind diesen Morgen nicht bei Goethen, der auch kürzlich krank war, und nun auch noch etwas matt und hinfällig ist ...

Eine gute Lektüre, die uns etwas von der Gegenwart entfernt, ist jetzt von großem Wert, und es war mir recht schmeichelhaft, als uns Goethe gestand, da wir ihm kürzlich auf dem Spaziergang begegneten, daß er jetzt am liebsten

«Tausend und eine Nacht» läse; denn just so mache ich es auch.

2450 Riemer: Mitteilungen über Goethe 1841

Goethe wollte im Wertherschen Geschmack eine Reisebeschreibung durch die Schweiz liefern und die Briefe unter mehrere verteilen, um objektiv zu werden, wie er mir [am 29. April 1807] sagte, als wir zusammen diese Briefe durchgingen, um sie in die Ausgabe von 1806 zum ersten Mal aufzunehmen …

2451 C. L. Fernow an Böttiger 3. Mai 1807

Ich ging also getrostes Mutes zu Goethe, mit dem Vorsatze, ihm, wenn ich ihn irgend geneigt fände, meinen Vorstellungen und Gründen Gehör zu geben, alle meine Bedenken und Wünsche offen mitzuteilen, und ihn um seine Verwendung zu bitten. Alles ging nach meinen besten Hoffnungen vonstatten. Ich ging einen Abend während der Komödie zu Goethe, da er aber gerade nicht wohl war, so sah ich ihn nicht und wurde am andern Morgen [30. April] zu Tische geladen. Er war so, wie ich es wünschen konnte, heiter, ruhig und milde; als wir nach Tische allein waren, rückte ich mit meiner Angelegenheit hervor und teilte ihm die erhaltenen Depeschen mit, und sagte ihm, was ich über diese mir widerwärtige Versetzung denke und wünsche. Er war nicht nur völlig meiner Meinung, sondern sagte mir auch, er werde die Sache übernehmen und zu meiner Zufriedenheit beendigen. Wie ich ihn so günstig gestimmt sah, erweiterte ich auch mein Herz ein wenig, und ging mehr in das einzelne der Umstände ein, welche mir diese Versetzung verhaßt und den Aufenthalt in Weimar wünschenswert machten. Besonders war, wie natürlich und billig, die Ausgabe der Winckelmannischen Schriften, die ich in Jena überhaupt nicht, am wenigsten unter den alle meine Zeit erfodernden Zubereitungen zur akademischen Laufbahn, würde zu Stande bringen können, das Hauptmoment, worauf ich mich stützte, und welches auch Goethe für den Punkt hielt, von dem man ausgehen müsse, um die Sache für jetzt völlig abzuwenden. Er erkennet meine Versetzung nach Jena, unter den jetzigen Umständen der Universität, für eben so zweckwidrig, und hält es für nützlicher, daß ich mein literarisches Leben noch eine Zeitlang in Weimar fortsetze. Wie sehr sich Goethe für diese Sache interessiert, beweist die Schnelligkeit, womit er sie betrieben hat, denn schon am andern Morgen frühe hatte er sein ausführliches Gutachten über diese Sache zur Mitteilung an Voigt und den Herzog aufgesetzt und darin mit einer ganz besonderen Bündigkeit gezeigt, wie viel zweckmäßiger es für den literarischen Ruf Weimars sei, daß ich hier bleibe und eine Arbeit ausführe, von der schon lange sein Wunsch gewesen, daß sie von Weimar ausgehen möge, und wo sich vielleicht Zeit und Umstände nicht wieder so gut zusammenfinden möchten, wenn sie jetzt nicht zu Stande käme. «Es wäre doch traurig», so schließt die vier Seiten lange Schrift, «wenn der Tod der verewigten Herzogin Amalia, der so manches Gute gestört hat, auch noch die Ausführung eines Werks verhindern sollte, dessen Erscheinung aus ihrer näheren Umgebung Sie, wenn Sie länger gelebt hätte, mit großem Vergnügen aufgenommen hätte.» Gern hätte ich diese Schrift, die für mich durchgehends schmeichelhaft und ehrenvoll war, als ein Dokument von Goethes günstiger Gesinnung für mich, kopiert, aber er sandte sie mir bloß zum Durchlesen, und der Bediente wartete.

2452 H. Meyer *30. April 1807*

Bei Gelegenheit eines in Pastell gemalten Bildnisses der Madame Schopenhauer, sie selbst darstellend, und eines nur untermalten Bildnisgemäldes in Öl von der Mademoiselle Bardua, die Hofmedicus Herderin nebst zwei Kindern darstellend, sagte Goethe insgemein [insgeheim?] zu mir: *Kunstarbeiten* von Damen setzen einen jedesmal in *Verwunderung*, geben aber nie Gelegenheit zur *Bewunderung*. Er gab in Verfolg des Gesprächs diesem Wort eine weitere und allgemeine Ausdehnung auch auf Poesie und überhaupt alles, wo Frauen sich mit Kunst befassen.

2453 Henriette v. Knebel an ihren Bruder *2. Mai 1807*

Goethe hat gestern sehr viel nach Dir gefragt. Er war bei der Herzogin zum Tee.

2454 F. Passow an M. H. Hudtwalker *17. Mai 1807*

Meine Absicht, nach Weimar zu gehn, hat aber eine sonderbare Wendung gewonnen. Ich fuhr mit Luise, der ältesten Löffler, die ein sehr interessantes liebes Mädchen geworden ist, und dem Dr. Buddeus zur Aufführung des Tasso[?], vor vierzehn Tagen, nach Weimar. Wir blieben den andern halben Tag noch, und ich ging [am 4. Mai?] zu Goethe. Er erinnerte sich gleich meiner von Halle. Ich hegte die schönste Hoffnung. Ich sagte ihm meinen Plan, von Joh[annis] bis Mich[aelis] in Weimar zu leben, und meinen Wunsch, ihn dann als meinen Lehrer ansehn zu dürfen. Aber er antwortete mir, er ginge im Juni schon ins Karlsbad, wo er bis Ende des Augusts bliebe. Du kannst denken, wie wenig erfreulich mir das war. Er fragte mich indes, welchen Lebensplan ich verfolge, und ließ mich ihm von meinen Arbeiten Rechenschaft ablegen. Mit Entzücken glaubte ich in seinem Gesicht zu bemerken, daß er mein Ziel als würdig erkenne und daß er mit mir zufrieden sei. Ich blieb fast zwei Stunden bei ihm. Beim Weggehn reichte er mir seine Hand, und sagte: Ich hoffe Sie dennoch bald wieder in unsrer Nähe zu sehn. – Indem ward ein Fremder hereingeführt, und ich mußte mich entfernen, ohne mir über seine letzten rätselhaften Worte Licht erbitten zu können. Am letzten Mittwoch erhielt ich das Unerwartetste. – Ich erhielt einen Brief vom Minister von Voigt aus Weimar, der Herzog von Weimar habe ihm befohlen, mir hiermit die durch den Abgang des Professor Voß nach Heidelberg erledigte Professur der griechischen Sprache am Weimarschen Gymnasium zu übertragen, die ich sogleich am 1. Juli dieses Jahres antreten solle; war Erstaunen mein erstes, so war Freude doch mein zweites Gefühl.

2455 *G. Reinbeck: Reise-Plaudereien* *1837*

Nach und nach gelangten denn auch die Konversationen im Schopenhauerschen Hause wieder zu ihrem vorigen Glanze, und Goethe nahm häufig daran teil ... Wir besuchten [am 8. Mai 1807] zum letztenmale die Gesellschaft im Schopenhauerschen Hause und fanden sie zahlreicher als gewöhnlich. Goethe unterhielt sich viel mit mir von meinen Plänen, die damals noch ins Weite gingen und nach dem schönen Italien strebten, und man kann sich leicht vorstellen, wie unterhaltend und belehrend seine Äußerungen und Schilderungen waren. – Gelesen wurde diesen Abend nicht, und wenn dies der Fall war, so pflegten Goethe und Meyer, nachdem etwa eingetroffene neue Kunstblätter beschaut und beurteilt waren, auf kleinen Papierblättern mit Bleistift zu zeichnen, Goethe gemeiniglich Landschaften, die er dann wohl in Sepia ausführte. – Dies geschah auch diesmal. Ich saß am Zeichnentische Goethe gegenüber. Er hatte ein Blatt vollendet, sah zu mir herüber, und schnellte das Blättchen mir zu, und ich – ich muß mich schon auslachen lassen – statt es sogleich einzustecken, als ein höchstwillkommenes Andenken, war zu schüchtern dazu. Ich besah es und legte es dann wieder zu Goethe hinüber auf den Tisch. – Als er aufgestanden war, wollte ich das Versäumte nachholen; allein – das Blättchen war nicht zu finden. Wahrscheinlich war ein anderer gescheiter gewesen und hatte es an sich genommen. – In Hinsicht der Kunst waren diese Zeichnungen nicht eben bedeutend. – Auch zeigte sich in Goethe kein besonderer musikalischer Sinn: aber seine Lieder in Reichardtschen oder Zelterschen Kompositionen zu hören, machte ihm auch bei mittelmäßigem Vortrage Vergnügen.

2456 *G. Reinbeck: Reise-Plaudereien* *1837*

Aus diesem Kreise, der mich so überaus zuvorkommend und gütig behandelt hatte, mich loszureißen, und mit der Überzeugung, daß ich ihn niemals wieder – und gewiß niemals wieder einen ähnlichen um mich erblicken würde, fiel mir sehr schwer. Ich machte am folgenden Tage [9. Mai

1807] meinen Abschiedsbesuch bei Goethe, den ich so gar lieb gewonnen hatte. Er war allein. Ich mußte auf dem Sofa Platz nehmen, und er setzte sich auf einen Stuhl mir gegenüber. Es war eine gewisse Feierlichkeit, nicht Vornehmigkeit, die ich auch wohl an ihm kannte, in seinem Benehmen – und mir war's recht schwer ums Herz. – Unser Gespräch betraf meine Reise und meinen Aufenthalt in Heidelberg. – Die Natur und die Vergangenheit bieten Ihnen dort viel, sagte er; ob aber das Leben? – Ich weiß nicht, ob Sie mit dem deutschen Universitätswesen bekannt sind? Es ist nicht eben das angenehmste, und in Heidelberg besonders scheint viel Parteiwut zu herrschen, und die Wissenschaft trennt statt zu vereinigen. – Es ist wie mit der Kirche dort. – Protestanten und Katholiken sind in einem Gebäude unter dem nämlichen Dache vereint; allein – in der Mitte ist zwischen beiden eine dicke Mauer. Haben Sie dort Bekannte? – Ich sagte ihm, daß ich von Dresden aus an Professor Fries und von dem guten General-Superintendenten an Heinrich Voß Briefe hätte. – «Da sind Sie gut versehen», erwiderte er: «grüßen Sie mir den Heinrich, das ist ein lieber kindlicher Mensch, und grüßen Sie auch den Alten von mir.» – Unser Gespräch verbreitete sich über mehreres, und auch mit Wehmut von meiner Seite über meinen achtmonatlichen Aufenthalt in Weimar und das darin Erlebte, wobei ich es für ein wahres Glück schätzte, zu einem so langen Aufenthalt gleichsam gezwungen worden zu sein. – «Was Sie an Ihrem Aufenthalte hier etwa zu tadeln finden», versetzte er, «wird Ihnen in der Erinnerung vielleicht noch mehr Genuß gewähren, als was Sie jetzt zu loben haben. Überstandenes Ungemach hat einen eigentümlichen Reiz.» – Ich konnte das aus einer reichen Erfahrung nur bestätigen. – Endlich mußte doch aber an den Aufbruch gedacht werden, und ich konnte den Entschluß dazu nicht finden. – Als ich zuletzt fast gewaltsam aufbrach, versagte mir das Wort. Ich stammelte einiges – ich weiß selbst nicht was. Goethe war sichtbar bewegt. Er reichte mir die Hand. «Reisen Sie glücklich», sagte er, «und vergessen Sie uns nicht!» – Nie! nie! rief ich, und man wird's natürlich finden, daß ich Wort hielt, und ich habe auch die Freude, daß ich in Weimar nicht ganz vergessen wurde.

2457 Riemer *11. Mai 1807*

Als über Tisch von Erasmus die Rede war, sagte Goethe: «Erasmus gehöre zu denen, die froh sind, daß sie selbst gescheit sind, und keinen Beruf finden, andre gescheit zu machen, – was man ihnen auch nicht verdenken könne.»

2458 Riemer *16. (13.) Mai 1807*

Aus Zincgrefs Apophthegmen: Gott definiert er also, daß er sei ein unaussprechlich Seufzen, im Grund der Seelen gelegen. Ein anderes führte Goethe an: Nihil contra Deum, nisi Deus ipse.

2459 Johanna Schopenhauer an ihren Sohn Arthur *14. Mai 1807*

Goethe nahm gestern Abschied von mir, übermorgen geht er ins Karlsbad: gebe der Himmel, daß er mit neuem frischen Leben zurückkehrte.

2460 F. Passow an M. H. Hudtwalker *7. Juli 1807*

Goethe ist noch nicht hier [in Weimar], kommt aber im August, da er seinen Plan mit Wien aufgegeben hat. Ich sehe aber, daß er schon alles vorbereitet hat, mich an sein Haus zu knüpfen. Seine jetzige Frau hat mir das schon zu verstehn gegeben. Und nicht umsonst! – Einen zweiten gesellschaftlichen Berührungspunkt hat mir eine Landsmännin von Dir, eine hier lebende Hofrätin von Schopenhauer, gegeben, die Du vielleicht kennst. Ihr Haus ist das einzige, was Goethe besucht, und wo man ihn ganz Goethe findet. Im Winter ist er und noch einige Weimaraner, zum Beispiel Einsiedel, Meyer, Fernow, Weißer, alle Abende des Donnerstags und Sonntags bei ihr, wo er zum Entzücken liebenswürdig sein soll. Noch vor seiner Reise [im Mai] hat er gleich nach meiner Berufung die Schopenhauer gebeten, auch mich zu diesen Zirkeln zu zählen.

2461 Riemer *16. Mai 1807*

Punkt 9 Uhr vom Hause weggefahren. Um 12 Uhr in Jena. Unterwegs das Schlachtfeld betrachtet. Mittags beim Herrn Major [von Hendrich]. Nach Tische bei Frommanns. – Goethes Verstimmung durch die politica und das Hundegebell. Ging noch mit mir um die Stadt. Späße aus dem Zincgref. Geschwätzt mit Goethe.

2462 Riemer *17. Mai 1807*

Zu Goethe. «Flucht nach Ägypten» diktiert. Goethe äußerte, er habe nie auf Despoten schimpfen hören, als die selbst Despoten gewesen, kleine oder große. Mit Beziehung auf die Jenaische Brandstätte bemerkte er: «Niemals werde ein Fürst oder großer Herr von einer Sache schlechter unterrichtet, als wenn er sich selbst dahin begebe, um sich zu unterrichten.» Ferner äußerte er: «Die Franzosen hätten keine Imagination, sonst hätten sie statt der zwanzig Häuser in Jena und Weimar, wenn sie nicht zufällig abgebrannt, sondern von ihnen angezündet sind, die Stadt an allen Ecken angezündet und mit Stumpf und Stiel abgebrannt; das hätte dann anders in die Welt hineingeklungen.» – Er sagte weiter: «Die Weiber müßten nur lieben oder hassen; da wären sie ganz scharmant. Die Männer aber müßten weder lieben noch hassen. So käme alles wieder ins Gleichgewicht.» «Die Irrtümer des Menschen machen ihn eigentlich liebenswürdig.»

2463 Riemer *18. März (Mai) 1807*

[Goethe:] «In dem, was der Mensch techniziert, nicht bloß in den mechanischen, auch in den plastischen Kunstproduktionen, ist die Form nicht wesentlich mit dem Inhalt verbunden, die Form ist dem Stoff nur auf- oder abgedrungen. Die Produktionen der Natur erleiden zwar auch äußere Bedingungen, aber mit Gegenwirkung von innen. Kurz, es ist hier ein lebendiges Wirken von außen und innen, wodurch der Stoff die Form erhält.

Die Form des Leuchters ist dem flüssigen Messing aufgenötigt. Sich selbst überlassen, hätte es sich aus sich und durch die einwirkende Luft geformt.

Man könnte einen Leuchter auch aus Salz gerinnen lassen. Hier würde sich das Salz zwar innerlich kristallisieren, aber nach außen zu wird ihm die Form des Leuchters aufgedrungen!»

2464 Riemer *Mai 1807*

[Goethe:] «Die Arzneikunde ist viel mehr politisch als ein anderes. Man muß auf die Krankheit losgehen, wie auf einen großen Herrn oder ein hübsches Mädchen, die man be- will, wie ein Diplomat den andern durch einen Pfiff, um ihr etwas abzugewinnen. Nur en tant daß er pfiffig ist, ist einer ein guter Arzt.»

2465 Riemer *19. (18.) Mai 1807*

Als die Rede davon war, daß Napoleon seinen Soldaten den Sold vorenthalte, sagte Goethe: «Da alle Welt über den Egoismus, der jetzt herrsche, Klagen führe, so sei Napoleon gekommen, die Menschen uneigennützig zu machen.»

2466 Riemer *19. Mai 1807*

Gespräch über Kunst. [Goethe:] «In der Malerei fehle schon längst die Kenntnis des Generalbasses, es fehle an einer aufgestellten approbierten Theorie, wie es in der Musik der Fall ist.»

2467 H. K. A. Eichstädt an Villers *20. Mai 1802 (1807)*

Noch ist der Schlachtplan [der Lübecker Schlacht] hier in Jena nicht zu haben; auch in Weimar muß er noch nicht sein; denn Herr v. Goethe fragte mich neulichst nach demselben. Der treffliche Mann läßt sich bestens empfehlen; er verweilt soeben einige Tage bei uns, und wird auf den Montag [25. Mai] eine Reise ins Karlsbad antreten.

2468 Riemer *21. Mai 1807*

Zu Goethe. «Die neue Melusine.» Abends zu Frommanns. Über die Eitelkeit. Man mutze sich jetzt in der Gesellschaft einander die Eitelkeit auf. Dadurch gehe die Gesellschaft zu Grunde, denn nun würden die einen bloß passiv, indem sie dächten: wenn ich die angenehme Eigenschaft, die ich besitze, nicht zeigen soll, so will ich tun, als hätte ich gar keine. Und nun passen sie den andern auf. Dadurch bemächtigt sich gerade der Schlechteste der Gesellschaft, der dreist genug ist. – «Im Alter schlafe man eigentlich nicht, der Schlaf ziehe sich nur über die Gegenstände des Tags wie eine Art von Flor und lasse sie durchscheinen.» So sah Goethe vorige Nacht sein Märchen von der Melusine unter einer Architektur hervorschimmern. Er hielt das im Traume für das Schöne und Rechte und wollte es festhalten; aber wie er erwachte, verschwand der Unsinn.

2469 Riemer *22. Mai 1807*

Elektrometer. Die Luft ist niemals elektrisch, sondern der Gegenstand in ihr wird es durch seine Position und Berührung mit einem anderen.

2470 Knebel an seine Schwester Henriette *22. Mai 1807*

Wir haben Goethe noch hier [in Jena], und er wandelt in seiner *halben Hypochondrie*, wie er sie nennt, unter uns herum, und seine Gegenwart tut uns wohl. Wie angenehm ist es, unter den gemeinen Gelehrten einen Mann zu sehen, dem es um wahre Wissenschaft und Weisheit zu tun ist! Auch scheint es mir, daß er froh ist, der weimarischen bösen Luft auf eine Weile entronnen zu sein.

2471 Th. J. Seebeck an Hegel *29. Juni 1807*

Daß Sie mit Ihren gegenwärtigen Geschäften und Wohnorte zufrieden sind, freut mich her[z]lich, doch wünschte ich, Sie könnten wieder zur akademischen Carrière zurückkehren. Für Jena ist jedoch, wie ich aus unseres großen Freundes [Goethe] letz[t]lichen Äußerungen wahrgenommen habe, nicht viel, eigentlich gar nichts zu erwarten.

2472 H. Luden: Rückblicke in mein Leben *1847*

Nach der Schlacht bei Jena erkundigte ich mich bei jeder Gelegenheit: wie es Goethen in den unglücklichen Tagen gegangen wäre, und alle Erkundigungen brachten mich zu dem Glauben, daß auch Er sein Kreuz zu tragen gehabt und den Jammer geteilt hätte, den ein siegreicher Feind, übermütig und trotzig, wie über die Besiegten, so über die wehrlosen Angehörigen der Besiegten zu bringen pflegt. Etwa vier Wochen nach dem unglücklichen Tage [?] fand ich Goethe bei Knebel. Er war zum ersten Male wieder in Jena. Sein Gesicht war sehr ernst, und seine Haltung bewies, daß auch auf ihm der Druck der Zeit lag. «Der Mann», sagte Knebel, «hat's empfunden.» «Ich habe schon gehört», fügte Goethe zu mir gewendet hinzu, «daß Sie sehr hart mitgenommen sind.» Ich konnte mein Schicksal in wenige Worte zusammenfassen und tat es. «Von allem», sagte ich, «was wir während meiner Anwesenheit nach Jena geschafft hatten, und was ich bei meiner Abreise zurückließ, habe ich nicht das Geringste wieder gefunden bei meiner Zurückkunft, einige zerbrochene Kisten, Kasten und Koffer ausgenommen. Ich habe den Schmerz gehabt, meine junge Frau in eine völlig leere und kalte Wohnung einzuführen, die kaum notdürftig gereinigt war von abscheulichem Schmutze.» Herr von Knebel rief aus, und nicht zum ersten Mal: «Es ist greulich, es ist ungeheuer.» Goethe aber sagte einige Worte, so leise, daß ich sie nicht verstand. Als ich hierauf Gelegenheit nahm zu fragen, wie denn Seine Exzellenz durch die Tage der Schmach und des Unglücks hindurch gekommen, antwortete Goethe mit folgenden Worten: «Ich habe gar nicht zu klagen. Etwa wie ein Mann, der von einem festen Felsen hinab in das tobende Meer schauet, und den Schiffbrüchigen zwar keine Hülfe zu bringen vermag, aber auch von der Brandung nicht erreicht werden kann, und nach irgend einem Alten soll das sogar ein behagliches Gefühl sein» – («nach Lucrez!» rief Knebel hinein) –, «so habe ich wohlbehalten da gestanden und den wilden Lärm an mir vorüber gehen lassen.» Ich will nicht leugnen: bei diesen Worten, in der Tat mit einer gewissen Behaglichkeit ausgesprochen, lief mir einige Kälte über die Brust hinweg. Aber sie war schnell verflogen. Und da Knebel kein Wort sagte, sondern sich mit seiner gewöhnlichen Beweglichkeit abgewendet etwas zu tun machte, so erlaubte ich mir das Schweigen zu unterbrechen: «Zuletzt ist es auch nicht der Mühe wert, von meinem Verlust zu sprechen. Er ist mir nur verdrießlich, weil ich zur Zeit noch jeden Augenblick daran erinnert werde: denn ich bin in meinen Arbeiten unterbrochen und gestört; ich kann die alten nicht fortsetzen und keine neuen beginnen, weil es mir an allem notwendigen Gerät und Gezeug gebricht. Überhaupt verschwindet das Unglück der Einzelnen, der Städte, Gemeinden und Familien, vor dem ungeheueren Unglücke, das auf Teutschland, unserm Vaterlande, liegt. Mich drückt und quält lediglich die Zeit der Schmach und Schande, die über uns eingebrochen ist, die uns bevorsteht. Wäre die Schlacht bei Jena gewonnen worden: gern hätte ich jegliches Opfer dargebracht und auch nackt und bloß den fliehenden Feinden nachgejubelt. Und dann – alles, was mir genommen worden, kann ersetzt werden. Das Beste ist mir doch geblieben; und solange wir selbst sind und die Berge da feststehen und die ewige Sonne scheint, so lange gebe ich nicht verloren, weder meine eigene Sache, noch die Sache des Vaterlandes.» Knebel antwortete mit einigen Ausrufungen: «Bravo, so recht!» und dergleichen; Goethe aber sagte kein Wort und verzog keine Miene. Hierauf lenkte Knebel das Gespräch auf etwas Literarisches; ich aber beurlaubte mich bald, weil ich den beiden alten Freunden lästig zu werden fürchtete.

2473 Knebel an seine Schwester Henriette *26. Mai 1807*

Goethe ist gestern in der Frühe von hier [Jena] abgereist. Wir grüßten ihn noch beim Wegfahren aus unserm Fenster. Er scheint sich fast ganz in sich und den weiten Umfang seiner Beschäftigungen und Kenntnisse zu konzentrieren, um den bösen Einflüssen der Zeit und der Umstände widerstehen zu können und das mannigfaltige moralische und politische Übel von sich zu halten. Es ist schlimm, wenn man gewissermaßen an der Welt zu verzweifeln anfängt und sich das Gemüt der freien Mitteilung verschließt. Man bewahrt dadurch Übel, die sich doch vielleicht lindern ließen. Doch was läßt sich sagen! Die Umstände machen vorher das Gemüt krank, und dann kann das kranke Gemüt nicht, wie das gesunde, sich freie Vorstellungen schaffen. Goethe ist indessen glücklich, daß er sich einen so reichen Vorrat von tiefen Kenntnissen und Fähigkeiten aller Art hat anzuschaffen und zu erhalten gewußt. Zu wünschen wäre es, daß er an dem Platze, woran er sich befunden, auch gewisse politische Fähigkeiten oder Eigenschaften sich hätte aneignen können: aber diese sind, wie schon Bacon bemerkt hat, Gemütern von eigenem reichen Vorrat selten eigen, indem sie anfänglich solche zum Teil auch zu sehr verachten. So hat unser Weimar durch die ganz vorzüglichen Geister, die es besessen, im Politischen auch nicht um ein Haar gewonnen.

2474 Riemer *25. Mai 1807*

Nach 4 Uhr von Jena weggefahren. Prächtiger Morgen. Über Lenz und Moritz gesprochen. Lenz hatte einen besonderen Hang zur Intrige, auch gegen Goethe trotz seiner Anhänglichkeit. Sie hatten zusammen in Straßburg studiert. – Moritz' italienische Reise ist gewissermaßen verdorben durch das Bestreben, es Goethe nachzutun. Seinen Aufsatz über die Kunst ist Goethe durchgegangen.

2475 Riemer *26. Mai 1807*

[Goethe:] «Wenn man *erscheinen* will, so muß man mit seiner ganzen Umgebung erscheinen. Man muß sich *in ihr* und *durch sie* ankündigen. So Napoleon, wenn er das System der Soldaten zu begünstigen scheint. Das Anzünden eines Hauses ist bei ihnen Symbol ihrer Ankunft für die übrigen.»

2476 Riemer *27. (26.) Mai 1807*

Wir lasen in Zincgrefs Apophthegmen, und Goethe wendete eine Sentenz sogleich an, indem er sagte: «Napoleon habe die *Tugend* gesucht, und als er die nicht funden, die *Macht* bekommen.»

2477 Riemer *27. Mai 1807*

[Goethe:] «In der Jugend sieht man das Detail als Masse, die Masse als Detail; im Alter umgekehrt.»

2478 Riemer *(27. Mai 1807)*

[Goethe:] «Daß die Pfaffen so dumm gewesen, sich ein solches Besitztum, wie ein Bad, ein Gesundbrunnen ist, entgehen zu lassen und keine Anlagen und Anstalten für Wunderkuren damit zu verbinden, wie bei dem Teich Bethesda.»

[Riemer?:] «Die Naturlehre war damals völlig getrennt von der Idee. Das Ideale war bloß geistlich, christlich, und in der Natur glaubte man seien Zauberer, Gnomen, die alle unter dem Teufel standen. Die Welt gehörte dem Teufel an, selbst bis auf Luther.»

2479 Riemer

[Goethe:] «Die Welt ist wie ein Strom, der in seinem Bette fortläuft, bald hier bald da zufällig Sandbänke ansetzt und von diesen wieder zu einem andern Wege genötigt wird. Das geht alles so hübsch und bequem und nach und nach; dagegen die Wasserbaumeister eine große Not haben, wenn sie diesem Wesen entgegenarbeiten wollen.»

2480 Riemer

[Goethe:] «Man ist sehr übel dran, daß man den Ärzten nicht recht vertraut und doch ohne sie sich gar nicht zu helfen weiß.»

2481 Riemer

[Goethe:] «Wir sind nicht darauf eingerichtet, das Leben zu verlassen, wenn es nichts mehr wert ist, und da muß derjenige immer noch gepriesen werden, der es als erträglich haltbar verspricht.»

2482 K. F. v. Reinhard an Hammer-Purgstall *1. Juni 1807*

Unter den Brunnen-Gästen nenne ich Ihnen Einen statt aller. Seit einigen Tagen ist Goethe hier, und wir begegnen uns alle Morgen bei der Quelle. Von seinem Äußeren hatten wir uns, wie das immer geht, einen anderen Begriff gemacht, seine Statur ist lang und scheint hager, weil man sieht, daß er embonpoint verloren hat. Seine Gesichtsfarbe ist dunkel, fast nächtlich. Etwas Hartes in seinen geistreichen Zügen macht, daß man, was ehemals in seinem Gesicht schön war und in seinen Blicken noch ist, kaum mehr erkennt. Nur sein Auge ist noch wie ehemals ein zurückgehaltener Strahl, der im Augenblick leuchtet, wenn er lächelt, und dann blickt auch der Schalk unverkennbar hervor. Seine Manieren sind nicht ganz elegant. Sie scheinen mir etwas schamlos und eben darum etwas fast Unpräziöses zu haben; wenn er bloß höflich sein will, fällt er in etwas Affektuöses, das ihn nicht kleidet, weil es erkünstelt ist, aber ich habe ihn schon sich erwärmen gesehen und aus der inneren Fülle kochen hören, und so erkenne ich den Löwen an der Kralle. Er hat sich bis jetzt sehr freundschaftlich an uns angeschlossen, und dies gewährt uns eine schöne Aussicht.

2483 Christine v. Reinhard an ihre Mutter *1. Juni 1807*

Vorgestern ward auf meinem Zimmer über die Begebenheiten der Zeit geschwätzt, gefragt, ob wohl Deutschland und deutsche Sprache ganz verschwinden würden? Nein, das glaube ich nicht, sagte jemand, die Deutschen würden *wie die Juden* sich überall unterdrücken lassen, aber *unvertilgbar* sein, wie *diese*, und wenn sie kein Vaterland mehr haben, erst recht zusammenhalten. – Dieser Jemand war Goethe.

2484 Christine v. Reinhard an ihre Mutter *1. Juni 1807*

[Im Original deutsch.] Vous ne devinerez jamais, chère mère, avec qui nous sommes en relations à présent. Je veux laisser votre curiosité en suspens et continuer mon récit.

Avant-hier on causait dans mon salon et on se demandait si l'Allemagne et la langue allemande étaient destinées à disparaître entièrement. «Non, je ne le croirai jamais, me dit quelqu'un, les Allemands, comme les juifs, se laisseront opprimer, mais pas plus qu'eux ils ne se laisseront exterminer. Ils ne se décourageront pas et resteront fortement unis, même s'il leur arrivait de n'avoir plus de patrie!» Devinez qui parlait ainsi: c'était Goethe!

Il était arrivé peu de jours avant et, dès le lendemain, il m'avait envoyé une lettre de Madame Frommann, par l'entremise du professeur Riemer, et m'avait annoncé sa visite.

Mon mari voulut le prévenir et se rendit chez lui après le dîner. On l'introduisit dans une chambre où il vit un homme âgé, assez corpulent, vêtu d'un veston, qui disparut prestement dans la pièce voisine et revint un instant après, revêtu d'une redingote. Il s'assit sur le canapé et eut soin de se mettre à droite. Ses manières n'ont rien de français, rien d'affable, elles sont brusques et saccadées. Son expression est sérieuse, mais lorsqu'il sourit, ses yeux pétillent et l'esprit malin paraît dans toutes les rides de son visage. Il a été très prévenant, a parlé de Jassy, de notre internement, et s'est rappelé un voyage qu'il avait fait dans ces contrées.

Ainsi qu'il arrive fréquemment pour les hommes célèbres, l'image que je m'étais faite de Goethe n'est nullement exacte. Il ressemble plus à Antonio qu'au Tasse. Toute sa manière d'être est celle d'un conseiller d'État, son œil seul dénote le poète.

2485 Riemer *2. Juni 1807*

[Goethe:] «Man kann schon einen nicht, geschweige denn viele unter einen Hut bringen, denn jeder setzt ihn sich anders zurecht!» Bei Gelegenheit von einem Apophthegma im Zincgref.

2486 Riemer *6. Juni 1807*

[Goethe:] «Man muß nicht auf die Sachen böse werden: denn das tut den Sachen ganz und gar nichts», sagt Marc Aurel. – «Also indignieren die Menschen mich dann und wann wohl; aber die Sachen finden mich immer entschlossen.»

2487 Christine v. Reinhard an ihre Mutter *11. Juni 1807*

[Im Original deutsch.] Chère mère, je voulais vous écrire hier après une longue promenade, lorsque Goethe est venu prendre le thé. Il nous a fait un vrai cours sur sa nouvelle théorie des couleurs. Sa façon de l'envisager, de l'expliquer, est très intéressante; pourtant, quand on n'est plus sous le rayonnement de son génie, on se dit que beaucoup de ses déductions seront reléguées, par les gens compétents, dans le royaume des chimères. Charles suit mieux que moi cet esprit étincelant. Le monde intellectuel dans lequel il se meut embrasse tout: la philosophie, la botanique, l'astronomie, aucune science ne lui est inconnue. Lorsque je l'ai suivi pendant quelque temps, effleurant tous les sujets et se maintenant toujours à des hauteurs inaccessibles, mon intelligence me refuse tout service et le sentiment de mon infériorité m'écrase. Je me rends compte que c'est l'effet qu'il recherche et qui le flatte le plus. Un même jour il est venu quatre fois: dans la matinée pour m'aider dans la copie que je fais de sa carte des hauteurs, ensuite pour me rendre le journal de notre internement qu'il avait demandé à lire, puis pour nous apporter des verres de couleur relatifs à son travail; enfin, dans la soirée, pour s'excuser de ne pouvoir venir souper.

Le duc de Weimar est ici depuis une huitaine et nous le voyons constamment. Il est insignifiant; son attachement pour Goethe date du temps où, jeunes tous les deux, les mêmes plaisirs les réunissaient. Leurs rapports amicaux se sont maintenus, malgré la différence de leur fortune, et cela parle en leur faveur. Le duc est très naturel, sans aucune morgue. Au cours d'une partie de campagne à laquelle Goethe l'avait amené, il s'est procuré des lignes et il s'est mis à pêcher des petits poissons dans la Toppel [Tepl].

Le poète nous a apporté son livre d'amis en nous demandant de nous y inscrire: j'en fus tout intimidée, car il a ses théories sur les écritures qui, selon lui, donnent des aperçus sur le caractère des personnes; il a fait une véritable étude de celle de Napoléon et il est arrivé à fort bien la juger. Nous nous sommes tirés de cette épreuve en louant le génie universel du grand homme, pour qui la nature et le cœur humain n'ont plus de mystères, et cette flatterie a été bien accueillie.

2488 Christine v. Reinhard an ihre Mutter *11. Juni 1807*

Als ich Goethe von unserm großen Spaziergang erzählte, sagte er halb traurig: So etwas kann ich in dieser Zeitlichkeit nicht mehr unternehmen.

2489 Riemer *13. Juni 1807*

Abends mit Goethe spazieren. Jugendgeschichten aus Wetzlar. Goué, Gotter, v. Braun etc. Geheime Ritterorden. Mystifikationen. Zu der Zeit, wo ganz Deutschland seinen Götz von Berlichingen bewunderte, befand sich Goethe in größter Verlegenheit, wie er das Papier dazu bezahlen sollte: denn er hatte mit Merck gemeinschaftlich es drucken lassen, jener den Druck, er das Papier besorgt, und hernach in Kommission gegeben, aber sein Lebtag nicht einen Heller dafür eingenommen. Zincgref Apophthegma: «Wer einen Stein nicht allein erheben mag, der soll ihn auch selbander liegen lassen.»

2490 Christine v. Reinhard an ihre Mutter *24. Juni 1807*

[Im Original deutsch.] Mon mari avait rencontré Goethe dans la matinée et il lui avait dit que la bataille prévue [Friedland] avait été livrée. «Il y en aura bien d'autres», lui répondit Goethe, et, pour la première fois, il s'exprimait en français. Après le concert, le poète est venu à notre rencontre et s'est promené avec nous ostensiblement. Cette démonstration a été remarquée.

Goethe passe presque toutes ses soirées chez nous. La politique est alors bannie de la conversation; les messieurs s'entretiennent d'art, de science, de littérature, et l'esprit pétillant du savant sait donner un tour nouveau aux questions les plus ardues. On ne peut le juger à première vue et il ne se révèle tel qu'il est, c'est-à-dire un génie universel, que lorsqu'on est seul avec lui; dès qu'on est plus nombreux, il devient taciturne, s'absorbe dans ses pensées et c'est ainsi qu'il se montre dans les réunions. Vous avez raison de dire que notre rencontre avec lui doit compter parmi les hasards heureux de notre vie; ils deviennent de plus en plus rares. Le mouvement intellectuel qui résulte de notre intimité est d'un effet plus salutaire pour mon mari que ne le sont tous les remèdes qu'il emploie; Goethe et lui paraissent se convenir et s'apprécier chaque jour davantage. Nous passons des journées entières ensemble. Un soir, Goethe a lu et déclamé plusieurs de ses poésies; c'était une vraie jouissance de l'entendre. Le temps me fait défaut pour vous parler plus longuement de son débit, mais je le ferai une autre fois et je vous donnerai mon appréciation sur cet homme extraordinaire qui occupe tant mon esprit sans rien dire à mon cœur. Mon jugement est-il impartial? Je l'espère. Il n'en serait pas de même de celui de mon mari, auquel Goethe a volé une parcelle de son cœur. Peut-être a-t-il dédaigné de s'en donner la peine pour moi, sans quoi ce magicien eût dû réussir.

2491 K. F. v. Reinhard an Villers *30. Juni 1807*

Monsieur de Goethe, mon cher et estimable ami, a reçu avec beaucoup de plaisir l'expression de votre souvenir que Madame Reimarus nous avait chargé de lui transmettre. En retour j'ai à vous faire une proposition dont je ne saurais vous dire si c'est Monsieur Goethe ou si c'est moi qui ai eu la première idée et qui est tout à fait digne du saint Apostolat auquel vous vous êtes dévoué. J'entre en matière.

Après son retour du voyage d'Italie Monsieur Goethe fut conduit par l'étude des arts et surtout de celui de la peinture à s'occuper de la théorie des couleurs. Par une de ses inspirations d'où jaillissent toujours les grandes découvertes, il pressentit que la théorie Newtonienne, très stérile d'ailleurs dans son application à la pratique, devait être fausse. Il ne tarda pas à s'en convaincre. Son génie le conduisit à des aperçus nouveaux dont il publia une partie il y a dix ou douze ans. Mais soit que l'époque d'alors ne fût pas mure encore pour s'approprier cette découverte, soit que sa doctrine manquât encore de cette étendue, de cette précision et cette cohérence qu'elle a reçues depuis, le public parut rester dans l'indifférence et la superstition des savants pour les formules qu'un grand maître leur avait transmises ne fut pas ébranlée.

La théorie des couleurs va reparaître aujourd'hui en corps complet de doctrine. La simplicité et l'évidence des principes ou plutôt des phénomènes primitifs dont elle part, la justesse et l'enchaînement des conséquences qu'elle en tire, l'immensité des faits qui tous s'y classent dans leur ordre naturel, frappent l'esprit d'une lumière irrésistible et dans le spectre variable des couleurs prismatiques elle a sue fixer la vérité, cette partie de l'ouvrage est déjà imprimée. Une autre partie contiendra des recherches historiques sur les variations que la doctrine des couleurs a subies, sur les idées, qu'on s'en est faites avant Newton, et sur l'opposition sourde mais continue par laquelle de très bons esprits, surtout parmi les Français, ont contesté l'empire à la théorie de ce dernier. Enfin la partie polémique démontrera que Newton, arrachant de l'ordre des faits un phénomène particulier dont il a méconnu la nature, partant du composé pour ne jamais arriver au simple, postulant des propositions fausses et se mettant en contradiction avec l'expérience, a porté la confusion dans cette matière et que les Newtoniens, au lieu de linge blanc, seront condamnés à porter désormais du linge gris.

Si le résultat de la nouvelle doctrine n'aboûtissait qu'à cette bonne plaisanterie, elle pourrait encore avoir un grand intérêt, puisqu'en redressant une branche aussi importante, dont la fausse direction embarrassait toute la physique, on aurait rendu un service éminent à cette science; mais peut-être l'Apôtre des réformes de la métaphysique et du Christianisme, trouverait audessous de lui de devenir celui de la réforme de la chromatologie. Et cependant dans cette hypothèse même, cet ouvrage modèle de clarté, de cohérence, de richesse et d'exactitude en observations et en expériences, prouverait encore que le nom de Goethe n'est point déplacé à côté de celui de Kant et de Luther ... [R. spendet im folgenden Goethes Arbeit das höchste Lob, sie eröffne die weitesten Perspektiven.] Cependant pour vous prouver au moins que j'ai été écolier attentif et docile, je vous envoie le résumé d'une séance dans laquelle Monsieur de Goethe m'exposa ses idées avant que je n'eusse là son ouvrage. Si c'était la voix vivante telle que je l'ai entendue, vous seriez déjà converti, vous seriez déjà Apôtre; mais hélas c'est la lettre qui tue.

2492 *Riemer* *1. Juli 1807*

Als ich in Elbogen einiges gezeichnet hatte, riet er [Goethe] mir, Everdingens Sachen zu studieren, weil ich das *Aperçu* der *Silhouette* habe.

2493 *Riemer* *8. (2.) Juli 1807*

[Goethe:] «Die Kunst stellt eigentlich nicht Begriffe dar, aber die Art, wie sie darstellt, ist ein Begreifen, ein Zusammenfassen des Gemeinsamen und Charakteristischen, das heißt der Stil.»

2494 *Christine v. Reinhard an ihre Mutter* *5. Juli 1807*

Ich sagte neulich im Spaß zu Goethe, daß Sie sein Urteil über die Schlegel verlangten. Er läßt Ihnen sagen, daß er das Urteil der ganzen Welt unterschreibe, denn wenn man alles, was diese Gutes und Böses von den beiden Brüdern gesagt habe, zusammen addiere, so würde das Fazit, das herauskäme: Wilhelm und Friedrich Schlegel heißen.

Goethe fordert uns auf, unsern Weg über Weimar zu nehmen. Bei dieser Gelegenheit sagte er Karl: Sehr wünsche ich, daß Sie die Bekanntschaft meiner Frau machen. Ich bin Ihnen eine Schilderung von ihr schuldig, vor Ihrer Frau würde ich es nicht wagen, denn sie hat eine zu autokratische Natur. Zuerst muß ich Ihnen sagen, daß von allen meinen Werken meine Frau keine Zeile gelesen hat. Das Reich des Geistes hat kein Dasein für sie, für die Haushaltung ist sie geschaffen. Hier überhebt sie mich aller Sorgen, hier lebt und webt sie; es ist ihr Königreich. Dabei liebt sie Putz, Geselligkeit und geht gern ins Theater. Es fehlt ihr aber nicht an einer Art von Kultur, die sie in meiner Gesellschaft und besonders im Theater erlangt hat. Überhaupt glaubt man nicht, wie sehr das Theater, wenn man so zehn Jahre lang es alle Abende besucht, bildet. Da kommt denn doch alles vor: Welt, Kunst, Moral tritt durch das Spiel der Personen hervor, und durch die Freiheit des Urteils gewinnt es für die Zuschauer neues Interesse und Lebendigkeit. Auch bei meinem Sohne habe ich es bemerkt.

2495 Christine v. Reinhard an ihre Mutter *5. Juli 1807*

[Im Original deutsch.] ... le duc de Weimar ... nous a fort aimablement demandé d'inscrire Weimar sur notre itinéraire. Goethe nous a invités également, et, à cette occasion, il a dit à mon mari qu'il voudrait lui faire faire la connaissance de sa femme. Il ajouta: «Je veux vous la dépeindre – mais pas en présence de Madame Reinhard, qui est d'une nature trop aristocratique. Sachez que, pour ma femme, mes œuvres sont lettre morte, elle n'en a pas lu une ligne. Le monde intellectuel n'existe pas pour elle. Elle est excellente ménagère et s'occupe exclusivement de la tenue de ma maison, dont elle a pris entièrement la direction, c'est son royaume. Elle aime pourtant à se parer, à aller au spectacle, et il ne faut pas croire qu'elle soit dépourvue de toute instruction. Ma société n'a pu manquer d'exercer une certaine influence sur son intelligence et le théâtre a élargi le cercle de ses idées. En général, on ne se rend pas assez compte combien la fréquentation du théâtre forme l'esprit lorsqu'on y passe toutes ses soirées pendant une dizaine d'années. Il y est question de tout, des arts, de la société, de la morale; les sentiments du cœur humain s'y débattent dans toutes les situations, ces luttes éveillent les idées, influent sur le jugement et donnent matière à la réflexion. Dans l'antiquité, le spectacle passionnait les Grecs, et leurs plus célèbres orateurs se préparaient aux luttes de la tribune en prononçant des discours sur les places publiques.»

Goethe nous a fait un fort joli cadeau en nous donnant la nouvelle édition de ses œuvres complètes, qui vient de paraître. Il a collé lui-même sur la première page une vue de Carlsbad, prise d'après nature et peinte par lui avec cette dédicace: «Au digne couple Reinhard,» et cette attention nous a touchés. Mon mari s'est procuré plusieurs auteurs français qu'il veut lui offrir. En ce moment, il n'est question que de Corinne. Le duc en a fait venir un exemplaire sur la demande de Goethe, il l'a en mains depuis peu de jours et il paraît en être émerveillé. Il loue cet ouvrage sans aucune réserve et en est aussi enthousiasmé que vous l'êtes vous-même.

2496 *K. F. v. Reinhard an Hammer-Purgstall* *6. Juli 1807*

Daß ich Goethen hier gefunden habe, hat Ihnen mein letzter Brief gesagt. Ich kann nur hierzu sagen, daß ich kaum irgend einen Menschen mit größerer Verehrung und Liebe jemals umfaßt habe als diesen. Er ist mir auf eine äußerst freundliche Art entgegengekommen. Er ist morgens und abends unser beinahe ausschließender Umgang gewesen, und ich habe Zeit und Gelegenheit gehabt, die ungeheuere Ausdehnung dieses Geistes in ihrem ganzen Umfange kennen zu lernen. Es ist beinahe keine Wissenschaft, die er nicht durch seine Detail-Kenntnis oder durch seinen Überblick beherrsche. Im ganzen Gebiete der Literatur, der Kunst und der Geschichte schaltet er nach eigenen Ansichten. Auch sein Charakter fußt auf durchaus edlen Maximen, und was ehemals in ihm Launenhaftes war, hat Zeit, Weltkenntnis und Erfahrung gemildert. Auch ein gegenwärtiges physisches Leiden, das er mit großer Stärke trägt, hat ihn wohl milder gemacht. Kurz, dieses schöne Karlsbad war beinahe allein die Reise nach Jassy wert. Auch einen Ihrer Bekannten, Herrn Hofrat Böttiger, habe ich hier zwar bis jetzt noch sehr im Vorbeigehen kennen gelernt; doch haben wir schon von Ihnen gesprochen. Goethe und er sind *nicht* Freunde; und ich gestehe, daß, wenn ich unter beiden wählen müßte, die Wahl keinen Augenblick zweifelhaft sein könnte.

2497 *Christine v. Reinhard an Johanna Frommann* *8. Juli 1807*

Unser Zusammentreffen hier mit Goethe betrachte ich als ein Geschenk des Himmels. Er und Reinhard scheinen großes Behagen aneinander zu finden. Ich habe eine herzliche Freude, sie ihre Schätze austauschen zu sehen. Goethe lebt hier fast nur mit uns; wir sehen ihn täglich. Mein eigentliches Urteil über diesen höchst merkwürdigen Menschen, der als Dichter alle meine Gefühle, als Mensch nur meine Verstandeskräfte in Bewegung setzt, behalte ich mir vor, Euch einmal beim Teetisch recht verständig vorzutragen, um es durch Euch berichtigen zu lassen.

2498 Riemer *10. Juli 1807*

[Goethe:] «Die Götter haben im menschlichen Körper eine unmögliche Synthese geleistet: das *Tier* und den *Menschen* zu verbinden. Die Eingeweide kommen alle übereinander zu stehen, da sie bei den Tieren hängen, in der Wampe. Sie hätten auch den Vogeltypus nehmen können: dann – scherzte er – legten die Weiber Eier und brüteten sie aus; dann usw.»

2499 Christine v. Reinhard an ihre Mutter *10. Juli 1807*

[Im Original deutsch.] Goethe parut alors! ... Je vous ai parlé de nos rapports journaliers et de l'intérêt que j'ai pris à contempler ce génie aussi extraordinaire qu'universel. Je dis contempler, car malgré toutes les avances qu'il a faites, nos rapports, en ce qui me concerne du moins, n'ont jamais été cordiaux. Il y a chez lui trop d'apprêt et un manque de naturel qui n'appellent pas la confiance et qui, au contraire, excluent toute effusion. Il serait présomptueux de ma part de vouloir le juger et de prétendre avoir compris cet être unique. Je tenterai pourtant de reproduire l'impression qu'a faite sur moi cet esprit étincelant, mais il faudrait, pour bien le faire, avoir son don d'observation et sa hardiesse. Le professeur Huber dit avec raison que Goethe évite toute individualité, c'est pourquoi il n'a jamais ému mon cœur, il plane au-dessus des misères humaines, pareil à un habitant d'une autre sphère. Jamais il ne parle de lui-même, jamais je ne l'ai vu s'intéresser aux joies ou aux chagrins des autres. On obtient rarement de lui une marque d'approbation ou de déplaisir. Lorsqu'on lui raconte les peines, les déceptions de personnes qui lui sont connues, il envisage ces récits comme des faits divers et en cite de pareils. Rien ne l'émeut. Il vit dans le cercle de ses idées et de son savoir, cercle immense qui englobe toutes les sciences, et il se fait un jeu des matières les plus abstraites. Il s'occupe avec ardeur de botanique, de chimie, de minéralogie, d'astronomie; tout lui est familier. La théorie des couleurs est son cheval de bataille actuel, et le résumé qu'en a fait mon mari prouve que, partant de la chimie, elle aboutit à la philosophie. Adulé comme il est habitué de l'être, aucun hommage ne l'étonne. Au cours d'une conversation pendant laquelle Goethe s'était exprimé avec un feu, un élan inusités, Charles lui dit que, bien qu'à différentes reprises il eût été en rapports presque intimes avec des hommes remarquables, il n'avait trouvé chez aucun d'eux une telle richesse d'idées, une telle harmonie, une telle élévation de sentiments, enfin un ensemble aussi parfait que chez lui. Il lui avoua qu'il avait de la peine à le suivre, car son esprit devait revenir sans cesse sur ce qu'il lui avait entendu dire, et qu'il était souvent comme ébloui par la justesse et par l'audace de ses conceptions. Cet hommage ne parut pas étonner le poète, il lui répondit qu'il fallait, en effet, être habitué à son langage pour pouvoir le comprendre; que lui-même, à cause de cela, avait renoncé à la conversation et ne daignait plus causer que lorsqu'il trouvait des hommes à sa hauteur, comme l'était mon mari et comme l'avait été Schiller. Il fit alors l'éloge de ce dernier sans aucune arrière-pensée de rivalité et sans chercher à établir de comparaison.

Vous savez, chère mère, que pareil à bien des hommes supérieurs, Goethe s'accommode volontiers, chez les femmes, d'un niveau intellectuel peu élevé, et qu'il préfère presque chez elles une nature vulgaire à une intelligence plus raffinée. Dans ses relations, il se laisse aller à l'impression du moment, et les maximes ne lui manquent pas pour justifier ses caprices et toutes leurs conséquences. Mais, dans ses ouvrages, ses héroïnes, douées de sentiments élevés, n'émeuvent et ne plaisent pas, parce que le poète ne les a parées de tant de vertus et ne les a créées avec tant d'amour que pour paraître avoir fait mieux que le Créateur.

Faite par lui, la lecture de ses poésies est une véritable jouissance. Sa voix est sonore, forte et bien modulée. Le feu de son regard, son expression, ses gestes sont justes et impressionnants. Il déclame de préférence des ballades et des poésies à actions. Il nous avait prévenus que son choix se portait d'habitude sur des sujets représentant une situation bien frappante et non sur un exposé de sentiments ou d'aspirations.

Ma main inhabile en a dit assez sur ce maître en tout art; il me resterait à vous communiquer l'appréciation de mon mari sur Goethe en tant qu'homme, sinon en tant qu'écrivain, mais le temps me manque. Elle diffère de la mienne à plusieurs points de vue, car il porte son ami tellement aux nues que la tête de son héros se trouve presque entourée d'une auréole. Moi, je me borne à admirer en lui deux yeux d'un éclat incomparable et tels que je n'en ai jamais vu de semblables, car ils reflètent une intelligence hors ligne …

Notre départ est fixé au 15; je ne puis quitter sans émotion cette vallée où l'air que je respirais me semblait plus léger, où les soucis m'effleuraient sans m'atteindre et où la société de Goethe a imprimé à notre séjour un charme bien particulier. Ces relations, amenées par le hasard, deviendront durables, car de part et d'autre on a le désir de se revoir et on s'est promis de s'écrire.

2500 K. F. v. Reinhard: Tagebuch

Einmal, wie der Alten gedacht war, sagte er [Goethe]: Wenn man bedenkt, wie weit es die Griechen schon gebracht hatten, was für Kenntnisse bei ihnen blühten, und wie das alles untergegangen ist! dann sich ein bißchen umsieht nach dem, was uns bevorsteht, möchte man sich nur gleich auf die faule Haut legen. Aber man darf doch den Mut nicht verlieren. Es trieb mich auch immer, und ich habe es mir sauer werden lassen.

Goethe sprach von seiner Reise nach Italien und wie er erst an Ort und Stelle gefunden, daß er von Kunst keinen Begriff hatte. Dadurch ist mein Aufenthalt in Italien, sagte er, mühsam und von den gewöhnlichen Reisenden sehr verschieden geworden. Lange nahm ich gelehrig alles in mir auf, las, hörte, verglich, sah, bis ich endlich in mir selbst zur Klarheit kam. Ich hatte bis Rom, besonders in Venedig, ein sehr weitläufiges Tagebuch geführt, auch viele Briefe geschrieben, die ich größtenteils wieder zurück erhalten habe und die mir noch jetzt viel Vergnügen machen, weil sie meist mit vieler Freiheit und in der heitersten Stimmung meines Lebens geschrieben sind. In Rom ließ ich mein Tagebuch liegen oder schrieb wenig. Ich gedenke jenes Tagebuch, jene Briefe drucken zu lassen mit Anmerkungen. Es fehlte wenig, so wäre ich ganz in Italien geblieben.

Mein Sohn, sagte er, hat das Gute, auch nicht die geringste Anlage zur Poesie zu haben. Meine Maxime wäre gewesen, ihn von selbst das werden zu lassen, wozu die Anlage ihn treibt; es gibt in der menschlichen Natur eine Periode für die Vernunft wie für die Pubertät, und oft geschieht es, daß die Menschen erst nach der Vernunft zum Verstand kommen. Allerdings, sagte Goethe, muß man meine Sprache erst eine Zeitlang hören, um mich zu verstehen; da ich mit niemandem spreche als mit Männern, die mich *fassen* können, wie Sie zum Beispiel, so habe ich mich verwöhnt, besonders mit Schiller. Da ging es Schlag auf Schlag.

Schiller war im höchsten Grade Idealist und reflektierend, schon in unsern Ansichten über Poesie gingen wir durchaus voneinander ab. Er war für die moderne sentimentale, reflektierende Poesie, mir war diese ein Greuel, da ich die alte, naive durchaus vorzog. Diese Verschiedenheit kränkte Schiller. Aus Schonung und Delikatesse hörten wir endlich auf zu streiten, aber Schiller behielt es auf dem Herzen, und so erschien plötzlich in den Horen sein Aufsatz über antike und moderne, über sentimentale und naive Poesie. Mir, der ich meiner Einseitigkeit mir bewußt war (so wie überhaupt jeder Mensch einseitig ist und sein muß), mir machte dieser Aufsatz große Freude, und ich erkannte, daß auch *ich* durch mein Zeitalter und meine Ausbildung zur modernen Poesie gehörte.

Von Schiller sagte er noch: Es ist unglaublich, wie dieser Mann sich in den letzten Jahren ausgebildet, wie frei er sich bewegt hat. Seit zehn oder zwölf Jahren glaubte man, er könnte kein Jahr mehr leben; man hatte sich daran gewöhnt und glaubte nicht mehr, daß er sterben könnte.

2501 K. F. v. Reinhard an Goethe *7. März 1808*

[Über Zacharias Werner.] Seinen Mystizismus laß ich mir gefallen. Ich stoße, wie Sie von einer gewissen Nation sagten, mit den Fühlhörnern dagegen, aber ich ziehe sie nicht zurück.

2502 Riemer *14. Juli 1807*

[Goethe:] Das Stück [«Amphitryon» von Kleist] enthält nichts Geringeres als eine Deutung der Fabel ins Christliche, in die Überschattung der Maria vom Heiligen Geiste. So ist's in der Szene zwischen Zeus und Alkmene. Das Ende ist aber klatrig. Der wahre Amphitryon muß es sich gefallen lassen, daß ihm Zeus diese Ehre angetan hat. Sonst ist die Situation der Alkmene peinlich und die des Amphitryon zuletzt grausam.

2503 Riemer an Frommann *18. Juli 1807*

Goethe befindet sich seit einigen Wochen trefflich wohl, und es ist nur zu wünschen, daß er sich dieses Zustandes auch entfernt von Karlsbad zu erfreuen habe.

2504 Riemer *23. Juli 1807*

Mit Goethe spazieren. An der Carlsbrücke nahm ihn Himmel in seinen Wagen. [Goethe:] «Vokalmusik heißt sie, weil man beim (jetzigen) Singen nur die Vokale hört.»

2505 Riemer *24. Juli 1807*

[Goethe:] «Die Bildung wird zwar von einem Wege (ins Holz) angefangen, aber auf ihm nicht vollendet. Einseitige Bildung ist keine Bildung. Man muß zwar von Einem Punkte aus –, aber nach mehreren Seiten hingehen. Es mag gleichviel sein, ob man seine Bildung von der mathematischen oder philologischen oder künstlerischen Seite her hat, wenn man sie nur hat; sie kann aber in diesen Wissenschaften allein nicht bestehen. Die Wissenschaften einzeln sind gleichsam nur die Sinne, mit denen wir den Gegenständen Face machen; die Philosophie oder die Wissenschaft der Wissenschaften ist der sensus communis. Aber so wie es lächerlich wäre, wenn einer das Sehen durch das Hören, das Hören durch das Sehen kompensieren und ersetzen wollte, sich bemühte, die Töne zu sehen statt zu hören: so ist es lächerlich, durch Mathematik die übrigen Erkenntnisarten zu kompensieren und vice versa, so in allen übrigen; oder es wird eine Phantasterei. Daher gibt es jetzt so manche Phantasten, die ohne positive Kenntnisse durch phantastische Kombination dessen, was von jenen öffentlich verlautet, sich das Ansehen tiefer Einsicht in das Wesen einer jeden zu geben wissen. Exempla sunt odiosa.»

2506 Riemer *24. Juli 1807*

[Goethe:] «Die stoische Philosophie ist, wie ich schon sonst bemerkte, eine Philosophie für die Armen, nämlich beruhend auf dem Abweisen des Objekts als in nostra potestate non situm.»

2507 Elisa von der Recke an J. Ch. Reinhart *25. Juli 1807*

Goethe und Fernow sind jetzt hier [in Karlsbad]. Ersterer will sich in Karlsbad ansässig machen und auf der Wiese den Goldenen Brunnen kaufen. Ich verdenke dies Goethen nicht, denn Karlsbad bleibt schön, wenn man auch Salzburg, Tirol und die Schweiz gesehen hat.

2508 L. A. Frankl: Wahrheit aus Goethes Leben *1882*

Der Dichter Apollonius Freiherr von Maltitz, der als Gesandter Rußlands nach dem Tode Goethes in Weimar lebte, hatte diesen in Karlsbad [am 26. Juli 1807?] kennen gelernt. Viel früher noch betrachtete er den Dichter, wenn er ihn sah, ehrerbietig aus der Ferne und pflegte ihm zu folgen. Da fiel ihm die sich einigemal wiederholende Erscheinung auf, daß Goethe, allein im Tale sich ergehend, die Augen immer zu den Wolken richtete und die Lippen fast ununterbrochen bewegte, als ob er geheime Zwiesprache mit denen, die in den Wolken wohnen, pflegte. Er schilderte dies in einem formschönen Sonette, das er uns in Karlsbad, von uns scheidend, verehrte. Es ist eines aus einem ganzen Zyklus, der in seinen gesammelten Gedichten nicht enthalten ist und den wir als kostbares Andenken an den trefflichen Freund, an den edlen Dichter bewahren.

2509 Riemer *27. Juli 1807*

[Goethe:] «Das Qualitative soll nichts sein, sondern allein das Quantitative? –

Beides sind ja nur Worte, und es ist die Frage, was damit gemeint sei.

Ist das Quantitative eine Wiederholung, Zusammenreihung des Einerleien oder des Verschiedenen? Des Einerleien nicht, denn es gibt eigentlich keine Dubletten von etwas; also des Verschiedenen, und die Verschiedenheit, daß nämlich eins nicht das andere ist, heißt man ja seine Qualität.

Und wo fängt denn das Quantitative an? Womit ihr anhebt, das Eins oder das Erste, ist ja selbst wieder ins Unendliche teilbar und folglich auch schon zusammengesetzt. Ihr setzt also schon eine Quantität als Einheit oder als Erstes voraus.»

2510 Riemer *30. Juli 1807*

Bei Gelegenheit einer [Adam] Müllerschen Vorlesung über das spanische Drama [Goethe]: «Alles Spinozistische in der poetischen Produktion (oder: Was in der poetischen Produktion Spinozismus ist) wird in der kritischen Reflexion Macchiavellismus.»

2511 Riemer *1. August 1807*

Bei Gelegenheit eines geistreichen, wiewohl maliziösen Urteils über Corinna [von Frau von Staël] von Reinhard: Goethe ist einer von den gutwilligen Lesern, die das Brot des Autors mit der Butter guten Willens überstreichen und so die Lücken zukleben, wenn sie nicht gar zu groß sind. Reinhard ißt das Brot trocken, und da kann er freilich sonderbare Dinge erzählen von dem, wie es ihm geschmeckt.

2512 Riemer

[Goethe:] «Die christlichen Tugenden sind architektonisch, sie sind leidend, tragend. Sie sind wie die Festungswerke, die den unendlichen Kanonendonner auf- und gegen sich aushalten müssen.»

2513 *Riemer*

[Goethe:] «Es sind närrische Spezifikationen (Begriffe): *Heidentum, Judentum, Christentum!* – Juden gibt es unter den Heiden: die *Wucherer;* Christen unter den Heiden: die *Stoiker;* Heiden unter den Christen: die *Lebemenschen.*»

2514 *Riemer*

[Goethe:] «In dem Protestantismus trat an die Stelle *der guten Werke* Sentimentalität.»

2515 *Riemer* *2. August 1807*

Fernow hatte das Bouterweksche Buch über die französische Literatur schon gestern den 1. August gebracht, worin der lustige Vorschlag zu einer Tragödie: daß man einer Dame das Herz ihres Geliebten zu essen gibt. Mittags nach Tische über Bouterweks Vorschlag uns lustig gemacht und das Trauerspiel schematisiert. Zu einer romantischen Tragödie, worin man das Herz eines Liebhabers der Geliebten zu essen gibt, entwarf Goethe das Scenario.

2516 *Riemer*

[Goethe:] «Der Mann soll gehorchen, das Weib soll dienen. Beide streben nach der Herrschaft. Jener erreicht sie durch Gehorchen, diese durch Dienen. Gehorchen ist dicto audientem esse; dienen heißt zuvorkommen. Jedes Geschlecht verlangt von dem andern, was es selbst leistet, und erfreut sich dann erst: der Mann, wenn ihm das Weib gehorcht (was er selbst tut und tun muß); das Weib, wenn ihr der Mann dient, zuvorkommt, aufmerksam, galant und wie es heißen mag ist. So tauschen sie in der Liebe ihre Rollen um: der Mann dient, um zu herrschen, das Weib gehorcht, um zu herrschen.»

2517 *Riemer* *3. August 1807*

Goethe bemerkte bei der [Adam] Müllerschen Vorlesung über die spanische Poesie und seinem Lobe von Schlegels Übersetzung des Calderon: «Sie sei denn doch nur ein ausgestopfter Fasan gegen einen wirklichen, aber ein gut ausgestopfter.»

2518 *Riemer* *2. (6./7.?) August 1807*

[Goethe:] «Alle Philosophie über die Natur bleibt doch nur Anthropomorphismus, das heißt der Mensch, eins mit sich selbst, teilt allem, was er nicht ist, diese Einheit mit, zieht es in die seinige herein, macht es mit sich selbst eins.

Um die Natur zu erkennen, müßte er sie selbst sein. Was er von der Natur ausspricht, das *ist* etwas, das heißt es ist etwas Reales, es ist ein Wirkliches, nämlich in Bezug auf ihn. Aber was er ausspricht, das ist nicht alles, es ist nicht die ganze Natur, er spricht nicht die Totalität derselben aus.

Wir mögen an der Natur beobachten, messen, rechnen, wägen etc., wie wir wollen, es ist doch nur unser Maß und Gewicht, wie der Mensch das Maß der Dinge ist. Das Maß könnte größer oder kleiner sein, es ließe sich mehr oder weniger damit abmessen, aber das Stück, das Gewebe, bleibt nach wie vor, was es ist, und nichts weiter von ihm als seine Ausdehnung in Bezug auf den Menschen ist durch jene Operation ausgesprochen. Mit Duodezimal- oder Dezimalmaß wird nichts von der sonstigen anderweitigen Natur des Dinges ausgesprochen und verraten.

Dies zur Verständigung und Vereinigung mit denen, welche noch von Dingen an sich sprechen. Ob sie gleich von den Dingen an sich nichts sagen können, eben weil es Dinge an sich, das heißt außer Bezug auf uns und wir auf sie sind, und sie alles, was wir von den Dingen sagen, für unsere Vorstellungsart halten (wobei nur zu bemerken ist, daß es nicht bloße Vorstellungsart sein kann, sondern das Ding in unserer Vorstellungsart, von ihr bekleidet), so leuchtet doch daraus so viel ein, daß sie mit uns darin einig sind, daß, was der Mensch von den Dingen aussagt, nicht ihre ganze Natur erschöpft, daß sie dieses Ausgesagte nicht pur allein, einzig, sondern noch viel mehr und anderes sind. Und das ist doch wahr: denn man entdeckt täglich mehr Relationen der Dinge zu uns, empfindet ihnen noch immer etwas ab. Das heißt, die Dinge sind unendlich. Das wissen wir ja. Mit einem Worte: der Mensch spricht das Objekt nicht ganz aus. Aber was er davon ausspricht, das ist ein Reales, wäre es auch nur seine Idiosynkrasie, das heißt der Bezug, den es auf ihn allein hat. Wäre das nicht, wer sollte den Bezug aussprechen? Der Mensch ist in dem Augenblicke, als er das Objekt ausspricht, unter und über ihm, Mensch und Gott in einer Natur vermittelt. Wir sollten nicht von Dingen an sich reden, sondern von dem Einen an sich. Dinge sind nur nach menschlicher Ansicht, die ein Verschiedenes und Mehreres setzt. Es ist alles nur Eins; aber von diesem Einen an sich zu reden, wer vermag es?

Dinge sind ja selbst nur Verschiedenheiten, durch den Menschen gesetzt und gemacht; und die Verschiedenheiten, die er setzt und macht, wird er ja wohl auch als solche Verschiedenheiten, nämlich als das, wofür er sie erkennt, als verschieden aussprechen können!»

2519 Riemer

[Goethe:] «Die Phänomene, wenn man sie auch gut apercevierit hat, werden immer wieder dadurch entstellt und zu Grunde gerichtet, daß man sie aus der jedesmaligen Philosophie zu erklären und dieser zu subsumieren sucht; so wie umgekehrt die herrschende Philosophie sich wieder solche physische Vorstellungsarten aneignet, die in ihren Kram dienen, zum Beispiel die Naturphilosophen die Newtonische Lehre, damit sie auch hier alles aus dem Licht ableiten können.»

2520 G. H. v. Schubert an A. Koethe *1808 (1807)*

Ich bin seit acht Tagen wieder aus Karlsbad hier [in Bärenwalde]. Freilich habe ich dort viel Glück gehabt. Ich bin fast täglich bei Goethe gewesen, und er hat mit dem lebendigen Interesse eines Jünglings meinen ganzen zweiten Teil [der «Ansichten von der Nachtseite der Naturwissenschaft»] studiert. Die astronomischen Entdeckungen haben ihn über alle Erwartung sehr interessiert. Ich habe ihm täglich demonstrieren müssen, der alte große Greis hat begierig um alles gefragt, sich nicht geschämt, wo ihm etwas noch Unbekanntes war, und mich so lange wiederholen lassen, bis ihm alles zu der Klarheit gekommen war, welche sein hierin wirklich einziger Genius überall verlangt. Ich möchte wohl wissen, was unser guter Krause gesagt oder gedacht hätte, wenn er eins der Gespräche, die mir gar viel wert sind, mit angehört hätte. Der Abschied war besonders groß und schön. Wie war der hohe Alte so väterlich! wie hat er mir gesagt, wo es, nicht allein mir, sondern meiner ganzen Zeit fehlte, mich getröstet und geweissagt, was ich leisten könne und würde! Die Mathematiker und Newtonianer hat er nie leiden können. Er schreibt jetzt seine ganze Optik Satz für Satz gegen Newton. Es war Balsam in die Wunde seines Hasses, daß auch das Reich der Mécanique céleste seinem letzten Tag sich nähert. Mündlich mehr und viel von Goethe.

Ich hatte auch das Glück, mit Bürg hier zusammen zu treffen, dem bekannten Wiener Astronomen. Einen schulgerechten Mathematiker und Newtonianer, mit einer chinesischen Gründlichkeit. Übrigens gutmütig. Es wäre zu weitläufig, Dir seine ganzen Gespräche hier zu erzählen. Mündlich davon. Goethe hat sehr darüber gelacht.

2521 G. H. v. Schubert: Selbstbiographie 1855

Dort [in Karlsbad] fand ich Goethe, den bewunderten Mann, den ich in Weimar so oft mit Ehrfurcht angeschaut, dem ich mich aber niemals zu nahen gewagt hatte. Ich wurde durch Fernow, den ich schon in Dresden gesehen und mit dem ich in Karlsbad in einen vertraulichen Verkehr gekommen war, bei Goethe eingeführt und von diesem mit großer Freundlichkeit empfangen. Ich hatte kurz vorher seine Farbenlehre mit wahrhaftem jugendlichen Entzücken gelesen, hatte aus seiner Morphologie, dieser geistvollen Formenlehre der organischen Welt, Lichtblicke einer tieferen Naturanschauung in mich aufgenommen, deren weitere eigentümliche Entwickelung mir eine Aufgabe für spätere Zeit wurde. Zunächst von diesen Dingen sprach ich mit dem großen, hellblickenden Meister, der in jedem Gebiete, das sein schöpferischer Geist betrat, ein Neues hervorrief und auffand. Mit unbeschreiblicher Nachsicht kam er meinen unreifen Gedanken entgegen, wies mich mit wenig Worten auf die rechte Spur, billigte an dem, was ich ihm von meinen Arbeiten mitteilte, das, was ihm zu billigen schien, belehrte mich über bessere Form und Deutlichkeit, und so nahm ich aus den wenigen Stunden, die ich mit ihm zubringen durfte, milde Gaben für viele künftige Jahre mit mir. Der Geber, an solche ihm leichte Mitteilung gewöhnt, wußte wohl kaum, was er tat, wußte nicht, wie jedes seiner Worte in mich einging und was es da wirkte. Aber ich fühlte es ihm an, daß er das, was er gab, immer gerne gab und daß der innere Drang, der mich zu ihm führte, ihm nicht mißfiel.

Ich habe, als ich mehr denn zwanzig Jahre später, seitdem in vielen Dingen gereifter, noch einmal nach Karlsbad kam, öfters in dankbarer Erinnerung nach der damaligen Wohnung Goethes an der Tepl hinaufgeblickt, darin ich so manches belehrende Wort empfing, und mich nach einer Stelle unter den Bäumen an dem Rande des Flüßchens umgesehen, wo der von vielen Augen gesuchte Meister in den Nachmittagsstunden zuweilen saß und der Ansprache von Bekannten wie von Fremden sich nicht entzog. Hier auf der hölzernen Bank in seiner Nähe sitzend, fanden sich öfters Fernow, Riemer aus Weimar und andere seiner nächsten Bekannten, hier durfte auch ich ihn noch manchmal sehen, und hier sah ich ihn auch gemeinsam mit den werten Freunden aus Freiberg: C. v. Raumer und M. v. Engelhardt.

2522 Riemer *8. August 1807*

[Goethe:] «Es sind zwei Formeln, in denen sich die sämtliche Opposition gegen Napoleon befassen und aussprechen läßt, nämlich Afterredung (aus Besserwissenwollen) und Hypochondrie.»

2523 Riemer: Mitteilungen über Goethe *1841*

Die *Achilleïs* geriet … ganz in Stocken, dergestalt, daß sie erst wieder bei der Herausgabe seiner Schriften 1806, wobei ich ihm an Handen ging, gegen mich zur Sprache kam; wo er mir [am 10. August 1807] seine Absicht, *die Achil-*

leïs in einen Roman zu verwandeln, mitteilte und die Motive besprach.

2524 Riemer *2. (12.) August 1807*

Über Tisch. [Goethe:] «Betrachtungen über die Natur, welche, immer *dieselbe*, zu verschiedenen Sinnen anders rede. Die Farbe ist fürs Auge, aber sie ist nicht bloß fürs Auge. Das Blaue zum Beispiel ist Etwas, kein bloßer Name, es ist ein Chemisches, es beruht auf der Natur des Körpers. Daher die Farben auch zu fühlen sein müssen etc.»

2525 Riemer *13. August 1807*

Goethes Bemerkung: «Die femmes auteurs (und wohl überhaupt) fassen die Männer nur unter der Form des Liebhabers auf und stellen sie dar; daher alle Helden in weiblichen Schriften die Gartenmanns-Figur machen.» – Goethe äußerte: «Coquette ist Egoismus in der Form der Schönheit. Die Weiber sind rechte Egoisten, indem man nur in ihr Interesse fällt, sofern sie uns lieben oder wir ihre Liebhaber machen oder sie uns zu Liebhabern wünschen. Eine ruhige, freie, absichtslose Teilnahme und Beurteilung fällt ganz außer ihrer Fähigkeit. Sie sehen alles nicht etwa nur aus ihrem Standpunkt, sondern in persönlichem Bezug auf sich. Die Weiber bestreben sich innerlich und äußerlich anmutig liebenswürdig zu erscheinen, zu gefallen, mit Einem Worte, und wenn wir dasselbe tun, so nennen sie uns eitel.»

2526 Riemer *18. August 1807*

[Goethe:] «Der Philister negiert nicht nur andere Zustände, als der seinige ist, er will auch, daß alle übrigen Menschen auf seine Weise existieren sollen. Er geht zu Fuß und ist sein Leben lang zu Fuß gegangen. Nun sieht er jemand in einem Wagen fahren. Was das für eine Narrheit ist, ruft er aus, zu fahren, sich dahin schleppen zu lassen von Pferden! Hat der Kerl nicht Beine! wozu sind denn die Beine anders als zum Gehen? Wenn wir fahren sollten, würde uns Gott keine Beine gegeben haben! – Was ist es denn aber auch weiter! Wenn ich mich auf einen Stuhl setze und Räder unten anbringe und Pferde vorspanne, so kann ich auch fahren so gut wie jener. Das ist keine Kunst!

Man wird in philisterhaften Äußerungen immer finden, daß der Kerl immer zugleich seinen eignen Zustand ausspricht, indem er den fremden negiert, und daß er also den seinigen als allgemein sein sollend verlangt. Es ist der blindeste Egoismus, der von sich selbst nichts weiß, und nicht weiß, daß der der andern ebensoviel Recht hätte, den seinigen auszuschließen, als der seinige hat, den der andern.»

2527 Riemer *8. (18?) August 1807*

[Goethe:] «Wenn ein Weib einmal vom rechten Wege ab ist, dann geht es auch blind und rücksichtslos auf dem bösen fort; und der Mann ist nichts dagegen, wenn er auf bösen Wegen wandelt. Denn er hat immer noch eine Art von Gewissen. Bei ihr aber wirkt dann die bloße Natur.»

2528 H.A.O. Reichard: Selbstbiographie *1877*

Auch Goethe würdigte mich mancher Freundlichkeit. Er verweilte, namentlich noch zu Zeiten des Herzogs Ernst, oft und gern in Gotha und war der Herrschaft, sonderlich dem Prinzen August, stets ein werter Gast; letzterer sandte mir einst, als ich nach Weimar zu reisen hatte, noch rasch ein Briefchen mit der Bitte: «den Doktor Faust zu grüßen.» 1807 war ich mit Goethe zusammen in Karlsbad; meine Freunde drangen damals in mich, ein Gemälde dieses Ortes und seiner Umgebungen als zweckmäßigen Führer für die Kurgäste auszuarbeiten; wirklich beschäftigte ich mich mit den Vorstudien dazu, und Goethes kleines, Mitte August 1807 in Karlsbad gedruckt ausgegebenes Schriftchen über die Mineralien des berühmten Bades kam mir gut zustatten.

2529 F. Schubart: Erinnerungen

Wie Goethe sein eheliches Verhältnis nach seiner damaligen Neigung und mit Übergehung der kirchlichen Ordnung auf bloße Natürlichkeit gegründet hatte, so sprach sich dieser bloße Naturgrund auch in der Weise aus, mit welcher er Familien-Erlebnisse aufnahm. Es ist mir erzählt worden, wie er in jenen Jahren Kinder durch den Tod verloren hat, und wie ihn der Vaterschmerz dabei so überwältigte, daß er sich in ungemäßigten Äußerungen desselben an die Erde warf. Wie ihn aber auch Familien-Freude gleichmäßig ergriff, davon hat mir ein alter Freund, der nun auch längst verstorbene Dichter Stephan Schütze, eine Szene geschildert, welcher er als Teilnehmer beigewohnt hatte ... Stephan Schütze war es nun eben, welcher mir einst über Goethes Familiengefühl die obigen Bemerkungen aussprach und sie mir durch folgende miterlebte Szene bestätigte. Bei dem jährlichen Aufenthalte Goethes in Karlsbad pflegte letzterer während der Badezeit daselbst auch mehrere aus Weimar anwesende Personen an sich zu ziehen und in seine Gesellschaft aufzunehmen, obgleich sie nachher bei der Rückkehr in die fürstliche Residenz wieder in das hier beobachtete Verhältnis der Erstarrung zurücktraten, wie es auch mit meinem schriftstellerischen Freunde Schütze gehalten wurde. Einst an einem schönen Sommertage [22. August 1807] saß der große Dichter dort in Karlsbad im Freien mit weimarischen Bekannten an einem Tisch mit Holzbänken zu beiden Seiten. Stephan Schütze saß ihm gegenüber mit mehreren Personen, und auch an Goethes Seite saßen noch einige. Da sah man, in das Gespräch vertieft, Goethes Sohn von einer Anhöhe herabkommen. Der junge Mann studierte zu dieser Zeit in Heidelberg und hatte eine unternommene Fußreise auch nach Karlsbad geleitet, um den Vater dort mit seinem Besuche zu überraschen. Als er sich nun der Gesellschaft an jenem Tische so näherte, daß ihn der Vater im Rücken hatte und seine Annäherung nicht bemerken konnte, winkte er den Gegenübersitzenden eifrig zu, sich still zu verhalten und den Vater nicht auf seine Ankunft aufmerksam zu machen. So schlich er endlich leise bis an den Rücken des Vaters heran und hielt ihm plötzlich nach gebräuchlichem weimarischen Scherze die Hände vor die Augen. Wie nun Goethe sich loswindet und umkehrt und so höchst unerwartet den Sohn erblickt, da ergreift ihn das freudige väterliche Gefühl auf eine Weise, die in den anderen gegenwärtigen Personen eine tiefe Erschütterung hervorbrachte.

Die maßlosen Äußerungen der Gefühlsüberwältigung, mit welchen der erhabene Mann hier erschien, waren von solcher Stärke, daß die Zeugen dieser Szene wirklich dabei erschraken und in Besorgnis für seinen Geist die Beruhigung herbeiwünschten.

2530 *Riemer* *28. August 1807*

Goethes Geburtstag. Des Morgens Briefe geschrieben bei Goethe. Gegen Abend mit August und dann mit Goethe auf der Wiese und in der Allee. Zu Bolza in den Garten, wo das Tirolerlied geblasen und gesungen wurde. Erzählte Goethe vom Dichter Zachariä, mit dem er in Leipzig, noch als Student, gegessen und der sie junge Leute dort recht lieb gehabt.

2531 *Riemer* *28. August 1807*

[Goethe:] «Der böse Wille, der den Ruf eines bedeutenden Mannes gern vernichten möchte, bringt sehr oft das Entgegengesetzte hervor. Er macht die Welt aufmerksam auf eine Persönlichkeit, und da die Welt, wo nicht gerecht, doch wenigstens gleichgültig ist, so läßt sie sich's gefallen, nach und nach die guten Eigenschaften desjenigen gewahr zu werden, den man ihr auf das schlimmste zu zeigen Lust hatte. Ja es ist sogar im Publikum ein Geist des Widerspruchs, der sich dem Tadel wie dem Lobe entgegensetzt, und im Ganzen braucht man nur nach Möglichkeit zu sein, um gelegentlich zu seinem Vorteil zu erscheinen; wobei es dann hauptsächlich darauf ankommt, daß die Augenblicke nicht allzu kritisch werden, und der böse Wille nicht die Oberhand habe, zur Zeit wo er vernichten kann.»

2532 *Riemer* *3. September 1807*

«Gespräch über Einrichtungen des Lebens und Verfahrens bei jetzigen politischen Umständen, was ein junger Mensch zu tun habe. Es ist weiter nichts als das gesellschaftliche Betragen, ausgedehnt auf eine größere Gesellschaft, auf Franzosen usw.»

2533 *Riemer* *5. September 1807*

Speisten [Bergrat] Werner und Struve bei uns. Werners Meinung über den Ursprung der Sprachen und ihre Verwandtschaft; auf geologische Prinzipien gegründet; drei Hauptsprachen: Iberisch, Keltisch, Skythisch.

2534 *Riemer* *7. September 1807*

Goethe, den 7. September 1807 mit uns (August und mir) unterwegs von Karlsbad nach Maria-Kulm, äußerte über die Differenz der katholischen und protestantischen Religion und bemerkte es ebenso auch in seinem Tagebuche …

2535 *Knebel an Hegel* *11. September 1807*

Gestern ist der Herr Geh. Rat v. Goethe vom Karlsbad glücklich wieder hier [in Jena] eingetroffen, woselbst er durch einen dreimonatigen Aufenthalt seine Gesundheit meist vollkommen wiederhergestellt hat …

Goethe kam gestern abends hier an und stieg bei uns ab. Diesen Morgen ist er sogleich wieder nach Weimar gegangen. Ich lege Ihnen hier seine Bezeichnung der Karlsbader Mineralien bei und zugleich ein Gedicht von einem hiesigen Schuster. In beiden werden Sie etwas verschiedene Art und Ausführung finden.

2536 *E. Genast: Aus dem Tagebuche eines alten Schauspielers* *1862*

[A. Genasts Bericht nach dem Gesamtgastspiel der weimarischen Hofschauspieler in Leipzig.] Als wir nach Weimar zurückgekehrt waren, ging ich [am 12. September 1807] zu Goethe, um ihm über alle Vorkommnisse Rapport abzustatten. Er empfing mich mit den Worten: «Nun, Ihr habt Euch ja recht wacker gehalten, und unsere Gesellschaft hat, wie ich von allen Seiten höre, Ehre eingelegt, besonders hat Mahlmann gewichtige Worte über unser Streben gesprochen. Der Mann hat vollkommen recht, Virtuosität muß von der dramatischen Kunst fern gehalten werden. Keine *einzelne* Stimme darf sich geltend machen; Harmonie muß das Ganze beherrschen, wenn man das Höchste erreichen will. Darum laßt uns in unserm Streben so fortfahren, denn manches findet sich noch, was, besser ins Auge gefaßt, zu größerer Geltung gebracht werden kann. An Ausdauer von meiner Seite, gutem Willen und Fleiß von seiten des Personals fehlt es nicht, und so ist mit der Zeit das Beste zu erwarten.»

2537 H. Meyer *September 1807*

Bei Gelegenheit, da Goethe seinen Prolog [Vorspiel zu Eröffnung des Weimarischen Theaters am 19. September 1807] schrieb, erklärte er sich über wesentliche Stücke der Poesie gegen mich folgendermaßen.

Die Poesie kann ans Herz sprechen, und dieses ist eigentlich die Stufe, worauf das Publikum unserer Tage steht; daher erhielt Tasso, daher andere so große Zuneigung. Höher kann sie zur Leidenschaft sprechen, ja sie erregen, auch zum Verstand, und hierin bestund vornehmlich Schillers Talent. Aber das Höchste ist, wenn sie an die Imagination spricht, wenn sie, ohne sich ins Detail einzulassen, mit gewaltigen Worten den Zuhörer mächtig faßt und erschüttert. (Er machte hierbei eine Gebärde, wie wenn man einen mit Fäusten an den Haaren faßt und schüttelt.) Das ist es, womit die Alten Großes gewirkt haben, und ihr besonderer und eigener Vorzug; mein jetziges Stück will ich versuchen ebenfalls in dieser von den Alten geübten Weise zu behandeln.

Ich erinnerte, daß es mir schien, als ob die beschreibende Poesie (wie zum Beispiel Wieland) eben durch großes Detail dem Spiel der Imagination der Zuhörer Einhalt tue, ihm Beding und Schranken setze, welches Goethe zugab.

Um eben die Zeit las er viel in einer Sammlung von alten Volksmärchen, welche er sich gemacht hatte, lobte besonders die *Haimonskinder* und das Märchen *von den sieben weisen Meistern*. Letzteres gefiel ihm vorzüglich *der schönen Erfindung wegen*.

2538 Riemer *26. September 1807*

[Goethe:] Vernunftkultur hätten am Ende einzig nur die Frommen. Bei den andern (Jacobi etc.) gewinnt zuletzt der

Verstand doch die Überhand, daß man das Höchste zu irdischen Zwecken benutzt. So eine sinnlich verständige Kultur, wie zum Exempel Wedgwoods, sei auch schätzbar, und schätzbarer als diese. Es seien zu allen Zeiten nur die Individuen, welche für die Wissenschaft gewirkt. Nicht das Zeitalter. Das Zeitalter war's, das den Sokrates durch Gift hinrichtete, das Zeitalter, das Hus verbrannt; die Zeitalter sind immer sich gleich geblieben.

2539 Henriette v. Knebel an ihren Bruder 30. September 1807

Goethe kam gestern zur Prinzeß, nachdem er sie zuvor mit einer Fortsetzung seiner Handzeichnungen beschenkt hat. Er versprach der Prinzeß den Prolog, und sagte, daß sie Dir ihn schicken möchte. Er wird heute wieder gegeben, was etwas sonderbar ist, und da er Komplimente für die Herrschaften enthält, so werden wir nicht ins Theater gehen.

2540 H. Düntzer: Charlotte von Stein 1874

An den Dienstagmorgen war sie [Charlotte] regelmäßig bei der Prinzessin, wo sie mit Goethe zusammentraf, der sie auch in ihrem Hause besuchte. Als sie am 30. [September 1807] Fritz ihre Freude über seine Rückkunft mit dem Wunsche ausspricht, der Himmel möge ihm mit den Seinigen nur die Gesundheit erhalten, bei der sich manches besser ertragen lasse, bemerkt sie: «Goethe ist wieder hier und grüßt Dich freundlich; übrigens mutet er seinem Herzen nicht viel zu für seine Freunde.» Fritz hatte ihr zwölf Flaschen Breslauer Likör geschickt, von denen Goethe drei Flaschen nahm; eine schenkte ihm Charlotte. Zwei Flaschen hatte Fritz als Geschenk für Knebel bestimmt.

2541 Riemer an Frommann 30. September 1807

Goethe nimmt den größten Teil an Ihrem Unfall und läßt Sie allerseits bestens grüßen. Das Vergnügen, Sie allerseits oder einzeln hier zu sehen, benimmt er sich noch nicht, und verspart es sich auf ruhigere Zeiten, und andre theatralische Vorstellungen, zu denen wir diesen Winter Aussicht haben …

Mit nächstem – eher war's nicht möglich – wird Goethe auch an der Polemik wieder fortfahren. Sich zu dieser Winterarbeit vorzubereiten und Lust dazu zu erwecken, hat er sich vorläufig an den zweiten Teil [der Farbenlehre], der Geschichte nämlich, gemacht, sammelt und liest dazu. Und es wird sehr interessant werden. Von Karlsbad aus gleich in die Polemik einzuschreiten, war eine zu ennuyante Sache.

Mit Goethes Gesundheit geht es sehr gut; und wenn es auch nur in diesem Grade besteht, so ist schon alles gewonnen: denn ihn wieder *jung* zu machen, möchte wohl Medeens Sprudel selbst unfähig sein. Gott sei Dank, daß er sich so, heiter und tätig, befindet.

2542 Riemer *1. Oktober 1807*

Mit Goethe im Garten, über Motive und über Geschichte der Philosophie. [Goethe:] «Die Wissenschaften bilden sich auch aus und im Gegensatze. Das Zeitalter der Sophisten forderte den natürlichen Menschenverstand und das rechtliche Gefühl des Sokrates. Das Zeitalter der Scholastiker einerseits das Sittliche des Petrarca und in der Physik den Forschungsgeist des Roger Baco usw.»

2543 Riemer *1. Oktober 1807*

[Goethe:] «Die norddeutschen Poesien, insonderheit die moralischen Lieder, kommen mir vor wie die reformierten Kirchen, die auch ohne Bilder sind.»

2544 Riemer

[Goethe:] «Der Mensch ist wie eine Republik oder vielmehr wie ein Kriegsheer. Hand, Fuß und alle Gliedmaßen dienen und helfen zu dem Zwecke, den sich das Haupt vorgesetzt hat, und ermüden nicht, beseelt von der Vorstellung des Zwecks; darum nennen es auch die Alten das ἡγεμονικόν.

Aber das ἡγεμονικὸν muß auch die Einsicht haben, und den Soldaten die gehörige Erholung lassen.

An den Franzosen sieht man recht die Zusammenwirkung von Geist und Leib, die ganze Armee ist *ein* Mensch, der keine Anstrengung, keine Ermattung und nichts scheut.

Das Ganze ist ein *großer Riese*, dem vielleicht hie und da ein Finger oder eine Hand verloren geht, oder ein Bein usw. abgeschossen wird, das er wie der Fierabras ersetzt, aber den Kopf verliert er nie.»

2545 Ch. A. Vulpius an N. Meyer *4. Oktober 1807*

Goethe ist gesunder zurückgekommen und ist jetzt munter und wohl, wiewohl er viel arbeitet an seinem Farben-Werk, an Hackerts Biographie pp. Er hat auch ein neues vortreffliches Vorspiel geschrieben, womit die Groß-Fürstin im Theater empfangen wurde. Es schildert dasselbe die Szenen des 14. bis 17. Oktobers vorigen Jahrs bei uns, ganz treu und lebhaft, und die Empfangs-Szenen dieses Jahres.

2546 Riemer *7. Oktober 1807*

Bei Gelegenheit von Görres' dummem Urteil, über Goethe, und daß Tieck, Runge und Jean Paul die einzigen Dichter seien:

«So lieb' ich sie aber», sagte Goethe.

Noch ward bemerkt, daß einzelne Menschen einzelne Organe konstituieren und ausmachen, Gehör, Auge, Verstand, Gedächtnis usw.

2546a Caspar Voght: Reisejournal *16. Oktober 1807*

Ich sah noch denselben Abend [10. Oktober] Goethe, ließ mich bei Hofe melden und ging ins Schauspiel, wo ich noch den Herzog traf ...

Am Sonntag [11. Oktober] habe ich den ganzen Morgen bei Goethe zugebracht, sah seinen Sohn, dessen Äußres sehr gefällig ist und den er sehr lieb hat. Er soll nun in Heidelberg das Recht studieren, c. a. d. [c'est à dire] le Code Napoleon. Ich fand Goethe über das alles ganz resigniert. Das Alte sei vorbei. Es sei Pflicht, das Neue erbauen zu helfen. Der Mensch sei itzt mehr wie je Weltbürger, die Staaten müssen sich neu bilden, und dabei wäre itzt manch vorhin unübersteigliches Hindernis beseitiget. Er präsentierte mich seiner Frau, der man freilich den langen Umgang mit Goethe und Schiller nicht anmerkt, die aber vor zwanzig Jahren *sehr* hübsch gewesen sein muß. Zuletzt kamen einige Sänger vom Theater, die vierstimmige Kirchenmusik ohne Begleitung, rein und mit Haltung, sangen, auch einige Goethische Lieder nach Himmels Komposition, die Goethe sehr liebt. Der Abschied, das Jägerlied und das lustige *Ich hab' meine Sach auf nichts gestellt* pp. sind ihm würklich vorzüglich gelungen. Der Morgen war sehr angenehm.

2546b Caspar Voght: Reisejournal *19. Oktober 1807*

Wieland ist noch ein guter freundlicher Alter ...

Er gesteht (was Goethe nicht gesteht), daß seine Phantasie ihn verlassen habe. Goethes letztes Gedicht, ein kleines Drama bei der Zurückkunft der Fürstinnen, hat auf niemanden Wirkung gemacht. Goethens Gedanke darin ist nicht deutlich ausgesprochen, und die einzelnen Schönheiten des Ausdrucks erinnern an manches, was er schon besser gesagt hat.

Ich habe Goethe [am 12. Oktober] mit den Handschriften, die die Doktorin für mich gesammelt hat, Freude gemacht. Im Fall Sie einige [Freude] daran hätten, *seine* zu sehn, lege ich Ihnen ein Billett von ihm bei.

2546c Caspar Voght: Reisejournal *30. Oktober 1807*

[Über «Corinna ou l'Italie».] Frau v. Staël hat herrlich gesagt, que les paroles se traînent après les impressions primitives comme les traducteurs en prose sur les pas des Poètes, und parmi les pressentiments de la vie à venir ceux qui naissent de la Musique ne sont pas à dédaigner.

Alles was Seite 101–109 steht, ist die höchste Poesie über Musik. Goethe spricht mit Entzücken davon.

2546d Caspar Voght: Reisejournal *5. November 1807*

Sie fragen mich, was Goethe von Purus Durus [Graf Reinhard] sagt? Er ist sehr mit ihm zufrieden gewesen. Reinhard hat aufmerksam zugehört, das Gehörte aufgeschrieben und Villers zum Übersetzen geschickt. Alles das hat Goethe sehr geschmeichelt. Reinhards Ähnlichkeit mit Schillern ist jedermann in Weimar aufgefallen und hat sehr für ihn eingenommen.

2547 Riemer an Johanna Frommann 14. Oktober 1807

Von Goethens Befinden kann ich Ihnen das Beste melden. Er ist wohl auf; die Diät, strenger als je, bekommt ihm sehr gut. Er ißt bloß zu Mittag, aber gut und hinlänglich; des Abends genießt er Tee mit Wein; des Morgens, außer seinem Spawasser, abwechselnd Kaffee, Schokolade oder Fleischbrühe; des Weins täglich nur ein Nößel. Des Abends geht er sehr oft in Gesellschaft und ins Theater. So hoffen wir, daß sein teueres Leben uns noch lange zugute kommen soll.

2548 Riemer 13. (16.) Oktober 1807

Früh zu Goethe. Geschrieben über Baco von Verulam, das Haupt aller Philister, und darum ihnen so auch zu Rechte.

2549 Riemer an Johanna Frommann (20.?) Oktober 1807

Goethe läßt auf das freundlichste und beste für Ihren Brief danken, und bittet nur, daß Sie die Güte hätten, ihm die Adresse von Madame Reinhard zu schreiben. Er will einen Brief an Reinhard an dessen Frau schicken, damit diese ihn selbst nach Paris sende, oder, wenn Reinhard bald zurückkommt, ihn an sich hielte.

2550 L. Spohr: Selbstbiographie 1860

[Über eine mit seiner Frau unternommene Konzertreise.] In Weimar, wohin wir durch die Herzogin von Gotha empfohlen waren, spielten wir [am 20. Oktober 1807] mit großem Beifalle bei Hofe und wurden von der Erbgroßherzogin, der Großfürstin Maria, reich beschenkt. Unter den Zuhörern im Hofkonzerte befanden sich auch die beiden Dichter-Heroen Goethe und Wieland. Letzterer schien von den Vorträgen des Künstlerpaares ganz hingerissen zu sein und äußerte dies in seiner lebhaft-freundlichen Weise. Auch Goethe richtete mit vornehm-kalter Miene einige lobende Worte an uns.

2551 *Riemer* *21. Oktober 1807*

[Goethe:] «Die Geschichte der Wissenschaften ist eine große Fuge, in der die Stimmen der Völker nach und nach zum Vorschein kommen.»

2552 *Riemer* *22. Oktober 1807*

Im Park spazieren, traf ich Goethe am Römischen Hause sitzend an. Über seine Büste [von Weißer]; Meyer hätte gesagt, sie sei so ähnlich, daß sie unähnlich werde.

2553 *K. Eberwein: Erinnerungen*

Von Lauchstädt [nach der Sommerspielzeit 1807] in die Heimat zurückgekehrt, besuchte ich fast täglich das Kirstsche Kaffeehaus, wo ich regelmäßig Billard spielte ... Unter den Hofschauspielern, die sich dort in gleicher Absicht mit mir einfanden, war auch Heß, der bei Goethe ein Singquartett mit der Violine dirigierte. Er sprach oft von dem Vergnügen, das es ihm gewähre, in Gegenwart des Geheimerats die Gesänge einzuüben und aufzuführen. Zugleich bedauerte er, wegen Mangel an Musikalien nur ein beschränktes Repertoire zu haben. Als er eines Abends wieder das alte Klagelied anstimmte, faßte ich Mut, ihm mein Verlangen auszusprechen, etwas dergleichen zu komponieren, wenn ich hierzu passende Texte hätte. «Diese will ich Ihnen geben, sobald Sie mich besuchen», erwiderte der freundliche Mann. – Den folgenden Morgen ging ich bei guter Zeit zu Heß, um ihn an sein Versprechen zu erinnern. Ich fand ihn noch unschlüssig, was er mir bieten könnte. Nachdem er eine Weile in einem Band Gedichte hin und her geblättert, sprach er: «Hier, diese zwei Rätsel von Schiller werden sich wohl zur Komposition eignen.» Das eine ist meinem Gedächtnis entschwunden, wie mir die Musik dazu verloren gegangen ist.

Das andere lautet:

Auf einer großen Weide gehen
Viel tausend Schafe silberweiß;
Wie wir sie heute wandeln sehen,
Sah sie der alleräl'ste Greis.

Sie altern nie und trinken Leben
Aus einem unerschöpften Born,
Ein Hirt ist ihnen zugegeben
Mit schön gebognem Silberhorn usw.

Zur Auflösung dieses Rätsels führt in mondheller Nacht ein Blick zum Firmamente. Die Gemütsstimmung, welche das milde Licht des Mondes und der Sterne bei den Erdbewohnern hervorruft, ferner die Ruhe ihrer Bewegung glaube ich in der Musik so gut ausgedrückt zu haben, daß ich nicht wüßte, wie ich sie nach 46 Jahren besser machen könnte.

Als Heß die Rätsel beim Geheimerat singen ließ, überraschte es denselben, zum ersten Male in seinem Leben dergleichen Poesien singen zu hören, fand aber die Idee, Rätsel in Musik zu setzen, ganz artig, die weiter benutzt zu werden verdiene. Goethe gab hierauf Heß den Auftrag, mir zu sagen, daß, wenn es mir Vergnügen mache, den Singübungen in seinem Hause beizuwohnen, so würde ich ihm willkommen sein. Erwünschteres als Hessens Botschaft konnte mir nicht begegnen. Die nächste Probe war Donnerstag, abends 9 [wohl 7] Uhr. Mit Freuden folgte ich der freundlichen Einladung meines hochverehrten Chefs. Die Singübungen fanden im Zimmer der kleinen Frau, wie Goethe seine liebenswürdige Gemahlin nannte, statt, die, obgleich nicht musikalisch gebildet, doch gute Musik gern hörte, aber darüber die Sorge für das Hauswesen nicht vergaß und deshalb mit einem großen Bund Schlüssel ab- und zuging. Großmutter und Tante der Geheimerätin, die ein heiteres Asyl bei Goethe gefunden, hörten dem Gesang mit Andacht zu[?].

Goethes Hauskapelle bildeten: Heß (Dirigent), Demoiselle Engels (erster Sopran), Demoiselle Häßler (zweiter Sopran oder Alt), Morhard (Tenor) und Deny (Baß), sämtlich Mitglieder des Weimarischen Theaters. Nachdem die Sänger mich durch Vortrag meiner Kompositionen erfreut, erschien der Geheimerat in einem Überrock. Er begrüßte mich freundlich als den ehemaligen Gespielen seines August und dankte für meine Bereitwilligkeit, mich an seiner Hauskapelle beteiligen zu wollen. Nach Wiederholung der Rätsel sprach er sich, wie früher angegeben, vorteilhaft aus. Bezüglich der dritten Strophe vorstehenden Gedichtes:

Und hat der Lämmer keins verloren,
So oft er seinen Weg gemacht

bemerkte Goethe gutmütig scherzend, hier habe sich sein verehrungswürdiger Freund einer Unwahrheit schuldig gemacht, denn die Sterne, die sich schnuppten, und darauf am Firmamente verschwänden, wären allerdings zu den verlornen Lämmern zu zählen.

Acht Uhr ging es zu Tische. Ehe wir es uns versahen, war Goethe verschwunden, um in seinem Studierzimmer zu soupieren. Wenn der Meister uns zum Schlusse des Essens mit seiner Gegenwart beehren wollte, so stand schon ein Stuhl zunächst der Türe, wo er eintrat, für ihn bereit. Er öffnete dann hastig die Türe, setzte sich blitzschnell auf seinen Sessel, und ehe wir uns erheben konnten, rief er uns zu: «Kinder, bleibt sitzen.»

Infolge der einfachen Lebensweise im Goetheschen Hause bestand das Mahl nur aus einem, aber schmackhaft zubereiteten Gericht und Bier. Zwei Talglichter erleuchteten das Gemach. In des Geheimrats Arbeitszimmer brannten auch nur zwei Lichter von gleicher Qualität. Demjenigen, der wie Knebel das Licht zu kurz oder gar ausputzte, gestattete Goethe nie wieder, sich diesem Geschäft zu unterziehen. Sowie jener Miene machte, ein Gleiches zu versuchen, langte Goethe nach der Lichtputze und putzte es selbst. Es war dem gefeierten Dichter Bedürfnis, auch bei der geringfügigsten Sache seine Ordnungsliebe zu betätigen. Benahm sich einer in seiner Gegenwart ungeschickt, worüber er sich nicht aussprechen wollte, so fuhr er sich mit der Hand übers Gesicht, gleichsam als wolle er es nicht bemerkt haben, oder das Widerwärtige durch die Handbewegung aus dem Gedächtnis entfernen. – Auf das bescheidene Mahl folgten heitere Gespräche über Kunst, Theater oder Stadtneuigkeiten, bis das Horn des Nachtwächters erinnerte, daß es an der Zeit sei, sich in seine Wohnung zu begeben.

2554 Henriette v. Knebel an ihren Bruder 28. Oktober 1807

Es ist schon seit einigen Monaten ein gewisser Hofrat Grub hier, der wegen dem Postwesen vom Taxisschen Hof Aufträge hat. Er ist ein Schwabe von Geburt und hat eine gescheite und heitre Ansicht der Dinge. Auch Goethe mag ihn wohl leiden.

2555 Henriette v. Knebel an ihren Bruder 9. Dezember 1807

Es freut uns auch das Gute, was Du uns von Goethen sagst. Es ist doch wirklich ein seltner Reichtum und Tiefe in ihm. So hat er sich uns auch noch bei einem neulichen Besuch am 3. November?] offenbart, wo uns von seinem geistreichen Gespräch viel Wahres und Gehaltvolles zurückgeblieben ist, was uns noch oft angenehm unterhält und beschäftigt.

2556 Bettina an Goethe 16. Juni 1809

[Über ihren Besuch in Weimar vom 1. bis 10. November 1807.] ... so weiß ich jeden Baum des Parks noch, an dem wir vorüber gegangen, auch die kleine runde Quelle, an der wir gestanden, die so ewig über sich sprudelt, und die Laube mit der steinernen Bank, wo eine Kugel an der Wand: da haben wir eine Minute gesessen und hab ich gewünscht, nur einen Frühling mit Dir zu sein, hast Du mich ausgelacht ...

2557 H. Grimm: Bettina von Arnim 1880

... Bettina erzählte mir, wie Goethe ihr hier [in seinem Garten am Park] einmal erzählt habe, daß er manchmal die Nacht hier im Freien zugebracht, und wenn er aufgewacht sei, hätten die Sterne so schön durch die Zweige geschienen.

2558 Bettina an Goethe Anfang Januar 1808

Dich wollte ich oft und warm ansehen, wollte Dich begleiten in Dein stilles Haus und wollte Dich ausfragen über Dein ehmaliges und jetziges Leben, so wie ich Dein Angesicht ausgefragt hab über seine vorige und jetzige Schönheit; auf der Bibliothek [am 4. November 1807] da konnte ich nicht umhin, mich zu Deiner jungen Büste aufzuschwingen und meinen Schnabel gleichsam wie eine junge Nachtigall daran zu wetzen …

2559 Malla Silfverstolpe: Reisejournal *1. Dezember 1825*

Einmal zeigte er [Goethe] ihr [Bettina] seine Büste im Alter von vierzig Jahren und stellte sich daneben, um ihr den Unterschied zu zeigen. Lange betrachtete sie die Büste, so lange, daß er glaubte, sie erkenne sie nicht, und darüber zürnte – da küßte sie die Büste innig. Eifersüchtig riß er sie von der Büste weg, drückte warme Küsse auf ihre Lippen und hob sie hoch empor mit dem Ausruf: «Götterkind! Sternenkind!»

2560 T. Koller: Heinrich Grunholzer *1876*

Über ihr Verhältnis zu Goethe sprach sich Bettina [1843] Grunholzer gegenüber ganz offen aus. Sie sei nur begeistert für Goethe, nie in ihn verliebt gewesen. Goethe war sechzig und Bettina siebzehn Jahre alt, als sie ihn kennen lernte. In Gesellschaft ihres Schwagers Savigny kam sie in Weimar mit ihm zusammen. In der Bibliothek habe Goethe sie bei Seite zu einer Büste geführt, sich in den Mantel gehüllt und majestätisch vor dieselbe gestellt. Es war Goethes Brustbild. Bettina stellte sich, als erkennte sie ihn nicht und sagte: «Das ist ein schöner Mann.» Goethe: «Ja, der konnte sich in seiner Jugend schön nennen.» Bettina wollte ihm um den Hals fallen; verletzt, daß sie ihn in der jugendlichen Büste nicht erkannt, wies er sie ab. Darauf küßte sie die Büste. Jetzt hob Goethe sie auf die Arme, schaute ihr in die Augen und sagte: «Du Sonnenkind!» Darauf schrieb er das bekannte Sonett.

2561 Riemer *9. November 1807*

Mittags Brentanos, Savigny, Reichardt, Arnim und Clemens Brentano zu Tisch. Neben diesem und Bettinen gesessen. Über Friedrich Tieck, über die Nibelungen und sonstiges. Zwei junge Leute (die Grimm) in Kassel, die schöne Kenntnisse und Sammlungen, die altdeutsche Literatur betreffend. Abends Tasso.

2562 *Bettina an Goethe* *21. November 1809*

... ich war ja auch an einem Regentag selbst mit Dir im Schauspiel gewesen, und den Mantel hattest Du damals an.

2563 *Bettina an Goethe* *nach Mitte Januar 1808*

Da ich noch an Deinem Arm durch die Straßen ging (ei, was dünkt mich dies eine geraume Zeit), da war ich zufrieden; alle meine Wünsche waren schlafen gegangen ...

2564 *Bettina an F. H. Jacobi* *15. Oktober 1808*

Wenn je leidenschaftliches Andenken in meinem Herzen gezuckt hat, so ist es das von Goethe; eines Abends hatte er mich ins Theater gebracht, es war Tasso; er ging weg; die Vorstellung ward mir langweilig, die Kraftworte, die sprudlenden Feuerquellen des Geistes, wurden als Zierde der Darstellenden gebraucht, ich ging mit Freude nach Haus, weil mir Goethe versprochen, noch eine Stunde mit mir zu bleiben, allein er ward verhindert, nun fühlte ich den Enthusiasmus, den mir die Hoffnung, ihn noch zu sehen, erregt hatte, mit schwerem Fittich sich niedersenken, meine bunte Welt löschte ihre Lichter aus, alle Bilder und Gedanken schwanden, nur ich war noch wach ...

2565 *Bettina an Arnim* *Ende März 1808*

Kein Mensch hat noch meiner instinktmäßigen Ansicht, die ich von Freunden habe, beinah wie ein noch verschlafnes Gefühl, so entsprochen wie Goethe; er war mit mir wie mit einem Kinde, das an denselben Ufern wie er erzogen ward, fühlte meine Unerfahrenheit, meinen Unverstand nicht als Beleidigung für ihn, indem ich mich ihm so näherte, als sei er meinesgleichen; das Gefühl meiner Unwürdigkeit schlug mir vor ihm nicht im Herzen, aber die Gelegenheit hätte beweisen können, daß ein Blick von ihm auf mein Leben mir werter war als dasselbe. Frei war ich vor ihm, wie die

Tanne vor der Sonne ist, die mit Gelassenheit ihre brennende Strahlen in sich saugt.

2566 Bettina an Arnim *8. Dezember 1809*

... dabei merke ich, daß ich gewiß gut und besser bei ihm [Goethe] war, daß bei ihm keine Lüge, nur die Liebe gelten konnte. Er sagte auch einmal zu mir: «Man braucht nichts zu sagen, nicht zu lächlen, man ist doch vergnügt eins im andern.»

2567 Bettina an Goethe *Anfang Januar 1808*

[10. November 1807.] Den Tag, als ich Abschied nahm von Dir mit dem einen Kuß, *mit dem ich nicht schied von Dir*, da war ich morgens beinah eine ganze Stunde allein im Zimmer, wo das Klavier steht, da saß ich auf der Erd im Eck und dachte: es geht nicht anders, du mußt auch einmal weinen; und Du warst ganz nah und wußtest es nicht, und ich weinte mit lachendem Munde, denn mir schaute das feste grüne Land durch den trübsinnigen Nebel durch; Du kamst, und ich sagte Dir recht kurz (und ich schränkte mich recht ein dabei, im Streichlen und Küssen), wie Du mir wert seist.

2568 Bettina an Goethe *nach dem 7. Mai 1808*

... heißt sie nicht Elsermann, die einmal mit uns an Deinem Tisch gesessen hat, und die Du alles selbst lehrst, und deren Gegenwart mich beim Abschied verhinderte, Dich recht nach Willkür zu küssen? aber nein! Du warst selbst schuld, du standest da, wie zwischen Wasser und Feuer, und möchtest keine Probe aushalten.

2569 C. Brentano an J. G. Zimmer *29. November 1807*

... ich ... melde Ihnen nur, daß ich zu Giebichenstein vierzehn Tage bei Arnim im Reichardtschen Hause war, sodann mit ihm nach Weimar gereist bin, wo sich Savigny mit Familie, und Bettina und Melina befanden; dort sind wir täglich bei Goethe und er bei uns gewesen, und haben uns gegenseitig lieb gehabt; sodann ist die ganze Karawane in drei Kutschen nach Kassel gefahren ...

Sollten Sie Lust haben, was Ihnen früher schon ein angenehmer Gedanke schien, unsere besten alten Volksromane, voran gleich die Haimons-Kinder, nach den ältesten vollständigsten Ausgaben, durch Zuziehung der französischen Originale vervollständigt, zugleich gedrängt ohne verstümmelt, modern ohne neumodisch, herauszugeben, so erbiete ich mich zu der Unternehmung, welche, gehörig unternommen, doch ohne zu große Verteurung, sicher gehen würde. Goethe, dem ich davon sprach, hatte große Freude daran ... Ein zweiter Vorschlag, den ich mir in seiner Ausführung besonders reizend denken kann, wäre eine Zeitung in der Art des Morgenblattes, aber ganz als sei sie aus der Zeit des Mittelalters, oder vielmehr einer imaginären literarischen Zeit. Sie würde lauter reizende und kuriose Bruchstücke und ganz kleine Geschichten, Sagen, Begebenheiten, Sprüche, Lieder, seltsame Reisegeschichten, Züge aus alten Biographien und lauter homogene Dinge enthalten, die man in Bücher nicht bringen kann, und welche doch am Ende durch ein gutes Register die Zeitung zu einem einzigen herrlichen Buch, voller Kleinodien unserer alten poetischen und historischen Kunst, machten; dann und wann einen trefflichen Holzschnitt oder ein altes Gebäude im Umriß und dergleichen. Nichts Modernes, nichts Gelehrtes, nichts Getändeltes, nichts Bekanntes, nichts Langweiliges – eine schöne reizende Kunstkammer, welche sich selbst erklärt, und in welcher sowohl Alt als Jung sich gerne begeistern. Goethe gefiel auch dieser Plan sehr wohl ...

Goethe hat die vier Rungeschen Tageszeiten und sein von ihm selbst gezeichnetes Porträt in seiner Stube hängen, und liebt den Meister wie das Werk ganz außerordentlich.

2570 Charlotte v. Stein an ihren Sohn Fritz 11. November 1807

Gestern abend war ich bei der Herzogin. Goethe hat neue Szenen in seinen *Faust* gemacht und las sie vor; sie werden in sechs Wochen ungefähr gedruckt erscheinen. Es ist ein sehr genialisches Stück, und mit Wahrheit sagt er in der Vorrede, daß er einen vom Himmel bis zur Hölle führt. Es sind jetzt öfterer Vorlesungen vom Goethe in einem sehr kleinen

Zirkel bei der Herzogin. Die Erbprinzeß, Prinzeß Caroline, die zwei Oberhofmeisterinnen und ich, selten Herren. Wenn es dem Goethe lange gemütlich bleiben wird, so fortzufahren, wird es hübschere Abende geben, als die des ewigen Kartenspiels. Aber beinah noch hübscher sind die Dienstage früh bei Prinzeß Caroline, wo er auch manchmal hinkommt und ohne Vorlesung die geistreichsten Dinge sehr angenehm auseinanderwickelt; er ist da weniger geniert und weiß, daß er in der Prinzeß Caroline einen feinen Sinn findet. Ich habe zwei Reden von ihm bekommen aus der Münchener Akademie der schönen Wissenschaften, eine von Jacobi und eine von Schelling gehalten. Die vom Jacobi hat mich sehr belehrt, die vom Schelling, welche Goethe der erstern vorzieht, habe ich aber gar nicht verstanden, doch hat er mir's vorausgesagt; indessen macht mir's Spaß, sie mir nach meiner Art auszulegen.

2571 Riemer *11. November 1807*

Um 9 Uhr weggefahren, um 12 Uhr in Jena. Unterwegs über Bettina.

2572 Riemer: Mitteilungen über Goethe *1841*

[Über Bettina.] Die Dame beklagte sich schon 1807, im zweiten Stadium ihres zwischen Mignon und Philine einschillernden, übrigens noch durch ein eigen Brentanosches Ingrediens nuancierten Attachements, an einem schönen Morgen, gegen mich, der, damals in Goethes Hause lebend, von manchem Augen- und Ohrenzeuge war, daß Goethe so *wunderlich* und *sonderbar* sich gegen sie zeige, das heißt in seiner Sprache: nur eben *passiv* verhielt …

Bettine war diesmal mit Schwestern und Bruder vom 1. bis 10. November in Weimar gewesen, und am 10., wo sie jene Klage gegen mich führte, wieder abgereist. Den folgenden Tag fuhr Goethe mit mir nach Jena, wo wir bis zum 18. Dezember inclusive blieben, und erklärte sich im Gespräch mit mir über Bettine nicht eben als leidenschaftlicher Liebhaber, sondern nur als Bewunderer ihres geistreichen, aber auch barocken Wesens.

2573 *Riemer: Mitteilungen über Goethe* *1841*

... Goethe trug mir eines Morgens, den 11. November 1807, auf der Reise nach Jena, die ganze Idee und Tendenz seines Gedichts [Pandora] so umständlich und ausführlich vor, daß es mir leid tat, sie nicht auf der Stelle niederschreiben zu können ...

2574 *Knebel an seine Schwester Henriette* *17. November 1807*

... vorgestern hatten wir den Geheimerat Goethe mit einer kleinen Gesellschaft zu Mittag bei uns ...

Goethe lebt so ganz still weg und betreibt seine Geschäfte. Er besucht mich zuweilen, und wir disputieren uns auch ein wenig. Bei irgend einem Anspruche auf das Betragen der Menschen gegen uns können wir so leicht auf lieblose Meinungen kommen. Wer oben steht, muß schlechterdings nur von sich fodern: das übrige mag und wird von sich selbst kommen. Schauen wir auf andre, so sind wir oft falsch gefällig und zuweilen unzeitig streng. Wenn Eltern und Fürsten Respekt und Liebe fodern müssen, dann ist es schon schlimm. Das Menschengeschlecht ist zuweilen etwas verkehrt, aber wo ihm Wärme und Güte herkommt, da streckt es doch bald die Köpfe hin. Gerechtigkeit gehört aber auch zu Wärme und Güte; denn ungerechte Güte ist Härte gegen den Gerechten selbst. Und so geht es auch dem guten Goethe, der nicht immer mit gleichgemessenem Maße teilt.

2575 *Riemer* *19. November 1807*

Nach Tische las mir Goethe den Anfang von Pandorens Wiederkunft vor.

2576 *Knebel an seine Schwester Henriette* *20. November 1807*

Auch komme ich jetzt öfters an die Luft, da mich Goethe meist gegen Mittag zu einem Spaziergang im Paradiese herunterruft ...

Goethe sagt mir, es sei jetzt viel Musik in Weimar. Das ist denn auch nicht übel. Nur die Zusammenkünfte sind noch steif und wollen kein rechtes Geschick erhalten. Das ist wie immer; es liegt ein Fluch auf den weimarischen Gesellschaften.

2577 *Riemer* *24. November 1807*

Goethes Aperçu über die Alchimisten, welche die drei Ideen: *Gott*, *Tugend* und *Unsterblichkeit* in der Empirie darstellen wollen, durch den Stein der Weisen (als die prima materia), nämlich vis à vis von

Gott, *Tugend*, *Unsterblichkeit*
Gold, Gesundheit, ewiges Leben

als die *Allmacht*, sana mens, in corpore sano.

2578 *Riemer* *26. November 1807*

Goethes Vorschlag (wahrscheinlich scherzhaft), die Weiber in gewissen Fächern des Finanz- und Kammerwesens zu brauchen, wurde von mir verworfen.

2579 *Ch. A. Vulpius an N. Meyer* *27. November 1807*

Goethe steckt seit drei Wochen schier in Jena, und schreibt ein Schauspiel [Pandora].

2580 *Knebel an seine Schwester Henriette* *27. November 1807*

Gestern abend war Goethe mit Riemern hier, und wir waren ganz munter und lustig. In die letzte Stimmung setzten uns hauptsächlich des altdeutschen Fischarts Possen nach Rabelais, den wir lasen. In diesen herrscht ein unauslöschlich guter Humor, der zuweilen bis ins Tolle übergeht und doch Weisheit zum Hintergrunde hat. Unser Uz liebte auch diesen Schriftsteller sehr und sprach oft von ihm. So vertrieben wir uns den Abend. Für Prinzeßchen wurde bei der Vorlesung eine Mondlandschaft gezeichnet, und alte Bilder, die ich noch besitze, suchten wir auch vor. –

Nachmittags.

Goethe denkt noch acht bis vierzehn Tage zu bleiben.

2581 *Knebel an Hegel* *27. November 1807*

Goethe ist seit vierzehn Tagen hier, und ich sehe ihn öfters. Auch Seebeck ist oft mit uns.

2582 *Riemer* *28. November 1807*

Ob Christus sein Abendmahl selbst mitgenossen, war eines Abends bei Knebel die Frage. Ich wußte im Augenblick nicht zu sagen, wie man in der christlichen Kirche sich die Sache vorstelle, da sie allerdings ein scholastisches Aporem zu begründen scheint.

2583 *Riemer* *25. (28.?) November 1807*

[Goethe:] «Was die Menschen bei ihren Unternehmungen nicht in Anschlag bringen und nicht bringen können, und was da, wo ihre Größe am herrlichsten erscheinen sollte, am auffallendsten waltet – der *Zufall* nachher von ihnen genannt –, das ist eben *Gott*, der hier unmittelbar mit seiner Allmacht eintritt und sich durch das Geringfügigste verherrlicht.»

2584 *Knebel an seine Schwester Henriette* *4. Dezember 1807*

Der Verfasser der «Kraftweihe» [Zacharias Werner] ist hier, und gestern hat er uns von seinen kleinen Gedichten vorgesagt und vorgelesen. Sie machten einen besondern Eindruck auf mich ... Auch Goethe hatte daran großes Wohlgefallen. Er [Werner] wird wohl noch acht Tage hier bleiben und dann vielleicht mit Goethe nach Weimar gehen.

2585 *Riemer* *6. Dezember 1807*

[Goethe:] «So wie etwas ausgesprochen wird, sogleich wird ihm auch widersprochen, wie der Ton gleich sein Echo hat.

Seitdem man die dunkeln Empfindungen und Ahnungen des unendlichen Zusammenhangs der Geister- und Körperwelt (Mystik) allgemeiner und öffentlich auszusprechen anfängt, ist keiner, der nicht das in Worten bestritte, was er in Empfindung und Ahnung gelebt und geleistet hat.

Die sublimierten Gefühle der Liebe ausgesprochen erregen den Widerspruch aller nicht so Gesinnten. «Das ist

Überspannung, krankhaftes Wesen» – heißt es da. Als wenn Überspannung, Krankheit nicht auch ein Zustand der Natur wäre! Die sogenannte Gesundheit kann nur im Gleichgewicht entgegengesetzter Kräfte bestehen, wie das Aufheben derselben entsteht und besteht nur aus einem Vorwalten der einen über die andern; so daß der Zustand hypersthenisch und asthenisch heißen würde, wenn man sthenisch als das Harmonische (als die Indifferenz) setzen wollte.»

2586 Riemer *7. Dezember 1807*

Äußerte Goethe: «Jean Paul ist das personifizierte Albdrücken der Zeit.»

2587 Riemer

[Goethe:] «Böttiger ist wie die Harpyien. Er kann dem Publikum nichts auftischen, ohne daß er zugleich dareinscheißt.»

2588 Knebel an seine Schwester Henriette *8. Dezember 1807*

Goethe lebt hier recht wohl, und ich sehe ihn fast täglich. Zuweilen bringt er die Abende bei uns zu, und da ist dann jetzt der poetische Luther auch zugegen. Wir haben Goethe diese letzten Male besonders geistig und mitteilend gefunden, und es scheint, als wenn er es in diesem Kreise mehr noch sei als anderwärts. Es ist zu bewundern, wie tief er den Grund so verschiedner Dinge erforscht hat. Oft befragt er mich nach Deinem und Prinzeßchens Wohlsein, und da nehme ich mir die Freiheit, von beiden einen Gruß auszurichten. –

Goethes Gegenwart gibt mir doch auch einige, wiewohl geringe Hoffnung wegen des dringenden Bedürfnisses unsrer Erziehungsanstalten.

2589 Charlotte v. Stein an ihren Sohn Fritz *31. Dezember 1807*

[Über Zacharias Werner.] Beim Goethe ist er beliebt; er hatte zuerst in Jena seine Bekanntschaft gemacht. Sie waren einmal [wohl am 9. Dezember] zusammen beim Knebel;

die Frau schenkte Tee ein, der Kleine spielte mit Steinen, und Werner war in der höchsten Deklamation. Auf einmal sagt der Bube: «Der Mensch ist ja verrückt.» Knebel fährt auf: «Halt's Maul, Bube!» Die Mutter wurde verlegen. Goethe wollte sich totlachen. «Laß ihn gehen!» sagte er. «Der Junge hat eine halbe Welt in sich.» Und in der Tat kann ein Poet nicht sein wie andere Menschen. Der Bube aber behauptete fort: «Wie könnte er denn so sprechen, wenn er nicht verrückt wäre!» Wernern störte es aber nicht.

2590 Knebel an seine Schwester Henriette 15. Dezember 1807

Goethe hat mir kürzlich einen einsamen Abend geschenkt, wobei er mir ein neues Gedicht von ihm, das er wahrscheinlich erst hier angefangen, «Pandorens Wiederkunft», vorgelesen hat. Ich kann Dir weiter nichts davon sagen, als daß es herrlich gedacht und ausgeführt ist. Die Personen sind gewissermaßen alle neu und mit großer Lieblichkeit entworfen. Vorzüglich gefällt mir die Idee von Pandorens Büchse oder Urne, die nach der Fabel alle menschliche Übel soll enthalten haben, und an deren Grunde die Hoffnung allein noch zurückblieb. Goethe hat diese Übel in liebliche Traumgestalten verwandelt, die sich bei eröffneter Urne Dünsten gleich in die Höhe ziehen, nach deren Bildern die Sterblichen immer rennen, aber nur durch den törichten Verfolg derselben unglücklich werden. Die Hoffnung verspricht er sich noch unter dem griechischen Namen Elpore glücklich auszumalen. Der sorgetragende Gemahl der Pandora, Epimetheus, hat mir auch sehr gefallen.

Habe indes die Güte und laß Dir von diesen guten Geheimnissen noch nichts vermerken, und bitte auch die liebe Prinzeß darum. Ein andres Geheimnis ist es auch noch, daß unser Kraftdichter, Herr Werner, an einem Schauspiel arbeitet, das zum Geburtstage der Herzogin soll gegeben werden ... Ich glaube, er geht zu Ende der Woche mit Goethe wieder hinüber nach Weimar ...

Sage doch der lieben Prinzeß meinen innigsten Dank für ihre gütigen Gesinnungen gegen mich ... Ich sehe gar oft im Geiste nach ihr empor; auch spreche ich oft mit Goethe von ihr, und wir preisen ihr gemütliches Auf- und Insichnehmen.

2591 *Knebel an Jean Paul* *25. Januar 1808*

... nun wollen Sie auch, daß ich Ihnen von Goethe etwas sage. Dieser ist seit einiger Zeit heiterer und poetischer, als ich ihn je gekannt. Sein Vorspiel haben Sie in den Morgenblättern gelesen; jetzt arbeitet er – außer einer Menge Sonette, die er dazwischen macht – an einem andern, das mir eins der glücklichsten seiner poetischen Feder scheint. Es heißt: die Wiederkunft der Pandora. Nur den Anfang davon hab' ich gesehen; aber die Idee wird Sie gewiß entzücken, daß die alten Übel nicht mehr als monströse Gestalten aus der Büchse oder Urne gehen, sondern als leichte Luftgestalten in die Höhe steigen, nach welchen der Mensch immer hascht und jagt und sie nicht erreichen kann, und dadurch erst in die Übel gerät, denen endlich nichts Beständiges übrig bleibt – als die Hoffnung. – Sagen Sie aber niemand, daß ich Ihnen so was verschwatzt habe, und erwarten Sie mit mir die Vollendung. Übrigens ist Goethe öfters hier und bringt uns gute Tage und Abende.

2592 *Knebel an seine Schwester Henriette* *17. Dezember 1807*

Es traf sich recht glücklich, daß Goethe gestern eben bei mir war, als ich Dein kleines Päckchen erhielt, und da konnte ich Deiner gewaltigen Vorfurcht wegen künftig auszuleidender Trauer- und Schauspiele doch einige Linderung zu verschaffen suchen. Es gelang mir auch wirklich, und Goethe versicherte mich, daß das zum nächsten Geburtstag unsrer Herzogin zu gebende Stück des Herrn Werner gewiß keine drei Stunden spielen könne. Auch wird das Vorspiel, das er, wie es scheint, selbst dazu machen wollte, wegbleiben, da es nicht fertig wird.

Überhaupt scheint Goethe von der Beschwerlichkeit der Ausdauerung bei solchen festlichen Operationen gänzlich überzeugt zu sein, und er versicherte mich, daß er es selbst bei Schillers Stücken niemals über den vierten Akt habe aushalten können. Daß ich ihn für alle Folgezeiten in dieser Meinung bestärkte, das glaubst Du mir wohl ...

Goethe, der morgen wieder nach Weimar zurückkehrt, hat uns gestern noch äußerst niedliche, hier verfertigte Sonette vorgelesen, und ich glaube, daß er es nicht übel nimmt, wenn Du oder die liebe Prinzeß ihn ersuchen werden, sie vorzulesen. Auch darfst Du es ihm aufrichtig gestehen, daß ich seine «Wiederkunft der Pandora» Dir verplaudert hätte, und der Beifall der Prinzeß würde ihm schmeicheln und das Gedicht selbst ihr großes Vergnügen machen. Diese Geistesblumen haben uns in der Tat diese letzten trüben Tage sehr erheitert. Ich glaube nicht, daß an einem solchen Ort in so kurzer Zeit mehr Geistreiches und Liebliches ist hervorgebracht worden; denn auch Herr Werner hat sehr hübsche Sachen gemacht.

2593 Riemer *16. Dezember 1807*

Abends bei Frommann. Erzählte Goethe von der goldenen Zeit in Weimar.

2594 Z. Werner

[Zusatz auf einer eigenhändigen Abschrift seines Gedichts «Charaden-Sonett auf Minchen Herzlieb» vom 16. Dezember 1807.] Dies Sonett, in einer der wenigen hellen Perioden meines Lebens gemacht, ward mir belohnt, wie ich es nur wünschen konnte, mit – einem Kusse von Helios [Goethe].

2595 Riemer *17. Dezember 1807*

Abends mit Goethe zu Frommann. Las Goethe seine Pandora vor und sprach vom Plan der Achilleïs und sonst. Noch viel gescherzt und lustig. Vorher hatte mir Goethe sein Sonett auf Herzlieb vorgelesen.

2596 Riemer: Mitteilungen über Goethe *1841*

Während dieses Aufenthalts [in Jena] wurden in den abendlichen Lesezirkeln bei Frommann, Knebel u.a. besonders Sonette von Klinger, A.W. Schlegel, Gries, und zuletzt von Z.Werner, der persönlich in diese Kreise eingetreten war, vorgelesen, und im Stillen auch von Goethe versucht – wie es seine Art war, sich von berühmten Mustern und Vorbildern anregen zu lassen – und zwar gleich in einer gewissen Anzahl. In dieser kurzen Zeit also, mit wahrer «*Sonettenwut*» gedichtet, können sie, auch wenn der Inhalt und sonst ein Umstand der Zeit oder des Orts nicht widerspräche, gar nicht auf Bettine gemeint oder gemünzt sein.

2597 Wilhelmine Herzlieb an Christiane Selig 10. Februar 1808

[Über Goethe.] Er war immer so heiter und gesellig, daß es einem unbeschreiblich wohl, und doch auch weh in seiner Gegenwart wurde. Ich kann Dir versichern, liebe, beste Christiane, daß ich manchen Abend, wenn ich in meine Stube kam und alles so still um mich herum war, und ich überdachte, was für goldne Worte ich den Abend wieder aus seinem Munde gehört hatte, und dachte, was der Mensch doch aus sich machen kann, ich ganz in Tränen zerfloß und mich nur damit beruhigen konnte, daß die Menschen nicht alle zu einer Stufe geboren sind, sondern ein jeder da, wo ihn das Schicksal hingeführt hat, würken und handeln muß, wie es in seinen Kräften ist, und damit Punktum.

2598 G. v. Loeper an H. Düntzer 22. März 1870

Sie wünschen, verehrter Freund, daß ich Ihnen über den Besuch, den ich vor dreizehn Jahren der Minna Herzlieb abstattete, und über die dabei gewonnenen Eindrücke etwas Näheres mitteile …

Es war am 6. August 1857, als ich, zu Züllichau in Geschäften anwesend, an einem heißen Nachmittage das schattige, auf der Straße nach Grünberg belegene Haus aufsuchte, dessen ersten Stock die verwitwete Frau Walch mit ihrer Schwägerin, der verwitweten Superintendentin Herzlieb, bewohnte. Leider hatte sich in den wohnlichen, wohlausgestatteten Räumen kurz vor mir eine Damengesellschaft eingefunden, deren Anwesenheit mir die Nötigung möglichster Abkürzung meines Besuchs auflegte. Beide Frauen empfingen mich mit außerordentlicher Freundlichkeit, und Minna insbesondere ließ sich sogleich in ein Gespräch über ihre in Jena verlebte Zeit verwickeln. Sie stand damals bereits am Ausgange der Sechzig, aber die vorzüglich konservierte hohe und schlanke Gestalt, die blühende Gesichtsfarbe, die leichten Bewegungen ließen sie mindestens um zwanzig Jahre jünger erscheinen. Sie machte ganz den Eindruck, wie sie bei Stahr geschildert ist. Den ersten Stoff unserer Unterhaltung bot Lewes' damals eben erschienenes, ihr schon bekanntes, aber noch nicht von ihr gelesenes Buch über Goethe, dessen «Die Wahlverwandtschaften» berührender zweiter Teil in der Freeseschen Übersetzung erst im Spätherbste jenes Jahrs veröffentlicht wurde. Sie freute sich, daß Goethe wieder Mode werde, wie sie sich ausdrückte. Meiner Frage jedoch, ob sie sich in der Ottilie der «Wahlverwandtschaften» wiedererkenne, wich sie gewandt und etwas verlegen schmunzelnd aus. Mit großer Bestimmtheit aber bestritt sie, daß sie Goethes wegen aus Jena entfernt oder, nach Lewes, in eine Pension zurückgeschickt worden sei; ihre zeitweilige Entfernung von Jena sei aus ganz andern Motiven erfolgt. Daß viele der Goetheschen Sonette ihr gewidmet seien, stellte sie nicht in Abrede, mit dem Hinzufügen: «Sie müssen immer denken, Goethe war ein Dichter», und der Bemerkung, daß sie davon mehrere erst durch den Druck kennen gelernt habe, welche daher wohl Bettinen gehören könnten; an diese möge ich mich nur wenden. Besonders eignete sie sich das Sonett «Wachstum» an; dies drücke ganz ihr Verhältnis zu Goethe aus. Die Sonette seien so schön und vollendet in sich, daß es unrecht sei, die tatsächlichen Beziehungen aufzusuchen; «Goethe war ja ein Dichter.» Sie habe ihn gekannt von etwa 1800 bis etwa 1823 oder 1824. Im Frommannschen Hause habe er sie als Kind, und in ihrer weitern Entwickelung sie, wie jenes Sonett es andeute, kennen gelernt; sie sei oft mit ihm spazieren gegangen. Da sie im besten Zuge war, so wagte ich nicht die Bemerkung, wie Goethe dazu gekommen, sie sich als Fürstin zu denken, und daß der hervorgehobene Standesunterschied, das Geschick des sechsten Sonetts, auf ähnliche Beziehungen, aber auf eine andere Sphäre hinweise. Als ich hervorhob, daß Goethe damals schon im achtundfünfzigsten und sie erst im achtzehnten Jahre gestanden, bemerkte sie mit Lebhaftigkeit: «Goethe war immer jung, man bemerkte bei ihm nicht das Alter»; er sei gegen sie stets von großer Liebenswürdigkeit gewesen, und sie könne an ihn und an jene Zeit nur mit angenehmen Erinnerungen zurückdenken. Unbefangene Verehrung und fast Enthusiasmus für Goethe sprach sich dabei in Mienen und Worten aus. Sie leugnete, die Sonette von Goethe zugesandt erhalten zu haben, und erklärte, weder Briefe noch Gedichte von ihm zu besitzen, außer seinen gedruckten Gedichten, in die er sich eingezeichnet habe. Auf meine Bitte holte sie, mit lebhaftem Gange sich entfernend, aus einem andern Zimmer denjenigen Gedichtband herein, dessen Stahr gedenkt.

2599 Th. J. Seebeck an Hegel *29. Januar 1808*

Goethe war im November und Dezember hier [in Jena]. Er ist jetzt gesund und war besonders aufgeweckt und heiter. Auch den Dichter Werner haben wir zu der Zeit kennen lernen und mehrere von seinen Sonetten, die ihm vorzüglich gelingen, bewundert.

2600 H. Eisenschmidt: Erinnerungen *1860*

Viel wußte auch meine Stiefmutter zu erzählen, die gerade zu der Zeit, als Goethe, wie bekannt, viel im Frommannschen Hause in Jena verkehrte, Köchin in diesem Hause gewesen war. So erzählte sie gern folgende Geschichte. Eines Abends war wieder eine heitere Gesellschaft, darunter auch Goethe, bei Frommanns gewesen. Als sie nun einigen Herren beim Weggehen leuchtet, hört sie, wie diese auf dem Hofe sich verabreden, Goethe, wenn er komme, mit Schneebällen zu begrüßen; denn es hatte indes geschneit. Meine Mutter eilte hierauf in den Garten und machte schnell eine Schürze voll guter Schneebälle. Als sie zurückgekehrt, trifft sie Goethe schon auf der Treppe. Schnell überredet sie ihn, sich die Schürze vorbinden zu lassen, da sie versichert, er werde sie brauchen. Es gab nun eine gar heitere Szene auf dem Hofe, als die Herren, in der Erwartung, Goethe wehrlos zu überfallen, ihrerseits von dem rüstigen und seinerseits reichlich mit Munition versehenen Goethe in die Flucht geschlagen wurden. Ein ansehnliches Trinkgeld, das meine Mutter bei nächster Gelegenheit von Goethe erhielt, bewies, wie willkommen ihm die rasche Unterstützung gewesen war.

2601 Riemer *18. Dezember 1807*

Nach 8 Uhr weggefahren nach Weimar. Nebel im Tal, Sonne auf den Höhen. Prächtiger Morgen und Tag. Erzählte Goethe die Geschichte seiner Verliebung in Lili Schönemann. Abends waren die Sänger da, Ständchen für Goethe.

2602 Riemer: Mitteilungen über Goethe *1841*

Wie zart, innig und warm er [Goethe] auch wenige Monate vor seinem Scheiden das Verhältnis zu Lili schildert, so reicht es doch im einzelnen nicht an die jugendliche Fülle und Glut, womit er es mir in weit früherer Zeit, ebenfalls auf einer Reise, darzustellen und sich sowohl als mich um einen Weg von drei Stunden anmutigst zu täuschen wußte.

2603 Charlotte v. Schiller an F. v. Stein *21. Dezember 1807*

Ich habe Goethe begegnet heut, er sieht sehr wohl aus; er war beinahe sechs Wochen in Jena und hat den Herrn Werner mitgebracht, dessen Bekanntschaft ihn sehr freut. Ein poetisches Interesse ist ihm immer wohltätig, deswegen wird er den belebenden, beseelenden Umgang unsres Freundes niemals verschmerzen.

2604 Henriette v. Knebel an ihren Bruder *23. Dezember 1807*

Goethe kam gestern vormittag zu uns und war sehr liebenswürdig. Er las uns einen kleinen Anfang seiner «Pandora» vor, der uns außerordentlich interessiert.

2605 Riemer an Frommann *23. Dezember 1807*

Goethe hat nämlich schon vorauf mit Zuversicht darauf gerechnet, daß Sie zum zweiten Feiertag herüber kommen würden, und nunmehr ladet er Sie förmlich durch meine Hand dazu ein. Bittet aber zugleich, daß Sie sich einrichten möchten, bei ihm zu wohnen, und auch den ganzen Sonntag hier zu bleiben. Sie kämen Sonnabends zu Tische; sähen den Abend die artige und sehr gut exekutierte Oper Die Wegelagerer [von Paer]; hörten Sonntags früh bei uns die Sänger und was es sonst gibt; und gingen des Abends mit zur Schopenhauer, und möchten dann Montags früh nach Belieben Ihre Rückreise machen. Die Damen logieren im blauen Zimmer, welches gerade unter mir ist, und Sie, mein Teuerster, neben mir an, in meinem ehemaligen Zimmer; so sind Sie ganz für sich und ungeniert, und können ungesehn und unvernommen mit Ihren Frauen verkehren. Ich zweifle nicht, daß Sie uns die Freude machen, Sie auch einmal bei uns zu sehen und Ihnen einiges Artige zu erzeigen, da wir schon so lange her in Ihrer Schuld sind. Wir hoffen darauf.

Werner macht auch hier sein Glück, wie nicht zu zweifeln war, und Wieland goutiert ihn ebenfalls. Wir haben gestern bei der Schopenhauer mit ihm gegessen; nach Tische las er die uns bekannten und noch einige andre Sonette vor, und selbst Fernow fand sie, der schwer zu befriedigende, lobenswert.

Soeben versammeln sich die Herzogin und ihre Damen bei Goethe, und Werner wird ihnen präsentiert.

2606 Ch. A. Vulpius an N. Meyer *30. Dezember 1807*

Goethe hat ein neues dramatisches Produkt, Prometheus, geschrieben; ob's aber aufgeführt wird, weiß ich nicht. – An Augusts Geburtstage [25. Dezember] waren wir wie gewöhnlich recht vergnügt, und ich hatte ein Schauspiel geschrieben, welches wir im Saale aufführten. Es erhielt viel Beifall, besonders von Goethe und Wernern (dem Doktor Luthers Dichter), der eben jetzt hier ist. Seine Schauspiele machen aber hier nicht einmal Sensation.

2607 St. Schütze: Die Abendgesellschaften der Hofrätin Schopenhauer *1840*

[Über Goethes Förmlichkeit und Feierlichkeit.] Eine ähnliche Peinlichkeit erlebte ich an einem musikalischen Abend (den 31. Dezember 1807), als die Hofrätin [Schopenhauer]

Sänger und Sängerinnen vom Theater zu sich eingeladen hatte. Goethe kam von der Lektüre italienischer Schäfer-Idyllen und befand sich in einer sanften, lyrischen Stimmung, in welcher er sich auch mit großer Anmut über das Gelesene aussprach. Nachdem herrliche Lieder, besonders von Zelter, waren gesungen worden, während Goethe in den Zimmern auf- und abging, setzte sich die Gesellschaft an verschiedene Tische. Ich bekam meinen Platz unter den Künstlern und gab mich hier um so lieber lustigen Einfällen hin, als in diesem Kreise sich eine Lachtaube befand, die für Scherze sehr empfänglich und reizbar war. Aber plötzlich – mitten in der Fröhlichkeit – klopfte Goethe auf den Tisch, augenblickliche Stille und Gesang gebietend. Da hätte man sehen sollen, wie das halb ausgesprochene Wort auf den Lippen erstarb, wie die Mienen zuckten und ein Wetterleuchten über die Gesichter fuhr. Lachtaube hatte die erste Stimme – sie kämpfte ritterlich – mit bewundernswürdiger Fassung rang sie sich auf, und die andern folgten ihrem Flug, während manche bitter-süße Träne über hochgerötete Wangen floß. Zum Glück haben Schauspieler sich mehr in ihrer Gewalt als andere Menschen. – Sie blieben nun auf ihrer Hut, und wie Goethe einmal aufgestanden war, schlich einer nach und kam mit der Nachricht zurück: er lacht! was denn die vorige Lust wieder zurückführte.

1808

2608 Riemer *1. Januar 1808*

Früh die Sänger zum Gratulieren. Kamen auch sämtliche Schauspieler, die Herren; nur wenige Damen. Hatte Eberwein einige Verse von mir auf Goethe komponiert, die gesungen wurden. Stromeyers Stimme machte sich vortrefflich.

2609 K. Eberwein: Erinnerungen

Zur Feier des ersten Januars 1808 dichtete Riemer einen Lobgesang an Goethe, den ich fünfstimmig in Musik setzte, damit auch Heß sich dabei beteiligen möchte …

Früh 8 Uhr versammelte sich unser Septett im Urbino-Zimmer des Goetheschen Hauses. Als der zu Feiernde in das Zimmer trat und wir ihn mit dem Gesang:

«Meister göttlichen Gesanges,
Den Du uns ins Herz gesungen,
Sieh, wir nahen Dir, durchdrungen
Von Verehrung, Lieb und Dank,
Dir zu weihn die Huldigungen
Unsrer Herzen; unsre Zungen
Strömen festlich Vollgesang!

Wünsche für Dein teures Leben
Senden wir zu hohen Sphären,
Götter wollen sie gewähren,
Ja, so ahnet unsre Brust!
Mögest Du voll Huld uns hören:
Dir zu dienen, Dich verehren,
Unser Stolz ist's, unsre Lust!»

begrüßten, prägte sich in seinem Gesicht die tiefe Bewegung aus, in welche ihn unser Gesang versetzte. Das war wohl anders nicht möglich, denn die Sänger sangen so gefühlvoll und mit einem Ausdruck, den ich früher nicht bei ihnen bemerkt hatte. Als der Gesang verklungen war, dankte der hochverehrte Meister mit wenigen, aber bedeutungsvollen Worten. Zur Erfrischung wurde uns Glühwein verabreicht.

Das Urbino-Zimmer, der Saal und die angrenzenden Räumlichkeiten faßten kaum das Heer der Gratulanten, die der Exzellenz ihre Glückwünsche zu Füßen legten. Damit auch jene unsern Gesang hören möchten, ließ uns Goethe durch die Geheimrätin auffordern, ihn zu wiederholen. Stromeyer, mit seiner wundervollen Stimme, übernahm die Baßpartie, wodurch die Wirkung der Komposition noch verstärkt wurde. Kurz darauf rief mich die Geheimrätin bei Seite und frug mich, ob ich wohl Lust hätte, einige Zeit nach Berlin zu gehen und bei Zelter Unterricht zu nehmen; der Geheimerat würde mir dabei behilflich sein. Über den

Antrag erfreut, entgegnete ich, daß ich schon vor Jahren den Wunsch gehabt, mich in der Königsstadt aufzuhalten, aber keinen Urlaub bekommen hätte. «Nun dafür», erwiderte sie, «lassen Sie den Geheimerat sorgen.»

2610 Riemer *Januar 1808*

[Goethe:] «Durch das jetzt in Deutschland allgemein verbreitete Interesse an Kunst und Poesie wird weder für diese beiden, noch für die Erscheinung eines originalen und ersten und einzigen Meisterwerks etwas gewonnen. Der Kunst-Genius produziert zu allen Zeiten, in mehr oder minder geschmeidigem Stoff, wie die Vorwelt Homer, Aeschylos, Sophokles, Dante, Ariost, Calderon und Shakespeare gesehen hat; es ist nur dies der Unterschied, daß jetzt auch die Mittelmäßigkeit und die secondären Figuren dran kommen und alle untern Kunsteigenschaften, die zur Technik gehören. Es wird nun auch im Tale licht, statt daß sonst nur die hohen Berggipfel Sonne trugen.

So ist es auch mit andern Stimmungen des Geistes, mit der religiösen, amourösen, bellicosen und andern. In einzelnen Individuen sind sie zu allen Zeiten gewesen und noch. Aber allgemein verbreitet nur zu gewissen Zeitaltern, und immer sind sie der Kometenschwanz irgend eines in diesen ausgezeichneten Mannes oder mehrerer, in denen, wie an den Spitzen der Berge, zuerst diese Morgenröte schimmerte. Jede solche Stimmung lebt einen Tag, hat ihren Morgen, Mittag, Nachmittag und Abend. So ist's mit der Kunst; so wird es auch mit der Poesie werden, die jetzt im Nachmittag ist.» Oder wie Goethe sonst zu sagen liebte: «Es ist wie eine Krankheit, durch die man hindurch muß.»

2611 Henriette v. Knebel an ihren Bruder *9. Januar 1808*

Der zweite Akt von seinem [Zacharias Werners] «Ostseekreuz», den wir am vergangnen Mittwoch [6. Januar, bei Goethe] gehört haben, gefällt mir auch besser als der erste ...

Mit Deinen vortrefflichen lieben Sprüchen haben wir uns noch sehr angenehme Stunden gemacht. Sie gefallen der

Prinzeß außerordentlich, und sie verwahrt sie bei ihren geschätztesten Kleinodien. Doch wollen wir sie dem Goethe zeigen, der nun gewöhnlich die Dienstage Vormittag kommt ... Goethe liest uns die Dienstage eine Schlegelsche Übersetzung eines spanischen Drama vom Calderon [«Die Blume und die Schärpe»] vor, was wir auch recht schön finden.

2612 Riemer *6. Januar 1808*

Goethen die Sonette kommuniziert. Er dagegen seine Romanze auf die Königin, die Hofdame, der die Tasse vor dem Munde zerbricht, und den Pagen [die Ballade «Wirkung in die Ferne»].

2613 Riemer *8. Januar 1808*

Mittags allein. Über Werner, die Liebe.

«Es gibt» – äußerte Goethe, – «im Menschen auch ein Dienenwollendes; daher die Chevalerie der Franzosen, Servage.»

2614 Riemer *10. Januar 1808*

In dem «Machtspruch» von Ziegler schienen ihm [Goethe] die Helden wie von Därmen gemacht, von ausgestopften Därmen, als wären die Gliedmaßen lauter Würste.

2615 Henriette v. Knebel an ihren Bruder *13. Januar 1808*

[12. Januar.] Es war seit langer Zeit der erste Abend, den ich ruhig zu Haus zubrachte. Frau von Stein und Boschen waren da; auch Prinzeß, die erst um 7 Uhr zur Großfürstin ging ... Goethe kam auch, und las uns den «Standhaften Prinzen» aus Calderon. Ach, wie ist das schön und reich! ...

Ich muß fort zu Goethen. Werner liest das Ende vom «Ostseekreuz».

2616 Riemer *14. Januar 1808*

Abends bei Madame Schopenhauer. Goethes Späße über das Kreuz.

2617 *Riemer* *15. Januar 1808*

Reiste Goethe mit ihr [seiner Frau] nach Jena.

2618 *Riemer* *18. Januar 1808*

Kam Goethe zurück von Jena.

2619 *Henriette v. Knebel an ihren Bruder* *23. Januar 1808*

Gestern abend las Goethe bei der Herzogin uns den neapolitanischen König oder aus Hackerts Biographie vor. Es hat uns sehr ergötzt und fand großen Beifall. Am Donnerstag vormittag [21. Januar] endigte er bei uns den «Standhaften Prinzen», der in der Tat außerordentlich schön ist. Die Prinzeß mußte ihm Deine kleinen Gedichte mitgeben, doch darf es nur auf kurze Zeit sein.

2620 *Henriette v. Knebel an ihren Bruder* *27. Januar 1808*

Goethe hat der Prinzeß und mir heilig versprechen müssen, für Wernern gut zu sorgen.

2621 *Z. Werner an Tina Gräfin v. Brühl* *27. Januar 1808*

... in Jena; dort war ich drittehalb Wochen und lernte den hochbegnadigten Goethe!!! kennen. Sie kennen diesen nie alternden Apollo von Belvedere, ich brauche Ihnen also nur zu sagen, daß dieser *gesundeste aller fernhinschauenden Titanen* mich Kranken freundlich erträgt und – *gelten läßt* und in Bezug auf mich mein Äskulap, also etwas ist, was selbst Hygeia nicht sein kann. – – – Kurz, ich sehe den wahrhaft großen Goethe seit dem 2. Dezember vorigen Jahres täglich fast. An jenem mir ewig denkwürdigen Tage lernte ich ihn in Jena kennen, wo ich drittehalb Wochen in seiner *mich begeisternden* Nähe war; dann ging er hieher nach Weimar und ich auch. Er hat mich in seiner Nähe eingemietet und nimmt sich meiner bis in die kleinsten Details – (Sie kennen diesen zarten Riesengeist, dem nichts Kleines zu klein und nichts Großes zu groß ist!) väterlich an! Er hat mich auch dem hiesigen Hofe präsentiert ... Dieses Trauerspiel Wanda, Königin der Sarmaten, wird will's Gott den 30. dieses Monats zum Geburtsfeste der wahrhaft erhabenen Herzogin hier aufgeführt. Goethe wendet alle ersinnliche Mühe daran, was ich dankbar erkenne.

2622 Riemer *30. Januar 1808*

Mittags Frommanns, Oken, Werner, Fernow, Meyer, Schopenhauer, Ulrich.

«Ich bin Gott darin ähnlich, daß er immer geschehen läßt, was er nicht will», sagte Goethe über Tisch, worauf Werner bemerkte, daß Goethe Gott darin ähnlich sei, daß er auch alles vergäße.

2623 St. Schütze: Die Abendgesellschaften der Hofrätin Schopenhauer *1840*

Wie es nun auf einmal hieß, Werner komme nach Weimar, war man um so begieriger, wie Goethe ihn empfangen würde. Er traf zuerst in Jena mit ihm zusammen. Kaum aber hatte er ihn kennen gelernt, als die Achtung, mit welcher Goethe jedes Talent zu schätzen wußte, alle Abneigung gegen ihn verwischte und ihn ganz zu seinen Gunsten stimmte. Dazu kam, daß Werner bei der unbegrenzten Verehrung, die er für Goethe empfand, es nicht an Ausdruck derselben gegen ihn fehlen ließ. Mit einem fast feierlichen Ernste brachte Goethe ihn nach Weimar herüber (den 10. Dezember 1807). Seinem neuesten, weichlich-mystischen Trauerspiele, *Wanda*, widmete er zur Darstellung auf der Bühne die größte Aufmerksamkeit. Es glückte damit auch nach Möglichkeit (den 30. Januar 1808). Werner betete vor der Aufführung, und ließ nachher sich von hübschen Mädchen mit Blumen bekränzen. Auf Goethes Rat, seine Kraft in ein kleineres Drama zusammenzudrängen, schrieb er gleich darauf seinen furchtbaren Vierundzwanzigsten Februar, der, wenn er auch die Grenze des Schönen überschritt, doch des Beifalls würdiger war, den er durch eine höchst vollendete Darstellung erhielt.

2624 K. v. Holtei: Vierzig Jahre *1845*

Die Schopenhauer, die einen wahren Schatz von lustigen Schwänken aus der Weimarischen Blütezeit bewahrte, mit dem sie aber sehr sparsam blieb und nur ihre Vertrautesten hineinblicken ließ, erzählte mir ... folgende köstliche Historie. Goethe ließ ein Wernersches Stück, ich dächte, «Wanda» wär' es gewesen, aufführen. Am Tage der Darstellung [30. Januar 1808] waren der Dichter und einige nähere Freunde, unter diesen die Schopenhauer, bei Goethe zum Essen. Auf die Frage, wo man sich nach dem Theater versammeln würde, suchte der Vorsichtige, der allzugroßen Andrang fürchtete, die Last von sich ab und sie, wie er es oft in ähnlichen Fällen tat, der armen Schopenhauer zuzuwenden, die gastfrei und gefällig dergleichen Schicksale über sich ergehen lassen mußte. Diesmal kam es ihr, da sie gar nichts vorbereitet hatte, denn doch ein wenig zu schnell, und wurde um so bedenklicher, weil sie die Aufführung des Wernerschen Stückes doch um keinen Preis versäumen wollte und folglich keine Zeit mehr hatte, sich um den Haushalt zu bekümmern. Sie eilte in größter Angst heim und rief eben nur ihrer Wirtschafterin zu: Wir bekommen auf die Nacht Scharen von Gästen, richte Dich ein und hilf Dir, so gut Du kannst! Als nun, nach höchst zweifelhaftem, aber doch scheinbaren Erfolge, die Gäste eintrafen, nahmen die Frauen an der improvisierten Tafel Platz, die Herren standen mit ihren Tellern umher. Für Goethe und Werner waren zwei Stühle in der Mitte bestimmt; zwischen ihnen auf dem Tische stand ein wilder Schweinskopf, von welchem die Wirtin schon des Tages zuvor gegessen. In ihrer Angst hatte die Haushälterin durch einen großen Kranz von Lorbeerblättern die Anschnittwunde zu verdecken gesucht. Goethe erhub, diesen Schmuck erblickend, mächtig seine Stimme und rief dem bekanntlich sehr zynischen und nicht immer sauber gewaschenen Werner zu: *Zwei* gekrönte Häupter an einer Tafel? Das geht nicht? Und er nahm dem wilden Schweinskopf seinen Kranz und setzte ihn dem Dichter der «Wanda» auf den Kopf.

2625 Riemer *1. Februar 1808*

Mittags allein. Über das Trauerspiel Numanzia im Spanischen. Über die Herren, die Goethe als eine Puissance ansehen und besch–n. «Will's ihnen aber schon sagen.» Über Werner. Goethe äußerte hinsichtlich Werners und seiner Rühmerei:

«Nur die ungebildete Seite an uns ist es, von der her wir glücklich sind. Jeder Mensch hat so eine.»

Nach Tische kam Werner.

2626 Riemer *1. Februar 1808*

Als man ihn [Goethe] einen göttlichen Mann nannte, sagte er: «Ich habe den Teufel vom Göttlichen! Was hilft's mir, daß man mir nachsagt: das ist ein *göttlicher* Mann, wenn man nur nach eigenem Willen tut und mich hintergeht. *Göttlich* heißt den Leuten nur der, der sie gewähren läßt, wie ein jeder Lust hat.»

Er drückte dies ein andermal auch so aus: «Man hält niemanden für einen Gott, als daß man gegen seine Gesetze handeln will; weil man ihn zu betrügen hofft; weil er sich was gefallen läßt; weil er entweder von seiner Absolutheit so viel nachläßt, daß man auch absolut sein kann.»

2627 Riemer

[Goethe:] «Der Herr bedarf ihrer», sei die Devise der modernen Herrn Steffens, Oken, Schlegel, wenn sie ohne weiteres sich das Fremde aneignen, was in ihren Kram taugt.»

2628 H. Meyer *8. Februar 1808*

Am 8. Februar 1808 las ich Goethen aus der Schrift *Lichtstrahlen* v. Massenbachs Rezension über v. Müfflings Schrift vom Feldzug und Aufreibung der Preußen 1806 vor. Es wird darin gemeldet, der Herzog von Braunschweig habe voraus alles Unglück gesehn und den Tod gesucht p. – Goethe bemerkte, der Herzog von Braunschweig habe schon vor vielen Jahren und noch vor der französischen Revolution gegen Herder einmal vertraulich geäußert: er sehe die innere Auflösung der ganzen preußischen Einrichtung wohl ein, wolle suchen, alles, so gut es gehen möge, hinzuhalten, und wenn alles zusammenbreche, sei eine Kugel sein endlich Bedürfnis.

2629 Riemer an Frommann *16. Februar 1808*

Goethe ist zwar nicht krank, aber *unter uns* nicht des besten Humors. Er hält sich immer noch auf seiner Stube. Nur heute scheint er eine Ausnahme zu machen, da Knebel mit uns speisen soll.

2630 Sophie v. Schardt an A. Duvau *22. Februar 1808*

Wir haben hier seit wenigen Monaten die interessanteste Erscheinung eines deutschen Schriftstellers, der sich im theatralischen Fach unendlich auszeichnet, Ihnen davon zu schreiben, sei auf ein ander Mal bewahrt, aber nur das will ich itzt von diesem Herrn Werner sagen, daß er ein hohes, edles, treffliches Herz hat: glühend für die Wahrheit, voll Menschenliebe und Güte. Goethe wird selbst warm und mild in dieser Nähe, auch unterstützt er ihn und seine Stükke, auf die redlichste Weise. Es sind sehr angenehme Stunden, die wir mit beiden zubringen.

2631 Henriette v. Knebel an ihren Bruder *24. Februar 1808*

Deinen Auftrag an Goethe kann ich heute nicht selbst ausrichten und will es durch Frau von Stein besorgen lassen ... Goethe ist besser, er ließ uns aber gestern sagen, daß er es noch nicht wagte, bei der Kälte auszugehen. – Es tut mir doch leid, daß wir heute nicht zu Goethen gehen, um die Fortsetzung von «Attila» [von Z. Werner] zu hören, die uns versprochen worden.

2632 Riemer *26. Februar 1808*

Mittags sprach Goethe von der Deutlichkeit über andere Menschen, ihre Gesinnungen, was sie tun wollen und können; alles beruhe darauf, und daraus entstehe die Furchtlosigkeit.

2633 Riemer *26. Februar 1808*

[Goethe:] «In der Welt kommt es nicht darauf an, daß man die Menschen kenne, sondern daß man in jedem Augenblicke klüger sei als der vor uns steht, und niemand ist in diesem Falle als der sein Handwerk, seine Kunst aus dem

Grunde *versteht.* Der Vorteil alles Handelns und Wandelns ruht hierauf.»

2634 Riemer *1. März 1808*

Mittags allein.

Über Asts Journal und seine Erhebung Friedrich Schlegels zum Dichter, über Tieck, Kleist und ähnliches.

2635 Henriette v. Knebel an ihren Bruder *5. März 1808*

Unser «Attila» ist nicht sehr vorgerückt, und wir haben das letztemal [am 2. März] nur *einen* Akt, nämlich den dritten, der etwas lang ist, angehört ... Bis jetzt ist auch noch nichts Mystisches vorgekommen, aber Goethe, dem ich meine Freude darüber bezeigen wollte, sagt, daß alles auf die Letzt käme und daß wir keineswegs verschont würden.

2636 E. Genast: Aus dem Tagebuche eines alten Schauspielers *1862*

[A. Genasts Bericht: nach der Aufführung von Zacharias Werners «Wanda».] Eine zweite Neuigkeit, «Der zerbrochene Krug» von Kleist, folgte am 2. März [1808]. Schon bei der ersten Vorstellung wurde dem Stück der Stab gebrochen, und es fiel unverdienterweise total durch. Hauptsächlich traf die Schuld des Mißlingens den Darsteller des Adam, der in seinem Vortrag so breit und langweilig war, daß selbst seine Mitspieler die Geduld dabei verloren. Trotz allen Rügen Goethes bei den Proben war er aus seinem breitspurigen Redegang nicht herauszubringen, und den kurzen Imperativ bei ihm anzubringen, wäre wahrlich ganz in der Ordnung gewesen, denn das Zerren und Dehnen war nicht zu ertragen. Bei der Aufführung dieses Stücks ereignete sich ein Vorfall, der in dem kleinen weimarschen Hoftheater noch nie dagewesen und als etwas Unerhörtes bezeichnet werden konnte: ein herzoglicher Beamter hatte die Frechheit, das Stück auszupfeifen. Carl August, der seinen Platz zwischen zwei Säulen, dicht am Proszenium, auf dem sogenannten bürgerlichen Balkon hatte, bog sich über die Brüstung heraus und rief: «Wer ist der freche Mensch, der sich untersteht, in Gegenwart meiner Gemahlin zu pfeifen? Husaren, nehmt den Kerl fest!» Dies geschah, als der Missetäter eben durch die Tür entwischen wollte, und er wurde drei Tage auf die Hauptwache gesetzt. Den andern Tag soll Goethe gegen Riemer, der es mir mitteilte, bemerkt haben: «Der Mensch hat gar nicht so unrecht gehabt; ich wäre auch dabei gewesen, wenn es der Anstand und meine Stellung erlaubt hätten. Des Anstands wegen hätte er eben warten sollen, bis er außerhalb des Zuschauerraums war.»

2637 Riemer *4. März 1808*

Bei Goethe. Konzipierte er einen Brief an Jacobi. Mittags war davon die Rede und über Platonismus und Spinozismus. Über den λόγος oder das Wort als Erstgewesenes.

2638 Riemer *8. März 1808*

Mittags allein. Ermunterung an Goethe, etwas in der Tieckischen Liedermanier zu machen aus einer höheren Naturanschauung. Über Falk; hat nur die mittleren Maximen durch sich selbst, die höheren bloß aneignungsweise.

2639 Riemer: Mitteilungen über Goethe *1841*

[Über Falk.] Er war viel zu sehr von sich, seinem Witz, seinem vermeinten großen politisch-moralisch-ästhetischen Aperçüs eingenommen, da er doch – nach Goethes gegen mich geäußertem Urteil – nur die mittleren «*erwischt*» habe; auch mit positiven Kenntnissen in Kunst und Wissenschaft zu oberflächlich ausgerüstet, als daß er von dieser Seite Goethen gehörig aufzufassen und zu beurteilen vermocht hätte.

2640 F. v. Müller *8. März 1808*

Bei Geheimrat Voigt traf ich Goethe. Das Gespräch kam auf preußisches Geld und jüdischen Wucher, und mir entschlüpfte, daß Elkan sich bei dem Referenten für die gelinde Strafe bedankt habe, womit ich Ziegesarn meinte, es war aber Voigt Junior, und insofern jene Äußerung, obgleich an sich unschuldig, doch unvorsichtig.

2641 *Riemer an Frommann* *9. März 1808*

Goethe ist wohl und hat heute wieder Damenbesuch. Gegen Ende dieses Monats hoffen wir auf einige Tage in Jena zu sein. Es scheint dem Schloßbau oder vielmehr der Reparatur desselben zu gelten.

2642 *Riemer* *9. März 1808*

Nach Tische die Steindrücke der Albrecht Dürerschen Federzeichnungen besehen. Goethe sagte schon neulich, daß er sich ärgern würde, wenn er gestorben wäre, ohne sie zu sehen.

2643 *Riemer* *10. März 1808*

Mittags Dispute über Goethes paradoxe Maxime, alle öffentlichen Lehranstalten in Deutschland aufzuheben und den Lehrsubjekten freizugeben, Institute, Pensionsanstalten und dergleichen auf ihre Kosten zu errichten.

2644 *Riemer* *12. März 1808*

Speisten Knebel und Werner, dessen Herz [nach Goethe?] so weit wie Mahomets Westentasche, worin er alle Gläubigen ins Paradies führt.

2645 *Riemer* *15. März 1808*

Mittags äußerte Goethe:

Deutsche gehen nicht zu Grunde, so wenig wie die Juden, weil es Individuen sind.

2646 *Henriette v. Knebel an ihren Bruder* *16. März 1808*

Auch Goethe, der uns gestern besucht hat, war äußerst über Deinen Besuch vergnügt und über den Anteil auch, den Du am Schauspiel genommen hast.

2647 *Riemer an Frommann* *16. März 1808*

Soeben höre ich, daß Goethe morgen auf ein paar Tage nach Jena geht und Hofrat Meyern mitnimmt. Mir hat er nichts gesagt, und jetzt ist Damen-Gesellschaft bei ihm. Ich weiß also noch nicht, ob ich von der Partie werde sein können.

2648 *Henriette v. Knebel an ihren Bruder* *19. März 1808*

Goethe hat uns am vergangnen Mittwoch [16. März] den Anfang eines Schauspiels von Calderon [«Ulyß und Circe»] vorgelesen, und am Dienstag, da er bei der Prinzeß war, hat er das Lustspiel von demselben Verfasser – ich glaube, es heißt «Die Schärpe und der Blumenstrauß» – beendigt, was uns sehr großes Vergnügen gemacht hat.

2649 *Henriette v. Knebel an ihren Bruder* *23. März 1808*

Goethe hat mir nichts von Deiner Unpäßlichkeit gesagt. Er kam gestern zu uns und blieb länger als gewöhnlich. Aber die «Pandora» hatte er nicht bei sich, sondern will sie in acht Tagen bringen. Er schien heiter und war sehr offen und gesprächig. Diesen Morgen werden wir die Fortsetzung des Calderonschen «Ulysses» bei ihm anhören.

2650 *Riemer an Frommann* *23. März 1808*

Goethe hat mir so viel Schönes von seinem Aufenthalte in Jena gesagt, daß ich ganz betrübt bin, nicht mit dabei gewesen zu sein.

2651 *Z. Werner an J. D. Sander* *24. März 1808*

Ich kann Sie nicht genug um Verzeihung bitten, daß ich Ihre gütigen Schreiben so spät erst beantworte, aber teils eine sehr angestrengte vierwöchentliche literarische Beschäftigung, über deren Gegenstand mündlich ein mehreres, teils die große Güte der vortrefflichen Weimaraner (vom *Höchsten* bis zum Geringsten) gegen mich, welche die Veranlassung häufiger Engagements ist, hauptsächlich aber *der* Umstand war schuld daran, daß der Herr Geh. Rat von Goethe mir auf Ihre beiden ihm von mir mitgeteilten Briefe früher dezidierten Bescheid zu erteilen durch eine Reise nach Jena und mehrere andre Umstände bis jetzt verhindert wurde. Jetzt aber und eben heute, wo ich aufs neue um Resolution in ihn drang, hat er mich ausdrücklich beauftragt, Ihnen in den verbindlichsten höflichsten Ausdrücken (das waren seine Worte) seine Freude über die Fortdauer Ihres wohlwollenden Andenkens gegen ihn und Ihr Wohlbefinden zu äußern. Was Ihre Übersetzung und die Aufführung der Gluckschen Iphigenia betrifft, so läßt er Ihnen sagen, daß von solcher für jetzt hier zwar (weil bis zur Abreise der Gesellschaft nach Lauchstädt das hiesige Theater bereits mit den nötigen Stücken versehen) kein Gebrauch gemacht werden könne, daß er aber hoffe, den nächstfolgenden (nämlich diesjährigen) Winter davon Gebrauch machen zu können. Dagegen läßt er Sie freundlichst ersuchen, ihm ja die von Ihrem jungen Freunde gemachten Kompositionen seiner Lieder zu schicken und zwar nur unter seiner eigenen Adresse unmittelbar an ihn selbst, da ich (wie ich Sie hiedurch benachrichtige) Weimar binnen zirka acht Tagen verlasse, und, nach einem Aufenthalte von wenig Tagen in Jena und Leipzig, das Osterfest will's Gott in Lindenberg zuzubringen, die Woche nach Ostern aber unfehlbar in Berlin einzutreffen gedenke. Übrigens können Sie versichert sein, daß der wahrhaft und in jedem Betracht *große* Goethe mit inniger Teilnahme an Sie und die Ihrigen denkt ...

2652 Ch. A. Vulpius an N. Meyer *26. März 1808*

Im Hause des Geheimrats ist alles wohlauf. In acht Tage tritt August seine Reise nach Heidelberg an. Der Geh. Rat will im Mai wieder ins Karlsbad gehen, von wo er Johanni wieder wird zurückgehen müssen nach Jena, weil er die Oberaufsicht über die dortigen Schloßreparaturen erhalten hat, das 3000 Franzosen zum Lazarett dienen mußte.

2653 Riemer an Frommann *26. März 1808*

Goethe dankt schönstens für das Überschickte und wird nächste Mittwoche mit neuen Sachen aufwarten. Dagegen bittet er zu eben der Zeit um die Zurücksendung des Standhaften Prinzen.

2654 Riemer *27. März 1808*

Werner zu Tisch. Gegen Christentum und Christen apostrophiert, Goethe und ich. Goethe der letzte Heide, Werner der erste und letzte Christ.

2655 *Z. Werner an F. A. Brockhaus* *19. Juli 1814*

[Über sein Drama «Das Kreuz an der Ostsee».] Jenes hat Goethe für mein bestes Produkt (er hat die fertige Hälfte des zweiten noch ungedruckten Teiles des Kreuzes an der Ostsee von mir vorlesen gehört) erklärt und gesagt *(was ich auf Ehre versichern kann, aber nicht zu promulgieren bitte)*, Goethe hat zu mir ipsissimis verbis gesagt: «Sie sind es Ihrer Ehre schuldig, es bald drucken zu lassen; es kann Epoche machen, mehr kann man nicht sagen!» Das sind Goethens über diesen Gegenstand schon im Jahr 1808 (denn der zweite Teil des Kreuzes an der Ostsee war schon 1805 so weit fertig als er jetzt ist) gesprochene Worte.

2656 *Arnim an Bettina* *12. Juli 1808*

Mit Werner habe ich den letzten Tag seiner Anwesenheit [in Heidelberg] eine wunderliche Unterredung auf dem Schlosse gehabt, er hat mir sein System der Liebe auseinandergesetzt, tief ergreifend, weil man immer fühlte, wie er sich das Ganze nur wie einen Galgen aus Verzweiflung über Unglück erbaut hat. Daher immer die gräßliche Gewißheit, mit der er zwischen ausrief: «Sie werden mich für einen Narren halten, es ist doch wahr, was ich sage; Goethe spricht von allem, von Kunst und Wissenschaft, daß ich dabei ganz dumm zugehört habe, aber in mein System hat er doch nicht hineinreden können. Er hat mir oft gesagt: sobald ich Ihnen zugebe, daß die Liebe das Höchste, so haben Sie mich fest, das gebe ich aber nicht zu, sondern alles ist das Höchste.» ... Von Goethe meint er, daß er vielleicht nie geliebt, sondern immer in einer Art Meisterschaft stehen geblieben wäre.

2657 *Arnim an Bettina* *10. Oktober 1808*

Manches schöne Kunstwerk lernte ich dort [in Mannheim] kennen. Zum erstenmal sah ich einen Abguß der Pallas von Velletri; ihre kolossale Gestalt paßt zu ihrer Weisheit, und ich mußte dem Goethe recht geben, der einmal dem Werner gegen seine Liebestheorie einwandte, er glaubte wohl, daß ihn die Marienbilder auf solche Gedanken bringen könnten, aber er wollte ihn einmal vor eine Pallas bringen, ob er da noch an so etwas dächte.

2658 Falk: Aus dem Nachlaß

Mit kräftiger Ironie führte übrigens Goethe einstmals Werner bei seinem Aufenthalt in Weimar (Winter 1807/8) ab; Werner meinte nämlich witzig, ein Grund, warum er nicht (wieder) heirate, sei auch der, weil man im Anfang des Ehestandes so miserable Suppen zu essen bekäme, daß dies ein Regime sei, was jeder junge Ehemann durchmachen müsse. Goethe erwiderte ihm, dies sei bloß dann, wenn die Ehen kinderlos wären. Sobald sich Kinder einfänden, so würden drei, vier Pfund Fleisch gekocht. Für ein Paar Leute koche man ein halb Pfund Fleisch, das könne dann freilich nur eine magere Suppe geben. Das beste Mittel zur Amelioration der Suppe sei dies, recht viele Kinder zu haben. In dem Maße, wie Kinder auf Kinder ankämen, würde auch die Suppe besser.

2659 Z. Werner an Goethe *24. September 1808*

Mein Gott, was ist es doch mit aller Sprache und Schrift für ein jämmerlich Ding, daß man da nicht was aufs Papier setzen kann, was einem ins Angesicht [...], wie ein seelenvoller Blick, wie der, den Ew. Exzellenz mir beim Abschiede [am 28. März] zuwarfen, als Sie mich bei dem Haartoupet packten.

2660 Henriette v. Knebel an ihren Bruder *30. März 1808*

Gestern hat uns Goethe das Vergnügen gemacht, uns aus seiner «Pandora» vorzulesen. Es dünkt uns eine seiner besten und lebendigsten Sachen. Wir wünschten nur, daß er es bald vollenden möge, um es zu besitzen, da so vieles darin ist, was man sich eigen machen möchte. Diesen Morgen gehen wir zu Goethen. Ich glaube, daß er uns aus dem «Standhaften Prinzen» etwas vorlesen wird. Auch soll es etwas Musik dazwischen geben. Die Großfürstin wird auch kommen.

2661 F. v. Müller *31. März 1808*

Goethe war bei Schopenhauers recht teilnehmend und mitteilend, lobte und beschrieb Karlsbad und die Auchische Windfahne.

Den großen *Orkanen* habe man nachgerechnet, sie hätten immer eine sehr kleine Breite, kaum 3–400 Schritte, und bildeten eine Spirallinie im Wirbel.

[Friedrich Ludwig] Schröder könne kein wahrhaft großer Künstler sein, weil er so viel Kunststücke gemacht und im höchsten tragischen Moment verruchter Späße fähig gewesen sei. *Ohne Gemüt* sei keine wahre Kunst denkbar.

2662 Riemer *5. April 1808*

Besuch von Dr. Seebeck. Mittags allein mit ihm. Über Galvanismus, Siderismus, Wünschelrute etc. Goethe bemerkte:

Werner verwechsle die ἀγάπη mit dem ἔρως.

Er äußerte weiter:

«In der Kultur der Wissenschaften haben die Bibel, Aristoteles und Plato hauptsächlich gewirkt, und auf diese drei Fundamente kommt man immer wieder zurück. ‚Neuplatoniker' sagt man, also Rückkehr auf den Plato.

Scholastiker, und daß Kant wieder die Scholastik bringe, also Aristoteles. Jetzt Rückkehr zur Bibel. Man kann aus diesen Elementen nicht heraus, und so ist es lächerlich, wenn die Menschen sagen, die Scholastik kehre wieder, Aristoteles oder Plato.»

2663 Riemer *6. April 1808*

Mittags Seebeck zu Tische. Über Galvanismus und modernen Mystizismus, bemerkte Seebeck, daß man leicht glauben könne: der Messias könne aus den Tremellen, die bei Gewitterregen zum Vorschein kommen als eine Gallerte, entstehen. Goethe faßte es auf und wollte ein Gedicht Maranatha oder «Der Herr kommt» machen.

Goethe bemerkte über die neuesten Ästhetiker, die Schlegels, Ast etc., daß ihr ganzes Urteil und Absprechen bloß darauf beruhe, daß ein jeder wie im Dominospiel bloß den

Stein lobt, an den er seine Zahl anschieben kann. Er äußerte ferner:

«Engländer haben kein ästhetisch moralisches Urteil, sprechen von einzelnen Schönheiten. Als wenn für den Dichter etwas schöner wäre als das andere! Was er ausspricht, *ist* insofern etwas, daß *er* es ausspricht. Sie meinen, daß er nur etwas sage, wenn er gerade ihr Interesse ausspricht.»

2664 Henriette v. Knebel an ihren Bruder *13. April 1808*

Mit Goethe geht es besser, und er gedenkt noch diese Woche nach Jena zu kommen.

2665 Riemer an Frommann *16. April 1808*

Goethe wird schon künftige Woche hinüber [nach Jena] kommen, und dann werden wir auch bald nach Karlsbad aufbrechen. Es ist noch ein gichtisches Übel dazu gekommen, oder vielmehr der Anteil Gicht bei dem bisherigen hat sich auf die Beine geworfen, welches ihm große Schmerzen macht und weswegen er je eher je lieber ins Bad eilt. Karlsbad hat ihm schon einmal diesen Zufall vertrieben; es war, wie er nach Italien ging. – Doch lassen Sie sich nichts merken, als wüßten Sie was davon: er scheint mir's nicht gern zu haben, daß man davon spricht.

2666 C. Bertuch an Böttiger *21. April 1808*

Goethe denkt bald nach Karlsbad zu reisen. Letzthin [am 17. April] war er göttlich bei Madame Schopenhauer, wo er über Schillers Zyklus Wallenstein sprach, welcher heute und den Sonnabend gegeben wird. «Freilich», sagte er unter anderm, «verlautet jetzt von dem guten Schiller, daß er kein Dichter sei (dieses predigt Passow seinen Primanern, und stand zwei Schritte von Goethe), doch wir haben da so unsere eigene Meinung darüber.» Mit dreimal kaustischer Lauge sprach er scherzend über die poetische Anarchie, wo der neueste Dichter zum größten ausgerufen werde, und kam auf die Landshuter Erklärung (von Ast?), daß Friedrich Schlegel zum Herkules unter den Dichtern proklamiert sei – und jetzt, anstatt mit dem Schlegel, mit der Keule herumwandle, an der als Exkreszenz auch ein *Ästchen* bemerkbar sei etc. etc. Kurz Goethe dokumentierte hier so ganz seine hohe Meisterschaft, und ließ einmal hell sehen, wie er über die Alfanzereien der Zeit eigentlich denkt. Wenn er doch öfters und auch öffentlich darin *wetterte*, damit dem Unfug etwas gesteuert werde. – Phöbus Apollo erhalte uns noch lang die wenigen ältern Stammherrn unserer Literatur, die mit jedem Peitschenhiebe die wahren bösen Stellen des literarischen Körpers zu treffen wissen. Doch das über Goethe Gesagte entre nous.

2667 Dorothea Schlegel: Tagebuch

Man erzählt, Goethe sollte gesagt haben: «Ich weiß wohl, es gibt jetzt einige Leute, die behaupten, Schiller wäre kein Dichter! solange *ich* aber lebe, soll sich gewiß niemand unterstehen, es zu sagen.»

2668 Falk: Goethe aus näherm persönlichen Umgange dargestellt *1832*

Am zweiten [ersten] Osterfeiertage 1808 [17. April] abends war ich mit Goethe in einer kleinen, auserlesenen Gesellschaft zusammen gewesen.

So ist es ihm eben recht. Auch tat er seinem Humor keinen Zwang an, sondern ließ ihm freien Lauf, besonders, als wir auf Theater und die neue Literatur zu sprechen kamen, die er mit politischen Zuständen verglich und seinen Vergleich mit der anmutigsten und lebendigsten Laune durchführte. Eben hatten wir am vergangenen Sonnabend «Die Piccolomini» gesehen; die nächste Mittwoch sollte nach einer langen Zwischenpause auch der «Wallenstein» darankommen.

«Es ist», sagte Goethe, «mit diesen Stücken wie mit einem ausgelegenen Weine. Je älter sie werden, je mehr Geschmack gewinnt man ihnen ab. Ich nehme mir die Freiheit, Schiller für einen Dichter und sogar für einen großen zu halten, wiewohl die neuesten Imperatoren und Diktatoren unserer Literatur versichert haben, er sei keiner.

Auch den Wieland wollen sie nicht gelten lassen. Es fragt sich nur, wer denn gelten soll?»

«Kürzlich hat eine Gelehrtenzeitung in einer von beiden Städten, ich weiß nicht recht, ob in Ingolstadt oder in Landshut, Friedrich Schlegel als den ersten deutschen Dichter und Imperator in der Gelehrtenrepublik förmlich ausgerufen. Gott erhalte Seine Majestät auf Ihrem neuen Throne und schenke Denenselben eine lange und glückliche Regierung! Bei alle dem möchte man es nicht bergen, daß das Reich dermalen noch von sehr rebellischen Untertanen umlagert ist, deren wir einige», indem er einen Seitenblick auf mich warf, «sogar in unserer eigenen Nähe haben.»

«Übrigens geht es in der deutschen Gelehrtenrepublik jetzt völlig so bunt zu wie beim Verfall des Römischen Reiches, wo zuletzt jeder herrschen wollte, und keiner mehr wußte, wer eigentlich Kaiser war. Die großen Männer leben dermal fast sämtlich im Exil, und jedes verwegene Marketendergesicht kann Imperator werden, sobald es nur die Gunst der Soldaten und der Armee besitzt, oder sich sonst eines Einflusses zu erfreuen hat. Ein paar Kaiser mehr oder weniger, darauf kommt es in solchen Zeiten gar nicht an. Haben doch einmal im Römischen Reiche dreißig Kaiser zugleich regiert; warum sollten wir in unsern gelehrten Staaten der Oberhäupter weniger haben? Wieland und Schiller sind bereits ihres Thrones verlustig erklärt. Wie lange mir mein alter Imperatormantel noch auf den Schultern sitzen wird, läßt sich nicht vorausbestimmen; ich weiß es selbst nicht. Doch bin ich entschlossen, wenn es je dahin kommen sollte, der Welt zu zeigen, daß Reich und Szepter mir nicht ans Herz gewachsen sind, und meine Absetzung mit Geduld zu ertragen; wie denn überhaupt seinen Geschicken in dieser Welt niemand so leicht entgehen mag. Ja, wovon sprachen wir doch gleich? Ha, von Imperatoren! Gut! Novalis war noch keiner; aber mit der Zeit hätte er auch einer werden können. Schade nur, daß er so jung gestorben ist, zumal, da er noch außerdem seiner Zeit den Gefallen getan und katholisch geworden ist. Sind ja doch schon, wie die Zeitungen besagten, Jungfrauen und Studenten rudelweise zu seinem Grabe gewallfahrtet und haben ihm mit vollen Händen Blumen gestreut. Das nenn' ich einen guten Anfang, und es läßt sich davon schon etwas für die Folge erwarten. Da ich nur wenig Zeitungen lese, so ersuche ich meine anwesenden Freunde, wenn etwas weiter von dieser Art, was von Wichtigkeit, eine Kanonisierung oder dergleichen, vorfallen sollte, mich davon sogleich in Kenntnis zu setzen. Ich meinerseits bin damit zufrieden, daß man bei meinen Lebzeiten alles nur erdenkliche Böse von mir sagt; nach meinem Tode aber sollen sie mich schon in Ruhe lassen, weil der Stoff schon früher erschöpft ist, so daß ihnen wenig oder nichts übrigbleiben wird. Tieck war auch eine Zeitlang Imperator; aber es währte nicht lange, so verlor er Szepter und Krone. Man sagt, es sei etwas zu Titusartiges in seiner Natur, er sei zu gütig, zu milde gewesen; das Reich aber fodere in seinem jetzigen Zustande Strenge, ja, man möchte wohl sagen, eine fast barbarische Größe. Nun kamen die Schlegel ans Regiment; da ging's besser! August Schlegel, seines Namens der Erste, und Friedrich Schlegel der Zweite – die beiden regierten mit dem gehörigen Nachdrucke. Es verging kein Tag, wo nicht irgend jemand ins Exil geschickt, oder ein paar Exekutionen gehalten wurden. So ist's recht. Von dergleichen ist das Volk seit undenklichen Zeiten ein großer Liebhaber gewesen. Vor kurzem hat ein junger Anfänger den Friedrich Schlegel irgendwo als einen deutschen Herkules aufgeführt, der mit seiner Keule im Reiche herumginge und alles totschlüge, was ihm irgend in den Weg käme. Dafür hat jener mutige Imperator diesen jungen Anfänger seinerseits sogleich in den Adelstand erhoben und ihn ohne weiteres einen Heroen der deutschen Literatur genannt. Das Diplom ist ausgefertigt; Ihr könnt Euch darauf verlassen, ich habe es selber gelesen. Dotationen, Domänen, ganze Fächer in Gelehrtenzeitungen, die sie ihren Freunden zum Rezensieren verschaffen, sind auch nicht selten; die Feinde aber werden oft heimlich aus dem Wege geräumt, indem man ihre Schriften beiseite legt und sie lieber gar nicht anzeigt. Da wir nun im Deutschen ein sehr geduldiges Publikum haben, das nichts liest, als was zuvor rezensiert ist, so ist diese Sache gar so übel nicht ausgesonnen. Das Beste noch bei der ganzen Sache ist denn aber doch immer das Ungefährliche. Zum Beispiel es legt sich einer jetzt abends als Imperator gesund und vergnügt zu Bette. Des andern Morgens darauf erwacht er und sieht mit Erstaunen, daß die Krone von seinem Haupte hinweg ist. Ich geb' es zu, es ist ein schlimmer Zufall; aber der Kopf, sofern der Imperator überhaupt einen hatte, sitzt doch noch immer auf derselben Stelle, und das ist, meines Erachtens, barer Gewinn. Wie häßlich dagegen ist es von den alten Imperatoren zu lesen, wenn sie dutzendweise in der römischen Geschichte erdrosselt und nachher in die Tiber geworfen werden. Ich meinerseits gedenke, wofern ich auch Reich und Szepter verlieren sollte, hier ruhig an der Ilm auf meinem Bette zu sterben. Von unsern Reichsangelegenheiten und besonders von Imperatoren weiter zu sprechen: ein andrer junger Dichter in Jena [A. Bode?] ist auch zu früh gestorben. Imperator konnte der zwar nicht werden, aber Reichsverweser, Major Domus oder so etwas, das wär' ihm nicht entgangen. Wo nicht, so stand ihm noch immer als einem der ersten Heroen in der deutschen Literatur ein Platz offen. Eine Pairskammer zu stiften, wozu Vermögen gehört, wäre überhaupt in der deutschen Literatur kein verwerflicher Gedanke. Hätte jener nur ein paar Jahre länger in Jena gelebt, so könnte er Pair des Reiches geworden sein, ehe er sich umsah. So aber, wie gesagt, starb er zu frühe. Das war allerdings übereilt. Man soll sich, wie es der rasche Gang unserer neuesten Literatur fordert, so schnell als möglich mit Ruhm, aber so langsam als möglich mit Erde bedecken. Das ist Grundsatz. Mit der Herausgabe von einigen Sonetten und ein paar Almanachen ist die Sache noch keineswegs getan. Die literarischen Freunde des jungen Mannes haben zwar in öffentlichen Blättern versichert, seine Sonetten würden auch lange nach seinem Tode noch fortleben; ich habe mich aber nachher nicht weiter danach erkundigt, kann daher auch nicht sagen, ob es in Erfüllung gegangen ist, oder wie es sich überhaupt mit dieser Sache verhält.»

«Als ich noch jung war, hab' ich mir freilich von verständigen Männern sagen lassen, es arbeite oft ein ganzes Zeitalter daran, um einen einzigen tüchtigen, großen Maler oder Dichter hervorzubringen; aber das ist lange her. Jetzt geht das alles viel leichter vonstatten. Unsre jungen Leute wissen das besser einzurichten und springen mit ihrem Zeitalter um, daß es eine Lust ist. Sie arbeiten sich nicht aus dem Zeitalter heraus, wie es eigentlich sein sollte, sondern sie wollen das ganze Zeitalter in sich hineinarbeiten; und wenn ihnen das nicht nach Wunsche glückt, so werden sie über die Maßen verdrießlich und schelten die Gemeinheit eines Publikums, dem in seiner gänzlichen Unschuld eigentlich alles recht ist. Neulich besuchte mich ein junger Mann, der soeben von Heidelberg zurückkehrte; ich konnte ihn kaum über neunzehn Jahre schätzen. Dieser versicherte mich im vollen Ernste, er habe nunmehr mit sich abgeschlossen, und da er wisse, worauf es eigentlich ankomme, so wolle er künftighin so wenig wie möglich lesen, dagegen aber in gesellschaftlichen Kreisen seine Weltansichten selbständig zu entwickeln suchen, ohne sich durch fremde Sprachen, Bücher und Hefte irgend darin hindern zu lassen. Das ist ein prächtiger Anfang! Wenn jeder nur erst wieder von Null ausgeht, da müssen die Fortschritte in kurzer Zeit außerordentlich bedeutend werden.»

2669 St. Schütze: Die Abendgesellschaften der Hofrätin Schopenhauer *1840*

Mit *wirklichem* Zorn trat er [Goethe] eines Abends (den 17. Mai [April] 1808) [bei Johanna Schopenhauer] ein, als ihn Friedrich Schlegel aus seiner Ruhe aufgejagt hatte, wenn ich nicht irre, durch die öffentliche Behauptung, daß in seiner poetischen Gesinnung die Grundsätze von Voltaire anzutreffen wären. Man trachte dahin, meinte er, ihn ganz allmählich herunterzuziehen, ihm etwas und dann wieder etwas zu nehmen usw. Aber man sollte nur wissen, fuhr er fort, wie sie es in Jena getrieben haben. Da haben sie angereizt, einen Musen-Almanach herauszugeben – um ihre eigenen Gedichte zu drucken und ein schönes Honorar zu bekommen. Diese Szene hat Falk in seinem Buche über Goethe sehr ausführlich beschrieben, aber so viel aus seiner eigenen Phantasie hinzugedichtet und die einfachen Worte so überschwenglich mit seinen ihm eigenen pathetischen Ausdrücken vermischt, daß Goethe darin nicht wieder zu erkennen ist.

2670 Riemer *18. April 1808*

Bei Gelegenheit der Rezension seiner Werke in den Heidelberger Jahrbüchern von F. Schlegel sagte Goethe, «er sei damit zufrieden. Der Rezensent habe sich viel Mühe gegeben und alles bedacht und bemerkt. Nur müsse er (Goethe) selbst am besten wissen, wo die Zäume hingen. Er verstehe die Rezension recht gut, aber gegen seine Leser, das heißt die Leser seiner Werke, habe der Rezensent einen kuriosen Stand.»

«Es seien ja dies alles nur Fetzen und Lappen von seiner Existenz; *da* einmal ein alter Hut, und *dort* ein paar Schuhe, und *dort* ein Lappen von einem Rock, den er einmal getragen.

Die große Kluft, die durch die Reise nach Italien gemacht wird, zwischen den italienischen und andern Gedichten, könne man freilich nicht verlangen, daß sie der Rezensent ausfüllen solle.»

2671 Riemer *18. April 1808*

Äußerte Goethe: «Schelme, Halbschelme sind wie die doppelfarbigen Mäntel, die man nach Gefallen umkehren kann, um immer nach einer Seite zu erscheinen.»

2672 Henriette v. Knebel an ihren Bruder *20. April 1808*

Ich weiß nicht, wann Goethe nach Jena geht. Heute glaube ich jedoch nicht. Am Ostermontag [18. April] haben wir in der griechischen Kirche einigen vorzüglichen Sängern zugehört, woran auch Goethe teilgenommen hat.

2673 F. v. Müller *19. April 1808*

Besuch bei Wieland. Sein Ärger, daß Goethe, sooft ein neuer Dichter-Charlatan wie Schlegel, Tieck p. auftrete, immer die Wut habe, in dem neuen Genre auch etwas zu machen, um nur zu zeigen, daß er alles könne ...

Seltsame Fertigkeit im Rechnen und Buchstabieren eines Kanarien-Vogels. Goethes besonnene muntre Äußerungen darüber, Falks Skepsis.

2674 Charlotte v. Stein an ihren Sohn Fritz *22. April 1808*

Goethe führte mich neulich in seinen Garten am Haus, um mir etwas Neues zu zeigen; es war Deine alte Hütte, die er wieder hatte reparieren lassen; und das war das erstemal seit so vielen Jahren, daß er von seinem alten Verhältnis mit Dir etwas erwähnte ...

Vor einigen Tagen las Goethe aus seiner Fortsetzung von *Wilhelm Meister*, welche *Wilhelms Wanderjahre* heißt, bei mir zwei Geschichten vor. Gräfin Henckel, ihre Tochter, Mama Seebach, Henriette Seebach, die Schillern, Bose waren eben bei mir. Er war gekommen, um mir etwas Botanisches zu erklären, welches ein besonderer Auswuchs an einem Lackstock, den ich besitze, veranlaßte. Er hat dieses mit einer Deutlichkeit getan, daß man das innere Leben davon ergreifen konnte. Die Damen hätten ihm gern die Hände geküßt, und warum nicht ebenso wohl, als wie am ersten Ostertag unsere liebenswürdige Großfürstin dem Popen die Hand küßte für das Kruzifix, das er ihr zu küssen gegeben.

2675 Abeken: Goethe in meinem Leben

Am neunzehnten April 1808 kam ich in Weimar an. Das bescheidene Haus, die treffliche Witwe Schillers, seine Kinder, die Stube, in der er so Großes schuf, die nun die meine werden sollte, empfingen mich auf das freundlichste. Gleich am andern Morgen, als ich mit der jüngsten Tochter des Hauses, damals einem vierjährigen Kinde, das sich sogleich vertraulich an mich schloß, an der Haustür, an der von schönen Linden beschatteten Esplanade spielte, kam

Goethe daher gewandelt, blieb bei dem Kinde stehen und liebkosete ihm. Am Abend dieses Tages sah ich im Theater Wallensteins Tod [Die Piccolomini]. Mein Eintritt in Weimar war also von mehr als einem günstigen Omen begleitet.

2676 Riemer an Frommann *20. April 1808*

Unterdes werden Sie von Madame Schopenhauer erfahren haben, wie es mit Goethe steht, und was heute gegeben wird. Auf den Sonnabend wird Wallenstein gegeben. – Ohne bettlägrig zu sein, fühlt Goethe denn doch alle Tage, gewöhnlich mittags und abends, wie man seinem Gesicht und sonstigen Gebärden abmerken kann, große Schmerzen. Es ist auch noch eine Art von Gicht, die ihn an den Schienbeinen sehr inkommodiert. Wenn nur das Wetter bald anhaltend gut würde, damit wir die so gewünschte und auch für mich notwendige Reise nach Karlsbad antreten könnten. – In den übrigen Stunden ist Goethe so ziemlich. Er geht auch ins Theater; aber seine Tätigkeit ist natürlich nicht groß, und dies macht ihn eigentlich mehr unzufrieden, als das Übel an sich.

2677 Abeken an H. Voß *9. Mai 1808*

Nach meiner Ankunft in Weimar habe ich bald Riemern besucht, den ich schon vorigen Herbst kennen lernte. Auch Goethe habe ich gesehn. Ich besuchte ihn auf Dein Wort, und überbrachte ihm Deine Empfehlung und Bestellung. Er empfing mich in seinem Garten und ging eine Weile mit mir auf und ab. Er sprach sehr freundschaftlich von Dir und freute sich, daß sein Sohn Dich fände. Goethe sieht wohl aus; ich habe eine große Freude gehabt, ihn zu sehen. Am vorigen Dienstag war Konzert. Auch da sah ich ihn, und ihn zu sehn, war mir mehr als das Konzert. Gestern ist er abgereist nach dem Karlsbade. Der Himmel erfreue ihn dort und bringe ihn gesund und lebensfroh zurück.

2678 Abeken: Goethe in meinem Leben

Du kannst Dir denken, daß, da ich nun in Weimar wohnte, in ihm heimisch wurde, dies meine Leidenschaft für Goethe steigerte; ich erfuhr nicht das, was andre zu erfahren pflegen, deren Begeisterung für einen aus der Ferne betrachteten Gegenstand nachläßt, wenn sie ihn in der Nähe, wenn sie ihn vor Augen haben. Ein Besuch, den ich Goethen nach meiner Ankunft in Weimar machte, wurde freundlich angenommen. Ich fand ihn in seinem Hausgarten, in welchem er eine Zeitlang mit mir auf und ab wandelte. Dabei nahm ich wahr, daß er, seiner Weise gemäß, mich scharf fixierte, wie um zu sehen, ob vielleicht etwas an mir sei. Oft sah ich ihn dann, im Theater, in Konzerten, im Park, oder wenn ich ihm, was ich mir freilich selten erlaubte, in seinem Hause einen Besuch machte.

2679 H. Düntzer: Charlotte von Stein 1874

Am folgenden Abend [22. April 1808] las Goethe bei der Herzogin den Damen zwei andere Geschichten der *Wanderjahre*, die Charlotten sehr gut gedacht und vorgetragen schienen, *St. Joseph den Zweiten* und den Anfang des *Mannes von fünfzig Jahren*. Er fange in seinen alten Tagen auf eine neue Art interessant zu werden an, meint sie, aber leider traue sie seiner Gesundheit nicht viel.

2680 Henriette v. Knebel an ihren Bruder 23. April 1808

... da will ich nur gleich von dem gestrigen Abend sprechen, wo uns Goethe bei der Herzogin einige Erzählungen vorgelesen hat, die uns außerordentlich erfreut haben. Goethe ist im Begriff, eine Fortsetzung von seinem «Wilhelm Meister» unter dem Namen «Wilhelm Meisters Wanderschaft» zu verfertigen, und aus dieser sind die Erzählungen genommen. Wir haben lange nichts gehört und gesehen, was dem «St. Joseph dem Zweiten» gleich käme. Da nun Goethe willens ist, heute nach Jena zu reisen, und Dich gewiß bald besuchen wird, so läßt Dich die Prinzessin, die Dich bestens grüßt, angelegentlichst ersuchen, Dir das Vergnügen dieser Vorlesung so bald als möglich zu verschaffen. Auch die zweite Erzählung läßt den Meister erraten; sie ist nur etwas weltlicher, unter dem Namen «Der Mann von fünfzig Jahren»; auch ist sie noch nicht zu Ende. Es würde mich hoch erfreuen, wenn ich wüßte, daß an einem trüben Abend, wie ungefähr der heutige sein möchte, Du Dich in der liebenswürdigen Gesellschaft des Heiligen Josephs befändest.

2681 Charlotte v. Stein an Knebel *25. April 1808*

[Am 23. April war Goethe nach Jena gefahren.] Goethe, den ich Sie bitte, freundlich von mir zu grüßen, hat auch einen rechten Regentag getroffen. Wir werden ihn hier recht vermissen, wenn er wieder nach Karlsbad geht. Er wird ordentlich von neuem liebenswürdig! Aber seine Gesundheit ist schwach.

2682 Christiane v. Goethe an ihren Sohn *28. April 1808*

Deine uns so lieben Briefe als auch Dein gutes Lob von Frankfurt aus hat mir und Deinem Vater sehr viel Freude gemacht ...

Der Vater befindet sich ganz leidlich und ist itzo in Jena und denket etwa so den 11. oder 12. abzureisen nach Karlsbad.

2683 Henriette v. Knebel an ihren Bruder *30. April 1808*

Daß Goethe noch so artig gewesen ist und Dir einen dieser trüben Abende [den 28. April] durch seine angenehmen Erzählungen erheitert hat, freut uns, die liebe Prinzeß und mich, außerordentlich. Es ist sehr gut, daß er noch in sich gegangen ist, sonst hätten wir's ihn doch wohl fühlen lassen. Auch sind wir sehr mit ihm zufrieden, daß er Dir die Dürerschen Sachen gezeigt hat.

2684 H. Meyer *1. Mai 1808*

Goethe bemerkte mir einst, 1. Mai 1808, die beiden Verse in Wallensteins Lager:

> Ein Hauptmann, den ein andrer erstach,
> Ließ mir die glücklichen Würfel nach,

rührten von ihm her.

An eben dem Tage erzählte er mir, da wir zusammen von Jena nach Weimar fuhren, den Inhalt, den er seinem Roman *Die Wahlverwandtschaften* geben wollte.

2685 *Riemer* *1. Mai 1808*

War Goethe [von Jena] gekommen und im Garten. Mittags allein zu Tische. Über Pandora, die Motive 30 an der Zahl, subdividiert 90 und dergleichen.

2686 *Henriette v. Knebel an ihren Bruder* *4. Mai 1808*

Gestern hat uns auch Goethe wieder besucht. Er war heiter und liebenswürdig und sprach mit herzlichem Vergnügen von Dir und dem Anteil, den Du an seinen Erzählungen genommen hast.

2687 *Riemer an Frommann* *4. Mai 1808*

Goethes Ankunft am Sonntag morgen [1. Mai] war mir ebenso unerwartet als Ihnen seine Abreise. Er entschließt sich immer plötzlich. Nun ist unsre Abreise nach Karlsbad auf morgen über acht Tage festgesetzt, und wir rüsten uns dazu. Er will womöglich in Einem Tage von Weimar nach Schleiz, wenigstens nach Pößneck …

Goethe ist übrigens wohl, bis auf die Unbequemlichkeit bei Tische. Er trinkt jetzt wieder Champagner, der ihm gut bekommt. Sonderbar, er darf nicht während des Essens trinken; aber nachher um 4 Uhr. Dann fühlt er keine Beschwerde.

Zu arbeiten haben wir uns beide viel vorgesetzt, und nehmen das Gehörige dazu mit. Wenn auch nicht alles erfüllt wird, so ist es doch gut, sich immer mehr vorzusetzen: man tut sonst gar nichts …

Ich soll Sie schönstens von Goethe grüßen und Ihnen glückliche Reise und Geschäfte wünschen.

2688 *Riemer* *5. Mai 1808*

Kam Friedrich Schlegel zu Goethe. Kam von Paris und ging nach Dresden, brachte Briefe von Reinhard an Goethe. Gegen Abend hinuntergerufen zu Goethe und Friedrich Schlegel, die im Garten. Über Indisches.

2689 *F. Schlegel an S. Boisserée* *9. Mai 1808*

Ich nahm auch [am 5. Mai] Gelegenheit, Goethen Moslers Zeichnungen altdeutscher Gemälde im voraus zu empfehlen, und zwar sehr franchement; ich sagte ihm, es hätten einige aus der Vorliebe für die *alte* Malerei eine Art Sekte und Phantasterei gemacht, das sei hier gar nicht der Fall, wir wollten bloß der Vergessenheit entreißen, was ohne allen Zweifel in hohem Grade merkwürdig und zum Teil gewiß auch künstlerisch vortrefflich sei. Meine Ansicht, die übrigens bloß historisch und praktisch sein könne, habe wenigstens das gewirkt, daß eine bedeutende Zahl vortrefflicher Kunstwerke vom Untergang gerettet worden etc. Es schien Eindruck zu machen, und er versprach die Sache mit Teilnahme und Ernst aufzunehmen, sobald es erschienen sei. Dann muß man ihm also eins der ersten Exemplare schicken. Sein Urteil gilt doch sehr viel. Ich suchte ihm im allgemeinen einen Begriff von der Kölnischen Malerei zu machen, was ihm auch sehr einzuleuchten schien. Er hat sich gewissermaßen bekehrt, indem er neulich etwas sehr zum Lobe von Albrecht Dürer geschrieben. Am meisten sprachen wir doch über das indische Studium, was ihn sehr lebhaft interessierte.

2690 *Riemer* *7. Mai 1808*

Mittags mit Goethe über den zweiten Teil von Faust.

2691 *Falk: Goethe aus näherm persönlichen Umgange dargestellt* *1832*

Der schwer beleidigte Kaiser [Napoleon] verstattete zwar dem Herzoge die Rückkehr in seine Staaten, aber nicht ohne das höchste Mißtrauen in ihn zu setzen, so daß der edle, offne deutsche Mann von diesem Augenblicke an von allen Seiten mit Horchern, sogar an seiner eigenen Tafel, umstellt war. Da mich um diese Zeit meine Geschäfte oftmals nach Berlin und Erfurt führten, gaben mir die dortigen höhern Behörden nicht selten Bemerkungen anzuhören, von denen ich gewiß war, daß man sie als Resultate der dort gehaltenen geheimen Polizeiregister dem Kaiser vorlegte, und die ich eben deshalb dem Herzoge nicht verschweigen durfte. Mit wörtlicher Treue, wie ich sie empfangen hatte, setzte ich sie schriftlich auf, um sie höhern Orts zu übergeben. Bei dieser Gelegenheit hat Goethe eine so schöne persönliche Anhänglichkeit für den Herzog an den Tag gelegt, daß ich mir ein Gewissen daraus machen würde, dem deutschen Publikum dies schöne Blatt aus der Lebensgeschichte seines großen Dichters vorzuenthalten. Es geschah um diese Zeit häufig genug, wenn ich Goethe besuchte, daß die bedenklichen Zeitumstände – in welche ich selbst damals, nicht aber zum Unglück, sondern, wofür ich Gott herzlich danke, zum Segen des Landes, das ich bewohnte, handelnd verflochten war – mit männlicher Umsicht von uns nach allen Seiten durchsprochen wurden. So kam denn auch diesmal, als ich Goethe nach meiner Zurückkunft von Erfurt in seinem Garten besuchte [9. Mai 1808], die Rede auf die Beschwerden der französischen Regierung. Ich teilte sie ihm Punkt für Punkt und so mit, wie sie auch nach diesem der Herzog unverändert gelesen hat.

Es sei bekannt, hieß es unter anderm in dieser Schrift, daß der Herzog von Weimar dem feindlichen General Blücher, der sich zu Hamburg mit seinen Offizieren nach der Niederlage von Lübeck in der größten Verlegenheit befunden, 4000 Taler auf Wechsel vorgeschossen habe. Ebenso wisse jedermann, daß ein preußischer Offizier, der Hauptmann v. Ende (jetzo Gouverneur in Köln), als Hofmarschall bei der Frau Großfürstin angestellt sei. Es sei nicht zu leugnen, daß die Anstellung so vieler preußischen Offiziere sowohl im Militär- als Zivilfach, deren Gesinnungen bekanntlich nicht die besten seien, für Frankreich etwas Beunruhigendes mit sich führe. Schwerlich werde es der Kaiser billigen, oder jemals zugeben, daß man mitten im Herzen des Rheinbundes gleichsam eine stillschweigende Verschwörung wider ihn anlege. Sogar zum Hofmeister seines Sohnes, des Prinzen Bernhard, habe man einen ehemaligen preußischen Offizier, den Herrn v. Rühl (nachmals preußischen General), gewählt; Herr v. Müffling, ebenfalls gedienter Offizier und Sohn des preußischen Generals dieses Namens (dermalen im preußischen Generalstabe), sei mit großem Gehalte in Weimar als Präsident eines Landescollegiums angestellt; der Herzog stehe mit demselben in einem vertrauten persönlichen Umgange, und es sei natürlich, daß alle solche Verbindungen nur dazu dienten, einen ohnehin schlecht genug verheimlichten Groll gegen Frankreich zu nähren. Es scheine, daß man gleichsam alles absichtlich hervorsuche, um den Zorn des Kaisers, der doch manches von Weimar zu vergessen habe, aufs neue zu reizen und herauszufodern. Unvorsichtig wenigstens seien die Schritte des Herzogs in einem hohen Grade, wenn man ihnen auch nicht geradesweges eine böse Absicht unterlegen wolle. So habe derselbe auch den Herzog von Braunschweig, den Todfeind Frankreichs, nebst Herrn v. Müffling, nach dem Gefechte von Lübeck, zu Braunschweig auf seinem Durchmarsche besucht.

«Genug!» fiel mir Goethe, als ich bis dahin gelesen hatte, mit flammendem Gesichte ins Wort. «Was wollen sie denn, diese Franzosen? Sind sie Menschen? Warum verlangen sie geradeweg das Unmenschliche? Was hat der Herzog getan, was nicht lobens- und rühmenswert ist? Seit wann ist es denn ein Verbrechen, seinen Freunden und alten Waffenkameraden im Unglück treu zu bleiben? Ist denn eines edeln Mannes Gedächtnis so gar nichts in euern Augen? Warum mutet man dem Herzoge zu, die schönsten Erinnerungen seines Lebens, den Siebenjährigen Krieg, das Andenken an Friedrich den Großen, der sein Oheim war, kurz alles Ruhmwürdige des uralten deutschen Zustandes, woran er selbst so tätig Anteil nahm, und wofür er noch zuletzt Krone und Szepter aufs Spiel setzte, den neuen Herren zu Gefallen, wie ein verrechnetes Exempel plötzlich über Nacht mit einem nassen Schwamme von der Tafel seines Gedächtnisses hinwegzustreichen? Steht denn euer Kaisertum von gestern schon auf so festen Füßen, daß ihr keine, gar keine Wechsel des menschlichen Schicksales in Zukunft zu befürchten habt? Von Natur zu gelassener Betrachtung der Dinge aufgelegt, werde ich doch grimmig, sobald ich sehe, daß man dem Menschen das Unmögliche abfodert. Daß der

Herzog verwundete, ihres Soldes beraubte preußische Offiziere unterstützt, daß er dem heldenmütigen Blücher nach dem Gefecht von Lübeck einen Vorschuß von 4000 Talern machte, das wollt ihr eine Verschwörung nennen? das gedenkt ihr ihm übel auszulegen? Setzen wir den Fall, daß heute oder morgen Unglück bei eurer großen Armee einträte: was würde wohl ein General oder ein Feldmarschall in den Augen des Kaisers wert sein, der geradeso handelte, wie unser Herzog in dem vorliegenden Falle wirklich gehandelt hat? Ich sage euch, der Herzog soll so handeln, wie er handelt! Er muß so handeln! Er täte sehr unrecht, wenn er je anders handelte! Ja, und müßte er darüber Land und Leute, Krone und Szepter verlieren, wie sein Vorfahr, der unglückliche Johann, so soll und darf er doch um keine Hand breit von dieser edeln Sinnesart und dem, was ihm Menschen- und Fürstenpflicht in solchen Fällen vorschreibt, abweichen. Unglück! Was ist Unglück? Das ist ein Unglück, wenn sich ein Fürst dergleichen von Fremden in seinem eigenen Hause muß gefallen lassen. Und wenn es auch dahin mit ihm käme, wohin es mit jenem Johann einst gekommen ist, daß beides, sein Fall und sein Unglück, gewiß wäre, so soll uns auch das nicht irre machen, sondern mit einem Stecken in der Hand wollen wir unsern Herrn, wie jener Lucas Cranach den seinigen, ins Elend begleiten und treu an seiner Seite aushalten. Die Kinder und Frauen, wenn sie uns in den Dörfern begegnen, werden weinend die Augen aufschlagen und zueinander sprechen: das ist der alte Goethe und der ehemalige Herzog von Weimar, den der französische Kaiser seines Thrones entsetzt hat, weil er seinen Freunden so treu im Unglück war; weil er den Herzog von Braunschweig, seinen Oheim, auf dem Todbette besuchte; weil er seine alten Waffenkameraden und Zeltbrüder nicht wollte verhungern lassen!» Hier rollten ihm die Tränen stromweise von beiden Backen herunter; alsdann fuhr er nach einer Pause, und sobald er wieder einige Fassung gesammelt, fort: «Ich will ums Brot singen! Ich will ein Bänkelsänger werden und unser Unglück in Liedern verfassen! Ich will in alle Dörfer und in alle Schulen ziehen, wo irgend der Name Goethe bekannt ist; die Schande der Deutschen will ich besingen, und die Kinder sollen mein Schandlied auswendig lernen, bis sie Männer werden, und damit meinen Herrn wieder auf den Thron herauf- und euch von dem euern heruntersingen! Ja, spottet nur des Gesetzes, ihr werdet doch zuletzt an ihm zu Schanden werden! Komm an, Franzos! Hier oder nirgend ist der Ort mit dir anzubinden! Wenn du dieses Gefühl dem Deutschen nimmst oder es mit Füßen trittst, was eins ist, so wirst du diesem Volke bald selbst unter die Füße kommen! Ihr seht, ich zittere an Händen und Füßen. Ich bin lange nicht so bewegt gewesen. Gebt mir diesen Bericht! Oder nein, nehmt ihn selbst! Werft ihn ins Feuer! Verbrennt ihn! Und wenn Ihr ihn verbrannt habt, sammelt die Asche und werft sie ins Wasser! Laßt es sieden, brodeln und kochen! Ich selbst will Holz dazu herbeitragen, bis alles zerstiebt ist, bis jeder, auch der kleinste Buchstabe, jedes Komma und jeder Punkt in Rauch und Dunst davonfliegt, so daß auch nicht ein Stäubchen davon auf deutschem Grund und Boden übrigbleibt! Und so müssen wir es auch einst mit diesen übermütigen Fremden machen, wenn es je besser mit Deutschland werden soll.»

Ich brauche kein Wort zu diesem wahrhaft männlichen Gespräche hinzuzusetzen, das ebenso ehrend für Goethe als für den Herzog ist.

Als ich Goethe beim Abschiede umarmte, standen auch mir die Augen voll Tränen.

2692 Henriette v. Knebel an ihren Bruder *14. Mai 1808*

Goethe sagte uns [am 10. Mai], daß er nur eine Visitenkarte bei Dir abgeben würde. Ich richtete ihm Deinen Gruß aus, und er sprach noch recht mit Innigkeit von Dir. Er hat die hübsche Erzählung, welche Du uns empfohlen, «Medschnun usw.», mit nach Karlsbad genommen.

2693 Charlotte v. Stein an ihren Sohn Fritz *11. Mai 1808*

Heute früh nahm Goethe Abschied von mir; morgen reist er nach Karlsbad und will daselbst bis in den Oktober bleiben; er versichert mir, er könne da seine Autorschaft viel besser betreiben als hier. Er ist manchmal recht freundlich und mitteilend gegen mich und trug mir auch viele freundliche Grüße an Dich auf, aber mir will das Zutrauen nicht ganz wieder werden.

2694 Riemer an Johanna Frommann *11. Mai 1808*

... wir fahren diese Nacht um 1 Uhr schon von hier weg, und sind also zwischen 3 und 4 in Jena, welches wir nur passieren wollen, um noch abends Schleiz erreichen zu können ... Die Beschlüsse des Höchsten, wissen Sie, sind oft höchst wunderbar und stets unerforschlich.

2695 Christiane v. Goethe an ihren Sohn *16. Mai 1808*

Der Vater ist am Donnerstage [12. Mai] nach Karlsbad, und ich bin nun so ganz allein in dem großen Hause ... Dein letzter Brief, den Du an Bartholomäi geschrieben hast, hat dem Vater sehr gefallen. Er hat ihn von Riemer abschreiben lassen, und er ist allen Damen produziert worden; es war so ein hübscher Stil darin ... Nun bitte ich Dich, sei nur recht fleißig, daß der Vater Freude an Dir hat, und wirst Dich dann auch sehr freuen, wie gut er alles mit Dir vorhat. Denn er hat Dich sehr lieb, das habe ich erst recht gesehen, wie Du weg warst. Die erste Zeit hat er fast nichts gegessen. Sein einziger Wunsch ist nur, daß Du was lernen möchtest, und [das] hoffe ich von Dir.

2696 Riemer *12. Mai 1808*

Um ½ 4 Uhr morgens bei Regenwetter weggefahren. Zwischen 6 bis 7 in Jena. Abgestiegen und zu Frommanns, die noch im Bett lagen und mir glückliche Reise wünschen ließen. Um 10 Uhr in Kahla. Hausmannsmusik vom Rathause. Über die Gestalt, die Deutschland in der Folge haben könnte, deleta cultura. Mittags von Kahla. Schönes Wetter. Über Freimaurerei. In Pößneck. Reitende Artillerie der Franzosen; schöne Pferde, lustige Kerls; fast einerlei Gesichter à la Weißer. Arbeitete Goethe an der Pandora und las mir die Szene von Pandorens Schilderung vor.

2697 Riemer *13. Mai 1808*

Früh von Pößneck ab. Schlechter Weg bis Schleiz. Gegen Abend in Hof angelangt. Über die politischen Aspekten. Über Aesthetica und Poetica. Über Metra, Vossens, die Schlegels etc. Viel lateinisch gesprochen: Über Werner und anderes. Über den zweiten Teil von Faust.

2698 Riemer *14. Mai 1808*

Auf mitunter sehr schlechten Wegen nach Franzensbad. Am Brunnen gewesen. Schöne Kobellsche Landschaft mit blauen Bergen. Besonders Politica besprochen.

«Europa» – äußerte Goethe – «war sonst eine der seltensten Republiken, die jemals existiert, und ging dadurch zugrunde, daß ein Teil das sein wollte, was das Ganze war, nämlich Frankreich wollte Republik werden. – Jetzt nirgends Schutz und Hilfe. Omnia in propatulo.

Sonst, der Mensch auf sich allein gestellt, suchte er Hilfe bei anderen: in Burgen, Schlössern, bei Freunden. Jetzt, in der öffentlichsten Kommunikation hilflos, und nur durch sein Inneres zu trösten und zu helfen.

Sonst verschlossen nach außen, offen nach innen; jetzt offen nach außen, verschlossen nach innen.»

2699 Riemer *15. (14.?) Mai 1808*

Früh venezianisches Sonett auf die Erlösung. Jean Pauls Verdienst. Goethes und Werners Sonette. Unterwegs über Liebe. Amor feminarum plerumque officiosus, marium s[ive] masculorum ἐνθουσιάζων. Goethes Geschichte amoris uxoris suae post expertam fidem. Über Werners Liebe.

2700 Riemer *17. Mai 1808*

Nach Tische Metra für Goethe. Abends mit ihm den Chodekschen Weg. Über Pandora: über Systole und Diastole des Weltgeistes. «Jene gibt die Spezifikation, diese das Unendliche.» «In der Natur sei *das* Unmögliche, daß nichts nicht werde: das Leben sei gleich da.»

2701 *Riemer* *1. Juni 1808*

Früh um 7 Uhr bei Goethe, der an den zwei ersten Kapiteln der Wahlverwandtschaften diktierte bis ½ 12 Uhr. Über Tische von Politicis, – daß N[apoleon] mit Spanien fertig sei, daß Rußland es früher mit Polen ebenso gemacht. Ich meinte, unsere Kritiker würden ihn einen glücklichen Nachahmer schelten. Abends mit Goethe über die Wahlverwandtschaften.

2702 *Riemer* *2. Juni 1808*

Goethe diktierte das dritte und vierte Kapitel der Wahlverwandtschaften. Über Tische darüber gesprochen. Artigkeit dieses empirischen Ausdruckes.

2703 *Riemer* *5. Juni 1808*

[Pfingstsonntag.] Mit Goethe in der Kirche dem Hochamt beigewohnt. Messe von Haydn.

2704 *Riemer* *8. Juni 1808*

Nach Tische war Goethe fort, zeichnen gegangen. Kam abends zurück. Aus Sallust ihm vorgelesen, während er zeichnete. Kam die Frau von Ziegesar und Sylvie an.

2705 *Riemer* *17. Juni 1808*

Über Tische erzählte Goethe von der Baronesse Eybenberg. Sie hatte das Sonntagsblatt mitgebracht. Nach Tische zu Fuß mit Goethe eine Tour nach Dallwitz gemacht. Goethe zeichnete einiges unterwegs. Sehr alte, vier Klaftern weite Eichen in dem Abhange von Dallwitz.

2706 *Riemer* *21. Juni 1808*

Sylviens Geburtstag ... Nach 1 Uhr mit Ziegesars und Frau von Seckendorff, Demoiselle Gotter und Goethe nach Elbogen. Erst einen Spaziergang unten herum. Auf einem Felsen gelagert. Die Seckendorff pfiff allerliebst das So la la. Dann aufs Schloß, himmlische Aussicht. Einrichtung zu einem Gefängnis. Gegessen. Späße. Nach 8 Uhr zurück.

2707 *Riemer an Johanna Frommann* *22. Juni 1808*

Die erste Zeit unsers Hierseins ging unter Genuß des nachgekommenen Frühlings und der Eingewöhnung in unsre neue Klausner-Lebensweise hin. Fremde waren nur wenige und Bekannte gar nicht hier. Erst den Tag der Ankunft Ihres Briefes ging uns durch die Erscheinung der Ziegesarischen Familie ein Licht geselliger Freude auf. Wir haben gestern Sylviens Geburtstag in dem wunderschönen Elbogen gefeiert. Frau von Seckendorff aus Schleusingen und Demoiselle Gotter aus Gotha, die beide, wie ich mit großer Freude höre, auch Ihnen bekannt sind, nahmen teil daran. So hätten wir den längsten Tag in einer der schönsten und friedsamsten Gegenden Deutschlands im Andenken unserer gemeinsamen Freunde und im Genuß der anmutigsten Natur verlebt. Wir hoffen Ihnen mündlich mehr mitteilen zu können. Goethe befindet sich auch ohne eigentlichen Gebrauch des Wassers recht sehr wohl, und die Früchte seiner Gesundheit, Muße und Muse werden Sie in einem der nächsten Prometheus-Hefte zu genießen bekommen.

2708 *Riemer* *25. Juni 1808*

Spazierfahrt mit Goethe, Sylvie, Seckendorff und Gotter nach Dallwitz. Als die gute Chaussee aufhörte, Ängsten und Fürchten der Damen vor dem schlechten Wege und den ins Tal hängenden Regen- und Gewitterwolken. Ging alles gut ab. In der Fabrik umgesehen und bei dem Faktor. Nachher bei Ziegesars abgestiegen. Tee. Las Goethe noch die Stanzen, Vorspiel und Prolog von Faust vor.

2709 *Riemer an Frommann* *1. Juli 1808*

Goethe befindet sich ununterbrochen wohl und ist sehr tätig. Die Pandora ist bis zur Hälfte dem Prometheus zugeführt, und Sie werden sich für das schöne Kind gar besonders noch interessieren. – Dann sind andre poetische Arbeiten dran gekommen, die zu ihrer Zeit auch an das Licht treten werden, zunächst wenigstens an das Kerzenlicht des geselligen Teezimmers. Allmählich rücken wir in die Prose ein, und da ist die Farbenlehre das nächste. So wird, wenn wir zurückkommen, alles hoffentlich zu Ihrer Zufriedenheit gereichen ...

Heute hat uns leider die vortreffliche Ziegesarsche Familie Lebewohl gesagt und ist nach Franzensbrunn gegangen. So ist denn auch dieser gesellige Kreis, der sich eben erst bildete, schon wieder aufgelöst! ...

Frau von Seckendorff und Demoiselle Gotter sind aber noch hier ...

In Ihrem Hause bitte ich bestens mich zu empfehlen. Das gleiche tut Goethe, und beide hoffen wir auf freundliche Nachrichten von Ihnen und den Ihrigen.

2710 Pauline Gotter an Margarete Wild 9. August 1808

Den 10. Juni kamen wir bei sehr schlechtem Wetter in Karlsbad an, es gefiel mir gar nicht, und die Gegenden, die mich später entzückten, fand ich nichts weniger als hübsch ... Ich wurde aber bald mit Karlsbad und seinen Umgebungen trotz des schlechten Wetters, was die ersten vierzehn Tage unaufhörlich anhielt, ausgesöhnt, und es hat sich mir ein Himmel voll Freude aufgetan, der mich noch jetzt mit Wonne erfüllt! Ach bestes, liebstes Gretchen! Du wirst nicht erraten, wessen Gesellschaft mich so unbeschreiblich glücklich gemacht hat? So wisse denn, daß es Goethe ist, und was für ein herrlicher Mann ist das. «Wie schön befriedigt fühlte sich der Wunsch, mit ihm zu sein an jedem heitern Abend, wie mehrte sich im Umgang das Verlangen, sich mehr zu kennen, mehr sich zu verstehn.» – Wer ihn nicht kennt, kann sich keinen Begriff machen, wie liebenswürdig, wie mitteilend und belehrend er in Gesellschaft von *wenig* Menschen ist, denn in größerer Gesellschaft ist er steif und zurückhaltend. Bei all dem Geist, mit dem er die geringste Kleinigkeit, die er sagt, interessant zu machen versteht, verbindet er eine Herzlichkeit und Natürlichkeit, die einem so viel Zutrauen einflößt, die so zum Herzen spricht, daß man ihm alles sagen könnte und ganz den großen Mann vergißt, der einen sonst genieren könnte. Wir waren beinahe alle Tage mit ihm, und jede bezaubernde Gegend um Karlsbad haben wir mit ihm gesehen, er besuchte uns sehr oft und hat mir sogar botanische Stunden gegeben. – Doch laß mich von Goethe schweigen, beste Freundin! ich möchte sonst gar nicht aufhören können, und Du denkst doch wohl am Ende schon, daß mein Herz mit meinem Verstand davongelaufen ist? – Drum laß mich nur geschwind noch hinzusetzen, daß er bald sechzig Jahr ist ... Goethe erzählte mir viel von dem Harz den 6. Juli bei einer Landpartie, die wir zusammen machten, weil er fand, daß die Gegend Ähnlichkeit damit hätte.

2711 Pauline Gotter an Caroline Schelling 6. September 1808

... ich glaube, schon die überwiegende Schönheit der Natur in Karlsbad ist hinreichend, es jedem andern Badeaufenthalte vorzuziehen. Eine unvorhergesehene glückliche Zusammentreffung der Umstände bereitete uns aber dort einen Genuß, den ich keinem Vergnügen in der Welt an die Seite setzen möchte. Gleich in den ersten Tagen wurde uns durch Ziegesars die Freude, Goethes Bekanntschaft zu machen, unter freiem Himmel war sie geknüpft und unter freiem Himmel wurde sie täglich fortgesetzt. Spaziergänge, Landpartien und Vorlesungen wechselten angenehm ab, und wir machten bald mit Ziegesars, Goethen und seinem Freund Riemer einen kleinen Zirkel aus, der fest zusammenhielt und gewiß der lustigste und vergnügteste in ganz Karlsbad war. Um die übrige elegante Welt wurde sich wenig bekümmert und weder Bälle, Assembléen noch Concerts verführten uns; aber dafür wurde auch täglich die entzückende Gegend zu Wagen und zu Fuß durchstrichen, und ich kann wohl sagen, es ist kein schöner Felsen drei Stunden in der Runde um Karlsbad, den wir nicht mit Goethe erklettert hätten. Er war die Seele unsrer Gesellschaft, immer gleich liebenswürdig, heiter und mitteilend. Nachdem Ziegesars weg waren, die vierzehn Tage früher, als die Seckendorffen und ich, Karlsbad verließen, machten wir beide mit Goethen und Riemer allein die Partien, und die Abende beim Tee teilte uns Goethe immer sehr artige Kleinigkeiten, die noch im Manuskript sind, mit. Jetzt arbeitet er sehr fleißig an einer Fortsetzung des Wilhelm Meister. Ich möchte wohl sagen, ohne mich zu rühmen, daß er insbesondere viel Güte für mich gehabt hat und sich auf alle Weise meiner angenommen, oft ist er früh gekommen mir botanische Stunden zu geben, und einigemal hat er mich ganz allein zu weiten Spaziergängen abgeholt.

Ein von dem unsrigen sehr verschiedener Zirkel, wo doch gewissermaßen aber auch ein Dichter präsidierte, war der der Frau von der Recke und ihrem Freund Tiedge: die tugendhafte Gesellschaft, wie sie Goethe immer nannte, weil man dort täglich die Urania sang und rezitierte, aber leider waren wir niemals so glücklich, sosehr uns auch übrigens die Frau von der Recke zu protegieren schien, so einem Oratorium beizuwohnen, wahrscheinlich unsres profanen Umgangs wegen; denn sonst mußten alle vornehmen und tugendhaften Badegäste, vom Fürsten bis zum Polizeidiener, sie mochten wollen oder nicht, zuhören.

2712 Pauline Gotter an Marianne Hummel 31. Januar 1809

Fünf Wochen blieben wir bei der Nymphe des Quells, und ich kann wohl sagen, daß sie eine Reihe sehr glücklicher Stunden waren, deren Erinnerung mich noch jetzt mit Wonne erfüllt. Es hat sich mir dort ein Himmel voll Freuden aufgetan; denn denk Dir, geliebte Freundin! gleich in den ersten Tagen lernten wir Goethe kennen, und das ist, glaub ich, hinreichend, Dich zu überzeugen, wie glücklich ich war. Er war so holdselig und gütig und besuchte uns oft, und wir haben in seiner Gesellschaft die reizendsten Landpartien gemacht, die sein Geist, seine Liebenswürdigkeit und gute Laune erst recht würzte! Der Kreis unsrer Bekannten war sehr eng geschlossen, außer ihm, seinen Freund Riemer und Ziegesars, wo wir uns alle Abend vereinigten, haben wir sehr wenig Menschen gesprochen – (denn sehen tat man immer ungeheur viele) – aber wir verlangten auch nach niemand anders. Goethe hat auch einigemal vorgelesen und uns manches mitgeteilt, was noch nicht gedruckt war. Er war so gütig und kam mehrmal früh mir botanische Stunden zu geben, und mehrmal habe ich ganz allein weite Spaziergänge mit ihm gemacht. Ich könnte Dir noch recht viel von meinem Karlsbader Aufenthalt erzählen, wenn ich nicht fürchtete, weitläuftig zu werden. Du kannst denken, daß ich mit sehr schweren Herzen diesen schönen Ort verließ, für den Natur und Kunst so unendlich viel getan hat.

2713 Riemer *9. Juli 1808*

Reiste Goethe nach Franzensbrunn [Franzensbad].

2714 Riemer *22. Juli 1808*

Kam Goethe von Franzensbrunn zurück.

2715 Riemer *23. Juli 1808*

Früh um 6 Uhr zu Goethe, an den Wahlverwandtschaften diktiert bis um 11 Uhr. Nach Tische kam Joseph Müller, erzählte vom Sprudel etc. Abends erzählte Goethe, daß er Bury auf dem Markt angetroffen.

2716 Marie Friederike Bassenge an Ph. O. Runge *5. August 1808*

Ich schreibe heute nur ein paar Zeilen, um den Brief von Goethe zu begleiten und Dir von diesem lieben Mann etwas zu erzählen. Ich habe ihn in Karlsbad zwar nicht viel gesehen, denn unglücklicherweise ging er ein paar Tage nach meiner Ankunft nach Eger ab. Ich hatte ihn die drei ersten Tage an allen Brunnen gesucht, er war nirgends; endlich erfahre ich, daß er soeben nach Eger geht, und ich schicke ihm Deinen Brief; ein paar Tage vor meiner Abreise schickt er mir die Antwort, und den andern Tag [28. Juli] war er so gütig, mich selbst zu besuchen. Wir haben viel von Dir gesprochen, und er sagte, wie herzlich es ihn erfreut habe, an Dir einen in so vielen Punkten mit ihm gleich denkenden Mann gefunden zu haben. Er wünschte sehr, sich mit Dir über verschiedene Sachen ausführlich zu besprechen; durch Briefe sei das eine sehr weitläuftige und doch nicht genügende Sache. Ob es denn nicht möglich wäre, daß Du auf einige Wochen nach Weimar kommen könntest, im Oktober oder November?

2717 Riemer *31. Juli 1808*

Fuhr Goethe mit Frau von Eybenberg spazieren. Abends mit Goethe bei ihr gegessen. Von Wien, dem Prater und sonst. Abschied. Mit Goethe noch beim Mondschein auf der Wiese.

2718 Riemer *2. August 1808*

Abends Armen-Konzert von Pixis und Holbein gegeben, der deklamierte und sang, Goethes Hochzeitlied und Schillers Glocke. Nicht besonders. Um 9 Uhr nach Hause mit Goethe. Darüber gesprochen.

«Hier gibt man» – sagte Goethe – «Konzerte und Bälle, um wohltätig zu sein, und ist wohltätig, um mit Ehren singen und tanzen zu können. Das ist die Art von Mittelsalz, womit die moderne Welt ihre Pflicht und Vergnügen zugleich abführt, damit ja alles recht kurmäßig geschehen möge.»

2719 Minna Körner an ihren Sohn Theodor *11. August (1808)*

... beim nach Hause Gehen gab der Briefträger uns einen Brief von der Tante [Doris Stock], den sie in Schneeberg auf die Post gegeben hatte, und die letzten Tage von Karlsbad enthielten, sie sind jeden Moment mit Goethe gewesen, haben eigne schwärmerische Szenen mit ihn gehabt. Er ist auch noch bei der lieben Herzogin [von Kurland] gewesen. Gestern früh erhielten wir einen aus Löbichau, wo die Lieben den Freitag abend nach einer sehr beschwerlichen Reise glücklich angekommen waren, die letzten Tage haben auch in Karlsbad Dein Werner und Bonnard viel in den Hause der Herzogin gelebt, den letzten Abend [3. August] sind sie bis spät mit Goethe dageblieben, der seine Fortsetzung von der Pandora vorgelesen hat, ich lege Dir hier auch ein paar Sachen aus der Pandora bei.

2720 Riemer *11. August 1808*

Mittags allein, mit Goethe. Über München, die dortigen Verhältnisse. Plan zu einem deutschen Volksbuche besprochen.

2721 *Riemer: Mitteilungen über Goethe* *1841*

Volksbuch, deutsches. Ein Plan dazu wurde von Goethe mit mir besprochen in Karlsbad, im August 1808. Es sollte, soviel ich mich noch erinnere, aus der Bibel die Geschichte der Juden, desgleichen aus dem Josephus enthalten, nebst anderem Nützlichen und Wissenswürdigen aus der vaterländischen Geschichte, auch Poesien, Lieder und anderes mehr, dessen ich jetzt, da wir durch die Zeit und andre Unternehmungen bald davon abkamen, nicht mehr eingedenk bin.

2722 *Riemer* *13. August 1808*

Bei Goethe Roger Bacon. Hernach Schema zu mineralogischem Aufsatz. Über Tische von Mineralogie, besonders der Egerschen.

2723 *Riemer* *13. August 1808*

[Goethe:] «Es geht den Leuten oder *uns* mit den Wissenschaften wie dem *Zadig* (von Voltaire) mit dem verlaufenen Hund und Pferde, das jedermann an der Beschreibung erkennt, aber keiner gesehen haben will.»

«Ein ähnlicher Fall ist, daß die Leute auch von dieser oder jener Sache etwas wollen gehört oder gelesen haben, aber nicht angeben können, *was* und *wo*.»

2724 *Riemer* *20. August 1808*

Mittags mit Goethe allein zu Tisch. Über Frau von der Recke; sie sei ohne Perfektibilität und stehen geblieben.

2725 *Riemer* *22. August 1808*

Goethen zu einer Legende vom Heiligen Neri (mit der Prüfung der Eitelkeit und der wundertätigen Nonne) ermuntert, an andere Gedichte erinnert.

2726 *Riemer* *(23. August 1808?)*

[Goethe:] Nauwerks «Psyche» sei nicht episch-plastisch.

2727 Riemer *26. August 1808*

Mittags allein. Allerlei über der Menschen Art und Weise. Über Werners und Schlegels Pfiffigkeit.

2728 G. W. v. Valentini an G. H. v. Berenhorst *22. Oktober 1808*

Am 3. August langte ich in Karlsbad an, und lebte daselbst fast vier Wochen (bis zum 28.) ... Unter den interessanten Fremden in Karlsbad muß ich Goethen wohl obenan stellen. Eine Bestellung, die mir der Herzog von Weimar an ihn aufgetragen hatte, verschaffte mir Eingang bei ihm, und so habe ich ihn einigemal besucht, und mich an seinem kaustischen Humor, mit welchem er auch die neusten Weltbegebenheiten betrachtet, ergötzt. Er ist auch der Meinung, daß nichts Neues heutzutage geschehe. Als ich mich über die kleinen Könige aufhielt, die aus dem Schlamm unseres Zeitenstroms erwachsen, hat er mich an den Agamemnon erinnert. Von diesem Heros unserer Dichter kann man mit Recht sagen, daß er das Leben zu genießen versteht. Er hat einen reinen Sinn für die Schönheiten der Natur, und findet Interesse an so manchem, vor welchem man gewohnt ist gleichgültig vorüberzugehn. Seine Beschäftigung in Karlsbad, wo er sich fast den ganzen Sommer hindurch aufhält, ist Landschaftsmalen und Mineralogie, welche beide ihn viel ins Freie hinaustreiben. Was sein Geist zu Tage fördert, das entsteht so lebendig in ihm, daß es ihn nicht an den Schreibtisch fesselt. Auch diktiert er meistens nur.

2729 Riemer *August 1808*

Goethe äußerte in Karlsbad: «Das Ideale im Menschen, wenn diesem die Objekte genommen oder verkümmert werden, zieht sich in sich, feinert und steigert sich, daß es sich gleichsam übertrumpft.

Die meisten Menschen im Norden haben viel mehr Ideales in sich, als sie brauchen können, als sie verarbeiten können; daher die sonderbaren Erscheinungen von Sentimentalität, Religiosität, Mystizismus etc.»

2730 Riemer *27. August 1808*

Über Tische vom Charakter.

«Er sei» – sagte Goethe – «die Tüchtigkeit, vis à vis von etwas Höherem, das er über sich erkenne, und seine Selbstschätzung.

Der Charakter ruhe auf der Persönlichkeit, nicht auf dem Talente.»

«Der Charakter ist eine psychische Gewohnheit, eine Gewohnheit der Seele, und seinem Charakter gemäß handeln, heißt seinen physischen [psychischen?] und geistigen Gewohnheiten gemäß handeln, denn diese sind ihm allein bequem, und nur das Bequeme gehört uns eigentlich an.

Wer nicht nachgibt, ob er schon einsieht, daß der andere recht hat, heißt ein trotziger Charakter. Es wird ihm aber leichter, nicht nachzugeben (wie es mancher gewohnt ist, mit der linken Hand alles zu tun, was vielen schwer deucht), es ist seine Gewohnheit. Man muß Gewohnheit aber so verstehen. Wir können uns eigentlich nichts angewöhnen, nichts was nicht eigentlich schon unser wäre. Es ist nur das Wiederholen des ersten ursprünglichen Tuns, und der Charakter ist eigentlich *vor* aller Gewöhnung und Gewohnheit. Er erscheint uns nur als Gewohnheit, denn wir müssen etwas wiederkehren sehen, wenn wir wissen sollen, daß es da ist, und diese Wiederkehr, dieses Wiederholen des Ersten und Einen heißen wir Gewohnheit.

Die gewöhnlichen Vorstellungsarten sind absurd. Man sagt: weil er das und das so oft getan hat, ist es ihm zur Gewohnheit worden. Dies ist ein Idem per Idem. Es ist wie wenn ich sagte: weil ich den Handschuh so oft aus- und angezogen habe, ist er weit geworden. Wenn es nicht die Natur des Handschuhleders wäre, sich zu dehnen, so hätte ich ihn tausend- und abertausendmal anziehen können, er wäre nicht weiter geworden. Warum wird es denn kein Stahlhandschuh, oder ein steinerner? ich mag sie noch so oft anziehen.

Nein! er hat es getan, so oft und so oft, weil er's mußte, weil es seine Eigenschaft ist; und diese Eigenschaft erscheint uns als Gewohnheit, weil wir sie wiederholt sehen. Charakter ist also *Eigenschaft* und *Gewohnheit* zugleich. Jenes a priori angesehen; dieses a posteriori.

Nimmt man das Willkürliche aus dem Leben und Handeln und Verfahren hinweg, so hat man das Beste hinweggenommen. Sei ich noch so weise und verständig und zweckmäßig: ich muß sterben wie der Allerunvernünftigste, wie der Tor. Und ich habe keine Freude davon gehabt, und andern keine damit gemacht.»

Ermunterung, Goethe solle seine Geschichte und Bekenntnisse schreiben. Auf künftiges Jahr festgesetzt.

2731 Riemer *28. August 1808*

Goethes Geburtstag. Mit ihm über den neueren Roman, besonders den seinigen. Er äußerte:

«Seine Idee bei dem neuen Roman ‚Die Wahlverwandtschaften' sei: soziale Verhältnisse und die Konflikte derselben symbolisch gefaßt darzustellen.»

Abends über das antike Tragische und das Romantische. «Das antike Tragische ist das menschlich Tragierte. Das Romantische ist kein Natürliches, Ursprüngliches, sondern ein Gemachtes, ein Gesuchtes, Gesteigertes, Übertriebenes, Bizarres, bis ins Fratzenhafte und Karikaturartige. Kommt vor wie ein Redoutenwesen, eine Maskerade, grelle Lichter-Beleuchtung. Ist humoristisch (das heißt ironisch; vergleiche Ariost, Cervantes; daher ans Komische grenzend und selbst komisch) oder wird es augenblicklich, sobald der Verstand sich daran macht, sonst ist es absurd und phantastisch. Das Antike ist noch bedingt (wahrscheinlich, menschlich), das Moderne willkürlich, unmöglich.

Das antike Magische und Zauberische hat Stil, das moderne nicht. Das antike Magische ist Natur menschlich betrachtet, das moderne dagegen ein bloß Gedachtes, Phantastisches.

Das Antike ist nüchtern, modest, gemäßigt, das Moderne ganz zügellos, betrunken. Das Antike erscheint nur ein idealisiertes Reales, ein mit Großheit (Stil) und Geschmack behandeltes Reales; das Romantische ein Unwirkliches,

Unmögliches, dem durch die Phantasie nur ein Schein des Wirklichen gegeben wird.

Das Antike ist plastisch, wahr und reell; das Romantische täuschend wie die Bilder einer Zauberlaterne, wie ein prismatisches Farbenbild, wie die atmosphärischen Farben. Nämlich eine ganz gemeine Unterlage erhält durch die romantische Behandlung einen seltsamen wunderbaren Anstrich, wo der Anstrich eben alles ist und die Unterlage nichts.

Das Romantische grenzt ans Komische (Hüon und Amanda, Oberon), das Antike ans Ernste und Würdige.

Das Romantische, wo es in der Großheit an das Antike grenzt, wie in den Nibelungen, hat wohl auch Stil, das heißt eine gewisse Großheit in der Behandlung, aber keinen Geschmack. Die sogenannte romantische Poesie zieht besonders unsere jungen Leute an, weil sie der Willkür, der Sinnlichkeit, dem Hange nach Ungebundenheit, kurz der Neigung der Jugend schmeichelt. Mit Gewalt setzt man alles durch. Seinem Gegner bietet man Trotz. Die Weiber werden angebetet: alles wie es die Jugend macht. – –

Alle irdische Poesie ist immer noch zu charakteristisch, rein objektiv zu sein, das heißt noch zu individuell, nicht generell genug. Ja, was uns als reines Objekt vorkommt, ist selbst noch Individuum. Die Sonne selbst ist ein Individuum, ob sie uns gleich als das reinste Objekt erscheint, da sie mit nichts zu vergleichen ist. Alle empirische Poesie, selbst die uns am meisten objektiv erscheint, die griechische oder antike, ist doch nur charakteristisch und individuell, und imponiert uns nur dadurch, durch ihr streng Charakteristisches. Es ist ein erhöhtes Griechentum, was uns entgegenkommt. Alles, was uns imponieren soll, muß Charakter haben. Die Poesie an sich, ohne Charakter, ist nicht empirisch darzustellen.

Das Eigene einer jeden Landes- und Volkspoesie, besonders im Dramatischen, besteht darin, daß sie auf einem Gegensatz beruht, auf einen Gegensatz hinarbeitet, gleichsam vis à vis eines Gegensatzes sich in bezug auf ihn heraushebt.

Das Drama macht bei den Franzosen einen viel stärkeren Gegensatz mit dem Leben, zum Zeichen, daß ihr gewöhnliches Leben ganz davon entfernt ist. Bei den Deutschen weniger, indem sie selbst schon im Leben wenigstens naiv, gemütlich und poetisch sind.»

2732 Ch. G. Körner an seinen Sohn Theodor 17. September 1808

Kaaz sprach ich vorgestern im Konzert, und er erzählte mir viel von Goethe, mit dem er in Karlsbad [bis zum 29. August] täglich zusammen gewesen ist. Goethe ist jetzt sehr gesund und poetisch produktiv. Die Pandora wird bald fertig sein. Mit Kaazen hat er um die Wette Landschaften erfunden, und soll viel Lust und Talent zu dieser Gattung haben. Gegen die neuere reine Poesie ohne Inhalt ist er sehr erbittert. Indessen wundert mich, wie er dabei so viel Geschmack an Wernern finden kann, es wäre denn, daß die Wanda, die wir doch eigentlich nicht kennen, wirklich besser wäre, als wir glauben.

2733 Riemer 30. August 1808

Um 6 Uhr von Karlsbad weggefahren. Über die Wahlverwandtschaften und was noch zu tun sein möchte. Gegen Mittag in Maria-Kulm. Über eine Geschichte in Castischem Sinn und Geschmack und höchst moralisch. Um gute Zeit in Franzensbrunn.

2734 Riemer 31. August 1808

Abends mit Goethe an den Brunnen auf und ab. Über Fichtes Reden.

2735 Riemer September (31. August?) 1808

Bei Lektüre von Fichtens Reden an die deutsche Nation.

[Goethe:] «Die Menschen werden weit mehr von der Sprache gebildet denn die Sprache von den Menschen.»

2736 Riemer 2. (1.) September 1808

Den Park aus den Wahlverwandtschaften entworfen. Mit Goethe zum Kammerbühl.

2737 *Riemer* *17. September 1808*

Gegen eins in Weimar. Hatten die jungen Schauspieler die Treppe dekoriert. Nachricht, daß Napoleon nach Erfurt komme, bestätigt. Brief von Frankfurt, der den Tod von Goethes Mutter meldete. Betrübnis der Geh. Rätin darüber.

2738 *Riemer an Frommann* *(21. September 1808)*

Glücklich wären wir nun wohl angekommen und auch freundlich aufgenommen! Die jungen Schauspieler hatten die Treppe mit Teppichen und Blumengewinden und Orangerie geschmückt, das einen sehr guten Anblick machte. Goethe war sehr erfreut. Den Nachmittag aber kam die Trauerpost, daß seine Mutter gestorben sei. Es hat ihn natürlich sehr betrübt; und wir vermeiden alles, was den Schmerz in ihm erneuern kann. Sonst ist er wohl, und es hat keine körperlichen Folgen gehabt, soviel ich wenigstens weiß.

2739 *Henriette v. Knebel an ihren Bruder* *21. September 1808*

Goethe hat [am 18. September] die Prinzeß besucht. – Seine Mutter ist gestorben, doch spricht er nicht gerne davon.

2740 *Ch. A. Vulpius an August v. Goethe* *21. September 1808*

Du wirst früher als wir die Nachricht von dem Tode Deiner Großmutter am 13. dieses Monats erhalten haben. Hier traf sie am 17. ein, gerade an dem Tage, als Dein Vater hieher zurückkam. Das Haus war mit Kränzen, Girlanden, Teppichen behangen, mit Orangeriebäumen besetzt, und die Fußboden mit Blumen bestreut. Nach Tische mußte es Deinem Vater gesagt werden. Er war ganz hin. – Vater und Mutter gehen in tiefster Trauer …

Hier werden große Dinge vorgehen. Kaiser Napoleon kömmt nach Erfurt, wo große Anstalten gemacht werden …

Dein Vater ist recht wohl aus dem Bade gekommen, schmal, und sine Bauch. Er bewegt sich viel leichter. Ob er mit zum Kongreß müssen wird, weiß ich nicht.

2741 *Riemer an August v. Goethe* *21. September 1808*

Der Vater, obgleich von der Nachricht [des Todes seiner Mutter] getroffen, ist doch wohl und wenigstens in unsrer Gegenwart heiter. Auch freut er sich, daß von Ihnen gute Nachrichten einlaufen, und Sie selbst durch Ihre Briefe sich legitimieren, ausgenommen die Orthographie und Kalligraphie.

2742 *Charlotte v. Schiller an Cotta* *22. September 1808*

Goethe ist wohl gewesen diesen Sommer, er ist nun wieder hier. Jetzt hat er einen Verlust erlitten, der ihn sehr schmerzt, er hat seine Mutter verloren. Sie war eine vorzügliche Frau, so geistreich und kräftig.

2743 *Carl v. Stein: Erinnerungen* *nach 1832*

Bei meinen Besuchen in Weimar von Braunschweig und Mecklenburg aus kam ich nicht oft zu ihm [Goethe]. Er hatte statt früherer Herzlichkeit als Doktor und Legationsrat, nun als Geheimrat und weit gefeierter Mann, so eine Geheimratsfeierlichkeit angenommen, die, wenngleich mit Freundlichkeit vermischt, mich von ihm entfernte. Das gewohnte Du hatte er in zeremoniöses Sie verwandelt. Doch erinnere ich mir nur einmal, als eben seine Mutter gestorben war, daß er mir etwas herzlich sagte, indem er mich sehr ernst anblickte: «Lieber Carl, haben Sie denn nicht ein freundlich Wörtchen für mich?» Er hatte sich angewöhnt, bei den vielen Besuchen, die er von Neugierigen empfing, immer auf der Hut zu sein, nichts zu sagen, was von denen, die sich gern rühmten, Goethen gesprochen zu haben, gemißdeutet ins Publikum gebracht, ja oft gedruckt erschien. Ich fand mich daher bei ihm nicht mehr einheimisch, sondern fremd und unbehaglich, obgleich er meiner Frau und mir ein Exemplar von seinem Hermann und Dorothe[a] zuschickte.

2744 *H. Meyer an E. d'Alton* *26. September 1808*

Goethe erwartet Sie mit nicht weniger freundlicher Gesinnung als ich; es ist ihm leid gewesen, Sie in Jena nicht gesehen zu haben.

2745 Riemer an Frommann *28. September 1808*

Goethe wünscht noch *ein* vollständiges Exemplar auf *Druck*papier von seiner Farbenlehre, beider Teile, zu haben und bittet darum mit nächstem.

2746 Riemer *29. September 1808*

Wurde der Geh. Rat per express nach Erfurt gerufen. Konnte er gegen 6 Uhr Pferde erhalten.

2747 Carl v. Stein: Erinnerungen *nach 1832*

Auf dem Kongreß zu Erfurt befand ich mich mit ihm [Goethe] und zahlreicher Gesellschaft [am 30. September 1808] den Abend um 12 Uhr zum Tee bei Frau von der Reck, als Maret oder der Herzog von Bassano dazu kam. «Je suis bien charmé de faire votre connaissance», sagte Maret zu ihm, «il y a bien longtemps depuis que je l'ai désiré.» Darauf frug er ihn, wie ihm das französische Theater gefiel, was Napoleon hatte kommen lassen, und ob er Talma oder, ich weiß nicht mehr wie die actrice hieß, den Vorzug gäb'. Goethe antwortete, sie wären jedes so originell, daß er sich über keinen Vorzug entscheiden könnte. Er nahm darauf Goethen mit sich auf ein Sofa hinter dem Teetisch, wo ich wegen dem Lärm der Gesellschaft nichts weiter von ihrem Gespräch hören konnte.

2748 F. v. Müller: Erinnerungen aus den Kriegszeiten *1851*

Der Herzog berief in diesen Tagen [29. September 1808] unsern Goethe nach Erfurt, der, nach seiner eigentümlichen Sinnesweise, sich bisher ganz fern gehalten hatte.

Es war mir gelungen, eine bequeme Wohnung in der Nähe des Herzogs aufzufinden, und Goethe blieb mehrere Tage in Erfurt. Das französische Theater gewährte ihm unsäglichen Genuß, und es war höchst interessant, ihn nach jeder Vorstellung noch Stunden lang bei dem Herzog über die Eigentümlichkeiten der französischen Tragiker und dramatischen Künstler sprechen zu hören. Er war dabei stets in der höchsten Aufregung, voll Feuer und hinreißender Beredsamkeit. Bei Frau von der Reck lernte er den Minister

Maret kennen, auf den er einen außerordentlichen Eindruck machte, und der davon dem Kaiser erzählte, worauf Napoleon ihn sogleich am 2. Oktober zu sich einladen ließ. Die Audienz dauerte fast eine volle Stunde. Ich hatte Goethe bis ins Vorzimmer begleitet und harrte da seiner Rückkehr. Nur Talleyrand, Berthier und Savary waren bei dieser Audienz gegenwärtig. Gleich nach Goethes Eintritt in das kaiserliche Kabinett kam auch noch der General-Intendant Daru hinzu.

Der Kaiser saß an einem großen runden Tische frühstükkend. Zu seiner Rechten stand Talleyrand, zu seiner Linken Daru, mit dem er sich zwischendurch über die preußischen Kontributions-Angelegenheiten unterhielt. Er winkte Goethe, näher zu kommen, und fragte, nachdem er ihn aufmerksam betrachtet hatte, nach seinem Alter. Als er erfuhr, daß er im sechzigsten Jahre stehe, äußerte er seine Verwunderung, ihn noch so frischen Aussehens zu finden, und ging alsbald zu der Frage nach Goethes Trauerspielen über, wobei Daru Gelegenheit nahm, sich näher über sie auszulassen und überhaupt Goethes dichterische Werke zu rühmen, namentlich auch seine Übersetzung des Mahomet von Voltaire. «Das ist kein gutes Stück», sagte der Kaiser und setzte umständlich auseinander, wie unschicklich es sei, daß der Weltüberwinder von sich selbst eine so ungünstige Schilderung mache. Werthers Leiden versicherte er siebenmal gelesen zu haben und machte zum Beweise dessen eine tief eindringende Analyse dieses Romans, wobei er jedoch an gewissen Stellen eine Vermischung der Motive des gekränkten Ehrgeizes mit denen der leidenschaftlichen Liebe finden wollte. «Das ist nicht naturgemäß und schwächt bei dem Leser die Vorstellung von dem übermächtigen Einfluß, den die Liebe auf Werther gehabt. Warum haben Sie das getan?»

Goethe fand die weitere Begründung dieses kaiserlichen Tadels so richtig und scharfsinnig, daß er ihn späterhin oftmals gegen mich mit dem Gutachten eines kunstverständigen Kleidermachers verglich, der an einem angeblich ohne Naht gearbeiteten Ärmel sobald die fein versteckte Naht entdeckt.

Dem Kaiser erwiderte er: es habe ihm noch niemand diesen Vorwurf gemacht, allein er müsse ihn als ganz richtig anerkennen; einem Dichter dürfte jedoch zu verzeihen sein, wenn er sich mitunter eines nicht leicht zu entdeckenden Kunstgriffs bediene, um eine gewisse Wirkung hervorzubringen, die er auf einfachem, natürlichem Wege nicht hervorbringen zu können glaube.

Nun auf das Drama zurückkommend, machte Napoleon mehrfache sehr bedeutende Bemerkungen, die den Beweis lieferten, daß er die tragische Bühne mit der größten Aufmerksamkeit, gleich einem Kriminalrichter, betrachte, und die deutlich genug zeigten, wie tief er das Abweichen des französischen Charakters von Natur und Wahrheit empfinde. Auf die Schicksalsstücke übergehend, mißbilligte er sie höchlich: «Sie haben einer dunklern Zeit angehört. Was will man jetzt mit dem Schicksal? Die *Politik* ist das Schicksal!»

Hierauf sprach er lange mit Daru über die Kontributions-Angelegenheiten, während dessen der Marschall Soult hereintrat, den der Kaiser scherzend über einige unangenehme Ereignisse in Polen besprach. Auf einmal stand Napoleon auf, ging auf Goethe zu und fragte mit gemäßigterer Stimme nach Goethes Familie und seinen Verhältnissen zu den verschiedenen Personen des herzoglichen Hauses. Die Antworten, die er erhielt, übersetzte er sich sogleich nach seiner Weise in entschiednere Urteile. Doch bald wieder auf das Trauerspiel zurückkommend, sagte er: «Das Trauerspiel sollte die Lehrschule der Könige und der Völker sein, das ist das Höchste, was der Dichter erreichen kann. Sie zum Beispiel sollten den Tod Cäsars auf eine vollwürdige Weise, großartiger als Voltaire, schreiben. Das könnte die schönste Aufgabe Ihres Lebens werden. Man müßte der Welt zeigen, wie Cäsar sie beglückt haben würde, wie alles ganz anders geworden wäre, wenn man ihm Zeit gelassen hätte, seine hochsinnigen Pläne auszuführen. Kommen Sie nach Paris, ich fordere es durchaus von Ihnen. Dort gibt es größere Weltanschauung! dort werden Sie überreichen Stoff für Ihre Dichtungen finden.»

Jedesmal, wenn er über etwas sich ausgesprochen hatte, setzte er hinzu:

«Qu'en dit Monsieur Goet?»

Als nun Goethe endlich abtrat, hörte man den Kaiser bedeutsam zu Berthier und Daru sagen:

«Voilà un homme!»

Goethe beobachtete lange ein tiefes Schweigen über den Hergang bei dieser Audienz, sei es, weil es überhaupt in seinem Charakter lag, sich über wichtige, ihn persönlich betreffende Vorgänge nicht leicht auszusprechen, sei es aus Bescheidenheit und Delikatesse. Daß aber Napoleons Äußerungen ihm einen mächtigen Eindruck hinterließen, konnte man ihm sehr bald abmerken, obschon er selbst den Fragen seines Fürsten nach dem Inhalte der Unterredung auf geschickte Weise auszuweichen verstand. Die Einladung nach Paris insbesondere beschäftigte ihn noch geraume Zeit recht lebhaft. Er fragte mich mehrmalen nach dem ohngefähren Betrag des Aufwandes, den sie wohl erfordern würde, nach den verschiedenen für ihn nötigen Einrichtungen in Paris, Zeitabteilungen usw. Späterhin mochte ihn wohl die Erwägung so mancher nicht zu beseitigender Unbequemlichkeiten in Paris von dem Vorhaben abgebracht haben.

Erst lange nachher teilte er mir nach und nach die Einzelheiten jener Unterredung mit, aber erst kurz vor seinem Tode [vielmehr am 14. Februar 1824] konnte ich ihn bewegen, darüber die – immer noch sehr lakonische – Niederschrift zu machen, die im 20. Bande seiner nachgelassenen Werke (60. Band der sämtlichen Werke) gedruckt ist, und die ich oben aus seinen mündlichen Mitteilungen treu zu ergänzen mich bemüht habe.

2749 Talleyrand: Mémoires

Napoléon, fidèle à son système momentané de lenteur, avait distribué les premières journées de manière à ce que l'on ne trouvât jamais le moment de parler d'affaires. Ses déjeuners étaient longs; il y recevait du monde, il y causait volontiers ...

J'ai vu plusieurs de ces déjeuners durer plus de deux heures. C'est là que Napoléon faisait venir les hommes considérables et les hommes de mérite, qui s'étaient rendus à Erfurt pour le voir. Tous les matins, il lisait avec complaisance la liste des personnes nouvellement arrivées. Le jour où il y trouva le nom de Monsieur Goethe, il l'envoya chercher.

«Monsieur Goethe, je suis charmé de vous voir. – Sire, je vois que quand Votre Majesté voyage, elle ne néglige pas de porter ses regards sur les plus petites choses. – Je sais que vous êtes le premier poète tragique de l'Allemagne. – Sire, vous faites injure à notre pays; nous croyons avoir nos grands hommes: Schiller, Lessing et Wieland doivent être connus de Votre Majesté. – Je vous avoue que je ne les connais guère; cependant j'ai lu la *Guerre de Trente ans;* cela, je vous en demande pardon, ne m'a paru fournir des sujets de tragédie que pour nos boulevards. – Sire, je ne connais pas vos boulevards; mais je suppose que c'est là que se donnent les spectacles pour le peuple; et je suis fâché de vous entendre juger si sévèrement un des plus beaux génies des temps modernes. – Vous habitez ordinairement Weimar; c'est le lieu où les gens de lettres célèbres de l'Allemagne se réunissent? – Sire, ils y sont fort protégés; mais nous n'avons dans ce moment-ci à Weimar d'homme connu dans toute l'Europe que Wieland, car Müller habite Berlin. – Je serais bien aise de voir Monsieur Wieland! – Si Votre Majesté me permet de le lui mander, je suis sûr qu'il se rendra ici immédiatement. – Parle-t-il le français? – Il le sait, et il a lui-même corrigé plusieurs traductions de ses ouvrages faites en français. – Pendant que vous êtes ici, il faut que vous alliez tous les soirs à nos spectacles. Cela ne vous fera pas de mal de voir représenter les bonnes tragédies françaises. – Sire, j'irai très volontiers, et je dois avouer à Votre Majesté que cela était mon projet; j'ai traduit, ou plutôt imité quelques pièces françaises. – Lesquelles? – *Mahomet* et *Tancrède*. – Je ferai demander à Rémusat si nous avons ici des acteurs pour les jouer. Je serai bien aise que vous les voyiez représenter dans notre langue. Vous n'êtes pas si rigoureux que nous dans les règles du théâtre – Sire, les unités chez nous ne sont pas essentielles. – Comment trouvez-vous notre séjour ici? – Sire, bien brillant, et j'espère qu'il sera utile à notre pays. – Votre peuple est-il heureux? – Il espère beaucoup. – Monsieur Goethe, vous devriez rester ici pendant tout le voyage, et écrire l'impression que fait sur vous le grand spectacle que nous vous donnons. – Ah! Sire, il faudrait la plume de quelque écrivain de l'antiquité pour entreprendre un travail semblable. – Êtes-vous de ceux qui aiment Tacite? – Oui, Sire, beaucoup. – Eh bien! pas moi; mais nous parlerons de cela une autre fois. Écrivez à Monsieur Wieland de venir ici; j'irai lui rendre sa visite à Weimar où le duc m'a invité à aller. Je serai bien aise de voir la duchesse; c'est une femme d'un grand mérite. Le duc a été assez mal pendant quelque temps, mais il est corrigé. – Sire, s'il a été mal, la correction a été un peu forte, mais je ne suis pas juge de pareilles choses; il protège les lettres, les sciences, et nous n'avons tous qu'à nous louer de lui. – Monsieur Goethe, venez ce soir à *Iphigénie*. C'est une bonne pièce; elle n'est cependant pas une de celles que j'aime le mieux, mais les Français l'estiment beaucoup. Vous verrez dans mon parterre un bon nombre de souverains. Connaissez-vous le prince primat? – Oui, Sire, presque intimement; c'est un prince qui a beaucoup d'esprit, beaucoup de connaissances et beaucoup de générosité. – Eh bien! vous le verrez, ce soir, dormir sur l'épaule du roi de Wurtemberg. Avez-vous déjà vu l'empereur de Russie? – Non, Sire, jamais, mais j'espère lui être présenté. – Il parle bien votre langue; si vous faites quelque chose sur l'entrevue d'Erfurt, il faut le lui dédier. – Sire, ce n'est pas mon usage; lorsque j'ai commencé à écrire, je me suis fait un principe de ne point faire de dédicace, afin de n'avoir jamais à m'en repentir. – Les grands écrivains du siècle de Louis XIV n'étaient pas comme cela. – C'est vrai, Sire, mais Votre Majesté n'assurerait pas qu'ils ne s'en sont jamais repentis. – Qu'est devenu ce mauvais sujet de Kotzebue? – Sire, on dit qu'il est en Sibérie et que Votre Majesté demandera sa grâce à l'empereur Alexandre. – Mais savez-vous que ce n'est pas mon homme? –

Sire, il est fort malheureux et il a beaucoup de talent. – Adieu, Monsieur Goethe.»

Je suivis Monsieur Goethe et l'engageai à venir dîner chez moi. En rentrant, j'écrivis cette première conversation, et pendant le dîner, je m'assurai par les différentes questions que je lui fis, que telle que je l'écris ici, elle est parfaitement exacte. En sortant de table, Monsieur Goethe se rendit au spectacle; je mettais de l'intérêt à ce qu'il fût près du théâtre et cela était assez difficile, parce que les têtes couronnées occupaient sur des fauteuils le premier rang; les princes héréditaires pressés sur des chaises, remplissaient le second; et toutes les banquettes qui étaient derrière eux étaient couvertes de ministres et de princes médiatisés. Je confiai donc Monsieur Goethe à Dazincourt qui, sans blesser aucune convenance trouva le moyen de le bien placer.

2750 K. V. v. Bonstetten an Friederike Brun 16. Oktober 1825

Ich habe den Fürsten Talleyrand nun drei Tage gesehen ... Er erzählte von Bonaparte, Goethe und Wieland. Bonaparte sagte zu Goethe: «Je n'aime pas la fin de votre roman – *Werther*.» – «Je ne croyais pas», antwortete Goethe, «que Votre Majesté aimât que les romans aient une fin.»

2751 Charlotte v. Stein an ihren Sohn Fritz 5. Oktober 1808

Die kleine Tante [Sophie v. Schardt] sagte mir, Goethe und Napoleon seien die interessantesten Physiognomien im ganzen Theater [zu Erfurt] gewesen. – Goethe ist immer in Erfurt, hat eine Audienz von einer halben Stunde beim Napoleon gehabt, aber, wie man mir sagt, will er die Unterredung, von der er sehr zufrieden ist, geheim halten.

2752 C. Bertuch an Böttiger 6. Oktober 1808

Goethe war bis gestern [vorgestern] in Erfurt. Am vorigen Sonntag wurde er nach dem Lever vom Napoleon eingeladen, in sein Kabinett zu kommen, wo er allein zwei Stunden blieb.

2753 *Frommann an A. W. Schlegel* *7. Oktober 1808*

Goethe hat in Erfurt eine lange und intressante Audienz bei Napoleon auf dessen Verlangen gehabt.

2754 *F. v. Müller: Erinnerungen aus den Kriegszeiten* *1851*

Napoleon hatte schon mehrmalen den Wunsch blicken lassen, daß die Herzogin von Weimar ihm und seinem kaiserlichen Gast einen Ball zu Weimar geben möchte. Der Herzog überlegte hin und her, welche noch weitere Festlichkeiten und Anordnungen schicklicherweise getroffen werden müßten, wenn so hohe Gäste nach Weimar kämen. Es verstand sich von selbst, daß auch die anwesenden Könige und Fürsten einzuladen wären. Aber es war keine geringe Aufgabe, alle diese hohen Personen und ihr zahlreiches Gefolge anständig unterzubringen und zu versorgen. Daraus ging denn auch für mich eine Unzahl von mündlichen Aufträgen und Verhandlungen in Erfurt, wie von Korrespondenzen und Anfragen nach Weimar hervor. Der Herzog forderte Goethe auf, auszusinnen, was etwa am würdigsten zu Verherrlichung der bevorstehenden merkwürdigen Tage in Weimar geschehen könnte. Goethe gab auch wirklich mehre höchst großartige und imposante Ideen an. Teils aber hätte ihre Ausführung zu viel Zeit erfordert, teils erschienen sie in der Tat zu gigantisch. Der Herzog beschloß daher, sich außer einem Festmahle und Hofballe auf eine große Hirschjagd am Ettersberg für den ersten Tag der kaiserlichen Anwesenheit, und für den andern Tag auf eine andere große Jagd auf den Bergen gegen Jena hin, zu beschränken, da Napoleon gewünscht hatte, dem Kaiser Alexander das Schlachtfeld von Jena zu zeigen.

Der sechste und siebente Oktober wurden zu diesen Festen bestimmt …

Aus besonderer Artigkeit gegen die Herzogin von Weimar hatte Napoleon beschlossen, am 6. Oktober sein ganzes Hoftheater nach Weimar zu senden, damit es dort *La mort de César* von Voltaire aufführe. Goethe eilte daher schon am 4. Oktober zurück, um die nötigen Voranstalten zu treffen.

2755 Abeken: Goethe in meinem Leben

Am 4. Oktober [1808] machte ich mich morgens um 8 Uhr auf, um nach Erfurt zu wandern und die dortigen Herrlichkeiten anzusehn ... In der Nähe Erfurts begegnete mir Goethe im Wagen, der, nachdem er an den Herrlichkeiten dort teilgenommen, und dem Kaiser vorgestellt war, nach Weimar eilte, um für die Einrichtung des Theaters, auf dem die kaiserlichen Schauspieler spielen sollten, zu sorgen.

2756 Riemer *4. Oktober 1808*

Gegen 6 Uhr kam Goethe. Mit ihm in den Garten und dann auf seinem Zimmer. Über die Erfurter Sachen. Daß er den Kaiser gesprochen. Wolle es aufschreiben, was er mit ihm gesprochen. Er hat ihm gleichsam das Tippelchen auf das I gesetzt. Nachricht, daß das französische Theater hier spielen werde.

2757 Falk: Aus dem Nachlaß

Als Kaiser Napoleon nach Erfurt gekommen war, war Goethe so eingenommen worden von dem französischen Glanz, daß er, wenig die Demütigung fühlend, die in der Zumutung für ihn und uns alle darin lag, daß auf einem der ersten deutschen Nationaltheater der Julius Cäsar des Voltaire gegeben werden sollte, in der ersten Hitze sogar darauf bestand, daß sämtliche Hofschauspieler die Statisten der Franzosen machen sollten, und daß nur durch die nachdrücklichsten Vorstellungen der Hofschauspieler selbst, unter Vermittlung der Demoiselle Jagemann, Wolffs und anderer beim Herzog, dem von ihm dirigierten Personale diese Erniedrigung endlich erließ.

Auch hatte Herr Baron von Wolzogen in Übereinstimmung mit Goethe den edlen Plan ersonnen, daß alle Bürgerlichen an diesem Kaisertage auf die Galerie sollten (ins «Paradies» nämlich), die Damen aber (vorzugsweise die adligen) die erste Reihe der Logen, die Herren aber das Parterre besetzen sollten, alle nach dem Hofreglement in höchster Gala. Wie lustig nämlich dies bei der Handvoll Adligen, die es in Weimar gibt, auffallen mußte, hat der Erfolg erwiesen. – Zu Erfurt wußte man von einer solchen Rangordnung kein Wort. – Auf die Vorstellung des Herren von Ziegesar, der mit in der Theaterkommission saß, wie sehr es auffallen würde, wenn alle herzoglichen Kollegien auf die Galerie müßten, wenn sogar Wieland, den man sonst nur in der herzoglichen Loge sähe, sich an einem solchen Tage auf der Galerie zeigte, brüllte Goethe wie ein Löwe: «Hilft nichts, es muß alles herauf!» – Zum Glück ging dieser ungereimte Plan, wenigstens Wielanden betreffend, nicht durch. Man würde sonst späterhin, als der Kaiser nach Wieland fragte, in keine geringe Verlegenheit geraten sein.

2758 Abeken: Goethe in meinem Leben

So sah ich ihn [Goethe] ein andermal in der vornehmsten, glänzendsten Umgebung gleich schlicht, und doch wie ihr angehörend. Vor allem war dies der Fall am sechsten Oktober 1808, wo Napoleon, als er von Erfurt aus dem Herzoge Carl August, in der Begleitung des Kaisers Alexander und einer großen Zahl von Königen und Fürsten, einen Besuch abstattete, im Weimarischen Theater von seinen Schauspielern den Tod Cäsars von Voltaire aufführen ließ. Talma spielte den Brutus. Da sah ich Goethe unter einer unzählbaren Menge von Marschällen, Ministern, Generalen, Diplomaten im festlichen Kleide, mit seinen Orden geschmückt, in der Nähe des großen Kaisers, ihn, der mir der Größeste schien von allen. Immer erkannte ich in ihm den Mann von fester, sicherer Haltung, den seiner selbst mächtigen.

2759 Beschreibung der Feierlichkeiten
vom 6. und 7. Oktober 1808 *1809*

Napoleon unterhielt sich [auf dem Balle] sehr lebhaft mit vielen der Anwesenden. Dies Glück wurde auch den großen Dichtern Goethe und Wieland zuteil. Mit beiden sprach der Held des Jahrhunderts sehr lange, und zu wiederholten Malen mit letzterem, und diskutierte mit freier Genialität und tiefem Scharfblicke wichtige Gegenstände der alten und neuern Geschichte und Literatur, die sein umfassender

Geist unter neuen großen Gesichtspunkten darstellte. Mit sichtbarem Wohlwollen zeichnete der erhabene Monarch diese Koryphäen der teutschen Literatur aus und gab hierdurch den schmeichelhaftesten Beweis, daß ihm die Nation, deren Protektor er ist, wert sei und er ihr eigentliches National-Band, ihre Literatur und Sprache, achte und würdige. – Ehe der Kaiser Napoleon sich um ein Uhr in seine Zimmer zurückzog, sprach er zuletzt noch mit großer Lebhaftigkeit den Geheimen Rat von Goethe.

2760 F. v. Müller: Erinnerungen aus den Kriegszeiten 1851

[Napoleon auf dem Hofball in Weimar am 6. Oktober 1808.] Nachdem er sich hierauf eine Zeitlang mit Goethe unterhalten hatte, kam er plötzlich auf mich zu und fragte: «Wo ist denn Wieland? warum führt man mir ihn nicht zu?» Ich erwiderte, daß sein hohes Alter ihn von Bällen zurückhalte, ich würde aber sogleich veranlassen, daß er erscheine. Der Herzog ließ ihn alsbald durch einen Wagen abholen. Wieland war sehr überrascht, doch währte es nicht lange, so konnte ich ihn zu Napoleon führen ...

Der Kaiser sprach während des Balles noch einmal mit Goethe und drückte ihm sein lebhaftes Interesse an Veredlung der tragischen Kunst aus. Er wiederholte dabei, daß man das Trauerspiel nicht nur für die würdigste Schule der Fürsten und Staatsmänner achten müsse, sondern daß es in gewisser Hinsicht selbst weit über der Geschichte stehe.

2761 Talleyrand: Mémoires

Napoléon aimait à traiter les questions sérieuses dans les salons, à la chasse, au bal, quelquefois auprès d'une table de jeu. Il croyait par là prouver qu'il n'était pas accessible aux impressions que ce genre de mouvement donne au commun des hommes. Après avoir fait le tour de la salle, et s'être arrêté près de quelques jeunes femmes dont il demandait le nom à Monsieur Frédéric de Müller, chambellan du duc, qui avait reçu l'ordre de l'accompagner, il s'éloigna de la grande enceinte et pria Monsieur de Müller de lui amener Monsieur Goethe et Monsieur Wieland ... Il alla chercher ces messieurs qui, avec quelques autres membres de cette académie, regardaient ce beau et singulier spectacle. Monsieur Goethe, en s'approchant de l'empereur, lui demanda la permission de les lui nommer. Je ne donne pas leurs noms, parce qu'ils ne se trouvent pas dans la note, cependant fort détaillée, que me remit le lendemain Monsieur de Müller, à qui j'avais demandé d'écrire tout ce qu'il aurait remarqué dans ce voyage, pour le comparer à ce que, de mon côté, j'avais noté moi-même.

«Vous êtes, j'espère, content de nos spectacles, dit l'empereur à Monsieur Goethe; ces messieurs y sont-ils venus? – A celui d'aujourd'hui, Sire, mais pas à ceux d'Erfurt. – J'en suis fâché; une bonne tragédie doit être regardée comme l'école la plus digne des hommes supérieurs. Sous un certain point de vue, elle est au-dessus de l'histoire. Avec la meilleure histoire, on ne produit que peu d'effet. L'homme, seul, n'est ému que faiblement; les hommes rassemblés reçoivent des impressions plus fortes et plus durables. Je vous assure que l'historien que vous autres citez toujours, Tacite, ne m'a jamais rien appris. Connaissez-vous un plus grand et souvent plus injuste détracteur de l'humanité? Aux actions les plus simples, il trouve des motifs criminels; il fait des scélérats profonds de tous les empereurs, pour faire admirer le génie qui les a pénétrés. On a raison de dire que ses *Annales* ne sont pas une histoire de l'empire, mais un relevé des greffes de Rome. Ce sont toujours des accusations, des accusés et des gens qui s'ouvrent les veines dans leur bain. Lui qui parle sans cesse de délations, il est le plus grand des délateurs. Et quel style! Quelle nuit toujours obscure! Je ne suis pas un grand latiniste, moi, mais l'obscurité de Tacite se montre dans dix ou douze traductions italiennes ou françaises que j'ai lues; et j'en conclus qu'elle lui est propre, qu'elle naît de ce qu'on appelle son génie autant que de son style; qu'elle n'est si inséparable de sa manière de s'exprimer que parce qu'elle est dans sa manière de concevoir. Je l'ai entendu louer de la peur qu'il fait aux tyrans; il leur fait peur des peuples, et c'est là un grand mal pour les peuples mêmes. N'ai-je pas raison, Monsieur Wieland? Mais je vous dérange; nous ne sommes pas ici pour parler de Tacite. Regardez comme l'empereur Alexandre danse bien.»

2762 A. Thiers: Histoire du consulat et de l'empire 1849

Une réception somptueuse attendait à Weimar les deux empereurs. Après un repas splendide, un bal réunit la plus brillante société allemande. Goethe et Wieland s'y trouvaient. Napoléon laissa cette société pour aller dans le coin d'un salon converser longuement avec les deux célèbres écrivains de l'Allemagne. Il leur parla du christianisme, de Tacite, de cet historien, l'effroi des tyrans, dont il prononçait le nom sans peur, disait-il en souriant; soutint que Tacite avait chargé un peu le sombre tableau de son temps, et qu'il n'était pas un peintre assez simple pour être tout à fait vrai. Puis il passa à la littérature moderne, la compara à l'ancienne, se montra toujours le même, en fait d'art comme en fait de politique, partisan de la règle, de la beauté ordonnée, et, à propos du drame imité de Shakespeare, qui mêle la tragédie à la comédie, le terrible au burlesque, il dit à Goethe: Je suis étonné qu'un grand esprit comme vous *n'aime pas les genres tranchés!* – Mot profond, que bien peu de critiques de nos jours sont capables de comprendre.

2763 L. P. E. Bignon: Histoire de France 1838

Je rapporterai une circonstance qui est restée présente à mon esprit, et dont le souvenir mérite d'être conservé. A Weimar, dans un bal donné par le duc, tout était animé, bruyant, tumultueux même, comme s'il n'y avait eu là que des sujets ou tout au plus le souverain de cette petite principauté; et cependant toutes les grandeurs, hors Napoléon, y étaient déjà réunies. Lorsqu'il parut, sa présence s'annonça, d'une extrémité des salons à l'autre, par un moment d'un silence respectueux. Ses premiers égards furent naturellement pour l'empereur Alexandre; mais, ce devoir rempli, au lieu de se rendre là où les rois et les grands-ducs, courtisans à leur tour, s'étaient placés pour l'attendre, Napoléon ayant aperçu plus près de lui Wieland et Goethe, s'entretint assez longtemps avec ces maîtres de la littérature allemande avant d'arriver au bataillon de souverains. Le talent, ce jour-là, eut le pas sur la royauté. Napoléon seul au monde a pu régler ainsi l'ordre des préséances. Je remarquai avec plaisir cet hommage rendu au mérite personnel. Parmi les princes présents, peut-être y en avait-il plus d'un auquel la leçon n'était pas inutile.

2764 Caroline Jagemann: Erinnerungen

Am 6. Oktober 1808 waren die Kongreßmitglieder des Herzogs Gäste ... Nach der Tafel begaben sich die Herrschaften ins Theater, wo aus Courtoisie gegen die Herzogin von den französischen Schauspielern und aus Aufmerksamkeit gegen Goethe Racines [Voltaires] «Tod Cäsars» mit Talma als Brutus gegeben wurde ... danach fand im Schlosse Ball statt, wobei sich Napoleon angelegentlich mit Goethe und dem schnell herbeigeholten Wieland unterhielt. Unterdessen hatte ich eine kleine Gesellschaft bei mir versammelt, die Dazincourts und Lafonds Liebenswürdigkeit, Talmas melancholisch angehauchte Urbanität äußerst interessierten ... Sein tiefes Verständnis der Seelenvorgänge und seine außerordentlichen Ausdrucksmittel imponierten allgemein; auch Goethe, der durch Humboldt besonders auf ihn aufmerksam gemacht war, lobte seine Deklamation und Haltung und warnte nur vor «den Übertreibungen der Sprünge und Läufe», die mit der französischen Harmonie der Darstellung in auffälligem Widerspruche ständen.

2765 Knebel an Hegel *7. Oktober 1808*

Mit unserm Goethe hat er [Napoleon] sich schon ein paar Mal ziemlich lange unterhalten und vielleicht dadurch auch deutschen Monarchen das Exempel gegeben, daß sie sich nicht scheuen dürften, ihre vorzüglichsten Männer zu erkennen und zu ehren.

2766 Carl v. Stein an seinen Bruder Fritz *10. Oktober 1808*

Mit Goethen und Wieland hatte er [Napoleon] viel gesprochen. Mit Goethen schon in Erfurt. Ich habe lange Goethen nicht in so gnädiger Laune gesehen, als damals. Was doch ein bißchen Weihrauch nicht tut.

2767 H. Düntzer: Charlotte von Stein 1874

[7. Oktober 1808.] Abends hatte sie Lottchen [Charlotte von Schiller] bei sich zum Tee, wo sie sich den Spaß machten, in der Weise der französischen Schauspieler den *César* zu deklamieren, als Goethe kam, der am Morgen ein großes Frühstück zu Ehren des bei ihm wohnenden Ministers Maret und des Marschalls Lannes gegeben hatte. «Um Gotteswillen legt das Buch hin!» rief er. Kaum hatte er sich niedergesetzt, so fiel er in tiefen Schlaf. Als Fräulein Bose, die ihn für Carl von Stein hielt, auf ihn zuging, erwachte er, und klagte über seine schreckliche Ermüdung von diesen Tagen, schlief aber wieder ein und erwachte nicht, ehe die Gesellschaft weg war. Als er endlich wach wurde, bat er um Verzeihung, daß er vor Müdigkeit ihr nichts habe erzählen können, und entfernte sich sogleich. Charlotte fürchtete, er werde krank.

2768 K. Morgenstern: Tagebuch 8. Oktober 1808

... dann ging ich auf die Bibliothek. Oben auf der Treppe begegnete ich dem Geh. Rat v. Goethe. Wir sprachen einige Minuten zusammen über das französische Theater usw. Ich hatte ihn schon in Erfurt beim Präsidenten von der Reck gesprochen; und da er am folgenden Tage dort eine Karte für mich abgegeben hatte, worin er um die zwei aus Löbichau für ihn mitgebrachten Briefe des Fräulein Knabenau und der Mademoiselle Stock bat, so hatte ich ihn bald darauf eines Morgens mit Falk im Gasthof [Der Schlehdorn] besucht, wo er etwa ¾ Stunde sehr interessant sprach über deutschen Geist, im südlichen Deutschland zumal, und manches andere, das ich leider nicht angemerkt habe. Er sprach mit der Milde, Ruhe, Klarheit und Natürlichkeit des großen Geistes; zugleich vertraulich, zumal da Falk, den er genau kennt, dabei war.

2769 Caroline Sartorius
an einen Verwandten (etwa 21.–23. Oktober 1808)

Am andern Morgen [8. Oktober] fuhren wir durch das bunte Gewühl von Erfurt hindurch, gerade nach Weimar zu, um dort von Goethe zu vernehmen, wie man es anzufangen habe, um etwas von den Herrlichkeiten zu sehen und für die Nacht eine Herberge zu finden. Im Wirtshaus zu Weimar war alles so voll, daß man uns nur auf eine einzige Nacht aufnehmen wollte; weil es gut ist in der Welt mancherlei zu versuchen, so freute ich mich schon im voraus aufs Biwakieren. Unterdessen ging Sartorius zu Goethe, der auf die freundlichste Art von der Welt uns eine Wohnung bei sich anbot und uns in die Komödie führte, wo wir Minna von Barnhelm gesehen haben ... Mit einer Empfehlung von Goethe an den Präsidenten von [der] Reck und seine liebenswürdige Frau versehen, fuhren wir am Sonntag früh [9. Oktober] nach Erfurt zurück ...

Den Abend [am 10. Oktober] gingen wir zu Frau von [der] Reck, die täglich nach dem Theater offen Haus hielt ... Maret, der bei Recks wohnte, fehlte selten, und auch diesen Abend trafen wir ihn dort ... Er war allgemein geehrt und geliebt, auch Goethe, bei dem er in Weimar logiert hat, sprach von ihm mit hoher Achtung.

2770 Henriette v. Knebel an ihren Bruder *12. Oktober 1808*

Goethe war gestern bei uns und sagte mir, daß sein Bulletin [nach Jena] ins Stocken geraten ist; auf dieses hoffte ich stets.

2771 Caroline Sartorius
an einen Verwandten *27./28. Oktober 1808*

[11. Oktober.] Unterdessen war unser Wagen angekommen, und ein Billett von Goethe meldete, daß er uns diesen Abend bei sich erwartete. Während der Zeit, daß Sartorius beim Minister [Grafen Romanzow] war, bereitete ich alles zur Abreise. Er kam bald zurück. Der Minister hatte ihn aufs freundlichste empfangen, hatte alter Zeiten bestens gedacht und ihn zuletzt gebeten den andern Morgen, wo er länger Zeit habe, wiederzukommen. Nun war guter Rat teuer; Goethe erwartete uns, und doch war des Ministers Vorschlag nicht abzulehnen. Zuletzt faßte ich mir ein Herz und machte mich allein auf den Weg. Sartorius versprach den andern Tag nachzukommen, sobald er seinen Besuch abgetan haben würde. So fuhr ich denn mit sinkendem Tage weg, machte die drei Meilen allein im Finstern, und um 9 Uhr kam ich nach Weimar in ein Haus, wo ich niemals gewesen, zu einem Mann, dem ich fast unbekannt war, und vor dem so manche sich fürchten mochten. Ich brachte meine Worte kurz an. Goethe war äußerst liebenswürdig, hieß mich willkommen und umarmte mich, bei dieser Gewohnheit ist's denn auch verblieben, solange wir dort gewesen sind, und weil es sich einmal beiläufig ergab, daß er nur «hübsche Kinder» küßt, so konnte ich nichts dagegen einzuwenden haben. Seine Frau, die eben nach Frankfurt gereist war, habe ich nicht kennen gelernt, und auch dieses war einer von den seltenen Glücksfällen, deren wir mehrere auf unserer Reise gehabt haben. Goethens Haus ist gar preislich, und, bei altmodigen, höchst einfachen Meubles, ein Inbegriff von allem Komfort. Die Treppe ist ganz im italienischen Geschmack, mit Statuen, einem Plafondgemälde und einer Friese in Stukkatur verziert und so über alle Maßen schön, daß man in einem Privathause ihr nichts vergleichen kann. Am Eingang im Vorzimmer empfängt Dich nach antiker Weise ein freundliches Salve, das mit dunkelem Holz in den weißen Fußboden eingelegt ist. Noch ein anderer Fußboden in einem Saal war besonders hübsch. Es war mit Papier beklebt und mit Wachsmalerei, die eine Nachahmung des Altertums ist, überzogen. Der Grund war ein dunkelgrüner, gesprenkelter Porphyr, rings herum lief eine helle Arabeske, und in der Mitte war als Medaillon die tragische Maske angebracht. Von den Kunstschätzen aller Art, die dieses Haus enthält, sage ich kein Wort, als daß ich eine wahre Diebesneigung zu den geschnittenen Steinen verspürte, die ich dort gesehen habe.

2772 Caroline Sartorius
an einen Verwandten *27./28. Oktober 1808*

Am Mittwochen mittag [12. Oktober] kam Sartorius ...

Acht Tage lang führten wir bei Goethe ein gar erfreuliches Leben. Täglich gab es etwas Neues, und er selbst machte den guten Wirt auf die liebenswürdigste Weise. Des Mittags waren gewöhnlich ein paar Gäste geladen, den Nachmittag war Komödie, und des Abends wurden öfters Sänger und Sängerinnen aus der Oper herbeigeholt, uns das Herz mit Gesang und Saitenspiel zu erfreuen. Alles trug dazu bei unseren Wirt in die glänzendste Laune zu versetzen und dadurch unsern Aufenthalt zu verschönern. Napoleon hatte ihn vor allen anderen ausgezeichnet und auf dem Hofball in Weimar fast nur mit ihm gesprochen; Maret hatte ihm durch den schmeichelhaftesten Brief in des Kaisers Namen das Ehrenkreuz verhießen; alles, was groß und berühmt war, drängte sich zu seiner Bekanntschaft; so sehr er gewiß über kleinliche Eitelkeit hinweg ist, so hätte er nicht Mensch sein müssen, um sich nicht geschmeichelt zu fühlen, um so mehr da er so viele Auszeichnung seiner Persönlichkeit und nicht seinem Platz in der Welt verdankte.

2773 Henriette v. Knebel an ihren Bruder 15. Oktober 1808

Du weißt doch, daß Napoleon nicht allein dem Geh. Hofrat Stark, sondern auch Goethe und Wieland das Zeichen der Ehrenlegion gegeben hat. Ein Franzos sagte gestern zur Prinzeß: L'empereur a donné la croix de la légion d'honneur à un de vos chirurgiens et aussi à vos savants.

2774 K. Morgenstern: Tagebuch 14. Oktober 1808

Gegen Mittag war ich eine kurze Weile bei Geh. Rat von Goethe. An der Hausschwelle bemerkte ich das Salve nicht; aber auf einem Teppich beim Entrée-Zimmer oben. Gespräch über Jacobi und Johannes Müller, die er grüßen läßt; über Klinger: Klinger würde sich, meint er, in Deutschland jetzt nicht gefallen, weil er hinter der Zeit in manchem zurückgeblieben sei. Über gewisse Dinge spreche man gar nicht mehr, die seien aus- und abgemacht. – – –

Seine Frau war neulich in Frankfurt. Durch Anspruchslosigkeit gefällt sie; zum Beispiel auf die Geheimrätin gibt sie nichts. Ganz unbefangen sprach sie von der Gesellschaft, die Goethe wöchentlich in seinem Hause hat, wo die Herzogin hinkommt [zur Lektüre]. «Da bin ich denn natürlich nicht zugegen», sagt sie. – Ich weiß nicht, sagte Goethe ihr öfter, was Du des Morgens so früh zu schaffen hast. «Du wirst es wohl einmal sehn, wenn ich nicht da bin», sagte sie. Jetzt, als sie in Frankfurt abwesend war, bat er sie dringend um baldige Rückkehr; er sehe nun wohl, was sie des Morgens zu schaffen habe etc. Es würde zu bedauern sein, wenn er sie je verlöre etc. Das mag alles wahr sein. Es beweist nur, daß Goethe sich eine taugliche Hausfrau geschafft hat, die ihm manche Mühe abnimmt, ihm, der sich nicht gern geniert. Wenigstens leuchtet auch hier der gesunde Verstand des Mannes hervor.

2775 K. Morgenstern: Tagebuch

Im 8. Bande [von Goethes Werken] ist der nun vollendete Faust, in welchem ich las, der Epilog zu Schillers Glocke und die Geheimnisse; vor letzteren ist jetzt die Zueignung, die sonst an der Spitze der Werke stand, vorgesetzt und ohne Abschnitt, als gehörte sie dazu. Ich fragte Goethen selbst darum in Weimar, ob dies etwa ein zufälliges Versehen. Er schien das doch zu verneinen. Meines Bedünkens wäre aber die Zueignung besser an der Spitze der Werke geblieben.

2776 Caroline Sartorius
an einen Verwandten *27./28. Oktober 1808*

Der 14. Oktober erschien – der so manches Andenken aus jener Schreckenszeit erneuerte. Die Kaiser trennten sich ...

Goethe war den Mittag bei Hof, damit aber kein Tag ohne ein eigentümliches Interesse verstreichen sollte, so meldeten sich der Schauspieler Talma und seine Frau an. Goethe bat mich in seiner Abwesenheit ihnen und einem Sekretär des Kaisers, der auch im Hause logieren sollte, die Honneurs zu machen, und so habe ich denn diesen Tag die Frau vom Hause repräsentiert ...

2777 *Falk: Aus dem Nachlaß*

Wir aßen kurz darauf [nach dem 6. Oktober] zusammen bei Wolzogens zu Mittage. Es war der Tag, als der russische Kaiser zu Weimar zum zweiten Male eintraf, den 14. Oktober [1808]. Da man bei Hofe gut ein paar Stunden warten mußte, ehe man sich zu Tisch setzte, so kam Goethe und nahm vorher mit uns einige Bissen ein. Er schien bei gutem Humor, und ich will das Resultat unserer Unterhaltung hier im Auszuge hersetzen.

Goethe fand für die Ruhe der Beobachtung bloß einen Menschen, der mit dem Kaiser Napoleon Ähnlichkeit gehabt hätte, es sei dieses *Lavater* gewesen. – Er verglich den Kaiser mit einem *Juden*, der wie mit einem Probierstein durch die Welt geht, alle Menschen anstreicht und sodann gelassen nachsieht, ob es Gold, Silber oder Kupfer ist. «Bildet euch nur nicht ein, klüger zu sein als er», – sagte Goethe zu einem der Anwesenden – «er verfolgt jedes Mal einen Zweck; was ihm in den Weg tritt, wird niedergemacht, aus dem Wege geräumt, und wenn es sein leiblicher Sohn wäre. Wenn die anderen Fürsten und Großen sich gar vielen Abneigungen und Zuneigungen überlassen, so liebt er alles, was ihm zu seinem Zwecke dienen kann, so sehr es auch von seiner individuellsten Gemütsstimmung abweicht, wie ein tüchtiger *Konzertmeister*, der, wenn jeder Liebhaber sein Instrument hat, dem er den Vorzug gibt, ohne Liebe wie ohne Haß sie alle für sein Orchester zu benutzen weiß. Daher kommt es auch auf eins heraus und bringt schlechterdings dem Individuum keinen Vorteil, ob man von ihm gehaßt oder geliebt wird. Er liebt den Herzog von Weimar gewiß nicht, ohne daß derselbe sichtlichen Nachteil davon verspürt, und denen, die er liebt, wird ebenso wenig Vorteil daraus erwachsen. Er lebt jedesmal in einer Idee, in einem Zweck, in einem Plan, und nur diesem muß man sich in acht nehmen in den Weg zu treten, weil er in diesem Punkt keine Schonung kennt.» – Kurz, Goethe gab zu verstehen, daß Napoleon ungefähr die Welt nach den nämlichen Grundsätzen dirigiere, wie er das

Theater. Er fand es ganz in der Regel, daß er einen «Schreier» wie Palm, einen Prätendenten wie d'Enghien eine Kugel vor den Kopf schießen läßt, um das Publikum, das die Zeit nicht abwarten kann, sondern überall störend in die Schöpfungen des Genies eingreift, ein für allemal durch ein eklatantes Beispiel abzuschrecken. Er kämpft mit den Umständen, mit einem verdorbenen Jahrhundert mitten in einem verdorbenen Volk. «Lasset uns ihn glücklich preisen, ihn und Europa, daß er bei seinen großen ungeheueren Weltplänen selbst nicht verdorben ist!»

«Er [Napoleon] nimmt alles mit hohem Ernst, selbst das französische Theater, das ihn durch römische Charaktere, große Sentenzen, wie eine Art Regentenschule notwendig anzieht und einen Geist wie den seinen anziehen muß. Welche hohe Bedeutung legte zum Beispiel der Zufall in folgende Stelle des Cinna, des ersten Stückes, das vor der glänzenden Fürstenversammlung zu Erfurt aufgeführt wurde, wenn Augustus sagt: ... [Lücke] Wahre Fragestücke aus einem Kaiser- und Königskatechismus! – So aufmerksam sitzt Napoleon vor dem Cäsar, als gälte es einen Kriminalprozeß anzuhören. Es ist der ungeheure bon sens, der den Kaiser in allem, was er unternimmt und vorhat, auszeichnet. Er kennt die Faibles des französischen Theaters so gut wie wir. Es würde möglich sein, ihm dieselben Sujets in einer anderen der Naivität der Griechen sich mehr annähernden Bearbeitung vorzulegen. Aber aus den einmal bestimmten Formen muß man diese Nation nicht hinaus nötigen. Man sollte ungleich lieber das Theater nach griechischer Manier fest aufbauen, damit aller Streit über die Einheit des Ortes ein Ende nähme. Es ist auch viel, sehr viel zurück, was man dem Kaiser selbst in dieser beschränkten Form bieten könnte. Wenn nur ein Mensch von Genie in Frankreich aufstände, der sich des Theaters zum Trotz des Feuilletons bemächtigte; an dem Kaiser würde er gewiß keinen Gegner finden. Dahin zielt, was der Kaiser einst zu Talma sagte: Je voudrais bien voir la traduction d'une pièce de Sophocle au pied de la lettre ---. Er kennt die Faibles des französischen Theaters ebenso gut wie wir. Bildet euch nur nicht ein, klüger zu sein als er. Wie ich ein paar Worte mit ihm über diese Materie gesprochen hatte, fiel mir sogleich ein: Schiller, wenn er doch noch lebte und zuhörte! Dieselbe strenge Zusammenhaltung kündet sich auch in der Form und im Ganzen des Stückes an. Nichts ist hier zufällig. Das Auge der Franzosen leidet keine Königinnen Elisabeth, die auf die Erde hinfallen und ohnmächtig werden, keine Marquis Posa, die erschossen werden und auf dem Theater umfallen – –.»

2778 Riemer *15. Oktober 1808*

Kam Talma mit seiner Frau. Brillantene Knöpfe auf seinem Rock. Über Werther, Talma fragte, ob es nicht eine wahre Geschichte sei. Goethe half sich durch ein treffliches Wort heraus: er sagte, von den interessierten Personen habe sich der eine gerettet, um die Geschichte erzählen zu können; man wüßte sonst nichts von ihr …

Um 6 mit ihnen [Talmas] und Sartorius ins Theater und Goethes Loge. (Goethe zeigte sich vor Weggehen an den Hof in seinem russischen Orden.)

2779 Caroline Sartorius
an einen Verwandten *27./28. Oktober 1808*

Den anderen Tag [15. Oktober] gab Bertuch, vor dessen Industrie-Comptoir sich mancher Rittersitz verbergen muß, ein stattliches Déjeuner dînatoire. Goethe, Wieland, Talmas, der Gesandte Bourgoing, Verfasser der Reise durch Spanien, und einige vornehme Russen waren dort. Talma ward über alle Vorstellung von jedermann fetiert … Er war im großen Kostüm, weil der Kaiser Alexander ihn zu sprechen begehrt, und trug einen lapisfarbenen Rock mit einer Garnitur Steinknöpfe, die Goethe wenigstens auf 20 Carolin schätzte, die feinste Wäsche und Points von einer Schönheit, wie ich noch keine gesehen habe. Der Kaiser hatte ihn sehr gnädig empfangen und ihn samt seiner nicht weniger eleganten Frau auf den Abend zu einer Deklamation wieder bestimmt …

Des Mittags hatte Goethe Talmas geladen, und hier schien ein wahrer Wettstreit zwischen dem Wirt und seinen Gästen einzutreten, wer den anderen an Liebenswürdigkeit übertreffen könnte. Goethe ist des Französischen nicht ganz mächtig, aber seinem Geist legt keine Sprache, die er nur einigermaßen kann, so leicht Fesseln an. Talmas baten ihn dringend nach Paris zu kommen und bei ihnen zu logieren, das Glück, den Autor vom Werther bei sich zu besitzen, würde ganz Frankreich ihnen beneiden, keine Frau in Paris würde ruhen, eher sie ihn gesehen, auf allen Toiletten, in allen Boudoirs würde er sein Buch finden, das immer von neuem gelesen, von neuem übersetzt jetzt, wie vor dreißig Jahren, den Reiz der Neuheit besäße. Es gab keine Art der feinen Schmeichelei, die sie nicht mit der Leichtigkeit des guten französischen Tons, der nie fade noch kriechend wird, ihm ausgespendet hatten. Goethe antwortete heiter und artig, wollte sich aber auch auf kein Versprechen einlassen und meinte spaßhaft: das Glück, in Paris eine solche Sensation bei seinen jetzigen Jahren zu machen, wäre für seine Schultern zu schwer. Nun rückte Talma mit dem Plan eines Trauerspiels los, in welches er und Dulise den Werther verwandeln wollten. Dieses schien in der Tat ziemlich ungewaschenes Zeug zu sein; Goethens unerschöpfliche gute Laune ließ sich indes durch die Verunstaltung seines Kindes nicht irre machen, zuletzt nur sagte er mit einer fast unmerklich spöttlichen Miene: Wenn sie mit ihrem Trauerspiel im Reinen wären, so möchten sie es ihm schicken, damit er es übersetzen und bei sich könne aufführen lassen.

«Mon Dieu», sagte Talma, der, um mit der Herzogin von Orléans zu reden, wohl fühlen mochte, wo Barthel den Most holt, «mon Dieu, qu'avez vous besoin de notre pièce, vous qui feriez cent fois mieux que nous?» – «C'est qu'on n'aime pas à refaire ce qu'on a fait une fois», antwortete Goethe. Sein Kammerdiener brachte ihm inzwischen ein[en] dicken Brief, den er erbrach, durchsah und ohne weiter seiner zu erwähnen ins Fenster legen ließ. Talma fragte jetzt ziemlich indiskret, ob es wahr sei, wie man allgemein versichere, daß eine wahre Geschichte dem Roman zugrunde läge? Besorgt über die Wirkung dieser Frage blickte ich nach Goethe, auf dessen Gesicht sich aber keine Spur von Verstimmung zeigte. «Diese Frage», erwiderte er freundlich, «ist mir schon oft vorgelegt worden, und da pflege ich zu antworten: daß es zwei Personen in einer gewesen, wovon die eine untergegangen, die andere aber leben geblieben ist, um diese Geschichte der ersteren zu schreiben, so wie es im Hiob heißt: Herr, alle Deine Schafe und Knechte sind erschlagen worden, und ich bin allein entronnen, Dir Kunde zu bringen.» Unser lautester Beifall lohnte den herrlichen Einfall; ernsthafter mit einem unbeschreiblich tiefen Ausdruck setzte er hinzu: «So etwas schreibt sich indes nicht mit heiler Haut.» Er hatte bisher französisch gesprochen, dieses Wort aber sprach er deutsch, und sich zu Sartorius wendend: «Traduisez cela à nos amis, Monsieur.» – Talma, mit dem Gepräge der großen Leidenschaften bekannt, faßte leicht den Sinn, ohne die Worte zu verstehen. Goethe ging schnell wieder in seine vorige Heiterkeit über. «Gewöhnlich», sagte er, «muß man schwer seine Jugendtorheit abbüßen; ich aber gehöre zu den wenigen Glücklichen, denen sie noch in späteren Jahren Heil und Segen bringen; erstlich so manche erfreuliche und interessante Bekanntschaft, wie dies heute noch der Fall ist, dann hat vorgestern mir der Kaiser Napoleon das Ehrenkreuz gegeben, und eben beschenkt auch Alexander mich mit einem Orden»; und nun zeigte er das Paket, das der Kammerdiener ihm früher gebracht, und welches das große Band des Annaordens mit einem brillantnen Stern enthielt. Hiermit entfernte er sich, um sich anzukleiden, weil er nach Hof zu der oben erwähnten Deklamation gebeten war. Er hinterließ Talmas wie uns alle von seiner Liebenswürdigkeit entzückt, die wirklich diesen Tag über alle Beschreibung war …

Als sie [Talmas] weg waren, trat Goethe in seiner Hofuniform mit Stern und Ordensband geschmückt herein: «Ich komme», sagte er, «mich Ihnen zu zeigen und zu fragen, ob Sie mich akkreditieren wollen?» Er war in dieser

Kleidung so jugendlich und schön, daß ich ihm um den Hals fiel und ausrief: «Ew. Exzellenz, Ihnen so zu widerstehen ist unmöglich, aber ich hoffe, Sie werden mein Unglück nicht wollen.»

2779a Caspar Voght: Reisejournal *5. März 1809*

[Paris.] Aß mit Talma bei Heckscher; sonderbar, daß Talma selbst nach seiner Reise nach Erfurt und Gespräch mit Goethe pp. [am 14./15. Oktober 1808] ernsthaft glaubt, die französische Tragödie mache dem Zuschauer mehr Illusion als das deutsche Schauspiel.

2780 Caroline Sartorius
an einen Verwandten *27./28. Oktober 1808*

Für den Abschieds-Abend [16. Oktober] hatte der Dichter seine schönste Gabe, seine Gedichte, uns aufgespart. Er erschien abends bei Tisch mit einer Handvoll Papiere, die er neben sich hin legte, und war über alle Maßen wohl gelaunt.

Nach dem Essen fing er an vorzulesen, aus dem Kopf zu rezitieren, bis des Nachts 1 Uhr; an diesem Abend übertraf er sich selbst. Des Dichters Glück war von jeher: Weiber, Wein, Gesang, und unseren Freund, für den ein ewiger Frühling blüht, begeistern die beiden ersten noch im Herbst seines Lebens zu den herrlichsten Gesängen. Verliebt sein ist die Weise des Hauses; verliebt ist jedermann, der darin aus- und eingeht; ich war zuletzt wahrhaftig besorgt, auch uns würde die Epidemie ergreifen. So hat er diesen Sommer in Karlsbad ein Liebchen gehabt, dem er seine süßesten Lieder gesungen, und diese Sonette, die noch sämtlich ungedruckt sind, teilte er uns mit. Schön waren sie alle, am schönsten aber die, in welchen er *Sie* sprechen ließ, und mit deren Zartheit ich nichts zu vergleichen wüßte, wie es denn wohl noch nie einen Dichter gegeben hat, der in das weibliche Gemüt so tiefe Blicke getan hat, es ist, als habe das ganze Geschlecht von der Edelsten bis zur Niedrigsten bei ihm Beichte gesessen. In denjenigen Liedern, worin *Er* sprach, herrschte schon mehr das gemäßigte Feuer der reiferen Jahre, als die Glut, die im Werther zum Beispiel alles entzündet und verzehrt, was seinem Kreise sich naht. – Alsdann gab es allerhand Gelegenheitsgedichte, zum Teil aus früheren Zeiten, die wegen mancherlei Personalitäten nicht gedruckt sind, noch es werden können, in denen aber eine Laune herrschte, die uns bald in das unsinnigste Lachen versetzte; in meinem Leben glaube ich nicht so gelacht zu haben.

In tiefer Nacht schieden wir endlich voneinander, nachdem er uns in diesen wenigen Stunden durch alle Stufen des Vergnügens geführt hatte.

Ich glaube gern, daß Goethe nur gegen wenige und nur selten ist, wie ich ihn gesehen habe; aber so wie er war, habe ich nie einen liebenswürdigeren Mann gesehen.

UNDATIERTES 1805–1808

2781 Riemer

In den ersten Jahren meines Aufenthalts in Goethes Hause sah ich ihn öfters [an einem geologischen Modell] arbeiten, gewöhnlich bei aufgehobenem Nachtisch. Es war ein Basrelief von Wachs und sollte auf der Oberfläche eine Landschaft vorstellen, die aus dem flachen Lande bis in das höchste Gebirg sich erhob. Hatte man die Durchschnittsteile auseinandergerückt, so zeigte sich an den innern Profilen das Fallen, Streichen und was sonst verlangt werden mochte.

2782 Riemer *1805*

[Goethe:] «Verleger haben die Autoren und sich selbst für vogelfrei erklärt; wie wollen sie untereinander, wer will mit ihnen rechten?»

Absolutes Verbot der Anonymität.

«Hundert graue Pferde machen nicht einen einzigen Schimmel.»

NB. Obiges hatte sich gleichzeitig Goethe angemerkt in seinem Tagebuche oder vielmehr Memorandum von 1805.

2783 Riemer: Mitteilungen über Goethe *1841*

Aus einem Gespräch mit Goethe über Shakespeare [etwa 1803 bis 1806] notierte ich mir einmal Nachstehendes über die Tendenz des englischen Dichters und was er in folgenden Stücken zur Anschauung habe bringen wollen. Im *Antonio*, daß Genuß und Herrschaft (der Welt) nicht beisammen sind. Im *Coriolan*, den Haß des Volkes gegen den Besten, den es doch nicht entbehren kann. Im *Cäsar*, den Haß der Besten (Optimaten) gegen den Vorzüglichen, damit sie alle gleich seien.

2784 Riemer: Mitteilungen über Goethe *1841*

Sultan wider Willen, der. Goethe hat sich immer und zumeist im Jahr 1806 mit dieser Geschichte getragen, für die er eine besondere Liebe zu haben schien. Vier Damen von ganz verschiedenen Charakteren interessieren sich alle für *einen* Mann. Jede ist auf eine eigene Art liebenswürdig; jede trifft er, wenn er sich ihr nähert, seinem Zustande angemessen, *allein* liebenswürdig, und unbegreiflich wie er eine andere lieben kann usw.

2785 Riemer *1806*

[Goethe über sich selbst:] «Wenn er uns in frühern Werken die Objekte und die Eindrücke, die sie machen, mit Worten dargestellt hat, so bemüht er sich in den spätern und späten, auch die Verhältnisse der Objekte untereinander mit Worten wiederzugeben.» (Das heißt er symbolisiert sie.)

2786 Riemer *(1807)*

[Goethe:] «Weiber verstehen alles à la lettre oder au pied de la lettre, verlangen aber, daß man sie nicht so verstehen soll.»

2787 Riemer *(1807)*

[Goethe:] «Ein Gott kann nur wieder durch einen Gott balanciert werden. Die Kraft soll sich selber einschränken, ist absurd. Sie wird nur wieder durch eine andre Kraft eingeschränkt. Dieses spezifizierte Wesen kann sich nicht selbst einschränken, sondern das Ganze, welches sich spezifiziert, schränkt sich eben dadurch selbst ein, aber nicht das Einzelne *sich*.»

2788 Riemer *(1807)*

[Goethe:] «Nur nichts als Profession getrieben! Das ist mir zuwider. Ich will alles, was ich kann, spielend treiben, was mir eben kommt und so lange die Lust daran währt. So hab' ich in meiner Jugend gespielt unbewußt; so will ich's bewußt fortsetzen durch mein übriges Leben. ‚Nützlich' – Nutzen, das ist eure Sache. Ihr mögt mich benutzen; aber ich kann mich nicht auf den Kauf oder die Nachfrage einrichten. Was ich kann und verstehe, das werdet ihr benutzen, sobald ihr wollt und Bedürfnis danach habt. Zu einem Instrument gebe ich mich nicht her; und jede Profession ist ein Instrument, oder, wollt ihr es vornehmer ausgedrückt, ein Organ.»

2789 Riemer

[Wiedergabe von Äußerungen Goethes während der Bearbeitung der ersten Cottaschen Gesamtausgabe.]

Erste Rezension von Faust – verbrannt.

Erste Rezension von Wilhelm Meister, wohl 24 Jahr alt, existiert noch irgendwo.

Ideen von Maskenzügen mit Gedichten müssen hier in der Stadt herum zu erfragen sein.

An das Terzett (Diskant, Tenor, Baß) über die Maulfaulheit im Singen.

«Wollt ihr euch erklären,
So habt nicht Brei im Maul.»

Dialog über Nicolais Fortsetzung vom Werther ...

Die alte Frau v. Fritsch hat noch Goethes Gelegenheitsgedichte zu Redouten und dergleichen.

Goethe trägt sich noch mit ein paar Tragödien und Komödien.

Fortsetzung vom Bürgergeneral.

Wollte auch Schillers Demetrius fortsetzen.

Hatte auch Lust, ein Gedicht über die Jagd zu schreiben. Durch Humboldts Einwendung abgehalten.

Wollte einmal Herzogs Bernhards Leben beschreiben ...

In Italien hatte er vor: eine Art von römischen Festkalender zu schreiben, das heißt die römischen Festtage, die jetzigen, durchs ganze Jahr zu beschreiben, rein objektiv (ohngefähr wie Moritz es in der Anthusa mit den altrömischen Festen gemacht, nur freilich unzulänglich).

Wollte auch den Vieto übersetzen, kam aber durch Schiller davon ab, der immer gleich, wenn er ein Fremdes bearbeiten wollte, die Sache auf den Kopf stellte und etwas andres draus machte ...

Es liegen noch Szenarien von ihm herum zu diesem und jenem Stücke ...

Bei den Weissagungen des Bakis hatte er zur Absicht, für jeden Tag im Jahr ein solches Distichon zu machen (damit es eine Art von Stechbuch würde).

Machte auf der Reise nach Karlsbad 1808 in Hof das Goldschmiedsliedchen.

«Sie kommt nicht», ein kleines Stück, auf eine Cottrine sich beziehend.

Fing im Dezember 1807 Der Pandora Wiederkunft an.

Im Sommer 1807 diktierte er zu den Wanderjahren von Meister einen ziemlichen Teil.

Dichtete im Dezember 1807 in Jena die 20 Sonette.

2790 H. Meyer

[Goethe:] Die Ottave Rime seien für Gedichte, wo Empfindung ausgedrückt wird, nicht schwer, als Erzählung hingegen fast ohnmöglich zu machen.

2791 H. Meyer

Goethe sagte einst: Der ganze Gedankenkreis der neu-katholischen Künstler beschränkt sich auf ein Mädchen, eine Blume und ein Flügelkind, als ob die ganze übrige Natur und Ideenwelt ihnen verschlossen wäre.

2792 *H. Voß an Goethe* *7. Dezember 1806*

Sie sagten einmal, Heidelberg sei ein lieblicher Ort für dreitägigen Aufenthalt ...

2793 *Ernestine Voß an Charlotte v. Schiller* *9. März 1823*

Jetzt bitte ich Sie recht herzlich, schreiben Sie mir mit *erster Post* einige Zeilen über unsern Goethe ... Wie lebhaft dachten wir in dieser Zeit jeder schönen Stunde, die wir ihm danken, jedes Zeichens der Liebe, wodurch er unsers Sohnes Herz an sich gefesselt.

2794 *H. Luden: Rückblicke in mein Leben* *1847*

[Knebel über Goethe:] Er bekümmert sich um kein Urteil. Solange seine Schriften vom Buchhändler tüchtig bezahlt werden, weil sie Abgang finden, ist ihm alles einerlei. Wir haben noch vieles von ihm zu erwarten. Vor dem Dinge, das man das Publikum nennt, hat er eine souveräne Verachtung. Es freuet ihn, wenn er dem Ungeheuer Brocken hinwerfen kann, an welchen es sich die Zähne blutig beißt. Ich kenne ihn lange, von innen wie von außen. Mich hat immer eine unüberwindliche Scheu vor dem Publikum begleitet; darum habe ich unsäglich vieles verbrannt oder vernichtet, das ich gedichtet hatte. Goethe hat mich oft darüber gescholten. Man muß jung vor dem Publikum auftreten, sagt er, und alsdann oft erscheinen. Dieses Tier denkt, wer viel gibt, muß viel haben, und wer oft bringt, muß reich sein. Und hat man es nur erst dahin gebracht, daß man Bewunderer findet, so wird es auch nicht lange an unbedingt Ergebenen fehlen, welchen alles vortrefflich ist, was den Namen des Bewunderten an der Stirn trägt ... Goethe verwirft Rauchen und Schnupfen. Wegen des Rauchens hat er recht; ich rauche auch täglich nur ein paar Pfeifen. Das Rauchen, sagt er, macht dumm; es macht unfähig zum Denken und Dichten. Es ist auch nur für Müßiggänger, für Menschen, die Langeweile haben, die ein Dritteil des Lebens verschlafen, ein Dritteil mit Essen, Trinken und anderen notwendigen oder überflüssigen Dingen hindudeln, und alsdann nicht wissen, obgleich sie immer vita brevis sagen, was sie mit dem letzten Dritteil anfangen sollen. Für solche faule Türken ist der liebevolle Verkehr mit den Pfeifen und der behagliche Anblick der Dampfwolke, die sie in die Luft blasen, eine geistvolle Unterhaltung, weil sie ihnen über die Stunden hinweg hilft. Zum Rauchen gehört auch das Biertrinken, damit der erhitzte Gaumen wieder abgekühlt werde. Das Bier macht das Blut dick und verstärkt zugleich die Berauschung durch den narkotischen Tabaksdampf. So werden die Nerven abgestumpft und das Blut bis zur Stockung verdickt. Wenn es so fortgehen sollte, wie es den Anschein hat, so wird man nach zwei oder drei Menschen-Alter[n] schon sehen, was diese Bierbäuche und Schmauchlümmel aus Teutschland gemacht haben. An der Geistlosigkeit, Verkrüppelung und Armseligkeit unserer Literatur wird man es zuerst bemerken, und jene Gesellen werden dennoch diese Misere höchlich bewundern. Und was kostet der Greuel. Schon jetzt gehen 25 Millionen Taler in Teutschland in Tabaksrauch auf. Die Summe kann auf 40, 50, 60 Millionen steigen. Und kein Hungriger wird gesättigt und kein Nackter gekleidet. Was könnte mit dem Gelde geschehen! Aber es liegt auch in dem Rauchen eine arge Unhöflichkeit, eine impertinente Ungeselligkeit. Die Raucher verpesten die Luft weit und breit und ersticken jeden honetten Menschen, der nicht zu seiner Verteidigung zu rauchen vermag. Wer ist denn imstande, in das Zimmer eines Rauchers zu treten, ohne Übelkeit zu empfinden? wer kann darin verweilen, ohne umzukommen? In allen diesen Klagen hat Goethe recht; aber unrecht hat er wegen des Schnupfens. Er will immer was Apartes haben. Das Schnupfen hat er sich freilich nicht angewöhnt, aber dafür zieht er Eau de Cologne und anderes spirituoses Zeug in die Nase hinein. Nun, unsereiner riecht auch wohl einmal gern, was gut riecht, aber wenn ich das Kölnische Gebräu in die Nase hinein saugen wollte, ich wäre des Todes. Er weiß auch nichts Gescheutes gegen das Schnupfen zu sagen. Es ist eine Schmutzerei, sagt er. Das aber ist Torheit.

2795 *K.W. v. Knebel an H. Düntzer*

Goethe hatte mich bereits in meinem elften Jahre bei Vorzeigung meiner Siegelsammlung gefragt, woher ich die Siegel, worunter auch Gemmen sich befanden, genommen; ich erzählte ihm, daß ich sie von den auf dem Boden zerstreut herumliegenden Briefen an meinen Vater genommen. Da nahm er ganz kaltblütig die eine Tafel, welche Wappen enthielt, zerriß sie und warf sie in den Ofen, nur die Gemmen begnadigend. «Mein Junge», rief er, «suche alle Briefe zusammen, ordne sie chronologisch, und du (zu meinem Vater), der du mit ihnen so liederlich umgehst, läßt deinen Jungen einen Fachkasten dazu machen, und schenkst sie ihm schriftlich.»

2796 *E. Witte: Falk und Goethe* *1912*

Falk schrieb an seinen alten Freund Körte: «Goethe war sehr von diesem Produkt [Falks Dichtung ‚Amphitruon'] zufrieden.» «Ich habe es zweimal in einem Atem hintereinander gelesen», sagte er mir, als ich ihn wiedertraf, «was mir selbst», wie er hinzusetzte, «mit den Werken meiner näheren und nächsten Freunde nur selten begegnet.»

2797 *Falk: Aus dem Nachlaß*

Als Werners Dramen «Das Kreuz an der Ostsee» und das «Licht des Osterlandes» in Weimar aufgeführt werden sollten, widersetzte sich Goethe: «Könnt ihr das Kreuz und das Licht des Osterlandes durchsetzen, so setzt es durch, nur mutet mir nicht zu, daß ich euch das Licht dazu halten soll. Mich dauern nur – fuhr er fort – meine Enkel, daß sie solch verfluchtes Zeug lesen sollen.»

2798 *Caroline v. Herder an J. G. Müller* *6. Dezember 1807*

Über Ihre herrliche Idee zum Grabmal des Vaters werde ich Professor Meyer fragen. Dieser war ehedem des Vaters Freund; er hat den wahren einfachen Geschmack. Goethe hatte ihn abgewandt; vielleicht hat er sich seitdem zum Bessern geändert, wie Goethe denn des Vaters Tod sehr angegriffen haben soll, und er jetzt gute Gesinnungen über ihn äußern soll. Ach, sie haben nur jetzt keinen Wert für mich. Goethe ist für mich tot.

2799 H. Voß an Abeken *26. April 1807*

[Nach Goethes Trauung am 19. Oktober 1806.] Übrigens leben Goethe und seine Frau wie vorher. Er nennt sie «liebes Kind» wie vorher und sie ihn «lieber Geheimrat» und «Sie» wie vorher. Sie macht in ruhigen Tagen ihre Lustpartien, sie hat ihre Schauspielergesellschaften, alles wie vorher.

2800 A. Oehlenschläger: Meine Lebens-Erinnerungen *1850*

Goethe machte während der Schlacht mit Fräulein Vulpius Hochzeit. Er hatte wohl lange schon an diesen Schritt gedacht, um seinem Sohne verheiratete Eltern zu geben; aber um dem Komischen zu entgehen, das darin liegt, daß ein älteres Paar mit dem Anfange endigt (le commencement de la fin, wie Talleyrand es nannte, als Napoleon zu fallen begann), hatte er es wohl aufgeschoben, und um, wie Tell bei Schiller, den Apfel vom Haupt des Sohnes abzuschießen, während Geßler stritt, ging er mit einer alten Haushälterin in die Kirche, während die Kanonen mit ihren entsetzlichen Glokken auf Jenas Fluren läuteten, und kehrte mit ihr zurück, ohne daß es die geringste Veränderung in etwas machte, außer daß sie nun Frau Geheimrätin von Goethe hieß. Wenn man sie sah, konnte man nicht begreifen, wie sie Goethes Geliebte geworden war. Sie glich weder Lotten, noch Klärchen, noch Gretchen, weder den Leonoren, noch der Iphigenie; wenn sie überhaupt einer der Goetheschen Gestalten glich, so glich sie der Braut von Korinth, aber in entgegengesetzter Bedeutung, denn nicht der Geist, sondern der Körper spukte. Für Poesie hatte sie durchaus keinen Sinn, und Goethe sagte einmal selbst im Scherz: «Es ist doch wunderlich, die Kleine kann gar kein Gedicht verstehen.» In ihrer Jugend war sie frisch gewesen, voll und rotwangig war sie noch, aber ganz aus der niederländischen Schule; obgleich, wie gesagt, durchaus kein Klärchen. Sie war eine Schwester des berühmten Verfassers des Rinaldo Rinaldini, und Rinaldo Rinaldini hatte eine Zeitlang wohl mehr Bewunderer in Deutschland gehabt, als Wilhelm Meister. Die Neuvermählte erwies ihrem Manne stets Ehrerbietung und nannte ihn immer «Herr Geheimrat». Das taten wir andern auch. Als ich ihn im Anfange Exzellenz nannte, sagte er gutmütig: «Lassen Sie es beim Geheimrat bewenden!» und dieser Titel klingt in Deutschland sehr bürgerlich; Frau Goethe war von einer raschen beweglichen Natur und hielt nicht viel von dem stillen Leben, das ihr Mann führte. «Der Herr Geheimrat und ich», – soll sie einmal gesagt haben – «wir sitzen immer und sehen einander an. Das wird am Ende langweilig.»

2801 Abeken: Goethe in meinem Leben

In einem mir nach dem Tode meiner verehrten Freundin Caroline von Wolzogen zugekommenen Tagebuch finde ich folgendes, was sie in späteren Jahren, da sie als Witwe in Jena wohnte, in Erinnerung an ihr Weimarisches Haus aufgezeichnet hatte: «An diesem Fenster (der früheren Wohnung) saß ich mit Goethe, als er mir die Verlegenheit entdeckte, daß er uns so selten in seinem Hause sehe, da wir doch seine ältesten und liebsten Freunde wären. Der Wunsch, seine Frau in die gute Sozietät einzuführen, lag offen; ich sagte, wir würden sie gewiß freundlich aufnehmen als seine Frau, wenn sie uns besuchte. ‚Es ist ein kleines närrisches Ding', sagte er, ‚das nicht schreiben, knapp lesen kann; aber Sie denken doch, daß, wenn man so lange mit mir umgeht, etwas übergehen muß.'»

2802 O. L. B. Wolff: Das Büchlein von Goethe *1832*

[Über Christiane von Goethe.] In ihrer Sprache, ihrem Wesen war sie ganz thüringisch und blieb es bis an ihr Ende; den Vater ihrer Kinder zu pflegen und ihm das körperliche Leben behaglich zu machen, ward die Hauptaufgabe ihres Daseins, die sie mit Eifer zu lösen suchte. In allem Übrigen ließ sie sich aber nichts anfechten, und verharrte unwandelbar bei ihrer Sitte und ihrem Treiben. – «Sollte man wohl glauben», sagte Goethe einst mit seiner antiken Ruhe zu

Freunden, «daß diese Person schon zwanzig Jahre mit mir gelebt hat? aber das gefällt mir eben an ihr, daß sie nichts von ihrem Wesen aufgibt, und bleibt, wie sie war.»

2803 St. Schütze: Die Abendgesellschaften der Hofrätin Schopenhauer *1840*

... bei der nächsten Versammlung [bei Johanna Schopenhauer] sah ich ... die Gesellschaft eine ganz andere Gestalt gewinnen. Mehrere Familien (zum Beispiel die Bertuchsche, die Weylandsche, die der Hofrätin Ludecus) waren noch dazu eingeladen; mit jedem Donnerstag abend erweiterte sich der Kreis ... Vorlesungen, die gehalten wurden, Gespräche über Werke der Kunst, die man auch öfters aufgelegt fand, wechselten ab mit leichter Unterhaltung über Vorfälle des Tages, über das Theater, über neue Erscheinungen in der Literatur, über bekannte ausgezeichnete Personen, selten über Politik, die man gern vermied, nachdem der Feind ganz Deutschland überzogen hatte. «Man möchte draußen sein», sagte Goethe, «aber es gibt kein Draußen.» ... Goethe war am meisten bemüht, den Krieg von sich abzuhalten, und nach einem sehr vergnügten Abend, den ich bei seiner Frau zugebracht hatte, sagte er zu mir: Ich höre, Sie sind gestern so lustig gewesen; es ist jetzt Pflicht, zusammen zu halten und sich das Leben angenehm zu machen. Er dichtete um diese Zeit: Ich hab' meine Sach' auf nichts gestellt.

2804 St. Schütze: Die Abendgesellschaften der Hofrätin Schopenhauer *1840*

Sehr oft ließ Goethe etwas von Riemer vortragen, zum Beispiel Erzählungen aus Tröst-Einsamkeit von Arnim; von älteren Poesien den Armen Heinrich etc. Zuweilen war auch eine Dame gefällig genug, etwas zu deklamieren oder auf der Gitarre zu spielen. Kurz: es gab in der Schopenhauerschen Gesellschaft Unterhaltungen von der mannigfaltigsten Art, so daß man sich niemals genötigt sah, zu den stummen Spieltischen seine Zuflucht zu nehmen.

2805 *G. Reinbeck: Reise-Plaudereien* *1837*

Auch Goethe und Bertuch hatten keine besonders hohe Meinung von Klingers Charakter, und erzählten mir manche Anekdote aus seinem frühern Leben, die ihn als einen Phantasten, besonders in der Sturm- und Drangperiode, darstellt, der bloß durch ein angenommenes fast brutales Wesen habe Aufsehen erregen wollen … Wenn in Hinsicht Goethes seine Erklärung über Klinger mit meiner Anzeige im Widerspruch zu stehen scheint, so – bitte ich, mich deswegen keiner Unwahrheit zu zeihen: Ansichten können sich ändern, und das konnte auch bei einem Goethe der Fall sein.

2806 *G. Reinbeck: Reise-Plaudereien* *1837*

Noch während der Kriegstrubel hatte ich mein Lustspiel: «Er muß sich malen lassen» in fünf Aufzügen geschrieben und solches Fernow und Gruber an einem unsrer Abende vorgelesen. – Der gute Fernow verlangte es Goethe mitzuteilen, und als dieser es gelesen, forderte er mich auf, es mit ihm bei der Frau Hofrätin Schopenhauer zu lesen. Goethe war natürlich bei dieser Lesung nicht zugegen, aber außerdem ein großer und literarisch glänzender Kreis …

2807 *J. G. Gruber an Böttiger* *20. Juli 1810*

Mit Goethe stand ich anfangs sehr gut, er war sogar vertraulich, offen gegen mich. Seit er mir auf Zuflüstern von Vulpius die Niederträchtigkeit zutrauen konnte, daß ich die Nachricht von seiner Verheiratung in die Zeitung gesendet habe, bin ich nicht wieder zu ihm gekommen, denn bei dem Minister hatte ich nichts zu suchen, und Goethen hätte ich, ungeachtet ihn Fernow von meiner Unschuld überzeugt hatte, doch wohl nicht wieder gefunden. Gefällig sind wir uns übrigens gegenseitig immer geblieben.

2808 *Wilhelmine Bardua: Erinnerungen*

Ein andermal wurde Goethe im Vortrag eines Dramas durch lebhafte Ausbrüche einer häuslichen Kundgebung gestört. Er hielt inne, und da das Unwetter immer stürmischer herauf brauste, ward er verstimmt und wandte sich zu Caroline [Bardua]: «Sie, liebes Kind, wären wohl so gut, hinunterzugehen und in meinem Namen zu bitten, ob die Verhandlung nicht etwas weniger laut vor sich gehen könnte.»

2809 Wilhelmine Bardua: Erinnerungen

Als das Merkwürdigste aber erschien das Bildnis des berühmten Goethe [von Caroline Bardua]. Daß der große Mann der jungen Studentin dafür drei Sitzungen gewährt hatte, war ein Beweis, wie wohlgeneigt er ihr war. Goethe erscheint auf diesem Bilde, das noch heutigestags die Wohnung der Schwestern schmückt, mit noch dunklem Haar, in bloßem Hals, einen roten Mantel um die Schulter geworfen; im grünen Damast des Hintergrundes bildet sich, wie zufällig, ein Lorbeerkranz um den Kopf. Man sieht wohl, daß es die Arbeit eines Anfängers ist; der Kopf erscheint etwas kolossal – aber majestätisch, wie eines Imperators. Oft hörte man Carolines Vater den Freunden, welche das Bild zu sehen kamen, wiederholen, was Goethe gesagt habe: er sei für die Nachwelt mit diesem Bilde wohl zufrieden.

2810 K. L. v. Woltmann an Senator Smidt — 1. Oktober 1808

Herr v. Goethe trägt sich mit der Idee, in dem bevorstehenden Winter einen Kongreß ausgezeichneter deutscher Männer in Weimar zustande zu bringen, damit sie über Gegenstände der deutschen Kultur sich gemeinschaftlich beraten. Eben in diesem Zeitpunkt, wo Deutschland sich aufgelöset und seine Art von einem fremden Sein gedrängt fühlt, ist es vorzüglich ratsam, die Bande der deutschen Kultur und Literatur, wodurch wir bisher einzig als eine Nation bewahret sind, auf alle Weise fest zusammenzuziehn.

VII

VOM ERFURTER KONGRESS
BIS ZUM ENDE DES JAHRES 1810
1808–1810

1808

2811 L. W. G. Schlosser:
Erlebnisse eines sächsischen Landpredigers *1846*

Im Frühlinge des Jahres 1807 [26. Oktober 1808] wollte ich das Schlachtfeld [bei Jena] besehen, stieg den hohen, steilen Apoldaischen Berg hinauf, auf dessen Gipfel, der Windknollen genannt, man Napoleon zu Ehren, oder vielmehr zur Aufnahme der vielen Besucher, ein kleines Tempelchen gebaut hatte. Als ich in dieses trat, fand ich darin den Geh. Rat von Goethe, dem ich bekannt zu sein die Ehre hatte. Er kam mir mit seiner gewöhnlichen Freundlichkeit entgegen, und da er eben im Begriffe war, einigen Frauenzimmern, die er begleitete, den Verlust der Schlacht zu erklären, so vernahm ich Folgendes: «Als die Franzosen bemerkten, daß der Windknollen nicht besetzt war, wagten es zwanzig Mann hinauf zu schleichen, um zu sehen, ob sie dort festen Fuß fassen könnten. Kaum hatten die preußischen Husaren in dem gegenüber liegenden Dörfchen Isserstädt sie bemerkt, als sie auch ihren Rittmeister um die Erlaubnis baten, diese Waghälse den Berg hinunter zu stürzen. Er wagte aber nicht, diese Erlaubnis aus eigener Macht zu geben, sondern schickte nach Kapellendorf an den Feldmarschall Fürsten von Hohenlohe-Ingelfingen, dieser aber an den Oberfeldherrn, Herzog von Braunschweig in Hassenhausen, und es kam ein Verbot zurück. Aus den zwanzig Franzosen waren indessen zweihundert geworden. Neue Anfrage, neue Sendungen, neues Verbot. Nun hatten sich die zweihundert Mann zu einem starken Regimente vermehrt. Die Preußen brannten vor Begierde sie anzugreifen, der Fürst erhielt aber zur Antwort ein noch strengeres Verbot bei Verlust seines Kopfes; denn es sollten die Feinde durchaus nicht auf der Jenaischen Seite gereizt werden, um sie nach Hassenhausen zu ziehen, und dort en bataille rangée nach alter preußischer Art zu schlagen. So waren denn die Franzosen bald in großer Masse oben auf den steilen Bergen, von denen sie leicht hätten können abgehalten werden. Als der Fürst bald nach dem Beginne der Schlacht sehen mußte, daß er eine überlegene Macht gegen sich hatte, schickte er an den General Rüchel, welcher mit der Reserve in dem Gehölze Webicht vor Weimar stand, daß er ihm zu Hilfe kommen möchte. Aber Rüchel kam nicht, und so wurde er dreimal vergeblich aufgefordert. Um sich für eine wirkliche oder vermeintliche Zurücksetzung, die er früher im Kriege am Rhein vom Fürsten erlitten zu haben glaubte, zu rächen, wollte er die Schlacht verlieren lassen, um sie dann wieder herzustellen, und den Ruhm allein zu haben. Als er endlich kam, fand er schon alles in Flucht und Verwirrung, kommandierte: linke Schulter vor! Feuer! und war kaum zu überzeugen, daß er Preußen auf Preußen schießen ließ. Der eingebildete Wiederhersteller der verlornen Schlacht mußte mit den Fliehenden fliehen.» So weit Goethe.

2812 H. Steffens: Was ich erlebte *1842*

Goethe war nach Jena gekommen, ich sah ihn nach sieben Jahren zum ersten Male wieder, und seine Gegenwart ergriff mich tief. Er begleitete mich nach der Mineraliensammlung, die noch immer unter der Direktion des Professor Lenz bedeutende Schätze in sich schloß. Ich war für mein Handbuch der Mineralogie dort täglich mehrere Stunden beschäftigt. Goethe war bekanntlich ein geognostischer Dilettant, seine wiederholten Reisen nach Karlsbad verlockten ihn zu mancherlei Untersuchungen, und unsere Unterredung schweifte bald von der Mineralogie nach anderen naturwissenschaftlichen Gegenständen hin. Einige optische Untersuchungen wurden behandelt, seine Ansichten von der Metamorphose der Knochen beschäftigten uns, und er beklagte sich mit Heftigkeit über die Art, wie einige Naturforscher sein Vertrauen mißbraucht, und mitgeteilte Entdeckungen, ohne ihn zu nennen, als eigene bekannt gemacht hatten. Ich war ganz in die frühere schöne Zeit versetzt. Goethe ward immer heiterer, liebenswürdiger, und ich genoß ein Glück, welches mir seit langen Jahren fremd geworden war. Goethe lud mich und meine Frau mit der Frommannschen Familie nach Weimar ein.

2813 Riemer an August v. Goethe 30. Oktober 1808

Es ist nunmehr wieder ganz still und ruhig in Weimar geworden, Gott sei Dank! Denn man wußte nicht, wo einem der Kopf stand. Wir haben uns den Winter so viel zu tun vorgenommen, daß, wenn auch nur die Hälfte zu Stand kommt, es immer mehr sein wird, als man denken kann. Der Vater ist wohl, und wenn Sie ihn sehen könnten, auf das schönste dekoriert mit dem französischen und russischen Legion- und Annen-Orden. Das hätten Sie und ich am 14. Oktober nicht gedacht. Wieland und Einsiedel haben ihn gleichfalls bekommen.

2814 H. Düntzer: Charlotte von Stein 1874

Am 1. November [1808] war Goethe bei der Prinzessin, den folgenden Tag sprach er in seinem Hause von Werneburgs neuer Klaviererfindung und erläuterte die von ihm vorgezeigten mystischen Zeichnungen von Friedrich in Dresden.

2815 Carl v. Stein an seinen Bruder Fritz 8. November 1808

In Weimar ist große Stänkerei von wegen der Jagemann, der Herzog ist wie Wachs in den Händen der Person, es heißt, Goethe will zurücktreten, wenn die Jagemann nicht von ihren Intrigen läßt. Die Mutter hat ihn neulich auf der Straße getroffen, schreibt sie, er sei ganz konsterniert.

2816 J. F. Reichardt: Vertraute Briefe, geschrieben auf einer Reise nach Wien 1810

Weimar, den 6. November [1808].

... Hier in Weimar fand ich alles in seiner alten Würde und Trefflichkeit wieder ...

Dem Herzoge und seinem Goethe hat das Karlsbad wohlgetan, ich finde sie beide kräftiger und heitrer als im vorigen Jahre ...

Auch die guten interessanten Zirkel in den gebildeten Häusern der Stadt erhalten sich nicht nur, sondern werden auch durch hergezogene interessante Fremde immer wieder erneuert. Selbst Männer wie Goethe und Wieland und mehrere der gebildetsten Personen des Hofes besuchen sie gerne, und tragen zu dem Interesse und guten Ton derselben bei ...

Der treffliche Schweizer Meyer findet hier immer mehr Veranlassung, seine Kunst und gründlichen, ausgebreiteten literarischen Kenntnisse anzuwenden ... Selbst Goethe wird durch diesen heiligen Eifer aufgefodert, seinen großen Schatz von Kunst- und wissenschaftlichen Kenntnissen dem Hofe durch Vorlesungen in seinem Hause mitzuteilen, woran selbst die erhabene Herzogin gern Anteil nimmt ...

Das Theater, in welchem Goethe eine Schule für die Kunst begründete, und welches unter seiner Leitung einen sehr bestimmten Charakter erhalten hat, macht mir durch sein Ensemble jedesmal neue Freude. Man kann hier wohl mit einzelnen Schauspielern unzufrieden sein, mit dem Ganzen nicht leicht. Das greift immer so gut ineinander, daß es unverkennbar ist, wie es von einem Geiste geleitet wird, der tief in das Innere der Kunst dringt, der sich viel und ernstlich, theoretisch und praktisch, damit beschäftigte, überall weiß, was er will, nur das Ausführbare fodert, das aber auch mit der ganzen Kraft und Strenge des gebietenden Genies will und fodert.

2817 K. Eberwein: Erinnerungen

[Nach Eberweins Aufenthalt in Berlin.] Sobald der Geheimerat wieder in Weimar eintraf, machte ich ihm [am 6. November 1808] meine Aufwartung. Er empfing mich mit gewohnter Freundlichkeit und forderte mich auf, ihm recht viel von Berlin zu erzählen. Als ich die Pracht rühmte, mit welcher man im Theater die Stücke in Szene setze, so bemerkte er: «Ja, was man mit Geld machen kann, das hat das Berliner Theater.»

2818 Riemer *7. November 1808*

Kam Goethes und Wielands Orden der Ehrenlegion an. Mittags allein mit Goethe. Über die Hagensche Liedersammlung, Matthissons lyrische Blumenlese, Mangel an Objektivität der deutschen Dichter.

2819 *H. Düntzer: Charlotte von Stein* *1874*

Am 8. [November 1808] war die Herzogin morgens bei Charlotten zum Kaffee ... Sie ging mit ihr ins Schloß; auf dem Rückwege begegnete ihr Goethe, der sie nach Hause begleitete, wo sie ihm vorlas, was Fritz über den Tod seiner [Goethes] Mutter geschrieben hatte, und er nahm es sehr gut auf. Auch versprach er ihr den Aufsatz Meyers über die Meister der Münzen, von welchen Fritz ihm Abdrücke geschenkt hatte.

2820 *Riemer* *8. November 1808*

Kam Wieland mit der Schorcht und ihrer Tochter zu Tische. Über Campe und sein Verdeutschen, Späße.

2821 *Riemer* *9. November 1808*

Kamen die Damen zu Goethe. Mittags mit Goethe allein zu Tisch. Über die Nibelungen als ein von Grund aus tüchtiges Gedicht.

2822 *H. Düntzer: Charlotte von Stein* *1874*

Am 9. [November 1808] trug Goethe seiner Mittwochsgesellschaft die vier ersten Abenteuer der *Nibelungen* vor. «Ohne seine Erklärung hätten wir's alle nicht verstanden», bemerkt Charlotte, «schon das Wort *Nibelungen*, das er *Nebelvölker* deutete.»

2823 *H. Düntzer: Charlotte von Stein* *1874*

Den 10. [November 1808] ... erhielt Charlotte einen Besuch von Goethe, dem der Anblick der alten Freundin wohl tat, aber von seinen Zerwürfnissen wegen des Theaters sagte er ihr nichts. Sie gab ihm den eben erhaltenen Brief ihres Fritz zu lesen. «Ein englischer Mensch!» sagte er darauf. «Es tut mir leid, daß ich von ihm bin getrennt worden; aber es ist einmal in meiner Art, daß ich in der Ferne kein Verhältnis mehr mit Menschen haben kann.» Diese Äußerung schmerzte sie etwas, da sie immer am Gedanken von ewiger Liebe hing.

2824 Riemer an Frommann *12. November 1808*

Sie erhalten hier, mein Bester, die angekündigte Fortsetzung des Manuskripts zum zweiten Teil der Farbenlehre mit den besten Empfehlungen von Goethe und mit der Bitte, es bald setzen zu lassen. Die Revision wünschten wir ebenfalls wieder in doppelten Bogen zu erhalten, womöglich aber schon sorgfältiger korrigiert, als es bisher zwischendurch geschehen mögen, damit wir die Aufmerksamkeit rein auf die Sache behalten, und keine abermaligen Revisionen von uns begehrt werden. Vor bedeutenden und den Satz zerreißenden Änderungen wollen wir uns sehr in acht nehmen. Unterbrechungen werden nicht stattfinden, vielmehr soll der Setzer ein Sporn sein, uns sobald als möglich zu expedieren.

Die Friedrichschen Zeichnungen bleiben bis zum nächsten Freitag hier als dem längsten Termin und werden nun wohl bei Meyern zu sehen sein, im Fürstenhause. Morgen zeigt sie Goethe der Frau Hofrätin Schopenhauer.

2825 St. Schütze: Die Abendgesellschaften der Hofrätin Schopenhauer *1840*

Ein andermal – er [Goethe] kam mit einer Weinlaune, noch halb geputzt, von Hofe [zu Johanna Schopenhauer] – übte er völligen *Übermut* aus, und zwar gegen Wieland auf eine fast bösliche Weise (den 13. November 1808 [?]). Er reizte ihn durch Widerspruch, und man hörte gleich, daß es ihm nicht darum zu tun war, recht zu behalten, sondern nur, ihn in Harnisch zu setzen. Wieland nahm die Sache ernsthaft, und ärgerte sich denn auch in allem Ernste. Meyer hielt sich zu Goethe als sein treuer Adjutant, und seine zurechtweisenden Worte: «*Lieber Wieland*, Sie müssen das nicht *so* nehmen!» klangen mir verletzend.

2826 Pauline Gotter an Margarethe Wild *13. Dezember 1808*

Dann hatte ich noch ein Glück, worauf ich wenigstens nicht rechnen konnte, daß es mir so oft zuteil wurde, nämlich Goethen so viel zu sehn; gleich den andern Tag, daß ich in Weimar angekommen war [30. Oktober], wurde ich zu einem Frühstück zu ihm eingeladen, und Du kannst Dir denken, was für eine Freude ich hatte, ihn wieder zu sehn, er umarmte mich gleich und sagte: «Das nenne ich Wort halten»; ich hatte ihm nämlich in Karlsbad versprechen müssen, bald nach Weimar zu kommen oder ihm ein Rendezvous in Jena zu geben. Wem ich gut bin, dem wünschte ich die Freude, diesen herrlichen Mann nur einmal in seinem Leben sprechen zu hören, seine wunderbare Liebenswürdigkeit muß auch das unempfänglichste Gemüte ergreifen und beleben. Ich war wenigstens einen Tag um den andern in seiner Gesellschaft, er besuchte mich einmal, und bat mich noch einmal zu einem Frühstück und dann auch zu einem Diner zu sich. Und wie freundlich und herzlich er immer war, wie er alles mögliche aufsuchte, mir Vergnügen zu machen, kannst Du Dir gar nicht denken. Er hat mir auch viele Landschaften geschenkt, die er selbst gemalt hat, meistens Gegenden aus Karlsbad. Im Theater mußte ich immer in seiner Loge sitzen, und wenn dann auch manchmal das Stück schlecht war, so fand ich das reinste Vergnügen in seiner Unterhaltung, und jedesmal führte er mich aus dem Theater und aus der Gesellschaft nach Hause. Dann habe ich ihn auch mehrmal in geistreichen Cirklen gesehn, die eine Hamburgerin Madame Schopenhauer jetzt in Weimar um sich versammelt, er führte mich zu ihr, und wahrscheinlich weil ich unter so einem Schutz kam, hat sie mich gegen Verdienst und Würden mit Artigkeiten überschüttet, da sie sonst gegen Damen nicht sehr zuvorkommend sein soll. Ich war das erste Mal [am 6. November] ein wenig verlegen, wie mich Goethe hinbrachte, weil zufälligerweise den Tag, weil Ball in Weimar war, keine Damen hinkamen und ich unter einer Menge gelehrter Herrn außer der Wirtin die einzige Dame war, und beinah alles fremde Gesichter; doch hatte ich die Freude, den alten Wieland kennen zu lernen, neben dem ich zu sitzen kam. Ein paar Tage drauf wurde ich auf Goethes Gesellschaft zu einem Diner zu ihr eingeladen, wo ich wieder die einzige Dame war. Ich bin auch mit ihr einen Tag in Jena gewesen.

2827 Pauline Gotter an Marianne Hummel 31. Januar 1809

... ich verbrachte drei Wochen sehr vergnügt in Weimar bei Günthers zu, wo ich Goethe sehr viel sah, der es an freundlichen Aufmerksamkeiten und süßen Worten nicht fehlen ließ, mich besuchte und sehr oft zu sich einlud, wo ich immer die vortrefflichste Unterhaltung und viel schöne Kunstwerke gesehen habe, ja er trieb die Artigkeit so weit, daß ich im Theater immer in seiner Loge sitzen mußte, und machte mir auch die Freude, mir eine Menge Landschaften zu schenken, die er gezeichnet hatte, meistens Gegenden aus Karlsbad. Durch ihn wurde ich auch in die Gesellschaften der Madame Schopenhauer eingeführt, wo ich viel angenehme Stunden verlebt habe. Der weimarische Aufenthalt war sehr reich an Freuden für mich ...

2828 Pauline Gotter an Margarethe Wild 21. Juli 1809

Nun muß ich Dir doch auch mitteilen, daß ich vor ungefähr sechs Wochen einen sehr herzlichen Brief von dem herrlichen Goethe erhalten habe, er schickte mir zu gleicher Zeit ein paar Exemplare von einem Gedichte, was er kürzlich gemacht, und wovon ich Dir eines gesendet hätte, wenn es mir nicht durch das Verborgen abhanden gekommen wäre. Wie viel werde ich Dir von ihm zu erzählen haben. Es ist ein Gegenstand, der eine unerschöpfliche Quelle von Freude für mich ist. So herrlich, so groß seine Werke in jedem Betracht sind, so kommen sie doch in keinen Vergleich gegen seine mündliche Unterhaltung, und es ist der reichste Genuß, den ich gefunden habe. Aber ich glaube auch, daß seine Gegenwart sehr gefährlich sein kann, und ich versichere Dich, daß ich mein ganzes bißchen Verstand zusammen genommen habe, um mir jeden Augenblick klar zu gestehen, daß alle süßen Worte, die er mir ins Ohr raunte, nicht mir insbesondere, sondern jedem jungen Mädchen gelten würden. Ich war weniger besorgt, daß meine Eitelkeit aufgeregt wurde (denn die ist wahrhaftig bei mir nicht sehr groß), als daß mein Herz mit meinem Kopf davon laufen möchte, wenn ich ihn mit der größten Zärtlichkeit und mit den geistreichsten Wendungen um die Erlaubnis bitten sah, mir die Hand zu küssen, da er gegen andere vornehm, steif zurückhaltend und herablassend ist. Keine Seele hat das von mir erfahren; aber in den Busen der liebsten Freundin kann man es wohl ausschütten. Es ließe sich noch viel und mancherlei darüber sprechen und mitteilen, wenn ich nicht immer bei solchen schriftlichen Ergießungen die Angst hätte, daß der Zufall jemand anders den Inhalt in die Hände spielen [könnte], und ich wäre schon außer mir, wenn auf *diesen* Zeilen andere als Deine freundschaftlichen Blicke ruhten. Also alles bis zu einer schöneren Zeit, die doch endlich kommen muß. A propos wenn Du einmal Zeit und Muße hast, könntest Du mir eine Freude machen und was recht Hübsches ausschneiden. Goethe hatte allerlei Ausgeschnittenes, und da sagte ich ihm, ich hätte eine Freundin, die viel schönere Dinge in der Art machte, von der ich ihm bei Gelegenheit etwas verschaffen wollte. Tu es aber ja nur gelegentlich ...

2829 Riemer *(16. November 1808?)*

[Goethe:] «Im Homer reflektiert sich die Menschenwelt noch einmal im Olymp und schwebt wie eine Fata Morgana über der irdischen. Diese Spiegelung tut in jedem poetischen Kunstwerk wohl, weil sie gleichsam eine Totalität hervorbringt und wirklich Menschenbedürfnis ist. Daher auch in der katholischen Religion. Im Himmel ist ein Vater, wie es irdische gibt, eine Mutter wie hier, einer, der gelitten hat, wie es hier viele Leidende gibt. So auch im Paganismus. Der Baum soll mehr sein als ein Baum; es ist eine Dryas, die Quelle eine Najade. Die Einsamkeit des Mittags ist personifiziert in allen Waldgöttern usw.

In den Nibelungen ist ein eherner Himmel. Keine Spur von Göttern, von Fatum. Es ist bloß der Mensch auf sich gestellt und seine Leidenschaften.» Schon dies ist Goethen ein Hauptbeweis, daß es eine nordische und heidnische Fabel ist.

2830 *Henriette v. Knebel an ihren Bruder* *19. November 1808*

Am Mittwoch [16. November] hat uns Goethe seine Reflexionen über das alte Gedicht [Nibelungenlied], was er uns vorliest, recht schön mitgeteilt. Seine Gedanken schienen mir so frisch und richtig. So glaubt er auch, daß in den damaligen Zeiten eigentlich das wahre Heidentum gewesen wäre, ob sie gleich kirchliche Gebräuche hatten; denn Homer hätte mit den Göttern in Verbindung gestanden, aber in diesen Leuten findet sich keine Spur von irgend einem himmlischen Reflekt.

2831 *Riemer* *17. November 1808*

Um 3 Uhr hinunter zu Goethe in den Saal gegangen. Kam erst Meyer und zeigte Hundeshagens Säulenabdrücke von Barbarossas Palast. Kam Herr von Müller mit seiner Frau. Herr von der Reck mit ihr; Humboldt, Schiller, Wolzogen und sie. Wurde Tee getrunken. Las Goethe die Neue Melusine vor. Nachher zu Tische gesetzt. Über Italien, Poesie, W. Schlegels Spottgedicht auf Voß, Matthisson etc.

2832 *W. v. Humboldt an seine Frau* *19. November 1808*

Ich komme eben von Weimar, liebe Li, wo ich bei Wolzogens gewohnt habe …

Goethe war äußerst freundschaftlich und herzlich gegen mich, aber sonst in keiner guten Stimmung in den beiden Tagen. Er hat unendliche Trakasserien wegen des Theaters, und was wirklich schrecklich ist, so war ihm gerade, als ich da war, vom Hofe erklärt worden, er solle zwar die Theaterdirektion behalten, aber sich nicht mehr darum bekümmern, was ihn sehr verdroß. Goethe hat eine lange Unterredung mit dem französischen Kaiser gehabt, von der er sehr voll ist. Schlicht historisches Erzählen ist, weißt Du, seine Sache nicht. Aber Werthers Leiden und die französische Bühne sind die Hauptgegenstände der Unterhaltung gewesen. In Werthers Leiden hat der Kaiser eine Stelle getadelt, die, nach Goethes Versicherung, allen übrigen Lesern entgangen ist. Es ist, sagt Goethe (die Stelle selbst wollte er nicht anzeigen), eine, wo er die wahre Geschichte und die Fiktion aneinander genäht hat, wo er die Verbindung mit großer Kunst gemacht zu haben glaubt, wo indes der Kaiser doch etwas Spielendes bemerkt hat. Das französische Theater soll der Kaiser unglaublich genau von Vers zu Vers kennen und nicht so unbedingt verehren. Vorzüglich streng soll er in der Beurteilung der Konsequenz der Charaktere und in der Gegeneinanderhaltung der historischen und poetischen Motive sein. Am meisten aufgefallen ist Goethe an ihm, daß er, auch in poetischen und literarischen Dingen, nie etwas getadelt hat, ohne gleich zu sagen, was an die Stelle gesetzt werden müßte; wirklich ist auch bei Dingen, wo es auf Handeln ankommt, nichts so desolant, als wenn man nur immer anzugeben weiß, was nicht recht ist. Unendlich weh tut es einem, daß Goethe nicht wegen des fremden Einflusses, sondern wegen des inneren Unwesens an allem literarischen Heil in Deutschland verzweifelt. Jeder, sagt er, will für sich stehn, jeder drängt sich mit seinem Individuum hervor, keiner will sich an eine Form, eine Technik anschließen, alle verlieren sich im Vagen, und die das tun, sind wirklich große und entschiedene Talente, aus denen aber eben darum schlechterdings nichts werden kann. Er versichert darum, daß er sich nicht mehr um andere bekümmern, sondern nur seinen Gang gehen wolle, und treibt es so weit, daß er versichert, der beste Rat, der zu geben sei, sei die Deutschen, wie die Juden, in alle Welt zu zerstreuen, nur auswärts seien sie noch erträglich. Ich habe ihm gesagt, daß ich für mich das schon angefangen habe, und daß er nur zu uns kommen dürfe, um es auch an seinem Teil zu vollenden. Seinen Faust hatte ich hier [in Erfurt], noch ehe ich nach Weimar ging, gelesen. Er hat vier an niemand gerichtete Zueignungsstrophen ... Darauf kommt ein Vorspiel und ein Prolog ... Dann folgt das Stück. In diesem sind nicht bloß hinten Szenen angehängt, sondern auch in der Mitte eingeschaltet, wie zum Beispiel die, welche er uns vorlas. Ausgelassen ist, soviel ich ohne Vergleichung bemerkt habe, nichts ...

Vorgestern abend, als wir bei Goethe waren, las er uns eine Art Märchen vor. Aber leider fielen Caroline [von Wolzogen] und mir gar sehr die Ausgewanderten dabei ein. Es ist eine der Kompositionen, die nur zum Ausruhen bestimmt sein können. Vieles von dem Neuen im Faust ist uralt. Die letzte Szene ist dreißig Jahre alt, aber es hatte nie ein Sterblicher sie gesehn. Goethe hat noch mehr Szenen, die ein andermal werden eingeschaltet werden.

2833 W.v. Humboldt an F.H. Jacobi *21. November 1808*

... ich war in Weimar, und sah Goethe zwei Tage lang, sprach viel von Ihnen mit ihm, und soll Sie herzlich von ihm grüßen. Ich fand ihn wohl, und, wie Sie ihn kennen, beschäftigt, indes ziemlich zornig über so manches literarische Unwesen in Deutschland. Er klagt so ernstlich über Anarchie, Formlosigkeit und Mangel an Technik in den neuen Poeten und Autoren, daß es ihn doppelt verdrießt, so viel wahres Talent in ihnen zu finden, und zu Grabe gehen zu sehn, und daß er nah daran ist, mancherlei Beschränkungen, die jenseits des Rheins Mode sind, wenigstens nicht sonderlich zu tadeln. Übrigens fährt er fort, um sich her, soviel er kann, zu wirken, und liest zum Beispiel alle Mittwoch vormittag einem ausgewählten Zirkel, unter dem sich auch die Herzogin befindet, die Nibelungen vor. Mit dem Kaiser Napoleon hat er eine lange Unterredung gehabt, über seinen Werther und das französische Theater. Über den ersteren, versichert er, habe der Kaiser sehr wahre, frappante, und ihm sonst nie vorgekommene Bemerkungen gemacht; das letztere kenne er bis zur Bewunderung genau, und habe alle historische und poetische Motive der bekanntesten Stücke bis in ein ungeheures Detail hinein verfolgt. Sehr viel haben wir auch Bettinas erwähnt, die er nach Würden, wie wir, schätzt.

2834 W.v. Humboldt an seine Frau *26. November 1808*

Was Goethen betrifft, so ist nicht zu leugnen, daß er nicht gerade das beste seines Genius während seines italienischen Aufenthalts aussprach. Es mag freilich sein, daß er nicht lange genug dort war, aber – wir sprachen noch selbst bei Carolinen [von Wolzogen] mit ihm davon – Werther, Egmont, Faust wären nie, auch von ihm, in Italien entstanden.

2835 Henriette v. Knebel an ihren Bruder *23. November 1808*

Dem Goethe werde ich sogleich Deinen Gruß überbringen. Humboldt ist wieder bei seinem Schwiegervater in Erfurt. Im Spaß schalt gestern Goethe auf ihn, da er auch nicht das Geringste von Rom mitgebracht hat.

2836 H. Düntzer: Charlotte v. Stein *1874*

Am Morgen des 18. [wohl 22. November 1808] kam Charlotte bei der Prinzessin mit Goethe zusammen, der ihr sein Entlassungsgesuch von der Theaterleitung bestätigte, und seine Freude aussprach, daß er nun eine große Last vom Halse habe und mehr mit seinen Freunden leben könne.

2837 H. Düntzer: Charlotte v. Stein *1874*

An dem folgenden [Mittwoch, 23. November] und den nächsten Mittwochen setzte Goethe seine Betrachtungen über die *Nibelungen* fort, entwarf eine Karte, die zu hübschen Betrachtungen führte, machte auf die Motive, die Ausführung, das Kostüm und anderes die Zeit des Gedichtes Betreffende aufmerksam.

2838 Riemer *23. November 1808*

Mittags traf die Geh. Rätin ein. Demoiselle Ulrich zu Tisch. Über Frankfurt. Abends Ulrich und Deny zu Tische. Kam Haide. Ward der Geheimen Rätin ein Ständchen von Janitscharen-Musik gebracht. Nachher ihr Tagebuch von der Reise vorgelesen.

2839 Riemer *25. November 1808*

Lemarquand und Falk. Der erste las seine Übersetzung von Goethes Faust vor: war sehr in den Sinn penetriert. Hin- und widergesprochen. Über Wolfs Meinung von Homer und dergleichen äußerte Goethe: «Schon fast seit einem

Jahrhundert wirken *Humaniora* nicht mehr auf das Gemüt dessen, der sie treibt, und es ist ein rechtes Glück, daß die *Natur* dazwischen getreten ist, das Interesse an sich gezogen und uns von ihrer Seite den Weg zur Humanität geöffnet hat.»

[Goethe?:] «Daß die Humaniora nicht die Sitten bilden! Es ist keineswegs nötig, daß alle Menschen Humaniora treiben. Die Kenntnisse, historisch, antiquarisch, belletristisch und artistisch, die aus dem Altertum kommen und dazu gehören, sind schon so divulgiert, daß sie nicht unmittelbar an den Alten abstrahiert zu werden brauchen, es müßte denn einer sein Leben hineinstecken wollen. Dann aber wird diese Kultur doch nur wieder eine einseitige, die vor jeder anderen einseitigen nichts voraus hat, ja noch obenein nachsteht, indem sie nicht produktiv werden und sein kann.»

Abends hinten, war Haide und Deny da. Über Goethes wahrscheinliche Niederlegung der Theater-Direktion.

2840 Henriette v. Knebel an ihren Bruder 26. November 1808

Du weißt wohl noch nicht, daß Goethe sein Geschäft beim Theater niedergelegt hat. Ich glaube wohl, daß er der großen Plage und beständigen Neckerei längst müde war. Doch hat es ihn hauptsächlich verdrossen, daß kürzlich der Herzog aus eigener Bewegung oder vielmehr aus Bewegung der Jagemann dem Sänger Morhard auf eine etwas ungerechte Weise Arrest gegeben hat. Als einen Eingriff in seine Rechte nahm Goethe das übel, und da weder ihm noch dem Sänger Genugtuung geschah, so zieht er sich nun ganz ab. Unser Theater möchte nun leicht von seinem Ruhme verlieren. Wahrscheinlich übernimmt es nun die Jagemann selbst.

Denke nur, daß hier ein Franzos Lemarquand ist, der sonst in Erfurt war, der den «Doktor Faust» ins Französische übersetzt. Er geht dabei nach Spanien und will aber immer von Zeit zu Zeit einen Bogen von seiner Übersetzung an Goethen schicken, daß dieser ihn korrigieren soll. Wir haben den Goethe noch nicht darüber gesprochen, sind aber neugierig, was er zu diesem Feldzug sagt. Es soll schon ein ganzes Stück davon fertig sein.

2841 Riemer *27. November 1808*

Über Tische Einladung von Demoiselle Jagemann. Anfrage bei Goethe, Genehmigung von ihm. Von ihm instruiert. Um 3 Uhr zu ihr. Allein. Exposition der Sache. Ihre und des Herzogs Intention.

2842 P. A. Wolff an H. Blümner *28. November 1808*

... ich kann Ihnen mit gepreßtem Herzen die Nachricht, daß Goethe die Direktion des hiesigen Theaters niedergelegt hat, bestimmt und sicher erteilen ... Erfahren Sie also, daß Demoiselle Jagemann ihre Absicht, mit dem Theater nach Belieben zu schalten und zu walten, welches wahrscheinlich schon lange ihr Wunsch war, damit erreicht hat, daß sie Goethen durch Eingriffe in seine Rechte, vom Herzog unterstützt, verschiedentlich beleidigte, und diese Kränkungen so lange wiederholte, bis er dem Herzog die Direktion, welche er achtzehn Jahre unter sich hatte, zu Füßen legte. Der Herzog, dem sein Verfahren wahrscheinlich durch Umwege abgedrungen und manches Wort durch entfernte Gründe abgelockt worden, war anfangs sehr darüber frappiert, und es kam zu allerhand Vorschlägen, die aber immer so gedreht wurden, daß Goethe auf seinem Entschluß beharren mußte. Heute hat Goethe alles abgeschlossen und nichts mehr zur Unterschrift das Theater betreffend angenommen ... Die erste Beleidigung, die Goethe widerfuhr, ist folgende. Es ist eine merkwürdige Geschichte und ein Meisterstreich eines verschmitzten Köpfchens. Morhard, unser Tenorist, wurde von der Großfürstin unterstützt und war deshalb Demoiselle Jagemann ein Dorn im Auge; es war ihr aber zeither unmöglich, ihm etwas Übles zuzuführen, obwohl sie es schon mehreremal versucht hat. Die gegenwärtige Entfernung der Großfürstin gab ihr nun Gelegenheit, denn Morhard wurde zufällig krank, als die Oper «Sargino» zum zweitenmal gegeben werden sollte. Der Herzog, durch die Jagemann angespornt, bestand auf der Vorstellung, ließ weder Morhards Entschuldigung noch das Attestat des Arztes gelten und verlangte noch denselben Abend, daß, wenn er nicht singen könnte, er augenblicklich die Stadt verlassen sollte. Morhard hielt sich an Goethe als an seinen Directeur, und dieser hatte Mühe genug, ihm acht Tage Wache als eine gelinde Strafe für seine Unschuld auszuwirken. Dadurch wurde Morhard verabschiedet, und Goethe als Unterstützer seines Ungehorsams verdächtig gemacht. Sie hat sich an Morhard gerächt und ist zugleich in ihrem Plan, Goethen zu verdrängen, vorgerückt.

2843 F. Passow an E. Breem *29. November 1808*

Bei dieser Gelegenheit muß ich Ihnen doch die betrübte Nachricht melden, daß Goethe – seitdem ihm Napoleon das Schandkreuz der Ehrenlegion ins Knopfloch gehenkt hat – sich beträgt, wie es einem solchen Legionär ziemt!

2844 Christiane v. Goethe an ihren Sohn *30. November 1808*

Der Geheimerat hat das Theater völlig niedergelegt, aber der Herzog will es durchaus nicht zugeben; man schickt täglich sowohl an mich als an den Geheimerat Leute ab, die ihn bereden sollen, es nicht aufzugeben; aber sein Entschluß ist fest, daß er es entweder ganz allein haben will oder gar nicht. Ich bin es sehr wohl zufrieden und sehe ein, daß es durchaus nicht anders angeht. Die Sache ist nämlich so. Es hat sollen Sargin gegeben werden, Morhard hat aber so einen fürchterlichen Katarrh bekommen, daß es ohnmöglich war. Die Jagemann hat aber geäußert: «Wenn der Hund nicht singen kann, so soll er bellen, und er muß singen.» Da das aber nicht möglich war, und Morhard nicht in die Probe kam, so hat sie sich an den Herzog gewendet, und dieser hat Morhard noch denselben Abend wollen über die Grenze bringen lassen, wo ihm denn der Geheimerat nur geschwinde hat Wache geben lassen, um es zu mildern. So stehen jetzt die Sachen. Der Herzog ist am Dienstag nach Jena, und wir wissen nun noch nicht, wie es werden wird.

2845 Ch. G. v. Voigt an Carl August 30. November 1808

Der Hofrat Meyer erstattet einen langen mündlichen Rapport über die Theatersache, wovon das Wesentlichste folgendes ist:

1) Der Geh.-Rat v. Goethe will mit einer bloß scheinbaren Direktion sich nicht abgeben, weil selbst seine Ehre dieses nicht zulasse.

2) Dagegen will er zwar dem Modo, ihn bis Ostern zu dispensieren, submittieren, müsse dabei aber nur bemerken, daß er mit Grund fürchte und voraussehe, das Theaterwesen werde inzwischen in einen Zustand kommen, daß er den Faden nicht wieder aufnehmen könne. Denn mehrere Schauspieler, die in persönlicher Rücksicht gegen ihn sich engagiert hätten, würden aufkündigen, mehrere würden sich in Besitz von Rollen setzen usw.

3) Indessen sei er sehr bereitwillig, in dem itzigen Zustande die Direktion fortzusetzen, wenn ihm nur der zugehörige Einfluß in die Disziplin bleibe, und, im Fall Ew. Durchlaucht darin etwas nötig fänden, Sie die Gnade haben möchten, es durch ihn gehen zu lassen. Dieses erfordere unumgänglich seine Ehre und sein Ansehen bei den Schauspielern selbst. Wenn übrigens nur die Stücke zu Stande kommen, und gespielt würden! Bisher wären zwölf bis fünfzehn Stücke bloß darum erliegen blieben, weil bei jedem Hindernisse hervorgebracht worden wären. Es sei auch ein Stück bereit, für Serenissimae Geburtsfest, das müsse aber ganz erst zurecht geschnitten werden.

4) Sollte die Idee, mit Absonderung der Opera von der Direktion, ausführbar scheinen, so wäre Herr Geh.-Rat v. Goethe dazu allenfalls auch bereit.

Überhaupt wolle er zu allem die Hand bieten, was Serenissimus wünschten; nur als ein bloß dem Namen nach stehender Direktor könne er seiner Reputation wegen nicht stehen.

(*Höchstvertraulich* fügte Meyer noch die Erklärung bei, daß Goethe keineswegs prätendiere, die Mademoiselle Jagemann auf irgend einige Weise zu genieren, sondern daß ihr, wie bisher, lediglich überlassen bleiben solle, *ob* oder *wie* sie auftreten wolle. Überhaupt sehe er durchaus keine Persönlichkeit, sondern es sei ihm bloß um die Sache zu tun.)

2846 Riemer *30. November 1808*

Sollte ich unten sein bei der Vorlesung. Nach 10 Uhr hinuntergerufen, waren die Herzogin und die Prinzeß, Gräfin Henckel, Stein, Schiller, Wolzogen, Egloffstein, Seebach da. Nibelungen.

2847 Riemer *1. Dezember 1808*

Besuch von Wolff. Theatersachen. Nach Tische mit Goethe, der Geh. Rätin die Theaterangelegenheiten besprochen. Goethes Vorschlag. Einwendungen dagegen und Offens. Stillgeschwiegen.

2848 Riemer *2. Dezember 1808*

War Goethe bei der Herzogin. Abends mit Deny und Demoiselle Ulrich zu Tisch. Nachher über Theaterangelegenheiten, und der Geh. Rätin Vorschlag von *gänzlicher* Separation der Oper vom Schauspiel und Drama überhaupt, auch des Personals.

2849 Riemer

Eine Veranlassung, die Direktion des Theaters niederlegen zu wollen, hatte Goethe schon 1808 im November. Man sprach davon am 25. November und folgenden Tage. Am 27. ließ mich Demoiselle Jagemann kommen, ich ging mit Goethes Genehmigung. Sie exponierte mir ihre und des Herzogs Intention. Den 28. fragte sie mich im Theatersaal um Antwort. Den 29. bat ich Goethe um Instruktion, die er mir gab. Mehrere Tage noch zu Hause bei Tisch darüber gesprochen, bis am 2. Dezember gänzliche Separation der Oper vom Schauspiel und Drama ausgemacht wurde, nach der Geh. Rätin Vorschlag.

2850 *Riemer* *3. Dezember 1808*

Um 5 Uhr war Humboldt angekommen und logierte mit Theodor bei uns. Er ging mit der Geh. Rätin ins Theater. Abends Humboldt und Theodor zu Tisch. Über das Theater, Musik, römische Angelegenheiten.

Gegen das Sprechen zur Musik erklärte sich Goethe so: «Musik sei die reine Unvernunft, und die Sprache habe es nur mit der Vernunft zu tun.» ... Schiller hatte besonders den Tick, bei Musik sprechen zu lassen, zum Beispiel die Jungfrau von Orleans. Goethen war das immer zuwider, wie er oft genug äußerte.

Am 3. Dezember 1808 äußerte Goethe ferner: «Licht, wie es mit der Finsternis die Farbe wirkt, ist ein schönes Symbol der Seele, welche mit der Materie den Körper bildend belebt. So wie der Purpurglanz der Abendwolke schwindet und das Grau des Stoffes zurückbleibt, so ist das Sterben des Menschen. Es ist ein Entweichen, ein Erblassen des Seelenlichtes, das aus dem Stoffe weicht. Daher sehe ich keinen Toten. Alle meine gestorbenen Freunde sind mir so verblichen und verschwunden, und das Scheinbild von ihnen bleibt mir noch im Auge.»

2851 *W. v. Humboldt an seine Frau* *7. Dezember 1808*

Ich habe diesmal [am 3. und 4. Dezember] bei Goethe gewohnt, und er war außerordentlich freundschaftlich, vertraulich und herzlich. Ich bewohnte eine seiner sogenannten Putzstuben im ersten Stock, und Theodor mit Zimmermann eine mit einer Kammer im zweiten neben Riemer. Die Händel mit dem Theater dauern noch immer fort und haben dem armen Goethe nun schon volle vier Wochen Unruhe gekostet, in denen er schlechterdings nichts hat vornehmen können. Er möchte es dahin bringen, daß Oper und Schauspiel getrennt und letzteres ihm allein überlassen würde. Allein der Herzog wird diesen Vertrag schwerlich eingehen, und vermutlich geht Goethe ganz vom Theater, das dann in weniger als nichts zerfallen wird, ab. Vermutlich gewinnt aber dann dabei das Publikum. Denn er freut sich schon jetzt, dann mehr arbeiten zu können, und denkt auf eine Fortsetzung der Natürlichen Tochter, zu der schon alles fertig liegen soll. Die Geheimrätin, die jetzt von Frankfurt am Main, wo sie wegen des Nachlasses der verstorbenen Mutter Goethes war, zurückgekommen ist, ist ein ganz leidliches Wesen, und Goethe tut alles, um zu machen, daß die Weimarschen Damen mit ihr umgehen sollen. Caroline [von Wolzogen] tut es ohne Anstand, da sie mit Recht sagt, daß sehr viele von jeher aufs rechtmäßigste verheiratete Damen um kein Haarbreit amüsanter sind, und andere folgen ihr. Goethe ist darum auch äußerst gut mit Carolinen und lobt sie über alle Maßen. Für Theodor hat die Geheimrätin wirklich zärtliche Sorgfalt gehabt.

2852 Riemer *7. Dezember 1808*

Nach Tisch kam die Elsermann. Streit mit ihr über die Weiber und ihre Einbildung von sich.

[Goethe:] «Weiber haben keine Ironie, können nicht von sich selbst lassen. Daher ihre sogenannte größere Treue, weil sie sich selbst nicht überwinden können, und sie können es nicht, weil sie bedürftiger, abhängiger sind als die Männer.»

2853 Riemer *8. Dezember 1808*

Als von Schuberts Ansichten von der Nachtseite der Naturwissenschaft und deren *Heiligkeit* die Rede war, bemerkte Goethe: «Solche Naturen wie Schubert seien gleichsam die *Moll-Töne* der Natur; das *Heilige* spräche sich aber auch in *Dur-Tönen* aus.»

2854 Riemer *9. Dezember 1808*

Von Tischbein in Hamburg sagte Goethe: «Er sei ein rückschreitender Jehovah. Erst habe er Menschen gemalt, nun mache er Tiere.»

2855 F. v. Müller *14. Dezember 1808*

Von 5 bis 7½ Abend war ich bei Goethen.

Er studiert jetzt die ältere französische Literatur ganz gründlich wieder, «um ein ernstes Wort mit den Franzosen sprechen zu können. Welche unendliche Kultur», rief er, «ist schon an ihnen vorübergegangen, zu einer Zeit, wo wir Deutsche noch ungeschlachte Pursche waren. Deutschland ist *nichts*, aber jeder einzelne Deutsche ist viel. Und doch bilden sich letztere gerade das Umgekehrte ein. Verpflanzt, zerstreut wie die Juden in alle Welt müßten die Deutschen werden, um die Masse des Guten ganz und zum Heil aller Nationen zu entwickeln, die in ihnen liegt.» Vertrauliches Urteil über Voßens Charakter als Mensch, der sich erst später so versteinert habe. Angriff gegen Goethes Rezension des Wunderhorns. Dafür wolle er ihn auch noch einst auf den Blocksberg zitieren.

Zum Behuf der geschichtlichen Ausarbeitung über die Farbenlehre studiert Goethe jetzt die Zeit-Geschichte aller großen Schriftsteller darüber. Wie er sie ansehe, davon gab er mir Proben durch die Einleitung zu Roger Bacons Leben (13. Jahrhundert), der bald nach der Magna Charta geboren ward. «Auf so heitrem Grund lasse ich nun die Figur selbst hervortreten.»

Auch fügte er hinzu: «Welch eine Welt von Herrlichkeit liegt in den Wissenschaften, wie immer reicher findet man sie. Wie viel Klügeres, Größeres, Edleres hat gelebt, – und wir Zeitlinge bilden uns ein, allein klug zu sein!!»

Ein Volk, das ein Morgenblatt, eine Elegante Zeitung, einen Freimütigen p. habe, und *Leser* dazu, sei schon rein verloren. Wie hundertmal besser sei die so verschriene Romanen-Lektüre, die doch eine ungeheuer weite – wenngleich nicht solide – Bildung hervorgebracht habe.

Goethe hatte das Jenaische Commissoriale sehr übelgenommen. «Ich bin zu alt, um mit mir Farcen und Possen spielen zu lassen.» Er gab mir bei dieser Gelegenheit viele Beweise seines offnen Vertrauens, und sprach dann noch lange von der Theatergeschichte. «Es ist unglaublich, wie der Umgang der Weiber herabzieht p.»

Übrigens gab er die Hoffnung einer Ausgleichung doch noch nicht ganz auf, und sprach sehr gemäßigt darüber.

Wenn er Jagemann alle acht Tage hätte sehen und persönlich influieren wollen, würde es gegangen sein. Da sie aber ohne alle Konsequenz und Plan sei, nur eine Rolle spielen, leben, genießen wolle, so ruiniere sie jedes Verhältnis, jede Häuslichkeit, in die sie trete, ohne eigentlich böse zu sein.

Er lud uns schon auf den nächsten Dienstag ein. Wahrscheinlich will er einen wöchentlichen Zirkel geben.

2856 Riemer an Knebel *17. Dezember 1808*

Während naher und entfernter Befehdungen sitzen wir ruhig in unserm Zimmer und verfolgen nur bald den Gang der Farbenlehre durch die barbarischen und folgenden Jahrhunderte, bald den Weg, den die Nibelungen durch König Etzels Land genommen haben, und sind glücklich, die meisten Orte auf der Karte zu entdecken …

Täglich erwarten wir Wernern, der seinen Besuch schon vorlängst zugesagt hat. Die übrigen, die sich angemeldet haben, scheinen indes ausbleiben zu wollen. Baggesen ist schon wieder nach Amsterdam gegangen. Herr v. Kügelgen ist aber hier und malt den Geh. Rat. Nun dürfen wir endlich hoffen, ein von mehreren Seiten gut getroffenes Bildnis von ihm zu besitzen.

2857 F. Kirms an Carl August *18. Dezember 1808*

In Befolgung Ew. Herzoglichen Durchlaucht höchsten Auftrags, habe ich bereits am Dienstag [13. Dezember] mit dem Herrn Geheimen Rat von Goethe zu sprechen mich bemüht; es hat aber derselbe keinen Antrag angenommen, weil die jetzigen Verhältnisse und seine Gesundheits-Umstände es durchaus nicht erlauben wollten, sich mit den Theater-Geschäften ferner abzugeben.

Gestern abend habe ich mich wieder zu ihm verfügt, und das Resultat mancherlei Unterredungen war folgendes:

«Wenn auch Serenissimus ihm unbedingten Auftrag geben würden, die Angelegenheiten des Theaters, bei dessen mißlichen Verhältnissen, nach Serenissimi Wünschen selbst zu organisieren, so wisse er nicht, wie er es angreifen solle: Das Beste für ihn und seine Gesundheit sei, der Aufsicht über das Theater zu entsagen. Wenn er es hätte länger behalten sollen, so hätte es nur ohne Verhältnis mit dem Schauspieler Becker geschehen müssen; er hätte indessen diesem gern Platz gemacht.»

2858 Abeken an H. Voß *26. Dezember 1808*

Er [Schillers Sohn Ernst] aß neulich mittags bei Goethe, der sehr gütig gegen ihn war; das scheint sehr auf ihn gewirkt zu haben. – Ja, lieber Voß; auch ich bin neulich bei Goethe gewesen auf seine Einladung; und ich muß auch Dir danken; denn ohne Dich wäre ich wohl nie zu Goethe gegangen. Gestern vor acht Tagen [18. Dezember] war ich bei ihm zu Mittag. Ich kann Dir meine Freude darüber nicht genug ausdrücken. Es war mir der schönste Tag, den ich in Weimar gehabt habe. Es war nur eine kleine Gesellschaft, ein Bremenser Meyer, den ich noch von Jena her kenne, eine Dame und unsre Kleinen. Das war mir gerade recht; und ich hatte meinen Platz gerade Goethe gegenüber, so daß ich mich an seinen Reden, seiner herrlichen Gestalt, seinem edlen Gesichte recht weiden konnte. Und er war so gesprächig, so heiter. Das Gespräch kam eben nicht auf erhabene Gegenstände; aber wie bedeutend ist auch das Kleinste in Goethes Munde! wie lebendig, wie frisch und heiter! – Und Goethe hat eine so herrliche Milde. Ich bin sonst schüchtern, wenigstens verschlossen, wenn ich zu großen, oder vornehmen Menschen trete. Hier war mir's ganz gemütlich, und bei aller Größe, mit der Goethe einem gegenüber steht, hatte ich doch das schöne Gefühl, mit dem man sich Mensch zum Menschen nahet. Und wenn ich auch Goethe nie wiedersähe, doch werde ich mir immer mit Freude sagen, daß ich ihn gesehen habe.

2859 Abeken: Goethe in meinem Leben

Jedesmal, wenn ich ihn [Goethe] sah, war mein Entzücken groß; am größten, als ich an einem Sonntage früh, da ich eben in wahrer Sabbatsruhe den Tasso las, von ihm mit Frau von Schiller auf den Mittag eingeladen wurde; es war der 18. Dezember 1808. Die Unterhaltung bei Tisch war von Seiten des Wirts lebhaft; das Wort «der Mensch lebt nicht vom Brot allein» fand hier seine Anwendung; obgleich auch das Brot keineswegs zu verschmähen war. Nach dem Essen ließ Goethe einige Schubladen seines Medaillen-Kabinetts holen und war ausführlich in Erklärung einzelner bedeutender Stücke. Ebenso unterhaltend fand ich ihn bei wiederholter Einladung, die je seltener, desto erfreulicher war.

2860 St. Schütze: Die Abendgesellschaften der Hofrätin Schopenhauer *1840*

Kügelgen, der (vom 8. Dezember 1808) mehrere Wochen in Weimar sich aufhielt, um Wieland und Goethe zu malen, bildete in dieser Zeit einen sehr schönen Abschnitt ... Seine Bilder gefielen fast allgemein durch ihr lebhaftes (etwas buntes) Kolorit und durch den Ausdruck weit geöffneter strahlender Augen, wodurch er sie zu idealisieren strebte. Von Freund Meyer erfuhr ich aber unter der Hand, daß er und Goethe über das Verdienstliche seiner Leistungen, dem Publikum gegenüber, ganz anderer Meinung waren und in den theatralischen Reizen nicht die rechte Kraft des natürlichen Lebens fanden; sie hielten jedoch mit ihrem Urteil an sich. Einer eigenen Szene wohnte ich (den 18. Dezember 1808) in der Gesellschaft [bei Johanna Schopenhauer] mit bei, wie Kügelgen Goethen modellierte, und, um keine Langeweile auf seinem Gesichte zu sehen, einen Streit mit ihm über die griechische Malerei eröffnete. Daran tat er aber sehr übel. Goethe konnte nicht einmal einen einzelnen Widerspruch gern ertragen, und Disputieren ist ein fortwährendes Widersprechen. Es kreuzten sich daher so viele verdrießliche und zornige Züge durch das Gesicht, daß es ganz den Charakter einer ruhigen Übereinstimmung verlor und wohl nur noch wenig zum Modellieren dienen konnte. Aber was den Inhalt des Gesprächs betraf, da mußte ich in der Stille Kügelgen beipflichten, der es bezweifelte, daß die Griechen in der Malerei die höchste Vollkommenheit und schon den Gipfel der spätern Kunst erreicht hätten. Goethe glaubte daran, weil die Griechen überhaupt so vollkommen gewesen.

2861 F.v. Müller *20. Dezember 1808*

Ehe ich zu Goethe ging, besuchte ich Voigten, wo Wolzogen war. Bei Goethe fiel mir der alten Stein zierlicher Aufputz auf, *Arnim* gefiel mir sehr, und der sanfte Kügelgen ... Man zeigte altdeutsche Kupferstiche von Sadler und Savery, die am Hofe Max II. zu Prag lebten, fast lauter Heiligen-Legenden.

Dann las Arnim eine Verdeutschung von des Papsts Aeneas Sylvius lateinischer Novelle Lucretia und Eryfel vor, die sehr anziehend war durch kräftige Schilderungen, altväterlich einfachsten Stil und treue Herzens-Zeichnung. «Liebhabende Menschen» war ein Ausdruck, der sehr gefiel.

«O Apoll, laß deine Sonnen-Rosse noch ein paar Handvoll Gras fressen, ehe ihr Lauf die Liebhabenden trennt.»

2862 Arnim an Bettina *(25.) Dezember 1808*

Die erste Bewillkommnung von Goethe [am 19. Dezember] waren zwei Küsse; er fragte mit vieler Freundlichkeit nach allen Ereignissen, besonders nach Dir, und meinte, Du hättest aufgehört ihm zu schreiben, seit er Dir wiedergeschrieben, vielleicht weil die Hoffnung größer als die Erfüllung gewesen. Ich widersprach ihm nach Deinen Briefen, versicherte ihm, daß nur Mangel an guter Laune Dich abgehalten ihm zu schreiben, daß es immer Dein Vorsatz gewesen. Er versicherte, daß Deine Briefe aus Winkel ihm besondre Freude gemacht, er habe sie oft gelesen, sie hätten ihn in alle Gänge wieder eingeführt. Nun komme ich zu meinem Ruhm, und ich sage Dir, es lohnt für allen Schimpf, den Liebsten zu gefallen. Er versicherte mir, daß es wohl nie eine Zeitung [wie die Zeitung für Einsiedler] gegeben habe, wo auf so wenigen Bogen solch eine Fülle von Gutem und Kuriosen zusammengehäuft worden, er entdeckte täglich etwas Neues, das ihn erfreue, er hoffte auf eine zweite Auflage; die Herzogin, die Prinzeß und alle am Hofe hätten das Aufhören bedauert usw. usw. In der Streitigkeit mit Voß erklärte er sich ganz gegen ihn, sagte aber, ich hätte besser getan, gar nicht zu antworten, er wäre noch besser hineingelaufen. Es tat mir leid, daß er gegen Görres sprach. Den andern Tag [20. Dezember] war bei ihm zum erstenmal Gesellschaft der ersten Frauen der Stadt, unter andern der Frau von Stein, bei seiner Frau; er bat mich, ob ich nicht etwas vorlesen wollte, und zeigte meine Kupferstiche herum. Ich las etwas, das Du noch nicht kennst, eine Novelle, erst etwas beengt, aber nachher mit einer Art Dramatik, die ich noch nie geübt habe mit solcher Keckheit ... Ich schicke Dir ein sehr ähnliches Bild von Goethe, Basrelief von Kügelgen.

2863 Arnim an Bettina *15. Januar 1809*

Den ersten Mittag empfing mich Goethe mit zwei Küssen, was ihm Gott segne mit zwei Küssen höherer Liebe; seine Lippen wie die Finger großer Musiker haben eine eigentümliche Rundung, Bildung und Beweglichkeit, so daß man schon darin sehen und fühlen kann, wie er die Sprache wunderbar erregen und verbinden kann. Über meine Zeitung sagte er wiederholentlich so viel Schönes, ebenso die andern, was mir besonders herzstärkend war, Voß erkannte er ganz genau. Wolf [in Berlin] erzählte mir, daß er [Goethe] dem Voß, wenn er bei ihm gegessen, nie das Delikate präsentiert. Ich mußte bei ihm vorlesen in einer Abendgesellschaft, ich fragte ihn, ob es nicht zu verliebt würde sein; er antwortete: «Wir sind alle verliebt.» Da las ich denn frisch los, erst gar beklommen, nachher gut. Er sagte nachher, es wäre alles, was es sein sollte, es wäre gut ... Maler Kügelgen hat ein Bild von Goethe bossiert, davon ich Dir einen Gipsabguß bewahre. Goethe wünscht sehr Briefe von Dir, ich suchte Dich gegen ihn zu rechtfertigen, daß Du ihn nicht vergessen.

2864 Riemer *21. Dezember 1808*

Besuch der Damen. Nibelungen vorgelesen. Fragte die Herzogin besonders nach dem Alter des Gedichts. Unsere Vermutung.

2865 F. v. Müller *21. Dezember 1808*

Villemancys Notifikation trieb mich zu Goethen; er dankte sehr für die Notiz, war aber doch verschlossen genug, nichts Näheres zu äußern. Als ich gleich darauf bei Wolzogen hörte, daß er hinkäme, kam ich in Verlegenheit, und hätte besser getan, nun an Wolzogen gar nichts von Villemancys Brief zu sagen, weil, wenn er Goethen davon spricht, dieser leicht mißtrauisch glauben könnte, ich hätte von seinen letzthinnigen vertraulichen Äußerungen über die Jenaische Commission etwas an Wolzogen verraten.

Ich ging nun zu Wieland, der nach seiner launigen Offenheit sich über Goethe beschwerte, daß er im Tone eines Altvaters zu einem sechzehnjährigen Knaben mit ihm umginge. Wir sprachen von seinen früheren Verhältnissen zu Corona und der Stein, von Stricks Gedichten, von Dulon, Kügelgen (dessen durch seine Kunst erworbener Reichtum ebenso selten wie seine Kunst selbst ist). Wieland verglich recht passend die Vulpius mit einer Otahaitin.

2866 F. v. Müller *23. Dezember 1808*

Ich erfuhr von Voigt ... daß Goethe geradezu zu Wolzogen gesagt habe, er wisse, daß er die Idee des Jenaischen Commissoriale angegeben, und erschrak darüber.

2867 Riemer *24. Dezember 1808*

Kamen Haide und Deny einen Weihnachtsbaum auszuputzen. Mit diesen hinunter, wo beschert ward. Ich, Haide, Deny, Ulrich, Elsermann bekamen auch ihr Teil. Kam Arnim dazu, um Abschied zu nehmen. Vorgenannte blieben zu Tische. Hering und Kartoffeln. Wein. Blieben zusammen, um Lotterie zu spielen.

2868 C. Brentano an J. G. Zimmer *19. Januar 1809*

Goethe hat den Arnim unendlich freundlich in Weimar aufgenommen, ihm von seiner, des Herzogs und der Großfürstin Seite gedankt für den «Einsiedler», und ihm wörtlich erklärt: es sei ihm und andern nie ein so lebendiges Blatt erschienen; sie bedauerten alle, daß er aufhöre, und hofften, daß mit der Zeit gewiß eine zweite Auflage erscheinen werde. Gegen Voß gibt er ihm in allem gänzlich recht, und bedauert nur, daß er ihm irgend je geantwortet. – Die Rezension vom Wunderhorn wird er ohne Zweifel wieder machen.

2869 Arnim an J. und W. Grimm *23. Januar 1809*

Goethe hat mich sehr gütig aufgenommen, er und die Weimaraner haben mir so viel Lob über die Zeitung gesagt, daß ich recht von Herzen froh wurde. Er interessierte sich lebhaft für Wilhelms Übersetzungen, sowie für die [schottischen] Übersetzungen der Schubart; ich habe für Euch beide den Realschulbuchhändler, wenn Goethe eine Vorrede schreibt ...

Hagen hat Lust, eine neue kritische Ausgabe der Nibelungen zum Behuf seiner Vorlesungen drucken zu lassen. Goethe liest wöchentlich einmal acht Damen, worunter die Herzogin, aus dessen Bearbeitung der Nibelungen vor, zeichnet Karten dazu, erläutert, Riemer setzt die Vorträge auf.

2870 Arnim an Bettina *25. März 1809*

Vielleicht zieht es Dich einmal zu Goethe, von dem es mich freut, daß er Dir endlich schriftlich ausgedrückt hat, was er mir mündlich so ganz herzlich versicherte. Er hatte sich vorgenommen, gewaltig fleißig zu sein, da wird ihn inzwischen der Krieg wieder stören.

2871 Arnim an W. Grimm *25. Juni 1809*

Von Goethe habe ich über die Vorrede noch keine Antwort, er äußerte selbst einmal, daß er sein Leben für manche entworfene Arbeit zu kurz fände, so kann ich mir wohl erklären, wie ihm Nebengeschäfte störend und lästig sind.

2872 F. v. Müller *26. Dezember 1808*

Bei Voigt hörte ich, daß Goethe die Theater-Direktion wieder übernommen habe und gestern beim Herzog lange gewesen sei.

2873 P. A. Wolff an H. Blümner *28. Dezember 1808*

... Sie sollen durchaus von mir zuerst die erfreuliche Nachricht erhalten, daß Goethe das Theater wieder hat. Seit meinem letzten Brief hat sich die Sache hingezogen, ein Vorschlag verdrängte den andern, eine Bedingung die andere, welche alle so schimpflich waren, daß sie Goethe nicht eingehen konnte. Wie denn nun seine Gegner das Heft ganz in Händen zu haben glaubten und sich über seinen Sturz schon laut zu freuen anfingen, trat unsre regierende Herzogin hervor, wie Karl Moor unter die Räuber, und befahl, daß Goethe jede seiner Bedingungen erfüllt werden sollte, und ihn selbst ersuchte sie mündlich, die Direktion zu behalten. Gestern abend wurde ihm die Beendigung der Sache und die Vollmacht schriftlich zugeschickt, das Genauere ist noch nicht bekannt, sollen Sie aber auch nächstens erfahren. Da sich die Sache wieder so gemacht hat, ist unserm Theater sehr zu gratulieren, denn Goethe war wirklich einige Nachlässigkeit vorzuwerfen, und ich bin überzeugt, daß er nun mit neuem Eifer sein Unternehmen beginnen wird. Übrigens wäre es ihm sehr schwer geworden, sich von uns loszureißen, das sah man an seinem ganz veränderten Wesen und an der nun wieder gekommenen Heiterkeit ...

[Nachschrift:]

Die erste Anordnung, die Goethe bei Übernahme der Direktion traf, war, daß er Beckern heute die Regie abnahm, und sie vor der Hand Genasten allein auftrug. Es war früher sogar die Rede davon, daß Becker abgedankt werden sollte, allein das ist vermittelt worden.

2874 W. v. Humboldt an seine Frau *28. Dezember 1808*

Ich bin seit dem ersten Weihnachtsfeiertag hier [in Weimar], liebe Li, und wohne bei Goethe, der Dich sehr grüßt und oft mit recht eigentlicher Liebe von Dir spricht. Caroline [von Wolzogen] sehe ich alle Morgen, da ich meistenteils bei ihr frühstücke, und so geht mir das Leben so hin, daß mir zum Schreiben recht wenig Zeit übrig bleibt. Ich habe erst hier Goethes neustes Produkt, Pandoras Wiederkunft, kennen gelernt. Er hat es uns bei Carolinen vorgelesen. Es ist erst die Hälfte fertig, in welcher nur erst die weggegangene Pandora betrauert wird. Von dieser Hälfte ist wieder etwa die Hälfte in einem Journal «Prometheus» gedruckt, die andere noch Manuskript. Es ist eine der wunderbarsten Produktionen, aber der allerschönsten und größesten ... Wenn ich kann, lasse ich Dir bis morgen noch etwas daraus abschreiben. Goethe selbst hat mich ausdrücklich gebeten, Dir etwas davon zu schicken.

Mit des armen Schillers nachgelassenen Papieren beschäftige ich mich des Morgens mit der Wolzogen ... *Er bleibt der größte und schönste Mensch, den ich je gekannt;* wenn Goethe auch noch dahin geht, dann ist eine schauerliche Öde in Deutschland. Doch ist der jetzt überaus wohl.

2875 F. v. Müller *29. Dezember 1808*

Goethen fand ich steif, schroff und schwerfällig ... Es war ein trüber Nebeltag, Vorbote des Tauens!

2876 Christiane v. Goethe
an ihren Sohn *(30. oder 31. Dezember 1808)*

Denke Dir nur, wer alles bei uns ist; ein Herr von Kügelgen, der Deinen Vater malt, der Doktor Meyer, Herr von Humboldt, Werner, Arnim und noch mehrere Fremde. Dazu habe ich müssen achtzehn vornehmen Damen Visiten machen. Wir hatten einen Tee von dreißig Personen, alle Damen, die Du kennst, Frau von Wolzogen, Stein, Schiller und mehrere. Am zweiten Weihnachtsfeiertag war ein großes Souper bei Wolzogens, wo ich auch dazu eingeladen war, und ich habe die Schillern und Wolzogen recht lieb gewonnen ...

Mit dem Theater hat es sich wieder so gut gemacht, da der Herzog Deinem Vater ein Reskript zugeschickt hat, daß er eigenmächtig machen kann, was er will; und ich sitze nicht mehr auf meiner alten Bank, welche oben Caroline [Ulrich] eingenommen hat, ich sitze in der Loge neben der Schopenhauern. Du kannst also aus diesem Brief ersehen, daß meine jetzige Existenz ganz anders als sonst ist.

2877 Falk: Aus dem Nachlaß

Als Goethe nach den Tagen des höchsten Erfurter Glanzes seine Bewunderung für Napoleon kundtat, verglich er ihn mit einem Konzertmeister, der jedes Instrument zu benutzen weiß, und mit einem Theaterdirektor, der seine Ideen rücksichtslos ausführt, ohne auf das Geschrei von oben und unten zu achten. Und das sagte er mit solchem Nachdruck und so bedeutsamem Blicke, daß man nicht im Zweifel war, daß er damit sein Ideal eines Theaterdirektors andeuten wollte, das er bislang nur teilweise erfüllt habe. Seine Hand lag schwer auf den Theaterleuten, das Publikum schalt er aus, verfolgte Andersgesinnte und verfemte die Journale wegen Lappalien; aber alle diese Leute machten ihm auch das Leben durch ihre Capricen, Ansprüche, Geschmacklosigkeiten und Torheiten sauer, und vor allem der Herzog, der sich mehr als je ein Fürst um alle Einzelheiten kümmerte, unmittelbar verfügte und dem Hofkammerrat Kirms Weisungen gab, dadurch den regelmäßigen Gang der Geschäfte störte und das Ansehen der Direktion untergrub. Deshalb nannte er das Theater ein miserables Geschäft und einen Bettel, den Direktor einen Sisyphus und Packesel, fand, daß er, der Geheimrat und angesehene Schriftsteller, einem Wanderprinzipal nichts vorgebe. Nur ehrenhalber wich er nicht vom Posten; wurde aber die Plackerei zu arg, vergrub er sich in einen seiner anderen Berufe und ließ den Dingen eine Weile ihren Lauf. Unter den Schauspielern war niemand, der ihm nicht einmal Schwierigkeiten bereitet hätte, er nannte die Männer Weiber, die Weiber Puppen und schmollte zuweilen auch mit der Jagemann, obwohl er ihre Verdienste um die Oper anerkannte und in Frieden mit ihr leben wollte. Welche Frau in ihrer Stellung hätte aber die Vorteile derselben unbeachtet gelassen, welche Künstlerin von ihrer Bedeutung ihr Licht unter den Scheffel gestellt? Sie war eine Macht geworden, mit der zu rechnen war; doch drängte sie sich keineswegs vor, warf sich nicht zur Patronin der Gekränkten und Geschlagenen auf und suchte nicht persönlichen Nutzen, sondern behielt das Interesse der Kunst und der Anstalt im Auge. Zudem vermied sie jeden unmittelbaren Eingriff, alles erfolgte durch den Hausherrn, dessen Verfügungen nicht selten den Eindruck machten, als ob die Nemesis sich an der Autokratie des Direktors rächte, die bei diesem verwickelten Geschäft nicht zu entbehren war.

Jedes Theater trägt beständig Zündstoff in sich, das weimarische war aber in dieser Periode besonders damit gesegnet. Becker war mit Wolff, dem Liebling Goethes, und dessen Frau zusammengestoßen, hatte sich der Klagen seiner Gattin (geb. Ambrosch) über Beeinträchtigung durch die Jagemann angenommen, und der in Aussicht gestellte Abgang eröffnete infolge seiner starken schauspielerischen und wöchnerischen Beschäftigung große Schwierigkeiten. Dazu kam ein an sich geringfügiger Kulissenstreit, indem der Tenorist Morhard wegen Heiserkeit absagte und Demoiselle Jagemann die vom Herzog gewünschte Vorstellung durchsetzen wollte; derselbe komplizierte sich indes, als der rasch Genesene Anwürfe seiner Gegnerin durch Beleidigungen beantwortete, die auch den Herzog trafen. Äußerst erzürnt verfügte dieser seine Entlassung in härtester Form, während Goethe Untersuchung und Urteil für die Kommission in Anspruch nahm. Da er bei seiner Demission beharrte, war der Herzog willens, die Verwaltung des Theaters dem Hofmarschallamt, die geistige Leitung der Demoiselle Jagemann zu übergeben, wurde aber durch diese, seine Minister, die Herzogin und Herrn v. Einsiedel nachgiebiger gestimmt, und Rat wie eigene Überlegung brachten Goethen auf mildere Gedanken. Mit seinem Vorschlage, die Oper abzugeben und das Schauspiel zu behalten, wollte er Demoiselle Jagemann als Mitregentin anerkennen; da aber die Einheit des Personals und der Administration widerstrebte, ließ er es schließlich beim alten, nur daß er der Frau v. Heygendorf mit noch größerer Höflichkeit begegnete als vordem.

2878 Riemer *31. Dezember 1808*

Mittags Frommanns, Steffens und seine Frau, Werneburg und Werner. Nach Tische, aber noch an Tafel, rezitierte

Werner sein altes Quodlibet aus Polen; dann ein paar Sonette aus Italien, das zweite aber nicht zu Ende; denn als er den Mond mit einer hostia verglich, so wurde Goethe furios und grob und sagte: er sollte was Beßres machen. Er turnierte es spaßhaft, aber kam immer wieder darauf zurück, daß es dumm sei. Steffens und Frommann stimmten ein und tadelten die Sache noch mehr. Werner war geduldig wie ein Märtyrer, sagte nichts und buckelte nur nach seiner gewohnten Manier.

2879 H. Steffens: Was ich erlebte *1842*

Wir fanden [am 31. Dezember 1808] bei der Tafel, außer Goethes Frau, Meyer und Riemer, nur Werner. Goethe war sehr heiter, das Gespräch drehte sich um mancherlei Gegenstände, und die unbefangenen geistreichen Äußerungen des berühmten Wirtes erheiterten uns alle. Auch mit den Frauen wußte er sich auf liebenswürdige Weise zu unterhalten.

Endlich wandte er sich an Werner, der bis jetzt wenig Teil an den Gesprächen genommen hatte. «Nun, Werner», sagte er, auf seine ruhige, doch fast gebieterische Weise: «haben Sie nichts, womit Sie uns unterhalten, keine Gedichte, die Sie uns vorlesen können?» Werner griff eilig in die Tasche, und die zerknitterten schmutzigen Papiere lagen in solcher Menge vor ihm, daß ich erschrak, und diese Aufforderung Goethes, die das unbefangene und interessante Gespräch völlig zu unterdrücken drohte, keinesweges billigte. Werner fing nun an, eine Unzahl von Sonetten uns auf seine abscheuliche Weise vorzudeklamieren. Endlich zog doch eines meine Aufmerksamkeit auf sich. Der Inhalt des Sonetts war der köstliche Anblick des vollen Mondes, wie er in dem klaren italienischen Himmel schwamm. Er verglich ihn mit einer Hostie. Dieser schiefe Vergleich empörte mich, und auch auf Goethe machte er einen widerwärtigen Eindruck; er wandte sich an mich. «Nun, Steffens», fragte er, äußerlich ruhig, indem er einen geheimen Ingrimm zu verbergen suchte, «was sagen Sie dazu?» «Herr Werner», antwortete ich, «hatte vor einigen Tagen die Güte, mir ein Sonett vorzulesen, in welchem er sich darüber beklagte, daß er zu spät, zu alt nach Italien gekommen wäre, ich glaube einzusehen, daß er recht hat. Ich bin zu sehr Naturforscher, um eine solche Umtauschung zu wünschen. Das geheimnisvolle Symbol unserer Religion hat ebenso viel durch einen solchen falschen Vergleich verloren, wie der Mond.» Goethe ließ sich nun völlig gehen, und sprach sich in eine Heftigkeit hinein, wie ich sie nie erlebt hatte. «Ich hasse», rief er, «diese schiefe Religiosität, glauben Sie nicht, daß ich sie irgendwie unterstützen werde; auf der Bühne soll sie sich, in welcher Gestalt sie auch erscheint, wenigstens hier, nie hören lassen.» Nachdem er auf diese Weise sich eine Zeitlang und immer lauter ausgesprochen hatte, beruhigte er sich. «Sie haben mir meine Mahlzeit verdorben», sagte er ernsthaft, «Sie wissen ja, daß solche Ungereimtheiten mir unausstehlich sind; Sie haben mich verlockt zu vergessen, was ich den Damen schuldig bin.» – Er faßte sich nun ganz, wandte sich entschuldigend zu den Frauen, fing ein gleichgültiges Gespräch an, erhob sich aber bald, entfernte sich, und man sahe es ihm wohl an, daß er tief verletzt war, und in der Einsamkeit Beruhigung suchte. Werner war wie vernichtet ...

Kurz nach aufgehobener Tafel trat ich bei Goethe ein, der völlig ruhig und heiter den Auftritt bei der Tafel ganz vergessen zu haben schien und mit belehrender Ausführlichkeit, wie er sie liebte, einige optische Phänomene darstellte und erläuterte. Als ich mich von ihm trennte, wartete Riemer auf mich, er wünschte mich zu sprechen und führte mich in seine Wohnung. Hier fing er nun an, über den von mir erlebten Auftritt zu sprechen. «Was Sie gesehen haben», sagte er, «ist in diesem Hause so selten, daß ich mich kaum erinnere, etwas Ähnliches erlebt zu haben.» Ich versicherte ihn, daß ich, eilf Jahre früher, als ich Goethe, der damals noch so viel jünger war, oft sah, etwas Ähnliches nicht allein nicht gesehen, sondern auch nicht einmal für möglich gehalten hätte. Er fuhr fort: «Sie wissen, wie man sich mit Goethe beschäftiget, wie seine Äußerungen und alles, selbst das Kleinste, was man von ihm erfährt, ein Gegenstand der Tagesblätter wird. Ich muß Sie nun recht sehr bitten, ein ähnliches Besprechen der heutigen Begebenheit in solchen Blättern nicht zu veranlassen.» Meine erste Empfindung war, ich gestehe es, eine Art von Entrüstung. «Ich darf», sagte ich, «nicht voraussetzen, daß Sie je etwas von mir erfahren haben; wäre das der Fall gewesen, so würden Sie diese Bitte als gänzlich überflüssig betrachten; so wichtig der heutige Tag mir auch persönlich ist, so lieb es mir gewesen ist, erlebt zu haben, in welchen großartigen Zorn der herrliche Mann geraten kann, wenn er die widerwärtigen geistigen Krankheiten der Zeit entdeckt, so können Sie sich doch völlig beruhigen. Ich habe an dieser fliegenden Literatur nie Teil genommen, ich stehe mit keinem einzigen Blatt in irgend einer Verbindung, aber ich begreife Ihre Furcht und finde sie sehr natürlich.»

Ich hatte versprochen, den Nachmittag bei der als Schriftstellerin bekannten und beliebten Madame Schopenhauer zuzubringen. Ich fand da, außer meiner Frau und der Familie Frommann, einige Herren und Damen aus der Stadt. Der Auftritt bei der Tafel war der einzige Gegenstand unseres Gesprächs. Ein bedeutendes und Gefahr drohendes politisches Ereignis konnte keine größere Aufregung hervorrufen. Ich glaubte mich an den Hof Ludwig des Vierzehnten versetzt, Goethes Haus erschien mir als der Palast eines mächtigen Königs, dessen zornige Äußerung, von den bedeutendsten Folgen, die ganze Umgebung besorgt machte und in heftige Bewegung versetzte. Auch Werner, der unglückliche Gegenstand der großen Ungnade, erschien, und man zeigte ihm die größte, wenngleich mit einiger Scheu und Furcht verbundene Teilnahme.

Es war der letzte Tag im Jahre; in Weimar fand der gewöhnliche Ball, den der Großherzog und seine Gemahlin mit ihrer Gegenwart beehrten, statt. Ich erinnerte mich mit Vergnügen der frühern Neujahrsnacht, die ich mit Goethe erlebt hatte. Diesmal erschien er nicht, wohl aber seine Frau und Werner. Dieser konnte den Mittag nicht vergessen, er war noch immer sichtlich erschüttert, und ich war nicht wenig erstaunt, als ich erfuhr, welchen Eindruck Goethes Zorn auf ihn, dessen Neigung zum Katholizismus schon damals Gegenstand des Gesprächs war, gemacht hatte. «Der Alte», sagte er mir, «hat doch recht, ich werde mich vor ähnlichen Äußerungen in der Zukunft hüten.» «Wie», rief ich überrascht, «Sie, der eifrige Christ, können so schnell umgewandelt werden, können den Äußerungen des alten Heiden irgend eine Bedeutung geben?»

Obgleich nun diese ganze Begebenheit mir etwas Seltsames, ja fast Komisches hatte, so muß ich doch bekennen, daß diese souveräne Gewalt, die ein mächtiger Geist auf seine Umgebung ausübte, mir nicht bloß merkwürdig, sondern auch achtungswürdig und bedeutungsvoll erschien. In der Tat, hinter dem scheinbar Geringen verbarg sich etwas Großes und Feierliches, etwas geschichtlich Mächtiges, was ich wohl zu schätzen wußte.

2880 W. Grimm an seinen Bruder Jacob *1. April 1809*

In Weimar waren wir [am 29. März] schon um 3 Uhr. Wir gingen zur Jagemann, die eine recht angenehme, feine Komödiantin ist, wo der Werner auch war, der etwas bestimmt Widerliches hat. Von seiner Reise nach Italien, von Genua und dem großen Meer hat er nichts als ein paar Sonette, worin der Mond als Hostie vorkommt. Als er Goethe diese vorgelesen, hat dieser gesagt, er solle ihm fortan mit dergleichen vom Hals bleiben, sonst sei es aus mit ihnen beiden.

2881 Z. Werner an Goethe *23. April 1811*

Ihre mir in Weimar [am 31. Dezember 1808?] gesprochenen Worte tönen noch immer in meinen Ohren: «Wer», sprachen Sie, «mit mir nicht gehn kann, oder will, von dem scheide ich!»

1809

2882 F. v. Müller *1. Januar 1809*

Der Vormittag ging mit Visiten hin. Goethe legte mir, auf mein Bitten, seine Jenaischen Baupläne vor. Ich fühlte, wie wenig ich davon verstehe, aber auch Mut, mich doch durchzuarbeiten.

2883 W. v. Humboldt an seine Frau *1. Januar 1809*

Hier [in Weimar] habe ich Werner, den Verfasser der «Söhne des Tals», den geschiedenen Mann von Kunths Frau, kennen gelernt, auch sein letztes Stück «Attila» gelesen. Es hat wohl einzelne schöne Stellen, verdient aber nicht einmal, Dir nach Rom geschickt zu werden. Alles ist locker, ohne Motive, nicht reelle Personen, sondern bloß Burattini. Zuletzt wieder die Sakramente und das mystische Wesen. Gegen das letzte hat Goethe einen Haß, von dem man sich keinen Begriff machen kann, und der arme Werner hat gestern sehr dafür leiden müssen. Er aß bei Goethe, wie er mir erzählt hat, und wollte etwas vorlesen. Obgleich Goethes Frau ihm gesagt hatte, daß das Mystische Goethen unerträglich sei, so ließ er sich beigehn, ein Sonett auf Genua, wo er kürzlich gewesen, vorzubringen, in welchem die Scheibe des Vollmonds zur Hostie gemacht wird. Wie dies Goethe gehört hat, ist er, wie er selbst sagt, *saugrob* (im Wunderhorn heißt es sauhöflich) geworden. Werner hat sich zurückziehen müssen, und obgleich er die Versöhnung durch die Frau versucht hat, mit der er gestern abend auf dem Ball gewalzt hat, so kommt sie so leicht gewiß nicht zustande. Goethe ist seitdem so wild geworden, daß er Carolinen [von Wolzogen] und mir noch heute im Eifer versicherte, auch jede gemalte Madonna sei nur eine Amme, der man die Milch verderben möchte (höchsteigene Worte), und die Raffaelschen stäken im gleichen Unglück. Er treibt jetzt den Haß so weit, daß er nicht einmal mehr leiden will, daß eine irdische Frau ihr Kind selbst im Arm haben soll. Ist das nicht komisch? Aber es ist auch wirklich wahr, daß der Mystizismus so schrecklich getrieben wird, daß man auf solche Übertreibungen fast in halbem Ernst kommen kann. Werner behauptet, jede Tragödie müsse eine religiöse Handlung sein, doch ist er sonst interessant und ein guter Mensch, und Goethes Ausfall tut mir wirklich leid.

2884 Riemer *1. Januar 1809*

Nach Tische Sonett auf Werner wegen des Monds als Hostie Goethen vorgelesen. Bon!

2885 Riemer *2. Januar 1809*

Gegen Abend Besuch von Werner, wegen des neulichen Auftritts. Mein Sonett ihm vorgelesen. Rat und Warnung. Abend zu Tische, mit Goethe. Über Werner, von dem es schon ausgeklatscht.

2886 W. v. Humboldt an seine Frau *9. Januar 1809*

Goethe hat mir vertraut, daß er einen neuen Roman angefangen und schon so weit gebracht hat, daß er ihn im nächsten Sommer in Karlsbad sicher vollenden kann. Den eigentlichen Inhalt hat er mir nicht gesagt; nur scheint er selbst sehr damit zufrieden und sagt, er habe noch einige weibliche Charaktere gehabt, die er bisher nicht habe anzubringen Gelegenheit gefunden. Es werden zwei kleine Bändchen werden.

So sein recht eigentliches häusliches Leben mit der teuren Hälfte und Riemern ist nichts weniger als interessant oder hübsch. Habe ich Dir schon erzählt, daß er die Frau «*Du*» und sie ihn «*Sie*» nennt? Das, siehst Du, liebes Kind, ist ein Respekt! Riemer ist noch breiter, schwammiger und zerflossener geworden, als Du ihn schon kanntest, und so behaglich und gemächlich, daß er um 8 Uhr immer noch im Bett liegt. Er ist ganz eigentlich der Famulus des großen Mannes, redet immer in «*Wir*» und hat auch zu den kleinsten Dingen, um die man ihn bittet, nie einen Augenblick Zeit. Dabei treibt er unendlichen gesellschaftlichen (auch Goethe nachgemachten), meist sehr tändelnden, meist läppischen und ziemlich arg magistermäßigen Spaß. So macht er jetzt Sonette, die Goethe unendlich protegiert. Nicht genug, daß Riemer sie mir vorlesen mußte, so nahm auch Goethe selbst sie oft und las sie noch einmal. Sie sind nicht geradehin schlecht, meist komisch und satirisch, aber doch oft sehr fade ...

Ich habe Dir ... von einer gewissen Madame Schopenhauer geschrieben ... Mir ist sie durch Figur, Stimme und affektiertes Wesen fatal, aber Goethe versäumt keinen ihrer Tees, die sie zweimal alle Woche gibt. Nur die Wolzogen und ich haben ihn ein paarmal untreu gemacht.

Mit dem Theater ist alles wieder im Gleise, und Goethe hat wieder die ganze ungehinderte Direktion. Nur haben Goethe und Mademoiselle Jagemann sich jeder einen Schauspieler geschlachtet, und so ist es, nach Carolinens Ausdruck, wie in der Braut von Messina gegangen: «Die Diener tragen alle Schuld.» Wie viel doch in Deutschland, trotz des Unglücks der Zeiten, für die Schillerschen Kinder geschehen ist, sollte man nicht denken. Noch jetzt hat man ihnen ein Benefiz in Wien gegeben, das ihnen 6000 Taler, nur freilich in Papiergeld, eingebracht hat. Iffland in Berlin hat sich auch sehr brav gezeigt. Leider aber Goethe gar nicht. Er hat fast gar keinen Anteil geäußert. Als Schiller starb, war zwischen ihm und Goethe eine leichte Brouillerie; teils deswegen, teils weil er selbst eben von einer großen Krankheit kam, hat ihn Goethe in seiner Krankheit nicht gesehen; aber wunderbar ist es, daß er auch Monate nachher die Wolzogen und die Lolo vermieden hat. Jetzt erst ist er wieder sehr gut mit beiden. Ohne das Legionkreuz geht Goethe niemals, und von dem, durch den er es hat, pflegt er immer «mein Kaiser» zu sagen!

2887 F. A. Wolf an
Karoline Friederike v. Berg *29. Januar 1809*

Endlich ist Humboldt hier [in Berlin] angekommen ... Auch Achim v. Arnim ist gegenwärtig hier. Beide haben Goethe mehrere Tage gesehen, der von «seinem» Kaiser ordentlich begeistert sprechen soll und nie ein Kleid ohne das Bändchen anlegt, den bedeutenden russischen Orden hingegen, den er nicht mit dem Bürgermeister von Jena gemein hat, nur selten trägt.

2888 W. v. Humboldt an seine Frau *7. Februar 1809*

Ich habe Dir wohl noch nicht gesagt, daß ich mit der Musik, auf Goethes förmlichen Rat, meine Partie genommen habe; ich erkläre dreist, daß ich sie liebe, stehe geduldig am Klavier, lobe und tadle ...

2889 Christiane v. Goethe an ihren Sohn *8. Januar 1809*

Herr von Humboldt ist wieder abgereist, davor hat sich aber der Herr von Knebel und Fräulein von Winkel eingefunden, so daß wir die Gäste gar nicht los werden.

Daß Du aber dem Baggesen seine Bekanntschaft gemacht hast, freut mich und den Vater sehr.

2890 F. v. Müller *8. Januar 1809*

Bei Schopenhauers deklamierte Fräulein [aus dem] Winkel mir nicht zu Dank. Goethe war steif und sprachlos.

2891 Riemer *11. Januar 1809*

Früh die Damen. Las ich die beiden letzten Gesänge der Nibelungen. Goethe fing den Fierabras an.

2892 H. Düntzer: Charlotte von Stein *1874*

Den folgenden Tag [11. Januar 1809] war Mittwochsgesellschaft, aber da Goethe den Schnupfen hatte, ließ er Riemer für sich lesen, wahrscheinlich aus den Nibelungen. Der Unterschied war außerordentlich; denn stieß auch Goethe an, weil er die Vorderzähne verloren hatte, so war doch seine Stimme außerordentlich wohllautend.

2893 C. Bertuch an Böttiger *12. Januar 1809*

Goethe nimmt sich der gesunkenen Redouten wieder an, und es soll zum 30. Januar ein großes Masken-Fest bereitet werden, kein eigentlicher Aufzug wird formiert, sondern der ganze gebildete Kreis von Weimaranern ist aufgefodert und gebeten, in Charakter-Masken zu erscheinen, wodurch eine Art Karneval gebildet wird.

2894 Riemer *13. Januar 1809*

Mittags der Antiquarius Arendt zu Tische. Über die Runen, Norwegen, Schweden und Dänen. Charakteristik derselben. Über die Verdorbenheit von Berlin.

2895 *Abeken: Goethe in meinem Leben*

Sonst sah ich Goethen mehrmals in Gesellschaften, bei Herrn und Frau von Wolzogen, der Schwägerin Schillers, bei Johannes Falk, dem bekannten Satiriker; bei letzterem einmal [13. Januar 1809] in einer komischen Situation. Falk nämlich, der damals immer seltsame Dinge im Kopfe hatte und in die Gesellschaft Geistreiches zu bringen bemüht war, ließ, um eine große, bei ihm versammelte zu unterhalten, in einem selbsterfundenen Chinesischen Schattenspiel Szenen aus Goethes Faust darstellen, wozu hinter dem die Schattenbilder aufnehmenden Vorhange von ihm und einer damals reisenden Virtuosin, Fräulein von Winkel, aus dem Gedichte deklamiert wurde. Da kam es mir nun äußerst komisch vor, wie diese aus schwarzem Papier geschnittenen, fingerlangen Püppchen, die Gretchen, Valentin, Faust und Mephistopheles vorstellen sollten, vor Goethes Augen sich hin und her bewegten. Er sah das ganz ruhig an; am andern Tage sagte er zu Frau von Schiller, «es sei ihm vorgekommen, als ob er schon hundert Jahre tot gewesen».

2896 *Riemer an Knebel* *14. Januar 1809*

Schon vorigen Mittwoch hätten wir Ihnen, verehrter Herr und Freund, für die äußerst geisthaltige Münze danken sollen, womit Sie uns so köstlich regaliert haben. Die Damen aber mögen uns entschuldigen und uns Ihre gütige Nachsicht verdienen. Darum eile ich heute, auch im Namen des Herrn Geheimenrats, Ihnen für die Aufmerksamkeit für unsre geistigen Genüsse auf das schönste und beste zu danken. Wie glücklich wären wir, wenn wir Ihnen mit etwas Ähnlichem dienen könnten! Leider ist diese Art Industrie bei uns Weimaranern nicht im Gange.

2897 *G. v. Kügelgen an seinen Bruder* *21. Januar 1809*

Die Zeit meines Hierseins habe ich angewendet, die Porträts zu malen von Goethe und Wieland, auch die von dem seligen Herder und Schiller, nach mehreren früher gemalten und nur teilweise ähnlichen Abbildungen. Ich genieße hier viele Liebe und bin auch bei Hofe sehr gütig aufgenommen, indem ich dort öfter zur Tafel gezogen werde und auch an den Abendgesellschaften des Herzogs teilnehme. Wieland und Goethe erzeigen mir viele Freundschaft. Es ist ein großer Genuß, mit Männern, welche man so lange in ihren Schriften angestaunt hat, in nähere Verbindung zu treten.

2898 G.v.Kügelgen an seine Frau *(wohl Januar 1809)*

Überhaupt kannst Du Dir kaum denken, wie offen und freundlich hier alle mir begegnen, besonders aber Goethe und Wieland. Wie sehr freue ich mich, wenigstens noch zwei von diesen Heroen unsrer Zeit kennen gelernt zu haben, und gerade auf diese Weise, wo ich mehr noch in den lebenden Büchern dieser Genien lese, als man schreiben kann.

Besonders aufgeklärt bin ich nun über das sogenannte Heidentum und die Irreligion der Weimaraner, die, in der Nähe gesehen, weit heiliger dasteht, als alle die Afterkatholiken und Antiprotestanten mit ihrem verruchten Wesen. Wieland ist ein frommer, gottergebner Mann, und Goethes Ansichten über die Gottheit sind ebenso erhaben, als er selbst kräftig in seiner Menschenhülle dasteht. Dies war mir nicht neu; denn ich kenne ja seinen Faust. Du hattest ganz recht, wenn Du sagtest, Goethe würde dieses Werkes Vollendung uns nicht schuldig bleiben. Wie sehr freue ich mich, nach unendlichen Labyrinthen, durch welche der Teufel den armen Faust noch führen wird, diesen am Ende doch als Sieger zu sehen! – So triumphiert die Menschheit über das Böse, so Michael, der den Satan in den Abgrund fördert! – Wie glücklich ich bin, mit Goethe über so manches zu reden, worüber er sich in der Regel nicht leicht aufschließt, kannst Du denken. Mir selbst ist es kaum erklärlich, wie er sich *mir* mit so seltnem Vertrauen hingibt. – Doch freue ich mich, daß es so ist, und ich fühle mich gestärkt an dem gerechten Zorne dieses Giganten über das Unwesen unsrer Zeit …

Viel Zeit geht mir verloren. – Um die Zwischenzeit und die Abende zu nutzen, kam ich auf die Idee, Goethe und

Wieland zu modellieren, halb erhaben in Wachs auf Schiefertafeln in Medaillongröße. Nun sehe ich zu spät, daß dies mir mehr Zeit wegnimmt, als ich wollte, und kann auf halbem Wege nicht mehr umkehren.

2899 Böttiger an Rochlitz *4. Februar 1809*

[Über Therese aus dem Winkel.] Kügelgen ... sagt ... daß Goethe mit seltner Wärme von ihr [als Malerin und Harfenistin] sprach und den Zweifler ausschalt.

2900 Platen: Tagebuch *13. Januar 1821*

Vorgestern war ich bei Schubert ... Goethen hat er in seiner Jugend öfters gesehen, aber erst, ich glaube 1807, in Karlsbad kennen gelernt. Goethe war sehr teilnehmend gegen ihn, und Schubert teilte ihm seinen damals gefertigten zweiten Band seiner «Ahnungen» mit; nur zuletzt, als Schubert zu laut seine christlichen Gesinnungen aussprach, verlor er Goethes Gunst in etwas, wiewohl es ihm dieser nie persönlich merken ließ, und sich nur gegen Schuberts Freund, den Maler Kügelgen, äußerte.

2901 Riemer: Mitteilungen über Goethe *1841*

Unter den vielen sich selbst empfehlenden oder von andern empfohlnen Fremden, die gleich in der ersten Zeit meines Aufenthalts in Goethes Hause sich zeigten, war auch der von Goethe selbst besprochene und treffend charakterisierte Runen-Antiquarius Arendt.

In einem Aufzuge, der schon an den homerischen Irus erinnerte, obgleich Literator und mit Manuskripten aller Art reichlich versehen, trat er doch ohne weiteres als in einem alten langen von oben bis unten zugeknöpften Überrock, dessen allseitige tiefe Taschen oder vielmehr Schubsäcke die unschätzbaren Dokumente verwahrten, als ein omnia sua secum portans auf, machte zuerst Goethe, dann mich mit der isländischen Literatur und den Naturmerkwürdigkeiten jener Gegend bekannter; doch konnte ich keine eigentlichen sprachlichen Aufklärungen, um die es mir zunächst zu tun war, von ihm erhalten.

In einem benachbarten Gasthofe einlogiert, speiste er fast jeden Mittag an Goethes Tische, unterhielt uns mit seinen Reiseabenteuern, antiquarischen Recherchen usw., ohne in das doppelte Spiel seiner Luft- und Speiseröhre eine Pause zu bringen oder der andern den geringsten Abbruch zu tun. Es schmeckte diesem Ausgehungerten jederzeit so vortrefflich, daß er eines Mals, nachdem er mit Hammelbraten und Gurkensalat zuerst den Teller, dann den Magen reichlich gefüllt hatte, nun auch die köstliche Brühe von Gurkensaft und Öl und Essig nicht wollte umkommen lassen. Den Teller schon mit beiden Händen zu den Lippen erhoben, um ihn auszuschlürfen, fiel es ihm doch noch ein, für diese studentikose Manier um Erlaubnis zu bitten. Goethe mit unnachahmlicher Bonhomie, Ruhe und Treuherzigkeit hieß ihn «sich nur ja nicht zu genieren», indem er, während daß jener schlürfte, das Leckere einer solchen Mischung von Bratenbrühe und Gurkensaft rühmend auseinandersetzte, und so den Genießer ermutigte, sich ganz zwanglos dem Behagen des erquicklichen Trankes hinzugeben.

Diese ungeschlachte Roheit, die uns andern, worunter auch einige junge Schauspielerinnen waren, teils ärgerlich, teils lächerlich deuchte, diskreditierte ihn jedoch bei Goethe so wenig, daß dieser die Sache nur lustig nahm und wie eine naturhistorische Merkwürdigkeit aus der Diätetik der Vierfüßer ansah; ja es hielt ihn nicht ab, ein andermal, als Goethe eben den hohen Herrschaften eine[n] der gewöhnlichen Vorträge über Natur- und Kunstgegenstände zu geben hatte, diesen étrangeren Antiquar der Herzogin vorzustellen, und ihm zu einem Vortrage über isländische Natur und Altertümer Anlaß und Erlaubnis zu verschaffen.

2902 Caroline Falk an eine Freundin *25. Januar 1809*

Es haben sich diesen Winter hier in Weimar mehrere artige Gesellschaften formiert, die Schopenhauersche, die Du kennst, glänzt mehr als je ...

Goethe besucht die Gesellschaft noch fleißig, doch ist er nicht so heimlich und vertraulich, wie vorigen Winter; er sitzt nicht mehr an seinem Zeichentisch wie damals, bewegt sich steif unter den vielen fremden Gesichtern, und repräsentiert, welches der Schopenhauer nicht behaglich ist.

2903 *D. Engelhard: Die Theorie der architektonischen Verzierungskunst* *1857*

[Über den Spitzbogenstil.] Wir verdanken es Goethe, auf die Verdienste dieser Bauart aufmerksam gemacht zu haben, und das in seiner bekannten Schrift «Über deutsche Baukunst», die er in seinem 24. Jahre, 1773, verfaßte. Sie ist der begeisterte Ausdruck jugendlicher Gefühle über den Wert einer Bauart, die der verdorbene Geschmack der damaligen Zeit zu verachten sich das Ansehen gab. Goethe hat sich über diese Schrift persönlich gegen mich geäußert, indem er erklärte, daß er wohl glaube, im Jugendeifer darin zu weit gegangen zu sein, und daß man das Gesagte nicht als mit seinen reiferen Ansichten ganz übereinstimmend ansehen dürfe. Diese Äußerung, die er im Jahre 1808 [26. Januar 1809?] gegen mich machte, geschah wohl eben in der Absicht, mich selbst von einem allzugroßen Eifer, den ich für diese Bauart zeigte, abzuhalten, und gewiß war es wenigstens damals nicht seine Meinung, daß diese Bauart aus ihrem Grabe gleichsam wieder auferstehen und die herrschende des Zeitalters werden könne. Auch sah er wohl damals, wo man die herrlichen Produktionen des Spitzbogenstiles in England, Frankreich, Spanien und Portugal in Deutschland besser kannte, wie im Jahre 1773, längst ein, daß derselbe keine eigentümlich deutsche Architektur sei.

2904 *W. Grimm an Arnim* *2. März 1809*

Ein junger Architekt, Engelhard, ist kürzlich von Weimar gekommen und hat erzählt, daß Goethe jetzt an dem zweiten Teil des Faust arbeite, und gesagt, es werde noch viel Spaß drin sein.

2905 *Riemer* *27. Januar 1809*

Zu Frau Hofmarschall v. Egloffstein, wo Frau von Goethe, Wolzogen, Schardt, Wangenheim, Falk, Werner, Meyer,

Goethe. Über Antigone. Las ich neun oder zehn meiner Sonette vor, die sehr gefielen.

2906 *Christiane v. Goethe an ihren Sohn* *Ende Januar 1809*

Hier schickt Dir der gute Vater die verlangten 50 Taler, es sind 51 Taler gutes Geld, damit Du Dich von Schulden los machen kannst, weil doch nichts dabei heraus kommt, wenn man auf Pump lebt. Auf Ostern erhältst Du 25 Taler Zuschuß von hier, und so soll es alle Vierteljahre folgen. Dein guter Vater hat Dich herzlich lieb und freut sich sehr, nur immer etwas von Dir zu hören ...

Wir haben jetzt die Geburtstags-Redoute, welche der Vater einrichtet, vor uns; es muß alles in Charaktermasken erscheinen. Du sollst nächstens eine Beschreibung davon haben, wir machen einen Aufzug von fünfzig Personen. – – Büttner und Bartholomäi machen meinen und Carolinens Begleiter. Ausführlich erhältst Du eine Beschreibung, sobald alles vorbei ist.

2907 *Johanna Schopenhauer an G. v. Kügelgen* *4. Februar 1809*

[Über die Redoute vom 3. Februar.] Ich schicke Ihnen hier alle unsre Verse, werden Sie nicht böse über das große Paket, Sie müssen sie doch haben, es sind gar herrliche Sachen drunter, besonders die von Werner, Goethe selbst ist davon entzückt, er hat wunderbar gut den Ton gehalten, so daß man davon irre werden könnte ... Riemer [als Vulkan] war so schön, daß ich noch immer nicht begreife, wie es zuging. Ich hätte nie geglaubt, daß seine Gestalt sich so machen könnte, er hatte einen goldnen Helm, wie Ulyß abgebildet wird, eine sehr schöne Maske, bloßen Hals, der ihm sehr gut ließ, Trikot an Arm und Beinen, eine kurze braune Tunike, eine feuerfarbne Draperie drüber und Sandalen an den Füßen, er schien würklich der schönste Mann auf dem ganzen Ball zu sein, so vorteilhaft war ihm die Kleidung, also ließ das Feuer sich gern von ihm bedienen; auch der Sterndeuter ging nicht leer aus, und alles war in schönster Ordnung, bis es entdeckte, daß Oken der Morgenstern wäre; dieser macht jetzt viel Aufsehen und wird recht berühmt, auch war es was Neues, also wurden die beiden bald verlassen und alles angewendet, um den neuen Ankömmling zu bezaubern; dieser ließ sich das in aller Ruhe gefallen und spottete hernach mit Goethen drüber, daß er dem Feuer so nahe gekommen wäre, er hatte sich ich weiß nicht durch welchen Zufall würklich ein Loch im Flügel gebrannt. Sie glauben nicht, wie alles dies uns seit Ihrer Abreise beschäftigt hat, besonders Falk und Goethe ... Falk hatte unendlich zu tun, weil er alles einrichtete und für so viele, Masken anzugeben, auch zu besorgen hatte, auch gab es in der Welt nichts Geschäftigeres als ihn, Goethe gab ihm wenig nach, und Falk war oft recht ärgerlich, daß dieser ihm immer auf den Fersen war, und so sehr auf Zucht und Ehrbarkeit hielt, wenn Falk gern ein wenig [Lücke] gemacht hätte ... Den Dienstag abend [31. Januar] waren Falk, Werner und Riemer bei mir, wie ich Ihnen geschrieben habe, um Nußverse zu machen, da trat plötzlich Goethe unter uns wie Peter der Große unter die verschwornen Strelitzen, er sollte eigentlich nichts von den Nüssen wissen, denn wir wußten wohl, daß er viel dagegen einwenden würde, aber der treue Werner, der sich vor Freuden, wieder in Gunst zu stehen, nicht zu lassen weiß, hatte es ihm verraten. Er redte uns so sanft und väterlich zu und berief sich dabei auf seine Erfahrung, daß wir, obgleich ungern, ihm folgen mußten, jetzt sehe ich wohl, wie recht er hatte; wir sind von zu ernsthaften [Leuten] umgeben, man versteht weder Spaß zu machen noch zu nehmen ... Goethe fuhr den Abend so gewaltig gegen Falken auf, der eine kleine Unschicklichkeit beging, daß ich sehr erschrak, doch der Sturm legte sich, ich und Adele versuchten unsre Anzüge, wir gefielen Goethen gar sehr, das stimmte uns wieder froh, und so blieben wir bis Mitternacht zusammen, in Lust und Freude, und Goethe war gar liebenswürdig und gesellig.

Den Freitag [3. Februar] fuhr ich dann um ½ 9 nach dem Stadthause und fand in einem für uns von Goethen bestimmten Zimmer den größten Teil unsrer Gesellschaft schon versammelt und Goethen mit Uniform und Ordensband mitten drunter voll Leben und Feuer, er musterte jeden einzeln, ob's noch wo fehle, hernach hat er uns exerziert, arrangiert, kommandiert, nach Herzenslust, ich habe ihn nie so lebendig gesehen, wir alle wurden von seinem gewaltigen Leben ergriffen, die fremde Kleidung, die Erwartung, alles stimmte uns höher, ich wollte, Sie wären da gewesen. Mit einem Male öffnete sich die Türe, ein wohlgekleideter incroyable mit hohem schwarzen Backenbart und Hahnenkamm, einem gewaltigen Sturmhut unterm Arm, übrigens hübscher Figur, schlank und gewandt, aber durch eine sehr gut gemachte Maske, die hübsch, frech, verrucht und artig zugleich war, ganz unkenntlich gemacht, trat herein, es war Falk, hinter ihm wandelte ein recht hübsches Schreibbureau mit einer Büste oben drauf, die klägliche Mienen machte, unten stand die Inschrift «Melpomene», auf der Rückseite des Bureaus mit goldnen großen Buchstaben «elegante Zeitung», ein blau atlasner Vorhang bedeckte die Füße des Bureaus und des Mannes, der es trug, und der oben den Kopf als Melpomene herausstellte; im Saal machte Falk dann nun tausend Spaß, er holte aus seinen Hut einen kleinen zusammengelegten dreibeinigen Stuhl hervor, ließ sich häuslich nieder, schloß sein Bureau auf, teilte seine Zeitung aus, schrieb tolle Einfälle, die er an die Umstehenden austeilte, kurz niemand spielte seine Rolle den ganzen Abend durch wie er, auch wußte Goethe nicht, wie er ihn genug preisen sollte. Das Bureau war allerliebst gemacht, auch hatte er Tinte, Feder, Papier, Siegellack, kurz alles Nötige zum Schreiben drinne. Endlich war die Herzogin da, Goethe ließ uns bei sich vorbei defilieren, und war doch wieder eher unten als wir, im Saal waren Leute gestellt, die lange Stangen horizontal hielten, so daß ein breiter Weg für uns gemacht war und wir von allem Gedränge frei waren und gut gesehen werden konnten. Da marschierten wir denn ganz gravitätisch durch, in der vorgeschriebenen Ordnung, die drei Könige in ihrer Pracht und so klein und zierlich, und hinterher der Riese Ruprecht, der auf seinen Kothurnen gewaltig schwer auftrat, erregten allgemeinen Beifall, hinterm Ruprecht kam die elegante

Zeitung, um alles gleich aufzunotieren, Goethe im schwarzen Tabarro und Maske war überall und sorgte, daß wir ordentlich und in gehöriger Distanz gingen; so machten wir zweimal die tour um den Saal und begrüßten die Herzogin, die vorne auf der Estrade stand. Wie wir fertig waren, stellte uns Goethe in zwei Reihen innerhalb der Stangen, und nun zog ein Zug vom Theater durch, der sehr hübsch war, voran die Jagemann als Thekla mit allen ihren Juwelen geschmückt, – dies dünkte mir frech, *sie* mußte sich der Herzogin heute nicht präsentieren, – Stromeyer als Max, die Jungfrau Madame Wolff, Wolff als Lionel, den Beschluß machten Becker und Madame Becker als ein paar Karikaturen, jedes sagte der Herzogin ein paar Worte aus seiner Rolle, die man aber nicht verstand. Wie das aus war, wurden die Stangen fortgenommen, alles ging durcheinander, und es war eine Redoute wie andre, es war entsetzlich voll, viele hübsche Charakter-Masken, aber kaum drei, die ihren Charakter soutenierten ...

Nachdem wir lange dem tollen Wesen zugesehn hatten, ging ich mit Oken, Riemer etc. hinauf, um uns ein wenig mit Speis und Trank zu stärken, da finden wir Frau v. Goethe mit ihrer Gesellschaft, einen Offizier Deng in wilder Lustigkeit bei Tische, der Champagner tobte in den Köpfen, die Pfropfen knallten, die Damen quiekten, und Goethe stand still und ernsthaft in einer Ecke. Wie er uns sah, ließ er gleich einen Tisch und das Nötige besorgen, setzte sich zu uns, es kamen noch mehr aus unserm Zirkel, jener wilde Schwarm ging herunter zum Tanz, und wir blieben ein Stündchen gar gesellig und fröhlich oben, Goethe war über die Maßen zufrieden. Wie wir hierunterkamen, hatten die mehrsten Masken sich schon verlaufen, und wir blieben noch bis 3 Uhr auf der Estrade und sahn dem Tanz zu, und hatten unsern Spaß untereinander und mit ein'gen der übrigen Masken. Es ist fast beispiellos, daß Goethe so lange aufblieb, aber er war gar zu froh über das Ganze.

2908 Christiane v. Goethe an Bettina 4. Februar 1809

Sie machen mir Hoffnung, uns zu besuchen, der Geheimerat und ich sehen diesen schönen Tagen mit Freude entgegen, nur wünschen wir, daß es bald geschehe, da der Geheimerat wahrscheinlich in der Mitte Mai wieder nach Karlsbad gehen wird, ich aber denke, bis Ende Juni in Weimar zu bleiben. Goethe befindet sich diesen Winter außerordentlich wohl, welches er doch den heilsamen Quellen zu danken hat. Bei meiner Zurückkunft kam er mir ordentlich jünger vor, und gestern, weil große Cour an unserm Hof war, sah ich ihn zum erstenmal mit seinen Orden und Bändern geschmückt, er sah ganz herrlich und stattlich aus, ich kann ihn gar nicht genug bewundern; mein erster Wunsch war, wenn ihn doch die gute Mutter noch so gesehen hätte, er lachte über meine große Freude. Wir sprechen viel von Ihnen, er trug mir auf, Sie herzlich zu grüßen, sowie auch den Herrn von Savigny und seine Frau; unsere beiden Wünsche sind, Sie alle bald bei uns zu sehen, dieses Mal aber müssen Sie sich gefallen lassen, bei mir zu logieren, ich will es Ihnen so bequem machen, als ich kann.

2909 Christiane v. Goethe an ihren Sohn 6. Februar 1809

Bartholomäi und Büttner haben mir versprochen, Dir eine ganze Beschreibung von der Redoute zu machen ... Unser Zug war sehr brillant, ausgenommen der Mond, welcher sehr schlecht dargestellt wurde. Dein Vater hat alles arrangiert; alles erschien beinah in Charaktermasken, 700 Menschen waren zugegen ... Wir hatten ein apartes Zimmer, und Dein Vater überraschte den Mond mit Bartholomäi in einem zärtlichen tête à tête. Überhaupt hat sich der Mond nicht sanft, sondern recht frech betragen. Dein Vater befindet sich sehr wohl, er blieb mit uns bis halb 3 Uhr auf der Redoute.

2910 Caroline Falk an eine Freundin 6. Februar 1809

[Beschreibung des Maskenzuges vom 3. Februar.] Überhaupt hat sich Goethe bei der ganzen Sache so tätig bewiesen, und mit so vielem Eifer betrieben, daß für sein Alter zu bewundern ist, auch war er den Tag äußerst vergnügt, zumal nachher, wie alles so gut gegangen war und es der Herzogin viel Vergnügen, wie sie laut äußerte, verursacht habe.

2911 Charlotte v. Schiller an Cotta *9. Februar 1809*

Daß Humboldt bei uns war, der Ältere nämlich, wissen Sie? Jetzt ist er nach Berlin gereist ... wir haben schöne Stunden mit ihm und Goethe zugebracht, der ihm manches las, was uns alle ergötzte. Goethe ist auch wohl diesen Winter, und jetzt fleißig, doch teilt er noch nichts mit ...

Wir machen jetzt einen Kursus der alten Poesie – Goethe hat uns das Lied der Nibelungen gelesen. Es ist eine der schönsten Erscheinungen alter Zeit ... Jetzt liest uns Goethe ein altfranzösisches Gedicht, wo die Helden die Vettern Karls des Großen sind, was auch einen eignen Geist hat, da ist schon das Christliche herrschend, und die eigene Kraft wird durch den höhern Beistand erhöht, und das Wunderbare kömmt mehr zur Sprache. – Ich wollte, Goethe käme auf den Einfall, in Nebenstunden den Fierabras, so heißt das alte Gedicht, zu bearbeiten. Es würde sehr schön sich ausnehmen, in einer modernen einfachen Darstellung.

2912 Riemer an Frommann *11. Februar 1809*

Zugleich folgt einiges Manuskript [der Farbenlehre], das mit dem Blatte, was Sie bereits haben, wohl einen Bogen geben dürfte. Sie erhalten bald mehr. Aber zur Messe das Ganze zu bringen, ist wohl unmöglich. Goethe dankt Gott, wenn er mit dem 17. Jahrhundert zu Rande ist. Da wir aber den Sommer wohl hier bleiben, so kann das Ganze doch zu Michael fertig werden, vorausgesetzt, daß nichts dazwischen kommt.

2913 Riemer *20. Februar 1809*

Goethe äußerte über Tisch:

«Der reine wahre Despotismus entwickelt sich aus dem Freiheitssinne; ja, er ist selbst der Freiheitssinn mit dem Gelingen. Der Freiheitssinn strebt ins Unbedingte, er will herrschen, ohne daß er's immer imstande ist und werden kann. Nun kommt bei einem das Gelingen hinzu, und so ist der Despot fertig. – Aus der Sklaverei geht nur der eigentliche dominus hervor, niemals der Despot oder, wie er auch heißt, der Tyrann.»

Ferner äußerte Goethe über den Witz:

«Der Witz setzt immer ein Publikum voraus. Darum kann man den Witz auch nicht bei sich behalten. Für sich allein ist man nicht witzig. Alle andern Empfindungen genießt man für sich allein: Liebe, Hoffnung etc. – Der Witz wird immer für ein Anzeichen eines kalten Gemüts gehalten. Er ist nur das eines besonnenen, freien, schwebenden, das sich von den Gegenständen losmachen kann. (Daher sagt man, daß er niemandes, auch des Freundes, nicht schone.)

Der Witz gehört unter den Spieltrieb. Das Spiel offenbart die große Freiheit des Geistes. Das Spiel will nicht die Realität, sondern den Schein. Der Schein ist mit der Idee nahe verwandt. Er ist gleichsam das Bild, das Gemälde von der Idee. Ja, er ist die Idee selbst mit dem Minimo von Realität verkörpert oder daran offenbart.»

2914 Riemer *25. Februar 1809*

Mittags Dr. Werneburg. Über den Regenbogen. Goethes Erklärung davon.

2915 Riemer *26. Februar 1809*

Mittags Genast zu Tische. Über Theater. Abends zu Madame Schopenhauer. Goethe sehr lustig und spaßhaft über Blaubarts Märchen.

2916 Falk: Goethe aus näherm persönlichen Umgange dargestellt *1832*

«Es ist alles», sagte er [Goethe] ein ander Mal, am 29. [26.] Februar 1809 ... «in den Wissenschaften zu weitschichtig geworden. Auf unsern Kathedern werden die einzelnen Fächer planmäßig zu halbjährigen Vorlesungen mit Gewalt auseinandergezogen. Die Reihe von wirklichen Erfindungen ist gering, besonders, wenn man sie durch ein paar Jahrhunderte im Zusammenhange betrachtet. Das meiste, was getrieben wird, ist doch nur Wiederholung von dem, was dieser oder jener berühmte Vorgänger gesagt hat. Von einem selbständigen Wissen ist kaum die Rede. Man treibt die jungen Leute herdenweise in Stuben und Hörsäle zusammen und speist sie in Ermangelung wirklicher Gegenstände mit Zitaten und Worten ab. Die Anschauung, die oft dem Lehrer selbst fehlt, mögen sich die Schüler hinterdrein verschaffen! Es gehört eben nicht viel dazu, um einzusehen, daß dies ein völlig verfehlter Weg ist. Besitzt nun der Professor vollends gar einen gelehrten Apparat, so wird es dadurch nicht besser, sondern nur noch schlimmer. Des Dünkels ist nun gar kein Ende. Jeder Färber an seinem Kessel, jeder Apotheker an seinem Destillierkolben muß sich sofort des breitern von ihm belehren lassen. Die armen Teufel von Praktikern, ich kann nicht sagen, wie sie mich dauern, daß sie in solche Hände gefallen sind! Da saß ehemals so ein alter Färber in Heilbronn, der war klüger als sie alle! Dafür haben sie ihn aber auch tüchtig ausgelacht. Was gäbe ich darum, wenn der alte Meister noch in der Welt wäre, die er, aber die ihn nicht erkannte, und meine Farbenlehre erlebt hätte. Dem hatte sein Kessel geholfen. Der wußte, worauf es ankam.»

«Wenn ich die Summe von dem Wissenswerten in so mancher Wissenschaft, mit der ich mich mein ganzes Leben hindurch beschäftigt habe, aufschreiben wollte, das Manuskript würde so klein ausfallen, daß Sie es in einem Briefcouvert nach Hause tragen könnten. Es herrscht bei uns der Gebrauch, daß man die Wissenschaften entweder ums Brot verbauern läßt, oder sie auf den Kathedern förmlich zersetzt, so daß uns Deutschen nur zwischen einer seichten Popularphilosophie und einem unverständlichen Galimathias transzendentaler Redensarten gleichsam die Wahl gelassen ist. Das Kapitel von der Elektrizität ist noch das, was in neuerer Zeit nach meinem Sinne am vorzüglichsten bearbeitet ist.»

«Die ‚Elemente' des Euklides stehen noch immer als ein unübertroffenes Muster eines guten Lehrvortrages da; sie zeigen uns in der größten Einfachheit und notwendigen Abstufung ihrer Probleme, wie Eingang und Zutritt zu allen Wissenschaften beschaffen sein sollten.»

«Wie ungeheure Summen haben nicht die Fabrikherren bloß durch falsche Ansichten in der Chemie verloren! Selbst die technischen Künste sind bei weitem nicht, wie sie sollten, vorgerückt. Diese Bücher- und Stubengelehrsamkeit, dies Klugwerden und Klugmachen aus nachgeschriebenen Heften ist auch die alleinige Ursache, daß die Zahl der wahrhaft nützlichen Entdeckungen durch alle Jahrhunderte so gering ist. Wahrlich, wenn heute, wo wir den 29. [26.] Februar 1809 schreiben, der altehrwürdige englische Mönch Baco – mit dem Kanzler Verulam keinesweges zu verwechseln –, nachdem so manche Jahrhunderte hinter seinen wissenschaftlichen Bestrebungen abgelaufen sind, von den Toten zurück zu mir in mein Studierzimmer käme und mich höflich ersuchte, ihn mit den Entdeckungen, die seitdem in Künsten und Wissenschaften erfolgt, bekannt zu machen – ich würde mit einiger Beschämung vor ihm dastehen und im Grunde nicht so recht wissen, was ich dem guten Alten antworten sollte. Fiele es mir etwa ein, ihm ein Sonnenmikroskop vorzulegen, so würde er mir bald mit einer Stelle in seinen Schriften dienen, wo er dieser Erfindung nicht bloß ahnend vorgriff, sondern derselben auch durch wahrhaft praktische Winke den Weg bahnte. Führte uns unser Gespräch auf die Entdeckung der Uhren, so würde er vielleicht, wenn ich ihm eine vorzeigte, gelassen fortfahren: Es ist das Rechte! Es kommt mir indes nicht unerwartet. Ich habe es ebenfalls vorausgesehen. Von der Möglichkeit solcher Maschinen könnt ihr Seite 504 in meinen Schriften das Nötige nachlesen, wo ich sie ebenfalls, wie das Sonnenmikroskop und die Camera obscura, ausführlicher behandelt habe. Zuletzt, nach völliger Durchmusterung aller neuer Erfindungen, müßte ich vielleicht erwarten, daß sich der tiefsinnige Klosterbruder mit folgenden Worten von mir verabschiedete: Besonderes ist es eben nicht, was ihr da im

Laufe so vieler Jahrhunderte geleistet habt. Rührt euch besser! Ich will mich nun wieder schlafen legen und nach vier Jahrhunderten wiederkommen und zusehen, ob auch ihr schlaft, oder ob ihr in diesem oder jenem Stücke weiter fortgeschritten seid! – Bei uns Deutschen», setzte Goethe hinzu, «geht alles fein langsam vonstatten. Als ich vor nunmehr zwanzig Jahren die erste Idee von der Metamorphose der Pflanzen aufstellte, wußte man bei Beurteilung dieser Schrift nichts weiter als die einfache Behandlung im Vortrag eines wissenschaftlichen Gegenstandes herauszuheben, die jungen Leuten allenfalls zum Muster dienen könne. Von der Gültigkeit eines Grundgesetzes, auf dessen Entwickelung doch hier eben alles ankam, und das, im Fall es sich bewährte, durch die ganze Natur die mannigfaltigste Anwendung erlaubte, vernahm ich kein Wort. Das macht, es stand nichts davon im Linné, den sie ausschreiben und sodann ihren Schülern vortragen. Man sieht aus allem, der Mensch ist zum Glauben und nicht zum Schauen gemacht. Wie lange wird es dauern, so werden sie auch an mich glauben und mir dies und jenes nachsprechen! Ich wollte aber lieber, sie behaupteten ihr Recht und öffneten die Augen selbst, damit sie sähen, was vor ihnen liegt; so aber schelten sie nur auf alles, was bessere Augen hat als sie, und nehmen es sogar übel, wenn man sie in ihren Kathederansichten der Blödsichtigkeit beschuldigt. Vor der Farbenlehre, die mit der Metamorphose der Pflanzen auf einem und demselben Prinzipe beruht, gilt dieses eben auch. Sie werden sich aber die Resultate derselben auch schon aneignen; man muß ihnen nur Zeit lassen, und besonders es nicht übel nehmen, wenn sie einen, wie es mir jetzt in der Metamorphose der Pflanzen häufig genug begegnet, ohne zu nennen, ausschreiben und fremdes Eigentum für das ihre ausgeben. Was den Mönch Baco betrifft, so darf uns diese außerordentliche Erscheinung nicht wunder nehmen. Wir wissen ja, daß sich in England sehr früh große Keime von Zivilisation zeigten. Die Eroberung dieser Insel durch die Römer möchte wohl dazu den ersten Grund gelegt haben. Dergleichen verwischt sich doch nicht so leicht, wie man wohl glaubt.

Späterhin machte auch das Christentum ebenfalls daselbst, und das schon frühe, die bedeutendsten Fortschritte. Der heilige Bonifacius ist nicht nur mit einem Evangelienbuche, sondern auch mit dem Winkelmaß in der Hand, und von allen Baukünsten begleitet, von dort her zu uns herüber nach Thüringen gekommen. Baco lebte zu einer Zeit, wo der Bürgerstand durch die Magna Charta bereits große Vorrechte in England erlangt hatte. Die erlangte Freiheit der Meere, die Jury oder die Geschwornengerichte vollendeten diesen heitern Anfang. Es war fast unmöglich, daß bei so günstigen Umständen die Wissenschaften zurückbleiben und nicht auch einen freien Aufschwung nehmen sollten. Im Baco nahmen sie denselben wirklich. Dieser sinnige Mönch, ebensoweit vom Aberglauben als vom Unglauben entfernt, hat alles in der Idee, nur nicht in der Wirklichkeit gehabt. Die ganze Magie der Natur ist ihm, im schönsten Sinne des Worts, aufgegangen. Er sah alles, was kommen mußte, die Sonnenmikroskope, die Uhren, die Camera obscura, die Projektionen des Schattens; kurz, aus der Erscheinung des einzigen Mannes konnte man abnehmen, was für Fortschritte das Volk, zu dem er gehörte, im Gebiete der Erfindungen, Künste und Wissenschaften zu machen berufen war. *Strebt aber nur immer weiter fort*», fügte Goethe begeistert hinzu, «*junges deutsches Volk, und werdet nicht müde, es auf dem Wege, wo wir es angefangen haben, glücklich fortzusetzen! Ergebt euch dabei keiner Manier, keinem einseitigen Wesen irgend einer Art, unter welchen Namen es auch unter euch auftrete! Wißt, verfälscht ist alles, was uns von der Natur trennt; der Weg der Natur aber ist derselbe, auf dem ihr Baco, Homer und Shakespeare notwendig begegnen müßt. Es ist überall noch viel zu tun! Seht nur mit eignen Augen und hört mit eignen Ohren!* Übrigens laßt es euch nicht kümmern, wenn sie euch anfeinden! Auch uns ist es, weil wir lebten, nicht besser gegangen. In der Mitte von Thüringen, auf dem festen Lande haben wir unser Schiff gezimmert; nun sind die Fluten gekommen und haben es von dannen getragen. Noch jetzt wird mancher, der die flache Gegend kennt, worin wir uns bewegten, nicht glauben, daß die Fluten wirklich den Berg hinan gestiegen sind; und doch sind sie da. Verschmäht auch nie, in euer Streben die Einwirkung von gleichgestimmten Freunden aufzunehmen, sowie ich euch auf der andern Seite angelegentlich rate, ebenfalls nach meinem Beispiele, keine Stunde mit Menschen zu verlieren, zu denen ihr nicht gehört oder die nicht zu euch gehören; denn solches fördert wenig, kann uns aber im Leben gar manches Ärgernis zufügen, und am Ende ist denn doch alles vergeblich gewesen. Im ersten Bande von Herders ‚Ideen zur Philosophie der Geschichte der Menschheit' sind viele Ideen, die mir gehören, besonders im Anfange. Diese Gegenstände wurden von uns damals gemeinschaftlich durchsprochen. Dazu kam, daß ich mich zu sinnlichen Betrachtungen der Natur geneigter fühlte, als Herder, der immer schnell am Ziele sein wollte und die Idee ergriff, wo ich kaum noch einigermaßen mit der Anschauung zu Stande war, wiewohl wir gerade durch diese wechselseitige Aufregung uns gegenseitig förderten.»

2917 Riemer *2. März 1809*

Mittags mit Goethe über das tolle Wesen der Voße.

2918 C. Bertuch an Böttiger *4. März 1809*

Die Kupferstiche und Zeichnungen [Fernows] müssen nach Goethes Wunsch dem Herzog zuerst samt und sonders angeboten werden, um seiner Huld und Gnade die Fernowschen Kinder durch diese Attention noch mehr zu empfehlen. Da Goethe alle unsere Schritte wegen der Bibliothek auch kräftig mit unterstützen muß, so kann man ihm darin nicht entgegen sein.

2919 Riemer *5. März 1809*

[Goethe:] «Den französischen Edelmann, den ältern oder Ritter, zeichnet für mich am besten der Graf von Foix. Die Deutschen, als Götz, Frundsberg usw., erscheinen mir immer als Bürger und Philister dagegen.»

2920 Riemer

[Goethe:] «Sehr angenehm für mich ist die Sitte der doppelten Namen, die sonst jemand führte, wovon der eine gerade der gewöhnliche war, als Cartesius für Descartes, Parmigianino für Mazzola usw. Wir haben die Sitte nur in Ekel-, Spitz- und Schimpfnamen.»

2921 Riemer *5. März 1809*

[Goethe:] «Skeptizism Kantischer, oder Kritizism konnte nur aus den Religionssekten entstehen, aus dem Protestantism, wo jeder sich recht gab und dem andern nicht, ohne zu wissen, daß sie alle bloß subjektiv urteilten.»

2922 Riemer *5. März 1809*

«Intentionelle Brezeln» nannte ich einmal beim Nachtisch solche, die geholt werden sollten und noch immer unterwegs blieben. Dies brachte Goethen darauf, das auch intentionelles *Geld* zu nennen, das Napoleon den Jenensern für die abgebrannten Häuser angewiesen und doch gar nicht zu Rande und zu Stande kommen wollte.

2923 Riemer *5. März 1809*

Früh bei Goethe. Glaskugel zum Regenbogen. Im Garten beobachtet. Mittags Professor Voigt.

Goethe bemerkte:

«Beständiger Ernst hat zum Vorteil, daß er dann und wann auch recht lustig wird und so zu einem Gipfel kommt. Beständige Lustigkeit kann dem Fall nicht entgehen, daß sie auch manchmal in Verzweiflung und Mißmut gerät.»

«Eine stille ernsthafte Frau ist übel daran mit einem lustigen Manne. Ein ernsthafter Mann nicht so mit einer lustigen Frau.»

Ich sagte dazu: «So dankt er Gott, daß Er nicht nötig hat, lustig zu sein.» Ist im Grunde Goethes und der Vulpia eigenes Verhältnis zueinander.

2924 Riemer *5. März 1809*

Den 5. März 1809, nach Tisch.

Manier. Maxime des Künstler-Indiv.	Stil. Maxime der Kunst.
In den Gebilden der Natur erscheint zuerst das Individuelle, das heißt man sieht zuerst das Individuum, und der Charakter, das Allgemeine, die Idee erscheint erst darauf.	In den Darstellungen der Kunst ist das Allgemeine, das Charakteristische, das Ideale das erste, was erscheint, und das Individuelle füllt es gleichsam nur aus.

2925 Henriette v. Knebel an ihren Bruder *8. März 1809*

Goethe, zu dem wir im Begriff sind zu wandern, hat uns gestern besucht. Er lobte ganz außerordentlich einen Brief, den Du an Riemer über den französischen Wallstein [Tragödie von B. Constant] geschrieben hast. Seine Freude und sein Wohlgefallen über Dein Urteil war ausnehmend.

2926 Riemer *10. März 1809*

[Goethe?:] Die Charakterzüge der christlichen Religion, wie sie sich als römisch-katholisches Individuum entwickelt, deuten sich sozusagen präformiert in den Charakteren der einzelnen Apostel an; die Liebe in Johannes, der Glaube in Jakobus, der Fanatismus und Verfolgungswut in Petrus, der Zweifel in Thomas, der Geiz in Judas Ischarioth, woran sie auch wie dieser gescheitert, durch die Reformation, denn vorzüglich der Geiz der römischen Kurie schlug dem Fasse den Boden aus.

2927 Riemer *11. März 1809*

Äußerte Goethe: «Je schlechter Land, desto bessere Patrioten. Das sehe man an den jetzigen Preußen (Märkern), sonst an den Schweizern.»

2928 Riemer *11. März 1809*

Den 11. März 1809, aus Goethes Munde notiert: Die poetische Gerechtigkeit sei eine Absurdität. Das allein Tragische ist das injustum und praematurum. Napoleon sehe dies ein, und daß er selbst das Fatum spiele. Inhalt seiner Unterredung mit Goethe.

2929 Riemer *14. März 1809*

Abends zu Frau v. Schardt, wo Goethe und sie, Falk und seine Frau, Fräulein Reitzenstein und Fräulein Staff, Werner. Märchen von den drei Raben und dem Glasberge.

2930 Charlotte v. Stein
an ihren Sohn Fritz *Mitte März 1809*

... eben tritt Goethe herein und trägt mir einen schönen Gruß an Dich auf, einen eigentlich offnen herzlichen Umgang will mir mit diesen Freund nicht wieder werden, so gut ich ihn auch bin.

2931 C. F. v. Conta an seine Braut *16. März 1809*

Ich war heute einmal, nach langer Zeit, wieder bei der Schopenhauer; es war sehr interessant. Goethe hatte die beste Laune von der Welt und erzählte viel, besonders von Sizilien, wo er gewesen ist. Für uns ist es auffallend, daß man in Rom und Neapel eigene Karten hat, worauf bemerkt ist, in welchen Straßen zu jeder Stunde des Tages eben Schatten ist, wonach sich dann diejenigen, welche am Tage ausgehen müssen, richten und lieber einen großen Umweg machen, um nur nicht Straßen ohne Schatten zu passieren.

Es ist ein neues Werk über China erschienen von einem Franzosen, der sechzig Jahre in diesem Lande gelebt hat und welcher beweist, daß das angegebene hohe Alter der Chinesen erdichtet sei, indem *der Staat* China sich kaum von einigen Jahren [Jahrhunderten?] vor Christi Geburt her datiere. Goethe rief bei dieser Bemerkung freudig aus: «Nun, es ist mir immer lieb, wenn einer Nation von ihrem prätendierten Alter etwas genommen wird, denn so erscheint denn doch das ganze Menschengeschlecht nicht mehr so alt, sondern in einem artigen Jünglingsalter, sonst wäre es auch eine Schande, wenn noch so viele alberne

Dinge in der Welt passierten. So sind wir denn aber, wie es Jünglingen geziemt.»

2932 *S. Schultze: Nach Falks Goethe-Erinnerungen* *1908*

Von seiner italienischen Reise pflegte Goethe sehr gern zu erzählen. Im Schopenhauerschen Zirkel teilte er [am 16. März 1809?] folgende interessante Details mit: «Als ich in Italien reiste, besonders zu Bologna, nahm ich mir oft einen Hahn mit, handelte den Herren einen Platz am Kamin ab und fing dann an selbst zu kochen und zu sieden. – An ein Bett war gar nicht zu denken. Ich ging oft in den Schuppen und setzte mich in den Wagen, wo mich aber auch bald die warmen, mir auf die Nase fallenden Regentropfen aufweckten. – Eines Tages schlief ich in einem Zimmer, und ich sah einen hellen Schimmer wie von einem Sterne, der zu mir herabstieg, über meinen Kopf. Bald darauf verschwand derselbe. Ich wußte nicht recht, was es war, bis ich tags darauf gewahr wurde, daß die Decke ein Loch hatte, wodurch der schöne Sternenglanz durchgefallen war. – Ich hatte also à la belle étoile geschlafen.»

2933 *Riemer* *21. März 1809*

Bei Gelegenheit der Deutung, die man von der Apokalypse noch heutzutage auf Napoleon mache, äußerte Goethe:

«Sein Märchen komme ihm gerade so vor wie die Offenbarung S. Johannis.» Schubert hatte es gedeutet, andere anders: Es fühlt ein jeder, daß noch etwas drin steckt, er weiß nur nicht was.

Er bemerkte ferner:

«Anglomanie der Franzosen von jeher, sobald sie Friede mit den Engländern hatten. Zeigt sich in der Anhänglichkeit ans Newtonsche System und sonst.

Voltaire suchte auch die Gunst anderer Nationen; er sei wie ein Virtuos auf der Violine, dessen Sprache überall hinreicht, der sich überall kann hören lassen, während besonders die deutschen Dichter nur wie Maler und Bildhauer auf ihr Zimmer und Haus eingeschränkt sind.»

2934 *Riemer* *23. März 1809*

Mittags mit Goethe allein. Er bemerkte:

«Die Materie habe ebensoviel Lust zu verharren als sich zu verändern, und auf diesem Gleichgewicht beruhe die Möglichkeit der Welt, indem Gott nur mit Wenigem den Ausschlag zu geben brauche.»

2935 *Henriette v. Knebel an ihren Bruder* *25. März 1809*

[Zu Knebels Beschreibung eines französischen Soldaten.] Du kannst versichert sein, daß ich mit Deinen Briefen sehr vorsichtig bin. Auch habe ich das Blatt, was übrigens gar nichts Verfängliches enthält, niemand gezeigt als Goethen und der Frau von Stein, die just allein beisammen standen und die es sehr amüsiert hat wegen dem Gemälde des französischen Banditen.

2936 *Riemer* *25. März 1809*

Mittags bei Goethe allein. Über Werner und sein Benehmen. Gefahr in seinem neuen Logis. Aufrichtigkeit Goethes gegen ihn etc.

2937 *Riemer* *28. März 1809*

Abends bei Frau v. Wolzogen zum Tee, mit Goethe, ihr, Werner, Falk, Müller. Majer, der aus der Edda Saemund einiges vorlas. Thors Wiedererlangung des Hammers, und etwas aus der 2. Edda. Majers Konskript über die den Nibelungen zum Grunde liegende Fabel von Sigurd und Brunhild.

2938 *Christiane v. Goethe an ihren Sohn* *Ende März 1809*

Von Theaterneuigkeiten ist nichts passiert, als daß die Langeck von Berlin gekommen ist, und Deny sie wohl heuraten wird, doch bis jetzt will Dein Vater die Einwilligung nicht geben ...

Dein Vater befindet sich recht wohl, so wie auch ich.

2939 *C. Bertuch an Böttiger* *30. März 1809*

Beckers haben uns heute verlassen, und sind nach Breslau gegangen; ein wahrer Verlust für unsere Bühne. Übrigens herrscht in dramatischer Hinsicht ein reges Leben hier, und Goethe ist nichts weniger als dafür erkaltet.

2940 *Abeken an H. Voß* *22. April 1809*

Deinen Brief ... erhielt ich am stillen Freitage mittags [31. März], eben da ich zu Goethe gehen wollte, der mich mit der Hofrätin Schiller und den Kindern eingeladen hatte. So konnte ich Deine Grüße und die Nachrichten von August Goethe recht frisch überbringen. Das war mir ein herrlicher Tag; denn einer meiner größesten Genüsse hier in Weimar besteht darin, Goethe zu sehen ... O ich danke dem Himmel, daß er mich hierher geführt hat, wo ich Goethe sehen und ihn hören kann. Freilich ist es eine seltne Freude; aber doch mir unendlich wert. Goethe ist unsäglich liebenswürdig in seinem Hause ...

2941 *Riemer* *31. März 1809*

Ins Theater, wo der Tod Jesu von den Kameristen gegeben wurde. Über Tische mit Goethe über die Musik und den Text; schlechte Deklamation.

2942 *Riemer* *1. April 1809*

Über Tische bemerkte Goethe:

Seine Schrift über die Farbenlehre komme ihm vor wie eine Purganz, die bei den Leuten das Innere rege macht. (Oken, Werneburg und Rühl.) Mitunter gehe dann auch ein Bandwurm ab.

2943 *Riemer* *5. April 1809*

Unten bei den Damen; las Goethe den König Rother vor aus der Hagenschen Sammlung. Sprachen nachher die Damen und besonders die Prinzeß viel über die alte Sprache und dahin Gehöriges.

2944 *Z. Werner an Riemer* *6. März (April) 1809*

... so werde ich ... morgen zwischen drei und vier Uhr zu Ihnen kommen, melde Ihnen das, damit Sie nicht unnötigerweise auf mich warten, und überlasse es Ihnen, ob Sie bis dahin (wie es Ihrer würdig wäre und ich mit tiefem Danke erkennen würde) die Sache meines tiefbetrübten, sich keiner Schuld bewußten Gemüts, bei unserm ebenso strengen als großen Meister einleiten wollen, den ich, er mag's wollen oder nicht, lieben werde bis an mein Ende!

2945 *Riemer* *7. April 1809*

Besuch von Werner, der zu Goethe wollte, und den ich auffangen mußte. Goethe, der mich nachher instruierte für die Folge.

2946 *Riemer* *8. April 1809*

Mittags allein. Geistreiche Bemerkungen von Goethe über die Geschichte der Wissenschaften und sonst.

«Wie in Rom außer den Römern noch ein Volk von Statuen, so sei außer dieser realen Welt noch eine Welt des Wahns viel mächtiger beinahe, in der die meisten leben.»

2947 *Riemer* *8. April 1809*

Bei der Vorstellung von Tancred [von Voltaire], lebhafter gespielt als sonst, auf französische Art, wo nur Deny es übertrieb, hatte Goethe ein Gespräch mit mir über das Stück. Wo er unter andern ausrief: «Das sind Eure Götter!» Mit Bezug auf den Ruhm und das Preisen der französischen Stücke besonders in den höheren Klassen.

2948 *Henriette v. Knebel an ihren Bruder* *8. April 1809*

Goethe ist jetzt auch ein wenig hypochonder, wie mir Frau von Stein sagt.

2949 *Henriette v. Knebel an ihren Bruder* *15. April 1809*

Denke nur, daß unser Bibliothekar Schmidt, der sogenannte Häckelschmidt, plötzlich toll geworden ist. Er hatte sein Quartier, was er 33 Jahre bewohnte, gegen ein anderes vertauscht, und darauf fällt er in die größte Schwermut und wird ganz verrückt. Er glaubt ein großes Verbrechen begangen zu haben. Man hat ihn zu seinen Verwandten nach Eisenach gebracht. Goethe sagt von ihm, daß er wie ein altes Faß zu betrachten wäre, das noch lange so hätte liegen können, da es aber transportiert wurde, so zerbrachen die Reife.

2950 *Karl Sieveking an?* *(18.) April 1809*

Am Sonntag mittag [16. April] war ich bei Goethe und fand ihn im Garten. Du glaubst nicht, wie weit der Mann hervorragt vor allen, die in Deutschland geschrieben haben; solch ein menschlicher Adel in dem ganzen Wesen, solch ein Feuer in den großen braunen Augen, so gediegen und unmittelbar aus dem Leben gegriffen jedes Wort, auch das unbedeutendste, das er sagt. Nach Tisch fand ich mich am Fenster mit ihm allein und hatte Gelegenheit, ein Gespräch anzuknüpfen, dessen Faden nicht nach jeder Antwort von meiner oder seiner Seite riß. Nun sprach er von seiner glücklichen Jugend; damals hätte man Jahre verlieren dürfen, jetzt keinen Tag; die Welt sei ernsthafter geworden; wie der Schiffbrüchige müßten wir uns an der Planke halten, die uns rettete, und die verlorenen Kisten und Kasten uns aus dem Sinne schlagen. Ich habe nie eine so angenehme halbe Stunde verlebt. Gestern war ich wieder dort, und heute werde ich den ganzen Tag da zubringen, denn zum Abend hat die (die Parenthese magst Du Dir selbst füllen) Geheimrätin mich zu einem Schauspielertee eingeladen. Bei der Schopenhauer, die mir die gute Frommann empfohlen, habe ich alle schönen Geister versammelt gesehen. Goethe stellte mich Wielanden vor, der sehr alt und abgebrochen ist.

2951 *Henriette v. Knebel an ihren Bruder* *19. April 1809*

Es war ewig schade, daß Du [am 18. April] nicht die Erzählung von Goethe [«Die Wahlverwandtschaften»] mit angehört hast. Sie ist voll Geist und Leben und versetzt in die mildeste Gemütsstimmung.

2952 *Karl Sieveking an?* *1809*

Es waren mir noch ein paar vergnügte Abende in Goethes Hause beschieden. Einmal [am 18. April] fand ich sämtliche Schauspieler dort, die er gewöhnlich bei sich sieht, das andere Mal [19. April] war ich ganz allein. Am ersten Abend waren wir über die Maßen lustig. Ich saß bei der Schauspielerin, die am Abend meiner Ankunft in «Emilia Galotti» spielen sollte, ein charmantes Kind, wie Goethe sagt; mir schien sie ziemlich unbedeutend. Er kam erst später vom Hofe zurück. Eben hatte man bemerkt, daß er wohl wie Karl Moor unter seine Kinder auf einmal auftreten könnte, als er die Tür öffnete, hinter den Stuhl der Orsina trat und ihr die Augen so lange zuhielt, bis er sich durch einen Kuß zu erkennen gab.

2953 *O. A. Rühle v. Lilienstern: Reise mit der Armee* *1810*

[Aus dem Brief: Weimar, 23. April 1809.] Kaum ist mir so viel Zeit übrig geblieben, auf einen Augenblick den glänzenden Ball zu besuchen, welchen der Herzog von Weimar seinen Gästen auf dem hiesigen Stadthause veranstaltet hatte ... Goethe und Wieland habe ich ganz in der Ferne aus dem Gewühle heraus gekannt, nach den sprechend ähnlichen Bildnissen, in welchen Kügelgen diese beiden Heerführer der teutschen schönen Literatur der Nachwelt auch ihrem äußeren Erscheinen nach, bis auf die kleinste Individualität, überliefert hat. Auch [Zacharias] Werner war da.

2954 *Henriette v. Knebel an ihren Bruder* *29. April 1809*

Heute wird Goethe auf einige Tage nach Jena kommen. Er hat uns gestern durch die Fortsetzung seines Romans einen der seltenen und auserlesenen Abende verschafft und hat uns ganz in seinen Zauberkreis hineingezogen. Seine Gemälde sind nicht allein vollkommen richtig gezeichnet, sondern jedes Detail ist zugleich mit so lebhaften Farben und so äußerst delikat ausgemalt, daß man dieses neue Produkt als ein Meisterwerk nicht genug bewundern und sich darüber erfreuen kann. Ich gäbe was darum, wenn er Dir's vorläse. Es hat uns sehr glücklich gemacht.

2955 Charlotte v. Stein an ihren Sohn Fritz 29. April 1809

[Nach Goethes Vorlesung aus den «Wahlverwandtschaften» am 28. April bei der Herzogin.] Es tat einem wohl, auf einige Stunden in eine idealische Welt zu kommen. Wie viel Kenntnis des menschlichen Herzens, was für feine Gefühle, wie viel Sittlichkeit, Verstand und Anstand darin vorgetragen ist, kann ich Dir nicht genug sagen. Der Himmel gebe, daß er ihn vollenden kann. Er hatte ihn voriges Jahr in Karlsbad angefangen, und nun will er ihn auch dort vollenden, und die Kriegsunruhen verhindern die Reise.

2956 Christiane v. Goethe an ihren Sohn 2. April (Mai) 1809

Dein Brief von Deiner Reise hat mir und dem Vater viel Freude gemacht. Riemer hat ihn abschreiben müssen, und den Mittwoch [26. April] ist er den Damen bei dem Dejeuner mit präsentiert worden ... Da in Frankfurt alles heuratet, sollst Du auch die hiesigen Brautleute erfahren. Erstlich ist Mamsell König mit Lungershaussen versprochen, zweitens kam Deny seine geliebte Mamsell Langeck vor einigen Wochen hier an und erinnerte ihn an sein altes Versprechen, und heute ist er mit ihr getraut worden. Der Vater ist mit dieser Heurat nicht zufrieden, und Deny kommt nicht mehr in unser Haus. Deine Tauben befinden sich sehr wohl ... wenn ich sie locke, kommen sie alle in mein kleines Hinterstübchen, welches dem Vater und der Frau von Schiller letzthin viel Freude gemacht hat ... Dein Vater ist jetzt in Jena und wird Dir nächstens schreiben.

2957 Ch. A. Vulpius an August v. Goethe 3. Mai 1809

Dein Vater ist auf vierzehn Tage nach Jena gegangen. Er hat einmal wieder üble Anfälle gehabt, die jedoch wieder gehoben sind. Deine Mutter hat auch starken Husten.

2958 Johanna Frommann an ihren Sohn 11. Mai 1809

Goethe wird besser. Dienstag [9. Mai] kam er zu uns und, als er uns nicht fand, zur Mutter und war sehr liebenswürdig. Als er fortging, kam Riemer und las das von der heiligen Familie, was Goethe selbst mal bei Knebels vorlas.

2959 Henriette v. Knebel an ihren Bruder *10. Mai 1809*

Daß sich's mit Goethens Gesundheit bessert, ist uns sehr lieb zu hören; doch sollte er das Karlsbad wieder besuchen. Wir hoffen nicht, daß er etwas zu riskieren hat und daß der wilde Krieg alles zerstören wird. Ich muß gestehen, daß wir noch ein Nebeninteresse haben; denn da war es, wo er das schöne Gemälde seines Romans entworfen und größtenteils ausgeführt hat, und daselbst wird er auch leichter den Ton wiederfinden, um das vortreffliche Gemälde vollkommen auszubilden, mit allen den feinen und geistvollen Details, von denen die Seele hingerissen wird und die einen bleibenden Eindruck auf unser Gemüt zurückgelassen haben.

2960 Riemer *10. Mai 1809*

Mittags bei Goethe. Über Roman-Motive. Les illustres Françaises endigen mit einer wunderbaren Geschichte, auf Sympathie beruhend. – Geschichte eines, der ein Mädchen liebt, die ihn auf alle Weise knechtet, und die er hernach im Bordell findet. Rache an ihr durch Wiedervergeltung.

2961 Riemer *13. Mai 1809*

Bei Goethe. Kam Hendrich dazu. Alte Geschichten. Als wir allein, erzählte Goethe seine Laboranten- und alchemischen Studien im 22. Jahre.

2962 M. H. Hudtwalcker an August v. Goethe *5. Juni 1809*

Er [Goethe] arbeitet an einem neuen Roman, von dem man sich ins Ohr sagt, daß er «Die Wahlverwandtschaften» heißen wird, wohnt eng und schlecht auf einem Nebenflügel des Schlosses, weil, glaube ich, seine ordentlichen Zimmer gebaut werden, wo er in Einer Stube leben, essen und schlafen muß, und kann sich trotzdem nicht entschließen, nach Weimar, wo ihn so vieles stört, wieder hinzuziehn. Ich brachte ihm Deinen Brief bei meiner ersten Ankunft hierselbst, vor vierzehn Tagen, und er erkundigte sich sehr sorgfältig nach Dir. Seitdem habe ich ihn mehrere Male bei meinem Onkel Frommann und auch einmal im Botanischen

Garten gesehn: er soll magerer geworden sein, was ihm sehr gut steht, und ist meist ziemlich heiter und gesund.

2963 M. H. Hudtwalcker: Aufzeichnung

Ich suchte ihn [Goethe] gleich am andern Morgen in Jena auf. Er war nicht ganz wohl, aber überaus liebenswürdig und schön. Er pflegte im Frühjahr gern einige Monate in Jena zuzubringen, und besuchte dann viel das Frommannsche Haus. Ich fand ihn bisweilen sehr still, aber nie stolz oder abstoßend, wenn man sich ihm nicht aufdrängte. Namentlich befaßte er sich gerne mit jungen Leuten, wenn sie bescheiden waren, was ich damals zwar nicht war, aber mich doch schon in der Gewalt hatte, so daß ich nicht vorlaut war ... Im Botanischen Garten, wo er fast täglich spazieren ging, unterhielt er sich [am 24. Mai 1809] lange mit meinen aus Göttingen eingetroffenen Freunden und mir, auch über vaterländische Angelegenheiten.

2964 W. Graf Baudissin an seine Schwester Susanna 1. Juni 1809

Ich habe Goethe gesehen!

Den Freitag vor Pfingsten fuhren Kohlrausch und der Hofrat Hugo und ich mit einem Mietkutscher hier [in Göttingen] weg, und durch das wunderschöne Eisenach ... nach Weimar ... Sonntag abend kamen wir an und fanden Hudtwalcker ... Montag in Weimar geblieben ... Dienstag früh [23. Mai] nach Jena, wo der große Mann, um allein und ungeniert zu sein, auf sechs Wochen hingegangen ist und an der Fortsetzung des Meister schreibt. Wir schickten ihm den Brief, den Sartorius in Göttingen uns mitgegeben hatte, wie auch einen sehr schönen Geldbeutel von dessen Frau, und ein Buch von der Göttinger Bibliothek, an dem ihm viel gelegen war, und – er ließ uns sagen, wir möchten um 3 aufs Mineralienkabinett kommen, weil das Zimmer, welches er im Schlosse bewohnt, und in dem er ißt und schläft, gar zu klein und schlecht sei. Ich erwartete ihn wie ein Kind den heiligen Christ – endlich kam er, redete mich mit einer langen, geläufigen Phrasis an, war äußerst höflich und fing an in dem Mineralienkabinett herumzuzeigen. Ich verwünschte meine Unwissenheit in der Mineralogie und verwandte kein Auge von ihm. Ich schwöre, daß ich nie einen schöneren Mann von sechzig Jahren gesehn habe. Stirn, Nase und Augen sind wie vom Olympischen Jupiter, und letztere besonders ganz unmalbar und unvergleichbar. Erst konnte ich mich nur recht an den schönen Zügen und der herrlichen braunen Gesichtsfarbe weiden; nachher aber, wie er anfing lebhafter zu erzählen, und zu gestikulieren, wurden die beiden schwarzen Sonnen noch einmal so groß, und glänzten und leuchteten so göttlich, daß wenn er zürnt ich nicht begreife, wie ihre Blitze nur zu ertragen sind. Ich war in einem solchen Anstaunen und Anbeten, daß ich alle Blödigkeit rein vergaß. Mehrere Fremde haben über seine Härte und Steifheit geklagt, gegen uns ist er äußerst human und freundlich gewesen. Er hatte einen blauen Überrock an, und gepudertes Haar ohne Zopf. Seine ehmalige Korpulenz hat er verloren, und seine Figur ist jetzt im vollkommensten Ebenmaß und von höchster Schönheit. Man kann keine schönere Hand sehn als die seinige, und er gestikuliert beim Gespräch mit Feuer und einer entzückenden Grazie. Seine Aussprache ist die eines Süddeutschen, der sich in Norddeutschland gebildet hat, welche mir immer die vorzüglichere scheint; er spricht leise, aber mit einem herrlichen Organ, und weder zu schnell noch zu langsam, und wie kommt er in die Stube, wie steht und geht er! – Er ist ein geborner König der Welt. Wir waren fast zwei Stunden da, und er nötigte uns ein paarmal zu bleiben; erzählte uns von seiner Schweizerreise und sprach mit Lachen und äußerst witzig von einem Prozeß, den er kürzlich – wie Hugo sagte – von Gott und Rechts wegen verloren hatte. Auch fing er an, welches ihm sonst sehr selten geschieht, über politische Dinge sich auszulassen, – rühmte den Plan der Östreicher, und – bewunderte Napoleon, wie man freilich weiß. Zuletzt, als ich von Forkel und Zelter erzählt, sprach er gar über alte Musik, und ich versichre Dich, ganz herrlich. Ich hatte geäußert, wenn diese beiden stürben, würde wohl die ganze Kunst untergehn, und da sagte er, das echte Schöne ginge nie unter, sondern lebe immer in der Brust weniger Guter wie das Vestalische Feuer unauslöschlich fort. Kohlrausch und ich kamen in einer Art von Ekstase zurück, und ich konnte den Abend vor Freuden kaum einschlafen ...

Den Mittwoch morgen [24. Mai] spazieren gegangen, Visiten gemacht. Um zwölf ließ uns, denke Dir, wie artig! der große Prophet zu einem Spaziergange in den Botanischen Garten abholen. Er trug einen sehr schönen schwarzen Rock und an selbigem das russische Ordensband im Knopfloch. Hugo hatte einige Tage vor unsrer Abreise in der Rechtsgeschichte gesagt, die Tiber bei Rom sei nicht größer als die Leine bei Göttingen; das wäre also noch kleiner als die Schwentine bei Rasdorf. Goethe aber, den ich fragte, versicherte zu meiner Freude, sie sei wie die Spree bei Berlin, und nun will Hugo ihr im Collegio Ehrenrettung und Abbitte tun. Dann rühmte er die Fichteschen Reden an die deutsche Nation und besonders ihren wunderschönen Stil, und sagte von den Deutschen: Brennholz sei recht brav eingeheizt in dieser Zeit, aber es fehle an einem tüchtigen zusammenhaltenden Ofen – dann sprach er über das Weimarsche Theater (denke Dir! den Tag ehe wir kamen war *Hamlet* gegeben, nach Schlegel), beklagte uns, daß ein so schlechtes Stück heut abend in Weimar sei (Fridolin oder Der Gang nach dem Eisenhammer), an dem man höchstens im Winter wegen der gut gelungenen Schmelzöfen Gefallen finden könne, und riet uns, lieber die Jenaer Gegend zu durchstreifen. Das Rührungsmittel der Kinder in den Hussiten vor Naumburg [von Kotzebue] nannte er eine moralische Zwiebel etc. Du mußt notwendig die Tiecksche Büste von Goethe zu sehen suchen, die auch von Gott und Rechts wegen in Ranzau sein sollte. *Sie ist keineswegs idealisiert*, sondern Goethe jetzt eher noch schöner, indem sein Gesicht schmaler geworden ist, und die göttlichen, nicht schwarzen, wie ich vorhin schrieb, sondern braunen Augen nicht einmal der Pinsel darstellen kann ... [Nachts] erfuhren wir in Fragmenten [von Hugo], daß ein Schauspieler krank geworden, daß Fridolin nicht, und statt dessen Goethes Iphigenia auf Tauris in Weimar gegeben sei! Ich weiß noch nicht, wie ich jetzunder ein einziges Haar auf dem Haupte haben kann. Goethe hatte es erst am Nachmittag erfahren, es an Hugo geschrieben, und der war den ganzen Abend ausgewesen.

2965 *F. Kohlrausch: Erinnerungen aus meinem Leben* *1863*

Baudissin und ich waren Hausfreunde bei [Professor] Hugo [in Göttingen] geworden ... Im Frühjahr 1809 machte er uns den Vorschlag, in den Pfingstferien eine Reise zusammen nach Weimar und Jena zu unternehmen, bei welcher Gelegenheit er uns auch mit Goethe und Wieland bekannt zu machen versprach. Wir gingen natürlich mit großer Freude auf den Gedanken ein und traten mit ihm in einem Göttinger Hauderer die Reise an ... In Weimar angekommen, erfuhren wir, daß Goethe, wie gewöhnlich im Anfange des Sommers, seinen Aufenthalt in dem vom Geräusche des Hofes entfernten, stilleren Jena genommen habe, und begaben uns daher ebenfalls dorthin. Außer der gewichtigen Protektion von Hugo hatten wir uns aber noch mit andern Empfehlungsmitteln bei Goethe versehen, die vielleicht noch wirksamer waren. Als Zuhörer in einigen Vorlesungen von Sartorius über Politik und Finanzwissenschaft waren wir auch mit diesem Professor näher bekannt geworden und erhielten von ihm zur Überbringung an Goethe die isländische Nibelungen-Sage (Niflunga Saga) von der Göttinger Bibliothek mit auf die Reise und daneben noch, als eine freundliche Zugabe, einen sehr schön gestrickten seidenen Geldbeutel von der Frau Hofrätin [Sartorius], die sich ebenfalls der Gunst Goethes erfreute. So ausgerüstet zögerten wir nicht, uns [am 23. Mai 1809] bei Goethe melden zu lassen, und wurden nicht nur angenommen, sondern auch, nachdem ich ihm den Folianten und Baudissin den Geldbeutel überreicht hatte, mit einem sehr freundlichen Danke beglückt. Ja, Goethe ging in seiner Artigkeit so weit, uns, «da er in seinem Junggesellenlogis im Jenaer Schlosse keinen gesellschaftlichen Raum habe», auf den Mittag nach dem Essen um 2 Uhr zu einem Rendezvous auf dem Mineralienkabinett einzuladen, wo er gern Fremde zu empfangen pflege. Hugo sollte natürlich mit eingeladen sein.

Wir beeilten unser Essen, um den rechten Augenblick nicht zu versäumen. Hugo fand aber keine Zeit, seine gewohnte Nachmittagsruhe zu halten, und ging etwas schläfrig und verdrossen mit uns. Der Anblick seines Zustandes weckte in Goethe sogleich die Lust zum Necken, und er forderte daher Hugo nach der ersten Begrüßung auf, einen kritischen juristischen Fall zu entscheiden. «Ich habe», sagte er, «eine Partie seltener Gipsabgüsse von Antiken aus Dresden verschrieben; die Kisten kommen an, und das Beste darin ist zerbrochen. Wer soll nun den Schaden tragen?» Natürlich Sie, der Besteller, war die Antwort. «Aber mein Gott, ich, der unschuldigste Mann an dem ganzen Unglücke, soll die zerbrochenen Scherben als heil bezahlen? Ihr Juristen seid doch das wunderlichste Volk auf der Welt!» – «Ja, das römische Recht verfügt es so, wenn Sie nicht beweisen können, daß der Absender die Sachen schlecht verpackt, oder der Fuhrmann Fehler gemacht hat, so müssen *Sie* bezahlen; Sie waren von dem Augenblicke der Absendung an Eigentümer der bestellten Sachen.» Goethe gab sich aber nicht zufrieden, sondern neckte Hugo mit humoristischen Einwendungen, bis dieser durch seinen juristischen Eifer ganz lebendig geworden war, und nun nahm die Unterhaltung einen andern Verlauf. Es war die Zeit der ersten Kämpfe zwischen den Franzosen und Östreichern in den Donaugegenden in dem Kriege von 1809, und wir jungen Leute waren von der Erhebung des östreichischen Volkes und den Proklamationen des Erzherzogs Karl mit begeistert ... Am Tische in unserm Gasthofe wollte man von großen Siegen der Östreicher Nachricht haben, und daß die Leichen der Franzosen bis nach Wien geschwommen seien. Wir gaben unsere Nachrichten mit Lebhaftigkeit zu Besten. «Ja, ja», bemerkte Goethe mit Kopfschütteln, «es ist endlich einmal gut eingeheizt bei uns Deutschen, es kommt nur darauf an, wie lange das Holz vorhält. Sehen Sie, wenn Sie in einer Gesellschaft sind, in welcher ein alter Jude, ein Taschenspieler, seine Kunststücke macht und verkündigt, er wolle Ihre Uhr in einem Mörser zerstoßen und doch wieder heil machen, so werde ich wetten, daß er es fertig bringt. So habe ich auch bis jetzt auf Napoleon gewettet, er versteht es doch besser, als die andern.» – Dieser Vergleich, der gerade nicht von der Verehrung zeugte, die Goethe gegen Napoleon hegen sollte, veranlaßte mich, Goethe zu fragen, ob Napoleon bei der Zusammenkunft in Erfurt im Jahre 1808 ihm wirklich eine treffende Bemerkung über den Werther gemacht habe, wie man erzähle. Goethe erwiderte: «Allerdings hat er mir eine solche Bemerkung gemacht, die von seinem Urteile zeugte. Ich kann sie nur damit vergleichen, – wenn ein Frauenzimmer eine Naht beurteilen will, ob sie fein und gleichmäßig genäht ist, so prüft sie dieselbe nicht mit den Augen allein, sondern sie läßt sie langsam durch den Daumen und Zeigefinger gleiten. Von einer solchen Prüfung zeugte Napoleons Bemerkung über einen Zug im Werther.» Damit brach er diese Unterhaltung ab und schlug uns vor, ihn später bei einem Spaziergange in den Botanischen Garten zu treffen. Hugo trennte sich von uns, vielleicht, um doch noch seiner Nachmittagsruhe ihr Recht zu gönnen, und wir andern gingen zur verabredeten Zeit [am 24. Mai] in den Botanischen Garten, wobei sich auch mein Freund Abeken, der damals als Lehrer der Schillerschen Kinder in Weimar lebte und mit uns nach Jena gefahren war, uns anschloß; er war in solcher Weise mit Goethe bekannt, daß er es tun durfte. Wir trafen Goethen schon im Garten auf- und abgehend, mit einer einfachen Blume in der Hand, die er betrachtete, vielleicht über das große Gesetz der Metamorphose sinnend, welches er so tiefsinnig entwickelt hat. Nach einigen Gängen im Garten setzte sich Goethe mit uns auf eine Bank und ließ sich auf Gespräche über literarische Erscheinungen ein. Die Rede kam auf Kotzebue, und wir glaubten, in Goethes Sinne zu reden, wenn wir Kotzebues Leichtfertigkeit und Seichtigkeit mit möglichst scharfen Worten tadelten. «Nun, nun, Ihr jungen Leute, nur nicht gleich das Kind mit dem Bade ausgeschüttet!» unterbrach er unsere beredten Auslassungen. «Wenn dieser Kotzebue den gehörigen Fleiß in der Ausbildung seines Talents und bei der Anfertigung seiner dramatischen Sachen angewendet hätte, so konnte er unser bester Lustspieldichter werden. Und auch das Sentimentale hat er in seiner Gewalt. Die Zwiebel, mit welcher man den Leuten das Wasser in die Augen lockt, weiß er zu gebrauchen, wie wenige.»

So war unsere Begegnung mit Goethe, und diese ließ, wie ich kaum zu erwähnen brauche, einen sehr wohltuenden Eindruck bei uns zurück, umso mehr, als man von Goethes Kälte und vornehmem Wesen so viel geredet hatte. Gegen uns hatte er sich freundlich und natürlich, nicht herablassend, sondern menschlich wohlwollend gezeigt und mehr getan, als wir irgend erwarten konnten. Ich sehe ihn noch in seiner würdigen, die Harmonie des ganzen Wesens ausdrückenden Gestalt und Haltung, mit dem antiken schön geformten Kopfe, der hohen Stirn, dem sprechenden und doch wohlwollenden dunkeln Auge, dem zur anmutigen Rede geschaffenen Munde, den plastischen noch kräftigen Falten der Backen. Er stand in seinem sechzigsten Jahre, also noch in der Kraft seiner gesunden Natur. Man konnte die Worte Napoleons beim Anblicke Goethes vollkommen begreifen: «Voilà un homme!»

2966 Abeken: Goethe in meinem Leben

Als ich ihm [Goethe] nach einem Besuche mit dem jungen Grafen Baudissin von dessen Begeisterung für die Musik, besonders für Sebastian Bach, erzählte, und wie er geäußert, für diesen wolle er leben und sich mühen und leiden, erwiderte er ziemlich kühl: von Leiden könne ja bei der Kunst nicht die Rede sein.

2967 M. H. Hudtwalcker an Wolf Graf Baudissin 1809

Am Sonntag [28. Mai] war große Gesellschaft bei Frommanns: Goethe und Frau. Ersterer war sehr still. Letztere nahm mich so in Affektion, daß sie mich nicht nur bat, sie bald in Weimar zu besuchen, sondern bei ihr zu logieren ... Alle Welt schimpft hier auf Katzenbergers Badereise [von

Jean Paul], selbst Goethe, der den Verfasser überhaupt nicht liebt, hat anders der Onkel [Frommann] nicht gelogen. Meinethalben. Es ist lächerlich, wie ängstlich dieser Zirkel in verba magistri schwört.

2968 Louise Seidler an Pauline Gotter *4. Juni 1809*

Sylvies Entrevue mit Goethe bei Kaysers [am 29. Mai] war ihr ganz unerwartet, und, wie es schien, sehr überraschend. Sie hatte mir ein Billett geschrieben, um sie dort zu sehen; als ich aber hinkam, war sie ausgegangen, und Goethe war unter der Zeit gekommen. Es war mir auch sehr überraschend, ihn bei Kaysers zu treffen, und eine unausstehliche Verlegenheit überfiel mich, als ich in der engen Stube die ängstlichen Kaysers und die beiden Geheimräte [Goethe und Ziegesar] traf. Wie gerne hätte ich Dich an meinen Platz gewünscht, liebste Pauline! Mir war gar nicht wohl, da Goethe so ganz nur Geheimrat war und blieb! Du würdest ihn gleich umgeschaffen und Dir einen Himmel bereitet haben. Bald kam Sylvie; wir gingen ihr auf der Treppe entgegen, und als ihr Kaysers sagten, daß Goethe da sei, flog sie in die Stube und an seinen Hals, daß ich glaubte, die beiden Arme könnten ihn erdrosseln. Ich konnte nicht hinsehen; alles war in peinlicher Verlegenheit. Doch ermannte sie sich bald, verbiß ihre Tränen, kam gleich wohl eine Viertelstunde lang zu mir und näherte sich dann erst nach mehreren Versuchen Goethe, der indessen tief in der Politik mit Ziegesar wieder verwickelt war. Ich empfahl mich bald, um meine Sachen zu packen, und als ich nach zwei Stunden wieder hinkam, fand ich sie alle um einen Tisch sitzen, Sylvie neben Goethe, aber in gleichgiltigen Gesprächen, doch rot und glühend wie die schönste Rose. Sie tat mir recht leid: Goethe war noch immer Geheimrat; meine Anrede wurde höflich kurz erwidert, und ich war froh, als wir im Wagen saßen, weil ich mich peinlich geniert fühlte.

2969 Riemer *29. Mai 1809*

Am Abend Goethe mit Sylvien ausgegangen.

2970 Riemer *30. Mai 1809*

Früh zu Goethe; Wahlverwandtschaften. Über Tisch von dem Roman, über die Weiber und sonstiges. Goethe bemerkte:

«Weiber scheinen keiner Ideen fähig, – kommen mir sämtlich vor wie die Franzosen, – nehmen überhaupt von den Männern mehr, als daß sie geben», und äußerte sich

«über das servire, was in ihrer Liebe liegt.» In Bezug auf das Theater und die Schriftsteller bemerkte er über das Publikum:

«Daß es hernach urteilt, wozu es vorher doch keinen Rat gegeben hat und geben kann, selbst wenn der Autor sie beirätig machen wollte, adjuvante Deo.»

2971 Riemer *30. Mai 1809*

[Goethe:] *Sollen*, *Wollen*, *Können*.

«Diese drei Dinge gehören in aller Kunst zusammen, damit etwas gemacht werde. Häufig findet sich im Leben nur eins von diesen dreien, oder nur zwei, als

Sollen und *Wollen*, aber nicht *können;*

Sollen und *Können*, aber nicht *wollen;*

Wollen und *Können*, aber nicht *sollen*.

Das heißt, es *will* einer was er *soll*, aber er *kann*'s nicht machen;

es *kann* einer was er *soll*, aber er *will*'s nicht;

es *will* und *kann* einer, aber er *weiß nicht*, was er *soll*.»

2972 Louise Seidler an Pauline Gotter *4. Juni 1809*

Gestern war ich bei Seebecks, wo sie [Julia Seebeck] mir beifolgendes ganz neues Gedicht von ihm [Goethe] gab [Johanna Sebus]. Es hat ihm die Geschichte ein Maire von dem dortigen Orte, mit dem er korrespondiert, geschrieben, und sie hat Goethe so sehr gefallen, daß er sie niedergeschrieben, und sie so als Volkssage zu verewigen wünscht. Es sind nur wenige Exemplare gedruckt, die er meistens dem Maire zum Verteilen geschickt hat; ich konnte keines davon bekommen, nimm also einstweilen mit einer Abschrift vorlieb. Gewiß wird Dich die schöne Genialität des großen Mannes, so wie mich, darin von neuem entzücken. Den Namen hat er im Gedicht verändert, weil ihm Hannchen nicht gefallen, und Johanna wegen der von Orleans zu pathetisch gewesen wäre.

2973 Louise Seidler an Pauline Gotter *6. Juni 1809*

[Am 4. Juni bei Frommanns zu Tisch.] Goethe, der mir bisher scharfblickend und manchmal mich durchmusternd gegenüber gesessen hatte, kam zu mir, setzte sich neben mich und frug mich nach diesem und jenem, unter anderem auch nach den Bildern von C… [unleserlich]. Endlich kamen wir auf Drakendorf, wo ich ihn um Aufträge bat, die er mir aber nicht gab, indem er selbst in den nächsten Tagen herkomme, und nur Sylvien nebst herzlichen Empfehlungen sagen ließ, daß er schon den vorigen Tag im Begriff gewesen, sie zu besuchen, aber abgehalten worden wäre. Schon lange hatte ich auf die Gelegenheit gewartet, von Dir zu sprechen; da bot sie sich endlich. Ich bedauerte Sylvien, wie sie so allein sei, und sagte: daß ihre Freundinnen sie doch alle besuchen sollten, um ihre Einsamkeit zu erleichtern. «Pauline Gotter wird auch wahrscheinlich kommen.» – «So!» sagte Goethe; «was macht sie denn Gutes? Ist sie noch immer so munter, so närrisch? Macht sie den Menschen noch immer viel zu schaffen? Das ist so ihre Sache!» – «Ach ja!» sagte ich; «sie macht das ganze Haus, wo sie ist, lebendig, und das ist sehr angenehm.» – «Kommt sie denn nicht bald nach Weimar? Ist sie nicht gerne da? Es ist gar ein hübsches Mädchen, und sieht doch ihrem Vater so ähnlich, der zwar grade nicht häßlich, aber doch gar nicht hübsch war. Aber was verschönert die Weiblichkeit nicht!» Meine Antworten dazwischen will ich Dir ersparen, ich will nur das Dir Interessante schreiben. Hierauf wandte er sich zu Madame Bohn mit etlichen Worten, und wandelte dann wieder im Saale herum, neben ihm Herr Frommann. Gries kam auch noch, und wir arrangierten das Souper …

Goethe bleibt noch bis Johanni; – er ist anhaltend fleißig an seinem Roman, den er hier beendigen will.

[Nachschrift von Sylvie v. Ziegesar:]
Goethe habe ich gesehen!! – Dich grüßt er schönstens.

2974 *Riemer* *4. Juni 1809*

Abends mit Goethe und Knebel zu Frommann, wo Werner, Gries, Demoiselle Seidler. Las er [Werner] seine Romanze von den drei Freiern. Äußerung Goethes:

«De Mortuis.

Die Menschen sollten nur bewundern, daß ein Mensch noch Tugenden *hat*. Die Fehler verstehen sich von selbst.»

2975 *M. H. Hudtwalcker an seine Mutter* *1809*

Es vergeht kein Tag, wo ich nicht zu Frommanns gehe, wo Goethe bisweilen des Abends ist. Am Sonntag abend [4. Juni?] war er von sieben bis elf Uhr dort, und sprach sehr viel. Und wie spricht er! Bisher habe ich zuweilen geglaubt, man könne den Menschen Goethe vom Dichter absondern, aber nun ist er recht eigentlich auch meinem Herzen teuer geworden. Jedermann bildet sich ein, wenn er mit ihm spricht, selbst Goethe zu sein und fühlt sich unbewußt zu ihm heraufgehoben. Er schätzt jedes, kennt jedes, beurteilt jedes, was irgend einen menschlichen Geist beschäftigen kann. Am interessantesten ist es, ihn über naturhistorische Gegenstände, besonders über Blumen, zu hören. Seine fast kindliche und rührende Zartheit, die seine Leser kennen, erscheint hier in einer Liebenswürdigkeit, die kein Gedicht erreichen kann. Er spricht mit großer Lebhaftigkeit, und Gries (der Übersetzer des Torquato Tasso), der ja so taub ist, daß er seine Worte nicht hört, versichert mich, er verstehe vieles bloß durch seine Gebärden. Sein Blick ist hinreißend, und wenn vollends eine Träne sein Auge füllt, was ihm im Feuer seiner Begeisterung und bei seiner sittlichen Reizbarkeit nicht selten begegnet, so möchte gewiß jeder Jüngling ihm um den Hals fallen und jedes Mädchen an seine Brust.

2976 *M. H. Hudtwalcker: Aufzeichnung*

Werner, der Verfasser der Söhne des Tals, des Attila, der Weihe der Kraft usw., und später sehr eifriger katholischer Priester, ein begabter Dichter, benahm sich gegen Goethe förmlich speichelleckerisch und ward dafür sehr abstoßend und vornehm behandelt. So etwas konnte Goethe durchaus nicht leiden.

2977 *Z. Werner: Tagebuch* *4. Juni 1809*

Ankunft in Jena vormittags ... Besuch bei Goethe, es ist jemand da, ein Doktor, als der weggegangen, Gespräch mit Goethe von gleichgültigen Dingen, Hirts architektonisches Werk. Goethe schenkt mir sein Lied auf das Bauermädchen [Johanna Sebus] ... Tee bei Frommanns, dessen Familie. Goethe, Knebel, Riemer kommen hin. Vorlesen meines Ehestandsliedes, Goethe nimmt's gütig auf. Über Reichardts Kompositionen von Goethens, Hummels von Arnims Liedern im Wunderhorn. Abendessen bei Frommanns in Goethens Gesellschaft. Nach dem Essen besteht er darauf, daß ich das Ehestandslied noch einmal vorlesen muß. Schöne Bemerkungen darüber. Rührender Abschied von ihm, in seinem großen, göttlichen Auge sagt eine stille Träne und ein Händedruck mir ohne Worte Versöhnung; ich frage ihn, ob ich ihm schreiben dürfe, er sagt: das versteht sich! Er geht! Ich bin außer mir vor Freude. Göttlicher Tag!

2978 *Z. Werner an Goethe* *22. August 1809*

Ew. Exzellenz erteilten mir an dem letzten herrlichen Abende, wo ich das Glück hatte, Sie in Jena zu sehn, die gnädige Erlaubnis, einmal wieder an Sie schreiben zu dürfen.

2979 *Riemer* *9. Juni 1809*

Äußerte Goethe:

«Sich subordinieren ist keine Kunst; aber in absteigender Linie, in der Deszendenz, etwas über sich erkennen, was unter einem steht.

Das Altertum setzen wir gern über uns; aber die Nachkommen nicht. Nur ein Vater neidet seinem Sohne nicht das Talent.»

2980 Riemer *11. Juni 1809*

Nach Tische Cortez' Eroberung von Mexiko. Ähnliches Verhältnis seiner zu den Wilden, wie Napoleons zu uns. Ein Minimum ist's, was bei gleichen Schalen den Ausschlag gibt. Über Oken etc. Abends zu Frommann. Lebhafte Unterhaltung Goethes.

2981 M. H. Hudtwalcker an Wolf Graf Baudissin *1809*

Kürzlich war ich mit Goethe in einer großen, langweiligen Gesellschaft bei Knebel, wo er nicht viel sprach. Dagegen war er zweimal allein bei Frommanns zum Abendessen, und war das letztemal [11. Juni?] so liebenswürdig, daß dieser Abend mir den Monat wert zu sein scheint, den ich hier zubringe. Er sprach mit allen viel, und auch mit mir, hauptsächlich über naturhistorische Gegenstände, Ahndungen, Aberglauben usw. Unter anderm sagte er, daß die lange bezweifelte Sage vom Heerwurm sich neuerlich bewährt habe, indem der Herzog von Weimar und der alte Hofrat Stark einen solchen bei Wilhelmstal unweit Eisenach im Walde gefunden. Er hat die Länge einer Elle oder eines Fußes, dies weiß ich nicht gewiß, gehabt und besteht aller Wahrscheinlichkeit nach aus einem ungeheuern Raupennest in Gestalt einer Schlange; die Bewegungen und Anstrengungen der einzelnen Raupen wälzen das Ganze wellenförmig langsam fort wie eine Schlange. In alten Chroniken kommt er in einer Länge von zwei bis drei Ellen vor und sollte Krieg bedeuten. Warum der Herzog und Stark ihn nicht genauer haben untersuchen können, weiß ich nicht. Erzähle dies doch an Blumenbach, wenn Goethe es ihm nicht selber schreibt. Über Blumen solltest Du letzteren einmal reden hören, wie eine Jungfrau zart und innig, und begeistert wie ein Brahmine.

2982 Riemer *13. Juni 1809*

Kündigte Goethe mir an, daß die Großfürstin heute nach Weimar käme, und daß er dahin abgehen würde, allein, und Sonnabend wiederkomme. Reiste nach Tische ab.

2983 Henriette v. Knebel an ihren Bruder *17. Juni 1809*

Die Erbprinzeß hat mir ein schönes Geschenk mitgebracht, welches ich Dir gar zu gern zeigen möchte. Es ist ein Halsband und Ohrenringe von dem sibirischen Amianth, zierlich in Gold gefaßt. Der Stein ist dunkelgrün und schillert wie das Katzenauge. Goethe, der gestern abend bei der Herzogin zum Tee war, verwunderte sich und fand die Steine sehr schön ...

Ich habe den Goethe gestern nicht recht viel sprechen können, doch war er freundlich. Er will uns bald besuchen; da werde ich ihm Deinen Gruß ausrichten.

2984 Henriette v. Knebel an ihren Bruder *21. Juni 1809*

Ich habe neulich vergessen Dir zu sagen, daß Goethe uns Deinen «Saul» zugeschickt hat. Es fehlte uns aber bis jetzt ganz und gar an einer ruhigen Stunde, ihn mit der gehörigen Aufmerksamkeit zu lesen. Wir sehnen uns aber ungemein nach dieser Stunde. Goethe will auch, daß Du Dich in Deiner Arbeit nicht sollst stören lassen und sie nach Deiner Art behandeln. Du möchtest das Gedruckte nur zuvor prüfen. Diesen Rat hast Du nun schon befolgt, was uns viel Freude macht. Es ist mir lieb für Goethen, wenn er wieder zurück nach Jena zur Ruhe kommt, da er gewiß bei dem Tausch gewinnt, da in diesen Augenblicken die Unruhe nicht von der angenehmen Art ist.

2985 Riemer *23. Juni 1809*

Goethes Poesien sind gleichsam Häutungen vorübergehender und vorübergegangener Zustände. Aus solchen Bälgen machen sich die Leute nun Schuhe, Kleider usw. und tragen sie ab. – Dies fiel mir ein, als ich die kleine Buck des Schäfers Klage und Amor als Schütz singen hörte. – Er selbst sagte einmal, seine Sachen wären nur Bruchstücke aus ehemaligen Existenzen, da einmal ein alter abgelegter *Hut*, ein Paar *Stiefeln* und dergleichen.

2986 *Ch. G. v. Voigt an Böttiger* *25. Juni 1809*

Unser Johannisfest [am 23. Juni abends] wurde zwar ernsthaft und würdig, aber doch auch mit Heiterkeit gefeiert. Auch die Toten mußten leben, nämlich unser alter treuer Bode. Reinhold gab eine sehr gedachte Vorlesung, um die Heiligkeit des Festes mit der Bestimmung der Loge zu amalgamieren. Sein alter Schwiegervater [Wieland] und der Heros G[oethe] waren gar vergnügt. Es war eine schöne Unterhaltung.

2987 *Riemer* *28. Juni 1809*

[Goethe:] «Kotzebue sei wie einer, der auf dem Seile tanzt, es schnelle ihn empor, und er betupfe es doch, das sei nicht zu leugnen. Er betupfe doch das *Publikum*, wenn es ihn auch wieder fahren lasse, und er komme immer wieder darauf zurück. Er habe sich doch auf dem Seil erhalten von seinem ersten bis zum letzten Stück, wenn er auch manchmal mit der Balancierstange auf die Erde gestoßen. Andre wären doch heruntergefallen. Iffland sei viel zu schwer aufgetreten. Goethe habe Wernern dazu verhelfen wollen, er sei aber zu ungeschickt gewesen.»

2988 *Riemer* *28. Juni 1809*

[Goethe:] Die Obtrectatores machen, daß man sich ewig defensiv verhalten muß. Man hat nichts von ihnen, man wird nicht gefördert. Ihre Liebe gewinnt man doch nicht, und man muß ewig wie vor Feinden auf der Hut sein. Solche Menschen sind wie die, welche einem Fieberkranken ewig zurufen, er habe das Fieber, er zittre, er friere, ihn überfalle jählings Hitze, – ohne daß ein einziger auch nur das geringste anwendet, ihn davon zu befreien.

2989 *Riemer* *28. Juni 1809*

[Goethe:] «Seltsam, daß man im Physischen, besonders in der Farbenlehre, durch Experimente darzutun und zu beweisen denkt, was vorher das Auge schon im vollkommensten Sinn aufgefaßt; etwas durch geringere Mittel, als das Organ selbst ist, wofür eigentlich die Phänomene gemacht sind. Denn wenn das Experiment aufs höchste gebracht wird, so muß es identisch ausfallen mit dem Organ selbst; zum Exempel das Auge ist schon achromatisch; die achromatischen Gläser bringen nur das Identische mit dem Auge hervor. – Mit einem Worte, die Sinne selbst schon sind die eigentlichen Experimentierer, Prüfer und Bewährer der Phänomene, indem die Phänomene das was sie sind nur für die respektiven Sinne sind.» – «Der Mensch ist der größte und gemeinste physikalische Apparat.»

2990 Riemer

[Goethe:] «Das Symbolische ist oft repräsentativ, zum Exempel in Wallensteins Lager ist der Bauer mit den Würfeln eine symbolische Figur, und zugleich eine repräsentative: denn er stellt die ganze Klasse vor.»

2991 Riemer

[Goethe:] «Motivieren bedeutete in dem bisherigen Verstande, von dramatischen Handlungen, das Individualisieren derselben bis ins Unendliche; so daß, wenn etwas bloß allgemein angedeutet war, nämlich ein Mögliches, – es sogleich hieß: die Handlung wäre nicht motiviert genug; zum Exempel der Haß zwischen zwei Brüdern. Aber das ganze Verlangen ist lächerlich: denn zuletzt muß doch etwas bloß zugegeben werden; weil es irgendwo wirklich ist, und folglich auch möglich sein kann. – Warum also nicht gleich anfangs?»

2992 Falk: Goethe aus näherm persönlichen Umgange dargestellt *1832*

Ein ander Mal, es war im Sommer 1809 [30. Juni], wo ich Goethe nachmittags besuchte, fand ich ihn bei milder Witterung wieder in seinem Garten sitzend. Kaaz, der Landschaftsmaler, den Goethe ausnehmend schätzte, war soeben da gewesen. Er saß vor einem kleinen Gartentische; vor ihm auf demselben stand ein langgehalstes Zuckerglas, worin sich eine kleine, lebendige Schlange munter bewegte, die er mit einem Federkiele fütterte und täglich Betrachtungen über sie anstellte. Er behauptete, daß sie ihn bereits kenne und mit dem Kopfe näher zum Rande des Glases komme, sobald sie seiner ansichtig werde. «Die herrlich verständigen Augen!» fuhr er fort. «Mit diesem Kopfe ist freilich manches unterwegs, aber, weil es das unbeholfene Ringeln des Körpers nun einmal nicht zuläßt, wenig genug angekommen. Hände und Füße ist die Natur diesem länglich ineinandergeschobenen Organismus schuldig geblieben, wiewohl dieser Kopf und diese Augen beides wohl verdient hätten; wie sie denn überhaupt manches schuldig bleibt, was sie für den Augenblick fallen läßt, aber späterhin doch wieder unter günstigern Umständen aufnimmt. Das Skelett von manchem Seetiere zeigt uns deutlich, daß sie schon damals, als sie dasselbe verfaßte, mit dem Gedanken einer höhern Gattung von Landtieren umging. Gar oft muß sie in einem hinderlichen Elemente sich mit einem Fischschwanze abfinden, wo sie gern ein paar Hinterfüße in den Kauf gegeben hätte; ja, wo man sogar die Ansätze dazu bereits im Skelett bemerkt hat.»

Neben dem Glase mit der Schlange lagen einige Kokons von eingesponnenen Raupen, deren Durchbruch Goethe nächstens erwartete. Es zeigte sich in ihnen eine der Hand fühlbare, besondere Regsamkeit. Goethe nahm sie vom Tische, betrachtete sie noch einmal scharf und aufmerksam und sagte sodann zu seinem Knaben: «Trage sie herein; heute kommen sie schwerlich! Die Tageszeit ist zu weit vorgerückt!» Es war Nachmittag um 4 Uhr. In diesen Augenblicken kam auch Frau v. Goethe in den Garten hereingetreten. Goethe nahm dem Knaben die Kokons aus der Hand und legte sie wieder auf den Tisch. «Wie herrlich der Feigenbaum in Blüten und Laub steht!» rief Frau v. Goethe uns schon von weitem zu, indem sie durch den Mittelgang des Gartens auf uns zukam. Nachdem sie mich darauf begrüßt und meinen Gegengruß empfangen hatte, fragte sie mich gleich, ob ich auch wohl den schönen Feigenbaum schon in der Nähe gesehen und bewundert hätte. «Wir wollen ja nicht vergessen», so richtete sie in dem nämlichen Augenblicke an Goethe selber das Wort, «ihn diesen Winter einlegen zu lassen!» Goethe lächelte und sagte zu mir: «Lassen Sie sich ja, und das auf der Stelle, den Feigenbaum zeigen, sonst haben wir den ganzen Abend keine Ruhe! Er ist aber auch wirklich sehenswert, und verdient, daß man ihn prächtig hält und mit aller Vorsicht behandelt.» «Wie heißt doch die ausländische Pflanze», fing Frau v. Goethe wieder an, «die uns neulich ein Mann von Jena herüberbrachte?» «Etwa die große Nieswurz?» «Recht! Sie kommt ebenfalls trefflich fort.» «Das freut mich! Am Ende können wir noch ein zweites Anticyra hiesiges Ortes anlegen!» «Da, seh' ich, liegen auch die Kokons. Haben Sie noch immer nichts bemerkt?» «Ich hatte sie für Dich zurückgelegt. Ich bitt' Euch», indem er sie aufs neue in die Hand nahm und an sein Ohr hielt, «wie das klopft, wie das hüpft und ins Leben hinauswill! Wundervoll möcht' ich sie nennen, diese Übergänge der Natur, wenn nicht das Wunderbare in der Natur eben das Allgewöhnliche wäre. Übrigens wollen wir auch unserm Freunde hier dies Schauspiel nicht vorenthalten. Morgen oder übermorgen kann es sein, daß der Vogel da ist, und zwar ein so schöner und anmutiger, wie Ihr wohl selten gesehen habt. Ich kenne die Raupe und bescheide Euch morgen nachmittag um dieselbe Stunde in den Garten hieher, wenn Ihr etwas sehen wollt, was noch merkwürdiger ist als das Allermerkwürdigste, was Kotzebue in seinem merkwürdigsten Lebensjahre auf seiner weiten Reise bis Tobolsk irgend gesehen hat. Indes laßt uns die Schachtel hier, worin sich unsere noch unbekannte, schöne Sylphide befindet und sich aufs prächtigste zu morgen anlegt, in irgend ein sonniges Fenster des Gartenhauses stellen! So! Hier stehst du, gutes, artiges Kind! Niemand wird dich in diesem Winkel daran hindern, deine Toilette fertig zu machen!» «Aber wie möchte ich nur», hub Frau v. Goethe wieder aufs neue an, indem sie einen Seitenblick auf die Schlange richtete, «ein so garstiges Ding um mich leiden wie dieses, oder es gar mit eignen Händen groß füttern? Es ist ein so unangenehmes Tier. Mir graut jedes Mal, wenn ich es nur ansehe.» «Schweig Du!» gab ihr Goethe zur Antwort, wiewohl er, von Natur ruhig, diese muntere Lebendigkeit nicht ungern in seiner Umgebung hatte; «ja», indem er das Gespräch zu mir herübertrug, «wenn die Schlange ihr nur den Gefallen erzeugte, sich einzuspinnen und ein schöner Sommervogel zu werden, da würde von dem greulichen Wesen gleich nicht weiter die Rede sein. Aber, liebes Kind, wir können nicht alle Sommervögel und nicht alle mit Blüten und Früchten geschmückte Feigenbäume sein. Arme Schlange! Sie vernachlässigen dich! Sie sollten sich deiner besser annehmen! Wie sie mich ansieht! Wie sie den Kopf emporstreckt! Ist es nicht, als ob sie merkte, daß ich Gutes von ihr mit Euch spreche! Armes Ding! Wie das drinnen steckt und nicht herauskann, so gern es auch wollte! Ich meine zwiefach, einmal im Zuckerglas und sodann in dem Hautfutteral, das ihr die Natur gab.» Als er dies gesagt, fing er an, seinen Reißstift und das Zeichenpapier, worauf er bisher einzelne Striche zu einer phantastischen Landschaft zusammengezogen hatte, ohne sich dadurch beim Sprechen im geringsten irre machen zu lassen, ebenfalls bei Seite zu legen. Der Bediente brachte Wasser, und indem er die Hände wusch, sagte er: «Um noch ein Mal auf Maler Kaaz zurückzukommen, dem Sie bei Ihrem Eintritte begegnet haben müssen, so ist er mir eine recht angenehme, ja liebliche Erscheinung. Er macht es hier in Weimar gerade so, wie er es in der Villa Borghese machte. So oft ich ihn nun sehe, ist mir, als ob er ein Stück von dem seligen far niente des römischen Kunsthimmels in meine Gesellschaft mitbrächte! Ich will mir doch noch, weil er da ist, ein kleines Stammbuch aus meinen Zeichnungen anordnen. Wir sprechen überhaupt viel zu viel. Wir sollten weniger sprechen und mehr zeichnen. Ich meinerseits möchte mir das Reden ganz abgewöhnen und wie die bildende Natur in lauter Zeichnungen fortsprechen. Jener Feigenbaum, diese kleine Schlange, der Kokon, der dort vor dem Fenster liegt und seine Zukunft ruhig erwartet, alles das sind inhaltschwere Signaturen; ja, wer nur ihre Bedeutung recht zu entziffern vermöchte, der würde alles Geschriebenen und alles Gesprochenen bald zu entbehren im Stande sein! Je mehr ich darüber nachdenke, es ist etwas so Unnützes, so Müßiges, ich möchte fast sagen Geckenhaftes im Reden, daß man vor dem stillen Ernste der Natur und ihrem Schweigen erschrickt, sobald man sich ihr vor einer einsamen Felsenwand oder in der Einöde eines alten Berges gesammelt entgegenstellt!»

«Ich habe hier eine Menge Blumen- und Pflanzengewächse», indem er auf seine phantastische Zeichnung wies, «wunderlich genug auf dem Papiere zusammengebracht. Diese Gespenster könnten noch toller, noch phantastischer sein, so ist es doch die Frage, ob sie nicht auch irgendwo so vorhanden sind.»

«Die Seele musiziert, indem sie zeichnet, ein Stück von ihrem innersten Wesen heraus, und eigentlich sind es die höchsten Geheimnisse der Schöpfung, die, was ihre Grundanlagen betrifft, gänzlich auf Zeichnen und Plastik beruht, welche sie dadurch ausplaudert. Die Kombinationen in diesem Felde sind so unendlich, daß selbst der Humor darin eine Stelle gefunden hat. Ich will nur die Schmarotzerpflanzen nehmen; wie viel Phantastisches, Possenhaftes, Vogelmäßiges ist nicht allein in den flüchtigen Schriftzügen derselben enthalten! Wie Schmetterlinge setzt sich ihr fliegender Same an diesen oder jenen Baum an und zehrt an ihm, bis das Gewächs groß wird. So in die Rinde eingesäet, eingewachsen finden wir den sogenannten viscus, woraus Vogelleim bereitet wird, zunächst als Gesträuch am Birnbaum. Hier, nicht zufrieden damit, daß er sich als Gast um denselben herumschlingt, muß ihm der Birnbaum sogar sein Holz machen.»

«Das Moos auf den Bäumen, das auch nur parasitisch dasitzt, gehört ebendahin. Ich besitze sehr schöne Präparate über diese Geschlechter, die nichts für sich in der Natur unternehmen, sondern sich in allen Stücken nur auf bereits Vorhandenes einlassen. Ich will sie Ihnen bei Gelegenheit vorzeigen. Sie mögen mich daran erinnern. Das Würzhafte gewisser Stauden, die auch zu den Parasiten gehören, läßt sich aus der Steigerung der Säfte recht gut erklären, da dieselben nicht nach dem gewöhnlichen Laufe der Natur mit einem roh irdischen, sondern mit einem bereits gebildeten Stoffe ihren ersten Anfang machen.»

«Kein Apfel wächst mitten am Stamme, wo alles rauh und holzig ist. Es gehört schon eine lange Reihe von Jahren und die sorgsamste Vorbereitung dazu, so ein Apfelgewächs in einen tragbaren, weinichten Baum zu verwandeln, der allererst Blüten und sodann auch Früchte hervortreibt. Jeder Apfel ist eine kugelförmige, kompakte Masse und fordert als solches beides, eine große Konzentration, und auch zugleich eine außerordentliche Veredelung und Verfeinerung der Säfte, die ihm von allen Seiten zufließen. Man denke sich die Natur, wie sie gleichsam vor einem Spieltische steht und unaufhörlich au double! ruft, das heißt mit dem bereits Gewonnenen durch alle Reiche ihres Wirkens glücklich, ja bis ins Unendliche wieder fortspielt. Stein, Tier, Pflanze, alles wird nach einigen solchen Glückswürfen beständig von neuem wieder aufgesetzt, und wer weiß, ob nicht auch der ganze Mensch wieder nur ein Wurf nach einem höhern Ziele ist?»

Während dieser angenehmen Unterhaltung war der Abend herbeigekommen, und weil es im Garten zu kühl wurde, gingen wir herauf in die Wohnzimmer. Späterhin standen wir an einem Fenster. Der Himmel war mit Sternen besät. Die durch die freiere Gartenumgebung angeklungenen Saiten in Goethes Seele zitterten noch immer fort und konnten auch zu Abend nicht aus ihren Schwingungen kommen. «Es ist alles so ungeheuer», sagte er zu mir, «daß an kein Aufhören von irgend einer Seite zu denken ist. Oder meinen Sie nur, daß selbst die Sonne, die doch alles erschafft, schon mit der Schöpfung ihres eignen Planetensystems völlig zu Rande wäre, und daß sonach die Erden und Monde bildende Kraft in ihr entweder ausgegangen sei, oder doch untätig und völlig nutzlos daliege? Ich glaube dies keineswegs. Mir ist es sogar höchst wahrscheinlich, daß hinter Merkur, der an sich schon klein genug ausgefallen ist, einst noch ein kleinerer Stern als dieser zum Vorschein kommen wird. Man sieht freilich schon aus der Stellung der Planeten, daß die Projektionskraft der Sonne merklich abnimmt, weil die größten Massen im Systeme auch die größte Entfernung einnehmen. Eben auf diesem Wege aber kann es, fortgeschlossen, dahin kommen, daß wegen Schwächung der Projektionskraft irgend ein versuchter Planetenwurf irgend ein Mal verunglücke. Kann die Sonne sodann den jungen Planeten nicht wie die vorigen gehörig von sich absondern und ausstoßen, so wird sich vielleicht, wie beim Saturn, ein Ring um sie legen, der uns armen Erdenbewohnern, weil er aus irdischen Bestandteilen zusammengesetzt ist, ein böses Spiel machen dürfte. Und nicht nur für uns, sondern auch für alle übrigen Planeten unseres Systems würde die Schattennähe eines solchen Ringes wenig Erfreuliches bewirken. Die milden Einflüsse von Licht und Wärme müßten natürlich dadurch verringert werden, und alle Organisationen, deren Entwickelung ihr Werk ist, die einen mehr, die andern weniger sich dadurch gehemmt fühlen.»

«Nach dieser Betrachtung könnten die Sonnenflecke allerdings einige Unruhe für die Zukunft erwecken. So viel ist gewiß, daß wenigstens in dem ganzen uns bekannt gewordenen Bildungshergang und Gesetz unsers Planeten nichts enthalten ist, was der Formation eines Sonnenringes entgegenstände, wiewohl sich freilich für eine solche Entwickelung keine Zeit angeben läßt.»

2993 Riemer *9. Juli 1809*

Mittags mit Kaaz und Goethe allein zu Tische.

Nach Tisch. Goethe äußerte: Die Willkür des Genies läßt sich gar nicht bestimmen und abmessen. Genie kann im Schönen und Vollkommenen verbleiben, oder darüber hinausgehen ins Absurde.

Man könnte ein solches Genie, das innerhalb des Schönen bleibt, ein moralisches nennen, weil es eben das tut, was das moralische Wesen tut, innerhalb der Pflicht oder des moralischen Gesetzes zu verbleiben.

Die andern, insofern unmoralische, wohlgemerkt! nicht unsittliche. Es ist das tertium comparationis hier nur dies, daß beide in einem gewissen Maße, auf einer gewissen Mitte bestehen.

Und so wie die Menschen gewöhnlich mehr sittliche Ungeheuer bewundern und anstaunen als wahrhaft Sittliche, so auch mehr das extravagante Genie, das sich im Absurden gefällt, als das, welches im Schönen verbleibt.

2994 Riemer *17. Juli 1809*

Abends war Goethe sehr aufgeweckt. Alterkation mit Kaaz im Scherz wegen der Landschaften.

2995 Christiane v. Goethe an ihren Sohn *19. Juli 1809*

Dein Vater und ich befinden uns recht wohl und freuen uns einmal einen Sommer beisammen zu sein, denn er geht nun wahrscheinlich nicht nach Karlsbad, und ich nicht nach Lauchstädt.

2996 Riemer *20. Juli 1809*

Mittags Kaaz und Falk, der seine Wette, daß der österreichische Kaiser Wien behalten werde, sehr drollig erzählte.

Die Franzosen, bemerkte Falk, seien fast keiner Ideen fähig, sie täten auch nichts um einer Idee willen, diese zu realisieren, und gleichen in diesem Stück den Weibern, die sich nie zum Allgemeinen erheben, sondern vom Einzelnen und für das Einzelne handeln.

So bemerkte auch Goethe: «Ein Franzose handle nie aus reinem Antrieb, um der Sache willen, er hänge ihr immer noch einen Schwanz von Absehen dabei an, entweder um bei Hof, beim Kaiser, beim Publikum, bei den Frauen und dergleichen zu gewinnen.»

«Die Weiber sind überhaupt Franzosen, und was die Franzosen unter den Männern sind, das sind die Weiber unter den Menschen überhaupt. Man kann also in diesem Sinne die Franzosen die Weiber von Europa nennen.»

«– – Die Weiber überhaupt sind Franzosen.» G.

2997 *S. Schultze: Nach Falks Goethe-Erinnerungen* *1908*

Als Falk das Gespräch ([20.?] Juli 1809) darauf brachte, wie einige Leute immer und immer wieder wünschten, Goethe solle noch mehr solche Stücke wie die Iphigenie dichten, erwiderte er: «Könnte man mir 35 Jahre wiedergeben, könnte man mir die Liebe zu dieser artigen Person (Corona Schröter) und die Freundschaft (den Herzog), kurz das Zärtliche wiedergeben, dann könnte vielleicht von einem neuen Orest (dem Herzog), von einem neuen Pylades (Goethe), von einer neuen Iphigenie (Corona Schröter) die Rede sein – aber in Ermangelung alles dessen reduziert sich diese Forderung nur auf eine nichtige unverständliche Zumuterei.» – Über das weimarische Theater und seine Leistungen urteilte Goethe bei dieser Gelegenheit folgendermaßen: «Noch jetzt ist keine Stadt in Deutschland, wo ein Trauerspiel, selbst der schwersten Art, besser regissiert wird als bei uns. Ich spreche bloß von Rezitators und Vorlesung, wo ich den Schauspielern selbst die schwersten metrischen Verwicklungen auf eine für das Ohr des Zuschauers lässige und gefällige Art zu lösen gewöhnt habe.»

2998 *Riemer* *21. Juli 1809*

Malte Kaaz an Goethes Porträt. Las ich ihm dabei den Sammler aus den Propyläen vor.

2999 *Riemer* *23. Juli 1809*

Von Weimar weggefahren. Unterwegs über den Titel des Romans. Vor 11 Uhr in Jena. Abends mit Goethe zu Wedel, um die Nelken zu sehen. Blaue Hortensien, besondere Erde dazu.

3000 *Louise Seidler an Pauline Gotter* *28. Juli 1809*

Am Sonntag [23. Juli] habe ich Dich herzlich an meine Stelle in den Botanischen Garten gewünscht, wo Sylvie in Entzücken schwamm und alles aufbot, Goethe recht gut zu unterhalten, wobei ich es nur etwas sehr seltsam fand, als sie anfing, ihm zu erzählen, wie sie neulich nachts die – Wanzen so geplagt hätten, daß sie ganz zerstochen gewesen wäre usw. – Ich versteckte bei dieser Affäre mein Gesicht ins Schnupftuch; dies bemerkte der Geheimrat (Sylvie und ich saßen an seiner Seite auf einer Bank) und frug: ob ich auch Märtyrerin davon gewesen wäre? Da sagte Sylvie: «Ich glaube, Louise schämt sich, daß ich das erzählt habe», und lachte entsetzlich darüber. Sie wurde aber bestraft, denn Goethe sagte: «Da darf ich keine Nacht in Drakendorf zubringen, denn mich spüren die Tiere, und wenn ich noch so weit bin.» Sylvien wurde nun angst; sie versicherte weitläufig, wie sie alles hätte reinigen lassen usw. – Ich möchte wissen, ob Goethe dergleichen naive Gespräche auch sehr gefielen! ...

Um die Umarmung Goethes bei seiner Ankunft habe ich die arme Sylvie auch gebracht; ich glaube, daß ihr das gar nicht lieb war, aber was konnte ich dafür; er kam zuerst zu der Generalin [von Berg]; als er sich anmelden ließ, empfahl ich mich eben dort und begegnete ihm daher auf der Treppe, wo er mich aber sogleich in seine Gefangenschaft nahm und mich in solcher eine halbe Stunde noch in der Stube festhielt. Sylvie kam an die Treppe, als wir noch über mein Umkehren disputierten, und daher war der Empfang nicht wie gewöhnlich. Wie lange Goethe jetzt hier bleibt, ist unbestimmt; er arbeitet wieder an seinem Roman.

3001 Louise Seidler: Erinnerungen

Im Sommer 1809 kam auch Goethe wieder nach Jena; ich erinnere mich eines Nachmittags, welchen ich in Gesellschaft einiger Familien des Ortes, denen sich auch Sylvia von Ziegesar angeschlossen hatte, in seiner Gegenwart verlebte. Es war im Botanischen Garten; Sylvia brachte das Gespräch unter anderm auf Mäuse-Geschichten und bewog den Dichter, mir sehr scherzhaft zu erzählen, wie er einmal nachts ein solches Tier an seinem Herzen gefunden habe. Beim Abschied überreichte er jeder von uns mit verbindlichen Worten einen Strauß; ich bekam Reseda und eine Valeriana, die er «Herzenstrost» oder «Herzensstärkung» nannte. Als Sylvia meinte: die brauche ich nicht, entgegnete er: daß man Stärkung immer brauche.

3002 *Riemer* *24. Juli 1809*

Abends durchs Paradies zu Knebel, wo Goethe schon angekommen und zeichnete. Kam Voigt. Unterhaltung über Botanik, Färbung der Blumen. Lange dort geblieben, schöner Mondschein.

3003 *Riemer* *24. Juli 1809*

[Goethe:] «Die sittlichen Symbole in den Naturwissenschaften (zum Beispiel das der «*Wahlverwandtschaft*» vom großen Bergmann erfunden und gebraucht) sind geistreicher und lassen sich eher mit Poesie, ja mit Sozietät verbinden, als alle übrigen, die ja auch, *selbst die mathematischen*, nur anthropomorphisch sind, nur daß jene dem Gemüt, diese dem Verstande angehören.»

«Es ist seltsam (singulier), daß eine so geistreiche Nation wie die französische sich mit solchen mathematischen, wie *die* des Cartesius sind, mit solchen Figuren, als seine Wirbel vorstellen, hat befassen mögen, die so unbegreiflich als irgend ein andres der geoffenbarten Religion auch sind. Aber es scheint so, daß, wenn man sich des Unbegreiflichen in irgend einem Falle abtut und es nicht anerkennen will, man zur Genugtuung in eine andre unbegreifliche Vorstellungsart verfällt, wie zum Beispiel die Cartesianische und Newtonische sind.»

3004 *Riemer* *24. Juli 1809*

Goethe führte die Anekdote von Isaak Vossius an, von dem Jakob I. von England gesagt haben soll: «Das ist mir ein kurioser Pfaffe! der glaubt an alles, nur nicht an die Bibel.»

3005 *Riemer* *24. Juli 1809*

[Goethe?:] Gewiß nur der am empfindlichsten gewesen ist, kann der Kälteste und Härteste werden; denn er muß sich mit einem harten Panzer umgeben, um sich vor den unsanften Berührungen zu sichern; und oft wird ihm selbst dieser Panzer zur Last.

3006 Riemer *25. Juli 1809*

Gegen Abend mit Goethe zu Frommanns im Garten. Kam auch Oken. Dann mit Goethe in den Botanischen Garten. Mondschein. Spazieren ins Paradies und am Graben zurück. Prächtige Mondnacht. Über das ehemalige Leben in Jena zu seiner besten Zeit, von Goethe erzählt.

3007 Riemer *30. Juli 1809*

Frommann brachte den ersten Druckbogen vom Roman. Darüber gesprochen und gescherzt, daß es nur ein Abklatsch wäre.

3008 Riemer *2. August 1809*

Über Tisch Goethes Hypothese, daß die Leidensgeschichte Jesu nach dem Vorbild gewöhnlicher Hinrichtungen gemeiner Übeltäter von poetischen Erzählern nachgedichtet worden. Sie ist wie ein Bild nach Gang und Ordnung und konnte deswegen zu Bildern wieder werden.

3009 Riemer *2. August 1809*

[Goethe:] «Das, was wir am Homer so bewundern und schätzen, sei gerade das Werk der Grammatiker, die es ins Enge zogen. Sonst sei das Zyklische gerade das Poetische, und würde, wenn er sich nicht ins Geschlossene gezogen, von ihm arboriert werden.» Über Polarität des Glaubens und Hoffens.

3010 Riemer *3. August 1809*

Die alten Kupfer näher betrachtet. Bei einer Zeichnung in Michelangelesker Art, von Vulkan, Amor und Venus, Pfeile schmiedend, bemerkte Goethe: Ein Hahnrei, eine Hure und ein Wechselbalg machen immer eine heilige Familie.

3011 C. Brentano an Arnim *(9. August 1809)*

[Über seinen Besuch bei Goethe am 8. August.] ... Bettine wäre unendlich gerne mit zu Dir und Goethe, sie wünscht noch, wir möchten sie abholen und zu Goethe begleiten, wo sie doch nicht lang zu bleiben begehrt ... Sie liebt Dich doch unaussprechlich, wir tun es freilich alle, auch Goethe tut es, er hat mir's in Jena, wo ich ihn traf, gesagt ... Goethe sprach sehr teilnehmend und vorteilhaft vom Wintergarten, den alle Menschen lieben, sehr erfreut hat es mich, daß sein Urteil drüber schier wörtlich mit dem Savignys zusammen stimmt. Den Kanzler Schlick hat er lateinisch und deutsch kollationiert, wie er mich gesagt, und beschuldigt kleiner Nachlässigkeit und Versäumnis einiges Schönen, Miss Lee ist beiden das Werklichste im Buche, Goethe sagte, es sei eine der besten Erzählung[en], die je geschrieben worden. Mit dem Nelson ist er nicht zufrieden, er klagte, mit den Worten: Selbst wir, die wir ihn kennen und lieben, leiden in dem Genuß seiner originellen trefflichen Arbeiten recht schmerzlich an dem plötzlichen abstrusen Wahn und Traum, der ihn uns oft boshaft aus der angenehmen Gegenwart entzieht, dasselbe hat uns den Einsiedler entzogen, der das schönste Intresse bereits erregt hatte, und von dem ein ganz neuer Geist über Deutschland hätte ausgehen sollen und können.

3012 C. Brentano an Savigny *20. August 1809*

Nach Tisch besuchte ich Goethe, der mit seinem Hofmeister hier [in Jena] war. Er saß noch zu Tische und gab mir Wein und Brot. Ich erzählte ihm unsre bayrischen Erfahrungen, er war gütig und witzig. Über den «Wintergarten» sprach er mit ungemeiner Liebe, er sprach schier dieselben Worte drüber wie Du, lieber Savigny. Leider, sagte er, streift dieser ungemein geistreiche und talentvolle Dichter oft so plötzlich an Wahn und Traum, daß wir selbst, die ihn doch alle kennen und lieben, ihn aus dem Gesichte verlieren. Den «Einsiedler» bedauerte er ungemein; er sagte, daß er bei den besten Menschen ungemeines Intresse erregt hätte und eine ganz neue Wendung in der Literatur hervorgebracht hätte, wenn er weniger geträumt hätte. Er entließ mich mit vieler Liebe und Güte. Bettinens Nähe in Weimar wäre ihm sehr erwünscht gewesen.

3013 C. Brentano an J. G. Zimmer *12. Dezember 1809*

Auf meiner Reise hierher habe ich Goethe in Jena besucht und ein paar Stunden freundlich mit ihm geredet; er hat von der unglücklichen Einsiedler-Zeitung mit ungemeiner Achtung gesprochen; es sind seine Worte: daß nie ein so mannigfaltiges, reiches und geistreiches Zeitblatt geschrieben sei, und daß es ihm nebst vielen andern Freunden sehr leid sei, daß es durch Zufall, durch Zeitgeist und durch einige Ungeschicklichkeit in der Manier, die aber von mancher Originalität schwer zu trennen sei, nicht den vollkommnen Sukzeß gehabt, den es verdient, und daß er nie zweifle, es werde noch einst sehr gern und mit Nutzen gelesen werden. – Von *Arnims Wintergarten* aber sprach er mit ganz ungeteilter Achtung; er versicherte mich, daß es eines der am besten geschriebenen deutschen Bücher sei, und daß es ihn durchaus erfreut habe.

3014 C. Brentano an Görres *Anfang 1810*

In Jena fand ich Goethe beim Mittagsessen, ich trank ein Glas Wein mit ihm, und er gab mir ein Stück Käse dazu. Er war sehr freundlich und sprach mit ungemeiner Hochachtung von der Einsiedlerzeitung und dem Wintergarten; die Erzählung von der Engländerin nannte er ganz vortrefflich, aber die Nelsons-Romanzen schienen ihm, wie die meisten Arnimschen Verse, unklar, ungesellig und zum Traum geneigt; er bediente sich dabei des Ausdrucks: Wenn wir, die wir ihn kennen, lieben und hochschätzen, von dieser unangenehmen Empfindung gepeinigt werden, wie darf er sich betrüben, daß andere ihn aus solchem nicht kennen, lieben und hochschätzen lernen werden. Bei allem dem hat er nichts gegen die schlechte Rezension in der Jenaer Literatur-Zeitung getan.

3015 Riemer *12. August 1809*

Früh ging die Geh. Rätin hier durch nach Gera. Mittags bei Knebel. Über Kunst, Kunstkritik und Vorbedeutung.

3016 Riemer *13. August 1809*

Goethe äußerte: «Daß die Männer zum Dienen, die Weiber zu Müttern gezogen werden müßten. Das jetzige Unglück der Welt rühre doch meist davon her, daß sich alles zu Herren gebildet habe. Dies sei vom Mittelstand ausgegangen (vom Kaufmann, der reich, vom Bürger, der sich gebildet). Der Adel sei von jeher dienstpflichtig gewesen. Und der erste Staatsdiener, wie Josef II. schon gesagt, sei der Fürst.»

3017 Abeken: Goethe in meinem Leben

Auf einer Fußwanderung nach Rudolstadt, wohin ich Frau von Schiller, die mit ihren Kindern dahin gefahren war, folgte, kam ich am 15. August 1809 nach Jena, wo ich, bei Griesbachs einkehrend, Wieland fand, der einige Wochen in dem großen schönen Garten wohnte. So hatte ich einen sehr angenehmen Mittag. Auf den Abend waren Goethe und Knebel, den ich schon früher kennen gelernt, und der sich freundlich gegen mich erwiesen, eingeladen; und da sah ich denn die drei alten Freunde auf Du und Du beisammen. Goethe war, ich möchte sagen, ausgelassen lustig und besonders in der Unterhaltung mit Wielands Töchtern höchst lebendig. Der alte Wieland kam bei dieser, die sich keineswegs um erhabene Gegenstände drehte, nicht aus dem Lachen heraus, was durch den Anblick Goethes und seines komischen Gebarens immer von neuem gereizt wurde. So wurde mir die Freude, Goethe in mannigfaltigen Situationen zu sehn ... Ich habe diesen Tag im «Weimarer Sonntagsblatt» (vom 20. September 1857, S. 382–384) geschildert, nur das, was ich selbst erlebt, als dem Briefe eines Freundes entnommen darstellend.

3018 Abeken: Ein Tag bei Griesbachs in Jena *1857*

Dieser Tag sollte für mich ein freudenreicher sein. Zum Abend waren Goethe, der sich eben in Jena aufhielt, und Knebel geladen. Die Unterhaltung beim Tee war angenehm; Goethe führte meistens das Wort. Er sprach über einige alte Reisebeschreibungen, die er eben gelesen, und zwar mit großer Lebendigkeit und Anschaulichkeit. Es ist eine Wonne, zu sehen und zu hören, wie der Mann alles gleich von der eigentlich interessanten, von der menschlichen Seite auffaßt und wiedergibt. Aber beim Essen ging erst recht meine Lust an. Die Wirtin, wie sie denn immer treulich für mich sorgt, gab mir den Platz zwischen Wieland und seiner Tochter, Goethen gerade gegenüber. Da wollt' ich nun, Du hättest gesehen und gehört, wie heiter, ja wie ausgelassen lustig Goethe war; denn beschreiben läßt sich so etwas nicht; aber nie habe ich einen jungen Mann gesehen, der ein Gespräch, auch über unbedeutende Dinge, mit solcher Lebhaftigkeit und Gewandtheit geführt hätte als dieser nunmehr sechzigjährige Goethe. Er, Wieland und Knebel sind Freunde aus alter Zeit, auf Du und Du; so war das Gespräch vertraulich und zwanglos. Unter anderen kam es auch auf einige Weimarische Schauspielerinnen, an deren einer die jüngeren Frauenzimmer allerlei auszusetzen hatten, besonders in Hinsicht auf das Äußere, die Gestalt. Goethe nahm ihre Partie, und wußte so komisch darzutun, wie, wenn man an dem Körper hier ein weniges wegnähme, dort ansetzte usw., eine gar stattliche Gestalt zu Tage kommen würde, daß der alte Wieland nicht aus dem Lachen kam, wiederholt Goethen um Quartier bat, endlich niederkauerte, und die Serviette sich über den Kopf zog und gegen den Mund drückte, sei es, um den Erguß des Lachens zu hemmen, sei es, um den übrigen seine Grimassen zu verbergen. Mir fiel Horazens Varius ein (in der 8. Satire des 2. Buches, V. 63),

qui mappa compescere risum
Vix poterat;

was Wieland übersetzt:

Varius konnte
Kaum mit dem Tellertuche vor dem Munde
Des Lachens sich erwehren.

Schwerlich aber hat Varius so gelacht wie Wieland damals. Es war eine ergötzliche Szene, zu der Knebels bekanntes Jo! Jo! trefflich stimmte.

Wieland meinte nachher, in zwanzig Jahren habe er Goethen nicht so gesehen. Das war wohl zu viel gesagt. Die Griesbach wollte wissen, Goethe habe an dem Tage die letzte Hand an die Wahlverwandtschaften gelegt.

3019 Riemer *18. August 1809*

Bemerkung Goethes: Menschen, die ihr Gleiches lieben und aufsuchen, und wieder solche, die ihr Gegenteil lieben und diesem nachgehen.

3020 Riemer

[Goethe:] «Es geht im Kleinen wie im Großen. *Folge!* Das einzige, wodurch alles gemacht wird und ohne das nichts gemacht werden kann, warum läßt sie sich so selten halten? Warum so wenig durch sich selbst und andere hervorbringen?»

3021 Riemer *22. August 1809*

Gegen Abend aufs anatomische Kabinett, wo Goethe und Seebeck.

3022 Riemer *24. August 1809*

Mit Goethe nach 8 Uhr Spaziergang um die Stadt, da es sehr schöner Mondschein war. Hernach ihm noch vorgelesen, aus Halems Geschichte Peters des Großen. Äußerung Goethes:

«Was haben die Deutschen an ihrer charmanten Preßfreiheit gehabt? als daß jeder über den andern so viel Schlechtes und Niederträchtiges sagen konnte, als ihm beliebte.»

3023 Riemer *25. August 1809*

Mittags mit Goethe und Knebels bei Frommanns. Äußerte Goethe:

«Man braucht nicht alle Gesetze auszusprechen, weil sie sich von selbst verstehen. Es existiert kein Gesetz, daß man nicht auf die Schloßtreppe – soll. Wer es sich aber einfallen ließe, den nähme man bei den Ohren. Strafen wir nicht auch unsere Kinder, ohne daß ein Gesetz für jeden Fall da ist? und werden wir nicht alle im Leben durch Schaden klug?»

3024 Riemer *28. August 1809*

Früh gingen die Damen zu Goethe, den sie mit Gesang und Blumen aufweckten. Mit Goethe und den Damen auf die Museen.

3025 Riemer *29. August 1809*

Bei Goethe. Aus Schlegels Vorlesungen vorgelesen. Was A. W. Schlegel am Aeschylus tadelte, daß sein Chor meist die Hauptperson ist, findet Goethe ebenso zu loben und als das rechte. Zu den Supplices hat er früher das dritte Stück der Trilogie erfunden und im Kopfe ausgeführt, aber nichts aufgeschrieben.

[Goethe:] «Das ist eben das Vortreffliche, daß aus der Masse des Chors (den Danaiden), der überein gesinnt ist, eine, die Hermione als der Gegensatz, heraustritt.»

3026 Riemer *31. August 1809*

Abends mit Goethe in den Botanischen Garten und, da der Abend warm, hinter Griesbachs Garten auf der Höhe promeniert.

Über den Roman und einige neue Motive.

3027 Riemer *6. September 1809*

Nach Tische Schlegels Vorlesungen über Euripides. Goethe bemerkte:

Warum difficilis in perfecto mora sei? Die Kunst lasse sich wohl mit einem Konus vergleichen oder einer Pyramide, deren Spitze zuletzt von einem Individuo gebildet werde (Raffael, Sophokles). Die Nachfolger gehen nicht darüber hinunter, sondern sie können nicht hinauf, sie bleiben dort stehen, weil sie sich mit dem Machen begnügten.

Raffael, wie er in seinen ersten Sachen streng und gleichsam äschyleisch sei, würde, wenn er älter geworden, euripideisch geworden sein, wie er in seinen letzten Sachen auch schon eine Neigung dazu habe. Beispiele habe man an den verschiedenen Darstellungen des bethlehemischen Kindermords. Beispiel seiner höchsten Vollkommenheit an dem Tod des Ananias, der Pest, wo er sophokleisch sei.

3028 *Riemer* *21. September 1809*

Goethe befand sich nach Tische nicht wohl. Zu ihm, der etwas besser, aber im Bette lag. Über Herodot, Thukydides, Vellejus, Tacitus etc.

3029 *Riemer* *22. September 1809*

• Bei Goethe, der noch im Bett blieb. An den letztern Kapiteln [der «Wahlverwandtschaften»].

3030 *Riemer* *23. September 1809*

Bei Goethe, der sich besser befand und aufstand. Nach Tisch auf dem Museum mit ihm.

3031 *Riemer* *25. September 1809*

[Goethe:] «So wie am Ende ein großes Individuum den Wissenschaften Face machen muß, so ist es am Ende auch nur das Individuum, welches originäre, primäre Vorstellungen hat, das eigentlich Schätzbare und das was zählt.

Die andern erhalten ihre Vorstellungen nur als Reflex, als Widerschein. Sie kleiden sich in gewisse Vorstellungen, wissenschaftliche oder sittliche, wie in Modetrachten.»

3032 *K. W. v. Knebel: Bilder aus dem Leben*

Als Goethe meinem Vater seine «Wahlverwandtschaften» übersendet hatte und ihn bald darauf [am 27. September 1809?] besuchte, so frug er meinen Vater, wie ihm dieser Roman gefallen habe. Da antwortete Knebel: «Nimm es nicht übel, lieber Freund, ich kann sie nicht verdauen.»

Goethe antwortete: «Ich habe sie auch nicht für Dich, sondern für die Mädchen geschrieben, und verdenke es Dir nicht.»

In den «Wahlverwandtschaften» spricht der Architekt alles aus, was Goethen höchst zuwider war, wie zum Beispiel bei Tisch das Messer auf den Rücken zu legen, daß die

Schneide nach oben steht, dann das Anfassen eines Bildes pp. mit Einer Hand statt mit zwei Händen, was er mit Recht nicht leiden konnte, da das die Bilder verdirbt. Das Brot auf den Rücken legen.

3033 Riemer *30. September 1809*

Nach Tische ein neues Trauerspiel durchgesprochen, das Goethe in Petto hat [«Das Mädchen von Oberkirch»].

3034 Riemer *September 1809*

[Goethe:] «Die mittleren, das heißt die indifferenten Zustände sind für einen Gott oder für ein Tier.

Die Extreme Haß und Liebe, Sieg oder Tod, Herrschaft oder Unterwerfung sind nur für Menschen. Solon wollte durchaus keine Neutralität oder Unparteilichkeit (Unparteiischheit), denn sie ist nur eine versteckte Oberherrschaft.»

3035 Riemer *1. Oktober 1809*

Zu Hanburys. Nach Tische Goethe, der den Abend zum Tee blieb. Erschien Sophie als Berner Bäuerin gekleidet.

Die Stücke: Cophtha, Der Bürgergeneral, das unvollendete im Manuskript [«Die Aufgeregten»], Die natürliche Tochter und dies letzte in Petto [«Das Mädchen von Oberkirch»] machen eine Suite, die einen innern Bezug auf sich (das heißt untereinander) und auf Goethes Bildung haben, auf das, was ihn in der *Zeit* interessierte und beschäftigte, und würden zusammen ein eigenes Ganze machen.

3036 Riemer *2. Oktober 1809*

Gegen Abend zu Goethe, wo Seebeck und Knebel. Über altdeutsche Götter. Allerlei Späße. Mit Goethe über Tacitus und Cäsar, bezüglich auf deutsche Altertümer. Geschichte, wie die Preußen die Jenaische Literatur-Zeitung debauchiert, und welche Mühe Goethe und seine Freunde sich gegeben, eine neue zu organisieren; v. Müller, Sartorius etc.

3037 *Riemer* *6. Oktober 1809*

Mittags bei Goethe. Über den komischen Roman und dessen Motive, den er vorhat.

3038 *H. Düntzer: Charlotte von Stein* *1874*

An demselben Abend des 7. [Oktober 1809] kehrte Goethe nach Weimar zurück, wo er die Freundin am nächsten Morgen besuchte. Ihren Fritz ließ er freundlich grüßen und bat ihn, seinem Neffen Nicolovius und dessen Frau die besten Grüße zu sagen, die er auch dem zum Abschiede vor seiner Reise nach Königsberg bei ihr eintretenden Dr. Osann auftrug. Tags vorher hatte sie auf seine Frage über Goethes Verhältnisse zum Theater erwidert, dieser bekümmere sich nur noch um einige Zweige desselben, und er habe ihr vertraut, daß er die Leitung desselben wohl bald ganz niederlegen werde, weil durch das Verhältnis der Jagemann oder jetzigen Madame von Heygendorf (denn sie sei geadelt und habe ein Gut dieses Namens vom Herzog bekommen) ihm mancher Verdruß zuwachse.

3039 *Henriette v. Knebel an ihren Bruder* *10. Oktober 1809*

Goethe hat uns vorgestern besucht und war ungemein artig. Er sagte auch viel Gutes von Dir, Deinem Karl und – Deinem «Saul».

3040 *Riemer* *13. Oktober 1809*

Beim Abendessen erzählte Goethe von seinen Abenteuern in der Champagne, und wie es den Preußen ergangen. Die Kanonade bei Valmy entschied das Schicksal der Welt.

3041 *Riemer* *16. Oktober 1809*

Früh einen Augenblick bei Goethe. 1755 nach dem Erdbeben von Lissabon fing Goethe als ein Kind von sechs Jahren das erste Mal an, still für sich an Gott zu zweifeln, da er so etwas zulassen könne und nicht, wie schon im Alten Testament, wenigstens Weiber und Kinder verschone.

3042 *Riemer* *16. Oktober 1809*

«Junge Gänschen sehen so altklug aus, besonders um die Augen, so vielgelebt, und werden doch mit jedem Tage wie größer so dümmer.» (Auf einem Spaziergange [mit Goethe] gemeinschaftlich bemerkt.)

3043 *Christiane v. Goethe an N. Meyer* *26. Oktober 1809*

Der Geheimrat ist wieder hier [in Weimar], befindet sich zwar leidlich wohl, aber doch nicht wie sonst. Ich schicke Ihnen hiermit den Roman [«Die Wahlverwandtschaften»] mit vielen Grüßen von ihm. Seine Schriften sollen Sie auch bekommen.

3044 *Caroline v. Humboldt an ihren Mann* *8. November 1809*

Lolo [Charlotte v. Schiller] schreibt lieb über ihre Kinder, aber konfus wie immer von Goethens neuem Roman, daß Goethe sich sehne, ihn bald in meinen Händen zu wissen ...

3045 *Riemer* *27. Oktober 1809*

Bei Goethe, der krank. An der Farbengeschichte geschrieben. Ging August nach Jena. Gegen Abend zu Goethe, aus Musarion [von Wieland] ihm vorgelesen. Die Geh. Rätin war krank.

3046 *Riemer* *28. Oktober 1809*

Das Befinden Goethes etwas besser. Lange bei Tisch. Über Roman-Verhältnisse, Goethes Vater und Goethes ersten Aufenthalt in Weimar. Des Herzogs jetziges Verhältnis zur Jagemann.

3047 *Riemer* *2. November 1809*

[Goethe über Aloys Ludwig Hirt:] «Seine Art zu disputieren war, daß er die ihm widersprechende Meinung des andern zu seinen Prämissen machte und seine Konklusionen daraus zog.»

3048 Riemer *3. November 1809*

Kam Oehlenschläger zu mir ... Mittags zu Tisch, mit Demoiselle Ulrich. Nach Tische Oehlenschläger bei mir, und sehr aufgebracht über Goethes Benehmen gegen ihn, so ministerlich und kalt. Versuch ihn zu beruhigen.

3049 Riemer *4. November 1809*

Aß Oehlenschläger mittags mit uns. Er gab mir das Manuskript von Correggio, das ich Goethe zuschickte.

3050 A. Oehlenschläger: Meine Lebens-Erinnerungen *1850*

Nun hatte ich in Deutschland nichts weiter zu tun, als Goethe in Weimar aufzusuchen und mein Andenken in seiner freundlichen Erinnerung aufzufrischen, ihm meinen Correggio vorzulesen, einige aufmunternde Worte von ihm zu hören und dann in Gottes Namen nach Hause zu reisen. Wie gerne machte ich seinetwegen nicht den Umweg von zwanzig Meilen.

Aber unglücklicherweise konnte ich nur ein paar Tage in Weimar bleiben, da ich mit einem andern reiste, und bei Goethe muß man auf gute Laune warten, wie der Schiffer am Strande auf guten Wind, wenn er eine glückliche Fahrt machen will. – Ich hatte ihm meinen Aladdin dediziert, meinen deutschen Hakon Jarl und Palnatoke hatte ich ihm mit einem liebevollen Briefe gesandt, ich rechnete auf einen väterlichen Empfang wie ein Lehrling von seinem Meister. Goethe aber empfing mich höflich, doch kalt und beinahe fremd. Hatten so viele andere spätere Begebenheiten die Erinnerung an «die guten Stunden», die ich so schön und angenehm bei ihm verlebte, aus seinem Gedächtnisse verwischt? Oder – *schlummerten* diese Erinnerungen nur, und wollten sie wieder geweckt werden? War ich zu ungeduldig, da der Sohn den Vater nicht sogleich fand? Ich weiß es nicht! Erst suchte ich den Kummer zu unterdrücken und hoffte, daß später, wenn ich ihm meinen Correggio vorgelesen, das alte Verhältnis wieder eintreten werde. Aber es wurde nichts daraus. – Als ich ihm durch Riemer hatte wissen lassen, daß ich eine neue Tragödie geschrieben hätte, die ich ihm vorzulesen wünschte, ließ er um das Manuskript bitten, er wolle sie am liebsten selbst lesen. – Ich antwortete: Er könne sie nicht selbst lesen, ich habe nur ein schlecht geschriebenes Brouillon bei mir, das voller Änderungen sei. Doch gab ich Riemer das Manuskript. Er brachte es mir zurück und sagte: Goethe könne es freilich nicht lesen, aber ich möchte das Stück nur drucken lassen, dann würde er es lesen. – Dies schmerzte und ärgerte mich, und ich machte meinem Mißvergnügen darüber gegen Riemer Luft. Er wunderte sich fast, daß es jemand wagte, auf Goethe böse zu werden, doch sagte er: «Du hast wohl recht, aber wir anderen sind so daran gewöhnt, uns alles von ihm gefallen zu lassen, daß es uns nie einfällt, darüber böse zu werden oder zu zürnen.» «Das mag sein, aber Goethe würde es in seiner Jugend schwerlich geduldet haben, so behandelt zu werden.» …

Goethe lud mich zweimal höflich zu sich zu Tisch [3. und 4. November 1809], und da war ich keck und satirisch, weil ich nicht herzlich und kindlich sein konnte. Unter anderm rezitierte ich ein paar Epigramme, die ich auf Schlegels gemacht hatte. Goethe sagte hier wieder gutmütig: «Das ist ganz gut; aber so etwas sollten Sie nicht machen; wer Wein pressen kann, soll keinen Essig brauen.» – *Ich:* «Haben Sie denn keinen Essig gebraut, Herr Geheimerat?» *Goethe:* «Zum Teufel! Ist es denn recht, weil *ich* es gemacht habe?» – «Nein! aber wo Wein gepreßt wird, da fallen auch eine Menge Trauben ab, die zum Wein nicht taugen; die können dann noch einen guten Weinessig geben; und der Essig ist ein sicheres Mittel gegen die Fäulnis.»

3051 Riemer *6. November 1809*

Über Tische Goethe und ich allein. Abrede, daß Oehlenschläger um 5 Uhr angenehm sein würde. Kam Oehlenschläger. Empfindlichkeit über Goethe. Heftigkeit von mir und seiner Seite. Vergeblicher Versuch, ihn zu begütigen. Theater. Waren einige vom Theater zu Tisch. Ließ mich Oehlenschläger rufen, um Goethe nochmals zu sehen. Er sah ihn allein, nur eine Minute. Szene. Führte ihn nach Hause. In Frieden geschieden.

3052 *Riemer: Mitteilungen über Goethe* 1841

[Über Oehlenschläger.] Sein *Correggio* konnte Goethe nicht gefallen …

Nun war aber auch eine gewisse Unpolitik in der Art, wie Oehlenschläger das Stück zur Aufführung in Weimar gebracht haben wollte, zum Vorschein gekommen.

Er hatte die Rechnung ohne den Wirt gemacht, das Stück war von ihm in einer Koterie vorgelesen worden, die Rollen waren an gewisse Schauspieler vorläufig von der Gesellschaft ausgeteilt, und nun erst verlangte er von Goethe, das Stück dieser Austeilung gemäß auf die Bühne zu bringen. Oehlenschläger wollte es ihm vorlesen; Goethe lehnte dies ab, und wünschte es allein für sich durchzugehn … Oehlenschlägern schien dieser Ausweg nicht zu gefallen, indes ließ er das Manuskript durch mich an Goethe gelangen. Er erhielt es bald genug zurück, insoweit mit ablehnender Bemerkung, daß es Goethe in dieser Handschrift nicht wohl lesen könne, aber mit dem Wunsche, es bald gedruckt zu sehen.

Der höchst reizbare, leidenschaftliche Dichter fühlte sich dadurch nicht wenig verletzt und ließ vor mir seiner Galle freien Lauf. Da wurde Goethen nicht nur sein Genie und Dichtertalent rein abgesprochen, sondern auch sein Charakter, sein Herz mit den dunkelsten Farben geschildert; da kam einmal über das andere der Minister, der Geheimrat und seine Kälte zum Vorschein, und was sonst verletzte Eigenliebe uns an dem vermeinten Feinde auf einmal entdekken läßt, wovon wir zuvor nichts wußten. Mein Zureden oder Ausreden wollte nichts verfangen, und nach mehrstündigen Expektorationen endigte der Auftritt damit, daß Oehlenschläger an meinem Schreibtisch auf einen Umschlagbogen seinen Grimm in einigen Strophen fixierte, worin *Ismene* und *Hyäne* aufeinander reimten, auch den Namen Goethe, mit und ohne Geheimrat, – wie man wohl sonst den Namen einer Geliebten wiederholt sich hinschreibt – mehrmals anbrachte, und hierauf etwas beruhigter, doch mit skoptischen Redensarten, davonging.

Doch kam er noch spät abends [am 6. November 1809], da er Licht in meinem Mansard-Zimmer gewahrte, wieder zu mir, ziemlich gefaßt und dem Anscheine nach sogar umgelenkt, um, wie er sagte, von Goethe Abschied zu nehmen. «Ob er wohl noch aufsei?» ich möchte hinuntergehen und ihm seinen Wunsch vortragen. Goethe, zwar schon entkleidet, nur in seinem Schlafrock, mochte gleichwohl den so späten Besuch nicht ablehnen. Ich leuchtete also Oehlenschlägern bis ins Vorzimmer und entfernte mich, sie beide allein zu lassen. Aber ich hatte noch nicht meine Türe wieder erreicht, als Oehlenschläger schon zurückkam und mir, über die schnelle Expedition Verwunderten, die überaus lakonischen und doch anzüglichen Abschiedsworte zu vernehmen gab: «Herr Geheimrat, erlauben Sie, daß ich dem Dichter Goethe auf ewig Lebewohl sage.»

Am andern Morgen fragte mich Goethe, was dem Oehlenschläger eingefallen wäre, einen so ganz verrückten Abschied zu nehmen? Mit so mildernden Ausdrücken als möglich erzählte ich ihm von Oehlenschlägers Äußerungen was für den Augenblick nötig und rätlich schien; worauf denn Goethe sowohl über ihn als andere junge Dichter sich ohngefähr so vernehmen ließ, wie er hernach durch mich an Zelter schrieb.

Den ganzen Vorgang erwähne ich nur deswegen, weil Oehlenschläger in seiner Lebensbeschreibung die Sache nicht völlig der Wahrheit getreu berichtet, und es billig ist, daß auch der andere Teil gehört werde.

3053 A. Oehlenschläger: Meine Lebens-Erinnerungen 1850

Ich mußte leider bald fort; und so nahmen wir [am 6. November 1809] einen kalten Abschied voneinander. – Dies war mir in meinem innersten Herzen zuwider; denn keinen Mann in der Welt achtete und liebte ich mehr als Goethe; und nun sollte ich ihn vielleicht in meinem Leben nie wieder sehen. – Die Postpferde waren auf den nächsten Morgen um 5 Uhr bestellt. – Es war bereits 11 Uhr abends, ich saß allein auf meinem Zimmer im Elefanten, das Haupt auf die Hand gestützt und Tränen in den Augen. Da bemächtigte sich meiner eine unbeschreibliche Sehnsucht, ihn zum letzten Mal an meine Brust zu drücken; aber zugleich rührte sich auch der Stolz in meinem Herzen, und ich wollte mich nicht vor ihm demütigen. Ich lief nach Goethes Hause, sah noch Licht in seiner Wohnung, ging zu Riemer auf sein Zimmer und sagte: «Lieber Freund, kann ich nicht Goethe noch einen Augenblick sprechen? Ich wollte ihm doch gern ein letztes Lebewohl sagen.» Riemer war erstaunt, aber da er meine Gemütsbewegung sah und alles wußte, antwortete er: «Ich werde es ihm sagen, ich will sehen, ob er noch nicht zu Bett gegangen ist.» Er kam zurück und bat mich einzutreten, indem er selbst ging. Da stand Götz von Berlichingens und Hermann und Dorotheas Verfasser in der Nachtjacke und zog seine Uhr auf, um zu Bett zu gehen. Als er mich sah, sagte er freundlich: «Nun, mein Bester! Sie kommen ja wie Nikodemus!» – «Herr Geheimrat», sagte ich, indem ich ihn umarmte, «erlauben Sie mir, dem Dichter Goethe auf ewig Lebewohl zu sagen!» – «Leben Sie recht wohl, mein liebes Kind!» sagte er herzlich. «Nichts mehr, nichts mehr!» rief ich gerührt und verließ schnell das Zimmer.

Ich hoffte bei der Abreise, daß, wenn Goethe einmal meinen Correggio lesen würde, er Riemer gegenüber (den ich damals noch für meinen ehrlichen Freund hielt) sich vorteilhaft über das Stück aussprechen würde, wo ich dann mit meiner ganzen kindlichen Liebe wieder zu Goethe zurückkehren und ihm einen langen Brief schreiben wollte. Aber es geschah nicht, und erst 32 Jahre nachher, als Herr Riemer sein Buch über Goethe nach dem Tode des Dichters herausgab, sah ich, welch ein jämmerlicher schwacher Charakter Riemer sei ...

Später – und gerade aus Riemers Briefen – erfuhr ich, daß sich die Sache doch nicht ganz so verhielt, wie er es mir selbst gesagt hatte. Ich glaubte nämlich, daß Goethe nicht meinen Correggio lesen wollte, aber er hatte ihn gelesen, er hatte ihm jedoch mißfallen; ebenso wie Hakon Jarl ihm mißfallen hatte, als er ihn zum ersten Mal hörte ... er bewahrte über uns [Skandinavier] stets eine arge Unwissenheit, welche sich unter anderem darin zeigte, daß er, als er später von mir sprach, sagte: «Wenn diese Nordländer ihre Bären auf den Hinterbeinen tanzen lassen können, glauben sie, was Rechtes zu sein.» …

So reiste ich also nach Hause, nachdem ich die Gunst des großen Goethe verloren hatte.

3054 *Oehlenschläger an Cotta* *4. Mai 1810*

Wenn Sie nichts dagegen haben, so will ich Correggio zu Frau von Schardt oder zu Wolff in Weimar senden. Es scheint mir, daß sie das Stück da wünschen, selbst die Herzogin soll einen solchen Wunsch geäußert haben. An Goethe sende ich es nicht. Der Alte hat mich gar zu sehr mit seinen Launen beleidigt – ich liebe ihn noch immer; aber er hört kaum mehr was Persönliches von mir.

3055 *Riemer* *7. November 1809*

Von Oehlenschläger Billett und Bücher. Hernach bei Goethe. Über Oehlenschlägers Unzufriedenheit.

3056 *Riemer an Frommann* *8. November 1809*

So erhalten Sie denn hiermit das verlangte Manuskript [zur Farbenlehre]. Es dürfte mit dem, was Sie noch haben, wohl fünf Bogen machen. Sie sind wohl so gütig und lassen es überschlagen, melden es uns, und zugleich wann Sie wieder neues verlangen. Ich bin daran wieder einiges zu fördern.

Nächstdem bitten wir uns die Revision aus. Goethe empfiehlt sich Ihnen bestens, und ersucht Sie gar freundlich, es doch so zu veranstalten, daß so wenig Fehler als möglich in der Revision blieben, und daß die von uns angezeigten sorgfältig verbessert würden …

Oehlenschläger ist gestern früh abgereist, mit seinem Landsmann, um über Halle nach Hause zu gehen, wo Amt und Braut ihn erwarten. Er hat ein neues Stück, Correggio, an mehreren Orten vorgelesen, und besonders die Damen mit Vorlesungen unterhalten, Frau v. Schardt, Schiller, auch die Prinzeß Caroline. Mit Goethe war er nicht zufrieden; er habe ihn zu kalt und ministeriell aufgenommen; weswegen wir uns beinahe verzürnt hätten; doch sind wir beide wenigstens in Frieden auseinander gekommen ...

Für heute nichts mehr als die besten Grüße von Goethe, der ganz wohl ist ...

3057 Riemer *9. November 1809*

Mittags allerlei über Oehlenschläger, daß jedermann fehlgeschlagene Prätensionen und Ansprüche habe.

3058 Riemer *13. November 1809*

Bei Gelegenheit des Theaters, und was dabei vorgeht, scheinbar ohne Goethes Wissen, sagte er, daß er mehr davon wisse als Gott selbst, der sich um solchen Dreck nicht bekümmere.

3059 Riemer *17. November 1809*

Gegen Abend zu Goethe. Über Calderon, da er ihn diesen Abend bei der Herzogin vorlesen wollte.

Unendliche Produktivität des Calderon, und Leichtigkeit des Gusses (wie wenn man Bleisoldaten oder Kugeln gieße). – Lope schrieb nur fürs Volk und wollte nur dafür schreiben. – Shakespearen versteht man erst, wenn man Ben Jonson gelesen. Dessen Lear noch ganz romantisch, von Shakespeare ins Tragische gehoben. Seinen Bastard in König Johann habe Shakespeare zum Narren gemacht, zwar mit Genie. Das Pragmatischste in der Welt sei Shakespeares Coriolan, wie alles, was er später gemacht; das Dramatischste sein Macbeth.

3060 Henriette v. Knebel an ihren Bruder *18. November 1809*

Gestern abend hat uns Goethe bei der Herzogin mit einem recht artigen Märchen [«Die neue Melusine»] unterhalten. Die Fee ist so in dem Nixengeschmack. Es ist was Hübsches für die langen Winterabende und hat uns viel Vergnügen gemacht.

3061 *Riemer* *18. November 1809*

Mittags mit Goethe allein. Seine Vorsätze wegen des Romans [«Wilhelm Meisters Wanderjahre»].

3062 *Riemer* *20. November 1809*

Mittags mit Goethe allein. Über den Effekt von der Neuen Melusine bei Hofe. Vorsätze wegen der Wanderjahre, zu Ostern 1. Band zu liefern.

3063 *Riemer* *21. November 1809*

Bei Goethe. Über die Wirkungen des neuen Romans [«Die Wahlverwandtschaften»]. Zustand der Deutschen vor Einfall der Franzosen, daß jedes Individuum sich auf seine Art ausbilden konnte.

3064 *Riemer* *23. November 1809*

Mittags allein mit Goethe. Über neue Motive zu dem Roman der Wanderjahre. Gegen Abend unten. Neue Geschichte dazu erfunden von dem katholischen Weltgeistlichen, der das Wunder der Ähnlichkeit eines Kindes mit einem vermeintlichen Vater durch andere wunderbare und spaßhafte Erzählungen und Geschichten der Art bestätigt. Verzeichnis der Autographen angefangen. Seltener Druckfehler:

Statt: Ringellocken voll junger Silfen
Ringellocken voll Ungeziefer.

3065 *Riemer* *24. November 1809*

Mittags allein. Über die Weiber, weibliche Schälke, die Humboldt und Bohn. Zur Charakteristik derselben etc. Merkwürdige Reflexion Goethes über sich selbst:

Daß er das Ideelle unter einer weiblichen Form oder unter der Form des Weibes konzipiert. Wie ein Mann sei, das wisse er ja nicht. Den Mann zu schildern sei ihm nur biographisch möglich, es müsse etwas Historisches zum Grunde liegen.

3066 *Riemer* *25. November 1809*

Mittags allein mit Goethe. Romanmotive. Goethes Vorsatz, seine Rezensionen zu sammeln und herauszugeben, mit einem Anhang verspäteter (als über Ifflands Theater-Kalender, Naturdichter Hiller etc.), und neue dazu zu machen (um die Heidelberger zu schinden).

3067 *Riemer an Frommann* *25. November 1809*

Bei Ihnen geht es ja ganz lustig, Festivitäten Tag für Tag! – Erschöpfen Sie sich nur nicht, damit auch etwas für uns übrig bleibt, wenn Goethe und ich hinüber kommen. Er spricht so was von ersten Tagen des Januars.

3068 *Charlotte v. Schiller an Cotta* *27. November 1809*

Goethe ist jetzt wieder frisch und kräftig nach seinem letzten Anfall vorigen Sommer, und Meyer versicherte mich neulich, daß er ihn beinah seit zehn Jahren nicht so aufgeregt und kräftig gesehen habe. Dazu gebe der Himmel seinen Segen! Er ist so mitteilend und instruktiv jetzt und spricht sich gern aus – dadurch gibt er uns allen Freude und Trost. Alle Sonntag morgen hat er Musik bei sich, wo wir Damen dazu geladen, übrigens sehe ich ihn im kleinen Zirkel alle Woche, wo er liest und sich mitteilt über alles, was ihn eben interessiert.

3069 *Riemer an Frommann* *28. November 1809*

Goethe grüßt schönstens und dankt für die freundliche Aufnahme seiner Frau auf das beste.

3070 *Riemer* *29. November 1809*

Goethe war bei Günthern [dem Oberkonsistorialrat] gewesen und bemerkte:

«Wenn sie beide (er und Günther) zusammen kämen, das komme ihm immer so vor, als wenn ein paar indische Götter sich so einander besuchen und etwas voneinander haben wollen.»

Es war wegen einer Begräbnisstelle für die Goresche Familie.

3071 *Riemer an Knebel* *29. November 1809*

Der Nürnberger Korrespondent hat dem Geh. Rat viel Spaß gemacht. Er meinte: ob man nicht suchen sollte, Oken auch nach Nürnberg zu bringen, er müßte sich dort am besten ausnehmen.

3072 *Ch. G. v. Voigt an Böttiger* *2. Dezember 1809*

Mit der chemischen Stelle hängt es mehr von dem Herrn Geh. Rat v. Goethe ab, zu beurteilen, was wünschenswert sei, als von mir. Er hat sehr viel mehr Kenntnisse davon, als ich; wie hätte ich Wahlverwandtschaften schreiben können, die doch wirklich chemischen Ursprungs sind für die Herren Materialisten. Inzwischen scheint Herr v. Goethe dem Bercht gar nicht abhold, zumal unser Ehrenlegionär, der professeur et curé Henry, ihn sehr empfiehlt.

3073 *Riemer* *2. Dezember 1809*

Mit der Goethe und Ulrich zu Tisch. Daß Goethe jetzt so heftig werde und sich gehen lasse. Woher es komme.

3074 *Riemer an Frommann* *2. Dezember 1809*

[Über den Druck der Farbenlehre.] Der Vorrat von Manuskript zum 2. Teile ist freilich mit dem, was Sie drüben haben, vor itzt zu Ende; Sie mögen daher immer mit dem vollen Bogen abbrechen. Wir sind jetzt am 2. Teile der Optik, und das Polemische muß mit dem Historischen gegeneinander gearbeitet werden; so wird es teils leichter und angenehmer, teils kürzer, indem eins dem andern aushilft. Sowie wir damit vorgerückt sind, geht es wieder ans Historische im 2. Teil; wo gegen das Ende zu gute Vorarbeiten vorhanden sind.

Ihre traurige Lage, mein Teuerster, geht mir sehr zu Herzen, und Goethe nimmt gleichfalls recht vielen Anteil, wie ich Ihnen melden soll. Bei der außerordentlichen Teilnahme, mit der Sie sämtlich sich um die gute Mutter bemühen, ist denn auch, im schlimmsten Falle, der Trost und die Beruhigung, getan zu haben, was Pflicht und Neigung fordern, und die Leiden wenigstens gemindert zu wissen, um so wirksamer.

3075 *Riemer* *5. Dezember 1809*

Früh zu Goethe, der Katarrh hatte und im Bette lag. Gegen Abend ihm vorgelesen aus Köhlers Münzbelustigung.

3076 *Riemer* *8. Dezember 1809*

Befand sich Goethe besser. Abends aus Köhlers Münzbelustigung; Geschichte der Königin Johanna von Neapel, die ihre Männer umbringen lassen. Von der schönen Gabriele. Auch von der Mätresse Franz des Ersten.

3077 *Henriette v. Knebel an ihren Bruder* *9. Dezember 1809*

Mit Goethen geht es wieder besser, doch läßt er uns heute sagen, daß er sich nicht getrauen dürfe, unter einigen Wochen wieder auszugehen.

3078 *Riemer* *6. und 10. Dezember 1809*

Unter andern Philister-Kritiken über die Wahlverwandtschaften war auch die, daß man keinen Kampf des Sittlichen mit der Neigung sehe.

[Goethe?:] Dieser Kampf ist aber hinter die Szene verlegt, und man sieht, daß er vorgegangen sein müsse. Die Menschen betragen sich wie vornehme Leute, die bei allem innern Zwiespalt doch das äußere Dekorum behaupten.

Der Kampf des Sittlichen eignet sich niemals zu einer ästhetischen Darstellung. Denn entweder siegt das Sittliche, oder es wird überwunden. Im erstern Fall weiß man nicht, was und warum es dargestellt worden; im andern ist es schmählich, das mit anzusehen: denn am Ende muß doch *irgend ein* Moment dem Sinnlichen das Übergewicht über das Sittliche geben, und eben dieses Moment gibt der Zuschauer gerade nicht zu, sondern verlangt ein noch schlagenderes, das der Dritte immer wieder eludiert, je sittlicher er selbst ist.

In solchen Darstellungen muß stets das Sinnliche Herr werden; aber bestraft durch das Schicksal, das heißt durch die sittliche Natur, die sich durch den Tod ihre Freiheit salviert.

So muß der Werther sich erschießen, nachdem er die Sinnlichkeit Herr über sich werden lassen. So muß Ottilie καρτερieren, und Eduard desgleichen, nachdem sie ihrer Neigung freien Lauf gelassen. Nun feiert erst das Sittliche seinen Triumph.

3079 Caroline v. Egloffstein
an ihre Schwester Julie *10. Dezember 1809*

Ich bin recht liebenswürdig und lege für Dich und Mutter zwei Blümchen bei, die ich diesen Morgen von Goethe bekommen habe. Teilt Euch darein und hebt sie auf, denn wer weiß, ob Ihr jemals wieder welche von ihm bekommen werdet, da er recht elend aussieht und einmal schnell von der Erde entrückt sein wird.

3080 Riemer *11. Dezember 1809*

Auftrag, den Herrn [Wilhelm] Grimm aufzusuchen und mit ihm ins Theater zu gehen. Ein artiger junger Mann, der aus Arnim, Brentano und Engelhard gemischt ist, auch in der Physiognomie. Abends Bericht an Goethe. Hernach aus dem Simplicissimus vorgelesen.

3081 Riemer an Frommann *12. Dezember 1809*

Die ganze vorige Woche hat sich Goethe nicht wohl befunden, indem ein heftiger Katarrh ihm zusetzte und besonders zwei Nächte durch große Brustschmerzen verursachte. Durch Wartung und Mittel hat sich das Übel indes gegeben, und er ist heut zum erstenmal wieder ausgegangen.

Sie erhalten hier neues Manuskript zum 1. Teil, Polemik, womit Sie wohl bis Weihnachten langen werden, wenn Sie sich nicht sehr eilen. Wir bearbeiten jetzt den Rest der Polemik, der wohl auf Weihnachten eintreffen könnte.

Madame Schopenhauer ist nun wieder unser geselliger Mittelpunkt … Auch befindet sich hier ein junger Mann, Herr Grimm, Freund von Arnim, und Liebhaber und Kenner der älteren nordischen Literatur … Es ist ein artiger junger Mann …

Mit meiner Weihnachtskunft [nach Jena] sieht es windig aus, da man hier Augusts Geburtstag feiern will und ich mich kaum entziehen darf. Da aber Goethe noch immer willens ist, in den ersten Tagen des Januars hinüber zu kommen, so tröste ich mich …

3082 Riemer *12. Dezember 1809*

Nach Tische aus Grimms geschriebener Sammlung von dänischen Balladen und Liedern vorgelesen. Abends zu Goethe. Vorlesung aus Simplicissimus.

3082a Riemer *12. Dezember 1809*

Vom Simplicissimus, aus dem ich Goethe vorlesen mußte, sagte er: er sei in der Anlage tüchtiger und lieblicher als der Gil Blas. Nur können sie kein Ende finden, Verleger und Publikum, daher es zuletzt kollektiv werde. Bei Gelegenheit der gegenseitigen Vorwürfe der Protestanten und Katholiken bemerkt er den guten Humor jener Zeit in der Anekdote, daß ein Beichtvater ein junges Mädchen fragt, ob sie ins Bett p–; und als sie Nein antwortet, ausruft: Nun, das sei ihr Glück! sonst fresse er solche Kinder. – «Ei, lieber Herr Pater, ich habe ein Brüderchen, das sch– alle Nacht ins Bett, das muß Er fressen.»

3083 Charlotte v. Stein an ihren Sohn Fritz *13. Dezember 1809*

Goethe grüßt Dich, und freute sich, daß Du und Nicolovius seinen Roman gern gelesen.

3084 Riemer an Knebel *13. Dezember 1809*

Der Geheimerat ist wieder wohl, und gestern zum erstenmal im Freien gewesen. Ein wenig Husten ist zwar noch übrig, aber doch ohne Schmerzen. Ich soll Ihnen die schönsten Grüße übersenden.

Gegen Ende der Woche hoffen wir, Ihnen einen jungen Mann zu rekommandieren, der nach Jena geht, um die dortigen Bibliotheken für sein Studium der älteren Poesien zu benutzen. Er heißt Grimm, ist ein Freund von Herrn von Arnim und Brentano, und übrigens ein feiner, artiger, junger Mann. Seine Sammlung altdänischer Balladen und Lieder (Sie haben seinen Namen gewiß schon in der Einsiedler-Zeitung gelesen) wird Ihnen einiges Vergnügen gewähren; sie enthält sehr treffliche Sachen. Einige sind uns schon durch Herder bekannt geworden.

Wir erfreuen uns gegenwärtig an den Marionetten, die Sie uns herüber gesendet haben. Er hat zweimal gespielt, und das Haus war gedrängt voll, oder vielmehr der Saal; denn er spielt auf dem Stadthause.

Ende der Woche kommt auch Frau Geheimerätin hinüber, und wenn Sie dann mit der Rückkehrenden abermals wie neulich einen kleinen Besuch ablegten, so wäre das eine schöne und bei eintretendem Heiligen Christ ersprießliche Gelegenheit, die Ihr lieber Karl Ihnen Dank wissen würde, wenn Sie sie benutzten.

3085 Riemer *13. Dezember 1809*

Gegen 1 Uhr Herr Grimm, der mit uns aß und nach Tische einiges vorlas. Ihn ins Theater abgeholt, mit ihm in der Loge.

[Goethe:] Kleiner Unterschied. «Wer Christi Fleisch und Blut genießt, ist ein kultivierter Mensch; wer Christen-Fleisch und -Blut genießt, ein wilder Barbar.»

3086 W. Grimm an seinen Bruder Jacob *13./15. Dezember 1809*

Nachts um 3 Uhr [am 11. Dezember] reiste ich von Naumburg ab, kam um 8 in Auerstädt an ... und mittags um 3 Uhr allhier [in Weimar] an. Ich zog mich gleich an und ließ mich nach Goethes Haus führen, das sehr nett und schön dasteht. Er war aber krank, vorher bedeutend gewesen und jetzt in der Besserung, daß er mich nicht annehmen konnte, also gab ich Arnims Brief ab. Ich ging dann zu der Dame Schopenhauer, die hier die Honneurs macht, und überreichte meinen Brief; wohin bald Goethes Bedienter kam und mir sagte, Herr Doktor Riemer, Goethes Sekretär, werde mich in die Komödie abholen. Das geschah dann, und wir gingen in Goethes Loge, die unter der fürstlichen ist, wie eine Nische, sehr bequem, wo ich auf seinem Sessel gesessen. Es wurden Die deutschen Kleinstädter gegeben, und recht gut ... Goethes Bedienter bat mich, den andern Tag [12. Dezember] erst auf die Bibliothek zu gehn und dann um 12 Uhr zu dem Herrn Geheimen Rat zu kommen. Auf der Bibliothek wurd' ich artig genug empfangen, und um 12 Uhr ging ich dann hin. Der Hauseren in Goethes Hause ist mit freistehenden Statuen und andern in Nischen schön verziert. Über eine breite Treppe, die vornehm und bequem aussieht, wurd' ich erst vor ein Zimmer geführt, wo am Eingang zu den Füßen Salve mit schwarzen Buchstaben und an der Seite ein Kandelaber steht, und das voll Bilder hing, dann in ein Kabinett, das ebenfalls mit Handzeichnungen, altdeutschen Holzschnitten ausgeziert war, und alles eigen eingerichtet, zum Beispiel die Türen mit matter brauner Farbe angestrichen und die Griffe aus goldnen Löwenköpfen bestehend, sehr geordnet und reinlich. Hier mußt' ich einige Zeit warten, darauf trat er selbst hinein, ganz schwarz angezogen mit den beiden Orden und ein wenig gepudert. Ich hatte nun sein Bild oft gesehen und wußte es auswendig, und dennoch, wie wurde ich überrascht über die Hoheit, Vollendung, Einfachheit und Güte dieses Angesichts. Er hieß mich sehr freundlich sitzen und fing freundlich an zu reden, was er gesagt, sag' ich Dir mündlich wieder, aufschreiben kann ich es nicht, er sprach von dem Nibelungenlied, von der nordischen Poesie, von einem Isländer Ar[e]ndt, der eben dagewesen und ein vollständiges Manuskript der Edda Saemundina gehabt, aber höchst bizarr und ungenießbar und starr gewesen, vom Oehlenschläger, von den alten Romanen, er lese eben den Simplicissimus, und dergleichen, und ich mußte ihm meine Übersetzung der Kämpe Viser geben. Ich blieb fast eine Stunde da, er sprach so freundlich und gut, daß ich dann immer nicht daran dachte, welch ein großer Mann es sei, als ich aber weg war oder wenn er still war, da fiel es [mir] immer ein, und wie gütig er sein müsse und wenig stolz, daß er mit einem so geringen Menschen, dem er doch eigentlich nichts zu sagen habe, reden möge. Tags darauf [13. Dezember] wurde ich zum Mittagsessen bei ihm eingeladen. Seine Frau, die sehr gemein aussieht, ein recht hübsches Mädchen, dessen Namen ich wieder vergessen, die er aber, deucht mir, als seine Nichte vorstellte, und Riemer waren da. Es war ungemein splendid, Gänsleberpasteten, Hasen und dergleichen Gerichte. Er war noch freundlicher, sprach recht viel und invitierte mich immer zum Trinken, indem er an die Bouteille zeigte und leis brummte, was er überhaupt viel tut; es war sehr guter roter Wein, und er trank fleißig, besser noch die Frau. Er sagte unter andern, daß er das Bild der Bettine von Louis [Ludwig Grimm] erhalten, und lobte es dabei sehr, es sei eine sehr zarte Nadel darin, recht ähnlich und überhaupt schön komponiert und gehalten und habe ihm viel Freude gemacht. Ich sagte, daß Bettine selbst nach Berlin geschrieben, daß es nicht ganz ähnlich. Er antwortete: «Ja, es ist ein liebes Kind, wer kann sie wohl malen, wenn noch Lukas Cranach lebte, der war auf so etwas eingerichtet.» Der Tisch dauerte von 1 bis halb 4 Uhr, wo er aufstand und ein Kompliment machte, worauf ich mit Riemer wegging, der mich abends wieder in die Komödie abholte ... Riemer ist ein recht verständiger sedater Mensch, der bloß für Goethe arbeitet ...

Auf der Bibliothek hab' ich an Büchern nichts gefunden, aber zwei Manuskripte, eins mit Fabliaux und Erzählungen von Teich[n]er und andern und eine Sammlung Lieder, worin allerdings gute Minnelieder sind, ich hoffe beide durch Goethes Vermittlung mit nach Kassel zu bekommen ...

[15. Dezember]

Goethe ist so gütig gewesen und hat mir die Bettine von Louis geschenkt, da er mehrere Exemplare besitzt, mit der Erlaubnis, die Manuskripte mitnehmen zu dürfen, hält's aber sehr schwer, und es wär' mir leid, wenn nichts daraus würde.

3087 Riemer *17. Dezember 1809*

Unten viele Damen, auch Grimm und Hagen ...

Goethes Bemerkung, bei Gelegenheit des Simplicissimus: daß, sowie die guten Werke und das Verdienstliche derselben aufhören, dafür sogleich die Sentimentalität bei den Protestanten eintrete.

3088 Riemer *17. Dezember 1809*

[Goethe?:] Bei den Weibern zählt einer wenigstens mit, wiegt er auch nicht mit. Sie schätzen die Courmacher nach der Zahl, nicht nach dem Gewichte.

3089 Riemer *18. Dezember 1809*

Wurde Goethe sehr krank, indem er seine Krämpfe bekam.

3090 Riemer *19. Dezember 1809*

Gegen 11 Uhr unten, wo ich Goethen im Garten fand. Mit ihm spazieren bis in den Park.

3091 Riemer an Frommann *(etwa 20. Dezember 1809)*

Mit Goethes Gesundheit wackelt es wieder. Er hat vorigen Montag [18. Dezember] einen heftigen Anfall von seinen alten Krämpfen gehabt; wovon er sich freilich gleich den andern Tag insoweit erholt fand, daß er bei dem schönen Wetter eine halbe Stunde in seinem sonnigen Garten spazierte; aber es retardiert ihn doch in seinen Arbeiten, und Sie können deshalb das zu heute bestimmte Manuskript nicht erhalten, sondern wenn Gott will erst zum Sonnabend. Es würde mit dem, was Sie haben, doch an drei Bogen gemacht haben, und etwas drüber. Haben Sie also Geduld mit uns!

3092 W. Grimm an seinen Bruder Jacob *27. Dezember 1809*

Ich ging zu Goethe, der mir endlich wegen der Weimarischen Manuskripte eine bestimmte Antwort gab. Sie ist wie vieles in seinem Wesen auf ein formelles förmliches Verfahren eingerichtet. Du mögest nämlich in Deinem Charakter und als Bibliothekar an ihn schreiben und förmlich darin um Mitteilung der zwei Manuskripte bitten, auch der andern Herren, welche darüber mit zu disponieren, erwähnen (das heißt Du brauchst sie nicht zu nennen), dann wolle er davon reden, und sie sollten mit der Post an Dich abgesendet werden. Ich bitte Dich, ja es zu tun, einmal weil ich mir doch viele Mühe deshalb gegeben und mein Interesse vorgegeben, so daß Du mich kompromittierst, dann könnte es auch undankbar aussehen, wenn man Goethes Anerbieten, das gewiß recht gütig ist, da er es manchem andern abgeschlagen, nicht annähme ... Bei Goethe hab' ich auch noch einmal gegessen [am 23. Dezember], und er war freundlich, wie ich [am 25. Dezember] Abschied nahm ...

Wie manches fällt mir noch ein, das ich schreiben könnte, aber erzählen will, zum Beispiel was Goethe vom Simplicissimus geredet und dem Nibelungenlied, und was die Personen alle sind in den Wahlverwandtschaften, die ich zum Teil gesehn und die's ebensoviel auch nicht sind ...

Du mußt noch von den dänischen Liedern hören. Nämlich mit der Vorrede von Goethe scheint's nichts zu sein. Er hat die Lieder genommen, sich vorlesen lassen, seinen Freunden mitgeteilt, und Riemer hat sie in Gesellschaft vorlesen müssen. Er hat mir gesagt: «Sie sind wunderbar, und wir haben dergleichen nicht gemacht, wir müssen davor erstaunen.» So hat er sie mir wiedergegeben, ohne ein Wort von der Vorrede zu sagen. Gewiß ist, daß er es vergessen, wie er aber von selbst sich anfangs gegen Arnim dazu erboten, so wäre es mir auch unmöglich gewesen, ihn daran zu erinnern und ihn dadurch gewissermaßen zu nötigen.

3093 W. Grimm an Arnim *Januar 1810*

Als ich in Weimar ankam, war Goethe krank gewesen, gefährlich mit Blutspeien, aber eben in der Besserung. Er ließ mich den folgenden Tag zu sich rufen und war sehr freundlich und gütig. Ich habe auch ein paarmal da gegessen, und der Riemer hat mich in die Komödie abgeholt. Ich gab ihm die dänischen Lieder, die er sich hat vorlesen lassen und die ihm sehr wohlgefallen; er sagte: «Dergleichen haben wir nicht gemacht.» Allein von einer Vorrede ließ er nichts verlauten, wahrscheinlich hat er es vergessen, und ich möchte natürlich nichts davon sagen, so daß nichts damit ist. Bettinens Bild von Louis habe ich bei ihm gesehen, er lobte es und sagte, daß ihm die ganze Komposition – sie hält den

Wintergarten in den Händen, der eine dicke Bibel geworden – recht wohl gefalle, und die Ausführung kräftig und brav sei. Ich meinte, daß es nicht ganz ähnlich; er sagte aber: «Man erkennt's doch gleich, wer kann sie wohl malen, wenn noch Lukas Cranach lebte, der war auf dergleichen eingerichtet.» So darf man wohl sprechen, wenn man in Weimar ist, wo das wunderherrliche Bild von Cranach hängt, ich kann nicht sagen, wie mir das gefallen ...

Zu den literarischen Neuigkeiten gehört, daß sich Goethe geäußert, er werde noch einen Roman schreiben, eh die Fortsetzung des Meister erscheine, und habe die Idee dazu schon bei dem letzten Teil der Wahlverwandtschaften gefaßt; zu jener Fortsetzung sind vier einzelne Stücke vorhanden, worunter auch ein Märchen, und das was im Taschenbuch gestanden, diese müßten aber noch verbunden werden. Wer die Personen in den Wahlverwandtschaften, hat man längst heraus, der Architekt ist natürlich der Engelhard, in welchen die Vulpius verliebt gewesen, die Luciane ist nicht die Jagemann, sondern ein Fräulein Reitzenstein, welche in Weimar ist und alle Herzen erobern soll. Ich habe sie mehrmals gesehn, aber gar nichts Ausgezeichnetes an ihr gefunden. Die Ottilie ist ein Fräulein, von der Goethe gesagt hat, es stäke nicht ein, sondern tausend Engel in ihr, die aber nicht da war, ebenso nicht der Offizier, der Eduard ist, darum ich auch ihre Namen vergessen. Was Deine Vergleichung des Wintergartens mit dem Original betrifft, die Riemer für Goethe angestellt hat, so ist das nichts, als daß dieser gemeint, Du habest ein paar Stellen nicht verstanden; ich half ihm aber sehr artig aus dem Traum, indem ich ihm zeigte, daß es die üppigen wären, zum Beispiel wo Eurial seine Geliebte mit durchsichtigem Hemd beschreibt, die Du mit allem Fleiß umgeändert. Der Riemer hat etwas höchst Widriges für mich, ich meine nicht, daß er ein wenig Goethe spielt und nachmacht, welches nur sehr pedantisch an ihm aussieht, denn das geht wohl natürlich zu, sondern wegen einer seltsamen Art von Freundlichkeit und Schmeichelei; er packt einem beständig die Hände und drückt sie und dergleichen, wozu er etwas Fatales in seinem Gesicht hat ... Goethe liest jetzt den Simplicissimus und sprach sehr schön darüber, unter andern aber sagte er, es sei sehr viel Poesie darin, aber kein Geschmack, was ich nicht begreife, da das am End einerlei ist, und wenn er Anordnung oder Austeilung darunter versteht, so ist das wahr, daß man darüber andere Regeln haben kann, die aber immer nur konventionell sind. Mit den dortigen Manuskripten ist es mir nicht leicht geworden, endlich erhielt ich durch Goethe die Erlaubnis, von hier [Kassel] darum *förmlich* anzuhalten, wo sie mir sollten zugeschickt werden.

3094 W. Grimm: Selbstbiographie

Auf dem Rückwege durch Weimar, am Schlusse des Jahres [1809], ward mir das Glück zuteil, Goethe zu sehen. Noch deutlich bin ich mir der Stimmung bewußt, mit welcher ich zum erstenmale sein Haus betrat und über die bequeme Treppe und das oft beschriebene Salve in sein Zimmer gelangte. Jemand, den wir früher oft und genau in mannigfachen Bildern angesehen, ist uns nicht fremd und überrascht uns doch; in der Wirklichkeit liegt noch eine Macht, von der die Kunst nichts weiß. Er äußerte Teilnahme für die Bemühungen zugunsten einer lang vergessenen Literatur und Geneigtheit, sie zu unterstützen, wie mir denn auch späterhin durch seine Fürsorge die Benutzung einiger Codices der dortigen Bibliothek gestattet wurde. Ich bin während meines Aufenthaltes in Weimar, wo Madame Schopenhauer ein ebenso glänzendes als angenehmes Haus machte und mich auf das gütigste empfing, noch einigemal bei Goethe gewesen, habe ihn in der Eigentümlichkeit seines Wesens gesehen, seine Rede gehört. Ich glaube, ihn selbst gesehen zu haben, ist zu dem Verständnisse seiner Gedichte ungemein förderlich. In ihnen ist dieselbe Mischung der großartigsten, reinsten und edelsten Natur, die ein sinnvoller Mensch sogleich anerkennt und verehrt, und jener höchst eigentümlichen besonderen Bildung, deren Gang man nur zuweilen errät. Erregt doch auch der wunderbare Blick seiner Augen ebensowohl das vollste Vertrauen, als er uns ferne von ihm hält. Wenn in einer Zeit eine nationelle Gesinnung herrscht, mag es von geringerer Bedeutung sein, die Persönlichkeit des Dichters kennenzulernen, der den Charakter des Volkes in seiner höchsten Blüte darstellt; anders verhält es sich, wo eine solche Nationalität fehlt und ein Geist, je größer er ist, desto freier und kühner, innern, unausmeßbaren Bedürfnissen gemäß sich entwickelt und bei höherem Aufsteigen immer einsamer sich fühlen muß. Man findet diese Einsamkeit, meine ich, in den meisten seiner Werke und das Ansprechendste und Einleuchtendste mit dem Seltsamsten und Fremdartigsten verbunden. Aus diesem Verhältnis wird auch das Verlangen unserer Zeit gerechtfertigt, die Geschichte der Bildung eines ausgezeichneten Mannes zu erfahren, die oft das Verlangen nach dem unmittelbaren Genuß seiner Werke übersteigt.

3095 Riemer *27. Dezember 1809*

[Goethe:] «Wenn wir nicht so ehrliche rechtschaffene Leute wären, so möchten wir wohl (auch) solche Schelme sein wie ihr.»

«Das ist ohngefähr das Apophthegma aller der sogenannten Patrioten, die um der Lumpe willen sich für diese aufopfern.

Wer über den Egoismus, Selbstsucht usw. klagt, Dinge, die dem Egoismus des dunkeln großen Haufens entgegenstehen, ist in dem Fall, daß er den Egoismus der Gescheiten beneidet, weil Gott weiß was ihn abhält, ebenso gescheit zu sein.»

3096 Riemer *28. Dezember 1809*

Mittags unter uns. Späße über Augusts ökonomische Kenntnisse, aus dem kameralistischen Kollegium geschöpft. Fabel oder Märchen von König Salomo und Marculfus s. Diener.

3097 Ch. A. Vulpius an N. Meyer *31. Dezember 1809*

Seit der Mitte des Oktobers hat eine Nervenfieberseuche bei uns viele Menschen hinweggerückt; meistenteils junge Mädchen ...

In unserem Hause sind wir frei geblieben; auch im Hause des Herrn Geheimrats v. Goethe ist alles gesund, nur bei ihm selbst haben die Krämpfe schon wieder zwei Mal repetiert. Er ist aber wieder wohl.

3098 Riemer *31. Dezember 1809*

Früh bei Goethe. Brief an Reinhard. Dann die Sänger. Neujahrs-Hymne von mir und Eberwein.

3099 Riemer *31. Dezember 1809*

[Goethe:] «Das Publikum, besonders das deutsche, ist eine närrische Karikatur des *Demos*. Es bildet sich wirklich ein, eine Art von Instanz, von Senat auszumachen und im Leben und Lesen dieses oder jenes wegvotieren zu können, was ihm nicht gefällt. Dagegen ist kein Mittel als ein stilles Ausharren.»

3100 Charlotte v. Schiller an Cotta *2. Januar 1810*

Goethe ist nicht immer wohl in diesem Winter, doch hoffe ich, wenn er sich ruhig hält, so wird es vorübergehend sein. Der Dezember ist ihm immer der Monat gewesen, wo er am meisten zu leiden hatte, und jetzt ist doch dieser glücklich vorüber. Er sagt mir doch, er sei nicht untätig. Er hat alle Sonntagmorgen eine Gesellschaft, wo gesungen wird, ich gehe meist hin, denn ich liebe die Musik, und es beruhigt mich so angenehm.

1810

3101 W. v. Humboldt an seine Frau *3. Januar 1810*

Das neue Jahr fängt für mich sehr freundlich an, liebe Li. Ich bin bei Goethe im Haus, und Caroline [v. Wolzogen] ist gerade vorgestern angekommen. Ich hätte viel entbehrt, wenn sie nicht hier gewesen wäre. Über viele Dinge kann ich doch nur mit ihr vertraulich reden, und Goethe selbst ist auch lebhafter und interessanter, wenn man ihn nicht zu lange hintereinander sieht. Sonst ermüdet er leicht ...

Goethe ist äußerst liebevoll mit mir. Er grüßt Dich herzlich. Er hat Dir seinen neusten Roman: «Die Wahlverwandtschaften» durch einen Reisenden geschickt, und war sehr liebenswürdig, wie er davon sprach. Man sah ihm an, daß ihm daran gelegen hat, Dir eine Freude zu machen und den Roman von Dir gelesen zu wissen. Er hielt es selbst für möglich, daß er Dir nicht zukäme, allein schon der Versuch war ihm wichtig. Er hat auch lange über Deine Beschreibung der spanischen Bilder gesprochen. Er nennt es nie anders wie einen Schatz und die der Raffaelschen ein wahres Meisterstück, und das sind sie auch. Er sagt, er habe nie Beschreibungen gesehen, die einem so alles geben, das Bild zu beurteilen, und wieder nur das, was dazu nötig ist. Die der Madonna del Pez hat ihn vor allem erfreut. Er hat nun auch die Farben daraus kennen gelernt, und ihre Wahl paßt in seine Theorie …

Goethe brachte mir Haarbauer herein, dann mußte ich mich anziehen, um nach Hofe zu gehn, wo ich gegessen habe … Dann war ich eine Stunde bei Carolinen, die ich wegen Goethe, weil er nicht ausgeht, nur wenig sehen kann.

3102 Riemer *3. Januar 1810*

Nach Tische Trinklied auf ergo bibamus; es Goethen noch vorgelesen, der im ganzen zufrieden.

3103 W. v. Humboldt an seine Frau *7. Januar 1810*

Mein Leben [in Weimar bis zum 6. Januar] war … immer so, daß ich bei Goethen wohnte, um 8 Uhr zu Carolinen ging, da bis 11 Uhr blieb, dann meist mit Goethen spazieren ging und bei ihm bis 5 Uhr blieb, dann wieder bei Carolinen Tee trank und mit Goethe meinen Tag endete …

Über Schiller hat mich Caroline wirklich sehr angeregt, etwas und für den Druck zu machen. Es soll sein Nachlaß, Pläne und Szenen von Stücken herausgegeben werden, und Caroline wünschte, daß auf dem Titel Goethe, ich und Körner als Herausgeber genannt würden. Dann sollte jeder auch etwas über ihn sagen. Da wir sehr verschiedene Naturen sind und Schillern auch ganz verschieden gesehen und gekannt haben, so war die Idee wirklich hübsch. Aber Goethe scheint keine Lust zu haben. Er hält es überhaupt für sehr schwierig, was es freilich auch ist, und will es ganz auf mich schieben. Ich werde sehen, ob ich etwas zustande bringe.

3104 W. v. Humboldt an Goethe *10. Januar 1810*

Die mit Ihnen verlebeten Tage haben mir, wie es immer der Fall ist, wieder Stoff zu vielem Nachdenken gegeben. Nur über das wenigste von dem, was mich in Ihrer Optik stark erregte, konnte ich mit Ihnen sprechen. So fiel mir eine Stelle sehr angenehm auf, wo Sie klagen, daß es an Bezeichnungen der Charaktere fehle. Fast so lange, als ich denken kann, ist mir das Streben nach solchen Bezeichnungen eigen, und ich habe die verschiedensten Versuche dazu gemacht. Überhaupt trifft Ihre jetzige Richtung auf merkwürdige Individualitäten sehr mit Planen überein, mit denen ich mich jetzt auch gerade trug.

3105 Riemer *13. Januar 1810*

Mittags Falk zu Tisch. Über den Charakter des Coriolan und seine Behandlung von Plutarch an bis auf Shakespeare. Über Reichardt. In seinen Briefen über Wien hatte sich Reichardt gerühmt, er habe nie einen verdorbenen Magen gehabt. Goethe machte augenblicklich das Bonmot: «Darum hat er auch alle Nationen so beschmausen können.»

3106 Riemer *14. Januar 1810*

Mittags unter uns. Goethe hatte in früherer Zeit ein Monodrama intentioniert: Nero, wie er vor dem Volke agiert und wie er während dieser Zeit die Nachricht von einer Verschwörung erhält. Goethe äußerte über Tisch: «Es ist Höflichkeit und Vornehmen eigen, jemanden mettre à son aise; und ich weiß es, daß mich jemand auf meinen Chapitre bringt. Aber Todfeindschaft kann daraus entstehen, wenn man es tut und sich gegen mich berühmt, daß man mich auf meine Schnurre gebracht habe, sobald ich mit Gutmütigkeit mich geäußert und gehen gelassen habe. Weil es eine falsche Superiorität des andern und eine Gemütlosigkeit desselben verrät.»

3107 Riemer *15. Januar 1810*

[Goethe:] «Verstand und Vernunft sind ein formelles Vermögen, das Herz liefert den Gehalt, den Stoff.»

«Wenn man die Männer als Verstand und Vernunft ansehen kann, so sind sie *Form;* die Weiber, als Herz, sind *Stoff.*»

3108 Knebel an seine Schwester *16. Januar 1810*

Ich höre, Goethe ist mit seiner Gesundheit gar nicht in gutem Stande. Das tut mir auch wehe. Er greift sich zu sehr an. Er muß ins Karlsbad, wohin er sich auch, wie ich höre, gar sehr sehnet.

3109 Riemer *16. Januar 1810*

Mittags allein, da die Goethe und Ulrich nach Jena fuhren zum Balle. Über Tisch äußerte Goethe: «Alles Ideelle, sobald es vom Realen gefordert wird, zehrt am Ende dieses und sich selbst auf. So der Kredit (Papiergeld) das Silber und sich selbst.» Anlaß und Beleg hierzu gab das Papiergeld im Österreichischen.

3110 Falk: Goethe aus näherm persönlichen Umgange dargestellt *1832*

In einem Gespräche über Literatur [am 17. Januar 1810?] kam auch die Rede auf Kotzebue und dessen «Merkwürdigstes Lebensjahr». Abgesehen von den Abenteuern der Reise und dem harten Schicksale des Mannes, das Teilnahme fodere und verdiene, sei es, wie Goethe versicherte, kaum möglich, bei einem von allen Seiten so reich vorliegenden Stoffe, etwas an sich Gehaltloseres zu Tage zu fördern. «Ich bin gewiß, wenn einer von uns im Frühling über die Wiesen von Oberweimar herauf nach Belvedere geht, daß ihm tausendmal Merkwürdigeres in der Natur zum Wiedererzählen oder zum Aufzeichnen in sein Tagebuch begegnet, als dem Kotzebue auf seiner ganzen Reise bis ans Ende der Welt zugestoßen ist. Und das macht bloß, weil er von Natur nicht vermögend ist, aus sich und seinem Zustande heraus in irgend eine tiefere Betrachtung einzugehen. Kommt er wohin, so läßt ihn Himmel und Erde, Luft und Wasser, Tier-

und Pflanzenreich völlig unbekümmert. Überall findet er nur sich selbst, sein Wirken und sein Treiben wieder; und wenn es in Tobolsk wäre, so ist man gewiß damit beschäftigt, entweder seine Stücke zu übersetzen, einzustudieren, zu spielen oder wenigstens eine Probe davon zu halten. Übrigens bin ich keineswegs ungerecht gegen sein ausgezeichnetes Talent für alles, was Technik betrifft. Nach Verlauf von hundert Jahren wird sich's schon zeigen, daß mit Kotzebue wirklich eine Form geboren wurde. Schade nur, daß durchaus Charakter und Gehalt mangelt. Vor wenig Wochen [Tagen?] habe ich seinen «Verbannten Amor» gesehen, und diese Vorstellung hat mir ein besonderes Vergnügen gemacht. Das Stück ist mehr als geistvoll, es sind sogar Züge von Genie darin. Dasselbe gilt von den «Beiden Klingsbergen», die ich für eine seiner gelungensten dramatischen Arbeiten halte; wie ihm denn überhaupt die Darstellung der Libertinage weit besser als die einer schönen Natur zu glücken pflegt. Die Verderbtheit der höhern Stände ist das Element, worin Kotzebue sich selbst übertrifft. Auch seine «Corsen» sind mit großem Geschicke gearbeitet, und die Handlung ist wie aus einem Guß. Sie sind beim Publikum beliebt, und das mit völligem Rechte. Versteht sich, daß man nach dem Inhalte, wie immer, nicht besonders fragen darf. Übrigens sind technische Vorzüge dieser Art bei uns Deutschen noch keineswegs so häufig, daß man sie nicht in Anschlag bringen, oder gar verächtlich darüber wegsehen sollte. Könnte Kotzebue sich innerhalb des ihm von Natur angewiesenen Kreises halten, so würde ich der erste sein, der ihn gegen ungerechte Vorwürfe in Schutz nähme – wir haben kein Recht, irgend jemandem Dinge abzufodern, die er von Natur aus nicht zu leisten im Stande ist –; aber so mischt er sich in tausend Dinge, wovon er kein Wort versteht. Er will die Oberflächlichkeit eines Weltmannes in die Wissenschaften übertragen, was die Deutschen, und zwar mit Recht, für etwas völlig Unerlaubtes zu halten pflegen. Indes, auch diese Unart möchte ihm noch hingehen, wenn er nur nicht dabei in eine fast unerhörte Eitelkeit verfiele. Ob diese, oder die Naivetät, womit er sie an den

Tag legt, größer ist, will ich nicht untersuchen. Er kann nun einmal nichts Berühmtes um, über oder neben sich leiden, und wenn es ein Land, und wenn es eine Stadt, und wenn es eine Statue wäre. In seiner «Reise nach Italien» hat er dem Laokoon, der mediceischen Venus und den armen Italienern selbst alles nur erdenkliche Böse nachgesagt. Ich bin gewiß, besonders was Italien betrifft, er hätte es weit leidlicher gefunden, wenn es nur nicht vor ihm so berühmt gewesen wäre. Aber da sitzt der Knoten! Zur Hälfte ist er ein Schelm, zur andern Hälfte aber, besonders da, wo es die Philosophie oder die Kunst betrifft, ist er ehrlich genug, kann aber nichts dafür, daß er sich und andern, wo davon die Rede ist, jedesmal und zwar mit dem erheblichsten Anstande irgend etwas weismacht.»

3111 Riemer an Frommann *20. Januar 1810*

Goethe ist keinesweges unwohl, obgleich hin und wieder das Gerücht davon erschallen wird, und worüber ich Sie ins Klare setzen will, damit Sie nicht unnötige Sorge haben. Er mag und kann nicht an den Hoffestivitäten teilnehmen, und so geht er auch an keinen andern Ort, und sieht auch weniger Leute bei sich, die ihn oft ungestüm überlaufen. Nun heißt es, er befinde sich nicht wohl; welches denn wahr und nicht wahr ist. Aber wie würde er sonst nur etwas vor sich bringen! Auf den Mittwoch erhalten Sie Manuskript [zur Farbenlehre], um den 41. Bogen vollzufüllen. Zum 2. Teil sind beinahe 5 Bogen Manuskript da, die ich anfange durchzugehen.

3112 Charlotte v. Stein an ihren Sohn Fritz *20. Januar 1810*

Goethe, der eben hereintritt, grüßt Dich von Herzen, wünscht Glück [zur Verlobung] und hat sich sehr über den Brief seiner Nichte amüsiert. Er sagte, Humboldt müsse ihr vorkommen wie dem Gretchen der Mephistopheles. Goethe hat ihn aber auch so lieb wie Du und weiß sich den Weltmann zurechtzulegen.

3113 W. v. Humboldt an seine Frau *20./22. Januar 1810*

Ich bin wieder zwei Tage hier [in Weimar] gewesen, liebe Li, und habe diesmal bei Carolinen gewohnt, aber Goethen immer einen vollen halben Tag bei ihm gesehen …

[22. Januar] Die Reise ist mir recht gut bekommen, und meinem Auge ist so gut als nichts mehr anzusehen. Du glaubst nicht, wie lieb Goethe mit mir, auch mit meinem kleinen Übel gewesen ist. Ich mußte alle halbe Stunden etwas ins Auge träufeln. Goethe hat das nun immer selbst und mit einer Sorgfalt getan, von der Du keinen Begriff hast. Er ist noch nie gegen Dich (denn er hat unendlich oft von Dir gesprochen) und mich so lieb gewesen. Die Zeichnungen der Basreliefs und der Kinder haben ihn sehr gefreut. Er hat sie sich durchzeichnen lassen.

3114 W. v. Humboldt an seine Frau *6. März 1810*

Dein Urteil über die Wahlverwandtschaften ist auch großenteils das meinige … Schicksal und innere Notwendigkeit vermisse ich vor allen Dingen darin. Auch glaube ich im Gespräch mit Goethe entdeckt zu haben, daß sehr viel Reminiszenzen in dem Roman aus dem wirklichen Leben angebracht sind, die er nun nicht genug poetische Kraft oder Stimmung gehabt hat, in ein Ganzes gehörig zu verschmelzen. Ihm aber darf man so etwas nicht sagen. Er hat keine Freiheit über seine eigenen Sachen und wird stumm, wenn man im mindesten tadelt. Es schadet dem Verhältnis und hilft nicht der Sache.

3115 W. v. Humboldt an seine Frau *14. September 1810*

Es ist sehr närrisch, daß die Fürstin von Rudolstadt eine ordentliche Antipathie gegen Goethe hat. Sie hat ihn nur bei Hofe gesehen, läßt sich aber auch gar nicht abstreiten, daß er nicht auch anderswo dieselbe Starr- und Steifheit habe. In ihm ist die Empfindung gegenseitig, und so gern er zum Beispiel die Köpfe der Kolosse sähe, so kann er sich nicht überwinden hinzugehen. Es muß wirklich da etwas in den unerklärlichen Eindrücken liegen, die ein Mensch auf den andern macht, sonst begreift man es gar nicht.

3116 Riemer *22. Januar 1810*

Mittags mit Goethe allein. Beratschlagung, was auf der Redoute zur Vorstellung gebracht werden sollte. Promemoria an Präsident Fritsch darüber.

3117 Riemer an Frommann *24. Januar 1810*

Sie erhalten hier, mein teurer Freund, wieder zu einigen Bogen Manuskript, aber zum 2. Teil [der Farbenlehre]; doch wollen wir Ihnen den halben Bogen, der zum 1. Teile fehlt, so bald als möglich nachliefern. Wir sind auf alle Weise sehr beschäftigt und inquietiert. Madame Hendel ist da, die Prinzen werden morgen in unsere Singakademie kommen, ein Maskenball ist im Werke, wozu man unsern Rat und Beistand verlangt, und dies und jenes ...

Zugleich soll ich ansagen, daß Herr v. Humboldt in Paris noch am 3. Januar *nicht* die Wahlverwandtschaften erhalten hatte, und ob man vielleicht dahinter kommen könnte, wie und woher das Hindernis entstanden.

3118 Riemer *28. Januar 1810*

Mittags Frommann zu Tisch, der allerlei Déraisonnements von Philistern über die Wahlverwandtschaften erzählte: Unter anderen hat sich auch ein Philister über die Wahlverwandtschaften gewundert; er könne nicht begreifen, wie Goethe zwei Bände über diese chemische Sache schreiben mögen, da er ja nichts als das Bekannte, was in einem Kapitel der Chemie vorkäme, abhandle.

3119 C. L. Costenoble: Tagebuch *21. Juni 1810*

[Begegnung mit der Schauspielerin Hendel in Hamburg.] Übrigens sprach die Hendel vom Unfuge der jetzigen Rezensenten und ihrer Hohlheit; sie führte den großen Goethe an, der sich wenig um das Eulengeschrei der heutigen seichten Kritik kümmerte. «Als ich einst [zwischen 22. und 29. Januar 1810]», sprach sie, «mich mit Goethe über das leere Geschnatter der Rezensenten unterhielt, äußerte ich, daß kein Kritiker von mir eine Antwort bekommen würde, ehe er nicht von mir gesagt, daß ich einen silbernen Löffel gestohlen habe.» – «Auch dann muß man nicht antworten», erwiderte Goethe stolz.

3120 Abeken: Goethe in meinem Leben

Es ist hier auch wohl der Ort, der Redouten zu gedenken, die besonders durch Goethes Einwirkung bedeutend und geistreich wurden. Ich nenne hier vor allen die vom 30. Januar [2. Februar] 1810. Goethe hatte den fürstlichen Damen Weimars und andern, diesen befreundeten, an bestimmten Stunden in seinem Hause Vorträge über die mittelalterliche deutsche Dichtung gehalten; die Nibelungen, König Rother waren jenem Kreise bekannt. Dies gab Goethen Anlaß, zur Feier des Geburtstags der hochverehrten Herzogin Louise einen Aufzug von Personen, die in den genannten Dichtungen hervorragen, für die zu jener Feier veranstaltete Redoute zu bilden. Das herrliche Gedicht «Die romantische Poesie» ist das schöne Denkmal dieses Aufzugs, der an Geist wohl nicht seinesgleichen hat. Die Personen, welche die verschiedenen Charaktere der romantischen Dichtung vorzustellen hatten, entsprachen vollkommen der Intention dessen, der den Aufzug anordnete und mit seinem Gedicht begleitete; und noch stehen mir die Gestalten der Brunhild und des Riesen Asprian vor den Augen des Geistes. Welche Freude für mich, diesen Zug vor der herzoglichen Loge einherschreiten zu sehen, an der zu beiden Seiten der Minnesänger und der Heldendichter standen – den letztren stellte Goethes Sohn dar – und die Vorüberziehenden durch die einzelnen Strophen des Gedichts erklärten; den Dichter selbst unter den fürstlichen Personen als Betrachter dessen, was er geschaffen!

3121 E. Genast: Aus dem Tagebuche eines alten Schauspielers *1862*

Zum Geburtstag der Herzogin Louise hatte Goethe einen großen Maskenzug bei Hofe arrangiert. Der Prologus, Minister von F[ritsch], konnte doch unmöglich auf dem platten Boden des Parketts stehen, es mußte also eine Erhöhung herbeigeschafft werden; einen Stuhl hinzustellen, um ihn zu besteigen, wäre zu prosaisch gewesen, darum wurde aus dem Theater ein gemalter Marmorwürfel requiriert und ich zum Träger desselben von Goethe erkoren. Goethe war der Kommandierende des Ganzen und mein Vater sein treuer Adjutant. Ich sehe beide noch vor mir; Goethe als Tempelherr sah prachtvoll aus; mein Vater ging als Sarmate, sein Anzug war der Theatergarderobe entnommen und stach gewaltig ab gegen die reichen Kostüme des Adels.

3122 Charlotte v. Stein an ihren Sohn Fritz 7. Februar 1810

Goethe grüßt, und da ich ihm [wohl am 6. Februar] von der Münze erzählte, die Du besäßest, versprach er mir alle Dubletten, so er in seinem Münzkabinette hätte, Dir zu schenken, weil er sähe, daß es Dir noch Freude machte.

3123 Riemer 6. Februar 1810

Bei Goethe, der mir die Bücher zum russischen Kostüm gab. Nach Tische russische Kostüms gezeichnet.

3124 Riemer an Frommann (7. Februar 1810)

Sie entschuldigen es wohl gefälligst mit den Festivitäten, deren Zubereitung und Anordnung, daß wir die Korrektur liegen lassen, die hier endlich erfolgt.

Ein Exemplar der Stanzen zum Maskenzuge haben Sie erhalten ... Nun haben wir aber noch ein Großes zu bestehen. Der Geburtstag der Großfürstin soll gleichfalls sehr brillant ausfallen. Der neuliche Aufzug bleibt und soll nochmals erscheinen ... Die Hauptsache sind aber wieder Verse, und deren müssen recht viele und vielerlei sein. Goethe übernimmt einiges, ich gleichfalls einige Sonette. Nun wäre noch Freund Gries in meinem, ja in Goethes Namen selbst, aufzufordern, seinen Pegasus zu satteln. Die Verse würden zusammen gedruckt in ein Cahier. Muntern Sie ihn doch gefälligst auf.

3125 *Riemer an Frommann* *(9.?) Februar 1810*

Auf den März kommen wir zu Ihnen: denn wir müssen das Versäumte nach- und einholen, damit die Chromatik fertig werde.

3126 *Riemer an Frommann* *12. Februar 1810*

Griesen sagen Sie nur die zwei Verse aus dem Faust:

Gebt Ihr Euch einmal für Poeten,
So kommandiert die Poesie!

oder, wenn es Ihnen zu hart scheint, sagen Sie: Wir, das heißt Goethe, rechneten noch auf ihn!

3127 *Riemer* *16. Februar 1810*

Abends aufs Schloß. Die Prinzessinnen waren sehr schön, auch Fürst Repnin. Goethe war als Tempelherr oben.

3128 *Henriette v. Knebel an ihren Bruder* *17. Februar 1810*

Unsre liebe Prinzeß glich [auf dem Maskenball am 16. Februar], wie Goethe sagte, der Tochter von Karl V. ...

«Tasso» wurde am Mittwoch [14. Februar] in der größten Vollkommenheit auf unserm Theater gegeben, und Goethe sagte mir gestern dasselbe, was ich auch sagte, daß es Gott versucht wäre, wenn man verlangte, daß es noch einmal so gut sollte gegeben werden. Es blieb kaum was zu wünschen übrig.

3129 *C. Bertuch an Böttiger* *19. Februar 1810*

[Über den Maskenball vom 16. Februar.] Der nicht bei dem Maskenzug vom 30. Januar employierte Adel formierte einen großen russischen Völkerzug, aus den südlichen Statthalterschaften des russischen Reichs (nach Pallas [?] kostümiert), von Frau v. Fritsch als Schemane angeführt ... Ich werde für den März und April des Journals der Moden Abbildungen der schönsten Masken dieser Züge geben, welche Goethe und sein Adjutant Riemer (welcher alle Zeichnungen fertigte) mit vieler Einsicht und Geschmack ordnete.

3130 *Caroline v. Egloffstein an ihre Mutter* *23. Februar 1810*

Ich bin Dir bis jetzt die Erzählung unserer kostbaren Verlobungs- und Geburtstagsfeste schuldig geblieben ... Der Himmel weiß, wie oft ich Julien zu uns gewünscht habe, recht mit *eigner* Selbstverleugnung – weil ich überzeugt bin, daß die Jägerin dann nicht mir, sondern ihr zuteil geworden wäre, und mir das denn ein Herzensjammer gewesen wäre, weil mir die Jägerin nicht geringes Vergnügen machte ... Goethe hatte denn auch seine Freude an meiner Freude, er nannte mich nicht anders als seine schlanke Jägerin, und den Namen werde ich auch wohl von Weimar mitfortnehmen ...

Nach dem 30. Januar verlebten wir einige Tage ohne Feste ... dann wurde der Maskenball ordentlich reguliert ...

... da wurde nun gesonnen und gedacht – Goethe mußte helfen, Riemer mußte wieder zeichnen –, Hilfe, um unsere Quadrille vollständig zu machen. –

Nun kam der große Tag; der Saal war hinlänglich gefüllt mit bunten Masken aller Art ...

... die Prinzen aus Rudolstadt waren als Polen in den russischen Aufzug getreten – Goethe, Marschall, Hohenthal und Bibra als – Tempelherren, aber welch ein Abstand – die andern waren zum Totlachen, und Goethe stand da wie ein Gott!!

3131 *Christiane v. Goethe an N. Meyer* *21. Februar 1810*

... wir sind gottlob alle leidlich wohl, und der Geheimerat denkt diesen Sommer wieder seine Reise nach Karlsbad zu unternehmen.

3132 *Henriette v. Knebel an ihren Bruder* *24. Februar 1810*

Goethen sind die Feste gut bekommen. Er besuchte uns gestern wieder einmal und war munter und wohl.

3133 *Riemer* *Februar 1810*

Goethe kam sich in den letzten vier Wochen (wo die Festivitäten der fürstlichen Geburtstage beschäftigten) vor, wie der Prophet Habakuk, der seinen Schnittern (den Setzern an der Farbenlehre) den Brei bringen wollte, und den der

Engel beim Schopf nahm und zu Daniel in die Löwengrube trug.

3134 F. Schubart: Erinnerungen

Nach der Aufführung der Wanda hatte Werner bei Goethe die Aufführung noch anderer seiner Dramen beantragt, war aber damit abgewiesen worden. Dabei hatte jedoch Goethe die Aufforderung an ihn gerichtet, Theaterstücke von kleinerem Umfang, etwa einaktige, zu dichten, zu deren Aufführung er sich im voraus bereit erklärte. Diesen Rat, sich größerer Dichtungen zu enthalten und auf kleinere zu beschränken, pflegte damals Goethe gern zu erteilen, wie ich ihn denn bald nachher selbst von ihm erhielt ... Bald nachher fand er Gelegenheit, dem Romantiker seinen Rat noch dringender und mit Erfolg zu empfehlen. In einer Gesellschaft in Goethes Hause wurde aus den Zeitungen eine schauerliche Kriminalgeschichte vorgelesen, welche mit einem besonderen merkwürdigen Zusammentreffen der Jahrestage verbunden war. Diese Geschichte empfahl nun Goethe dem auch gegenwärtigen Werner als einen geeigneten und fruchtbaren Stoff zu einem kleinen einaktigen Trauerspiel, wie er es von ihm wünschte. Mit Eifer ergriff Werner die hingeworfene Andeutung zur Bearbeitung dieses Stoffes, und schon nach einer Woche brachte er dem Meister das bekannte einaktige Trauerspiel «Der vierundzwanzigste Februar». Goethe wollte oder konnte die zugesagte Aufführung, besonders da er die Arbeit selbst veranlaßt hatte, nicht zurücknehmen, und so kam diese düstere Dichtung [am 24. Februar 1810] auf die weimarische Hofbühne, welche bisher nur von heiterer und rein poetischer Theaterkunst belebt gewesen war. Daß Goethe selbst über die Paßlichkeit dieses Schauerstückes für sein Kunsttheater und überhaupt über die Schicklichkeit, dasselbe dem Publikum darzubieten, seine Zweifel hegte, geht daraus hervor, daß anfangs die Rede davon war, das neue Wernerische Theaterstück sollte nicht vor das große Publikum gebracht, sondern vor einer auserwählten Gesellschaft und bei verschlossenen Türen des Hauses gegeben werden. Doch erfolgte die öffentliche Aufführung, der ich, als es zum ersten Mal gegeben wurde, wegen Abwesenheit von Weimar nicht beiwohnen konnte. Es wurde mir aber sofort erzählt, daß bei derselben viele Personen vor Entsetzen den Atem verloren hätten, und wurde dabei an die Wirkung der Aeschyleischen Eumeniden in Athen erinnert. Der alte Wieland konnte sich nicht enthalten, Goethen über die Zulassung dieser Aufführung Vorwürfe zu machen, und soll von ihm die Antwort erhalten haben: «Sie haben wohl recht, aber man trinkt ja nicht immer Wein, man trinkt auch einmal Branntwein.»

3135 E. Genast: Aus dem Tagebuche eines alten Schauspielers *1862*

[Nach A. Genast.] Goethe hatte mit besonderer Vorliebe den «Vierundzwanzigsten Februar» [von Z. Werner] ... in Szene gesetzt. Haide (Kunz Kuruth), die Wolff (Trude) und ihr Gatte (Kurt) waren so ausgezeichnet, als ob diese Rollen vom Dichter eigens für sie geschrieben wären. Man konnte gewiß den «Tasso» als eine der allertrefflichsten Vorstellungen nennen, aber diese Meisterbildung der Charakteristik, diese Wahrheit und Natur, mit der höchsten Kunst vereinigt, überflügelte alles, was noch je auf unserer Bühne dagewesen.

Goethe kam, was höchst selten geschah, nach der Aufführung auf die Bühne, um den Darstellern seine Zufriedenheit persönlich auszusprechen. Seine Züge drückten ein stolzes Bewußtsein aus, als er sagte: «Nun sind wir da angekommen, wohin ich Euch haben wollte; Natur und Kunst sind jetzt auf das engste miteinander verbunden.»

Dieser Ausspruch Goethes machte den besten Eindruck auf das gesamte Personal, und die Folge war, daß die Mitglieder mit noch mehr Fleiß und Aufmerksamkeit an ihre Aufgaben gingen und stets das Ganze dabei im Auge hatten.

3136 Riemer *2. März 1810*

Früh oben. Besuch von der Geh. Rätin, die mir entdeckte, daß Goethe gestern eine Äußerung übelgenommen, von maître des plaisirs. Verdrießlich darüber. Über Tische blieb ich sehr retiré. Abends bei Goethe. Über Macbeth, Shakespeare, Calderon und Schiller.

3137 Riemer *3. März 1810*

Über Tische Judenanekdote, daß Napoleon die Prinzessin von Österreich noch nicht geheiratet habe und der Socer schon guter Hoffnung sei (indem die Papiere wieder stiegen).

3138 Riemer *6. März 1810*

Goethe kommt mir vor, wie der Orpheus in der antiken Paste [Poesie], der sich vor den auf seinen Gesang andringenden Bestien gewissermaßen fürchtet. Ich gehöre zwar auch zu den Bestien, aber ich will lieber Gott die Ehre geben als mir.

Goethen ist die Zärtlichkeit der Tiere unangenehm, sie macht ihm weh; aber mir macht die Zärtlichkeit gewisser Weiber gegen ihn noch viel weher, die mir viel schlimmer als diese Bestien vorkommen, eben weil es doch Menschen sind. Gegen solche erscheinen mir die Tiere immer noch wie Götter.

3139 H. Düntzer: Charlotte von Stein *1874*

Am 6. März [1810] las er [Goethe] bei der Herzogin ein Stück von Calderon, wobei er am Anfange so sonderbar sich gebärdete, daß man glaubte, es werde ihn ein Schlag rühren, wovon er selbst nichts zu merken schien, bald darauf gab es sich wieder. Charlotte fürchtete ernstlich, er werde nicht lange mehr leben. Am andern Morgen besuchte er sie, war ganz heiter und machte manche anziehende Bemerkung. Fritz ließ er grüßen; seine Münze müsse Alexander VIII., nicht der VI. sein. Er hatte ihm ein Kästchen Münzen zusammengepackt, von denen keine schlecht sei; eine Angabe derselben hatte er nicht beigelegt, sondern wollte die Bestimmung seiner eigenen Untersuchung überlassen, doch finde er einiges darüber im diesjährigen Programme der Jenaschen Literaturzeitung (Beiträge zur Geschichte der Schaumünzen aus neuerer Zeit). Zu Mittag schickte er ihr Gänseleberpastete, und zwar in einem Porzellannäpfchen, das sie ihm vor dreißig Jahren geschenkt mit dem ihm so beliebten Spruche *Alles um Liebe*, wozu Kraus die Zeichnung gemacht hatte und das ihn damals so unendlich gefreut hatte. «Mich überfiel eine Wehmut bei diesem Anblick der vergangenen Zeit als eine Erscheinung aus dem Grabe», äußert sie ihrem Fritz.

3140 Charlotte v. Stein an ihren Sohn Fritz Anfang März 1810

... Goethe, der auch Dienstag früh wie von ohngefähr sich bei der Prinzeß eingefunden hat, liest uns die ausgesuchtesten Sachen von Poesie von sich und andern vor, neulich las er den Standhaften Prinzen vom Calderon, welches Schlegel aus den Spanischen übersetzt, er will es auch hier [auf]führen lassen ...

3141 Riemer 11. März 1810

Um 11 Uhr die Sänger. Johanna Sebus. Sehr viele Damen, 30 an der Zahl. Mittags über Veränderung der Zimmer zu einem größeren Auditorio.

3142 F. v. Müller 11. März 1810

Wir waren eine Stunde bei Z[iegesar?] und dann bei Goethe, wo Zelters herrliche Komposition der Johanna Sebus gegeben wurde.

3143 F. Passow an H. Voß 12. März 1810

Sie wissen wohl, daß die bewegliche und geschwätzige Madame Schopenhauer alle Winter gewisse Repräsentationstees hält, die sehr langweilig sind, besonders seit Fernows Tod, zu denen sich aber alles Gebildete oder Bildung Vorgebende drängt, weil Goethe häufig dort zu sehn war. Als ich nach Weimar kam, besuchte ich denn diese Dame auch; sie lud mich zu ihren Tees, und ich besuchte sie den ganzen Winter, aller Langenweile zum Trotz, weil ich Goethe dort zu sehn und ihn zuweilen sprechen und erzählen zu hören mich erfreute, selbst wenig Teil nehmend, weil der ewig mit aufgesperrtem Maul lachende und jachternde, frivole Ton der Tees nicht in mein Fach gehört. Als im Herbst darauf [1808] die Tees wieder angehn sollten, kommt die Schopenhauer zu meiner Luise, und nach einigen Umschweifen eröffnet sie ihr: sie bedaure gar sehr, mich nicht wieder zu ihren Tees laden zu können, denn Goethe habe ihr erklärt, er würde in keine Gesellschaft kommen, wo er mich wisse, und aus ihren Tees ein für allemal wegbleiben, wenn ich käme. Was die Schopenhauer bei diesem Zumuten hätte tun sollen, will ich nicht urgieren, dafür ist sie Madame Schopenhauer. Zugleich bat sie um Gottes willen, Luise möchte verhindern, daß ich Goethen nicht zur Rede setzte etc., die ganze Sache solle unter uns bleiben. Das versprach Luise gleich in meinem Namen, weil sie über meine Meinung keinen Augenblick im Zweifel war, und verbat die Tees fortan auch für sich. Als ich zu Hause kam, erfuhr ich die wunderliche Geschichte, und sie kränkte mich tiefer, als ich damals selbst glaubte, weil ich das Verfahren immer unedel fand, und Goethe Leute um sich duldete, mit denen ich mich in aller Rücksicht vergleichen durfte. Aber ich war lange gewohnt, Goethen nicht nach dem Gesetz zu denken, das uns andern Erdensöhnen unsern Wert oder Unwert streng zumißt: weil ich in so vieler Hinsicht den Außerordentlichen bewunderte, so gestand ihm mein Gefühl, alle persönliche Kränkung unterdrückend, auch hier, wiewohl mit einigem Widerstreben, das Recht, anders zu verfahren, als die gewöhnlichen Zweifüßler, die die Frucht der Erde essen, ruhig zu. Ihn zur Rede zu setzen, wäre mir auch ohne die gegebene Zusage nicht eingefallen: ich glaubte, ihm mißfalle etwas an mir, das er vielleicht selbst nicht aussprechen könnte, und daß er das so bestimmt und entschieden aussprach, konnte ich seiner herrschenden Natur gerade nicht verargen. Hinfort auf Diskretion hoffend, zog ich mich, um ihn nirgends durch Zusammentreffen mit mir zu verletzen, ganz auf mich selbst und auf zwei, drei vertraute, bewährte Freunde zurück, von aller guten Gesellschaft ohnehin durch dies Pröbchen aus der besten zurückgeschreckt. Ich verschloß die Sache übrigens in mir, und erzählte sie niemandem, als Schulzen, und – wo ich nicht irre – dem guten, mir von Kindheit auf befreundeten Plüskow; selbst Abeken weiß sie von mir noch nicht. In dieser Passivität und gänzlichen Zurückgezogenheit, wodurch ich die Verehrung, die ich gegen Goethe bewahrte, jetzt am richtigsten auszudrücken glaubte, vergingen ungefähr anderthalb Jahre. Im vorigen Jahr kam ein alter Freund meines Vaters, der auch mir schon seit längerer Zeit wohlwollte, der Oberst von Hintzenstern, vormaliger Gouverneur des Prinzen Bernhard, nach Weimar und ließ sich hier nieder. Dieser vortreffliche Mann wurde einer der wenigen, mit denen ich umging, der mich näher kennen lernte, und mich lieb gewann. Er wünschte, daß ich mehr Teil nehmen möchte am geselligen Leben, was ich ablehnte, ohne doch mich berechtigt zu fühlen, ihm den Grund zu sagen. Vor einigen Wochen kommt er zu mir, als ich gerade aus bin, und zwischen ihm und meiner Luise entspinnt sich ein Gespräch über mein verschlossenes und zurückgezogenes Leben. Da er sich so gar liebevoll über mich äußert, fühlt Luise sich getrieben, ihm zu eröffnen, was wir als Geheimnis behandelt hatten, und sie erzählt ihm den ganzen Hergang. Hintzenstern ist außer sich, kann dergleichen von Goethe nicht begreifen, und hält alles für Erfindung der Schopenhauer, beschließt indes, der Sache auf den Grund zu kommen, es koste was es wolle. Er horcht hie und da auf, und hat die Freude zu sehn, daß das, was uns als Geheimnis übergeben, und von uns mit der äußersten Schonung behandelt war, in allen adlichen Häusern längst bekannte und angenommene Sache war (ob durch das Goethesche Haus, ob durch die Schopenhauer verbreitet, weiß ich nicht, verlang es auch nicht zu wissen), und dazu weiß man auch den Grund jenes meines Bannes, den die Schopenhauer nicht zu wissen sich gegen uns gestellt hatte: «Goethe sei deshalb aufgebracht auf mich, weil ich öffentlich in der Schule seine Gedichte getadelt und auf sie geschimpft habe.» Hintzenstern sagte mir, wie weit er in seinen Nachforschungen gediehn war. Als dieser schöne Grund aber hervorkam, da weiß ich nicht, ob ich das höchst Lächerliche oder das ganz

Nichtswürdige einer solchen Lüge am stärksten fühlte. Mir stieg das Blut aber auch vor Freude zu Kopf, daß der Grund nicht in mir selbst, daß er ganz außer mir, daß er in einer Unmöglichkeit lag. Denn daß ich anders als mit höchster Liebe von einem Goethischen Gedicht sprechen könnte, ist pure Unmöglichkeit. Ich sagte Hintzenstern, soviel ich wußte und konnte, und soviel es zu meiner vollsten Rechtfertigung bedurfte; und das war mit wenig Worten getan, denn Hintzenstern kennt mich. Nun aber versprach er, alles daran zu setzen, Goethen über seinen Irrtum aufzuklären: er fühlte sich und mich und alles Recht und alle Sitte gekränkt, und das konnte der wohlbesonnene, aber tief und stark fühlende, unermüdliche Mann nicht so mit ansehn. Er mußte alles Mißverständnis lösen; Einsiedel und einige andere rieten ihm zaghaft ab: aber er ließ sich nichts einreden. Im Vertraun auf Goethes rechten Sinn und auf die gute, reine Sache, für die er sprach, ging er zu Goethe, erzählte ihm die ganze Sache, wie man mich in steter Unwissenheit mit der Hauptsache erhalten habe, wie ich die ganze Sache aus ruhigem Selbstgefühl, nicht aus schuldigem Bewußtsein auf sich habe beruhn lassen, wie er den ganzen Vorgang erfahren habe, und wie sehr unrecht mir geschehn sei. So wie Hintzenstern erwartet hatte, nahm Goethe die Sache, äußerte sich freundlich über mich, und wie sehr es ihn freue, ein solches Mißverständnis so und durch einen solchen Mann gelöst zu sehn, und versprach ihm, mir zu zeigen, daß ihn nichts mehr von mir entferne. Hintzenstern kam ganz außer sich vor Freude angelaufen, und da ich nicht zu Hause war, erzählte er Luisen, wie gut sich Goethe gezeigt und geäußert habe. So verging wieder eine Zeit von acht Tagen; endlich am letzten Mittwoch [7. März] ließ Goethe mich und Luise zu Tisch bitten. Es war sonst niemand geladen, und er ließ es sich recht sichtbar angelegen sein, mir auf jede Weise aufs deutlichste zu zeigen, daß keine Spur der alten Mißstimmung und Entfremdung in ihm übrig sei. Die drei Stunden, die wir mit ihm zubrachten, waren mir freilich in mancher Rücksicht peinlich; es war mir alles so fremd und neu und unerwartet: aber es ist auch wieder ein gar süßes Gefühl, sich von einem immerwährend bewunderten und verehrten Manne nach so langer Zwischenzeit nicht mehr verkannt zu sehn, zu sehn, wie der einzig verehrte Mann es sich selbst angelegen sein läßt, jede Spur natürlicher Scheu durch Freundlichkeit und Milde und Hervorsuchen solcher Dinge, die mir die nächsten, liebsten sein mußten, wegzutilgen. So zähl ich diese drei Stunden auch wieder den schönsten meines Lebens bei. Ich kehrte heitrer, als ich je gehofft hatte, recht innerlich befriedigt und in schöner Genüge wieder heim, nun auch der ganzen Zwischenzeit, obgleich sie mir erst jetzt recht dumpf und bänglich erscheint, nicht mehr zürnend. Gestern nachmittag bin ich wieder allein bei ihm gewesen und habe ihm meinen Persius gebracht, von dem ich ihm schon am Mittwoch allerlei hatte sagen und erzählen müssen. Er sprach ganz herrlich über das Altertum: es wird in seinem Munde jedes Wort so bedeutend, und was er sagt, ist so unaussprechlich wahr, daß man es selbst schon, nur nicht so klar, gedacht zu haben glaubt. Aber, lieber Voß, da schreib ich Ihnen im Strom der Freude lauter Sachen hin, die Sie ebenso gut und besser wie ich wissen. Morgen geht Goethe nach Jena auf eine ganze Zeit; aber er hat mir selbst den Anlaß und die Erlaubnis gegeben, ihm dorthin zu schreiben, und in den Osterferien marschier ich selbst nach Jena, und seh ihn dort wieder, und den alten biedern, energischen Knebel, der mir herzlich wohl will.

3144 Riemer *12. März 1810*

Um 9 Uhr von Weimar gefahren. Weinte die Geh. Rätin und Demoiselle Ulrich sehr. Gegen 12 Uhr in Jena, im Bischoffschen Hause. August, der zu Tisch blieb.

3145 Knebel an seine Schwester *13. März 1810*

Goethe läßt mir eben seine Ankunft ansagen, doch fürchtet er sich, wie ich, vor der nassen Witterung, um auszugehen. Karl hat ihn schon besucht.

3146 Knebel an seine Schwester *16. März 1810*

Goethe ist hier [in Jena], und ich bin gestern mittags eine gute Zeit mit ihm im Botanischen Garten spazieren gewesen, und wir haben alle die schönen Blümchen besucht, die jetzt schon der Frühling hervorbringt. Was mich am meisten erquickte, war, daß er mir versicherte, unsre liebe Prinzeß führe noch immer in ihren schönen Geist- und Kunstbeschäftigungen fort …

Ich beneide den Goethe auch hierin, daß er zuweilen den Aufenthalt verändern kann. Das schafft doch wieder frisches Blut. Für mich ist der Aufwand bei weitem zu kostbar. Es ist mir wohl, daß Goethe nur hier ist. Ich brauche so sehr eines etwas geistigern Umgangs, der ach! hier, unter den Gelehrten, so selten ist …

Karl geht in die Reitschule … Auch zeichnet er fleißig, und Goethe ist mit ihm zufrieden.

3147 Knebel an seine Schwester *19. März 1810*

Den [gestrigen] Abend machte uns noch Goethe durch seinen Besuch vergnüglich, und er zeichnete mit Karln.

3148 Riemer *21. März 1810*

Äußerte Goethe: «Das Musikkönnen – musikalisch sein – wird darum so geschätzt, weil es dem Menschen mit der falschen Idee schmeichelt, das, was uns Vergnügen macht, selbsttätig zu beherrschen, sich nicht bloß leidend zu verhalten. In der Rücksicht tut schon das Lesen vis à vis der Poesie viel. Wer nicht lesen kann, ist schon passiver und empfänglicher.»

3149 Riemer *23. März 1810*

Bemerkte Goethe: «Der Despotismus befördert die Autokratie eines jeden, indem er von oben bis unten hinab es einem jeden in die Schuhe schiebt.»

3150 Abeken: Goethe in meinem Leben

Was ich im ersten Entzücken über die Wahlverwandtschaften niederschrieb, ist ein schwaches Lallen … Doch sandte ich diese *Fragmente* meinem Freunde Voß nach Heidelberg, der sie mit meiner Beistimmung dem Morgenblatt übergab. Aber ich erschrak hinterdrein über die Verwegenheit; ich schrieb an den Freund und verlangte Zurücknahme des Manuskripts; es war zu spät, die Fragmente waren gedruckt [im «Morgenblatt für gebildete Stände» vom 22. bis 24. Januar 1810].

Indes machte das «Lallen» doch großes Glück, es gefiel Goethen; und weil diesem von allen Seiten her so viele mißfällige Urteile über das Buch zu Ohren kamen und ihn verletzten, so viele seltsame Anfragen ihn bedrängten, so kam Riemer, der sich eben mit Goethe in Jena aufhielt, auf den Gedanken, die Fragmente als einzelnes Blatt drucken zu lassen. Es geschah; er und Goethe selbst verteilten und versandten das Blatt an nähere und entferntere Freunde und Bekannte. Wie war mir zu Mute, als Frau von Schiller mir, dem nichts Ahnenden, eins der ihr von Riemer zugeschickten Exemplare überreichte (17. März 1810). Sie wußte den Verfasser nicht; ich hatte mich als diesen niemandem genannt.

Ich war damals im Begriff, Weimar zu verlassen; ohne dies würde ich wohl Goethen, dem ich mich durch das Blatt empfohlen, häufiger gesehn haben, wie ich denn in Weimar von mancher Seite Teilnahme erfuhr. Ich erinnere mich, daß in diesen Tagen Goethes Gattin, da sie mich im Park sah, auf mich zukam und in ihrer Lebhaftigkeit mir zurief, wie «der Geheimrat» sich gefreut und das Blatt seinen Freunden zusende.

3151 F. J. Frommann: Anmerkung

[Über die Wahlverwandtschaften.] Das Buch machte bei seinem Erscheinen außerordentliches Aufsehen und erfuhr die verschiedensten Beurteilungen. Goethe selbst, der im allgemeinen ungern über seine Dichtungen sprach, war mit R. Abekens Rezension in der Literatur-Zeitung [vielmehr im Morgenblatt], welche die sittliche Tendenz des Romans ausführlich darlegte, ganz einverstanden, äußerte auch gegen meine Mutter: «Daß es zu bösen Häusern hinausgehn muß, sieht man ja gleich im Anfang.»

3152 Gries an Abeken *23. März 1810*

Ihr Brief, lieber Abeken, hat mir eine sehr angenehme Überraschung gemacht. Ich kann Ihnen nicht sagen, wie sehr es mich freut, Sie als den Verfasser eines Aufsatzes kennen zu lernen, der unstreitig unter allem, was über die «Wahlverwandtschaften» geschrieben worden ist, bei weitem den ersten Platz einnimmt. Das will nicht viel sagen, meinen Sie vielleicht, denn das Übrige ist freilich nicht weit her. So lassen Sie sich denn an der Versicherung des großen Meisters genügen, der Ihnen das Zeugnis gibt, daß Sie den rechten Fleck getroffen haben.

Goethe hatte Ihren Aufsatz schon im Morgenblatt gelesen und gleich damals seine große Zufriedenheit darüber geäußert. Dies brachte Riemern auf den Gedanken, ihn hier von Frommann nachdrucken zu lassen, um, wie er sagte, Goethen eine angenehme Überraschung zu machen. Es gehe fast kein Tag hin, wo Goethen oder ihm nicht etwas über die «Wahlverwandtschaften» gesagt oder geschrieben werde, und meistens sehr abgeschmacktes Zeug. Um nun nicht immer dasselbe wiederholen zu müssen, habe er diesen Nachdruck veranstaltet. So geht nun Ihr Aufsatz, der durch des Meisters Siegel und Unterschrift gleichsam Gesetzeskraft erhalten hat und völlig wie eine interpretatio authentica anzusehen ist, in alle Welt, um die Heiden zu belehren, wozu der Himmel sein Gedeihen gebe. Goethe und Riemer verschicken und verteilen ihn an alle Freunde und Bekannte. So sind auch mir einige Exemplare zuteil geworden, die ich denn auch meinerseits auf Proselytenmacherei ausgeschickt habe.

Was nun den Verfasser anbetrifft, so war Riemer auf den Gedanken gekommen, es sei kein andrer als Schelling. Er hatte dies auch Goethen und andern ziemlich plausibel zu machen gewußt; doch muß ich gestehen, daß ich diese Meinung, mehr aus äußern als aus innern Gründen, immer bestritten habe. Mir ist es nun viel lieber, daß *Sie* es sind; so gibt es doch, außer Schelling, noch Einen in Deutschland, der so etwas hervorbringen kann.

Da ich mich hauptsächlich mit Frommann über diesen Punkt oft sehr lebhaft gestritten hatte, so konnte ich mir den Triumph nicht versagen, ihm Ihren Brief noch ganz brühwarm zu überschicken. Dadurch haben denn auch die andern das Geheimnis erfahren, und Goethe besonders hat mehrmals seine Freude darüber bezeigt. Sie haben nun keinen kleinen Stein bei ihm im Brette.

3153 Abeken an H. Voß *26./30. März 1810*

Die Fragmente haben ihr Glück gemacht. Am Sonnabend vor acht Tagen schickt mir die Frau v. Schiller, die den Verfasser gar nicht kannte, einen Abdruck dieser Fragmente zu. Riemer, der hier in Jena mit Goethe ist, hatte ihr eine Partie Exemplare von diesem Abdruck zugeschickt. Goethe hatte die Fragmente im M[orgen]-Blatt gelesen, und seinen Beifall darüber zu erkennen gegeben. Und da nun ewig alberne Urteile und selbst Anfragen an ihn und Riemer gelangten, hatte letzterer diese Fragmente abdrucken lassen, die nun von ihm und Goethe verteilt werden. Du kannst denken, wie mich das gefreut hat ... Nun werde ich aber zu ihm gehn; morgen; ich kann's unter dem Vorwande, daß ich Abschied nehmen wolle, ehe ich nach Rudolstadt gehe; denn Goethe kömmt vor Ostern nicht nach Weimar zurück ...

[30. März.] Ich bin am Dienstag [27. März] bei Goethe gewesen; ich hatte Bedenklichkeit, zu ihm zu gehn; aber Gries drang darauf; und ich freue mich, daß ich da war. Er war unsäglich liebenswürdig und milde, und dankte mir freundlich für meine Teilnahme an den Wahlverwandtschaften. Daß ich die Freude noch haben sollte, ehe ich Weimar verlassen muß, Goethen zu sagen, wenn auch nur schwach, wie ich ihn verehre! – Ich hatte es nicht erwartet. Wie ich mich an Goethes herrlichem Gesichte, an diesen edlen, schönen Zügen geweidet habe! Sie schienen mir, bei allem Imposanten, milder als je; und ich war ohne Scheu, da er mich freundlich auf seinem Sofa neben sich niedersitzen hieß. – Auch erwähnte er beifällig meiner Briefe über Hamlet ...

Goethe ist ganz wohl.

3154 *Abeken: Goethe in meinem Leben*

Goethe war noch in Jena, als ich mich zum Abgang nach Rudolstadt, wohin mich die Fürstin-Regentin an das Gymnasium berufen, rüstete. So wanderte ich dahin, um Goethen den Abschiedsbesuch zu machen; worüber ich in meinem Tagebuche folgendes finde: «Am 27. März [1810] bei Goethe, der in dem Schlosse wohnte. Er empfing mich sehr freundlich, und sein Gesicht, jeder Zug desselben schien mir milder als je. Er dankte mir für meine Teilnahme an den Wahlverwandtschaften, und sprach über das Buch. Hätte ich nur alles behalten! Doch schien er sich in Hinsicht auf meine Fragmente besonders darüber zu freuen, daß ich das Buch als ein für sich bestehendes, mit eigenem Leben begabtes Wesen angesehen. ‚Ein solches Werk', sagte er ungefähr, ‚wächst einem unter den Händen und legt einem die Notwendigkeit auf, alle Kraft aufzubieten, um seiner Meister zu bleiben und es zu vollenden: wo denn die Schere nicht gespart werden darf.' – Die Leser seien ihm die liebsten, die sich ganz und gar in einem Buche verlieren könnten. Sonst sprach er von dem Werke mit einer Bescheidenheit, die mir wunderbar schien; als wenn es nur für seine Zeit etwas sein sollte.»

3155 *Abeken: Goethe in meinem Leben*

Ich gedenke hier des Hamlet auch deswegen, weil ich wagte, das Resultat meines Nachdenkens, in der Form von Briefen niedergeschrieben, Goethen mitzuteilen. Er nahm das Übersandte freundlich auf; doch erinnere ich mich aus einem Gespräche mit ihm [vom 27. März 1810] nur der Mahnung, ich solle den Humor, der durch die Tragödie walte, nicht aus der Acht lassen. Was er *Humor* nannte, mochte dasselbe sein, was von meinem Freunde Solger durch das Wort *Ironie* bezeichnet ward.

Wie Goethe über die Einbürgerung Shakespeares auf die gegenwärtige deutsche Bühne dachte, ist bekannt; so auch der Widerspruch, den seine Bearbeitung der Tragödie *Romeo und Julia* fand. Ich kann mich nicht enthalten, eine eigentlich nicht hierher gehörige Bemerkung, die ich aus seinem Munde vernahm, mitzuteilen: Manche Szenen Shakespeares seien den Holzschnitten gleich, die wir in alten Historienbüchern, als den Text erläuternde, finden. Er mochte an Szenen denken, wie wir sie in Heinrich dem Sechsten finden, oder an die fünfte Szene des dritten Akts von König Richard dem Dritten, wo Gloster, zwischen zwei Bischöfen auf einem Altan des Tower erscheinend, wirklich an jene alten Holzschnitte erinnert. Noch auf manche andere Szene finden jene Worte Anwendung.

3156 Abeken: Goethe in meinem Leben

Als ich ... in Gesellschaft einiger Freunde abermals eine Vorstellung des von früherer Zeit her mir so ans Herz gewachsenen Schauspiels [Tasso] gesehn, dann dem Dichter [am 27. März 1810?] erzählte, welchen Eindruck seine Schöpfung auf mich und die Freunde gemacht, äußerte er, er selbst habe nicht geglaubt, daß ein Schauspiel, in welchem der Gedanke so vorwiege, eine solche Wirkung von der Bühne herab tun könne.

3157 Riemer *29. März 1810*

Mit Goethe und Hendrich nach Drakendorf, wo Frau v. Ziegesar aus Weimar und Hofrat Stark. Tee bis in die Nacht. Späße mit Sylvien, sophistische, wo Goethe mir beistand, der sehr munter. Nachts herein.

3158 Riemer *31. März 1810*

[Goethe:] «Die ersten Menschen in der Revolution, als Lafayette und andere, waren noch eitel und wollten noch, daß die Menge etwas auf sie halten sollte; Napoleon hat ihnen gezeigt, daß gar nichts daran liege. Und *das* ist das Ungeheure, welches die Menschen auch nicht klein kriegen können, daß nämlich auch der *Gegensatz von jenem* existiere.»

3159 Riemer *1. April 1810*

Mit Goethe zu Hanburys. Große Gesellschaft: Herr und Frau v. Schardt, Schopenhauer, Demoiselle Gotter, Knebels, Seebeck etc. Den ganzen Tag dageblieben, auch Goethe, bis gegen 11 Uhr. Mit Frommanns nach Haus. Goethe führte Paulinchen [Gotter] und trug ein brennendes Licht von Hanburys statt Laterne mit.

3160 Knebel an seine Schwester *2./3. April 1810*

Wir gingen [am 1. April] um 2 Uhr mit ihnen [Herrn und Frau v. Schardt] zu Madame Hanbury, wo wir zusammen zu Mittag aßen. Es war große Gesellschaft da, auch Goethe, der sehr wohl disponiert war und von 2 Uhr bis abends 9 Uhr fast in einem fort sprach. Es ist nicht uninteressant, ihm zuzuhören ...

Goethe ist bei jeder Gelegenheit liebreich und freundlich gegen mich, und das auf seine eigne gute Art. So hat er während meiner Abwesenheit fast täglich meinen neuen Garten besucht, und die Arbeiter aufgeregt, fleißig zu sein und alles mit Ordnung zu machen. Auch hat er die Meinigen öfters besucht. Er zeichnet jetzt viel, wie er mir sagt. Karl nimmt sich die Erlaubnis, Dir und der lieben Prinzeß etwas von seinen bisherigen Zeichnungen zur Ansicht – mit Nachsicht – zu überschicken. Es geht freilich nicht immer noch, doch gibt er sich Mühe. Zu Landschaften hat er wohl am meisten Lust, Goethe hat ihm aber auch andre Zeichnungen vorgelegt, damit er sich auch in Figuren übe: darunter gehören die Umrisse aus Dr. Luthers Geschichte ...

Noch hab' ich Dir nicht gesagt, daß mich meine Berge den andern Morgen nach meiner Ankunft schön begrüßt haben und mir durch Hülfe der Nebel ein Schauspiel gezeigt, das dem nicht unähnlich war, welches uns Kaaz in seiner Schweizerlandschaft vorgestellt – vielleicht nur etwas lieblicher. Goethe scheint auch die Quelle von Vaucluse der Schweizerlandschaft vorzuziehen.

Dienstag früh [3. April].

Hier scheint es, wie in Weimar, in lauter conviviis fortzugehen. Madame Hanbury hat uns vorigen Sonntag herrlich regaliert. Gestern waren wir wieder gebeten, und so wird es wahrscheinlich die Woche fortgehen. Es geschieht hauptsächlich Goethe zu Gefallen, der dabei sehr munter ist. Auch sind einige Fremde hier.

Madame Schopenhauer hat mein Bild [eine Wachsbüste] vollendet. Sie war gestern deshalb bei mir, und Goethe war auch zugegen, der ihr einhalf.

3161 Charlotte v. Stein an ihren Sohn Fritz 27. April 1810

Goethe hält sich schon lange in Jena auf, schreibt mir nicht ein Wort, aber er ist wohl, hat sogar in Drakendorf bei Ziegesars [am 5. April?] getanzt, wurde aber schwindlig, fiel hin, es hat ihn aber nichts geschadet, es ist schade, daß eine so ausgezeichnete Natur nicht immer jung bleiben kann.

3162 Louise Seidler: Erinnerungen

Bei einem dieser häuslichen Feste [in Drakendorf] begegnete ich auch Goethe wieder, der sich an Silvias heiteren Liedern sehr erfreute, ja einmal sogar [am 5. April 1810] trotz seiner dreiundsechzig Jahre munter an einem Tänzchen teilnahm.

3163 Knebel an seine Schwester 10. April 1810

Gestern waren wir schon wieder bei einem Convivium, wo es auch recht artig war. Es war Seebecks Geburtstag. Er feierte sein vierzigstes Jahr. Goethe war auch zugegen und eine Menge Menschen …

Der Herzog war nachmittags mit dem Fürsten Repnin hier. Goethe sagt mir, dies sei ein interessanter Mann …

Karl ist sehr vergnügt über den Beifall, den die gütige Prinzessin seinen kleinen Arbeiten gibt. Er fühlt wohl, wie weit er ihn verdiene, und Goethe, der mir ihn kürzlich auch lobte, fügte hinzu, er sähe gar wohl ein, was ungefähr zu machen sei und was er nicht könne, man müsse ihm nur immer Mut zusprechen. Und darin hat Goethe recht. Den *guten* Menschen fehlt es gar oft nur an Mut; die schlechten belohnen sich gar leicht selbst durch ihre Eitelkeit. Zutrauen hebt auch das schwächste Talent empor …

Wir haben kürzlich, Goethe und ich, recht herzlich das Lob der Frau von Stein miteinander gemacht. Man muß das Verdienst seiner Freunde auch zu erkennen und zu benennen wissen. Goethe ist hier sehr fröhlich.

3164 *Knebel an seine Schwester* *13. April 1810*

Goethe zeichnet fleißig und hübsch und ist nicht selten hier. Wir sind öfters zusammen im Streit, über verschiedne Dinge … Mein Relief, in Wachs bossiert, hat die Schopenhauer auch hieher an Goethe geschickt. Er lobt es sehr, und in der Tat hat sie Fleiß und Geschicklichkeit bewiesen.

3165 *Knebel an seine Schwester* *17. April 1810*

Frau von Stein hat mir einen recht lieben und geistreichen Brief geschrieben. Sage ihr, daß ich solchen in meinem Schatzkästlein verwahren werde, und daß er mir immer ein holdes Andenken sein wird. Auch Goethen habe ich daran Teil nehmen lassen.

3166 *Knebel an seine Schwester* *20. April 1810*

Ich bin heute auf eine so wunderliche Weise um meinen Tag gekommen, da ich Dir noch viel schreiben wollte, jetzt weiter nichts sagen kann als – daß Goethe die Prinzeß demütig bittet, die Gnade zu haben und ihm das von Kaaz aufgesetzte Rezept, Landschaften zu malen, auf kurze Zeit mitzuteilen. Er habe zwar solches auch von ihm erhalten, habe es aber eben nicht gegenwärtig und wisse es auch nicht sogleich vorzufinden. Da er übrigens jetzt den ganzen Tag nichts tue als Landschaften zeichnen, so möchte er gern die alten Vorschriften wieder nachsehen. Er empfiehlt sich übrigens der Prinzeß und Dir aufs beste.

Weiter will ich nun heute kein Wort zufügen, als daß Goethe noch alle Übungen, und so auch in der Poesie, höchlich anpreist, wobei man keine allzustrengen Forderungen an sich machen müsse.

3167 *Knebel an seine Schwester* *24. April 1810*

Gestern hatt' ich einen vergnügten Abend. Goethe war hier nebst seinem Dr. Riemer, und Seebeck war auch da. Goethe war äußerst interessant. Da ich in diesen Feiertagen die philosophischen Schriften des Hemsterhuis wieder las, so sprachen wir viel von dem damaligen Klub, der sich in Münster formiert hatte, und wovon gedachter Hemsterhuis, die Fürstin Gallitzin, Graf Stolberg, Jacobi und noch einige mehr die ausgezeichneten Personen waren, und der nachher zu dem Katholizismus des Grafen Stolberg mag Gelegenheit gegeben haben. Diese Periode, die nun bis auf diesen letztern verschwunden ist, war zu seiner Zeit interessant genug und hatte mitunter viel Edles. Sie suchten aber zu bekehren, und das gelang nicht überall. Ich habe Goethen ersucht, in seiner Lebensgeschichte diese Gesellschaft vorzüglich zu beschreiben, und er hat es mir versprochen, zumal da ihm die Personen alle noch so gegenwärtig wären. Die Fürstin Gallitzin, geborne Gräfin Schmettau und Schwester des in der Frau von Stein Hause verstorbenen Generals Schmettau, hat schöne und edle Handlungen getan.

Goethe ist sehr dankbar für die Güte der gnädigen Prinzeß, ihm das Rezept mitzuteilen, und für die Deinige, solches abgeschrieben zu haben. Er empfiehlt sich aufs beste. Auch haben wir Deine artigen Bratwürstchen gestern zusammen verzehrt. Sie machten beinah unser ganzes Souper aus ...

Indessen habe ich durch Goethe ein Trauerspiel «Cajus Gracchus», von Herrn von Stryck aus dem Italienischen übersetzt, erhalten, das ich noch heute durchlesen will. Sie wollen es in Weimar nicht gern aufführen, und so soll ich auch meine Meinung davon sagen.

3168 Riemer *25. April 1810*

Mittags mit Goethe. Alte Geschichten, besonders von Merck; Geschichte der Herzogin Amalia, Herder, Jacobis Woldemar, Mercks Verse.

3169 Riemer *26. April 1810*

[Goethe:] «Das Vortreffliche, die Tugend, das *Ausnehmende* macht die *Ausnahme*, nicht die *Regel* in der Welt.»

3170 Riemer *26. April 1810*

[Goethe:] «Bei den Anstalten zu einem Feste vergißt man oft *den* einzuladen, dem zu Ehren es angestellt wird.»

3171 Knebel an seine Schwester *27. April 1810*

Goethe ist gestern wieder den ganzen Abend bis beinahe 11 Uhr bei mir gewesen. Er ist sehr interessant und unerschöpflich. Er empfiehlt sich aufs beste. – Der «Cajus Gracchus» ist ein schönes Stück, aber beinahe unmöglich auf dem weimarischen Theater aufzuführen. Dazu gehören Akteurs, die ein Jahr lang einstudieren können.

3172 Riemer *27. April 1810*

Mittags mit Goethe über moralische Erzählungen in Stanzen; Inhalt, Form, Reime. Goethe äußerte: «Den Menschen ist nur mit Gewalt oder List etwas abzugewinnen. Mit Liebe auch, sagt man; aber das heißt auf Sonnenschein warten, und das Leben braucht jede Minute.»

3173 Riemer *29. April 1810*

Mit Goethe spazieren in Wedels Garten, wo wir die Frommann und Emmy [Hanbury] trafen. Weiber im Garten Blumen pflückend kamen Goethen vor wie sentimentale Ziegen.

3174 Knebel an seine Schwester *1. Mai 1810*

Meine Gesellschaft ist beinahe allein der gute Goethe, der mich fast alle Abende besucht; denn ausgehen kann ich noch nicht, da meine Füße nicht in die Schuhe passen, nur gehe ich öfters im Garten. Gestern brachte mir Goethe den «Vierundzwanzigsten Februar» von Werner, und da ich ihn noch am schönen lichten Tag las, so war der Eindruck davon minder schauderhaft. Ja, ich ergötzte mich daran; denn es ist ein treffliches Werk des Genies und voll innerer Konsequenz. Goethe meint, Werner würde in seinem Leben kein besseres machen, und ich glaube es auch. Goethe zeichnet jetzt allerliebste kleine Landschaften nach hiesigen Gegenden wie Visitenkarten. Mein Karl zeichnet auch und ergötzt sich hoch am freien Garten ...

Dein Beifall der Homburgischen Prinzessin hat uns erfreut, und gibt uns eine gute Meinung von ihr. Es scheint, daß die Prinzessinnen dieses Hauses viel guten Sinn haben.

Daß sie die Tochter der armen Kalb zu sich genommen hat, zeugt von ihrer guten und edeln Gesinnung. Ihre reiche und vornehme Verwandtschaft konnte nichts für sie tun – und was können wir Armen? Doch denke ich oft an sie und an ihre gute Schwester. Ich sagte gestern zu Goethe, dies sei beinahe noch ein schwererer Streich des Schicksals als selbst der vom «Vierundzwanzigsten Februar». Der alte Kalb war ein Heuchler, und so mußte schon der Fluch auf seine Söhne und ihre unverschuldeten Gemahlinnen treffen. Hartes Schicksal!

3175 Knebel an seine Schwester *4. Mai 1810*

Ich treibe meine Lektionen mit dem Karl, dem ich etwas im Fleiß und gehöriger Aufmerksamkeit nachhelfen muß, wie es die Jahre jetzt bei ihm erfordern. Goethe leistet mir hierin zuweilen einige Hülfe, da er eine ungemeine Gabe hat, die Sachen zu einer anschaulichen Klarheit zu bringen, und dazu die Mäßigung und Geduld, nicht nachzulassen. Ich bin versichert, daß durch diese Art sein eigner Sohn ein sehr gebildeter Mensch werden werde, und ich wünschte, bei meinem Karl auch etwas davon anbringen zu können …

Goethe empfiehlt sich aufs allerbeste, und dankt für das gütige Andenken. Er ist treu, mich fast alle Abende zu besuchen, und bringt immer etwas Artiges mit.

Empfehle mich auch Deiner liebenswürdigen Mittwochgesellschaft, und vorzüglich ihrer holden, verehrten Präsidentin. Wir sprechen oft von ihr und erheben ihre liebenswürdigen Eigenschaften.

3176 Riemer *5. Mai 1810*

[Goethe:] «Die Humanität sei jetzt gegen die Despotie zu richten, wie sonst gegen die Barbaren; das Soldatenleben annehmlich zu schildern und so, daß der Soldat fühle: das Unglück nur werde ihm befohlen; wo er allein stehe, müsse er als Mensch handeln.»

Bei Gelegenheit seiner Campagne-Erinnerungen.

3177 *Riemer* *6. Mai 1810*
Zu Knebel. Kam Goethe, brachte eine deutsche Übersetzung des Tibull von Koreff in Paris mit, woraus Knebel vorlas. Hernach Goethe seine Castische Erzählung: Das Tagebuch.

3178 *Knebel an seine Schwester* *7. Mai 1810*
Gestern machte mir Goethe noch einen recht vergnügten Abend. Er brachte mir nämlich ein Buch, das ihm ein deutscher Dichter und Arzt aus Paris durch den Livländer zugeschickt hatte, den Du mir in Deinem letzten Briefe benanntest [Alexander v. Rennenkampff]. Dieses Buch war nichts anders als eine Übersetzung des Tibulls in Versen, so wie etwa mein Properz. Schon das Äußre des Buches gefiel mir; denn es ist in Quart und anständig und schön gedruckt, gerade so wie ich meinen Lukrez zu sehen wünschte – und leider schwerlich sehen werde. Ich bedauerte das Schicksal der armen Deutschen in Deutschland. Goethe bat mich, etwas daraus vorzulesen, und ich fing, obwohl mit einigem, nicht ungerechtem Mißtrauen an. Wie erfreut war ich hingegen, als ich bei meinem weitern Fortlesen bemerken konnte, daß der Mann wirklich sein Handwerk versteht, und die beste deutsche Übersetzung gemacht hat, die ich noch von diesem Dichter kenne. Er hat ungemein viel Biegsamkeit und Wohlklang in Vers und Sprache, einen edeln, immer poetischen Ausdruck und sogar Lieblichkeit. Das war mir und uns allen von einem Manne, der in Paris lebt, ganz unerwartet ... Der Mann heißt Koreff und ist Arzt in Paris ...

3179 *Knebel: Tagebuch* *8. Mai 1810*
Goethe schickt mir seinen zweiten Band der Farbenlehre ... Seebeck und Goethe abends hier bis Mitternacht.

3180 *Th. Schacht an Familie Cherubim* *13. Mai 1810*
[Schacht war vom 5. bis 10. Mai in Weimar und Jena.] Jena steht obenan, denn ich sprach Goethe. Mit dem erhabensten, regelmäßigsten, ruhigsten Gesicht stand er vor mir.

Es überraschte mich, doch fühlte ich mich frei bei ihm und durchaus nicht ängstlich. Er sprach viel, lobte meinen Entschluß, nach der Schweiz zu gehen, trug mir einen Gruß auf an Pestalozzi, den er persönlich kennt und den er einen *bedeutenden, guten und lieben Mann* nannte. – Goethes Stirn ist hochgewölbt, sein Auge nicht groß, aber lebhaft, seine Gestalt und Haltung kraftvoll, ob er gleich 61 Jahre zählt, seine Sprache schlicht, so wie er schreibt. Er verschmäht Prunk und eitle Gesellschaft und lebt jetzt einzig der Kunst und den Wissenschaften ...

Auch den alten Wieland habe ich gesehen ... Es soll ein eigener Anblick sein, ihn mit Goethe zusammen zu sehen, den eingedorrten Alten und den kraftvollen Goethe. Beide sind übrigens Duzbrüder und haben sich lieb.

3181 Th. Schacht an ?

Wer ihn [Pestalozzi] kennt, muß bestätigen, was Goethe von ihm sagt: Das ist ein bedeutender, guter, lieber Mann, dem es Ernst ist um seine Sache.

3182 Knebel an seine Schwester *11. Mai 1810*

Gestern habe ich den Abend wieder mit Goethe und Voigt bei mir zugebracht, und letzterer hat uns wieder sehr artig unterhalten ...

[Über seinen Sohn Karl.] Übrigens ist Goethe mit diesem sehr zufrieden, vorzüglich wegen seiner Fortschritte im Zeichnen. Ich freue mich sehr darüber, zumal da ich bemerken kann, daß er auch ein moralisch guter Junge wird. – Goethe geht Dienstags ab. Ich verliere viel durch seine Abreise. Er dankt für das Andenken.

3183 Pauline Gotter an Schelling *12. Mai 1810*

Schon seit Anfang März bin ich hier in Drakendorf bei Ziegesars, deren zahlreiche Familie nun auf Vater und Tochter hier beschränkt ist. Ich lebe hier unter Blumen und Blüten, Vögelgesang und Balsamduft, immer im Genuß der schönen Natur, fern von allem Zwang gesellschaftlicher Verbindung, und die reine Landluft, das friedliche Tal, die ruhigen Umgebungen wirken wohltätig auf Seele und Leib, und bringen mir Gesundheit und einen stillen Frieden ins Herz. Jenen ungetrübten Frohsinn, jene unverwelkliche Lebenslust, wie es Goethe immer an mir nannte, kenne ich nicht mehr, ich bin nicht mehr dieselbe; aber ich möchte auch nicht den Gewinn meiner Empfindungen um jenes vertauschen ...

Von Goethe wird es Sie freuen zu hören, daß er recht heiter und gesund ist; den ganzen Winter war zwar sein Befinden ziemlich abwechselnd, und er hat Theater und Gesellschaft wenig besucht, die Aussicht, nach Karlsbad zu kommen, scheint aber schon jetzt im Vorgefühl genesend auf ihn zu wirken. In Weimar sah ich ihn zuerst wieder, und habe ihn ganz gegen mich gefunden, wie ich ihn verlassen hatte, liebevoll und herzlich. Beinah sein erstes Wort war Teilnahme an dem Verlust der Lieben [Caroline Schelling], und auf eine so zarte innige Weise, wie ich es von ihm erwarten konnte; dieser Beweis seiner Freundschaft hat mich mehr erfreut, als alles Liebe und Freundliche, was er mir je gesagt hat. Ihnen, werter Freund, dankt er herzlich für Ihr Andenken, und hat mir die schönsten Grüße an Sie aufgetragen. Seit dem März hält er sich in Jena auf und hat die Optik beendigt, die nun diese Messe in zwei Teilen erscheint, wie Sie wissen, und nun eilt er so bald wie möglich nach Karlsbad; auf die nächsten Tage hatte er sich bei uns angemeldet, um mit Sylvie und mir recht spazieren zu gehn, ich werde mich freuen, wenn er Wort hält, seine Gegenwart ist das einzige, was mich wahrhaft aufregt und erfreut. Schon einigemal war er hier: das erstemal ganz unter uns von der ausgelassensten Laune, die Gewalt seines Feuers und seiner Lebhaftigkeit habe ich wohl in einzelnen Momenten, aber nie so anhaltend wie damals gesehn, er vergaß sich ganz, ließ seine ganze Stimme ertönen und schlug immer mit den Händen auf den Tisch, daß die Lichter umher fuhren, es war eine wahre unbedingte Lustigkeit. Seine Begeisterung machte den wunderlichsten Kontrast mit Hendrichs Prosa und Riemers Phlegma, die ihn begleitet hatten. Herrliche Dinge sagte er uns über den *24. Februar* und seine

Entstehung; er hat auch von Werner die Wirkung des Segens verlangt, aber sein Genie hat ihm bei dieser Aufgabe versagt. Goethe hat indes selbst den Plan dazu gemacht, aber bloß zu seinem augenblicklichen Vergnügen, wie er meint. Hier lege ich Ihnen Verse bei, die er am Geburtstag des alten Herrn von Ziegesar mitbrachte, auf eine sehr hübsche russische Melodie zu singen. Die Gedichte von ihm zu den weimarischen Fêten haben Sie wohl alle erhalten? und ich wünschte wohl etwas über die Romantische Poesie von Ihnen zu hören.

3184 Riemer *12. Mai 1810*

Goethe äußerte: «Die Menschen sind wie das Rote Meer; der Stab hat sie kaum auseinander gehalten, gleich hinterher fließen sie wieder zusammen.»

3185 F. Passow an H. Voß *15. Mai 1810*

Der Danziger Magistrat ... hat mich in diesen Tagen zum zweiten Direktor und zum Professor der Philologie an das ihm zuständige Conradinum zu Jenkau ... berufen ... Goethen, den ich kaum gewonnen, nun schon wieder zu verlieren, schmerzt mich innig. Aber das ist kein Grund zu bleiben. Ich kann mein Leben an keinen einzelnen Menschen binden; selbst an Goethe nicht. Die Stunden, die ich mit ihm verlebt, bleiben mir in alle Ewigkeit; die hab ich einmal tief in meinen Busen gelegt, und werden sie da fortwirken und forttreiben ... Goethe ist heut morgen nach Karlsbad gereist, ehegestern war ich noch bei ihm in Jena. Es wäre mir unmöglich gewesen, ohne Abschied von ihm wegzuziehn. Es war doch ein harter Augenblick, als ich wieder ging, und er mir freundlich seine Hand reichte, und ich mir sagte, es sei vielleicht das letzte Mal meines Lebens, daß ich den angebeteten Mann sähe.

3186 Riemer *14. Mai 1810*

Zu Knebel, wo Goethe und seine Frau. Eifersüchtiges Weinen derselben. Deshalb bald nach Hause. Nachher zusammen, doch sie ohne Anteil.

3187 *Knebel an seine Schwester* *15. Mai 1810*

Goethe wird morgen in aller Früh abreisen, und diesen Abend nebst Seebeck und Langermann noch bei mir zubringen. Dein und der lieben Prinzeß Andenken rührten ihn. – Henriette hat mir durch Langermann den bronzenen Stier geschickt, den ich ehemals bei unserm Bruder schon bewunderte. Er ist vortrefflich. Goethe hat ihn sich eben ausbitten lassen, um ihn näher zu besichtigen. Ob er gleich ein Präsent sein soll, so will ich doch suchen, ihn zu Geld zu machen, um der guten Henriette etwas zu schicken. – Ich schicke Dir hier die Anzeige von Goethes «Farbenlehre», von ihm selbst. – Das Buch selbst ist unendlich reich und vortrefflich.

3188 *Riemer* *15. Mai 1810*

Mittags die Geh. Rätin zu Tische. Verdrießlichkeiten aus Eifersucht. Apaisiert hernach.

3189 *Knebel an seine Schwester* *18. Mai 1810*

Der schöne Stier ist fort. Goethe hat ihn mit sich genommen nach dem Karlsbad. Ich kann zwar nicht sagen, daß ich ganz damit zufrieden wäre, doch mit Freunden seiner Art muß man nicht rechnen. Er ließ ihn von mir abholen und schickte mir ihn nicht wieder zurück. Nach seiner Abreise erhielt ich beiliegendes Billett von ihm. Nun muß ich zwar sagen, daß ich selbst den Stier nicht ganz antik glaube und nicht von der vollendetsten Arbeit, aber das Ganze war doch geistig gedacht, und vermutlich nach einem größern Original. Ich nahm mir sogleich vor, als ich den Stier erhielt, ihn zu verkaufen, und das Lösegeld dafür unsrer Niece als meinen Beitrag zu ihrer Karlsbader Reise zu schicken. Ich sagte deshalb an Goethe, ich glaubte, unser Bruder habe ihn für 12 Dukaten erstanden. Er taxierte ihn etwas leichter, doch sagte er mir nicht, daß er ihn kaufen wolle. Nun muß ich damit zufrieden sein, und unsre Niece mag es auch sein, der ich die zwei Röllchen, jedes mit 10 Talern, mit nächster Gelegenheit schicken werde. Einen Abguß in Gips werde ich mir jedoch von Goethe ausbitten.

3190 Knebel an seine Schwester *25. Mai 1810*

Ein Grundübel bei uns ist es, wie ich schon oft bemerkt habe und täglich mehr bemerke, daß auf die erste Erziehung zu wenig gewandt wird. In dieser aber liegt größtenteils der ganze Charakter, das ganze Sein des künftigen Menschen. Wir haben zwar zur Not hie und da Schulen, auch Gymnasien und endlich die hochberühmten Universitäten, nichts aber zur wirklichen Bildung des Menschen und des Charakters. Daher sind die meisten auch so charakterlos unter uns, so daß die Nationen, die weniger Anstalten haben als wir und weit weniger Wissenschaft und Gelehrsamkeit, doch in jedem Betracht an Gepräge des Charakters uns größtenteils zuvorstehen... Unsre berühmten Schul- und Pensionsanstalten, als die Pestalozzischen und andere, sind meistens nur Geburten eines besondern Raffinements, nicht eigentliche menschliche Erziehungen, die zu unserm Wesen taugten, Bürger und Menschen, sondern Künstlichkeiten, Kunstwerke aus ihnen machten, die nachher wenig nur hervorbringen, wie wir aus allen den Instituten gesehen haben. So wird auch die Kaiserin von Rußland aus ihren vornehmen Zuchthäusern keine glücklichen Menschen hervorbringen, vielleicht doch kunstfertige. Weise, nicht bloß gelehrte Menschen gehören dazu, die erste, die notwendigste Bildung des Menschen zu verschaffen, nicht kunstfertige, noch Spekulanten, die Glanz und Ruhm damit erwerben wollen oder ihren Anstalten Revenüen verschaffen, wie es meist alle die unsern bezwecken...

Ich habe manchmal mit Goethe deshalb gesprochen. Er ist wohl eben der Meinung, aber er hat vielleicht nur zu wenig Hoffnung zu den Menschen, daß sie gescheiter würden. – Wir *lernen* viel und *wissen* wenig, am mindsten das Rechte. Daher auch die Trockenheit in unserm Umgang, weil das Gemüt mit nichts erfüllt ist.

3191 Knebel an seine Schwester *29. Mai 1810*

Das Verdienst der schönen menschlichen Rede, wie mir Goethe jüngst sehr schön dartat, übertrifft weit das des Gesanges. Es ist ihm nichts zu vergleichen; seine Abwechslungen und Mannigfaltigkeiten sind für das Gemüt unzählig. Ja der Gesang selbst muß auf die simple Sprache zurückkehren, wenn er höchst bedeutungsvoll und rührend werden soll. Dies haben auch schon alle große Komponisten bemerkt.

3192 K. W. v. Knebel: Bilder aus dem Leben

In unsern Garten eingetreten, klatschte Goethe, in einen grauen Rittermantel gehüllt, gewöhnlich in die Hände unter meines Vaters Fenster. Majestätisch erhob sich seine Gestalt.

3193 Gries an Abeken *2. Juni 1810*

[Über den Abdruck des Liedes «Rechenschaft» in der Zeitung für die elegante Welt und] Zelters Melodie, welche Goethe sehr lobte.

3194 Pauline Gotter an Schelling *17. Juni 1810*

Pfingsten, «das liebliche Fest», war ich auf der Kunitzburg, es war um und um ein Feiertag – das reizende Saaltal lag in seiner ganzen Herrlichkeit vor mir, in der schönsten Beleuchtung. Welch frohe, heilige, stille Empfindung war in meiner Seele – Auguste, Caroline – hatten vielleicht auf derselben Stelle gestanden – mir ging das Herz auf – im süßen Andenken unserer Verklärten. Nur wie ich wieder zur Gesellschaft kam und kein Auge fand, in das ich hätte blicken können und sagen: «Du fühlst ebenso wie ich» – wurde mir's wehmütig, und ich sehnte mich nach meinem Karlsbader Freund [Goethe], der mich in ähnlichen Augenblicken so gern verstand.

Leider hat er uns schon seit dem 20. Mai verlassen. Noch bis zuletzt, von allen Seiten gequält und geplagt, war er doch immer gut und liebenswürdig, und der Abschied wurde uns allen schwer. Durch den rückkehrenden Kutscher hat er Kunde von sich gegeben und Stecknadeln geschickt, oder ein Paket Spitzfindigkeiten, wie er schrieb, zum Zeichen seiner glücklichen Ankunft. Sonst haben wir nichts von ihm gehört, er wird immer bequemer und diktiert Riemern alles, nur seine jungen Freundinnen haben den Vorzug, daß er selbst schreibt, und warten gern dafür etwas länger. Sobald erwünschte Zeilen kommen, teile ich sie Ihnen mit. Einstweilen erhalten Sie die Stanzen, die Goethe diesen Winter bei Gelegenheit eines Maskenzuges aus den Nibelungen dichtete, ich glaubte sie schon lange in Ihren Händen, sonst würde ich sie früher gesendet haben. Sie kommen von Goethe selbst, aber Ihnen, bester Freund, überlasse ich sie doch gern. Noch einige artige kleine Liedchen von ihm würde ich beilegen, wären sie nicht in Einem Heft mit andern Poesien, die zum Teil nicht verdienen, vor Ihren Augen zu erscheinen. Haben Sie seine Pandora schon beendet gesehn? sie ist dieses Jahr als Taschenbuch in Wien erschienen. Sonderbar, von allen Goetheschen Sachen hat sie mich am wenigsten ergriffen, vielleicht aber auch nur, weil ich sie immer abgebrochen und stückweise gehört habe. *Der 24. Februar oder Die Wirkung des Fluches* ist ganz recht die Geschichte der Ermordung des rückkehrenden Sohns durch die Eltern, und das Wernersche Stück ohne alle Mystik, was in Weimar aufgeführt worden ist, das grausenerregendste und schauderhafteste, was es geben muß, aber das beste nach Goethes Meinung, was Werner in seinem Leben gemacht hätte oder machen würde. Goethe hat ihm die Aufgabe gegeben und streng eingeschärft, all sein verruchtes Zeug diesmal wegzulassen, sein ganzes Talent aufzubieten und etwas Ordentliches zustande zu bringen, das ganze Stück dürfe nur aus drei Personen bestehen. Werner hat gebeten und gefleht, wenigstens ein Kind, eine Katze, einen Hund aufs Theater zu bringen, aber durchaus nicht, endlich hat er doch ohne sein Wissen eine Dohle angebracht. In vierzehn Tagen ist das Stück zu Goethes ganzer Zufriedenheit beendet gewesen, und nun hat Werner auch die *Wirkung des Segens* schreiben sollen; aber nach den ersten Blättern hat Goethe gemeint, er solle es gut sein lassen, das gelänge ihm nicht, und so ist es auch unterblieben.

3195 *H. Meyer an G. Hufeland* *18. Mai 1810*

Goethe ist vor einigen Tagen aus Jena, wo er sich seit zwei Monaten aufgehalten, nach Karlsbad gereiset, und wird den Sommer durch daselbst bleiben. Seine Optik ist eben fertig gedruckt und wird in der Messe von Leipzig aus versendet werden. Er ist sehr wohl, ich denke gesunder als seit mehreren Jahren, auch tätig und wird hoffentlich noch manches Gute hervorbringen. Sein Sohn studiert jetzt in Jena und zeigt sich als ein recht wackerer und gesitteter Jüngling.

3196 *Riemer* *19. Mai 1810*

Früh von Franzensbrunn, über werdende Chausseen, nach Zwota [Zwodau]. Dort zeichnete Goethe ein Kruzifix am Wege, woran einige Gänse den Rasen abfraßen (anseres christicolae). Nach 3 Uhr in Karlsbad, wo wir die neue Chaussee über den Galgenberg geführt sahen und sonstige Veränderungen bemerkten. Bei unsern alten Wirten eingekehrt.

3197 *Riemer: Mitteilungen über Goethe* *1841*

Als wir eines Mittags [am 19. Mai 1810] in Zwota [Zwodau] dem Diner entgegenharrten und ich unterdessen am Fenster stehend mich in der Gegend umsah, gewahrte ich unter demselben gegenüber ein großes Kruzifix, wie dergleichen in Böhmen und Schlesien an den Landstraßen und Feldern genug zu sehen sind, unter welchem eben einige Gänse weideten, andere ausruhten. Immer den Kopf voll von lateinischen und griechischen Vokabeln, rief ich auf einmal aus: Anseres Christicolae! Goethe kam, sah, lächelte und wiederholte mit seinem gewöhnlichen asserierenden und gutheißenden Tone, wie ein Responsorium: Anseres Christicolae. Ein Geschäft, am Wagen etwas zu untersuchen, nötigte mich hinauszugehen; bei meiner Rückkunft fand ich ein hübsch komponiertes Bildchen mit der Feder gezeichnet, eben jene andächtigen Gänschen, das mich nicht wenig überraschte und erfreute. Es wurde hierauf mit etwas Biester und Tusche angewaschen, und ist noch unter seinen Zeichnungen mit obiger Unterschrift Anseres Christicolae anzutreffen.

3198 Riemer an Johanna Frommann *19. Mai 1810*

Nur mit wenigem melde ich Ihnen, verehrte Freundin, daß wir heute am 19. Mai glücklich in Karlsbad angelangt sind. Weg und Wetter begünstigten unsere Reise, und an geistiger und leiblicher Unterhaltung hat es uns auch nicht gefehlt. Unter die letztere rechnen wir besonders die vortreffliche Gothanerin [Wurst aus Gotha], die uns tüchtig beigestanden. Goethe grüßt auf das freundlichste.

3199 Riemer *27. Mai 1810*

Goethe bemerkte: «Ein deutscher Autor, besonders ein theatralischer, soll alles um Gottes willen tun; das bodenloseste Handwerk von der Welt.»

3200 Riemer an Frommann *28. Mai 1810*

Wir sind nun schon acht Tage hier und haben uns eingerichtet, so daß wir etwas erzählen können ...

Unsere Reise ging bei dem schönen Wetter und guten Wegen (da es im Vogtlande und hier lange nicht geregnet hatte) sehr gut, obgleich nicht schnell vonstatten, indem wir uns und den Pferden Zeit ließen. Karlsbad fanden wir einigermaßen verändert, indem wir überall Bauanstalten und Gebautes antrafen ...

Gäste sind im ganzen etwa 60 hier. Die meisten werden erst im Juni und Juli erwartet. Die Prinzeß Marianne von Sachsen ist bereits hier. Die Kaiserin von Östreich wird den 6. Juni erwartet ...

Allmählich haben wir uns auch in Arbeit gesetzt, welche um so besser fortschreitet, als das seit einigen Tagen eingefallene Regenwetter uns Lust und Gelegenheit zum Ausgehen benimmt. Wollen Sie nunmehr gefälligst einiges, was Sie und Ihre Geschäfte betrifft, uns wissen lassen, so werden Sie uns sehr glücklich machen. Wir werden nicht unterlassen, von Zeit zu Zeit Lebenszeichen zu geben, und uns in Ihrem Andenken aufzufrischen ...

Goethe empfiehlt sich bestens und ist wohl.

3201 J. v. Hoch: Polizeibericht für den Kaiser 7. Juni 1810

Ihre Majestät unsere allergnädigste Frau geruheten noch gestern abends die im Sächsischen Saale versammelte Gesellschaft der hier anwesenden Fremden in Begleitung Ihrer Kais. und Königl. Hoheit der Frau Erzherzogin Therese, des Prinzen Anton und der Prinzessinnen Maria Anna und Amalie von Sachsen mit Höchst Ihrer Gegenwart zu beglücken, wobei Höchstdieselbe sich besonders mit der Gräfin Potocka gebornen Lubomierska auf die herablassendste Art unterhielten. Ihre Majestät geruheten auch den anwesenden Dichter Goethe Ihrer gnädigen Aufmerksamkeit zu würdigen, und durch Ihre geistvolle Huld zur höchsten Bewunderung zu verleiten.

3202 C. Bertuch an Böttiger 18. Juni 1810

Die Begleitung [des Prinzen Bernhard] wurde abends in dem Gesellschafts-Saal ihr [der Kaiserin] vorgestellt, wo sie auch viel mit Goethe sprach. Dieser hat für die Karlsbader Jugend ein sinniges Bewillkommnungs-Gedicht an die Kaiserin gemacht.

3203 Christiane v. Goethe an ihren Mann 19. Juni 1810

Prinz Bernhard hat allerwegen erzählt, daß die Kaiserin zu ihm gesagt hätte, er sollte Dir sagen: daß Du doch recht oft mit ihr sprechen möchtest, weil sie sich so gern mit Dir unterhielt'.

3204 Caroline v. Humboldt an Ch. Schlosser 23. Februar 1811

... von Goethe selber haben wir die freundlichsten Nachrichten und sind nicht ohne Hoffnung, ihn im Sommer hier [in Wien] zu sehen. Er besucht wahrscheinlich wieder Karlsbad, und die Kaiserin hat ihn schon im vorigen Sommer [1810] sehr dringend nach Wien eingeladen, und er ist sehr und wahrlich mit Recht von ihr eingenommen. Für mich ist sie die einzige sehr interessante Frau hier, und ich wünschte, daß die Umstände es mir vergönnten, sie öfter zu sehen, was aber in meiner Lage nicht sein kann. Nie in meinem Leben habe ich mehr Seele, mehr inneres Leben sich in Blick und Stimme ausdrücken sehen, als in ihr. Es ist schwer zu glauben, wenn man sie sieht und hört, daß sie nicht zu etwas Großem aufgehoben sein sollte.

3205 Caroline v. Humboldt an Goethe *22. Januar 1812*

Die Kaiserin hat mir mehrmalen von dem Glück gesprochen, das Ihre Bekanntschaft, teurer Goethe, ihr gewährt habe.

3206 Riemer *21. Juni 1810*

[Goethe?:] Der Mensch kommt moraliter ebenso nackt auf die Welt als physice, obgleich später in diesem Sinne. Daher ist er (seine Seele) in der Jugend so empfindlich gegen die äußere Witterung, ob er sich gleich nach und nach daran bis auf einen gewissen Grad gewöhnt.

3207 Riemer *24. Juni 1810*

Mittags bei Fürst Lichnowski, mit Goethe, Himmel, Fürst Lichtenstein, dem Prinzen Schönburg, Graf Colloredo und dem Juden Joel. Allerlei Späße, Calembours und dergleichen. Nach Tische las Goethe von seinen Gedichten vor, zu aller Vergnügen und Bewunderung.

3208 Riemer *27. Juni 1810*

[Goethe:] «Man hört so oft über weitverbreitete Immoralität in unserer Zeit klagen, und doch wüßte ich nicht, daß irgend einer, der Lust hätte, moralisch zu sein, verhindert würde, es nur um so mehr und mit desto mehr Ehre zu sein.»

3209 Riemer *28. Juni 1810*

[Goethe?:] Alles Leiden hat etwas Göttliches; denn insofern es Leiden ist, muß es noch ertragen werden können, obgleich schwer und mit Mühe. Für eine Natur, die darunter erliegt oder es gar nicht fühlt, ist es kein Leiden mehr.

3210 Johanna Frommann an F. Bohn *28. Juni 1810*

Goethe kommt oft des Morgens auf ein halbes Stündchen zu uns, ich finde ihn aber lange nicht so heiter als in Jena.

Der Brunnen scheint ihn anzugreifen. Da wir fast nie abends zu Hause sind und Riemer des Morgens selten ausgeht, sehen wir ihn nicht so oft, als ich es möchte. Goethe hat Sophien [Hanbury] Zeichnungen gegeben, wobei sie recht fleißig arbeitet, und sieht immer nach, was sie gemacht hat.

3211 Riemer *2. Juli 1810*

Goethe äußerte: Die Weiber möchten auf der einen Seite lieben und auf der andern geliebt werden und so beide Pole ihres Magneten beschäftigen. *Wir* wissen es; *sie* tun es unbewußt.

3212 Riemer *3. Juli 1810*

Abends Goethen mit Körners begegnet. Mich dazu gesellt. Mit Mamsell Stock und dem jungen Körner unterhalten.

3213 Riemer *3. Juli 1810*

Abends nach Tische. Nihil contra Deum, nisi Deus ipse.

[Goethe?:] Ein herrliches Dictum, von unendlicher Anwendung. Gott begegnet sich immer selbst; Gott im Menschen sich selbst wieder im Menschen. Daher keiner Ursache hat, sich gegen den Größten gering zu achten. Denn wenn der Größte ins Wasser fällt und nicht schwimmen kann, so zieht ihn der ärmste Hallore heraus. – Napoleon, der den ganzen Kontinent erobert, findet es nicht unter sich, sich mit einem Deutschen über die Poesie und die tragische Kunst zu unterhalten, einen artis peritum zu konsultieren. – So göttlich ist die Welt eingerichtet, daß jeder an seiner Stelle, an seinem Ort, zu seiner Zeit alles übrige gleichwägt (balanciert).

3214 Riemer *6. Juli 1810*

Abends zu Körners, die Zeltersche noch ungedruckte Melodien vortrugen. Wo Goethe war.

[Goethe:] «Vergnügungen (Bälle, Konzerte etc.) zum Besten der Armen kommen mir vor wie eine Ökonomie, wo man mit dem Abgange des Eßbaren noch die Schweine füttert.»

3215 J. G. v. Quandt: Meine Berührungen mit Goethe 1870

Im Jahre 1808 [1810?], als ich meinen schon damals fast erblindeten Vater nach Karlsbad begleitete, war Goethe dort. Es bot sich mir keine Gelegenheit dar, ihn zu sprechen, denn er lebte so zurückgezogen, daß man ihn nicht einmal am Brunnen zu sehen bekam. Ich hatte bemerkt, daß Goethe des Abends an den Sprudel ging, weil um diese Zeit sich keine Gäste daselbst einfanden.

Keine Bedenklichkeiten konnten die Sehnsucht, mich ihm zu nahen, stillen, ich folgte seinen Schritten und redete ihn an. Ich sprach es aus, wie seine Dichtungen mir mein eigenes Herz aufgeschlossen, mich erfüllt hätten und ich in meinem Innern nur von und durch ihn lebe.

Goethe hörte meine Worte wohlwollend an, erkundigte sich nach dem Zwecke meines Aufenthaltes in Karlsbad, frug nach meinem Namen und Verhältnissen und schien damit befriedigt.

Um die freie Zeit gehaltvoll auszufüllen, da ich den Brunnen nicht als Patient gebrauchte, riet mir Goethe, mich mit Geognosie zu beschäftigen, wozu die Karlsbader Gegend reichhaltigen Stoff darbietet. Goethes Tätigkeit war damals selbst auf geognostische Forschungen eifrig gerichtet, und so verbreitete er sich ausführlich über diese Gegenstände. Ich kann wohl sagen, ich hörte ihm mit Entzücken zu, ja ich sah die Erdrinde sich durch Niederschläge von kochendem Wasser bilden und wie die Dämpfe die Gebirge sprengten, woraus Täler und Klüfte entstanden.

Während dieses Vortrags hatte Goethe etwa zwei Becher gemächlich geleert und machte sodann eine Beugung mit dem Haupte, was ich als Verabschiedung nahm und mich empfahl.

Mit welcher Seligkeit die Erfüllung des sehnlichsten Wunsches mein Herz durchdrang, in einer Zeit, «da ich noch selbst im Werden war», fühle ich jetzt nicht schwächer als damals. Es vergingen mehrere Tage, ohne Goethe zu sehen. Bald darauf reiste der Kronprinz von Preußen und sein Bruder durch Karlsbad, wo sie eine Nacht verweilten. Die Badegäste veranstalteten [am 8. Juli 1810?] auf Subskription, den hohen Gästen zu Ehren, eine Fete im Sächsischen Saal, und mein Vater überließ es mir, seine Stelle dabei zu vertreten. Das Fest war eigentlich nichts als eine Cour und, da keine Damen dabei erschienen, sehr wenig erfreulich. Die hohen Herrschaften standen am Ende des Saales, in ihrer Nähe die vornehmsten Badegäste, und wir andern garnierten die Wände. Ich blieb bescheiden unweit des Eingangs. Unter den Personen in der Nähe der Prinzen war Goethe. Als er meiner ansichtig wurde, schritt er durch den weiten Raum, der uns trennte, auf mich zu, sagte, daß es ihm angenehm sei, mich hier zu sehen und da ich wohl wünschen würde, die Namen der ausgezeichnetsten Personen dieser Versammlung zu erfahren, so wolle er sie mir nennen. Als dies geschehen war, begab sich Goethe an seinen Platz zurück, und ich verließ die Gesellschaft überschwenglich glücklich.

3216 Riemer an Frommann *10. Juli 1810*

Unterdes ist Madame Hanbury und Bohn und sogar Hofrat Stark selbst gekommen ... Ich habe Körners kennen gelernt, und kann mich ziemlich wohl in diesen Kreis fügen, der sehr anspruchslos ist. Frau v. Eybenberg ist auch angekommen, heute erwarten wir Wolf von Teplitz.

Goethe ist die Zeit her sehr wohl, beschäftigt und doch auch in Gesellschaft gewesen. Die Anwesenheit der Kaiserin veranlaßte beifolgende Gedichte, wovon das erste und zweite auf Ersuchen und aus Gefälligkeit gegen die Einwohner, das zweite [dritte] aus eigenem Antriebe, bei Dedikation eines Platzes durch den Grafen Corneillan, das vierte endlich auf den Wunsch der Kaiserin, daß in ihrem Namen den Karlsbadern etwas Freundliches erwidert würde, von Goethe gedichtet worden. Sie machten bei den guten Östreichern den besten Eindruck, der durch die Gegenwart alles dessen, wovon darin die Rede ist, noch viel mehr verstärkt wird.

Für alles Übersendete soll ich Ihnen, in Goethes Namen, aufs beste danken, und zugleich die Versicherung hinzufügen, daß Sie *einen* Teil der Wanderjahre, womöglich durch Madame Bohn, sonst aber auf alle Fälle so erhalten werden, daß er zu Michael noch erscheinen kann, indem er nicht stärker wird, als der erste der Wahlverwandtschaften. Der zweite mag dann Ostern erscheinen: und es ist immer gut, daß die Neugier etwas gespannt bleibe.

3217 Riemer *11. Juli 1810*

Abends besuchte mich Goethe.

[Goethe:] «Lieben heißt leiden. Man kann sich nur gezwungen (natura) dazu entschließen, das heißt man muß es nur, man will es nicht.

In der Jugend und Liebe macht man die frais von allem und hält die Weiber frei in Witz, Geist und Liebenswürdigkeit.»

3218 Riemer *12. Juli 1810*

Kam Geh. Rat Wolf an und besuchte uns. Abends kam der junge Körner und brachte seine Ballade. Kam Goethe zu mir aufs Zimmer, über die Ballade gesprochen.

3219 Riemer *13. Juli 1810*

[Goethe:] «Über die doppelte Art von Übersetzungen der Alten und Neuen; die freien nach dem Genius und Bedürfnis des Volks, für das übersetzt wird, und die getreuen nach dem Genius des Volks, aus dessen Sprache übersetzt wird. – Nicht alle Menschen sollen wie Frauen und Kinder traktiert werden.»

3220 Riemer *13. Juli 1810*

[Goethe:] «Wenn das Publikum ein gutes Stück zwanzigmal wiederholt sehen möchte, so würde der Autor nicht genötigt sein, sich in zwanzig neuen Stücken zu wiederholen.»

3221 Riemer *Sommer 1810*

[Goethe:] «Geschmack ist überhaupt der Charakter des neuesten Zeitraums – ich möchte es nicht ableugnen, so wenig wie bei Raffael: denn dieser braucht früher erfundene

Motive als die rechten und wahren, aber mit dem höchsten Geschmack, und statt des Religiösen (doch nur des positiv Religiösen) hat er die Weisheit oder die Einsicht in Welt und Menschheit, und wenn er Erfindung hat, so hat er sie auf dieser Seite, das heißt Entdeckung.»

3222 Riemer

[Goethe:] «Nur das Kunstwerk regt die Betrachtung auf; der historische Fall, wenn er gegenwärtig ist, oder die Tat, nur Haß und Liebe, Abneigung und Zuneigung, Beifall und Tadel. Erst im Spiegel der Kunst kommen wir zu einer ruhigen Betrachtung und zu einer Nutzanwendung.»

«Predigt der Dichter die Moral, so ist er noch schlimmer dran als der Prediger, weil er bloß zu einem didaktischen Behuf eine Fabel erfinden müßte oder einkleiden.»

3223 Riemer *15. Juli 1810*

Kam Zelter an, der mit speiste. Nach Tisch über Musik, Metrik, besonders Hexameter.

3224 Riemer *21. Juli 1810*

Nahm Zelter Abschied. Abends zu Hause, wo Wolf seine Aristoph[anischen] Wolken vorlas den ganzen Abend.

3225 Niebuhr an Dorothea Hensler *1. Oktober 1810*

Zelter erzählt von Goethe, daß er an seiner Biographie schreibe, dann an der Fortsetzung von «Meister». Zelter hat seinen Fragen über Musik nachgedacht und versichert, daß von ihm, der gar nicht musikalisch ist und nicht einmal etwas Musik gelernt hat, eine Tonlehre kommen werde, die ganz neu, tief und für ihn überzeugend sei. Auch hier entdeckt er das Gesetz divergierender Tendenz. Ist das nicht ein außerordentlicher Triumph des Genies?

3226 Riemer *28. Juli 1810*

Mittags mit Goethe allein. Über Voltaire. Über die Methode, wie er die Tonlehre abhandeln will, vom Ohr und der Kehle als Subjektivem ausgehend.

3227 Riemer *29. Juli 1810*

[Goethe:] «Methode ist das, was dem Subjekt angehört, denn das Objekt ist ja bekannt. Methode läßt sich nicht überliefern. Es muß ein Individuum sich finden, dem die gleiche Methode Bedürfnis ist. Eigentlich haben nur Dichter und Künstler Methode, indem ihnen daran liegt, mit etwas fertig zu werden und es vor sich hinzustellen.»

3228 Riemer *(Juli 1810)*

[Goethe:] «Vegetabile Geister und animale Geister, etwa wie Pflanzen und Tiere, Weiber und Männer, jene, die gleichsam einen Boden verlangen, in dem sie sich befestigen und ihre Nahrung daraus ziehen, irgend eine Wissenschaft, andere, die herumgehen und alles genießen und zu ihrem Nutzen verwenden, wie die Poeten. –

Poet und Künstler – jenes ist genus, dieses species; Dichter ein Universelleres, zugleich Philosoph.»

3229 Riemer

Karlsbad 1810. Spaziergang. Aussicht nach der Papiermühle. [Goethe?:] Die Menschen sind nur so lange produktiv in Poesie und Kunst, als sie noch religiös sind; dann werden sie bloß nachahmend und wiederholend; wie wir auf das Altertum, dessen Monumente alle Glaubenssachen waren und von uns nur aus und um Phantasterei und phantastisch nachgemacht werden.

3230 Riemer

1810 in Karlsbad. Äußerungen Goethes: «Der Dilettantismus negiert den Meister.» «Die Meisterschaft gilt für Egoismus.»

3231 Körner an Charlotte v. Schiller *5. August 1810*

Mit Goethen habe ich in Karlsbad über Schillers Werke gesprochen. Ich fand bei ihm zwar Wärme für Schiller, aber keine Neigung sich mit der Herausgabe der Werke zu befassen. Auch zur Fortsetzung des Demetrius schien er keine Lust zu haben. Es wären, meinte er, noch nicht zwei Akte fertig, also über die Hälfte noch zu machen. Auf meinen Vorschlag, daß ich bei der Herausgabe der Werke alles Mühsame besorgen wolle, und er nur die Direktion des Ganzen übernehmen möchte, erwiderte er, daß dies sehr tunlich sein würde, wenn wir an einem Orte wohnten, aber durch Briefe lasse es sich nicht machen. Weiter bin ich nicht mit ihm gekommen, und habe mir bloß vorbehalten, ihm noch den Plan zur Billigung vorzulegen. Den Aufsatz über Schillers schriftstellerische Eigentümlichkeit lehnte er unter der Äußerung ab, daß ihn dies zu weit führen und zu viel Zeit kosten würde, die er jetzt zu mehreren angestrengten Arbeiten nötig habe.

3232 H. G. v. Bretschneider an Ch. F. Nicolai 6. Oktober 1810

Goethe war in Karlsbad. Ich hatte einen Catalogus von alten Münzen der Eybenberg gelehnt, den Goethe von ihr geborgt hatte. Ich hatte ihn schon seit ein paar Jahren zurück verlangt, denn es ist ein einzig Exemplar nur vorhanden. Ich wollte auch gern Goethen wiedersehen, denn wir waren sonst gute Freunde, anno 1772; seit der Zeit habe ich ihn nicht gesehen. Ich war sehr kränkelnd, kam in Goethes Quartier: Seine Exzellenz waren nicht zu Hause. Ich fragte, wann er abgespeist hätte; man sagte mir: um drei Uhr. Um Drei ging ich wieder hin; er ließ mir heraussagen: er sei beim Essen. Er ließ mich laufen.

Inzwischen kam die Eybenberg nach Karlsbad, und hatte ihr Seine Exzellenz gesagt, daß er gefehlt hatte. Sie wollte mich persuadieren, ihn noch einmal zu besuchen: das tat ich nicht. Er wollte die Sache wieder gut machen und kam drei Tage vor seiner Abreise, ließ sich früh um zehn Uhr ansagen. Ich ließ mich entschuldigen, weil ich beim Essen sei – welches ihn sehr verdrossen hat.

3233 F. Passow an H. Voß 29. August 1811

So nahmen wir [im vorigen Jahr] von Eger bis Karlsbad einen ehrlichen Karlsbader Bürger in unserm Wagen mit; da der vernahm, daß ich von Weimar käme, fing er gleich von Goethe zu erzählen an, den er nie gesprochen, aber bisweilen in seinem Hause gesehn hatte, weil Wolf bei ihm wohnte; ganz besonders aber erfreute mich der Scharfrichter von Eger, der eine schöne Münzsammlung hatte, und zu dem Goethe deshalb einigemal gekommen war. Wenn der alte ernsthafte Mann an den Kasten kam, in dem er ein kleines Goldstück bewahrte, das Goethe ihm geschenkt hatte, wußte er gar in seiner Begeisterung sich nicht zu lassen, und kam er immer darauf zurück: es hätten ihn wohl allerlei Fürsten und Prinzen besucht, aber ein solcher Herr, der so ganz was Absonderliches wäre, wie der Herr Geh. Rat, sei ihm doch all seine Lebtage nicht vorgekommen, und konnte er gar nicht wieder loskommen von Goethes ganz absonderlichem Wesen. Vor so gesunden Naturen, die gleich unbestochen sind von Eigensucht, wie von Mode und nachbetendem Vorurteil, steht man recht klein da mit seinem bißchen mühsam erworbener Bildung, die einem endlich zur Anerkennung des Herrlichsten und Höchsten verhilft. Denn wer steht uns dafür, daß uns Goethe durch seine einfache, ruhige Gegenwart, die so gar geräusch- und prunklos ist, ebenso ergreifen würde, wie den Egerschen oder Karlsbader Bürgersmann, wenn wir keine Zeile von ihm gelesen hätten? Denn daß uns jetzt in seiner Nähe hoch und frei ums Herz wird, das danke uns der Henker.

3234 Riemer *4. August 1810*

Abgereist. In Schönhof schlechtes Wirtshaus. Ließen uns im Schlosse melden. Vom Hofmeister salutiert und in den Park zur Gesellschaft geführt. Vorher zum gotischen Gebäude. Lief der Wasserfall. Gutes Souper und gute Zimmer.

3235 Riemer *5. August 1810*

Kam der Hofmeister und führte uns in die übrigen Partien. Ward der Wasserfall losgelassen, den wir hernach überschritten. Auf dem Bocksberg, der aus merkwürdigem Basalt besteht, die Ansicht der Berge Milischauer, Biliner etc. skizziert. Abends nach Tische legte die Gräfin Marie Czernin ihre Zeichnungen und radierten Blätter vor.

Goethe äußerte unter anderm: «Der Mensch kann nicht lange im bewußten Zustande oder im Bewußtsein verharren; er muß sich wieder ins Unbewußtsein flüchten, denn darin lebt seine Wurzel.»

3236 Graf Eugen Czernin: Tagebuch 4. und 5. August 1810

Nachmittag kam der berühmte Schriftsteller und Dichter Goethe mit Herrn Riemer, Doktor der Philosophie, aus Weimar [auf Schloß Schönhof] an. Sie kamen von Karlsbad. Ersterer ist Geheimer Rat und macht jetzt in Deutschland durch seine Gedichte und Schriften, die vorzügliche Romane sind, am meisten Aufsehen. Er ist auch ein starker Physiker und Mineralog. Er ist schon gegen 60 Jahre alt, nicht groß, hat eine etwas gekrümmte Nase und etwas Mißtrauisches und Stolzes in seiner Physiognomie. Wir zeigten den beiden Fremden den Garten, auch besuchten wir gegen Abend den Bocksberg, den Goethe sehr merkwürdig fand. Wir brachten sehr viele der schönsten Augiten, strahligen Kalk, einen lavaartigen Stein. Über eine Mauer voller großer lavaartiger Steine wurde Goethe sehr verwundert.

3237 Ulrike v. Levetzow: Erinnerungen

Nach mehreren Jahren war Mutter in Teplitz und bei einer großen Gesellschaft bei Fürst Clary, wo Goethe erwartet wurde [7. August 1810]. Goethe kam, als Mutter sich grade sehr lebhaft mit einigen Bekannten unterhielt, und hatte Goethe noch nicht bemerkt, als er in den Kreis mit den Worten trat: «Die Stimme kann nur meiner kleinen Levetzow gehören»; von da unterhielt er sich fast ausschließlich mit ihr ...

3238 Riemer 9. August 1810

Zogen wir ins Goldene Schiff. Gegen Abend mit Goethe spazieren, nach Schönau, beim Schlangenbad und Soldaten-Hospital vorbei nach Dorne und so zurück durch die Stadt. Kam hernach Zelter. Goethe bekam Besuch von Savignys.

3239 *Riemer* *9. August 1810*

[Goethe:] «*Gott* nur ist moralisch, kein Mensch ist es vis à vis von sich; man ist es nur gegen andere, denn niemand kann sich selbst subordinieren. Gott erzeigt uns die Ehre, uns für etwas gelten zu lassen, und nur im Fall der höchsten Not sich der Subordinierung zu entziehen, um sich selbst zu erhalten.»

3240 *I. H. Fichte: J. G. Fichtes Leben* *1862*

[Über Fichte und Goethe.] Im Jahre 1810 sahen beide Männer im Badeorte Teplitz sich wieder und begrüßten sich herzlich, alter guter Zeiten eingedenk. Und hier ist noch einer Äußerung Goethes an Zelter zu gedenken, der gleichfalls damals gegenwärtig war und als gemeinschaftlicher Freund sie Fichtes Gattin hinterbrachte. «Da geht», sagte er zu Zelter, auf den in der Ferne mit den Seinigen dahinwandelnden Fichte deutend, «der Mann, dem wir alles verdanken!»

3241 *Riemer* *11. August 1810*

Zu Bettinen und Savignys. Abends bei Goethe mit Zelter, war Bettine auch da und erzählte drollig von ihrer Aufzieherei der Vögel, auf dem Gute in Böhmen, die ihr schlecht gelungen.

Tieck habe die Wahlverwandtschaften Qualverwandtschaften genannt.

3242 *Riemer an Frommann* *12. August 1810*

Wir sind nun schon acht Tage in Teplitz ...

Nachdem uns die letzte Zeit in Karlsbad etwas unangenehm geworden war, durch den ewigen Regen, der so früh Nacht und das Tal so feucht machte, auch Goethe seine Rechnung nicht gefunden zu haben schien, machten wir uns den 4. August, in einer neu akquirierten sehr bequemen Batarde, auf den Weg nach Teplitz, und besahen unterwegs den wunderschönen Park von Schönhof ... Nun sind wir hier, wohnen im *Goldnen Schiff*, ein großer Gasthof mit vielen Zellen. Goethe wohnt im ersten Stock, ich im dritten, und genieße der göttlichsten Aussicht. Zwischen uns wohnt – wer? – das raten Sie, großer Geist – einer, der wenig war, als er noch war, was er war, und der jetzt weniger als wenig ist [der ehemalige König von Holland, Louis Bonaparte]. Wir haben ihn aber noch nicht zu Gesicht bekommen.

Gestern besuchten uns Savignys und Bettine, die nach Berlin reisen. Sie ist noch so klug und unklug wie sonst und gleich unbegreiflich. Zelter ist unser täglich Brot und mir ein gar lieber Mann. Wir essen, trinken und lachen zusammen. Fichte ist heute abgereist ... Die schöne Frau von Levetzow ist hier, aber sehr zusammengegangen.

Goethe ist wohl, und er hat sein Vertrauen auf die hiesigen Bäder gesetzt, da ihn in Karlsbad seine Übel befielen. Er badet täglich und glaubt Wirkung zu verspüren; auf alle Fälle bleiben wir drei Wochen hier. In Karlsbad ward er die letzte Zeit schon sehr am Arbeiten verhindert, hier nun vollends durch das Bad und unsern Dux. Deswegen ich denn mit der Vorklage komme, das heißt bevorworte, wenn das Manuskript nicht zum Termin erscheint. Doch wird es eine Winterarbeit werden, und es ist immer gut, daß er ein so wichtiges Werk nicht aus der Hand schleudert.

3243 Savigny an J. Grimm *1. Oktober 1810*

Wie ganz anderen Eindruck [als Adam Müller] hat mir Goethe gemacht, den wir [Savignys und Bettina] auf der Herreise [nach Berlin] zwei Tage [9.–12. August] in Teplitz gesehen haben. Wie kräftig, groß, mild, überall ganz er selbst, in allem was er tut und denkt und spricht sein ganzes Gemüt gegenwärtig. Er hat mich recht von neuem mit Liebe und Ehrfurcht erfüllt. Ich weiß nichts, was so mit Lust und Freude am Leben erfüllen und so auf dem rechten Wege befestigen kann, als solch ein Anblick.

3244 Bettina an Goethe *28. November 1810*

Nun bei dieser Geschichte [vom Schlittschuhlaufen] kann ich wieder sagen, was ich Dir in Teplitz sagte: daß es mich immer durchglüht, wenn ich an Deine Jugend denke ...

3245 Bettina v. Arnim: Aufzeichnung

Es war in der Abenddämmerung im heißen Augustmonat, in Teplitz, er [Goethe] saß am offnen Fenster, ich stand vor ihm und hielt ihn umhalst, und mein Blick wie ein Pfeil scharf ihm ins Aug gedrückt blieb drin haften, bohrte sich tiefer und tiefer ein. Vielleicht weil er's nicht länger ertragen mochte, frug er, ob mir nicht heiß sei, und ob ich nicht wolle, daß mich die Kühlung anwehe, ich nickte, so sagt' er: «Mache doch den Busen frei, daß ihm die Abendluft zugut komme.» Und da er sah, daß ich nichts dagegen sagte, obschon ich rot ward, so öffnete er meine Kleidung; er sah mich an und sagte: «Das Abendrot hat sich auf deine Wangen eingebrennt», und dann küßte er mich auf die Brust und senkte die Stirne darauf; – «kein Wunder», sagte ich, «meine Sonne geht mir ja im eignen Busen unter.» Er sah mich an, lang, und waren beide still. – Er fragt': «Hat dir noch nie jemand den Busen berührt?» – «Nein», sagt' ich, «mir selbst ist es so fremd, daß du mich anrührst.» – Da drückte er viele, viele und heftige Küsse mir auf den Hals, mir war bang, er solle mich loslassen, und er war doch so gewaltig schön, ich mußte lächlen in der Angst und war doch ganz freudig, daß mir's galt, diese zuckende Lippen und dies heimliche Atemsuchen, und wie der Blitz war's, der mich erschüttere, und meine Haare, die von Natur sich krausen, hingen herunter, er wollte Ruhe wieder, ich sah es recht in seinem Gesicht, wie er sich faßte, und sammelte mein zerstreutes Haar in der Hand, und war immer wieder still, wie wenn er hätte sprechen wollen und hatte nicht Atem. Dann sagt' er so leise erst: «Du bist wie das Gewitter, deine Haare regnen, deine Lippen wetterleuchten, und deine Augen donnern.» – Da fand ich auch meine Stimme: «Und du bist wie Zeus, du winkest mit den Brauen, und der Olympus erzittert.» – «Wenn du künftig abends dich auskleidest und die Sterne leuchten dir in den Busen wie jetzt, willst du da meiner Küsse gedenken?» – «Ja!» – «Und willst denken, daß ich ohne Zahl wie die Sterne tausendfach das Siegel meiner Liebe dir in den Busen drücken möcht'?» – «Ja!» – «Und willst denken, daß es Unvergeßliches ist, Unsterbliches, was ich in dir erlebe, willst du das glauben?» – «Ja!» sagt' ich, «ich will's glauben!» – Er ... ja wie war's doch? – Er seufzte so tief, und lehnte den Kopf an mich, und: «Verzeih mir's», sagte er, «daß ich so ganz stark nicht bin», und sah zu mir hinauf und drückte mir den Busen fest. – Ich reichte über ihm weg nach dem Weinlaub am Fenster, ich riß eine Weinranke ab und schlug ihm auf die Hände: «Wenn künftig die Reben Laub gewinnen und du stehst bei sinkender Nacht bei sternhellem Himmel am Fenster, einsam, willst du da meiner gedenken?» – fragt' ich. – Er sagte auch: «Ja!» – «Und willst du denken meiner Wehr gegen dich, kühner Mann, und daß ich keine Macht hab, dir zu widerstehen mit so feurigem Blick und mächtigen Worten und so großer Schönheit, die ich nie noch geahnt habe, daß sie das Antlitz durchleuchten könne, und willst dich der Schläge erinnern, die ich dir hier gebe für dein unritterlich Betragen, dem unbewaffneten Knappen solche Schmach anzutun?» – Er lachte laut auf, ließ mich los und rief: «So bändigend, und solche Unschuld – solche Gelassenheit und solche Leidenschaft! – süßes süßes Weib!» Nun muß ich Dir sagen, dem ich dies erzähle, wie er diese Worte ausrief, das machte mich taumeln, es schrie in meiner Brust vor Wehtum der Wonne, und meine Seufzer wurden zu Lauten, ich umklammerte ihn fest. – Er war bewegt, wie wenn er die Tränen verhalte, und sagte: «Komm, ich will dir den Busen wieder zudecken»; er liebkoste sie aber wieder und fragte: «Warum meinst du, daß es Strafe verdient? – soll man nicht das Schöne umfassen? ist es nicht die Aufgabe meines Lebens? – bin ich darum nicht der Dichter?» – Ich war wieder ruhig, ich war wieder gelassen, ich war wieder listig; ich lächelte ihn an, und besann mich auf die Antwort. «Nun was hast du für Schelmerei im Sinn?» – «Umfaßt denn Gott die Welt, oder die Welt Gott?» – fragt' ich. – «Ei freilich, Gott umfaßt die Welt, und ich bin der selige Gott, den es durchdringt, daß er von seiner Welt empfunden wird, wenn er sie umfaßt.» – «So ist es denn nicht die Schönheit, die du umfassest, und trägst und umfassest die Sünden der Welt, denn ich konnte mich vergessen und dich strafen wollen, leugnend, daß du der Gott seist, der sich zu mir herabläßt.» Und ich war heimlich sehr bewegt bei all dem Scherz und mußte mich zusammennehmen, daß ich meine Worte hinwarf mit klopfendem Herzen, Du, der es liest, könntest wohl falsch von mir urteilen, ich sei kokett gewesen, nein ich war voll heiliger Scheu, es kam mir vor, wie wenn diese Scherzreden alle aus göttlichem Leben zwischen uns beiden wie Funken auffliegen, und so in eine höhere Region tanzen. Ich hab mir dies Gespräch wohl tausendmal wieder vorgebetet, jeden Abend vor dem Einschlafen erzählte ich es mir wieder und erlebte in Gedanken noch manches, was ich ihm dann am andern Tag schrieb; – aber es war noch nicht alles; – jetzt streckte er die Arme wieder nach mir und sagte: «Komm!» – und zog mich aufs Knie und drückt' meinen Kopf ans Herz und spielt' mit meinem Ohr und lehnte mit der Stirne an meiner Stirne und so lange Zeit, wo ihm Schweißtropfen auf mich niederfielen, erst küßt' ich sie auf, dann bekam ich wahrhaftig Durst darnach, und trank sie mit den Lippen auf, die Augenwimpern badete ich ihm mit meinen Lippen. – Der Schweiß perlte über seinem herrlichen Mund, den er herb geschlossen hielt, er seufzte tief, er ächzte, ich ließ mich nicht stören, ich leckte alle Schweißperlen auf, er legte die Zunge auf die Lippen, ich biß sie ganz leise, ich biß auch in die Lippen, er drückte mich an seine Wangen, und meine Tränen liefen ihm über das Antlitz; er sagte wieder: «Weib! Weib! wenn du wüßtest, wie süß du bist, dann! ja dann erst könntest du's begreifen, wie streng die Fesseln sind, die deine Unschuld mir anlegt, daß ich's nicht vermag, sie zu zerreißen.»

3246 Riemer *12. August 1810*

In den Park. Frau v. Levetzow in blauem Samtkleide. Abends zuhause bei Goethe, wo Zelter, der uns den Anfang seiner Biographie vorlas.

Der König von Holland habe seinen Holländern gesagt, sie sollten ihre Sprache reden und schreiben; wer denn sonst holländisch sprechen sollte, wenn sie es nicht täten?

3247 *Riemer* *13. August 1810*

[Goethe:] «Es kommt mir nichts so teuer vor, als das, wofür ich mich selbst hingeben muß.»

«Die Eitelkeit ist ohngefähr das, was beim Essen der gute Appetit ist, das Wohlschmecken, das Innewerden des Genusses. Ohne diesen frißt man sich nur voll wie das Tier.»

3248 *Riemer* *August 1810*

[Goethe:] «Die ganze Welt ist voll armer Teufel, denen mehr oder weniger – angst ist. Andere, die den Zustand kennen, sehen geduldig zu, wie sie sich dabei gebärden. Es sagt keiner dem andern: das und das ist dein Zustand, und so mußt du's machen.» «Es verrät keiner dem andern die Handgriffe einer Kunst oder eines Handwerks, geschweige denn die vom Leben.» «Handgriff ist ein Compendium, das heißt mit dem wenigsten Aufwand das Zweckmäßige, das Beabsichtigte zu leisten ist der kürzeste Weg, die gerade Linie zum Rechten, zum Effekt.»

3249 *Riemer*

[Goethe:] «Die Weiber wissen niemals, worüber eigentlich die Männer sich nicht vertragen können. Weil sie eben wie die Juden kein Point d'honneur haben und zuletzt immer noch transigieren.»

«Wenn die Weiber Hypochonder sind, so werden sie immer nur die Objekte schelten, niemals sich. Ein Mann hingegen kann mit sich selbst unzufrieden sein und die Objekte zu sehr erheben.»

3250 *Louise Seidler an Pauline Gotter* *8. September 1810*

Goethe und Riemer waren auch noch dort [in Teplitz]. Letzteren sah ich oft, ersteren nur zwei Mal ... er wohnte mit dem König von Holland in Einem Hause und war sehr enchantiert von diesem ... Ende dieser Woche wird er hierher [nach Dresden] kommen und sich vielleicht vierzehn Tage aufhalten, je nachdem es ihm gefällt.

3251 *Louise Seidler: Erinnerungen*

In den ersten Tagen des August 1810 hatte ich Frau von Danckelmann, die in Dresden verheiratete jüngere Schwester der Frau von Heygendorf, auf ihre Bitte für einige Tage nach Teplitz begleitet, wo sie das Bad gebrauchen wollte. Ich sollte verehrte Jenaer Bekannte dort wieder treffen: Goethe verweilte damals in Teplitz, und mit ihm der freundliche Riemer. Aus Berlin war der berühmte Tondichter Zelter eingetroffen; eine originelle, derbe Persönlichkeit, deren Bekanntschaft mir viel Freude machte; Riemer, der gegen mich sehr liebenswürdig war, scherzte: «*sein* Duschbad, der Wein, sei immer noch das beste»; mittlerweile bekam ihm der Brunnen ebensogut wie seinem Meister, der ganz besonders wohl aussah und stets sehr vergnügt und befriedigt schien. Goethe wohnte im nämlichen Hause mit dem König von Holland, von welchem er «sehr enchantiert» war; so sagte er bei Gelegenheit eines Besuches, den er uns in bester Laune, heiter und gesprächig, wohl eine Stunde lang machte; außerdem redete er mich noch einmal im Theater an, wo er auch sehr freundlich war. Er schied von mir mit der Bemerkung, er werde wahrscheinlich den Heimweg über Dresden nehmen und dort kurze Zeit bleiben; dann würden wir uns wiedersehen.

3252 *Riemer* *21. August 1810*

Zu Goethe. Am musikalischen Schema.

3253 *A.v.d. Marwitz: Aufzeichnungen*

Goethe in Teplitz.

«Ihr Kinder», sagte uns Goethe, «der Jugend Weisheit ist mit Lumpen gefüttert» (es war von Oken und anderen die Rede gewesen). Wir lachten ungeheuer, er mit, «wo will es auch herkommen?»

«Die Natur ist wie ein Beil. Grad und einfach geht sie hindurch, und nur die unendliche Modifikation des einzelnen macht es so schwer, sie zu verstehen.»

«Man muß sich doch auch seine Heiligen wählen, und (gegen den Herzog gewendet), da der hiesige Johannes von

Nepomuk (der sonst ein braver und würdiger Mann war) doch für unsere Zeiten nicht recht mehr zu gebrauchen ist, so habe ich mir so meinen eigenen gewählt und vor allen andern den Kepler. Der hat immer in meinem Vorsaal eine eigene Nische, in der sein Brustbild aufgestellt ist.» Nun lobte er ihn.

Lobte die Memoiren der Markgräfin von Bayreuth. Gespräch über Friedrich Wilhelm I., seine Zeit, über den großen Kurfürsten. Über Beireis. Pfuel über die Feuersbrunst in Eger. Über den Kampf mit den Elementen, über die Propyläen und die Kunstausstellungen in Weimar (verweilte darauf mit besonderer Liebe und Ausführlichkeit). Viele Gespräche über das Theater, über die Aufführung des Tasso in Weimar; ich erinnerte ihn an die Corona; er sprach über sie, ihr Talent, ihre ausdrucksvolle Schönheit lang, aber ganz still, mit tiefer zurückgedrängter Rührung.

Lobte das dreizehnte Jahrhundert.

3254 E.v.Pfuel
an Caroline de la Motte Fouqué *22. August 1810*

Ich sehe Goethe täglich bei dem Herzog, und ich kann Dir nicht sagen, wie seltsam mir der Mann wohlgefällt; noch ist mir niemand vorgekommen, der meinem Innern so wohltäte; ich kann ihn nicht ohne ein heimliches Lächeln betrachten! Ich spreche zu niemandem lieber als zu ihm, und wieder fühle ich mich vor niemand so demütig als vor ihm und von niemand so zur Keckheit angeregt als durch ihn. Aus dem einen Auge blickt ihm ein Engel, aus dem andern ein Teufel, und seine Rede ist eine tiefe Ironie aller menschlichen Dinge; wenn er zuweilen im engen Kreise recht heiter ist und das Gespräch allmählich bunt wird, dann weist er uns zuweilen zurecht und nennt uns: ihr Kinder! und dann fühle ich, daß der alte Papa recht hat und beuge mich vor dem alten Meister und sehe ein, wie wahr es ist, wenn er wie neulich sagte:

«Der Jugend Kenntnis ist mit Lumpen gefüttert!»

Spaßhaft ist es zu sehen, wie der alte Meister diejenigen behandelt, welche im Bewußtsein eigener Berühmtheit sich an ihn drängen und ihr einseitiges Streben bei ihm geltend machen wollen. Unter anderen begegnet er Campe im Saale zu Karlsbad. Dieser sagte Goethen eine Menge artiger Dinge in echt deutsch gewandten Perioden, worauf Goethe dem *Puristen* als Erwiderung so vieler Höflichkeit die einfache Frage tut: Wie *konveniert* Ihnen das Bad?

Kann man maliziöser sein? Isidorus orientalis [Otto Heinrich Graf von Loeben] war auf ein paar Tage in Teplitz; er aß beim Herzog einen Tag und saß neben Goethe, ich saß gerade über und bin Zeuge gewesen, wie er den schwärmerischen, poetischen und mystischen Ausbrüchen des armen Isidorus beständig mit kaltem Wasser begegnete. Goethe spricht leise und sehr gemessen, aber mit einer unglaublichen Sicherheit und funkelnden Augen, die seltsam genug mit der Ruhe und mit dem Maße in seinen Worten abstechen.

3255 E. v. Pfuel
an Caroline de la Motte Fouqué *18. Oktober 1810*

... ich glaube, daß Goethe eine andere Art Eindruck auf Dich machen würde, als Du es Dir vorstellst; in so gigantischer Gestalt sich auch sein Geist vor einen aufpflanzt, so geht ihm doch ein Element ab, welches zu derjenigen Art der Erhabenheit notwendig gehört, die der Mensch mit Liebe umfaßt; ich möchte dies Element das christliche im Menschen nennen; man wird oft an ihm eine gewisse Härte gewahr, die jede freie Hingebung zurückscheucht. Er ist tolerant, ohne milde zu sein, und erscheint nur sanft, solange seine Persönlichkeit mit ins Spiel kömmt und Ansprüche unberührt bleiben, die noch nicht fest begründet sind. Nichtsdestoweniger hat er einen wunderbar angenehmen Eindruck auf mich gemacht; es ist dies nicht der Eindruck der Begeisterung, der stillen Anbetung, sondern der des Erkennens einer lange undeutlich gefühlten Wahrheit, einer anmutig gelösten Aufgabe, mit deren Auflösung ich mich selbst lange vergebens beschäftigt. Ich staune nicht vor Goethe, sondern er gefällt mir darum so unendlich wohl, weil ich ihn begreife, mich in ihm spiegele, mich in ihm beständig wiederfinde, und zwar klarer und deutlicher und gefälliger als in mir selbst.

3256 Riemer *24. August 1810*

Mit Goethe und Dr. Stark nach Bilin gefahren. Zuerst nach dem Brunnen, dann in die Bouteillen-Fabrik. In die Magnesia-Fabrik. Goethe war sehr heiter. Ich zeichnete. Sehr schöner Tag und Abend. So fuhren wir heiter zurück.

3257 Riemer *25. August 1810*

Mit Goethe und Frau v. Eybenberg nach Ossegg gefahren. Viel gescherzt und Calembours gemacht. Draußen gut empfangen, ziemlich gut gegessen, doch erst zum Nachtisch Wein. Mit Pater Inspektor und dem Prälaten, zwischen denen ich saß, konversiert; gegenüber Frau v. Eybenberg. Nach Tisch mit dem Novizen Dr. Crown. Dessen lateinisches Gedicht auf Goethe. Nach Tische in der Bibliothek, dem Naturalien- und Mineralmuseum. Dann im Garten, wo alle Wasser sprangen. Auf dem Rückweg die Eybenberg voll Scherz. Zur Grotthuß, wo Goethe hernach und Graf Clary. Calembours auf Napoleon, von Graf Clary erzählt.

3258 Riemer *26. August 1810*

[Goethe:] «Frau v. Eybenberg ist umringt von Verehrern und trägt diese dafür auf den Händen.»

3259 Riemer *28. August 1810*

Abends zu Frau v. Eybenberg, wo Goethe. Las Goethe die Vögel vor.

3260 Riemer *28. August 1810*

[Goethe:] «Das egoistische Zeitalter kennt keine Ehre; denn die Ehre braucht andere Leute, die sie doch voraussetzt; der Egoist setzt nur sich.»

3261 Riemer an Frommann *29. August 1810*

Freitag, den 30. geht der Herzog fort, und etwa acht oder zehn Tage später denken wir auch aufzubrechen, um nach – Dresden zu gehn. Behalten Sie es aber noch ein Weilchen ganz für sich, und sagen es den Frauenzimmern nicht; keineswegs etwa darum, weil man sie für siebartig zu halten geneigt wäre, sondern um sie zu überraschen: denn das würde es doch, wenn sie auf einmal Goethe in der Galerie erblickten …

Mit uns werden Sie nicht ganz zufrieden sein, daß wir nicht Wort gehalten haben. Allein es war unmöglich, obgleich der Vorsatz uns bis Teplitz begleitete. Denn Goethe war in der letzten Zeit, teils durch Zelters, teils durch anderer Freunde Gegenwart, teils auch durch den Anfall von seinem Übel aus der Kontinuität des Arbeitens herausgekommen, und konnte zuletzt bei dem schlechten Wetter nicht wieder mit der ersten Wärme daran kommen. Hier okkupierte ihn nun der Herzog, und das Baden scheint noch weniger als das Trinken große Geistesbewegungen zuzulassen. Wären wir nicht so weit ins Jahr vorgerückt, so daß Goethe länger hier bleiben und dazwischen pausieren könnte, so würde es bei der übrigens sehr ruhigen Lage wohl möglich sein, das Ganze noch von Stapel zu lassen. Unterdes ist ja daran nichts verloren, und ich sehe mich schon im Geiste diesen Winter oder Herbst nach Jena versetzt, wo wir denn in größter Sammlung ans Werk gehen würden.

Goethe befindet sich übrigens sehr wohl und heiter, das Bad scheint anzuschlagen, und alle Menschen freuen sich, ihn so heiter gesellig und mitteilend zu finden. Ich habe leider das Glück nicht, ihn beständig zu umgeben, indem die Hälfte des Tages, von 11 Uhr an, mit Baden, Ruhen, dem Diner beim Herzog und der Gesellschaft bei Fürst Clary oder andern hingeht, wobei ich denn nicht allerorten gegenwärtig sein kann. Doch haben wir zusammen schon einige Spazierfahrten gemacht, nach Bilin, wo der Sauerbrunnen ist, nach Kloster Ossegg, nach Graupen; und morgen soll es nach Dux gehen, das einem Grafen Waldstein, Nachkommen Wallensteins, gehört, wo viel Altertümer zu sehen sein sollen. – Zelter, der vorige Woche abgereist ist, war mein täglicher Umgang, und man stärkt sich nicht wenig an seiner durchaus tüchtigen und kräftigen Natur. Er hat wieder mehrere Sachen von Goethe, bekannte und noch nicht bekannte, komponiert, die wunderschön sind. Ich denke, daß er sie uns von Berlin schickt, um unsere Akademie mit frischen Ergötzungen zu versehen.

3262 Riemer *30. August 1810*

Bei Goethe. Bemerkte er: «Die Neigung zu einer Sache, das ist ja eben der Sinn dafür.»

3263 Riemer *1. September 1810*

[Goethe:] «Eigentlich ist es nur des Menschen, *gerecht zu sein* und Gerechtigkeit zu üben, denn die Götter lassen alle gewähren, ihre Sonne scheinen über Gerechte und Ungerechte; der Mensch allein geht nach Würdigkeit, nach Verdienst aus. Es soll niemand genießen was besser ist als er; er muß erst desselben wert, das heißt ihm gleich sein.»

3264 Riemer *2. September 1810*

Nachricht, daß wir nach Dux führen. War große Gesellschaft draußen. Die Bilder betrachtet. Schlechtes Diner, doch guter Champagner. Nach Tische in die Bibliothek, das Naturalienkabinett, die Rüstkammer, die Pferdeställe, den Garten. Hernach zum Wettrennen, ins Freie. Wozu noch Clarys, Ligne etc. gekommen. Abend hereingefahren.

3265 Riemer *4. September 1810*

Früh Nachricht, daß wir nach Dux fahren würden. Holten wir die Eybenberg ab. Bald angekommen. Die Gemälde nochmals besehen. Viele zu Tische. Nach Tische fuhren die Damen in den Park, Goethe und der Graf ritten. Schöne Alleen, sonst alles verfallen. Zeigte er uns nachher seine geschnittenen Steine, deren sehr viel, aber wenig Gutes. Hernach ins Theater: Die Kleinstädter. Die Männer schlecht.

Eine Frau von 78 Jahren war aus der Ekhofschen Schule und spielte gut. Nach Hause gefahren.

3266 Riemer *6. September 1810*

Zu Frau von Berg, wo der Prinz von Mecklenburg-Strelitz, Ambrosi und A.[andere?] Goethe über Tische sehr treffende Bonmots.

«Wer die Weiber haßt, ist im Grunde galanter gegen sie, als wer sie liebt; denn jener hält sie für unüberwindlich, dieser hofft noch mit ihnen fertig zu werden.»

«Wenn ich die Weiber von Eitelkeit reden und sie sich oder uns vorwerfen höre, so möchte ich immer ausrufen: Vater, vergib ihnen, sie wissen nicht, was sie tun.» Nach Tische mit ihm zu Hause. Er ging zum König.

3267 Riemer an Frommann *6. September 1810*

Goethe dankt und grüßt bestens wieder. Er gedenkt diese Woche noch erst nach Eisenberg zu Fürst Lobkowitz zu gehen, wohin er wiederholt eingeladen worden, dort einen oder zwei Tage zu bleiben, so daß wir erst Freitag über acht Tage, das heißt den 14. nach Dresden kämen …

3268 C. v. Arnim an Gräfin Schlitz *20. November 1810*

Le Prince de Lobcovitz à Eisenberg tout près de Teplitz a une chapelle superbe. Il fait venir des chanteurs d'Italie, on y execute les plus beaux opéras, la maison ne désemplit pas d'étrangers, on chasse, on mange, on but [boit?], et si après quatre semaines on veut partir après avoir fait pendant ce temps tout ce que l'on a voulu faire, vous êtes gêné pour la première fois, c'est qu'on vous en veut de partir déjà. Goethe a passé chez le prince quelques jours [8.–12. September], il m'en a fait la description en poète, je ne vous la rends qu'en mauvaise prose, j'en appelle à votre imagination vive et brillante pour vous peindre ce séjour avec les couleurs qu'il lui faut.

3269 *Gentz an Rahel Levin* *21. September 1810*

Mit Goethe habe ich diesen Sommer viel gelebt. Daraus «mache ich mir aber nicht viel» (im Paulinen-Sinne gesprochen). Sie hassen das Trennen und Zerfleischen; auch nicht mit Unrecht. Von Goethe *muß* ich aber behaupten, daß zwei Menschen in ihm stecken. Eine Art von Mephistopheles, und das nicht einmal ein pikanter –, dann das allmächtige Dichtergenie. Sonst war er mir als Mensch zuwider; diesen Sommer hab' ich ihn ertragen gelernt; jedoch bloß – es schmerzt mich, mit diesem Geständnis herauszugehen, und Gott bewahre Sie, daß Sie es je weiter verbreiten – bloß, weil ich inne ward, daß ich ihn zu *hoch* nahm, indem ich ihn mit Widerwillen betrachtet. Aus dem persönlichen Umgang mit ihm kömmt in aller Ewigkeit nichts heraus. Er ist auch eigentlich mit niemanden recht aufrichtig gern, als mit Marianne Eybenberg! Dies ist das Schrecklichste, was ich über einen Menschen zu sagen weiß. Gegen diese ist Ihre Freundin eine Göttin, ein Wunder der Natur usw.

3270 *Riemer* *13. September 1810*

In den Garten, wo Goethe mit Seebeck, Dr. Loder und Schönberg spazierte. In das akustische Gebäude, Experimente.

3271 *Riemer* *15. September 1810*

Holte mich Goethe ab zur Prinzeß Solms, die mich kennen lernen wollte. Lag sie auf dem Sofa. Wunderschöne Arme. Trug sie mir auf, Goethe zur Fortsetzung der Pandora zu reizen, und daß er nach Berlin komme.

3272 *Riemer* *16. September 1810*

Um ½5 Uhr von Teplitz ab. Schöner Rückblick nach Böhmen auf diesem Weg bis zur Kapelle auf der Nollendorfer Höhe. Durch Peterswalde.

– Goethe hat in der Pandora die Naturschreie (les cries de nature) getroffen, die auch gleich anerkannt und verstanden werden. – Um 5 Uhr in Dresden angekommen. Im Goldenen Engel eingekehrt.

3273 Louise Seidler: Erinnerungen

Frommanns Schwägerin Betty Wesselhöft arbeitete an landschaftlichen Studien neben mir in der Galerie. Eines Morgens brachte der Buchhändler dieser die erfreuliche Nachricht, daß Goethe mit Riemer nun wirklich komme und in Dresden einige Tage verweilen wolle.

Diese Nachricht traf die versammelten Freunde wie ein Blitzstrahl. Jeder wollte ihn sehen, ihn sprechen, von ihm hören, seiner Gegenwart sich erfreuen. «Er wird kommen!» sagte im stolzen Selbstgefühle seiner Freundschaft mit dem berühmten Dichter der Buchhändler Frommann zu seiner Schwägerin, «ich werde ihn einladen, und gewiß wird er, wie früher in Jena, die Abende bei mir zubringen, und meine Freunde werden das Glück haben, ihn in meinem Hause zu begrüßen, ihn kennen zu lernen!»

Eines Morgens, während ich auf der Galerie arbeitete [wohl 17. September 1810], erscholl die Kunde: «Er ist da! Er ist auf der Galerie!»

«Ich habe ihn gesehen», rief Frommann, «ich habe ihn gesprochen, er ist in bester Laune!» Die Schwägerin meinte: «Ich weiß nicht, ob es nötig ist, ihm entgegenzugehen; ich denke, wir warten ihn hier ab.»

Diese Meinung drang durch. Aber als die imponierende Gestalt des Dichterfürsten, der trotz seiner einundsechzig Jahre in voller männlicher Schönheit strahlte, am äußersten Ende der Galerie sichtbar wurde, da flog sie ihm doch schnell entgegen.

Ich blieb allein, überrascht, verdutzt zurück. In kindischer Verlegenheit darüber, daß mir der Moment entschlüpft war, ihn auch sogleich zu begrüßen, flüchtete ich mich in eine Fenstervertiefung. Hier hörte ich, wie Goethe näher kam und an meiner Staffelei stehen blieb.

«Das ist ja eine allerliebste Arbeit, diese heilige Cäcilia nach Carlo Dolce!» hörte ich ihn sagen; «wer hat sie gemacht?»

Man nannte ihm meinen Namen; als er ihn erfahren hatte, schaute er um die Ecke und sah mich in meinem Versteck stehen. Ich fühlte das Blut in meine Wangen steigen, als er mir liebreich die Hand bot. In väterlich-wohlwollendem Tone drückte er seine Freude aus, mir hier zu begegnen, und ein Talent, von welchem er früher nie etwas gewußt, an mir zu finden. «Wo wohnen Sie, mein Kind?» fragte er weiter. «In der Ostra-Allee, neben dem Botanischen Garten», erwiderte ich.

«Da werde ich Sie besuchen; wir wollen zusammen den Botanischen Garten besehen und diese herrlichen Augustabende recht genießen. Auch kann ich Ihnen noch manches zeigen; es gibt Privatsammlungen hier, die Sie gewiß noch nicht kennen. Nur wünschte ich nicht, daß davon gesprochen wird», fügte er hinzu. Wie beglückt war ich durch diese unerwartete Güte!

3274 Riemer *18. September 1810*

Friedrichs Gemälde in Dresden waren es, welche Goethen zu folgender Reflexion veranlaßten:

«Die Menschen halten sich mit ihren Neigungen ans Lebendige. Die Jugend bildet sich wieder an der Jugend.» ...

«Die Claudes sind durch die in Italien reisenden Engländer wieder heraufgebracht und der Sinn dafür auf kurze Zeit geweckt worden.»

3275 Minna und Emma Körner an Theodor Körner *21. September 1810*

Goethe wird den Sonntag abend [23. September] bei uns zubringen und noch einige Freunde, er wünschte gern auch einige von unsern Geschäftsmenschen kennen zu lernen. Übrigens ist er ganz umgetauscht gegen Karlsbad, und Du würdest ihm nicht wieder erkennen, er ist lebhaft und unbefangen, und dadurch sehr genießbar.

3276 Ch. G. Körner an seinen Sohn Theodor *22. September 1810*

Goethen sehe ich oft. Er ist hier sehr heiter und mitteilend, hat viel Freude an den Gemälden der Emma, und dringt in uns, mit Dir künftiges Jahr nach Weimar zu kommen und bei ihm zu wohnen.

3277 W. v. Kügelgen:
Jugenderinnerungen eines alten Mannes *1870*

Während seines damaligen Aufenthaltes in Dresden habe ich indes den großen Dichter noch öfter anzustaunen Gelegenheit gehabt, und zwar stets mit einer Ehrfurcht, die sein königliches Wesen ganz von selbst hervorrief. Er schenkte meinen Eltern einen Mittag, und außerdem erinnere ich mich, daß wir [am 22. September 1810] die Rüstkammer miteinander besehen haben.

Diese ungemein reiche Sammlung alter Waffen befand sich damals noch in ihrem ursprünglichen Lokale, einem alten burgartigen Gebäude auf der Schössergasse ...

Goethe sah die Rüstkammer noch in ihrem alten Graus und freute sich daran. Noch sehe ich seine majestätische Gestalt mit der lebendigsten Teilnahme unter den gespenstischen Harnischen herumwandeln, welche wie lebendige Recken auf prachtvoll geschnitzten Streitrossen sitzend in den niedrigen Räumen des alten Lokales fast riesengroß erschienen. Einer besonders imposanten Gestalt nahm Goethe den von Edelsteinen funkelnden Kommandostab aus der Eisenfaust, wog ihn in der Hand und zeigte ihn uns Kindern.

«Was meint ihr», – sagte er – «mit solchem Szepter zu kommandieren, muß eine Lust sein, wenn man ein Kerl danach ist!» und er sah gerade aus, als wenn er selbst der Kerl danach wäre.

3278 A. v. Merian: Aufzeichnung

[Nach einer Begegnung mit Goethe, vermutlich am 23. September 1810 in Dresden.] Goethe war einfach angezogen, trug Stiefel, runden Hut, seine Orden. Seine Haare sind schwarz mit grau untermischt. Er hat eine sehr hohe, etwas zurückliegende Stirn, wie Homer und alle großen Dichter.

Sein Kopf, der eher schmal ist, spitzt sich gegen oben hinten zu. Schwarz, und schön, und immerfort in Bewegung sind seine Augen. Das Angesicht ist länglich und gefurcht, die Nase adlerisch. Seine Gestalt ist ansehnlich, gerade, fast zurücklehnend; sein ganzer Anstand männlich, sehr ernst, beinahe trocken. Er sprach von ganz gewöhnlichen Dingen auf eine ganz gewöhnliche Weise. Das tut er mit Fleiß. So war Goethe im September 1810.

3279 Louise Seidler: Erinnerungen

Als meine Nachbarin bemerkte, daß Goethe später oft in der Galerie auf und nieder wandelte und mit mir über Gemälde sprach, bat sie mich, ihn gelegentlich über die Bedeutung einer Schnecke zu fragen, welche im Vordergrunde einer uns gegenüber hängenden «Verkündigung» von Mantegna angebracht war. Ich benutzte einen günstigen Augenblick dazu, als der Dichter am nächsten Morgen, wie gewöhnlich, die Galerie besuchte.

«Diese Schnecke ist ein Zierat, meine Freundin, welchen die Laune des Malers hier angebracht hat! (Ich hole Sie heute mit dem Wagen ab, wir fahren zusammen spazieren)», flüsterte er mir dazwischen in aller Schnelligkeit zu; dann fuhr er in seinem vorigen Tone fort: «Die Maler haben oft solche Phantasien und Einfälle, denen nicht immer eine tiefere Beziehung zum Grunde liegt.» Er beendete nun seine Belehrung, als sei jene Einschaltung gar nicht gemacht worden.

Gegen Abend kam wirklich der Wagen. Goethe und Seebeck saßen darin; wir fuhren an dem herrlichen Augustabend durch Dresdens reizende Umgegend. So geschah es mehrmals; ich erlebte köstlichste Stunden. «Wo mag er nur die Abende zubringen?» hörte ich oft die Freunde fragen, «Riemer weiß auch nichts davon!» Ich hütete mich natürlich, zu plaudern und meinem Versprechen untreu zu werden; als armes, keineswegs immer willkommen geheißenes Anhängsel so mancher gesellschaftlichen Vergnügung fand ich im Gegenteil eine Art von stolzem Behagen daran, von dem allverehrten Manne im stillen so begünstigt zu sein.

Goethes Abschied von Dresden wurde mir erleichtert durch seine Einladung, ihn im Winter in seinem Hause zu besuchen. Er wollte mir erlauben, ihn zu malen, um mich dadurch als Porträtmalerin bekannt zu machen. Auch wünschte er, daß ich ihm meine Arbeiten zuschicke, damit er sie den Weimarischen Fürstlichkeiten zeige. Verwaist fühlte ich mich doch, als Goethe uns verlassen ...

3280 Louise Seidler an Schröder *4. Januar 1811*

Sie wissen noch nicht, liebster Freund, wie nahe ich in Dresden mit Goethe bekannt geworden bin, wie er sich meiner annahm, wie er sich mir durch seine Güte, durch seine väterliche Sorgfalt und Fürsorge noch täglich werter machte, wie ich ihn jetzt erst kenne, liebe und verehre ... man hat mir oft sehr wehe getan, besonders die Schopenhauer. Kein Tag verging, wo sie mich nicht durch Worte oder Mienen zu kränken suchte. Goethe erschien mir da als ein rechter Schutzengel und Rächer; er brachte zehn Tage in Dresden zu und übersah mit Einem Blicke meine Lage. Oder wollte er die anderen demütigen? Ich weiß es nicht, aber er war mir ein väterlicher, aufmerksamer, gütigster Freund, der die größten Aufmerksamkeiten für mich hatte, mich nicht nur bei meinen Arbeiten unendlich aufmunterte, sondern mich auch drei Mal selbst besuchte, mich überall mit hinnahm, mich in allem auszeichnete und sich außer um Seebeck, der beständig mit ihm war, gar nicht um die andern bekümmerte. Wie wohl mir dies tat, brauche ich Ihnen wohl nicht zu sagen. Ach, wenn man so allein steht, ist jedes freundliche Wort so viel wert, und nun nach so vielen Kränkungen sich so entschädigt zu sehen! Ich malte grade die heilige Cäcilie von Carlo Dolce (welche die Orgel spielt) – man hatte dies Unternehmen mit vielem Achselzucken bekrittelt, trotzdem ich es mit Zustimmung meiner Lehrer angefangen hatte. Goethe stopfte ihnen auch hierin den Mund, indem er meine Arbeit lobte und das Bild sehr passend für mich fand.

3281 Henriette Herz an Jonas Veit *9. Oktober 1810*

Ich habe wieder einmal eine schöne Zeit in Dresden verlebt ... und das Glück gehabt, Goethe kennen zu lernen, was mir ordentlich an meinem Leben gefehlt hatte. Nie hat irgendeines Menschen Ernst mich so ungewöhnlich abgestoßen, nie eine Liebenswürdigkeit mich so angezogen, als die ich abwechselnd in Goethes Gesicht sah. Auch kenne ich [in] ihm diese zwei Ausdrücke nur. Herrschender ist indessen doch der Ernst, obschon er im ganzen heiter war.

Ich habe manch gutes Wort von ihm gehört, und ihn gesehen und gesprochen zu haben, bleibt ein heller Punkt in meinem Leben.

3282 Henriette Herz: Erinnerungen

Schiller mußte auf die Mehrzahl der Menschen notwendig einen angenehmeren Eindruck machen als Goethe. Die äußere Erscheinung sprach allerdings im ersten Augenblick mehr für den letzteren. Aber er gab sich denjenigen gegenüber, welche ihn nicht besonders zu interessieren wußten, gar zu sehr seiner augenblicklichen Stimmung hin, und schien die Verehrung, welche ihm entgegengebracht wurde, als einen schuldigen Tribut zu betrachten, der auch nicht die kleinste Erwiderung seiner Seite erheische. Gewiß mag ihn die Neugier unbedeutender Menschen oft ungebührlich geplagt, und um eine edle Zeit betrogen haben, von welcher er fühlte, daß er sie ersprießlicher anwenden konnte. Aber ich habe ihn auch bisweilen von einem Kreise anerkannt tüchtiger Männer und strebender Jünglinge umgeben gesehen, welche alle, entbrannt von dem Wunsche, irgend eine Ansicht, eine Meinung nur, von ihm ausgesprochen zu hören, an seinen Lippen hingen, und doch, als die Beute eines langen, vielleicht ihr ganzes Leben hindurch ersehnten Abendes, nichts mehr als ein gedehntes: «Ei – ja!» oder «So?» – oder «Hm!» – oder bestenfalls ein: «Das läßt sich wohl hören!» – davon trugen ...

Goethe hatte ich noch nie gesehen, als ich während eines Aufenthalts in Dresden im Jahre 1810 in einer Soirée bei Frau Seidelmann, der trefflichen Sepiazeichnerin, plötzlich seine Ankunft berichten hörte. Ich äußerte meine Freude so lebhaft, daß der ebenfalls anwesende noch sehr junge Herzog Bernhard von Weimar ihn durchaus herbeiholen wollte, um mir seine Bekanntschaft sogleich zu verschaffen. Ich weiß nicht, wie er dies gegen Goethe hätte verantworten wollen, aber gewiß ist es, daß ich ihn noch in der Tür am

Rockschoße zurückhalten mußte, um ihn von seinem Vorhaben abzubringen. Am andern Morgen jedoch kam Frau Körner zu mir, um mich zu benachrichtigen, daß Goethe auf der Galerie sein werde. Natürlich eilte ich dahin. Hatte ich ihn gleich nie gesehen, dennoch erkannte ich ihn auf der Stelle, und ich hätte ihn erkannt, wäre mir auch nie ein Bildnis von ihm zu Gesicht gekommen. War schon seine ganze Erscheinung in aller Einfachheit imposant, so zeichnete doch vor allem sein großes, schönes, braunes Auge, welches sogleich den bedeutenden Menschen verriet, ihn vor allen Anwesenden aus. Er war so freundlich sich durch die Frau Seidelmann mir vorstellen zu lassen. Und da diese, eine Venezianerin von Geburt, nur italienisch und französisch sprach, so wurde die Unterhaltung anfangs in der letzteren Sprache geführt. Er drückte sich in derselben gut und mit Geläufigkeit aus. Da man jedoch in einer fremden Sprache, spreche man sie auch gut, immer nur sagt was man kann, in der eigenen aber was man will, so suchte ich es bald dahin zu wenden, daß wir deutsch sprachen.

Am Abend fand ich ihn bei Körners wieder. Da umstand ihn eben auch solch ein Kreis von Leuten, die nichts von ihm zu hören bekommen konnten. Und bald trat er zu mir heran, und sagte: «Geht's Ihnen wie mir, und hat das heutige Sehen der Gemälde Sie angestrengt, so setzen wir uns ein wenig, und nebeneinander.» Nichts konnte mir erwünschter sein. – Die Gemälde gaben den Stoff zur Unterhaltung. So Treffliches er auch über manche historische Gemälde sagte, so war ich doch hier nicht überall mit ihm einverstanden, denn ich gehörte damals, gleich dem ganzen Kreise meiner Freunde, der romantischen Richtung an, auch spukte schon von unseren deutschen Künstlern in Rom etwas von jener, bald auf die deutsche Kunst so einflußreich gewordenen Nazarenischen Richtung über die Alpen herüber. Und so hörte denn zum Beispiel die italienische Kunst für mich so ziemlich mit dem Meister auf, mit welchem sie für Goethe eben recht begann, mit Raffael. Aber da mir vor allem darum zu tun war, ihn zu hören, so hütete ich mich sehr ihm hierin zu widersprechen. Über

Landschaftsmalerei jedoch sagte er das Trefflichste. Hier war er ganz zu Hause. Der Dichter, der Kritiker, der Naturbeobachter und der ausübende Künstler gingen hier bei ihm Hand in Hand. Denn bekanntlich war er selbst meisterlicher Landschaftszeichner.

Wir sahen uns nun während seiner Anwesenheit in Dresden fast jeden Abend, denn alle seine Freunde und Bekannte waren auch die meinigen.

3283 Ch. G. Körner an seinen Sohn Theodor 28. September 1810

Goethe und Schleiermacher sind abgereist. Sie haben sich beide einander nicht sehr genähert. Ich erwähnte Schleiermacher einmal gegen Goethe, und er ging nicht darauf ein. Auch höre ich, daß er an einem dritten Orte wenig oder gar nicht mit ihm gesprochen hat. Ich habe sie daher nicht zusammen gebeten, was ohnehin Schwierigkeiten hatte, da Schleiermacher mit drei Frauenzimmern reist und Riquets alsdann nicht wegbleiben konnten. Mit Goethen waren bei uns [am 23. September] Geheimer Finanz-Rat Zeschwitz, Präsident Ferber nebst Gattinnen, Thielmann, Vieth, Detlev Einsiedel. Schönbergs waren verhindert. Hartmann, der wieder da ist, hätte ich nebst der Seidelmann gern dazu gebeten, aber ich getraute mir's nicht wegen des Aufsatzes über die Weimarische Ausstellung. Gleichwohl waren den Tag drauf bei Thielmanns Goethe und Hartmann im schönsten Vernehmen. Goethe war bei uns sehr gesprächig und heiter, aber nicht glänzend. Ebenso bei Thielmann, wo der Oberhofprediger [Reinhard] und Just waren, mit den[en] Goethe sehr wenig sprach. Montags früh [Dienstag, 24. September] war ich mit Goethen bei dem Baron Bloch. Die Edelstein-Sammlung schien Goethe sehr zu interessieren. Mir scheint sie von großem Werte zu sein, und ich begreife kaum, wie Bloch dazu kommen konnte. Dienstags abends war Goethe noch in der Singübung, und Mittwochs früh war seine Abreise bestimmt über Freiberg nach Löbichau, wo Du ihn vielleicht noch gesehen hast.

3284 *Emma Körner an Ch. Weber* 20. *November 1810*

Goethe war auch in Karlsbad, und ich war äußerst begierig, ihn nach mehreren Jahren wieder zu sehen, die erste Zusammenkunft mit ihm entzückte mich indessen nicht, da er immer etwas Steifes hat, ehe man genauer mit ihm bekannt wird, und obgleich er meine Eltern doch nun schon so lange kennt, konnten wir es doch während unsers ganzen Aufenthalts in Karlsbad nicht dahin bringen, mit ihm auf einen zutraulichern Ton zu kommen, aber bei einen Aufenthalt von vierzehn Tagen, den er nach vollendeter Badekur in Dresden machte, hat er uns reichlich für diese Förmlichkeit entschädigt, indem er ein ganz andrer Mensch war, als wie wir ihn früher gesehn, und seine Art sich über so manche Gegenstände mitzuteilen uns unendlichen Genuß gewährt hat. Er nimmt großes Interesse an Musik, und unsre kleine Singakademie machte ihm sehr viel Freude. Dresden hat ihm so wohl gefallen, daß er uns versprochen künftiges Jahr wieder hier durchzugehn und dann einen längern Aufenthalt zu machen, er hatte uns auch eingeladen ihm diesen Winter in Weimar zu besuchen, was aber bei den Vater seinen Geschäften leider ganz unmöglich ist.

Einige kleine Gedichte, welche er an die Kaiserin von Östreich gemacht, und seine *Pandora* ausgenommen, haben wir nichts Neues von seinen poetischen Produktionen gesehn, er sagt selber, daß er diesen Sommer nicht sehr fleißig gewesen, da ihm Kränklichkeit oft daran verhindert hat. Von den Wanderungen *Wilhelm Meisters* ist manches fertig, wird aber noch nicht so bald erscheinen, und wie er uns sagte, wird die Fortsetzung derselben in einen ernsten strengen Geschmack sein, und wenig mit den lieblichen Bildern gemein haben, von denen er uns in den Cottaschen Almanach vorigen Jahres eine Probe gegeben.

3285 *Varnhagen: Tagebuch* 28. *Juni 1843*

General von Rühle erzählte mir, Goethe selbst habe ihm einmal [im September 1810?] gesagt, er habe die erste Anregung zu den «Wahlverwandtschaften» durch Schelling erhalten, wie Kapp in seinem Buche richtig bemerkt. In der

Charlotte wollte man die Herzogin Louise erkennen, in dem Hauptmann den Freiherrn von Müffling, jetzigen Gouverneur von Berlin, in Luciane einige Züge der Fräulein von Reitzenstein, und so noch andre, – in dem Maler einen jungen Künstler aus Kassel. – Goethe sagte einmal zu Rühle: «Ich heidnisch? Nun, ich habe doch Gretchen hinrichten und Ottilien verhungern lassen, ist denn das den Leuten nicht christlich genug? was wollen sie noch Christlicheres?»

3286 Riemer *26. September 1810*

Gegen 6 Uhr fortgefahren. Nach Tische in Freiberg angelangt. Zu Berghauptmann Trebra. Dessen Kabinett besehen. Dann in die Modellkammer.

3287 S. G. Frisch: Lebensbeschreibung A. G. Werners *1825*

Chenevix behauptete, die Oryktognosie sei in Freiberg nur als Kunst betrieben worden. Fast mit ihm übereinstimmend äußerte sich Goethe gegen den Verfasser dieser Schrift in der einzigen Unterredung, welche diesem mit jenem vergönnt gewesen ist [wohl 26./27. September 1810]. «Werners Oryktognosie», sagte er, «ist mehr eine Kunst, als eine Wissenschaft; wird von ihm mehr nach einem feinen Takt geübt, als durch Belehrung auf andere übergetragen.»

3288 F. W. H. v. Trebra an Goethe *5. Oktober 1810*

[Über Goethes Besuch vom 26. bis 28. September 1810.] Von meinen Freunden nehme ich nicht Abschied, sprach er, hielt Wort und verschwand, ebenso schnell, und unerwartet, als er erschienen war. Meinen Sohn werd' ich gewiß auf ein Jahr nach Freiberg schicken, versprach er, und wird gewiß Wort halten, ehe ich verschwinde, denn ich werde dies einst einmal auch tun, ohne Abschied zu nehmen. Was doch die Bergleute verwegen sind, auf so viel Tiefe ein Bohrloch in den Felsen niederzustoßen! sagte er, und ich antwortete: Gleichwohl muß ich mich hängen, wenn wir mit diesem Bohrloche auf der Saline Teuditz nicht den Zweck, die Sole erreichen.

Ich darf mich nicht hängen, die Sole ist glücklich erbohrt worden …

3289 Riemer *28. September 1810*

Fortgefahren, über Ederan nach Chemnitz. Mit Hofrat Thiersch in die Baumwollenspinnerei zu 2500 und zu 27000 [2700?] Spindeln. Köstlicher Mechanismus, besonders von vorn herein, wie die Wolle zum Faden vorbereitet wird. Abends mit Goethe und Dr. Seebeck, Unterhaltung über Literatur und das Verderben, das durch Heyne und Friedrich Schlegel unter die jungen Leute gebracht worden. Abschied von Seebeck.

3290 Riemer *September 1810*

[Goethe:] «Jedes Kunstwerk motiviert nur durch causas proximas, nicht durch remotas oder remotissimas, weil es sich *isolieren* muß. Das Motivieren, das ins Detail geht, haben die Engländer aufgebracht.»

3291 Riemer *1. Oktober 1810*

[Goethe:] «Der Unterschied zwischen alter und neuer Kunst ist kein solcher, wie ihn die Herren Unterscheider von Antik und Romantisch machen, sondern die neue Kunst ist nur eine limitierte alte, eines *Unzulänglichen* in Form und Stoff. Hier tritt die Sehnsucht ein statt der Befriedigung. Auf die Befriedigung kann jedoch eine neue Sehnsucht (nach der Fortdauer, Wiederkehr etc.) eintreten, aber die Sehnsucht *nach* dem Genuß ist ein anderes als die *ohne* allen Genuß.»

3292 Knebel an seine Schwester *3. Oktober 1810*

Ich schrieb kaum gestern diese letzte Zeile, als Goethe mit lautem Geräusch meine Treppe herauf kam und zu mir herein trat. Er kommt mit frischem Geist und Mut und hat mancherlei Neues gesehen. Gerne erzählte er von der östreichischen Kaiserin, wie sie lieblich sei, wohlunterrichtet, durchaus ohne Leidenschaft, aber voll gutem Geist, jedem nach seiner Art ihr Wohlwollen zu bezeugen, und immer heiter im Geiste und voll Gunst gegen jedermann. Sie habe zwei Lehrer gehabt, die sie vorzüglich wohl unterrichtet hätten und ihr die Geschichte und andre Wissenschaften als Schulunterricht gaben, wovon sie sich viele Hefte mit Fleiß aufgehoben. In der Geschichte sei sie durchaus bewandert, und über Montesquieu und andre berühmte Schriftsteller spräche sie, als wenn sie solche gestern gelesen hätte, und räsonnierte selbst nach ihrer kaiserlichen Art sehr wohl darüber. Von des Königs in Holland gutem Verstand, großer Unterrichtung und menschenfreundlichem Wesen erzählten sie mir nur weniges, weil Goethe mittags sogleich wieder nach Weimar abfuhr. Ich hatte gestern vielen Besuch von denen, die Goethe nur einen Augenblick sprechen wollten, und unter andern von dem Schuldirektor Niethammer aus München, der ein feiner Mann ist und dessen Nachrichten von den bayerischen Unterrichtsanstalten denen, die Goethe von der jetzt in Böhmen aufblühenden Kultur uns gab, so schnurstracks zuwider liefen. Dieser erzählte nämlich, daß man in Böhmen und vorzüglich in Prag sich sehr zu kultivieren anfange, und dies vorzüglich durch Anstiften einiger Privatpersonen von Vermögen. Diese hätten unter andern eine große Zeichenschule in Prag gestiftet, die ausgebreiteten Nutzen verschaffe; aber auch alle Wissenschaften und feinern Künste fingen an daselbst empor zu kommen; und sie hätten einige ganz vorzügliche Menschen hiezu, worunter er unter andern einen jungen Mann Bolzano nannte, dessen Bekanntschaft er in Karlsbad gemacht, und der eben jetzt ein kleines Werkchen von sehr vorzüglichem Werte und Geist herausgegeben habe. Das macht doch Freude! – Goethe denkt etwa in vierzehn Tagen wieder hier zu sein, um dann länger zu verbleiben. – In Dresden war er sehr vergnügt, und beschäftigte sich sehr mit den dortigen Schätzen der Kunst. Auch die Gegend hat sehr viel Annehmliches …

3293 Riemer *6. Oktober 1810*

Ins Theater. Don Carlos. Goethe war auch drin, wartete aber das Ende nicht ab. Studentenhafte Ansicht der Welt und ihrer Verhältnisse, in dem Stücke, das sehr zusammengeschnitten ist. So rächt sich die Formlosigkeit. Was stetig gemacht ist, erlaubt hernach nicht solche Verkürzungen. Es muß gleich anfangs flügelmännisch angelegt sein wie in den französischen, ja selbst im Sophokles. Abends unter uns mit Demoiselle Ulrich und Frau Geh. Rätin.

3294 *Riemer* *7. Oktober 1810*

Bei Goethe Briefe und Promemoria, Augusts Beförderung betreffend.

3295 *Charlotte v. Schiller an Prinzessin Caroline* *9. Oktober 1810*

Ich bin mit unserem Meister in einer Stunde hier [in Weimar] angekommen, und er ist mild und heiter und freundschaftlich; er hat mich auch schon besucht gestern. Er war auch in Dresden und bei der Herzogin von Kurland [in Löbichau]. Er hat viele Zeichnungen aus Faust und Götz mitgebracht, die wir alle sehen sollen, solange es seine Gesundheit erlaubt (denke ich mir).

3296 *Knebel an seine Schwester* *10. Oktober 1810*

Diesen Morgen war der große Hendrich bei mir, der mich mit mancherlei nach seiner Art regalierte. Erstlich versicherte er mich, daß Goethe so bald nicht hieher [nach Jena] kommen würde. Der Herzog habe ihn engagiert, daß er wöchentlich wenigstens zweimal bei Hofe speisen müsse; dafür schenke er ihm Kutsche und Pferde und gebe ihm auch Unterhaltung für diese.

3297 *Charlotte v. Schiller an ihren Sohn Karl* *19. Oktober 1810*

Bei Geheimrat Goethe ist die Sonntagsmusik wieder in Gang. Er ist freundlich und heiter gestimmt.

3298 *Ch. A. Vulpius an N. Meyer* *21. Oktober 1810*

Der Geheimerat v. Goethe ist kerngesund aus Teplitz wiedergekommen und rühmt die Güte der dortigen Quellen sehr. Durchlaucht der Herzog hat ihn mit zwei schönen

Pferden beschenkt, Zeug dazu und Fourage für dieselben. Er ist jetzt recht froh und bei Laune. August ist Kammer-Assessor geworden …

3299 Pauline Gotter an Schelling *8. November 1810*

Nun kann ich meine letzte Seite wohl nicht besser ausfüllen, als indem ich Ihnen von unserem lieben alten Herrn rede, den ich leider noch nicht wieder erblickt, von dem ich aber weiß, daß er über alle Beschreibung wohl und heiter und wahrhaft vergnügt von seiner Reise zurückgekehrt ist. Wir zürnten ein wenig auf ihn, daß er durch Jena gehen konnte, ohne einen Seitensprung hierher [nach Drakendorf] zu tun; neulich hat er aber so artig sein Verlangen ausgedrückt, uns bald zu begrüßen, daß wir ihm um der schönen Worte willen verziehen haben; so gutmütige Geschöpfe sind wir. – Der Herzog tut alles mögliche, ihn wieder an Hof zu ziehen, er schenkt ihm Equipage, stellt seinen Sohn an und bezeigt ihm die artigsten und feinsten Aufmerksamkeiten, alles in der Absicht, daß Goethe diesen Winter nicht nach Jena gehen soll, was sein Plan war; ich wette aber, daß er ihn doch noch ausführt und Hof und Stadt zum Trotz seinen Musensitz aufsucht …

3300 Riemer *23. Oktober 1810*

Äußerung Goethes: «Doppelte Ansicht der literarischen Produktionen, moralisch und ästhetisch, nach ihren Wirkungen, und nach ihrem Kunstwert. Gewirkt hat das schlechteste Werk so gut als das beste, der Werther, der Siegwart, der Messias, Geßners Idyllen, der schlechteste Roman wie der beste; aber sie sind nicht alle – Kunstwerke.»

3301 Charlotte v. Schiller
an Prinzessin Caroline *1. November 1810*

Der Meister ist gar galant und freundlich, und ich freue mich, daß die Großfürstin sich mit ihm viel unterhält. Sie hat auch eine Freude jetzt, sich über Kunst mitzuteilen, über Geschichte, und wir haben einige recht schöne Abende erlebt.

Am 26. Oktober, wo großer Ball war, und der Meister mit seinem Sohn erschien (der Kammerassessor geworden), entstand eine höchst komische Situation, die ich Ihnen vortragen muß. Man meldete seinen Wagen vor dem Souper, und ich nahm seine Einladung an, mit nach Hause zu fahren. Als wir auf die Treppe kommen, sagte er, ich möchte verzeihen, wenn er langsam ginge, denn er habe seit mittags Schmerzen von neuen Schuhen, die er sich in Dresden habe machen lassen. Daß er gerade mich erwählte, mit ihm nach Hause zu fahren, die auch an demselben Übel durch Pariser Schuhe litt, war aber recht lustig, und wir haben recht darüber gelacht. Und Sie können sich unsere beiden nicht unansehnlichen Gestalten auf der gewundenen Treppe wohl nicht ohne Lachen denken, und beide gleiche Not fühlend. Zudem kam, daß sein Kutscher durch alle Straßen der Stadt fuhr, bis er in die Esplanade gelangte.

Ich schreibe recht stückweise heut. Die chère mère, die Ihnen die Hand küßt, ist seit vorgestern hier bei mir, und liest eben in Fernows Leben.

Der Meister hat meine Aperçus gelobt.

3302 Böttiger an Rochlitz *11. November 1810*

Die Großfürstin fragt ihn [Goethe] über seinen Aufenthalt in Dresden und setzt hinzu: «Da werden Sie ja wohl auch Ihren Freund Böttiger» (sie ahndete nichts Arges) «gesehen haben.» «Nein!» antwortete Goethe mit stolz zurückgeworfnem Kopf, «er hat sich wohl in acht genommen, mir unter das Auge zu treten.» Ich weiß dies von jemand, der bei dieser Unterredung gegenwärtig war.

3303 Riemer *31. Oktober 1810*

Als ich Goethe zur Fortsetzung der *Pandora* ermunterte, sagte er: «Wenn er seine Schätze heben wolle, so versänken sie immer wieder zurück, und er sähe die glühenden Kohlen gar nicht mehr, die sich ihm verlöschten.»

3304 Riemer an Frommann *31. Oktober 1810*

Goethe ist wohl, und sehr oft an Hof, wodurch man dort sehr glücklich ist, indem er die beste Laune mitbringt. Er empfiehlt sich Ihnen und bittet,

1.) die spezifizierten Exemplare gefälligst herüber zu senden;
2.) ihm anzuzeigen, ob Sie die von ihm bemerkten Exemplare an die respektiven Personen haben abgehn lassen;
3.) ob der Klavierauszug der Johanna Sebus an Herrn Präfekt Leverberg abgesandt worden; und
4.) um gefällige Rechnung aller für ihn gehabten Auslagen, für Druck etc. etc.

3305 Riemer: Mitteilungen über Goethe *1841*

[Goethe am 1. November 1810:] «Im Egmont sei die Partie des griechischen Chors unter die zwei Liebenden, unter Clärchen und Albas Sohn verteilt. Diese stellten denselben vor; das eigentliche Volk sei, wie gewöhnlich, ohne Teilnahme.»

3306 Charlotte v. Stein an ihren Sohn Fritz *3. November 1810*

Goethe sagte mir, er habe Dir schon lang geschrieben, ihm ein Verzeichnis von den Münzen zu schicken, die Du von ihm hast, weil er Dir mehrere zugedacht hat und Dir keine Dubletten schicken möchte ... Lies *Fernows Leben*, von Madame Schopenhauer herausgegeben, das sehr hübsch geschrieben ist. Goethe schätzt sie sehr, nennt sie das interessante Weibchen; das ist sie mir nicht, aber ihr Buch ist hübsch.

3307 Riemer *5. November 1810*

Aus einem Gespräch mit Goethe.

Tyrannentöter in der deutschen Literatur, zu einer Zeit, wo es gar keine Tyrannen gab, wo unter die Fürsten das Bestreben nach Humanität gekommen war. – Aus der Wäßrigkeit und Breite ging man zuerst zur Konzinnität (Gedrängtheit) über. Ramler, Haller. Lessing war zuerst noch weitschweifig. Diese Schritte gegen sich selbst machte auch

Goethe; nur ist aus dieser Periode wenig von ihm übrig; bloß die Lieder bei Breitkopf, die Laune des Verliebten und die Mitschuldigen.

Nach dieser Systole war er der erste, der sich wieder diastolisierte im Götz etc.

3308 Falk: Goethe aus näherm persönlichen Umgange dargestellt *1832*

Es war am 10. November 1810, als Goethe nicht längst von Teplitz zurückgekommen war. Folgende nähere Umstände über seinen dortigen Aufenthalt habe ich damals wörtlich, wie er sie mir mitteilte, niedergeschrieben.

Er wohnte daselbst in dem nämlichen Hause, wo sich auch der König von Holland einmietete. Goethe wollte sogleich ausziehen und die ganze Etage räumen, der König aber litt es nicht, sondern erklärte, daß er auf keinen Fall Gebrauch davon machen würde.

Goethes Urteil über den König von Holland, den er von nun an zum öftern sah, und mit dem er, nur durch die Tür eines Schlafzimmers von ihm getrennt, eine Zeitlang in Teplitz zubrachte, bin ich im Stande, da ich dies noch an demselben Abende schreibe, aus treuem Gedächtnis wiederzugeben. «Ludwig», sagte Goethe, «ist die geborene Güte und Leutseligkeit, so wie sein Bruder Napoleon die geborene Macht und Gewalt ist. Sonderbar überhaupt sind die Eigenschaften unter diesen Brüdern gemischt und verteilt, die doch als Zweige einer und derselben Familie angehören. Lucian zum Beispiel verschmähte ein Königreich und beschäftigte sich zu Rom mit der Kunst. Mit dem sanften Ludwig scheint die Niederlegung eines zweiten Königreiches in so stürmischen Zeiten, wie die unsrigen, geboren zu sein. Milde und Herzensgüte bezeichnen jeden seiner Schritte. Sonach ist es keineswegs Eigensinn, wie man gemeint hat, der ihn zu dieser auffallenden Handlung, seinem Bruder gegenüber, verleitete; im Gegenteil ist Ludwig einer der sanftmütigsten, friedfertigsten Charaktere, die ich im Laufe meines Lebens kennen lernte; nur, was freilich eben daraus folgt, daß ihn alles Ungerechte, Ungesetzmäßige, Unbarmherzige in tiefster Seele verletzt und ihm gleichsam von Natur zuwider ist. Irgend ein Tier gequält, ein Pferd gemißhandelt, oder ein Kind leiden zu sehen, erträgt er nicht; man sieht es seinen Gebärden, seinem ganzen Benehmen in solchen Lagen an, es empört sein Inneres; es macht ihn unglücklich, wenn in seiner Gegenwart etwas Rohes geschieht, ja, wenn er auch nur davon erzählen hört. Vorfallende Unschicklichkeiten, in Beziehung auf seine Person, vergibt er weit leichter. Eine schöne Seele, eine überall ruhige Fassung des Gemütes, im Hintergrunde Gott ohne die geringste religiöse Schwärmerei: das sind die ersten, die wesentlichsten Grundzüge zu Ludwigs Charakter, die dabei zugleich einen Teil eines ganz unverfälschten Wesens ausmachen, das nicht etwa anerzogen, angelernt, sondern dieser schönen Natur ganz eigentümlich ist. Wie ein glänzender Silberfaden zieht sich die Religion durch alle seine Gespräche und Urteile; sie erheitert gleichsam den dunkeln Grund seiner oft etwas schwermütigen Lebensbetrachtung. Was irgend in der Weltgeschichte sein schönes sittliches Wesen schmerzlich berührt, erhält sogleich eine sanfte Abweisung. Er verwirft daraus alles, was nach seinem Gefühle nicht recht und wider die göttliche Vorschrift ist. Hieraus entsteht notwendig die Beschränkung seines Urteils in manchem Stücke, die aber durch die Ruhe eines schönen Gemütes unter allen noch so trübseligen Umständen reichlich aufgewogen wird. Die Zeit ist nach seiner Meinung heftig verworren und sehr böse; aber daraus folgt keineswegs, daß sie immer so bleiben werde. Man darf in seiner Gegenwart keine Maxime aussprechen, die irgend einer seiner christlich moralischen Ansichten zuwiderlautet oder sie gar aufhebt; sonst wird er still, wortkarg, oder wendet sich, jedoch ohne Streit und Widerspruch, aus dem Gespräche. Als er nach Teplitz kam, fühlte er sich so schwach, daß man ihn führen mußte; in der Folge ging es aber besser. Wie es einem so zart und empfindlich gestimmten Wesen gelingen konnte, den schweren Kampf zwischen Holland und seinem eisernen Bruder durchzukämpfen, ohne daß das Gewebe seiner

Nerven zerriß und er selber zu Grunde ging, ist mir noch immer ein Rätsel. Es ist bewundernswürdig, daß die Macht der Idee ihn so über den widerwärtigen Umständen emporgehalten hat. Was er als Oberhaupt einer berühmten Nation dieser, was er sich selbst schuldig zu sein glaubte, nachdem er sich dessen einmal als König von Holland bewußt geworden war, verfolgte er auch gegen Frankreich und gegen seinen Bruder mit demjenigen strengen und sittlichen Ernste, der seiner Natur eigen ist. Von dem Augenblicke an, wo Napoleon von der Schelde, von dem Rheine, von der Maas nur noch wie von den Adern des großen französischen Staatskörpers sprach und das Blut, was die tapfern Vorfahren unter Philipp dem Zweiten, um Holländer zu sein, so heldenmütig verspritzt hatten, gar nicht weiter in Anschlag brachte, blieb ihm nichts anderes übrig, als einen Thron zu verlassen, den er nicht länger glaubte auch nur mit einiger Würde behaupten zu können. Es ist dieses sonach kein Schritt, der, um Aufsehen zu erregen, von ihm getan wurde, sondern alles, was in dieser Sache öffentlich geschehen ist, geht vielmehr aus der innersten Überzeugung eines Wesens hervor, dem die Ruhe und der Friede eines guten Gewissens das schätzbarste Kleinod auf Erden sind und mehr als der Besitz eines Thrones gelten. Hiezu kommt noch eine äußerst liebliche Erscheinung, die besonders seinem Umgange eine große Annehmlichkeit erteilt. Man bemerkt nämlich weder Philosophie, noch Grundsätze, noch irgend etwas dergleichen in seiner Unterhaltung, was von irgend einer Seite scharf und verletzend für die Andersgesinnten hervortritt; es ist vielmehr die reine, gütige Natur selbst, die vor uns steht und, ihren angeborenen sanften Trieben gemäß, heitere Geständnisse ablegt. *Grundsätze haben noch Logik und lassen Streit, Zweifel und Auslegungen zu; das echte Gewissen aber kennt bloß Gefühle und geht geradewegs auf den Gegenstand zu, den es liebend zu umfassen gedenkt und, wenn es ihn umfaßt, auch nie wieder losläßt.* Wie die unschuldige Herde auf der Wiese diejenigen Blumen und Kräuter, welche ihr der Instinkt als giftige ankündigt, oder als schädliche verbietet, nicht mit Füßen zerstampft, oder sie voll Unmut und Ingrimm zerstört, sondern ruhig stehen läßt, weitergeht und bloß das nimmt, was ihr eigentlich zur Nahrung dient und ihrer sanften, friedfertigen Natur gemäß ist, ebenso betrachte ich die Neigungen und Abneigungen einer wahrhaft sittlich schönen Natur, vor welcher alle jene in Schulen angelernte Künste notwendig beschämt in den Hintergrund zurücktreten müssen.»

«Ich kann sagen, daß, wo ich in meinem Leben das Glück hatte, einer solchen wahrhaft sittlichen Erscheinung zu begegnen, sie mich ausnehmend anzog und erbaute, wie ich denn auch in dieser Zeit meinen Freunden in Teplitz sehr oft zu sagen pflegte: man verläßt den König von Holland nie, ohne daß man sich besser fühlt. Mit großer Seelenerhebung gestand ich es mir selbst, wenn ich ihn so ein paar Stunden gesehen und gehört hatte: wenn dieses anmutig zarte und beinahe frauenhaft entwickelte Wesen in so großen, ungeheuern Weltverhältnissen das konnte, solltest du als Privatmann in beschränkten Kreisen nicht dasselbe leisten können, oder wenigstens Mut und Fassung aus seinem Beispiel zu schöpfen im Stande sein? Es läßt sich schon ahnen, daß ein aller sittlichen Anerkennungen so fähiges und schönes Gemüt auch vor dem Charakter aller nordischen Völker und ihres Tuns und Lassens eine gleichsam angeborene Ehrfurcht in sich trägt. Daher zeigen sich im Könige von Holland stille Anneigungen zu Preußen und Sachsen. Man möchte wohl mit dem Schicksale rechten, wofern nicht andere und tiefere Pläne desselben im Hintergrunde der Zeit liegen, die wir nicht zu erraten im Stande sind, daß es gerade seinen Bruder und nicht ihn zum Könige von Westfalen machte.»

«Ernst mit Sitte verbunden, beide ohne die geringste Strenge, Frömmigkeit ohne allen Stolz und Dünkel, ohne irgend eine trübe Beimischung von Furcht und Aberglauben, grundredlich und grundgütig zugleich – sollte man nicht glauben, daß dieser Charakter gänzlich dazu geeignet war, mit allem, was der deutsche Charakter Vortreffliches oder Schätzenswertes an sich trägt, eine innige Verbindung, ja Durchdringung einzugehen? Aber auch in solchem an sich so erwünschten Falle würde schwerlich so viele angeborene Herzensgüte, wenigstens auf keine Weise mit Beibehaltung von Ludwigs Verhältnis zur französischen Nation, sich auf die Länge frei und selbständig behauptet haben, und es würde nur allzu bald wiederum ebenso wie in Holland gegangen sein. Sein Reich ist nicht von dieser Welt und noch weniger von dieser Zeit.» –

«In den Umgebungen des Königs begegnete ich einem Doktor, dessen Ansichten oft etwas schroff, um nicht zu sagen katholisch beschränkt, waren. Er sprach sogar manchmal *von der allein seligmachenden katholischen Kirche*, was aber der König im Gespräche nie aufnahm, der, wie gesagt, ebenso mild als ernst und menschlich in seinen Ansichten, sich keiner Einseitigkeit hingab. Ich suchte meine Fassung in solchen Fällen so viel nur immer möglich beizubehalten; einmal aber, da er wieder einige fast kapuzinermäßige Tiraden, wie sie jetzt gäng und gäbe sind, über die Gefährlichkeit der Bücher und des Buchhandels vorbrachte, konnte ich nicht umhin, ihm mit der Behauptung zu dienen: das gefährlichste aller Bücher, in weltgeschichtlicher Hinsicht, wenn durchaus einmal von Gefährlichkeit die Rede sein solle, sei doch wohl unstreitig die Bibel, weil wohl leicht kein anderes Buch so viel Gutes und Böses, als dieses, im Menschengeschlechte zur Entwickelung gebracht habe. Als diese Rede heraus war, erschrak ich ein wenig vor ihrem Inhalte; denn ich dachte nicht anders, als die Pulvermine würde nun nach beiden Seiten in die Luft fliegen. Zum Glück aber kam es doch anders, als ich erwartete. Zwar sah ich den Doktor vor Schrecken und Zorn bei diesen Worten bald erbleichen, bald wieder rot werden, der König aber faßte sich mit gewohnter Milde und Freundlichkeit, und sagte bloß scherzweise: ‚Cela perce quelquefois, que Monsieur de Goethe est hérétique.‘ (Zuweilen blickt es doch ein wenig durch, daß Herr v. Goethe ein Ketzer ist.)»

«Zu Amsterdam fühlte sich der König so sehr als Holländer, daß es ihn wenigstens, solange er in dieser Stadt lebte, sehr verdroß, daß die Großen daselbst häufig ihre Muttersprache vernachlässigten und fast nichts als Französisch sprachen. Wenn Ihr nicht Holländisch sprechen wollt, sagte er zu einigen von ihnen halb im Ernste und halb im Scherze, wie mögt Ihr nur glauben, daß sich irgend jemand sonst in der Welt die Mühe geben wird, es zu sprechen?»

3309 Pauline Gotter an Schelling *27. Dezember 1810*

Jetzt bin ich dabei, die Farbenlehre zu lesen, Goethe gab sie mir, herauszusuchen, was mir Vergnügen gewähren könnte; nun schrieb er aber neulich ganz boshaft, es freue ihn, daß ich mich daran abmüdete, ich würde ihn wohl nächstens verwünschen und das verräterische Geschenk ins Feuer werfen, er hätte mir es auch nur für meine Sünden gegeben. Bis jetzt habe ich es aber noch nicht den Flammen übergeben. Das Wiedersehen dieses lieben Freundes war eine schöne heitere Unterbrechung in unserem sonst so einförmigen Leben. Wir waren einen Tag in Weimar [10. November], er besuchte uns gleich, dann ging ich mit ihm ins Theater, wo uns ein schlechtes Stück völlige Freiheit ließ, uns nach einer so langen Trennung recht angelegentlich zu unterhalten. Er schrieb früher: die Zeit und die Abwesenheit hätten nichts an ihm und seinen Gesinnungen verändert, und ich fand es auch wahr, er schien ebenso herzlich, ebenso liebevoll wie sonst, was mich innig freute, wenn auch die lebhaftern Versicherungen seiner Zuneigung mich stets beschämen; denn ich fühle recht gut, daß ich sie mehr dem zufälligen Zusammentreffen der Umstände als mir selbst zu verdanken habe. Ich habe Goethen von Ihnen, werter Freund! Grüße gebracht, die er schönstens erwiderte; er freute sich sehr, daß ich ihm sagen konnte, Sie hätten sich mit seiner Farbenlehre diesen Sommer beschäftigt, und er äußerte sehr lebhaft den Wunsch, einmal mündlich mit Ihnen darüber sprechen zu können. Künftige Woche haben wir die frohe Aussicht, ihn ganz in unsere Nähe zu bekommen, er bringt vierzehn Tage in Jena zu, um an Hackerts Leben fleißig zu arbeiten, das die Ostermesse erscheinen soll. Er hat von Dresden aus Kompositionen zu seinem Faust erhalten, mit denen er sehr zufrieden ist, die Hexenküche und den Spaziergang vorstellend. Kügelgen hat ihn diesen Sommer zum zweiten Male gemalt, und Frommann hat eine Kopie von diesem Bilde seiner Frau diese Weihnachten geschenkt ...

3310 Pauline Gotter an ihre Mutter *4. Januar 1811*

Ich frug Goethe, ob er nicht auch *Die Blume und die Schärpe* [von Calderon], unser Lieblingsstück, aufführen lassen wollte. Er ist ebenso entzückt wie wir davon, meinte aber, es sei doch beinah zu zart, um es auf das Theater zu bringen. Die Andacht am Kreuz wird dann nach dem Standhaften Prinzen eingelernt werden ... Daß Dir Wanda [von Z. Werner] nicht gefallen, hab ich mir vorgestellt, Du denkst auch wie Sophie Baumbach, die damals sehr naiv äußerte: so eine Vereinigung nach dem Tode gefiele ihr gar nicht, über welche Äußerung sich der alte Herr fast ausschüttete, aber ihr auch vollkommen recht gab ... Für mich allein studiere ich noch immer fleißig die Farbenlehre, und sie interessiert mich gewaltig, ob der Verfasser nicht einen kleinen Teil daran hat, will ich nicht bestimmen.

3311 Riemer *13. November 1810*

Mittags mit Goethe allein gegessen. Über die Aufführung und Besetzung von Faust.

3312 Riemer *13. November 1810*

Bei Gelegenheit von Philippus Neri, der in seiner Jugend sich ein paar Brustrippen zerbrochen, wodurch das Herz zu viel Spielraum bekommen, weswegen er auch immer an Herzklopfen gelitten, bemerkte Goethe: «Es sei ein Wahn, was man von einem großen Herzen behaupte. Die ärgsten Lumpe hätten immer die größten Herzen gehabt. Das eigentliche Leben sei in den Adern, außenhin, und das Herz nur, wie bei den Röhrenfahrten, der Punkt, von wo aus die Richtung bestimmt wird.»

3313 Riemer *14. November 1810*

[Goethe:] «Die Vollkommenheit der Technik, könnte man beinahe sagen, schließt die Kunst aus in allem, was zum

Lebensgenuß, zum Komfort etc. gehört, weil sie auf das Mathematische, das heißt auf das *Notwendige* geht.»

3314 Riemer

Bei einem Aufsatz über Iffland im Mode-Journal November 1810.

[Goethe:] «Unsere Kunstrichter werden *transzendent*, da sie bloß das *Transzendentelle* wollen sollten; sie sprechen immer das aus, was sie verschweigen sollten, wie es der Künstler (Iffland) ja selbst mache, der das, *woraus* er etwas tue, verschweigt. Sie hängen immer die Ringe an Zeus' Ruhebette auf. Mir kommen sie vor wie die katholischen Priester, die überall das Meßopfer bringen. Diese Art von Ästhetik ist nicht produktiv, denn man kann nicht mehr darüber hinaus.»

3315 Riemer

[Goethe:] «Die jetzige Generation entdeckt immer, was die alte (vorhergehende) schon vergessen hat.»

3316 Riemer *Mitte November 1810*

[Goethe:] «Das Lebendige schon muß man schätzen. Alle Literatur, italienische, französische, deutsche, ist wie eine Gestaltung aus dem Wasser zu Mollusken, Polypen und dergleichen, bis endlich einmal ein Mensch entsteht.

Hauy ist ja auch etwas, ein Mensch, wer kann leugnen, daß er einen Einfall habe? Lieber Gott! was sind wir denn alle? etc.»

3317 Knebel an seine Schwester *15. November 1810*

Nach Weimar komme ich jetzt selten oder fast gar nicht ...

Goethe soll sehr wohl sein. Er geht öfters nach Hof, und ist auch sonst, wie ich höre, sehr umgänglich. Schwerlich dürfte er vor dem Frühjahr auf längere Zeit hieher kommen. Seinem Sohn hat der Herzog den Kammerassessor-Titel gegeben, und ihm den Zutritt bei Hof erlaubt.

3318 *Charlotte v. Schiller an ihren Sohn Karl* *23. November 1810*

Neulich hat uns Wolff bei Frau von Schardt ein paar Lieder von Hebel deklamiert ... Die Geschichte von dem Bergmann in Falun hat uns der Geheimrat Goethe in einer Gesellschaft [am 16. November] vorgelesen. Wir haben alle geweint. So rührend hat er es mit seiner schönen Stimme gelesen. Er sagt, es sei die erste Geschichte in allen 42 Taschenbüchern, die in dieser Messe erschienen sind.

3319 *Charlotte v. Schiller an ihren Sohn Karl* *27. Mai 1811*

... Hebels Schatzkästlein. Mache doch die Tante aufmerksam auf die Geschichte des schwedischen Bergmanns, die so prächtig erzählt ist. Geheimrat Goethe kann sie nicht genug lesen und loben.

3320 *Riemer an Frommann* *21. November 1810*

Brizzi ist angekommen; die Theater-Proben sind stark im Gange, die Vorstellung der Oper aber ist erst heut über acht Tage, also *Mittwoch, den 28. November*, und zwar *gewiß*. Ich habe den Auftrag von Goethe, Ihnen dieses zu melden, und Sie schönstens zu grüßen. Ihre Zimmer stehn bereit ...

Entschuldigen Sie gütigst die Eilfertigkeit und das Geschmier. Ich soll eben mit Goethe ausfahren, und erst in diesem Moment hat sich die Sache mit der Oper entschieden.

3321 *Knebel an seine Schwester* *6. Dezember 1810*

Goethe hat jüngst [am 25. November?] bei mir ein finnländisches Liedchen aus dem Skjöldebrand übersetzt.

3322 *E. v. Bamberg: Anmerkung* *1926*

Dabei [bei der Hauptprobe zu der Oper «Achille» von Paer mit Antonio Brizzi in der Hauptrolle am 27. November 1810] passierte eine Geschichte, die in Hofkreisen von sich reden machte. Goethe saß in der dunklen Parterreloge, hörte über sich Fußtritte und rief [dem Billetteur]: «Pollak, Pollak!», daß Brizzi erschrocken in seinem Rezitativ innehielt. «Pollak, auf dem Balkon ist Volk, hinaus mit ihm!» «Verzeihen Sie, es ist die Gräfin Bernstorff!» «Hinaus mit dem Volke!»

3323 Charlotte v. Stein an Knebel *28. November 1810*

Gestern abend war die Großfürstin bei mir. Ich habe ihr Goethen dazu gebeten, der auch recht artig war und uns viele hübsche Zeichnungen wies. Er sprach auch mit Liebe von Ihnen und wie es ihm bei Ihnen immer wohl werde ...

Vor einigen Tagen las ich in Herders neuntem Teil [der Sämtlichen Werke] ... Über das, was er über die Farben bei Gelegenheit des Newton und Eulers sagt und das – ich kann nicht leugnen – mir auch merkwürdig war, war Goethe sehr aufgebracht.

3324 Riemer *30. November 1810*

Bei Gelegenheit eines großen Gedichts in Stanzen, das zu Köln herausgekommen.

[Goethe:] «Der Reim verleitet zu Ausführung und Ausführlichkeiten.

Wenn die Reime nicht neu, genialisch oder überhaupt bedeutend sind, so ziehen sie den Gegenstand herunter. Der Reim bringt die Sachen einzeln, nicht in großen Massen.»

3325 Riemer *4. Dezember 1810*

Inter coenam. Als von dem Eigensinn und der Eigenwilligkeit der jetzigen jungen Künstler die Rede war, als: Weißer, Friedrich, Kleist, bemerkte Goethe:

«Sie meinen, außer dem Rechten gäbe es *noch* ein Rechtes, ein *anderes* Rechtes, das hätten *sie*. Wie wenn es außer dem Schwarzen in der Scheibe noch eins gebe, und da schießen sie denn ins Blaue.»

3326 Riemer an Frommann *5. Dezember 1810*

Indem ich Ihnen für Ihren freundlichen Brief danke, sowohl in meinem als Goethes Namen, gebe ich zugleich die erwünschte Nachricht, daß die Oper Achille nächsten Sonnabend, den 8. Dezember, wieder gegeben wird. Der Standhafte Prinz aber kommt erst zum zweiten Feiertage dran.

Wegen der Kaaz wird Goethe sein Mögliches tun, und selbst an Sturm schreiben ...

Am Hackert geht es scharf, alle Morgen.

3327 Knebel an seine Schwester *6./10. Dezember 1810*

Den 6. Dezember früh ... Gestern erhielt ich von Goethe eine Einladung auf übermorgen zur Oper. Ich werde dahin gehen, aber nur auf *einen* Tag ...

Den 10. Dezember. – Nun bin ich zwei Tage in Weimar gewesen ... Mittags [am 8. Dezember] speisten wir bei Goethe, der eben nicht ganz heiter schien. Seine Frau fragte mich in geheim, ob ich nicht wüßte, ob bei Vermählung der Erbprinzessin ein Präsent an ihren Mann gekommen sei. Er habe nichts erhalten, und sie seien auf den Argwohn gekommen, ob etwa etwas untergeschlagen sei. Ich sagte, ich wollte bei Dir mich erkundigen, wüßte aber nichts ... Nun wollt' ich die Oper besuchen; es wurde aber keine gegeben. Signor Brizzi ist krank; auch die Großfürstin war nicht wohl, und hatte einen starken Katarrh. Sie gaben «Don Carlos» dafür. Ich mag das Stück nicht, und brachte den Abend vollends mit Goethe zu, der uns überredete, den Prof. Voigt und mich, den andern Morgen noch zu seinem Konzert in Weimar zu bleiben und bei ihm zu logieren, das wir auch taten ...

Nun ging es [am 9. Dezember] ins Konzert bei Goethe ... Im Konzert war unser Erbprinz und der Prinz Friedrich von Gotha ... Mittags speiste Ridel und der Kapellmeister Müller, ein guter Leipziger, bei Goethe, und um 4 Uhr nachmittags fuhr ich mit Prof. Voigt wieder ab ...

3328 Knebel an seine Schwester *26. Dezember 1810*

Es war den 19. dieses, als ich nach Weimar ging ... und mich ein paar Tage daselbst aufhielt ... Sonnabends mittag [22. Dezember] kam ich hieher wieder zurück, nachdem ich drei Tage bei Goethe logiert ...

Goethe sagte mir noch, er lebe wie die unsterblichen Götter, und habe weder Freude noch Leid. Man sieht es ihm auch wohl an. Doch ist er übrigens wohl, läßt fleißig Musik bei sich machen, und sucht sich, so gut er kann, emporzuhalten …

Doch nicht immer nur der Sorglosigkeit Platz zu lassen, so muß ich Dir nur schreiben, daß Goethe und ich für unsre liebe Prinzessin aus der Kaazischen Verlassenschaft eine Auswahl getroffen haben, womit sie, wie wir sicher überzeugt sind, Freude haben wird. Es sind geistvolle, vortreffliche Zeichnungen, die wir niemand gönnen mochten als uns selbst oder der teuren Prinzessin. Der Preis ist in der Tat gering, das Stück zu ein bis zwei, auch drei Dukaten, wofür man wohl geringere Kupferstiche kauft. Wir wollten anfänglich nur für 20 Dukaten nehmen, aber die Zahl der Stücke, die wir nicht glaubten weglassen zu dürfen, belief sich nach und nach gegen 30 Dukaten. Goethe will sie selbst an die Prinzessin übermachen und mir sodann die Rechnung zuschicken. Ich sag' es noch einmal, wir zogen sie größtenteils ganz ausgeführten Zeichnungen und selbst Gemälden vor, so viel Wärme und Liebe ist in dem zartgeführten Bleistift, daß man selbst an dem Orte, wo sie gemacht worden, gegenwärtig zu sein glaubt. Diese kleine Sammlung ist ein wirklicher Schatz, und wird, wie Goethe sagt, der Prinzessin zu ihren Studien sehr behülflich sein.

3329 Riemer *24. Dezember 1810*

[Goethe:] «Alles muß man lernen: die Verachtung der andern, die uns als eine Maske begegnet, eine wohlbekannte, doch befremdlich; denn man muß lieben, was uns haßt, das Vortreffliche haßt, – eben weil es nur ein Irrtum ist.»

3330 Riemer

[Goethe:] «Da die Rede die Sinne und das innere Vorstellungsvermögen vertreten muß, so muß sie auch zu diesen reden und der Ausdruck sinnlich und repräsentativ sein.»

3331 Riemer

[Goethe:] «Geduld, Hoffnung, Glaube, Liebe, alle diese Tugenden sind die Vernunft actu, in Ausübung, sie sind die ausgeübte Vernunft.»

3332 Th. Siebs: Hermann Allmers *1915*

Eine ... Geschichte, die er [Allmers] gern erzählte, handelte von dem sonderbaren Besuch, den bei Goethe ein Jenaer Student, August Friedrich Rumpf aus dem Oldenburgischen, machte. Allmers nannte dessen Namen nie, sondern nur den Anfangsbuchstaben R. Die Tochter dieses R., eine schon hochbetagte Dame, hatte das Erlebnis mit des Vaters Worten wahrheitsgetreu berichtet:

«Es war im Wintersemester 1809/10 [1810/11], als ich das Glück haben sollte, mit Deutschlands größtem Dichter bekannt zu werden, und zwar auf eine Weise, die mir, solange ich lebe, unvergeßlich sein wird. Zunächst wurde ich mit August von Goethe schon als dessen Mitstudent in Jena befreundet. Wir gehörten einer und derselben Verbindung auf dem Burgkeller an, und sobald ich erfuhr, daß ich in ihm keinen Geringeren als Goethes Sohn vor mir hatte, war seine Bekanntschaft mein erstes Streben. Es war der Verkehr mit dem freundlichen und umgänglichen jungen Mann auch dazu angetan, ihm bald recht nahezukommen. Wer war glücklicher darüber als ich, der ich damals schon ein so feuriger Goetheverehrer war wie kaum einer und oft sehr ärgerlich wurde, wenn ich merkte, daß ich von seinen Werken ganz andere Kenntnis erworben hatte als der Sohn, der manches zu meinem Staunen kaum dem Namen nach kannte, was mir fast Wort für Wort geläufig war.

Sowie es sich traf, daß mein Platz in der Kneipe bei ihm war, brachte ich das Gespräch auf den Vater. August mußte mir alles und jedes über ihn berichten: was er gegenwärtig arbeitete, mit wem er verkehrte, was er triebe, wie es mit dem Herzog stünde und was sonst noch alles, sogar wie er lebte, wie früh er sich erhöbe, und wann er sich niederlegte – nichts war mir an ihm gleichgültig. Wenn auch mein Freund August anfangs nur ungern und zögernd auf all diese Fragen einging, konnte ich doch später merken, daß ihn das Interesse an seinem Vater aufrichtig freute, und so nahm ich mir den Mut und bat, mich in sein Haus einzuführen.

Das ist nicht immer ganz leicht für Studenten, meinte er, darin ist der Alte ein bißchen eigen; doch ich will sehn, daß ich dich mit dem Vater zusammenbringe. Und der Wunsch sollte in Erfüllung gehen, ich erhielt eine Einladung zum Essen.

Der bestimmte Tag [25. Dezember 1810] brach an, so heiter und schön, wie er nur sein konnte. In einigen Stunden brachte uns der Wagen nach Weimar, und ohne Aufenthalt eilten wir der stattlichen Wohnung zu. Ein Diener in Livree öffnete auf das Klingeln und begrüßte freundlich den Sohn des Hauses. Es war fast gegen elf Uhr. ‚Sieh, da ist der Vater schon', sprach August und eilte auf diesen zu, der, in einen dunkelgrünen Schlafrock gehüllt, gerade vor uns die untere Hausflur überschritten. ‚Ei, da hast Du Deinen Oldenburger, August, das ist schön. Besuch ist nicht da. Wir wollen sofort nach oben gehen.' Äußerst freundlich reichte er mir die Hand und winkte, ihm die Treppe hinauf zu folgen. Wer war glücklicher als ich, sich so willkommen zu sehen. Bald saß ich ihm in seinem einfachen Studierstübchen gegenüber, während er beschäftigt war, still ein mäßiges Blatt Papier zurechtzuschneiden, und betrachtete voll Aufmerksamkeit ihn selber sowie seine Umgebung, seine Bücher und umherliegende Steine. August hatte mich sogleich verlassen und war zu den Hausgenossen gegangen.

So war ich mit Goethe ganz allein. Wie pries ich mich glücklich. Jetzt war er mit seinem Papierschneiden fertig und wandte sich zu mir. ‚Mein August schreibt mir, daß Sie ein Oldenburger wären?' ‚Ein Oldenburger, Exzellenz.' – ‚Gut. Was brennen Sie da?' – ‚Fast nur Torf.' – ‚Wie in Ostfriesland, nicht wahr?' – ‚Ich glaube, Exzellenz', war meine Antwort. ‚Wie wird der Torf dort gewonnen?' – ‚Er wird – er wird aus der Erde gegraben.' – ‚Das wußt' ich schon, daß er nicht von den Bäumen gepflückt wird – ich will zunächst genau wissen, mit welcher Art von Instrumenten er aus dem Boden gehoben wird? – Wann gräbt man ihn? – Wie lange läßt man ihn trocknen? Wie lange Zeit bedarf er dazu? – Und wie ich schon einmal wissen möchte, wie ist solch ein Werkzeug gestaltet, womit man den Torf bei Ihnen gräbt. –

Nun sagen Sie mir und zeichnen Sie mir doch einmal die Form genau hier auf dies Papier. Hier haben Sie einen Bleistift dazu.' –

‚Nun, können Sie das nicht zeichnen?' fuhr er dann fort, da ich noch verblüfft schwieg. ‚So beschreiben Sie es mir wenigstens, Sie sehen ja, daß ich mich dafür interessiere.'

Ich beharrte in festem Schweigen. So einen Torfsoden hatte ich zwar oft genug gesehen und sogar in der Hand gehabt, beim Ofenheizen. Aber da ich aus der reinen echten Marsch stammte, so war mir doch die eigentliche Gewinnung des Torfes völlig fremd.

‚Sie brennen also den Torf täglich und wissen dennoch nichts davon, wie er gewonnen wird? Junger Mann, das mögen Sie offen gestehen?'

Mit durchdringendem Blicke sah Goethe mich an, und ich fühlte, wie mir das Blut zu Kopfe stieg. – Ein eisiges Schweigen folgte. Mir ward es immer ungemütlicher. Goethe nahm ein Buch zur Hand und blätterte darin, bis der Diener kam und meldete, daß das Essen bereit sei. Bei Tische waren noch Frau Christiane von Goethe und August zugegen. Den zog der Vater nun ins Gespräch und unterhielt sich sehr lebhaft mit ihm. Mich ignorierte er völlig. So verlief der Mittag; dann eine kurze Verabschiedung, und ich war entlassen. Ja, was hat mir nun mein heißes Verlangen, den bedeutendsten Mann seiner Zeit kennen zu lernen, eingebracht? Einen schönen Namen als Mitgabe für mein ganzes Leben: früher war auf der Universität ‚Torso' mein Spitzname gewesen, jetzt nach meiner bedeutungsvollen Zusammenkunft mit Goethe hieß ich immer nur ‚Torfsoden'.»

3333 Charlotte v. Schiller an Knebel *29. Dezember 1810*

Wir haben einen recht schönen Abend bei Frau v. Stein gestern gehabt. Die Großfürstin war bei ihr und Goethe, und er war unbeschreiblich liebenswürdig und geistreich.

Wir hatten aber auch einen Kampf zu bestehen. Der arme Graf Marschall und seine Frau hatten sich melden lassen; sie sind recht unglücklich durch den Verlust des Kindes.

Aber so eine Bitterkeit und Schroffheit des Wesens im Schmerz, wie die Frau zeigt, tut einem entsetzlich weh.

Ich fürchtete, sie würde sich des Gesprächs bemeistern und durch ihre Klagen das Gemüt der Großfürstin bewegen, und Goethe würde still werden. Ich war in einem recht peinlichen Zustand. Es gelang mir dadurch, daß ich Goethe und den Prinzen in einen heitern Diskurs brachte, das Gleichgewicht herzustellen, und am Ende wurde das Gespräch allgemeiner, und Goethe sprach so schön, so bedeutend. Die Großfürstin überwand auch die trüben Eindrücke, daß selbst die armen Trauernden sich erleichtert fühlten.

3334 Charlotte v. Stein an ihren Sohn Fritz *3. Januar 1811*

Die Großfürstin ... kommt manchmal abends zum Tee zu mir und findet gerne den Goethe, den ich ihr denn allemal einlade. Goethen macht's rechten Spaß, in den Geschichten der Münzen das, wornach Du gefragt, herauszubringen, und wenn ihm der Humor bleibt, wirst Du bald Münzen einen Viertelzentner mit allen Erklärungen bekommen.

UNDATIERTES 1808–1810

3335 Riemer *1810*

[Goethe:] «Der Charakter, das heißt die Mischung der ersten menschlichen Grundtriebe, der Selbsterhaltung etc., ist das, wovon auch die Ausbildung der übrigen Seelenkräfte ausgeht, und worauf sie ruht.

Die Franzosen haben *diesen* Verstand, weil sie *diesen* Charakter haben; es ist nur dieser Verstand und kein andrer. Aus ihrem Charakter geht es hervor, daß sie die Welt bezwingen, nicht aus ihrem Verstande, denn ihr Verstand hat schon die Farbe ihres Charakters und redet bloß ihren ursprünglichen Tendenzen und Neigungen das Wort. Das Eigennützige, das Habsüchtige, das alles sich Aneignende, Fremdes Ausschließende. Wenn eine ganze Nation so handelt, muß sie ja die Welt gewinnen.»

3336 Riemer

Motive in Romanen zu brauchen

Einsiedels, des alten, Tollheiten, zum Exempel bei Laternen des Nachts zu pflügen, daß die Pferde nicht von den Fliegen gestochen werden.

Mit dem Messer durch die Bedienten- und Gesindestube zu gehen und de miseria vitae humanae über sie zu perorieren.

Politische Mystifikationen, wie zum Exempel die vom Schwager des Herrn von Hendrichs in Meiningen.

Charakter des Herrn von Kalb.

Kosmelis Sonderbarkeiten. Urgation. Bezahlt den Schneider siebzehn gute Groschen, damit er ihn nicht betrüge, und da er es doch tut, Prozeß mit demselben.

Morgensterns Reise durch Merseburg, und Schikanen, vom Postillion, Postmeister, und Polizei.

Schopenhauer wird in Lauchstädt für einen Spion gehalten, da er seines schlechten Gehörs wegen nahe an alle Unterredenden herantritt. Oesers eigene Manier zu erzählen. Konnte acht Tage lang an einer Geschichte erzählen. Spann sie weitläuftig aus, indem er alles, was ihm persönlich mißfiel und in der Gesellschaft verdroß, ihre Unarten und dergleichen, mit hineinbrachte, um sie indirekt schelten zu können.

Anekdote. Wie in Eisenach, bei der Feier eines Festes, vierzig Kanonenschüsse gegeben werden sollen, und diese auf den ganzen Tag vereinzelt losgebrannt werden.

Karl Knebel probiert einen Spielkameraden auf das Katholische, indem er ihn vor ein Marienbild führt, um zu sehen, ob er's anbetet; und, da er's nicht tut (er war aber katholisch), dem Vater abstreitet, daß der Knabe ein Katholik sei.

Anekdote von einem blinden Passagier, der um Gotteswillen bittet, daß Postillion und Passagiere ihn aufnehmen möchten, und der, wie er im Wagen ist, sich so mausig macht und ungebührlich aufführt, daß er die andern fast zum Wagen hinauswirft, so daß der Postillion zuletzt sie nur bittet, sich zu gedulden, er käme sonst in Strafe, daß er ihn aufgenommen.

Bornstädt, Oberst beim Regiment Kronprinz, heiratet eine Frau mit 50000 Reichstalern, die er durchbrachte mit Gastereien. Als sie tot und begraben war, und er von der Leichenbestattung zurückkam, sagte er: so weit hätten wir sie denn!

Kann kein Französisch, läßt sich aber bereden, dem Helvetius, der damals in Berlin, ein Diner zu geben; wobei nichts als Französisch gesprochen würde. Und lacht immer mit, wenn er sieht, daß die andern lachen.

Läßt sich, während er Whist spielt, aus Ramlers Batteux vorlesen, und wenn der Vorleser innehält, ihm zuruft: ich höre alles.

Rittmeister von Reder, der alle Zimmer voll Schreibzeug und Papiersorten hat, und als ein Fremder, den er darin herumführt, sich etwas aufschreiben will, ihn aus einem Zimmer ins andre führt, und zuletzt an der Treppe fragt, ob es nicht ein Bleistift auch verrichten könnte.

Wenn eine Schüssel auf den Tisch kommt, ruft er, man solle sich daran nicht satt essen, es käme noch etwas besseres; dann bedauert er, daß die Schüssel oder das Gericht nicht gelungen, oder findet sonst Ausflüchte.

Ebenso macht er's mit dem Trinken. Er fragt, was man zu trinken verlange, und nennt alle Sorten Wein und Likör. Wenn man ihn nun bei einer festhält, so weiß er immer etwas daran auszusetzen, bis man es zuletzt aufgibt oder er das allerschlechteste Zeug vorsetzt.

Verdirbt ein ganz gutes Diner zuletzt noch dadurch, daß er Punsch macht, und aus einer Maraschinflasche ordinären Fusel druntergießt.

Läßt die Harfe eine Oktave tiefer stimmen, damit die Saiten nicht reißen.

Läßt einen Buben, den er brauchen will, in des Nachbars Garten stehlen, um ihm kein Douceur geben zu dürfen, hilft ihm übern Zaun und fordert hernach Halbpart.

Wolfs Töchter, die ihrem Vater weismachen, sie tränken keinen Wein, und haben die Malagaflasche unterm Bett stehen.

Es soll in seinem Hause nicht geträumt werden, und deswegen vor Schlafengehen ein Glas Wasser getrunken werden. Er glaubt nun nicht mehr zu träumen.

3337 Riemer: Mitteilungen über Goethe *1841*

Sie [die Juden] zeigen überhaupt in der Regel mehr gefällige Aufmerksamkeit und schmeichelnde Teilnahme als ein National-Deutscher, und ihre schnelle Fassungsgabe, ihr penetranter Verstand, ihr eigentümlicher Witz machen sie zu einem sensibelern Publikum als leider unter den zuweilen etwas langsam und schwer begreifenden Echt- und Ur-Deutschen angetroffen wird. Frauen besitzen jene Gaben öfter in noch liebenswürdigerer Gestalt, und so kam es, daß Goethe seine neuesten dichterischen Erzeugnisse ihnen, einzeln oder in Gesellschaft, zum Beispiel in Karlsbad (1807, 1808, 1810) gern vortrug, da er immer einigen Anklang zu finden gewiß sein konnte, wie ich dieses aus eigener Miterfahrung an einer Frau von Eybenberg, von Grotthuß, von Eskeles und Flies und anderen mehr bestätigen kann.

3338 Falk: Goethe aus näherm persönlichen Umgange dargestellt *1832*

Einst kam das Gespräch auf Kleist und dessen «*Käthchen von Heilbronn*». Goethe tadelte an ihm die nordische Schärfe des Hypochonders; es sei einem gereiften Verstande unmöglich, in die Gewaltsamkeit solcher Motive, wie er sich ihrer als Dichter bediene, mit Vergnügen einzugehen. Auch in seinem «Kohlhaas», artig erzählt und geistreich zusammengestellt, wie er sei, komme doch alles gar zu ungefüg. Es gehöre ein großer Geist des Widerspruches dazu, um einen so einzelnen Fall mit so durchgeführter, gründlicher Hypochondrie im Weltlaufe geltend zu machen. Es gebe ein Unschönes in der Natur, ein Beängstigendes, mit dem sich die Dichtkunst bei noch so kunstreicher Behandlung weder befassen, noch aussöhnen könne. Und wieder kam er zurück auf die Heiterkeit, auf die Anmut, auf die fröhlich bedeutsame Lebensbetrachtung italienischer Novellen, mit denen er sich damals, je trüber die Zeit um ihn aussah, desto angelegentlicher beschäftigte.

Dabei brachte er in Erinnerung, daß die heitersten jener Erzählungen ebenfalls einem trüben Zeitraume, wo die Pest regierte, ihr Dasein verdankten. «Ich habe ein Recht», fuhr er nach einer Pause fort, «Kleist zu tadeln, weil ich ihn geliebt und gehoben habe; aber sei es nun, daß seine Ausbildung, wie es jetzt bei vielen der Fall ist, durch die Zeit gestört wurde, oder was sonst für eine Ursache zum Grunde liege; genug er hält nicht, was er zugesagt. Sein Hypochonder ist gar zu arg; er richtet ihn als Menschen und Dichter zu Grunde. Sie wissen, welche Mühe und Proben ich es mir kosten ließ, seinen ‚Wasserkrug' aufs hiesige Theater zu bringen. Daß es dennoch nicht glückte, lag einzig in dem Umstande, daß es dem übrigens geistreichen und humoristischen Stoffe an einer rasch durchgeführten Handlung fehlt. Mir aber den Fall desselben zuzuschreiben, ja, mir sogar, wie es im Werke gewesen ist, eine Ausfoderung deswegen nach Weimar schicken zu wollen, deutet, wie Schiller sagt, auf eine schwere Verirrung der Natur, die den Grund ihrer Entschuldigung allein in einer zu großen Reizbarkeit der Nerven oder in Krankheit finden kann. Das Käthchen von Heilbronn», fuhr er fort, indem er sich zu mir wandte, «da ich Ihre gute Gesinnung für Kleist kenne, sollen Sie lesen und mir die Hauptmotive davon wiedererzählen. Nach diesem erst will ich einmal mit mir zu Rate gehen, ob ich es auch lesen kann. Beim Lesen seiner ‚Penthesilea' bin ich neulich gar zu übel weggekommen. Die Tragödie grenzt in einigen Stellen völlig an das Hochkomische, zum Beispiel wo die Amazone mit Einer Brust auf dem Theater erscheint und das Publikum versichert, daß alle ihre Gefühle sich in die zweite, noch übriggebliebene Hälfte geflüchtet hätten; ein Motiv, das auf einem neapolitanischen Volkstheater im Munde einer Colombine, einem ausgelassenen Polichinell gegenüber, keine üble Wirkung auf das Publikum hervorbringen müßte, wofern ein solcher Witz nicht auch dort durch das ihm beigesellte widerwärtige Bild Gefahr liefe, sich einem allgemeinen Mißfallen auszusetzen.»

Von Lessings Verdienst, Talent und Scharfsinn, und wie derselbe allem höhern dramatischen Bestreben in Deutschland, Friedrich dem Großen, Voltaire, Gottsched und allen Verehrern des französischen Theaters gegenüber, in seiner «Hamburgischen Dramaturgie» die Bahn brach und zugleich durch Einführung des Shakespeare eine neue Periode begründete, die mit dem künftigen Aufschwunge unserer Literatur aufs innigste zusammenhing, sprach Goethe mit der größten Anerkennung. Als Exposition habe vielleicht die ganze neue dramatische Kunst nichts so Unvergleichliches aufzuweisen, als die ersten beiden Aufzüge der «Minna von Barnhelm», wo Schärfe des Charakters, ursprünglich deutsche Sitte mit einem raschen Gange in der Handlung aufs innigste verbunden sei. Nachher sinke freilich das Stück und vermöge kaum nach dem einmal angelegten Plane sich in solcher Höhe zu behaupten; das könne aber dies Lob weder schmälern, noch solle man es deshalb zurücknehmen. In der «Emilie Galotti» sei ebenfalls das Motiv meisterhaft und zugleich höchst charakteristisch, daß der Kammerherr dem Prinzen Emilie Galotti sicher auf seinem Wege zugeführt haben würde; daß aber der Prinz dadurch, daß er in die Kirche geht und in den Handel hineinpfuscht, dem Marinelli und sich selber das Spiel verdirbt. Nicht immerdar [minder?] schön sei die Art, wie Lessing das Schicksal in der «Emilie Galotti» einführt. Ein Billett, das der Prinz an seine ehemalige Geliebte, die Gräfin Orsina, schrieb, und worin er sich ihren Besuch auf morgen verbittet, wird eben dadurch, daß es zufällig liegen blieb – wenn Zufall, wie die Gräfin selbst sogleich hinzusetzt, in solchen Dingen nicht Gotteslästerung genannt werden müßte – die gelegentliche Ursache, daß die gefürchtete Nebenbuhlerin, weil man ihr nicht abgesagt, gerade in demselben Augenblicke ankommt, wo Graf Appiani erschossen, die Braut in das Lustschloß des Fürsten durch Marinelli eingeführt und so dem Mörder ihres Bräutigams in die Hände geliefert wird. «Dies sind Züge einer Meisterhand, welche hinlänglich beurkunden, wie tiefe Blicke Lessing in das Wesen der dramatischen Kunst vergönnt waren. Auch seid versichert, wir wissen recht wohl, was wir ihm und seinesgleichen, insbesondere Winckelmann, schuldig sind.»

3339 F. v. Müller:
Goethe in seiner ethischen Eigentümlichkeit *1832*

Einst, als in den ersten Jahren nach der Schlacht von Jena die große Freimütigkeit des Herzogs in seinen politischen Urteilen und Äußerungen, und seine fortwährend höchst unverhehlte Anhänglichkeit an die Krone Preußen, ernsthafte Besorgnisse erregten, beruhigte mich Goethe mit den Worten:

«Sei'n wir unbesorgt! der Herzog gehört zu den Urdämonen, deren granitartiger Charakter sich niemals beugt, und die gleichwohl nicht untergehen können. Er wird stets aus allen Gefahren unversehrt hervorgehen; das weiß er recht gut selbst, und darum kann er so vieles wagen und versuchen, was jeden andern längst zu Grunde gerichtet hätte.»

3340 F. v. Müller: Erinnerungen aus den Kriegszeiten *1851*

Deutschland empfand immer mehr und mehr den drückenden Übermut der französischen Behörden. Jede Veröffentlichung freimütiger Meinungen wurde aufs schärfste überwacht und, wo es nur irgend geschehen konnte, unterdrückt. Insbesondere richtete sich die argwöhnische Aufmerksamkeit der französischen Agenten und Spione auch auf die deutschen Theater. Die Aufführung eines Stücks, das diesen Auflaurern nur im geringsten anstößig schien, ja oft schon die kleinsten Anspielungen der Bühne auf politische Zustände, führten die widerwärtigsten Nachforschungen herbei. Unter solchen Umständen wollte Goethe als Chef des Weimarischen Hoftheaters nicht länger die alleinige Verantwortlichkeit für die Aufführungen übernehmen. Er bat den Herzog, mich ihm in der Art zur Seite zu stellen, daß jedes aufzuführende Stück von uns gemeinschaftlich geprüft und jede in politischer Hinsicht bedenkliche Stelle unterdrückt werde. Und so habe ich denn ein paar Jahre lang diese höchst unangenehme Funktion geübt. Bei der Nähe der französischen Behörden zu Erfurt, die oftmals unser Theater besuchten, war möglichste Vorsicht doppelt nötig; es gelang uns jedoch, jeden Anstoß zu vermeiden.

3341 Knebel an Jean Paul *28. Januar 1809*

Goethe geht seinen Weg fort und ist diesen Winter seltener in Jena gewesen. Er will sein optisches Werk zustande bringen.

Wir haben einen Maler, den Herrn v. Kügelgen aus Dresden, gegenwärtig in Weimar, der ihn und Wieland lebendig dargestellt hat.

3342 Knebel an seine Schwester *22. Februar 1810*

Werners «Vierundzwanzigster Februar» soll nach Goethe eine von seinen vorzüglichsten Geistesoperationen sein ... Goethe setzt es unter seine geistigsten Produkte.

3343 Knebel an seine Schwester *8. März 1810*

Goethe habe ich kürzlich beklagen hören, daß er so viele Briefe verbrannt habe.

3344 Henriette v. Knebel an ihren Bruder *29./30. August 1811*

Ich erinnre mich mit Vergnügen eines schönen Gespräches von Goethe, worin er einen klaren und deutlichen Unterschied zwischen Vernunft und Verstand gemacht hat. Letzterer, worin die Franzosen exzellieren, ist etwas sehr Brauchbares und Nützliches, die Vernunft aber erhebt und nähert sich der Gottheit; sie vernachlässigt und verachtet oft die Vorteile des Verstandes und nährt sich dafür von Phantasie.

3345 Henriette v. Knebel an ihren Bruder *1./3. April 1812*

Goethe hat einmal der Prinzessin und mir den Unterschied zwischen *Bildung* und *Kultur* gelehrt. Darnach finden wir, daß hier zu Land [in Mecklenburg] Kultur zu finden ist, aber gar keine Bildung, obgleich es auch wahr ist, daß der Schlag von Menschen im allgemeinen gut ist. Die geringsten Leute haben noch einen strengen Begriff von Pflicht, und verachten die kleinen Betrügereien.

3346 *Charlotte v. Schiller an Körner* *1810*

Je mehr Goethe über sein Leben nachdenkt, je mehr fühlt er, wie ihm Schiller niemand ersetzen kann. Vorigen Winter, wo wir in seiner Loge mehrere Gespräche über die Kunst und Geschmack hatten, sagte er so schmerzlich, wie er jetzt so allein in der Welt stehe!

3347 *K. Mayer: Ludwig Uhland* *1867*

Eine ... herzerwärmende Unterhaltung ... pflog ich in Bayreuth [Ende August 1810] mit der von mir besuchten Frau Doktorin Seebeck, einer Freundin Goethes, deren Gatte gerade verreist war. Die in Dresden kennen gelernte junge Jenenser Malerin Seidel hatte mir Adresse an sie gegeben ... Goethes Art, sich zu seinen Werken zu stimmen, bestehe gerade in Nüchternheit, im Genuß der Natur, in Versammlung und Betrachtung von Kindern um sich herum. Sie schätze es sich zu hohem Glück, einige Jahre Goethes Umgang genossen zu haben. So sehr sie seine Werke und ihre ruhige Klarheit liebe und sie immer wieder lese, so habe er doch einigemal Worte zu ihr gesprochen, die noch unvergänglicheren Eindruck auf sie gemacht haben. Der Vorwurf der Kälte, den man Goethe mache, sei unrecht; nicht einmal recht Weltmann sei er, nicht schnell gewandt; er habe etwas Steifes, Aufrechtes, das imponiere und das Zutrauen einigermaßen verscheuche. Das Beschautwerden sei ihm odios; auch können Empfindeleien wenig auf ihn einwirken. Desto tiefer wirke auf ihn das Große. Sie habe ihn oft gerührt gesehen, wo es andre nicht gewesen. Nach der Totenfeier von Schiller, die er veranstaltet habe, wobei alle Schauspieler und Schauspielerinnen sich selbst Szenen aus Schillerschen Dramen zur Darstellung haben auslesen dürfen und Schillers Glocke mit Goethes von Madame Wolff gesprochenen Stanzen nachgefolgt sei, habe er sie nachher um den Eindruck gefragt, und sein Herz sei so gepreßt gewesen, daß er das Freie habe suchen müssen, um sich Luft zu machen. – In Gesellschaften könne er sich oft an ein besonderes Tischchen setzen, einen Haufen Kinder um sich versammeln und ihnen mit großer Lust etwas zeichnen usw.

Manchmal wohl scheine er kalt; ihre Mädchen haben ihm wollen Stammblättchen geben; er habe sie alle damals eingeladen, ein Kupferwerk bei ihm zu sehen, sei aber so kalt erschienen, daß die Kinder kein Herz zu ihm haben fassen können; den andern Tag habe er ihnen aber von selbst etwas geschickt. Er unterhalte sich oft mit unbedeutenden Menschen gern und liebreich. – Viel Gefallen habe er an Napoleon gefunden, bei dem er im Theater gesessen. Napoleon habe über seinen Werther mit ihm gesprochen, und Goethe habe bemerkt: er habe darin eine feine Naht, die er so fein zu machen geglaubt, daß sie niemand entdecken werde. Napoleon habe sie getroffen und ihn gleich gefragt, warum er das so und so gemacht habe? Goethe sei voll Freude aus dem Theater gekommen und habe ausgerufen: «Ach! daß mein Schiller noch lebte, damit ich jemand hätte, der mich verstände.» – Schiller sei gegen Fremde schüchtern, aber in Gesellschaft noch liebenswürdiger als Goethe gewesen.

3348 K. Sieveking an ? *1835*

Herr von Trott hat sowohl Goethe als auch Frau von Arnim gekannt, den ersteren bei der Ziegesarschen Familie in Thüringen ... Er gedachte des eigenen Geschickes, was Goethe gehabt, besonders mit jüngeren Mädchen sich auf eine graziöse Weise galant und dabei doch belehrend väterlich zu unterhalten, ein Talent, das wenige Menschen besitzen. Dann rühmte er sehr seine Art, Gedichte vorzulesen, so daß er durch scharfe Gliederung sie gewissermaßen architektonisch aufgebaut habe.

3349 J. G. Gruber an Ch. G. Schütz *29. Januar 1809*

Gott sei Dank, sagte neulich Goethe, daß es unter den Weimarischen Gelehrten doch mehr Heiden als Neuchristen gibt.

3350 J. N. v. Ringseis: Erinnerungen *1886*

«Wie ist es möglich, daß solch ein Mann mir so lang verborgen bleiben konnte?» rief Goethe, als Clemens Brentano ihm Buchers *Sündflut* vorlas, eine Parodie auf Jesuitenspiele.

3351 *H. Voß an Oehlenschläger* *26. August 1810*

Aus einem Briefe von Stephan Schütze las ich bald nach Deiner Abreise aus Weimar, Du wärest ganz mit Goethe zerfallen, was mich nicht wenig schmerzte, nicht bloß Deinetwegen, sondern auch – und mehr noch – seinetwegen. Aber Goethe soll mit rührender Liebe von Dir sprechen, wie von der Zierde und jetzt bald einzigen Stütze unserer deutschen Poesie.

3352 *Th. Kräuter an das Post-Commissariat* *1810*

Die Herrn Geh. Räte von Goethe und von Voigt wie überhaupt die angesehnsten Männer besuchen nicht selten die Bibliothek und sehen mich in meinen Geschäften. Durch Dienstfertigkeit gewinne ich ihre Gunst, und ich habe überhaupt täglich Gelegenheit, mich in ihr Andenken zurückzurufen.

3353 *Sophie v. Schardt an A. Duvau* *Mai 1810*

Goethe erhält sein Leben, dem Leibe und der Seele nach, dadurch, daß er jährlich fünf Monate in Karlsbad und zwei in Jena ist. Im Winter sehen wir ihn doch nun ziemlich oft bei ihm selbst, und es ist immer ein Geistes-Genuß dort, entweder Lesen, oder Vortrag von ihm, oder Musik und Gesang. Haben Sie seine Wahlverwandtschaften gelesen?

3354 *Wieland an seine Tochter Charlotte* *12. Februar 1810*

Verzeihe, liebes Kind, daß ich Dein Verlangen, mein Urteil von den Wahlverwandtschaften (an welchen dieser Titel, dünkt mich, das einzige Alberne ist), zu wissen, diesmal nicht stillen kann. Das Werk wird von den einen zu übermäßig gelobt, von den andern vielleicht zu scharf getadelt, auch gehört es von einer Seite unter die besten, von der andern unter die tadelnswürdigsten Produkte seines genialischen, aber das Publikum gar zu sehr verachtenden Urhebers. Das Buch muß (wie Goethe *selbst* sagt) *dreimal* gelesen werden, und ich zweifle nicht, wenn Du es zum drittenmal, folglich mit ganz ruhiger Besonnenheit gelesen hast, so wird Dein eignes Urteil mit dem meinigen ziemlich zusammenstimmen.

3355 H. Laube: Reisenovellen *1847*

[Nach den Mitteilungen einer lebhaften Dame.] Wichtiger ist ein Gespräch über die Wahlverwandtschaften:

Ich kann dieses Buch durchaus nicht billigen, Herr von Goethe, es ist wirklich unmoralisch, und ich empfehle es keinem Frauenzimmer.

Darauf hat Goethe eine Weile ganz ernsthaft geschwiegen, und endlich mit vieler Innigkeit gesagt: Das tut mir leid, es ist doch mein bestes Buch. Glauben Sie nicht, daß es die Grille eines alten Mannes ist, ja, man liebt das Kind am meisten, welches aus der letzten Ehe, aus der spätesten Zeit unserer Zeugungskraft stammt. Aber Sie tun mir und dem Buche Unrecht; das Gesetz in dem Buche ist wahr, das Buch ist nicht unmoralisch, Sie müssen es nur vom größeren Gesichtspunkte betrachten, der gewöhnliche moralische Maßstab kann bei solchem Verhältnisse sehr unmoralisch auftreten.

3356 H. Laube: Reisenovellen *1847*

[Nach ungenannter Quelle.] G[oethe]. Ob die Wahlverwandtschaften wahr sind, ob sie auf Tatsächlichem beruhen? Jede Dichtung, die nicht übertreibt, ist wahr, und alles, was einen dauernden, tiefen Eindruck macht, ist nicht übertrieben. Übrigens soll es den Menschen gleichgültig sein, der bloßen Neugierde muß man nicht Rede stehen. Das Benutzen der Erlebnisse ist mir immer alles gewesen, das Erfinden aus der Luft war nie meine Sache, ich habe die Welt stets für genialer gehalten als mein Genie.

3357 Abeken: Goethe in meinem Leben

So gedenke ich auch eines Soupers bei Herrn von Wolzogen, an welchem neben Goethe Wilhelm von Humboldt, Riemer und der Hofrat Meyer, Goethes Freund von Italien her, teil hatten. Es war unter anderem von dem Liede der Nibelungen die Rede, mit dem Goethe sich damals, wie überhaupt mit der deutschen Dichtung des Mittelalters, beschäftigte ... Bei einem andern Souper in demselben Hause hörte ich Goethen über Astronomie sprechen. «Die Sonne», sagte er unter anderm, «wird einst einen Ring bekommen, wie der Saturn einen hat. Man sollte diese Voraussagung in eine eherne Tafel eingraben und dieselbe in die Erde bergen, damit die Leute, die sie etwa in später Zeit fänden, erkennten, wie klug wir gewesen.»

3358 Abeken: Goethe in meinem Leben

Wenn ich aber mich wunderte, daß man in Weimar Goethen wie andere Menschen, nur als einen durch Rang und Stellung in der Gesellschaft vornehmen und ausgezeichneten, ansah, von ihm wie von jedem andern gleichgestellten Menschen sprach, so erklärt sich dieses, abgesehen davon, daß das Große nur für die geringere Zahl der Menschen ist, daraus, daß in der gewöhnlichen, täglichen Erscheinung Goethes auch nicht das Mindeste lag, was den Schein eines bewußten Imponierens hätte erzeugen können. Wann, wo ich ihn sah, erschien er mir in Kleidung, Haltung, Wort und Gebärde schlicht, einfach; nur daß ein gewisses Etwas, was den bedeutenden Menschen verrät, dem Achtsamen nicht entgehen konnte. Auch wenn er scherzte oder scheinbar sich gehen ließ, erkannte man leicht in ihm das, was er von Lessing rühmt, «der die persönliche Würde gern wegwarf, weil er sich zutraute, sie jeden Augenblick wieder ergreifen und aufnehmen zu können.» Ich sah ihn, wenn auch nicht so nahe und oft wie andre, Vertraute, in verschiedenen Situationen. Ich kam einmal, meine Gönnerin, die Geheime Kirchenrätin Griesbach, führend, an Goethes Haus, wo wir die zum Stalle führende Tür offen fanden. Der Hausherr betrachtete eine eben erworbene neue Waschmaschine. Er rief die Freundin herein und setzte ihr in seiner beredten Weise die Zweckmäßigkeit und Vorzüge der Maschine auseinander. In dem Augenblick konnte man an den Dichter und den Minister nicht denken. Derselben Freundin, die ich begleitete, begegnete er im Park. «Ist mir doch», sagte sie, «als ob wir uns, wie vor acht Jahren, in der Pyrmonter

Allee begegneten.» (Hier hatten Goethe und Griesbach zu gleicher Zeit, im Jahre 1801, den Brunnen getrunken.) «Ja», erwiderte er, «und es ist auch noch derselbe Oberrock, mit dem bekleidet ich Ihnen morgens in der Allee begegnete.»

3359 Abeken: Goethe in meinem Leben

Einmal sah ich seine Überlegenheit, seine Gewalt über andre sich kundgeben. Im Theater wurde, da man, weil der Hof sich verspätet, den Vorhang aufzuziehen zögerte, das Publikum, unter dem sich auch Jenaische Studenten befinden mochten, ungeduldig und äußerte seine Ungeduld laut. Da erhob sich Goethe von seinem Sitz, und rief mit mächtiger Stimme: «Wird's bald still?» und es wurde still. Ich gedachte der Worte in Schillers Ballade:

Und der Leu mit Gebrüll
Richtet sich auf, da wird's still.

Und wirklich, etwas vom Löwen war in Goethe.

3360 F.A. Wolf an Varnhagen *23. April 1813*

Ich höre von Ihrer Freundin [Rahel], daß Sie für die neue Hamburgische Zeitung einen hiesigen Korrespondenten suchen ... Es gibt aber mancherlei, was man in dergleichen Blättern – allenfalls, wie Goethe sonst sagte, unter dem *Striche* – als Beiwerk – als Lückenbüßer, oder, wie man's nennen will, gut benutzen kann.

3361 F.A. Wolf an G.S. Falbe *14. September 1813*

[Über Falbes Ausstellungen an der Wiedergabe von Horazens Satire I, 1 durch Wolf.] Und *wās* ist eigentlich ⏑̱, zumal da halb Deutschland, zumal das südliche, selbst in Prosa, distinguiert *dās Buch, dās ich lese. – Wās willst Du?* Ich erinnere mich, daß Goethe einst dies *was* zu kürzen unmöglich fand.

3362 *K. Eberwein: Erinnerungen*

Die Sänger der Goetheschen Hauskapelle hatte die Natur mit gesunden Stimmen ausgestattet, welche unter guter Leitung einer größeren Ausbildung fähig waren, als sie sich, wie sie zum Theater kamen, rühmen konnten. Sie waren mehr oder weniger musikalisch nicht durchgebildet. Um den Mängeln derselben entgegen zu wirken, sich selbst aber den Genuß mehrstimmiger Gesänge von seinem Freund Zelter und anderen guten Meistern, wie Fasch, Mozart, J. Haydn, Jomelli, Kayser, für den er sich fortwährend interessierte, zu verschaffen, forderte Goethe sie auf, jeden Donnerstag, abends 6 Uhr, zu ihm zu kommen und sich dort unter Hessens Direktion weiter zu bilden. Beim Einstudieren kirchlicher Gesänge hielt sich Goethe passiv. Als ich beigezogen wurde, beschäftigten die Sänger sich mit den kleinen Soli aus dem Miserere von Fasch, die Goethe so unter der Hand von Zelter erhalten hatte, später mit Kanons von Mozart, Salieri, Ferrari und anderen. Goethe hörte dergleichen sehr gern. Er fand es sehr artig, daß, wenn die erste Stimme eine Melodie gesungen hat, die folgenden diese nacheinander rekapitulieren, während die vorhergehenden Stimmen sich neue Wege bahnen und endlich sich ein vollständiger Satz heranbildet. Auch bei diesen Gesängen ließ der Geheimerat den Dirigenten gewähren. Aber in betreff der Lieder und humoristischen Kompositionen ergriff der Meister selbst die Zügel, bestimmte die Tempi und den Vortrag. Die Fesseln der rhythmischen Musik wurden da abgeworfen, wo sie nicht den Intentionen des Dichters entsprachen. In dieser Weise erhielten diese Gesänge eine Schärfe des Ausdrucks und eine Mannigfaltigkeit, die den Zuhörer überraschte und erstaunte. Hier wurde der Grund zu dem gelegt, was mir vielleicht später bei Liederkompositionen gelungen ist.

3363 *K. Eberwein: Erinnerungen*

Die beifällige Aufnahme der Goetheschen Hauskapelle von seiten unserer erhabenen Fürstinnen und ihrem Gefolge reizte Goethes Verehrer und Freunde, auch von dessen musikalischen Genüssen zu kosten. Um allen freundlichen Ansprüchen in dieser Beziehung Genüge zu leisten, so gab er im Winter jeden Sonntag von halb elf bis halb eins eine musikalische Unterhaltung, wozu jene ein- für allemal eingeladen waren. Der Weimarische Adel und die Schöngeister fanden sich nicht allein zahlreich des Sonntags früh bei Goethe ein, sondern brachten auch Fremde von Distinktion mit, so daß die Zahl der Zuhörer sich oft bis fünfzig steigerte. Frau von Stein verschmähte unsere Lieder. Ihre Eifersucht gegen die Geheimerätin gestattete ihr nicht, uns durch ihre Gegenwart zu erfreuen.

3364 K. Eberwein: Erinnerungen

Die Übungen der Hauskapelle wurden unter meiner Leitung mit großem Eifer fortgesetzt. Wie früher war Donnerstag abends Probe, nach der man meistens zu einem fröhlichen Mahle zusammenblieb; Sonntag morgens Aufführung vor großer, guter Gesellschaft, begleitet von irgend einem Frühstück.

Anfangs machte mich Goethes Gegenwart in den Proben befangen. Ich fürchtete ihn durch öftere Repetitionen oder Bemerkungen über Einteilung und Vortrag zu ermüden. Als er aber darüber weder Unlust noch Mißbehagen blikken ließ, vielmehr selbst beim Einstudieren seiner Lieder, hinsichtlich des Vortrages, eine nicht zu besiegende Zähigkeit an den Tag legte, bis wir das Rechte getroffen hatten, so gewann ich allmählich den Mut, die Direktion nach Pflicht und Überzeugung zu handhaben.

Hochbeglückt, unsern verehrten Meister für so manche Unbill, die er unsertwegen erduldete, durch unsere geringen Kräfte einigermaßen entschädigen zu können, kam es keinem zu Sinn, unsere Leistungen in seinem Hause als einen Dienst zu betrachten, der eines Lohnes würdig wäre. Um so angenehmer war die Überraschung, als die Geheimerätin im Auftrag ihres Gemahls uns zum Weihnachtsfeste ansehnlich beschenkte. Unsere Sängerinnen erhielten Putzsachen, die sie um so höher schätzten, weil sie von Goethe kamen. Mich hatte der Meister ganz besonders gut bedacht.

3365 *K. Eberwein: Das Personal der Weimarischen Bühne* *1857*

Der Geburtstag der Jagemann wurde jedes Jahr sehr solenn gefeiert. Vom frühen Morgen bis zum Mittag beeilte man sich aus wahrer Verehrung ihrer ausgezeichneten Talente, oder vom Dankgefühl für empfangenes Gute getrieben, ihr die schönsten Wünsche darzubringen. Ihrem geraden, offenen Sinn lag es fern, diese Beweise aufrichtiger Ergebenheit als einen schuldigen Tribut anzusehen. An einem dieser Abende, wo Gesang mit Tafelfreuden wechselten, erschien Goethe und neigte sich ehrfurchtsvoll vor dem gnädigsten Herrn; dann begrüßte er die Jagemann und die Anwesenden, von denen die Künstler die Mehrzahl bildeten. Ich hatte für diese Gelegenheit hundert Exemplare von dem zur Zeit noch unbekannten Liede: «Mich ergreift, ich weiß nicht wie», von Goethe, zur Verteilung drucken lassen, sodann die Melodie von meinem Bruder Max nach dem Gehör aufgeschrieben, instrumentiert und einstudiert. Dieses Lied, von Stromeyer meisterhaft gesungen, erfreute sich allgemeinen Beifalls und verscheuchte die anfangs rücksichtsvolle Förmlichkeit. Der Vers: «Nun, so nicke sie mir zu», setzte manches Frauenköpfchen in Bewegung. Nach Beendigung des Liedes ergriff der Großherzog das Glas, stieß mit dem Geheimrat an und leerte es auf dessen Wohlergehen. Von der Jagemann aufgefordert, erhoben wir uns von unseren Sitzen und ließen die Gläser fröhlich erklingen.

3366 *G. Moltke: Goethe-Reminiszenzen* *1882*

Der große Dichterfürst Goethe, unter dessen berühmter Leitung die Weimarsche Hofbühne stand, wollte meinem Vater besonders wohl, und oft kamen an ihn Einladungen ins Goethesche Haus; denn die Exzellenz war für Musik und Gesang bei geselliger Unterhaltung sehr empfänglich. Bei einer solchen Gelegenheit sprach die Frau Geheimrätin, Goethes Gattin, die eine große Kinderfreundin war, zu meinem Vater den Wunsch aus, sein Söhnchen, für das sie ein lebhaftes Interesse fühle, einmal bei sich zu sehen. Frau von Goethe, die, wie gesagt, viel Herz und Liebe für die kleine Kinderwelt besaß, empfing mich überaus freundlich. Erst war ich etwas schüchtern, aber Liebkosungen, Kuchen und süßer Wein stimmten mich gar bald heroischer.

Im Umsehen war ich ihr erklärter Liebling, der im Theater sogar auf der Brüstung der Goetheschen Parterreloge Platz nehmen durfte. Sr. Exzellenz, der gestrenge Herr Gemahl, waren erst nicht damit einverstanden, aber die unwiderstehliche Bitte der Frau Geheimrätin siegte, und liebreich sorgte sie dafür, daß der verzogene Günstling hübsch ruhig saß, und mit den Absätzen der Schuhe nicht auf der Holzwand unter der Logenbrüstung herumtrommelte. Mitunter waren wir Schauspielerkinder von unserer mütterlichen Gönnerin, Frau von Goethe, recht zahlreich eingeladen, dann ging's natürlich nicht allzu ruhig her. So trat einstmals, als die prächtige Frau in ihrer großen Gutmütigkeit dem Kinderlärm nicht zu steuern vermochte, der empörte alte Diener zornfunkelnd heran und schrie: Der Geheimbderat könne den verfluchtigen Spektakel nicht länger ertragen. Kurze Zeit blieb's ruhig, sobald uns aber der Cerberus aus den Augen war, wurde lustig weiter spektakelt.

Plötzlich aber trat die allgefürchtete Exzellenz im langen Hausrock selber herein, in gemessenem Schritt, voll majestätischer Haltung, die Hände auf dem Rücken. Rasch flüchteten wir Kinder zu unserer guten Fee, die mich kleinen Unband liebreich umschloß. Da aber der gefürchtete Herr beim Anblick dieser komischen Gruppe nur lächelnd mit dem Finger drohte und gar nicht schalt, fing ich mutwilliges Bürschchen an zu kichern. Der Gestrenge setzte sich und rief:

«Kleiner Molke! (das t in meinem Namen war ihm eine grausame Härte), komm einmal her zu mir.» Etwas zaghaft ging ich zu ihm, er aber nahm mich freundlich auf sein Knie, und fragte: «Was habt ihr kleinen tollen Kobolde denn eigentlich getrieben, weshalb der störende Lärm?» Sogleich bekam ich wieder Courage und sagte, wir hätten getanzt und gesungen, im Garten Haschemännchen gespielt, wären dabei tüchtig herumgesprungen, an der Laube empor geklettert und hätten den Herlitzchenbaum geplündert.

«Was, meine Herlitzchen, die ich selbst so gern genieße, hast du kleiner Schlingel mir stibitzt? I, das ist ja recht schön!»

Mit einem wohlwollenden Backenstreich entließ mich der gestrenge Herr, und Frau von Goethe schickte uns Kinder sofort nach Haus, mit dem Bedeuten, daß wir künftig artiger sein müßten.

3367 E. Genast: Aus dem Tagebuche eines alten Schauspielers *1862*

Im Jahr 1810 ließ er [Goethe] sich ebenfalls eine Kinderkomödie vorspielen, «Blind geladen» von Kotzebue, worin ich und mein Freund Christian Lobe auch mitwirkten; letzterer gab den Rittmeister und ich den Hauptmann. Bei der Probe ging alles trefflich vonstatten. Lobe und ich schossen aufeinander wie Helden. Bei der Vorstellung aber hatte Lobe im Eifer des Spiels vergessen, den Hahn zu spannen. Mein tödliches Geschoß war schon auf ihn abgefeuert, aber er drückte vergebens. Ich konnte mir denken, wo der Knoten steckte, sprang auf ihn zu, spannte den Hahn und lief wieder zurück an meinen Platz; denn das Stürzen ohne Schuß wäre mir gräßlich gewesen. Es knallte, und ich überschlug mich wie ein Seiltänzer. Ein Bravo ertönte aus Goethes Loge, was meiner Geistesgegenwart so gut als meiner Plastik gelten konnte. Mein meisterhaftes Spiel sollte reichlich belohnt werden.

3368 E. Genast: Aus dem Tagebuche eines alten Schauspielers *1862*

[Nach A. Genast.] Die günstigen Resultate, die Goethes Schüler in der deutschen und auch englischen dramatischen Literatur sich errungen, bestimmten ihn, sich nun auch der spanischen zuzuwenden. Den «Standhaften Prinzen» von Calderon hatte er schon längst ins Auge gefaßt und mit Riemer, Wolff, und auch mit mir darüber gesprochen. Ende 1810 wurden die Rollen davon verteilt und die ersten Leseproben in Goethes Wohnung abgehalten. Er war äußerst penibel dabei: Komma, Semikolon, Kolon, Ausrufungs- und Fragezeichen mußten bei der Rezitation streng eingehalten werden; er verlangte fast für jedes dieser Zeichen ein Zeitmaß und bezeichnete deren Länge bildlich so: —, ——; ———: ————! —————? ——————. Auf diese Weise erlangte er, daß einer wie der andere die Verse sprach, nicht zu schnell und nicht zu langsam. Es war im Anfang ein fast automatisches Sprechen; als sich aber nach und nach diese Methode entwickelte, welcher Reiz, welch poetischer Schwung trat endlich in der Rhetorik hervor! Musik war sie zu nennen.

3369 Caroline Jagemann: Erinnerungen

Er [Zacharias Werner] galt nach Schillers Tode für dessen berufenen Nachfolger und war unzweifelhaft kein gewöhnliches Talent, dazu eins, das von Jugend auf die theatralische Technik meisterte, auch persönlich mimische Anlagen besaß. Aber die Mystik verdarb alles, so daß Goethe die Aufführung seines besten, von ihm beeinflußten Werkes lange hinausschob und trotz allem äußeren Erfolge daran verzweifelte, ihn auf die tragische Bahn zu bringen, die er für die richtige ansah ... Die nur zu bald erfolgte «Bekehrung» wirkte auf seine Weimarer Freunde erkältend, die sich in der Ablehnung des Konvertiten mit dem Herzog und Goethen zusammenfanden ...

3370 L. Spohr: Selbstbiographie *1860*

In dieser Zeit [1808] trug mir ein junger Dichter, ein Kandidat der Theologie, der in Gotha seiner Anstellung harrte, eine von ihm gedichtete Oper zur Komposition an, und ich ergriff mit Freude diese Gelegenheit, mich nochmals, und wie ich hoffte, nun mit besserem Erfolge, in der dramatischen Komposition zu versuchen. Die Oper hieß «Alruna, die Eulenkönigin», war nach einer alten Volkssage bearbeitet und hatte dem Stoffe nach viel Ähnlichkeit mit dem «Donauweibchen», das damals so allgemeines Aufsehen erregte. Ich begann sogleich meine Arbeit mit großem Eifer und vollendete die drei Akte der Oper, noch ehe das Jahr zu Ende ging. Da einige Nummern daraus, die ich im Hofkonzerte zu hören gab, großen Beifall fanden, so ermutigte mich dies, mein Werk dem Hoftheater in Weimar zur Aufführung anzubieten. Ich reiste selbst dahin, um Herrn von Goethe, den Intendanten des Theaters, und Frau von Heygendorf, die erste Sängerin und Geliebte des Herzogs, günstig dafür zu stimmen. Ersterem überreichte ich das Buch, der letzteren die Partitur der Oper. Da sie darin für sich und ihren Günstling Stromeyer brillante Partien fand, so versprach sie die Annahme der Oper zu befürworten, und da ich wußte, daß diese nur von ihr abhing, kehrte ich mit den besten Hoffnungen nach Gotha zurück. Doch bedurfte es noch mancher Erinnerung von meiner Seite, und es vergingen Monate darüber, bis es endlich zum Einstudieren der Oper kam. Als dieses dann so weit gediehen war, daß eine große Orchesterprobe stattfinden konnte, lud Frau von Heygendorf mich ein, diese zu dirigieren. Ich reiste daher zum zweitenmal nach Weimar; diesmal in Begleitung des Dichters.

Da ich nach Vollendung der Oper schon wieder allerlei Neues geschrieben hatte, so war sie meinem Gedächtnis ziemlich entschwunden, und ich glaubte sie deshalb nun um so unbefangener beurteilen zu können. Ich war daher sehr gespannt auf den Eindruck, den sie auf mich machen würde. – Die Probe fand in einem Saale bei Frau von Heygendorf statt. Es hatten sich außer dem Intendanten, Herrn von Goethe, auch die Musikfreunde der Stadt, unter diesen Wieland, zum Zuhören eingefunden. Die Sänger hatten ihre Partien gut studiert; da auch das Orchester bereits eine Vorprobe gehalten hatte, so wurde die Oper unter meiner Leitung recht gut exekutiert. Sie gefiel allgemein, und man überhäufte den Komponisten mit Lobsprüchen. Auch Herr von Goethe sprach sich lobend darüber aus.

Nicht so gut kam der Dichter weg. Goethe hatte allerlei an dem Buche auszusetzen und verlangte besonders, daß die Dialoge, die in Jamben geschrieben waren, erst in schlichte Prosa umgesetzt und bedeutend abgekürzt werden müßten, bevor die Oper zur Aufführung kommen könne. Dies Verlangen war dem Dichter besonders schmerzlich, da er sich auf seine metrischen Dialoge viel einbildete. Er erklärte sich gegen mich demungeachtet bereit, die verlangte Abänderung vorzunehmen, konnte aber wegen anderer dringender Arbeit nicht sogleich dazu kommen. Mir war dies lieb; denn, mit Ausnahme weniger Nummern, hatte mir meine Musik bei der Probe in Weimar nicht genügt, so sehr sie auch dort gefiel, und es quälte mich von neuem der Gedanke, daß ich für dramatische Musik kein Talent besitze. Die Oper wurde mir daher immer gleichgültiger, und ich sah es gern, daß sich die Aufführung verzögerte. Endlich wurde mir der Gedanke, sie aufgeführt und veröffentlicht zu sehen, so fatal, daß ich die Partitur zurücknahm.

3371 Ludmilla Assing: Fürst Hermann von Pückler-Muskau *1873*

Einen deutschen Briefwechsel führte er mit Fräulein Mimi von Oertel auf Carolath ... Einem Brief Pücklers an diese junge Dame [vom November 1812] verdanken wir eine Schilderung eines Ausfluges, den er 1812 nach Weimar machte ...

«... Goethe war diesmal abwesend, welches ich, wie Sie denken können, sehr bedauert habe. Ich hatte indes schon früher vor zwei Jahren das Vergnügen, ihn in seinem Hause kennen zu lernen. Er mochte mir die aufrichtige, herzliche und folglich unbefangene Verehrung und Liebe, die ich zu ihm trage, in den Augen lesen, und so wohl selbst freundlich gegen mich gestimmt werden, denn er gönnte mir eine recht lebhafte Unterhaltung von mehr als einer Stunde. Sie wissen, bei großen Herren, und also mit noch mehr Recht bei großen Männern, wird man durch eine so lange Audienz schon ganz stolz.»

Daß Pückler früher bereits Goethe persönlich in Weimar kennen gelernt hatte, ist in dem vorhergehenden Briefe schon gesagt. Pückler bewunderte ihn aufrichtig, und schilderte mit Wärme den Eindruck, den Goethes Erscheinung auf ihn gemacht hat. Dieser fühlte auch große Sympathie für Pückler, bestärkte ihn in seiner Liebe zur Natur, und regte ihn an zu seinen späteren Parkschöpfungen, von denen er einige kleine Proben mit Freude gesehen hatte. «Verfolgen Sie diese Richtung», sagte ihm Goethe beim Abschied, «Sie scheinen Talent dafür zu haben: die Natur ist das dankbarste, wenn auch unergründlichste Studium, denn sie macht den Menschen glücklich, der es sein will.»

VIII

VOM BEGINN DES JAHRES 1811
BIS ZUR RHEINREISE 1814
1811–1814

1811

3372 *Riemer an Frommann* *2. Januar 1811*

Wir denken nun bald zu Ihnen [nach Jena] zu kommen, teils um den Druck der Hackertschen Biographie einzuleiten, der alsdann ohne Unterbrechung fortgehen dürfte. Zu ein paar Bogen ist völlig fertiges Manuskript bereit; die nächsten besorg' ich jetzt; an einem eingeschobenen Reisejournal eines Engländers, der mit Hackert und Gore gereist, wird täglich stark übersetzt; der Rest der Biographie liegt auch im Manuskript da, bedarf aber, in Absicht des Stils, noch großer Nachhülfe, die sich in einer ruhigen Woche bei Ihnen schon geben läßt ...

Der Standhafte Prinz wird nun erst zum Geburtstag der Herzogin, aber *gewiß* gegeben ...

In unserm Hause ist alles wohl, und Goethe so viel als möglich tätig; doch sehnt er sich nach Jena. Er grüßt aufs freundlichste und wünscht das Schönste und Beste Ihnen und den Ihrigen.

3373 *Riemer* *3. Januar 1811*

Besuch von Herrn Divisions-Architekt Engelhard aus Kassel. Mittags Madame Lortzing zu Tische, über den Architekt, den die Frauen gern zu Tisch gesehen hätten.

3374 *D. Engelhard an J. und W. Grimm* *5./6. Januar 1811*

Ich schreibe Ihrem Wunsch gemäß von Weimar, wo ich seit dem 2. dieses Monats bin und alte Freunde wiedergefunden habe, bin auch so glücklich, Ihnen viel von Goethe schreiben zu können, da ich denselben zweimal gesehn und gesprochen und gestern den ganzen Mittag und Nachmittag bei ihm gewesen bin und beständig mit ihm gesprochen habe, ich werde wohl Zeit meines Lebens an diesen Mittag denken, so herrlich und schön ist er gewesen. Goethe sprach durchaus von architektonischen Sachen, machte mich auf viele Gebäude in Italien aufmerksam und beschrieb mir solche, mit vielen allgemeinen vortrefflichen Bemerkungen über den hohen großen

Geist der ältern italienischen Baumeister, besonders Palladio.

Er fragte mich auch, ob ich *Sie*, Grimms, kenne, und da ich sagte: recht gut und genau, so setzte er hinzu, Sie wären wackere Leute und hätten sehr viel Verdienst um die alte Poesie. Es tut mir leid, daß ich Ihnen nicht schreiben kann, ob man vielleicht bald ein neues Werk von Goethe zu erwarten hat, es scheint mir unbescheiden, Riemer danach zu fragen, und sonst habe ich nichts erfahren. In einem der Zimmer hängt ein großes, sehr gut gemaltes Bild, Kopie von dem Selbstporträt des Albrecht Dürer zu München, die Bettine hatte solches geschickt, und nach Riemers Beschreibung könnte solches wohl von Ihrem Bruder sein …

N. S. den 6. Januar.

Da ich noch einige Tage länger hier geblieben bin, so kann ich noch so viel Zeit finden, um Ihnen einiges sehr Interessantes zu schreiben. Das Neueste, was von Goethe auf Ostern zu erwarten, ist Hackerts Leben, größtenteils von Hackert selbst geschrieben. Sodann kommen die Fortsetzung vom Wilhelm Meister, die Vollendung der Pandora und ein Band noch unbekannter oder wenig bekannter Gedichte, worunter mehrere kleine dramatische Stücke in der Art des Fastnachtsspiels.

3375 D. Engelhard: Instruktion
für junge Architekten zu Reisen in Italien *1837*

Ich beschließe, was Vicenza angeht, mit der Erinnerung an eine Villa von Palladio, welche zwar nicht zu den größten, aber doch zu den schönsten gehört, die Palladio erbaut hat: ich meine die Villa Capra, oder die Rotunde, wie sie gewöhnlich genannt wird …

Die kleinen Treppen in den Ecken an der Rotunde sind … oval, und die Stufen schön geschnitten, so daß sie alle von gleicher Breite sind, was ganz einfach dadurch erreicht worden ist, daß die Richtung der Stufen nicht nach drei Punkten gezogen worden ist, sondern daß das Äußere und das Innere in gleiche Teile geteilt und die Linien der Stufen nach den Teilungspunkten gezogen sind. Goethe hatte, wie an der Architektur Palladios überhaupt, besondere Freude an diesen ovalen Treppen. Er hatte eine solche Treppe in dem oberen Stockwerke seines Hauses zu Weimar nachgeahmt, und, wie er mir einst erzählte, dazu persönlich den Zimmerleuten die Anleitung gegeben ...

Unweit der Kirche San Barnaba [in Mantua] steht noch ein Haus, welches von Giulio Romano erbauet und bewohnt gewesen sein soll ... Goethe hatte eine Vorliebe für dieses Haus.

Nahe bei dem Tore Pusterla liegt ein Haus von ziemlich ordinärer Beschaffenheit, welches von Andrea Mantegna erbauet sein soll ... In dem Hofe waren vier Türen und vier Fenster, regelmäßig gegeneinander über, die mit einem aus Karnies, Friese und Architrave bestehendem Gesimse gedeckt und auf beiden Seiten von Pilastern eingefaßt waren; diese Pilaster trugen ein und dasselbe Gesimse, und über dem Gesimse erhob sich eine sogenannte Attika mit acht Fenstern, welche früher bemalt war. Über dieser Attika wird der Hof wieder viereckig. Es lag etwas besonders Einfaches, antik Griechisches im Ganzen, und die Formen und Verzierungen waren weit reiner und edler, wie sie das Zeitalter des Mantegna erwarten ließ. Wenn ich nicht irre, hatte mich Goethe auf dieses wirklich sehr originelle Denkmal aufmerksam gemacht ...

Als ich nach Italien reisete, empfahl mir Goethe ganz besonders, der Gegend von Florenz recht viel Aufmerksamkeit zu widmen, weil sie es so sehr verdiene und es selten hinreichend geschehe ...

Villa Madama, auf dem Monte Mario [in Rom], auch mit Verzierungsmalereien von Giulio Romano, ist mir nicht bloß deswegen, sondern auch noch wegen der eigenen poetischen Idee, in der unser großer Goethe die Architektur derselben aufgefaßt hatte, merkwürdig geblieben. «An dieser Villa», sagte er zu mir bei meiner Reise nach Italien, «kann man lernen, wie die Italiener verstanden haben, mit wenigen Mitteln großartig zu bauen. Hier waren keine Mittel zu einem großen, ausgedehnten Hauptgebäude vorhanden, und so hat der Baumeister denn nur ein Stück eines großen Gebäudes an den Berg gesetzt, und es der Phantasie des Betrachtenden überlassen, sich das Übrige, als durch das Vorhandene angedeutet, gleichsam in dem Berge verborgen vorzustellen.»

3376 *C. Bertuch an Böttiger* *12. Januar 1811*

Goethe und Wieland freueten sich beide über die junge Künstlerin [Caroline Bardua, die bei Johanna Schopenhauer Gemälde ausgestellt hat]. Goethe ist nach Jena, wahrscheinlich um die Wander-Jahre zu endigen …

Ich bin so frei gewesen, einem wackern Künstler, Herrn Engelhard aus Kassel, an Sie zu adressieren, da er nach Italien ging, wo er Ihnen vielleicht einiges besorgen kann. Herr Engelhard war vor zwei Jahren hier, wo er im Schopenhauerschen Kreise Goethe gefiel, der ihn als Architekt in den Wahlverwandtschaften aufgeführt hat.

3377 *Riemer* *12. Januar 1811*

Gegen Abend Herr Frommann: über Fortsetzung der Pandora und dergleichen. Argumente von mir, August [von Goethe] und Frommann gegen Goethes Abneigung und Schelten auf die Deutschen.

3378 *Knebel an seine Schwester* *17. Januar 1811*

Deine Geschenke kommen gerade zur rechten Zeit; denn da ich ein paar Conviviums hintereinander zu geben habe, das ich um so lieber tue, da Goethe gerade hier ist, so können wir diese Seltenheiten herrlich gebrauchen. Die Spickgänse haben schon jüngst großen Beifall gefunden, und werden nun diesen Abend nebst den Bricken noch eine köstliche Mahlzeit machen. Den Karl habe ich vorgestern, an seinem fünfzehnten Geburtstage, förmlich zum Studiosus kreieren lassen, wobei ich den Prorektor, Herrn Gabler, und den Dekanus, Herrn Hofrat Voigt, da sie zumal nichts für die Gebühren nahmen, nebst den Ihrigen zum Essen haben mußte. Goethe kam auch dazu, und der Abend war recht freundlich. –

Goethe hat die Kaazischen Zeichnungen an sich gekauft, und zwar für 102 Taler sächsischer Währung, wie er mir sagt. Er will sie behalten, und gibt sie niemand – außer der Prinzeß, wenn diese sie verlangt. Sie kann nach Zeit und Umständen darüber ordinieren.

3379 Riemer *20. Januar 1811*

Mit Goethe und Knebel nach Drakendorf gefahren. Sylvia und Pauline sehr liebenswürdig. Auch der alte Ziegesar und Knebel. Meine Bemerkung: «Die Höflichkeit ist eine tätige Geduld.» Bei anbrechender Nacht hereingefahren. Dann zu Frommanns, wo Bohns und Prof. Koethe. Etwas lebhaft gegen den Innungsgeist der Wissenschaften bei Gelegenheit der Farbenlehre.

3380 Riemer *20. Januar 1811*

[Goethe:] «Das Zurückführen der Wirkung auf die Ursache ist bloß ein historisches; zum Beispiel die Wirkung, daß ein Mensch getötet worden, auf die Ursache der losgefeuerten Büchse.»

3381 Knebel an seine Schwester *27. Januar 1811*

Den Sonntag, den 20. fuhr ich mit Goethe nach Drakendorf, und Himmel und Erde waren mit ungemein hellen und reinlichen Farben geschmückt. Wir wurden daselbst sehr freundlich aufgenommen. Der Alte [von Ziegesar] kam uns an der Haustüre schon entgegen, und die Mädchen, Sylvia und Pauline Gotter, die sich seit einiger Zeit bei diesen aufhält, erschienen in niedlicher Schweizertracht. Sie hatten kurze rote Mieders, mit schwarzen Samtbändern eingefaßt, und das übrige war alles sehr proper von weißem Zeug. Auch hatten sie die Haare hübsch geflochten, und waren sehr freundlich und graziös. Wir aßen sehr gut zu Mittag, und Sylvia machte die Honneurs sehr artig, so wie der Alte sehr beredt und freundlich war. Gegen Abend fuhren wir wieder zurück und unterhielten uns von Leibniz' Philosophie und der Elektrizität der Luft. Goethe reiste tags darauf wieder nach Weimar zurück, wo zu der Herzogin Geburtstag der «Standhafte Prinz» und gleich darauf «Saul» soll gegeben werden. Er hat mir hier das Verzeichnis der Kaazischen Handzeichnungen zurückgelassen, welches Du gelegentlich unsrer Prinzeß übergeben magst.

3382 Pauline Gotter an Schelling *16. März 1811*

Auch noch einen heitern Wintertag [20. Januar] habe ich mit Goethe sehr vergnügt in Drakendorf verlebt, wo er in der besten Laune von der Welt viel Schönes und Herrliches gesagt. Er besuchte uns mit Knebel; wir hatten es darauf angelegt, die alten Herrn recht aufgeräumt zu haben, und uns deswegen ihnen zu Ehren auf das zierlichste und gewähltestе geputzt; das verfehlte denn auch seinen Zweck nicht, und sie versicherten zuletzt: «Ihre Füße hätten zwar nicht getanzt, aber ihre Herzen.»

3383 Riemer an Frommann *21. Januar 1811*

Mit umgehender Gelegenheit melde ich Ihnen, teuerster Freund, unsere glückliche Ankunft in Weimar. Die Reise war sehr angenehm, indem wir lauter Sonne und keinen Wind hatten. Das weitre werden Ihnen unsre Frauenzimmer erzählen, die wir morgen hinübersenden.

Wegen der Exemplare von Hackerts Biographie soll ich anfragen, ob Sie welche auf Velinpapier drucken. Man vermutete es; sollte es nicht bestellt sein von Cotta, so wünscht Goethe, daß Sie ein Dutzend oder anderthalb Dutzend auf Velin drucken möchten. Auf Schreibpapier versteht sich's ja wohl ohnehin. Jene wird er doch zum Teil dem Hofe sakrifieren müssen ...

Goethe grüßt zum schönsten.

3384 Charlotte v. Schiller an Prinzessin Caroline *22./23. Januar 1811*

Zuerst also von unsrer geliebten Großfürstin. Ich habe sie einige Abende gesehen, wo sie recht die Seele des Gesprächs war und so schön sprach, und zumal mit dem Meister, den sie auf eine so leise Art versteht und gewähren läßt, daß es einen recht ergötzt. Er ist auch ganz entzückt darüber, und auch recht geistreich und gewandt in einer solchen Sozietät …

Jetzt gibt der Meister Hackerts Leben heraus, davon haben Sie einmal gehört. Er war zwölf Tage in Jena dieser Arbeit wegen. Ich sehe ihn alle Sonntage morgen und in der Loge im Theater, wo ich wohl zuweilen mehr seinetwillen hingehe …

Manchmal ist der Meister recht komisch. Seien Sie so gnädig und lassen sich von Kettenburg, so im Gespräch, ohne die Ursache zu sagen, ein Bild von den Herren machen, die den Dom von Köln verherrlichen wollen [den Brüdern Boisserée]. Diese hab' ich auch kennen lernen, sie sind jetzt in Heidelberg; sie haben eine ganze Sammlung Madonnenbilder, vom Anfang der Schulen, und kaufen, was sie können, und sammeln in dieser Idee fort, die Fortschritte der Kunst zu beurkunden; diese wollten herkommen mit ihren Schätzen. Und der Meister hat durch Minister Reinhard, dessen Teilnehmer sie bei seinem Gut sind, diese Herkunft (unter uns gesagt) nicht zu Stande bringen lassen. Er erzählt es mir, der Meister nämlich, und freut sich darüber; da sagte ich: mir ist's auch nicht unlieb, denn ich bin auch entübrigt, diesen Herren eine Artigkeit zu erzeigen. Da entgegnete der Meister: Liebes Kind, Eure Artigkeiten, nimm es mir nicht übel, kenne ich schon. Da nehmt Ihr einen alten Topf, füllt ihn mit Kolonialwaren und setzt die Fremden da herum, und glaubt alles getan zu haben, während wir andern wirklich artig sein müssen. Ich habe lange darüber lachen müssen …

[23. Januar] Ich habe auch die Bayrische Chronik von Aventin, die Goethe so liebt; es sind prächtige Sachen darin.

3385 Riemer *22. Januar 1811*

Mittags Hofrat Meyer zu Tisch, der viel von Krusensterns Reise um die Welt erzählte.

3386 Riemer an Frommann *26. Januar 1811*

Goethe meinte, daß Sie von beiden Sorten, Velin und Schreibpapier, gleich viel Exemplare, also von jedem etwa zwölf, abziehen möchten. Indes, da er der Großfürstin einige bestimmt hat, auch sonst noch gute Freunde sich finden, so weiß *ich* nicht, ob man nicht wenigstens auf Schreibpapier ein halb Dutzend mehr, also achtzehn, besorgte. Was meinen Sie?

Nächsten Mittwoch haben wir doch das Vergnügen, Sie zu Mittag bei uns zu sehen. Die Vorstellung wird gut werden.

3387 Charlotte v. Schiller
an Prinzessin Caroline *27. Januar 1811*

Gestern war ich recht erstaunt. Als ich in des Meisters Loge komme, wo noch niemand war, finde ich -- raten Sie, was? Vier brennende Lichter und einen Teetisch. Die Lichter und das Öffnen der Türe hatte Sensation gemacht; alle Köpfe waren nach der Loge gerichtet, wo ich ganz betroffen und bescheiden stand.

Der Meister kam und die Gemahlin, die einen heftigen Katarrh hatte, und deswegen waren diese Anstalten getroffen; die vielen Lichter waren aber ohne Befehl hingestellt, und ich war recht froh, als nur eins blieb. Heute ist die Frau Gemahlin so krank, daß sie zu Bette liegt, doch waren wir dort, wo prächtige lateinische Gesänge erschallten, und ganz ernsthaft.

Ich darf es manchmal gar nicht sagen, wie mich doch des Meisters Lage einengt und im Innern schmerzt; denn mir deucht, ich fühle zuweilen in seiner Seele, daß er irre in sich ist. Welcher Dämon hat ihm diese Hälfte angeschmiedet? Es gehört zu den Rätseln der Menschen-Bestimmung.

3388 Riemer *30. Januar 1811*

Abends Der standhafte Prinz. Vortreffliche Vorstellung. Mit Ruhe und Beifall aufgenommen. War's sehr voll. Abends mit Goethe zu Tisch. Über das Stück gesprochen. Raabe auch dabei.

3389 *Charlotte v. Schiller an Prinzessin Caroline* *9. Februar 1811*

Nachdem ich die Morgengeschäfte besorgt und mich der Sonne und des milderen Himmels gefreut habe, will ich dem Befehl des Meisters gehorsam sein, der es sehr zu wünschen schien, daß ich Ihnen Bericht geben soll von der Aufführung des *Standhaften Prinzen* ...

... alles Schöne und Gute erwachte bei dem Anblick dieses Werkes in der Seele; es ist etwas ganz Vortreffliches. Die Art des Spiels, die Einrichtung, Berechnung der kleinsten Effekte war mit solchem Geist und Würde ausgedacht und ausgeführt, daß nur Goethe so etwas möglich machen konnte ...

Aber wer wirklich so vollkommen war als keiner, ist Oels. Dieser hat den Muley ganz vortrefflich gespielt ... Goethe hat ihn nun erstaunlich lieb gewonnen ...

Ich würde nicht fertig, wenn ich alles beschreiben wollte ...

Das erste Mal hat der Meister und ich laut geweint. Gestern war mir es ein ruhigerer Schmerz ...

Unser alter Freund Wieland hat einen ordentlichen Grimm, daß mich das Stück so ergriffen. Ich vergebe es ihm aber, weil seine Phantasie niemals das Große fassen konnte; aber traurig ist es doch, daß er über einige schwere Konstruktionen der Sprache, die sein Ohr beleidigten, ungerecht gegen das große Ganze sein kann ... Ich hoffe nur, unser Meister wird es nicht gewahr.

Welchen tiefen Respekt man vor seiner Klugheit und Verstand bekommt in solchen schweren Aufgaben, das kann man nicht aussprechen. Alle Schauspieler sind doch nur sein Organ, und ohne ihn, ohne diese geistige Ansicht wäre es rein unmöglich, so etwas unternehmen zu können. Ihre Frau Mutter und die Hoheit haben es sehr gerühmt, und das freut mich Goethens wegen.

3390 *Riemer an Sara v. Grotthuß* *12. Februar 1811*

Der Meister ist wohlauf und tätig, wie es seine Weise ist. Dieser verdanken wir eine neue Erscheinung an unserm Theaterhimmel, deren Mitgenuß ich Ihnen von ganzem

Herzen wünschte; es ist der *Standhafte Prinz* von Calderon nach Schlegels Übersetzung. Eine so allgemeine Wirkung durch alle Stände und Klassen haben nur wenige Stücke ausgeübt. Alle Welt zweifelte an dem Glück des Unternehmens, und alle Welt erkennt sich jetzt mit Beifall, Lob, Dank und Bewunderung für überrascht und gewonnen. Von dem Glück, welches die Aufführung der Oper Achille gemacht hat, werden Sie schon gehört haben. So hat der Meister für den Durst des schauspiellustigen Publikums immer noch eine Birne in der Tasche.

3391 Pauline Gotter an Schelling *16. März 1811*

Eine Freude ... von ganz anderer Art war die Vorstellung des *Standhaften Prinzen* in Weimar; wohl schwerlich hat Calderon selbst eine so vollendete Darstellung dieses Stücks gesehen. Mir hat es großen Genuß gewährt; aber auch ebenso viel den andern [übernächsten] Tag die Tischgespräche darüber ...

Im Mai geht Goethe wieder nach Karlsbad, von da nach Teplitz, und den Spätsommer bringt er wieder in Dresden zu. Dem allen können freilich noch manche Veränderungen bevorstehen ...

Noch ein kleines artiges Gedicht von dem verehrten Herrn [die Ballade «Wirkung in die Ferne»] lege ich Ihnen hier bei, das Ihnen gewiß Vergnügen macht. Er teilte es uns schon in Karlsbad mit, und es wurde hernach immer viel darüber gescherzt; ich bat ihn auch oft darum, er wollte aber nie damit herausrücken, endlich hat er sich aber doch eines Bessern besonnen, und ich halte es für keinen Verrat, es aus meinen Händen in die Ihrigen zu legen, lieber Schelling, wo es ja noch besser aufgehoben ist; doch bitte ich Sie, es aber nicht weiter mitzuteilen.

3392 F. Schubart: Erinnerungen

[Über die Aufführung des «Standhaften Prinzen».] Das aufgeführte Stück wurde in der gebildeten Gesellschaft viel besprochen, wobei denn auch die Bedeutung desselben für das Christentum nicht unberührt bleiben konnte. Ein geistreicher junger Gelehrter [Passow] ließ sogar eine Broschüre darüber erscheinen, in welcher er die christlichen Tiefen dieses Dramas aufschloß. Diese Äußerungen über das dramatische Werk wurden von Goethe mit Befremden aufgenommen. Aus einem Gespräch, welches er mit mehrern Freunden darüber geführt hatte, welche diese religiöse Bedeutung hervorgehoben hatten, hörte ich, daß er gegen dieselben seine Verwunderung darüber ausgesprochen habe, daß man auf diesen stofflichen Inhalt so viel Gewicht lege. Er habe in dem Standhaften Prinzen, den man für einen christlichen Märtyrer ausgeben wolle, nichts anderes gesehen, als einen christlichen Regulus.

3393 Riemer *12. Februar 1811*

Über Tisch muntere Unterhaltung über Halle und Jerusalem [von Arnim] und andere novissima. Wollten Arnims im Februar Hochzeit machen, hatten aber vergessen, sich aufbieten zu lassen, und sonstiges.

3394 Knebel an seine Schwester *13./15. Februar 1811*

Ich lege Dir hier ein paar Verschen bei, die ich gestern an Goethe machte. Ich mag ihm gerne zuweilen etwas Angenehmes sagen, weil das Lob oder der Beifall doch eigentlich das Echo des Sängers ist …

Den 15. Februar. – Die Verse an Goethe will ich Dir ein andersmal schicken. Er hat mir auch nicht darauf geantwortet. Ich weiß nicht, was ich von seiner Stimmung denken soll. Es kommt mir vor, als suchte er sich auf gewisse Art zu betäuben, indem er scheint an nichts innigen Anteil zu nehmen, als gerade an dem, was ihm Lust macht und womit er sich treibt. Dieser Kaltsinn trägt eben nichts zum Glücke bei.

3395 Charlotte v. Stein an Charlotte v. Schiller *1. März 1811*

Dienstag abend [26. Februar] brachte die Großfürstin bei mir zu. Sie fehlten uns. Übrigens hatte der Meister eine gute Stimmung, und über mancherlei Gedanken aufweckende Gegenstände wurde gesprochen. Sie mochte gar nicht gehen, so müde sie auch war, und blieb bis um halb zehn Uhr.

3396 Riemer an Frommann *27. Februar 1811*

Freilich bin ich diesmal nicht nur lakonisch, sondern taciturn gewesen, wiewohl sehr ungern. Die Botentage mangelt es mir immer so an Zeit, daß ich knapp das Manuskript oder die Korrektur bis um 1 Uhr gefertigt habe: denn ich bringe alle Morgen bei Goethe bis beinahe gegen 1 Uhr zu; und selbst des Nachmittags gibt es Briefe ins reine zu schreiben. Auch dieses schreibe ich wenige Minuten vor 1 Uhr.

Neues Manuskript erhalten Sie auf den Sonnabend, wo nicht früher. Alsdann aber werden Sie wohl nicht pausieren, aber doch etwas langsamer schreiten müssen, weil nun Goethe doch ein acht Tage Vorbereitung zu dem braucht, was er über Hackert zu sagen gedenkt, und was sonst noch von ihm dabei zu tun ist …

Goethe hat endlich die goldene Dose von der Kaiserin bekommen, sie ist von Wert und geschmackvoll.

3397 Riemer *3. März 1811*

Abends bei Frau Hofrat Schopenhauer. Las ich den Armen Heinrich vor [in Büschings Bearbeitung]. Unangenehme Interpellation von Goethe, die mich verstimmte. Deswegen nicht zu Tische unten.

3398 Riemer *4. März 1811*

Geständnis an die Frauenzimmer, daß mich Goethes gestriges Betragen gekränkt. Trost und Beruhigung. Aussicht in die Zukunft. –

Es ist mit den vortrefflichen Naturen so wenig Auskommens wie mit den gemeinen. Diese sind borniert, und die andern ungleich. Das eine Mal lassen sie wie Gott alles gelten, wissen alles zu schätzen; das andere Mal ist nichts recht, soll nichts sein, als was sie leisten, verstehen oder zu verstehen glauben.

3399 *Riemer* *9. März 1811*

Nach Tisch Kartenkünste, die Goethe mich lehrte.

3400 *Riemer* *10. März 1811*

Nach Tische mit Goethe allein, erzählte er mir sein Romanmotiv vom Egoisten. «Daß die Meisterschaft für Egoismus gelte.»

3401 *Riemer* *15. März 1811*

Goethe diktierte von seinen Übungen gegen den Schwindel. Er bemerkte: «Die Sentimentalität, besonders die allem etwas abempfindende, ist ein Zustand, der große Ähnlichkeit mit dem des Rekonvaleszenten hat. Es macht alles einen frischen Eindruck auf ein weiches Herz, da die Gesundheit eben darin besteht, daß man von nichts so sehr angegriffen wird und sich gleichgültig gegen so vieles verhält, – daß man eben einen Puff verträgt. Die klagende Sentimentalität gleicht dem nervenkranken Zustand, wo einen alles angreift, verstimmt und verdrießlich macht.» «Das Rohe am Menschen bleibt immer einigermaßen, oder etwas Rohes bleibt immer an jedem Menschen, und das ist dasjenige, wodurch er lebt und woraus er sich nährt. Es ist wie der Mutterkuchen oder das Eidotter am Hintern des Huhns, woraus es eine Zeitlang Nahrung nimmt.»

3402 *Riemer an Frommann* *17. März 1811*

Es tut mir sehr leid, Sie gestern nicht gesehn und gesprochen zu haben. Erst heute erfahre ich von Goethe, daß Sie hier gewesen, indem er mir aufträgt, Ihnen den verlangten Titel für den Meßkalender einzusenden. Wie man über den Taufnamen eines Kindes selten einig werden kann, so auch über den Titel eines Buchs. Vorläufig also und wesentlich bleibt es bei diesem:

> Philipp Hackert. Eine Selbstbiographie, herausgegeben von Goethe. etc. etc.

Davon tun werden wir nun nichts; aber es könnte sein, daß man auf dem wirklichen Titel des Buches noch eine Bestimmung hinzusetzte, welches wohl kein Mißstand ist, und gewiß Vorgänger und Nachfolger hat.

3403 Knebel an seine Schwester *17./18. März 1811*

Die Verse an Goethe will ich Dir doch beisetzen. Sie sind etwas schmeichelhaft, aber sie haben ihm sehr gefallen. Man muß Leuten, die was Außerordentliches tun, auch zuweilen etwas Außerordentliches sagen ...

Den 18. früh ... Ich bin immer mehr mit Goethen überzeugt, daß Charakter und Tugend nur im einzelnen feststeht. Es kann sich viel von da verbreiten, zumal nachdem die Person im Rang, Ansehen und Talent höher steht. Schwer läßt sich aber die Masse verbessern, es sei denn durch lange Gewohnheiten und Sitten. Wo die Regenten schlecht sind, kommt schwerlich eine Nation in die Höhe, es mag auch so viel Tugendprediger geben als möglich. Das Beste sind doch immer erhabne Beispiele.

3404 Charlotte v. Schiller
an Prinzessin Caroline *19. März 1811*

Ich habe auch gestern dem Meister etwas von Ihren Grüßen gesagt.

Unser geliebter Meister wird zwar von manchen Menschen gescholten, daß er nicht mitteilend sei und finstern Humors; ich fand ihn gestern sehr liebenswürdig, und er war so freundlich zu bemerken, daß ich lange ausgeblieben, statt zehn Tage zwanzig, daß ich schöne Sonntage versäumt.

3405 Charlotte v. Schiller
an Prinzessin Caroline *24. März 1811*

Ich habe dem Meister, so viel es meine Bescheidenheit erlaubte, von Ihrem schönen Brief erzählt, und er war freundlich, daß ich so geschrieben hatte, daß Sie sich ein Bild machen konnten. Sie werden nun auch seinen Brief erhalten und die Landschaften [von Kaaz]. Er ist gar freundlich und weich gestimmt, und wir haben manche gute freundliche Gespräche in der Loge; zuweilen muß ich ihn trösten, wenn er die ästhetischen Erscheinungen nicht mit Zufriedenheit sieht. Und zuweilen teilen wir uns unsere Ansichten über die Welt und Dinge mit und sind recht gute Freunde. Ich lasse mich jetzt über manches aus im Gespräch, was ich sonst nur in den besten Stunden bei Ihnen zeigen und sagen mochte, wo ich verstanden wurde, und das allein war mein Wunsch. Jetzt weiß niemand, wie es mir ist, und deswegen muß ich sprechen und mich zeigen auf meine eigene Hand. Dadurch denkt man, ich wäre teilnehmender, bilde ich mir ein, und spricht manches mit mir über Dinge, als wenn ich ein Urteil hätte; nicht allein der Meister, sondern auch andere, und ich muß manche gelehrte Diskurse führen.

3406 Riemer *26. März 1811*

Mit Goethe und August die Lose zusammengerollt. Abends bei der Schopenhauer. Verlosung der Madonna della Seggiola. Die Kinder zogen. Geheimer Regierungsrat Voigt gewann es.

3407 Ch. G. v. Voigt an Böttiger *28. März 1811*

Eine schöne Kopie der Madonna della Sedia in prächtigem Rahmen, in Öl gemalt, wurde von Madame Schopenhauer für 90 Taler ausgespielt. Mein Sohn hat sie gewonnen; es ist ein sehr angenehmes Bild. Goethe dirigierte die kleine Lotterie, wo er selbst mehrere kleine Prämien in Büchern, Kupfern etc. hinzugetan hatte. Er wird wieder nach Teplitz gehen, so wie der Herzog selbst.

3408 Riemer an Frommann *27. März 1811*

Am Hackert sind wir fleißig; wir denken diese Woche mit allem fertig zu sein, und Sie erhalten dann alles Manuskript auf einmal.

3409 Charlotte v. Stein an Knebel *30. März 1811*

Die Schillern und ich singen oft Ihre Lobsprüche, wie gut Sie die Unwissenden belehren, indessen Goethe einen oft nur mit einem Bonmot abfertigt.

3410 Riemer *30. März 1811*

Abends. Schweizerfamilie. Spielte Demoiselle [Frank] «wie eine, die den furor uterinus hat, und das Heimweh dazu, entzückte aber alle Männer».

3411 Knebel an seine Schwester *8. April 1811*

Gestern früh kamen wir erst von Weimar zurück, und ich wollte Dir sogleich schreiben, da ich noch in einer sehr angenehmen Stimmung über den verflossenen Tag und die hübsche Vorstellung meines «Sauls» [am 6. April] war ... abends bei der Vorstellung hat sie [Herzogin Louise] fast beständig applaudiert, wie man mir sagte; denn ich saß unten bei Goethe ... Bei Goethe sah ich einen lieben Brief von unsrer liebsten Prinzessin, der mich sehr erfreute ... Nun kam ich mit meiner ganzen Familie zum Mittagsessen zu Goethe, der uns in seinem Garten höchst freundlich aufnahm und sich diesen Tag selbst zu einem Tage des Vergnügens zu machen schien. Es war niemand da als wir. Ich sah mich in gute Stimmung versetzt, und diese dauerte fort. Auch sahen wir die Dose der Kaiserin, die ungefähr so ist wie die, die der Herzog dem alten Ziegesar geschenkt hat, wenn Du diese gesehen hast, nur oval. Auch hat Goethe noch einen bronzenen Stier zu dem unsrigen bekommen, der diesem durchaus ähnlich ist usw. Goethe fand ich um vieles noch mehr gemildert und unteilnehmender der Sachen, die von außen kommen. Er sagte, wir müßten anfangen, alt zu werden.

Was nun das Stück, den «Saul», selbst betrifft, so ward er gar sehr zu meiner Zufriedenheit gegeben. Das Ganze nimmt sich ungemein wohl aus, hat das rechte Maß und ein großes Pathos ... Manches wäre freilich noch zu desiderieren, das Goethe selbst fühlt. Er will es gegen den Winter wieder geben lassen, aber alsdann das ganze Stück von Musik akkompagniert, weil es in der Tat viel Opernmäßiges hat, und unsre etwas prosaischen Akteurs sich noch nicht ganz in den vornehmen Ton schicken können.

Wir fuhren in der Nacht im schönsten Mondschein wieder herüber, und ließen unsern Prof. Voigt, den wir mitgebracht hatten, Goethen zur Abendgesellschaft, die, wie er mir heute erzählt, bis spät nach Mitternacht fortgedauert hat.

3412 *Charlotte v. Schiller an Prinzessin Caroline* *(etwa 30. April 1811)*

Unser Meister ist wohl jetzt, doch hatte er den Katarrh. Er ist heiter und freundlich und besucht Frau v. Stein beinahe alle Morgen. Über Karl hat er sich recht gefreut und mir so viel Gutes gesagt. Er spricht recht mit Behagen von ihm und freut sich, daß unsre Söhne keine falschen Ansprüche haben und mit Ernst und Eifer ihrer Bildung nachstreben, und daß wir sie so erzogen haben, daß sie nur den Wert ihrer Väter fühlen, um ihnen nachzustreben, und nicht darauf zu ruhen und sich zu stützen. – Vor vierzehn Tagen [am 16. April] war er bei der Hoheit zum Tee und hat mit Ihrer Frau Mutter so interessant gesprochen, und ich hörte und sprach auch mit, weil mich der gute Zufall, wie sie vom Tarock aufstand, ihr nahe brachte. Er hat über seine Lieblingsideen, Bildung und Entstehung der Erde, gesprochen und prächtige Sachen gesagt.

3413 *H. Steffens: Was ich erlebte* *1842*

Jetzt also im Sommer [Frühling] des Jahres 1811 besuchte ich nun wieder Frommann in Jena, meinen teuern Freund, und Goethe in Weimar, mit der Aussicht, künftig in größerer Entfernung von ihnen zu leben. Ich konnte nur einige Tage in beiden Städten zubringen. Die etwas heftige Szene, die Oehlenschläger hervorrief, als er, aus Italien kommend, Weimar besuchte, und von Goethe Abschied nahm, hatte kurz vorher [am 6. November 1809] stattgefunden. Oehlenschläger war unmittelbar aus Weimar nach Halle gekommen und noch von dem, was er dort erlebt hatte, heftig bewegt. Der ganze Vorfall ist von diesem Dichter selbst in seinem Leben erzählt und von Riemer in seinem bekannten Werke über Goethe fast als ein bedeutendes Ereignis seines Lebens behandelt. Ich, der ich meinen Freund so genau kannte, fand die Sache höchst natürlich, konnte mir aber auch die Überraschung und Verlegenheit des alten Dichters, der gewohnt war, als ein Herrscher, dem man sich nur mit Scheu und Furcht näherte, behandelt zu werden, gar wohl denken. Bei der Erzählung Oehlenschlägers kam mir die Sache sehr lustig vor, und ich mußte lachen; jetzt, als ich [am 17. April 1811] nach der Tafel mit Goethe in dem kleinen Garten hinter seinem Hause mich unterhielt, sprach er zwar von jener wunderbaren Umarmung und zornigen Äußerung des leidenschaftlichen Dichters, aber höchst ruhig und milde. Er wußte Oehlenschläger zu schätzen, aber seine Tragödie Correggio, die er vorlesen, Goethe aber nicht hören, sondern selbst lesen wollte, hatte bekanntlich die Empfindlichkeit des Dichters veranlaßt. Goethe teilte meine Ansicht ...

Dieses Gespräch mit Goethe dauerte lange. Es berührte frühere Zeiten und mancherlei Gegenstände. Auch an Werner wurde erinnert, und zwar an den großen Mineralogen sowohl, als an den Dichter ...

Noch immer war Goethe gegen Werner etwas eingenommen, und es ist nicht zu leugnen, daß, wenn dieser seine Weihe der Kraft als eine Armseligkeit betrachtete, und sich entschloß, die Unkraft zu weihen, und deshalb nicht zu tadeln war, die letztere Weihe wenigstens nicht so armselig und unkräftig hätte stattfinden dürfen.

Desto heiterer war die Erinnerung an den herrlichen, in seiner abgeschlossenen Eigentümlichkeit tiefen und von Hause aus frischen und gesunden zweiten Werner, dem ich so viel verdankte, der mir noch immer als ein Glanzpunkt meines frühern glücklichen Daseins erschien. Goethe liebte und schätzte ihn, er freute sich, ihn so oft in Karlsbad zu treffen, und suchte ihn gegen seine immer mächtiger werdenden Gegner zu verteidigen. Es war aber auch von vielem anderem die Rede. Ich erinnere mich mit Freude der Zuneigung, die er für Schelling zeigte. «Ich kann ihm nicht ganz folgen», sagte er, «aber es ist mir klar, er ist bestimmt, eine neue geistige Epoche in der Geschichte einzuleiten.»

Goethe, diese imponierende Gestalt, jetzt schon im hohen Alter, schien durch seine ruhige gebietende Gegenwart die ganze Bedeutung seines gewaltigen Daseins in einen mächtigen Moment zusammenzufassen; er war damals 62 Jahr alt. Die bevorstehende Trennung erschütterte mich, aber der ernsthafte Mann gebot Ruhe; mein Schmerz war stumm, ich verneigte mich und verließ ihn. Er lebte nachher noch fast zwanzig Jahre, aber ich sah ihn damals zum letzten Mal.

3414 Riemer an Frommann *18. April 1811*

Goethe hat schon Reisegedanken, doch ist das Wetter nicht begünstigend. Cottas Ankunft warten wir auf jeden Fall ab. Von seinem Gehen nach Jena ist es wieder ganz still, man muß abwarten, ob das Wetter beständiger wird.

3415 H. Düntzer: Charlotte von Stein *1874*

Dienstag, den 23. [Montag, den 22. April 1811] begann Goethe bei der Herzogin abends aus seiner Lebensbeschreibung zu lesen. «Er weiß gar hübsch zu erzählen», bemerkt Charlotte, «und von Kindheit an ist er schon interessant. Er wird uns sein Christelchen auch interessant zu machen wissen in seiner poetischen Vorstellung, so wenig sie es auch in der Tat ist.»

3416 Riemer *25. April 1811*

Mittags speiste Voß und Madame Lortzing mit. Abends großer Tee und Musik. Miss Dillon, die Russen, Frau von Heygendorf, die Schauspieler und ihre Frauen, Völkels, Schwabe. Blieben die Sänger zu einem kleinen Souper.

3417 H. Voß (in Gräfs Bearbeitung)

Von Goethe bin ich überaus freundlich empfangen worden [Mittwoch, den 24. April 1811], wie ich es erwartete, aber nicht eben nach alter Weise herzlich. Ich hatte auch darauf nicht gerechnet, und ging vergnügt von ihm. Denke Dir nun meine Freude, als ich den folgenden Mittag, den ich bei ihm zubrachte, ganz den alten, väterlich gesinnten, liebenden Goethe wiederfand. Da war ich trunken vor Freude. – Den Tag darauf [Freitag, den 26. April] reiste ich mit Frau von Goethe und Riemer auf einige Stunden nach Kapellendorf. Goethe hatte mich gebeten, erst mit seiner Frau zu frühstücken. Als ich hinkam – wen fand ich? Goethe selber mit frühstückend, an seinem alten Platze, und ich an dem meinigen von ehemals. Das war doch recht schön von Goethe, daß er mir diese Freude machte. Glücklicherweise verspätete sich die Ankunft des Wagens, und wir blieben zwei und eine halbe Stunde beim Frühstücke sitzen, wo Goethe mir eine Sardelle nach der andern vorlegte, und ich nun kaum Wein genug trinken konnte, um den heißen Stein im Magen abzukühlen. Prächtig war Goethe den Morgen. Ich kam ganz erhitzt an, weil ich eben Falk besucht und mit ihm gehadert hatte. Ich erzählte Goethe den ganzen Streit, und wir machten aus, «daß Falk ein Esel sei».

Außerdem habe ich Goethe noch einmal gesprochen und mit ihm gespeist.

3418 Charlotte v. Schiller an Prinzessin Caroline 1. Mai 1811

Es ist jetzt eine Lektüre in den blauen Zimmern, wo ich jedes Wort möchte behalten können, um es Ihnen zu sagen.

Der Meister hat [am 26. April?] angefangen, sein Leben zu lesen. So eine schöne große Ansicht, so ein Bild des Ganzen führt er einem vor die Seele, und so liebenswürdig zeigt er das Liebenswürdige! Er sagt wenig, das heißt keine Schilderungen der Familie, sondern berührt nur die Außenverhältnisse. Der Vater hatte sehr viel Geist, viele Kenntnisse, und hat dadurch dem Sohn auch alle Mittel erleichtert, und er war eine Pflanze, die sich nach allen Weltgegenden anranken konnte, durch Glück wie durch Natur begünstigt. – Ich will, so viel ich kann, die Begebenheiten aufzeichnen.

Als er auf die Welt kam, war er eine Zeitlang ohne Leben und schwach im Anfang; wunderschön muß er gewesen sein, denn er ist es noch jetzt, und er sagte, daß von den Blattern seine ganze Physiognomie sich verändert, und man ihn immer mit Widerwillen gegen ehemals betrachtet, es ihm auch gesagt hat.

Jetzt sind wir gekommen, bis er nach Leipzig gehen soll. Der Himmel gebe, daß wir noch viel hören, ehe er geht. In vierzehn Tagen will er dann in Karlsbad sein.

3419 Riemer an Frommann *27. April 1811*

Es tut mir sehr leid, daß ich Sie, mein Teuerster, über Goethes Abreise überhaupt und sein Kommen nach Jena so lange in Erwartung gelassen habe. Nun wird es sich dafür auf einmal entscheiden, und Sie wahrscheinlich mehr erfahren, als mir zuteil wurde. Noch zu Anfang dieser Woche bezeigte er gar keine Lust hinüber zu kommen, und gestern abend, als ich nach Hause komme, höre ich von Karln, daß er heute nach Jena gehe. Ich bin es so gewohnt, es immer nur einen Tag vorher zu erfahren, daß ich beinahe nicht mehr frage. Über die Abreise nach Karlsbad weiß ich ebenso wenig: denn was auch allenfalls ein anderer Mund sagt, dem ist nicht immer zu trauen …

Voß hat sich nur äußerlich verändert; im übrigen finde ich ihn, wie er uns verlassen …

Unsere Singakademie ist am vorigen Sonntag geschlossen worden. Morgen hört auch der Tee bei der Schopenhauer auf.

3420 Knebel an seine Schwester *1. Mai 1811*

Den 27. [April] kam Goethe unvermutet auf mein Zimmer. Seine Gegenwart erfreute mich sehr. Wir teilten uns mancherlei mit. Er sagte mir viel über sich selbst und von seiner Lebensgeschichte, woran er jetzt schreibt, und wovon er schon manches der Herzogin vorgelesen hat, das vielen Beifall gefunden. Er nimmt die Sache, wie ich von Frau von Stein gehört habe, etwas weitläufiger, und flicht vieles von der Geschichte und den Personen damaliger Zeit mit ein, was das Ganze sehr interessant macht. Er sagte mir, er sei in dieser Geschichte bereits bis in sein zwanzigstes Jahr gekommen, und wolle nun, da er so manche andre geschrieben, nun auch seinen eignen Roman schreiben, von dem die ersten paar Bände sogleich, wie sie fertig wären, erscheinen sollten. Wir brachten einen recht hübschen Abend zu; auch war er mit Karls Arbeiten sehr zufrieden. In der Mitte des Mai will er nach Karlsbad gehen, doch denkt er in diesem Jahre früher zurückzukommen.

3421 Riemer *1. Mai 1811*

Früh bei Goethe. Korrektur, die er mitgebracht hatte, expediert. Mittags unter uns im Gartenhause.

3422 Riemer *3. Mai 1811*

Mittags im Gartenhause. Bekam Goethe ein schönes gestricktes Nachtwestchen zugeschickt.

3423 Riemer *4. Mai 1811*

Früh bei Goethe, Biographie. Mittags speiste Herr Boisserée aus Köln, Herr von Oliva aus Wien, Haide und Hofrat Meyer mit. Der erste hatte Zeichnungen zu Faust von Cornelius aus Köln mitgebracht. Der andere spielte nach Tisch auf dem Fortepiano Beethovensche Sachen.

3424 Riemer *4. Mai 1811*

[Goethe:] «Sprache wirklich das Höchste, die höchste Äußerung der Vernunft und des Bewußtseins.

Man sollte nicht mehrere (Wort-)Sprachen lernen, sondern alle Kunst-Sprachen, Musik, Malerei und dergleichen, wodurch der Mensch sein Inneres kundgibt; damit man zuletzt auch in der eigentlich genannten Sprache etwas zu reden hätte, als welche, wie ein höheres Bewußtsein, über jene alle noch hinausgeht und diese selbst wieder zu Wort bringt.»

3425 S. Boisserée *2./4. Mai 1811*

Nachmittags fuhr ich allein nach Weimar, wohnte bei Goullon, war noch abends bei Bertuch, am Freitag, 3. Mai des Morgens ging [ich] zu Goethe, der mich recht steif und kalt empfing, ich ließ mich nicht irremachen und war wieder gebunden und nicht untertänig – am Samstag [4. Mai] war ich bei ihm zu Tisch.

Das Gespräch war beim ersten Besuch sehr allgemein gewesen, über unsere Bilder, über Eyck vorzüglich – über die Ansichten wegen dem Domwerk und über Reinhard: ich hatte ihm unterdessen die Zeichnungen von Cornelius [zum «Faust»] geschickt, diese fand ich nun aufgelegt vor, Meyer

– Goethe ging im Zimmer herum und lobte recht von Herzen. – Der Hofrat konnte nur kümmerlich kalten Tadel einwerfen, über dem Essen taute der alte Herr noch mehr auf, ich hielt mich frei und gerade, wie ich gewohnt bin – wir waren lustig, es kam die Rede auf Lezay, die Kälber-Ökonomie, die Spitzen-Liebhaberei der [Prinzessin] Stephanie und dergleichen Späße – nach Tisch spielte ein Baron Oliva aus Wien, ich weiß nicht welche Beethovensche Komposition, ich glaube den Gesang der Clärchen; mich zogen unterdessen die Jahres-Zeiten von Runge an, die ich noch nicht gesehen. Er trat zu mir, und wir kamen gleich in das angelegentlichste Gespräch über das neue phantastische Wesen, über die alles zersprengende, ins Unendliche sich verlierende Sehnsucht und Unruhe in der Musik, in diesen malerischen Versuchen, in der Philosophie und in allem. Novalis, Schelling, die deutsche Bildung, das ganze neuere Zeit-Wesen kam zur Sprache. – So die Welt um sich herum vermodern und in die Elemente zurückkehren sehen zu müssen, ohne Aussicht, wann etwas daraus entstehe! sei zum Tollwerden für die Alten. – Meine Antwort: Es sei noch der einzige Trost, daß wir Junge, als Leichenträger gleichsam, das Bessere, was in der Pest noch überbleibt, die alten Schätze der Bildung zu retten suchen, und mit der Zeit vielleicht wieder unsere Enkel die Schulmeister und so doch auch die Herren der jungen Völker werden, die uns einst beherrschen sollen – alle andere Hoffnung und Bestrebung sei leer. –

Dies gefiel ihm – die Dinge so anzusehen, dazu gehöre Charakter, denn zur Resignation gehöre Charakter. Wir waren nun miteinander bekannt …

3426 S. Boisserée an seinen Bruder Melchior *3. Mai 1811*

Ich komme eben von Goethe, der mich recht steif und kalt empfing, ich ließ mich nicht irremachen und war wieder gebunden und nicht untertänig. Der alte Herr ließ mich eine Weile warten, dann kam er mit gepudertem Kopf, seine Ordensbänder am Rock; die Anrede war so steif vornehm als möglich. Ich brachte ihm eine Menge Grüße: «recht schön», sagte er. Wir kamen gleich auf die Zeichnungen, das Kupferstichwesen, die Schwierigkeiten, den Verlag mit Cotta und alle die äußern Dinge. Ja, ja, schön, hem, hem. Darauf kamen wir an das Werk selbst, an das Schicksal der alten Kunst und ihre Geschichte. Ich hatte mir einmal vorgenommen, der Vornehmigkeit ebenso vornehm zu begegnen, sprach von der hohen Schönheit und Vortrefflichkeit der Kunst im Dom so kurz als möglich, verwies ihn darauf, daß er sich durch die Zeichnungen ja selbst davon überzeugt haben würde, – er machte bei allem ein Gesicht, als wenn er mich fressen wollte. Erst als wir von der alten Malerei sprachen, taute er etwas auf, bei dem Lob der neugriechischen Kunst lächelte er; er fragte nach Eyck, bekannte, daß er noch nichts von ihm gesehen hatte, fragte nach den Malern zwischen ihm und Dürer und nach Dürers Zeitgenossen in den Niederlanden; daß wir gerade so schöne Bilder hätten, weil überhaupt die Kunst in Niederland viel edler und gefälliger als im übrigen Deutschland gewesen, leuchtete ihm ein; ich war in allen Stücken so billig, wie Du mich kennst, aber auch so bestimmt und frei wie möglich und ließ mich gar nicht irremachen durch seine Stummheit oder sein «ja, ja, schön, merkwürdig». Ich gab großmütig meine Gedanken über den Gang der Malerei durch die Einwirkung von Eyck zum besten, jedoch mit aller Vorsicht, zugleich aber ließ ich nicht undeutlich merken, daß man eben bei der noch ganz frischen Entdeckung, die wir das Glück gehabt zu machen, seine Gedanken noch nicht gerne ausspreche; ich gab sie auch nur in allgemeinen Zügen, das ließ er sich alles sehr wohl und behaglich einlaufen. Endlich war von Reinhard die Rede, das Gespräch führte zu unserm gemeinschaftlichen Besitz vom Apollinarisberg, von seinen Verhältnissen zur Regierung, zu seiner Frau, so daß ziemlich das Wesentlichste berührt wurde, das machte den alten Herrn freundlicher, das Lächeln wurde häufiger, er lud mich auf morgen zu Tisch; erinnerte mich noch zum Erbprinzen zu gehen, ich müßte den Herrschaften die Zeichnungen zeigen, er wolle alles schon einleiten.

Ich kündigte ihm Cornelius' Zeichnungen an, das gefiel ihm, ich schickte sie ihm nach Tisch; ich wollte ihm nur mit ein paar Worten sagen, daß sie in altdeutschem Stil seien, aber er wurde abgerufen; es kam ein anderer Besuch, er gab mir einen oder zwei Finger, recht weiß ich es nicht mehr, aber ich denke, wir werden es bald zur ganzen Hand bringen. Als ich durchs Vorzimmer ging, sah ich ein kleines, dünnes, schwarz gekleidetes Herrchen in seidenen Strümpfen, mit ganz gebücktem Rücken zu ihm hinein wandeln, da wird er wohl seine Vornehmigkeit haben brauchen können! Ist es ein Wunder, wenn ein Mensch, der sein ganzes Leben hindurch von Schmeichlern und Bewunderern umringt, und von Klein und Groß wie ein Stern erster Größe angestaunt und gepriesen wird, am Ende auf solche hoffärtige Sprünge kommt, die aber auch gleich aufhören, sobald ihm jemand gegenüber steht, der zwar das eminente Verdienst hochachtet, seinem eigenen Wert aber nicht alles vergibt.

3427 S. Boisserée an seinen Bruder Melchior 6. Mai 1811

Mit dem alten Herrn geht mir's vortrefflich, bekam ich auch den ersten Tag nur einen Finger, den andern hatte ich schon den ganzen Arm. Vorgestern, als ich eintrat, hatte er die Zeichnungen von Cornelius vor sich. Da sehen Sie einmal, Meyer, sagte er zu diesem, der auch hereinkam, die alten Zeiten stehen leibhaftig wieder auf! Der alte kritliche Fuchs murmelte (ganz wie Tieck ihn nachmacht, ohne die geringste Übertreibung), er mußte der Arbeit Beifall geben, konnte aber den Tadel über das auch angenommene Fehlerhafte in der altdeutschen Zeichnung nicht verbeißen. Goethe gab das zu, ließ es aber als ganz unbedeutend liegen, und lobte mehr, als ich erwartet hatte. Sogar der Blocksberg gefiel ihm; die Bewegung des Arms, wo Faust ihn der Gretchen bietet, und die Szene in Auerbachs Keller nannte er besonders gute Einfälle. Vor der Technik hatte Meyer alle Achtung, freute sich, daß der junge Mann sich so herauf gearbeitet habe. Ich gab zu verstehen, daß Cornelius sich über seinen Beifall doppelt freuen würde, weil er bei dem schlechten Licht, worein sich manche Nachahmer des Altdeutschen gesetzt, gefürchtet, diese Art allein würde ihm schon nachteilig sein. Gäbe aber nun Goethe etwas dergleichen Lob, so wäre das umso mehr wert, weil man dabei von der höchsten Unbefangenheit überzeugt sei, und daher könne er auch mit umso besserem Nachdruck und Erfolg die wirklichen Fehler rügen.

Bei Tisch kam die Rede auf allerlei, auf Lezay, auf Reinhard; Sie haben der Prinzeß Stephanie Ihre Zeichnungen gezeigt, Reinhard hat mir etwas davon verraten! Ich fragte ihn nach dem Diego von Kettenburg, das ist ein Schillerus redivivus, antwortete er, eine Stimme aus dem Grabe, ganz ohne Kraft und Mark! Je weiter wir ins Essen und Trinken kamen, desto mehr taute er auf. Nach Tisch wurde auf dem Flügel gespielt, ein Baron Oliva von Wien, Kapellmeister, wenn ich recht gehört, trug einiges vor, es war das kleine, höfliche Männchen von tags zuvor. In dem Musiksaal hingen Runges Arabesken, oder symbolisch-allegorische Darstellungen von Morgen, Mittag, Abend und Nacht. Goethe merkte, daß ich sie aufmerksam betrachtete, griff mich in den Arm und sagte: Was, kennen Sie das noch nicht? Da sehen Sie einmal, was das für Zeug ist, zum Rasendwerden, schön und toll zugleich. Ich antwortete: ja ganz wie die Beethovensche Musik, die der da spielt, wie unsere ganze Zeit. Freilich, sagte er, das will alles umfassen und verliert sich darüber immer ins Elementarische, doch noch mit unendlichen Schönheiten im Einzelnen; da sehen Sie nur, was für Teufelszeug, und hier wieder, was da der Kerl für Anmut und Herrlichkeit hervorgebracht, aber der arme Teufel hat's auch nicht ausgehalten, er ist schon hin, es ist nicht anders möglich, was so auf der Kippe steht, muß sterben oder verrückt werden, da ist keine Gnade. Ich schreibe Dir dieses Gespräch nur, um Dir die Vertraulichkeit und den schönen Eifer des alten Herrn zu schildern. Du kannst denken, daß es viel mannigfaltiger war und sehr vieles dabei wechselseitig zur Rede kam. Von diesen Blättern selbst kannst Du Dir unmöglich eine Vorstellung machen, sie sind, einmal die Absicht und Art zugegeben, so wunderwürdig schön, wie in unsern Tagen nichts gemacht worden, ich will sie zu kaufen suchen und nach Köln mitbringen. Nachher kamen wir auf die Philosophie, auf Deutschland, auf unsere Aussichten, auf deutsche Bildung zu sprechen. Er sagte: Sie glauben nicht, für uns Alte ist es zum Tollwerden, wenn wir da, so um uns herum, die Welt müssen vermodern und in die Elemente zurückkehren sehen, daß, weiß Gott wann, ein neues daraus erstehe! Und doch, sagte ich, ist es noch der einzige Trost, daß wir Jungen, als Leichenträger, gleichsam das Bessere, was in der Pest noch übrig bleibt, die alten Schätze der Bildung zu retten suchen, und mit der Zeit, vielleicht erst in unsern Enkeln die Schulmeister und so auch die Herren der jungen Völker werden, die uns einst beherrschen sollen, alle anderen Hoffnungen und Bestrebungen sind leer. Was Sie da aussprechen, das ist das Rechte, sagte er, aber die Dinge so anzusehen, dazu gehört Charakter, denn zur Resignation gehört Charakter. –

Es ist natürlich nicht möglich, solche Gespräche in ihrer ganzen Folge wiederzugeben, zumal nicht in der Eile, in der ich schreiben muß, denn gleich geht die Post ab, ich zeichnete Dir nur einiges von den allgemeinsten Zügen, wie es mir gerade einfiel.

3428 Riemer *5. Mai 1811*

Früh gegen 10 Uhr mit Goethe, ihr und Demoiselle Ulrich nach Kapellendorf gefahren. Nach dem Frühstück in den Garten, den Sperlingsberg, um die angesäten Fichten usw. spaziert. Empfindlichkeit der Demoiselle Ulrich, welche weinte. An ihr zu trösten gesucht. Gegen Abend herein.

3429 S. Boisserée *6./7. Mai 1811*

... am 6. Mai um 11 war ich wieder bei ihm, da war der Baumeister Stieler [Steiner] und hatte die Zeichnungen von Paulinzell[a]. Das gab mir Gelegenheit, die meinigen von den älteren kölnischen Kirchen zu holen; wir sprachen nun sehr viel und ausschließend über das alte Bauwesen. – Es waren mehrere Schauspieler da und machten Musik. – Das Bauwesen, besonders die Grundrisse von dem kölnischen Turm, die zufällig zwischen den neugriechischen gelegen, hatten die ganze Aufmerksamkeit von Goethe auf sich gezogen, ich mußte versprechen, auf morgen wiederzukommen und alles ruhig mit ihm durchzugehen, da wurden dann am Dienstag [7. Mai] die Dom-Zeichnungen vorgenommen, die Türme (die er noch nicht kannte) und dabei die kleine elfenbeinerne Maria gezeigt. Vergleichungen mit Straßburg – Wien, Mailand, Reims, Amiens usw. – angestellt, über das *Deutsche* dieser Baukunst gesprochen usw.

3430 S. Boisserée an seinen Bruder Melchior 6. Mai 1811

Gestern war er auf dem Lande; heute war ich von eilf Uhr an wieder bei ihm, bis spät nachmittags. Er hatte den Baumeister Stieler [Steiner] gebeten, der mir ein Portefeuille mit der neugriechischen Klosterkirche von Paulinzell hier in der Nähe vorlegte, ich holte meine neugriechischen Sachen, das gefiel dem alten Herrn alles sehr wohl; wir sprachen sehr viel und ausschließend über das alte Bauwesen, Meyer und Riemer waren recht fleißig dabei, nach ihrer Art. Das Bauwesen, besonders die Grundrisse von den kölnischen Türmen, die zufällig zwischen den neugriechischen Kirchen gelegen, hatten die ganze Aufmerksamkeit von Goethe auf sich gezogen, und als ich fortgehen wollte, sagte er mir (was ich eben selbst fordern wollte): «Hören Sie, wir müssen die Sache einmal recht mit Ernst betreiben, ich will morgen um eilf Uhr zu Ihnen kommen, daß wir einmal allein sprechen können, wir müssen die Zeit nutzen, solange wir beisammen sind, mündlich und die Zeichnungen zur Hand, versteht man sich erst recht.» – Du kannst Dir denken, daß ich nun ganz offenherzig und ehrlich mit Freuden- und Ehrenbezeugungen herausrückte, die ihm sehr angenehm sein mußten, indessen lehnte ich es ab, daß er zu mir käme; ich schicke mein großes Portefeuille morgen zu ihm, wir wohnen nur ein paar Schritt voneinander, und da werden wir wohl eine gute Nuß zusammen knacken.

3431 S. Boisserée an J. B. Bertram 10. Mai 1811

Dein ganzer Brief ist unter dem liebreichen Einfluß des ersten Maitags geschrieben, er freut mich sehr; ich muß dazu wohl sagen wie der alte Herr, ja, ja! schön – brav!

und wann ich erst die Ausführung sehe, werde ich ebenso wie er meinen alten Verdruß und Kummer vergessen und bis zum *Küssen* mit Dir zufrieden sein.

Ich deute Dir hier mit den wenigen Worten, die ich Dir auf Deinen Brief antworte, schon genug an, wie weit ich seit Montag mit dem alten Herrn gekommen bin: doch muß man über solchen augenblicklichen Anwandlungen jugendlicher Begeisterung nicht vergessen, daß es ein alter Herr ist, von dem eine so recht tätige Teilnahme nie zu erwarten steht.

Alle Einwendungen des Alten gegen die eigene vaterländische Erfindung der gotischen Baukunst verstummen, und alles, was er wegen dem Straßburger Münster zu sagen hatte, ließ er bald fallen. Er brummte am Dienstag, als ich bei ihm mit den Zeichnungen allein war, wirklich zuweilen wie ein angeschossener Bär, man sah, wie er in sich kämpfte und mit sich zu Gericht ging, so Großes je verkannt zu haben.

Die Vergleichung mit dem Straßburger Münster führte uns vor allem auf die Türme, je tiefer wir da in die Untersuchung kamen, desto höher stieg sein Erstaunen. Am meisten äußerte sich das an der Vorhalle und ihren ungeheuern, reich gegliederten innern Pfeilern, denen hatte er in der kleinen Gestalt des ganzen Risses keinen Verstand abgewinnen können, jetzt, wo ich sie ihm *groß* vorlegte und von allem Rechenschaft gab, drangen sie ihm die lebhafteste Bewunderung ab, und es freute mich, daß er sich von selbst gerade hier an das dickste, verwickeltste Ende machte, worin so tiefe Schönheit und Geist verborgen liegt und wozu ich noch immer so wenige Menschen habe bewegen können; da sieht man doch, wo der rechte Sinn zu Hause ist. Selbst die schöne Rose am Straßburger Münster hat er zwar nicht aufgegeben, wiewohl das zum Teil Widerstrebende mit den spitzen, dreieckigen Gestalten des Ganzen eingestanden, und daß er dem großen Fenster als unserer Domkirche angemessener für diese durchaus den Vorzug einräume, wie er das runde Rad zu dem übrigen Bau von Straßburg ziemender halte.

3432 S. Boisserée *8. Mai 1811*

Am Mittwoch fand ich ihn morgens im Garten, wir sprachen über Cornelius, [dar]über, daß er ihm geschrieben und Dürers Handzeichnungen empfohlen, ich hatte ihm schon tags vorher nachmittags im Garten gesagt, welche Freude allgemein sich geäußert über sein freies (Sünden) Bekenntnis und Genugtuung gegen Dürer bei Gelegenheit dieser Randzeichnungen und wie schön ihm diese frische jugendliche Beweglichkeit, die er in das Alter gerettet – anstehe usw. Ja es sei gut, daß man alt würde, habe er bei diesen Randzeichnungen bemerkt, sonst hätte er den Dürer [nicht] eigentlich kennen [gelernt], und sei es ihm auch wieder lieb, daß er alt geworden, sonst hätte er das altteutsche Bauwesen nie recht kennen gelernt – erwiderte er.

Nachmittags nach Tisch saßen wir allein; er lobte recht mit aller Wärme und allem Gewicht meine Arbeit, ich hatte das erhebende Gefühl des Siegs einer großen schönen Sache über die Vorurteile eines der geistreichsten Menschen, mit dem ich in diesen Tagen recht eigentlich einen Kampf hatte bestehen müssen, ich hätte ihn gewiß nicht errungen, wäre ich nicht durch so genaue Bekanntschaft mit meinem Gegner, mit dessen Gesinnungen ich besonders durch Reinhard sehr vertraut war, gar trefflich vorbereitet gewesen, ich gewann hauptsächlich dadurch – was auch meiner eigenen innersten Neigung und Überzeugung am gemäßesten ist –, daß ich rein die Sache würken ließ, und immer nur auf die Gelegenheit bedacht war, wo und wie ich sie am besten würken lassen konnte; [er] äußert sich auch ganz demgemäß über das Werk: Ja was Teufel, man weiß da, woran man sich zu halten hat; die Gründlichkeit und Beharrlichkeit, womit die Sache bei uns verfolgt ist, zeigt, daß es lediglich um die reine Wahrheit, und nicht darum zu tuen, zu wirken und Aufsehen zu erregen. Ich fühlte die uns im Leben nur selten beschiedene edele Freude, einen der ersten Geister von einem Irrtum zurückkehren zu sehen, wodurch er an sich selber untreu geworden war, es konnte keinen wohltätigeren wahreren Beifall für mich geben, ich sagte ihm, wie ich es erkenne, wie hoch ich seinen Beifall schätze, der diese Kunst gewissermaßen ein für allemal abgefertigt gehabt, wie sehr mich ein so ernster wahrhafter Beifall und Erkenntnis – meines Strebens um [in] der Sache – entschädige für den oft fast schmerzhaften, nie aber das Herz erfreuenden, leider unentbehrlichen Beifall der großen Welt, zumeist der Fürsten, die gewöhnlich jedem Hanswurst und Schauspieler denselben schenken.

Ich sprach, wie eben meine Stimmung mir es eingab, ich weiß nicht, wie ich die Worte setzte, sie mußten meine Bewegung kundgeben, denn der Alte wurde ganz gerührt davon, drückte mir die Hand und fiel mir um den Hals. Das Wasser stand ihm in den Augen.

3433 S. Boisserée an J. B. Bertram *10. Mai 1811*

Am Mittwoch fand ich ihn morgens im Garten, wir sprachen über Cornelius, er hatte ihm geschrieben und ihn recht gelobt, ihm aber zu verstehen gegeben, daß er bei altdeutschem Geist, Tracht usw. mehr Freiheit in der Behandlung selber wünsche, und hatte ihn an Dürers Gebetbuch verwiesen. Er fragte, ob ich dem nicht Beifall gäbe? Du kannst denken, daß das ganz willig geschah, ich aber meinen Tadel über vieles andere von Dürer bündig hinzufügte. Ich bemerkte ihm dabei, er würde wohl an meiner ganzen Denkart, so sehr ich mich auch in das deutsche Altertum vertieft, eine redliche Unbefangenheit wahrgenommen haben, und da leugne ich denn recht viele Widerwärtigkeiten von unserm handfesten Meister Dürer durchaus nicht, und wir seien über das, wie über manches andere ähnlicher Art oft mit Schlegel uneins gewesen, der bei seinem regen, eifrigen Sinn für das Bessere gerade da, wo es vergraben und verkannt ist, nie der Sünde einer augenblicklichen Einseitigkeit entgehen könne.

3434 Riemer *9. Mai 1811*

Mittags Herr Boisserée. Über Friedrich Schlegel, wo ich etwas warm wurde, da er ihn verteidigen wollte. Über den

Ton der Berliner Studenten in Heidelberg und ihr Geniewesen. Abends kam Raabe, der eine Menge Porträts vorzeigte, die er anfertigte.

3435 Charlotte v. Schiller an Cotta *22. Mai 1811*

[Am 9. Mai war Schillers Todestag gewesen.] Goethe schrieb mir ein Billett an diesem Tage, einen Auftrag. Aber er hat auch den Datum vermieden. – Aus manchen Äußerungen in seinen Gesprächen fühlte ich in dieser vergangenen Zeit tief, wie er eigentlich niemals wieder jemand findet, der ihm Schiller ersetzen kann, – wie er trauert, daß er ohne diese Art von Mitteilung sein und leben muß.

3436 S. Boisserée *9. Mai 1811*

Am Donnerstag kam die Rede auf die Schlegel – er war sehr dagegen eingenommen, auch persönlich – daß Wilhelm *nichts* von der Natürlichen Tochter gesagt in den Dramatischen Vorlesungen, gegen Novalis am meisten – alles, was ich für Friedrich [Schlegel] sagte, konnte nichts verschlagen – «wer zu viel unternimmt, muß am Ende zum Schelm werden, mag er sonst so redlich sein, als er will.»

3437 S. Boisserée an J. B. Bertram *10. Mai 1811*

Gestern aß ich wieder bei ihm, denn ich esse nun alle Tage mit ihm, und ich brachte die Rede auf die Schlegel. Er hatte sich in den ersten Tagen freundlich nach Friedrich bei mir erkundigt, über unsere Verhältnisse mit ihm, und hatte sich recht gut, aber kurz über ihn geäußert; jetzt wollte ich einmal näher wissen, wie er dachte. Da kam nun leider eine schwache Seite zum Vorschein, gemischter Neid und Stolz des furchtsamen Alters, er schalt sie unredlich, und alles, was ich mit Mäßigung, doch mit Bestimmtheit in Rücksicht Friedrichs, an den ich mich hauptsächlich hielt, dagegen wandte, diente nur dazu, um ihm Erklärungen zu entlocken, die zwar zum Teil gegründet, und mit dem, was man jedem, der Schlegel nicht genauer kennt, einräumen muß, zusammen stimmen, indessen blieb eine Menge, und das Hauptsächlichste übrig, was sich lediglich auf Persönlichkeiten stützen kann. Alle kleinen Kränkungen: Novalis, das Stillschweigen von August Wilhelm über die Natürliche Tochter usw., wurden angerechnet, und jedes, worin sie die Anerkennung seines Werts an den Tag gelegt, als Absicht ausgelegt; sie hätten ihn mehr aus Klugheit, als aus Achtung – den einzigen von den *Alten* – noch bestehen lassen; alles sei Absicht. Er sagte, wenn er ganz in meine Ansicht einginge, die sich bei Friedrich mit allem Schein von Unredlichkeit ganz gut vertrüge, ohne sie ihm [im] geringsten zuzugeben, sei das einzige, was er da sagen könne, doch immer: wer zu viel unternimmt, muß am Ende ein Schelm werden, mag er sonst so redlich sein, als er will, und damit ließ ich es eben gut sein. In dem ganzen Gespräch setzte er mein Treiben mit dem Dom, als ein redliches, jenem entgegen, und ich verstand erst noch mehr, was er am Tage vorher gemeint hatte.

3438 S. Boisserée *10. Mai 1811*

An diesem Tag kamen endlich die Zeichnungen von Quaglio. – Die Ansicht von außen und die Säulen. –

Am Freitag, den 10. sahen wir nun mehrmals alle Domzeichnungen und die Durchzeichnungen von Straßburg; dieser leuchtete dem alten Herrn auch sehr ein, es tat ihm leid, seine Abreise nicht verschieben zu können, er sehe wohl, die Sache wolle ergründet sein.

3439 S. Boisserée an J. B. Bertram *10. Mai 1811*

Heute vor Tisch haben wir die Zeichnungen wieder bei der Hand gehabt, Quaglios Blätter waren gestern angekommen, die Säulen sind recht schön geworden, und die Straßburger Originalrisse wurden zuerst aufgemacht. Die Augen öffnen sich dem Alten immer mehr und mehr, wir sprachen wieder recht viel; und bei Tisch äußerte er, es sei ihm leid, daß er die Abreise nicht aufschieben könne, er sehe wohl, die Sache wolle ergründet sein, und werde immer wichtiger, je mehr man hineinkomme. Er reist am Sonntag, morgen früh haben wir große Ausstellung bei Hof. Goethe will, ich soll Kupferstiche, Straßburger Originalrisse, neugriechische Gebäude, alles mit hinnehmen; um es bequem zu haben, verlangte ich, daß er Anstalten zu einer ruhigen Ausstellung treffen solle, Du kannst Dir denken, daß ihm das zugleich auch ganz recht ist. Und so sind denn schon Baumeister, Ebenist, Kastellan und allerlei Volks bestellt, um uns morgen die Sachen vorher zu ordnen, damit der Geheimerat Exzellenz und meine Wenigkeit unsere gehörigen Erklärungen in Ruhe von uns geben, und die hohen Herrschaften schönstens belehren können!

3440 S. Boisserée *11. Mai 1811*

Am Samstag mußte ich alle Zeichnungen bei Hof zeigen, morgens beim Frühstück wurden alle, auch die Straßburger Risse sorgsam an den Fenster-Wänden aufgehängt und waren viele Menschen da, ich wurde dem alten Wieland vorgestellt, den ich nicht hatte besuchen können, dem alten Griesbach, der auf dem Landtag war, hatte ich die Zeichnungen zu Hause – im Park gezeigt, wo ich bei Goullon wohnte. – Die Groß-Fürstin Marie und die Herzogin beschäftigte sich am meisten mit den Sachen – der Herzog weniger – gar nicht zwei Coburger Herzoge. Die Zeichnungen von Cornelius kamen zuletzt an die Reihe, und nun strömten endlich auch die armen Hofdamen herzu aus dem Vorzimmer, um während dem Einpacken noch etwas zu sehen, es fiel mir unter ihnen eine v. Bracht, die bei der Groß-Fürstin, sehr auf durch ihre Schönheit, ihre blauen seelenvollen Augen mit braunem Haar.

3441 S. Boisserée an seinen Bruder Melchior *15. Mai 1811*

Von Weimar und vom alten Herrn hätte ich noch recht viel zu schreiben, wollte ich Euch alles erzählen. Das tut sich aber besser mündlich, dafür müssen wir auch was aufsparen, und dann will ich Euch den alten Herrn dabei *nachmachen*, es ist ein gar wunderlicher Heiliger; es geht mit ihm, wie mit allen eigentümlichen Menschen, so viel man auch von ihnen weiß und hört, sieht man doch immer noch viel Neues, wenn man mit ihnen selbst zusammenkömmt, und deshalb allein ist mir diese Bekanntschaft über alle Maßen schätzbar. Sie gibt mir einen Beitrag zur Kenntnis der menschlichen Natur und des Lebens überhaupt, den ein Dutzend Bücher und Geschichten großer Männer nicht so verschaffen können, und seine *eigene Lebensbeschreibung* nie liefern kann. Er ist gerade jetzt mit dieser Arbeit beschäftigt, und hat schon einige Stücke, ich glaube den Anfang davon, bei Hof vorgelesen, es muß auf jeden Fall ein höchst künstliches und merkwürdiges Buch werden; er hat da von einer Menge Menschen und Dingen zu reden, wovon er durchaus nicht alles, mit klaren, baren Worten, sagen darf, das wird dann allerlei wunderbare Tänze, zwischen dem verständigen Hofmann, und dem tollen deutschen Burschen, hervorbringen, der besonders bei solchen Erinnerungen alter Zeiten immer noch wieder aufwacht.

Am Samstag [11. Mai] hatten wir unsere große Ausstellung bei Hofe, da hingen in einem Fenster an langen Latten die Zeichnungen von der perspektivischen Ansicht, der Durchschnitt und die Säulenordnung des alten Doms; auf Tischen, die darunter standen, lagen der Grundriß nebst dem von Mailand, Straßburg, Amiens zur Verfügung. Im zweiten Fenster hingen, auf großen weißen Tüchern aufgespannt, die beiden Durchzeichnungen des Straßburger Münsters, und im letzten die perspektivische Ansicht des Innern, die Türme und die Türe von Köln, dabei lagen zur Vergleichung Batalha, Straßburg, Wien, Reims usw. Goethe in seiner Hofuniform half mir redlich zu dieser ganzen Einrichtung mit eigener Hand, und war höchst glücklich, daß die Sache sich so gut machte. Wir waren kaum mit unseren Anstalten fertig, als die Herzogin hereintrat, sie hatte ein Frühstück zurichten und viele Personen dazu einladen lassen, da kamen nach und nach die Großfürstin, mehrere Damen und einige Herren vom Hofe, worunter sich auch Wieland fand, dem ich vorgestellt wurde; dann später der Herzog mit dem Herzog von Coburg, der Erbprinz und der Prinz von Coburg, etwa 25 bis 30 Personen. Es war ein rechtes Glück, daß ich mich auf diesen Wirrwarr vorgesehen und die Zeichnungen verteilt hatte, ich mußte unaufhörlich Red' und Antwort geben, und Goethe half von seiner Seite, da wo ich nicht sein konnte, so gut, als er es vermochte, denn seine Würde machte ihn in dieser Umgebung etwas steif und vielleicht verlegen; er nötigte mich auch, meine neugriechischen Architekturzeichnungen und was ich sonst noch von Kupferstichen hatte, alles herauszukramen, und gab den fürstlichen Personen immer kurze Winke, wie merkwürdig und wichtig das alles sei. Die Herzogin, eine Prinzessin von Hessen-Darmstadt, zeigte sich als eine sehr verständige Frau, die nachdachte und den Zusammenhang dessen, was man ihr vortrug, verfolgte, woher sie denn meist ganz richtige Fragen vorbrachte. Die Großfürstin, ein schönes, feines Wesen, äußerte allgemeine Belesenheit und pflichtmäßig ausgehaltene Trübsal der Bildung, ist aber dabei angenehm und geistreich. Der Herzog gebärdete sich etwas stallmeistermäßig, wie er auch aussah, er ließ sich indessen die Sache angelegen sein, und fragte viel, aber abgerissen durcheinander, gar nicht mit so viel Sinn wie die Frauen. Man sieht in seinem Wesen gleich die wohl bekannte preußische Militär-Genialität, mit allerlei europäischem Bildungswerk bunt verbrämt, er äußerte in seiner unwissenden Weisheit, es sei doch jammerschade, daß der Dom den Petrus von Rubens verloren, denn das sei so ganz und gar dem Geist dieses großen Gebäudes angemessen, und dafür bestimmt gewesen! Ich sah den alten Herrn an, der steinern wie ein Medusenbild daneben stand, und ließ die durchlauchtige Weisheit auf sich beruhen. Der Erbprinz, ein ziemlich gefälliger Herr, konnte vor so vielen Reden nicht recht zu Worte kommen, auch hatte er viel mit den Coburger Herren zu tun. Die Zeichnungen von Cornelius kamen zuletzt an die Reihe, und nun strömten endlich auch die armen Hofdamen herzu aus dem Vorzimmer, um während des Einpackens noch etwas zu sehen; es fiel mir eine unter ihnen, ein Fräulein von Beust [Bracht], die bei der Großfürstin ist, sehr auf durch ihre Schönheit, ihre blauen seelenvollen Augen, mit braunem Haar. Wir gingen, nachdem der alte Herr mir wieder treulich einpakken half, recht zufrieden nach Hause; wie etwa der italienische Operndirektor, wovon Schlegel erzählt, der bei der ersten Vorstellung vor lauter Freuden, noch ehe der Vorhang ganz gefallen war, ausrief: «Dio sia laudato che passato senza scandalo!» Goethe bemühte sich, mir und sich selber Rechenschaft zu geben, daß unsere Ausstellung Freude gemacht, und man alle Ursache hätte, mit den fürstlichen Personen zufrieden zu sein, deren Bekanntschaft mir wirklich angenehm sein müsse. Ich konnte Gott sei Dank mit gutem Gewissen antworten, daß mir außer der Königin von Württemberg noch keine Herrschaften vorgekommen, die so viel Sinn für die Sache geäußert.

Cornelius' Zeichnungen, die den Beschluß gemacht, hatten allgemein gefallen, ich benutzte dies, um den Alten wegen einem öffentlichen Urteil anzugehen, welches mir doch mit der Hauptzweck war, worauf Cornelius es angelegt. Ich ließ den alten Herrn das Gewicht seines Einflusses fühlen, und wie er dadurch den jungen Mann, der nach Italien gehen wolle, unterstützen könne. «Ja, warum nicht?» war die Antwort. «Zeigen Sie nun erst einmal die Blätter in Leipzig, vielleicht findet sich ein Verleger, und ich will meinerseits auch gern etwas dafür tun.» Ebenso bereitwillig zeigte er sich, als ich nach Tisch von meiner eigenen Unternehmung sprach, und ihm den zweideutigen Ruf ins Gedächtnis rief, worin er sich durch Unterdrückung seiner Rede über den Straßburger Münster gesetzt habe. Es stehe ihm so gut an, daß er in seinem Alter für alles von Bedeutung, sei es auch seiner bisherigen Ansicht fremd, doch immer jugendlich empfänglich geblieben, und es habe ohne Unterschied aller Welt Freude gemacht, als das noch zuletzt so schön bei den Dürerschen Randzeichnungen offenbar geworden. Das gefiel ihm, wir kamen in ein längeres Gespräch darüber, und er versprach alles. Einige Tage vorher hatte er mir schon einmal gesagt, bei den Dürerschen Randzeichnungen habe er recht erfahren, daß es gut sei, wenn man alt würde, hätte er sonst *den Dürer* gar nicht eigentlich kennen gelernt!

Die Anwendung auf die Baukunst sprach er nicht aus, aber er hat mir in jedem Stück nur zu sehr gezeigt, wie es ihm auch hier wieder lieb war, daß er alt geworden, weil er sonst das altdeutsche Bauwesen nie recht kennen gelernt hätte.

3442 *Riemer* *11. Mai 1811*

Abends mit Goethe, Ulrich und Raabe allein zu Tisch. August schien etwas mit der Mutter gehabt zu haben.

3443 *S. Boisserée an seinen Bruder Melchior* *15. Mai 1811*

Montag früh reiste der alte Herr nach Karlsbad ab, er gab mir Sonntags [12. Mai] noch seine Ratschläge zu meinem Werk; ich sollte doch ja das kleinere historische auch gleich anfangen, damit auf das erste Heft des Doms unmittelbar dieses folgen, und so jenes erläutern, unterstützen, seine Stelle im Ganzen anzeigen könne; gerade so, wie ich ihm mein Vorhaben in dem ersten Brief geschrieben habe. Über die Art, zu schreiben und das Ganze zu behandeln, konnte ich ihn nicht recht zu sprechen bringen, er meinte, das würde sich schon alles von selbst finden, ich sollte nur mein Wesen so forttreiben, fleißig reisen und mich durch die Anschauung immer tiefer in die Sache hinein setzen, da könne ja das, worauf es eigentlich ankomme, am Ende nicht fehlen.

3444 *Knebel an seine Schwester* *15. Mai 1811*

Nun hat mir Goethe, der vorgestern von hier nach dem Karlsbad abgereist ist, seine «Biographische Skizze von Philipp Hackert» hinterlassen ... Goethe hat mir viel Gutes für die ganze liebe Mecklenburger Kolonie aufgetragen. Er reiste diesmal etwas früher des schönen Wetters wegen, und hofft auch früher, in der Mitte Julius, wieder zurückzukommen. Noch sagte er mir, er habe die sechs schönen Zeichnungen des Ratzeburger Nauwercks [zu Faust] zurückbehalten, und zwar aus Spekulation für den Künstler. Dieser verlange für das Stück 25 Taler sächsisch, also für alle zusammen 150 Taler. Vielleicht möge es unsrer Prinzeß einmal anständig sein, sie zu nehmen. Mit der Bezahlung habe es noch Zeit.

3445 Riemer *13. Mai 1811*

In Schleiz zu Nacht geblieben. War der Gasthof zur Sonne ausgebaut und eingerichtet.

Reflexionen von Goethe auf der Reise nach Karlsbad 1811. Daß der Dünkel oder die Eitelkeit im Menschen ihn über das hinaussetzen, was Ehre und Schande heißt, wenn er sich geschmeichelt fühle. Zum Exempel daß einer gern der natürliche Sohn, eine gern die Kurtisane eines vornehmen Mannes sei, oder sein möge, wenn es seinem Dünkel, Stolz, Hochmut, Herrschaft und dergleichen wohltut.

3446 Riemer *14. Mai 1811*

Nach 7 Uhr in Asch, gegen 8 Uhr bei Regen und Gewitter abgefahren. Brach die Achse eine Stunde vor Franzensbrunn, gleich hinter einem Dorfe. Mit Hülfe guter Bauern und einer Schleife, größtenteils zu Fuß, um 2 Uhr in Franzensbrunn.

3447 Riemer *16. Mai 1811*

[Goethe:] «Sinnliche Abstracta der Kunst, zum Beispiel *Des Grieux et Manon Lescaut;* idealische Abstracta, zum Exempel *Alarcos* etc.»

3448 Riemer *17. Mai 1811*

Äußerung Goethes: «Leidenschaftlichkeit macht zu Mitschuldigen der Lumpe.»

3448a Riemer *(12.–17. Mai 1811)*

[Goethe:] Daß er mit literarischen Menschen nicht mehr umgehen könne, nur noch mit Künstlern, indem (zumal jetzige Zeit) jedem nur daran liege, sein Subjekt und sein Subjektives zu pronieren, niemals das Objekt oder die Objekte hervortreten zu lassen, ihm Ehre und Würde zuzugestehen.

3448b Riemer *(12.–17. Mai 1811)*

[Goethe:] Worin der Unterschied protestantischer und katholischer Gesichtsbildung bestehe (bei Gelegenheit der Gesichter in Asch).

3448c Riemer *(12.–17. Mai 1811)*

[Goethe:] Stoizismus desselben [d.h. Goethes] von Jugend auf. Still vorbereitete Ablösung von Menschen und Geschäften, sobald er eingesehen, daß es nicht mehr damit gehe.

3448d Riemer *(12.–17. Mai 1811)*

[Goethe:] Daß man die Ironie über sich verlangen [erlangen?] müsse, die alle anderen Menschen über uns haben, und sie nur als Verhöhnung oder üble Nachrede (Medisancen) aussprechen.

3448e Riemer *(12.–17. Mai 1811)*

[Goethe:] Eigentümlichkeit, daß seine Tätigkeit sich nach zwei Richtungen hin manifestiere, 1.) etwas zu tun, was seiner Natur gemäß ist; 2.) daneben ein anderes zu beginnen, was ihm eigentlich nicht gemäß, das er sich gleichsam wie eine Pflicht auferlege, zum Exempel da Dichten sein Naturell ist, nun auch sauber zu schreiben etc.

3448f Riemer *(12.–17. Mai 1811)*

[Goethe:] Eine Biographie könne niemals die Fülle der Kindheit, den Stolz der Jugend, die Tätigkeit des Mannes und die Weisheit des Alters, noch das Übereinandergreifen dieser Zustände erreichen.

3448g Riemer *(12.–17. Mai 1811)*

[Goethe:] Dichter sind Nachtwandlern zu vergleichen. – Sie kennen den Menschen, aber nicht die Menschen, daher sie sich öfters gröblich in ihnen irren können. Sie brauchen die Menschen zu ihren Zwecken, aber sie stutzen sie nicht dazu zu.

3449 Riemer *18. Mai 1811*

Fanden wir die von [Friedrich August] Wolf zurückgelassenen Bücher bei unserer Wirtin; Plutarch, übersetzt von Kaltwasser.

3450 Riemer *23. Mai 1811*

Gegen Abend nach Weheditz, wo guter Ruster und türkischer Wein zu haben. Davon getrunken. Waren Porzellanmaler aus Dallwitz da. Unterhaltung über Farbenprozedur. Nachher zu Hause. Mit Goethe griechische Etymologie, besonders der Verba.

3451 Riemer *24. Mai 1811*

Nach dem Abendessen lasen wir gegenseitig im Plutarch. Unterhaltung.

3452 Riemer *24. Mai 1811*

[Goethe:] «Unser ganzes Kunststück besteht darin, daß wir unsere Existenz aufgeben, um zu existieren.» – «Das Tier ist von kurzer Existenz. Beim Menschen wiederholen sich seine Zustände.»

3453 Riemer *26. Mai 1811*

Mittags Herr [Steinschneider] Müller zu Tische. Ähnlichkeit desselben mit Oeser im Wesen. Gegen Abend mit Goethe spazieren nach dem Posthofe. Schönen Frauenzimmern begegnet (Fräulein von Schönau). Hernach mit ihm zu Hause. Wein getrunken und über die Weiber, ihre Eitelkeit und sonst dahin Gehöriges.

Weiber sind alle Kotzebues, das heißt sie haben dieselbe Eitelkeit, die auf dem Dünkel beruht.

3454 Riemer *29. (28). Mai 1811*

[Goethe:] «Wenn die Männer sich mit den Weibern schleppen, wie Stolberg mit der *** [Fürstin Gallitzin], Werner mit der *** [Sophie v. Schardt?], so werden sie so gleichsam abgesponnen wie ein Wocken.»

3455 Riemer *29. Mai 1811*

Nach 11 Uhr waren auf einmal Frau v. Goethe und Demoiselle Ulrich angekommen. Nach erster Begrüßung ausgeräumt in den dritten Stock.

3456 Riemer *2. Juni 1811*

«Daß der größte Teil der Geschichte nichts weiter als ein Klatsch sei», bemerkte Goethe bei Gelegenheit von Plutarchs Schrift: De malignitate Herodoti.

3457 Riemer

[Goethe:] «Die Geschichte ist ein Märchen im Anfang, auf ihm schwimmt ein Faktum, wie auf dem Wasser, bis das Wasser verschwindet.»

3458 Riemer

[Goethe:] «Zufälle nennt man in der Natur, was beim Menschen *Freiheit* heißen würde, nämlich Ereignisse eines Notwendigen in Absicht der Folgen, aber willkürlich in Absicht der Zeit.»

3459 Riemer

[Goethe:] «Die dramatischen Einheiten heißen weiter nichts, als einen großen Gehalt mit Wahrscheinlichkeit unter wenige Personen austeilen und darstellen.

So hat Racine den Gehalt des Tacitus in griechische Form gebracht.»

3460 Riemer *(4. Juni 1811)*

[Goethe:] «Mit tätigen Menschen fährt man immer besser *gegenwärtig* als *abwesend;* denn sie kehren entfernt meistens die Seite hervor, die uns entgegensteht; in der Nähe jedoch findet sich bald, inwiefern man sich vereinigen kann.»

3461 Riemer: Mitteilungen über Goethe *1841*

So lasen wir, während einer Saison [in Karlsbad], Plutarchs sämtliche moralische Schriften in der Kaltwasserschen Übersetzung, die ein Badegast mitgebracht und dort bei seiner weitern Exkursion als überlästig zurückgelassen, damit wir sie ihm nachbrächten.

Diese wie gefundene Lektüre gab uns gegenseitigen Stoff zur Unterhaltung über Tische, oder auf Spaziergängen; und bei einer solchen Gelegenheit mögen auch die rätselhaften

«*Mütter*» im *Faust* zuerst in Goethes Gedächtnis hangen geblieben sein. Denn als er wohl zwanzig Jahre nachher mich darüber befragte – vielleicht um die Zeit, als er am Faust arbeitend davon Gebrauch machen wollte – wußte ich nicht gleich zu sagen, wo sie vorkämen; er aber erinnerte sich im *Plutarch* davon gelesen zu haben.

3462 Riemer *6. Juni 1811*

Nach Tisch nach Elbogen gefahren. Drohte es dort mit Regen, hellte sich aber auf. Weihrothers Ruhe, wo wir Brot und Wein genossen. Stiegen die Frauenzimmer den Parnaß hinauf. Schwierigkeit herunterzukommen. Schöner Abend. Bei Mondschein wieder nach Hause.

3463 Riemer *8. Juni 1811*

Nach Tische nach Schlackenwerth. War es sehr heiß. Verfallnes Schloß, Garten und Gebäude. Gehörte sonst dem Markgrafen von Baden-Baden, der ausstarb. Hauptmann v. Unschuld, der Goethe begrüßte. Auf dem Rückweg über Weheditz ein Glas Wein im Wagen getrunken. Spät nach Haus.

3464 Riemer *10. Juni 1811*

Gegen Abend bei Engelhaus vorbei bis gegen Gießhübel, darin das Schloß und einige Häuser abgebrannt waren. Vesperbrot an der Kirche der Dreifaltigkeit am Wege vor Engelhaus. Spät nach Hause.

3465 Riemer *11. Juni 1811*

Nach Tische über Weheditz nach Hochdorf und Lessau, der Mineralien wegen. Vor- und nachher in Weheditz Wein getrunken.

3466 Riemer *13. Juni 1811*

Kam Goethe und sprach von dem, was er über die Literatur sagen wollte in der Biographie. Um 10 Uhr zum Amtmann, das Fest [Fronleichnam] zu sehen, regnete es. Wurde der Altar geputzt von den Nachbarinnen.

Man sagt: «sterblich verliebt in eine», unsterblich wäre besser. Ebenso «förmliche Liebeserklärung», unförmliche wäre besser, zweckmäßiger wenigstens.

3467 Riemer *14. Juni 1811*

Früh oben auf meinem Zimmer. Kam Goethe und diktierte den Prolog für das Theater in Halle.

[Goethe?:] «Man glaubt manchmal, gewisse Dichter wären die distributive Gerechtigkeit selbst, so charmant wissen sie jedem sein Recht widerfahren zu lassen, – nach außen! während sie inwendig und zu Hause so leidenschaftlich und vorurteilsvoll sind, wie andere. Sie haben nur den Vorteil, daß sie ihre inneren Variationen unter verschiedene Personen bringen können.»

3468 Riemer *20. Juni 1811*

[Goethe:] «Ernst in beschränkter Sphäre, auf kleine enge Gegenstände gerichtet, ist *Fanatismus* oder *Pedantismus*. In einer gewissen Höhe angesehen, erscheint er uns lächerlich, und dies ist in der Tat das beste Mittel, uns davon herzustellen.»

3469 Riemer *21. Juni 1811*

Gegen ½ 6 Uhr morgens weggefahren über Elbogen nach Schlaggenwald. Unterwegs lustig und Späße mit der Ulrich. In Schlaggenwald das Zinnbergwerk und den Schmelzofen gesehen. Arsenikfang. Mittags im Roten Ochsen gegessen, schlecht. Aber lustig dabei. Enorme Zeche des Wirts (76 fl.), die wir nicht bezahlten. Unterwegs die Zinkschlemme betrachtet. Gegen Abend nach Hause.

3470 Riemer *22. Juni 1811*

Wurde ich in die Apotheke bestellt von einer Dame. Wie ich hinkam, war es Frau von Fließ und Madame Offenheim. Goethe Bericht erstattet von ihrem Vorhaben, ihn zu überraschen. Abrede deshalb.

3471 *Riemer* *24. Juni 1811*

Abends nach Weheditz. Über den physiognomischen Ausdruck des Pathologischen, bei Gelegenheit des hübschen Bauernmädchens in Weheditz und ihrer vernünftigen Rede über das Zurschulegehen. Rückfahrt, fatales Gespräch über der Fließ Unhöflichkeit gegen Frau v. Goethe.

3472 *Riemer* *25. Juni 1811*

Mit Goethe und den Frauen zu Frau von [der] Recke, wo die Colloredo, die Sagan, die Hohenzollern, Tiedge, Himmel. Goethe las vor aus dem Faust. Dann spielte Himmel, und die Sagan und Fräulein Sebald sang. Hernach aus Pandora.

3473 *Riemer* *26. Juni 1811*

Mittags im Sächsischen Saale Pickenick von vielen Personen. Wurde Goethes Gesundheit ausgebracht mit Versen von Herrn von Löwen.

Napoleon und Alexander haben
Den, dem es gilt, mit hohen Gaben,
Mit hoher Achtung hochgeehrt;
Doch hat Sein Wert sich dadurch nicht gemehrt:
Er hatte schon, was sie Ihm gaben.
Sein Ruhm ist über Lohn und Lob erhaben,
Und jeder Deutsche fühlt: wenn man Ihm Kronen böte,
So stieg Er höher nicht, – er bliebe immer *Goethe!*

3474 *Riemer* *27. Juni 1811*

Äußerung Goethes: «Der Polytheismus dauert immer noch fort. Statt der Götter, statt der Heiligen erkennt man die besondre Wirkung der zwölf Nächte, der sieben Schläfer, Petri und Paul pp., statt Gott allein die Ehre zu geben.»

3475 *Riemer* *27. Juni 1811*

[Goethe:] «Zu der Zeit liebt sich's am besten, wenn man noch denkt, daß man allein liebt und noch kein Mensch so geliebt hat und lieben werde.»

3476 *Charlotte v. Schiller an Prinzessin Caroline* *25. August 1811*

Ich muß Ihnen doch auch berichten, wie klug der Meister ist. Da er einmal seine dicke Hälfte im Bad mit hatte, so empfahl er sie der Obhut der Frau von [der] Recke, der berühmten nämlich. Diese und ihre Nichte, die Fürstin Hohenzollern, haben sie protegiert und an alle öffentlichen Plätze eingeführt. Unter dieser Ägide ist ihr Ansehn und Ruf trefflich geblieben, und der Meister weiß seine Freunde zu brauchen.

3477 *Elisa von der Recke an Johanna Schopenhauer* *3. Juli 1816*

Wodurch die Verstorbene [Christiane v. Goethe] sich mir empfohlen hat, ist, daß ich sie nie von andern Böses sprechen hörte; auch war ihre Unterhaltung, soweit ich sie kannte, immer so, daß ich mir es wohl erklären konnte, daß ihr anspruchsloser, heller, ganz natürlicher Verstand Interesse für unsern Goethe haben konnte, der mir seine Frau mit diesen Worten vorstellte: – «Ich empfehle Ihnen meine Frau mit dem Zeugnisse, daß, seit sie ihren ersten Schritt in mein Haus tat, ich ihr *nur Freuden* zu danken habe.»

3478 *L. A. Frankl: Wahrheit aus Goethes Leben* *1882*

Der böhmische Edelmann S. v. L. [Simon von Laemel] befand sich gleichzeitig mit Goethe in dem Kurorte [Karlsbad] und pflegte auf einer im einsamen Walde gelegenen Bank auszuruhen. Goethe, der vorüberkam, gesellte sich grüßend zu ihm. Herr v. S. tat, als ob er den Dichter nicht kenne, und erwähnte, um dies in Karlsbad, wo Goethe von aller Welt gekannt war, glaubwürdig zu machen, daß er erst hier angekommen sei. Goethe mochte an dem lebenserfahrenen Gespräche des feingeistigen Mannes, der in seiner Aussprache die jüdische Herkunft merken ließ, Gefallen gefunden haben. Sie fanden sich ohne Verabredung öfters an derselben Stelle und zu gleicher Stunde zusammen. «Erst jetzt», äußerte Herr v. S., «weiß ich, daß ich die seltene Ehre habe, mit Seiner Exzellenz, dem Herrn Minister von Goethe, zu sprechen.» Dabei stand er auf und verbeugte sich tief: «Ich bin der Bankier S. aus Prag.» – «Eine ausnehmend merkwürdige Stadt!» sagte Goethe, ohne auf die Erkennungsszene einzugehen und sich niederlassend. «Die Synagoge, wenn sie auch nicht so alt ist, wie die gerne übertreibenden Juden meinen, ist ein interessanter gotischer Bau, vielleicht aus dem zwölften Jahrhunderte. Und der Friedhof mit seinen ehrwürdigen Monumenten! Er verdiente gezeichnet und die Inschriften erhalten zu werden. Im Laufe der Zeiten geht so Ehr- und Denkwürdiges doch verloren.» Ein jüdisches Thema war so angeklungen, und Herr v. S. sagte ohne jede Vermittlung: «Der Schiller, Euer Exzellenz! hat uns Juden mit seiner Abhandlung: ‚Die Sendung Mosis' sehr weh getan, und was das Schlimmste ist, er hat uns gekränkt, weil er die Sache gar nicht verstanden hat.» Goethe, ohne in eine Meinungsäußerung einzugehen, doch bei dem Thema bleibend, äußerte: «Der Eindruck, den ich in früher Jugend in meiner Vaterstadt empfing, war mir ein mehr erschreckender. Die Gestalten der engen und finsteren Judenstadt waren mir gar befremdliche und unverständliche Erscheinungen, die meine Phantasie beschäftigten, und ich konnte gar nicht begreifen, wie dieses Volk das merkwürdigste Buch der Welt aus sich heraus geschrieben hat. Was sich allerdings in meiner früheren Jugend als Abscheu gegen die Juden in mir regte, war mehr Scheu vor dem Rätselhaften, vor dem Unschönen. Meine Verachtung, die sich wohl zu regen pflegte, war mehr der Reflex der mich umgebenden christlichen Männer und Frauen. Erst später, als ich viele geistbegabte, feinfühlige Männer dieses Stammes kennen lernte, gesellte sich Achtung zu der Bewunderung, die ich für das bibelschöpferische Volk hege, und für den Dichter, der das hohe Liebeslied gesungen hat. Beide Bücher haben mich mannigfach beschäftigt.»

Die Zeit rückte heran, wo Goethe den Kurort zu verlassen beschloß. Herr v. S. erbat sich von dem Dichter ein Autograph in einer eigentümlichen Form. «Erlauben, Exzellenz, daß ich Ihnen zur Erinnerung an Böhmen einen echten Melniker Wein nach Weimar schicke, den Exzellenz die Güte haben werden, mittelst Quittung als empfangen zu bestätigen; diese wird dann mein Autograph sein.» Beide Männer schieden, sich herzlich die Hände drückend.

3479 S. Boisserée an J. B. Bertram *8. Juli 1811*

[Nach Goethes Abreise von Karlsbad am 28. Juni.] Als ich in Karlsbad zur Geheimerätin Goethe kam, sagte sie: «Goethe ist abgereist, er hat mehrere Tage auf Sie gewartet und hatte sich sehr darauf gefreut, Sie hier bei sich zu haben, aber nachher konnte er nimmer länger warten, er wird es Ihnen auch selbst geschrieben haben.» Ihr könnt denken, daß ich über diesen Bescheid sehr verdrießlich war, umso mehr, weil ich in Dresden von einem Weimaraner hörte, er hätte geschrieben, er bleibe noch mehrere Wochen in Karlsbad, und ich darum sicher glaubte, ihn noch zu treffen. Doch war es von einer Seite auch wieder gut, daß ich falsch unterrichtet war, denn sonst wäre ich von Teplitz gleich nach Karlsbad gegangen und hätte dann den herrlichen Karlstein nicht gesehen. Du lieber Bertram wirst Dich ärgern, daß ich mich hiemit über dieses Mißgeschick tröste, wenn Du aber hörst, daß der alte Herr seiner Frau gesagt hat: «Ich will nur schnell nach Jena eilen, um mein Buch fertig zu machen (den ersten Teil seiner Lebensgeschichte), nachher im September können wir dann vielleicht noch eben nach dem Rhein reisen», wenn Du das hörst, wirst Du wohl nichts einzuwenden haben. Die Frau bat mich, ich sollte ihm nur recht zusetzen, er hätte mich sehr lieb, ich brächte ihn gewiß zu der Reise.

3480 Riemer *29. Juni 1811*

Abends in Hof. Guter Burgunder, und guter Salat, den Goethe mir selbst bereitete.

3481 Riemer *29. Juni 1811*

[Goethe:] «Über die verschiedenen Systeme bei den Insekten, wo eins das andere aufzehrt und sich ins andere verwandelt. So auch im Menschen. Im Kinde die Vernunft schon, auf eine andere Weise; dann der Verstand, bei eintretender Pubertät; dann der Ehrgeiz; dann der Nutzen; zuletzt wieder die Vernunft, aber nicht bei allen Menschen, denn viele bleiben beim Nutzen stehen.»

3482 Riemer *30. Juni 1811*

Gegen 3 Uhr in Schleiz. Über Sprache. Spielten die Jungen Soldaten.

3483 Riemer *30. Juni 1811*

[Goethe mit Bezug auf Kotzebue:] «Wenn ein Talent, ein großes, außerordentliches, mit Unmoralität verbunden ist, so muß uns das gegen die Kunst nicht einnehmen; wir müssen es an sich schätzen, wie wir ja auch die solertia der Tiere bewundern, ohne an Sittlichkeit bei ihnen Anspruch zu machen.»

3484 Riemer *1. Juli 1811*

Früh bei Zeiten ausgefahren. Schlechter Weg, besonders von Pößneck. Nachher nach Kahla. Dort gemittagt. Großer Saal in dem Wirtshause; Korridors, Aussicht nach der Leuchtenburg. Hinter Rothenstein überschwemmte Wiesen. Gegen Abend nach Jena. Nachts Ständchen der Konskribierten.

3485 Pauline Gotter an Schelling *3. Juli 1811*

Goethe hat uns gestern unvermutet in Jena überrascht, er wird den Rest des Sommers dort zubringen und versprach, uns bald und recht ordentlich zu besuchen ...

Goethe ist auch wieder recht fleißig gewesen, der erste Teil von Wilhelm Meisters Wanderjahren liegt bereits zum Druck fertig und wird wohl zu Michaelis erscheinen. Haben Sie Hackert schon zu Gesicht bekommen? ich möchte gar gern etwas von Ihnen darüber hören.

3486 Pauline Gotter an ihre Mutter *4. Juli 1811*

Am Dienstag [2. Juli] fuhren wir wieder nach Jena und fanden – stelle Dir vor – Goethe, der den Abend zuvor angekommen und den Sommer in unserer Nähe bleiben wird.

Ich fange jetzt selbst an zu finden, daß mir alles nach Glück geht.

3487 Knebel an seine Schwester *3. Juli 1811*

Ich kam gestern nicht mehr zum Schreiben. Goethe fand ich ein wenig hypochonder. Der Zufall der Herzogin geht ihm sehr nahe, auch scheint es, daß die Badewelt kein sonderliches Interesse ihm mehr gibt. Man hört jetzt nirgends mehr viel Gutes, und der Leichtsinn der Menschen tut auch eben keine sonderliche Wirkung. Man ist besser zu Hause und bei sich, wo ein vernünftiger Mann noch immer Ressourcen genug findet. Goethe wird sich wahrscheinlich einige Zeit hier [in Jena] aufhalten, wenigstens bis zur Rückkunft der Fürstinnen nach Weimar. Ich sagte ihm, daß die Prinzessin die Zeichnungen des Ratzeburger Künstlers [Nauwerck] wohl aufnehmen würde. Er fand einen Augenblick Anstand, der Prinzessin Kosten dadurch zu verursachen, doch glaubte er nachher, sie könnten in keine bessere Hand kommen, zumal da der Künstler ein Mecklenburger Landskind, und es ihn desto mehr erfreuen würde, seine Arbeiten in den Händen seiner Fürstin zu wissen. Allerdings verdient der geschickte und sorgfältige Künstler alle Aufmunterung. Goethe will also die Zeichnungen absenden, sobald er nach Weimar zurückkommt. Auch bracht' er mir einen Brief von Werner aus Rom mit. Dieser bekennet, daß er daselbst zur katholischen Religion übergetreten sei ...

3488 Riemer *4. Juli 1811*

Diktierte Goethe das Märchen vom neuen Paris. [Goethe?:] «Ich bin sehr reich, denn ich besitze alles, was ich liebe, und ich liebe sehr vieles. Durch Liebe wird uns erst etwas zum Besitz.»

3489 Knebel an seine Schwester *5. Juli 1811*

Den gestrigen Abend brachte Goethe mit Riemern bei uns zu. Wir waren sehr heiter; auch lieferten uns die neusten Stadt- und Landgeschichten – unter anderm die Heirat vom Schardt – Unterhaltung zum Spaß ... Goethe läßt an seiner eignen Biographie schon hier drucken, und zwei Bändchen sollen bis Ostern herauskommen. Die Gore glaubt ganz gewiß, daß die kleine Schardt noch katholisch werden würde, wenn Werner erst wieder nach Weimar kommen sollte, und wir glauben es fast auch.

3490 Riemer *5. Juli 1811*

[Goethe:] «Nach Okens Theorie wird bald auch das Farzen eine Sprache sein und noch besser als das Reden, weil es ore rotundo geschieht und ein os magna sonatorum darstellt.

Seine Theorie vom Gebären-Stuhlgang paßt auf sie selbst: denn sie ist ein Schiß und keine Geburt.»

3491 Riemer *7. Juli 1811*

[Goethe:] «Beide Geschlechter besitzen eine Grausamkeit gegeneinander, die sich vielleicht in jedem Individuum zuzeiten regt, ohne gerade ausgelassen werden zu können: bei den Männern die Grausamkeit der Wollust, bei den Weibern die des Undanks, der Unempfindlichkeit, des Quälens und anderes mehr.»

3492 Julie Abeken an einen ihrer Brüder *(nach dem 7. Juli 1811)*

Am Sonntag nachmittag [7. Juli] saßen wir [bei Griesbachs in Jena] traulich beisammen. Mit einmal tritt ein Mann ins Zimmer, der ein recht majestätisches Ansehn hatte, und Augen, die einem gleich im ersten Blick auffallen mußten. Wie war ich verwundert, als ich hörte, daß es niemand anders als Goethe sei. Ich mußte mich oft besinnen, ob es wirklich wahr, daß der große Mann, von dem ich so vieles gehört, gelesen, den ich so lange bewundert, den nur mit einem Blicke einmal zu sehen ich so oft gewünscht hatte, daß dieser Mann mir gegenüber sitze. Nun war ich ihm so nahe, habe selbst einige Male mit ihm gesprochen, wobei mir denn doch das Herz ein wenig klopfte und mir ängstlich zumute war. Aber freundliche Worte waren es, die er sprach. Die letzten muß ich Dir doch mitteilen. Er fragte, ob ich schon in Weimar gewesen sei? und da ich es verneinte, meinte er, dahin müsse ich doch bald kommen; der Bruder habe ja dort so viele Freunde; ich solle, setzte er hinzu, diesen freundlich grüßen und ihm sagen, er freue sich, daß es ihm in Rudolstadt wohl gehe, und wenn wir einmal nach Weimar kämen, würde es ihm eine Freude machen, uns bei sich zu sehen. Wie er da saß, konnte ich das Auge nicht von ihm abwenden, und ich horchte aufmerksam auf jedes seiner Worte, die ich freilich bei weitem nicht alle verstand. Aber ihn so in lebhaftem Gespräch mit Griesbach zu sehn, war ein einziger Anblick.

3493 *Knebel an Charlotte v. Schiller* *9. Juli 1811*

Allerlei Umstände haben mir die Ruhe zum Schreiben benommen, worunter die unerwartete Ankunft von unserm Goethe keiner der unbedeutendsten ist. Er kam mit nicht ganz heiterem Mute von seinem gewöhnlichen Heilbade zurück, doch ein Geist wie der seinige ist schneller Heilung fähig, und so lebt er jetzt recht munter unter uns. Seine Geschäfte treibt er fortgesetzt wie immer, doch sind wir auch täglich beisammen …

Goethe gedenkt, wie es scheint, diesen Monat bei uns zuzubringen, um einen Teil seiner vorhabenden Arbeiten zu vollenden. Hier findet er freilich die Ruhe, die an andern Orten etwas seltener ist, im Überfluß.

3494 *Riemer* *9. Juli 1811*

[Goethe:] «Ein Mensch, der eitel ist, kann nie ganz roh sein; denn er wünscht zu gefallen, und so akkommodiert er sich andern.»

3495 *Riemer*

[Goethe:] «Wer keine Liebe fühlt, muß *schmeicheln* lernen, sonst kommt er nicht aus», bemerkte Goethe, als vom Charakter der Juden die Rede war.

3496 *Pauline Gotter an ihre Mutter* *13. Juli 1811*

Am Mittwoch [10. Juli] war ein ziemlich freundlicher Tag, der sich für uns durch angenehmen Besuch ganz erheiterte. Die Schopenhauer, die Frommann und Goethe überraschten uns um 4 Uhr [in Drakendorf], auch etwas später kam noch Koethe mit dem berühmten Landschaftsmaler Friedrich aus Dresden und noch ein Bildhauer, dessen Namen ich vergessen habe [Kühn]. Wir konnten im Freien sein und in dem hübschen Gartenhäuschen das chinesische Getränk einnehmen. Friedrich zeichnete die Lobedaburg, und die ganze Gesellschaft war recht aufgeräumt und guter Dinge, und man konnte wahrlich in einer Stunde mehr Interessantes hören als in den gothaischen Teegesellschaften das ganze Jahr. Der alte Herr war auch ausnehmend holdselig, hat mir wiederholt, wie ihn das Westchen mit dem blauen Band gefreut hätte, mir versichert, ich würde alle Tage hübscher, und sich mehr dergleichen artiger Redensarten bedient. (Da Du doch auch wissen willst, was die Leute sprechen.) Gegen Abend kam er auch auf seinen Wetzlarischen Aufenthalt, von dem er viel lustige Dinge erzählte, und besonders wurde er sehr munter und ausführlich bei Ordensgeschichten, die er mit dem Vater und noch einigen andern gehabt hat. Du kannst denken, wie mich das interessiert hat. Die Fußgänger hatten uns schon früher verlassen. Das letzte Mal habe ich auch vergessen, Dir zu schreiben, daß Goethe die herrlichsten Stech-, Haar- und Nähnadeln mitgebracht hat.

3497 Riemer *12. Juli 1811*

[Goethe?:] «Engländer mit ihrer buchstäblichen Auslegung der Gesetze, besonders um sie zu eludieren, kommen mir vor wie lauter Eulenspiegel.»

3498 Riemer *14. Juli 1811*

Mittags bei Obrist von Hendrich, mit Major Knebel und Goethe. «Der Mensch besteht aus einem vernünftigen Körper und einer unvernünftigen Seele», sagt Falstaff.

3499 Charlotte v. Schiller
an Prinzessin Caroline *18. Juli 1811*

Am Sonntag nachmittag [14. Juli] haben wir Knebel in Jena und unsern Meister besucht ... Der Meister war gar gut, freundlich, mitteilend und ernsthaft gestimmt mitunter, wie ich es gern habe. Er ist mit der Welt nicht im Frieden, scheint es, und sagt, er wollte ein indischer Einsiedler werden, wie die waren, die Apollonius von Tyana aufsuchte. Er sieht wohl aus, und keine Abspannung ist in seinen Zügen sichtbar. Eine Beilage will ich hinzufügen von seinen Propos über Oken. Sie müssen es wissen und sich krank oder gesund lachen ...

Beilage.

Eine der Ideen in der neuen Naturlehre ist, daß der Mund nur ein verlängerter Darm ist.

Alsdann erklärt der Meister, daß Oken den süßesten Laut in der Natur einen Ton nenne, den wir nicht gern hören lassen wollen.

Es sagt der Meister: Nun sollte ein Liebender nach dieser Theorie sagen: Deine Stimme tönt mir so süß wie ein ...

Bei einem wohlbesetzten Tisch würde der Philosoph sagen: Gebt euch nicht die Mühe zu essen, sondern tragt gleich die Speisen dahin, wo sie durch euch hin gelangen.

Die Tiere sind Schleimbläschen im Licht.

Die Pflanzen sind Schleimbläschen im Dunkel.

3500 *Charlotte v. Schiller an Cotta* *19. Juli 1811*

Goethe ist glücklich aus Karlsbad wieder in Jena angelangt, wir haben ihn [am 14. Juli] besucht, er ist fleißig, und wenn er in Jena ist, ist er immer produktiv. Ich habe ihm müssen den Aufsatz von Körner über Schillers Leben bringen. Noch weiß ich nicht, was er dazu sagt, Körner hat sich ganz seinem Urteil unterworfen.

3501 *Knebel an seine Schwester* *16. Juli 1811*

Wir haben nun öftere Besuche. Goethe und Wieland sind zugleich hier, doch wird letzterer mit Ende der Woche wieder abreisen ...

An unsern Freund Wilhelm Blomberg in Lemgo – habe ich in diesen Tagen auch eine etwas sauersüße Antwort erteilen müssen. Goethe, den ich den Brief lesen ließ, sagte, ich hätte alles darin vereint, was man gegen dergleichen Anforderungen äußern könne, nämlich das Höfliche, Grobe und Schweigende. Ich habe ihm mit *einem* Wort gesagt, daß ich sein Buch nicht verstünde, und nun habe ich ihm meine Gedanken über die einem Schriftsteller notwendige Klarheit und Deutlichkeit gegeben. Es sind jetzt so viel ganz verrückte Bücherschreiber, daß man es nicht denken sollte; alle wollen Originale sein und was Außerordentliches sagen. Goethe seufzt darüber und sagt, ihr Talent bestehe in der Verrücktheit, und wenn man ihnen diese nähme, so bleibe ihnen fast nichts übrig ... Sonst haben wir auch noch eine andre Erscheinung vor einigen Tagen hier gehabt, nämlich den Maler Friedrich aus Dresden ... Goethe preist sein Talent, aber beklagt, daß er damit auf irrem Wege ginge.

3502 Riemer *19. Juli 1811*

Mit Goethe zu Griesbachs in den Garten. Wieland, Knebel, Luden speisten mit. Nach Tische mit Luden und Wieland auf dem Balkon. Dann im Garten. Knebels tolle Schilderung des Grafen Henckel von Donnersmarck, die uns alle zu lachen machte.

3503 Riemer *20. Juli 1811*

Bei Goethe den Anfang des fünften Buchs [der Selbstbiographie] und manches andere nachgeholt und revidiert. Durchsicht des sechsten Buchs.

Von der Produktivität ohne Urteil (wie sie Vulpius hat). Lust zur Erfindung, Märchen zu ersinnen; kann auch hypochondrisch sein; hängt auch mit dem Charakter zusammen.

3504 Riemer *20. Juli 1811*

[Goethe:] «*Das Unzulängliche ist produktiv.* Ich schrieb meine Iphigenia, aus einem Studium der griechischen Sachen, das aber unzulänglich war. Wenn es erschöpfend gewesen wäre, so wäre das Stück ungeschrieben geblieben.»

3505 Riemer: Mitteilungen über Goethe *1841*

Zwar kränkte es ihn, obschon er keine Empfindlichkeit und Gereiztheit dabei bezeigte, daß man *Iphigenie* und *Tasso* so kalt aufnahm, «in die er das meiste und beste Herzblut von sich transfundiert hatte», – Iphigenie, die er sein «*Schmerzenskind*» nannte usw. Gleichwohl äußerte er schon in den ersten Jahren gegen mich: «Wenn er mehr Griechisch verstanden hätte, das Altertum mehr gekannt, er würde sie nicht geschrieben haben.»

3506 Riemer *23. Juli 1811*

Mit dem Prolog zu Frommann; vertrauliches Gespräch über manches Unverdauliche.

Es ist keinem Menschen gesund, auch dem allerhöchsten nicht, wenn er allen Widerspruch entfernt, ihm aus dem Wege geht und nur lauter Affens verlangt. So ist es jemand [Goethe] nicht gut, daß Schiller nicht mehr um ihn ist; denn der widersprach ihm doch zuweilen nicht nur mit Worten, sondern mit der Tat. Seitdem ist er nur mit solchen umgeben, die zu allem Ja sagen müssen, weil sie ihre Existenz nicht immer riskieren wollen.

3507 Abeken: Goethe in meinem Leben

Das andre Mal sah ich Goethe in Jena, wohin ich im Sommer 1811 Voß den Vater begleitete, der seinen Sohn Abraham, meinen Kollegen am Gymnasium, in Rudolstadt besucht hatte. Da ward mir Gelegenheit, eine Probe von dem steifen und kalten Wesen Goethes, worüber so viel gesprochen, so oft geklagt ist, zu sehen. Voß, der Gegner aller sogenannten Romantiker, hatte in seiner derben, oft plumpen, nichts schonenden Weise vieles gegen die Romantik ausgehen lassen, und so auch einige junge Männer, die Goethe protegierte, verletzend angegriffen. Das hatte der letztere übel empfunden, dem bei aller Anerkennung der Verdienste Vossens dieses schroffe Wesen zuwider war. Voß hatte Goethen, der eben in Jena verweilte, [am 23. Juli] einen Besuch gemacht, der nun in Höflichkeit [am 24. Juli] durch einen Gegenbesuch erwidert wurde. Es war in Griesbachs Garten, wo Voß wohnte. Und da hatte ich denn den vollkommenen Gegensatz gegen den lebhaften, kordialen, ausgelassen muntern Goethe, den ich vor zwei Jahren in demselben Garten sah, vor Augen. Der alte, ehrwürdige Griesbach blickte auf Voß, Goethe und die übrigen Anwesenden mit einem eigentümlichen Lächeln, worin wohl dasselbe lag, was ich empfand. Ich möchte jedoch diese Empfindung, wie unerfreulich sie auch war, in meiner Erinnerung nicht missen; sie hat mir manches Urteil, das ich über Goethe hören mußte, in seinem Grunde deutlich gemacht.

3508 Ernestine Voß
an Charlotte v. Schiller *30. Dezember 1811*

[Mit Bezug auf die Begegnung mit Goethe in Jena am 23. und 24. Juli.] Diesmal widerstand es unserem Gefühl, nach Weimar zu kommen, weil Goethe so kalt, so steif war. Voß hätte doch zu ihm gehen müssen, und wer sieht so was gerne mehr als einmal? Einmal ist fast schon zu viel, besonders wenn man sich keiner Veranlassung dazu bewußt ist. Wie solches Benehmen in einem fühlenden Herzen Platz einnehmen kann, verstehe ich nicht, und manchmal hat er doch, als wir Nachbarn waren, ein *Herz* selbst uns nicht verhehlt. Es wird mir jetzt weit schwerer als vor der Reise, das Bild des liebenswürdigen Goethe in meine Seele zurückzurufen; den Schaden fühlt er nicht, aber ich fühle ihn wenigstens noch eine Weile.

3509 Knebel an seine Schwester *31. Juli 1811*

Den Geburtstag der lieben Prinzessin [18. Juli] haben wir, wie ich Dir schon geschrieben, bei mir gefeiert ... Goethe mit seiner Frau verweilte nur kurze Zeit, vermutlich aus Diskretion. Wir dachten herzlich der lieben Prinzessin und ihrer Umgebung ... Den 20. war der heißeste Tag im Jahre ... Den Sonntag darauf [21. Juli] war es kühler. Goethe und Riemer waren abends bei uns ... Die folgenden Tage hatte ich öftere Besuche; meist war Goethe abends hier, bis er uns endlich vorigen Sonnabend [27. Juli] auch verließ ...

Goethe ist ungern von hier abgereist, da ihm die Ruhe und Zurückgezogenheit hier wohl bekommt. Er ist ziemlich wohl, doch, sagt man, etwas magerer geworden. Er ist sehr fleißig an seinen Arbeiten, und bei seiner unendlichen Produktivität gelingt ihm doch alles.

3510 Pauline Gotter an ihre Mutter *31. Juli 1811*

Der alte Herr hat Jena [am 27. Juli] verlassen und ist nach Weimar zurückgekehrt, weil sein Quartier in Jena, auf der Sonnenseite befindlich, in diesen heißen Tagen zu lästig schien, auch liebt er bei warmem Wetter in einem leichten wollenen Jäckchen mit himmelblauem Bande gesäumt zu promenieren, das wäre in Jena wieder nicht tunlich, weil ihm der Hausgarten mangelt, und endlich waren die Herrschaften von Wilhelmsthal zurückgekehrt, die man zu begrüßen für nötig fand. Ferner habe auch ich vergebens geforscht, warum er Karlsbad so früh verlassen hat, und wie ich eine Frage deshalb wagte, meinte er – es wäre ja gar nicht hübsch, wenn man den Freund fragte: warum so bald? man müßte immer fragen: warum so spät?

3511 Pauline Gotter an Schelling *7. September 1811*

Der alte Herr war diesmal nicht lange in unsrer Nähe und ziemlich griesgrämig, wie man sagt. Uns hat er sich zwar nicht so gezeigt, sondern immer wie billig seine Sonntagslaune angelegt; er pflegt aber auch oft zu sagen: «Deine Gegenwart, liebes Kind, verjüngt mich um zwanzig Jahre», und das ist immer Musik für mein Ohr. Die Herausgabe des Wilhelm Meister wird vor der Hand noch unterbleiben, dagegen erscheint Michaelis der erste Teil seiner Biographie. Mit dem Titel hat er sich vorgesehn, und wie es hieß: *Zur* Farbenlehre, so heißt es diesmal: *Aus meinem Leben*, ja vielleicht mit dem Zusatz – *Wahrheit und Dichtung*. Den zweiten Teil bekommen wir Ostern und endigt mit dem Zeitpunkt, wo er nach Weimar kommt; dann schließt das Werk, bis auch er einmal nicht mehr sein wird. Daß uns die folgenden Teile noch lange vorenthalten blieben! In die ersten 20 Bogen bin ich so glücklich gewesen zu blicken und nun erst recht begierig auf das Nächste. Es ist eine Grazie in der Erzählung der unbedeutendsten Zufälle, die nur aus Goethes Feder fließen kann und die einen entzücken muß; oft hätte ich ihn in der Freude meines Herzens in die Arme schließen mögen, als die einzige Äußerung, die uns Menschen herzliche Empfindungen, als wirkliche aus dem Herzen kommende, nur einigermaßen zur Genüge ausdrückt. Mit den kleinsten Vorfällen seiner Kindheit wird man nach und nach vertraut, und es ereignet sich alles, möcht ich sagen, fast sichtbar vor unsern Augen, daß man eben sich zuletzt einbildet, man hätte es mit ihm erlebt. Wenn er sich mir bis jetzt bald als Lehrer und Vater, bald als Freund und Liebhaber zeigte, so empfand ich nun eine eigne Freude, ihn auch als Kind, als Knabe vor mir zu sehn. Das Ganze ist fein angelegt und motiviert, spätere Denk- und Handlungsweisen werden schon früh vorbereitet.

3512 Pauline Gotter an Schelling *5. Dezember 1811*

Von Friedrich Schlegels geschichtlichen Vorlesungen sprach Goethe diesen Sommer mit unendlich viel Interesse.

3513 Charlotte v. Schiller an Prinzessin Caroline *30. Juli 1811*

... obgleich der Brief nicht so schnell fort soll, so wird er doch geschrieben, weil des Meisters zärtlicher Gruß auf dem Papier stehen soll, und heute noch. Diesen Morgen kam er zu mir und war gar freundlich und mild und mitteilend. Er fragte nach Ihnen, meine gnädigste Prinzeß, recht teilnehmend; da sagte ich ihm, daß ich Ihnen etwas aus den Mémoires [Aus meinem Leben] vertraut hätte; da war er recht weich und sagte mit aller Tiefe und Güte seines Gemüts, ich sollte Ihnen von ihm viel Herzliches sagen. Ich sage es gerade so, wie er es gesagt hat. Ich habe neulich wieder den kleinen Kunstroman in den Propyläen gelesen, «Der Sammler». So etwas Grazioses und Heiteres und Verständiges in dieser Art gibt es nicht wieder, das sagte ich ihm; das freute ihn sehr, und ich fühlte, daß es ihn bewegte und freute. Caroline und ich sollen zu ihm kommen und die Zeichnungen aus dem Faust [von Nauwerck] sehen, die, wie ich höre, meine allergnädigste Prinzeß sich aneignen will ...

3514 Charlotte v. Stein an Knebel *31. Juli 1811*

Goethe sah ich einigemal und finde ihn recht wohl und recht – kalt. Bei der großen Hitze, die wir zeither haben, kann man sich bei ihm abkühlen.

3515 Riemer *1. August 1811*

[Goethe:] «Man spricht ja immer nur die Erfahrung *identisch* aus. *Was* man erfährt, das ist ja eben die Erfahrung und weiter nichts dahinter. *Doppelbild* zum Exempel, das ist ja eben, daß ich zwei Bilder sehe.»

3516 Riemer an Frommann *5. August 1811*

Endlich, mein teuerster Freund, bin ich so glücklich, in der bewußten und besprochenen Angelegenheit [Frommanns schwierige Geschäftslage] ein bestimmtes Wort an Sie schreiben zu können. Ich habe mit Goethe darüber gesprochen, der aufrichtigen Anteil nimmt. Sein Vorschlag aber bleibt derselbe, schon von mir geäußerte; ja er widerrät sogar, unmittelbar an den H[erzog] zu gehen, einmal weil gerade von hier aus die Sache zuerst verwaschen wird und zum wenigsten gleich an die J[ageman]n gelangte; sodann aber weil, wenn dieser sie fallen läßt, gar nichts mehr zu machen ist; und es ist sehr wohl möglich, daß dieses geschähe, indem Zeitumstände und Gesinnungen sich gar sehr geändert haben; auch der Aufwand diesen Sommer (Sie wissen, wie) sehr groß gewesen ist. Das beste wäre also ein sowohl schriftlicher als mündlicher Vortrag der ganzen Sache, Ihres Verdienstes um das Land, und der Wichtigkeit, ein solches Institut im Gange zu erhalten – bei V[oigt] jedoch mit dem Bemerken, die Sache geheim zu halten, indem Ihr Schritt gewissermaßen ein letzter sei, der, wenn er nicht glückte, nur größeren Nachteil für Sie zur Folge haben würde. Sie bäten also um aufrichtige Erklärung, ob V[oigt] sich getraue, etwas Bedeutendes auszurichten. Ist dieses und der H[erzog] erkundigt sich, wie natürlich, bei Goethe über das Verhältnis der Sache, so kann Goethe das Beste dazu reden, wie er es gewiß tun wird. In jenem erstern Falle ist der H[erzog] entweder schon entschieden, und die Vorsprache ohne

Gewicht, oder es hängt sonst wo: denn V[oigt] ist es doch, der am Ende das Gewünschte herbeischaffen muß. Daher man diesen zuerst gewinnen muß.

Ich hoffe, Sie werden mich verstanden haben, indem ich nicht deutlicher schreiben durfte ...

Das Manuskript zum vierten Buche [der Selbstbiographie] bereiten wir emsig, und Sie werden es Mittwoch oder Donnerstag erhalten.

3517 Riemer *6. August 1811*

[Goethe:] «Es wird einem nichts erlaubt, man muß es nur sich selber erlauben; dann lassen sich's die andern gefallen oder nicht.»

3518 Riemer

[Goethe:] «Gegen die Kritik kann man sich weder schützen noch wehren; man muß ihr zum Trutz handeln, und das läßt sie sich nach und nach gefallen.»

3519 P. M. E. Lefebvre an Graf Reinhard *August 1811*

[Über seinen Besuch bei Goethe am 7. August.] Monsieur Goethe me paraît être un homme jeté dans un moule tout différent. Sa maison seule, qui est fort belle, ses escaliers ornés de statues d'un goût parfait, la beauté de ses tableaux, la profusion des dessins qu'on trouve jusque dans ses antichambres et les raretés de toutes espèces et de tous les siècles qu'on rencontre à chaque pas, auraient suffi pour m'apprendre que j'entrais chez le Prince de la littérature allemande. Monsieur Goethe me reçût avec beaucoup de bonté et de politesse; je n'ai pas non plus trouvé qu'il ressemblât au portrait, que vous avez chez vous: le peintre lui a fait le front trop tiré, ce qui met ses yeux et son air dans un état d'exaltation qu'il n'a pas; enfin il est mieux que son portrait. Ma conversation avec Monsieur Wieland n'avait eu que lui pour objet, elle n'était jamais sortie de ce cercle, sans cesse elle y avait été ramenée par lui, par moi, par une conséquence des faiblesses de son âge. Avec Monsieur Goethe elle prit sur le champ un vol plus élevé; il embrassa toute la littérature allemande, passée et présente, il y marcha à pas de géant, peignant tout à grands traits, d'une manière rapide, mais avec une touche si vigoureuse et des couleurs si vives, que je ne pouvais assez m'étonner; il parla de ses ouvrages peu et avec modestie, beaucoup des chefs d'œuvres en tout genre de la France, des grands hommes qui l'avaient honorée, du bonheur de sa langue, des beaux génies, qui l'avaient maniée, des littérateurs présents, de leur caractère et de celui de leurs productions; enfin, j'étais un français qui était allé pour rendre hommage au plus beau génie de l'Allemagne, et je m'aperçus bientôt, que Monsieur Goethe me faisait en Allemagne les honneurs de la France. Il est impossible d'allier plus d'esprit, de modestie et de cette urbanité, qui jette sur la science un vernis si aimable. Je lui disais en parlant de notre littérature, que nous nous étions enfermé dans des bornes étroites, dont nous ne voulions pas sortir, que nous restions obstinément dans les mêmes routes, ce que ne faisaient pas les autres peuples. Il me répondit avec une politesse infinie, qu'il ne trouvait pas que les Français eussent de la répugnance à sortir de leurs routes, mais seulement qu'ils étaient plus judicieux que leurs voisins lorsqu'il était question de s'en ouvrir de nouvelles. Son œil est plein de feu, mais d'un feu doux, sa conversation riche et abondante, son expression toujours pittoresque et sa pensée rarement ordinaire.

3520 Riemer an Frommann *(10. August 1811)*

In betreff Ihrer Angelegenheit muß ich Ihnen, auch von seiten Goethes, zu wissen tun, daß, weil nächste Woche erst das Napoleonsfest eintritt, wozu wir, Goethe und seine Familie, Donnerstag [15. August] nach Erfurt reisen, auch sonst wenn der Herzog kommt, wie man sagt, der Teufel los ist, und sich alles überdrängt, daß Sie besser täten, bis auf heute über acht Tage zu warten. Unterdes wird auch Goethe bei V[oigt] Sie besonders empfehlen. Das Promemoria hat Goethe noch in Händen; jetzt ist er ausgegangen; ich denke es aber vor Schluß des Briefs wieder zu erhalten.

Goethe ist wieder gekommen, und da er genauer gehört hat, daß heute der Herzog erwartet wird, so meint er doch, Sie möchten nur immer den Dienstag herüberkommen, und bei uns *essen*, wenn wir Ihnen bis Montag nicht abschreiben. Es sei denn doch besser, weil die Entbindung der Großfürstin, das Napoleonsfest und Gott weiß was noch alles dazwischen kommen könnte.

An dem Mémoire wüßte er nichts zu erinnern, als die Milderung einiger harten Ausdrücke, als der vom –, wofür sich wohl ein gefaßterer finden dürfte. Sie haben das selbst schon bemerkt und werden es leicht zu ändern wissen. Goethe grüßt freundlichst. Den Geh. Rat V[oigt] wird er prävenieren.

3521 Riemer an Frommann *17. August 1811*

Die Exkursion nach Erfurt [am 15. August] ist ganz gut abgelaufen und reut uns nicht. Das Wetter wurde günstig, indem es sich um die Zeit, als der Zug in den Dom ging, sich aufhellte. Die Musik war wohl der Mühe wert. Das Lokal sehr günstig, und die besonders eingeübten Sachen, als die Symphonie aus der Zauberflöte, machten sich vortrefflich. Die Frau von Heygendorf und Stromeyer sangen, wie ich mich nicht erinnere sie gehört zu haben; und wurden erstaunlich applaudiert. Die Beleuchtung in der Kirche und der öffentlichen Gebäude war sehr anständig. Goethe speiste bei de Vimes, der von den Aufmerksamkeiten des Weimarischen Hofs sehr zufrieden schien ... Den andern Morgen um 11 Uhr fuhren wir wieder ab, ohne die Schöpfung zu hören, weil es uns denn doch zu viel wurde, und auch weil unsre Privatwohnung nicht sehr erfreulich war.

3522 Riemer an Frommann *22. August 1811*

Wir arbeiten jetzt am 6. Buche [der Selbstbiographie], das gewiß nicht stärker, als das 5. ist, werden wird. Es liegt schon vor mir; nur ist ein anderer Eingang zu machen. Goethe hat nicht übel Lust, es mit dem 5. zusammenzuwerfen, weil sonst die zwei letzten Bücher gegen die frühern zu schwach würden, und wir lassen Ihnen unsern Entschluß beizeiten wissen, sobald Sie uns melden, wie viel Bogen jenes fünfte geben wird.

Es kommt zum Titel noch ein Motto, ein Blatt der Dedikation und einiges Vorwort; dies dürfte zusammen einen Bogen betragen.

Leider werden wir dieser Tage eine Unterbrechung haben. Arnim mit seiner Bettine kommt heran, und hat sogar ein Quartier durch mich mieten lassen. Die Morgen wollen wir uns aber ungestört zu erhalten suchen.

Goethes Geburtstag, der 28., rückt heran, und ich möchte ihm gern eine Freude machen. Er ißt kein Obst weiter als Trauben und Feigen; letztere ungemein gern. Dürfte ich Sie oder Madame Frommann um die Gefälligkeit ersuchen, dergleichen bei Harras zu bestellen, und sie mit den Boten, wenn es auch früher ist, als zum 28., an mich zu senden. Die Auslagen werde mit größtem Dank berichtigen.

3523 Riemer *25. August 1811*

Bei Erwähnung von Spix' Geschichte der Zoologie und daß man Goethen manches vorweggenommen habe, daß sie jedoch mit einem und dem andern nicht fertig werden könnten, äußerte Goethe: «Die Natur ist größer als der Begriff, und ist kleiner als die Idee, daher der Mensch noch immer einen Gott hinter die Natur setzt, damit er etwas ihm Ähnliches habe.»

«In Verbindung mit einem rechten und eigentlichen Mathematiker, der die Kombinationslehre anwendete, müßte man en gros die möglichen Geschöpfe ausfindig machen. Die Erfahrung gibt uns oft nur die Varietäten von möglichen, denn durch die Fortschritte der Kultur kommen gewisse Tiere nicht mehr zum Vorschein.»

«Es gibt so zu nennende mögliche Tiere, als das Roß zum Beispiel, die gleichsam so wie sie sind zur Welt sprangen; andere, wie gesagt, die nur in der Varietät existieren.»

«Der Etat eines jeden ist und bleibt die Hauptsache, und der ist überall derselbe, oder im selben Verhältnisse; wenn der Löwe 10000 Taler zu verwenden hat, so hat die Maus 1000 Pfennige.»

«Die Ausnahme macht eine Regel nicht falsch. Sie nötigt uns nur, eine höhere Formel zu suchen, worunter sie subsumiert werde. Zuletzt kann man freilich dahin kommen, daß eben alle Erfahrung aufgehoben wird und sich eben gar nichts bestimmen läßt. Beispiel: an den Monokotyledonen, die sich nicht verzweigen lassen, die zur Fruktifikation eilen; und so höhere.»

3524 Caroline Ulrich: Tagebuch *26. August 1811*

Herr und Frau v. Arnim aus Berlin frühstückten bei uns, aßen dann mittags da und fuhren mit uns nach Tiefurt, von da nach dem Schießhause, wo wir Kaffee tranken. Den Abend waren sie wieder bei uns.

3525 Varnhagen: Tagebuch *24. August 1854*

Bettina hatte in den Briefen Goethes an Frau von Stein gelesen; man sehe klar, sagte sie, daß er ihrer schon lange vor der Reise nach Italien überdrüssig gewesen und daß es mit den Liebschaften – allen – nichts Rechtes sei! Sie erzählte, Goethe habe sie [am 26. oder 27. August 1811?] in Weimar zu einer Volkslustbarkeit mitgenommen, eine herumziehende Sängerin sei in den Saal getreten und habe ein ziemlich gemeines Lied gesungen, «O Weiber, o Weiber, o Weiber!» kam darin vor, und Goethe habe Beifall genickt, sie selbst aber ausgerufen: «Das ist ja ganz schlecht!» Da habe er sie angefahren mit den zürnenden Worten: «Dir kann man auch nichts recht machen!» und ihr seien darüber Tränen in die Augen gekommen. Erzürnt saß er neben ihr, das konnte sie nicht ertragen. «Ich ließ wie absichtslos ein Stück Brot auf die Erde fallen, ich wußte, daß er's aufheben würde; wie er's tat, schlüpft' ich unter den Tisch, als wollt' ich es auch tun, und küßte ihm verstohlen die Hand, da waren wir versöhnt!»

3526 Riemer an Frommann *28. August 1811*

Haben Sie tausend Dank, mein teuerster Freund, für die schöne Sendung. Ich habe sie in Ihrem Namen abgegeben, und sie hat große Freude verursacht. Es ist das einzige

Obst, was Goethe genießt, und hier nicht besonders zu haben.

Arnims sind seit Sonntag abend hier und werden etwa die Woche hier zubringen. Es ist von einigen Exkursionen in die Nachbarschaft die Rede, und ich habe auch von Jena und der Triesnitz sprechen hören. So kommen sie wohl mit der Geh. Rätin auf einen Nachmittag hinüber.

3527 Caroline Ulrich: Tagebuch *28. August 1811*

War der Geburtstag vom Herrn Geh. Rat. Eduard [Ulrich] brachte ihm eine Morgenmusik. Die Frau Geh. Rätin und ich banden ihn im Bette an. Herr und Frau v. Arnim, die Diaconus, der Hofmarschall Egloffstein kamen des Morgens, um zu gratulieren. Den Mittag Arnims und Hofrat Meyer. Nachmittags der Regierungsrat Müller und Ottilie Pogwisch. Den Abend Arnims.

3528 Charlotte v. Stein an Knebel *4. September 1811*

Ich habe gestern dem Goethe versprochen, seine Sammlung von Miszellen wieder einzuhändigen, mußte ihm aber gestehen, daß Sie von den italienischen Miszellen noch zwölf Stück besitzen, so ich Ihnen geliehen. Bitte recht sehr, sie mir wiederzuschicken; ich habe ihm gesagt, daß ich heute drum schreiben würde.

3529 Riemer: Mitteilungen über Goethe *1841*

Goethe besaß eine eigene *Laune*, nicht in dem Sinne des üblen Humors, noch des überlustigen, sondern die an Schelmerei grenzende, womit er kleine unschuldige Neckereien an denen ausübte, die ihm durch ihre Unarten beschwerlich wurden, wenn er sie auf keine andre Weise mit nachhaltigem Erfolg davon abbringen konnte ...

So liebte er wohl ein Gespräch ungebührlich lang auszudehnen, eine Bemerkung immer zu wiederholen oder wieder darauf zurückzukommen, wenn er merkte, daß einer sich dabei langweilte, der übrigens nicht Ursache hatte, den bereits Unterrichteten zu spielen oder das Air eines Schnellfassenden anzunehmen.

Auch bediente er sich dieses oder eines ähnlichen Manövers, wenn er nicht Lust hatte, auf etwas einzugehen, um den Zudringlichen ablaufen zu lassen.

Bettine mußte dieses erfahren, als sie im Herbst des Jahres 1811 [am 7. September] bei ihren abendlichen Besuchen ihm gern von ihrer Liebe oder was sonst – che so io! – vorgeschwatzt hätte. Er kam ihr beständig dadurch in die Quere, daß er sie auf den Kometen, der damals wunderschön am Abendhimmel stehend in seiner völligen Größe und Pracht zu sehen war, aufmerksam machte und dazu ein Fernrohr nach dem andern herbeiholte, und sich des Breitern über dieses Meteor erging. Da war nicht anzukommen! Das Meteor mit seinem langen Schweife wehrte diese wiederkehrende Fliege, die sich ihm gern auf den Schoß gesetzt hätte, dieses alte, damals schon *verheiratete* Kind wie mit einer Rute ab.

3530 Louise Seidler: Erinnerungen

Nach Weimar zurückgekehrt, traf ich eines Tages, als Geschäftssachen mich um die Mittagsstunde zu Goethe führten, Bettina bei ihm, welche ich bis dahin noch nie gesehen. Das lebendige Gesichtchen, die glühenden dunkeln Augen waren von schwarzen Locken umkränzt. Sie saß auf einem niedrigen Fußbänkchen; mich ergötzte ihr Schuhwerk, welches aus einem grünen und einem roten Stiefelchen bestand. Wie sie munter und neckisch allerlei durcheinander schwatzte, kam sie mir vor, wie ein in den verschiedensten Farben spielendes Prisma. Ich blieb fern von ihr stehen; in meiner natürlichen Schüchternheit erschien ich mir der exaltierten Frau gegenüber so steif und hölzern, daß ich gar nicht wagte, sie anzureden; verlegen richtete ich meinen Auftrag an den Dichter aus und entfernte mich eilig.

3531 Sophie v. Schardt an A. Duvau *10. September 1811*

Goethe ist, durch jährlichen langen Aufenthalt in Karlsbad und Teplitz, wieder gesund und kräftig, und verjüngt worden. Die Wahlverwandtschaften ist das letzte, was von ihm erschien, und die Farbenlehre, welche wohl bei Ihnen nicht viel Aufmerksamkeit erregt hat, doch, wo sie bemerkt wurde, als eine wichtige neue eröffnete Bahn angesehn wird.

3532 *Caroline Ulrich: Tagebuch* *10. September 1811*

Den Abend mit dem Herrn Geh. Rat im Schießhaus soupiert, wo die ganze Klubgesellschaft war.

3533 *Riemer an Frommann* *11. September 1811*

Zuvörderst den schönsten Dank von Goethe für das Übersendete, das großes Vergnügen gemacht hat, und mit Erinnerung an den Geber verspeist werden soll. Die Schachtel folgt zurück ...

Zugleich bittet Goethe, ihm anzuzeigen, wie viel *Velin*-Exemplare vom Hackert Sie herübergesendet haben? ...

In dem Bewußten kann ich noch zu keiner Antwort gelangen, da ich Goethe dieser Tage wenig gesehen. Er speist jetzt die Woche dreimal am Hofe und war gestern auch bei dem Souper, was der Klub zum Beschluß im Schießhause gab. Heute ist er wieder bei Hofe.

3534 *Arnim an C. Brentano* *14. September 1811*

Hier in Weimar fand ich alles in Festen. Riemer hatte uns eine allerliebste Wohnung am Park gemietet. Goethes, des Herzogs, Wielands Geburtstag folgten aufeinander, es war Vogelschießen, ich ließ mich bei Hofe vorstellen, Bettine wollte nicht. Von Goethes Leben erscheinen Michaeli zwei Bände; nach allem, was ich davon höre, in vieler Hinsicht sehr zurückhaltend, aber doch sehr merkwürdig. Auf ihn scheint dies Beschreiben seines Lebens dahin gewirkt zu haben, sein Leben aufzugeben, wenigstens sagt er es. Auch nimmt er bei aller Freundlichkeit den wenigsten Anteil an allem Neuen in der Welt und wehrt sich vielmehr dagegen. Die Frau macht ihm wohl manchen Kummer und entfremdet ihn von den Menschen.

3535 *Arnim an W. Grimm* *22. September 1811*

Deinen Auftrag an Goethe habe ich ausgerichtet, ich habe ihm die Übersetzung [Probe aus der Edda] gegeben, ihn um sein Urteil gefragt und wie gewöhnlich nichts gehört. Du weißt, daß zu Michaeli schon zwei Bände seiner Lebensgeschichte erscheinen; es scheint nun, daß diese Erinnerung seiner Jugend ihn in seinen Gedanken plötzlich mit Absicht alt macht. Während er sonst mit einer Art Absicht alles mitzuumfassen strebte, so tut er jetzt, als ob er alles von sich hielte, und es war oft bis zum Lächerlichen, wie er bei allem Neuen in der Kunst, wovon ich ihm sprach, immer sagte: «Ja das sind nun recht gute Späße, aber sie gehen mich nichts mehr an.» Einmal kam er darin so weit, daß er mir weismachen wollte, er kümmere sich um weiter nichts, als um die alten griechischen und römischen Pasten. Es scheint aber seine Arbeitsmethode, daß er sich mit Absicht in einem Studio isoliert. In Hinsicht Deiner Übersetzungen habe ich nie ein andres Urteil herausgebracht, als daß es gut sei, daß wir sie nun hätten, nicht ob er sie sich irgend anders wünschte. Im allgemeinen nannte er einmal die nordische Romanzenmanier die Unordnung, und da ich ihm nach meinem Gefühl gerade die Anordnung verteidigte, war es ihm auch wieder recht. Mehrmals sagte er mir, daß er die Welt jetzt durch andre berühre, vielleicht schreibt er Dir mehr, ich zweifle aber; Riemer ist wohl in den meisten solcher Dinge sein Organ ... Ich komme immer wieder in meinen Gedanken auf Goethe zurück, Du glaubst nicht, in welcher kuriosen Umgebung er lebt. Durch die Frau von allen rechtlichen Menschen in Weimar abgeschnitten, die nun alle Schuld auf ihn werfen, ihn herzlos und charakterlos nennen, scheint in ihm ein künstlicher Stolz und eine tiefe Zerknirschung abzuwechseln. Denk Dir, daß er vor vier Wochen in Jena heimlich kommuniziert hat und gegen mich mit einem Spott vom Christentum sprach, als von etwas Abgetanem. Seine älteste Geliebte, eine Frau von Stein, schwört darauf, er werde Herrenhuter. Sonderbar ist's, daß ich in Berlin, als die Nachricht kam, ein berühmter Gelehrter sei katholisch geworden, gegen Steffens behauptete: wenn Goethe auch nicht katholisch würde, er würde gewiß fromm. Aus den Stanzen auf Schiller hat er bei der Wiederaufführung [am 10. Mai 1810] alles, was auf Vaterland Beziehung hat, ausgestrichen. Was das Geschichtliche von Deutschland und Nationelle [anlangt], so scheint er in einer ähnlichen kuriosen Verwirrung wie Johannes Müller, kurz ich bin fast niemals ohne eine Art Verzweifelung von ihm gegangen, indem ich deutlich fühlte, er habe unrecht, aber ich sei nicht der, welcher es ihm beweisen solle.

3536 Arnim an J. und W. Grimm 22./28. Oktober 1811

… auch hätte ich gewünscht, Goethe nicht über Görres [Mythengeschichte der asiatischen Welt, 1810] gehört zu haben, was ich aber natürlich dem Görres verschwieg …

Das Buch über Meistergesang [von J. Grimm] schickt doch an Goethe, ich habe ihm viel davon gesprochen, und er kannte es nicht.

3537 Charlotte v. Schiller
an Prinzessin Caroline 19. September 1811

Seit vierzehn Tagen sind Arnims hier. Er ist graziös, liebenswürdig wie sonst, schreibt aber, unter uns gesagt, auch wie sonst und schreitet nicht vor; doch muß man ihn lieb haben und die einzelnen Aperçus seiner geistigen Geburten auch. Mit seiner Frau ist er so graziös und mild, daß es mich freut. Die Frau ist recht geistreich und lebendig, und erzählt vortrefflich. Sie ist viel stiller geworden, als sie sonst war, und da kann ich auch mit ihr fortkommen. Sie liebt den Meister auf eine rührende Weise, aber denken Sie nur, daß ihr die dicke Hälfte [am 13. September] das Haus verboten, de but en blanc eine Zänkerei in der Ausstellung angefangen und ihr gesagt hat, sie würde sie nicht mehr sehen usw. Die Bettina ist eigentlich bloß des Meisters wegen hier, freute sich auf ihn, sehnte sich ihn zu sehen, und seit diesem Vorfall nimmt er auch keine Notiz von ihr. Sie hat ihm vorgestern geschrieben, gesagt, sie wollte der Frau ihr Betragen ganz vergessen, er würde ihr immer lieb bleiben, und er antwortet nicht, kommt nicht!

3538 *Marie Helene v. Kügelgen an Volkmanns* *12. Oktober 1812*

Ich muß Euch noch einiges von der Frau von Arnim erzählen, die mir als das originellste Wesen erschienen ist ... Als sie vor einem Jahr den heftigen Streit mit der Goethe hatte, der so viel Aufsehen machte, hat sie in ganz Weimar erzählt: es wäre eine Blutwurst toll geworden und hätte sie gebissen. Und wirklich soll die Goethe keinem Ding so ähnlich sehen als einer Blutwurst.

3539 *Arnim an Goethe* *(19. oder 20. September 1811)*

Empfangen Euer Exzellenz bei meiner auf morgen bestimmten Abreise den innigsten Dank für alle Zeichen Ihrer Güte gegen mich und meine Frau. Es bedarf keiner Versicherung, wie leid es mir getan, daß die öffentlichen Schimpfreden, welche die Frau Geheimerätin über meine Frau ergossen, und die Folgen derselben auf die Gesundheit meiner Frau und auf das Stadtgespräch eine Trennung des Umgangs in den letzten Tagen notwendig machten. Euer Exzellenz könnten mir vielleicht heimlich den Vorwurf machen, daß ich durch zweckmäßige Beruhigung zur rechten Zeit die fatale Szene auf der Ausstellung hätte hindern sollen, ich kann mich dagegen leicht rechtfertigen. Frau v. Pogwisch ist mein Zeuge, daß ich bis zu dem lärmenden Auszuge der Frau Geheimerätin aus den Zimmern nichts ... vernommen – sie hatte vorher wiederholt mit uns allen bei Lächerlichem gelacht –, weil ich im Nebenzimmer stand, meine Frau fand ich darauf bleich und zitternd wieder zwischen einer Menge Unbekannten, die sich teilnehmend um sie bemühten und sie ausfragten. Es war also nichts zu machen, als meine Frau eilig aus der neugierigen Menge herauszuführen und durch eine Bewegung den Schrecken zu vertreiben.

3540 *Arnim an Riemer* *28. Oktober 1811*

Es tat mir herzlich leid, daß ich nicht zu Hause war, als Sie uns am letzten Tage das Vergnügen Ihres Besuchs schenkten, inzwischen wird Ihnen meine Frau ausführlich die sonderbaren Begebenheiten erzählt haben, die uns in den letzten Tagen aus der Nähe der Geheimerätin bannten. Daß es Goethe leicht gewesen wäre, ohne seiner Frau etwas zu vergeben, meine Frau für ihre langgehegte fromme Anhänglichkeit tröstend zu belohnen und mit ein paar Worten für die erlittene Kränkung zu entschädigen, wird Ihnen eingeleuchtet haben, vielleicht ist es aber schön in ihm, daß er die Kraft seiner Worte nicht kennt, die so vieles gut machen können; mir ist es eine traurige Erfahrung mehr gewesen, und ich habe schon schlimmere gemacht. Gern hätte ich ihm am Hofe noch ein paar Worte zum Abschiede gesagt, er vermied es aber, ungeachtet er mich freundlich begrüßte ...

3541 Pauline Gotter an ihre Mutter *25. September 1811*

Arnims sind von Weimar fort, und ich habe Euch eine köstliche Geschichte von ihnen zu erzählen: einen Zank betreffend zwischen Bettina und der Frau Gemeinerätin: Ihr lacht Euch tot, wenn Ihr's hört. Dank sei's der Vulpiade, ich habe nun nichts mehr von dieser Nebenbuhlerin zu befürchten. Goethe hat sie nicht wieder sehen wollen!

3542 Charlotte v. Schiller
an Prinzessin Caroline *3. Oktober 1811*

... die ganze Stadt ist in Aufruhr, und alles erdichtet oder hört Geschichten über den Streit mit Arnims. Da die Bettina mit der dicken Hälfte doch viel war im Anfang und mit einer andern Macht [Frau v. Heygendorf?] auch, so mag eine unendliche Tiefe des Klatsches entstanden sein, da die beiden Damen sich doch des Theaters wegen nicht lieben. Wer da alles hineinverflochten ist, weiß der Himmel. Ich kann nichts tun, als schweigen und dem Meister dadurch zeigen, daß ich in kein unwürdiges Licht gegen ihn mich stellen mag, aber auch mir nichts vergeben kann.

3543 Riemer an Frommann *18. September 1811*

In einem stillen und vertraulichen Augenblicke, mein teuerster Freund, habe ich Goethen das Dringende Ihrer Lage vorgestellt, und dafür wenigstens einen guten Rat erhalten, den er Ihnen mit freundlichen Grüßen durch mich zukommen läßt. Er rät Ihnen, gleich noch einmal aber ganz kurz an den Geh. Rat V[oigt] zu schreiben, sich der Tournure zu bedienen, daß die gleich anfangs nicht abschlägige Antwort und das zeitherige Stillschweigen Sie in der Hoffnung bestärkt, daß es mit Ihrer Sache gut stehe. Daß Sie solche auch jetzt nicht in Anregung bringen würden, wenn der Drang der Umstände, die Nähe der Messe etc. Sie nicht dazu nötigte. Sie wollten nicht weitläuftig sein und bezögen sich auf das schriftlich und mündlich Vorgetragene, daß es Ihnen aber sehr daran gelegen wäre, sich einstweilen nur über diese Periode hinausgeholfen und Ihren Kredit unterstützt zu sehen etc. etc.

– Sie werden nun wissen, was Sie allenfalls tun mögen. Goethe wird von seiner Seite es an Anliegen und Vorschub nicht fehlen lassen.

3544 Charlotte v. Stein an Knebel *18. September 1811*

Eben hatte mich Goethe im Schreiben unterbrochen, und da er ging, trug er mir die schönsten Grüße an Sie auf. Ich war etwas im Streit mit ihm über Frau v. Arnim, eine geborene Brentano, die ihn anbetet, die er sogar veranlaßte, hierher zu kommen, und die er bitter gekränkt hat. Freilich mag wohl seine Frau schuld daran gewesen sein. Das kleine närrische Wesen, nämlich die Arnim, hat mir sehr wohl gefallen und allen, die sie gesehen haben. Auch hatte er sie mir sonst sehr gelobt. Es ist schlimm für seine Freunde, daß er alle Liebe für einen Irrtum des Herzens hält. Wir wollen nicht so denken!

3545 Ch. A. Vulpius an N. Meyer *19. September 1811*

Meine Schwester (des Krampfes wegen), Mademoiselle Ulrich und der Geheimerat waren bis Ende des Monats Juli [Juni] im Karlsbade; alle sind sehr wohl zurückgekommen. Der Geheimerat genießt eine blühende Frischheit, gibt Meisters Wanderungen heraus, und schreibt sein eigenes Leben und seine Reisen hineingewebt, nebst Meinungen und dergleichen über dies und jenes, welches Ostern 1812 herauskommen soll, Meister Michaeli dieses Jahres.

3546 Riemer an Frommann *21. September 1811*

Für die übersendeten Trauben läßt Goethe und seine Frau durch mich auf das beste danken …

Die Arbeit [an der Selbstbiographie] macht Goethe so viel Vergnügen, daß er sogleich an die Fortsetzung gehen will, und so werden Sie nächsten Winter wieder zu drucken haben.

3547 Riemer an Frommann *(25.) September 1811*

Ich habe Goethe Ihre Gedanken mitgeteilt. Er rät Ihnen, selbst herüber zu kommen; er selbst geht nicht nach Jena; wird aber noch heut sich bei V[oigt] erkundigen, was es mit diesem Vorschlag für eine Bewandtnis habe. Wahrscheinlich scheint man Ihnen ein Privat-Kapital verschaffen zu wollen, da das Bare selbst an allen Ecken und Enden fehlt.

3548 Charlotte v. Stein an ihren Sohn Fritz *29. September 1811*

Goethe hat mir den ersten Teil seiner Mémoires geschenkt, aber noch unter dem Siegel des Geheimnisses, und doch läßt er's drucken; vielleicht will er's noch an jemand Vornehmes dedizieren. Das Exemplar war ohne Titel irgend einer Art. Es ist sehr unterhaltend, aber ich könnte nicht gegen das Publikum so offen sein in seiner Stelle. Die Arnim mit ihrem Mann ist wieder abgereist, und hat sich mit Goethen entzweit, nach allem Vermuten durch einen Klatsch, den die Goethen gemacht hat. Die Arnim hat mich recht gedauert; sie sagte, es sei ihr, als wenn ihr das Liebste aus ihrem Herzen hier sei begraben worden; denn sie betet den Goethe an.

3549 Riemer *September 1811*

Äußerung Goethes: Idee der Metamorphose gleicht einem Weberzettel, wozu die Bedingnisse der Empirie den Einschlag liefern. Ist ein Typus, der durch Zeit und Raum bedingt wird, und überhaupt dadurch erst *wird*, das heißt zustande kommt.

3550 *Riemer an Frommann* *2. Oktober 1811*

Ich freue mich sehr, daß Sie nicht nur glücklich, sondern auch nicht ohne Trost nach Hause gekommen, und ich denke, daß es gut werden soll. Ich habe es Goethe gesagt, der noch von nichts wußte, weil er V[oigt] nicht gesprochen. Er hat aber dieser Tage, bei einer andern Gelegenheit, an V[oigt] geschrieben und Sie nochmals empfohlen.

Es erfolgt hier die Korrektur des Titelbogens. Wir haben bei der Nr. 2 beliebt, weil sich das *Aus meinem Leben* mehr wie *Ein* Wort macht.

3551 *W. Dorow: Denkschriften und Briefe* *1840*

Im Jahre 1811 [am 5. Oktober] machte der Herausgeber dieser Denkschriften und Briefe die persönliche Bekanntschaft von Goethe, bei dem er durch Briefe von Friedrich August Wolf und Johann Friedrich Reichardt eingeführt wurde; ersterer sandte ein Prachtexemplar seiner Übersetzung der Wolken des Aristophanes mit. Goethe ließ lange auf sich warten, erschien endlich höchst elegant gekleidet, mit dem Ehrenlegionsorden im Knopfloche, ministeriell, und nachdem die ersten Höflichkeitsbezeigungen vorüber waren und man sich gesetzt hatte, legte er die Briefe uneröffnet bei Seite, blätterte in den Wolken, schlug auf und sagte: «Ein sehr schönes Format, ein sehr schönes Papier, ja auch ein sehr schöner Druck: das ist ein vortreffliches Werk.» Hiermit legte er das *vortreffliche* Werk bei Seite und sah den Überbringer mit großen Augen an. Dieser, über Goethes Art und Weise erzürnt, entgegnete: «Wenn Ew. Exzellenz nach solchem Maßstabe die Trefflichkeit eines Buchs beurteilen, so wäre dieses traurig für Ihre eigenen Werke; denn Herr Cotta hat dazu schlechtes Papier, schlechten Druck und ein schlechtes Format, ähnlich den medizinischen Rezepten, genommen.» Goethes Gesicht veränderte sich sichtbar in freundlichere Züge, er fing an, über Wolf sehr lobend zu sprechen, Reichardt zu erwähnen vermied er, doch ergoß er sich in teilnehmende Äußerungen über dessen vortreffliche Frau und liebenswürdige Familie, und fragte, ob ich schon Wieland gesprochen hätte, der durch den Umsturz mit dem Wagen sehr leidend sei. Auf ein Ja und auf die Bemerkung, daß Wolf jenem gleichfalls ein Exemplar der Wolken gesendet habe, wurde Goethes Gesicht wieder sehr verdrießlich. «Hat Wieland das Buch freundlich aufgenommen?» fragte Goethe heftig. Da kein Grund vorhanden war, Wielands Äußerungen zu verschweigen, so erwiderte ich: «Der freundliche, sanfte Mann, der schmerzensvoll im Lehnstuhl saß, blätterte nicht wie Ew. Exzellenz ruhig, sondern mit großer Gemütsbewegung das Buch durch, doch schien sich dieses nur auf die Anmerkungen zu beziehen, legte das Buch fort und sagte sehr bewegt: Ich glaube viel, sehr viel Gutes über Aristophanes und gerade über seine Wolken gesagt zu haben; doch nirgend bin ich genannt, nirgend ist meiner erwähnt. Ich entschuldigte Wolf mit der Versicherung, daß er wenig oder gar keine deutschen Bücher lese, und er dieses gewiß aus Unkenntnis also getan habe. Ja, rief der kranke Mann mit funkelnden Augen aus, ja darin liegt eben der Stolz! *der* da in Berlin und *der* hier in Weimar, die glauben beide hoch oben auf dem Olymp zu sitzen, und halten alles Lebende für Gewürm, was kaum wert ist, zu ihren Füßen zu kriechen.» Dieses erzählte ich einfach und sehr ruhig an Goethe, welcher darauf lächelnd fragte, ob ich den Mann in Weimar wohl kenne, den Wieland gemeint? Auf meine Versicherung in einem noch etwas gereizten Tone, daß dieses wohl keinem Menschen auf Erden zweifelhaft sein könne, reichte mir Goethe die Hand und hieß mich herzlich willkommen. Dieses war der Beginn meiner Bekanntschaft mit Goethe; ich blieb acht Tage in Weimar, sahe ihn noch öfters in seinem Hause, und in spätern Jahren, wenn ich durch Weimar kam, fand ich bei ihm stets eine freundliche Aufnahme.

3552 W. Dorow: Erlebtes aus den Jahren 1790–1827 *1845*

Endlich erhielt ich die Bestimmung der Stunde, wann ich zu Goethe kommen sollte; den 5. [Oktober 1811] um 11 Uhr morgens machte ich mich auf den Weg zu denselben. Er wohnt in einem großen schönen Hause. Der Hausflur ist mit Statuen geziert, und vor der Türe, ehe man in die Stube tritt, steht mit großen Buchstaben: *Salve*. Das Vorzimmer ist mit den schönen Blättern Volpatos nach Raffaels Bildern im Vatikan geziert, und in dem Zimmer, wo ich auf Goethe warten mußte, hingen eine gute Kopie des in München befindlichen Porträts von Dürer, Handzeichnungen von ihm, so wie auch Holzschnitte und Kupferstiche des großen Meisters ... Goethes Figur ist majestätisch und schön sein Gesicht, das Auge herrlich und stolz, doch im Ganzen finde ich nicht das Idealische, wie in der vortrefflichen Büste auf der Bibliothek, und nie würde es mir in den Sinn kommen, ihn als Apollo – seiner äußern Erscheinung wegen – zu bilden. Etwas riesenhaft Großes liegt in seinen Zügen, die immer unverändert bleiben. Überall hörte ich versichern, daß er ein großer Verehrer und untertäniger Diener des Kaisers Napoleon sei, den er «mein Herr, mein Kaiser» nennt; auch hier hörte ich es bestätigen, daß Goethe in politischer Hinsicht ein arger Poltron ist, der in dieser Beziehung jedes freie Urteil fürchtet. Täglich ist er jetzt bei Hofe, und dieses raubt ihm den größten Teil seiner Zeit. Mit vieler Laune erzählte man, daß er in seiner reichen und kostbaren Münzsammlung den Knopf von der Hose des Marschalls Augereau – der bei ihm im Quartier gelegen – aufbewahre und denselben als seine kostbarste Münze den Beschauern der Sammlung vorzeige. Diesen doppelsinnigen Ausspruch kann man nach Belieben deuten!

3553 Henriette v. Knebel
an Charlotte v. Schiller *8. November 1811*

Daß Goethe am Tauftag [6. Oktober] der kleinen Prinzeß [Augusta] Ihnen so liebreich entgegen kam, hat Prinzeß [Caroline Luise] und mich ordentlich gerührt.

3554 Pauline Gotter an Schelling *23. Oktober 1811*

In Weimar habe ich jetzt acht Tage zugebracht und mich gefreut, den lieben alten Herrn wohl und heiter zu finden; leider haben wir uns eben nicht so oft gesehn, als wir wünschten – die wunderlichsten Verhältnisse traten dazwischen und verdarben uns den Spaß. Dort habe ich mich [am

12. Oktober] von neuem an dem *Standhaften Prinzen* ergötzt, es ist zu bewundern, mit welcher Kunst sie die Schwierigkeiten der Aufführung überwunden haben. Ihr Sänger Brizzi wurde erwartet, dem es wohl seltsam vorkommen mag, mit diesem kleinen Orchester sich hören zu lassen. Wenige Wochen vor mir war auch die pilgernde Törin – Bettine in Weimar, doch soll sie etwas solider und vernünftiger als Frau von Arnim sich gezeigt haben. Goethen mochte ich nicht nach ihr fragen, er will nichts mehr von ihr hören und sehn, nach einem heftigen und pöbelhaften Streit, der sich zwischen ihr und Frau von Goethe an einem öffentlichen Orte begeben hat. Daß die Gemeinheit nur von Einer Seite obwaltete, hoffe ich zu Bettinens Ehre; wenigstens ist es nur von dieser zum Handgemenge gekommen, wenn man so sagen will, indem sie der unglücklichen Bettine die Brille von der Nase gerissen und auf dem Boden zertrümmert hat. Es wäre wohl zu wünschen, daß sie jedermann so die Augen über sich öffnete, wenn auch auf eine etwas sanftmütigere Weise.

3555 Pauline Gotter an Schelling *5. Dezember 1811*

Goethes Leben ist nun wohl endlich in Ihren Händen? Die Herausgabe hatte sich verzögert, weil es Frommann beim letzten Bogen an Papier fehlte; so kam es nicht mit auf die Messe ... Goethe ist sehr fleißig an dem Folgenden; er möchte gern den Herzog von Weimar bewegen, mit manchen Gedichten und interessanten Notizen aus ihrem früheren Zusammenleben, die dieser sorgfältiger gesammelt hat als Goethe, herauszurücken, aber er verweigert es bis jetzt noch standhaft ...

... meine Gesundheit ist auch im ganzen nicht die festeste, und ich darf ihr nicht viel zumuten, will ich sie immer hübsch im Gleichgewicht erhalten. Der alte Herr scherzte wohl manchmal darüber und meinte, «ich schiene ihm ein Pflänzchen, was nicht auf diesem Boden einheimisch wäre»; aber im Grund ist mehr Ernst wie Scherz bei der Sache.

3556 Riemer an Frommann *21. Oktober 1811*

Mit schwerem Herzen schreibe ich an Sie, mein teurer und bekümmerter Freund, und leider kann ich Ihnen nicht das schreiben, was ich wünschte und Sie hoffen. Wir werden uns wohl auf das Äußerste gefaßt machen und Hülfe von dem erwarten müssen, der eintritt, wenn die Not am größesten ist. Zwar weiß ich nicht, was V[oigt] vorhat, ob er noch Mittel und Wege kennt, die nicht bloße Vorschläge bleiben; aber nach dem, was ich von Goethe gehört, ist es nicht wahrscheinlich ... Der Vorschlag mit F[rege] scheint nicht anwendbar, weil man wahrscheinlich dessen Dienste in eigenen Angelegenheiten schon genugsam in Anspruch genommen hat. So sagte mir Goethe, der wirklich sehr in Sorgen ist, wie man ihm seit langer Zeit anmerkt. Ich habe ihn in Ihrem und meinem Namen gebeten, die gewünschte Fürsprache zu übernehmen, woran er es gewiß nicht fehlen lassen wird, wenn es nur helfen möchte.

3557 Knebel an seine Schwester *31. Oktober/6. November 1811*

Donnerstag, den 31. Oktober 1811. Gestern abend erhielt ich noch Deinen lieben Brief vom 25. durch Frau von Stein. Goethe war eben bei mir, der den Einfall bekam, mittags herüber zu fahren, und abends nach 8 Uhr im Mondschein wieder zurückfuhr. Ich fand diese Visite recht artig, und möchte dergleichen gar gern auch zuweilen bei meinen Freunden statt der Briefe ablegen, wenn es mir die Umstände so erlaubten. Goethe wird noch etwas zurückgezogener, und, wie ich merke, mit den Menschen eben nicht zufriedner. Dies läßt sich bei seiner Weise und auch bei dem mehrern Hofleben, das er nun führt, wohl denken. Er schützt sich dagegen mit Arbeiten und Beschäftigung, und diese, da sie ihm glücken, sind freilich eine gute und mächtige Notwehr. Der Gedanke, seine Lebensgeschichte zu schreiben, kommt ihm dabei wohl zustatten, da er, wie er mir selbst gestern sagte, zu dem Höhern und Poetischen jetzt schwerlich im Geiste gelangen dürfte. Er hat mir den ersten Band dieser Geschichte schon vor einigen Tagen geschickt. Ich habe aber noch nichts davon gelesen, und habe es ihm gestern frei gestanden, weil ich seit diesen Tagen noch in andern Lektüren vertieft war. Er nahm es auch nicht übel. Das Buch wird er gewiß an die Prinzessin selber schicken; ich werde es auch noch erinnern ...

Allerheiligen [1. November]. Goethe hatte mich vorgestern zum besten. Er reiste nicht ab, und ich brachte den gestrigen Abend bei ihm zu. Sein Buch an die Prinzessin ist schon besorgt, und sie wird es bald erhalten; nur kommen die sauberern Abdrücke immer etwas später. –

Montags, den 4. November. Ich bin in diesen Tagen abgehalten worden, Dir weiter zu schreiben. Vorgestern nahm mich Goethe mit zu einer hübschen Spazierfahrt, wo es um die Mittagszeit so schön war als am schönsten Frühlingstag. Die Felder sind grün, und einige Früchte, als Erbsen und dergleichen, blühen sogar. Häufig fanden wir die Blumen am Wege, und die ganze anmutige Gegend zerfloß in einem duftigen Frühlingsschimmer ...

Ich hatte gestern mit Goethe eine artige Unterredung, worin er mir sagte, daß er sich nie in seinem Leben eines *zufälligen* Glückes habe rühmen können, und daß er solches auch im Spiel erfahren, wo ihn das Glück durchaus fliehe ... Morgen sind wir auf den Mittag nach Drakendorf eingeladen, wohin ich mit Goethe fahren werde ...

Mittwoch, den 6. November. Gestern waren wir in Drakendorf, und sowohl der Weg dahin als der Aufenthalt daselbst waren recht angenehm. Wir nahmen das Déjeuner in der kleinen Einsiedelei neben dem großen Birnbaum ... Die Gegend war so anmutig wie im Frühjahr, und man spürte noch nichts von dem annahenden Winter. Sylphidie war recht häuslich und anmutig, und das ersetzte die langweiligen Diskurse, die unser Begleiter, Herr von Hendrich, mitbrachte ... Heute mittag ist Goethe mit seinem Sohn und noch ein paar Freunden, auch der große Polizeidirektor Hendrich, bei uns, und wir wollen sehen, wie es weiter werden will. Goethe wird die Woche wohl hier bleiben. Auf den Sonntag [den 10. November] hält die Großfürstin ihren Kirchengang, und Montag soll die große Oper [Ginevra] von Brizzi gegeben werden, die, wie Goethe sagt, drei Stunden spielt.

3558 Riemer *11. November 1811*

Goethe: «Kritik (ästhetische) könne nur bei einem Volke entstehen, das eine Literatur bereits hat. Keine Literatur könne die andre beurteilen, ja ein Zeitalter nicht einmal das andre.»

«Eure Kritik, ihr Herren Archäologen und Philologen, ist immer destruktiv, analytisch. Es gibt auch eine synthetische, die das Unechte zum Echten macht, diese ist konstruktiv. Dergleichen haben zum Exempel die Roßtäuscher.»

3559 E. Genast: Aus dem Tagebuche eines alten Schauspielers *1862*

[Nach A. Genast.] In späterer Zeit [vor dem 13. November 1811], bei einer andern Gelegenheit, wo «Die neue Frauenschule» von Kotzebue gegeben werden sollte, ein Stück von drei Akten, worin die Handlung nur unter drei Personen stattfindet, legte er [Goethe] die drei Rollen in die Hände von Anfängern. Als er mir dieselben zur Verteilung übergab, bemerkte ich ihm, daß das Stück verloren sei, wenn nicht das Wolffsche Ehepaar und die Lortzing die Träger des Ganzen wären. «Ei was», sagte er mürrisch, «ich weiß, was ich tue! Man muß den jungen Leuten Vertrauen beweisen, denn nur so kann etwas aus ihnen werden.» «Aber hier nicht, Exzellenz», erwiderte ich. «Das Gelingen hängt hier einzig und allein von einer trefflichen Darstellung ab, und diese ist nur zu erwarten, wenn Ew. Exzellenz die Rollen den Genannten übertragen. Das Stück, das ohnehin kein Meisterwerk ist, kann nur durch solche tüchtige Kräfte über seine Mittelmäßigkeit gehoben werden, und statt den jungen Leuten zu nützen, schaden Sie ihnen nur. Indessen haben Ew. Exzellenz zu befehlen; ich habe nur meiner Pflicht gemäß meine Ansicht ausgesprochen.» Nachdem Goethe mehrere Male mit heftigen Schritten im Zimmer auf- und abgegangen war, blieb er plötzlich vor mir stehen, mich mit seinen wunderbaren Glanzaugen anblickend, und sagte: «Den einmal hingeschriebenen Namen auf einer Rolle wieder ausstreichen, wenn das Mitglied nicht abgegangen oder gestorben ist, das tue ich nicht, das wißt Ihr; so laßt denn die Titelblätter der Rollen nochmals schreiben, damit ich sie für die Wolffs und Madame Lortzing signieren kann.» So geschah es.

3560 Knebel an seine Schwester *6. Dezember 1811*

In diesen Tagen [Ende November] kam auch Goethe wieder hieher [nach Jena], dem der Herzog mit einer ziemlichen Suite folgte, um in der hiesigen Gegend ein paar Tage Jagd zu halten. – Da Goethe nach der Abreise des Herzogs nur bis den 29. hier blieb, weil er den folgenden Tag zu Brizzis Vorstellung in Weimar sein wollte, so gaben wir ihm an demselben Tage ein kleines Mittagsessen, wozu wir einige bekannte Freunde luden und auch Mademoiselle Louise Seidler, die Goethen recht artig und jugendlich gemalt hatte. Wir waren bei dieser Mahlzeit recht vergnügt und heiter, so klein sie auch war.

3561 Louise Seidler: Erinnerungen

Um den Zweck zu erfüllen, der mich gegen die Jahreswende 1810 bis 1811 [Ende November 1811] nach Weimar [Jena] geführt hatte, schenkte mir Goethe täglich frühmorgens einige seiner kostbaren Stunden, während deren ich ihn in Pastell malte ...

Während der Sitzung durfte ich ihm von Dresden und meinen dortigen Freunden und Bekannten erzählen. So gelang es mir, seine Teilnahme für eine kränkliche Dame zu erwecken, deren Mann, ein Kaufmann, Bankerott gemacht hatte und mit dem Reste des Vermögens seiner Frau heimlich nach Amerika entwichen war. Mit zwei kleinen Kindern stand sie nun mittellos allein in der Welt. Doch sie war voll Energie und Tatkraft, fünfundzwanzig geliehene Taler verwendete sie zum Ankauf von Material zu Stickereien, deren Muster sie mit künstlerischem Geschick selbst zeichnete ...

Von dieser Dulderin erzählte ich Goethe. Sogleich ward sein großes Herz zum Mitleid bewegt, und unverzüglich sann er auf werktätige Hilfe. Er trug mir auf, die Frau zu veranlassen, ihm eine Anzahl ihrer Stickereien nach Weimar zu schicken. Die Sendung erfolgte bald. Nun veranstaltete Goethe in seinem Hause ein Matinee für die erste Gesellschaft der Residenz; die Stickereien mit daran gehefteten Preisen waren ausgelegt. Er erzählte die Geschichte der böswillig verlassenen Frau und bat die Anwesenden, sich bei einem guten Werke zu beteiligen. Einem Goethe konnte man nichts abschlagen; der Erlös war daher sehr reichlich...

Goethes Porträt war endlich vollendet, und das Original sprach sich – zu meinem höchsten Stolze – befriedigt darüber aus. Das Bild durfte mein Eigentum bleiben, damit es mir noch nützlich würde.

3562 Riemer *1. Dezember 1811*

Bei Goethe Verzeichnis der Autographa korrigiert zum Druck. Mittags Werneburg. Über die Mauern von Babylon und den Rogus des Hephästion.

3563 Charlotte v. Stein an ihren Sohn Fritz *5. Dezember 1811*

Goethe läßt Dir sagen, Du solltest Steffens' Vorlesungen als etwas außer Dir betrachten, wie es in des Vorlesers Vorstellungen zusammenhängt, es nicht mit der Deinigen vereinigen zu wollen, er lobte Steffens an und vor sich selbst in seiner Naturphilosophie, aber nicht ganz die Art, wie er es andern überliefere.

3564 Riemer *11. Dezember 1811*

[Goethe:] «In dem ungeheuren Leben der Welt, das heißt in der Wirklichwerdung der Ideen Gottes (denn das ist die wahre Wirklichkeit), fällt als ein Peculium für unsere Persönlichkeit ab: das Affirmieren und Negieren, das Vorurteil und die Apprehension, der Haß und die Liebe; und darin besteht das Zeitliche, und Gott hat auf diese Perturbation mitgerechnet und läßt uns gleichsam darin gebaren.»

3565 Riemer *11. Dezember 1811*

Der Mensch erkennt eigentlich nur den Gott im andern, das heißt ein Gott den andern; darum läßt man vorzügliche Menschen gewähren, wenn uns ihr Menschliches auch schockiert; weil es das Göttliche in ihnen ist, das unser Göttliches, das heißt das Göttliche in uns, anerkennt und gewähren läßt. So geht's mir oft mit Goethe, denn der Mensch in ihm ist eben wie ein andrer Mensch auch.

3566 Riemer *12. Dezember 1811*

Goethes Idee, den Hamlet zu bearbeiten. Man müsse das Hinterste alles wegwerfen und das Stück mit der Ermordung des Königs schließen, nachdem Hamleten der Geist zum zweiten Mal erschienen ist. Der König könne ja ebensogut hinter der Tapete horchen. Da müßte denn die Exposition mit der Ophelia früher kommen, auch die mit dem Schauspieler, wenn diese nicht ganz wegfiele. Man habe nicht zu sehen, was fällt, sondern wie die Hauptsache ins Enge zu bringen sei.

3567 H. Meyer an G. Hufeland *12. Dezember 1811*

Goethe bearbeitet «Romeo und Julie» von Shakespeare fürs hiesige Theater, setzt sein angefangenes Leben fort zu schreiben und ist bei großer Tätigkeit ganz munter.

3568 Riemer an Frommann *19. Dezember 1811*

Goethe und ich sind zeither sehr mit Romeo und Julie beschäftigt gewesen und sind es noch. Das Stück wird zum Geburtstag der Herzogin gegeben werden, unterdes tun Sie nur, als ob das noch nicht gewiß sei. Es ist freilich keine kleine Arbeit, wenn es unsern Forderungen an Theatralisches nahe gebracht werden soll, und die zersplitterten Szenen zu Massen gedrängt erscheinen sollen. Indes ist doch die Mühe sehr belohnend und unverloren für unser und alle deutsche Theater.

Sie Betreffendes habe ich nichts gehört, weder im Hause, noch auswärts, wiewohl ich wenig auskomme, und mit Goethe nichts der Art verhandeln kann, weil, wenn wir uns sehen, fast nur vom Stück die Rede ist, und er, wie es mir vorkommt, der Sache, die uns beide interessiert, auszuweichen scheint, vermutlich weil er nichts mehr dabei tun kann.

3569 Riemer *21. Dezember 1811*

[Goethe:] «Die Deutschen haben so eine Art von Sonntags-Poesie, eine Poesie, die ganz alltägliche Gestalten mit etwas besseren Worten bekleidet, wo denn auch die Kleider die Leute machen sollen.»

3570 Riemer *28. Dezember 1811*

[Goethe:] «– Die Menschen denken nur ausweichend!»

3571 Riemer *29. Dezember 1811*

[Goethe?:] «Größere Menschen haben nur ein größeres Volumen; Tugenden und Fehler haben sie mit den mindesten gemein, nur in größerer Quantität. Das Verhältnis kann dasselbe sein.»

3572 Riemer *31. Dezember 1811*

Goethe sagte bei Gelegenheit des Christendiploms, was Johannes Schulze ihm in dem Aufsatz über den Standhaften Prinzen ausgestellt hat: «Er komme sich vor wie der König von Preußen Friedrich II., von dem man den Italienern weisgemacht hatte, er sei eigentlich ein heimlicher Katholik, fürchte sich aber nur, vor seinen Preußen zu bekennen, weil sie ihn sonst umbringen würden.»

3573 Riemer *(Ende 1811)*

[Goethe:] «Es schrieb jemand [Johannes Schulze] eine Abhandlung, worin er zeigte, daß Sophokles ein Christ gewesen.

Das ist keineswegs zu verwundern, aber merkwürdig, daß das ganze Christentum nicht *einen* Sophokles hervorgebracht.»

3574 Riemer: Mitteilungen über Goethe *1841*

Schon früher [Dezember 1811?] hielt Goethe die spartanische Verfassung *als ein Werk des Lykurg* für ein Märchen, und wünschte, Niebuhr möchte es untersuchen, wie er es mit der römischen Geschichte getan.

3575 Riemer *(Ende 1811)*

[Goethe:] Die Mythologie der Alten, sonst ein Wirrwarr, sei nur als Entwickelung der möglichen Kunstmotive, die in einem Gegenstande lagen, anzusehen. NB. Klytämnestra durch einen Irrtum ermordet.

1812

3576 Riemer an Frommann *3. Januar 1812*

Loge sollte freilich künftigen Dienstag sein, allein Goethe konnte es noch nicht sagen, weil in dem Saal noch gebaut oder repariert wird. Sie sollen es morgen erfahren.

3577 Charlotte v. Schiller
an Prinzessin Caroline *5. Januar 1812*

Der Meister, von dem Sie wissen müssen, bearbeitet Romeo und Julie fürs Theater zu Ihrer Frau Mutter Geburtstag. Neulich [am 20. Dezember] hat er bei ihr gelesen, da war er so erstaunend lieb und artig. Bei Frau v. Stein war er auch zum Geburtstag [am 25. Dezember]. Ich sagte ihm, wie mir seine Arbeit vorkäme, und hob einiges heraus; da kamen ihm die Tränen in die Augen. Er will uns nur nicht zu Hause sehen, glaube ich, denn er ist selten sonst so freundlich, mild und liebenswürdig gewesen. Le bon ménage führt er auf wie auf Thespis' Karren, die erste dramatische Vorstellung der Sage nach. Er fährt mit der dicken Hälfte, und der Sohn fährt, auf dem Schlitten nämlich. Den Sohn habe ich sehr lieb; er lebt aber ganz still und ernsthaft. Übrigens wird mancher Menschen gar nicht mehr gedacht bei ihm, zum Beispiel der Bettina. Bei Meyer war er neulich morgens auch, und auch sehr freundlich. Ich denke mir, er hat sein Haus schließen wollen für die sogenannte gute Gesellschaft, denn Tänzer und Gaukler sieht er, wie in seinem Epigramm steht. Die Sonntagsgesellschaft wurde auch voriges Jahr gar zu bunt und vielleicht zu prosaisch.

3578 *Sophie v. Schardt an A. Duvau* *10. Januar 1812*

Was hier von ganzen und halben Autoren, Literatoren und schönen Geistern ist, sehen wir bei uns so einzeln, einige, versammelt findet man sie zu gewissen Tagen in dem Hause der Madame Schopenhauer ... Dann finden Sie oft unsern ehrwürdigen Wieland dort; still sitzend, reicht er die Hand dem, der sich ihm nahet, welches denn immer einer um den andern tut; der Geh. Rat Goethe, um den sich, wenn er da ist, der Kreis der andern schließt, und hörend auf ihn achtet; wenn der nun aber in sich gekehrt auf geht und ab, so ist alles wie gestört und verstimmt ...

3579 *F. A. Brockhaus an H. Naeke* *Januar 1812*

Goethe war mit Ihren ersten beiden Zeichnungen [zum «Faust»] sehr zufrieden, und er hat mir aufgetragen, Ihnen seinen Dank zu bezeugen. Ihr erstes Bild, das Puttrich gekauft, war auch in Weimar, und Schwerdgeburth hatte den Vorsatz, solches in großem Format in Kupfer zu stechen. Er wird aber wahrscheinlich diese Idee aufgeben, da ich auf eine andere gekommen bin: eine Goethe-Galerie in 12 oder 24 Blättern in der Größe Ihrer Zeichnungen herauszugeben, sobald die Zeitläufte eine solche Unternehmung nur einigermaßen begünstigen und das Publikum Ruhe findet, sich dafür interessieren zu können.

3580 *Knebel an seine Schwester* *22. Januar 1812*

Goethe war just bei uns [in Jena] zugegen, als vorigen Sonnabend [den 18. Januar] abends mit dem Botenmädchen Geschenke und Briefe ankamen, und teilte unser Vergnügen ... Eine Spickgans haben wir mit Goethe geteilt, wie billig; die andre Hälfte verzehrten wir gestern abends in guter Gesellschaft ... Die gute Bose ist ein zehnfacher Schatz mit ihren artigen Steinchen. Goethe hat diese ausgepackt, und uns zugleich seine Erklärungen darüber mitgeteilt. Er glaubt nicht, daß sie eben aus Schweden sein müßten ...

Stelle Dir vor, daß ich, auf Goethes Zureden, mich von Mademoiselle Seidler habe malen lassen. Alle Welt sagt, ich sei wirklich getroffen, und ich glaube es selbst. Das Mädchen hat ein herrlich Talent zum Porträtmalen, und wenn sie so viel zusammenbringt, daß sie noch ein paar Sommer in Dresden studieren kann, wo sie trefflich profitiert hat, so wird sie eine der ersten Porträtmalerinnen, wie Goethe selbst sagt. Sie hat auch diesen ungemein gut gemalt. Dabei hat sie Leichtigkeit und sichern Sinn, und ist sehr fleißig.

3581 Louise Seidler: Erinnerungen

Einmal [zwischen dem 7. und 24. Januar 1812] war es mir vergönnt, einer Leseprobe des Trauerspiels «Romeo und Julia» in Goethes Hause beizuwohnen. Die unermüdliche Geduld, mit welcher Goethe einzelne Stellen von den Schauspielern bis zum Gelingen der kleinsten Tonschattierungen wiederholen ließ, war bewundernswürdig. Freilich konnte er nur so das Weimarische Theater zu jener Blüte bringen, welche unter ihm sich so voll und strahlend entfaltete.

3582 M. M. v. Weber: Carl Maria von Weber *1864*

[Besuch Webers und des Klarinettisten Bärmann in Weimar.] Sie wurden von der Großfürstin mit der ihr eignen fesselnden Huld empfangen und brachten bei anmutigster Unterhaltung und Musik, zwanglos wie im Familienkreise, mehrere Abende bei ihr zu. An einem dieser Abende [29. Januar 1812], als Weber gerade mit Bärmann die für letztern komponierte Variation über ein Thema aus «Sylvana» spielte, trat Goethe in den Saal, nahm von den Künstlern sehr wenig Notiz, sprach während der Musik laut und rücksichtslos mit dem Fräulein von Reitzenstein und verließ die Gesellschaft wieder im Augenblicke des Aufhörens der Musik, nachdem er Weber, der ihm präsentiert wurde, kurz begrüßt und ihn nach Rochlitz' Ergehen gefragt hatte. Die beiden Musiker, die schon einen zu guten Teil rühmlichen Namens in der Tasche hatten, und zu sehr an achtungsvolle Aufmerksamkeit und Auszeichnung bei ihren derselben so vollkommen würdigen Vorträgen gewöhnt waren, fühlten sich durch des Dichterfürsten Verhalten ihnen gegenüber um so verletzter, da er gerade eben *Goethe* war.

3583 Schelling an Pauline Gotter *25. Februar 1812*

Hätte ich gewußt, daß Herr Kapellmeister Weber einen so langen Aufenthalt in Gotha machen würde, so hätte ich mir das Vergnügen gemacht, ihn auch an Ihr Haus zu adressieren. Er ist in seiner Art ein sehr talentvoller Mann. An Goethe nahm ich mir die Freiheit ihm einige Zeilen mitzugeben; er klagte aber, von ihm sehr kalt aufgenommen worden zu sein. Es scheint mir überhaupt, daß ich neuerlich bei dem alten Herrn nicht mehr in Gnaden sei. Er schreibt hieher [nach München] an diesen und an jenen; mir hat er, ob ich ihm gleich nun einigemal geschrieben, seit langer Zeit nicht geantwortet.

3584 Pauline Gotter an Schelling *19. März 1812*

[Über Schellings «Denkmal der Schrift von den göttlichen Dingen des Herrn Friedrich Heinrich Jacobi».] Was Goethe darüber urteilt, sollen Sie gewiß erfahren, das Frühjahr bringt mich wohl einmal wieder in seine Nähe, um es von ihm selbst zu hören. Wie können Sie nur in aller Welt glauben, nicht mehr in seiner Gunst zu stehn? Nein, ich weiß gewiß, lieber Schelling! er ehrt und liebt Sie von ganzem Herzen, und wenn dem nicht so wäre, verdiente der alte Herr nicht Einen freundlichen Blick mehr. Daß er Ihnen nicht geantwortet, ist wohl nur zufällig, vielleicht bedurften Ihre Briefe geradezu keiner Antwort, und er erspart sich gern jeden Federzug. Schreiben Sie ihm nur immer wieder, wer wollte mit seinen Freunden so genau rechten? Wundern tut es mich auch nicht, wenn er den Herrn Kapellmeister Weber etwas kalt empfangen, ich kenne schon seine entschiedene Antipathie gegen alle Musici. Am auffallendsten bemerkt sich das, wenn er Reichardt gegenüber steht. Zelter ist der einzige, den er persönlich liebt und schätzt. Ich habe auch diesen Winter keine Zeile mit dem alten Herrn gewechselt, nur durch Fremde [Freunde?] und Bekannte haben wir uns von Zeit zu Zeit begrüßen lassen; aber es ist mir nicht bange, seine Gesinnungen unverändert zu finden, – er hat zwar ein wankelmütiges Herz, aber doch nur auf gewisse Weise. Wie es diesen Sommer mit ihm werden wird, weiß ich noch gar nicht, sein Famulus [Riemer] wird Ostern bei der weimarischen Schule angestellt, und lange kann Goethe doch nicht in fremden Landen ohne diesen existieren. Es klingt freilich wunderlich, den alten Herrn für so unmündig zu erklären.

3585 Charlotte v. Schiller
an Prinzessin Caroline *5. Februar 1812*

Ich habe wunderbare Geschichten, aber nur immer Geschichten, die aber ganz eigen sind und meinen Glauben an die Gewalt der Geister übereinander erhöhen. Vor vierzehn Tagen ungefähr lebte ich noch ganz fremd und entfremdet mit dem Meister und liebte ihn, wie man die Natur liebt, ohne zu begreifen, daß sie einen ansieht, wenn wir sie segnen. Unsre Freundin Stein geriet auf die Gedanken, alle Papiere, die Sie auch sehen möchten oder sahen, zu zeigen. Ich durchblickte dieses wunderbare menschliche Wesen und klagte über das Schicksal unsrer Freundin, und lebte recht in der Vergangenheit mit ihr, und es war, als schlösse sich mein Herz mit den leisesten Fäden an das ihre an, und ich gelobte ihr, sie nie zu verlassen, und meine Liebe solle ihr folgen bis ins Grab. Ich komme von dem Lesen in eine Gesellschaft zu Frau v. R. [Reitzenstein?], die ihn mit der dicken Hälfte bat, und er fing an so von der Vergangenheit zu sprechen, erzählte plötzlich von Sachen, die ich eben gelesen, von denen er historisch in den Briefen sprach, weil er eine Reise beschrieb, von der Familie Ihrer Frau Großmutter zum Beispiel, daß es mich unaussprechlich wunderte. Ich hatte ihm die hübsche Art erzählt, wie Henriette [v. Knebel] über sein Leben geschrieben. Ich gehe, um meinen Mantel umzunehmen, da kommt er, faßt mich bei der Hand, dankt noch einmal für die Mitteilung, sagt, daß es ihm wohl sei, mit jemanden zu sein, der seine Sprache verstehe wie ich, die ihn so lange kenne, daß wir uns nie fremd, noch fern sein könnten, und sagte noch: wissen Sie noch, «wie lange wir schon voneinander wußten, wie Sie noch da über den Bergen waren, über Kochberg hinaus?» (In diesem Augenblick hätte er gewiß auch die alte treue Freundin erkannt.)

Ich wurde so weich, daß die Tränen mir kamen, und fühlte auch, daß ich ihn nicht verlieren kann. Aber diese sonderbare Stimmung gerade da, wo ich so recht in ihm lebte, seine Verhältnisse zu Frau v. Stein fühlte, das ist mir lieb und tröstlich, denn die Seelen kennen eine Sprache, die nie verstummt, wenn sie rein einst klang. Seit der Zeit sah ich ihn in dieser Woche öfter, auf der Redoute am Sonntag [Freitag, 31. Januar], und immer war er gleich freundlich und gemütlich. Ich bin aber auch treu, und wie den Tag nach unserer Zusammenkunft die Bettina wieder kam, die er gar nicht sehen will und wirklich ungerecht erscheint, so ließ ich es ihr nicht so merken, tröstete, gab Hoffnung und sagte, sie solle nur mild sein und reden, damit es sie nicht schmerze, wenn sie ihn einst ganz verlöre, und sie sich keine Vorwürfe zu machen brauche. Meyer sagte neulich recht klug und wahr, es könnte gleich wieder anders werden mit ihr, wenn sie sich an die Frau wendete, aber das dürfe man ihr und ihm nicht sagen, weil sie unzuverlässig wären. Bei solchen launenhaften Menschen ist das ganz wahr.

Wie interessant war der Meister ehemals, wie weich, wie hat er geliebt, und wie konnte sich das ändern! Es ist mir ein Rätsel, diese Natur; wie hat die arme Charlotte leiden müssen! Ich habe das Schicksal dieser Menschen in diesen Tagen aufs neue gelebt und mit gelitten, und doch gäbe ich diese Ansicht nicht wieder zurück, und will lieber Leiden tragen helfen, als diese Blätter nicht kennen.

3586 Knebel an seine Schwester *4. Februar 1812*

Ich bin in gestriger Nacht von Weimar zurückgekommen, wo ich mich ein paar Tage aufhielt, und den Geburtstag des Erbprinzen daselbst zubrachte. Am Samstag [1. Februar] wurde «Romeo und Julie» von Goethe aufgeführt, welches allgemeinen Beifall fand, und in der Tat ihn auch verdiente. Goethe wünschte sehr, daß Deine liebe Prinzessin zugegen sein möchte – und wer hätte es nicht gewünscht! ... Ich logierte bei Goethe.

3587 P. A. Wolff an Rühle v. Lilienstern 20. Februar 1812

Auch ohne Ihre Erinnerung, die mir übrigens sehr wert ist, indem sie mir die Versicherung gibt, daß Sie meiner noch gedenken, hätte ich meine Pflicht nicht versäumt, Ihnen über die Bearbeitung und Darstellung «Romeo und Julia» Bericht zu geben, indem Sie, mein werter Freund, doch immer die Ursache bleiben, daß das Stück auf die Bühne gekommen. Sie haben es bei mir in Anregung gebracht, und durch Ihre Bearbeitung und Gespräche zu tieferem Nachdenken veranlaßt, konnte ich Goethen anfangs dieses Winters meinen Plan vorlegen: wie ich glaubte, daß sich dieses herrliche Stück zusammenrücken und in einer gedrängteren Form darstellen ließe.

Es gelang mir denn auch, ihn dafür zu interessieren, obwohl übrigens von meinen Vorschlägen nichts angenommen wurde, als daß der größte Teil der Exposition auf den Maskenball verlegt wurde, welches ich Ihnen schon damals, wenn Sie sich noch erinnern, vorschlug und in Ihrem Manuskript angemerkt hatte. Die Bearbeitung Goethes ist nach meiner Einsicht vortrefflich; auch spricht der glückliche Erfolg der Aufführung [am 1. Februar] ganz dafür – demungeachtet hat sich schon eine Rotte von Widersachern gefunden; doch das war vorauszusehen ...

Alle Weglassungen sind motiviert und jede Übertreibung und Härte verbannt. Dagegen ist durchaus nichts zu sagen. – Worüber nun aber die Kritik schreit, ist die Weglassung der Versöhnung der beiden Häuser, und mir war angst und bange, als ich zum erstenmale davon hörte; nun aber stimme ich ganz für die gegenwärtige Einrichtung ...

Ein Spaß fällt mir dabei ein. Der Graf Marschall mag auch davon haben läuten hören und hatte sich vorgenommen, Goethen darüber zur Rede zu stellen, welches denn auch geschehen.

«Erlauben Sie», sagte er, «warum haben Sie die Versöhnung weggelassen?» – Goethe antwortete aber weiter nichts als: «Die christliche Liebe, mein Bester, kann sich das ja wohl denken!»

3588 H. Meyer an G. Hufeland *11. Februar 1812*

Goethe wird vermutlich bald wieder einen Band aus seinem Leben drucken lassen. «Romeo und Julie» ist auf unserm Theater gegeben worden und hat vielen Beifall gefunden.

3589 F. v. Müller: Erinnerungen aus den Kriegszeiten *1851*

Mitten in der Ungunst der Zeiten, mitten unter den äußerst kritischen Verhältnissen, in denen Weimar zu Napoleon stand, ist es wohl für einen ausgezeichneten Glücksfall zu achten, daß der Kaiser gerade einen solchen Ehrenmann wie den Baron von Saint-Aignan uns zusandte ... Ich führte ihn [am 8. Februar 1812] bei Goethe ein, der die aufrichtigste Zuneigung für ihn faßte. Da Herr von Saint-Aignan ein großer Kunstliebhaber war, so bat ihn Goethe alle Sonntage vormittags mit mir zu sich, wo er dann Kupferstiche und Handzeichnungen aus seiner reichen Sammlung vorlegte und aufs interessanteste erläuterte. Wie überaus angenehm und lehrreich diese gemütlichen Morgenstunden für uns wurden, läßt sich leicht denken.

3590 Charlotte v. Schiller
an Prinzessin Caroline *12. Februar 1812*

Den vorigen Sonntag [9. Februar] war die feierliche Einführung des Herrn Gesandten [Saint-Aignan], der sehr einfach und ernsthaft aussieht und sehr verbindlich ist ... um sieben Uhr waren wir alle im Saal, wo wir in einem Zirkel standen, der recht klein aussah unter den großen Säulen, weil wir wenig Menschen waren. In dem Marmorzimmer und Spiegelzimmer standen in allem zwölf Spieltische, und wir andern sprachen; es war Souper statt des Hofdiner, und der Meister sowie die Höheren blieben. Der Meister war gesprächig und hat mir und Tinette [v. Reitzenstein] vom Tempel der Diana von Ephesus erzählt, der dasselbe Verhältnis wie der Saal hatte, die Säulen nämlich in der Breite; ihre Höhe war aber statt zwanzig sechzig Fuß ...

Der Meister ist sehr erweckt und freut sich, daß Monsieur de Saint-Aignan so gebildet ist und sehr schöne Sachen über die französische Literatur sprechen soll. Gehört hab ich es noch nicht selbst. Die schöne Marschallin [Lannes], die einst bei ihm logierte, hat ihm ein prächtig Tintenfaß von Bronze gesendet durch diese Gelegenheit.

3591 *Charlotte v. Stein an Knebel* *11. Februar 1812*

Jetzt vom Gesandten [Saint-Aignan] ...

Dem Goethe hat er ein Geschenk von der Maréchal de Lannes mitgebracht, nämlich ein sehr schönes Tintenfaß. Was er mit Goethen sprach, war verständig. Er sagte unter anderem: die französische Literatur habe keinen Fortgang, weil man aus allem gleich Ridicules zög'; «Werther» sei das einzige Buch, das man im Französischen nicht ridicule gemacht. Goethe sagte darauf: weil man Leidenschaft respektierte. Er aber erwiderte: es sei Sprache des Herzens, welches doch in der Menschheit die Herrschaft behielte.

3592 *Charlotte v. Schiller an Cotta* *21. Februar 1812*

Ich habe gestern Geh. Rat Goethe gesehen, er hat uns etwas recht Interessantes gelesen, Biographie eines Schweizers [Thomas Platters Selbstbiographie], vor der Zeit der Reformation geschrieben. Der Anfang seiner Schicksale fällt in diese Zeit. Es hat mich tief gerührt, einen Blick in eine so fremde Existenz zu tun. Dieser Platter war Hirtenknabe, und dann wurde er ein Gelehrter. – Ich habe Goethe Ihre Erwartung seines Briefes gesagt. Und er trug mir auf, Ihnen zu sagen, daß er nur noch eine Sendung für Sie enden wollte, deswegen habe er seit zwei Monaten nicht geschrieben. Es werde aber bald erfolgen.

3593 *Riemer* *22. Februar 1812*

Was die Madame du Deffant von Walpole bemerkt: er habe nur esprit, wenn er von bonne humeur sei, fand Goethe sehr wahr und auf sich selbst anwendbar (wie wohl auch auf alle Menschen).

3594 *J. Ch. Lobe: Aus dem Leben eines Musikers* 1859

An einem dunkeln Herbstabende [?] war Probe von Turandot [Hauptprobe am 28. Februar 1812]. Ich hatte in Erfahrung gebracht, daß sie [Lobes Angebetete] in diesem Stück zum ersten Mal auftreten werde. Wohl eine halbe Stunde vor Anfang der Probe stieg ich, wie ein verruchter Dieb, durch ein Hinterfenster ins Orchester; aus dem Orchester schwang ich mich gewandt über eine Barriere ins Parterre, und dort hätte ein aufmerksamer Beobachter bemerken können, wie ich geheimnisvoll hinter einem Pfeiler verschwand.

Es war finster, und nur die großherzogliche Loge, auf der andern Seite des Hauses, der Bühne gegenüber, durch zwei matt flackernde Kerzen erhellt. Wir befanden uns nämlich damals noch in der vor-hund-aubrischen Zeit, wo Goethe meist bei den Hauptproben zugegen zu sein pflegte.

Auch in dieser sollte er erscheinen; und bald machte sich ein leises fernes Rollen hörbar, welches in schnellem Crescendo rasselnd näher kam und schnell abbrach: das mußte Goethes Wagen sein. Denn in den Gesprächen des Schauspieler-Personals, das sich nach und nach auf der Bühne eingefunden hatte, trat plötzlich eine Generalpause ein, und die Mimen verzogen sich still in die Kulissen. Nur der alte Regisseur Genast, der Vater des jetzigen berühmten Künstlers, blieb auf der Bühne zurück. Kurz darauf trat Goethe in die Loge. Auf den ehrerbietigen Gruß und die Frage Genasts, ob Exzellenz befehle, daß die Probe beginne, erwiderte Goethe mit seiner vollen sonoren Stimme freundlich: «Wenn's beliebt.» Er setzte sich, die Theaterklingel ertönte, und die Probe begann ...

Im vierten Auftritt des zweiten Akts erschien endlich Turandot. Diese Rolle spielte die junge Theaternovize zwar noch nicht, aber eine der zwölf Sklavinnen der Prinzessin darzustellen, war ihrem Talente bereits anvertraut worden. Sowie dieser Sklavinnen-Zug die Bühne betrat, wurde mein dramatisches Interesse augenblicklich rege, und ich fühlte mich mächtig von der Handlung angezogen. Unglücklicherweise wurden die Sklavinnen, je sechs an beiden Seiten der Bühne, ganz nahe den Kulissen aufgestellt, und meine spezielle Sklavin kam gerade an die Seite, wo ich stand. Hierdurch wurde sie natürlich meinen Blicken gänzlich entzogen. Ich wollte aber sehen und nicht bloß sie sehen, ich fühlte auch den unwiderstehlichen Drang, ihr meine Gegenwart bemerklich zu machen. Um beide schöne Zwecke zu erreichen, mußte ich aus meinem Hinterhalte hervor. Ich versuchte es zunächst mit einem schüchternen Schritt; der half nicht; ich wagte, einen zweiten zuzugeben – die Mädchenreihe kam mir etwas ins Gesicht, aber die Eine und Einzige konnte mich noch immer nicht bemerken. So rückte ich denn allmählich in süßer Selbstvergessenheit, mein ganzes Wesen nur auf Einen Punkt fixierend, weiter und weiter vor, bis ich endlich mitten im Parterre zu jedermanns Ansicht dastand! Wohl erreichte ich meine Absicht, Sie erblickte mich wirklich; – man denke sich in meine edle Seele! – sie neigte ihr reizendes Köpfchen mir alsobald leise grüßend zu, wurde aber auch gleich nach dieser schönen Tat mit Purpur ganz übergossen und stand, ihre langen, schwarzen Wimpern über ihre blitzenden schwarzen Äuglein eilig herabfallen lassend, da, wie ein schlafendes, aber süßträumendes Kind.

Dies sehend, vergaß ich den letzten Rest der Welt, den ich bis dahin, wenn auch wie von einem starken Nebel umhüllt, um mich herum bemerkt hatte, und ohne mich weiter an etwas zu kehren, begann ich ihr so oft und lange gegengrüßend zuzuwinken, bis sie es unter ihren halbgeöffneten Wimpern hervorlugend mit zufriedener Miene bemerkte.

Nun denke man sich, wie mir zu Mute wurde, als in diese zarte Situation, in diesen duftigen Zauber- und Liebestraum – aus der großherzoglichen Loge – Goethe – mit zürnender Stimme – plötzlich (ich erzähle historisch treu) donnernd und in majestätischem Rhythmus die Worte herabschmetterte:

«Schafft mir doch den Schweinhund
aus den Augen!»

[Es stellte sich heraus, daß Lobe dieses Machtwort irrtümlicherweise auf sich bezogen hatte; es galt vielmehr dem betrunkenen Korrepetitor Eulenstein, der durch falsche Einsätze auf dem Klavier die Probe empfindlich gestört hatte.]

3595 *Riemer* *Februar 1812*

Über Tische. Schlußleisten, womit man eines Märchens Erzählung endet.

Mein Märchen ist aus. Es flog über Nachbars N.N. Haus. Und kommt nicht eher wieder, bis N.N. es erzählt wieder.

Im Italienischen und Französischen ist ein Ähnliches. Roux Dictionnaire des proverbes.

3596 *Charlotte v. Stein an Knebel* *2. März 1812*

Mein zahmes Kanarienvögelchen kam leider durch die Jungfer Schmitten um, schon den zweiten Tag, als sie bei mir war. Sie hat es nur leise mit der Fußspitze berührt, und es war im Augenblicke hin. Goethe behauptet, es sei durch einen elektrischen Schlag, denn es stand auf dem wollenen Teppich vor dem Kanapee, wo ich saß, indem sie mit dem Fuß auf den Teppich trat und es auch gleich tot war, ohne die geringste Verletzung an ihm bemerken zu können. Goethe hat mir gleich ein anderes Kanarienvögelchen geschenkt, das sehr angenehm singt; aber übrigens ist er spröde gegen mich, und wenn ich ihn küssen will wie meinen vorigen, beißt er mich in die Lippen. Indessen täusch' ich doch manchmal meinen Schmerz über den Verlust des vorigen und danke es dem Geber gar sehr, daß er meine Liebe auf ein anderes Freundchen wenden wollte.

3597 *Knebel an seine Schwester* *6. März 1812*

Unser Einsiedel, der vorgestern hier war, ist wenigstens um zehn Jahre älter geworden, seit Du ihn nicht gesehen ... Frau von Stein hat ihr Kanarienvögelchen durch einen elektrischen Schlag verloren, worüber sie untröstlich ist. Indes hat ihr Goethe ein neues Vögelchen zugeschickt, das sich aber erst in Respekt setzen will, ehe es in die Intimitäten eingeht, und noch brav beißt.

3598 Charlotte v. Stein an ihren Sohn Fritz Mitte März 1812

[Nach dem Tode ihres Kanarienvogels.] Bei allen den großen Begebenheiten der Erde schmerzte mich diese so sehr kleine doch recht sehr. Goethe war aber so artig, mir heimlich den leeren Vogelbauer holen zu lassen, und setzte einen andern kleinen Dalai-Lama hinein, so daß ich, wie getäuscht, ganz das zahme Vögelchen wieder hatte.

3599 Riemer 2. März 1812

Gespräch über Tische mit Goethe. «Der Chor in der alten Tragödie ist ein Vermittelndes, etwas, das die Szene und die Zuschauer zusammenbringt und verbindet.

Im Vierundzwanzigsten Februar [von Z. Werner] sah man, daß ein Chor fehlte, der die Handlung dieser Menschen mit den Zuschauern verknüpfte. Man hatte das Gefühl der unendlichsten Einsamkeit, als wenn die Welt ausgestorben, und diese Menschen Gott weiß von welchen unsichtbaren Dämonen geplagt würden.»

Schiller sei verführt worden durch das Gelingen des Vorspiels Wallensteins Lager, es bei der Jungfrau von Orleans auch so zu machen, und den ersten Akt, der ganz idyllisch sei, als Vorspiel zu behandeln und mit dem zweiten Akt das Stück erst anzufangen, so daß es sechs Akte wären. Nachher habe er sich genötigt gesehen, das Ganze zusammenzuschneiden, unglücklich, indem man nun nicht wisse, was es heißen solle.

3600 C. Bertuch an Böttiger 12. März 1812

Goethe geht schon Mitte Aprils nach Prag, und dann nach den Bädern. Professor Schulze kömmt an das Gymnasium nach Hanau, Goethes Riemer an Schulzes Stelle. Goethe hat an Riemers Stelle den jungen John, Stiefsohn des Geheimen Kammer-Rats Büttner, gewählt.

3601 Charlotte v. Schiller an Prinzessin Caroline 29. März 1812

Der Meister korrespondierte diese Woche mit mir. Er hat jetzt den Herrn Riemer verloren, der an Schulzes Stelle gekommen; er war neulich bei mir. Ich betrübe mich, daß der Meister nun kein kluges Wort sprechen wird; denn der Sohn ist gut und brav fürs Leben, aber zu real und hat keinen Sinn für Wissenschaft. Ich sagte es Riemer, daß er dem Meister fehlen würde; er sprach mit Anhänglichkeit von ihm; doch von dem August sagte er, daß er dem Vater nichts sein könne in der Poesie, weil er gar zu klug für das ökonomische Leben sei und dabei immer auf den Nutzen sehe.

3602 Pauline Gotter an Schelling *16. April 1812*

[Über Schellings «Denkmal der Schrift von den göttlichen Dingen des Herrn Friedrich Heinrich Jacobi».] Welche Sensation erregt Ihr Buch, bester Schelling! In Jena hat es eine solche Bewegung in die Gemüter gebracht, daß seit seiner Erscheinung an nichts anderes gedacht, von nichts anderem geredet, und nur für und wider gefochten und gestritten wird. Der größte Teil schlägt sich mit Feuer und Flamme zu Ihrer Fahne, und nur wenige ergreifen Jacobis Partei. Auch Goethe soll sich freuen, daß die Wahrheit siegt. Neulich [am 4. April?] hat er als Tischgespräch scherzhaft geäußert: Ihren Gott begriff' er zwar nicht; aber der Gott, der sich mit dem alten Jacobi und seinen beiden Schwestern amüsieren könnte, müßte doch ein kläglicher Gott sein.

Noch diesen Monat gedenkt Goethe nach Karlsbad zu gehn.

3603 Falk an F. A. Brockhaus *24. April 1812*

Die Zeichnung zum «Egmont» von Naeke ist allerliebst: Goethe, dem ich sie [am 6. April?] zeigte und der das Bemühen Naekes aufs dankbarste anerkennt, äußerte bloß den Wunsch, daß es dem jungen genievollen und gemütlichen Künstler gefallen möge, ihm die Sachen ehe sie fertig und im Umriß zuzuschicken, wo liebevolle Erinnerungen eines freundlichen Mannes kleinen Irrtümern zuvorkommen und oft mit ein paar Strichen abhelfen können. So zum Beispiel an der Lage der Hand des Klärchen im «Egmont» hat der junge Künstler in der Unschuld seines Herzens kein Ärgernis genommen: Goethen fiel dies sogleich auf, und der hiesige französische Gesandte, der die Zeichnung von ungefähr sah und ungemein damit zufrieden war, bemerkte unverabredet: que c'était hors de la convenance.

3604 Knebel an seine Schwester *11. April 1812*

Meinen Lukrez habe ich nun gestern schön abgeschrieben und eingebunden an Goethe geschickt. Er will mir ihn zu verkaufen suchen. So müssen wir uns suchen fortzuhelfen.

3605 Knebel an Charlotte v. Schiller *12. April 1812*

Man sagt mir, Goethe werde nächsten Sonntag [19. April] herüber kommen [nach Jena], was mich sehr erfreut. Es tut not, in dieser kalten Zeit einem so verständigen Freund sein Herz zu eröffnen.

3606 Knebel an seine Schwester *18. April 1812*

Übermorgen wird Goethe hieher kommen und einige Tage hier verweilen. Er ist willens, bald ins Bad abzureisen.

3607 St. Schütze: Die Abendgesellschaften der Hofrätin Schopenhauer *1840*

In munterer Laune verlor sich Goethe zuweilen in eine bis zum Ermüden anhaltende Scherzhaftigkeit oder in eine Neckerei mit einer und derselben Sache. So plagte er uns [bei Johanna Schopenhauer] einmal einen ganzen Abend (den 19. April 1812), indem er verlangte, daß wir den Inhalt der neuen, uns völlig unbekannten Stücke erraten und angeben sollten, von denen er eben im Theater die Probe gehalten. Trafen auch einzelne Worte zu, wie wenn man zu einer Aufführung Requisite zusammenschleppen sieht, und von einem Degen auf einen Offizier, von einem Hirschfänger auf einen Jäger schließt, so wollte doch kein ganzer Zusammenhang entstehen, und wir blieben immerfort auf der Folter der Langenweile. Ob er es selbst nicht fühlt, fragte man sich, welchen Zwang er uns antut? Aber es gehört nun einmal mit zu den Eigenschaften eines großen Geistes, daß er mit seiner Überlegenheit gegen andere zuweilen die

Grenzen überschreitet, besonders, wenn er durch Huldigung und Unterwerfung schon verwöhnt ist. Wer sich darüber verwundert, kennt die menschliche Natur nicht.

3608 Knebel an seine Schwester *30. Juni 1812*

Noch muß ich doch beifügen, daß die Idee des an meinen Karl zu verleihenden Stipendiums bloß vom Geheimerat Goethe herrührt, der es für sich, ohne daß ich daran dachte, an den Herzog vortrug, welcher es dann sehr gnädig genehmigte.

3609 Knebel an seine Schwester *23. April 1812*

Goethe ist seit ein paar Tagen hier, und ist freundlich und wohl.

3610 Knebel an Charlotte v. Schiller *1. Mai 1812*

Goethe ist gestern mit den ersten lauen Lüften dieses Frühjahrs abgereist. Er dankt Ihnen noch recht sehr, daß Sie wenigstens noch ein Gleichnis gefunden haben, ihm die berühmte russische Dame vor Augen zu stellen. Mit Ihren Bedingungen und Ausnahmen zusammen gerechnet, hat er sich solche recht klar gemacht. Er war übrigens gefällig und freundlich hier, und nie kann man, wie Sie wohl wissen, ohne Nutzen seine Gesellschaft genießen.

3611 Charlotte v. Stein an ihren Sohn Fritz *1. Mai 1812*

Goethe kann das Abschiednehmen nicht leiden, er ging ohne Abschied neulich von mir, nun reist er heute von Jena aus, wo er einige Tage war, nach Karlsbad ab, in der kalten Witterung: er eilte so entsetzlich geschwind zu meiner Tür hinaus, daß mir es wunderbar vorkam, ich glaube, ich sehe ihn nicht wieder.

3612 Ch. G. v. Voigt an Böttiger *7. März (Mai) 1812*

Goethe ist schon seit acht Tagen fort und wird lange ausbleiben, vielleicht gar bis Wien gehen. Auch dessen Wohlbefinden hat sich so gehalten, daß er seiner Biographie Ehre machen wird.

3613 E. C. Ch. John: Aufzeichnung 27. August 1849

Als der Unterzeichnete im Frühjahr 1812 mit Goethe nach Karlsbad reiste, traf es sich, daß der Weg von Franzensbrunn nach ersterem Orte [am 3. Mai] gerade an einem Marien-Festtage zurückgelegt wurde. Bei der auf nicht unbedeutender Höhe gelegenen, weit hinaus in das Land sichtbaren Wallfahrts-Kirche «Maria-Kulm» wurde eine Stunde gerastet, und nach Besichtigung der Kirche nebst ihrer nächsten Umgebung gewährte die Aussicht in die nahen und fernen Gegenden, aus denen von allen Seiten her zahlreiche Züge von Wallfahrenden in Prozession, mit vorgetragenen Kreuzen und Fahnen, unter Gesang und Gebet heranzogen, ein interessantes Schauspiel. Eine Äußerung aus dem Munde eines nichtkatholischen Dritten gab mir Anlaß, Goethe zu sagen, daß mir vor kurzem eine Abhandlung zu Gesicht gekommen sei, in der ein Engländer mathematisch durch Berechnung dartun wolle, bis zu welchem Zeitpunkte die christliche Religion überhaupt nur noch bestehen und wann sie von der ganzen Erde verschwunden sein werde. Goethe erwiderte lächelnd: «Wie doch der Engländer so gern alles ins Extrem treibt und auch das ganz Inkommensurable zum Gegenstande der Berechnung zu machen geneigt ist! Das Christentum ist so tief in der menschlichen Natur und ihrer Bedürftigkeit begründet, daß auch in *dieser* Beziehung mit Recht zu sagen ist: *Des Herren Wort bleibet ewiglich.*»

3614 Henriette v. Knebel an ihren Bruder 17. Juni 1812

Prinzeß erhält diesen Morgen Briefe und gute Nachrichten aus Karlsbad. Es ist von besonders guter Wirkung auf die Gesundheit vom Erbprinzen. Dieser meldet auch der Prinzeß, daß Goethe unser vandalisches Trauerspiel von Dir erhalten hat, worüber ich gar sehr froh bin; denn die Unruhe, wie auch Goethe sein Werk aufnehmen werde, quälte den armen Dichter unaufhörlich, und ich mußte täglich auf irgend eine Weise Anteil an dieser Qual nehmen, da er mich wie die Repräsentantin oder Geschäftsträgerin der dortigen Kabinettsbühne behandelt. Der Erbprinz schrieb, daß Goethe sich wunderte, wie sehr sich Kettenburg in dieses Fach hineingearbeitet hätte, doch wäre es ungewiß, ob es für die Bühne taugte, da das Publikum lieber das Gemüt als die Meinungen in Bewegung gebracht sähe. Da Goethe doch noch einiges Gute über das Stück an den Erbprinzen gesagt hat, so wird Kettenburg überglücklich sein, und Prinzeß freut sich schon, ihm diesen Mittag etwas Gutes hinterbringen zu können.

3615 F. L. Stolberg
an seinen Bruder Christian *12. (13.) Juni 1812*

Nachmittags kam Goethe zu uns. Da ich ihn in 28 Jahren nicht gesehen hatte, fand ich ihn sehr verändert. Er, der so schlank und so blaß war, ist dick und rot, sieht sehr gesund aus. Er war sehr freundschaftlich, zeigte Rührung und Freude, und auch mich überströmte die Erinnerung der lang verflossenen Zeit. Schon seit dem 3. Mai ist er hier und will bis im September bleiben. So pflegt er alle Jahre zu tun. Ich habe bei ihm Alexander [vielmehr Wilhelm] Humboldt wieder gesehen, welcher durchreiste.

3616 Sophie v. Schardt an A. Duvau *14. Juni 1812*

Goethe ist in Karlsbad, wo er den Kaiserinnen von Östreich und noch mehr von Frankreich seine Devotion zu bezeigen haben wird. Er ist gern in dem Glanz der Erden-Größe! und so wird es ihm wohl lieb sein, daß diese Sterne auch in Karlsbad scheinen werden eine Weile. Seine Gattin hat sich heut auch dahin aufgemacht! Kennen Sie diese? Es tut mir nur leid, daß er von neuen von schriftstellerischen Arbeiten abgehalten wird.

3617 Charlotte v. Stein an Charlotte v. Schiller *19. Juni 1812*

Die Goethen ist auch nach Karlsbad, den 14. Juni, abgereist. Goethe sitzt in völliger Arbeit auf dem Parnaß, den zwei Kaiserinnen, die nach Karlsbad kommen, entgegen zu singen.

3618 W. v. Humboldt an seine Frau *15. Juni 1812*

Ich schreibe Dir in Goethes Stube, liebe, teure Li, weil ich immer mit ihm zusammen bin, ohne jedoch bei ihm zu wohnen ...

Auch in Goethen spürt man das Alter sehr. Nicht im Geistigen. Er ist noch ebenso munter, so rüstig, so leicht beweglich zu Scherz und Schimpf, in welch letzterem er sich gegen die neuen Sekten, besonders die christkatholische, mit großem Wohlbehagen ergeht. Allein man sieht, daß er oft an seinen Körper erinnert wird. Mitten in Gesprächen, auch die ihn interessieren, unterbricht er sich, geht hinaus, ist sichtbar angegriffen.

Gestern machte ich einen langen Spaziergang mit ihm, aber er mußte sich alle paar tausend Schritt setzen und ausruhen. Der Spaziergang war sehr schön. Wir gingen um ½ 7 aus, erreichten die höchste Bergesspitze, von der man durchaus alles übersieht, bei Sonnenuntergang, sahen die Sonne scheiden und gingen im Mondschein zurück ... der gestrige Abend ist mir unendlich viel gewesen, seit zwei Jahren der erste recht in dieser Art erquickende und belebende. Und doch ist Goethe mit mir übereingekommen, wie ich mit ihm, daß die Natur hier nirgends schön ist, daß man erst in sie durch seine eigenen Nebengefühle hineintragen muß, was man nachher in ihr finden will, daß aber das Schöne nur jenseits der Berge ist ...

Goethe grüßt Dich sehr, sehr herzlich und spricht viel davon, daß Du einmal eine Zeit mit ihm hier leben solltest. Etwas Trauriges ist seine Art, sich nach und nach einzuspinnen. Er will nicht nach Wien, nicht einmal nach Prag, von Italien hat er auf ewig Abschied genommen. Also Weimar und Jena und Karlsbad! immer und alljährlich! Wenn der Mensch am Ende so werden muß, wenn es unabänderlich ist, daß die regesten Säfte endlich so stocken, so muß man sich wenigstens da einspinnen, wo man sicher ist, daß jede Art der Größe im gleichen Kreise mit uns ruht ...

Ich habe mit Goethe sehr viel interessante Gespräche gehabt, vorzüglich über Shakespeare, über den er ganz neue und sehr interessante Ideen hat, auch über Calderon, von dem er noch mehr hält, dann über tausend andere Gegenstände ...

Stolberg hat mir ... sehr gut und besser als sonst gefallen.

3619 W.v. Humboldt an seine Frau *17. Juni 1812*

Die Wolzogen ist nicht, wie mir Goethe fälschlich gesagt hatte, in Aschaffenburg, sondern in Bauerbach. Sie soll den 20. nach Weimar kommen ...

Bei Weimar fällt mir Riemer ein. Weißt Du, daß der auch bei Goethe nach neun Jahren seine alten Verrücktheiten bekommen und deshalb das Haus verlassen hat? Goethe wollte nicht recht mit der Sprache heraus, ob es Liebe oder Haß gewesen sei, sagt aber, daß nichts mehr mit ihm anzufangen gewesen sei, und er selbst darüber wohl ein halbes Jahr fast ganz verloren hat. Goethe hat so gut als gar nichts Dichterisches in den letzten zwei Jahren gemacht, wie er selbst sagt. Er ist aber fast fertig mit einem neuen Teil seines Lebens, aus dem er mir auch einiges vorgelesen hat. Wenn er es erlebt, in die späteren Zeiten zu kommen, so wird es, wie man nicht leugnen kann, interessant werden. Denn er wird zugleich alle seine Urteile über deutsche Literatur in dem Buche niederlegen. Sein ganzer Umgang mit Schiller soll ausführlich berührt werden, und er meint, daß er eben deshalb keinen Beruf gefühlt habe, für die Ausgabe der Werke einen Beitrag zu liefern. Es ist Goethen sehr schade, so ungeheuer allein zu sein, denn so viel Menschen er auch vorübergehend sieht, ist er mit keinem vertraut und hat mir versichert, daß, wenn er Meyer und mich ausnähme, im ganzen weiten Deutschland niemand sei, mit dem er eigentlich frei reden möge und könne. Er versauert wohl vielleicht nicht so, aber er verknöchert und verhärtet wirklich und wird auch entsetzlich intolerant und im Gespräch manieriert. Er hatte, wie Du weißt, immer gewisse Lieblingsausdrücke, die halbsagend waren und ihm eigentlich als Aushilfe galten, wenn er zu träge war, seine Ideen recht bestimmt auszudrücken. Aber noch nie habe ich den Gebrauch davon so häufig als diesmal bemerkt. Er begleitet sie auch jetzt mehr mit Mienen und muß einem, der nicht daran gewöhnt ist, sehr wunderbar vorkommen. Von meinen Sprachuntersuchungen war nur den ersten Tag einmal flüchtig die Rede. Er fand aber so viel Interesse daran, daß er den folgenden fast von nichts anderem gesprochen hat. Weimar, Karlsbad und Rom, versichert er, sind die einzigen Orte, wo er leben möge, auf Rom habe er Verzicht geleistet, und dies sei die größeste Handlung seines Lebens.

Das Leben in Karlsbad muß schrecklich sein. Vom Physischen rede ich nicht. Von den Gütern der Erde mehr zu kosten, als die notdürftigste Lebensunterhaltung erfordert, habe ich bis zu meiner Rückkunft nach Wien ganz aufgegeben. Aber in Karlsbad ist nun der sogenannte Sprudel, an dem man ein bis zwei Stunden lang trinkt, auf einem Brettergerüst, das ungefähr 50 Menschen faßt. Dahinter ist eine schmale hölzerne Brücke, dann enge, fast nie von der Sonne beschienene Straßen, die Allee ist ziemlich weit. Auf diesen Brettern befindet sich nun Goethe alle Morgen mit der Elisa [von der Recke], Tiedge, Geßler, die er alle nicht leiden kann, zusammen. Er nennt diesen Teil des Karlsbader Lebens selbst eine verruchte Existenz. Zu den Annehmlichkeiten Weimars, die er mir auch einmal hergezählt hat, rechnet er auch «das Frauchen». Das ist eins der schrecklichsten Dinge in der Ehe, daß Mann und Frau (je nachdem der eine oder andre überwiegend interessiert ist) sich durch Gewohnheit und die Befriedigung kleiner physischer Bedürfnisse so herabstimmen, daß sie das Mittelmäßige und sogar das Gemeine gut und selbst unentbehrlich finden.

3620 Niebuhr an Dore Hensler *28. Juni 1812*

Goethens Interesse am ersten Bande [der «Römischen Geschichte»] ist noch nicht erloschen, wie Humboldt sagt, der ihn in Karlsbad sah. Er habe stundenlang davon geredet.

3621 F. C. Sibbern an seine Schwester *9. Juli 1812*

Hier von Jena aus habe ich einen kurzen Ausflug nach Weimar gemacht, wo ich mich einige Tage aufgehalten habe ...

Wen ich in Weimar oder Jena zu finden gehofft und auf wen ich mich gefreut hatte, den traf ich hingegen dort nicht: Goethe. Er pflegt jeden Sommer nach Karlsbad zu reisen und war in diesem Jahr sehr früh dorthin gegangen. Doch ich entschloß mich bald, ihn dort aufzusuchen. Ich hatte ihm einige Bücher und Briefe von verschiedenen Leuten aus Berlin zu überbringen und wollte sie ihm selbst übergeben. So hatte ich einen guten Grund, ihn aufzusuchen; denn sonst fällt es etwas schwer, als Fremder zu ihm zu gelangen. Da er natürlich stets von allen Reisenden aufgesucht worden ist, hat er sich bemüht, sich dieser Störung so weit als möglich zu entziehen – was er, als Herzoglich Weimarischer Minister und Exzellenz, leichter als andere vermag.

Meinen Vorsatz habe ich nun auch ausgeführt. Vor einigen Tagen bin ich von meiner Reise nach Karlsbad in Böhmen (nicht weit von der sächsischen Grenze) zurückgekehrt. Ich habe auch das Glück gehabt (denn hier kann man es so nennen), öfters zu dem großen Dichter zu gelangen und mich jedes Mal eines nahezu einstündigen Gespräches mit ihm zu erfreuen.

Goethe ist ein großer Mann, von imponierendem Äußeren, wahrhaftig ein großer Minister. Doch mit den Geschäften eines Ministers befaßt er sich nicht viel, und der Herzog von Weimar hat noch einen weiteren eigentlichen Minister. Schöne Augen und ein solch kraftvolles Antlitz, daß er nicht nur noch mindestens zwanzig Jahre zu leben, sondern auch noch tätig sein zu wollen scheint, obgleich er dreiundsechzig Jahre alt ist. Er sieht aus wie ein Mann in den besten Jahren, und er ist auch so energisch und feurig wie ein solcher. Und es wundert mich nicht, daß man ihn in seiner Jugend schön wie einen Apoll genannt hat.

3622 F. C. Sibbern an Sophie Ørsted *16. Juli 1812*

Aber ich will nur von Goethe erzählen, nun, da ich das Glück gehabt habe, den wunderbaren Mann für mich zugänglich zu finden, ihn in guter und glücklicher Stimmung getroffen und mehrere Male mit ihm gesprochen zu haben.

Ich könnte recht voller Freude sein, und es wäre nur billig, ich wäre es – wenn nur das Herz genügsamer wäre. Er hat mich so gut empfangen, wie ich wohl hoffen durfte, gleichwohl, – wenn ich nicht die Hoffnung, oder richtiger, die Absicht hätte, noch einmal vor meiner Heimreise zu ihm zu kommen, wäre ich voller Mißmut. Doch preise ich die Stunden, die ich bei ihm war (im ganzen viermal), und jene, in denen ich ihn bei Frau von der Recke sah, und die Augenblicke, da ich ihn an der Quelle und auf den Spaziergängen grüßte; ich preise mich glücklich für sie alle und beklage nur, daß es nicht mehr waren und daß ich ihm nicht noch näher gekommen bin. – Er ist von einer majestätischen Schönheit, Blick, Haltung und Gang sind kraftvoll, wie ein Mann in den besten Jahren, und doch ist sein Gesicht durch die dreiundsechzig Jahre geprägt. Er besitzt eine Figur und ein Benehmen wie ein Fürst, oder eher möchte ich sagen, wie ein Minister, wobei ich etwa an den alten Bernstorff denke. Denn so ungefähr kann ich mir diesen vorstellen; freundlich und wohlwollend empfängt er jene, die ihm empfohlen wurden, und doch ist es schwierig, ihm näher zu kommen und gerade heraus von Herzen und mit Gefühl mit ihm zu reden; denn immer blieb ein gewisser Abstand bestehen. – Leben und wirken wird er gewiß, ohne jede Minderung, mindestens noch zwanzig Jahre. Er sieht aus, als könne er achtzig Jahre alt werden, ohne jedoch ein Greis zu werden. Freuen Sie sich, daß er noch so viele Jahre mit Ihnen zusammen leben kann und Ihnen jedes Jahr neue Gaben bringt.

Doch – nun in richtiger Zeitfolge. Ich kam also nach Karlsbad, spät an einem Donnerstag abend …

Mein Koffer war noch nicht gekommen … Die Dinge, die ich für Goethe darin hatte, konnte ich so noch nicht bekommen; nur die Briefe trug ich bei mir …

Am Nachmittag [6. Juni] hörte ich, daß mein Koffer erst in einigen Tagen kommen könnte – so schlecht ist die Beförderung dort. Doch so lange zu warten, war unmöglich. Ich beschloß so, die Briefe Dr. John, Goethes Privatsekretär, zu übergeben und ihn durch diesen zu bitten, wenn er die Briefe gelesen hätte, mir eine Stunde anzugeben, in der er mich empfangen möchte. Kaum eine halbe Stunde später kam Dr. John, ein tüchtiger und recht verständiger junger Mann, dessen Bekanntschaft mir angenehm gewesen ist, um mich abzuholen.

Ich stand nun vor ihm. Er empfing mich freundlich; ich war eine Viertelstunde dort, dann verbeugte er sich und entließ mich. Es war nichts Besonderes, worüber ich mit ihm sprach; es braucht ja schon Zeit, um zu sagen, woher man kommt und wohin man geht; ein wenig war die Rede von der neuen Universität in Norwegen, die für mich überhaupt ein passender Gegenstand ist, mit dem man stets ein Gespräch eröffnen kann. Von meiner Begeisterung für ihn sagte ich nicht ein einziges Wort; das wagte ich nicht. Ich stand mit ihm am Fenster; er stand dort groß und kräftig, in einem blauen Überzieher, den er auch am Tage zuvor angehabt hatte. – Als ich von ihm ging, war es gleichsam still in meiner Seele; ich konnte ihre Stimmung wenden, wohin ich auch wollte: zur Freude, zum Mißmut …

Wenn ich nun von weitem einen blauen Überzieher sehe und eine große, stattliche Figur, gerate ich sofort in Erregung. Und weit mehr noch, als ich einige Tage danach wirklich Goethe auf der Straße begegnete und er mich freundlich anredete: «Wie geht es?»

3623 F. C. Sibbern an Sophie Ørsted *15. November 1812*

Ich weiß nicht, ob ich Ihnen geschrieben habe, daß Goethe mir unter anderm erzählte, daß er einmal «Hakon Jarl» [von Oehlenschläger] in Weimar habe geben wollen und die Ausstattung bereits mit Riemer abgesprochen hätte; doch dann kam gerade die Zeit, da man nicht mit Kronen im Theater zu spielen wagte.

3624 F. L. Stolberg
an seinen Bruder Christian *12. August 1812*

In Karlsbad empfahl und lieh mir Goethe den ersten Teil von Jacobis Schrift [Von den göttlichen Dingen und ihrer Offenbarung], auf daß ich Hamanns Briefe lesen möchte, von denen Goethe mit Bewunderung sprach, wie sie es auch verdienen. Aber ist es nicht sonderbar, daß Goethe mich damit bekannt machen mußte und sie so anpries?

3625 F. L. Stolberg an F. Perthes *19. November 1812*

Senden Sie mir doch ... den zweiten Teil von Goethes Leben. Den ersten habe ich mit dem größten Interesse in Karlsbad, wo ich ihn selbst fast täglich sah, gelesen. Er war gegen mich in hohem Grade freundschaftlich. Vom Vorigen war, wie Sie denken können, nicht die Rede; so wie es auch mich nicht störte, daß ich gerade dort die Xenien wieder las. Bei mir oder bei meiner Frau entfiel ihm nie ein irreligioses Wort, vielmehr gab er manche Äußerungen, die man ihm nicht zutrauen sollte. Unter anderm sprach er ganz vortrefflich über Jacobis letzte Schrift. Er sah überaus wohl und kräftig aus; litt aber einige Tage an fürchterlichen Krämpfen im Unterleibe, von denen man besorgt, daß sie ihn auf Einmal überfallen und töten können. Sie haben mich auf den zweiten Teil des Lebens sehr aufmerksam gemacht.

3626 H. Meyer an G. Hufeland *10. August 1812*

Goethe habe ich in Karlsbad gesehen; er ging [am 13. Juli] nach Teplitz und wollte wieder nach Karlsbad zurückkehren, um den zweiten Band seiner Selbstbiographie zu endigen. Im September will er wieder nach Weimar kommen.

3627 Beethoven an Breitkopf und Härtel *24. Juli 1812*

... daß Goethe hier [in Teplitz] ist, schrieb ich Ihnen, täglich bin ich mit ihm zusammen, er verspricht mir etwas zu schreiben, wenn's mir mit ihm nur nicht geht, wie andern mit mir!!! – manches sagt einem nicht zu und verspricht's mit bestem Willen, und 's wird doch nichts ...

3628 J. v. Hoch: Bericht *5. August 1812*

Ihre Majestät erfreuen sich wieder eines bessern Wohlseins als die vorhergehenden Tage, und vergnügen sich itzt täglich durch längerdauernde Spazierfahrten, woran der Herzog von Weimar jederzeit Teil nimmt. Dieser ist von der Gnade Ihrer Majestät, womit ihn Allerhöchstdieselbe auszeichnet, so lebhaft durchdrungen, daß er mehrmals erklärt hat: Er würde mit Vergnügen für diese göttliche Frau sein Leben wagen. Erst vorgestern wurde er von Ihrer Majestät wieder auf das angenehmste überrascht, indem Allerhöchstdieselbe in dem Garten-Häuschen zunächst an der Wohnung des Herzogs, wo er gewöhnlich zu frühstücken pflegt, insgeheim ein Déjeuner arrangieren ließen. Goethe empfing den Herzog mit einem kleinen Gedichte zu seinem an diesem Tag eingefallenen Namensfeste und führte ihn so wie unversehens zu dem Garten-Häuschen, wo sich die Türe öffnete und Ihre Majestät die Kaiserin, die Prinzessin Maria Anna und deren Hofstaat den Herzog mit Ihren Glückwünschen empfingen.

Der Herzog war bis zu Tränen gerührt.

3629 Charlotte v. Schiller
an Prinzessin Caroline *30. August 1812*

Ich will Ihnen gleich Bericht erstatten von dem Stück, das der Meister durch sein Spiel verherrlichen sollte [Die Wette]; es ist wohl wahr; und nach der Aussage der Frau Geh. Rätin, die es meiner Schwester anvertraut hat, hat ein Gespräch [am 28. Juli] die Veranlassung gegeben über die Materie, welches der beiden Geschlechter das Recht hätte, zuerst die Liebe zu gestehen. Man ist so weit gekommen, es auszumalen, und der Meister hat eine Geschichte darüber erzählt. Die K[aiserin] hat gemeint, man könnte sie dramatisch behandeln und hat sich eine ganze Nacht hingesetzt und das Stück verfertigt, worin der Meister die Rolle eines alten Onkels machen sollte. Er hatte schon eine große Allongen-Perücke bestellt, als er [am 6. August] krank wurde, und es unterblieb. So weit geht meine Kunde; erfahre ich mehr und anders, so sollen Sie es wissen, meine hochverehrte Herrin! Nach des Meisters eigenem Bericht werde ich den besseren machen. Er hat an seine Frau geschrieben, wenn er alles sagen wollte, was ihm Schmeichelhaftes und Erfreuliches geschehen wäre, so würde man es für Anmaßung halten können, und es wäre beinahe unglaublich. Es freut mich, daß er Ehre erfährt, und ich möchte ihm auch gern alle Kronen aufs Haupt setzen: die Dichter-, Bürger- und Heldenkrone. Auch mir und der Frau hat er sehr freundlich und gut geschrieben. Sobald ich sein Gedicht an die Kaiserin erhalten kann, sende ich es.

3630 Beethoven an Bettina v. Arnim (?) (9.?) August 1812

Könige und Fürsten können wohl Professoren machen und Geheimeräte und Titel und Ordensbänder umhängen, aber große Menschen können sie nicht machen, Geister, die über das Weltgeschmeiß hervorragen, das müssen sie wohl bleiben lassen zu machen, und damit muß man sie in Respekt halten; wenn so zwei zusammenkommen wie ich und der Goethe, da müssen diese großen Herren merken, was bei unser einem als groß gelten kann. Wir begegneten gestern [8. August?] auf dem Heimweg der ganzen Kaiserlichen Familie, wir sahen sie von weitem kommen, und der Goethe machte sich von meiner Seite los, um sich an die Seite zu stellen, ich mochte sagen, was ich wollte, ich konnte ihn keinen Schritt weiter bringen, ich drückte meinen Hut auf den Kopf, knöpfte meinen Oberrock zu und ging mit untergeschlagenen Armen mitten durch den dicksten Haufen – Fürsten und Schranzen haben Spalier gemacht, der Herzog Rudolf hat [vor] mir den Hut abgezogen, die Frau Kaiserin hat gegrüßt zuerst. – Die Herrschaften *kennen* mich. – Ich sah zu meinem wahren Spaß die Prozession an Goethe vorbei defilieren. Er stand mit abgezogenem Hut tief gebückt an der Seite. Dann habe ich ihm noch den Kopf gewaschen, ich gab kein Pardon und hab' ihm all seine Sünden vorgeworfen, am meisten *die* gegen Sie, liebste Bettine, wir hatten gerade von Ihnen gesprochen. Gott! hätte ich eine solche Zeit mit Ihnen haben können wie *der*, das glauben Sie mir, ich hätte noch viel, viel mehr Großes hervorgebracht. Ein Musiker ist auch ein Dichter, er kann sich auch durch ein paar Augen plötzlich in eine schönere Welt versetzt fühlen, wo größere Geister sich mit ihm einen Spaß machen und ihm recht tüchtige Aufgaben machen ... Ihr Beifall ist mir am liebsten in der ganzen Welt. Dem Goethe habe ich meine Meinung gesagt, wie der Beifall auf unser einen wirkt, und daß man von seines Gleichen mit dem Verstand gehört sein will; Rührung paßt nur für Frauenzimmer (verzeih mir's), dem Mann muß Musik Feuer aus dem Geist schlagen ... *Man muß was sein, wenn man was scheinen will.* Die Welt muß einen erkennen, sie ist nicht immer ungerecht. Daran ist mir zwar nichts gelegen, weil ich ein höheres Ziel habe ... der Hof geht morgen, heute spielen sie noch einmal. Er hat der Kaiserin die Rolle einstudiert, sein Herzog und er wollten, ich soll was von meiner Musik aufführen, ich hab beiden abgeschlagen, sie sind beide verliebt in chinesisch Porzellan, da ist Nachsicht von Nöten, weil der Verstand die Oberhand verloren hat, aber ich spiele zu ihren Verkehrtheiten nicht auf, absurdes Zeug mache ich nicht auf gemeine Kosten mit Fürstlichkeiten, die nie aus der Art Schulden kommen.

3631 Beethoven an Breitkopf und Härtel *9. August 1812*

Goethe behagt die Hofluft sehr[.] Mehr als einem Dichter ziemt. Es ist nicht viel mehr über die Lächerlichkeiten der Virtuosen hier zu reden, wenn Dichter, die als die ersten Lehrer der Nation angesehen sein sollten, über diesem Schimmer alles andere vergessen können.

3632 F. Rochlitz: Aus einem Briefe *9. Juli 1822*

[Begegnung mit Beethoven in einem Gasthaus in Wien.] Aber, sagte er, Sie leben ja wohl eigentlich in Weimar? Er mochte nach meiner Adresse sich das gedacht haben. Ich schüttelte. «Da kennen Sie also auch den großen Goethe nicht?» Ich nickte, und das tüchtig. Ich kenn' ihn auch, fuhr er fort, indem er sich in die Brust warf und helle Freude aus seinen Zügen sprach. In Karlsbad hab' ich ihn kennen gelernt, vor – Gott weiß, wie langer Zeit. Ich war damals noch nicht so taub, wie jetzt: aber schwer hörte ich schon. Was hat der große Mann da für Geduld mit mir gehabt! was hat er an mir getan! Er erzählte vielerlei kleine Geschichtchen und höchsterfreuliche Details. «Wie glücklich hat mich das damals gemacht! Totschlagen hätt' ich mich für ihn lassen; und zehnmal. Damals, als ich so recht im Feuer saß, hab' ich mir auch meine Musik zu seinem *Egmont* ausgesonnen; und sie ist gelungen – nicht wahr?» Was ich nur von Bewegungen zum Ausdruck der Freude wußte, machte ich ihm vor. Dann schrieb ich auf, daß wir diese Musik nicht nur zu jeder Vorstellung des *Egmont*, sondern auch jedes Jahr einmal im Konzerte geben, mit einer Art Erläuterung, meistens aus den Szenen des Gedichts, worauf sich die Musik zunächst bezieht, zusammengerückt. Ich weiß! ich weiß! rief er. Seit dem Karlsbader Sommer lese ich im Goethe alle Tage – wenn ich nämlich überhaupt lese. Er hat den Klopstock bei mir totgemacht. Sie wundern sich? Nun lachen Sie? Aha, darüber, daß ich den Klopstock gelesen habe! Ich habe mich Jahre lang mit ihm getragen; wenn ich spazieren ging, und sonst. Ei nun: verstanden hab' ich ihn freilich nicht überall. Er springt so herum; er fängt auch immer gar zu weit von oben herunter an! immer Maestoso, Des-dur. Nicht? Aber er ist doch groß und hebt die Seele. Wo ich ihn nicht verstand, da riet ich doch – so ungefähr. Wenn er nur nicht immer sterben wollte! Das kömmt so wohl Zeit genug. Nun: wenigstens klingt's immer gut usw. Aber der Goethe: der lebt, und wir alle sollen mitleben. Darum läßt er sich auch komponieren. Es läßt sich keiner so gut komponieren, wie er.

3633 Knebel an Charlotte v. Schiller *18. August 1812*

Der Herzog ist sehr wohl und freundlich von Teplitz wieder zurückgekommen und hat ein leichteres Leben mitgebracht. Die österreichische Kaiserin scheint guten Einfluß auf ihn und unsern abwesenden Freund gehabt zu haben, und scheint überhaupt eine Dame zu sein, deren Umgang erheitert und erweckt. Sie hat sich viel von Goethe vorlesen lassen und aus diesen Vorlesungen lebendige Nahrung gesogen.

3634 *Kaiserin Maria Ludovica an Carl August* *2. Oktober 1812*

... je serai charmée d'apprendre si Goethe a été content de son second séjour à Carlsbad; dites-lui que je relis ses œuvres avec un nouveau plaisir, mais qu'elles perdent beaucoup à n'être pas lus et déclamés par l'auteur.

3635 *Riemer* *16. September 1812*

Ins Theater. War Goethe angekommen. Ihn begrüßt in seiner Loge. Frau von Heygendorf kam auch hinein. Schickte mir Goethe die zwei letzten Bücher seines Lebens zu.

3636 *Charlotte v. Stein an Knebel* *19. September 1812*

Heute hat Saint-Aignan die Nachricht erhalten, daß die Franzosen den fünften in Moskau eingerückt sind. Die arme Großfürstin! ...

Ich sah heute Goethen nur einige Minuten, denn immer verfehlte ich ihn, wenn er mich besuchen wollte. Er schien mir vergnügt und über die Begebenheiten erhaben. Denn so etwas ist immer ein schönes Thema sowohl für Philosophen als für Poeten, welches nun leider keins von beiden die arme Großfürstin ist!

3637 *F. B. v. Bucholtz an seine Mutter* *22./23. September 1812*

Ich schreibe Dir aus einem Orte, wohin ich mich, wie Du weißt, längstens wünschte ... aus Weimar! ... Eine Frage errat' ich: hast Du schon mit Goethe gesprochen? Nein, aber ich habe mich heut abend gleich nach meiner Ankunft nach seinem Hause begeben, um den Bedienten zu fragen, wann ich ihn am besten sprechen könnte; er bestimmte mir die Morgenstunden um acht oder neun, und nun kann er mich morgen doch nicht mit einem «nicht zu Hause» abweisen ...

[23. September abends.] Ich habe heut einen sehr interessanten Tag gehabt; viel gesehen, mit manchem bekannt geworden. Ganz im Kurzen will ich Dir die Hauptpunkte nennen. Zuerst Goethe; er war sehr gütig; es wird Dich interessieren zu hören, was er sagte, aber die Zeit ist kurz.

Ich werde ihn mehr sehen; er will mir seine Münzsammlung zeigen; mich Wieland anmelden lassen; mir einen Brief an einen interessanten Mann in Jena mitgeben (an den er doch heut schrieb), der aber noch nicht gekommen ist.

3638 F. B. v. Bucholtz: Tagebuch *22./23. September 1812*

22. September ... Weimar zeigt auf den ersten Blick beim Hereintreten viele schöne Häuser, zumal beim Erfurter Tor eine neue Straße. Im Elefanten steige ich ab; gehe noch den Abend nach Goethens Haus, um die beste Zeit zu erfahren. Gutes Haus. Gleich beim Eintritt erblickt man etwas von griechischer Kunst. Um die Türen sah man noch die Laubgirlanden, die man bei der Feier seiner Zurückkunft gemacht hatte ...

Den 23. Mir pocht das Herz, da ich Goethen in einem Zimmer des Hauses erwarte. Bei seinem ersten Eintreffen frappierte mich sein Gesicht nicht: bald erkannte ich vieles von seiner Bildung, wie sie mir aus Abbildungen bekannt war. Herrliches Auge; doch blickte er meistens weg; etwas eingefallene Züge. Sein Gesicht schien ein anderes zu sein bei freundlicher Spannung, ein anderes in der nachlässigen Lage. Er sprach leise: scheinbar fast nur obenhin; war aber sonst sehr gütig. Er wollte mich bei Wieland, Vulpius anmelden lassen, mir nach Jena an Knebel einen Brief mitgeben usw. – Seine Münzsammlung will er mir zeigen. Vom seligen Vater [Franz Kaspar Bucholtz] sprach er nicht, seinen Tod hatte er von Stolberg erfahren. Er sprach von letzterem mit Interesse. «Es ist kein Falsch und kein Hehl in ihm.» Ältere Bekanntschaft und auch das augenblickliche Zutrauen, das ein solches Zusammensein im Bade einflößt, macht, daß man frei über mancherlei Gegenstände sich mitteilt. Es ist überhaupt Eigenschaft der Bäder, alte Bekanntschaften zu erneuern. Er sprach über einige Göttinger und Jenenser Professoren; vom seligen Griesbach, den er überhaupt und als Geschichtskenner rühmte und der auch besonders über die religiösen Seiten die heiteren Blicke erhalten und auch bis an sein Ende gerettet habe. – Er sagte mir, in Jena würde ich ein paar angenehme Tage herumleben, und entließ mich für dasmal mit den Worten: «Es ist mir recht angenehm gewesen.» – Äußerst anmutige Sprache. Gern hört' und säh' ich ihn oft und lange … [Über Kotzebues Schauspiel «Die deutsche Hausfrau», das an diesem Abend in Weimar zum erstenmal aufgeführt wurde.] Goethe nannte es ein gutes Stück.

3639 F. B. v. Bucholtz: Tagebuch *27. September 1812*

Ich ging wieder hin [zu Goethe], ließ aber sagen, wenn ich jetzt die Ehre nicht haben könnte, bäte ich um die Bestimmung einer andern Zeit. Mir wird «vor ein Uhr» bestimmt …

Er gefiel mir das zweite Mal noch besser als das erste Mal. Wahrlich ein herrliches Gesicht, das auch jetzt fast gar nicht eine gewisse heitere Ruhe und freundliche Spannung verlor. Er sprach über Theater und Literatur. Übel sei es, daß alle Arten von dramatischen Stücken auf derselben Bühne müssen vorgestellt werden; Vorzug der Pariser Theater. Schiller habe den Gedanken gehabt, ein eigenes Theater für Trauerspiele müsse gebaut werden, worin nur ein auserwähltes Publikum von einigen hundert Personen Platz hätte. Ich sprach von dem Stück des vorigen Abends: Wanda von Werner. «Da werden Sie auch ein wunderbar Stück gesehen haben», sagte er lächelnd, lobte aber auch manches, als Sprache und Wendung und Wechsel des Versbaus usw. – Von den Weimarer Schauspielern sagte er unter anderm: «Und Sie werden finden, daß unsere Leute hübsch vernehmlich sprechen usw.» Mit zweien Schauspielerinnen, deren Spiel mir gefallen hatte, schien auch er sehr zufrieden zu sein. – Ich wagte es, eine Frage zu tun wegen der klassischen Vollendung zumal in der Literatur, ob nicht auch Werke, wo sie fehlte, für Geist und Herz von größtem Interesse sein könnten? «Ja, das ist nun eine Frage altioris indaginis», sagte er, «worüber sich recht vieles sagen ließe.» Doch antwortete er in kurzen Sätzen manches darauf. Etwas anderes sei oft, was für Geist, Gefühl, Herz sei, und etwas anderes, was letzte Ausführung betreffe; am besten sei, wo alles vereinigt sei; aber auch eine Skizze könne ja sehr großes Interesse haben; er sei wohl für diese Trennung. Der ganze Shakespeare sei von Anfang bis zu Ende ungeregelt (er hatte ein anderes Wort). Auf die rechte Weise müsse zwar der Gedanke ausgedrückt sein, es komme aber alles darauf an, welches diese sei usw. In betreff der deutschen Literatur (weshalb ich insbesondere noch fragte, dabei aber die ganz Eminenten ausnahm) sagte er noch, sie sei ja immer am Bilden gewesen, das nun, woran sie sich gebildet, möge vortrefflich sein; man finde es ja, wenn man griechische, römische, französische, englische Literatur betrachte, daß an jeder Literatur eigene Anforderungen müssen gemacht werden usw.

Währenddem war es Zeit zu Tisch, und er sagte: «Ich weiß nicht, ob ich Ihnen anbieten kann, mit uns zu essen, da es gerade die Zeit ist» (es wird wohl nicht lächerlich lauten, wenn ich das alles erzähle, da ich mir mal vorgenommen, manches Detail darüber, als wär es mündlich, mitzuteilen); vorher hatte ihn der Bediente vom Zimmer gerufen. Bei Tisch war außer ihm seine Frau, sein erwachsner Sohn, eine gewisse Demoiselle Ulrich (die sehr interessant aussah) und sein Sekretär. Das Gespräch betraf meist gleichgültige oder doch nur ganz obenhin berührte Punkte. – Er ist gerne im Bade, wenn noch nicht viele da, und wenn die meisten schon wieder weggegangen sind; es treffe sich meistens, dann noch mit recht interessanten Menschen zusammen zu sein. – Er ist nachsichtig gegen Geistesübungen, die keine hohe Stufe erreichen; jeder will gern ein[en] guten Brief schreiben; wie die Franzosen es nennen, ein Geburtstagslied machen usw., nachher geht es unter, es fällt ab wie Laub vom Baume; es schadet nicht; ich bin wohl dafür. – In allem, was er tat und sprach, war eine hohe Ruhe, eine anständige Feierlichkeit: er schien alles nur leicht zu berühren, sprach galant, artig mit Demoiselle Ulrich; halb scherzend und mit Würde zugleich mit seiner Frau (es mag ein eigentümliches Verhältnis sein, er nannte sie *Du*, sie ihn *Sie*. «Erlauben Sie, daß wir uns jetzt entfernen»), gab seinem Sohn scherzend ein kleines monitorium, da er eins der besseren neuern Bücher nicht gelesen hatte (ich dachte an mich); war sehr gütig, gastwirtlich gegen mich. – Von dem einzeln[en], was er sagte, könnte ich mehr sagen, wenn es nicht gar zu einzeln wäre. Er äußerte den Wunsch, ein Bild anders gehängt zu haben. Es betraf eins seiner Stücke. Er bewunderte, was Iffland sich alles zumute: er sei jetzt wieder zum Herzog von Darmstadt und Baden usw. – Er sagte, daß nichts so relativ sei als Scherz, der sich immer schon auf früheren Scherz beziehe, und nichts daher so schwer zu übersetzen sei. – Nach Tisch winkte er seinem Sohn, mir seine Münzsammlung zu zeigen. Mir sagte er, er würde mich noch sehen. Ich sah ihn aber seitdem nur noch einen Augenblick beim Durchgehen. Das Besehen der Münzen dauerte bis fast um 5 Uhr, da sein Sohn bestimmter Maßen mich zu Wieland begleitete. Die Münzen waren zum Teil sehr merkwürdig und der neuern Kunst, wie sie im Mittelalter sich eigentümlich entwickelte, Ehre machend. In diesen Teil der Kunst hatte sein Vater den jungen Goethe eingeführt. Bewunderungswürdige Natürlichkeit; Bestimmtheit; charakteristischer Ausdruck. Manche vortreffliche deutsche Stücke darunter, mit alten Sprüchen, zum Beispiel «Hurtig und ungeschaffen».

3640 F. B. v. Bucholtz: Tagebuch *28. September 1812*

Des andern Tags fuhr ich mit dem jungen Goethe, der in Heidelberg mit den Münsterländern am meisten umgegangen war und sie liebte, daher ganz zufrieden damit schien, noch einen kennen zu lernen, zum Belvedere hinauf, wo eine ganz überaus reiche Orangerie und schöne parkartige Anlagen sind. Der junge Goethe ist ein artiger, lebhafter junger Mensch, wie es scheint, von gutem Verstande; übrigens ist der Geist seines Vaters wohl nicht auf ihn gekommen. Unter vielem andern erzählte er mir auch, wie sein Vater mit seinen Unterredungen mit Napoleon sehr zufrieden gewesen wäre; dieser habe ihm nichts gesagt, was Goethe nicht für sein ganzes Leben merkwürdig sein würde, und ihn überzeugt, daß er seine Werke so verstanden habe, wie wohl wenige sie verstehen möchten. (Späterhin habe ich erfahren, Napoleon habe gesagt, die Politik vertrete in der neuen Tragödie die Stelle des alten fati;

und so mag eine benigna interpretatio auch etwas getan haben.)

3641 Charlotte v. Stein an Knebel *30. September 1812*

Goethe hat mir von einem Doktor in Jena gesagt, der besondere Ansichten über die Krankheiten hat, die man nur einmal bekommt: als eine Entwicklung zu etwas Vollkommnerem. Nun tut mir's erst leid, daß ich weder Blattern noch Masern gehabt habe...

Ich glaube nicht, daß Iffland hier ist; das hätte mir wohl Goethe erzählt, mit dem ich gestern abend lang spazieren ging.

3642 Knebel an seine Schwester *2. Oktober 1812*

Gestern nachmittag kam Goethe zu mir und blieb bis abends spät.

3643 H. Luden: Rückblicke in mein Leben *1847*

Ich besuchte, ich glaube im Jahre 1812 [am 1. Oktober], Knebel [in Jena] und fand ihn allein mit Goethe. Es war ein schöner Sommer-Abend, und die beiden Herren waren bei meiner Ankunft gerade im Begriffe, in den Garten zu gehen. Man bat mich, sie zu begleiten. Als wir am Fuße der Treppe angekommen waren, kehrte Knebel wieder um, weil er noch etwas zu besorgen hätte, und bat uns, nur sogleich in den Garten hinein zu gehen. Er blieb wohl eine halbe Stunde aus, und Goethe und ich wandelten inzwischen auf und ab. Zu unserm Gespräch aber gab folgender Umstand Veranlassung.

Als ich im Jahre 1806 mit Hufeland nach Jena fuhr, ward ich von ihm in Weimar dem Minister, Geheimen Rate von Voigt, vorgestellt. Herr von Voigt war ein Verwandter Hufelands. Seinen Sohn, den Regierungsrat von Voigt, hatte ich in Berlin kennen gelernt und war ihm befreundet worden. Der Minister empfing mich daher sehr freundlich und wohlwollend. Nun schickte ich demselben im Frühlinge des Jahres 1808 meine Biographie von Sir William Temple. Einige Tage nachher erhielt ich einen Brief, in welchem er mir dankte und mich zugleich aufforderte, sobald als möglich nach Weimar zu kommen, weil er mir etwas mitzuteilen habe, das mir, wie er hoffe, angenehm sein würde. Als ich vor ihm erschien, sagte er: das Ernestinisch-Sächsische Haus habe sich eines Helden zu rühmen, der groß und herrlich in der Geschichte stehe, des Herzogs Bernhard des Großen. Von diesem Helden aber gebe es noch keine genügende Biographie. Unser gnädigster Herr wünsche sehr, daß das Leben und die Taten des Herzogs würdig beschrieben würden, und er habe den Auftrag, mich zu diesem Werke zu veranlassen ...

Ich verwandte ein ganzes Jahr hindurch viele Zeit auf das Studium der Geschichte des Herzogs Bernhard, und bemühete mich, einen Plan zu entwerfen, nach welchem es möglich wäre, meinen Helden in eine solche Stellung zu bringen und in einer solchen Stellung zu erhalten, in welcher er als Der erschiene, der er sein sollte; aber alle meine Entwürfe mißlangen; keiner genügte mir über acht Tage. Und bald war es mir nicht möglich, den großen und unglückseligen Ereignissen der Zeit gegenüber, neben andern Arbeiten und Beschäftigungen, meine Aufmerksamkeit auf diesen Gegenstand zu fixieren. Ich ließ die Sache liegen, zuerst nicht ohne einige Bedenklichkeit, mehr und mehr sorglos, bis ich zuletzt fast vergaß, daß ich versprochen hatte, eine Biographie des Herzogs Bernhard zu bearbeiten, wenn ich anders imstande wäre, eine solche Arbeit zu vollenden.

An dem Tage nun, da ich, wie ich erzählt habe, mit Goethe in Knebels Garten ging, lag mir gewiß kaum ein Gedanke ferner, als der Gedanke an den Herzog Bernhard. Kaum aber hatten wir einige Schritte gemacht, so fing Goethe an: «Es ist mir lieb, Sie einmal allein zu sprechen. Ich hätte längst gern über eine Sache mit Ihnen geredet, die auch mich einst beschäftigt hat, und wir wollen den Augenblick benutzen. Wie steht es mit Ihrer Biographie des Herzogs Bernhard?» – Sind Ew. Exzellenz auch mit dieser Sache bekannt? – «Wie sollte ich nicht? Freilich.» – Leider, steht es nicht gut, oder vielmehr es steht gar nicht. – «Wieso?» – Und nun begann ein gar freundliches Gespräch, in welchem

Goethe anfangs der Fragende und ich der Antwortende war, welches aber bald in eine wahre Konversation überging. Ich will indes, um die Weitläufigkeit des Gesprächs zu vermeiden, lieber zusammenstellen, was im wesentlichen gesagt worden ist. «Ich will nicht leugnen», sagte ich, «daß ich den Vorschlag des Herrn von Voigt gern annahm, und daß ich nicht ohne Liebe ans Werk ging. Der Herzog war mir in der Geschichte des dreißigjährigen Krieges immer als eine glänzende Heldengestalt entgegen getreten, und mit Lust und Freude hatte ich wie in Tagen des Sieges, so in Tagen des Unglücks auf den jungen Fürsten des Vaterlandes hingeblickt. Deswegen faßte ich die Hoffnung, er werde eingerahmt und aus dem großen Gemälde herausgenommen, mit einer Umgebung, die als würdiger Hintergrund ihn nur noch mehr heben müßte, sich in einer solchen Weise darstellen lassen, daß er als Held des Glaubens und des Vaterlandes ein Muster und Beispiel sein könnte für Hohe und für Geringe. Sowie ich aber den Versuch machte, fielen von allen Seiten, wenn das anders nicht falsch gesprochen ist, Schatten auf mein Bild, die mir das Licht verschoben oder verdarben. Wie ich ihn auch stellen mochte, er bekam weder Schnitt, noch Farbe. Zwar blieb er ein ausgezeichneter Kriegsfürst, tüchtig, einsichtig, tapfer und kühn; zwar war er auch ein frommer Mann und bewährte stets ein tiefes Ehrgefühl und eine hohe fürstliche Gesinnung. Aber ein bloßes Aufzählen seiner Taten und Fahrten gewährte mir kein hinlängliches Interesse; als bloßen Soldaten konnte und mochte ich ihn nicht darstellen. Er stand allerdings nicht niedriger, als alle übrigen, die in diesem unglückseligsten aller Kriege, in diesem heillosen Heuchelkriege hervorragten, aber auch eben nicht höher. Denn ein Heuchelkrieg war es, und wenn man auch das Bild der Religion auf dieser Seite wie auf jener vor sich her trug, so galt es doch nur um irdische Interessen, die man durch religiöse Mittel zu fördern suchte. Gustav Adolfs Haupt hat man mit einem heiligen Schein zu umgeben gesucht, und diesen Schein hat noch niemand unter den Protestanten zu zerstören oder zu verwerfen gewagt; da er so früh seinen Tod fand, so ist er als «ein Kämpfer des Herrn» gefallen, und die Wahrheit ist von der Geschichte entfernt geblieben. Dem Herzog Bernhard ist dieser Heiligenschein zugute gekommen; es war genug, daß er an der Seite dieses Kämpfers des Herrn gestanden hatte; niemand fragte nach der eigentlichen Natur der Verbindung beider Fürsten, und das Herzogtum Franken wurde kaum beachtet. Selbst sein Anschließen an Frankreich, das doch eben nicht für den Protestantismus besonders enthusiasmiert war, hat eben deswegen seine Lobredner gefunden. Mit Einem Worte: mir kam vor, als müsse der Herzog seine Stellung in der Geschichte des dreißigjährigen Krieges behalten; wenigstens trauete ich mir nicht, eine Biographie desselben zu schreiben.»

Was Goethe sagte, lief auf folgendes hinaus: «Wir sind ganz einig. Ihre Geschichte ist in diesem Falle die meinige. Ich bin fast in derselben Weise, wie Sie, zu dem Versuche einer Biographie des Herzogs bewogen worden; auch habe ich in der Tat den Willen gehabt, das Buch zu schreiben, und die Hoffnung, es werde sich etwas Erfreuliches und Heiteres machen lassen. Aber ich erkannte bald, daß es schwer, wenn nicht unmöglich sein würde, dem Helden eine bestimmte, anständige Physiognomie zu geben. Zwar bin ich auf das Kirchliche und Politische nicht eingegangen. Das Kirchliche gehört der Zeit an. Es war der Firnis, mit welchem man Leidenschaften und Bestrebungen überstrich, um andere und sich selbst zu täuschen. Auf jener Seite wie auf dieser hat es Glaubenshelden gegeben; auf jener Seite wie auf dieser hat man sich selbst eingebildet, und sich von anderen vorsagen lassen, Kämpfer des Herrn zu sein. Das Politische aber habe ich zur Seite geschoben. Es gab keine andere Politik, als die Lust zu rauben, zu plündern, zu erobern. Das Reich war dahin und bestand nur noch in einer verblaßten überlieferten Vorstellung. Welcher Fürst bekümmerte sich um den Kaiser und das Reich anders, als insoweit er seinem Vorteile nachlief? Die Gedanken: Vaterland und Nationalität, waren dem Zeitalter fremd, und sind den späteren Zeiten fremd geblieben, wie sie denn auch wohl früher selten wirksam gewesen sein mögen. Darum ist niemandem zum Vorwurfe zu machen, daß er nicht vaterländisch oder national handelte; es ist niemandem zu verdenken, daß er sich nach allen Seiten wandte, um die Stellung zu erhalten, in welcher er größeren Einfluß gewinnen konnte, und kein Geschenk zurückwies, das er zu besitzen wünschte, gleichviel ob es ihm vom Norden her geboten ward oder vom Süden. Deswegen glaubte ich auch, den Herzog Bernhard nur als Heerführer und Held beachten und ihn in jedem Verhältnis aufnehmen zu müssen, in welchem ich ihn fand und wie ich ihn fand, ohne die Gründe zu beurteilen, die ihn in dieses Verhältnis gebracht haben mochten. Aber selbst in dieser Beschränkung, in welcher doch keine ungebührlichen Anforderungen gemacht wurden, geriet ich in Verlegenheit. Von dem Früheren kann, da der Herzog noch so jung und untergeordnet war, keine Rede sein; aber der Tag bei Lützen war schön und könnte wohl Begeisterung erregen. Sie haben recht: Gustav Adolf verdankt den heiligen Schein seinem Tod in dieser Schlacht. Hätte er länger gelebt, so möchte allerdings das Urteil, ich will nicht sagen der Geschichte, sondern der Geschichtschreiber anders geworden sein: denn er würde sich wahrscheinlich in so wirre Dinge verstrickt haben, daß es ihm weder möglich gewesen wäre, seinem Wesen getreu zu bleiben, noch den Schein zu retten. Wenn, wie der König im Anfange der Schlacht, so der Herzog im Augenblicke des Sieges, als Wallenstein schon auf dem Rückzug oder auf der Flucht war, gefallen wäre: so würde auch er mit ‚dem heiligen Schein' in der Geschichte stehen; er würde wie ein Held ohnegleichen gefeiert werden, der schnell der Sache ein Ende gemacht, und all das Unglück abgewendet haben würde, das später über die Welt gekommen ist: denn die Menschen sind gar sehr geneigt, einem jungen Manne, der rasch aus dem Leben hinweg gerissen wird, alle Hoffnungen als Erfüllungen anzurechnen, und ein Götze ist ihnen immer Bedürfnis. Aber was ist mit Nördlingen anzufangen? Eine Gardine ist nicht niederzulassen, ein Schleier nicht darüber zu werfen. Und wenn auch der Dichter noch wohl einen

Ausweg fände, so kommt Ihr Historiker mit dem, was Ihr Wahrheit nennt, und treibt des Dichters Werk auseinander. Und so habe ich mich denn zurückgezogen und die Sache aufgegeben wie Sie.»

Inzwischen war Knebel herzu gekommen, und durch ihn wurde dem Gespräch eine andere Wendung gegeben.

3644 A. Genast an A. Müllner *8. Oktober 1812*

Ich habe den angenehmen Auftrag von Seiner Exzellenz dem Herrn Geheimrat von Goethe erhalten, Ihnen in seinem Namen für den eingeschickten Neunundzwanzigsten Februar zu danken und Ihnen viel Freundliches und Rühmliches darüber zu sagen. Sobald Herr Iffland seine Gastdarstellungen geendet haben wird, soll es eine der nächsten Darstellungen im Monat Dezember werden.

3645 Louise Martin: Tagebuch *8. Oktober 1812*

L'autre jour nous eûmes la visite de Monsieur de Goethe, de sa grosse femme et de Mademoiselle Ulrich, qui demeure avec eux. La Princesse [Marie] fut insupportablement honteuse, cachant sa tête, faisant la moue, tandis que l'autre jour, en ville, pour Monsieur de Goethe seul, elle avait été fort aimable.

3646 F. v. Müller *23. Oktober 1812*

Verfehlter Besuch bei Saint-Aignan.

[Goethe:] «Mir ist der *Besitz* nötig, um den richtigen Begriff der Objekte zu bekommen. Frei von den Täuschungen, die die Begierde nach einem Gegenstand unterhält, läßt erst der *Besitz* mich ruhig und unbefangen urteilen. Und so liebe ich den *Besitz*, nicht der beseßnen Sache, sondern meiner Bildung wegen, und weil er mich *ruhiger* macht. Auch die *Fehler* einer Sache lehrt mich erst der Besitz, und wenn ich zum Beispiel einen schlechten Abdruck für einen guten kaufe, so gewinne ich unendlich an Einsicht und Erfahrung. Einst verkaufte mir ein bekannter Kunstkenner eine wirkliche Antike, die er innerlich für ein modernes Produkt hielt, es fand sich aber, daß es eine wirkliche Antike war.

Die meisten Schriften der neuern Literatur, die man mir sendet, stelle ich hin und lese sie erst nach einigen Jahren. Dann habe ich das geläutertere Urteil der Zeitgenossen und die Sache selbst zugleich vor mir.

Tieck, Arnim und Konsorten haben ganz recht, daß sie aus frühern Zeiten herrliche Motive hervorziehen und geltend machen. Aber sie verwässern und versauen sie nur gewaltig und lassen oft gerade das Beste weg. Soll ich alle ihre Torheiten mitschlucken? Es hat mich genug gekostet, zu werden wie ich bin, soll ich mich immer von neuem beschmutzen, um diese Toren aus dem Schlamm zu ziehen, worein sie sich mutwillig stürzen? Oehlenschläger war wütend, weil ich seinen Correggio nicht aufführen ließ. Zwar hatte ich Wanda aufgenommen, – aber muß man denn zehn dumme Streiche machen, wenn man einen gemacht hat??»

3647 C.M.v. Weber an H. Lichtenstein 1. November 1812

Goethe habe ich einmal [am 27. Oktober] recht angenehm genossen. Heute ist er nach Jena gereist, um den dritten Teil seiner Biographie zu schreiben; hier kömmt er nicht dazu. Es ist eine sonderbare Sache mit der näheren Vertraulichkeit eines großen Geistes. Man sollte diese Heroen nur immer aus der Ferne anstaunen.

3648 Charlotte v. Stein an Knebel 28. Oktober 1812

Gestern war Musik bei der Großfürstin. Von weitem sah ich auch Goethen daselbst; ich hätte ihm gern etwas über seinen zweiten Teil [von «Dichtung und Wahrheit»] gesagt, der mich sehr unterhält und auch manches in seinem Wesen erklärt; aber ich konnte ihn nicht zu Gesicht bekommen.

3649 Charlotte v. Stein an ihren Sohn Fritz 29. Oktober 1812

Hast Du Goethes Leben gelesen? Der zweite Teil ist auch heraus; mich interessiert er sehr. Schreib mir doch, wie Dir's vorkommt. Er ist manchmal sehr artig gegen mich, aber erstaunt ungleich. Aus seinem Leben sehe ich, daß er von Jugend auf so war, seinen Freunden wehe tat.

3650 *C. Gerhardt: Erinnerungsblätter für die Seinen* *1903*

[Über seinen Nachbarn, den Bauinspektor Botz in Jena.] Botz wußte viel aus alter Zeit, von Carl August und Goethe zu erzählen. Er war als Knabe [am 30. Oktober 1812?] in Berka a. S. [an der Ilm] mit der Kommission, zu der auch sein Onkel gehörte, an die inmitten eines Sumpfes entdeckte Schwefelquelle hinausgelaufen. Goethe tauchte sein spanisches Rohr in die schlammige Quelle, ließ die Mitglieder der Kommission daran riechen und malte schließlich dem Knaben Botz mit dem schlammigen Rohr einen Schnurrbart ins Gesicht.

3651 *W. G. Gotthardi: Weimarische Theaterbilder* *1865*

Die Probe, welcher als unberufener Zuschauer beizuwohnen ich mir die Ehre gab, war die von Ifflands «Herbsttag» [vor dem 1. November 1812?]. Das Stück selbst, das eine Zeitlang vom Repertoire verschwunden gewesen war, und daher neu einstudiert werden mußte, langweilte – ich gestehe es unumwunden – mich höchlich. Standhaft aber hielt ich aus, bereuete auch meine Ausdauer keineswegs. Kurz vor Goethes Ankunft war von Genast, welcher in dem Stück den Andres zu spielen hatte, dafür gesorgt worden, daß die Szene geräumt und einstweilen alles für den ersten Auftritt vorbereitet war. Man hätte den Eifer und die Sorgfalt sehen sollen, womit der bewegliche Mann sich diesem Geschäft unterzog, und die Pünktlichkeit, womit ihm gehorcht wurde! – Der Anfang ließ nicht lange auf sich warten. Die Leute, das hörte man sogleich, hatten ihre Rollen gut gelernt oder vielmehr repetiert, und sprachen sie ebenso geläufig und sicher, als mit richtigem Verständnis, ja sie nahmen sich, wollte mich bedünken, als ständen sie vor den Zuschauern. Möglich, daß sie die Nähe des *Einen* geahnet haben, der, von ihnen ungesehen, sie belauschte! – Goethe schenkte keinem und keiner etwas; bald hatte er zu erinnern, daß die und die Stelle zu schnell, bald daß sie zu langsam rezitiert werde; bald rückte der eine dem andern zu nahe auf den Leib, bald hielt er sich von ihm zu fern; bald erfolgte der Abgang dieses Schauspielers zu hastig, bald nicht rasch genug, und sie mußten sich ohne Komplimente dazu verstehen, alles, was er zu tadeln fand, nach seinem Willen zu machen. Graff, der den Landhausbesitzer Selbert zu geben und eine sehr starke Stimme hatte, erhob diese an einigen Stellen kräftiger, als es der Charakter dieses über alle Gebühr weichherzigen, weinerlichen, in einem breiten Gefühlsmeer schwimmenden Ifflandschen Vaters vertragen konnte; so in der Szene des ersten Akts mit seiner Schwiegermutter. «Mäßigung, Mäßigung, lieber Graff», rief Goethe ihm mit lauter und doch sanft warnender Stimme zu; «dieser Selbert muß als ein sehr leidenschaftloser, ruhiger Mann gehalten werden!» Derselbe Schauspieler hatte noch die Gewohnheit, den rechten Arm mit geballter Faust öfter auf den Schenkel fallen zu lassen; es bedurfte nur der kurzen Erinnerung Goethes, dieser Geste sich am unrechten Ort zu enthalten, um ihn für die Folge auf sich aufmerksamer zu machen. Die Beck als Frau Saaler, lebhaft wie sie war, wurde an manchen Stellen zu laut, scharf aufschreiend, und bewegte – unter anderem in dem Auftritt des zweiten Aufzugs, wo sie sich über das Betragen des zurückgekehrten Fritz beschwert – den Kopf zu unruhig hin und her. Goethe machte ihr dieses Zuvieltun bemerklich; sie kam sofort zur Erkenntnis und wußte sich von da an besser zu beherrschen. Malcolmis Lizentiat Wanner, die behaglichste und amüsanteste, jedoch an gesuchten, unnatürlichen Übertreibungen des Humors leidende Rolle in dem ganzen unerträglichen Tränenstück, verleitete ihn einigemal, die Worte stärker und rauher hervorzustoßen, sie wie polternd zu prononcieren, was ihm Goethe bei den vorkommenden Fällen gelassen verwies. Übrigens kann ich gar nicht sagen, mit welch köstlicher Laune der alte Malcolmi spielte; es war eine wahre Lust, ihn zu beobachten. Sein «Gaudeamus igitur!» fühlte ich mich fast versucht mitzusingen. – Die Lortzing als Marie bekam bei einzelnen Stellen auch ihr Teil weg, worüber ich sie, der larmoyanten Rolle wegen, die sie auf dem Halse hatte, ordentlich bedauerte; sie verfiel ein paarmal in eine gedehnte Sprechmanier, die in späteren Jahren, wo sie die Bühne wieder betrat, noch hörbarer wurde, und

Goethe unterließ nicht, diesen Fehler schonend zu rügen. Den meisten Spaß machte mir das launige Wort, das er an den allzu lebhaften, hitzigen Peter-Unzelmann richtete, und worüber, hätte ich mich nicht voller Geistesgegenwart auf die Zunge gebissen, ich gewiß in lautes, herzhaftes Gelächter ausgebrochen wäre, das Wort: «Gemach, gemach! Es geht ja nicht in die Schlacht mit dem Peter, er soll ja keine Batterie stürmen. Warum denn so gar martialisch!» Es will nämlich dieser courageuse Peter dem ungetreuen Liebhaber seiner Schwester (einem Kerl, den ich ganz ruhig hätte laufen lassen) nach und ihn zurückbringen. Der Anfang der Schlußszene, wo die Landleute mit den Musikanten kommen, mußte zweimal probiert werden, ehe sie so glatt und rund ging, wie Goethe es haben wollte.

3652 C. Bertuch an Böttiger *15. November 1812*

Goethe ist seit vierzehn Tagen in Jena, wo er bleiben wird, indem er eifrig am dritten Teil seines Lebens arbeitet. Den zweiten Teil habe ich mit steigendem Interesse gelesen; wenn manches Breite seines jetzigen Lebensalters mit eingeflossen ist, so ist dagegen im Ganzen eine Offenheit, eine Entwickelung mancher interessanten Punkte neuerer Literatur, ein so reines psychisches Hingeben seiner selbst, daß ich diese Confessions von Goethe nicht erwartet hätte. – Die Macht der ersten Eindrücke der frühen Jugend sind hier wahr und treffend an seinem Beispiele durchgeführt; wer Goethe genauer kennt, findet ihn mit allen seinen Liebhabereien und Eigenschaften wieder.

3653 Knebel an seine Schwester *26./27. November 1812*

... zu meinen Geschichten zu kommen, die sich in diesen letzten Tagen zugetragen haben, so muß ich Dir noch voraus melden, daß Goethe wieder ein drei Wochen bei uns zugebracht hat, in denen er menschlicher, mitteilender und mir teurer war als je. Wie sich aber ein vorzügliches Glück, worunter ich dieses rechne, gar oft mit einem schlimmen Streich endet – denn die Schlechten lauren immer auf die Bessern –, so war es auch diesmal ...

Ich ... kam eben mittags von Goethe nach Hause, um zu essen, als man mir sagte, mein Karl sei eben [wegen eines Ehrenhandels mit einem Grafen] in den Karzer geführt worden ... Ich lief äußerst aufgebracht zum Prorektor Herrn Gabler, und fragte, was das bedeuten solle. Er antwortete mit seiner pedantischen Devotion, daß wegen intentionierter Schlägerei, worauf nach ihren Gesetzen vom Kaiser Ferdinand I. her Arrest bestände, er nach Pflicht und Gesetz habe handeln müssen. Ich fragte, wie lange mein Sohn sitzen müsse. Er sagte, vierzehn Tage. «Was?», sagte ich; «für eine so kindische Ehrensache, wobei mein Sohn, wie ich von jedermann nun höre, sich so edel betragen hat? Glauben Sie, daß der junge, lebhafte Mensch das nur acht Tage aushalten kann?» Ich fügte noch sehr derbe Worte hinzu, und lief zu Goethe. Er besann sich eine Weile, weil er sagte, diesem schlechten Volke sei nicht zu trauen. Er diktierte mir endlich einen Brief an den Herzog, den er mit dem seinigen begleiten wollte. Ich war außer Vermögen, selbst zu schreiben ... Des andern Morgens, als Karl seiner Mutter sagen ließ, er erwarte von ihr seine Erlösung, konnte ich sie nicht mehr halten: sie heulte, sie schrie, sie wolle ihr Kind erretten. Ich mußte ihr erlauben, nach Weimar zu fahren. Der Herzog empfing sie aufs gutmütigste und gnädigste. Sie fuhr gegen Mittag hier ab, und abends um 6 Uhr war sie schon wieder zurück, mit dem Befehl, den Karl loszulassen wie auch den Grafen. Die Freude hättest Du sehen sollen! Selbst Goethe war wie ein Kind vor Freude ...

Du wirst vielleicht glauben, meine Liebe, ich hätte Dir heute nichts als unglückliche Geschichten zu erzählen. Es ist aber doch nicht ganz so. Mit Recht sagte Goethe: «Gebt nur acht, Kinder! Wo zuweilen das Unglück hereinzukommen drohet, da drehet sich oft etwas zum Glück.» So ist es in der Tat auch hier. Der Herzog hat nicht allein, als meine Frau in Weimar bei ihm war, vieles sich nach unsern Umständen mit großer Güte erkundigt, sondern auch ihr versprochen, für meinen Karl, wenn es Zeit sein würde, zu sorgen. Überhaupt scheint er, wie mir auch Goethe versichert hat, sehr geneigt für uns zu denken ... Aber was denkst Du von meinem Karl? Ich hatte öfters bei mir Bedenken, da ich gar keine poetische Anlage bei ihm zu verspüren glaubte. Nie hatt' ich noch was Versähnliches von ihm gesehen. Als er aus dem Gefängnis kam, gab er mir die Zeilen, die Du hier beigelegt finden wirst, und den andern Tag verfertigte er in der Freude seines Herzens noch mehrere, von denen er noch ein paar hier beigelegt hat. Goethe hat sie gesehen und hat große Freude darüber gehabt. Auch nahm er ihn nun alle Morgen zu sich, diktierte ihm Briefe und dergleichen, um ihn fertiger im Schreiben zu machen. Dieses Zutrauen erweckte den jungen Menschen. Er wollte ihn auch in seinem Gefängnis besuchen. Überhaupt kann ich nicht sagen, welche Liebe und welche zarte Sorgfalt Goethe bei dieser Gelegenheit und während seines ganzen Hierseins – gestern ist er wieder abgereist – für mich und die Meinigen bezeugt hat. Er hat auch vorzüglich meinen jähen Eifer zurückzuhalten gesucht, wofür ich ihm danken muß ...

Freitag, den 27. November abends ...

Noch muß ich Dir sagen, daß ich auf Goethes Antrieb mein Leben zu schreiben angefangen habe.

3654 Riemer *(26. oder 29. November 1812)*

[Goethe:] «Wer die Technik nicht versteht, kann über poetische Produkte nicht schreiben. Die Figuren der Poesie sind ja keine historischen Personen, die man als notwendige zu beurteilen hätte, wie man ja ein historisches Bild nicht moralisch als eine wirkliche Handlung beurteilen darf.»

3655 Riemer *4. Dezember 1812*

Zu Goethe und John. Dann zu ihr und Ulrich. Mittags bei Goethe zu Tische. Nach Tische Expektoration mit Goethe über Altertum, Liebe, Menschen pp.

3656 Charlotte v. Schiller
an Knebel *(Anfang Dezember?) 1812*

... Goethe habe ich neulich mit Rührung von Ihrer Freundschaft reden hören; denn Sie sind sein ältester Freund, der sich immer gleich treu und teilnehmend ihm zeigte, den ihm das Schicksal noch gelassen.

3657 *Charlotte v. Schiller an Knebel* *Anfang Dezember 1812*

Goethe hält sich noch zu Hause; Meyer sagt mir aber, er sei nicht krank, doch angegriffen, daher lebhaft im Gespräch und reizbar. Er war doch kränker in Jena, als er es uns hier wollte wissen lassen. Ich sage es aber nicht weiter; denn er will es, scheint es, geheim halten.

3658 *P. A. Wolff an A. Müllner* *6. Dezember 1812*

Der Neunundzwanzigste Februar wird wahrscheinlich diesen Monat gegeben werden. Goethe will, daß ich und meine Frau die Rolle des Försters und seiner Gattin übernehmen. Ich hoffe, Sie werden nichts dagegen haben. Ich habe viel mit ihm über dieses Stück gesprochen, wovon das Resultat ist, daß er sehr damit zufrieden ist. Ich sage Ihnen seine eigenen Worte: «Das Stück ist mir nun eben recht, gerade so wie ich es gern habe ... Das Sujet ist so gut als irgend eins des Sophokles, das Kind ist wunderbar und fabelhaft, wie ich es wohl leiden mag, und die Ausführung ganz ohne Tadel; mit den Versen hätte ich [nicht] gewechselt, ist aber so auch gut. Der Titel ist mir fatal, aber es ist gescheit, daß das Stück den Titel hat. Ich werde ihm aber doch einen anderen geben. Sagen Sie dem Dichter alles Schöne von mir» usw. Er hat wohl eine halbe Stunde darüber gefabelt, das Resultat war immer, daß ihm das Stück sehr wohl gefalle. Bei den «Vertrauten» war er mit den Versen nicht ganz zufrieden. Die «Gefährliche Prüfung» halte er zurück, es sei für des Dichters Ruhm besser, daß erst die Trauerspiele kämen.

3659 *Riemer* *13. Dezember 1812*

Um 12 Uhr zu Goethe. Die neue Melusine durchgegangen. Mittags zu Tische. Prof. Kieser und Döbereiner. Nachher allein mit ihm; über Sprache, Prof. Oken pp. Abends Musik. Komposition von Zelter Die heiligen drei Könige und Invocavit.

3660 *Riemer* *15. Dezember 1812*

War des Morgens Napoleon inkognito durchgegangen. Abends oben bei Goethe. Herr von Schwebel und die Diplomatiker. Erzählung von der Durchreise Napoleons.

3661 *F.v. Müller* *16. Dezember 1812*

Alles verkündet Dich,
Nahst Du im Morgenlicht,
Eilet die Sonne hervor.
Zeigst Du im Garten Dich,
Rose der Rosen Du,
Lilie der Lilien zusamt.
Neigst Du im Tage Dich,
Drehn die Gestirne all'
Im Kreis sich um Dich.
Kehrt die Nacht, o wär' sie da –
Überstrahlst Du des Mondes
Lieblich einladenden Glanz.
Lieblich, einladend wie Du,
Sonne, Blumen, Mond und Sterne
Huldigen Dir.
Tagschaft Du, Nachtschaft mir,
Ewigkeit, Leben ist's.

So ohngefähr, aber viel schöner, war das Lied, was Goethe mir von Demoiselle Engels zur Gitarre singen ließ. Er hat es nach «Namen, ich nenne Dich nicht» p. [von H.W.F. Ültzen] gedichtet, weil ihm *dieser* Text mit seinen ewigen Negationen und Verheimlichungen verhaßt und zu unlyrisch ist.

Die heutige Bedeckung des Aldebarans (im Widder) durch den Mond hätte ihn sehr feierlich und heiter gestimmt.

Er rühmte Riemers Tüchtigkeit, der nichts «bloß pro redimenda vexa» tue.

Zelters Großheit und tiefe Schmerzensfassung bei dem Selbstmord seines Sohnes, frei von aller kleinlichen Sentimentalität, strich er ungemein heraus.

«Die Astronomie», sagte er, «ist mir deswegen so wert, weil sie die einzige aller Wissenschaften ist, die auf allgemein anerkannten, unbestrittnen Basen ruht, mithin mit voller Sicherheit immer weiter durch die Unendlichkeit fortschreitet. Getrennt durch Länder und Meere teilen die Astronomen, die geselligsten aller Einsiedler, sich ihre Elemente mit und können darauf wie auf Felsen fortbauen.»

Steigenteschs Angriff gegen deutsche Literatur im Schlegelschen Museum hat ihn sehr indigniert. Schlegel sei, gegen besseres Wissen, bloß durch Steigenteschs leckre Tafel dazu verführt worden, ihn aufzunehmen. Die beßren Wiener wüßten das recht gut.

Ich freute mich sehr, ihn zu musikalischen Vereinen, die früher der Neid der Jagemann zerstört hat, wieder aufgeregt zu finden, und verspreche mir manch schöne Stunde davon.

3662 Riemer *24. (23.) Dezember 1812*

Bei Gelegenheit des Ausonius sagte Goethe: «Die alten Grammatiker kämen ihm vor wie die Juden. Sie wüßten, was sie Vortreffliches hätten, und schätzten es wie Juwelen; nur daß sie sagten, wenn *der* eine Facette mehr hätte, wenn es nicht da und dort fehlte, so wäre er seine Tausend unter Brüdern wert.»

3663 Knebel an seine Schwester *31. Dezember 1812*

... ich habe den Weihnachtsabend recht vergnügt zugebracht... Ich kam nämlich just den Abend von Weimar wieder, wo ich mich fünf Tage aufhielt und bei Goethe logierte. Es war nämlich hauptsächlich, um Ifflands Spiel zu sehen, und da war ich fünf Abende hintereinander in der Komödie... Manches Neue sah ich bei Goethe und auf der Bibliothek ... In Goethes Haus behandelte man mich mit besondrer Aufmerksamkeit und Liebe, welche Sorgfalt wohl beigetragen haben mag, daß ich mich, der grimmigen Kälte ungeachtet, vor die ich mich anfangs sehr fürchtete, die ganze Zeit über wohl befand.

3664 A. Haake: Theater-Memoiren *1866*

[Haake war am 20. Dezember 1812 in Weimar eingetroffen.] Ich blieb, sah Iffland täglich spielen, und hätte meinen Vorsatz, zu Goethe zu gehen, beinahe aufgegeben, weil mir, seit ich in seiner Nähe war, der Mut dazu wieder gänzlich entgangen war. – Vier Morgen nacheinander war ich an seinem Hause auf- und abgegangen, aber wenn ich mich der Türe näherte, trieb mich's zurück. Glücklicherweise aber trieb mein ehrlicher Schneider, der sich darauf freute, mich in Weimar angestellt zu sehen, mich immer wieder hin, und so faßte ich mir denn am Morgen des ersten Weihnachtstages [vielmehr am 23. Dezember] ein Herz und zog plötzlich die Glocke vor des Erhabenen Pforte. Ein Bedienter trat mir entgegen, ich fragte schüchtern: ob ich die Ehre haben könnte, Seine Exzellenz zu sprechen. «Jetzt nicht», war die Antwort, «der Herzog von Gotha ist oben, kommen Sie morgen, ich will Sie melden.» – Ich dankte dem Himmel, daß für heute nichts daraus geworden war, denn ich glaubte, morgen würde ich mehr Mut haben. Darin täuschte ich mich nun zwar, aber ich war unwiderruflich gezwungen, denn ich war ja Seiner Exzellenz gemeldet. Goethe erwartete mich, wie durfte ich ausbleiben! – Ich ging [am 25. Dezember], läutete – trat ein: «Sie sind gemeldet, kommen Sie», hieß es, und eilig schritt der freundliche Diener die bekannte breite italienische Stiege vor mir hinan. Einen Augenblick verweilte ich in einem länglichen, nicht großen Vorsaal, während der Bediente in Goethes Zimmer ging, und warf indessen den Blick auf einige Büsten und einen kleinen schwarzen Teppich, auf dem mit weißen Buchstaben Salve! geschrieben stand. Dieses Salve machte mich sehr froh, es schien mir ein gutes Vorzeichen. Der Bediente öffnete jetzt schnell die Tür, hieß mich eintreten – und da stand ich – stand vor ihm – vor ihm selbst – vor Goethe! – Er weilte in der Stellung, wie ihn die bekannte kleine Gipsstatue, vielleicht das treffendste Bild von ihm, zeigt, in einem blauen Überrock, mit vollem, noch sehr dunkelbraunem Haar. Seine Augen ruhten mild und ermutigend auf dem schüchternen, hocherrötenden Jüngling, der in einem ärmlichen grauen Überrock vor ihn getreten war. Glücklich brachte ich eine ziemlich lange Anrede, die ich von Stralsund bis Weimar mir tausendmal vorgesagt hatte, heraus, während Goethe mich ruhig ansah, und, die Hände auf den Rücken, mit ein paar Schlüsselchen spielte, die er zufällig hielt. – Als ich mit meiner Anrede fertig war, schwieg er ein Weilchen, fast als wollte er sich überzeugen, daß nichts mehr nachkäme. Dann sagte er in einem milden, aber tiefen Tone, vielleicht um mir doch gleich etwas Angenehmes zu sagen: «Sie sprechen sehr deutlich.» Hierauf ging er zu dem Inhalt meiner Rede über, er könne mich nicht anstellen, sagte er, weil er schon zu viele Verpflichtungen für die Ausbildung junger Talente übernommen habe, doch wolle er nicht versagen, sich etwas von mir vortragen zu lassen. Ich war traurig überrascht und wagte nicht, etwas zu entgegnen. «Haben Sie denn schon», fuhr er nach einer Pause fort, «einige Bekanntschaft mit unsern Schauspielern gemacht?» Da ich es verneinte, sagte er mit dem Tone des Wohlwollens: «Hm! das müssen Sie doch tun, man muß doch auf's Handwerk grüßen! Die Herren Wolff, Graff, Haide sind werte Leute.» Er bestimmte Tag und Stunde, wo ich wiederkommen durfte, und entließ mich; im langsamen Hinweggehen glitt mein Auge noch einmal über die imposante Gestalt des angehenden Greises; in diese Betrachtung versunken, konnte ich mich nur noch ungeschickt verbeugen, schweigen und gehen.

3665 Riemer *28. Dezember 1812*

Mittags bei Goethe. Iffland zu Tische. Demoiselle Seidler. Iffland ahmte den Wiener Dialekt in zwei Proben nach, des Grafen Cobentzel und eines Subalternen.

3666 Louise Seidler an Pauline Schelling *26. Januar 1813*

Der einzige Trost, unser verehrter Meister und Freund, ist jetzt immer so kränklich, so niedergeschlagen von den allgemeinen Weltbegebenheiten, daß mein letzter Aufenthalt bei ihm, zu Ifflands Gegenwart, mir ebenso oft Sorge und

Betrübnis, als Freude machte ... [Eines Nachmittags nach Tische (am 20. Dezember 1812)] fuhr die Frau Geheimrätin mit den Damen Schlitten – denn Mademoiselle Engels ist beinahe immer da –, und nun saßen wir, Goethe und ich, so recht traulich plaudernd nur von der lieben Freundin, bis spät zum Theater. Der zweite schöne Mittag [28. Dezember] – Du weißt, die andern Tageszeiten ist er wenig zu sehen und noch weniger genießbar – war der, wo Iffland da aß, in der besten Laune, tausenderlei Anmutiges und Komisches aus seinem Leben erzählend, und der verehrte hohe Wirt dies alles auf das freundlichste und liebenswürdigste erwidernd. Von seinen herrlichen Kunstschätzen würdest Du jetzt eine Bronze-Statue des berühmten Moses von Michelangelo als das Neueste, von der letzten Reise Mitgebrachte, recht bewundern und Dich daran erfreuen. Auch die jetzt sehr ansehnliche Handschriftensammlung war äußerst interessant, und ein eigenes Gefühl ergriff mich bei den großen, regelmäßigen Zügen Gustav Adolfs, den hieroglyphenartigen Schnörkeln Wallensteins, der zierlichen Frauenzimmerhand Tillys usw. – Im Februar versprach Goethe, wieder mehrere Wochen in Jena zuzubringen, wo er an seinem «Leben» fortarbeiten will.

3667 Louise Seidler: Erinnerungen

Zwei Jahre später verdankte ich der Gunst Goethes eine abermalige Einladung nach Weimar, um Iffland, der im Dezember 1812 zu einer Reihe von Gastrollen eingetroffen war, in seinem Meisterspiele zu bewundern. Überhaupt gedachte der gütige Dichter, sobald sich in der Kunstwelt irgend etwas Wichtiges ereignete, jedesmal meiner sowie seiner Landsmännin Susette Voigt, meiner geistreichen Freundin, mit deren Gatten er in häufigem Verkehr stand. Nicht leicht ließ Goethe eine besondere Gelegenheit vorübergehen, ohne uns durch eine Anzeige oder Einladung seine Aufmerksamkeit zartsinnig zu beweisen.

3668 Carl August an Gräfin O'Donell *29. Dezember 1812*

Goethe ne sort point depuis quelques semaines ayant peur du froid, qu'il fait à outrance chez nous: je me suis bien gardé de lui dire, que vous pensiez à lui. Nous avons Iffland ici, qui nous cause bien des bonnes soirées par la perfection de son jeu théâtral et par l'amabilité de son esprit, en société.

3669 A. Haake: Theater-Memoiren *1866*

An dem bestimmten Tage [29. Dezember 1812] war ich wieder in seinem [Goethes] Hause, und wurde wieder in das Salon-Zimmer geführt, wo ich ihn erwarten sollte. Ich war einige Minuten allein. Das Zimmer, das nach der Straßenseite hinaus ging, bot weder in der Größe, noch in der Ausstattung irgend etwas Ungewöhnliches dar; zum Arbeitszimmer schien es nicht zu dienen, und für ein Besuchzimmer war es äußerst prunklos. Auf einem Tische lagen eine Anzahl Theaterstücke und Rollen, die eben zum Gebrauch bestimmt schienen. Eine halb geöffnete Tür ließ mich einen Blick in ein anstoßendes Kabinett tun, wo sich allerlei Mineralien auf Tisch und Gestellen zeigten. Bald hörte ich Kommen, und Goethe trat aus einem entfernten Zimmer zu mir ein.

Aus seinen eigenen Stücken ihm etwas vorzutragen, vermied ich, weil ich hier eine zu strenge Kritik fürchtete. Ich gab ihm dafür einige lange Schillersche und Shakespearische Monologe zu genießen, wobei er mich anhörte, ohne eine Miene zu verziehen. Dabei stand er, mit den Händen auf dem Rücken, frei, ohne sich an einen Gegenstand zu lehnen. «Der Vortrag eines Zwiegesprächs», sagte er, nachdem ich geendigt hatte, «wäre mir lieber gewesen, lesen Sie mir doch etwas», indem er auf den Büchertisch zeigte. Ich griff nach einem Buche. Es war Tasso, und ich jauchzte im Innern hoch auf, hoho! dacht' ich, hier findest Du mich auf meinem Rosse. Ich schlug das Buch mitten voneinander, und traf die Szene zwischen Antonio und Tasso im Garten. Ich las mit Feuer und Besonnenheit, mit abwechselnder Stimme. Da ich fertig war, sagte er: «Die Anlagen zu etwas Tüchtigem sind *un - be - zweifelt* vorhanden.» Er akzentuierte das Wort so scharf, daß es in drei höchst markierte Trennungen zerfiel. – Jetzt gingen Erde und Himmel mit mir, seine Worte waren mir eine Weihe. Die Tränen entstürzten mir, ich ergriff und küßte seine Hand. – Ich wiederholte meine Bitte um Anstellung, er, was er mir schon gesagt hatte. Es wäre doch schlimm, meinte ich, so auf's Geratewohl hinauszugehen, der ersten besten reisenden Gesellschaft wieder in die Hände zu geraten. – «Wenn tüchtiger Wille in Ihnen ist», entgegnete er, «so wird er sich auch unter ungünstigen Umständen Bahn brechen.» – Er erkundigte sich nach meinen Studien, meinen Vorkenntnissen und schien zufrieden. Dann entstand eine Stille, die mich veranlaßte, mich zu entfernen.

1813

3670 K. v. Müffling an Minette von dem Busche 10. März 1813

Ich habe, wie Du schon gesehen haben wirst, den Eutropius [«Die Erfüllung»] für Dich abgeschrieben. Ich hatte ihn in diesem Winter vollendet und Goethe mitgeteilt, der ihn spielen zu lassen wünschte. Ich genehmigte es unter der Bedingung, daß niemand, es sei auch wer es wolle, den Verfasser erführe. So hatte ich das Vergnügen, daß Goethe und ich im Theater [am 13. Januar] die *einzigen* waren, welche den Verfasser wußten, denn nicht einmal Minette wußte davon. Ich sagte es ihr erst nach der Komödie, und bis zu dieser Stunde weiß es außer uns dreien niemand. Man hält den jungen Körner aus Dresden für den Autor. Goethe hatte sich viel Mühe gegeben – es wurde trefflich exekutiert. Wolff – Eutropius, seine Frau – Benigna, die Jagemann – Valeria. Es war eine Totenstille im Theater, und ich habe nicht leicht eine größere Aufmerksamkeit gesehen. Die Meinungen waren sehr geteilt, den einen war es nicht genug ausgeführt, den anderen unnatürlich, daß Valeria (die ich hinter mir eine gute Bonne nennen hörte) Benigna verdrängen sollte. Den Damen schien es tadelnswert, daß nicht genug auf Tränen gearbeitet war usw. Man meinte, Körner sei noch jung – er hätte Anlagen usw. Ich hatte Mühe, das Lachen zu verbeißen. Goethe meinte, ich könnte mit der

Aufnahme sehr zufrieden sein. Ein Trauerspiel in einem Akt sei etwas so Neues und Schwieriges, supponiere ein Publikum von einer so hohen Bildung (weil es sich die ersten vier Akte schaffen mußte) und erfordere ein so interessantes Sujet, daß wenig gute Stücke dieser Art vorhanden wären. Sie haben, sagte er mir, die Heiligkeit der Monogamie darstellen und das Leben auf einen höheren Standpunkt stellen wollen, aus dem bei der Wahl, ob der Mensch den sittlichen Zustand verletzen oder ihn ehren und sich an ein anderes Leben halten will, die Neigung vortritt, sich an das höhere Leben zu halten. Ich teile Dir Goethes Worte mit, da sie mich so erfreuten. Ich sah nämlich, er hatte mich verstanden, während andere den Wald vor lauter Bäumen nicht sahen.

3671 Riemer *15. Januar 1813*

Gegen Abend zu Goethe, um das Manuskript [des 11. Buches von «Dichtung und Wahrheit»] durchzugehen. Wir schwätzten aber über alte Kunst, Olymp, Jupiter, die Art, das Elfenbein zu bearbeiten, und ähnliches.

3672 Charlotte v. Schiller
an Prinzessin Caroline *17. Januar 1813*

Ich soll Ihnen nach dem Wunsche unseres guten Wieland schreiben, daß er Ihnen vielleicht so bald nicht schreiben würde, denn er ist krank, ich fürchte bedeutender, als seine Kräfte es vielleicht aushalten ...

Ich bin auch um den Meister in Sorgen gewesen, aber nur kurze Zeit. Er bekam eine Art Kolik. Gestern war er in der Zauberflöte, die recht gut ging ...

3673 Johanna Schopenhauer an J. D. Gries *24. Januar 1813*

Vorige Woche [am 18. Januar] hat mir Goethe wunderschöne Stanzen aus der Zenobia [in der Übersetzung von Gries] mitgeteilt, sie sind so, daß sich gar nichts drüber sagen läßt.

3674 Carl August an Gräfin O'Donell 17./19. Januar 1813

Goethe a été de nouveau malade depuis le nouvel an: il ne sort point …

[19. Januar]

… je rouvre ma lettre, pour dire à Votre Excellence que Goethe va bien …

3675 Charlotte v. Stein an ihren Sohn Fritz 29. Januar 1813

Goethe ist auch immer krank. Seit Wielands Tod war er einmal [am 25. Januar] bei mir.

3676 Falk: Goethe aus näherm persönlichen Umgange dargestellt 1832

Montag, den 25. Januar, am Tage Pauli Bekehrung, war Wielands Begräbnistag. Man hatte die Leiche nach Oßmannstedt geschafft, um sie dort in seinem Garten neben seiner Gattin und Sophie Brentano beizusetzen.

Ich fühlte mich zu tief erschüttert, als daß ich diesem Leichenzuge hätte beiwohnen können. Auch war ich auf Nachmittag zu Goethe beschieden, für dessen Gesundheit wir mehr als jemals unter diesen Umständen zu fürchten hatten. Er war ebenfalls durch diesen Todesfall äußerst bewegt … Als unter anderm zufällig auch die Rede auf seine «Natürliche Tochter» kam, von welcher gestern … eine Vorlesung gehalten wurde, fragte ich ihn, ob wir bald eine Fortsetzung derselben erwarten dürften. Goethe schwieg eine Weile, alsdann gab er zur Antwort: «Ich wüßte in der Tat nicht, wo die äußern Umstände zur Fortsetzung oder gar zur Vollendung derselben herkommen sollten. Ich habe es meinerseits sehr zu bereuen, auf Schillers Zureden von meinem alten Grundsatze abgegangen zu sein. Dadurch, daß ich die bloße Exposition dieses Gedichtes habe drucken lassen – denn für mehr kann ich das selbst nicht ansprechen, was im Publikum davon vorhanden ist –, habe ich mir alle Freude an meiner Arbeit gleichsam im voraus hinweggenommen. Die verkehrten Urteile, die ich auf diesem Wege erfahren konnte, mußten dann auch das ihrige dazu beitragen. Kurz, ich bin selber so völlig von dieser Arbeit zurück, daß ich damit umgehe, auch sogar den Entwurf des Ganzen unter meinen Papieren zu zerstören, damit nach meinem Tode kein Unberufener kommt, der es auf eine ungeschickte Art fortsetzt.»

Ich bemerkte, um Goethes Mißmut etwas zu mildern, was Herder ehemals zu mir von dieser Tragödie gesagt hatte, und führte zu dem Ende seine eigenen Worte an. Er nannte sie die köstlichste, gereifteste und sinnigste Frucht eines tiefen, nachdenkenden Geistes, der die ungeheuern Begebenheiten dieser Zeit still in seinem Busen getragen und zu höhern Ansichten entwickelt hätte, zu deren Aufnahme die Menge freilich gegenwärtig kaum fähig wäre. «Wenn dem so ist», fiel mir Goethe ins Wort, «so laßt mich das Obengesagte wiederholen: wo sollen wir die Zeitumstände zur Fortsetzung eines solchen Gedichtes hernehmen? Was jener geheimnisvolle Schrank verberge, was ich mit dem ganzen Gedichte, was ich mit dem Zurücktreten der Fürstentochter in den Privatstand bezweckte: darüber wollen wir uns in keine nähere Erklärung einlassen; der Torso selbst und die Zeit, wenn der finstere Parteigeist, der sie nach tausend Richtungen bewegt, ihr wieder einige Ruhe der Betrachtung gestattet, mag für uns antworten!» – «Gerade von diesen Punkten aus war es», fiel ich ihm ins Wort, «wo Herder eine sinnreiche Fortsetzung und Entwickelung des allerdings mehr epischen als dramatischen Stoffes erwartete. Die Stelle besonders, wo Eugenie so unschuldig mit ihrem Schmucke spielt, indes ein ungeheures Schicksal, das sie in einen andern Weltteil wirft, schon dicht hinter ihr steht, verglich Herder sehr anmutig mit einem Gedicht der griechischen Anthologie, wo ein Kind unter einem schroff herabhängenden Felsen, der jeden Augenblick den Einsturz droht, ruhig entschlafen ist. Im Ganzen aber – wie er zugleich bei dieser Gelegenheit hinzusetzte – ist der Silberbleistift von Goethe für das heutige Publikum zu zart; die Striche, die derselbe zieht, sind zu fein, zu unkenntlich, ich möchte fast sagen, zu ätherisch. Das an so arge Vergröberungen gewöhnte Auge kann sie ebendeshalb zu keinem Charakterbilde zusammenfassen. Die jetzige literarische Welt, unbekümmert um richtige Zeichnung und Charakter, will durchaus mit einem reichergiebigen Farbenquast bedient sein!» – «Das hat der Alte gut und recht aufgefaßt!» äußerte Goethe bei diesen Worten. «Indes», nahm ich die Rede wieder von neuem auf und fuhr fort, «Herder wünschte nichts angelegentlicher als die Beendigung eines Werkes, das er eben wegen seiner Einfalt und Zartheit und der Perlenebne seiner Diktion, wie er es nannte, mit keinem jener Produkte vertauschen möchte, die, in Farben schwimmend, die Ungewißheit ihrer Umrisse nur allzuoft durch ein glänzendes Kolorit verbergen.» Goethe meinte hierauf, er wollte selbst, es wäre so und Herders Wunsch damals in Erfüllung übergegangen; «nun aber», wie er sogleich hinzusetzte, «ist es für uns beide zu spät. Ich werde dieses Gedicht so wenig vollenden, als es Herder jemals lesen wird.»

Unbemerkt lenkte sich das Gespräch von hier aus wieder auf Wieland, «dem», wie Goethe bemerkte, «es allein gegeben war, dem Publikum teilweise seine Werke im ‚Teutschen Merkur' vorzulegen, ohne daß er durch die verkehrten Urteile der Menge, mit denen er sich dadurch in Berührung setzte, je die Freude an seiner Arbeit verlor. Er änderte sie auch wohl dem Publikum zu Gefallen ab, welches ich da, wo das Werk aus einem Gusse ist, am wenigsten gutheißen kann.»

«Um uns der trüben Gedanken in diesen Tagen zu entheben, haben wir kürzlich wieder den ‚Pervonte' zur Hand genommen. Die Plastik, der Mutwille dieses Gedichtes sind einzig, musterhaft, ja völlig unschätzbar. In diesem und ähnlichen Produkten ist es seine eigentliche Natur, ich möchte sogar sagen, aufs allerbeste, was uns Vergnügen macht.»

«Der unvergleichliche Humor, den er besaß, war, sobald er über ihn kam, von einer solchen Ausgelassenheit, daß er mit seinem Herrn und Gebieter hinging, wohin er nur wollte. Mochte sich derselbe über Sittenlehre, Welt und geselligen Anstand tausenderlei weismachen, und sich und andern seinesgleichen unverbrüchliche Regeln und Gesetze darüber in Menge vorschreiben, sie wurden alle nicht gehalten, sobald er ins Feuer, oder vielmehr, sobald das Feuer über ihn kam. Und da war er eben recht, und das, was er immer hätte sein sollen, eine schöne, höchst anmutige Natur. Ich erinnere mich noch der Vorlesung eines der ersten Märchen aus «Tausend und eine Nacht» [Das Wintermärchen], das er in Versen bearbeitete, und worin das «Fische! Fische! tut ihr eure Pflicht» vorkommt. In diesem ersten Entwurfe war alles so kurios, so allerliebst toll, närrisch, phantastisch, daß ich auch nicht die Änderung der kleinsten Zeile davon mir würde gestattet haben. Wie sollte das aber Wieland über sein Herz bringen, der Kritik, womit er sich und andere sein Lebelang plagte, ein solches Opfer darzubringen? In der rechten Ausgabe mußte das Tolle verständig, das Närrische klug, das Berauschte nüchtern werden. Ich möchte Sie wohl aufmuntern, dergleichen Gedichte wie ‚Pervonte' und andere öfters in Gesellschaft vorzulesen. Es fodert indessen einige Vorbereitung. Wielands Verse wollen mit einer prächtigen Lebendigkeit vorgetragen sein, wenn man sich einer augenblicklichen Wirkung davon versichern will. Es ist ein unvergleichliches Naturell, was in ihm vorherrscht. Alles Fluß, alles Geist, alles Geschmack! Eine heitere Ebene ohne den geringsten Anstoß, wodurch sich die Ader eines komischen Witzes nach allen Richtungen ergießt und, je nachdem die Capricen sind, wovon sein Genius befallen wird, auch sogar seinen eigenen Urheber nicht verschont. Keine, auch nicht die entfernteste Spur von jener bedachtsam mühseligen Technik, die einem die besten Ideen und Gefühle durch einen verkünstelten Vortrag zuwidermacht, oder wohl gar auf immer verleidet. Eben diese hohe Natürlichkeit ist der Grund, warum ich den Shakespeare, wenn ich mich wahrhaft ergetzen will, jedesmal in der Wielandschen Übersetzung lese. Den Reim behandelte Wieland mit einer großen Meisterschaft. Ich glaube, wenn man ihm einen ganzen Setzkasten voll Wörter auf sein Schreibepult hingeworfen hätte, er wäre damit zu Rande gekommen, sie zu einem lieblichen Gedichte zu ordnen. Von der neuen Schule und der Ansicht, womit sie sich Wieland und seinen Schriften gegenüberstellte und seinen wohlverdienten, vieljährigen Ruhm dadurch in Schatten zu bringen hoffte, möchte ich lieber ganz geschwiegen haben. Sie hatten es freilich so übel nicht vor; sie wollten einen falschen Enthusiasmus auf die Bahn bringen, und dabei mußte ihnen freilich Wielands Verspottung alles Enthusiastischen sehr ungelegen in den Weg kommen. Laßt aber nur ein paar Jahrzehnte vergangen sein, so wird aller dieser Schattenseiten, die man so geflissentlich in Wieland aufzudecken suchte, nur sehr wenig gedacht werden; er selber aber wird als humoristischer, geschmackvoller Dichter denjenigen heitern Platz im Jahrhunderte behaupten, worauf er von Natur die gerechtesten Ansprüche besitzt.»

«Selbst eine ursprünglich enthusiastische Natur, wie sich aus den ‚Sympathien eines Christen', sowie aus einigen andern Jugendprodukten Wielands zur Genüge abnehmen läßt, lebte er gleichsam in beständiger Furcht vor einem Rückfalle und hatte sich dagegen die verständige Kritik als Präservativ verschrieben. Schon die oftmalige Rückkehr zu den nämlichen Gegenständen seines Spottes erweist diese Behauptung. Die höhern Anfoderungen seiner Seele wollen sich nun einmal nicht abweisen lassen, und es trifft sich recht oft, wo er den Platonismus, oder irgend eine andere sogenannte Schwärmerei verspotten will, daß er beide recht schön, ja mit der Glut einer liebenswürdigen Begeisterung darstellt. Alles unterwarf er dem Verstande, und besonders einem ihrer Lieblingszweige, der Kritik. Auf diesem Wege gelangt man freilich zu keinem Resultate. Dies sieht man deutlich auch an Wielands letztem Werke, den von ihm übersetzten Briefen des Cicero. Dieselben enthalten die höchste Verdeutlichung des damaligen Zustandes der Welt, die sich zwischen den Anhängern des Cäsar und Brutus geteilt hatte. Sie lesen sich mit derselben Frische, wie eine Zeitung aus Rom, indes sie uns über die Hauptsache, worauf eigentlich alles ankommt, in völliger Ungewißheit lassen. Das macht, es war Wieland in allen Stücken weniger um einen festen Standpunkt als um eine geistreiche Debatte zu tun. Zuweilen berichtigt er den Text in einer Note; würde es aber auch nicht übel nehmen, wenn jemand aufträte und wieder durch eine neue Note seine Note berichtigte. Übrigens muß man Wieland deswegen nicht gram werden; denn gerade diese Unentschiedenheit ist es, welche den Scherz zulässig macht, indes der Ernst immer nur Eine Seite umfaßt und an dieser mit Ausschließung aller heitern Nebenbeziehungen festhält. Die besten und anmutigsten seiner Produkte sind auf diesem Wege entstanden und würden ohne diese seine Launenhaftigkeit gar nicht einmal denkbar sein. Dieselbe Eigenschaft, die ihn in der Prosa zuweilen beschwerlich macht, ist es, die ihn in der Poesie höchst liebenswürdig erscheinen läßt. Charaktere, wie Musarion, haben ihre ganz eigentümliche Liebenswürdigkeit auf eben diesem Wege erhalten.»

Als Goethe hörte, daß ich gestern Wieland im Tode gesehn und mir dadurch einen schlimmen Abend und eine noch schlimmere Nacht bereitet hatte, wurde ich darüber tüchtig von ihm ausgescholten. «Warum», sagte er, «soll ich mir die lieblichen Eindrücke von den Gesichtszügen meiner Freunde und Freundinnen durch die Entstellungen einer Maske zerstören lassen? Es wird ja dadurch etwas Fremdartiges, ja völlig Unwahres meiner Einbildungskraft aufgedrungen. Ich habe mich wohl in acht genommen, weder Herder, Schiller, noch die verwitwete Frau Herzogin Amalia im Sarge zu sehen. Der Tod ist ein sehr mittelmäßiger Porträtmaler. Ich meinerseits will ein seelenvolleres Bild, als seine Masken, von meinen sämtlichen Freunden im Gedächtnis aufbewahren. Also bitte ich es Euch, wenn es dahin kommen sollte, auch einmal mit mir zu halten. Auch will ich es nicht verhehlen, eben das ist es, was mir an Schillers Hingang so ausnehmend gefällt. Unangemeldet und ohne Aufsehen zu machen kam er nach Weimar, und ohne Aufsehen zu machen ist er auch wieder von hinnen gegangen. Die Paraden im Tode sind nicht das, was ich liebe. Zwar ist das Ausstellen der Leichen eine uralte, gute Gewohnheit und sogar nötig fürs Volk und die öffentliche Sicherheit. Es beruht etwas darauf für die Gesellschaft, nicht nur, daß man weiß, *daß* ein Mensch, sondern auch *wie* er gestorben ist. Deshalb, daß man überhaupt stirbt, läßt sich niemand ein graues Haar wachsen; aber jedem von uns muß daran gelegen sein, daß kein Leben früher, als der Naturlauf es gebietet, sei es von geldgierigen Erben oder auf eine andere, jedesmal unbeliebige Weise den Kreisen, worin es sich bewegt, unterschlagen werde.»

Mitten in dieser Unterhaltung war August v. Goethe hereingetreten, der heute seines Vaters Stelle versehen und Wielands Begräbnisse zu Oßmannstedt in seinem Namen und Auftrage mit beigewohnt hatte. Aus seinem Munde vernahmen wir sogleich nähere Umstände dieser Bestattung. Goethe lobte die getroffenen Einrichtungen; besonders auch, daß einige von der Regierung, andere von der Kammer, gleichsam aus der Mitte beider Collegien, bei dieser Feierlichkeit zugegen gewesen waren. «Es ist die letzte Ehre», fügte er hinzu, «die wir ihm und uns selbst zu erzeigen imstande sind. Allemal zeugt es von einem würdigen Sinne, wenn man solche Anlässe gehörig benutzt; und wenn sonst nichts, so legen wir dadurch vor der Welt wenigstens ein Zeugnis ab, daß wir nicht unwert sind, ein so seltenes Talent eine lange Reihe von Jahren hindurch in unserer Mitte besessen zu haben.» Sein Sohn mußte ihm darauf die Begräbnisstelle, den Ort im Garten, den Stein, alles aufs genauste bezeichnen. Auch vernahm er es nicht ungern, daß über fünfhundert Menschen aus den umliegenden Dörfern sich heute unaufgefodert bei Wielands Grabe eingefunden hatten.

3677 Falk: Goethe aus näherm persönlichen Umgange dargestellt *1832*

An Wielands Begräbnistage ... bemerkte ich eine so feierliche Stimmung in Goethes Wesen, wie man sie selten an ihm zu sehen gewohnt ist. Es war etwas so Weiches, ich möchte fast sagen, Wehmütiges in ihm, seine Augen glänzten häufig, selbst sein Ausdruck, seine Stimme waren anders als sonst. Dies mochte auch wohl der Grund sein, daß unsere Unterhaltung diesmal eine Richtung ins Übersinnliche nahm, was Goethe in der Regel, wo nicht verschmäht, doch lieber von sich ablehnt; völlig aus Grundsatz, wie mich dünkt, indem er, seinen angebornen Neigungen gemäß, sich lieber auf die Gegenwart und die lieblichen Erscheinungen beschränkt, welche Kunst und Natur in den uns zugänglichen Kreisen dem Auge und der Betrachtung darbieten. Unser abgeschiedener Freund war natürlich der Hauptinhalt unsers Gespräches. Ohne im Gange desselben besonders auszuweichen, fragte ich bei irgend einem Anlasse, wo Goethe die Fortdauer nach dem Tode, wie etwas, das sich von selbst verstehe, voraussetzte: «Und was glauben Sie wohl, daß Wielands Seele in diesen Augenblicken vornehmen möchte?» – «Nichts Kleines, nichts Unwürdiges, nichts mit der sittlichen Größe, die er sein ganzes Leben hindurch behauptete, Unverträgliches», war die Antwort. «Aber, um nicht mißverstanden zu werden, da ich selber von diesen Dingen spreche, müßte ich wohl etwas weiter ausholen. Es ist etwas um ein achtzig Jahre hindurch so würdig und ehrenvoll geführtes Leben; es ist etwas um die Erlangung so geistig zarter Gesinnungen, wie sie in Wielands Seele so angenehm vorherrschten; es ist etwas um diesen Fleiß, um diese eiserne Beharrlichkeit und Ausdauer, worin er uns alle miteinander übertraf!» – «Möchten Sie ihm wohl einen Platz bei seinem Cicero anweisen, mit dem er sich noch bis an den Tod so fröhlich beschäftigte?» – «Stört mich nicht, wenn ich dem Gange meiner Ideen eine vollständige und ruhige Entwickelung geben soll! *Von Untergang solcher hohen Seelenkräfte kann in der Natur niemals und unter keinen Umständen die Rede sein;* so verschwenderisch behandelt sie ihre Kapitalien nie. Wielands Seele ist von Natur ein Schatz, ein wahres Kleinod. Dazu kommt, daß sein langes Leben diese geistig schönen Anlagen nicht verringert, sondern vergrößert hat. Noch einmal, bedenkt mir sorgsam diesen Umstand! Raffael war kaum in den Dreißigen, Kepler kaum einige Vierzig, als beide ihrem Leben plötzlich ein Ende machten, indes Wieland –» «Wie?» fiel ich hier Goethe mit einigem Erstaunen ins Wort, «sprechen Sie doch vom Sterben, als ob es ein Akt von Selbständigkeit wäre?» – «Das erlaube ich mir öfters», gab er mir zur Antwort, «und wenn es Ihnen anders gefällt, so will ich Ihnen darüber auch von

Grund aus, weil es mir in diesem Augenblicke erlaubt ist, meine Gedanken sagen.»

Ich bat ihn dringend, mir dieselben nicht vorzuenthalten. «Sie wissen längst», hub er an, «daß Ideen, die eines festen Fundaments in der Sinnenwelt entbehren, bei all ihrem übrigen Werte für mich keine Überzeugung mit sich führen, weil ich, der Natur gegenüber, wissen, nicht aber bloß vermuten und glauben will. Was nun die persönliche Fortdauer unserer Seele nach dem Tode betrifft, so ist es damit auf meinem Wege also beschaffen. Sie steht keineswegs mit den vieljährigen Beobachtungen, die ich über die Beschaffenheit unserer und aller Wesen in der Natur angestellt, im Widerspruch; im Gegenteil, sie geht sogar aus denselben mit neuer Beweiskraft hervor. Wie viel aber, oder wie wenig von dieser Persönlichkeit übrigens verdient, daß es fortdauere, ist eine andere Frage und ein Punkt, den wir Gott überlassen müssen. Vorläufig will ich nur dieses zuerst bemerken: ich nehme verschiedene Klassen und Rangordnungen der letzten Urbestandteile aller Wesen an, gleichsam der Anfangspunkte aller Erscheinungen in der Natur, die ich *Seelen* nennen möchte, weil von ihnen die Beseelung des Ganzen ausgeht, oder noch lieber *Monaden* – lassen Sie uns immer diesen Leibnizischen Ausdruck beibehalten! Die Einfachheit des einfachsten Wesens auszudrücken, möchte es kaum einen bessern geben. – Nun sind einige von diesen Monaden oder Anfangspunkten, wie uns die Erfahrung zeigt, so klein, so geringfügig, daß sie sich höchstens nur zu einem untergeordneten Dienst und Dasein eignen. Andere dagegen sind gar stark und gewaltig. Die letzten pflegen daher alles, was sich ihnen naht, in ihren Kreis zu reißen und in ein ihnen Angehöriges, das heißt in einen Leib, in eine Pflanze, in ein Tier, oder noch höher herauf, in einen Stern zu verwandeln. Sie setzen dies so lange fort, bis die kleine oder große Welt, deren Intention geistig in ihnen liegt, auch nach außen leiblich zum Vorschein kommt. Nur die letzten möchte ich eigentlich Seelen nennen. Es folgt hieraus, daß es Weltmonaden, Weltseelen, wie Ameisenmonaden, Ameisenseelen gibt, und daß beide in ihrem Ursprunge, wo nicht völlig eins, doch im Urwesen verwandt sind.»

«Jede Sonne, jeder Planet trägt in sich eine höhere Intention, einen höhern Auftrag, vermöge dessen seine Entwikkelungen ebenso regelmäßig und nach demselben Gesetze, wie die Entwickelungen eines Rosenstockes durch Blatt, Stiel und Krone, zustande kommen müssen. Mögen Sie dies eine Idee oder eine Monade nennen, wie Sie wollen, ich habe auch nichts dawider; genug, daß diese Intention unsichtbar und früher, als die sichtbare Entwickelung aus ihr in der Natur, vorhanden ist. Die Larven der Mittelzustände, welche diese Idee in den Übergängen vornimmt, dürfen uns dabei nicht irre machen. Es ist immer nur dieselbe Metamorphose oder Verwandlungsfähigkeit der Natur, die aus dem Blatte eine Blume, eine Rose, aus dem Ei eine Raupe und aus der Raupe einen Schmetterling heraufführt. Übrigens gehorchen die niedern Monaden einer höhern, weil sie eben gehorchen müssen, nicht aber, daß es ihnen besonders zum Vergnügen gereichte. Es geht dieses auch im ganzen sehr natürlich zu. Betrachten wir zum Beispiel diese Hand. Sie enthält Teile, welche der Hauptmonas, die sie gleich bei ihrer Entstehung unauflöslich an sich zu knüpfen wußte, jeden Augenblick zu Dienste stehen. Ich kann dieses oder jenes Musikstück vermittelst derselben abspielen; ich kann meine Finger, wie ich will, auf den Tasten eines Klaviers umherfliegen lassen. So verschaffen sie mir allerdings einen geistig schönen Genuß; sie selbst aber sind taub, nur die Hauptmonas hört. Ich darf also voraussetzen, daß meiner Hand oder meinen Fingern wenig oder gar nichts an meinem Klavierspiele gelegen ist. Das Monadenspiel, wodurch ich mir ein Ergetzen bereite, kommt meinen Untergebenen wenig zugute, außer, daß ich sie vielleicht ein wenig ermüde. Wie weit besser stände es um ihr Sinnenvergnügen, könnten sie, wozu allerdings eine Anlage in ihnen vorhanden ist, anstatt auf den Tasten meines Klaviers müßig herumzufliegen, lieber als emsige Bienen auf den Wiesen umherschwärmen, auf einem Baume sitzen oder sich an dessen Blütenzweigen ergetzen. Der Moment des Todes, der darum auch sehr gut eine Auflösung heißt, ist eben der, wo die regierende Hauptmonas alle ihre bisherigen Untergebenen ihres treuen Dienstes entläßt. Wie das Entstehen, so betrachte ich auch das Vergehen als einen selbständigen Akt dieser, nach ihrem eigentlichen Wesen uns völlig unbekannten Hauptmonas.»

«Alle Monaden aber sind von Natur so unverwüstlich, daß sie ihre Tätigkeit im Moment der Auflösung selbst nicht einstellen oder verlieren, sondern noch in demselben Augenblicke wieder fortsetzen. So scheiden sie nur aus den alten Verhältnissen, um auf der Stelle wieder neue einzugehen. Bei diesem Wechsel kommt alles darauf an, wie mächtig die Intention sei, die in dieser oder jener Monas enthalten ist. Die Monas einer gebildeten Menschenseele und die eines Bibers, eines Vogels, oder eines Fisches, das macht einen gewaltigen Unterschied. Und da stehen wir wieder an den Rangordnungen der Seelen, die wir gezwungen sind anzunehmen, sobald wir uns die Erscheinungen der Natur nur einigermaßen erklären wollen. Swedenborg hat dies auf seine Weise versucht und bedient sich zur Darstellung seiner Ideen eines Bildes, das nicht glücklicher gewählt sein kann. Er vergleicht nämlich den Aufenthalt, worin sich die Seelen befinden, mit einem in drei Hauptgemächer eingeteilten Raume, in dessen Mitte ein großer befindlich ist. Nun wollen wir annehmen, daß aus diesen verschiedenen Gemächern sich auch verschiedene Kreaturen, zum Beispiel Fische, Vögel, Hunde, Katzen in den großen Saal begeben; eine freilich sehr gemengte Gesellschaft! Was wird davon die unmittelbare Folge sein? Das Vergnügen, beisammen zu sein, wird bald genug aufhören; aus den einander so heftig entgegengesetzten Neigungen wird sich ein ebenso heftiger Krieg entspinnen; am Ende wird sich das Gleiche zum Gleichen, die Fische zu den Fischen, die Vögel zu den Vögeln, die Hunde zu den Hunden, die Katze zu den Katzen gesellen, und jede von diesen besondern Gattungen wird auch, wo möglich, ein besonders Gemach einzunehmen suchen. Da haben wir völlig die Geschichte von unsern Monaden nach ihrem irdischen Ableben. Jede Monade geht, wo sie hingehört, ins Wasser, in die Luft, in die Erde, ins Feuer, in die Sterne; ja der geheime Zug, der sie dahin führt, enthält zugleich das Geheimnis ihrer zukünftigen Bestimmung.»

«An eine Vernichtung ist gar nicht zu denken; aber von irgend einer mächtigen und dabei gemeinen Monas unterwegs angehalten und ihr untergeordnet zu werden, diese Gefahr hat allerdings etwas Bedenkliches, und die Furcht davor wüßte ich auf dem Wege einer bloßen Naturbetrachtung meinesteils nicht ganz zu beseitigen.»

Indem ließ sich ein Hund auf der Straße mit seinem Gebell zu wiederholten Malen vernehmen. Goethe, der von Natur eine Antipathie wider alle Hunde besitzt, fuhr mit Heftigkeit ans Fenster und rief ihm entgegen: «Stelle dich wie du willst, Larve, mich sollst du doch nicht unterkriegen!» Höchst befremdend für den, der den Zusammenhang Goethescher Ideen nicht kennt; für den aber, der damit bekannt ist, ein humoristischer Einfall, der eben am rechten Orte war!

«Dies niedrige Weltgesindel», nahm er nach einer Pause und etwas beruhigter wieder das Wort, «pflegt sich über die Maßen breit zu machen; es ist ein wahres Monadenpack, womit wir in diesem Planetenwinkel zusammengeraten sind, und möchte wenig Ehre von dieser Gesellschaft, wenn sie auf andern Planeten davon hörten, für uns zu erwarten sein.»

Ich fragte weiter: ob er wohl glaube, daß die Übergänge aus diesen Zuständen für die Monaden selbst mit Bewußtsein verbunden wären? Worauf Goethe erwiderte: «Daß es einen allgemein historischen Überblick, sowie daß es höhere Naturen, als wir selbst, unter den Monaden geben könne, will ich nicht in Abrede sein. Die Intention einer Weltmonade kann und wird manches aus dem dunkeln Schoße ihrer Erinnerung hervorbringen, das wie Weissagung aussieht und doch im Grunde nur dunkle Erinnerung eines abgelaufenen Zustandes, folglich Gedächtnis ist; völlig wie das menschliche Genie die Gesetztafeln über die Entstehung des Weltalls entdeckte, nicht durch trockne Anstrengung, sondern durch einen ins Dunkel fallenden Blitz der Erinnerung, weil es bei deren Abfassung selbst zugegen war. Es würde vermessen sein, solchen Aufblitzen im Gedächtnis höherer Geister ein Ziel zu setzen, oder den Grad, in welchem sich diese Erleuchtung halten müßte, zu bestimmen. So im allgemeinen und historisch gefaßt, finde ich in der Fortdauer von Persönlichkeit einer Weltmonas durchaus nichts Undenkbares.»

«Was uns selbst zunächst betrifft, so scheint es fast, als ob die von uns früher durchgangenen Zustände dieses Planeten im ganzen zu unbedeutend und zu mittelmäßig seien, als daß vieles daraus in den Augen der Natur einer zweiten Erinnerung wert gewesen wäre. Selbst unser jetziger Zustand möchte einer großen Auswahl bedürfen, und unsere Hauptmonas wird ihn wohl ebenfalls künftig einmal summarisch, das heißt in einigen großen historischen Hauptpunkten zusammenfassen.» ...

«Wollen wir uns einmal auf Vermutungen einlassen», setzte Goethe hierauf seine Betrachtungen weiter fort, «so sehe ich wirklich nicht ab, was die Monade, welcher wir Wielands Erscheinung auf unsern Planeten verdanken, abhalten sollte, in ihrem neuen Zustande die höchsten Verbindungen dieses Weltalls einzugehen. Durch ihren Fleiß, durch ihren Eifer, durch ihren Geist, womit sie so viele weltgeschichtliche Zustände in sich aufnahm, ist sie zu allem berechtigt. Ich würde mich so wenig wundern, daß ich es sogar meinen Ansichten völlig gemäß finden müßte, wenn ich einst diesem Wieland als einer Weltmonade, als einem Stern erster Größe, nach Jahrtausenden wieder begegnete und sähe und Zeuge davon wäre, wie er mit seinem lieblichen Lichte alles, was ihm irgend nahe käme, erquickte und aufheiterte. Wahrlich, das nebelartige Wesen irgend eines Kometen in Licht und Klarheit zu verfassen, das wäre wohl für die Monas unsers Wielands eine erfreuliche Aufgabe zu nennen; wie denn überhaupt, sobald man die Ewigkeit dieses Weltzustandes denkt, sich für Monaden durchaus keine andere Bestimmung annehmen läßt, als daß sie ewig auch ihrerseits an den Freuden der Götter als selig mitschaffende Kräfte teilnehmen. Das Werden der Schöpfung ist ihnen anvertraut. Gerufen oder ungerufen, sie kommen von selbst auf allen Wegen, von allen Bergen, aus allen Meeren, von allen Sternen; wer mag sie aufhalten? Ich bin gewiß, wie Sie mich hier sehen, schon tausendmal dagewesen und hoffe wohl noch tausendmal wiederzukommen.» – «Um Verzeihung», fiel ich ihm hier ins Wort: «ich weiß nicht, ob ich eine Wiederkunft ohne Bewußtsein eine Wiederkunft nennen möchte! Denn *wieder* kommt nur derjenige, welcher weiß, daß er zuvor dagewesen ist. Auch Ihnen sind bei Betrachtungen der Natur glänzende Erinnerungen und Lichtpunkte aus Weltzuständen aufgegangen, bei welchen Ihre Monas vielleicht selbsttätig zugegen war; aber alles dieses steht doch nur auf einem Vielleicht; ich wollte doch lieber, daß wir über so wichtige Dinge eine größere Gewißheit zu erlangen imstande wären, als die wir uns durch Ahnungen und jene Blitze des Genies verschaffen, welche zuweilen den dunkeln Abgrund der Schöpfung erleuchten. Sollten wir unserm Ziele nicht näher gelangen, wenn wir eine liebende Hauptmonas im Mittelpunkte der Schöpfung voraussetzten, die sich aller untergeordneten Monaden dieses ganzen Weltalls auf dieselbe Art und Weise bediente, wie sich unsere Seele der ihr zum Dienste untergebenen geringern Monaden bedient?» – «Ich habe gegen diese Vorstellung, als Glauben betrachtet, nichts», gab Goethe hierauf zur Antwort; «nur pflege ich auf Ideen, denen keine sinnliche Wahrnehmung zum Grunde liegt, keinen ausschließenden Wert zu legen. Ja, wenn wir unser Gehirn und den Zusammenhang desselben mit dem Uranus und die tausendfältigen einander durchkreuzenden Fäden kennten, worauf der Gedanke hin- und herläuft! So aber werden wir der Gedankenblitze immer dann erst inne, wann sie einschlagen. Wir kennen nur Ganglien, Gehirnknoten; vom Wesen des Gehirns selbst wissen wir so viel als gar nichts. Was wollen wir denn also von Gott wissen? Man hat es Diderot sehr verdacht, daß er irgendwo gesagt: wenn Gott noch nicht *ist*, so *wird* er vielleicht noch. Gar wohl lassen sich aber, nach meinen Ansichten von der Natur und ihren Gesetzen, Planeten denken, aus welchen die höhern Monaden bereits ihren Abzug genommen, oder wo ihnen das Wort noch gar nicht vergönnt ist. Es gehört eine Konstellation dazu, die nicht alle Tage zu haben ist, daß das Wasser weicht und daß die Erde trocken wird. So gut wie es Menschenplaneten gibt, kann es auch Fischplaneten und Vogelplaneten geben. Ich habe in einer unserer früheren Unterhaltungen den Menschen das erste Gespräch genannt, das die Natur mit Gott hält. Ich zweifle gar nicht, daß dies Gespräch auf andern Planeten viel höher, tiefer und verständiger gehalten werden kann. Uns gehen vor der Hand tausend Kenntnisse dazu ab. Das Erste gleich, was uns mangelt, ist die Selbstkenntnis; nach dieser kommen alle übrigen. Streng genommen kann ich von Gott doch weiter nichts wissen, als wozu mich der ziemlich beschränkte Gesichtskreis von sinnlichen Wahrnehmungen auf diesem Planeten berechtigt, und das ist in allen Stücken wenig genug. *Damit ist aber keineswegs gesagt, daß durch diese Beschränkung unserer Naturbetrachtungen auch dem Glauben Schranken gesetzt wären. Im Gegenteil kann, bei der Unmittelbarkeit göttlicher Gefühle in uns, der Fall gar leicht eintreten, daß das Wissen als Stückwerk besonders auf einem Planeten erscheinen muß, der, aus seinem ganzen Zusammenhange mit der Sonne herausgerissen, alle und jede Betrachtung unvollkommen läßt, die eben darum erst durch den Glauben ihre vollständige Ergänzung erhält.* Schon bei Gelegenheit der Farbenlehre habe ich bemerkt, daß es Urphänomene gibt, die wir in ihrer göttlichen Einfalt durch unnütze Versuche nicht stören und beeinträchtigen, sondern der Vernunft und dem Glauben übergeben sollen. Versuchen wir von beiden Seiten mutig vorzudringen, nur halten wir zugleich die Grenzen streng auseinander! Beweisen wir nicht, was durchaus nicht zu beweisen ist! Wir werden sonst nur früh oder spät in unserm sogenannten Wissenswerk unsere eigne Mangelhaftigkeit bei der Nachwelt zur Schau tragen. Wo das Wissen genügt, bedürfen wir freilich des Glaubens nicht; wo aber das Wissen seine Kraft nicht bewährt oder ungenügend erscheint, sollen wir auch dem Glauben seine Rechte nicht streitig machen. *Sobald man nur von dem Grundsatz ausgeht, daß Wissen und Glauben nicht dazu da sind, um ein-*

ander aufzuheben, sondern um einander zu ergänzen, so wird schon überall das Rechte ausgemittelt werden.»

Es war spät geworden, als ich heute Goethe verließ. Er küßte mir die Stirn beim Abschiede, was sonst nie seine Gewohnheit ist. Ich wollte im Dunkeln die Treppe heruntergehen; aber er litt es nicht, sondern hielt mich fest beim Arme, bis er jemand geklingelt, der mir leuchten mußte. Noch in der Türe warnte er mich, daß ich auf meiner Hut sein und mich vor der rauhen Nachtluft in acht nehmen sollte. Weichmütiger, als bei Wielands Tode, habe ich Goethe nie zuvor gesehen und sah ihn auch nachher nie wieder so. Sein heutiges Gespräch enthält übrigens den Schlüssel zu manchen ebenso paradoxen als liebenswürdigen Seiten seines so oft mißverstandenen Charakters.

3678 Charlotte v. Schiller
an Prinzessin Caroline *26. Januar 1813*

Unser Meister soll eine Trauerrede für die Loge arbeiten, die gewiß schön wird. Er ist vor mehreren Wochen bei dem alten Freund [Wieland] gewesen, und beiden war wohl zusammen ...

Für den Meister zittre ich eigentlich und möchte es nicht erleben, und doch ist es wahrscheinlich. Meyer sagt, er sei wohl, und es gehe ihm gut. Seit dem schönen Gesang bei ihm sah ich ihn nur von weitem.

3679 Riemer *1. Februar (31. Januar) 1813*

Bei Aufführung der Oper *Agnese* [von Paer].

[Goethe:] «Das Ungeheuere in der Kultur ist dies, daß wir unser Publikum wider seinen Willen und zu unserm Schaden zur *Ironie* erheben, indem wir seine Leidenschaften reinigen dadurch, daß wir alles zur Anschauung bringen, selbst den Wahnsinn und die Irrenhäuser und Narrenhospitäler. Denn was kann von dem allen das Resultat sein, als daß es dieses sonst für das Gefühl und die Empfindung so Zerreißende auch nur als einen Zustand kennen lernt, als ein Pathologisches, demgegenüber es sich besser, erhabener fühlt, und mit dem es zuletzt spielen lernt.»

3680 *Charlotte v. Schiller an Prinzessin Caroline* *11. Februar 1813*

Der Meister ist nicht krank; doch flieht er die große Welt und hält sich zu Hause, ist unsichtbar bei den Festen, weil er ohne Stiefel nicht gehen darf. Er schafft aber zum 16. auch etwas. Ich werde ihn bald wieder besuchen, denke ich. Der Sohn, der gar klug ist und artig, sagte mir neulich, daß, da er nun 63 Jahr alt sei (das will mir gar nicht glaublich scheinen), so müßte er sich schonen, und in Gesellschaft verdürbe er sich so leicht, weil er sich vergäße. Das ist nun wohl gut für ihn, aber nicht für uns!

3681 *Riemer* *15. (14.) Februar 1813*

[Goethe:] «Das Christentum setzt jeden in den Naturzustand (der ursprünglichen Gleichheit) zurück, ohne ihm die Moyens dazu zu geben. Daher ist jeder gefährdet, der eigentlich der Mächtigere ist: denn er darf seine Macht nicht gebrauchen. Daher befinden sich alle *Lumpe* so vortrefflich dabei: denn man kann ihnen nichts anhaben.»

3682 *Riemer*

Wie Goethe mir mit bemerkte: man könne sagen, daß gerade das Individuelle, das wodurch er *der* Autor ist, das punctum saliens, wenn es unterdrückt erscheint, getadelt wird.

3683 *Riemer*

[Goethe:] «Nur in mittleren Zuständen findet Menschenhülfe und Teilnahme statt und ist uns wohltätig, in allen äußersten sind wir auf uns selbst gewiesen. Entschluß und Tat müssen wir allein vollbringen. Vorher mag man uns beraten, hinterher beklagen, das Meiste, Größte und Beste müssen wir doch selbst und allein tun.»

3684 *Ch. G. v. Voigt an Böttiger* *18. Februar 1813*

Noch wartete er [Saint-Aignan] das Fest vom 16. Februar [Geburtstag von Maria Paulowna] bei uns ab. Es wurde mit *Bilder-Szenen* begangen, alle aus französischen Originalstücken. Ein Arkadier mit dem Parnaß, allen Musen und Zubehören, Belisario, Hippolyt, die Horazier pp. Alles fiel schön aus; die Zwischenszenen waren eigens dazu von Müller komponiert. Das poetische Programm dazu war von Riemer. Goethe dirigierte hinter der Kulisse. Die Vorstellung war in den Marmorzimmern. Die Zuschauer waren im großen Saal. Es war fürwahr ein schönes Schauspiel, und unsre schönen Fräuleins wendeten die größte Standhaftigkeit an, leblose Bilder zu machen, besonders die Klio. Es dauerte von 8 bis 10 Uhr.

3685 Carl v. Stein an seinen Bruder Fritz 20. Februar 1813

Goethe hat zu die Geburtstäge allerhand Klingklang gemacht. Die tableaux oder Bilderszenen mit Gesang waren aber hübsch. Versteht sich, die tableaux haben nicht gesungen, sondern die Kapelle.

Im großen Weißen Saal waren die Zuschauer, im Marmorsaal das Theater. Die Anzüge lebhafte Farben, die Beleuchtung und Effekte himmlisch. Meine Frau hat als Oenone den Goethe berückt, daß er ihr um den Hals gefallen ist. Die Musen haben es hinter dem Vorhang entdeckt, und sie beneidet.

3686 Louise Seidler an Pauline Schelling 4. März 1813

Von Goethe kann ich Dir bessere Nachrichten geben. Ich fand ihn kürzlich in Weimar wieder ganz den Alten, lebenskräftig, voll Feuer und des besten Humors. Ein Gespräch über Fouqués Werke [am 17. Februar], wo er einmal recht aus sich heraus ging (wir waren ganz allein, da sich die Damen durch ein Schläfchen vom Balle erholten), wünschte ich Dir hier so lebendig herzaubern zu können, als es wohl noch in meiner Seele steht, aber ich es nicht wiedergeben mag noch kann, weil es, so zerstückt, ein Nichts werden würde, und doch ein so göttliches Ganzes ausmacht. Daß er ihn eben nicht liebt und achtet, und daß er sich besonders «über die vielen zerknickten, verbogenen und verzogenen Wahlverwandtschaften, die immer als neue Ragouts von der Grundlage der seinigen von diesen neueren Schriftstellern uns aufgetischt würden», ereiferte, laß Dir nur ganz kurz gesagt sein und entre nous, so wie dies ganze herrliche Gespräch ein freundliches «entre nous» war, das er hundertmal abbrach und doch immer wieder anfing, mit tausend: «Sei still! – 's ist gut! – Laß mir dies Fieber, diese Röteln der Zeit ruhen; ich werde sie auch noch überleben» wieder unterbrach – und dabei so liebenswürdig war, daß ich dem Himmel für diese Stunden ewig dankbar sein werde. Fouqués «Zauberring» und «Undine» ergötzt uns jetzt unendlich, und dies gab die Ursache dieses Gesprächs; aber daß ich so viel Freude an jenen Werken habe, kümmert mich trotz dieser hohen Gegen-Meinungen nicht, denn der alte Meister meinte ja auch so freundlich, «was erfreute, wäre ja gut, und es gehöre eine höhere Einsicht der Dinge, oder ein ganzes Naturkind zu sein, dazu, es anders zu finden, und nicht von der reichen Phantasie und den vielen glücklich verteilten Pointen bestochen zu werden. Überhaupt gehöre es ja zum Geiste der Zeit, über die wir ja nicht hinaus könnten usw.!»

3687 Louise Seidler an Pauline Schelling *4. März 1813*

Leider bin ich ziemlich von Knebels verbannt; das vorigen Winter von ihm gemachte Porträt hat, Gott weiß, warum, seine Frau geärgert, und nun trage ich noch immer von ihr die Strafe meines Vergehens. Da lobe ich mir die Geheimrätin [Goethe], die ist nicht so streng und eifersüchtig; die trägt mir hübsch auf, ihren Mann zu unterhalten, und gibt mir trotz allen gemachten Porträts alle Zeichen ihrer Huld und Gnade. Ernsthaft: ich möchte mir diese auch nicht verscherzen. Ich lerne immer und immer mehr ihren Wert, ihre Notwendigkeit einsehen. Carl hat dies unter anderm empfunden. Er ist fort, und nun behilft sich der gute Mann mit der Köchin, und John, an Riemers Stelle – ein kleines, hageres, häßliches, stilles, aber nicht so still und klein sein wollendes Wesen, von dem ich nicht recht begreife, wie es der Geheimrat um sich dulden kann – hilft vielleicht das Fehlende ersetzen. Er ist wenigstens Scharwenzel im Haus, und seine übrigen geistigen Einmischungen werden von dem alten Herrn so in aller Grandezza übersehen, daß ich dies wohl voraussetzen darf, ohne eben eine sehr große Sünde zu begehen. Riemer wird, glaube ich, von allen Seiten sehr vermißt, denn die Geheimrätin bittet ihn oft dringend und mit aller ihrer möglichsten Grazie und Huld, ihren Mann nicht zu verlassen, vierzehn Tage lang da zu essen usw. Übrigens ist dieser ganz der Alte.

3688 Ch. G. v. Voigt an Böttiger *12. (?) Februar 1813*

Die Trauerloge [für Wieland am 18. Februar] war recht würdig vollbracht und mit großer Teilnahme der Herrschaften. Herr v. Goethe las einen mit besonderer Klarheit und Simplizität geschriebenen Aufsatz, in dem besonders der Geistesgang geschildert war, mit vielen luminosen Bemerkungen aus dem Leben des Mannes. Wahrscheinlich wird die Schrift als Manuskript für Freunde gedruckt werden.

3689 Riemer *7. März 1813*

[Goethe und Riemer über Franz Horn:] Diese verdammten Romäntler käuen das Christentum, wie die Wilden jene Wurzel, um uns einen verfluchten Trank daraus zu bereiten.

Diese modern-romantische Poesie kommt mir vor wie eine Manipulation, wie ein Magnetisieren, das auf uns herumfingert und jeden in den Somnambulismus versetzt, wo er dann weissagt.

3690 Louise Seidler: Erinnerungen

Der Winter von 1812 auf 1813 verging unter bangen Sorgen und ängstlichen Erwartungen für die Zukunft ...

So gab es inmitten verworrener Zustände, trotz Angst und Not, wovon ein jeder seinen Teil zu tragen hatte, doch auch manche Lichtpunkte, ja, vielleicht würdigte man diese in der allgemeinen Bedrängnis gerade um so mehr. Zu diesen Lichtpunkten zähle ich ein sogenanntes «Kartoffelkränzchen», welches sich allwöchentlich [in Jena] versammelte und woran sich unter andern die Schwestern der Frau Frommann, deren geistvoller Bruder, Herr Wesselhöft, und der Professor Koethe beteiligten. Fouqué war damals der

Held des Tages; sein «Zauberring» erfreute uns vor allem bei diesen Zusammenkünften. Mich entzückte aber besonders «Undine». Dies sprach ich einmal [am 17. Februar 1813] lebhaft gegen Goethe aus, daher die Anspielung in einem nachfolgenden Briefe [vom 24. Februar], der, scherzhaft wie er ist, zugleich einen tiefen Blick in das menschenfreundliche Herz des Dichters tun ließ.

Ich hatte diesem nämlich die bedrängte Lage des ... Malers Kersting in Dresden geschildert und einige Bilder desselben auf Goethes Wunsch zur Ansicht nach Weimar kommen lassen. Allein sie fanden keine Käufer, mit Ausnahme der «Stickerin» (wozu ich selbst gesessen hatte). Dieses Bild erwarb auf Goethes Verwendung Herzog Carl August für sich.

Hieran ließ sich indessen der hilfsbereite Dichter noch nicht genügen; um Kersting erfolgreicher zu unterstützen, griff er zu dem Auskunftsmittel einer Lotterie. Wenn es gelang, 114 Lose, jedes zu drei Kopfstück, unterzubringen, so konnten wir dem Künstler eine erkleckliche Summe übersenden.

Den Erfolg einer Sache, welche Goethe in die Hand genommen, hielt ich für vollkommen gesichert; an die Schwierigkeit, so viele Lose unterzubringen, dachte ich nicht. In meiner Herzensfreude schrieb ich daher an Kersting und verkündigte ihm sein Glück. Es fand sich jedoch, daß das Unternehmen weitläufiger war, als ich anfangs geglaubt, ja, beinahe wäre es gar nicht zustande gekommen.

Der Zufall wollte, daß mein Vater bei der unter Goethes Leitung erfolgten Verlosung [am 11. März] eins der Bilder gewann, nämlich den ... «Eleganten Leser», der bei dem Schimmer einer Argandschen Lampe studiert. Goethe setzte mich von dem Glücksfalle in Kenntnis. Als mein Vater das Bild veräußerte, kassierte Goethe das Geld ein und sandte es mir.

3691 Riemer *14. März 1813*

Mittags bei Goethe. Geburtstag der Demoiselle Ulrich. Begrüßt mit Sunne, Munne, Nunne. Nachher zeigte Goethe ein Sonett auf die Großfürstin in einem Portefeuille des Fürsten Kurakin.

3692 Falk: Aufzeichnung *15. März 1813*

Bei meinem heutigen Besuch bei Goethe habe ich es abermals bestätigt gefunden, was ich von Goethe schon seit fünfzehn Jahren, bei wiederholten Anlässen bemerkt, daß mehr als Poesie und Kunst ihn jetzt die große Ansicht der Natur beschäftigt, an die er selbst festhält, und die, wenn sie auch andere festzuhalten verständen, nicht ermangeln würde, sowohl der Kunst als der Wissenschaft eine neue Bahn zu geben.

Ich teilte Goethen den Brief von Schelling an einen Freund über die persönliche Fortdauer mit, wo er eine Stelle grandios fand, zum Beispiel die von der Schrecklichkeit des Zustandes, der unser Leben genannt wird, und den Gott weislich vor unseren Augen verdeckt hat, ferner die, wo Schelling von der engen Verbindung unserer Seele und unseres Leibes spricht und wie, wenn die Natur ein Gott für sich wäre, es der andere Gott außer der Natur wohl anfangen sollte, was jener zerstört hätte, wieder aufzuwecken. Die Naturphilosophen seien dem Dinge ein paar Mal sehr nahe gekommen, ein paar Mal aber, wo der Schatz schon über der Erde war und sie ihn heben konnten, hätten sie ihn aus Ungeschicklichkeit wieder herunterfallen lassen.

Auf die Metamorphose der Insekten, mit welcher sich Goethe ebenso anhaltend als wie mit der Metamorphose der Pflanzen beschäftigt hatte, legte Goethe einen großen Wert. In ihr sei ein mächtiger Aufschluß enthalten, weil in ihr die Natur zu Tage gehe, die sich gleich darauf in ein Ei wieder verberge. Einmal, an einem Ende sei überhaupt alles in der Natur recht grob und recht deutlich herausgesagt. Es sei aber wie mit einem Funken, der durch die Steigerung zur wilden Flamme werde und rase, so auch in der Natur: in der Metamorphose der Blumen sei alles still, in der Metamorphose der Pflanzen rase alles, es seien Blumen, die befreit von der Erde aus ihrer eigenen Wurzel herauswüchsen. Manche Puppen hätten eine so kristallene Haut zum Überzug, daß man wie durch ein Uhrwerk den ganzen Gang der Entwicklung sehen könne; Blumen, die am Ende davonflögen: dieser Gedanke läge ganz in dem Gesetz der Entwicklung der Natur.

Goethe hat Tabellen über die Beschaffenheit der Raupe aus dem Ei bis zum Vogel durch alle Zustände durchgeführt, durch alle Verwandlungen, und behauptet, es seien dieselben Verwandlungen, die auch im menschlichen Körper vorkämen, denn im Grunde sei doch alles in der Welt Blatt. Er lobte die Versuche der Naturforscher mit den ausgebrüteten Eiern; sie gewährten aber durchaus nicht die Sicherheit der Betrachtung, wie der Zustand der Puppe im Übergang von der Raupe zum Schmetterling. Das *Wie*, sagt Goethe, wodurch die Flügel bei der Raupe eintreten, sei sein Geheimnis, und er könne es nachweisen. Jedes Haar könne auch ebensogut ein Tier sein, warum nicht so ein stolzes Ding wie die Feder? Daß so ein Rosenstock am Ende eine Rose hervorbringe, diese Verwandlung errege keine Verwunderung, und doch sei sie völlig so bewundernswert und drücke das nämliche Gesetz aus, wie die Verwandlung einer Raupe in einen Schmetterling. In den höheren Organisationen des Menschen werde das Tier noch kaum bemerkt, und doch erkläre sich alles leicht, sobald man die unteren Metamorphosen der Natur, weil sie vom Einfachen zum Zusammengesetzten schreite, gehörig gefaßt habe. – Er tadelte die Ärzte, die alles durch Anatomie erforschen wollten. Die Anatomie zeige weiter nichts als das Einerlei der Grundstoffe, mit welcher Entdeckung eben noch nicht viel Besonderes gewonnen sei; sodann behandeln sie den menschlichen Organismus meist chemisch. Er wisse recht wohl, daß Essen und Trinken auch ein chemischer Prozeß sei.

Die Lehre von den Temperamenten, die eine so bedeutende Rolle in der Medizin und in der Moral spielt, glaubt Goethe aus seiner Metamorphose der Pflanzen auf das vollkommenste erörtern zu können. Die Botaniker vertiefen sich in die Anatomie der Gewächse. Da wird nun alles so bunt und so kraus, diese Gefäße sind größer, diese kleiner,

Spiralgefäße oben und unten, am Ende sieht man, daß alles einerlei Grund hat, woraus aber die Natur noch keineswegs erklärt ist. – Solche Sätze: jedes Haar könne auch ein Tier sein, ferner, jede Ameisenmonade hat auch ein Recht, eine Welt zu bauen, klingen förmlich wie Orakelsprüche. Ich frug Goethe, ob es ihm nicht wahrscheinlich sei, daß auch die so vielen verschiedenen Tiere auseinander, durch ähnliche Metamorphosen wie der Schmetterling aus der Raupe entstanden seien? Goethe aber erwiderte, etwas Gewisses ließe sich darüber nicht festsetzen und der Vermutungen wolle er sich lieber enthalten. Das liege indes am Tage und deutlich genug, daß das ganze Reich der Erscheinung eine Idee und ein Gedanke sei. «Ich liebe es nun einmal nicht, mich mit Sachen zu beschäftigen, die von mir so weit weg liegen, deswegen mag ich selbst nicht die Astronomie treiben, weil eine klare Einsicht in den Organismus, der mir so nahe liegt und der mich von allen Seiten umgibt, mir tausendmal lieber ist. Das einzige, was ich an der Natur auszusetzen habe (es ist Genie, Geist genug in ihr vorhanden und zu allen Zeiten), ist, daß das Leben nicht lang genug ist, damit die Erfindung, die Kunst und Wissenschaft tiefere Wurzeln schlagen und sich bei den Nachkommen befestigen kann. So ein Mann wie Hofrat Stark in Jena, der sollte wenigstens 120 Jahre leben. Die Lebensdauer ist eine zu geringe. Wegen der lebendigen Tradition in Künsten und Wissenschaften ist eine längere notwendig.»

«Die Chemie ist dem ganzen Dinge jetzt bis zum Erschrekken nahe, weil aber nun jeder eine nämliche Terminologie wählt, so wird nichts ins Leben verwandelt. Aus allen euren Feilspänen könnt ihr ja doch keinen Stahlstab machen. Das Gesetz, wonach sich alles in der Natur aufbaut, habe ich in der Metamorphose der Pflanzen angegeben (sind es die Pole, die Geschlechter). Es rast nach diesem immer prächtiger in gesteigerten höheren Verbindungen. In der Metamorphose der Pflanzen fließt die Blume nicht weg. Dies ist aber in der Metamorphose der Insekten wirklich der Fall.»

3693 Riemer *21. März 1813*

Nach Tische mit Goethe im Garten. Über Schelling; sein Journal.

3694 F. G. Hand:
P. Papinii Statii Hercules epitrapezios novii vindicis *1849*

Eo tempore quod Vimariae degebam, quum aliquando [28. März 1813] cum Goethio convenissem, et ei de studiis meis quaerenti narassem, me in recensendis Statii carminibus esse occupatum, ille subridens confitebatur sibi hunc poetam non cognitum, sed ignorantiam hanc vix excusabilem esse. Ne igitur ullum bonarum artium recessum sibi occultum relinqueret, statim e bibliotheca librum afferri iussit. Paulo post me ad se vocavit et, ille Statius, inquit, poeta est magnopere laudandus assiduoque studio nostro dignus: non me offendunt ea, quae luxurie quadam ingenii effudit, sed admiror in eo artem, qua res conspicuas mente comprehendere et exacte describere optimum quemque poetam decet. Vide quam accurate depingat illum equum Domitiani, quam fideliter reddat imaginem Herculis, quam subtiliter describat villarum regiones, balnei ornamenta. Omnes res, quas verbis designat, ante oculos nobis versari videntur: tanta est ei ars rerum imagines percipiendi et repraesentandi.

3695 R. Unger: P. Papinii Statii Ecloga ultima *1868*

Handium igitur memini injecta de Monacensibus nostri poetae codicibus mentione mihi narrare contigisse aliquando, ut, cum silvam aliquam ipse recitasset, Goethius mirabundus in haec erumperet verba: «At qui abs te legitur, non probabilis scriptor est, sed verus poeta.»

3696 Falk: Aufzeichnung *29. März 1813*

Der Gegenstand unserer heutigen Unterhaltung war die Metamorphose der Pflanzen. Der Hauptpunkt in derselben ist die ungeheure Konzentration des Baumes, der Pflanze, jedes Gewächses. Jeder Baum ist zugleich ein Korallengebäude, nur daß die Koralle ein mehr animalisches Leben hat.

Indem der Eichbaum innen abstirbt und Holz wird, lebt er von außen im Fleische fort. Er schnitt eine Bohne auf und zeigte mir die Kotyledonen. Kotyledonen sind die Samenlappen, eigentlich das, was wir im Getreide verzehren und an der Bohne. Es ist nichts weiter als ein aufgedunsenes, verfleischtes Blatt. Die Epidermis ist in beiden Seiten aufgelaufen. In demselben, im Samen, ist nun bereits die vollkommenste Pflanze erhalten, ja sogar mit Augen, das heißt wieder mit Samen. Dieses Pflänzchen steht wie alles in der Welt auf zwei Polen, auf dem der Finsternis und des Lichts, das ist das *Urphänomen der Geschlechter*, und man muß nicht weiter fragen noch forschen; genug, daß es das Mittel ist, wodurch der Weltgeist seine großen Verwandlungen erlebt und aus allem nichts und nichts aus allem macht. – Mit der Wurzel, als dem weiblichen Pole, kehrt sich die Pflanze nach der Erde zu und saugt von da ihre Nahrung ein, mit den Blättern als dem männlichen Pole, geht sie strebend auf das Licht los. Dabei ist das Merkwürdige, daß zum Beispiel auch von Flechten, die auf Felsen stehen, auch die Wurzeln sich sogleich in Zweige und Äste verwandeln, wo die Erde herunterfällt. Es trägt also die Pflanze in inniger Vermischung beide Pole in sich selbst und läßt sie auch so aus sich selbst wieder hervorgehen. Dadurch ist Schelver in seiner Kritik der Lehre von den Geschlechtern der Pflanzen dahin gekommen, daß er die Geschlechter völlig geleugnet hat; es erzeugt sich alles aus sich selbst, es sind die Staubfäden bloß rohe Auswürfe, diese mußte sie zuvor los werden, ehe sie ihr Gleichnis gebären konnte. Denn alles innere Wachstum ist Zeugung, keins von außen, alles von innen. Ich habe diese Lehre, die sich an der Metamorphose der Pflanzen entwickelt hat, kommen sehen, ich weiß, es ist eine Einseitigkeit, aber sie ließ sich nicht abwehren, wie die Natur auch den Borsdorfer Apfel zulassen mußte, weil er auf dem Wege einer freien Entwicklung unter den möglichen Kombinationen lag, obgleich er eigentlich nicht in ihrer Intention war. – Die Konzentration aller Zweige zeigt sich in einem Tannenzapfen, der im Grunde weiter nichts als ein Tannenzweig von vier Ellen ist oder zehn Ellen, um den sich nun die dort zerstreuten Augen oder Samen, welches eins ist, dicht ineinander eingesteckt haben. Linné hat gesagt, die Pflanze, wenn sie blühte, antizipierte ein paar Jahre, ich gehe noch weiter und sage: sie antizipiert ein paar Jahrhunderte. Das ist eben der Ring der Ewigkeit, wie sich die Schlange in den Schwanz beißt. Sie spiegelt blühend die Jahrhunderte. Im Tannenzapfen haben sich die Augen eines ganzen Astes ineinandergeschoben und stellen den Samen dar. Dies kann ein Zweig oder Ast von zehn Ellen sein, der sich so zusammenschiebt.

Jedes Blatt ist ja weiter nichts, als ein mit Fleisch zusammengewachsener Zweig, von der kleinen Rippe wird die große Rippe völlig als Erde behandelt, daher das Hervorwachsen. Das Blatt kann auch gefingert erscheinen. In der Dattelpalme erscheint es wirklich so. Das Blatt besteht demnach aus einem zusammengewachsenen Zustand. Das Blatt ist also ein verkürzter Zweig. An den Farrenkräutern, wo die Blüten hinten erscheinen, ferner an den Lindenblüten, die aus dem Blatte hervorwachsen, sieht man also ganz klar, daß dies Blatt ein Baum ist und also Samen und Augen treiben, ja den ganzen Baum konzentrieren kann. – Im Samen sind konzentrierte Jahrhunderte. Die meisten Menschen haben, wie es scheint, gar nicht das Organ, um das zu fassen, daher ist und bleibt diese Lehre das offenbare Geheimnis. – Wie eine Pflanze im fetten oder mageren Boden sich verwandelt, ist auffallend. Jeder Dorn einer Rose hätte eigentlich ein Zweig werden sollen, das kann ich in Beispielen erhärten und auch beweisen. Hier tritt nun der besondere Fall ein, daß die Haut oder die Epidermis Augen treibt, weil das Gewächs so prächtig und mäßig ist, sowie auch das Horn des Rhinozeros nicht aus dem Kopf des Tieres hervorwächst, sondern die Haut desselben ist, so prächtig und mäßig, daß sie es hervortreibt.

Die Zitronenblätter sind von außen glatt und haben keine Haare, weil sie innenwärts zu viel zu verwenden haben. Anstatt zehn ja zwanzig Ellen Raum mit dem einzelnen Faden des Rosengewächses auszufüllen, rückt die Natur alles zusammen und verkürzt in der Blüte alles aufs ungeheuerste:

sie stellt nun in einen Kreis und erreicht in der Breite, was sich in der Länge nicht erreichen läßt.

Alles, was in der Welt erscheint, hat auch ein Recht mit Vernunft zu erscheinen. Das ist die Maxime. Ein Weltgeist, eine ewige Vernunft, steht in jeder aller Erscheinungen. Es ist in allem ein gewisser Überfluß in der Natur. Sie kann nie fertig werden, das sieht man auch in den Haaren. – Was für eine Menge Blüten ist es, die die Kirschbäume ausschütten. Man hat gelbe, rote, weiße, purpurne Malven. Die Blume hat bekanntlich eine schmerzlindernde Kraft, zum Beispiel bei bösem Halse. Hier ist aber merkwürdig, daß die dunkelroten die meiste Kraft zur Stillung haben, wie jeder Apotheker weiß, und man sich eher hilft, wenn man sich drei Stunden mit dunkelroten Malven als wenn man sich drei Tage mit weißen oder gelben Malven gurgelt.

Der Mensch ist dazu gemacht, im Alter hinzudämmern. Auch ich fühle diese Bestimmung. – Indem Goethe ein Portefeuille mit den Harzzeichnungen aufschlug, fuhr er fort: «Kommen Sie, muntern Sie mich auf, es wird diesen Dingen selten so gut, daß von ihnen gesprochen wird. Der Mensch hat, wie es scheint, nicht die Organe, um viel von diesen Dingen zu erkennen, die meisten bequemen sich dem Zeitalter der Aussicht der Versorgung an, dem, was gelobt wird. Sie lieben es wohl, daß ich ihnen meine Ideen mitteile, aber so, daß ich sie in den Eierkuchen ihres Journals einschlagen könnte.»

3697 Riemer *4. April 1813*

Bei Goethe. Nach Tische die Schule von Athen, Kopie wahrscheinlich von Nahl.

3698 Charlotte v. Schiller
an Prinzessin Caroline *10. April 1813*

Die Rede vom Meister [auf Wieland] ist meisterhaft; so klar, schön, billig, verständig und mit so viel Geist.

Denken Sie, daß ich neulich in dem Tannengang an seinem Garten ganz einsam ging; da begegnete ich ihm; er war so freundlich, lieb und gut. Wir sprachen über seine Rede, die ich eben gelesen hatte, und er nahm mich mit in sein Haus, welches eben ganz ausgereinigt war. Ich sah den prächtigen Jupiterskopf, den er jetzt besitzt, und es sind recht die ambrosischen Locken, die der Vater der Götter schüttelt in der Ilias, ausgedrückt.

3699 Riemer *16. April 1813*

Nach Tische um 4 Uhr zu Goethe gerufen, der mir ankündigte, daß er nach Teplitz gehe.

3700 P. A. Wolff an A. Müllner *20. Mai 1813*

[Über Müllners Lustspiel «Die großen Kinder».] Eine Bemerkung kann ich aber nicht unterdrücken, die Goethe [etwa 13. bis 16. April] auch bei diesem Stück machte: «Warum schreiben Sie die Rolle nicht brillanter?» Mit dürren Worten: Warum suchen Sie nicht mehr Effekt auf Aktschlüsse und Abgänge zu gewinnen? Auch das gestrige Stück würde mehr Aufsehen machen, wenn Gelegenheit gegeben wäre, daß das Publikum seine Freude darüber anhaltender bezeugen könnte.

3701 Riemer *17. April 1813*

War Goethe früh abgereist und hatte mir ein Exemplar seiner Werke zurückgelassen, um die Druckfehler zu korrigieren.

3702 Charlotte v. Stein an ihren Sohn Fritz *18. April 1813*

Er [Goethe] konnte die hier so abwechselnde bald Lüge bald Wahrheit, ob Russen oder Franzosen uns zernichten würden, nicht ertragen, war tiefsinnig darüber geworden, ist auch lange Zeit nicht mehr zu mir gekommen, und kam gestern seine Frau, mir ein Lebewohl von ihm zu sagen, und er würde mir von Teplitz aus schreiben.

3703 Knebel an seine Schwester *22. April 1813*

... muß ich Dir vorerst noch melden, daß Goethe am 17. d. nach Teplitz abgereiset ist. Er hatte sich vorgenommen, es diesen Sommer, wo möglich, in Weimar auszuhalten, und dabei sich ganz auf seine Arbeiten, vorzüglich auf seine Lebensgeschichte, einzuschränken. Als ich letzthin [am 12. April] in Weimar war, sah ich ihm wohl an seinem tiefen und schweigenden Ernst an, daß er etwas in sich gedrückt sei. Auf inständiges Zureden seiner Frau hat er sich endlich schleunig entschlossen abzureisen, und das Glück hat ihm dadurch gewollt, daß er die Szenen, die sich gleich tags darauf in Weimar durch Besetzung der Franzosen und Vertreibung der preußischen Piketts zugetragen, nicht daselbst mit erlebte.

3704 F. Förster an seine Schwester *20. April 1813*

[Bericht vom gleichen Tage.] Unser erstes Nachtquartier hatten wir in Meißen ...

Wir hatten eben unsern Morgengesang vor dem Gasthofe, in welchem unser Feldwebel in Quartier lag, beendigt, als ich einen Mann in eine Extrapost einsteigen sah, dessen Züge mir bekannt zu sein schienen. Kaum traute ich meinen Augen, als ich sah, daß es Goethe war. Ich war als Freund seines Sohnes und als begünstigter Ballbegleiter seiner tanzlustigen Frau Gemahlin oft in seinem Hause gewesen; allein ihn, den Friedliebenden, mitten unter den Kriegsunruhen zu finden, wußt' ich mir nicht zu erklären. Noch glaubte ich mich zu täuschen, zumal er die Militärmütze tief in das Gesicht gedrückt hatte und sich in den russischen Generalsmantel mit rotem Kragen versteckte; als ich nun aber seinen kleinen Sekretär, Freund John, an den Wagen treten sah, war ich meiner Sache gewiß, und teilte die herrliche Entdeckung sogleich meinen Kameraden mit. Mit militärischem Anstande einer Ordonnanz trat ich nun an den Wagen heran und sagte: «Ew. Exzellenz melde, daß eine Abteilung der königlich preußischen Freischar der schwarzen Jäger auf dem Durchmarsch nach Leipzig vor Ihrem Quartier aufmarschiert ist, und Ew. Exzellenz die Honneurs zu machen wünscht.» Der Feldwebel kommandierte: Präsentiert das Gewehr! und ich rief: «Der Dichter aller Dichter, Goethe lebe hoch!» Mit Hurrah und Hörnerklang stimmte die ganze Kompagnie ein. Er faßte mit der Haltung eines

Generals an seine Mütze und nickte freundlich. Nun trat ich noch einmal heran und sagte ihm: «Es hilft Ew. Exzellenz das Inkognito nicht, die schwarzen Jäger haben scharfe Augen, und bei unserm ersten Ausmarsche *Goethen* zu begegnen, war ein zu günstiges Zeichen, als daß wir es sollten unbeachtet vorüber lassen. Wir bitten um Ihren Waffensegen!» Von Herzen gern, sagte er; ich reichte ihm Büchse und Hirschfänger, er legte seine Hand darauf und sprach: «Zieht mit Gott, und alles Gute sei Eurem frischen deutschen Mute gegönnt!» Während wir ihm ein nochmaliges Lebehoch riefen, fuhr er grüßend an uns vorüber. Wo mag er nur jetzt hin wollen?

3705 F. Förster: Goethes dreiundachtzigster Geburtstag 1837

Schon als Student hatte ich in Jena im Jahre 1812 Goethe persönlich kennen gelernt, oder, wie ich mich bestimmter ausdrücken sollte, ihn öfter gesehen, da ich nicht allein mit seinem Sohne befreundet, sondern auch einer der vielen Verehrer seiner Frau, einer leidenschaftlichen Tänzerin auf den Studentenbällen, war. So freundlich auch Goethe war, wenn wir ihm von einem Spaziergang durch das Rauhtal oder von dem Schneckenberge irgend eine Versteinerung mitbrachten, so machte dennoch sein Anblick auf mich jedesmal einen so mächtigen Eindruck, als ob ich den olympischen Zeus vor mir sähe, was um so verwundersamer war, da ich von seinen Schriften, als strenggehaltener Gymnasiast, kaum einige Lieder kannte; nur wer in Goethes und Napoleons Augen gesehen, der hat erfahren, welche magische Gewalt in solche Sterne gebannt ist ...

Als ich im April 1813 von Dresden aus, wo ich mit Th. Körner zusammengetroffen war, mit den Preußischen Freiwilligen als schwarzer Jäger nach Leipzig marschierte, erkannte ich in Meißen Goethe, wie er eben in den Wagen stieg, um weiter nach Böhmen seinen Rückzug zu nehmen. Kaum hatte ich der Kompagnie, die fast aus lauter Studenten bestand, meine Entdeckung mitgeteilt, als ihm sogleich ein dreifaches Hurrah ausgebracht wurde. Er hüllte sich in seinen russischen Militärmantel mit rotem Kragen und mochte glauben, daß wir ihn für irgend einen moskowitischen General hielten, zumal da ich ordonnanzmäßig mit präsentiertem Gewehr an den Wagen herantrat, und Seiner Exzellenz meldete, zu welcher Truppe wir gehörten, woher wir kämen, wohin wir marschierten. Als er sich aber noch mehr in die Ecke des Wagens drückte und einige unverständliche Worte in den Bart brummte, faßte ich mir ein Herz und sagte: «Das hilft nun Ew. Exzellenz alles nichts, wir haben Sie erkannt und sehen es als das günstigste Zeichen an, bei unserem ersten Ausfluge Deutschlands gefeiertem Dichter zu begegnen.» Goethe erkannte mich nun als einen Freund seines Sohnes, wünschte uns Glück und, indem er die Hand auf mein Gewehr legte, sagte er: «Wenn Ihr jungen Vaterlandsbefreier meint, daß mein Segen für Eure Waffen von Erfolg sein könne, so sei er Euch hiermit von ganzem Herzen erteilt.» Unter einem wiederholten Lebehoch! fuhr er nach Böhmen, und wir marschierten zur Schlacht von Lützen.

3706 L. Ch. v. Burgsdorff an Graf v. Einsiedel 21. April 1813

Gestern ist Geheimerat Goethe aus Weimar nebst einem Sekretär hier [in Dresden] eingetroffen. Da die Quartiere rar sind, so habe ich, ohne aufzufallen, ihm einen Teil des meinigen anbieten können und dürfte dadurch imstande sein, Ew. Exzellenz bisweilen einige Notizen und Bemerkungen untertänig mitzuteilen. Wie er mir sagte, wird sein Aufenthalt unbestimmt sein.

3707 F. A. v. Staegemann an seine Frau 22. April 1813

Goethe ist vorgestern hier angekommen. Vielleicht habe ich Gelegenheit, ihn zu sehen, wiewohl ich mich nicht danach drängen werde.

3708 E. M. Arndt: Erinnerungen aus dem äußeren Leben 1840

Auch Goethe kam, und besuchte mehrmals das ihm befreundete Körnersche Haus. Ich hatte ihn in zwanzig Jahren nicht gesehen; er erschien immer noch in seiner stattlichen Schöne, aber der große Mann machte keinen erfreulichen Eindruck. Ihm war's beklommen, und er hatte weder Hoffnung noch Freude an den neuen Dingen. Der junge Körner war da, freiwilliger Jäger bei den Lützowern; der Vater sprach sich [am 21. April 1813] begeistert und hoffnungsreich aus, da erwiderte Goethe ihm gleichsam erzürnt: «Schüttelt nur an Euren Ketten, der Mann ist Euch zu groß, Ihr werdet sie nicht zerbrechen.»

3709 C. G. Carus: Lebenserinnerungen und Denkwürdigkeiten *1865*

[Über den Besuch des Kupferstichkabinetts in Dresden in den Jahren 1819 und 1820.] Was auf der Gemäldegalerie niemals von mir versucht worden war, das Zeichnen nach besonders mich interessierenden Werken, hier übte ich es häufig. War doch da eher eine Annäherung an das Original möglich als dort, wo das massenweise Kopieren mir oft genug so lästig gefallen war, daß manchmal ein Einfall Goethes mir ganz plausibel erscheinen konnte, als von welchem man erzählt, wie er einst [am 22. April 1813?] bei Wahrnehmung der Unmöglichkeit, die damalige Galerie gegen Winterkälte zu schützen, ausgerufen habe: «Man solle doch im Winter hier mit den Kopien heizen, die im Sommer gemacht worden!»

3710 L. Ch. v. Burgsdorff an Graf v. Einsiedel *23. April 1813*

Geheimer Rat Goethe lebt bis jetzt sehr eingezogen und hat sich mit russischen und preußischen Behörden noch in keine Verbindung gesetzt, mithin auch dem Freiherrn von Stein, welchen er, wie er mir sagte, von frühern Zeiten her kennt, nicht aufgewartet.

3711 Varnhagen: Gespräche mit Goethe *1837*

Eine Freundin Goethes, Frau von Grotthuß, stellte ihm einmal [am 23. oder 24. April 1813?] sehr beweglich vor, daß man dem armen Manne [Böttiger] doch eigentlich Unrecht tue, wie er doch außerordentliche Kenntnisse aller Art besitze, und alles so leicht und nutzbar zu behandeln wisse. Lange ließ Goethe auf sich einreden, und hörte die zum Teil triftigen Gründe ruhig an; endlich aber brach er ungeduldig aus: «Sie haben gar nicht unrecht, liebes Kind, es ist ganz wahr, er *brauchte* auch gar kein Lump zu sein, wenn er nicht durchaus *wollte!*»

3712 Marie Helene v. Kügelgen: Tagebuch *25. Mai (24. April) 1813*

Des Kaisers und Königs Einzug brachte schon von früh an Menschen zu uns, die sich unsrer Fenster bedienen wollten. Der erste von diesen war Goethe. Er fand mich mit den Kindern noch allein und war sehr liebenswürdig, das heißt wir genierten einander nicht. Ich trug ihm den Sessel vor das Mittelfenster hin – ich war zu bewegt, um sprechen zu können.

Nun aber füllte sich das Zimmer, und so ging es fort bis zwei Uhr – ich war sehr müde – dabei die beständige Janitscharenmusik gerade unter den Fenstern. Als sie nun endlich kamen und alle Glocken läuteten – als sie zu Pferde in der Allee hielten, gerade unter unseren Fenstern, und nun die vielen tausend Stimmen wie in einem lang gehaltenen Schrei sie begrüßten – als die unzähligen Geschwader vorbeizogen und die Musik – das Geschrei, die wehenden vaterländischen Fahnen – die mich mehr als alles andere rühren – da war ich wirklich ermattet. Und nun mußten wir zu Mittag essen und die schwarze Tante, die nicht durchs Gedränge fort konnte, zu Mittag bei uns behalten. Goethe ging gleich nach Tisch von uns, um zu schlafen, und ich hing wie eine überreife Kornähre vornüber und ließ mich vollends zerarbeiten bis um 4 Uhr, da Goethe erwachte und zum Kaffee kam.

3713 W. v. Kügelgen: Jugenderinnerungen eines alten Mannes *1870*

Nach den Preußen unter Blücher rückte Tschernitscheff nach Dresden vor ... Russische Garden zogen ein, an ihrer Spitze Kaiser Alexander und der König Friedrich Wilhelm. Gleichzeitig aber fand sich noch ein anderer hoher Gast ein, ein Machthaber und Gewaltiger sondergleichen, der zwar über Roß und Reiter nicht verfügte, dessen Stimme auch im Rate der Monarchen nicht gehört ward, der aber dennoch in einer andern Sphäre fast unumschränkte Macht ausübte.

So lange ich denken konnte, hatte der Name Goethe in dem Freundeskreise unseres Hauses einen mehr als königlichen Klang gehabt ...

In meinen Kinderaugen gewann der Vielbesprochene durch solche Diskussionen nur an Bedeutung. Ich hatte nichts von ihm gelesen, und doch erschien er mir auf Auctorität des Vaters hin wie eine Sonne, vor deren Glanz jedwedes andere Gestirn verbleichen müsse. Ja, er war allgemach in meiner Vorstellung zu einem solchen Koloß angewachsen, daß ich selbst für den einziehenden Kaiser Alexander nur ein halbes Auge hatte, da ich zwei Minuten vorher den hochgefeierten Dichter gesehn, an seiner Seite gestanden und freundliche Worte aus seinem Munde vernommen hatte.

Goethe war nämlich am Morgen des Einzugs der Monarchen [24. April 1813] ganz zutraulich bei uns eingetreten, und da er den Vater, der ihn anderwärts suchte, nicht zu Hause fand, hatte er die Mutter um Erlaubnis gebeten, bei ihr bleiben zu dürfen, um aus ihren Fenstern, und vom Straßengedränge unbelästigt, den erwarteten Einzug mit anzusehen. Er werde in keiner Weise stören, hatte er hinzugesetzt, wolle sich ganz still verhalten, und bitte keinerlei Notiz von ihm zu nehmen.

Die Mutter glaubte zu verstehen, daß er selbst unbelästigt sein wolle. Sie überließ ihm daher ein Fenster, setzte sich mit ihrer Arbeit in ein anderes und drängte sich ihm mit keiner Unterhaltung auf. Da stand er denn, der prachtvoll hohe Mann in seinem langen Überrock, und blickte, die Hände auf dem Rücken, behaglich auf das bunte Gewühl des drängenden Volkes nieder. Er sah sehr heiter aus, und meine Mutter glaubte es ihm abzufühlen, wie dankbar er ihr für die Schonung sei, mit der sie ihn gewähren ließ, denn sie wußte, wie sehr der seltene Gast bis dahin von der bewundernden Zudringlichkeit schöngeisterischer Damen belästigt und gequält gewesen. Er pflegte sonst immer von großer Cortège umgeben zu sein, und da er so allein gekommen, nahm meine Mutter an, daß es ihm gelungen, sich, vielleicht vom Gedränge begünstigt, aus seiner anbetenden Umgebung wegzustehlen und hierher zu retten, um die feierlichen Eindrücke eines geschichtlichen Ereignisses ungestörter in sich aufzunehmen.

Sie rief daher auch mich hinweg, der ich dem großen Manne immer näher rückte und ihn anstarrte, wie einer, der zum ersten Male in seinem Leben einen Walfisch oder Elefanten sieht. Er aber zog mich an sich, legte die Hand auf meine Schulter und fragte mich dies und jenes, unter anderm auch, ob ich mich darauf freue, den Kaiser von Rußland zu sehen.

Ich sagte: Ja, ich freute mich darauf, weil er mein Pate wäre, und allerdings hatte ich bis jetzt in dieser glücklichen Illusion gelebt, bloß weil ich eben auch Alexander hieß. Meine Mutter gab indes sogleich die nötige Aufklärung, und Goethe fragte nun manches über Rußland. So war sie dennoch mit ihm ins Gespräch gekommen.

Indem ward heftig an der Klingel gerissen. Ich sprang fort, um die Tür zu öffnen, und herein drang eine unbekannte Dame, groß und stattlich wie ein Kachelofen und nicht weniger erhitzt. Mit Hast rief sie mich an: «Ist Goethe hier?»

Goethe! Das war kurz und gut. Die Fremde gab ihm gegen mich, den fremden Knaben, weiter kein Epitheton, und kaum hatte ich die Zeit, mein einfaches Ja herauszubringen, als sie auch schon, mich fast übersegelnd, unangemeldet und ohne üblichen Salutschuß, wie ein majestätischer Dreidecker in dem Zimmer meiner Mutter einlief.

Mit offnen Armen auf ihren Götzen zuschreitend, rief sie: «Goethe! ach Goethe, wie habe ich Sie gesucht! Und war denn das recht, mich so in Angst zu setzen?» Sie überschüttete ihn nun mit Freudenbezeugungen und Vorwürfen.

Unterdessen hatte sich der Dichter langsam umgewendet. Alles Wohlwollen war aus seinem Gesichte verschwunden, und er sah düster und versteinert aus, wie eine Rolandssäule. Auf meine Mutter zeigend, sagte er in sehr prägnanter Weise: «Da ist auch Frau von Kügelgen.»

Die Dame machte eine leichte Verbeugung, wandte dann aber ihrem Freunde, dessen üble Laune sie nicht bemerkte, ihre Breitseiten wieder zu und gab ihm eine volle Ladung nach der andern von Freudenbezeugungen, daß sie ihn glücklich geentert, beteuernd, sie werde sich diesen Morgen nicht wieder von ihm lösen.

Jener war in sichtliches Mißbehagen versetzt. Es mochte ihm etwa zumute sein, wie einmal meiner Wenigkeit in der Mädchenpension, und ohne Zweifel würde auch er, wenn er die Wahl gehabt, ein heimliches Produkt Ruten der aufdringlichen Zärtlichkeit seiner ekstatischen Freundin bei weitem vorgezogen haben. Er knöpfte seinen Oberrock bis ans Kinn zu, und da mein Vater eintrat und die Aufmerksamkeit der Dame, die ihn kannte, für einen Augenblick in Anspruch nahm – war Goethe plötzlich fort.

Entsetzt eilte die Getäuschte ihm nach, sich jeden Abschied sparend. Ob sie ihn noch erreichte, weiß ich nicht, da in demselben Momente die Ankunft der Monarchen das ganze Interesse von uns Rückbleibenden fesselte.

3714 Th. v. Schön an seine Frau *16. Mai 1813*

Goethe war auch in Dresden etwa zwei Tage, er war aber sehr verzagt, seine Stelle, sein Haus, sein Herzog haben ihm wahrscheinlich im Kopfe gelegen. Ich konnte ihn nicht sehen, aber ich ließ ihn bitten durch Graff, der sich bei mir aufhält, ein Kriegslied zu machen, das hat er aber gar nicht gewollt. Seine Stimmung war sehr matt. 64 Jahre.

3715 Th. v. Schön: Selbst-Biographie *1844*

Goethe passierte in der Zeit Dresden, und sobald ich dies erfuhr, bat ich den Professor Graff, zu welchem Goethe früher sehr freundlich gewesen war, und der mit Schenkendorf mich bis nach dem Waffenstillstande begleitete, Goethe aufzufordern, daß er uns ein Kriegslied gebe. Goethe kannte aber damals schon den Stand der französischen Armee, sah das Getreibe in Dresden, und am guten Erfolg des bevorstehenden Kampfs verzweifelnd, lehnte es ab. Er wolle, sagte er zu Graff, sich vom Schauplatz entfernt halten, und lieber noch eine Szene zum Faust, als einen Kriegsgesang dichten.

3716 L. Ch. v. Burgdorff
an Graf v. Einsiedel *25. April 1813*

Geheimer Rat Goethe ist in diesem Augenblick zur Großfürstin nach Teplitz abgereist, indem der Kaiser ihre Anherkunft verbeten und sich vorbehalten hat, sie in Teplitz zu besuchen.

3717 Louise Martin: Tagebuch *30. April 1813*

[Nach Goethes Ankunft in Teplitz am 26. April.] Goethe est arrivé mardi et a déjà passé deux soirées ici. La première, il était fort triste; hier, très aimable et gracieux.

3718 Louise Martin: Tagebuch *1. Mai 1813*

Un soir [30. April] Goethe était ici, il s'occupa un peu de la Princesse [Marie], plaisanta avec elle; elle fut charmante pour lui. Il nous fit une lecture; elle s'assit au milieu des dames d'honneur, fit de la charpie, et quand je lui demandai plusieurs fois si elle ne voulait pas aller au lit: «Non, non, dit-elle, je voudrais tant rester si longtemps Goethe s'en va pas ...» Elle estropie le français, mais commence à s'en servir journellement, avec moi et pour ses jeux. Je la laissai un peu; ensuite elle céda, quoiqu'elle eût fort envie de rester encore, et fit mille petites grâces à notre auteur. Chaque jour la rend plus gaie et plus amicale; c'est une preuve de bonne santé qui me réjouit.

3719 Louise Martin: Tagebuch *1. Mai 1813*

Le même jour, après souper.

Ce soir, Goethe est revenu pour achever sa lecture, mais il y avait du monde qui l'en a empêché. Ma Princesse lui a fait mille amitiés, et il lui a rendu bonnes grâces pour bonnes grâces. Elle a été l'inviter à venir souper avec elle, ce qu'il a fait. Il lui a conté plusieurs charmantes historiettes d'animaux, de chasse, de troubadours, qui l'ont rendue fort heureuse et m'ont vraiment divertie. Il est parfait avec les enfants, et eux sentent tout de suite quand on leur veut du bien .. Il était enchanté de la petite.

3720 *Louise Martin: Tagebuch* *5. Mai 1813*

La faveur où Goethe est monté chez ma Princesse ne fait qu'augmenter. Tous ces jours il a été ici, et nous l'avons beaucoup vu. La Princesse a obtenu qu'il soupe avec elle. Il aime fort les asperges; nous en avons presque chaque soir: c'est l'heureux prétexte qui nous l'amène. Ensuite, il raconte à la Princesse de petites histoires. Elle est enchantée et lui fait beaucoup d'amitiés. Elle est encore timide pour les étrangers, mais pour ceux qu'elle connaît ou préfère, extrêmement amicale. Rien n'est drôle comme de la voir avec Goethe. Elle meurt d'envie de l'embrasser; mais comme on lui a dit que cela ne convenait pas à l'égard des hommes qui ne sont pas nos parents, elle ne fait que prendre sa main, qu'elle serre contre sa poitrine de toute sa force. Elle l'invite pour toutes ses parties. Le premier jour où il avait accepté les asperges, elle me dit en se couchant: «La première fois où Goethe reviendra, ayez la bonté de commander un plat de belles asperges exprès pour lui.» Le soir elle lui disait: «Jugez le bonheur! j'ai encore des asperges, vous ne pourrez pas refuser de souper avec moi! Mon Goethe, dit-elle, racontez-moi quelque chose.» Lui est charmant avec elle; la bonté même.

3721 *Louise Martin: Tagebuch* *6. Mai 1813*

La princesse a prié, après dîner, Goethe de venir se promener avec elle, ce qu'il a fait. Nous avons été nous asseoir au parc dans un petit temple qui se trouve dans la partie que s'est réservée le prince Clary, et dont nous avons la clef en son absence. Tous les jours où nous n'allons pas en voiture, nous nous y établissons dès le matin jusqu'à midi, et de deux ou trois heures jusqu'à six ou sept. La princesse court et joue là autour pendant que je lis ou travaille. Aujourd'hui, Monsieur Goethe lui a conté en allemand, et avec une grâce toute particulière, une féerie que je garde par écrit, parce que, m'a-t-il dit, elle fait partie de petits contes arrangés pour les enfants depuis plusieurs années, et qui ne sont point imprimés. La Princesse était tout attention pendant le récit, qu'elle joue à présent avec sa poupée.

Après cela Goethe et moi avons un peu causé. Je lui ai demandé s'il voyait de l'inconvénient à raconter des contes et allégories aux enfants. Il m'a dit que non, bien au contraire; que l'imagination, qui fait partie de nous-mêmes et existe aussi chez eux, avait besoin d'être nourrie; que si on ne leur faisait pas des contes, ils s'en faisaient à eux-mêmes; et qu'on pouvait utiliser le goût des enfants pour le merveilleux en donnant un but moral aux contes, après les avoir avertis que telles ou telles choses sont fabuleuses et inventées pour leur amusement. Car il ne veut point qu'on trompe les enfants: mais ceux-ci distinguent fort bien ce qui est réel de ce qui ne l'est pas, et ils ne s'imagineront point que les animaux parlent, ou autre chose de ce genre. «Je sais, dit-il, que Rousseau s'est fort élevé contre cette idée, mais je prends la liberté de n'être pas de son avis. Nous n'éteindrons pas l'imagination, a-t-il ajouté, et à Dieu ne plaise, car sans elle nous ne sommes rien; mais nous la laisserons aller à travers champs .. tandis que nous aurions pu la régler en lui fournissant des aliments bien préparés. Impossible, d'ailleurs, dit-il encore, d'empêcher que jamais rien de fictif, de symbolique, soit présenté à un enfant, surtout du rang de votre Princesse; elle voyage: une tapisserie, une gravure, un tableau, lui offriront quelque trait de mythologie ou quelque symbole, et elle apprendra alors que par le monde il y a des fictions. Quel inconvénient y a-t-il à ce qu'elle le sache un peu plus tôt, et que vous en profitiez pour donner plus d'intérêt aux idées que vous désirez lui inculquer?» Il a ajouté que, pour les enfants, il voyait infiniment moins de danger qu'on ne le supposait à quantité de choses, par exemple aux spectacles. Le matériel les frappe bien plus que le sentimental. Son fils, ayant assisté, à l'âge de dix ou onze ans, à la tragédie de *Hamlet*, avait été occupé surtout d'une jarretière blanche qui sortait sous le vêtement noir de Hamlet, et lui avait ôté toute illusion; tandis que Goethe lui-même, vivement intéressé par la pièce, ne s'en était pas aperçu.

Goethe m'a parlé ensuite du caractère de ma Princesse. Je lui ai dit le bien que j'en pensais, mes bonnes espérances, et que pour le moment rien ne m'inquiétait que ses caprices; mais que parfois, sous ce rapport, je ne savais comment m'y prendre, et je lui ai demandé la permission de le consulter, tout ce que j'ai vu et lu de lui me prouvant qu'il aime et connaît les enfants; tandis que nous-mêmes avons peu d'expérience, et allons un peu en tâtonnant. «Avec de la raison, dit-il, cela n'a pas d'inconvénient. Tâchons seulement de ne pas juger les enfants d'après nous, mais de nous mettre à leur place. Quant à vos inquiétudes, elles ne sont pas fondées .. Laissez aller; laissez le naturel se développer; fermez les yeux pour n'avoir pas à punir, du moins le plus rarement possible .. vous verrez que tous ces petits défauts passeront avec l'âge. Sans eux, les enfants ne pourraient pas croître. Le moral, comme le physique, a *besoin* de certaines imperfections pour se développer; c'est là-dessus qu'il travaille. Vous savez que quand un enfant a les genoux trop gros, c'est une preuve qu'il deviendra grand. Il en est ainsi de ces petits défauts qui passent tout seuls ..» Je crois qu'il a bien raison, car la princesse, qui par exemple ne donnait rien il y a deux ans, et qui, disait-on, ne serait jamais généreuse, a pris une vraie passion de donner. «Mais, dis-je à Goethe, le difficile me semble de distinguer entre les défauts qui tiennent à l'âge et ceux qui tiennent au caractère.» «Sans doute, dit-il, c'est tout ce qu'il y a de plus difficile, et je conviens que l'habitude du bien n'est pas à négliger, qu'on s'y accoutume comme à autre chose. Aussi avez-vous raison de réveiller de temps en temps votre Princesse en ne laissant pas aller ses caprices trop loin; mais croyez-moi, le moment viendra où sa raison, ses sentiments entendront tout à coup les vôtres, et d'eux-mêmes feront plus que ne feraient à présent toutes les punitions, qui sous d'autres rapports peuvent avoir une fâcheuse influence sur le caractère.»

Cette conversation m'a fait grand plaisir. Elle m'a rassurée sur mon indulgence, dont je craignais qu'elle fût peut-être préjudiciable à la Princesse. Je suis heureuse aussi que Goethe m'ait affirmé trouver la petite très bien, vive, animée agréablement, mais sans exagération. Elle lui paraît annoncer beaucoup d'intelligence, de justesse d'esprit, de bonnes dispositions. J'espère le retrouver, et causer encore là-dessus avec lui.

3722 *Ch. G. Körner an F. Schlegel* *28. Mai 1813*

Goethe sehe ich oft, aber über das, was mich jetzt interessiert, läßt sich mit ihm nicht sprechen. Er ist zu kalt für den Zweck, um zu hoffen. Jede Entbehrung und Unruhe ist ihm daher ein zu kostbares Opfer. Um seiner und vieler andern klugen Leute höhere Weisheit beneide ich niemanden.

3723 *Minna Körner an G. Parthey* *11. April 1838*

Ich war ein Kind von fünf Jahren, wie mein Vater und Goethe unzertrennlich bis zu seinem Abgang von der Universität waren. Im Jahr 89 waren Körner mit mir und Schiller [und] meiner Schwester in Weimar, Goethe war in Eisenach, wo er von unserer Erscheinung hörte, und sich erinnerte, daß wir die Töchter seines Jugendfreundes wären, er schickte einen Boten, wo er dringend bat, daß wir ihn erwarten sollten – von da an waren wir in freundlicher Verbindung mit ihm bis zum Jahr 13, wo uns die Meinung trennte – er war ein leidenschaftlicher Verehrer Napoleons – und wir hatten den einzigen Sohn als Freiwilligen bei der preußischen Armee.

3724 *H. v. Heß: Erinnerungen* *18. April 1863*

Es war im Mai des welthistorischen Jahres 1813, als ich die Weisung erhielt, mit dem damaligen Feldmarschall-Lieutenant Grafen Bubna in das große Hauptquartier Napoleons I. nach Sachsen abzugehen, woselbst mit diesem Herrscher, welcher mit Preußen und Rußland Krieg führte, Vermittelungs- und Waffenstillstandsunterhandlungen begonnen werden sollten ... Drei Tage ... hielten wir uns unterwegs in Prag auf und kamen so auf unserer Weiterreise am 12. [vielmehr 27.] in Teplitz an, wo wir wenige Stunden verweilten, um einiger Ruhe zu pflegen und das Mittagsmahl einzunehmen. Graf Bubnas Gefolge bestand aus dem Botschaftsrate Baron Neumann – beigegeben zu rein diplomatischen Geschäften –, dem eigentlichen Adjutanten des Generals, Rittmeister Baron Wimmer, und mir, bestimmt für militärische Ausarbeitungen oder mögliche andere Bedürfnisse der Mission.

Graf Bubna und Rittmeister Baron Wimmer begaben sich nun zu kurzer Ruhe auf ihre Zimmer; Baron Neumann und ich verließen das Gasthaus, um uns vor Tische noch im Orte etwas umzusehen, als uns die freundliche Wirtin zurief, da drüben im Gartenhäuschen befinde sich der große Dichter Goethe aus Weimar, ob wir nicht vielleicht gesonnen wären, ihn zu besuchen.

Einige Augenblicke besannen wir uns, da wir nicht das Vergnügen hatten, von dem Herrn Geheimen Rate gekannt zu sein; allein die Versuchung war zu groß und andererseits der Ruf auch von der Mission des Grafen Bubna in der Gegend so bekannt geworden, daß wir – derselben angehörend – vielleicht auf einen freundlichen Empfang hoffen durften. Und so traten wir denn getrost dem Pförtchen zu und zogen an dem bescheidenen Glöcklein. – Ein älterer Diener öffnete die Gartentüre, wir frugen, ob Herr v. Goethe zu Hause und sichtbar wäre, und erhielten die Antwort: «Hier geht er eben im Laubengange auf und nieder, wen darf ich anmelden?» Wir annoncierten uns als dem Gefolge des Grafen Bubna angehörend und von dem Wunsche beseelt, auf schneller Durchreise die Bekanntschaft des hochberühmten Dichters zu machen. In wenigen Augenblicken kehrte der brave Mann zurück und, ihm in gemessenen Schritten folgend, in seiner aufgerichteten hohen Gestalt, mit blauem, einfachen Überrocke angetan, stand einer der größten Geister unseres Jahrhunderts mit seinem durchforschenden Auge vor unseren Blicken.

Ich, als der vorderste von uns beiden, ergriff nun das Wort – um Vergebung bittend, ihn durch unseren Überfall belästigt oder vielleicht doch gestört zu haben, wohl wissend, was dem Dichter und Gelehrten die Zeit wert wäre. Allein zu groß wäre auch der Drang gewesen, unsere Mission sogleich mit dem Glückssterne beginnen zu lassen und die Bekanntschaft eines Mannes zu machen, dem jeder Deutsche und daher auch jeder Österreicher den innersten Kern seiner Bildung verdanke. – Freude und Jugend leuchtete dabei aus meinen Blicken, er schien an uns Gefallen zu finden, und so folgte meinem treuherzigen Ergusse die freundlichste Aufnahme, wie sie mir jetzt, nach vollen fünfzig Jahren, noch deutlich vor Augen schwebt. Wechselseitige allgemeine Beziehungen begannen ein Gespräch, das – sich über alle Gegenstände des Tages von seiner Seite sinnvoll verbreitend und durch uns mit manchem ihm Neuen und Unbekannten ausgestattet – beinahe eine halbe Stunde dauerte. – Es war nämlich der Krieg noch kein eigentlicher europäischer geworden, sondern der Kampf nur ein vereinzelter von Preußen und Russen mit Frankreich, der abwechselnd gefochten wurde und gegenwärtig mit einem Rückzuge der ersteren verbunden war. Österreich bemühte sich, dessen Ende durch Unterhandlungen herbeizuführen; allein die Wolken türmten sich auch für dies letztere Reich schon am fernen Horizonte, denn ein Unterhandeln mit Napoleon war schon der Vorbeginn des Krieges, weil es dadurch ein Hinneigen zu den Gegnern des Kaisers zeigte. Dies alles und der mehr als zweifelhafte Ausgang der Unterhandlungen mit einer so herrischen Riesennatur, wie jene des Kaisers, war so der Hauptinhalt unseres Gespräches. Die gewaltige Zeit nun – der Kriegsgeist, der sie belebte – und die ebenso gewaltige Reaktion, welche den erst erfolgten Brand von Moskau nun wahrscheinlich zum allgemeinen Weltbrande anzufachen drohte, und das Unglück, welches dadurch über die einzelnen so blühenden Länder Deutschlands und besonders über die unteren Volksklassen, die an allem so unschuldig waren, kommen müsse, schienen den in diesen Gedanken ganz versunkenen, edlen Mann tief zu durchdringen. Er sagte: «Sie sind zwar Kriegsmänner oder noch höher Gestellte im Staatsleben, und die

Welt bildet sich nach dem Ergebnis Ihrer Taten. Allein wenn ich des Morgens so erwache und mit der dampfenden Sonne auf meinen schönen Schloßberg gehe, wie ich denn jetzt davon herkomme – und mir denke, daß in diesem gottgesegneten, stillen Tale nur allein die Herzen der Kinder noch ruhig schlagen, während die Kultur von Jahrhunderten, möchte ich sagen, sowie die Ruhe und der Friede aller anderen Bewohner schon jetzt bedroht und gestört sind, so möchte ich gerne dem gigantischen Helden unseres Säkulums, um ihm Friedensgedanken einzuhauchen, auch nur den hundertsten Teil jener Empfindungen eingeben können, welche mich jeden Morgen für die Menschen in diesem Paradiese durchströmen.»

Unser Gespräch drehte sich um die Tagesereignisse und ließ uns gänzlich uns selbst vergessen, bis wir endlich durch den Zuruf der Wirtin, daß unser Chef bereits mit dem Mittagsmahle unser harre, aus diesem Genusse geweckt wurden. Herr v. Goethe richtete noch folgende Worte an uns: «Ich erlaube mir noch vor dem Abschiede einen Wunsch zu äußern; mein Herzog erwartet mich nach vollendeter Badekur an demselben Orte, wohin Sie jetzt so eilig ziehen. Sie werden gewiß dort länger verweilen und ich Sie somit noch daselbst finden, da auch ich in vierzehn Tagen in Dresden sein will. Ich werde versuchen, Ihnen dort Ihren freundlichen Besuch zurückzugeben und Ihnen, wenn Ihre Geschäfte es gestatten und ich Ihnen in dieser Stadt der schönen Künste, die Sie, wie Sie sagen, noch nicht kennen, vielleicht zur Besichtigung von Galerien oder Kunstsammlungen behülflich sein könnte, mit besonderem Vergnügen zu Diensten stehen.»

Seinen gütigen Antrag annehmend, dankten wir gerührt dem mir in so kurzer Zeit wert gewordenen Manne für das Interesse, welches er uns bezeugte, und schieden von ihm, voll von dem Eindrucke seines hohen Geistes, seiner imponierenden Persönlichkeit und seines ebenso tiefen als edlen Gemüts.

3725 St. Schütze: Reiseszenen und Bemerkungen 1815

Da ich gleich nach meiner Ankunft [in Teplitz] erfuhr, daß sich Goethe hier befände, unterließ ich nicht, alsobald zu ihm zu gehn, wohl wissend, daß man sich in einem Bade näher ist, als zu Hause. Aber indem ich von ihm schreibe, erinnere ich mich selbst an den Glauben der Kinder, welche nicht wagen, den Finger gegen die Sterne auszustrecken, weil sie gegen einander behaupten, man verwunde damit das Auge eines Engels. Ich werde also nur sehr wenig von ihm berichten. Überdies habe ich bemerkt, daß einer, der zu Goethen *geht*, immer anders aussieht, als einer, der von Goethen *kommt*. Im erstern Fall werde ich ihm gern den Weg zeigen, im letztern aber lieber aus dem Wege gehn. Somit werde ich nun auch gegen mich selbst auf meiner Hut sein. Doch um mir und anderen gleich allen Anlaß zur Eitelkeit abzuschneiden, sag' ich, daß es für Goethen ein Bedürfnis ist, in einer großen Mannigfaltigkeit zu leben, und daß, wie er durch alle Wissenschaften hindurch geht, er auch Menschen von aller möglichen Beschaffenheit, nur einen nach dem andern, gern um sich sieht, wobei die Eigentümlichkeit in ihren Schranken ihn oft mehr interessiert, als alles Wissen und Können mit besonderer Klugheit, die sich nicht selten nur lästig macht. Also wenn ein Fremder, der sich lange mit Goethen unterhalten hat, deshalb glaubt, er müsse wohl selbst eine Art von Goethe sein, so ist das ebenso wenig wahr, als wenn dies ein Stein aus Goethens Naturalienkabinett behaupten wollte.– Nach dieser Erwägung habe ich zum Folgenden freie Bahn. Nachdem ich ihm [am 29. Mai 1813] meine Aufwartung gemacht hatte, kam sein Sekretär und fragte, womit man mir denn dienen könne? Ich antwortete kurz und keck: mit Spazierfahrten und Wein. – Wein, entgegnete jener, hat leider der Herr Geheime-Rat nicht mitgenommen; es ist ihm immer zu umständlich, er begnügt sich mit dem österreichischen; aber mit Spazierfahrten können wir aufwarten, wir haben die Equipage bei uns. – Also am andern Tage saß ich mit Goethen im Wagen; wir fuhren die Straße nach Bilin zu. Ich wußte schon, daß bei ihm, wie die Gegenstände, auch die Stimmungen wechseln – eins bedingt das andere –; heute hatte er seinen Sinn auf das Steinreich gerichtet. Bei Karlsbad kletterte er oft Stunden lang in den Bergen umher und schlug mit seinem Hammer an alle Felsen, von wo er gewöhnlich eine reiche Beute mit zurück brachte, die er dann nach den kleinsten Abartungen und Verschiedenheiten in die Reihe der übrigen auf den Tischen umher liegenden Steine einschichtete, bei welcher Gelegenheit ich denn einmal ausrief: o daß das menschliche Leben so kurz ist! Lassen Sie das gut sein, erwiderte er darauf. Jetzt war er um vulkanische (Spuren des Feuers an sich tragende) Steine bemüht, und als wir die Straße weit genug hinaus waren, ließ er still halten und sagte: wenn ich heute einen Eisenstengel finde, sollt ihr einen guten Abend haben. Darauf ging er mit dem Kutscher und dem Hammer nach einem Orte, wo viele Steine lagen, und hämmerte da gewaltig. Was sagt denn der Kutscher dazu? fragte ich seinen Sekretär; er lächelt, gab er zur Antwort. – Der Meister kam nicht ganz befriedigt zurück, hatte indes doch etwas erbeutet, das in sein Kabinett paßte. Nachher wurde das Gespräch lebhafter und wissenschaftlicher. Ich betrachtete mit ihm die Kindheit des Menschengeschlechts in der hebräischen Sprache, deren Fügung und Behelf in den Mitteln mit Hinsicht auf die falschen Auslegungen seinen Geist nicht wenig beschäftigte. Darauf ging er zu den Manichäern, auf die wunderbare Erscheinung der christlichen Religion überhaupt, auf ihre Verbreitung, und endlich auf Luthers Bibelübersetzung über. Ich bemerkte, daß Einfachheit in Sprache und Gesinnung damals Luthern selbst wohl Ähnlichkeit mit den Aposteln und dem biblischen Geist gegeben und dadurch eine solche Verdeutschung möglich gemacht hätten, wogegen die spätern Übersetzungen gewöhnlich nach dem Geiste der Zeit und oft sehr spaßhaft ausfielen. Da fing er an, Luthers Riesenwerk anzustaunen und zu bewundern, und merkwürdig war mir seine Äußerung: nur das Zarte unterstehe ich mich hin und wieder besser zu machen. – Alles dieses führe ich nur an, um zu zeigen, wie unendlich mannigfaltig die Beschäftigungen seines Geistes sind. Es gibt nichts in der Natur und in den Wissenschaften, das nicht eine Zeit lang seine Gedanken beschäftigt hätte. Dabei ist das Ausdauern zu bewundern, womit er viele Stunden und Tage einem einzigen Gegenstande widmet, wobei ein anderer zehnmal ermüden oder über Langeweile klagen würde. Dies ist gewiß das sicherste Mittel, auf einem weiten Wege durch die Natur nicht allein viel zu gewinnen, sondern auch es festzuhalten; welche Kraft, welche Festigkeit und Geschmeidigkeit gehört aber nicht dazu! Von dieser Seite erscheint mir Goethe am größten, und ich glaube auch, daß man ihn von hier aus würdigen müsse. Ich für mein Teil, um ihn einigermaßen zu fassen, möchte ihn gern – in dem weitesten Sinne des Worts – einen großen Naturhistoriker, einen Naturkundigen, oder, wenn man will, den Geist der Natur selbst nennen, und daraus sein ganzes Wesen erklären. Wenn er zugleich ein großer Dichter ist, so hat die Natur damit ein übriges getan; auch ohnedies würde er eine merkwürdige Erscheinung sein.

Das nächstemal [am 1. Juni] war auf der Spazierfahrt sein Sinn auf die Pflanzenwelt gerichtet; er ergötzte sich an der Lieblichkeit der mit Bäumen bepflanzten Kornfluren im Angesicht des Erzgebürges, auf das er aber gar nicht zu achten schien. Dabei hatte er eine häusliche Stimmung; er erkundigte sich nach meinen Verhältnissen, und was ich diesen Sommer in Dresden zu tun gedächte. Da er heute – wie häufig – mehr zum Empfangen, als zum Geben, aufgelegt war, so erzählte ich ihm ein Stück von meiner Reise bis hieher, und ihn erfreute besonders der Kampf mit den Lügen und bei den vielen Unfällen meine humoristische Geduld. Goethe liebt so sehr die Objekte, daß oft nicht zu raten ist, ohne diese sich ihm zu nähern. Ja es ist charakteristisch, daß er nach Tische, wo andere vielleicht gern ans Klavier treten, häufig mit Bildern phantasiert und Landschaften zeichnet. Unter allen Sinnes- und Geistestätigkeiten ist die Anschauung bei ihm vorherrschend. Auf das innigste verband sich die Poesie der Rede mit ihm, aber die Bildnerei bleibt seine Geliebte.

Den zweiten Tag darauf [am 3. Juni] ließ er mir sagen, daß sein Sekretär krank sei, daß ich diesen besuchen und nachher mit ihm ausfahren möchte. Ich nahm für diesen als Arznei etwas guten Wein mit. Als ich bei ihm war, hörte ich nebenan reden, und auf die Frage, ob der Herr Geheime-Rat Besuch habe, sagte er: er spricht mit sich selbst. Ich freute mich, den Weltmann auch hierin als Dichter zu erkennen, der mit dem Wesen der Dinge wie mit Geistern sich unterhält. – Ich finde überhaupt, daß gewisse Eigenschaften bei allen Dichtern, sie mögen noch so verschieden sein, wiederkehren. Dahin gehört auch eine Übermacht der innern Tätigkeit oder innern Erscheinungen, die den gewöhnlichen Fluß der Rede unterbrechen, und Hand, Blick, Wort und Mienen plötzlich in eine ungemessene Bewegung setzen. Goethe, der durch Ruhe und Haltung in seinem ganzen Betragen sich vor den übrigen auszeichnet, kann doch solcher Anfechtungen, wo der Geist gewaltsam hervordringt, sich nicht erwehren, und ist in solchen Augenblicken den andern Dichtern vollkommen gleich. – Und als Dichter sah ich ihn diesen Nachmittag; er war diesmal – wie selten im Umgange – in der ästhetischen Stimmung. Zunächst ließ er in Tornau vor dem Weinkeller, wo ein Wiener Kaufmann dieses Jahr sein Lager hatte, Halt machen und mehrere Weinsorten bringen, die wir durchprobierten, und wovon er auch etwas mitnahm. Darauf ging es weit in das Feld hinaus, und dann wieder zurück. Er fragte mich nach mehrern Dichtern, ohngefähr von meiner Gattung, und ich mußte ihm erzählen, was dieser oder jener geschrieben habe, und wodurch er sich auszeichne. Ich kann meine Herren Kollegen versichern, daß ihre Sache in sehr guten Händen war. Das Leichteste ist, wegwerfend zu reden, weil man da nicht nötig hat, zu charakterisieren, und statt *etwas* nichts gibt. So bequem war ich nicht; ich schilderte erst die Personen, wenn ich sie kannte, und ging dann von ihrem äußern Wesen auf ihre Schriften über, von denen ich gleich das Beste nannte, das sie am meisten kenntlich machen konnte. Für manchen sprach ich ein begeistertes Wort, der früher durch sein Betragen sich bei Goethen geschadet hatte. Doch fand ich bald, daß Goethe in den neuern Schriften nicht so unbewandert war, als ich anfangs glaubte. Das Gespräch kam jetzt auf die Überschwenglichen, die durch Tendenzen immer höher und höher steigen wollen, und, statt den Gegenstand darzustellen, ihn und ihre eigene Kraft überfliegen. Hier geriet der Meister in solchen Eifer, daß er sich der stärksten Ausdrücke bediente, so daß selbst der Kutscher sich öfters nach ihm umsah. Er schalt sie Träumer und Schwindler, und als ich äußerte, daß ihrer Poesie der *Körper* fehle, sagte er: da haben Sie das rechte Wort getroffen. – Zum Henker! wir wissen denn doch auch, was dazu gehört, setzte er im gerechten Zorn hinzu, und ergoß sich nun auch über die Unredlichen, die bei ihren Behauptungen noch besonders von politischen Rücksichten sich regieren ließen und die nicht einmal parteiisch-ehrlich wären. – Es kann vielen von Nutzen sein, zu wissen, wie Goethe hierüber denkt, und deshalb teile ich diese Äußerung mit, welche, allgemein gefaßt, nur die Sache, keine Person trifft. Wie manchen guten Kopf haben die Ausschweifungen der neuern Poesie verdorben; es ist ein Gewinn für uns alle, wenn die Geister wieder zur Wahrheit, zur Natur des Lebens zurückkehren. Mit inniger Freude hörte ich Goethen hierüber sprechen. – Fahre noch weiter, bis die Sonne untergeht! rief er seinem Kutscher zu, und so wurden mir heute die genußreichsten Stunden zuteil, die mir nachher sogar meinen Abschied von Teplitz schwer machten.

3726 F. Kölle: Erlebtes vom Jahr 1813 *1840*

Mir, dessen Laune natürlich nicht die beste war, gereichte es zu großem Troste, die Familie Körner in Teplitz zu treffen, deren Güte meinen früheren Aufenthalt in Dresden so sehr verschönert hatte. Sie war dem Kriegsgetümmel ausgewichen. Kaum hatten wir uns über das seither Erlebte auf das Laufende gesprochen, so erschien Goethe, welcher aus gleichen Ursachen sich dem altbefreundeten Badeorte zugewendet hatte. Sei es, daß Zeit und Umgebung ihn milder stimmten, oder daß meine Verbindung mit Hebel ihn für mich einnahm, ich fand ihn herzlich, sehr liebenswürdig, und bei weltmännischer Gefügigkeit nichts weniger als greisenhaft. Von Hebel kamen wir auf Sebastian Sailer, und da er den *Sturz Luzifers* nicht kannte, sich aber an Einzelheiten, welche ich ihm daraus erzählte, höchlich ergötzte, so hatte dieses erste Zusammentreffen die Folge, daß ich nach meiner Rückkehr in die Heimat tätig nach Sebastian Sailers Nachlaß forschte, und daß dieser ziemlich vollständig, und von einer Lebensbeschreibung begleitet, erschienen ist.

3727 A. Dittrich an? *17. Juni (?) 1813*

Gestern [wohl am 1. Juli] war einer der merkwürdigsten Tage meines Lebens. Ich hatte das Glück, den verehrtesten Dichter Deutschlands zu sehen, und mich mit ihm mehr als eine halbe Stunde über Kunst zu unterhalten. Ein hoher, ansehnlicher Wuchs mit verhältnismäßigen Umrissen, aber Gesichtszüge mit dem Gepräge eines liebenswürdigen Selbstbewußtseins, voll Humanität, ganz das Bild einer durch Kunst gebildeten Seele, ein präzises, auch den gebildeten Hofmann verratendes Benehmen schmücken Goethes Äußere. Ich war entzückt über die sanfte, gefällige, anspruchslose Aufnahme, und bin stolz darauf, mit diesem Manne ein Gespräch eingeleitet zu haben, das ihn sehr zu interessieren schien. Ihm meine dankbare Verehrung darzutun, mich im Namen der Nation über die Kargheit seiner lyrischen Muse zu beklagen, sein Urteil über seine Kritiker einzuholen, in den Untersuchungen über Schönheit eine bestimmte Richtung zu erhalten, oder vielmehr ihm den Begriff des Schönen abzufragen, mein Urteil über Kotzebue zu berichtigen, mir die vorzüglichsten Ästhetiker empfehlen zu lassen, dergleichen war der Zweck meines Besuchs. Mit herzlicher Miene nahm er meine Huldigungen an, worauf ich ihn mit meinem Amte, unserer Lehranstalt [in Komotau], und Studienplan und endlich mit meiner individuellen Tendenz mit möglichster Kürze bekannt machte. Ich klagte ihm die Forderungen der Regierung an einen Professor der Humanitätsklasse, welche nach zwei Jahren vollendete Stilistik heische, die Kunstlehre oder vielmehr eine veraltete, auf keine festen Prinzipien gestützte Theorie der Dicht- und

Redekunst als Mittel zu diesem Zwecke befehle für Schüler, welche bloß mit Grammatikal- und einigen aber äußerst dürftigen Real-Kenntnissen ausgerüstet, folglich ohne alle psychologischen Vorkenntnisse in die Humanitätsklasse kommen, in welcher Lage ich dann bloß auf Erregung des Wissenschaftsgeistes mittelst Philologie und Ästhetik hinarbeiten könne. Er billigte mir dies, und ermunterte in der Folge des Gesprächs mich noch einmal mit schmeichelhaften Ausdrücken dieser Verfahrungsart. Daß er für die Zeit nicht mehr geliefert habe, entschuldigte er mit der nötigen Auswahl dessen, was öffentlich bekannt gemacht würde. «Ich habe wohl noch manches», sprach er, «aber Sie wissen, Herr Professor, daß man nicht aufs geratewohl alles dem Publikum mitteilen kann.» Mit kluger Bescheidenheit ignorierte er Jenisch (Vorlesungen über die Meisterwerke der Griechen), sogar Baggesens Heideblumen, obwohl er die Schriften dieses Dichters bis auf diese zu kennen gestand. Ich stand nicht an, dessen epigrammatisches Urteil nachzusprechen, und dem Gottmenschen das: Kinderchen kommet zu mir! noch auf die Opferschale zu legen. Dies führte uns auf den Unterschied seiner und der Schillerschen Poesie. Ich sagte ihm, der Aufschwung seiner Phantasie lasse uns nie ohne Basis, ohne Piedestal, darum würde man auch von seiner Poesie sicher ergriffen und länger gehalten als von der Schillerschen, deren reiner Idealismus uns zwar höher reiße, aber nach verflogener Trunkenheit uns kaum etwas mehr als die Erinnerung des seligen Aufschwungs läßt, indes Goethische Poesie uns bei gleichem Genusse uns nie aus ihrem Kreise zu lassen scheine. Er entgegnete: «Ich habe mit Schillern selbst oft darüber gesprochen, denn er war mein Freund, und weiß daher, daß er nur mit Vorsatz das Reelle mit dem Ideellen verbinden konnte. Seine Begeisterung riß ihn unwillkürlich zum reinen Idealismus empor. Indes hat er uns bewiesen, daß er auch reelle Gegenstände zu behandeln verstehe: in seiner Glocke, im Wallenstein. Dabei glaube ich, er habe mehr Gutes gestiftet als ich, da er stärkere Rührung hervorbrachte, folglich den Leser zum stärkeren Streben entflammte.» Ich glaubte nach meinen vorigen Erfahrungen widersprechen zu müssen und sagte: Wenn der Herr Geheimrat hierin meine Stimme zu geben erlaubte, so müßte ich widersprechen; denn ich könne mich nicht überreden, daß dort das Anringen an das Ideal schwächer sein könne, wo bei gleicher Reinheit des Ideals zugleich die Zuversicht mich beseele, welche das liebliche Verflüchten des Realen mit dem Ideale errege, es um so sicherer zu erreichen, je mehr es aus dem Kreise unseres Webens und Strebens gewonnen ist. Ein Unentschiedenheit kündendes Achselzucken allein beantwortete meinen Widerspruch, den er übrigens gut aufzunehmen schien.

3728 Carl August an Goethe *10. Juni 1827*

Ich habe hier [in Teplitz] die Bekanntschaft des Mannes gemacht, dessen Adresse auf beiliegenden Zettel steht [Bergamtsassessor Friedrich August Schmid]! Dieser Mann besitzt zwei sehr schöne Töchter! deren Dasein die gute Aufnahme vermehrt, die Er sich wegen seiner angenehmen Unterhaltung überall erwarten kann! Der Zufall, daß Er in bergmännischen Angelegenheiten mit den Hofrate Eichler zu tun hatte, verschaffte mir seine Bekanntschaft und die seiner schönen weiblichen Anbrüche. Er sprach viel von denen sehr merkwürdigen Tagen, die Er mit Dir in Altenberg, auf dem Stockwerke und Gegend verlebt hatte [10. Juli 1813], rühmete Deine allerkannte Weisheit, Gründlichkeit und Liebenswürdigkeit, und glaubte auch, Dir nützlich und nicht gleichgültig gewesen zu sein. Schade, daß dazumal anno 1813 seine Töchter noch zu unbedeutend waren!

3729 F. v. Schwanenfeld:
Aus den Denkwürdigkeiten eines alten Soldaten *1862*

Es war in den letzten Tagen des Monats Juni im Jahre 1813, nach Abschluß des Waffenstillstandes, als der Husarenoffizier v. S. fröhlich und wohlgemut in Teplitz einzog, um hier ein lahmes Bein und ein fast erblindetes Auge insoweit wieder herzustellen, daß er noch zu einem neuen Feldzuge tauglich wäre. Die Stadt war überfüllt mit Gästen; kaum fand er ein Unterkommen in dem Gartenhause der Töpferschenke, halb über, halb unter der Erde, ein kleines Stübchen mit dem Fenster nach dem Garten. Hier schlug er sein Hauptquartier auf und suchte sich so gut wie möglich im engen Raume einzurichten; – ein Stuhl, ein Tisch, ein Bett, das war hinreichend für den muntern Husaren, und der Leser wird im Verfolg dieser Geschichte bald wahrnehmen, welches Glück dem Rittmeister aus seiner soldatischen Genügsamkeit mit dieser schlechten Wohnung erblühte …

Es war an einem schönen Sommermorgen, als der Rittmeister einen ihm ganz unbekannten schönen alten Mann auf der Gartenbank vor seinem kleinen Fenster sitzen sah. Ein Bedienter brachte einen Krug mit Wasser, legte ein Buch auf den Tisch und entfernte sich. Der Unbekannte schenkte sich ein, trank und überließ sich, wie es schien, seinen Gedanken, denn er hielt das Buch in der Hand, ohne zu lesen. Unverwandt blickte er in die Nebelgebilde, nach dem durchbrechenden blauen Äther des Himmels. Unser Husar sah dies mehrere Tage sehr gleichgültig an, ohne daß es ihm irgend einfiel, von dem Treiben des fremden Mannes Notiz zu nehmen. Doch endlich verdroß es ihn, das wenige Licht seiner Stube alle Morgen durch die Figur verdunkelt zu sehen. Er betrachtete den Mann näher; der schöne Kopf, die edlen Züge, ein gewisses Etwas in der ganzen Erscheinung zog ihn an; er konnte dem inneren Drange nicht widerstehen, er mußte, gut oder übel, mit dem Alten Bekanntschaft machen, öffnete demnach sein Fenster und sagte ihm den freundlichsten guten Morgen. Doch dieser von einem Schnauzbart aus düsterm Kellerloche gebotene «gute Morgen» sprach nicht an. Ein Ehrfurcht gebietender, streng verweisender, beinahe verächtlicher Blick war die Antwort auf die kühne Anrede. «Störe mich in meinem Nachdenken nicht, Du Maulwurf!» schien er sagen zu wollen. Doch der Rittmeister ließ sich nicht abschrecken durch die zürnende Miene, sondern versuchte sogleich, im Geist eines wahren Husaren, einen neuen Angriff.

«Sind Sie Hypochonder?» erscholl es abermals aus dem kleinen Fenster zu den Füßen des großen Unbekannten, und als auch auf diese Frage nur ein halber Blick und keine Antwort erfolgte, wurde dieselbe Phrase mit donnernder Stimme, in ziemlich herausforderndem Tone wiederholt. –

Nun endlich entfuhr den Lippen des Mannes ein Laut.

«Sonderbar!» war das einzige Wort, welches unwillkürlich und gleichsam wie zu sich selbst gesprochen seiner Brust entfuhr; – und der Rittmeister erwiderte lächelnd die geflügelten Worte: «Ja wohl, sonderbar; Sie sind krank und sitzen hier im kalten Morgennebel, trinken Ihren Brunnen allein, still und stumm. – Da wollt' ich lieber Dinte in Gesellschaft saufen, – und würde eher gesunden. Wissen Sie wohl, daß ich große Lust hätte, mit Ihnen Händel anzufangen?» Die Augen des Fremden gingen groß auf und durchbohrten fast den Redenden. – «Wenn Sie mit Ihrem Heldengesicht mir nur nicht so ungeheuer wohl gefielen»; dabei überströmte ein mildes, unbeschreibliches, doch göttliches Lächeln des edelsten Selbstgefühls das schöne Antlitz. – «Bei solchem Gebrauche der Kur müssen Sie ja krank werden, wenn Sie es nicht schon sind.» –

Das Gesicht des Unbekannten wurde inzwischen immer freundlicher, und der Rittmeister, wie durch eine magnetische Kraft zu ihm hingezogen, kroch auf allen Vieren aus seinem kleinen Fenster heraus, stellte sich vor ihn hin und redete ihn also an:

«In meinem Leben habe ich mich schon einmal schlagen müssen, weil ich nicht begreifen konnte oder wollte, wie man so ein Philister sein könnte, eine Flasche Champagner allein zu trinken; – was fang' ich aber mit Ihnen an, der mir seit drei Tagen Sonne und Licht raubt, vor meinem Fenster sitzt, allein seinen Brunnen trinkt und kein freundliches Wort für mich hat? – ‚König, geh mir aus der Sonne!' ist nicht genug gesagt, ich will philosophischer sein als Diogenes; stehen Sie auf, geben Sie mir Ihren Arm, wir wollen miteinander promenieren; ich will Ihnen Geschichten erzählen, Geschichten von schönen Mädchen, vernagelten Kanonen, Feldherren, Überfällen, unmenschlich tugendhaften Frauen, und wenn der Teufel der Hypochondrie Sie nicht bald verläßt, so soll er mich dafür holen.»

Das edle Antlitz des Fremden nahm den freundlichsten Ausdruck von Wohlgefallen an; er lächelte, reichte seinen Arm und sagte: «Lassen Sie uns gehen. – Sie sind Offizier?»

Rittmeister. Ja, ja! ich bin einer und gehöre zu den Truppen, welche keinen Feldprediger brauchen, um in den Himmel zu kommen.

Unbekannter. Also Husar? Das wird den Großherzog von Weimar recht interessieren. – Sie haben die Schlachten von Groß-Görschen und Bautzen mitgemacht?

Rittmeister. Ja wohl! – Doch lassen wir das; – darüber möchte man selbst Hypochonder werden. Sprechen wir lieber von anderen Dingen und mischen wir, wie Goethe, Wahrheit und Dichtung in unsere Unterhaltung.

Unbekannter. Kennen Sie Goethe?

Rittmeister. Ob ich ihn kenne! – Ich liebe ihn zärtlich, ich weiß ihn halb auswendig. Sein Tasso ist mein steter Begleiter.

Unbekannter. Was halten Sie von seinem Werther?

Rittmeister. Ach, das wag' ich nicht zu sagen!

Unbekannter. Nun, – doch genieren Sie sich nicht um meinetwillen.

Rittmeister. Werther ist meiner Ansicht nach ein wahrer Lumpenkerl. – Solche Charaktere sind meiner Natur so schnurstracks zuwider, daß ich mir gar kein Urteil darüber anmaßen will. – Ich habe die Leiden gelesen und fortgelegt, – das verstehst du nicht, – dachte ich.

Unbekannter. Da gefallen Ihnen die Räuber von Schiller wohl besser?

Rittmeister. Allerdings; Schiller ist der Mann der Soldaten; er erweckt in der Brust uns den Mut und feuert die Seele zu Taten an. – Doch das nützt Ihnen nichts. – Haben Sie das schöne blonde Mädchen, dem Salon des Schloßgartens gegenüber, zur «Stadt Dresden», gesehen? Ein himmlisches Geschöpf! Der alte Prinz de Ligne hielt ihr in zarter Jugend Vorlesungen über die Kunst zu lieben, und, wie es scheint, nicht ohne Nutzen. Die ganze anwesende Männerwelt liegt schmachtend zu ihren Füßen. – Haben Sie nicht auch schon sehnsüchtige Liebesseufzer nach ihrem Fenster ausgestoßen? – Ja, ja, jetzt fällt mir's ein. – Sie standen gestern mit einem kleinen, dicken Forstmanne am bekannten Eisengitter und lugten hinüber nach der holdblühenden Blondine, – nicht wahr?

Unbekannter. Wir hatten unsere Promenade beendigt und waren im Begriff, nach Hause zu gehen; aber – wo waren denn Sie?

Rittmeister. Ich? Ich faulenzte im Hauptquartier, wie so viele andere anderswo.

Unbekannter. Sie scherzen! –

Rittmeister. Vielleicht, vielleicht auch nicht. – Die Wahrheit liegt in der Mitte; – ich kann Ihre Frage auch umgekehrt beantworten: ich rekognoszierte den Feind und suchte seine Hauptstellung zu umgehen.

Unbekannter. Bravo! sehr gut! – und der Feind?

Rittmeister. Der Feind, Herr Hypochonder, der brauchte seine allerliebsten Sammetpatschen, um jeden Überfall abzuwehren, bis endlich Schamade geblasen wurde. – Verstehen Sie diesen Ausdruck? –

Unbekannter. Nicht ganz – allein der Großherzog –

Rittmeister. Ich bitte, lassen wir den in seinem Athen an der Ilm mit Goethe lustwandeln; der Großherzog schlägt nicht mehr unsere Schlachten – und das Ideal meines Feldherrn habe ich auch bei Lützen den ganzen Tag vergebens gesucht. – Ich hatte die unvermutete Ankunft von vier Kavallerie-Regimentern auf dem Schlachtfelde zu melden. – Ich eilte zu allen Befehlshabern, aber keiner wollte befehlen. Der eine klagte über Rücken- und Seitenschmerzen ob des erhaltenen Prellschusses, – der andere meinte, er beobachte bloß, der dritte fluchte russisch auf die Preußen, und der vierte war nicht in der Laune, fröhlich zu sein. Das Korps des Vize-Königs drängte ihn, – so entledigte er sich denn seiner Wut durch einige kräftige Flüche und eine allgemeine Einladung. – «Wer den Karren in den D– geschoben hat, kann ihn auch herausziehen» – war des Helden kräftiger Bescheid. – So eilte ich denn, enttäuscht von meinen Idealen, trauernd über das mit Toten bedeckte Schlachtfeld, und erreichte noch zeitig genug mein Regiment, um bei der unglücklichen Kavallerie-Attacke, die man morgens und nicht abends hätte unternehmen sollen, wie alle übrigen in den verdammten Graben zu fallen und in einen chaotischen Wirrwarr zu geraten. – Sehen Sie, das nennt man eine Schlacht mitmachen.

Unbekannter. Das Bild, welches Sie mir da geben, ist in der Tat neu; ich danke Ihnen, Herr Doktor Husar; jetzt muß ich in mein Bad; aber morgen hoffe ich eine große Portion von Ihren Mixturen einzunehmen, und vielleicht noch einen Freund mitzubringen, der gern dergleichen zu sich nimmt. – Sie erlauben doch? oder wollen Sie sich noch mit mir schlagen?

Rittmeister. Umarmen möcht' ich Sie!

Der Unbekannte drückte dem Rittmeister sehr freundlich die Hand, sagte: «Auf Wiedersehen» – und ging.

Am folgenden Morgen, als die Strahlen der Sonne kaum den Schläfer erweckt hatten, klopfte man schon an sein Fenster und rief: «Herr Doktor, der Hypochonder ist da; heraus! heraus!» In möglichster Eile beendete der Rittmeister seine Toilette, schlüpfte behende zum Fenster heraus, faßte den neu erworbenen, nun schon alten Freund unter den Arm und begann neue Erzählungen von Liebe und Krieg.

Eine Stunde mochte so vergangen sein, da kam ein Fremder in den Garten, den der Rittmeister seinem Aussehen nach für einen Forstmann oder Gutspächter hielt, grüßte mit einem «guten Morgen» und redete den Hypochonder mit einem «da bin ich» wie einen alten Bekannten an. Dieser wandte sich zu dem Rittmeister und sagte, gleichsam ihn dem Fremden vorstellend: «Mein gütiger Doktor.» Der Rittmeister lächelte zu dem Scherze und erwiderte: «Wollen Sie mir helfen, ihm den Teufel der Hypochondrie auszutreiben?»

Fremder. Ach Gott, der hat mich auch in seinen Krallen, und ich wünschte, Sie möchten ..

Rittmeister. Ho, ho, mein Herr, Sie sehen mir viel zu behaglich aus, um etwas für Sie tun zu können; ich müßte Ihnen Diners geben, und dazu habe ich kein Geld.

Nun ergriff ein gewaltiger Kitzel die beiden Fremden, und sie wollten sich schier ausschütten vor Lachen, bis endlich der Neuhinzugetretene mit den Tränen in den Augen sagte:

«Ich denke, Ihre Medizin ist vortrefflich, sie wirkt augenblicklich, wie Sie sehen.»

Der Rittmeister war mit Geist und Gemüt zu sehr mit dem ganzen Wesen seines gestrigen Freundes beschäftigt, um weiter, als es eine flüchtige Artigkeit erforderte, von dem neuen Ankömmling Notiz zu nehmen, er duldete ihn gleichsam nur, seine Seele hing fortwährend an dem Auge des sonderbaren Mannes, welcher ihn, wie mit einem unsichtbaren Zauber, unwiderstehlich an sich zog. –

Die Unterhaltung nahm nun in der Art ihren Fortgang, daß die beiden Fremden vorzüglich als Fragende auftraten und über die Ereignisse der Campagne belehrt sein wollten.

Was der Rittmeister hier alles erzählte, gehört nicht zu dieser Geschichte, genug, er ließ sich bereit finden, über das, was er in diesem interessanten Feldzuge gesehen und gehört, Auskunft zu geben, auch manch lustiges Anekdötchen mit einzuflechten, und die Eigentümlichkeit seiner Darstellungsweise schien den Fremden so wohl zu gefallen, daß die Zeit rasch vorüber flog, bis ein Bedienter zum Bade abrief. Die Herren entfernten sich mit der Bitte, morgen wiederkommen zu dürfen. – Der Rittmeister lud sie aufs freundlichste dazu ein. – So vergingen denn mehrere Tage in gleicher Unterhaltung; die Fremden fanden sich regelmäßig jeden Morgen ein, zuerst der Hypochonder, nach einer Stunde der Forstmann. Man schwatzte und fragte, ward immer freundlicher und bekannter, und, nicht zufrieden mit der Morgenunterhaltung, suchte man sich auch im Schloßgarten auf, bis endlich die Stunde schlug, wo das Schicksal müde ward, dem Husaren-Rittmeister so hohe Gunst zu erweisen und genießen zu lassen.

Einer seiner Freunde, ein Dichter und vermeintlicher Schöngeist, ereilte ihn eines Tages im Garten-Salon, in dem Augenblick, als er eben von den beiden sich getrennt, packte ihn mit nervigem Arm, und es entwickelte sich folgendes Gespräch.

Jener. Lieber Bruder, entschuldige – ich hab' eine große Bitte.

Rittmeister. Bitte? Freund, das Leben ist ein Traum; Träume sind Schäume, und hab' ich kein Geld, so haben's andere Leute.

Jener. Du bleibst immer der Alte; – diesmal brauche ich dein Geld nicht, aber habe die Freundschaft und mache mich mit Goethe bekannt.

Rittmeister. Mit Goethe? was fällt Dir ein? Ich kenne den Dichterfürsten nicht. – Ist er hier? – und glaubst Du Dichterling, daß ich prosaischer Mensch mit dem großen Manne Vetterschaft gemacht, weil ich in glücklichen Stunden bisweilen die kurzen und langen Silben zähle nach seiner italienischen Weise?

Jener. Sprich einmal vernünftig, wenn Du kannst, ich bitte, laß einen Augenblick die Narrenspossen und das ewige Necken! Du mußt doch Goethe kennen, da Du schon mehrere Tage hier mit ihm herumspazierst. – Alle Welt spricht davon – alle Welt wundert sich ja darüber.

Rittmeister. So, wundert sich die Welt? – Das freut mich, laß sie sich wundern. – Brüderchen, wundere Dich! Ich, der Barbar, der Baschkir, wie Du mich zu nennen beliebst, ich wandle Arm in Arm mit Goethe! und soll Dich dem Dichter unsterblicher Werke, dem großen Manne präsentieren? Herrlich! prächtig! schön! sehr schön! – nur schade, daß es nicht wahr ist.

Jener. Du weißt also nicht, daß die Herren, welche Dich soeben verließen, Goethe und der Großherzog von Weimar sind?

Rittmeister. Nein, auf Ehre, davon hat meine Seele nichts geahnt!

Jener. Nun das ist stark! Wer da glaubt, wird selig; ich darf nicht zweifeln an Deinem Wort, doch entschuldige, begreifen kann ich es nicht.

Rittmeister. Ich auch nicht, lieber Bruder. – Doch nun fallen mir die Schuppen von den Augen; der Zufall oder vielleicht meine Etourderie, ein unnennbares Etwas, das mir in dem Gesicht eines mir Unbekannten auffiel und mich anzog, machte mich mit Goethe bekannt. Dieser teilte den Vorfall dem Großherzog mit, und die Neugierde lockte denselben, mich auch kennen zu lernen. Beide amüsierten sich in ihrem Inkognito an meiner Freimütigkeit und Laune, und da auch ich Unterhaltung fand, so haben wir denn ganz gemütlich manche Morgenstunde miteinander verlebt.

Jener. O Barbar! Baschkir! Wenn man mit Menschen mehrere Tage zusammen ist, so fragt man doch, wer sie sind. – Man lebt doch nicht mit aller Welt so in den Tag hinein!

Rittmeister. Warum nicht? wenn uns die Leute wohl gefallen, und wir die angenehme Empfindung haben, auch ihnen zu gefallen? – Eure Berliner Vorsichts-Höflichkeit: «Mit wem hab' ich denn die Ehre zu sprechen?» bekommt man mit zehn Pferdekraft nicht aus mir heraus. – Die Kehle ist mir förmlich verrammelt in solchen Fällen. – Ich denke gleich, mein reicher Oheim in Warschau enterbt mich, wenn er dergleichen von mir hört; denn er sagt immer: «Wir Preußen gäben keinem Menschen eine Antwort, ohne diese alberne Redensart vorangehen zu lassen.»

Jener. Etwas Wahres ist an der Sache; indes vergiß meine Bitte nicht und präsentiere mich, wo möglich, morgen.

Rittmeister. Den Teufel auch! – ich wollt', Du wärst, wo der Pfeffer wächst, mit Deiner Präsentations-Wut! Jetzt ist der Spaß zu Ende. Meiner Laune sind Fesseln angelegt, und ich hasse alle Sklaverei. – Mich wandelt die größte Lust an, sogleich abzureisen, brauchte ich nur nicht meine Augen so notwendig zur nächsten Campagne. Ich muß bleiben und alsbald Seiner Königlichen Hoheit dem Großherzog von Weimar, sowie dem großen Dichter meine untertänigste Aufwartung machen. – Das ist eine schöne Geschichte!

So weit das Zwiegespräch der beiden Freunde.

Der Rittmeister, nun einmal in Kenntnis gesetzt über die Personen, tat die Schritte, welche Anstand und Höflichkeit erforderten. – Seine Königliche Hoheit waren höchst gnädig und freundlich, lachten noch nachträglich recht herzlich über das Inkognito und manche Erzählung, luden zur Tafel, und Goethe empfing in Gala. – Doch, trotz aller dieser Ehren, hatte das neue Verhältnis nicht das Angenehme des ersteren; wenigstens der Rittmeister empfand es lebhaft, und Seine Königliche Hoheit, wie Goethe verhehlten es nicht, daß die gänzliche Unbefangenheit des Gedankens wie des Wortes ihnen in den Morgenunterhaltungen mit dem Rittmeister besonderes Vergnügen gemacht. – Auch klagte Goethe mehr scherzend über die Rückkehr seiner Hypochondrie. Seine Königliche Hoheit überhäuften indes den Rittmeister mit Beweisen Ihres gnädigen Wohlwollens und ließen ihm endlich noch bei seiner Abreise ein Schreiben an den Kaiser Alexander einhändigen, welches eine Rekommandation der Frau Erb-Großherzogin für den Rittmeister enthalten sollte, damit derselbe ein Streif-Kommando bekäme, um seine dem Großherzog mitgeteilte Idee, Napoleon inmitten seiner Armee aufzuheben, in Ausführung bringen zu können.

3730 Carl August an Gräfin O'Donell

Goethe ist auch stumm, diktiert aber an zwei Schreiber, die er sich hier von der Polizei geliehen hat, seine Lebens- und Liebes-Geschichte, und ist eben jetzt an der Epoche, wo er Ew. Exzellenz – sah! Er frägt mich dabei öfters um Rat, ob er auch nicht zu viel dem Papiere anvertraue? Da predige ich ihn dann stets Vorsicht, Mäßigung und etwas Verschwiegenheit. Sein Krankwerden vor dem Jahre hat er gar artig einzuwickeln gewußt; jeder Leser fühlt die Ursache!

3731 Carl August an Gräfin O'Donell *28. Juli 1813*

Goethe vous a écrit à ce qu'il m'a dit; il va m'accompagner aujourd'hui chez la Princesse Leopoldine à Bilin; entre nous soit dit, il ne vous est pas fidèle. Mais qui le serait dans ce monde-ci? nous en aurons tout le temps dans la bien heureuse éternité. Teplitz n'est non plus stable dans ses agréments; il outrepasse cette année-ci toute mesure d'ennui, de mauvais temps, et de maussadité.

Adieu, mon Excellence, Goethe et moi vous quittent pour *deux yeux bleus!*

3732 W. v. Humboldt an seine Frau *31. Juli 1813*

Goethe ist, wie mir die Recke ... sagt, sehr verdrießlich in Teplitz. Ich kann mir seinen Zustand denken. Er hat eigentlich kein Gleichgewicht in sich, er ist schwach in der Wirklichkeit, und dann gilt das Idealische nur im Moment der Begeisterung und durchdringt nicht jeden Moment des bloßen einfachen Lebens. Da er sich nicht anschließt, können es auch andere nicht, und so nötigt ihn gerade die Unfähigkeit, recht allein zu stehen, allein zu bleiben. Sein Schreiber, viel weniger als Riemer, aber doch so in dieser Art, ist krank in Karlsbad zurückgeblieben, wohin aber Goethe auch kommen wird.

3733 K. G. v. Weber: Tagebuch *10. August 1813*

Auf der Rückreise [von Teplitz] traf ich auf der Post in Peterswalde mit dem Geheimen Rat von Goethe zusammen, bekanntlich dem großen Verehrer von Napoleon. Ich fragte ihn: Was sagen Sie nun zu Napoleons Lage? Er antwortete ruhig: «Er ist wie ein gehetzter Hirsch; das macht ihm aber Spaß.»

3734 F. Peucer: Weimarische Blätter *1834*

Es war zu Anfang August 1813, und Goethe befand sich eben im Bade zu Teplitz. Vom Großherzog nach Dresden eingeladen, kam er dahin, um einige Darstellungen der Pariser Schauspieler mit anzusehen. Bei seinen Spaziergängen in Stadt und Vorstadt, bei seinen Besuchen von Antiquaren und Kuriositätenhändlern, war ich stets sein Begleiter, und unser Gespräch wendete sich auch wohl auf die Politik. Damals war der bekannte Waffenstillstand, und es galt die Frage, ob man Krieg oder Frieden haben werde. Goethe meinte: Frieden; ich sagte: Krieg. Wir wetteten im Scherz um einen Dukaten. Kurz darauf begann der Krieg. Ich saß im Februar 1814 ganz still in meiner Arbeitsstube, beschäftigt mit der metrischen Übersetzung von Voltaires Semiramis, als Goethes Diener mir etwas Versiegeltes überreichte. Ich öffnete es, und finde einen roten Korduanband in Oktav; darin zwei Blätter, mit den zierlichsten farbigen

Einfassungen umrändert. Auf dem ersten Blatt steht: «Herren Regierungsrat Peucer», auf dem zweiten:

«Nein! frechere Wette verliert man nicht,
Als an der Elbe ich dazumalen.
Dresden, d. 15. Aug. 1813.
Jetzt da man überm Rheine ficht,
Will ich mit Rheingold sie bezahlen.
Weimar, d. 16. Febr. 1814.»

Zwischen beiden Distichen ist ein blanker Golddukaten eingefügt, auf welchem man den Rhein erblickt, mit der Umschrift: Sic fulgent littora Rheni. Dieselben Worte befinden sich auf der Rückseite des ersten Blattes. Alles von Goethe eigenhändig, und zwar mit roter Dinte geschrieben.

3735 H. v. Heß: Erinnerungen *18. April 1863*

Die vierzehn Tage bis zu Goethes Ankunft in Dresden waren vergangen und Herzog Carl August währenddem angekommen; auch wir erhielten Goethes Karte (mit darauf verzeichneter Wohnung, weil er uns leider nicht fand), wonach ich mich tags darauf [am 11. August 1813] denn auch alsogleich in freier Stunde hinverfügte.

Das Getreibe und Kriegsgetümmel der Stadt hatte in dem edlen Dichter, wie er mir sagte, das Bedürfnis erweckt, sich im Kontraste mit selbem noch mehr in den freiesten Kunstanschauungen zu bewegen. So wurde sein früheres Wort bald zur Tat, und er schlug mir vor, zuerst die Galerie, dann die Museen und endlich den japanischen Palast zu besehen, wo er mir dann alles erklären und deutlich machen wolle, was dem minder Eingeweihten ohne höhere Führung nicht sogleich verständlich sein könne, und gütig, wie er war, hielt er getreulich das gegebene Versprechen. Leider waren es jedoch die damaligen Geschäftsarbeiten bei Tag und Nacht in Dresden und die darauf folgenden langen Kriegsjahre, welche mich verhinderten, noch mit frischerem Gedächtnisse all das Interessante und Gediegene, all die Goldkörner mehr en détail aufzuzeichnen, welche aus dem Munde dieses unvergleichlichen Kenners und Schätzers alter und neuer Kunst flossen! Er durchschaute mit seinem Adlerblicke tief den Kern jedes Kunstwerkes, und offen und klar lagen vor ihm die Anschauung wie der Schaffungsprozeß eines Raffael, Correggio, Tizian, Michelangelo und wie sie nun alle heißen, die Heroen der Kunst, als ihre Bildungen vor uns standen.

Alle erklärte er mir mit einer Güte, einer Langmut, die mir noch jetzt unvergeßlich sind und deren Klarheit es gerade war, die den Gedanken in mir aufkommen ließ, daß man so Natürliches, so Wahres nicht aufzuschreiben bedürfe, da es ja dem Sinne nicht mehr entgehen könne. Durch *seinen* Blick wurde *mir* jede Wesenheit dergestalt entschleiert, daß zuletzt *sein* Gedanke sich zu dem meinigen verkörperte und ich – in dieser Fülle des Richtigen und Wahren einmal großgezogen – bis auf den heutigen Tag nicht anders mehr denken konnte, als es mir Goethe in wenigen Augenblicken gezeigt, bewiesen, bis zur Evidenz faßlich gemacht hatte.

Instinktartig hatte wohl die Natur schon früher etwas in mich gelegt; nun wurde aber das jahrelange stille Denken zur plötzlichen Erkenntnis, die, wie das Gestirn des Mondes bei stiller Nacht, meinen bisher dämmernden Gedanken bei der Leuchte des freundlich unermüdlichen Meisters aufging.

So hatte ich zum Beispiel bei der Madonna des Heiligen Sixtus von Raffael, die ich schon früher aus Kupferstichen und Kopien kannte, stets den Welten umfassenden Blick des Kindes und das tiefsinnige jungfräuliche Antlitz und Wesen der Mutter dieses göttlichen Kindes angestaunt; Goethe machte nun mit wenigen Worten meinen früheren Empfindungen Luft, indem er, vor das Bild mit mir hintretend, sagte:

«Sehen Sie hier mit den größten Meisterzügen der Welt Kind und Gott und Mutter und Jungfrau zugleich in göttlicher Verklärung dargestellt. Das Bild allein ist eine Welt, eine ganze volle Künstlerwelt und müßte seinen Schöpfer, hätte er auch nichts als dies gemalt, allein unsterblich machen!»

Bei der Magdalena von Correggio entwickelte er den Gedanken der himmlischen Ruhe der Büßenden, bei der vollendetsten irdischen Schönheit, deutete bei der Geburtsnacht Christi auch den besonderen Sinn der Beleuchtung der Welt durch *Christus allein*, von dem alles Licht ausgeht und sich so weiter verbreitet.

Bei den Bildern von Carlo Dolce bemerkte er den zarten, manchmal bis zu einer zu großen Weichheit gehenden Charakter derselben; ebenso deutete er bei Tizian auf jenen der veredeltsten Wahrheit in Komposition wie Farbe, auf die Blaufärbung der venezianischen Schule, auf die Derbheit und die grellen Lichter der Rubensschen, auf die Bevorzugung des Stillebens der niederländischen und holländischen – erklärlich durch ihr abgeschlossenes Volksleben –, auf die höhere Bedeutung der nieder-rheinischen und alt-deutschen Schule, die, mit Ausnahme der richtigeren Menschenformen, den italienischen Musterschulen am nächsten stehen. – Endlich betonte er mit Nachdruck Albrecht Dürers Meisterschaft, Leonardo da Vincis Musterschule, und zuletzt, als Gipfel alles Großartigen und Genialen, Michelangelos unerreichbare Schöpfungen, ebenso unerreichbar wie jene Raffaels in allem rein Menschlichen und kunstgemäß Vollendeten; dies alles nun entwickelt während der eigenen Anschauung jedes einzelnen dieser Meistergebilde, prägte sich dem gelehrig Horchenden tief ins Gedächtnis ein, und diese Worte, ohnehin so verwandt seinem früheren Denken und Fühlen, blieben ihm ein Leitstern für alle späteren Kunstanschauungen in Italien, Frankreich und Deutschland durch volle fünfzig Jahre seines darauf folgenden vielbewegten Lebens.

Nach der vollständigen Besichtigung der ganzen Galerie vermehrten die immer größer werdenden politischen Verhältnisse meine Geschäfte in so bedeutendem Maße, daß meine freie Zeit immer geringer wurde und der gemeinschaftliche Besuch der Museen unterbleiben mußte. Nur auf den japanischen Palast beschränkte sich unsere letzte Wanderung und das schon in den letzten gar sehr bewegten Tagen meines Dresdener Aufenthalts [am 16. August].

Allein dennoch besahen wir noch durch drei Stunden diese höchst interessante königliche Sammlung. Goethes Bemerkungen und Vergleiche über die Geschmacksbildung – die Formen und Malerei aller außereuropäischen Kunstwerke gegenüber der europäischen, sowie insbesondere der japanischen, deren Produkte wir hier bewunderten, waren auch in diesem Fache von gleicher Originalität und Gediegenheit. Ganz richtig entwickelte er ihre Kunstrichtung und Fortschritte aus der eigentümlichen Lebensweise und dem geschichtlichen Gange jedes Volkes oder Stammes, sowie der Naturprodukte, womit jedes Land besonders gesegnet war. Die meisten verfolgte er nun stufenweise, einige von Jahrhundert zu Jahrhundert, zeigte hierauf die in jedem derselben entstandenen Erzeugnisse und Meisterstücke, wie sie sich in den einzelnen Kästen gruppierten, und so erhielt ich in wenigen Stunden eine Übersicht des Kulturganges dieser Völker, die sich in den vor uns liegenden Gebilden Schritt für Schritt nachwies und ihren Ursprung wie ihre Reihenfolge bekundete. Geschlossen wurden diese Vorträge mit der Vergleichung der obigen Produkte mit jenen von altsächsischen und neu-fränkischen Porzellanen, und noch jetzt kann ich Sammlungen dieser Art, ja keinen einzelnen Gegenstand derselben besehen, ohne überall den Maßstab und die Anschauungsweise, die mir Goethe gelehrt, in großen, alle Zeiträume einer Kunst überschauenden Zügen, anzuwenden.

Als wir uns nun vom Ausgangssaale des Palastes der großen Treppe zuwandten und dieselbe langsam hinabstiegen, um uns nicht zu schnell zu trennen, da wir unten alsogleich verschiedene Wege einschlagen mußten, ich den vor der Neustadt ausgebreiteten französischen Lagern zu, während Goethe nach der Altstadt in seine Wohnung ging, da sprach er noch folgende freundliche Worte:

«Und nun ich Ihnen alles gezeigt habe, was Ihnen und mir die drängende Zeit zuließ, lassen Sie mich meine Freude ausdrücken, in Ihnen einen so warmen Kunstfreund gefunden zu haben und Ihnen auch meinerseits, wie ich sehe, nützlich geworden zu sein. Gewähren Sie mir dagegen freundlichst eine Bitte: Sie sind des Tages und, wie Sie mir sagen, auch ganze Nächte über mit Arbeit überhäuft; unser Wiedersehen allhier ist daher ungewiß; auch könnten Sie wohl, wie ich aus allem wahrnehme, unvermutet, ja plötzlich vielleicht, abreisen müssen. Wenn nun so das Ungeheure geschähe, das Unvermeidliche herannahen würde, was auch meinen Herzog und mich von hier wegtreiben müßte, wollen Sie mir dann – und wäre es auch nur mehr durch eine Karte, deren Sinn ich verstehen würde – ein verständliches Zeichen zu unserem Aufbruche geben?»

Gerne sagte ich dies dem edlen verehrten Manne zu – und wahrlich, es war die höchste Zeit; denn schon drei Tage später mußte ich ihm die Karte senden, während ich selbst am vierten schon über alle Berge war, der böhmischen Grenze und somit dem wieder ausbrechenden Kriege zueilend.

Wie ich aber mit warmer Rührung von dem so teueren Manne Abschied nahm, wie unendlich ich junger Mensch dem Hocherfahrenen dankte und die von ihm gewünschten Nachrichten im Falle eines wirklich ausbrechenden Krieges mit Freuden versprach, das bedarf allhier wohl, nach dem Erzählten, keiner Worte mehr! Als einen unverwüstlichen Schatz des Lebens bewahre ich aber diese Dresdner Erinnerung im stillen Schreine meines Innern, bewahre ich die Güte eines Mannes, den ich in seiner vollsten Größe kennen lernte!

3736 H. Laube: Reisenovellen *1847*

[Nach den Mitteilungen einer lebhaften Dame.] Sie ist ihm [Goethe] einmal [zwischen 10. und 16. August 1813?] in Dresden wieder begegnet, und hat ihn so lange zur Rede gestellt über den schlechten Hut, welchen er trage, bis er verspricht, einen neuen zu kaufen. Als sie ihn wieder spricht, hat er doch wieder den schlechten Hut – «Aber Herr von Goethe» – es ist nicht meine Schuld, gnädiges Fräulein, erwidert er, ich habe herumgesucht, aber es paßte mir keiner, man ist in Dresden nicht auf große Köpfe eingerichtet.

3737 *Sophie v. Schardt an Charlotte v. Schiller* *23. August 1809 (1813)*

Der Goethe ist seit einigen Tagen zurückgekehrt – ich fand ihn unvermutet bei der Stein, da war er eben gekommen; den Moment kehrte noch die Freude in mich zurück – die alte. Er war milde und schien gesund.

3738 *Riemer* *24. August 1813*

Zu Goethe in den Saal. Mittags dort gegessen; las er nach Tische seine Gedichte in Teplitz vor: der Eckart und der Totentanz. Vortrefflich.

3739 *Riemer* *25. August 1813*

Nach Tisch mit Goethe im Garten. Die Mineralien von Teplitz besehen.

3740 *J. K. W. Voigt: Niederschrift*

[Bericht über den Aufenthalt des Herzogs Carl August in Ilmenau im August 1813.] Unter anderen Besuchen, die der Herzog aus der Nachbarschaft und aus der Residenz erhielt, war auch der des Prinzen Bernhard, des Grafen Edling und des Herrn Geheimrat v. Goethe. Das Vertrauen und die Freundschaft, die er gegen diesen berühmten Mann äußerte, waren sehr sichtbar, und es war, als ob Bruder und Bruder nach langer Trennung sich wieder umarmten. Dieser willkommene Gast nahm nun an allem Anteil, was vorging, und glücklicherweise traf es, daß sein Geburtstag in diese Periode fiel, der aufs feierlichste begangen wurde. Schon früh um fünf Uhr, als er noch zu Bette war, brachte ich ihm meine Glückwünsche, von einem großen Kranze und anderen vorzüglichen Blumen begleitet. Er schien sehr überrascht und versicherte, nicht daran gedacht zu haben, daß heute sein Geburtstag wäre. Mir zunächst folgte seine Hauswirtin, die Frau Rätin Blumröder, die ihn mit einer großen Torte anband. Gegen neun Uhr brachten drei junge Frauenzimmer, festlich gekleidet, die Glückwünsche des Herzogs. Die eine überreichte ihm einen Rosenkranz, die zweite einen Lorbeerkranz und die dritte einen Kranz von Vergißmeinnicht. Goethe soll dies mit sichtbarer Rührung aufgenommen haben. Bald darauf kam der Herzog selbst mit Herrn v. Fritsch, Prinz Bernhard, Herrn v. Röder und einigen anderen, um dem Freunde Glück zu wünschen. Während dem wurde das Speisezimmer im Forsthause mit schon fertigen Blumengehängen aufs festlichste geschmückt und die Tafel selbst etwas reichlicher besetzt. Selbst der Mundkoch des Herzogs hatte einige Stücke des Desserts mit eignen Poesien geziert, und überhaupt ging es sehr lustig her. Am Abende endlich brachte der Stadtrat noch eine Abendmusik, wobei ich als amtierender Bürgermeister das Glück hatte, die guten Wünsche des Rats und der Bürgerschaft auszusprechen. Goethe nahm dies alles mit einem Wohlwollen und einer Herzlichkeit auf, die man sonst nicht an ihm gewohnt war; denn bisweilen konnte er wohl auch ein wenig kalt und steif scheinen.

3741 Riemer *2. September 1813*

Zu Goethe, der angekommen war von Ilmenau. Einsiedel und Seebach. Über Krieg.

3742 Riemer *5. September 1813*

Mittags zu Goethe, wo Wolffs und Engels. Wolff sehr voll Schwänke. Holte Goethe die Zenobia von Gries und las die Stanzen. Hernach mit Wolff Kupfer besehen.

3743 Charlotte v. Stein
an Charlotte v. Schiller *11. September 1813*

Dem Meister habe ich den Tag vor meiner Abreise [nach Kochberg, am 6. September] eine Ananas zu seinen Füßen geschoben, die ich ihm zum Geburtstag bestimmt hatte, ganz still bei Mondenschein, als er (où peut-on être mieux, wie man sagen könnte, qu'au sein de sa famille) saß und sich von Mademoiselle Engels auf der Gitarre vorspielen ließ. Ich war mit meinen Fräulein hinten zum Garten hineingegangen, hoffentlich hat er sie gefunden.

3744 *Riemer* *9. September 1813*

Zu Goethe. An der Biographie. Abends um 6 Uhr zu Goethe, großer Tee, Schopenhauer, Müllers, Prof. Bause, Madame Löhr, Regierungsrat Voigt und Müller, Frau v. Heygendorf, Stromeyer, Moltke, Eberwein. Tee und Bischof. Gesang. Hernach bei Goethe geblieben. Las er uns die Circe vor. Gesänge der Oper sind von ihm.

3745 *Riemer* *10. September 1813*

Abends Einladung, zu Goethe zu kommen, ihn zu unterhalten. Mineralogie und Geologie. Zinnformation.

3746 *Riemer* *12. September 1813*

Mittags bei Goethe mit Dr. Schütze unter uns, die Frauenzimmer in Berka. Jener erzählte viel von Dresden während der Belagerung und Schlacht. Nachher den ganzen Nachmittag und Abend mit Goethe. Allgemeine Reflexionen, las er mir ein Porträt von der Kaiserin von Österreich, französisch geschrieben, vor.

3747 *Riemer* *13. September 1813*

Mußte ich zu Goethe kommen. Unterhaltung über die unschickliche mineralogische Nomenklatur. Über Tisch Gespräch über Berka und sein Verdruß über die schlechte Anlage [des Bades].

3748 *Riemer* *17. September 1813*

Gegen Abend ließ mich Goethe rufen. Über Kants Kritik der Vernunft. Mit Goethe allein gegessen; Metamorphose der Pflanzen, Sprache, Rhetorik und dergleichen.

3749 *Riemer* *19. September 1813*

Zu Goethe. Nach Tische Handschriften besehen.

3750 *Riemer* *20. September 1813*

Große Bewegung in der Stadt. Auf dem Töpfermarkt sah und erfuhr ich die große Retirade zersprengter französischer Truppen. Der [Gymnasial-]Direktor erzählte das

Schicksal von Dresden. Zu Goethe. Hatte Goethe durch den Dänen Bröndsted einen Stock von einem Palmenzweige aus der Akropolis von Athen mit einer peloponnesischen Münze, die Juno sehr schön, erhalten. Das Scharnier am Stockknopfe entdeckt, wodurch die andre Seite der Münze sichtbar wird.

3751 Riemer *23. September 1813*

Gegen Abend zu Goethe, wegen des 14. und 15. Buchs [von «Dichtung und Wahrheit»] mit ihm gesprochen. Kam hernach das Gespräch auf Beireis, das kein Ende nahm.

3752 Graf J. Zaluski: Erinnerungen *1865*

Ich bekam [am 25. September 1813] Quartier beim Geheimen Rat am Weimaraner Hofe, dem berühmten Dichter Goethe. Sobald ich dies erfuhr, ging ich gleich dem ruhmreichen Manne einen ehrfurchtsvollen Besuch abzustatten. Und ich habe mit ihm en tête-à-tête zu Mittag gegessen, für einen polnischen Offizier keine geringe Ehre! Als der deutsche Voltaire erfuhr, daß fast alle seine Werke mir bekannt und in Polen verbreitet, daß manche schon übersetzt, andere im Übersetzen begriffen sind, da ließ er, der deutsche Dichter, französisch kosmopolitischen Champagner bringen. Wir tranken auf das Wohl der Schriftsteller und der Literatur beider Nationen: der deutschen und der polnischen.

Nach dem Essen lud mich der Verfasser Werthers in die großherzogliche Loge im Namen des regierenden Fürsten, welcher da die Besuche zu empfangen pflegt.

3753 Riemer *26. September 1813*

Mit Goethe allein. Erst über die Weiber, daß sie keinen Geist haben. Ins Gartenhaus, Zinnformation.

3754 Riemer *26. September 1813*

[Goethe:] «Liebe und Verehrung (Ehrfurcht) wollen unbedingt sein.»

3755 *Ch. G. v. Voigt an Böttiger* *28. September 1813*

EW. erhalten hierbei die Memoria [über den Tod von Voigts Sohn]. Ich bin versichert, daß Sie über Eichstädts Eleganz und über die Benutzung des Stoffes fast verwundert sein werden. Herrn v. Goethes Ausspruch ist, daß etwas mehr Klassisches und Geschmackvolles und Geistreiches über gegebenen Stoff nicht leicht hätte geschrieben werden können, und so auch andere Urteile kompetenter würdiger Männer.

3756 *Riemer* *29. September 1813*

Zu Goethe; über Kant, die Biographie und anderes.

3757 *Riemer* *1. Oktober 1813*

Abends zu Goethe, der mir seine Briefe aus Italien an Herder zu lesen gab. Ich unterhielt mich mit ihm über einzelne Stellen.

3758 *Riemer* *3. Oktober 1813*

Mittags zu Goethe. Erzählte Vulpius von den Nachgrabungen in Kapellendorf und dort gefundenen Altertümern. Elastische Ringe. Nachher zeigte Goethe seine alten Durchzeichnungen aus einem alten Sachsenspiegel vor. – Um ½ 7 Uhr zu Goethe, lasen wir sein Manuskript über Physiologie.

3759 *Riemer* *7. Oktober 1813*

Zu Goethe wegen der Korrekturen. Nachricht, daß die Östreicher in der Nähe wären.

3760 *Riemer* *8. Oktober 1813*

Abends zu Goethe. Reise nach China von Devigne. Über die chinesische Schrift und Sprache. Um 10 Uhr zu Hause. Sammelten sich die Franzosen auf dem Markt und zogen um Mitternacht ab. Aus der Reise abgeschrieben.

3761 *Riemer an Frommann* *10. Oktober 1813*

Gott wenn nur für diesen Winter einige Ruhe zu hoffen wäre! und nicht etwa noch Schlimmeres uns bevorstände! –

Um mich auf andre Weise zu beruhigen und eine wissenschaftliche Unterhaltung mit Goethe zu haben, bin ich in ihn gedrungen, mir etwas von seinen physiologischen Abhandlungen mitzuteilen, und er hat sich bewogen gefunden, diese Papiere vorzunehmen, und wir lesen sie zusammen. So dürfte die Metamorphose der Pflanzen in einer neuen und reichern Umgebung auftreten, wenn sie auch der ausgearbeiteteste Teil wäre. Aber die Einleitung ist ganz wie sie daliegt brauchbar, das Übrige mehr schematisch, aber doch sehr interessant. So viel davon; behalten Sie aber gütigst alles für sich, damit nichts verlaute.

3762 Riemer *13. Oktober 1813*

Zu Goethe mit der Korrektur, war aber der Gesandte [Saint Aignan] bei ihm.

3763 K. W. Müller:
Goethes letzte literarische Tätigkeit *1832*

Eine besondere Hochachtung hegte Goethe gegen Napoleon ... Links [von seinem Arbeitstische] hängt ein Napoleon in bloßem Haupte. Er ist aus Gips und wurde von Goethen wegen eines besondern Umstandes sehr geschätzt. Nämlich am Tage der Leipziger Schlacht [16. Oktober 1813] fiel dieses kleine Basrelief, ohne daß man eine Ursache hätte nachweisen können, von der Wand herab, und der Einfassungsrand wurde verletzt. Goethe ließ das Bild wieder aufhängen und auf das noch übrige Stück des Randes schreiben:

«Scilicet immenso superest ex nomine multum.»

3764 Riemer *17. Oktober 1813*

Um 1 Uhr zu Goethe, war der Gesandte [Saint-Aignan] da im grünen Zimmer. – Nach Tische mit Goethe allein, und August: die Revision des 13. u. 14. Bogens. Abends wieder dort. Über die Entstehung und Legende, den Totentanz und anderes. War er sehr gut. Die Kunstwerke von Overbeck und Cornelius. Sein Gedicht als Fortsetzung des Mahadöh. Vaudeville von ihm.

3765 *Riemer* *17. Oktober 1813*

Über Technik, besonders Baumwollspinnerei in Ilmenau. Goethes Aperçu, daß die Vernunft des Menschen nur den Arrangeur mache. – Vortrefflich bemerkt! nämlich die Vernunft des Menschen tritt nur da ein, wo es stocken könnte. – Ob man den Flachs so würde spinnen können wie Baumwolle? – Schwerlich! – Worauf es ankomme, nämlich ihn kurz und krisplich zu machen.

3766 *Riemer* *20. Oktober 1813*

Nachts französische Patrouille. Um 9 Uhr mit Goethe, ihr und Uline nach Klein-Romstädt über Hohlstädt. Den Grabhügel besichtigt. Goethes Hypothese, sehr wahrscheinlich der Hügel auf Ein Mal von gleichzeitig Toten eines wandernden Volkes.

3767 *Riemer* *21. Oktober 1813*

Früh war eine ganze Partie Kosaken gekommen. Die Schule um 10 Uhr geschlossen, da es hieß, man höre schießen, wie es denn auch wahr war. Nachrichten vom Sieg bei Leipzig. Besorgnis wegen heute. Nach 1 Uhr ward es unruhig. Erst zog ein Trupp Kosaken auf, dann alle nach 2 Uhr. In Bangigkeit wegen der Franzosen, die bei Sulza durchgebrochen sein sollten. Über Tisch Kriegsnachrichten von Bedeutung. Gegen Abend Nachricht, daß Franzosen bei Kromsdorf oder Umpferstedt hereinwollten. Die Kosaken trieben sie zurück. Abends bei Goethe, darüber gesprochen. Zum Essen dageblieben, durch Spiegel beruhigt für diese Nacht. Ich konnte doch nicht recht ruhig sein und in die Lust des Assessors nicht einstimmen. Wolffs waren da und Engels und Durand.

3768 *Riemer* *22. Oktober 1813*

Die Nacht ruhig. Nachmittags gefangene Franzosen, die von den Einwohnern gespeist werden. Nach 2 Uhr gegen 3 ein panischer Schrecken, daß Franzosen kämen. Alles fuhr und ritt durcheinander. Bald darauf Schießen in der Stadt. Auch Kanonen, deren Kugeln über den Markt wegflogen (eine in die Bastille). Ängstlicher Zustand. Erste Beruhigung: zurückkommende Kosaken mit Beutepferden. Dann immer nähere Bestimmung, daß es zum Teil Badenser gewesen, daß sie sich zurückzögen. Hierauf General Thielemann mit viel Kavallerie und drei Kanonen. Seitdem immer neue Kosakenregimenter. Östreicher Dragoner, Husaren. Fußvolk, östreichische Jäger. Nach der ersten Ruhe zu Goethe. Anzüglicher Vorwurf [Christianes], daß ich jetzt erst käme, da es vorbei sei. Von Goethe entschuldigt. Abends Reiten und Fahren ins Lager. Dann Biwak der östreichischen Jäger auf dem Markte.

3769 Riemer *23. Oktober 1813*

Die Biwakfeuer brannten noch um 7 Uhr. Den ganzen Morgen in Spannung. Nach Tische etwas an Goethes 15. Buch [von «Dichtung und Wahrheit»]. Gegen Abend zu ihm. Hatte er den Feldzeugmeister Colloredo und vierzehn Offiziere Einquartierung. Bei ihm auf seiner Stube.

3770 F. de La Motte Fouqué:
Goethe und einer seiner Bewunderer *1840*

So kam das große Jahr Dreizehn heran, und rief mich ins Feld der Ehre ...

Die für das rechte Rhein-Ufer siegreich entscheidende Leipziger Schlacht hatte uns bei Verfolgung des Feindes in die Nähe von Weimar geführt. Ich nahm Urlaub zu einem Ritt hinein, um meinem Dichterheros meine Verehrung zu bezeigen.

Da stand ich nun [etwa zwischen 23. und 26. Oktober] wiederum vor dem einfach schönen Hause. Etwa zehn Jahre waren seither vergangen. Und welch ein Dezennium! Auch für mich: welch eine völlige Umwandelung! –

Auch im Hause freilich sah es gar anders aus. Eine starke österreichische Einquartierung hatte notgedrungen alle vordere Zimmer in Beschlag genommen. Ordonnanzen rannten auf und ab. Das schöne musivische: «Salve», vor dem Eingange zu den Gemächern den Boden schmückend, war im Staube der gestiefelten Tritte fast unsichtbar geworden. Mich befiel eine seltsame Wehmut.

Dennoch schritt ich im ziemlich kecken Bewußtsein seither mannigfach errungener Selbständigkeit dem mir noch aus jenem ersten Besuch wohl erinnerlichen, würdig aussehenden Kammerdiener nach, der mir sogleich auf meine erste bescheidene Anfrage versicherte, ich sei willkommen. Es ging nach einem Hinterzimmer, wohin der edle Hausherr zurückgedrängt war, und in einem kleinen Vorgemach beschied mich mein freundlich vorhineingehender Begleiter, ein paar Augenblicke zu warten.

Da stand ich nun, und mein Herz begann höher zu schlagen. Fast mußte ich lächeln dabei, wenn ich an meinen eleganten weißen Uniform-Anzug in Eskarpins aus jenem Dezennium dachte, und wie nun der bestaubte, vom Wachtfeuer und Pulverdampf durchräucherte, von manchem Regenguß durchsprühete Offizier der reitenden freiwilligen Jäger hier zur Stelle war. Zudem hing über meinen Schultern noch, als Rest eines abhanden gekommnen ehemaligen Mantels, ein Mantelkragen, am Saum durch Beiwachtsglut angesäumt, in der Mitte von einer französischen Flintenkugel durchlöchert. Ein waffenbrüderlicher Scherz meiner Kameraden hatte dieses Fragment mit dem Namen: «Leporello-Kragen» bezeichnet. Heft und Kettlein, die es ehedem zierlich genug am Halse zusammenhielten, waren jetzt längst verloren, – wer weiß: wie und wo, – und an deren Stelle war ein Bindfaden getreten, derb genug, um notfalls für einen Strick zu gelten. – «Ob Du den Leporello-Kragen wohl umbehältst, bei der bevorstehenden Audienz vor Seiner Exzellenz?» fragte ich mich lächelnd. Und die Antwort hieß: «Ei allerdings. Bist Du ja doch damit vor König und Kaiser vorbeimarschiert!» –

Und das Ding war beschlossen, und ich lehnte mich wohlgefällig auf das Einzigschöne, was noch an meiner Ausrüstung zu finden war, auf mein in erzner Scheide klirrendes langes, zierlich geformtes Schwert.

Aber was ist der Mensch in all seiner Eitelkeit? Und justement dann? –

Unversehens ging die Zimmertür leise auf, und hervor blickte das noch ganz unvergeßne Apollo-Antlitz, apollinischer noch, weil in häuslicher Bequemlichkeit die Halsbinde fortgeblieben war, und so die Heroen-Physiognomie sich noch idealer hervorhob. «Treten Sie näher», sprach die wohllautende Stimme.

Und ab flog mein Leporello-Kragen in den ersten besten Winkel, und voll tiefster Ehrerbietung mich neigend, trat ich über die Schwelle.

Goethe winkte mir sogleich, mich zu setzen, indem er mir gegenüber Platz nahm. Und ich hub meinen Spruch, – möglich, daß die Stimme des sechsunddreißigjährigen Kriegsmannes nicht ohne alle Bebung blieb, – etwa folgendermaßen an:

«Ich komme, Eurer Exzellenz für etwas zu danken, das Ihnen mutmaßlich schon längst vergessen ist: für meine gastlich huldreiche Aufnahme in Ihrem Hause vor nun etwa zehn Jahren.»

Und nun berührte ich noch einige nähere, jedoch nur äußerliche Umstände von damals, fest entschlossen, wenn Goethe nichts Literarisches anrege, auch meinerseits nicht im mindesten irgend einen Schritt deshalb fürder zu tun, sondern mich bald nach einfach geselliger Sitte wiederum zu empfehlen.

Er aber sagte voll unbeschreiblicher Anmut des Blickes und der Stimme:

«Meinen Sie denn, daß ich Sie aus den Augen verloren hätte, seitdem?» –

Es durchfuhr mich, wie ein elektrischer Strahl, aber sanft, und ich fühlte mich neubelebt.

Nun folgten ehrende Worte, vollkommen dichterisch anerkennende für mich, und auch für meine seither verewigte Gattin, Karoline Baronin de la Motte Fouqué, und am Schluß der holden Rede fügte er hinzu:

«Während meines letztern Bade-Aufenthaltes in Karlsbad waren Sie beide mit Ihren Dichtungen mir gar liebe Gefährten.»

Was ich ihm antwortete, hieß etwa so:

«Ich hoffe, Eure Exzellenz sieht klar in mich herein, und sieht demzufolge, was ich nicht aussprechen kann. Aber es ist ein Gipfelpunkt meines Lebens.»

Sein freundliches Auge bestätigte mir's: Ja, er hatte in der Tat in mich hereingesehn, und er war in diesem Augenblicke zufrieden mit mir.

Nun aber drängte uns der Moment auch auf die äußerliche Gestaltung der Zeit, und wir besprachen uns darüber, soweit es die Umstände vergönnten, mich nach dem Bivouac wieder hinausrufend, ihn an ohne Zweifel weit mannigfach wichtigeres und höheres Schaffen.

Zunächst äußerte ich meine Zufriedenheit, daß nun die geweihete Dichter-Wohnung wieder bald der wackern, aber freilich sehr überfüllenden Gäste werde entledigt sein. «Wissen Sie das so gewiß?» fragte Goethe. «Und woher?»

«Weil niemand von uns Kriegern jetzt Muße hat, in der Verfolgung des besiegten Weltbesiegers zu weilen.» –

«Besiegt? Wird er sich nicht vorerst noch bei Erfurt stemmen?» –

«Das wünsch' ich. Aber ich hoff' es kaum.»

«Schlagen Sie seinen Widerstand dorten so leicht an?»

«Ich schlage nichts leicht an, was Napoleon tut oder läßt. Und eine Schlacht um Erfurt würde manchen Kopf kosten, sehr möglich unter andren den meinigen mit. Aber derweil er dort mit uns bataillierte, würden ihm andre große Heerhaufen den Rückzug vollends verrennen, und es wäre dann völlig aus mit ihm. Ich aber halte ihn für einen viel zu großen Feldherrn, als daß er solches nicht unermeßlich klarer einsehn sollte, als ich.»

«Also –?»

«Also, er wird eilen, an und über den Rhein zu kommen, so gut es gehn will, oder so schlimm.»

Goethe sah nachdenklich eine Zeitlang vor sich nieder, und sprach alsdann mit tief ernstem Blicke:

«So wäre er denn also wirklich schon vollständig geschehen, der entscheidende Schlag? Desto besser.»

Beim Abschiede, mich aus der Tür geleitend, reichte er mir gütig die Hand, mit den Worten:

«Der Krieg bringt viel Störendes, aber auch Schönes. So, daß Sie jetzt zu mir kamen. Gutes Glück mit Ihnen. Und lassen Sie mich von Ihnen hören, wenn's sein kann.»

3771 F. L. Schmidt: Denkwürdigkeiten *1875*

Man erzählt von Goethe, er habe einige Tage nach der Schlacht bei Leipzig aufgeregt in seinem Zimmer gesessen, und als de la Motte Fouqué als preußischer Rittmeister zu ihm eingetreten sei, erleichtert ausgerufen: «Endlich doch eine Seele, zu der ich in dieser kummervollen Zeit frei sprechen kann.» Fouqué soll dies 1815 in Hamburg selbst erzählt haben.

3772 Riemer *25. Oktober 1813*

Zu Goethe, meine Not geklagt. Gab die Goethe Wein.

3773 Riemer *26. Oktober 1813*

Kaiser Alexander und Konstantin. Parade. Nach Tische zu Goethe, wo Humboldt sich anmelden ließ. Abends bei Goethe, anfänglich bei den Frauenzimmern mit August. Dann mit Humboldt zu Tisch.

3774 Riemer *26. Oktober 1813*

[Goethe:] «Geschmack ist ein Euphemismus. Deutsche haben keinen Geschmack, weil sie keinen Euphemismus haben und zu derb sind. Es kann keine Sprache euphemistisch sein und werden als die, in der man diplomatisiert.» –

Resultat einer Unterhaltung Goethes mit Fürst Metternich, an diesem Tage von jenem mir mitgeteilt.

3775 Riemer

[Goethe:] Seine Stube kommt ihm vor wie Diogenes' Faß.

3776 W. v. Humboldt an seine Frau *26. Oktober 1813*

Ich wohne hier wieder nach alter Art bei Goethe, der Dich herzlich grüßt, und da wir lange miteinander aufgewesen sind, so mußt Du mir verzeihen, wenn ich vielleicht kürzer als gewöhnlich bin. Der Geheimrat trägt den Annen-Orden, die Legion ist beiseite gelegt, wie es scheint. Allein die Befreiung Deutschlands hat noch bei ihm keine tiefe Wurzel geschlagen. Er glaubt zwar ernstlich daran, aber stellt mit vielen Umschweifen, unbestimmten Phrasen und Gebärden vor, daß er sich an den vorigen Zustand einmal gewöhnt habe, daß alles da schon in Ordnung und Gleis gewesen sei und der neue nun hart falle. Die Verheerungen der Kosaken, die wirklich arg sind, nehmen ihm alle Freude an dem Spaß. Er meint, das Heilmittel sei übler als die Krankheit, man werde der Knechtschaft loswerden, aber zum Untergehn. Ich habe mich wenig darauf eingelassen, diese Dinge zu bestreiten, es kam mir mehr darauf an, es zu kennen und aus ihm zu hören. Übrigens sieht er's sehr locker und lose an. Die Weltgeschichte, meint er, habe auch diesen Spaß haben müssen. Alles dies wird den kleinen Mädchen, wenn sie es hören, ein Greuel sein und ist auch sehr arg. Sonst aber ist Goethe eine wunderschöne Natur, mit der ich immer unendlich gern bin.

3777 W.v. Humboldt an seine Frau *27. Oktober 1813*

Ich bin heute früh von Goethe aus Weimar weggefahren...

Von Goethe könnte ich Dir noch lange erzählen. Er hat den Feldzeugmeister Colloredo zur Einquartierung gehabt, der auf Goethes Kosten alle Tage 24 Personen zu Tisch gehabt hat. Die Geheimrätin versicherte, das koste 2 bis 300 Taler, und der Koch hätte ihr noch gesagt, daß sie sehr geizig wäre. Wie Colloredo gekommen ist, hat Goethe noch die Legion getragen, und Colloredo hat ihm gleich gesagt: «Pfui Teufel, wie kann man so etwas tragen!» Heute früh hat er mich ernsthaft konsultiert, was er tragen solle, man könne doch einen Orden, durch den einen ein Kaiser ausgezeichnet habe, nicht ablegen, weil er eine Schlacht verloren habe. Ich dachte bei mir, daß es freilich schlimm ist, wenn man für das Ablegen der Legion keine besseren Gründe hat, und wollte ihm eben einen guten Rat geben, als er mich bat, zu machen, daß er einen österreichischen Orden bekäme. Es ist närrisch, daß wir immer dazu bestimmt sind, daß die Leute uns in das Vertrauen ihrer kleinen Schwachheiten setzen. Die Goetheschen tun mir umso mehr leid, als er äußerst gut und freundschaftlich mit mir ist.

3778 W.v. Humboldt an seine Frau *9. November 1813*

[Über Goethe.] Noch eine Sache vergaß ich Dir zu sagen. Die äußeren Dinge wirken jetzt so auf ihn, daß er mir, nicht zwar, wenn wir allein waren, aber mit der Frau bei Tisch selten die Exzellenz geschenkt hat.

3779 W.v. Humboldt an seine Frau *1. Januar 1814*

Goethen kann ich mir vorstellen. Er gehört durchaus zu den gleichgültigen Naturen für alles Politische und Deutsche. Egoismus, Kleinmütigkeit und zum großen Teil ganz gerechte Menschenverachtung, die man aber nur nicht so anwenden muß, tragen zusammengenommen dazu bei. Die Frau hält ihn ihrerseits auch in den erbärmlichsten Ansichten in dieser Rücksicht gefangen. Dabei hat er wirklich von Napoleon eine große Idee wenigstens gehabt und hat sie eigentlich noch. Denn auch die jetzige Epoche sieht er doch als eine Krise an, die ihn habe auch treffen sollen, um ihn daran zu versuchen. Wie der Sohn denken mag, wünschte ich ordentlich zu wissen. Ich konnte ihm indes auch keinen Enthusiasmus abmerken.

3780 Riemer *27. Oktober 1813*

Gegen Abend ... Ließ mich Goethe zu sich kommen. Allerlei Politica und die Revision 15. und 16. [Buch von «Dichtung und Wahrheit»].

3781 Riemer *27. Oktober 1813*

[Goethe:] «Es hat niemand außer seinem Metier Gegenwart des Geistes.»

3782 H.v. Heß: Erinnerungen

Noch einmal sah ich ihn [Goethe] im Leben wieder; es war nach der Leipziger Schlacht in Weimar [am 23. Oktober 1813], wo ich mit den die französische Reiterei verjagenden Österreichern und Kosaken eindrang und ihm dann die früheren Ereignisse und den Gang dieser Riesenschlacht erzählen mußte. Freundlich lud er mich dann [am 27. Oktober] auf den folgenden Tag zu Tische ein, allein ein Abmarsch noch in dieser Nacht riß mich unvermutet und ohne Abschied nehmen zu können von ihm und Weimar weg.

Nach seinem Wunsche schrieb ich ihm noch einmal während des Krieges aus Groß-Gerau im Rhein-Tale vor dem Abmarsche des Bubnaschen Korps in die Schweiz und noch ein zweites Mal aus Chambéry nach geschlossenem Frieden. Ob er wohl diese meine Briefe jemals erhielt? In diesen Kriegswirren gingen so viele verloren!

3783 G. Jackson: Tagebuch *29. Oktober 1813*

Yesterday we received an invitation to dine at Court. I called on the Grand Chamberlain, and at last – an event to make a figure in my journal – I got a quarter at the house of the famous Goethe. He received me and my friend with the greatest civility, and lodged us most comfortably ...

I went afterwards to the play, the Grand Duchess having invited me to her box. The house is a remarkably pretty one, and the actors and actresses performed very fairly. Her Serene Highness chatted away most pleasantly, and I passed a very agreeable evening.

The play over, I hastened back to see what Rumbold and Pat had achieved in the way of a supper, to which I had invited Monsieur de Goethe, the Chancellor, Prince Hohenzollern, and Count Bombelles. Present circumstances considered, the repast provided was not unworthy of the guests; at least they seemed to think so. There was a great deal of entertaining conversation; for the presence of Monsieur de Goethe put us all on our mettle. And although I do not remember that any of *us* displayed either remarkable wit or wisdom, yet we all did our best, and endeavoured to show that, at least, we were not unappreciative listeners to the eloquence of the great German genius. The charm of his conversation, in my humble opinion, is somewhat marred by an air of pedantry, which is probably due to the adulation he is accustomed to receive from his many worshippers. People here, seem to hang, as it were, upon his lips, and listen for his words as if an oracle were about to hold forth. It is not, therefore, surprising, that they should flow from them in a less easy current, than if he were allowed to speak with as little restraint as those from whom no unusual beauty of language, lessons of wisdom, or poetic fancies, are expected each time they open their mouths. For my part, I like Goethe for his good humour and pleasant manners; for I think, that a man inferior in genius, and of less genial nature, would have become insufferable in society if constantly dosed with flattery as he is; and that much credit is due even to *him* for being so little spoiled by it.

3784 Riemer *31. Oktober 1814*

Zu Goethe, um das Manuskript des 15. Buchs [von «Dichtung und Wahrheit»] mit ihm durchzugehen.

3785 G. Jackson: Tagebuch *31. Oktober 1813*

... I took leave of the Grand Duchess, who was extremely affable and gracious, as she has been throughout our stay here. I also bade adieu to our obliging host, Monsieur de Goethe.

3786 F. Heinke: Tagebuch

Weimarische Tage im Jahre 1813.

November.

Im Hause des Kammerherrn v. Helldorf, wo Major Kleist, Stegmann und ich einquartiert sind, finden wir die allerfreundlichste und vorsorglichste Aufnahme ...

Wenige Schritte von uns entfernt liegt Goethes Haus, in welches ich durch Professor Riemer sogleich eingeführt und Frau v. Goethe vorgestellt werde. Sie hat seit unserer früher in Lauchstädt gemachten Bekanntschaft nicht gewonnen. Durch sie werde ich bei Goethe eingeführt.

1. [November.] Er empfängt mich feierlich, den Stern des Annenordens auf dem Rock, wie bei einer Audienz. Bald aber schwindet die Grandezza, eine ihn schöner kleidende Herzlichkeit tritt an deren Stelle, und ich scheide nach Emp-

fang der Einladung: ihn so oft zu besuchen, als es mir angenehm dünke. Der Abend vereinigt uns im Theater, wo «Die beiden Klingsberg» gegeben werden. Nach dem Theater wird Abendbrot im Goetheschen Hause eingenommen, wo sich auch Riemer und mehrere Mitglieder der Bühne einfinden. In Fräulein Ulrich lerne ich einen höchst liebenswürdigen Sekretär von Goethe kennen, der er ambulando zu diktieren pflegt.

3787 Riemer *4. November 1813*

Gegen Abend ließ mich Goethe rufen. Mit ihm über Kunst. Die Andreas del Sarto besehen. Schopenhauers Abhandlung über die vierfache Wurzel des zureichenden Grundes.

3788 F. Heinke: Tagebuch *4. November 1813*

Abends bei Goethe auf seinem Zimmer; dann zum Abendbrot bei ihr, wo der Sänger Engels hübsche Sachen zur Gitarre vorträgt. Die unstellbaren [unzählbaren?] Flaschen als eine charakteristische Tafelzierde meiner vielvermögenden Gönnerin.

3789 F. Heinke: Tagebuch *5. November 1813*

Bei Goethe. Ich gewinne mir seine Gunst durch eine ihm zusagende Verteidigung seiner vielfach angegriffenen «Wahlverwandtschaften».

3790 F. Heinke: Tagebuch *6. November 1813*

Goethe gerät in Not dadurch, daß ihm das städtische Einquartierungsamt zwölf Mann Donische Gardekosaken zusendet. Er verschließt sich in ein hinteres Zimmer und sendet zu mir um Abwendung dieser Gäste, die bereits vor seiner verriegelten Haustür abgesessen hielten. Die gegenseitige Unkenntnis unserer Sprachen erschwert das Geschäft, und sie wollen mit Gewalt eindringen. Dieser wird preußische Gewalt von unserer herbeigeholten Wachtmannschaft entgegengesetzt. Das Quartieramt wird gezwungen, andere Billetts zu geben; aber die Donier glauben dennoch ein Recht auf jenes Haus zu haben und wollen nicht weichen.

Endlich nach zweistündigem Straßenskandal gelingt es, den russischen Etappenkommandanten aufzufinden und von diesem eine Order zu erwirken, auf welche die zwölf Riesen vom Don abziehn.

3791 Riemer *(7. November 1813)*

[Goethe:] «Der Haß gleicht einer Krankheit, dem Miserere, wo man vorn herausgibt, was eigentlich hinweggehen sollte durch sachten und stillen Stuhlgang.»

3792 F. Heinke: Tagebuch *7. November 1813*

Goethe sendet mir zum Dank für den ihm gestern erwiesenen Dienst seine «Wahlverwandtschaften» mit eigenhändiger Inschrift. Abends bei ihm, wo er mich mit dem freundlichsten Dank und mit Beweisen seines Wohlwollens überhäuft. Bei ihm die Bekanntschaft des Bergrat Voigt aus Jena. Höchst heiterer Geist beim Abendtisch, bei dem der gestrige Krieg mit [den] Doniern eine große Rolle spielt.

3793 F. Heinke: Tagebuch *9. November 1813*

Abends bei Goethes. Engels da und die Wolff.

3794 Riemer *10. November 1813*

An der Goetheschen Biographie. Korrektur des 20. Bogens. Mit beiden zu Goethe, der eben der Ulrich diktierte. Nur von der Korrektur gesprochen. Dann etwas über Schopenhauers Buch. Ersuchen, doch einen Abend bei ihm zuzubringen.

3795 H. Düntzer: Charlotte von Stein *1874*

Am 11. [November 1813] besuchte Goethe Charlotten. Ihre Frage, ob die Vernunft endlich in der Welt Herrscherin werden würde, verneinte er; denn sie habe keine Unterlage, sei bloß geistig; nur die Humanität müsse kultiviert werden. «Und die kann man jetzt sehr in Übung setzen», meinte sie; «wenn sie nur zureichte!»

3796 Riemer *12. November 1813*

Aus meinen Goetheanis die Papiere ausgesucht, wo ich manches von ihm notiert, und Aristoteles mitgenommen zu Goethe. Erst die Aushängebogen, dann den Aristoteles. Dieser brachte uns auf Betrachtungen. Dann einiges aus den Papieren.

3797 Riemer *12. November 1813*

[Goethe:] «Die Begattung zerstört die Schönheit, und nichts ist schöner als bis zu diesem Moment.

In der antiken Kunst allein ist die ewige Jugend festgehalten und dargestellt. Und was heißt ewige Jugend anders als keinen Mann, keine Frau erkannt zu haben.

Hier wäre also die Unschuld. Eine Madonna, die Mutter und Jungfrau zugleich ist, ist nichts.»

3798 F. Heinke: Tagebuch *13. November 1813*

Abends im Theater: «Graf Essex». Dann bei Goethe zum Abendbrot.

3799 Riemer *14. November 1813*

[Goethe:] «Die ganze Geschichte mit dem *Genie* ist, daß die Menschen einmal Einem gestatten, was sie sich unter einander selbst nicht gestatten, nämlich daß einmal Einer ganz sein darf, was er will und Lust hat.»

3800 F. Heinke: Tagebuch *14. November 1813*

Es beginnen Sonntagsversammlungen bei Goethe von 12 bis 2½. Glänzend und geistreich. Kunstgenüsse aller Art. In einem Zimmer Musik von Virtuosen und Dilettanten; im andern Ausstellung der von Cornelius und Overbeck zu den «Nibelungen» gefertigten Zeichnungen. Im dritten Zimmer Goethe selbst, am liebsten ambulando, allerhand schöne und geistreiche Dinge von sich gebend. Überall ist er anregendes Prinzip und klärendes Agens. Um drei Uhr, wie jetzt häufig, bei Hofe zur Tafel ... Abends wieder bei Goethe.

3801 F. Heinke: Tagebuch *16./17. November 1813*

16. Abends bei Schopenhauers. Adele präsentiert uns ihrer bildschönen Freundin Ottilie v. Pogwisch ... Später noch bei Goethe.

17. Ganz Wiederholung des vorigen Tages.

3802 Riemer *18. November 1813*

Um 5 Uhr zu Goethe. Einen Brief an Knebel geschrieben. War er sehr freundlich und offen. Eiserne Medaille auf Wellington. Schöner Kopf, ähnlich mit Napoleon, nur voll Güte, langgezogen wie Cäsar.

3803 Louise Seidler an Pauline Schelling *12. Dezember 1813*

Von Goethe kann ich Dir wenig Erfreuliches mitteilen; diese unruhigen Zeiten haben seine Behaglichkeit gestört, und das empfindet er übel, und soll es auch wiederum empfinden lassen. Ich war neulich [am 19. November] auch mittags bei ihm und empfand es doch auch etwas, ob er gleich die Güte selbst war und mir drei herrliche Stunden mit der Mitteilung einiger Mappen Handzeichnungen und alter herrlicher Kupferstiche schenkte, denn er war weniger lebhaft als sonst. Auch meinte er: «man müsse sich auf alle Art zerstreuen, und er arrangiere jetzt seine Kupferstiche nach den Schulen; das sei Opium für die jetzige Zeit.» Nimm dies, wie Du willst: mir war es leid, daß Er für die jetzige Zeit, die freilich lastenvoll, aber doch überall groß und herrlich ist, Opium will. Auch meinte er: «es sei unrecht von den Studierenden und Professors, mit in den Kampf ziehen zu wollen, da jetzt schon so viel geschehe, dadurch Wissenschaften gestört etc. etc. würden.» Übrigens ließ er sich nicht weiter über die Sachen aus, aber daß er nicht dafür enthusiasmiert ist, beweist er doch auch, indem er seinem Sohn verweigert, sich unter die Freiwilligen zu stellen, der es wünscht, und in kein gutes Licht durch sein Bleiben gesetzt wird.

3804 Riemer *20. November 1813*

Abends bei Goethe, der seine Ballade vom Totentanz mitteilt. Diese nach mehrmaligem Lesen ästhetisch-grammatisch durchgegangen und dabei vieles über Wortstellung in allen Sprachen aufgenommen. Unter andern auch das: so arm und so jung, so alt und so reich. Ebenso die Wiederholung des Artikels:

Der Türmer, der schaut
der Kirchhof, er liegt
der Mond, der hat.

Die Gegenstände werden erst akkusiert und gleichsam hingestellt mit einem voilà!

3805 Riemer *20. November 1813*

[Goethe:] «Die Griechen waren Freunde der Freiheit, ja! aber ein jeder nur seiner eigenen; daher stak in jedem Griechen ein Tyrannos, dem es nur an Gelegenheit fehlte, sich zu entwickeln.»

3806 F. Heinke: Tagebuch *21. November 1813*

Interessanter musikalischer Mittagszirkel bei Goethe. Mittag bei Hofe und zum Tee bei der Großfürstin ... Später noch zu Schopenhauers, wo Goethe und Ottilie Pogwisch glänzen.

3807 F. Heinke: Tagebuch *22. November 1813*

Nach dem Theater bei Goethe, wo zwei fremde Offiziers einquartiert sind.

3808 F. Heinke: Tagebuch *23. November 1813*

Bei Goethe musikalischer Tee. Bei Schopenhauers größere Gesellschaft. Goethe, der Erbgroßherzog p.

3809 D. G. Kieser an Louise Seidler *24. November 1813*

Bei Goethe war ich eben eine halbe Stunde. Er redete mit mir sehr brav, wünschte, ich möchte in Weimar bleiben statt mitzuziehen und bot mir seine ernste Mitwirkung an in meinen hiesigen öffentlichen Geschäften.

3810 Riemer *24. November 1813*

[Goethe:] «Bei den Deutschen wird das Ideelle gleich sentimental, zumal bei dem Troß der ordinären Autoren und Autorinnen.»

3811 F. Heinke: Tagebuch *25. November 1813*

Nachmittags mit Goethes in den Großherzoglichen Treibhäusern. Frau v. Heygendorf dort.

3812 D. G. Kieser an Louise Seidler *27. November 1813*

Meine Geschäfte mehren sich täglich, da die Epidemie zunimmt und man zu mir großes Zutrauen zeigt ... Goethe handelt unendlich freundschaftlich gegen mich und hat mir seinen tätigen Beistand angeboten. Ich war gestern abend seit 6 Uhr bis Nacht bei ihm. Wir redeten über die großen Welthändel zwei Stunden, verständigten uns ganz und fanden die große Wahrheit, daß Frankreich im Kampfe mit England untergehen müßte, weil das Meer gewaltiger und lebendiger als die starre Erde ist und beide Elemente durch Feuer repräsentiert werden. Ich kann Goethen wegen seines freundschaftlichen Benehmens nicht dankbar genug sein. Auch hat mich der gestrige Abend, wo wir ganz en famille speisten, gottlob nur momentan gestört. Die Krankheit beginnt mit furchtbarer Heftigkeit. Ich werde viele Arbeit mit ihr haben.

Eine Pfeife köstlichen Tabak finde ich jeden Abend bei meinem wackeren Oberst von Engelhardt ... und ein ernstes, hohes Wort bei unserm Goethe ...

August Goethe hatte sich gestern noch nicht unterzeichnet. Alles will Offizier werden, und die jungen Leute sehen nicht ein, daß es keiner von uns Zivilisten jetzt werden kann.

3813 F. Heinke: Tagebuch *28. November 1813*

In den Mittagsstunden, wie allsonntäglich, geselliger Verein bei Goethe. Die musikalischen Genüsse haben den anhaltendsten Zuspruch. Mein Vortrag seiner «Generalbeichte» erfreut sich seines Beifalls. Die schöne Stimme der artigen Engels. Mittag und Abend bei Hofe, wo sich immer ein großer Teil des Goetheschen Zirkels wiedertrifft ... Noch spät bei Goethes. Pretiosenauskramung. Viel Gesang zur Gitarre.

3814 W. G. Gotthardi: Weimarische Theaterbilder 1865

Lebhaft erinnere ich mich ... einer auf eine Theaterprobe von Egmont [vor dem 1. Dezember 1813?] sich beziehenden Anekdote, die mir der Schauspieler Haide, den sie ganz eigenst betraf, persönlich mitteilte, und deren Referat ich nicht unterdrücken mag. Der genannte Künstler, der in dem Drama den Oranien gab, hatte in der Unterredung mit Egmont in der letzten Szene des zweiten Aufzugs es sich erlaubt, über die Gebühr leise zu sprechen, so daß er für entfernter Sitzende unverständlich werden mußte. Goethe hatte ihn eine Zeitlang gewähren lassen. Endlich des Dinges müde, sah er sich veranlaßt, an Haide in größter Ruhe die lauten Worte zu richten: «Ich möchte das, was ich vor dreißig Jahren geschrieben habe, denn doch auch *hören!*» Der Betroffene verbesserte flugs seinen Fehler.

3815 F. de la Motte Fouqué:
Goethe und einer seiner Bewunderer 1840

Im Spätherbst [1813] kam ich kränkelnd vom Heere zurück. Meine schon früher durch mannigfache Kriegsbeschwer sehr angegriffene Gesundheit war beim raschen Verfolgen des Feindes bis an den Rhein in Grund und Boden zerrüttet, und ich bis zum Eintreffen meines eingereichten Abschieds-Gesuches von meinem edlen Feldherrn, Grafen Kleist Nollendorf, mit ehrender Güte vorläufig nach der Heimat entlassen. In Weimar gedachte ich einen Rasttag oder zweie zu halten. Als ich am Abende meiner Ankunft [am 1. Dezember] zu Goethe ging, fand ich Herrn von Müller bei ihm, den jetzigen Kanzler.

«Man hatte Sie mir unter so kauderwelschem Namen angemeldet», – sagte Goethe, – «daß ich schon Lust hatte, den Fremdling mit höflicher Entschuldigung abweisen zu lassen. Endlich ward dennoch beschlossen, den preußischen

Rittmeister in Augenschein zu nehmen, und nun ist mir es lieb.»

Goethe hatte auf einem Tische neben sich unterschiedliche kleine Marmorplatten, wohlgeschliffen, von mannigfacher Farbe liegen, und meinen Blick dorthin begleitend, sagte er:

«Bruchstücke aus der Marmor-Bekleidung des Delphischen Tempels. – Das sind nun so *meine* Reliquien!» setzte er leise lächelnd, wohl nicht ohne absichtliche Beziehung, hinzu.

Als ich mich empfahl, äußerte er gütig, er hoffe mich während der Zeit meines Verweilens öfter wiederzusehn. Herr von Müller, der mit mir zugleich fortging, lud mich den ihm kaum erst Bekanntgewordnen voll der edelsten Gastfreundlichkeit für die ganze Zeit in sein Haus, und führte mich sogleich dort ein.

3816 F. Heinke: Tagebuch *1. Dezember 1813*

Abends in «Egmont». Dann bei Goethe. Er von besonders heiterer Laune und zu Mitteilungen aufgelegt. «Die Lazzaronis. Die Judengasse in Frankfurt a. M. p.» Das Soldatenleben gibt ihm Veranlassung zu den vier Zeilen, die er uns, nachdem er uns gute Nacht gesagt, noch auf ein Stückchen Papier geschrieben hereinsendet:

Hier ist noch keine Not:
Weiße Mädchen, schwarzes Brot;
Morgen in ein ander Städtchen:
Weißes Brot und schwarze Mädchen.

3817 F. Heinke: Tagebuch *2. Dezember 1813*

Gegen Abend bei Müller und Schopenhauers. Dann bei Goethe. Er führt mich zum erstenmal in sein Arbeitszimmer, die Ordnung seiner Manuskripte und viele Inedita zeigend. Ferner sein Büstenkabinett; seine osteologische Sammlung, seine Apparate zur Farbenlehre p.

3818 F. Heinke: Tagebuch *3. Dezember 1813*

Sehr interessanter Tee und Abendbrot bei Schopenhauers. Goethe und Fouqué dort. Ersterer liest seinen neu gearbeiteten Epilog zum «Essex» mit etwas sächsischem Pathos. Bei Tische versucht zwar Fouqué durch höchst frommen Vortrag seines Schlachtgebets eine ernste Stimmung herbeizuführen; aber Lust und Leben sind überwiegend und bleiben herrschend bis nach Mitternacht.

3819 F. de la Motte Fouqué:
Goethe und einer seiner Bewunderer *1840*

Zwei Tage darauf [am 3. Dezember 1813] traf ich mit Goethe bei der verehrten Schriftstellerin Johanna Schopenhauer zusammen, im heiter erlesnen Kreise zum Abendessen eingeladen. Tags vorher [vielmehr am 1. Dezember] hatte ich einer Aufführung des Egmont beigewohnt, ohne den Dichter dieses mir vorzüglich teuern Meisterwerkes unter den Zuschauern zu erblicken. Hatte er mir ja auch gleich am ersten Abend geäußert, er gedenke nicht hinzugehn, mir aber den Besuch sehr empfohlen, mit dem Beisatze: «Sie werden viel Gutes sehn, wenn ich auch die Aufführung nicht unbedingt loben kann.» Bevor ich nun in jene Abend-Gesellschaft ging, hatte ich noch unmittelbar erst einem Tee in Herrn von Müllers Hause beigewohnt, wo das kunstbegabte Wolffsche Ehepaar mich durch die Deklamation einer meiner frühesten gedruckten Dichtungen ehrte und erfreute. Nachher kam das Gespräch auf den Epilog der Königin Elisabeth zu dem Brandesschen Essex in Trimetern gedichtet, wodurch Goethe das ziemlich schwächliche Trauerspiel geehrt, zugleich aber auch im Grunde zerpreßt hatte. Es war, wie eine Kolossus-Krone, auf die Scheitel eines Zwergen gedrückt. Daran lag aber auch im Grunde nicht viel, wenn man sich nur einmal gewöhnen mochte, das gesamte Stück als die etwas breit- und flachgeratene Basis für den riesigen Epilog zu betrachten. Madame Wolff ließ sich bewegen, dies wundersame Meisterwerk – damals noch ungedruckt, und nur allein durch sie auf der Weimarschen Bühne zur Öffentlichkeit gebracht –

vor uns zu sprechen, mit der mir ausdrücklich auferlegten Bedingung, mich gegen Goethe nichts davon merken zu lassen, wenn etwan unser Gespräch darauf kommen sollte. Er liebte dergleichen Mitteilungen nicht. Ich gab mein Wort. Die Künstlerin sprach voll all der ihr eigentümlich zarten Weiblichkeit und hohen Würde das wunderbare Gedicht hin, und ich begab mich in das Haus der Madame Schopenhauer.

Wer die Anmut und feine Gastlichkeit, welche dort unter der Leitung der edlen Herrin waltete, je erfuhr, mag sich von selbst denken, wie ein Abend, ganz nach Goethes Sinn eingerichtet, dort verfließen mochte. Andren läßt es sich eben nicht eigentlich wiedergeben. Goethe bestand darauf, ich müder Kriegsmann müsse den Platz auf dem Sofa einnehmen, und setzte sich in einen bequemen Lehnstuhl neben mich. Der Meister zeigte sich in all seiner Milde und Huld. Bald kam das Gespräch auf die gestrige Aufführung des Egmont. Ich rühmte die Darstellung des Klärchen durch Madame Wolff, in dem Sinne, wie ich es nachher durch ein in Weimar noch zurückgelaßnes Gedicht also aussprach:

«Egmonts Liebchen, Egmonts Klärchen,
Wundersam gestaltet Kind,
Leicht und rosig, wie ein Märchen.
Ach, und doch so tief gesinnt!

Egmonts Heldin, Egmonts Fahne,
Schürend heil'ge Freiheits-Glut,
Dann im Tonfall, gleich dem Schwane,
Sinkend in die dunkle Flut!

Egmonts Göttin, Egmonts Sonne!
Ja, auch mir nach heißer Schlacht
Ward zuteil die Heldenwonne,
Dich zu schaun in Deiner Pracht.»

Goethe hat sich späterhin über diese Verse sehr zufrieden geäußert, als richtig die drei Phasen seines Klärchens bezeichnend, und erwiderte mir auch auf meine damaligen

Mitteilungen, allerdings könne jene Gestaltung der Liebe, des Heroismus und der Verklärung nie schöner dargestellt werden, als durch die von mir mit so vielem Recht bewunderte Künstlerin.

Indem ich nun während des heitern Gespräches über Egmont vorzüglich auch die letzte Erscheinung Klärchens als tröstende Freiheits-Göttin hervorgehoben hatte, sagte Goethe lächelnd:

«Ja, und stellen Sie sich vor, just das wollte man mir früherhin abdisputieren, wenigstens für die theatralische Darstellung. Und sogar mein lieber Schiller war mit dabei, und ließ als damaliger Lenker der hiesigen Schauspiele die Erscheinung bei der Aufführung auch wirklich fort.»

«Wie war denn das möglich?» fragte ich staunend. «Konnte er denn irgend andres an die Stelle setzen? Denn so ganz im Hinabsinken erlöschen konnte doch nun einmal der Schluß nicht.»

«Ei nun», – entgegnete Goethe, – «er ließ den Alba während der Publikation des Urteils verlarvt zugegen sein. Egmont aber riß ihm die Larve ab, sagte ihm viele harte Dinge, und dann erst ging es zum Tode.»

«Eure Exzellenz konnte das unmöglich mit ansehn», sagte ich.

«Zufällig war ich damals just in Ilmenau», erwiderte er. «Aber Sie haben recht, mitangesehn hätt' ich es auf keine Weise.»

Mir schwebten Worte auf der Lippe, wie so überaus unersprießlich es gerate, wenn selbst ein großer Dichter es unternehme, die Werke seines Genossen zurechtstutzen zu wollen. Aber ich dachte an Romeo und Julie, und schwieg.

Während andrer Gespräche kam der Meister auch auf seinen oberwähnten Elisabeths-Epilog zum Essex und sagte: «Den kann unser Gast noch nie vernommen haben, und ich fühle mich gestimmt, ihn zu sprechen.» – Mich überlief es beinahe kalt: von der einen Seite das der Madame Wolff gegebene Wort, von der andern die mir beiwohnende Unmöglichkeit, zu lügen. Aber die Sorge und Not verging mir bald. Goethe sprach seine Dichtung wie ein donnernder Jupiter aus, unermeßlich anders also, wie jene zarte Künstlerin, und es ward demzufolge wirklich etwas durchaus Neues für mich. –

Als es zum Abendessen ging, sagte Goethe zu den jüngeren Damen, mit denen ich mich just unterhielt, lächelnd: «Ihr Mädchen, laßt mir für heute den Kriegsmann», und führte mich freundlich neben sich an den Tisch.

Unter manchem geistreich frohen Hin- und Her-Sprechen in dem edlen Kreise fragte mich endlich auch der Meister, was mir denn die Muse während des Feldzuges beschert habe, und ob ich nicht eins oder das andre davon mitteilen wolle. «Denn allein sind Sie doch gewißlich nicht von ihr gelassen worden», setzte er gütig hinzu.

Mir kamen zuerst ein paar Zeilen in den Sinn, welche mir nach der verlornen Schlacht bei Dresden Tröstung gebracht hatten, in dem schmerzlichen Augenblicke, wo ich erfuhr, es gehe mit uns nach Böhmen zurück, ja, wo sogar das Gerücht von einem geschlossenen Waffenstillstande raunen wollte. Meine Jäger hatten von beidem nichts vernommen, und freuten sich in mannigfacher Jugendlustigkeit und Schäkerei des anmutig bequemen Beiwachtplatzes auf grünendem Waldhügel, Holz reichlich darbietend für Koch- und Lager-Feuer, ein frischer Bach zur Erquickung nahe für Mann und Roß. Der Kriegsmann im Felde ist oft kindlich leicht erfreut, aber diesmal schnitt mir die Fröhlichkeit meiner Jünglinge tief elegisch durch die Seele. «Sie wissen's nicht! Nur allzubald werden sie's erfahren, die lieben, frischen, jetzt noch so keck schlagenden Herzen.» Und ich stellte mich schlafend, und zog jenen wohlbekannten Leporello-Kragen über das Haupt, meine wehmutfeuchten Augen zu verbergen. Denn jetzt Waffenstillstand und Friede, – was konnte das anders heißen, als: Europa aufs neue gekettet in Napoleons Band, und alle die schönen Opfer umsonst verblutet! – Ich schilderte das zum Eingange, und sprach dann die folgenden Reime, vor denen sich damals mein Haupt wiederum kräftig emporgerichtet hatte:

«Herr Gott, Dein Wille soll ergehn.
Ich armes Menschenkind,
Ich kann ihn leider nicht verstehn;
Ich bin zu blöd' und blind.

Doch heb' ich zu Dir auf in Müh'
Das schmerzgeschlag'ne Haupt,
Und denke spat, und denke früh:
Dort schaut, wer diesseits glaubt.»

Alle zeigten sich ergriffen, und sprachen's aus. Nur Goethe nicht. Der sah still und wortlos vor sich nieder. Darauf gedachte ich des raschen und frohen Kriegsumschwungs, zwei Tage nachher durch die Kulmer Schlacht in Verbindung der andern, von allwärts erwachenden Jubelkunden, und sprach folgendes Lied hin:

«Der Sieg schwang seine goldne Flügel
Durch's Kampfes Tal,
Und wie Altäre stehn die Hügel
In seinem Strahl.

Der hohen Berge Gipfel wallen
Von Opferpracht,
Derweil noch einzle Donner schallen:
Echo der Schlacht.

Lang' habt Ihr, schwer und kühn gerungen,
Manch' heißen Tag.
Nun ist's, Ihr Brüder, ist's gelungen!
Der Sieg ist wach.

Herüber tönt's von Schlesiens Höhen,
Her aus der Mark,
Wie Preußens, Schwedens Banner wehen,
An Ehren stark;

Wie flüchtig scheue Franzenhaufen
Von deutschem Herd
Entherzet zittern, wanken, laufen
Vor deutschem Schwert.

Könnt fassen Ihr den reichen Segen
Von nah und fern?
Bist Du nicht fast davor erlegen,
Du Volk des Herrn?

Vor Dem durchbebt Dich heil'ges Zittern,
Der kann und will.
Knie nieder unter Fruchtgewittern,
Und bete still.»

«Schön!» – sagte der Meister diesmal, tief ernst; – «sehr schön!» worauf er dann sogleich ganz freundlich hinzusetzte:

«Und umso erquicklicher, als das erstre beinah etwas penible zu nennen war.» –

Ich ließ mir durch den Nachsatz den Vordersatz nicht verkümmern, und dachte nur eben an jene: «*Reliquien*» aus dem Delphischen Heidentempel.

3820 F. Heinke: Tagebuch *5. Dezember 1813*

Sonntagsvereinigung bei Goethe. Graf Edling, ehemaliger Führer des in holländischen Diensten stehenden Prinzen Bernhard von Weimar.

3821 Riemer *5. Dezember 1813*

Aus einem Gespräch mit Goethe: «Dieser Krieg hat wenigstens das Gute und Segensreiche: es ist, als wenn die Weiber alle Kinder gekriegt hätten; denn die Einquartierung macht einer jeden zu tun, und es ist keine, die nicht von ihren Offizieren oder Gemeinen kindliche Tugenden oder Untugenden zu rühmen hätte. – Was werden aber die Männer übers Jahr anfangen?»

3822 Riemer *6. Dezember 1813*

Ich las Goethe die dritte Olynthische Rede des Demosthenes vor. Sie scheine ihm doch eine Kapuzinade, ob er gleich zugestand, daß Demosthenes völlig über seiner Sache stehe und er gescheiter sei als die Versammlung.

3823 F. Heinke: Tagebuch *8. Dezember 1813*

Im Theater: «Weislingen». Dann bei Goethe. Er wieder bis spät bei uns. Höchst interessant über Träume, Schlaf p.

3824 F. Heinke: Tagebuch *10. Dezember 1813*

Singprobe bei Goethe zu einer größeren Musik.

3825 D. G. Kieser an Louise Seidler *12. Dezember 1813*

Um 6 Uhr ging ich zu Goethe. Ich fand ihn allein, wunderbar aufgeregt, glühend, ganz wie im Kügelgenschen Bilde. Ich war zwei Stunden bei ihm, und ich habe ihn zum ersten Male nicht ganz verstanden. Mit dem engsten konfidentiellen Zutrauen teilte er mir *große Plane* mit und forderte mich zur Mitwirkung auf. Ich glaubte, es sei die Zeit nach Tische, aber es gab kein Tröpfchen, und dennoch wurde er immer lebendiger. Ich war zu müde, um mich in dieselbe Stimmung zu versetzen; so habe ich mich endlich ordentlich losgerissen. Ich fürchtete mich beinahe vor ihm; er erschien mir, wie ich mir als Kind die goldenen Drachen der chinesischen Kaiser dachte, die nur die Majestät tragen können. Ich sah ihn nie so furchtbar heftig, gewaltig, grollend; sein Auge glühte, oft mangelten die Worte, und dann schwoll sein Gesicht und die Augen glühten, und die ganze Gestikulation mußte dann das fehlende Wort ersetzen. Ich habe seine Worte und Plane, aber ihn selbst nicht verstanden. Ich muß morgen nach dem Theater wieder zu ihm, um ihn zu ergründen. Er sprach über sein Leben, seine Taten, seinen Wert, mit einer Offenheit und Bestimmtheit, die ich nicht begriff. Ob ihn der große Plan, den ich Ihnen nur mündlich sagen kann, so ergriff? Dann muß ich ihn noch mehr schätzen und sein Zutrauen gegen mich ehren. Daher auch gegen niemand ein Wort hiervon! ...

Edling reist morgen zum Herzog ... Übrigens kennen sie alle unsern großen Herzog nicht (auch Goethe sprach heute groß über ihn), wenn sie für ihn fürchten, der wie ein Phönix im Kampfe jugendlich erstehen wird.

3826 D. G. Kieser an Louise Seidler *13. Dezember 1813*

Bei Goethe war ich nicht, weil ich nicht dazu gestimmt war. Es fällt mir dabei ein, daß es sonderbar ist, warum man so leicht, was Goethe sagt, ausführt und beweist, – wieder vergißt. So riet er mir in Beziehung auf unser Gespräch, ja am Sonnabend die «Räuber» von Schiller zu sehen; aber ich habe das Motiv rein vergessen. Ich glaube, es liegt doch hauptsächlich darin, daß man sich durch die Art seiner Darstellung überreden läßt, mit ihm ganz gleichdenkend zu sein, da man doch in den Grundansichten in manchen Stükken abweicht. Oder liegt's darin, daß man im Gespräch mit ihm nie Ruhe genug hat, um das sich im Gespräch Entwickelnde sich einzuprägen, da der Strom der Entwicklung unaufhaltbar forteilt und das Frühere vom Nachfolgenden verschlungen wird?

3827 H. Luden: Rückblicke in mein Leben *1847*

Im Monate November 1813 befand ich mich in Weimar, um mit Bertuch, welcher den Verlag meiner Nemesis übernommen hatte, die nötigen Verabredungen zu treffen. Bertuch wünschte, daß ich mit den Herren Geheimen Räten Voigt und Goethe über unser Unternehmen sprechen möchte; er selbst zwar hatte schon beiden Ministern angezeigt, was im Werke war, und keiner von beiden hatte eine Bedenklichkeit geäußert; indes hielt er dafür, daß es doch angemessen wäre, daß ich auch mit ihnen darüber spräche, damit sie, bei möglichen Schwierigkeiten, sich nicht ungeneigt beweisen, sondern uns nötiges Falles, soweit als möglich, vertreten möchten ... Also ging ich [am 13. Dezember] noch vor Mittag zu dem Geheimen Rat Voigt ... Ich blieb so lange bei dem alten guten Herrn, daß ich vor Tische nicht mehr zu Goethe gehen konnte. Bertuch ließ anfragen, wann Seine Exzellenz mich wohl empfangen könnte. «Sogleich nach Tische, etwa um 3 Uhr», war die Antwort. Bei meinem Eintritt, und es war das erste Mal, daß ich ihm in Weimar meine Aufwartung machte, kam Goethe mir entgegen, reichte mir die Hand und sagte mir in der verbindlichsten Weise höchst freundliche Worte. Aber er erleichterte mir nicht, wie Herr von Voigt getan hatte, das Anbringen meines Anliegens; vielmehr sprachen wir von gewöhnlichen Dingen, jedoch bald auch von den jüngsten Ereignissen. An dieses Gespräch knüpfte ich dann an. Er würde, sagte ich, schon von Bertuch gehört haben, daß ich die Absicht hätte, eine politische Zeitschrift im Industrie-Comptoir herauszugeben. «Ja», antwortete Goethe, «Bertuch hat mir davon gesprochen. Wie aber sind Sie auf diesen Gedanken gekommen?» Ich erzählte ihm mein Abenteuer mit Herrn von Grolman. «Freilich», sagte Goethe, «bei der gegenwärtigen Aufregung, um – nicht – zu sagen – Begeisterung, finde ich das natürlich genug. Haben Sie denn schon mit Bertuch wirklich abgeschlossen, und steht Ihr Entschluß unwiderruflich fest?» «Die Ankündigung», erwiderte ich, «ist schon in der Druckerei, und wird in wenigen Tagen ausgegeben werden, wenn nicht etwa auf Seiten des hohen Ministeriums eine Bedenklichkeit obwaltet. Eben deswegen», setzte ich hinzu, «möchte ich das Unternehmen der Protektion Ew. Exzellenz empfehlen.» – Goethe schwieg wohl eine Minute lang; sein Gesicht wurde sehr ernst. Alsdann hob er an und sagte ungefähr folgendes:

«Ich habe schon vor Jahren offen zu Ihnen gesprochen, auf Ihre Diskretion rechnend; das will ich auch jetzt tun, Herr Hofrat. Als öffentlicher Beamter habe ich gegen die Herausgabe einer Zeitschrift nichts einzuwenden. Unsere Regierung würde sich auch gewiß in dieser Zeit hartem Tadel aussetzen, wenn sie sich erlaubte, einem solchen Unternehmen entgegen zu treten. Wir haben ja – die Freiheit mit vielem Blute ruhmvoll erkämpft; was sollte uns die Freiheit, wenn wir sie nicht benutzen. Und gewiß sind wir am geneigtesten, sie durch Wort und Schrift zu benutzen, auch schon darum, weil dieses der bequemste Modus ist. Also wird die herzogliche Regierung Ihnen und Bertuch ohne Zweifel vollkommen freie Hand lassen. Eine Protektion zwar kann Ihnen niemand versprechen und niemand gewähren; ein jeder bleibt billig für seine Handlung verantwortlich; Sie werden jedoch wohl auch keiner Protektion bedürfen; und sollten Sie sich jemals verleiten lassen, über die

Schnur hinaus zu gehen, so wird Bertuch, der sich auf solche Dinge versteht, Sie schon an die Schranke mit der Inschrift: noli me tangere, freundlich erinnern.»

«Hätten Sie mich aber, ehe Sie sich verbindlich gemacht hatten, vertraulich um meine Meinung gefragt, so würde ich Ihnen gewiß das ganze Unternehmen widerraten und Sie aufgefordert haben, bei Ihren gelehrten geschichtlichen Arbeiten zu bleiben, oder vielmehr, da Sie sich schon in politica eingelassen und sogar ein Handbuch der Staatsweisheit geschrieben haben, zu Ihren gelehrten geschichtlichen Arbeiten zurück zu kehren, die Welt ihren Gang gehen zu lassen und sich nicht in die Zwiste der Könige zu mischen, in welchen doch niemals auf Ihre und meine Stimme gehört werden wird.»

Diese Worte überraschten mich sehr; ich fühlte mich auf das tiefste verletzt. Indes suchte ich mich so gut als möglich zu fassen; konnte aber nicht umhin, etwas zu erwidern. «Ich muß gestehen, daß es mir fast lieb ist, Ew. Exzellenz Meinung nicht früher und nicht vertraulich eingeholt zu haben. Denn wie hoch ich auch jedes Wort Ew. Exzellenz verehre, und wie glücklich ich sein würde, mit Ihnen zusammen zu stimmen, so fürchte ich doch, daß ich dieses Mal den Rat Ew. Exzellenz nicht befolgt haben würde. Denn gerade das, daß der teutsche Michel bisher nur für sich selbst gesorgt, sein eigenes Steckenpferd geritten, alsdann seinen Kloß gegessen und sich behaglich den Mund abgewischt hat, unbekümmert um das gemeine Wesen, um Vaterland und Volk, gerade dieses ist es ja, was Schimpf, Schande und unermeßliches Unglück über Teutschland gebracht hat; und all diese Schande und all dieses Unglück wird von neuem über uns kommen, wenn wir zurückkehren zu der alten faulen Weise, und gleichgültig aussprechen, was vor einem halben Jahre, als ich eben durch eine Gasse in Jena ging, ein ehrsamer Bürger seinem Nachbar zurief: ‚Ja, Herr Nachbar, wie sollte es gehen? Gut. Die Franzosen sind fort, die Stuben sind gescheuert, nun mögen die Russen kommen, wenn sie wollen.‘» – Und nun sprach ich einige Minuten fort, von der großen Entscheidung vor unsern Augen, von der Erhebung des teutschen Volkes, von den Proklamationen der Fürsten, von Vaterland, von Freiheit, von der Notwendigkeit, gerade jetzt eine bessere Zukunft zu begründen, und von der heiligen Pflicht eines jeden guten Menschen, nach seiner Stellung und nach seinen Kräften mitzuwirken zur Benutzung dieser großen Tage des neuen Heiles.

Goethe saß ganz ruhig. Endlich erhob er mit einem leichten Lächeln die rechte Hand. Ich schwieg. Sogleich fing Goethe mit einer ungemein sanften Stimme, die zuweilen etwas bewegt zu werden schien, zu reden an, und sprach ohne Unterbrechung ziemlich lange. Von dem, was er sagte, vermag ich indes nur einzelnes mitzuteilen, kann aber nicht unbemerkt lassen, daß ich mehr als ein Mal auf das tiefste ergriffen wurde, zum Teil allerdings durch seine Worte, weit mehr noch durch seine Weise, durch den Ton seiner Stimme, den Ausdruck seines Gesichtes, die Bewegung seiner Hände. «Ich habe Ihnen», sagte Goethe, «ruhig zugehört und recht gern. Sie aber sind in einigen Eifer hinein geraten, und dies ist eben nicht nötig gewesen, da Sie gewiß selbst nicht glauben, daß Sie mir etwas Neues, daß Sie mir etwas gesagt haben, was mir unbekannt gewesen wäre. Ich spreche über solche Dinge sehr, sehr ungern, und Sie dürfen überzeugt sein, daß ich meine guten Gründe habe. Ich würde mich auch mit Ihnen nicht in ein solches Gespräch eingelassen haben, wenn von etwas Geschehenem, von einem facto, oder auch von einer einzelnen vorübergehenden Handlung, die erst geschehen soll, die Rede wäre. Es gilt aber um etwas anderes. Sie wollen in dieser wunderlichen und furchtbaren Zeit ein Journal herausgeben, ein politisches Journal. Sie gedenken dasselbe gegen Napoleon zu richten und gegen die Franzosen. Aber glauben Sie mir: Sie mögen sich stellen, wie Sie wollen, so werden Sie auf dieser Bahn bald ermüden. Sie werden bald daran erinnert werden, daß die Windrose viele Strahlen hat. Alsdann werden Sie an die Throne stoßen, und wenn auch nicht denen, welche auf denselben sitzen, doch denen mißfallen, welche dieselben umgeben. Sie werden alles gegen sich haben, was groß und vornehm in der Welt ist, denn Sie werden die Hütten vertreten gegen die Paläste und die Sache der Schwachen führen gegen die Hand der Starken. Zugleich werden Sie von Gleichen Widerspruch erfahren, teils über Grundsätze, teils über Tatsachen. Sie werden sich verteidigen und, wie ich hoffen will, glücklich, und dadurch werden Sie neue Feindschaft wider sich erwecken. Mit Einem Worte, Sie werden in mannigfaltige Händel verwickelt werden. Mit den Gleichen dürften Sie vielleicht fertig werden: wen Sie nicht überwinden, den können Sie ignorieren, und manchen geschieht selbst mit Verachtung zu viele Ehre. Aber anders ist es mit den Mächtigen und Großen. Mit denselben ist nicht gut Kirschen zu essen, Sie wissen, aus welchen Gründen. Den Waffen derselben hat man nichts einzusetzen. – Da ich dieses alles ganz klar voraussehe, so bin ich allerdings bedenklich. Ich möchte unserm fürstlichen Hause, für welches auch Sie fromme Wünsche hegen, keine Unannehmlichkeiten bereitet, ich möchte unser Gouvernement, das nicht über hunderttausend Bajonette zu verfügen hat, in keine verdrießlichen Verhandlungen verwickelt sehen; ich möchte von der Universität, deren Mitglied Sie sind, jeden Nachteil abwenden; ich denke endlich, warum sollte ich es nicht sagen, auch an meine Ruhe und an Ihr Wohl.»

Hier trat eine Pause ein. Ich schwieg still, weil ich, was ich etwa zu sagen vermocht hätte, nicht zu sagen wagte, und weil ich auch, diesem Manne gegenüber, in der Tat sehr bewegt war. Bald fuhr Goethe fort:

«Glauben Sie ja nicht, daß ich gleichgültig wäre gegen die großen Ideen Freiheit, Volk, Vaterland. Nein; diese Ideen sind in uns; sie sind ein Teil unsers Wesens, und niemand vermag sie von sich zu werfen. Auch liegt mir Teutschland warm am Herzen. Ich habe oft einen bitteren Schmerz empfunden bei dem Gedanken an das teutsche Volk, das so achtbar im Einzelnen und so miserabel im Ganzen ist. Eine Vergleichung des teutschen Volkes mit anderen Völkern erregt uns peinliche Gefühle, über welche ich auf jegliche Weise hinweg zu kommen suche; und in der Wissenschaft und in der Kunst habe ich die Schwingen gefunden, durch welche man sich darüber hinweg zu heben vermag: denn Wissenschaft und Kunst gehören der Welt an, und vor ihnen verschwinden die Schranken der Nationalität; aber der Trost, den sie gewähren, ist doch nur ein leidiger Trost und ersetzt das stolze Bewußtsein nicht, einem großen, starken, geachteten und gefürchteten Volke anzugehören. In derselben Weise tröstet auch nur der Glaube an Teutschlands Zukunft. Ich halte ihn so fest als Sie, diesen Glauben. Ja, das teutsche Volk verspricht eine Zukunft und hat eine Zukunft. Das Schicksal der Teutschen ist, mit Napoleon zu reden, noch nicht erfüllt. Hätten sie keine andere Aufgabe zu erfüllen gehabt, als das römische Reich zu zerbrechen und eine neue Welt zu schaffen und zu ordnen, sie würden längst zu Grunde gegangen sein. Da sie aber fortbestanden sind, und in solcher Kraft und Tüchtigkeit, so müssen sie, nach meinem Glauben, noch eine große Bestimmung haben, eine Bestimmung, welche um so viel größer sein wird, denn jenes gewaltige Werk der Zerstörung des römischen Reiches und der Gestaltung des Mittel-Alters, als ihre Bildung jetzt höher steht. Aber die Zeit, die Gelegenheit vermag ein menschliches Auge nicht vorauszusehen, und menschliche Kraft nicht zu beschleunigen oder herbei zu führen. Uns Einzelnen bleibt inzwischen nur übrig, einem jeden nach seinen Talenten, seiner Neigung und seiner Stellung, die Bildung des Volkes zu mehren, zu stärken und durch dasselbe zu verbreiten nach allen Seiten, und wie nach unten, so auch, und vorzugsweise, nach oben, damit es nicht zurück bleibe hinter den anderen Völkern, sondern wenigstens hierin voraufstehe, damit der Geist nicht verkümmere, sondern frisch und heiter bleibe, damit es nicht verzage, nicht kleinmütig werde, sondern fähig bleibe zu jeglicher großen Tat, wenn der Tag des Ruhmes anbricht.»

«Aber wir haben es jetzt nicht mit der Zukunft zu tun, nicht mit unsern Wünschen, unsern Hoffnungen, unserm Glauben, und auch nicht mit den Schicksalen, die uns und unserm Vaterlande bevorstehen mögen, sondern wir sprechen von der Gegenwart, von den Verhältnissen, unter welchen Sie Ihre Zeitschrift beginnen wollen. Nun sagen Sie zwar: die Entscheidung ist gefallen. Freilich. Aber diese

Entscheidung ist doch, im besten Falle, erst der Anfang vom Ende. Noch sind zwei Fälle möglich: entweder der Gewaltige besiegt seine Feinde allesamt noch ein Mal, oder er wird von ihnen besiegt. Ein Abkommen halte ich kaum für möglich; und wüßte man es auch zustande zu bringen, so würde es nichts helfen: wir wären auf der alten Stelle. Setzen wir nun den ersten Fall: Napoleon besiegte seine Feinde: – Unmöglich, sagen Sie? So sicher sind wir nicht. Indes halte ich es selbst nicht für wahrscheinlich. Wir wollen also den Fall fallen lassen und ihn für unmöglich erklären. Es bliebe mithin nur übrig, daß Napoleon besiegt würde, gänzlich besiegt. Nun? und was soll nun werden? Sie sprechen von dem Erwachen, von der Erhebung des teutschen Volkes und meinen, dieses Volk werde sich nicht wieder entreißen lassen, was es errungen und mit Gut und Blut teuer erkauft hat, nämlich die Freiheit. Ist denn wirklich das Volk erwacht? weiß es, was es will und was es vermag? Haben Sie das prächtige Wort vergessen, das der ehrliche Philister in Jena seinem Nachbar in seiner Freude zurief, als er seine Stuben gescheuert sah und nun, nach dem Abzuge der Franzosen, die Russen bequemlich empfangen konnte? Der Schlaf ist zu tief gewesen, als daß auch die stärkste Rüttelung so schnell zur Besinnung zurück zu führen vermöchte. Und ist denn jede Bewegung eine Erhebung? Erhebt sich, wer gewaltsam aufgestöbert wird? Wir sprechen nicht von den Tausenden gebildeter Jünglinge und Männer, wir sprechen von der Menge, von den Millionen. Und was ist denn errungen oder gewonnen worden? Sie sagen, die Freiheit; vielleicht aber würden wir es richtiger Befreiung nennen; nämlich Befreiung, nicht vom Joche der Fremden, sondern von einem fremden Joche. Es ist wahr: Franzosen sehe ich nicht mehr und nicht mehr Italiener, dafür aber sehe ich Kosaken, Baschkiren, Kroaten, Magyaren, Kassuben, Samländer, braune und andere Husaren. Wir haben uns seit einer langen Zeit gewöhnt, unsern Blick nur nach Westen zu richten, und alle Gefahr von dorther zu erwarten; aber die Erde dehnt sich auch noch weithin nach Morgen aus. Selbst wenn wir all das Volk vor unsern Augen sehen, fällt uns keine

Besorgnis ein, und schöne Frauen haben Roß und Mann umarmt. Lassen Sie mich nicht mehr sagen. Sie zwar berufen sich auf die vortrefflichen Proklamationen fremder Herren und einheimischer. Ja, ja: ‚Ein Pferd, ein Pferd! Ein Königreich für ein Pferd!‘»

Als ich auf dieses Wort etwas erwiderte, entstand ein Gespräch, in welchem Goethes Worte immer bestimmter, schärfer und, ich möchte sagen, individueller wurden. Aber ich trage Bedenken nieder zu schreiben, was gesprochen worden ist. Auch wüßte ich nicht, wozu es dienen sollte. Nur das eine will ich bemerken, daß ich in dieser Stunde auf das innigste überzeugt worden bin, daß diejenigen im ärgsten Irrtum sind, welche Goethe beschuldigen, er habe keine Vaterlandsliebe gehabt, keine teutsche Gesinnung, keinen Glauben an unser Volk, kein Gefühl für Teutschlands Ehre oder Schande, Glück oder Unglück. Sein Schweigen bei den großen Ereignissen und den wirren Verhandlungen dieser Zeit war lediglich eine schmerzliche Resignation, zu welcher er sich in seiner Stellung und bei seiner genauen Kenntnis von den Menschen und von den Dingen wohl entschließen mußte.

Als ich endlich aufbrach, waren meine Augen mit Tränen angefüllt. Ich faßte Goethes beide Hände, weiß aber durchaus nicht, was ich gesagt, und ebenso wenig, was Goethe geantwortet hat. Gewiß ist, er war sehr herzlich. Als ich schon aus der Türe getreten war, wandte ich mich noch ein Mal zurück: «Bei meinem Eintritt hatte ich die Absicht, Ew. Exzellenz noch eine Bitte vorzutragen; ich habe es aber unterlassen und will es auch jetzt nicht tun. Ich wollte Ew. Exzellenz bitten, mein Journal doch mit einigen, wenigstens mit Einem Beitrag zu beehren.» – «Ich danke Ihnen», fiel Goethe ein, «daß Sie es nicht getan haben. Ungern hätte ich es Ihnen abgeschlagen, aber ich hätte es Ihnen abschlagen müssen, und Sie wissen nunmehr warum.»

Später habe ich mich gar oft an dieses Gespräch mit Goethe erinnert; aber so weit ist es doch niemals gekommen, daß mir der Ausruf: «o Solon, Solon!» ausgepreßt wäre.

3828 *F. Heinke: Tagebuch* *15. Dezember 1813*

Früh Probe bei Goethes. Abends in «Figaro». Später bei Goethe.

3829 *Riemer* *15. Dezember 1813*

Mit Goethe ins Theater gefahren. Hochzeit des Figaro. Kam Hofrat Rochlitz hin. Bekanntschaft und Unterhaltung über Mozart.

3830 *Riemer* *16. Dezember 1813*

Mit Goethe im Garten promeniert. Erzählte er seine Vorarbeiten und Schema zur Italienischen Reise, die er der Ulrich diktiert.

3831 *F. Heinke: Tagebuch* *17. Dezember 1813*

Früh wieder Probe bei Goethe. Abends bei Schopenhauers, wo Ottilie p. Später noch bei Goethe, wo Moltkes.

3832 *F. Heinke: Tagebuch* *19. Dezember 1813*

Mittags große musikalische Aufführung bei Goethe. Die liebenswürdige Familie Niebecker ... Abends wieder bei Hofe. Später bei Goethe, wo Wolffs.

3833 *F. Rochlitz an Böttiger* *30. Dezember 1813*

... muß ich vor allen *Goethe* rühmen. Ich wüßte nichts zu ersinnen, was echte Humanität, Fürsorge, Zutraulichkeit und Freundschaft für Menschen, wie *wir* eben sind, tun könnten, das er nicht vom ersten bis zum letzten Tage, vornehmlich für mich selbst, getan hätte. Damit Sie nicht glauben, ich sehe durch das schmückende Glas der Vorliebe, will ich Ihnen nur einiges anführen, was sich mit wenigem anzeigen läßt. Die meisten Vorstellungen der Bühne waren bloß nach unsern Wünschen angeordnet; Goethe überließ uns für immer seine Loge, in welcher er nur uns besuchte – wie er uns seinen Wagen und andere Bequemlichkeiten überließ. Ich wünschte gleich beim ersten Morgenbesuch [am 6. Dezember] seine Kunstsachen, vornehmlich seine Zeichnungen nach und nach kennen zu lernen. Er sann sich, damit dies auf die ungezwungenste und erfreulichste Weise geschehen möchte, folgendes aus, was er gleich den ersten Nachmittag, wo er zu uns kam [am 9. Dezember] mir vorschlug. Ich lasse für Sie, sagte er, jeden Tag ei.. Stübchen heizen, und sorge am Morgen dafür, daß Sie immer wenigstens für einige Stunden Beschäftigung bereit finden. Kommen Sie dann oder kommen Sie nicht. Kommen Sie, so wird mein Bedienter mir's sagen; kann ich, so teile ich Ihre Beschäftigung; kann ich nicht, so mögen Sie mich entschuldigen. Und so geschah es auch pünktlich; er kam aber allezeit, und ich blieb nur, wegen anderer Beschäftigung, drei Tage aus. Da kramten, und besichtigten, und untersuchten wir denn gemeinschaftlich; teilten uns unsere Ansichten einander mit, stritten wohl auch, und hübsch ernstlich; kurz, es waren köstliche Stunden; denn was weiß der Mann nicht alles, und wie lehrreich oder anziehend wird nicht selbst das Bekanntere durch sein Zusammenfassen des Einzelnen und Beziehen desselben auf das Allgemeine – besonders auch in Absicht auf Geschichte und Kunsttechnik! – Genug davon. – Zur Erinnerung an jene Stunden schenkte er mir noch beim Abschiede [am 21. Dezember] einige Skizzen von seiner Hand, und, in Beziehung auf seine Münzen, durch die wir einen schnellen Kursus der Kunstgeschichte gemacht hatten, verschiedene meiner Lieblinge darunter, gestochen.

3834 F. Rochlitz an Ch. v. Truchseß *9. Januar 1814*

Jetzt nach Weimar: denn da erquickte man mich auch, unmittelbar, tätig; niemand aber tat das mehr, oder vielmehr: niemand tat das so echt, human, ganz würdig vertraulich, und *meiner* Weise sich bequemend, als der Mann, den Tausende dazu gar nicht fähig glauben, weil Tausende über ihn urteilen, ohne ihn nahe zu kennen – Goethen mein' ich; damit Sie nicht glauben, ich sehe durch das Vergrößerungsglas der Vorliebe: so will ich nur ganz trocken einige Facta berichten – denn der *Götz* hört doch gern von seinem Erwecker!

Ich hatte Goethen einige Tage vor meiner Reise geschrieben – nichts, als: Ich komme mit Frau und Kindern – ich will mich erholen – lassen Sie mich was Gutes vom Theater, und, kann es sein, etwas von Ihren Kunstsachen sehen, womit ich jenen Zweck am schönsten zu erreichen denke. (Ich weiß nicht, ob Sie wissen, daß ich so ziemlich alle Fächer der bildenden Künste mit allem Fleiß studiert habe; schöne Sammlungen besitze pp. Goethen ist das längst bekannt, und wir haben einander wohl auch über dergleichen Dinge geschrieben.) Als ich den ersten Morgen [am 6. Dezember 1813] zu ihm kam, arrangierte er mit ebenso viel Feinheit und Vertrauen, als selbst mit Sorge gegen Frau und Kinder unsre Zeit im Ganzen für unsern Aufenthalt. Die Residenzer (Sie wissen, wie das ist!) gleich zu stimmen, gab er uns den zweiten Tag ein schönes und leckeres Mahl, dem aber niemand beiwohnen sollte, als die wir wünschten, und deren waren wenige. Dann ward das Theater geordnet. Ich wünschte freilich den *Tasso* oder die *Iphigenia:* aber die vielen Russen in Weimar und auch die meisten der Preußen, die vom Erfurter Belagerungscorps zum Schauspiel herüber kommen, haben dazu nicht Ruhe, nicht Bildung, nicht Geschmack; auch sind jene Werke eben jetzt wirklich nicht an der Zeit, und nur für die, die allenfalls stundenlang über diese hinaus können: so wurde denn, außer manchem schönen Musikalischen, vornehmlich *Götz von Berlichingen,* in zwei Abende verteilt, aufgetischt, und so, daß ich nie vollendetere theatralische Darstellungen gesehen habe. (Goethe selbst ließ die Hauptpersonen erst kommen, wohnte den Proben lenkend und anfeuernd bei pp.) O, daß Sie, eben Sie dabei gewesen wären! Die neue Goethesche Umarbeitung von *Romeo und Julie* war auch angesetzt und eingerichtet, wurde aber leider durch einen unglücklichen Zufall unmöglich gemacht. Damit wir übrigens alles recht bequem und vorteilhaft sähen, überließ Goethe uns seine Loge, und kam dahin selbst nur, uns zuweilen zu besuchen. – Noch schöner und von allem Scheinen entfernter war folgendes. Schon jenen ersten Morgen tat er mir den Vorschlag: dies Zimmer lasse ich jeden Morgen, und dann den Tag über für Sie heizen. Niemand darf sonst hinein. Jeden Morgen sorge ich dafür, daß Sie wenigstens auf einige Stunden angenehme

Beschäftigungen mit Kunstsachen vorbereitet finden. Kommen Sie nun oder kommen Sie nicht – wie es eben Ihre Stimmung will. Kommen Sie: mein Diener wird mir's sagen; und kann ich, so komme auch ich; wir beschäftigen uns gemeinschaftlich, sprechen darüber pp; kann ich nicht, so werden Sie mich entschuldigen. – Und das hielt er pünktlich, und fehlte nicht einem einzigen Tag: ich aber mußte deren drei wegbleiben, und auch das war ihm nicht befremdlich. – Handzeichnungen guter, alter und neuer Meister, und Münzen, waren es vornehmlich, womit wir uns unterhielten, und worüber wir zuweilen wacker stritten. (Auch hier sehe ich: was weiß der Mann nicht alles! und wie weiß er, was andern wohl auch bekannt, durch Weitausgreifen und Zusammenstellen des Entfernten, neu, und lehrreicher und schön anregend zu machen!) Am Neujahrstage nun sitz' ich, wie gewöhnlich, hier an meinem Arbeitstische: da wird mir ein Paketchen gebracht. Und Goethe hatte einem Hierherreisenden aufgetragen, mir dies eben an diesem Tage auszuhändigen; es enthielt aber, außer einem trefflichen Briefchen, vier Handzeichnungen, von ihm selbst verfaßt, und die Stiche jener ältern Münzen, die mir vorzüglich gefallen hatten – beides zur Erinnerung an unsre angenehmen Beschäftigungen. – Übrigens gab er uns noch vor dem Abschiede [am 19. Dezember] ein großes, herrliches, musikalisches Fest in seinem Hause, wo ich auch mehrere ganz neu von ihm gedichtete unvergleichliche Stücke, die nicht gedruckt sind und jetzt nicht gedruckt werden sollen, kennen lernte.

3835 F. Rochlitz an Böttiger *13. Januar 1814*

Goethes «Leben» III ist, wie er sagte, nur darum nicht längst ausgegeben, weil Frommann den Druck nicht fördern konnte, und Cotta, da er das Buch erst zu Ostern verrechnen kann, jenen nicht genug trieb. Nun ist aber der Band fast ausgedruckt. Zu lesen gab er mir ihn nicht, weil ich dazu zu Hause mehr Zeit habe und er auf den Totaleindruck rechne. Aber was vornehmlich darin steht, hat er mir gesagt, und nach diesem möchte wohl der dritte Band so weit über den zweiten stehen, als dieser über dem ersten – an allgemeinem Interesse nämlich.

3836 F. Rochlitz: Anmerkung *1832*

Der Referent fand ihn [Goethe] einmal umgeben von einer Folge anderer Naturgegenstände, die er geordnet hatte, um der letztverstorbenen Frau Großherzogin, deren Besuch er erwartete, den leisern, verborgneren Übergang der Natur von dem Einen zu dem Andern, und besonders auch anschaulich zu machen, wie die alma mater in dem Einen nicht nur andeute, was erst das Zweite empfangen solle, sondern zuweilen es dort gewissermaßen, halb und halb, schon vorausnehme. Über letzteres, wo er glaubte, es nachweisen zu können, verbreitete er sich mit besonderm Vergnügen und mit mancher höchst unerwarteten, bald heitern und leichten, bald sanftfeierlichen und weit hinaus deutenden Wendung. So begann er in letzter Weise einmal, indem er eben zwei solche Gegenstände in den Händen hielt: Was meinen Sie: könnte nicht St. Paulus, diese tiefe Seele, dergleichen im Sinne gehabt haben, wo er des «ängstlichen Harrens der Kreatur» gedenkt, und wie sie «sich sehnet immerdar?»

3837 F. Rochlitz: Anmerkung *1832*

Über Goethes Gewohnheit, Gespräche, die sich ins Übersinnliche richteten, abzulehnen oder sich aus ihnen also zurückzuziehen ... darüber sei erlaubt, statt allen Erklärens, von mehrern einander ähnlichen Erfahrungen, die der Referent selbst gemacht, eine einzige herzusetzen. Sie bedarf nur weniger Zeilen und bezeichnet doch hoffentlich, was sie soll. Ein gewisses, großes, höchst unerwartetes, eben damals eingetretenes Weltereignis war der Gegenstand eines langen, sehr ernsten und eindringlichen Gesprächs gewesen. Der Referent, von diesem Gespräch endlich angegriffen, konnte nicht unterlassen – ohne alle Absicht, bloß weil er sich zu angegriffen fühlte – auszurufen: Ich dächte, genug davon für heute! und lassen Sie uns nur noch Gott die Ehre geben und seine *moralische* Weltregierung laut anerkennen! – Beide Sprechende waren im Zimmer auf- und abgegangen:

hier blieb Goethe plötzlich stehen und sagte mit feierlichem Tone: Anerkennen? sie? wer muß das nicht! *Ich* aber schweigend. «Schweigend? eben das?» – «Wer kann es ausreden, außer allenfalls für sich selbst? Für andere: wer? Und wenn er weiß, *daß* er es nicht kann, *so ist's ihm nicht erlaubt.*»

3838 F. Heinke: Tagebuch *24. Dezember 1813*

Bei Hofe zur Tafel. Große Gala zu Kaiser Alexanders Geburtstage. Die Großfürstin ... von höchster Anmut und Güte. Auch heute läßt sie mich, der vielen fremden Großen, die ihre Aufmerksamkeit in Anspruch nehmen, ungeachtet, rufen und richtet überaus wohlwollende Worte an mich. Goethe hat seine Freude daran.

3839 F. de la Motte Fouqué:
Goethe und einer seiner Bewunderer *1840*

Als ich bald nach diesem schönen Abend meine Weiterreise bestimmte, wollte mich die Gastlichkeit des Herrn von Müller noch um einen Tag länger zurückhalten, auch zum Teil durch die Mitteilung, es stehe mir eine Tischeinladung bei Goethe bevor. Ich hätte mich allerdings sollen bestimmen lassen, und habe wohl seitdem bereuet, es nicht getan zu haben. Stunden, in Goethes Nähe verlebt, führten allerdings jederzeit ihre tiefe Bedeutung mit sich. Und zudem wäre mir's in den Sinn gekommen, dies sei das letztemal, wo mir der Meister hienieden erscheinen solle, – ich wäre sorgfältiger gewesen im Erfassen der Augenblicke. Aber mir ging es, wie es Eckermann in den letztern Lebensmonden Goethes ging, seinem eignen Eingeständnis nach; – man vermeint, so etwas könne wohl eigentlich gar nicht aufhören, und kauft somit die Momente nicht mit hinlänglicher Sorgfalt aus. Zudem trieb mich die Heimatssehnsucht um so dringender an, als ich damals wirklich mannigfach ernste Ursach verspürte, zu meinen, es seie mir nicht beschieden, lange mehr auf dieser Erde zu weilen und zu wallen.

So ließ ich mich denn eines Vormittags [am 25. Dezember 1813] zum Abschiedsbesuch bei Goethe melden, und fand sehr gütigen Empfang. Der Meister kam auf einen französischen, vor kurzem ans Licht getretenen Roman zu sprechen, Marie geheißen, verfaßt durch Ludwig Buonaparte, ehemaligen König von Holland, und ließ günstige Worte darüber vernehmen. Ich soeben aus dem Felde Heimkehrender hatte natürlich noch nichts davon gesehn, äußerte jedoch, meine Frau bewahre ein eigenes Interesse an französischer Literatur, und ich könne ihr überhaupt nicht leicht Erfreulicheres mitbringen, als ein Dichterwerk, von Goethe empfohlen. – «Nur Dichterwerk», – entgegnete der Meister langsam, – «damit legen Sie denn doch wohl einen etwas zu hohen Maßstab an. Nicht als Dichter überhaupt müssen Sie es messen wollen. Aber als ein interessantes Buch muß man es in der Tat gelten lassen.» – Er fuhr jedoch fort, sich selbst herunterzuhandeln, und es blieb endlich von dem Lobe nicht viel mehr übrig, als Teilnahme an der edlen Persönlichkeit des würdigen, so mannigfach unbeglückten Verfassers, mit welchem Goethe in Karlsbad Zimmer an Zimmer gewohnt hatte, und in nähere Bekanntschaft zu ihm getreten war.

Dadurch aber hatte sich das Gespräch auf die neuere französische Literatur überhaupt gewendet, welche damals noch nicht den grellen Gegensatz von Klassischem und Romantischem in sich hervorgebracht hatte, wie heutzutage. Vielmehr mochte noch im Ganzen um das Jahr Dreizehn von ihr gelten, was in den Zeiten Ludwigs XIV. von ihr gegolten hatte. Somit sagte Goethe denn auch unter andern:

«Sehn Sie, ein Hauptunterschied zwischen der französischen und deutschen Literatur liegt darin, daß man dort entweder, als zur anerkannten Richtung und Partei gehörend, absolut da ist, unerschütterlich, oder, weil eben nicht zu den Gültigen gerechnet, gar nicht vorhanden ist, bei uns hingegen kann ich in dieser Ecke der Stube stehn, und Sie, mir diagonal entgegengestellt, in jener, und wir sind und bleiben alle beide da.»

Heiter dachte ich an die Delphischen Marmortäflein und mein penibles Gedicht, und nahm in der allerzufriedensten und allerdankbarsten Stimmung Abschied, wobei denn noch ausdrücklich abgemacht ward, ich solle dem Meister meine künftigen poetischen Produktionen, so wie sie ans Licht träten, einsenden.

3840 *F. de la Motte Fouqué an Goethe* *27. Oktober 1814*

Ew. Exzellenz setzten der Güte, mit welcher Sie mich bei meiner letztern Anwesenheit in Weimar empfingen, dadurch die Krone auf, daß Sie mir in den Augenblicken des Abschiedes erlaubten, Ihnen zu senden, was mir etwa zuerst von bedeutenderen Arbeiten ans Licht zu fördern gelänge.

3841 *F. de la Motte Fouqué: Lebensgeschichte* *1840*

... blieb mir noch als dauernder Freudengruß aus Weimar herüber die Freundschaft des Dr. Friedrich Majer, sein Name mir schon aus Ludwig Tiecks poetischem Taschenbuch herüber bekannt, obgleich er mir als ein gewissermaßen unaussprechlicher galt, bis ich nun erfuhr, «*Maier*» werde er ausgesprochen. Jener seltsamen Rechtschreibung zufolge pflegte ihn Goethe seinen *Magier* zu nennen, teils wohl zum Unterschied von *dem Freunde Meyer*, im Schillerschen Briefwechsel so oft genannt, mehr aber noch in Bezug auf *Majers* genial mythologische Studien, sich von Island nach Indien erstreckend, ja späterhin bis in die wirren Abgöttermißbildungen Amerikas hinein.

3842 *Riemer* *25. Dezember 1813*

Mittags bei Goethe, Wolffs. Nach Tische ein Portefeuille von Kupfern aus der Oelsschen Sammlung besehen. Der meisten Philologen, insonderheit der älteren, auch derer wie Fischer und Schäfer, muß man sich gleich der Trüffelhunde bedienen.

3843 *F. Heinke: Tagebuch* *25. Dezember 1813*

Gegen Abend bei Goethes und zum Tee bei Schopenhauers.

3844 *Riemer* *26. Dezember 1813*

Mittags bei Goethe zu Tische. Peucer, Elsermann und Lortzing. Nach Tische spielten jene; ich mit Goethe über Kunst und Sprache. Sollte ich Goethe an mehreres erinnern. Zehn Altäre der Indier.

3845 *Riemer* *26. Dezember 1813*

[Goethe:] «Glaube ist nur das Selbstvertrauen objektiv gefaßt und objektiviert.»

3846 *F. Heinke: Tagebuch* *28. Dezember 1813*

Früh noch Addio! bei Schopenhauers, Müller und Goethe. Überall die allerherzlichste Zuneigung. Um 2 Uhr geht das Regiment durch Weimar. Die Trompeten blasen das Herz wieder leicht. Aus allen Fenstern Grüße und wehende Tücher …

3847 *D. G. Kieser an Louise Seidler* *31. Dezember 1813*

Gestern abend speiste ich bei Goethes. Er war sehr verstimmt; «weich», wie er sagte, und kam nicht zu Tische.

3848 *F. Heinke: Tagebuch* *31. Dezember 1813*

Gegen Mittag auf meinem behenden Hengst gen Weimar, einer Einladung folgend. Bei Müller abgestiegen, wo Ottilie und Adele mit Vorkehrungen zum Ball beschäftigt sind. Besuch bei Frau v. Pogwisch und Goethe …

1814

3849 *Riemer* *1. Januar 1814*

Zu gratulieren, bei Goethe auf seinem Zimmer, der mich freundlich umarmte. Mittags bei Goethe mit Rinaldo [Vulpius] und seiner Mutter. Sang der Kleine recht artig zur Gitarre. Nach Tisch mit Goethe im Deckenzimmer. Las ich ihm einige Reflexionen von mir vor, die er billigte. Dies bewog ihn, seine auf Karten und sonst notierten Sinnsprüche und Reime hervorzuholen. Wir ordneten sie bis 8 Uhr.

3850 *F. Heinke: Tagebuch* *1. Januar 1814*

Besuche bei Niebeckers, Helldorfs, Goethes und Pogwischs.

3851 *Charlotte v. Schiller an Prinzessin Caroline* *2. Januar 1814*

Der Meister ist teilnehmend und freundlich, doch nicht ohne Sorgen!

Der dritte Teil [von «Dichtung und Wahrheit»] ist nur in Aushängebogen erst sichtbar. Er hat mir zwei Bücher davon mitgeteilt, die wunderbar schön, lebendig und anziehend sind. Man wird ordentlich mit jung und aufgelebt.

3852 *Riemer* *5. Januar 1814*

«Die Deutschen sind wiederkäuende Tiere», bemerkte Goethe, als von Ludens Nemesis die Rede war, und zugleich von dem Unwillen, den die Hoheit [Maria Paulowna] über diesen Titel geäußert. Knebel nahm den Luden auf eine lustige Weise in Schutz, als einen, der sich sein Brot verdienen müsse auf Napoleons Unkosten.

3853 *Riemer*

[Goethe?:] Wie auf einem Jahrmarkt oder andern Festivität jeder seine Ware zu Markte bringt oder sich notwendig macht, wie beim Vogelschießen ein Feuerwerker, ein Glücksbudner, ein Brezelverkäufer usw., so auch Luden mit seiner Nemesis.

3854 *Riemer* *7. Januar 1814*

Abends bei Goethe, alte Poesien von ihm und andern; Auswahl für Schützens Taschenbuch.

3855 *Riemer* *8. Januar 1814*

Er [Goethe] ist doch der einzige, durch den ich mich geschmeichelt fühle, selbst wenn er mich benutzt. Denn die andern, unfähig mich zu schätzen und zu beurteilen, benutzen mich nicht einmal, sondern haben Gunst oder Abgunst bloß auf Vorurteil und lassen mich einen guten Mann sein. So sehr sind Menschen von mittelmäßigen Talenten, um nur etwas zu sein, genötigt, sich an eminente anzuschließen (derselbe Fall mit Napoleon, der alle Welt an sich lockt), und eminente Personen fordern dergleichen und gefallen sich, sie um sich zu versammeln.

3856 K. Oels an A. Müllner *13. Januar 1814*

[Über «Die Schuld» von Müllner.] Sonntag [9. Januar] hatten wir bei Goethe eine Leseprobe, der alles Schöne sehr zu rühmen wußte.

3857 Charlotte v. Stein an Knebel *12. Januar 1814*

Goethe hat neulich einmal bei der Herzogin seine kleinen Gedichte vorgelesen, aber die jetzige Zeit ist so unpoetisch oder vielmehr war noch unpoetischer – Gesang will Freude haben.

3858 Riemer *11. Januar 1814*

Bei Goethe, Kieser in der Uniform der Freiwilligen.

3859 Charlotte v. Schiller
an Prinzessin Caroline *13. Januar 1814*

Der Meister ist tätig und ziemlich wohl; so recht geistig aufgelegt scheint er nicht. Mit dem Magnetismus gibt er sich auch ab und hat etwas darüber geschrieben; er wird es einmal bei Ihrer Frau Mutter lesen. Wenn er mit seinem hellen Geistesblick diese merkwürdige Erscheinung wie die Farbenlehre beleuchtet, so freue ich mich.

3860 Riemer *13. Januar 1814*

Gegen Abend zu Goethe, wo nur Wolff. Poussins Landschaften. Hernach Dr. Schopenhauer. Suchte Goethe Mineralien, Kalkspate und dergleichen hervor, womit wir uns lange unterhielten.

3861 Riemer *14. Januar 1814*

Zog russische Kavallerie ein. Ihre Art, sich zu erwärmen, durch eine Art von homerischem phäakischen Tanz. Kam Dr. Schopenhauer und holte sich den 1. Band von Don Quixote. Abends zu Goethe. Mit ihm allein, Politica. Hernach

Kieser, der eine schöne Dose mit allen sächsischen Steinarten vorzeigte (von Goldschmied Neubert in Meißen unter August dem Starken gemacht).

3862 D. G. Kieser an Louise Seidler *15. Januar 1814*

Eine Freude hatte ich gestern. Eine würdige, ungenannt sein wollende edle Frau [Frau v. Helldorf] gibt mir eine massiv goldene Dose mit 67 sächsischen Steinen, äußerst künstlich ausgelegt, 200 Taler an Wert, um sie zu verkaufen und das Geld zur Pflege erkrankter Freiwilliger dereinst anzuwenden. Ich werde sie nach Goethes Rat verlosen, 200 Lose à 1 Taler bei Madame Schopenhauer, weil ich schwerlich sie anders so hoch ausbringen könnte. Es ist ein Erbstück, 70 bis 80 Jahre alt und schon wegen der trefflichen Arbeit merkwürdig ...

Goethe sehe ich fleißig, weil die Kammerfrau am Nervenfieber darniederliegt. Doch wünschte ich, nur erst aus Weimar zu sein!

3863 Riemer *16. Januar 1814*

Mit Goethe die Julio Romanos besehen.

3864 Riemer *17. Januar 1814*

Mit der letzten Revision zu Goethe. War Goethe sehr freundlich und liebkosend. Über Theaterkunst, Symbolik der Alten, Gesten. Longin. Politica.

3865 D. G. Kieser an Louise Seidler *18. Januar 1814*

Unser Goethe gefällt mir gar nicht. Er war gestern abend wieder so bewegt, so feierlich, so weich, daß mir himmelangst wurde. Er suchte alle alten Kupferstiche zusammen, – um sich Geschäfte zu machen, ist sehr heiter, aber auf so eigne Weise. Ich fürchte sehr für sein Leben.

3866 Riemer *20. Januar 1814*

Zu Goethe, der allein und seine Kupfer und Kunstsammlung ordnete. Satirische Sachen aus dem Mittelalter nach Albrecht Dürer und andre. Auch das famose in Münster, von

Fischart kommentiert. Sehr geistreich. Birmanns Voyage pittoresque von Basel nach Biel, die Goethe parodierte mit Hadersleben nach Kiel, in aqua tinta trefflich gemacht, aber nichts sagend und unbedeutend. Über des Niello Vermutung, wie der antike Spiegel gemacht sei, den Goethe aus Jena hat.

3867 W. G. Gotthardi: Weimarische Theaterbilder 1865

Als einen weit willkommneren Umstand durfte ich's betrachten, daß mich mein Glücksstern einstmals [am 21. Januar 1814] in eine Probe von «Romeo und Julia» führte. Das Meisterwerk Shakespeares war nach Schlegels Übersetzung und nach Goethes Bearbeitung einstudiert worden, und sollte nach längerer Pause jetzt wieder vorgeführt werden. Genast hatte heute alle Hände voll zu tun, da er außer den anstrengenden Regisseurgeschäften dieses Nachmittags auch noch mit der Rolle des Montague sich betraut sah, während ihm Malcolmi als sein Feind Capulet gegenüberstand. – Vielerlei Kürzungen und Zusammenziehungen – das läßt sich nicht in Abrede stellen –, sogar einige Gewalttätigkeiten hatte sich das Stück gefallen lassen müssen, was mich jedoch nicht sehr affizierte, der ich mich nicht in der Eigenschaft und mit der Vollmacht eines ästhetischen Kritikers eingefunden, sondern froh genug war, unergriffen und unausgeliefert durch das Orchester geschlüpft zu sein, das ich diesmal zu meinem Schleichweg, und bei guter, noch dunkler Zeit, erkoren hatte. – Goethe hatte sich eingestellt und in der Herrschafts-Loge niedergelassen. Das Signal zum Beginnen ward gegeben. Vor allem hatte ich mich auf die beiden Wolffs, auf Unzelmann und die Engels (Romeo und Julia, Mercutio und die Amme) gefreut; und ich fand mich in meiner freudigen Erwartung nicht betrogen. War es doch, als ob sie alle wie für ihre Rollen gemacht und auserlesen wären, obwohl der alte Genast beide Wolffs in den Titelrollen nicht so hoch gestellt haben soll, als in anderen; was mir nicht recht zu Sinne will. – Schade, daß der große Brite nicht mehr lebte und das Vergnügen hatte, mit mir kleinem Deutschen der Probe seiner herrlichen Dichtung beizuwohnen, von der Aufführung gar nicht zu reden, die ich des nächsten Tags sehen sollte ...

Es war im ganzen nur wenig, was Goethe an den Leistungen der Künstler auszusetzen fand. Der Amme empfahl er, «die Hände weniger unruhig zu gebrauchen und eine weniger lächelnde Miene anzunehmen»; Graffs Bruders Lorenzo mitunter zu hohe Armbewegung wußte er durch seine Erinnerung auf das richtige Maß zurückzuführen. Eine ganz besondere Sorgfalt wendete er der Ball-Szene im ersten Akt zu, die nur erst nach längerer Vorbereitung und Durchübung die gewünschte Gestaltung annahm. Auch auf das Einzelne und Einzelste richtete er seinen scharfen Blick. So durften nicht zu viele der Gäste in dieser Szene auf einmal aus demselben Eingang eintreten und nicht zu rasch aufeinander folgen; er duldete nicht, daß die Masken sich zu weit nach vorn bewegten und zu gedrängt nebeneinander standen und gingen. Keiner der handelnden Personen erlaubte er, zu nahe an das Proszenium heranzutreten. Die Fechtszene zwischen Mercutio und Tybalt (Deny) ließ Goethe noch einmal, in verlängertem Zeitmaße, vor sich gehen; denn er teilte mit Wilhelm und Laertes im «Meister» die Ansicht, daß man in solchen Szenen nicht, «wie es auf Theatern wohl zu geschehen pflegt, nur ungeschickt hin und wider stoßen dürfe». – So viel ist aber gewiß, daß er auf alles, auch das Kleinste, was manche andere Intendanten gar nicht sehen oder sehen wollen, sein Augenmerk richtete, wie er denn auch darauf Obacht hatte, daß die Abgänge immer in würdigster Weise vor sich gingen.

3868 Riemer *23. Januar 1814*

Bei Goethe. Mußte ich aus der Eleganten Zeitung die Reise eines Schlesiers nach England von 1484 vorlesen. Unterbrochen durch einen preußischen Offizier, Herrn von Luck. Artiges Bonmot, das er machte, indem er meinte, daß, wenn Napoleon sich bekehren könnte wie Saul, uns geholfen wäre. Er bezweifle es aber. Nachher zu den Frauenzimmern. Die Goethe tobte einmal wieder.

3869 F. Majer an Fouqué *27. Januar 1814*

Den Mittag nach Deiner Abreise brachte ich, wie seitdem noch mehrere, sehr vergnügt bei Goethe zu. Er legte recht wohlwollende Gesinnungen über Dich, Dein Tun und Treiben an den Tag und beklagte nur, daß Leute von so viel Talent nicht darauf dächten, ihre dramatischen Arbeiten dem Theater zu bequemen. Hätte er nicht den Dr. Müllner, fügte er hinzu, so müsse er durchaus zu den Kotzebuaden seine Zuflucht nehmen; eine gar betrübliche Notwendigkeit. Von diesem Müllner wird nächstens ein neues Trauerspiel, «Die Schuld», gegeben. Kleine Lustspiele von ihm sahen wir schon mehrere. Unterdessen habe ich Goethe Deine Familie Hallersee in Vorschlag gebracht, ich werde sie ihm in diesen Tagen zubringen, da ich sie erst auftreiben mußte, und ich zweifle fast nicht, daß er sich für die Aufführung entscheiden wird. Es sollte mich sehr freuen, die Veranlassung dazu gegeben zu haben. Von dem schönen Briefe Deiner trefflichen Gattin, deren Andenken ich mich bestens empfehle, hat er mir auch gesprochen, und der offenkundigste Beweis, wie angenehm er ihm war, ist die baldige Beantwortung desselben; denn es hält sehr schwer, ihm einen Brief abzugewinnen ... Dein Gedicht ... fand auch Vater Goethes ganzen Beifall.

3870 Caroline v. Wolzogen
an Caroline v. Humboldt *13. März 1814*

Das Stück Müllners [Die Schuld] ist hier [am 31. Januar] gegeben worden, und er selbst war auch da; niemand zweifelt, daß es von ihm sei. Goethe achtet das Stück gar nicht, aber der Mensch hat ihm ganz gut gefallen. Er soll sehr witzig und verständig sein, und mit dem sind wirklich einige verrückte Sentimentalitäten des Stücks gar nicht zu vereinen als insoweit, daß man nur aus wahrem Gefühl nie irregreifen kann in der Region des Gefühls ... Mit dem Theater ist's wirklich ein Elend, und wenn man sich nicht an einem Shakespeareschen und Schillers Stücken im ewigen Zauber der Naturneuheit erholte, würde man gar nicht mehr auf die Bretter sehen mögen. Deshalb kann ich Werner nie fallen lassen, in dem doch sehr viel liegt, und ich streite mich oft mit Goethe deshalb.

3871 Riemer an Frommann *(5. Februar 1814)*

In betreff der Goethischen Biographie soll ich Ihnen melden, daß Goethe es recht wohl zufrieden ist, wenn die Exemplare nicht ausgegeben werden bis zur Messe. Dann wünschte er aber auch, daß seine, das heißt die für ihn bestimmten Exemplare, auch noch zurückbehalten werden, damit er nicht in Versuchung komme, eins und das andere hier zu kommunizieren. Ich verwahre daher auch meins; und die Leute mögen eben warten bis Ostern. Ohnehin wird ja durch die Begebenheiten des Tags alles zugedeckt.

3872 Riemer *6. Februar 1814*

Zu Goethe. Las er mir seine neuesten Gedichte auf die Zeitläufte vor. Gegen Hauy, eines für Napoleon gegen Werner. Mit Goethe die altdeutschen Meister besehen. Abends wieder zu Goethe. War der Assessor [August] angekommen, der von Frankfurt erzählte, auch von Werner und dessen scheinheiliger Unverschämtheit.

3873 Louise Martin: Tagebuch *(nach dem 10. Februar 1814)*

Nous avons souvent chez Son Altesse Impériale de petites réunions fort agréables: Goethe qui s'y humanise, Mesdames de Waldner, Wolzogen, et le général.

3874 St. Schütze: Die Abendgesellschaften der Hofrätin Schopenhauer *1840*

[Über Goethe.] Selbst das Heitere mußte sich oft der Förmlichkeit unterwerfen, wie einmal zum Beispiel bei der Verlosung eines Bildes [bei Johanna Schopenhauer] (den 10. Februar 1814), wozu erst umständliche Vorbereitungen getroffen wurden, und sein Sohn dann an einem besonderen Tische mitten im Zimmer wie zu Gericht saß.

3875 Riemer *11. Februar 1814*

Abends zu Goethe, der mir Briefe von Sartorius und Zelter kommunizierte. Über dessen Kompositionen. Sein Domine in te speravi. Goethes Selbstkomposition für sich in Teplitz.

3876 Charlotte v. Stein an Knebel *12. Februar 1814*

Manchmal sehne ich mich nach einem behaglichen Freund ... Goethe ist selten zu sehen, und ist immer etwas um ihn, entweder eine Wolke, ein Nebel oder ein Glanz, wo man nicht in seine Atmosphäre kann.

3877 Riemer *12. Februar 1814*

Abends zu Goethe, der mich rufen lassen. Sonderung und Zusammenstellung seiner lyrischen Gedichte versucht und ein Inhaltsverzeichnis gemacht.

3878 Riemer *13. Februar 1814*

Früh Abschrift Goethescher Gedichte. Um 11 Uhr zu ihm. Briefe. Nach 11 Uhr vorn, wo Moltke, Deny, Engels, Uschmann. Die neuen Kompositionen von Zelter probiert. Abends bei Goethe fortgefahren am Gestrigen.

3879 Riemer *13. Februar 1814*

[Goethe:] «Wir sind nicht glücklich durch unsere Tugenden, sondern durch unsere Fehler und Schwachheiten. Wer da meint, daß er durch die Erfüllung einer Tugend glücklich sei, irrt sich. Es ist die Eitelkeit, die ihm noch beiwohnt, eine solche Tugend auszuüben. Sie muß sich von selbst verstehen. Dann macht aber das Gefühl derselben nicht mehr glücklich, so wenig wie Gleichgültigkeit einerlei mit Interesse ist.»

3880 Riemer

[Goethe:] «Lächerlicher Irrtum, daß wir glauben, wir sollten in andern Welten erst leisten, was bereits dort gegenwärtig schon geleistet wird, etwa wie wenn Ameisen hofften, einst Bienen zu werden, da die Bienen bereits sind und aus sich selbst sich fortpflanzen.»

3881 *Riemer an Frommann* *16. Februar 1814*

In betreff der Goethischen Biographie habe ich Ihnen zwar seine Meinung gemeldet, und er selbst hat das gleiche an Cotta getan. Unterdessen hab' ich ihm dieser Tage die Vorstellung gemacht, daß es doch wohl Gelegenheiten geben könne, wo die Erscheinung derselben im Publico größere Sensation und günstigere Aufnahme fände. Er wies mich deshalb an Sie, und wollte dies von Ihrem Ermessen abhangen lassen.

3882 *Riemer* *18. Februar 1814*

Zu Goethe, wo Moltke. Goethes Zusatz zu Bürgers Molly. Rezitativischer Zwischensatz von mir noch angegeben. Hernach Portefeuille besehen. Den Abend Gnomen und dergleichen rangiert.

3883 *Riemer* *23. Februar 1814*

Zu Goethe. Nach Tische die Albrecht Dürers und überhaupt die alten Meister der Holzschneidekunst besehen. Fand Goethe unter seinen Zeichnungen auch das Pfarrhaus zu Sesenheim.

3884 *Riemer* *25. Februar 1814*

Zu Goethe. Sprachen wir über die Mathematiker und sonstiges, Physikalisches, Chemie.

3885 *Riemer* *4. März 1814*

Gegen Abend zu Goethe, zum Tee. Hernach hinten mit Goethe, der mir aus Wundemanns Geschichte der Dogmen das Résumé der ersten Jahrhunderte vorlas. Vortrefflich.

3886 *Riemer an Frommann* *5. März 1814*

Goethe ist im ganzen sehr wohl, und heiter. Er wird den Sommer zu Hause bleiben, da ihn seine gesammelten und jetzt in der Ordnung befindlichen Kunstsachen sehr unterhalten und beschäftigen.

3887 Riemer *11. März 1814*

Zu Goethe. Bilder der Carracci und Guido und andre. Vortrefflich.

3888 Riemer *12. März 1814*

Mittags bei Goethe zu Tische, mit Herrn Moltke, der uns nach Tische Zelters und eigene Kompositionen zum besten gab, sehr schön vortrug. Auch ein paar Lieder von mir, komponiert.

3889 Riemer an Frommann *(12. März 1814)*

Goethes tanzlustige Damen werden heute nach Jena gekommen sein: denn sie ziehen wie die Geier und Raben immer der Armee nach. Das ist ein wahres Schlaraffenleben, was diese führen: vielleicht die Einzigen in Deutschland, denen es wohl ist. Doch genug davon.

In Goethes Namen soll ich bei Ihnen anfragen, ob Sie ihm nicht ein paar Exemplare seiner *Erklärung der zu Goethes Farbenlehre gehörigen Tafeln* senden könnten. Die Kupfertafeln wolle er selbst hier dazu tun. Es haben ihn einige Freunde darum ersucht, denen sie abhanden gekommen. Lassen Sie sich gefälligst darüber vernehmen, und geben es etwa den Damen mit, die Sonntags wiederkommen wollen.

3890 Charlotte v. Schiller
an Prinzessin Caroline *15. März 1814*

Wenn ich nur wüßte, was ihm [Goethe] eigentlich abgeht. Über seinen Sohn habe ich manche Kämpfe. Ich finde es natürlich, daß der Vater in seinem Alter alles tut, um ihn nicht Militär werden zu lassen; es ist doch eigentlich die einzige Freude, die er von seinem häuslich ehelichen Leben hat. Und dann hat auch der Sohn nicht den eigenen Trieb. Da es den Vater glücklich macht und den Sohn nicht unglücklich, so gönne ich es ihnen. Und doch gibt es hier und da Menschen, die die Achseln zucken darüber. Karl hätte ich um keinen Preis, auch wenn ich darüber gestorben wäre, abgehalten, denn seine ganze Existenz, sein ganzes Wesen wäre zerknickt gewesen, er hätte melancholisch werden können.

Aber da August selbst nicht den Trieb hatte, so bin ich des Vaters wegen froh, daß seine Neigungen mit dem Glück des Vaters übereinstimmen.

3891 Charlotte v. Schiller an Prinzessin Caroline

Es ist eigen, daß Goethe die weibliche Natur so wahr schildert, daß er die kleinsten Züge schön aufgefaßt hat. Aber weder eine Leonore, noch Natalie sind ihm selbst im Leben begegnet, und was ihn umgab im Leben und in der Wirklichkeit, kann ihm den Glauben an seine Schöpfungen nicht erhöhen. Er soll oft sehr ernst und düster gestimmt sein. Seine Freundinnen können nur Wünsche für ihn tun. Er sieht wenig Menschen und immer nur Einzelne. Er beschäftigt sich des Abends mit Diktieren. Seine einzelnen Aufsätze über die Naturstudien sind mir immer lieb. Er selbst hat es auch gesagt, daß das Studium der Natur und die Erfindungen der Phantasie im Nachahmen das Bleibende in allem sei. Wie würde ihm jetzt Schiller ein Trost sein, der wie ein guter Genius über ihm stand in früher Zeit! Wie viel ist im lebendigen Umgange dieser beiden Menschen zur Sprache gekommen!

3892 Riemer *15. März 1814*

Zu Goethe. Meisters Lehrjahre. Vorher einige Kupfer der ältern Schulen; Venus und Adonis von Poussin, Endymion und Diana.

3893 Riemer *20. März 1814*

Mittags bei Goethe. Als wir noch bei Tische saßen, kam Wolff mit Nachrichten, daß die Alliierten in Paris wären. Hernach im Deckenzimmer Kupfer.

3894 Charlotte v. Schiller
an Prinzessin Caroline *24. März 1814*

Es ist mir recht erfreulich, daß der Meister öfter allein unsre geliebte Freundin [Maria Paulowna] besucht, denn da lernen sie sich am besten kennen; doch sagt ihr eigentlich Wielands Geist mehr zu, ich kann mir es erklären, denn den Meister ganz zu verstehen wie er ist, dazu gehört eine Poesie des Gefühls, die bei dem größten Verstand nicht so ausgearbeitet ist. Er will auch oft erraten sein und spricht sich nicht klar selbst aus; man muß mehr mit der Liebe als mit dem Verstand dieser Natur entgegenkommen. Diese ganz rein sittliche Natur, und selbst die Einfachheit und Strenge der moralischen Ansichten im Umgang mit Wieland erwecken Ehrfurcht und kindliche Liebe zugleich, und das kindliche Hingeben und Ehren ist dem Herzen der geliebten Freundin so eigen.

3895 Riemer *24. März 1814*

Zu Goethe. Kupfer besehen. Eine Handzeichnung, wahrscheinlich von Rubens selbst, den Papst Gregor und die Bischöfe Athanasius und Hieronymus vorstellend. Meine Hypothese darüber fand Goethes Beifall.

3896 Riemer *26. März 1814*

[Goethe:] «Die Poesie hat den Nachteil vis à vis der bildenden Kunst, daß sie nicht ἐυσύνοπτον ist; daher Werke von größerem Atem rhapsodienweise vorgetragen werden müssen (auch so verlangt werden), so daß, wenn ein Ganzes auch vorhanden wäre (zum Beispiel *Homer*), er in Rhapsodien zerlegt werden würde, um ihn zu genießen.»

(Bei Gelegenheit von Wilhelm Meisters Lektüre, die wir zusammen vorhatten.)

3897 Riemer

[Goethe:] «Die Menge der Dichter ist es, die die Dichtkunst herunterbringt in Ansehen und Wirkung.»

3898 Riemer *27. März 1814*

[Goethe:] «Alle Menschen, die Imagination haben, gehen ins Steile, so die ersten Landschaftsmaler des 16. Saeculi. – Scylla und Charybdis liegen nicht so nahe; aber der Poet mußte ins Steile gehen und sie näher bringen, um Effekt zu machen.»

3899 Riemer *27. März 1814*

[Goethe:] «Die Natur ist etwas Inkommensurables, und wer sich mit der Natur abgibt, versucht die Quadratur des Zirkels. Nun fragt sich's nur, wo man den Bruch hinwirft ins gis!»

(Bei Gelegenheit von Heims Geognostischen Ansichten ...)

3900 Riemer

[Goethe:] «Die Zahlen sind, wie unsere armen *Worte*, nur Versuche, die Erscheinungen zu fassen und auszudrücken, ewig unzureichende Annäherungen.»

3901 Riemer

[Goethe:] «Die Natur macht unser Auge nur ad hunc actum achromatisch. So ist's mit *allem*. Wir haben Menschenverstand nur ad hunc actum etc.»

3902 Riemer

Werners Ganglehre nannte Goethe ein Klaffen der Erde und stellte sich die Sache vor wie die jungen Raben, die zu fressen haben wollen.

3903 Riemer *1. April 1814*

Einladung zu Goethe, wo Fürst Radziwill, der auf dem Violoncell seine Komposition von Faust und nachher mit Moltke auf dem Klavier exekutierte. War der Erbprinz dabei.

3904 Riemer *3. April 1814*

Bei Goethe, wo Dr. Schopenhauer. Hernach Prof. Sturm, der ein ökonomisches Institut in Tiefurt. Mittags beide zu Tische. Hernach Frau von Stein. Zeigte Goethe seine Harzgegenden, von Kraus gezeichnet, vor. «Unsere sogenannte kritische Zeit ist nichts als ein subjektiver Unglaube, aus Unfähigkeit oder Dünkel.»

3905 Charlotte v. Stein an Knebel *6. (?) April 1814*

Goethen sah ich vorgestern [3. April] auch einen Augenblick, lernte bei ihm den Professor Sturm kennen, der mir scheint, fröhlich in die Welt zu sehen.

3906 Riemer *4. April 1814*

Merkwürdige Äußerung Goethes über sich selbst, bei Gelegenheit des *Meister*. «Daß nur die Jugend die Varietät und Spezifikation, das Alter aber die Genera, ja die Familias habe.» An sich und Tizian gezeigt, der zuletzt den Samt nur symbolisch malte. Artige Anekdote, daß jemand ein bestelltes Bild nicht für fertig anerkennen wollte, weil er das Spezifische darin vermißte.

Goethe sei in seiner *Natürlichen Tochter*, in der *Pandora*, ins Generische gegangen; im *Meister* sei noch die Varietät. «Das Naturgemäße daran! Die Natur sei streng in Generibus und Familiis, und nur in der Species erlaube sie sich Varietäten. Daß es gelben und weißen Crocus gebe, das sei eben ihr Spaß. Oben und höher hinaus müsse sie's wohl bleiben lassen.» –

Dies ist dasselbe, was er anderswo so ausdrückte, daß die höhern Organisationen weniger Freiheit hätten, sondern viel bedingter und eingeschränkter wären. Die Vernunft lasse die wenigste Freiheit zu und sei despotisch.

3907 Riemer an Frommann *(6. April 1814)*

... außer Goethe besuche ich niemand; jenen dafür auch desto öftrer. Er schreibt (unter uns) am 4. Bande, das heißt Italien; lassen Sie sich aber nichts gegen ihn merken.

3908 Riemer *9. April 1814*

Interessantes Gespräch über die Neigungen der Eltern, die man in sich verspürt. Wir tauschten unsere Selbsterfahrungen gegeneinander aus.

3909 Riemer *14. April 1814*

Ließ Goethe mich einladen. Sartorius angekommen. Mittags zu Goethe, wo Sartorius mich freundlich empfing.

Nachricht bei Goethe, daß Napoleon die Insel Elba zu seinem Aufenthalt verlangt habe. Späße und ernsthafte Betrachtungen darüber. Abends wieder bei Goethe; Sartorius, Demoiselle Engels, die noch zur Gitarre sang. War alles in der Stimmung vom Mittag.

3910 Riemer *15. April 1814*

Abends zu Goethe, auf seinem Zimmer. Kunst, Komposition mit Sprachkomposition. Vortreffliche Komposition der Legende vom Ritter Georg von Martin Schön.

3911 Riemer *15. April 1814*

Nach einem Abend bei Goethe. Wesentlicher Inhalt unserer Unterhaltung:

Alles Sprache. Bild- und Malkunst und Wortsprache.

Darstellung des Geistes.

Alle Sprache strebt zum Substantiv.

Der Satz ist ein Substantiv.

Substantiv ist die Anschauung, die Totalität der Anschauung.

Die bildende Kunst hierin deutlich und zweckerreichender als die Wortsprache.

Ein Bild bei Rubens, Geißelung Christi, ein deutlicher anschaulicher Satz.

Schlecht komponierte Gemälde seien gleich schlecht oder ungedachten Sätzen.

Ein Bild von echter Komposition gleich einem vollkommenen Periodus.

An Ritter Georg von Martin Schön erläutert.

Casus rectus. Casus obliqui. Partizipial und Genitivus absolutus der Umstände des Beiwortes.

In dieser Komposition Martin Schön über Polygnot, der die Sache noch nebeneinander stellt, statt sie abstufend zu dämpfen!

Hierin dem Nonnus ähnlich, der alles noch sukzessiv erzählt.

Die wahre Periode erst in der spätern Beredsamkeit.

Die wahre Komposition erst in der Malerei.

Schlechte Komposition der Künstler gleich den schlecht stilisierten Sätzen.

Phrasen in der Sprache, Phrasen in der Kunst.

Ungehörige wie mit Stecknadeln unter die Arme greifen.

3912 Riemer *16. April 1814*

Goethe sprach von der Franzosen gutem Betragen in seinem Hause, zumal Denons in betreff seiner Kunstsachen. Ich bemerkte dagegen: man habe das Gefühl gehabt, wie wenn einen ein Löwe leckt, daß, sobald er Blut spürte, er einen zerreißen könnte.

3913 Varnhagen an Rahel *8. Juli 1815*

Am 6. Juli verließen wir Merseburg, und aßen in Weimar beim Herzog zu Mittag ... Mein Tischnachbar, Herr von Gersdorff ... ist ein verehrender Freund von Goethe. Dieser erfuhr durch ihn zuerst Napoleons Abdankung im vorigen Jahr [wohl am 16. April 1814], und schien etwas unangenehm durch diese Nachricht berührt. «Hm!» sagte er, «daß er den Leuten den Gefallen tun würde, sich den Hals abzuschneiden, habe ich freilich nie geglaubt», und brach dann ab, indem er in ganz anderem Tone zur Betrachtung eines alten Jupiterkopfes einlud, den man ihm eben geschickt habe. Goethe spricht nie über Politik, liest die Zeitungen erst, wenn der Jahrgang vollendet und eingebunden ist, im Zusammenhange, nimmt aber dennoch den lebhaftesten Anteil an den Ereignissen. Gersdorff meinte, Goethe habe den Napoleon nie hochgeachtet und geliebt, er betrachte ihn aber als eine merkwürdige Naturerscheinung, und sage, das könne man ihm doch nicht verargen, daß er diejenigen hasse, die ihn in dieser Betrachtung hindern wollten.

3914 Riemer *17. April 1814*

Zu Goethe, wo Sartorius. Nach Tische las Goethe Mercks Epistel an Wieland vor, die äußerst kräftig voll Swiftischer Galle und Laune; dann einige seiner Invektiven und sonstige Sachen von ihm selber. Ermunterte ich Goethe, noch mehreres in den nächsten Abenden vorzulesen.

3915 Riemer an Frommann *18. April 1814*

Nur mit ein paar Worten melde ich Ihnen, teurer Freund, was ich am Sonnabend vergessen hatte, daß Goethe seine Exemplare [des dritten Teils von «Dichtung und Wahrheit»] übersendet zu haben wünscht. Sie sind also wohl so gut, und schicken sie etwa mit den Boten auf den Mittwoch herüber. Er will Hofrat Sartorius eins mitgeben.

3916 Charlotte v. Stein an ihren Sohn Fritz *24. April 1814*

Vor einigen Tagen habe ich Buschmänner, zwei Männer, zwei Frauen und ein Kind, hier gesehen. Die Männer fraßen lebendige Hühner, mit der abgezogenen Haut schmierten sie Arme und Beine. Der eine sah Napoleonisch aus, nur daß er eine schönere Gestalt hatte. Goethe wollte sie nicht sehen, und litt auch nicht, daß jemand von seiner Familie oder seinen Umgebungen sie sah, und Knebel, der einen Tag nach ihrer Abreise kam und bei Goethe abstieg, war außer sich, daß er sie verfehlt habe ... Goethe, wie man sagt, hat seinen Sohn nicht wollen mit den Freiwilligen gehen lassen, und ist er der einzige junge Mensch von Stand, der hier zu Haus geblieben. Sein Vater scheint gar unsern jetzigen Enthusiasmus nicht zu teilen; man darf nichts von politischen Sachen bei ihm reden. Und doch ist gewiß seit Jahrhunderten nichts Interessanteres vorgekommen. Er liest auch keine Zeitungen; wohl sind sie nicht allemal wahr, aber doch nicht so lügenhaft, wie sie auf Befehl Napoleons geschrieben wurden.

3917 Riemer *26. April 1814*

Zu Goethe. Meister. Bekenntnisse einer schönen Seele. Hat etwas Englisches, von englischem Roman, und bricht wie eine Novelle herein.

3918 Riemer: Mitteilungen über Goethe *1841*

[Über Goethes Achilleïs.] Als er noch später das Schema derselben aufgefunden hatte, brachte ich ihn [am 26. April 1814] durch meine Bemerkung, daß jede Zeit die antiken Mythen mit ihrem Geiste behandele, ja behandelen müsse, indem jene Anfänge ja nur die Kotyledonen der Sache seien und die Alten ja selbst ihre Sagen und Fabeln weiter ausgebildet hätten, auf die Eröffnung der Idee des Ganzen, die er so ausdrückte: «Achill weiß, daß er sterben muß, verliebt sich aber in die Polyxena und vergißt sein Schicksal rein darüber, nach der Tollheit seiner Natur.»

3919 Riemer *27. April 1814*

[Goethe:] «Daß die Weiber, die in der Jugend Charakter haben, wenn die Liebhaber sich verlieren, Schälke werden», an Beispielen nachgewiesen.

3920 Riemer *30. April 1814*

Zu Goethe. Über Tisch neben Ulrich und Sartorius. Moltke sang dann im blauen Zimmer Zeltersche Kompositionen, wozu mich Goethe allein rief. Die Frauen mußten mit Sartorius im Saale bleiben. Dann ging ich zurück, und wir scherzten weiter.

3921 Riemer *3. (2.) Mai 1814*

[Goethe:] «Hypochondrisch sein heißt nichts anders als ins Subjekt versinken. Wenn ich die Objekte aufgebe, kann ich nicht glauben, daß *sie* mich für ein Objekt gelten lassen; und ich gebe sie auf, weil ich glaube, sie hielten mich für kein Objekt.»

3922 Riemer *11. Mai 1814*

Zu Goethe abends. Erzählte er mir seine Idee zum Prolog für Halle: 2. Teil von Was wir bringen. Sehr artig und aristophanischer Einfall: Philemon und Baucis als Oberförster usw. aus den Bäumen wieder zurückverwandelt.

3923 Riemer *12. Mai 1814*

Abends zu Goethe. Votum wegen der Feierlichkeiten bei des Herzogs Rückkunft, gegen einen vorschlägigen Obelisken votiert mit Recht. Abschied.

3924 *A. Schopenhauer: Über den Willen in der Natur* *1836*

Jetzt, nach 21 Jahren, verstehe ich was Goethe mir 1814 [am 15. Mai?] sagte, in Berka, wo ich ihn beim Buch der Staël De l'Allemagne gefunden hatte und nun im Gespräch darüber äußerte, sie mache eine übertriebene Schilderung von der Ehrlichkeit der Deutschen, wodurch Ausländer irre geleitet werden könnten. Er lachte und sagte: «Ja freilich, die werden den Koffer nicht anketten, und da wird er abgeschnitten werden.» Dann aber setzte er ernst hinzu: «Aber wenn man die Unredlichkeit der Deutschen in ihrer ganzen Größe kennen lernen will, muß man sich mit der deutschen Literatur bekannt machen.»

3925 *G. v. Loeper: Vorbemerkung zum «Epimenides»*

Goethe befand sich grade in dem neuen Schwefelbade Berka an der Ilm, drei Stunden von Weimar entfernt, mit dem ... Vorspiele für das Theater zu Halle beschäftigt. Kirms ritt am 17. [Mai 1814] dorthin und überbrachte ihm Ifflands Aufforderung [zur Abfassung eines Friedensfestspiels]. Goethe erwiderte Kirms mündlich: «Der Antrag ist ehrenvoll; allein die Zeit scheint mir zu kurz zu sein, um denselben ehrenvoll ausführen zu können, besonders da ich hier in dem kleinen Landstädtchen über die Kräfte einzelner Mitglieder des Berliner Theaters keine Ansicht haben kann; ich will es indessen überlegen, in zwei Tagen sollen Sie meine Entschließung hören.»

3926 *Riemer* *19. Mai 1814*

Nach Tische nach Berka. Kamen wir in den Schluß einer Festivität, Himmelfahrt und Goethe zu Ehren. Bekanntschaft mit den dortigen Honoratioren, dem Amtmann, Pfarrer usw. Goethe sehr freundlich. Mit ihm spazieren. Seine Anlagen und neuen Wege. Abends dort gegessen. Goethe sehr liebenswürdig. Geistreiches Urteil über der Frau von Staël neuestes Werk. Rückweg.

3927 *Riemer* *19. Mai 1814*

Über der Frau v. Staël neuestes Werk: Sur la littérature allemande.

Goethe war mit ihrem Urteil über seine Sachen unzufrieden, da sie ihm nicht nachkommen könne und seine Sachen fragmentarisch erschienen.

Übrigens komme ihm das Ganze doch vor, als wie eine Maria Magdalena oder andere, die im Angesicht der heiligen Dreieinigkeit unter ihrem Mantel die Deutschen als brave Leute, doch arme Sünder, einschwärzen wolle. Von dem Dudelsack der Religion, der angestimmt worden, damit die von H .... zu N ..... Gewordenen ihren Menuett noch anständig tanzen könnten und dergleichen mehr.

3928 *Riemer* *21. Mai 1814*

Mit Frau v. Goethe ... nach Berka; von Goethe wohl empfangen. Gegen Abend nach Tonndorf zu Dreyßig, dem Blumenliebhaber.

3929 *Riemer* *22. Mai 1814*

Bei Goethe. An seinem Vorspiel diktiert das Schema. Nach Tische fuhren die Damen nach Weimar zum Ball. Trafen dafür Herr Genast, Hofrat Meyer, Moltke und der junge Genast ein. Musik und Sang. Abends mit Goethe allein. Vorher mit ihm in den Steinbrüchen.

3930 *E. Genast: Aus dem Tagebuche eines alten Schauspielers* *1862*

Acht Tage ungefähr nach meinem ersten Auftreten überraschte mich mein Papa mit der angenehmen Nachricht, daß Goethe ihn, den Kammersänger Moltke und mich zum Mittagessen nach Berka eingeladen.

Goethe liebte es, die erwachende Natur zu beobachten, wozu er in dem kleinen Badeorte, der von bewaldeten Bergen eingeschlossen und nur zwei Stunden von Weimar gelegen ist, die beste Gelegenheit hatte.

Im Jahre 1811 war auf Veranlassung und unter Leitung des damaligen Landschafts-Vizepräsidenten von Müffling, des nachmaligen berühmten preußischen Generals, eine Chaussee entstanden, auf welcher man, ohne Gefahr, den Hals zu brechen, den letzten Berg vor Berka hinab gelangen konnte. Auf der Spitze desselben steht ein Stein, der aus dankbarer Erinnerung an den Schöpfer dieser Straße noch heutigen Tages von allen Kutschern und Fuhrleuten der Müffling genannt wird. Von diesem Stein aus hat man einen reizenden Blick in das Tal, durch welches sich die Ilm wie eine silberne Schlange windet. So oft Goethe nach Berka fuhr, pflegte er hier halten zu lassen und einen Imbiß zu sich zu nehmen. Darum nannten wir Schauspieler den Stein Goethes «Tischlein decke dich».

Bei unserer Ankunft [am 22. Mai 1814] fanden wir Goethe mit dem Inspektor Schütz vor seiner Wohnung, jenseits der Ilm, lustwandelnd. Er war zu jener Zeit 65 Jahre alt, und wie ein Jüngling schritt er, in bloßem Hals und Kopf, in seinem langen blauen Überrock einher.

Nachdem er mit meinem Vater und Moltke einige Zeit gesprochen, sagte er zu mir: «Du hast bei Deinem ersten Auftreten viel Lebendigkeit entwickelt, hier und da etwas übers Maß und nicht ganz passend für den Charakter des Osmin; indessen sehe ich das Zuviel nicht ungern bei einem Anfänger, allzuviel Feuer läßt sich dämpfen, das Gegenteil schwer erwecken. Hierbei muß ich Dir aber doch bemerken, daß Deine Stimme noch nicht reif zu solchen Partien ist.»

Bei Tische war außer dem Inspektor Schütz und uns nur noch sein Sekretär John anwesend. Die Unterhaltung drehte sich hauptsächlich um das Theater; Goethe rühmte die Musik Eberweins zur «Proserpina» und erwartete viel Gutes von der Aufführung dieses Monodrams. Nach Tische spielte Schütz einige Fugen von Sebastian Bach, an denen Goethe großes Gefallen fand und sie mit illuminierten mathematischen Aufgaben verglich, deren Themata so einfach wären und doch so großartige poetische Resultate hervorbrächten. Dann sang Moltke ihm einige Lieder vor, die er kürzlich komponiert hatte und von denen das Lied «Die Lustigen von Weimar» Goethes ganze Zufriedenheit erwarb. Gegen sechs Uhr fuhren wir nach Weimar zurück.

3931 *Riemer* *23. Mai 1814*

Früh bei Goethe. Hernach Abschrift des Schema für das Berliner Vorspiel. Böhringer, studiosus medicinae. Empfehlungsschreiben von Goethe an Knebel. Schenkte ihm noch Hermann und Dorothea, mit seiner Inschrift.

3932 *Riemer* *24. Mai 1814*

Brief an Iffland. Mittags die Damen wieder zurück ... Abends spazieren mit Goethe und den Damen. Goethes Vorschlag, daß ich ihm bei dem Hallischen Vorspiel helfen sollte.

3933 *Riemer* *25. Mai 1814*

Früh mir das Schema zum Reilschen Vorspiel gemacht, zu der Parzen-Szene. Es mit Goethe im Bade besprochen. Dann drüber her. Mittags erschien der Erbprinz und Assessor [August v. Goethe], hielten sich aber nicht lange auf.

3934 *Riemer* *27. Mai 1814*

Abends musizierte uns der Sumpfkönig [Badeinspektor Schütz] vor. Die Frauenzimmer kamen dazu, gingen aber bald fort. Sang, das heißt deklamierte oder rezitierte Goethe den Zauberlehrling, da der Organist nicht singen kann.

3935 *F. v. Müller* *28. Mai 1814*

Frau v. Egloffstein bemerkte mir, als ich nachmittags bei ihr war, daß ich seit Jahresfrist alle gute Laune verloren habe. Diese Bemerkung, die ich nur zu wahr fand, gab mir auf dem Wege nach Berka reichen Stoff zum Nachdenken, und mehr als je fühlte ich die Notwendigkeit, mich aus dieser passiven und farbenlosen Stimmung herauszureißen. Goethe nahm mich sehr herzlich auf, und ein kleiner Spaziergang mit Riemer vor Schlafengehen gab Gelegenheit, von Augusts Händeln zu reden.

3936 *Riemer* *29. Mai 1814*

An «Was wir bringen» gearbeitet. Mittags Herr von Müller, der erst mit Goethe allein. War ich bei den Damen. Allerlei, auch über die Geschichte. Nach Tische das Gedichtete vorgelesen. Betise der Geheime Rätin, die Goethe in Verlegenheit setzte (N. B. daß sie ihm nicht rate, mich als Mitverfasser zu nennen, aus den und den Gründen!!). Ich nahm es leicht. – Eberwein, seine Frau. Proserpina als Monodrama von mir gelesen, zu seinem Akkompagnement. Ulrich dabei. Scherz darüber.

3937 F.v. Müller *29. Mai 1814*

Ich hielt mir eine scharfe Philippica über den Mißmut und die weichliche, arbeitsscheue Geschäftsfurcht, die mich neuerdings so oft anwandelt. Isseroda und Landstandschaft. Verlegenheit über das von Goethe verlangte Votum und glückliche Beseitigung derselben. Wir tafelten lange, zu lange; ich war nicht mäßig genug und fühlte vieles Unbehagen. Goethe war sehr angegriffen. Seine Unzufriedenheit über der Frau v. Staël Urteile über seine Werke. Sie habe Mignon als Episode beurteilt, da doch das ganze Werk dieses Charakters wegen geschrieben sei. Meister müsse notwendig so gärend, schwankend und biegsam erscheinen, damit die andern Charaktere sich an und um ihn entfalten könnten, weshalb auch Schiller ihn mit dem Gil Blas verglichen habe. Er sei wie eine Stange, an der sich der zarte Efeu hinaufranke. Die Staël habe alle seine, Goethes, Produktionen abgerissen und isoliert betrachtet, ohne Ahnung ihres innren Zusammenhangs, ihrer Genesis. Daher sei ihre Kritik über Schiller so viel besser, weil dessen allmähliche Ausbildung in der chronologischen Folge seiner Stücke klar vorliege.

Riemer mußte den für Halle entworfnen Prolog und Lobspiel auf Reil vorlesen. Auch von dem unternommenen Stück zu des Königs Empfang in Berlin ward erzählt.

3938 K. Eberwein: Goethes Proserpina *1856*

Im Jahr 1814 bat ich auf Wolffs Anregung Goethe, mir zu erlauben, sein Monodram «Proserpina» zu komponieren …

In früherer Zeit hatte von Seckendorff *Proserpina* in Musik gesetzt, die jedoch nach Goethes Äußerung nicht mehr zeitgemäß sein werde, da die Musik seit jener Zeit so große Fortschritte gemacht habe. Die Freundlichkeit, womit er mir mein Gesuch gewährte, überzeugte mich, daß es ihm erwünscht kam, *Proserpina* in jugendlicher Frische dem Publikum vorzuführen. Mit der Versicherung, wie er sich freuen werde, wenn mir mein Unternehmen gelänge, entließ er mich.

Das fragliche Gedicht war der Komposition ausnehmend günstig. In wenig Wochen schon, am 4. April, schrieb ich die Ouvertüre als Schlußstein des Ganzen. Nach Vollendung derselben ritt ich nach Berka an der Ilm, wo eben Goethe im Edelhof sein Hauptquartier aufgeschlagen hatte. Mit Vergnügen vernahm er die Lösung meiner Aufgabe und bestimmte einen andern Tag, an dem ich mich mit der Partitur zu einer Probe bei ihm einfinden möchte ...

Mit *Proserpina* an dem von Goethe bestimmten Tage [29. Mai] in Berka angelangt, ließ er sich wegen dringender Geschäfte entschuldigen, daß er mich nicht sogleich empfangen könne. Ich möchte indes promenieren und mich zum Mittagsessen wieder bei ihm einfinden.

Mit Berkas Naturschönheiten noch unbekannt, lenkte ich an einem der schönsten Maitage meine Schritte zur Bergruine des ehemaligen Grafen von Berka ... Die Sonne über meinem Scheitel erinnerte mich, daß es Zeit sei, in den Edelhof zurückzukehren.

Der Geheimrat war allein. Die Geheimrätin divertierte sich mit der Ulrich in der Residenz. Die beliebten Ilmforellen und Spargel, nach den Regeln englischer Kochkunst zubereitet, zierten das Mahl. Es befremdete mich, daß der Geheimrat seine Lieblingsspeisen nicht mit dem bekannten Wohlbehagen genoß. Die Mitteilungen über die Wirksamkeit des Theaters, und was sich sonst seit seiner Entfernung in Weimar ereignet, gewannen ihm höchstens ein beifälliges Lächeln ab. Einige Fragen, die er leichthin an mich richtete, wurden ebenso von mir beantwortet. Meine Gedanken beschäftigten sich allein mit *Proserpina*. So saßen wir, jeder auf eigne Weise in sich versunken, wie es Künstlern in solcher Situation zu geschehen pflegt, als sich der Geheimrat erhob.

Er führte mich in ein anderes Gemach, wo ein Pianoforte mich erwartete. Einen Sessel, den ich ihm anbot, lehnte er ab. Groß und erhaben stellte er sich mir zur Seite, blickte in die Partitur und half mir während der Ouvertüre beim Umwenden der Blätter. Hierauf deklamierte der vierundsechzigjährige Dichter *Proserpina* mit einer gewaltigen Tiefe der Empfindung, so daß es mir bald warm, bald kalt wurde. Wenn er an geeigneter Stelle in Leidenschaft geriet, mußte ich, noch nicht die Hälfte seiner Jahre zählend, mich zusammennehmen, damit er mich, den Komponisten, nicht überflügele. Der Unterschied der Jahre hielt ihn nicht ab, mir entgegenzukommen, nachzugeben und gefällig zu sein. Bei so inniger Vereinigung der Poesie mit der Musik konnte der Erfolg für mich nicht zweifelhaft sein. Am Schluß erklärte sich der Meister mit der Behandlung seines Gedichts sowie der Musik vollständig einverstanden. *Proserpina*, fügte er hinzu, wollte er in einer Weise in Szene setzen, wie man noch nichts Ähnliches gesehen habe. Erfreut über diese gute Aufnahme meiner ersten dramatischen Komposition, ritt ich in scharfem Trabe nach Weimar zurück.

3939 Riemer *30. Mai 1814*

Kam Goethe zu mir. Briefe diktiert. Dann am Vorspiel. Herr v. Gersdorff blieb die Nacht in unserm Hause. Auf seiner Stube mit ihm und Müller über Assessors [Augusts v. Goethe] Angelegenheit von der Leber weg.

3940 F. v. Müller *30. Mai 1814*

Häßliches Regenwetter bis gegen Abend. Frühe Fahrt nach Weimar.

Geheimrat Voigts Erzählung seines eignen einstigen Duells. Politische Diskussionen über des Herzogs Rolle bei der beabsichtigten Vernichtung Sachsens, auf der Rückfahrt nach Berka mit Gersdorff.

Heitres Mittagsmahl, langes Auf- und Abgehen nach Tafel im Vorsaal.

Goethe animierte mich sehr zu einer Reise nach Italien. Biester habe sie einst in drei Monaten gemacht.

«Euch darf ich's wohl gestehen, – seit ich über den Ponte molle heimwärts fuhr, habe ich keinen glücklichen Tag mehr gehabt.» Und dabei waltete tiefe Rührung über seinen Zügen!

Palladio hat in Venedig ein Kloster ganz nach altrömischen Formen zu bauen angefangen. Goethe lebte zehn Monate lang zu Rom ein zweites akademisches Freiheits-Leben, die vornehmere Gesellschaft ganz vermeidend, weil er diese ja zu Hause schon habe.

Seltsame Unterredung mit Lord Bristol, der ihm den durch Werther angerichteten Schaden vorwarf. «Wie viel tausend Schlachtopfer fallen nicht dem englischen Handels-System zu Gefallen», entgegnete der Dichter noch derber, «warum soll ich nicht auch einmal das Recht haben, *meinem* System einige Opfer zu weihen?»

Herrliches Blatt von Israel von Mecheln (1504), den Tanz der Herodias vorstellend.

«Der Mensch mache sich nur irgend eine *würdige Gewohnheit* zu eigen, an der er sich die Lust in heitren Tagen erhöhen und in trüben Tagen aufrichten könne. Er gewöhne sich zum Beispiel täglich in der Bibel oder im Homer zu lesen, oder Medaillen, oder schöne Bilder zu schauen, oder gute Musik zu hören. Aber es muß etwas Treffliches, Würdiges sein, woran er sich so gewöhne, damit ihm stets und in jeder Lage der Respekt dafür bleibe.» Herrliche, inhaltsreiche Worte. Angenehmer Spaziergang vom Bade durch die stillen Wiesengründe bis zur Kohlenhütte vor dem Orte, gegen Saalborn zu. Wir setzten uns auf Bauhölzer und schwelgten im reinsten, ländlichen Naturgenusse. Dann tranken wir Tee in der Hütte am Flusse. Goethe schilderte Dr. Buchholzen, der sich von der Kaiserlichen Akademie der Naturforscher den Namen Plinius secundus ausbat. «Aber es heißt ja niemand von der Sippschaft also.»

Beim Abendessen erzählte ich erst meine Posener Abenteuer mit Studtnitz, dann die Kropstedter fata, schilderte dann Franckenbergs possierliche Individualität, wie Goethe die des Fürsten Kaunitz. «Joseph II. unterschreibt nicht mehr.»

Goethe hält Franckenbergs Zerstreuung und karikiertes Wesen ursprünglich für absichtlich angenommene Maske.

3941 Charlotte v. Stein an Knebel *1. Juni 1814*

August Goethe ist in eine unangenehme Lage mit den Freiwilligen gekommen; das tut mir leid für ihn. Sein Vater erfährt's wohl nicht, hoffe ich. Letzterer hat die Sache zu philosophisch angesehen.

3942 Riemer *1. Juni 1814*

An der Szene mit Langsalm [zum Vorspiel «Was wir bringen»]. Unter das Zelt. Die Szene vorgelesen, mit Goethes Beifall. – Nach Tische spazieren nach Tonndorf. Die Ulrich war sehr liebenswürdig, aber etwas zurückgezogen, und Goethe tat sehr schön mit ihr. Abends Goethe noch die Szene vorgelesen zu seiner Zufriedenheit.

3943 Riemer *2. Juni 1814*

Stanzen zum Abschied an Ulrich. Dann ein Gedicht auf sie, Blumenlob. Dann zu Goethe, der mir freundlich entdeckte, daß er die Szene wegen der Parodie vom Epimenides nicht brauchen könne. Bei Tisch mein Gedicht leidenschaftlich vorgelesen, ohne die Ulrich anzusehen. Goethe sehr zufrieden, und Ulrich erheitert. Sie zeigte mir nach Tische den Ring, den ihr Goethe geschenkt: ein Rubinchen mit Perlen und Schlange als Ring. Ich sollte es ihr deuten. Darauf ein Sonett als Erklärung gemacht. Gegen Abend vorgelesen. Goethe dabei. «Ihr seid ein wahrer Calderon.» Goethe sagte: «Weil er verliebt in dich ist, so sieht er dich allenthalben.» Nach dem Gedicht sagte er noch viel Schmeichelhaftes: es in den Damenkalender rücken zu lassen, daß die Frauen den Dichter kommen ließen, der sie so rühmte. (Frauenlob.) Ich sollte doch noch mehr geben, was ich von Gedichten der Art hätte; meine Sonette usw. Ich schrieb deshalb nach Weimar, schickte einen Boten und ließ sie kommen. – Abendessen. Ulrich wohlwollend. Las sie uns aus dem Cellini vor. Anmutig im höchsten Grade. Melodische Stimme. Knabenhaft und mit einer gewissen Kadenz.

3944 *Riemer* *3. Juni 1814*

Am Vorspiel. Hatte die Ulrich den ganzen Morgen bei Goethe geschrieben. – Arbeitete Goethe an seinem Vorspiel, an den Versen zum Haß. – Ich las Goethe einige Sachen auf Ulrich vor, die er lobte und für den Damenkalender rekommandierte. War Ifflands freundlicher Brief wegen des Vorspiels gekommen.

3945 *Riemer* *4. Juni 1814*

Goethe diktierte an seinem Berliner Vorspiel, das er ganz zur Oper ausgearbeitet. Was ich billigte, wegen Allgemeinheit des Genusses und der poetischen Ironie. Kam die Geheime Rätin und Ulrich zurück [von Weimar] und brachte die Lortzing mit. – Die Ulrich erzählte mir die ganze Geschichte des Assessors und Werther. Gersdorffs tüchtiges Benehmen dabei, den sie höchlich rühmte; des Assessor und der Goethe nicht sonderliches. Heute nachmittag die Aufforderung geschehen. Meine und ihre Besorgnisse. Zu Goethe, der dann mit mir und der Elsermann die Nixen-Szene durchnahm. – Goethe ging nochmals die Rolle durch, veranakrusierte sie aber so sehr, daß es ein Spektakel war. Er hatte schon zu viel getrunken.

3946 *Riemer* *5. Juni 1814*

Zu Goethe, mein Stück gebracht. Bei den Frauenzimmern, die allein. Erzählten sie mir die Streiche der Alten in Jena. Von dem Pelz, den die Studenten einmal der Geheime Rätin mitgenommen. – Kam Goethe und diktierte die Szene der Schauspielkunst um.

3947 *Riemer* *5. Juni 1814*

[Goethe und Riemer:] Der Poet ist mit dem Schauspieler dran wie der Liebhaber, der auf ein Mädchen Verse macht; die denkt auch, sie wäre es. So jener.

Der Gedanke des Dichters leidet immer unter der Darstellung: denn der große Haufe applaudiert nur dem Schauspieler und denkt nicht an den Dichter.

3948 *Riemer* *9. Juni 1814*

Mit Regierungsrat Müller und Meyer nach Berka. – Draußen [Friedrich August] Wolf allein. Dann nach dem Badeplatz. Bat mich Goethe, daß ich mich auf den Sonntag freimachen möchte auf ein paar Tage, um das Berliner Stück ihm zu arrangieren. Wolfs Späße, der aber wieder wegen seiner Kokarde und seiner preußischen Gesinnungen geschoren wurde. Dann mit Goethe allein. Über Wolfs negatives Wesen. Seine Vorstellungen vom Theater. Nach Hause gefahren. Müller sagte mir, daß sich des Assessors [Augusts v. Goethe] Sache applaniert.

3949 *F. v. Müller* *9. Juni 1814*

Mit Riemer und Kunst-Meyer ward nach Berka zu Goethe und Wolf gefahren.

Das Wetter wurde milder, und wir lustwandelten am Badehause bis 6 Uhr abends, nahmen auch unterm Zelt ein stattliches Gouter ein. Blücher, so erzählte Wolf, pflegte von seinen Siegen zu sagen: «Gneisenaus Weisheit, meine Tollheit und des lieben Gottes Segen haben uns so weit gebracht.» Über Pardos de Figueroa griechisch-dorische Oden spöttelte Wolf; es fehle nicht an derben grammatikalischen Schnitzern darinnen. Finanzminister Bülow habe des Königs Gunst und alle Popularität durch den Vorschlag der Besoldungs-Reduktion verloren. Humboldt, der Gesandte, habe zu Chatillon, unter so vielen und wichtigen Geschäften, die Übersetzung des Agamemnon von Sophokles vollendet. Goethe ergrimmte über die Mären von Napoleons Krankheit und Torheiten unterwegs nach Elba; Koller werde nie die Wahrheit erzählt haben, außer *seinem* Kaiser, so wenig wie er, Goethe, jemals *seine* Unterredung mit Napoleon aufrichtig erzählt habe, um nicht zahllose Klatschereien zu erregen. Ich gedachte der schönen Stelle in Goethes Elegien:

«Städte Bezwingerin du, Verschwiegenheit, Fürstin der Völker,
Teure Göttin, die mich sicher durchs Leben geführt p.»

Aber als Wolf die Frage aufwarf, ob wohl die Bayern München behalten würden, da ward Goethe ernstlich ergrimmt. Auf meine Äußerungen wegen Sartorius war er einsilbig; ob ihm ärgerlich, daß ich der Sache Mitwisser? Oder ob er empfindlich über meine (unnötige) Erzählung, daß ich seinen Sohn abgehalten, den Brief an Seebach zu geben? Neue Lehre, wie delikat mit Goethe umzugehen.

3950 Riemer *12. Juni 1814*

Nach Berka. Zu Goethe, ihn begrüßt und durch die Abschrift [des «Epimenides»] glücklich gemacht. Mittags Wolf zu Tisch, kam auf das Altertum und den Stil desselben, besonders der Redner zu sprechen, von Demosthenes. Ich machte etwas heftige Instanzen.

3951 Riemer *Juni 1814*

Goethe liebte auch zuweilen Paradoxien auszusprechen, zur Belebung des Gesprächs, zumal bei Tische und unter verständigen Gästen, die wohl wissen konnten, wie das zu nehmen sei. Davon bin ich oft Zeuge, sogar Mitspieler gewesen, auch in der Szene mit F. A. Wolf in Berka, wo wir gegen Demosthenes loszogen und die Philippiken mit Kapuzinaden verglichen, bloß um die Übertreibungen Wolfs zu kontrabalancieren.

3952 Riemer *13. Juni 1814*

War Goethe bei mir unten, und redigierten wir das Stück zusammen. Abends mit Wolf und Musik.

3953 Riemer *15. Juni 1814*

Las Wolf aus Äschylos vor und spielte nachher auf dem Klavier antike Musik. Streit, worin er nachgab, daß er im Takt doch modernisiere. Abends nach Tische spielte der Sumpfkönig [Schütz]. Mußten die Frauen zuhören, das Trompeterstückchen. Saß Uli in Goethes Stube ganz auf der Erde (wie die Genoveva bei Cranach, nur schöner), in der Eile gezeichnet.

3954 Riemer: Mitteilungen über Goethe *1841*

F. A. Wolf, dessen Gelehrsamkeit und kritischen Scharfsinn er überaus schätzte und bewunderte, wie an seinen geistreichen Einfällen und eigentümlichen Witzen großes Vergnügen fand, hatte doch besonders zwei Untugenden an sich, die Goethen sehr zuwider sein mußten, obgleich er sie so lange als möglich ohne weiteres ertrug: *Widerspruchsgeist*, der manchmal so weit ging, daß er sich selbst widersprach; und *Ungeduld*, die aus Mangel an irgend einem *Sach*interesse herrührte: denn von *Natur* und bildender *Kunst* verstand er rein nichts und schien jene nur, insofern sie eß-, trink- und *sonst* genießbar ist, zu schätzen; letztere aber nur als Haus und Zimmer verzierend und möblierend anzuerkennen.

Daß nun im ersten Falle auch ihm widersprochen, seine Argumente persifliert oder durch Paradoxien übertrumpft wurden, so daß am Ende die Sache durch Übertreibung von beiden Seiten lächerlich wurde und der Streit noch ziemlich gut in Spaß und Scherz sich auflöste, – davon war ich selbst Zeuge, und Goethe erzählt mit großer Aufrichtigkeit und Wahrheitsliebe die Gegenstände ihrer Debatten in seinen Tag- und Jahresheften und in den Briefen an Zelter.

Eine ebenso heitere Geduldsprobe hatte Goethe seinem Freunde bei einem Besuche in Berka [am 15. Juni 1814] bereitet. Goethe arbeitete eben an seinem *Epimenides* und ließ zum Behuf seines gegenständlichen und anschaulichen Dichtens, das zur Anfertigung eines opernartigen Dramas des musikalischen Elements bedurfte, von dem dortigen ausgezeichneten Pianisten und Organisten, dem Badeinspektor Schütz, sich mehrere Musikstücke, meist Bachische Sonaten, vortragen, die er mit ganz besonderem Ausdruck und ungemeiner Fertigkeit wiederzugeben verstand. Unter denselben war auch eine, die wir nur mit dem Namen *Das Trompeterstückchen* bezeichneten und deren eigentliche Benennung ich nicht näher anzugeben weiß. Genug, es war eine wunderbare, die Imagination ansprechende einfache Melodie, eine *Fanfare*, die aber durch Variationen so ins Weite, ja Endlose getrieben wurde, daß man den Trompeter nicht nur bald nah bald fern zu hören, sondern ihn auch ins Feld reitend, bald auf einer Anhöhe haltend, bald nach allen vier Weltgegenden sich wendend, und dann wieder umkehrend zu sehen glaubte, und sich wirklich Sinn und Gemüt nicht ersättigen konnte.

Nun war den Mittag über Tische schon viel von antiker und moderner Musik die Rede gewesen, wobei Wolf, wie vorauszusehen, die Partie der Alten nahm, viel von den antiken Silbenmaßen sprach, nach Tische auch die Theorie der Trochäen vortrug, und sie durch Beispiele aus dem Äschylus erläuterte. Nun setzte er sich auch ans Klavier und spielte und sang «*antike Musik*», wie er sagte; mußte aber, da ein neuer Streit entstand, darin nachgeben, «*daß er im Takt noch [doch] modernisiere*».

Nach dem Abendessen mußte der Organist spielen, und nach mehreren Sonaten kam auch das Trompeterstückchen dran. Der Tag war heiß gewesen, man hatte lange im Freien gesessen, viel und vielerlei gesprochen, das Zimmer war klein und noch dazu im Mansard, und wir Hausgenossen sämtlich zugegen. Das Stück war einmal durchgespielt, Goethe machte seine Bemerkungen darüber; Wolf schien nicht eben sonderlich erbaut und sich vielmehr nach Ruhe umzusehen. Da forderte Goethe den Musiker zu einem Dakapo auf, und nachdem dieses geleistet war, zu nochmaligem, als gölte es einen musikalischen Schlaftrunk, und wieder zu nochmaligem; ja, er würde nach diesem fortgefahren haben, nun aber riß Wolfen die Geduld, er brach in Verwünschungen des Stücks aus, und Schläfrigkeit vorschützend, entfernte er sich eiligst. Da er jedoch in demselben Hause, sogar unter demselben Zimmer logierte, und also, weil das Trompeten über ihm noch fortdauerte, sich gewissermaßen noch auf dem Schlachtfelde, oder in der Atmosphäre befand, die ihm so heiß zugesetzt hatten: so ist zu glauben, daß er wenigstens diese Nacht einmal werde *geträumt* haben, wiewohl er stets versicherte, daß er nie träume, ja daß in seinem Hause gar nicht geträumt werden dürfe.

3955 *F. A. Wolf an Knebel* *15. Juni 1814*

Der Treffliche [Goethe] hat mich, wie Sie sehen, länger, als ich wollte, aufgehalten; ich traf ihn, als er eben einen Köcher für das Friedensfest Deutschlands verschossen hatte. Doch dies unter uns, da ich noch nicht weiß, ob das Geheimnis schon ausflattern darf.

3956 *F. A. Wolf an Riemer* *27. Januar 1816*

Am besten also wäre es, Sie horchten ihn von fern aus, ob er nicht Lust habe, mir kleine *Miszellaneen* über Kunst-Altertum, etwa in Verbindung mit dem Hofrat Meyer, zuzuschicken, nach dem Plane, den ich mit Goethe einst am späten Abend verabredet.

3957 *F. Heinke: Tagebuch* *16. Juni 1814*

Nach Tische zu Goethe nach Berka. Wohltuend herzlicher Empfang mit Umarmung. Wolf und Knebel bei ihm. Genußreicher Nachmittag. Tee unterm Zelt. Promenade auf den Berg. Sitz auf dem Säulenkapitäl. Fräulein v. Werthern. Frohe Rückfahrt.

3958 *F. Heinke: Tagebuch* *19. Juni 1814*

Vor Tafel zu Goethe, der mir sagen läßt, daß er nur für mich sprechbar und, mich noch einmal zu sehen, von Berka hereingekommen sei. Herrliche Stunden ganz solo mit ihm. Später Riemer und der Schweizer Meyer. Letztes Gespräch über Lebensgenuß und Verderben desselben durch Einseitigkeit. Väterlich wohlwollendes Addio! auf Nimmerwiedersehn!

3959 *Riemer* *19. Juni 1814*

Mittags bei Goethe. Diktierte Goethe nach Tische ein Programm wegen der Festivitäten für den Herzog, mir und August. Mit Hofrat Meyer dort zu Abend, Vorschläge und Verse zu des Herzogs Empfang durchgesprochen.

3960 Riemer *25. Juni 1814*

Mit Frau von Goethe und Ulrich nach Berka. Angekommen trafen wir Müller, Meyer, Steinert und Jagemann in Session. Dann Weber und Duncker. Weber, Zelter, Dunkker zu Tisch. Zelter und Goethe erst um 2 des Nachts auseinander. Über Komponisten, Sebastian Bach (Musik, die sich nur selbst gefällt).

3961 Riemer *26. Juni 1814*

Kam Zelter zu mir. Zu Goethe hinauf. Mit [Bernhard Anselm] Weber und ihm Session zur Redaktion seines Kapellmeister-Exemplars. Las ich Zelter den Epimenides vor, den Rest Goethe. Nach Tische mußte Zelter spielen.

3962 B. A. Weber an J. F. Esperstedt *26. Juni 1814*

Am Freitag abend [24. Juni] kamen wir wie nasse Pudel in Berka an. Ich schickte meine Briefe zu Herrn von Goethe mit der Bitte, ihn besuchen zu dürfen. Er nahm uns noch am Abend sehr freundlich und liebreich auf. Wen trafen wir bei ihm? Zelter, was ich zwar schon in Weimar gehört hatte. Die erste Zusammenkunft wurde auf Sonnabend früh um 8 Uhr verabredet. Wir blieben von dieser Stunde bis 12 Uhr eingeschlossen beisammen. Ich kann Ihnen nicht beschreiben, mein liebster Freund, mit welcher Aufmerksamkeit er alle meine Bemerkungen [zu dem Festspiel «Des Epimenides Erwachen»] anhörte, mit welchem kindlichen Gemüt er meine gewünschten Abänderungen auf der Stelle niederschrieb, wie ihn die musikalische Ansicht, die ich ihm von dem Ganzen gab, begeisterte, und auf neue Ideen brachte, wie erstaunt und erfreut er zugleich war, als ich ihm sagte, das Stück solle im großen Opernhause gegeben werden. Kurz, diese vier Stunden schwanden mir wie ein Augenblick, der mir ewig herrliche Erinnerungen zurücklassen wird. «Hätte ich das gewußt, daß meinem Stück die Ehre, im Opernhause gegeben zu werden, widerfahren sollte, was hätte ich noch machen wollen», rief er einige Male aus. Nach dieser Konferenz spielte ich ihm das Wenige vor, was ich schon gemacht hatte, und was seinen ganzen Beifall erhielt. Eine zweite Konferenz wurde auf den Nachmittag verabredet. Wie wir vom Tische aufstanden, so kamen Gelehrte und Künstler aus Weimar, mit denen er sich wieder einschloß, um einen Prolog zur Ankunft des Herzogs in Weimar zu verabreden. Ich rauchte mit Zelter von 4 bis 9 Uhr Tabak, wo diese Herren erst wieder abreisten. Aus meiner Konferenz wurde nichts. Heute früh war ich wieder mit ihm und dem Herrn Professor Riemer aus Weimar, einem grundgelehrten Philologen, der alle seine Sachen abschreibt, von 8 bis 11 Uhr zusammen. Er war noch mehr vom Enthusiasmus ergriffen wie gestern. Da er wünscht, daß ich seine Ideen *klar* und *deutlich* mitbringen möchte, um nach seinem Sinne mit Ihnen, mein liebster Freund, in Berlin alles einrichten zu können, so bat er mich inständigst, in Berka zu bleiben, bis ich ein ganz vollkommenes Exemplar gleich mitnehmen könnte. Ich erwiderte, in Weimar so lange zu bleiben, einige fertige Stücke mitzunehmen und dort, weil ich keinen Augenblick zu verlieren hätte, gleich anzufangen, zu komponieren, was diesen Augenblick, wie dieser Brief geendet ist, geschiehet. Nun bringt Herr von Goethe diesen Nachmittag mit Herrn Professor Riemer wieder in diesem Geschäfte zu. Morgen früh bringt mir letzterer, von Berka kommend, wieder einige Stücke zum Komponieren mit. Da das Ganze, – was den musikalischen Teil betrifft, – beinahe ganz umgestürzt worden ist, so glaubt Herr von Goethe, vor Mittwoch abend nicht mit Herrn Riemer fertig zu sein. Donnerstag früh fahre ich nach Berka, und hole das Ganze nach einer nochmaligen Durchsicht. – Freitag nach Weimar zurück, und so über Leipzig wieder nach Berlin …

Der glückliche Zufall wollte noch, daß ich heute nachmittag hier im Gasthause die Bekanntschaft des Sohnes von Herrn von Goethe, eines liebenswürdigen jungen Mannes, machte. Er bot mir gleich seines Vaters Haus und Fortepiano hier an, was ich gleich annahm. Ich werde nun drei volle Tage wie in einem Musentempel sitzen und ungestört arbeiten können.

3963 Zelter an Ch. L. F. Schultz *29. Juni 1814*

In Berka habe ich [vom 24. bis zum 28. Juni] nebenher einige artige Gedichte für die Liedertafel in Musik gesetzt, unter welchen die Fischpredigt des Heiligen Antonius von Padua nicht schlimm ist. Gelegentlich werde ich sie mit abgehen lassen. Endlich ist der Brunneninspektor in Berka (ein Mann von unendlicher Faßlichkeit und kubischen Vermögens) zugleich Organist, führt ein Frauchen bei sich, nicht dicker als eine Stopfnadel, einen guten Madeira und Steinwein und spielt Sebastian Bachsche Sachen wenig schlechter als Forkel in Göttingen. Von dieser Fleischkuppel, woran die biegsamsten Finger hängen, läßt sich Goethe alle Abend eine Stunde lang Bachsche Stücke vorspielen, legt sich jedoch vorher zu Bette, indem er behauptet: man müsse der Bachschen Musik nicht merken lassen, daß man zuhöre, da sie für sich selbst musiziere; andere Musik, meint der seltsame Mann, setze gern Zuhörer voraus, vor denen sie erscheine, um gewisse Serviteurs und Bücklinge zu machen.

3964 Riemer *28. Juni 1814*

War Goethe [in Weimar] angekommen. Ging hinaus, mit Weber und Goethe am Epimenides. Desiderata angemerkt. Sang die Ulrich ein Liedchen, das ihr Zelter gelehrt. Nach Tische mit Goethe allein am Epimenides. Ich verbesserte manches für mich selbst.

3965 B. Uxkull: Tagebuch *29. Juni 1814*

Heute schrieb ich an Goethe und bat um eine Audienz. Er ließ mir mündlich sagen, er kenne mich nicht und sei kein Wundertier, um begafft zu werden. Meine Eitelkeit war nicht wenig von dieser unhöflichen Art gekränkt; doch mochte meine Bitte danach ausgesehen haben.

3966 Riemer *1. Juli 1814*

Zu Goethe, wo Zelter. Mit Goethe zu Meyer, wegen der Anstalten zu Empfang des Dux ... Abends zu Goethe, wo Zelter. Die Zeichnungen von Retzsch zum Faust besehen, die reizend.

3967 *E.Ch.A.v. Gersdorff an Jenny v. Pappenheim*

[Gersdorff sollte als Bevollmächtigter Carl Augusts am Wiener Kongreß teilnehmen.] Ich verabschiedete mich [wohl am 1. Juli 1814] auch von Goethe, trat steif herein, und verließ ihn voll der höchsten Begeisterung, denn seine Abschiedsworte an mich waren ungefähr diese gewesen: Der Herzog und das Weimarsche Volk verdienen es, daß ein Mann wie Sie Gut und Blut, Gedanken- und Tatkraft für ihre Sache einsetzt.

3968 *Charlotte v. Schiller an Prinzessin Caroline* *2. Juli 1814*

Gestern waren wir beim Meister, der hier ist; Zelter ist bei ihm; wir wollten eigentlich etwas aus seiner Komposition der Chöre vernehmen, aus dem Stück für Berlin, die er komponiert; aber wir hörten nichts! – Ich finde doch, es ist noch etwas nicht wie sonst in des Meisters Zügen und Stimme, und eine Art Abspannung, und so, wie wenn er sich in dem Element der Welt nicht heimisch fände; so sprach er in lauter Sätzen, die einen Widerspruch auch in sich hatten, daß man alles deuten konnte, wie man es wollte. Ich werde immer mehr an den Sachen Anteil zu nehmen getrieben, und für das Große der Menschheit bin ich noch angeregt. Aber der Meister, fühlt man mit einer Art Schmerz, denkt von der Welt: ich hab mein Sach auf nichts gestellt.

3969 *Riemer* *2. Juli 1814*

Gegen Abend zu Goethe, wo Meyer, Zelter und hernach Sartorius. Verschiedenes beraten.

3970 *Charlotte v. Stein an Knebel* *2. Juli 1814*

Goethe ist hier und macht große Anstalten zu des Herzogs Empfang.

3971 *Riemer* *3. Juli 1814*

Zu Goethe, den Epimenides berichtigt. Zelter und August, der die Stanzen singen lernte.

3972 Riemer *4. Juli 1814*

Abend zum Tee bei der Schopenhauer. Goethe, Zelter, Wolzogen, Schiller. Spielte und sang Zelter.

3973 Riemer *7. Juli 1814*

Abends zu Goethe, der im Gartenhause, wo die Mineralien. Mit Goethe im Garten.

3974 Riemer *10. Juli 1814*

Bei Goethe, das Gedicht des Landmannes zusammen gemacht. – Gewisse sogenannte Fehler des Genies, auch oft nur des Talents sind wie Muttermale, Leberflecken und dergleichen an einer schönen Person. Man kann sie nicht wegbeizen.

3975 F. v. Müller: Goethe in seiner ethischen Eigentümlichkeit *1832*

Wer erinnert sich nicht jener schönen erquicklichen Sommertage von 1814, wo er nach glücklich beendigtem Kriege für den jubelvollen Empfang des heimkehrenden geliebten Fürsten festliche Anordnungen unermüdet aussann und leitete, – wie er da, bald im frischestem Tatgefühl jedem seine Rolle ermunternd und belehrend zuteilte, bald von Straße zu Straße fröhlich umher wandelte, mit eigenen Augen dem Geleisteten nachsah, das noch Mangelnde ergänzte, bald bei dieser schon geschmückten Pforte zufrieden weilte, bald zu jenem Fenster hinein den Kränze und Schmuck Bereitenden heiter anregend zusprach, nun freundlich lobte, nun humoristisch schalt, überall gemütlich, ermutigend, belebend!

3976 Graf Hans v. Schlitz: Denkwürdigkeiten *1898*

In Weimar war [am 14. Juli 1814] alles in der Erwartung des Kaisers Alexander. Die Sehnsucht nach ihm nahm mit jeder Stunde zu, über die des Mittagessens hinaus, zu welchem er erwartet ward, und als endlich die eilfte des Abends geschlagen, da schlichen mehre in die Hofküche hinab und unterhandelten mit dem fühlenden Koche. Dieser harrenden Versammlung wohnte auch Goethe bei, und ich benutzte diese Gelegenheit, um ihm ein Gespräch abzugewinnen. Für Goethe war es ein Tag der sprechenden Laune, und nachdem von Achim Arnim die Rede gewesen, welchen er durch sein ihm erteiltes Lob verzogen habe, und von anderen Gegenständen, so fiel auch das Gespräch auf meinen Sinn für *Geschicht-Reliquien*, auf das wurmstichige Gesims aus dem Schlosse Habspurg, den Westenschoß des Grafen Adam Schwartzenberg und dergleichen. Goethen war dieser Sinn erklärlich, ja er empfand ihn mit, und zum Beweise erbot er sich, mir seine Sammlung von Autographa zu zeigen. Nach zwei hiebei am folgenden Tage verflossenen Stunden war man bis zu dem Buchstaben C gekommen. Der Geist des Sammelns wohnt übrigens Goethen bei. In der Folge verehrte er mir, auf mein Gesuch, ausführliche Handschriften von sich selber und von Schiller, von dem letzteren zum Teile ungedruckte Xenien, wogegen ich als dankbarer Empfänger einen teutschen Brief Friedrichs des Großen von Dreihunderten von Briefen, welche ich besitze, abtrat.

3977 O. H. Graf v. Loeben an Eichendorff *22. August 1814*

In Weimar war ich bei Goethe [Mitte Juli?] – er kann mit einem schmucklosen Wort des Anteils und der Freundlichkeit sehr beglücken.

3978 Riemer *15. Juli 1814*

War der Kaiser Alexander früh um 4 Uhr angekommen. Abends zu Goethe, mit ihm zur Ehrenpforte. Dann mit Goethe und den Frauenzimmern und Kieser zur Illumination. Goethe neckte die Frauen durch allerlei Umwege.

3979 Riemer *16. Juli 1814*

Die Stanzen zur Kunstschule fertig gemacht. Zu Goethe, warmer Abend, im Garten ihm vorgelesen. Belobt. Dann kam Meyer, der sie auch lobte. Goethe ging mit Meyer zum Zapfenstreich.

3980 Riemer *17. Juli 1814*

Zu Goethe. Vor und nach Tische das französische revolutionäre Stück [Die Aufgeregten] mit ihm durchgegangen.

3981 Riemer *18. Juli 1814*

Gegen Abend zu Goethe. War etwas vorgefallen. Aßen wir, Goethe, ich und August, auf Goethes Zimmer. Erfuhr ich, daß Geh. Rat Voigt sich beifällig für mich erklärt wegen Keils Stelle. Mit August Narrenspossen.

3982 Riemer *21. Juli 1814*

Bei Goethe allein, seine Konfession über die Landsturmsgeschichte. Sehr zutraulich und brav gegen mich.

3983 Riemer *22. Juli 1814*

Zu Goethe, an seinen Werken 1. Teil. Abends. Zu Goethe. Hofrat Meyer. Vorletztes Kapitel aus Meister. Aßen wir hernach allein zusammen. Über Kunst. Dann erzählte Goethe einen Roman von einer Fanny aus der Ostsee. Interessant für den Charakter der nordischen Frau. Mit Meyer nach Haus. Eröffnete ihm meinen Plan mit der Bibliothek, worüber er sich freute. Getröstet, daß doch eine Hoffnung in Erfüllung gegangen.

3984 Riemer *22. Juli 1814*

[Goethe:] «Die Wirklichkeit hat nur *eine* Gestalt, die Hoffnung ist *viel*gestaltet.»

3985 Riemer *23. Juli 1814*

Zu Goethe. Mittags zu Tisch. Machte Goethe die Ulrich weinen durch die Bemerkung, wer ihm nun die Krumen ausschneiden würde? und wer ihm schreiben würde? Ulrich weinte, und mir tat es weh. Sie erholte sich erst spät.

3986 Riemer *24. Juli 1814*

Zeigte mir Goethe die Nachricht von Geh. Rat Voigt, daß ich zum Unterbibliothekar ernannt worden, – mit Freude. Abends wieder zu Goethe. Meyer dort. Antikes Glas und

Pasten besehen. Einige Briefe geschrieben. Abschied von Goethe, dem ich dankte, daß wenigstens *eine* Hoffnung in Erfüllung gegangen, da ich auf die andern verzichten müsse.

3987 Ch. G. v. Voigt an Böttiger *7. August 1814*

Herr v. Goethe ist [am 25. Juli] nach Wiesbaden gezogen, weil die Rückkehr des Herzogs zu lange sich verzog und darüber die Badezeit verloren gegangen sein würde.

UNDATIERTES 1811–1814

3988 Riemer: Mitteilungen über Goethe *1841*

Noch eine angenehme Unterhaltung bei Regentagen, woran Karlsbad so reich ist, gewährte uns das Erfinden von allerlei wissenschaftlichen Schematismen [1806–1811].

Wie Goethe bereits einer *Temperamentenrose* gedenkt, die er mit Schiller zusammen ausgedacht und aufgezeichnet, so wurde diese Idee von neuem ergriffen, erweitert, vermannigfaltigt, auf andere Themas übergetragen, und so kam unter andern auch eine *Windrose des deutschen Geschmacks* zustande, die sich besonders durch Bezeichnungen wie *neualtdeutsch*, *altneudeutsch* gar lustig ausnahm und nicht ohne Belege aus unserer Literatur blieb.

Von ernsterer Art und zu mannigfaltiger Betrachtung und Kombination aufregend waren jedoch die aus der *Dreieinigkeit* eines Triangels ausströmenden wissenschaftlichen Tendenzen, deren Strahlenbüschel, einander berührend, ja durchkreuzend, das Gesamtgebiet der Tätigkeit des menschlichen Geistes wie auf einer Karte projektierten. In derselben Art wurden auch Poesie und Kunst behandelt, und dieses halb philosophische, halb empirische *Grillenspiel* gewährte sowohl dem einzelnen als beiden zusammen ein geistiges Vergnügen, indem es zugleich mit einer Rekapitulation des in jedem Fache Gewußten oder Zuwissenden verbunden war.

3989 Riemer *24. Dezember 1813 (1806–1811)*

[Goethe in Karlsbad:] «Eigentlich ist das, was nicht gefällt, das Rechte. Die neuere Kunst verdirbt, weil sie gefallen will.» (Bei Gelegenheit der Katastrophe in den Nibelungen.)

3990 Riemer *(1806–1811)*

[Goethe in Karlsbad:] «Die Urteile der meisten Menschen sind doch nichts als Exkretionen ihrer ästhetischen Natur, Husten, Gähnen, Niesen pp.; denn wie sollte der über Akten Schwitzende, der Exerzierende pp. über Iphigenie, Tasso, Eugenie, Wallenstein, Tell pp. urteilen können, da es nicht auf dem Wege seines Lebens und Tuns liegt?»

3991 Riemer *27. März 1833*

«Haß setzt die Opinion vom Imponieren des Gegenstandes voraus.»

Ich weiß nicht, wem diese Bemerkung angehört, ob mir oder Goethe; ich schrieb sie in Karlsbad [1806–1811] nieder.

3992 Riemer *(1806–1812)*

[Goethe:] «Sophokles sei ironisch, Äschylus und Euripides nicht. Die Tragödie sei bloß für die Niederträchtigkeit der Menschen. Kein Held sei so niederträchtig und jämmerlich, wie er in der Tragödie erscheine.

Die Tragödie aus dem Komischen angesehen.

Die Komödie aus dem Tragischen angesehen.»

3993 Riemer *(1806–1812)*

[Goethe:] «Das sogenannte Trauerspiel ist eigentlich das wahre Lustspiel, und das sogenannte Lustspiel das eigentliche Trauerspiel, wenn man über etwas weinen oder lachen dürfte. Daß Ödipus sich die Augen ausreißt, ist eine Dummheit und nicht lächerlich [tragisch];

daß Aristophanes sich über die Menschen mokiert, ist ein Ernst, aber nicht lächerlich.»

3994 Riemer *(1806–1812)*

[Goethe:] Über den Zusammenhang demokratischer Gesinnungen mit der Komödie, besonders der antiken, dem Herabziehen des Höchsten.

«Was der Mensch als Gott verehrt, ist sein eigenstes Innere herausgekehrt.

Erkennt er Würde, sucht er Würde, so verehrt er sie auch außer sich.

Zur Zeit, als es noch Könige gab, gab es auch noch Götter. Als Volksregiment schaltete, gab es keine *persönliche* Würde, nur Würde der Stelle.

Und so kamen auch die Götter in Dekadenz. Sie mußten sich gefallen lassen, daß man mit ihnen umsprang wie mit den Menschen.

Es war die Egalisierung bis in den Himmel gedrungen.»

3995 Riemer *(1806–1812)*

[Goethe:] Zerstreute Gedanken über das griechische Drama.

«Es ist ein enger Kreis von wenigen Figuren, die gleichsam wie Charaktermasken auftreten und wie ein Uhrwerk die Geschichte abspielen.

Es ist überall nur das Notwendige ad hunc actum beigebracht.

In der Sprache ist unter andern ein auffallendes Verstandesspiel, eine Freude an witzigen Repliken, an verständigen, an vernünftigen, pertinenten (vulgo impertinenten), die man Lessingisch nennen könnte.»

3996 Riemer *(1806–1812)*

[Goethe:] «In allem, was da lebt und leben soll, muß das Subjekt vorwalten, das heißt mächtiger sein als das Objekt: es muß dieses überwinden, wie die Flamme das Docht verzehrt.»

3997 Riemer *(1806–1812)*

«Und der Lebende hat recht.» – «Ein niederträchtiges Recht, schlechter zu sein, als die vor uns lebten», sagte Goethe bei Gelegenheit der Shakespeareschen Stücke, insonderheit des Richard III., wogegen wir alle nicht aufkommen; das sei Poesie, Symbolik, Idee, Rhetorik pp., alles zugleich.

3998 Riemer *(1811/12)*

[Goethe:] «Stolz erkennt und strebt ein höhres Ehrwürdiges. Dünkel zieht alles Ehrwürdige herunter und läßt nichts für besser gelten.»

3999 Riemer *(1811/12)*

[Goethe:] «Die Verständlichkeit des Stils ist gleich der Genießbarkeit von Speise und Trank. Was hilft das kostbarste Essen mit seltsamen Zutaten und Zubereitungen, wenn man es nicht genießen kann.»

4000 Riemer *(1811/12)*

[Goethe:] «Was man in der Jugend wünscht, das hat man im Alter genug.» Altes Sprüchwort. Er habe sich nur Bewußtsein gewünscht.

4001 Riemer *(1811/12)*

[Goethe:] «Wer zum Bewußtsein seiner Fehler gelangt, wird meistens darein verliebt und möchte sie um Himmels willen nicht ablegen. Ich mag meine Schnöckerei um die Weiber, die mir gefallen, nicht ablegen, ob ich gleich weiß, daß sie zu nichts führen kann und mir sonst schädlich ist.»

4002 Riemer *(1811/12)*

[Goethe:] «Kotzebue ist gleich einem Brand, der durch die Stoppeln fährt.»

4003 Riemer *18. Juli 1815 (1813?)*

[Goethe und Riemer:] «Die Sittenlehrer irren sich, wenn sie in jedem Alter denselben Grad der Bescheidenheit verlangen. Anders der Jüngling, der in seine Kräfte gerechtes Mißtrauen setzt; anders der Mann, der sie geprüft und gezeigt hat.»

4004 Louise Seidler: Erinnerungen

Als Ende September [1810] die Dresdener Galerie geschlossen wurde, kehrte ich wieder nach Hause zurück, ward aber später durch Goethe auf einige Wochen nach Weimar eingeladen. Nächst der muntern, frischen Hausfrau traf ich bei ihm ein reizendes Mädchen, Fräulein Caroline Ulrich, eine Waise, die im Goetheschen Hause eine Zuflucht gefunden hatte und später Riemers Frau wurde. Sie verstand es, sich in die «Frau Geheimde-Rätin von Goethe» zu schicken, war deren treue Begleiterin auf Bällen und Vergnügungspartien und trug durch ihre liebliche Erscheinung wesentlich dazu bei, den Reiz der Goetheschen Häuslichkeit zu erhöhen.

Es ging bei dem Dichterfürsten meist ganz patriarchalisch zu, besonders wenn Goethe mit seiner Frau und Fräulein Ulrich an stillen Abenden eine Partie «Whist mit dem Strohmann» spielte, wobei ein Gläschen Punsch nicht fehlen durfte. Des Spiels unkundig, saß ich daneben, langweilte mich oft und erlaubte mir dann neckend mutwillige Störungen, welche Goethe voll Scherz, aber nie zürnend abwehrte. Beim Mittagessen war Goethe mit Riemer, Meyer (dem sogenannten «Kunstmeyer») und anderen Gästen, deren Zahl jedoch niemals acht überstieg, immer sehr heiter.

Man speiste in einem kleinen Zimmer, dessen Wände mit Handzeichnungen berühmter alter Meister geschmückt waren; das Mahl war stets von gediegener Einfachheit, das Getränk trefflicher Burgunder. Beim Dessert entfernten sich die Damen des Hauses, «die lustigen Weiber von Weimar», wie Goethe sie scherzend nannte, um spazieren zu fahren. Auch August, sein schöner, nun erwachsener Sohn, wiewohl bei Tisch am Gespräch teilnehmend, zog sich still zurück und ging anderen Geschäften nach. Die Herren (denn nur selten wurden Damen zu Mittag geladen) blieben dann sitzen. Auch ich hatte ein für allemal die Erlaubnis zum Dableiben. Sobald wir allein waren, nahm Goethe jederzeit irgend einen bestimmten Gegenstand vor, an welchen er seine scharfsinnigen Bemerkungen reihte; zum Beispiel einen bronzenen Moses von Michelangelo in kleinen

Dimensionen; die Werke des Canova; Abbildungen der im Besitze des Herrn von Quandt befindlichen Kunstwerke; die Zeichnungen zum «Faust» von Cornelius und anderes. Unter diesen interessanten, belehrenden Gesprächen kam unmerklich der Abend herbei, der neue Genüsse brachte, da man gewöhnlich in das Theater fuhr. Riemer und Meyer pflegten Goethe zu begleiten; bisweilen schlossen sich auch die Damen an. Der Dichter hatte damals eine geschlossene Parterreloge unterhalb der herrschaftlichen. In den Zwischenakten wurde kalte Küche präsentiert; auch der Burgunder fehlte nicht. Goethes Kritik der Aufführungen war bis auf die geringsten Kleinigkeiten eingehend. War er mit einer Darstellung zufrieden, so ertönte sein Beifall durch dreimaliges lautes Händeklatschen, deutlich vernehmbar für Zuschauer und Schauspieler. Ich erinnere mich eines solchen enthusiastischen Beifalls für Unzelmann, als dieser den «Diener zweier Herren» spielte.

4005 Louise Seidler: Erinnerungen

Noch muß ich des Verhältnisses gedenken, in welchem Goethe zu seiner Frau stand. Auch hier bewährte sich des großen Dichters Neigung für das Natürliche, wenn dasselbe nur tüchtig war. Wie wenig passend das Benehmen der «Frau Geheimde-Rätin» auch außerhalb des Hauses bisweilen sein mochte, welche derben Ausdrücke sie auch gegen die Dienstboten oft gebrauchte: im Grunde ihres Herzens war sie doch gutmütig, dem Dichter gegenüber stets aufmerksam, sorglich pflegend, Unangenehmes abwehrend. Ihre durch nichts zu erschütternde, unbefangene Heiterkeit und ihr neckisches Geplauder waren Goethe ganz recht.

4006 Dr. Arnold: Niederschrift *(etwa 1811/12)*

Eines liebenswürdigen Zöglings der dramatischen Kunst sei mir vergönnt zu erwähnen. Sie heißt Demoiselle Weber ...

Das Spiel des jungen fünfzehnjährigen Mädchens [das in Blankenhain aushilfsweise auftrat] verdunkelte das sämtliche Schauspielerpersonal, und in dem Städtchen ward sie beinahe vergöttert. Von nun an spielte sie als gewöhnliche

Schauspielerin und ward jeden Abend mit steigerndem Interesse gesehen.

Der Ruf dieses seltenen Talents verbreitete sich bald in das nahe gelegene Weimar, und mehrere vom Theater machten kleine Abstecher nach Blankenhain, um die junge Künstlerin spielen zu sehen, und wer sie gesehen hatte, war voll des Lobes und der Bewunderung.

Dieses bewog Goethe, sie nach Weimar einzuladen. Sie erhielt ein Billett ins Theater, wo eben ein Stück gegeben wurde, das sie noch nicht kennen konnte. Am andern Morgen, wo sie wieder bei Goethe erschien, sagte sie diesem nicht nur den Hauptinhalt des Stückes, sondern deklamierte ihm auch ganze Sätze und Szenen desselben mit richtiger Akzentuation und Gestikulation vor, als hätte sie die Sachen seit Monaten memoriert und einstudiert. Auf Goethes Frage: ob sie Neigung zum Theater fühle? war ihre Antwort, sie fühle sich dazu bestimmt.

Jetzt wird sie bei der würdigen Schauspielerin Madame Beck (Madame Beck war im Fach der komischen Mütter eine sehr brauchbare und beliebte Schauspielerin) erzogen und unter Goethes vortrefflicher Anleitung ganz für die dramatische Kunst gebildet. Ohnstreitig ist bei solchen Naturanlagen und solcher Hülfeleistung der Kunst Großes und Schönes zu erwarten.

4007 F. Schubart: Erinnerungen

Der bald darauf folgenden äußeren Trennung Werners von Goethe und von Weimar folgte die bedeutsamere innere, indem nachmals Goethen poetische Produktionen Werners zu Gesichte kamen, in welchen die sogenannte christliche Romantik sein großes Mißfallen erregte, wie denn in einer derselben die Vergleichung des Mondes mit der heiligen Hostie dasselbe zum höchsten Unwillen steigerte. Am tiefsten aber wurde der innere Zwiespalt, als die Nachricht einlief, daß Werner zum Katholizismus übergetreten sei. Ich erinnere mich, daß mir Goethes Sohn diese Nachricht mitteilte und hinzufügte, sein Vater habe beschlossen, ihn, wenn Werner nach Weimar zurückkehre, demselben einige

Stationen entgegen zu schicken und ihm sagen zu lassen, daß er seine Schwelle nicht wieder betreten möge. Der junge Mann erzählte mir auch von den vorangegangenen katholischen Gedichten Werners und von dem Urteile seines Vaters über dieselben, und es ist immerhin merkwürdig und bezeichnend für die Auffassung des Christentums in Goethes Hause, in welcher Weise er sich gegen mich darüber ausdrückte. Ich habe seine burschikosen Worte nicht wieder vergessen: «Ich bin ein Christ», sagte er, «das dank' mir der Teufel, aber muß ich deshalb solches Zeug schreiben?»

4008 Rochlitz an Böttiger *12. November 1812*

Was Sie über Goethes Leben II sagen, stimmt fast gänzlich mit meinem Urteil zusammen – auch in Ansehung jener Stelle über den Katholizismus. Sie ist meiner Einsicht nach nicht einmal durchgehends wahr, und daß sie, eben jetzt, eben von diesem Manne, eben so dreist und überraschend ausgesprochen worden, muß von vielen, und auf Schwache, von sehr üblen Folgen sein. Goethen war, wie ich gewiß weiß, schon vor dem Druck manche Vorstellung über diese Stelle gemacht worden; er hat sie alle zurückgewiesen, weil, wer einmal mit einem solchen Buche auftrete, auch *alle* seine Ansichten und Überzeugungen, ohne Rücksichten auf irgend etwas, außer die Sache selbst, heraussagen müsse – jenes sei aber wirklich seine Überzeugung.

4009 H. v. Holleben: Erinnerungen *1867*

Ein zweiter Vorfall, den ich [Ende 1811?] in Weimar erlebte, ist gleichfalls erwähnenswert. Von dem Herzog eines Tages zum Diner befohlen, untersuchte ich nach aufgehobener Tafel, vielleicht etwas zu derb, die wunderschöne Politur eines Tisches; aber man denke sich mein Erstaunen, als mir ein ernster Mann, von mittelgroßer, untersetzter Figur in Uniform, mit großen goldenen Epaulettes, Husaren-Stiefeln mit goldenen Quasten und Sporen, den ich für einen Stabsoffizier des weimarschen Kontingents hielt, über mein Tun unverkennbare Zeichen des Tadels und zwar verweisend mit seiner Hand gab. Nur die Nähe des Herzogs ließ mich diese auffallende Zurechtweisung stillschweigend hinnehmen. Ein weimarscher Jäger-Offizier jedoch, der, mit mir plaudernd, gleichfalls dieses stumme Gespräch zwischen mir und dem Herrn bemerkt hatte, wandte sich ärgerlich zu dem mir Unbekannten und sagte: «Herr Geheime Rat, ein Tisch, der keine Finger verträgt, ist ein Ding wie ein Fußboden, auf welchen kein Fuß gesetzt werden darf!»

Dieser Geheime Rat, den ich für einen Stabsoffizier gehalten, war – Goethe, der große, von der ganzen gebildeten Welt hochgeehrte, von vielen allzuviel angebetete Mann. Auch ich verehre ihn seiner Geistesfülle wegen und als Dichter; aber die Zurechtweisung des jungen Offiziers hatte er verdient, sie war prosaisch und derb genug.

4010 J. Wolff: Travels and Adventures 1860

One day [1811/12], he [Wolff] was walking out with Falk, when a gentleman, with a commanding and wonderful countenance, came towards them. Wolff said to Falk, «I am sure this is Goethe.» Falk said, «How do you know that?» Wolff replied, «I have read his ‚Egmont‘, and I judge from that. For only a man with such a countenance could have written ‚Egmont‘.» Goethe came towards Falk, and embraced him in a cordial German manner. Then Falk told Goethe, «Now, imagine, this boy knew you from having read your ‚Egmont‘.» Goethe was flattered with this, and patted Wolff's head. Falk then told him, «He wants to become a Christian, and a man like Francis Xavier; but I advise him to remain a Jew, in which case he will become a celebrated Jew.» Goethe said to Wolff, «Young man, follow the bent of your own mind, and don't listen to what Falk says.»

4011 F. J. Frommann: Das Frommannsche Haus 1870

Als 1811 und 1812 die endlosen Scharen der großen Armee bei uns gen Osten durchmarschierten, glaubten viele, nun sei die Universalmonarchie auf dem europäischen Festlande und die völlige Unterdrückung alles vaterländischen und freiheitlichen Lebens fertig, fürchteten sich schon vor der Zeit, wo diese ganzen Massen auf dem Rückzuge Deutschland wieder überziehen würden. Goethe aber erwiderte: «Wartet erst ab, wie viele davon wieder kommen werden.»

4012 *C. Bertuch an Böttiger* *6. Juli 1812*

Was den Groß-Cophta [Goethe] betrifft, so ist er jetzt, seitdem er seine Christel zur Exzellenz gemacht hat, für das gesellige Verhältnis in Weimar = 0, und Sie als Fremder werden ihn nirgends treffen. Daß Sie ihn in seinem Hause nicht aufsuchen werden, versteht sich von selbst.

4013 *Charlotte v. Schiller an Prinzessin Caroline* *19. Juli 1812*

Über unsern Meister gehen so verschiedene Ansichten und Diskurse herum, merke ich an der Welt, und ich fühle, wir werden zu Schutz und Trutz wieder erneuern müssen, was wir uns gelobten. Selbst die, die ihn sonst liebten, sind lau; noch an dem Freund, den ich gestern sah, merke ich's wieder. Will man aber nur ewig sehen, wie der Meister sein sollte, und nicht, wie er ist! Es gibt wenig Menschen, ich möchte sagen niemand, über den so alles urteilen will; und alles will seinen Charakter und nicht den Genius schätzen, als wenn das doch getrennt sein könnte. Ein Mensch, der das Edle ausspricht, ist es auch; wo fände er sonst den Geist in sich? Am Ende werden wir ihn noch ganz allein rein lieben, und das wollen wir auch.

4014 *F. B. v. Bucholtz: Tagebuch* *20. September 1812*

[Äußerung von Madame Sophie Häßler auf der Reise nach Erfurt:] Goethe begünstiget junges Talent, ist mit Anfängern leicht zufrieden, lobt auch, wenn er der Person nicht gut ist. Aber stolz, auch faul, meint, er habe so viel zu tun.

4015 *Louise Martin: Tagebuch* *29. März 1814*

Autrefois il me semblait que Goethe avait fait une phrase romanesque et rien de plus en disant: *Was ist das Leben ohne Liebe? eine Zauberlaterne ohne Licht.* Ah! en étendant ce mot «amour» à toutes les affections de l'âme, sans lui donner le sens étroit qu'il reçoit dans notre langue, que cette assertion devient vraie!

4016 Johanna Schopenhauer an Knebel *29. März 1813*

... daß Sie und Goethe und vielleicht noch zwei oder drei andre mir über meine Versuche dann und wann ein freundliches, ermunterndes Wort sagen, das ist die Freude und der Stolz meines Lebens.

4017 Christiane v. Goethe an N. Meyer *6. Juni 1813*

... der Geheimrat hat sich unter meiner Pflege diesen Winter recht gut befunden ... Wegen des Geldes wissen Sie recht gut, daß ich es Ihnen nicht aus meiner Kasse geben kann, weil ich keine Kasse habe, und wie ich mit dem Geheimrat davon gesprochen habe, so bildet er sich ein, daß damals, wie Sie die große Landschaft erhalten haben, die ganze Rechnung abgeschlossen sei, da Sie sowohl als der Geheimrat beide noch die Rechnungen haben werden, so läßt sich zu dieses wohl leicht auseinander setzen, wenn Sie glauben, daß es sich so befindet, so schreiben Sie lieber deshalb an den Geheimrat, denn ich habe damals mit der ganzen Rechnung nichts zu tun gehabt, so viel weiß ich aber, daß der Geheimrat gegen mich immer geäußert hat, daß er für den Preis die Landschaft ungern verloren hätte ...

4018 Ch. G. v. Voigt an Böttiger *5. November 1813*

Über die sieben Sakramente habe ich in voriger Zeit mit ihm [Goethe] gesprochen; er nahm sie immer für einen Lebenszyklus, den man nicht zerreißen sollen.

4019 E. Genast: Aus dem Tagebuche eines alten Schauspielers *1862*

Eines Tages [Ende 1813] hatte ich im Auftrag meines Vaters eine Bestellung an Goethe zu machen. In seinem Hause angelangt, wurde ich in den Salon, wo der alte Flügel stand, geführt; Goethe kam. Als mein Botendienst zu Ende war, wollte ich mich untertänigst empfehlen, er aber hielt mich zurück und sagte: «Dein Vater hat mir mitgeteilt, daß Du bei Eberwein Singestunde hättest und Dich sehr fleißig zeigtest, er ist aber mit Deiner Neigung nicht einverstanden und Du sollst Konditor bleiben!» – «Ja, Exzellenz, das will er, aber ich habe zu große Lust zum Theater», erwiderte ich. – «Was singst Du und was hast Du bis jetzt studiert?» – «Verschiedene Lieder, von Ew. Exzellenz, von Ehlers, Moltke und Reichardt komponiert; dann habe ich auch den Osmin und Mafferu eingeübt.» – «Nun so sing mir etwas vor, daß ich Deine Stimme höre!» Keck genug sang ich ihm das Lied «Willkommen und Abschied» und «Wer ein Liebchen hat gefunden». «Das letztere war nicht ohne Humor, und Deine Stimme ist für Deine Jahre gut, aber zu dem erstern fehlt Dir bis jetzt noch das Verständnis, was mit der Zeit wohl kommen dürfte», sagte er. Freundlich entließ er mich, und überglücklich eilte ich nach Hause ...

Goethes Zufriedenheit steigerte meinen Eifer für die dramatische Kunst, und von nun an wurde vollends kein Theater mehr versäumt.

4020 E. Genast: Aus dem Tagebuche eines alten Schauspielers *1862*

Zuweilen lud Goethe auch einige seiner Eleven zum Mittagessen ein. Mir war eines Tages ebenfalls dies Glück zuteil geworden.

Goethe verlangte von seinen Untergebenen und namentlich von seinen Hausgenossen die größte Pünktlichkeit; vor ein Uhr mußte alles versammelt sein. Gerade an dem Tage, wo ich die Ehre hatte, bei dem Meister zu speisen [?], traf es sich, daß John ausblieb. Wir setzten uns ohne ihn zu Tische, und Goethe schien sehr ungehalten zu sein. Da öffnete sich endlich die Tür, der Verbrecher trat mit ungeheurer Grandezza herein und machte die zeremoniöseste Verbeugung. Goethe wollte ihm wahrscheinlich eine Bemerkung anzuhören geben, aber das Wort erstarb ihm beim Anblick des Missetäters auf der Lippe. Die Riesennase desselben war mit Puder bedeckt, unter dem ein purpurner Schimmer hervorleuchtete. Dem Anschein nach war dieser hervorstehende Teil seines Gesichts mit einem Prellstein in zu nahe Berührung gekommen, und der Puder sollte die Folgen verdecken. Goethe war selten aus seiner gemessenen Haltung zu bringen, aber hier war es denn doch damit zu Ende; er erhob sich und begab sich lachend in das andere Zimmer. Seine Entfernung war das Signal zu einem allgemeinen Gelächter, bei welchem sich John ganz verwundert umblickte und die Frage stellte: «Wodurch hat mein Eintritt solche allgemeine Heiterkeit erregt?» — «John», rief der junge Goethe, «was für ein Zufall hat Ihre Nase mit einem Mehlsack in Berührung gebracht?» Damit war für den Armen das Rätsel des Gelächters gelöst, und augenblicklich entfernte er sich. Der Meister trat wieder ein und begab sich ohne jegliche Bemerkung auf seinen Platz, nur seine Gemahlin sagte: «Lieber Geheimrat, John läßt sich entschuldigen, er ist nicht ganz wohl.» — «Nun, dann serviere man ihm auf seinem Zimmer», erwiderte Goethe, und damit war die Sache ein für allemal abgetan.

4021 F. v. Müller: Erinnerungen aus den Kriegszeiten 1851

Mitten in der Ungunst der Zeiten, mitten unter den äußerst kritischen Verhältnissen, in denen Weimar zu Napoleon stand, ist es wohl für einen ausgezeichneten Glücksfall zu achten, daß der Kaiser gerade einen solchen Ehrenmann, wie den Baron von Saint Aignan uns zusandte ... Ich führte ihn bei Goethe ein, der die aufrichtigste Zuneigung für ihn faßte. Da Herr von Saint Aignan ein großer Kunstliebhaber war, so bat ihn Goethe, alle Sonntage vormittags mit mir zu sich, wo er dann Kupferstiche und Handzeichnungen aus seiner reichen Sammlung vorlegte und aufs interessanteste erläuterte. Wie überaus angenehm und lehrreich diese gemütlichen Morgenstunden für uns wurden, läßt sich leicht denken.

4022 Th. Kräuter:
Biographische Nachrichten 29. September 1817

Schon im ersten Viertel des Jahres 1814 wurde mir der einzigartige Genuß zuteil, alle Vormittage einige Stunden dem Herrn Geheimerat und Staatsminister von Goethe Exzellenz auf seinem Zimmer quasi Sekretär in seiner Korrespondenz und sonstigen literarischen Arbeiten an Handen zu gehen und mir, ohne unwürdige Kunstgriffe, seine

Gnade zu erwerben, die sich mir vielfältig, als durch Geschenke seiner Werke, Einladung an seinen Tisch und andere dergleichen unzählige Begünstigungen, offenbarte.

4023 B. v. Reutern: Gerhardt von Reutern 1894

[Durchreise durch Weimar etwa März/Mai 1814.] Von seinem Aufenthalte an letzterem Orte ist vor allem zu bemerken, daß er an der großherzoglichen Tafel Gelegenheit fand, Goethe, wenn auch nur flüchtig und vorübergehend, kennen zu lernen, sowie er von dessen Liebenswürdigkeit und männlicher Würde sich ungemein angezogen fühlte.

4024 Lothar Hetschel an W. v. Biedermann

Meine selige Mutter, Therese geb. Hankel aus Buttstädt bei Weimar, befand sich als sechzehnjähriges Mädchen als Kammerjungfer in den Diensten der Frau v. Stein und hatte die Obliegenheit, den Briefwechsel letzterer mit Herrn von Goethe persönlich zu vermitteln und bei den intimen Teeabenden, welche bei Frau v. Stein stattfanden, zu servieren. An solchen Abenden, wo Großherzog Carl August und alle damaligen hervorragenden Männer Weimars zugegen waren, las Goethe oft seine Manuskripte vor. Als er einst – es war im Jahre 1814 – Fragmente aus Wilhelm Meisters Wanderjahren vorlas und den Namen «Lothar» aussprach, lächelte meine Mutter. Goethe bemerkte dieses, winkte Therese zu sich heran und frug sie, worüber sie gelacht habe. «Über den sonderbaren Namen, Herr von Goethe», antwortete meine Mutter. Er winkte sie zu sich heran, nahm ihre Hand und sagte ihr: «Versprechen Sie mir vor dieser illüstren Gesellschaft, daß, wenn Sie einmal heiraten und» – «O ich werde nie heiraten», unterbrach meine Mutter – «Sie werden», sagte hierauf Goethe, «Ihrem Schicksal schon verfallen! und wenn Sie dann der Himmel mit einem Knaben segnet, daß dieser Knabe ‚Lothar' heißen soll. Merken Sie es sich, daß dieses ein schöner deutscher Name ist!»

4025 *F. B. v. Bucholtz an seine Mutter* *19. Februar 1814*

... ein Brief, den ich auf Aufforderung des jungen Goethe bei seinem neulichen Hiersein [in Frankfurt] geschrieben hatte. Er sagte, sein Vater liebe seit einiger Zeit ganz vorzüglich, wenn junge Männer sich ihm näherten, und da er von mir mit Interesse gesprochen, so würde ein Brief von mir ihm Freude machen.

4026 *J. D. Gries an Rist* *März 1814*

... ich beschäftige mich seit Jahr und Tag mit dem Studium des unvergleichlichen Calderon, den ich alle Tage liebergewinne ... Indessen habe ich doch schon zwei Stücke ganz übersetzt, nämlich: «La gran Cenobia» und das herrliche «La vida es sueño». Eigentlich ist Goethe die Veranlassung dazu. Er wollte die «Zenobia» in Weimar aufführen lassen und regte mich auf, sie zu übersetzen. Ich wollte erst nicht recht daran; auch ward es mir im Anfang ziemlich schwer. Aber, vires adquirit eundo, und so brachte ich denn eine Übersetzung zustande, von welcher Goethe (ohne mich zu rühmen) so viel Rühmens macht, daß ich, wenn auch nur die Hälfte davon wahr ist, des Erfolgs sicher sein kann.

4027 *Varnhagen an Fouqué* *18. August 1814*

Ich habe Dir höchst erfreuliche Sachen über Goethen mitzuteilen: Du weißt wohl noch nicht, daß er mit größter Bewunderung den Sigurd gelesen und sich in den ehrendsten Ausdrücken über den Verfasser ausgesprochen hat? Er hatte sich bis dahin wenig um die Dichtungen bekümmert, in denen er einen bloßen Nacheiferer der Schlegel erwartet hatte, und war wohl sehr erstaunt, etwas so ganz anderes zu finden! Laß uns der Himmel noch lange diesen göttlichen Geist zum erhabenen Vorbilde hier! ... Ich lebe hier [in Teplitz] sehr nah mit jemanden, der den lebhaftesten und innigsten Briefwechsel mit Goethe führt und mir sehr viel von ihm erzählt.

4028 *A. Schopenhauer an J. Frauenstädt* *10. Juni 1852*

... [das] Kapitel vom Seinsgrund in der vierfachen Wurzel ... Dieses Kapitel hatte 1813 zuerst Goethes Aufmerksamkeit auf mich gezogen.

4029 *D. Asher: Ein Besuch bei Arthur Schopenhauer* *1854*

Da ich gerade an der Wand hinter uns das bekränzte Porträt des jugendlichen Goethe bemerkte, so leitete ich das Gespräch bald auf sein Verhältnis zu demselben. Er erzählte mir darauf, daß Goethe häufig das Haus seiner Mutter, die, als sie in Weimar lebte, die ganze damalige Elite der Gesellschaft um sich versammelte, zu besuchen pflegte, doch hatte er anfangs keine besondere Neigung zu dem freilich um 37 Jahre jüngern Arthur kundgegeben ... Eines Tages jedoch, nachdem Schopenhauer kurz vorher promoviert und Goethe, dem Hausfreunde, seine Dissertation über «die vierfache Wurzel des Satzes vom zureichenden Grunde» zugeschickt hatte, erhob sich dieser plötzlich beim Eintreten des jungen Doktors der Philosophie und, schweigend durch einen Haufen Umstehender sich Bahn brechend, ging er auf Arthur zu, und ihm die Hand drückend, äußerte er sich in Lobeserhebungen über jene Abhandlung, die er für ganz bedeutend ansah und die ihm mit einem Male eine Zuneigung zu dem jungen Gelehrten einflößte.

«Ja! ja!» soll er sich geäußert haben, der Ansicht Schopenhauers über Mathematik beipflichtend, «bei so einem Euklidischen Satze, da wird einem eine Nase gedreht, man glaubt, man hat etwas, und hinterdrein ist es nichts.»

Trotz des großen Abstandes im Alter foderte Goethe Schopenhauer auf, mit ihm zusammen Experimente über die Farbenlehre, des großen Dichters damaliges Lieblingsstudium, anzustellen, und von jenem Augenblicke an entspann sich ein vertrauliches Verhältnis zwischen diesen beiden Männern, worauf sie sechs Monate lang nähern Umgang miteinander pflogen. Goethe mochte bald entdeckt haben, daß er es hier mit einem weit mehr als gewöhnlichen Denker zu tun hatte; er wollte daher nicht nur ungestört seine Gesellschaft genießen, sondern wünschte auch stets in der dazu gehörigen ernsten Stimmung von Schopenhauer angetroffen zu werden, denn mit andern, meinte Goethe, unterhalte er sich, mit ihm, dem jungen Dr. Arthur, philosophiere er.

4030 H. Frommann: Arthur Schopenhauer 1872

... ein prophetisches Wort ... welches im Anfang dieses Jahrhunderts in einer Gesellschaft zu Jena [vielmehr Weimar] über ihn gesprochen worden war. Dort machten sich einige jungen Damen lustig über einen jungen Doktor der Philosophie, der in mürrischer Absonderung in der Fensternische stand, anscheinend in das Thema seiner Dissertation über die vierfache Wurzel des Satzes vom zureichenden Grunde oder andere schwierigere Fragen versunken, als sie gemeiniglich am Teetisch verhandelt zu werden pflegen. Da trat ein alter, liebenswürdiger Herr mit majestätischen Augen unter die kichernden Mädchen und sagte, als er den Gegenstand ihres Spottes erfahren: «Kinderchen, laßt mir Den dort in Ruhe, der wächst uns noch einmal allen über den Kopf.» Der junge Doktor war Schopenhauer, der alte Herr war Goethe.

4031 A. Schopenhauer: Vitae Curriculum

Quum, per totam illam hiemem [1813/14], summus vir [Goethe] frequenter me arcesseret, minime intra colorum disquisitiones se continuerunt colloquia, sed de quibuslibet rebus philosophicis sermones contulimus, eosque in multas saepe horas protraximus: qua ex familiaritate ingentem equidem incredibilemque percepi fructum.

4032 A. Schopenhauer an Ch. L. Eastlake 1840

As to myself I am Goethe's personal scholar and first publicly avowed proselyte in the theory of colours. In the year 1813 and 14 he instructed me personally, lent me the greater part of his own apparatus and exhibited the more compound and difficult experiments himself to me.

4033 *A. Schopenhauer an J. Frauenstädt* *9. Dezember 1849*

Hier [in Frankfurt] macht die Stadt ein Goethe-Album, darin alle literarischen und selbst politischen Notabilitäten Deutschlands sich verewigen sollen, und bleibt es auf der Stadt-Bibliothek. Mir haben sie auch ein großes Pergamentblatt geschickt, worauf ich beide Seiten vollgeschrieben habe, mit einer greulichen Philippica und zwar dies Mal adversus physicos. Diese nämlich haben gegen Goethes Farbenlehre sich analog benommen, wie die Philosophie-Professoren gegen meine Philosophie. Ich bin meiner Sache gewiß, habe mich also dermaßen deutlich gemacht, daß es ein Skandal sein wird. Goethe sieht von oben herab auf das Album seiner Vaterstadt, hat gewiß zehnmal mehr Freude über mein Donnerwetter, als über alle Lobhudeleien der übrigen, sagt: «Du bist mein lieber Sohn, an dem ich Wohlgefallen habe», und begreift, wie dämonisch er getrieben war, als er 1813 mich zu seinem persönlichen Schüler darin gleichsam preßte, vorherfühlend

Exoriare aliquis meis ex ossibus ultor.

4034 *A. Schopenhauer an Goethe* *11. November 1815*

Der zweite Widerspruch [zu Goethes Farbenlehre] ist, daß nur der physiologische Gegensatz, nicht der physische, ein polarer sei. Ich erinnere mich dieses Ew. Exzellenz schon in Weimar mündlich vorgetragen zu haben, worauf Sie sehr liberal antworteten: «Schreiben Sie doch einmal ein Werk in zwei dicken Bänden, ohne daß irgend etwas zu berichtigen wäre.» …

Ich weiß mit vollkommner Gewißheit, daß ich die erste wahre Theorie der Farbe geliefert habe … Was aber diese Theorie beitragen kann, Ihrer Farbenlehre Gültigkeit und Anerkennung zu verschaffen, das möchte nicht wenig sein. Ew. Exzellenz selbst gaben mir einmal die Lehre, man müsse stets positiv verfahren, stets aufbauen und nicht sich mit dem Niederreißen des Fremden zu lange aufhalten: worauf ich die Worte Ihres Lieblings Spinoza anführte: est enim verum index sui et falsi: – lux se ipsa et tenebras illustrat.

4035 E. Wiebe: Mitteilung

In Maclaurins «An account of Sir Isaac Newton's philosophical discoveries» (2nd edition, London 1750) hat Schopenhauer Randbemerkungen gemacht. Zu der Stelle Seite 257: «Thus Sir Is. Newton saw ... and that the moon was only a greater projectile that received its motion, in *the beginning* of things, *from the Almighty Author* of the universe», worin Schopenhauer die herausgehobenen Worte unterstrichen hat, bemerkte er:

«A kick, said Goethe to me 1814.»

Dann Seite 313 zu einer ähnlichen Stelle, in der «*The Creator*» von Schopenhauer unterstrichen ist:

«A kick! S. 257.»

4036 J. Frauenstädt: Memorabilien *1863*

Goethe unterwies bekanntlich Schopenhauer in der Farbenlehre mit Vorzeigung seiner Experimente. «Aber dieser Goethe», sagte mir einst Schopenhauer, als er von diesem Unterricht in der Farbenlehre sprach, «war so ganz *Realist*, daß es ihm durchaus nicht zu Sinne wollte, daß die *Objekte* als solche nur da seien, insofern sie von dem erkennenden Subjekt *vorgestellt* werden. Was, sagte er mir einst, mit seinen Jupitersaugen mich anblickend, das Licht sollte nur da sein, insofern Sie es sehen? Nein, *Sie* wären nicht da, wenn das Licht *Sie* nicht sähe.»

4037 J. Frauenstädt: Memorabilien *1863*

Zu Weimar 1813 im Dezember schreibt Schopenhauer in seinen Erstlingsmanuskripten: «Goethe erzählte mir neulich, er habe am Hofe der Herzogin Amalie viele seiner damals soeben geschriebenen Stücke von den Hofleuten aufführen lassen, ohne daß irgend einer mehr als seine eigene Rolle gekannt hätte, und das Stück in seinem Zusammenhang allen unbekannt und daher bei der Aufführung auch den Spielenden neu war.»

4038 *J. Frauenstädt: Memorabilien* *1863*

Zu Weimar 1814 schreibt er [Schopenhauer]: «Ich sagte einmal zu Goethen, indem ich über die Täuschungen und Nichtigkeit des Lebens klagte: ‚Der gegenwärtige Freund ist ja der abwesende nicht mehr.' Darauf er antwortete: ‚Ja, weil der Abwesende *Sie selbst* sind, und er nur in Ihrem Kopfe geschaffen ist; statt daß der Gegenwärtige seine eigene Individualität hat und sich nach seinen eigenen Gesetzen bewegt, die mit dem, was Sie sich eben denken, nicht allemal übereinstimmen können.'»

4039 *J. Frauenstädt: Memorabilien* *1863*

Von bemerkenswerten Äußerungen Goethes zu Schopenhauer führe ich noch an, daß Goethe einst zu ihm gesagt, so oft er ein paar Seiten im Jean Paul lese, überkomme ihn ein Ekel und er müsse das Buch weglegen.

4040 *J. Frauenstädt: Memorabilien* *1863*

Bei dieser Gelegenheit erinnere ich mich noch aus Schopenhauers Gesprächen, daß er mir einst das Urteil Goethes über den Don Juan mit großem Wohlgefallen zitierte, wonach es im Don Juan nur auf der Oberfläche lustig zugehe, in der Tiefe aber der Ernst walte, und die Musik eben diesen doppelten Charakter vortrefflich ausdrücke.

4041 *A. Schopenhauer: Die Welt als Wille und Vorstellung* *1819*

Goethe sagte mir ein Mal, daß, wenn er eine Seite im Kant lese, ihm zu Mute würde, als träte er in ein helles Zimmer.

4042 *A. Schopenhauer: Fragmente zur Geschichte der Philosophie*

... diese Not, dies stete Fürchten und Hoffen, bringt ihn [den Menschen] dahin, daß er die Hypostase persönlicher Wesen macht, von denen alles abhinge. Von solchen nun läßt sich voraussetzen, daß sie, gleich andern Personen, für Bitte und Schmeichelei, Dienst und Gabe, empfänglich, also traktabler sein werden, als die starre Notwendigkeit, die unerbittlichen, gefühllosen Naturkräfte und die dunkeln Mächte des Weltlaufs. Sind nun anfangs, wie es natürlich ist und die Alten es sehr zweckmäßig durchgeführt hatten, dieser Götter, nach Verschiedenheit der Angelegenheiten, mehrere; so werden sie später, durch das Bedürfnis, Konsequenz, Ordnung und Einheit in die Erkenntnis zu bringen, Einem unterworfen, oder gar auf Einen reduziert werden – der nun freilich, wie mir Goethe einmal bemerkt hat, sehr undramatisch ist; weil mit Einer Person sich nichts anfangen läßt.

4043 K. Bähr: Gespräche mit Schopenhauer

[Zusammensein am 15. Mai 1858. Schopenhauer:] «Bald wollte ich schon zu Ihnen sagen, was Goethe zu mir sagte, als ich ihn das vorletzte Mal besuchte, – ich glaube, es war 1814. Er sagte: ‚Wie alt sind Sie?' – ‚Sechsundzwanzig Jahr!' – ‚So jung und schon so reich an Erfahrung! Wie viel hätte ich schaffen wollen, wenn ich schon in Ihrem Alter so reiche Kenntnisse gehabt hätte.'»

IX

VOM ANTRITT DER RHEINREISE 1814
BIS ZUR
NIEDERLEGUNG DER THEATERLEITUNG
1814–1817

1814

4044 *Felgermann: General W. J. v. Krauseneck* *1851*

[Mainz.] Der 3. August [1814] ward durch Goethes Gegenwart besonders anziehend, aus dem engern Preußentum gleichsam herausgehoben. In Zelters Begleitung, durch irgendwen veranlaßt, war er Krauseneck näher getreten, wohnte dem geselligen Kreise desselben mittags und abends bei, und wurde durch dessen persönliche Darstellung so gewonnen, daß er bemerkenswert günstig sich über ihn äußerte, erst mündlich gegen ein Glied der Gesellschaft, dann schriftlich gegen seinen Landesherrn. Einem ältlichen Österreicher, einem von den Spitzen der Gesellschaft, war bis dahin selbst die Existenz Goethes unbekannt geblieben.

4045 *K. C. v. Leonhard:*
Aus unserer Zeit in meinem Leben *1854*

Freudigst war ich überrascht und bewegt: ich sollte Goethe sehen!

Männer von großem Namen verlieren nicht selten bei näherer Bekanntschaft. Wie verschieden war das, was ich fand bei meiner ersten Zusammenkunft mit dem Dichter-Fürsten [in Wiesbaden am 6. August 1814], der uns Großes und Herrliches gebracht, die höchste, reinste Poesie, mit dem Manne, der durch Macht reichen, durchdringenden gewaltigen Geistes so unendlich hervorragte über seine Zeitgenossen.

Gespannt mit ganz eigenem Gefühl – was soll ich's in Abrede stellen, nicht ohne scheue Ehrfurcht überschritt ich die Schwelle des Allgefeierten.

Der Heros der Wissenschaft kam mir entgegen mit dem ihm eigenen wahrhaft hohen Anstand, mit der edlen geistigen Vornehmheit, in gemessener, aber dennoch ungezwungener Haltung. Er begrüßte mich zutraulich, bequem und gütig, offen, frei und herzlich, mit der ihm gegebenen Leichtigkeit sich mitzuteilen, es sei schriftlich oder mündlich. Goethe reichte mir die Hand; nun fühlte ich mich nicht im geringsten weiter in Verlegenheit. Was ich gesagt, weiß ich nicht mehr, nur das blieb mir treu im Gedächtnis, daß er, in wohlgefälligster Weise, heitere, freundliche Worte an mich richtete.

Sehr bald belebte sich das Gespräch. Ich gestand Goethe, wie unendlich er mich ehren und beglücken würde, wenn es ihm gefiel, auf der Rückreise nach Weimar in Hanau bei mir einzukehren, mein Haus als das seine betrachten zu wollen. Das Erbieten wurde offenbar gern entgegengenommen, die Erfüllung meiner Wünsche jedoch bis zum Spätherbst hinausgeschoben. Seine heimatliche Gegend, die Main- und Rheinlande, hatte mein Gönner lange nicht gesehen, er wollte erfahren, was, nach so vielem Mißgeschick, sich daselbst befinde, bezüglich auf Kunst und Altertum und die verwandte Wissenschaft, wie man zu erhalten, zu ordnen, zu vermehren, zu beleben, zu benutzen gedenke.

Bezaubert von der Persönlichkeit – die Erscheinung allein war erhebend – schied ich. Wie hatte sich die Bewunderung gesteigert, welche ich dem großen Manne nie versagt!

Leuchtenden Blicks erzählte ich den Meinen, und wer in Hanau es hören wollte, vom ausdrucksvollen Gesicht, von der hohen, edlen, gedankenreichen, majestätischen Stirn, vom Glanz und geistigen Feuer der Augen, von Rede, Stimme, Haltung, Gang. – Alles wußte ich begeistert zu schildern, und wie Goethe mit Mund und Herz nicht genug zu loben und zu lieben sei.

4046 J. de l'Aspée an Pestalozzi

Soeben, den 8. August [1814], werde ich zum zweiten Male zu Geheimrat Goethe gerufen. Ich freute mich außerordentlich, daß er sagte, es wäre ihm lieb, wenn er meine Schule besuchen dürfe. Er kommt morgen oder übermorgen. Er fragte, ob ich selbst bei Pestalozzi gewesen wäre. Sonst konnte ich nicht viel über die Methode mit ihm reden; aber in meiner Schule, wenn er die Facta nicht absprechen kann, muß es gehen; auch suchte ich gar nicht mit ihm über die Methode zu reden, bevor er in meiner Schule war. Auch habe ich große Hoffnung, daß Geheimrat Zelter, der die Musik nach Pestalozzi lehrt, ein Busenfreund von Goethe, sich dieser Tage in meiner Schule einfindet. O, wie freue ich mich königlich.

4047 J. de l'Aspée an Pestalozzi

Soeben, 9. August [1814], läßt sich Goethe melden. Es ist halb elf Uhr. Wie freue ich mich! Wenn mir's nur gelingt, daß ich auch vom Guten Gutes, vom Großen Großes sagen kann. Gott helfe mir! Jetzt setze ich zwei Stühle! Er kommt! Adieu. – Er ist soeben und, wie ich glaube, mit großer Zufriedenheit weg. Er blieb bis 1 Uhr. In der Grammatik fragte er manches selbst; besonders interessierte ihn die Kopfalgebra und überhaupt das Kopfrechnen, aber über alles ein Examen über deutsche Sprache. Ich aber fürchtete, das Ganze erscheine ihm als Prunk. – Und wirklich müssen die frappanten Resultate jedem, der den Gang nicht gesehen, selbst erfahren und begriffen oder der den auf jeder Stufe der selbsttätigen Entwicklung erzeugten Grad der Kraft der Kinder nicht klar erkannt hat, als Auswendiggelerntes und mechanisch Eingeübtes erscheinen. Diesem komme ich jetzt bei allen meinen Besuchen dadurch zuvor, daß ich nicht ruhe, bis die Gegenwärtigen selbst examinieren ... Zu diesem Selbstexaminieren forderte ich auch den Geheimrat von Goethe auf, und als er erfreut sagte, ich möchte doch selbst fortfahren, nahm ich eine neue Sprachseite, von der meine Kinder noch nie etwas gehört hatten, was sie auch laut vor ihm bekannten. Vorerst muß ich sagen, daß sie mir selbst neu war. Aber alles gelingt mir nur *mit den Kindern*, und zwar dann am allerbesten, wenn ich mich in einem für die Methode entscheidenden Augenblick dazu auffordere oder dazu aufgefordert werde ... Weil mir jenes schon so oft, wie ich glaube, gelungen ist, fürchtete ich mich auch nicht vor Goethe, und die Kinder zeigten sich so kräftig und selbständig, daß sich Goethes Gefallen an der Sache zunehmend zeigte. Soeben erfahre ich, daß Goethe zum zweiten Mal kommen will, so gut habe es ihm gefallen. Er hat wenig geredet, aber viel über den Gang gefragt. Überhaupt halten die meisten Leute anfangs nichts auf dem Gang; sobald sie aber die *Kraft* gesehen haben, wollen sie nun diesen wissen. Mit ihm war Oberbergrat Cramer und Fräulein von Hertling hier. [Goethe sandte dann zur Verteilung unter die Zöglinge eine Anzahl Exemplare von «Hermann und Dorothea», als «Zeichen seiner Zufriedenheit mit ihnen».]

4048 Dorothea Stammer, geb. Cramer: Erinnerungen *1875*

Bekanntlich hatte de l'Aspée, einer der besten Schüler Pestalozzis, in Wiesbaden eine Elementarschule gegründet, welche ich mit mehreren meiner Gespielinnen besuchte ...

Als einst in derselben Schule eine öffentliche Prüfung abgehalten wurde, bat der Vorsteher unsern Goethe, der Prüfung beizuwohnen. Obgleich dieser anfänglich ablehnend antwortete mit dem Bemerken, daß der Elementarunterricht ein ihm zu fern liegendes Feld sei, ließ er sich doch in seiner Liebenswürdigkeit bewegen, auf der Prüfung zu erscheinen, wohl wissend, welche Freude er uns dadurch bereitete. Nach der Prüfung schenkte er sowohl mir wie meiner längst verstorbenen Schwester Jeanette ein Exemplar von «Hermann und Dorothea» mit der eigenhändig geschriebenen Widmung: «Demoiselle – Cramer zu freundlicher Erinnerung – Goethe – Wiesbaden d. 18^{tn} Aug 1814». Ich brauche wohl kaum hinzuzufügen, daß ich mein Exemplar in demselben Zustande, in welchem ich es empfangen, als ein teures Andenken sorgfältig aufbewahrt habe.

4049 Zelter an Ch. L. F. Schultz *29./30. August 1814*

Wiesbaden, am Tage nach dem Tage aller Heiligen [29. August] 1814. Abends 8 Uhr ...

Hier habe ich sehr angenehme Tage verlebt. Goethen habe ich glücklich beredet, mit hierher zu kommen, und er ist gesund wie ein Fisch, obwohl er in diesem Augenblick an einem verdorbenen Magen leidet. Er wohnt mit mir in einem Hause, und Dr. Schlosser aus Frankfurt ist seit einigen Tagen dazu gekommen ...

Den 30. August morgens

Goethe ist eben damit zufrieden, daß Ihre optischen Bemühungen sich auf den physiologischen Teil der Sache beziehen, und wenn er aufstehn kann (gestern hat er den ganzen Tag im Bette zugebracht), wird er Ihnen etwas selber schreiben. Ich habe alle Hände voll gehabt zu verhindern, daß vorgestern an seinem Geburtstage nicht Aufruhr in Wiesbaden werde, indem ich sagte, er gehe vondannen, wie er denn auch in Biebrich beim Herzoge von Nassau zur Tafel war ...

Mittags 12 Uhr. Man wird alle Augenblicke gestört, die artigsten Leute reißen einem das Leben auseinander. Meine Sachen sind noch nicht gepackt, und einige Abschieds-Visiten müssen auch noch geschehen. Goethe ist eben aufgestanden, um Ihnen die beiliegenden Zeilen zu schreiben. Suchen Sie doch mit Gewißheit zu erfahren, warum sein *Epimenides*, der von der Direktion bei ihm bestellt ist, nicht aufgeführt worden ist, damit Sie mir's gleich sagen können, wenn ich nach Berlin komme. Die Sache ist rätselhaft, obwohl nicht für mich.

4050 Henriette Herz an F. C. Sibbern *18. Dezember 1814*

Goethe ist es, der Ihrer sehr freundlich und mit Interesse gegen Zelter gedacht – und diese kleine Freude hätte ich Ihnen schon im letzten Brief [vom 27. Oktober] machen können, wenn ich nicht so eilig hätte sein müssen ...

4051 Zelter an Goethe *(vor dem 19. April 1831)*

Der gute Herr Dr. Müller aus Bremen, der im Jahre 1814 uns in Wiesbaden sein zartes Töchterchen vorführte, das Du mit einem unserer Theologen bemannen wolltest, hat mir eben seine «Einleitungen in die Wissenschaft der Tonkunst» in zwei ziemlichen Oktavbänden zugeschickt ...

4052 Dorothea Stammer, geb. Cramer: Erinnerungen *1875*

Die dreimalige Erwähnung meines Vaters, des Oberbergrats Cramer aus Wiesbaden, in Goethes Rhein-, Main- und Neckarreise, gibt mir Veranlassung, einige Mitteilungen über die Beziehungen des großen Mannes zu meinem elterlichen Hause zu machen.

Der Ruf des reichhaltigen Mineralienkabinetts meines Vaters, welches schon manchen bedeutenden Fremden in unser Haus geführt hatte, bewog auch Goethe, während seines mehrwöchentlichen Aufenthaltes in Wiesbaden in den Jahren 1814 und 1815, meinen Vater aufzusuchen. Da nun einerseits Goethe sich bekanntlich für Mineralogie und Geognosie sehr interessierte, anderseits mein Vater ein Mann von hervorragenden Geistesgaben und ein in seinem Fache durchaus bewanderter Bergmann war, so brachte Goethe nicht nur manche Stunde mit der Durchsicht der erwähnten Mineraliensammlung zu, von welcher er selbst in seinen Reiseberichten erzählt, sondern es bildete sich auch bald zwischen den beiden Männern ein lebhafterer Verkehr, der noch viele Jahre hindurch fortdauerte und sich auch auf den Austausch von Mineralien erstreckte.

Im Jahre 1814 erhielt mein Vater von Goethe zum Andenken dessen Porträt, einen Kupferstich von Moritz Steinle nach einem Gemälde von Ferdinand Jagemann 1806. Diesen Kupferstich hat Goethe selbst für sein bestes Bild erklärt. Ein zweites Porträt, welches Goethe 1815 meinem Vater schenkte, ist aus Gips in halberhabener Arbeit gefertigt und trägt die Umschrift: Johann Wolfgang de Göthe aetatis suae LXVI anno. Beide Bildnisse befinden sich noch heute im Besitze der Familie.

Auf die gemeinschaftliche Beschäftigung Goethes und meines Vaters mit dem Mineralienkabinett, welche immer einige Stunden des Nachmittags in Anspruch nahm, folgte gewöhnlich ein gemeinsamer Spaziergang nach dem Geisberge, auf welchem Goethe mit besonderer Vorliebe verweilte. Abends brachte er häufig mehrere Stunden im Kreise meiner Eltern und ältern Schwestern zu, indem er in gewohnter fesselnder Weise von seinen italienischen Reisen erzählte. Mein jüngerer, damals fünf Jahre alter Bruder, ein frischer, lebendiger Knabe, an welchem Goethe Gefallen fand, mochte sich von dem den Kindern so freundlichen Manne nicht trennen und schlief dann gewöhnlich zu dessen Füßen ein. Nicht selten mußte ich vor Goethe ein Gedicht deklamieren, wobei er mich bald lobte, bald tadelte und nicht müde wurde, mich zu belehren. Die liebenswürdige Freundlichkeit, mit welcher er mich behandelte, verscheuchte sehr bald die nur zu erklärliche Scheu vor dem gefeierten Manne.

4053 Dorothea Stammer, geb. Cramer: Erinnerungen 1875

Als Zelter, der von Goethe geliebte Freund, in Wiesbaden kaum angekommen, in die Wohnung Goethes eilte, um ihn zu begrüßen, fand er ihn bereits ausgegangen und wurde in unser Haus gewiesen. Goethe hatte aber schon mit meinem Vater seinen Spaziergang nach dem Geisberge angetreten. Auf die Aufforderung Zelters hatte ich die Freude, diesen dorthin führen zu dürfen und so Zeuge der frohen Überraschung zu werden, mit welcher Goethe seinen teuren Freund empfing. Mir aber ward von Goethe ein warmer Dank für den Dienst, den ich ihm geleistet, zuteil; ich durfte bei den drei Männern bleiben und sie auch auf dem Heimwege begleiten. Auf diesem mir ewig unvergeßlichen Gange hat mich Goethe in seiner freundlichen Weise wiederholt seiner Unterhaltung gewürdigt.

Überhaupt verschmähte es Goethe nicht, an den einfachsten Landpartien unserer Familie sich zu beteiligen und auch das ländliche Mahl mit uns zu teilen, wobei er sich stets im höchsten Grade leutselig zeigte. Seinen Zeichen-Apparat ließ er sich von seinem Bedienten überallhin nachtragen, so daß er immer in der Lage war, alles, was ihm irgendwie interessant erschien, sofort aufzunehmen. In solcher Weise hat er einst einen ganzen Tag mit uns auf dem Nürnberger Hofe zugebracht, einem herrschaftlichen Weingute, welches ihn besonders durch die schöne Fernsicht fesselte.

Ich kann nicht umhin, nochmals zu wiederholen, daß Goethe auch im engeren Kreise und in ländlicher Umgebung seine große Allseitigkeit bewährte, sich in die einfachsten Verhältnisse ohne jede störende Verlegenheit zu schicken wußte und dabei alle, denen er das Glück seines Umganges zuteil werden ließ, durch sein überaus leutseliges und liebenswürdiges Wesen entzückte. In der vornehmen

Gesellschaft, am Hofe dagegen war er ganz der feingebildete Weltmann und der gewandte Hofmann: so wenigstens versicherte mir mein Vater, der ihn mehrfach am herzoglichen Hofe zu Biebrich traf.

4054 *Maria Belli-Gontard: Lebens-Erinnerungen* *1872*

[Über Philippine Lade.] Die liebenswürdige Freundin Goethes hatte ich das Vergnügen, kennen zu lernen. Freundlich und bereitwillig erzählte mir am 26. Juni 18 .. Fräulein Philippine Lade selbst folgendes über ihre Bekanntschaft mit dem großen Dichter. Sie war zu Besuch bei den beiden Töchtern des Bergrats Cramer in Wiesbaden und die drei jungen Mädchen allein im Zimmer scherzend und plaudernd. Plötzlich geht die Türe des Nebenzimmers auf, und in derselben steht ein schöner alter Herr. «Ei», sprach er «das ist ja eine hübsche junge Gesellschaft – es war da eine Stimme, die mich anzog.»

Darauf erkundigte er sich bei der einen der beiden Schwestern, ob sie sänge, und auf ihre bejahende Antwort ersuchte er sie um ein Lied. Auch die zweite mußte singen; Fräulein Lade aber antwortete, daß sie nicht musikalisch sei.

«Das ist die Stimme!» rief Goethe sogleich nach diesen Worten, und dann fragte er: «Kennen Sie die Werke Goethes?»

«Nein», antwortete sie, «die ziehen mich nicht an.»

«So! welchen Schriftsteller lieben Sie denn besonders?»

«Schiller!» rief Fräulein Lade, «den liebe ich über alles, ich kann das meiste von ihm auswendig.»

«Hoho!» meinte Goethe, «dann deklamieren Sie mir einmal etwas, – zum Beispiel den Anfang der ‚Braut von Messina'.»

Fräulein Lade errötete betroffen, begann aber «Nicht eigene Wahl» und sprach den ganzen Monolog ohne Anstoß.

Goethe klatschte ihr lebhaft Beifall – und bat sie dann noch um den «Taucher».

Nachdem sie auch die Ballade gesprochen, bemerkte Goethe: ihre Bewegungen mit den Armen seien zu heftig gewesen, bei einer Ballade passe sich das nicht; sie mußte wiederholen und dabei eine Stuhllehne festhalten; bei den Hauptszenen jedoch wackelte der Stuhl gewaltig.

An dem Tage mußte Fräulein Lade stets an Goethes Seite bleiben und bei Tische neben ihm sitzen, wodurch sie natürlich, obwohl noch im Alter des «Backfisch», ein Gegenstand allgemeiner Aufmerksamkeit wurde.

Goethe beschäftigte sich von da an viel mit Fräulein Lade. Es war im Jahre 1814, er gebrauchte die Kur in Wiesbaden und hatte seinen eigenen Wagen bei sich. Täglich fuhr er mit ihr spazieren und nahm sie mit ins Theater. Dann mußte sie ihm ihre Meinung sagen, wann ihr etwas gefiel oder mißfiel, und weshalb, wobei Goethe es sich angelegen sein ließ, ihren Geschmack zu läutern und zu bilden. Natürlich gewann er dadurch an dem jungen Mädchen eine enthusiastische Verehrerin.

4055 Antonie Brentano: Erinnerungen

Später nach dem Tode meines Vaters, wo ich so sehr krank wurde, war ich mehrere Male nacheinander in Karlsbad, wo ich auch Goethe kennen lernte. Dieser war überhaupt auch mit meiner Familie in Frankfurt sehr befreundet und wohnte einmal einige Wochen in unserm Hause auf unserm Landgut in Winkel [1. bis 8. September 1814]. Das war aber die Zeit, wo schon seine Vergötterung angefangen hatte, und er war im ganzen sehr stolz und geizig mit seinen Worten. Es war immer, als sei es ihm unangenehm zu denken, man wolle all seine Worte gleich auffassen, um sie drucken zu lassen. Jeden Morgen zog er da seinen weißen flanelleten Schlafrock an, legte die Hände auf den Rücken und wanderte den langen Bogengang, der fast bis an den Rhein reichte, auf und ab. Während diesem Gange war er nicht gerne gestört und gab kaum Antwort, wenn er gefragt wurde. Zu Tische zog er sich dann immer sehr sorgfältig an und war dann ganz herablassend. Er schöpfte sich immer seinen Teller schrecklich voll Speisen, die er aber meistens immer liegen ließ, ohne sie zu genießen, was mir als Hausfrau immer das unbehagliche Gefühl hervorrief, als sei ihm nichts gut genug zubereitet. Von unsrem guten Rheinweine konnte er aber ganz fürchterlich viel trinken, besonders von dem Elfer, und mein Mann machte ihm oft eine große Freude mit dem Geschenk eines Fäßchens Wein.

4056 Antonie Brentano: Erinnerungen

Eines Tages auch saß Goethe neben mir bei Tisch, und als der Bediente irgend eine ungeschickte Bewegung mit einem Präsentierbrette machte, sprang ich auf, ihm gleichsam als Hülfe die Arme entgegenstreckend; da schob mich Goethe abwehrend auf meinen Stuhl zurück, und sagte ruhig: «Man muß nicht immer und überall Hausfrau sein wollen.» Er hatte sehr recht, und ich habe es mir mein Lebtag gemerkt, denn wenn man manchmal seine Ruhe bewahrt bei irgend einer Ungeschicklichkeit, so merken es die Gäste nicht, während durch irgend eine Kundgebung der Hausfrau gerade die Aufmerksamkeit derselben auf den unerwünschten Zwischenfall geleitet wird.

4057 Antonie Brentano: Erinnerungen

Als Goethe bei uns zu Besuche wohnte, veranstaltete er immer selbst die Landpartieen, die mittags vorgenommen werden sollten. Er sagte zum Beispiel: «Heute nachmittag anspannen und nach Johannisgrund fahren», denn zum Gehen bequemte er sich nicht gerne. Oder bestellte er eine Nachenfahrt, und so fuhren wir auch einmal nach der Rochuskapelle, wo Goethe sagte, da müsse ein Heiligenbild hineingemalt werden, was er bestellen wolle. Das tat er auch, und ich mit einigen Freundinnen steuerten auch dazu bei.

4058 W. Vulpius: Stammbuchblätter aus Goethes Nachlaß *1890*

[Über die Stammbucheintragungen der Kinder von Franz und Antonie Brentano zum Andenken an Goethes Besuch in Winkel, datiert 8. September 1814.] Aber Kinder sind Ketzer, und die Verehrung, welche ihre Hände hier dem geschätzten Gaste bezeugen, ist seiner Zeit wohl nicht ganz aufrichtig gewesen; denn das wilde Völkchen fühlte sich durch die für den hohen Besuch auferlegte Rücksichtnahme mannigfach beeinträchtigt. Herr Anton Brentano, der nachmalige Gemahl von Josepha, der Tochter des Hauses, dessen Güte ich alle näheren Notizen über diese Familienbeziehungen verdanke, schreibt hierüber in einem Briefe: «Die lieben Kleinen haben sich gar nicht gefreut, wenn der Gefeierte Winkel als Gast beehrte; sie mußten dann sehr brav und sehr still sein, durften nicht auf dem großen Speicher spielen usw. Dagegen hatten sie bei den Spaziergängen nebenher zu trippeln, um dem hohen Herrn die Steine, Muscheln usw. aufzulesen, die er mit seinem Stock bezeichnete und mit seinem Bergmannshämmerchen untersuchte.»

4059 Rosette Städel: Tagebuch *18. September 1814*

Tag mit Goethe auf der Gerbermühle. Welch ein Tag, und welche Gefühle bewegen mich! Erst den Mann gesehen, den ich mir als einen schroffen, unzugänglichen Tyrannen gedacht, und in ihm ein liebenswürdiges, jedem Eindruck offenes Gemüt gefunden, einen Mann, den man kindlich lieben muß, dem man sich ganz vertrauen möchte. Es ist eine gewiß einzige Natur. Diese Empfänglichkeit, diese Fühligkeit und zugleich diese würdige Ruhe. Die ganze Natur, jeder Grashalm, jede Farbe, Ton, Wort, und Blick, redet zu ihm und gestaltet sich zum Gefühl und Bild in seiner Seele. Und so lebendig vermag er es wiederzugeben. Darum wohl muß jede Zeile seiner Schriften so in die Seele reden, so wundervoll reich sein, weil sie aus einem so wundervoll reichen Gemüt kommt. Und wie wenig imponiert seine Nähe, wie wohltätig freundlich kann man neben ihm stehen. Er ist ein glücklich von der Natur mit Gaben überschüttetes Wesen, das sie schön von sich strahlt, und nicht stolz darauf ist, das Gefäß für solchen Inhalt zu sein. So gab er sich heute, so will ich mir ihn denken, mögen andere sagen, was sie wollen.

4060 S. Boisserée an seinen Bruder Melchior *19. September 1814*

Goethe ist recht von Herzen freundlich, liebevoll und vertraulich gegen mich, so daß ich mich nicht genug darob zu freuen weiß; er verlangt selbst, daß Schlosser auch bei uns wohnen möchte, dieser macht bei ihm den Kammerherrn; wenn es aber nicht geht, so hat es auch nichts zu sagen, ich kann bei dem Alten schon etwas auf mich nehmen. Von besonderm Bedürfnis hat der edle Freund nur ein gutes Glas Bordeauxwein.

Die Abreise des Alten ist auf Samstag bestimmt, er wird also am 24. bei uns [in Heidelberg] sein, ich habe mir gleich vorgenommen, ein paar Tage vorher zu kommen, um mich mit Euch ausreden und sonst alles ordnen zu können. Also bis übermorgen!

4061 J. Grimm an seinen Bruder Wilhelm 22. September 1814

Von Brentanos war ich bloß bei Meline in einem Garten weit vor dem Gallentor, sie erzählte mir von Goethe, der noch in der Stadt Frankfurt ist und sich wohlgefällt, auch in den Brentanoischen Häusern zu Mittag bespeist worden ist. «Nun sie (die Frankfurter) wieder frei geworden, hat er gesagt, habe er sie auch wieder besuchen wollen.»

4062 S. M. Bethmann an G. von St. George 22. September 1814

Goethe hat gestern bei uns gespeist und war sehr liebenswürdig.

4063 Caroline v. Humboldt an ihren Mann 27. September 1814

Hier [in Heidelberg] fand ich Goethe bei den Gebrüdern Boisserées und wurde aufs herzlichste, zärtlichste möchte ich sagen, von ihm empfangen. Auch Schlosser war mit Goethe hergekommen. Letzterer kam noch am Abend 9 Uhr gestern zu mir, so verlebte ich beinah den ganzen Nachmittag mit ihm und gehe jetzt zu Boisserées, wo ich mit ihm die Bilder sehen werde. Er geht mit der Idee um, vielleicht weiter in die Schweiz, vielleicht nach Italien zu gehn, und dann nach Paris, wo er sagt, daß seine größte Bestimmung dazu sei, daß wir dann da sein würden. Er will, sagt er, im Vollgenuß aller Kunstwerke bleiben. Wenn man alt werde, müsse man nach außen suchen. Er sieht sehr wohl aus, ich finde ihn in den zehn Jahren, wo ich ihn nicht sah, kaum gealtert. Er grüßt Dich herzlich.

4064 *Caroline v. Humboldt an ihren Mann* *28. September 1814*

Ich bin gestern vier Stunden bei Boisserées mit den Kindern und Goethen und Schlossern gewesen und gehe jetzt gleich wieder hin. …

Ich war auch wieder ein paar Stunden auf dem Schloßberg und sah dort die Sonne blutrot untergehen. Es ist eine wunderbar schöne Ruine, und man geht wirklich in verflossenen Jahrhunderten herum.

Über die Bilder kann ich wirklich kaum zu mir selbst kommen, und sie mit Goethe zu sehen, ist eine eigene Gunst des Schicksals.

4065 *Ch. C. J. v. Bunsen an Becker* *6. Oktober 1814*

Uns hält hier [in Heidelberg] noch Boisserées Sammlung auf. Goethe ist seit vierzehn Tagen bei Boisserée und liegt den ganzen Tag vor den Bildern. Er will, sagt er, sein Unrecht gutmachen, daß er bisweilen solche Verdienste der Deutschen vergessen oder gar bezweifelt habe. Alles drängt sich hier zu ihm, und so haben wir für gut befunden, es nicht zu tun, und erst nach seiner Abreise, also morgen, zu Boisserées und ihrer lieben Sammlung zu gehen.

4066 *K. Ph. Kayser: Tagebuch* *1./8. Oktober 1814*

Am 1. Oktober sah ich unsern großen Nationaldichter Goethe. Mehr als *sehen* konnte ich freilich nicht, denn die zahlreiche Gesellschaft ließ teils nicht so stille werden, daß man ihn, der mit einem gedämpften Tone sprach, hätte vernehmen können; teils wollte ich mich nicht an ihn drängen. Die Boisserée und Bertram hatten eine große Gesellschaft zusammen gebeten. Professoren, Adlige, Honoratioren, z. B. Paulus, v. Reitzenstein, Fries von der Krapp-Fabrik usw. … Goethe, obgleich alt, hat doch noch viel Leben und Feuer. Seine Haltung ist bestimmt und gemessen. Sein Gesicht ist bedeutend, besonders sein Auge. Seine Figur ist stark und groß seine Statur. Er trug einen schwarzen Frack, graue Hosen und Stiefel. Lächerlich war es, daß die unbedeutendsten Menschen sich an ihn machten. Ob er gleich gewohnt ist, um 8 Uhr zu Bett zu gehen, so hielt er doch bis 10 Uhr aus, meistens stehend. Bertram brachte eine Gesundheit auf den Meister Wolfgang von Frankfurt vor den Meistern van Eyck und Hemmelink aus, die wir alle gern tranken. Er erzählte mir und Kleinschmid von seiner außerordentlichen Ausdauer, womit er ihre Bilder studiere; von der leichten Auffassung ihrer Vorzüge: was sie und andere sukzessiv gefunden, habe er mit Einem Male gefaßt; von seiner vorurteilsfreien Hingebung. Er schelte die Neuern, die es mit Religion und Kunst nicht ehrlich meinten. Ihr könnt mir nicht zu fromm sein, habe er geäußert, aber der ist ein Lump, der sich nur so stellt. Er sei ein Heide, aber stehe nicht dafür, daß ihn nicht das Christentum noch in seine Gewalt bekomme. Mit der Kunstgeschichte sei es aus. Er wolle die Bilder beschreiben; auf Pfingsten komme er wieder, gefiel ihnen die Beschreibung, so soll sie gedruckt, wo nicht, zerrissen werden. Es soll ihm keiner von einem finstern Zeitalter reden, es habe zu allen Zeiten gottbegeisterte Menschen gegeben. Wenn er an ein Bild komme, ruhe er nicht eher, bis er es, wie er sage, unter sich habe. Das schüttete er nur so aus, versprach aber bei mehr Muße alles auszuführen. Goethe hatte erklärt, er überlasse es ihnen, wo sie haben wollten, daß er hingehen sollte, und was sich sonst hier schicke, wolle er tun. Daher ließ er sich erbitten, einem Gastmahl beizuwohnen, das ihm zu Ehren oder vielmehr um vielen Gelegenheit zu geben, «den Ruhmwürdigen» zu sehen, am 5. veranstaltet wurde.

Le Pique, der gestern nebst Abegg und Fries mit Goethe gegessen, besuchte uns heute (8.) frühe, auf einen Augenblick, mit seinem Bruder von Karlsruhe. Er war voll von Goethe, erzählte einiges von den über Tische gepflogenen Gesprächen, die Kunst und merkwürdige Leute, zum Beispiel Beireis, betrafen.

Noch eine Äußerung Goethes, die uns Bertram mitgeteilt, über die Bilder, deren Besitzer Boisserée und Bertram sind, will ich hier nachtragen. «Ich habe gesagt, es *ist* nicht, es *kann* nicht sein, es *soll* nicht sein, und nun muß ich sagen: es ist.» Seine Unbefangenheit bewährt dieses Urteil in vorzüglichem Maß.

4067 *S. Boisserée an Amalie v. Helvig* *23. Oktober 1814*

Diesmal hätte ich recht viel zu erzählen, denn da gehörte auch alles dazu, was während dem vierzehntägigen Besuch von Goethe in unserer Bildersammlung verhandelt worden; wie er bei uns in dem großen Zimmer der Amtmännin gewohnt und wie er sich sonst in Heidelberg gehabt hat... Seitdem nun selbst der alte Heidenkönig dem deutschen Christkind hat huldigen müssen, sind wir gar voll des süßen Übermuts; daß dieser Berg aber zum Tal gekommen ist, haben wir mit den schönen Zeichnungen von Ihnen und Ihrer Schwester Luise zu danken, er war davon noch ganz entzückt, nur mit Strafreden müssen Sie ihn hart angegangen haben, denn darob vernahmen wir öfters fernes Donnern und lagerten sich, mit der Frau von Staël zu reden, häufig Gewölke an seinem Fuß, während das Haupt, unerschütterlich ruhig und heiter, immer Beifall zollte den erfreulichen Dingen, die er von Ihnen gesehen.

Was jedoch die Bilder selber für einen Eindruck auf unsern Freund gemacht haben, ist unsagbar, und was er darüber geäußert, wäre heute zu weitläufig, einstweilen mögen Sie nur wissen, daß er den Meister Eyck jetzt immer im Munde führt und Hemmelink und Meister Schoreel [Scorel] hoch leben läßt; so nennen wir nämlich seit einer diesjährigen Reise nach Brabant mit Bestimmtheit den Maler vom Tod der Maria.

4068 *S. Boisserée an Dr. Schmitz* *24. Oktober 1814*

Nun laß mich Dir von Goethe erzählen; daß er volle vierzehn Tage bei uns gewohnt hat, wirst Du wissen, daß wir aber durch diesen längern Umgang, der in jeder Hinsicht sehr lehrreich und erfreulich für uns war, sein ganzes Vertrauen erworben und ein sehr enges Verhältnis mit ihm geknüpft haben, weißt Du noch nicht. Es ist die Rede davon, über unsere Sammlung, über unser Bemühen um das altdeutsche Bauwesen, und über die Art und Weise, wie wir dazu gekommen, eine eigene kleine Schrift zu schreiben. Ei der Teufel (sagte er mir mehrmal), die Welt weiß noch nicht, was Ihr habt, und was Ihr wollt, wir wollen's ihr sagen, und wir wollen ihr, weil sie es doch nun einmal nicht anders verlangt, die goldenen Äpfel in silbernen Schalen bringen; wenn ich nach Haus komme, mache ich ein Schema, das schicke ich Euch, damit Ihr Eure Bemerkungen dazu machen und sehen könnt, was für Materialien mir allenfalls noch abgehen, die schickt Ihr mir, die Redaktion behalte ich, und es müßte seltsam zugehen, wenn wir nicht etwas recht Schönes zustande brächten; es ist schwer, so was zu schreiben, aber ich weiß den Weg ins Holz, laßt mich nur machen, um Ostern komme ich wieder, dann bringe ich es mit, und ist's Euch recht, so lassen wir es bei Mohr und Zimmer drucken.

Ich teile Dir hier nur das Resultat, und zwar recht in Bausch und Bogen, mit, denn sonst hätte ich Dir so viel zu schreiben, daß ich nicht fertig würde, Du kannst Dir nun das Übrige ziemlich denken. Um recht zu begreifen, welchen gewaltigen Eindruck unsere Bilder auf den alten, rüstigen Freund gemacht haben, mußt Du wissen, daß er nie einen Johann von Eyck, und überhaupt außer Cranach und wenige Dürer keine altdeutschen Bilder gesehen hatte. Ach Kinder, rief er fast alle Tage aus, was sind wir dumm, was sind wir dumm, wir bilden uns ein, unsere Großmutter sei nicht auch schön gewesen; das waren andere Kerle als wir, ja Schwernot! die wollen wir gelten lassen, die wollen wir loben und abermals loben! Die verdienen, daß Fürsten und Kaiserinnen, daß alle Nationen kommen, und ihnen huldigen! – Jeden Tag, nur einige, wo wir uns mit dem Bauwesen beschäftigten, ausgenommen, war er morgens um acht Uhr im Bildersaal und wich nicht von der Stelle, bis zur Mittagszeit, da wurde dann alles besprochen, und mußten wir ihm alles Geschichtliche und unsere Ansichten und Bemerkungen sagen, wogegen wir die seinigen hörten. Er war mit unsrer ruhigen, philosophisch-kritischen Betrachtung der Kunstgeschichte sehr zufrieden, und ich kann sagen, daß ich über den Gang der Kunstgeschichte recht viel von ihm gelernt habe. So wie wir jetzt miteinander stehen, denke ich noch manches von dem alten Meister zu lernen, besonders im Schreiben; ich habe schon mit ihm darüber gesprochen, und ich werde ihm nächstens den Entwurf zu einer Abhandlung schicken, damit er mir seine Bemerkungen macht.

4069 F. Creuzer an Görres *30. Oktober 1814*

Hier [in Heidelberg] war noch alles voll von Goethe, welcher vierzehn Tage hier gewesen war. Den Minister hat er ganz dahintengelassen, zutraulich und freundlich gegen jedermann. Die Steifledernheit des alten Voß hat ihm harte Reden ausgepreßt. Jetzt ist er nun dahinter her, über die Bilder der Boisserée zu schreiben. Dann will er Pfingsten wiederkommen und das Geschriebene nochmals mit den Bildern vergleichen.

4070 F. K. v. Savigny an J. Grimm *8. November 1814*

Goethe ist einige Wochen in Heidelberg gewesen, außer sich über die Boisseréesche Sammlung, hat gesagt, davon habe er gar keinen Begriff gehabt, hat vor einem Bilde gestanden und gesagt: «Da hat man nun ein paar Verse gemacht, was ist das dagegen?», will darüber schreiben pp.

4071 R. M.: Aus J. B. Bertrams Unterhaltungen *1863*

Goethe war [in Heidelberg] mit Christian Schlosser, seinem Schwager, der bei ihm den «Kammerherrn» machte, im Hause der Boisserées eingekehrt und bewohnte das «große Zimmer der Amtmännin». Er lebte eben so mäßig wie geregelt. Um 9 Uhr des Abends legte er sich zu Bett und war früh wieder auf, um sich in die Schloßruine zu begeben, wo er an seinem Westöstlichen Divan dichtete. Von Sulpiz wird dies in dessen Tagebuchnotizen für den zweiten Aufenthalt [1815] ausdrücklich bezeugt; nach Bertram wäre es auch schon beim ersten geschehen. Bertram erzählte ferner, daß Goethe, nach Hause zurückgekehrt, das soeben Empfundene, Gedachte und zu Papier Gebrachte den Brüdern Boisserée vorzulesen pflegte ... Bertram war kein Freund vom Vorlesen und entzog sich ihm, wo er nur konnte. Die übrigen Vormittagsstunden widmete Goethe der Kunst und ihrem Studium. Regelmäßig um 8 Uhr begab er sich in den

Bildersaal und wich hier nicht von der Stelle bis zur Mittagszeit. Man überließ ihn sich selbst, wenn er nicht die Gegenwart der Freunde begehrte; und da war denn Bertram, nicht minder auch Sulpiz, so recht an seiner Stelle. Sie mußten ihm alles Geschichtliche, ihre Ansichten und Bemerkungen sagen, wogegen sie die seinigen hörten. Sulpiz versichert, er sei mit ihrer ruhigen, philosophisch-kritischen Betrachtung der Kunstgeschichte sehr zufrieden gewesen, aber auch sie hätten wieder von ihm über den Gang der Kunstgeschichte viel gelernt. Nur an einigen Vormittagen beschäftigte sich Goethe unter der kundigen Führerschaft von Sulpiz mit der Betrachtung der Plane und Risse zum Kölner Dom und anderer heiliger Bauwerke vom Niederrhein, die letzterer damals zur Herausgabe vorbereitete.

Wie Goethe sich in die farbenprächtige und wahrheitsvolle Idealwelt dieser altdeutschen Bilder, in die überraschende Ursprünglichkeit ihrer Gedanken hineinlebte und über die empfangenen Eindrücke sich äußerte, ist für den alten Herrn im hohen Grade charakteristisch. Er betrachtete die Bilder nicht, wie sie eins neben dem andern an der Wand hingen, wodurch der Eindruck zerstreut und mehr oder minder abgeschwächt wird; er ließ sich immer nur eins, abgesondert von den andern, auf die Staffelei stellen und studierte es, indem er es behaglich genoß und seine Schönheiten unverkümmert durch fremdartige Eindrücke von außen, sei es der Bilder- oder Menschenwelt, in sich aufnahm. Er verhielt sich dabei still, ohne viel zu reden, bis er des Gesehenen, seines Inhalts und seiner tieferen Beziehungen Herr zu sein glaubte; und fand er dann Anlaß, Personen, die er liebte und schätzte, gegenüber seinen Empfindungen Ausdruck zu geben, so geschah es in einer Weise, die alle Hörer zwang.

Es war vor dem Bilde der Anbetung der Heiligen drei Könige, das damals für einen van Eyck galt, da sagte er: «Das ist lautre Wahrheit und Natur; man kann von der Ruine zum Bilde und umgekehrt vom Bilde zur Schloßruine wandern und fände sich hier wie dort in gleich ernster Art angeregt und gehoben.» «Da hat man nun», äußerte er ein andermal, «auf seine alten Tage sich mühsam von der Jugend, welche das Alter zu stürzen kommt, seines eigenen Bestehens wegen abgesperrt, und hat sich, um sich gleichmäßig zu erhalten, vor allen Eindrücken neuer und störender Art zu hüten gesucht, und nun tritt da mit einem Male vor mich hin eine ganz neue und bisher mir unbekannte Welt von Farben und Gestalten, die mich aus dem alten Gleise meiner Anschauungen und Empfindungen herauszwingt, – eine neue, ewige Jugend, und wollte ich auch hier etwas sagen, es würde diese oder jene Hand aus dem Bilde herausgreifen, um mir einen Schlag ins Gesicht zu versetzen, und der wäre mir wohl gebührend.» ... «Wie ganz anders muß zu Eycks Zeit», sagte er wieder, «das Kunstleben und die Kunstliebe geblüht haben; jetzt verschlingt der schlechte Luxus alles.» Und vor dem Bilde des Todes der Maria, das man für einen Jan Schoreel hielt, bemerkte er treffend: «Aus dem Bilde schlägt uns die Wahrheit wie mit Fäusten entgegen!»

Die Bezeichnung «byzantinisch-niederrheinisch», welche Goethe auf diese Bilder, namentlich das der Heiligen Veronika, anwandte, war nur eine unglückliche und keineswegs, wie man hat behaupten wollen, eine solche, die ihn verhindert hätte, das Richtige zu erkennen. Er nannte eben byzantinisch, was eine spätere, kaum weisere Schulsprache mit «romanisch» glaubte benennen zu müssen, und mit den bestimmtesten Worten sprach er es ebenso mündlich aus, wie er es schriftlich im ersten Heft von «Kunst und Altertum» wiederholt getan hat, daß in diesen Kölnischen und andern niederrheinischen Bildern eine Kunstentwicklung von solcher Selbständigkeit und so sehr von echt deutschem Sinn und Ursprung gegeben sei, daß wir nicht nötig hätten, italienischen oder andern fremdländischen Einfluß anzunehmen.

In jenen geweihten Augenblicken, wo er vor den Bildern saß, ließ Goethe sich nur ungern durch Besuche stören, denen er ein tieferes Interesse daran nicht zutraute, und wie schätzbar die Personen ihm immerhin sonst auch sein mochten, er suchte sich ihrer alsdann auf irgend eine zuläßliche Art zu entledigen. Wenige Tage nach seiner ersten Ankunft (es wird am 26. September gewesen sein), ließ Frau von Humboldt sich bei den Boisserées melden, als eben Goethe in der Sammlung vor dem Bilde des Heiligen Lukas, der die Madonna mit dem Kinde malt, saß. «Es steht Ihnen eine Überraschung bevor», sagte Bertram, als er zu Goethe ins Zimmer trat. «Eine Überraschung! Herr, Sie wissen, wie sehr ich die Überraschungen liebe! Wer ist es?» «Frau von Humboldt!» «F-r-a-u v-o-n H-u-m-b-o-l-d-t? – Sie möge kommen!» Und dabei veränderte sich Goethes Gesicht von oben bis unten, indem es die langweiligste Grimasse annahm. Frau von Humboldt öffnete die Tür, und die Arme ausbreitend rief sie: «Goethe!» Dieser erhob sich ruhig von seinem Sessel und bat sie, sich neben ihn zu setzen. «Wissen Sie, wie man Salmen fängt?» fragte er. «Nein!» erwiderte, ganz verwundert über solchen Empfang, Frau von Humboldt. «Mit einem Wehr fängt man sie», fuhr er fort. «Sehen Sie, solch ein Wehr haben diese Herren (auf die Boisserées zeigend) mir gestellt, und sie haben mich gefangen. Ich bitte Sie, machen Sie sich schnell auf und davon, daß es Ihnen nicht geht wie mir. Ich bin nun einmal gefangen und muß vollends hier sitzen bleiben und anschauen; aber das wäre nichts für Sie. Machen Sie also, machen Sie, daß Sie fortkommen!» Frau von Humboldt, die nicht gekommen war, Bilder anzuschauen, sondern in dem großen Manne einen alten Bekannten zu begrüßen und mit ihm zu plaudern, sah sich wider ihren Willen gleichsam zur Tür hinausgeschoben und entfernte sich, worauf Goethe zu seinen Freunden sagte: «Nun kommen Sie, jetzt soll uns nichts mehr stören!» – Doch verschmähte es Goethe nicht, die Huldigung der geistreichen Frau bei gelegenerer Zeit anzunehmen, als er in den nächstfolgenden Tagen zweimal bei ihr in Abendgesellschaft erschien.

Wiederholt war Goethe auch im Hause bei Voß, dem Übersetzer des Homer, den er vor vielen hochschätzte. Die schlichte Gutmütigkeit der Hausfrau des berühmten Professors gab Anlaß zu manchem launigen Scherz. Goethe folgte ihr überallhin willig, als sie ihn bei seinem ersten Besuch an allen Orten und Enden im Hause herumführte und ihm auch das unbedeutendste Winkelchen, zuletzt selbst den Gänsestall unter der Treppe zeigte. «Sie sind ja nun nun einmal ein Mann, der in allen Dingen Bescheid weiß», sagte sie, als er das nächste Mal wiederkam, «und so mögen Sie denn auch einen Streit schlichten, der zwischen mir und meinem Manne über ein Stück Camelot entstanden ist.» «Nun, so bringen Sie das Zeug nur her!» rief Goethe. Sie brachte es, indem sie bemerkte: «Mein Mann will einen Schlafrock daraus haben und ich einen Vorhang für sein Büchergestell; ich halte das letztere für nötiger, weil die Bücher durch den Staub zu Grunde gehen.» «Ei was», erwiderte Goethe, «was zanken Sie sich darum? Teilen Sie das Stück und machen Sie Ihrem Mann statt des Rocks nur ein Camelot-Jäckle, und aus dem andern Stück können Sie ein Vorhängle für die Bücher machen.»

Bald darauf kam Voß zu den Boisserées, als sich grade Goethe im Bildersaal befand. Man meldete diesem seine Ankunft. «Laßt ihn nur herein», rief Goethe, «dem will ich sein Camelot anstreichen.» Als Voß eingetreten war, begann Goethe mit ihm, angesichts der Bilder, über den Unterschied der bildenden und dichtenden Kunst zu sprechen, wobei gar manches treffende und geistreiche Wort gewechselt wurde, und namentlich soll, was Goethe bei dieser Gelegenheit über Wesen und Zweck der bildenden Kunst sagte, über alle Beschreibung köstlich gewesen sein. Er erkannte, halb im Scherz, halb im Ernst, der bildenden Kunst den Vorrang zu, indem er fortfuhr: «Ich bin ein großer Freund von Homer, das wissen Sie, und von Ihnen kann ich ein Gleiches sagen. Wenn Sie nun heute zu mir kommen, um mir ein Stück Ihrer Übersetzung vorzulesen, so bin ich es zufrieden und höre es an; wenn Sie das zweite Mal kommen, so bin ich es auch zufrieden und höre es abermals an; wenn Sie aber das dritte Mal kommen, so sage ich: Laufen Sie zum Teufel! – Schenkt man Ihnen aber einen echten Raffael oder auch nur eine gute Kopie eines solchen, so hängen Sie das Bild gewiß dahin, wo Sie es alle Tage sehen können, und Sie werden es, sooft Sie davor treten, mit immer neuem Vergnügen betrachten. Das ist der Unterschied der

Poesie und der bildenden Kunst, daß diese auf solche Weise immer neu, frisch und lebendig vor unsere Sinne tritt.» Voß wußte hierauf nichts zu antworten. «Wäre ich an seiner Stelle gewesen», sagte Goethe, indem er dies erzählte, «ich würde schon gewußt haben, was ich antworten soll.»

4072 *R. M.: Aus J. B. Bertrams Unterhaltungen* *1864*

Bertram ... wußte auch sonst wohl gar manches lustige Geschichtlein von Goethe und anderen zu erzählen, das dem Gedächtnis erhalten zu werden verdient. Wir lassen einige davon in derselben zwanglosen aphoristischen Weise folgen, wie wir sie aus seinem Munde gesammelt haben ...

Jeden Abend, erzählte Bertram, ließ Goethe seinen Bedienten zu sich auf die Stube kommen, um Rechnung mit ihm abzuhalten über alle Ausgaben des Tages, die größten wie die kleinsten, und für den folgenden Tag den vorläufigen Etat im Ausgabebuch festzustellen. Als Bertram über diese haushälterische, dem Materiellen zugewendete Sorgfalt des Dichters seine Verwunderung äußerte, sagte Goethe: «Wenn die Prosa abgetan ist, kann die Poesie um so lustiger gedeihen. Man muß sich das Unangenehme vom Halse schaffen, um angenehm leben zu können, und der Schlaf bekommt nur um so besser.»

Goethe aß schön und appetitlich, während es, wie Bertram bemerkte, widerwärtig gewesen sein soll, Friedrich Schlegel essen zu sehen, der mit einer unangenehmen äußern Manier aß, indem er sich alles genau, selbst mit der Lorgnette, besah und gegen seine Frau allerlei zu tadeln hatte ...

Aus den früheren Mitteilungen schon wissen wir, daß Goethe in Heidelberg allmorgendlich die Schloßruine besuchte. Dorthin wünschte er gleich am andern Tage nach seiner Ankunft geführt zu werden, doch so, daß er kein Aufsehen errege, da man ihm, wie er vernommen, schon überall auflauere. Die Boisserées versprachen, ihn durch den Thibautschen Garten dorthin zu bringen, was auch geschah. Sie begleiteten ihn ein Stück Weges hinauf und ließen ihn dann allein, wie es sein Wunsch war. Inzwischen hatte oben auf der Bank bereits ein anderer Gast Platz genommen. Dies war Schwarz, der Geheime Kirchenrat und Verfasser des bekannten Werkes über die Erziehungslehre, der zufälligerweise erfahren hatte, daß Goethe in Heidelberg sei und früh die Schloßruine besuchen wolle. Er war ihm auf diese Weise zuvorgekommen, und als Goethe erschien, redete er denselben auch sogleich an, und pries sich glücklich, ihn endlich zu sehen, und fragen zu können, was er denn eigentlich mit dem Wilhelm Meister beabsichtigt habe; er habe ihn gewiß für ein Erziehungs-Institut geschrieben. Goethe, der dem unzeitigen Frager nicht ausweichen konnte, fügte sich in das Unvermeidliche, indem er erwiderte: «Das habe ich bis jetzt selbst nicht gewußt; doch nun leuchtet es mir vollkommen ein. Ja, ja, ich habe den Wilhelm Meister für ein Erziehungsinstitut geschrieben, und ich bitte Sie, dies ja überall in der Welt bekannt zu machen!» Schwarz war entzückt über die neue Entdeckung, und lief sogleich in ganz Heidelberg umher, um seinen Bekannten mitzuteilen, daß Goethe nun wisse, warum er den Wilhelm Meister geschrieben habe.

Goethe pflegte in Heidelberg die Sonnenuntergänge von der Höhe einer Pfarrei herab zu beobachten, und bei dieser Gelegenheit seinen Gefühlen im Anblick des erhabenen Naturschauspiels dem ihn begleitenden Freunde Sulpiz Boisserée gegenüber in der ergreifendsten Weise Ausdruck zu geben. Man wußte das in der Stadt. Als nun eines Abends Goethe wieder einmal mit seinem Freunde die Höhe hinanstieg, um die Sonne untergehen zu sehen, hatten ein paar Frauenzimmer, die ihn dabei zu belauschen wünschten, sich hinter das Gebüsch versteckt. Goethe bemerkte sie, tat aber nicht, als ob dies der Fall sei, und als er oben angekommen war, begann er einen so abschreckenden Sermon über das Altwerden der Sonne, die anfange, fahl und bleich auszusehen, daß es nicht lange dauerte, und die Gestalten hinter dem Busch waren verschwunden. Nie war, erzählte Sulpiz später seinen Bekannten, Goethe größer, seelenvoller in seinen Betrachtungen, als an diesem herrlichen Abende, nachdem die unberufenen Lauscherinnen sich entfernt hatten.

Wir wissen aus Goethes eigenen Bekenntnissen, daß er jede Maske, auch die des liberalistischen Indifferentismus, annehmen konnte, um sich dahinter gegen Pedanterei und Dünkel zu schützen. «Es kommt nur auf mich an», sagte er eines Tages bei den Boisserées, «mit jeder Gesellschaft, wie sie auch sei, in guter Art fertig zu werden. Vermute ich in ihr einfältige und dumme Leute, so stelle ich mir vor, daß es lauter geistreiche seien, dann erhebe ich sie zu mir, und zwinge sie, auch ihren Geist leuchten zu lassen; und umgekehrt, wenn ich zu jemanden komme, der sich einbildet, mehr zu sein und zu wissen, als die andern Menschenkinder, dann denke ich mir das Gegenteil, und behandle ihn auch so, indem ich ihn beschäme und nötige, seine Nase nicht mehr so hoch zu tragen.» Goethe suchte alles, was in Leben und Dichtung ihm entgegentrat, möglichst unter dem ästhetischen Gesichtspunkt zu fassen. «Wenn etwas auch nicht schön ist», pflegte er zu sagen, «so müssen wir doch so viel Phantasie haben, um es schön zu finden.»

Zudringlichkeit und Hochmut waren ihm so verhaßt, als Gespreiztheit und Ziererei. Als Frau v. Humboldt in geselligem Kreise ihn fragte, ob sie ihm nicht ihr Töchterlein vorführen dürfe, die gerade etwas deklamieren wollte, brummte er ein verdrießliches «Ja!» Die Kleine trat auf, und deklamierte mit vieler Selbstgefälligkeit Stücke aus der Jungfrau und Maria Stuart. Goethe saß dabei mürrischen Gesichts, vor sich hinsehend, ohne ein Wort zu sagen. Als sie fort waren, rief er: «Welche Unverschämtheit, wäre dieser kleine Balg nicht wert, daß man ihm die Rute applizierte? Stellt sie sich da so keck vor mich hin, und deklamiert mir diese Geschichten vor!»

Einst war Goethe zu Voß eingeladen. Als sie bei Tisch saßen, wird Voß herausgerufen, und führt verabredetermaßen einen jungen Dichter, Kunz mit Namen, der für Almanachs gearbeitet hatte, herein, stellt ihn vor, und setzt ihn neben Goethe. Dieser Kunz war, ich weiß nicht mehr aus welchem kleinen deutschen Staate. Goethe ergriff das Wort, und sagte: «Nun, Ihr Fürst ist ein strenger Herr; es soll schwer halten, dort einen Paß zu bekommen. Könnten Sie mir wohl einen solchen zeigen?» «O, ja wohl! Sehr gern!» Und damit holte Kunz aus der Seitentasche seines Rockes den Paß. «Bitte, leihen Sie ihn mir bis morgen», sprach Goethe, «es ist ein merkwürdiges Stück; das muß ich ein wenig sorgfältiger mir anschauen.» Wer war glücklicher, als der junge Dichter; er sah sich schon bei Goethe, eingeladen von ihm, und seines Schutzes teilhaftig. «Wissen Sie», sagte später Goethe zu einigen seiner Gäste, die sich über diese Paßliebhaberei wunderten, «warum ich mir das Papier geben ließ? Ich sah aus Kunz' anderer Rocktasche ein Paket Gedichte gucken, und lieber wollte ich den Paß lesen, als die!»

Goethe las sehr gut, aber nur selten vor. Es war daher großer Jubel im Hause bei den Boisserées, als er ihnen ankündigte, daß er in der nächsten Abendgesellschaft etwas von sich vorlesen wolle. Melchior meldete dies Bertram mit dem Bedeuten, daß er dabei erscheinen müsse. Bertram antwortete: «Laßt mich nur machen!» und begab sich zu Goethe, indem er sagte: «Muß ich heut' abend erscheinen?» – «Muß ich heut' abend erscheinen! Was heißt das?» fragte dieser. «Ich muß Ihnen gestehen, Herr Geheimrat», erwiderte Bertram, «daß Sie mir keinen größeren Possen spielen können, als wenn Sie etwas vorlesen. Ich habe keine Ruhe dazu, es mit anzuhören.» «Gehen Sie ohne Gewissensbisse in pace!» antwortete Goethe, indem er die Arme zu einem Kreuze übereinander legte.

Der Professor des Zivil- und Kriminalrechts Christoph Reinhard Martin in Heidelberg hatte einen schönen Garten, wohin Goethe öfter kam, als er sich in jener Stadt aufhielt. Sie saßen beide im Gartenhause. Martin klagte, daß man die schönen hohen Waldbäume in der Nähe seines ländlichen Sitzes auf Befehl der Regierung habe abschlagen lassen, und hielt letzterer gerade keine Lobrede. «Wie lange dauert es denn», fragte Goethe, «bis die Bäume wieder herangewachsen sind?» «Ja, eben das ist's, mindestens zwanzig bis fünfundzwanzig Jahre», antwortete Martin. «Nun», sagte Goethe, «dann haben Sie ja noch lange Zeit, um sich wieder zu ärgern.»

4073 Helmina v. Chézy an Graf Loeben 13. November 1814

Goethe kommt zu den Osterfeiertagen [1815] wieder hierher, wollen Sie nicht dann auch hier sein? Er hat Heidelberg lieb gewonnen. Bertram amüsierte mich sehr mit Wiedererzählung, nur eins von allem, doch sehr abgefärbt, denn ich behalte schlecht. Goethe hat gesagt:

«Seit drei Jahren werd ich um die Bilder hier gequält. Da kommen sie und schwatzen mir von Hemmelink und van Eyck, daß mir braun und blau vor den Augen wird. Kommen die Narren und machen mich toll, kommt dann auch ein Mann von Einsicht, und lobt, mit Verstand, so daß ich's in Überlegung nehme. Zuletzt kommt Frau von Helvig, und macht mir eine recht poetische Beschreibung, da geht mir der Ekel an. Ich denke, nun muß ich selbst sehn, daß dem Dinge ein Ende wird, und nun bin ich da. Was mich aber freute, das ist, daß die Lumpen all das Rechte nicht gesehen haben, *ich* hab's gesehen!»

Da haben Sie ein Stückchen Goethe, wie gefällt es Ihnen?

4074 Adele Schopenhauer: Tagebuch 1816

[29. August.] Die drei Bilder, die ich sah, waren von Eyck... Bertram spricht klug und schön über die Bilder ...

Die Gemälde stellen erstens die Verkündigung vor. Er zeigte uns ein gleichzeitiges, was denselben Gegenstand behandelte, um uns den Riesenschritt Eycks anschaulich zu machen. O, wie hat Goethe recht, daß schon der Gedanke an sich und für sich, so alle gewohnte Form der Kunst umzustoßen, ohne die Ausführung ein Wunder ist.

Das zweite Bild ist der Besuch im Tempel, das dritte, prächtigste und größte, die Anbetung der Könige.

[1. September.] Wir haben denn heute wieder den Bilderhimmel gesehen und genossen ... Ich schreibe einiges aus Bertrams Erklärung auf: ...

Goethe drückt auf einfache lustige Art sehr richtig seinen [Jan van Eycks] Riesenschritt aus. Er sagt: «Da sitzt nun der Kerl und streicht an und pinselt auf dem Goldgrunde, und's gefallt ihm nicht, und's gefallt ihm nicht. Plötzlich wird er wütend und schlägt auf die Tafel. Da geht sie voneinander, und da hat er den Hintergrund – die *Natur*. Denn er war's ja, der zuerst es wagte, alles Alte zurückzuwerfen, und Grund und Perspektive zu erdenken! Nun brauchte er freilich andere Farben, er erfand auch diese, das zeigen seine Werke.»

4075 Julie Mayer: Erinnerungen

... muß ich noch eines Ereignisses erwähnen, das sich zur Zeit des zweiten Aufenthalts in Kirchheim [bei Heidelberg], als die Mutter ein junges Mädchen und ihre Schwester, als verwitwete Frau Dupré, im Elternhause wohnte, dort abspielte. Es war nichts Geringeres als ein Besuch Goethes, der von den beiden Brüdern Boisserée in das ländliche Pfarrhaus geführt wurde. Es muß im Jahre 1814–1815 gewesen sein, zur Zeit der Suleikalieder, wo er öfter zu den Boisserées nach Heidelberg kam, die ihn durch ihre Sammlung altdeutscher und niederländischer Bilder für altdeutsche Kunst und für den Kölner Dom zu interessieren wußten. Boisserées waren, nebst ihrem originellen Freunde Bertram, sehr nahe Hausfreunde im Pfarrhause Maurer. Es waren auffallend schöne, liebenswürdige, feingebildete, junge Männer, für die viele Mädchen- und Frauenherzen schwärmten und die man damals nur die Himmelstürmer nannte. Diese hielten also das Kirchheimer Pfarrhaus eines Besuchs des Dichterfürsten würdig und verbrachten mit ihm daselbst einen Nachmittag. Die liebenswürdige, noch schöne Matrone mit den beiden Töchtern, der interessanten, schwärmerisch angelegten Frau Dupré und der heitern Luise mit ihrem wundervollen Gesang, mochten wohl Anziehungskraft genug ausüben. Ich hörte dann oft genug davon erzählen, wie Goethe an den Teetisch getreten sei, wo Mutter eben das Kränchen der Teemaschine aufgedreht hatte und er mit der Verlegenen ein Gespräch anfing, bis man plötzlich entdeckte, daß die Teemaschine mit ihrem kochenden Wasser den ganzen Teetisch überschwemmt hatte, was Goethe ein heiteres Lächeln entlockte. Nachher mußte sie ihm viele seiner Lieder singen, nach den damals beliebten Reichardtschen Melodien; er setzte sich ans untere Ende des Flügels und ließ seine dunkeln, durchbohrenden Augen auf ihr ruhen. Das «Auf Kieseln im Bache» mußte sie ihm wiederholen. Im übrigen unterhielt er sich aber nicht, wie erwartet wurde, über literarische und ästhetische Gegenstände, sondern hauptsächlich mit dem praktischen Großvater über Land und Leute, Sitten und Gebräuche, über Landwirtschaft und dergleichen, wofür er ja immer ein großes Intresse gehabt hatte. Nach einer Weile war er verschwunden, denn «man hat so seine Gänge»; wie aber die Abwesenheit immer länger und länger dauerte, bemächtigte sich des kleinen Kreises eine ängstliche Sorge, es könne dem hochverehrten Gaste etwas zugestoßen sein, und man überlegte eben, ob man die Türe sprengen oder was sonst beginnen sollte, als er wieder erschien. Eine Menge alter Geschäftspapiere hatte ihn dort so lange interessiert und gefesselt, daß er fast das Wiederkommen vergaß. Immerhin mag dem alten Herrn im Kirchheimer Pfarrhause eine Erinnerung an längstvergangene Tage im Sesenheimer Pfarrhause aufgetaucht sein.

4076 H. Voß (in Gräfs Bearbeitung)

Es war mir eine rührende Freude, Goethe wiederzusehn, und er war so überaus freundlich mit mir, fast wie in den Weimarischen Zeiten. Er ist vierzehn volle Tage bei uns gewesen und hat bei den Brüdern Boisserée, eigentlich wohl bei ihren Gemälden gewohnt. Sein erster Besuch war bei meinen Eltern, und er kam so freundlich und zutraulich, wie in den ersten Jenaer Zeiten. Am folgenden Tage gingen die Schmausereien an. Auch wir Professoren, nebst einem Anhange von Beamten, Ärzten usw. gaben ihm einen gemeinschaftlichen Schmaus im Karlsberge. Mehrere meiner Kollegen, nämlich Daub, Creuzer und Wilken, sind Goethe aus dem Wege gereist, oder vielmehr dem Saus und Braus. Thibaut, der zu einem Schmause bei sich durchdrang und dazu allerlei Kollegen einlud, unter denen einige Goethe völlig unbekannt waren, vergaß sie Goethen vorzustellen, und so ist es zwischen Goethe und Schwarz, Fries und andern gar nicht einmal zu einer Bekanntschaft gekommen. Genossen haben ihn nur wenige; denn beim Essen und

Trinken, besonders wo Gaffer herumstehn, ist Goethe ein Mann wie unser eins.

Daß die Heidelberger über Goethe entzückt sind, versteht sich. Alt und Jung preist seine Leutseligkeit, und jeder verwahrt sorgfältig die ihm zugeworfenen Geistesbrocken, wenn sie auch noch so mager sind. In einer großen Teegesellschaft war es mir gar spaßhaft, Goethe mit Philistern so vertraulich über häusliche Angelegenheiten sprechen zu hören. Einer meiner Kollegen wollte den empfindsamen Ästhetiker machen, und wütete gegen den Vandalismus und Barbarismus der Handschuchheimer, die einen ganzen Berg voll Waldung zu einem kahlen Jenaer Berg umgemodelt haben. Goethe sagte ihm ganz trocken: «Nun, da preise ich Sie glücklich, daß Sie grade zweiundzwanzig Jahre Zeit haben, bis Sie sich von neuem ärgern dürfen; denn so lange braucht's, bis der Berg wieder beholzt ist und von neuem geschlagen wird.» Der Kollege sperrte das Maul auf und wurde an Goethes Geschmack irre.

Ein anderer Kollege, Moser, Professor der Medizin, erzählte mir, er habe eine ganze Stunde mit Goethe gesprochen – über den Faust, und der alte Papa hat das ruhig und freundlich angehört, und mit viel Hm's und Kopfnicken seine Billigung bewiesen. «Ja, Herr Kollege», sagte er, «der Goethe kennt ihn durch und durch», den Bückeburger Sanitätsfaust hatt' er im Sinn. – Daß Goethe sich mit manchen zu seiner Gemütsergötzung unterhalten hat, ahnt mancher nicht; andere dienten dazu, seinen Schatz von Menschenkenntnis zu erweitern oder seine Phantasie mit irgend einer Personage für ein zukünftiges Fastnachtsspiel zu bereichern.

Nur zweimal kam ich dazu, ein trauliches Wort mit ihm zu sprechen, und sah zu meiner Freude, daß er mir und meinem Treiben noch hold ist. Besonders herzlich war er gegen mich, als ich ihm am Tage vor seiner Abreise [Sonnabend, 8. Oktober] einen Morgenbesuch machte und ihn ganz allein fand. Wir sprachen viel über Calderon. Auch er ist entzückt von Gries' Übersetzung; auch er bewundert mehr das wollüstige Farbenspiel, als die Charakteristik

Calderons, in der er weit unter Shakespeare stehe. In den Intrigenstücken sei er besonders Meister, und hier müsse der Deutsche noch recht bei ihm in die Schule gehn.

4077 *H. Voß (in Gräfs Bearbeitung)*

Mit Calderon geht's mir eigen, wenn ich vom Shakespeare an ihn komme. Es ist doch viel Unnatur darin, und über ihn hätte Goethe gewiß nicht ausgesprochen, was über Shakespeare: «Nicht geahnt hätt' ich's, daß ein Mensch *so viel* Geist haben könnte, wenn ich's nicht erlebt hätte.»*

4078 *H. Voß (in Gräfs Bearbeitung)*

Goethe, der uns vorigen Herbst [1814] besuchte, wird wieder erwartet. Keiner freut sich recht dazu. Ja, wenn man Goethe ohne die großen Schmäuse genießen könnte, die er erfordert! – Hier genoß ich ihn nur in zwei Morgenstunden, wo ich ihn allein und im Schlafrock fand. Beim großen Schmause, den wir Professoren ihm im Wirtshause gaben, genoß ihn keiner; eine ausgestopfte Puppe mit seiner Larve hätte dieselben Dienste getan.

4079 *S. Boisserée an seinen Bruder Melchior* *10. Oktober 1814*

Ich bin gestern um ein Uhr kurz vor Goethe [in Darmstadt] angekommen, der recht wohl und heiter ist und Euch grüßen läßt. Die Sache mit Moller macht sich ganz gut, vor allem weicht der neu aufgefundene Riß nur ganz wenig von dem alten Kupferstich ab, das Wichtigste aber ist, daß er, wie der Kupferstich selber, von *dem bereits ausgeführten Teil* wesentlich abweicht, und daß alle Abweichungen vom Riß an dem Gebäude wahre Verbesserungen sind, die der Meister während dem Bau angebracht hat. Moller bietet mir an, den Riß zur Veränderung meiner Hauptfassade zu benutzen, und fragt mich, wann ich deshalb hieher kommen wolle? Sonst aber hat ihm der Himmel in den Sinn gegeben, diesen ganzen 13 ½ Fuß langen Riß so, wie er ist, stechen und als Supplement zu meinem Werk erscheinen zu lassen. Goethe

* [Anm. Gräf:] An anderer Stelle: «Nicht begreifen könnt' ich's, wie ein Mensch *so viel* Geist haben kann, wenn ich's nicht erlebt hätte.»

lachte von Herzen, als ich ihm diese Botschaft brachte: «Nun Gott sei Dank», sagte er, «daß der Kerl doch bloß absurd und nicht boshaft ist, ich fürchtete, er würde mit seinem Riß hinter dem Berg halten und nachher schikanieren wollen; jetzt ist mir ein schwerer Stein vom Herzen, lassen Sie ihn nur machen und bestärken Sie ihn nur in seinem Vorsatz; wer wird ihm denn einen so ungeheuern, so schwer verständlichen halben Riß abkaufen wollen.» ...

Goethe will morgen mittag fort, heute speist er bei Hof; man spricht davon, morgen soll ihm zu Ehren eine Oper gegeben werden, dann muß er wohl noch bleiben.

4080 S. Boisserée an seinen Bruder Melchior 11. Oktober 1814

... die Dinge fügen sich ganz nach Wunsch, ich bin mit Moller übereingekommen, daß ich eine Durchzeichnung von dem Domriß nehme. Mein ruhiges Betragen und das gute Benehmen von Goethe haben Moller zu diesem guten Willen gestimmt, er war gestern morgen mit bei Moller, er behandelte ihn sehr gütig und artig, aber durchaus so, daß Moller es großenteils mir zuschreiben mußte. Goethe reiste gestern mittag um zwei Uhr nach Frankfurt, er wird sich sehr freuen zu hören, daß es mir gelungen, die Durchzeichnung zu erlangen. Der Abschied von dem alten Freund tat mir recht leid, besonders als er wegfuhr und ich allein blieb und niemand hatte als meine Gedanken, mit denen ich mich unterhalten konnte über das, was er uns gewesen und was wir in diesen schönen Tagen an ihm gehabt. Er bat wiederholt, ihm ja bald zu schreiben und den Katalog unserer Sammlung (bloß zur Leitung seines Gedächtnisses) zu schicken und überhaupt zu sorgen, daß zwischen uns alles recht im Leben erhalten würde; er wiederholte mehrmal und bei jedem Anlaß, daß er nächsten Frühling wieder kommen wolle, und meine Drohung, wenn er zu lang ausbliebe, würde ich ihn abholen, freute ihn. Er verweilt nun noch einige Tage in Frankfurt, dann noch einige Tage in Hanau, und so wird er erst gegen Ende des Monats nach Hause kommen.

4081 F. B. v. Bucholtz: Tagebuch 12. Oktober 1814

Goethe bei Schlossers. Seine Art, die liebenswürdig ist. Seine Wendung des Gesprächs gegen und für mich. Bemerkung über die Diplomaten. Was er sagte: Italien. Die Engländer. Der Entenmann. Madame Dies [Jordis?].

4082 F. B. v. Bucholtz: Tagebuch 13. Oktober 1814

Goethe bei Baron Hügel. Eigentümlicher, genialer, ernstheiterer, angenehm schwebender Ausdruck. Die Böhmen. Wirkung Rudolfs II. und Josephs II. – Boisserées Sammlung. Merkwürdiges Gespräch, das beschrieben zu werden verdient, zwischen Nanny [von Hügel] und ihm [Goethe]: über das Ergriffenwerden und den Kunstgenuß nach genossenem Schönsten. Er sagte: er wäre der unglücklichste Mensch, wenn dies bei ihm wäre. Auch andere seien hübsche Menschen, haben schöne Talente und seien anders; wie man bei einer Galerie nicht bloß ein oder anderes Gemälde sehen würde; wir andere usw. Ergriffen werden müsse man nicht. Wir andern nämlich. – Nanny versuchte das «wir andern» zu erklären. Aber sie blieb ad extra, und ad intra wollte Goethe nicht. Es sei gefährlich. – Nanny hatte auch gesagt, ein Fehler an ihrem Ideal bemerkt, hindere ihren Genuß. Und Goethe hatte hier einige Erklärung des «wir andern»; dies könne nur eine so reine, gute Seele etc. – Die Sache löste sich auf durch folgendes: Nur eines ist vonnöten. Getrennt kann werden die Freude an dem Werk von der Freude durch die Bewunderung des Künstlers. Mannigfaltigkeit in der Natur, auch in der rein geistigen, unbefleckten, göttlichen Natur. – Hineintragen ins Mindere, verschieden Geartete, Schöne aus dem eigenen durch's höhere Schöne Ergriffenen und Gehobenen. Gottesdienst den 18. Oktober zu Frankfurt und tiefes Räsonnement darüber.

4083 F. B. v. Bucholtz: Tagebuch 16. Oktober 1814

Mittagstisch bei Guaita. Frau Jordis. Die kleine Guaita. Goethe in größerer Gesellschaft von Frankfurtern. Sein Erwidern der Gesundheit. Hätte ich ihn mehr sprechen können?

4084 *F. B. v. Bucholtz an seine Mutter* *17. Oktober 1814*

Goethen habe ich einmal [am 12. Oktober] bei Schlossern beim Mittagessen, wo gar keine Fremde waren, recht erfreulich gesehen. Auch sprach er hier von [vor?] einigen Tagen recht viel. – Gestern speiste ich mit ihm in einer größeren Gesellschaft bei Guaita, wo er wenig sprach. – Nächstens vielleicht mehr von ihm.

4085 *Ch. Schlosser an die Brüder Boisserée* *28. Oktober 1814*

Es ist Goethes ernstester Vorsatz, nächsten Frühling wieder bei uns zu sein, und diesen Winter viel mit Betrachtungen zuzubringen, die in die große Welt leiten, welche in Euern Zimmern sichtlich vorhanden ist ...

Von Goethe habe ich den Auftrag, Euch alle bestens und dankbarlichst zu grüßen. Ihren Brief aus Darmstadt, lieber Sulpiz, habe ich ihm mitgeteilt. Ihm ist sehr lieb, daß Ihr Geschäft so ganz zu Ihrer Zufriedenheit abgeschlossen ist. Wirklich scheint ja der Himmel Zufälle zu schicken, Ihr Unternehmen zu begünstigen. Er wünscht den allerbesten Verfolg. Wie sich in ihm die betrachtete Welt immer mehr rundete und Gestalt gewann, war merkwürdig zu sehen. Ich habe ihn sehr gebeten, wenn er auf der einen Seite sich durchaus auf das Einzelne Eurer Sammlung und dessen, was ihr nahe liegt, beschließt, auf der andern kein Element der Betrachtung auszuscheiden, und möglichst das ganze Vorhandene zu umfassen. Es kann dieses von einer welthistorischen Wirkung werden, die, wie Eure Sammlung und ihre Folgen, von keinem vorzuberechnen ist.

4086 *J. Hasenclever an A. Nicolovius* *11. November 1814*

Daß ich Goethe noch in Frankfurt getroffen, war mir sehr viel wert. Er reiste zwar in den ersten Tagen nach meiner Ankunft ab, doch war ich viel mit ihm und mehr als ich es eigentlich erwarten durfte. Ich erinnere mich weniger Menschen, die diesen rein menschlichen Eindruck auf mich machten. Er ist ein stattlicher Mann von beinahe 66 Jahren, dabei im Umgange so überaus freundlich und milde, und liebreich und schonend im Urteil. Doch Du, mein Bester, weißt dies ja alles besser, als ich es Dir sagen kann, und ich kann nur noch hinzufügen, daß es ein überaus wohltuendes Gefühl ist, wenn man sich mit dergleichen großen Geistern in gewissen Berührungspunkten menschlich verwandt und zu ihnen hingezogen fühlt. Und dies war der Fall bei allen, die sonst so tief unter ihm stehen ... Sage mir doch, warum Goethes Stück, ich glaube Das Erwachen des Epimenides (bei der Rückkehr des Königs), zu dem er eigens aufgefordert, dort [in Berlin] nicht aufgeführt worden? Goethe wußte davon die Ursache nicht, hat sie wenigstens Schlosser nicht angegeben.

4087 J. Hasenclever: Erinnerungen

Im Jahre 1814 machte ich zwei Reisen nach Frankfurt ... die zweite im Herbst, um meine Frau und Kinder wieder abzuholen. Es wurde die Feier des 18. Oktobers angeordnet, zur dankbaren Erinnerung an die Schlacht von Leipzig, welcher seitdem Feiertag geblieben ist. Was mir aber diese Reise besonders merkwürdig machte, ist, daß ich Goethe daselbst kennen lernte und acht Tage mit ihm zusammen blieb. Er logierte bei Frau Schöff Schlosser, der Mutter meiner Freunde Fritz und Christian, durch die ich täglich Gelegenheit fand, ihn zu sehen und zu sprechen. Er war ein stattlicher Mann, und ich erinnere mich nicht, jemals ausdrucksvollere schönere Augen gesehen und, wenn er sprach, eine angenehmere, wohlklingendere Stimme gehört zu haben. Ich glaubte, ganz zufrieden sein zu können, wenn ich ihn nur sähe und hörte, allein er wußte selbst anregend, belehrend und unterhaltend auch andere ins Gespräch zu ziehen und hörte gern von den praktischen Dingen des Lebens und kaufmännischen Geschäften. Höchst interessant erzählte er von seiner italienischen Reise und von seinem Verhältnis zu Schiller, in dem er seinen liebsten Freund verloren und dessen Tod sein Leben geknickt habe. Bei dem Enthusiasmus der damaligen Zeit hatte man die Idee, eine deutsche Frauentracht einzuführen, die allenthalben als Norm für die vornehmere Welt dienen sollte. Goethe zeigte auf eine sehr anmutige, scherzende Weise, wie dies unmöglich sei, da die Macht der Mode und des guten oder schlechten Geschmacks viel stärker sei wie die Politik. – Er hat sehr recht gehabt, obgleich ich damals stark daran zweifelte, und es für wünschenswert und wichtig hielt, daß Deutschland sich auch in dieser Hinsicht von den Fesseln der Fremden befreie und selbst in der Kleidertracht der Männer und Frauen seine eigene Nationalität behaupte.

4088 Käthe Stock an J. K. Moritz *20. November 1814*

Aus den Zeitungen wirst Du wissen, daß Goethe hier war. Er besuchte uns dreimal während seines Hierseins, und einmal speiste er bei uns. Er war sehr liebenswürdig und herzlich, ganz der alte Freund. Er erkundigte sich nach Dir, freute sich Deiner Verbindung, und läßt Dich herzlich grüßen. Seine Orden trug er hier gar nicht, sondern kleidete sich schwarz. Es tat ihm leid, wie er wegging, denn er sagte: Er sei wieder ganz heimisch geworden. Von seiner Mutter sprach er nicht gerne, denn er vermied alles, was ihn rührte, so wie sie. Er erzählt außerordentlich schön, launig, einfach, aber ganz eigen, gerade so wie er schreibt. Bei uns soll er am vergnüg[te]sten gewesen sein, denn bei unserem Essen war niemand wie wir vier: Er, Herr Schmidt, der Vormund, sein Jugendfreund Riese und Frau Schmerber, seine Jugendfreundin; diese zwei spielten alle Spiele in Wahrheit und Dichtung mit, auch wird ersterer als ein immerwährender Widersprecher geschildert, worüber Goethe ihn öfters neckte. Friederike und ihr Mann waren nicht dabei, da Hoffmanns Bruder bei ihnen wohnte und es zu viel Leute gewesen wären. Doch kam sie nachmittags. O Inkonsequenz! Was mich freute, war, daß er den 18. bis 19. Oktober hier war, und dem Feste in seiner Vaterstadt beiwohnte, denn es wurde sehr feierlich begangen. Wenn Du vielleicht im Morgenblatt einen Artikel von Frankfurt liest, wie man Goethe von seiten des Theaters seiner würdig empfangen hat, so glaube nicht ein Wort davon, denn die Direktion hat Ihm zu Ehren nichts, gar nichts getan, als den Titus gegeben auf einen Tag, wo er ihn sehen wollte, und zwar statt den Freitag den Mittwoch, ist das nicht sehr viel? Drum setzte Willemer, der Gegner der Direktion, was hätte geschehen sollen, als wirklich geschehen ins Morgenblatt, um die Direktion hier lächerlich zu machen. Und das war gut! Er hat viel Ähnlichkeit, doch bei uns und überhaupt hier nicht das Stolze, von Iffland, sondern er war, was man sagt, so recht gemütlich und heimisch, doch wenn ich von Ihm schreibe, so kann ich nicht aufhören, Er hat meine und noch vielen andern ihre Eroberung gemacht. Er spricht mit sehr vieler Liebe von seiner Frau, und fühlt sich sehr glücklich in ihrem Besitz, denn er sagte zu der Mutter, er wäre gewiß mit niemand so glücklich gewesen, wie mit ihr. Das ist mir unbegreiflich, denn sie ist ein ungebildetes Weib, auch in ihrer Art, sich zu benehmen, nichts weniger wie artig oder angenehm, sondern wie eine lustige Magd, auch denke ich mir das Verhältnis wie eine solche zu einem alten Herrn.

4089 Maria Belli-Gontard: Leben in Frankfurt am Main 1850

Die gänzlich ungebildete, aber gutmütige Vulpius liebte er [Goethe] außerordentlich. War er hier, so sprach er stets von ihr mit seinen Freunden; einst begleitete er Frau Schöff Stock aus dem Theater bei Mondenscheine nach Hause, und sagte: «Was würde wohl meine kleine Frau dazu sagen, wenn sie sehen könnte, wie zärtlich wir hier im Schein des Mondes zusammen wandelten.»*

4090 Maria Belli-Gontard: Leben in Frankfurt am Main 1850

Am 18. Oktober 1814 war Goethe hier in Frankfurt und wohnte der ersten Feier jenes Volksfestes bei. Um die Erleuchtung zu sehen, fuhr er am Abend in dem Wagen des Barons von Hügel, damaligen Vizegouverneurs, herum. Er hatte alle Orden von seinen Kleidern trennen lassen, weil er nur Bürger sein wollte. Er stand damals sehr frühe auf, ging in der Stadt herum, und besuchte seine alten Freunde, zu deren nicht geringem Erstaunen, schon morgens 7 Uhr.

* Vgl. Bd. I, Nr. 1391. Dort irrtümlich eingeordnet.

4091 H. Hoffmann: Lebenserinnerungen nach 1888

[Die Gemäldesammlung des Großvaters J. H. G. Lausberg in Frankfurt sollte im März 1815 versteigert werden.] Ich habe ... nur noch eine ganz schwache Kindheitserinnerung an diese Sammlung, die den ganzen ersten Stock des Hauses einnahm. Aber ich erinnere mich noch eines Vorganges, der meinen Vater immer in hellen Zorn versetzte, wenn er ihn erzählte. In der Zeit vor der Versteigerung kam Goethe zu den Lausbergs, um die Sammlung zu sehen; aber die bequemen Handelsherren ließen ihm hinaussagen, jetzt hätten sie keine Zeit, er solle am Nachmittag wiederkommen; er aber kam nicht wieder! Ein Maßstab der damaligen Durchschnittsbildung und der Hochachtung vor unserem großen Dichter!

4092 K. C. v. Leonhard:
Aus unserer Zeit in meinem Leben 1854

[Über Goethes Besuch in Hanau vom 20. bis zum 24. Oktober 1814.] Als Vorläufer baldigster Ankunft sendete mir Goethe einige freundliche Worte durch Estafette von Frankfurt.

Gleich anfangs wurden förmliche Abendessen abgelehnt; nur eine Butterschnitte oder etwas weniges Fleisch wünsche er, indem er liebe, sich frühe zurückzuziehen und zur Ruhe zu begeben.

Mittags speiste Goethe beim Minister von Albini oder mit diesem bei mir. Er pflegte stark zu essen, dagegen erwies er sich sehr mäßig, fast furchtsam im Trinken, höchstens eine Flasche nicht schweren Tischweins. Ein Glas Champagner wurde nicht verschmäht.

4093 K. C. v. Leonhard:
Aus unserer Zeit in meinem Leben 1854

Es konnte nicht fehlen, daß beim Durchmustern meiner Sammlung im einzelnen, als die Kalkspat-Gattung zur Anschauung gebracht wurde, auch die, so vielfach angefochtene, und dennoch so kraftgeistige und schöpferische, Farbenlehre zur Sprache kam und die großen Forschungen, welche der Gegner Newtons angestellt. Hatte Goethe sich einmal eines Gegenstandes bemächtigt, so verstand er diesen gleichsam aufs neue zu schaffen. Seine einfachen, lichtgebenden Worte hatten den eigentümlichsten Reiz, mit Entzücken hörte ich ihm zu. Wie wahr, was Jean Paul sagt: «Goethe ist der klarste Mann in Europa.»

Seine Beredsamkeit, sein Feuer waren die eines Jünglings, aber zugleich großartige Ruhe, welche ihm den Glanz einer Würde verliehen, deren er nicht zu bedürfen schien. Anmutiger Ernst mit dem Ausdruck von Wohlredenheit schwebte um die freien Lippen, als er mir erklärte, wie alle Farben-Erscheinungen daher rührten, daß das Licht entweder durch ein trübes Mittel gesehen werde, ohne daß sich hinter einem beleuchteten trüben Mittel die Finsternis als Hintergrund befinde, oder daß man durch ein weiß erleuchtetes Trübe in die Finsternis des unermeßlichen Raumes schaue. Geschehe das erste, so erscheine das Licht bei geringer Trübung des Mittels gelb und gehe, mit zunehmender Trübung des Mittels, ins Gelbrote und Rote über. So sehe man die Sonne, wenn dieselbe ihren erhabensten Stand erreicht, ungefähr weiß, obwohl auch hier ins Gelbe spielend; immer gelber aber erscheine sie, je tiefer sie sich senkt, je dichter mithin jener Teil des Dunstkreises wird, welchen die Strahlen der Sonne zu durchschreiten haben, bis sie endlich rot untergeht. Im andern Falle stelle sich der unermeßliche Raum, wenn die Trübe dicht, bläulich dar; ist sie weniger dicht, so nehme die Bläue an Tiefe zu, verliere sich ins Violblaue und endlich ins tiefste Schwarzblau.

Die prismatischen Versuche wurden angestellt und erläutert. Goethe schloß mit den Worten:

«Daß meine Ansichten über die Farbenlehre gute Wirkung getan, freut mich. Die Herren mögen sich gebärden, wie sie wollen, aus der Geschichte der Physik bringen sie mein Buch wenigstens nicht heraus.»

4094 *K. C. v. Leonhard:*
Aus unserer Zeit in meinem Leben *1854*

Ein Gegenstand, der oft und ernsthaft beschäftigte, war die Schlacht bei Hanau.

Albinis Equipage benutzend, die bei Goethes Ankunft ihm zur Verfügung war gestellt, begleitete ich meinen edlen Gast eines Morgens [am 22. Oktober 1814] auf den Kampfplatz. Alles mußte ich wiederholen, was er längst in meinem Bericht mit Aufmerksamkeit gelesen, jede denkwürdige Stelle wurde aufgesucht, keine Einzelheit blieb unberührt, nichts ließ meinen Begleiter ohne das lebhafteste Interesse.

Den Heimweg machten wir meist zu Fuß. Ruhig, in ernst kräftiger Haltung, die Hände auf dem Rücken, schritt Goethe neben mir einher. Es konnte nicht fehlen, daß jetzt auch auf Napoleon die Rede kam und auf Politik; Gegenstände, die sonst wohl unerörtert geblieben wären.

Stets hatte ich in Goethes Vaterlands-Treue das unerschütterlichste Vertrauen gesetzt. Ich wußte, daß ihm Deutschland warm am Herzen lag, daß er nichts weniger als gleichgültig war gegen die großen Ideen Volk, Freiheit. Gerecht und einsichtig, mit offener Hingebung sprach der Dichter sich aus über den Geist der Gegenwart, über die Entwikkelung nächster Folgezeit; nur der Gedanke an Deutschlands Zukunft war ihm tröstlich; die Entscheidung, wie solche gefallen, erachtete er für den Anfang vom Ende.

4095 *K. C. v. Leonhard:*
Aus unserer Zeit in meinem Leben *1854*

Die Hanauer Gesellschafts-Bühne hatte sich, ganz besonders durch Ifflands Teilnahme, durch sein wohlwollendes Urteil, einigen Ruf erworben. Zu meinem Erstaunen sprach Goethe in Wiesbaden sehr entschieden den Wunsch aus: ich möge, während seiner Anwesenheit, auf einen dramatischen Abend bedacht sein, er wolle sich an unseren theatralischen Belustigungen erfreuen.

Vergebens meine besorglichen Mienen, meine bescheidenen Einreden, umsonst die Vorstellungen, den gegenwärtigen Verfall des Privat-Theaters betreffend. Offen und ehrlich gestand ich: die erste Liebhaberin sei längst vermählt und eine glückliche Mutter; zärtlicher Vater und naiver Bursche wären, Hand in Hand, mit den reitenden hessischen Jägern gen Frankreich gezogen; der Charakterspieler und Darsteller alter Gecken, treulos und flüchtig, ohne Urlaub, auf unbestimmte Zeit verreist; unter den jetzt Wirkenden fehle gar manchem noch die nötige Bretter-Sicherheit; es dürfte schwer werden, das fast gescheiterte Wrack wieder zum Segeln zu bringen. – Alles vergebens; Goethe beharrte auf seinem Begehren ...

... wir schritten zu Wiederholungen. Die «Brandschatzung» [von Kotzebue], Contessas «Rätsel» und Theodor Körners «Vetter aus Bremen», das liebliche Spiel der Laune, kamen an die Reihe.

Der Tag erschien, an dessen Abend wir vor Goethe auftreten sollten [22. Oktober 1814]. Schon am frühen Morgen war alles lebendig. Man wird sich denken, daß unter diesen Umständen, bei so vielartigen Vorbereitungen, ich meiner Stimmung nicht gewiß sein konnte. Gern sei's gestanden, ich fühlte kein großes Vertrauen zu mir, wurde immer nachdenklicher, obwohl ich die Rollen genau in meinem Gedächtnis hatte, und dennoch betrat ich die Bretter mit freudigem Gefühl.

Vorher, von mir gesprochen, ein Prolog, an den Patriarchen deutscher Literatur gerichtet, an unsern erhabenen Zuhörer. Folgende Stanzen sind aus dieser Eröffnungsrede entnommen:

«Da tut's so wohl, inmitten uns zu schauen,
Den Sänger, der der Fesseln uns entwöhnt,
Und ein Prometheus, sinnig, sonder Grauen,
Den deutschen Geist erleuchtet und verschönt.
Du selbst, lustwandelnd auf der Griechen Auen,
Hast Braga mit Apollo ausgesöhnt,
Und wirst zum Lohne für dein hohes Streben,
Willkommen stets in ihrem Kreise leben.»

Ein glücklicher Zufall wollte, daß des heldenmütigen Jünglings «Spiel in Versen» für Goethe neu war und daß gerade in dieser Darstellung dem Dichter [Körner] sein Recht widerfuhr. Bei der, mit «gebührendem Pathos» vorgetragenen, Rede des Pachters Veit:

«– Ich hab' schon mein Wort gegeben.
Der *Vetter aus Bremen* trifft heute noch ein;
Es bleibt nun mein liebster Gedanke im Leben,
Mein Eidam muß ein Schulmeister sein.
Die Veite haben seit ewigen Zeiten
Das Szepter in der Schule geführt;
Nun kann ich's doch wirklich nicht dulden noch leiden,
Daß unsre Familie den Ruhm verliert.»

lachte Goethe so herzlich, wie ich ihn je lachen hörte; er erklärte die Posse für allerliebst, neckisch und komisch. Das Ganze wurde nicht verdorben, sondern leidlich zu Ende geführt.

Die Spielenden hatte ich, mit meines Gastes Bewilligung, zu einem Abendbrote eingeladen. Immer lebendiger und mitteilender wurde Goethe, immer bestimmter und schärfer die Rede. Seine Laune war unerschöpflich, er, hinreißend liebenswürdig. Mit Lust ließ er sich gehen und warf zuletzt mit Witzworten und Scherzen um sich.

«Seht, liebe Kinder», so sagte er unter andern, «Ihr befandet Euch dem Ziele ganz nahe, könnte ich acht Tage bleiben, noch eine Lese- und eine Spiel-Probe und Ihr solltet sehen ..... dann müßte jede Szene so gegeben werden, als dürfte es eben nicht anders sein, und die Zuschauer glauben, sie selbst würden es gerade so und nicht anders gemacht haben.»

Wie dankbar, wie beglückt war der aufmerksame Hörerkreis für die so nachsichtsvolle Äußerung, wie fühlten wir uns ergriffen von Goethes Liebenswürdigkeit. Die geistvolle Munterkeit durchströmte die ganze Gesellschaft, der heitere Genius des überragenden Meisters beherrschte die Gemüter seiner Jünger.

Mit Wärme wurde bei dieser Gelegenheit der Wunsch ausgesprochen: wir möchten daran denken, Schillers Glocke über unsere kleine Bühne gehen zu lassen, die Darstellung in Weimar sei von bester Wirkung gewesen. Ohne die mindeste Änderung hatte man dem trefflichen Werke dramatisches Leben verliehen, indem, nach Maßgabe der Persönlichkeiten, die einzelnen Stellen unter die gesamte Gesellschaft verteilt wurden; Meister und Gesellen erhielten so eine Art Individualität. Später erfolgte die zugesagte Übersendung einer Abschrift der dramatisierten Glocke; allein es fanden sich, leider! nicht zu beseitigende Hindernisse: ein glühender Ofen, ein rollender feueriger Bach, dessen Verschwinden in der Ferne, und das Hervorziehen der Glocke, fürs Auge die angenehmste Unterhaltung gewährend, waren Schwierigkeiten, welche ich auf dem beschränkten Raume der Hanauer Privat-Bühne nicht zu überwinden wußte.

Mein Gast erstaunte, wie er, nach seiner Taschenuhr sehend, bemerkte, daß Mitternacht längst vorüber.

4096 K. Westermayr:
Nachricht im «Morgenblatt» *29. Dezember 1814*

Unsre Stadt [Hanau] ist neulich des Glücks teilhaftig geworden, den Patriarchen der deutschen Literatur, den *großen Goethe*, in ihren Mauern zu besitzen. Er stieg beim Herrn Geheimen Rat von Leonhard ab, und verweilte fünf Tage hier. Während seiner Anwesenheit erfreuten uns die Mitglieder des hiesigen Gesellschaft-Theaters mit einem genußreichen Abend einer dramatischen Darstellung. Man hatte drei niedliche Stücke gewählt: *Die Brandschatzung*, *Das Rätsel* und *Die drei Schulmeister*, letzteres von Theodor Körner, dem heldenmütigen Jünglinge, der für Deutschlands Freiheit fiel …

Goethe war zufrieden mit dem Streben der Gesellschaft, und schien sich überhaupt hier wohl zu gefallen. Ganz vorzüglich sprach ihn auch die Leonhardsche Mineralien-Sammlung an, welche durch ihre Vollständigkeit, durch Reichtum und Eleganz, unbestritten zu den ersten Kabinetten Deutschlands gehört. Auch für die Bemühungen der (jetzt leider ohne alle Unterstützung von seiten des Staats wirkenden) Wetterauschen Gesellschaft naturforschender Freunde interessierte sich der Weimarische Heros.

4097 *K. C. v. Leonhard:*
Aus unserer Zeit in meinem Leben *1854*

Auf dem nächsten Morgen-Spaziergang gefiel es dem Weimarschen Heros, von mir die Geschichte der Hanauer Privatbühne zu verlangen, von ihrem ersten Entstehen an, bis zu den glanzvollen Tagen, wo Iffland mit uns auftrat.

Gerechten Anstand nahm ich, meinen verehrten Gast mit solchen «Kleinigkeiten» zu unterhalten; aber es half nichts, er wiederholte seinen Wunsch, ich mußte erzählen. Mit Teilnahme achtete Goethe auf alles, was ich vorbrachte ...

Lese-Proben ließ ich mir sehr angelegen sein, obwohl Spiel-Proben meinen Leutchen für weit ergötzlicher galten.

«Recht», unterbrach mich Goethe, «damit muß man's ernst nehmen, findet die Sache auch oft nichts weniger, als ungeteilten Beifall. Ich, der ich veranlaßt wurde, mit tieferem Blick ins Innere des Theaterwesens zu dringen, lasse mich nie irren. Mir gelten Lese-Proben für unerläßlich, damit Ausschweifungen vermieden, die Rollen nicht verfehlt, nicht ohne Leben, mit echter Laune vorgetragen werden, mit Bewußtsein und Besonnenheit, nicht allzu feuerig und ungestüm, auch das Stoßende, Harte und Verrenkte in der Sprache vermieden werde, ebenso der Schwulst, zu dem sich junge Schauspieler so gern verlocken lassen, obwohl er dem ganzen Wesen theatralischer Darstellungen durchaus fremd ist und ungeziemend. Lese-Proben sind für die meisten unerläßlich, um vom Geist ihrer Rollen durchdrungen zu werden, um die Herzens-Sprache hören zu lassen, nicht das Auswendig-Gelernte, um mit Kraft und Nachdruck reden zu können, ohne den Mund zu voll zu nehmen, ohne jene fürchterliche Deutlichkeit in der Aussprache, die durch Mark und Bein geht. In Lese-Proben kann man auf solche Fehler aufmerksam machen und Unarten verbannen.» ...

[Leonhard berichtet weiter.]

Noch immer hörte Goethe mir zu. Seine Züge waren ruhig, freundlich, bald beobachtete er mich mit prüfendem

Blick, bald lächelte er beistimmend. Und so wird man's begreiflich finden, daß ich meinen Bericht fortsetzte. [Leonhard berichtet ferner über Vorbereitung und Aufführung von «Kabale und Liebe».]

4098 K. C. v. Leonhard:
Aus unserer Zeit in meinem Leben *1854*

Goethe sagte mir, bei seinem Aufenthalt in Hanau: es wäre keineswegs Vorgefühl allein, er habe ziemlich sichere Anzeichen, in Weimar ein Diplom des Ordens der verrückten Hofräte vorzufinden; so hoch hätten sich seine bescheidenen Wünsche nicht verstiegen, indessen müsse man es über sich ergehen lassen. Mein Gönner war voller Erwartung, sehr gespannt, welcher Grund zu der «ehrenhaften Auszeichnung» gedient habe.

Natürlich säumte ich nicht, mir möglichst bald Kenntnis zu verschaffen vom «Denkspruch». «Ob orientalismum occidentalem», lautete er in Goethes Diplom.

4099 Riemer *27. Oktober 1814*

Nachmittag zu Goethes, wo Wolffs. War Goethe eben angekommen. Kam vor, aber ganz verstört. Küßte Uli, auf eine schmerzliche Weise, wie Madame Wolff bemerkte. Gingen diese hierauf fort. Ich blieb da. Der Assessor ging zum Vater, okkupierte ihn den ganzen Abend, so daß die Goethe mit ihrer Geschichte [betr. Riemers geplanter Verheiratung mit Caroline Ulrich] gar nicht ankommen konnte, sich vor Verdruß zu uns, mir und Uli setzte, und wir stimmten sie heiter; ich durch meine Erklärung, wie glücklich mich Uli mache. Kam hernach Goethe vor, teilte Geschenke aus.

4100 Riemer *28. Oktober 1814*

Zu Goethe im Garten, der die Sache als ganz bekannt annahm und mir mit lustigen Phrasen entgegenkam. Meine Gesinnungen und Intentionen dabei offenbart. Dann zu den Frauen, wo ich hörte, daß er ganz auseinander sei. Mußte mittags bei Tisch bleiben. Verließ ihn alles, und auch mich schickte er zuletzt fort.

4101 Charlotte v. Stein an Knebel *29. Oktober 1814*

Goethe ist wieder hier; ich war aber nicht zu Haus, als er mich gestern besuchen wollte, und hörte übrigens noch gar nichts von ihm.

4102 Riemer an Frommann *29. Oktober 1814*

Goethe ist nun wieder zurück, und wenn das Wetter gut ist und bleibt, so dürfen Sie ihn vielleicht bei sich sehen. Zu erzählen hat er genug, und er scheint gern mitteilen zu wollen.

4103 Charlotte v. Schiller
an Prinzessin Caroline *5. November 1814*

Unser Meister ist auch gesund zurückgekehrt und ist in seiner Vaterstadt geehrt und gepriesen worden. Er hat Besuche gegeben bei mir und sieht recht hell aus. Auch hat er vorigen Dienstag [1. November] bei Ihrer Frau Mutter uns aus seinem Reisejournal gelesen, wo er in seiner Schilderung der Rhein- und Maingegenden recht meine Sehnsucht erweckt hat. Ich möchte wohl, er öffnete sein Herz der Gesellschaft, und man sähe ihn öfter.

4104 St. Schütze an Wilhelmine Schäler *7. November 1814*

[Über eine Liebesbeziehung der Wilhelmine Schorcht.] Goethe sagte neulich zu mir: es spielen immer Romane um sie her! – ist das nicht wieder einer?

4105 Riemer *8. November 1814*

Mit der Goethe ins neue Logis, damit sie Anstalten für den Abend träfe. Um 5 Uhr zu Goethe, der im Vorsaal. Redensarten von ihm. Dann zur Braut, die etwas weinte. Fuhr die Goethe und Müller voraus. Wir hernach in die Sakristei, wo uns unter Zudrang von Mädchen und Kindern der Kollaborator Köhler traute.

4106 H. Luden an ? *19. November 1814*

Sie kennen den Eichstädt hinlänglich. Solange Griesbach lebte, so lange hatten wir ein Gegengewicht gegen diesen Menschen. Seit Griesbachs Tode ist er ganz des Teufels, und die alte Exzellenz ist taub und blind gegen sein Tun und Treiben, obgleich es am Tage liegt, daß Jena veröden wird, wenn er noch zehn Jahre so fortwaltet, wie bisher.

4107 Charlotte v. Schiller
an Prinzessin Caroline *3. Dezember 1814*

Wir sehen jetzt den Meister öfter in dem Zimmer der Frau Mutter, wo er über seine italienische Reise erzählt, Details ausmalt, und es ist unaussprechlich, wie sein Verstand immer klar und weit umfassend um sich blickt in allen Perioden des Lebens; er hat auf Dinge geachtet im Laufe seines Lebens, die wir gar nicht wähnen konnten. Während man ihn als eine leidenschaftlich bewegte Natur nur in seiner Phantasie lebend sich denken konnte, beachtete er das Große und Kleine mit Scharfsinn; er hat Bemerkungen über die National-Eigenschaften der Italiener, Züge beobachtet, die nur ein Mensch auffinden kann, der in der Welt weiter nichts vernähme …

Der Meister las uns neulich auch ein Bruchstück aus der Kunstgeschichte Meyers, wie durch die Entstehung der christlichen Kirchen die Kunstwerke der Griechen zerstreut und zerstört wurden, wie oft die Griechen ihre Götter geflüchtet haben, und wie immer und immer der Geschmack der ersten Zeiten sich in die Gemälde vermischte. Die ersten Zeiten der Madonnenbilder sind alle nach griechischen Vorbildern, auch ohne Schatten meist. Späterhin entstanden schon die idealen mit den wirklichen verschmolzen.

4108 H. v. Krosigk: Karl Graf von Brühl *1910*

[Anna v. Pfuel über ihre Mutter Jenny Gräfin v. Brühl.] Auf eigentümliche Weise gestaltete sich Jennys erste Begegnung mit Goethe [am 3. Dezember 1814]. Sie war allein im Gasthofe, als der Kellner die Tür öffnete und in das Zimmer hinein anmeldete: «Der Herr Geheime Rat!» Hinter ihm erschien gleich ein alter, imposanter Herr, der sie freundlich begrüßte, sich zu ihr setzte, und sie eine Weile angenehm unterhielt. Dann empfahl er sich – seinen Namen hatte Jenny nicht zu ergründen vermocht. Als Karl nach Haus kam, erklärte er natürlich gleich, daß Goethe der alte Herr gewesen sei, und der Kellner bestätigte es, er hatte es für zweifellos gehalten, daß jedermann hier mit dem Titel allein Genügendes wisse. Jenny war es ganz lieb, erst nachträglich Aufklärung zu erhalten, sie hätte sonst mit Verlegenheit zu kämpfen gehabt.

4109 H. Döring an Seidel *18. April 1815*

Bei Goethe, der im Dezember des vorigen Jahres sich hier in Jena aufhielt, ließ ich mich [am 9. Dezember 1814] melden, und wurde sehr höflich, ja zuvorkommend aufgenommen, obgleich man mir vorher seinen Stolz, ja seine Geringschätzung gegen Fremde mit den lebhaftesten Farben schilderte. Vielleicht hatte ich diesen gütigen Empfang Knebeln zu danken. Goethe ist ein Mann von mittlerer Größe, stark und kräftig gebaut, von blühender Farbe, schwarzen Augen, einer gebogenen Nase; kurz er hat ein echt griechisches Ansehn, wie wir es auf alten Vasen-Gemälden oder Büsten zu erblicken gewohnt sind. Er unterhielt sich beinahe eine Stunde mit mir von Danzigs Schicksalen, mannigfachen wissenschaftlichen Fächern, und meinen Studien, wobei er Gelegenheit nahm, mir die Naturwissenschaften zu empfehlen, indem uns, wie er sagte, durch dies Studium allein die Schuppen vom Auge fielen.

4110 Johanna Frommann an F. Bohn *25. Dezember 1814*

Goethe war kürzlich über vierzehn Tage hier [in Jena] und besuchte uns auch. Er war sehr wohl und ungemein heiter. Er kam in der Mittagsstunde und bat uns, mit ihm in den Garten zu gehen, wo wirklich noch allerlei liebliche Blumen blühten, als Primeln, Aurikeln, Veilchen und andere. Den Tag vor seiner Abreise schickte ich Louis mit einem schönen Strauß zu ihm. Der alte Herr ward darüber so erfreut, daß er den Jungen in seine Stube nahm und ihn mit einem Kästchen allerliebster Versteinerungen und merkwürdiger

Steine beschenkte. Louis ist ganz stolz darüber. Der Bergrat Voigt hat ihm alle Namen sagen müssen, und die sind auf Papierchen darauf geschrieben.

4111 Knebel an Caroline v. Bose *12. Januar 1815*

Goethe brachte letzthin vierzehn Tage bei uns zu, und war überaus wohl und mitteilend. Er las mir seinen *Epimenides* vor, eine Oper, die er auf die Rückkunft des Königs nach Berlin gemacht hat. Sie ist vortrefflich, sowohl in der Idee als Ausführung, voll Kraft und ihm eignem Geist. Überhaupt scheint er sich diesen Sommer gleichsam verjüngt zu haben. Er hat eine ungeheure Anzahl kleiner Gedichte gemacht; zum Teil im orientalischen Geschmack, in den er sich ganz hineinstudiert. Dabei hat er noch seine *Reisegeschichte* geschrieben, und wird seine *Italienische Reise* auf Ostern herausgeben.

4112 J. Kollár: Erinnerungen

In Deutschland ist es Sitte, daß zu Weihnachten am sogenannten Weihnachtsabend die Eltern den Kindern einen kleinen, mit Bändern, Kerzen, Obst usw. geschmückten Baum zum Geschenke machen. Einst wurde auch Goethe am Weihnachtsabende [vielmehr 20. Dezember 1814?] zu einem solchen häuslichen Freudenfest zum Professor Lorsbach geladen, der nur eine einzige, schon erwachsene Tochter hatte, welcher er im Nebenzimmer einen solchen schönen Weihnachtsbaum mit Äpfeln und anderen Gaben herrichtete. In einem anderen Zimmer musizierte man unterdessen, sang, spielte Karten und konversierte mit Goethe. Aber gleichzeitig stahlen sich bei einer andern Türe zwei schelmische Kumpane und Spaßvögel in jenes geschlossene Zimmer hinein, beraubten den ganzen Baum der Früchte, Äpfel und Nüsse und kehrten wieder in die Gesellschaft zurück, als ob nichts vorgefallen wäre. Schlag sieben Uhr kam der Hausvater mit der Tochter an der Seite in die Gesellschaft, öffnete die Tür und lud die Gesellschaft in jenes Zimmer zum Weihnachtsbaum ein. Wie groß war die Verwunderung und der Schrecken aller, als der Baum leer und nackt in der Mitte des Zimmers stand. Goethe stand vor dem Baume mit über die Brust geschlagenen Händen, schwieg und dachte. Und es entstand in der ganzen Gesellschaft große Stille in Erwartung dessen, was daraus werden, was Goethe dazu sagen werde. Dieser öffnete den Mund und sprach scherzhaft mit ernster Stimme: «Eva, verziehen sei Dir, es haben ja Söhne der Weisheit rein geplündert den Baum, welchen der Vater gepflanzt.» Freudiges Händeklatschen, Gelächter und Scherzen ertönte bei diesen witzigen Versen von allen Seiten und versüßte in erfreulicher Weise diesen ganzen Abend bis in die späte Nacht hinein.

4113 Susanne Voigt: Aufzeichnungen

Goethe war [im Dezember 1814] unser Nachbar [in Jena] und brachte den Abend gern bei uns zu, das waren glückliche Stunden, er sorgte mit väterlicher Liebe für mich. Als ich in Weimar war, bezeugte er dies gar vielfältig.

1815

4114 K. Eberwein: Goethes Proserpina *1856*

Gegen Ende genannten Jahres [1814] begannen, in Hofrat Meyers Gegenwart, die Klavierproben der Proserpina in Goethes Saale, welchen die kolossalen Büsten Jupiters und der Minerva, sodann die Venus, in Öl gemalt, und geistreich erfundene Kopien Raffaelscher Kunstgebilde schmückten. In der geistreichen Madame Wolff hatte Proserpina eine würdige Repräsentantin gefunden. Diese liebenswürdige Künstlerin und ich waren [am 2. Januar 1815] Goethes Erscheinen gewärtig; sie vertraute mir, wie sie sich noch über die Ausführung ihrer Aufgabe im Unklaren befinde. «Sie wissen», knüpfte sie an, «wie Goethe ist. Er wirft eine Idee hin, jedoch mehr andeutend als vollständig erklärend. Schließlich murmelt er noch etwas Bezügliches, das die Unsicherheit, in der man sich befindet, noch vergrößert. Er will, daß man durch eigenes Nachdenken seine Gedanken ergründe und individuell reproduziere. Von der Größe und Originalität derselben in einen fieberhaften Zustand versetzt, flieht die Ruhe. Glücklich, wem es nach Anstrengung seiner geistigen Kräfte gelingt, sich Goethes Ideen zu bemeistern. Durch andauerndes Studium bei Tag und Nacht hoffe ich in betreff der Proserpina seinem Wunsche entsprechen zu können, bin aber dessen nicht gewiß.»

Die Tür, an dessen Schwelle einem jeden, der sich ihr nähert, das «Salve» freundlich anspricht, öffnete sich, und Goethe mit Hofrat Meyer trat ein. Während der Probe ließen jene Meister die Künstlerin gewähren. Nach Beendigung derselben machte Meyer sie auf einige Stellungen aufmerksam, die wohl graziös wären, aber nicht antik. Er zeigte ihr, wie sie ihr Spiel zu verbessern habe. Goethe sprach sich im allgemeinen über die Leistung der Wolff sehr befriedigt aus. Das Wenige, bemerkte er, was noch zu wünschen sei, werde sich finden, sobald sie auf das Theater käme; hier sei der Raum zu beschränkt.

Der Wolff bange Sorge verwandelte sich nun in ausgelassene Freude und Lust. In dieser Stimmung wendete sie sich zu dem im Saale befindlichen Jupiter, und machte ihm mit übertriebenem Pathos Vorwürfe, daß er Proserpinas Leiden und Klagen mit angehört, ohne auch nur eine Miene zu verziehen. Goethe und Meyer führten diesen Scherz in einer Weise fort, daß, wenn Jupiter in Person gegenwärtig gewesen wäre, er uns sicher mit Donner und Blitz in die Flucht geschlagen hätte.

4115 Riemer an Frommann *(14. Januar 1815)*

[Christiane hatte am 9. Januar offenbar einen Schlaganfall erlitten.] Der Schlag oder eine Art von Schlag *im* Wagen hat seine Richtigkeit, wiewohl die Dame das selbst nicht weiß. Unterdes ist alles wieder gut, und es sind schon Supplikationen angestellt worden, oder vielmehr herumgeschickt, Visiten-Karten mit der Inschrift: «Für genommenen Anteil *höchlich* dankbar.» Das Gegenteil wäre für *ihn* vielleicht gut gewesen; für uns andre gewiß.

4116 E. Genast: Aus dem Tagebuche eines alten Schauspielers *1862*

Am 30. Januar 1815 kam als erste bedeutende Neuigkeit die «Zenobia» von Calderon zur Aufführung.

Da ich in dem Stück beschäftigt war, so wurde mir [wohl am 19. Januar] Gelegenheit, zum ersten Mal einer Goetheschen Leseprobe, die bei großen Werken stets in seinem Hause abgehalten wurde, beizuwohnen, und ich konnte mich persönlich von der Wahrheit dessen überzeugen, was ich bisher darüber gehört hatte.

Ein langer, grünbehangener Tisch stand in der Mitte von Goethes Empfangszimmer. Obenan nahm er seinen Platz; ihm gegenüber, am Ende der Tafel, der Regisseur. Zur Rechten von Goethe saß die Wolff, zur Linken Oels; die übrigen reihten sich der Ordnung gemäß an; der junge Nachwuchs bildete den Schluß. Ich hatte die Ehre, neben meinem Papa zu sitzen. Vier Exemplare lagen auf dem Tisch, wovon eins Goethe, ein zweites mein Vater und die beiden andern die Wolff und Oels in Besitz nahmen. Mein Vater flüsterte mir zu: «Nimm Dich zusammen!» Du lieber Gott! was brauchte ich mich denn da zusammenzunehmen, ich hatte ja nur ein paar Worte zu sagen, und diese wußte ich bereits auswendig.

Goethe las nun die Namen der handelnden Personen, dann gab er mit einem Schlüssel, womit er auf den Tisch klopfte, das Zeichen zum Beginn, und Oels fing an zu lesen; auf ein abermaliges Klopfen las Madame Wolff weiter, und Oels gab sein Buch an seinen Nachbar; ein Gleiches tat dann die Wolff. So gingen die Bücher von Hand zu Hand. Nun war mir klar, was der Herr Papa mit dem «Nimm Dich zusammen!» gemeint hatte; nun sah ich erst, welch kitzliche Sache es ist, Calderonsche Verse korrekt vom Blatt zu lesen und dabei einigen Ausdruck hineinzulegen. Zum Glück hatte ich das Stück auf meines Vaters Pult vorgefunden und bereits für mich gelesen; der Rhythmus und das Tempo wurden mir durch Oels und die Wolff trefflich angegeben, und so sah ich denn mit einiger Ruhe dem Zeitpunkt entgegen, wo das Klopfen des Schlüssels mich aufrufen würde.

Solche Leseproben hatten das Gute, daß sie die Aufmerksamkeit aller Mitwirkenden verlangten und man auf diese Weise eine genaue Kenntnis des Ganzen erhielt, was auch Goethe dabei bezweckte …

Bei der zweiten Leseprobe wurden die Rollen kollationiert und bei der dritten im Charakter gelesen.

4117 H. Meyer an G. Hufeland *21. Januar 1815*

Goethe ist recht wohl und sehr tätig. Er verfertigte vergangenen Sommer in Berka (wo eine Schwefelquelle entdeckt worden ist) in sehr kurzer Zeit ein großes allegorisches Drama für Berlin, aus welchem das Lied, dessen Sie erwähnen, genommen ist. Ich wünschte Ihnen den schönen Genuß, der mir geworden ist, das Ganze vorlesen zu hören. Einige Stanzen zumal scheinen mir unübertrefflich gelungen. Der Titel heißt *Epimenides*. Der Dichter sieht die Weltbegebenheiten aus einem hohen Standpunkte an, das Parteienwesen ist ihm also fremd. Seine italienische Reise wird jetzt von ihm zum Druck bearbeitet, und neben ihr entstehen kleine Gedichte. In der Tat muß man sich über diese Tätigkeit verwundern, und wohl mag sie allen seinen Freunden umso mehr erfreulich sein, da sie ein vollkommenes physisches Wohlbefinden anzeigt.

4118 E. Genast: Aus dem Tagebuche eines alten Schauspielers *1862*

Es wurde den Schauspielern Zeit genug zum Memorieren ihrer Rollen gewährt; darum verlangte aber auch Goethe, daß jeder bei der ersten Theaterprobe seiner Aufgabe mächtig sei; er konnte sehr heftig werden, wenn einer sich eine Nachlässigkeit darin zu Schulden kommen ließ.

Bei der ersten Theaterprobe zur «Zenobia» [am 27. Januar 1815] sollte Unzelmann, welcher den Soldaten spielte, das Unglück treffen, Goethes Zorn zu erregen. Er war einer der fleißigsten Schauspieler und ein Liebling Goethes, aber er gehörte auch zu denen, die sich durch ein Zorneswort des Meisters nicht einschüchtern ließen.

Bei jener Probe nun trat Unzelmann mit der Rolle in der Hand auf die Szene und las dieselbe ab. Sogleich ertönte mächtig Goethes Stimme aus seiner Loge, die sich im Hintergrund des Parterre befand: «Ich bin es nicht gewohnt, daß man seine Aufgabe abliest!» Unzelmann entschuldigte sich mit dem Bemerken, daß seine Frau seit mehreren Tagen krank daniederliege und er deshalb nicht zum Lernen hätte kommen können. «Ei was!» rief Goethe, «der Tag hat vierundzwanzig Stunden, die Nacht mit eingerechnet!» Unzelmann trat bis in das Proszenium vor und sagte: «Ew. Exzellenz haben vollkommen recht! Der Tag hat vierundzwanzig Stunden, die Nacht mit eingerechnet; aber ebenso gut, wie der Staatsmann und Dichter der Nachtruhe bedarf, ebenso gut bedarf ihrer der arme Schauspieler, der öfters Possen reißen muß, wenn ihm das Herz blutet. Ew. Exzellenz wissen, daß ich stets meiner Pflicht nachkomme; aber in solchem Falle bin ich wohl zu entschuldigen!» Diese kühne Rede erregte allgemeines Erstaunen, und jeder stand erwartungsvoll, was nun kommen würde. Nach einer Pause rief Goethe mit kräftiger Stimme: «Die Antwort paßt! Weiter!»

In dieser Probe sollte noch ein Unglücklicher an die Reihe kommen, und dieser Unglückliche war ich.

Ich spielte den Hauptmann der Zenobia, der den Aurelianus gefangen zu nehmen und nur wenige Worte zu sprechen hat. Mit großer Sicherheit trat ich aus der vierten Kulisse heraus und schritt mit Würde über die Bühne, um die Heldentat, die Gefangennahme des Aurelianus, zu vollbringen. Da ertönte es: «Schlecht! So nimmt man keinen Kaiser gefangen. Noch einmal!» Ich kam also noch einmal, dann zum dritten, vierten und fünften Mal, und immer blieb der Ausspruch derselbe, nur daß er bei jeder Wiederholung markiger wurde. Ganz zerknirscht wagte ich endlich die bescheidene Frage: «Exzellenz, wie soll ich's denn nur machen?» – «Anders!» war die belehrende Antwort. Ja, das war leicht gesagt, aber wie? Mein Herr Papa, der seinen Sitz rechts im Proszenium hatte, warf mir schon längst ingrimmige Blicke zu; ja der hatte gut werfen, ich hätte mich lieber selbst hinauswerfen mögen, um der Qual und Schande zu entgehen. So trat ich denn den schauerlichen Gang zum sechsten Mal an, um dem Willen Goethes nachzukommen und es «anders» zu machen, aber es blieb beim Alten. Da rief der Gewaltige: «Ich werde Dir es vormachen.» Nach einer Weile betrat er in seinem langen blauen Radmantel, den Hut halb schräg auf seinem Jupiterhaupte, die Bühne. Er nahm mir das Schwert aus der Hand, stellte mich als Zuschauer in den Vordergrund der Bühne und kam nun mit einem martialischen Gesicht und – ich kann's nicht anders bezeichnen – mit Hahnenschritten im raschesten Tempo auf den Aurelianus losgestürzt, das Schwert drohend über dessen Haupte schwingend. Das war allerdings ganz anders, wie ich es gemacht hatte, aber ich wußte nun, wie er es wollte, und ahmte ihm treu nach. Da kniff er mich mit dem Zeige- und Mittelfinger, wie seine Art war, wenn er seine Zufriedenheit zu erkennen geben wollte, in die Backe, daß ich hätte laut aufschreien mögen, und ging dann wieder hinab in seine Loge. Mein Vater wandte sich mit einem sarkastisch-freundlichen Lächeln gegen mich und flüsterte mir über die Achsel zu: «Ich breche Dir den Hals, wenn Du es so machst!» Ich stand da, wie gewisse Tiere am Berge, der Papa aber fuhr fort: «Wenn wir nach Hause kommen, werde ich Dir schon erklären, wie es Goethe meint.»

Bei der Hauptprobe dieses Stücks [am 29. Januar] sollte Goethe nochmals in Harnisch gebracht werden. Sein Prinzip war, diese gleichsam als die erste Vorstellung zu betrachten; darum durfte kein Unberufener während der Handlung auf der Szene stehen oder auch nur den Kopf aus der Kulisse stecken. Letzteres Verbrechen ließ sich in dieser Probe ein ästhetischer Maschinist mit einem gewaltig dicken Schädel zu Schulden kommen. Sogleich donnerte Goethe herauf: «Herr G'nast! schaffen Sie mir den ungehörigen Kopf aus der ersten Kulisse rechts, der mit unanständiger Neugier sich in den Rahmen meines Bildes drängt.»

4119 *Abeken: Goethe in meinem Leben*

Derselbe Dichter [Calderon] war es auch, der mich nach Weimar führte, wo «Die große Zenobia» nach der Übersetzung des Freundes [Gries] aufgeführt werden sollte, und zwar unter der Direktion Goethes, der den spanischen Dichter sehr bewunderte. Dies geschah am 30. Januar 1815, zur Feier des Geburtstags der Großherzogin Louise, für den auch das Theater immer etwas Ausgezeichnetes in Bereitschaft hielt. Am Tage nach der Aufführung ging ich zu Goethe, welchem das Interesse, das ich an dem spanischen Dichter, und der Anteil, den ich an der Übersetzung nahm, bekannt war. Mein Tagebuch enthält über diesen Besuch folgendes: «Goethe war sehr freundlich und gesprächig. Er legte besonders Gewicht auf den schönen Humor, worin Decius' Verhältnis zu Zenobia durchgeführt sei. Calderon sei ein großer Dichter; nur eine gewisse freche Rhetorik müsse man ihm zugestehn. Es sei kein Wunder, daß die dramatische Kunst in Madrid so geblüht, da selbst der König für die Bühne gedichtet habe.» Bei dieser Gelegenheit war es auch, daß er das Obenerwähnte äußerte: «Der Prinz Fernando sei der standhafte, nicht sowohl für den Glauben, als für Portugals Glanz und Macht.»

4120 *Charlotte v. Schiller an Knebel* *8. Februar 1815*

Der arme Geheimerat Goethe hat jetzt viel Not. In der Nacht von Sonnabend [4. Februar] auf den Sonntag war die Frau einige Stunden [fast] tot, und Huschke hat dem Sohn im Vertrauen eröffnet, sie könnte nicht leben; doch hat es sich gebessert, aber der Anfall von Krampf kann immer bei jeden Veranlassungen wiederkommen. Ich fürchte für ihn; er kann das widerliche Leiden des Lebens nicht ertragen, ohne angegriffen zu werden, und viel Kräfte hat er nicht mehr. Ein guter Schutzgeist walte über unserm Freund!

4121 *Charlotte v. Schiller an Knebel* *22. Februar 1815*

Am Freitag [17. Februar], dem Geburtstag unsrer Großfürstin zu Ehren, hatte eine Gesellschaft den Erbprinzen beschwatzt, daß er das kleine Theater, welches die Kinder hatten dem Geburtstag der Prinzeß Marie zu Ehren, ihnen einräumte. Zuerst erschien ein Prolog von Regierungsrat Müller, dem Freund der Madame Schopenhauer. Es erschien Ruthenia, Adele Schopenhauer, und der Schutzgeist Thüringens, Ottilie Pogwisch, und deklamierten mit vielem Pathos lauter Gemeinplätze her ...

Was der Dichter des Prologs denkt und seine Aspasia, weiß ich nicht ... Wenn ein Mensch mit so etwas zufrieden sein kann und sein Produkt unter die plastischen [klassischen?] Kunstwerke aufzustellen meint, der muß unendlichen Dünkel oder gar keinen Geschmack haben. Goethe hat sich darüber ereifert und mit Recht.

4122 Riemer an Frommann *(19. Februar 1815)*

Danz hat an mich wegen der sehr vorteilhaften Stelle in Rostock geschrieben. Mit der Wohnung über 1000 Taler; im Vergleich mit meiner hiesigen Lage, selbst bei Gehaltszulage, doch sehr bedeutend. Ich habe mich nicht abgeneigt erklärt. Voigt und Goethe geben nun freilich nicht viel Trost; letztrer sogar rät mir, an allen Strängen zu ziehen und zu *sehen*, *wo* und *wie* ich etwas erhalte. Das macht mir nun eben keine Freude, und ich bin beinahe entschlossen, ohne weiteres mich auf Rostock einzulassen ...

Von dem Lumpengelde kann ich hier nicht leben: Schulden habe ich über die Gebühr, und Leben und Gesundheit geht durch das Prickeln Tag und Nacht an einer mühsamen Arbeit hin, daß, wenn ich meine Frau nicht hätte, ich es auf keinen Fall aushalten würde. Dazu noch eine so herzlose Antwort von Goethe, der mich gleichwohl hier behalten will, und mir das Rostock ausreden möchte!

4123 Charlotte v. Schiller an Knebel *22. Februar 1815*

Gestern habe ich einen großen Genuß gehabt. Wir waren bei der Herzogin mit Goethe, Frau von Schardt, meine Schwester und ich ... Goethes Umgang mit dem Orient ist uns recht erfreulich; denn er lehrt uns diese wunderliche Welt kennen. Die persische Poesie ist sehr merkwürdig; jetzt las er uns aus dem Gedicht des Firdusi, welches 120.000

Verse hat, 60.000 Distichen. Sein Geist, der klar und reich die Verhältnisse durchblickt, weiß auch aus dieser Masse von Welt und von fremdartiger Phantasie zu sondern und Licht zu schaffen und es in ein Ganzes vors Auge zu bringen ... Wir sollen auch aus dem Koran etwas hören. Die Herzogin freut sich dieser Lektüre sehr und wir alle nicht weniger.

4124 Charlotte v. Schiller an Knebel *4. März 1815*

Wir haben diese Woche [am 28. Februar] wieder wunderschöne arabische Dichtungen vernommen. Goethe hat alles zusammengetragen aus der Bibliothek, seiner Sammlung, daraus er uns nach der Zeitfolge die Dichtungen vorträgt, bald aus den «Fundgruben des Orients», bald aus andern Werken, aus englischen Übersetzungen usw.

4125 Ch. G. v. Voigt an Eichstädt *15. März 1815*

Die Meinungen über Frankreichs Schicksal sind sehr schwankend. Ihro Exzellenz Herr Geheimer Rat v. Goethe glaubt, daß eine neue Revolution in Paris sehr wahrscheinlich sei.

4126 Charlotte v. Stein an Knebel *22. März 1815*

Der garstige Husten, der meine guten Freunde peiniget, ist mir recht verhaßt. Gestern sah ich einen Augenblick Geh. Rat Goethe, als ich vor seinem Garten vorbeiging, und fand ihn recht mager, aber ganz geduldig in seinem Leiden. Es war das erste Mal, da ich ihn in diesem Jahr wiedersah. Ihren Anteil werde ich ihm, sobald der Garten mir wieder Gelegenheit gibt, ausrichten.

4127 Riemer an Frommann *27. März 1815*

Was mein Weggehen betrifft, so regt sich in Rostock nichts, und hier auch nichts ... Voigt verschiebt alles auf des Herzogs Ankunft ... Goethe sagt gar nichts, der ohnehin zeither an Schnupfen und Husten gelitten hat und noch leidet.

4128 Johanna Schopenhauer an G. Keil *15. April 1815*

Goethe ist fast den ganzen Winter recht ordentlich krank gewesen, mancher häusliche Verdruß, Schreck über die fürchterlichen Zufälle seiner Frau, die nun am Ende sich doch wieder erholt trotz aller gemachten Anstalten, selig abzufahren, hatten den doch ziemlich alten Herrn angegriffen, dazu kam ein Flußfieber und Katarrh, der ihn Tag und Nacht mit Husten plagte, diese brachten ihn sehr herunter, jetzt erholt er sich wieder, aber kein menschliches Auge darf seit drei Monaten in das Heiligtum blicken, in welchem er hauset, außer seine Hausgenossen und die beiden Auserwählten Riemer und Meyer.

4129 J. D. Gries an G. Hufeland *15. April 1815*

Goethe hat sich seit langer Zeit keinen Winter so wohl befunden als den vergangnen; Wiesbaden scheint ihm besser zu bekommen als Karlsbad. Nur in den letzten vier Wochen litt er an einem heftigen Katarrh, der jetzt aber auf dem Abzuge ist. Sein unerschöpflicher, ewig jugendlicher Geist hat sich wieder ein neues Feld gewählt, nämlich die orientalische und namentlich die persische Poesie, in welche er jetzt ganz versunken ist. Er hat den Winter über unzählige Gedichte in diesem Stile gemacht und viel davon vorgelesen.

4130 F. v. Müller an Julie v. Egloffstein *18. April 1815*

Geschehen Weimar, den 18. April 1815.

Als sich Unterzeichneter diesen Abend bei Herrn Geheimerrat v. Goethe eingefunden, um die ihm anvertrauten Zeichnungen der Prinzessin Julie Königl. Hoheit vorzulegen, so traf er daselbst auch den Herrn Hofrat Meyer an und hielt für angemessen, mit Darlegung derjenigen Blätter, zu welchen der Zauber-Ring die Sujets geliefert hatte, den Anfang zu machen.

Nach dem ersten sorgsamen Überblick äußerte sich sogleich das unverkennbarste Wohlgefallen beider Kunstrichter.

Geheime Rat v. Goethe:

«Nun, das holde Kind soll höchlich gelobt sein. So viel reine Intention, so liebliche Anordnung, so zierlich nette Ausführung und so viele Freiheit in der Bewegung verraten ein herrliches Naturell, das auf dem Wege der vollständigsten Ausbildung schon weit genug vorgeschritten ist.

Hofrat Meyer:

Ja, ja, es ist gar erfreulich, ein so hübsches Talent sich aus sich selbst heraus entwickeln zu sehen. Nur Studium der Perspektive wäre noch zu wünschen und einige *theoretische* Aufklärung über Beleuchtung und Schatten.

Geheime Rat von Goethe:

Das ist's! aber kein Buch, und selbst keine Intuition der Meisterwerke kann diesem Mangel abhelfen; es wäre erforderlich, sich mit dem schönen Kinde mündlich zu verständigen, zwei, drei ihr klar entwickelte Grundbegriffe würden Wunder tun und ihr schnell das Verständnis öffnen, worauf es noch ankommt, um auch die letzte Stufe der künstlerischen Ausbildung noch erklimmen zu können. Doch solche Offenbarung muß der Zufall herbeiführen, er ist ja immer schönen Naturen günstig.

Hofrat Meyer:

Und so muß man auch bei einem so sinnigen Gemüt nicht viel hofmeistern wollen; ich möchte wohl sagen, der beste Rat für sie sei, sich ihrer innern Eingebung recht frei zu überlassen. Kenntnis der Anatomie und ganz probefeste Zeichnung von ihr zu fordern, wäre töricht; aber wundern mag man sich wohl, daß demohnerachtet die Proportionen ihrer Figuren und Gruppen auch dem schärfern Blick so wenig Anstoß geben.

Geheime Rat von Goethe:

Sehen Sie nur, wie hübsch Berta und Otto am Bache komponiert sind! Dies zierlich reine Mädchengesicht, diese allerliebste Wendung des Köpfchens und Oberleibs kann nur aus einer reinen Mädchenphantasie entsprungen sein! Wie weit ist sie nicht vorgerückt, seit wir zum letzten Male

Proben ihres Talents sahen! Die Stufe der Flaxmannischen Umrisse hat sie schon glücklich überschritten und es richtig geahndet, wie jene bedeutsam leeren Räume auszuschütten wären. Sie darf zu jener niederen Stufe nicht wieder zurückkehren wollen, und sie *kann* es auch nicht, so wenig als ein Kind wieder in Mutterleib zurück kann. Auf dem Bilde, wo dem alten Ritter von ferne das holde Paar zueilt, hat sie zwar noch à la Flaxmann die mittlern Räume ganz leer gelassen, aber man sieht deutlich, daß sie nur verschmähte, etwas minder Bedeutsames hinzuzufügen, und wohl richtig ahnden mochte, was eigentlich noch hingehöre. Es ist etwas so anmutig Jungfräuliches in diesen Zeichnungen, so viel Einfachheit und Verachtung überflüssiger Zierrat! Gerade so viel örtliche Unterlage als nötig, um zu individualisieren; wie sauber ist hier zum Beispiel das gotische Fenster und die Blätter-Ranken gezeichnet, wo Berta (oder?) sich herausbiegt! Ich kenne den *Zauberring* [von Fouqué] nicht, und werde ihn niemals lesen, denn: *das ist mir verboten von meinen Obern;* aber dieses Bild hat Zauberreiz genug für mich, um es auch ganz isoliert zu verstehen und zu lieben; sehen Sie den Brief hier unten, wie artig, arglos angebracht, und das spähende Mädchen-Auge verrät doch hinlänglich, was sie so sehnend suche.

Welch kräftigen Drucker hat der Bleistift der Zeichnerin dem Auge des Otto gegeben, wie er vor Frau Minnetrost kniet; ei, ei, das schöne Kind muß doch auch wohl verliebte Augen schon in anmutiger Nähe gesehen haben, weil sie dem Jüngling hier so glühenden Liebesblick einhauchen konnte!

Wie rein ist die Seele, die sich auf Bertas betenden Antlitz spiegelt! Aber der Türke hinter ihr ist auch schon ein ganz zahmer Türke geworden!»

Ich holte nun auch die Landschaftszeichnungen herbei, und es ist schwer auszusprechen, wieviel heitern Genuß sie den beiden Kunstfreunden gewährten. Vorzüglich rühmten sie das ruhige, tiefe Gemüt und die innigste Anschauung des äußerlich Bedeutenden, welche sich hier aussprächen, sodann die freie Behandlung schwieriger Gegenstände und die Liebe und reinliche Sorgfalt, mit der auch das kleinste Detail behandelt sei.

Geheime Rat von Goethe:

«Hier dies kleine Blatt (das dritte von hinten herein), so scheinbar unvollendet, so herausgehoben nur aus einem größern Ganzen, gleichsam nur Anklang, Probestückchen, – es ist führwahr mir das *erste* und liebste.

Macht es denn wohl Friedrich je besser?

Hofrat Meyer:

Und noch dazu lange nicht so anmutig.

Geheime Rat von Goethe:

Seht nur doch diesen Faltenwurf hier von der sitzend-lesenden weiblichen Figur, diese anmutige Behandlung des Unterteils. Sollte man nicht glauben, unser holdes Kind habe den Andreas del Sarto studiert? Wahrlich, wenn hier nicht das glücklichste Naturell sich ankündet, so gibt es niemals eines! Und wie großartig sind diese Felsenpartien behandelt, jene Linde, wie durchsichtig und üppig! In dieser Müllerin mit dem Kinde ist die individuellste Natur erlauscht, und hier der isolierten ländlichen Hütte, die uns so stumm beredt in die freundlich kleine Türe einzutreten ladet, fehlt nur noch rechts etwas mehr Freiheit des Blicks, etwas mehr Keckheit in der Begrenzung, um *ganz* vortrefflich zu sein.

Sprecht nur alter Herr! (zu Meyern) ihr hocherleuchteten Kritiker! wo ist denn sonst noch etwas zu tadeln? Was möchte man denn im geringsten anders wünschen?

Hofrat Meyer:

Es ist eben alles so recht, heiter und lieblich gedacht, und reinlich und zart ausgeführt, wie es einem wohltun mag, es anzuschauen. Man sieht, ihr Instinkt leitet sie ganz richtig, und so soll sie ihm nur immer folgen und sich mehr und mehr an Mannigfaltigem versuchen, da sie des Einzelnen schon so Herrin ist.

Geheime Rat von Goethe:

Hat denn Scherer jemals so artige Figuren, so runde, nette Kompositionen gemacht als unser holdes Kind? Was von

Rambergern Gutes ist, das sieht man in diesen ihren Zeichnungen wohl hier und da durchblitzen, aber von seinen Fehlern finde ich nichts. Nun, mit *einem* Worte, schreiben Sie (zu mir) dem schönen lieben Kinde, es solle gar hoch gelobt sein, und es sei *nur dies* bitter und streng an ihr zu tadeln, daß sie uns so fern sei und so fern bleiben zu wollen Miene mache.

Aber sogleich gebe ich die freundlichen Zeichnungen nicht zurück; ihr müßt sie schon einige Tage unter meinem Dache lassen, daß ich sie sehe und wieder sehe und mich recht heimlich ihrer freue.»

Worauf ich denn auch keinen Anstand nahm, die mir anvertrauten werten Pfänder so freundlicher vorsorglicher Obhut getrost zurückzulassen.

Alles getreulich und ohne Gefährde niedergeschrieben und beurkundet wie oben. von Müller

4131 H. Franke: Aus der Goethezeit *1881*

Ein andermal, ich glaube es war in der Probe zu Rudolph von Habsburg von Kotzebue [vor dem 19. April 1815?], hatte Goethe sich schon längere Zeit der Einmischung enthalten und den Regisseur Genast allein walten lassen. Einmal nun wandte sich dieser nach der Parterreloge hin mit den Worten: «Sind Exzellenz mit dem Arrangement einverstanden?» Keine Antwort, auch keine bei Wiederholung der Frage, worauf Genast mit einer Verbeugung gegen die Mitwirkenden sagte: «Exzellenz geruhen zu schlafen.»

4132 Riemer *23. April 1815*

Mittags mit meiner Frau, [dem jungen] Kotzebue und Professor Hand bei Goethe zu Tische. Liebers persische Goldblumenverzierung.

4133 F. v. Matthisson: Erinnerungen

[April 1815?] Goethe fand ich, seit dem Sommer 1799, wo er mir im Laubengange seines Gartens so freundlich entgegen kam, nur wenig verändert. Auch er schöpfte Jugend aus dem Borne der Musen. Selten schuf die Natur wohl ein

Auge von gediegenerm Feuerstoff, als das Auge Goethes, welches noch leuchtet und glänzt, wie vor dreißig Jahren. «Wenn Sie mich nicht mehr so aufrecht einherschreiten sehen, wie bei Ihrer vorigen Erscheinung», sagte er scherzend, «so müssen Sie das ganz in der Ordnung finden: denn es ging so viel seitdem über unsern Köpfen weg, daß wir uns natürlich haben bücken müssen.»

Die zwei letzten Teile von der Trilogie des *Faust* sind nur erst in der Anlage und in einzelnen Szenen vorhanden. Die theatralische Darstellung des ersten Teils ist wirklich im Werke. Das Kostüm Gottvaters gilt für eine Aufgabe von gar seltsamer und schwieriger Natur. Das Ganze muß aber schon, auf den ersten Blick, sich als ein mißliches und abenteuerliches Beginnen ankündigen. Mephistopheles soll Herrn Wolff und Faust Herrn Oels zugeteilt werden. Aus welcher Zauberwolke wird aber eine Margarethe auf die Bretter treten? Der Dichter hat noch eine neue Szene eingelegt, die keiner der trefflichsten des großen Meisterwerks nachsteht. Mephistopheles entsteigt dem Schlunde der Hölle, gefolgt von einer Schar schwarzer Teufelchen, die ihn anfangs brutmäßig umwimmeln, sodann aber, einer nach dem andern, mündliche Verhaltungsregeln erhalten, und nun als Missionäre über den Erdball ausgesandt werden.

4134 J. N. v. Ringseis: Erinnerungen *1886*

Clemens Brentano hatte mich durch einen Brief an Goethe empfohlen; ich gab das Schreiben ab, er ließ im Gasthaus fragen, wie lang ich bliebe, und beschied mich für den folgenden Tag [April 1815?]. Im Vorzimmer fand ich Danneckers kürzlich eingetroffene kolossale Schillerbüste, dann ward ich in das jeden Schmuckes, auch des künstlerischen, entbehrende Zimmer geführt, wo der in Erscheinung und Weise imponierende Dichter mich sehr freundlich empfing. Das etwa einstündige Gespräch spann sich im gemeinsamen Auf- und Niedergehen ab. Eine der ersten Fragen Goethes war: «Was macht mein Freund Clemens?» – «Er befindet sich in Gemütsaufregung.» – «Wie das?» – «Er beginnt an seinem Unglauben irre zu werden, er nähert sich wieder dem Christentum.» Ein unmutiges Zurückwerfen des Hauptes und ein halbunterdrückter Laut der Ungeduld entfuhren dem Dichter; galten diese Zeichen der Umkehr Brentanos an und für sich, oder entsprangen sie dem Zweifel am Meinungsernst in des ruhelosen Freundes Gemüt, das muß ich dahingestellt lassen. Nachdem wir von den andern Berliner Freunden gesprochen, geriet die Rede auf die in München lebenden Schelling und Baader, und er äußerte über letzteren: «Ich fühle, daß an dem Manne Bedeutendes ist, aber ich verstehe ihn nicht.» Von Görres und Arndt aber meinte er: «Diese Männer werden die Kluft zwischen dem nördlichen und südlichen Deutschland noch erweitern.» Man wird sich erinnern, daß Görres damals den «Rheinischen Merkur» herausgab und in der vorhergegangenen Napoleonischen Epoche die bayerische Regierung ob ihres selbstsüchtig einseitigen Partikularismus befehdet hatte ... über Arndt habe ich selber mich weiter oben ausgesprochen.

4135 F. Peucer: Weimarische Blätter *1834*

Iffland war im September 1814 gestorben. Goethe wünschte, ihm auf dem hiesigen Hoftheater, das er damals noch leitete, eine Gedächtnisfeier zu veranstalten, und wählte hierzu die beiden letzten Akte der Hagestolzen, die für sich ein idyllisches Ganze bilden. Im April 1815 bat er mich, ein Nachspiel dazu zu dichten; wir wurden einig, daß darin die Hauptfiguren des Stücks, jedoch in poetischer Steigerung, fortspielen sollten: es mußte mithin in Versen geschrieben werden. Goethe übernahm, das Ganze zu ordnen und in die Szene zu setzen. Ich ging frisch an die Arbeit, und sendete ihm bald die ersten Gruppen zu, mir sein Urteil darüber erbittend, und nachfragend, ob ich so fortfahren sollte.

4136 Wilhelmine Schütze: Tagebuch *2. Mai 1815*

Wir waren bei Goethes gebeten. Es war ein genußreicher Abend.

4137 Charlotte v. Stein an Knebel *6. Mai 1815*

Goethen sah ich vorgestern in seinem Garten, aber noch ist er nicht ganz wohl. Doch höre ich von Meyern, daß er ins Theater gefahren, in die Probe vom «Achilles».

4138 F. v. Müller *12. Mai 1815*

Ich kam nachmittags 4½ Uhr zu ihm und traf Peucern. Nach einigen Mystifikationen und humoristischen Ausfällen über die tragische Kunde von seines Freundes Müffling Unfall in Lüttich, womit ich ihm vorgestern den Theater-Spaß versalzen hätte, lenkte sich bald das Gespräch auf die bekannte Wiener Achtserklärung vom 13. März d. J. Goethe äußerte, er hoffe, Gentz habe, als ein schlauer Fuchs, das Volk nur dadurch elektrisieren wollen und den kecken Ausruf zum Reizmittel gebraucht, wohl wissend übrigens, daß es mit diesem Bann wie mit dem vom Vatikan herabgeschleuderten sei. Die deutsche Hypochondrie müsse von Zeit zu Zeit durch solche Theatercoups aufgeregt werden, und selbst falsche Siegesnachrichten seien oft dazu sehr dienlich, indem sie über die momentane Gefahr den Schleier der Hoffnung würfen.

Er nahm Gelegenheit, von seinen in der Champagne 1792 und bei Mainz das Jahr darauf bestandnen Gefahren zu erzählen, insbesondere von der Kanonade bei Valmy, wie da die Pferde, gleich sturmumwehten Föhr[?]-Zweigen, schnaubend hin- und hergeschwankt hätten und wie ihm insbesondere das zarte Gesichtchen des Standart-Junkers v. Bechtolsheim gar seltsam kontrastierend erschienen. Rechts und links hätten die Kanonenkugeln den Kot der Straße den Pferden zugespritzt. Doch das sei alles einerlei und nichtsbedeutend, wenn man sich einmal der Gefahr geweiht habe.

Die naive Erzählung einer venezianischen Justiz-Verhandlung (ad laudes), veranlaßt durch eine Exkursion über die Fideikommisse, stach sehr lieblich gegen jene Kriegsszenen ab. Goethe hat doch eine ganz eigne Art, zu beobachten und zu sehen, alles gruppiert sich ihm gleich wie von selbst und wird dramatisch. Auch sagte er in Selbstgefühl:

«Wenn ich meine Augen ordentlich auftue, dann sehe ich auch, was irgend zu sehen ist.»

Die Erinnerung an seine nahe Abreise nach Wiesbaden entlockte ihm manche hübsche Darstellung seines dortigen geologisierend-politischen Lebens. Nassaus Länder und Staaten wurden hoch gepriesen; von einem reizenden jungen Mädchen, der Tochter eines Sekretärs («aus irgend einem *niederträchtigen* Departement») zu Wiesbaden erzählt, die die höchsten Anlagen zur Deklamation und theatralischem Spiel habe. Sie habe den Wassertaucher vordeklamiert, aber mit zu viel Malerei und Gestikulation; darauf habe er sie gebeten, es noch einmal zu tun, aber hinter einem Stuhle stehend und dessen Lehne mit beiden Händen festhaltend. Das schöne Kind habe bald Absicht und Wohltat dieser Bitte empfunden und lebhaft dafür gedankt. Verwechsle man doch nicht *epische* Darstellung mit *lyrischer* und *dramatischer*. Wenn Maria Stuart sich dem bezaubernden Eindruck des Naturgenusses hingibt: «Laßt mich der neuen Freiheit genießen», dann gebraucht eure Glieder und macht damit, was ihr wollt, aber wenn ihr erzählt oder bloß beschreibt, dann müsse das Individuum verschwinden und nur starr und ruhig das Objektive sprechen, wiewohl in die Stimme aller mögliche Wechsel und Gewalt gelegt werden mag.

Solche Bilder brachten das Gespräch bald auf Julie Egloffstein, die Goethe eine inkalkulable Größe nannte. Er habe ihr, durch den heillosen Lavater in alle Mysterien eingeweiht, bald *angesehen*, daß sie sehr schön *lesen* müsse, und daher gefürchtet, er werde *verlesen* sein, wenn er sie höre.

4139 Ch. Th. Schwab: Gustav Schwabs Leben *1883*

Mit guten Empfehlungsschreiben versehen eilten sie [Schwab und seine Begleiter Lempp und Müller am 21. Mai 1815] zu Goethe. Er empfing sie freundlich; ganz schwarz gekleidet stand der schöne Greis nahe an der Schwelle, erkundigte sich nach ihrem Reiseplan, hieß sie sitzen und setzte sich so vertraulich zu ihnen, daß bald alle Scheue verschwand und sie ihm getrost in die dunkelglühenden Augen unter der sparsam weißgelockten Stirn blickten. Er sprach mit ihnen über das Reisen, über Deutschland und über das Theater. Er war selbst im Begriff, eine Reise anzutreten, lud aber die jungen Männer ein, wenn der Rückweg sie über Weimar führen sollte, ihn wieder zu besuchen. Der Eindruck, den Goethe auf Schwab machte, war der eines Königs, wie man sich einen solchen denkt.

4140 Christiane Kotzebue an ihren Sohn August 12. Juli 1815

Der «Rehbock» gefällt Goethe sehr, er hält ihn für eines Deiner besten Lustspiele. Bei den Proben [vor dem 22. Mai 1815] ist er immer gegenwärtig gewesen, und hat sich bald totgelacht. Er schob auch seine Reise in das Bad auf, um es erst spielen zu sehen. Da die Damen zum Teil die Nase gerümpft, so höre ich, hat er ihnen seine Meinung darüber gesagt.

4141 C. Stadelmann: Tagebuch 24. Mai 1815

Des Morgens fünf Uhr fuhren wir von Weimar ab. Das Wetter war zweifelhaft, doch wendete es sich zum Bessern. Es war etwas kalt und windig, der Weg trocken und gut, und so gelangten wir gegen acht Uhr bei Erfurt an, wo alles mit großer Tätigkeit an den Werken der Festung arbeitete. Wir bekamen statt eines Pferdes ein Maultier, welches immer zurück wollte. Sobald aber die Stadt zurückgelegt war, haben wir noch nie eine so schnelle Fahrt gehabt, als diese; denn gegen elf Uhr waren wir schon in Gotha. Wir bekamen schnell Pferde, und um drei Uhr gelangten wir in Eisenach an. Der Brief, welcher unsere Ankunft melden sollte, war noch nicht angekommen, aber wir trafen alles in guter Ordnung. Der Schloßvogt war sehr freundlich und hülfreich. Es wurde bald gegessen. Der Kommandant von Egloffstein machte seine Aufwartung.

4142 C. Stadelmann: Tagebuch 25. Mai 1815

Den 25. Mai früh sechs Uhr fuhren wir [von Eisenach] ab. Es war regnerigt und hatte bereits schon geregnet, schien sich aber wieder zu bessern. Wir fuhren auf der schönen Basaltchaussee sehr schnell vorwärts ... Wir gelangten sehr bald in Berka an der Werra an. Ich trank einen Schnaps und hatte meinen Scherz mit den Waschweibern, über Regen und Sonnenschein. Der Herr von Th..., Konsistorialdirektor von E..., war hier, und sprach mit meinem Herrn. Die Pferde waren vorgelegt, und wir fuhren sehr gut, trotz der Berge, bis Vacha. Der Weg ist durchaus sandig, weswegen man diese Station nicht so schnell wie die übrigen zurücklegen kann ...

Gegen ein Uhr kamen wir in Buttlar an. Der schon bessere Weg ist an beiden Seiten mit Obstbäumen besetzt ...

Es war der Tag des Fronleichnamsfestes, wo alles in Festkleidern ging und von den Wallfahrten zurückkam. Es war angesetzt, daß wir in Hünfeld zu Mittag essen sollten, als ich aber im Posthause in die Küche trat und nach dem Postmeister fragte, wurde ich Spargel gewahr, der soeben auf den Tisch spazieren sollte. Halt! dachte ich, das ist etwas für meinen Herrn! – geschwind am Wagen und die Nachricht gebracht! – Der Herr stieg aus und verzehrte dem Herrn Postmeister seinen Spargel, dann ging es weiter nach Hünfeld. Hier war alles auch in Sonntagskleidern ... Von da ging es nach Fulda, wo wir des Abends sieben Uhr ankamen. Wir stiegen in der Post aus, wo der Postmeister eine große Freude hatte, uns wieder zu sehen. Wir bekamen unser altes Logis, und da waren wir zu Hause.

4143 C. Stadelmann: Tagebuch *26. Mai 1815*

Nun so fuhren wir

am 26. Mai morgens 5 Uhr

von Fulda nach Neuhof, vier Stunden von Fulda. Der Weg dahin führt über die Brücke, auf welcher die Bildsäulen von verschiedenen Bischöfen stehen, der Höhe zu, ungefähr eine Stunde von Fulda, von wo aus man die schönste Aussicht über die ganze Gegend in einem Umkreis von gewiß zehn Stunden genießt. Nur schade, daß Fulda ganz in der Tiefe in einen leichten Nebel gehüllt war, der aus dem Flusse aufstieg und uns die Stadt nicht deutlich sehen ließ, welche doch eigentlich die Krone dieser Gegend ist, ja bei heiterem Wetter so ganz bezaubernd, daß man sich nicht satt sehen kann, denn manche Berge steigen gerade in die Höhe, und oben auf liegt ein Schloß oder Kloster, welches einen angenehmen Eindruck macht ...

Der übrige Weg bis Neuhof war gut. Wir langten bei guter Zeit an und fanden bald andere Pferde ...

Wir reisten nach Schlüchtern ab; da kam uns noch ein Wagen hinterdrein, von dem wir aber keine Notiz nahmen. Ich hatte das Postgeld bezahlt, wir fuhren ab, doch mußte ich den Namen im Buche eintragen, das ist so hier der Gebrauch, weil kein Militär in der Stadt war und am Tore niemand fragte. Das hatte der Herr gelesen, der in dem hintern Wagen saß, er kam uns aber immer erst nach, wenn unsere Pferde schon vorgelegt waren und die Fahrt weiter ging. Unter der Zeit, daß wir da hielten, zeichnete mein Herr im Wagen, was es aber war, habe ich erst in Wiesbaden gesehen: er hatte alle Häuser nebst Brücke, Ecken und Straßen, so weit er sehen konnte, in einen artigen Umriß gebracht. In Wiesbaden hat er mit Tusche Schatten und Licht dem Ganzen gegeben, und es ist nicht zu verkennen. Die Reise ging nach Salmünster, welches bayrisch ist. Mein Herr unterhielt sich mit einem Dragoner von dem da sich befindenden Militär ...

Die Reise ging weiter nach Gelnhausen. Der Postillion war einer von den Rechten. Durch Salmünster ging die Fahrt ganz langsam, auch ein Stück vor der Stadt, dann aber kam die herrliche Chaussee, und mein Schwager schwang seine Peitsche, dann ging es wie ein Pfeil bis Gelnhausen, selbst Anhöhen hinauf. Ich fragte ihn darüber, er aber antwortete: ich kenne meine Pferde.

Kurz vor Gelnhausen geht der Weg aufwärts an den Berg hin, bis zu einer ziemlichen Höhe, und es ist eine entsetzlich enge Passage ...

Weiter vorwärts blies der Postillion ins Horn, was es bedeuten sollte, war mir bekannt, aber einem Betrunkenen war es unbekannt. Es kam ein Fuhrmann, der eine ungeheuer breite Spur am Wagen hatte. Nun war just auf der

Stelle der Weg etwas breiter, als an anderen, aber doch kaum so breit, daß zwei nebeneinander vorbeifahren konnten. Unser Wagen mußte so viel als möglich auf den Rand der Mauer fahren, und hing ganz schief zum Umfallen. Ich trat in den Tritt und hielt so viel als nur immer möglich für das Umfallen wider. Der Wagen des Fuhrmanns ging sachte heran; das Fluchen von beiden Seiten hörte auf, und die guten Worte des betrunkenen Fuhrmanns machten, daß wir halfen, allein es war nicht zu hindern, das eine Rad kam in das andere von unserm Wagen, und so war guter Rat teuer. Da kamen noch einige Karren mit Militär, halfen unsern Wagen noch ein wenig zurück heben, und so ging es dann wieder vonstatten. Die Karren, welche nicht so breit waren, gingen besser vorbei. Wir fuhren nach Gelnhausen ein ... Wir aßen bei einem Juden zu Mittag, dem wir in die Hände geraten waren. Ich band an dem Wagen, was lose war, fest, und so fuhren wir wieder weiter bis Hanau, welches sieben Stunden von Gelnhausen liegt. Auf halbem Wege hielt der Postillion stille, um seinen Pferden ein wenig Brot zu geben. Der Herr, welcher uns schon den ganzen Tag immer gefolgt war, kam uns hier nach, stieg aus und kam an unsern Wagen und grüßte den Herrn freundlich. Wer war es? – Der Herr Nikolaus Schmidt von Frankfurt am Main. Die Freude war groß, und die Postillione benutzten die Zeit zum Trinken und Essen sehr gut. Endlich fuhren wir nach Hanau, wo sich ebenfalls Bekannte am Wagen einfanden, die sich erboten, noch mehre zu holen. Aber der Herr bat, sie möchten es nicht tun, da er diesen Abend noch nach Frankfurt wolle. So ging es dann weiter. Ein kleines Stück vor Hanau wechselten die Pferde. Wir bekamen statt drei zwei Pferde, aber noch nie sind wir so schnell gefahren als hier, und kamen bei guter Zeit in Frankfurt an. Wir fuhren, da wir am andern Morgen so früh als möglich nach Wiesbaden abreisen wollten, am Schwan an. Ich versuchte den Paß visiert zu bekommen, allein es war zu spät, die Herren waren schon nach Hause, und wir mußten warten bis andern Morgens halb neun Uhr, ehe ich den Zettel zum Auslassen bekam.

4144 C. Stadelmann: Tagebuch *27. Mai 1815*

Den andern Morgen, als ich alles aufgepackt hatte, ging ich mit dem Passe nach dem Bureau, mußte aber fünf Viertelstunden stehen, ehe ich ihn bekam ... Endlich erschienen die Herren vom Paßbureau, und ich erhielt meinen Paß visiert, mußte aber zu dem Kommandanten, um den Schein zum Auslaß zu erhalten. Dann ging ich auf die Post, gab den Schein ab und erhielt im Augenblick Pferde. Ich eilte noch zu Schlossers, empfahl mich da, dann reisten wir ab ...

Unsere Reise ging immer auf Wiesbaden los. Wir langten in Hattersheim an; der Postmeister, ein sehr höflicher und bescheidener Mann, sprach so lange mit dem Herrn am Wagen und wehrte die Bettler ab, bis die Pferde vorgelegt waren. Er urteilte über die Verhältnisse der Einwohner sehr verständig, gab uns Nachricht von dem besten Gasthause in Hattersheim, wo man gut logiere, allein so prächtig wie in Frankfurt nun freilich nicht, setzte er hinzu, dagegen ist es auch nur ein Dorf.

Wir reisten ab und kamen auf der Chaussee an Stellen, wo die Bäume beinahe blattleer waren und besonders die Nußbäume. Wir konnten im Anfang die Ursache nicht erraten, hernach aber zeigte es sich, daß es Maikäfer waren, welche diesen Schaden verursachten, und die Nußbaumblätter beinahe gänzlich verzehrt hatten. Auf der Höhe der herrlichsten Chaussee, welche man nur sehen kann, stieg der Herr aus und ließ halten. Die Aussicht ist hier wirklich schön, angenehm und ausgebreitet ...

Wir stiegen, nachdem wir uns genugsam an der köstlichen Aussicht geweidet hatten, ein, und setzten die Reise ruhig fort bis Wiesbaden. Der Postillion wollte uns durchaus bereden, im Adler Logis zu nehmen, allein da wir die Wirtschaft vom vorigen Jahre zu gut kannten, so befahlen wir ihm, in Bären zu fahren.

Den 27. Mai um 2 Uhr kamen wir glücklich in Wiesbaden an. Als ich in die Küche trat, schrie alles: der Karl, der Karl! Ich fragte hierauf, ob wir noch Platz fänden und da wohnen könnten? worauf man erwiderte: wir hätten die Wahl der

Zimmer! Wir fanden das Haus gänzlich verändert. Die Säle waren zu Zimmer umgewandelt, die Gänge weiter und bequemer; alles schön angestrichen und gemalt. Wir waren die ersten im Vordergebäude. Alles leistete hülfreiche Hand. Das Essen wurde bestellt, es erschien sogleich. Ich holte Wein im Adler, auch da war Freude über unsere Ankunft.

4145 C. Stadelmann: Tagebuch *28. Mai 1815*

Den andern Morgen (den 28. Mai) badete der Herr und aß auf dem Zimmer. Ich ging spazieren.

4146 C. Stadelmann: Tagebuch *29. Mai 1815*

Den 29. hat der Herr gebadet. Ich besorgte, was ich zur Wirtschaft brauchte an Kaffee, Zucker etc. Gegen Abend machten der Herr von Nauendorf, der Herr Major Luck aus Mainz und Herr Oberbergrat Cramer ihre Aufwartung.

4147 C. Stadelmann: Tagebuch *30. Mai 1815*

Den 30. früh vier Uhr auf; von halb sieben Uhr geschrieben bis neun Uhr, dann hat der Herr gebadet ... Des Mittags aßen der Herr auf dem Zimmer ... Des Abends kam Cramer und nahm den Herrn mit in den Adler, und ich besorgte einen Brief an den guten Major von Luck nach Mainz.

4148 C. Stadelmann: Tagebuch *31. Mai 1815*

Den 31., fast wie gestern; des Morgens und Mittags. Diesen Tag zog der Landsturm nochmals (wie schon am 28.) aus, um ein großes Manöver zu machen, was ich aber nicht gesehen habe.

4149 C. Stadelmann: Tagebuch *1. Juni 1815*

Den 1. Juni. Früh halb fünf Uhr auf. Der Herr trank Schwefelwasser mit Milch, von dem schon früher erwähnten Weilbacher Brunnen; dann habe ich geschrieben bis neun Uhr. Der Herr ging spazieren ...

[Ein Souffleur des Mainzer Nationaltheaters namens Stenz hatte versucht, Goethe zu sprechen.] Nachmittag kam er wieder und brachte ein großes Schreiben, auf das herrlichste und feinste Papier gemalt, aber unversiegelt, mit den Worten: Geben Sie es dem Herrn, dann werde ich wohl Gehör finden. – Aber es war nichts. Der Herr las es und sagte: Wenn doch die Souffleurs nicht das Papier so mutwilligerweise verdürben und überlegten, daß es teuer wäre!

Gegen Abend besuchte den Herrn der Oberbergrat Cramer. Nachdem sie miteinander ausgegangen waren, kamen die Töchter vom Haus und fragten, ob der Herr Geheimerat Freude an Blumen hätte; als ich es bejahte, so brachten sie Blumen in schönen Gefäßen, womit sie das Zimmer schmückten. Das war aber noch nicht genug, sondern es wurden noch sehr schöne Stöcke im Garten ausgehoben und in Äsche gesetzt und auf die Galerie gebracht, sehr geschmackvoll arrangiert, so daß die Galerie ein schöner Blumengarten war und dem Herrn viel Freude machte, als er nach Hause kam, und die Veränderung sah.

4150 C. Stadelmann: Tagebuch *2. Juni 1815*

Den 2. Der Tag verging fast wie der gestrige, mit Schreiben, Milch- und Schwefelwassertrinken und Baden. Abends kam der Herr Oberbergrat Cramer wie gewöhnlich, um den Herrn zum Spazierengehen abzuholen.

4151 C. Stadelmann: Tagebuch *4. Juni 1815*

Den 4. Des Morgens gewöhnliche Verrichtungen. Gegen Mittag präsentierte sich der Major von Roth, welcher dem Herzog durch die Vermittelung des Herrn Geheimenrats, von dem Gouverneur zu Frankfurt, Herrn Fürsten Reuß, anempfohlen war, damit er in Weimarische Dienste aufgenommen werden möchte, da er Güter in dem Teile des Fuldaschen Landes besitzt, welches an den Herzog von Weimar nach dem Wiener Kongreß gefallen ist. Er wurde sogleich dem Herzog empfohlen.

Mittags fuhr der Herr nach Biebrich zur Tafel. Indessen ging ich am Rhein spazieren und suchte Steine am Ufer. Unter andern fand ich ein Stück, welches ein Gang aus dem bei Wiesbaden vorkommenden grünen Talkstein zu sein schien; doch wurde es im Wasser violett, wie der Amethyst.

Ich zeigte es dem Herrn bei seiner Zurückkunft, und er meinte, es wäre Flußspat. Der Herr sprach deshalb mit dem Oberbergrat Cramer, dieser erklärte es für amethystartig. Durch weitere Proben ergab es sich, daß es weder Amethyst noch Flußspat sei, sondern ein im Wasser schön violett werdender gemischter Quarz.

Da sich hier die Gelegenheit gefunden, von den Mineralien zu sprechen, so will ich kürzlich erwähnen, was mir bei Wiesbaden oft vorgekommen ist. Ohnweit von Wiesbaden, nach Biebrich zu, wird eine Art Sand und Kies gegraben, welcher zu den Gartenwegen benutzt wird. Dieser Sand besteht aus einem eisenschüssigen Sande und herrlichen weißen Kieseln, welche, durch Rollen gesondert, einen sehr schönen Weg geben. Hat es geregnet und die Kiesel sind rein abgespielt, so gewährt ein solcher Weg einen sehr schönen und reinlichen Anblick. Auf solchen Wegen trifft man niemals Schmutz. Sind die Steine vom Regen noch naß, so findet man viele, welche halb durchsichtig sind und die Figuren wie Achat haben. Ich habe deren viele gesammelt und sie dem Herrn zugestellt. Dieser erklärte sie auch für weißen Achat und Amethyst.

4152 Dorothea Stammer, geb. Cramer: Erinnerungen 1875

[Über de l'Aspées Elementarschule in Wiesbaden.] Um den Namenstag unseres hochverehrten und innig geliebten Lehrers [24. Juni 1815] zu feiern, hatten wir einmal einige Zeilen aufgesetzt, in denen wir ihm unsere Glückwünsche darzubringen gedachten. Da taucht plötzlich in uns der Gedanke auf, daß Goethe sich vielleicht bewegen ließe, unsere Zeilen in Verse umzusetzen. Schüchtern naht sich [am 23. Juni] die Kinderschar dem großen Manne und trägt ihm ihr Anliegen vor, indem sie ihm die niedergeschriebenen Sätze übergibt. Darauf erwidert Goethe zuerst mit einem gelinden Verweise, daß wir ihm ein zu kleines Stück Papier gebracht hätten; man müsse, fügt er hinzu, stets auf einem großen Stück Papier beginnen, der kleine Raum beenge auch die Gedanken. Nachdem wir hierauf ein größeres Blatt herbeigebracht, schrieb Goethe, während wir ihm staunend zuschauten, in kurzer Zeit auf dasselbe einige Strophen, die den Inhalt unserer Worte genau wiedergaben. Noch heute sehe ich im Geiste den großen Mann, wie er erst einzelne Worte in angemessenen Zwischenräumen niederschrieb und dann, die Silben mit der Federspitze zählend, die Lücken allmählich ausfüllte. Zuletzt zeichnete er unter die Verse eine aufgehende Sonne und schrieb auf ihre Strahlen unsere Namen, die er sich von uns nennen ließ. Mit welcher Freude wir das Blatt unserm Lehrer überreichten, läßt sich denken. Leider! ist das Gedichtchen verloren gegangen, da es nach dem Tode des lange kränkelnden de l'Aspée unter dessen Papieren nicht aufgefunden wurde.

4153 J. de l'Aspée an v. Schilling *Sommer 1815*

Die vielen Besuche unserer Schule von Gelehrten und hohen Personen, die meistens noch meine ohnehin kurze freie Zeit des Tages oft bis in die Nacht aufzehren, waren schuld, daß ich Ihnen nicht früher eine Nachricht über den Standpunkt Ihres wahrhaft guten Eduard gab. Im Glauben, daß Sie vielleicht einige Besuche unserer Schule genannt haben wollen, bin ich so frei, Ihnen den Geh. Rat Goethe [zu nennen; er] war in unserer Schule acht Stunden ...

4154 J. Hasenclever: Erinnerungen

Auf der Rückreise ... machte ich [Ende Juni 1815?] Goethe einen Besuch in Wiesbaden, wo er sich zur Kur aufhielt; ich hatte Aufträge an ihn von Professor Leonhard in Hanau, und fand ich bei ihm die schon gewohnte freundliche Aufnahme.

4155 Maria Belli-Gontard: Lebens-Erinnerungen *1872*

Auf einer Landpartie nach Jörgenborn bei Schlangenbad [vielmehr auf den Nürnberger Hof am 6. Juli 1815] mußte Fräulein Lade wieder neben ihm [Goethe] im Wagen sitzen, und da sie später eine Skizze nach der Natur machte, wünschte er diese zu sehen und fing an zu kritisieren.

«Ach! Sie können alles besser machen als ich!» rief Fräulein Lade, nahm ihm das Blatt aus der Hand und zerriß es, wahrscheinlich ein wenig gereizt. «Aber eins kann ich, was Sie nicht können!» und damit lief sie rasch einen steilen Weinberg hinan, – Goethe ihr nach. Auf der Höhe aber stolperte er und fiel an dem steilen Abhang zu Boden. Mit beiden Händen klammerte er sich an, bis auf des jungen Mädchens Geschrei einige Herren von der Gesellschaft herbei eilten und ihn aus seiner gefährlichen Lage befreiten. Fräulein Lade zerfloß in Tränen, Goethe aber lachte und suchte sie zu beruhigen.

Beim Abschied [1814] nahm Goethe dem Sekretär Lade das Versprechen ab, ihn mit seiner Tochter in Weimar zu besuchen.

Fräulein Lade hat Goethe nicht wieder gesehen.

4156 Freiherr vom Stein an Görres *25. Juli 1815*

Ich reise mit Herrn Geh. Rat von Goethe nach Köln, komme Donnerstag oder Freitag zurück und ersuche Ew. Wohlgeboren, sich so einzurichten, daß mein Reise-Gefährte und ich Sie treffen – wir werden Sie von unserer Ankunft benachrichtigen.

4157 C. Brentano an Arnim *14. August 1815*

Hier [in Berlin] wird auf allen Judentees erzählt, Goethe sei mit dem Plan des Doms in Köln, um ihn bauen zu lassen. Eichhorn hat Goethe und Stein [am 26. Juli] in dem Dom getroffen.

4158 F. Eichhorn an seine Frau *15. August 1815*

In Köln war ich, wie Du schon weißt, mit Stein und Goethe zusammen im Dom. Arndt hatte uns auch begleitet. Es war mir höchst interessant, Goethe kennen zu lernen. Wohl kann ich sagen, daß ich nicht leicht ein ausgezeichneteres Gesicht gesehen habe. Unter Tausenden würde er schon durch sein Äußeres hervortreten. Als einen Dichter kündiget ihn dieses zwar nicht an; diese Nase, diese ausgeprägten, scharfen Züge, das tiefe und weite Schauen seines Auges sage aber jedem, daß in dem Manne ein Geist wohnt, der die Welt aufgenommen und durchdrungen hat und über ihr steht. Sein Gespräch war nicht lebhaft, vermutlich weil die unerschöpfliche Redseligkeit unseres Führers, des Kanonikus Wallraf, über jeden Stein, was er bedeutet, ist, und nicht ist, ihn zu einer unwillkürlichen Passivität des Hörens zwang. Ein alter Geistlicher, der eben vom Dienste in der Kirche nach Hause gehen wollte, und uns im Vorbeigehen vor dem schönen Bilde einer Anbetung der Maria stehen sah, trat an Stein und Goethe heran und sprach: Wir Kölner können uns glücklich schätzen, die beiden ersten deutschen Männer, den größten Dichter und den größten Staatsmann, in unsern Ringmauern zu sehen. Gegen den Angriff eines so herzhaften Kompliments war es schwer, etwas zu erwidern. Mit einer tiefen Beugung wendeten sich schnell beide Männer seitswärts, und als ein deus ex machina hatte Arndt Zeit, dem Manne, den er oberflächlich kannte, zuzuflüstern, er möge ja in dem angefangenen Tone nicht weiter fortfahren, und sich unter dem Haufen der stummen Anbeter verlieren, weil er sonst die Größe der beiden Männer durch Grobheiten erfahren könne. Den Abend bracht' ich mit Arndt bei Stein zu. Goethe hatte sich in sein Zimmer nebenbei zurückgezogen und schrieb, wie er nach Steins Versicherung jeden Abend ihrer gemeinschaftlichen Reise getan, vermutlich sammelnd zu einer Fortsetzung «Aus meinem Leben». Denn schon Stein mag der Phantasie des Dichters als eine Figur erschienen sein, welche er durch schnelle Aufzeichnung festzuhalten habe. Stein war seinerseits bezaubert über Goethe. Ganz naiv äußerte er, was in seinem Munde viel sagen will: «Goethe ist doch wahrhaftig ein gescheuter Kerl.»

4159 E. M. Arndt: Erinnerungen aus dem äußeren Leben 1840

Es kamen aber auch die bedeutendsten [Männer] diesen Sommer nach Köln. Im Julius, als wir in der Siegeswonne über Waterloo und Belle Alliance schwelgten, erschienen einen guten Morgen Herr vom Stein und Herr von Goethe. Goethe war von Frankfurt nach Wetzlar und von da längs der Lahn abwärts gezogen, die alten rührenden Jugendpfade von Werthers Leiden und Freuden wieder nachlesend und das Liedlein bei sich summend, welches ihm weiland in der Kutsche zwischen Basedow und Lavater entklungen war:

Prophete rechts, Prophete links,
Das Weltkind in der Mitten.

So war er ins Städtchen Nassau gekommen und im Löwen abgestiegen. Herr vom Stein, dies erfahrend, konnte den großen Mann dort nicht sitzen lassen, sondern ging hin, und holte den Sichsträubenden auf sein Schloß, ließ den folgenden Tag anschirren, und setzte sich mit ihm in den Wagen. So kamen beide über Koblenz und Bonn nach Köln, wo sie mehrere Tage blieben, und den Dom und alle andre Denkmäler und Sehenswürdigkeiten musterten, uns Kleine aber bei den abendlichen Tees königlich erfreuten. Diese Reise verglich ich der fabelhaften Reise des eisernen und tönernen Topfes; nur lief sie viel glücklicher ab. Die beiden würdigsten alten Herren gingen mit der aufmerksamsten und vorsichtigsten Zärtlichkeit nebeneinander her, ohne gegeneinander zu stoßen. Dies ist das letzte Mal, wo ich Goethen gesehen habe. O wie war er viel glücklicher, heiterer und liebenswürdiger, als den Frühling vor zwei Jahren in Dresden! Ich sah aber hier wieder, was ich bei früheren Gelegenheiten schon an ihm bemerkt hatte, und was auch aus seinen Büchern hervorgeht, wie er, obgleich selbst nun ein Edelmann und eine Exzellenz, und obenein welche Dichterexzellenz von Apollos und aller Neun Musen Gnaden! die bürgerliche Blödigkeit und Beklommenheit vor dem gebornen Edelmann nicht los werden konnte. Daß er vor Stein eine Art erstaunter Ehrfurcht gefühlt hätte, wäre auch dem seiner Größe bewußten Mann zu verzeihen gewesen; aber es erschienen sich ihm darzustellen ein paar Leutnante und Hauptleute, junge Adliche, deren Väter oder Oheime Goethe kannte – und siehe da! ich sah den Greis vor den Jünglingen in der Stellung wie des Aufwartenden. Er war übrigens äußerst liebenswürdig und freundlich mit allen und zu allen, und eroberte nicht bloß das Herz des alten wackern Wallraf, der für ihn sich gern zum Cicerone machte, sondern die Herzen aller andern, die in seine

Nähe kamen. Stein aber war ungewöhnlich sanft und mild, hielt den kühnen und geschwinden Atem seiner Natur an, und zügelte den Löwen, daß er nimmer herausguckte.

4160 *E. M. Arndt: Meine Wanderungen und Wandelungen mit dem Reichsfreiherrn H. K. F. von Stein* *1858*

Im Sommer des Jahrs 1815 kam Stein nicht lange vor seiner zweiten Fahrt nach Paris in Köln an, wo ich damals saß. Er schickte [am 26. Juli] einen Bedienten, ich möge nach dem Dom kommen, wo ich ihn finden werde. Da kam auch sein Adjutant Eichhorn eben frisch aus Berlin auf einen Morgengruß zu mir, im Begriff nach Paris weiter zu gehen, wo er als des preußischen Ministers Freiherrn Altenstein Adjutant wirken sollte... Ich sagte ihm: Stein ist da, wir finden ihn im Dom – und wir gingen flugs dahin. Er begrüßte uns auf das allerfreundlichste – und wen erblickten wir nicht weit von ihm? Da stand der neben ihm größte Deutsche des neunzehnten Jahrhunderts Wolfgang Goethe, sich das Dombild betrachtend. Und Stein zu uns: «Lieben Kinder, still! still! nur nichts Politisches! das mag er nicht; wir können ihn da freilich nicht loben, aber er ist doch zu groß.» Wunderbar gingen die beiden deutschen Großen hier nebeneinander her wie mit einer gegenseitigen Ehrfurcht; so war es auch im Gasthause am Teetisch, wo Goethe sich meistens sehr schweigsam hielt und sich früh auf sein Zimmer zurückzog.

Wie waren die beiden zusammengekommen? wie dann miteinander nach Köln gekommen? Goethe hatte seine Vaterstadt und einige alte Genossenschaft und Freundschaft einmal wieder besucht. Da hatte ihn sein Herz gefaßt, und er hatte sich wieder das Herz gefaßt, die Pfade, auf welchen seine lustige genialische Jugend sich ergangen und getummelt hatte, die Pfade, welche bei Wetzlar an der Lahn und durch ihre schönen Täler nach Nassau, Koblenz, Ehrenbreitstein und Vallendar hinlaufen, noch einmal wieder zu durchwandeln. Da vernimmt Stein in seinem Schlosse die Nachricht, *Goethe ist in Nassau im Löwen abgestiegen.* Er flugs in den Löwen und holt und zwingt den Sträubigen in sein

Schloß hinauf. Da nun Goethe einen Ausflug nach Köln vorhat, so läßt Stein seinen Wurstwagen vorspannen, und sie rollen zusammen den Rhein bis nach Köln hinunter. Ich kann mir denken, wie die beiden Reisegefährten jeden Zusammenstoß vermieden; es war gewiß die äsopische Reise des steinernen und irdenen Topfes. So gingen sie auch in Köln nebeneinander hin mit einem zarten Noli me tangere. Nimmer habe ich Steins Rede in Gesellschaft stiller tönen gehört.

Hier konnte ich mir unsern Heros Goethe ein paar Tage recht ruhig betrachten, mich seines herrlichen Angesichts erfreuen: die stolze breite Stirn und die schönsten braunen Augen, die immer wie in einem Betrachten und Schauen begriffen offen und sicher feststanden und auf jeden Gegenstehenden und Gegenschauenden trafen; aber doch gewahrte ich, was mir in seiner Haltung früher schon aufgefallen war, ein kleines Mißverhältnis in der Gestalt des schönen Greises: wann er stand, gewahrte, wer überhaupt dergleichen sehen kann, daß sein Leib eine gewisse Steifheit und gleichsam Unbeholfenheit hatte: seine Beine waren um sechs, sieben Zoll zu kurz. Ich habe mir das Wesen der Zukurzbeinigen im Leben genug betrachtet. Sie entbehren immer einer leichten natürlichen Beweglichkeit und Schwunghaftigkeit des Leibes, und ich glaube daher, daß der junge Goethe, von seinem achtzehnten bis fünfunddreißigsten Jahr gerechnet, als Reiter, Fechter, Tänzer, Schlittschuhläufer nimmer ein Leichtfliegender hat sein gekonnt. Es gab ihm dieser leibliche Mangel wohl etwas von einer natürlichen Steifheit; anderes mochte in Art und Gewohnheit liegen.

Goethe war ja Minister und Exzellenz und in Wahrheit eine der exzellentesten Exzellenzen des Vaterlandes; aber hier in Köln wie? wie? Es kamen von den jungen Offizieren, die in Köln standen, einige sich vor ihm zu verneigen, solche, deren Väter oder Vettern er kannte, Thüringer und andere, Ministersöhne, Baronensöhne, unter ihnen Wilhelm Humboldts Erstgeborner, Jungen, vor welchen Stein, ja nicht einmal unsereiner, nicht die Mütze abgezogen hätte – und

Goethe stand vor ihnen in einer Stellung, als sei er der Untere. Eine solche Ungefügigkeit des Leibes, eine solche fast dienerliche Haltung einem Altadlichen gegenüber, vielleicht aus Jugendgewohnheit, womit eine gewisse Steifheit verknüpft war, ist dem sonst zwar stolzen, aber sehr großmütigen liebenswürdigen Manne von den Unkundigen wohl oft als Hoffart ausgelegt worden. Aus dem Gefühl eines gewissen körperlichen Mangels hat er in Beschreibungen und Schilderungen seiner sogenannten ritterlichen Männer (ein Jarno und Konsorten) auf jene körperliche Beweglichkeit und Gewandtheit, welche jeder Jagdjunker und Kammerjunker von Kindauf leicht und umsonst gewinnt, wie mir deucht, im Kleinen einen zu großen Wert gelegt.

4161 W. Langewiesche:
«Wolfs». Geschichten um ein Bürgerhaus *1919*

[Pastor Pieper war soeben von einem Kuraufenthalt in Bad Ems nach Rheydt zurückgekehrt.] Der Pastor schien zuerst zerstreut an anderes zu denken, dann aber begann er mit erhobener Stimme im Zusammenhang zu erzählen: er habe gestern in Köln etwas ganz Außerordentliches erlebt. Im Gasthof habe er gehört, daß der Reichsfreiherr vom Stein zusammen mit dem großen Dichter Goethe in Köln eingetroffen, wo ja auch Ernst Moritz Arndt jetzt ansässig sei. Und eine freundliche Fügung habe ihn alsbald die drei Männer finden lassen, wie sie in ernstem Gespräch miteinander am Domtorso gestanden, der ja nun, Gott sei Dank, nicht mehr französisches Militärmagazin sei. Sie seien aber alle drei viel kleiner gewesen, als er sich's gedacht, und der große Heide von Weimar habe gar nicht apollinisch ausgesehen, sondern ganz ehrbar und fast strenge.

Er, Pieper, habe sich unauffällig in ihrer Nähe gehalten, und als sie endlich weitergegangen, sei er ihnen gefolgt, die ganze lange Komödienstraße hinab. Als sie sich dann aber getrennt, und der teure Ernst Moritz allein zurückgegangen sei, habe er sich an diesen herangemacht, als Pastor und Verehrer sich zu erkennen gegeben und ihn ein Stücklein begleiten dürfen, wobei sie gar vieles miteinander besprochen hätten. Als er, Pieper, aber die Neugestaltung Europas berührt, wäre Arndt ganz in Rage geraten: Dieser Wiener Käsezuschnitt sei einfach monströs und nur von einem Kongreß zu verstehen, auf dem alles Ernstes die Frage verhandelt worden, ob es sich nicht empfehle, die Gesandtschaftsposten erblich zu machen. – Auch daß Arndt gemeint, Goethe sei wohl auf seine Weise gar nicht fern vom Reiche Gottes, habe ihm zu denken gegeben. Item: die ganze Begegnung sei doch eine köstliche Erinnerung für sein Leben.

4162 G.K. Fochem an E. v. Groote *28. Juli 1815*

Herr von Stein und Goethe sind vierundzwanzig Stunden länger geblieben und haben auch mir, begleitet von Wallraf und Maler Fuchs, [am 27. Juli] einen anderthalbstündigen Besuch geschenkt. Goethe räsonnierte beständig und predigte dem Minister vor. Von den alten Bildern sagten beide, daß sie überaus schön und mein Manuskript etwas Künstliches wäre. Bei nichts indessen verweilten sie so, wie auf dem andern Zimmer bei einem Raffael. Sie nahmen Stühle, standen wieder auf, setzten sich wieder; Goethe schüttelte den Kopf und sagte endlich, dies wäre ein königliches Bild: und dies alles in Gegenwart von Wallraf und Fuchs. Beim Weggehen sprach Goethe viel vom Verdienste, das ich mir durch die Rettung dieser alten Werke gemacht hätte, und welches von oben belohnt werden müßte. Herr von Stein, der mich durch Görres schon kannte, fügte hinzu, dies wäre schon eingeleitet und hätte keinen Anstand mehr. Herr Goedecke, ein Kaufmann von hier, der sie in seinem Wagen herumfahren ließ und mein Nachbar ist, sagte mir nachher, daß Goethe sich geäußert hätte, die Sammlung des Herrn Boisserée überträfe die meinige nur in der Menge, und ich hätte mit sehr großer Auswahl und Sachkenntnis gesammelt!!! Das wollen wir so liegen lassen; daß es mir aber Spaß und Freude macht, können Sie wohl denken, besonders in Hinsicht meines Manuskripts, wovon Wallraf sagen durfte, dergleichen hätten die Nonnen viele *geklatscht*. Ich meinerseits ließ es auch nicht an Komplimenten fehlen. Ich äußerte sehr lebhaft, es sei mein Stolz und mein Glück, zwei Männer zu besitzen, von denen ich mit einem der berühmtesten Klassiker sagen dürfte: Unus sufficit orbi – ein Kompliment, welches Goethe fast außer sich brachte. Dieser letzte ist zwar ein schon alter, aber gesetzter, fester, sinniger, sublimer Mann. Von Stein hat hinten und vorn Argusaugen, ist ganz in die Hofränke und politischen Bocksprünge eingeweiht, aber kräftig von Ausdruck. Er sprach von der großen Freundschaft, die ich ihm durch die Erlaubnis, meinen Max kopieren zu lassen, zeigen würde. Goethe lobte unser Bestreben in der Herausgabe des Taschenbuchs und sagte: «Nun, das ist brav, das heißt doch etwas getan! Es fängt an zu tagen, und Sie haben das Verdienst, die Nebel zu durchbrechen. Fahren Sie fort etc.» Ich hätte mich beinahe erkühnt, ihn um einen Beitrag zu bitten. Beim Abschiede versprachen sie, im Zurückkommen wieder bei mir anzusprechen. Nur ein Teil verarge ich ihnen, sie waren so unhöflich, mit ihren beschmutzten Stiefeln auf meine seidenen Stühle zu steigen, um die Bilder, besonders die Gefangennehmung, in der Nähe zu betrachten.

4163 S. Boisserée *29. Juli 1815*

[Während Goethes Aufenthalt in Nassau.] Wiesbaden nachmittags Goethe im Bären aufgesucht, ich wohne in der Post, nebenbei bei Barbier Bender: Ober-Berg-Rat Cramer, er war mit Goethe in Ems – von da besuchte Goethe Herrn v. Stein in Nassau und fuhr am Dienstag [25. Juli] mit diesem nach Köln.

4164 K. v. Raumer: Der Freiherr vom Stein und Goethe *1965*

[Zu der Notiz in Goethes Tagebuch vom 30. Juli 1815: «In Nassau. Im Garten mit Herrn vom Stein und den Damen. Gesprochen und kontradiziert.»] Wollte man einer mündlichen überlieferten Familientradition glauben, so waren auf dem Nassauer Schloßhof Goethe und Stein nicht nur in lebhaftestem Wechselgespräch begriffen, sondern sie schrien sich dabei mit so lauter Stimme an, daß die Vorübergehenden schon das Schlimmste befürchteten ...

4165 S. Boisserée *1. August 1815*

Zu Fuß nach Schwalbach; im Posthaus höre ich, daß Goethe gestern mittag dort gespeist. Als ich zurückkam, fand [ich] Goethes Brief, und Herr v. Burgsdorff brachte mir einen von Tieck.

4166 S. Boisserée *2. August 1815*

Mittags bei Goethe fröhlicher herzlicher Empfang. Stein hat ihn ersucht, an Hardenberg ein Mémoire zu schreiben über die Kunst und die antiquarischen Angelegenheiten; darüber will er mich beraten. Er geht gleich darauf ein, daß es geradezu, ohne Steins Veranlassung zu erwähnen, geschehen müsse, um dem nächsten Partei-Wesen zu entgehen. Ich erzähle ihm, wie er bei Hardenberg gut angeschrieben aus den Äußerungen von Jordan im Hauptquartier über sein politisches Benehmen. Goethe geht gleich weiter, meint, er könne ja das Mémoire zugleich an Metternich schicken, er sei ihm ohnehin noch den Dank für den Orden schuldig. Hauptgrundsatz soll darin sein, daß die Kunstwerke und Altertümer viel verbreitet [würden], jede Stadt die ihrigen behalte und bekomme, nur daß dabei geltend gemacht und ein Mittelpunkt gegeben würde, wovon aus über das Ganze gewacht würde. Laßt Düsseldorf wieder etwas haben, wie es in seinen Sälen aufgestellt war, wozu alles in München? Laßt Köln, Bonn, ja Andernach etwas haben! Das ist schön und ein großes Beispiel, daß die Preußen den Petrus [Rubens' Kreuzigung Petri] nach Köln zurückgegeben; so stellt auch der Ingenieur-General Rauch alle römischen Altertümer, die bei Köln gefunden werden, in seinem Hause auf, mit dem festen Willen, daß sie in Köln bleiben sollen. Vom Domwerk, von Cornelius, dessen Faust sehr schön von Ruscheweyh gestochen er bekommen, soll gesprochen werden von allem, was einzelne getan und was nun zu erwarten, wenn die Unterstützung der Regierung zu Hülfe komme.

Gebt nur den Malern und Kunstbeflissenen zu leben und zu tun, so werden sich schon von selber Schüler bilden. – Mit allen Zeichen-Schulen ist es doch nichts, es läuft am Ende nur auf Handwerk und Fabrik hinaus, ich weiß ja, wie es uns in Weimar geht; ich hüte mich wohl, das jedem zu sagen, aber du lieber Gott, die Zeichen-Schule ist nur dazu da, daß die Leute die Kinder aus dem Hause kriegen, und für die Kinder ist sie nur da, daß sie daran vorbeigehen! Ich will sie auch wahrhaftig nicht daran hindern, ich weiß, was zu einer eigentlichen Kunstakademie gehört – aber das sind ganz andere Forderungen, als man machen kann. –

Ich spreche von *einer deutschen Gesellschaft wie für Altertum und Kunst*, wo es aufs Sammeln ankomme und das Bedürfnis der Gemeinschaft am natürlichsten sei, am ehesten dergleichen Zusammenwirken zustande zu bringen wäre. Aber freilich müßte es geschehen ohne alle äußere Anstalt von seiten der Regierung, nur Freiheit und Begünstigung bedürfe man, es müsse sich von selbst machen, da sein, ehe davon gesprochen würde.

Goethe ging auf alles ein, erinnert mich an das, was er von der englischen Gesellschaft der Naturforscher in der Farbenlehre erzählt hat usw. Von der Farbenlehre hatte ich ihm gesprochen, wir waren auf den Magnetismus gekommen, ich hatte ihm von Schelver erzählt, von Neefs Bekanntschaft mit Major Meyer, und den Papieren der Frau v.... Er hasset dies Treiben, weil die Menschen es zu weit führen und doch sicherlich nie dahinter kommen, darum bekümmere er sich auch gar nicht darum und wolle nichts davon wissen. Er ehre und erkenne die Erfahrung an, damit aber sei es auch abgetan. Es bedürfe, meinte er, fünfzig Jahre, ehe die Farbenlehre anerkannt werden könne, sie sei nur für die jungen unbefangenen Menschen, mit den andern sei nichts anzufangen – die sitzen bis an den Hals in ihrem System, und ist ihnen zu unbequem, sich einmal auch nur zum Versuch heraus zu bemühen. Darum sei er auch von Herzen grob gewesen; das gefalle doch wenigstens der Jugend, die dächte: ei, der Alte weiß doch sonst auch Bescheid – und kennt seinen Vorteil, er wird doch nicht ins Blaue hinein schelten und verrückt sein; sondern er muß einen Hinterhalt – Grund und Boden haben, wir wollen das doch näher betrachten und beleuchten, so kommen sie allmählich in die Sache hinein; hätte ich es aber gelinder gemacht, so würden mich die jungen Kerls ebenso wenig gehört und gelten gelassen haben. Ich habe mir meine Blockhäuser in die Physik hinein gebaut – so ist die Farbenlehre, so die Metamorphose der Pflanzen. Da kann mir keiner vorbei, ohne daß ich darauf schieße – um das übrige bekümmere ich mich nicht. Jene Lehren habe ich auf Urphänomene gegründet, da bin ich schon zu Hause. Was hätte und müßte man nicht alles herausfördern können, wenn man vierzig bis fünfzig Jahre alles, was von außen herkömmt, beiseite lassen konnte – was möchte daraus geworden sein, wenn ich mit wenigen Freunden vor dreißig Jahren nach Amerika gegangen wäre und von Kant usw. nichts gehört hätte? – Was [hat] nicht der Winterl [in Pesth] in der Chemie geleistet, weil er vierzig Jahre lang Lavoisier und alle neue Entdeckungen und Fortschritte rein beiseite gelassen. Erlebt hat er freilich die Anerkennung seines Verdienstes nicht, gestorben 1809, aber jetzt, da er 8[?] Jahre tot ist, kömmt es allgemein dazu. Große Entdeckung von ihm, daß es keine reine Säure, keine Base gäbe, sondern daß man eines für das andere setzen könne. Die Chemie rückt jetzt mit großen gewaltigen Schritten nach. – Berzelius, Strohmeier, Göttling, Döbereiner. Letzterer ein junger Mann in die Dreißig in Jena hat Winterl in seinem Kompendium große Ehre erwiesen; das will etwas sagen von einem jungen Mann in den Dreißig, der kann es durchsetzen. –

Von verschiedener Begabung der Menschen, wie viele Talente und Genies bleiben durch Verhältnisse unentwikkelt und zurückgehalten, wie viel Dummköpfe dagegen durch Verhältnisse, Erziehung und Künstelei in die Höhe auf Katheder usw. gehoben.

Ich meine, die menschlichen Gaben seien fast in allen Zeiten gleich, aber die Zeiten sind ungleich und die Menschen unter sich ungleich und die Verhältnisse. Er: ein alter Hofgärtner in Dresden hat von selbst die Metamorphose der

Pflanzen gefunden, und habe ihm [Goethe] dann mit Freuden davon erzählt, wie er gemerkt, daß er auch etwas davon wisse. Was würden nicht viele unserer Frauen sein, wenn sie unter Carraccis lebten, doch gewiß ebenso viel als die berühmten Malerinnen jener Zeit, womit sie sich jetzt nicht entfernt messen können; was würde die Imhoff usw. sein.

Wunderliche Bedingtheit des Menschen auf seine Vorstellungs-Art, wie Kant sehr richtig mit Antinomie der Vorstellungs-Art ausdruckt, so muß es mir mit Gewalt abgenötigt werden, wenn ich etwas für vulkanisch halten soll, ich kann nicht aus meinem Neptunismus heraus. – Das ist mir am auffallendsten gewesen am Laacher See und zu Mennig [Niedermendig]; sehen Sie, das hat mich so ruhig gelassen, daß ich wie Abt Spangenberg hätte sagen mögen: Wir wünschen der lieben Gemeinde unsere Ruhe und unsern Frieden! – Da ist mir nun alles so allmählich erschienen, das Loch mit seinen gelinden Hügeln und Buchenhainen, und warum sollte denn das Wasser nicht auch löcheriche Steine machen können wie die Bimssteine und die Menniger Steine? Daß das Gewässer, ehe es sich gesetzt, zuletzt noch einmal große Bewegung gemacht, wie im ersten Anfang, warum das nicht? Es möchte dem Vulkanismus schwerer fallen, die Menniger Steine als Lava durchzuführen und zu erklären vollständig, wie sie geflossen und dahin gekommen. Ja, wenn von Vulkanen die Rede, wie bei Nemi in Italien, da bin ich genötigt, überzeugt und überwältigt, da glaube ich, und wenn ich einmal einen Vulkan anerkenne und verteidige, dann will es auch was heißen; so in Böhmen, da habe ich bewiesen, wie ich mich eines Vulkans annehmen kann; aber hier hat Hamilton mehr gesehen, als zu sehen war, und dem hat dann der elende Deluc, der gar nichts davon versteht, nachgeschwatzt.

Diese Antinomie der Vorstellungs-Art ist es nun, warum wir Menschen nie aufs Reine kommen können mit einem gewissen Maß von Wissen, sondern immer alte Wahrheiten und Irrtümer auf eine neue Weise aussprechen – warum wir über viele Dinge uns nie ganz verständlich machen können – und ich daher oft zu mir sagen muß: darüber und darüber kann ich nur mit Gott reden, wie das in der Natur ist, und das; was geht es nun weiter die Welt an. Sie faßt entweder meine Vorstellungs-Art, oder nicht, und im letztern Fall hilft mir alle Menschheit nichts. Darum, über viele Dinge kann ich nur mit Gott reden. –

Geschichte von Goethes Ring mit dem Serapiskopf unten INI. Er hat ihm lange nachgestellt, konnte ihn lange nicht haben – im März war er unwohl, ein Freund kömmt: «raten Sie ein Ungeheueres» – Der jüngste Tag. – Nein – Napoleon ist entflohen – ja – den andern Tag kam der Ring. Felix omen: Napoleon interiit. Ich erzähle von den verrückten Hofräten.

4167 S. Boisserée *3. August 1815*

Spaziergang von ½11 Uhr bis Mittag mit Goethe vor dem Kursaal, Essen im Kursaal. Nach Tisch spazieren [wir] am Teich hinter dem Kursaal, lustige Leute segeln auf einem Boote.

Es muß nun ein Schema entworfen werden über den Bericht.

Die *Gesellschaft* kömmt wieder zur Sprache und daß ich ganz besonders seit vorigem Jahr meine Gedanken darauf gerichtet und ihn in meinem Sinn zum Präsidenten gemacht – Gneisenau [meinte früher], warum ich mich immer zurückgehalten – aus Mangel an Autorität und des wahren Augenblicks. Jetzt ist er da, die Sache macht sich ganz von selbst und natürliche Forderungen. Übertreibungen einerseits, Arndt usw. – Armut anderseits. –

Der ganze Rhein von Basel herunter muß ins Spiel gezogen werden, das Elsaß – das [Straßburger] Münster mit seinem erhaltenen Werk und Dotation, dagegen der Dom von Köln verarmt.

Goethe will seine Werke neu herausgeben in 20 Bänden, zwei Bände Gedichte statt einem. Seine Arbeiten. Die Italienische Reise, Einseitigkeit – Haß gegen das Deutsche, gegen die gotische Architektur – gegen das Klima usw. Vollständige Tagebücher hat er, und alle Briefe hat er von den Freunden zurückerhalten, damit einen vollkommenen Kalender mit Rechnungen, Trinkgelder usw. zustande gebracht. Sizilien kurz vor ihm von Bartels und andern bereist, der es beschreiben wollte, Riedesels Buch führte er mit, da machte er nicht die geringste Bemerkung. Alles aus dem Leben und der Eindruck des Lebens, was er in seinen Briefen usw. niedergelegt hat; das macht sich nun einmal hübsch. Neapel ebenfalls, unendlich heiter. Rom immer mühselig, ernsthaft; aber immer die Anleitung von Winckelmanns Geschichte zur Richtschnur auf seinen Wegen.

Die Reise ist meist ausgearbeitet, aber vorher muß noch der vierte Band von Dichtung und Wahrheit ausgeführt werden, wozu auch viel daliegt; er geht, bis der Verfasser nach Weimar kömmt.

Neue Arbeit der *Divan*. Aneignung des Orientalismus; Napoleon, unsere Zeit bieten reichen Stoff dazu. Timur, Dschingis-Khan Naturkräften ähnlich in einem Menschen erscheinend. Freiheit der Form, abgerissen, einzeln – und doch bringt er von den Alten mehr Bildung und Bildlichkeit mit. Das ist gerade das einzige, was den Orientalen abgeht, die Bilder. – Insoweit sei er so eitel und übertrieben zu sagen, daß er darüber stehe, und das Alte und Neue verbinde.

Er liest mir eine sinnreiche Introduktion – eine Exposition des ganzen Orientalismus und seines eigenen Verhaltens dazu –. Dies letzte zuerst anfangend von dem Gegensatz der Zeit und Trost suchend im Orient. Talismane, Amulette, Abraxas, Siegel-Ring der Araber. Hafis, der *Korankundige* wurde zum Eigen-Namen des Dichters; Goethes Gedicht an ihn vergleicht sich mit ihm, weil er sich die *Bibel* angeeignet, wie das göttliche Angesicht sich auf das *Tuch* abgedruckt.

An Diez, Orientalist in Berlin, Herausgeber des Buchs Kabus, und einer Schrift über die Tulpen, rundum mit Gold beschrieben.

An alle Orientalisten sollen solche Lobgedichte folgen. –

Ich erzähle ihm von Palästina – vom Grab der Maria – von der Verehrung der Mahomedaner dafür. Hadrian ließ die Statuen von Adonis und Venus auf die Geburtsstätte Jesu stellen. Goethe, bei den Mahomedanern ist Maria die heilige Frau im höhern Paradies; dort auch vier Tiere. Ich: wohl in Bezug auf die vier Flüsse?

Unredlichkeit der Schlegel und Tiecks Lumpenstreiche gegen Vermehren, von Friedrich und Ritter Geldprellereien. «In den höchsten Dingen versieren und dann Absichten haben und gemein sein, das ist schändlich, nur ein Schacherer darf mich um Geld prellen, er hat seine Sache gesetzt und hat des kein Hehl. Aber anders ist jenes. Ach und wenn Ihr nur wüßtet, wie es zugegangen. Wenn ich mit der Italienischen Reise fertig bin, werde ich es ihnen einmal recht klar und grell aufdecken, komme ich ja dann schon in die letzten achtziger Jahre und in den Anfang der neunziger, wo das ganze Treiben schon begann. Schiller war ein ganz anderer, er war der letzte Edelmann, möchte man sagen, unter den deutschen Schriftstellern: sans tache et sans reproche. Im Spinoza können wir es gleich nachschlagen, was es ist bei diesen Herren, es ist der Neid. – Diesen und das Böse überhaupt nennt er die Traurigkeit und alles Liebe und Gute die Freude. – Man müßte nur sagen mit allem Gleichmut, wir sind betrübt über der Herren ihre Traurigkeit!» – «Ich führe», sagte Goethe weiter – «die Ethik von Spinoza immer bei mir; er hat die Mathematik in die Ethik gebracht, so ich in die Farbenlehre, das heißt, da steht nichts im Hinter-Satz, was nicht im Vorder-Satz schon begründet ist.»

Zu den [dem] Menschen habe ich eine wahre Wut und Leidenschaft gehabt; im dritten Band [von «Dichtung und Wahrheit»] findet sich davon schon der Anfang, aber im vierten wird es sich erst recht zeigen.

Faust der erste Teil geschlossen mit Gretchens Tod, nun muß er par ricochet noch einmal anfangen; das sei recht schwer, dazu habe jetzt der Maler eine andere Hand, einen andern Pinsel – was er jetzt zu produzieren vermag, würde nicht mit dem Frühern zusammengehen. Ich erwidere: Er dürfe sich keine Skrupel darüber machen, kein anderer vermöchte sich in einen andern zu versetzen, wie viel eher doch der Meister in seine frühern Werke. – Goethe: «Ich gebe es gerne zu, vieles ist auch schon fertig.» – Ich frage nach dem

Ende. – Goethe: «Das sage ich nicht, darf es nicht sagen, aber es ist auch schon fertig, und sehr gut und grandios geraten, aus der besten Zeit.» – Ich denke mir, der Teufel behalte unrecht. – Goethe: «Faust macht im Anfang dem Teufel eine Bedingung, woraus schon alles folgt.» – Faust bringt mich dazu, wie ich von Napoleon denke und gedacht habe. Der Mensch, der Gewalt über sich selbst hat und behauptet, leistet das Schwerste und Größte. Das ist in den Geheimnissen so schön ausgesprochen. –

Es war dann die Rede von den vielen Irrtümern in der Welt – und wieder von den glücklichen Blicken in der Wissenschaft. – Er sei überzeugt, es lasse sich alles auf feste Prinzipien bringen, wie die Mathematik!

«Alles ist Metamorphose im Leben, bei den Pflanzen und bei den Tieren bis zum Menschen und bei diesem auch. Je vollkommener, je weniger Fähigkeit aus einer Form in die andere überzugehen.» – «Ach Gott, es ist alles so einfach und immer dasselbe, es ist wahrhaftig keine Kunst, unser Herr-Gott zu sein, es gehört nur ein einziger Gedanke dazu, wenn die Schöpfung da ist. Was vorher war, geht mich nichts an. Aber so einfach und so leicht der Gedanke ist, so schwer lassen es sich die Menschen werden, alles zu zerstückeln.» – Ich meine, wie sollte das Zerstückelte auch anders als wieder selbst zerstückeln? Die Torheit der indischen Büßer, wie sie die *Einheit* suchen, ist mir ein Beweis, wie die Menschen immer, wenn sie etwas von der Wahrheit gemerkt, dann gleich wieder den irrigen Weg dahin einschlagen – das ist nun so die Welt. –

Das Gespräch fing eigentlich mit der Mineralogie an, wovon er mir Leonhards nächsterscheinendes Werk empfohlen. Der allgemeine Habitus Unterscheidung in der Anschauung – der spezielle Habitus Formation, Hauys Kristallographie – die Unterscheidung nach den chemischen Bestandteilen, – dann die höhere Kenntnis der chemischen Bezüge untereinander. So sind jetzt vier bis fünf Einteilungs-Arten da.

Die Geheimnisse, sagte Goethe, habe er zu groß angefangen, wie so vieles. – Die zwölf Ritter sollten die zwölf Religionen (!) sein und alles sich nachher absichtlich durcheinander wirren, das Würkliche als Märchen und dies umgekehrt als die Wirklichkeit erscheinen.

Nachmittags: Von der Eitelkeit – Freude am Dasein – am Nichtigen. Kein so großes Übel, als gemeinhin daraus gemacht wird – nicht so ernst zu nehmen, daß es erst wichtig wird, wie heutzutage geschieht.

Goethe will als verrückter Hofrat [in deren Gesellschaft] aufgenommen werden. Er meint, der Spaß wäre allerliebst; das hätte Behrisch ganz ähnlich gesehen. Aber man müsse ihm ein gutes ob ins Diplom geben, ob varietatem scientiarum?

4168 S. Boisserée *4. August 1815*

An meinem 32. Geburts-Tag.

Diesen mir heiligen Tag mit einem bedeutenden Vornehmen zu bezeichnen, habe ich unter frommen Wünschen und Dank gegen den uns günstigen Himmel den Entwurf zu dem Bericht über deutsche Altertümer, Kunst und Wissenschaft am Rhein angefangen. Der Allgütige gebe sein Gedeihen zu dieser Arbeit! Goethe hat auch angefangen und, wie er sich ausdrückt: Der Heilige Geist ihm offenbart, daß wir die Entwürfe hier fertig machen, darum [wir] noch acht Tage hier bleiben müssen; – in Frankfurt nähmen sie ihn in Anspruch – und dann käme ich zu Willemer – so gebe es Wahlverwandtschaften. – Die Verhältnisse änderten ja immer, wie ein Dritter oder Vierter hineintrete, das möge er nicht. – Darum hätte Willemer selbst gesagt, ich sollte mit bei ihm sein, so würde er mich gebeten haben, ich soll wegbleiben. Auch habe Schlosser ihm schon von den Frankfurter Vorhaben gesprochen – ich offenbarte ihm darauf, was mir Thomas mitgeteilt, seit vorigem Jahr zwischen mir und Thomas und Guaita vorgefallen. Der Vorschlag, die Städel zu heiraten usw., das wurde ihm nun immer mehr und mehr recht. Stein sei uns sehr gewogen und geneigt; er, Goethe, habe die größte und Haupt-Teilnahme für uns, in moralischer, artistischer, politischer, ökonomischer und allen Rücksichten. – Er wisse es und fühle es recht vollkommen, was ich ihm sage, daß er durchaus von uns und unserer Sammlung reden müsse, weil er sie gesehen, sonst urteilten die Menschen, sein Schweigen sei ein Mißbilligen oder Nichtachten. Darum [sei es] so gut, daß sich alles mache und sich zeige, wie alles reif sei; er las mir dann dies alles [vor]. [Es] wurde Nach-Tisch verhandelt die Fortsetzung des Divan, das Rosen-Öl – behandelt die Weiber mit Nachsicht, – Spiel in den Locken, – Hans Adams Geburt, – der Tulbend. – Freude der Freigebigkeit. – Versprechungen des Liebhabers: Alle Pracht des Orients [hat] doch am Ende nichts Höheres wie die liebenden Herzen. – Stolz der Armut des Liebenden, und viele andere prächtige, herrliche und anmutige Dinge. – Ich sage ihm, daß es mich an Faust erinnert, wegen der Großartigkeit und Kühnheit, und doch wieder der Natürlichkeit und Einfachheit in der Sache und in der Form und Sprache, was ihm dann ganz recht und lieb.

Morgens. Was er [Goethe] kennen möchte noch und etwas in der Nähe, wäre das Verhältnis und der Weg der neuen katholisch gewordenen Protestanten. – Ich [meine], die Philosophie der Geschichte der Menschheit (Herder, Müller), die Zeit der Gegenwart, die welthistorische Richtung haben's getan. Ich sage, Stolberg der Heros unter ihnen. – [Goethe:] ja es sei die Fülle der Menschheit in ihm – das Gemüt des Großen und das Naturell; selbst das Kindermachen – die eigentliche Fülle des Menschlichen (ein Poet sei er gerade deswegen nie gewesen.) –

Aber nun von der andern Seite das Übel, daß er keine Kritik habe, die Tradition stützen wolle, durch Gelehrsamkeit und Historie. – [Goethe:] ei, das ist gegen alle Überlieferungen, diese nimmt man entweder an, und dann gibt man von vorn herein etwas zu, oder man nimmt sie gar nicht an und ist ein recht kritischer Philister. Auf jenem Mittelweg aber verdirbt man es mit allen; und [es] ist ein Beweis, daß er von dieser Seite noch nicht einmal mit sich fertig [ist].

Die Protestanten dagegen fühlen das Leere und wollen nun einen Mystizismus machen, da ja gerade der Mystizismus entstehen muß. Dummes absurdes Volk, verstehen ja nicht einmal, wie denn die Messe geworden ist, und da ist, gerade als könne man eine Messe machen! So der Schubart, der erbärmliche, mit seinem hübschen Talent, hübschen aperçus usw., spielt nun mit dem Tode, sucht sein Heil in der Verwesung – da er freilich selbst schon halb verwest ist und das heißt buchstäblich die Schwindsucht hat. Da möchte man des Teufels werden; es ist aber gut, ich lasse sie machen, es geht zu Grunde, und das ist recht.

Ich: und es ist ihnen mit dem Christentum, wenn man's beim Licht betrachtet, doch nicht recht ernst, es läuft am Ende doch immer wieder auf alles und eines und eines und alles hinaus. Dagegen ich mir den Dualismus für unentbehrlich halte, daß dem Geist und Leib sein Recht widerfahre und die Einheit als Ziel und Höchstes immer gewünscht [gestrichen], gefodert, verlangt werde! Wovon hier auf der Erde nicht die Rede sein kann, als wenn Gott selbst kömmt. Sie aber wollen dem Herrn Christus auf die Spur kommen und selbst Christuschens machen. – Er: «ja recht – das ist, sie selbst wollen ein kleiner Herr Christus sein; ließen sie den Leib als solchen gelten, würden ihn auch zu ehren wissen – wenn sie beide weiter schliefen.» – Dies alles kam zur Sprache bei Gelegenheit eines neuen dünnen Büchleins über das Abendmahl, [das] in Gießen erschienen, das ihm der hier badende Verfasser gegeben.

Goethe klagt, daß er zur Großfürstin von Oldenburg zu Tisch soll – sie haben nichts von mir und ich nichts von ihnen, die Herrschaften.

Ich vergleiche die fürstlichen Leute und vornehme Welt mit Gewässer, welches um uns herum anschwillt – ein Strom, ein See werden kann, worauf man schifft und segelt, sich aber auch wieder verlaufen kann. Man muß ihm nicht trauen, ist und bleibt Wasser. Er: Nun, zu hypochondrisch muß man sie nicht nehmen, aber so als Naturkräfte.

4169 S. Boisserée *5. August 1815*

Goethe speist bei der Groß-Fürstin.

Staatsrat Süvern von Berlin; Goethe veranlaßt mich, zu ihm zu gehen ...

Abends war ich mit Goethe und Oberbergrat Cramer auf dem Geisberg, es wurde oben gezecht in der Schenke. Der Wirt heißt Hastings; schöner, freundlicher, blonder Aufwärter. Ein Schwager von Cramer von Hanau kam nach, ein Töchterchen des alten Ober-Bergrats, etwa 16. Jahrgang, führte ihn zu uns, ein ganz einfaches frisches Kind. Goethe [neckte sie] mit ihrer großen Pestalozzischen Rechenkunst, erzählte uns von der Schule hier, und ließ dem Mädchen keine Ruhe, bis sie sich selbst eine algebraische Aufgabe – aber in Zahlen – gab und die Auflösung machte. Es war eine verwickelte Aufgabe – drei unbekannte Zahlen, von denen nur die Verhältnisse unter sich angegeben waren. Mir wurde ganz schwindelich bei der Auflösung, – vorerst war es einmal nicht möglich zu folgen – dann aber die Bestimmtheit, die Förmlichkeit, womit das Kind die trockenen Dinge aussprach, die man sonst nur in den mathematischen Hörsälen zu hören kriegt – und wie sich dies arme Köpfchen was darauf zu gut tat, mit den hohlen Zahlen und Verhältnissen herum zu wirtschaften, wie es gar selbst mit über diese Kunst sprach und vernünftelte – warum es Elementar-Unterricht genannt wurde, da es, wie Goethe bemerkte, doch ganz darüber hinausging – weil jeder alles selbst finde und erfinde – endlich über Buchstaben-Rechnungen, Gleichungen usw. Das alles mit der festen, schulmeisterlichen Haltung setzte mich wahrhaft in Schrecken. Gewitter am Himmel. Auf dem Rückweg [Gespräch über] orientalische Poesie. Hafis ein anderer Voltaire. Er sagt – ich kehr mich an Euren Himmel nicht, kann ich mir ein paar Huris hineinstellen – orientalische Musik, keine Liebes-Musik, wie keine Bilder und bloße Schrift zur Verzierung, so auch die Musik [und] die Baukunst bloß zum Bedürfnis, elend Ding ohne eigentlichen Kunstwert.

Als wir im Dunkel gegen 10 [Uhr] nach Hause kamen, klagte Goethe seinen Jammer über dies Pestalozzische Wesen. Wie das ganz vortrefflich nach seinem ersten Zweck und Bestimmung; wo Pestalozzi aber die geringe Volksklasse im Sinne gehabt, die armen Menschen, die in einzelnen Hütten in der Schweiz wohnen, und die Kinder nicht in Schulen schicken können. Aber wie es das Verderblichste von der Welt werde, sobald es aus den ersten Elementen hinausgehe, auf Sprache, Kunst und alles Wissen und Können angewandt werde, welches notwendig ein Überliefertes voraussetze, und wo man nicht mit unbekannten Größen, leeren Zahlen und Formen zu Werk gehen könne.

Und nun gar dazu der *Dünkel*, den dieses verfluchte Erziehungswesen errege, da soll ich nur einmal die Dreistigkeit der kleinen Buben hier in der Schule sehen, die vor keinem Fremden erschrecken, sondern ihn in Schrecken setzen! Da falle aller Respekt, alles, was die Menschen untereinander zu Menschen macht, weg. Was wäre denn aus mir geworden, sagte er, wenn ich nicht immer genötigt gewesen wäre, Respekt vor andern zu haben.

Und diese Menschen mit ihrer Verrücktheit und Wut, alles auf das einzelne Individuum zu reduzieren, und lauter Götter der Selbständigkeit zu sein, diese wollen ein Volk bilden und den wilden Scharen widerstehen, wenn diese einmal sich der elementarischen Handhaben des Verstandes bemächtigt haben, welches nun gerade durch Pestalozzi unendlich erleichtert ist. –

Wo sind da religiöse, wo moralische und philosophische Maximen, die allein schützen könnten!

Er fühlte recht eigentlich einen Drang, mir über alles dies sein Herz auszuschütten, und ich selbst war von all diesem voll, es sprach mich gleich an wie eine Meldung des jüngsten Tags, und die Furcht vor den Russen war mir beim Namen Sievers, den Cramer als einen der schärfsten Prüfer und größten Rühmer der hiesigen Schule genannt hatte – in ihrer ganzen Macht aufgestiegen. –

So führten wir uns wechselseitig in das Gespräch hinein – und Goethe bat mich wiederholt um Gotteswillen, nicht in die Schule zu gehen, ich würde zu sehr erschrecken. Cramer hatte mir schon vor seiner Rückkehr gesagt, daß ihn [Goethe] das Pestalozzische Wesen außerordentlich interessiere und er immer davon spreche. So hörte ich auch Sonntags – daß er noch ganz voll von jenem Gespräch des vorigen Abends – in Biebrich bei Hof von dem Töchterchen und dem ganzen Wesen gesprochen habe. –

Des Abends erzählte ich ihm bei Gelegenheit der Russen noch das Verhältnis von [Kaiser] Alexander und der Krüdener in Heidelberg.

4170 F. B. v. Bucholtz an seine Mutter 10. August 1815

Ich sah in Wiesbaden [am 6. August] Goethe. Er war recht gütig und freundlich, und hatte wie auch das vorige Jahr schon nichts mehr von diesem Weggewendeten, Scheuen, Fremden, das das erste Mal, als ich ihn sah, in seinem schönen Gesichte anfangs oder abwechselnd spielte. – Er war mit Baron Stein in Köln gewesen. – Er und Baron Hügel sehen sich oft und haben sich gern. Ausgezeichnete Menschen begegnen sich immer in vielfachem Betracht. Auch Hügel ist durchaus eigentümlich, er gehört sich selbst völlig an, und es [ist] die eigne lebhafte Kraft seines Geistes wirksam bei jedem Gedanken, jeder Erzählung etc. Goethe hat sich sehr über die unveranlaßte Auszeichnung des Geistes [den österreichischen Leopoldsorden] gefreuet, deren Zeichen ihm Hügel [am 1. August] eingehändigt hat.

4171 S. Boisserée 7. August 1815

Vormittags bei Goethe – er fragt nach Reinhard, da kamen wir auf das Reimarussche Teewesen und daß ich darin gewesen, erzählte ihm in kurzem Abriß meine Lebensgeschichte – unser Verhältnis zur Familie, Melchior Mathematik – ich und Bertram zuerst allein, dann bald Melchior mit uns, die Pariser Reise Haupt-Angelegenheit und Vereinigungspunkt – Schlegels Vorlesungen – unser Kriegs-Stand gegen die ganze Stadt und alle Welt.

Das gefiel ihm sehr, ich müsse es ihm einmal ausführlicher erzählen. Am meisten fiel ihm auf, daß ich zwei Jahre in dem Hamburger Teewasser gelebt, «nun, da gehört doch eine gute Natur dazu, das zu überleben». – Und noch mehr die Gnade Gottes, sagte ich. Er, Goethe, habe das auf alle interessante Menschen erpichte Reimarussche Wesen immer gemieden, an Jacobi genug gehabt; dafür hätten sie ihn auch schön gehaßt – ihn einen scharfsinnigen Menschen genannt, der dann und wann gute Einfälle habe ...

Nachmittags, als Goethe von Biebrich zurückkam – erschien ein altes Männchen in grünem Rock und grünseidner Weste mit schwarzgeschnittnem Samt, Forstmeister [Kehr] von Frankfurt, ein alter Schulkamerad von ihm. – Er war unendlich freundlich gegen ihn, ließ ihm zu trinken bringen; nach einigen lustigen Reden und Fragen über andere alte Bekannte, Schulkameraden kam Cramer, und nun ging das Gespräch mit diesem und mit mir fort, das alte Männchen blieb immer ruhig sitzen lange lange Zeit und trank sein Gläschen, und wir nahmen immer Rücksicht auf ihn, ohne uns weiter um ihn zu bekümmern. Seltsam war es, daß Goethe weder mir noch Cramer, als wir verschiedentlich fragten, wer der Mann sei – den Namen nannte, sondern jedesmal freundlich sagte: und es ist ein alter Schulkamerad von mir, der kömmt noch alle Jahre nach Wiesbaden und ist schon 74 [Jahre] alt.

Nachher Divan. Entstehen der Perle. Lob des Weins. Frechheit gegen das Gesetz. Unwillen über die Deutschen, ihre Neuerungs-Sucht und auflösende Zerstreuung – lustig usw. Epigramm über die Dinge. *Anakoluth* durch Sprünge verbundene Gedanken. – Gespräch über die bloße Kunst der Poesie, bei dem bloßen Talent der Sprache: wie weit es in dieser bloßen Phraseologie gebracht [werden könne; Goethe] rühmt den Major Luck, es ist auch ein diffuses Wesen in ihm, aber da tut ihm das Sonett Gewalt an, und zwingt ihn zur Einheit. Drum [gibt es] nicht leicht bessere Sonette als die seinigen – auch in Rücksicht der Gedanken. Ein Spottgedicht hat er gegen die Arndtsche Dreieinigkeit gemacht, von Wellington, Blücher und unserm Herrgott; aber das nicht als Sonett. Eine Strophe, die Goethe bloß in einem Briefe mitgeteilt, als geheimes Einschiebsel nur für Vertraute, sehr artig. Gott ist nach Arndt der großen Schrift nicht wert, dieweil er nicht freiwilliger Jäger geworden, den Schießprügel auf die Schulter genommen hat und in den Landsturm ausgezogen – so ungefähr. Goethe hat sich über alle politischen Begebenheiten in Versen Luft gemacht, die er aber immer wieder zerschnitten und in Bücher gelegt – sie sind meist verloren – sein Sohn hat einiges davon gerettet. – Er muß sich über alles, was ihn bedrängt in Freud und in Leid, Luft machen, indem er es ausspricht. –

Die Einheit des Gedankens, die lebendige Gliederung durch den Gegensatz zur Identität, das ist, was allen Kunstwerken zu Grunde liegen muß. Das ist, was die Franzosen mechanisch ergriffen haben in ihrem Schauspiel und was Shakespeare nicht hat, und warum seine Stücke bei aller Poesie nichts taugen.

Ich [erklärte], wie seit einigen Jahren ich auf diese innere Gesetzmäßigkeit und poetische Gliederung gekommen, und sehr bald den Dingen ansehe, wo es fehle, es sei immer fast instinktmäßige Forderung bei mir – und mir auch so gleichsam instinktmäßig entstanden, auf dem Weg der Musik. So zum Beispiel innere Notwendigkeit des Allegro, Adagio und Rondo, [das] Mutige, Mächtige, Sanfte, Weiche, dann das Freudige, hätte eigentlich sagen sollen: das Mutige – Traurige und Freudige.

4172 S. Boisserée *7. August 1815*

Abends las mir Goethe wieder einen Teil aus seinem Divan, worunter das schönste *Adam und Eva*, wie der Schöpfer sie macht und seine Freude an ihnen hat – er legt dem schlafenden Adam die Eva an die Seite, und möchte dabei stehen bleiben! – Ein Bildchen, eine Idylle, von der schönsten reinsten Naivität, und wieder der höchsten Größe, – machte mir den Eindruck wie das beste plastische Werk der Griechen. Dann las er, [wie] Jesus das Evangelium gebracht und wieder mit zum Himmel genommen, aber was die Jünger auf ihre Art, jeder auf verschiedene Art, davon behalten und verstanden oder mißverstanden – ist so viel, daß die Menschen genug daran haben für immer zu ihrem Bedarf. Liebesgedichte – Was ich verlange, ist nur wenig – aber für die Geliebte alle Schätze; ein prachtvoll Stück, worin alle Herrlichkeit und der ganze Handel des Orients vorkömmt; und alle Elemente, alle Kräfte der Natur und Menschen in

Bewegung gesetzt werden, um der Geliebten Geschenke zu bringen – die aber doch nichts sind gegen die Freude der Liebe usw. Die Feueranbeter der alten Parsen. Ein solcher stirbt und spricht seine Lehre als Vermächtnis aus.

Verehrung der Sonne – Ordnung und Reinlichkeit, auf daß sie sich nicht betrübe, den Schmutz und Wüstenei der Menschen und der Erde zu sehen. (Stiftung, eine Gasse zu reinigen, damit die Sonne mit Freude hinein scheine!) In selbem Bezug, Ackerbau. (Auf ähnliche humane Weise erklärt Goethe sich die Verehrung der Kuh – als nützlichstes Haus-Tier – goldenes Kalb, und sei also nicht gar so absurd und abgeschmackt, als es aussehe!) Verehrung des Feuers als irdische Sonne, Funke aus dem Stein geschlagen Bild der Sonne und wird Funke d. Samml. d. Gottheit [?]. – Alles sehr schön entwickelt und dargestellt. – Ich erzähle, wie die Symbolik des Lichts mit so großem Geist in den christlichen Gottesdienst aufgenommen; am Kar-Samstag Symbolik der ganzen Schöpfung, Wasser, Licht usw.

Später bei Hügel, erzählte das Künstlerleben der italienischen Sängerin, die den Wiener Bankier Natrop geheiratet. [Der] Bankier machte bankerott, die Frau geht wieder aufs Theater, größte[r] Triumph ihres Lebens der Beifall, der ihr hier zum erstenmal wieder gezollt wurde. – Alle Reichtümer und Pracht der Zwischenjahre [war] ihr nichts dagegen. Nur der *Sieger* erlebt ähnliche (und freilich größere) Freude, die unmittelbar[e] und total[e], durchaus lebendig[e Kundgebung des] Beifalls, alle anderen Künstler und alle anderen Stände nicht. Ihr Vater war Einnehmer von Monte pietà. (Wie sie noch immer zum Vergnügen selbst Blumen gemacht. Goethe hatte nämlich von den Wiener künstlichen Blumen gesprochen, die Bertuch aufgebracht, nun aber in Weimar mehr im Schwang sind. Hügel erlebte es vor einer Gasterei bei dem Bankier, daß sich die arme Dame fast die Finger abgeschlagen – großer Schreck und Not, Furcht die Finger zu verlieren, waren ganz zerbrochen, wurden aber so geheilt, daß sie vor wie nach Klavier spielen konnte.) In Rom gewesen, kam herunter; ihr großes Talent [wurde] in einem Konzert erkannt, dies entscheidet; um ihrem Vater damit zu helfen, [ist sie bereit,] sich gleich bei der Gesellschaft anwerben zu lassen. In Florenz schenkte ihr ein Liebhaber für sein Billett statt einem Scudo 100 Zechinen, so entzückte sie; das [war] ihr erstes Glück, und so ging es fort; sie blieb immer brav gegen ihre Eltern ... Nach ihrem zweiten (Wieder)Auftreten lebte sie nur wenige (fünf) Jahre. Bezaubernde Stimme.

4173 S. Boisserée *8. August 1815*

... abends [liest Goethe] wieder Stücke aus dem Divan. *Der Schenke.* Kuß auf die Stirn. Eifersucht. Das Mädchen sei eine böse ermüdende Liebhaberei für den alten Freund. Das Ganze als ein edles, freies pädagogisches Verhältnis, als Liebe und Ehrfurcht der Jugend gegen das Alter genommen, vorzüglich schön ausgesprochen in einem Gedicht: die kürzeste Nacht, wo Morgenrot und Abendrot zugleich am Himmel sind ...

Astronomie. Ethik. Ein anderes Gedicht bezieht sich auf den schönen, jungen, blonden Kellner auf dem Geisberg bei G. Hastings (Wiesbaden). Dann wieder eins auf die kleine Paulus in Heidelberg, mit seinem Schwänchen von Pfirsichen, Kirschwasser und Mandeln.

Konfession, daß ihm die Gedichte auf einmal und ganz in den Sinn kämen, wenn sie recht wären; dann müsse er sie aber gleich aufschreiben, sonst finde er sie nie wieder; darum hüte er sich, auf den Spaziergängen etwas auszudenken. Es sei ein Unglück, wenn er es nicht ganz im Gedächtnis behalte; sobald er sich besinnen müsse, würde es nicht wieder gut. – Auch ändere er selten etwas. Ebenso [sei es] ein Unglück, wenn er Gedichte träume, das sei meist ein verlorenes. Ein italienischer Poet (Petrarca [nach] Wilken) habe sich aus diesem Grund ein ledernes Wams machen lassen, worauf er im Bett habe schreiben können.

Italienische Reise. Freude an der Architektur, rein persönliche Leidenschaft für Palladio, bis ins Krasseste nichts als Palladio und nichts als Palladio, freilich lebt er in Vicenza und Venedig in seinen Werken und Würksamkeit noch im lebendigsten Andenken. Wut und Haß gegen die gotische Architektur, läßt diese Stelle wegen *mir* weg, daß ich sehe, welch ein braver Kerl er sei. – Die Menschen, wie sie aber wären, würden so etwas gleich mißverstehen. Am Ende mache es sich auch in der Komposition besser, wenn es wegbleibe, sonst freilich lasse er alles, wie es sei, weil die Tagebücher so vollständig seien. Mein Vertrauen zu ihm und Freundschaft – nicht wohl junge Freunde, die mir so viel Freude machten, auf die ich so zählen kann wie auf ihn.

Er führt das Gespräch weiter; was die Verhältnisse mit Fürsten teuer und wert mache, sei das Beständige und Beharrliche darin, wenn einmal ein Vertrauen entstanden; so zwischen ihm und dem Herzog. Durch allen Wechsel der Verhältnisse und Gesinnungen durch habe der Herzog ihn immer denselben gefunden – gesehen, daß er einen braven, ehrlichen Menschen an ihm habe, und so sei der Herzog noch jetzt wie in ihrem ersten Freundschaftsverhältnis – er habe ihm kürzlich einen Brief geschrieben, ein Resultat seiner Lektüre während langer Unpäßlichkeit – ganz wie aus jener Zeit so herzlich usw.

Problem der Architektur: ⊠ in der Mitte der Diagonale des Hauses treffe [?], sonst gibt es eine Leere, bei Palladio dies immer beobachtet. Die Mitte immer versteckt, nie bezeichnet – daher auch in Italien die Mitte des Giebels gewöhnlich ein Bild, Basrelief oder Gemälde, worin die Mitte versteckt oder das Zeichen des Hauses usw.

Timurs Winter-Feldzug, Parallelstück zu Napoleons Moskowitischem Feldzug. Kriegsrat. Der Winter tritt redend als Saturn auf gegen Mars; Fluch oder Verheißung; groß, gewaltig. Haß des Kreuzes. Schirin hat ein Kreuz von Bernstein gekauft, ohne es zu kennen; ihr Liebhaber Cosken findet es an ihrer Brust, schilt gegen die westliche Narrheit usw. Zu bitter, hart und einseitig, ich rate, es zu verwerfen, sei ein gutes ob zum närrischen Hofrat – ob odium crucis. – Er wolle es seinem Sohn zum Aufheben geben, dem gebe er alle seine Gedichte, die er verwerfe; er habe eine Menge, besonders persönliche und zeitliche; nicht leicht eine Begebenheit, worüber er sich nicht in einem Gedicht ausgesprochen. So habe er seinen Ärger, Kummer und Verdruß über die Angelegenheit des Tages, Politik usw. gewöhnlich in einem Gedicht ausgelassen, es sei eine Art Bedürfnis und Herzens-Erleichterung, Sedes poeticae. Er schaffe sich so die Dinge vom Halse, wenn er sie in Gedicht[e] bringe. Sonst habe er dergleichen immer verbrannt; aber sein Sohn verehre alles von ihm mit Pietät, da lasse er ihm den Spaß.

Napoleon hat ihm imponiert, der größte Verstand, den je die Welt gesehen. – Daru habe ihn präsentiert in demselben Saal der Statthalterei in Erfurt, wo er in seiner Jugend mit Schiller, dem Herzog, Koadjutor Dalberg usw. so viele Späße getrieben und frohe Stunden erlebt. Da sei noch Berthier gewesen, Soult und andere, denen alle[n] zugleich Audienz gegeben wurde, habe mehr als eine Stunde, ja zwei gedauert; [Napoleon habe] immer abwechselnd von Geschäften mit jenen, dann wieder mit ihm gesprochen. [Goethe] scheint nicht gemerkt zu haben, oder nicht bemerken zu wollen, daß dies alles angelegt gewesen, um ihm zu imponieren (wie ich mir's auslege). Daru habe ihn präsentiert mit [dem] Bemerken, er habe Mahomet übersetzt, da habe Napoleon gesagt: Mahomet est une mauvaise pièce. Dann habe er es entwickelt und so richtig, als nur zu verlangen. [Goethe meinte:] «ei, er, der ein anderer Mahomet war, mußte sich wohl darauf verstehen.» Ich sprach von Ostentation, und wie er den armen [Johannes v.] Müller betört. – Die Ostentation warf er weg, mit Müller, das war ein ander Verhältnis, weil er eben der arme Müller war. Napoleon habe sehr viel und trefflich über Tragödie mit ihm gesprochen; wo der Refrain immer gewesen: qu'en dit Monsieur Goeth. Napoleon habe ihn, was doch etwas sagen wolle, zum Lachen gebracht, so daß er sich darob entschuldigen zu müssen geglaubt, wisse nun aber nicht mehr zu sagen, was es denn eigentlich betroffen.

4174 S. Boisserée *9. August 1815*

Abend [mit Goethe] bei Cramer. Farbenlehre ... Punsch bis ein Uhr.

4175 *S. Boisserée* *11. August 1815*

... morgens 6 Uhr nach Mainz gefahren. Wir sahen auf der Höhe das Rheingau bis Bingen. [Goethe:] Was muß das eine Gewalt gewesen sein, was muß eine Zeit dazu gehört haben, ehe nur das Wasser da zum Durchbruch gekommen – das hat da gewiß lang als See gestanden – wie der Bodensee. Und nicht allein die Berge haben gehindert, sondern auch das Meer, ehe seine Gewässer abgenommen. Wir kamen nun so auf das Allgemeine, die italienischen Gebirge, die griechischen, die palästinischen, alles Kalkgebirge, bis im Sinai wieder der Granit erscheint. Ich fragte nach einem Buch, das eine Übersicht der Gebirgs-Bildung auf der ganzen Erde gibt – und ob Ebel es gebe? – ja gewissermaßen, auf jeden Fall lerne man viel, es sei ein trefflich Buch; doch fehle etwas, welches auf eine seltsame Weise entstehe und häufig vorkomme. Der Mann suche nämlich etwas zu erklären, was sich nicht erklären lasse, was man zugeben müsse; bis auf den Punkt sei er ganz charmant, aber durch dies falsche Bemühen verderbe er seine Sache. Es sei damit wie bei der Musik, wo man nie eine reine Oktave kriege, sondern in der zweiten immer ein neuer Ton sich herüber kobilde, ein neunter Teil, den man nicht als einen für sich stehenden annehmen könne, darum als *Bruch* in die ganze verteile. Dieser Bruch sei es, der einem überall in der Geologie und in der ganzen Natur begegne. Wolle man ihn rein auflösen, so gehe es nicht, so verwirre man das Ganze, man müsse wissen, daß da noch etwas Unauflösbares sei, und es als solches zugeben, dann komme man durch.

Dann erzählte er mir von Buttes Zahlen-Lehre, der Herr Butte (derselbe, den die französischen Blätter zum besten gehabt), war in Wiesbaden am letzten Tag bei ihm gewesen und hatte ihm sein Weltsystem erklärt. – [Er sagte:] wenn man einmal solch Spiel zugäbe, und zugeben müsse man es doch, so sei das äußerst scharfsinnig und hübsch – unter anderem besonders die Verrückung der Klimate merkwürdig, sie folgten nicht den Zonen, die unsere Mathematik beschreiben, sondern biegen sich ein usw. Die Durchführung ins einzelne gefiel ihm sehr – nur klagte er, daß der Mann etwas Zynisches [habe], daß er nicht einmal ein reinliches Manuskript und Karten, sondern beides verschmutzt und befleckt bei sich führe.

Nach 8 Uhr in Mainz in den drei Reichskronen. – Professor Lehné Gemälde-Sammlung. Otto Venius. Großes Bild, Christus nackt mit Mantel erscheint in Wolken, um ihn knieen der verlorene Sohn und Magdalena, der gute Schächer und David – ich mache auf die grünlichen Schatten aufmerksam, auf Correggios Einfluß und auf die niederländische Schule. Schönes Marienbild, angeblich von Perugin, scheint mir Bellin Venetian. Wärme des Kolorits. Erinnerung an das Niederländische, an den Hemmelink bei Beddendorf [D. Bouts] usw.

Römische Altertümer schön und klar geordnet, großer innerer Zusammenhang. – Das meiste Grabsteine von Kriegsleuten, aus den verschiedensten Teilen von Europa – die römische Herrschaft würkte hier ganz auf dieselbe Weise wie die französische.

Goethes Vorliebe für das Römische ausgesprochen; er habe gewiß schon einmal unter Hadrian gelebt. Alles Römische ziehe ihn unwillkürlich an. Dieser große Verstand, diese Ordnung in allen Dingen sage ihm zu, das griechische Wesen nicht so. Die Liebe und Neigung dafür habe [er] sich nur angeeignet. Ich sei gewiß auch schon einmal da gewesen im fünfzehnten Jahrhundert. Ich lehne es ab und spaße über diesen Wahn, wenigstens müsse es noch früher gewesen sein. Doch [sei] der Gedanke mir nicht neu, habe schon Wallraf 1811, als die Helvig in Köln war, damit aufgezogen, daß seine Verliebtheiten in die Stadt und in die Agrippina die Folgen einer alten Liebschaft zu dieser Kaiserin sein müsse, die jetzt nach der Seelenwanderung unbewußt in ihm wieder erwache. Endlich sei mir über mich selbst schon dergleichen Wahn durch den Kopf gefahren, als ich im vorigen Sommer die Geburts-Stadt von Eyck besucht und zugleich die meines Vaters, nur zwei Stunden davon. Der Groß-Onkel sei von Tongern und die Groß-Mutter väterlicher Seite. Die Groß-Mutter mütterlicher Seite von Köln, wer weiß, was da für Blutsverwandtschaft und Zusammenhang mit Meister Eyck und dem Dom-Meister sich denken ließe! Ich schäme mich aber dessen, als närrischer, abergläubischer Einbildungen, und hätte es noch keinem erzählt, aber als eine Schwachheit gestehe ich es gern und lasse es gelten. Ja nun, war die Antwort, lobe ich Euch – Ihr seid gescheiter, als Ihr wißt. So hat doch Eure Sache Fug und Schick, und durch Zuziehung der Ahnen kömmt es immer noch besser ins Klare. Ich neckte ihn darüber, und wir lachten fröhlich über dies geheime Gespräch, das wir am Tisch führten ... Professor Lehné holte uns ab zum Graf Kesselstadt, Gemälde-Sammlung, [und zu] Kaufmann Memminger, [dort] Rheinlandschaften von Caspar Schneider (ein heiterer breiterer wärmerer Schütz). [Später] in den Dom, der halb noch mit Brettern verschlagen, Getreide darin. Zum Gemälde-Händler Arbeiter, Kardinal von Eyck oder Hemmelink zufällig gefunden. Der Samaritan, wahrscheinlich spanischer Maler. – Nach Zahlbach, Grabstätte der römischen Krieger, wo über 27 Grabsteine an einer Stelle gefunden, an einen Hügel gelehnt, hinter jedem der Krug mit Asche. Nahebei die Wasserleitung. In Zahlbach in [einen] Weingarten eingekehrt. Professor Lehné hält mir vor, daß es nichts sei mit der gotischen Architektur, daß sie nur die Frucht der verfallenen römischen und griechischen, er spricht überlaut, weil er taub ist, und gerade darum höre ich es geduldig und ruhig an. Preußische Offiziere sitzen in der nächsten Laube. – Goethe hat seine Freude über den Spaß. Heimkehr, schlecht gebaute Kirchen Zahlberg, ganz neu im byzantinischen Geschmack, von [einem] französischen Ingenieur; das machte sich nun gut, neben der antiken Wasserleitung und zu dem Gespräch im Weingarten; Goethe neckte mich damit. Erinnerungen gehen in ihm auf von seinem Feldzug, bei der Belagerung von Mainz, wie sich alles verändert – wie sie toll und übermütig gewesen im Lager, er mit den übrigen durch die Laufgräben *geritten*, bis ein preußischer General sie gewarnt, er könne ihnen so für ihre Köpfe nicht stehn.

Spazier-Gang mit Goethe die Bleiche herab am Rhein vorbei nach Haus. – Ich erzähle ihm von unserem ersten Bild, von der Großmutter, wie sie allein Freude daran gehabt; von Schlegel und von allen ersten Geschichten unserer Sammlung; antwortete auf seine Frage, warum wir zuerst nach Heidelberg gegangen, große Reise von 1808. Von der Verbindung mit Aretin usw. usw. Abend *leuchtendes* Holz, Goethe hat es aus Wiesbaden mitgebracht.

4176 S. Boisserée *12. August 1815*

... schön Wetter. Morgens um 7 Uhr [fuhren wir] nach Frankfurt. Auf der Höhe von Höchst still gehalten, schöne prächtig reiche Aussicht. – Mein Wunsch, nach Weimar zu kommen, lehnt Goethe ab: da sei es zu nüchtern für uns – das Theater kein Ersatz für das schaureiche, mannigfaltig bewegte Leben, welches wir in Köln gewohnt. Ich wende ein, daß wir es auch in Heidelberg entbehren, und erwähne, wie mich die großen Kirchen-Feste usw. an das erinnern, was in Köln zum Teil noch übrig geblieben von würdigen kirchlichen und volksmäßigen Einrichtungen usw., und schildere, wie es ehemals gewesen, wie leicht die Menschen noch zum Rechten zu führen durch das Beispiel, wie empfänglich sie sind, wie sehr der große Maßstab alter edeler Umgebung noch würke. Hierauf komme alles an. Prozessionen, Altäre, Gottestracht, Zünfte, Gemälde auf denselben [den Altären], Rathausbild in den Dom gebracht, Veränderung der Kirchen. Zierat und Ausschmückung. Realität im Alten, modernes Wesen auf den Schein. Die Form allein entscheidet hier nicht. Wallrafs Versuche, Kirchen-Musik. Liebhaber bemühten sich um Musik. Kreuzbeleuchtung wie in Rom in der Karwoche. Messe vortreffliches Thema, Einheit darin und gibt doch zu den mannigfaltigsten Kompositionen Anlaß. Er: Ja einigemal im Jahr lasse man sich wohl eine Messe gefallen; aber das immer Einerlei leuchte ihm doch nicht ein usw. Mit unserer Liebe in Köln d. Dreikönigs-Fest und der Übertragung des Rathaus-Bildes in den Dom usw., dann dem Dom selber – das sei doch *ein Leben*, sie in Weimar müßten sich behelfen mit der Gelehrsamkeit – stoppelten den Tempel von Ephesus mit aller Mühe auf dem Papier zusammen, und den Wagen des Alexanders (?), und am Ende sei es nur für wenige einzelne. Goethe will sich nicht entscheiden, nach Heidelberg [zu kommen, um dort] die Denkschrift an den Minister auszuarbeiten und den Teil, welcher unsere Sammlung betrifft, einzelne G[emälde] zum Druck heraus zu ziehen. Bei der Ankunft an den Toren von Frankfurt der Maria gedacht, sie war gerade an dem Tage gestorben, als Goethe von Weimar nach Frankfurt gekommen war. Ich stieg im *Schwanen* ab. Goethe fuhr auf die Gerber-Mühle. Bis Montag wollte er wieder in die Stadt kommen.

4177 S. Boisserée *14. August 1815*

... ebenso häßlich Wetter. Goethe kommt um 8 Uhr mit Willemer in den Schwan, als ich eben zu Guaita gehn will. Vollendung der Denkschrift. Bei Schlosser. [Später] fuhr ich mit Goethe ab nach der Gerber-Mühle. Es war das zweitemal, daß ich den Ort sehe. Zuerst war ich im vorigen September nachmittags mit der Tonie dahin gefahren, Goethe zu sehen, ein wahrer goldener Tag – jetzt ein Schmutztag. Bei Schlosser schrecklich altdeutsch neudeutsch Gepinsel von dem Bruder des Olivier, einem jungen Maler in Wien. Goethe rief mich zur Seite, hielt mir die Bildchen, eine heilige Familie und eine Jägergeschichte, wahre Nürnberger oder Spaer Kistelmalerei – vor. «Da freut Euch Eurer Früchte.» Ich: Gott bewahre uns vor solchen Freunden, denn mit unsern Feinden wollen wir schon fertig werden. Diese Neckerei setzte uns in lustige Laune.

Übergebe ihm den Entwurf – er soll womöglich Maximen und Prinzipien aussprechen, für alles, was gemacht werden soll usw., weil das vornehme Volk alles kurz und gedrängt haben will, was es lernen und annehmen, ja selbst ausführen oder doch die Hand dazu reichen soll. Er gibt dem allen Beifall, wir sind überhaupt einig. Nur wegen der Frankfurter Angelegenheiten, Bibliothek-Bau usw. scheut er sich, ins einzelne gezogen zu werden, hat überhaupt ein groß Vorurteil gegen den freistädtischen Geist. Steinernes Heilig-Häuschen bei der Mühle. Goethe führt mich daran, es zu verehren, weil es, obwohl einfach, so meisterhaft gemacht und von Basalt, auf dem Wappen ein Ring à jour gefaßt – die Jahrzahl 1508? Ehrmann schickt sein [Goethes] *Diplom*, ohne einen näheren Bescheid zu erwarten. Furcht der Willemerschen. – Gespräch über Ehrmann, Streich, den er der Marianne Willemer mit einem Rezept gespielt, das sich eine Somnambulistin selbst verschrieb! gegen Krämpfe? ungeheuer stark. – Tollheit über die Maßen. Sie fordre bei mir dadurch beinahe eine Schutzrede – doch Dank den Frauen.

4178 S. Boisserée *15. August 1815*

Gerber-Mühle [mit Goethe]. – Bilder in der Verkaufung in d. Dominikaner soll ein Eyck und Dürer sein! schlecht. Canova hat sie gerühmt und darauf aufmerksam gemacht.

4179 Th. Creizenach: Briefwechsel zwischen Goethe und Marianne v. Willemer *1877*

[Besuch des Herzogs Ernst August von Cumberland mit seiner Frau in Frankfurt.] Am Nachmittag des 15. August [1815] sandte das Paar einen Kammerherrn nach der Gerbermühle, um Goethen eine Einladung zu bringen. Nach anderen war die abgesandte Persönlichkeit eine Dame, Frau von Otterstedt, Gemahlin des preußischen Geschäftsträgers. Goethe hörte die Botschaft ernst und verdrießlich an, gab eine unbedeutende, eher ablehnende Antwort und beklagte sich nachher, daß man ihn nicht in Ruhe lasse. Aber abends gewahrte man, wie auf der holperigen Äpfel-Allee ein erleuchteter Wagen heranfuhr; in demselben saß das herzogliche Paar. Es trat über die äußere Treppe und Holzbalustrade in das Haus; Goethe empfing beide auf dem Gang, und die Herzogin unterhielt sich dann mit ihm auf seinem Zimmer, während der Herzog beim Hausherrn verweilte. Marianne erzählte später, sie habe den Dichter wegen seiner devoten Verbeugungen geneckt; die Neckerei war jedoch kaum gerechtfertigt und wird auch nicht sehr empfindlich gewesen sein.

4180 *S. Boisserée* *16. August 1815*

Abends auf der Mühle bei Goethe – die Meline, Hollweg, Claudine. Der alte Kuppler sagte der M[eline?] etwas (Mincio).

4181 *S. Boisserée* *18. August 1815*

Nachmittag [in Mainz] von Lehné Krügelchen, Töpfe mit Knochen und Asche, Lampen usw. für Goethe erbettelt.

4182 *S. Boisserée* *19. August 1815*

... schönes helles Wetter, morgens früh nach Frankfurt ... Nach 10 Uhr in Frankfurt und fahre noch in einem Nachen mit meiner Schachtel voll Lampen und Töpfen nach der Gerber-Mühle zu Tisch, weil Ehrmann heute zuerst mit Goethe zusammenkommen soll. Es ging vortrefflich, Ehrmann hält sich anfangs ganz still, nachher wird er sehr belebt und geistreich. Erzählt, wie er dem Markgraf von Baden die Geschichte angehängt von dem Amtmann, der sich vom Schulmeister den Arsch wischen lassen. Der Amtmann war nämlich Schulmeister in eigener Person. Der Markgraf ließ ihn kommen, um ihn auszuschelten, und schenkt nachher Ehrmann einen Amethystring, daß er schweigen soll. Der Herr, unpaß, hatte verlangt, daß er ihm was vorlügen sollte. Die Willemer voll Seligkeit, daß er Goethe gefällt. – Goethe hatte meinen Entwurf zwei-, dreimal durchgelesen, will dieselbe [die Schrift] gleich ausführen, doch schiebe es sich in die Länge; es mache sich aber artig, müsse eine Komposition werden in rhetorischer Kunst.

4183 *S. Boisserée* *20. August 1815*

Morgens bei Schlossers. Christian erzählte, daß Cotta in Frankfurt gewesen und Goethe gesehen, als dieser der Prinzeß Solms-Cumberland aufgewartet, fragt bohrend, ob er nicht bei uns in Heidelberg gewesen; dann wie es mit dem Dom-Werk stehe – ich erzähle offen das Verhältnis in Gegenwart der Sophie Schlosser. Anstalten zu einem Gastmahl für Goethe am Dienstag.

4184 Rahel an Varnhagen *20. August 1815*

Sonntag abend, ein Viertel auf 11.

Nein, August, welches Glück! Ich kann auch nicht zu Bette gehen, ohne es Dir zu melden ... Vallentins im Schwan ... bei ihnen aß ich, sehr gut, und bequem: schlief zu Hause, und fuhr um 5 in dem Götterort, in der Anmutsgegend, mit ihnen aus; als ich hinab kam, saß noch ein Herr im Wagen; ich glaube Weiland stellten sie ihn mir vor (nein: Ellisen heißt er) ... Wir fahren zu einem herrlichen Tore hinaus, an einem herrlichen Kai am Main vorbei, an kultivierten Gärten in der wohlhabenden Gegend, durch Weingefilde, im köstlichsten *gesündesten* Wetter (wie es in *zwanzig* Jahren nicht war), nach einem Forsthause, wo man Kaffee nimmt; dort gehen wir im Walde spazieren; wir treten endlich *aus* dem Wald, sehen eine weite schöne Wiese, am Ende ein hellbeschienen Dorf. Der Herr fragt, ob wir das sehen wollen. Ich sage, die Sonne sei zu stark, lieber später; er sagt, es ist Niederrad, das Dorf, wovon Goethe so viel schreibt, wo er immer mit seinen jungen Freunden hinging. Dann wollen wir durch die Sonne, sag' ich: und Schauder grieselt mir über die Backen. Getrost, fröhlich, ja zerstreut im Gespräch, gehen wir hin; es hat Straßen, wie die österreichischen Dörfer; ich tadle das; wenig Menschen gehen hin und wieder: *ein* niedriger halber Wagen mit einem Bedienten, fährt den langsamsten Schritt; ein Herr fährt vom Bock, drei Damen in Trauer sitzen drin, ich seh' in den Wagen, und sehe Goethen. Der Schreck, die Freude machen mich zum Wilden: ich schrei mit der größten Kraft und Eile: «Da *ist* Goethe!» Goethe lacht, die Damen lachen: ich aber packe die Vallentin, und wir rennen dem Wagen voraus, und kehren um, und sehen ihn noch einmal; er lächelte sehr wohlgefällig, beschaute uns sehr, und hielt sich Kräuter vor der Nase, mit denen er das Gesicht fächelte, das Lächeln und das Wohlwollen uns, aber besonders seiner Gesellschaft, die eigentlich kikerte, zu verbergen. Der Wagen hält in seiner Langsamkeit endlich ganz, der Herr vom Bock wendet sich, und sagt: Das ist der Schwan! Nämlich, *das* Wirtshaus, von welchem Goethe schreibt, dort immer eingekehrt zu sein. Also auch Goethe ging heute in seine Jugend wallfahrten, und *ich*, *Deine* Rahel, trifft ihn, macht ihm eine Art Szene; greift ein in sein Leben! *Dies* ist mir ja lieber, als alles Vorstellen, alles Kennenlernen. Als ich ihn das zweitemal sehen wollte, sah ich ihn *nicht:* ich war so rot wie Scharlach, und auch blaß: ich hatte den Mut nicht. Und als er vorbei war, am Ende der Straße durch ein Fabrikgebäude und eine Pappelallee entlang aus dem Dorfe fuhr, zitterten mir Kniee und Glieder mehr als eine halbe Stunde. Und laut, und wie rasend, dankte ich Gott in seine Abendsonne laut hinein. Auch die anderen konnten ihr Glück nicht fassen! sie hätten es gar nicht gewußt; Vallentin sagte, er sei der Büste ungeheuer ähnlich; sie ist ganz beglückt. Und noch einmal müssen wir Gott danken und hoffen: er hat sich in den *zwanzig* Jahren gar nicht verändert, *ganz* wie ich ihn sah; und *sehr* vergnügt beobachtete er uns. Ich bin sehr tentiert, damit er nicht rate, ihm morgen zu schreiben, ihm zu sagen, wer ihn anschrie, und wieso. Ich schrie *so sehr*, aus *Eile*, die anderen sollten ihn *auch* sehen, und weil man's *gar nicht* erwarten konnte! *Ein* Wagen, und das ist *er*. Den Mainherrn nennen wir ihn: er ist Herr hier. Das erfand ich gleich …

Geheimerat Willemers waren die, welche mit Goethe fuhren.

4185 S. Boisserée *21. August 1815*

Mittag auf der Mühle [mit Goethe] – Rückweg mit Christian [Schlosser] – erzählt mir die Geschichte der Marianne Willemer …

4186 S. Boisserée *22. August 1815*

Nach Tisch bei Schlosser, mit Goethe und Christian zum alten Städel.

4187 A. de Custine an seine Mutter *23. August 1815*

J'ai enfin vu Goethe [am 22. August]. Jamais la seule présence d'un homme ne m'a fait cette impression. Il a été silencieux avec moi, mais a parlé avec d'autres, ce qui m'intéressait encore plus.

4188 A. de Custine an Rahel Varnhagen 1815

Enfin j'ai vu votre Goethe! et, pour la première fois de ma vie, j'ai senti qu'on peut s'arrêter devant un homme comme devant un monument, sans lui parler. J'ai dû lui paraître bien ridicule: je le contemplais comme un phénomène de la nature. C'est votre faute; pourquoi m'avoir tant parlé de lui? Dans le premier moment, son apparition m'a inspiré le besoin de méditer plus que celui de causer. Il ne m'embarassait pas, sa sphère est au-dessus de ce qui intimide; je ne crois pas que jamais un homme ait été occupé de sa personne et de l'effet qu'elle peut produire devant le Jupiter du Vatican; je ne pouvais pas non plus penser à moi devant Goethe. Cet homme, dont l'abord est différent de celui de tous les hommes que j'ai rencontrés, me faisait l'effet d'une solitude; j'étais saisi de respect; j'éprouvais du bien-être et de la frayeur, sans savoir pourquoi; il me semblait que je regardais au bord d'un abîme d'où montait la voix d'un oracle.

Il y a long-temps que vous n'avez vu Goethe; il a soixante-quatre ans; son visage est encore superbe; c'est, comme vous le dites, la tête de Jupiter, ou plutôt d'Homère. Quand sa physionomie n'est point animée, elle exprime une noble tristesse: on croit voir un héros de l'antiquité écrasé sous le poids de notre misère. Ce siècle, où le burlesque domine, lui pèse; il a dans le front et dans le regard quelque chose de profondément tragique. Quand il s'anime, il pétille d'esprit; et quand il se laisse aller à sourire, il est plein de grace. Ce qui me frappe surtout dans ses traits, c'est l'harmonie de l'ensemble: je n'ai vu nulle part tant d'accord uni à tant de variété; tous les sentiments et toutes les pensées humaines se peignent sur son visage; sa physionomie, pleine de vie, est le miroir du monde, et en même temps l'expression d'un caractère: on y lit depuis Werther jusqu'à Faust et au Traité sur l'Optique; c'est un esprit universel; la science et la poésie habitent ce front qui contient tout; il semble que c'est d'après lui qu'on a dit: L'homme est l'abrégé du monde.

Ses manières sont froides; cependant on se sent attiré vers lui comme vers un être surnaturel; mais on sent tout de suite qu'on n'est pas son semblable. Quand il lève les yeux, on disait qu'il pleure sur l'humanité; quand il les fixe sur vous, son regard vous pénètre. Mais cette perspicacité vous fait du bien. Ce qui rend un homme ordinaire fatigant, c'est qu'il ne comprend jamais tout-à-fait un autre homme. Goethe comprend la nature; comment ne comprendrait-il pas un pauvre atome humain? J'aurais voulu m'approcher de lui, et lui dire: Apprenez-moi ce que je suis. Oracle, dictez-moi ce qui doit décider de ma vie, ce qui doit sortir de moi.

Quoique sa dignité constante paraisse un peu raide, il a de la simplicité, et on pourrait le croire naïf: il est pourtant à une distance immense de la naïveté: en lui, tout est volonté et conscience de sa volonté. Si l'on disait à Goethe: «Pourquoi êtes-vous comme vous êtes?» au lieu de répondre: «Parce que je suis moi,» il dirait: «Parce que *je veux* être moi.» Cette réponse met un espace infini entre lui et la naïveté; mais son esprit lui rend le charme des hommes naïfs. Seulement on ne peut se fier au plaisir qu'on éprouve en causant avec lui. Qu'on ne s'y trompe pas, il est plus qu'un homme. Rien de plus gracieux que sa manière de s'entretenir avec les personnes qui lui sont présentées: il a par moments une ironie si fine et si délicate, qu'elle ne saurait blesser; il possède au suprême degré le talent, ou plutôt le don d'intéresser à ce qu'il dit; sa personne, sa seule présence, son silence, portent à la méditation, et font désirer ses paroles; il réunit la chaleur au calme, il se contient comme s'il avait peu de vie, et cependant il sent comme un autre se passionne; c'est un homme supérieur au vulgaire et supérieur à lui-même. Il est maître de lui; il est résigné à supporter les inconvénients de sa destinée; c'est le premier grand homme qui m'ait paru décidé à subir sans se plaindre les malheurs du génie; il est malheureux, parce qu'il est seul; mais il veut être seul, parce qu'il a reconnu qu'il le faut.

J'ai dit qu'on trouvait tout dans sa physionomie, il y manque pourtant une chose, et une chose nécessaire: l'amour. Je ne crois pas qu'il ait la faculté de vivre dans un autre; il a tout en lui, hors ce qui fait qu'on renonce à tout. La richesse de sa nature le trompe, elle le confirme dans la personnalité; il est seul en ce monde, et peut-être déjà se prépare-t-il à rester seul dans l'autre: poussé à ce point, l'égoïsme est un exil.

C'est un phénomène bien extraordinaire qu'un homme parvenu à cette étendue, à cette élévation de pensée, sans reconnaître le christianisme. C'est comme un naufragé qui ne croirait qu'à la plage.

C'est un malheur pour Goethe que la religion chrétienne soit une révélation divine, il l'aurait peut-être inventée; mais comme il la trouve arrivée avant lui en ce monde, et avec elle quelques accessoires qu'il n'y aurait pas joints s'il l'avait faite; comme il voit dans ses prêtres ce qu'il n'y voudrait pas voir, et qu'il n'y voit pas ce qu'il voudrait, il la rejette. Aussi le vide qu'elle laisse au dedans de lui l'accable; l'ennui le ronge, il s'attache aux moindres détails de l'existence, il s'impose l'étude et le goût des petites choses, enfin il se traîne dans la nuit de ce monde comme s'il n'en était pas une des lumières; et l'on est forcé de convenir que ce prodigieux génie est aussi étonnant par ce qui lui manque que par ce qu'il a. Aussi mon ami Werner compare-t-il la tête de Goethe à une immense coupole sans lanterne, ce qui fait que le jour y vient d'en bas.

4189 A. de Custine an seine Mutter *24. August 1815*

J'irai après-demain chez Goethe à la campagne, il m'y a engagé. Je n'éprouve pas devant lui le plus léger embarras. Je n'ai jamais vu un visage plus noblement tragique que le sien; c'est un héros antique opprimé par la bassesse et la trivialité de notre siècle. On dirait, lorsqu'il lève les yeux, qu'il pleure sur les misères de l'humanité. Il est impossible de peindre le charme d'une ironie douce et fine qu'il mêle souvent même à ses compliments, mais qui ne saurait se rendre dans notre langue. Je ne lui ai parlé qu'allemand, quoique je n'y sache encore dire qu'à demi ce que je veux; mais je lui disais: «Notre langue même n'exprime notre caractère que dans notre pays; dès que nous en sommes dehors, il faut renoncer à être entendu, quelque langue qu'on parle, et parler celle des autres tant bien que mal, car nous devons désirer alors non de nous communiquer – ce qui est impossible, – mais que les autres se communiquent à nous». Il a répondu à cela par quelques mots polis et ne s'est pas communiqué. Mais, n'importe, je ne me rebute ni m'embarrasse jamais avec des gens vraiment supérieurs et d'une supériorité universelle, car je ne sais jamais que dire à un simple savant, tandis qu'à un homme comme Goethe il n'y a rien dont on ne voulût parler, parce qu'on voit au premier coup d'œil qu'il pénètre tout et sait le fond de tout. C'est le seul homme qui n'aime rien et qui cependant n'ait point de sécheresse. Sa pensée l'a conduit jusqu'au vide, et c'est un phénomène bien extraordinaire qu'à cette hauteur il n'ait pas trouvé la lumière. Aussi est-il malheureux, il l'avoue lui-même, mais on lui pardonne tout en faveur de la sublime tristesse de son visage et du feu qui l'anime dès qu'il parle. On y voit depuis Werther jusqu'à Faust et la distance est grande. Il te plairait plus que personne et toi à lui encore davantage, car il aime le naturel par dessus tout. Il a soixante-quatre ans et rappelle étonnamment la tête d'Homère.

4190 A. de Custine an seine Mutter *26. August 1815*

Je te dirai en passant que j'ai une passion pour l'ironie allemande. Autant la masse plaisante lourdement, ou plutôt ne plaisante pas, autant les hommes vraiment supérieurs, comme Goethe par exemple, ont une manière aimable et quelquefois profonde d'exciter à rire. Ils vous font rire de vous-même comme d'un tiers, et au lieu de vous aigrir comme nos persifleurs français, ils vous rendent meilleurs en se moquant de vous. Il y a un mot ici qu'on ne connaît pas en France et qui est la clef de l'existence des Allemands. Ce mot est *Bildung* ...

Encore un mot sur Goethe: il a une expression de tristesse sublime. Jamais je n'ai vu une plus noble physionomie.

C'est vraiment une douleur tragique qui se peint dans ses yeux et sur son front, et sa bouche est d'une douceur infinie. Il est dévoré d'ennui. Quelle leçon que de voir un si grand esprit livré au monstre qui ronge les hommes les plus vulgaires! Cela prouve qu'on a beau tout penser et tout savoir, on est encore bien pauvre; quand on n'a rien de plus que tout on n'a rien. Heureux ceux qui arrivent plus loin sans avoir fait tant de chemin! ... Malgré sa beauté, tu ne le trouverais peut-être pas agréable. La princesse de Stolberg me disait hier: «Il est bien laid, n'est-ce pas?» Il n'y a rien à répondre à cela; il faut donner raison à qui vous le dit, car autrement ce serait parler hébreux à un Iroquois. Le monde est plein de gens vides!

4191 A. de Custine: L'Espagne sous Ferdinand VII 1838

[Über das Leben der Anachoreten bei Cordoba.] Tous ont un métier, mais leur but n'est pas de produire quelque chose, c'est d'être occupés; ils soignent l'instrument plus que l'œuvre.

Ceci me rappelle un mot du grand poète Goethe: il m'a dit plusieurs fois qu'en faisant ses ouvrages, il n'avait jamais pensé à son livre, mais que le seul but qui lui paraissait digne de tous ses efforts était le perfectionnement de son intelligence.

4192 G. Maugras:
Delphine de Sabran, Marquise de Custine 1912

Astolphe [Marquis de Custine] eut la joie pendant son séjour [in Frankfurt] de se rencontrer à plusieurs reprises avec Goethe. Quand sa mère apprend qu'il a été présenté au grand poète, elle exulte. La pensée qu'il va voir intimement cet homme illustre entre tous, l'enthousiasme et elle écrit naïvement à Astolphe qu'il gagnera prodigieusement dans une semblable société.

Il lui répond:

«J'ai ri en voyant tout ce que tu te promets de Goethe; tu ne sais donc pas que rien n'est plus difficile que d'approcher cet homme extraordinaire et de l'intéresser. Il a été aimable pour moi; je pourrai aller le voir partout où je le rencontrerai, mais voilà tout, et c'est beaucoup. D'ailleurs, que voulais-tu qu'il découvrît en moi? Je suis comme un lac agité, on ne sait pas ce qui s'y reflète. Schlosser, qui ne manque à rien, ne m'a pas cependant prêché de m'approcher plus près de Goethe. Tu aurais fait plus que moi auprès de lui, car il aime extrêmement les belles dames et le naturel, malheureusement il ne reste pas à Francfort.»

4193 S. Boisserée *23. August 1815*

Nachmittag bringe ich Goethe die zwei Gemälde-Beschreibungen von der Veronica und Verkündigung, finde den Bergrat Cramer draußen mit der Familie von Willemer.

4194 O. Bansa: Ein Lebensbild in Briefen aus der Biedermeierzeit *1914*

Clefchen [Maria Cleophea Schmid] erinnerte sich noch in spätesten Tagen des faszinierenden Eindrucks, den Goethe – zur stillen Eifersucht Augusts [ihres Verlobten August Christian Bansa], der von Goethes gefährlichen Augen sprach! – auf ihr jugendlich schwärmerisches Herz machte; von einem Flor junger Mädchen und Frauen umgeben, gab er Rätsel auf und freute sich, wenn eines möglichst rasch die Lösung fand; das phantasiereiche Köpfchen Clefchens hatte keine Mühe, das Richtige zu erraten, und Goethe rief ihr erfreut zu: «Sie hat's!» Auch August wußte ein heiteres Stückchen aus diesen Tagen zu berichten: als er einst nach alter Gewohnheit im Main bei der Gerbermühle ein Bad nahm, waren seine Kleider abhanden gekommen, und er sah sich genötigt, im Adamskostüm nach der Mühle zu gehen, als Goethe im Gespräch mit Marianne von der Terrasse aus seiner ansichtig wurde und höchst überrascht ausrief: «O, da kommt ja Adonis!» Clefchen erhielt vom Dichterfürsten ein kleines Andenken in Gestalt eines Taschenbuchs, das «Die natürliche Tochter» enthielt, und fügte einen Gedenk- und Widmungsvers hinzu, in welchem er die Gelehrtentochter dem Kaufmannssohn gegenüberstellte, die sich lieben.

4195 *S. Boisserée* *25. August 1815*

Dr. Seebeck im Weidenbusch. Wir sind zusammen auf der Mühle. – Goethe [ist] mit meinen Gemälde-Beschreibungen zufrieden. «Sie sind gut», sagte er, «und was noch mehr ist, sie sind recht; denn was mir immer die Hauptsache, der *Ton* ist getroffen; dabei sind sie mit Neigung und frommem Sinn geschrieben, ich würde sie vielleicht nicht so gut machen, weil mir der letztere fehlt.»

Meinen Zweifel wegen der Weitläufigkeit benahm er mir, der Gegenstand verlangt sie, so sei auch die ausführliche Beschreibung des roten Brokat-Tuches in der Verkündigung, worüber ich mich selbst beklage, nur insofern ein Fehler, als es ein Fehler im Bild sei, es sei aber kein Fehler, dadurch allein komme ja die wahre Charakteristik in die Darstellung. Doch wolle er die Dinger noch einmal lesen und noch näher darüber sprechen. Die Schrift will er mir in ein paar Tagen rasch in die Feder diktieren. Es sind Briefe vom Herzog aus Baden[-Baden] gekommen. Er [Goethe] denkt doch vielleicht nach Heidelberg zu gehen. Goethe ist bei Hügel, ich und Seebeck fahren mit ihm in die Stadt.

4196 *F. B. v. Bucholtz an seine Schwester* *28. August 1815*

Goethe besuchte ich vorgestern auf dem Landhaus des Herrn Geh. Rat Willemer, wo er wohnt. Einmal hat er hier gespeiset. Er sieht sehr wohl aus und ist recht liebenswürdig. Er achtet Baron Hügel sehr. Der österreichische Orden hat ihm viel Freude gemacht.

4197 *S. Boisserée* *26. August 1815*

Auf der Mühle mit Seebeck. Goethe wird vom alten Herrn Nicolas Schmidt zur Hochzeit abgeholt. Baumeister Heß hält sie mit Jungfer Melber auf dem Forst-Haus.

4198 *C. Jügel: Das Puppenhaus* *1857*

[Jügel hat zur Hochzeit seines Freundes Friedrich Christian Heß mit Johanna Neuburg, einer Großnichte von Goethes Mutter, ein Gedicht verfaßt. Die Feier sollte am 26. (nach

Goethes Tagebuch am 21.) August 1815 im Forsthause stattfinden.]

Das Gedicht wurde gedruckt und von mir tags zuvor der Frau Oberförsterin mit dem Ersuchen zugesandt, es im geeigneten Momente in einer verdeckten Schüssel auf die Tafel zu setzen. Der Verfasser war nicht genannt, sondern auf dem Titel die Errater desselben zur Erlegung von drei Batzen für die Armen kondemniert worden, die bei solchen Veranlassungen nie leer ausgingen.

Erst im Hinausfahren wurde mir mitgeteilt, daß Goethe von seiner beendeten Badekur zurück sei und, als Verwandter der Braut und mit dem Bräutigam näher befreundet, an dem Feste teilnehmen würde. Das war nun freilich ein Zwischenfall, auf den ich mit meinen Versen nicht gerechnet hatte; indessen hätte sich Goethe ja selbst verleugnen müssen, wenn er sie anders als für einen, einem solchen Feste ganz angemessenen Scherz beurteilt hätte, und in dieser Zuversicht ließ ich der Sache ihren Lauf.

Goethe ließ nicht auf sich warten, und ich sah ihn hier zum ersten Male in der Nähe. Er war damals im sechsundsechzigsten Jahre und also bereits auf einer Lebensstufe, wo das gereifte Mannesalter jenen eigentümlichen Ausdruck des sich selbst bewußten Verdienstes umso mehr und in einer Weise erhöht, der jedem Gebildeten Achtung einflößen muß. Seine Gegenwart wirkte übrigens durchaus nicht einschüchternd auf die Heiterkeit der Gesellschaft ...

Diese ungezwungene Heiterkeit wirkte auch sichtlich auf die Stimmung des hohen Gastes, unter deren Einfluß denn auch die verdeckte Schüssel auf der Tafel erschien. Jedermann war selbstverstanden auf deren Inhalt neugierig, der, als er zum Vorschein gekommen, sofort einen Teller zum Einsammeln der Dreibätzner in Bewegung setzte, da der Zuschnitt des beabsichtigten Scherzes den Verfasser alsbald erraten ließ. –

Auch Goethe langte nach einem Exemplar des Gedichts, blätterte darin und steckte es zu sich; nun aber erging von allen Seiten die Aufforderung an mich, den Inhalt vorzutragen, dem ich nur mit einiger Verlegenheit zu entsprechen vermochte, da ich mir die Gabe der öffentlichen Rede nicht beimessen kann. Die komischen Beziehungen des Gedichts auf das Brautpaar, die öftere Heiterkeit erregten, halfen mir indessen über die Schwierigkeiten hinaus. Goethe aber sagte, nachdem ich geendet, sich freundlich zu mir wendend: «Das Gedicht ist viel besser, als Sie es uns vorgetragen; wir hätten uns noch weit länger daran erheitern können.» – Ich dankte für den schmeichelhaften Tadel und fand nach aufgehobener Tafel Gelegenheit zu einer längeren, mir wohlwollenden Unterhaltung mit dem großen Dichter, der ich es beimesse, daß, als ich mich späterhin hier selbst etablierte, Goethe alsbald zu einem meiner ersten Kunden zählte, der mich öfters mit seinen Aufträgen auf ausländische Literatur usw. beehrte.

4199 S. Boisserée *27. August 1815*

Vers an Goethe zu seinem Geburts-Tag.

4200 S. Boisserée *28. August 1815*

Morgens Vers an den Goethe fertig. Über Hals und Kopf hinausgeeilt [zur Gerbermühle]. Die Familie v. Willemer ist da, Scharff und Frau, Fritz Schlosser, Kasten-Schreiber Riese, alter Schulkamerad von Goethe, Seebeck. Das Garten-Haus mit Schilf ausgeziert, wie Palm-Bäume zwischen die Fenster gebunden, oben an der Decke überhängend. – An der hintern Wand, wo der Alte saß, ein großer Spitzschild mit Laubkränzen, darinnen ein runder Kranz von Blumen, den Farben-Kreis vorstellend.

Willemer eröffnet den Tisch mit einer passenden Anrede, Anspielung auf Freimaurer-Sitte – bringt des Alten Gesundheit aus mit Wein von seinem Geburtsjahr 1749, mit 1748er Rheinwein. Durchgehend muntere Stimmung in der Gesellschaft. Brief vom Konsistorium an Willemer mit Erlaubnisschein, den an diesem Tag geborenen unehelichen Sohn Wolfgang im Haus zu taufen. Zweiter Brief in Knittel-Versen von einem Meister-Sänger Christian, kurze Wiederholung von Goethes Biographie, soweit sie jetzt gedruckt ist, alle Verse endigen mit den Eigennamen der Goethischen Liebschaften. Riese merkt es gleich; beides von Ehrmann.

Morgens hatte Frau Hollweg in einem Boot Musik machen lassen, Harmonieen. – Es war so eingerichtet, daß sie anfingen, als Goethe aus dem Bett aufstand. Ei ei, sagte er etwas ängstlich und bedenklich, da kommen ja gar Musikanten – doch fand er sich bald zurecht, weil die Musik sehr gut war. Dann gab's ein Mißverständnis mit einem Dukaten, den der Alte durch Carl [seinen Diener] an die Musikanten schickte. Sie wollten und konnten natürlich nichts nehmen, [es] war das Theater-Orchester, fand sich beleidigt.

Die Frauen hatten einen Turban von dem feinsten indischen Mus[se]lin, mit einer Lorbeerkrone umkränzt, auf zwei Körbe voll der schönsten Früchte, Ananas, Melone, Pfirsich, Feigen und Trauben – dann einer voll der schönsten Blumen gelegt, dazu hatte die Städel die Aussicht aus Goethes Fenster auf die Stadt Frankfurt artig gezeichnet, und die Willemer ein schönes Kränzchen von feinen Feld-Blümchen aufgeklebt, zu beidem waren passende Verse aus dem Hafis geschrieben.

Ehrmann hatte allegorische Bilder, etwa die Jahreszeiten von Pietro Testa – schreckliches Wesen von Kompositionen geschickt. Christian Schlosser Kreuzabnahme, glaube ich, von Daniel di [da] Volterra oder Kreuzigung und Kreuztragung von einem großen italienischen Meister.

In Beziehung auf den Farbenkranz erzählte Goethe, weil er immer seine angefangenen Arbeiten so gern liegen gelassen – hätten seine Freunde in Weimar ihm an einem Geburts-Tag [1781 ?] einen Kranz gemacht, worin die Anfangs-Buchstaben, die zerbrochenen, von allen seinen unvollführten Werken zusammengereiht gewesen. Auf solche Art hätten sie ihn oft geschoren an seinem Geburts-Tag. – Er hatte früher schon einmal erzählt, daß er die Einweihung der Rochuskapelle im vorigen Jahr beschreiben wolle und schon vollkommen schematisiert gehabt, aber dann [habe] liegen lassen.

Ich suchte nach Tisch Eichen-Zweige und Klee und legte die Barbara von Eyck mit meinen darunter versteckten Versen in Goethes Schlafzimmer; zur linken d. Bildchen einen schönen Eichzweig, zur rechten einen großen Lorbeer, unten, wo beide sich kreuzten, einen dreischüssigen Klee-Zweig, dies faßte das Ganze angenehm ein.

Vor Tisch hatte ich ihm auf seinem Zimmer schon Glück gewünscht und gesagt, daß ich ihm was mitgebracht. Ich fand ihn da gerade bei der Denkschrift beschäftigt, wir umarmten uns herzlich, und als ich meine Freude zu erkennen gab, gerade an diesem Tag hier mit ihm zusammen zu treffen, sagte er: ja es ist recht schön und ominös.

Das kleine Geschenk und den Vers nahm er nun mit Rührung auf – es entfuhr mir die auf mich selbst störend zurückwürkende Entschuldigung – es seien die ersten Verse, die ich gemacht. Nun, sagt er, sie sind gut gedacht, das übrige wird schon kommen. – Dann las er mir seine Denkschrift vor von Köln. Es mutete mich an wie ein Kapitel aus seinem Leben. Ich soll in diesen Tagen zu ihm heraus kommen, da wolle er mir alles noch einmal rascher in die Feder sagen, man sehe dann am besten, wo es noch fehle an Zusammenhang. Er will nicht, daß ich weggehe; ich blieb den Abend draußen; er liest von seinen orientalischen Gedichten. Heitere, freundliche Stimmung des kleinen Kreises. Ich tappe mit einer großen Keule nach der Stadt.

4201 W. Grimm an seinen Bruder Jacob 20. November 1815

Als sein [Goethes] Geburtstag in Frankfurt war, hat von den Hausleuten niemand etwas erwähnt, nur bei Tisch hat sich auf dem Main eine schöne Waldhornsmusik hören lassen, und als er gefragt: was ist das? hat bloß sein Bedienter geantwortet: «Ei Herr Geheimer Rat, heut' ist ja Ihr Geburtstag.» Während der Zeit haben sie ihm in sein Zimmer eine Schüssel mit köstlichem Obst, wie Ananas usw., schön geordnet aufgestellt, daneben echt persisches Zeug (weil er gerade mit den orientalischen Sachen beschäftigt ist), wo ich nicht irre, auch einen Dolch hingelegt, und wie er hineingetreten ist, beobachtet. Anfangs, wie er es gesehen, ist er ganz ängstlich gewesen, hat hin- und hergeblickt und gemeint, es sei jemand versteckt, der nun glückwünschen werde, dann ins Nebenzimmer gesehen, ob etwa da Leute sich dazu versammelt hätten, und als dann endlich alles leer und still gewesen, hat ihn diese Aufmerksamkeit bis zu Tränen gerührt.

4202 S. Boisserée *29. August 1815*

Mittags auf d. Mühle. Der alte viele elfer Rheinwein und die feuchte Luft hatte ihm [Goethe] zugesetzt, jetzt trinkt er bloß Bacharacher. Goethe scheint entschieden, das Mémoire drucken zu lassen, und so beides an Metternich und Hardenberg mit besonderen Briefen zu schikken. Ich lege ihm auf seine gestrige Vorlesung diesen Wunsch vor. Er will von mir haben, was wir über unsere Sammlung gesagt haben. Ich beschließe zu bleiben, ein Quartier in der Stadt zu nehmen; er [ist] damit sehr zufrieden.

4203 A. Kestner: Tagebuch

Mittwoch, der 30. August 1815 [nach Goethes Tagebuch der 31.], war einer meiner merkwürdigsten Tage. Von Bruder Theodor hörte ich, daß Goethe nicht in Frankfurt, sondern auf der sogenannten Gerbermühle bei Oberrad auf dem Wege nach Offenbach bei einem Freunde, dem Dr. Willemer, wohne. Es blieb nun, da er so weit entfernt von der Stadt und sein Hereinkommen unbestimmt war, nichts übrig, als ihn dort zu besuchen. Ich richtete daher mein Augenmerk auf meinen Freund Christian Schlosser, den ich mich freute, seit Rom wiederzusehen, und hoffte bei ihm Hülfe zur Ausführung meines Planes zu finden. Ich traf ihn in seiner Wohnstube mit einem gewissen Dr. Seebeck, einem Physiker und Optiker. Wir setzten uns nun eine Stunde zusammen und erzählten uns in kurzem unser Ergehen. Um 4 Uhr war der Wagen da, und wir fuhren nach Oberrad, wo wir an dem nach der Gerbermühle führenden Wege zur Linken ausstiegen und an dem Main entlang sehr bald dort ankamen.

Der Bediente empfing uns an der Haustür. Wir baten, dem Herrn Geheimen Rat aufwarten zu dürfen. Der Bediente kehrte zurück mit der Nachricht: «Es wird Ihre Exzellenz viel Ehre sein!» Durch eine dunkle Treppe wurden wir in seine Wohnstube geführt, die für eine Gartenwohnung sehr groß und lang war. Er kam uns von der entgegengesetzten Seite entgegen und schien im Nebenzimmer sich angekleidet zu haben. Sein Anstand war würdig mit Absicht, aber sein Benehmen sehr freundlich, ja zuvorkommend. Er half selbst die Stühle zusammenholen, indem er uns zum Sitzen nötigte. Vorher fragte er, wer von uns beiden denn nun der Dr. Kestner aus Frankfurt sei?

Ich machte die Introduktion damit, daß ich eines Briefes erwähnte, der mir von Frau von Beaulieu an ihn mitgegeben sei, den ich aber unglücklicherweise verloren habe. Sehr verbindlich erwiderte er, daß ich auch ohne diesen mich eines freundlichen Empfangs habe versichert halten können. Dann richtete ich ihm eine Empfehlung meiner Mutter aus, indem ich mir Hoffnung gemacht, ihn in Wiesbaden anzutreffen. Er fragte nach ihrem Befinden und ob meine Geschwister noch vollzählig wären, indem er freundlich hinzufügte, daß unser seliger Vater ihm unsere sämtlichen Silhouetten geschickt habe, als wir noch böse Buben gewesen, und daß er uns daher schon alle kenne. Dann kam die Rede auf Silhouetten, und er äußerte, daß diese ehemals gangbare Art, sich ein Andenken zu geben, so ganz abgekommen sei; denn es wäre doch ein treuer Schatten des Freundes gewesen.

Nach einem kurzen Gespräch verschiedenen Inhalts nötigte er uns in den Garten. Beim Hinabsteigen in den Garten wurde die Ältlichkeit seiner körperlichen Bewegungen sichtbar. Das schien ihm unangenehm, denn er nötigte uns, als wir zu seinen beiden Seiten ihn aus der Stubentür begleiteten, die Treppe allein hinabzugehen, er werde folgen.

Der Garten bestand in einem Boskett, am Main gelegen, und hier kamen wir zuerst durch einen Schattengang an einen freien Platz, nahe am Flusse, wo wir den Kaufmann Nicolaus Schmidt aus Frankfurt antrafen, den Goethe bewillkommnete und «Du» nannte; er wird ein Jugendbekannter von ihm sein. Hier blieb er einige Augenblicke stehen und wies uns weiter zur Gesellschaft der Damen auf einem andern Platz, die zum Teil zur Willemerschen Familie gehörten, zum Teil zum Besuche da waren.

Nachdem wir hier vorgestellt waren, kam Goethe uns nach und nahm sich so unserer Unterhaltung an, wie es dem gebührt, der Besuch bekommt. Er war dabei körperlich in einer beständigen Beweglichkeit und Unruhe, aber ohne schnelle Bewegungen. Anfangs teilte dann und wann eine Dame das Gespräch, doch hörte dieses bald auf, und er ging zwischen uns auf dem von Bäumen umgebenen Platze, der nach dem Wege zu eine freie Seite hatte, auf und ab, oder, blieb er mal eine Weile stehen, dann wiegte er doch den Körper auf den Füßen und lehnte sich zuweilen an einen Baum. Die Hände hatte er meistens eingesteckt, entweder in die Tasche seines dunkelblauen Überrocks, der ihm schon eine Zeitlang gedient haben mochte, oder in den Busen.

Während Theodor mit einem andern Herrn redend auf- und abging, wurde mir das Gespräch mit Goethe etwa eine halbe Stunde allein zuteil. Es lenkte sich dieses auf Frau von Beaulieu und ihre Töchter, von denen er mit vielem Interesse sprach, aber stets mit voller Besonnenheit und einer gewissen Abgemessenheit. Er verbreitete sich mit gerechtem Lobe über das Talent der C[omtesse] Julie Egloffstein und äußerte, sie leiste alles, was man ohne höhere Leitung eines solchen hübschen Talentes erwarten könne. Ich erwiderte, daß ich die Wohltätigkeit der Einwirkung eines geschickten Lehrers nicht verkenne, aber daß uns die Höhe der Kunst im Anfang des 15. Jahrhunderts und früher beweise, daß in den wesentlichsten Teilen der Darstellung schon etwas Großes geleistet werden könne ohne völlige Korrektheit der Zeichnung, und daß diese ohne *die Kraft* der Darstellung, die in jener Zeit geherrscht habe, für sich allein, nach meinem Ermessen, keinen großen Wert habe. Ich führte den Masaccio an. Er billigte meine Erhebung jener Kunstepoche, aber wollte, den vorliegenden Fall betreffend, doch nicht davon abgehen, daß mehr Studium in der Zeichnung erforderlich sei, und hörte mit vieler Freundlichkeit, daß es schon länger zu Juliens Lieblingsideen gehört habe, in Weimar unter seiner Einwirkung sich in der Kunst zu üben. Ich erzählte, daß sie neuerlich manche Porträts mit großem Glücke gemacht habe. Er fragte: «Alle mit Bleistift?» Ich bejahte, und er rühmte ihre Geschicklichkeit, den Bleistift zu behandeln, doch schien er zu wünschen, sie möge auch in andern Manieren Porträts machen.

Als im Gespräch eine Stille eintrat, erwähnte ich Christian Schlosser und meine Freude, ihn seit unserem Leben in Rom zum ersten Male wiedergesehen zu haben. Er lobte ihn und seinen beharrlichen Eifer in seinen Wissenschaften und seiner Ausbildung. Ich erwähnte Overbecks schöne Zeichnung. Auch er lobte die Komposition und die große Sauberkeit ihrer Ausführung; ich stimmte ein, doch setzte ich hinzu, daß zwar eine Reminiszenz des Raffael in dem ähnlichen Bilde aus dem Palast Borghese unverkennbar sei, aber dennoch in der Komposition mehreres Eigentümliche bleibe: «Kann man denn anders», erwiderte er, «als in den schönen Gedanken Raffaels fallen?»

Er hörte dann mit Interesse, daß ich Overbeck aus seiner frühen Zeit kenne und er mir persönlich den angenehmsten Eindruck gemacht habe. Dann fragte er nach seiner Ausbildung und hörte von mir, daß er von seinem Geburtsorte Lübeck, wo er bei der brennendsten Begierde zur Kunst eine sehr mittelmäßige Anweisung gehabt, nach Wien unter Fügers Leitung gekommen. Dann fragte er, ob nicht ein Verwandter des Overbeck auch Künstler gewesen. Ich sagte ihm, daß sein Vater der bekannte *Dichter* gewesen sei, was ihm neu war. Als ich diesen an einigen kleinen Gedichten bezeichnete, schien er zu glauben, ich wolle ihn herabsetzen; er lobte sie und nannte sie «brave Gedichte», die eine lobenswerte moralische Tendenz hätten, und wies dabei auf die Zeit hin, in welcher sie entstanden. Bei Gelegenheit Overbecks erzählte ich, daß dieser mir in seinen Briefen aus Wien einen gewissen Pforr aus Frankfurt als einen sehr talentvollen Freund erwähnt habe, der gleichfalls das historische Fach zu dem seinigen erwählte. Goethe ergriff diesen Namen und lobte sehr einige Zeichnungen von ihm zum «Götz von Berlichingen», die sehr originell und kräftig und von vieler Erfindung wären. Leider sei dieser junge Mann gestorben. Die Rede kam dann auf Cornelius, von dem Schlosser eine Zeichnung hat. Auch diesen lobte Goethe, aber mehr schien ihm doch Pforr am Herzen zu liegen. An allen diesen drei Künstlern lobte er das Studium der alten Meister und erhob die höhere Leitung, die an ihrer Ausbildung bemerkbar sei. Als hierauf die Rede auf Riepenhausen[s] fiel, die ich als meine Freunde erwähnte, schien er sie gegen die andern herabsetzen zu wollen und sagte, es sei noch immer das ungewöhnliche Talent an ihnen bemerkbar, aber ihre früheren Arbeiten hätten mehr versprochen, als sie nachher erfüllt. Es fehle an der Ausbildung nach großen Meistern. Ich konnte leider nicht widersprechen und hob nur ihre ökonomisch beschränkte Lage hervor, die sie stets gedrückt habe. Nur ihrer Hände Arbeit habe sie ernähren müssen, und sie hätten die elendesten Aufträge nicht ausschlagen dürfen, da sie niemals so glücklich gewesen wären, einen Mäzen zu finden. Er hörte mich mit Teilnahme an, aber doch nicht so lebhaft, daß er ihnen einen Mäzen verschaffen wird.

Während dieses Gespräches machte ich die Bemerkung, wie in unsern Zeiten ein Talent zur bildenden Kunst einer doppelten Hilfe bedürfe, da es mit der ungünstigen Kunstrichtung der Zeit schon allein genug zu kämpfen habe, während in der guten Zeit der Kunstblüte selbst mittelmäßige Talente etwas Gutes hervorgebracht hätten, sie mochten wollen oder nicht, wie Lorenzo di Credi und selbst Perugino.

«Ja», antwortete er mit einem Lächeln der Zustimmung, «die Flut trägt das Schiff, aber wer wird es selbst zur Flut tragen können? Es ist dergleichen geschehen – die Argonauten haben es selbst getragen – aber nur gar wenigen ist dieses gegeben!»

Er fragte nach Sartorius und seiner Frau und hörte mit Teilnahme, daß ihre Gesundheit leide, und gebrauchte mehrere freundliche Ausdrücke bei ihnen. Ich bedauerte, ihm nichts Spezielles von ihren Leiden sagen zu können, weil ich erst in der Nacht in Göttingen angekommen und früh weiter gereist war. Der Abschied war, wie Leute von Lebensart sich dabei benehmen, mit einigen verbindlichen Äußerungen über die gemachte Bekanntschaft, welchem er noch hinzufügte, daß er den Herrn Doktor noch bei sich zu sehen hoffe, um zu hören, daß ich in Wiesbaden wohl angekommen sei.

Dieses war die merkwürdige Stunde, die schon viele Jahre vorher das Ziel meiner Wünsche gewesen, wo ich den ersten Dichter des Zeitalters von Angesicht zu Angesicht gesehen hatte, wo ich selbst in die Augen geblickt habe, die so vieles durchschaut, die Stirne, in der so mancher tiefe und große Gedanke aufgestiegen, den Mund selbst reden gehört, von welchem so manches seelenvolle Wort gekommen war.

Nicht ohne einen hohen Grad von Befriedigung ging ich von hier, wo ich so glücklich war, diese Erscheinung genossen zu haben, und nicht ohne Dankbarkeit, daß er mir anderthalb Stunden hatte schenken wollen.

Jetzt fing ich an, die verflossenen Augenblicke zurückzurufen und in mir zu betrachten, was für Eindrücke meine Seele empfangen hatte, und folgendes waren die Bemerkungen:

Seine Gestalt ist eher groß als klein, und, soviel der zugeknöpfte Oberrock davon sehen ließ, von angenehmen Verhältnissen. Seine Stirn ist, wie die Abbildungen lehren, hoch, oben etwas zurückgehend, und höchst bedeutend, die Nase im Verhältnis mit dem Oval des Gesichts und den übrigen Zügen, der Mund geschwungen, wie ich es noch bei allen Künstlern gefunden habe, voll Seele und Gemüt, aber sehr verfallen durch die fehlenden Oberzähne. Der Mund ist nicht ohne Milde, aber diese scheint mit einem Widerstrebenden zu streiten. Man würde sagen, es läge Stolz darin, wenn nicht ein Druck in seinen innern Augenhöhlen andeutete, daß eine Last auf seiner Seele zu liegen scheint. Von solchen Lippen quillt das tief Empfundene hervor, solche Lippen schwellen den Lebensgenüssen entgegen.

Sein Merkwürdigstes sind die großen schwarzen Augen, aus denen gleich die gewaltige Fähigkeit entgegenleuchtet, ohne Anstrengung zu durchschauen, was ein Sterblicher durchschauen mag. Vielleicht sind sie jetzt auf dem Erdboden einzig in ihrer Art.

So spricht alles in seinen Zügen die Bestimmung zu großen Fähigkeiten aus, aber trotzdem ist kein ungestörter, ungetrübter Eindruck von dem Bewußtsein so großer Fähigkeit sichtbar. Nahe diesem durchdringenden Blicke ist in den Augenhöhlen und auf der Stirn nicht die Heiterkeit eines Menschen, der mit der Welt im klaren ist. Sein Blick, welcher stets forschend von einem Gegenstande zum andern sich bewegt, hat nicht die Ruhe und die Befriedigung eines solchen und verweilt nicht, wenn ein anderer Blick ihm begegnet.

In seiner Miene und seinem Betragen war eine stete Beobachtung seiner selbst zu bemerken, und es fehlte die Unbefangenheit, welche notwendig ist, den Umgang und das Gespräch behaglich zu machen. Doch sind seine innern Bewegungen schnell im Gesichte zu lesen, und sein Lächeln, wenn es auch mehr Teilnahme des Geistes als des Herzens bewies, stieg lebhaft und mit Schnelligkeit empor.

Manche haben sich beschwert, daß er zu sehr den Minister hervorkehre, ja sie wollten sich darüber beleidigt fühlen. Was mich anlangt, so konnte es mir nicht schwer fallen, ihn «Exzellenz» zu nennen, weil man im Umgange einem jeden die Ehrenbezeugungen schuldig ist, die seine Stellung mit sich bringt. Aber daß der größte Mann seines Zeitalters auf diese bürgerliche Geltung so großen Wert legt, ist freilich befremdend! Als wenn seine Höhe als Dichter nicht weit mehr wäre, als die eines Ministers!

So wie sich um eine Person von großer Bedeutung stets viele Anbeter versammeln, welche durch Nachsprechen seiner Maximen und Nachbildung seines äußeren Benehmens den geradesten Weg zu seiner Höhe zu gehen glauben, so ist mir unter diesen vorzüglich aufgefallen, daß sie seinen Namen nie ohne das adlige Prädikat nannten; ja, ich bemerkte deutlich, daß es den einen dieser Anbeter, bei dem ich mich erkundigte, ob *Goethe* noch in Frankfurt sei, so aufregte, als wenn ich eine große Dreistigkeit beginge, den Namen Goethe ohne «von» über die Lippen zu bringen! Ohngeachtet mancher hierin empfangenen stillschweigenden Vorwürfe, habe ich es nicht über mich gewinnen können, in Goethes Abwesenheit ihn so zu nennen, und möchte behaupten, hierin bewiesen zu haben, daß ich ihn höher ehrte als die andern.

4204 S. Boisserée *2. September 1815*

... auf die Mühle mit Ehrmann und Seebeck. Ehrmann pfeift jedesmal, wenn er kommt, und dann muß Willemer ihm antworten, eher tritt er nicht in den Garten.

4205 Rosette Städel: Tagebuch *2. September 1815*

Goethe verglich an diesem Abend seine Beschäftigung mit Mineralogie und den daran geknüpften Wissenschaften mit dem Ballast in einem Luftballon. Er sagte: «Wenn man diesen zur Erde haltenden Ballast herauswirft, so gerät man in Gefahr, zu hoch in Lüften zu schweben, und muß am Ende gar, wenn man wieder herab will, ein Loch in den Ballon schneiden. Darum treibe ich solche ernste wissenschaftliche Dinge neben der Poesie. Triebe dies Ihr Vater auch neben seinem sonst lobenswürdigen Schreiben, so wäre er gerettet, so wäret ihr alle gerettet.»

4206 Marianne v. Willemer an H. Grimm *7. April 1853*

... ich sprach einmal mit ihm [Goethe] von einem mir sehr nahestehenden Freund, der viel schrieb, und nur über philosophisch-religiöse Gegenstände [Willemer]. Da sagt' er mir: «Weh ihm, er hat keinen Ballast geladen!»

4207 S. Boisserée *3. September 1815*

Nach Tisch auf die Mühle zu Wasser ... Morgens schreibe die Schrift über uns ab für Goethe. Ich fahre von dem Allerheiligen-Tor zu Wasser nach der Mühle mit einer ganzen Schar Handwerksburschen, die nach Ober-Rad wollen. Überbringe Goethe die Schrift. Syndicus Schmidt ist da, ein ακυανοβλεπτ, Frau Städel hat ihn geladen, ein Schwabe, Schulkamerade von Reinhard und Paulus; er erzählt sehr hübsche Geschichten von ihren Kloster-Schulen in Bebenhausen usw. ...

4208 S. Boisserée *5. (–7.?) September 1815*

Goethe besucht mich morgens um 8 Uhr schon mit Seebeck, findet die Steinmetz-Ordnung auf meinem Tisch, ich erzähle ihm davon. Primavesi bei mir, soll Goethe für die Rhein-Quell-Landschaft interessieren ... Nachmittags begegne ihn [Goethe] auf der Zeil an der Katharinenkirch, spreche von Solms, da sagt er: ei das ist gut, so macht sich ja Euere Sach von selbst, und Ihr braucht mich nicht einmal. Wenn Ihr mich aus dem Spiel lassen könnt, wäre mir['s] lieb. Ich wehre sehr dagegen, sage, daß er selbst dem Graf Solms erst einen Anhalt gebe, daß dieser mir gezeigt, wie lieb es ihm sei und wie es nur erst der Wunsch von einigen wenigen. Goethe bei Guaita. Zeichnung des jungen [Ludwig] Grimm, die Savigny seine Beschützerin, widerwärtiges Lob – eines schönen Talents. Goethe sagt: Jeden Sommer wachsen Rosen, die Talente sind immer da, wenn sie nur entwickelt würden. Ich als ein guter Jesuiten-Provinzial würde dem jungen Mann aufgeben, ein Jahr lang keiner Frau seine Zeichnungen zu zeigen. – Goethe sagt mir, daß er ein Quartier in der Stadt wünsche. Ich sehe das Quartier bei Lindheimer, Frauen-Verein vom alten Frank gemalt. – [6. September] Nachmittag auf die Mühle. Frau Bansa draußen, diese hat ihm in der Nähe von Wiesbaden auf der Nonnen-Mühle eine Dorothea bekannt gemacht. Ich trage ihm die Sache wegen dem Quartier vor, und spreche mit Willemer, daß der's ihm schaffe in seinem Haus, eine weitläufige Unterhandlung. Goethe ganz gerührt, freundlich; ich bleibe den Abend draußen. Quodlibets der Frauen. Orientalia. [7. September?] Ich sehe die [Farben-] Kreuze in den Gläsern bei Seebeck. Gebe dem Alten die Beschreibung des großen Hemmelink. Die Mandeln von Melchior sind gekommen. Die Meline redet mir ins Gewissen wegen der Frauen, soll sie schonen, daß keine Neigung bei ihnen entstehe – Bekenntnis von mir über die Städel. Ich nenne die W–ner alte Erfahrung. – Merkwürdiges Gespräch [mit Goethe] über die Selbständigkeit der Kunst. Meine Beschreibung des Hemmelink gefällt ihm nicht, sie ist nicht recht – muß mit den drei Königen auf den Bergen anfangen.

4209 W. Grimm an seinen Bruder Jacob 6. September 1815

Gestern abend waren wir in Gesellschaft mit dem Goethe bei Guaitas, wo Savigny nämlich wohnt, er war liebreich und gnädig, hat des Luis Zeichnungen und radierte Blätter gesehen und wohl gelobt, vom Malchen sagte er, es sieht aus, wie Eva, die im Paradies geht. Boisserée läßt Dich vielmals grüßen.

4210 L. E. Grimm: Erinnerungen aus meinem Leben

Ich freute mich sehr, [am 5. September 1815] im Brentanoschen Haus in der Sandgasse in Frankfurt [vielmehr bei Guaitas] Wilhelm zu finden; er sagte: «Heute mittag kommen Goethe und Savignys zu Tisch, da siehst du sie!» – Ich war sehr begierig auf Goethe, den ich noch nie gesehen hatte. Bei Tisch hatte er den obersten Platz zwischen Damen. Savigny stellte mich ihm vorher vor. Es war bei Tisch eine Art feierlicher Munterkeit. Es war eine große Tafel; die Familie von Guaita und Senator Thomas waren noch dabei. Eine Stunde nach Tafel sagte der Wilhelm: «Der Goethe wünscht deine Skizzenbücher! Und was du noch von Zeichnungen von Kassel hast, nimm mit!» Wir gingen zu ihm, und da sah ich dann von Kopf bis zu Fuß den berühmten Mann. Er war nicht groß, aber gut proportioniert, hatte einen kleinen Ministerbauch und war schwarz angezogen, reichte uns beiden die Hand und war sehr freundlich, sprach langsam. Wir setzten uns dann alle drei, und er sprach zuerst mit Wilhelm über gelehrte Sachen. Sein Gesicht war von Tisch, wo er dem Johannisberger Eilfer gehörig zugesprochen hatte, ganz rot. Wie er meine Bücher bemerkte, sagte er: «Ah, da bekommen wir auch etwas von der Kunst zu sehen!» – Er betrachtete die Skizzen, Bildnisse und Landschaftsstudien alle und sehr langsam. Ich hatte das

Gefühl, daß er bei den meisten seiner Äußerungen den Nagel auf den Kopf treffe. Bei manchen Skizzen riet er mir an, dazu ernste Studien zu machen, – davon würde er raten ein Bild zu malen usw. Aber ich muß gestehen, daß die meisten, die er als die gelungensten nannte, mir am wenigsten gefielen. Die Köpfe fand er nicht ausgeführt genug. «Freilich», setzte er hinzu, «Umstände und Zeit erlauben nicht immer eine größere Ausführung!» Aber mit Stellungen und charakteristischer Auffassung war er zufrieden, gab auch an, zu welchem Bilde dieser oder jener Kopf sich eigne. Einen lebensgroß ausgeführten Kopf unserer schönen Cousine Amalie Burchardi lobte er sehr und sagte sehr ernst: «Ich wüßte zu einer Eva keinen schönern, passendern Kopf!» usw. Mit den Landschaftsstudien war er, was mich sehr wunderte, auch lobend; ich hatte wenig Übung und gar nicht, was die Landschaftsmaler eine Manier nennen. Ich habe Bäume, Baumstämme, Wurzeln, Blätter, Pflanzen ohne irgend eine Manier nachgezeichnet; aber man sah, es war Natur in den Zeichnungen, und das mochte er wohl lobend hervorheben. Auch mit der Auffassung ganzer Gegenden war er zufrieden. Er sprach noch lange über Kunst und kam so nach und nach in sein Lieblingsthema, die Mythologie, die mir von jeher zuwider war. Es war aber höchst interessant, ihm zuzuhören, und da konnte man den Glanz und Geist seiner Augen recht erkennen. Nach und nach kamen dann mehrere ins Zimmer, und das Gespräch wurde allgemeiner.

In diesen interessanten Tagen war auch in der Franz Brentanoschen Galerie das lebensgroße Bildnis Goethes von Jagemann aus Weimar ausgestellt und ein Altarblatt von dem nämlichen Künstler. Auf dem Bild – es war beinahe ganze Figur – war Goethe in schwarzem Frack, auf jeder Brust einen Stern. Sowie man ins Zimmer trat, konnte jeder wohl sogleich Goethe erkennen. Aber das war nicht genug für einen Kopf wie dem Goethe seinen! Der Herr Jagemann hatte die Hauptsache, das Schönste nicht in den Kopf gebracht: Goethes hohen Geist! Wo war das Tiefe, Geistige in den Augen, das Sprechende in den Gesichtszügen, das Großartige hin! Hier war der Kopf eines ledernen, flachen Hofmanns oder Geheimen Rates zu sehen ...

In Frankfurt gab es nun so vielerlei zu sehen, so viel Abwechselung, so interessante Abende, daß an eine baldige Reise nach Hanau nicht zu denken war. Vergnügte Abende haben wir bei den liebenswürdigen und geistreichen Familien Brentano, Savigny und Senator Thomas zugebracht, wo meist auch Goethe war.

4211 S. Boisserée *7. September 1815*

... ich fahre mit der Frau Städel hinaus zu Mittag. Seebeck reist noch folgenden Tag ab.

4212 Rosette Städel: Tagebuch *7. September 1815*

Am 7. September sagte Goethe:

Die Liebe in der Ehe ist nicht beschränkt, sondern konzentriert, denn konzentriert heißt etwas, wo der Mittelpunkt das Äußere an sich zieht, beschränkt aber etwas, das von außen zusammengeengt wird.

4213 Malvine v. Humbracht: Suleikas Eden *1877*

[Gespräch mit Willemers Tochter, Amalie Henriette Scharff, im Herbst 1868.] Die innere Einrichtung der Gerbermühle zur Willemerschen Zeit gab uns Frau Scharff genau an ... An der Ecke des Hauses, wo sich zur Zeit ein Altan erhebt, befindet sich die dahin mündende Tür, das ehemalige Fenster des von Goethe bewohnten Zimmers. Die drei nächsten Fenster sind die des «Gartensaals», wo man sich zum Mittag- und zum Abendessen versammelte, wo die größeren Gesellschaften stattfanden und auch Mariannens Klavier stand. Das fünfte Fenster gehörte ihrem Kabinett an ... In dem angrenzenden kleinen Nebenbau waren die Fremdenzimmer, und dort hauste auch Sulpiz Boisserée. Das Goethesche Eckzimmer hat noch zwei nach Westen gehende Fenster, wo sich der Blick auf Stadt, Strom und Gebirge, auf Wiese, Feld und Wald bietet. An diese Eckstube grenzt das ehemalige Balkonzimmer, und daneben lag Herrn von Willemers Arbeitskabinett.

Nach dem Balkonzimmer war und ist stets die meiste Nachfrage der Fremden. Man weiß aus jener Zeit, daß Goethe diesen Balkon sehr liebte, von wo aus er die Sonnenuntergänge an den Höhen der Feldberge beobachtete. Die Farbenglut am Himmel und auf dem Wasser soll ihn stets an Neapel gemahnt haben. Nur *dort* habe er's gesehen und gefunden, daß die Farben sich so lange hielten, wie an dieser Mainstätte. Man hat Goethe auf diesem Balkon oft noch spät abends mit einem oder mehreren Lichtern gesehen.

4214 H. Düntzer: Goethe und Marianne v. Willemer 1870

Frau von Willemer berichtete über Goethes Verhalten auf der Gerbermühle Herrn Direktor Classen: «Den Morgen brachte er allein zu; den Mittag erschien er, auch wenn kein Besuch da war, im Frack; nachmittags liebte er gemeinsame Spaziergänge, besonders in den Wald, wo er voll Lust und Leben und sehr mitteilend war. Er führte immer ein großes Taschenmesser bei sich, womit er Zweige abschnitt, oder aus dem Boden ausstach, was ihm auffiel. Auf Anziehendes im Tier- und Pflanzenreiche machte er gern aufmerksam, besonders auch auf Licht- und Farbenerscheinungen, den Lichtschein um Bäume, die blauen Schatten, die Farben beim Sonnenuntergang. Abends war er am liebenswürdigsten, besonders wenn er in seinem weißflanellenen Rock erschien und vorlas, meist aus seinem immer mehr heranwachsenden «Divan». Von seinen ältern Sachen trug er weniger gern etwas vor. «Was wollt Ihr mit dem alten Zeug!» rief er. Sehr schön las er, wie er auch schön sprach. Aus seinem Munde glaubte man manches erst recht zu verstehen; leicht ward er selbst beim Lesen zu Tränen gerührt. Vor Tische ließ er sich gern Lieder von mir singen. Im Essen und Trinken war er sehr einfach, hatte aber besondere Neigungen und Gewohnheiten. Salat und Artischocken liebte er vorzüglich; letztere wurden ihm später häufig von uns gesandt. Er führte einen starken Wein mit sich, von dem er um 10 Uhr zum zweiten Frühstücke aus einem mitgebrachten silbernen Becher trank.»

4215 *Th. Creizenach: Briefwechsel zwischen Goethe und Marianne v. Willemer* *1877*

Die Hunde brachten Mariannen bei Goethes Besuchen in nicht geringe Verlegenheit; er konnte solche nicht leiden, und sie mußten daher möglichst unsichtbar und unhörbar gemacht werden.

4216 *Marianne v. Willemer an H. Grimm* *16. Dezember 1853*

... was Goethe einst sagte, als er bei mir am Klavier saß und ich ihm Lieder aus Des Knaben Wunderhorn vorsang, von Himmel komponiert: unter andern das nette Liedchen «Ich weiß mir ein Mädchen hübsch und fein etc.»; er sagte: «Das sind Worte, wobei ein alter Poet vor Neid platzen möchte» ...

4217 *Marianne v. Willemer an Goethe* *etwa 18. Januar 1828*

[Röschen Scharff über Goethe:] «... er war immer so gütig gegen mich. Wie er auf der Gerbermühle wohnte, gab er mir immer schöne Devisen oder Bonbons, und schlang seinen Arm um mich: ‚Ich habe an dich gedacht, mein Kind!' sagte er sehr freundlich.» So weiß sie alles treu zu bewahren, was Sie ihr damals gesagt; wie oft sprechen wir von jener Zeit; sie fragt auch wohl: «Nicht wahr, Goethe hat dich recht lieb gehabt?» und ich antworte: Ich glaube, er war mir gut, und ist es noch. Die schönen Strophen: «Nachts, wenn gute Geister schweifen» weiß sie auswendig und sagt sie mir oft.

4218 *Rahel an Varnhagen* *8. September 1815*

... Freitag mittag halb 3 Uhr ...

Dies ist den Brief wert. Nun wirst Du selbst Dich freuen, daß ich noch hier war. Guter teurer August. Goethe war diesen Morgen um ein Viertel auf 10 bei mir. Dies ist mein Adelsdiplom. Aber ich nahm mich auch so schlecht, als einer, dem sein geehrter, über alles verehrter, tapfrer, weiser König den Ritterschlag vor der ganzen Welt gibt. Ich benahm mich sehr schlecht. Ich ließ Goethe beinah nicht sprechen! O! wie weissagte meine Seele gestern, als ich Dir schrieb, ich hätte den größten Geschmack, und müßte mich immer so geschmacklos, so ungraziös betragen: immer selbst so erscheinen! Und ich kann *wieder* nicht dafür; zwanzig Umstände, Ereignisse, reichten sich die Hände, um mich dazu zu zwingen, mich durch Überwältigung hinein zu stürzen. Höre nur! Als vorgestern und gestern keine Antwort von Goethe kam, beschäftigte es mich immer unter allem Leben heimlich, wie eine chronische Krankheit; (und noch einmal sei Dir diese größte Liebeserklärung getan; nur Dir zuliebe, nur Dir zu willfahren und zu folgen, mich und meine heimliche Leidenschaft aufopfernd, schrieb ich ihm) – und ich dachte, der Brief sei ihm nicht abgegeben; oder, *trotz der Unmöglichkeit!* er käme lieber einen Moment zu mir, als daß er mir auch nur eine Zeile antwortete: oder, er habe schwer einen Boten: und so dacht' ich mir denn sein Kommen, oder Schicken; und dabei, daß es gewiß geschähe zur Unzeit, und wenn ich's gar nicht dächte; wie immer. *Das* aber konnte ich mir *nicht* denken: ein Viertel auf 10 ist zu arg. Ich hatte gestern ein erhitztes rotes Auge; *und* solche Beschwerden an den Augen, wie Du sie mir kennst; wozu mir denn die gestrige Komödie nicht half. Als ich den Morgen erwachte, so war das Auge nicht mehr rot, aber beide taten mir weh, als wäre Staub darin; und um nicht zu lesen, und sie zu ruhen, blieb ich im Bette – sonst steh' ich jetzt ziemlich früh auf – frühstücke im Bette, nehle sehr, und stehe endlich um 9 auf. Grade im Zähneputzen, im roten Pulver, mit meinen Flanellen angetan, kommt mein Wirt, und sagt Doren, ein Herr wolle mich sprechen. Ich denke ein Bote von Goethe. (*Noch nie* kam der Wirt, und nie in solcher Art Angst.) Ich lasse fragen, wer es ist, und schicke Dore hinunter; diese bringt mir Goethens Karte; mit dem Bescheid, er wolle ein wenig warten. Ich lasse ihn eintreten und nur *so* lange warten, als man Zeit braucht, einen Überrock über zu knöpfen; es war ein schwarzer Wattenrock; und so trete ich vor ihn. *Mich* opfernd, um ihn nicht einen Moment warten zu lassen. Dies nur blieb mir von Besinnung. Auch entschuldige ich mich nicht, sondern danke ihm! «Ich dank' Ihnen!» sagte ich; und meinte, er müsse wissen wofür! daß er kam. Entschuldige mich nicht; denn ich meine, er muß wissen, daß ich *ganz* schwinde, und nur er berücksichtigt wird. Dies – leider!! – war die *erste* Bewegung meines Herzens. Nun denk' ich in heftigster, ja komischer, quälender Reue *anders!* Er sagte mir, mit einer etwas sächsischen, sehr aiséen Sprache, er bedaure, nicht gewußt zu haben, daß ich bei ihm war. «Wir wollten *nur* wissen, ob Sie das Paket erhalten hätten. Wir hatten es einem Wiener Kaufmann gegeben, der es mit bis nach Leipzig nahm.» Ich danke Ihrem Herrn Gemahl sehr, grüßen Sie ihn von mir; ich habe auch gleich antworten wollen, und legte es deshalb zurück, aber mit den interessantesten Sachen geht's einem am meisten so, man kommt nicht dazu. Ich danke Ihnen sehr! «O! das glaub' ich wohl, es geht *mir* ja sogar so. Ich wollte auch nur wissen, ob es in Ihren Händen sei.» Er ließ Dich wieder grüßen, wohl dreimal, fragte, wo Du bist. Ich sagte ihm meinen Fall mit dem Nachkommen; wie der Kongreß auf mich gewirkt habe: dessen war er, *ganz weise*, und abgetan und zweihundert Jahr alt, einverstanden; und meinte auch, es sei nicht zum Nacherzählen, *weil* es keine Gestalt habe; ich sagte ihm, ich hätte erfahren, daß der Krieg umbringe, aber nicht zerstöre, und gestand *ihm* zu, daß man dies an Frankfurt sähe, dessen Umgebungen wir um die Wette lobten, und er meinte, es würde ja dort bald aus sein, und wir auch noch etwas Gutes davon erfahren. So glimpf! so hoffnungsreich auf die Natur; so gelassen, freundlich, und unsicher, so vague, und fest. Daß es *mir* eine Lust war! Er überredete mich, zu Biebrich, Wiesbaden, und dieser Reise; gestand, wo er wohne sei die bessere Seite von hier. Er lobte Heidelberg, und daß man noch sähe, daß es eine Residenz war. Und als ich von Lokal und seinem unbesiegbaren Einfluß sprach: bejahte er's; «Darin müssen wir ja einmal leben, das tut sehr viel.» Er fragte mich, wo wir immer wohnen. Im ganzen war er wie der vornehmste Fürst: aber wie ein äußerst guter Mann; voller aisance; aber Persönlichkeiten ablehnend: *auch* vornehm. Auf *Dich*, ziemlich gespitzt; und äußerst verbindlich. Er ging sehr bald. Ich konnte ihm nicht von der Pereira, nicht von der Grotthuß, von nichts sprechen! Nur ganz zu Anfang sagte ich ihm: «Ich war es, die Ihnen in Niederrad nachschrie; ich war mit Fremden dort, eben weil Sie davon gesprochen hatten; ich war zu überrascht.» Er ließ dies ganz durch. Es war mir recht. Ich fühle, daß ich mich im ganzen so betragen habe, *wie damals* in Karlsbad. Mit der hastigen Tätigkeit: lange mein schönes stilles, bescheidenes Herz nicht gezeigt. Aber wenn man einen nur einen Moment, nach so lang*jähriger* Liebe, und Leben, und Beten, und Weben, und Beschäftigung, zu sehen bekommt, dann ist es so. Und mein Négligé, mein Gefühl von Ungrazie brachte mich ganz darnieder; und sein schnelles Weggehen. Aber nun besuche ich ihn: Otterstedts wollen es so schon die ganze Zeit: ich aber wollte nicht. Im ganzen ist es rasend viel, daß er kam. Er sieht keinen Menschen. Wollte Prinzessin Solms, des Königs Schwägerin, mit dem neuen englischen Gemahl durchaus nicht sehen. Kurz, ich fühle mich über die Maßen in meiner Erniedrigung geehrt. Nur *ich* weiß, wie elend ich war. Goethe hat mir für ewig den Ritterschlag gegeben. Beim Himmel! Er *weiß* es, der Himmel! Kein Olympier könnte *mich* mehr ehren, mir von *meiner* Ehre mehr bringen. Erst wollte ich Dir, meine Guste, die Karte schicken; aber ich traue sie keiner Post an. Nun höre *ganz*, wie lächerlich ich bin. Als er weg war, zog ich mich sehr schön an. Als wollt' ich's nachholen, redressieren! – Ein *schönes* weißes Kleid mit hohem schönen Kragen: eine Spitzenhaube, einen Kantenschleier, den Moskauer Schal: schrieb Frau von Busch, ob sie mich sehen will, und wollte doch einem anderen würdig erscheinen!!! ... Nun will ich *Dir*, wie Prinz Louis *mir*, sagen: «Nun bin ich Ihnen unter *Brüdern* zehntausend Taler mehr wert; Goethe war bei mir!»

4219 S. Boisserée *8. September 1815*

Goethe in die Stadt; ich [bin] abends um 6 [Uhr] bei ihm. – Er steht am Fenster, bewundert die Pracht brasilianischer Trocken-Häute, was das für ein Glanz und [eine] Farbe ist! Farbenlehre über Kochung der Farbe bei den Tieren. Metall-Glanz bei Vögeln, bei Indigo höchste Konzentration.

Goethe: «Überall ein Haken, ein + und – in aller Expansion und Kontradiktion, überall dasselbe, alles nur Metamorphose.» Ja in der Natur-Ansicht lasse ich mir den Pantheismus schon gefallen; weiß wohl, daß man damit am weitesten ausreicht. Er: Die Natur ist so, daß die Drei-Einigkeit sie nicht besser machen könnte. Es ist eine Orgel, auf der unser Herrgott spielt, und der Teufel tritt die Bälge dazu. Pantheismus, Monotheismus.

4220 S. Boisserée *9. September 1815*

Goethe morgens bei Dr. Grambs gefunden, mit Christian Schlosser, weist mich auf ein Viehstück von Berghem, das mir nicht gefallen will. Schöne Tage, abends Mondschein, finde ihn [Goethe] am Fenster – der Mondschein strahlt in dem Main wider, wird von einem großen Steuer-Ruder unterbrochen. Herrlicher Fall, kein van der Neer könnte es künstlicher komponieren. Die Kunstprinzipien sind so einfach. – Das große Geheimnis in der Beleuchtung ist, daß man das Licht leer hält, und die Gegenstände nur im Schatten ausführt, dadurch entsteht zugleich Klarheit in den Schatten, in Anwendung auf Primavesi gesagt und [auf] Ruisdael angeführt.

4221 S. Boisserée *10. September 1815*

... abends bei Goethe ... Feuerwerk in der Schwimm-Schule auf dem Main. Mondschein. Meine erste Kunstliebhaberei, Aachen bei Scheins, Rubens Düsseldorfer Galerie, lese den Ardinghello, [Gespräch] über Heinse; Zügellosigkeit des Genies, über Stil; Wieland gerühmt. Ich äußere zum zweitenmal den Wunsch, den Winter nach Weimar zu kommen, bei meinen schriftstellerischen Versuchen mir Rat zu holen. Goethe spricht Riemer – er lehnt und rät abermals ab. Seine Heiden machen es ihm, der er doch selbst ein Heide, oft zu arg, das sei nichts für mich; ich würde bloß auf ihn reduziert sein, das sei zu wenig, weil er mich nicht oft genug in freier, vertraulicher Ruhe sehen könne. Er zeigt mir das Werklein, es ist schon fingerdick angewachsen, er hat dem Herzog schon davon geschrieben. Ich frage nach dem Titel, ob: Von Kunst und Bildung am Rhein; er meint: Von Kunst und Altertum im südwestlichen Deutschland! Ich will gern den Rhein genannt haben, es ist bezeichnender, charakteristischer. Ja, meint er, da müsse auch der Main nicht vergessen werden usw. Er wünscht noch Zusätze zu meinem Entwurf von Gelehrten in Köln usw. Goethe sagt, er habe sich oft gefragt, worum er sich mit so vielerlei Dingen abgegeben. Habe doch so entschiedene Anlage und Neigung zum Dichten, warum er nicht allein dabei geblieben, warum er sich auch in die Wissenschaften gewagt, und es ihm keine Ruhe gelassen, selbst in Italien nicht. Ich meinte, er habe seinem Zeitalter die Schuld und Buße bezahlen müssen, er stimmt ein.

4222 S. Boisserée *11. September 1815*

... mittags bei Thomas. Auf dem Heimweg begegnet mir in der Fahrgasse Goethe, maulaffend, nimmt mich mit, wir gehen in das Münster, ins Konklave usw. Der üble geringe Eindruck des Gebäudes in der Jugend wird ihm begreiflich. Wir wandern durch die Messe am Main; alle Landschaften werden bedacht, die ihre Produkte und Waren hieher senden. Freude, daß die Welt, das Leben für Bedürfnisse sich immer gleich bleiben. Ein Trost für die Seelenwanderer. Die Savigny hatte mir gerade über dasselbe geklagt, als ich einige Tage früher mit ihr durch die Buden gegangen. Es sei doch schrecklich, die Tausend von Kinder-Trommeln usw. zu sehen, das habe sie in ihrer Kindheit ebenso gesehen und bleibe immer dasselbe, das sei gar zu langweilig. Wir kamen endlich zum Kranen. Goethe fragte nach allen Kisten und Fässern, was darin, wandte sich an einen jungen Schiffer, der war von Linz, sprach ganz kölnisch; wir wanderten unter die Bäume, wo der Wein gelegt zu werden pflegt, und endlich nach Haus.

Es kömmt die Rede auf die Zeichnungen von Cornelius, Overbeck usw. bei Wenner, die ich sehen soll, da fehlt an allen etwas.

Jetziger Zustand der Kunst – bei vielem Verdienst und Vorzug große Verkehrtheit – Maler Friedrich, seine Bilder können ebenso gut auf den Kopf gesehen werden. Goethes Wut gegen dergleichen, wie sie sich ehemals ausgelassen, mit Zerschlagen der Bilder an der Tischecke – Zerschießen der Bücher usw. Da habe er sich nicht enthalten können, mit innerem Ingrimm zu rufen, das soll nicht aufkommen, und so habe er irgend eine Handlung daran üben müssen, um seinen Mut zu kühlen. Ich erinnere an Jacobi, Woldemar etc. Er: ja deswegen haben die Hamburger, die Reimarus usw. mich nie leiden können, immer nur gesagt, ich sei ein scharfsinniger Mensch, hab' dann und wann gute Einfälle. Der Reimarussche Teetisch sei im Privatisieren ein Stichwort der Weimarer Heiden. – In Frankfurt viele Kunstsammlungen – mehr als ich gedacht usw., viel Leben, Handel, Bewegung, ließ sich da wohl eine schöne Würksamkeit für uns denken. Goethe meinte dagegen, wir müßten durchaus nach Köln – auch ließ sich in solchen Dingen allein mit einer monarchischen Regierung was Rechts ausrichten.

Seine Ansicht der altdeutschen Kunst und Behandlung derselben an einem Beispiel gezeigt, die Darbringung im Tempel von Eyck [Roger van der Weyden]. – Hier die Tradition Unterlage, würkt gleichsam als Folie, in dem Gemütlichen, Natürlichen und Vernünftigen, welches alles mit der höchsten Fertigkeit und Talent in Nachahmung der Natur und Behandlung der Farbe verbunden. Das Bild befriedigt die Forderung des Natürlichen, Gemütlichen, Vernünftigen; die Tradition tritt zurück, dient als bloße Folie.

4223 Th. Creizenach: Briefwechsel zwischen Goethe und Marianne v. Willemer *1877*

[Nach Mitteilung Willemers an Pfarrer Kirchner.] Damals las Goethe in der Allgemeinen Zeitung einen Artikel über das Reimarussche Haus in Hamburg, über den feinen literarischen Ton, der in demselben herrschte, und über das beständige Eintreffen interessanter Fremden. Die Mitteilung beschäftigte ihn sehr; er machte sich über das Teewesen lustig, obwohl seine Freunde Boisserée und Graf Reinhard zu jenem Hause nahe Beziehungen hatten; er äußerte gegen Willemer, die Art, wie bei diesem Freunde die Künste mit dem Leben in Verbindung gesetzt würden, sei doch etwas ganz anderes.

4224 *S. Boisserée* *13. September 1815*

Morgens um 7 [Uhr] läßt mich Goethe wecken und zu sich rufen. Ich muß Euch wecken aus Eurem Sünden-Schlaf, hab' Euch was zu sagen. Wir gehen nach Heidelberg, der Herzog kömmt hin – er will am 20. in Karlsruhe, am 22. Freitags in Heidelberg sein, wir gehen Montags ab, bleiben Dienstag in Darmstadt, sind Mittwoch in Heidelberg.

4225 *S. Boisserée* *14. September 1815*

Morgens mit Goethe in der Sammlung von Brentano-Birkenstock. Has von Weenix, Maria von Sassoferrato – Wouwerman. Dies besonders von Goethe verehrt wegen kunstgerechter Komposition. – Mittags bei Georg Brentano. Die Savigny mit dem Berliner Antrag gequält.

4226 *S. Boisserée* *15. September 1815*

Große Hetze morgens, Einkäufe ... Einpacken. Mittags bei Guaita mit Goethe. Nachmittags [mit Goethe] auf die Mühle gefahren aus dem Roten Männchen. Heiter angenehmer Eindruck, das ländliche Wesen. Morgens noch mit Goethe bei Serrand. – Vernet, Paul Veronese, St. Sebastian vor dem römischen Kaiser. – Hobbema, Rubens, Frau, ein Kniestück, stehend – junge blühende Frau, schwarz Samt oder Seidegewand, in der Hand eine Rose vor den Schoß haltend. Tintoretto, Porträt von Aretino, sogenannt Leonardo, sogenannt Raffael. – Silence. Halblebensgroß, Schule von Correggio und Niederländ., nicht sehr bedeutend, ja verhältnismäßig zu den Namen gering!

Im Herausfahren Goethe dankbar, daß ich ihn zu Serrand geführt. So einzelne bedeutende Werke sind einem auf einmal mehr als sonst hundert von andern; [es] war ihm das Liebste und Lehrreichste in Frankfurt. In Hobbema, im Paul Veronese, in Rubens erscheint die Selbständigkeit der Kunst – wo der Kunst der Gegenstand gleichgültig wird, sie rein absolut, der Gegenstand nur der Träger ist – dies ist die höchste Höhe; das erscheint auch im Wouwermann bei Brentano. Schon oft war dies Prinzip zwischen uns zur Sprache gekommen, zuerst und am auffallendsten am 7. draußen auf der Mühle nachmittags, als von der Beschreibung der Reise der drei Könige von Hemmelink die Rede war. Sie sei nicht recht; man müsse sie nicht von der Verkündigung, sondern von den drei Königen anfangen, welche auf den Bergen den Stern beobachten, und die andern Darstellungen episodisch mitnehmen.

Sonst [sei] die ganze Art meiner Beschreibung gut, nur würde er sie nicht so machen, weil er eine ganz andere Ansicht der Kunst habe. – Auf meine Frage, worin diese Verschiedenheit bestehe, wollte er nicht heraus anfangs. Es sei eine Antinomie der Vorstellungsart, da helfe alles nichts, sich darüber zu verstehen wäre vergebens. Wir hingen am Gegenstand und müssen daran hängen, das sei recht, das gehöre zur ganzen Ansicht, aber es sei nicht das Höchste. Der Spielmann sei noch irgend anders begraben. Ich erwiderte, daß ich nicht begriffen, was er meine; ich glaube sehr, daß es einen Punkt gebe, worin wir zusammen kämen, und brauchte das Gleichnis von einem Spitz-Bogen oder Parabel; einerseits setzte ich den Gegenstand, die Bedeutung, anderseits die Form, die Regel, das freie Spiel der Kunst mit dem Gegenstand. Ich finde das Höchste nur in der Vereinigung von beiden; in Raffael zum Beispiel und in den schönsten antiken Werken. Er mußte sich damit wohl zufrieden stellen, wollte aber nicht recht zugeben, daß es mir Ernst sei. Wir kamen wieder auf den Pantheismus, ich brachte es darauf mit einiger Neckerei, wegen dem Abstrahieren vom Gegenstand, und so waren wir bald im Allgemeinen. Er sagte mir in Beziehung auf meine Arbeiten – auf mein Treiben und Vorhaben, es gehe mir wie dem Seebeck – wir säßen im Fegfeuer und dächten nicht, daß uns nur eine papierne Wand vom Himmel trenne. Hätten wir nur den Mut, diese durchzuschlagen, so wäre uns geholfen. –

Im vorigen Jahr hatte er mir gesagt, er hätte Freunde, die treffliche Arbeiten machten, er selbst hätte ihnen Vorschub getan, ihnen seine Hefte gegeben usw., aber sie könnten nie zur Ausführung kommen – da wäre immer etwas, woran es fehle, [sie] würden nie fertig – das schien er diesmal zu verschiedenen Malen auch von Seebeck zu sagen. Merkwürdige Erfahrung, sagt Goethe, habe er gemacht an den Zeichnungen bei Wenner – keine behage ihm, und da sei doch der Gegenstand mit schuld, denn sie seien aus allen Zeiten. Er habe sich gefragt und gefunden, der Grund liege darin, daß sie alle nicht unmittelbar – aus erster Quelle – entstanden seien. Antiker Gegenstand. Mittlerer Gegenstand – Alexander, die Eroberung von Babylon. Christlich – Jesus erweckt die Tochter – romantischer, Romeo und Julie am Grabe.

Heiterer Abend. Goethe hatte der Willemer ein Blatt des Gingko biloba als Sinnbild der Freundschaft geschickt aus der Stadt. Man weiß nicht, ob es eins, das sich in zwei teilt, oder zwei, die sich in eins verbinden. So war der Inhalt des Verses.

Wir saßen in der schönen warmen Abendluft auf dem Balkon.

4227 S. Boisserée *16. September 1815*

Willemer bringt mir den Kaffee ans Bett, munteres Gespräch aus dem Bett mit den im Neben-Zimmer frühstükkenden Frauen.

Goethe liest mir, was er von den Steinmetzen geschrieben. Die Kölner Reise, Wallraf – die Kapelle von Fuchs – von uns – vom Dom, Ausbau desselben – Kanonikus Pick. Von Frankfurt hat er ein dickes Paket, will aber nichts [lesen] lassen; das müsse sich erst ordnen, liege noch zu wild durcheinander.

Mittags Ehrmann von der besten Laune. Er erzählt viel aus seiner Lebensgeschichte …

Abends singt die Marianne Willemer mit ganz besonderem Affekt und Rührung: «Der Gott und die Bajadere». Dann: «Kennst du das Land usw.», auch ausdrucksvoller, als ich es noch gehört … Die kleine Frau bemerkt und Goethe bestätigt, daß die Zeit während der Musik unendlich langsam gehe – die größten Kompositionen drängten sich in einem kurzen Zeit-Raum zusammen – und scheine einem, bei dem größten Interesse, eine lange Zeit verflossen. Nach Tisch liest Goethe den Siebenschläfer, den Toten-Tanz, das Sonett: Am jüngsten Gericht, wenn die Posaunen schallen.

4228 *S. Boisserée* *17. September 1815*

Mittags die Frauen. Frau Städel ist von Wiesbaden zurück. Frau Scharff, Frau Andreae, die Schwäger, Herr Riese usw. kommen, ein großer Tisch im großen Saal. Die Savigny soll auch kommen; bleibt aus; regnerisch Wetter. Goethe erzählt von der schönen Müllers-Tochter in der Nonnenmühle bei Wiesbaden, mit der Frau Bansa ihn bekannt gemacht hat, als ein Gegenstück zu seiner Dorothea. Reinlichkeit, Wohlhabenheit, Schönheit, Derbheit. – Sie spielt Klavier, die Brüder sind zugleich Fuhrleute, eine alte Mutter steht dem Haus vor. Eine alte Muhme ist der Apotheker aus Hermann und Dorothea und recht gut. Noch eine Zahl kleiner Geschwister. Nachmittags kömmt Herr Mieg, jetzt Hofmeister bei Grafen Ysenburg.

Goethes Apprehension, Scheuheit, als der Mann hereintrat, und ihm als ein Freund des Hauses angekündigt wurde. Abends Gesang, «Kennst du das Land» – «Der Gott und die Bajadere». Goethe wollte dies anfangs nicht – es bezog sich dies auf ein Gespräch, das ich kurz vorher mit ihm geführt – daß es fast ihre eigene Geschichte sei – so daß er gesagt, sie soll es nimmer singen. «Schlaf[e], was willst Du mehr» – «Wann Du zu meim Schatzel kommst» – Don Juan: Gib mir die Hand, mein Leben, als Arie gesungen. Goethe nennt sie einen kleinen Don Juan; würklich war ihr Gesang so verführerisch gewesen, daß wir alle in lautes Lachen ausbrachen und sie den Kopf in die Noten versteckte und sich nicht erholen konnte. –

Die lustige Stimmung setzte sich auch am Tisch fort. Die Frauen brachten allerlei Privatissima, Sprüche vor, wozu die Gegenwart von Herrn Mieg Anlaß zu geben schien, es waren meist Erinnerungen der Italien-Reise. – It seems not to me – very difficult – war alles Englisch, was überall zur Antwort dienen mußte, für alles ausreichte. – Dann auch:

it is not proper, welches lustigerweis mit propter verwechselt wurde. Ein Minimum, als lateinischer Brocken einzuflicken, wird oft mit Maximum verwechselt, allerwärts angewandt, und als Antwort: o si tacuisses philosophus mansuisses. Dann wurde viel Spaß getrieben mit der Anspielung auf die Müllerin und auf den Müllerknecht, an dem nichts zu verderben. (Weil wir auf der Mühle waren.) Die Marianne Willemer: «Ich lobe mir die Katholiken, alles, was ich von Köln höre, paßt ganz auf Linz und Österreich, da ist ein unbedingtes Vertrauen auf die (unendliche) Barmherzigkeit Gottes!» Endlich las Goethe noch Gedichte. Man bat ihn wegen Herrn Mieg darum, und die kleine Frau schmückte sich mit ihrem Turban und orientalischen farbigen Shawl, den Goethe ihr geschenkt. Es wurde viel gelesen, auch viel Liebesgedichte an Suleika, Jussuph und Suleika usw. Der Toten-Tanz wurde gesagt usw. Willemer schlief ein, wird darum gefoppt. Wir blieben deshalb desto länger zusammen, bis 1 Uhr. Mondschein-Nacht. Der Alte will mich in seinem Zimmer noch bei sich behalten – wir schwatzen, ihm fällt ein, mir den Versuch mit farbigen Schatten zu zeigen, wir treten mit einem Wachslicht auf den Balkon und werden am Fenster von der kleinen Frau belauscht.

4229 Marie d'Agoult: Mes souvenirs *1877*

Un dimanche du mois de septembre, comme je m'amusais au jardin avec de petites compagnes, nous vîmes venir vers nous, par une longue allée droite, un vieillard auquel toute la famille faisait cortège, et à qui l'on paraissait rendre de grands honneurs. Nous regardions de tous nos yeux: «C'est monsieur de Goethe, *Es ist der Herr von Goethe*,» s'écria ma cousine Cathau; presque au même moment, je m'entendais appeler. J'aurais voulu m'enfuir, mais il n'y avait plus moyen: on était déjà trop près de nous. Il fallait m'avancer vers ce cortège imposant. Comme j'approchais: «C'est ma petite nièce Flavigny,» dit l'oncle Bethmann à monsieur de Goethe. – Le vieillard me sourit; il me prit par la main, me dit, tout en marchant, quelques mots que je n'entendis pas, et, s'étant assis sur un banc, il me retint à ses côtés, interdite. Peu à peu, pendant qu'il s'entretenait avec mes parents, je m'enhardis jusqu'à lever sur lui les yeux. Tout aussitôt, comme s'il l'avait senti, il me regarda. Ses deux prunelles énormes qui flamboyaient, son beau front ouvert et comme lumineux, me donnèrent une sorte d'éblouissement. Lorsqu'il prit congé de mes parents, Goethe mit sa main sur ma tête et l'y laissa, caressant mes cheveux blonds: je n'osais pas respirer. Peu s'en fallut que je ne me misse à genoux. Sentais-je donc qu'il y avait pour moi, dans cette main magnétique, une bénédiction, une promesse tutélaire? Je ne sais. Tout ce que je puis dire, c'est que plus d'une fois, dans ma longue existence, je me suis inclinée en esprit sous cette main bénissante, et qu'en me relevant je me suis toujours sentie plus forte et meilleure.

4230 G.L.Kriegk: Die Brüder Senckenberg 1869

Die verstorbene Gattin des Geheimen Rats Willemer, eines langjährigen Freundes von Goethe, erzählte mir einst folgendes: Sie besaß einen Weingarten auf dem Mühlberge, in welchem ein mehrere Stockwerke hoher Turm eine herrliche Aussicht darbot. Eines Abends stand Goethe mit ihr an einem Fenster dieses Turmes und war über die Gegend und den schönen Abend entzückt. Frau Willemer bat ihn, das Andenken daran durch ein Zeichen am Fenster zu verewigen. Er tat dies, indem er mit Bleistift seinen Namen nebst dem Datum an die Fenstereinfassung schrieb. Einige Jahre später ordnete Frau Willemer am Ende des Winters einen neuen Ölfarbe-Anstrich im Turme an, dachte jedoch dabei nicht an jene Schrift, und erschrak nicht wenig, als sie nach der Beendigung der Weißbinder-Arbeit jene Einfassung mit Ölfarbe dick überstrichen und des Dichters Handschrift vernichtet fand.

4231 G.Eilers: Meine Wanderung durchs Leben 1858

Auch hatte ich es der großen Gunst Schlossers, des spätern Koblenzer Gymnasialdirektors, zu verdanken, daß ich einmal auf dem Braunfels einige Minuten neben ihm [Goethe] hergehen, sein Antlitz schauen und seine Stimme hören durfte. Was er sprach, habe ich vergessen, wird also wohl von keiner Bedeutung gewesen sein; seine ganze persönliche Erscheinung machte mir den Eindruck eines vornehm und verdrießlich schweigsamen fürstlichen Weltmannes. So oft ich später die Worte las:

Vor Augen ist mein Reich unendlich,
Im Rücken neckt mich der Verdruß,
Erinnert mich durch neidische Laute,
Mein Hochbesitz er ist nicht rein.

stand Goethe leibhaftig vor mir. Das war der Ausdruck seines Gesichts.

4232 S. Boisserée *18. September 1815*

Schön Wetter. Frühstück im Bett. Partisane und Hellebarde kreuzweise in der offenen Tür des Nebenzimmers, wo die Frauen frühstücken. Fahrt mit beiden nach der Stadt ... Große Hetze, die kleine Frau dringt gewaltig auf die Abfahrt.

Mittags während dem Tisch kömmt Gerning, stört den Abschied – allen eine widerwärtige Erscheinung.

Nachmittags durch den Wald nach Darmstadt, schöne Lichter im Wald an den Stämmen und auf dem Rasen. Gespräch über die Willemer, über Musik Mozarts. Konzerte, Würkung auf mich. Mozart nicht ohne seine großen Vorgänger möglich, Goethe rühmt Reichardt, Zelter. Besitzt wohl kein höheres deklamatorisches Verdienst als Zelter. – Er hat etwas komponiert, das Goethe nicht für komponierbar gehalten. Eine Romanze von einem schwangeren Mädchen, das sich selbst bei Gericht verteidigt – etwas hart, ist aber doch die Musik weich und angenehm geworden. Lied eines Freiwilligen, sehr hübsch, naiv und ironisch zugleich durch eine gewisse Selbstgefälligkeit, kommt in die neue Ausgabe hinter Vanitas Vanitatum zu stehen.

4233 *H.-J. Weitz: Marianne und Johann Jakob Willemer, Briefwechsel mit Goethe* *1965*

Damals [bei der Abfahrt von Frankfurt] habe Goethe, nach einer späteren Äußerung Mariannens, eine «geschnittene Muschel mit dem Jupiterkopfe ... an die sich manche heitere Erinnerung knüpft ... aus Neckerei» mitgenommen; «ich weiß, daß er einen Scherz damit beabsichtigte, der später in Vergessenheit kam.»

4234 *S. Boisserée* *19. September 1815*

... in Darmstadt, hell kalt. Museum 8 Uhr morgens, Gemälde, Statuen, Goethe in [der] Zwischen-Zeit bei den Naturalien, nachher Smeatons Leucht-Türme, dies alles bis halb 2 Uhr; da Goethe bei Hof. Gehe mit Goethe zu Moller. Entstehung des Lingham, erzählte mir: der Gott Schiva usw., unendlicher Geist und Weisheit in den indischen Sagen; er verehre sie sehr hoch. Aber nur müßte er ihre Bilder nicht dabei sehen, die verdürben gleich die Phantasie bis zum Verfluchen!

Bei Moller sahen wir [den] Straßburger [und den] Freiburger Münster [und] sein kleines Werk – sein Theater – seine Kirche. An dieser entwickelt Goethe seine Grundsätze über Architektur. Alles müsse in drei Teile fallen – das Gesetz der Säulenordnung auf das Ganze angewandt werden – da kömmt es wesentlicher darauf an, daß das Ganze harmonisch, als daß das Einzelne immer streng nach der hergebrachten Schnur und Regel sei.

Beim Nacht-Essen Primavesi, spricht dummes Zeug – über Dekorationen usw., rühmt seinen Mondschein mit künstlichem Mond – will auch eine künstliche Sonne aufs Theater bringen: eine Glaskugel mit altem Rheinwein, weil keine gefärbte Flüssigkeit so prächtig, klar usw. Ironie hilft nichts gegen ihn. Goethe erzählt vom Mondschein in Rom ohne allen Mond, eine sehr schöne Dekoration. Man wählt dazu Architektur mit krausem, mannigfaltig verziertem Umriß, ganz dunkel auf dem Himmel abgeschnitten, davor eine Mauer und niedrige Gebäulichkeiten ganz hell wie von Mondschein beleuchtet.

4235 *J. G. Primavesi an Willmanns* *16. August 1817*

[Über den Verlag seiner Werke.] Werden wir einig, wie ich hoffe, so sende ich Ihnen einen *offenen* Brief an Goethe, woraus Sie sehen werden, welches Interesse dieser Mann für dieses Werk zeigte, als er mir seinen ganzen Abend [19. September 1815?] schenkte ...

4236 *S. Boisserée* *20. September 1815*

... nach Heidelberg, von der Antike, Wunsch, in dem Statuen-Saal [in Mannheim] zu wohnen, zu schlafen, unter den Göttergestalten, unter ihnen zu erwachen. Ich äußere auch meine Verehrung, Einheit – glückliches Maßhalten in allen ihren Werken. Ich habe zuerst die Büsten in physiognomischer Rücksicht angesehen, die der Götter, sowie die der Personen; Großheit der Naturansichten; ich meine, die Griechen hätten keine Anatomie getrieben in Beziehung auf Kunst, sondern bloß durch die Oberfläche mit ihrem glücklich scharfen Auge den ganzen Bau durchgesehen. Goethe sagte ausdrücklich das Gegenteil – es wäre auch ohne Anatomie nicht möglich. – Ihr Theater, Calderon, Shakespeare dagegen; diesem letztern fehlt die Einheit; er war von seiner Zeit abhängig, so gut wie jeder, die Schlegel mögen sagen, was sie wollen. Shakespeare mehr episch und philosophisch als dramatisch. [Goethe hat] Romeo und Julie [für die Bühne] abgeändert; [er gibt] weitläufige Beschreibung der End-Szene; Theater-Effekt – Lampe in der Gruft über der Leiche usw. (Cornelius' Zeichnung hatte uns auf dies gebracht, die Handlung [dort] ganz verfehlt.)

Faust, die Fortsetzung desselben. Goethes Werke. Meisters Wanderungen. Novellen. Bestimmte Zahl der verschiedenen möglichen Liebesverwicklungen. Pilgernde Schöne. Bei Anlaß der abenteuerlichen Erscheinung im [Post-] Coupé.

Ich bringe das Gespräch auf Goethes Naturansicht, auf die versprochene Formenlehre. Metamorphose ist in allem, auch in den Tieren. Der Kopf nichts anders wie ein Wirbelbein. Den Gedanken hat ihm Oken gestohlen, als er ihn abends bei Frommann aussprach, und auf der Stelle in einer in der Druckerei befindlichen Abhandlung oder Programm eingerückt. Zeh[e]n beim Krebs mit einem Händchen daran, auch wie Amboß und Hammer, zeigte er mir einst in Wiesbaden am Tisch. – Jetzt, da wir einmal auf dem Weg sind, sollten wir nur sofort nach München und nach Italien fahren. Wir kamen zu Mittag an [in Heidelberg]. Heftige Kälte überfällt mich beim Umbiegen in das [Neckar-] Tal. –

Thibaut bekennt, daß er unrecht gehabt, in Verteidigung des Görres vorig Jahr. Goethe erwidert uns darauf: Ja, lehrt mich die Welt nicht kennen. Ich habe gleich, als der Enthusiasmus losging, den Fluch des Bischofs Arnulphus über alles deutsche politische Gerede ausgesprochen und mir dadurch die Qual vom Halse gehalten. Wie sie mir nur davon anfingen, hub ich gleich an: ich verfluche Euch usw. Da waren sie bald still und ließen mich ungeschoren.

4237 S. Boisserée *21. September 1815*

Mittags Creuzer und Daub [bei uns]. Goethe erzählt von den neugriechischen Dichtungen vor etwa fünfzig Jahren her. Die Helden [sind] meist unabhängige Familien auf kleinen Inseln, Seeräuber, und in den Gebirgen Landräuber, – dramatische Romanzen. Alle Elemente, lyrische, dramatisch-epische in einer Form. Der Geist derselben der nordische, schottische, mit dem südlichen und altmythologischen verbunden. Das Gespräch eines Adlers mit dem abgeschlagenen Haupt eines Räuber-Anführers, welches er auf die Felshöhe getragen. Charon, ein Reuter, welcher die Seelen der Gestorbenen an den Schweif des Rosses bindet, die der Kinder an den Sattel hängt. Ein Pferd, welches seinen erschlagenen Herrn beklagt und mit dem Hufe scharrt. Ein Bräutigam bleibt, auf der Überfahrt zur Braut, in einem siegreichen Gefecht mit den Türken – er wünscht, sie sollen es der Braut verschweigen usw.

4238 H. Voß an Abeken *18. April 1816*

Meine Rezension des Blümner hat Goethen sehr gefallen; er nannte sie [am 21. September 1815?] gegen mich selbst klar und geistreich abgefaßt.

4239 S. Boisserée 22. September 1815

Goethe morgens früh auf dem Schloß – [darauf] bei Reizenstein. Der Herzog läßt sich erwarten.

4240 S. Boisserée 23. September 1815

Goethe morgens früh auf dem Schloß, dichtend. Mittags, als wir bei Tische, kömmt Willemer unerwartet. Ich hatte ihn, weil der Herzog immer erwartet wurde, am Montag [25. September] zu kommen geschrieben. Nachdem wir eine kurze Weile gesessen und uns von der ersten Überraschung erholt, springt Goethe plötzlich auf, ich folge ihm in sein Zimmer, er sagt: «Wir können doch nicht essen, während die Frauen im Gasthof warten.» Das gibt ein Precipizio von der ersten Sorte! Ich ging hin zu den Frauen, und erst als ich sie bringe, setzt sich Goethe wieder zu Tisch.

4241 B. v. Reutern: Gerhardt von Reutern 1894

Bei der Durchreise durch Heidelberg begegnete er [am 25. September 1815] auf den Arkaden im Schloßgarten ganz unerwarteterweise Goethe, einen Knaben an der Hand haltend. Über das Zusammentreffen mit dem großen Dichter schreibt er: «Man denke sich meine freudige Überraschung! Nach freundlichen Umarmungen und teilnehmenden Fragen, die er mit wahrhaft väterlicher Herzlichkeit an mich tat, waren wir miteinander an das Geländer der Arkaden getreten. Dort nun sich anlehnend, sprach in gemütlicher Stimmung der liebe große Mann zu mir mit der liebenswürdigsten Vertraulichkeit. Ach, ich hatte ihn nie so gesehen und war außer mir vor Entzücken! Der herrliche Morgen schien auf ihn kräftig zu wirken, daß sein weit umfassender Geist mächtig in ihm herrschte. Aus seinen Augen glänzte sein innerer Reichtum, während mild und einfach die größten Wahrheiten über seine Lippen strömten. Ich wagte es, ihn um Mitteilung seiner Gedanken und Gefühle über die uns umgebende Natur zu bitten; er gewährte freundlich und nahm behaglich und ruhig das Wort. Was er da sagte, ich weiß es nicht mehr wörtlich, aber mir gingen erst jetzt Herz und Augen auf über das, was ich sah! Wie alles, was ich früher nur dunkel geträumt von Schönheit, Kraft, Maß, mir nun so deutlich wurde! Eine göttliche Regel, ein Gesetz, erkannte ich in der ganzen Schöpfung, und ich sah, wie mit neuen Augen, in die himmlische Natur, in der mir nun alles erklärt war. Unglücklicherweise für mich, näherte sich uns jetzt eine Familie, welche Goethe aus seinen Betrachtungen herausriß, und als er sie erkannte, mich derselben vorstellte. Ich hielt es für besser, mich zu entfernen, und beim Abschied nahm mir Goethe das Versprechen ab, bei meiner Durchreise nach Rußland, ihn in Weimar zu besuchen, was ich denn von ganzem Herzen versprach.»

4242 Th. Creizenach: Briefwechsel zwischen Goethe und Marianne v. Willemer 1877

Bei dem letzten Spaziergang, den sie [Goethe und Marianne am 25. September 1815] gemeinschaftlich auf dem Schlosse machten, wurden sie durch einen lärmend heranziehenden Doppelschwarm von Studenten und von russischen Soldaten gestört.

4243 Emilie Kellner: Goethe und das Urbild seiner Suleika 1876

[Gespräch mit Marianne v. Willemer im Heidelberger Schloßpark im Herbst 1860. Marianne:] «... Hier schrieb er mit seinem Stock mir einen Vers in den Sand, und dann wurden wir durch eine Horde jubilierender Studenten und Soldaten gestört.»

4244 G. Parthey: Jugenderinnerungen 1871

Eines Nachmittags begegneten wir Creuzern oben auf dem Schlosse, und begleiteten ihn durch ein paar Gänge. Er hielt ein Blatt des wunderbaren chinesischen oder japanischen Baumes Gingko biloba in der Hand, von dem ein Stämmchen im Schloßgarten steht. Dabei teilte er uns mit, er habe, als Goethe 1815 Heidelberg besuchte, mit diesem bei einem Spaziergange im Schlosse, ein langes und interessantes Gespräch über die symbolische Deutung und Sinnigkeit der hellenischen mythologischen Personen und Erzählungen geführt; er habe versucht Goethen auseinanderzusetzen, wie jede hellenische Gestalt doppelt anzusehn sei, weil hinter der bloßen Realität ein höheres Symbol verborgen liege. Die einfachen Fälle seien bekannt genug: Ares als Kriegsgott bedeute auch den Krieg, Hebe als die Jugendgöttin auch die Jugend; es gebe aber entferntere Anwendungen davon: der Fluß, in dem die Jungfrauen baden, empfange gewissermaßen ihre Erstlinge: so habe es geschehn können, daß ein verwegener Liebhaber als Flußgott die Sache in buchstäbliche Erfüllung gebracht. Dies dürfe aber nicht bloß als eine Personifikation der Zustände oder Eigenschaften betrachtet werden, sondern dieser Doppelsinn sei allen antiken Mythen immanent, wenngleich nicht immer leicht herauszufinden. Den Glaubenden genügte das strikte Wortverständnis, den Wissenden ward der höhere Sinn in geheimen Weihen aufgeschlossen.

Goethe ging auf diese Erörterungen mit dem regsten Eifer ein, als sie gerade bei dem Gingko biloba still standen; er pflückte ein Blatt und sagte: also ungefähr wie dieses Blatt, eins und doppelt! Creuzer fand den Vergleich sehr glücklich, und erhielt am andern Morgen das Blatt nebst dem beifolgenden Gedicht von Goethe zugesendet ...

4245 G. Parthey: Jugenderinnerungen *1871*

Ein andres Wort von Goethe aus derselben Zeit beweist recht deutlich seine gänzliche Entfernung von aller Philisterei und Engherzigkeit. Wenn er in Heidelberg durch die Straßen ging, so konnte es nicht fehlen, daß die Begegnenden, und zumal die Studenten, stehn blieben, auch wohl in ehrerbietiger Entfernung ihm nachfolgten. Da wandte er sich ein Mal zu dem begleitenden Sulpiz Boisserée und sagte: wie wär's, wenn ich hier an der Ecke vor den Augen der Studenten ein paar Scheiben zerschlüge? Da würde morgen in der Zeitung zu lesen sein: der berühmte Dichter Goethe hat bei seiner Durchreise durch Heidelberg ein paar Scheiben eingeschlagen! und die Jungen hätten dann doch ein Vorbild, wenn sie's auch einmal täten.

4246 *S. Boisserée* *29. September 1815*

... der Herzog von Weimar. Professor Luden von Jena, die Turm-Risse in Goethes Zimmer aufgehängt.

4247 *R. M.: Aus J. B. Bertrams Mitteilungen* *1863*

Als während des zweiten Goethischen Aufenthaltes in Heidelberg der Großherzog von Weimar dorthin kam und zum Besuch der Sammlung bei den Boisserées sich melden ließ, sagte Goethe zu diesen: «Den überlassen Sie nur mir! Haben Sie nicht ein recht altes, aber merkwürdiges Bild?» Es wurde eins aus der Rumpelkammer herbeigeholt. Das hing Goethe gerade über der Tür des Bildersaals auf. Als der Großherzog erschien, unterhielt sich Goethe mit ihm über die Sammlung, rühmte besonders die geschichtliche Folge und Übersicht und machte dann, um das mit Beispielen zu belegen, zunächst auf das alte Bild über der Tür aufmerksam. Aber während er noch darüber sprach, war der Großherzog mit einmal zur Tür hinaus, man wußte nicht wie. «Das Bild hat seine Wirkung getan!» sagte Goethe, der dem Fürsten nachgeeilt war, als er zu den Freunden wieder zurückkam.

4248 *S. Boisserée* *30. September 1815*

... ging Goethe mit dem Herzog nach Mannheim.

4249 *S. Boisserée* *1. Oktober 1815*

... vor Tisch Goethe wieder zurück. Klagen über die englischen Vogelnest-Gewölbe in Henry VII Chapel und Salisbury Cathedral. [Der] englische unsinnige Bücher-Luxus. Ein botanisches Werk, bloß von *Tannen* handelnd, kostet 80 Guinees.

4250 *Elisabeth v. Staegemann an ihren Mann* *3. Oktober 1815*

In Heidelberg hatte ich [am 1. Oktober] das Vergnügen, bei den Boisserées einen Augenblick Herrn v. Goethe zu sehen. Ich fand ihn ganz, wie ich ihn mir gedacht. Artig, aber vornehm, ein herrliches Auge, aber schon verfallene Züge. Ich stellte ihm August und Hedwig vor, die wie verzückt dastanden. Leider währte die Freude nicht lange, denn nachdem wir einige Worte über Paris, über meine Reise und die eben aufgestellten Gemälde gewechselt hatten, mußte ich fort, indem ich von den Boisserées fortfuhr, und die Postpferde schon vor der Türe standen. Wir waren nun von unserem Besuch in Heidelberg vollkommen befriedigt, unstreitig ist dies der angenehmste Eindruck, der uns von der ganzen Reise geblieben.

4251 Elisabeth v. Staegemann
an ihren Mann *22. November 1815*

Wir lesen jetzt den Stilling …

Es hat uns amüsiert, zu finden, daß dieser ein vertrauter Freund Goethes war und diesen oft redend einführt. Auch finden wir, seitdem wir die Goetheschen großen, schönen Augen selbst gesehen, den Stillingschen Ausdruck ganz vortrefflich, daß jener «seine Augen an der Wirtstafel oft zu ihm hinüber gewälzt», übrigens aber wenig gesprochen, denn sie trafen hier zum erstenmal zusammen.

4252 S. Boisserée *2. Oktober 1815*

[Goethe] in Heidelberg, ausruhend. Goethe sagte mir: «An euerm Domriß ist mir ein Licht aufgegangen; ich habe aperçu gehabt. Ich glaube jetzt das ganze Geheimnis der Architektur heraus zu haben.»

4253 F. Perthes an Speckter *1815*

Mir wird Hemmlings heiliger Christoph nie wieder aus dem Sinne kommen, und ich kann mir sehr wohl eine Vorstellung von der Art des Eindrucks machen, der Goethe bei dem Anblicke des Bildes zu dem Ausrufe drängte: wäre ich nicht ein so alter Heide, das Bild würde mich bekehren.

4254 Caroline Paulus an Hegel *12. Dezember 1815*

Daß Goethe letzten Herbst wieder vierzehn Tage hier [in Heidelberg] war, wissen Sie. Das waren doch auch einmal wieder herrliche Stunden! Er war fast alle Abend bei uns und entzückte uns aufs neue durch seine Liebenswürdigkeit und Geistesfülle. Sogar die in sich gekehrte Emmi hat ihn über alles liebgewonnen, und der Wilhelm bildet sich nicht wenig darauf ein, daß er sein Schenke sein und ihm alle Morgen ein sogenanntes Schwänchen zum Frühstück bringen durfte.

4255 K. A. v. Reichlin-Meldegg: H. E. G. Paulus 1853

Als Goethe später Heidelberg besuchte, war er jeden Abend regelmäßig bei Paulus, und unterhielt sich bei einem Glase Rheinwein, den der deutsche Dichter am meisten liebte, mit seinen Freunden von der alten klassischen Zeit in Jena und Weimar. Oft blieb er dann, wenn Paulus noch in der Studierstube saß, bei der vieljährigen, dichterisch ausgezeichneten Freundin, und verplauderte mit ihr manche Stunde über das frühere Leben.

4256 W. Grimm an seinen Bruder Jacob 14. Oktober 1815

Goethe war auch dahin [nach Heidelberg] gekommen, wohnt bei Boisserée und schreibt über die Gemälde, außerdem gibt er sich mit persischen Sachen ab, hat ein Päckchen Gedichte in Hafis' Geschmack gemacht, liest und erklärt den Haoh Kiöh Tschwen und lernt bei Paulus Arabisch. Er war so gnädig, ein paarmal dazusein, als wir die Bilder besahen, kam auch einmal zu mir und fragte nach unseren literarischen Arbeiten. Ich sagte ihm dann Verschiedenes, unter anderen auch, daß das mannigfache Leben der Sagen, ihr Hin- und Herströmen, ihre Vereinigung und Trennung ein besonderes Augenmerk sei. «Ja», antwortete er, «was kann die Kritik anders sein, als die Beobachtung der verschiedenen Wirkungen der Zeit, was ganz meine Meinung auch ist.» Creuzer hat mir gesagt, daß ihn (Goethe) besonders die Prosaübersetzung bei der Edda gefreut, er redet noch immer von einer ähnlichen Arbeit beim Homer. Ich mochte ihm nichts davon sagen, sowie überhaupt von nichts Nahliegendem anfangen.

4257 W. Grimm an Arnim 31. Oktober 1815

Von den Bildern der Boisserée hatte ich mir alles mögliche Gute vorgestellt ... Eine solche Farbenpracht in solcher Wahrheit habe ich noch nie gesehen. Vor dem großen Bild Eycks hat Goethe lange schweigend gesessen, den ganzen Tag nichts darüber geredet, aber nachmittags beim Spaziergang gesagt: «Da habe ich nun in meinem Leben viele Verse gemacht, darunter sind ein paar gute und viele mittelmäßige, da macht der Eyck *ein* solches Bild, das mehr wert ist, als alles, was ich gemacht habe.» ... Wir haben die drei Tage fast nur die Bilder gesehen, der alte Herr kam einmal und zeigte sich ganz gnädig. Er liest jetzt vor und erklärt mit Vergnügen den chinesischen Roman Haoh Kiöh Tschwen, hat ein Päckchen Gedichte in der Art des persischen Hafis gemacht und lernt beim Paulus Arabisch.

4258 W. Grimm an seinen Bruder Jacob 20. November 1815

Goethe habe ich weder den Armen Heinrich gegeben, noch von den Märchen etwas Näheres gesagt. Da er sich wohl bewußt sein mag, wie leicht er an etwas teilnimmt, so hat er eine eigene, wunderliche Scheu, man kann sagen Ängstlichkeit, daß ihm ja nichts zu nahe rückt, und er weicht gewiß aus oder setzt sich eiskalt hin, wenn man von etwas mit Lebhaftigkeit und Eifer spricht, das er noch nicht kennt ... Ich habe ihm daher kein Wort von der altdeutschen Poesie gesagt, bis er in Heidelberg von selbst zu mir kam und mich fragte, mit welcher literarischen Arbeit wir uns jetzt beschäftigten; ich erzählte es ihm ganz einfach und sagte da auch unter anderm, daß wir nach Art der Märchen die deutschen Sagen zusammenzustellen dächten. Als die Rede auf ihre lebendige Verschiedenheit kam, sagte er: «Ja, was ist die Kritik anderes als das Beobachten, wie dasselbe in den verschiedenen Zeiten immer eigentümlich auf den Menschen gewirkt und von ihm gefaßt worden.» Was mir natürlich sehr willkommen war. Der Louis hat es aus natürlichem Gefühl ebenso gemacht, und zu dem ist er auch gekommen, hat ihn über die Rheinreise gefragt und dergleichen recht liebreich.

Was er über die Edda gesagt, weiß ich von Creuzer, der sich, weil er auch nordische Mythologie vorgetragen, das Buch gekauft hatte.

4259 *W. Grimm an Görres* *21. November 1815*

Das ist ja recht schön! sagt Goethe, wenn er sonst nichts weiß.

4260 *S. Boisserée* *3. Oktober 1815*

... morgens um 6 Uhr nach Karlsruhe, hell kaltes Wetter. Goethe fängt gleich damit an, er habe dem Domriß was abgesehen. Der Domriß habe ihm ganz neuen Aufschluß über Architektur gegeben. Er habe nie mit dieser Kunst recht fertig werden können. Mit den Farben sei es ihm auch so gegangen, bis er sie in physiologische, physische und chemische [ein]geteilt, jetzt hoffe er, mit der Architektur auch fertig zu werden, das Verhältnis zur Natur sei ihm noch nicht recht klar – ich spreche meine Meinung aus, daß Natur-Nachahmung zu Grunde liege, aber nicht gerade unmittelbare, daß alle größere Architektur von den Höhlen ausgegangen, daß zu unterscheiden zwischen häuslicher Architektur und heiliger Architektur, zwischen Architektur des Bedürfnisses und der einer höhern Bestimmung. Goethe: er begreife jetzt erst recht, warum ich den Kölnischen Dom so vorgezogen, da sehe er, wie alles andere dagegen verschwinde – er finde ein Prinzip darin und mit der größten Konsequenz durchgeführt usw. Ich frage vergebens, daß er es ausspreche – es sei noch nicht Zeit, ich würde es schon erfahren. – Ich äußere, daß ich sehr begierig darauf, und ob es mit dem zusammenstimme, was ich denke – verschweige aber auch mein Geheimnis – so sehr ich mich auch gedrängt fühle, es zu offenbaren. Doch ein Schweigen gebärt [gebiert] das andere. – Auch hab' er den Herzog in Mannheim schön damit geschoren bei den englischen Werken. Ich sprach von des Herzogs Anlage des gotischen Orangerie-Hauses und was mir der Baumeister Stieler dabei von des Herzogs eigener Erfindung gesagt – so kamen wir auf den Herzog und zur Rekapitulation der letzten Tage.

Wir sprachen nun von den verlebten Tagen, wie sich alles gedrängt usw., vom Herzog, daß er durchaus auf die Reise nach Karlsruhe bestanden – von den Willemers, die Frauen gelobt. Er [Goethe] bedauert, daß er [Willemer] mit seinem strebenden, unruhigen Geist sich nicht auf ein bestimmtes Fach, auf eine Liebhaberei geworfen. Die Verhältnisse mit Frauen allein können doch das Leben nicht ausfüllen und führen zu gar zu vielen Verwicklungen, Qualen und Leiden, die uns aufreiben, oder zur vollkommenen Leere. Doch sehr zu rühmen und zu ehren die Macht des sittlichen Prinzips bei diesem Mann, dieses allein hat ihn in der Höhe gehalten in der Verwirrung von Verhältnissen, worin er sich gestürzt. So ist die Rettung der kleinen, liebeswürdigen Frau ein großes sittliches Gut. Seltsam heilsamer Einfluß des Hofmeister Mieg in diesem Haus. Wenn die Menschen bei so viel Verirrung edel bleiben und gut, so müssen wir uns schon Herbigkeit und Schroffheit gefallen lassen. Ein Wunder, daß Willemer nach allem, was er getrieben und erlebt, noch ein solcher Mann ist und solch ein Haus hat. – Mangel in der ersten Erziehung – Widerstreit mit der Welt – weil er ihn in sich hat, gewöhnliche, ja gemein kaufmännische und Geld-Verhältnisse, unbezwingbares edleres Wesen kämpft dagegen. Vergleichung mit unserem Bruder Wilhelm – Erzählung von der Familie – ihr Charakter durchgehend fast auch solch ein Widerstreit. Einfluß der Ahnen. Verschiedenartige Mischung des Bluts, Italiener, Deutsch, Franzos. – Verwandtschaft mit Brentano. Was sie über die Religions-Veränderung der Schlosser gesagt – Meline – Eröffnungen des Alten über sie. Eine schöne Seele. Frankfurter Verhältnisse. Alte Erinnerungen, wie oft er [Goethe] den Pfad durch die Gerbermühle gegangen nach Offenbach zur Schönemann. Liebesgeschichte. – Seine Lieder an Lili. Braut und Bräutigam. Musik-Compositeur und Verleger André. Wie sie allmählich (getrennt) entfernt worden durch einen Dritten, ohne selbst zu wissen. Religionsverhältnisse erster Anlaß, sie reformiert, er lutherisch. Unglücklich wie die Kinder, die ein Leid haben und es sich wechselseitig klagen – und nicht wissen warum. D'Orville. – Ein Pfarrer ist im Spiel. Sie hat ihm den größten Teil ihrer höhern Bildung zu danken. – Vorher Gleichgültigkeit gegen die Welt, wie es sich bei Mädchen in einem reichen Kaufmanns-Haus, die alle Tage von Gesellschaft umgeben sind, von frühester Jugend her leicht einfinden muß, wenn sie nicht selbst flach und leer sind. – Verlegenheit, wegen dieser Geliebten die Lebens-Beschreibung fortzusetzen – ich suche sie ihm auszureden. Vor vierzig Jahren reiste er auch nach Karlsruhe; wir werden da Jung-Stilling wiedersehen, dem er seitdem nicht begegnete. Die Schönemann müßte auch da sein! – Lebens-Beschreibung, Komposition. – Ich erinnere an sein Gedicht von der Schöpfung, das er dieser Tage gemacht und wo nur ein Gedanke verkehrt war und die ganze Komposition gestört und verdorben hat. Er fand's nachher und warf ihn heraus. Er hatte mir versprochen, dies als ein merkwürdig Beispiel ausführlich vorzulegen – wie es bei der Komposition oft [auf] ein einzelnes Wort ankomme. Doch nun wollte er den falschen Vers nicht sagen, sondern hielt sich im Allgemeinen. Das Gedicht [ist] sehr dunkel und metaphysisch. Nach der Handlung, welche nur ein Augenblick der Schöpfung, fühlt sich Gott zum erstenmal einsam! – Dies gibt mir dann Anlaß, von seiner Naturansicht zu reden und seinem Vorhaben, ein Naturgedicht zu schreiben. Er verwirft es jetzt. Man ist zu sehr gebunden. Besser einzelne abgerissene Gedanken wie die einzelnen Gedichte des Divan – die man nachher in ein Ganzes ordnet. Ich muntere ihn dazu auf. Er geht darauf ein und sagt: ja einen Anlaß muß man doch zu allem haben, und so wollen wir von Heidelberg gleich zwei Buch Baseler Papier mitnehmen, darauf schreib ich so gern, die lassen wir in einzelne Blätter schneiden. Ich bitte mir aus, sie ihm schenken zu dürfen. – Er erzählt [spricht] mir von seiner philosophischen Entwicklung. Philosophisches Denken ohne eigentliches philosophisches System. Spinoza [hat] zuerst großen und immer bleibenden Einfluß auf ihn. Dann Baco, kleines Traktätchen de Idolis – Εἰδωλεῖς, von den Trugbildern, Gespenstern. Aller Irrtum in der Welt komme von solchen Εἰδωλεῖς (ich glaube, er nimmt deren zwölf hauptsächliche an). Diese Ansicht half Goethe sehr – sagte ihm ganz besonders zu. Überall suchte er nun nach dem Eidolon, wenn er irgend Widersprüche fand, oder Verstockung der Menschen gegen die Wahrheit, und immer war ein Eidol da. – War ihm etwas widerwärtig, stieß man gegen die allgemeine Meinung, so dachte er bald, das wird wieder ein Eidol sein, kümmerte sich nicht weiter.

So reiste er nach Italien – da besonders wurde er immer von philosophischen Gedanken verfolgt, kam er auf die Idee der Metamorphose. – Als er nachher Schiller in Jena sah, teilte er ihm diese Ansicht der Dinge mit, da rief Schiller gleich: ei das ist eine Idee. Goethe mit seiner naiven Sinnlichkeit sagte immer, ich weiß nicht, was eine Idee ist, ich sehe es würklich in allen Pflanzen usw. Nun wollte er sich doch auch mit der Sprache und dem System dieser Männer bekannt machen, so kam er durch Schiller an die Kantische Philosophie, die er sich von Reinhold in Privat-Stunden vortragen ließ usw.

Ich erzähle dagegen von unserer philosophischen Bildung, überhaupt von unserer Bildung durch Schlegel – unsere Geschichte wieder von einer andern Seite – von der literarischen. Von der Architektur, meine Ansicht der Geschichte der christlichen Architektur von den ältesten Zeiten. – Mosaik – Liturgie, kurz dem Gerüste zu der altdeutschen [Kunst] – dann breche ich ab oder bleibe stehen, weil ich mein Geheimnis nicht verraten will, sondern verspreche nur, daß es sich schön und sehr einfach machen wird etc. So sind wir dann an den Wünschen für die Zukunft angelangt. Goethe meint, von Frankfurt aus müsse man immer den Rhein auf- und abwärts fahren und so sein Wesen treiben. Ich stelle den Wunsch eines solchen umfassenden antiquarischen historischen Würkens auf und hülfreicher Schreiber zur Förderung der Arbeit und Untersuchung – die ein einzelner nicht machen kann, ohne die Lebendigkeit, den Geist fürs Ganze zu verlieren.

Wir sind bei Karlsruhe. Erinnerung meines letzten Hierseins – Pässe nach Wien. Melchiors Not wegen der Ehrengarde, französischer Gesandte Graf Nicolai – österreichischer Graf Apponi. – Die Gräfin. – Mittags-Essen auf dem Zimmer. Vertraulichkeiten. Unwillkürliche Eröffnung von einem Herzens-Verhältnis von meiner Seite.

Zum alten Jung[-Stilling]; werden von der Frau nicht erkannt, von ihm kalt aufgenommen – muß morgen mit Elberfelder nach Baden fahren. – Anstalten zum Tee sind gemacht, [wir] werden nur von der Frau eingeladen, diese ist nun die Teilnehmendere. Er stichelt auf den Geheimerat. Goethe auf den Bischof; der Alte wirft sein schwarzes Käppchen weg, Goethe zwingt's ihm wieder auf. Wir müssen in die Studier-Stube, wo noch alle Geburtstagskränze und Geschenke – kleine schlechte Zeichnungen und Kupferstiche, [Bildnisse von] Minister Stein, Kaiser Alexander, Lavater usw., alles durcheinander. Goethe, der so herzlich und jugendlich wie möglich war, tief gekränkt durch diesen Empfang – am meisten durch Jungs Äußerung: «ei die Vorsehung führt uns schon wieder einmal zusammen!» Lutherische Kirche – katholische Kirche – Theater: Die Feuerprobe, Lustspiel von Kotzebue, spielt im Mittelalter, Gegenstand nicht ganz schlecht – gemein in der Ausführung und schlecht durch die Aufführung. Die heimliche Ehe? Ein polternder Graf, der immer seine Leute hänselt, zum besten hat, gemeiner österreichischer Spaß-Realismus (von Ziegler?).

4261 S. Boisserée *4. Oktober 1815*

... die Mineralien ... Gegen Abend bei Gmelin, die Vallisneria spiralis, das merkwürdige, gewissermaßen sich selbst bewegende Wasserpflänzchen, grasartig, in allen Teilen aufgetrocknet, von Montpellier mitgebracht. Im Treibhaus sahen wir sie im Leben, aber klein, und blüht nicht bis jetzt. Hübsches Mädchen, die Tochter, klarfrisches Auge und Gesicht, etwas langer Hals, schlank, ähnlich der Ernestine Lerchenfeld – braun. Herr Sensburg kam, doch nicht lang – dann die Oberforsträtin Lattrop und andere Frauen, und Hebel. Dieser wird von der Lattrop, einer Niedersächsin, zum Hersagen seiner Gedichte genötigt. Der arme Mann muß endlich nachgeben und übersetzt jeden Vers ins Hochdeutsch. Goethe grimmig darüber – man sollt' dem Dichter doch die Ehre antun, seine Sprache zu lernen. Die Niedersächsin wird, da sie noch widerbellt, schön mit ihrem Niedersächsisch und dem Norden geschoren. – Goethe lobt das Oberländische – sagt noch etwas sich auf ein Liebchen beziehendes Elsassische her. Nachher [ging] ich zur Schenkendorf ... Als ich zu Goethe zurückkomme um halb 10 Uhr, Musik vor seinen Fenstern. Er ging vergnügt im Dunkeln in seinem Zimmer spazieren.

4262 S. Boisserée *5. Oktober 1815*

Morgens früh bei Weinbrenner und bei Dümge ich. Dann Goethe bei Weinbrenner: Plane der Stadt Karlsruhe. Antikes Theater, das sich auf zwei Achsen dreht. Vogel-Haus des Plinius mit dem Entengeschnatter. Palais des Reichs-Grafen Hochberg – des Grafen Hochberg beide bunte Decken – Gemälde unten zwei Treppen lauter Pfauen. Vier große Landschaften, Sonne, Mondschein usw. Kuntz vorging, ein großer Saal – junge Gräfin – das ganze Haus durchwandert. *Museum.* Bielefeld [Biedenfeld] mit einem Arm läßt sich sehen – Weinbrenner stellt ihn vor. Frühstück – Vorsteher, Dank für die Musik. *Theater:* Kleider-Trödel ganzer hängt in der Sonne auf Leinen, Probe der Andacht zum Kreuz (soll abends gespielt werden).

Gmelin zeigt nochmals die Muscheln nach dem Linnéschen System. Ich werde von Dümge auf die Bibliothek genötigt, sehe eben den Titurel, überall war Bielefeld mit Goethe gefolgt. Schreckliche Hetze. Jungs lassen noch zum Abend einladen, als wir eben fortwollen. Wir freuen uns, im Wagen zu sein, rekapitulieren. Rühmen die Muscheln, eine ganz neue Anschauung, und lachen mitunter auch. – Dann wachen bei Goethe alte Erinnerungen wieder auf – vor vierzig Jahren gerade ließ ihn der Herzog von Heidelberg durch Stafette nach Frankfurt holen; wenn er jetzt gerade von Minister Stein zurück in Frankfurt wäre, es ihm einfiele, er wäre im Stand, es zu wiederholen; da er ohnehin verlangt, Goethe soll nach Frankfurt kommen.

Vor Tisch schon rühmte Goethe, daß er wohlgetan, nach Köln zu gehen, sich von dem Herzog influenzieren zu lassen, er lasse sich ohnehin leicht bestimmen; und vom Herzog gern, denn der bestimme ihn immer zu etwas Gutem und Glücklichem, aber einige Personen seien, die einen ganz unheilbringenden Einfluß auf ihn [Goethe] hätten. Lange habe er es nicht gemerkt. Immer wenn sie ihm erschienen, sei ihm auch ganz unabhängig von ihnen irgend etwas Unangenehmes, Trauriges oder Unglückliches begegnet. Alle determinierte Naturen seien ihm glückbringend, so auch Napoleon. – Ich drang näher in ihn, ob dergleichen Unglücks-Boten etwa in der Nähe wären; nein, sagte er, aber wenn es einmal der Fall sein würde, versprach er mir's zu sagen.

Ich sprach vom Aberglauben – wie man sich bei aller Anerkennung des Geheimnisvollen im Leben davor zu hüten. Und er war einig, daß man nur so viel darauf geben müsse, um Ehrfurcht vor der uns umgebenden geheimnisvollen Macht in allem zu haben und zu behalten – welches eine Haupt-Grundlage wahrer Weisheit.

Unterwegs kamen wir dann auf die Wahlverwandtschaften zu sprechen. –

Er legte Gewicht darauf, wie rasch und unaufhaltsam er die Katastrophe herbeigeführt. – Die Sterne waren aufgegangen – er sprach von seinem Verhältnis zu Ottilie [Minna Herzlieb], wie er sie lieb gehabt, und wie sie ihn unglücklich gemacht. Wurde zuletzt fast rätselhaft ahndungsvoll in seinen Reden.

Dazwischen sagte er dann wohl einen heitern Vers, wie den auf den Wagen, ein Häuschen, Hüttchen, welches fährt. – Ich erzählt' einen Fall mit der roten und weißen Rose auf dem Rhein, als ich mit den Mädchen vom Apollinarisberg nach Bonn fuhr, als ein Motiv zu einem Gedicht. –

So kamen wir müde, gereizt, halb ahndungsvoll, halb schläferig, im schönsten Sternenlicht bei scharfer Kälte nach Heidelberg. Wir fanden Briefe von Mannheim an den Goethe.

4263 F. Weinbrenner an F. v. Matthisson 26. Oktober 1815

Vor einigen Wochen [am 5. Oktober] hatte ich die Ehre, vom Herrn von Goethe besucht zu werden. So wie es mir schien, haben ihm die hiesigen Gebäude, besonders aber der Bau des Theaters, sehr gefallen. Nach seiner Äußerung gedenkt er im nächsten Sommer wieder hierher zu kommen und dann seine gewöhnliche jährliche Badekur in Baden-Baden zu nehmen.

4264 F. v. Biedenfeld: Novellen und bunte Blätter 1836

Ich habe einen alten Uhrschlüssel mit Karneol, worein vor vielen Jahrhunderten ein schöner Bacchuskopf geschnitten wurde. Dieser Uhrschlüssel erinnert mich stets an einen der schönsten Tage meines Lebens und an mein unvergeßliches Museum zu Karlsruhe. Mein Lehrer und Schutzpatron Hebel hatte den Uhrschlüssel von Weinbrenner erhalten, und mir solchen als ein Doppelandenken geschenkt an dem Tage, an welchem Goethe das Museum und das Naturalienkabinett besuchte [5. Oktober 1815].

Goethe war unerschöpflich in Frohsinn und Herzenslust. Hebel schritt, eine Hand in der Hosentasche, die andre am Busen bergend, mit dem lächelnd gespitzten Mund voll Schalkheit und den in Wiesentallust und Hausfreund-Humor abwechselnd blitzenden Augen stumm auf und nieder, blieb dann wieder stehen und betrachtete langen tiefen Blicks den großen Dichter. Eine Wolke des Trübsinns gleitete über seine Stirne, als fühlte er: Neben dem wird jede Größe zum gewöhnlichen Rekrutenmaß! Die Hände falteten sich herabhängend in seinem Schoße, und sein Auge hob sich so froh und feierlich wieder zum Himmel, als dankte er in heißem Gebet für das endliche volle Bewußtsein seines Dichterberufs, an dem der Herrliche früher fast immer kindisch gezweifelt hatte. Goethe hatte ihm mit aller Herzlichkeit die Freude über seine Alemannischen Gedichte, über seinen Rheinischen Hausfreund und über seine persönliche Bekanntschaft zu erkennen gegeben!

Dem trefflichen Gmelin war es lange nicht so wohl geworden, in seiner eigentümlichen Welt mit solchem Geist sich zu bewegen. Er war aufgeregt, begeistert. Die tiefsten wissenschaftlichen Betrachtungen durchwebte er mit den herrlichsten Witzen, welchen die Trockenheit seines ganzen Wesens und die Chamäleonsnatur seines Gesichts neuen Reiz verlieh.

Auch Weinbrenner war in seinem Elemente. Meine Hand ließ er nicht los, von Schrank zu Schrank mußte ich mit ihm wandeln. Überall fand er die ewigen Formen und Quellen der antiken Kunst in diesen schönen Naturerzeugnissen. Sein Scharfsinn und seine glühende Kunstliebe entdeckten, was tausend gewöhnlichen Gelehrten-Augen ewig ein Geheimnis bleibt.

Die überschwenglich frohgelaunten Naturforscher kamen endlich an die Muscheln. Welche Beziehungen und Ähnlichkeiten sie in diesen Gestalten fanden, wie lebendig manches sie anzog, kann ich jetzt nicht mehr beschreiben; sie sprachen plötzlich lateinisch miteinander; irre ich nicht, so war viel Ovidisches darunter.

Ist es nicht eine schnurrige Sache um die sogenannte Dezenz? Was selbst Gelehrte unter sich deutsch nicht heraussagen zu dürfen meinen, das sprechen sie unbefangen lateinisch. Weinbrenner ärgerte sich nicht wenig darüber; denn das Latein war ihm zuwider, er verstand davon keine Silbe.

Nie habe ich mich wieder so wohl und froh, so unendlich reich im Bewußtsein meiner Armut befunden, wie an jenem Morgen. Goethe sprach so liebevoll und freundlich mit mir, lud mich ein, in Weimar ihn zu besuchen! Ich war das Hündchen beim Löwen. Ich fühlte Löwenkraft in mir in jenen vierundzwanzig Stunden und hätte jeden zerrissen, der daran gezweifelt hätte.

Goethe sprach viel über Poesie. Aufrichtig gestanden, ich entsinne mich des wenigsten mehr und mag über vieles ihn wohl nicht recht begriffen haben. Unter andern sagte er: «Gewöhnen Sie sich, wenn Sie ein Mal dichten wollen und müssen ... ohne Zagen und Wählen niederzuschreiben, was Ihnen zu Mund und Feder fließt. Entsagen Sie bei dem ersten Hinwerfen aller Kritik; denn man verliert dabei in der Jugend gar oft die schönste Verve, die fruchtbarsten

Blüten, welche kein Nachdenken und keine kritische Beleuchtung wieder bringen können. Das alte ‚prematur in nonum annum' wird von vielen mißverstanden. Wenn der Dichter eigentlich fertig mit seiner Zeugung, so muß der Schriftsteller erst beginnen. Dabei gewinnt das Werk und sein Schöpfer, und dieser genießt die schönsten Freuden zwei Mal..»

Später fragte ich mich wohl zuweilen sehr bedenklich: mußt du denn wirklich dichten? Es antwortete «ja!» Aber jetzt, glaube ich, daß es eigentlich hätte «nein!» rufen sollen.

Goethes äußeres Erscheinen hatte damals für mich etwas vornehm Gefälliges, plastisch Wohltuendes, Imponierendes zugleich, etwas göttlich Gesundes. Elegant und geschmeidig, leutselig und gesprächig war er. Jetzt wie ein König, der, froh, die Bande der Etikette für Augenblicke abstreifen zu können, in seinem Sommergarten mit der Menschheit verkehrt, als wäre sie seines Gleichen, mit ihr lächelt und scherzt und lacht über die gewöhnlichsten menschlichen Dinge und Beziehungen, Blumen pflückt und sie galant einem Mädchen bietet, mit Knaben einen Schmetterling hascht, mit Spaziergängern plaudert über heiteres Wetter und schöne Gegend, Gewerbe und Kinder, und auch wohl, die angestammte Hoheit vergessend, anstößt mit einem Fremden und aus einem Glase mit ihm trinkt.

Aber ein Wort, ein Laut – allen anderen unvernehmlich – spricht zu ihm in der Sprache der Geister, und er ist plötzlich ein anderer. Die Brauen wölben sich in höheren Bogen, das milde Frühlingslicht der Augen steigert sich zum eindringlichen Sonnenblick, alle Züge bilden sich zu sanftem Ernst, größer wird die raschere, vorwärts strebende Gestalt. Sie wird zu einem König, der incognito reist, alles in seinem Reich Interessante kennen lernen, über alles sich belehren, dessen Individualität erforschen, jedes Detail durchschauen will. Alles muß ihm Rede stehen, Lebendiges und Totes frägt er aus. Die Spinne muß ihm erzählen, wie nah, oder wie fern sie mit dem Elefanten verwandt sei. Die sieben Schwestern im Prisma müssen ihm verraten, wer ihr

Vater gewesen, und welche eigentlich ihre Muttersprache ist, und in welchen Verhältnissen sie miteinander leben. Die Sterne vertrauen ihm die Geheimnisse ihrer Reisen an, sprechen sich aus über die Konstitution ihres unermeßlichen Kollektiv-Reichs, über die ewige Renitenz der demagogischen Flüchtlinge eines zerstörten Polenreiches der Kometen. Der Orkan wird zugänglich und mild in seiner Nähe, er flüstert ihm ins Ohr, von wannen er komme, wer ihm seine Kraft verliehen, nennt ihm die Etappen seiner Kurierfahrt, den Zweck der Sendung. Ein Ibis lüftet ihm den Vorhang zu Sais und die unermeßliche Aussicht in die Fernen vergangener Jahrtausende. Ein Gerstenkörnchen vom Himalaja berichtet treulich über alles Merkwürdige jener hohen Provinz und knüpft daran die schönen zauberreichen Kunden und Mythen von Indien und alle Metamorphosen ihres eigenen Mikrokosmus. Vom Himmel herabgefallene Steine, die Lava aus den Schlünden des Vesuves, die Kristalle aus den Alpen, die Bruchstücke aus den Polarländern zerbröckeln, zersetzen sich vor seinen Augen und geben ihm Antwort über alles. Er frägt, wie ein Kind, alles und alle, die mit ihm in Berührung kommen; aber er frägt wie ein Sokrates.

Plötzlich scheint er genug zu wissen, um sein Incognito abstreifen zu können. Der Reisemantel fällt von seiner Schulter, der König zeigt sich in seiner ganzen Pracht und Herrlichkeit, mit der ganzen Fülle seiner gottgebornen Kraft. Er spricht das Wort der Entscheidung, das Urteil ohne Appellation. Er ordnet, er befiehlt, er herrscht und hat seines Gleichen nicht neben sich. Er lohnt und begnadigt mit einem Strahl aus der Sonne seines Auges, oder er straft und vernichtet mit dem Blitz seines Blickes. Achilles, der unnahbare, Zeus Chronion steht vor dir. Betroffen sinkt dein Blick zur Erde. Tiefe Stille herrscht, niemand wagt zu atmen.

Noch ein Mal willst du es wagen, den Blick zu dem Göttlichen zu erheben. Er ist verschwunden, und vor dir steht wieder der vornehm gefällige, elegant geschmeidige, leutselig freundliche Mann, der kein Wort davon zu wissen scheint, daß er den *Werther* und den *Meister*, die *Wahlverwandtschaften* und den *Faust* geschrieben hat. Du könntest ihn eher für einen *Metternich* halten, der, ausruhend vom Lenken einer Welt, im Kreis von Dichtern und Künstlern, schönen Frauen und Mädchen sich fröhlich erholt, über seine Lenkung und seine Welt in geistvollen Scherzen sich heiter erlustigt, und mit derselben seligen Ruhe ein Petrarcasches Sonett, ein Couplet von Scribe oder die jugendliche Improvisation eines neuen Utopiens anhört.

4265 F. v. Biedenfeld: Ein paar Stunden mit Goethe in Karlsruhe *1859*

Hebel hatte mich als Gymnasiasten mit besonderer Zuneigung beehrt ... Ich fühlte mich glücklich, ihn nach fast vierjähriger Trennung noch ebenso wohlwollend wieder zu finden und manche freie Stunde mit ihm genießen zu können.

Da stürzte mich ein verhängnisreicher Zufall kopfüber in das Schriftstellertum ... Genug, ich war nun Schriftsteller und schriftstellerte in allen von sehr ernsten Berufsgeschäften beim Landgerichte freien Stunden sehr eifrig. Das sind glückliche Zeiten!

Das Ausfallen einiger Gerichtstermine verschaffte mir eines Morgens eine freie Stunde. Ich eilte in das Museum, holte mir Lektüre und setzte mich damit einsam in die Rotunde, wo Hebel allabendlich konversierte, Rätsel und Charaden improvisierte, Humor für seinen Hausfreund schlürfte, mit seinem kleinen, kugelrunden Adjunkten, dem Hofapotheker Schrickel schäkerte, den Prediger und den Schulmeister, wie er sagte, für einige Stunden an den Nagel hing.

Aus meiner Versunkenheit in Herders Ideen weckte mich plötzlich Weinbrenners ausgiebige Stimme mit den Worten: «Da sitzt auch einer, der ein neuer Goethe werden will.» Ich blickte vom Buch auf und fuhr erschrocken empor: vor mir stand der Unverkennbare, Goethe in der vollen Majestät seiner göttlichen Kraft und Gesundheit, mit der Jupiterswürde auf seinem schönen Antlitz, mit der Magie seines mächtigen Auges und des Herrscherblickes.* Hebel stellte mich ihm vor. Ein mildes Lächeln flog verklärend über seine Züge, und nach einigen freundlichen Worten fragte er: «Nun, und was haben wir jetzt in der Mache?» – «Ein Drama, ich habe es hier vollständig im Kopfe, und doch will es nicht recht heraus.» – «Das beruht wohl auf einer Selbsttäuschung: was vollständig im Kopfe liegt, das kommt auch vollständig und leicht heraus.» – «Die ganze Intrige, alle Situationen und Charaktere schweben klar vor meiner Phantasie, aber wenn ich sie zu Papier gebracht habe, erscheinen sie mir ganz anders, farbloser, bleicher, oft ganz entstellt.» – «Das mag manchem in seiner Jugend passieren; man strebt gern sogleich nach dem Höchsten, ohne sich erst ernsthaft zu fragen, ob man auch von der Natur das rechte Zeug dazu erhalten, und wenn man es besitzt, ob man hinlänglich zu dessen Verarbeitung sich vorbereitet und gerüstet habe. Nicht selten stürzt man sich auch mit Inbrunst und wahrer Verbissenheit auf Dinge, wofür man kein eigentliches Talent hat. Will das Drama nicht recht aus der Feder fließen, so legen Sie es getrost beiseite und sehen Sie sich nach anderem um; wahrscheinlich finden Sie auf solchen Versuchswegen, was Ihnen die Natur zugewiesen hat, und findet sich's nicht am Ende der Lehrlingschaft, nun, in Gottes Namen, so hat man tüchtig gewollt und gestrebt, man geht getrost an seinen Beruf und genießt umso reiner und freudiger, was andere hervorbringen.»

«Auch bei andern Versuchen will es nicht recht gehen, und trotz des lebendigsten Dranges komme ich nur langsam vorwärts, mir schwebt immer vor: was gebietet dabei die Kritik? Dann gedenke ich des nonum prematur in annum, ich lege die Feder beiseite, die Phantasie verstummt, und das kritische Grübeln macht mich müde und ängstlich.» – «Da sind Sie freilich auch einer von denen, welche das alte

* Auch der Franzosenkaiser ist berühmt wegen des Zaubers seines Blickes. Wessen Zauberblick mag, als beide Auge in Auge gegenüber standen, den des andern überwältigt haben? Mir erschien Goethes stolz und kühn in die Welt hinausblickendes, in alle Höhen und Tiefen dringendes Auge mächtiger, schöner.

und treffliche nonum prematur in annum mißverstehen. Damit ist nicht gesagt, daß sich bei einer Arbeit die Phantasie und die Kritik jahrelang beständig miteinander herumbalgen sollen; dabei ginge stets die beste Verve des Dichters verloren. Das prematur bezieht sich auf die Arbeit *vor* und *nach* dem Dichten.» – «Bekennen muß ich, daß mir dieses nicht völlig klar geworden.» – «Und doch ist es so einfach als natürlich: die Prägnanz oder Unfruchtbarkeit eines oft plötzlich in uns entsprungenen Gedankens ergibt sich erst mit der Zeit. Man trägt ihn mit sich herum, betrachtet und prüft ihn nach allen Seiten, Phantasie und Kritik formen und meißeln daran nach Ziel und Maß so lange herum, bis ein gewisses inneres Fertigsein zur Arbeit drängt. Nun lasse man die Phantasie allein walten und schreibe, unbekümmert um alles übrige, was sie diktiert. Ist auch hiernach das Werk fertig, so lege man es beiseite, nehme es nach einiger Zeit wieder zur Hand und lasse nun die eigene Kritik darüber zu Gericht sitzen. Damit wird man gewöhnlich Erträgliches zustande bringen.»

Hebel mahnte nun an den Besuch im Naturalienkabinett, Goethe lud mich freundlich zum Mitgehen ein, «indem man in allen Gebieten der Natur immer wieder Neues und Erbauendes und Förderndes erblicke». So wanderten wir denn dahin: Goethe, Hebel, Gmelin, Boeckmann, der Physiker, Weinbrenner und ich; unterwegs stießen noch Haldenwang und der Landschafter Hofmaler Kuntz zu uns. Am Eingang zum Naturalienkabinett fand sich noch eine der merkwürdigen Karlsruher Gestalten ein, der Hofmaler Iwan, ein Kalmücke, der vom Kaiser von Rußland der Markgräfin Amalie als Leibeigener geschenkt worden, hier natürlich der Freiheit und seinem Hange gemäß der Erziehung zum Zeichner und Maler genossen, als solcher in Italien und Deutschland sich einen recht hübschen Namen erworben hatte, halb deutsch, halb kalmückisch sich kleidete, gewöhnlich gutmütig und jovial, aber, wenn der Wein ihn belebte, was ihm häufig geschah, ein schroffer Geradeaus voll kaustischer Kritik und unsauberer Witze. Sein Auftreten verriet einen solchen Zustand. Goethe, obgleich selbst nichts weniger als ein Feind von einem Glas edlen Weines, schien nicht sehr angenehm berührt durch dieses Zusammentreffen und erwiderte die überherzliche Begrüßung mit zugemessen majestätischer Höflichkeit. Wir alle besorgten eine Störung unseres Genusses durch den Aufgeregten, da kam glücklicherweise ein Hoflakai außer Atem mit dem Bescheide, daß er augenblicklich zum Großherzog kommen solle. Mit ein paar gesunden Flüchen machte sich der Vierschrötige auf den Weg und versprach sein baldiges Eintreffen im Naturalienkabinett. «Ausgestopft müßte er sich dort gut ausnehmen», bemerkte Goethe lächelnd zu Gmelin.

Gmelin war vorzugsweise Botaniker und Herbarienmann, aber dabei von umfassendem Wissen in allen Gebieten des Naturreiches und heute wie erleuchtet und durchwärmt von den Strahlen dieser Sonne Deutschlands in seiner Nähe, von der herrlichsten Laune, übersprudelnd von drolligen Einfällen, guten und schlechten Witzen, wissenschaftlichen und läppischen Bemerkungen beim Betrachten der einzelnen Naturgegenstände und in seinen Antworten auf Goethes Fragen, der mit ihm und Hebel umher ging, während Haldenwang mit Kuntz und Boeckmann in ein physikalisches Gespräch über Farben sich vertieften und Weinbrenner mir mancherlei von Rom erzählte und mißbehaglich äußerte: «Mit Goethe allein sein wollte er hundert Jahre, man genieße dabei den großen Geist des Mannes vollkommen und lerne in jeder Minute etwas Neues von ihm, aber so in Gesellschaft hinter ihm herzulaufen, erscheine ihm fast wie hofschranzig und langweilig.» Gmelins schallendes Lachen unterbrach ihn und lenkte unsere Aufmerksamkeit wieder auf die Hauptfigur.

Sie standen vor der Gruppe der verfänglichsten Muscheln. Lachend hielt Gmelin eine davon hoch empor, nannte Goethen ihren Namen lateinisch, entwickelte lateinisch ihre Ähnlichkeit mit menschlichen Teilen und stellte darüber sehr erbauliche Betrachtungen an. Goethe hörte ihn behaglich an, lächelte wie Jupiter, wenn Frau Venus ihn streichelt, deutete auf eine andere Muschel und pries deren noch anschaulichere Ähnlichkeiten, ebenfalls lateinisch, mit heiterer Emphase, wobei er freilich hin und wieder den rechten Ausdruck erst suchen mußte. Hebel schmunzelte und zwinkerte mit den Augen, ob auch über jene Ähnlichkeiten oder darüber, daß diese beiden bejahrten und hochwürdigen Männer über einen solchen Anblick in solche Ekstase geraten und so erotisch sich gehen lassen konnten, weiß ich nicht. Aber auf Weinbrenners unmutige Bemerkung: «Was fällt denn den zwei Hansnarren ein, daß sie plötzlich lateinisch und nicht deutsch reden?» antwortete er lakonisch: «Deutsch würde sich's nicht gut ausnehmen.»

Die beiden kamen an andere Gegenstände, Gmelin war wieder rein wissenschaftlich geworden, Goethe hatte ein anderes Gesicht angezogen, beide sprachen unwillkürlich wieder deutsch. Die Beschauung und die Reflexionen dauerten noch ziemlich lange, endlich kam man zum Schluß. Goethe lud sehr freundlich zum Nachmittag in das physikalische Kabinett ein, wo Herr Hofrat Boeckmann einige interessante Experimente zu machen die Güte haben würde. Weinbrenner hatte offenbar übergenug an diesem Morgen, entschuldigte sich mürrisch: er bedaure, dieses Glück nicht genießen zu können, indem er nach dem Verluste des ganzen Vormittags nun nachmittags einige Bauten besuchen müsse, und er doch das Vergnügen haben werde, Seine Exzellenz sonst noch zu sehen. Mich hielt leider mein Beruf ab; der Chef war unpäßlich, und ich mußte bei einer ländlichen Kommission seine Stelle vertreten.

Niemals sah ich Deutschlands erhabenste Größe wieder. Jetzt leben von jener ganzen Morgengesellschaft nur noch zwei: ich, auf der Erde herumstolpernd, oft fast überdrüssig der Gesundheit, oft im Bade der Erinnerungen mich erquickend, und Goethe, der niemals sterben wird.

4266 S. Boisserée *6. Oktober 1815*

Dunkel. Matt. Morgens, Goethe will plötzlich fort; sagte mir, ich mache mein Testament; wir bereden ihn mit großer Mühe, noch einen Tag auszuruhen und übermorgen zu reisen. Die Jagemann hat ihn von Mannheim gedrängt und die andern Damen, er soll herüber kommen zu Tableaux und Attitüden. Er fürchtet den Herzog. Er ist sehr angegriffen, hat nicht gut geschlafen. Muß flüchten. – Der General-Leutnant Murray mit seiner Frau kömmt und läßt sich nicht abweisen, die Gemälde zu sehn. Die Sündflut von Carl von Mander von Rechberg kömmt an, schönes Bild. Der tote Mann im Vordergrund, über den schon Rechberg geklagt, macht mir in diesem Augenblick einen besonders peinlichen Eindruck. Goethe sieht das Bild nur halb an. Tadelt gleich den Mangel an Komposition. Er befindet sich übel. Gibt mir einen Teil seiner Gedichte zum Lesen für Melchior und Bertram.

4267 F. Förster: Goethes dreiundachtzigster Geburtstag 1837

Als ich im Jahre 1815 nach Beendigung des zweiten Feldzuges von Paris zurückkehrte, traf ich Goethe [am 6. Oktober] in Heidelberg, wo er damals bei den Brüdern Boisserée wohnte und sich mit dem Studium der altdeutschen Kunst beschäftigte. Er empfing mich sehr heiter, scherzte darüber, daß sein Segen unsern Waffen so guten Fortgang zugewendet, und ließ sich viel von den Pariser Kunstsammlungen erzählen. Damals befand sich die Boisseréesche Bilder-Sammlung noch vollständig in Heidelberg, und Goethe war so freundlich, mich bei wiederholtem Besuche mit den Schätzen derselben bekannt zu machen. – Er bat mich, da ich nach Berlin ging, seinen Freund Zelter zu grüßen und von Zeit zu Zeit von mir etwas hören zu lassen, da er wußte, daß ich mich mit Poesie und dem Studium der Kunstgeschichte beschäftigte.

4268 F. Förster: Briefe eines Lebenden 1831

[Brief vom 19. August 1829.] Die Boisseréesche Sammlung altdeutscher Gemälde, die vor einigen Jahren von dem Könige von Bayern gekauft worden ist, befindet sich jetzt in Schleißheim. So beschränkt meine Zeit ist, so durfte ich doch die Wallfahrt dahin nicht aufgeben. Diese Bilder gehörten zu meinen schönsten Erinnerungen, ich sah sie im Jahre 1815 auf dem Heimwege von Paris in Heidelberg, und

Goethe, der damals in dem Hause des Herrn Boisserée wohnte, war mein Führer. Damals hatten wir die größte Hoffnung, diese Bilder für Berlin zu erwerben, unsere Regierung hatte den Besitzern große Forderungen zugestanden, allein der Handel wurde abgebrochen.

4269 S. Boisserée *7. Oktober 1815*

Regenwetter. Morgens ganz früh Goethe unruhig – fürchtet eine Krankheit, will schon zu Mittag fort. Ich biete mich zum Begleiter an, und bereite mich vor, [ihm] nach Weimar zu folgen. Trauriger, schwerer Abschied – Sievers, der junge Schweighäuser, General Wimmersbach.

Im Wagen erholt sich der Alte allmählich. Die Sicherheit, nicht mehr vom Herzog oder der Jagemann erreicht zu werden, beruhigt ihn sichtbarlich. – Gespräch darüber, vom Herzog. Von dem Abend bei Zilkenhardt – wo dieser einige politische Volksschriftchen auf den Tisch gebracht. – Deutsche politische Verhältnisse, Forderungen des Adels und der Bürger nicht gefährlich. Ständische Verfassung, keine Umwälzung zu fürchten, wenn nur die Fürsten halbweg ihren Vorteil kennen und einigermaßen den gerechten Wünschen entgegenkommen wollten. – Die heftigen Volksmänner nichts weniger wie beliebt. Meine Meinung über Stein, er hat kulminiert, sich von den Brauseköpfen ab zum Adel gewandt. Aristokratismus im eigentlichen Sinne das Einzige und Rechte. – Verwirrung, Freude, daß ich mich in nichts verwickelt habe, trotz der vielen Lockungen und Gelegenheiten.

Goethe hat immer eine Scheu vor allen politischen Dingen gehabt, war auch einmal in einer Art Verschwörung durch seinen Herrn, damals als man die Übermacht Friedrich des Großen fürchtete. Geheime Verbindung bei dem alten Fürsten von Dessau, der Kronprinz von Preußen war darin. Nachher wurde dies die Veranlassung zum *Fürsten-Bund*, obwohl es anfangs gegen Preußen. Herr v. Dohm erhielt noch vor einiger Zeit zur Geschichte des Fürstenbundes Aufschlüsse hierüber von Goethe. Novelle von dem Anfang der Florenzer Händel. *Neukatholiken*. Spottgedicht auf sie. Kinderspiel, Messe, Katholiken und Protestanten friedlich durcheinander in einer Stadt. Auf einem Speicher hing ein Seil – das mußte statt der Klocke dienen, das zogen sie um die Wette und schrieen: Bim Bam. Und so wiederholten sie ohne Schonen die sämtlichen heiligen Funktionen. Soll in die neue Ausgabe der Gedichte kommen – ich billigte es – er schien noch Zweifel zu haben. –

Abends in *Neckar-Elz*. Kaltes Zimmer. Er ist munter, vergißt die Kälte, indem er mir von seinen orientalischen Liebes-Gedichten vorliest. Wir däumeln im Divan [des Hafis]. Ich immer unglücklich – oder doch schlecht und verworren, Goethe meist verliebt. Wir schliefen in einer Stube.

4270 S. Boisserée *8. Oktober 1815*

Heiteres Wetter. Morgens nach Würzburg. – Von Neckar-Elz die Höhe hinauf. Kalkgebirg. Goethe erkennt die fränkische Mainregion daran. Der Bediente findet Versteinerungen, Ammonshörner. – Geognosie, Entstehung der Quellen durch Einsaugen der Luft von den Bergen. Wir begegnen (zwischen Oberschaflenz und Buchen?) dem Maler Jagemann, der zu seiner Schwester nach Mannheim reiste, er sagt, der junge Bertuch sei krank und von den Ärzten aufgegeben. Erzählt von Oberthür, dieser Pfaff treibt sich viel in Weimar herum, spielt den halb Protestant. Gemälde-Sammler, versteht nichts davon.

Not, die der Herzog mit der Familie Jagemann hat. Die Schwester derselben, Frau von Danckelmann, mit ihren Kindern ist ihm auch auf dem Hals. Den Danckelmann hat man nach Eisenach einsperren müssen. Nun hat der Herzog, außer seinen eigenen Kindern, zugleich noch für diese zu sorgen, im ganzen für fünf oder acht. – Gutes Benehmen des herzoglichen Hauses gegen die Jagemann und diese Kinder. Der Erbprinz besucht sie und spielt mit diesen kleinen Geschwistern. Doch [bleibt] die unvermeidliche Spannung eines solchen Verhältnisses fühlbar. Die Großfürstin Marie, Lob derselben – edle Weise, sich zu beschäftigen.

Goethe sehr gut mit ihr – Meyer ihr Vertrauter – ihre Freude an der Kunst; zart, unglücklich. –

Die [Großfürstin] Katharina ganz anders, durchaus politisch in allem, sagt in Wiesbaden noch – die Kunst machte ihr keinen Eindruck, hatte kein Interesse für sie – am meisten noch die Architektur, weil man da eine Menge Menschen beschäftigen und dem Staat Glanz und Würde geben könne etc. In Buchen begegnen wir Herrn von Türk von Yverdün mit Familie und noch ein paar Kindern, wahrscheinlich Zöglinge, einen ganzen Schweizer Postwagen voll, neun oder zehn Personen, war auch in Heidelberg, von Colloredo empfohlen, hatte in der Schweiz ein Erziehungs-Haus und ist von Meiningen und wird nun von Preußen als Ober-Schulrat nach Frankfurt an der Oder berufen.

Goethes Klagelieder über das heutige Erziehungs-Wesen. Versuchen, Tasten und Wandern nach der wahren Erziehungsart! Liebesgeschichten wechselseitig. Gedicht von einem Reisenden, dem der Nestel geknüpft – erinnerte sich seiner Frau. Das Mädchen schläft ein. – Novellen von dem Abbate, welcher den Graf Fries auf die Kunst-Reise in Italien begleitete. Diesen Grafen Fries ließen die Marchesinnen bei sich schlafen, um ihn mit Gemälden zu betrügen, er verdarb sich ganz durch seine übermäßigen und wüsten Liebschaften. Novelle von Piersom in Gallilea [?]. Deutsche mögen nur gern die naiven, ruhigen, nicht die leidenschaftlichen Frauen. In Hardheim Mittag-Essen, junges, frisches Mädchen, nicht schön, aber verliebte Augen. Der Alte kuckt sie immer an. Kuß, alter Mincio. Abends im Dunkel nach Würzburg. Verwirrung mit der Türkischen Familie; man sondert uns wieder von ihr. Große gewaltige Räume, wie eine Abtei. Der Pfälzische Hof ist das Schönbornsche Haus.

4271 S. Boisserée *9. Oktober 1815*

Der Alte mit klarem kalten Herbstwetter nach Weimar. Unter meinen frömmsten Wünschen.

4272 *F. Creuzer an Görres* *1. November 1815*

Goethe (der auch Sie besucht hat) war wieder drei Wochen hier [in Heidelberg]. Sulpiz [Boisserée] hat mit ihm noch einige kleine Reisen gemacht.

4273 *S. Boisserée an Becker* *7. November 1815*

Nachdem das Gedränge des Hauptquartiers und der Heere an uns vorübergezogen war, ging ich Ende Juli nach Schlangenbad bei Wiesbaden und traf gerade mit Goethe zusammen, als er eben von seiner ihm selbst unvorhergesehenen kurzen Reise nach Köln zurückkam. Ich blieb von da an unausgesetzt bei dem alten Freunde, begleitete ihn nach Frankfurt, wo wir uns fast sechs Wochen aufhielten, und kam dann zuletzt mit ihm hieher [nach Heidelberg], von wo aus er nach vierzehn Tagen wieder gen Weimar zog; – ich brachte so drei volle Monate mit ihm zu; daß uns diese Zeit sehr lehrreich und angenehm verflossen, versteht sich von selbst, daß aber in derselben auch guter Rat gepflogen worden über deutsche Kunst und Altertum vorzüglich in den Rhein- und Maingegenden, davon wirst Du hoffentlich bald die Zeichen schwarz und weiß gedruckt sehen.

4274 *Riemer* *11. Oktober 1815*

Kam Goethe zurück. Abends bei Goethe.

4275 *Riemer* *22. Oktober 1815*

Mit Goethes und meiner Frau nach Berka gefahren. Abends bei Goethe. Sein Manuskript über die altdeutsche Kunst durchgegangen.

4276 *Riemer an J. K. Wesselhöft* *25. Oktober 1815*

... melde in betreff der Anfragen des Herrn Frommanns [wegen der Schrift «Über Kunst und Altertum»], daß ich dieselben dem Herrn Geh. Rat von Goethe kommuniziert, und hierauf folgenden Bescheid erhalten.

Die Zahl der Auflage, welche Herr Frommann auf 1500 bis 2000 vorschlägt, legt er gänzlich in Ihr beiderseitiges

Ermessen, und bemerkt nur, daß seine Absicht ist, diese Schrift *so schnell* und *so weit* als möglich in vielen Händen zu sehen, indem sie ihr Interesse einerseits aus der Neuheit und Allgemeinheit der Bekanntwerdung schöpft, und sich eigentlich zu einer zweiten Auflage nicht qualifiziert. Hiernach würde denn wohl die letztre Zahl, also 2000, und vielleicht noch mehr zum Grunde gelegt werden müssen. Schon am Rhein, wo der Verfasser jetzt das lebendigste persönliche Interesse erregt hat, würde eine Schrift zu Gunsten jener Gegenden unter ihren Bewohnern die hastigste [heftigste?] Teilnahme erregen müssen; nun kommen noch die Liebhaber altdeutscher Kunst in andern Gegenden dazu; und so würde die Auflage wohl bedeutend sein müssen; zugleich aber ihre Versendung und Umtrieb schnell und nachhaltig.

Der zweite Punkt, die Broschierung der Exemplare in einem artigen und angemessenen Umschlag, ist ebenfalls ganz und ohne Einschränkung Goethes Absicht und Meinung; und so werden Sie wohl das Schickliche zu treffen wissen.

4277 H. Meyer an G. Hufeland *29. Oktober 1815*

Goethe ist vor etwa vierzehn Tagen vom Rheine zurückgekommen so munter, froh und wohl, wie ich seit zehn und mehr Jahren ihn nicht gesehen. Er ist vielfach tätig, welches eben ein guter Beweis seines völligen Wohlbefindens ist; eigentlich unter der Feder und zugleich unter der Presse hat er Betrachtungen auf seiner Reise an den Rhein. Sie beziehen sich auf den Zustand der Künste, Wissenschaften, Sammlungen in den verschiedenen Städten, wo er gewesen, und werden wohl bald erscheinen. Sodann, wenn er mich beglücken will, lieset er manchmal, aber noch ganz im Geheim, und ich glaube nicht, daß andre viel davon erfahren haben, Gedichte in der Manier des persischen Dichters Hafis vor. Es ist bereits eine sehr beträchtliche Sammlung, und dürfte ich in Sachen der Poesie urteilen, welches ich mir aber keineswegs anmaße, so würde ich sagen, es wären Stücke darunter von der vortrefflichsten Art. Die Bearbeitung seiner Reise nach Italien ist ein drittes Werk, woran er arbeitet und bereits weit gediehen ist; ich glaube, es werde «die Fortsetzung aus meinem Leben» werden.

4278 Riemer *30. Oktober 1815*

Ward Goethes Namenstag gefeiert. Sonett und Lorbeerkranz von uns.

4279 Riemer *1. November 1815*

Mit Goethes nach Berka. Beim Badeinspektor. Meine Frau blieb bei Goethe.

4280 Riemer *3. November 1815*

Abends bei Goethe, der mir seine persischen Gedichte vorlas. Köstliche Sachen.

4281 Charlotte v. Schiller an Knebel *5. November 1815*

Ich habe mich recht gefreut, Goethe so wohl zu finden. Ich war bei ihm.

4282 Riemer *8. November 1815*

Mittags bei Goethe, unsern Hochzeitstag gefeiert.

4283 F. A. Koethe an F. A. Brockhaus *20. November 1815*

[Über die Zeitschrift «Zeitgenossen, Biographien und Charakteristiken».] Es scheint alles vortrefflich zu gehen. Sie sehen aus den Beilagen, daß ich fast nirgends ohne Erfolg eingeladen habe. Und tüchtige Männer sind dafür gewonnen. Knebel liefert auch eine Selbstbiographie, zu der ich mit Goethe vereint ihn bewogen habe. Und selbst Goethe hat mir seine eifrigste Teilnahme fast unaufgefordert zugesagt und mich aufs freundlichste eingeladen, mich in dem Fall, wo ich seiner bedarf, seines Rats, seiner Unterstützung, an ihn zu wenden und seiner größten Bereitwilligkeit versichert zu sein. Es ist sonst nicht seine Art, sehr zuvorkommend zu sein; aber sein besonderes Wohlwollen ehrt mich um so mehr. So hoffe ich, nun auch von ihm noch etwas zu den «Zeitgenossen» zu erhalten, und rechne besonders auf eine einleitende Darstellung des französischen Theaters, wenn nur erst Beiträge dazu eingegangen sind.

Ich bemerke gleich, daß Goethe mir für den Fall, daß sein Bild noch den ersten Band zieren soll (er meinte: «Ei, ei, in so vornehmer Gesellschaft!»), sehr empfohlen hat, ein kleines Bild, das im vorigen Jahr der Maler Rabe (in Berlin) in seinem Hause gemalt, zu dem Kupfer zu nehmen. Sie dürften sich nur mit Beziehung auf Goethes Empfehlung an Herrn Rabe wenden.

4284 Charlotte v. Stein an Knebel *25. November 1815*

Ich wußte gar nicht, daß Goethe bei Ihnen in Jena ist [19. bis 24. November], denn ich höre und sehe nichts von ihm und dränge mich nicht gern auf, weil er seine Zeit braucht und er nicht Ihre Gutmütigkeit besitzt, sich unsereins mitzuteilen, und sagt durch seine Schriften: «Ihr habt Mosen und die Propheten, laßt sie dieselben hören!»

4285 Knebel an Böttiger *6. Dezember 1815*

Was meine von Ihnen über Verdienst belobten Gedichte selbst betrifft, so darf ich Ihnen sagen, daß mir hierüber auch der Beifall von mehrern achtungswerten Stimmen zugekommen ist – obgleich noch auf keinem gedruckten Blatte, welches ich meinem braven Herrn Verleger zu Liebe wünschte. Weiter hat dies nichts zu bedeuten, da ihnen von unserm Goethe – der wahrlich nicht verschwenderisch in seinem Lobe gegen Dichter zu sein pflegt – das Zeugnis gegeben worden: «meine Gedichte würden *bleiben*, da sie ein allgemeines menschliches Interesse hätten.» Ich kann nicht leugnen, daß dies mein Wunsch und mein Bestreben war.

4286 Riemer *29. November 1815*

Von zwei Epigrammen, welche Knebel dem Tischbein in dessen Buch mit Zeichnungen geschrieben, eins auf den *Löwen*, und das andere auf die *Störche*, welche ihrem Nest entfliehen, weil das Haus, worauf sie gebaut, in Flammen steht, von diesen beiden Stücken sagte Goethe: *sie wären wert, in der griechischen Anthologie zu stehen.*

4287 *F. A. v. Staegemann an Varnhagen* *9. Dezember 1815*

[Über den Arzt J. F. Koreff.] Er war [am 4. Dezember] in Weimar bei Goethe, der ihm viel vorgelesen, sagt er.

1816

4288 *Ernestine Engels: Tagebuch* *1. Januar 1816*

Früh um 8 Uhr zu Kirms ... Nachher zu Goethe, wohin sehr viel Gesellschaft kam ...

4289 *Ernestine Engels: Tagebuch* *8. Januar 1816*

Vormittag ging ich zur Riemer ... Von da zur Goethen, wo ich frühstückte. Später kam Goethe herein, wir aßen Weinschaum mit ihm. Er sprach über die Rolle in Epimenides und ging bald wieder.

4290 *Ernestine Engels: Tagebuch* *21. Januar 1816*

Zur Goethen. Ich fuhr mit ihr spazieren, sie erzählte mir, daß die Deny dem Sprung eine Austeilung vor die Füße geworfen hätte. Der Geheimerat war sehr böse gewesen. Denys Geburtstag war heut, sie durfte nicht hin. – – Nachtisch zu Wolff, dann mit ihm zum Geheimerat in die Probe von Epimenides.

4291 *Ernestine Engels: Tagebuch* *23. Januar 1816*

Früh kam Moltke und brachte mir das Lied «Alles kündet dich an». Nachher brachte ich es Goethen. Kräuter war noch bei ihm; er war sehr gut und bat mich, bald wieder zu kommen ... Nachmittag um 4 Probe von Epimenides auf dem Theater. Ich wollte mit mehreren im Proszenium zusehen; Goethe nahm es übel und war böse.

4292 *G. Schadow: Kunst-Werke und Kunst-Ansichten* *1849*

Unser Kapellmeister Anselm Weber hatte den Epimenides in Musik gesetzt. Der Ruf davon veranlaßte in Weimar den Wunsch, die Musik dort zu hören. Herr v. Goethe hatte die Leitung des Fürst Blücher-Denkmals in Rostock übernommen, und so wurde die Anwesenheit des Bildhauers und des Komponisten in Weimar für nötig erachtet. Dem Rufe gerne folgend, fuhren wir am 23. Januar [1816] von hier [Berlin] dahin ab.

Herr v. Goethe zeigte Handzeichnungen, Bronzen, antike Gefäßchen, alte Münzen und Medaillen, letztere um so williger, da er wahrnahm, daß ich solche nur am Rande berührte. Seine ganze häusliche Einrichtung, die Art, wie Papiere und Bücher lagen, zeigten eine fast pedantische Ordnungsliebe. Zeichnungen, die ich dort entwarf zu den Basreliefs am Piedestal des Denkmals vom Fürsten Blücher, und die ich ihm aufgerollt zuschickte, kamen zurück mit seinen Bemerkungen, flach gelegt in einem Blechkasten ...

Am Nachmittage [27. Januar] machte man Herrn v. Goethe die Aufwartung; meine Modelle und die Transparents standen ausgepackt, und unter denselben Zeichnungen meiner beiden Söhne aus Italien. Herr v. Goethe, der Sohn, zeigte uns noch alte geprägte und gegossene Medaillen.

4293 H. Meyer an G. Hufeland *28. Januar 1816*

Übermorgen soll hier zur Feier des Geburtstags der Frau Großherzogin Goethes *Epimenides* mit einigen von ihm eingerückten Abänderungen gegeben werden. Der Kapellmeister Weber von Berlin ist selbst gekommen, um seine dazu komponierte Musik zu leiten. Soviel ich darüber urteilen kann, ist dieselbe recht gut geraten, angemessen, gefällig und ausdrucksvoll ... Der Bildhauer Schadow ist auch seit einigen Tagen hier, um mit Goethe das Denkmal oder Ehrenmal zu bereden, welches die Mecklenburgischen Stände dem Fürsten Blücher zu Rostock setzen wollen. Es besteht aus einer Statue zu Fuß über Lebensgröße, und das Modell ist recht zierlich und geistreich.

4294 G. Schadow: Kunst-Werke und Kunst-Ansichten *1849*

Am 29. Januar ...

Zu Mittag bei Herrn v. Goethe. Gäste waren: Hofrat Kermes [Kirms], der Major domo, Kapellmeister Müller, Regisseur Genast, Hofrat Meyer. Nach Tische wurden Handzeichnungen besehen, worunter einige Landschaften vom Wirte selbst.

4295 *Ch. G. v. Voigt an Böttiger* *8. Februar 1816*

Am 30. Januar mußte ich eine öffentliche, zwar sehr kleine Rede halten. Der Großherzog eröffnete den Falkenorden öffentlich und teilte ihn an mehrere Herren aus ... Herr v. Goethe hielt namens seiner und der Ritter eine kleine Danksagungsrede.

4296 *Ch. G. v. Voigt an Eichstädt* *1. Februar 1816*

Herr Geh. Rat v. Goethe wird den Aufsatz schreiben über unsre Ordensfeierlichkeit und meinen Prolog nebst seiner Rede (die er «allerliebst» nennt) zu einer Beilage gebrauchen.

4297 *G. Schadow: Kunst-Werke und Kunst-Ansichten* *1849*

Am 2. Februar waren die von mir gefertigten Zeichnungen und Anschläge beendigt, und wurden zu Herrn v. Goethe gesendet. Mittags hatten wir den Hofrat Meyer bei Tisch, dessen Unterhaltung unterrichtend war, nachdem er im Dienst des Herrn v. Goethe viele Nachforschungen in Dingen der Kunst hatte machen müssen. An demselben Tage war bei Herrn v. Mettingh der festliche Abend, an welchem die Zelebritäten Weimars und das Personale des ganzen Hofes sich einfand. Ein kleines Theater war erbaut, und in den Tableaux vivants war es die schöne Frau vom Hause, welche am mehrsten Bewunderung erregte. Hofrat Meyer hatte die Kostüme mit Einsicht gewählt, und die Drapierung war so gut geraten, daß die zeichnenden Künstler es bedauerten, nicht sogleich Studien danach machen zu können. Dazwischen kamen vor die sechs Transparent-Bilder: Momente aus «Hans Sachs' Sendung» vorstellend, während der Text deklamiert wurde. Der regierende Herzog sagte zu Herrn v. Goethe, wie er schämend bekennen müßte, grade dieses Gedicht ganz vergessen zu haben.

4298 *G. Schadow: Kunst-Werke und Kunst-Ansichten* *1849*

Am 3. März [Februar] ging ich zu Herrn v. Goethe, mit dem ich noch manches zu besprechen hatte.

4299 *G. Schadow: Kunst-Werke und Kunst-Ansichten* *1849*

Am Sonntag, den 4. [Februar] ... Mittags gab Herr v. Goethe eine wohlbesetzte Tafel. Diesmal war seine Gattin zugegen, er selbst war guten Humors, und es wurde dabei viel an Meister Zelter gedacht.

4300 *G. Schadow: Kunst-Werke und Kunst-Ansichten* *1849*

Am 6. [Februar] hatte ich das eine der Basreliefs umzuzeichnen. Herr v. Goethe, der Sohn, kam zu mir, mit dem Wunsche, seines Vaters Profil in Wachs zu modellieren. Zu Mittage war in unserer Gesellschaft der Bibliothekar Vulpius, Schwager des Herrn v. Goethe und Verfasser des «Rinaldo Rinaldini». Dieser wurde überaus gesprächig, pries uns glücklich in Betracht unserer Weinprovision, sprach mit Geringschätzung vom Geschmacke seines Schwagers, der sich nachmittags mit einem roten Wein genügen lasse, den er mit seiner Zunge nicht berühren möge ...

4301 *Ernestine Engels: Tagebuch* *6. Februar 1816*

Nach dem Essen zu Wolffs; mit ihnen in die Probe [Hauptprobe des «Epimenides»]. Ich blieb drinnen und sah zu. Ging auch zu Goethe; er war freundlich.

4302 *G. Schadow: Kunst-Werke und Kunst-Ansichten* *1849*

Auch für das zweite Basrelief mußte ich eine andere Zeichnung machen, und damit am Mittwoch [7. Februar] zu Herrn v. Goethe gehen. Bei dieser Gelegenheit zeigte mir derselbe Landschaften von Kniep, Entwürfe zu Theater-Dekorationen, auch stellte er den Apparat auf, durch welchen man die Farben-Erscheinungen wahrnahm, die für mich neu waren und an die Experimente des Chladni erinnerten, welche Herr v. Goethe den Parallelismus seiner Farbenlehre nannte. Für mich hatte er sich gleichsam verwandelt, indem sein ganzes Benehmen immer mild und liebreich war. Hiebei war zugegen Herr Buchhändler Frommann aus Jena.

Am Abend war die erste Vorstellung des «Epimenides»... An demselben Morgen saß Herr v. Goethe zu dem Profil in Wachs, wozu ich nachher einen Pegasus modellierte. Diese bilden zusammen eine Medaille, welche ein dutzendmal in Metall gegossen ward und sich daher nur in wenigen Münz-Sammlungen befindet. Sein Gesicht wurde auch in diesen Tagen abgeformt; von dieser Maske wurde ein Abguß in Bronze gemacht, welchen der Maler Hildebrand in Düsseldorf besitzt, und nach welchem ich eine Büste in Marmor anfertigte.

4303 Ernestine Engels: Tagebuch *7. Februar 1816*

... ins Theater [zur Aufführung des «Epimenides»] ... Nachdem ich mit meiner Rolle fertig war, ging ich zu Goethe in seine Loge; er war sehr zufrieden.

4304 E. Genast: Aus dem Tagebuche eines alten Schauspielers *1862*

«Epimenides' Erwachen», welche Dichtung Goethe für Berlin zur Jahresfeier der Völkerschlacht bei Leipzig geschrieben und am 30. März 1815 dort gegeben worden war, konnte nicht, wie er gewünscht, am 18. Oktober desselben Jahres auf der weimarschen Bühne zur Darstellung kommen und wurde erst am 30. Januar [7. Februar] 1816 zur Aufführung gebracht.

Für die Ausstattung hinsichtlich der Dekoration, Maschinerie und Kostüme war das Möglichste getan. Neue Uniformen hatte man für die Armeen der Preußen, Russen und Engländer machen lassen; zum Glück trug das Militär damals noch keine Waffenröcke, sonst hätte die Theaterkasse sich bankrott erklären müssen. Goethe überwachte das Ganze mit unermüdlichem Eifer und war bei den Proben äußerst sorgsam, besonders was die Gruppierungen betraf. Alle Augenblicke donnerte er ein «Halt!» den Darstellenden zu; dann hieß es: «Madame Eberwein – gut!» «Madame Unzelmann, mehr vor!» – «Herr Wolff, den Kopf mehr lauernd nach rechts gebogen, sonst gut!» – «Herr Oels – sehr gut!» – «Der darauf Folgende – schlecht!» und nun begann die Auseinandersetzung. Es war eine Eigenheit Goethes, den Schauspieler, mit dem er unzufrieden war, niemals bei seinem Namen zu nennen; man konnte dies nun nehmen, wie man wollte, als Rücksicht oder Kränkung. Mein Vater behauptete, es sei das erstere ...

Der erste Akt dieses Gelegenheitsspieles bewegt sich im Antiken und Allegorischen, erst im zweiten Akt, wo der Jugendfürst erscheint, tritt die Handlung in die Gegenwart und verschwistert sich am Schluß wieder mit der frühern. Bei dem Siegerzug trat zuerst Blücher mit der preußischen Armee auf, dann Schwarzenberg an der Spitze der Österreicher, dann Wittgenstein mit den Russen, und endlich kam Wellington mit den Engländern. Jede dieser Armeen bestand, außer den Feldmarschällen und einigen Adjutanten, aus zehn Mann Statisten – da konnte das Publikum recht sehen, was dieser Kampf um die Freiheit des Vaterlandes für Menschenopfer gekostet hatte!

Aber Scherz beiseite, das Ganze war nach unsern Verhältnissen würdig in Szene gesetzt und machte sich gut. Goethes Ausspruch über Komparserie war: «Die Wirklichkeit, die aus Hunderttausenden besteht, kann auf einem so engen Raume, wie die Bühne bietet, doch nicht verkörpert werden; ob man da zehn oder hundert Mann erscheinen läßt, bleibt sich gleich, man möge sich die andern dazu denken.»

Es versteht sich von selbst, daß jeder dieser Feldherren vom Publikum mit ungeheurem Jubel begrüßt wurde.

4305 K. Eberwein: Das Personal der weimarischen Bühne 1857

Endlich ging man so weit, von der Direktion zu verlangen, daß dem Hofe jeden Sonnabend im Theater ein Verzeichnis der zu gebenden Stücke zur Auswahl vorgelegt werde. Es geschah; da aber dasselbe immer mit der Bemerkung, man möge geben, was man wolle, zurückgeschickt wurde, so unterblieb es in der Folge. Bis zu den Proben von Epimenides' Erwachen verbarg Goethe seinen Unmut über diese

Neuerungen. In jenen aber war eine gereizte Stimmung bei ihm unverkennbar. Zum Teil waltete ein Unstern über jener Vorstellung. Die Darstellerinnen der Liebe und des Glaubens befanden sich in gesegneten Umständen. Die Zufälligkeiten im Gefolge dieses Segens blieben nicht aus. Bald bat die Liebe wegen heftiger Zahnschmerzen um Dispensation von der Probe, bald der Glaube. Im höchsten Grade über diese Störungen aufgebracht, ließ Goethe sogleich die ganze Probe absagen. Anselm Webers Musik entsprach Goethes Erwartungen nicht durchaus. Graff (Epimenides) mußte sein erstes Auftreten wohl sechsmal wiederholen. Eine Schauspielerin, welche eine Ohnmächtige längere Zeit mit dem linken Arme zu halten hatte, bat um Erlaubnis, jene im rechten Arme halten zu dürfen, weil ihrem linken die Kraft dazu fehle. «Das ist die Folge Ihrer schlechten Erziehung», versetzte Goethe, «Ihre Eltern hätten darauf bedacht sein müssen, Ihre Arme gleichmäßig zu kräftigen!» Selbst die Jagemann ließ er hart an, als sie nicht sogleich eine Stellung ausführte, die er befohlen. Epimenides wurde nicht wiederholt. Der aufgeregten Volksmasse jener Zeit war diese Dichtung zu subtil.

4306 G. Schadow: Kunst-Werke und Kunst-Ansichten 1849

Freitags, den 9. März [Februar] morgens bei Herrn v. Goethe. Der Kupferschmidt Henniger hatte zwei getriebene Basreliefs aufgestellt, welche das selten gewordene Geschick im Treiben mit glücklichem Erfolge in zwei Figuren darlegten ...

Sonntag, den 11. Februar, bei großer Kälte, fuhren wir ab von Weimar, zufrieden und in angenehmer Erinnerung der schönen Tage, die wir dort verlebt hatten ...

4307 G. Schadow an Böttiger 28. April 1816

Es ist nicht lange her, daß ich in Weimar war, wegen dem in Rostock zu errichtenden Denkmale des Helden Blücher. – Herr v. Goethe ist mir recht liebreich und milde vorgekommen, und behandelt er Gegenstände der Kunst mit einer Aufmerksamkeit, wie sie mir auch noch nicht vorgekommen. Genug, ich und der Kapellmeister Weber haben da recht angenehme Tage verlebt.

4308 Riemer an Frommann *14. Februar 1816*

Beiliegend übersende ich Ihnen, verehrter Freund, in Auftrag und Namen von Goethe, nächst der Revision auch den Haupt- und Schmutztitel des Werkchens [«Über Kunst und Altertum»] zu Ihrer Beurteilung, mit dem Bemerken, uns Ihre Erinnerungen dagegen mitzuteilen.

Außerdem habe ich Auftrag zu melden, daß, wenn das Manuskript, dessen Schluß wir neulich hinüber gesendet haben, keinen Bogen füllte, wir noch allerlei kleinere Notizen in petto haben, womit wir beliebig abschließen können. Sie sind wohl so gefällig, uns baldigst wissen zu lassen, wie viel das dortige Manuskript beträgt oder vielmehr austrägt.

4309 Charlotte v. Stein an Knebel *21. Februar 1816*

Gestern las uns Goethe bei der Herzogin persische Gedichte vor. Es war lange, daß ich nichts von ihm gesehen hatte. Ich wünschte ihm in seinem Wesen etwas von Ihrer Herzlichkeit: mit Ihnen ist so hübsch Gedanken und Gefühle auswechseln! Auf das Geringste, was man nicht ganz in seiner Vorstellung sagt, hat man einen Hieb weg. Ich frug ihn, ob diese Gedichte von Einem oder verschiedenen orientalischen Dichtern wären. [Da] erwiderte er: «Liebes Kind, das wird mir niemand erforschen.»

Als wenn ich ein Mädchen von zehn Jahren wäre!

Ich weiß gar nicht, wie man ohne Herzlichkeit eigentlich leben kann. Er braucht diesen Lebenspunkt gar nicht.

4310 Charlotte v. Schiller an Knebel *24. Februar 1816*

Am Dienstag [20. Februar] hat uns Goethe bei der Großfürstin [Großherzogin] persische Gedichte vorgelesen, die persische Wendungen und Gegenstände haben, aber den Geist des einzigen Dichters wohl bezeichnen! Ich fühle wohl, wie es zuweilen der Phantasie wohl tun kann, ganz fremdartige Motive wie Bilder aufzusuchen, um sich wieder zu beleben und Fremdartiges belebend zu erschaffen, wenn in der umgebenden Welt und ihren Bedingungen der Stoff nicht immer anspricht. Übrigens ist Goethe heiter und gesellig, und vorigen Donnerstag [22. Februar] war er bei Geheimerat von Voigt den Abend von der besten Laune.

4311 *Ernestine Engels: Tagebuch* *24. Februar 1816*

Früh zu Hause. Später zur Goethen. Sie erzählte mir eine Geschichte von Eberwein und Moltke, worüber Goethe fürchterlich aufgebracht war, den Epimenides betreffend.

4312 *Riemer an Frommann* *26. Februar 1816*

... ich ... melde Ihnen daher zuvörderst in Auftrag und Namen Goethes, was Ihnen vielleicht lieb sein wird.

Das Manuskript zur Italienischen Reise, womit die neue Lieferung «Aus meinem Leben» anfangen soll, ist außerordentlich weit vorgerückt. Von Karlsbad bis Rom, Von Neapel nach Sizilien liegt im Manuskript. Nur der Aufenthalt in Neapel und Rom, das heißt der zweite, ausführliche ist erst im Werden. Jenes beträgt gut und gern zwölf Bogen, sauber und klein geschrieben. Wenn Sie Lust hätten, einen tüchtigen Anfang zu machen und frisch weg setzen zu lassen, so würde es zuerst nicht an Manuskript fehlen, zum andern kriegte Goethe den notwendigen Anstoß fortzuarbeiten; und wenn es dann auch etwas langsamer ginge, so würde es doch nicht ganz an Manuskript fehlen. Vielleicht machten auch Sie dann eine kleine Pause. Da Goethe das Interesse hat, an diesen Sachen fortzufahren, und auch wohl innerlich und äußerlich dazu genötigt wird, so kann das Ganze niemals in ein gefährliches Stocken geraten. Sie sind wohl so gut, uns nächstens darüber vernehmen zu lassen, was Ihrer Konvenienz ist.

4313 *Ernestine Engels: Tagebuch* *3. März 1816*

Um 12 zur Riemer. Dann mit ihr zu Goethens, wo wir zu Tische gebeten waren.

4314 *Charlotte v. Stein an Knebel* *6. März 1816*

Hier ist der allerliebste Brief von Ihrem Karl zurück; ich habe ihn dem Goethe nebst Ihrem Brief mitgeteilt, der ihm ein Kompliment sein mußte. Das hat mir allerhand hübsche Sachen von ihm eingetragen; unter anderm eine Zeichnung hat er mir zum Ansehn geschickt von der heiligen Hildegard ihren Visionen des Jüngsten Gerichts nach dem Evangelium, die ganz allerliebst ist, auch etwas aus einer lateinischen Rede von ihr an ihre Klosterfrauen; die muß ich mir erst recht übersetzen lassen.

4315 *Ernestine Engels: Tagebuch* *21. März 1816*

Früh zur Goethen ... Ich ging zu ihm hinter und bat ihn, mich in Achilles frei zu lassen; er bewilligte es gern.

4316 *Riemer an Frommann* *(1. April 1816)*

Man macht nämlich eine heimliche Kabale, uns das Logis am Park vorzuenthalten und Gott weiß wie und womit uns abzufinden. Ich höre nur in der Stadt, daß Steinert nicht heraus will, aber die Sache hängt anders zusammen, und es ist ein Stückchen, daß Goethe und Meyer uns spielen möchten. Ich lasse mich aber auf nichts ein, und sie haben nicht das Herz, mir das Propos zu tun ... Das wäre mir ein schöner Lohn für die viele Gefälligkeit und Bereitwilligkeit, die ich stets und so auch diesen Winter für Goethe gehabt, daß ich meine eigenen Sachen öfters hintangesetzt habe. Ich weiß nicht, der alte Herr gefällt mir nicht.

4317 *Christiane v. Goethe: Kalendernotiz* *2. April 1816*

Der Geheime Rat unpaß.

4318 *Christiane v. Goethe: Kalendernotiz* *3. April 1816*

Der Geheime Rat noch krank. Mittags mit August allein. Der Geheime Rat hat den ganzen Tag das Bett nicht verlassen ...

4319 *Christiane v. Goethe: Kalendernotiz* *5. April 1816*

Der Geheime Rat um vieles besser. Er stand zu unserer aller Freude gegen 9 Uhr auf und ließ sich ankleiden.

4320 *Charlotte v. Stein an Knebel* *9. April 1816*

[Sie sei bettlägerig.] Es scheint, daß es zeither uns allen Zeitgefährten so geht, auch Goethen; doch hat er durch eine große Menge Blutigel, spanische Fliegen etc. erzwungen, bei der vorgestrigen Zeremonie als erster Geheimrat mit allen seinen Orden dicht neben dem Großherzog zu paradieren.

4321 *Ernestine Engels: Tagebuch* *7. April 1816*

Zu Riemers. – Ich blieb mit der Goethen zu Tisch dort. – Nachmittag kam Goethe vom Hof und brachte uns allerlei Konfitüren.

4322 *Ernestine Engels: Tagebuch* *9. April 1816*

... zur Goethen; sie bat mich zu Tische ... dann zur Riemer und mit ihr und ihm zu Goethes gefahren. Er war sehr gut.

4323 *Ernestine Engels: Tagebuch* *10. April 1816*

... zur Goethen. Deny war dort, nachher auch Unzelmann. Goethe kam herein und frühstückte; er war freundlich.

4324 *Riemer* *21. April 1816*

Bei Goethes ward mein Geburtstag gefeiert, Meyer zu Tisch. Hernach mit Goethe und dem Kammerrat nach den Gelmeröder Steinbrüchen, Teile eines Elefantenkopfes ausgegraben.

4325 *Charlotte v. Schiller an Knebel* *24. April 1816*

Goethe ist ziemlich wohl. Sein Sohn und Ernst haben wieder Spuren eines Elefanten gefunden. Darüber ist große Freude, und Goethe, Meyer und Riemer sind auf die Stelle gewallfahrtet und haben Nachsuchungen angestellt und auch versteinerte Knochen gefunden.

4326 *Wilhelmine Schütze: Tagebuch* *24. April 1816*

Dann machte ich eine Visite bei der Goethe, wo die Heygendorf mit ihrer Schwester war. Goethe schien übel gelaunt. Das unhöfliche Benehmen der Goethen gegen mich – nun, die ist mir zu klein und zu gemein.

4327 *Ernestine Engels: Tagebuch* *27. April 1816*

Ich sprach heut Goethen am Gartenfenster.

4328 *Wilhelmine Schütze: Tagebuch* *28. April 1816*

Zum Mittag *bei Goethens*, wo außer uns noch Riemer und Boyneburg war nebst Herrn v. Mansbach. Goethe war sehr liebenswürdig und gesprächig; er zeigte uns eine Menge Seltenheiten, sprach über die griechischen Schauspiele – – und machte mitunter seine Späßchen. Um 5 empfahlen wir uns. Die Goethe war auch heut wieder ganz besonders. – Wie geistlos und abgeschmackt sind ihr und ihrer Konsorten Unterhaltungen.

4329 *Charlotte v. Stein an Knebel* *4. Mai 1816*

Es hat mit sehr leid getan, daß ich Ihren Karl nicht gesehen habe; ich war mit der Herzogin nach Belvedere gefahren. Goethe hat mir ihn recht gelobt.

4330 *Riemer* *5. Mai 1816*

«Die Halsbandgeschichte ist eine Umkehrung der Welthistorie.» Für Goethe das furchtbarste, medusenartige Symbol der neuern und neuesten Begebenheiten. Liederlichkeit im Ungeheuern. Ich bemerkte ein Gegenbild aus dem Altertum von Kleopatra und Antonius.

4331 *E. Genast: Aus dem Tagebuche eines alten Schauspielers* *1862*

[Vor dem 11. Mai 1816.] «König Lear» sollte gegeben werden, aber der Schauspieler, der gewöhnlich den Grafen Kent spielte, war krank geworden, und ich mußte für ihn eintreten. Voll Erstaunen empfing ich die Rolle von meinem Vater, der dabei sagte: «Goethe will einen Versuch mit Dir machen; solch eine Aufgabe ist einem Burschen in Deinem Alter noch nicht geworden.» Und nun kam wieder das beliebte: «Nimm Dich zusammen!» Weder Goethe noch mein Vater nahmen sich beim Studium meiner an. Ei was! dachte ich, du willst den beiden Herren beweisen, daß du ebenfalls auf eigenen Füßen stehen kannst. Ich kam in die Probe, bei welcher der Meister gegenwärtig war, und hatte meine Rolle so gelernt, daß mir auch nicht ein Jota fehlte. Nach meiner Ansicht machte ich die Sache gut und erwartete ein «Nicht übel» oder «Gut» von des Meisters Lippen zu hören, aber weder ein: «Schlecht» noch «Gut» drang an mein Ohr. Ganz schlecht konnte meine Leistung nicht sein, das sagte mir die zufriedene Miene des Vaters. Ohne jegliche Bemerkung von Goethe über mein Spiel ging die Probe vorüber, worin nur, zur Belustigung aller, ein kleines Intermezzo vorkam.

Der Schauspieler nämlich, welcher den Haushofmeister darstellte und eben kein Licht war, trat bei den Schmähungen, welche Kent ihm zuschleudert, ganz entrüstet vor und sagte: «Aber Ew. Exzellenz! ich kann mir doch vor dem ganzen Publikum von einem so jungen Menschen nicht solche Dinge sagen lassen?» Eine Pause entstand, in der sich alle lächelnd ansahen und die Goethe mit folgenden Worten unterbrach: «Dieser Einwurf hat allerdings, wenn man ihn vom menschlichen Standpunkt aus betrachtet, etwas für sich; wir wollen es überlegen. Einstweilen fahre man fort!» Der Arme hatte wegen dieser Dummheit lange Zeit zu leiden.

Den andern Tag wurde ich zu Seiner Exzellenz beschieden. «Nun, siehst Du, mein Sohn», sagte er, «gestern hast Du mir bewiesen, daß Du Talent für das Charakterfach hast. Einen guten Liebhaber wirst Du in Deinem Leben nicht abgeben, denn Dein Organ entbehrt aller Weiche, die dazu gehört, aber Rollen wie Wallenstein und Götz möchten Dir, wenn Du in Deinem Fleiß und Eifer nicht ermüdest, in spätern Jahren gar nicht übel anstehen.»

Er entließ mich sehr wohlwollend, und ich eilte freudig gehoben davon.

4332 H. Meyer an K. Ruckstuhl *9. Juni 1816*

Nach Ihrem Verlangen habe ich den mir zugesendeten Aufsatz «Über die deutsche Sprache und deren Reinigung etc.» dem Herrn Professor Luden (dessen Bekanntschaft ich bei dieser Gelegenheit gemacht), mitgeteilt und von demselben das Versprechen erhalten, solchen in der Nemesis abdrucken zu lassen ...

Goethe war zu eben der Zeit, als ich mit Luden verhandelte, in Jena und hat Ihre Schrift [am 18. Mai] mit vielem Vergnügen und Lobeserhebungen gelesen; kämen Sie je wieder in unsere Gegend, so ist Ihnen gute Aufnahme von ihm sicher zu verheißen. Er sagte, der Beifall, welchen er Ihrer Schrift gebe, sei freilich ein wenig parteiisch, indem er über deutsche Sprachverbesserung gerade ebenso denke, wie Sie.

4333 Riemer *19. Mai 1816*

Mit Genast und Beuther in Jena, bei Goethe wegen des Prologs auf die Vermählung des Prinzen Bernhard mit der Prinzessin Ida.

4334 H. Meyer an Maria Paulowna *Mai 1816*

[In Jena.] Prinzessin Maria zeichnet alle Tage ein wenig, wir verfertigen Jenaische Gartenhäuser im gotischen Geschmack, wie auf dem Wege nach Zwätzen gebaut sind. Auch auf der Cunitzburg sind wir gewesen und haben in Cunitz selbst den Studenten das Lied «Ein freies Leben führen wir» abgelernt. Eines Abends empfahl sich Goethe dadurch, daß er allerlei Merkwürdiges aus dem Orient berichtete und der Prinzessin Chinesisch und Arabisch vorschrieb, ein andermal ich mit gar sinn- und geistreichen Bettlergeschichten. Nächstens werden Ceylanische Märchen von Schlangen unsre Unterhaltung sein, worauf Goethe schon seit ein paar Tagen [studiert?] und die gehörigen Quartanten nachgeschlagen hat. Prinzessin Auguste ist wie immer recht lieb und wohnt hier neben mir im Schloß.

4335 *Charlotte v. Schiller an Knebel* *1. Juni 1816*

[Über Jena.] Auch das alte Gefühl einer von äußern Formen befreiten Existenz ergreift mich da ... Ich hätte auch Goethe sehen mögen, um ihn auch in diesem Gefühl wieder kennen zu lernen; denn sein eignes Wesen hier hat sich durch die Bedingungen des äußern Verhältnisses anders gestaltet. Es ist, als habe der Rang, der Anstand hier leichter Eingang in sein freies poetisches Gefühl als in Jena. Hätte ich ihn, selbst mit Schiller, immer nur hier gesehen, so würde er lange nicht so klar und hell vor mir stehen im Geist, als er's jetzt bleiben wird. Ich habe rechte Sorge um ihn; denn seine Frau ist zweimal in dieser Woche bedeutend krank gewesen, und man könnte Schlag befürchten. Vor vierzehn Tagen hatte sie auch so einen Krampfanfall, den mir der Sohn recht ängstlich beschrieb. Das physische Leiden kann seine freie, reiche Natur nicht ertragen, und deswegen wünschte ich ihn von solchen Anblicken fern.

4336 *Ernestine Engels: Tagebuch* *31. Mai 1816*

Früh ging ich zur Heygendorf. Nachher zur Goethen, die sehr krank war. Der Geheimerrat bat mich, da zu bleiben. Ich blieb den ganzen Tag dort. Die Riemer und Vulpius auch.

4337 *Johanna Schopenhauer an Böttiger* *1. Juni 1816*

Hier ist alles in Erwartung des Prinzen Bernhard, der den Donnerstag mit seiner jungen Gemahlin eintreffen soll, ein Zug ihm entgegen, Theater, Illumination, Hof- und Stadt-Bälle werden vorbereitet. Unser Groß-Cophta sitzt bei alledem wie ein Dachs in seinem Bau, und kein sterbliches Auge wird seines Anschauens gewürdigt, Riemer hat den Prolog gemacht, mit dem die Jagemann das junge Paar von der Bühne bewillkommnen wird. Nachher wird die Oper Hadrian gegeben, denn seit Wolffs Abschied ist unser Theater so beschaffen, daß Singsang das einzige Leidliche ist, was wir bieten können. Frau von Goethe ist krank, sie hat förmlich die fallende Sucht und wird auch sehen, nach Karlsbad zu gelangen; wo ihr Gemahl sich hinwenden wird, darauf ruht noch heiliges Dunkel.

4338 *Ernestine Engels: Tagebuch* *2. Juni 1816*

Früh mit meiner Arbeit zur Goethen; sie war sehr krank. Die Müller und John kamen hin, später die Riemer. Ich blieb bis zur Probe dort... Beim Nachhausegehn wieder ich zu Goethens; sie war bis zum Tode schlecht. Die Riemer und Vulpius blieben mit mir bis um 10 dort. Dann traurig nach Hause; ich hatte eine schlaflose Nacht.

4339 *Ernestine Engels: Tagebuch* *3. Juni 1816*

Früh zur Heygendorf. Dann mit ihr zu Goethens. Sie war um weniges besser. Die Lortzing kam auch hin. Wir waren alle in der Küche, weil die Köchin auch krank war. Dann ging ich mit der Lortzing nach Hause.

4340 *«Bulletin» des Goethehauses* *5. Juni 1816*

Die Frau Geheimerätin befindet sich noch in demselben gefährlichen Zustande, ja noch matter als bisher.

Der Herr Staats-Minister, gestern abend von einem heftigen Fieber befallen, hat diese Nacht wohl geschlafen, und gut transpiriert. Dieselben sind hoffentlich bald wieder hergestellt.

4341 *«Bulletin» des Goethehauses* *6. Juni 1816*

Die Frau Geheimerätin liegt noch immer äußerst schwach, besinnungslos, von fürchterlichen Krämpfen gefoltert darnieder, wahrscheinlich ist ihre Auflösung nicht mehr fern.

Der Herr Staats-Minister hat diese Nacht wohl geschlafen, der Kopf ist frei und leicht, wird aber dem ohngeachtet noch heute das Bett nicht verlassen.

4342 *Riemer* *6. Juni 1816*

Starb die Geh. Rätin von Goethe.

4343 *«Bulletin» des Goethehauses* *7. Juni 1816*

Gestern in der Mittagsstunde erschien der schmerzlich entscheidende Augenblick, der dem Leben der Frau Geheimerätin von Goethe ein Ziel setzte. Die hierdurch erregte Bestürzung und daraus erfolgte Gemütsbewegung verstattet nicht, die höchst verehrlichen und dankbarlichst anzuerkennenden Beileidsbezeigungen persönlich zu erwidern, welches bessern Zeiten vorbehalten bleiben möge.

4344 *A. Stahr: Weimar und Jena* *1871*

Und als der Tod kam und sie [Christiane] von seiner Seite riß, da ward in sein Dasein eine Lücke gebrochen, die er bis an das Ende seines eigenen Lebens tief empfunden und nie verschmerzt hat. Ein Freund des Hauses berichtete mir über die Katastrophe etwa folgendes. Ihre Krankheit war kurzer Dauer, und der Zustand zeigte sich gleich anfangs als höchst gefährlich. Goethe, erst kürzlich von einer Reise zurückgekehrt, zog sich nach seiner Gewohnheit in sein Arbeitszimmer zurück, und ließ niemanden zu sich. Nur wenn sein Arzt, der Hofrat Rehbein, der fast stündlich kam, fort war, ging er in das Krankenzimmer, wohin er auch fortwährend um Erkundigungen schickte, und überhaupt die zärtlichste Teilnahme bewies. Es war am 6. Juni 1816, als Rehbein zu ihm in sein Zimmer trat, um ihm zu sagen, daß es mit ihr zu Ende gehe. Goethe ging schweigend in dem Zimmer auf und ab, anscheinend ohne auf ihn zu hören. Da wiederholte der Arzt seine Nachricht mit dem Zusatze: «Wenn Ew. Exzellenz sie noch lebend sehen wollen, so ist es Zeit, zu ihr zu gehen.» Goethe fuhr lautlos zusammen; er trat ans Fenster, schaute in die Wolken, ihrem Zuge folgend, seufzte dann tief auf, und verließ, ohne ein Wort gesprochen zu haben, das Gemach. Als er an das Bett der Sterbenden kam, faßte er ihre Hand, und streichelte behutsam ihre Stirne: sie wendete sich um, schlug das Auge auf und wollte sprechen. Aber sie konnte nur noch die Mienen freundlich verziehen, die Zunge versagte den Dienst, und statt der Worte wurde ein kindisches Lallen vernehmbar. Als Goethe den Ton hörte, ließ er sie los, ein gewaltiger Schmerzensruf entrang sich seiner Brust, und verhüllten Angesichts verließ er das Zimmer. Wenige Augenblicke später hatte sein Weib zu leben aufgehört.

4345 *Jenny v. Pappenheim: Erinnerungen*

Nur beim Tode seiner Frau, so erzählte mir Huschke, war er weinend vor ihrem Bett in die Knie gesunken mit dem Ausruf: «Du sollst, du kannst mich nicht verlassen!»

4346 *Riemer: Mitteilungen über Goethe* *1841*

Goethe schätzte und liebte wirklich seine Frau ...

Und so bewies er denn auch die zärtlichste, ja ängstlichste Teilnahme bei ihrer letzten tödlichen Krankheit.

Daß er nicht mehr Rühmens von ihr macht, und in seinen Schriften ihrer nicht öfter *namentlich* gedenkt, oder sogar Sonette und sonstige Trauergedichte auf sie verfertigte, liegt in der Zartheit seines Gefühls und seiner Gesinnung. Der Schmerz, den er um ihren Verlust empfand, war ein viel zu gründlicher, in seine Existenz wesentlich eingreifender und bis an sein Ende dauernder, da er sie, nach dem Ableben seines einzigen Sohnes, der ihm bisher so treu und sorgsam beigestanden, in *allen* häuslichen und wirtschaftlichen Angelegenheiten von neuem vermissen sollte, als daß er ihn mit Worten aussprechen und entweihen mochte. So hielt er es immer mit allem, was tief in sein Inneres schnitt; er sprach nicht davon, aus Scheu, den Schmerz mit Worten zu berühren und wie von einer Frucht den zarten Duft zu verwischen. – Und wissen wir denn, ob er nicht dennoch seine Stimmung versteckterweise ausgesprochen? Vier Zeilen, von wenig Worten, deuten den Verlust und seine Trauer auf eine Weise an, die alle langen Epicedien übertrifft:

«Du versuchst, o Sonne, vergebens
Durch die düstern Wolken zu scheinen!
Der ganze Gewinn meines Lebens
Ist, Ihren Verlust zu beweinen!»

Er schrieb sie an ihrem Todestage, den 6. Juni 1816.

4347 *Ch. A. Vulpius an Knebel* *8. Juni 1816*

Meiner Schwester irdisches Schicksal hat der Tod mit allgewaltiger Hand geendet und ihrer herrlichen Kraft und Gesundheit ein langwieriges Spiel abgewonnen. Sie starb vorgestern, den 6. mittag um 12 Uhr, eben an ihrem Geburtstage, 52 Jahre alt. Wie es um uns aussieht, können Sie denken; das Haus scheinet verwaist zu sein, und der Mann ist sehr betrübt. Was soll ich Ihnen von seinem Schmerze sagen? Ich denke, er wird auf einige Zeit nach Jena gehen; ich aber, wohin soll ich gehen, mich zu zerstreuen? Wie es mich angreift, das – kann ich nicht sagen. Heute wird die Erblaßte begraben.

4348 Charlotte v. Schiller an Knebel *8. Juni 1816*

Und das dunkle Haus unsers Freundes Goethe gab mir auch einen dunkeln Platz im Gemüt ... Er ist leidlich wieder und nur angegriffen, ließ er sagen. Die Frau dauert mich, denn sie hat unendlich gelitten. Die Großherzogin erzählte mir, daß sie alle Minuten einen Anfall in dem letzten Tage gehabt! Die Details weiß ich noch nicht. Wenn sein Körper nur Kraft behält, so wird er dies überstehen. Der Sohn ist nicht krank geworden, sondern nur matt war er. Das Übrige soll auch im Gleichen sein und seine Umgebungen besser.

4349 Riemer an Frommann *9. Juni 1816*

Sonach werden Sie unmittelbar unterrichtet worden sein von dem Schicksal, was unsern teuern Geheimrat betroffen hat. Der Tod gleicht alles aus, und so müssen wir mit Anteil und Bedauern gestehen, daß es ein hartes und schreckliches Ende war, welches die Frau genommen, ob man gleich voraussehen konnte, daß es über kurz oder lang so kommen müßte.

Das Detail weiß Goethe selber schwerlich so wie wir, und zu seinem Glücke bleibe es ihm ferner verhüllt. Bei seiner Art, zu sein und zu leben, wird er sie nur zu oft vermissen. Ob er gleich gefaßt erscheint und von allem andern spricht, so überfällt ihn doch mitten unter anderm der Schmerz, dessen Tränen er umsonst zurückzudrängen strebt. Die Einsamkeit wird immer größer werden, sobald der Sohn erst wieder seinen Geschäften und – Vergnügungen nachgeht. Denn außer Meyern und mir sieht er nur wenige und selten; und wir können gerade in den einsamsten Stunden am wenigsten um ihn sein. Auch wird die ökonomische Gesinnung des Sohns ziemlich alles von ihm entfernen, was ihn zerstreuen und aufheitern könnte. Ein Aufenthalt in Jena und dann eine Reise nach Teplitz wird also wohl das Beste und Wirksamste sein, um sein unschätzbares Leben uns länger zu fristen.

4350 August v. Goethe an Familie J. F. H. Schlosser *10. Juni 1816*

Wenn ich Ihnen, verehrte Freunde, das Absterben meiner lieben Mutter vermelde, so ist es schon hinreichend, Ihnen den Zustand zu vergegenwärtigen, in welchem wir uns befinden. Mein Vater sucht durch fortgesetzte Tätigkeit sich aufrecht zu erhalten, und mich belebt der Gedanke, in häuslichen und geselligen Verhältnissen ihm nützlich und angenehm zu sein.

4351 Ch. A. Vulpius an N. Meyer *11. Juni 1816*

Ihre Freundin, meine Schwester, ist nicht mehr. Der Tod hat ihrer kraftvollen Gesundheit in einem schrecklichen Kampfe von fünf Tagen das Leben abgekämpft. Sie starb am 6. (ihrem Geburtstage, in ihrer Geburtsstunde) Mittag 12 Uhr an Blutkrämpfen der schrecklichsten Art, für sie, und uns. Sie können sich vorstellen, wie zerstört alles bei uns ist und umhergeht. Alle weinen, und ihr Mann ist fast untröstlich.

4352 J. D. Gries an G. Hufeland *21. Juni 1816*

Daß Goethe vor kurzem seine Frau verloren, werden Sie schon gehört haben. Dieser unerwartete Todesfall hat, wie es scheint, einen tiefen Eindruck bei ihm hinterlassen. Nicht als ob er die Verblichene eben sehr geliebt hätte, aber sie war doch die Mutter seines Sohnes und sollte, nach dem natürlichen Lauf der Dinge, die Pflegerin seines Alters sein. Ich fürchte, wir werden den Unersetzlichen nicht lange mehr behalten. Er war, kurz vor dem Tode seiner Frau, einige Wochen lang in Jena. Ich fand ihn sehr gealtert, und obwohl er zwischendurch sehr heiter war, ließ sich doch aus manchen Äußerungen wahrnehmen, daß er selbst sich kein langes Leben mehr verspricht.

4353 H. Franke: Aus der Goethezeit 1881

Der Wunsch meines Vaters, seinen und seiner Familie langjährigen Aufenthaltsort Bayreuth, woselbst ich 1800 geboren, mit seiner Geburtsstadt Weimar zu vertauschen, hatte sich im Juni 1816 realisiert, nicht ohne Zutun seines alten Universitätsfreundes, des großherzoglichen Bibliothekars Vulpius, des Schwagers von Goethe. Die Bekanntschaft mit der Familie Vulpius sowie mit einigen Weimarischen Schauspielern, ebenfalls Studiengenossen meines Vaters, ließ mich Verwirklichung meines Lieblingsgedankens hoffen: an der Weimarischen Bühne mich zum Schauspieler ausbilden zu dürfen, auszubilden unter der segensreichen Leitung eines Goethe. Wie hoch schlug das jugendliche Herz, als es sich seinen Wünschen nahe gerückt sah, nicht ahnend, daß kaum nach Jahresfrist der große Meister die Leitung des Theaters niederlegte.

Wir fanden die Familie Vulpius in tiefer Trauer: Frau von Goethe war vor kurzer Zeit gestorben. Dieser Umstand bildete in der kleinen Stadt noch das Tagesgespräch, und ich war eigentlich frappiert, über diese Frau so viele günstige Urteile zu hören, da mir ja nicht unbekannt geblieben, welcher Schwächen man sie zeihe. Ihr Bruder erzählte uns auch von dem lebhaften Schmerze Goethes nach dem Ableben seiner Frau und wiederholte uns die herzlichen Worte, die er ihm, dem Schwager, ausgesprochen.

Schon am dritten Tage meiner Anwesenheit in Weimar war es mir vergönnt, Goethe zu sehen, als ich mit meinem Vater im Parke ging. Eine imposante männliche Figur in langem Rocke, mit niedrigem Hute, die Hände auf dem Rücken, kam gemessenen Schrittes uns entgegen. Es hätte nicht des ehrfurchtsvollen Grüßens aller Begegnenden bedurft, um uns zu belehren, daß es Goethe sei. Er sah damals sehr ernst aus, so daß der Gedanke mir gar nicht angenehm war, diesem Manne einmal näher unter die Augen treten zu müssen. Augenblicklich imponierte mir die Erscheinung dermaßen, daß ich unwillkürlich bei Seite trat und meinen Hut mit tiefer Verbeugung abzog, was mir dann von meinem Vater eine Reprimande eintrug, indem man einen solchen Gruß nur einem Fürsten spende.

4354 W. Grimm an Arnim *2./4. Juli 1816*

Den Tod von Goethes Frau hatte ich in Kösen schon gehört, Riemer sagte mir und die Schopenhauer auch, daß er schrecklich gewesen; niemand hat die Krämpfe mit ansehen können, und Mägde und Weiber haben nicht dableiben können, weil sie, wie das geschieht, auch davon ergriffen worden. Geweint hat er laut über sie, und das wäre auch unnatürlich gewesen, wenn er es nicht getan hätte. Er war noch nicht ausgegangen und hatte nur ein paar Freunde gesehen, indessen machte ich doch [am 19. Juni] nachmittags einen Versuch, da ein Fremder ihm gerade angenehm in einer solchen Stimmung kommen kann und ich mich erst melden ließ. Er nahm mich an und war sehr freundlich und heiter, er fragte mich nach Dir, Deiner Frau, Kindern, selbst dem Haus und der Gegend. Dann sprach er von mancherlei, woran man in der Zeit leicht denkt. Er rühmte so das Herrliche in dem deutschen Volk, wie sie gern eins wären und doch auch ihre Eigentümlichkeit nicht im geringsten darum wollten fahren lassen; dann wie so viel guter Wille gehemmt würde: «wunderbar», sagte er, «daß dabei doch alles so eben steht, es ist wie bei den Korkmännchen, die unten Blei haben.» Er kam dann auf das lebendige religiöse Gefühl, das in der Zeit erwacht sei, und weil es so recht als eine Notwendigkeit gefühlt sei, als etwas, ohne das man nicht leben könne, werde es auch nicht können unterdrückt werden. «Der Herr Adam Müller und Friedrich Schlegel», sagte er, «mögen treiben, was sie wollen, sie werden uns nicht nehmen, was wir einmal erworben haben, der Mensch geht nicht wieder zurück, und ein rechter Katholik ist eigentlich ein Protestant, denn er will nichts anders. Nicht zahllos sind jene Bekehrer, aber unzählbar, ich bin schon zu alt, um hierbei von Gefahr zu sprechen.» Dann erzählte er mit herzlichem Lachen, wie der Prinz Anton von

Sachsen, der auch gern bekehre, jedem Reitknecht, der katholisch werde, noch über das Gewöhnliche jährlich ein paar wildlederne Hosen schenke. Das habe schon manchen verführt, dem von seinem Kameraden vorgestellt werde: «was willst Du Dich um die Hosen bringen, werd katholisch, so kriegst Du sie auch.» Nach unsern wieder erworbenen und verlorenen Bildern erkundigte er sich genau, und ich hätte ihm fast ins Gesicht gelacht, als er bei dieser Gelegenheit eines «wohlhäbigen» Mannes gedachte. Auch von der altdeutschen Literatur fing er ausführlich an zu sprechen und schien manches zu billigen in der Art, wie wir sie behandeln oder behandeln wollen. Die Prosa-Übersetzungen haben seinen Beifall, und er sagte, sie wären mehr nach seiner Ansicht, als ich wohl glaubte, es gäbe jetzt bei den Übersetzern so verschiedene Parteien, die ihr Publikum hätten, daß man in jeder ohne Gefahr arbeiten könne; in den Prosa-Übersetzungen komme das Reinmenschliche ohne weitere Anmaßung zur Sprache. Er bat mich dann, ihm unsere Sachen zuzuschicken, er habe ja immer seinen Anteil daran genommen. Ich habe ihn niemals so freundlich und wohlwollend gesehen. Er arbeitet, wie Riemer sagt, viel und auch an dem vierten Bande seines Lebens ...

4355 W. Grimm an Suabedissen *3. Juli 1816*

In Kösen hatte ich schon gehört, daß vor kurzem Goethes Frau gestorben sei, ich wußte also nicht, ob er jemand schon sehen wolle, indessen konnte er mich ja abweisen, und ich machte den Versuch. Er nahm mich aber an, und ich habe ihn nie so heiter, freundlich und wohlwollend gesehen. Er sprach über vieles, und wenn er in seinem Buche von der Kunst in den Rhein- und Main-Gegenden gegen den Heiligen Geist, den Herrn Christus und die Heiligen eine gewisse kalte und humane Artigkeit äußert, so sprach er hier recht schön und warm über das neuerwachte religiöse Gefühl, das nicht wieder untergehen werde, weil man empfunden, daß man ohne das nicht leben könnte, und es war wohl zu sehen, daß er in jenem Buche nur aus einer gewissen Opposition so gesprochen. Gegen die neuen Bekehrer, den Herrn Adam Müller und Friedrich Schlegel, sprach er sehr bestimmt, sie wollen uns nehmen, was wir uns erworben haben, und ein rechter Katholik will nichts anders, als ein Protestant. Mit Vergnügen erzählte er vom Prinz Anton in Sachsen, daß er durch ein paar wildlederne Hosen seine Reitknechte zu bekehren suche, die nur ein katholischer über das Gewöhnliche erhalte und die schon manchen verführt habe.

4356 W. v. Humboldt an seine Frau *25. Juni 1816*

Hörst Du nichts von Goethe, und ob er nach Karlsbad kommt? Der Großherzog von Weimar, der jetzt hier [in Frankfurt] war und in Wiesbaden das Bad braucht, meinte, er sei noch nicht recht entschlossen gewesen. Du wirst wissen, daß er seine Frau verloren hat. Die ersten Tage war er, wie es aus seinem Briefe an Schlosser scheint, untröstlich, allein jetzt schreibt er schon wieder sehr heiter. Man könnte das erste und bei dieser Person vielleicht gleich gut das letzte begreifen, allein beides zusammen ist wunderbar, obgleich nicht ungewöhnlich.

Schlossers, die Goethes Lage genau kennen, meinen, daß er in seinen Finanzen doch nie ohne Sorge ist. Er hat an festen Einkünften unglaublich wenig und muß nur immer schreiben und drucken lassen. So mag sein letztes Buch [Über Kunst und Altertum] entstanden sein, das ungeheuer leer und seiner auf keine Weise würdig ist. Man hatte hier einen Plan, und Stein interessierte sich sehr dafür, ihm ein Gut am Rhein zu kaufen und zu schenken. Allein es ist natürlich, daß, da man so etwas doch nicht in eine Bettelei ausarten lassen will, nichts daraus wird.

4357 Johanna Schopenhauer
an Elisa von der Recke *25. Juni 1816*

Jetzt habe ich den Plan gefaßt, so wie nur die ewigen Regengüsse aufhören, nach Hanau zu gehen ... und von dort nach Schwalbach, wo Adele baden und trinken soll; hernach machen wir eine kleine Reise den Rhein herunter bis Köln ... Goethe, der eben bei mir war, hat mich in diesem Entschluß noch bestärkt; er will mich auch mit Empfehlungen versehen, damit ich auch Zugang zu den Kunstschätzen finde, die jene Gegenden aufbewahren.

Seit dem Tode seiner Frau habe ich ihn heute zum erstenmal gesehen, denn es ist seine Art, jeden Schmerz ganz in der Stille austoben zu lassen und sich seinen Freunden erst wieder in völliger Fassung zu zeigen. Ich fand ihn dennoch verändert; mir scheint er recht im innersten Gemüt niedergeschlagen. Was Sie mir bei Gelegenheit des Todes der Frau v. Goethe sagen, hat mich tief bewegt. Gute, edle Frau; gewiß, es lebt niemand auf der Welt, der Ihnen nahe kam, und dem Sie nicht wohl taten, und Sie können nur mit Ruhe und Freude an alle uns Vorangegangenen denken!

Der Tod der armen Goethe ist der furchtbarste, den ich je nennen hörte. Allein, unter den Händen fühlloser Krankenwärterinnen, ist sie, fast ohne Pflege, gestorben; keine freundliche Hand hat ihr die Augen zugedrückt, ihr eigner Sohn ist nicht zu bewegen gewesen, zu ihr zu gehn, auch Goethe selbst wagte es nicht. Die entsetzlichen Krämpfe, in denen sie acht Tage lang lag, waren so furchtbar anzusehen, daß ihre weibliche Bedienung, die zu Anfang um sie war, auch davon ergriffen ward, und fortgeschafft werden mußte. Dies verbreitete allgemeinen Schrecken, und niemand wagte, sich ihr zu nähern, man überließ sie fremden Weibern, reden konnte sie nicht, sie hatte sich die Zunge durchgebissen, ich mag das Schreckensbild nicht weiter ausmalen, aber herzlich dankte ich Gott, da ich hörte, ihr Leiden wäre geendigt. Ihre Unmäßigkeit in allen Genüssen, zu einer sehr bösen Periode für unser Geschlecht, hatte ihr das fürchterlichste aller Übel, die fallende Sucht, zugezogen. Aber eben diese Unmäßigkeit war vielleicht nur eine Folge ihrer auffallend starken, heftigen Natur, und ihrer körperlichen Beschaffenheit. Auf allen Fall hat sie die kurze Freude furchtbar gebüßt, und es kränkt mich, daß niemand mit Mitleid ihres Todes gedenkt, daß alles das viele Gute, welches doch in ihr lag, vergessen ist, und nur ihre Fehler erwähnt werden, selbst von denen, welchen sie wohl tat und die ihr im Leben auf alle Weise schmeichelten.

4358 Louise Seidler: Erinnerungen

... in den ersten Tagen des Jahres 1816, erhielt ich von Goethe eine Bestellung. Er hatte gelegentlich einer Rheinreise im Sommer des Jahres 1814 der Rochuskapelle bei Bingen, welche renoviert wurde, ein Altarbild gelobt; Hofrat Meyer machte den Entwurf, und ich wurde mit der Ausführung in Ölfarbe beauftragt. Mit innigem Vergnügen übernahm ich es, bei diesem Vorhaben mitzuwirken. Der Meyersche Karton sagte mir besonders zu ...

Nach einem ziemlich lebhaften Briefwechsel zwischen Goethe und mir traf die von Goethe besorgte Leinwand bei mir ein; ich eilte, ihm dies zu melden, und sofort erhielt ich den inzwischen fertig gewordenen Karton, wegen dessen Ausführung ich mich mit dem Hofrat Meyer in Verbindung setzte. Allein jetzt ereignete sich ein trüber Vorfall, welcher die ganze Angelegenheit ins Stocken zu bringen drohte. In den ersten Tagen des Junimondes 1816 nämlich erkrankte Goethes Lebensgefährtin Christiane geborene Vulpius. Das Übel wurde bald tödlich; sie starb an einer Entzündung (6. Juni 1816).

Da ich dem Dichter in diesen trüben und schweren Tagen nicht lästig fallen mochte, so hatte ich ohne nochmalige Anfrage in Weimar das Bild bereits nach den Anweisungen des Hofrats Meyer fertig untermalt, wobei ich mir im Interesse der Komposition mancherlei kleine Änderungen erlaubt hatte. Dem in Aussicht gestellten Besuche sah ich deshalb mit nicht geringem Herzklopfen entgegen. Doppelte Freude empfand ich aber, als Goethe in seiner gewinnenden Art beifällig meinte, daß in solchen Sachen Frauengefühl stets das Richtige träfe.

Unterdessen hatte ich das Ölgemälde des heiligen Rochus vollendet und war so glücklich, mir des Dichters ganze Zufriedenheit zu erwerben, so zwar, daß er des Bildes öffentlich ehrend gedachte.

4359 J. D. Gries an Abeken *22. Juli 1816*

Daß Goethes Frau zu Anfang des Junius gestorben ist, haben Sie vielleicht schon gehört. Sie hat zuletzt schrecklich gelitten (an epileptischen Zufällen), und die Krankheit hatte vielleicht noch mehr als der Tod auf Goethe eine sehr nachteilige Wirkung. Er lag mehrere Tage zu Bette, und man befürchtete eine sehr ernstliche Krankheit. Indessen hat er sich schnell genug wieder erholt; er kam bald wieder herüber [nach Jena], und an einem der wenigen guten Tage dieses regenvollen Sommers [30. Juni] traf ich ihn mit Meyer in Zwätzen, wo er sogar den ziemlich hohen Berg (auf dem das Häuschen steht) erstieg und sich lange an der Aussicht ergötzte. Sie wissen, daß ich nie zu ihm gehe, und auch am dritten Ort mit ihm zu reden vermeide, weil ich einmal weiß, daß ihm das *Laut*sprechen beschwerlich ist. Hier aber rief er mich zu sich; ich mußte mich neben ihn setzen, und nun sprach er länger als eine halbe Stunde ohne Unterbrechung über den Calderon, und besonders über den «Magus». Nie aber in meinem Leben habe ich mein unseliges Gehör so verflucht, als an diesem Tage. Denn obwohl er beim Anfang einer Periode gewöhnlich die Stimme erhob, so vergaß er es doch bald wieder, und das Ende ward mir unvernehmlich. Ich hatte genug aufzupassen, um die nötigen Zwischenreden schicklich einzufügen und seine Fragen leidlich zu beantworten. Ich wollte, Sie hätten neben ihm gesessen und mir hernach alles wieder erzählt. Doch vernahm ich große Lobeserhebungen, die mich nicht wenig beschämten; auch wiederholte er ausdrücklich die Versicherung, daß er öffentlich etwas über meinen Calderon sagen wolle, was er hernach auch Knebeln wiederholt hat. Ich fürchte nur, daß seine Reise ihn daran verhindern wird; denn er reist in diesen Tagen (oder ist vielleicht schon abgereist) mit Meyer nach Baden[-Baden] in der Markgrafschaft, wodurch uns wenigstens die Hoffnung entsteht, daß wir nächstes Jahr etwas über Kunst und Altertum am Oberrhein vernehmen werden.

Übrigens kann ich Ihnen noch zur Beruhigung sagen, daß Goethe sehr wohl und heiter war, und auch in seinem äußern Ansehn bei weitem kräftiger und lebendiger, als bei seiner Anwesenheit im Mai, wo teils die langwierige Krankheit seiner Frau, teils das ewige Regenwetter ihn sehr danieder drückten. Damals fürchtete ich wirklich sehr für ihn, zumal da Knebel mir sagte, daß er in vertraulichen Gesprächen einen gewaltigen Lebensüberdruß geäußert habe. Vielleicht werden Sie in den Zeitungen gelesen haben, daß Goethe gesonnen sei, Weimar zu verlassen und den Überrest seines Lebens in Frankfurt zuzubringen. Wie diese Nachricht in die Zeitungen gekommen ist, begreife ich nicht; aber wahr ist es, daß er das Drückende seiner Lage in Weimar und am Hofe mehr als jemals empfindet, und auch wohl gegen Knebel den Wunsch nach einer Veränderung geäußert hat. (Was ich Ihnen von dergleichen Äußerungen gegen Knebel schreibe, bleibt natürlich *ganz unter uns.*) Gewiß könnte eine solche Veränderung seiner doch immer unfreien Verhältnisse sehr zur Erheiterung seines Alters dienen, wenn er auch nicht eben Frankfurt zum Wohnort wählen würde. Aber er selbst sieht ein, daß daran eben jetzt gar nicht zu denken ist, da der Herzog ihm erst vor kurzem 2000 Reichstaler Zulage und seinem Sohn ein Gehalt von 800 Reichstalern gegeben hat.

4360 Ottilie v. Pogwisch an Adele Schopenhauer 8. August 1816

Nur flüchtig berührte ich in meinem letzten Brief, daß ich den Geheimrat gesehen, – ja gesprochen habe; wenige Tage nach Deiner Abreise [vom 6. Juli] traf ich ihn in der Ackerwand, und da er hörte, daß ich auf einem Spaziergang begriffen, – schlug er mir vor, in seinen Garten zu gehen. – Da trat ich wieder über die Schwelle, die ich in drei Jahren nicht betreten hatte ... Der Geheimrat war freundlich und gütig, begleitete mich wieder zurück und schenkte mir Blumen; – wunderbar war es, – daß er mich immer nur auf dem einen Fleck herumführte und ich nicht einen der Plätze betrat, die mir teuer gewesen ... Großer Gott, ich verging in dieser Stunde fast vor Glück und Wehmut.

4361 K. F. Schinkel an Ch. D. Rauch 14. November 1816

Einen ganzen schönen und lehrreichen Tag [11. Juli] habe ich beim Goethe in Weimar verlebt, der mich höchst freundlich bei sich aufnahm. In seiner Nähe wird dem Menschen eine Binde von den Augen genommen, man versteht sich vollkommen mit ihm über die schwierigsten Dinge, welche man allein nicht getraut anzugreifen, und man hat selbst eine Fülle von Gedanken darüber, die sein Wesen unwillkürlich aus der Tiefe herauslockt. Über Boisserée bekam ich durch Goethe die freundschaftlichen Notizen, und mit diesen ging ich nach Heidelberg.

4362 Riemer *20. Juli 1816*

Fuhr derselbe [Goethe] mit Meyern ab. Kam aber nach Tische wieder, da beim Spital der Wagen gebrochen. Meyern besucht.

4363 Charlotte v. Stein an Knebel *24. Juli 1816*

Heute früh ist Goethe fort nach Tennstedt, fünf Meilen von hier, ins Schwefelbad. Meyer, wenn er von seiner Wunde geheilt ist, wird ihm nachreisen. Sie werden vielleicht schon wissen, daß Goethe mit seinem Reisegefährten halben Wegs nach Erfurt umgeschmissen wurde, sich seinen Kutscher holen ließ, umkehrte und seiner Reise nach Baden [-Baden] entsagte.

4364 F. Krug v. Nidda an seinen Bruder Karl *14. August 1816*

Unter allen Freunden [Fremden?] kann ich Dir nur Einen merkwürdigen, doch in *diesem* den würdigsten Repräsentanten der deutschen Poesie (wie ihn Madame Staël nennt), ein ganzes Dichterrepositorium nennen. Ich habe nicht mehr nötig, Goethes Namen auszuschreiben, und Du wirst Dich nicht wenig wundern, daß dieser sehr leuchtende Stern sich in die Tennstedter Wüste verirrte. Und dennoch ist es so! Goethe lebt nun bereits drei volle Wochen unter uns und keineswegs so hermetisch verschlossen, als es in Weimar der Fall sein soll. Ich habe ihm, wie sich's versteht, den ersten Besuch gegeben und ihm von Zeit zu Zeit Beweise meiner hohen Achtung an den Tag gelegt, doch auch die Befriedigung und den hohen Trost daraus gewonnen, daß ich trotz meiner namenlosen dichterischen Existenz ihm keineswegs ganz unbekannt war und mehrere meiner kleinen Bildungen von ihm mit Zufriedenheit betrachtet wurden. Ich übergab ihm zum Beispiel die zwei ersten Gesänge des «Gonsalvo» – der nun schon längst beendigt nur eines günstigen Verlegers harrt – zu prüfendem Urteil, und er hat dies so günstig ausgesprochen, daß ich mich hoch dadurch erhoben fühle und keinen Tag der vielen Tage für verloren halte, die ich an dieser Arbeit zubrachte.

4365 F. Krug v. Nidda: Gedenkbüchlein

Da trat ein Ereignis für mich ein, das fast orakelartig auf mein Inneres wirkte: Goethe ward als Brunnengast [in Tennstedt] angesagt! und unverzüglich war mein Plan gemacht, von ihm, dem Hochgefeierten, die Prüfung meiner Fähigkeiten zu erbitten und hiermit die Entscheidung meines Berufs für die mir noch übrige Handvoll Jahre in seine Hände zu legen. – Ein Meerfels, von der Sonne beglänzt, von Zeit und Stürmen ungebrochen, erschien er eines Tages in unserer Versammlung, und die Würde und Sicherheit seiner Haltung, die milde Klarheit seines Blicks, die seine geistvolle Unterhaltung begleitete, ermutigten mich, ihm nahe zu treten, um die Vergünstigung zu erlangen, ihn auch in seinem Hause zu sehen. Er empfing mich galant, als ich ihm bald darauf meine Aufwartung machte, und leitete das Gespräch mit den Worten ein, daß es ihm lieb sei, mich kennen zu lernen – eine Phrase, die vielleicht mehr als dieses war, da meine Erschöpfung ihn unwillkürlich weich gestimmt, ja ihm gesagt haben mochte, daß ich wohl nicht zu denen gehöre, die nur, um ihn gesehen zu haben, den Rubikon oder Kanal übersetzen und dann diese Rubrik in ihrem Reisebuch austun. Er rühmte die wohltuende Stille des Badeorts, wie den Gehalt seiner Quelle, kam von den physischen auf die geistigen Eigentümlichkeiten des Lebens, wo dann die Unterhaltung vom Kreisamtmann Just, dem Brunnenarzt und andern Ausgezeichneten, zuletzt auch auf Novalis überging, der einst, um sich als praktischer Jurist zu bilden, bei hiesigem Justizamt hospitierte und währenddem das schöne Verhältnis mit Fräulein Sophie von Kühn geschürzt, deren Bruder Georg, mit mir in einem Regiment dienend, ich einst zu meinen liebsten Freunden zählte. – Auf meine Frage: mit welcher poetischen Darstellung er während seiner Badekur sich zu beschäftigen gedenke? nannte er mir die Zusammenstellung seiner Werke, die bald darauf auch in zwanzig Bänden bei Cotta erschienen, und als ich ihm zu so viel Trefflichem Glück gewünscht, womit er den deutschen Parnaß bereits beschenkt, versetzte er mit der Bescheidenheit des ersten Verdienstes: «Man ehrt mich zu hoch! Ich habe mit meiner Zeit gelebt und verkehrt, und einer hat sich an dem andern erhoben. Den Vorderen sind wir auf die Schultern gestiegen, sahen hierdurch vielleicht etwas weiter als sie, und so gestaltete sich manche neue Erscheinung.» – Jetzt fiel ihm auch ein, meine Namenschiffre schon unter poetischen Versuchen gesehen und einiges nicht ohne Anteil gelesen zu haben; ja, als ich ihm meine Liebe zur Kunst gestand und meine damals neueste Arbeit (Florians «Gonsalvo von Cordova» in deutsche Oktaven umzubilden) nannte, ließ er sich meine Kühnheit gern gefallen, ihm einen Probegesang zur Durchsicht mitzuteilen, verheißend, mir sein Endurteil auf keinen Fall verhehlen zu wollen. Nach angehender Dichter-Art, ihr Liebstes stets am Herzen zu tragen, überreichte ich ihm auch sofort mein Gedicht, empfahl mich jedoch schon den nächsten Moment, nachdem mir noch die Erlaubnis zuteil geworden war, bald ungemeldet wiederzukommen; eine Vergünstigung, die ich späterhin mit wahrem poetischen Heißhunger nützte. – Ein ungemein artiger Gegenbesuch, der mich nach wenigen Tagen beglückte – wie Goethe überhaupt, weit minder förmlich als in Weimar, fast jedem Gebildeten diese Ehre erwies – gab mir noch mehr Gelegenheit, als bei der ersten Unterredung, den Dichterfürsten vom Weltmanne zu trennen, und als er mit nur zu schonendem Urteil über meine Stanzen zuletzt mit der erhebenden Äußerung schloß: «Sie haben Oktaven darunter, um die man Sie beneiden könnte!» war meiner Idee zufolge mein Glück gemacht, und rasch entschied ich mich, ihm meine Arbeit zuzueignen, was einige Monate später auch geschah und mir einen schriftlichen Dank des Gefeierten einbrachte, des nähere Mitteilung man mir billig erläßt. – Es würde mir leicht sein, aus meinem späteren Zusammensein mit Goethe noch manches Ansprechende auszuheben, wozu teils Erinnerungen seiner italienischen Reisen, Streiflichter seines geologischen und naturhistorischen Wissens und Ansichten über die Literargeschichte des Tages mehr als genügenden Vorwurf boten, sowie nicht minder manch Beherzigenswertes über den weisen Gebrauch der Trope, zumal in der Stanzenform, mir Stoff zu weiterem Nachdenken lieh; doch, um mich kurz zu fassen, sei nur das Resultat seines Wohlwollens in den einfachen Scheidegruß gefaßt, mich fernerhin den Musen zu widmen, die mich gewiß nicht verstoßen würden, sofern ich mich ihnen ganz hingeben wolle.

4366 F. A. Wolf an J. D. Gries *27. August 1816*

Da Goethe, wie Ihnen vermutlich bekannt ist, dies Jahr sich mit dem hiesigen nicht allzuberühmten Bade [Tennstedt] begnügt hat, und ich über meinen Heimweg nicht so ganz gewiß war, lenkte ich lieber auf einige Tage hieher zu ihm ab von der Straße nach Göttingen ...

4367 Zelter an Goethe *20. Oktober 1816*

[Über F. A. Wolf.] Seine Vorrede zu den «Analekten», die Du ihm gelobt hast, erscheint mir wie ein Tiradengewürfele ... Er sagt, er sei fünf Tage bei Dir gewesen und sehr vergnügt; Du habest ihm was Schönes über die Vorrede gesagt, und Er habe gesagt oder gemeint oder zu verstehen gegeben: wenn Du sie erst ganz verstündest, dann würdest Du die Augen aufreißen – ohngefähr so ließ er sich vernehmen.

4368 H. Franke: Aus der Goethezeit *1881*

Bald nach Wiedereröffnung der Bühne [am 11. September 1816] war mir das Glück zuteil geworden, Goethe durch Vulpius und zwar auf dem Theater vorgestellt zu werden. Nachdem er mich jungen, im 17. Lebensjahre stehenden Menschen einige Sekunden stillschweigend betrachtet hatte, sagte er mit wohlwollender Miene: «Hm, hm, wir sind noch sehr jung und müssen noch viel lernen; es ist ein schwerer Beruf, den Sie sich wählen, das junge Volk begreift das aber nicht. Nun, wir wollen sehen, wie die Sache sich macht.» – Bald darauf teilte in seinem Auftrage der Regisseur Genast mir mit, Exzellenz wünsche, daß ich neben meinen rhetorischen und mimischen Studien mich auch im Tanzen und Fechten fortbilden, den Proben und Vorstellungen aber zunächst nur als Zuschauer beiwohnen, die Bühne später erst als Statist, dann aber, wenn ich einigermaßen an das Lampenlicht gewöhnt sei, in kleineren Rollen betreten solle.

4369 Charlotte v. Stein an Knebel *21. September 1816*

Eben trat Geh. [Rat] Goethe herein; ich sprach ihm über die kümmerliche Lage von Döbereiner, und er sagte beinahe vor gewiß, daß er es beim Großherzog zur Sprache bringen würde, und er würde wohl 200 Taler Zulage bekommen.

4370 Charlotte v. Schiller an Knebel *25. September 1816*

Gestern haben wir einen recht freundlichen Abend gehabt bei Goethe, der meine Schwester, Frau von Kalb und mich und meine zwei großen Kinder zu einem Tee eingeladen. Unser Meyer war natürlich auch dabei, und Frau von Stein sollte dabei sein, aber sie wird leider die Abende so müde und fürchtet das Blenden des Lichts, auch glaubt sie schwer zu hören; das ist recht traurig. Goethe war heiter und mitteilend und zeigte uns Kupferstiche aus «Faust», die ein Maler Cornelius aus Rom gesendet.

4371 Clara Kestner
an ihren Bruder August *29. September 1816*

Er [Onkel Ridel] fing denn auch bald an von Goethe zu sprechen, dem er durch seinen Sohn, der sein Kollege ist, hatte sagen lassen, daß Mutter kommen würde; er hatte ihm antworten lassen, daß er sich sehr dazu freue, welches Mutter ihm nicht so recht zugetraut hatte, doch der Onkel machte, nach seiner liebenswürdigen Art, uns ein viel angenehmeres Bild von ihm, als wir uns gemacht hatten, und versicherte, daß er ihn schon öfter gerührt gesehen hätte, und glaubte, daß er es bei diesem Wiedersehen auch sein würde. Nachdem wir nun drei Tage hier waren, also am Mittewochen [25. September], da Goethe durch den Onkel erfahren, daß Mutter hier sei, ließ er den Onkel par Karte mit seiner sämtlichen Familie freundschaftlich zum Essen einladen; Mutter hätte ihn gern erst einmal allein gesehen, doch da dies für Goethe eine überaus große Artigkeit sein sollte, so wurde zugesagt. Nun kannst Du denken, wie mir Unbedeutenden es zu Mute war, vor diesem großen Mann erscheinen zu sollen, und in seinem eignen Hause, welches doch noch viel schlimmer war, als wenn er zu uns gekommen wäre, doch was half es, das Herzklopfen mußte überwunden werden. Mutter war auch nicht ganz à son aise und wollte erst mit dem Onkel vorausgehen und wir dann nachkommen, doch hieraus wurde nichts, indem der große Mann uns seine Equipage schickte, uns abzuholen. Wir fuhren also hin, und wurden unten an der Treppe von dem Sohn empfangen; im Vorsaal kam er selbst uns entgegen, doch treuer dem Bilde, was ich durch Dich von ihm hatte, als dem, was uns der gute Onkel gab, denn Rührung kam nicht in sein Herz; seine ersten Worte waren, als ob er Mutter noch gestern gesehen: es ist doch artig von Ihnen, daß Sie es mich nicht entgelten lassen, daß ich nicht zuerst zu Ihnen kam (er hat nämlich etwas Gicht im Arm). Dann sagte er: Sie sind eine recht reisende Frau, und dergleichen gewöhnliche Dinge mehr. Mutter stellte mich ihm vor, worauf er mich einiges fragte, unsre Reise betreffend und ob ich noch nie in dieser Gegend gewesen sei, welches ich doch ganz unerschrocken beantwortete. Darauf gingen wir zu Tisch, wohin er Mutter führte und auch natürlich bei ihr saß, ihm gegenüber der Onkel und ich daneben, so daß ich ihm ganz nahe war und mir kein Wort und kein Blick von ihm entging. Leider aber waren alle Gespräche, die er führte, so gewöhnlich, so oberflächlich, daß es eine Anmaßung für mich sein würde zu sagen, ich hörte ihn sprechen oder ich sprach ihn, denn aus seinem Innern oder auch nur aus seinem Geiste kam nichts von dem, was er sagte. Beständig höflich war sein Betragen gegen Mutter, und gegen uns alle, wie das eines Kammerherrn; der Onkel entschuldigte ihn, wie ich mich ziemlich freimütig über ihn äußerte, mit seiner Steifigkeit und selbst Blödigkeit; erstere hat er nun physisch und freilich diesen Tag auch geistig im höchsten Grade, denn alle sagten, er sei so liebenswürdig gewesen, wie sie ihn beinahe nie gesehen. Nach Tisch fragte ich nach einer sehr schönen Zeichnung, die immer meine Augen auf sich zog, er ließ sie mir herunternehmen und erzählte mir sehr artig die Geschichte davon; sie war von einer Dame, Julien dachte er mit großer Auszeichnung und besonders ihres Talents. Darauf ließ er eine Mappe holen, und zeigte Mutter ihr und des seligen Vaters und Eurer fünf Ältesten Schattenrisse auf einem Blatt; Du siehst aus allem diesen, er wollte verbindlich sein, doch alles hatte eine so wunderbare Teinture von höfischem Wesen, so gar nichts Herzliches, daß es doch mein Innerstes oft beleidigte. Seine Zimmer sind düster und ungewöhnlich eingerichtet, hier und da stehen Vasen, und die Wände sind mit Zeichnungen dekoriert, worunter jedoch, meiner Ansicht nach, außer der genannten nichts Ausgezeichnetes war. Der Sohn, welcher die Honneurs machte, scheint ein ziemlich unbedeutender Mensch zu sein, er sieht seinem Vater in den Augen ähnlich, hat aber eine sehr flache Stirn, übrigens ist er eher hübsch als häßlich. Dieser war ausgezeichnet artig gegen Mutter, führte sie in den Garten, wohin wir folgten; er ist nicht von Bedeutung, der Eingang aber ist sehr hübsch, indem er durch eine Art Laube, die schon an dem Hause anfängt, den Garten mit einem Gartenzimmer vereinigt, worin sehr viele Büsten der berühmtesten Schriftsteller unserer Zeit und die hiesige herzogliche Familie aufgestellt sind. Auch Goethens und seiner Frauen Büste steht darin, von der wir abscheuliche Dinge hören, mit denen ich mein Papier nicht beflecken werde; gottlob, daß sie tot ist, und doch, sollte man es glauben, ehrt er ihr Andenken mit Rührung. Nachdem wir nun alles gesehen, fuhren wir nach Haus, er entschuldigte sich, daß er nicht ausgehen könne, indem er auch bei

Hof abgesagt habe. Wir werden ihn nun wohl nicht öftrer sehen, welches mir leid tun sollte, da ich ihn gern einmal sähe, daß ich ihn mit seinen herrlichen Kindern reimen könnte, welches ich bisher noch nicht gekonnt; zuweilen fiel mir bei Tisch eine schöne Stelle aus seinen Gedichten ein, ich sah ihn darauf an, konnte aber keine Ähnlichkeit finden.

4372 Charlotte Kestner an ihren Sohn August *4. Oktober 1816*

Von dem Wiedersehen des großen Mannes habe ich Euch selbst noch wohl nichts gesagt: Viel kann ich auch nicht darüber bemerken. Nur so viel, ich habe eine neue Bekanntschaft von einem alten Mann gemacht, welcher, wenn ich nicht wüßte, daß er Goethe wäre, und auch dennoch, hat er keinen angenehmen Eindruck auf mich gemacht. Du weißt, wie wenig ich mir von diesem Wiedersehen oder vielmehr dieser neuen Bekanntschaft versprach, war daher sehr unbefangen: auch tat er nach seiner steifen Art alles Mögliche, um verbindlich gegen mich zu sein. Er erinnerte sich Deiner und Theodors mit Interesse, ließ mir seinen Sohn eine Pflanze zeigen, die ihm Theodor geschickt hatte etc., und was mich sehr freute, er sprach mit großem Interesse von Stieglitz. So stehen die Sachen. Er ist nicht wohl und geht nicht aus, also eine Frage, ob die *Alten Neuen Bekannten* ihre Bekanntschaft fortsetzen, und sich in ihren alten Tagen auch gefallen.

4373 F. Wilken an seine Frau *29. September 1816*

Mein alter Reisegefährte [Zelter] hat mir die Reise gar angenehm gemacht; ich weiß nicht, wie die sechs Tage, die wir bis hierher gebraucht haben, verflossen sind; seine Heiterkeit und gute Laune ist unverwüstlich. Goethe hat mich sehr freundlich aufgenommen; wir kamen gestern früh kurz vor 12 Uhr hier an und aßen gleich den Mittag oben bei ihm; er wurde selbst sehr bald vertraulich, und den Abend, den ich mit ihm in der Komödie war, bin ich fast nicht aus dem Lachen gekommen über die Schwänke und Possen, die er vorbrachte.

Leider hatte aber Goethe mir gleich eine gar traurige Nachricht für meinen guten alten Zelter mitzuteilen und ging mit mir zu Rat über die beste Weise, sie ihm beizubringen. Man hatte Goethe um diesen traurigen Dienst gebeten. Seine jüngste Tochter nämlich, ein Mädchen von 17 Jahren, sein Liebling, ist vor wenigen Tagen gestorben; er hat nicht die leiseste Ahnung nur davon, daß sie krank war; er erzählte mir auf der Reise gar viel von dieser Tochter und von seiner Sehnsucht, sie wiederzusehen. Eben war er bei mir und sagte, daß er mir einen Brief an sie mitgeben wollte, um diesen in Leipzig auf die Post zu schicken. Ich reise heute noch weiter nach Leipzig; Goethe hat ihn fast mit Gewalt gezwungen, heute zu ihm zu ziehen, er will ihm dann die Trauerbotschaft auf die beste Weise beibringen und ihn so lange bei sich behalten, als es nur irgend möglich ist. Wahrscheinlich werde ich also ohne ihn nach Berlin gehn.

4374 A. Stoll: Der Geschichtschreiber Friedrich Wilken 1896

Den Seinigen hat Wilken später dann erzählt, daß Goethes warme, herzliche Teilnahme für den unglücklichen Vater [Zelter] wahrhaft ergreifend gewesen sei. Einige Stunden war Wilken auch mit Goethe allein, und während derselben ward viel über orientalische Literatur gesprochen; für diese interessierte sich Goethe damals um so mehr, als er von 1814–18 seinen «Westöstlichen Divan» dichtete. Am Abend habe Goethe, so erzählte Wilken weiter, in der Loge des Theaters, in dem Körners Trauerspiel «Rosamunde» gegeben wurde, geistigen Getränken sehr lebhaft zugesprochen und sei sehr ausgelassen in seinen Reden geworden.

4375 P. D. A. Atterbom: Erinnerungen 1859

Eine Sammlung neugriechischer Volksgesänge, herausgegeben von einem Herrn v. Haxthausen, kommt binnen kurzem zu Tage. Goethe, der diese Sammlung schon gesehen hat, sagte hierüber [am 7. Oktober 1816?] zu Thiersch, daß sie die schönsten Nationallieder enthielte, welche er je in seinem Leben gesehen habe.

4376 *Charlotte v. Stein an Knebel* *9. Oktober 1816*

Wie geht's mit Ihrem Husten? Goethe ist auch leidend, am Arm. Gestern ging ich auf einen Augenblick in seinen Garten, um ihm von der Herzogin einen Auftrag auszurichten.

Kürzlich hat ihn auch die Lotte aus «Werthers Leiden» besucht, Madame Kestner aus Hannover. Sie war auch schon ein paarmal mit Ridels, ihrem Schwager und [ihrer] Schwester, bei mir. Sie ist von angenehmer Unterhaltung, aber freilich würde sich kein Werther mehr um sie erschießen. Sie hat acht Söhne, alle gut geraten und versorgt, auch eine Tochter, die auch bei mir war.

4377 *Charlotte v. Schiller an Knebel* *9. Oktober 1816*

... Graf O'Donell aus Wien ... Goethe sagt auch von ihm, daß er keinen liebenswürdigern Menschen kenne; und das ist wahr! ...

Ich habe das Original der Lotte gesehen, die jetzt hier ist und Goethe nach zweiundvierzig Jahren zum ersten Mal sah! Sie ist Kammerrat Ridels Schwägerin, eine Hofrätin Kestner aus Hannover, eine sehr hübsche Frau, wohl weit in Sechzigen. Bedeutende Augen und schöne Gestalt hat sie sich erhalten und ein schönes Profil, aber leider wackelt der Kopf, und man sieht, wie vergänglich die Dinge der Erde sind. Sie hat Goethe auch sehr anders gefunden. Sie ist geistreich, gebildet und nimmt großes Interesse an den Weltbegebenheiten. Sie hat acht Kinder, die alle schon in der Welt wirken und leben. Ihr Mann ist tot. Die Geheime Kammerrätin Ridel, die im «Werther» als naseweise Blondine bezeichnet ist, saß auch ganz gesetzt und ruhig neben uns ...

4378 *Clara Kestner an ihren Bruder August* *14. Oktober 1816*

Goethen sahen wir noch nicht wieder, er leidet noch immer an der Gicht am rechten Arm; vor acht Tagen schrieb er Mutter ein sehr freundschaftliches Billett, mit Bedauern angefüllt, durch sein Kranksein verhindert zu sein, sie öfter zu sehen; er bot ihr zugleich seine Loge im Theater und seinen Wagen zum Abholen an; dieses war durch den Kanzler Müller veranlaßt, der durch Mutter erfahren, daß es ihr so schwer werde, einen Platz im Theater zu finden, und es ihm erzählt hatte. Vielleicht sehen wir ihn heute in einer kleinen Gesellschaft bei Müllers, der ihn persönlich einladen wollte; es würde mich natürlich sehr freuen, da ich ihn noch gar nicht kenne, und so gern ein angenehmes Bild von ihm hätte. Bei Goethe aß außer uns niemand, welches recht freundlich ausgedacht von ihm war.

4379 Riemer *14. Oktober 1816*

Abends beim Kanzler Müller zum Tee. War Goethe dort, Werthers Lotte (Kestner aus Hannover), Ridels, die Gräfin Egloffstein. Wurden die Sonette von mir vorgelesen. Ich entfernte mich.

4380 Caroline v. Egloffstein an ihre Mutter *18. Oktober 1816*

Müller hat letzthin das Wunder zuwege und Goethen bei sich zum Tee gebracht, und *Werthers Lotte*, wie sie hier heißt, – auch dazu. Goethe war sehr liebenswert und besah Julias Zeichnungen mit unbeschreiblichem Interesse.

4381 Clara Kestner an ihren Bruder August *25. Oktober 1816*

Goethen sahen wir bei Müllers, wo er freilich etwas liebenswürdiger als zu Haus war, aber doch meinen Wünschen nicht entsprach; doch bin ich jetzt mehr mit ihm zufrieden, da er wenigstens unter vier Augen gegen Mutter liebenswürdig ist; sie geht auf sein Verlangen immer in seine Loge, wo er sehr freundlich sein soll; ich gehe nicht hin, da ich fürchte, ihn zu genieren, indem vorn nur zwei Plätze sind; auch bin ich längst zufrieden, wenn er nur gegen Mutter freundlich ist, da ich keine Ansprüche auf ihn machen kann, und sein Wesen nicht verstehe.

4382 G. Ticknor: Tagebuch *25. Oktober 1816*

[Besuch in Weimar zusammen mit Edward Everett.] We sent our letters to Goethe this morning, and he returned for answer the message that he would be happy to see us at eleven o'clock. We went punctually, and he was ready to receive us. He is something above the middle size, large but not gross, with gray hair, a dark, ruddy complexion, and full, rich, black eyes, which, though dimmed by age, are still very expressive. His whole countenance is old; and though his features are quiet and composed, they bear decided traces of the tumult of early feeling and passion. Taken together, his person is not only respectable, but imposing. In his manners he is simple. He received us without ceremony, but with care and elegance, and made no German compliments. The conversation, of course, rested in his hands, and was various. He spoke naturally of [Friedrich August] Wolf, as one of our letters was from him, – said he was a very great man, had delivered thirty-six different courses of lectures on different subjects connected with the study of antiquity, possessed the most remarkable memory he had ever known, and in genius and critical skill surpassed all the scholars of his time. In alluding to his last publication, he said he had written his «Life of Bentley» with uncommon talent, because in doing it he had exhibited and defended his own character, and in all he said showed that he had high admiration and regard for him.

Of Lord Byron he spoke with interest and discrimination, – said that his poetry showed great knowledge of human nature and great talent in description; Lara, he thought, bordered on the kingdom of spectres; and of his late separation from his wife, that, in its circumstances and the mystery in which it is involved, it is so poetical, that if Lord Byron had invented it he could hardly have had a more fortunate subject for his genius. All this he said in a quiet, simple manner, which would have surprised me much if I had known him only through his books; and it made me feel how bitter must have been Jean Paul's disappointment, who came to him expecting to find in his conversation the characteristics of Werther and Faust. Once his genius kindled, and in spite of himself he grew almost fervent as he deplored the want of extemporary eloquence in Germany, and said, what I never heard before, but which is eminently true, that the English is kept a much more living language by its influence. «Here,» he said, «we have no eloquence, – our preaching is a monotonous, middling declamation, – public debate we have not at all, and if a little inspiration sometimes comes to us in our lecture-rooms, it is out of place, for eloquence does not teach.» We remained with him nearly an hour, and when we came away he accompanied us as far as the parlour door with the same simplicity with which he received us, without any German congratulations.

4383 E. Everett
an seinen Bruder Alexander *16. November 1816*

I hardly know whether to try to tell you any more of my experiences, as in the multitude of them, it is hard to choose. However, at Weimar we saw Goethe. As I gave Ma a high-flown account of the interview, I will state to you the facts as they were. We had letters to him from particular friends of his here [in Göttingen], Mr. and Mrs. Sartorius, and one from Wolf. There was also a letter from Mrs. Sartorius to one Professor Riemer, author of the best Manual Greek Lexicon, who had lived nine years in Goethe's house, and who was to conduct us to him, in one of his mollissima tempora fandi. He informed us that he had used, indeed, to sacrifice much time to Mr. Goethe, but was now obliged to live for himself and wife, and that this had produced a coldness between Goethe and him. This I thought was rather stumbling on the threshold. The next morning we sent our letters and asked at what time we should wait upon him, and were told at eleven. At the appointed time, we went. He was very stiff and cold, not to say gauche and awkward. His head was grey, some of his front teeth gone, and his eyes watery with age. He was oppressed at feeling that we were gazing at him, looked restlessly out of the window, at which he sat, and talked low and anxiously. He spoke of Byron, and admired «The Corsair,» he ascribed the English eloquence to the influence of parliamentary speaking, and asked a few questions about America. He spoke, however, with no interest, on anything. When we went, he did not ask us to call again, but offered us some letters to

Jena. These he did not send that day, nor the two next, though the day after our call he sent his servant with his card, by way of returning it, at half-past eight. This I suppose he thought was English manners, but he is mistaken. The evening of the third day we called on him again. His servant brought us down word that the Minister was sorry he could not see us, giving no reason and not saying when he should be disengaged. At Jena we found, by the merest accident in the world, that he had written to the Professor of Mineralogy a note of recommendation telling him to present us each with a diploma of membership of the Jena Mineralogical Society, of which Goethe is president. As not one word had been said in our interview with him, and as I do not know a flint from a marble, till I see it in a tinder box, I thought it a very modest way of asking us to send them a box of American minerals. I forgot to say that the day after our call on Goethe, George [Ticknor] sent him Byron's «Siege of Corinth,» which had been mentioned in the interview, of which he did not even acknowledge the receipt. And thus ended our introduction to Goethe.

4384 P. R. Frothingham: Edward Everett *1925*

Goethe had said to him at Weimar, «Eloquence is out of place in the lecture-room – eloquence does not teach.»

4385 G. Ticknor: Tagebuch *28. Oktober 1816*

Prof. Riemer, who is second librarian of the Public Library, called on us and amused us above an hour, by describing Goethe's mode of living, peculiarities, etc., – facts one cannot get in books, or from any source but the knowledge of an intimate acquaintance. Prof. Riemer lived nine years in Goethe's house, and knew him, of course, from the lowest note to the top of his compass. He said that Goethe is a much greater man than the world will ever know, because he always needs excitement and collision to rouse him to exertion, and that it is a great misfortune that he is now without such influence and example as when Herder, Wieland, and Schiller were alive.

I asked what had been his relations with those extraordinary men. He replied that, from holding similar views in philosophy, Goethe and Schiller were nearest to each other, and Herder and Wieland; but that after the deaths of Schiller and Herder, Goethe became intimate with Wieland. Schiller, he said, had profited much by his connexion with Goethe, and borrowed much from his genius, – among other pieces, in his «William Tell,» which Goethe had earlier thought to have made the subject of an epic poem; but now they are all dead, and since 1813 Goethe has been alone in the world.

He has much on paper which has never been published, and much in his memory which has not been put on paper, for he writes always by an amanuensis, to whom he dictates from memoranda on a card or scrap of paper, as he walks up and down his room. Of his views in physics and comparative anatomy, he has published little, but a programme by a medical professor at Jena (Oken) has lately made a great noise, in which the doctrine that the brain is formed from the *medulla spinalis* was, no doubt, from hints first given by Goethe.

Among the many unpublished things he has on hand, are parts of a continuation of «Faust,» which Riemer had seen, in which the Devil brings Faust to court and makes him a great man; and some poems in the Persian style and taste which he wrote during the last war, to give a relief to his imagination and feelings by employing himself on something that had no connexion with Europe.

He lives now, in his old age, in unconsoled solitude; sees almost nobody, and rarely goes out. His enjoyment of life seems gone, his inclination for exertion gone, and nothing remains to him, that I can see, but a very few years of cold and unsatisfied retirement.

4386 Charlotte v. Stein an Knebel *30. Oktober 1816*

Goethens «Italienische Reisen» höre ich von meinen auswärtigen Freunden loben; er hat mir sie aber nicht mitgeteilt. Er schickt mir manchmal von einem guten Gericht von seinem Tisch, aber von höherer Speise würdigt er mich nicht ...

Morgen reist Madame Kestner ... wieder nach Hannover. Es ist eine artige Frau, die als Mutter von acht Söhnen und zwei Töchtern, alle wohlgeraten, ihre Verdienste hat.

4387 F. v. Müller *12. November 1816*

Nach dem Mittagsessen eine Stunde bei Julie ... dann bei Fritsch und Goethe, der etwas abgespannt war, den jedoch meine Vergleichung des Wangenheimischen Briefes mit Posas Rede an Philipp sehr elektrisierte. Er war in seinem kleinen Studierzimmer und kam mir recht alt und verlassen vor.

4388 F. v. Müller *30. November 1816*

Goethen traf ich sehr heiter, ruhig und gemütlich. Eben waren die Monats-Tabellen der Zeichenakademie eingegangen, was Gelegenheit gab, über die Wichtigkeit regelmäßig periodisch wiederkehrender Übersichten zu sprechen. Goethe fand einen Knaben wegen Unarten ausgestrichen. Meyer erläuterte dies, er selbst habe den Unterlehrern in Goethes Namen nachgelassen, ein halbes Dutzend totzuschlagen. Bei Anpreisung der Vorteile, die jedem gebildeten Menschen das Zeichnen gewähre, sagte Goethe das gewichtige und doch so einfache Wort: «Es entwickelt und nötigt zur *Aufmerksamkeit*, und das ist ja doch die höchste aller Fertigkeiten und Tugenden.» Wie tief traf mich diese Wahrheit.

Er erzählte, daß er täglich schon um 7 Uhr aus dem Bette zu diktieren anfange, erst Briefe, dann, nach dem Aufstehen, aus seinem Leben. «So halte ich mich von der Welt zurückgezogen, um gesund zu bleiben, und finde mich *so* meinen Obliegenheiten noch gewachsen.»

Der junge Goethe äußerte eine gemein-possierliche Furcht vor dem Schuldenmachen der Kammer. Er habe in Frankfurt erfahren, wie schmählich es sei zu borgen. Er würde sich sehr ängstigen, nur 200 Louisdor im Hause zu haben.

4389 *F. v. Müller* *26. Dezember 1816*

Goethe. Etwas schlaffer als sonst. Die Preßfreiheits-Angelegenheit will er bloß polizeilich behandelt haben. Mit meiner Erzählung der Yngurds-Fabel machte ich es mir nicht zu Dank.

1817

4390 *W. v. Humboldt an C. G. v. Brinckmann* *11. Juni 1818*

Da ich eben Goethes gedenke, muß ich Ihnen aber doch sagen, daß ich ihn im Winter 1817 [15. bis 18. Januar] in Weimar einige Tage sah. Er ist in die Gedichte in orientalischem Geschmack hineingeraten, von denen die letzten Teile der neuen Ausgabe seiner Werke einige haben. Diese einigen sind aber gar nicht die vorzüglichen, dagegen hat er uns aus der ganzen, ziemlich starken Sammlung andre vorgelesen, die den besten seiner früheren Sachen, ohne alle Übertreibung, gleich kommen. Zum Gespräch und Umgang war er in jener Zeit weniger als je gestimmt; allein daran waren auch zufällige Ursachen wenigstens mit schuld; und nach der langen Zeit, da ich von ihm getrennt war, würde er immer einige Wochen brauchen, ehe er wieder eigentlich in Zug käme.

4391 *Julie v. Egloffstein an ihre Mutter* *4. Februar 1817*

[Über lebende Bilder, die zu des Erbgroßherzogs Geburtstag am 2. Februar bei Hofe vorgeführt wurden.] Es waren drei Türen gewählt, hinter denen die Bilder erschienen ... Die mittlere Türe hatte Meyer, die eine Seitentüre ein gewisser Baurat Coudray, die andre ich zu arrangieren. In meiner erschienen folgende Bilder: die Gräfin Fritsch als Circe, Herr v. Könneritz als junger Prophet mit einem Engel – und die Poesie – also meine eigne werte Person. – Da aber diese gerade zuerst erscheinen mußte und ich niemand hatte, der sie zu drapieren verstand, so erbarmte der alte Goethe sich der armen Poesie – (unfehlbar aus Dankbarkeit, weil sie seiner sich so oft erbarmt) – und zog und zerrte und zupfte so lange an meinem Mantel herum, bis er endlich – entzückt über sein eigen Werk «schön, schön – wunderschön» ausrief und mir versicherte, es sei jammerschade, daß ich mich nicht selbst sehen und zeichnen könne ... Es wäre sehr eitel von mir und langweilig für Euch, wenn ich erzählen wollte, was für Artigkeiten mir von allen Seiten zuströmten, als ich nachher im Ballkleid bei der Hoheit erschien – auch habe ich wirklich nur für wenige ein treues Gedächtnis. Goethe allein hat mich getadelt – aber das Wunderbarste ist, daß dieser Tadel mich gefreut hat, statt mich zu schmerzen, weil er artiger war, als jemals ein Lob gewesen. – Meine Feder sträubt sich, ihn hier niederzuschreiben – da er aber in Beaulieuscher Manier gesagt ist – so wird es diesem nicht schwer fallen, ihn zu erraten.

4392 E. Genast: Aus dem Tagebuche eines alten Schauspielers *1862*

[Über seinen Vater Anton Genast.] Eine schmerzliche Stunde stand ihm noch bevor, der Abschied von Goethe, mit dem er länger als zwanzig Jahre gearbeitet und viele trübe, aber auch heitere und genußreiche Stunden verlebt hatte. Er wußte, daß ihm Goethe stets gewogen bleiben würde, aber der fast tägliche Verkehr zwischen beiden hörte doch auf, und nur der Gedanke, daß beim Theater bald noch ganz andere Veränderungen vorgehen würden, tröstete ihn.

Goethe empfing ihn [am 8. oder 9. Februar 1817] mit den Worten: «Alter Freund, es tut mir leid, daß sich die Sache so gestaltet hat und wir in geschäftlicher Beziehung scheiden sollen; doch Ihr selbst seid ja damit einverstanden. Wo ich Eures Rats bedarf, werde ich ihn nach wie vor in Anspruch nehmen.» Mein Vater erwiderte: «Ew. Exzellenz wissen, wie treu ich Ihnen ergeben bin, darum brauche ich Ihnen nicht erst die Versicherung auszusprechen, wie schmerzlich mir es ist, nicht ferner in Ihrer Nähe weilen zu dürfen. Aber was meine Stellung beim Theater anlangt, so kann ich nur sagen, daß ich mich herzlich darüber freue, dieser nun enthoben zu sein, denn nur Ew. Exzellenz Wohlwollen und freundliche Nachsicht haben mir in den letzten Jahren meine Last erleichtert, die man mir von anderer Seite her möglichst erschwert hat. Meine Entlassung, fürchte ich, ist nur die Exposition des Ganzen, was man vorhat, und wenn mich meine Beobachtungen nicht ganz trügen, so werden mir Ew. Exzellenz bald nachfolgen.» Goethe sah den kühnen Sprecher mit einem stolzen Blick an und erwiderte: «Glaubt Ihr nicht, daß der Kapitän, der die Kraft seines Schiffes kennt, es ohne seinen alten Steuermann regieren wird?» «Ganz gewiß, Ew. Exzellenz», war die Antwort meines Vaters, «aber man wird Ihnen das Steuerruder aus der Hand zu winden wissen.» Ohne ein Wort hierauf zu erwidern, entließ Goethe mit einem kurzen Kopfnicken meinen Vater, der sehr betrübt nach Hause kam und sofort sein Gespräch mit Goethe mir erzählte. «Er zürnt mir, daß ich so ohne Rückhalt meine Überzeugung ausgesprochen», sagte er, «aber er wird sehen und vielleicht bald, daß die Jagemann nicht ruht, bis sie ihren längst entworfenen Plan zur Ausführung gebracht!»

4393 August v. Goethe an Ottilie v. Pogwisch 14. Februar 1817

Der gute Vater ist in die Probe vom morgenden Stück gefahren und ist sehr heiter, welches mich noch stärkt. Seine projektierte Abänderung und Abkürzung des Schutzgeistes, von der er neulich in Deiner Gegenwart erwähnte, ist fertig, und das Stück wird recht artig werden, besonders da es nun nach 9 Uhr zu Ende sein wird. Er hat gestern nacht bis 12 daran gearbeitet, und der Abschreiber hat bis heute früh halb 7 Uhr schreiben müssen.

4394 August v. Goethe an Ottilie v. Pogwisch 15. Februar 1817

Der Vater, von denselben Gesinnungen wie ich beseelt, läßt seine Tochter bitten, sich zu schonen, jede Verkältung zu meiden und den morgenden Ball aufzugeben: dies sind seine Worte, mit denen ich meine inständigsten und liebevollsten Bitten verbinde.

4395 E. W. Weber:
Zur Geschichte des Weimarischen Theaters 1865

Noch andere Stücke religiösen oder biblischen Inhalts wurden Goethe zur Aufführung vorgelegt, wie die beiden Dramen Moses und Luther von Klingemann, ein zweiter Luther 1817 von einem Unbekannten, und Johannes von Krummacher; er legte sie aber beiseite. Gewöhnlich las ihm eingesandte Novitäten der Art sein Schreiber John vor, und Goethe pflegte, wenn er das Tendenziöse solcher Stücke durchmerkte, zu sagen: «Ich rieche schon das Christentum*.» Als Goethe das Kleistsche Käthchen von Heilbronn, was ihm sein treuer Sekretär Kräuter zubrachte, da es in Weimar viele entzückte, unter andern Falk und Schulz, und viele es auf der Bühne zu sehen wünschten, gelesen hatte [am 15. Februar 1817?], sagte er: «Ein wunderbares Gemisch von Sinn und Unsinn! Die verfluchte Unnatur!» und warf es in das lodernde Feuer des Ofens mit den Worten: «Das führe ich nicht auf, wenn es auch halb Weimar verlangt.» Kräuter war erschrocken, weil er das Exemplar geborgt hatte. War ihm ein solches Stück religiösen Inhalts in der letzten Zeit seiner Direktion angelegentlich empfohlen, so übergab er es an den Oberkonsistorial-Direktor Peucer zur Begutachtung.

4396 F. v. Müller *17. Februar 1817*

Besuch bei Goethe, der sehr liebenswürdig war. Neue Theater-Vorsätze. *Die Drillinge.*

4397 F. v. Gerstenbergk gen. Müller
an H. W. v. Gerstenberg *20. Februar 1817*

Wir denken hier [in Weimar] in unsern literarischen Abenden Ihrer recht oft und dankbar. Noch ehegestern sprach Goethe mit mir von der Zeit, wo Sie und mein nun geschiedener väterlicher Freund Wieland in Fehde waren.

4398 August v. Goethe
an Ottilie v. Pogwisch *(18. oder 19. Februar 1817)*

Du wirst mir verzeihen, daß ich heute erst jetzt schriftlich Dir meine und des Vaters Freude über Deine Besserung bezeige, es war mir aber eher nicht möglich ...

* So erzählt Schubart.

Es ist nun an Dir, Liebe, zu bestimmen, wenn Du den Vater sehen willst, denn Du weißt ja, für die *Tochter* ist immer alles bereit. Gib mir hierüber einige Nachricht und Aussicht. Der Vater ist heiter, doch hat ihn diese Tage manches angegriffen.

4399 Falk: Aus dem Nachlaß

[Über Goethe.] Bei den Proben zu «Mahomet» [vor dem 19. Februar 1817] sehr nervös und ärgerlich, Oels kann ihm nichts recht machen, Genast triumphiert.

4400 F. v. Müller *19. Februar 1817*

Mit Benckendorff bei Goethe. Irkutsk in Sibirien. Neapel.

4401 H. Franke: Aus der Goethezeit *1881*

Mit besonderem Interesse leitete Goethe die Proben der Körnerschen Trauerspiele «Rosamunde», welches am 14. September, und «Zriny», welches am 12. Oktober 1816 zum ersten Male gegeben wurde. Nächstdem war es «Der Schutzgeist» von Kotzebue, zum ersten Male am 1. Februar 1817 gegeben, der seine Tätigkeit sehr in Anspruch nahm. Auf der Probe dazu [vielmehr zu der Aufführung des Stükkes in Goethes Bearbeitung am 8. März] wurde ihm eigentlich wenig recht gemacht, besonders war es der Schauspieler Deny, mit dem er sich diesmal nicht verständigen konnte. Deny hatte im Hintergrunde zu erscheinen, einige Worte in die Kulisse zurückzurufen und dann die Schwelle einer nach hinten offenen Halle zu überschreiten, um in die vordere Szene zu treten. Als er seinen Auftritt in der geschilderten Weise ausgeführt, erklang Goethes Stimme: «Das macht sich nicht gut; Sie treten zu rasch in die Erscheinung, das Publikum muß erst auf Sie aufmerksam werden, damit Ihre Worte ihm nicht entgehen. Überschreiten Sie deshalb erst mit dem rechten Fuße die Schwelle, dann wenden Sie sich zurück und rufen Ihre Worte.» Deny wiederholte nun seinen Auftritt, verfiel aber, der Schwelle nahe gekommen, in einen trippelnden Schritt, um den Augenblick des Überschreitens richtig zu treffen. Wieder ertönte aus der Parterreloge ein: «So geht das nicht», worauf Deny entgegnete: «Es ist schwer, Exzellenz, gerade mit dem richtigen Fuße an die Schwelle zu kommen; wenn ich es so machen soll, wie Exzellenz wollen, so muß ich die Schritte genau abmessen und zählen.» «Gut, tun Sie es», war die Antwort. – Deny nahm nun zunächst die angegebene Stellung über der Schwelle ein und zählte dann von da ab die Schritte bis zu einem Punkte hinter der Kulisse, der gezeichnet wurde. Darauf ging er, halblaut zählend, von neuem vor und löste das Problem zu des Meisters Zufriedenheit.

In derselben Probe war es, wo Goethe nochmals mit Bewegungen Denys nicht einverstanden war. Vielleicht hatte dieser sich über das Vorhergegangene etwas geärgert: er traf trotz mehrfacher Versuche die Meinung Goethes nicht und äußerte, er wisse nicht, wie er es machen solle. «Nun, warten Sie, ich werde es Ihnen zeigen», erwiderte Goethe und kam auf die Bühne. Ich war in hohem Grade gespannt. Der Meister trat an Denys Stelle und frug zunächst den Souffleur nach den Worten. Dann begann er: «Also sehen Sie: wenn Sie sagen – – (zum Souffleur) wie waren doch die Worte? Kann nicht verstehen – – nun ja, Sie treten dabei einen Schritt vor – so, dann – wie sagen Sie jetzt? Na, lassen Sie nur – vormachen kann ich es Ihnen nicht», wobei ein Lächeln über sein Gesicht flog, «ihr Schauspieler versteht das besser; aber ich will es Ihnen noch einmal erklären.» Deny sprach nun, Goethe begleitete die Worte mit einigen Bewegungen, und die Szene verlief endlich zu seiner Zufriedenheit.

4402 E. Genast: Aus dem Tagebuche eines alten Schauspielers *1862*

Er [Goethe] liebte auch musikalische Unterhaltung, die in früherer Zeit, unter Eberweins Leitung, viel ausgedehnter stattfand. Seit diese größern musikalischen Aufführungen in seinem Hause aufgehört, begnügte er sich mit Liedern. Meist wurde dann der Kammersänger Moltke, der eine Menge Gedichte von ihm komponiert hatte, herbeigerufen. Auch ich hatte einst [am 18. März 1817?] die Freude, zu diesem Zweck zu ihm beordert zu werden; wahrscheinlich wollte er sich überzeugen, ob ich Fortschritte im Vortrag, der bei ihm die Hauptsache war, gemacht habe. Ich sang ihm zuerst «Des Jägers Abendlied», von Reichardt komponiert. Er saß dabei in einem Lehnstuhl und bedeckte sich mit der Hand die Augen. Gegen Ende des Liedes sprang er auf und rief: «Das Lied singst Du ganz schlecht!» Dann ging er, vor sich hinsummend, eine Weile im Zimmer auf und ab und fuhr dann fort, indem er vor mich hintrat und mich mit seinen wunderschönen Augen anblitzte: «Der erste Vers sowie der dritte müssen markig, mit einer Art Wildheit vorgetragen werden; der zweite und vierte weicher, denn da tritt eine andere Empfindung ein; siehst Du, so (indem er scharf markierte): da ramm, da ramm, da ramm, da ramm!» Dabei bezeichnete er zugleich, mit beiden Armen auf- und abfahrend, das Tempo und sang dies «da ramm» in einem tiefen Tone. Ich wußte nun, was er wollte, und auf sein Verlangen wiederholte ich das Lied. Er war zufrieden und sagte: «So ist es besser! Nach und nach wird es Dir schon klar werden, wie man solche Strophenlieder vorzutragen hat.» Nachdem ich ihm nun noch «Zwischen Weizen und Korn» und «Da droben auf jenem Berge» vorgesungen, bat ich um die Vergünstigung, ihm «Willkommen und Abschied» wieder einmal vorsingen zu dürfen, wobei ich bemerkte, daß ich das Lied seit längerer Zeit fleißig studiert habe. Mit einem freundlichen Kopfnicken gewährte er mir meine Bitte. Die Szene von Lauchstädt [ein zärtliches Erlebnis] trat lebendig vor meine Seele. Ich trug das Lied mit wachsender Empfindung vor, und diesmal sang ich dem Meister mehr zu Dank.

4403 Julie v. Egloffstein an ihre Mutter *19./21. März 1817*

Welch einen schönen, höchst poetischen Morgen haben wir bei Goethe verlebt! – Ich freue mich doppelt darüber, da ich durch eine Beschreibung desselben diese Blätter einzuweihen vermag auf eine Dir angenehme Weise. Nur auf *eine* Stunde hätte ich Dich in die Zimmer des alten Meisters zu zaubern gewünscht – wie viel des Schönen und Herrlichen ist da zu sehen –! welch eine reiche Beute wäre darin für Dein Museum zu machen! – Kürzlich aus Nürnberg erhaltne Majolikagefäße (vom alten Derschau erstanden) stehen in Glasschränke einrangiert und sind gar merkwürdig, der Zierlichkeit wegen, womit sie gearbeitet. Abgerechnet der vielen einzelnen, höchst interessanten Handzeichnungen, die an den Wänden herumhängen, hat mich nichts so angezogen und festgehalten als der geliebte Kölner Dom, wovon Goethe den Grundriß, Aufriß und die ganze, bis ins Kleinste sich erstreckende Ausführung des gegenwärtig stehenden Gebäudes, wie dessen, das noch hinzugefügt werden sollte, besitzt. Es ist dies ein unendlich schönes, aber kostbares Werk, welches bis jetzt noch niemand außer Goethe sein nennt – da es erst im Entstehen ist ... Unser heutiger Besuch bei Goethe wurde mit einem Gang in sein freundlich Gärtchen beschlossen, wo die Frühlingssonne wärmend über den nackten Stachel- und Johannisbeergesträuchen lag – und uns ein recht wonnigliches Behagen einflößte – in traulichen Gesprächen schritten wir die schmalen Gänge auf und ab – und wären vielleicht noch jetzt dort, hätte die nahe Turmuhr uns nicht an die Eßstunde des alten Herrn gemahnt. Deinen Brief will er nächstens beantworten – er scheint ihm *viel* Freude gemacht zu haben ...

Am 21., Freitags ...

[Einschub F. v. Müllers:] Goethe ist, wegen eines Verdrusses über den Chien d'Aubry mit dem Großherzog, zornig gestern [vielmehr am 21.] nach Jena entflohen; recht vor Torschluß hatten wir noch am Mittwoch einige köstliche Stunden bei ihm ...

[Julie v. Egloffstein:] Ich sehe mich notgedrungen, einige Erläuterungen den Müllerischen Zeilen nachzusenden ... Was Goethens Verdruß über den Chien d'Aubry betrifft, so ist dieser durch des Herzogs Wunsch, denselben seine Künste auf der Bühne darstellen zu sehen, erregt worden – und zwar so sehr, daß er ans Abgehen vom weimarischen Theater gedacht, sich aber endlich mit einer bloßen Flucht nach Jena begnügt hat, wo er nun so lange zu verweilen gedenkt, als der hündische Schauspieler sich hier aufhalten wird. Das nenne ich doch ästhetischen Sinn haben! Hätte ich doch nie geglaubt, daß der große Goethe vor einem Hund die Flucht nehmen würde! – Welch ein allerliebstes Epigramm ließe sich darauf machen.

4404 Caroline v. Egloffstein an ihre Mutter 21. März 1817

Vor ein paar Tagen haben wir bei Goethe dejeuniert, und er war recht liebenswürdig – so viel nämlich er es jetzt noch sein kann. Er ist steifer denn je – und es wird mir selten wohl in seiner Nähe, weil seine Heiterkeit verschwunden ist und nur auf Momente wiederkehrt. Wir sahen viele hübsche Sachen bei ihm, und Julia wird verschiedene Dinge zum Kopieren bekommen.

4405 Charlotte v. Stein an Knebel 24. März 1817

Vielleicht hat Ihnen Goethe die Ursach seiner Flucht von hier [nach Jena am 21. März] erzählt. Einige gute Freunde haben mich veranlaßt, Sie zu bitten: Sie möchten doch suchen, Ihren alten Freund zu besänftigen, und ihn bereden, das Geschäft des Theaters ohne Groll von sich ganz abzulehnen, seinen Sohn aber dabei zu lassen und nur manchmal mit gutem Rat beizustehen.

Sagen Sie ihm, daß er dieses mir zu Liebe tun soll! Gar inniglich ließ ich ihn drum bitten, weil ich fest überzeugt bin, daß es zu seinem Besten ist.

Ich schreibe Ihnen dieses zur Veranlassung, Ihre bessere Beredsamkeit und richtige, ohnparteiische Ansicht ihm entgegenzusetzen, wenn er anders es Ihnen ganz offen in seinem Gefühl erzählt hat.

4406 E. Genast: Aus dem Tagebuche eines alten Schauspielers 1862

Goethe weilte seit Anfang März [vielmehr seit dem 21.] in Jena, und da die Mißstimmung zwischen ihm und meinem Vater längst verschwunden war, fuhren wir [am 26.] hin, um ihm Lebewohl zu sagen. Beim Abschied stürzten mir die Tränen unwillkürlich aus den Augen, obgleich ich wußte, daß er solche sentimentale Szenen gar nicht liebte; aber auch er wurde warm. Indem er mich in seinen Arm nahm und seine liebe Hand mir reichte, die ich mit Küssen bedeckte, sagte er: «Gott behüte Dich, Eduard, bleibe stets auf der Bahn des Rechten, sowohl im Leben wie in der Kunst, so wird sich Deine Zukunft gut gestalten!» Hierauf nahm er ein Buch von seinem Schreibtisch und übergab es mir als Andenken. Wie ich zur Tür hinausgekommen bin, weiß ich nicht mehr, so hatte das herzliche Lebewohl alle meine Sinne befangen; erst im Wagen fand ich mich wieder zurecht. Das Buch, was er mir übergeben, waren seine Gedichte, erster und zweiter Band, bei Cotta 1815 erschienen. In dasselbe aber hatte er mit eigener Hand folgendes eingeschrieben:

Eduard Genast,
von der Natur
begünstigt,
durch Fleiß und Übung
gefördert,
nehme die besten Wünsche
zum Geleit
auf seine Kunstreise.

Jena
den 25. März
1817

Goethe

4407 J. G. Cogswell: Tagebuch *27. März 1817*

Went with him [Eichstädt] to the mineral cabinet, to meet Goethe there – introduced to him – person large and good, – about six feet – countenance expressive, his eye large, gray, – manners very gracious – talked of America and its hopes and its prospects, discovered a minute knowledge of its physical and moral character. Spoke of Boston and its local situation, – observed that the productions of America had a character different from those of other continents, – crystallizations different, larger, on a greater scale, etc. – showed us the whole cabinet of the mineralogical society of which he is the head – explained all with great care and apparent knowledge, and was in every respect agreeable and polite.

4408 J. G. Cogswell an Mrs. C. S. Daveis 17. April 1817

I went to Weimar almost for the sole purpose of seeing Goethe, but he was absent on a visit to Jena, where I pursued him and obtained an audience. From all that I had heard of him, I was prepared to meet with the most repulsive reception, but, as I actually experienced the directly opposite, you will naturally infer that I felt not a little flattered, and therefore will not be surprised if I should give you a more favorable picture of him than you find in the «Edinburgh Review.» I sent him my letters of introduction, with a note, asking when he would allow me to wait upon him. In one of the letters it was observed that I had some fondness for mineralogy, and was desirous of seeing the great cabinet, belonging to the society of which he is President, at Jena. In a few moments he returned me an answer, that he would meet me in the rooms of the Society at noon, and there show me all that was to be seen. I liked this, as it evinced some degree of modesty in him, inasmuch as it implied that there was something, beside himself, worthy of my notice, and as it was very polite, too, in offering to take upon himself the trouble of going through the explanation of a collection, filling numerous and large apartments. At noon, then, I went to meet this great giant of German literature, the creator and sole governor of their taste. His exterior was in every respect different from the conceptions I had formed. A grand and graceful form, worthy of a knight of the days of chivalry, with a dignity of manners that marked the court rather than the closet, such as belong to Goethe, are not often the external characteristics of a man of letters. Soon after being introduced to him, with the politeness of a real gentleman, he turned the conversation to America, and spoke of its hopes and promises, in a manner that showed it had been the subject of his inquiries, and made juster and more rational observations, upon its literary pretensions and character, than I ever heard from any man in Europe. We talked, also, of English and German literature. I told him of the interest we were now taking in the latter, and found a very convenient opportunity to introduce a few words of compliment to himself, which was the least return I could make for his civility.

That you may not think I have made too great progress in German, I just observe that this conversation, which lasted an hour, was carried on in French. I suppose I might have managed the former; but I was afraid of going wrong, sometimes, with the titles of the Herr Minister von Goethe, and therefore proposed to him to adopt French, where I had only «Votre Excellence» to handle.

After we finished our literary discussions he carried me through the whole cabinet, and explained to me all its remarkables, with a facility that could not have been exceeded by a Professor of Mineralogy. When we parted he invited me to call on him, whenever I should be in Weimar, and so managed the whole interview I had with him, that I left him inclined to enter the lists in his defense, if I should ever have occasion.

4409 J. G. Cogswell an G. Ticknor 17. April 1817

In Jena, I had a fine chance at Goethe ... We caught him at Jena in consequence of his having quarrelled with Duke K. [Carl August] at Weimar, about the admission of a player and his dog upon the stage. Goethe was disaffected and vexed that it was done in spite of his opinion, and so took himself off to Jena to cool himself down, and perhaps we owe to this the very favorable reception we obtained.

4410 F. J. Frommann an Amalie Thiersch 31. März 1817

Neulich [am 27. März] haben wir eine rechte Erfrischung gehabt. Goethe ist nämlich hier [in Jena], weil er den Hund des Aubry, der den 2. Feiertag gegeben werden soll, nicht mit ansehn will, und sich deswegen mit dem Herzog gezankt hat, und war neulich bei uns, und sehr lebhaft. Besonders war ein Streit zwischen ihm und der Martin lustig anzuhören, ob die Frauen mit ihren Männern immer einerlei Meinung sein müßten, welches er verneinte und sie bejahte.

4411 *Knebel an Charlotte v. Schiller* *28. März 1817*

Was Sie mir in Ihrem letzten Briefe wegen des Theaters schreiben, beherzige ich alles wohl. Ich habe und werde ferner von dem, was mir auch Frau v. Stein geschrieben, einigen Gebrauch machen. Freilich muß man außerordentlichen Menschen von Geistestrieb und Geistesfähigkeiten manches zugute halten, zumal bei vorgerücktem Alter. Sie werden in manchen Stücken reizbarer und intoleranter, zumal wenn die Sachen nicht überall nach ihren Vorstellungen gehen wollen. Dafür sind sie aber in mancher andern Rücksicht wieder milder und gelinder.

Goethe besucht uns hier fleißig und täglich. Er hat auch schon ein fröhlicheres Aussehen, als er von Weimar mitgebracht hat. Wir wollen ihm das nicht benehmen. Er ist dabei äußerst tätig und geschäftig.

4412 *H. Voß (in Gräfs Bearbeitung)*

Daß ich Goethe in Jena finden würde, wußte ich schon in Rudolstadt. Dies Mal hatte ihn der Hund von Aubry von Weimar verdrängt. Du hast wohl in Klatschblättern von diesem Hund gelesen. Der Inhaber dieses Hundes kommt nach Weimar, um dort zu spielen. Goethe stemmt sich dagegen; der Großherzog sagt aber: «Er soll spielen!» – Wie Goethe noch einmal protestiert, wird der Großherzog toll, und nun nimmt Goethe Reißaus. – Ich besuchte ihn den zweiten Morgen [Sonntag, den 30. März 1817], nicht mit großen Erwartungen; denn mein ehemals so schönes Verhältnis mit Goethe hat doch eigentlich seit meinem Weggange aus Weimar aufgehört. Schmerzlich war es mir eine Zeitlang, daß Goethe mich so frostig entließ, und mir später nach Heidelberg hin nur so lange wieder herzliche Briefe schrieb, als sein Sohn hier war. Dann sagte ich mir: es ist doch besser, von Goethe mit Empfindlichkeit entlassen werden, als mit Freude; er ist nun einmal so, daß ihn jedes Zerreißen eines Verhältnisses schmerzt usw. – Wie angenehm ward ich daher überrascht, als Goethe mich so ganz und gar mit seiner alten weimaranischen Herzlichkeit aufnahm. Da fühlte ich die alte Liebe für Goethe zwiefach rege.

Er sprach mit wahrer Begeisterung von meinen «Lustigen Weibern», die er ganz gewaltig, eigentlich im Übermaß lobte und gradezu die beste Shakespeareübersetzung nannte.* Es tut wohl, für etwas, das man mit Liebe gearbeitet hat, gelobt zu werden; nun vollends, wenn ein Goethe lobt und nicht etwa beim Allgemeinen stehen bleibt, sondern tief ins Einzelne hineingeht. Goethe sprach ganz herrlich über die Eigentümlichkeit dieser unvergleichlichen «Merry Wives»; besonders sagt ihm die Duellgeschichte zu und die Auskleidung in die Hexe von Bomtfort. Zweimal hintereinander hat er meine Übersetzung gelesen und dann zum dritten Mal das Stück englisch. Diese Übersetzung hat mir sein ganzes Herz von neuem geschenkt, das ich einmal verloren glaubte. Auch über «Love's Labour's lost» sprach Goethe und lobte mein Hirschlied, hinzufügend, daß Lenz die Idee des Stückes verfehlt, ich aber in der kurzen Anmerkung ganz richtig angegeben habe.

Von Goethe, bei dem ich eine kleine Stunde blieb, ging ich zum alten Knebel, der mich nach seiner Weise herzlich und zärtlich aufnahm. Einmal [Dienstag, den 1. April] lud er uns auf ein Mittagessen und auf Goethe. Vor dem Essen, im Garten, sprach Goethe über die Calderonrezensionen ziemlich ausführlich. Bei Tische hatte er den alten Knebel auf eine gar gutmütige Weise fast immer zum besten; und das scheint die Würze des Umgangs zwischen beiden zu sein. Auf die Frage, was der Heidelberger Daub für ein Mann sei, antwortete ich Knebel: Der beste Mensch, ein vortrefflicher Prorektor, ein herrlicher Gatte und Vater usw. – «Aber, mein Gott!» sagte er, «wie kann er denn so einfältiges Zeug in die Welt setzen, wie den ‚Judas Ischarioth'?» – «Sei ruhig, mein Kind», sagte Goethe, der nun das Wort nahm, «sieh! das ist ganz wie mit Dir: Du bist auch der liebenswürdigste Mensch, den je die Sonne be-

* [Anm. Gräf] An anderer Stelle: «Über meine ‚Lustigen Weiber' machte mir Goethe fast übermäßige Lobsprüche; er meinte, kein übersetztes Stück von Shakespeare habe das dramatische Leben so vollkommen erreicht, und er denkt ernstlich daran, es aufführen zu lassen.»

schienen hat; Du bist ein zärtlicher Gatte, ein liebreicher Vater; würdest auch ein herrlicher Prorektor sein, wenn man Dich wählte; aber – wolltest Du anfangen, all Deine Gedanken in die Welt hinein drucken zu lassen – buh! und bah! – wie würden die Leute da über Dich herfallen! – Sieh, liebes Kind», fuhr er fort, «das ist ein Vorzug, den die Leute haben, die nicht schreiben, sie kompromittieren sich nicht.»

Noch einmal fing Goethe an, über die «Lustigen Weiber» zu reden. «Ich habe ihn schon tüchtig gelobt», sagte er zu Knebel, «aber er muß noch einmal, und das recht ordentlich, gelobt werden.» Ich sagte, es dünkte mir so köstlich, daß alles im Stück Philister wäre, sogar Falstaff und die Elfen. Da meinte Goethe oder Knebel (der letzte wird es gewesen sein), Fenton und Anna Page wären keine. «O», platzte ich dazwischen aus, «noch sind sie's nicht, sie sind auch erst einundzwanzig Jahre alt; lassen Sie sie erst dreißig alt sein, dann sind sie die vollkommensten.» Darüber lachte Goethe sehr. «Da seh' einer den Heinrich Voß», rief er, «der hat sich so in sein Stück vertieft, daß er Alter und alles ganz genau kennt.»* – Die Quintessenz dieses Gespräches, das immer lustiger ward (denn der alte Knebel holte mit einmal noch zwei Flaschen Rheinwein), hab' ich in einer Anmerkung über die Elfen im «Sommernachtstraum» aufbewahrt. Goethe meinte auch, ich könne das Stück unmöglich in abgerissenen Stunden, ich müsse es notwendig bei recht ordentlicher Muße übersetzt haben; was denn auch freilich gegründet ist. – Da sagt' ich denn auch Goethe, ich könnte mir einzelne Dichtungen gar nicht ohne einzelne Partieen des weimarischen Parks denken, zum Beispiel den Anfang der «Iphigenie» und Stellen aus dem «Lear» usw. Da hättest Du ihn sollen reden hören über den Zauber der Phantasie, welche die ungleichsten Dinge verbinde und einen Gegenstand durch den anderen verherr-

* [Anm. Gräf] An Truchseß schon 1813 am 24. Oktober: «Goethe lachte recht, als ich ihm einmal sagte: ‚Und betrachten Sie nur die Anne Page; sie ist ein munteres Ding von achtzehn Jahren, aber sie wird vor dem dreißigsten Jahre eine vollkommene Philistine sein.'»

liche. – Da forderte Goethe auch von mir, ich sollte «Heinrich den Vierten» übersetzen.

Nach dem Essen erinnerte er mich an die Treue, mit der ich ihn in seiner Krankheit 1804 gepflegt; und daß die Treutern ihm gesagt: «Ach! wie schön, daß Sie genesen sind; der arme Herr Professor wäre ganz draufgegangen; er konnte gar nicht mehr essen vor Kummer.»

4413 H. Voß an Abeken *4. April 1817*

Ihn [Goethe] freute, daß Du «ohne Ziererei, ohne Anstrengung etwas Schönes oder Tiefes zu sagen», mit einem Wort «ohne Anmaßung» und «so ganz einfach» Dich über den Magus [Calderon] verbreitet hättest. Er nannte Deine letzte Rezension eine «einfache Anerkennung eines großen, aber nicht jedem einleuchtenden Verdienstes».

4414 H. Voß (in Gräfs Bearbeitung)

Goethe wohnt diesmal nicht auf dem Schloß, sondern nahe dabei in dem Bischoffschen Hause; sein Zimmer fand ich im höchsten Grade abscheulich und seiner unwürdig, nirgends ein Blick ins Freie, überall Aussicht auf verdumpfte Dächer.

Goethe war so heiter wie je, so lieb und so weimarisch zutraulich, daß ich es gar nicht unterlassen konnte, ihn noch ein paar Mal zu besuchen. Auch eine herrliche Spazierfahrt machte ich mit ihm. Mich freut das über alles.

Das war der letzte Nachhall meiner weimarischen Freuden.

4414a F. v. Gerstenbergk gen. Müller an H. W. v. Gerstenberg *2. April 1817*

Wie Goethe Ihrer [in «Dichtung und Wahrheit»] dachte, hat auch mir weh getan (denn ich rechnete mich, obschon Ihnen unbekannt, doch längst im stillen als Ihnen angehörig, und tue es jetzt erst öffentlich, da Ihr Brief mir ein schönes Recht dazu gibt), doch kann ich Ihnen versichern, daß er Ihrer mündlich gegen mich oft freudig erwähnte, und so, wie er einst an den Verfasser des Ugolino schrieb.

Ich war in diesen Tagen viel mit ihm zusammen in Jena, wo ich Justizrevision hatte und die Abende mit ihm, dem Veteran Knebel, Heinrich Voß und Gries zubrachte; aber ich sprach ihn nicht allein; sowie dies geschieht, setze ich ihn zur Rede. – Wieland ist mit großer Freundlichkeit gegen Sie in sein Grab gestiegen; ich war täglich bei ihm (leider nur in seinen letzten drei Jahren), und wir haben oft von Ihnen gesprochen. Wieland war ein vortrefflicher Mensch, was ich nicht von Goethe sagen kann.

4415 Riemer *12. April 1817*

Ward der Hund des Aubry de Mont-Didier zum ersten Mal gegeben.

4416 Riemer *13. April 1817*

Abends bei Herrn v. Müller ... Erste Nachricht, daß Goethe seinen Abschied vom Theater habe.

4417 Der Gesellschafter *10. Mai 1817*

[Korrespondenznachricht aus Weimar, wohl von Riemer.] Eine der größten Neuigkeiten unserer Stadt ist, daß Goethe, des leidigen Theaterwesens und Unwesens müde, die Direktion des Theaters niedergelegt hat. Er wird sich selbst, seinen Freunden und Verehrern, den Künsten und Wissenschaften, in verjüngter Gestalt leben, da jene theatralische Zwangherrschaft ihm nicht mehr seine besten Stunden raubt, indem er für all seine Mühe doch nur Undank einernten konnte. Hatten die Schauspieler hier etwas gelernt, so vergaßen sie das, und gingen anderswo hin, und übrigens kamen auch noch mancherlei Mißverhältnisse dazu, welche die dem Theater geweihten Stunden trübten. Was die Theaterwelt durch Goethes Entsagung verliert (was freilich nicht wenig ist, sondern beinahe alles), gewinnen die Künste und Wissenschaften dabei. Er ist Chef aller unmittelbaren Wissenschaften und Künste, und waltet als ein solcher, sehr bedeutend und für alles erfreulich, besonders in Jena, wo der Großherzog große Summen aufopfert, um die vielerlei Institute zu unterstützen, zu erhalten und ihre

Wirksamkeit zu vermehren. – Die Bearbeitung seines Faust fürs Theater wird freilich ins Stocken geraten, aber, sei es auch, er trübt die Stunden seines Lebens sich nicht, ist heiter und tätig, und lebt der Welt, indem er vorher nur einem sehr prekären Teile derselben lebte. Wie bekannt, wird er seine Werke neu herausgeben; ein zweites Heft seiner Rheinreise ist schon gedruckt (kann aber den Mystifizierten ebenso wenig als jenen Künstlern gefallen und den Dichtern dazu, die ewig der Santa Maria die Füße abbeißen wollen, da das so leicht ist) und wird herrliche Ansichten über alte und neue deutsche Kunst verbreiten. Zudem schreibt er jetzt eine Geschichte seines Studiums der Botanik, über die in dieser Wissenschaft gemachten Bemerkungen und daraus entstandenen Resultate. Gott erhalte ihn uns gesund!

4418 K. Eberwein: Das Personal der Weimarischen Bühne *1857*

Nach der Aufführung des Epimenides ließ sich endlich Goethe von Riemer und Wolff bewegen, den ersten Teil des Faust teilweis auf das Theater zu bringen. Während sich derselbe noch mit den Vorbereitungen zu diesem großen Unternehmen beschäftigte, erhielt er eine Zuschrift von dem Herrn, der mit einem Pudel eine Kunstreise unternommen, worin ihn dieser um Erlaubnis bittet, im Weimarischen Hoftheater als Gast den Hund des Aubry geben zu dürfen. In den 34 Jahren seiner Direktion hatte Goethe wegen des Unbequemen, ja Schädlichen, das mit dem Gastspiel verbunden ist, nur ausgezeichneten Künstlern, wie Iffland, als Reizmittel für seine Zöglinge, Gastrollen gestattet. Die alle Illusion störenden Tiere hatten bei uns bis dahin Thaliens Tempel nicht entheiligt ... Der Pudel wurde abfällig beschieden; dessen Eigentümer aber ließ sich, wie das böse Prinzip, durch nichts abschrecken. Er fand Mittel und Wege, sein Gesuch unmittelbar an den Großherzog zu bringen, der als leidenschaftlicher Jäger die Hunde liebte. Serenissimus genehmigten des Pudels Gastspiel, und dem Grafen Edling ward befohlen, des Erforderliche dazu einzuleiten. Der Graf mag wohl das Mißliche dieses Auftrags erkannt haben; denn er übertrug ihn dem Regisseur Oels; Durand hatte nach einem Jahre der Regie freiwillig entsagt. Oels wurde vom Geheimrat im Hausgarten freundlich empfangen. Doch so oft jener Miene machte, sich seines Auftrags zu entledigen, lenkte Goethe das Gespräch auf einen andern Gegenstand. Endlich nahm Oels einen raschen Anlauf und meldete ihm, was der Großherzog befohlen. «Kommen Sie morgen früh um acht Uhr wieder», versetzte Goethe mit zornentbranntem Gesicht, «da wollen wir weiter davon sprechen!» ließ Oels stehen und ging eiligen Schritts in sein Haus. Unser Regisseur war zur bestimmten Stunde in Goethes Haus; die Exzellenz aber war schon um sieben Uhr, ohne einen Bescheid für ihn zu hinterlassen, nach Jena abgereist. Von dort aus richtete Goethe eine prägnante Zuschrift an den Großherzog, worin er die Gründe darlegte, weshalb es ihm unmöglich sei, das Direktorium des Theaters länger zu führen, und bitten müsse, ihn davon zu befreien. Um den Großherzog nicht zu kompromittieren, wurde dem Pudel gestattet, seine Künste zu produzieren …

Die Frau Großherzogin Louise und die damalige Erbprinzeß-Großfürstin Maria Paulowna suchten ihren teuern Flüchtling in seinem freiwillig gewählten Asyl auf, um ihn mit «zarter Lippe» zu bewegen, ferner dem Theater seine ausgezeichneten Dienste zu widmen. Sie promenierten mit ihm wohl zwei Stunden im Schloßgarten auf und ab, ohne ihren Wunsch erfüllt zu sehen. Indes verbreitete sich die Nachricht, Goethe werde nach Wien übersiedeln, wozu ihn die Kaiserin von Österreich in Karlsbad dringend eingeladen. Einige Tage nach den Fürstinnen kam Carl August in gleicher Absicht zu ihm. Aber Goethe war ein Mann. Als Hoherpriester der Kunst hielt er es unter seiner Würde, einer Anstalt länger vorzustehen, die man einer Katzenbude gleichstellen konnte. Auch dem Großherzog gelang es nicht, Goethes Entschluß zu erschüttern.

4419 H. Franke: Aus der Goethezeit *1881*

Die segensreiche Zeit der Goetheschen Theaterleitung sollte leider bald ein rasches Ende nehmen, woran man um so weniger denken konnte, als Goethe erst im Januar 1817 den Titel eines Intendanten, sein Sohn August den eines Direktors des Hoftheaters erhalten hatte. Letzterer hat sich übrigens meines Erinnerns niemals mit dem Theater befaßt, nur waren er, namentlich aber seine ihm 1817 angetraute Gemahlin Ottilie, geb. von Pogwisch, sehr eifrige Besucher desselben.

Schon bei Gelegenheit des Rücktritts des alten Genast von der Regie im Januar 1817, welche Oels übernahm, schwirrten Gerüchte in der Luft, die Jagemann (Heygendorf) habe dabei die Hand im Spiele gehabt. Daß sie schon in diesem Falle geradezu gegen Goethe agitiert, wie mehrfach geglaubt wird, ist kaum anzunehmen, wenigstens deutet nichts darauf hin, daß dieser Schwierigkeiten wegen Enthebung Genasts von seinem Posten gemacht habe. Ob er einem Wunsche seines fürstlichen Freundes, jüngere Kräfte in der Regie tätig zu sehen, gefällig sein wollte, ob die Urheberin dieses Wunsches die Jagemann gewesen ist, wird sich kaum feststellen lassen, doch ist es zu vermuten ...

Es gab unter den Bühnenmitgliedern allerdings Einzelne, die sich mit dem Goetheschen Regimente nicht zufrieden zeigten, vielleicht hauptsächlich deshalb, weil sie sich bei Verteilung der Rollen zurückgesetzt fühlten, denn die Tugend, jüngeren Kräften freiwillig Rollen abzutreten, besaßen die Veteranen der Weimarischen Bühne doch nur in sehr mäßigem Grade, was ich auch sattsam empfunden habe. Diese Unzufriedenen nun suchten Abhilfe bei Frau von Heygendorf, die aber zu Gunsten ihrer Schützlinge bei dem strengen Goethe nichts auszurichten vermochte und wohl auch mehrmals schon die Erfahrung gemacht hatte, daß ihr fürstlicher Gönner die Geliebte nicht in allem über den Freund stellte. Verletzte weibliche Eitelkeit ließ sie nun daran denken, den Beweis zu führen, daß ihr Einfluß groß genug sei, um den Willen eines Mächtigen durch einen Mächtigeren zu brechen. Die Gelegenheit dazu bot sich bald, sie ergriff sie mit Gewandtheit. So viel indessen ist klar, auch habe ich spätere Andeutungen darüber aus ihrem eigenen Munde vernommen: sie war sich der Tragweite ihres Schrittes nicht bewußt, am allerwenigsten ahnte sie, daß derselbe einen geradezu epochemachenden Erfolg, den Rücktritt Goethes von der Intendanz, herbeiführen, ihrem Andenken selbst einen gewissen Makel anheften werde. Unzutreffend ist die von einigen aufgestellte Behauptung, sie habe damals schon als Kern der Intrige im Sinne gehabt, den von ihr begünstigten Bassisten Stromeyer zum Direktor zu machen. Dieser Gedanke ist ohne Zweifel erst später in ihr erwacht und wurde im Januar 1824 ausgeführt.

Der Schauspieler Karsten mit seinem dressierten Pudel, für welchen «Der Hund des Aubry» bühnengerecht bearbeitet worden war, hatte auch in Weimar vielfaches Interesse erweckt und von manchen Seiten den Wunsch, das Künstlerpaar in Weimar zu sehen, laut werden lassen. Auch der Großherzog, der für Hunde ebenso passioniert, wie ihnen Goethe abgeneigt war, teilte diesen Wunsch. Goethe indessen wies Karstens Gesuch um ein Gastspiel schroff zurück («§ 10. Auch dürfen keine Hunde auf die Bühne gebracht werden!») und begab sich nach Jena. Karsten wandte sich nunmehr an Frau von Heygendorf, welche den Großherzog ohne Mühe dahin zu bringen wußte, daß er seine Einwilligung gab. Karsten wurde nun mit Umgehung Goethes, der, wie schon bemerkt, in Jena war, zum Gastspiel eingeladen. Die Sache ist zu allgemein bekannt, um näher auf sie einzugehen; kurz sei nur erwähnt, daß Goethe erst bei seiner Rückkehr von Jena vom Stande der Angelegenheit erfuhr und dem offen ausgesprochenen Wunsche seines fürstlichen Freundes entschieden entgegen trat. Nunmehr erst spitzte sich die Sache zu einer unliebsamen Katastrophe zu, und als am 7. April der Pudel in Weimar angekommen war, legte Goethe die Intendanz nieder. Zwar wurde es an diesem Tage noch nicht offiziell verkündet, doch ging es wie ein Lauffeuer durch das Personal, welches schon die ganze Zeit in hoher Erregung gewesen und zum weitaus größten Teile von tiefem Schmerz erfüllt war. Indessen tröstete man sich doch mit der sanguinischen Hoffnung, daß sich die Sache wieder arrangieren werde; ohne Goethe konnte man sich ja das Theater gar nicht denken. Viele äußerten ihre Entrüstung, mit einem Hunde spielen zu sollen, und wollten dagegen opponieren, aber schließlich hatte doch nur Deny, der als Mörder in allernächste Berührung mit dem Hunde kommen mußte, den Mut zu erklären, er werde nicht auftreten. Der Großherzog ließ ihn darauf Entlassung androhen – und er fügte sich.

Am 12. April fand die Vorstellung statt. Ich hatte im Ballett mitzuwirken und somit Gelegenheit, «die Gäste» in nächster Nähe auf der Bühne zu sehen. Beide teilten eine Garderobe. Der Pudel war von weißer Farbe und hatte auffällig kluge Augen. Sein Herr behandelte ihn mit vieler Liebe und unterhielt sich mit dem Tiere wie mit einem Menschen. Ein Diener, welcher mit Karsten reiste, teilte seine Aufmerksamkeit zwischen dem Herrn und dem Hunde. – Der Inhalt des Stücks ist bekannt. Das Theater war überfüllt, das Publikum klatschte lebhaften Beifall und rief am Schlusse Karsten heraus, der den Pudel an einer Schnur mit sich führte.

4420 Caroline Jagemann: Erinnerungen

[Über den «Hund des Aubry».] Ich habe nichts anderes getan, als was ich in solchen Fällen zu tun gewohnt war, und den Großherzog benachrichtigt. Es ist mir nicht in den Sinn gekommen, den Pudel für einen denkenden Schauspieler zu erklären, noch sein Auftreten für eine Entweihung des weimarischen Theaters zu halten, das genug Stücke zur bloßen Unterhaltung gab ... Bezüglich des Hundes gab es allerdings keinen größeren Gegensatz als ihn und seinen Jugendfreund ... In der zweiten Intendanzsitzung, der August Goethe beiwohnte, übermittelte Graf Edling bei Besprechung des Repertoires den allerhöchsten Befehl, das Gastspiel Karstens zu gewähren. Goethe erwiderte mit der allgemeinen kritischen Verurteilung des Kunststücks, und als jener den Widerspruch zurückwies, fielen die ominösen Worte: «Schon unsere Statuten bestimmen, daß kein Hund auf dem Theater erscheinen darf.» ...

Es hatte den Anschein, als ob er durch Schmollen seinen Willen durchzusetzen suchte; indes teilte er nach kurzer Zeit Kirms mit, daß er offiziell aus der Intendanz ausscheiden und fernerhin nur beratend mitwirken wolle ...

Der Großherzog glaubte die Intendanz wieder auf lebensfähigen Fuß gestellt zu haben und wurde nicht wenig betroffen, als sich Goethe entschloß, ihr Valet zu sagen. Die möglichsten Konzessionen, die seiner Theatermüdigkeit gemacht waren, vermochten ihr nicht aufzuhelfen, er verleugnete seine früheren Repertoire-Grundsätze und zürnte prinzipiell über Eintagserscheinungen. Gab es jemanden, der seiner Ansicht widersprach, daß eine Kunstanstalt beständig nach dem Höchsten streben müsse? Hatte er aber dem Theater nicht zugestanden, daß es auf Unterhaltung und Neuigkeit Rücksicht zu nehmen habe? Nur dadurch, daß er den Budenprinzipalen in dieser Taktik folgte, war es ihm möglich geworden, den Fortschritt der weimarischen Schule durchzusetzen, und leicht wäre der Nachweis, daß er eine Unmenge Stücke gegeben hat, die den Hund des Aubry nicht übertrafen. Aber damals besaß er Elastizität und frischen Jugendmut, hatte Ziele vor Augen und ging in der Aufgabe auf, während er durch die beständigen Reibungen und unablässigen Kämpfe allgemach mürbe geworden war und sich auf das Altenteil zurückgezogen hatte, das es im Leben eines Theaterdirektors schlechterdings nicht geben darf. Statt des früheren tätigen Mitarbeitens schrieb er jetzt Akten und Reglements, und seine letzten Inszenierungen – nach jahrelanger Untätigkeit – erbrachten in ihrer formalen Erstarrung den Beweis, daß er den Zusammenhang mit der Schauspielkunst verloren hatte. «Mahomet» war schon vor siebzehn Jahren eine problematische Vorstellung, heute aber, ohne Leben und Geist, ein Aufmarsch von Marionetten, und der «Schutzgeist» im Vergleich mit dem «Hund des Aubry» eine veraltete Antiquität.

Diese Stücke machten bei Hofe einen schlechten Eindruck, der es dem Großherzog erleichterte, die Damen von der Richtigkeit seiner Ansicht zu überzeugen. Während das Publikum nach Bekanntgabe des großherzoglichen Reskripts, das unbeabsichtigt wie eine Maßregelung wirkte, für Goethen Partei ergriff und die Mitglieder Genasts Ansicht beitraten, stand der gesamte Hof auf des Großherzogs Seite, natürlich ohne die Hochachtung für den Dichter und Weisen zu vergessen, die dieser ebensowenig außer acht ließ. Er war sogar geneigt, Goethes Widerspruch nicht als Auflehnung gegen seinen Willen, sondern als Prinzipienreiterei zu betrachten, wie das Alter sie liebt, in diesem Falle durch die Idiosynkrasie besonders angestachelt; überhaupt ließ er sich von seinem großen Freunde gern überzeugen, nur das stolze Übersehen seiner unschuldigen Wünsche nahm er übel. Dieser war viel mehr ausgesprochener Despot, wie er bei den verschiedensten Gelegenheiten deutlich bewies; ich mußte deshalb an seine Opposition von 1808 denken, wo er sich, wenn auch mit besseren Gründen als diesmal, gegen den Willen des Fürsten zur Geltung bringen wollte. Hatte man damals seiner Nervosität Rechnung getragen, so erschien ein Einlenken angesichts seiner Amtsmüdigkeit noch wünschenswerter, und so waren wir überzeugt, daß ihm mit der erbetenen Entbindung von der Intendanz eine Wohltat erwiesen worden sei. Um so größer das Staunen über Bezichtigung kunstfeindlicher Absichten, das sich erst dann in ein herzliches Gelächter auflöste, als uns die Kunsterziehung des Pudels gelegentlich verraten wurde. Der Abgang Goethes vom Theater war in einem Alter, das den aufreibenden Anstrengungen nicht mehr gewachsen war, eine sehr natürliche Sache, das Auftreten Dragons das Satyrspiel nach pathetischem Hauptstück; sobald der Vorhang gefallen war, hatte der Hund seine Rolle ausgespielt, das unvergängliche Verdienst des Dichters um das Theater bleibt bestehen, so lange ein solches existiert.

4421 *A. Stahr: Weimar und Jena* *1871*

Goethes kraftvolle Natur überstand den Schlag [der Enthebung von der Theaterleitung]. Daß ihn derselbe aber bis in seine Wurzeln erschütterte, ja daß Goethe sogar im ersten Augenblicke tiefer Erregung den Gedanken faßte, Weimar für immer zu verlassen, und großartigen Anerbietungen, die ihm von Wien aus gemacht wurden, Folge zu geben, scheint unzweifelhafte Gewißheit. Eben so gewiß jedoch ist es, daß Carl August sehr bald Reue empfand, über das, was er an dem altbewährten Freunde und Bildner seiner Jugend, an dem Ehrenhaupte seiner Nation getan. Schon nach Jena hin schrieb er ihm versöhnlich. Doch sein Andringen, daß Goethe die Leitung des Theaters wieder übernehmen solle, war vergeblich. Aber groß und würdig ist es, daß Goethe in seinen biographischen Aufzeichnungen auch nicht mit einer Silbe eines Ereignisses erwähnte, dessen überwältigender Schmerz im ersten Augenblicke ihm, wie es heißt, den erschütternden Ausruf erpreßte: «Carl August hat mich nie verstanden!»

4422 *A. Schöll: Carl-August-Büchlein* *1857*

... als Anfangs April 1817 seiner Erklärung zuwider die Zulassung des Vierfüßlers auf der Hofbühne in dem Stück «Der Hund des Aubry» auf *den* Grund hin durchgesetzt wurde, daß dies Ungewöhnliche dem Großherzog Unterhaltung machen werde, war diese Akkommodation, weil sie deutlich genug mit der Würde der Kunst im Widerspruch stand, ein sehr willkommener Anlaß für Goethe, nun die Direktion mit einer Entschiedenheit niederzulegen, gegen die sich nichts mehr einwenden ließ. Sogleich nach Eingabe seines Entschlusses fuhr er nach Jena. Bald fuhr der Großherzog, kurz vor Antritt einer weiteren Reise, ebendahin; die Droschke mit einem Champagnerkorb und andern guten Sachen bepackt. Im Prinzessinnen-Garten speiste er allein mit Goethe, und man will beim Anklingen der Gläser ein Duo gehört haben, das ungefähr gelautet: «Theater hin, Theater her; zwischen uns bleibt es beim Alten!»

UNDATIERTES 1814–1817

4423 Riemer: Mitteilungen über Goethe *1841*

Zuvörderst ist der soupçonnierte und zur Tradition, besonders durch Falks fabelhafte Anekdote, gewordene Hundeabscheu nicht von der Ausdehnung, die man annimmt, noch von irgend einer andern Bedeutung, als daß Goethe eben kein besonderes Vergnügen an dieser Tiergattung finden konnte …

Er mußte Hunde genug um sich sehen und ihr Gebell und Gekläffe hören, als er in früherer Zeit seinen Fürsten auf die Jagd begleitete, und in späterer noch immer deren genug im Kabinett und Vorzimmer antraf … Aber er ließ den Hund sich noch näher gefallen. In spätern Jahren hatte sein eigner Sohn einen so schönen … Hund oder englische Dogge, von der Universität mitgebracht, den Goethe nicht nur sehr gut leiden mochte, sondern auch, als das Tier aus andern Ursachen beseitigt werden mußte, sogar bedauerte, daß er es nicht zuvor habe modellieren oder abformen lassen, weil es einen so anständigen und würdigen Türhüter, dergleichen König Admet in seinem Palast an seinen molossischen Hunden gehabt, hätte abgeben können.

Dann aber – und das ist die Hauptsache – Goethe war ein Mensch im vollsten Sinne des Wortes, und als solcher konnte ihm nur der *Mensch* behagen, sein Studium und seine Neigung sein. Die Tiere waren ihm nur interessant als mehr oder mindere Approximationen in der Organisation und vorläufige Ankündigungen des endlich erscheinenden Herrn der Schöpfung. Er verachtete sie nicht, er studierte sie sogar, aber er bemitleidete sie eher als Wesen, die in solcher Vermummung und Maske ihren Gefühlen nicht den verständlichsten und geeignetsten Ausdruck zu geben vermochten. Und dahin gehörte ihm auch der Hund, über den er in graziöser Beweglichkeit des Körpers und Selbständigkeit des Charakters sogar die Katze zu setzen pflegte, und sie wohl einmal im Scherz eine heruntergekommene Prinzessin aus dem Löwengeschlechte zu betiteln liebte.

Sie spazierte daher auch frank und frei in seinem Garten und brauchte keineswegs seine Annäherung zu scheuen.

Was es aber mit dem schauspielenden oder vielmehr *spektakulierenden* Hunde für ein Bewandtnis hatte, und was daraus für das Weimarische Theater resultierte, ist genugsam bekannt und besprochen.

4424 Riemer *(1815/17?)*

«Es gibt zwei Welten. Wenn die eine zürnt, so fragt die andere nichts danach.» –

«Die Wahrheit ist bloß desobligeant vis à vis der Anmaßung und Eitelkeit.»

4425 Riemer *(1815/17?)*

«Der Patriotismus verdirbt die Geschichte», pflegte Goethe zu sagen, und er hat recht. Juden, Griechen und Römer haben *ihre* und die Geschichte der *andern* Völker verdorben, nicht unparteiisch vorgetragen. Die Deutschen tun es auch, so ihre eigene als die Geschichte der Ausländer.

4426 Riemer

Ältere Bemerkung etwa aus 1816, 1817.

«Art Wollust, die in dem Undankbarsein liegt. Undankbarkeit ist eine Treulosigkeit. Treulos zu sein, macht beiden Geschlechtern Vergnügen.»

Die Bemerkung ist wahrscheinlich aus Goethes Gesprächen notiert. Einen ähnlichen Gedanken habe ich auch in den Tagebüchern niedergeschrieben als von ihm.

Ein Ähnliches sagt Napoleon.

4427 Varnhagen: Denkwürdigkeiten *1842*

[Zusammentreffen mit Carl August in Paris 1814.] Ich wünschte zu wissen, was Goethe mache, und wie er wohl die neuste Wendung der Dinge aufnehme; der Herzog aber sagte etwas empfindlich, Goethe schreibe ihm nicht. Mit der Napoleonsverehrung würde es jetzt wohl aus sein, meinte einer der Anwesenden; der Herzog wandte sich rasch um, und erwiderte: «O ganz und gar nicht, da kennen

Sie Goethe nicht.» Und er hatte recht; ich hörte nach einiger Zeit, daß er, als man in seiner Gegenwart auf den Gefallenen heftig losgezogen, erst einige Zeit geschwiegen, dann aber mit strenger Ruhe gesagt habe: «Laßt mir meinen Kaiser in Ruh!»

4428 E. Ch. A. v. Gersdorff an Jenny v. Pappenheim

Häufig mußte ich Goethe über den Gang der Geschäfte orientieren, er debattierte oft heftig mit mir und zeigte immer die größte Aufmerksamkeit. Sehr erfreulich war mir seine Äußerung, daß die Neueren zwar sehr ungestüm zu Werke gingen, er sich aber trotzdem ruhig und sicher fühle unter Leitung unseres gnädigen Herrn, und tatkräftigen Wirkens meinerseits. Auch von der großen Zukunft Preußens schien er sich nach und nach zu überzeugen, so fremd ihm auch Preußen als Militärstaat immer bleiben mußte.

4429 J. D. Gries an Rist *1815*

Goethe ... äußert bei jeder Gelegenheit die größte Achtung für Calderon. Ich erinnere mich, eine sehr geistreiche Vergleichung des spanischen Dichters mit dem Sophokles von ihm gehört zu haben, infolge welcher er offenherzig gestand: wenn er und Schiller den Calderon früher gekannt hätten, so würden sie in ihren Stücken manche Fehler vermieden haben.

4430 Charlotte v. Schiller an Cotta *29. Juli 1816*

Ich habe den Mut gefunden, unsern ehmaligen Garten [in Jena] zu besuchen. Das Observatorium ist dort angelegt, und es ist ein herrschaftlicher Besitz, alles wohl erhalten und zum Zwecke vergrößert, und es ist mir tröstlich, daß da, wo Schillers Geist sich mit dem Höchsten der Poesie ehemals beschäftigte, daß man da auch unmittelbar der Sterne Wort vernehmen soll. Wie Goethe so schön sagt.

4431 Frau Augusti: Erinnerungen

Auf einem der Universitätsbälle [in Jena], zu denen Goethe mitunter sein Kommen refüsierte und die Geheimrätin gewöhnlich in Begleitung von Fräulein Ulrich, nachheriger Professorin Riemer, eines schönen, liebenswürdigen Mädchens, erschien, machte ich ihre Bekanntschaft. Frau von Goethe war eine nicht große, etwas gedrungene Gestalt mit starken Zügen, etwas gerötetem Teint und gutmütigem Ausdrucke. Obgleich unbedeutend, nicht mit den Geistesgaben ausgerüstet, ihres Mannes gewaltigem Gedankengange folgen zu können, war sie jedoch weit entfernt davon, mißstimmend auf ihn zu wirken. Im Gegenteil war ihr heiterer, lebensfroher Sinn eine Erfrischung für ihn geworden, und allmählich hatte sie ihr äußeres Wesen so zu bilden verstanden, daß sie mit allem Anstande die Honneurs ihres Hauses machen konnte. Die Ehe war eine zufriedene, keiner störte den andern; Goethe setzte etwas darein, seine Frau auch öffentlich zu ehren und seine Zuneigung zu ihr einzugestehen. Oft sah ich sie, von seinem Arme geführt; es lag dann eine stolze Zufriedenheit in ihren Mienen, und stets hegte sie einen an Furcht grenzenden Respekt vor ihrem Manne, der sich oft unverhohlen, äußerst komisch aussprach. Wenn sie in Jena war, besuchte sie mich oft; sie wußte dann immer eine Menge Neuigkeiten und plauderte so heiter in einem fort, daß es amüsant war, ihr zuzuhören. Mitunter brach sie dann plötzlich auf, um fortzueilen, und wenn ich sie zu bleiben bat, sagte sie: «Ich kann nicht, der *Geheimerat* zankt sonst, wenn ich länger bleibe.»

4432 E. Genast: Aus dem Tagebuche eines alten Schauspielers *1862*

Eine neue Ära begann für mich. Da ich nun zu dem Rang eines wirklichen Hofschauspielers aufgerückt war, so wurde mir öfters die Ehre zuteil, in die Abendzirkel der Frau Geheimrätin von Goethe eingeladen zu werden, bei denen sich die Unterhaltung zunächst um Tagesneuigkeiten drehte, dann Whist, Boston und Ragusa gespielt wurde und zuletzt ein gutes Abendessen folgte.

Die Gesellschaft bestand, außer ihrer Pflegetochter, der Ulrich, spätern Geheimen Hofrätin Riemer, meist aus jungen Mitgliedern des Theaters. Selten erschien Goethe und dann nur auf Augenblicke. Er sprach dann mit diesem oder jenem, sah auch wohl dem Spiele, was auf seinen Befehl nicht unterbrochen werden durfte, eine Weile zu, und entfernte sich wieder.

Einstmals trat er herein und zeigte seiner Frau ein kleines Etui mit den Worten: «Sieh, liebes Kind, was mir meine liebe Freundin, die Geheimrätin Willemer, für eine allerliebste Neuigkeit zum Andenken übersandt hat!» Es war eine goldene Schnalle, woran seine Orden im kleinsten Format mit venezianischen Kettchen befestigt waren. Madame Lortzing, die neben der Geheimrätin saß und ein großer Liebling Goethes war, fragte ganz unbefangen, welcher ihm der liebste von all den Orden sei. Keinem andern hätte ich solche Dreistigkeit raten mögen, denn er liebte es gar nicht, um seine Gedanken befragt zu werden und noch dazu in solchem diffizilen Fall, aber bei ihr machte er eine Ausnahme und erwiderte: «Kleine Neugier! Doch den Kindern muß man zuweilen den Willen tun» – und wies auf die Ehrenlegion.

4433 E. Genast: Aus dem Tagebuche eines alten Schauspielers *1862*

Frau von Goethe war sehr lebenslustig, aber dabei voll Güte und Liebenswürdigkeit; wo sie jemand eine Freude machen oder Hülfe leisten konnte, geschah es mit Wohlwollen und Uneigennützigkeit. Sie liebte es, junge Leute um sich zu haben, und nahm öfters teil an deren mutwilligen, heitern Spielen. In «Die Lustigen von Weimar» beschreibt Goethe die Einteilung ihrer Tage, nur daß die Fahrten nach Jena höchstens alle vier Wochen stattfanden; aber Donnerstag, Montag, Dienstag und Mittwoch waren zumeist stehend. Donnerstags fuhr sie mit der Ulrich und noch einigen jungen Damen nach Belvedere, wohin sich auch ihr gewöhnlicher Zirkel von jungen Mädchen und Männern begab. Da wurde zunächst Kaffee getrunken, dann in den Park gegangen, dort Gesellschaftsspiele vorgenommen und die Schaukeln benutzt. Dienstag war das schon erwähnte Spielkränzchen, Montag und Mittwoch ihre Theaterabende.

Bei aller Vergnügungslust war sie jedoch eine der trefflichsten Hausfrauen und die aufmerksamste Gattin, die es geben konnte.

4434 E. Genast: Aus dem Tagebuche eines alten Schauspielers *1862*

Wie sein erhabener Fürst und Freund, so war auch Goethe ein Mann nach der Uhr und machte die Glocke zu seiner Herrin. Früh um sechs Uhr im Winter, im Sommer um vier Uhr, verließ er sein Bett, dessen Gestell nicht aus Mahagoniholz verfertigt und mit Goldleisten verbrämt, noch mit seidenen Decken und Kissen ausgefüllt war, sondern aus braungebeiztem weichen Holz, einer Matratze und gewöhnlicher Decke und Kissen bestand. Außerdem befand sich in dem nur geweißten, einfenstrigen Kämmerchen noch ein alter Großvaterstuhl und ein dreibeiniges Ecktischchen, worauf ein Waschbecken von Steingut stand, ein großer Schwamm und die nötigen Reinigungsutensilien lagen; daneben hing an einem Nagel das Handtuch. Bis um die Mittagsstunde arbeitete er, dann fuhr er eine Stunde spazieren, wobei gewöhnlich Riemer sein Begleiter war. Punkt ein Uhr wurde zu Mittag gespeist. Um drei Uhr zog er sich von der Tafel zurück oder dehnte auch, wenn um vier Uhr eine Theaterprobe abzuhalten war, die Unterhaltung bis dahin aus. Die Abende, an denen kein Theater war, verbrachte er zumeist mit gelehrten Freunden.

4435 Anekdote *1857*

Als der Herzog von Weimar Goethe frug, woher es komme, daß die Schauspieler so schlecht seien, erwiderte dieser, wie das F.C.B. [Friedrich Carl Büttner?] erzählt: «Weil die Universitäten so gut sind und weniger *Studenten* unter die Schauspieler gehen.»

4436 A. Schöll: Carl-August-Büchlein *1857*

Es handelte sich darum, einen Orientalisten nach Jena zu rufen. Neue Besetzungen pflegte Goethe vorsichtig zu bedenken; auch nie ohne abwägenden Bericht an den Großherzog und aufmerksames Vernehmen seiner Absichten bestimmte Schritte zu tun. Hatte er sich aber einmal auf solche Befugnis gestützt, entschieden, dann gab er nachträglichen Einmischungen von anderer Seite her keinen Zoll breit nach. So hatte er denn, nach Rücksprache mit dem Fürsten, bereits von Jena aus, wo er sich gerade befand, die Berufung eines Orientalisten eingeleitet, als Carl August auch nach Jena kam und in einem Gespräch mit dem Geh. Hofrat Stark Eindrücke schöpfte, die ihm die Berufung eines andern mehr zu empfehlen schienen. Der Großherzog speiste hierauf im Schlosse mit Goethe und einem Dritten. Nach Tische nahm er Goethen in ein Fenster und brachte die Unterhaltung leise auf die Berufungsfrage. Anfangs ging Goethe sehr diensam auf alles ein, indem er aber die Vorstellungen, die dem Großherzog mitgeteilt waren, hindurch merkte, wurden seine Entgegnungen immer bestimmter und schärfer. Endlich sagte der Großherzog: «Du bist ein närrischer Kerl, Du kannst keinen Widerspruch vertragen.» O ja, mein Fürst, antwortete Goethe, aber er muß verständig sein. Carl August ging einmal das Zimmer entlang, dann trat er wieder ans Fenster zu Goethe und führte das Gespräch ruhig zu Ende.

4437 J. A. Zeune: Über Erdkundliches im Nibelungenliede 1836

Ich gab nun 1814 in der Maurerschen Buchhandlung meine neudeutsche Übertragung des Liedes in ungebundener Rede heraus, welcher Goethe die Ehre erwiesen hat, sie einem kleinen gewählten Kreise vorzulesen, wie ich überzeugt bin, nicht wegen ihrer Vorzüge vor andern Erneuerungen, sondern weil jener Dichter-Meister Übertragungen in ungebundener Rede für treuer hielt, worüber er später 1816 in Weimar viel Lehrreiches mit mir sprach und auf meine Frage, ob wir vielleicht von ihm eine ähnliche dichterische Überarbeitung zu erwarten hätten, wie vom Reineke Fuchs, mir antwortete, man müsse nicht viel an solche alte Sachen rühren.

4438 *K. H. G. v. Meusebach an J. Grimm* *16. April 1836*

Als Zeune ein Mal nach Erscheinung von Wahrheit und Dichtung nach Weimar kam und Goethen nicht auflauerte, sondern besuchte, war es ganz natürlich, daß er den Wahren und Dichter aufmerksam machte, daß die Goldne Bulle unmöglich auf Karl den Fünften fallen könne, wie Goethe geschrieben hatte. Goethe aber antwortete auf den Antrag, bei nächster Ausgabe das zu verbessern:

«O das hat nichts zu bedeuten, die Wohlwollenden werden sich das Rechte schon selbst zurecht stellen, und für Nichtwohlwollende habe ich nicht geschrieben.»

4439 *H. Voß (in Gräfs Bearbeitung)*

[4. März 1822] Mir war es ein ganz eigenes Gefühl, als ich meinen Brief an Scott couvertierte, ein fast wehmütiges; und ich dachte eines Wortes von Goethe zu mir, den Eutiner Tischbein betreffend: «Nie einander gesehn, in ganz verschiedenen Verhältnissen gebildet, und doch so übereinstimmend.» Es liegt viel in diesem Wort, das sich mir gleich unauslöschlich einprägte.

4440 *R. Steig: Goethe und die Brüder Grimm* *1892*

Von Goethe erzählte Wilhelm [Grimm] überhaupt am liebsten. Wenn zu guter Stunde auf ihn die Rede kam, dann erhob sich Wilhelm von seinem Sitze, reckte sich wie Goethe empor und wandelte, die Arme auf den Rücken gelegt, das Zimmer gemessenen Schrittes auf und ab. Haltung und Bewegung nicht nur, auch seine zumal in vertrauter Rede mundartlich gefärbte Sprache ahmte er dann zum Ergötzen der Zuhörenden nach. Er verfügte über eine Fülle kleiner Geschichtchen von ihm. Zum Beispiel als sich einmal jemand beklagte, daß ihm in Norddeutschland der Anflug seiner südlichen Mundart zum Vorwurf gemacht worden sei, erwiderte Goethe scherzend: «Man soll sich sein Recht nicht nehmen lassen, der Bär brummt nach der Höhle, in der er geboren ist.» Ein andres, oft von Wilhelm wiederholtes Goethe-Wort war: «Weihnachten, Weihnachten, du warst der Kinder Freude, die noch im Traume lachten.»

4441 *G. Parthey: Ein verfehlter und ein gelungener Besuch bei Goethe* *1862*

Dabei fällt mir ... unser Freund Eduard ein, der Goethen einmal eine Ehre erwiesen hat, die ihm gewiß noch nie widerfahren ist. Eduard, der junge flinke geistreiche Bursch, den Du ja kennst, ein überschwenglicher Goethomane, stand nach dem Kriege als Landwehroffizier in Erfurt, und erfuhr, als er gerade eine Torwache hatte, daß Goethe durch Erfurt passieren werde. Er ließ, sobald der Wagen am Tore angelangt war, die Wache ins Gewehr treten, präsentieren, und den verwunderten Dichterfürsten unter Trommelschall und Pfeifenklang seinen Einzug in Erfurt halten.

4442 *K. Eberwein: Die Musik zum Goetheschen Faust* *1853*

Wolff war es, welcher im Jahr 1816 [1815] zuerst den Gedanken anregte bei Goethe, den Faust teilweise für die Bühne einzurichten. «Ich werde damit», sagte Goethe zu mir, «in der Weise verfahren, wie die Franzosen sich auszudrücken pflegen;» – hier gebrauchte er ein französisches Wort, das er gleich hinterher so übersetzte: «Ich werde gleich einer Maus an dem Gedichte nagen und nach und nach ein Ganzes daraus fertigen.» Die erste Abteilung sollte vom Faustschen Monolog bis zum Eintritte des Osterfestes reichen. Oels erhielt die Faustrolle, Graff sollte den Erdgeist spielen, Gretchen und Mephisto waren dem Künstlerpaare Wolff bestimmt. Der Famulus kam meines Wissens nicht zum Vorschein. Mir aber übertrug Goethe die Komposition mit dem Wunsche, daß ich diese Abteilung mit derselben Diskretion und Umsicht melodramatisch behandeln möchte, wie das mir bei der Komposition der Proserpina ... gelungen sei.

In einem Garderobezimmer des Theatergebäudes hielt Goethe die erste Leseprobe ab. Er schloß dabei meistenteils die Augen, wie er's zu tun pflegte, wann er einem Vortrage mit gespannter Aufmerksamkeit folgte.

Ich meinerseits war glücklich durch den Auftrag meines von mir hochverehrten Meisters und Beschützers. Ich war eifrig bemüht, dem ehrenvollen Vertrauen würdig zu entsprechen. Indes, so leicht mir die Musik zur Proserpina geworden war, so schwer wurde es mir jetzt, derselben zu Faust eine des Gedichtes würdige Gestalt zu geben, so daß der Eindruck jenes erhöht würde und der Laie durch's Gefühl, welches die Musik erweckt, die hohe Bedeutung desselben ahnen könnte, die er mit dem Verstande zu erfassen nicht vermag. Elende Wortmalerei hätte dem Gedichte nur nachteilig werden können, und solche Sünde wollte und konnte ich nicht auf mich laden. Dessenohngeachtet arbeitete ich mit Fleiß fort, um dem Gedichte eine der Musik günstige Seite abzugewinnen. Vergebens. Ich litt Tantalusqualen. Sie mußten abgeworfen werden. Ich begab mich zu Goethe. Er empfing mich in seinem Garten mit jener liebenswürdigen Freundlichkeit, die seinen Untergebenen gegenüber ihm eigen war und immer so wohltätig auf diese wirkte. Auf- und abwandelnd mit ihm in den breiten Gartenwegen, meldete ich ihm, daß ich wohl die Ostergesänge zu Faust beendigt hätte, daß aber die melodramatische Komposition durchaus nicht gelingen wolle. Die Musik wirksam eintreten zu lassen, sie fortzuführen und zu schließen, dazu scheine mir das Gedicht nicht geeignet. Goethe frug: «Ist denn das für das Melodram kein günstiger Moment, wo Faust das Buch des Nostradamus aufschlägt?» – Allein ich hatte mich nun einmal so sehr in dem Gedanken verbissen, daß es geratener sei, die Musik schweigen zu lassen; darum verharrte ich in vorgefaßter Meinung. Goethe entließ mich; doch habe ich weder damals, noch später bemerken können, daß ihn meine Weigerung, seinem Willen mich zu fügen, verletzt hatte.

4443 K. A. Ch. Sckell: Goethe in Dornburg 1864

Im Monat August des Jahres 1816 [?] kam der Großherzog Carl August nach dem eine Stunde von Weimar entfernten Lustschlosse Belvedere, wo mein Vater Gärtner war, und teilte diesem mit, daß Goethe soeben von einer weiten Reise zurückgekehrt sei und ihm zum Geschenk eine Pflanze mitgebracht habe, welche sich zur Zeit noch in keiner Gärtnerei Deutschlands finde. Ich hörte diese Mitteilung mit an.

Darauf gab der Großherzog meinem Vater den Auftrag: «Dein Sohn August kann das Gewächs morgen bei Goethe abholen», und wiederholte denselben, da ich in der Nähe stand, mir selbst noch einmal. Ich ging also am Morgen des darauf folgenden Tages nach Weimar und ließ mich gegen 11 Uhr bei Goethe melden. Sofort vorgelassen, entledigte ich mich meines Auftrags, und Goethe behändigte mir die Pflanze mit dem Bemerken, daß sie ein Cactus Melocactus sei. Hierauf fragte er mich, wie viel Geschwister ich habe, wie alt ich sei und welchen Beruf ich zu wählen gedenke. Ich erwiderte ihm, daß ich noch zwei Brüder habe, von denen der älteste, 19 Jahre alt, sich jetzt als Gärtner in Wien befinde, der andere, 17 Jahre alt, das Gymnasium in Weimar besuche, um später in Jena Cameralia zu studieren; ich selbst sei am letzten 4. Februar 15 Jahre geworden, und meine Mutter wünsche gar sehr, daß ich Theologie studiere. Goethe entgegnete: warum ich nicht auch ein Naturkind, ein Gärtner, werden wolle? Er habe alle Achtung vor dem geistlichen Stande und wolle mir auch nicht davon abraten, doch solle ich, falls ich Theolog würde, ja kein Pharisäer werden, denn Pharisäer und Schriftgelehrte seien seine Freunde nicht. Übrigens wolle er mir offen sagen, daß der Großherzog mit ihm über mich gesprochen und geäußert habe, wie er mich leiden könne und es gern sähe, daß ich auch Gärtner würde. «Nun», fuhr Goethe fort, «ich will Ihnen, wie gesagt, nicht abraten, Theologie zu studieren; nur will ich noch bemerken, daß Sie dann auch wirklich an die Gottheit glauben müssen, denn dies muß ein Hauptgrund mit sein, warum man sich der Theologie widmen will, daß Ihnen aber auch, wenn Sie ein Naturkind, ein Gärtner, werden, Gelegenheit genug geboten wird, zumal in Gottes freier Natur, das Walten einer höheren Macht zu erkennen.» Ich antwortete, daß ich mich desfalls mit meinem Vater beratschlagen wolle. Darauf entließ er mich mit einem Gruße an meinen Vater und mit der Erlaubnis, so oft zu ihm kommen zu dürfen, als ich wolle.

UNDATIERTES AUS DER ZEIT DER THEATERLEITUNG 1791–1817

4444 *P. A. Wolff: Bemerkungen über die Stimme* *1827*

Goethe empfahl seinen Schülern zur Übung der Stimme die Chöre in der Braut von Messina, welche, in den Morgenstunden laut und langsam mit tiefer Stimme gesprochen, das Organ ungemein erweitern, reinigen und ausbilden. Diese Chöre sind zugleich eine treffliche Übung in der Artikulation, und vermöge des Wechsels ihrer rhythmischen Formen eine Vorbereitung zur Rezitation.

4445 *P. A. Wolff: Bemerkungen über die Stimme* *1827*

Ich selbst hatte das Glück, einen Sommer hindurch, bevor ich mich der Bühne widmete, Goethes täglichen Unterricht zu genießen, und da ich nicht versäumte, alles, was er mir in jenen bedeutenden Stunden über meine Kunst mitzuteilen die Liebe hatte, zu Papier zu bringen, entstanden in jener Zeit einige Hefte, die ich in einer Reihe von zwölf Jahren, wo ich unter seiner Leitung, meine Kunst zu üben, den Vorteil genoß, fortwährend vermehrte.

4446 *P. A. Wolff: Über den Vortrag im Trauerspiel* *1827*

Goethe versammelte einigemal in der Woche die jungen Anfänger in seinem Hause, wo sie sich unter seiner Aufsicht und Anleitung im rhythmischen Vortrag übten. In diesen Abendstunden kam auch Voßens Übersetzung des Homer an die Reihe, und so unbegreiflich es auch anfangs schien, welchen Vorteil diese Lektüre jungen Mädchen von sechzehn Jahren bringen könne, die sich dabei im höchsten Grade langweilten, und denen es unmöglich war, den Inhalt zu fassen, und die Begebenheiten eines Gesanges wieder zu erzählen, so zeigte sich der Nutzen davon doch sehr bald. Der Vortrag bekam durch die gewichtige daktylische Versart, durch die langsame und sorgfältige Aussprache der griechischen Götter- und Heldennamen allmählich eine solche Deutlichkeit, ein solches Gewicht, einen so gehaltenen tiefen Ernst, daß in den kleinen Rollen des Trauerspiels bei Meldungen der Boten und Herolde, den Zwischenreden der Vertrauten und dergleichen nie eine störende Lächerlichkeit vorfiel, die jedesmal entstehen wird, wenn eine dünne Soubrettenstimme oder ein gewöhnlicher Konversationston die Szene unterbricht, die von den Hauptpersonen in einem gehaltenen würdevollen Tone deklamiert wurde. Die Stimmen dieser kleineren Partien schlossen sich so bestimmt an die der Hauptpersonen, die Intonierungen waren so richtig und sicher, daß alle, wie die reingestimmten Instrumente eines Orchesters, ineinander griffen. Und darin bestand auch hauptsächlich der Vorzug des Weimarischen Hoftheaters unter Goethes Direktion, in einem harmonisch ineinander greifenden würdevollen Vortrag, wodurch das ausgezeichnetste Talent, wenn es als Gast dazwischen trat, in den Schatten kam …

Was die Weimarische Bühne unter dieser Leitung in rhetorischer Hinsicht Treffliches geleistet hat, ist bekannt; weniger *wie* es hervorgebracht wurde.

Dem erhabenen Dichter mußte es um so mehr darum zu tun sein, die Schauspieler seiner Bühne im Vortrage auszubilden, als er sich vorgesetzt hatte, sein Publikum mit der dramatischen Poesie aller Nationen bekannt zu machen; was er auch insoweit ausführte, daß Sophokles und Aristophanes, Plautus und Terenz, Shakespeare, Calderon, Alfieri und Goldoni, Corneille, Racine, Voltaire und Molière zwischen den vaterländischen Werken und Meisterwerken auf seiner Bühne vorübergingen.

Die Weise, wie Goethe eine dramatische Dichtung auf die Bühne brachte, war ganz die eines Kapellmeisters, und er liebte es, bei allen Regeln, die er festsetzte, die Musik zum Vorbilde zu nehmen, und gleichnisweise von ihr bei allen seinen Anordnungen zu sprechen. Der Vortrag wurde von ihm auf den Proben ganz in der Art geleitet, wie eine Oper eingeübt wird. Die Tempis, die Fortes und Pianos, das Crescendo und Diminuendo usw. wurden von ihm bestimmt, und mit der sorgfältigsten Strenge bewacht; und man glaube ja nicht, daß ein solches Verfahren die Natur und Wahrheit des Vortrags beeinträchtige. Es war der feste Grund, auf dem sich der Schauspieler mit Sicherheit der Begeisterung und dem Gefühl bei der Darstellung überlassen konnte, wenn er nur, von Talent unterstützt, des Gefühls und der Begeisterung fähig war ...

Quartettproben machten gewöhnlich den Anfang, und wurden wiederholt, wenn auch schon ganze Proben stattgefunden. Romeo und Julia, die Amme und der Pater hatten sich bereits oft und sorgfältig zusammen geübt, bevor eine Leseprobe von dem ganzen in diesem Trauerspiele beschäftigten Personal stattfand, und nach derselben traten Paris und Capulet, Tybald und Mercutio erst zu den oben Genannten hinzu, und übten sich mit ihnen, bevor zu einer zweiten großen Leseprobe geschritten wurde. War der Vortrag unter den Hauptpersonen berichtigt und festgestellt, nahten allmählich die Übrigen, bis die Intonierungen, die Tempis, die Schatten und Lichter unter dem ganzen Personal insoweit bestimmt und eingeübt waren, daß man mit den Theaterproben beginnen konnte.

4447 W. G. Gotthardi: Weimarische Theaterbilder 1865

[Bei den Theaterproben.] Solange Goethe noch nicht da war, ging es oben auf der Bühne ziemlich munter her; das Kommen, das Auf- und Abgehen der Schauspieler und der anderen beim Ganzen beschäftigten Personen, die vorläufigen Arrangements, welche der Regisseur traf, um alles in den erforderlichen Stand zu setzen, hatte Bewegung und Leben unter das Personal gebracht ... Bei Goethes Erscheinen trat plötzlich Ruhe ein, und jeder verfügte sich an seinen Platz. Der Regisseur – es war der alte wackere Anton Genast – trat mit der Frage an den Chef heran: «Befehlen Euer Exzellenz, daß begonnen werde?» Auf Goethes sonores: «Wenn's beliebt!» ging die Geschichte denn auch ohne weiteres vor sich und nahm, mit mancherlei kleineren und größeren Unterbrechungen, ihren Fortgang.

4448 *E. Genast: Aus dem Tagebuche eines alten Schauspielers* *1862*

[Nach A. Genast.] Goethe ... strebte in Rhetorik, Plastik und Mimik der Antike nach und führte so, im Gegensatze zu Schröder, zum Idealismus. Das Bild, das Ganze gewann an Kraft und Schönheit, und in dem poetischen Hauch, der die Darstellung durchwehte, lag ein Zauber, der jenen andern Bühnen größtenteils abging. Mit dem Wachsen und Gedeihen der Anstalt wuchs auch die Liebe Goethes zu seiner Schöpfung. In frühern Jahren hatte er die Proben nur bei besondern Stücken besucht, nun aber wohnte er denselben fast regelmäßig bei. Und mit welcher Rücksicht verfuhr er da bei seinen Anordnungen! Nie gab er seiner Unzufriedenheit strenge Worte; sein Tadel war immer so, besonders gegen die ältern Schauspieler, daß er nicht verletzen konnte, zum Beispiel: «Nun, das ist ja gar nicht übel, obgleich ich mir den Moment *so* gedacht habe; überlegen wir uns das bis zur nächsten Probe, vielleicht stimmen dann unsere Ansichten überein.» Den jüngern gegenüber war er weniger rücksichtsvoll; hier hieß es oft: «Man mache das *so*, dann wird man seinen Zweck nicht verfehlen.»

4449 *E. Genast: Aus dem Tagebuche eines alten Schauspielers* *1862*

[Nach A. Genast.] Es ist Goethe von vielen Seiten der Vorwurf gemacht worden, daß er die Bühne wie ein Schachbrett betrachte, dessen lebendige Figuren nur nach seinem Willen sich stellen und ihre Plätze wechseln dürften. – Wann wäre ein hohes geistiges Streben nicht von der Gewöhnlichkeit angegriffen worden? Allerdings bekümmerte sich Goethe auch um Gehen und Stehen der Schauspieler, und stets mit richtigem und feinem Sinn. Höchst störend war es ihm, wenn zwei Personen oder gar drei und vier, ohne daß es die Handlung nötig machte, dicht beieinander auf einer oder der andern Seite, oder in der Mitte vor dem Souffleurkasten standen und dadurch leere Räume im Bild entstehen ließen; da bestimmte er genau die Stellung und gab durch Schritte die Entfernung von der einen zur andern

Person an. Er wollte in dem Rahmen ein plastisches Bild haben und behauptete, daß selbst zwei Personen ein solches, was dem Auge wohl tun müßte, durch richtige Stellung schaffen könnten. Ebenso mußte der Schauspieler, an den die Rede eines andern gerichtet war, einen Schritt vortreten, damit der Redende sich auf natürliche Weise mehr zum Publikum wenden konnte, eine Regel, die freilich jeder vernünftige Schauspieler von selbst einhalten sollte, der nicht sein liebes Ich, sondern das Ganze im Auge hat.

4450 E. Genast: Aus dem Tagebuche eines alten Schauspielers *1862*

[Nach A. Genast.] Noch einer Eigentümlichkeit Goethes will ich hier erwähnen. Er ging mit den Namen seiner Mitglieder gar willkürlich um, wenn dieselben ihm nicht gefielen oder zu prosaisch klangen. Einem Fräulein Petersilie strich er den «Peter» weg und nannte sie Silie. Den Herren Lortzing und Moltke, wie auch Fräulein Elstermann strich et das «t» aus ihren Namen, dagegen gab er dem Fräulein Engel ein «s» am Schluß zu.

4451 E. Genast: Aus dem Tagebuche eines alten Schauspielers *1862*

[Nach A. Genast.] Da das kleine Haus überhaupt nur wie ein Familientheater betrachtet werden konnte, so waren gute Sitte und Anstand unerläßlich ...

Nur die «Räuber» machten eine Ausnahme von der Regel, die waren vogelfrei; da durfte der Bruder Studio sich etwas erlauben, weil die hohen Herrschaften diese Vorstellung nie besuchten. Einmal aber überschritten sie doch das Maß der Schicklichkeit. Ein großer Teil der Studenten hatte die Röcke ausgezogen, die Bierflaschen kreisten umher; es wurde geraucht und gerade nicht die anständigsten Lieder gesungen. Das war Goethe zu viel, er erhob sich in seiner Loge, die unter der fürstlichen im Parterre sich befand, und mit seiner Donnerstimme rief er: «Man vergesse nicht, wo man ist!» Die Studenten, denen oft Gelegenheit wurde, Goethe in Jena zu sehen, wußten sogleich, daß dieser Zuruf nicht von einem Polizeilieutenant kam, und hatten so viel Respekt vor dem Heros, daß sofort die Bierflaschen und Pfeifen verschwanden und die mangelhaften Kostüme in Ordnung gebracht wurden.

4452 *E. Genast: Aus dem Tagebuche eines alten Schauspielers* *1862*

Ebenfalls war es ihm [Goethe] ein Greuel, wenn die Schauspieler ihre Stichworte nicht abwarteten und dem Mitspieler vor der Zeit in die Rede fielen; da rief er mit seiner Stentorstimme: «Man lasse den andern ausreden! Gute Sitte verlangt dies in anständiger Gesellschaft, um wie viel mehr auf der Bühne. In Herbergen und bei Trinkgelagen kann solche Unsitte stattfinden, auf der Bühne aber darf sie nie vorkommen!»

4453 *E. Genast: Aus dem Tagebuche eines alten Schauspielers* *1866*

Der Platz, wo wir zumeist exerzierten [1848], war die große schöne Sternwiese Goethes Gartenhause gegenüber. Was würde wohl der alte Herr zu diesem Treiben gesagt haben? Wahrscheinlich die Worte, die er zuweilen in den Theaterproben anwendete, wenn er mit der Leistung zufrieden war: «Nun, das wächst ja recht erfreulich heran!»

4454 *K. Eberwein: Goethe als Theaterdirektor* *1856*

Goethe ließ in den Probestunden nie auf sich warten. Wie war man beglückt, wann er eintrat und die ehrfurchtsvolle Begrüßung seiner Untergebenen freundlich erwiderte! Seine Gegenwart wirkte so erhebend auf seine Jünger, als stünden sie vor einem zahlreich versammelten Publikum. Ernst und feierlich verrichtete jeder die ihm angewiesene Funktion. In den Proben und Vorstellungen nahm Goethe seinen Platz in der Mitte der ersten Bank des abonnierten Parterre. Nach Errichtung der Parterrelogen wählte er die mittelste, und zwar die entfernteste von der Bühne, von wo aus die Rezitation am besten zu beurteilen ist. Wie horchte man auf, wann er aus der Tiefe des Parterre seine

Stimme erschallen ließ, das Organ der begabtesten Schauspieler an Kraft, Fülle und Wohllaut überbietend! Seine Direktion des Theaters war, wie alles, was Goethe unternahm, systematisch; daher seine Befehle faßlich und eindringlich, wie ein höheres Gesetz. Während der Akte durfte niemand auf der Szene sichtbar sein, außer wer zu tun hatte ...

[Zu einer Egmont-Probe.] In der Szene zwischen Herzog Alba (Graff) und Egmont (Oels) bemerkte Goethe: «Lieber Graff, Ihre Gestikulationen wären ganz gut, wenn Sie dabei nicht das Gesicht verdeckten, das man nur in besonderen Fällen dem Zuschauer verbergen soll. Spielen Sie statt mit dem rechten Arme mit dem linken; so bleibt Ihr Gesicht frei, und Ihre Mimik geht dem Publikum nicht verloren. Auch ist es angemessener, die Worte, welche Alba an Egmont, der zu seiner Linken steht, richtet, mit der linken Hand vorzugsweise zu unterstützen!» Graff verneigte sich und sagte: «Sehr wohl, Exzellenz!» – und des Meisters Wink war ihm Gesetz ...

Goethe duldete nicht, daß sich jemand zum Abgehen anschickte, bevor seine Rede beendet war. Theaterfreunde haben gewiß schon mit Mißvergnügen die Bemerkung gemacht, daß die Schlußworte eines abgehenden Schauspielers teilweise dem Publikum entzogen werden und den Eindruck der Rede schwächen.

Eines Tages bemerkte der Meister sarkastisch: «Herr Oels, Ihre hintere Partie haben wir genug gesehen; zeigen Sie uns doch wieder Ihr Gesicht!» Im Nu stand der beschämte Künstler en face seinem Chef gegenüber.

Wenn mehrere Personen auf der Bühne beschäftigt waren, so ließ er sie einen Halbkreis bilden, verteilte sie so weit von einander, daß jeder seine Arme unbehindert bewegen konnte, und die Beteiligten im Verhältnis zum Raume sich näher oder entfernter standen, damit die eine Seite nicht überfüllt wurde, und die andere [nicht] leer blieb. In der Probe zu Schillers «Tell» spielte der Tenorist Moltke die Schäferrolle. Zu Anfang des Stückes drängte der Schäfer, sobald er zu sprechen hatte, nach der Mitte der Bühne vor, wodurch die Symmetrie der Gruppe gestört wurde. Goethe machte ihn darauf aufmerksam und ließ die Szene wiederholen. Unser Tenor aber verfiel in denselben Fehler. Da gebot der Meister «Halt!», kam auf die Bühne, wies Moltken seinen Platz an, stellte sich zwischen diesen und die übrigen handelnden Personen, faßte ihn beim Arm und befahl, die Szene zu repetieren. Moltke drängte und zuckte, sobald er zu sprechen hatte; Goethe aber wich und wankte nicht, und brachte so den allzubeweglichen Sänger zur Ordnung. Es bedarf wohl keiner Versicherung, daß dieser Auftritt allgemeine Heiterkeit bewirkte.

4455 *K. Eberwein: Goethe als Theaterdirektor* 1856

Den Damen [am Theater] riet Goethe, von dem Nationellen und Zeitgemäßen ihrer Partien nur das zu wählen, was sie gut kleide. Er sagte: «Wenn Ihr hübsch ausseht, so kann man vollkommen zufrieden sein!»

4456 *K. Eberwein: Goethe als Theaterdirektor* 1856

Parodien klassischer Werke waren ihm [Goethe] ein Greuel. Über Wurms Bestreben, die Juden von der Bühne herab dem Gespötte preiszugeben, geriet er in Zorn und sagte: «Es ist schändlich, eine Nation, die so ausgezeichnete Talente in Kunst und Wissenschaft aufzuweisen hat, gleichsam an den Pranger zu stellen! Solange ich das Theater zu leiten habe, dürfen derartige Stücke nicht gegeben werden!»

4457 *K. Eberwein: Goethe als Theaterdirektor* 1856

Unser hochverehrter Meister hatte die Gewohnheit, die Augen zu schließen, wann er einen Vortrag mit besonderer Aufmerksamkeit verfolgen wollte. Als Sechziger konnte es ihm daher leicht passieren, daß er darüber einschlief. Und so geschah es wirklich in einer Probe, der er in seiner Loge beiwohnte. Die Schauspieler nahmen sich, wie immer in seiner Gegenwart, sehr zusammen, und die Probe ging untadelig vonstatten. Die Agierenden waren sehr erfreut, der Exzellenz keine Veranlassung gegeben zu haben, sich über dieses oder jenes mißfällig zu äußern. Eine Schauspielerin, die dem Geheimenrat eine Bitte vorzutragen wünschte, begab sich in seine Loge. Und siehe da, der Meister schlief ganz behaglich.

4458 Caroline Jagemann: Erinnerungen

[Mit Bezug auf die letzten Jahre von Goethes Theaterleitung.] [Goethe lehnte] die Mitteilung der Eingänge wiederholt ab, überließ die Austeilung der Rollen und Bestimmung des Repertoires mehr oder weniger seinen Kollegen, kümmerte sich um die Wünsche des Herzogs, auch der Herzogin, blutwenig und erschien nur ausnahmsweise in Kommissionssitzungen und Proben. Dagegen unterschrieb er die Beschlüsse regelmäßig, auch wenn er anderer Meinung war, ließ die Sache gehen, wie sie wollte, und faßte seine Stellung wesentlich als Sinekure auf. Manchmal glaubte man eine Aversion gegen die Wirksamkeit des Grafen Edling bemerken zu müssen; der Grund schien indessen tiefer zu liegen und geradezu den Herzog zu treffen; auch Verstimmung wegen der Kündigung von Wolffs sprach mit und die Müdigkeit des Alters, das sich durch den beständigen Fluß des Theaterlebens unangenehm berührt fühlte. Seine ehemaligen Schoßkinder hatten es zwar, seit sie ihren Wert fühlten, an Prätentionen nicht fehlen lassen, und ihr Abgang bildete nur die natürliche Konsequenz derselben, es dauerte indessen einige Zeit, bis er den Unmut über ihre Undankbarkeit, wie er die Fahnenflucht nannte, gänzlich überwand. Schließlich mag die allgemeine Vernachlässigung der Kunst infolge der politischen Verhältnisse seinen Unwillen vermehrt haben sowie die Verbreiterung und Verwässerung der Theaterkritik, welche die mangelnde dichterische Produktion verdecken sollte. Selbst an Tieck und Börne fand er mancherlei auszusetzen und hatte wenig Dank dafür übrig, daß sie Schlegels Werk fortsetzten und seinen Stücken die nationale Bewunderung zu gewinnen suchten.

4459 G. Moltke: Goethe-Reminiszenzen *1882*

Bald begann nun meine Theaterwirksamkeit in Kinderrollen verschiedener Art; auch als kleiner Sänger mußte ich mich versuchen in der Rolle des «Adolpho» in der Oper Camilla von Paër. In Goethes Festspiel «Des Epimenides Erwachen» gab ich einen der kleinen stummen Dämonen, der der Darstellerin des Glaubens eine eiserne Kette in den Gürtel hängt.

Ich erinnere mich noch dunkel, einmal einer Leseprobe im Goetheschen Hause beigewohnt zu haben, und daß es dabei sehr ernst und feierlich herging.

So wie Goethe das Wort nahm in seiner ruhigen, markigen, volltönenden Weise, hingen aller Zuhörer Augen an seinem Munde, und mir erschien er wie ein überirdisches Wesen.

4460 H. Franke: Aus der Goethezeit 1881

Der dritte Theaterabend, den ich in Weimar erlebte, und zugleich der letzte vor den «Ferien», brachte mich zum erstenmale selbst auf die Bühne: ich tanzte zwischen zwei Lustspielen ein englisches Solo. Es war damals durchaus nichts Seltenes, daß junge Leute, die der Bühne sich widmen wollten, eine Ballettschule durchmachten. Goethe sagte mir später einmal in Bezug darauf, er fände dieses ganz gut; man mache den Körper geschmeidig und bereite ihn zur Plastik vor, wenngleich die Bewegungen des Balletts, die das Wort ersetzen müßten, andere seien als die des Schauspieles, wo sie nur zur Unterstützung des Gesprochenen dienten.

4461 H. Franke: Aus der Goethezeit 1881

So fehlte ich denn von jetzt an in keiner Probe, die zwar von Goethe nicht immer, aber doch häufig geleitet wurden, besonders wenn es sich um neue oder bedeutendere Stücke handelte. Der Altmeister saß aldann gewöhnlich in einer der Bühne gegenüberliegenden Parterreloge, die mit einem Tisch und einer einfachen Blechschirmlampe ausgestattet war. Häufig hatte er einen Schreiber bei sich, dem er hie und da einige Bemerkungen diktierte.

Ein namhafter Teil der Bühnenmitglieder war in der Goetheschen Schule aufgewachsen oder unter seiner Leitung schon so lange tätig, daß er mit jener sich vertraut gemacht hatte. Daher richteten sich Goethes Bemerkungen über Auffassungen, Betonungen und Gesten meist an die jüngeren Elemente, ohne indes gegebenen Falles Anstand zu nehmen, auch die älteren zu Wiederholungen und Änderungen zu veranlassen, dann aber immer in einer sehr schonenden Form. Besonders lenkte er seine Aufmerksamkeit auf ein gutes Ensemble und eine der Situation entsprechende Gruppierung. «Das ist ein Durcheinander, aber kein Bild», äußerte er manchmal.

Es ist wahr, anfangs wollte mir mancherlei sehr pedantisch in den Proben erscheinen, so zum Beispiel das Abmessen der Entfernungen einzelner Personen von einander, oftmalige Wiederholungen von Szenen, die den Meister nicht befriedigten, obgleich sie den Beteiligten ganz gut gegangen zu sein schienen, und dergleichen mehr. Sah man nun aber am Abende die Vorstellung, so merkte man von all dem Zwange nichts, die Sache verlief ohne Unnatur, und alles gestaltete sich in Wirklichkeit «zum Bild». – Man hat ja später Goethe den Vorwurf gemacht, seine Schauspieler seien mehr Figuren als lebende Menschen gewesen, ein Vorwurf, der nur auf gänzlichem Mißverstehen Goethescher Grundsätze beruhen kann. Im höheren Drama liebte er allerdings da, wo es am Platze war, eine gewisse plastische Ruhe, in leidenschaftlichen Momenten vom Künstler ein weises Maßhalten, wogegen im Konversationsstücke auf leichtes Spiel und gesunden Humor gehalten wurde. Freilich duldete er auch dabei nicht, daß der größeren Lebendigkeit wegen einer den anderen nicht ausreden ließ, wenn dieses nicht besonders vom Dichter angedeutet war.

Vielfach ist auch die Tragweite der Goetheschen Regel, daß der Schauspieler nicht im Profil spielen, oder dem Publikum den Rücken zudrehen solle, überschätzt worden. Im allgemeinen wurde wohl an dieser Regel festgehalten und im Zwiegespräch nur eine leichte seitliche Wendung gemacht; indessen blieb es nicht aus, daß zum Beispiel bei lebhaftem Dialog die Profilstellung auf kurze Zeit eingenommen wurde. Einigemale verlangte Goethe diese sogar und empfahl in solchen Fällen nur ein lauteres Sprechen, damit die nach der Kulisse gerichteten Worte dem Zuhörer verständlich blieben. Dasselbe forderte er noch mehr, wenn nach dem Hintergrunde hin zu sprechen war, wobei vom Redenden, wenn angängig, durch eine Stellung seitwärts vermieden wurde, dem Publikum gänzlich den Rücken zuzudrehen. Handelte es sich um längere Reden, so hielt Goethe darauf, daß die Angeredeten etwas vortraten, damit der Sprechende sich zwanglos dem Publikum zuwenden konnte.

4462 Riemer

Als Madame Wolff bemerkte, daß manche Schauspieler nach den Worten, die sie zu sagen haben, aufhören zu spielen, versetzte Goethe: Das rühre noch von den Marionetten her, die, wenn sie gesprochen haben, auch nicht weiter bewegt würden.

4463 O.L.B.Wolff: Das Büchlein von Goethe *1832*

Musiker und Sänger wußte er sehr anzuregen, und ihnen oft mit wenigen Worten, aber lebhaften Gebärden und Ausrufungen anschaulich zu machen, worauf es eigentlich ankomme; dabei hatte er eine unermüdliche Geduld und Ausdauer. – Eine der ersten noch lebenden dramatischen Künstlerinnen begann ihre Laufbahn in Weimar. Sie hatte bei ihrem Debüt auf den Brettern, die die Welt bedeuten, einige wenige Worte zu sagen. Goethe ließ sie zu sich kommen und sagte: «Nun, mein liebes Kind, sagen Sie mir einmal vor, was Sie morgen zu sprechen haben.» – Sie gehorchte. Goethe belehrte sie nun und hieß sie dann die Worte wiederholen. – Sie tat es. – «Noch einmal», sagte er ruhig. Sie leistete willig Folge. – Da ließ er sie mit dem ruhigsten «Noch einmal» von der Welt dieselben Worte wohl funfzig Mal wiederholen, und als ihr endlich vor innerem Ärger und zurückgedrängten Tränen die Stimme versagte, sprach er, ohne im geringsten von ihrem Kummer und Grimm Notiz zu nehmen, zu ihr: «Nun, mein liebes Kind, gehn Sie jetzt zu Hause und überdenken Sie sich das; dann kommen Sie morgen wieder, da wollen wir es noch ebenso viele Mal wiederholen; da soll es wohl gehen.» – Daß es am andern Tage wirklich ging, daran wird wohl niemand zweifeln.

4464 C. G. Beck: Besuch bei A. Schopenhauer März 1857

Ich ... frug ihn, ob er den Aufführungen im Weimarischen Theater unter Goethes Leitung beigewohnt habe. «Ich war oft dort», erwiderte er, «und sah treffliche Darstellungen. Aber die Dekorationen waren bisweilen recht mangelhaft... Überhaupt lag das Kostüm noch recht im Argen: Macbeth und Wallenstein waren mit demselben Purpurmantel bekleidet. Andrerseits hielt Goethe wieder strenge darauf, daß die Stücke im Kostüm ihrer Zeit zur Darstellung kamen. Die Schauspielerinnen waren damals, wie ja die Frauenzimmer überhaupt, voll dummer Eitelkeit und nur darauf bedacht, durch glänzende Toilette die Herzen der Männer zu erobern. So erschien einmal eine Schauspielerin, eine wunderschöne Blondine, für deren Reize Goethe nicht unempfindlich war, als Minna von Barnhelm in einem sehr kleidsamen Hütchen, wie sie gerade damals Mode waren. Goethe, der bei der Probe immer auf der vordersten Bank saß, um genau dem Spiele der Künstler zu folgen, stürzte wütend auf die Bühne, riß ihr das Hütchen vom Kopf, warf es auf die Erde und schrie in höchster Entrüstung, indem er mit den Füßen auf dasselbe stampfte: «Steht Ihnen das Meisterwerk unseres Lessing nicht höher als Ihre verfluchte Eitelkeit!» Goethe herrschte überhaupt mit einer wahrhaft despotischen Strenge über seine Künstler. Er rügte jede Nachlässigkeit, jede falsche Auffassung oder Übertreibung, manches Mal in recht derber Weise. Es wurde ihm aber auch oft schwer genug, sie von ihrem Dialekt und Naturalismus zu befreien und sie an das richtige Sprechen der Jamben, und das tragische Pathos, wie sie die jetzt zur Aufführung kommenden Werke forderten, zu gewöhnen, dafür war aber auch das Ensemble auf der Weimarer Bühne ein vortreffliches. Seine Schauspieler sprachen, trotz seiner oft gegen sie angewendeten maßlosen Strenge, stets mit der größten Hochachtung von seiner Bühnenleitung ...»

REGISTER

In diesem Register sind die Namen der Berichterstatter mit Verweisung auf die *Nummern* der zugehörigen Stücke erfaßt. In den Fällen, wo der Berichterstatter nicht mit dem Quellenautor identisch ist, der Bericht also aus zweiter Hand stammt, werden beide Namen aufgeführt. Unmittelbar an den Namen anschließend folgen die Berichte aus Tagebüchern, Erinnerungswerken und sonstigen Schriften, sodann die Briefstellen mit Angabe der Empfänger.

Goethes Gespräche
Biedermannsche Ausgabe

Fünf Bände in sechs Teilbänden
Ergänzt und herausgegeben
von Wolfgang Herwig

Band 1
Gespräche der Jahre 1749–1805
Band 2
Gespräche der Jahre 1805–1817
Band 3 · Erster Teil
Gespräche der Jahre 1817–1825
Band 3 · Zweiter Teil
Gespräche der Jahre 1825–1832
Band 4
Kommentar
Band 5
Nachklang/Nachträge/Register

5059 *F. v. Müller* *26. Januar 1823*

Von 4 ½ bis 6 Uhr bei Egloffsteins. Julie war besser und sehr erfreut über Goethens günstige Beurteilung ihres Bildes.

5060 *Soret* *2. Februar 1823*

J'omets de mentionner plusieurs visites, parce qu'elles ne sont accompagnées d'aucun détail sur la conversation. Ce matin, j'ai reçu, de la part de Goethe, un gros écritoire en bois avec une légende qui lui donne du prix:

Herrn Soret zu täglichem Erinnern
Februar 2. 1823. Glück wünschend. Goethe.

Le nom seul est écrit de sa main. Le reste doit avoir été tracé par son secrétaire Kräuter.

5061 *F. v. Müller* *3. Februar 1823*

Ich traf ihn [Goethe] gegen 6 Uhr abends ganz allein, nur sein kleiner Enkel blätterte in Bilderbüchern und ward bei seinem lebhaften Wesen und öftren Fragen von dem alten Herrn aufs geduldigste von Zeit zu Zeit beschwichtigt, endlich aber durch allerlei Persuasionen vermocht, sich auf das Bett im Kabinett schlafen zu legen.

Die wichtige Tagesneuigkeit des Krieges mit Spanien gab unsrem Gespräch die erste Unterlage. Goethe hält sich überzeugt, daß zu Verona bereits ein fester Plan der Unterstützung Frankreichs durch nachrückende Armeen verabredet sei, daß man Spanien, es koste was es wolle, bezwingen werde und daß viel ernsthaftere Maßregeln, als man sich irgend träumen lasse, ehstens zum Vorschein kommen würden. Die Opposition der Württemberger gegen Österreichs Allgewalt erscheint ihm absurd, wie jede Opposition, die nicht zugleich etwas Positives bestrebe.

«Hätte ich das Unglück, in der Opposition sein zu müssen, ich würde lieber Aufruhr und Revolution machen, als mich im finstern Kreise ewigen Tadels des Bestehenden herumtreiben. Ich habe nie im Leben mich gegen den übermächtigen Strom der Menge oder des herrschenden Prinzips in feindliche, nutzlose Oppostition stellen mö-

und stellen kann, als er es tat – es ist wirklich unnachahmlich – einzig.) Er zauderte und umging die Antwort und sagte, wie er jetzt noch viel mehr angezogen sei, wie aber die Sache immer bedenklicher und gefährlicher würde, es sei wirklich nicht mehr zu wagen; er stellte es so hübsch und so hübsch für mich, daß ich es nicht wiedergeben kann, und als die Mutter sagte, es würden ihm noch ganz andere und viel schönere Mädchen entgegenkommen als ich, meinte er, es sei schon genug, und viel zu viel. «Also ein schönes Nein?» «Nun, man kann immer nicht wissen, aber bei meinen Kindern ist es schon ausgemacht, die können keinen Winter mehr durchleben, ohne in Berlin gewesen zu sein, und da will sich dann meine Schwiegertochter nur den heiligen Christ bescheren lassen, und dann den Herrlichkeiten des Karnevals nachziehn.» Ich sagte ihm, auch wir hätten so viel Schönes von seinen Enkeln gehört. «Ja, es sind liebe Kinder, und gut und tüchtig, und hübsch dazu, was auch recht gut und angenehm ist, wenn man es in den Kauf bekommt, und sie vertragen sich gar gut mit dem Großvater, besonders wenn er ihnen Pfeffernüsse gibt, die auch diesesmal wieder angeschafft werden müssen.» Von Karlsbad war sehr lange und viel die Rede. Wie er in früheren Jahren viel und gern dort gewesen, fünf bis sechs Jahre hintereinander. «Da wohnte ich denn immer in den drei Mohren, nachher baute man mir aber ein Haus hin, das mir die Aussicht nahm, und da mochte ich denn nicht mehr dorthin ziehen, auch nicht die guten Leute durch mein Fortbleiben betrüben, und so blieb ich lieber ganz davon. Dann war es mir auch zuwider, weil ich zuletzt immer und ohne Aufhören die Pferde der Abreisenden über die Brücke traben hörte.» Ich sagte ihm, wie mir das ganze Badeleben wie ein Menschenleben erschienen sei, ein ewiges Kommen und Gehen, Auftreten und Verschwinden. «Jawohl, so war es mir auch; ich war in der Regel vier ganze Monat dort; im ersten gab es nun große Herrlichkeit, die angenehmsten Bekanntschaften wurden gemacht, alles war jugendlich, lebensfroh, die Gegend neu, und reich, es bildete sich ein Zirkel, der seinesgleichen suchte. Im zweiten Monat verwandelte sich die Szene, neue Erscheinungen traten auf, ein ganz anderes Geschlecht, nicht weniger angenehm und gut, aber die ersten Teilnehmer fehlten, die Lebendigkeit und Frischheit war abgestumpft, indessen man half sich, wie man konnte, und es ging, nicht wie zu Anfang, aber noch immer gut genug, bis dann zuletzt sich einer nach dem andern verlor und davonzog, und es immer leerer und einsamer wurde.» («Ach ja», sagte er sehr oft, und ich hatte jedesmal eine wahre Freude daran.) Die Schilder in Karlsbad haben ihn auch sehr amüsiert, er erkundigte sich, wo wir denn wohnten, und kannte den w.H.[Weißen Hirsch?] gar wohl. Die Unmöglichkeit nannte er ein liebenswürdiges Schild, und fand besonders die Bezüglichkeiten sehr gut, die sich oft durch die Bewohner machten; so hatte ein Freund aus ihrem Kreise, ein lustiger Vogel, im Lustigen Bauer gewohnt. Schon bei der Fürstin hatte er eine hübsche Geschichte erzählt, wie nämlich ein Freund einen dummen Bedienten gehabt, dem er eingebildet habe, hinter dem Kreuzberg sei ein großes Feuer, eigentlich das Fegefeuer, wo die bösen Seelen in einem großen Kessel siedeten, und daher sei der Sprudel entstanden, und daher rühre auch der seltsame Geschmack nach Fleischbrühe. Ich fragte ihn, ob er denn gar keinen Lieblingsplatz habe. «Nein, Lieblingsplatz eigentlich nicht, am liebsten ging ich von der Prager Chaussee herunter, und freute mich der sich auftuenden Herrlichkeiten, was denn allerdings für jemand, der selbst am Zeichnen Interesse hat und lebhaft auf Beleuchtung und Schattierung achtet, einen besonderen Reiz hat.» – Das Theater war aus, und er erzählte uns, daß heute noch ein Konzert sei. «Geht denn irgend jemand ins Theater», fragte er die Tante. «Gewiß, man freut sich an der Schlechtigkeit, und am Ende ist doch das schlechteste Theater besser als die beste Langweil.» Am Ende war es schon ganz leer und sehr kühl geworden. Da meinte er dann, es sei wohl nötig für uns, zu Hause zu gehen; denn Gesundheit, wenn man auch noch so gesund sei, müsse man doch immer am höchsten halten. Wir fragten, ob wir

welche entweder um neun oder um zehn Uhr bei Goethe sein werden (denn ich bin beide Male dort), Einlaßkarten zuzustellen von Serenissimo die gnädigste Erlaubnis erhalten habe. Um 11 3/4 Uhr endet dieser Actus.

5731 E. Förster: Aus der Jugendzeit *1887*

... ich ... kam am 5. November in Weimar an. Am Morgen des 6. – es war ein Sonntag – meldete ich mich mit Übersendung des d'Altonschen Briefes bei Goethe an und erhielt die Einladung, um zwölf Uhr bei ihm zu sein. Ich nahm eine von mir gefertigte Zeichnung nach dem von uns ausgeführten Freskogemälde der Theologie zu mir und ging über die geweihte Schwelle.

Mit einer namenlosen Empfindung, gemischt aus höchster Freude und hochgesteigerter Angst, die selber durch das «Salve» am Eingang nur wenig gemindert wurde, trat ich in das große Empfangzimmer. Wußte ich doch, daß der erhabene Dichter des «Faust» zugleich der kühle Beurteiler des Corneliusschen «Faust» war, der ihn mit dem von Retzsch, ja fast mit dem von Delacroix auf eine und dieselbe Stufe gestellt und der an den «Nibelungen» meines großen Meisters nur «den altertümlich tapfern Sinn und die unglaublich große technische Fertigkeit» zu rühmen gewußt. Und doch war er der hohe, von tausend und aber tausend Zungen gepriesene und von mir mit tiefster Ehrfurcht bewunderte Dichterfürst!

Ich hatte erwartet, ihn auf einem Stuhl, gleich einem Audienz erteilenden thronenden Fürsten, zu finden, und war darauf gefaßt, in bescheidener Entfernung an der Türe stehen bleiben zu müssen. Wie war ich überrascht und plötzlich aller Sorgen ledig, als er mit offenen Armen mir entgegenkam, mich mit beiden Händen erfaßte und aufs herzlichste willkommen hieß. – Nach den Vorfragen über d'Altons Befinden etc. ging er sogleich auf die Kunstunternehmung in Bonn über und war hocherfreut, daß ich meine Antwort mit einer Zeichnung begleiten konnte.

Es war ein eigentümlicher Zug im Charakter Goethes, daß er die vornehme Zurückhaltung, die er in Gesellschaft

dtv

Goethes Gespräche
Biedermannsche Ausgabe

Band III
Erster Teil

Goethes Gespräche
Biedermannsche Ausgabe

Fünf Bände in sechs Teilbänden
Ergänzt und herausgegeben
von Wolfgang Herwig

Goethes Gespräche

Eine Sammlung zeitgenössischer Berichte
aus seinem Umgang
Auf Grund der Ausgabe und des Nachlasses
von Flodoard Freiherrn von Biedermann
Ergänzt und herausgegeben
von Wolfgang Herwig

Band 3
Erster Teil 1817–1825

Deutscher Taschenbuch Verlag

Diese Taschenbuchausgabe ist band- und textidentisch
mit der im Artemis Verlag, Zürich,
von 1965 bis 1987 erschienenen Ausgabe.

November 1998
Deutscher Taschenbuch Verlag GmbH & Co. KG,
München

Umschlagkonzept: Balk & Brumshagen
Gesamtherstellung: C. H. Beck'sche Buchdruckerei,
Nördlingen
Printed in Germany · ISBN 3-423-59039-4

INHALT DES DRITTEN BANDES

Erster Teil 1817–1825

X

VON DER NIEDERLEGUNG
DER THEATERLEITUNG
BIS ZUM AUFBRUCH NACH MARIENBAD
1817–1821

1817

4465 Johanna Frommann an ihren Sohn *6. Mai 1817*

[Jena.] Aber wie hab ich Dich Mittwoch abend [23. April?] hergewünscht, wo Goethe so ganz offen war, so heiter, daß er zuletzt halb 11 um Verzeihung bat, daß er uns so lange aufgehalten habe. Italien, Moritz, Merck, die Zeit von 1772 bis 1800 kamen aufs Tapet. Zuletzt kam's auf Preßfreiheit-Zwangs-Zensurexemplare, wie dasjenige betitelt wurde, was die Zensoren, die nicht mehr zensieren, noch haben möchten. Wir lachten viel darüber.

4466 Knebel an Charlotte v. Schiller *29. April 1817*

Goethe geht fleißig auf dem Museum herum, besucht Botanik und Chemie, und ist dabei sehr tätig, besucht uns auch fleißig. Ich kann mich mit diesen *irdischen* Sachen nun nicht mehr abgeben und bin zu alt dazu, auch noch viel zu lernen. Indessen nehme ich teil an allem, wenn es bis zu meinem Bereich reicht.

4467 Gries an Abeken *5. Mai 1817*

Meinen Zwiespalt mit Knebel habe ich Ihnen erzählt ... Sein unaufhörliches Schimpfen auf die Deutschen und ihr Herabsetzen gegen andre Nationen machte mir seine Gesellschaft längst zuwider. Selbst Goethe (bei dem Knebel mich verklagt hatte) hat zu den Schwestern [Sophie Bohn, geb. Wesselhöft, und Betty Wesselhöft] gesagt, er könne mir nicht verdenken, daß ich böse geworden, wenn ich auch dem Alter etwas hätte nachsehen sollen. Aber Knebel mißbraucht das privilegium senectutis etwas zu arg ...

Goethe kommt diesmal oft zu Frommanns. Ich habe ihn mehrmals dort gesprochen oder vielmehr nur gesehen; denn seine Worte verstehe ich jetzt weniger als jemals, weil ihm die meisten Vorderzähne fehlen. Sie können sich daher vorstellen, in welcher Verlegenheit ich war, da er mir eine Visitenkarte schickte und ich mich nun genötigt sah, ihm einen Besuch zu machen, was ich sonst nie tue. Glücklicherweise fand ich ihn sehr beschäftigt und konnte mich nach fünf Minuten mit Anstand zurückziehen. Aber ist es nicht ein Jammer, daß ich nun den Mann gleichsam fliehen muß, dessen Worte ich gern mit Gold aufwiegen möchte? – Goethe hat, wie die Freunde mir erzählen, sehr oft und mit großem Lobe vom Calderon gesprochen. Daß er etwas darüber schreiben wird, glaube ich nicht mehr. Er hat zu Frommann gesagt, *vor* Ihrer Rezension würde ihm dies ein Leichtes gewesen sein, jetzt sei es eine *Arbeit*. Gewiß das beste Lob, das Sie sich wünschen können. – Die Anekdote von der Zanksucht seiner Schwiegertochter wird hier und in Weimar für eine reine Dichtung erklärt. Sie soll, nach der Aussage aller ihrer Bekannten, ein sehr gutmütiges, sanftes Kind sein. Aber wahr ist, daß er seinem etwas phlegmatischen Sohne scherzhaft gedroht hat, wenn er Ottilien nicht recht warm halte, so wolle er (der Vater) ihr so die Cour machen, daß ihm (dem Sohne) Hören und Sehen vergehen solle. Und ich glaube, er könnte es.

4468 Johanna Frommann an ihren Sohn *6. Mai 1817*

... gestern früh steigt Goethe mit den Tanten [Sophie Bohn, geb. Wesselhöft, und Betty Wesselhöft] in ihrem Garten herum, und sie sprechen über die Stuttgarter Geschichten, daß dieser König ihnen auch nichts recht macht, man ihm Pasquillgemälde geschickt hat etc. Da sagt die Bohn: ich begreife nicht, wie es kommt, daß die Menschen doch auch mit niemand zufrieden sind! Da steht er still und sagt: «Ja, wißt Ihr, Kinderchen, woher das kommt? weil sie mit *sich* zu sehr zufrieden sind. – Ihr Lieben, denkt's weiter nach.» Denke an dieses schöne bescheidene Wort, wenn um Dich herum König und Minister ewig getadelt werden.

4469 C. Stadelmann an Th. Kräuter *14. Mai 1817*

Wohl befinde ich mich, aber in traurigen Umständen, wir sind auf acht Tage nach Jena gegangen, aber es sind bereits acht Wochen, ich leide an allen Notdürftigen Mangel, alles geht in Stücken, an den Stiefeln keine Sohlen, sogar die Vorschuhe nicht mehr brauchbar, meine besten Hosen sind zerfleischt, andere habe ich nicht, schon sind dreieinhalb

Monat verflossen, daß ich in Dienst bei Seiner Exzellenz bin, und habe weiter noch nichts von den versprochenen Livreestücken als Rock und Hut. Worinne ich in dem schreckliche Aprilwetter habe paradieren müssen. Welche dadurch freilich sehr gelitten haben. Ferner habe ich den Tag 8 Groschen, aber jeden will ich loben, der imstande ist, bei dieser Zeit mit 8 Groschen auszukommen, ich, der gewiß sich mit wenigen gerne begnügt, kann es nicht dahin bringen, 10 Groschen sind an Abend immer fort, und so habe ich schon über 4 Reichstaler verloren, die mir jetzt viel Schaden tun, Barth [Goethes Kutscher] hat Sachen bekommen, solange ich da bin, ich bin vertröstet worden, Barth hat 1 Reichstaler 10 Groschen als Geschenk bekommen, ich habe zugesetzt, auch ist ihm jetzt wieder versprochen worden, und ich erhalte nicht einmal das Nötigste, was mir versprochen ist, dergleichen Sachen können mir auf keinen Fall gleichgültig sein, ich muß von morgens 4½ Uhr auf den Füßen sein und komme des Nachts öfters vor 1 Uhr nicht zu Bette, wenn ich mich niederlege, hat Barth ausgeschlafen, wenn ich schon 1½ Stunde auf den Füßen bin, ruht Barth noch sanft in den Federn, und doch werde ich in allen Stücken nachgesetzt, woran das liegt, kann ich nicht begreifen, aber ich hoffe, daß es die Zeit aufklären wird. Diese Lage macht mir den Aufenthalt in Jena wirklich schwer, doch wage ich nicht, den Herrn Geheimenrat mit Klagen schwer zu fallen, da ich mir alle Mühe gebe, seinen Aufenthalt so angenehm als möglich zu machen, auch wollte ich dieses Klagelied bloß für Sie gesungen haben.

4470 H. Meyer an K. Ruckstuhl *18. Mai 1817*

Ehe noch Luden Ihren Aufsatz [über die deutsche Sprache] zum Einrücken in die Nemesis von mir erhielte, habe ich solchen Goethe mitgeteilt, der solchen mit vielem Vergnügen durchgelesen und seit derselben Zeit sich öfters nach Ihnen erkundigt, mit einem Worte, von Ihren Einsichten die beste Meinung hegt und ganz mit Ihnen einverstanden ist. Er hat mir auch von den Exemplaren, welche die Redaktion der Nemesis an mich gelangen ließe, etwa ein Dutzend abgefordert, um solche an Bekannte zu senden, und ich habe damit in Ihrem Sinne wohl zu handeln geglaubt, denn da die Nemesis, wie ich höre, gar eine geringe Anzahl Leser noch hat, so war zu fürchten, Ihr Aufsatz möchte gar nicht zur Kunde des Publikums kommen. Im dritten *Rhein- und Mainhefte* wird Goethe, glaube ich, ganz gewiß Ihres mehrerwähnten Aufsatzes in der Nemesis in großen Ehren gedenken, es würde in dem eben erschienenen zweiten Hefte schon geschehen sein, wenn der Raum solches gestattet hätte. Das Werk ist Ihnen ohne Zweifel bekannt, und im Fall Sie es nicht kennen sollten, so läßt Ihnen Goethe ein Exemplar des zweiten Heftes beilegen. Wenn Ihnen der darin herrschende Ton gefällt und die geäußerten Meinungen nicht widersprechen, so könnten Sie ja an Goethe gelegentlich schreiben. Vielleicht gar einen geeigneten Aufsatz ihm senden, fürs erste keinen zu langen. Ich bin gewiß, er würde solches gut aufnehmen, womöglich solchen auch in einem folgenden Stück abdrucken lassen, es erfordert für dergleichen freilich ein Zusammenleben und Verkehren, damit man sich in allen Beziehungen verstehe; aber wenn er auch keinen Gebrauch davon machte, so wäre doch immer der Vorteil einer nähern Bekanntschaft erreicht worden ...

Dank für die gegebenen Nachrichten vom Canonicus Pick und andern Kunstsammlern. Goethe ehrt Pick und hat mir Interessantes von seinen Kunstschätzen erzählt.

4471 C. Stadelmann an Th. Kräuter *27. Mai 1817*

Ich unterstehe mich, Ihnen etwas zu melden, wo ich bis jetzt noch nicht weiß, ob es erlaubt ist, doch geht es mir mit an und liegt mir zugleich als Pflicht ob, für den Gesundheitszustand Seiner Exzellenz Sorge zu tragen. Ich ging am Ersten Feiertag [Pfingsten, 25. Mai] mit den Herrn Geheimen Rat an Abend nach Hause, wo Sie unterwegs über Schmerz im hohlen Fuß klagten, wir kamen nach Hause, er legte sich zu Bett, am andern Morgen fand es sich, daß der Fuß beträchtlich geschwollen war, der Herr Hofmedicus Rehbein war glücklicherweise den Abend vorher hier [in

Jena] angekommen und wollte den Herrn Geheimerat den andern Tag besuchen, als er ihn in diesen Zustande fand und natürlich sehr willkommen war, da grade die Häupter der medizinischen Fakultät verreist waren. Er verschrieb ein Räucherwerk und zum Einreiben; auch Socken von Wachstaffet wurden gemacht, keinen Schmerz empfinden Sie nicht, aber ein Spannen der Geschwulst, diesen Morgen fand ich, daß auch der andere Fuß etwas angelaufen war, und ließ gleich noch einen Sock von Taffet machen, aber leider ist er noch nicht gebraucht, so geht es auch mit den Einreiben und Räuchern, seit diesen Morgen habe ich nicht wieder damit kommen dürfen, trotzdem daß ich mehrere Mal daran erinnert habe, der Herr Geheimerat glaubt, es soll sich von selbst geben, aber das wird langsam gehn, der Herr Hofmedicus ist noch hier, und ich muß aufrichtig gestehen, daß ich den Herrn Geheimen Rat deshalb bei ihm verklagt habe, er will diesen Abend wiederkommen und es den Herrn Geheimerat ans Herz legen. Der Himmel gebe seinen Segen, daß ich ihm recht bald die Stiefeln wieder anziehen kann. Dürfte ich Ihnen bitten, daß Sie so gefällig wären und das Mädchen bei den Schneider wegen meiner Livree und bei Meister Schick wegen den Stiefeln schickten, ob sie noch nicht fertig sind, ich leide wirklich Mangel und wünschte diese Sachen so bald als möglich ... Morgen, so Gott will, zieht der Herr Geheimerat in das Haus an den Botanischen Garten.

4472 Knebel an Charlotte v. Schiller *1. Juni 1817*

Mit Goethen bin ich diesen Morgen spazieren gefahren. Es war kalt wie im November. Sein linker Fuß ist etwas geschwollen; sonst befindet er sich ganz wohl. Wir müssen alle den Schaden des Alters tragen.

4473 Knebel an Charlotte v. Schiller *2. Juni 1817*

Goethe war gestern abend noch bei mir und will diesen Mittag bei uns essen. Sein Zufall am linken Fuß ist eben nicht von Bedeutung, sowie ich auch selbst mit dem meinigen nicht in Ordnung bin. Er hätte sich etwas mehr in acht nehmen sollen und nicht so lange im Garten über dem feuchten Boden sitzen bleiben.

Goethe habe ich gestern im Botanischen Garten, wo er jetzt wohnt, und wohin er mich in seinem Wagen abholen ließ, besucht. Er ist heiter und geschäftig und wohnt daselbst ungemein angenehm.

4474 Knebel an Charlotte v. Schiller 10. Juni 1817

Den Renouard können Sie noch nicht erhalten. Goethe hat ihn an einen hiesigen Neugriechen [Papadopulos] gegeben, um danach eine neugriechische Grammatik zu verfertigen. Er ist pur grammatisch, und sein ganzer Inhalt ist, zu zeigen aus den ältesten Dokumenten, wie die französische Sprache nach und nach geworden ist. Ob er gleich dieses, wie es uns scheint, mit großem Fleiße und Einsicht getan hat, so würde es Ihnen doch wenig Unterhaltung geben können.

Da Goethe heute nach Weimar abgegangen ist, so sehen und sprechen Sie ihn vielleicht selbst darüber.

4475 A. Müllner: Anmerkung 1829

In jenem halb freiwilligen Exil zu Jena besuchte der Herausgeber [des «Mitternachtblatts für gebildete Stände», Adolph Müllner] den Schöpfer des Faust im Jahre 1817 [am 13. Juni], allein er fand hier, wie früher, so wenig philisterliche Vornehmigheit an demselben, daß er nicht auf den mutwilligen Gedanken geriet, ihn – nach der Anzahl der Studierenden in Jena zu fragen [wie seinerzeit Goethe Bürger gegenüber hinsichtlich Göttingens]; obwohl es Bürgers Neffen wohl zugekommen wäre, für den Ohm diese kleine Vergeltung auszuüben.

4476 Charlotte v. Schiller an ihren Sohn Karl 25. Juni 1817

Gestern war ich in Jena, wo es wunderschön ist, grün, freundlich und heimlich. Bei Knebel war alles schön geschmückt und heiter. Geheimrat Goethe war mit uns da, und so heiter, liebenswürdig, freundschaftlich, daß es mir recht wohl wurde. Er ist sehr warm für Ernst gestimmt und hatte es ihn schon wissen lassen, er sei überzeugt, daß man unrecht habe. Der Sohn ist vermählt.

4477 *Knebel an Charlotte v. Schiller* *27. Juni 1817*

Gestern fuhr ich mit Goethe spazieren. Er gehört eigentlich mehr seinen Geschäften an als uns; doch ist er auch äußerst zuvorkommend, mitteilend und gut gegen seine Freunde, – so weit sie nicht gar zu sehr seine Zirkel stören.

4478 *Frommann an Cotta* *29. Juni 1817*

Von Goethe Leben [Italienische Reise] werden itzt die ersten Bogen gedruckt, wozu Goethe das Manuskript in einzelnen liefert, bei der Revision noch viel ändert. Er kann und will deshalb für den Wiener Nachdruck [von Goethes Werken] keine Abschrift vom Manuskript gemacht haben, und da Sie in Ihrem letzten vom 1. und 6. durchaus eine *Abschrift* verlangen, so muß ich sie von dem Gedruckten machen lassen. Übrigens spricht Goethe von einer Pause und sagt, er könne nicht voraus bestimmen, ob er am Ende so fertiges Manuskript liefern könne, daß dies abgeschrieben werden dürfte.

4479 *Th. Kräuter an seine Frau* *10. Juli 1817*

Es ist traurig, wenn man um große Herrn herum ist, da verliert man so ganz seine Selbstständigkeit, darf keinen eignen Willen mehr haben, genug, man ist ihr Fangball, den sie nach ihrer Willkür herumwerfen, wie sie wollen. Mit allem diesen will ich nur so viel sagen, daß ich künftigen Sonnabend, auf den ich so sehnlich hoffte, *nicht* komme. Der Herr Geheimerat, der sich seit einigen Tagen nicht ganz wohl fühlte, ließ diesen Morgen, meine Vorstellungen beachtend, den Herrn Geheime Hofrat Stark rufen, und dieser hat ihm die Reise nach Weimar und folglich auch mir den Flug in die Arme meines geliebten Weibchen untersagt. Der böse Mann!

4480 *Sophie v. Schardt an F. v. Stein* *14. Juli 1817*

Ich hoffe, daß Mounier den Goethe unrecht verstanden hat, indem er dessen Rede à la lettre hat genommen, sonst hätte er sich drüber nicht beschwert, denn gerade in dem Verhältnis, wo er in Weimar war, konnte Goethe ihm doch keinen Meineid zutrauen. Ich hoffe nämlich, Goethe hat es ironisch gesagt. – Goethe indes wäre da geblieben, vielleicht aus wahrer Neigung für Napoleon – vielleicht, weil er würklich das Regenten-Wesen für gleichgültig hält, und Opfer, die in die Lebens-Existenz eingreifen, wohl für törlig halten möchte zu bringen. Weil Du Anekdoten liebst von diesem so (würklich) interessanten Manne, will ich Dir noch eine sagen. – Unser lieber Freund und Nachbar, Prof. Hand, ist nun Professor worden in Jena; Goethe lebt seit seinen Abgang von der Theaterdirektion dort, sie saßen einmal nebeneinander, und so drückt er dem Hand – die Hand und spricht: «Wir wollen *Heiden!* bleiben, es lebe das Heidentum. –» Ich habe gar nicht des Hand Antwort erfahren können – ich fürchte daher, er habe es zur Hälfte gemacht wie Petrus, und nichts gesagt. – Doch je l'ignore ...

4481 *Frommann an Cotta* *14. Juli 1817*

Trauen Sie mir zu, daß ich, bei meinem langen Leben mit Goethe, weiß, was ich ihm sagen, was ersparen muß; in beiden Fällen qu[aestionis] mußte ich mit ihm sprechen ... wegen dem Abschreiben zum Wiener Nachdruck [von Goethes Werken], weil er dazu das Manuskript anders liefern müßte, wenn es ganz nach Ihrem ersten Wunsch gehen sollte ... Dagegen hat Goethe uns mit dem Leben [Italienische Reise] wacker in Atem gesetzt ... da meint er, nach seiner itzigen Ansicht, eine Pause machen zu müssen, und will im September den Rest des Manuskripts geben und den Band zur Michaelis-Messe ohnfehlbar ausgeben. Ich halte es aber nicht für unmöglich, daß er auch darin wieder ändert und es vielleicht noch früher fertig wird.

4482 Sophie v. Schardt an F. v. Stein 4. August 1817

Genug der Betrachtungen – im Briefe liebt man Erzählungen, und so will ich gleich Deine Fragen in Ansehung Goethes beantworten. – *Ich* bin es doch gewiß nicht gewesen, die Dir gesagt hat, man sei um sein Glück besorgt? – Hab ich gesagt, so sprach ich etwa von den offiziösen Sorgen, die bei *jeder* Heirat teils die beliebte Klatschsucht und *oft* eine bissel Neid erwecken mag? die denn auch hier statt hatten. Mich dünkt, ich habe Dir aber von allem nichts geschrieben, als von dem friedlichen, von Blumen duftenden Zimmer, in dem ich das liebe Paar zuerst besucht habe. Ich habe Ottilie Pogwisch schon als Kind lieb gehabt, sie ist geistvoll und gut, *singt* ganz himmlisch, versteht *Musik* auch ganz gründlich. Da ihre Mutter Hofdame ist, so war ihr Leben sonst gestört dadurch, daß sie in einem Hause (bei der Großmutter, Gräfin Henckel) *schlief*, bei der Mutter einen Teil des Tags *war*, und bei den Egloffsteins in die Kost war zu *Mittag*. Daß aber das herumirrende Leben ihr fatal war, sieht man daraus, daß sie sich im Himmel dünkt, weil sie auf festem Boden, im eigenen Hause nun lebt; und mit gutem Willen scheint sie sich der Wirtschaft anzunehmen, auch herrscht vollkommene Ordnung in ihren Stuben. Er, der junge Mann, ist ein *Ordnungs-Geist*, welches dem genialischen meinethalben widersprechen mag, doch gewiß zum Lebens-Glück viel mehr beiträgt; und doch hat er *den* Geist vom Vater geerbt, dünkt mich; sein Kammer-Geschäft wird darum auch nicht schlechter gehn. Die Gräfin Henckel und die Herren Söhne Grafen Henckel v. Donnersmarck hatten ein kleines gegen die Geburt – die *natürliche*, welches man denn etwa begreift; indes ist es vorüber, das Vorurteil, denn die jungen Leute sind miteinander zufrieden, und glücklich. Der Papa hat die Schwiegertochter sehr lieb, noch in Jena muß sie ihm alle Woche schreiben, und so er an sie. Er teilt ihr alle Schätze mit, die er con amore hegt, oder hervorbringt; da sie geistvoll ist, hat sie große Freude dran; und schmiegt auch ihr Gemüt sehr freundlich am Vater hinauf. Sie war schon als Kind bei den Singestunden in Goethes Hause, die mehrere Jahre (bei Lebzeiten noch der Frau) statt hatten, die Eberwein dirigierte, und selbst Zelter würde diese kleine Nachahmung seiner Akademie mit Freude gehört haben. Als sie versprochen war, sagte einmal der Alte zur Braut: «Höre, Ottilie, ich sage Dir eins – mein Sohn will gern immer gelobt sein, da mußt Du nichts widersprechen, wenn Du Lust hast zum Zanken – so komm zu mir, zanke mit mir, ich kann's ertragen.» Er wird, wann er nach Karlsbad geht, wohl etwas später, doch auf jeden Fall im Herbst zurückkehren nach Weimar, mit seiner Gesundheit gibt's einige strittige Punkte – aber, wir werden eben – *alt!* ...

Ich habe durch die Mutter Pogwisch, die meine gute Freundin ist, – das avantage, zuweilen Bücher aus Goethes Vorrat zu bekommen; bin mit dieser tierce Verbindung sehr zufrieden, denn nahe selbst stehen möchte ich nicht – dieses bleibt ganz unter uns –. Sein [Goethes] großer Geist übt immer einen Einfluß dabei – immer ist's etwas Quälendes und Zerreißendes, den Adler, statt in der Sonnennähe, wo ihn sein Flug mannigmal hintrug, sich in die Erde wühlen und sich drin brüsten zu sehen. – Ja, ich wollt's ihm unter gewissen Veranlassungen und Modifikationen selbst sagen, daß es mir, und wohl nicht mir allein, so ist. – Was ist alle Größe ohne Erhabenheit? Wie kann diese da sein ohne Demut? Der Mensch, der zur Demut sich nicht erheben kann, und beim Stolz stehen bleibt, – ist der arme, beschränkte, der nie das so wohltätige Gefühl der Bewunderung erregen kann – und bei *Ihm* möchte man es doch gern fühlen. Ich habe in meinem Sinn ganz mit ihm abgeschlossen, und den Strich gezogen. Mehrere alte Freunde haben dasselbe getan. Insofern meine ich nur, als vom individuellen, gegeneinander bestehenden Verhältnis mit ihm die Rede ist ...

4483 H. Luden: Rückblicke in mein Leben *1847*

Zwei Jahre nachher, im Frühlinge des Jahres 1816 [vielmehr im Sommer 1817], hatte ich die Ehre, von Goethe einen Besuch zu empfangen. Goethe hielt sich damals nicht in Jena auf, sondern war an einem Sonntage [3. August] mit einem Herrn Schultz, der, wenn ich nicht irre, Geheimer Rat genannt wurde, in der Folge aber Staatsrat und Regierungsbevollmächtigter bei der Universität Berlin geworden ist, nach Jena herüber gekommen. Die beiden Herren hatten bei Knebel gespeist. Vielleicht hatte dieser Herr Schultz meine Bekanntschaft zu machen gewünscht. Nach Tische fuhren sie, von Knebel begleitet, bei mir vor: denn ich wohnte, von Knebels Wohnung ziemlich entfernt, in der äußersten Vorstadt am Wege nach Weimar, in einem Hause, welches man das Kotzebuesche Haus zu nennen pflegte, weil Herr von Kotzebue es entweder erbaut oder doch eingerichtet, jedes Falles bewohnt hatte. Zu dem Hause gehört ein großer Garten. Die Herren blieben ein paar Stunden, die wir teils im Garten, teils im Hause zubrachten. Der Herr Schultz gefiel mir nicht übel. Er war sehr zutätig und nicht ohne Geist.

4484 Knebel an Charlotte v. Schiller *4. August 1817*

Goethe holt mich gemeiniglich gegen Abend in seinem Wagen ab, und da ergötz' ich mich an der Übersicht des Segens. Es scheint nicht, als ob Goethe Lust hätte, in diesem Jahre nach dem Bade zu reisen. Ob er es den Winter über hier aushalten dürfte, weiß ich nicht. Es ist hier nicht gut, ohne Familie lange zu leben. Doch bis zum Winter haben wir noch Zeit. Seine zweite Abteilung der Italienischen Reise ist vollendet. Er hat mir einige Bogen davon zu lesen gegeben, die mich sehr erfreut haben.

4485 Der Gesellschafter *13. August 1817*

[Bericht von F. S.] Goethe, den ich in Jena gesprochen habe, wo er seit fünf Monaten lebt, ist jetzt ganz mit der Botanik beschäftigt; es leben dort auch die fürstlichen Kinder.

4486 Arnim an Bettina *August 1817*

Goethe kommt wahrscheinlich nicht [nach Karlsbad], obgleich die Ärzte es ihm dringend raten, er arbeitet sehr eifrig an seinem Leben und wohnt zu Jena im Botanischen Garten. Frommanns versicherten mir, daß er Deiner oft im Guten gedacht habe. Seiner Schwiegertochter ist er sehr zugetan, die Heiratsgerüchte von ihm sind sämtlich ohne alle Veranlassung ausgeheckt worden. Von Riemer ist er durch den Sohn gänzlich getrennt. Es tut mir recht leid, daß ich ihn nicht sehe, die Frommanns sprechen von seiner Gesundheit sehr bedenklich. Er selbst will aber nichts davon wissen, keiner seiner Bekannten darf davon reden, das ist schon angenommen, er sucht sich in allen Arten von Wissen zu zerstreuen.

4487 E. Genast: Aus dem Tagebuche eines alten Schauspielers *1862*

Als mein Vater von Dresden nach Weimar zurückgekehrt war und Goethe [am 11. August 1817] seine Aufwartung machte, überreichte ihm dieser zwei Handzeichnungen eigner Komposition mit den Worten: «Nehmt das, alter Getreuer, zum Andenken für Euch und Eure Kinder. Es möge Ihnen besonders ein Erinnerungszeichen sein, in welchem Verhältnis wir beide zueinander gestanden.»

Die Landschaften sind getuschte Federzeichnungen. Die erste stellt eine Campanella vor, die mit Bäumen und Buschwerk umgeben ist. Nicht weit von ihr steht eine Grotte, welche einen Springbrunnen umfaßt. Die Unterschrift, von Goethes eigener Hand beigefügt, lautet:

Zum Erinnern schöner Stunden,
Wo das Rechte war gefunden.

Die zweite ist eine Fernsicht mit Felsen, Wald und Ruinen. Unter dieser steht:

Zur Erinnrung trüber Tage,
Voll Bemühen, voller Plage.

Genast. Goethe.

4488 *F. H. von der Hagen: Vorlesung über Faust* *1844*

Als Schreiber dieses 1817 [am 14. August?] das große Glück hatte, bei dem Hochverehrten einen unvergeßlichen Abend zu erleben, wagte er's auch, die Vollendung des Faust, neben der Eugenia, als allgemeinsten Wunsch auszusprechen. Damals ward noch keine Hoffnung gemacht, obschon die alte herzliche Liebe zum Jugendwerke sich offenbarte.

4489 *H. Düntzer: Christoph Ludwig Friedrich Schultz* *1852*

Nachdem sein Sohn Hermann im Juli [1817] getauft worden war ... war sein ganzes Verlangen dahin gerichtet, auf dem ihm für den Sommer gegönnten kurzen Ausfluge endlich die persönliche Bekanntschaft Goethes zu machen, sich an seiner unmittelbaren Gegenwart zu erbauen, und so vieles, was ihm am Herzen lag, mit ihm durchzusprechen. Seine Anfrage, ob er ihn, wie ihm Zelter versichert hatte, Anfangs August zu Jena antreffen werde, fand von Goethes Seite die freundlichst einladende Erwiderung. Am 2. August kam er mit seinem Schwager, dem Lieutenant Marcel Püttmann, zu Jena an, wo er von Goethe, den er in der beschränkten Wohnung des Gärtnerhäuschens des Botanischen Gartens fand, herzlich willkommen geheißen ward. Beide erschlossen sich bald in vertraulichster Mitteilung. Nicht bloß über die ihnen besonders am Herzen liegende Farbenlehre wurde vielfach verhandelt, und die neuerdings gewonnenen Ansichten gegenseitig ausgetauscht, sondern auch die immer trüberen staatlichen Verhältnisse durchgesprochen. Goethe war ebenso wenig ein Freund konstitutioneller Freiheit, als Schultz; beide wollten nur eine starke Regierung, ohne sich um die Mittel zu kümmern, wie den möglichen Übergriffen der Gewalt Einhalt getan, und die sittliche, geistige und bürgerliche Freiheit geschützt werden könne. Die politische Erhebung des Volkes und besonders der schwärmerisch ergriffenen Jugend ängstete beide gleich sehr; denn wie Goethe überall nur eine ruhige Entwickelung aus innerstem Kerne heraus wollte, nur von einem Fortbilden, nicht von völliger Umgestaltung wissen wollte, so sah Schultz die Würde der Regierung durch Teilnahme des Volkes gefährdet, und wollte den Dienst als ein Heiligtum vor jeder fremden Einmischung gewahrt haben. Das Volk, meinten beide, sei nur zum Schlagen, nicht zum Raten zu gebrauchen; die höhere Einsicht der mit Allerhöchstem Zutrauen beehrten Staatsdiener müsse alles leiten, der Ruf nach Freiheit sei das Grundböse, das immer Kampf gegen Recht und Ordnung wolle. Goethe stand ganz auf dem einseitigen Standpunkte des ruhig Besitzenden, der im behaglichen Genuß des Erworbenen, der bestehenden Ruhe und Ordnung um keinen Preis gestört sein mag, Schultz schaute von der Höhe des Beamten herab, die nur Gehorsam gegen höhere Befehle kennt. Daß die großen Begebenheiten der Zeit ganz neue Anforderungen notwendig hervorgerufen, daß bisher ungekannte Gefühle bürgerlicher Freiheit und Selbständigkeit zum Leben erwacht seien, das wollten beide nicht eingestehen, weil sie die Folgen derselben fürchteten. In Jena lernte Schultz auch den alten, für Volksfreiheit jugendlich erglühten Knebel und Luden, den Herausgeber der *Nemesis*, kennen ... Am 8. [vielmehr 7. August] fuhr er mit Goethe nach Weimar, wo er sich der herzlichsten Bewirtung von ihm und den Seinigen zu erfreuen hatte. Auf Goethes Aufforderung schrieb er hier den ... zweiten Aufsatz *über physiologe Gesichts- und Farbenerscheinungen*, worin er den schon in der früheren Abhandlung (§ 86) ausgesprochenen Gedanken ausführt, daß das Sehen ein Spiegeln sei, und zwar weist er die Choroidea als Sitz des normalen Sehens nach, die wahrscheinlich einen Sphinkter um den Sehnerven bilde. Bei seiner Abreise [am 18. August] gab Goethe ihm den eben ausgedruckten zweiten Band der *Italienischen Reise* mit, den er vorab an niemand mitteilen möge. Sehr dringend hatte ihn Schultz eingeladen, den nächsten März nach Berlin zu kommen, indem er ihm einen höchst bedeutenden Begriff von den dort gesammelten Schätzen für Wissenschaft und Kunst gab, und ihn von seinen zahlreichen Verehrern in der Preußischen Hauptstadt der erwünschtesten Aufnahme versicherte.

4490 *A. L. Hirt an Ch. D. Rauch*

Der Staatsrat Schultz gibt mir auf, Sie zu grüßen ... Auch sollen Sie womöglich Goethe auf Ihrer Rückreise besuchen, der Sie gern kennen lernen möchte.

4491 *N. Gretsch: Reise durch Frankreich, Deutschland und die Schweiz im Jahre 1817* *1855*

Am 28. September 1817 setzte ich mich in meine Kalesche und fuhr nach Osten ... Gegen Mittag [am 7. Oktober] kam ich in Weimar an und stieg im Gasthof Elephant ab. Ich hatte zwei Bekannte in dieser Stadt: den Sekretär der Großfürstin Maria Pawlowna, meinen ehemaligen Dienstgefährten Karl Iwanowitsch Otto, und Kotzebue, den ich 1812 in Petersburg kennengelernt hatte. Nachdem ich mich geputzt hatte, ging ich mit dem gemieteten Diener los, um die Stadt zu durchstreifen. Otto traf ich nicht an. Er war zum Landhaus Belvedere gefahren.

Bei Kotzebue, der krank war, ließ ich meine Karte. Weimar ist in seiner Anlage, wenn man Schloß und Park des Großherzogs ausnimmt, ziemlich unregelmäßig und wenig schön. Nur ein zweistöckiges Haus in schlichtem und vornehmem Geschmack, mit einem schönen Portikus, zog meine Aufmerksamkeit an. «Wessen Haus ist das?» fragte ich. «Seiner Exzellenz des Herrn Geheimrats von Goethe», antwortete der Diener. Der große Goethe – «von» und «Geheimer Rat»! das ist seltsam, überlegte ich; aber nur für die Ohren eines Ausländers, für Lohnlakaien und Kammerdiener gibt es keinen großen Menschen! ... Im Gasthof Elephant aß ich zu Mittag ... Nach dem Essen gab ich den Auftrag, eine Kalesche zu mieten, und machte mich bereit, nach Belvedere zu fahren, um Otto zu besuchen ... Otto, der mich durchaus nicht erwartet hatte und gar nicht wußte, daß ich in Deutschland war, freute sich sehr über meinen Besuch und fuhr mit uns nach Weimar zurück.

«Gehen Sie nicht zu Goethe?» fragte er mich. «Nein», antwortete ich, «er kennt mich nicht, und ich möchte ihm keine für ihn uninteressante Bekanntschaft aufdrängen. Außerdem weiß ich nicht, wie ich zu einem derartigen Menschen gelangen soll.» «Das macht nichts», sagte Otto, «mich empfängt er sehr gut. Kommen Sie!» Die Gelegenheit war günstig. Ich ging hin. Die innere Einrichtung des Hauses steht dem vornehmen Äußeren nicht nach. Eine sehr schöne, kühn gebaute Treppe führt in die obere Etage, in der Goethe wohnt. Anfangs sagte man uns, er empfange nicht. Ich sandte ihm meine Karte mit dem Ausdruck meines Bedauerns, daß ich nicht das Glück haben würde, ihn zu sehen, denn ich müßte schon am gleichen Abend aus Weimar abreisen. Die bei Didot prächtig gedruckte Visitenkarte mit dem gewaltigen Titel eines Ehrenbibliothekars der kaiserlichen Bibliothek hatte die erwünschte Wirkung. Die Diener liefen hin und her. Ins Vorzimmer trat, um uns während der Vorbereitungen auf den Empfang zu beschäftigen, eine Schriftstellerin, 45 Jahre alt – wie ich später erfuhr – Johanna Schopenhauer, die zum Kreis der eifrigsten Verehrerinnen des genialen Goethe gehört. In einem unangenehmen provinziellen Dialekt (welcher Provinz konnte ich nicht entscheiden) unterhielt sie sich mit Herrn Otto über die willkommenen Freuden des goldgelockten Herbstes, der eine Zeitlang den Flug der geheimnisvollen Genien durch die romantischen Reiche der Traumwelt verschönt. Bald lud man uns in die inneren Gemächer. Sie sind mit großem Geschmack eingerichtet und ausgeschmückt. Der verehrungswürdige Greis empfing uns höflich und zeremoniell wie ein Hofmann. Er trug einen schlichten, lichtgrauen Rock, sein vom Alter leise schwankendes Haupt war mit silbergrauem Haar bedeckt, sein Gesicht war ausdrucksvoll, ja schön. Er bat uns in den Salon, ließ uns auf dem Sofa Platz nehmen und fragte mich, woher ich käme. «Vom Hirschgraben», sagte ich (so heißt die Straße in Frankfurt/Main, in der Goethe geboren wurde). «So haben Sie meine Biographie gelesen?» – «Mit wahrem Vergnügen und nicht nur einmal. Zum ersten Male las ich sie in Petersburg und dann in Frankfurt, und ich war an den Orten, die Sie beschreiben; vergeblich habe ich Gretchen gesucht!» (Der Name des Mädchens, in das Goethe in seiner frühesten Jugend verliebt war und dem er Unsterblichkeit verlieh, indem er der Heldin seines Faust ihren Namen gab.) Er begann mit mir ein Gespräch über Frankreich und die Schweiz, erzählte von seinen Reisen durch diese Länder und führte mich in sein Kabinett, wo ein sehr schönes, in verkleinerter Form gefertigtes Panorama der Schweizer Berge aufgebaut war, das ihm der Großherzog von Weimar geschenkt hatte. Danach fragte er nach seinen Petersburger Bekannten – N. M. Karamsin, S. S. Uwarow und General Klinger. Herr Otto erkundigte sich während des Gesprächs nach der Gesundheit seines Sohnes, eines Menschen von 25 Jahren. «Ist er nicht Dichter?» fragte ich Goethe. «Nein», antwortete der ehrwürdige Greis lächelnd, «er ist eine praktische Natur!» Nachdem wir uns rund eine Stunde unterhalten hatten, schieden wir. Ich dankte Otto aufrichtig für diese Bekanntschaft. Die Züge des großen Dichters werden niemals aus meinem Gedächtnis verschwinden. Ich gehöre nicht zu denen, die ihn wie einen Heiligen verehren; ich gestehe, daß ich im Faust nicht das sehe, was andere in ihm sehen, daß ich die Größe des Wilhelm Meister nicht verstehe; gleichzeitig aber kenne ich nichts Vortrefflicheres als seine Elegien, seinen Werther!

4492 Julie v. Egloffstein an ihre Mutter *11. Oktober 1817*

Goethe (dessen ich diesen Winter erst froh zu werden hoffe – da ich ihn durch das Verhältnis zu seiner Tochter oftmals zu sehen bekommen werde) hat mir viel Freundliches für Dich aufgetragen; ich verlebte gestern [vielmehr am 9. Oktober] einen *sehr* heitern Abend mit ihm in dem Zimmer Ottiliens, wo er die Liebenswürdigkeit selbst war.

4493 Louise Juliane v. Lengefeld an Charlotte v. Schiller *(nach dem 10. Oktober 1817)*

Denk nur: als ich neulich [am 10. Oktober] in die Stadt gehen will, steht mir Goethe im Wege auf der Schütte [vor dem Schlosse zu Rudolstadt]. Er war recht freundlich und sagte, er könne mir eigentlich nicht sagen, wo er her komme noch wo er hingehe, er würde Dich aber bald sehen und Dir es sagen, daß Du mir es schreiben solltest. Es freute mich, ihn zu sehen, er sah so gut und ordentlich hübsch aus. Ich vermute, er hat die großen Köpfe [Abgüsse der beiden Kolosse vom Monte Cavallo in Rom] bei uns gesehen, da er mit dem Baumeister war; dieser sagte, er sei vor meiner Stube gewesen. Es kann sein, ich war eben bei der jungen Fürstin zum Tee.

4494 F. v. Müller *13. Oktober 1817*

Nachmittags besuchte ich Oberthür und Goethe, der ganz artig und mitteilend war, nachdem ich vier Wochen lang getrutzt hatte. Er zeigte mir die *Krönung der Maria* und die *Wunder des Hieronymus* von dem italienischen Maler aus dem 15. Jahrhundert [Fra Angelico], herausgegeben mit Beschreibung von Schlegel, sodann des jungen Kaufmann schönes römisches Stammbuch und die Modelle der Schweizer Gebirge. Über Hofrat Meyers Anwesenheit in Heidelberg, den Kastengeist der jenaischen Akademiker und Graf Redens Persönlichkeit sprach er sehr schön und gemütlich.

4495 Friederike Gräfin v. Reden
an ihre Schwägerin *30. Oktober 1817*

Von Julie Egloffstein bekam ich einen überaus gut geschriebenen Brief von sechs Quartseiten, der viel, wenn auch hier und da exzentrische, doch schöne Bilder enthält – vor allem aber Goethes rührende, in seinem Ausdruck genau wiedergegebene Worte über meinen herrlichen Mann – sie sind mir wie aus dem Herzen genommen und tun mir ungemein wohl. Hier die Worte: «Er rechnet, sagte er mit warmem Eifer und wahrer Innigkeit, die nähere Bekanntschaft mit Graf Reden zu den seltensten und liebenswürdigsten Erscheinungen seines Lebens, und sagte mir noch gestern [17. Oktober?] buchstäblich: ‹Ich habe ihn nicht nur gekannt – ich habe ihn geschätzt, geliebt und die herrlichsten Tage und Nächte an seiner Seite verlebt – denn wir sind zusammen gereist – und doch vermag ich nicht, ihn als Bild zu gestalten, noch mit wenigen Worten zu sagen, *wie* er eigentlich war, auf welche Weise er sich im Leben bewegte, welche Anmut und Würde ihn umkleidet hat; denn das war eben das Ausgezeichnete bei ihm, daß keine Eigenschaft hervorstechender schien als die anderen, sondern alle sich in gleichem Grade in ihm entwickelt und ausgebildet hatten zu einer seltenen Größe.›»

4496 *K. Schultze-Jena: Bericht*

Als [Carl August Sigmund] Schultze 1817 sich längere Zeit in Jena aufhielt, um auf der dortigen Bibliothek Studien für seine Dissertation zu machen, arbeitete auch Goethe dort. Auf den jungen fleißigen Studenten aufmerksam geworden, redete er ihn an und erkundigte sich nach seinen Arbeiten. Das Thema derselben, die Entwickelung der Wirbelsäule in den verschiedenen Stufen der Tiere, fand bei Goethe lebhaftes Interesse und führte zu eingehenden Unterhaltungen. Goethe lud Schultze ein, ihn in Weimar zu besuchen, und veranlaßte seine Aufnahme in die Mineralogische Gesellschaft.

Eingedenk jener Einladung benutzte Schultze, als er 1817 von Halle zum Wartburgfest reiste, einen kurzen Aufenthalt in Weimar zu einem Besuch bei Goethe und wurde von ihm [vor dem 18. Oktober 1817] in überaus freundlicher Weise aufgenommen. Nach langer wissenschaftlicher Unterhaltung kam das Gespräch auf das Ziel der Reise, und als Schultze es ausgesprochen hatte: «zur Wartburg», war Goethe plötzlich ganz verändert – er hatte in seiner Stellung als Minister die Gestattung des Wartburgfestes, freilich vergeblich, zu hintertreiben gesucht. Mit den sehr formell gesprochenen Worten: «Mich werden Sie dort nicht finden» wurde die Unterhaltung abgebrochen und Schultze entlassen.

4497 *V. Cousin: Journal de voyage (17. und 18.) Oktober 1817*

Weimar est une petite ville assez chétive par elle-même. Mais Weimar est la résidence des grands ducs, et cette circonstance lui a donné quelques belles maisons, un théâtre, un superbe château et un parc magnifique ...

Mais laissons là tout ce qui n'est pas Goethe, car c'était lui que j'étais venu voir à Weimar.

Je le vis deux fois. La première [17. Oktober], j'eus à peine le temps d'échanger avec lui quelques paroles: il allait sortir pour une visite de cour; sa voiture l'attendait, et son habit était chargé de décorations enfilées l'une avec l'autre et formant sur sa poitrine une ligne très étendue. Il avait l'air soucieux et même sombre.

La seconde fois [18. Oktober], je le vis assez longtemps, et je pus l'observer tout à mon aise.

Goethe est un homme d'environ soixante-neuf ans: il ne m'a pas paru en avoir soixante. Il a quelque chose de Talma, avec un peu plus d'embonpoint: peut-être aussi est-il un peu plus grand. Les lignes de son visage sont grandes et bien marquées: front haut, figure assez large, mais bien proportionnée; bouche sévère, yeux pénétrants, expression générale de réflexion et de force.

Sa maison est fort belle; elle a été construite, dit-on, sur l'emplacement et avec les restes d'une ancienne église. Sur le seuil de la porte est inscrit ce mot: *Salve*. Il me reçut dans une galerie ornée de bustes, où nous nous promenâmes. Sa démarche est calme et lente comme son parler; mais à quelques gestes rares et forts qui lui échappent, on sent que l'intérieur est plus animé que l'extérieur. Sa conversation, d'abord assez froide, s'anima peu à peu; il parut ne pas trop s'y déplaire: j'ai joui quelques instants de Goethe se développant avec plaisir. Il marchait et s'arrêtait pour m'examiner, ou pour se recueillir et marquer toujours plus profondément sa pensée, chercher une expression plus exacte ou donner un exemple et des détails. Le geste rare, mais pittoresque, et l'habitude générale grave et imposante. Nous restâmes ensemble à peu près une heure. Il n'a mis en avant aucun paradoxe, et il ne m'a dit que des choses neuves. Son imagination perçait de temps en temps; beaucoup d'esprit dans le détail et le développement; un vrai génie dans le corps de l'idée. Ce qui me paraît caractériser son esprit, c'est l'étendue.

Notre entretien commença assez mal. Je lui exposai l'état de la philosophie en France et mes projets. Ils n'étaient pas tout à fait de nature à plaire au Voltaire de l'Allemagne, à l'admirateur de Diderot, et il m'insinua doucement que la France ne s'occuperait jamais sérieusement de philosophie. Je lui répondis qu'au contraire la philosophie était dans l'essence même du génie français, témoin tant de philosophes illustres qu'a produits la France depuis Descartes jusqu'à Monsieur Royer-Collard. Goethe m'eut tout l'air de ne connaître ni l'un ni l'autre. Il me dit alors qu'il croyait bien qu'il y aurait toujours en France des individus d'élite qui étudieraient la philosophie, mais qu'il doutait fort qu'ils pussent communiquer leur goût à un public nombreux. Il me cita l'exemple de son ami Monsieur de Villers dont il déplora la perte. – «Monsieur, lui répliquai-je, Monsieur de Villers était émigré, et il ne connaissait pas la France nouvelle. Moi, je suis un enfant de la révolution, je suis libéral comme tous mes camarades, et bien résolu à ne reculer devant aucune difficulté. J'ai d'ailleurs la ferme conviction que j'ai raison, et que le matérialisme et l'athéisme du XVIIIe siècle sont des erreurs funestes, incompatibles avec les sentiments et les mœurs d'un peuple libre.» – Ce ton de jeune homme, qui dans ses préoccupations oublie à qui il parle, aurait irrité Voltaire: il fit sourire Goethe, et l'intéressa même, car tout ce qui avait la moindre apparence de caractère et de nouveauté, en mal ou en bien, excitait son attention. – Eh bien, me dit-il, puisque vous aimez la philosophie, et que vous voulez connaître la philosophie allemande, je puis vous en parler, car je l'ai vue naître et se développer. Là-dessus il passa en revue tous les philosophes distingués qui étaient sortis d'Iéna et de Saxe-Weimar: Reinhold, Fichte, Schelling, Hegel, Herder, Schiller, Wieland, qui était aussi philosophe à sa manière.

«J'ai tout vu en Allemagne, depuis la raison jusqu'au mysticisme. J'ai assisté à toutes les révolutions. Il y a quelques mois, je me suis mis à relire Kant; rien n'est si clair depuis que l'on a tiré toutes les conséquences de tous ses principes. Le système de Kant n'est pas détruit. Ce système, ou plutôt cette méthode, consiste à distinguer le sujet de l'objet, le moi qui juge de la chose jugée, avec cette réflexion que c'est toujours moi qui juge. Ainsi les sujets ou principes du jugement étant différents, il est tout simple que les jugements le soient. La méthode de Kant est un principe d'humanité et de tolérance.»

«La philosophie allemande, me dit-il encore, c'est la manifestation des diverses qualités de l'esprit. Nous avons vu paraître tour à tour la raison, l'imagination, le sentiment, l'enthousiasme ...»

Il m'a beaucoup entretenu de physique. Selon lui, la physique de Monsieur Biot, qui venait de paraître, a deux parties écrites dans deux systèmes différents, dont un esprit exercé saisit aisément l'opposition perpétuelle. Il m'a parlé avec vivacité contre le système atomistique.

Je ne puis qu'indiquer ici les points principaux de notre conversation. Il m'est impossible de donner une idée du charme de la parole de Goethe: tout est individuel, et cependant tout a la magie de l'infini; la précision et l'étendue, la netteté et la force, l'abondance et la simplicité, et une grâce indéfinissable sont dans son langage. Il finit par me subjuguer, et je l'écoutais avec délices. Il passait sans effort d'une idée à une autre, répandant sur chacune une lumière vaste et douce qui m'éclairait et m'enchantait. Son esprit se développait devant moi avec la pureté, la facilité, l'éclat tempéré et l'énergique simplicité de celui d'Homère.

4498 F.v.Müller *19. Oktober 1817*

Besuch mit Münchow bei Goethe. Panorama des Genfer Sees und Simplons.

4499 F.v.Müller *21. Oktober 1817*

Souper bei Goethe, wo Ehlers sang.

4500 F.v.Müller *25. Oktober 1817*

Recks Ankunft. Besuche mit ihm bei Goethe und Falk. Steifigkeit des erstern, Zungengeläufigkeit des letztern.

4501 Charlotte v. Schiller an ihren Sohn Karl *3. November 1817*

Wir sind neulich zum musikalischen Frühstück bei dem Kammerrat Goethe gewesen. Der *Vater* sieht recht wohl aus und sieht zuweilen die Besuche der Tochter. Mit Großmama und Mama ist der Vater kalt und abgemessen; aber die Tochter behandelt er sehr artig. Wenn sie ihn nur recht pflegt und alles nach seinem Wunsch und Willen einrichtet, so freut es mich ...

4502 *Knebel an Charlotte v. Schiller* *13. November 1817*

Goethe ist, wie Sie wohl wissen werden, seit einigen Tagen wieder bei uns und besucht uns täglich. Der Hauptgegenstand unsrer Unterhaltungen war meist – außer dem, was die Zeit so reichlich mit sich bringt – Lord Byrons Manfred. Goethe hat es mitgebracht und übersetzt daran – was *er* eigentlich nur geschickt zustande bringen möchte. Es ist ein gewaltiger Geist in dem Stück – man möchte fast sagen, ein Übergeist – denn er bändigt die Geister, die ihm häufig in dem Stück erscheinen, und um deren willen das Ganze da zu sein scheint. Man kann nicht zweifeln, daß Lord Byron eine Notiz von Goethes Faust gehabt habe, und aus diesem Geist scheint sein Werk entsprungen zu sein. Aber statt daß Goethe das Innere, Gewaltige nach außen wendet, treibt es der englische Dichter von außen nach innen und sucht seine Hölle in sich auf.

4503 *Knebel an Charlotte v. Schiller* *14. November 1817*

Goethe ist alle Tage bei uns. Er hat sich ein Reich der Kenntnisse und Wissenschaften erschaffen, worin er sich immer zu beschäftigen weiß, und seine fast unerschöpfliche Produktivität sichert seinen Geist vor äußern Anfällen des Schicksals. Dabei hat er Ruhm, Ehre, Vermögen – mächtige Stützen, zumal für die Aussicht in die Zukunft, die ihm, bei dem Stand und den Eigenschaften seines Sohnes, nicht zweifelhaft sein kann. Ich mag ihm mit meinen kleinen Sorgen durchaus nicht hinderlich fallen, sondern suche, wo möglich, sein Gemüt noch zu erheitern. Dies ist die Pflicht des Freundes, deren Erfüllung uns selbst wieder Kraft erteilt.

4504 R. Wesselhöft: Carl Ludwig Sand *1821*

Als das Wartburgsfest [vom 18. Oktober 1817] vorüber war, kehrte Sand von Eisenach nach Jena zurück, um daselbst seinen theologischen Studien ferner obzuliegen ...

In Jena fiel ihm bald ein altes großes Gebäude in die Augen, welches ehedem ein Ballhaus gewesen war und noch jetzt diesen Namen führt, aber unbenutzt und dem Zahn der Zeit überlassen dasteht. Er sann hin und her, wie dieses Haus zu erhalten und seinem früheren Zwecke wieder zu gewinnen sei, indem es keinen schicklicheren Platz für Fecht- und Turnübungen geben kann, als dieses Gebäude, und ohnehin nicht für ein öffentliches Gebäude zum Behuf körperlicher Übungen in Jena gesorgt ist. Dieses Haus den Händen eines Privatmanns zu entwinden, der es auf keine Weise gehörig zu nutzen imstande ist, kam er auf den Einfall, sich an den Geheimen Rat v. Goethe zu wenden, der sich damals gerade in Jena aufhielt. Sand scheint sich diesen Mann besonders als Dichter des Götz von Berlichingen gedacht zu haben und führte dieser Vorstellung gemäß seinen Einfall am 14. November folgender, höchst eigentümlicher Weise aus, nachdem er schon mehreremal bei ihm gewesen, aber nie eine schickliche Gelegenheit gefunden hatte, sein Anliegen vorzutragen.

«Dann sprach ich bei Goethe, zwar weibisch, aber doch ehrlich und so, daß er ganz herzlich darauf zu achten schien, über den Erkauf des alten Turnhauses, und da es einmal von Herzen war, wurde ich fröhlich, und ich wiederholte zu Hause den 13. Psalmen dankend und fröhlich. Ich hatte bei Goethe gesprochen ungefähr wie beiliegt.

‹Alter Vater, laßt euch etwas ehrlich sagen von mir und hört mich geneigt an. Schaut, hier außen ist das alte Ballhaus. Solcher gibt's jetzt in Deutschland nur noch *drei*. In dem Hause haben unsere alten Väter, gerade die wackersten, geturnt, und es ist ein gar schönes Gebäude. Nun ist dies edle Haus in die Hände eines alten verrückten Philisters gekommen, und der will es gerade jetzt, wo es das Volk wieder gebrauchen gelernt hat, zerstören, will es einige:

Taler wegen umschaffen nach seinem niedrigen, gemeinen, dummen Sinn und es uns so rauben. Da wir im lieben Vaterlande so wenig öffentliche Gebäude haben, soll dies auch gar untergehen?

Nun dachte ich, ihr könntet vielleicht so viel Gelder aufbringen, und würdet es ankaufen, daß wir es könnten zur Miete bekommen, um während des Winters uns darin zu üben, um, wie die Alten, auch stark zu werden und unter uns auch wieder eine schöne Gemeinschaft zu bekommen, wie vor Zeiten.

Nun hat mich freilich niemand, auch meine Brüder nicht, zu euch hergeschickt; aber ich hatte gleich, als ich bei meiner Hieherkunft das Haus sah, eine so große Freude daran, daß ich auf alle Weise darum warb. Mit einigen Freunden hatte ich schon den Plan gemacht, es vielleicht durch Sammlung von Aktien an die Turngemeinde zu bringen; aber es mangelt ja in den jetzigen Zeiten überall an Geld. Als die Sache nun schon ganz aufgegeben war, kam mir doch der Gedanke, euch darum zu bitten; ihr müßtet doch auf alle Fälle wenigstens Liebe für diese vaterländische Sache haben, und so weiß denn niemand darum, daß ich jetzt bei euch bin.›»

4505 Varnhagen: Besuch bei Goethe *November 1817*

(Aus einem Briefe.) Ein Gegenstand fordert und nimmt sich sein Recht; indem ich diese Zeilen an Sie, verehrtester Freund, beginne, drängt es sich mir unwiderstehlich auf, Ihnen vor allen andern Dingen zu sagen, daß ich Goethen persönlich kennen gelernt habe; zum erstenmal in meinem Leben hab' ich ihn gesehn, kaum der Gefahr entwunden, ihn unbesucht vorbeizureisen, aber freilich auch nicht ahndend und vermutend, welcherlei Gut mir dadurch unzugeteilt geblieben wäre! Ich kam [am 19. November 1817] nachmittags gegen 4 Uhr in Weimar an, unmutig, durchfrostet, nach schlechten Nachtfahrten, auf verdorbenen Wegen, voll ungeduldiger Eile; in dieser Stimmung beschloß ich dennoch zuletzt mein Heil zu versuchen, ließ mich melden und wurde zu 5 Uhr angenommen. Ein Gang von wenigen Schritten, aber in welcher Erregung legte ich diese zurück! Es war mir, als wenn alles, was ich bei dem Namen je gedacht und empfunden, sich noch eiligst auflösen, und zu einer Persönlichkeit verkörpern sollte, die sich sogleich an der wirklichen, leibhaftig mir gegenüberstehenden, zu prüfen haben würde. Aber welcher Empfang stand mir bevor! Ich mußte, als ich Goethen vor mir hatte, alles fahren lassen, was die langjährige, tiefgenährte Bekanntschaft mit dem Dichter mir einflößen gekonnt, um nur mit dem neubekannten, wirksamen Menschen beschäftigt zu sein, der mild, freundlich, treuherzig, anmutig, geistvoll, kraftreich, mir das Bild eines *ganzen* Menschen – wenn dieser geringe Ausdruck der hohen Bedeutung fähig ist, – in vollständig ausgebreiteter großartiger, schöner Lebensentwickelung vergegenwärtigte. Das seltene Glück – hier wohl unverdient, doch nicht unwürdig empfangen – einer so milden und biedern Aufnahme, als sei ich ein alter Freund, der längst erwartet worden, mußte mich um so mehr überraschen, als ich die scheue Zurückhaltung, die ihm so oft vorgeworfen worden, in den schriftlichen Berührungen, die ich mit ihm gehabt, nicht ganz hatte vermissen können. Nach der ersten Begrüßung, wobei er mir die Hand reichte, sprachen wir gleich sehr vertraut, und bald nachher hielt er inne, hielt mir seine Hand hin, und rief mit Innigkeit: «Sie müssen mir *noch*mal die Hand geben!» – Vergebens würde ich Ihnen den Gang, den Inhalt, oder auch nur die Art des alsbald lebhaften Gesprächs zu schildern suchen, es war wie ein Stück Leben, in tausend Wellen fließend, ein Gefühl im Ganzen wirkend, ohne die einzelnen Bezüge gesondert festhalten zu lassen; jedes Wort eine Blüte am Zweige des Baumes, aus der tiefen dunkeln Wurzel her, aber selber doch nur als luftigheitres Gebild des Augenblickes erschlossen. Wie jenen hellenischen Fremden zu Athen, die nach mehreren mit Plato verlebten Tagen ihn ersuchten, sie nun auch zu seinem berühmten Namensvetter, dem Philosophen, zu führen, so ging es fast mir, der ich in täuschender Besinnung leicht diesen herrlichen Mann hätte bitten können, mir nun auch die Bekanntschaft des ihm gleichnamigen Schriftstellers zu verschaffen. Ich blieb auf Goethes wiederholtes Anmahnen den ganzen Abend bei ihm, bis Mitternacht sogar; sein Sohn und dessen neuvermählte Gattin waren die einzigen Mitgenossen eines Teils dieser Stunden. Schwer würde ich einige besondere Sprüche aus dem lebenreichen Ganzen aussondern! die festesten, kräftigsten Äußerungen, die feinsten, erfreulichsten Wendungen, voll Gestalt im Hervorkommen, zerflossen mir unter den Händen, wenn ich sie dem Gedächtnisse zum Behalten und Überliefern einprägen wollte. Wir sprachen über alles, Goethe mit ungewöhnlichem – er sagt es selbst – Zutrauen von Dingen, die seine Denkart sonst lieber unerörtert lassen mag; auch über den Geist und die Richtung der Entwickelung der Gegenwart, über die Gestalten der nächsten Vergangenheit, Napoleon, Franzosen, Deutschland, Preußen; wie freut' ich mich des unerschütterlichen Vertrauens, das ich trotz aller Zwischendinge stets in unsres vaterländischesten Dichters Vaterlandstreue gesetzt! Wie gerecht, einsichtig und unschuldig waren seine Äußerungen in dieser Hinsicht, von wahrem Geschichtsgefühl, so des Augenblicks wie der Jahrhunderte, beseelt! ... Das Leben in kleineren Städten, von größeren Mittelpunkten der neuern Zeit entfernt, hat für Goethen vielleicht manche Ansicht nicht sogleich in volle Beleuchtung treten lassen, manche Anschauung dunkel gehalten: aber wie nimmt der weise Sinn den kleinsten Schimmer echten Lichtes, das ihm dargeboten wird, sicher auf, und verteilt ihn mit Blitzesschnelligkeit über das ganze Bild! – Übrigens ist Goethe alt, und grade darin jung, daß er die Wesenheit des Alters mit gleicher Frische und Wahrheit in sich aufnimmt, wie er jung die Jugend in sich aufnahm; es ist eine Freude des Lebens, im Hintergrunde der Jahre solche Alte möglich zu sehn, wie Schlabrendorf und Goethe sind. Schön von Antlitz und Bildung, kräftig von Haltung und mit hoffnungsvoller Gesundheit steht letzterer noch mitten in des Lebens Tätigkeit, auf Nahes bedacht wie auf Fernes, aber die Zeit beisammenhaltend, und nicht das größere Zurückgelegte verkennend. Im Ganzen gibt das Werk über sein

Leben – diese gehaltreichsten Denkwürdigkeiten, in welchen die tiefsinnige Kürze des alten Philosophen mit der homerischen Fülle des alten Dichters vereinigt ist – den Standpunkt, auf welchem er sich als Mensch jetzt befindet, seine Art und Weise des Daseins, ziemlich vollständig und ungefälscht zu erkennen. Mehrere Teile werden noch folgen; eine Art Ersatz für so vieles, das nicht geschrieben zu haben er jetzt bedauert! – Dieses Übergewicht, das die erwartete Wirkung des Dichters so ganz der Wirkung des Menschen unterordnete, und mich von dem ersteren zwar vieles, aber fast nur in bezug auf den letzteren sehen ließ, wurde mir gleichsam zum Triumphbilde des Mannes, von dessen Anschauen ich die folgenden Tage mit einer sanften Glut erfüllt blieb, wie nur die außerordentlichsten Begegnisse der innern Welt sie über die Seele verbreiten können, und für das ganze Leben, kann ich nun sagen, bin ich um ein großes Gut reicher!

4506 Varnhagen an? *25. November 1817*

Eine [Nacht] jedoch und den halben Tag zuvor blieb ich in Weimar, wo ich das Glück hatte, Goethen zu sehn, und wie ein alter Freund auf das liebreichste aufgenommen zu werden; ich ging nachmittags um 5 Uhr hin, und blieb bis Mitternacht, er ließ mich nicht fort; er sieht Rahel und mich, obgleich ich ihn zum erstenmal sah, als seine wirklichen Freunde an. Dieser Aufenthalt bei Goethe ist wie ein Sonnenschein des Lebens, war meiner Reise ein Gestirn.

4507 Caroline v. Egloffstein
an ihre Mutter *28. November 1817*

Ich möchte gern englisch lernen, weil mir Goethe in den Kopf gesetzt hat, das wäre recht etwas für mich, und die liebe Eitelkeit dann gleich Funken fängt, wenn so etwas verlautet.

4508 Dorothea v. Schlegel an ihre Söhne *28. November 1817*

Goethe hat einem Durchreisenden offenbart, er sei in der Naturkunde und Philosophie ein Atheist, in der Kunst ein

Heide und dem Gefühl nach ein Christ! – Jetzt wissen wir es also ganz naiv von ihm selber, wieso er es nirgend zur Wahrheit bringt. Der arme Mann! mich dauert er sehr.

4509 J. Kollár: Erinnerungen *1862*

Kaum hatte ich mich in Jena niedergelassen und umgesehen, so war es meine erste Aufgabe, nicht nur die Professoren, sondern auch andere berühmte dort lebende Männer oder wenigstens ihre Denkmäler und Häuser, in denen sie wohnten und arbeiteten, zu sehen und kennen zu lernen. Der Zufall wollte aber, daß Herr Wolfgang Goethe nicht weit von uns wohnte; ihm galt daher mein erster Besuch. Ich war zuerst mit Mažári dort [am 27. November 1817?] und später öfters allein. Zuerst ließ er uns im Vorzimmer ein wenig warten, bis er sich angeblich angezogen und hergerichtet habe. Und es trat dieser deutsche Jupiter mit erhabener Höflichkeit und mit gemessenen Schritten und Worten vor uns. Auch Herr Goethe war der Meinung, daß in Ungarn nur Magyaren wohnen, weshalb er auch uns für Magyaren hielt. Als ich aber dagegen protestierte und sprach: «Herr, ich bin ein Slowake oder, wenn Sie wollen, ein Slawe, dieser mein Kollege ist aber ein Halbmagyare, ein Halbdeutscher», so lachte Herr Goethe laut über diese meine Aufrichtigkeit auf, wandte sich dann zu mir und bat mich vertraulich, ich möge ihm einige slowakische Volkslieder besorgen und übersetzen, weil er von ihrer großen Zahl und Schönheit viel gehört habe. Um die magyarischen habe er schon viel gebeten und viel geschrieben, aber bisher habe er keine erhalten können. «Ich höre, die Magyaren sollen ebenso sanglos sein wie unser deutsches Volk.» So gingen wir auseinander.

4510 Knebel an Charlotte v. Schiller *2. Dezember 1817*

Goethe selbst beehrte mich [zum Geburtstag am 30. November] mit einigen Versen und brachte den Mittag mit dem wackern Döbereiner und dem Griechen Papadopulos bei uns zu.

4511 Johanna Frommann an ihren Sohn 7. Dezember 1817

Wir haben [am 4. Dezember] einen schönen Mittag mit Goethe gehabt. Wir saßen von 1 Uhr an nur bis $4^1/_2$ bei Tische! Der alte Herr schwatzte so schön. Du weißt, ich bring ihn nicht auf solche Dinge, aber er kam von selbst auf R[ödiger]s Rede [bei der Wartburgfeier]. Du wärst zufrieden gewesen mit dem, was er sagte, aber nachsagen kann man's besser mal mündlich als schriftlich, nicht weil's verfänglich wäre, sondern weil einem kaum gefällt, was man ihm nach sagt, viel weniger nach schreibt. Auch über andres denkt er, wie wir. Überhaupt über die Jugend und ihren mitunter unartigen Mutwillen ist keiner erbittert oder erbost, als Leute mit bösem Gewissen oder Stumpfe, wenn sie auch getadelt wird. Die schöne Wahrheit und Tüchtigkeit, die bei so mancher jugendlichen Äußerung zu Grunde liegt, wird sich hoffentlich bewähren.

4512 Johanna Frommann an? (um den 7. Dezember 1817)

Goethe aß den Mittag [4. Dezember] auch bei uns, und, wie G[erstenbergk] fort war, äußerte er, daß er noch sitzen bleiben wolle, und wurde nun so gesprächig und liebenswürdig, wie ich ihn nie gesehn. Er kam natürlich auf die Wartburgsgeschichte, und nun erklärte er sich so, daß ich ganz aus den Wolken fiel, unter andern sagte er ungefähr: ob es etwas Schöneres geben könne, als wenn die Jugend aus allen Weltgegenden zusammenkäme, um sich fester für das Gute zu verbünden mit dem Entschlusse, in jeder Lage ihres Lebens alle ihre Kräfte aufzuwenden etc. etc.

4513 Frommann an seinen Sohn 7. Dezember 1817

Von Rödigers Rede sagte sogar Goethe neulich [am 4. Dezember]: «Ja, ein paar Ungeschicklichkeiten etc. etc. abgerechnet, ist sie sogar in sich gut.»

4514 Johanna Frommann an ihren Sohn 15. Dezember 1817

R[ödiger] ist neulich [am 28. November] bei Goethe gewesen und hat ihn stumm und kalt gefunden; er hat immer von Politik anfangen wollen, G. aber immer gleich abgebrochen. Nun war es wunderbar, wie G. [am 4. Dezember?] von ihm erzählte, daß er sich hätte zurückhalten müssen, er hätte dem R. um den Hals fallen, ihn tüchtig küssen und sagen mögen: «Lieber Junge, sei nur nicht so dumm.» Die Mutter nannte R.s Augen lebendig, das war G. lange nicht genug. Er sagte auch, er täte jetzt nichts als niederschlagende Pülverchen einrühren, damit sie nur seinen lieben jungen Leuten nichts täten, seinen lieben Brauseköpfen.

4515 *F. v. Müller* *10. Dezember 1817*

Mit Stichling nach Jena. Goethens Ruhe und Vorahndung noch üblerer Ereignisse wegen der Preßfreiheit. Genaue Aktenführung über die Bibliotheks-Veränderungen.

4516 *Graf Zichy an Metternich* *23. Dezember 1817*

Goethe auquel j'ai parlé [am 16. Dezember] plus particulièrement de toute cette affaire [Wartburgfest], m'a assuré que les regrets et le repentir des professeurs qui se sont laissés entraîner par les circonstances était général et que chacun tâchait actuellement de trouver un prétexte pour s'excuser et nier d'avoir participé aux excès commis.

4517 *Knebel an Charlotte v. Schiller* *25. Dezember 1817*

Gestern brachte Geheimerat Goethe und unser Professor Kosegarten den Mittag bei uns zu, denen sich auch Herr Hofrat Stark abends zugesellte, um den Christbaum glänzen zu sehen.

4518 *Johanna Frommann an ihren Sohn* *26. Dezember 1817*

Bei Gelegenheit der Äußerung der S[chopenhauer] über die Heidelberger Studenten: «Wenn sie Kandidaten, Kanzlisten etc. etc. sind, hat der Spaß so ein Ende», sagte gestern Goethe: «Sie hätte wohl den freundlichen Schluß machen können: Man wird es den jungen Leuten in den Verhältnissen ihres künftigen Lebens anmerken, daß sie eine glückliche Jugend gehabt haben.»

4519 J. Kollár: Erinnerungen *1862*

Ungefähr nach einem Monate [Ende Dezember 1817?] begegnete ich Herrn Goethe im Fürstengarten [zu Jena] auf einem Spaziergang, und er richtete gleich seine Schritte auf mich zu und sprach vorwurfsvoll: «Was machen die slowakischen Gesänge?» Ich entschuldigte mich mit dem Mangel an Zeit im Anfang des Universitätsjahres, erfüllte aber das Versprechen, sobald die ersten Arbeiten, die sich angesammelt hatten, geringer wurden. Einige von jenen erschienen in metrischer Bearbeitung in der von Goethe herausgegebenen Zeitschrift [Über Kunst und Altertum]. Beim zweiten und bei folgenden Besuchen legte Goethe den Minister und Hofmann schon ganz ab und schien mehr ein Patriarch und Vater zu sein. Goethe hatte die Gewohnheit, fast jeden Tag in einer Kutsche, vor die zwei Schimmel gespannt waren, um Jena herumzufahren und dabei mit seinem Kutscher wie mit seinem vertraulichsten Freund laut zu sprechen oder zu streiten. Unser Freund, Herr Samuel Ferienčík, ein vorzüglicher Sänger und Gitarrespieler, pflegte einen noch häufigeren und häuslicheren Verkehr mit Goethe, weil er seine Balladen und Romanzen: Der Erlkönig, Der Sänger, Fischer usw., vortrefflich zu singen verstand.

1818

4520 F. Horn an Fouqué *12. Oktober 1818*

Ich habe neulich eine große Freude gehabt. Goethe hat [am 6. Januar?] zu meinem sehr lieben Freunde, dem Baron Reutern, der ihm in liebenswürdiger Gemütswärme von den wohl hundert Abenden erzählt, die wir zusammen gehabt, ausdrücklich erklärt (wie ein König?!), er habe mich sehr lieb und habe in meinen Schriften sehr viel Liebes und Freundliches gefunden, und er schätzte mich sehr. – Es ist ein großes Glück, daß mein liebster Friedrich seinen alten Franz kennt, der, Gott sei hoch gepriesen! nach vielen blutigen Tränen seit etwa sechs Jahren die Eitelkeit gänzlich unter die Füße gekriegt hat (wofür ihn freilich andre Fehler noch gewaltig schütteln) und der deshalb das Goethesche Reskript abschreiben kann. – Noch ist komisch merkwürdig: Goethe bittet Reutern, ihm von der Abnahme seines rechten Arms und von dem Abhacken der großen Zehe (das letztere geschah hier im vorigen Winter) zu erzählen; aber so mild und leise R. das auch getan, so «war es doch sehr natürlich und angenehm (?), wie sich das schöne Gesicht des lieben bequemen Mannes dabei verzog.»

4521 B.v. Reutern: Gerhardt von Reutern 1894

Um ... einen ferneren Urlaub für eine Reise nach Deutschland zu erlangen, begab er [Reutern] sich zu Ostern 1817 nach St. Petersburg, wo er alsbald durch die gnädige Vermittelung Ihrer Majestät der Kaiserin alle seine Wünsche in dieser Beziehung erfüllt sah. Auch in anderer Weise wirkte der damalige Besuch in der Hauptstadt belebend auf Reuterns Geist, indem er unter anderem die Bekanntschaft des Grafen Tolstoi und dessen Basreliefs, Szenen aus der Odyssee darstellend, machte, deren hauptsächlichste er, auf Bitte des Grafen, bei der Durchreise durch Weimar Goethe zu überbringen hatte. Sonach verließ er am 24. Oktober a. St. Livland, entledigte sich [am 6. Januar 1818] seines Auftrages bei Goethe in Jena und bekam von demselben bei dieser Gelegenheit höchst belehrende, auf seinen Entschluß, sich ganz der Kunst zu weihen, entscheidend einwirkende Äußerungen über Malerei und Gegenstände der Ästhetik zu hören, welche seinen künstlerischen Bestrebungen einen immer festeren Boden verliehen. Aus seinem Aufenthalte in Jena erwähnt er in einem Briefe an Charlotte einer Zusammenkunft mit dem zweiten Sohne Friedrichs von Schiller [Ernst], bei welcher dieser, als Andenken an seinen berühmten Vater, ein letzterem von Goethe geschenktes Petschaft Reutern verehrte. In Folge obiger Gespräche mit Goethe glaubte Reutern nun fürs erste ausschließlich an seine künstlerische Ausbildung denken und die Verlobung noch aufschieben zu müssen, bis auch die sehr ins Gewicht fallende ökonomische Frage weiter aufgeklärt sein würde.

4522 Knebel an Charlotte v. Schiller *9. Januar 1818*

An Goethe habe ich das Ihrige ausgerichtet. Er ist freundlich und erwidert solches. Übrigens ist er arbeitsam und besucht uns auch noch fleißig.

4523 Knebel an Charlotte v. Schiller *6. Februar 1818*

Gestern hatten wir *große* Gesellschaft bei uns – das heißt groß in Rücksicht meiner kleinen Stube. Sie bestand aus Geh. Hofrat Stark nebst seiner ganzen Familie, die sich bei uns ansagen ließen. Dann waren noch Frommanns, Oberst Lyncker, Goethe und eine Menge junger Leute da, die wir doch auch an der Gesellschaft wollten teilnehmen lassen.

Ich möchte Ihnen gern ein indisches Buch zur Erbauung schicken, ich weiß aber nicht recht, wo ich es herholen soll. Ich will Ihnen indessen eines hier beilegen, das mir Goethe jüngst zum Präsent machte. Es ist ein Buch der Weisheit aus dem Persischen [Das Buch Kabus] ...

Ich habe Goethen ein anderes dafür gegeben, das Sie mehr amüsieren würde und fast aus lauter Fabeln zusammengewebt besteht, es ist aber leider griechisch und lateinisch.

Goethe ist wohl und bringt den Tag in seiner neuen Wohnung in der Tanne an der Saale zu.

4524 Knebel an Charlotte v. Schiller *13. Februar 1818*

Personen, die Neigung zur Korpulenz haben, müssen öfters spazieren gehen. So macht es Goethe, der jetzt alle Tage ein oder ein paar Stunden geht. Ich befinde mich besser beim Gegenteil, denn ich bin diesen ganzen Winter kaum einmal aus dem Hause gegangen.

Mein Karl wird morgen nach Weimar gehen, um den Geburtstagsfesten der Großfürstin mit beizuwohnen. Mit Ende dieses Monats verläßt er uns wieder und geht nach seinem Erfurt zurück. Er hat sich während seines Aufenthalts hier gar hübsch betragen, und wir verlieren ihn ungern. Auch Goethe liebt und schätzt ihn und erkennt seine Neigung und seinen Verstand für das Ernstere.

Goethe grüßt Sie freundlichst und dankt für die Nachricht über Meyer. Er freut sich seiner Wiederkunft [aus der

Schweiz]. Jetzt beschäftigen ihn Zeichnungen nach den altgriechischen Monumenten, die Louise Seidler in München verfertigt und ihm zugeschickt hat.

Goethe lebt in den Zimmern der Tanne, die Sie ehemals bewohnten, und befindet sich ungemein wohl daselbst.

4525 Erbprinz Carl Friedrich an Böttiger *14. Februar 1818*

Goethe wohnt schon seit diesem Herbst in Jena, von wo er indessen höchstens nur einmal herüber gekommen ist. Mir ahndet, daß er sich wohl zuletzt ganz in seinem lieben *Saal-Athen* etablieren wird. Eigentlich würde doch sein Verlust mehr imaginär als reell sein, denn da er, als Schriftsteller, seine Rolle ziemlich ausgespielt hat, und er seit seinem Abgang von der Theater-Direktion hier nicht mehr beschäftigt ist, er sich auch außerdem sehr wenig in der großen Welt zeigte, so genießen wir sein Hiersein beinahe gar nicht, und es ist uns schon lange zumute, als wenn er seit geraumer Zeit abwesend, ja bisweilen als ob er nicht mehr in der Welt wäre.

4526 Soret *1. September 1830*

Dans un dîner chez le Prince à Iéna, où j'avais invité Gries et Goettling, le premier a raconté une aventure survenue à Goethe, il y a une dizaine d'années environ [3./19. Februar 1818]. Il habitait l'Auberge du Sapin à Iéna. Un étudiant se fait annoncer, il parle longtemps et, en prenant congé, finit par lui demander la permission de prêcher pour lui le dimanche prochain. Trompé par la prononciation, notre magot avait pris un nom pour un autre. «Mon ami, lui dit Son Excellence en riant, vous ferez bien de vous adresser pour cela à l'archidiacre Koethe.»

4527 Knebel an Charlotte v. Schiller *24. Februar 1818*

Jetzt macht alles Verse; doch Goethe meint, es sei niemals weniger Poesie auf der Welt gewesen, als eben jetzt. Vermutlich werden Sie Goethen jetzt auch in Weimar sehen. Er war etwas kränklich, als er abreiste [21. Februar]. Hoffentlich wird er sich wieder erholt haben.

4528 Ch. A. Vulpius an J. M. Färber *23. Februar 1818*

Der Herr Minister v. Goethe wird so lange hier [in Weimar] bleiben, bis seine Schwiegertochter entbunden ist.

4529 F. v. Müller *24. Februar 1818*

[Über den Maskenzug.] Désordre im Zug wegen des Umwendens für Goethe. Artige Worte der Fürstinnen gegen mich. Der Großherzog hingegen blieb stumm. Mein kleines Gedicht an Goethe machte außerordentlichen Eindruck. Vorteile der Anonymität ... Ich hielt mich etwas fern von Goethe, der ohnehin meist sehr umlagert war und Weihrauch und Bonbons genug bekam. Nach 2 Uhr erst nach Hause.

4530 Charlotte v. Schiller
an ihren Sohn Karl *27. Februar 1818*

Ernst war prächtig als Götz von Berlichingen [auf dem Maskenball am 24. Februar]. Der Bart stand ihm gut. Der Panzer zwang ihn, sich gerade zu halten; er war über der Brust etwas breiter gemacht. Der *Geheimrat* hat Ernsten mit Rührung angesehen. Die Großfürstin hat ihn selbst zum Geheimrat gebracht, damit er ihn recht sehen sollte.

4531 Charlotte v. Schiller an Knebel *28. Februar 1818*

Ich habe eine rührende Freude gehabt, unsern Freund [Goethe] am Dienstag [24. Februar] zu finden bei den Masken; denn sein Gruß aus der Ferne hatte mich ganz weich gestimmt. Ihn nun rüstiger als vorigen Herbst wiederzusehen und wohler, als ich ihn lange nicht fand, ganz die alten Züge wieder, war mir sehr wohltätig. Der Götz [Ernst v. Schiller] hat einen freundlichen Eindruck auf ihn gemacht, und ich habe meine maskierte Familie ihm vorgestellt, Emilie als Genius und Karoline als Zigeunerin. Den Götz hatte ihm die Großfürstin schon vorgestellt ...

Ich glaube, Sie hätten Kotzebues Zug weniger gut wie seine Verse gefunden; denn die Gestalten waren unerfreulich und derb oder leer, wie der falsche Prunk in seinen Stücken ... Kotzebue selbst hat mich belustigt; denn er ist immer, sagt man mir, an Goethe vorbeigeflogen – ohne bemerkt zu werden. Ich hoffe aber, er hat gesehen, wie man Goethe hier betrachtet und wie von allen Seiten man zuströmte, um sich seiner Gegenwart zu erfreuen. Alle Mütter, Tanten usw. warteten auf seinen Beifall für die Ihrigen. Ich weiß wohl, daß dies etwas Gleichgültiges für den Freund ist, aber bei solchen Scheinmenschen wie Kotzebue mag man auch gern den Schein selbst zur Wahrheit geworden sehen.

4532 F. v. Müller *27. Februar 1818*

7 3/4 abends holte ich Julie zu Goethens ab, wir waren erst ganz allein mit dem alten Herrn und Ottilie, und da war er ganz allerliebst. Julie legte ihre Zeichenbücher vor, die er aufs schnackigste und humoristischste kritisierte. «Es sei unerlaubt, ja unverschämt, so viel Schönes zu machen, ohne einen *Begriff* davon zu haben. Sie solle Perspektivik bei Beuther studieren.»

Als die Tante, Frau v. Pogwisch und Beust kamen, ward er schon einsilbiger. «Ja, ja, das ist ganz hübsch, beinahe machte es ein Bild.» Er schalt die sklavische Treue im Zeichnen nach der Natur. Wir soupierten gar angenehm unten in den neu eingerichteten Zimmern. Die Beust erzählte, wie ihr der General grob angekündet habe, in ein paar Jahren müsse sie bloß Flavien sprechen lassen. Goethe erzählte eine allerliebste kleine Liebesgeschichte von Karlsbad, als zwei junge Mädchens von Frau Elise v. d. Recke gehört hatten, *er* gebe sich mit *ältern* Damen gar nicht gerne ab. Sodann zeigte er merkwürdige Handschriften aus dem dreißigjährigen Krieg und aus dem Brandenburgischen Hause vor, die in einer Folianten-Kapsel gar zierlich und nett eingeschachtelt waren. Wir blieben bis eilf Uhr, Julie war höchst lieblich und munter.

4533 F. v. Müller an Knebel *28. Februar 1818*

Wie sehr Sie auch, mein hochverehrter Freund! auf uns Weimaraner schmälen und unsre Festdichtungen – von denen ich Ihnen jedoch gerne einen guten Teil als Schund preisgeben will, besonders die Devisen und das alberne

«Versteckens» – (Folge der Preßfreiheit!) als illegitime – bloß mit der *Gelegenheit* in wilder Ehe erzeugte Musenkinder ansehen mögen, – Sie sollen doch dem Verdruß nicht entgehen, auch solch ein Gelegenheitsprodukt lesen zu müssen, auf welches Sie jedoch, da es *Goethen* betrifft und ihn, den geliebten Wiedergekehrten, *sehr erfreut* hat, vielleicht etwas nachsichtiger und freundlicher herabblicken werden ... Gestern abend soupierten wir bei Goethe, wo es sehr munter herging und wo der alte Herr von der herrlichsten Laune war. Er scheint sich denn doch länger hier fesseln lassen zu wollen, als er anfangs dachte, und in der Tat überhäufen ihn auch Fürst und Fürstinnen so sehr mit den allerfeinsten und raffiniertesten Artigkeiten, daß er sich ohne Unart so schnell nicht wird losreißen können.

4534 F. v. Müller *28. Februar 1818*

Goethe war tödlich krank.

4535 Ch. A. Vulpius an J. M. Färber *28. Februar 1818*

Der Herr Minister v. Goethe scheint sich auf mehrere Wochen eingerichtet zu haben, hier zu bleiben ...

Der Herr Minister v. Goethe bessert sich glücklicherweise täglich.

4536 Charlotte v. Schiller an Knebel *7. März 1818*

Ich habe mich vor acht Tagen [am 28. Februar] recht geängstigt, weil ich fürchtete, Goethes Krankheit hätte üble Folgen; das dicke Gesicht hat aber dem Ganzen eine schnellere Wendung gegeben. Aber daß er sich erkälten mußte in dem neugebauten kalten Saal, der auf feuchtem Boden steht, ist natürlich. Sein hoher Freund, der eine harte Konstitution hat, fühlt so leise Veranlassungen sich zu schaden gar nicht, und deswegen fürchtete ich doppelt. Ich wollte, Goethe käme in das stille Haus an der Saale zurück, ehe die Niederkunft seiner Schwiegertochter erfolgt; denn sie kann sehr hart werden, und die übrige Familie, die so laut handelt und empfindet, könnte in der Nähe seine Ruhe des Gemüts weit eher stören als besänftigen.

4537 *Knebel an Charlotte v. Schiller* *Anfang März 1818*

Daß Sie Goethen freundlich aufgenommen haben und bei sich zu behalten wünschen, kann ich mir wohl denken. Ich glaube aber doch, daß es ihm in der Folge wohler *hier* [in Jena] sein dürfte. Der Hof selbst – er mag so gut sein als er will – ist eine Last; zumal wenn man eine Bedeutung daselbst gehabt hat. Im Alter, das ohnehin schon eine Last ist, bürdet man sich nicht gerne mehr auf. Nur Wielands Sinn und Unbedeutung konnte ihn ertragen helfen. Goethe ist auch hier um vieles gesünder worden.

Ich muß noch ein paar Zeilen an Frau v. Stein schreiben und dann dem Kanzler sein *Gedicht an Goethe* loben, das er mir zugeschickt hat.

4538 *F. v. Müller* *3. März 1818*

Besuch bei Goethe. Sein Ärger über Julie und den Bau seines Nachbars.

4539 *F. v. Müller* *5. März 1818*

Spazierfahrt mit Rehbein, langer Besuch bei Goethe, der sehr genial Friesen ein Skelett eines Tigers nannte und seine Vorahndungen des Unheils aus der Wartburgsfeier erzählte. «Quiconque rassemble le peuple, l'émeut», rief er, nach Retz, mehrmalen aus. Gegen Voigt habe ihm die Mißbilligung der Erlaubnis zur Wartburgsfeier schon auf den Lippen gesessen, aber er habe sie verschluckt, um sich nicht zu kompromittieren, ohne Erfolg.

Von Julies Talent und Willkürlichkeit sagte er viel Treffendes. «Ich habe im 22. Jahre den Egmont geschrieben, und habe seitdem nicht stille gestanden, sondern diese Ansichten über Volksbewegungen immerfort mit mir sich durchleben lassen. Nun weiß ich wohl, woran ich bin; meint ihr, der Egmont sei nur ein ** gewesen, der mir entschlüpft? oder man müßte mich erst trepanieren, um den Splitter aus dem Gehirn zu ziehen?»

Herrliche Komposition Zelters eines neuen Goetheschen Liedes.

4540 *F. v. Müller (nach Diktat von Julie v. Egloffstein)* *6. März 1818*

Goethe öffnete uns seine Zimmer, als ich bei Ottilie den Abend zubrachte. Er war *höchst* liebenswürdig in seinem weißen Flausrock und schaukelte mich hin und her auf den Wogen seines Gesprächs.

Von Wiesbaden sagte er, daß das Leben dort zu leicht, zu heiter sei, als daß man nicht verwöhnt würde fürs übrige Leben. Er möge daher nicht zu oft hinreisen, Karlsbad störe das innre Gleichgewicht schon weit weniger. Oft bestimme die kleinste Zufälligkeit die dauerndsten Verhältnisse im Leben, und am meisten wirkten Berge auf die Verschiedenheit der Sitten und Charaktere, weit mehr als Klima und Sprache. Viel Scharfsinniges und fast Fabelhaftes erzählte er von seinen Völkerstudien. An die freundlichste Einladung nach Jena *auf seine Tanne* knüpfte er die interessantesten Äußerungen über das Leben und Treiben der jenaischen Professoren, das *ihn* ewig frisch und in steter Fortbildung erhalte. «Seht, lieben Kinder, was wäre ich denn, wenn ich nicht immer mit klugen Leuten umgegangen wäre und von ihnen gelernt hätte? Nicht aus Büchern, sondern durch lebendigen Ideentausch, durch heitre Geselligkeit müßt ihr lernen!» Er frug mich, ob ich schon bei Beuthern angefangen, und setzte hinzu, der Kanzler habe mich verklagt, *er* aber würde mich gelobt haben, wenn ich eigensinnig geblieben wäre (weil ich dann eine Virtuosin im Eigensinn gewesen sein würde). Ich möge nur, sobald ich die ersten Stunden gehabt, zu ihm kommen und ihm alles wiedererzählen, dann wolle er schon zusehen, daß ich bald mit der Perspektivik ins reine käme.

Als er behauptete, die Professoren hätten viel mehr noch zu tun als andere Geschäftsleute, und *Adele* dies verneinte und den Kanzler zum Beispiel aufführte, versicherte ich maliziöserweise, daß der Kanzler noch Zeit genug habe, in der Nachbarschaft, wenn er eine halbe Stunde bleiben wolle, ein paar Stunden zu weilen. «Ja», sagte Goethe, «ein Kanzler müßte eigentlich gar keine Nachbarschaft haben und von Staats wegen eine Brandmauer vor seinen Fenstern aufgeführt werden.» «Nun», sagte ich, «da verdiene ich ja wohl den Dank des Staates, daß ich durch eine neuerliche Vorrichtung an meinem Zeichen-Fenster wenigstens zum Teil solch eine Brandmauer aufgeführt habe.» «Jawohl», erwiderte Goethe, «und dreifachen Dank, des Kanzlers Augen, des Staats und Ihrer eignen Augen wegen!»

(Ob der Kanzler wohl gutmütig genug sein wird, alles dieses mir zu Gefallen niederzuschreiben??)

4541 *F. v. Müller* *9. März 1818*

Ich entführte Julie zu Goethen, wo Coudray und Rehbein. Herrliche Claude Lorrains aus England. Kritik von Julies Zeichnungen.

4542 *Knebel an Charlotte v. Schiller* *10. März 1818*

Goethe ist nicht gar wohl in Weimar, wie ich höre, und wird bald wieder herüber kommen [nach Jena]. Er hat sich bei einigen Gelegenheiten verdorben.

4543 *Julie v. Egloffstein an ihre Mutter* *13. März 1818*

Außerdem noch habe ich auf Goethens Wunsch und Geheiß ein neues Studium begonnen – die Perspektive nämlich; – und zwar beim hiesigen Theatermaler, der die bequemste Methode haben soll, es den Leuten beizubringen; – und zwar in kurzer Zeit. Ich scheute die neuen Kosten – und sträubte mich – Goethe meinte, ich sei nur zwei Zoll breit noch vom wahren Weg entfernt und könne nur durch die Kenntnis der Perspektive dahin gelangen. – Sechs bis acht Stunden wären hinreichend dazu – Müller ließ heimlich den neuen Lehrer kommen – und sandte ihn mir sodann unvermutet über den Hals – kurz, ich wurde zu dieser Sache verleitet, ohne selbst genau zu wissen, wie? Das Ende wird zeigen, ob ich recht getan, mich verleiten zu lassen – oder nicht. – Wir haben in diesen jüngst verlebten Wochen *höchst* interessante Abende mit und durch Goethe verlebt – wo er würklich *unbeschreiblich* liebenswürdig war.

Um seine Gespräche nicht zu vergessen, habe ich sogleich einiges darüber niedergeschrieben. Leider verläßt er uns übermorgen schon wieder ...

4544 *Caroline v. Egloffstein an ihre Mutter* *13. März 1818*

Goethe geht morgen würklich schon wieder, weil er sich die Angst um Ottiliens Niederkunft ersparen will; wir sind alle recht in Sorgen für sie, weil sie so sehr schwach ist. – – Gott wird sie erhalten!! – Goethe läßt sich von mir vorsingen und scheint sehr zufrieden; er hat neue Lieder, von Zelter neu komponiert, die ich ihm vorspielen und bekannt machen muß.

4545 *Caroline v. Egloffstein an ihre Mutter* *(nach dem 13. März 1818)*

Habe ich Dir gesagt, daß Goethe sehr von meinem Singen zufrieden war und – seine Lieder von mir komponiert wünscht, weil ich sie so gut verstünde!! – Ah! – was meinst Du?

4546 *Charlotte v. Schiller an ihren Sohn Karl* *13. März 1818*

[August v.] Goethe kann nun jede Stunde Papa werden... Der *Schwiegerpapa* [Goethe] geht wieder nach Jena. Ich bin recht froh; denn die Not bei der Niederkunft würde ihn ängstigen; Ruhe ist dem Geheimrat jetzt nötig ...

4547 *F. v. Müller* *13. März 1818*

Abends nahm ich kurz Abschied bei Goethe, der nach Jena ging und mein Inserat gegen Wieland gar sehr billigte.

4548 *Caroline v. Egloffstein an ihren Bruder Carl* *(nach dem 14. März 1818)*

Unser alter Herr – nämlich Goethe – ist schon wieder nach Jena gegangen und hat wieder unsre Freude an seinem Hiersein genommen; Du glaubst nicht, wie überaus gut und liebenswürdig er ist, wie sehr er seine Ottilie liebt und wie angenehm uns in seinem Hause bereitet ist; hoffentlich kehrt er bald wieder, und dann fangen gleich die freundlichen Abende wieder an, in denen er heiter und ernst seine Lehren austeilt und sich von uns verhätscheln läßt. Wie oft wünsche ich dann *Dich* in unsre Mitte, wie ergötzlich würde für Dich diese Umgebung sein, wo Kunst, Natur und der scharfe geistige Verstand so liebenswert sich vereint und sich herabläßt, sich mitzuteilen und *verständlich* zu machen. Studiere doch ja recht ernstlich die englische Sprache; ich bin trostlos, daß mir die Möglichkeit und die Sprachfähigkeit fehlt, um den *Schatz* zu erwerben, der nach Goethens Worten unergründlich und unerschöpflich in der englischen Literatur ruht ...

4549 F. v. Müller
an Henriette v. Beaulieu-Marconnay *12. (18.?) März 1818*

Goethe hat sich in der neusten Zeit sehr viel mit ihr [Julie v. Egloffstein] abgegeben, und viele ernste Winke, Ratschläge und Kritiken einzelner Zeichnungen gegeben. Auch unser trefflicher Ober-Baudirektor Coudray nimmt sich ihrer Bestrebungen sehr an, und sie wäre wirklich sehr undankbar, wenn sie noch immer klagen wollte, daß sie nicht in allen die wirksamste Unterstützung und Belehrung fände. Aber wir vertragen nicht gut *Tadel*, und so sehr wir ihn mit dem Munde verlangen, so wenig finden wir das Urteil begründet, wenn Goethe p. diesen oder jenen kleinen Fehler an einer übrigens herrlichen Zeichnung leise bemerklich macht. Ich suche nur immer Goethe bei Gutem zu erhalten und Julie möglichst oft hinzubringen. Seit vier Tagen [14. März] ist er wieder nach Jena, bis Ottilie niedergekommen sein wird ... Ich bat Goethen kürzlich, Linen eine neue Komposition von Zelter eines seiner neusten Gedichte mitzuteilen, da er jammerte, niemand werde sie ihm zu Dank vortragen können. Er tat es und war ganz entzückt, als Line seine kühnsten Erwartungen übertraf. Nun will er an *beide* Schwestern *ein* Gedicht machen.

4550 *Knebel an Charlotte v. Schiller* *3. April 1818*

Lesen Sie doch *Six weeks in Paris!* Es amüsiert mich sehr, so wie auch Goethen.

4551 *F. v. Müller an Goethe* *7. April 1818*

Meine Heimfahrt [von Jena] war am Sonnabend [4. April] von den schönsten Erinnerungen begleitet. Empfangen Sie nochmals den reinsten Dank für so freundliche Aufnahme. Was mag die Hoffnung [Julie v. Egloffstein] zum *Abend*mahl gesagt haben? Vermutlich hielten Sie mit ihr gestern ein noch heiterers *Mittags*mahl!

4552 *Knebel an Charlotte v. Schiller* *10. April 1818*

Goethe hat gestern fröhliche Nachricht von der Niederkunft seiner Schwiegertochter erhalten und wird, wie ich höre, nächsten Montag sich wieder auf einige Zeit nach Weimar begeben.

4553 *Ch. G. v. Voigt an Böttiger* *12. April 1818*

Vorgestern [vielmehr am 9. April] wurde Goethe ein Enkel geboren, der seinen Namen perennieren wird. Ich freue mich auf seine Wiederkehr von Jena, wo er den Frühling genießen will.

4554 *G. Parthey: Ein verfehlter und ein gelungener Besuch bei Goethe* *1862*

... wir ... fuhren am 27. September [1819] über Jena, wo wir Mittag machten, nach Weimar...

Ob er wohl, fragte ich, in einem von den Häusern weilen mag, die hier vor uns liegen?

Das glaube ich kaum, entgegnete Paul, denn unser Freund Carové, der ihn ja besucht hat, beschrieb es mir als ein ganz gewöhnliches Wohnhaus, ohne Weitsicht, an einer sanft ansteigenden Straße gelegen, und auf der Rückseite mit einem schönen Garten versehen,

«Wo Leben sich zum Leben freundlich regt».

Carové sprach mir, erwiderte ich, von diesem Besuche [bei Goethe in Jena am 11. April 1818] nur in allgemeinen

Ausdrücken der Bewunderung; hat er Dir Näheres darüber mitgeteilt?

In einer vertraulichen Stunde, sagte Paul, hat er mir gestanden, daß die Sache mit einer kleinen Beschämung für ihn abgelaufen sei. Er ist, wie du weißt, Philosoph; ja was noch mehr sagen will, Hegelianer; er spricht gut und fließend, aber mit etwas Anstrengung. Bei Goethe vorgelassen, hatte er alle Schleusen seiner Beredsamkeit geöffnet, um ihm einen ganz kurzen Inbegriff der neuen Hegelschen Lehre mitzuteilen. Der alte Herr hört ihm lange – lange mit großen Augen zu, ohne ein Wort zu sprechen; endlich steht er auf, zieht die Glocke, und sagt dem eintretenden Bedienten: Bringen Sie dem Herrn eine Tasse Bouillon!

O herrlich, rief ich! Konnte er wohl etwas Besseres sagen?

4555 Th. v. Kobbe: Humoristische Erinnerungen 1840

Goethe, welcher damals seinen procès monstre mit dem Großherzog von Weimar gehabt hatte, hielt sich in Jena auf. Ich konnte nicht umhin, dem großen Dichterfürsten aufzuwarten [11. April 1818]. Er wohnte jenseits der Saale vor der Stadt, in der sogenannten Tanne, welche neben dem Geleitshause liegt.

«Wollen Sie den Staatsminister sprechen?» fragte mich, den Eintretenden, ein kleiner altkluger Knabe, in dem breitesten sächsischen Dialekt, welchen mein Ohr je vernommen hat. Ich nickte bejahend, indessen nicht ohne einige unheimliche Empfindung, da mir der kleine Bursch von hinten etwas zwergmäßig vorkam. Er mag auch wohl nur ein Luftgebild aus Goethes Hirn gewesen sein und überall keine Realität gehabt haben. Denn er war in der Tat auf eine bewundrungswürdig schnelle Weise meinen Blicken entschwunden. Verdutzt sahe ich mich auf der Diele umher, der Zwerg wurde nicht wieder sichtbar. Ich kuckte in alle Ritzen und Spalten, alles war vergebens. Da hörte ich ein Geräusch, Trepp ab. Es nahte ein Bedienter, der nach meinem Begehren und Namen fragte, und nach erhaltener Antwort mich sodann bei Goethe anzumelden versprach. «Es soll dem Herrn Geheimerat sehr angenehm sein», berichtete er, und ich folgte. – Ich habe mein ganz Leben hindurch in Gegenwart großer Menschen sehr lebendig das Gefühl gehabt, was Verrina «*Respekt*» nennt, eine Empfindung, welche dem Geist wohltut, wie der Frost der Erde zur Winterszeit. Sie tötet das Unkraut der Eitelkeit auf die probateste Weise.

Aber Goethes Antlitz zu sehen, – ich fühlte das meine schon im voraus verbrannt, wie das der armen Fräulein Semele bei Jupiters Anblick. – Und siehe! schon auf dem Korridor begegnete mir der große Mann. Ich kreuzte meine Arme, verbeugte mich tief, blieb aber dann, ein travestierter Paganini, noch lange auf der G-Saite der Konversation, indem ich nur sehr mühsam und stotternd «mein Herr Ge- Ge- Ge- heimerat» heraus brachte.

Exzellenz oder besser: «Ecce Lenz» wäre überhaupt passender gewesen, denn der Angeredete schob an mir vorbei und sagte fast mürrisch: «Ich bin nicht der Geheimerat.» –

Ich hatte mich geirrt, es war der Mineraloge Lenz.

Der lächelnde Bediente öffnete eine Tür. Ich trat ein und sah Goethe am Ende des Zimmers am Fenster stehend.

Ich weiß nicht recht, woher es kam, aber drei Vergleiche drängten sich bei seinem Anblick solidarisch in meine Vorstellung. – Bald glaubte ich den Apoll von Belvedere, bald einen Pfau, bald die Ruinen des Heidelberger Schlosses vor mir zu sehen. Das schöne Auge schien mir etwas gebrochen. – Daher mag der letzte Vergleich der passendste sein. «Treten Sie an dieses Fenster», kommandierte fast der Dichter, «sehen Sie sich hier ringsumher. Wie gefällt Ihnen die Gegend? Sie ist die schönste, welche ich auf die Dauer gekannt habe.» –

Ich stimmte bei, obgleich den Bergen wohl eine grüne Grasatzel zu wünschen gewesen wäre. Sie sind entsetzlich kahl. – Dann brachte ich das Gespräch auf die See und erzählte, daß mein Vater zur Zeit meiner Geburt die Stelle eines Landsvogts auf der dänischen Insel Föhr in der Nordsee bekleidet habe. Ich schilderte den Anblick des Weltmeers, als den erhabensten, den die Natur darbietet, und bediente mich, da Goethe Beifall zu schmunzeln schien, wenn ich nicht irre, sogar mehrerer poetischen Floskeln dabei. Ich wollte, nachdem ich den ersten Schock der eingebildeten und wahren Bekanntschaft Goethes überwunden hatte, ihm zu verstehen geben, daß ich auch ein Jünger der Musen sei, und wenigstens dadurch die Dreistigkeit meines Besuches entschuldigen. Aber auf einmal taten der Herr Geheimerat eine fatale Frage an mich. Sie geruhten sich zu erkundigen, *wie groß Föhr sei.*

Obgleich Gaspari, als er 1804 in Wandsbeck lebte, trotz seiner Menschenscheu mich als kleinen Knaben fortwährend auf den Arm getragen hat, obgleich ich wohl weiß, daß Fabris Geographie mit dem humoristischen Grundsatz: «Ohne Geographie ist der Mensch ein Maulwurf» beginnt, so muß ich doch gestehen, daß diese Wissenschaft diejenige ist, die sich mir von jeher am fernsten gehalten hat.

Ich sah den alten Herrn etwas verblüfft an, dann aber antwortete ich, wie ein Geschworner ohne Rechtskenntnis in Rechtssachen, – in dieser geographischen Klemme, nach meiner moralischen Überzeugung: «*Eine Quadratmeile*».

Goethe schien sich dabei erst nicht beruhigen und an einige Bücher auf dem Repositorio appellieren zu wollen, was mich in der Tat verlegen machte. – Das Gespräch tournierte sich indessen auf Heidelberg. Mit Wärme schien der Dichter von dem bereits erwähnten Schelver zu reden. Im übrigen sprach er ziemlich vornehm über die andern Professoren. Von Thibaut sagte er: «Er ist ein guter Freund von» – verwandelte aber, als ob er schon zu viel getan habe, das schon hervorquillende *mir* in uns; jetzt schien mir Goethe, der wieder auf die Insel Föhr zurückkam, mit der Durchsicht einiger geographischen Kompendien doch Ernst machen zu wollen. – Ich empfahl mich daher.

Dieser Akt schien Goethe am meisten zu gefallen. Übrigens mußte ich dem alten Herrn zu meiner allergrößten Verwunderung versprechen, ihn bald wieder zu besuchen.

Er verlangte das in einem durchaus herzlichen Tone, was ich mir übrigens noch bis auf diese Stunde auf keine Art und Weise erklären kann.

4556 Charlotte v. Schiller an Knebel *14. April 1818*

Erstlich, daß unser Freund [Goethe] Großvater geworden, freut mich unaussprechlich. Das Kind soll ganz dunkle Augen und haarbedecktes Köpfchen haben. Es ist doch alles natürlich gegangen, und die Angst der handelnden Personen hat die Begebenheit nur zu tragisch erwartet und zu tragisch genommen. Deswegen bin ich froh, daß der Großpapa kommt, wenn die Gemüter wieder das Gleichgewicht gefunden haben, damit er die Freude rein genieße.

4557 Charlotte v. Schiller an ihren Sohn Karl *20. April 1818*

Morgen steht er [Ernst v. Schiller] Gevatter beim Kammerrat Goethe, der ein kleines hübsches Söhnchen hat; der *Großpapa*, die Urgroßmama und Adele S[chopenhauer] stehen Gevatter; die übrigen weiß ich nicht. Der Großpapa ist recht freundlich und hat gefragt, wie Du lebtest. Er hat Ernst gelobt und liebt ihn sehr.

4558 Charlotte v. Schiller an Knebel *25. April 1818*

Ich habe mich sehr gefreut, eine ungestörte Stunde mit unserm Freund von Goethe zu sprechen. Wir haben vieles in kurzer Zeit verhandelt, und es tat mir sehr wohl, einmal große, schöne Ansichten der Kunst wie der Wissenschaft zu vernehmen. Ich habe einen so schönen Teil meines Lebens in erhöhtern Ansichten verlebt, daß ich immer wie nach der wahren Heimat mich versetzt fühle, wo man weiß, daß das Höchste der Weltansicht mit dem reinen poetischen Sinn über allen Irrtum und Niedrigkeit der Gegenwart uns zu erheben vermag.

4559 F. v. Müller an Goethe *28. April 1818*

Wenn Sie, hochverehrter Gönner! morgen gegen Mittag gen Dornburg fahren wollten, so würden Sie Ihre schöne Schülerin [Julie v. Egloffstein] dort finden und den freudigsten Willkomm. Wir sind oben im Schlößchen, und ich soll gar angelegentlich bitten, daß Sie kommen.

4560 *Caroline Freifrau v. Egloffstein* *29. April 1818*

Ein Besuch bei Goethe in Dornburg

Der schönste Sommermorgen begünstigte die Fahrt, die ich mit einigen Freunden unternommen hatte. Wir freuten uns an den Reichtum der fruchtbaren Gefilde, durch welche wir beim raschen Lauf der Pferde hinflogen, und wurden dabei unwillkürlich an den Wechsel aller Dinge erinnert, indem wir der furchtbaren Zerstörungen gedachten, die einige Jahre früher heftige Gewitter herbeigeführt und diese blühenden Fluren in öde Steppen verwandelt hatten. Unsre Unterhaltung ward dadurch auf ernste Gegenstände hingelenkt, insbesondere aber auf den fortwährenden Kampf des Guten mit dem Bösen. Einer meiner Begleiter meinte, es gäbe eigentlich kein radikales Böse, so wenig, als der Schatte an und für sich ein positives Etwas sei. Von jeher hätten Sinnlichkeit, Trägheit des Geistes und Irrtum das reine Menschliche zerspalten und die größten Verwirrungen erzeugt. Man habe Gutes und Schlechtes, Ideal und Wirklichkeit, Natur und Kunst, Theorie und Erfahrung viel zu scharf getrennt, als daß die Mitteltinten, welche die Übergänge von einem zum andern bilden, beachtet werden könnten, obgleich eine beständige Wechselwirkung zwischen diesen stattfinde. – Die echte Humanität vermöge allein den Zwiespalt auszugleichen, und die höchste Stufe derselben sei *Duldung*, weil durch sie alle Mißtöne in Harmonie aufgelöst würden. Herder habe zwar dies Ziel vor Augen gehabt, wäre aber stets durch seine leidenschaftliche Reizbarkeit und Spottsucht vom rechten Wege abgeführt worden. Goethe sei äußerst tolerant mit dem *Verstande*, jedoch nicht mit dem *Gemüte*, daher widersprächen seine Schriften den Handlungen im täglichen Leben, durch welche er intolerant erscheinen müsse.

Was mir bisher in Goethe[s] Benehmen rätselhaft gewesen, lösten diese wenigen Worte und klärten mich über den Charakter des großen Meisters auf. Auch vertiefte ich mich so sehr in diese Betrachtung, daß ich erst wieder daraus erwachte, als wir in Dornburg anlangten, wo, nach kurzem

Verweilen in dem uns angewiesenen Zimmer, Goethe erschien und uns mit ungewöhnlicher Freundlichkeit begrüßte. Auf den ersten Blick erkannten wir, wie wohltätig der Aufenthalt in jener reizenden Umgebung, die Ruhe und Freiheit, die ihm hier zuteil geworden, auf Geist und Körper bei ihm eingewirkt. Sein großes Auge strahlte in milderm Glanze, und über seine schönen klassischen Züge war die reinste Heiterkeit verbreitet. Die starre Maske, welche er aus Verlegenheit und Konvenienz vorzuhalten pflegte, hatte er abgelegt und stand nun in seiner ganzen Erhabenheit vor uns.

Nach manchen scherzhaften Äußerungen ging er allmählich auf die wichtigsten Anliegen der Menschen über. Mit der größten Klarheit und Wärme sprach er von Religion und sittlicher Bildung als den Hauptzwecken der Staatsanstalten. Er sagte unter andern: Das Vermögen, jedes Sinnliche zu veredeln und den totesten Stoff durch Vermählung mit der geistigen Idee zu beleben, ist die sicherste Bürgschaft unsers überirdischen Ursprungs, und wie sehr wir auch durch tausend und abertausend Erscheinungen dieser Erde angezogen und gefesselt werden, so zwingt uns doch eine innige Sehnsucht, den Blick immer wieder zum Himmel zu erheben, weil ein unerklärbares tiefes Gefühl uns die Überzeugung gibt, daß wir Bürger jener Welten sind, die so geheimnisvoll über uns leuchten, und wir einst dahin zurückkehren werden. Die Religion soll Frieden zwischen den Gesetzen jenes geistigen Reiches und der Sinnlichkeit des Menschen stiften; die Moral war nur ein Versuch, dies zu bewirken, sie ist jedoch schlaff und knechtisch geworden, als man sie dem schwankenden Calculo einer bloßen Glückseligkeits-Theorie unterwerfen wollte. Kant hat sich ein unsterbliches Verdienst erworben, indem er die Moral in ihrer höchsten Bedeutung aufgefaßt und dargestellt hat. Sie sollte den Charakter der Roheit mildern, der nur nach eigenen Gesetzen leben, in fremde Kreise nach Willkür eingreifen will. Dieser Roheit und Willkür Schranken zu setzen, wurden Staatsvereine geschlossen, und alle positiven Gesetze sind nur ein mangelhafter Versuch, *die Selbsthilfe der Individuen gegeneinander* zu verhüten. –

Wenn man das Treiben der Menschen seit Jahrtausenden überschaut, so erkennt man darin einige unter mannigfachen Verbrämungen sich wiederholende Formeln, die mit Zauberkraft auf ganze Nationen wie auf die Einzelnen eingewirkt und als das untrügliche Zeichen einer höheren, alles leitenden Macht betrachtet werden müssen.

Diese Äußerungen prägten sich meinem Gedächtnis so kräftig ein, daß ich sie bei der Rückkehr nach Weimar wörtlich niederschreiben konnte. Vielleicht liefern sie dereinst, wenn die schwankenden Urteile der Zeitgenossen verstummt sind, einen Beitrag zu der würdigen Charakteristik des großen Meisters. Denn die Vergangenheit ist gerechter als die Gegenwart; sie läßt in der Erinnerung das Gute schöner und farbenreicher erscheinen und geht über das Mangelhafte leichter hinweg.

4561 F. v. Müller (nach Aufzeichnung von Julie v. Egloffstein) 29. April 1818

Wir fuhren gegen 8 Uhr morgens aus gen *Dornburg*, – *Blüten-Burg* sollte man sagen, denn *Dornen* fanden wir keine, aber duftende, herrliche Blüten in Menge.

Wie der Wagen so vorüberrollte an stillen, friedlichen Dörfern, deren äußerste Wohnhäuser von frisch grünenden Obst- und Gras-Gärten umgeben, die das behagliche Bild der *Ruhe* in uns aufweckten, wie schlug uns da das Herz hoch auf und selig voll Frühlings-Lust und Ahndung! Trauliche Gespräche, meist ernstern Inhalts, kürzten den Weg; Falks gestrige Äußerungen über Toleranz und Mischung des Guten und Bösen in der Natur gaben bald Anlaß zu tiefern Erwägungen. «Alles Böse, so behauptete der Nachbar nach Weishaupts Lehre, komme eigentlich nur aus Irrtum oder Trägheit; es gebe kein radikales, ursprüngliches Böse, so wenig als der *Schatten* ein positives Etwas sei; der *Dualismus* habe von jeher die meisten Verwirrungen und Irrtümer erzeugt, das wahrhaft Menschliche zerspalten und die Menschen in Kampf und Widerspruch mit sich selbst verwickelt. So habe man töricht Gutes und Böses, Kunst und Natur, Offenbarung und Deismus, Geist und Körper, Theorie und Erfahrung, Ideal und Wirklichkeit sich schneidend und schroff entgegengesetzt und die Mitteltinten und Übergänge ganz übersehen. Die höchste Stufe der Kultur und Humanität sei: Duldung und heitres Bewußtsein, daß alle Disharmonie früher oder später in Harmonie sich auflösen müsse. Solches Ziel habe Herder erstrebt, aber freilich nicht rein, nicht errungen, da seine Reizbarkeit und Tadelsucht ihn oft abgeführt habe vom rechten Wege. Goethe sei höchst tolerant mit dem *Verstande*, aber nicht mit dem *Gemüte*.»

Gegen eilf Uhr langten wir an. Eine Viertelstunde vorher ward der Weg steinigter, die Gegend öder, die Aussicht beschränkter; plötzlich tat das reizende, blühende Saaltal in seiner ganzen Herrlichkeit sich unsern überraschten Blikken auf, und das Auge stürzte sich jubelnd und trunken die steilen Felsenabhänge hinab.

Gastlich öffneten sich uns die Pforten des allerliebsten Feenschlößchens, das am Felsabhange wie durch Zauberei aufgerichtet ist.

Eilig durchflog ich die Zimmer rechts und links, grüßte mit jubelndem Gruß die schönen Lahngegenden, die in bunten Landschaften hier aufgehängt sind und unter denen vorzüglich Weilburg und Limburg uns als alte Bekannte traulich ansprachen, und fixierte mich dann sofort an das Eckfenster im Zimmer der Großherzogin, um von hier aus einen Teil der Gegend, vom alten Schloß gegen die Brücke herab, zu zeichnen. Ich mochte etwa eine halbe Stunde so gesessen haben, – als die Tante mich plötzlich aufmerksam machte, daß durch den kleinen Garten unter meinem Fenster ein stattlicher Mann ernst und feierlich heranschritt.

Es war Goethe, der hochverehrte Meister, den ein Brief des Nachbars [Müller] gestern abend von unserer Hierher-Reise benachrichtigt und für uns eingeladen hatte! –

Entzückt flogen wir ihm entgegen, und sein heitres Auge lohnte unsrer herzlichen Bewillkommnung.

Alsobald mußte das Zeichnen fortgesetzt werden, mit der zärtlichsten Sorgfalt machte er Julinde auf alle kleinen Vorteile in Aufnahme und Behandlung des Gegenstandes aufmerksam und förderte so das begonnene Werk aufs allerheiterste, bald lobend, bald scheltend. «Ach! wärst du *mein* Töchterchen», rief er scherzend aus, «wie wollt' ich dich einsperren, bis du dein Talent völlig und folgerecht entwickelt hättest! Kein Stutzer sollte dir nahen, kein Heer von Freundinnen dich umlagern, Konvenienz und gesellige Ansprüche dich nimmer umgarnen; aber kopieren müßtest du mir von früh bis Nacht in systematischer Folge und dann erst, wenn *hierin* genug geschehen, komponieren und selbständig schaffen. Nach Jahresfrist ließe ich dich erst wieder aus meinem Käfig ausfliegen und weidete mich am Triumphe deiner Erscheinung.» Unsere Zeichnerin zeigte aber keine sonderliche Lust, sich einer solchen Kunst-Diät zu unterwerfen, obwohl sie mit der muntersten Laune den alten Meister beschwor, seine strengen Lehren auch ihrem gewohnten Lebensgange nicht zu versagen.

Er schüttelte skeptisch den Kopf, vermeinend, solch' hübsche Kinder horchten gar freundlich auf die Lehren der alten Murrköpfe, weil sie sich stillschweigend den Trost gäben, nur so viel davon zu befolgen, als ihnen gerade beliebte. «Willst du aber, mein Engelchen», fuhr er fort, «hierin wirklich eine Ausnahme machen, so fordere ich zur Probe *dreißig* Kopien von in Kupfer gestochnen kleinen Landschaften, die ich dir zum Beginn eines folgerechten Portefeuille geben werde, und setze dir sechzig Tage Frist.»

Julinde schrie hoch auf über die gewaltige Aufgabe, aber Goethe blieb unerbittlich und setzte wie ein wahrer Imperator hinzu:

«Wie du es ausführst, das ist *deine* Sache; genug, ich fordere es und weiche kein Haarbreit von meinem Gebote ab.»

So verstrich unter Scherzen und Neckereien der Rest des Vormittags; der Nachbar hatte unterdessen im zierlichen Saale das kleine Mittagsmahl auftischen lassen, und das fröhliche Quartett ließ sich nicht lange mahnen ...

Das Gespräch nahm bald eine ernstere Wendung. In solcher Naturherrlichkeit, in solcher Freiheit von allem Zwang der Konvenienz, schließt der bessere Mensch sein Innres willig auf und verschmäht es, die Maske der Gleichgültigkeit vor sich zu halten, die im täglichen Leben die bunte Menge von ihm abzuhalten bestimmt ist. So auch unser Goethe! Er, dem über die heiligsten und wichtigsten Anliegen der Menschheit so selten ein entschiednes Wort abzugewinnen ist, sprach diesmal über Religion, sittliche Ausbildung und letzten Zweck der Staats-Anstalten mit einer Klarheit und Wärme, wie wir sie noch nie an ihm in gleichem Grade gefunden hatten.

«Das Vermögen, jedes Sinnliche zu veredeln und auch den totesten Stoff durch Vermählung mit der Idee zu beleben, ist die schönste Bürgschaft unseres *übersinnlichen* Ursprungs. Der Mensch, wie sehr ihn die Erde auch anzieht, mit ihren tausend und abertausend Erscheinungen, hebt doch den Blick forschend und sehnend zum Himmel auf, der sich in unermeßnen Räumen über ihn wölbt, weil er es tief und klar in sich fühlt, daß er ein Bürger jenes geistigen Reiches sei, woran wir den Glauben nicht abzulehnen noch aufzugeben vermögen.

Die Moral ist ein ewiger *Friedensversuch* zwischen unsern persönlichen Anforderungen und den Gesetzen jenes unsichtbaren Reiches; sie war schlaff und knechtisch geworden, als man sie dem Kalkül einer bloßen Glückseligkeits-Theorie unterwerfen wollte; Kant faßte sie zuerst in ihrer übersinnlichen Bedeutung auf, und wie *überstreng* er sie auch in seinem kategorischen Imperativ ausprägen wollte, so hat er doch das unsterbliche Verdienst, uns von jener Weichlichkeit, in die wir versunken waren, zurückgebracht zu haben. Der Charakter der Roheit ist es, nur nach eignen Gesetzen leben, in fremde Kreise willkürlich übergreifen zu wollen. Darum wird der Staats-Verein geschlossen, solcher Roheit und Willkür abzuhelfen, und alles *Recht* und alle positiven Gesetze sind wiederum nur ein ewiger Versuch, die Selbsthülfe der Individuen gegeneinander abzuwehren.

Wenn man das Tun und Treiben der Menschen seit Jahrtausenden überblickt, so lassen sich einige wenige allgemeine Formeln erkennen, die je und immer eine Zauberkraft über ganze Nationen wie über die Einzelnen ausgeübt haben, und diese Formeln, ewig wiederkehrend, ewig unter tausend bunten Verbrämungen *dieselben*, sind die geheimnisvolle Mitgabe einer höhern Macht ins Leben.»

Julinde lauschte aufmerksam jedem Worte, das dem teuren Munde beredt entquoll, und der Nachbar [Müller] war möglichst bemüht, durch Gegenrede und Einwurf immer lebendigere Äußerungen hervorzulocken.

Doch nur allzurasch entschlüpften so köstliche Stunden. «Laßt mich, Kinder», sprach er plötzlich, «einsam zu meinen *Steinen* dort unten eilen, denn nach solchem Gespräch geziemt dem alten Merlin, sich mit den Urelementen wieder zu befreunden.»

Wir sahen ihm lange und frohbewegt nach, als er, in seinen lichtgrauen Mantel gehüllt, feierlich ins Tal hinabstieg, bald bei diesem, bald bei jenem Mineral oder Pflanze verweilend.

Die Sonne sank. Schon fielen längere Schatten, und wir fuhren unter traulichen Erinnerungsgesprächen durch das blühende jenaische Tal froh und heiter nach Hause.

4562 F. v. Müller an Goethe *6. Mai 1818*

Die schönsten Erinnerungen haben uns von Dornburg über Jena heim- und zeitdem stets begleitet. Ihre dortige Erscheinung hat sehr wohltätig auf unsre Künstlerin gewirkt, die nicht nur fleißig zeichnet, sondern auch von gewissen Ideen etwas zurückgekommen scheint. Die dankbarsten und freundlichsten Begrüßungen soll ich Ihnen überschreiben.

4563 H. Breymann: Friedrich Diez *1894*

... bereits in den ersten Monaten des Jahres 1818 veröffentlichte er als erstes, selbständiges Werk eine metrische Übersetzung der Altspanischen Romanzen vom Cid und Kaiser Karls Paladinen, eine Schrift, die er dem Altmeister deutscher Dichtung übersandte, um bald darauf Goethe selber in Jena aufzusuchen, im April 1818. Bei dieser Gelegenheit lenkte Goethe die Aufmerksamkeit des jungen Gelehrten auf ein ganz neu erschienenes Werk, das die Blicke der Zeitgenossen zum ersten Male auf die Schönheiten einer längst in Vergessenheit geratenen Literatur richtete. Wie Treitschke ausdrücklich bemerkt, bezeichnete ihm Goethe auf einem Zettel den Titel von Raynouards großangelegtem *Choix des poésies originales des Troubadours* (1816) und ermunterte ihn, dem Studium altprovenzalischer Sprache und Dichtung seine Kräfte zu widmen.

4564 Knebel an Charlotte v. Schiller *15. Mai 1818*

Die Gräfin Beust und Egloffstein kamen in Begleitung des Kanzlers aus Drakendorf bei uns an, in deren Gesellschaft auch Goethe war. Goethe blieb den Abend hier.

4565 H. v. Gagern (?):
Acht Tage in Weimar und Jena *1818*

Ich eilte am Morgen [des 19. Mai 1818] nach Jena ... Ich war an einige der dortigen Gelehrten empfohlen, Oken und Luden kennen zu lernen, ließ mich meine Neugierde, Goethe, meine Verehrung für den hohen, unerreichbaren Geist wünschen; meine Wünsche erfüllten sich überraschend angenehm. An Goethe rächt sich die heilige Nemesis. Gleich jedem andern Sohne der Musen heimatlos, wohnt er hier in einem Wirtshause, die Saale murmelt an seinen Fenstern hin und erzählt ihm von den Schluchten und Höhlen des Thüringer-Waldes und der wilden Natur. Der *Minister* ist in dem Hause zu Weimar geblieben, das mit allem Schmucke und aller Bequemlichkeit des Lebens reich versehen ist. Ich hatte das Glück, ihn eines Abends [am 22. Mai bei Frommanns?] in der heitersten Laune und der ganzen Liebenswürdigkeit seines Selbsts zu sehen, ein Glück, das ich umso höher zu schätzen weiß, je weniger Fremden es zuteil wird.

4566 *Charlotte v. Schiller an ihren Sohn Ernst* *5. Juni 1818*

Um den *Geheimrat* war ich sehr unruhig; heute weiß ich noch nicht, was er macht. Gestern war er so freundlich und hat mich durch Doktor Weller besuchen und grüßen lassen. Auch hat er mir seinen Kutscher geschickt und mir gestern seine Pferde anbieten lassen. Da bin ich mit Knebel, Mimi und Bernhard nach Burgau gefahren, wo es himmlisch war... Der Kutscher hat mir den besten Begriff von der Krankheit gegeben. Er sagt, da sich nun die rheumatische Schärfe wieder auf die Augen und das Gesicht geworfen habe, würde es bald besser werden. Das wollen wir hoffen.

4567 *Gries an F. A. Wolf* *28. August 1818*

Wenn ich für meine Arbeit am Calderon mir irgend eine Belohnung gewünscht habe, so war es *Ihr* Beifall, mein hochverehrter Freund, und der unsers trefflichen Goethe. Beides ist mir weit über Verdienst zuteil geworden, und so kann ich mit frischem Mute mein Werk forttreiben ... Goethes Krankheit war eigentlich nichts als ein Katarrhalfieber, wobei besonders die Augen der leidende Teil waren. Bettlägerig blieb er nur wenige Tage; aber wahr ist, daß er sich diesmal außerordentlich langsam erholte und in seinem Äußern sehr verändert erschien.

4568 *Charlotte v. Schiller an ihren Sohn Karl* *12. Juni 1818*

Der *Geheimrat* wohnt prächtig in der Tanne. Er war recht krank, an einem Fieberanfall; man hat in der Nacht den Arzt holen müssen; es trat alles nach der Brust. Jetzt ist er noch matt; doch ist er fleißig. Gegen Abend hat er gern Gesellschaft; ich bin [am 6. Juni] mit Caroline und Herrn von Knebel dort gewesen. Da war er sehr freundlich. Auch hat er uns schon einige Male seinen Wagen zum Spazierenfahren angeboten.

4569 *Johanna Frommann an ihren Sohn* *15. Juni 1818*

Knebel ist ganz der alte wieder. Ich wollte, Du hättest gehört, wie er schalt, daß Goethe so viel arbeite und den Geist anstrenge, Schillern hätte der Geist auch aufgefressen. Goethe sagte wieder: «Dann arbeite ich am meisten, wenn ich mich beschäftigen darf, wie ich mag». Man bedauerte ihn, als er krank war, daß er keine Gesellschaft habe, aber die intruders wären ihm verhaßt. Ich will Dir doch eine Beschreibung seiner Stube [auf der Tanne] machen, wie wir sie neulich [am 7. Juni] fanden. In der Mitte ein großer Tisch mit Landkarten, auch solche vom Harz und Thüringer Waldgebirge, wo es unruhig wird und braut, denn er beobachtet mit Gläsern und bloßen Augen die Wolken, führt darüber ein Tagebuch. Auch Bücher liegen auf dem Tisch und eine Vase Blumen mit angesteckten Zetteln; die ganzen Wände sind bedeckt mit guten Zeichnungen, Kupferstichen, zierlich in den Ecken angeheftet. An der einen Seite ein großes, wohl vier Ellen langes Panorama von Rom, an der entgegengesetzten eine etwas kleinere Ansicht von Dünkirchen – die Peterskirche mit den spitzen Türmen – den Einzug Ludwig XIV., Allongenperücken, mit Roß und Mann; gleich darüber eine gute Sepiazeichnung von einer Greueltat aus der biblischen Geschichte; der Sofa voll Bücher, Hefte in Menge. In einem erfreute uns das Wiedersehn des herrlichen blauen Agapanthus, den wir in Teplitz so groß und in Menge gesehn haben. Vor dem Fenster liegt immer der artige schwarze Spiegel, um die schönsten Miniaturlandschäftchen zu geben. Die Brücke, das rauschende Strömen der Saale geben herrliche Unterhaltung. Alle Wasser sind dies Jahr los. Keine Bequemlichkeit im ganzen Raum als das Bett, worauf er sich abwechselnd legt.

4570 Charlotte v. Stein an Charlotte v. Schiller 19. Juni 1818

Es tut mir sehr leid, daß unser Freund Goethe krank war; er sollte nur bald nach Karlsbad reisen. Es ist recht betrübt, daß man ihm nicht mit Liebe beikommen kann, sondern nur mit der Kunst.

4571 Th. J. Seebeck an Goethe 11. Dezember 1819

Ew. Exzellenz

kann ich endlich eine vollständige Abschrift von Ihrem

in Livland wiedergefundenen Prometheus [aus dem Nachlaß von Lenz] übersenden ... Ist aber das, was Sie hier erhalten, auch das ganze Fragment, welches Sie Lenzen mitgeteilt hatten? Es scheint so, denn zwei Akte sind es wirklich. – Hätten wir doch auch die folgenden! Dies werden alle wünschen, die diese einst in den Paralipomenis lesen werden. Und Pandorens Wiederkehr, und die Fabel von Amor und Psyche, deren Sie einmal [16./21. Juni 1818?] gegen mich erwähnten, und um wie viel hätten wir noch zu bitten! – hätten wir längst und unermüdet bitten sollen!

4572 Riemer *23. Juni 1818*

Mit Frau und Kind nach Jena gefahren. Zuerst zu Goethe, der freundlich und gut. Dann zu Frommann. Zu Knebel.

4573 Gries an Abeken *2. Juli 1818*

Ich kann Ihnen sagen, daß Goethe über Ihre Rezension des Müllnerschen Yngurd großes Gaudium gehabt hat.

4574 Caroline v. Egloffstein
an ihre Mutter *6. Juli 1818*

Die Taufe hatte alles gestern im höchsten Putz versammelt ...

Goethe war auch anwesend und trotz seiner leider! jetzt immerwährenden Kränklichkeit von der schönsten Laune. Um halb 10 Uhr standen wir in einem Fenster zusammen, um die 500 Studenten anmarschieren zu sehen, die dem jungen Herzog Carl Alexander August Johann eine Fackelmusik brachten. Der Anblick war unvergleichlich – die große Masse zog im hellsten Feuerglanz in der dunklen Nacht heran und kam in vierfacher Schlangenlinie in den Schloßhof herunter – Goethe verglich den Anblick mit den brennenden Lavaströmen und ließ mir das Bild recht deutlich werden.

4575 Charlotte v. Schiller
an Knebel *8. Juli 1818*

Die Taufe unsers schönen Herzogs Carl, der sich wirklich recht gut zu nehmen weiß und während der Taufhandlung seine hübsch geformten Händchens am Mund hielt und sich weder um die Tragenden noch Begleitenden bekümmerte, ist glücklich vorübergegangen ... Unser Freund von Goethe hat sich auch recht kräftig gezeigt und freundlich. Nach der Sorge, die er mir in Jena durch seine Krankheit machte, war es mir auch ein Trost, ihn da stehen zu sehen bei dieser Gelegenheit.

4576 W. Gerhard: Tagebuch *7. Juli 1818*

Es traf sich nun glücklicherweise, daß Goethe der fürstlichen Taufe wegen sich eben hier [in Weimar] befand, und da ich durch Bertuch erfuhr, es sei eben die Stunde (11 Uhr), wo er Freunde zu sprechen pflege, so wollte ich nicht versäumen, ihm meine Aufwartung zu machen. Ich wurde sogleich vorgelassen und mit herablassender Freundlichkeit empfangen. Viele, die Goethe persönlich gesprochen haben, finden sich durch eine gewisse feierliche Würde und einen Anstrich von Hofetikette verletzt, den sie Stolz nennen, der aber diesen ausgezeichneten Mann sehr gut kleidet, weil das wahrhaft Menschliche auch durch diese Abgemessenheit leuchtet. Ich wenigstens habe nicht das Geringste in seinem Wesen gefunden, was nicht weit mehr zu ihm hingezogen, als von ihm abgestoßen hätte. Ich mußte ihm viel von der Absicht meiner Reise nach England, von dem Gange des britischen Handels, ihren Manufakturen, der Natur englischer und deutscher Wolle, dem Rückzoll auf Druckwaren Erklärendes sagen, und alles schien ihm in naturhistorischer Hinsicht interessant. Er wünschte sogar bei meiner Rückkehr Muster meines Einkaufs zu sehen. Wir kamen dann auf die Dichtkunst zu sprechen. Er sagte mir viel Schmeichelhaftes über meine Maskenzüge und gestand die Schwierigkeiten ein, die es mir in Leipzig machen müsse, solche Feste zu arrangieren, da es dort nicht wie in Weimar den Adel und einen Fürsten gibt, dem zu Ehren sich jener beeifere, allegorische Darstellungen zu arrangieren. Ich kam auf orientalische Literatur und Joseph von Hammer zu sprechen; er gestand mir ein, daß er den «Divan» des Hafis bearbeite, und schien es gern zu hören, daß die persische Dichtkunst durch ihre Bilder von Edelsteinen und Blumen mir lieb und ich der Meinung sei, ein neuer Stern aus dem Morgenlande würde künftigen Geschlechtern durch die noch lange nicht genug zutage geförderten Schätze indischer und persischer Poesie glänzend aufgehen. Wegen einer beabsichtigten Bearbeitung der «Sakuntala» für die Bühne war er ganz meiner Meinung, den indischen Himmel des siebenten Aktes zu streichen, und einen andern Schluß dafür zu machen, und weil ich den Einwurf, man könne mich deshalb verketzern, äußerte, tröstete er mich mit der Bemerkung: ein Dichter habe völlige Freiheit, das umzumodeln, was nicht für seine Zeit passe. – Man hatte mir Goethe kränklich geschildert, man sagte mir sogar, er leide an Brustwassersucht, aber ich fand ihn, obgleich im Négligé, doch noch immer so rüstig, heiter und wohl aussehend wie sonst. In der Büste von Weißer, dem Medaillon von Gerhard Kügelgen und dem neuerdings nach Jagemann in Crayonmanier beim hiesigen Kupferstecher Müller erschienenen Blatt ist er am sprechendsten getroffen.

4577 Charlotte v. Schiller an Knebel *14. Juli 1818*

Unser Freund von Goethe lebt im Anschauen der schönen Akquisitionen, die die Wissenschaft gemacht hat; es sollen unschätzbare Werke von Mailand gekommen sein ...

Zu meiner großen Freude höre ich, daß Goethe nicht allein reist nach Karlsbad und den Rat Rehbein mitnimmt. Da ist er bei allen schnellen Zufällen, die kommen könnten, doch geschützt. Auch hoffe ich, wacht er über seine Diät und beweist ihm medizinisch mit Gründen, was seine Freunde nur ihn bitten können, daß er es unterlasse.

4578 F. v. Müller *13. Juli 1818*

Dann zu Goethe, wo Julie, Line p.

Goethe schilderte sehr launig Amerika und die dortigen Kolonisierungen. Julies Lust des Auswanderns dahin war Linen ein Greuel. Die einsame *Spinnerin* an den Grenzen von Indiana gab zu heitern Witzen Anlaß.

4579 Knebel an Charlotte v. Schiller *17. Juli 1818*

Goethe hat uns gestern auf einige Augenblicke hier [in Jena] besucht. Er kam mit Madame Mylius herüber und reiste mit dieser wieder zurück. Sonntags denkt er wieder herüber zu kommen und dann nach ein paar Tagen ins Karlsbad abzureisen. Ich habe ihn sehr wohlaussehend gefunden.

4580 F. v. Müller *18. Juli 1818*

Den ganzen Abend bei Goethe. Vorher kam der junge Humboldt. Über des Steinschneiders Müller früheres Leben. Julie saß gerade in der Diagonale von mir, als sie Goethens Gesundheit ausbrachte, was dieser nicht leiden mag, doch diesmal duldete. Wir nahmen stillen Abschied, da der verehrte Meister morgen nach Karlsbad reist.

4581 Charlotte v. Schiller
an ihren Sohn Karl *20. Juli 1818*

Goethe [der Sohn] ist wohl. Der *Vater* ist auf dem Wege nach Karlsbad. Er war vor einigen Wochen in Jena sehr krank; jetzt ist er viel besser. Er hat Rehbein mitgenommen. Wir haben ihn am Sonnabend [18. Juli] besucht; da war er freundlich mit dem Enkel, der klug aussieht.

4582 Charlotte v. Stein an Knebel *19. Juli 1818*

Sie, geliebter Freund, entfernt durch Berg und Tal, der doch so gerne mitteilend ist, und Goethe unsichtbar und verschlossen! Heute, höre ich, ist er abgereist. Ich hätte ihn nicht einmal zu sehen bekommen, wenn ich nicht, um ein gutes Werk zu tun, ihn nämlich zu bestimmen, Rehbein mitzunehmen, ihn selbst besucht hätte, wo er sich denn bald durch mein Zureden dazu entschloß.

4583 Riemer an F. A. Wolf *10. August 1818*

Die Verhältnisse mit Goethe konnten und können sich, des Sohns wegen, nicht wiederherstellen, und ob ich ihn gleich in Jena sehe und spreche, auch wohl mit sonstiger Vertraulichkeit, so kann man doch hier [in Weimar] bei ihm nicht landen. Auch ist er selten hier und nur auf kurze Zeit, ein Beweis, daß es ihm in seinem eigenen Hause nicht gefällt.

4584 *Metternich an seine Frau* *30. (?) Juli 1818*

Madame Catalani est arrivée ici [in Karlsbad] hier, où elle était attendue avec impatience ...

A la première répétition du concert qui a eu lieu chez moi [31. Juli], arrive Goethe. Je le présente à Madame Catalani, et lui dis que c'est un homme dont l'Allemagne s'honore. Valabrègue [der Mann der Catalani] me demande: *Qui est Goethe?* Je lui dis qu'il est l'auteur de *Werther*. Le malheureux ne l'a pas oublié; ne voilà-t-il pas qu'il va à lui quelques jours après et lui dit: «Mon cher Goethe, combien il est dommage que vous ne puissiez voir jouer Potier dans le rôle de Werther! cela vous eût fait pouffer de rire.»

4585 *Gentz an Pilat* *1. August 1818*

Gestern hat die Catalani um 1 Uhr bei Fürst Metternich Probe gehalten, nach dem Essen bei Biron gesungen und abends um 9 Uhr wieder bei Fürst Metternich. Die Straße war mit Menschen bedeckt, welche von ihrer herrlichen Stimme bei einem stillen Abend und offenen Fenstern so gut profitierten, als die etwa vierzig oder fünfzig Personen, die im Zimmer waren. Goethe, der bisher ganz stumm gewesen war, taute bei dieser Gelegenheit auf, und ließ seinem Entzücken freien Lauf.

4586 *Metternich an Goethe* *19. August 1818*

Ich hatte bei meinem letzten kurzen Aufenthalte zu Karlsbad die Ehre, Ew. Exzellenz, von unsern Jahrbüchern der Literatur zu sprechen. Ich schicke Ihnen hier angeschlossen die zwei ersten Quartal-Hefte, und hoffe, daß sie Ihnen manch Interessantes und Befriedigendes darbieten werden.

4587 *Graf Czernin: Tagebuch* *1. August 1818*

Um 5 Uhr begaben wir uns in den Posthof, wo Catalani singen sollte. Die erste Person, auf die ich beim Eintritt in den Saal stoße, war Seine Exzellenz der weimarsche Geheimrat von Goethe in Begleitung von John Paar und Georg Buquoy. Er ist dies Jahr weit gesprächiger und besser gelaunt als sonst.

4588 Graf Czernin: Tagebuch *3. August 1818*

Goethe führte ein gelehrtes Gespräch mit der Fürstin Nany [Schwarzenberg], die ihm viele alte Glasmalereien aus dem Mittelalter zeigte.

4589 Gentz an Pilat *4. August 1818*

Goethe scheint sich mit mir nicht einlassen zu wollen, und ist überhaupt trockner und verschlossner als je.

4590 Graf Czernin: Tagebuch *4. August 1818*

Vormittags ging ich zu Georg Buquoy, dessen Türe ich verschlossen fand. Als er aber meine Stimme erkannte, öffnete er, und ich fand ihn mit Goethe vertieft in gelehrter Arbeit. Buquoy will Goethes Werk über die Farbenlehre auf mathematische Grundsätze zurückführen und auf diese Weise die Richtigkeit der aufgestellten Prinzipien, welchen man Oberflächlichkeit vorwirft, beweisen. Goethe besitzt jedoch, wie er selbst zugesteht, gar keine mathematischen Kenntnisse. Dies ist das einzige Gebiet menschlichen Wissens, von dem er nichts weiß. Interessant war Goethes Gespräch über Jussieus Pflanzensystem. Dann folgte eine Predigt über Beschränkung des wissenschaftlichen Strebens.

4591 Gentz an Pilat *25. Juli / 7. August 1818*

Bombelles, der vorgestern nebst seiner Frau angekommen ist, erzählte eine gute Anekdote von Weimar. Der Großherzog gab neulich ein Diner zu – ich weiß nicht welcher – Jahresfeier; ich glaube von Waterloo; dabei war General Kanikoff, der sich gerade in Weimar befand, und andre Honoratioren, zugleich aber sechs Studenten aus Jena. Diese erschienen in deutscher Tracht, mit großen roten Schärpen, ganz offnem Halse, und langem Barte. So saßen sie bei Tische; und als der Großherzog die Gesundheit der

Universität Jena ausbrachte, antwortete einer der Unholde mit dem Gegen-Toast: «Dem einzigen deutschen Fürsten, der sein Wort gehalten hat!» ...

[7. August] Die Anekdote von den Studenten in Weimar ist buchstäblich wahr; und sie trug sich noch obendrein bei dem Tauffest des neugebornen Prinzen zu. General Kanikoff war gegenwärtig. Selbst Goethe soll sich neulich gewaltig darüber erklärt haben. (Das habe *ich* jedoch nicht gehört; mit mir spricht er über solche Sachen nicht, und ich fordere ihn auch nie dazu auf.)

4592 Gentz an Pilat *6. August 1818*

Soeben war eine recht interessante Szene beim Fürst Joseph Schwarzenberg, wo wir in zahlreicher Gesellschaft zu Mittag gegessen hatten. Die Gräfin Bombelles sang außerordentlich schön, und entzückte uns alle, als die Tür sich öffnete, und die Catalani hereintrat. Die Gräfin wollte nun durchaus nicht weiter singen; die Catalani bestand darauf mit recht liebenswürdiger Manier. Es ging also vorwärts; die schöne Ida gewann ihre Zuhörer immer mehr und mehr; unter andern war Goethe gegenwärtig, und ganz hingerissen. Er sagte das erste hübsche Wort, seitdem er in Karlsbad ist: «Wir sind diesen Tönen näher verwandt; es ist das *deutsche Herz*, das uns entgegenklingt.» Die Bombelles, selbst gerührt durch den Eindruck, den sie machte, sang nun bezaubernd, und stimmte endlich (von ihrem Manne auf dem Klavier begleitet) «Kennst du das Land» an. Die ganze Gesellschaft wurde lebhaft ergriffen; Goethe hatte Tränen in den Augen. Jetzt begann die Catalani sich unheimlich zu fühlen; sie wurde blaß, und behauptete, es werde ihr übel. Der scheußliche Valabrègue [Ehemann der Catalani] schnitt furchtbare Gesichter. Auf einmal lenkte sich nun das Interesse auf ihre Seite, obgleich eine unverkennbare Anwandlung von Eifersucht der wahre Grund ihres Leidens war. Madame Bombelles, von allen Herren und Damen unterstützt (nur der Feldmarschall, Goethe und ich blieben neutral), bestürmte sie, ihre Stimme zu erheben. Sie sang eine italienische Romanze, aber schwach, fast schüchtern, und höchst bewegt. Kein Applaudissement konnte sie wieder aufrichten. Dieser wahrhaft interessante und merkwürdige Auftritt schloß mit einem Possenspiel, indem Valabrègue eine französische Romanze singen wollte, Bombelles aber mitten in der ersten Strophe vom Klavier aufstand.

4593 *Friederike Brun*
an F. v. Matthisson *19. Juni 1819*

Goethe hatte Ida [Gräfin Bombelles] sehr gern und sagte von ihr: «Es steckt eine Seele hinter jedem ihrer Töne.»

4594 *Graf Czernin: Tagebuch* *7. August 1818*

Mit Goethe mineralogisches Gespräch. George Buquoy und vorzüglich der gebildet sein wollende John Paar unzertrennliche Begleiter Goethes. Paar ist wie eine Klette an ihm und muß demselben wohl zuweilen lästig fallen.

4595 *H. Steffens: Was ich erlebte* *1843*

[Über Gustav Calixt v. Biron, Herzog von Kurland, in dessen Hause in Breslau Steffens 1818 verkehrte.] Er war mit der deutschen Literatur nicht unbekannt, und so ward ich wohl als Schriftsteller besprochen. Was aber am meisten dazu beitrug, mein Ansehen in diesem Hause zu steigern, war sein persönliches Zusammentreffen mit Goethe in Karlsbad [am 9. August 1818]. Dieser hatte sich nach mir sehr angelegentlich erkundigt, und sich, nach seiner Art, wohlwollend über mich geäußert. Der Fürst verkündigte nun, als er zurückkam, meinen Ruhm der Gesellschaft, wiederholte die Äußerungen des großen Dichters, und sein eigenes phantasiereiches und dichterisches Talent, diesmal durch die wachsende Zuneigung gegen mich hervorgerufen, erhielt durch das, was Goethe gesagt hatte, einen noch inhaltsreichern Wert.

4596 *Graf Czernin: Tagebuch* *12. August 1818*

Goethe speiste mit seinen beiden Adjutanten, Buquoy und Paar, sowie mit Palffy und Werry bei uns. Obwohl es Goethe nicht gerne hat, wenn man ihn einladet, um ihn gleich einem ausländischen Tiere zu begaffen, oder wenn man ihn wie einen Gaukler kommen läßt, damit er einem seine Kunststücke vormache, war er heute recht guter Dinge. Überhaupt ist er dies Jahr weit munterer als sonst, nur darf man ihm nicht mit gesuchten Redensarten oder Komplimenten entgegenkommen, dann wird er gleich verdrießlich. Ja es scheint fast, als ob ihn Komplimente befangen machen und er darauf keine Antwort finden könne. Sofort runzelt sich mürrisch seine gewölbte Stirne zusammen, er wird steif und einsilbig und zieht sich anscheinend stolz aus dem Gespräche zurück. Spricht man aber von ganz gleichgültigen Dingen und leitet man das Gespräch ganz unauffällig auf ein interessantes Thema, so nimmt er sofort regen Anteil und erzählt, besonders unter wenigen Zuhörern, stundenlang in munterer Laune höchst anregend und lehrreich. Bei Tische machte Goethe meiner Mutter Entschuldigungen wegen seines, wie er sagte, unartigen Betragens, als er vor einigen Jahren in Schönhof war. Sein Gesundheitszustand sei damals derart gewesen, daß es ihm äußerst schwer fiel, in Gesellschaft munter und höflich zu sein. Nach Tisch sprach er über das mechanische Erlernen der Dichtkunst und über das Skandieren von Versen, wobei er bemerkte, daß das Dichten eine Gabe der Natur sei, die einem nicht so eingebläut werden könne, wie etwa die Schusterei dem Schuster. Als Werry die letzten Werke Byrons erwähnte, sprach sich Goethe über diesen sowie auch über Walter Scott sehr lobend aus. Schließlich trat er für die Beweiskraft der Induktion ein, behauptend, daß wir zumeist nach Analogien urteilen. Buquoy war aber anderer Ansicht, und es kam darüber zu einer Diskussion.

4597 Graf Czernin: Tagebuch *14. August 1818*

Nach unserem Diner ging ich zu Fürsten Joseph Schwarzenberg, wo Catalani einige italienische Arien und eine herrliche englische Hymne sang. Auch Goethe und Uwarow waren zugegen, und letzterer fragte Fürstin Nany Schwarzenberg: «Qui est ce monsieur?» «Le fameux savant et auteur Goethe», lautete die Antwort. «Dans quelle langue écrit-il?» Wie natürlich, war die gebildete und gelehrt sein wollende Fürstin Nany über die außerordentliche Unwissenheit des rohen Russen höchst skandalisiert. Den Abend verbrachte ich bei Fürsten Joseph Schwarzenberg, wo Goethe seine liebliche Dichtung «Hermann und Dorothea» vorlas. Im Grund genommen war dies nicht sehr interessant, da jeder das Werk fast auswendig kennt und sich dazu keine besonderen Erläuterungen oder Bemerkungen geben lassen. Auch ist Goethes Vortrag undeutlich, da er fast keine Zähne mehr hat, und ziemlich eintönig vorliest. So hört man ihm eigentlich bloß zu, um sagen zu können, man habe Goethe vorlesen gehört. Da er unter vielen Menschen befangen zu sein scheint, so stellt er jedesmal, wenn er vorlesen soll, die Bedingung, daß ihm nicht mehr als nur zwölf Personen zuhören dürfen. – Seinen beiden unzertrennlichen Gefährten Buquoy und Paar schenkte er zum Andenken an Karlsbad je ein Exemplar einer Broschüre, betitelt «Beiträge zur Kenntnis der böhmischen Gebirge», deren Inhalt wohl weder den einen noch den anderen besonders interessieren dürfte. Allein auf das Titelblatt hat Goethe ein paar recht verbindliche Verse eigenhändig geschrieben, was den Wert des Geschenkes allerdings sehr erhöht.

4598 Gentz an A. Müller *20. August 1818*

Unter die hübschen Brunnenanekdoten gehört, daß die meisten hier anwesenden polnischen Weiber, Goethe mit *mir* verwechselnd, immer geglaubt haben, er hätte über die Finanzen geschrieben, und daß ein russischer General von hohem Range die Fürstin S[chwarzenberg] (eine Enthusiastin für Goethes Werke) gefragt hat: «Monsieur Goethe a-t-il écrit en Français ou en Allemand?»

4599 J. Urzidil: Goethe in Böhmen *1965*

[Über Goethes Umgang mit den Grafen Paar und Buquoy in Karlsbad 1818.] Wie ein Tag verging, steht in Paars (unveröffentlichtem, doch vom Verfasser gelesenen)

Notizbuch. Man aß gemeinsam zu Mittag im «Posthof», den Goethe besonders schätzte und auch auf einer vortrefflichen Zeichnung festhielt, man machte dann einen längeren Spaziergang weit über «Findlaters Tempel» hinaus, wobei Goethe allerlei persönliche Erinnerungen an den alten Earl zum besten gab. Die Gespräche drehten sich danach um den «Divan» und orientalische Poesie. Im Freien wandte man sich dann geologischen oder mineralogischen Auffälligkeiten zu (Tagesverlauf vom 18. August).

4600 Gentz an Pilat *18. August 1818*

Ich habe bei Kapodistrias gegessen. Es ist mir im Grunde sehr willkommen, mich mit einem so wichtigen Diplomaten über viele der Fragen, deren Verhandlung uns bevorsteht, zu orientieren. Gewisse Dinge und gewisse Personen erscheinen in der Ferne immer viel furchtbarer, als sie sind. – Goethe war ebenfalls bei dem Diner, sprach aber heute more solito kein Wort. Dagegen haben wir vor einigen Tagen beim Fürsten Schwarzenberg eine lange Unterredung mit ihm über den Studenten-Unfug gehabt, wobei er sich durch ein affektiertes Streben nach Neutralität ziemlich linkisch benahm, ob er gleich seine tiefste Indignation gegen alles, was sich seit Jahr und Tag in Weimar und Jena zugetragen hat, nicht verbarg. Es ist nun einmal ein seltsamer Mensch, aber wahrlich kein interessanter. Naturgeschichte und Technologie sind jetzt seine Lieblings-Unterhaltung; jedes andere Gespräch nimmt er nur gezwungen an. Mit mir ist er indessen äußerst freundlich, und tut mir zuweilen sogar Fragen, die große Gespräche herbeiführen könnten, wenn ich Lust hätte, mich darauf einzulassen.

4601 Gentz an A. Müller *20. August 1818*

Eine hübsche Geschichte von Goethe muß ich Ihnen doch noch erzählen. Ungefähr acht Tage nach Ihrer Abreise saß ich beim Essen neben ihm. Auf einmal beginnt er: «Sagen Sie mir doch, was ist denn aus unserem guten Adam

Müller geworden, den ich lange nicht mehr gesehen habe?» Als ich ihm antwortete, Sie wären längst nach Leipzig zurück: «Ei! ei! das tut mir wirklich sehr leid! Ich hätte doch den Mann gern einmal recht genießen mögen.» Das Beste ist, daß dies nicht Heuchelei war, und daß er einzig aus dem Grunde nicht mit Ihnen gesprochen hat, weil acht oder zehn Tage ein viel zu kurzer Zeitraum für ihn ist, um einen so herzhaften Entschluß zu fassen.

4602 Solger an seine Frau *23. August 1818*

Goethe lebt sehr eingezogen, hauptsächlich weil er sehr leidet; nur zuweilen kommt er an den Neubrunnen oder an den Sprudel. Schütz stellte mich ihm vor; er war sehr freundlich, und erkundigt sich auch immer, wenn er mich sieht, teilnehmend nach meinem Befinden. Wir haben gestern nachmittag mit ihm einen fast drei Stunden langen Spaziergang nach einem benachbarten Dorfe gemacht. Da Weiß dabei war, so war das Gespräch größtenteils mineralogisch; er wußte es aber doch allgemein genug zu halten, und benahm sich überhaupt auf die einnehmendste Weise, gar nicht abstoßend, wie man ihn oft schildert. Aber verändert hat er sich, seit ich ihn in Jena sah, so sehr, daß ich ihn von selbst nicht wieder erkannt hätte. Es ist mir doch lieb, daß ich von der sinkenden Sonne noch einige Strahlen selbst gesehen habe.

4603 Ch. S. Weiß: Niederschrift

Ein Zug von Goethe, eine kristallographische Anekdote

Goethe hatte, wie bekannt, mit vielem Interesse und anhaltend sich mit mineralogischen Gegenständen mancherlei Art, mit den mineralogischen Produkten der Gegend um Karlsbad aber vorzugsweise viel beschäftiget; und er nahm deshalb mit großer Aufmerksamkeit auf, als ich im Sommer 1818 so glücklich war, mit ihm in Karlsbad zusammenzutreffen, was ich ihm [wohl am 26. August 1818] über die Kristalle des Feldspates, mit denen er sich natürlich viel beschäftiget hatte, und ganz besonders über jene zweierlei Varietäten der Feldspat-Zwillinge, welche auf dem Wege von Elbogen nach Karlsbad so besonders häufig und aus dem Granit ausgeschält vorkamen, daß er sie der Kürze halber am liebsten *Karlsbader* Zwillinge zu nennen pflege, etwa zu sagen hatte, indem ich das *rechts* und das *links* ineinander Gewachsene, die einander so ähneln und doch so wenig verwechselbar sind, als rechten und linken Arm usf. ihm zu verdeutlichen keine Mühe hatte. Mit einem recht befriedigten und behaglichen hm! hm! wiegte er den Kopf vorwärts und rückwärts; dann hob er die Hände ein wenig auf, und indem er mit ihnen das sogleich zu beschreibende Manoeuvre machte, sagte er: *also die einen sind so! und die andern so!* Und damit schlug er die Hände zusammen, erst wie gewöhnlich, mit der inneren Seite (den Handtellern) gegeneinander, dann, nachdem er sie umgewendet, beide wieder mit den Handrücken gegeneinander. Das war das ganze Manoeuvre, dessen er bedurfte. Und ich, nicht wenig stutzend im ersten Augenblick, begriff erst bei mehrerem Nachdenken, wie treffend seine bildliche Darstellung war.

Er mochte gewohnt sein, wie auch aus seiner Beschreibung zu ersehen ist, so seiner Beschreibung der Joseph Müllerschen Sammlung (Zur Naturwissenschaft überhaupt, Heft 1, S. 40) sich diese Feldspatkristalle als *Tafeln* zu denken; um so bequemer lag ihm die Hand zur bildlichen Darstellung der Sache bereit; er begriff vollkommen richtig, daß es darauf ankomme, die *Seiten* der Tafel gehörig zu unterscheiden wie die entgegengesetzten *Richtungen* in der Dimension des Kristalles, die senkrecht ist auf der Tafelfläche und wohl unterschieden werden muß. Dieser Unterschied lag ihm fertig und ausgeprägt in der menschlichen Hand. Die *gleichnamigen* Seiten in- oder gegeneinander gekehrt bei beiden Individuen, galt dem einen, zum Beispiel dem rechten, umgekehrt die anderen gegen- und ineinander gekehrt, dem linken Zwilling. Waren ihm jenes die inneren Seiten der Hand oder die Handteller, so dieses die äußeren, die Handrücken. Sein Bild stand fertig – ein kleines zwar, aber ein echtes Kunstwerk! –

Ja, ich bin überzeugt: *Goethe war kenntlich an diesem Zuge!*

ich war geneigt, es gar sehr zu bezweifeln, daß so leicht ein anderer Lebender noch zu finden gewesen wäre, der einen solchen Gegenstand, als ihn neu auffassend, ihn auf solche Weise bildlich wiederzugeben gewußt hätte, so schlicht, mit so einfachen Mitteln, so plastisch und so richtig! so treffend! – *Hier ist die Spur von Goethes Genius!* haerent vestigia! –

Dieses plastische, dieses Darstellungstalent! o ja! jetzt mag die Sache erscheinen, wie das Ei des Kolumbus! aber ehe es Goethe mit der kurzen Mimik so zu geben gewußt hatte, würde, meine ich, kein anderer es so gemacht haben. – Oder ich würde ein hierin Goethe vergleichbares plastisches Talent, ein Talent zum Beispiel wie Rauchs, zu erkennen glauben, der uns ein zweites solches Stückchen machte!

Leider haben sich, wie von diesem höchst genialen momentanen Einfall, so von anderen der interessanteren Eindrücke und Gestaltungen, die unsere damalige Unterredung in ihm erregte, keine recht deutlichen Spuren in seinen Papieren, so viel aus den aus der damaligen Zeit gedruckten hervorgeht, erhalten! was ich darüber niederschrieb, scheint vielmehr das gewesen zu sein, was er sich, als ihm noch wenig geläufig, etwa einprägen wollte, nicht das, was er mit größter Leichtigkeit selbsttätig dabei hervorbrachte, und ich glaube, daß ich jenen kleinen Zug als in der Kristallographie wert bleibende Anekdote der Vergessenheit entreißen mußte, auch hier, wo er es kaum würde gesucht haben, einen kleinen Markstein *Seinem* Andenken widmend!

4604 K. Sondershausen: Der Letzte aus Altweimar 1859

Goethe feiert seinen Geburtstag voraus

Sein Leibarzt war der sehr beliebte Hofmedicus Rehbein. Drastisch in seinen scharfsinnigen Verordnungen, war er es auch in keckem Witz, und Goethe schenkte ihm großes Vertrauen, seine besondere Gunst, nahm ihn sogar mit ins Bad. «Eines Morgens [wohl am 27. August 1818]» – so erzählte mir der Doktor – «mach' ich meinen gewöhnlichen Besuch und finde ihn bei sehr guter Laune. Eine Flasche Wein stand neben ihm, aus dem Mutterfäßchen eines seiner Verehrer.

Die Blume hatte offenbar auf seinen Geist gewirkt. Alles deutete darauf hin und auf seinen Geburtstag, der doch nicht war. Er nötigte mich sogar, auf seine Gesundheit zu trinken. Ich stand und wußte gar nicht, wie ich mir das erklären sollte. Ich versah mich irgend eines spaßigen Einfalls, wie er dergleichen oft zum besten gab. Endlich merkt' ich, wo es hinaus wollte: er hatte sich, drollig genug, *selbst* mystifiziert. Da platzt' ich los: ‹Aber, Exzellenz, Ihr Geburtstag *ist* ja heute nicht!›

‹Was?› ruft Goethe: ‹Mein Geburtstag wäre nicht?› –

‹*Heute* nicht!› versicherte ich ihm.

‹Laßt doch einmal sehen!› sagte er und schritt ganz gravitätisch auf den Kalender zu, legte ihn dann still hin und kam ernst zurück:

‹Nun, da sehe mir einmal einer! da hab' ich mich heute umsonst – betrunken.›

‹Praenumerando!› rief ich und mußte gerade heraus lachen.»

Das Kraftwort, das der Großartige statt «betrunken» dabei gebraucht haben soll, will ich auf Rechnung des rundsummigen Erzählers setzen, wenn es auch nicht unwahrscheinlich, oder gar unmöglich im Munde des Dichters von *Berlichingen* klingt.

4605 E. Genast: Aus dem Tagebuche eines alten Schauspielers *1865*

Ich konnte [1833] unmöglich Karlsbad verlassen, ohne die Räume zu sehen, in denen Goethe öfters gewohnt hatte; sie waren vermietet, aber der Inhaber gestattete mir freundlich den Eintritt. Der Salon mit seinen vier Fenstern, von denen zwei nach der Wiese, zwei nach dem Gebirge hinausgingen, erinnerte mich an eine Anekdote von Goethe, die zwar als unwahr angegriffen wird, deren Wahrheit ich aber durchaus nicht bezweifeln kann, da sie Hofrat Rehbein (Goethes Hausarzt) selbst erzählt hat.

Der treue Diener Goethes, Karl, erhält am 27. August [1818] früh Befehl, zwei Flaschen Rotwein nebst zwei Gläsern heraufzubringen und in den obenerwähnten, sich gegenüberliegenden Fenstern aufzustellen. Nachdem dies geschehen, beginnt Goethe seinen Rundgang im Zimmer, wobei er in abgemessenen Zwischenräumen an einem Fenster stehen bleibt, dann am andern, um jedesmal ein Glas zu leeren. Nach einer geraumen Weile tritt Rehbein, der ihn nach Karlsbad begleitet hatte, ein.

Goethe. Ihr seid mir ein schöner Freund! Was für einen Tag haben wir heute und welches Datum?

Rehbein. Den siebenundzwanzigsten August, Exzellenz.

Goethe. Nein, es ist der achtundzwanzigste und mein Geburtstag.

Rehbein. Ach was, den vergesse ich nie; wir haben den siebenundzwanzigsten.

Goethe. Es ist nicht wahr! Wir haben den achtundzwanzigsten.

Rehbein (determiniert). Den siebenundzwanzigsten!

Goethe (klingelt, Karl tritt ein). Was für ein Datum haben wir heute?

Karl. Den siebenundzwanzigsten, Exzellenz.

Goethe. Daß Dich – Kalender her! (Karl bringt den Kalender.)

Goethe (nach langer Pause). Donnerwetter! Da habe ich mich ja umsonst besoffen. – Letzteres konnte für alle, die ihn kannten, nur als eine humoristische Phrase gelten, denn Goethe betrank sich nie.

4606 A. Dittrich: Tagebuch *28. August 1818*

Mit sanfter, auffordernder Humanität empfing mich der neunundsechzigjährige Herr Geheimrat v. Goethe, vernahm mit sichtbarem Vergnügen meinen Entschluß, Jena und Weimar zu sehen, erkundigte sich nach meiner Lage, Geschäften, Wirkungskreis mit Teilnahme und versprach mir nach Jena eine Empfehlungskarte, welche er mir nachmittags, nachdem ich wieder zu ihm beschieden war, wirklich übergab.

Wie entzückt und erhoben sitze ich da, die liebevollen Kraftworte des Herrlichen überdenkend, mit welchen er mir Nutzen und Genuß der Reise andeutete, bei den Reisezwecken Vorschub versprach, auf manches schon im vorhinein aufmerksam machte und mir vorzüglich auftrug, jeder Besprechung Zweck im voraus zu fixieren ...

Unwillkürlich gerieten wir auf die Betrachtung dichterischer Kunstwerke. Wie glücklich war ich, in meiner Seele zu finden, was er über sein Genre aussprach! Vor fünf Jahren hatte ich einige Worte mit ihm darüber gewechselt, und alles kam wieder wie damals. Beinahe geriet ich in die Verlegenheit zu denken und wiederhole[n], was ich damals, ihn und Schiller parallelisierend, aussprach. «Ich suchte», sprach er, «immer einem Gedichte die zugehörige Quantität Ballast zu geben, damit sich das Reale mit dem Ideellen in Harmonie und Gleichgewicht setze.» Zu Ostern gedenkt er ein Bändchen Gedichte zu liefern, welches den Geist des Morgen- und Abendlandes atmen soll und darum den Titel: «Ostwestlicher Divan» führen solle.

4607 Solger an Frau v. Gröben *30. August 1818*

Mit Goethe sind wir einige Male zusammengekommen und haben sogar einmal einen recht weiten Spaziergang mit ihm gemacht. Es ist zum Erstaunen, welche Kraft und Lebendigkeit des Geistes sich dieser wunderbare Mann erhalten hat. Es freut mich, daß ich doch einmal näher mit ihm zusammengekommen bin, obgleich ich mich wohl nie so mit ihm verständigt hätte wie mit meinem Freunde Tieck, mit dem ich mehr aus einerlei Stoff gemacht bin. Vorgestern war Goethes neunundsechzigster Geburtstag, und es wunderte mich, daß hier gar nicht davon Notiz genommen wurde. Schütz und ich brachten noch einige Verehrer des großen Mannes zusammen, und mit diesen gemeinschaftlich haben wir ihm wenigstens eine Abendmusik gebracht, welches ihn, nach der Versicherung des Dr. Rehbein, der sein Begleiter ist, sehr gerührt haben soll. –

Madame Catalani ist hier gewesen, hat aber, seit wir hier sind, nicht mehr gesungen, und ist jetzt nach Eger gegangen. In der Allgemeinen Zeitung steht eine Geschichte von ihr, der Frau von Bombelles und Goethe, wovon auch nicht ein Wort wahr ist.

4608 *A. Dittrich: Tagebuch* *28. September 1818*

Herr Geheimrat und Staatsminister Goethe empfing mich [in Weimar] mit traulicher Herzlichkeit. Unser Gespräch betraf einen Lehrgegenstand. Begriff und Erklärung der Stilistik und Poetik gefiel ihm, aber nun machte er mich aufmerksam, daß ich bei der Klassifikation der Form, die allerdings nicht unwesentlich wäre, nur die drei Hauptformen Lyrik, Epik und das Drama gelten lassen solle. In Beziehung auf andere Produkte sprach er: «Die Welt ist groß, jeder darf sich auf seine Weise vergnügen.» Der Dichter, der nicht lyrisch, episch oder dramatisch ist, neigt sich zur Rhetorik [?], außer er [?] verschmilzt die Form selbst auf mancherlei Weise.

Beim zweiten Trunk Rheinwein trank er auf die Dauer unserer Freundschaft, stellte mich als seinen Freund aus Böhmen den Seinigen vor, zeigte mir herrliche Gemälde, seine Büsten, welche sämtlich in Weimar gefertigt worden, worunter Herder, Rubens' Malereien aus einer römischen Kirche (Kopie) und den überraschend herrlichen Blick ins Grüne durch eine in den Garten zunächst in eine Laube führende Tür.

Morgen geht's nach Erfurt und Gotha, dann bin ich zu ihm geladen. Nach anderthalb Stunden ging ich von ihm ins Theater, wohin zu gehen er mich aufgefordert hatte. Dort wurde «Romeo und Julie», nach Shakespeare und Schlegel von ihm bearbeitet, gegeben.

4609 *A. Dittrich: Tagebuch* *2. Oktober 1818*

... kam [von Gotha] sehr müde um 5 1/4 in Weimar an, meldete mich nach Auftrag bei Goethe, der mich morgen zur Tafel bittet.

4610 *A. Dittrich: Tagebuch* *3. Oktober 1818*

Von Goethe wurde ich fast traulich empfangen; er hatte Lustpartien im Sinne, die ich nur durch die Abreise morgen vereitelte. Sein Sohn scheint ein fester, feurig fühlender, kräftiger junger Mann zu sein, mir erschien er sehr liebenswürdig. Wir wechselten Andenken im Stammbuche und gelobten Freundschaft. Ich schrieb: «Non omnis moriar alibi.» Dessen Frau ist ein kleines, munteres, liebes Wesen mit hellem Blicke. Ihre Schwester dagegen, Stiftsfräulein, eine größere, derbere, kernige Schönheit mit dem herrlichsten Teint, sonst wohl etwas phlegmatisch: Grund die Dicke.

Hier lernte ich in dem Inspektor von Berka einen fertigen Flügellisten [?] kennen; wir sangen Tomaschek, «Goethes Lieder», 1. Heft. Bei Tische munter und unbefangen, nach Tische Spaziergang in den Garten, die antike Heilige, Unterbrechung, Abschied – und ich vergaß mit Goethe auf seine Gedichte.

4611 *Charlotte v. Schiller an Knebel* *10. Oktober 1818*

Goethe sah ich noch nicht, doch ist er wohl. Der Sohn hofft, er solle seinen bleibenden Aufenthalt hier nehmen und nur auf Tage nach Jena kommen.

4612 *Charlotte v. Schiller an Knebel* *20. Oktober 1818*

Geheimerat Goethe geht auch nicht aus, doch hat er seinen Familienzirkel um sich und alte Freundinnen. Ich sähe ihn gern und werde auch kommen, wenn ich wieder ausgehen darf und Kräfte habe.

4613 *Prinzessin Marianne von Preußen: Tagebuch* *28. Oktober 1818*

In Weimar lernte ich endlich [wohl am 24. Oktober] Goethe kennen. Er war sehr gütig gegen mich und kam mir gar so steif nicht vor, wie ich dachte. Viel gleicht er an Minister Stein, nur hat er das Offene und Lebhafte nicht, auch nicht das Gutmütige, er sieht ernst und zurückgezogen aus, und die Eitelkeit leider guckt gleich hervor, er ist nicht so natürlich wie Stein, aber sehr lehrreich im Gespräch und gründlich, wie ich es gerne höre.

4614 Prinzessin Marianne von Preußen an ihre Mutter *7. November 1818*

Nous avons passé un jour et demi à Weimar, avons été aussi au théâtre; puis j'ai fait la connaissance de Goethe que j'ai vu matin et soir.

4615 Riemer *3. November 1818*

Morgens zum ersten Mal bei Goethe. Ließ ich ihm die erste Scharade da.

4616 F. v. Müller *4. November 1818*

Nach Tisch zu Goethe, der sehr munter war. Heitrer Streit mit Ottilien über einen Frauenvereins-Ausspruch.

4617 Riemer *6. November 1818*

War meine Frau bei der Ottilie, und nachmittags desgleichen; auch Bruno bei Goethe, der sich mit dem Jungen viel abgegeben. Lebhafte Freude des Kindes über allerlei Sachen.

4618 Charlotte v. Schiller an Knebel *10. November 1818*

Goethe ist [am 8. November] entflohen, um nur die Musen zu sich einzuladen. Vielleicht ist er gar in Jena; Meyer war ungewiß, ob er dort sei oder nach Berka geflüchtet. Ist er bei Ihnen, so mag ihm die schöne blaue Saale und die helle Sonne gute und schöne Gedanken bringen.

4619 F. Mosengeil: Tagebuch *9. November 1818*

Heute waren angesehene Männer bei uns [dem Herzog von Meiningen] zu Besuch, Goethe, der bayerische Gesandte und Graf Edling.

Goethe sah ich zum erstenmal; er wohnt ganz in unsrer Nähe und ist seit gestern wieder hier [in Jena], wiewohl nur auf kurze Zeit. Ein stolzer, schöner Kopf! Ein äußerst geistvolles Auge! Schade, daß es so schwer hält, sich so einem Manne zu nähern! Lobpreisungen sind ihm etwas Alltägliches, und ihm etwas Schönes sagen, wirkte wohl ebenso, als wenn man einer eben von der Tafel aufgestandenen Prinzessin ein Bisquitschnittchen schenken wollte. Auch ist bei Gelehrten und Dichtern von großem Ruf des Besuchens und Andrängens kein Ende. Jeder Schnapphahn, der von der literarisch-ästhetischen Reise heimkommt, will bei Tante und Cousinchen erzählen: «Ich kenne Goethe genau! Wir waren oft zusammen bei dem und dem!» Unter solchen Umständen bleibt ein armer ruhmloser Teufel bescheiden in der Ferne stehen und spricht nicht viel. In der Stille aber habe ich ihm viele herrliche Genüsse gedankt, wenn er auch nicht gerade so recht in *allem* ein Dichter für mein Herz ist. Immer ein großer Mann! Nächstens werden wir ihn zur Mittagstafel laden.

4620 F. Mosengeil: Tagebuch *11. November 1818*

Es wollte sich einmal nicht anders schicken, Goethe mußte zur Tafel gebeten werden, da er dem Herzog [von Meiningen] seinen Besuch gemacht und wir ihn nicht zu Hause gefunden haben.

Fast war es uns ein wenig bange vor diesem poetischen Riesen, dem wir Zwerglein wohl bis ans Herz, aber nicht bis an den Kopf reichen. Große Gesellschaften, so hatte man uns berichtet, liebe er nicht und wäre da oft ganz stumm. Gern hätten wir Major K[nebel] zum Tischgesellen gehabt; der schlug's aber ab: er habe Katarrh. So blieb noch Geheimrat Schmidt. Ein klein wenig innerlich verlegen placierten wir uns. Ich wurde Goethes Nachbar. Weiß nicht, wie's geschah, ich bekümmerte mich um gar nichts und redete, was mir in Mund und Herz kam. So machte es jeder, und es ging vortrefflich! Unser Dichter wurde der heitersten, liebenswürdigsten Laune. Die äußerst frohe und interessante Unterhaltung riß keinen Augenblick ab.

Ich fühlte mich in der Tat recht glücklich! Das hätte ich nicht gedacht in meinem früheren Leben, daß mich mein Geschick irgend einmal in solche Nähe mit einem solchen Mann bringen würde!

Noch um ½ 5 Uhr hatte das allseitige Gespräch nichts an seiner Lebhaftigkeit verloren, und wir schieden, es mehr abbrechend als endigend. Bloß um meine Leser in der Duldung der Schwachheit anderer zu üben, setze ich noch hinzu, daß Goethe mir freundlich drückend die Hand zur Treppe hinauf reichte, und daß mir dieses fast – (in diesem «fast» soll eine gewisse Galanterie versteckt sein –) fast so vorkam wie ein erster Kuß der ersten Geliebten.

Nun aber ist's Zeit abzubrechen, denn ich merke wohl, man lacht mich aus.

4621 Knebel an Charlotte v. Schiller *13. November 1818*

Goethe ist gestern wieder zurück nach Weimar gefahren. Er schien mir selbst noch nicht recht poetisiert.

4622 Charlotte v. Schiller an ihren Sohn Ernst *18. November 1818*

Goethe, der Vater, ist [am 17. November] auf vier bis fünf Tage nach Berka und wohnt bei dem Brunnenmeister; dort will er dichten.

4623 Charlotte v. Schiller an Knebel *21. November 1818*

Goethe ist in Berka auch an bösem Hals krank. Er hat den Rat Rehbein bei sich; da ist mir eine große Sorge vom Herzen; denn es ist mir immer traurig, unsern Freund allein zu wissen in solchen Fällen, ohne nähere Pflege und Umgang. Die junge Welt, die ihn umgibt, hat nicht immer Zeit, für andre zu sorgen, sondern mehr an sich selbst zu denken ...

Nachschrift. Ich muß noch ein Wort meinem langen Brief beifügen. Meyer hat mir eben sagen lassen, daß der Geheime Hofrat Huschke gestern in Berka war und von der eigentlichen Krankheit gar nichts gesagt hat; also ist es hoffentlich nur ein Gerücht. Ich hoffe also, daß unser Freund die Musen findet, die er sucht.

4624 F. v. Müller an Knebel *5. Dezember 1818*

Goethes Maskenzug ist noch gar nicht fertig, ob er gleich bereits über 60 Stanzen verfaßt haben soll. Gestern zitierte er die Nacht [Julie v. Egloffstein], die Muse [Adele Schopenhauer] und den Epos [Luise v. Werthern] zu sich nach Berka, um ihnen *einen Teil* dessen, was sie rezitieren sollen, vorzulesen.

4625 Adele Schopenhauer: Tagebuch *9. Dezember 1818*

Die Kaiserin [von Rußland] ist da, Unruh und Feste in vollem Gange, wir von Besuchen überschüttet. Ein sehr schöner Tag ward von Julie, Lu und mir [am 4. Dezember] in Berka beim Goethe zugebracht, wir erhielten unsere Rollen bei seinem wunderbaren Festspiel. Wie begeistert kehrten wir zurück! Wie wunderbar ist die Gewalt dieses Mannes über die verschiedensten Gemüter, so hat er mir alle Ängstlichkeit zu nehmen gewußt, ich lerne in acht Tagen eine bedeutende Rolle, als wäre ich auf dem Theater groß worden! Wir sprachen viel über Wolffs, über dramatische Kunst und ihre eigentliche Grammatik, über französisches Spiel usw. Er war gegen mich ungemein freundlich.

4626 P. O. Brøndsted: Reisetagebuch *6. Dezember 1818*

Am 6. Dezember besuchte ich Goethe. Er war ein paar Stunden zuvor aus Berka angelangt. Wie es mich freute, den alten Adler wiederzusehen! Er brummt noch wie gewöhnlich, ist um zwölf Jahre älter geworden, jetzt beinahe 70 Jahre alt, aber er ist nicht minder kräftig. Er dankte mir vielmals für die Aufmerksamkeit, ihn in Weimar besuchen zu wollen, ehe ich nach Italien ginge, sprach mit mir von meiner griechischen Reise, von den phigaleischen Basreliefs usw. Diese bewundert Goethe höchlich. Ich brachte die Rede auf seine neue Dichtung in persischem Gewande (worüber Riemer mir erzählt hatte). Er äußerte, daß es ihm eine Erquickung gewesen sei, sich so in etwas ganz Neues hineinzusetzen; daß Professor Kosegarten in Jena ihm dazu geholfen hatte usw. Ich fragte ihn auch über die Festivität am Hofe, die Goethe vorbereitet. Er sagte: Ja nun, man bestrebt sich, wie billig, den hohen Herrschaften als wie zum geringen Ersatz für alle Gnade und Güte zu irgendeinem gefälligen Genusse zu verhelfen.

In dieser Maskerade werden unter anderem die hervorragendsten Goetheschen und Schillerschen Dramen personifiziert auftreten und jeder eine Huldigungsrede an die hohen Personen halten, unter deren Auspizien sie entstanden. Goethe bat mich, morgen um 11 Uhr wiederzukommen.

4627 P. O. Brøndsted: Reisetagebuch 7. Dezember 1818

Montag vormittag, den 7. Dezember, war ich wieder mit Lunzi bei Goethe. Der edle Greis empfing uns äußerst freundlich. Wie ward ich überrascht, als ich in seinen Salon eintrat und eine sehr hübsche Zeichnung von einer großen Gruppe aus dem Fries des Tempels zu Phigalia auf dem Klaviere aufgestellt fand. Dieses gab Veranlassung zu einem Gespräche über den phigaleischen Fries. Ich erzählte ihm, was er bisher nicht recht wußte, daß diese Marmore die *inwendige* Verzierung der Tempelzelle waren, auch wie sie gefunden worden, über die Ausgrabung, unseren höchst interessanten Aufenthalt daselbst usw. Goethe sagte einzelne schöne und sehr treffende Bemerkungen wegen der herrlichen Gruppe, die uns gegenüberstand, zum Beispiel: daß jedes Kunstwerk dieser wunderbaren Nation nicht allein oder für sich isoliert betrachtet werden muß, sondern in Verbindung mit der ganzen Existenz der Hellenen, als ein Glied des wunderbaren Kunstlebens, das nur diese Nation lebte: nur in dieser Weise gelangen wir zu einer wahren, objektiven und geschichtlichen Wertschätzung und Beurteilung des Werkes. In der uns fast unbegreiflichen Kunstfülle, darin die Griechen lebten, liegt der Grund so mancher Zurücksetzung dessen, was wir, nach unserer beschränkten Schulnorm (wonach die Erzeugnisse unserer eigenen Zeit gewöhnlich angeschaut werden), als wichtig und wesentlich ansehen. Daß der Hellene zum Beispiel oft einen Arm oder ein Bein kürzer oder länger machte, als es die Korrektheit der Zeichnung zu gestatten scheint, läßt sich gar nicht leugnen, sogar in höchst vorzüglichen antiken Kompositionen, aber so etwas ging ihn nicht an, wenn die Verhältnisse und das Lokal solches deckten. Bisweilen werden wir sogar finden, daß diese Bedingungen eine solche Unregelmäßigkeit forderten, und daß das Ensemble und der Totaleindruck, das stete und wichtigste Augenmerk des Griechen, dadurch gewann. – Ich hatte gute Abdrücke meiner wenigen mitgebrachten antiken Gemmen mit zu ihm genommen. Diese freuten ihn sehr. Er seinerseits zeigte mir eine Menge schöner Abdrücke von merkwürdigen Intaglios. Einige waren sehr schön; ich kam aber nicht recht dazu, seine Kunstschätze zu genießen, denn er war affairé mit verschiedenen Besuchen usw. wegen der Hofmaskerade. Goethe führte uns in andere Zimmer, wo er seine Bronzefiguren und kleine antike Marmore nebst einer großen Anzahl herrlicher Abgüsse von antiken Marmorwerken hat; hier war es aber außerordentlich kalt, der Mann fror, und ich sah das Ganze nur flüchtig. Ich sprach auch mit Goethe über Oehlenschläger, und ein Gruß von unserem Dichter war ihm sehr willkommen. Es freute ihn zu erfahren, daß Oehlenschläger bei der Nation geachtet und beliebt ist, wie er es zu sein verdient. Von dem Betragen Baggesens hatte er nur flüchtig etwas gehört; ich erzählte ihm mehr davon. Er äußerte: Ja, das mein' ich wohl, daß er nit was Gutes schafft – der ist mir immer als lockerer Geselle vorgekommen. Als ich den herrlichen Greis verließ, sagte er: Na! Sie haben tapfer und kräftig das phigaleische Abenteuer und viele andere bestanden, so darf ich wohl hoffen, Sie wieder einmal, wenn ich lebe, gesund und wohl und in einer freundlicheren Jahreszeit bei uns zu sehen.

4628 P. O. Brøndsted an J. Möller *15. Dezember 1818*

Mein lieber Lunzi und ich reisten von Göttingen über Mühlhausen, Langensalza und Erfurt nach Weimar, namentlich da ja nach Goethes eigenem Wunsch ich mit ihm sprechen sollte (er wünschte besonders eine nähere historische Aufklärung über jene merkwürdigen Reliefs von Philagaliä und Aegina); auch sehnte ich mich danach, noch einmal dem alten germanischen Dichteradler in die herrlichen Augen zu schauen. Das glückte mir völlig, und ich genoß schöne und unvergeßliche Stunden in Goethes

Hause während der paar Tage, die ich in Weimar bleiben konnte, ja, ich hatte auch wieder das Mißgeschick, dort, wie vor zwölf Jahren, 1806, mit einem Kaiser in Kollision zu geraten. Das vorige Mal war es Kaiser Napoleon, der uns «ins Gedränge» brachte, diesmal war es Kaiser Alexander. Doch war es das erste Mal viel schlimmer, denn Napoleons 200 Kanonen und tausendmal mehr Kriegsknechte machten viel mehr Lärm als das Dutzend von vornehmen und einfachen Lakaien, mit denen Alexander diesmal auf seiner Heimreise Weimar besuchte. Doch waren es immerhin genug solche stumpf- und spitznasige Personen, um den Platz in jeder Herberge beschränkt zu machen. Auch bekam Goethe allzuviel zu tun, um eine große Hoffête, eine Maskerade einzustudieren, die aus Anlaß der Anwesenheit dieser hohen Personen aufgeführt werden sollte und in der Schillers und Goethes eigene Werke personifiziert auftreten und von Goethe gedichtete Stanzen aufsagen sollten. Ich konnte nicht die Aufführung abwarten, wie sehr mich Goethe auch dazu aufforderte.

Goethe ist zwar während der zwölf Jahre, in denen ich ihn nicht gesehen habe, zwölf Jahre älter geworden, aber er erfreut sich noch vollkommen ungeschwächter Gesundheit und sieht aus wie ein alter Löwe. Das infame Gerücht über seine Neigung zum Trunk, das mir in Hannover und anderswo zu Ohren kam, ist völlig erlogen. Er hat viel Neues in der letzten Zeit gedichtet, namentlich eine ganze Sammlung in persischem Kostüm, wovon wenigstens «Das Buch der Lieder», das über die Maßen herrlich sein soll, zu Ostern bei Cotta erscheinen wird. Über unseren geliebten Dichter [Oehlenschläger] sprach ich viel mit Goethe. Er fing gleich bei meinem ersten Besuch von ihm an und äußerte mit Wärme seine Freude darüber, daß Oehlenschläger bei seiner [der dänischen] Nation nach Verdienst geachtet und geliebt wird. Von B[aggesen]s Teufelei hatte er nur einmal flüchtig etwas gehört. Ich erzählte ihm mehr davon, und er sagte dazu: Ja, das mein' ich wohl, daß er nit was Gutes schafft; der ist mir immer als ein lockerer Geselle vorgekommen.

4629 *W. v. Biedermann: Goethe-Forschungen* *1879*

An dem großen Festzuge vom 18. Dezember 1818, welcher bei Anwesenheit der Mutter der Erbgroßherzogin, der Kaiserin Maria Feodorowna, geistige Erzeugnisse der Weimarer Glanzzeit nebst verschiedenen allegorischen Gestalten vorführte, nahm K. W. Freiherr v. Fritsch nebst Frau und seinen drei Söhnen Karl, Albert und Georg teil. Die beiden letzteren stellten Elfen vor, und Albert hatte die Verse zu sprechen: «Das kleine Volk, das hier vereint usw.» Allein es wollte mit dem Auswendiglernen nicht recht gehen, was Oberbaudirektor Coudray, der den Aufzug einübte, Goethen klagte. «Nun», erwiderte dieser, «wo Licht ist, muß auch Schatten sein.» Frau v. Fritsch teilte dem Sohne diese Äußerung Goethes mit, was diesen so anspornte, daß er sofort daran ging, seine Aufgabe sich sorgfältig einzuprägen, was ihm auch so gelang, daß er die Reimzeilen noch heute im frischen Gedächtnis hat. Frau v. Fritsch sprach als Tag den Epilog, der älteste Sohn Karl stellte Brighella und der Oberforstmeister Fr. A. Freiherr v. Fritsch den November vor.

4630 *W. T. Hewett an W. v. Biedermann*

Fräulein von Grün with scollop shells and silver spangles was a Pilgrim Genius leading the brillant procession [Festzug vom 18. Dezember 1818]. A timid school girl she whas summoned to the house of the great poet and minister. Goethe received her with the greatest courtesy and gentleness; he read her part to her and made her repeat it after him. He bade her learn it so that she could say it asleep. When she went to him again, she had committed it perfectly to memory. Goethe praised her and said stroking her locks: "No one could say it better than you my beautiful, dark-haired child. Do not fear in the presence of kings or emperors." In the presence of the Court she was not afraid, for Goethe's assurance was in her heart and his eye upon her.

4631 Riemer an Frommann 26. Dezember 1818

Von Goethes Maskenzug, der unstreitig das Imposanteste geworden sein würde, wenn der Verfasser nicht die Proben gescheut und zuvörderst die Teilnehmer durch ein Programm *vorher* von seiner Idee hätte unterrichten, auch in der Ordnung des Aufziehens dem sachverständigen Rate Coudrays folgen wollen. Die Verse haben nur sehr wenige gehört, noch wenigere verstanden, und weder vom Ganzen noch vom Einzelnen ist ein Bild übrig geblieben, weil nirgends ein Bild erschien. Das Ganze hatte etwas von einem Hasentreiben. Die Gruppen konzentrierten sich immer mehr, und wurden vor den hohen Herrschaften durch die Tragödie und das Epos abgefangen. Erst hinterher sind mir in einem freundschaftlichen Zirkel die einzelnen Verse, zum Teil jedoch nur, bekannt geworden, und mein Urteil ist dieses, daß das Ganze etwas buntscheckig, das Erhabenste und Tiefste neben dem Plattesten und Unbedeutendsten Platz findet, und letztres nicht einmal durch einen geglätteten Ausdruck ausgeglichen wird. Das Programm ist sehr steif und verspricht hin und wieder mehr, als wirklich geleistet worden. Von 500 Exemplaren, die oben ausgeteilt worden sein *sollen*, ist keins an mich, und ebensowenig an die übrigen Mitglieder gekommen. Auf alle Nachfrage und Bitte erhielt ich obigen Bescheid, und ich mußte mir von Vulpius eins borgen. Es hat mit dem Ganzen eine eigene Bewandtnis, die ich Ihnen wohl gelegentlich aufklären kann. Die Verse übrigens sollen erst zu Ostern erscheinen, weil Goethe, wie es heißt, noch hinzusetzen und verbessern wolle. Schade, daß die Lektüre und Effekt nicht zusammentreffen! Was er über Wieland und Herder sagen läßt, ist sehr schön: ebenso auch der Epilog. Auch wohl noch hie und da einzelnes. Was Tragödie und Epos sagten, weiß ich nicht alles. Soviel ich von andern vernommen, ist das Ganze doch zu reflexiv und nicht immer klar. – Doch ich kehre vor fremder Tür, werden Sie sagen! Wohl! Da aber seine Dichtung die imposanteste sein sollte und in gewisser Hinsicht auch gewesen ist, so ist es natürlich, daß ich darüber spreche, indem ich über meine Sachen kein reines Urteil habe. Übrigens hätte ich wohl verdient, wenn Goethe mich nicht das Ganze lesen lassen wollte, ich wenigstens, wie mancher andre, der weniger von der Sache versteht, bei der Leseprobe zugegen gewesen wäre. Wir haben die Rollen, die er uns zuerteilt, ohne Widerspruch angenommen, ihn in der ganzen Zeit mit keiner Frage noch Überlauf behelligt. Es hat mir und meiner Frau Geld genug, ja mehr als billig gekostet; der Sohn hat meine Verse gesprochen; ihm habe ich die Handschrift meiner Scharaden mitgeteilt, kurz ich habe nichts versäumt, ein Verhältnis, das sich wieder einleiten wollte, zart und schonend zu behandeln – und nun habe ich nicht einmal das Vergnügen zu wissen, was denn eigentlich gesprochen und dargestellt worden. Versteht es einer hier zu beurteilen in ästhetischer und sprachverständiger Hinsicht, so bin ich es; und in Hinsicht auf Gedanken und Urteile habe ich in dem Bisherigen nichts entdeckt, das mir fremd und unerreichbar gewesen wäre. Woher und wozu also diese Zurückgezogenheit und Verheimlichung! Ich gestehe, daß mich dieses einigermaßen um die angenehme Erinnerung der schönen Tage bringen könnte, indem es mir den Genuß derselben trübt.

4632 Wilhelmine Günther an Amalie Thiersch 4. Januar 1819

... dem Maskenzug, wohnte ich bei. Er war äußerst sinnreich und prachtvoll. – Alles, was Weimar je Merkwürdiges besessen hat und was es noch besitzt, war darin vorgestellt, und von Goethe, dem jedesmaligen Gegenstand angemessen, erklärt und besungen. Auch ohne Beziehung auf die Kaiserin wird dieses Gedicht für immer ein würdiges Denkmal unserer Gelehrten bleiben, jeder ist darin charakterisiert, jedem eine unverwelkliche Blume auf sein Grab gestreut. Noch ist das Gedicht nicht gedruckt. – Goethe hat es schnell arbeiten müssen, um die Rollen noch zu rechter Zeit zu verteilen, nach einer genaueren Durchsicht wird er es aber dem Publikum, das ihm begierig entgegensieht, übergeben.

4633 F. v. Müller an Henriette v. Beaulieu-Marconnay *(nach dem 18. Dezember 1818)*

Letzterer [Goethe] war leider nicht zu bewegen, daß er der Maskerade selbst beigewohnt hätte; er fürchtete, es würde ihn zu sehr rühren. In etwa sechs Wochen wird sein *Meisterwerk* gedruckt erscheinen ... Daß Goethe eine schöne, brillantene Porträtdose erhalten hat, wissen Sie wohl schon.

4634 Ch. A. Vulpius an J. M. Färber *22. Dezember 1818*

Die Kaiserin ist gestern abend 1/4 auf 6 Uhr, begleitet von tausend Segenswünschen, mit Hinterlassung sehr kaiserlicher Geschenke, von hier abgereist. Die Dose, welche, mit ihrem Porträt und mit Edelsteinen besetzt, der Herr Minister v. Goethe erhalten hat, wird auf 3000 Taler geschätzt.

4635 Gries an Abeken *18. Januar 1819*

Während des dreiwöchentlichen Aufenthalts der alten Kaiserin von Rußland hat er [Goethe] sich nach Berka zurückgezogen, und die Majestät nur einmal besucht. Dagegen hat er einen vortrefflichen Maskenzug angegeben, wovon Sie das Programm in Nr. 308 des Morgenblatts finden werden. Ein Gedicht von mehr als 80 Stanzen, das dazu gehört, ist noch nicht gedruckt worden, nur die Kaiserin hat eine Abschrift bekommen. Es soll aber besonders erscheinen ... Eine Anekdote: Goethe ließ sich noch am letzten Tage [21. Dezember 1818] bei der Kaiserin melden, um Abschied zu nehmen, kam aber nicht, sondern ließ sich entschuldigen. Als dies der Kaiserin gemeldet wird, wendet sie sich zum Großherzog und sagt: «Nun, es freut mich doch, daß ich Goethe wenigstens Einmal gesprochen habe, und daß er gegen mich so freundlich und huldreich sich bezeigt hat.» Da der Großherzog lächelt, fährt sie sehr ernsthaft fort: «Ich sage dies nicht ohne Absicht; denn gewiß muß jeder es für eine Huld erkennen, wenn Goethe gegen ihn freundlich ist.» Das ist doch hübsch von der alten Majestät! Übrigens hat sie Goethen eine Dose mit ihrem Bildnis geschenkt, die 4000 Reichstaler wert sein soll.

4636 *Charlotte v. Schiller an Knebel* *23. Dezember 1818*

Abends [22. Dezember] war ich bei der Ministerin von Fritsch, die uns mit den übrigen Damen und dem Kammerrat Goethe das Festspiel vordeklamierte. Goethe hatte dem Sohn das Manuskript anvertraut. Es hat mich sehr gerührt. Es ist als Kunstwerk, als Poesie schön und ergreifend. Die Charakteristik der Dichter, die hier lebten, wie seine eigne, hat mein Gemüt innig bewegt. Was er über die Stücke sagt, ist wunderschön. Über sich selbst ist er eigentlich zu leise hingegangen, doch weiß ich es sehr gut zu verstehen, da ich seine Bescheidenheit kenne, die nur diejenigen erkennen können, die ihn in den Momenten sehen konnten, wenn er eben eine solche Dichtung vollendet hatte. Die Zeiten nach der Entstehung von «Hermann und Dorothea» zum Beispiel sind mir als ein Zug in Goethes Leben unvergeßlich, und die Abende, wenn er uns jeden vollendeten Gesang vorlas, gehören zu den schönsten meines Lebens.

1819

4637 *Adele Schopenhauer: Tagebuch* *9. Januar 1819*

Heute krank, gestern bei Ottilien, Goethe ließ uns von «Paläophron und Neoterpe» Leseprobe halten. Beim Essen fuhr er mich an, ich ging also verstimmt heim. Heute sandte er meine Rolle der Tragödie, er hat sehr freundlich eingeschrieben, hilft aber nicht, ich bin doch gekränkt.

4638 *Charlotte v. Schiller an Cotta* *18. Januar 1819*

Ernsts Schicksal hat sich sehr glücklich entschieden. Er wird in den Rheinprovinzen bei den neuen Justizcollegien angestellt ... Die Bessern hier beklagen sehr, daß Ernst geht. Auch der Geheimerat Goethe; doch freut er sich, daß man Schiller in seinen Kindern noch liebt; aber er hat Ernst versichert, es schmerze ihn sehr, da er in der spätern Zeit seines Lebens auf seinen Umgang sehr gerechnet habe, daß er nicht hier bleibe.

4639 *Charlotte v. Schiller an ihren Sohn Karl* *18. Januar 1819*

Ernst ist jetzt ruhig und gut gestimmt; die Entwicklung seines Schicksals freut ihn. Auch findet er unter dem besseren Teile der Gesellschaft viel Liebe und Anteil. Der Geheimrat Goethe liebt ihn ordentlich und versicherte ihn, er hätte noch gehofft, viel mit ihm zu leben, und hätte auf ihn gerechnet.

4640 *Adele Schopenhauer: Tagebuch* *23. Januar 1819*

Gestern abermals Probe bei Goethen. Wie schön sprach er wieder über den Vortrag des Ironisch-Komischen, über das Schwierige, graziös und pathetisch zugleich zu sein, den Sinn der gesamten Worte, nicht des einzelnen auszudrükken. Er macht einen großen Unterschied zwischen grammatikalischen und daktylischen Fehlern im Deklamieren und Spielen. Wunderbar sind seine Ausdrücke; auch er hat, wie er dessen Arthur beschuldigt, eine ihm *eigene* Sprache – so nennt er ein dem Ballettwesen ähnliches Spiel, das ihm für «Neoterpe» passend scheint, den bas reliefs gleich.

4641 *F. v. Müller* *22. Januar 1819*

Verfehlte Hoffnung bei Goethens, doch interessantes tête à tête mit ihm. Lavarium. Sein Lob von Schopenhauers philosophischem Werk [Die Welt als Wille und Vorstellung]. «Wie enden Spinozisten pp.» Mir scheint doch, als ob Goethe mit der Festbeschreibung im Modejournal unzufrieden sei und mich im Verdacht hat, daran geholfen zu haben.

4642 *F. v. Müller* *27. Januar 1819*

Abends lange bei Fritsch, dann bei Goethe. «Gebet, gebet, gebet, zum ersten, zweiten und dritten», rief er aus Reineke Fuchs über die neuen Finanz-Einrichtungen aus. Der Hofnarr des Herzogs von Ferrara mit seinen fünfhundert Ärzten. Rehbeins Lob.

4643 *F. v. Müller* *1. Februar 1819*

Abends bei Goethe. Der dritte und vierte Teil des Don Quijote ist zuerst von einem andern und dann erst später von Cervantes selbst geschrieben. Er hatte den guten Takt gehabt, mit jenen zwei Teilen enden zu wollen, denn die wahren Motive sind damit erschöpft. Solange sich der Held Illusionen macht, ist er romantisch, sobald er bloß gefoppt und mystifiziert wird, hört das wahre Interesse auf.

4644 F. v. Müller *3. Februar 1819*

Paläophron und Neoterpe bei Goethe aufgeführt. Nein, Julinde *kann* nicht in dieser Rolle übertroffen werden, wie sah sie so götterherrlich aus, mit welcher freien, sichern Behaglichkeit spielte sie! Adele ward von einer solchen Nebenspielerin ganz vernichtet! Wie unmutig ich auch war, verhielt ich ihr doch meinen Beifall nicht; sie entfernte sich aber gleich mit Adelen, die sich beklagte.

Linens leicht abspringender Ton, Neckereien und anscheinende Indifferenz war mir diesen Abend ganz besonders verhaßt. Nach 8 Uhr ging man schon auseinander.

4645 H. Franke: Aus der Goethezeit *1881*

Im Februar 1817 [1819] wünschte Goethe meine Mitwirkung in «Paläophron und Neoterpe», welches am 7. [3.] in seinem Hause aufgeführt werden sollte. So hoch ich diese Ehre anzuschlagen wußte, so klein auch die mir zugedachte Rolle des Griesgram war, so groß war doch meine Beklommenheit, als ich zur ersten Probe das Haus des «Geheimbde-Rats» betrat. Goethe selbst leitete die beiden Proben und war dabei von einer außerordentlichen Liebenswürdigkeit. Er hatte Zeichnungen zur Hand, die genau Maske und Kostüm jedes Einzelnen angaben. Mich belehrte er über Haltung, Gang und Mimik und meinte, im Kostüm und mit der Maske werde die Sache sich gut machen. Die Vorstellung in Gegenwart mehrerer fürstlichen und vieler andern distinguierten Personen verlief günstig. Nach derselben blieben wir Mitwirkenden zum Tee. Ich stand bescheiden an der Wand, als mir Goethe, den ich im Gespräch mit dem Kanzler von Müller sah, winkte und mir sagte: «Nun, wir sind zufrieden; es war zwar nur eine kleine Rolle, die Ihnen zugeteilt worden, aber auch die kleinste hat ihre Wichtigkeit.»

«Eigentliche Nebenrollen», fuhr er mehr gegen Müller gewendet fort, «gibt es nicht, sie sind notwendige Teile eines Ganzen.» In diesem Sinne weitersprechend, entwickelte er noch längere Zeit seine Ansichten, die mir ein Leitstern in meiner Berufstätigkeit geblieben sind und mich zu allen Zeiten recht gern kleine Rollen übernehmen ließen, die zuweilen wider Erwarten ganz dankbare wurden.

4646 Adele Schopenhauer an ihren Bruder *Februar 1819*

Nun laß uns von Deinem Werke [Die Welt als Wille und Vorstellung] reden ... Goethe empfing es [am 18. Januar] mit großer Freude, zerschnitt gleich das ganze dicke Buch in zwei Teile und fing *augenblicklich* an, darin zu lesen. Nach einer Stunde sandte er mir beiliegenden Zettel [mit der Notiz: «pag. 320. 321. 440. 441. Goethe.»] und ließ sagen: Er danke Dir sehr und glaube, daß das ganze Buch gut sei. Weil er immer das Glück habe, in Büchern die bedeutendsten Stellen aufzuschlagen, so habe er denn die bezeichneten Seiten gelesen und große Freude daran gehabt. Darum sende er die Nummern, daß Du nachsehen könnest, was er meine. Bald gedenkt er Dir selber weitläufiger seine Herzensmeinung zu schreiben; bis dahin solle ich Dir dies melden. Wenige Tage darauf sagte mir Ottilie, der Vater sitze über dem Buche und lese es mit einem Eifer, wie sie noch *nie* an ihm gesehen. Er äußerte gegen sie: auf ein ganzes Jahr habe er nun eine Freude; denn nun lese er es von Anfang zu Ende und denke wohl, so viel Zeit dazu zu bedürfen. Dann sprach er mit mir und meinte, es sei ihm eine große Freude, daß Du noch so an ihm hingest, da ihr euch doch eigentlich über die Farbenlehre veruneinigt hättet, indem Dein Weg von dem seinen abginge. In diesem Buche gefalle ihm vorzüglich die Klarheit der Darstellung und der Schreibart, obschon Deine Sprache von der der andern abweiche, und man sich erst gewöhnen müsse, die Dinge so zu nennen, wie Du es verlangst. Habe man aber einmal diesen Vorteil erlangt und wisse: daß Pferd nicht Pferd, sondern cavallo und Gott etwa dio oder anders heiße, dann lese man bequem und leicht. Auch gefalle ihm die ganze

Einteilung gar wohl – nur ließ ihm das ungraziöse Format keine Ruh, und er bildete sich glücklich ein, das Werk bestehe in zwei Teilen. Nächstens hoffe ich ihn wieder allein zu sprechen; vielleicht äußert er etwas Befriedigenderes. Wenigstens bist Du der einzige Autor, den Goethe auf diese Weise mit diesem Ernste liest; das, dünkt mich, muß Dich freuen ...

Goethen sah ich sehr viel, der Kaiserin Aufenthalt führte Feste herbei, unter ihnen eine Redoute. Goethe erhielt den Auftrag, die Werke der vier Schriftsteller, die hier ehemals vereint waren, im Zug womöglich einzuschalten, insofern sie sich personifizieren ließen. Er faßte die Idee auf und schrieb eine Reihe höchst wunderbarer schöner Gedichte, die drei junge Mädchen, als Epos, Tragödie und Nacht den Zug erklärend, vor der Kaiserin sprachen. Der Zug selbst bestand nun aus seinen, Schillers, Herders und Wielands Werken, in buntester Mannigfaltigkeit und großer Pracht aneinander gereiht. Wo es nötig war, sprachen die vorgestellten Personen selbst, außerdem Epos und Tragödie als Herolde des Festes. Die Nacht hatte den größten Teil des Prologs und alles auf die Kaiserin unmittelbar sich Beziehende. Die Charakteristik jedes Dichters ging seinen Gaben voran, die *Ilm* erklärte Goethen selbst. Der *Tag* schloß, von den Wissenschaften unterstützt, das ganze Fest. Wie mich dies ganz wunderbare Vorüberführen von Weimars längst vergangener Herrlichkeit ergriff, wie begeistert ich unter Goethes Leitung als Tragödie auftrat, kannst Du leicht denken. Wir brachten einen ganzen Tag allein mit ihm auf dem Lande zu, und er wußte uns durch die Schönheit der Verse und der Überredung seines Eifers zum Unglaublichen zu vermögen. Du wirst das, wenn es erst gedruckt ist, erhalten, wenn Du willst, und Dich wundern, daß dies mit *einer* Probe geleistet, in zehn Tagen gelernt werden konnte. Sowie er einen Teil der Verse vollendete, gab er ihn her, weigerte aber das Ganze dem B[ielke] zum Druck, da er es selbst für zu ernst hielt, um es ungefeilt dem Publikum zu übergeben. Seitdem nun ging ich oft mit Julie Egloffstein zum Goethe, um dort zu lesen, ihn über Dramaturgie reden zu hören, endlich dort zu spielen. Er studierte uns Paläophron und Neoterpe ein, was wir bald darauf in seinem Hause gaben. Jede Woche bringe ich nun einen freien Abend dort zu, wir lernen dabei weit mehr, als man glaubt, denn er verbindet diesem Spiel unendlich viel Schönes, Ernsteres. Nebenbei amüsiert es ihn selbst, es erinnert ihn an seine Jugend, an Wolffs etc. etc. In diesem Augenblick habe ich ihn zwar lange nicht gesehen, das heißt acht Tage.

4647 F. v. Müller *7. Februar 1819*

Später bei Goethe, wo auch Riemer war und Noehden. Wir sahen die schönsten Bronze-Medaillen.

4648 F. v. Müller *14. Februar 1819*

Julinde klagte Nachmittag in der Reitzenstein Gegenwart über die häufige Störung, die meine Besuche in der Digestionsstunde ihr verursache, besonders wenn sie an ihre Mutter schreiben wolle. Dies verdroß mich entsetzlich. Abends bot ich, trotz meines Ärgers, alles auf, bei Goethe sehr munter zu sein, was auch von Line und Ottilie sehr belobt wurde.

4649 Riemer an Frommann *17. Februar 1819*

Zu den erfreulichen Dingen melde ich Ihnen, daß ich schon mehrere Abende bei Goethe gewesen bin, und das alte gute Verhältnis wieder angeknüpft ist. Ich glaube, daß Ihnen dies lieb sein wird zu vernehmen.

4650 F. v. Müller *21. Februar 1819*

Abends mit Line und der Gräfin Beust bei Goethe. Die Spinnerin von Louisiana. «Ein Vergleich ist sehr verschieden von einer Steigerung.»

4651 F. v. Müller *24. Februar 1819*

Ich arbeitete von 6 bis 8 Uhr und ging dann zu Goethe. Vorlesung aus dem Divan, den Goethe zum Vehikel seiner politischen Glaubensbekenntnisse und mancher, wie er's nennt, «Eselbohrereien» zu brauchen scheint. Verteidigung der Dichter-Schmeichelei gegen Hammer. Episode von Alexanders Tötung des Clytus nach Curtius. Welche Anschaulichkeit, welche Klarheit in der Darstellung. Zeichen-Sprache der Perser durch Blumen, deren Benennung jedesmal nach individuellem Verhältnis den passenden Reim als Antwort herbeiführt.

Vom Hofe Herzog Carls von Württemberg und seinem geschmackvollem Glanze. Lob Jomellis, seines Musikdirektors.

Goethes Worte in Bezug auf *unsern* neuen Kapellmeister Hummel: «Es ist ihm eben *Ernst* mit seiner Kunst, wie das sein muß, wenn irgendein Mensch seine Stelle ausfüllen will», machten tiefen Eindruck auf mich.

4652 F. v. Müller *1. März 1819*

Julie fand sich unwohl, abgespannt, ich beredete sie zum Ausfahren, erst zu Frau v. Spiegel, dann zu Goethe, der höchst liebenswürdig war. Landschaft nach Ruisdael kopiert von Lieber, Bild der allmählichen Zerstörung. «Eifersucht ist Ahndung fremder Wahlverwandtschaft.» Spöttereien über die Bibel. «Eins ist not = à la fortune du pot.»

4653 Maria Pawlowna an ihre Mutter *4. März 1819*

J'ai vu ce matin Goethe qui se porte bien ... j'aime à l'entendre, c'est comme si je lisais vingt livres, j'y profite toujours et la clarté règne sur les sujets qu'il a traités, parce qu'il a un esprit très supérieur.

4654 F. v. Müller *7. März 1819*

Abends mit Line und Schütz bei Goethe. Persiflage der versuchten Parallele zwischen Wangenheim und Posa. Heitre Erzählung vom Entstehen des Klosters im Park (30. Januar 1777) und von dem abendlichen Fischer-Spiel in Tiefurt. Ottiliens alberner Schmerz über antipreußische Äußerung.

4655 F. v. Müller an Knebel *13. März 1819*

Goethens heitrer Sinn und Gastlichkeit haben uns viele Abende verschönt; mehrmalen die Wochen sammelt sich ein kleiner, muntrer Kreis um ihn, der von seiner liebenswürdigen Laune oft bis gegen Mitternacht festgehalten wird.

Sie werden *bald* sich seiner Gegenwart in Jena erfreuen; nicht auf lange, wagen wir, egoistisch genug, zu hoffen!

4656 F. v. Müller *14. März 1819*

Nach dem Hof bei Goethe mit Fräulein Milkau. Unglückliche Verteidigung Jean Pauls und mein Unmut darüber, daß mein Geschmacks-Urteil nicht sicherer war. Goethes Exzerpte der tollen Worte eines Jean Paulischen Extrablatts.

4657 Julie v. Egloffstein: Aufzeichnung *16. März 1819*

Nach einem Konzert, das unsre Erwartungen nicht hinlänglich befriedigte, fuhren wir zu Goethens. Der alte Herr empfing uns *ganz besonders* zärtlich und entwickelte, als wir bald darauf mit ihm am traulichen Eßtisch saßen, seine ganze Liebenswürdigkeit in Scherz und Ernst aufs allerreizendste. O wie hinreißend, wie unwiderstehlich ist dieser Mann, wenn er in heitrer Gemütlichkeit sich zwischen seinen Kindern und Freunden bewegt – bald das Größte und Höchste ins Gespräch verflechtend – bald sich scherzhaft wieder zu dem Kleinsten und Unbedeutendsten herabneigend – und jedem einen neuen Wert, eine neue Bedeutung verleihend – ! –

Anfangs drehte sich die Unterhaltung um die Begebenheiten des Tags – es wurden einige Worte über das Konzert gesagt – dann erzählte Goethe, welchen herrlichen Schatz alter Broschüren aus dem 16. Jahrhundert er in Jena aufgefunden hätte – die von der Bluthochzeit und mehreren interessanten Begebenheiten aus früherer Zeit handelten und mit den allerwunderlichsten Holzschnitten verziert seien und damals statt Zeitungen gedient hätten. – Natürlich drang sich mir hier der Wunsch auf zu erfahren, seit wann eigentlich die Zeitungen eingeführt und eine bestimmte Ordnung und Form darin beobachtet würde und wie es die Menschen vordem gehalten hätten, und Goethe befriedigte ihn auf die allergenügendste Weise. Er erzählte mir nämlich, wie die Kaufleute mit ihren Spekulationen stets die politischen Ereignisse als Hebel oder Hemmketten betrachtet und sich deshalb untereinander in Briefen Nachricht darüber erteilt hätten. Diese Briefe seien zu weiterer Mitteilung späterhin gedruckt worden – aber lange Zeit sei hingegangen, ehe man auf den Einfall gekommen wäre, eine fortlaufende Reihe von Tagesblättern einzusetzen und damit auch ohne besondere Erscheinungen oder Erlebnisse in der politischen Welt fortzufahren. – Dieser Gegenstand leitete uns dann weiter zurück in die entferntesten Zeiten der erwachenden Kultur zu der Erfindung der Schrift überhaupt, und ich warf Goethe die Frage auf: wie Homer seine Werke eigentlich geschrieben habe? –

Diese Frage, mein liebes Engelchen, sagte er, kann nur durch weitläufige Erzählungen beantwortet – oder vielmehr verneint werden. – Nun setzte er uns auseinander, daß Homer aller Vermutung nach gar nicht existiert und folglich gar nicht geschrieben habe –. Die Welt sei geneigt, in allem die Persönlichkeit zu lieben – und deshalb schreibe sie einem Einzigen so große Gabe zu – wahrscheinlich aber hätten mehrere aufeinander folgende Dichter jene Gesänge zustande gebracht und durch mündliche Überlieferung weiter befördert – bis dann endlich einer auf den gescheuten Gedanken gekommen sei, sie aneinander zu reihen und zu re[digieren], dem denn auch der größte Ruhm gebühre –.

Während diesem Gespräch, das eigentlich mehr zwischen Goethe und mir stattfand – hatten die übrigen die heitersten Witze untereinander über den jungen Nicolovius gemacht, und Goethe nahm sich seines Großneffens endlich mit Lebhaftigkeit an – mich auffordernd, ihn jenen beiden Damen, die sich um ihn stritten, Linchen und Ottilien nämlich, abspenstig zu machen – er selbst gab mir darauf die besten Anschläge an die Hand, wie ich die Aufmerksamkeit dieses höchst originellen und schweigsamen jungen Menschen auf mich lenken könnte, und forderte zuletzt seinen Sohn auf, sich mit mir zu verbünden, indem ja dem Mephistopheles nichts unmöglich sei, was List und Bosheit verlange. – Linchen meinte, ich könne es immerhin versuchen – denn es werde mir nichts helfen – indem noch keiner sie und mich zugleich geliebt habe – als einmal ein Narr – – Ei Kinder! seht – rief Goethe – auch ich liebe Euch beide zugleich – und so könnt Ihr Euch denn rühmen, daß Euch nicht nur ein Narr, sondern auch ein gescheuter Mann auf gleiche Weise geliebt – – etc. etc.

4658 F. v. Müller *17. März 1819*

Mit Könneritz des Morgens bei Goethe, der uns seine herrlichen Bronzemedaillen zeigte, aber im ganzen sehr steif war.

4659 F. v. Müller *18. März 1819*

Abends bei Goethe, wo ich Präsident [Nees] von Esenbeck aus Bonn traf, einen kleinen, hagern, muntern und ansprechenden Mann, der von dem Dünkel der modernen Naturforscher ganz frei scheint.

Goethes verbindliches und freundliches Betragen gegen ihn war höchst behaglich anzusehen. Er las ihm und uns aus dem persischen Buche Canuts Unterricht an seinen Sohn vor, wie man sich als Regent und Partikulier in allen Lebensverhältnissen zu betragen habe.

4660 F. v. Müller *21. März 1819*

Früh bei Voigts, wo ich Starken traf, der alle Hoffnung aufgab. Ich ermahnte Goethe, dem teuren Kranken noch zu antworten. Abends fuhr ich allein zu Goethe, der doch sehr bewegt war.

4661 F. v. Müller *22. März 1819*

Todestag des unvergeßlichen Voigts!! Vergebliche Bitte an Julie, zu Goethe zu kommen. Charakterzeichnung des Ministers v. Fritsch durch letztern. Britische Singularitäten. *Rechtlichkeit*, großgewohnte Formen.

4662 *Ch. A. Vulpius an J. M. Färber* *24. März 1819*

Es ist geschehen. Der Herr Minister von Voigt ist vorgestern 3/4 auf 1 Uhr verschieden ...

Der Herr Minister v. Goethe ist wohl, aber dieser Schlag scheint ihn dennoch hart getroffen zu haben.

4663 *Caroline v. Egloffstein an ihren Bruder Carl* *26. März 1819*

... Ottilie ist krank und schwach, wird aber in kurzer Zeit äußerst selig sein, weil sie mit ihrem Mann nach Berlin reiset, und ihre Landsleute täglich sehen kann.

An ihrer Stelle werde ich dafür beim Vater sitzen, und auf die Worte des hohen Meisters horchen – ein Glück, welches mir höher erscheint und welches ich tiefer fühle, als ich zu beschreiben vermag. O könntest Du es mit mir teilen und Deine Seele erheben an dem Reichtum von allem, was die Erde erfaßt, und an dem Blick in das Gefühl dieses Weisen, der trotz seinem Selbstbewußtsein weiß, «daß er nichts wisse» in dem All der Natur. –

O ich liebe ihn täglich mehr, und er wird mir immer unentbehrlicher, und ich kann den Gedanken nicht ohne Schmerz fassen, von ihm zu scheiden ...

4664 *F. v. Müller* *26. März 1819*

Feierliche (frühe) Beerdigung des Ministers Voigt. Unzufriedenheit mit Günthers Leichenrede. Abends bei Goethe. Nachricht von Kotzebues Ermordung.

4665 *Ch. A. Vulpius an J. M. Färber* *27. März 1819*

Der Herr Minister von Voigt wurde sehr feierlich beerdiget, was beschrieben werden wird.

Der Herr Minister von Goethe, welcher morgen nach Jena reisen wollte, geht nun nicht dahin ab. Die Kotzebuesche schändliche Ermordung durch einen Studenten aus Jena hat hier schreckliche Sensation gemacht. Die Folgen davon werden schwerlich zu berechnen sein.

4666 *F. v. Müller* *27. März 1819*

Fortgesetzte Beschäftigung mit Voigts Nekrolog. Egmont. Mit Line Egloffstein bei Goethe, deren Enthusiasmus für das Stück recht liebenswürdig war. Logen-Konvent der Beamten über die Trauerloge. Ich mußte Goethen aus seinem Divan vorlesen.

4667 *F. v. Müller* *28. März 1819*

Lines Gelächter über mein und der Tante Schmollen mit ihrer Schwester. Zusammentreffen mit letzterer bei Goethe, der ganz besonders liebenswürdig war. Assassinen-Geschichte von Hammer. Panzerhemd. Unterschied zwischen Chronik und Memoiren. Mangel des Gefühls vom Werte der Gegenwart, die jeder nur loszuwerden, darüber hinauszukommen trachte, sei die Ursache, daß man jetzt so wenig historisch aufzeichne. *Zuversicht* und *Ergebung* seien die echte Grundlage jeder bessern Religion, Unterordnung unter einen höhern, die Ereignisse ordnenden Willen, den wir nicht begriffen, eben weil er höher als unsre Vernunft und unser Verstand sei. Der Islam und die reformierte Religion seien sich hierin am ähnlichsten.

Alle Gesetze und Sittenregeln lassen sich auf eins zurückführen: *Wahrheit.*

Fehler der Individualität, als solcher, gebe die moralische Weltordnung jedem zu und nach; darüber möge jeder mit sich selbst fertig werden, und bestrafe sich auch selbst dafür; aber wo man über die Grenze der Individualität hinausgreife, freveInd, störend, unwahr, da verhänge die Nemesis früh oder spät angemeßne äußere Strafe. So sei in Kotzebues Tod eine gewisse notwendige Folge einer höhern Weltordnung unverkennbar. Julinde war ganz ergriffen von Goethes Worten und sehr gerührt, als er von seinem Tode sprach. Mich versöhnte dies Zusammengenießen des herrlichsten Geistes unmerklich wieder mit ihr.

4668 *F. v. Müller* *30. März 1819*

Abends bei Goethe, der ganz ernst war und fast bloß von dem leidigen Zustand der jenaischen Dinge sprach; man müsse jetzt nur von einem Tag zum andern leben; niemand sei der Sache mehr gewachsen.

4669 *Adele Schopenhauer: Tagebuch* *2. April 1819*

Neulich [am 31. März] habe ich einen Schmerz gehabt – Goethe kam von Berka, einige Gläser Punsch und die Frühlingsluft nahmen ihm alle Besinnung. Ich sah ihn in einem furchtbaren Zustande. Nie werde ich es vergessen.

4670 *Charlotte v. Stein*
an einen ihrer Söhne *(Anfang April 1819)*

Vorgestern ließ sich ein Student aus Gießen beim Goethe melden, aber man warnte den Goethe, ihn nicht anzunehmen. Der Student hat sich bei den Nachbarsleuten nach allem erkundigt, wo man ihn könnte zu sehen bekommen, wann er bei Hofe fahre etc., er habe Goethes Schriften gelesen, möchte nun auch den Verfasser kennen lernen. Man hat dem Präsidenten Motz davon Nachricht gegeben, aber weiter habe ich nichts davon gehört.

4671 *F. v. Müller* *11. April 1819*

Erster Wiederbesuch bei Goethe, der mich aufs herzlichste aufnimmt.

4672 *F. v. Müller* *12. April 1819*

Abends bei Goethe, politisches Gespräch über Jenas Schicksal.

4673 *F. v. Müller* *14. April 1819*

Abends mit Line bei Goethe, der alles aufbot, sie interessant zu unterhalten. Proteus anguineus und dessen anatomisches Präparat. Zeitgeist und Geist der Zeit. Ich blieb bis halb zwölf und vernahm die freundlichsten Lobsprüche meiner Rede. Del. Halkyonische Tage.

4674 *F. v. Müller* *15. April 1819*

Zusammentreffen mit Julie bei Goethe, der sich anfänglich mehr mit meiner Rede als mit ihr abgab. «Sperlings-Kopf»

[Caroline v. Herder]. Erzählung von Assassinen. Mitteilung einer für Goethe rührend treuen Auffassung seiner Motive bei den Festgedichten (durch Rochlitz). «Es ist besser, du glaubst an das *Falsche*, als du zweifelst am *Wahren*», sagte er bedeutend zu Julien. «Alle Geschichte ist mißlich und schwankend, aber wer dir etwas *zweifelhaft* hinterbringt, den kannst du nur gleich abweisen.»

4675 A. v. Goethe an J. M. Färber *17. April 1819*

Was die Mineralien-Schränke betrifft, so war bei meiner Anwesenheit nur von *Einem* Schrank die Rede, wovon ich auch mit meinem Vater gesprochen, es genehmigt derselbe also auch nur die Anschaffung *Eines* Schrankes, wovon den Herrn Bergrat Lenz, welchen mich bestens empfehle, zu benachrichtigen bitte.

4676 F. v. Müller *18. April 1819*

Abends bei Goethe. Ottiliens Angst über die (falschen) Berliner Aufruhr-Nachrichten. Kotzebues Blut, sagte Goethe, bringe uns erst die wahre Preßfreiheit, weil nun jeder mit dem Innersten hervortrete.

4677 F. v. Müller *19. April 1819*

Abends bei Goethe. Kritik meiner Rede. Ich habe mich vor zu ausgedehntem Gebrauch der Tropen zu hüten, wohin mein Stil gerade neige. Es ist unrichtig zu sagen: «ein abgeschlossenes Leben *fordert*». Das *abgeschlossene* Leben ist kein Leben mehr, es ist Tod, kann nichts mehr *fordern*. Die Keuschheit der Tropen, ihre *Proprietät* ist Grundmaxime des Stils im westlichen Europa. Außerdem verfällt man ins Bodenlose, Verwirrte, Absurde. Bloß durch strenge Angeschlossenheit des Begriffs am Bilde, wodurch unmittelbare Anschaulichkeit erlangt wird, durch den eigensten, keuschesten Gebrauch der Tropen habe er, Goethe, sich die Jugendlichkeit des Stils bewahrt. Man müsse sich von solchen Grundmaximen ganz durchdringen, überhaupt eines Lehrers Ansichten *so* in Fleisch und Blut aufnehmen, daß man seine *Worte* nicht zu wiederholen brauche, ja sie ganz vergessen könne, und doch immer den rechten Begriff wieder zu konstruieren, den richtigen Takt durch eine entsprechende Maxime zu fixieren vermöge.

Jedes Ding, jede Beschäftigung, jede Gedankenfolge verlange eine eigne Form, eine *Formel*, die, das Unwesentliche ausschließend, den Haupt-Begriff scharf umgrenze. Viele empfänden das Richtige, möchten es auch gerne darstellen, könnten aber nicht zur passenden Form gelangen.

Wie anmutig scherzte der herrliche Mann mit Ulriken, der er gewisser technischer oder Koterie-Wörter Bedeutung anschaulich machen wollte, zum Beispiel Kategorie, caput mortuum p. Sie müsse dergleichen verstehen, aber nie selbst aussprechen. Anekdoten von Goethes früherm Leben in Ilmenau. Tolle Späße mit dem Glasmann Glaser, der durch alle vier Elemente von Goethen geängstet und für sein Handbieten zu vorheriger nächtlicher Perturbation bestraft wird. Einsiedels gottloses Wegziehen des Tischtuches mit allen Abendspeisen und Flucht darnach. Sobald die Sonne kam, war Gottesfriede, niemand durfte sich mehr am andern rächen.

Seebachs Wort beim Plumpsack-Spiel zu Wilhelmsthal: «Schlagt doch zu, so gut wird es euch nicht leicht wieder, euern Fürsten und Herrn prügeln zu dürfen», fand Goethe ganz sublim und grandios. Damals ritt letzterer täglich ein rasches bequemes Pferd, Poesie genannt.

«O es waren nicht schlechte Zeiten», rief er wehmütig aus! Bittres Urteil über den Stand des jetzigen Theaters hier. Fürchterlicher Fluch auf die Göchhausen, als sie einst Graff ungerecht tadelte: «Fräulein, Sie werden lange faulen, wenn Graff noch der Stolz unsrer Bühne sein wird!»

Zelters origineller Brief über die Logis-Bestellungen des jungen Goethe in Berlin.

4678 F.v.Müller *21.April 1819*

Abends bei Goethe. Rückempfang meines Manuskriptes von ihm, das ich Donnerstags dem Großherzog brachte.

4679 Caroline v. Egloffstein an ihre Mutter 22. April 1819

Was Goethe sagt, verdient einen eigenen Brief; – ich lebe jetzt eigentlich nur in dem Glücke, *ihn* zu hören und zu sehen, und mir ist es, als ob ich für meine ganze Zukunft sorgte, indem ich an seiner Seite bin. Er ist so gut und väterlich gesinnt, und ich liebe ihn unendlich!

Wir haben bis jetzt unsere Musenscherze vor Goethe heimlich gehalten, weil er die dichtenden Frauen haßt und wir von ihm geliebt sein wollen; – allein er weiß es nun, und *unparteiisch*, wie die Liebe ist – findet er den Musenverein *geistreich* und *wohlgetan!?* – O unparteiischer Mann! – er hat sich sogar über meine Kritik der Schriftsteller höchlichst ergötzt.

4680 F. v. Müller 24. April 1819

Große Abendgesellschaft bei Goethe; [Friedrich] Tieck, Gräfin Henckel, Line, Adele, Coudray. Goethe sprach über die Eigentümlichkeit der Sprichwörter bei den verschiednen Nationen; die griechischen gingen alle aus unmittelbarster, speziellster Anschauung hervor, zum Beispiel der Storch im Hanfe p., die deutschen seien stets derb, tüchtig, sittlich bezeichnend.

Dann sprach er von der Kunst zu *sehen*. Man erblickt nur, was man schon weiß und versteht. Oft sieht man lange Jahre nicht, was reifere Kenntnis und Bildung nun an dem täglich vor uns liegenden Gegenstand erst gewahren läßt. Nur eine papierne Scheidewand trennt uns öfters von unsern wichtigsten Zielen, wir dürften sie keck einstoßen und es wäre getan. Die Erziehung ist nichts als die Kunst, zu lehren, wie man über eingebildete oder doch leicht besiegbare Schwierigkeiten hinauskommt.

4681 F. v. Müller 25. April 1819

Abends mit Julie bei Goethe, herrliche Stunden. Vergleichung ihres Talents mit Roux, der nie aus den Landschaften ein *Bild* machen könne. Goethe war einst auf bestem Wege, sich in Fräulein v. Mellish zu verlieben, wie er schnackisch erzählte. Lob der kühnlich von Julie mit der

Ölmalerei eingegangnen Ehe. Von seinen drei Schweizer Reisen, von dem Berner Arzt (Schuppmacher, glaub' ich), der mit seinen hellen, scharfen Augen den Leuten gleich jede Krankheit angesehen und gleichsam in Lunge und Leber hineingeguckt habe. Von Goethes einstigem Vorhaben, in Italien für immer zu bleiben und das Leben in Rom, Tag für Tag, in großen Gemälden zu schildern, wie den Corso. Von Moritz, seiner unendlichen Tüchtigkeit und Gründlichkeit; nie sei er liebenswürdiger, geistreicher, mitteilender gewesen, als in den Stunden des Abschieds, wenn schon der Postillon geblasen. «Die Natur ist eine Gans, man muß erst sie zu etwas machen; bekenne dich nur (zu Julie) für einen armen Hund und stehle, wo du kannst, aus fremden Bildern, selbst vom Altare.» Julie, gestützt auf den einen Arm, war ganz Auge und Ohr für Goethe, ihr Auge schwamm im innigsten Behagen und wandte sich dann freundlich zu mir, gleichsam fragend, ob ich auch alles recht mitfühle? Es war ein himmlischer Abend!

4682 F.v.Müller *28.April 1819*

Abends bei Goethe, wo große Gesellschaft. Er erzählte Linen, wie er nur noch bei Gewahrung seltner sittlichen oder ästhetischen Trefflichkeiten weinen könne, nie mehr aus Mitleid, eigner Not p. Wiederholung von der einsamen Spinnerin in Louisiana.

4683 F.v.Müller *1.Mai 1819*

Später bei Goethe. Zelters originelle Äußerung: «Die Welt ist jetzt auf Akademien, wir sind leider zu alt, um ihre Rückkunft zu erwarten.»

4684 F.v.Müller *2.Mai 1819*

Hugo von Göttingen hier. Ich besuchte mit ihm Jagemanns Atelier und Goethe. Er ist ziemlich der alte, dicker und ältlicher nur.

4685 *Caroline v. Egloffstein an W. v. Beaulieu* *(vor dem 4. Mai 1819)*

Haben Sie im Januarheft des Luxus und der Moden die Beschreibung unserer Feste gelesen? Man lernt einigen Unterschied zwischen Gelegenheitsgedichten kennen und ohngefähr die Wahrheit erkennen von dem, was der Meister sagt, «daß ohne Gelegenheit noch nie ein gutes Gedicht entstanden sei!» – O kommen Sie zu uns und leben Sie in seiner Nähe und hören Sie die goldnen Worte des herrlichen Mannes; ich lebe nur von einem Tag zum andern in dem Gedanken, *ihn* zu sehen und zu sprechen, und meine Wünsche sind befriedigt, wenn der Abend an seiner Seite endet. – Lachen Sie nicht über meine Zärtlichkeit, sie ist so groß und so wahr, daß ich mir Goethes Verlust nicht anders als wie das Ende aller Tage denken kann!!!

4686 *F. v. Müller* *5. Mai 1819*

Abends bei Goethe, wo große Gesellschaft und es nicht sonderlich amüsant war.

4687 *Adele Schopenhauer an ihren Bruder* *Mai 1819*

Goethen habe ich von Dir [am 5. Mai?] erzählt. Deine sechzehn Engländer belustigten ihn sehr. – Die Sandische Geschichte hat ihn ungewöhnlich ergriffen, er spricht fast immer Politik und scheint im Innersten tief verwundet, obgleich er immer äußert, er habe vorausgesehen, daß es so kommen müsse ... als unvermeidliche Folge der gewalttätig eingreifenden Roheit – es ist traurig, diese Andeutungen zu hören, er spricht sich nur selten in einzelnen Worten aus, doch seine Meinung ist klar ...

Goethen sehe ich alle Mittwoch, wo wir abends bei ihm essen. Er hat mir ein sehr schönes Blumenstück von Seghers zum Kopieren gegeben.

4688 *F. v. Müller* *6. Mai 1819*

Später bei Goethe, dem ich sein Anliegen wegen der Münzkabinetts-Schlüssel erledigte und der sehr heiter und interessant war. Er fürchte sich nicht vor der Arbeit des

Münzkabinettordnens, man müsse nur in alles *Methode* bringen und die Sachen nicht zu transzendent nehmen. Bei allen Geschäften sei die Form der Behandlung die Hauptsache. Er sprach von den Fortschritten der Osteologie und vergleichenden Anatomie in Jena, welche bald die menschliche Anatomie fast entbehrlich machen werde. Er halte die verschiednen Museen klüglich auseinander, nach seinem Tode werde man wahrscheinlich durch Vereinigung derselben alles verderben und eine Art Akademie bilden wollen, wo dann gleich alles Dumme und Absurde hervortrete.

4689 F. v. Müller *10. Mai 1819*

Glücklich reüssiertes Frühstück im Ressource-Garten ... Goethes Vorüberfahren ... Bei Goethe, der sehr heiter war, traf ich einen interessanten jungen Amerikaner aus Boston, Cogswell, der schon drei Jahre in Europa umherreist. Seine Bewunderung Lord Byrons, den Goethe für den einzigsten großen Dichter jetziger Zeit erklärte. Seine witzigen französischen Epigramms. «Wären wir zwanzig Jahre jünger», sagte Goethe zu Meyer, «so segelten wir noch nach Nordamerika.» «Und wenn's dreißig Jahre wären, könnte es auch nichts schaden», sagte dieser trocken.

4690 J. G. Cogswell an G. Ticknor *18. Mai 1819*

The next visit of any interest to you which I made was to Goethe [10. Mai]; – he was not merely gracious, but affectionate and playful even, – but he is breaking, and will never do much more to increase his fame. I spent all my time in Weimar with him, which was one evening only: at supper he was unusually gay. His only remaining friend, Meyer, was present, a Baron "chose" whom I did not know [Kanzler v. Müller], and a pretty little lively girl [Ulrike v. Pogwisch] ... We sat till midnight, and of course you will conclude we must have been in glee, as such things are not often done in Germany. I made him talk of the literature of the day, and he confirmed all I wrote from Hamburg about the low state in which it is. He was enthusiastic in his praises of

Byron, pronounced him the greatest and the only living poet, which was no small gratification to me, from its coincidence with my own opinion.

4691 J. G. Cogswell an G. Bancroft *25. Mai 1819*

At Weimar I saw Goethe; he received me very graciously and even cordially. I spent all my time there with him, that is from six to eleven at night, he was in fine spirits and as familiar and playful with me, as if I had been the friend of his youth. About nine we sat down to a petit souper, at which I got into as wild a frolic, as I did at Blumenbach's, the company consisted of five, a pretty spirituelle little girl whose name I did not hear [Ulrike v. Pogwisch], Prof. Meyer, the bosom friend and confidant of Goethe, a stranger Baron [Kanzler v. Müller], G. and myself, and a right merry time we made of it. I brougt G. out upon the poetry of the day, and particularly the English; he said Lord Byron was the greatest and indeed only good living poet, and you will readily imagine how much I was pleased to have my opinion confirmed by such authority. I must have been peculiarly fortunate in finding him in such a mood, for I am convinced he has not many hours now, in which it would be pleasant to be with him, his appearance indicates that very clearly, and besides he told me that he has grown fastidious and morbid in his feelings, and that it must be something uncommon to excite his attention in the least degree; this he applied to me as an American and not personally, and hence you will not charge me with vanity for repeating it. America in all its relations is now his paramount study.

4692 F. v. Müller *12. Mai 1819*

Bei Goethe war es muntrer als gewöhnlich. Von dem Venezianer Schauspieler, der die Bösewichter so trefflich spielte, daß niemand mit ihm umgehen wollte, und das Publikum einst, als er erstochen werden sollte, rief: «tira, tira». Goethes Lob von Julies Ölbild. Jubel der beiden Schwestern über Lines Mitreise nach Marienrode.

4693 *Knebel an Charlotte v. Schiller* *18. Mai 1819*

Der Besuch der Frau von Stein hat uns sehr erfreut. Tags darauf [am 14. Mai] kam auch Goethe, brachte beide Abende seines Hierseins bei uns zu und verließ uns wieder am Sonntag [16. Mai]. Er will, wie mir Weller sagt, zu Ende dieser Woche wieder kommen.

4694 *F. v. Müller* *17. Mai 1819*

Nachmittags Fahrt mit Bruder August nach Berka zu Stichlings, wo auch der heitre August v. Herder.

Goethes Erscheinung. Schmerz, daß Julie nicht mitkonnte.

Abends bei Goethe. Döbereiners Lehrbuch der Chemie und durchgeführte Wahlverwandtschaftslehre. Schönes niederländisches Bild von Seghers.

4695 *F. v. Müller* *19. Mai 1819*

Souper bei Goethe mit August v. Herder.

4696 *Riemer* *(20. Mai 1819?)*

[Goethe:] Alles kommt auf ein Aperçu an.

Es ist das Höchste, wozu es der Mensch bringt, und weiter bringt er es nicht.

Es ist nur der Kontur, der Umriß von einer Sache. Das parenchyma des Details kann er, ohne [ein] zweiter Schöpfer zu sein, nicht geben.

Dieses Vermögen zu einem Aperçu ist gleich seinem Kunstvermögen, das Bild eines Gegenstandes zu fassen und zu entwerfen.

Den stetigen Fortschritt von Glied zu Glied auch nur äußerlich zu motivieren, vermag selbst der vollendete Künstler nicht: denn im Einzelnen dürfte man immer noch auf Lücken, Sprünge usw. treffen.

So auch im geschichtlichen Aperçu, über den Hergang einer Begebenheit kann man nur den Kontur des Ganzen geben.

Ja, es dürfte vielleicht nur dabei sein Bewenden haben und behalten müssen. Jeder Versuch, das Einzelne auszumalen, dürfte selbst dem nicht glücken, der das Ganze gefaßt.

Ein allgemeiner Begriff, ein Zusammenfassen des Gehörigen, mit Beseitigung des Außerwesentlichen, ist des Menschen eigentümliches Vermögen, darauf läuft es bei ihm in Gedanke, Wort und Tat hinaus.

Nicht anders ist es mit den Konzeptionen des Dichters. Ein Drama steht als eine συλληψις da. Es ist ein Ganzes, aber im Umriß, und man dürfte vom ersten und einzigen nicht behaupten, daß es bis in die Fingerspitzen ein organisches Detail hätte.

Wie er [der Mensch] seine Häuser baut, so baut er auch seine Wissenschaften. Die Charpente ist die Hauptsache. Die Füllung und Bekleidung ist zum Teil Stückwerk oder nicht unter sich im innigsten Zusammenhange.

Daher ist in aller Welt auf das Aperçu der einzige Wert zu legen.

4697 F. v. Müller *25. Mai 1819*

Schöner Abend mit Meyer bei Goethe. Über das 4. Heft der Kunst und Altertums ward viel gesprochen. Meyers Lakonism über die Kunstvorschritte seiner Schülerinnen: «Sie lernen eben mehr, als ihnen nütz ist.»

4698 F. v. Müller *26. Mai 1819*

Langes Souper bei Goethe, Gagernscher Brief.

4699 F. v. Müller *3. Juni 1819*

Besuch bei Linen abends 6 Uhr. Später bei Goethe, dem ich Knebels Voigtische Negationen erzählte.

4700 F. v. Müller *7. Juni 1819*

Abends bei Goethe, der sich in den Finger schnitt und ihn bloß naß zuband, um ihn prima intentione zu heilen. Goethe gestand, daß Voigts Schwäche gegen Eichstädt großenteils den Ruin von Jena herbeigeführt habe. Man müsse stets die Gunst *verteilen*, sonst winde man selbst das Ruder aus der Hand. So, führte er an, habe er zweiundzwanzig Jahre lang dem Theater vorgestanden, ohne sich eine Schwäche gegen eine Actrice zu verstatten, deren mehrere, besonders Euphrosyne und die Wolff, es ihm doch sehr nahe gelegt. Wer aber die *Lust des Herrschens* einmal empfunden, dürfe nicht leichtsinnig den Stützpunkt durch Favoritschaften aufgeben. Außerordentliches Lob Renners und Döbereiners.

4701 F. v. Müller *13. Juni 1819*

Mittags bei Goethe mit Clementine [v. Milkau], Knebel, Raabe, Kleist. Nicht so gemütlich, als ich mir's gedacht hatte.

4702 F. v. Müller *15. Juni 1819*

Gestern abend bei Goethe, bloß mit Meyer. Er war sehr sprechlustig und mitteilend, die wunderliche Kephalidesche Biographie, Jacobis Leichenrede p. gab Stoff. «Jacobis Schriften sind nichts für mich; ich kann mich wohl in entgegengesetzte Systeme hineindenken, aber nicht in halb zu-, halb abfällige, dunkelnde, nebelnde.» Er lobte jedoch sehr Jacobis persönliche Liebenswürdigkeit, Anmut, Offenheit. Die Proben aus Linens Reise-Journal gefielen ihm ungemein. Von Raupachs Lorenzo und Caecilie urteilte er ungünstig, es sei Talent und Ahndung des Rechten vorhanden, einzelne Schönheiten, aber durchaus nichts Rechtes, nichts Haltbares, nichts Darstellbares im ganzen. Die Fabel des Stücks selbst schien ihm unbedeutend. Von Müllners Albaneserin urteilte er insofern besser, daß dieses auf den Brettern Effekt machen werde, weil es mit Kunst zusammengesetzt sei, wiewohl verflochten und wunderlich genug.

4703 F. v. Müller an Caroline v. Egloffstein *16. Juni 1819*

Nein, beste Line, ich schreibe Ihnen *nicht*, wie große Anneigung ich auch gestern dazu hatte, – denn weiß ich nicht aus einer verdrießlichen *Pyrmonter* Erfahrung, daß Sie *mir* nicht antworten?? nein! ich habe Ihre lieben Schriftzüge *noch nicht* erblickt, das allerliebste Reise-Journal *nicht* gelesen, die wahrhaft humoristisch-plastische Schilderung des groben Postmeisters und seiner rachsüchtigen Ehe-Gefährtin *nicht* vernommen, unsern verehrten Herrn und Meister [am 14. Juni] durch eine *ganz kurze Relation daraus nicht* in die allerheiterste und teilnehmendste Stimmung versetzt; es ist *nicht* ein Wort wahr, daß er zu mir gesagt:

«Die närrischsten Kinder, wenn man sie hier um sich hat, sind sie taciturn und zurückhaltend und albern-bescheiden mit ihren Talenten, und wenn sie weg sind, vernimmt man erst, was sie für allerliebste Federn führen; das hat ja ordentlich Humor, Komposition, naive Benutzung der Motive, Anfang und Ende, das hebt ja die Objekte klar, lebendig anschaulich hervor, in unserm Sinn und Stil, gerade wie wir es selbst gern machen möchten; – fort, fort damit, der alte Merlin könnte fast eine Anwandlung von Sehnsucht bekommen und sich einbilden, die *Line* hielte noch etwas auf seinen alten Kopf, und das wäre doch sehr eingebildet.»

Wie gesagt, es ist *kein* Wort davon wahr, und so will ich es Ihnen auch *nicht* schreiben; – denn! Nein, ich schreibe Ihnen überhaupt *nicht* – weil – weil – ich verdrießlich bin, sehr verdrießlich, und Ihnen nicht vorklagen will.

4704 F. v. Müller *16. Juni 1819*

Ich eilte zu Goethe, wo Frau v. Pogwisch und Stein, auch [Ernst v.] Schiller waren. Anfangs schien Goethe taciturn und marode. Aber bald gelang mir, Leben zu wecken, ich erzählte von Voigts Vorlesung über Ludwig von Thüringen p. Dann kamen Späße über unser Münz-Kabinett, über des Likörfabrikanten Henschel zu Breslau Raritäten-Anhäufung und Wunsch, nach seinem Tode bei seiner eignen Auktion zu sein. Von der Baulust. Huschke sei noch verrückter wie die Gräfin Henckel, sagte Goethe, es gäbe gemauerte Torheiten, flüssige Torheiten, unscheinbare Torheiten p., erstere fielen am meisten ins Auge.

Die Okeniade gab reichen Stoff, als ich damit herausrückte; wir scherzten über das, was die Studiosen am 18. Juni vornehmen könnten. Als alle weg waren, sprach Goethe noch lange darüber mit mir, das Schlimmste sei, wenn man sich zu Extremen *zwingen* lasse, man müsse das Extrem auch extrem behandeln, frei, grandios, imposant. Man hätte Oken sein Gehalt lassen, aber ihn exilieren sollen p.

4705 *H. Düntzer: Charlotte v. Stein* *1874*

Auch Goethe zeigte sich sehr teilnehmend gegen Schillers Sohn [Ernst], welchen er [am 16. Juni 1819?] warnte, sich ja nicht durch den freiern Sinn der Rheinländer zu offenen Äußerungen über politische Angelegenheiten hinreißen zu lassen.

4706 *F. und K. Eggers: Christian Daniel Rauch* *1877*

Der Freiherr von Stein hatte im Sommer 1819 bei einem Besuche der Weimarischen Verwandten, der Familie des Oberstallmeisters von Stein, den Rauchschen Entwurf [zum Blücher-Denkmal in Breslau] für Goethe mitgenommen, und dieser hatte [am 18. Juni] in einem Vortrage über die Skizze verschiedene Ausstellungen laut werden lassen, welche Stein dem Urheber derselben vorenthalten mochte. Er ging vorsichtig zu Werk: «Ich lege großen Wert» – schreibt er darüber an Rauch – «auf sein erfahrenes Urteil, doch glaube ich seine Individualität hierbei nicht vergessen zu dürfen. Die Schlesier wollen einen Blücher nicht von Goethe, sondern von Rauch» – und nun zählt er die wesentlichen Bemängelungen dahin auf: «Man sieht den Körper nicht genug durch die Bekleidung durch, der Waffenrock (die Litewka) ist nicht genug sichtbar, der Falten des Mantels ist eine zu große Menge und Last, er ist nicht genug als Militär bezeichnet und als Feldherr» – Stein schlägt vor, ein Kreuz oder Stern auf der Brust hinzuzufügen – «es wäre gut, das Modell zu vervollständigen, ehe man zur Ausführung im Großen schreitet.» – Daß Goethe sich übrigens Blücher ganz anders vorstelle, deutet Stein nur mit einer leisen Hinweisung auf den Schadowschen Blücher in Rostock an.

4707 *Riemer* *22. Juni 1819*

Zelter von Berlin. Abends mit ihm bei Goethe.

4708 *Riemer* *25. Juni 1819*

[Pius Alexander] Wolff von Berlin hier. Mit ihm bei Goethe gespeist.

4709 *Caroline Jagemann: Erinnerungen*

Die Berliner Dilettantenaufführungen von Faustszenen lenkten die Aufmerksamkeit auf eine Aufführung des Gedichts; der Leipziger Versuch ermutigte aber nicht zur Nachahmung. Bei Wolffs Anwesenheit wurde das Thema gleich ergebnislos behandelt [25. Juni 1819], dagegen gedachten wir den «Götz» wieder aufzunehmen, dessen beide Teile seit 1813 geruht hatten. Als Haide (Titelrolle) und Unzelmann (Franz) den Meister über seine Wünsche befragten [14. Juni 1819], stellte er eine längst bedachte neue Bearbeitung zur Verfügung, die in den Schlußakt von Weislingen drei neue Auftritte einfügte. Mit der Aufführung wollten wir ihn bei der Rückkehr von der Badereise [im Oktober] begrüßen; er zog es jedoch vor, nicht zu erscheinen.

4710 *Johanna Frommann an ihren Sohn* *28. Juni 1819*

Daß wir mit Zelter einige vergnügte Tage gehabt haben, hat Dir Allwina schon geschrieben. Gestern abend war er mit Goethe von 8 bis nach 11 hier, und die Alten sprachen sehr interessant und stritten so gemütlich. Goethe wollte Zeltern die Radien bei Verbreitung des Tons nicht zulassen, und das kam mir so passend vor, daß es vielmehr durch Ringe geschehe. Wie er alles ausspricht und beschreibt, darin ist er einzig. Er erzählte auch viel von der Catalani, wie sie mit ihrer herrlichen Stimme so viel mache, wie ihr nur natürliches Wesen in der Gesellschaft als bescheiden und Gott weiß was gepriesen würde, wie sie sich mäßige, um sich singend in der Gesellschaft nicht über Dilettanten zu erheben.

4711 *Zelter an Goethe* *16. Mai 1820*

Indem Dein Brief von musikalischer Malerei spricht, soll ich sagen, wer sonst dergleichen geleistet hat.

Hat es doch jeder Tüchtige nach seiner Art in allem, was Kunst heißt, hervorgebracht, und nur die, welche es nachmachen wollen, fallen ins Einzelne, Vergleichende, zu ihrem Schaden, wie die Maler, welche einen Kopf auf fremden Rumpf stellen.

Mit dem Genie ist es anders, wie Du mir einst [Juni 1819?] bei Gelegenheit, als die Rede von Molière war, begreiflich machtest. Mit dem ist nicht zu hadern: es stellt uns, hält uns, jagt uns, wir wissen nicht wie, und am Ende finden wir uns zufrieden, wenn wir nur unsere Forderungen aufgeben.

4712 Th. J. Seebeck an Goethe *11. Dezember 1819*

Ew. Exzellenz habe ich noch den innigsten Dank für die gütige Aufnahme meiner Familie im vorigen Sommer [in Jena] zu sagen. Die Tage, welche diese das Glück hatten, in Ihrer Gesellschaft zu verleben [15.–21. Juli], werden jedem derselben in dankbarem Andenken bleiben. Alle tragen mir auf, Ew. Exzellenz ihre innigste Verehrung zu bezeigen, und ich bitte Sie, uns auch ferner Ihre so schätzbare Gewogenheit zu erhalten.

4713 W. T. Hewett an W. v. Biedermann

Among those living in Jena at the time of my visit [1881] who vividly remembered this early period was his Excellency the Geheime Rat [Moritz] Seebeck who related to me the following incident. His mother had arrived at Jena with eight children and was invited immediately to make her home with the Knebels. Goethe was a guest in the house at the same time. One evening [15./21. Juli 1819?] a discussion upon education arose at the supper table between Knebel and the Frau Seebeck whose whole family was seated around the board. Knebel, as was his wont when roused, was impetuous and testy. Goethe, who did not like argument, interfered against his old friend with the proverb: "Age does not protect from folly" (Alter schützt vor Torheit nicht). "Cease to contradict this worthy mistress of educational theories. Look at her successful works in eight volumes", pointing to the children and the strife was decided in behalf of the lady.

The young Seebeck had recently returned from school in Nuremberg. Goethe addressed him with: "Well, what news do you bring from Nuremberg?" "Nothing," answered the lad, "exactly new but something old. I had two comrades at school who could not live apart and yet could not get on together; the name of the one was Teufel (devil) and the name of the other was Faust." The aged counsellor remembers now the wonderful kindliness and pleasure with which Goethe received the boys clever compliment and said: "Excellent! excellent!" (Vortrefflich! vortrefflich!)

4714 L. v. Schroeder: Eine Goethe-Erinnerung *1907*

Moritz Seebeck also lebte – wie er mir erzählte – als Knabe mit seinem Bruder zusammen in Pension bei dem alten Major Knebel, der bekanntlich auch Dichter und mit Goethe durch eine lange Reihe von Jahren herzlich befreundet war. Nicht selten kam Goethe zum Besuch zu Knebel, und wenn es des Abends geschah, dann war den beiden Knaben erlaubt, auch nach dem Abendessen noch sitzen zu bleiben und – selbstverständlich mäuschenstill – dem Gespräch der beiden Freunde, der Unterhaltung Goethes zu lauschen. Ach, waren das herrliche Stunden! Ja, die Augen des alten Seebeck leuchteten noch in der Erinnerung daran, obwohl inzwischen Jahrzehnte über Jahrzehnte dahingerauscht waren.

«Einstmals» – so erzählte nun Seebeck weiter – «war ich auf kurze Zeit nach Nürnberg verreist gewesen, und als dann Goethe das nächste Mal wieder zu Knebel kam, wendete er sich an mich mit der Frage:

‹Nun, was bringen Sie uns denn Neues aus Nürnberg?›

‹Neues gerade nichts, Exzellenz›, erwiderte ich, ‹aber ein Altes, was vielleicht doch nicht ganz ohne Interesse ist. Ich habe in Nürnberg bei zwei Freunden gewohnt. Der eine heißt Faust und der andere Teufel, und ich kann berichten, daß sich die beiden im besten Einvernehmen miteinander befinden.›

Als Goethe das hörte, da lächelte er, sah mich ganz besonders freundlich an, streichelte mich mit der Hand mehrmals von der Schulter an über den Arm herunter, und sagte sichtlich angenehm berührt:

‹Hübsch, hübsch, hübsch!›»

Des alten Seebeck Augen strahlten, wie er diese Worte Goethes in dessen Tonfall wiederholte und mir dabei den

Arm von der Schulter herunter streichelte, so wie einst Goethe ihn gestreichelt hatte.

4715 *Knebel an Charlotte v. Schiller* *28. Juli 1819*

Goethe war diese Zeit über bei uns [in Jena], und hat sich seit ein paar Tagen [am 24. Juli] wieder nach Weimar verfügt.

4716 *W. v. Humboldt an seine Frau* *30. Juli 1819*

Den Nachmittag [26. Juli] fuhr ich nach Weimar. Lolo war, wie ich wußte, nicht da, und Goethe, hatte man mir gesagt, sei entweder in Jena oder schon in Karlsbad.

Ich ging also zu Gersdorff, dem Geheimrat Fritsch und Riemer. Ich fand keinen ... Wie ich nun so in der Stadt herumschlenderte und schon mit Gedanken umging, noch den Abend abzureisen, kam ich von ungefähr an Goethes Haus, ging hinein, und siehe da, er war ruhig zu Hause! Er war zwei Tage früher von Jena zurückgekommen. Ich brachte den ganzen Abend nun mit ihm zu. Er war heiterer und mitteilender und ungezwungener, als ich ihn lange gefunden habe, und es hat mich wirklich sehr gefreut, ihn noch einmal so zu sehen. Er hat seinen Divan eben vollendet, noch einen Anhang in Prosa über den Orient dazu gemacht, und sprach mit vieler Liebe von dieser Arbeit. Im Gesicht und in der körperlichen Haltung gealtert fand ich ihn wohl, allein schwach oder kränklich im geringsten nicht, er sprach namentlich über sein Alter, schien aber noch auf ein sehr hohes zu rechen. Das einzige, was ich mit einer Art Schmerz an ihm bemerkte, ist, daß er doch in seinem einsamen Leben sich so in sich zu vertiefen, in allen seinen Ideen, ohne in neuere Ansichten einzugehen, ehern zu werden und sich so zu beschränken scheint. So merkte ich deutlich, daß er mit der Kunst der Deutschen in Rom doch im Grunde unzufrieden ist. Er erwähnte Fohrs Kopf, von Amsler gestochen, den er besitzt. Er lobte außerordentlich das eigentlich Technische des Stichs. Aber zugleich fand er sehr viel Mängel daran und im Grunde eine falsche Manier in Zeichnung und Behandlung. Einiges, das er von Wilhelm Schadow gesehen hatte, tadelte er auch. Dann setzte er hinzu: «Und die ewigen Madonnen!» Hierin liegt es nun eigentlich. Die eingewurzelte Abneigung gegen das Christentum in ihm macht ihm diese ganze Richtung verhaßt, und vermutlich hält er auch das Suchen und Auffinden der höchsten Kunst in den Zeiten vor Raffael für einen kränkelnden Geschmack, ob er sich gleich darüber nicht aussprach. Von dem wohltätigen Einfluß, den Deine Anwesenheit in Rom auf die Künstler ausgeübt hat, sprach er unaufgefordert mit großer Lebendigkeit. Aus ein paar kleinen Zügen sehe ich auch, wieviel Zeit er so mit Sammlungen und Aufzeichnungen zubringen muß, die eigentlich weiter gar keinen Wert haben. So erzählte er mir, er habe gerade an demselben Tag in seinem Tagebuch von 1810 gefunden, daß ich damals bei ihm gewesen sei. Er wußte gar nichts diesmal von meinem Kommen und mußte also nur dies Tagebuch von selbst studiert haben. Um ein Gewitter, das einige Tage vorher in Weimar und Jena gewesen war, war er so intrigiert, daß er mich lange ausfragte, ob ich nichts davon bemerkt hätte, und ließ am Ende auch sein Tagebuch kommen, um Tag und Stunde genau zu bezeichnen. Über die äußeren politischen Dinge habe ich ihn sehr gut gefunden; gegen keine Seite erbittert; er scheint das eigentlich ganz beiseite liegen zu lassen, ohne sich darum zu bekümmern, was bei seiner Denkart und in seiner Lage gewiß das Vernünftigste ist.

Da man nach altem Gebrauch bei ihm immer zu Abend essen muß, so war beim Essen sein Sohn, seine Schwiegertochter und deren Schwester. Die erste ist nicht hübsch, gefiel mir aber mehr als die andere, obgleich diese hübscher, nur sehr dick ist. Die Kinder waren entzückt über Berlin, wo sie gewesen waren, und lobten alles. Ich höre hier [in Berlin], daß man sie sehr fetiert hat. Allein einen ordentlichen Schreck hat man der jungen Frau beigebracht. Als die Szenen aus Faust in Monbijou gegeben worden sind, hat man sie und ihren Mann hingebeten, und wie der Erdgeist erscheint, diesen, und zwar wie?, erscheinen lassen. Einen kolossalen, hell erleuchteten Kopf Goethes selbst in leibhafter Ähnlichkeit. Es soll umso schrecklicher ausgesehen haben, weil man deutlich gesehen hat, daß es nur ein Kopf war, der nun wie vom Rumpf getrennt erschien.

Als ich von Goethen zu Hause ging, fand ich, es mochte 11 Uhr sein, Riemern auf der Straße, der mir auflauerte, um mich zu sprechen. Ich ging also noch ein wenig mit ihm in den Straßen herum. Er hatte zwei Bände eigener Gedichte, schrecklich zu hören!, unterm Arm, mit denen er mich beschenkte. Sonst war er sehr liebenswürdig und scheint nützlich beschäftigt. Er empfiehlt sich Dir sehr angelegentlich. Er wünscht sich aus Weimar weg und hat mich sehr gebeten, ihm, wenn es anginge, eine Anstellung hier oder sonst bei uns zu verschaffen ...

Apropos! ich habe Goethen gesagt, daß Du Dein Manuskript über die spanischen Bilder wieder zu haben wünschtest, nur auf sechs Monate, dann sollte er es zurückbekommen. Dies letzte habe ich versprochen, weil ich sonst nicht traue, daß er die Sache gibt. Wir lassen, wenn wir sie erhalten, eine Abschrift machen.

4717 Caroline v. Humboldt an ihren Mann 7. August 1819

... es freut mich, daß Du Goethen noch so ein paar ruhige Stunden gesehen und genossen hast. Ich kann mir den alten Herrn in seiner Burg recht lebhaft denken.

Manchmal kann es mich so recht schmerzen, daß bei solch einer reichen Natur das Glück einer uneigennützig ganz sich hingebenden Liebe ihm doch wohl in dem Lauf langer Jahre nicht geworden ist. Mir ist es immer, als wenn Schiller das ausschließlicher zuteil geworden, sich darum auch etwas Heiligeres, die Zukunft still Verehrenderes in ihm entwickelt hätte. Aber eine ungeheuer kräftige Gestalt steht er unter dem Menschengeschlecht da, gleichsam sich anreihend an die erhabenen Göttergestalten griechischer Mythe. An seinem Physischen möchte ich, könnte ich, seine Entfernung von allen christlichen Ideen entwickeln, vielleicht auch an diesem Mangel und nicht Empfangen aufopfernder Liebe. Das alles hängt tief in ihm zusammen. – Wenn er von meinem guten Einwirken auf die Künstler in Rom weiß, so ist das unstreitig durch Louise Seidler. Sie ist mit ihm in direkter Korrespondenz, und sie war mir sehr gut.

4718 W.v. Humboldt an seine Frau *16. August 1819*

Über Goethe schreibst Du sehr schön und richtig. Liebe hat ihm immer gefehlt, er hat sie schwerlich empfunden, und die rechte ist ihm nicht geworden. Allein der wahre Grund dazu ist doch wohl das früh in ihm waltende, schaffende Genie und die Phantasie gewesen. Wo sich die Natur einen solchen eigenen und inneren Weg bahnt, da wird es wohl unmöglich, sich einem anderen Wesen in der Wirklichkeit uneigennützig hinzugeben, und ohne das ist keine Liebe denkbar. Man muß sich immer erst verlieren, um sich schöner und reicher wieder zu empfangen. Aber eine Leere läßt es dann freilich im Leben zurück, und ich glaube nicht, daß außer den Stunden und Zeiten des glücklichen Hervorbringens Goethe eigentlich glücklich oder reich in sich beschäftigt ist.

4719 F.v. Müller *7. August 1819*

Spaziergang im Park ... Später noch bei Goethe. Streit mit dem Sohne über Okens Entlaßbarkeit. Beunruhigende Gespräche über die Stimmung der Zeit. Die Maxime der *persönlichen* Einwirkung hält Goethe *nicht mehr* anwendbar, ebenso die Möglichkeit einer Wirksamkeit durch Intrige schon vernichtet.

4720 F.v. Müller *9. August 1819*

Gedicht an Julinde. Mit ihr von 4 bis 6 Uhr bei Goethe. Portefeuille der Harz-Zeichnungen von Kraus. Julies Entzücken und wahrhaft kindische Freude über Goethes Geschenk Wiener Kreide. Sie war *höchst liebenswürdig*, im weißen Kleide mit dem schönen neuen weiß und gelben Strohhut. Goethe entschuldigte sich, daß er mir das *Münstersche* Pereat nicht erzählt; seine Maxime sei, *nicht zu hetzen*, wo es doch nichts helfe. Vergebens erwartete ich, daß er mich beim Weggehen auffordern würde, den Abend zu bleiben, weil Egloffsteins dort waren.

4721 *Julie v. Egloffstein: Niederschrift* *9. August 1819*

Am 9. August [18]19 verlebten wir den Abend bei Goethe. Dieser hohe Freund hatte Julien Kreide zum Zeichnen geschenkt, diese Gabe brachte das Gespräch auf die Zeichnung des Posthalters von Langensalza und auf dessen Eigentümlichkeiten. Bei der Erzählung, wie wir in seine Schwächen eingegangen und dadurch seiner bis zur Verrücktheit gesteigerten Eitelkeit noch geschmeichelt hätten, bemerkte Goethe auf eine fein persiflierende Weise, daß darin die eigentliche Lebensklugheit bestehe, und er ein solches Benehmen gegen jedermann anriet. Auf Juliens Frage, warum man nur gegen Karikaturen sich diese augenblickliche Verleugnung seiner Ansichten gestatte, erwiderte er mit sichtbarer Freude über ihre Bemerkung, daß diese Gattung von Menschen, indem sie aus ihrer Natur herausträte, auch alle Verpflichtungen, so wir gegen uns und andre üben, auflösten und man also diese Personen als halbe Wahnwitzige dulden statt widerlegen müßte, in ihre Ideen eingehe. Julie zitierte eine Person aus ihrer Bekanntschaft, wo man täglich diese Regel übe. Jedes glaubte, sie erraten zu haben, als der alte Herr mit Feinheit einfiel, daß man nur im Staats-Kalender suchen dürfe, um so einen Gegenstand zu finden. «Erhaltet, liebe Kinder, Eure Aufrichtigkeit und Wahrheitsliebe soviel wie möglich», fuhr er fort, «aber verfallt nicht in den Fehler der jetzigen Zeit, nämlich durch allzugroße Aufrichtigkeit grob zu werden.» Hierauf erzählte er uns eine niedliche Anekdote von einer alten würdigen Kastellanin zu Nürnberg, welche in einer Gesellschaft von jungen Leuten, die sich mit ungeziemender Heftigkeit und Unart über die Schmeichler und Heuchler äußerten, plötzlich hinter ihrem Kaffee-Tisch mit zusammengeschlagenen Händen in vollem Unmut ausrief: «Ach wie lieb' ich die Schmeichler und Heuchler!»

4722 *J. G. Cogswell an Mrs. Prescott* *28. August 1819*

I went first to Weimar to see Goethe, and as he was absent at Jena I followed him there. They say in Germany that he is proud and has no heart, but it has ever been my good fortune to see him when he showed none of his pride, and to be received by him as if he had a heart, and a feeling one too. I know not when I was more touched at parting from a person to whom I was bound by no particular tie, than from him. When I reached Jena [17. August] he was from home. I waited several hours to see him, and, as he did not return till nearly night, I could remain but a few moments with him. "What brings you to Jena?" said he. "To take leave of you." "And how long will you stay with me?" "Half an hour." "I thank you from my heart for this mark of your regard. It delights me to find that you take such an interest in me in my old age, as to come so far to see me. Keep me, I beg you, in friendly remembrance." "Shall I write to you when I return to America?" "Yes, but you'll not wait till then I hope. Let me hear from you often while you remain in Europe." A little further conversation and I parted from him. He embraced and kissed me affectionately according to the German custom, and the tear in his eye convinced me that he felt, not feigned, what he expressed. Do not think I mean to make out of this a case to flatter my own vanity. Goethe's attention to me has been highly grateful, I confess, but it gives me no occasion to be vain, because I saw clearly it was my heart and not my mind which interested him.

4723 J. G. Cogswell an C. S. Daveis *11. September 1819*

I never thought to have found such a heart in him, and it almost broke my own to say adieu to him when I discovered it. "And will you remember me," said he, "when you are surrounded by your friends at home; and may I believe that there is a heart in the new world which cares for me?" I do not presume to call myself Goethe's friend, but he parted from me as if he were willing to allow me such a distinction, and I parted from him as if I felt the value of it. I looked back upon the house in which he lived till I was out of sight of it, as I should have done had it been the abode of the dearest of friends. This year he is just 70, his birthday was celebrated in Weimar, August 28, and on that account he went away. "I am too old," said he, "to take delight in the anniversary."

4724 K. Bähr: Gespräch mit Schopenhauer

Von dieser Begegnung [mit Goethe in Jena am 19. und 20. August] hat mir Schopenhauer erzählt. Er besuchte Goethe damals das letzte Mal nach seiner Rückkehr von Italien, im Sommer 1819. Goethe saß im Garten im Gespräch mit einem Herrn und kehrte, als Schopenhauer eintrat, gegen den Ankömmling jene steife und zurückhaltende Förmlichkeit heraus, die schon manchen bei allzu warmblütiger Annäherung in eine gelinde Verzweiflung versetzt hatte ...

Schopenhauer kam mit dem lebhaften Verlangen, den von ihm aufs höchste verehrten Mann, der ihn der Mitarbeiterschaft bei seinen optischen Untersuchungen gewürdigt, mit herzlicher Wärme zu begrüßen. Er wurde von ihm mit der kühlen Frage bewillkommnet, wie er, den er noch in Italien vermutet, so plötzlich aus dem Stegreif hier erscheine, und zugleich gebeten, etwa nach einer Stunde wieder zu kommen, da er augenblicklich beschäftigt sei. Offenbar wollte Goethe es nicht ungerügt lassen, daß er ohne Anmeldung eingetreten war. Schopenhauer empfand dies tief als eine Zurücksetzung und konnte seine schmerzliche Bewegung nicht unterdrücken, als er eine Stunde später seinen Besuch bei Goethe wiederholte. Da mochte es diesem wie Schuppen von den Augen fallen. Der große Dichter und Herzenskündiger erkannte und verstand jetzt die tiefe Wahrhaftigkeit und Lauterkeit der Gesinnung des jungen Freundes, den ein mächtiger Drang des Herzens zu ihm zog. Er legte jetzt den Geheimrat ab und umarmte ihn.

4725 Knebel an Charlotte v. Schiller *3. September 1819*

Goethe ist vor acht Tagen [am 26. August] von hier nach Karlsbad abgereist. Er war in der letzten Zeit sehr wohl, und beschenkte mich auch mit seinem neu herausgekommenenen *Divan*, der mir viel Freude macht. Sie werden ihn künftig – zumal die Anmerkungen – mit Vergnügen lesen, und sich wundern, wie ein Mann in Goethes Jahren noch so jugendlich phantasieren kann.

4726 *F. W. Lemm an Böttiger* *23. September 1819*

Das Wichtigste zuerst! Goethe ist endlich hier [in Karlsbad] angekommen, und ich war so glücklich, diesen Nachmittag ein Stündchen bei ihm zubringen zu dürfen! Keck – kühn – verwegen, nennen Sie es, wie Sie wollen, genug, der heiße Drang, den großen Mann nur einmal zu sehen, der, ohne es zu wissen, durch seinen Antonio so viel zu meinem Glücke beigetragen, der durch seinen unerschöpflichen Genius zur Ehre und Zierde der Deutschen den Gipfel des Ruhmes behauptet und für Herz und Gemüt mehr tut als Welteroberer! Das – was Sie besser auszudrücken und zu würdigen wissen als ich – Armer; ich muß recht dumm vor diesem großen Manne gestanden haben – was tut's – wenn so viele Goethes wären, wäre ja Goethe nicht der *Einzige!* ja was habe ich sagen wollen? – der heiße Drang ist gestillt – wie ich hörte, er sei hier, hielt die Begierde, ihn nur zu sehen, mich kaum so lange zurück, als die Gesetze der Schicklichkeit und die Gelegenheit, ihm vorgestellt zu werden, es erforderten – ich war während der Zeit nicht müßig, ging wie die Schildwacht an dem Hause vorbei – umsonst, der Zufall brachte ihn nicht an das Fenster; gestern, nachdem ich wieder vergebens Fenster-Promenade gemacht, steh ich auf der Wiese bei einem Kunsthändler und sehe Bilder an, kommt ein fremder Mann und sagt: Wollen Sie Goethen sehen? Hier im Laden ist er und kauft Mineralien. Wo? Hier! – Da stand ich auch vor dem Laden – wo glücklicherweise Schau-Exemplare ausstanden – er saß so freundlich da, daß ich den Entschluß faßte, gerades Weges zu ihm zu gehen, er ist gewiß nicht so schroff und hofmännisch, wie einige mir gesagt. So war ich denn heut so verwegen, mich selbst vorzustellen und – er hat mich *recht freundlich* aufgenommen – auf der Straße, als ich von ihm kam, da fiel mir erst ein, was ich ihm hätte alles sagen sollen und wie verkehrt zwicklich ich mag gesprochen haben! nun, er mag von mir denken, was er will, ist er nicht mit mir zufrieden – bin ich es unaussprechlich mit ihm, und das kann ich Ihnen sagen, wäre mir der Mann in der fernsten Weltgegend zu Gesicht gekommen, so hätte ich gesagt, das ist Goethe. – – Goethe trinkt zu Hause [den Brunnen], und nur leicht zu Übersehende werden – ich sehe es kommen – die Schlüssel erhalten. – – Heut nahm ich nach Goethes Rat vier Becher und befinde mich sehr wohl.

4727 F. v. Müller *29. September 1819*

Mit Rehbein nach Jena zu Goethe. Hochgenuß bei ihm. Sein Dankgedicht an uns.

4728 F. F. Runge: Mein Besuch bei Goethe im Jahre 1819

Im Jahre 1819 war ich von Hamburg aus, nach dreijährigem Aufenthalt in Berlin und Göttingen, nach Jena gegangen, um hier in Natur- und Heilkunde mein Wissen zu vermehren und womöglich den Doktorhut zu erwerben ...

Man kann sich leicht denken, was ein Mann, wie Döbereiner, auf mich für einen Einfluß hatte. Ich stellte mich ihm als *Schüler* vor, in der Erwartung, einen *Lehrer* zu finden; ich fand mehr, ich fand einen *Freund*. Meine chemischen Untersuchungen der *Giftpflanzen*, die ich schon in Göttingen begonnen hatte, gedachte ich in Jena zu vollenden und legte Döbereiner die bis dahin gewonnenen Ergebnisse vor. Er war freudig erstaunt, als ich ihm sagte, daß ich nicht nur imstande sei, das Giftwirkende des Bilsenkrauts (Hyoscyamus), der Tollkirsche (Belladonna) und des Stechapfels (Datura) für sich als einzelne Stoffe darzustellen, sondern auch das Mittel gefunden habe, das Vorhandensein dieser Giftstoffe in Speisen und Getränken, sowie in damit vergifteten Tieren und Menschen nachzuweisen ...

Ich ging nun, aus dem Jenaer Pflanzengarten einiges Bilsenkraut zu holen. Döbereiner hatte indes Spinatblätter besorgt, und nun bereiteten wir einen Spinat nach gewöhnlicher Art, nur mit dem Unterschied, daß auf je zehn Spinatblätter ein Bilsenkrautblatt genommen wurde. Nachdem die Blätter sorgfältig gewaschen, mit siedendem Wasser abgebrüht und fein gehackt und etwas Fleischbrühe und Schmalz hinzugesetzt worden, wurde das Ganze so vollständig gar geschmort, als wenn es im Ernste gespeist werden sollte.

Während dieser Zeit hatte ich in das Auge einer der Katzen [die als Versuchstiere dienten] etwas von dem *Brühwasser* des Krautgemenges gebracht. Da grüne Pflanzenblätter beim Brühen mit heißem Wasser eine bedeutende Menge ihres Saftes von sich geben, so mußte in das Wasser auch Saft vom Bilsenkraut übergegangen und folglich durch Katzenaugen zu entdecken sein. Wir wurden in unserer Erwartung nicht getäuscht, denn es stellte sich bald eine sehr bedeutende Erweiterung des Sehlochs ein.

Dies bewies deutlich genug den Übergang des Bilsengiftstoffes ins Brühwasser. «Vielleicht», sagte Döbereiner, «finden wir nun nichts im Spinatgericht, wie man ja auch Giftschwämmen ihr Gift durch siedendes Wasser entziehen kann.» – «Ja, dann muß es aber gründlich zu wiederholten Malen geschehen. Hier haben wir nur einmal rasch gebrüht, und sicher werden wir im fertigen Spinatgericht noch viel Gift auffinden.»

Dies war denn auch in der Tat der Fall. Es wurde etwas vom fertigen Spinatbrei in ein leinenes Läppchen getan und stark ausgepreßt. Vom gelbgrünen Saft wurde nach sorgfältiger Abnahme des Fettes ein weniges ins Auge der ersten Katze gebracht. Es dauerte nicht eine halbe Stunde, so zeigte sich die Wirkung durch Verwandlung der schmalen Sehspalte in ein ganzes rundes Sehloch.

Ich hatte die Genugtuung, daß Döbereiner mir seinen ganzen Beifall zollte und mir beim Abschied dankte für «die höchst belehrenden Versuche». «Sie sind von der höchsten Wichtigkeit», sagte er, «und noch heute abend werde ich Goethe davon erzählen.»

Goethe! Goethe! dachte ich, als ich nach Hause ging in Begleitung meiner drei Kätzchen, die das Mädchen in der

Schürze hatte, dem Goethe will er von meinen Giftversuchen erzählen! Wird dieser Mann Sinn haben für etwas, was wohl einen Polizeimann entzücken, einen gestrengen Richter begeistern könnte? Aber der Schöpfer des «Faust» verweist dich mit deinen Katzen in die Hexenküche und damit gut.

Wie hatte ich mich geirrt! Schon am andern Tage nachmittags stand Döbereiner unter meinem Fenster und rief zu mir hinauf: «Ich habe nicht lange Zeit, aber ich komme in einer für Sie wichtigen Angelegenheit. Ich war bei Goethe, sprach ihn gestern und sprach ihn jetzt. Er will Sie durchaus kennen lernen und Ihre Versuche selbst sehen. Gehen Sie hin. Morgen nachmittag erwartet er Sie. Versäumen Sie es ja nicht. Eine solche Gelegenheit kommt alle hundert Jahre nur einmal vor.»

Ich kann nicht leugnen, daß nach diesen Worten ein ganz eignes Beben mein junges Wesen durchrieselte. Ich kannte bis dahin von Goethes Leistungen nur weniges, aber seinen «Faust» wußte ich auswendig, und dieses war übergenug, den unschätzbaren Wert des Wunsches dieses Mannes zu würdigen, der sich herabließ, einem unbedeutenden Studenten, mit seiner Katze unterm Arm, Audienz zu geben.

Und so war es denn auch buchstäblich. Als ich nachmittags [am 3. Oktober] im entliehenen schwarzen Frack (damals eine Seltenheit in Jena), mit einem auf gleiche Weise angeschafften Philisterhut und meiner Katze unterm Arm über den Marktplatz schritt, wurde ein allgemeiner Aufstand. Die Burschen, die gruppenweise herumstanden, kehrten auf den Ruf: «*Dr. Gift*» sich plötzlich gegen mich und vertraten mir in meinem höchst abenteuerlichen Aufzuge den Weg. «Laßt mich zufrieden», sagte ich mit einem Ernste, wie er mir in späteren Jahren nie wieder gelungen ist, zu zeigen, «*ich habe einen wichtigen Gang, ich gehe zu Goethe!*»

Man ließ mich gehen, ohne auch nur einen schlechten Witz mir nachzurufen. Ich verdankte dies teils der allgemeinen Beliebtheit, der ich mich als «lustiger Bursch» erfreute, teils aber auch dem Spitznamen «Dr. Gift», weil man wußte, daß ich immer in Giftpflanzen wühlte und eifrig bestrebt war, etwas Nützliches zu leisten. Ein eifriges Streben wird, wenn es auch lächerliche Seiten darbietet, selten verhöhnt. Der «Dr. Gift» war also eigentlich kein Spitzname, sondern ein Ehrentitel für mich.

Zu meinem Glücke wußte ich gar nicht, daß Goethe Wirklicher Geheimer Staatsminister war, und hatte auch, obgleich man mir gesagt hatte, ich müßte ihn «Exzellenz» nennen, gar keinen Begriff von dem, was man *Hofzwang* oder Etikette nennt. Ich trat also, nachdem ich mich dem Kammerdiener zu erkennen gegeben, mit größter Ungezwungenheit ins Empfangszimmer ein, in welchem bald darauf auch Goethe erschien.

Wie unser Willkommen gewesen, kann ich nicht sagen. Die schöne, hohe, mächtige Gestalt trat mir mit einem so überwältigenden Eindruck entgegen, daß ich ihm zitternd die Katze hinreichte, gleichsam, als wollte ich mich damit verteidigen. «*Ach so*», sagte er, «*das ist also der künftige Schrecken der Giftmischer? Zeigen Sie doch!*»

Ich bog nun den Katzenkopf so, daß die Tageslicht-Beleuchtung beide Augen gleichmäßig traf, und mit Erstaunen bemerkte Goethe den Unterschied an beiden Augen: neben der *schmalen Spalte* in dem einen Auge fiel das *große runde Sehloch* in dem andern um so mehr auf, da vermöge einer etwas starken Gabe fast die ganze Regenbogenhaut sich zurückgezogen hatte und unsichtbar war.

«Womit haben Sie diese Wirkung hervorgebracht?» fragte Goethe. – «Mit Bilsenkraut, Exzellenz! Ich habe den unvermischten Saft des zerstampften Krauts ins Auge gebracht, darum ist die Wirkung so stark.» – «Döbereiner hat mir gesagt», bemerkte Goethe, «daß die Arten der Gattung Belladonna und Datura auf ganz gleiche Weise wirken, wie die von Hyoscyamus, und daß Sie gefunden haben, der das Auge so sehr verändernde Stoff befinde sich *in allen Teilen* der Pflanze, von der Wurzel bis zur Blüte, Frucht und Samen. Wie verhält es sich mit *anderen* Pflanzen, besonders solchen, die eine verwandtschaftliche Gestalt haben?» – «Ein mir befreundeter Arzt, Dr. Carl Heise, hat, veranlaßt durch die auffallende Wirkung der genannten Pflanzen, eine sehr umfassende Arbeit unternommen und durchgeführt und dadurch bewiesen, daß nur die Pflanzen der oben genannten Gattungen eine den Augenstern erweiternde Kraft besitzen. Alle anderen Pflanzen, deren er unzählige in ihrer Einwirkung aufs Katzenauge versuchte, zeigten sich völlig wirkungslos, ausgenommen einige, die aber das Gegenteil bewirkten, nämlich eine *Verengerung* oder Verkleinerung des Sehlochs, zum Beispiel *Aconitum*.» – «Ei», sagte Goethe, «da könnte man ja auch auf diese Weise das echte Gegenmittel gegen die schädlichen Wirkungen der Tollkirsche usw. entdecken. Versuchen Sie dies doch einmal und lassen Sie von den beiden entgegengesetzt wirkenden Pflanzen nacheinander oder gleichzeitig etwas aufs Katzenauge einwirken, und beobachten Sie den Erfolg. Die Sache hat ihre Schwierigkeiten, aber Sie werden sie schon überwinden. Nun sagen Sie mir aber, wie sind Sie auf diese eigentümliche Art von organischer Chemie gekommen?»

Diese Frage hatte mir schon Döbereiner vorgelegt, aber ich war nicht dazu gekommen, sie ihm ausführlich zu beantworten. Es war mir daher angenehm, es hier bei Goethe zu tun, da ich voraussetzen konnte, sie würde seine regste Teilnahme und Aufmerksamkeit in Anspruch nehmen. Ich begann nun meine Erzählung.

«Im Jahre 1810 wurde ich, ein Pfarrerssohn vom Lande bei Hamburg, nach Lübeck gesandt und in die Ratsapotheke in die Lehre getan. Es war eine kriegerisch bewegte Zeit, und Napoleon bereitete seinen Einfall in Rußland vor. Alle irgend Wehrfähigen wurden unter die Fahnen gerufen, und bei der Widerwilligkeit, unter dem Wüterich zu dienen, wurde es immer schwerer, sich einen Stellvertreter zu erkaufen.

Durch Empfehlung meines Oheims hatte ich Zutritt in einige vornehme Familien erhalten, und der Sohn von einer derselben wurde bald mein Freund. Eines Abends kam er in größter Bestürzung in die Apotheke und klagte mir sein Leid, daß er übermorgen sich stellen und, da er ohne alle körperliche Fehler sei, wahrscheinlich Soldat werden müsse. ‹Ich möchte mir die Hand verstümmeln, um nicht in diesen schändlichen Krieg zu ziehen›, seufzte er. – ‹Das ist nicht nötig!› bemerkte ich. ‹Vertrauen Sie mir, ich glaube imstande zu sein, Sie auf ganz kurze Zeit so zu verstümmeln, daß man Sie ohne weiteres laufen läßt.› – ‹Was wollen Sie denn mit mir vornehmen?› – ‹Ich mache Sie *blind* auf vierundzwanzig Stunden.› – ‹Wie wollen Sie das anfangen?› – ‹Hören Sie mich. Vor etwa acht Wochen hatte ich nach ärztlicher Vorschrift eine Arznei zu bereiten, wo eingekochter Bilsenkrautsaft in Wasser aufzulösen war. Es geschah dies in einer Reibschale, und aus Unvorsichtigkeit spritzte mir ein Tropfen der Auflösung ins Auge. Ich empfand keinen Schmerz und bemerkte anfangs keine Veränderung, bis endlich ein Jucken und Flimmern im Auge mich zum Spiegel trieb. Wie groß war mein Erstaunen, als ich die eingetretene Veränderung meines Auges sah! Die Regenbogenhaut war fast gänzlich verschwunden, und das Auge sah genau so aus, wie das eines Menschen, der am *schwarzen Star* leidet. Auch die Sehkraft war ungemein geschwächt, was ich erst bemerkte, als ich das gesunde Auge schloß. Ich weiß nicht, wie es zuging, daß mich dieser mißliche Zustand meines Auges nicht ängstlich machte. Er hielt mehrere Tage an. Endlich aber kam die Sehkraft wieder und mit ihr die naturgemäße Ausbreitung der Regenbogenhaut, so daß nun beide Augensterne wieder *gleiche* Größe hatten und alles wieder in den vorigen Zustand zurückgekehrt war. Sehen Sie, eine solche Krankheit will ich Ihnen auf beiden Augen hervorbringen, und es müßte wunderbar zugehen, wenn Sie nicht schon nach oberflächlicher Besichtigung als *unbrauchbar zum Dienst* entlassen würden.›

Nach einigen leicht beseitigten Einwürfen entschloß sich mein Freund zu dieser damals gewiß sehr verzeihlichen Betrügerei und rettete dadurch sein Leben; denn von allen, die aus Lübeck mit nach Rußland geschleppt wurden, sind nur wenige wiedergekehrt. Seine zeitweise

Blindheit dauerte etwa sechsunddreißig Stunden, sie verging schmerzlos und hinterließ auch nicht die geringsten nachteiligen Folgen.»

Nachdem Goethe mir seine größte Zufriedenheit sowohl über die Erzählung des durch *scheinbaren schwarzen Star* Geretteten, wie auch über das andere ausgesprochen, übergab er mir noch eine Schachtel mit *Kaffeebohnen*, die ein Grieche ihm als etwas ganz Vorzügliches gesandt. «Auch diese können Sie zu Ihren Untersuchungen brauchen!» sagte Goethe. – Er hatte recht; denn bald darauf entdeckte ich darin das wegen seines großen Stickstoffgehaltes so berühmt gewordene «*Koffein*».

Nun entließ er mich. Ohne recht zu wissen wie, war ich zur Tür hinaus und die Treppe hinunter, als Goethe mir noch nachrief: «Sie vergessen Ihren Famulus!» und der Diener mir den kleinen Kater in den Arm legte, der während unserer Unterredung ruhig auf dem Sofa gesessen hatte. *So war ich also wirklich bei Goethe gewesen*, hatte ein Glück genossen, dessen ganze umfangreiche Bedeutung mir erst klar wurde, als ich beim Nachhausegehen von Bekannten und Freunden mit unverkennbar neidischen Augen betrachtet und mit Fragen bestürmt wurde. Sonderbarerweise fragte man mich nicht, was Goethe eigentlich von mir gewollt und was es mit der Katze für eine Bewandtnis habe, sondern nur, wie er mich empfangen, ob er freundlich oder ernst gewesen, ob er mir einen Stuhl angeboten und dergleichen mehr. Ich konnte über alles dies gar keine Rechenschaft geben. So vertieft, wie ich in meinen Gegenstand war, und so teilnehmend und aufmerksam Goethe mich anhörte, wie blieb mir da wohl Zeit zur Beobachtung unwesentlicher Nebendinge? Ich habe nichts Schroffes, Abstoßendes bemerkt, worüber so viele klagen, und was sie sicher selbst verschuldeten. Bei Angaffungsbesuchen, der Plage berühmter Männer, über die sich schon Voltaire beschwerte, mag Goethe oft genug kalt und zurückhaltend gewesen sein. Die Leute brachten ihm nichts, sie wollten nur empfangen. Ich aber spendete mit vollen Händen und fesselte seinen tief eindringenden, naturforschenden Blick an Dinge, für ihn ganz neu, und deren Bedeutung ihm doch auf der Stelle klar war. Goethe war nicht nur Dichter, sondern auch ein sinniger Naturforscher!

4729 F.v.Müller *5. (6.) Oktober 1819*

Mit Ulrike bei Goethe in Jena. Herrliche Gedichte aus der Morphologie. Könneritz mit zurück.

4730 Maria Pawlowna an ihre Mutter *11. Oktober 1819*

Quant à Goethe, il est tout récemment retourné à Iéna de Carlsbad, très satisfait de sa santé. L'on a beaucoup fêté son soixante-dixième jour de naissance cette année en Allemagne; il s'était sauvé d'ici pour échapper aux compliments: la ville de Francfort, où il était né, lui a donné une couronne de lauriers d'or et d'émeraudes. Il vient de publier un nouvel ouvrage de poésie, et je vais profiter de la première occasion pour vous le faire parvenir, chère Maman; comme toujours quand il écrit, il y a des passages superbes.

4731 G.Bancroft: Tagebuch *12. Oktober 1819*

[Jena.] I visited Goethe towards noon. He was talkative and affable, began at first with speaking of common affairs. Then the discourse came on German philosophy. Kant was mentioned with reverence. The state of America became then the subject of conversation. He seemed to think he was quite well acquainted with it. He spoke of several books on the country, of Warden's Statistical account of America, etc. etc. Then too, Cogswell had given him an essay on American Literature, which appeared in Edinburgh. This essay Goethe praised much for the beauty of its style and for the liveliness and fancy with which it was written, and smiled as he mentioned the freedom with which he spoke of the different professions. Then the talk was of Cogswell, a *lieber Mann* – a man of great excellence.

He spoke with pleasure of the visits Cogswell had paid him, etc. etc. At length I, gathering courage from talking with him, took occasion to bring him upon the English poets. Byron he praised in the highest terms, declared himself one of a large party in Germany who admired him unboundedly and seized on and swallowed everything that came from him. Of Scott we had time to talk; of Wordsworth – Southey he knew nothing; of Coleridge, the name – had forgotten however his works. The author of Bertram [C.R.Maturin] was praised. "The tragedy," said Goethe, "has many beautiful passages." Byron, however, seemed to remain the most admired of all. After this, Goethe asked after my pursuits, praised me, on my mentioning them, for coming to Germany, and spoke a word or two on Oriental matters. After this he asked what way I was to take the next day, and finding I was going to Weimar, offered me at once a letter which should make me welcome to the library. After a few more remarks I departed. In speaking of matters, I came into a strait almost as bad as poor Jennie with the Queen. Of Byron I said his last poem was reported to contain the most splendid exertions of poetical power, mixed with the lowest and most disgraceful indecencies. I did not think at the moment of Goethe's *Faust*. I mentioned, too, Byron's wife, forgetting that Goethe had not been happy in the married state ... I spoke a word, too, of Eichhorn's writing so many books, forgetting that Goethe had found no end with writing many.

As for his person, Goethe is somewhat large, tho' not very, with a marked countenance, a fine clear eye, large and very expressive features, well built, and giving at once a favourable impression. In his manners he is very dignified, or rather he has a sort of dignified stiffness, which he means should pass for genuine dignity. He walks amazingly upright. I found him quite in dishabille. He had on an Oberrock – i.e. a surtout, but no waistcoat, a ruffled shirt, not altogether clean, a cravat like the shirt, fast inclining to dark complexion. His boots were of quite an ordinary cut. No Dandy would have worn them. He received me in the garden.

4732 *F. v. Müller* *14. Oktober 1819*

Fahrt mit Line und Ottilie nach Jena zu Goethe. Interessante Erzählung von Goethens Mutter. Tischgespräch. Über weibliche Unordnung (F. v. Schmidt). Verwahrungs-Mittel bei Kupferstichen. Schönes Winzerfest bei Maucke. Abendgespräch mit Goethe. Von der Konzeption kolossaler Statuen. Tee bei Knebel.

4733 *Riemer* *27. Oktober 1819*

Abends bei Goethe zum Souper. Im Theater der erste Teil vom Götz.

4734 *F. v. Müller* *31. Oktober 1819*

Früh bei Gerstenbergk, Gersdorff und Goethens. Bei Gersdorff war Weyland; nur allgemeine Politik konnte besprochen werden. Goethe sagte: Die Mächte hätten in Kohlen geschlagen, die nun an Orte hingesprungen, wo man sie nicht haben wollte.

4735 *F. v. Müller* *6. November 1819*

Abends bei Goethe, der sehr liebenswürdig. Wachlers Literaturgeschichte Deutschlands. Dohms Denkwürdigkeiten 4. Teil. Brief Friedrichs II. an seinen Kammerdiener, deutsch. Mineralogische Spende und Augusts große Freude darüber. Scherze über Frauenverein mit Ottilie. Mir wollte keine Phrase recht gelingen.

4736 *Charlotte v. Schiller an Cotta* *19. November 1819*

Geheimerat Goethe hat sich Ihres Andenkens erfreut. Ich war [am 14. November] mehrere Stunden bei ihm und fand ihn heiter und wohl; das Karlsbad ist ihm gut bekommen. Möchte nur der Winter ihn so lebendig erhalten und seinen reichen Geist über den Körper siegen lassen ... Wenn man seinem Geist folgt und sein vielseitiges Interesse an Natur und Kunst anschaut, so fühlt man wohl, daß eine solche Erscheinung sich nicht oft wiederholen kann, und deswegen möchte man ihm lange Jahre noch wünschen und für uns und ihn hoffen.

4737 *Charlotte v. Schiller an ihren Sohn Ernst* *19. November 1819*

Bei Geheimrat von Goethe war ich [am 14. November], der sich sehr freut, daß Du exerzieren mußt; da Du Dich ohnehin etwas vorbeugtest, und da Dein geliebter Vater militärisch erzogen war, so würdest Du diese Haltung noch gewinnen und ihm auch dadurch ähnlicher werden.

4738 *B. v. Beskow: Wandererinnerungen* *1833*

In Weimar angelangt, zögerten wir natürlich nicht, die uns von Freifrau von Helvig an Goethe mitgegebenen Briefe abzuliefern. Am folgenden Morgen [20. November 1819] kam ein Diener zu uns, der uns mitteilte, daß «Seine Exzellenz» uns um 11 Uhr denselben Vormittag zu sehen wünschte. Wie sehr es mich auch nach dieser, wie mir dünkte, merkwürdigen Stunde meines Lebens verlangt hatte, fühlte ich mich doch ganz schüchtern bei dem Gedanken an ein tête à tête mit Goethe. Ich musterte in meinem Kopfe alle dienstbaren Gedanken, die mir jetzt invalider als sonst erschienen. Überdies wollte die Sprache sich nicht fügen, und Goethes Äußerung von sich, daß er nur das Verdienst besäße, *gut* Deutsch zu schreiben, ermunterte mich eben nicht. Zuletzt ließ ich alle grübelnden Vorbereitungen fahren, welche gewöhnlich auch, wie die Beredsamkeit der Abderiten, selten die Eigenschaft besitzen, recht angebracht zu sein, und mit dem Ausruf Falstaffs, als er die Flucht nahm: A plague of all cowards, setzte ich mich in die Mietskutsche.

Es war gleichwohl, als wären wir in eine andere Welt entrückt, wie wir in seine Wohnung eintreten, und ich vergaß alle kleinlichen Gedanken, um das zu betrachten, was mich umgab. Flur und Treppen waren mit Bildern nach antiken Mustern geschmückt. Vor dem Eingang zu Goethes Zimmer steht mit großen Buchstaben der Gruß der Alten: Salve! Wir warteten einige Augenblicke in einem Vorgemach. Auf dem Tische sah man Antiken und Vasen, auch die Wände waren mit Gemälden und Handzeichnungen geschmückt, unter welchen einige von ihm selbst. Während ich ein Porträt in Öl von Winckelmann betrachtete, öffnete sich die Tür, und Goethe trat ein. Er empfing uns mit der zuvorkommendsten Artigkeit, und nachdem wir Platz genommen, wurde die Unterhaltung fortgesetzt, meist über literarische Sachen und die Bühne. Jede denkwürdige Begebenheit auf dem Gebiete der Literatur in allen Ländern Europas ist ihm bekannt, er folgt den Momenten der intellektuellen Entwickelung mit rastloser Aufmerksamkeit, und mit Recht singt Oehlenschläger von ihm:

Denn gleich der Zeit hebt er sein großes Auge
Auf alles, was da lebt und sich entwickelt.

Gleich beim ersten Anblick glaubt man einen König von Natur zu schauen. In seiner Jugend war er ein Apoll an Schönheit, nun hat sein Antlitz, die majestätische Stirn, das feurige Adlerauge und die zugleich stolze und milde Herrschermiene den Ausdruck eines weltgebietenden Jupiterkopfes angenommen. Seine stattliche Gestalt ist kaum merkbar von den Jahren gebeugt, und obgleich er seine siebzig Winter erreicht hat, scheint er noch von der Kraft und Wärme der Jugend erfüllt zu sein. In seinem Verkehr merkt man den vollendeten Hofmann und Weltmann, erhaben durch die Überlegenheit des Geistes. Das Zeremonielle, Zurückhaltende und Ministerartige, das man seinem Wesen anmerkt, ist begründet in seiner Stellung, da er ein Menschenalter hindurch in Gemeinschaft fast mit allem gelebt hat, was Europa Großes und Ausgezeichnetes besitzt, wie er auch als Geheimer Staatsminister den höchsten Rang im Staate innehat, und diese seine Art harmoniert mit seinem imposanten Äußeren. Weit davon entfernt, gekünstelt zu sein, scheint dies Wesen ihm ganz angeboren zu sein. Es ist außerdem leicht erklärlich, daß er sich den meisten, besonders unbekannten Fremden gegenüber nur mit einer gewissen Vorsicht äußern kann, da er so oft den Fall gehabt hat, seine Worte, bisweilen halbverstanden und entstellt, in Reisebeschreibungen und Zeitungen wiedergegeben zu sehen. Übrigens ist die Art seiner mündlichen Mitteilung ebenso klassisch wie sein Stil. Wenn man ihn sprechen hört, findet man seine Poesie wieder, eine reine und klare Weltanschauung, eine Würde voll Behagen, eine tiefe Ruhe und freundliche Heiterkeit. Mit Leichtigkeit geht er von dem einen Thema auf das andere über, mischt, ehe er schließt, gewöhnlich eine Hauptreflexion ein, die über das Ganze Licht verbreitet, verbindet es auf eine angenehme Art mit dem Vorhergehenden und leitet daraus ein neues Gesprächsthema ein. Als wir Abschied nahmen, sagte er: Wir sehen uns heute abend bei meinen Kindern. Goethes Privatleben ist ebenso glücklich und sonnig wie seine schriftstellerische Laufbahn gewesen. Sein häuslicher Frieden wird vom Sohne und dessen Enkeln verschönert. August v. Goethe ist verheiratet mit Ottilie v. Pogwisch, einer ausgezeichneten, interessanten und liebenswürdigen Frau, angebetet von ihren Freunden und von allen hochgeschätzt. Von ihnen erfuhr ich, daß die Familie Goethe eigentlich aus Schweden stammt, woher der Stammvater der deutschen Linie ausgewandert ist. Von welcher Provinz, wußten sie nicht. Dies ist mithin der erste Dichtername schwedischen Ursprungs in Deutschland. Der zweite ist Matthisson. Auf Goethes Einladung fanden wir uns abends bei seiner Familie ein. Ottilie liebt sehr die Musik. Die schwedischen Volkslieder interessierten sie besonders, und ich mußte ihr versprechen, die von Geijer und Afzelius herausgegebene Sammlung zu schicken.

4739 Charlotte v. Schiller
an ihren Sohn Ernst *24. Dezember 1819*

Ich habe große Angst um den Geheimrat, der seit vier bis sechs Tagen krank ist ... Das Blut ist ihm, scheint es, in den Kopf getreten ... Ach es würde ohne ihn uns viel fehlen!

4740 Charlotte v. Schiller
an ihren Sohn Karl *24. Dezember 1819*

Wir sind in großen Sorgen um den Geheimrat von Goethe. Er ist sehr krank. Er hat einen starken Andrang des Blutes nach dem Kopfe und hat Ader lassen müssen. Er schläft gar nicht. Gott möge ihn uns noch erhalten.

4741 *E. Ch. A. v. Gersdorff an C. W. v. Fritsch* *25. Dezember 1819*

Goethe war höchst krank – ist noch – wenn auch außer Gefahr, doch sehr leidend.

4742 *Knebel an Charlotte v. Schiller* *27. Dezember 1819*

Die Krankheit von Goethe hat uns wirklich erschreckt; doch höre ich, daß es schon wieder besser, und es hat weiter nichts zu bedeuten.

4743 *F. v. Müller* *29. Dezember 1819*

Erster Besuch bei Goethe seit seiner Krankheit. Denkschrift auf Blücher.

1820

4744 *F. v. Müller* *2. Januar 1820*

Nachmittags von 5 bis 7 Uhr bei Goethe. Sein mildes Urteil über Leopold Stolberg. Meyer war bei ihm. Über das antike Emblem auf der Vignette von Blüchers Lobrede. Über Gubitz [als] Erzähler.

4745 *C. W. Coudray: Niederschrift* *29. März 1825*

Der in Berlin vor einigen Jahren stattgefundene Theaterbrand veranlaßte damals [wohl am 5. Januar 1820] in Goethes Abend-Zirkel mancherlei Gespräche über den Bau der Theater, und es stellten Seine Exzellenz die Forderungen und Bedingungen wie folgt. In betreff:

Lage

Platz des Theaters in dem bewohnten Teil der Stadt, jedoch von allen Seiten frei und gehörig entfernt von andern Gebäuden. Zugängliche und bequeme Straße für An- und Abfahrt, ohne Gefahr für die Fußgänger.

Feuersicherheit

Nicht alles unter *einem* Dach, Treppen, Garderoben und andere Depots in besonderen Räumen, deren Zusammenhang mit der Bühne abgeschnitten werden kann, so daß beim Brand derselben Rettung der Depots möglich ist.

Einfache und vorsichtige Anlage der Feuerungen.

Bequeme Treppen und zwar besondere für jeden Rang, Sitze mit mehreren Ausgängen, so daß sich das Haus ohne Gedränge in wenigen Minuten leeren kann.

Lüster im Saal nicht am leinenen Strick, sondern an einer metallenen Kette.

In oder beim Erdgeschoß Wasser-Reservoir oder Kanal mit Druckwerk.

Bau-Art

Einfach, aber fest. Die äußere Form das Resultat der inneren zweckmäßigen Einrichtung und so die Bestimmung des Gebäudes aussprechend. *Erinnerung an die Theater der Alten.*

Innere Einrichtung

Zum Schauen bequem. *Zu dem Ende Fortsetzung der schrägen Kulissen-Linien pp. bis zur Hälfte der Tiefe in den Saal*, dann Verbindung derselben durch einen Halbkreis, so daß die Herrschaftliche Loge nicht in allzugroße Entfernung von der Bühne kommt.

Vermeidung starker Säulen zur Unterstützung der Logen, überhaupt bequeme Einrichtung derselben.

Die Logen und Galerie nicht stark hinter einander zurücktretend, damit der Saal oben nicht viel weiter werde, welches der Akustik nachteilig ist.

Bühne

Ganz frei, gehörig breit und hoch, auch über und unter derselben hinlängliche Höhe für Maschinerien etc.

Ankleide-Zimmer in bequemer Verbindung mit der Bühne, auch Raum für Statisten etc.

Herrschaftliche Loge

Zu derselben besonderer Eingang mit Anfahrt, anständige Treppe, Vorzimmer, Foyer und Retirade. Neben der Herrschaftlichen Loge Kavalier-Loge, bequeme Verbindung mit der für den Fürst reservierten Proszeniums-Loge.

Mancherlei

Kaffee- oder Konditor-Saal für das Publikum von Galerie und der Loge zugänglich. Retiraden für Herrn und Damen zu allen Etagen.

Maler-Saal vielleicht im Dachraum etc. etc.

Hiernach versuchte der Unterzeichnete vor mehreren Jahren den Entwurf eines Theaters, und brachte endlich nach mehrfacher Beratung mit Sr. Exzellenz dem Herrn Geheimen Rat von Goethe und mancherlei Abänderungen anliegende Skizze zustande, die jedoch noch weiter zu verbessern und zu vervollkommnen sein möchte, indem unter allen Bauwerken ein Schauspielhaus die schwierigste Aufgabe ist.

4746 F. v. Müller *19. Januar 1820*

Abend bei Goethe. Lord Byron, Ottiliens und Clementinens [v. Milkau] Liebe zu ihm. Übersetzung aus Don Juan.

4747 Charlotte v. Schiller an ihren Sohn Ernst *21. Januar 1820*

Geheimrat Goethe ist besser; doch geht er nicht aus dem Zimmer; auch sieht er wenig Menschen. Meyer ist sein treuer Gesellschafter.

4748 Riemer *27. Januar 1820*

Abends bei Goethe, ihm meine Angelegenheit [Entlassung aus dem Schuldienst] eröffnet. Beifällig.

4749 Charlotte v. Schiller an ihren Sohn Ernst *28. Januar 1820*

Geheimrat von Goethe hatte eine große Freude über Deinen Brief. Meyer wollte mir deswegen einen eigenen Besuch machen. Goethe nimmt viel Anteil an Dir und hat sich in den letzten Zeiten für Dich sehr interessiert. Ich konnte ihm von Dir nur Gutes wissen lassen, ehe Dein Brief kam. Der Vater ist viel teilnehmender wie der Sohn. Dies zeigt, daß er wahrhaftes Interesse an Dir genommen hat.

4750 F. v. Müller *29. Januar 1820*

Abend bei Goethe. Scherze über Ottiliens Neigung zu Lord Byron, über papierene Kränze von M[arie] Iffernet. «Wer für die Welt etwas tun will, muß sich nicht mit ihr einlassen.»

4751 F. v. Müller *1. Februar 1820*

Abend bei Goethe. Über Prometheus, Mendelssohn, Nicolai, Lessing, Jacobi.

4752 F. v. Müller *8. Februar 1820*

Nachmittags bei Goethe, der feierlicher als sonst gestimmt schien. Ein Theater müsse man nur mit Folge besuchen und beurteilen.

4753 F. v. Müller *18. Februar 1820*

Von 8 bis 10 Uhr bei Goethe, wo auch Rehbein.

4754 F. v. Müller *19. Februar 1820*

Abends eine Stunde mit Gagern bei Goethe.

4755 Riemer *(20. Februar?) 1820*

Goethe sagte, als von den Streitigkeiten Vossens und Stolbergs die Rede war, Voß contra Stolberg komme ihm vor wie in Dantes Hölle, wie der im Sumpf Eingefrorene die Köpfe seiner Miteingefrorenen benagt.

4756 F. v. Müller *25. Februar 1820*

Abend mit Schweitzer, Frommann, Julie, Line und Frau v. Pogwisch bei Goethe. Silberne Taufschüssel von Friedrich dem Rotbart. Goethes Äußerung, daß er sich in einem halben Jahr vielleicht gegen Byron erklären werde und daß der Vampir sein bestes Produkt sei. Erzählung aus seiner Theater-Regentschaft; es sei eine Art Zigeuner-Wirtschaft und müsse als solche extraordinario modo gehandhabt werden. Schröder habe geirrt, immer nur die gewöhnlichen Lebensregeln darauf anwenden zu wollen.

4757 *E. Genast: Aus dem Tagebuche eines alten Schauspielers* *1862*

[Nach der Verlobung mit Christine Böhler.] Den andern Tag [27. März 1820] empfing uns Goethe im Kreise seiner Familie, zu dem noch einige Freunde seines Hauses gezogen waren. Meine Schwägerin [Doris Böhler] hatte während unserer Reise [von Leipzig nach Weimar] das große Wort geführt und in mutwilliger Laune geäußert, was sie alles mit Goethe über seine Werke zu sprechen gedächte; als wir aber die Treppe zu ihm hinaufgingen, wurde sie ganz kleinlaut und flüsterte mir zu, daß sie gewaltige Kopfschmerzen hätte und lieber wieder umkehren wolle; ich hielt sie jedoch fest. Sein Kammerdiener, der gute Karl, begrüßte uns mit einem herzlichen Glückwunsch und öffnete uns die Tür des Empfangszimmers. Goethe trat uns mit liebenswürdiger Freundlichkeit entgegen. Er war in seinem langen blauen Überrocke und hatte ein weißes Halstuch leicht umgeschlungen. Nachdem ich meine Braut, ihre Mutter und Schwester ihm, seiner geistreichen Schwiegertochter und den andern Herrschaften, die mir alle bekannt waren, vorgestellt, nahmen wir Platz, wobei Goethe meiner Braut den ihrigen an seiner Seite anwies. Goethe war kein Freund von langem Sitzen. Nachdem einige Erfrischungen herumgereicht waren, stand er auf und trat mit meiner Braut ans Fenster, wo er sich lange mit ihr unterhielt, und ich bedauerte nur, daß die Schicklichkeit es nicht erlaubte, mich zu ihnen zu gesellen, um der Unterredung beizuwohnen. Frau von Pogwisch, die Mutter der Schwiegertochter des Hauses, eine vortreffliche Dame, knüpfte mit mir ein Gespräch an, wobei meine Augen immer nach dem Fenster schielten, wo er und sie standen, um zu sehen, welchen Eindruck Christine auf Goethe mache. Es mußte ein günstiger sein, denn seine Züge wurden immer wohlwollender und seine Augen immer lebhafter, was das beste Zeugnis seiner Zufriedenheit war. Dann sprach er mit meiner Schwiegermutter, meinem Vater und mir, wobei er sagte: «Du kannst Dich glücklich schätzen, dieses liebenswürdige Mädchen, das durch seine geistige Kapazität und ihr edles weibliches Wesen mein ganzes Wohlwollen erworben hat, inskünftige die Deine zu nennen. Nun möchte ich auch mit ihrer Schwester, von deren neckischer Laune mir Dein Vater so manches erzählt hat, einige Worte sprechen, aber ich kann der Kleinen nicht habhaft werden.»

Ja, die war in alle Ecken gekrochen, um nur aus der Nähe Goethes zu kommen, solchen Respekt hatte ihr seine Persönlichkeit eingeflößt. Ein Mädchen, das durch Witz und Munterkeit die Männerwelt bezauberte, war hier zum schüchternen Kinde geworden; ihre Schüchternheit verschwand indes doch nach und nach, als Goethe sie so freundlich ansprach, und bald lugte ihr glückliches Naturell hervor, an dem Goethe sich höchlich ergötzte, denn er sagte zu mir: «Auch die Kleine ist allerliebst.» Hierauf forderte er meine Braut auf, ihm etwas zu rezitieren. Bereitwillig deklamierte sie ihm einige seiner Gedichte und die Rede der Prinzessin aus «Tasso». Als sie geendet hatte, nickte er mit dem Kopfe und sagte: «Bravo, mein Kind, sinnig und charakteristisch vorgetragen; ich wünsche mir wohl das Vergnügen, Sie auf der Bühne zu sehen.» Beinahe zwei Stunden brachten wir in seiner Gesellschaft zu, und meine Braut war entzückt über den Meister. Soviel ich ihr auch von ihm, dem Herrlichen, erzählt hatte, so war doch ihre Erwartung weit übertroffen, denn nicht allein seine imposante Persönlichkeit, auch seine herzgewinnende Art und Weise hatte sie bezaubert.

4758 Caroline v. Wolzogen
an Caroline v. Humboldt *30. März 1820*

Goethe grüßt, er ist leidlich wohl. Lies doch die letzten Hefte alter Kunst von ihm, über Philostrats Bilder ist etwas sehr Lebendiges darin.

4759 *R. v. Beyer: Begegnung mit Goethe*

[Aus dem Nachlaß veröffentlichter Bericht, dessen Glaubwürdigkeit zweifelhaft ist.] Mein Lebtag war es mir eine heilige Wonne, große Männer gesehen zu haben, und so bilde ich mir ganz was Besonderes darauf ein, den großen Goethe von Angesicht zu Angesicht gesehen und gar mit ihm gesprochen zu haben.

Ich kam von der hochadligen Ritterakademie zu Brandenburg – die zum Heile des brandenburgischen Adels in ihrer alten Fassung nicht mehr besteht – und wurde dem sehr bürgerlichen Institut des Herrn Cauer zu Berlin übergeben.

Wäre ich Ritterakademiker geblieben, hätte ich schwerlich je mit Goethe gesprochen: mein sonnenhaft Erlebnis verdank' ich der Berührung mit Zelter, der in höchster Instanz den Musikunterricht in der Münzstraße leitete ...

An Zelter hatte ich einen wahren Freund gewonnen, der mich, wo er nur konnte, förderte, und als ich, nach meinem Eintritt als Primaner in das Joachimsthalsche Gymnasium zu ihm kam, schlug er mir vor, mich zum Mitgliede der Singakademie aufzunehmen.

«Wie zum Kuckuck», dachte ich, «kannst du denn befähigt sein, diesem herrlichen Institute anzugehören?»

Der alte Zelter schien meine Gedanken zu erraten. Er lachte, und als er hörte, daß ich eine Ferienfahrt in den Thüringer Wald antreten wollte, brachte er ein Pack Noten heran, die ich in seinem Auftrage dem Organisten Schütz in Berka als Geschenk überreichen sollte.

In fröhlichster Stimmung wurde die Fahrt unternommen und in Berka Station gemacht.

Ich erinnere mich Berkas als eines freundlichen thüringischen Waldstädtchens, wo der Frühling einem ordentlich ins Herz lachte. Zwischen anmutigen Ufern schlängelt sich die Ilm. Es rief und schwätzte von allen Zweigen.

Hier war vor wenigen Jahren eine Schwefelquelle entdeckt, auf Veranlassung des Hofes ein Bad eingerichtet und zum Inspektor desselben der Organist und Lehrer

Johann Heinrich Friedrich Schütz ernannt. An dem lebhaften, von Begeisterung für Sebastian Bach erfüllten Manne fand Goethe solchen Gefallen, daß er ihn öfters in Berka besuchte und zu sich nach Weimar einladete. Neben Zelter wurde Schütz der musikalische Berater Goethes.

Eines Tages [5. April 1820?] stöberte ich in dem Hausschatze, den alten, verstaubten Noten, die der Vortreffliche von dem Organisten Kittel in Erfurt, dem letzten Schüler Sebastian Bachs, geerbt hatte, und trat in das Zimmer, in dem das Wiener Klavier stand.

Schütz spielte eine Bachsche Fuge. Auf dem kleinen untersetzten Körper saß ein dicker Kopf mit freundlich blinzelnden Augen, der tief in dem hohen Kragen des mit blanken Knöpfen besetzten blauen Rockes steckte.

Neben ihm saß ein großer, stattlicher Mann am Klavier.

«Ein Zelterscher Schüler aus Berlin», stellte mich Schütz vor.

Ich mußte Skala singen. Dann schlug er die Arie: «Es rollt sein Donner» aus dem «Judas Makkabäus» [vielmehr «Samson»] auf, und diese Arie, die ich hundertmal im Institute von dem bekannten Bassisten Reichardt gehört hatte, gelang so ziemlich.

Der alte Herr lehnte den linken Arm auf das Instrument, hatte einen Fuß über den anderen geschlagen und bezeichnete leise den Takt mit dem Zeigefinger der rechten Hand. Er hatte einen langen, braunen Rock an und ein Auge wie die Athene.

Nachdem die Arie beendet war, erhob sich der stattliche Herr, freundlich klopfte er mir auf die Schulter und fragte mich, was ich werden möchte.

«Forstmann», antwortete ich kurz.

«Auch gut», erwiderte er. «Dieses Fachwissen gibt Ihnen eine herrliche Gelegenheit, die Natur zu beobachten und zu studieren.»

«Bücherwürmer sind unsere Jäger und Stubenhocker», näselte Schütz, «Bürokinder, aber keine Söhne des Waldes mehr.»

Mit diesen Worten nahm er den großen Herrn an den Arm und ging mit ihm zu Tische. Ich blieb stehen. Im Flur begegnete mir ein Hausbediensteter.

«Wer war der große Herr?» fragte ich.

Er flüsterte mir zu: «Der Herr von Goethe.»

4760 J. A. F. John an J. M. Färber *12. April 1820*

In Auftrag des Herrn Staats-Ministers von Goethe, Exzellenz, vermelde Ihnen hiedurch kürzlich, daß Sie die beiden Modelle der Telegraphen, wohl verwahrt, durch einen Expressen morgen übersenden möchten.

4761 J. Ch. Lobe: Aus dem Leben eines Musikers *1859*

Ich hatte mich [etwa Mitte April 1820] mit der Bitte um ein Empfehlungsschreiben an Zelter schriftlich an Goethe gewendet, da ich den Mut nicht fand, mein Gesuch mündlich vorzubringen; er ließ mir aber sagen, daß ich den andern Tag um 12 Uhr zu ihm kommen möge, da er mich zu sprechen wünsche.

Es würde keinen uninteressanten Beitrag zu dem Kapitel von den gemischten Gefühlen in der Psychologie abgeben, wenn ich den ungeheuern Wirrwarr von Schreck und Freude schildern könnte, der mein Inneres diesen und den folgenden Tag durchströmte. Ich beginne aber meine Erzählung gleich mit dem Momente, als ich mit dem stärksten Herzschlag, den ich je in meinem Leben gehabt, und mit einem vom dichtesten Nebel der Befangenheit umflorten Kopfe vor dem Dichterfürsten stand.

Er durchschaute meinen miserablen Zustand mit dem ersten Blick, und begann, um einen sprechfähigen Menschen aus mir zu machen, mit gewinnendster Freundlichkeit zu fragen, wann ich abzureisen gedenke.

Ich wußte, daß er nach Karlsbad reisen werde, und hatte deshalb mein Gesuch lange vor den Theaterferien eingereicht, in denen ich erst Urlaub erhalten konnte. Dies war der Gedanke, den ich ihm zu erwidern hatte, den ich aber so verwirrt vorbrachte, daß ich fürchten mußte, er werde mich als unzurechnungsfähig sogleich entlassen. Aber er war in einer seiner liebevollsten Stimmungen und fuhr sogleich fort:

«Ein Brief an Zelter geht morgen ab. Ich werde Ihrer darin gedenken, und Sie mögen bei ihm einsprechen, wann Sie können, er wird Sie freundlich aufnehmen. Indessen habe ich Sie sprechen wollen, um den Zweck Ihrer Reise näher kennen zu lernen, sodann auch, um Ihnen einige Aufträge zu erteilen. Sagen Sie mir zunächst, was Sie von einem Besuch bei Zelter hoffen und wünschen.»

Diese so nachsichtsvolle Rede fing an, eine beruhigende Wirkung auf mich zu machen, es tauchte allmählich etwas Fassung in mir auf, und ich erwiderte mit weniger gedrückter Stimme und Redeweise, daß ich vor allem den Wunsch hege, einer Aufführung oder wenigstens einer Probe der Singakademie beiwohnen zu dürfen, über deren treffliche Leistungen so viel Rühmliches verlaute.

«Ich konnte mir's denken», bemerkte Goethe, «allein das ist nicht so leicht, und meine Empfehlungen haben nicht jederzeit den gewünschten Erfolg gehabt. Ob es gleich Zelter nicht an Bereitwilligkeit fehlt, so stehen doch die Umstände nicht ganz in seiner Gewalt. Indes Sie sind jung, und die Jugend hat Glück.»

Ach, nicht jede! klagte es in meinem Innern, ohne daß ich dem Gedanken Ausdruck zu geben gewagt hätte. Goethe las ihn offenbar in meinem Gesicht, denn er fuhr sogleich fort:

«Oder glauben Sie an den Ausspruch nicht?»

Ich hatte so viel Mut gewonnen, um die Erwiderung zu wagen, daß der Gedanke wahr sein müsse, da Exzellenz ihn ausspreche. Aber alles habe Ausnahmen, und mir komme es zuweilen vor, als gehöre ich zu derartigen Ausnahmen.

Da nahm sein Gesicht einen ernstern Ausdruck an, und er bemerkte: «Eine solche Äußerung höre ich von keinem Menschen gern, am allerwenigsten von jungen Leuten, die noch gar nicht wissen, was zu ihrem Glück dienen kann. Zudem deutet sie auf hohe Ansprüche und auf Verzagtheit zugleich. Damit verbittert man sich das Leben und schwächt den guten Mut zum Handeln.»

In der Gefahr kommt mir die Fassung. *Diese* Wendung des Gesprächs war für mich, der ich Goethe vergötterte, eine große Gefahr. Ich fühlte, daß ich sie durch eine gute Antwort beseitigen müsse, und erwiderte deshalb sogleich mit einer ehrfurchtsvoll dankbaren Miene, indem ich zum ersten Mal den Kopf hob und ihm offen in sein Jupiterauge blickte: Verzeihen Ew. Exzellenz meine Bemerkung. Die Lehre schon, deren Sie mich würdigen, muß ich ja als ein Glück erkennen, denn sie wird mir zeitlebens im Gedächtnis bleiben; ich werde mich derselben dadurch würdig zu machen suchen, daß ich sie stets mit gutem Mut zu befolgen trachten will.

Bei dieser Antwort nahmen seine Züge wieder den frühern freundlichen Ausdruck an, und er entgegnete beruhigend: «Halten Sie diesen Entschluß fest, und Sie werden gut dabei fahren. Und da Sie guten Rat annehmen, so will ich Ihnen mitteilen, worin meine Aufträge bestehen, wovon Sie jedoch keine Mitteilung an andere machen wollen.»

«Ich wünsche nach Ihrer Rückkehr von Berlin ein getreuliches Referat über die dortigen Zustände von Ihnen zu vernehmen, über das öffentliche Leben, soviel Sie es zu beobachten Gelegenheit finden, über die Personen, mit denen Sie etwa in Berührung kommen, namentlich über Theater und Musik. Ich erhalte zwar von Zelter gute Schilderungen, aber er ist alt und Berliner. Sie sind jung und Weimaraner. – Haben Sie schon früher Reisen gemacht?»

Es ist meine erste, Exzellenz, erwiderte ich, und ich würde auch diese nicht unternehmen können, wenn ich nicht hoffen dürfte, auf der Berliner Bühne in den Zwischenakten als Virtuos mich produzieren und durch das Honorar die Reisekosten gewinnen zu können.

«Gut», sagte er, «so werden die Eindrücke um so frischer auf Sie wirken. Lassen Sie sich nicht durch ihre Neuheit übermannen und zur Überschätzung verleiten. Beobachten Sie mit Unbefangenheit, legen Sie den Dingen nichts von dem Ihrigen bei und unter. Sie werden hoffentlich Wolffs dort besuchen. Merken Sie, wie es diesen in

Berlin gefällt und wie sie in Berlin gefallen. Sie finden ferner zu der Zeit der Ferien Unzelmann dort gastierend. Ich wünsche zu erfahren, wie er von dem Berliner Publikum aufgenommen wird.»

Nicht ohne einigen Stolz auf dieses Vertrauen, das mir der verehrte große Mann zeigte, versprach ich, das Geforderte zu erfüllen, soweit es meine Kräfte nur irgend gestatten würden.

«Es wird gut sein», fuhr Goethe fort, «wenn Sie sich vorläufig ein möglichst ausführliches Schema aller der Dinge notieren, denen Sie Ihre Aufmerksamkeit zuwenden wollen, mit Hauptrubriken und Unterfragen. Schreiben Sie zum Beispiel unter ‹Theater› als spezielle Fragen: Stück? Dichter? Schauspieler? Aufnahme des Publikums? Wirkung auf mich? Und da Sie mir geschrieben, daß Sie in Gesellschaft zweier Kameraden reisen, auch ‹Wirkung auf diese?› usw. Sie entgehen damit der Gefahr, Umstände zu übersehen; Ihre Beobachtungen erhalten Vollständigkeit usw. Führen Sie überdies, wie dort, so auch unterwegs, ein genaues Tagebuch, worin Sie alles, auch das scheinbar Geringfügige, aufzeichnen. Es gibt nichts, über das sich nicht interessante Beobachtungen anstellen ließen. Gewöhnen Sie sich also, über *jede* Erscheinung eine Betrachtung oder mehrere zu machen, und wo Ihnen solche nicht im Augenblicke kommen wollen, da schreiben Sie wenigstens in Ihr Tagebuch: ‹Hier sind Betrachtungen anzustellen.› Was der Geist heute nicht, gibt er morgen oder später.»

Goethe mochte an meinen immer glücklicher strahlenden Augen erkennen, daß ein für seine Lehren empfängliches Menschenkind vor ihm stehe, und es ist ja bekannt, daß er in solchen Fällen und bei sonst guter Stimmung gern von seinen geistigen Schätzen mitteilte. Er nahm stets lebhaftes Interesse für die bildungsdurstige Jugend, und ganz besonders für junge Künstler. Seine Neigung aufzuklären, anzutreiben, auf die bezüglichen rechten Wege aufmerksam zu machen, vor falschen Richtungen zu warnen, war immer groß und nahm mit den Jahren zu. Einen Beleg dazu findet man in dem Gespräch mit Eckermann, worin er diesem erzählt, was er dem Maler Preller angedeutet, als dieser behufs seiner weitern Ausbildung nach Italien reiste.

Danach wird man auch das, was *ich* hier aufzuzeichnen habe, keineswegs unwahrscheinlich finden, wenn ich auch bemerken muß, daß dieses Gespräch mein erstes mit ihm war, und er früher wohl kaum etwas anderes von mir gewußt hatte, als daß ich Virtuos sei. Allein eben deshalb hatte ich vorher an ihn geschrieben, mich ihm selbst zu empfehlen.

Ich hatte in meinem Schreiben auf manches, was mich beschäftigte und interessierte, hingedeutet, und nicht mit Unrecht gehofft, daß er weiteres darüber vernehmen wollte. Und so geschah es. War ihm doch jeder Mensch ein Phänomen, das er durchdringen und aus dem er herauszulocken trachtete, was ihn irgend interessieren konnte, und ihn interessierte ja alles. Ich selbst habe ihn einmal eine halbe Stunde lang in seinem Garten, mit auf den Rücken übereinander gelegten Händen, stehen und ein winziges Schlänglein beobachten sehen, das, in einer halb mit Wasser gefüllten Glasglocke hin- und herhuschend, sich seines Lebens zu freuen schien.

«Ich sehe», begann er weiter, «aus Ihrem Schreiben, daß Sie sich mit mancherlei Gegenständen beschäftigen, für welche die Musiker sich in der Regel nicht interessieren.»

Ich wagte darauf den Einwurf: daß dies vielleicht in frühern Zeiten seltener der Fall gewesen, daß aber in neuerer Zeit gerade die Musiker nach vielseitiger Bildung strebten, wie ja unter anderm schon die vielen Komponisten und Virtuosen bewiesen, die auch mit der Feder nicht ungeschickt umzugehen wüßten.

Ich nannte Reichardt, Zelter, A. E. Müller, unsern frühern Kapellmeister, C. M. von Weber u.a.m.

«Nun gut! Auch Sie haben, wie ich merke, Versuche der Art gemacht, ohne studiert zu haben. Denn Sie sind, wenn ich nicht irre, 1811 in der Kapelle angestellt worden. Wie alt waren Sie damals?»

Vierzehn Jahre, Ew. Exzellenz.

«Also aus der Schule in die Kapelle!»

Ach, und *wie* aus der Schule, Exzellenz! Ich würde erröten müssen, wenn ich sagen sollte, was ich in der Schule gelernt, oder vielmehr nicht gelernt habe.

«Ihr Schreiben an mich war gut abgefaßt. Wie haben Sie Ihren Stil gebildet?»

Exzellenz, wie Franklin es mit dem Addisonschen Zuschauer, habe ich es mit einigen Ihrer Werke gemacht, sie gelesen, den Inhalt gemerkt, nach einiger Zeit diesen in eigenen Ausdrücken nachgeschrieben, das Geschriebene dann mit Ihrer Schrift verglichen, und so in das Wesen Ihres Stils einzudringen gesucht.

«Nicht übel, und welche Werke von mir haben Sie auf diese Weise durch- und nachgearbeitet?»

Zuerst den ganzen Werther.

«Nun», sagte Goethe lächelnd, «da haben Sie eben keine glückliche Wahl getroffen. Stil und Ausdrucksweise dieser Produktion haben ein eigentümliches Gepräge, das nicht wohl nachzuahmen ist, und auch nicht nachgeahmt werden soll.»

Ich habe auch die Propyläen und die Wahlverwandtschaften, dann Wielands Agathon, Schillers prosaische Aufsätze und mehrere andere Werke auf dieselbe Weise nachgeschrieben.

«So mag's gehen», sagte Goethe, «und ich muß Ihren Fleiß loben. – Sie sind also auch, wie ich vernommen, mit der Komposition einer Oper beschäftigt? Von wem ist der Text?»

Schüchtern und halblaut sagte ich, daß ich mir ihn selbst habe machen müssen, da ich niemand gefunden, der mir einen hätte liefern wollen.

«Und Sie sind damit zustande gekommen?»

Ich bin bereits mit der Komposition desselben beschäftigt.

«So werden wir ja wohl später Gelegenheit finden, den Versuch kennen zu lernen. Aber haben Sie sich nicht zu viel aufgebürdet? Die Komposition einer Oper verlangt einen großen Fond von Kraft und Ausdauer, sollte nicht ein gut Teil davon schon bei Verfertigung des Textes verzehrt worden sein? Fühlen Sie bei der Komposition keinen Abgang derselben?»

Meine Lust ist groß, erwiderte ich, arbeiten mein Glück, und obwohl ich von Jugend auf kränklich war, kann ich mir doch große Arbeitspensa zumuten. Zudem, fügte ich lächelnd hinzu, hat der Text wohl meine Geduld, aber keine besondere geistige Kraft in Anspruch genommen. Ich habe mir die dramatischen Handwerksgriffe zu abstrahieren gesucht und danach einen Text gemacht, die poetische Kraft konnte nichts dabei tun, denn die besitze ich nicht.

«Auf alle Fälle», sagte Goethe freundlich, «haben Sie viel Willenskraft gezeigt, wenn Sie das Unternehmen fort und zu Ende führen. Werden Sie in Berlin etwas von Ihrer Komposition produzieren?»

Die beiden Stücke, die ich vorzutragen wünsche, wenn ich zu Gehör komme, sind von meiner Komposition.

«Und wie steht es mit Ihren Hoffnungen auf Erfolg? Sagen Sie mir das offen.»

Der tiefe Menschendurchdringer wollte aus meiner Antwort erfahren, welche Art von Künstlernatur vor ihm stehe, ob eine arrogante oder eine verzagte. Ich hatte mich indessen nicht lange zu besinnen, ich kannte mich, oder glaubte mich wenigstens zu kennen, und sprach mich ganz ohne Rückhalt aus.

Was meine Kompositionsversuche betrifft, sagte ich, so glaube ich während der Arbeit und kurz nach ihrer Vollendung, daß ich etwas ganz Ausgezeichnetes zutage gefördert habe. Bald nachher kommt sie mir jedoch sehr schwach vor, und dann versinke ich in eine trostlose Stimmung und zweifle an allem Talent. Nach einiger Zeit wachen Drang und Hoffnung wieder auf, mit der Hoffnung, den nächsten Versuch vollkommener zu machen, es wiederholt sich das vorige Spiel, und so, setzte ich seufzend hinzu, ist es mir mit allen meinen Versuchen ohne Ausnahme ergangen.

«Das», sagte Goethe, «ist im ganzen kein übles Zeichen.

Wer mit seinen Produktionen stets zufrieden ist, wird nicht weit kommen. Allein man kann auch zu weit gehen, und durch höhere Forderungen an sich, als man im Augenblick praktisch zu erfüllen die Kraft hat, den schaffenden Geist ängstlich machen und paralysieren.»

Goethe lenkte hierauf das Gespräch wieder auf Zelter und fragte dann, was ich von seinen Kompositionen halte?

Das wäre wohl für manchen eine verfängliche Frage gewesen, denn bekannt war, wie viel Goethe auf seinen Freund hielt.

Ich kannte aber Goethe aus seinen Schriften hinlänglich, um zu wissen, daß er aus den Meinungen anderer ihre Anschauungsweise kennen lernen wollte, und jede mit großer Toleranz gelten ließ, wenn sie nicht gerade zu abgeschmackt war. Ich fand daher gar kein Bedenken, die meinige unverhohlen auszusprechen, und bemerkte: Ich kenne von Zelter nur seine Liedkompositionen. In der geistigen Auffassung erscheinen sie mir bedeutend und treffend ausgedrückt, aber ihre Form ist antiquiert.

«Erklären Sie mir das näher», versetzte Goethe.

Unsere Musiksprache, fuhr ich fort, ist seit Haydn und Mozart eine blühendere, sprechendere und anmutigere geworden. Die Melodie ist bei Zelter immer charakteristisch deklamiert, akzentuiert und rhythmisiert, aber seine Tonfiguren – Nächstverwandte der Schulzeschen und Reichardtschen – sind jetzt veraltet. Dies fällt bei einfachen Singmelodien, die sich besonders dem Volkston nahe halten, nicht auf, aber es tritt stark hervor beim Akkompagnement. Das Zeltersche ist selten etwas mehr als die nötige Erfüllung der Harmonie und die Ergänzung und Ausgleichung des rhythmischen Flusses. Die Neueren haben es in ihren bessern Werken zur Mitsprache des Gefühls erhoben. Wenn Exzellenz den Versuch machen wollen, Baß und Mittelstimme manches Zelterschen Liedes ohne die Melodie spielen zu lassen, so werden Sie kaum etwas von einer mit dem Gefühl sympathisierenden Regung vernehmen; dasselbe Experiment mit einem Mozartschen, Weberschen, Beethovenschen Liede angestellt, zeigt etwas anderes; da fühlt man oft schon Leben und Regung des bezüglichen Gefühls auch ohne die Melodie, und doch ist dieses erst ein Lallen. Die Musik wird hoffentlich dahin gelangen, daß jede Nebenstimme einen Beitrag, sei er auch gering, zu dem Ausdruck des Gefühls liefert.

Ich war ins Feuer gekommen und erschrak jetzt fast über meine lange Rede. Doch hatte mir Goethe mit etwas geneigtem Haupte und nachdenklichem Blick aufmerksam, und, wie ich mir schmeichle, nicht ohne Interesse zugehört; blieb auch, nachdem ich innehielt, einen Augenblick sinnend stehen. Plötzlich ging er an den Flügel, der in dem Empfangszimmer stand, öffnete ihn und sagte: «Machen Sie mir das vorgeschlagene Experiment gleich selbst. Was man deduziert, muß man, wenn's wahr und klar ist, auch durch Tatsachen erhärten können.»

Ich spielte zuerst das Akkompagnement eines Zelterschen Liedes, dann, wenn ich mich recht erinnere, das zu dem Klärchens aus Egmont: «Trommeln und Pfeifen», – und endlich die Melodien zu beiden.

«Gut», sagte Goethe, nachdem ich geendet, «die Welt bleibt nun einmal nicht still stehen, wenn uns ihr Weiterschreiten auch zuweilen aus der Gewohnheit reißt und uns unbequem wird. Denn ich will Ihnen nicht verhehlen, daß mich Ihre Beispiele nicht so getroffen haben, als ich von Ihrem neuen Prinzip erwartete, das auch gelten mag, wenn es die Musik überhaupt erfüllen kann. Aber darin liegt für euch Jüngere eben der gefährliche Dämon. Ihr seid schnell fertig mit der Kreierung neuer Ideale, und wie steht's mit der Ausführung? Ihre Forderung, daß jede Stimme etwas sagen soll, klingt ganz gut, ja man sollte meinen, sie müßte schon längst jedem Komponisten bekannt gewesen und von ihm ausgeübt worden sein, da sie dem Verstande so nahe liegt.»

«Aber ob das musikalische Kunstwerk die strenge Durchführung dieses Grundsatzes vertragen könne, und ob dadurch nicht andere Nachteile für den Genuß an der Musik entstehen, das ist eine andere Frage, und Sie werden wohl tun, wenn Sie dieselbe fleißig nicht bloß durchdenken, sondern auch durchexperimentieren. Es gibt Schwächen in allen Künsten der Idee nach, die aber in der Praxis beibehalten werden müssen, weil man durch Beseitigung derselben der Natur zu nahe kommt, und die Kunst unkünstlerisch wird.»

Diesen Gedanken verstand ich nicht. Ich wagte daher zu sagen: Wenn mich Ew. Exzellenz doch würdigen wollten, diesen Ausspruch durch einige erklärende Worte meinem Verständnis nahe zu bringen!

«Es findet sich wohl später einmal Gelegenheit», versetzte Goethe. «Einstweilen denken Sie selber darüber nach. Nichts übt den Geist mehr, als das Bemühen, Rätselhaftes zu ergründen. Man kommt dabei oft auf Dinge, die man auf gebahntem Wege nach einem klaren Ziele nicht gefunden haben würde.»

Und indem er eine freundliche Kopfbewegung machte, die mir sagte, daß ich entlassen sei, setzte er noch hinzu: «Vergessen Sie nicht, mich nach Ihrer Zurückkunft von Berlin zu besuchen.»

Ich versprach's, drückte meinen innigsten Dank für seine Güte ehrfurchtsvoll aus und empfahl mich.

Das war eine der glücklichsten, und ich darf sagen für mein künftiges Streben relativ einflußreichsten Stunden meines Lebens.

4762 H. Meyer an K. Ruckstuhl *20. April 1820*

Ich habe nicht gesäumt, Goethe von Ihrem freundlichen Erbieten, einen oder mehrere Aufsätze über rheinländische Gegenstände des Altertums an ihn einzusenden, Nachricht zu geben, mit dem Beifügen, daß Sie, lieber Freund, geneigt wären, wenn er den einen oder andern von solchen Aufsätzen zweckmäßig fände, ihm solchen für Einrückung in seine Hefte für Kunst und Altertum zu überlassen. – Hierauf habe ich zum Bescheid erhalten: Er würde es als Zeichen Ihrer Achtung und Freundschaft ansehen, woferne Sie ihm dergleichen Aufsätze zukommen lassen wollten, zweifle auch durchaus nicht am innern Wert derselben, indem er, wie mir wohl bekannt sei, eine sehr vorteilhafte Meinung von Ihren Talenten und Ansichten hege; gleichwohl möchte ich als vermittelnder Freund die Sache so einleiten, daß er dadurch in seiner Freiheit zu handeln nicht beschränkt und auch Ihnen durch allenfalls nicht Aufnahme kein Verdruß widerfahre; denn teils erlaube der Raum und der jetzt befolgte Plan der Hefte keine weitläufigen Aufsätze, teils habe er eine Menge Beziehungen zu beobachten, da er nicht bloß Herausgeber, sondern auch zum größten Teil Verfasser der Hefte über Kunst und Altertum sei. – Sollten Sie, lieber Freund, nun durch das, was ich eben berichtet, nicht abgeschreckt werden, so können Sie mit aller Freiheit die Aufsätze an Goethe selbst senden, und zwar unfrankiert, indem er als Großherzoglicher Minister Portofreiheit genießt. Jetzt ist er nach Karlsbad gereist, um die Gesundheit, welche diesen Winter sehr wankend war, herzustellen, in den ersten Tagen des Juni wird er aber wieder nach Weimar zurück kommen und wohl alsdann den Sommer hier bleiben.

4763 F. v. Müller *21./22. April 1820*

Abschiedsbesuch bei Goethe in Jena.

4764 Knebel an Charlotte v. Schiller *30. April 1820*

Goethe war bei seinem Hiersein [vom 19. bis 22. April], wie gewöhnlich, freundlich, und brachte ein paar Mittage bei uns zu. Seine Geisteskräfte scheinen nicht abnehmen zu wollen; doch scheint es mir, daß sich über sein Inneres ein Flor ziehe, der ihm das Leben eben nicht, wie man sagt, im rosenfarbenen Licht erscheinen läßt.

Dies ist nun in meinem und seinem Alter nicht eben zu verwundern, am wenigsten bei dem, der das Leben immer von einer strengen und aufmerksamen Seite in seiner Wirklichkeit und Konsequenz genommen hat.

4765 Grüner *26. April 1820*

Am 26. April 1820 kam Goethe nach Eger und schickte seinen Reisepaß zur Vidierung nach Karlsbad auf das Egerer Polizeiamt, welches ich damals als Magistratsrat zu verwalten hatte. Er hatte sein Absteigequartier im Gasthofe zur goldenen Sonne genommen, wobei er auch bei seinen späteren Besuchen Egers blieb, und stets die Zimmer Nr. 1 und 2 im ersten Stockwerke des gedachten Gasthofes bewohnte. Da ich den großen Mann aus seinen Werken kannte, glaubte ich ihm meine Ehrfurcht darbringen zu sollen. Ich ließ mich durch seinen Bedienten Stadelmann melden, und wurde sogleich vorgelassen, und nachdem ich Goethen mit großer Ehrerbietung den vidimierten Reisepaß überreicht hatte, richtete er an mich verschiedene Fragen, die auf den Kammerberg, und auf die Kleidertracht, Sprache und Geschichte des Egerlandes Bezug hatten. In betreff des Kammerberges erzählte ich, daß der Kreishauptmann Baron Erben zu Elbogen Einleitung getroffen habe, um mit einem Versuchsschachte niederzugehen, wozu auf der Fläche des zu Straßenschotter ausgegrabenen großen Raumes, ehemals Zwergloch genannt, der Ort angewiesen wurde; und bemerkte, daß ich, falls Seine Exzellenz es wünsche, das Resultat dieser Nachforschung über das, was in der Tiefe gefunden worden, vorlegen könne.

In betreff des Egerlandes und seiner Bewohner bemerkte ich, daß ich seit meiner Anstellung als Magistrats- und Kriminalrat zu Eger, nämlich seit 1807, mich mit den ältesten Landeseingeborenen über ihre Sitten und Gebräuche, ihre Haus- und Landwirtschaft besprochen, auch die Pfarrer und Schullehrer hierüber vernommen, und darüber ein eigenes Werkchen verfaßt hätte. Müßte ich nicht befürchten, sagte ich, die kostbare Zeit damit zu rauben, so würde ich mir die Freiheit nehmen, diese Zusammenstellung zum Durchblättern anzubieten.

Sie machen mir damit viel Vergnügen, erwiderte Goethe, und es war löblich von Ihnen, so zu verfahren, denn wenn man in Ihrem Wirkungskreise auf seine Untergebenen erfolgreich und wohltätig wirken will, so ist es zweckmäßig, sich zu bestreben, sie näher kennen zu lernen.

Wie Sie wissen, äußerte er weiter, reise ich nach Karlsbad, daher behalte ich mir vor, auf der Rückreise das Nähere mit Ihnen zu besprechen. Erhalten Sie mich in freundlichem Andenken, – worauf Goethe von meinen herzlichen Wünschen begleitet nach Karlsbad abfuhr.

Goethes Persönlichkeit machte auf mich einen unbeschreiblich tiefen und angenehmen Eindruck; seine Gestalt, der Ton seiner Stimme, sein freundlich sich herabneigendes Benehmen, das zugleich Zutrauen und Ehrfurcht einflößte, weckten in mir eine wahre Sehnsucht nach dem baldigen Erscheinen des Tages seiner Rückkehr.

Goethe war von hohem Wuchse, von starkem robusten Körperbau, das bräunliche Haar war wenig gebleicht, die Stirne hoch gewölbt, das Auge noch frisch und feurig, die Gesichtsfarbe weiß und gerötet. Die Züge im Gesichte waren stark, das Kinn etwas hervortretend, der Hals bedeutend fleischig, kurz es herrschte ein ausgezeichnet richtiges Verhältnis zwischen allen Gliedmaßen seiner kraftvollen imponierenden Gestalt. Gewöhnlich trug er einen dunkelblauen, bis an die Waden reichenden Überrock, zuweilen auch schwarzen Frack und Beinkleider von gleicher Farbe. Seine Kleidungsstücke waren ziemlich nach der Mode, doch nicht auffallend, und so gemacht, daß er sich leicht darin bewegen konnte. Eine feine weiße oder schwarzseidene Weste, ein weißbatistnes Tuch um den Hals schmal zusammengelegt und beide Enden durch eine Vorstecknadel verbunden, durften nicht fehlen. Seiner Vollblütigkeit wegen, die sich in dem geröteten Antlitze kundgab, hatte er sich angewöhnt, das Halstuch sehr lokker zu tragen. In seiner Wohnung pflegte er den Hals ganz frei zu halten und im Schlafrocke zu arbeiten. Bei Ausfahrten zu Exkursionen wurde auch im Sommer der Mantel mitgenommen, der einen stehenden mit rotem Samt gefütterten Kragen hatte, so daß äußerlich ein roter Saum von eines Viertelzolls Breite zu sehen war. Ordenszeichen trug er nur bei feierlichen Anlässen.

Während Goethes Aufenthalt in Karlsbad ordnete ich am Kammerberge (Kammerbühl) die Ausgrabungen nach den vorkommenden Schichten an, ließ auch mein Manuskript über Sitten und Gebräuche der Egerländer abschreiben, um alles bei seiner sehnlichst erwarteten Ankunft vorzulegen.

4766 C. Otto: Lebenserinnerungen von meinen Reisen 1873

[Er berichtet von einem mißglückten Versuch, Goethe in Weimar aufzusuchen. Gemeinsam mit seinem Freunde und Reisegefährten Hoppe begibt er sich zu Goethes Wohnung. Sie stellen sich als Doktoren der Medizin aus Kopenhagen vor und ersuchen um eine Audienz. Durch den Diener werden sie auf den Nachmittag bestellt, doch wagen sie es nicht – erschrocken über ihre Kühnheit –, nochmals vorzusprechen. Sie reisen weiter nach Jena.] Im folgenden Frühjahr [1820] hatten wir eine Nacht in Eger geschlafen und wollten von dort aus weiter nach Franzensbad. Früh am Morgen [am 29. April] ging ich, um mir die Zeit zu vertreiben, während wir auf das Gespann warteten, zum Hoteltor hinunter und rauchte dort meine Zigarre. Ein großer, stattlicher, schöner Mann, bekleidet mit einem grauen Mantel, trat hinzu und blieb ebenfalls am Tor stehen, um auf die Pferde zu warten. Es sah nach Regen aus, und ich machte eine dahingehende Bemerkung ihm gegenüber. Er meinte, den Tag über werde es wohl noch schön werden, und fragte mich, wo ich hin wollte. Ich stellte ihm dieselbe Frage, und nachdem wir noch einige Worte über die Wege, über die verschiedenen Badeorte (er wollte nämlich nach Karlsbad) und andere Nebensächlichkeiten gewechselt hatten, lüftete er den Hut, wünschte mir eine gute Reise und trat aus dem Tor heraus. – Kurz darauf kam der Hotelwirt und fragte mich, ob ich wüßte, mit wem ich gesprochen hätte. – Nein! – Es war Goethe! Mein Gott! Wie wurde ich froh! So hatte ich ihn doch noch gesehen, sogar mit ihm gesprochen! Das war doch immerhin etwas! – Und dieses Etwas war durch der Nornen Fügung von Hoppe verhindert worden: dieser gefühllose Mensch war schuld daran gewesen, daß ich Goethe in Weimar nicht zu sehen bekommen hatte! – Die Pferde kamen, – aber ich saß noch lange danach im Wagen und freute mich über mein Glück.

Goethe sah ganz genauso aus wie auf seinen Porträts. Ungeachtet seiner damals einundsiebzig Jahre schien er doch nicht das Geringste von einem alten Manne an sich zu haben. Er war groß und kräftig, hatte eine gerade und stolze Haltung, sprechende Gesichtszüge, eine kräftige Stimme, einen festen Gang und lebhafte Augen.

4767 A. Feuerbach: Tagebuch *11. Mai 1820*

Einer jener Wünsche, die sonst mein ganzes Herz erfüllten, ward mir heute gewährt. Ich habe Goethe gesehen und gesprochen. Schon ein paarmal war ich umsonst an seiner Wohnung vorbeigeschlichen und hatte schüchtern hinaufgeschielt, ob ich nicht einen günstigen Augenblick erhaschen könne. Die Herzogin von Kurland, die meinen Wunsch erraten, schickte mich zu ihm. Mit klopfendem Herzen stieg ich die Treppe hinauf und bat stotternd vor Angst und Freude den Bedienten, mich zu melden. Ich ward vorgelassen, und besänftigend überraschte mich die große Freundlichkeit, mit der er mir entgegentrat; und gar bald waren die Schreckbilder von der Aufnahme, die Bürger und Rückert bei ihm gefunden, aus meinem Sinn entschwunden. Er nötigte mich zu sich aufs Sofa. Welch ein Kopf! Wie eines Tempels Gewölbe hebt sich die Stirn. Die Augen treten licht und klar wie strahlende Heroen im dunkelglänzenden Waffenschmuck mit ernstem, gemessenem Schritte aus der gewaltigen Wölbung. Ruhig und doch so voll Feuer. So gebieterisch und doch so milde. Im seltsamen Kontrast mit der Ruhe jener Felsenstirne steht die gefällige Beweglichkeit des Mundes, durch dessen freundliches Lächeln nicht selten eine gewisse Ironie durchblickt. Ruhe haben diese Lippen nie, auch wenn sie schweigen, sind sie beredt.

4768 Conta an seine Frau *14. Mai 1820*

Gestern nachmittag gegen 5 Uhr bin ich, wie ich mir vorgesetzt hatte, hier [in Karlsbad] eingetroffen und schreibe diese Zeilen in unserem vormaligen Logis im Elephanten ... Mein erster Gang, als ich mich gesäubert und umgekleidet, war zu Goethe, der mich außerordentlich freundlich empfing. Er bot mir alle seine Erfahrung über das eine so lange Reihe von Jahren von ihm gekannte und besuchte Karlsbad an. Ich solle ihn zu meinem Arzte machen und ihn daher täglich von den verspürten Wirkungen des Wassers unterrichten. Sein Rat im allgemeinen stimmt ganz mit Rehbeins Vorschrift überein, die ich ihn heute auch habe lesen lassen. Ich soll ihn oft besuchen und auf seinen Spazierfahrten begleiten; da soll gemeinschaftlich mineralogisiert und von allerhand Interessantem gesprochen werden. Goethe hat sonst mit niemand hier Umgang. So kann das Karlsbad mir für Geist und Körper zugleich köstliche Früchte bringen.

4769 *Conta an seine Frau* *15. Mai 1820*

Gestern habe ich, der Vorschrift gemäß, ganz der Ruhe gepflogen und bin, die Besuche bei Goethe und General von Hake, Königlich preußischen Kriegsminister, und den Gang zu Tische ausgenommen, nicht aus der Stube gegangen.

4770 *Conta an seine Frau* *16. Mai 1820*

Gestern abend habe ich wieder lange bei Goethe zugebracht; die Unterhaltung mit ihm war mir äußerst interessant. Ich sitze übrigens von früh bis in die Nacht über der Mineralogie, und meine Tische liegen voll Steine. Unter Goethes Anleitung hoffe ich es schon zu etwas zu bringen. Auch in das Studium der Wolken, über deren Zug Rehbein manche Konversation mit Goethe gehabt, scheint dieser mich einweihen zu wollen; er hat mir gestern schon eine Einleitung dazu gegeben. Übrigens untersagt er mir streng alles Schreiben, wenn ich nicht bleibende üble Folgen für meine Augen davon tragen wolle. Das Karlsbader Wasser greife sie sehr an, und nur durch möglichste Schonung während der Kur vermeide man ihre bleibende Schwächung. Daher brauche er sie nur zur Anschauung von Naturgegenständen, und müsse es geschrieben sein, so diktiere er.

4771 *A. Feuerbach: Tagebuch* *16. Mai 1820*

Heute ward ich wieder zu Goethe geschickt. Ich wollte nicht selbst hinein zu ihm, aber er ließ mich zu sich rufen. Zum Andenken schenkte er mir einen Plan von Karlsbad. Wüßte ich nur, was er gesprochen hat! Aber im Anschauen dieser Stirne und Augen habe ich alles vergessen.

4772 *Conta an seine Frau* *17. Mai 1820*

Gern hätte ich gestern noch einmal die Feder ergriffen, um Dir den Zauber des Abends zu schildern, hätte nicht ein Brennen in meinen Augen mich an Goethes Lehre erinnert ... Außer Goethe, den ich doch nur stundenweise sehe, und dem General von Hake, der übermorgen abgeht, kenne ich hier keine Seele; auch ist die Zahl der Brunnengäste noch erst klein und kaum bemerkbar.

4773 *Conta an seine Frau* *18./19. Mai 1820*

18. Mai.

Vor Tische mache ich Goethe einen Besuch, wenn ich es nicht des Abends tue.

19. Mai.

So tat ich gestern und hatte eine recht interessante Unterhaltung. Goethe riet mir, die Prager Straße zu reiten; den Rat befolgte ich um 4 Uhr, als der ganze Himmel mit Wolken bedeckt war. Als ich vor Goethes Wohnung vorbeiritt, stand er am offenen Fenster, den Zug der Wolken beobachtend, und rief mir begeistert zu: «Schön! schön! es ist ein herrlicher Moment; in der Tat, ich beneide Sie um diesen Ritt!» ... Sag nur Rehbein recht viel Verbindliches von mir, seine Vorschrift ist vortrefflich. Goethe hält sehr viel von ihm und meint, er werde auf dem Wege, den er verfolge, ein immer ausgezeichneterer Arzt werden. Sag ihm auch, Goethen hätte das Gedicht seines Schwagers, des Reg.-Rats Schmidt, zu Schwabes Jubelfeier, das ich ihm mitgebracht habe, sehr wohl gefallen.

4774 *Dorothea Herzogin von Kurland: Tagebuch* *18. Mai 1820*

Nachmittag kam Goethe; er brachte mir Blumen von den Bergen, nannte sie mir, zeigte mir einige gefundene Kieselsteine, war heiter, witzig und doch gutmütig. Der Abend verging sehr angenehm.

4775 *Conta an seine Frau* *19. Mai 1820*

Eben habe ich eine fünf Stunden lange mineralogische Fahrt mit Goethe beendigt. Interessanter kann man seine Zeit unmöglich hinbringen als diese fünf Stunden. Goethe hat sich über alles, Kunst, Wissenschaft, Philosophie, Mineralogie, Farbenlehre, Dramaturgie und Theater, über seine Teilnahme an letzterem, über den Verfall des deutschen Theaters überhaupt, über den verdorbenen Geschmack an den Müllnerischen Stücken usw., so offen und traulich ausgelassen, daß ich nur gewünscht hätte, alles niederschreiben zu können. Dabei haben wir einen ganzen Wagen voll seltener Mineralien mitgebracht, die wir nun teilen. Wir kamen in die reizendsten Gegenden, und es entzückte mich, den siebzigjährigen Mann von der jugendlichsten Empfänglichkeit für diese Naturschönheiten belebt zu sehen. Diese nähere Bekanntschaft mit Goethe rechne ich für einen großen, bleibenden Gewinn meines Karlsbader Aufenthaltes.

4776 *Conta an seine Frau* *20. Mai 1820*

Eine köstliche Stunde habe ich heute bei Goethen zugebracht; er schreibt die Geschichte des Weimarischen Theaters und spricht mit Begeisterung von der schönen Zeit desselben. Zwei Leipziger Professoren, Hermann, der berühmte Philolog, und der Historiker und Staatswissenschaftslehrer Pölitz, unterbrachen unser Gespräch mit ihrem Besuch. Goethe ist ausnehmend gütig und freundlich gegen mich; er macht mir eine vollständige Sammlung der hiesigen Mineralien zusammen.

4777 *Dorothea Herzogin von Kurland: Tagebuch* *23. Mai 1820*

Gegen Abend kam Goethe; er blieb lange, und es wurde viel von Kunstsachen gesprochen. Ich gab ihm das große Kupfer vom Wiener Kongreß; es machte ihm Freude. Auch will er mich diesen Sommer in Löbichau besuchen.

4778 *Conta an seine Frau* *24. Mai 1820*

Abends 7 Uhr.

Ich komme eben zurück von einer köstlichen Spazierfahrt mit Goethe, von 3 Uhr an. Schon Vormittag habe ich eine Stunde bei Goethe zugebracht in den allerinteressantesten Gesprächen. Ich gäbe jetzt diese Reise, schon der näheren, ja, ich kann sagen: vertrauten Bekanntschaft mit Goethe wegen, um vieles nicht hin. Ich habe viel von ihm gelernt, und er behandelt mich auf eine Art, die in der Tat mir ein heilsames Selbstvertrauen gegeben hat. Die Ansichten, die er gibt, die Erfahrungen, Beobachtungen, Lebensregeln, die er mitteilt, sind so groß, so treffend und so belehrend, und dieser große Mann steht so einzig in der Welt da und so nahe dem Scheiden aus derselben, daß jedes von ihm gesprochene Wort kostbar ist. Ich werde Dir recht viel Interessantes von unseren Gesprächen erzählen können.

4779 *Conta an seine Frau* *25. Mai 1820*

Heute vormittag war mir, in Wahrheit zu sagen, Goethe zu Kopf gestiegen. Er hatte mir Bücher seiner Autorschaft gegeben, darauf vor Tische eine Stunde mit mir gesprochen, so anziehend und dabei in so hohem Fluge, mit so wenig Worten Endloses andeutend, daß mir zu schwindeln anfing. Ich mußte in die freie Luft, ins schöne Grün hinaus, um mir das Kopfweh zu vertreiben. Das erst erschienene zweite Heft seiner Morphologie enthält einiges sehr Schöne, unter anderem ein Gedicht, das ich Dir abschreiben muß.

4780 *Conta an seine Frau* *26. Mai 1820*

An interessanten Bekanntschaften fehlt es mir nun nicht, und Du wirst es mir nicht übel nehmen, daß ich mich diesmal fast ausschließlich an die Männer halte. An Goethes Stelle wird mir Hermann treten, ein kraftvoller, geistreicher Mann, der, wenn er auch kein Goethe ist, doch ebenfalls anregend und belebend durch seine Gespräche wirkt. Und Goethe sagte mir von ihm: «Wenn man nur so glücklich wäre, einen so interessanten Mann wenigstens alle Vierteljahre einmal zu sprechen.» ... Goethe wollte morgen abreisen und direkt nach Jena gehen; ich war daher willens, diesen Brief nebst den gesammelten Blumen etc. ihm mitzugeben. Nun geht er aber erst übermorgen und hält sich in Franzensbrunn etwas auf. Daher gebe ich diesen Brief jetzt auf die Post und die anderen Sachen nur Stadelmann.

4781 *Conta an seine Frau* *27. Mai 1820*

Ich erreichte [am 26. Mai] glücklich das Haus, ehe der Regen kam. Er dauerte nicht lange. Nun ging ich zu Goethen, bei dem ich beim Glase Wein zwei Stunden allein sitzen blieb. Ganz liebenswürdig war er, offen und heiter sprach er mir von sich, von Schiller, von Gellert, der sein Lehrer gewesen, von Lessing, den er gar hoch schätzt usw. Höchst anziehend war mir, was er von der verschiedenen Art, zu sein und zu arbeiten, von sich und Schiller sagt. *Er* wartet stets die Neigung ab, lauscht auf Eingebung – Schiller, die Freiheit des Willens verteidigend, nahm sich die Arbeiten vor, gab sie sich auf und zwang sich zur Begeisterung. Das aber hat ihn auch allzu früh aufgerieben. Schiller wäre nach Goethes Behauptung noch unendlich höher gestiegen, hätte er länger gelebt. Ja, seine Fortschritte seien so außerordentlich gewesen, daß er ihn nach vier Tagen oft nicht mehr gekannt habe. – Goethe geriet in Begeisterung, wie er von seinem Freunde sprach, – unsäglich viel hätte er in ihm verloren. Nun beschrieb er mir, wie Schiller es machte, wenn er etwas Großes vorhatte, zum Beispiel den «Wilhelm Tell». Sobald er den Entschluß zu diesem

Stücke gefaßt hatte, klebte er sich eine möglichst spezielle Karte von der Schweiz an die Wand, setzte sich davor und las, was über die Schweiz und die Geschichte ihrer Befreiung vorhanden war. Dabei besprach er vielfältig seinen Gegenstand, und wenn er sich nun so ganz davon durchdrungen hatte, schrieb er mit unglaublicher Leichtigkeit so lange fort, bis ihm die Augen zufielen. Nun schlief er angezogen und sitzend, bis er wieder erwachte, wo er dann sogleich die Arbeit fortsetzte. Ob es Tag oder Nacht, das war ihm gleich viel. Goethe denkt nie über seinen Gegenstand nach, spricht nicht vorher darüber, sondern wie es ihm ankömmt, setzt er sich nieder und schreibt. Alles ist bei ihm Eingebung des Augenblicks; er ist also das wahre Genie. Der Schillersche Aufsatz über naive und sentimentalische Dichtungsart ist die Folge eines Gesprächs der beiden Dichter, und wirklich, wie ich mir schon gedacht, hatte Schiller sich Goethen als Repräsentanten der ersteren Dichtungsart vorgestellt. Mündlich erzählen muß ich Dir, wie Goethe es anfing, um Einheit in das Spiel der Weimarischen Acteurs und Actricen zu bringen. – Goethe bat mich, ihn heute wieder zu besuchen und es so in Weimar fortzusetzen. – Was kann mir wohl zu meiner Bildung erwünschter sein als diese Aufforderung! – Hermann verehrt Goethen wie einen Gott in Menschengestalt.

4782 Conta: Bericht

Im Mai 1820 war ich so glücklich, in Karlsbad mehrere Wochen im täglichen Umgange mit Goethe zu verleben. Goethe war von der heitersten Laune, er sprach gern und viel von seinen früheren Verhältnissen, am liebsten von seinem Freunde Schiller, von dem er sagte: «Wenn ich ihn drei Tage nicht gesehen hatte, so kannte ich ihn nicht mehr; so riesenhaft waren die Fortschritte, die er in seiner Vervollkommnung machte.» Von Schillers frühem Tode sprechend sagte er: «Man hat mich vielfältig getadelt, daß ich nicht auf unserm Theater, wie es anderwärts geschah, eine Totenfeier veranstaltete. Wie konnte ich das? ich war ja vernichtet!»

Die Schuld von Schillers allzu frühem Tode gab er der Art und Weise, wie er arbeitete. «Ich», sagte er, «behauptete immer, der Dichter dürfe nicht eher ans Werk gehen, als bis er einen unwiderstehlichen Drang zum Dichten fühle. Und diesen Grundsatz befolge ich auch, ihm verdanke ich mein heiteres Alter.» «Sie sehen hier», fuhr er fort, «sechs verschiedene angefangene Arbeiten; ich gehe an keine, wenn sie mich nicht eben anzieht, und verweile bei keiner länger, als ich mich dazu aufgelegt fühle.

Schiller dagegen wollte das nicht gelten lassen. Er behauptete, der Mensch müsse können, was er wolle, und nach dieser Manier verfuhr er auch. Ich will Ihnen ein Beispiel geben: Schiller stellte sich die Aufgabe, den Tell zu schreiben. Er fing damit an, alle Wände seines Zimmers mit so viel Spezialkarten der Schweiz zu bekleben, als er auftreiben konnte. Nun las er Schweizer Reisebeschreibungen, bis er mit Weg und Stegen des Schauplatzes des Schweizer Aufstandes auf das genauste bekannt war. Dabei studierte er die Geschichte der Schweiz, und nachdem er alles Material zusammengebracht hatte, setzte er sich über die Arbeit, und» – hier erhob sich Goethe und schlug mit geballter Faust auf den Tisch – «buchstäblich genommen stand er nicht eher vom Platze auf, bis der Tell fertig war. Überfiel ihn die Müdigkeit, so legte er den Kopf auf den Arm und schlief. Sobald er wieder erwachte, ließ er sich – nicht, wie ihm fälschlich nachgesagt worden, Champagne[r] – sondern starken schwarzen Kaffee bringen, um sich munter zu erhalten. So wurde der Tell in sechs Wochen fertig; er ist aber auch wie aus *einem* Guß!»

4783 Grüner *28. Mai 1820*

Am 28. Mai 1820 traf Goethe wieder in Eger, von Karlsbad kommend, ein, nahm im Gasthofe zur goldenen Sonne sein Absteigequartier, und ließ mich durch seinen Bedienten Stadelmann zu sich einladen. Sein äußerst freundliches Entgegenkommen begeisterte mich noch mehr für den großen Mann – er begrüßte mich mit den Worten:

Was hat uns der problematische Kammerberg gebracht,

was machen die Egerländer? wir haben viel, lieber Freund, und über manches uns zu besprechen ... [Fahrt nach dem Kammerberge.]

Auf Goethes, dessen Wißbegierde bewunderungswürdig war, Fragen konnte man mit den Antworten in keine Verlegenheit kommen, weil sie so gestellt waren, daß man sie vollkommen nach Verhältnis des Standes und Wirkungskreises beantworten konnte. Mir war es um so leichter, ihm die gewünschten Aufklärungen über das Egerland zu geben, weil ich seit dem Jahre 1807 als Magistrats- und Kriminalrat in Eger diente, und in dieser Zeit das Stadtarchiv und auf jenes Bezug nehmende Bücher und Korrespondenzen durchforscht hatte.

Hinsichtlich der Stadt Eger erzählte ich ihm, daß das Kastell mit dem Römerturm wahrscheinlich zur Entstehung derselben Anlaß gegeben habe, da in dessen Nähe ein Gäßchen noch immer die Amöney-Gasse heißt, welches die Wohnungen der Ministerialen in sich begriffen hatte, weil ferner alle Chroniken übereinstimmen, daß auf dem Johannesplatze die alte Pfarrkirche stand, und das alte Rathaus, das umbaute sogenannte Wagnerhaus Nr. 258, in der Nähe der Burg war.

Ferner trug ich in Kürze vor, daß Eger als eine in der Pfalz gelegene deutsche Reichsstadt angesehen wurde, die einen freien Adler im Wappen führte, welcher aber, weil Kaiser Ludwig der Bayer die Stadt 1315 an König Johann von Böhmen verpfändete, verkarzeriert, das heißt mit breiten weißen und roten Streifen bis an den Hals, mit etwas herausragenden Flügeln, umgeben wurde, welches Stadtwappen noch heutigen Tages besteht. Die Stadt gab sich ihre eignen Gesetze, Zoll- und Schröderordnung, der Senat bestand aus 100 Mitgliedern, wovon 67 aus der bürgerlichen Gemeinde, welche nur bei außerordentlichen Anlässen, zum Beispiel bei Ausschreibung öffentlicher Abgaben, zusammenberufen wurden. Sie hatte ihr Arsenal und Militär, schrieb Kloh-, Bern- und Umgeldsteuer aus, bezog Brücken- und Pflasterzoll, die Tranksteuer, Maut und das Stempelgefälle. Wenn die Kaiser oder Könige

Geldaushülfe zu Kriegen brauchten, so wurden an Stadt und Kreis Postulate gestellt, über welche auf dem Egerer Landtage, bei welchem k. k. Kommissarien erschienen, verhandelt wurde.

Diese Rechte hat Kaiser Joseph II. von der Gemeinde mit Geld abgelöst, hat auch den Magistrat anders eingerichtet, welcher von da an bis auf die neueste Zeit aus sechs aus der politischen, judiziellen und Kriminalgesetzgebung geprüften Räten, einem geprüften Bürgermeister und zwei Sekretären bestand.

Das Egerland für sich genommen verursachte dem Kriminalamte wenige Geschäfte, denn dasselbe lieferte seit 1807 nur drei angesessene Bauern als Verbrecher ...

Goethe sagte: Es ist ein wackeres abgeschlossenes Völkchen. Ich habe die Egerländer wegen ihrer beibehaltenen Kleidertracht, die ich in früheren Jahren wahrnahm, lieb gewonnen. Sie haben mit den Altenburgern viele Ähnlichkeit. Ihr Manuskript über ihre Gebräuche wird mich daher sehr unterhalten, doch wünschte ich Ihre Meinung zu hören, wie es kommt, daß bei der angeführten Population so wenige Verbrechen verübt werden, was doch auffallend merkwürdig ist.

Meinem Dafürhalten nach, erwiderte ich, dürfte die Ursache teils in der Erziehung, teils in ihren Gebräuchen zu suchen sein; denn die Jugend wird zur Schule, zur Gottesfurcht und zur Arbeitsamkeit angehalten. Der Egerländer ist ein guter Christ, ein treuer Untertan und Ehemann, ein sorgsamer, arbeitsamer Hausvater, und so haben die Kinder stets gute Beispiele vor Augen. Insbesondere glaube ich, daß ein Vorgang bei den Leichenbegängnissen auf sie einen tiefen und nachhaltigen Eindruck hervorbringt. Der Verstorbene bleibt nämlich in offenem Sarge in seiner Wohnstube ausgesetzt, um denselben stehen seine Angehörigen und Verwandte, auch Freunde und Nachbarn. Zu Häupten des Verblichenen hält der sogenannte Prokurator, Leichenbitter, eine Anrede. Vor allen stellt er Betrachtungen über die Vergänglichkeit des Lebens, auf den Toten hinweisend, an, und bemerkt, daß dieser nach dem Willen

Gottes das Irdische habe verlassen müssen. Er muntert die Angehörigen zur Gottesfurcht, Eintracht und Arbeitsamkeit auf, nimmt im Namen des Verblichenen von allen einen rührenden Abschied, bittet alle um Verzeihung, wenn er wissentlich oder unwissentlich jemanden beleidigt hätte, und fordert zur Versöhnung auf mit der nachdrücklichen Versicherung, daß, wenn sie bei ihren Handlungen und Unternehmungen immer Gott vor Augen haben, sie sich in jener Welt wiedersehen werden. Der Anblick der Leiche, diese Anrede, alle Nebenumstände wirken außerordentlich auf die Umstehenden. Ich selbst muß gestehen, daß ich als unbeteiligter Zuschauer gar oft zu Tränen gerührt worden bin. Der Eindruck ist bleibend, und die Hinweisung auf diesen Vorgang genügt zumeist, einen Verirrten wieder auf den rechten Weg zu bringen.

Goethe, der mir aufmerksam zugehört hatte, sagte: Sie haben recht, dieser Vorgang muß auf den Landmann einen grenzenlosen Eindruck machen.

Inzwischen waren wir an dem Kammerberg angelangt. Goethe stand mit verschränkten Armen geraume Zeit unbeweglich, in tiefe Gedanken und Betrachtungen versunken; endlich sagte er: Ich kann diesem Hügel noch nichts Bestimmtes abgewinnen.

Verzeihen Ew. Exzellenz, versetzte ich, wenn ich, obwohl kein Naturforscher, meine Ansicht auszudrücken wage. Ich bin der Meinung, daß dieser Hügel durch einen Vulkanausbruch nicht entstanden ist, sondern daß die Gesteine, wie sie jetzt daliegen, durch ein unterirdisches Feuer gebrannt wurden.

Ich brachte von der Anhöhe aus den obersten Straten einige kleine, kaum zwei Lot schwere abgesonderte Stückchen Lava, dann aus der nämlichen Linie der Straten, nur viel tiefer, große mehrere Pfund schwere Stücke und bemerkte:

Wenn der Ausfluß von oben aus dem Krater geschehen wäre, so hätten sich nach physikalischen Gesetzen die schwereren Stücke früher lagern müssen, überdies sind die Kanten wie die feinsten Nadeln spitzig, sie hätten sich bei der geringsten Bewegung abstumpfen müssen.

Goethe lächelte. Freundchen, sagte er, wir sind nicht so geschwind damit fertig. Dieser Kammerberg wird so lange problematisch bleiben, bis er nicht von der Sohle des mir gezeigten feinen Glimmersandes aufwärts gegen den vermeintlichen Krater bis zu Tage durchfahren sein wird.

Goethe besah den Versuchsschacht, bestieg die Anhöhe, und betrachtete die Gegend und den Hügel aufmerksam, worauf wir nach Eger zurückfuhren. Die von mir übergebenen Lavastücke wurden schichtenweise angemerkt, in Kisten nebst anderem gepackt, und zur Übersendung nach Weimar dem damaligen Pächter der Franzensbader Mineralwässer, Hecht, empfohlen.

Vor der Abreise beschenkte Goethe mich mit seinem am 1. Juli 1817 zu Jena geschriebenen Werkchen, betitelt: «Zur Kenntnis der böhmischen Gebirge», und schrieb auf das Titelblatt:

«Herren Polizeirath Grüner zum freundlichen Andenken
Eger, am 28. Mai 1820. Goethe.»

4784 F.v. Müller *7. Juni 1820*

Regenwetter. Fahrt nach Jena zu Goethe. Seine gemütlichen Äußerungen über Julies Talente und Wiener Kreiden-Spende. Entschiedne Abneigung gegen Riemers erstes Bibliothekariat. Brockhausische Spekulation auf die Literatur-Zeitung. Ankunft des Großherzogs bei Goethe. Vortrag der Siechhaus-Angelegenheit.

Hokuspokus Goethens mit dem trüben Glas, worauf eine Schlange. «Das ist ein *Urphänomen*, das muß man nicht weiter erklären wollen.» «Gott selbst weiß nicht mehr davon als ich.» Des Großherzogs artige Äußerung über die zwanzig Bände Goethescher Werke. Botanischer Garten. Diner im Griesbachischen Garten. Voigt junior und die Starkes nebst Motz waren dabei. «Pancrias». Goethes Urteil über Buddeus von Altenburg. Sein Lob des Polizei-Rats Grüner von Eger und der dortigen abgeschloßnen, fest begrenzten Kreisverwaltung. Heimfahrt um 7 Uhr.

4785 Knebel an Charlotte v. Schiller *14. Juni 1820*

Goethe ist auch am letzten Tage des vergangenen Monats bei uns angekommen und befindet sich zum Verwundern wohl. Er ist sehr fleißig und schafft fast täglich neue Nahrung für die Presse.

4786 Gries an Abeken *24. Juni 1820*

Daß die «Albaneserin»[von Adolf Müllner] Goethes besondern Schutz genossen, ist vollkommen unwahr ... Frommann sagte mir, daß er Goethen dieses Gerücht erzählt habe, worauf dieser bloß erwidert: er würde, wenn er noch Schauspielintendant wäre, allerdings dieses Stück gegeben haben; denn durch etwas vollkommen Abgeschmacktes würden die Schauspieler doch einmal genötigt, aus sich selbst herauszugehen. Auch soll das Stück wirklich in Weimar sehr gut gegeben worden sein, doch ohne Beifall. – Goethe war, bei meiner Rückkehr, schon in Karlsbad; seit vier Wochen ist er aber wieder hier. Krank ist er nicht, aber er ist allerdings, im Äußern, auffallend alt geworden und scheint denn doch sehr abzubrechen. In dem neuen Heft von «Kunst und Altertum», das zu Michaelis erscheint, werden Sie mehrere Gedichte von ihm finden, unter andern eine wunderherrliche Ballade [«Herein, o du Guter!»], die ich in Berlin bei Zelter sah, der sie bereits komponiert hat.

4787 J. Ch. Lobe: Aus dem Leben eines Musikers *1859*

[Nach Rückkehr aus Berlin etwa Mitte Juli 1820.] Ich hatte nach Goethes Rat nicht allein auf der Reise, sondern auch in Berlin ein Tagebuch geführt, glaubte gehörig vorbereitet zu sein, und freute mich auf die Unterredung mit dem außerordentlichen Manne. Als aber der Tag kam, an welchem ich ihn sprechen sollte, überfiel mich mein altes Übel, die Schüchternheit, und stieg, je näher die Stunde rückte, in erschreckenden Graden. Was hell in meinem Kopfe dagelegen hatte, wie die Gegenstände in einem erleuchteten Saale, fing an, sich zu verdunkeln, es war, als würde von einem unsichtbaren Geisteratem eine Kerze nach der andern ausgeblasen, und als mich meine zögernden Schritte endlich an die Tür des Goetheschen Hauses [vielmehr seiner Wohnung in Jena] geführt, waren alle bis auf die letzte verlöscht. Während der Bediente mich anmeldete, stand vor der Tür nur mein hämmerndes Herz.

Aber auch diesmal verscheuchte der Zauber des Empfangs meine peinliche Verlegenheit. Ohne auf eine Eintrittsformel von meiner Seite zu warten, begann Goethe sogleich: «Ich habe gute Nachrichten über Ihr Auftreten in Berlin erhalten. Zelter spricht sich sehr anerkennend über Ihre Leistungen als Virtuos und Komponist aus und findet den Beifall, den Sie gefunden, vollkommen gerechtfertigt. Ich gratuliere.» Und als ich auf diese gütige Rede mit nichts als einer stummen Verbeugung zu antworten wußte, fuhr er mit der Frage fort, wie es mir zumute gewesen, als ich vor dem fremden Publikum der großen Stadt erschienen.

Ich erwiderte, daß ich den ganzen Tag und bis zum Heraustreten auf die Bühne die schrecklichste Angst empfunden habe, als aber das Orchester das Tutti begonnen, mir der Mut plötzlich gekommen sei wie den Soldaten in der Schlacht.

«Ja», sagte er lächelnd, «die Natur reagiert nicht bloß gegen die leibliche Krankheit, sondern auch gegen die geistigen Schwächen; sie sendet in der steigenden Gefahr stärkern Mut. Die Kriegshelden mögen besonders davon zu erzählen wissen. Wie war Zelter?» fragte er.

Ich erzählte, daß ich mich eines außerordentlich freundlichen Empfangs von ihm zu erfreuen gehabt habe, wie freilich mit Exzellenz gütiger Empfehlung zu erwarten gewesen. Doch sei mir in Berlin angst vor dem Besuch gemacht worden; der – etwas derben Natur des Mannes wegen.

«Ja», sagte Goethe, «er hat sich bei den Berlinern in Respekt zu setzen gewußt; er wird seine Gründe gehabt haben. Das Völkchen besitzt viel Selbstvertrauen, ist mit Witz und Ironie gesegnet und nicht sparsam mit diesen Gaben. Haben Sie diese Erfahrung auch gemacht?»

Ich bemerkte, daß mich meine Unbedeutendheit davor geschützt; denn außer einigen gutmütigen Witzen hätte ich nichts dergleichen wahrgenommen, im Gegenteil überall freundliches Entgegenkommen gefunden.

«Ein Zeichen», sagte Goethe, «daß Sie mit Bescheidenheit aufgetreten sind. Berichten Sie mir zuerst, welche Stücke Sie in Berlin gesehen.» Er setzte sich und bedeutete mir, dasselbe zu tun, woraus ich mit geheimer Freude schloß, daß er zu einer längern Unterhaltung geneigt sei. Erst nach wiederholter Einladung nahm ich gegenüber auf einem Stuhle Platz.

Ich nannte «Ferdinand Cortez» [von Spontini], «Emilia Galotti», «Deodata» von Kotzebue, mit Chören, Liedern usw. von Anselm Weber, «Die Zauberflöte», worin Unzelmann den Papageno gegeben, «Die Entführung aus dem Serail», Unzelmann als Pedrillo, «Die falsche Prima Donna» und «Das letzte Mittel» [von Frau v. Weißenthurn]. Auch dem Konzert eines Klaviervirtuosen habe ich beigewohnt.

«Wie sind Ihnen die Schauspieler und Sänger im Verhältnis zu den unserigen erschienen?»

Ich habe, erwiderte ich, im ganzen keinen Unterschied gefunden. In den Stücken, die ich gesehen, waren die Fächer alle mit geschickten Leuten besetzt, eine hervorragende Größe, als welche mir Iffland in seinen Gastdarstellungen bei uns erschienen ist, befand sich nicht darunter. Doch glaube ich eine Eigenschaft der Berliner Künstler hervorheben zu müssen, deren Mangel an den unserigen mir durch den Vergleich mit jenen erst aufgefallen ist.

«Welche?» fragte Goethe.

Mehr Plastik in den Stellungen und Bewegungen aller dortigen Darsteller. Der Anblick der von ausgezeichneten Tänzern ausgeführten großen Ballette mag wohl günstigen Einfluß ausüben.

«So ist es», sagte Goethe. «Da aber dieses Bildungsmittel für äußere anmutige Repräsentation nur an wenigen Bühnen vorhanden sein kann, so sollten alle, welche sich der Schauspielkunst widmen wollen, vorher tüchtige Tänzer, Fechter werden, vor allem sich im Zeichnen und Malen üben.»

Ich bemerkte dazu, daß mir der Mangel jener Plastik an unserm Unzelmann, als ich ihn mit den Berliner Schauspielern habe agieren sehen, ganz vorzüglich und fast widerwärtig, besonders sein watschelnder Gang, aufgefallen sei, daß ich dagegen an Wolff diesen Abfall nicht bemerkt, und er sich in dieser Hinsicht in Berlin wohl gebessert habe.

«Das letztere ist ein Irrtum», sagte Goethe, «Wolff war von Haus aus eine noble Natur, und er brachte edle und anmutige Körperhaltung schon mit, als er bei uns die Bühne betrat. Zudem zog ihn sein ernstes Wesen mehr zum Tragischen. Der Komiker, und zu solchem besitzt Unzelmann allein Talent, ist mehr auf groteskes Figurenspiel angewiesen. Welche Vorstellung», fragte er darauf, «hat Ihnen am besten gefallen?»

Dem Musiker, versetzte ich, «Ferdinand Cortez».

«Erzählen Sie mir davon», sagte Goethe.

Ich muß mir zu bemerken erlauben, daß es die erste Vorstellung war, die ich in Berlin sah. Den mächtigen Eindruck kann ich Euerer Exzellenz freilich nicht beschreiben. Alles war mir neu, und alles erschien in einer Größe und Vortrefflichkeit, die ich bis dahin nicht geahnt hatte.

«Begreifen Sie darunter auch die Ausführenden, oder nur die reichere und glänzendere äußere Ausstattung?» fragte Goethe.

Bei uns, erwiderte ich, sind die Hauptfächer besser besetzt. Unser Bassist Stromeyer und unsere Sängerin Frau von Heygendorf stehen im Gesange, letztere auch im Spiel höher. Den Schmelz unsers Tenoristen Moltke habe ich ebenfalls nicht wiedergefunden. Unser Orchester darf sich wohl auch mit jedem andern in der exakten Ausführung messen. Aber die numerische Stärke des Berliner, verbunden mit der vortrefflichen Ausführung unter Spontini, der sein Werk selbst dirigierte, ergriffen mich wunderbar. Das Orchester war mit dreißig Violinen, zehn Cellis, sieben Kontrabässen, sechs Klarinetten usw. besetzt. Als Spontini erschien, in dem überfüllten Hause eine lautlose Stille eintrat, und auf einen Wink des Kommandostabes die ganze Orchestermasse mit dem Thema der Ouvertüre in kriegerischen Enthusiasmus ausbrach, stürzten mir die Tränen aus den Augen, ja ich schluchzte so, daß ich das Taschentuch vor das Gesicht halten und den Kopf hinter die Brüstung der Galerie zurückziehen mußte, da die Nebensitzenden verwundert auf mich sahen.

Goethe lächelte und sagte: «Solcher Natur sollten alle vor der Bühne sein, dann würde sich der Künstler seiner gelungenen Mühen freuen. Das Glück jener Stunden zeigt sich jetzt noch in Ihren Augen.»

Ich schlug bei diesen Worten des Dichterfürsten die Augen beschämt zu Boden, denn ich hatte hastig und mit verstärkter Stimme gesprochen, und glaubte in seinen Worten und Mienen eine leise Ironie über meine Darstellung zu bemerken.

Goethe mochte wohl erraten, was in mir vorging, denn er fuhr mit Freundlichkeit fort: «Es ist das beneidenswerte Glück der Jugend, die Eindrücke in aller Frische und Kraft zu empfangen und zu genießen. Bei zunehmender kritischer Erkenntnis versiegt allgemach die Quelle jener ungetrübten Freuden. Jeder Mensch ist ein Adam, denn jeder wird einmal aus dem Paradiese – der warmen Gefühle vertrieben.»

Mit Ausnahme der wenigen Glücklichen, wagte ich, mich ehrfurchtsvoll vor Goethe verbeugend, hinzuzusetzen, die Weisheit sammelten und sich doch die Gefühle der Jugend ungeschwächt erhalten.

Ich hätte diese meine jugendliche plumpe Äußerung gegenüber dem größten und gefeiertsten Geiste des Jahrhunderts gern in das Meer der vergessenen Dummheiten versenkt; da sie aber Veranlassung gibt, einen kleinen Beitrag zur Charakteristik dieses außerordentlichen und auch jetzt noch in mancher Beziehung verkannten Mannes zu liefern, so habe ich sie nicht verschweigen wollen. Goethe ließ mein albernes Kompliment an sich vorübergehen, ohne durch Wort oder Miene Mißfallen kund zu geben. – Und das hat mir den Vorgang so tief ins Gedächtnis gedrückt und mich gerührt, so oft ich daran gedacht. Daß ein derartiges Kompliment von einem unbedeutenden jungen Menschen läppisch erscheinen mußte, unterliegt keinem Zweifel. Auch hat Goethe ähnliche Armseligkeiten von bedeutenderen Personen wohl derb zurechtgewiesen; aber er sah seine Leute an. Wäre in meiner Äußerung nur der leiseste Anklang von jener anmaßenden Einbildung bemerkbar gewesen, ihm etwas Geistreiches und Verbindliches sagen zu wollen, so würde er dem unangenehmen Eindruck, den es auf ihn gemacht, sicherlich Ausdruck gegeben haben. Es würde ihm zumute geworden sein, wie mir, als ein fremder Virtuosenkollege, dem ich einst auf einer Wanderung durch die Stadt Goethes Haus zeigte, emphatisch ausrief: «Welch ein großer Mann wohnt hier!» Die treuherzige, aus der Seele quellende Begeisterung, die Ehrfurcht und Liebe, die sich in meinen Zügen und Augen gewiß unverkennbar offenbarten, sagten ihm jedoch, daß meine Äußerung unwillkürlich aus einer warmen jugendlichen Seele geflossen sei, und die Natur ehrte er im kleinsten Zuge, wie in ihren erhabensten Erscheinungen. Er tolerierte also mein ungeschicktes Kompliment und fragte, als hätte er es gar nicht vernommen, was ich über die theatralische Darstellung der Oper weiter zu berichten wisse.

Ich schilderte ihm ausführlich die Pracht der Dekorationen, den Reichtum, die geschickten und anmutigen Evolutionen des eingewebten Balletts, die der Natur treu nachgeahmte Anordnung und Ausführung des Szenischen, den Zug zum Beispiel der Krieger des Cortez bei Nacht über das Gebirge, Fußvolk, Reiterei, Artillerie usw.

Goethe hörte aufmerksam zu, seine sinnenden Augen schienen auf die fernen Gegenstände selbst zu sehen, und seine freundlichen Züge drückten die Freude an den bunten Bildern aus, die meine Schilderungen an seiner Einbildungskraft vorüber führten.

Als ich geendet hatte, äußerte er: «Ja, das ist der Vorteil reicher Mittel, daß die Intentionen der schaffenden Künstler die würdige Ausführung finden können, während bei einer kleinen Bühne die Phantasie des Anordners überall durch knappen Raum beschränkt wird, mit einem Dutzend Soldaten große Schlachten, Volksszenen, mit gewendeten und umgeflickten Gewändern neue Kostüme, mit einer vorhandenen vaterländischen Walddekoration die Pracht einer tropischen Vegetation darstellen muß. Indessen die Sache hat auch ihre Nachteile. Was hat Ihnen an Spontinis Musik vorzüglich gefallen?»

Ich erwiderte, daß mich zunächst die außerordentliche Kraft, die südliche Glut, Wahrheit und Plastik des Ausdrucks mächtig ergriffen habe.

«Was verstehen Sie unter Plastik des musikalischen Ausdrucks?» fragte Goethe.

Den bestimmten Anschlag und das Festhalten eines jeden Gefühls im ganzen und jeder Regung im einzelnen, erwiderte ich. Ist zum Beispiel die Zärtlichkeit zu schildern, so ist sogleich mit dem ersten Takte die Zärtlichkeit da, und so lange diese Empfindung dauert, ist jede Note und jeder Klang, sind Zeichnung und Kolorit, Melodie und Begleitung ohne das Hereinschimmern einer andern Gemütsfarbe vorhanden. Tritt kriegerischer Mut auf, so verkünden ihn die ersten Töne und Klänge aufs bestimmteste und schärfste. Und so fließt nirgends etwas Unbestimmtes ein, jedes ist ganz, was es seiner Natur nach sein soll und muß.

«Ich habe das bei der Vestalin allerdings auch empfunden», sagte Goethe.

Zu dieser Plastik, fuhr ich fort, trägt außerordentlich viel bei die Kürze, Gedrängtheit und Einfachheit der Konstruktion aller einzelnen Gedanken, sowie der ganzen Form. Es sind die einfachsten, die man sich denken kann.

«Das mag sein», sagte Goethe. «Gleichwohl kann ich nicht leugnen, daß die Musik zur Vestalin mir zu geräuschvoll erscheint, und mich bald ermüdet. Empfinden Sie das nicht auch bei seiner Musik?»

In den ersten Proben, versetzte ich, kam mir das Gefühl. Es verschwand aber bald, und jetzt erscheint mir die Instrumentation nicht mehr zu geräuschvoll, sondern nur als ein saftiges und blühendes Kolorit. Auch Mozarts Musik wurde im Anfang für überladen erklärt, was doch jetzt niemand mehr findet.

«Es muß doch aber eine Grenze geben», sagte Goethe, «über die hinaus man nicht gehen kann, ohne dem Ohr unerträglich zu werden.»

Die gibt es ganz gewiß, versetzte ich. Allein daß ein großer Teil der Hörer jetzt schon die Spontinische Musik verträgt, dürfte beweisen, daß sie diese Grenze noch nicht überschritten hat.

«Es mag so sein», sagte Goethe; «doch fahren Sie fort in Ihrem Referat. Was haben Sie mir von Emilia Galotti zu berichten?»

Das war eine schreckliche Vorstellung für mich, versetzte ich.

«Wie das?» fragte Goethe.

Das Publikum, fuhr ich fort, führte zu dem Trauerspiel auf der Bühne ein Lustspiel auf, das mir das Herz zerriß. Es gastierte ein Wiener Schauspieler als Marinelli. Er schien die Rolle nicht schlecht zu spielen; allein er sprach im Wiener Dialekt und dazu auch, als habe er – den Schnupfen. Kaum hatte er angefangen zu sprechen, so wurde das Auditorium unruhig; bald fing man an zu scharren, zu lachen, und dies wiederholte und steigerte sich bei jedem Auftreten des Unglücklichen, so daß er zuweilen durch den Rumor gänzlich unterbrochen wurde. Kam von den mitspielenden Personen eine Äußerung auf Marinelli vor, die auf den Gast bezogen werden konnte, so geschah's vom Publikum. So bei den Worten der Gräfin: «Armer Sünder!», wo ein allgemeines Gelächter und Bravorufen ausbrach. Der Arme fiel dann gänzlich aus seiner Rolle, schlug die Augen wehmütig beschämt zu Boden und faltete wie um Mitleid bittend die Hände. Ich konnte das Elend nicht mit ansehen, verließ das Schauspielhaus und fragte mich verwundert, ob ich in Berlin im königlichen Schauspielhause gewesen sei!

«Nun ja», sagte Goethe, «und weil wir die Roheit und Rücksichtslosigkeit der Menge kennen, und, um solche Skandale zu vermeiden, alle Mißfallensbezeigungen bei uns nicht dulden, wirft man uns Beschränkung der Freiheit vor. Der ausbleibende Applaus ist Demütigung genug für den Künstler.»

Hier fuhr ich etwas keck mit der Bemerkung heraus, daß, wenn ich zu befehlen hätte, auch keinerlei Art von Beifallzeichen gegeben werden dürfe. Denn es werde alle Illusion und Stimmung, in welche mich Dichter und Darsteller versetzt, durch das Händeklatschen und Bravorufen zerrissen.

Auch auf den Schauspieler äußere es einen nachteiligen Einfluß, denn er müsse, um den Applaus hervorzurufen, Mittel anwenden, die oft mehr auf die Masse der Zuschauer berechnet seien, als aus dem Wesen der Rolle hervorgehen. Die meist outrierten Abgänge zeigen das.

Der letztere Grund schien Goethe zu gefallen; er nickte beifällig mit dem Haupte. Doch bemerkte er dazu: «Es wäre wohl gut, wenn diese Sitte von Haus aus nicht bestünde. Da sie aber einmal vorhanden, so ist sie nicht mehr ohne Nachteil zu beseitigen. Der Schauspieler ist daran gewöhnt und bedarf ihrer als Sporn. Er würde ohne die Hoffnung auf diesen hörbaren Lohn ermatten.»

Übrigens, setzte ich hinzu, habe ich bei dieser Gelegenheit bemerken können, in welcher Achtung Wolff bei den Berlinern steht. Er spielte den Grafen Appiani. Mochte der Tumult noch so arg sein, sobald Wolff erschien, trat allgemeine Stille ein, und rauschender Applaus erschallte bei seinem Abgange.

«Das», sagte Goethe, «söhnt mich einigermaßen wieder mit den Berlinern aus. Die Gewalt einer edeln Natur ist freilich groß. Und ich habe noch keinen zweiten Schauspieler gesehen, der durchgängig sich eine solche Würde in allen seinen Rollen bewahrt hätte, als Wolff. Selbst in der Darstellung der gemeinsten Charaktere schimmerte bei aller Wahrheit der ihm angeborne Adel seines Wesens durch. Sprachen Sie nicht auch von Deodata?» frug Goethe weiter. «Welchen Eindruck machte das Kotzebuesche Ritterstück auf Sie?»

Einen dramatischen Genuß habe ich davon ganz und gar

nicht gehabt. Da aber Ew. Exzellenz verlangt haben, daß ich meine Gedanken unverhohlen ausspreche, so muß ich zu meiner Schande gestehen, daß mir an diesem Abende die Bedeutungslosigkeit des Stücks fast willkommen war; denn da mich kein Interesse an die Handlung fesselte, konnte ich meine ganze Aufmerksamkeit auf die Szenerie richten, deren Pracht noch weit über die im Cortez hinaus ging. Es war kein dramatischer, aber ein vollkommener Panoramengenuß. Eine Mondscheinszene im Walde zum Beispiel war von einer Vortrefflichkeit, daß ich ganz und gar nur Auge war und kaum weiß, was dabei auf der Szene vorgegangen ist. Die Eroberung und Verbrennung einer Burg erschien mir als das Vollkommenste, was die Bühne zu leisten fähig sei. Ich wäre daher auch nicht imstande, Ew. Exzellenz eine Relation des Inhalts dieses Schauspiels zu geben.

«Ich finde das sehr natürlich», äußerte Goethe, «aber auch sehr bedauerlich. Die guten Leute bedenken nicht, wohin die übermäßige äußere Pracht zuletzt unausbleiblich führen muß. Das Interesse für den Inhalt wird geschwächt und das Interesse für den äußern Sinn an dessen Stelle gesetzt. Doch es wird sicherlich auch wieder eine Reaktion eintreten. Ich werde es freilich nicht erleben, vielleicht Sie nicht. Erst müssen die Dekorationsmaler und Maschinisten dem Publikum nichts Neues mehr bieten können, das Publikum von dem Prunk bis zum Ekel übersättigt sein. Dann wird man zur Besinnung kommen und das jetzt zurückgedrängte Echte wieder hervorgeholt, auch gutes Neues hinzugeschaffen werden.»

Kommt es so, wie Ew. Exzellenz sagen, bemerkte ich, so bleibt doch die Lektüre für jeden übrig, der sich nicht in den Pfuhl des Gemeinen mit stürzen will.

«Ja», sagte Goethe, «die Buchdruckerkunst ist ein Faktor, von dem ein zweiter Teil der Welt- und Kunstgeschichte datiert, welcher von dem ersten ganz verschieden ist; daher wir auch mit Folgerungen aus dem ersten auf den zweiten Teil nicht mehr auskommen.»

Dieser Gedanke überraschte mich durch seine für mich

gänzliche Neuheit. Ich erwartete gespannt eine Erörterung desselben. Leider ging Goethe gleich zu weiteren Fragen über die andern von mir genannten Stücke über, und ich konnte nichts tun, als die neue Ansicht in mir festhalten, um sie gelegentlich selbst weiter zu untersuchen.

«Wie war», fragte Goethe, «die Musik von Anselm Weber zu Deodata?»

Sie schien mir, antwortete ich, dem Sujet angemessen und durchaus in dem Totalton des Rittertums gehalten zu sein.

«Danach», sagte Goethe, «wäre ja Weber unter die größten Komponisten zu zählen. Nichts setzt eine stärkere Phantasie und Dichtungskraft voraus, als den Schein eines dem Stoff entsprechenden Totaltones über ein ganzes Werk zu verbreiten.»

Ich habe jedoch, sagte ich, bei dieser Gelegenheit die Bemerkung gemacht, daß diese große Eigenschaft einem Kunstwerke unter gewissen Umständen ohne alles Verdienst von seiten des Künstlers eingeprägt werden kann.

«Wie das?» fragte Goethe.

Anselm Webers Stil, wenn ich nicht lieber sagen soll Manier, erwiderte ich, ist eine Nachahmung des Gluckschen, Reichardtschen, überhaupt der älteren Meister. Seine Musik zu dem Ritterstücke scheint aus dem glücklichen Umstande hervorgegangen zu sein, daß seine künstlerische Subjektivität mit dem Gegenstande zusammentraf. Seine Manier hat von Haus aus etwas Altertümliches. Er würde der modernsten Handlung denselben musikalischen Totalton geben müssen und sich keineswegs in einen andern umstimmen können.

«Das mag wohl sein», sagte Goethe. «Und was haben Sie von dem ‹Letzten Mittel› zu berichten?»

Fast etwas Ähnliches, erwiderte ich, wie von der Weberschen Musik. Es war die vollkommenste theatralische Vorstellung, die ich in meinem Leben gesehen habe, bis auf die kleinste Rolle vollkommen. Obwohl ich nun außer Wolff keinen der anderen Mitspieler jemals gesehen hatte, so kann ich doch nicht annehmen, daß alle gleich große

Schauspieler sein sollten. Ich glaube daher annehmen zu müssen, daß ein besonders günstiger Zufall jeder Rolle die dafür geeignetste äußerliche Persönlichkeit sowohl als auch die innere Subjektivität zugeteilt habe, wodurch eine seltene Natürlichkeit durchgängig in das Ganze kam.

«Das ist eine gute Bemerkung», sagte Goethe. «Solche glückliche Zufälle gibt es allerdings, nur gehören sie leider unter die seltenen Ausnahmen.»

Obwohl ich an Goethe noch keine Ermattung des Interesses an der Unterhaltung spürte, besorgte ich doch schon längere Zeit, ihn zu langweilen; ich bemühte mich daher, meine Referate immer kürzer zu machen, und überging deshalb manches. Als er nach der Zauberflöte fragte, bemerkte ich darüber und über die Entführung aus dem Serail bloß, daß in diesen beiden Opern theatralische Ausstattung wie Spiel und Gesang ungleich schlechter als bei uns ausgefallen seien. Unzelmann, der in ersterer als «Papageno», in letzterer als «Pedrillo» gastiert, habe keinen besondern Erfolg errungen. Auch sei das Orchester weit geringer besetzt gewesen, als bei der Spontinischen Oper. Beide Werke seien gegen die anderen Vorstellungen, die ich gesehen, aufs äußerste abgefallen. Das Ärgste aber, was mir in künstlerischer Hinsicht vorgekommen, habe ich in dem Konzert eines Klaviervirtuosen erlebt.

Hier verlangte Goethe eine ausführliche Schilderung, um sich, wie er sagte, den Zustand genau vergegenwärtigen zu können.

Ich schalte hier ein, daß ich Goethe die Namen der bei dem Konzert Beteiligten nannte, sie aber aus Gründen, die man billigen wird, hier verschweige. Daß das Konzert, begann ich, von keiner berühmten Künstlerautorität ausging, wußte ich. Der Konzertgeber ist ein außer Berlin ganz unbekannter Klavierlehrer schon in vorgerückten Jahren. Das Lokal war ein länglicher, schmaler Saal, dessen eine Hälfte das Orchester, die andere Hälfte ein nicht sehr zahlreiches und, wie mir schien, auch nicht sehr gewähltes Auditorium einnahm. Das erste, was mir unangenehm auffiel, war ein nonchalantes, fast geringschätzendes Benehmen des Dirigenten (ein königlicher, jetzt verstorbener Musikdirektor). Wie ein Pfau stolz vor dem Publikum hin- und herschreitend, präludierte er auf seiner Violine wohl eine Viertelstunde ganz laut. Nach der ziemlich mittelmäßig ausgeführten Ouvertüre trat eine Dilettanten-Sängerin vor in einer solchen Angst, daß die Notenpartie in ihren Händen sichtbar zitterte. Obgleich ihre Stimme nicht übel war, so vermochte das arme Wesen doch keinen Ton natürlich hervorzubringen. Sie tremolierte durchgängig und so auffallend, daß es zuweilen in förmliches Mekkern überging. Sie mochte sonst eine den Berlinern bekannte achtbare Person sein, denn das Publikum ließ sich die Produktion gefallen und applaudierte sogar ein wenig am Schlusse. Ich habe in meinem Leben keinen komischeren Vortrag gehört, und nur das Mitleid mit der Armen hat meine Lachmuskeln in Ruhe gehalten. Hierauf setzte sich der Konzertgeber selbst an den Flügel, und das Tutti zu einem Hummelschen Konzert begann. Nach ungefähr zwanzig oder dreißig Takten des ersten Solos war er mit dem Orchester so vollständig zerfallen, daß – aufgehört und vom Solo an noch einmal begonnen werden mußte. Mir fuhr der Schreck in alle Glieder, und ich glaubte, der Virtuos müßte vor Scham in Ohnmacht sinken. Aber nichts weniger. Er blieb ruhig, als sei das eine ganz natürliche Sache, kam auch ohne ein zweites solches Unglück durch, aber fast immer in Zwiespalt des Tempos mit dem Orchester. Und wie viel Noten er fallen gelassen oder falsch gegriffen, weiß ich nicht zu sagen. Als habe ein nekkischer Kobold die Anordnung des Konzerts behufs immer komischerer Steigerung übernommen, trat nun ein alter Bratschist mit Variationen auf. Hier triumphierte endlich die Komik. Der Mann arbeitete die nichtswürdige altmodische Komposition mit einem solchen Aufwand äußerer burlesker Mimik und Gestikulation ab, daß ein ironisch donnernder Beifallssturm am Ende dieser Produktion gar nicht aufhören wollte, worüber der Alte sehr glücklich zu sein schien. Im zweiten Teil trat die Sängerin und nach ihr der Konzertgeber in ähnlicher Weise wieder auf. Doch ich fürchte Exzellenz zu langweilen, und –

«Nein», fiel Goethe ein, «fahren Sie fort. Kam denn gar keine gute Produktion zum Vorschein?»

Ein Virtuos machte eine schöne Ausnahme, und zwar auf meinem Instrumente. Er war ein ausgezeichneter Künstler.

«Nun», sagte Goethe, «da wünsche ich zu erfahren, in welchem Verhältnis Sie ihn zu sich gefunden haben.»

Diese Frage tat mir außerordentlich wohl; denn ich konnte daraus entnehmen, daß mir Goethe Selbstkenntnis und Ehrlichkeit zutraute.

Ich antwortete nach meiner innersten Überzeugung: In dem Firlefanz der Finger mag ich etwas mehr leisten können, in schönem Ton, mannigfaltigster Nuancierung, Schattierung und scharf ausgeprägtem Gefühlsausdrucke ist er mir unendlich überlegen, und hat meine Abneigung gegen mein Virtuosentum nur noch mehr gesteigert. Es ist ein qualvoller Zustand, zu wissen und zu fühlen, wie ein Tonstück vorgetragen werden sollte, und dann doch etwas ganz anderes, Matteres zum Vorschein zu bringen.

«Machen Sie nicht zu große Ansprüche an sich und täuschen sich selbst?» fragte Goethe.

Ich bitte um Verzeihung, Exzellenz, erwiderte ich, von Täuschung kann nicht die Rede sein, wenn man an andern bemerkt, daß sie haben, was einem fehlt.

«Wenn Sie glauben, sich richtig zu beurteilen, so würde ich raten, eine Tätigkeit aufzugeben, die Ihnen keine Befriedigung gewähren will.»

Wenn es auf mich ankäme, erwiderte ich, so hätte ich das längst getan. Zunächst hätte ich studiert.

«Hm!» sagte Goethe, «das alte Lied vom falschen Platze!»

Ich erschrak.

«Nein, nein», sagte Goethe, der es bemerkte, gütig, «ich meine es im Ernst. Die Welt sähe anders aus, wenn ein jeder in sein ihm zusagendes Element käme. Das soll nun einmal nicht sein. Nur wenigen fällt dieses Los.» Goethe sprach noch einige Gedanken dazu aus, die ich indessen bei mir behalten will. Er äußerte sodann: «Ist Ihnen auf der Reise hin und zurück, sowie in Berlin selbst noch Bemerkenswertes vorgekommen?»

Wenig, erwiderte ich, und wohl kaum etwas, das wert wäre, vor Ew. Exzellenz angeführt zu werden.

«Erzählen Sie», sagte Goethe, «was Ihnen aufgefallen ist. Es gibt nichts Unbedeutendes in der Welt. Es kommt nur auf die Anschauungsweise an.»

Ich bemerkte, daß mich Kriegsgeschichten sehr interessierten, und daß ich auf der Hinreise mehrfache Gelegenheit gefunden, pikante Spezialitäten über die Kriege von 1806 und 1813 aus dem Munde von Augenzeugen zu erfahren. Goethe ließ sich die Erzählung mehrerer solcher Fälle gefallen. Ich übergehe sie hier, da sie nicht in diese Blätter gehören. Endlich frug er mich, ob ich Neigung zum Soldatenstande gehabt oder noch habe.

Niemals, erwiderte ich; im Gegenteil ist es *mir* unbegreiflich, wie irgend ein Mensch Lust dazu haben kann. Kriegsgeschichten dagegen lese und höre ich mit großer Begierde.

Goethe äußerte dazu: «So kann einem also eine Sache zugleich widerwärtig und angenehm sein. Widerwärtig, wenn man sie selbst unternehmen soll, angenehm, wenn man sie an anderen wahrnimmt. Wer diese Doppelgabe am ausgebreitetsten besitzt, ist der Glücklichste in dieser Welt. Er kann niemals ohne Interesse sein, folglich niemals Langeweile empfinden.»

Es wurde mir bei dieser Rede plötzlich klar, was mir bisher nur dunkel vorgeschwebt hatte, woher nämlich der ungeheure Reichtum Goethes an sentenziösen Gedanken rühre. Jedenfalls aus seiner von Jugend auf angenommenen Gewohnheit, über jede, auch die geringfügigste Erscheinung Betrachtungen anzustellen und irgend einen Allgemeingedanken daraus zu abstrahieren. Daher die Unzahl von Betrachtungen in seinen Schriften, von denen wir glauben, wir hätten sie ebenso gut finden können, weil sie so natürlich und überzeugend erscheinen. Daß wir sie aber, einmal gelesen, niemals wieder aus dem Gedächtnis verlieren, liegt in einem zweiten Grundsatz, den er sich gegeben: jedem Gedanken die klarste, anmutigste, gefälligste Form zu verleihen. Nun verstand ich auch recht den Rat, den er mir in der ersten Unterredung gegeben: über alles, was mir vorkomme, Betrachtungen anzustellen! Ja, wenn er zu diesem Rate auch seinen wunderbar hellen, durchdringenden Blick und scharfsinnigen Geist hätte mitteilen können! Es erklären sich aus diesen Abstraktionen von jedem einzelnen konkreten Falle aber auch die scheinbaren Widersprüche, denen wir zuweilen in seinen Schriften begegnen.

Das Gespräch hatte bereits so lange gedauert, und noch war mir's nicht gelungen, Goethe an die rätselhafte Äußerung zu erinnern, die er mir am Ende seiner ersten Unterredung zum eigenen Weiterbedenken auf den Weg gegeben. Aber auch heute sollte ich nicht darüber zur Aufklärung kommen.

Denn eben, als ich darauf zu kommen mir das Herz fassen wollte, trat der Diener ein und meldete, daß – serviert sei, worauf mich Goethe freundlich entließ.

4788 Knebel an Charlotte v. Schiller 24. Juli 1820

Goethe ist noch bei uns und wird uns wahrscheinlich erst gegen Ende des Monats verlassen.

4789 Adele Schopenhauer: Tagebuch 29. Juli 1820

Einige Tage in Jena ...

Goethe war gut und liebenswürdig, zweimal [am 22. und 24. Juli] sah ich ihn, stets bei ihm, mir ging die Seele auf, als ich ihm in die Arme flog!

4790 Knebel an Charlotte v. Schiller 11. August 1820

Goethe befindet sich bei seinem Aufenthalte allhier meist immer sehr wohl, und das ist ihm wohl zu gönnen; doch wird er wahrscheinlich noch in diesem Monate uns verlassen.

4791 *Ch. D. Rauch: Tagebuch* *14./18. August 1820*

[Am 14. August] früh reiste ich mit dem Geheimen Regierungs-Rat Schultz, Schinkel und Tieck über Leipzig, Naumburg nach Jena ab und kamen den 16. daselbst an. Goethe, welchen ich von der Gesellschaft allein nicht kannte, nahm mich aufs freundlichste auf. Tieck fing das Modell der Büste Goethes an, dann [am 18.] auch ich, auf Goethes Wunsch, um den gegenwärtigen Augenblick zu fixieren, indem Tieck eigentlich nur seine frühere Büste korrigierte.

4792 *Charlotte v. Schiller*
an ihren Sohn Ernst *21. August 1820*

Ottilie ist sehr leidend; sie wird nächsten Monat niederkommen ... Der Gemahl wird beinahe so dick wie der Vater. Dieser hält sich weislich in seinem botanischen Garten auf und wird in Jena bleiben, bis alles vorüber ist.

4793 *Ch. D. Rauch: Tagebuch* *21./23. August 1820*

Nachmittag [den 21.] verließen wir Jena und wurden abends zu Weimar in Goethes Hause von dem Sohne sehr freundlich empfangen; mittags [den 22.] bei Tische waren mehrere unserer Bekannten eingeladen, nach Tische machte Goethe uns und seiner Familie die Freude der Überraschung durch seine Ankunft, zeigte uns noch seine schönen kleinen Bronzen von außerordentlicher Auswahl, verbrachten den Abend in höchster Heiterkeit und den interessantesten Gesprächen mit diesem göttlichen Menschen, so schieden wir abends nach zehn Uhr, und reisten über Naumburg, Merseburg und trafen mittags [den 23.] in Halle ein.

4794 *F. und K. Eggers: Christian Daniel Rauch* *1878*

Goethe erklärt die Behandlung der Büste [durch Rauch] für «wirklich grandios», so daß sie sich in jeder Größe stattlich ausnehmen würde.

4795 *Adele Schopenhauer: Tagebuch* *24. August 1820*

Gestern waren Rauch, Tieck, Schinkel und Staatsrat Schultz aus Berlin bei Goethens [August und Ottilie], sie waren alle unbeschreiblich gut und zuvorkommend gegen mich ...

Am Dienstag [22. August], wie die vier Männer da waren, die eigentlich zu Goethe nach Jena gekommen, dort seine Büsten gemacht hatten, fiel Ottilie von einer Treppe. Die Todesangst vergesse ich nie! ... Nachmittags kam Goethe – ich war wieder hinaufgelaufen zu Ottilien, wie war er gut und herzlich gegen sie! Gestern, den Mittwoch, war ich den Nachmittag bei ihm, ich habe ihn fast nie liebenswürdiger gesehen.

4796 *C. F. v. Both: Ein Besuch bei Goethe und Knebel in Jena* *1857*

Im August des Jahres 1820 besuchte ich auf einer Reise, welche ich mit meiner Frau machte, auch Weimar und Jena. Von dem Kammerherrn von Preen hatte ich einen Gruß an Goethe zu überbringen, und an Knebel war ich durch ein mir mitgegebenes Schreiben des Fräulein von Bose, dem dieselbe einen Brief an die Prinzessinnen Marie und Auguste beigefügt hatte, empfohlen. In Weimar traf ich Goethe nicht an; die Schwiegertochter, welche wegen Unwohlseins mich nicht empfangen konnte, ließ mir sagen, daß ihr Schwiegervater am Tage vorher – den 22. August – mit Rauch, Tieck und Schinkel nach Jena, wo er sich seit längerer Zeit aufhalte, zurückgekehrt sei. Auch der Sohn August, mein Heidelberger Universitätsgenosse, war nicht anwesend. Wir fuhren nun am 24. August morgens nach Jena. Mein erster Gang war zu Knebel, der mich mit großer Freundlichkeit aufnahm, uns auf den Nachmittag und Abend zu sich einlud, mich nach der Universitäts-Bibliothek begleitete und dort den Doktor, nachmaligen Legationsrat Weller aufforderte, mich zu Goethe zu führen. Wir fanden den letzteren in dem vor dem alten Gartenhäuschen im botanischen Garten, welches er damals bewohnte, befindlichen Baumgange auf- und abwandelnd, indem der am Morgen herabströmende Regen einigen Sonnenblicken gewichen war. Nachdem Dr. Weller den Auftrag Knebels, mich vorzustellen, ausgerichtet und sich entfernt hatte, setzte Goethe mit mir den Spaziergang unter den Bäumen fort. Ich hatte manches von dem kalten zurückhaltenden Wesen Goethes gehört und gelesen, und war deshalb zuerst etwas befangen. Sehr bald verließ mich aber diese Befangenheit, da Goethe mir zu meiner angenehmsten Überraschung mit großer Freundlichkeit, Milde und Offenheit entgegenkam. Unser Gespräch drehte sich zunächst um das Blücher-Denkmal in Rostock und wurde dann auf die uns viel zu früh entrissene Erbgroßherzogin Caroline Louise gelenkt, von deren Lobe die beredten Lippen des Greises überströmten. Nach etwa einer halben Stunde empfahl ich mich, hoch erfreut, von dem großen Manne so liebreich aufgenommen zu sein, nicht ohne die stille Hoffnung, ihn am Abend bei Knebel wiederzusehen. Wie sich diese Hoffnung erfüllte, das möge die nun folgende, in die Form eines Briefes an mich eingekleidete Schilderung meiner Frau zeigen.

Ein Abend bei Knebels

Es sind nun schon über sechsunddreißig Jahre, als wir in Jena diesen für mich unvergeßlichen Abend durchlebten. Du wünschest, daß ich Dir das mitteile, was mir in der Erinnerung davon geblieben, und ich will mir also jenen Abend, so gut ich es noch kann, in das Gedächtnis zurückrufen und in seinen Einzelheiten darzustellen suchen.

Ich erinnere mich, daß der Tag, der für uns so angenehm werden sollte, sehr unangenehm begann. Wir waren zwei Treppen hoch logiert und hatten ein Zimmer, wo ein unerträglicher Terpentingeruch herrschte. Das Wetter war abscheulich; schwere Regenwolken lagerten über der Stadt, und der Regen goß in Strömen herab. Du warst weggegangen, um Besuche zu machen und einen Empfehlungsbrief bei Knebels abzugeben; ich saß allein und wünschte mich weit weg von diesem traurigen Orte, nicht ahnend, wie viel Schönes mir der Tag noch bringen würde. Gegen

Mittag aber wurde das Wetter freundlicher, der Regen hörte auf, und als Du nun auch zurückkehrtest und mir sagtest, daß Du eine freundliche Einladung von Knebels mitbrächtest, den Nachmittag und Abend bei ihnen zuzubringen, daß wir schon um drei Uhr zum Kaffee erwartet würden, war ich wieder froh in dem Gedanken, daß wir doch auf diese Weise nach einem so unangenehmen Morgen vielleicht einen bessern Abend haben würden. Nach einem über alle Begriffe schlechten Mittagsessen, von welchem ich ebenso hungrig aufstand, als ich mich hingesetzt hatte, machten wir Toilette und spazierten dann um drei Uhr bei gutem Wetter nach dem Knebelschen Hause.

Herr und Frau von Knebel empfingen uns sehr freundlich in einem kleinen Salon, dessen Türen nach dem Garten hin geöffnet waren und den Blick in eine hübsche Anlage gewährten. Herr von Knebel war ein alter Mann mit intelligenten Zügen, aber dabei etwas grämlicher Miene, mit ergrauten Haaren und einem kleinen schwarzen Käppchen auf dem Kopfe. Frau von Knebel fiel mir gleich auf durch ihr sonderbares Kostüm. Sie war eine Frau vielleicht in der Mitte der Vierziger und mochte wohl einmal ein pikantes Gesicht gehabt haben; jetzt aber war sie mager und vergilbt und hatte etwas Unstetes und Flüchtiges in ihrem Wesen und in dem Ausdruck ihrer Züge. Sie trug einen rosa Negligéoberrock und dabei einen Turban von weißem Mull, ein Anzug, der sehr wenig zu ihrer äußern Erscheinung paßte. Nachdem der Kaffee eingenommen war, bei dem sich das Gespräch um allgemeine Dinge gedreht hatte, gingst Du mit Herrn von Knebel in den Garten. Frau von Knebel und ich blieben aber noch im Zimmer, weil der Regen am Morgen den Garten sehr naß gemacht hatte und wir der Sonne Zeit lassen wollten, ihn noch erst etwas aufzutrocknen. Wir vertrieben uns also die Zeit einstweilen mit Musik und andrer Unterhaltung, bei welcher Frau von Knebel eine nicht geringe Fertigkeit im Vortrage schwieriger Gesangstücke und viel Munterkeit des Geistes und der Gutmütigkeit zeigte, aber sonst wenig dem Bilde entsprach, welches ich mir von einer Frau gemacht hatte, der das Glück geworden war, mit den größten Geistern der Zeit in steter Berührung zu leben. Endlich konnten auch wir in den Garten gehn, und hier gelang es mir, das Gespräch auf Goethe zu bringen, dessen mir von Frau von Knebel angekündigten Besuch ich mit großer Freudigkeit, aber auch mit einigem Herzklopfen erwartete, denn Du weißt, daß ich damals sehr an Blödigkeit laborierte. «Er ist außerordentlich liebenswürdig, wenn er in guter Laune ist», sagte Frau von Knebel, «doch ist er auch zuweilen verstimmt und dann sehr einsilbig, wo man dann etwas unbehaglich mit ihm ist, doch ist es gerade nicht oft der Fall.» Sie kam dann auf Goethes verstorbene Frau, die sie sehr lobte. Ich sagte ihr, daß ich früher kein so günstiges Urteil über sie gehört hätte. «Die Frau ist sehr beneidet worden», antwortete sie, «und deshalb viel angefeindet und verleumdet.» Sie sagte mir nun, daß diese Frau einen vortrefflichen Charakter, das beste Herz gehabt habe, daß sie alle der Überzeugung wären, daß Goethe nach seiner Eigentümlichkeit nie eine passendere Frau für sich hätte finden können, wie ihr ganzes Leben nur ihm geweiht gewesen sei, wie sie ihm gegenüber nie an sich selbst gedacht hätte, sondern immer nur bemüht gewesen wäre, es ihm angenehm und behaglich zu machen. «Dabei hatte sie», sagte Frau von Knebel, «eine sehr heitere Laune, verstand es ihn aufzumuntern und kannte ihn so genau, daß sie immer wußte, welchen Ton sie anschlagen mußte, um wohltuend auf ihn einzuwirken. Sie war keine sehr ausgebildete Frau», fügte sie hinzu, «aber sie hatte sehr viel natürlichen hellen Verstand; Goethe hat uns oft gesagt, daß, wenn er mit einer Sache in seinem Geiste beschäftigt wäre und die Ideen sich zu stark bei ihm drängten, er dann manchmal zu weit käme und sich selbst nicht mehr zurechtfinden könne, wie er dann zu ihr ginge, ihr einfach die Sache vorlege und oft erstaunen müßte, wie sie mit ihrem einfachen natürlichen Scharfblicke immer gleich das Richtige herauszufinden wisse, und er ihr in dieser Beziehung schon manches verdanke.» Frau von Knebel sagte mir auch, wie tief er ihren Tod empfunden hätte und wie er auch jetzt noch immer ihren Verlust nicht verschmerzen könne. Hierauf erzählte Frau von Knebel manches über die Verhältnisse am Weimarischen Hofe, wovon ich nichts behalten habe, und kam auch auf Wieland, den sie einen vortrefflichen Hausvater und liebenswürdigen Gesellschafter nannte. Als ich die Bemerkung machte, wie sehr sie doch vom Schicksal begünstigt sei, daß es ihr geworden wäre, ihr ganzes Leben im nahen Verkehr mit den ausgezeichnetsten Männern ihrer Zeit durchleben zu können, wie fördernd dies für das eigne Ich sein müßte, wie vieles durch einen solchen Umgang geweckt und ausgebildet werden könnte, was durch das bloße Lesen ihrer Schriften doch so nie zu erreichen sei, erhielt ich eine Antwort, die ich gewiß nicht erwartet hatte. «Ja, meine Liebe», erwiderte sie, «ich will Ihnen sagen, das kommt alles darauf an, wie der Mensch nun gerade ist; mir zum Beispiel hat dies alles gar nichts geholfen, der Wieland pflegte immer zu sagen: Das weiß auch Gott, die Knebel hat ihr ganzes Leben mit den ersten Geistern ihrer Zeit durchlebt, und hat es noch nicht so weit gebracht, daß sie *mir* und *mich* voneinander unterscheiden kann.» Die Sache hatte ihre vollkommene Richtigkeit, ich hatte auch schon die Bemerkung gemacht, daß die Dame in dieser Beziehung nicht sicher sei; als sie dies aber mit so vieler Naivität und richtiger Selbsterkenntnis aussprach, fing ich unwillkürlich an zu lachen, worüber ich vielleicht selbst hinterher erschrokken gewesen wäre, wenn Frau von Knebel nicht mit großer Harmlosigkeit recht herzlich mit eingestimmt hätte.

Über diesen Gesprächen waren wir wieder in den Salon zurückgekehrt, standen am Piano und hatten die Absicht, noch etwas zu musizieren, als ich meinen Blick zur Seite wendend eine hohe Gestalt in der Gartentür stehen sah. Ich konnte nicht zweifeln, daß es Goethe sei, und alles Blut schoß mir so zu Herzen, daß ich selber fühlte, wie ich ganz bleich wurde. Frau von Knebel, die meinem Blicke gefolgt war, ging nun Goethe entgegen und bewillkommte ihn. Ich wurde ihm vorgestellt, und da er wohl bemerken mochte, daß ich sehr befangen war, so richtete er gleich einige freundliche Fragen an mich, die mich leichter über diesen ersten Augenblick des Zusammenseins mit ihm hinwegbrachten, als ich es gedacht hatte. Bald nachher kamst Du mit Herrn von Knebel aus dem Garten zurück, und er ließ sich nun in ein Gespräch mit Euch ein. Da ich etwas entfernt stand, so benutzte ich die Gelegenheit, ihn genauer zu betrachten, was ich früher, als er mit mir sprach, nicht so gewagt hatte. Es ist schon so viel über Goethes Persönlichkeit gesagt worden, und doch kann ich der Versuchung nicht widerstehen, den Eindruck zu schildern, den er auf mich gemacht hat. Gewiß konnte man nichts Würdevolleres, Imponierenderes sehen, als seine Erscheinung im allgemeinen gab. Er war damals schon einundsiebzig Jahr alt, hatte aber noch eine so feste gerade Haltung, als wäre er noch ein junger Mann. Seine hohe schöne Stirn war noch umkränzt mit zwar ergrautem, aber noch sehr vollem Haar. Die Züge trugen den Stempel einer edeln antiken Schönheit, und ich bemerkte mit Vergnügen, daß die untere Partie seines Gesichts nicht so stark war, als es mir bei den Bildern, die ich früher von ihm gesehen hatte, oft störend aufgefallen war. Die Züge um Mund und Kinn waren allerdings markiert, aber durchaus nicht so, daß es der Schönheit der ganzen Gesichtsbildung Eintrag getan hätte; mehr wie alles übrige aber fesselte das herrliche Auge die Aufmerksamkeit. Ich habe vor einiger Zeit einen Aufsatz in einem Journale gelesen, worin der Engländer Thackeray Goethes Augen furchtbare Glutaugen nennt – ich muß sagen, daß unter allen Bezeichnungen dieser Art diese die letzte gewesen wäre, die ich hier anwenden möchte. Es lag in diesem Auge, nach dem Eindrucke, den es mir gab, die Majestät eines großen erhabenen Geistes, verbunden mit dem Blicke eines edeln reichen Herzens; man fühlte, daß ein Mann mit diesem Blicke eine ganze Welt in sich aufgenommen hatte, alles nicht bloß durchgedacht, sondern auch durchgefühlt hatte, und nun am Abend seines Lebens mit klarem Blick diese innere Welt sowie die äußere mit jener hohen Ruhe übersah, die oft das Resultat eines in der Jugend reich bewegten Lebens ist. Es war aber auch der Blick eines Forschers, der mit seinem Geiste bis in die innersten Tiefen der Menschenseele schauet; und ich wenigstens hatte den Eindruck, daß, wenn ich jemals die Neigung gehabt hätte, etwas vorstellen zu wollen, oder mich anders geben zu wollen, als ich wirklich bin, ich diesem Auge gegenüber doch gleich eingesehen haben würde, daß das vollkommen überflüssige Mühe wäre, da er doch gewiß gleich wissen würde, was Wahrheit und was Täuschung sei. Ich hörte einmal vom Major von S..., der den Feldzug in Rußland mitgemacht und Napoleon oft gesehen hatte, wie schrecklich das Auge desselben gewesen sei, wie er oft gesehen, daß auch die Mutigsten gebebt hätten, wenn er seinen stechenden, scharfen und durchbohrenden Blick fest auf sie gerichtet habe, und wie er selbst auch dieses Auge gar nicht hätte ertragen können. Welch ein Unterschied hierin zwischen diesen beiden so sehr begabten Männern! Mit welchem Vergnügen, ich möchte sagen, magnetisch angezogen, kehrte der Blick immer zurück zu Goethes herrlichen Augen, in denen bei allem ernsten Forschen doch so gar nichts Stechendes und Unheimliches lag. Gewiß hatten Goethes Augen auch etwas Bezwingendes, aber es war ein anderer Geist, der dies bewirkte. Er war der humane Geistesfürst, jener der irdische Despot.

In der Mitte des Salons stand ein runder Tisch mit Schreibmaterialien; an diesem nahmen wir Platz, wir beide neben Goethe, und das Gespräch drehte sich zuerst um allgemeine Dinge. Bald darauf gingst Du mit Herrn von Knebel weg, um den Präsidenten von Ziegesar aufzusuchen, mit dem Du noch zu sprechen hattest, und Herr von Knebel begleitete Dich, um Herrn von Ziegesar einzuladen, den Abend dort zuzubringen. Frau von Knebel hatte sich schon früher, wahrscheinlich in häuslichen Geschäften, entfernt, und so saß ich nun tête à tête mit dem großen Goethe. Mir wurde wieder etwas beklommen zumute, doch führte Goethes freundliche Rede mich bald hierüber weg. Er erkundigte sich nach unserm Leben, meinen Beschäftigungen, und dann kam das Gespräch auf die Reise, die wir gemacht hatten, wobei er eine große Vorliebe für einige Partien des Harzes zeigte, den er früher öfter bereist hatte. Wir plauderten bald ganz harmlos miteinander, und als im Laufe des Gesprächs auch die Rede auf den Dom in Magdeburg kam und das schöne Grabmal in demselben, lobte Goethe es als ausgezeichnetes Kunstwerk, sprach über die Einzelnheiten desselben und pries die schöne Lage der Hauptfigur. Ich mußte ihm gestehen, daß ich zwar die Schönheit desselben im allgemeinen auch bewundert hätte, daß ich aber, an dem Tage mich unwohl fühlend und ermüdet von der Reise, dem Kunstwerke in seinen einzelnen Teilen die Aufmerksamkeit nicht geschenkt hätte, die es gewiß verdiene. «Ich will es Ihnen aufzeichnen, dann wird es Ihnen wieder mehr ins Gedächtnis zurückkehren», sprach Goethe, «es ist zu schön, als daß es aus Ihrer Erinnerung scheiden dürfte.» Goethe nahm hierauf ein Blatt Papier vom Tische und eine Feder, zeichnete das Grabmal hin, und erklärte mir nun die einzelnen Teile desselben. Dann gab er mir die kleine Zeichnung – der er später noch den Namen eines Buches, das er mir zu lesen empfohlen hatte [«Olfried und Lisena» von A. Hagen], beifügte – und sagte: «Behalten Sie es zu meinem Andenken.» Du weißt, ich bewahre dieses Blättchen noch immer wie ein Heiligtum, und obwohl es gar keinen künstlerischen Wert hat, so würde ich es doch, als von Goethes Hand gezeichnet und von ihm mir geschenkt, gewiß nicht für vieles weggeben. Als später die Rede auf Lektüre kam, empfahl er mir mehrere Schriften, und machte mir das Kompliment, daß ich eine sehr gute Vorleserin sein müßte, da ich eine so klare deutliche Aussprache habe. Ich hatte nämlich schon vorher erfahren, daß er nicht ganz scharf mehr höre, und meine Sprache darnach eingerichtet, und dies mochte mir jenes Kompliment verschafft haben. Nach diesem kamst Du mit Herrn von Knebel und dem Präsidenten von Ziegesar, einem hohen stattlichen Manne, zurück; auch Frau von Knebel erschien wieder, um den neuen Gast zu bewillkommnen. Wir setzten uns nun alle wieder an den runden Tisch, wo das Gespräch sich ausschließlich den neuern Erscheinungen in der Literatur zuwandte. Ich bedaure sehr, über diese gewiß sehr interessanten Verhandlungen nicht so viel mitteilen zu können, als es mir vielleicht möglich gewesen wäre, wenn Frau von Knebel sich nicht zu mir gesetzt und mich fortwährend sehr angelegentlich unterhalten hätte, da sie nach ihrer eignen Art zu sein wohl glauben mochte, daß die ernsten Gespräche der Männer für eine so junge Person, wie ich damals noch war, unmöglich Interesse haben könnten. Ich bemühte mich indessen fortwährend, nach der andern Seite, wo Goethe bei mir saß, so viel als möglich herauszuhören, was freilich unter diesen Umständen nur Bruchstücke sein konnten. Es wurde über Hebels alemannische Gedichte gesprochen, die von Goethe sehr belobt wurden, dann über plattdeutsche Gedichte und über die plattdeutsche Sprache überhaupt, für die Goethe sich zu interessieren schien. Außerdem wurden noch manche neue Schriften, deren Namen ich vergessen habe, beurteilt; etwas Genaueres weiß ich aber nicht darüber zu sagen. Desto lebhafter erinnere ich mich einer seltsamen Angewöhnung des Herrn von Knebel, die etwas Komisches hatte. Der alte würdige Herr, der mir schräg gegenüber saß, bildete zusammengesunken in seinem Stuhl den Gegensatz zu Goethe, der kerzengerade saß und nicht die geringste Stütze für seinen Körper zu bedürfen schien. Dabei hörte er mit der gespanntesten Aufmerksamkeit zu, wenn Goethe sprach, indem er fortwährend: ja, ja! sagte, was wie jo, jo! klang. Dieses ja, ja! sehr rasch wohl hundertmal wiederholt, fing im größten Piano an, steigerte sich immer mehr, bis er zuletzt ganz laut sein jo, jo! herausstieß, dann holte er sich gewissermaßen selbst wieder herunter und fing von neuem im Piano an. Dabei nickte er fortwährend sehr rasch mit dem Kopfe, und diese Prozedur ging immer unausgesetzt die ganze Zeit hindurch, in der er selber nicht sprach. In der Jugend ist man leicht geneigt, über dergleichen zu lachen, und ich muß gestehen, daß es auch mir einige Mühe machte, es zu unterdrücken.

So ging der Abend rasch vorüber, und da das Wetter

schön geworden war, so gingen wir noch in den Garten; doch waren wir noch nicht lange dort, als wir benachrichtigt wurden, daß das Essen unserer harre. Wir stiegen nun, ich von Goethe geführt, in den zweiten Stock, wo die Tafel serviert war. Ich saß wieder neben Goethe, während Du weiter unten bei Frau von Knebel placiert wurdest. Während der Dauer der Mahlzeit wurden keine ernsten Gespräche mehr geführt, die Unterhaltung war heiter und scherzhaft, Goethe schien einiges Vergnügen daran zu finden, mich zu necken, und da ich über die Blödigkeit weggekommen war, so erlaubte ich mir, ihn auch ein wenig dafür zu bezahlen. Als Herr von Ziegesar ihm sagte: «Exzellenz necken die junge Dame aber auch nicht wenig», gab er lachend zur Antwort: «nun, sie bleibt mir eben auch nichts schuldig»; und in Wahrheit, ich habe es später selbst nicht begreifen können, woher ich den Mut bekommen hatte, dem großen Goethe seine Neckereien zurückzugeben. Ich war aber heiter gestimmt und fühlte mich sehr angeregt, und da kann man denn manches tun, was in gewöhnlicher Stimmung unmöglich sein würde. Als wir gegen 12 Uhr vom Tische aufstanden, konnte ich gewiß aus aufrichtigem Herzen der Frau von Knebel meinen herzlichsten Dank sagen für den herrlichen Abend, den ihre Güte uns bereitet hatte, und die gutherzige Frau war selber sehr erfreut, daß der Goethe, wie sie sagte, so prächtig gewesen sei. «Daher freute es mich», fügte sie hinzu, «daß Sie ihn so gesehen haben, er ist nicht immer so, aber heute ist er einmal in seiner rosigsten Laune»; und gewiß, er war so liebenswürdig, wie möglich. Das Bild, welches ich in meiner Erinnerung von ihm habe, ist ein unendlich wohltuendes. Wie schön ist es, wenn so außerordentliche Menschen bei ihren überwiegenden Gaben auch diese freundliche aufmunternde Seite haben, sich nicht darin gefallen, niederzudrücken, wie es kleinere egoistische Geister oft zu tun pflegen, sondern mit edler Humanität auch das kleine Fünkchen in anderen anfachen.

Als wir uns gleich darauf empfehlen wollten, erbot sich Goethe, uns in seinem Wagen, der schon vor der Türe hielt, nach unserem Hotel zu bringen; dies wurde natürlich mit Dank angenommen, und wir bestiegen mit ihm eine kleine sehr niedrige zweisitzige Droschke, worin Du Deinen Platz bei dem Kutscher nahmst, und ich mich bei Goethe in den Hauptsitz setzen mußte. So brachte er uns nach unserm Hotel, wo wir an der Tür Abschied von ihm nahmen – leider auf Nimmerwiedersehen.

So weit die Schilderung meiner Frau, der ich nur noch folgendes hinzufüge. Als wir an dem runden Tische im Salon Platz genommen hatten, wurde vor Goethe eine Flasche Rheinwein hingesetzt, aus der er sich von Zeit zu Zeit einschenkte. Beim Souper trank er den Rest aus, aß aber sehr wenig. Der Aufbruch um Mitternacht wurde durch eine Äußerung Knebels über unsere in der Frühe des folgenden Tages bevorstehende Abreise veranlaßt, worauf Goethe scherzend bemerkte: «Alter, du willst uns nur los sein.» – Einer Einladung des Geh. Hofrats Stark zu der Feier von Goethes Geburtstage am 28. August konnte ich zu meinem großen Leidwesen nicht folgen. Die am Abend gepflogene Unterhaltung über die neueste Literatur gab hiernächst die Veranlassung zu einem kleinen Briefwechsel zwischen Goethe und mir, der einige Jahre dauerte, dann aber von mir teils wegen Geschäftsüberhäufung und Krankheiten, teils weil es mir an geeignetem Stoff zu Mitteilungen fehlte, nicht fortgesetzt wurde. Das erkannte ich übrigens schon bei jener persönlichen Begegnung, daß Goethe ein rechter Mensch, ein Mensch aus Einem Stück sei. Das rechte Verständnis ist mir jedoch erst später aufgegangen, nachdem sich manches in mir selbst aufgeklärt hatte, und von der Zeit an hat mich auch das unwürdige Geschwätz der Neider und Lügenmäuler keinen Augenblick irre machen können. Und fürwahr, wer Goethe näher kennen zu lernen Gelegenheit hatte, mußte ihn von Herzen lieb gewinnen!

4797 A. v. Prokesch-Osten an J. Schneller 27. August 1820

Erraten Sie, daß ich von Goethe rede? Nicht hier [in Weimar], sondern schon vorgestern, in Jena, traf ich ihn. Mit ihm durchfuhr ich die Gegend; an seiner Seite besuchte ich die Kabinette und Büchersammlungen; in seinem Garten lebt' ich mit ihm, teilte mittags und abends seine ländliche Tafel. Mit kindlicher Heiterkeit zeigte er mir einige Versuche, die auf den dritten Teil der Morphologie Bezug haben; wir sprachen über seine Jugend, seine Schöpfungen, seine Verhältnisse. Bis gegen Mitternacht las er mir aus seinem Divan, dann schloß er mich in seine Arme, und ich schied.

Von diesem Manne umarmt! – Ich gebe die seligste Umarmung der Liebe dafür! – Sie fragen, wie kamst Du zu Goethen? ...

Am 25. war es eben, daß ich Goethen in Jena besuchte. Am 26. traf ich zu Weimar ein, und heute in der Nacht kehrte ich nach Leipzig zurück. Kammerrat v. Goethe (der Sohn), an den der Vater mich wies, wurde mein Führer durch den schönsten Park Deutschlands; ich besah jede heilige Stelle. Goethes, Herders, Wielands Wohnungen und Grabstellen.

4798 A. v. Prokesch-Osten
an J. B. Graf v. Paar 10. November 1822

[Über Goethe.] Sie entsinnen sich des Inhalts unserer Gespräche mit ihm, als wir vor zwei Jahren den Greis in seinem einfachen Hause zu Jena besuchten: Sie entsinnen sich der Verwunderung, die ich gegen Sie (nicht ohne Beschämung) aussprach, statt des durch Rang, Verdienst, Weltlob und Bewußtsein mit Recht weit über uns gehobenen Mannes, im Benehmen, in seinen Äußerungen nur den milden, liebevollen Vater zu sehen, – den Greis, der mit Innigkeit an den Busen der Natur sich schmiegt, – den Menschen, der, keine gesellige Form mit hochmütiger Demut verachtend, hinter jeder nur das Reinmenschliche aufsucht, und so gerne findet; den Weisen, der von seinen Leistungen mit einer Bescheidenheit sprach, die jetzt kaum der Unbedeutendste unserer unbedeutenden Schriftsteller (ich rede nicht von Herrn Glover) mehr für nötig achtet; den Dichter endlich, der in seinen Werken nur Unvollkommenes, nur Anfänge anerkannte, wenn er auch wohl wußte, daß jede Leistung des wahren Künstlers, auch die größte, nur ein angefangener Ausdruck ist, zu dem hienieden das Ende nimmer gegeben wird; daß alle Mittel der Darstellung oder Abbildung des Höheren nur bis zu einem geringen Grade ausreichen, und ob ihrer Schwere kaum über den Boden zu heben sind, während Wollen und Denken alle Räume der Idealwelt durchziehen. Aber wozu soll ich Sie an Szenen erinnern, die wir so viel besprochen? – Genug, Sie wissen: Goethe klagt über das Mangelhafte seiner Werke ...

4799 Abend-Zeitung (Dresden) 12. September 1820

Jena, am 28. August 1820.

Das Geburtfest des ehrwürdigen Veteranen deutscher Dichtkunst, ja wir möchten sagen, deutscher Gesamtliteratur, verbreitete heute in unsern stillen Mauern allgemeine Freude. Wer tags vorher die vielen, von zarter Hand gewundenen Kränze und Girlanden sah, mochte wohl im stillen die Nähe einer Festlichkeit ahnen. Am bestimmten Tage ward dem Dichter ein festliches Mahl auf dem hiesigen Rosensaale veranstaltet, an dem sämtliche verehrte Mitglieder unsrer Akademie nebst sonstigen Standespersonen teilnahmen. Als Goethe eintrat, fiel die Musik rasch ein. Nachdem er eine, neuerlich in Berlin vollendete, wohlgetroffene Büste, die, bekränzt und mit einer lateinischen Inschrift versehen, den Saal zierte, eine Weile betrachtet, nahm er an der Tafel Platz, und schien recht von Herzen fröhlich mit den Fröhlichen. Als man späterhin seine Gesundheit ausbrachte, gab er in wenigen, aber desto ergreifenderen Worten seinen Dank zu erkennen. Abends befand er sich mit einigen Freunden in seiner Wohnung am hiesigen botanischen Garten, und wurde hier um 9 Uhr von einem Teil der Studierenden durch ein Fackelständchen überrascht. Ein anderer Teil hatte ihm schon vormittags durch Überreichung eines wohlgelungenen Gedichts seine Achtung zu erkennen gegeben. Daß es überhaupt diesem Tage nicht an Gesängen fehlen würde, ließ sich voraussehen, und so wurden denn, außer einigen lateinischen Gedichten, noch deutsche von Gries, Schwabe, Döring und einigen Ungenannten überreicht. Folgendes sang unter andern Heinrich Döring:

Dir reicht in allen deutschen Landen
Die Kunst und Wissenschaft den Preis;
So hast Du lange da gestanden,
Ein ewig jugendlicher Greis!
Drum freundlich, wie die Morgenröte
Den düstern Nebel leicht zerstreut,
So bleibe stets der Name *Goethe*
Verkünder einer schönen Zeit.

4800 H.Ch.A.Clemen: Aus meinem Leben

Ich will hier ein Ereignis erwähnen, das für die damalige Stellung und Stimmung der Burschenschaft in Jena charakteristisch ist. Der 28. August [1820], Goethes 71. Geburtstag, nahte heran, und die Universität, wo der Dichter so gern und so oft verweilt hatte, um in der Stille des schönen Saaltals ungestört seinen poetischen Schöpfungen zu leben, und um welche er sich als Minister, namentlich betreffs der Bibliothek und sonstiger wissenschaftlichen Institute, bedeutende Verdienste erworben hatte, beschloß, den Tag zu Ehren des gerade anwesenden Dichters durch ein solennes Mittagsmahl zu feiern. Zugleich wurde der Wunsch laut, daß von seiten der Studenten ein Fackelzug und Ständchen veranstaltet werden möchte. Wiewohl nun Goethe keineswegs der Mann der Burschenschaft, als solcher, war, vielmehr manche Glieder derselben wegen seiner bekannten Abgewandtheit von aller Politik, die sie ihm als Mangel an Vaterlandsliebe und als Teilnahmlosigkeit an den dermaligen jugendlichen Idealen auslegten, so sehr übel auf ihn zu sprechen waren, so blieb doch der Gedanke eines Fackelzuges nicht ohne Anklang, da man eine erwünschte Gelegenheit darin sah, in burschenschaftlichem

Kostüm, also als Verbindung, öffentlich und zwar vor dem Curator perpetuus der Universität selbst aufzutreten; wozu noch kam, daß alles auf die Standrede gespannt war, die der große Dichter, der Minister, in gebundener und ungebundener Rede halten würde. Ich meinesteils ging um so lieber auf die Sache ein, da ich schon von der Schule her ein eifriger Verehrer Goethes war und nun Gelegenheit zu erhalten hoffte, ihn von Angesicht zu Angesicht zu sehn, mit ihm zu reden und ihm an seinem Ehrentage meine Verehrung aussprechen zu können. Ich wurde auch in der Tat zu einem der drei Abgeordneten gewählt, die sich zu Goethe auf das Zimmer begeben und ihm den Glückwunsch der Burschenschaft persönlich überbringen sollten. Dieser bewohnte damals die obere Etage eines Hauses, welches dicht am botanischen Garten, also dem jetzigen Universitätsgebäude gegenüber am sogenannten Graben, der Wallpromenade, lag, welche einen sehr geeigneten Raum für die Aufstellung des großen Zuges von zirka achthundert Fackeln darbot. Es waren aber auch von nah und fern Gäste herzugeströmt, alle begierig, eine Standrede von Goethe zu hören, die sich dem Zuge anschlossen. – Leider wurde ihnen diese Freude nicht zuteil. – Nachdem wir drei eingetreten und uns unseres Glückwunsches entledigt hatten, erschienen Bediente, Champagner präsentierend und die alten Gläser immer wieder mit neugefüllten vertauschend, während die majestätische Gestalt des Dichters mit ihrem prachtvollen Kopfe und ihrer herrlichen Stirn vor uns stand, und er seinerseits gegen uns das Wort nahm, um uns seine Stellung zu den Dingen dieser Welt anzudeuten, indem er aussprach, daß er das Gute überall, wo er es in der Welt gefunden, auch gefördert habe. Nun aber erschallte unten nach Beendigung eines abgesungenen Liedes das langerwartete Vivat mit tausendstimmigem Hoch, und alles erwartete in höchster Spannung, was kommen werde. Goethe aber trat mit seinem Glase ans Fenster, öffnete es, verneigte sich schweigend hinunter, trat dann zurück, erhob sein Glas gegen uns, und wir tranken auf seine Gesundheit. Natürlich waren die unten von diesem Verlauf der Sache wenig erbaut, sie zogen daher ziemlich unbefriedigt auf die Rose, wo ein Kommers arrangiert war, und sie sich über die nicht erhaltene Standrede «beim Bierkrug von Stein» trösteten. Uns wurde es dagegen desto wohler, denn Goethe wandte sich nun an jeden einzelnen mit der Frage, was er studiere, und da er vernahm, die beiden andern seien Theologen, ich aber Philolog, so blieb er bei mir stehn und frug, ob ich den Doktor Reisig kenne. Dieser hatte sich als Doctor legens in Jena etabliert und Ostern 1818, gerade als ich hinkam, seine Vorlesungen über Aristophanes mit der Erklärung der «Wolken» begonnen. Die Originalität seiner ganzen Persönlichkeit – er trug ziemlich langes Haar, gelbe lederne Beinkleider und Sporen, da er täglich in der Reitbahn ritt – und die jugendliche Frische, ja oft Keckheit seines Vortrags zog uns unwiderstehlich zu ihm hin, hauptsächlich uns paar Philologen, die wir damals in Jena studierten. Ich erinnere mich, daß ich mit ihm gegangen, gefahren und geritten bin, und da er in dem heißen Sommer 1819 sein Kollegium über die «Frösche» des Aristophanes morgens früh von 6 bis 7 angesetzt hatte, aber sehr leicht die Zeit verschlief, so gingen unser zwei regelmäßig um 3/4 6 hin und weckten ihn. Dies alles erregte Goethes Interesse in hohem Grade; er sagte uns, daß auch er an dem jungen Doktor ein lebendiges Interesse nähme, da er sich namentlich seiner gründlichen Kenntnisse über Aristophanes bei seinem Studium dieses Dichters zu bedienen gedächte. Leider kam schon bald nachher der Geheimrat F. A. Wolf nach Jena und führte Reisig unter der Bedingung eines auskömmlichen Gehaltes, was ihm in Jena ganz fehlte, nach Halle.

Goethe aber hatte freilich durch diese Feier keineswegs an Popularität bei der Burschenschaft gewonnen, vielmehr wurden ihm von ihr zwei Jahre nachher, wie ich später hörte, unter Führung Arnold Ruges, zu seinem Geburtstage die Fenster eingeworfen.

4801 Knebel an Charlotte v. Schiller 4. September 1820

Ihr Andenken an Goethe habe ich ihm noch gestern überbracht, und er dankt recht freundlich dafür. Was die Gedichte zu seinem Geburtstag anbelangt, die hier ausgeteilt worden, so habe ich, was nicht lateinisch ist, an Frau v. Stein gesandt. Sie sind nicht von hohem Belang, und man verliert nicht viel dabei, wenn man sie nicht gelesen hat. Des Versmachens ist jetzt kein Ende, und man bezahlt auch in kleiner Münze. Ein kleines Drama, das mir Goethe mitgeteilt, «Die Entführung, zwei Akte in Frankfurter Mundart» [von K. Malß], wiegt ganze Scheffel solcher Gedichte auf.

4802 C. Loewe: Selbstbiographie

Unmöglich konnte ich mich in Jena aufhalten, ohne den Versuch zu machen, Goethe zu sehen. Der große Dichter hatte damals seinen Wohnsitz für den Sommer im botanischen Garten aufgeschlagen.

Ich ließ mich [am 16. September 1820] als Studiosus Loewe aus Halle bei ihm melden, und wurde in den Garten gewiesen. Kurz vorher war Kotzebue zu Mannheim durch Sands Mörderdolch gefallen.

Von dem botanischen Garten aus konnte ich die Fenster von des Dichters Empfangssalon im oberen Stockwerk sehen, deren Vorhänge niedergelassen waren. Ich ging, wenn auch immerhin gespannt, doch ruhig auf und ab, und warf nur zuweilen einen Blick auf jene verhüllten Fenster, an denen sich ab und zu ein Vorhang zu bewegen schien, als stände irgend ein Beobachter dahinter. Der Gedanke stieg in mir auf: sollte man dich von dort aus etwa, weil du Student bist, und weil die Studenten jetzt durch Sand so gefährlich geworden sind, beobachten? – Ich glaube, ich sah damals mit meinem hellblonden Haar recht unschuldig aus, auch guckte wohl die Notenrolle des Erlkönig aus der Tasche meines Leibrocks und bekundete mein harmloses Anliegen. Kurz ich wurde endlich heraufbefohlen, und von einem Diener in einen länglichen Salon geführt.

Goethe war außerordentlich gütig. Während er mit mir im Salon auf- und niederging, unterhielt er sich mit mir über das Wesen der Ballade. – Noch stand der Diener immer auf der Schwelle, und erst als das Gespräch schon eine geraume Zeit gedauert hatte, winkte Goethe, und wir blieben allein. – Ich sagte ihm, wie ich die Ballade vor allen andern Dichtungsformen liebe, wie die volkstümliche Sage seines Erlkönig in dem großartig romantischen Gewande seiner Dichtung mich ganz hingenommen; so hingenommen, daß ich diesen Erlkönig habe komponieren müssen: «Ich hielte schon deshalb den Erlkönig für die beste deutsche Ballade, weil die Personen alle redend eingeführt seien.» «Da haben Sie recht», sagte Goethe. – Immer zutraulicher gemacht, fügte ich hinzu: «Von Ihren dramatischen Werken halte ich den Tasso für das beste. Ich lese ihn wiederholt und immer mit neuem Entzükken.»

«Das wußte ich, ehe Sie es sagten», erwiderte Goethe.

Nun bat ich ihn, ihm den Erlkönig vorsingen zu dürfen. «Leider habe ich hier kein Instrument», antwortete er mir mit aufrichtigem Bedauern. «Das tut mir um so mehr leid, als ich immer besser arbeiten kann, wenn ich Musik gehört habe. Aber besuchen Sie mich in Weimar; da habe ich alle Freitag bei mir einen musikalischen Abend, und es würde mich freuen, dort meine Dichtung in Ihrer Musik wiederzuhören.»

Wie oft habe ich dieses Besuches bei dem großen Dichter gedacht, als ich etwa achtzehn Jahre später seinem ältesten Enkel, Walther von Goethe, in der Kompositionslehre Unterricht zu erteilen hatte ... Der große Dichter ahnte wohl, als der junge Student im Jahre 1820 in Jena vor ihm stand, nicht, daß dieser der Lehrer seines Enkels werden sollte, seines Walther, den er so lieb hatte.

Mir ist es leider nicht vergönnt gewesen, der Einladung des Dichters nach Weimar Folge leisten zu können; denn als ich mehrere Jahre später von einem Musikfest am Rhein zurückkommend Weimar berührte, war Goethe schon tot.

4803 *C. Loewe an seine Frau* *24. Juli 1846*

[Besuch in Jena.] ... darauf sahen wir den botanischen Garten, in welchem merkwürdige Sachen wachsen: Reis im Freien, zwei Dornbäume, ein männlicher und ein weiblicher, innig ineinander verschlungen. Sensitiven: eine Becherpflanze mit Deckel, die sich nachts mit Wasser füllt und den Karawanen zu trinken reicht, bei welcher Goethe gesagt hat: «Kurios!»

4804 *F. Förster: Aus dem Nachlaß* *1873*

Nun will ich hier noch einer dritten Begegnung mit Goethe erwähnen. Auf einem ersten Ausfluge mit meiner jungen Frau (geb. Laura Gedike) nach Thüringen, im Herbst 1832 [1820], erfuhr ich in Jena, daß Goethe für den Monat September eine Gartenwohnung in dem botanischen Garten der Universität bezogen habe. Ich versäumte nicht, mich und meine Laura bei ihm anzumelden, und wir wurden in herzlichster Weise willkommen geheißen. – Goethe bot [am 27. September] meiner Frau seinen Arm zu einem Spaziergang durch den Garten, und obschon sie kurz vorher geäußert: sie würde mehr Mut haben, dem Kaiser Napoleon oder Alexander sich vorstellen zu lassen, als Goethe, gewann sie doch bei dessen entgegenkommender Freundlichkeit vollkommene Unbefangenheit und richtete die von ihrem Lehrer Zelter an den Freund ihr aufgetragenen Grüße bestens aus. «Ich möchte», sagte Goethe auf diesem Spaziergange, «der jungen Freundin gern ein Sträußchen verehren, aber leider ist, wie Sie sehen, schon alles verblüht.» – «Dort unten», rief Laura, Goethe mit sich fortziehend, «seh' ich ja noch eine wunderschöne Blume in herrlichster Blüte!» Goethe folgte, er ging festen Schrittes darauf zu. «So kann man denn doch», rief er, «seinem ärgsten Feinde nicht entgehen: das ist die Tabakspflanze, die eine gar schöne Blüte treibt, deren Blätter aber, wo sie in Rauch aufgehen, das sicherste Mittel sind, mich zu vertreiben.» Dennoch entschloß er sich, diese Tabaksblüte zu brechen, auch fanden sich noch einige Astern und Immergrün, so daß er meiner Frau ein ganz hübsches

Sträußchen geben konnte, wie er dabei sagte: «mit Vorbehalt, es im Frühling durch ein besseres zu ersetzen.»

4805 Zelter an Goethe *19. Oktober 1820*

Frau Förster ist nicht schlecht verliebt in Dich zurückgekommen und kann nicht genug erzählen, wie liebreich sie von Dir aufgenommen sei. Sie ist gut musikalisch und hat eine schöne helle und sichere Stimme.

4806 K. E. Schubarth: Über Goethes Faust *1833*

Aus mündlicher Mitteilung [wohl bei Besuchen in Jena vom 24. bis 28. September 1820] erinnere ich mich, wie Goethe erzählte, Napoleon sei der einzige gewesen, der ihn, den Dichter, auf ein Mißverhältnis im Werther aufmerksam gemacht, das bis dahin den schärfsten, kritischen Blicken entgangen, weil er es allerdings so künstlich versteckt, wie der Schneider seine künstliche Naht anzubringen pflege, wenn ihm durch ein Unglück in ein ganzes Stück Tuch irgendwo ein Riß kommt. Als ich um nähern Aufschluß bat, erwiderte er mir, ich sei durch das, was ich über Werther in meiner Beurteilung bereits gesagt, auf bestem Wege, es selbst zu finden; er wolle mir daher nicht vorgreifen.

4807 C. E. v. Weltzien an C. v. Seidlitz *9. Oktober 1820*

Soeben komme ich von Goethe und muß – noch ganz warm – es Dir sogleich erzählen (daß keine Beschreibung von Heidelberg folgt, magst Du entschuldigen: ich hätte diesen unvollkommenen Brief überhaupt bis Berlin liegen gelassen, wenn es mich nicht brannte, Dir von Goethe zu erzählen). Diesen hatte ich in Weimar anzutreffen geglaubt, er befindet sich aber noch immer – der fortwährend schönen Witterung wegen – in seinem Sommeraufenthalt zu Jena. Heute morgen vor 9 Uhr ging ich zu ihm, von Sivers (mit dem ich seit vorgestern zusammen bin) bis an die Türe begleitet. Ich zitterte unterwegs am ganzen Leibe, im Gefühl, daß ich zum größten und berühmtesten Manne ging, den ich ja bisher gesehen – und für den ich keine passende Materie zur Unterhaltung wußte, den man außerdem mir als stolz und patzig verschrieen hatte. Goethes Wohnung in Jena, am botanischen Garten gelegen, – ist nichts weniger als hübsch, sondern sieht sehr schofelig von außen aus, dagegen sein Haus in Weimar sehr geschmackvoll eingerichtet sein soll. – Ich faßte mir endlich ein Herz, ging hinein und ließ mich anmelden. Ich wurde sogleich vorgelassen (nicht wie bei den Berliner Professoren, wo man stundenlang im *Vorhause* warten muß). – Goethe hält sich gewöhnlich in einem Zimmer, eine Treppe hoch, auf, welches blau angestrichen und mit vielen Kupferstichen behängt ist. Im Zimmer selbst sieht es ziemlich liederlich aus, alle Tische und Fenster liegen voll Kalender, Bücher etc. Nebenan stößt eine Schlafkammer, wie es scheint, in welche ich mich beim Weggehen verirrte, von Goethe aber freundlich zurechtgewiesen wurde. – Obgleich es noch früh war und Goethe vormittags nie ausgehen soll, so fand ich ihn doch ganz in Gala in seinem Zimmer allein auf- und niedergehn. Er hatte einen schwarzen feinen Frack an, worauf der große Stern der Ehrenlegion prangte, schwarze Pantalons nebst Stiefeln, eine weiße Weste und sehr feine Manschetten, so daß ich noch immer nicht begreifen kann, wie ein Mann in seinem Alter sich zu Hause solchen Zwang antut. Sein Gesicht hat ungeachtet der tiefen Furchen und Runzeln, welche zweiundsiebzig Lebensjahre hineingegraben haben, einen außerordentlichen Ausdruck, den ich aber ganz anders fand, als ich ihn erwartete: nichts von Arroganz, nichts von Menschenverachtung, sondern etwas ganz Unnennbares, wie es Männern eigen zu sein pflegt, die durch vielfältige Erfahrungen und Schicksale und gleichsam im Kampf durch das Leben gegangen sind und nun im Gefühl ihrer wohlerhaltenen Integrität mit beneidenswerter Gemütsruhe der Zukunft entgegensehn. In diesen Ausdruck mischt sich bei Goethe ein unverkennbarer Zug von Herzensgüte und zugleich ein andrer von besiegter ehemaliger Leidenschaftlichkeit, welche noch in dem unsteten Wesen seines Blicks sich offenbart. Sein großes, helles Auge heftete er während des Gesprächs oft auf mich, sowie ich aber aufblickte und seinem Blicke begegnete, wandte er diesen gleich ab und ließ ihn unstet herumschweifen. Diesem Ganzen verleiht das graue Haar einen noch größern Zauber. – Ich wurde – gegen meine Erwartung – freundlich und human aufgenommen; wir sprachen – stehenden Fußes – zuerst von Klinger, – dann von meiner Reise und dem herrlichen Rhein, wo besonders Goethe seine große Bewunderung des Doms in Köln aussprach, zuletzt von der Universität Jena. Ich brachte auch den Gruß von Morgenstern an, worauf Goethe mit einem – ich möchte sagen – schalkhaften Lächeln dankte, ohne etwas zu erwidern. Als ich aber Kurt Sprengels Gruß überbrachte, ergoß er sich in ein fast ungestümes Lob dieses großen Mannes, den er seinen lieben Freund und den ehrwürdigsten unter den medizinischen deutschen Gelehrten nannte. Er fügte hinzu, daß, wenn ich auch auf der ganzen Reise nichts weiter gesehen hätte, Sprengels Bekanntschaft allein hinreichend wäre, mich zu entschädigen.* Nach 15 bis 20 Minuten empfahl ich mich und eilte, Dir dieses zu schreiben. – Der Anblick Goethes hat in mir manche eingeschlafene Gefühle geweckt; es ist doch eine herrliche Sache, ein berühmter Mann zu sein, – nicht wahr?

4808 *Adele Blumenbach an Therese Huber 27. November 1820*

Aber nun von Goethe, – wollte Gott, ich könnte viel von ihm erzählen, aber leider sah ich ihn nur einmal, da aber doch wohl eine Stunde lang. Er lebt den Sommer über, wie Ihr wißt, in Jena – nun waren wir vorher in Weimar, wo der Papa [Johann Friedrich Blumenbach] viel Gnade fand vor den Großherzoglichen Augen und sich's der alte Groß-Herzog nicht wollte nehmen lassen, *selbst* die Honneurs von Jena zu machen, und ist er da, so muß Goethe immer mit ihm speisen, wozu denn dasmal der Papa freilich auch jeden Tag eingeladen ward, wir übrigen aber, die wir außerdem mit Goethe zusammen gewesen sein wür-

* Goethe schien gar nicht zu fühlen oder fühlen zu wollen, wie sehr dies – und in höherem Maße – von *seiner* Bekanntschaft wahr wäre.

den, hatten nun nichts von ihm. Nur den ersten Morgen nach unsrer Ankunft [8. Oktober] lud er uns ein zu sich im Botanischen Garten – den er bewohnt –. Er stand in der Tür und kam uns eine ganze Strecke des Wegs entgegen. Die schöne Büste von Tieck, die ich täglich bei Sartorius sehe und die mir sein Bild, so wie ich ihn vor achtzehn Jahren gesehen, immer lebendig erhielt – *die* hätt' ich freilich nicht in ihm mehr gefunden, aber diese Augen, diese *einzigen Augen*, daran hätt' ich ihn erkannt auf hundert Meilen! Er ist sehr mager geworden, was zumal den Eltern auffiel, da er ehedem Anlage zeigte, sehr stark zu werden, wie sie behaupten. Das Bild vor der diesjährigen Urania gleicht ihm sehr, nur daß sein Gesicht viel Runzeln hat – die Nase ist ebenso hervorgetreten. Er war unendlich liebenswürdig – erinnerte mich an viele kleine Scherze, die wir zusammen gehabt, als wir vor achtzehn Jahren bei ihm waren – an den Zwiebel-Markt, ein Weimarsches Nationalfest, der damals gerade vor seinen Fenstern gehalten wurde, und wobei tausend Possen vorfielen – alles wußt' er noch! Er führte uns im Garten herum, ließ eine Gartenbank dahin tragen, wo die schönste Aussicht war, und sprach gar herrlich darüber. – Sagte so viel Herzliches über seine Freude, Papa wieder zu sehn –. Es war eine sehr herrliche Stunde! Übrigens ließ ich mir denn noch viel von andern, die ihn häufig sehen, erzählen. Dazu gehört vor allem die Frommannsche Familie, zu der er sehr oft des Abends kömmt, und da Madame Frommann mit ihrer Tochter diesen Herbst auf mehrere Wochen verreist war und ihre Pflegetochter, Minchen Herzlieb, allein zu Haus blieb, so ist er fast *jeden* Tag zu der gegangen, um ihr ihre Einsamkeit zu verplaudern – sie ist so recht sein Liebling, wie man uns erzählte. Überhaupt soll er seit den letzten Jahren unendlich milder und voll Herzlichkeit sein – ja, manche Äußerung, die man uns als Beweis mitteilte, wollten die Leute dort deuten, als dächte er, er würde nicht lange mehr auf Erden wandeln, und möchte denen, womit er am meisten lebt, einen recht freundlichen Eindruck zurücklassen. – Papa, der morgens [am 9. und 10. Oktober] immer einige Stunden mit ihm allein zubrachte, um über wissenschaftliche Dinge mit ihm zu sprechen, konnte nicht genug sagen, welch ein Genuß es sei, ihm zuzuhören. – Auch hat dies Wiedersehen einen erneuten Briefwechsel zwischen ihnen veranlaßt, der auch für Mama und mich höchst erfreulich ist, obgleich nur gelehrte Gegenstände besprochen werden ... Noch eins von Goethe, wenn Ihr's noch nicht habt: als jetzt sein Geburtstag wieder war, wo er sich sonst immer davon gemacht hat, um den Glückwünschen zu entgehen, hat er diesmal seinen Freunden verlauten lassen, er würde ihn gern in ihrer Mitte feiern, was denn mit einem glänzenden Schmaus geschehen ist – als nun Fackelmusik, Lorbeerkränze etc. mit einem lauten Vivat geschlossen hatten und die Deputation der Studenten kam, antwortete er in folgenden Worten:

Wo Jahr um Jahr die Jugend sich erneut,
Ein frisches Alter würd'ge Lehre beut;
Wo Fürsten reichlich hohe Mittel spenden,
Was alles kann und wird sich da vollenden,
Wenn jeder tätig froh an seinem Teil –
Heil jedem Einzelnen! Dem Ganzen Heil!

4809 Charlotte v. Schiller
an ihren Sohn Ernst — *25. Oktober 1820*

Ich hoffe, Du hast nun mit meinem Briefe den von Daniels längst zurück. Ich habe ihn durch Knebel dem Geheimrat [Goethe] mitgeteilt. Der hatte eine große Freude darüber. Ich konnte ihn [am 15. Oktober] vor seinem Garten [in Weimar], eben als er zur Taufe des Enkelchens ankam, einige Augenblicke allein sprechen. Er sagte mir, er freue sich sehr über Dich, und es könne nicht anders sein, als daß Du eine glückliche Laufbahn vor Dir hättest, da Deine Studien Dir den Weg dazu bahnten. Ich sagte, es freue mich sehr, daß er immer Anteil an Dir nehme. Da sagte er so herzlich, wie selten: «Das versteht sich ja immer von selbst, daß ich an Ihrem Sohne Anteil nehme.» ...

Es ist hier [in Arnstadt] eine Art Landstadt, wie Goethe sie im Meister beschreibt.

4810 *F. A. Wolf an Böttiger* *23. Dezember 1820*

[Nach einer Reise an den Rhein und in die Schweiz.] ... ich ... eilte dann über Nürnberg, das schöne Cadaver urbis, nach Erlangen, Bamberg bis – zu Goethe, bei dem ich die letzten acht Ruhetage zu Jena hielt und den lieben Greis noch recht wohlgemut und tätig fand.

4811 *F. A. Wolf: Tagebuch*

Den 22. Oktober nach Jena zu Goethe, der da wie ein Student lebt, daher ich nur etliche Tage, aber herrliche Tage, bei ihm blieb [bis 26. Oktober], von früh bis 1 und dann von 3 bis nachts.

4812 *F. A. Wolf an Varnhagen* *7. Dezember 1822*

Will es machen, wie Goethe selber, wenn Riemer ihm oft sehr hörbare Emendationen bringt. Aber die Leute, sagt er, die Leute sind nun schon lange das Schlechtere gewohnt, und das Gewohnte ist immer besser.

4813 *Riemer* *4. November 1820*

Goethe arbeitet schon lange nicht mehr aus dem Ganzen. Es sind Petersflecke, die er aus der Hölle hervorholt und zu Teppichen oder Harlekinsjacken zusammennäht.

4814 *H. Meyer an Ch. L. F. Schultz* *12. November 1820*

[Meyer sollte Vorschläge zur Errichtung von Kunstakademien, besonders mit Bezug auf Berlin, machen.] Die Rede ist [bei Goethe] auch über das Ihnen bewußte schriftlich Einzugebende gewesen, und ich habe ihn zu aller Teilnahme und Beirat bereit gefunden. Schon wird am allgemeinen Entwurf des einen Aufsatzes gearbeitet, und Sie sollen, sobald es nur geschehen kann, wenigstens etwas zur eignen Ansicht und Übergabe am gehörigen Orte erhalten.

4815 *W. Küchelbecker an A. Delwig* *22. November 1820*

Gestern abend kamen wir nach Weimar, nach Weimar, wo einst die Großen lebten: Goethe, Schiller, Herder, Wieland: nur Goethe hat seine Freunde überlebt. – Ich habe den Unsterblichen gesehen; ich brachte ihm einen Gruß von Klinger. – Goethe ist von mittlerem Wuchs, seine schwarzen Augen sind lebhaft, glühend, von Begeisterung erfüllt. – Ich stellte ihn mir auch äußerlich als einen Riesen vor, aber ich hatte mich getäuscht. – In seiner Unterhaltung ist er langsam: die Stimme ist ruhig und angenehm; lange konnte ich mir nicht vorstellen, daß ich dem Giganten Goethe gegenüberstand; über seine Werke sprechend, nannte ich ihn einmal sogar einfach in dritter Person mit Namen. – Goethe kennt unseren Tolstoi aus seinen Arbeiten und liebt ihn als einen großen Künstler. Es schien ihm angenehm zu sein, daß Shukowski die Russen mit einigen seiner deutschen Gedichte bekannt gemacht hat. – Über unsere Unterhaltung kann ich Euch nicht viel erzählen, meine Freunde; ich war nicht lange bei ihm, ich hoffe, daß er morgen ein wenig zugänglicher sein wird und ich ein wenig mutiger.

4816 W. Küchelbecker an seine Mutter *29. November 1820*

In Weimar wurde ich mit dem großen Goethe bekannt; er war sehr gütig zu mir und interessierte sich, wie es schien, sehr für die russische Literatur. Er erinnert sich gut an Papa Breitkopf, fragte mit großem Interesse nach ihm und schenkte mir eins seiner neuesten Werke.

4817 Riemer *3. Dezember 1820*

Abends zum Tee bei Goethe mit meiner Frau, woselbst Kanzlers, Egloffsteins, Schopenhauer, Herr und Frau v. Quandt aus Leipzig, Coudray, Meyer.

4818 Adele Schopenhauer: Tagebuch *4. Dezember 1820*

Gestern war Goethe wieder gegen mich allein gut, dann auch gegen Quandt, wie mich das freut!

4819 J. G. v. Quandt
an J. Schnorr v. Carolsfeld *23. Dezember 1820*

An dem Geburtstag meiner Frau, den 24. November des Morgens um 7 Uhr, erreichten wir Weimar. – Wir wurden von unsern alten Freunden unaussprechlich liebreich aufgenommen, von diesen bei andern eingeführt, und unsere Gegenwart versetzte das kleine Städtchen in eine gesellige Bewegung. Der alte Hofrat Meyer gewann eine Art Zärtlichkeit zu mir, obwohl er wußte, daß ich ein Freund und Anhänger der neuen Schule war. Im Grunde waren unsere Meinungen nicht so sehr einander entgegengesetzt, als es scheinen mochte. Meyer und Goethe kannten von den Leistungen und den Bestrebungen unserer Landsleute in Rom doch nur die Karikatur und hielten die Unart für die Art, woher ihr Mißbilligen entstand. Daß sie das, was sie kannten, nicht löblich fanden, kann ich beiden nicht verdenken und würde ebenso geurteilt haben. Das einzige, was in Weimar von neusten Kunstwerken zu sehen ist, sind Zeichnungen von Ruhl aus Kassel, an welchen die Großfürstin viel Gefallen zu finden scheint und damit ihr Kabinett anfüllt. Ruhls Onkel, Völkel, ist nämlich Geheimsekretär der Großfürstin und hat wahrscheinlich seinem Neveu diese Beschützerin zugewendet. Meyer führte mich bei Goethe ein. Goethe war überaus teilnehmend, mild, ich möchte sagen väterlich. Er fragte mit großer Teilnahme nach allen ihm bekannten Künstlern, besonders nach Overbeck und seinen jetzigen Arbeiten, seiner häuslichen Lage usw. Auch nach Ihnen fragte er und sagte: er habe viel Gutes und Rühmliches von Ihnen gehört, aber noch nichts von Ihnen zu sehen bekommen. Meine Frau war bei Goethes liebenswürdiger Schwiegertochter durch Adele Schopenhauer eingeführt worden, und einige Tage darauf erhielten wir beide eine Einladung zu Goethe [auf den 3. Dezember]. Es war uns zu Ehren eine große Gesellschaft gebeten worden, und in einer solchen erscheint Goethe immer nicht sehr liebenswürdig. Mir war diesen Abend noch ein besseres Los als den andern beschieden, weil abwechselnd Goethe und Meyer mir Kunstsachen zeigten, indes die übrigen Herren und Damen in bangem Kreis umhersaßen und standen und sich von Goethe, der diesen Abend seine Orden angelegt hatte, beengt fühlten. Ich bat Goethe, mir seine ohnlängst von Rauch aus Berlin gefertigte Büste zu zeigen, er lehnte es aber für diesen Abend ab und bat mich, den folgenden Morgen wieder zu ihm zu kommen. Bei dieser Zusammenkunft [am 4. Dezember] war nun Goethe wieder ein ganz anderer als die beiden vorigen Male. Er war heiter, fast lustig, belehrend, teilnehmend, mit einem Wort, höchst liebenswürdig. Diese Rauchsche Büste ist das vollkommenste Bild von Goethe, sie vereint die ursprünglich schönen Verhältnisse seines Gesichtes, die zugleich die Grundzüge seines Geistes und Gemüts darstellen, mit allen den Einschnitten und Erhöhungen, welche das Leben und die Zeit in die bewegliche Oberfläche seines Gesichts eingrub, und es gibt wohl wenig Gesichter, welche einem schnellern Wechsel des Ausdrucks unterworfen, welche mehr von Schmerz und Entzücken, von Liebe und Haß durchwühlt sind, als seines, indes eine ewige Klarheit und Ruhe auf der großen Stirn sich behauptet. Dazu kommt nun noch diese Eigenheit, daß die Natur die Mittellinie seines Gesichts nicht senkrecht, sondern gebogen zog, so daß die Nase auffallend schief gegen die Stirne und das rechte Auge sehr viel niedriger als das linke steht. Diese Büste war so vortrefflich modelliert, daß ich dem Wunsch, sie in Marmor zu besitzen, wohl nicht widerstehen kann und deshalb an Rauch schreiben werde. Ich war zwölf Tage in Weimar, welche für mich und meine Frau wie ein Augenblick vergingen, und wäre gern länger geblieben, wenn nicht wichtige Geschäfte meine Gegenwart in Leipzig nötig gemacht hätten.

4820 J. G. v. Quandt: Meine Berührungen mit Goethe 1870

Bei der Rückkehr von meiner zweiten Reise nach Italien mit meiner Frau 1821 [1820] erforderte es Anstandspflicht und Drang des Herzens, Goethe zu besuchen, und meine Frau ward durch Frau Hofrätin Schopenhauer bei Frau Geh. Kammerrätin v. Goethe, geb. Freiin v. Pogwisch, eingeführt, die durch ihren lebhaften Geist und Liebe zu ihrem Schwiegervater geeignet war, sein Alter zu erheitern.

Da Goethe selbst meines damaligen Aufenthaltes in Weimar gedenkt (Tag- und Jahres-Hefte ...), so ist es mir wohl erlaubt, einige der interessantesten Momente hier zu schildern.

Während der kurzen Zeit unseres Aufenthaltes in Weimar hatten wir täglich Gelegenheit, Goethe zu sehen.

Rauch war unlängst dagewesen, um Goethe zu modellieren, und die soeben erst beendete Arbeit stand noch in Goethes Hause auf dem Stativ, um geformt zu werden. Ich sprach den Wunsch aus, das Modell zu sehn, und Goethe beschied mich den andern Morgen zu sich. Mit ihm sein eigenes Bildnis von der Hand eines solchen Künstlers zu betrachten, gehört zu den bedeutendsten Momenten meines Lebens.

Goethe bediente sich des scherzhaften Ausdruckes, daß ihm die Natur einen Nickfang gegeben, wodurch die rechte Seite des Stirnbeines etwas eingedrückt war und das rechte Auge tiefer als das linke stand.

Aus dieser Anomalie konstruierte er die Bildung seines Gesichtes und sprach als Physiolog, als Künstler, als Poet, als ein universeller Geist. Noch insbesondere belehrend war, was Goethe darüber sagte, wie der Künstler sich an die Wirklichkeit zu halten habe und diese nicht absichtlich ändern dürfe, zumal bei Bildnissen.

Diese Asymmetrie am Schädel eines so geistvollen Mannes kann uns keinen Zweifel daran einflößen, daß das Gehirn die Werkstätte der Seele ist, denn es war eine äußere, wahrscheinlich bei der Geburt entstandene Ungleichheit, und der Natur fehlt es, bei den ihr zu Gebote stehenden unberechenbaren Möglichkeiten, nicht an Kompensationen, wodurch die Wirkungen von Bildungsstörungen aufgehoben werden, wenn sie ihre Zwecke durchsetzen will. Ohne Zweifel hatten sich die Hemisphären intensiv und quantitativ einander gleich ausgebildet, so daß die Verschiedenheit wohl bloß in einer höheren und tieferen Lage der beiden Teile des großen Gehirnes bestand und die Unebenmäßigkeit nur die Schädelform betraf.

Was ich hier gesagt habe, sprach Goethe auf seine unnachahmliche Weise, mit wenigen gehaltvollen Worten, aus, so daß ich, solche nicht genau aufgezeichnet zu haben, überaus bedauern muß.

Um diese Eigenheit in der Schädelbildung zu verbergen, hat Rauch den Kopf der Büste gewendet, obwohl diese Bewegung nicht in Goethes Art lag, der jedem angesichts ins Angesicht schaute. Diese Seitenwendung gibt dem Bilde aber eine große Lebendigkeit und den Ausdruck, als wenn ein Gegenstand unerwartet seine Aufmerksamkeit auf sich zöge. Es werden wenige, die Goethe gesehn, diesen eigentümlichen Umstand bemerkt haben, denn die Natur bringt immer durch ihr höchst folgerechtes Verfahren die zufällig entstandenen Ungleichheiten der Teile in einen solchen notwendigen Zusammenhang, daß ihre Werke stets einen übereinstimmenden Eindruck auf uns machen. Goethes Bildnissen von andern Künstlern, welche mehr auf eine geometrische Gleichheit der Teile Rücksicht genommen haben, mangelt es an dem Gepräge der Natürlichkeit und Lebendigkeit. Überhaupt beruht der physiognomische Eindruck nicht auf einem Abzirkeln der Teile, sondern der Gesamtwirkung, welche der andere auf uns macht. Es ist der Geist, der sich seine Wohnung gestaltet hat, wodurch unser Gefühl beim Anblick eines Menschen bestimmt wird. So ist es denn auch der geistige Ausdruck beim Bilde, die Einheit in der Mannigfaltigkeit der Züge, welche sowohl hinsichtlich des Gegenstandes als der Darstellung unser Urteil begründet. Rauch hatte diese Arbeit aus eigenem Antriebe unternommen, und ich bat Goethe um die Erlaubnis, bei dem Meister nach dem Modelle sein Bildnis für mich in Marmor bestellen zu dürfen, was er sehr gern bewilligte, und so habe ich das Glück, die Originalbüste zu besitzen, welche nachmals gewiß tausendfach in allen Arten von Material vervielfältigt worden ist.*

* Als ich von Rauch die Büste erhalten hatte, wollte ich solche Goethe zur Ansicht übersenden, der es aber ablehnte, aus Besorgnis einer möglichen Beschädigung. Abgesehen von der Behandlung des Marmors, den Rauch allerdings meisterhaft zu bearbeiten verstand, genügt jeder scharfe Gipsabguß, um den wesentlichen Kunstwert zu erkennen.

Goethe hatte sich vorgenommen, uns eine Aufmerksamkeit zu erweisen und eine zahlreiche Gesellschaft einzuladen, was unsere Freunde ihm auszureden suchten, wovon er sich aber nicht abbringen ließ. Wie vorauszusehn, war diese Ehre kein Vergnügen, denn Unterhaltung findet doch nur dann statt, wenn ein Gegenstand des Gesprächs alle gleich sehr interessiert, was bei gemischten Gesellschaften nicht möglich ist.

Die Damen, welche um den Teetisch der Frau Geh. Kammerrätin v. Goethe einen Kranz bildeten, hatten das beste Los, und die Herren standen einzeln oder paarweise im Salon umher. Goethe selbst schien eine Unbefriedigung bei dieser Art von Unterhaltung zu fühlen, und ich kann versichern, daß er einige Male tief Atem holte, was einem Stöhnen sehr ähnlich war, und nach solchen Zuständen ist Goethe sehr oft und sehr falsch von Touristen beurteilt worden, welche ich mit Bettlern vergleichen möchte, die von Haus zu Haus gehen und, wie diese ein Almosen, so einen geistreichen Einfall davonzutragen hoffen. Goethe war ein großer Geist, aber kein Bonmots sprudelndes Witzkoboldchen. Die Kraft seines Genies glich den Strömungen des Galvanismus, aber nicht der Elektrizität, die sich in Blitzen und Schlägen entladet, und so ist wohl selten ein Mann von großem Gehalt zugleich homme de salon, unerachtet Goethes Stil, zumal im Wilhelm Meister und den Wahlverwandtschaften, den Ton der guten Gesellschaft sehr richtig trifft.

Auch ich mochte ein ermüdetes Ansehn bekommen haben, und Goethe sagte daher zu mir, daß er glaube, die Betrachtung seiner Medaillensammlung werde mich erfreuen. In Begleitung des Hofrat Meyer ging ich, von Goethe dahin geführt, in das an den Salon grenzende Kabinett, in welches er selbst von Zeit zu Zeit zu uns zurückkehrte, da er sich der Gesellschaft nicht völlig entziehen konnte, und so verfloß auch dieser Abend sehr genußreich und belehrend für mich.

4821 Arnim an Bettina *7. Dezember 1820*

Nun ging's weiter mit einer Retourchaise nach Weimar. Ich ließ mich abends mit Ruhl beim Geheimrat [Goethe] anmelden, wir wurden um 12 Uhr [am 4. Dezember] zu ihm beschieden. Unleugbar ist er gealtert in der Zeit, er hat Zähne verloren, wodurch seine Lippen eingefallen, aber sein altes Ansehen scheint noch in ihm durch wie bei wenigen alten Leuten. Er erkundigte sich gleich nach der lieben Frau und trug mir Grüße auf. Unsere Unterredung wurde ziemlich bunt, und merkwürdig sind seine Sammlungen, daß er fast über alles, wovon ich Gelegenheit zu sprechen nahm, etwas aufzuweisen hatte, sogar von den Säulen in Wiesbaden einen Durchschnitt. Übrigens hat er mich weder zu sich eingeladen noch zu seiner Schwiegertochter geführt, aber die Hände hat er mir gedrückt, und das nehme ich zur Erinnerung mit mir fort ...

Noch war ich bei Riemer, den ich mit Frau und Kind versehen fand ... Riemer sortierte Gedichte und griechische Worte, trug mir viele Empfehlungen auf, er ist mit Goethe insoweit wieder ausgesöhnt, daß er ihm die Korrekturen besorgt. Er meinte, dem Goethe fehle jetzt sehr sein ehemaliger behaglicher Abendkreis, wo ihm die jungen Sängerinnen, was er so gewünscht, vorgesungen und sich alles von ihm gefallen lassen hätten, der Kreis von Bekannten seiner Schwiegertochter sei ihm etwas zu vornehm geschoren und zu weise, er könne sich nicht so nach seiner Bequemlichkeit auslassen. Es scheint mir etwas Wahres an der Sache, und das erklärt auch, wie die Frau Geheimrätin weiland bei allen ihren Fehlern ihm doch eine angenehme Umgebung schaffen konnte, die er nachher lange vermißte.

4822 Arnim an W. Grimm *26. Dezember 1820*

Von meiner Reise wäre viel zu erzählen, wenn ich nur Zeit hätte. Ich besuchte Goethe mit Ruhl, er war gesprächig, zeigte manches aus seinen mannigfaltigen Sammlungen. Er ist für sein Alter gar wohl erhalten und doch seit den neun Jahren schmerzlich verändert, die Lippen eingefallen, das Auge erloschener, auch in der Haltung des Körpers eine gewisse Altersschwäche; auch hat wohl etwas die Gewohnheit zorniger und ärgerlicher Strebsamkeit den wohlwollenden, genießenden Ausdruck, der ihm sonst eigen, verdrängt. Ich konnte mich bei den vielen Steinen und anderm irdischen Kram, womit er sich umbaut, einiger Vergleichungen nicht erwehren mit der frommen Seele in Dülmen [Anna Katharina Emmerick], die bei steten unsäglichen Schmerzen bei den Kindermützen, die sie nähte, von tausend Seligkeiten leuchtete, während Goethe in übergewöhnlicher Naturkraft mit zornigem Auge durchs Fenster zum Himmel sah und über die kimmerischen Nächte klagte. Seine Familie habe ich nicht gesehen, denn ob er mir gleich ganz freundschaftlich die Hände drückte, scheint er doch so ganz den alten Tanz mit der seligen Blutwurst nicht vergessen zu haben, um den alten Umgang zu erneuen ... Den Riemer fand ich, wie er auf einer Seite griechische Etymologieen, auf der andern Gedichte ordnete. Falk war mitten in seiner Schule, wo er endlich wirklich zu einem schönen Berufe gelangt zu sein scheint. Er rühmt Goethe, daß ihn dieser durch seine stete Anmahnung an das Objektive von den kleinlichen Zeitforderungen, die ihn längere Zeit beherrscht, allmählich abgelöst, bis er sein Heil in etwas Ewigem gefunden.

4823 Charlotte v. Schiller an ihren Sohn Ernst 8. Dezember 1820

Das Theater ist schlecht, das Wetter traurig, der Hof still ... Goethe lebt still und soupiert nicht mehr; Meyer ist oft bei ihm.

4824 Riemer 17. Dezember 1820

Abends bei Goethe. Gab er mir einige italienische Sonette zu übersetzen, nachdem ich einige von meinen vorgelesen.

4825 Riemer 22. Dezember 1820

Abends bei Goethe. Brachte ihm die Übersetzung, die ihm wohlgefiel. Las er uns einige orientalische und estnische Lieder.

4826 *Charlotte v. Schiller an F. v. Stein* *27. Dezember 1820*

Goethe verschließt sich ganz; er fährt nur spazieren, sieht zuweilen die Prinzeß; er arbeitet meist, und abends 1/27 Uhr erscheint Freund Meyer; da gewinnt die übrige Gesellschaft ihn nicht; – er soupiert auch nicht mehr.

1821

4827 *F. v. Müller* *4. Januar 1821*

Abends bei Goethe. Erzählung der Gabriele. Wielands to be or not to be im Sterben.

4828 *Johanna Schopenhauer an S. Boisserée* *7. Januar 1821*

Goethen habe ich noch immer seine Ursula [Baron Keverbergs Buch «Ursula, Princesse britannique»] verheimlicht, werde sie ihm aber in diesen Tagen wieder geben; er könnte mir freilich viel helfen, aber er täte es gewiß nicht, und so erspare ich mir die Bitte, besonders da Sie mich unterstützen. Er ist wohl, geht aber in dieser Jahreszeit und überhaupt wenig aus. So sehe ich ihn denn leider sehr selten, denn auch ich lebe den Winter über wie eine Auster zwischen meinen vier Wänden. Doch stehe ich mit Goethes Haus fortwährend in der freundlichsten Verbindung, der alte Herr hat meine Adele gern, ich liebe seine Schwiegertochter und bin Patin des jüngsten seiner Enkel, so stehen wir durch unsere Kinder in fortwährendem Verkehr und wissen voneinander, wenn wir uns auch wenig sehen. Wie schade ist es, daß seine Hefte über Kunst und Altertum eine solche Wendung nehmen! Wie erfreulich wäre es, wenn er so fortgefahren wäre, wie er im ersten Hefte anfing! Doch alles währt bei ihm nur eine Weile, weil sein Geist so überreich ist, und die Zeit so gemessen.

4829 *Charlotte v. Schiller an ihren Sohn Ernst* *12. Januar 1821*

Goethe, der Vater, lebt sehr einsam. Der Sohn wird alle Tage dicker, beinahe zu dick.

4830 *F.v. Müller* *13. Januar 1821*

Bis 8 Uhr bei Goethe. «Ich konnte nie *zu zwei* etwas leisten, Diktatur oder Konsulat, mit geteilter, jedem zugewiesener Gewalt.» Anwendung auf Vulpius und Riemer. Jenaische Bibliotheks-Tagebücher. 4. Akt Iphigeniens in Tauris.

4831 *Riemer* *14. Januar 1821*

Abends bei Goethe. Las ich ihm einige meiner Sonette vor. Auch das auf die Sprachreiniger, das ihm wohlgefiel.

4832 *F.v. Müller* *15. Januar 1821*

Abends nach 8 Uhr zu ihm [Goethe] gegangen und bis nach zehn Uhr geblieben. Er wiederholte seinen lebhaften Dank wegen meiner erfolgreichen Verwendung für Riemers Zulage aus der Schatulle des Großherzogs und der Großfürstin, meinend, dies sei der beste Zeitpunkt, Riemern fühlen zu machen, daß er seine Prätensionen auf größere Berechtigung bei der Bibliothek aufgeben und zufrieden sein müsse, daß man so gut wie nichts an Leistungen von ihm fordere. Es liege einmal in der Natur der Sache, daß nur einer das Heft bei der Bibliothek in Händen haben könne. Ein Bibliothekar, der keine Geheimnisse, kein verschloßnes Zimmer habe, sei kein rechter. Hier könne eine Zweiheit nur Verwirrung anrichten. Riemer sei einmal nicht geeignet zum kurrenten Bibliothekdienst, und man könne Vulpiusen nicht verargen, wenn er sich nicht ins Handwerk greifen lasse. Vergebens suchte ich ihn auf des letztern Arroganz aufmerksam zu machen; ohne sie zu leugnen, kam er immer darauf zurück, man könne ihn nicht anders machen, als er sei, und Riemer müsse durchaus sich darein finden lernen. Er habe aber leider kein Maß und keine Grenze in seinem Tun und Wollen, «er sei ein Faß, dem die Reifen fehlten».

Ich erwähnte Schubarths schöne Äußerungen über das ideale Maß jeder menschlichen Anlage, gelegentlich seines Aufsatzes über Faust; Goethe nahm Gelegenheit, mir dessen letzten Brief zu zeigen, – wie ungern ich auch – setzte er hinzu – Briefe vorzeige.

Schubarth klagte darin sehr, daß der jetzige Zeitpunkt so ungünstig einer freien wissenschaftlichen Ausbildung sei; es lohne fast nur, sich zum Parlaments-Redner oder Advokaten zu bilden, da alles Interesse sich fast ausschließlich auf Schlichtung der verworrnen öffentlichen und Privat-Verhältnisse beziehe. Unglaublich ist, wie sehr Schubarth sich Goethens Briefstil angebildet; alles besonnen, mäßig, sinnvoll, aber für solche Jugend fast zu altklug und ruhig.

Von Schubarths Bruder sagte Goethe, er sei ein auf Landwirtschaft gerichteter, gar liebenswürdiger, heiterer, verständiger Mensch, viel realer, sinnlicher, fester als der Schriftsteller. Er hätte ihn gerne hierher empfohlen, wenn er anders noch den geringsten *Glauben* an das Gelingen solcher Unternehmungen hätte. Man müsse aber niemanden mehr hierher empfehlen, unser Zustand sei allzusehr untergraben.

Wir kamen dabei auf Antons Verhaftung und Verbrechen, auf die Steffanysche Cassedefecta p. zu sprechen. «Überall überspannte Ansprüche auf Lebensgenuß, Luxus, überall die dunkle Meinung, es sei alles zu wagen, es werde alles durchgehen. Es fehlt an einer im stillen fortgesetzten strengen Aufsicht von oben her, einer geheimen Ehren-Polizei; selbst Schumanns Bankrutt – nehmt mir das unter vier Augen nicht übel – hätte ohne große *Inadvertenz* der Vorgesetzten sich nicht ereignen können.»

Noch stünden uns einige ähnliche Eruptionen bevor, er wolle die Personen aber nicht bezeichnen – – Schubarth und Riemer seien gleich wenig zu direkten Lehrämtern, wohl aber zu Akademikern im französischen Sinne gemacht, zu Belehrung der ganzen Welt durch scharfsinnige Schriften, nicht aber durch konsequente, folgerechte Belehrung Einzelner.

Eben kamen eine Menge Briefe von der Post an; er teilte mir die neue Berliner Monat-Schrift mit, worin ein fingierter Bericht an Goethe über die Berliner Kunstausstellung befindlich (von Madame Förster, die Goethe als sehr schön schildert). Dann zeigte er mir sein Tagebuch, in folio zu halbem Stand geschrieben, wo am Rande jeder *ab-*

gegangne Brief genau bemerkt ist. Auf gleich großen Bögen bemerkt er täglich am Morgen die «*Agenda*» nur mit einem Wort für jedes Vorhaben und durchstreicht jedesmal nach geschehner Erledigung. Selbst die Zeitungen, die er liest, werden aktenmäßig geheftet. Bei den Bibliotheken hier und zu Jena muß ihm jeder Angestellte ein sauber geschriebnes Tagebuch halten, worin Witterung, Besuche, Einkommenheiten und Vorgänge jeder Art sowie das jeden Tag Gearbeitete aufgezeichnet werden müssen. «So», sprach er, «wird den Leuten erst *lieb*, was sie treiben, wenn sie es stets mit einer gewissen Wichtigkeit anzusehen gewohnt werden, stets in gespannter Aufmerksamkeit auf das Kleinste bleiben.»

4833 F. v. Müller *22. Januar 1821*

Als ich eintrat, heftete Goethe eben Korrekturbögen zusammen. «Doch nicht von Meisters Wanderjahren?» sagte ich, zweifelhaft durch einen Artikel der Frankfurter Zeitung. «Und warum nicht?» erwiderte Goethe, und so kam ich bald darüber zur Gewißheit, ohne meine Zweifel zu verraten. Dies gab zu nährem Gespräch über Wilhelm Meister Anlaß, den Goethe jetzt nach langen, langen Jahren erst wieder gelesen, mit Übersprung des ersten Teils. Schon *vor* seiner italienischen Reise sei er größtenteils fertig gewesen. Es mache ihm Freude und Beruhigung zu finden, daß der ganze Roman durchaus *symbolisch* sei, daß hinter den vorgeschobenen Personen durchaus etwas Allgemeineres, Höheres verborgen liege. Lange sei das Buch mißverstanden worden, anstößig gewesen. Die guten *Deutschen* brauchten immer gehörige Zeit, bis sie ein vom Gewöhnlichen abweichendes Werk verdaut, sich zurecht geschoben, genüglich reflektiert hätten.

Die Goethe nicht sonderlich wohlwollende Königin von Preußen habe in ihrem Unglück zu Memel den Meister erst lieb gewonnen und immer wieder gelesen. Sie mochte wohl finden, setzte Goethe hinzu, daß er tief genug in der Brust und da anklopfe, wo der wahre menschliche Schmerz und die wahre Lust, wo eigentliches Leid und

Freude wohne.* Bei jetziger Wiederlesung hätte er, Goethe, auch zu sich selbst – wie einst zu Ariosto der Kardinal von Este – sagen mögen: «Meister Ludwig, wo Henker habt ihr all das tolle Zeug (Cujonerie) hergenommen?» Der *Meister* belege, in welcher entsetzlichen *Einsamkeit* er verfaßt worden, durch das stets aufs Allgemeinste gerichtete Streben. Wilhelm sei freilich ein «armer Hund», aber nur an solchen lasse sich das Wechselspiel des Lebens und die tausend verschiedenen Lebens-Aufgaben recht deutlich zeigen, nicht an schon abgeschlossenen festen Charakteren.

Goethe war sehr unzufrieden, daß ich nicht an Ridels Grabe gesprochen; ich hätte alles Bedenken wegwerfen, noch im Augenblicke mich zum Improvisieren entschließen, den Mantel wie eine Verhüllung abwerfen und frei und ergreifend vortreten und sprechen müssen; ich würde leicht unvertilgbare Eindrücke hervorgebracht haben.

Wie sehr ärgerte ich mich von neuem über meine Unentschlossenheit und daß ich der Bequemlichkeit und gemeinen Abhaltungs-Motiven des konventionellen Lebens so viel Einfluß verstattet. «Doch man muß auch regrets im Leben haben», sagte Goethe. In bezug auf die vorhabende Trauer-Rede in der Loge meinte er, man müsse sich mehr historisch, also pathetisch halten, nekrologartig.

Von den vielfachen auswärtigen Mitteilungen, die er täglich erhalte, äußerte er: «Ja, es leben gar viele feine, tüchtige und Treffliches anstrebende Menschen in Deutschland umher, die so manches, was ich früher nur angedeutet, verarbeitet, weiter gefördert haben, wenngleich in *ihrem*, wenngleich oft in anderem Sinne. Man erkennt dann oft den eig-

* [Späterer Zusatz] Noch ohnlängst hat mir die Herzogin von Cumberland versichert, daß die Königin durch die Tränen, die sie über jene Stelle in Mignons Lied:

Wer nie sein Brot mit Tränen aß,
Wer nie die kummervollen Nächte
Auf seinem Bette weinend saß,
Der kennt euch nicht, ihr himmlischen Mächte

vergoß, sich ungemein erleichtert gefunden habe.

nen Samen kaum wieder, aber was gut daran war, wuchert fort und bricht sich Bahn durch alle Hemmungen.»

4834 *Th. Kräuter an Gräfin v. Hopfgarten* *26. Januar 1821*
Das kostbare Geschenk, was mir von so hoher teurer Hand geworden, hat mich fast verwirrt; ich konnte nicht umhin in der Freude meines Herzens, es Freunden und Bekannten vorzuzeigen und ihre Bewunderung zu erregen, selbst Goethe sah es und mußte den Geschmack der Hohen Geberin sowie die Berliner Kunstfertigkeit von neuem loben, er fand es äffisch-artig, und erinnerte sich bei dieser Gelegenheit, wie schon früher, mit Wärme der Hohen Gäste im botanischen Garten zu Jena. Meinen tief gefühltesten Dank dafür! in so beschränktem Zustande, worin ich lebe, wird so ein teures Geschenk Familienschatz, und kann das Andenken an die Hohe Geberin nur mit dem Geschenk selbst vergehen.

Goethe befindet sich seit Anfang November wieder hier [in Weimar], in beliebter Gemütlichkeit; hätte der Aufenthalt im reizenden Jena, was die Nähe so vieler talentreicher Männer ihm nur noch angenehmer macht, nicht auch seine Schattenseite, wir würden ihn wenig in Weimar zu sehen bekommen, ohngeachtet die Nähe des Hofs ihn nicht belästigt, und er von allen Gliedern unserer Herrschaft fortwährend flattiert wird. Er ist den ganzen Winter nicht ein einzigmal an Hof erschienen, dagegen besuchten ihn der junge und alte Hof sehr fleißig, die Großherzogin ausgenommen, welche seit jenem unglücklichen Fall in ihrem Zimmer kaum einmal im Theater gewesen ist. Alles strebt, ihm sein Alter angenehm zu machen. Den ganzen drükkenden Winter hat er nicht einen einzigen Tag im Bette zugebracht, ich finde ihn immer heiter und aufgeräumt, und alle, die ihn sehen, meinen, er werde von Tag zu Tag jünger. Er bleibt stets in Bewegung, kennt weder Sofa noch Armsessel, und außer beim Mittagsmahle sitzt er des Tags keine Viertelstunde; immer für sich selbst sprechend, geht er in den Zimmern auf und ab oder beschäftigt sich sonst stehend, wie er des Nachmittags gewöhnlich mit Betrachtung seiner Kupfersammlung tut. Abends besucht ihn gewöhnlich der Hofrat Meyer, wo die Unterhaltung mit diesem biedern lakonischen Schweizer sich meist auf Kunstgegenstände bezieht. Der kürzliche Besuch desselben in Berlin hat neuen unerschöpflichen Stoff zur Unterhaltung gegeben, den sie beide mit patriarchalischer Heiterkeit nach und nach verarbeiten. Sonst sieht Goethe noch zuweilen den Kanzler von Müller, den Oberbaudirektor Coudray und den Professor und Bibliothekar Riemer, welcher vordem, Hofmeister des jungen Goethe, mehrere Jahre in diesem Hause verlebt hat. Er hat bei herrlichen Naturanlagen und Kenntnissen seine ganze Bildung von Goethe erhalten, und ich halte ihn für seinen würdigsten Schüler. Auch Damen sieht er fleißig, von welchen ich die beiden geistreichen jungen Gräfinnen von Egloffstein allein anführe. Ein herrlicher Genuß war es mir stets, Augen- und Ohrenzeuge der Unterhaltung zu sein, wie Goethe, bei allem natürlichen und bequemen Betragen, doch äußerst galant, gefällig und aufmerksam ist, voll Laune und Heiterkeit, die Damen hingegen, bezaubert von seinem Geist und seiner männlichen Grazie, mit sorgsamer Ängstlichkeit jedes Wort aufnehmen und erwidern. Gnädige Nachsicht dieser Abschweifung.

Goethes Geschäfte bleiben die alten, er führt noch eine lebendige Korrespondenz und läßt fortwährend drucken; gar mancherlei ist noch vorbereitet und angefangen. So jugendlich frisch ist noch sein Geist, daß er eben jetzt die Fortsetzung von Wilhelm Meisters Lehrjahren, nämlich dessen Wanderjahre, herausgibt, zwar war er anfänglich selbst bedenklich dabei und sprach seine Zweifel über das Gelingen dieses Wagnisses oft aus, aber er hat's begonnen und hofft noch vor der Reise nach Karlsbad, welche im Anfang des Mais fallen wird, diese beiden Bände gedruckt zu sehen. Zwei Federn, welche er bei dieser Arbeit gebraucht hat, lege wohlverwahrt bei, ich müßte mich sehr irren, wenn sie sich nicht einer huldvollen Aufnahme zu erfreuen haben sollten. Wie Goethe im Größten einzig ist, so ist er's auch im Kleinsten, und so kann ich versichern, daß Goethe mit keiner andern Feder schreiben würde, die nicht diesen auf ein Haar ähnlich sähe, sie darf weder zu lang noch zu kurz abgeschnitten sein, den Busch daran leidet er gar nicht. Beweisgründe zu dieser mir selbst neuen Wahrheit gingen mir vor kurzem durch die Hände.

Da ich einmal diese lobenswerten Eigenheiten Goethes berühre, so füge noch hinzu: daß er Eleganz, Nettigkeit und gefälliges Aussehen auch bei dem kleinsten Geschäft anzubringen sich bemüht, und, weil seine Umgebung trotz dem besten Willen ihm mit ihrem Beistande nicht Genüge leistet, vieles mit eignen Händen macht, um es nach *seiner* Art getan zu sehen. So muß ich bei Briefen, sie mögen an Vornehme oder Geringe sein, stets mich bemühen, an allen Seiten einen breiten gefälligen Raum zu lassen, und ich ernte jedesmal Lob ein, wenn es mir glückt, den Brief so einzuteilen, daß alle Seiten gleich voll sind. Alles wird unter seinen Händen zu einem Bilde. Den Brief zu brechen, versteht nur er mit dem Falzbein, so zierlich; das Tintenfaß darf nie zu voll sein, die Feder taucht er mit Vorsicht ein, kein Tropfen darf daneben fallen; das Geschriebene abzusanden, ist streng verboten, lieber stellt er sich damit eine Weile am Ofen. Mit gleicher Eleganz siegelt er alle Briefe, und damit das zusammengebrochene Blatt zu dem Couvert genau passe, muß der Buchbinder das Papier mit großer Akkuratesse beschneiden. Einen Vorrat quadratzollgroßer Blättchen hält er deswegen, um in jedem Brief eins auf die Stelle zu legen, wo das Siegel darauf gedrückt wird, er will nämlich damit vermeiden, daß das Siegellack, im Fall das Couvert etwas knapp sein sollte, nicht das beschriebene Blatt mit anklebe. Und das alles geschieht mit so viel Gewandtheit, Ruhe und Anstand, daß ich ihn auch hierin zu bewundern habe. Wie er nun gewohnt ist, immer für sich einzelne Worte zu sprechen, oder zu brummen, so höre ich meist bei solchen Gelegenheiten sein: «Nur still! – Nur ruhig!» pp. Einzelne Blätter finden Sie bei ihm nie herum liegen, wenn sie nirgends hinpassen, so klebt er von einem Bogen Papier eine Kapsel zusammen und macht eine Aufschrift drauf, und nun erst werden sie ... [unleserlich]

4835 M. Jacobi an Goethe *5. Mai 1825*

Ew. Exzellenz begehrten, als ich vor vier Jahren [am 5. und 6. Februar 1821] das letzte Mal das Glück hatte, Sie zu sehen, auf eine so gütige Weise von mir, daß ich Ihnen zuweilen von meinem fernern Ergehen, zumal auch in Beziehung auf die Erfüllung meiner Hoffnungen wegen der damals schon beschlossenen Errichtung einer großen Irrenheilanstalt für die preußischen Rheinprovinzen, deren Leitung ich übernehmen sollte, Nachricht zu geben, daß ich allerdings Tadel zu verdienen scheinen muß, von dieser Erlaubnis nicht früher Gebrauch gemacht zu haben ...

Um Ihnen, mein innig verehrtester Herr Geheimer Rat, nach der vorstehenden langen Relation nun auch noch von der Beschaffenheit meines wissenschaftlichen Treibens in der mir zunächst liegenden Sphäre einige Kunde zu geben, erlaube ich mir Ihnen die beifolgende, eben erschienene Schrift [Band 2 der «Sammlungen für die Heilkunde der Gemüthskrankheiten»] zu überreichen. Sollten Sie eine freie Stunde finden, die Sie der Einsicht derselben schenken können, so erinnern Sie sich vielleicht, daß ich mich schon vor vier Jahren einmal mit Ihnen über den Gegenstand, womit Sie sich hauptsächlich beschäftigt, unterhalten habe, und daß Sie mir damals erlaubten, Ihnen einige Ansichten, die hier näher entwickelt sind, im allgemeinen vorzutragen.

4836 F. v. Müller *9. Februar 1821*

Nachdem im Stadthaus diesen Abend ein Tausendkünstler seinen Hokuspokus uns mit bewunderswürdiger Zierlichkeit und Geschicklichkeit vorgemacht, besuchte ich Goethen und traf den alten Meyer bei ihm an. Die Erzählung des eben Gesehenen machte ihm Freude. «Um das Unmögliche möglich zu machen, muß sich der Mensch nur mit rastlosem Streben daranmachen.

Sah ich doch voriges Jahr in Dornburg einen Indianer sich einen ellenlangen Degen in den Schlund hineinstekken, wozu mehrjähriges tägliches Fortprobieren ihn geführt hatte.»

Er zeigte mir einen herrlichen Kupferstich von Longhi, eben aus Mailand gekommen, die Hochzeit der Maria von Raffael vorstellend. Das Bild hängt zu Mailand, in Öl gemalt, und ist aus Raffaels mittlerer Periode, schon in Verwandtschaft mit der Schule zu Athen. Darauf ward von den Tableaux aus Faust erzählt, die eine hiesige Gesellschaft unter Liebers, Holdermanns und Schwerdgeburths Direktion dermalen von Zeit zu Zeit im Alexanderhof darstelle.

Das Gespräch lenkte sich auf Kircheisens Jubelfest und die ihm dazu geschlagene Medaille. Goethe erzählte, wie er ihn vor mehr als zwanzig Jahren einst in Karlsbad als liebenswürdigen Gesellschafter kennen gelernt, und wie er ihm so klar als tüchtig, so wohlwollend als heiter, fast sanguinisch erschienen.

Eine schöne muntre Polin habe damals ihn, Goethe, sehr angezogen, so daß seine Freunde, und darunter auch Kircheisen, um seiner froh zu werden, sich genötiget gesehen, sie in ihre Kreise zu ziehen. Bei ihrer Ankunft mit mehrern Landsmänninnen von der Menge ganz unbemerkt, fast wie ein Aschenbrödel, habe er sie und ihren Wert bald entdeckt und wie eine Kastanie aus der Asche hervorgesucht. Sie seien sich lieber und lieber geworden, es sei da ein allerliebster sarmatischer Hanswurst gewesen, voll Verstand, Laune, Frohsinn. Als aber eine gewisse polnische Fürstin angelangt, habe sie ihm plötzlich gesagt: «Nun *muß* ich mich, der Verhältnisse wegen, zu dieser halten, und wir werden uns wohl nicht mehr allein sehen und sprechen dürfen.» «Das soll ganz von Ihnen abhängen», habe er erwidert, und darauf sei sie ihm auch in der Tat nur noch in größern Zirkeln, und zwar ganz gegen ihre bisherige Art immer höchst prächtig geschmückt, sichtbar worden.

Mir fiel dabei auf, wie leicht Goethe solche herzlichen Verhältnisse doch wieder aufzugeben stets in seinem Leben bereit gewesen, sobald nur die Umstände es gefordert.

Ich ging gegen 10 Uhr weg, ob mich gleich Goethe durchaus halten wollte und nochmals ein «Minimum von jenaischem Zwieback» zu genießen anbot. Aber ich war müde und von katarrhalischem Zustand geplagt. «So werde ich mich denn einsam mit der Mitternacht befreunden müssen», sagte er zum Abschied, und es tat mir fast weh, ihn zu verlassen.

4837 Riemer *11. Februar 1821*

Abends bei Goethe. Briefe vom Dichter Manzoni. Die englischen Nachstiche von Retzschs Faust. Donaugegenden. Raffaels Verlöbnis Marias und Josephs köstlich.

4838 F. v. Müller *20. Februar 1821*

Abends nach 8 Uhr traf ich Coudray bei Goethe. Das Gespräch kam von dem für morgen angekündeten Trauerspiel «Caesars Tod» auf die Erfurter Periode 1808, die Goethe sehr lebhaft mitschildern half.

Nach Coudrays Weggang sprachen wir von Knebels Lukrez, und Goethe erzählte, wie er, um ihn von der vorgehabten polemisierenden Vorrede abzubringen, *brieflich* die unverfänglichsten Gesichtspunkte aufgestellt und Knebeln dabei festzuhalten, produktiv und positiv zu machen versucht habe, wie jedoch jener gleich in der ersten Antwort abgesprungen und sich keineswegs mit Heiterkeit der Aufforderung gefügt habe, daher am Gelingen derselben fast zu zweifeln sei.

Auf die *religiösen* Ansichten des Lukrezens dürfe man sich nämlich gar nicht einlassen; seine *Natur-Anschauung* sei grandios, geistreich, erhaben; *diese* sei zu preisen, – wie er über die letzten Gründe der Dinge gedacht, hingegen gleichgültig. Es habe schon damals eine gewaltige *Furcht* vor dem Zustande nach dem Tode in den Köpfen der Menschen gespukt, ähnlich dem Fegfeuer-Glauben bigotter Katholiken; Lukrez sei, dadurch ergrimmt, in das Extrem verfallen, von dieser Furcht durch seine Vernichtungslehre mit einem Male heilen zu wollen. Man spüre durch das ganze Lehrgedicht einen finstern, ingrimmischen Geist wandeln, der sich durchaus über die Erbärmlichkeit seiner Zeitgenossen erheben wolle. So sei es immer gewesen, auch bei Spinoza und andern Ketzern; wären die Menschen en masse nicht so erbärmlich, so hätten die Philosophen nicht nötig, so absurd zu sein!*

Gar treffend sagte Goethe, als ich den Zufall pries, der ihn zum Briefwechsel über diese Vorrede verleitet habe: «Ja, was tut man denn Bedeutendes, ohne durch einzelnen Anlaß aufgeregt zu sein? Die Gelegenheiten sind die wahren Musen, sie rütteln uns auf aus Träumereien, und man muß es ihnen noch danken!» Knebel habe leider keine Collectanea über Lukrez, *keine Akten*, darum werde es ihm schwer, jetzt produktiv und positiv zu sein. «Da habe ich ganz anders gesammelt, Stöße von Exzerpten und Notizen über jeden Lieblings- Gegenstand.»

4839 F.v. Müller *1. März 1821*

Bei Goethe. Ich erzählte ihm die Erdennacht.

4840 G. Bancroft: Tagebuch *7. März 1821*

[Weimar.] I was with Goethe for a half hour to-day. I felt the vast difference between [him] and the many scholars whom I have lately seen. Goethe has the ease of a gentleman, speaks with liveliness and energy, but does not seem to take any longer a lively interest in the affairs of the world. I tried to bring him to talk of the German poets, and mentioned Tieck, but Goethe remained silent. I mentioned the Schlegels; he observed merely that they had written many pretty thing. Byron's *Don Juan* Goethe has read and admired its humour. The humour of the rimes, said he, is capable only in your language where words differently written are often pronounced alike. This peculiarity of your language has been cultivated and exercised by a series of comic writers, Swift, etc., etc. Goethe spoke of Humboldt's *Agamemnon* with high praise. "I still read in it and derive new instruction from it." Goethe asked me

* [Späterer Zusatz] Lukrez komme ihm in seinen abstrusen Lehrsätzen immer wie Friedrich II. vor, als dieser in der Schlacht bei Kolin seinen Grenadieren, die eine Batterie zu attackieren zauderten, zurief: «Ihr Hunde, wollt Ihr denn ewig leben?»

about the new hall at Berlin, about the famous masquerade at court, spoke of Sir George Rose and his handsome daughters. I saluted him from Wolf. He added merely, that Wolf had given him the pleasure of his company for a few days the last autumn. Goethe spoke of the progress of colonisation in America and of the agreeable manner we have in America of setting before each advertisement a little cut denoting its subject, as a house, a ship, a horse. He thought it a very excellent custom. He spoke in praise of the riches of Berlin in the arts, the thriving state of sculpture, etc., etc. He spoke of Cogswell, adding that he had sent several little things to him in America by way of Perthes and Besser at Hamburg. Goethe's appearance is that of a healthy and active old man. His countenance is thin but shows no signs of decay.

Goethe ist still very industrious. He dictates often for several hours in succession, lives very secluded, associating with none of the inhabitants of Weimar, appearing neither at Court nor in any parties. When any ideas arise in his mind he dictates them as a fragment, the end of which no one can conceive of, and throws them aside, till accident or inclination brings him again on the same subject. He has by him often works nearly finished, others in good progress and others just commenced on, so that Prof. Riemer says of him, he brings forth like the mice, who carry about in the womb young ones ready for delivery, and other just beginning to exist. At present Goethe has finished a volume of *Wilhelm Meister, Wander-Jahren*, and is also engaged with his "Morphologie."

I ought to mention that Goethe praised Schlegel's translation of Shakespeare and spoke of the delight he had taken in a late perusal of Julius Cesar.

4841 J. Russel: A Tour in Germany 1828

[Nach Besuch bei Goethe in Weimar am 8. März 1821.] Of the sager and poets of Weimar, Goethe alone survives. One aftes another, he has sung the dirge over Herder, and Wieland, and Schiller – "his tuneful brethren all are fled."

But, lonely as he now is in the world of genius, it could be less justly said of him than of any other man, that he,

> "neglected and oppress'd,
> Wish'd to be with them, and at rest;"

– for no living author, at least of Germany, can boast of so long and brilliant a career. At once a man of genius and a man of the world, Goethe has made his way as an accomplished courtier, no less than as a great poet. He has spent in Weimar more than one-half of his prolific life, the object of enthusiastic admiration to his countrymen; honoured by sovereigns, to whom his muse has never been deficient in respect; the friend of his prince, who esteems him the first man on earth; and caressed by all the ladies of Germany, to whose reasonable service he has devoted himself from his youth upwards. It ist only necessary to know what Goethe still is in his easy and friendly moments, to conceive how justly the universal voice describes him as having been in person, manners, and talent, a captivating man. Though he is now seventy-four years old, his tall imposing form is but little bent; the lofty open brow retains all its dignity, and even the eye has not lost much of its fire. The effects of age are chiefly perceptible in an occasional indistinctness of articulation. Much has been said of the jealousy with which he guards his literary reputation, and the haughty reserve with which this jealousy is alleged to surround his intercourse. Those who felt it so must either have been persons whose own reputation rendered him cautious in their presence, or whose doubtful intentions laid him under still more unpleasant restraints; for he sometimes shuts his door, and often his mouth, from the dread of being improperly put into books. His conversation is unaffected, gentlemanly, and entertaining: in the neatness and point of his expressions, no less than in his works, the first German classic, in regard of language, is easily recognised. He has said somewhere, that he considered himself to have acquired only one talent, that of writing German. He manifests no love of display, and least of all in his favourite studies.

It is not uncommon, indeed, to hear people say, that they did not find in Goethe's conversation any striking proof of the genius which animates his writings; but this is as it should be. There are few more intolerable personages than those who, having once acquired a reputation for cleverness, think themselves bound never to open their mouths without saying something which they take to be smart or uncommon.

4842 Riemer *11. März 1821*

Mittags zu Tische bei Goethe mit meiner Frau. Nach Tische Bilder.

4843 G. Bancroft: Tagebuch *12. März 1821*

I called on Goethe. He was very friendly and manifested an interest in my future welfare. He mentioned among other things, that he had often sent things to Mr. Cogswell, by way of Hamburg, care of Perthes and Besser.

4844 Johanna Schopenhauer an S. Boisserée *29. März 1821*

Ihre Probeblätter von den Lithographien nach Ihren Gemälden habe ich noch immer nicht zu sehen bekommen, obgleich ich Goethen, so oft ich ihn sah, darum bat. Er hatte immer Ausflüchte, warum er sie mir just in diesem Moment nicht zeigen könne. Es ist so seine wunderliche Art, die mit dem Alter immer zunimmt. Wenn Sie wirklich wollen, daß ich sie sehen soll, so bitte ich Sie, ihm ausdrücklich zu schreiben, daß er mir sie ins Haus sende. Es wäre mir freilich sehr angenehm gewesen, wenn ich sie früher gehabt hätte, aber was soll man mit ihm anfangen; was er einmal hat, gibt er ungern, wenn auch nur auf ein paar Stunden, wieder heraus. Meyer hat die Blätter einige Zeit bei sich gehabt, aber er war zu gewissenhaft, sie mir ohne Goethens ausdrücklichen Befehl zu zeigen; jetzt sind sie wieder bei Goethen, aber nach mehreren verunglückten Versuchen wage ich es nicht, sie wieder bei ihm zu erwähnen. Ich kenne ihn durch vierzigjährigen [vierzehnjährigen] Umgang zu genau, um nicht zu wissen, daß diese

Art von Ungefälligkeit auf Grundsätzen beruht, die durch jeden Versuch, sie zu erschüttern, nur bestärkt werden, was er einmal abgeschlagen hat, tut er nie.

4845 Adele Schopenhauer: Tagebuch *2. April 1821*

Ich möchte meine Augen schließen und so fortarbeiten, ohne etwas außer mir zu gewahren. Da quält mich ... der Mutter Bruch mit Goethen, ich mag nichts mit Worten berühren!

4846 Riemer *12. April 1821*

Abends bei Goethe. Coudray. Dann Meyer. Als diese fort, der Kanzler. Hierauf Goethe mein Sonett zu des Kanzlers Geburtstag vorgelesen, welches ihm sehr gefiel.

4847 Riemer *14. April 1821*

Mittags bei Goethe zu Tische. Vorher die pilgernde Törin durchgegangen. Aus dem Gespräch mit Goethe: Nachbild und Nebenbild. «Große Künstler reproduzieren das Nachbild, daher bei Raffael. Andre arbeiten es erst wie aus einem Nebel heraus, aus Umzügen.»

4848 Riemer *16. April 1821*

Abends bei Goethe kurze Zeit. Hatte der Sohn Thé dansant.

4849 Riemer *29. April 1821*

Besuch von Herrn Kanzler. Vormeldung, daß Goethe mir für die Redaktion seiner Schriften, vorzüglich der Altertumsschriften, jährlich 100 Taler als Honorar geben wolle, in vierteljährlichen Ratis.

4850 Riemer *8. Mai 1821*

Mittags bei Goethe. Vorher Manuskript zu den Wanderjahren durchgesehen und nach Jena spediert.

4851 Adele Schopenhauer: Tagebuch *11. Mai 1821*

Alter Rapport.

Da hat durch Brühls Aufforderung an Goethen, nach Berlin zu Eröffnung des Hauses zu reisen, sich ein recht drükkend schweres Gewitter über uns zusammengezogen. Goethe will August schicken, August nicht gehen, um Ottilien nicht den Schmerz zu geben – Ottilie aber will, daß er geht – und so bildet sich denn eine unabsehbare Reihe von Mißhelligkeiten und bösem Argwohn. Alles das hat mich sehr bewegt und oft recht verstimmt ...

Goethe hat mich das Ende des Prologs [zu Eröffnung des Berliner Theaters im Mai 1821] auch lesen lassen. Er ist, wie der Anfang, schön. Aber zugleich sah ich das Schema, die Zeichnung der Gedanken möchte ich es nennen. Ich begreife nun, wie es ihm möglich ist, bei aller Phantasie, bei aller Kühnheit, bei allen Sprüngen des Geistes dennoch diese nur ihm eigene plastische Bestimmtheit, diese Wirklichkeit seinen Dichtungen zu geben. Das Schema, welches er Kräutern diktiert, ist wie der Aufschlag zu dem Gewebe der Verse, nie ist er abgewichen, kein neuer Gedanke drängt sich ein, nichts führt ihn irre, nichts reißt ihn fort. – Wie ein Fluß, den man in ein bestimmtes Bette leitet, brauset mit gewaltiger Kraft der Wortstrom in den ihm bestimmten Grenzen einher.

4852 Riemer *16. Mai 1821*

Mittags bei Goethe zu Tische. Vorher einiges Manuskript durchgegangen. Den Auszug aus Homer.

4853 F. v. Müller *18. Mai 1821*

Abends, von 7 bis 9 Uhr. Ich traf Riemern bei Goethe an, im vordern Gemach, Kupferstich-Mappen aufgeschlagen.

Die neue Weimarische Pinakothek gab zuerst Unterhaltungsstoff. Der Maler von Crayer, gemalt von Dyck, wie er die Leier mit höchster Anmut, und doch Würde und Ernst im Blicke, spielt, ist eins der schönsten Steinbilder. Wir kamen auf Krausens Harz-Gegenden. Er tat alles mit Liebe, was er tat, sagte Goethe, war anschmiegsam, feinsinnig wie keiner. Damals bei jenem Streifzug in die Harzgebirge [im September 1783] holte ich einst, auf von Trebras Schultern gestiegen, ein merkwürdig Mineral mit vieler Gefahr von seiner Bildungsstätte, vom Felsen herab:

«Wir müssen noch berühmt werden, ehe wir den Hals brechen», sagte ich scherzend zu Trebra.

Ich besitze noch eine kleine polierte Marmorplatte aus jenen Gegenden, mit der von Trebra aufgesetzten Inschrift jener Worte.

«Ja, wenn man in der Jugend nicht tolle Streiche machte, und mitunter einen Buckel voll Schläge mit hinwegnähme, was wollte man denn im Alter für Betrachtungs-Stoff haben?»

Die (Schweitzersche) Sammlung von Karikaturen auf Napoleon zu sehen, lehnte er ab: «Ich darf mir dergleichen mir widrige Eindrücke nicht erlauben, denn in meinem Alter stellt sich das Gemüt, wenn es angegriffen wird, nicht so schnell wieder her wie bei euch Jüngern; ich muß daher mich nur mit ruhigen, freundlichen Eindrücken umgeben.»

Darauf kamen wir auf seinen Berliner *Prolog* (den er mir jedoch wegen Mangels an reinlicher Abschrift nicht zeigen wollte) und auf die Unart eines Pragers Naturforscher Purkinje, der Goethes Farbenlehre predigt, ohne ihn nur zu zitieren, so daß Goethe sich jetzt in der Morphologie den Spaß macht, sich selbst bei Kritik jenes Werks zu allegieren. «Man muß nicht leben wollen, wenn man sich solche Plagiate nicht ruhig gefallen lassen will.»

«Der größte Virtuos im Aneignen fremder Federn war Bertuch, der sogar den armen Batsch, als dieser ein neues System der Naturgeschichte schrieb, zwang, sich gefallen zu lassen, daß Bertuch ankündigte, da er selbst nicht Zeit habe, werde Batsch seine, Bertuchs, Ideen dem Publikum vorlegen (während doch Bertuch nie eine Idee gehabt).» Dafür aber habe die Nemesis ihn auch gestraft, daß jenes Unternehmen, wegen Mangels aller *Methode*, mißlungen und ihm ein barer Schade von mehrern 1000 Talern geworden sei.

4854 Riemer *20. Mai 1821*

Mittags bei Goethe. Vorher Durchsicht von Manuskript für die Farbenlehre, Fortsetzung.

4855 Großfürstin Alexandra Feodorowna: Tagebuch *3. Juni 1821*

Ich war heute nach der Messe bei Goethe zu meiner großen Freude. Ich hatte unendlich gewünscht, seine Bekanntschaft zu machen. Ich glaubte, die alte verfallene Größe zu sehen, und fand einen kräftigen Stamm, hoch und gerade, mit vieler Annehmlichkeit in den Zügen und solche feurigen geistreichen Augen, wie ich niemals vorher sah, besonders in dem Alter. Er war sehr herablassend gegen mich, zeigte mir herrliche Medaillen aus dem Mittelalter. Wir zwei gingen im Garten zusammen herum, und ich versprach ihm meine Büste zu der Sammlung seiner vielen Büsten. Er sagte mir, meine Mutter und Tante Cumberland wären in seinem Hause erzogen worden in Frankfurt am Main. Es ist mir unendlich viel wert, daß ich diesen Stern unserer deutschen Literatur noch habe kennen lernen in meinem Leben.

4856 Julie v. Egloffstein an F. Hartmann *10. Juni 1821*

Unsern alten Goethe sehe ich gegenwärtig recht oft und stets in der besten, gemütlichsten Laune. Er hat mir die Nachmittags-Stunde von 4 bis 6 als diejenige angezeigt, in welcher er am liebsten mich bei sich sehen und mir seine Kupferstiche zeigen würde, so oft ich nur immer wollte. Ich ließ mir das nicht zweimal sagen und mache nun so oft es nur immer gehen will Gebrauch von dieser freundlichen Erlaubnis, in der ich würklich eine kleine Auszeichnung sehen darf, welche jedoch mehr mein Gemüt als meine Eitelkeit schmeichelt. Letzhin [am 4. Juni] sahen wir das, was er von der Lombardischen Schule besitzt, in vier Stunden flüchtig durch – was für neue Bekanntschaften mit den allervortrefflichsten Meistern habe ich da gemacht.

4857 F. v. Müller *8. Juni 1821*

Ich traf ihn [Goethe] gegen sechs Uhr abends ganz allein, und geriet, als ich ihm Merkels Lebens-Abriß von Roth mitteilte und einige Stellen daraus zur Empfehlung vorlas, alsobald in argen und mißlichen Streit mit ihm.

Der Verfasser hatte nämlich, bei Erwähnung von Merkels heterodoxem Freunde Cnopf, *geoffenbarte* und *natürliche* Religion in schroffen Gegensatz gestellt, was Goethe zum allerhöchsten mißbilligte. «Hier sieht man den Schelm, der nicht ehrlich herausgeht mit der wahren Farbe», rief er aus; «das sind die verdammten Rednerkünste, die alles bemänteln, über alles hingleiten wollen, ohne das Rechte und Wahre heraus zu sprechen. Was hat denn der christlichen Religion den Sieg über alle andern verschafft, wodurch ist sie die Herrin der Welt geworden und verdient es zu sein, als weil sie die Wahrheiten der natürlichen Religion in sich aufgenommen? Wo ist denn da der Gegensatz? Die Grenzen fließen ja in einander.»

Nun analysierte er Rothens Phrase, ihre Halbheit und Unrichtigkeit bitter rügend, und ließ mich meine Unbesonnenheit gewaltig bereuen, gerade *diese* Stelle hervorgehoben zu haben, die auch eigentlich gar nicht in meiner Absicht gelegen hatte, da ich nur eine andere weit treffendere nicht gleich finden konnte. Das Gespräch ging auf Röhr und den Rationalism über; Goethe tadelte heftig, daß das Publikum an den Faseleien eines Schultze, an der Nullität eines Krause weit mehr Geschmack finde als an Röhrs klarer Gediegenheit und aufgeklärter Konsequenz. Das hänge aber mit der Sinnlichkeit, die jeder geschmeichelt verlange, zusammen; vernünftig sein und bloß verüünftig handeln aber wolle niemand.

Als ich beklagte, daß Röhr nicht eine kleine Dosis *Phantasie mehr* habe und das *Gemüt* mehr anspreche, behauptete er heftig, dies sei mit Röhrs abgeschloßner Individualität unvereinbar, und wenn man ihm nur einen Tropfen Phantasie, wie aus dem Wunderfläschchen des heiligen Remigius, womit Frankreichs Könige gesalbt würden, aufs Haupt träufeln könnte, so würde er eben ein ganz anderer Mann sein. Wie sich einmal der geistige Organism des Menschen gebildet, darüber könne er nicht hinaus; die Natur schaffe nichts *Ganzes* in den Individuen, während der Charakter der Gattung freilich ein Ganzes sei und man die verschiednen menschlichen Eigenschaften eigentlich nicht zersplittert denken dürfe. Der *Brünette* könne nun einmal nicht zugleich *blond* sein, weil es sonst kein Individuum wäre.

Alle Geistliche, die nicht wahre Rationalisten seien, *betrügen* sich selbst oder andere.

Das Wort «Betrug» wollte ich nicht zugeben, er gab es preis, ohne den Sinn aufzugeben, und ich fühlte mit Unmut, wie wenig ich dem Disputieren mit ihm, bei der Schärfe und vollendeten Klarheit aller seiner Begriffe und Redewendungen, gewachsen sei.

Einige zweideutige Äußerungen von Goethe beunruhigten mich anfangs gewaltig, ohne Not, bis sie späterhin durch beruhigendere Andeutung seiner Überzeugung ausgeglichen wurden. Er zeigte mir illuminierte Bilder von Kölnischen gemalten Fenstern in der Kirche des heiligen Humbert, wir kamen aber bald wieder auf philosophische Gegenstände, auf die schöne Zeit der Herzogin-Mutter und auf sein Verhältnis zu Wieland und Herder zu sprechen.

Über die Ursachen seiner Spannung mit letzterm, den er drei Jahre lang in der letzten Zeit nicht sah, teilte er Vertraulichstes mit, unter feierlichem Handschlag. In Jena trafen sie sich dann einmal wieder, Goethe besuchte Herdern zuerst, sie sprachen lange, und doch – setzte er hinzu – getraue ich mir den Ausgang dieses Gesprächs nicht zu offenbaren. Herders Frau sei an allem schuld gewesen, mit ihrem unbiegsamen Spatzenkopf; ihre Anforderungen an den Hof seien ins Grenzenlose gegangen, und der Herzog habe unmenschliche Geduld bewiesen und sich wahrlich nichts gegen Herders vorzuwerfen. Herdern selbst müsse man vieles wegen seiner steten Kränklichkeit zugute halten, leider habe er die Reizbarkeit und Bitterkeit im Urteil, die ihm von Jugend auf angeklebt, ins Alter hinübergetragen. «Unarten, die der Jugend oft sogar interessant, im mittlern Alter noch erträglich sind, werden ganz unleidlich, wenn man sie ins Alter herübernimmt.» Je mehr man Herdern geliebt, je mehr habe man sich von ihm entfernen müssen, um ihn nicht totzuschlagen. *Wielands* Unarten seien ganz anders und oft wahrhaft liebenswürdig gewesen. Einsiedel, den zuweilen auch ein grandioser Sinn angewandelt, habe einst, als Goethe sich über Wielands unleidliche Willkür im Urteil beklagt, ein trefflich Wort gesprochen: «Wenn man Wieland selten sieht, muß man sich über ihn ärgern; sieht man ihn *täglich*, so findet man erst Harmonie in seinem Wesen und erstaunt über den Umfang dessen, was man von ihm Treffliches hört und lernt.»

Böttiger sei eigentlich der böse Dämon unter jenen großen Männern gewesen, der alles Unheil angezettelt. Die Herzogin-Mutter habe sich höchst gemäßigt bei allem diesen benommen, Goethen nie die geringste Klage gegeben. Sie sei ein allerliebstes, vortreffliches, aber *indefinibles* Wesen gewesen. «Inzwischen», setzte er hinzu, – «um das oft gebrauchte Gleichnis, daß wir zu nah aneinander stehende Bäume gewesen, beizubehalten, – wenn jene Verstimmungen mich hinderten an *Ausbreitung*, so trieben sie mich desto mehr in die *Höhe;* ich blieb mir getreu und lebte auf meine Weise.»

«Und so *war* ich stets und werde es *bleiben*, solange ich lebe, und drüber hinaus hoffe ich auf die *Sterne;* ich habe mir so einige ausersehen, auf denen ich meine Späße noch fortzutreiben gedenke.»

Diese Worte rührten mich tief, sie waren mir ein Strahl der Beruhigung. Nein gewiß, wer *so* über die höchsten Anliegen der Menschheit sprechen kann, in dessen Brust muß der Glaube an das *Heiligste* wohnen.

Wir sprangen über auf die Wahlverwandtschaften, auf die Wanderjahre. Er begriffe wohl, sagte er, daß den Lesern vieles rätselhaft, daß sie sich nach einem zweiten Teile sehnten; aber da ja Wilhelm so vieles schon in den *Lehrjahren* gelernt, so müsse er ja auf der *Wanderschaft* desto mehr Fremdes an sich vorübergehen lassen; die *Meisterjahre* seien ohnehin noch schwieriger und das Schlimmste in der Trilogie.

Es sei ja alles nur symbolisch zu nehmen, und stecke überall noch etwas anderes dahinter. «Jede Lösung eines Problems sei ein *neues* Problem.»

Dann sprach er von der Caspers, die ihn durch Chanykow habe grüßen lassen, und daß sie eines jener lieblichen, aber neutralen, adiaphoren weiblichen Wesen sei, die, mit geringer Sinnlichkeit ausgestattet, umso sicherer durch die Welt gehn, weil sie eben nicht *mehr* anreizen, als daß man gern bei ihnen weile.

Nie war mir Goethes große Weltanschauung, seine Universalität und Geistesschärfe imposanter gewesen als heute, aber nie hatte ich mich auch mehr verwirrt und gleichsam betäubt davon gefühlt.

4858 Graf v. Lepel:
Korrespondenz-Nachricht *10. September 1821*

[Besuch bei Goethe am 19. Juni.] Weimar war, was es selten ist, ziemlich leer. Die Höfe waren in die Bäder gewandert, und die Fremden mit ihnen. Aber Goethe war noch da, der herrliche, jugendlich-starke und heitere Greis. Wer kann das gastliche Salve seiner Schwelle überschreiten, wer in sein schönes, geistvolles Auge blicken, wer seinen biedern Handdruck empfangen, ohne ein belohnendes, erhebendes, echt nationales Gefühl? – Möge er lange noch Deutschlands Stolz und Weimars Zierde bleiben! Möge er spät die Wanderjahre des Meisters vollenden, deren letzten Teil er so rüstig begonnen!

4859 R. P. Gillies: Goethe's Tasso *1836*

Touching the said qualification of dignity, surely no one ever knew better how to retain it in his conduct and demeanour than Goethe; or, we should rather say, it was an inherent attribute of his character. Those, therefore, who imagined that they could obtain his favour by flattery, or disturb his apparent quietism by acrimonious attacks, were alike completely baffled. Of this we remember a trifling example, during our first interview with him at Weimar [22. Juni 1821]. We had not the remotest intention to flatter, which would have been absurd and out of place; but on our alluding incidentally to the use that had been freely made by others of ideas and conceptions, which *originated* solely with the author of *Faust*, "*Mein lieber Freund*" said he, in a tone of the most perfect indifference, "*I know all this well enough already:* let us talk rather of your own literary pursuits, for I am tired of hearing about mine." It may seem an odd comparison, but Goethe had, in figure, voice, and manner, a considerable resemblance to the late John Kemble. By those who were acquainted with both persons, the remark indeed will not appear odd or irrelevant; for Kemble, independently of his literary acquirements, possessed great originality and decision of character, which, had he not obtained eminence as an actor, would assuredly have raised him to high rank in some other sphere.

We recollect, as well as if it had occurred yesterday, the effect produced by the first appearance of Goethe's tall, gaunt form, attired in a long, wide, blue surtout, as he slowly emerged from the interior of his drawing-room. It was not an *appearance*, but an *apparition*. Johnson has remarked of Burke, that even an illiterate observer, if led into accidental conversation with him, by stopping to avoid a shower of rain, would say, "This is an extraordinary man." One look at Goethe's features, without a word being spoken, was enough to convey the impression of his intellectual supremacy, of the long labours which he had undergone, of his perfect equanimity and selfpossession, and of an energy which even old age could not repress nor overcome.

4860 R. P. Gillies: Recollections of Germany 1840

[Weimar, 22. Juni 1821.] Here, it is almost superfluous to observe, that Goethe was then the great lion, to whom every stranger, if in the slightest degree tinged with literature, wished to be introduced. Cold, and often sarcastic as he was in manner, and by no means easily accessible to *authorlings* of his own country, he seldom refused to see English visitors. From sheer neglect, I had not provided myself with a letter of introduction to the great man, though one had been kindly offered by a friend at Berlin. I therefore ventured to wave ceremony, and to try an experiment. Having written hastily on a slip of paper the words (in

English), "A humble student from *** would be thankful for a short audience", I sent it up, accompanied by a visiting card. In German phrase, this was done *um eine Probe zu machen*, – to put him to the proof whether he would also despise ceremony, and shew good nature enough to excuse the effrontery of the so-styled humble student, who at that time might still have said, –

> "Crowns in my purse I have, and goods at home,
> And so am come abroad to see the world."

His excellency was dressing, but my petition was not refused. The allusion to the first scene in *Faust* had been appreciated as I expected, and we were directly ushered up to the drawingroom, which, as well as I can recollect, was most plainly furnished. It was a long apartment, or, I should say, there were two rooms communicating by folding-doors that stood open; and from a private door in the distance, after we had waited some time, came forward Goethe, at a slow, majestic pace, and, as described in a former number of *Regina* [1836], much like an apparition from another world. This expression may seem odd, but will bear analysis. As characteristic of the said apparition, there was old age, with a costume doubtless modern, yet which, notwithstanding, looked perversely antique, owing, perhaps, to the powdered hair of the wearer, and a gross mismanagement of the neckcloth. His figure was tall and gaunt, and his attire a long blue surtout, considerably too wide; in fact, it fitted no better than a dressing-gown. His visage, once seen, could scarcely ever be forgotten; but (the portraits usually sold not being very accurate) the best notion I can give of it is by repeating that his features in their cast generally had considerable resemblance to those of the late John Kemble, though with a very different expression, Goethe's being much more grave and stern. The most remarkable point, however, about his physiognomy and *tout-ensemble* was the obviously still existing, though latent and subdued, energy; for, notwithstanding his ghostlike calmness, and the wear and tear visible in his countenance, one felt instinctively convinced that he could still speak if he chose to do so, with the same powerful voice which had roused Goetz, of Berlichingen, from the grave, and caused a revolution in literature.

The great poet advanced silently, and with a demeanour as if completely absorbed in his advanced thoughts, yet at the same time with an expression which indicated he was considering whether the strangers who thus unceremoniously intruded on him were, or were not, worthy of being honoured even with a single word. The decision, to this extent at all events, was in our favour; for he said, holding my card in his hand, "You requested an interview. Am I right in supposing that you are Mr. —, of whom I have already heard from my friends, the —minister at Berlin, and Hofrat Müllner?" A direct answer was hardly needed, and all formality now ceased. We, that is to say, the great poet and the humblest of students, had at least *this much* in common, that we had divers mutual acquaintances; for example, Sir Brooke Boothby, Mr. Mellish, and other Englishmen, who had resided at Weimar, of whom Goethe talked very willingly. As to his own works and literary fame, he would not utter one syllable, and seemed wholly immovable either by praise or blame. Like Tieck, and our other friends at Dresden, he was, however, extremely desirous to hear all that we could tell him respecting leading characters among English *literati*, – of whom, it is superfluous to say, that Scott and Byron interested him the most. But whilst speaking of both, with ample deference as distinguished men, he could by no means be led into hearty praise of either one or other on account of their works. I am convinced that, among the peculiarities of the German character is to be reckoned a most intense developement of the organ of ideality; and can believe that Goethe, perpetually haunted by a clear conception of excellence, attainable perhaps, though never yet attained, felt disgusted, or at least disappointed, with all the literary productions which he had read, – not by any means excluding those which he had himself written.

4861 *R. P. Gillies: Memoirs of a Literary Veteran* *1851*

[Weimar, 22. Juni 1821.] My short morning's work was to compose three lines of as good German as I could muster, submitting that a humble student from Edinburgh, after a long journey, wished earnestly for the honour of a brief interview with the greatest of German poets.

Provided with this, and accompanied by my brother-in-law, Capt. James Macdonell, I betook myself to the "statesman's" house, a sort of mansion such as a Duke's land-steward, in England, certainly would not have considered very *distingué*. The time was about eleven o'clock, and the valet in attendance intimated that his master was dressing; however, he would present my *billet*. Almost instantly he returned, and with a profound obeisance desired that we should walk into the saloon, where his excellency would join us after a few minutes.

We had time enough to wonder at the absence of all luxurious or costly appliances in the *salle de réception*. Some few busts and statues there were, it is true, also a grand pianoforte, or, as I rather think, it was a harpsichord, from the days of Werther and Charlotte, and of course there were chairs, and a table with some few books. But, alas! the dark oak-floor was uncarpeted, and if we had a feeling of cold even at midsummer, what must have been the atmosphere of that room in a dreary winter's day, even supposing that the stove had its due supply of wood and turf? Truly, it was evident enough that the poets of Germany were not more fastidious, on the question of "comfort", than were in days of yore the stout heroes of the so-called Reformation.

I have elsewhere recorded the impressions made by an interview with Goethe, and can scarcely do any better than repeat my former words, namely, that in figure, contour of features, mode of speech (or penchant to taciturnity), and demeanour, he bore a certain indefinable resemblance to John Kemble; I have said indefinable, because it amounted merely to this – that one reminded of the other. There were wide discrepancies. Firstly, Kemble did not live to be old, and besides, his countenance, even in age, would not have been so deeply marked by the wear and tear of thought as Goethe's. No doubt, a *good* portrait of the latter, if given to Lavater without any name, would have served as materials for a long chapter. The forehead, eyes, and eyebrows alone, would have been enough for several pages. Now as the door opened from the farther end of the reception-room, and his excellency's tall, gaunt form, wrapped in a long, blue surtout, which hung loosely on him, slowly advanced, he had veritably the air and aspect of a *revenant*. His was not an appearance, but an *apparition*. Evidently and unmistakeably he had belonged to another world which had long since passed away; but *malgré* attenuation, and some traces of impaired health (such as a yellow suffusion of the eyeballs) there were, nevertheless, indications that the smouldering fire of youth yet lingered in that gaunt frame, and that though he had belonged to a past world, he was yet perfectly able to sustain a part in the present.

This was at first rather a perplexing interview, a vehement contrast to that with Hofrat Müllner, who took his place at the supper-table and chatted away from the moment of his entrance. On the contrary, Goethe advanced in profound silence, in a mood, seemingly, of utter abstraction, and after the manner of ghosts in general, he waited to be spoken to! The spirit had been evoked from his other world, had condescended to appear, and now the question was, what sort of conversation ought to be, or might be, without impropriety, addressed to him? The plain truth was, that I had set my heart on seeing Goethe, but did not for a moment imagine that my communications could have any interest for him, and in sheer desperation I contrived to tell him this much, then fortunately made allusions again to our long journey, and of my great wish to settle somewhere, at Weimar, for example.

As it happened, the best of diplomatists could not have managed better. This was a practical point to which (with a half smile at my broken German) he answered readily, that nothing could be more easy; Weimar was not overpopulous, and he believed that Hoffmann, the court bookseller, was at that moment charged to dispose of a house and garden at a very low rent. To this he added: "In days of yore, there were Englishmen here, who passed their time pleasantly enough, and some of whom I remember with esteem and regret." I ventured to inquire whether Sir Brooke Boothby had been among the chosen few? This question was a lucky hit, for he immediately fixed his eyes with searching expression, and spoke with animation: –

"I saw more of him", said he, "than of any other English resident, and regretted his departure the most. You knew him perhaps?"

"Very intimately."

"Is he still alive?"

"I believe so. But he left Scotland in 1815, and since then, I have not received any letters from him."

"Sir Brooke was a pleasant neighbour, and friend of mine. *Was hat er bei Ihnen gemacht?*" (What was he about in Scotland?)

"He filled up his time after his own fashion – wrote a good deal, especially in verse, dined early, and in the afternoon painted in water-colours."

"Has he ever spoken to you about Weimar?"

"He told me about his having obtained a commission in the Duke's cavalry, in order to have the privilege of appearing at Court in boots instead of silk stockings."

"*Ganz richtig* (very true). His health was not good: he complained of our cold winters, disliked silk stockings, and could ride better than he danced."

This important fact disposed of, I mentioned that Sir Brooke always had beside him a first edition of "Werther", and a few other German books, from which he had made some translations, and that one of these, the "Genius and the Bayadere", was, at my suggestion, published in the "Edinburgh Annual Register".

"I gave him those books", said his excellency, "but there

was one point of difference betwixt us. He was a good French scholar, but never would take the trouble of studying our language so as to comprehend our best authors. He began zealously – *allein es mangelte ihm an Ausdauer.* (He was wanting in perseverance.) Another of your countrymen, Mr. Mellish, was in that respect more praiseworthy."

I tried to introduce other literary characters, but could only bring him thus far, that he desired to be particularly informed whether Sir Walter Scott had quite recovered his health, to which I replied, that not only had he recovered, but seemed stouter than before; and that his industry was unequalled and indomitable. I then endeavoured to speak of the singular influence that "Faust" and "Wilhelm Meister" had exercised on English authors; of Lord Byron's debt to the former in "Manfred", and so forth; but to this his answers were in a tone of perfect indifference. He cared not a straw about praise, and was inaccessible to flattery. About twenty minutes sufficed for our audience; but he was very courteous at parting, and said he should rejoice to hear that I could meet with an abode at Weimar suitable to my finances and views.

Truly there is little enough in the conversation as recorded above: but I had forgotten to mention that his excellency was then said to be slowly recovering from a serious illness, and from what we heard afterwards, I had more reason to wonder that he condescended to speak so much than that he said little, for upon such occasions of strangers desiring to see the lion, he was usually very reserved, *nonchalant* and taciturn.

4862 Riemer an Frommann *14. Juli 1821*

Es freut mich, daß unser Reiseplan [Plan einer Reise nach Karlsbad] Ihre Zustimmung findet, mein teurer Freund; es ließ sich, ohne Weitläuftigkeiten, nicht anders machen. Aber darin haben Sie vollkommen recht, daß wir wohl schwerlich Schleiz in demselben Tage erreichen möchten, ohne uns und dem Geschirr zu viel zuzumuten. Ich dachte im stillen anders, und hörte auch von Goethe, daß ich füglich in Pößneck (das ich bereits kenne) übernachten und den zweiten Tag nach Hof gelangen könne; und so wird es denn auch wohl dabei sein Bewenden haben.

4863 C. G. Carus: Lebenserinnerungen und Denkwürdigkeiten *1865*

Weimar, 20. Juli [1821] abends,

In Jena suchte ich zunächst Frommann auf, dem ich über Goethe frühere Notizen verdankte. Ich erfuhr bald Okens Abreise nach Paris, sowie Goethes Verweilen in Weimar, und es blieb demnach diesmal wenig für mich an diesem Ort zu erlangen ...

Den Mittag brachte ich in Frommanns Haus zu, einer vielseitig, nach Goethescher Weise gebildeten Familie. Überhaupt konnte es mir nicht entgehen, daß in der Nähe eines solchen Meteors wie Goethe alles entweder für oder wider ihn entschieden Partei zu nehmen angeregt werden müsse, und keine Neutralität mehr gelten könne ... Um 8 Uhr abends erreichten wir Weimar. Goethe werde ich den nächsten Tag um 11 Uhr sehen.

Der eben verklingende Lärm eines Jahrmarkts gewährte noch mancherlei Unterhaltung, und beiläufig lernten wir von der Dienerschaft im Elephanten auch etwas von der Art kennen, wie das Volk von Weimar sich die Verhältnisse außerordentlicher Männer in seine trivialen Kreise herunterzieht.

Rudolstadt, 21. Juli abends.

Heute in den Frühstunden ergingen wir uns in den Parkanlagen zu Weimar, erfreut durch den schönen Sinn für Einfachheit und Naturfreiheit, der hier überall herrscht ...

Nach 9 Uhr zog mich der Wunsch, die anatomischen Sammlungen des Obermedizinalrats von Froriep zu sehen, nach der Stadt ...

Unter all diesen Betrachtungen war indes 11 Uhr herangerückt, ja vorübergegangen, und ich eilte nun, Goethes Wohnung aufzufinden. Gleich beim Eintritt in das mäßig große, im einfach antiken Stil gebaute Haus, deuteten die breiten, sehr allmählich sich hebenden Treppen, sowie die Verzierung der Treppenruhe mit dem Hunde der Diana und dem jungen Faun von Belvedere, die Neigungen des Besitzers an. Weiter oben fiel die Gruppe der Dioskuren angenehm in die Augen, und am Fußboden empfing den in den Vorsaal Eintretenden, blau ausgelegt, ein einladendes Salve. Der Vorsaal selbst war mit Kupferstichen und Büsten auf das reichste verziert und öffnete sich gegen die Rückseite des Hauses durch eine zweite Büstenhalle, auf den lustig umrankten Altan und auf die zum Garten hinabführende Treppe. In ein anderes Zimmer geführt, sah ich mich aufs neue von Kunstwerken und Altertümern umgeben; schön geschliffene Schalen von Chalzedon standen auf Marmortischen umher, über dem Sofa verdeckten halb und halb grüne Vorhänge eine große Nachbildung des unter dem Namen der Aldobrandinischen Hochzeit bekannten alten Wandgemäldes, und außerdem forderte die Wahl der unter Glas und Rahmen bewahrten Kunstwerke, meistens Gegenstände alter Geschichte nachbildend, zu aufmerksamer Betrachtung auf. Endlich kündigte ein rüstiger Schritt durch die anstoßenden Zimmer den werten Mann selbst an. Einfach, im blauen Zeugoberrock gekleidet, gestiefelt, in kurzem, etwas gepudertem Haar, mit den bekannten von Rauch herrlich aufgefaßten Gesichtszügen, in gerader kräftiger Haltung schritt er auf mich zu und führte mich zum Sofa. Die zweiundsiebzig Jahre haben auf Goethe wenig Eindruck gemacht, der Arcus senilis in der Hornhaut beider Augen beginnt zwar sich zu bilden, aber ohne dem Feuer des Auges zu schaden. Überhaupt ist das Auge an ihm vorzüglich sprechend, und mir erschien darin zumeist die ganze Weichheit des Dichtergemüts, welche sein übriger ablehnender Anstand nur mit Mühe zurückzuhalten und gegen das Eindringen und Belästigen der Welt zu schützen scheint; doch auch das ganze Feuer des hochbegabten Sehers leuchtete in einzelnen Momenten des weitern mehr erwärmten Gesprächs mit fast dämonischer Gewalt aus den schnell aufgeschlagenen Augen.

So saß ich denn nun ihm gegenüber! Die Erscheinung

eines Menschen, welchem ich selbst einen so großen Einfluß auf meine Entwickelung zugestehen mußte, war mir plötzlich nahe gerückt, und ich war um so mehr bemüht, diese merkwürdige Gegenwart genau zu beachten und zu erfassen. Die gewöhnlichen einleitenden Gespräche waren bald beseitigt, ich erzählte von meinen neuen Arbeiten über die Ur-Teile des Knochengerüstes, und konnte ihm die Bestätigung seiner frühern Vermutung über das Dasein von sechs Kopfwirbeln mitteilen. Zur schnellern Darlegung des Ganzen ersuchte ich um Bleistift und Papier; wir gingen in ein zweites Zimmer, und wie ich nun den Typus des Fischkopfes in seiner Gesetzmäßigkeit schematisch entwickelte, unterbrach er mich oft durch beifällige Ausrufungen und freudiges Kopfnicken. «Ja ja! die Sache ist in guten Händen», sagte er; «da haben uns der Spix und Bojanus so etwas hergedunkelt! nun nun! ja ja!»* Der Diener brachte eine kleine Kollation. Es war mir ein rührendes Verhältnis, Goethe zu sehen, wie er mir den Wein eingoß und ein Brot mit mir teilte, selbst von der einen Hälfte genießend und mir die andere reichend! – Dabei sprach er von meinen beiden Bildern, die ich ihm vor einem Jahre durch Frommann gesendet hatte, erzählte, wie ihm das eine (das Haus auf der Brockenspitze) längere Zeit seiner Bedeutung nach rätselhaft geblieben, wie nur später erst eine dritte Person** ihm den Aufschluß darüber gegeben, und wie diese Dinge überhaupt wohl in Ehren gehalten würden. Dann ließ er sein Portefeuille über vergleichende Anatomie bringen, und zeigte seine frühern Arbeiten. Späterhin kamen wir auf das Bedeutungsvolle in der Form der Felsen und Gebirge für Bestimmung der Art des Gesteins, ja für die gesamte Bildung der Erdoberfläche; und auch in diesen Ideen war er völlig einheimisch, ja er hatte dafür gesammelt, wie eine zweite wohlgefüllte Mappe mit Felsenzeichnungen vom Harz und andern Orten deutlich bewies.

* Mit diesen, auf eigentümlich gutmütige Weise betonten Worten pflegte er überhaupt alle Pausen des Gesprächs zu beleben.

** Der Großherzog, wie Frommann mir sagte.

Merkwürdig waren mir, als ich jetzt kurze Zeit im Zimmer allein blieb, die Anordnungen und Ausschmückungen desselben. Außer einem hohen Gestelle mit gewaltigen Mappen für Kupferstiche in ihrer geschichtlichen Folge, interessierte mich ein mit Schubkästen, behufs der Aufbewahrung einer Münzsammlung, versehener Schrank. Der Aufsatz desselben trug nämlich unter Glas eine ansehnliche Menge antiker Götterbildchen, Laren, Faunen usw., unter welchen ein ganz kleiner goldener Napoleon, in das glockenförmig verschlossene Ende einer Barometerröhre gestellt, sich sonderbar genug ausnahm. Auch sonst aber wollte noch manches beachtet sein; so beschäftigte mich ein altertümliches wunderliches Schloß, welches mit seinem Schlüssel am Fenstergewände hing, so forderten auch hier manche Kupferstiche zur Betrachtung auf, ja selbst die Einrichtung der Zimmertür war bemerkenswert, da sie nicht in Angeln sich bewegte, sondern aus dem Türgewände hervor- und zurückgeschoben werden mußte. Zuletzt noch sprachen wir über entoptische Farben, und es brachte ihn dies darauf, Karlsbader Glasbecher mit gelber durchsichtiger Malerei herbeibringen zu lassen, an denen er mich die fast wunderbar scheinenden Verwandlungen von Gelb in Blau und Rot in Grün, je nachdem die Beleuchtung auf eine oder die andere Weise geleitet wurde, wahrnehmen ließ.* – Äußerungen über die ungünstige Aufnahme so mancher seiner wissenschaftlichen Arbeiten konnte er hierbei doch nicht ganz unterdrücken. – Gegen 1 Uhr entfernte ich mich endlich, in aller Hinsicht erfreut und erwärmt.

Spätere Nachschrift.

Seit jenem Morgen des 21. Juli sind nun mehr als vier Dezennien vorübergegangen, und immer noch steht mir

* Ich hatte damals sehr den Wunsch, solchen Glasbecher zu erlangen, allein der verehrte Mann sagte mir, *der*gleichen wären jetzt nicht mehr zu haben, aber versprach mir einen Ersatz dafür. In Wahrheit sendete er mir später einen hübschen kleinen Apparat, in welchem sich über schwarz und weißem Felde schwachfarbige Glasplättchen hin- und herschieben lassen und das Phänomen vortrefflich zeigen. – Ich bewahre diesen kleinen Apparat als teures Andenken.

die einfach schöne Gestalt des werten Mannes, ganz in der Art, wie ich sie sah, und wie der treffliche Rauch als Statuette sie bald nachher ausgeführt hatte *, vor der Seele! Ich hätte ihn damals länger sehen sollen! er wollte mich zu Tisch behalten, ein paar Tage in seiner Nähe, – welche vermehrte und liebe Erinnerungen würde ich mir bereitet haben! Aber so ist die Jugend! mit Hast treibt sie meist fernen Zielen zu, und vieles Große, zu spät Erkannte, geht ihr darüber verloren. – So ich damals! ich habe Goethe nie wiedergesehen, obwohl ich noch lange mit ihm korrespondierte! – Die Sehnsucht nach Ungesehenem, mein Eifer, die Geschöpfe des Meeres, über deren Bau ich so viel studiert hatte, nun im frischen Zustande kennen zu lernen, sie zu zergliedern und lebendig zu beobachten, *das* war damals mir das Wichtigste! Und wäre es mir nicht *so* gewesen, ich hätte freilich manche Arbeit nicht gemacht, die ich später rühmlich durchführen konnte! Ich betrachte es als einen dankbar zu erkennenden Ersatz, daß ich in späten Jahren seinen Hinterbliebenen, seiner Schwiegertochter Ottilie, deren Schwester und Söhnen näher kam; ja daß mir von diesen seine schöne Büste von Trippel in den Saal gestiftet wurde mit den Worten: «Wenn der Papa dies sehen könnte, würde er sagen: Hier weilte ich schon lange!»

4864 F. v. Müller an Knebel *25. Juli 1821*

Recht weh tat es mir zwar am Sonntag [22. Juli], Sie so nahe und doch fern zu wissen; da ich jedoch Goethes Isolierungs-System in solchen Fällen kenne und wie billig achte, so mußte ich mir schon den Genuß, Sie aufzusuchen, versagen. Am Montag abends brachte ich dagegen einen musikalischen Abend mit Egloffsteins bei Goethe zu und vernahm seine große Freude über Ihren Besuch, über Ihre gemütliche Teilnahme an seinen Mitteilungen und besonders auch über Ihre frische Empfänglichkeit für unsre fortschreitenden Park- und Gartenanlagen.

* Sie steht, von Rauch selbst mir verehrt, täglich vor meinem Blick.

Morgen reist er nun ab, von unsern heißesten Segenswünschen begleitet. Und was könnte uns andern, die wir noch glücklich genug sind, den ganzen Wert solcher Sonnennähe zu empfinden, auch in der Tat heiliger und angelegener sein, als der Wunsch, die freundlichen Gestirne eines Goethe und Knebel noch lange, lange unsern Horizont erleuchten, unsre Herzen erwärmen, unsern süßesten Stolz ausmachen zu sehen? ...

Dankbar folgt Schweiggers Programm zurück; Goethe hatte es selbst und ganz gut aufgenommen.

4865 E. Genast: Aus dem Tagebuche eines alten Schauspielers *1862*

Da wir einige Tage im Theater [von Lauchstädt] nicht beschäftigt waren, so benutzten wir die Gelegenheit, unserm lieben Vater in Weimar einen Besuch abzustatten, und Freund Koch, unser trefflicher Komiker, der ein großes Verlangen trug, Goethe kennen zu lernen, wozu ich ihm sichere Aussicht gemacht, schloß sich unserer Partie an. Wir nahmen den Weg über die Dörfer, den die weimarschen Schauspieler stets gefahren waren, denn meine Frau mußte ja alle die Orte kennen lernen, von denen ich ihr so viel erzählt hatte.

Hoch erfreut empfing uns mein guter Vater und bedauerte nur, daß wir nicht länger bei ihm verweilen könnten. Den andern Tag ließ ich bei Goethe anfragen, ob ich ihm einen Leipziger Schauspieler vorstellen dürfte. Mein Gesuch wurde gewährt und ich nebst meinem Freunde [am 24. Juli 1821] nach Wunsch empfangen.

Im Gespräche fragte Goethe, welchem Fach Koch sich gewidmet, und als dieser erwidert hatte, daß er hauptsächlich im Lustspiel und der Posse wirke, bemerkte Goethe: «Nun, das ist eine ganz schätzenswerte Aufgabe, andern Menschen heitere Stunden zu bereiten!» Dann wandte er sich zu mir und fragte, was jetzt meine Beschäftigung im Schauspiel wäre? Ich sagte ihm, daß ich wohl noch hier und da ernstere Liebhaber spielte, der Hofrat Küstner mir aber zumeist Charakterrollen übertrüge, und so hätte ich denn vor kurzem den König Philipp in «Don Carlos» mit Erfolg gegeben, wozu ich ein treffliches Vorbild an dem Schauspieler Kühne von Hamburg gehabt, der in dieser Rolle ganz unvergleichlich sei und den ich darin sogar noch über Eßlair stelle. «Ich habe schon viel Gutes von diesem Manne gehört, und er soll ein ganz tüchtiger Charakteristiker sein, mit einem kräftig schönen Organ und entsprechender Persönlichkeit», sagte Goethe. Dann fragte er nach meiner Frau, ob sie mitgekommen sei, was ich bejahte, aber sogleich hinzufügte, daß sie sich nicht mit der nötigen Toilette versehen, um Sr. Exzellenz aufwarten zu können. «Ei was», rief er, «sie ist mir in jedem Kostüm willkommen.» Abends kamen wir seinem Verlangen nach, und er begrüßte sie mit großer Herzlichkeit.

Koch war ganz entzückt über die freundliche Aufnahme von seiten Goethes, den er sich mit steifer Haltung und einem ernsten, auf das Gewürm herabblickenden Gesicht gedacht hatte.

4866 A.v. Goethe an J.M. Färber *28. Juli 1821*

Nach den Auftrag meines Vaters werde morgen, den 29. Juli nach 10 Uhr in Jena eintreffen, um das Nötige wegen Aufstellung des Starkischen Kabinetts vorläufig zu besprechen und anzuordnen.

UNDATIERTES 1817–1821

4867 F.J. Frommann: Das Frommannsche Haus *1872*

Um dieselbe Zeit [April/Mai 1817?] erzählte er [Goethe] einmal, wie ein hallischer Renommist in Kanonen und mit Stürmer ins Berliner Theater kommt, und, als einiger Spektakel entsteht, auf die Bank steigt und ruft: «schauderhafter Plebs, sei stille!» worauf alles still wird.

4868 F.J. Frommann: Das Frommannsche Haus *1872*

[Über Goethe.] Gegen die Einzelnen war er wohlwollend, nahm auch die Besuche solcher an, die ihm ganz fremd und von niemand empfohlen waren. Einst [1817?] traf er am

Teetische meiner Mutter mehre Studenten, unter ihnen ihren Neffen Robert Wesselhöft, ließ sich aber durch ihre Gegenwart gar nicht stören, sondern erging sich im Erzählen von allerhand launigen Geschichten. Als er nun sah, wie sie ihn mit leuchtenden Augen anstarrten und sich vor Vergnügen nicht halten konnten, sagte er ganz gemütlich: «Ja, so gefall' ich den jungen Leuten.»

4869 J. Weiss: Introduction to "Goethe's West-Easterly Divan" 1876

... a pleasant story, communicated by Prof. H. W. Longfellow. Robert Wesselhöft, who emigrated to America and became a physician in Cambridge, acted, in 1817, as printer's boy to take the proofs of *Wilhelm Meisters Wanderjahre* to Goethe. The old poet was friendly; used to pat him on the head, and made him feel at ease. So when the famous Wartburg meeting came off, with immense interest to the youthful mind, the boy thought it would be a fine thing to collect all the songs and speeches of that occasion and carry them to Goethe. "Here, your Excellency, are all the songs, etc." Goethe cried with warmth, "You youths are not going to have it all your own way! Some of us old fellows are yet left." The boy replied, "Your Excellency did not talk so, when you wrote *Götz von Berlichingen!* " Goethe smiled, and, turning to a table where wine stood, poured out two glasses, one for the boy, and said, "*Götz soll leben!*" - the customary toast-formula, equivalent to, "Here's to Goetz."

4870 F. W. Krummacher: Interessante Begegnungen 1878

Als damaliger Student [in Jena, wohl 1817] machte ich vom Turnplatze aus in meinem Turnergewande einen einsamen Spaziergang dem Berge zu, welcher die Goethesruhe genannt wurde, und erblickte am Fuße desselben die Equipage der Exzellenz. Obwohl ich dieselbe öfter schon von ferne erblickt hatte, war es mir doch interessant, ihn im Vorbeigehen näher anzuschauen und ihm meinen Gruß zu entbieten. Letzteres geschah in aller Ehrerbietung, aber vorbeigehen sollte ich nicht. So eilig? war die freundliche Anrede. Ich blieb stehen, die schwarzrotgoldene Burschenschaftsmütze in der Hand. Bedecken Sie sich, hieß es. Sie kommen vom Turnplatz? Auf meine bejahende Antwort erwiderte er: Die Turnerei halte ich wert: denn sie stärkt und erfrischt nicht nur den jugendlichen Körper, sondern ermutigt und kräftigt auch Seele und Geist gegen Verweichlichung. Darauf fragte er nach meinem Namen, und als ich ihm denselben nannte, sagte er mir: Ihr Name ist mir wohlbekannt. Ist vielleicht der Verfasser der Parabeln Ihnen verwandt? Und als ich erwiderte: Derselbe ist mein Vater, Exzellenz! da sprach er das mich hoch erfreuende Urteil: Diese tiefen Dichtungen sind nach Inhalt und Form klassisch und überstrahlen die Herderschen. – Was studieren Sie? fragte er weiter. Theologie, Exzellenz. Er: Da werden Sie sehr viel zu studieren haben. Gefällt es Ihnen denn in Jena? – Natur und Wissenschaft bieten vieles, aber auch unsere Verbindung, die Burschenschaft, die von einem patriotisch-sittlichen Geist durchweht ist. Er: Aber herrschen in derselben nicht auch extreme Richtungen? Ich: Es mag das bei einzelnen der Fall sein, aber sie haben durchaus keine gefährliche Tendenz. Er: Also die Natur gefällt Ihnen hier? Sie gefällt auch mir. Schauen Sie nur das Panorama an, welches von diesem Hügel sich darstellt als ein harmonisches Ganze: dort im Tale die Stadt mit der Saale, rings von Bergen umgeben, und südwärts die Burg, romantisch hervorragend. Sie tun wohl, wenn Sie sich neben der Wissenschaft der Natur erfreuen. Wenn Sie aber an Ihren Vater schreiben, so bitte ich, ihn von mir hochachtungsvoll zu grüßen. – Das wird meinem Vater, erwiderte ich, ein wertvoller Gruß sein, für den ich auch Ew. Exzellenz herzlich danke. – Darauf reichte er mir mit den Worten: Ich wünsche Ihren Studien den besten Erfolg! die Hand, und so nahm ich von dem freundlichen Herrn Abschied.

4871 F. W. Krummacher: Selbstbiographie 1869

Übrigens tönten die Wartburger Feierklänge lange noch ungeschwächt genug in uns fort, um wenigstens die Mehrzahl der Unseren gegen die Verleitungen der «*Schwarzen*», wie die extreme Partei sich damals selber nannte, zu sichern. Man denke aber von dem frommen Ernste der damaligen Jenenser Jugend nicht zu *hoch*. Das «frisch, frei und fröhlich» wog immer noch gegen das Schlußwort ihrer Devise stark bei derselben vor. Wohl war alles, was ans Gemeine grenzte, aus ihrem Kreise verbannt, doch hatten, neben den ernsten Exerzitien der aus unserer Mitte gebildeten und von Offizieren des Freiheitskampfes befehligten «Wehrschaft» und der «edlen Turnerei», die alten Kommerse, «Paukereien», ob diese auch seltener, burlesken Schaustellungen auf dem Marktplatze, und was des mehr noch, ihren «flotten» Fortgang; ja neben den höchst feierlichen Bundesversammlungen ging sogar nach wie vor auch die althergebrachte Lichtenhainer «Hofhaltung» mit ihrem biertapferen Herzog Thus, ihren Hofchargen und «Kanonenorden» her, eine Posse, an der sich sogar Goethe einmal auf einem Spaziergange vorübergehend ergötzte. Überhaupt ward uns öfter die Freude, der hohen Gestalt dieses Dichterheros zu begegnen. Auf dem Turnplatz verweilte er einmal [1817/18?], nachdem er aus seinem, von zwei weißen Schimmeln gezogenen Wagen gestiegen, länger in unserer Mitte, und ich meine heute noch die sonore Stimme zu vernehmen, mit der er angesichts der Schwingungen eines besonders geübten Turners am Reck seine Bewunderung in dem Ausruf kundgab: «*Ich bin erstaunt!* Einer *Weidengerte* gleicht der junge Mann!» Eine einst an ihn mit der Bitte abgeordnete Deputation, daß er uns Vorlesungen über Literatur oder Ästhetik halten möge, wurde auf das wohlwollendste von ihm aufgenommen und nach einer längeren, die Studien der einzelnen Deputierten betreffenden traulichen Unterhaltung mit der Versicherung entlassen, er werde «*zu gelegener Zeit*» (diese Zeit aber trat nimmer ein) mit Freuden unserem Wunsche willfahren.

4872 K. J. Schröer: Goethe und ein Kandidat der Theologie aus Ungarn *1889*

Eines Tages [wohl im Sommer oder Herbst 1817] war Ferienčík denn zu einem «geselligen Zirkel» bei Knebels geladen. Er wurde veranlaßt, Goethes Ballade *Der Sänger* (in der Komposition J.F. Reichardts) zu singen. Obwohl Knebels Sohn ... Ferienčík mit der Gitarre in Erinnerung hat, so glaube ich doch nicht zu irren, daß er bei dieser Erzählung von Klavierbegleitung sprach. – Der Sänger war noch in der ersten Strophe, da trat Goethe ein! – Er stellte sich unten ans Klavier und sah unverwandt den Sänger an. Nach dem Liede ging er heiter auf ihn zu, reichte ihm die Hand und sagte: «Sie haben mir eine angenehme Stunde bereitet!» Er fragte ihn darauf, aus welcher Gegend Ungarns er sei, und als er hörte, F. sei aus den Bergstädten, bemerkte er sogleich: «Ei, da müssen Sie sich für Mineralogie interessieren! Wir haben hier eine Mineralogische Gesellschaft. Sie müssen Mitglied werden!»

Nach einiger Zeit erhielt F. auch zu seiner großen Überraschung ein gedrucktes Diplom ...

Das Diplom ist datiert vom 31. Jänner 1818.

Bei jenem ersten Zusammentreffen Ferienčíks mit Goethe äußerte nun dieser noch: «Es würde mich freuen, wenn Sie mich einmal besuchen wollten», was denn Ferienčík nicht unterließ ...

Es muß an einem Sommertage gewesen sein, als Ferienčík ihn einmal besuchte, Goethe sprach von der Aufführung einer Oper, die an demselben Tage in Weimar stattfinden sollte, und riet Ferienčík auf das lebhafteste, diese Aufführung sich nicht entgehn zu lassen.

Natürlich dachte Goethe dabei an F.s musikalische Richtung und daß ihn, als Sänger, eine bemerkenswerte Aufführung einer Oper besonders interessieren müsse. Ferienčík war auch sogleich entschlossen, nach Weimar zu gehn. Bevor er sich aber noch von Goethe empfahl, trat dieser an das Fenster und sagte, nachdem er einige Zeit hinausgesehn: «Ich riet Ihnen vorhin, nach Weimar zu gehn; nun rate ich Ihnen ab: es kommt ein Gewitter.» – Ferienčík bemerkte: es sei ja doch der schönste Tag, mit Sonnenschein und blauem Himmel! Goethe blieb bei seiner Meinung, und Ferienčík empfahl sich, ganz erstaunt über diese, wie ihm schien, unbegründete Prophezeihung. Er glaubte nicht daran und blieb bei seinem Vorsatze, ging, wenn ich mich recht erinnere, mit einer ganzen Schar von Freunden, nach Weimar und wurde von einem greulichen Gewitter überfallen, dabei naß bis auf die Haut! – Bei einem nächsten Besuche gestand F. denn seinen Unglauben und wie er dafür bestraft worden sei, worüber Goethe wohl gelacht haben wird. Er sagte unter anderm: «Ja, Ihr jungen Leute, Ihr glaubt uns nicht! Wenn ich aber so jung wäre, wie Sie, da wüßte ich, was ich täte, ich würfe mich ganz auf die Meteorologie, da wäre noch etwas zu erreichen!»

4873 J.G. Lockhart: Memoirs of the Life of Sir Walter Scott *1837*

[Gespräch mit Scott im Mai 1818.] ... he, having heard that I had lately returned from a tour in Germany [1817], made that country and its recent literature the subject of some conversation. In the course of it, I told him that when, on reaching the inn at Weimar, I asked the waiter, whether Goethe was then in the town, the man stared as if he had not heard the name before; and that on my repeating the question, adding *Goethe der große Dichter* (the great poet), he shook his head as doubtfully as before – until the landlady solved our difficulties, by suggesting that perhaps the traveller might mean "the *Herr Geheimer Rat* (Privy-Counsellor) *von Goethe.*" ... He appeared particularly interested when I described Goethe as I first saw him alighting from a carriage, crammed with wild plants and herbs which he had picked up in the course of his morning's botanizing among the hills above Jena ... I mentioned how much any one must be struck with the majestic beauty of Goethe's countenance – (the noblest certainly by far that I have ever yet seen) ...

4874 Henriette Hunger an ?

Geehrtster Herr!

Welche Freude mein Herz Emfand Nach meinen Tode von Ihnen so verehrt zu sehn. Ich lebe noch. Die alte Frau, die Sie Tod denken. Mein altes Auge, hat. hat noch Einmahl auf gestrahlt. mein Wunsch war Es ja immer den leuten Wißen zu lassen was ich für Göhte that. So nehmen Sie meinen Herzlichsten Dank für Ihre Güte. Mein Wunsch ist Erfüllt. Nun will ich Ihnen genau wissen laßen das ich nicht Aufwärterin war, ich war die Köchin bei Frommans [1818] und Göhte war ein treuer Freund zu Frommans alle Morgen 11 Uhr fuhr Göhte vor Und machte Seinen Morgenbesuch Wo bei ich auch das Unglück häte Göhte mit Eine Butte Waßer zu überschitten Göhte wolte mich die Thür halten aus Bescheidenheit, und ich ebenfals, ich versah Das tembo und war in fallen und Göhte wolte mich halten und bekom die Waßerbutte auf den Halz, ich zum Tode Erschrocken Madam und Fräulein Fromman Kamen mit Tüchern und trockneten Ihn ab und lachten. Göhte fuhr nach Haus um sich umzukleiden. Deshalb gab es keine Feindschafd. den andern Morgen war Göhte wieder da und lachte. Göhte war nachden in den bottahnischen Garten gezogen wolte aber nicht lange mehr in Jena bleiben, weil Ihn das Essen aus den Speisehäusern nicht Schmeckte. Frommans wolten Göhte jerne für sich und Jena Erhalten, der Grund war das Eßen wie anfangen, die Madam Fromman, Eine sehr kluge Dame sann hin und hehr. Endlich kam sie auf Ihre Köchin das war ich. Sie ließ mich in Ihr Zimmer kommen und sagte, ich habe ein großes anliegen an Dich was G. betrift und Du die Hauptperson bist. «Du die Hauptperson dachte ich» willst du für G. Kochen den Mittags Tisch übernehmen Meine Speisekammer Steht Dir ofen, Thue Es, ich werde Dirs nimahls vergeßen nach langes Zureden gab ich mein Wort. An Göhte geschriben das Ihre Köchin für Ihn den Mittags Tisch übernehmen wolte, mit Freuden Nehme ich dis An. – war die Rückantwort So kochte ich ein Ein halbes Jahr für den großen Mann zu danke. Göhte nahm sich gegen mich nicht als wäre ich Köchin, sondern als wäre ich mehr, wenn ich mit ni emen [meinem?] Zettel kam, lag Schon was Schönes da, an zu sehn für mich, Kurz ich kam mich vor als gehörte ich der gelehrten Welt mit an. Gelegenheit hatte ich ja genug, große Männer zu sehn, ich sagte oft das Frommansche Haus ist der Sitz der gelehrten wißenschaft. Den alle großen Männer schienen sich in den Hause wohlzufühlen. Nach dem verheurathete ich mich aber Konte den Tisch für Göthe nicht mehr besorgen. Weil die gefülte Speise Kamer nicht mit ging.

4875 E. Förster: Aus der Jugendzeit *1887*

[Über seine Studentenzeit in Jena 1818.] Am Abend kam man gewöhnlich in der «Tanne» zusammen, einem Gasthaus an der Saalbrücke, wo es bei Bier und Tabak, Gespräch, Gesang und Kartenspiel oft sehr lebhaft und lärmend herging, ohne Rücksicht auf den Mann, der im engen Stübchen über uns seine der ernstesten Geistestätigkeit gewidmete Werkstatt aufgeschlagen hatte. Es ist mir heute noch unbegreiflich, daß kaum einer einmal daran dachte, daß wir mit *Goethe* unter einem und demselben, obendrein ziemlich niedrigen Dache waren und daß er von dem Toben und Tosen der ungebundenen Jugend unter ihm ungestört dem Gange seiner tiefsinnigen Gedanken und schwierigen wissenschaftlichen Forschungen hat folgen können.

4876 Therese v. Struve: Am Teetisch *1844*

Goethe ging täglich im Park spazieren; er hatte seine bestimmten Wege, in denen er lustwandelte, seine Fichten und Eichen, an denen er stehen blieb ... Goethe war gemessen und kalt durch und durch. Selten, daß ein Lächeln über die Mundwinkel flog, und seltener, daß er in irgend einem Scherze die Grazien seines Geistes versuchte. In dem unbeweglichen, antiken Gesicht, dessen edle Formen durch das Alter etwas nachgelassen hatten, strahlte nur Eins: das Auge. Das aber war das Auge eines Geisterkönigs; es befahl, es beherrschte, es schmeichelte oder entsetzte ... Dabei war die Haltung durchaus vornehm, vielleicht zu sehr angeeignet, vielleicht zu wenig angeboren. Er trug einen dunkelblauen Überrock, der von oben bis unten zugeknöpft war; die linke Hand war meist in den Zwischenräumen, die die Knöpfe ließen, versteckt. Langsam kam er auf die ihm Begegnenden zu, nickte mit dem Kopf, sprach einige freundliche Worte und ging dann weiter.

Mein Onkel [Johann Gustav v. Struve] fühlte sich gedrungen, mir von dem Glanz Weimars, von der Behaglichkeit zu reden, in der hier die Literaten sich frei bewegen können ... Aber alle waren heimgegangen bis auf Goethe ... Da er [Goethe] wußte, daß ich ein bißchen in die Mineralogie hineingepfuscht hatte, so zeigte er mir seine nicht unbedeutende Sammlung und führte mich dann in das Zimmer mit den italienischen Gipsabdrücken ... Den Farnesischen Stier in seiner Gipssammlung und das edle, sanft träumerische Gesicht eines van Dyck, aufgestellt neben dem Schädel eines Verbrechers, um den Gegensatz des Edlen mit dem Gemeinen zu beweisen, hob Goethe besonders hervor ...

Zwei Situationen haben sich mir besonders aus diesen Weimarschen Erinnerungen eingeprägt, an welche sich jetzt ein heiteres Wohlgefühl knüpft. Die erste Situation ist die, wo ich in Goethes Haus teil an lebenden Bildern nahm, die zweite, wo ich im Atelier der genialen Gräfin Julie E. [Egloffstein] zeichnete, indes sie in ihre Schöpfungen vertieft an der Staffelei saß ...

Abends ging sie öfters zu Goethe und nahm mich dann mit. Es fügte sich ganz natürlich, daß sie die Malerei mit der Plastik vertauschte und Gruppen schuf. Eines Abends [im Herbst 1818?] hatte sie vor Goethen Szenen aus «Faust» angeordnet, in denen der Sohn Goethes den Mephistopheles abgab. Das Zimmer, in dem die Zuschauer saßen, war dunkel: das, worin die lebenden Bilder aufgeführt wurden und dessen Türe den Rahmen bildete, war desto heller. Noch seh' ich Mephistopheles mit Faust zu dem betörten Gretchen eintreten, das sich mit dem gefundenen Schmucke im Spiegel betrachtet. Gretchen war eine junge Weimaranerin, mit goldenem Haar, überaus zart gewachsen, welche die Gräfin Julie aufs vorteilhafteste zu kostümieren verstanden hatte, und Mephistopheles war wirklich Mephistopheles, nur der Bocksfuß fehlte. Wie wußte der Sohn Goethes den grinsenden, hinterhaltigen Satanas in Miene und Gebärde auszudrücken! Nach diesen und ähnlichen Szenen schritt die Gräfin Julie zu der biblischen Historie. Das Opfer Abrahams ward dargestellt, und mir ward die Rolle des kleinen Isaak. Inmitten dieses Bildes, eben als der resignierte Abraham das Opfer vollstrecken wollte und mir ganz lammsmäßig ums Herz war, erfolgte ein fürchterlicher Sturz im Zimmer der Zuschauer. Abraham und Isaak verließen ihre Unbeweglichkeit; man rief nach Licht, Goethe selbst schien in der Dunkelheit ängstlich zu werden. Als die Kerzen wieder loderten, fand es sich, daß eine gipserne Minerva von ihrem Piedestal gestürzt war und in Stücken geschlagen am Boden lag. Man sah auf Goethe, der an diesen italienischen Erinnerungen besonders hing, man fürchtete, der Abend wäre ihm verdorben, aber siehe da, mit seltener Liebenswürdigkeit forderte er zur Musik auf und rief, als man zögernd bei der zerbrochenen Minerva sich aufzuhalten gesonnen schien: «Laßt die Toten ruhen!»

4877 Doris Schnittger: Weimarisches in Schleswig 1890

Ein hiesiger Goethe-Enthusiast erzählte vor Jahren in einem hiesigen Blatte, wie er in dem Besitz eines einst von Goethe in Karlsbad benutzten Trinkbechers gekommen sei, den die Frau Priorin [des St. Johannisklosters in Schleswig, Ulrike v. Pogwisch] besessen hatte. Dabei teilte er folgendes aus ihrem auch ihm gegenüber überströmenden Jugenderinnerungen mit: «Ach er war so gut, so engelsgut, wir nannten ihn immer ‹den Vatter›, das mochte er gern. O, das war eine Ehrfurcht, wenn der Vatter kam, und wenn er uns anredete, dann waren wir schon glücklich. Ja, Sie hätten nur sehen sollen, was für ein schöner, majestätischer Mann er war. Ich war noch ein kleines dummes Ding, wußte wohl, daß er ein berühmter Mann war, der Verse machte, aber lesen tat ich sie nicht. Und weil ich damals seine Größe noch nicht zu schätzen verstand, war ich ihm viel dreister, als die anderen Hausgenossen. Nun mochte er es gern, daß eine von uns jungen Mädchen, deren mehrere im Hause waren, in seinem Zimmer verweilte, wenn er arbeitete, doch durfte diese keine Handarbeit vornehmen. Auch wurde nur selten gesprochen, er mochte uns nur gern so um sich haben. Das war mir aber zu langweilig, und so nahm ich meine Arbeit mit. Nun gab's gleich ein Gezwitscher: ‹Die Ulrike ist zum Vatter gegangen mit Handarbeit.› Ich kehrte mich nicht daran, und als es dem Vatter gesagt wurde, wie ungehorsam ich sei, lächelte er so ein ganz wenig – er konnte oft so ein ganz wenig lächeln, und es war dann in seinem Gesicht wie heller, warmer Sonnenschein – und sagte: ‹Beunruhigt nur die Kleine nicht. Sie darf es.› So wurde ich ordentlich beneidet. Sehen Sie – hierbei zeigte sie eine Nähschraube – diese Schraube drehte der Vatter alleweil so herum, wenn er in Gedanken saß.»

4878 Louise Juliane v. Lengefeld an Abeken *(1818)*

[Mit Bezug auf Abekens Rezension von K. E. Schubarths Büchlein «Zur Beurtheilung Goethes».] Was haben Sie denn zuletzt von Goethe rezensiert? Er hat gesagt, es müsse von Ihnen sein; sonst könnte es niemand so. Sie hätten ihm [dem Verfasser des rezensierten Werks] nichts geschenkt; aber die Rezension wäre sehr gut.

4879 K. Th. Küstner: Rückblick auf das Leipziger Stadttheater *1830*

Nach diesem allen scheint mir für das höhere Drama mehr ein Vorwärts- als Rückwärtsschreiten der Schauspielkunst *mit der neuesten Periode* vorhanden ...

Als ich, es mögen ungefähr zwölf Jahre sein, so glücklich war, mit Goethe, einem der kompetentesten Richter, darüber zu sprechen, schien er diese Meinung vollkommen zu bestätigen und nicht an ein mit der neuesten Periode eingetretenes Zurückgehen der Schauspielkunst zu glauben.

4880 K.W.v.Knebel: Bilder aus dem Leben

Goethe hat sich doch einmal ängstlich machen [lassen]. So geschah es, daß nicht lange nach Kotzebues Ermordung [am 23. März 1819] bei ihm ein fremder Herr angemeldet wurde. Zu einem ihm Untergebenen, der sich just bei ihm befand, sagte er: «Sehen Sie doch nach, mein Lieber, was der Mensch für eine Physiognomie besitzt.» Jener, ein Demagogen-Ahnder, kam schnell wieder herein und warnte den Geheimrat auf das nachdrücklichste, indem er eine solche Beschreibung von dem Manne machte und Goethen den Glauben beibrachte, daß dieser Fremde vielleicht böse Absichten auf seine Person haben könne. Kurz, beide malten sich die Hölle so lebhaft an die Wand, daß sich Goethe sogar bereden ließ, den Fremden arretieren zu lassen. Auf die Polizei gebracht, erwies es sich, daß der fremde Herr ein gelehrter polnischer Starost war, welcher hohe Empfehlungsbriefe an Goethe hatte.

4881 K.A.Ch.Sckell: Goethe in Dornburg 1864

Im Jahre 1819 bestimmte der Großherzog, daß ich im Frühjahre nach Göttingen gehen solle, um dort die Einrichtung des Botanischen Gartens kennen zu lernen und Vorlesungen über Botanik und andere naturwissenschaftliche Zweige zu hören; auch befahl er mir, vor meiner Abreise erst Goethe noch einmal aufzusuchen, welcher mir Empfehlungsschreiben an verschiedene Göttinger Professoren mitgeben wolle. Ich tat dies, wurde von Goethe freundlich aufgenommen und erhielt mehrere Empfehlungsschreiben, namentlich an Blumenbach und Friedrich Benjamin Osiander.

4882 Varnhagen: Blätter aus der preußischen Geschichte 1868

[Berlin, 29. November 1819. Über Christian Wilhelm v. Schütz.] Er sprach lebhaft für Preßfreiheit, auch Goethe habe ihm beigepflichtet, daß sie gerade jetzt am größten sein müsse.

4883 Julie v. Egloffstein: Niederschrift *1819*

[Über Goethe.] O wie hinreißend, wie unwiderstehlich ist dieser Mann, wenn er in heitrer Gemütlichkeit sich zwischen seinen Kindern und Freunden bewegt, bald das Höchste ins Gespräch verflechtend, bald sich scherzhaft wieder zu dem Kleinsten und Unbedeutendsten herabneigend, und jedem einen neuen Wert, eine neue Bedeutung verleihend!

4884 Caroline v. Egloffstein an ihre Mutter *1819*

Ich suche oft und viel bei Goethe zu sein, und niemals kehre ich ohne eine hellere und gelehrigere Stelle in meinem Kopfe oder in meinem Herzen von ihm zurück; ich gebe mir Mühe, das von ihm Gesagte aufzuschreiben und es mir unvergeßlich zu erhalten, denn solchen Meister finden wir Schülerinnen nimmer wieder; und wo lernt man leichter als im täglichen praktischen Leben das praktisch Vortreffliche auffassen?

4885 O. Roquette: Friedrich Preller *1883*

[1819?] «Eines Tages (so erzählt Preller), ich war ungefähr fünfzehn Jahre alt, ließ Goethe mich zu sich rufen. Noch erinnere ich mich des Augenblicks, da ich die Nachricht erhielt, und der ungeheuren Aufregung, mit der ich der Aufforderung nachkam. Ich fühlte, als ich die Treppe hinauf stieg, mein Herz schlagen, meinen Atem stocken. Als ich in seine Studierstube eintrat, stand er hochaufgerichtet vor mir, seine herrlichen Augen schienen Funken zu sprühen, ich fühlte, daß mir die Gedanken vergingen. Seine Stimme, seine väterliche Anrede, brachte mich ins Geleise zurück. Er lobte mit wenigen freundlichen Worten meinen Fleiß und ermutigte mich, stets nach der Natur zu zeichnen. ‹Ich habe eine kleine Arbeit für Sie›, sagte er, ‹bei der Sie selbst etwas lernen, was Ihnen bleiben wird. Nehmen Sie das kleine Schriftchen, lesen Sie das, und dann beobachten Sie die verschiedenen Wolkenbildungen, und bringen mir davon deutliche Zeichnungen.› Die Broschüre war, wenn ich mich recht erinnere, eine Übersetzung des Engländers Howard, und handelte im allgemeinen von der Bildung verschiedener Wolkenschichten. Goethe hatte wohl im Sinn, die Sache ausführlicher zu behandeln, und dafür wollte er in den Zeichnungen gewisse Anhaltspunkte haben. Ich habe damals eine Menge kleiner Zeichnungen an ihn abgeliefert, übrigens für mich selbst davon den größten Nutzen gezogen.»

4886 W. Alexis: Dreimal in Weimar *1839*

In jene Zeit [1819] gehört auch die berühmte Anekdote von der ältlichen Berlinerin [Madame Du Titre], die in stummer Bewunderung seine [Goethes] Bekanntschaft suchte, und die Goethen selbst so ungemeines Vergnügen gemacht. Sie ist, so viel mir bekannt, noch nicht gedruckt. Der Heros trat auf sie unerwartet zu, und fragte, napoleonisch rasch, wohl in der Absicht sie zu verwirren: Kennen Sie mich? und die Dame entgegnete mit ehrfürchtigem Knicks: «Großer Mann! wer sollte Ihnen nicht kennen: Fest gemauert in der Erde steht die Form aus Lehm gebrannt!»

4887 Rosa v. Gerold: Erinnerungen

So wie Vater gerne erzählte, daß er als Kind in Erfurt Napoleon und Kaiser Alexander gesehen habe, so liebte die Mutter [Christiane Henneberg geb. Kestner] ihre Begegnung mit Goethe zu erzählen. Sie war als Mädchen in Jena zum Besuch ihres Bruders gewesen, des Theologieprofessors August Kestner. Da kam Goethe eines Morgens [1819/20?] selber den Onkel August besuchen, um mit ihm über dessen Werk «Agape, das Liebesmahl» zu sprechen, für welches Goethe sich interessierte. Die Mutter durfte im Zimmer bleiben, und Goethe richtete freundliche Worte an das anmutige «Mieselchen». Bei den Gesprächen mit Onkel August hatte er ein grünes Papierstreifchen aus seiner Brieftasche gezogen und als Zeichen in die «Agape» gelegt. Die Mutter annektierte es sich schnell, nachdem Goethe weggegangen, und hob es so heilig auf, daß ich's heute noch bewahren kann als Buchzeichen in gestickter Umrahmung.

4888 K. A. Ch. Sckell: Goethe in Dornburg *1864*

Ich blieb in Göttingen bis Ostern 1820 ...

Nach meiner Ankunft in Weimar begab ich mich sofort zu dem Großherzoge, um mich der erhaltenen Aufträge zu entledigen. Ich wurde sehr gnädig empfangen. Darauf ging ich zu Goethe, um ihm die Grüße seiner Göttinger Freunde zu bringen. Er nahm mich freundlichst auf und veranlaßte mich, ihm zu erzählen, wie sich seine beiden Freunde [Blumenbach und Osiander] meiner angenommen hätten. Als ich ihm unter anderem auch mitteilte, was ich bei dem Beschauen der Gemälde Osianders erfahren hatte, sprach er: «Ja, mein Freund Osiander hat eigene Schicksale gehabt!» Darauf unterhielt er sich noch eine Zeitlang mit mir über Göttingen, die dortigen Verhältnisse usw. in der leutseligsten Weise.

4889 Allwina Frommann an ihren Vater *24. April 1820*

Damit ich es nicht vergesse, will ich Dir noch geschwind eine schöne *Unterredung von Harras und Minnen* [Herzlieb] aufschreiben, die die zusammen gehabt haben, als Minne Sonntag früh einen Blumenstock für den alten Knebel dort holte.

Minne: Ist der Geheimerat Goethe kürzlich bei Ihnen gewesen, Herr Hofgärtner?

Harras: Das wohl nicht; aber's letzte Mal, und das muß ich Ihnen sagen, das ist ein prächtiger Herr, den schätz' ich am höchsten – heeßt das, nächst dem lieben Gott, und wer ihn kennt und wer ihn nicht schätzt, das ist kein christlicher Mensch, und das will ich jedem ins Gesicht sagen. Und sehn Sie, er ist so ein christlicher Herr, er läßt mit sich reden, denn er denkt: leben und leben lassen. Denn wenn alle unsere Vorgesetzten drüben so dächten, da führten wir ein glückliches Leben!

Ob nun Minne seitdem Harras ins Herz geschlossen hat, kannst Du leicht denken; ich wette, sie wird ihn viel fleißiger besuchen, seitdem sie die Seelen- und Wahlverwandtschaft entdeckt hat.

4890 W. v. Biedermann: Goethe und Dresden *1875*

Solcher flüchtiger Berührungen mit Dresdnern hatte Goethe jedenfalls zahlreiche in Karlsbad, wie zum Beispiel die verwitwete Oberstin von Senfft dort zugegen gewesen war, als er den von Boas in den «Nachträgen zu Goethes sämtlichen Werken» dem Jahr 1828 zugeschriebenen Toast ausbrachte: «Nie Mangel des Gefühls und nie Gefühl des Mangels», der demnach nicht später als 1820 entstanden sein könnte.

4891 W. v. Biedermann: Goethe und Dresden *1875*

Einem andern Dresdner, Kriegsrat Hase, – der während der Jahre 1775 bis 1777, als er den «Leipziger Musenalmanach» herausgab, Goethes Leipziger Lieder darin zum Abdruck gebracht hat – sagte Goethe [in Karlsbad 1820?] auf seine Klage, daß ihm das Glück versagt bleibe, Italien zu sehen: «Seien Sie des froh; denn sonst würde Ihnen hier der Himmel nie blau genug sein.»

4892 Gries an Rist *1820*

Allerdings aber halte ich Goethe für den größten Dichter, der seit dem Untergang des Altertums geboren ist ...

Von dem Vorwurf der Abgötterei denke ich mich hinlänglich gereinigt zu haben; nur über Einen Punkt bedarf es noch einiger Worte. Du glaubst, daß Goethes Erscheinung als Mensch einen Einfluß habe auf mein Urteil über seinen Dichterwert? Das ist aber keineswegs der Fall. Mein Verhältnis zu Goethe ist nie ein vertrautes gewesen. Wie ganz anders war es mit Schiller, dessen liebenswürdiges Entgegenkommen mich so oft zu unbegrenztem Vertrauen aufforderte, dessen Rat und Lehre einen so entscheidenden Einfluß auf die Richtung meines Geistes und meiner Tätigkeit hatte! Zwar kann ich nicht anders sagen, als daß Goethe sich jederzeit freundlich und teilnehmend gegen mich bewiesen; ein näheres Verhältnis aber hat zwischen uns nie bestanden. Seit dem Verluste meines Gehörs, also wenigstens seit achtzehn Jahren, bin ich fast nie zu ihm gegangen, da das laute Sprechen ihm sehr beschwerlich fällt. Treffen wir uns am dritten Orte, so ist ein freundlicher Gruß gewöhnlich unsere ganze Unterhaltung, und auch schriftliche Mitteilungen finden nur in seltenen Fällen statt. Du siehst hieraus, daß der Zauber seiner Persönlichkeit auf mich nicht besonders wirken *kann.*

4893 K. A. Ch. Sckell: Goethe in Dornburg *1864*

Im Verlaufe des Jahres 1820, während dessen ich im elterlichen Hause blieb, hatte ich Gelegenheit, Blumenbach wieder zu sehen. Im Sommer kam nämlich eines schönen Tages in der Mittagsstunde der Großherzog in seiner und Goethes Begleitung zu Wagen nach Belvedere. Beim Absteigen erkannte mich Blumenbach sofort, reichte mir die Hand und fragte: «Da ist ja ein Göttinger Freund!» worauf Goethe fragte: «Kennen Sie diesen noch?» – «Jawohl, wir haben uns öfters gesehen und gesprochen.» – «Das freut mich», versetzte Goethe.

4894 Adele Schopenhauer: Tagebuch *26. November 1820*

Goethe zeichnete mich nun sehr vor Julien aus, ich ward von seiner Liebe und Freude berauscht, ich dachte immerfort an ihn und seine Güte ...

4895 Fanny Lewald: Lebenserinnerungen *1897*

[Über ihren römischen Aufenthalt im Winter 1845/46 und den Beginn ihrer Beziehungen zu ihrem späteren Mann, Adolf Stahr.] Von Neujahr ab sahen wir uns fast täglich ... Fräulein Schopenhauer ... hatte ihn zu verschiedenen Malen eingeladen, ohne daß er von ihrer Aufforderung, sie zu besuchen, Gebrauch gemacht hätte, und sie erbot sich denn endlich, da Stahr sie lesen zu hören wünschte, ihm bei mir die Iphigenie vorzulesen, von der, wie Frau von Goethe sagte, «der Vater» behauptet hatte, daß niemand sie wie Adele spreche.

Das war denn allerdings ein großer Genuß, der namentlich auf Stahr einen erschütternden Eindruck machte. Bei seiner Verehrung für Goethe ergriff es ihn und uns mit ihm, das Wort des Meisters von derselben Stimme lesen zu hören, mit welcher es einst an sein Ohr getragen war.

4896 *Jekaterina Fjodorowna Junge: Erinnerungen* *1913*

[Anmerkung zur Beschreibung der äußeren Erscheinung ihres Vaters, des Grafen Fjodor Petrowitsch Tolstoj.] Vater erzählte, daß, als der Goethe seine Basreliefs [mit Szenen] aus der Odyssee zukommen ließ, der Dichter unter anderm die Bemerkung machte: «Der Graf Tolstoj muß sehr kleine Hände und Füße haben; ich schließe es daraus, daß diese bei allen seinen Figuren sehr klein sind.»

4897 *H. Döring: Schiller und Goethe* *1852*

Knebel las einst [1821?] in seinem am Paradiese zu Jena gelegenen Gartenhause einem jungen Manne mehrere Stellen aus seinem damals noch ungedruckten Lukrez vor, zum Behuf etwaiger Verbesserungen. Er ward indes durch das Eintreten mehrerer Personen aus seiner nächsten Umgebung oft unterbrochen. Bei einem abermaligen Pochen an die Tür seines Zimmers stieg sein Unmut aufs höchste. «Herein!» rief er, «herein! In's Teufels Namen, wer Du auch bist!» Die Tür öffnete sich, und – Goethe trat herein. Knebel, sichtbar verlegen, entschuldigte sich, daß er wohl zu laut gerufen. Goethe aber, wie es seine Gewohnheit war, die Hände kreuzweise auf dem Rücken, trat mit ruhiger Würde näher, und sagte lächelnd: «Ich kenne Deine Art!»

4898 *K. W. v. Knebel: Bilder aus dem Leben*

Schlechter Witz von Goethe.

Als Knebel sich [1821?] ein Titelkupfer zum Lukrez wünschte, sagte Goethe: «Laß eine ungeh. – davor zeichnen.»

4899 Th. Kräuter an Gräfin v. Hopfgarten *26. Januar 1821*

[Über Goethe.] Noch in einer andern Art ist er sehr eigen und leicht zu reizen, er kann nämlich kein zu kurz geschnaubtes Licht leiden, weil bei solchen die überflüssige Nahrung gewöhnlich herabfließt. So fügte es sich einmal in Jena, daß sein ältester Freund, der Major von Knebel (der geistreiche Übersetzer des Properz), der Professor Riemer und ich auf dem Abend bei Goethe um den Tisch herum saßen, die Lichter waren lange nicht geschnaubt und leuchteten nur schwach. Knebel wollte endlich diesem Übelstande abhelfen und griff nach der Lichtbutze. Halt! rief Goethe, nahm sie ihm aus der Hand und schnaubte sie selbst; niemand durfte sich dieses Geschäftes annehmen, und so mußten wir diesen Abend, wenn er eine Weile nicht daran dachte, noch manchmal in der Dämmerung sitzen.

4900 Riemer: Mitteilungen über Goethe *1841*

Nicht mindere Schalkheit ließ er gegen seinen Freund Knebel ausgehen, wenn er manche Abende bei ihm mit Erzählen oder Zeichnen zubrachte. Dieser hatte die unüberwindliche Neigung, beständig die Lichter zu putzen, ohne Not, und zwar immer zu kurz, daß sie noch schlechter brannten als zuvor, auch wohl ganz auslöschten. Nun hielt er ihn einen ganzen Abend dadurch ab, daß er ihm die Lichtschere wegnahm, sie auf den Leuchter vor sich hinlegte, und ihm unter keiner Bedingung erlaubte, selbst zu putzen, dabei aber die Schnuppen so lang werden ließ, daß jener vor Ungeduld hätte vergehen mögen. Alles Bitten, Schmollen und Grollen half nichts; immer wußte er ihm mit andern Gründen und Vorwänden auszureden, bis es ihm selbst gefiel, das Versäumte nunmehr als zeit- und zweckmäßig nachzuholen.

4901 F. Förster: Goethes dreiundachtzigster Geburtstag *1837*

Unterdessen verfolgte ich mein friedliches Glück in Berlin weiter, blieb durch Zelter mit Goethe in Verbindung, und als mich im Jahre 1821 [?] mein Weg nach Thüringen führte, versäumte ich nicht, meine junge Frau dem liebenswürdigen alten Herrn vorzustellen. Wir machten mehrere Ausflüge mit ihm, meine Frau sang ihm Kompositionen seiner Lieder von Zelter, die er noch nicht kannte, und da ich mich damals eben mit der Farbenlehre beschäftigte, zeigte er mir einiges die entoptischen Farben Betreffende, und ermunterte mich sehr, diesem Studium des Lichtes, «in welchem noch eine ägyptische Finsternis herrsche», eine fortgesetzte Teilnahme zuzuwenden.

4902 F. Förster: Aus dem Nachlaß *1873*

Zelters Briefe hatten den Wunsch Goethes, über die Kompositionen und die Aufführungen [vom «Faust» mit den Kompositionen des Fürsten Radziwill] Näheres zu erfahren, rege gemacht, so daß bei einem unserer Besuche in Weimar er meine Frau bat, eines oder einiges daraus am Flügel zu singen. Laura konnte dieser Aufforderung nur in einer sehr beschränkten Weise genügen, da die Musik damals noch nicht im Druck erschienen war. Sie sang aus der Erinnerung die Romanze: «Es war ein König in Thule», welche Goethe wegen ihrer Einfachheit belobte und dabei bemerkte: Freund Zelter habe sie zwar auch sehr schön, freilich aber nur für einen mit hinreichender Grundgewalt der Baßstimme begabten nordischen Skalden, nicht für das milder gestimmte Naturkind komponiert. Über eine der unlängst stattgefundenen Aufführungen in dem fürstlich Radziwillschen Hôtel erstattete ich, von meiner Frau unterstützt, ausführlichen Bericht ...

4903 Knebel an Charlotte v. Schiller *22. Februar 1822*

So sind die Menschen! Sie wissen selten, was wahr, recht und gut ist.

So geht es auch mit dem literarischen Ruhme, den Goethe nicht mit Unrecht höchstens auf 50 Jahre hinaussetzt.

4904 Riemer *1821*

[Goethe:] «Dichtung ist sinnliches Resümee der Lebenserfahrung.»

4905 Riemer *1821*

[Goethe:] «Seelenakt, den die italienischen Schulen meistens darstellen (in den Madonnen und in den Votivbildern). Es ist nichts am Gegenstande: es ist eine Stimmung, die in lieblicher Form, meist idealer, dargestellt wird. – Bei den Niederländern Stoff und Ton (Farbton), Beleuchtung.»

4906 Riemer *1821*

[Goethe:] «Unwahres, kann naiv sein: Falsches, das sich die Stelle des Wahren anmaßt; Ungehöriges (Inadäquates), in der Anwendung Verkehrtes an sich wahr.»

4907 Charlotte v. Stein an Knebel *28. Juni 1821*

Die Ansichten in den «Wanderjahren» über Religion haben mir auch gefallen. Es denken mehr Menschen darüber so, als wir glauben, und schon lange hatte Goethe diese Ansicht. Dieses weiß ich, als er noch zu mir kam. Doch wollte er mich vermutlich nicht irre machen, denn ganz ließ er sich nicht aus, was überhaupt nicht seine Sache ist.

4908 W. v. Biedermann: Goethe und Leipzig *1865*

[Über Wilhelm Naumann.] Von Schulpforta aus, wo er damals mit seinem Zögling [einem jungen Grafen Hohenthal] weilte, begab er sich auf einem Ausfluge nach Weimar in Begleitung eines Lehrers der Fürstenschule; der dortige Professor, nachherige Rektor Lange, gab Naumann bei der Abreise eine Übersetzung der «Iphigenie» ins Griechische von Ernst Ortlepp in der Absicht, dadurch einen schicklichen Anlaß zu einem Besuch bei Goethe zu bieten, dem er diese Arbeit überreichen sollte. Naumann wollte davon nichts wissen, da er gehört, Goethe behandle die Besuchenden oft unfreundlich, und er sich zu sehr fühlte, um solcher Behandlung sich auszusetzen; Lange redete jedoch zu, die Übersetzung wenigstens mitzunehmen, da er doch vielleicht noch wünschen könne, Goethen aufwarten zu wollen. In Weimar besuchte er den Hofrat Riemer, dem er die Handschrift mit der Bitte zustellte, sie

Goethen zu überreichen, und als dieser frug, warum er das nicht selbst tun wolle, gestand ihm Naumann seine Befürchtungen. Riemer sah nach seiner Uhr und sagte: «In diesem Augenblick muß Goethe nach Hause kommen; ich verlange, daß Sie gleich zu ihm gehen, damit auch Sie von dem Vorurteil befreit werden, welches Sie mit so manchem teilen.»

Dieser dringenden Mahnung gehorchte nun Naumann, dem es nur unangenehm war, daß sich ihm bei dem Gange zu Goethen sein Reisebegleiter anschloß; denn als junger lebhafter Mensch hoffte er günstigere Aufnahme zu finden, als er sie jenem versprach, der ein trockner, ungefüger Schulfuchs war. Beide ließen sich also bei Goethe melden, wurden angenommen und ins Empfangszimmer geführt; Goethe erschien bald, trat an Naumann heran, legte seine Hände auf dessen Schulter und sprach: «Bitte, Ihren Namen!» Als jener sich genannt, richtete er die gleiche Frage an Naumanns Begleiter, worauf er diesem, als dem Ältern, den Platz neben sich auf dem Sofa anwies. Als dieser ungeschickterweise Umstände machte und sich einen Stuhl nahm, sagte Goethe zu Naumann: «Nun, einer muß sich zu mir setzen; da kommen Sie her!» Indessen war auch dieser von dem andern angesteckt, verbat sich die Ehre gleichfalls und setzte sich ebenso auf einen Stuhl. Waren schon diese Umständlichkeiten nicht nach Goethes Sinn, so verstimmte es ihn augenscheinlich noch mehr, als jener Begleiter Naumanns die Beine übereinanderschlug und das Gespräch mit der Plattheit begann: «Ew. Exzellenz haben uns wieder mit einem neuen Heft ‹Kunst und Altertum› beschenkt.» Goethe murmelte zur Erwiderung etwas; da besann sich der Schulmann, eine Empfehlung vom Zeichenmeister Oldendorp auszurichten, worauf Goethe äußerte: «Er beweist mir immer zu meinem Geburtstag seine Anhänglichkeit.»

Endlich langte Naumann Ortlepps «Iphigenie» hervor und übergab sie mit dem Bemerken, daß Goethe diese Übersetzung jetzt um so anziehender finden werde, als er sie mit der neugriechischen «Iphigenie» von Papadopulos vergleichen könne. Goethe blätterte in der Handschrift und warf hin: «Ja, mit Fleiß und gutem Willen kann man vieles machen!» Naumann nahm sich hierauf der Übersetzung an, sagte, daß wirkliche Kenntnis der Antike und Geist darin ausgeprägt sei, und bat, derselben einige Beachtung zu schenken. Vorderhand ging jedoch Goethe nicht weiter darauf ein, und da das Gespräch stockte, Naumanns Begleiter aber keine Anstalt zum Aufbruch machte, so erhob sich dieser endlich selbst, und Goethe war beim Abschied noch so liebenswürdig, daß Naumann durchaus nicht Ursache hatte, den Besuch zu bereuen.

4909 *A. Stahr: Weimar und Jena* *1871*

Bei Rat Kräuter, Goethes langjährigem Sekretär, sah ich [im Juli 1851] eine Büste Goethes, die zu den Seltenheiten gehört [von K. G. Weißer]. Goethe hat dazu einen Abguß über seinem Gesicht machen lassen; er tat es, wie uns Herr Kräuter erzählte, um einen armen jungen Bildhauer aufzuhelfen. Der Gesichtsausdruck ist von höchster Naturwahrheit, die Formen noch nicht schlaff hängend, sondern kräftig und machtvoll. Nur der Ernst der Züge hat etwas, das finster zu nennen ist. Als Kräuter dies einmal als das einzige bemerkte, was ihm an dem sonst vollkommen getroffenen Abbilde nicht ganz recht sei, erwiderte Goethe, der gekommen war, seinem früheren Diener in der eignen Wohnung einen Besuch zu machen: «Meinen Sie denn, daß es ein Spaß ist, sich das nasse Zeug ins Gesicht streichen zu lassen, ohne eine Miene zu verziehen? Da ist's eine Kunst, nicht noch viel unwirscher auszusehen!»

4910 *F. Schubart: Erinnerungen*

Vor dem Goetheschen Hause in Weimar liegt ein offener Platz, der Plan genannt. Auf demselben wird alljährlich ein Jahrmarkt gehalten, auf welchem vorzüglich die Landleute ihre Zwiebeln an die Städter verkaufen, und der auch deshalb der Zwiebelmarkt heißt. Auf diesem gewöhnlich sehr volkreichen Jahrmarkt entstand einst, durch irgend eine Veranlassung, die meinem Gedächtnis entschwunden ist, ein Volkstumult, durch welchen die Bewohner der anliegenden Häuser beunruhigt wurden. Da trat Goethe auf die Schwelle seines Hauses und erhob sein Wort gegen die wogende und tumultuierende Volksmenge, um sie anzureden und zu beschwichtigen. Diejenigen, welche dieser früheren Szene beigewohnt hatten, erzählten dann noch von dem gewaltigen Eindruck, den die erhabene Rede des hochgestalteten vornehmen Mannes auf das Volk machte, in welchem denn auch durch dieselbe die Ruhe sogleich wieder hergestellt wurde.

Die lärmenden Kinder eines benachbarten Ballettmeisters verscheuchte er einst mit einer volltönenden donnernden Rede, in welcher er unter anderm die Frage aufwarf: «Kann man in Weimar keinen ruhigen Gedanken mehr haben?» und die ebenso vorwurfsvoll an die den Unfug duldenden Nachbarn als an die Kinder selbst gerichtet war.

4911 K. F. v. Großheinrich: Elisabeth Kulmann 1847

Da dieser Mann [der Lehrer der dreizehnjährigen Elisabeth in St. Petersburg] sich nicht Menschenkenntnis genug zutraute, um unbedingt zu erklären: Elisabeth Kulmann sei von der Natur zur Dichterin bestimmt, so wollte er höheren Ortes sich Rats erholen, und wandte sich deshalb an Schiedsrichter, die ihm unfehlbar schienen.

Einer seiner Jugend- und Universitätsfreunde befand sich gerade damals [1821] in Weimar als privatisierender Arzt und hatte, durch Familienverhältnisse, freien Zutritt zu Goethe. Er ging also alle bereits vorhandenen deutschen Gedichte Elisabethens durch, wählte darunter dreißig, die sich durch Inhalt oder Behandlung auszeichneten, fügte sechs italienische und vier französische hinzu, gab dem Ganzen die Form eines Album, und schickte es an seinen Freund mit der Bitte, es zur Kenntnis Goethes zu bringen. Ein ähnliches Heft sandte er an eine Verwandtin nach Bayreuth, um bei Gelegenheit Jean Paul Richter vorgelegt zu werden. Die Antwort aus Weimar ließ nicht lange auf sich warten, und wurde, da Elisabethens Namenstag nicht mehr ferne war, bis dahin geheim gehalten ...

[An diesem Tage sprach der Lehrer:] «... nun ist es Zeit, Elisabeth Kulmann, daß ich Ihnen den Inhalt eines Briefes mitteile, den ich unlängst aus Weimar von meinem Jugendfreunde erhalten, dem ich jenes geheimnisvolle, aus Ihren Gedichten bestehende Album überschickte, wovon ich seit drittehalb Monaten kein Wort mehr mit Ihnen sprach. Lesen Sie, ich bitte, von dieser Stelle an (mit der einen Hand ihr den offnen Brief darreichend, und mit der andern die Stelle bezeichnend).» –

«Ich habe Deinen Auftrag pünktlich erfüllt. Als ich, mit dem bewußten Hefte in der Tasche, zum erstenmal zu Goethe kam, war er beschäftigt, und ich begnügte mich ihm meine Aufwartung zu machen, und entfernte mich sogleich wieder. Auf dem Rückwege trat ein bejahrter Diener zu mir, und sagte: ‹Wenn Sie eine Anfrage oder ein Geschäft haben, so kommen Sie eine oder anderthalb Stunden früher, dann treffen Sie ihn allein und im Augenblicke, wo er, um etwas von der Arbeit auszuruhen, auf und ab geht.› Ich kam nach drei Tagen wieder, und der alte Diener, der auf mich zu warten schien, meldete mich augenblicklich und sagte im Zurückkommen: ‹Sie kommen zu guter Stunde.›

Goethe war sehr heiter, und ich kam ohne Verzug auf mein Geschäft zu sprechen. Als Einleitung sagte ich von Wort zu Wort alles, was Du mir von Deiner merkwürdigen Schülerin geschrieben hast, zog unterdes das Manuskript aus der Tasche, und reichte es Goethen dar, der es lächelnd empfing. Er besah das Ganze, ohne zu lesen, mit einem flüchtigen Blicke, gab es mir zurück, und sagte, indem er sich setzte und mir mich neben ihm zu setzen gewinkt hatte: ‹Lesen Sie, ich bitte, mir vor!›

Ich schielte, während dem Lesen, häufig nach ihm, um den Ausdruck seines Gesichtes zu bemerken. Er hörte sehr aufmerksam zu, machte hie und da eine kleine Bewegung mit den Lippen, bei Stellen, die, wie mir schien, ihm auffielen. Später gesellte sich zu diesen Bewegungen ein Lächeln, das sich oft lange in seinen Zügen erhielt. Bei dem Gedichte *der Storch* entfuhr ihm ein halber Laut, doch ohne Worte. Als ich *den Strom* vorlas, hörte er mit gespannter Aufmerksamkeit an, und hier, als ich geendigt hatte, sagte er: ‹Kühn gedacht und kühn ausgeführt!› Nach *der Grotte* rief er: ‹Vortrefflich!› nahm mir das Heft aus der Hand und las selbst. *Der Blitz* hatte seinen vollen Beifall, erhielt ein Kopfnicken und den wiederholten Ausruf: ‹Vortrefflich!›

Jetzt war die Reihe an den italienischen Gedichten. Er las sie mit lauter, den Worten einen Nachdruck gebender Stimme. ‹Wie alt ist die Dichterin?› – Dreizehn Jahre, antwortete ich. – ‹Schade, daß sie arm ist›, sagte er mit Gefühl, ‹und doch vielleicht auch dies nicht ohne Nutzen!› Nach einer Pause: ‹Auch französische Aufsätze?›, er las die ersten drei mit den Augen, den letzten laut.

‹Sagen Sie›, sprach er dann, sich völlig zu mir wendend, ‹der jungen Dichterin in meinem Namen, in Goethes Namen, daß ich ihr für die Zukunft einen ehrenvollen Rang in der Literatur prophezeie, sie mag von den ihr bekannten Sprachen schreiben, in welcher sie wolle.› »

4912 K. Mendelssohn-Bartholdy: Goethe und Felix Mendelssohn-Bartholdy *1871*

[Über Goethe.] ... wie er denn überhaupt kein Freund von Konzerten und gewöhnlicher Musik war, und einmal bei Hofe, als ein Klavierspieler eine lange Sonate exekutierte [vor 1821?], aufstand und zum Entsetzen der Höflingsschar sagte: «Wenn es noch drei Minuten dauert, bekenne ich alles.»

XI

VOM ERSTEN MARIENBADER AUFENTHALT BIS ZUR LETZTEN BÖHMISCHEN REISE

1821–1823

1821

4913 Grüner *28. Juli 1821*

Sobald Goethe [in Eger] angekommen, meldete es mir sein Bedienter Stadelmann und brachte eine Einladung zum Besuche. Beim Eintritte empfing mich Goethe auf eine Art, die sich nicht beschreiben läßt, es war etwas Herzliches und doch Imponierendes darin, zugleich Liebe und Ehrfurcht einflößend. Nachdem er mir zum Willkommen die Hand gereicht, sagte er: Sehen Sie, Freundchen, ich habe mich über die böhmischen feststehenden Gebirge wieder herüber gemacht, ich reise zwar nach Marienbad, allein ich komme wieder nach Eger, um dann länger hier zu bleiben.

Er wies mir einen Sitz neben sich auf dem Sofa an, und fragte mich dann, wie lange ich diene, ob während meiner Dienstzeit Vorfallenheiten von bedeutender Wichtigkeit sich zugetragen hätten, und dergleichen. Ich hatte mich für einen solchen Fall gefaßt gemacht und meine wichtigsten Zeugnisse mitgenommen, um beweisen zu können, daß er sein Zutrauen nicht einem Beamten von so ganz gewöhnlichem Schlage schenke. Ich überreichte ihm daher diese Zeugnisse mit dem Bemerken, daß aus selben, wenn er die Güte haben wollte, sie zu durchblicken, nicht uninteressante Begebenheiten zu ersehen sein dürften.

Er nahm diese Zeugnisse mit den Worten an: Ihr offenes, freundliches Benehmen und das, was ich von Ihnen Gutes eingeholt habe, hat mir ein besonderes Vertrauen eingeflößt. Sie sind in allem gut unterrichtet, worüber ich belehrt sein will. Ihre Zeugnisse, die Sie mir anvertrauen, bringe ich von Marienbad wieder mit. – Er sah sie flüchtig durch und sagte dann: Über den Inhalt derselben werden Sie mir bei meiner Rückkunft Auskunft zu geben nicht ermangeln, besonders über die Räubergeschichte.

Als ich bei unserem ferneren Beisammensein bemerkte, daß ich mir seine Farbenlehre nicht eigen machen könnte, und so vieles in ihr schon darum nicht verstünde, weil die Experimente kostspielige Instrumente erfordern, sagte er: Da sind Sie nicht der einzige; diese Lehre hat viele Widersacher gefunden. Die Instrumente haben mich über zweitausend Gulden gekostet. Ich lebte in der Beruhigung, daß vielleicht einmal nach fünfzig Jahren jemand mein Buch in die Hände bekommen und sagen würde: hat sich der auch auf dieses Feld gewagt! Wenn er es studieren und in das Innere eindringen wollte, so würde er den durch ein Löchlein eines verschlossenen Fensters auf ein Glasprisma fallenden Sonnenstrahl lächerlich und die Newtonsche Lehre ungrundhaltig finden. Indes habe ich doch auch schon bei meinem Lebzeiten das Vergnügen, daß man in Berlin in meine Lehre eingeht, zu welchem Ende ich auch meine Instrumente dahin geschickt habe. Die Ursache der Entstehung werden Sie gelesen haben. Ich habe noch das Blättchen Papier, auf welches im Zelte bei Mainz es geregnet hat. Seit dieser Zeit habe ich mich ernstlich mit dieser Lehre beschäftigt. Unser Verstand ist noch so beschränkt, daß wir gewisse Gegenstände bloß a posteriori annehmen und darauf bauen müssen; so verhält es sich mit der Sonne, so auch mit unsern Augen, wir wissen es, daß wir sie haben, wir bemerken die Wirkungen, und kein Mensch wird ergründen können, wie diese hervorgebracht werden, und woraus die Sonne bestehe. Alle diese Schreibereien darüber sind grundlose Hypothesen.

Die Lehre, sagte ich hierauf, daß, wenn dunkle Gegenstände im Hintergrunde sind, die Luft uns blau erscheint, war mir ganz neu; daher ist mir auch jetzt erst verständlich geworden, wenn Chateaubriand anführt, daß er die Luft im Oriente, wo Kreidengebirge im Hintergrunde sind, gelblich gefunden habe.

Goethe erwiderte: damit kann man sich manches Späßchen machen, weil sich viele das Phänomen nicht zu erklären wissen, was Sie gelegentlich selbst in Anwendung bringen können; denn wenn Sie einen weißen Gegenstand in tiefes Wasser legen, so wird das Wasser eine gelbliche Farbe annehmen, während es sonst überall dunkel bleibt. Am besten dürfte es sich mit einer weißen glänzenden Blechplatte bewähren. Ich habe Gläser, wenn Sie selbe auf ein schwarzes Tuch legen, so stellen sie sich dem Auge vollkommen blau dar. Legen Sie selbe auf weißes Papier, so sind sie gelb. Solche Gläser sollen Sie von mir haben.

4914 Grüner *29. Juli 1821*

Da zur Abfahrt nach Marienbad schon alles vorbereitet war, so empfahl ich mich unter Glückwünschen, und Goethe reiste mit der Zusicherung ab, er werde bei der Rückkunft in Eger länger verweilen und meiner freundlich gedenken.

4915 Conta an seine Frau *29. Juli 1821*

[Marienbad.] Welche Freude hast Du mir gemacht, meine teure Friederike, mit dem Briefe, den Goethe mir mitgebracht! Ich aß bei der Heygendorf, als ihr Bedienter mir diese lieben Zeilen hereinbrachte ... Freund Rehbein wird es interessieren, zu wissen, daß Goethe sich ins gräflich Klebelsbergische Haus neben der Apotheke einquartiert hat, daß er aber nur bleiben will, wenn nicht mehr im Hause gehämmert wird. Da das Parterre noch ausgebaut und daher allerdings noch viel Baulärm im Hause gemacht wird, so dürfte er schwerlich lange bleiben. Ich habe ihm eben meinen Besuch gemacht, doch bald wieder verlassen, da der Arzt, Dr. Heidler, bei ihm war, mit dem er viel zu sprechen zu haben schien. Er war sehr freundlich und forderte mich auf, ihm meine mineralogischen Beobachtungen und Sammlungen mitzuteilen. Er schien ganz wohl zu sein.

4916 Conta an seine Frau *31. Juli 1821*

Nach 5 Uhr abends [wohl am 30. Juli] war ich wieder hier und besuchte gegen 6 Uhr die Quelle. Hierauf wollte ich Goethen meine Aufwartung machen, fand ihn aber nicht zu Hause. Frau von Brösigke, in deren Haus er wohnt, nötigte mich in ihren Gesellschaftssaal, um Goethes baldige Rückkunft zu erwarten.

4917 Conta an seine Frau *1. August 1821*

Wie ich Dir schon schrieb, war ich gestern abend bei Frau von Heygendorf. Als sie um 8 Uhr zu Tische ging, verfügte ich mich noch zu Frau von Brösigke, wo ich große Gesellschaft und darunter auch unseren Goethe fand. Gespräche und allerlei Spiele wurden bis halb 10 Uhr getrieben ... Goethe war sehr freundlich, doch blieb er nicht zum Abendessen.

4918 Conta an seine Frau *2. August 1821*

Goethe ist sehr heiter und ungewöhnlich umgänglich; er ißt zu Mittag bei seiner Hauswirtin, Frau von Brösigke, in großer Gesellschaft, steht vor der Türe, wenn es hübsches Wetter ist, und unterhält sich mit den Hausgenossen und Vorübergehenden, geht mit Damen, namentlich mit der Gräfin Strachwitz, spazieren, und des Abends findet er sich wieder im Brösigkischen oder vielmehr gräflich Klebelsbergischen Gesellschaftssaale ein (denn man weiß nicht recht, gehört das Haus dem Grafen Klebelsberg oder dem Herrn von Brösigke). Gestern abend war auch ich wieder dort; die Gesellschaft war kleiner und gesetzter, und es wurde bloß konversiert. Sie bestand aus Herrn und Frau von Brösigke, Herrn und Frau Gräfin Klebelsberg aus Prag, Frau von Levetzow nebst Tochter (Ulrike), unserem Goethe, auf kurze Zeit auch der Frau von Heygendorf, dem Fürsten Thurn und Taxis, der Gräfin Beust und ihrem Bruder, der Gräfin Strachwitz, einem Grafen Berchem, Herrn von Logau, dem Baron von Münster.

4919 Conta an seine Frau *5. August 1821*

Gestern abend war bei Brösigkes eine sehr brillante Fête, wo der größte Teil der hiesigen vornehmen Welt versammelt war. Es war Ball und Souper, selbst Goethe tanzte.

4920 J. S. Zauper: Studien über Goethe *1840*

Mit Goethes Schriften ist es mir ganz eigens ergangen. Lange, in den zwanziger Jahren, widerstrebten sie ganz wunderbar meiner innersten Natur, und mußte doch immer wieder dahin zurückkehren. Augenscheinlich hatten mich andere Vorbilder einer einmal so genannten goldenen Zeit, von denen ich meine ersten Eindrücke genommen, vorergriffen, ich möchte sagen vor- und verbildet. Ich studierte darauf Wieland mit Eifer, dann Voß und Jean Paul mit jugendlicher Liebe; endlich Schiller, der mir zwar früher war lieb geworden, bis zuletzt mit der vollständigeren Ausgabe Goethes in 26 Bänden ein ganz neuer Stern mir aufging, der mich aus seinem Kreise nicht mehr lassend entschieden anzog. Und so entstand denn im Jahre 1821 innerhalb wenig Tagen meine Poetik, in der ich voll des Gedankens, aus einer Wurzel den ganzen poetischen Kraftbaum heraufwachsen zu lassen, das in der Schule und für die Schule durch praktischen Unterricht bewährte Resultat niederlegte. Es war ein Bekenntnis, das ich mir selbst machte, ohne noch zu ahnen, dem Dichter dürfte dieser Versuch selbst lieb sein. Erst als ich das Büchlein gedruckt in meinen Händen hielt, gab mir eine warme Minute den Mut, es nach Weimar zu senden, wo es günstig aufgenommen und freundlichst erwidert mich sehr glücklich machte. Mit Bangen sah ich indes dem verheißenen Augenblicke entgegen, den so Hochgefeierten mit Augen zu sehen, mich mündlich auszusprechen über das, was ich mir durch treues Studium erworben hatte. Mit der erwünschten Gegenwart [am 6. August 1821 in Marienbad] war aber auch alle Furcht verschwunden, sie hatte sich in Ehrfurcht verwandelt, und das Vertrauen war auf immer entschieden.

4921 J. S. Zauper: Studien über Goethe 1840

Noch erinnere ich mich wohl, wie mir Goethe, in Verfolg des Gespräches, eines seiner Gedichte aus dem Gedächtnisse deklamierte. Das Gedicht wüßte ich nicht mehr hervorzurufen, aber der Vortrag ist mir lebendig geblieben. Es war keine prätentiöse Deklamation, es war bloß ein lebhaftes, aber sehr eindringliches Sprechen, etwas noch Lebendigeres, als ich es an Tieck wahrgenommen, den man doch für den vorzüglichsten Anagnosten hält. So ist mir denn von all dem Schönen, das ich in jenen Stunden genossen, das Besonderste meist vergangen, aber der Begriff ist mir geblieben, und das sei mir genug.

4922 *Conta an seine Frau* *7. August 1821*

Der gestrige Abend war sehr schön, und nachdem ich einen angenehmen Ritt gemacht, ging ich 1 ½ Stunden lang mit Goethe am Brunnen spazieren und unterhielt mich sehr angenehm und interessant mit ihm. Aller Augen waren auf ihn gerichtet, aber er unterhielt sich mit niemand als mit mir.

4923 *Conta an seine Frau* *8. August 1821*

Der Oberhofmeister des Großfürsten Michael bestellte mich auf halb 12 Uhr morgen. Dies nötigte mich zu einer Abänderung, denn ich hatte mich mit Goethe zu einer Partie verabredet, die ich ihm nun aufsagen mußte ... Zu Mittag aß ich bei Brösigkes in Goethes und anderer heiterer Gesellschaft; von 3 Uhr ab, wo man sich trennte, bis 5 Uhr brachte ich bei Frau von Beulwitz aus Rudolstadt zu ... Morgen werde ich Abschiedsvisiten machen und dann einpacken.

4924 *Ulrike v. Levetzow: Erinnerungen*

Ich lernte Goethe im Jahre 1821 in Marienbad kennen; Mutter hatte mich aus meiner Pension in Straßburg herausgenommen, um mit mir einige Monate bei meinen Großeltern [Brösigke] in Marienbad zuzubringen. Marienbad war damals noch ein kleiner, erst fast entstehender Ort, und unser Haus, «Stadt Weimar», fast das größte und schönste. Goethe hatte dort seine Wohnung genommen, und ich kann mich noch des ersten Kennenlernens [am 29. Juli?] sehr deutlich erinnern. Großmutter ließ mich zu sich rufen, und das Mädchen sagte mir, es sei ein alter Herr bei ihr, welcher mich sehen wolle, was mir gar nicht angenehm, da es mich in einer eben begonnenen Handarbeit störte. Als ich ins Zimmer trat, wo meine Mutter auch war, sagte diese: «Dies ist meine älteste Tochter Ulrike.» Goethe nahm mich bei der Hand und sah mich freundlich an und frug mich, wie mir Marienbad gefalle. Da ich die letzten Jahre in Straßburg in einer französischen Pension zugebracht, auch erst 17 Jahre alt war, wußte ich gar nicht, wer Goethe, welch berühmter Mann und großer Dichter er sei, war daher auch ohne alle Verlegenheit einem so freundlichen alten Herrn gegenüber, ohne alle Schüchternheit, welche mich sonst meist bei neuen Bekanntschaften ergriff. Goethe forderte mich gleich den andern Morgen auf, mit ihm einen Spaziergang zu machen, wo ich ihm viel von Straßburg und der Erziehungsanstalt erzählen mußte; ich besonderst klagte, wie ich mich ohne meine Schwestern, von welchen ich zum ersten Mal getrennt sei, einsam fühle, und ich bin überzeugt, daß grade diese kindliche Unbefangenheit ihn interessierte; denn von da an beschäftigte er sich sehr viel mit mir. Fast jeden Morgen nahm er mich mit, wenn er spazieren ging, und ging ich nicht mit, brachte er mir Blumen mit, da er wohl sehr bald merkte, daß ich an den Steinen, welche er oft betrachtete, kein Interesse hatte, doch sonst mich gern unterrichten ließ; auch gegen Abend saß er oft stundenlang auf einer Bank vor der Türe, wo er mir von sehr verschiedenen Gegenständen erzählte. Als ich da wohl hörte, welch großer Gelehrte er sei, war ich schon viel zu bekannt und vertraut mit ihm, daß es mich hätte einschüchtern oder verlegen machen können; es fiel auch sicher niemandem und auch meiner Mutter nicht ein, in dem vielen Zusammensein etwas anderes als ein Wohlgefallen eines alten Mannes, welcher mein Großvater hätte sein können nach den Jahren, zu einem Kind, welches ich ja noch war, zu finden. Goethe war ein so freundlicher, liebenswürdiger alter Herr, an welchen sich ein junges Wesen wohl anschließen konnte, besonders, wenn sie ein reges Interesse an allem nahm, was er in so angenehmer Form ihr lebhaft beschrieb: Blumen, Steine, Sterne und Literatur boten reichen Stoff.

In diesem Sommer schenkte mir Goethe «Wilhelm Meisters Wanderjahre», es war ihm das Buch als neue Auflage zur Durchsicht nach Marienbad gesandt worden. Als er es mir gegeben und ich darin zu lesen begann, fand ich, daß schon früher etwas sein müßte, da sich manches noch mir Unbekanntes begab, und als ich es Goethe sagte und ihn bat, mir doch das frühere Buch auch zu geben, meinte er, es sei nicht recht für mich, er wolle mir lieber daraus erzählen, damit ich die Wanderjahre recht verstehe. Wie oft habe ich später bedauert, mir diese Erzählung nicht aufgeschrieben zu haben, das würde sicher von viel größerem Interesse sein, als viele der Briefe und Zettel, von welchen man jetzt ein solches Wesen macht.

Als unser Kreis von Bekannten sich in Marienbad mehrte, ich auch mehrere junge Mädchen kennen lernte, ist es öfters vorgekommen, daß Goethe uns kleine Spiele angab, wenn schlechtes Wetter am Ausgehen hinderte. [Umgang bis zu Goethes Abreise am 25. August.]

4925 L. Stettenheim: Bei Ulrike v. Levetzow *1898*

[Besuch im Sommer 1893.] Ich hätte sie nicht auf Goethe gebracht, aber sie fing sogleich selbst an, von ihm zu reden. Sie sprach von Zeitungsartikeln, die das Verhältnis falsch dargestellt hätten. «Es war keine Liebschaft», sagte sie, «Wahrheit und Dichtung werden vermischt, wenn man von meinen Beziehungen zu Goethe spricht. Als ich ihn kennen lernte, war er zweiundsiebzig Jahre alt, ich siebzehn; ich kam aus Straßburg aus der Pension und kannte nur Voltaire und die französischen Schriftsteller. Von Goethe hatte ich nichts gelesen, ich wußte kaum, wer er war, und lernte ihn kennen als Seine Exzellenz den Herrn Minister. Aber diese Unwissenheit gefiel Goethe gerade. Er kannte meine Familie, und da wir damals dasselbe Haus bewohnten, so bat Goethe um die Erlaubnis, mit mir spazieren gehen zu dürfen. Er belehrte mich und ließ mich an seinen mineralogischen Studien teilnehmen. Goethe konnte mein Großvater sein, und so betrachtete ich ihn auch. Und er nannte mich nur immer sein Töchterchen.»

Sie sagte etwas zu dem Verwalter, und er brachte zwei Bücher, die sie von Goethe erhalten. Es waren ein Band der «Wanderjahre» und ein Band «Dichtung und Wahrheit», beides mit eigenhändigen Widmungen. Beide Bücher sind grün gebunden und werden in grünem Futteral aufbewahrt. Auf dem Vorderdeckel der «Wanderjahre» befindet sich Goethes Porträt in schmalem, goldenem Rahmen; das Bild ist eine Bleistiftzeichnung und zeigt Goethes

Profil, nach rechts gerichtet. Ulrike bezeichnete mir dieses Porträt als vortrefflich. Wie sie mir mitteilte, ist es von einer jungen Kurländerin, Fräulein v. Foelkersahm, gezeichnet worden. Die Künstlerin gehörte zu dem Kreise junger Mädchen, in dem Goethe sich gern bewegte, und sie zeichnete ihn für Ulrike nach dem Gedächtnis. Ulrikens Großvater, Herr v. Brösigke, ließ dann das Bild seiner Enkelin zuliebe auf den Deckel der «Wanderjahre» heften. Auf der ersten Seite des Bandes stehen folgende Worte:

Fräulein
Vlrike von Lewezow
zu freundlichem Andenken
des Augusts
1821.
Marienbad. Goethe.

Dieses Geschenk des großen Freundes spielt eine bedeutende Rolle in Ulrikens Erinnerung. Sie erzählte mir darüber: «Als ich das Buch las, merkte ich sogleich, daß etwas vorhergegangen sein müßte. Ich sagte: ‹Herr Geheimrat, das verstehe ich nicht, da muß doch etwas vorhergegangen sein.› Darauf Goethe: ‹Jawohl, da hast du ganz recht; aber das darfst du noch nicht lesen, das will ich dir erzählen.› Und da hat er mir auf einer Bank stundenlang erzählt. Hätte ich damals ahnen können, daß man später Wert darauf legen würde, so hätte ich es mir wohl aufgeschrieben.»

4926 Ulrike v. Brösigke an Goethe *23. April 1822*

Und wie wird sich Ulrikchen freuen, wenn sie wieder Töchterchen genannt wird, worauf sie so stolz ist.

4927 Grüner *25. August 1821*

Auf dem Wege dahin [nach Franzensbad] trug ich ihm, wie ich schon vor der Abfahrt getan, die Einladung nach Hartenberg von Seite des Appellationspräsidenten Herrn Grafen Joseph von Auersperg vor, und schilderte das Vergnügen, welches er durch die Annahme diesem ausgezeichneten Staatsdiener und Schriftsteller machen würde. Goethe erkundigte sich näher über die Lage Hartenbergs, über die Familienverhältnisse, und darüber kamen wir in Franzensbrunn an. Er nahm die Quellen, den Park, Kursaal, kurz alles in Augenschein, und lobte besonders die schönen Anlagen, die große Reinlichkeit, die überall vorherrsche, die seit seiner letzten Anwesenheit durchgeführten zweckmäßigen Verschönerungen, stellte Vergleichungen zwischen sonst und jetzt an, worauf wir nach Eger zurückfuhren. Ich machte Goethe auf das morgige Fest aufmerksam, zu welchem alle dem Egerschen Patronat unterstehenden Pfarrer mit ihren Kirchkindern, unter Vortragung ihrer Fahnen und mit Musik, von früh 7 Uhr an kommen.

4928 Grüner *26. August 1821*

Das St. Vincenzfest [in Eger] ist zugleich ein Ernte-Danksagungsfest. Der Einzug der Pfarrer mit ihren Kirchkindern von so verschiedenen Stadttoren her, die Märsche, die auf Blasinstrumenten größtenteils von Egerländer Bauernburschen ausgeführt wurden, das Wogen so vieler tausend Menschen auf dem Ringe, unter denen Goethe, sie aufmerksam betrachtend, mit mir umherwandelte, unterhielt ihn sehr, und er sagte:

Es ist ein stämmig robustes Volk von gesundem Aussehen. So viel ich bemerke, haben die Egerländer weiße gesunde Zähne, dunkelbraune Haare, doch wenig Waden.

Wir verfügten uns dann in die mit Menschen angefüllte Hauptkirche zu St. Niklas, aus welcher die Prozession, der Dechant das in Gold gefaßte und mit Edelsteinen geschmückte Haupt des heiligen Vincenz auf einem rotsamtenen goldgestickten Kissen tragend, von allen Pfarrern im größten Ornate, von den bürgerlichen uniformierten Schützen, von den Zünften mit ihren Fahnen und vielem Volke begleitet, ausging.

Nachdem alles vorüber, sagte Goethe zu mir: Wenn Sie nichts Besseres zu tun haben, so wünschte ich, daß Sie mich nachmittags nach Liebenstein begleiten, – welche Einladung ich mit Vergnügen annahm. Die Herrschaft Liebenstein, dem Grafen Zedtwitz gehörig, ist ein Kronlehengut.

Es befindet sich dort ein altes, in geschichtlicher Beziehung merkwürdiges Ritterschloß. Goethe mochte diese Exkursion gewählt haben, weil westlich, dem Kammerberg gegenüber, sich der hohe Plattenberg erhebt, um hier vielleicht einigen näheren Aufschluß über jenen zu erhalten.

Der Weg dahin war äußerst schlecht, große mit Wasser gefüllte Löcher, deren Tiefe man kaum berechnen konnte, hinderten die Fahrt. Ich war um seine Person sehr besorgt, rief immer dem Kutscher zu, behutsam zu fahren; allein Goethe sagte:

Sie sehen, daß der Mensch die Sache besser versteht wie wir. Wenn ihn Napoleon gekannt hätte, er würde ihn zu seinem Leibkutscher gemacht haben, Sie sehen, er fährt sehr behutsam mitten in die großen Löcher hinein, daher kann er nicht umwerfen.

Da ich keine Ängstlichkeit an ihm bemerkte, so war ich um so aufgeheiterter. Plötzlich stieg Goethe aus dem Wagen, machte seine Betrachtungen über einen Stein, und ich hörte ihn sprechen: «Nun, wie kommst du daher?» welche Frage er wiederholte. Mir kam diese Frage, da ich von der Mineralogie nichts verstand, nahezu lächerlich vor; ich dachte, wie kann einen so gelehrten Mann so ein Stein interessieren, den ich nicht mit dem Fuße stoße, und deren Tausende zu finden sein werden; allein Stadelmann mußte ihn mitnehmen, und nach der Hand erfuhr ich, daß dieser Stein ein Feldspat-Zwillingskristall war. Ich nahm mir nun vor, Steine, welche von dem gewöhnlichen Äußern abweichen, bei meinen Geschäftsreisen gelegentlich aufzusuchen, und sie an Goethe zu senden, weil ich sah, daß er für diesen Zweig der Naturwissenschaft eine große Vorliebe habe. Er hatte sich auch eine breite lange Tafel von weichem Holze machen lassen, welche er in dem Zimmer Nr. 1 im Gasthofe zur goldenen Sonne in Eger aufstellte, und auf welche die aus Marienbad mitgebrachten wie auch die in der Umgegend gesammelten Mineralien gelegt wurden. Goethe machte über sie seine Betrachtungen, ordnete die Gesteine und stellte Suiten zusammen, die er zur Versendung bestimmte.

Die Zeit der morgigen Abfahrt nach Hartenstein wurde bestimmt.

4929 Grüner *27./29. August 1821*

Ich hatte dem Grafen Auersperg von der beiläufigen Ankunft Goethes mit dem Bemerken Nachricht gegeben, daß der 28. August der Geburtstag Goethes sei. Das Schloß Hartenberg liegt ungefähr 1 ½ Meile nördlich von Falkenau, Elbogener Kreises im Mittelgebirge auf einem Felsen. Der breite tiefe Burggraben, über welchen ehemals eine Aufzugsbrücke zum Eingang führte, ist ausgefüllt. Die Einfahrt durch das erste Tor, über welches ein auf den Fels gebauter runder Turm emporragt, ist bis zum zweiten Tore bequem; bei letzterem aber ist sie nicht ganz gefahrlos, besonders zur Winterszeit, weil über Felsen bis in den Schloßhof gefahren werden muß. So großartig und majestätisch diese Ritterburg sich präsentiert, so wenig wohnliche Räume finden sich in ihr vor, wie dies bei solchen alten Bauten meist der Fall ist. Die Zeit der Erbauung Hartenbergs ist unbekannt. Die Schloßkapelle war jedenfalls bereits im zwölften Jahrhunderte erbaut, weil sich aus dieser Zeit ein sie betreffender Stiftsbrief vorgefunden hat. Der ungeheuere, mit Ahnenbildern und Freskogemälden geschmückte Rittersaal nimmt beinahe das ganze zweite Stockwerk ein.

Für Goethe war ein gut möbliertes Zimmer mit allen nötigen Bedürfnissen, ein zweites für seinen Bedienten vorgerichtet, die Aussicht ging auf die nördlich am Abhange des Schloßberges angebrachten Anlagen. Bei der Ankunft Goethes kam der Graf ihm entgegen, und drückte seine hohe Freude über die Ehre aus, die ihm durch die Anwesenheit Seiner Exzellenz zuteil werde. Lange, sehr lange habe er den Wunsch gehegt, den Mann, dessen Werke er studiere, persönlich kennen zu lernen, und dergleichen mehr, was Goethe artig erwiderte.

Als Goethe in das für ihn bestimmte Gemach trat, winkte er mir, ihm zu folgen. Er war von der Reise etwas ermüdet, und nach kurzer Zeit sagte er: Freundchen, machen Sie mich mit der Hausordnung bekannt, damit ich nicht störe, weil ich sehe, daß Sie hier wie zu Hause sind.

Euere Exzellenz, erwiderte ich, der Wille und ausdrücklichste Wunsch des Grafen ist, daß, solange Eure Exzellenz hier verweilen, Sie Herr des Schlosses sind und Ihnen alles zu Gebote stehe.

Auf wiederholtes Andringen gab ich Aufschluß über die Lebensweise und Beschäftigung des Grafen, worüber Goethe um so mehr erfreut war, als dieses seinen Zuständen, wie er sich ausdrückte, ganz angemessen sei.

Vor dem Souper wurde plötzlich der Abhang des ganzen im Norden liegenden Berges hell, und es wurde unter Vivatruf und Pöllersalven ein nicht unbedeutendes Feuerwerk abgebrannt. Im Tempel des Ruhmes zeigte sich eine Schrift mit großen Buchstaben, besagend: «Zu Goethes zweiundsiebzigstem Geburtstage.» Goethe, nicht ahnend, daß dieser für ganz Deutschland merkwürdige Tag auch im böhmischen Mittelgebirge so herzlich teilnehmend gefeiert werden sollte, war höchst freudig überrascht und tief gerührt, als von allen Seiten so herzliche Glückwünsche dargebracht wurden.

Am 28. August früh besah Goethe vom Schloßbalkone aus die Gegend. Die Aussicht ist wunderschön, Goethe konnte sich lange nicht von ihr trennen; dann besuchte er die Anlagen, besonders diejenige, von der aus er durch Beleuchtung und Feuerwerk erfreut worden war. Der Sitz, wo Goethe dort vom Bergsteigen ausruhte, hat den Namen «Goethes Ruhe» empfangen und behalten. Hierauf nahm er die ansehnliche Bibliothek und Mineraliensammlung des Grafen in Augenschein.

Der Graf hatte ein feierliches Mittagsmahl veranstaltet, und hierzu den Kreishauptmann Baron Erben und andere angesehene Personen eingeladen. Beim Mahle herrschte Heiterkeit und Frohsinn. Goethe in seiner gewöhnlichen Art wollte immer in naturwissenschaftlicher Beziehung und sonst belehrt werden, und unterhielt sich mit dem Grafen und Kreishauptmann sehr angenehm. Als es aber zu Toasten kam, und Graf Auersperg ihm einen Kranz von Eichenlaub unter Musik und Trompetenschall überreichte, während alle Gäste glückwünschend sich erhoben, und die Toaste nicht allein auf sein langes Wohlergehen, sondern auch auf das des Großherzogs ausgebracht wurden, der sich ein deutsches Athen in so großen Zierden der deutschen Nation zu erziehen wußte, war Goethe äußerst bewegt und gerührt, und dankend äußerte er sich bloß, daß die so gastfreundschaftlich freundliche Aufnahme in Hartenberg ihm unvergeßlich sein werde.

Nach aufgehobener Tafel packte der Graf noch einige Mineralien ein, mit denen Goethe unter Glückwünschen am Mittwoch, den 29. August früh mit mir von Hartenberg abreiste.

4930 Grüner *30. August 1821*

Die Juden bewohnten im vierzehnten Jahrhunderte einen großen Teil der Stadt Eger, namentlich die Juden-, Bruder- und Rosengasse. In der Brudergasse befand sich ihre damals sehr berühmte Synagoge; den Egerschen Chroniken zufolge soll in Deutschland bloß hier eine hohe Judenschule sich befunden haben ...

Unter Kaiser Siegmund wurde die obgedachte Synagoge in eine katholische Kirche verwandelt. Diese nun besichtigte Goethe. Von außen fand man im Gemäuer einen Opferstock mit nicht mehr lesbarer hebräischer Inschrift. Im Innern der Kirche ist an einer in ihrer Mitte stehenden Granitsäule gleichfalls eine hebräische Inschrift angebracht.

Mir lag daran, Goethes Meinung über die Juden zu erfahren. Was ich aber auch vorbringen mochte, er blieb in Betrachtung der alten Inschriften vertieft, und äußerte sich nicht mit Bestimmtheit in betreff der Juden.

Wir gingen nun in die alte Burg, in welcher die zu einem Bankett geladenen vornehmsten Anhänger Wallensteins niedergemacht worden sind. Goethe blieb vor der ehemaligen Zugbrücke stehen, und betrachtete den sogenannten schwarzen Turm. Dann sagte er:

Dieses großartige Werk wollen wir nun auch von innen

betrachten. Das Gestein ist wahrscheinlich vom Kammerberge. Sehen Sie, wie kunstreich die Steine behauen, und um der Witterung zu widerstehen, zusammengesetzt sind. Sie haben beinahe die Form wie einige unsere losen Feldkristalle bei Elbogen. Wir müssen ihm (dem Turm) etwas abgewinnen, um Vergleichung mit dem Vorkommen im Kammerberge anstellen zu können.

Es wurden dann auch einige abgehauene Stücke mitgenommen. Die Schloßkapelle wurde von außen betrachtet, und es wurden an der Westseite Tragsteine bei und zu einem Fenster wahrgenommen, welches zur Hälfte von unten vermauert ist, und offenbar ehemals eine Türe bildete. Zu dieser Türe mußte ein auf jenen Tragsteinen ruhender Zugang von dem Schloßgebäude geführt haben, der den hohen Herrschaften diente, für welche allein auch die Emporkirche in der Kapelle bestimmt und eingerichtet gewesen sein mag.

An der Südseite beim Eingange befindet sich ein in Granit gehauenes Kreuz. Gegen Norden erblickt man in der Mauer Höhlungen, welche aus der Zeit der schwedischen und der französischen Belagerung stammen. In das Innere führen einige Stufen hinab. Auf runden massiven Granitsäulen ruht das obere Gewölbe. Dieser untere Teil scheint für das Volk bestimmt gewesen zu sein. An der nördlichen Seite gelangt man über eine schmale Granittreppe in den oberen Teil. Goethe bewunderte die Bauart, die Kapitäler der marmornen Säulen, sie waren bei jeder Säule verschieden, nur dürfe man, meinte er, auf die zweite Säule, in welcher eine männliche und weibliche Figur angebracht ist, ein Frauenzimmer nicht aufmerksam machen. Vorzüglich erregte jene gewundene, mit Vertiefungen versehene Säule, in dem Raume, wo gegen Osten ein Altar errichtet gewesen sein mag, seine Aufmerksamkeit und Beobachtung. Goethe stieg auch zum Dachboden hinauf, und labte sich an der freien Aussicht in das schöne Egertal gegen Osten und Westen. Als wir zu den Schloßruinen kamen, erzählte ich Goethe, daß die Erbprinzessin von Oldenburg, geborene Großfürstin von Rußland, indem sie die Stauden mit roten

Beeren betrachtete, ausgerufen habe: Sehen Sie, hier sproßt das Blut der Ermordeten aus.

Goethe äußerte hierauf: Sie hatte Geist, doch führte dieser sie in ihren Äußerungen oft zu weit. So hat sie zu Weimar in der Bibliothek, als der Bibliothekar ihr malebarische Dokumente vorzeigte, und auf ihr Verlangen, den Inhalt zu wissen, denselben nicht anzugeben vermochte, weil er die Sprache nicht verstehe, ausgerufen: Ein Bibliothekar und versteht nicht malebarisch! als ob ein Bibliothekar, bemerkte Goethe, alle Sprachen der Welt verstehen sollte. Sie werden, sagte er dann, über manches, was hier vorging, aus Ihren Archivschätzen Aufschluß geben können.

Es ist wohl einiges vorfindig, erwiderte ich, und wenn Eure Exzellenz erlauben, so will ich es im Zusammenhange mit Hofrat Försters Geschichte Wallensteins kurz vortragen.

Goethe sprach: An Ort und Stelle hat die Erzählung einer wichtigen Begebenheit stets mehr Interesse. Lassen Sie hören.

Nachdem ich meine Erzählung von der Egerschen Mordnacht beendet hatte, sagte Goethe: Sie sehen, die Sache gewinnt hier mehr an Interesse. Es wäre zu wünschen, daß Sie für die Fremden einen Wegweiser drucken ließen, denn Wallenstein spielt in der Geschichte eine wichtige Rolle. Hier an Ort und Stelle hat jeder freien Spielraum, sich den Platz zu denken, wo Graf Terzky sich heldenmütig verteidigte und fiel. Die noch stehenden Tragsteine lassen auf den ehemaligen Umfang des Saales schließen. Die Marmorsäulen an den Fenstern zeigen etwas Großartiges an, allein schade, daß für die Erhaltung nicht gesorgt wird.

An der zweiten Säule werden Eure Exzellenz einen freien Adler mit gesenkten Flügeln bemerken. Dieser dürfte, fügte ich hinzu, aus der Zeit stammen, als Eger zu den freien Reichsstädten gezählt wurde, wozu sie unter Kaiser Friedrich Barbarossa erhoben worden war, als er das Beilager mit Adelheid, einer Tochter des Markgrafen von Vohburg, hier feierte.

Natürlich stützt sich das alles, was Sie mir sagten, auf Urkunden, bemerkte Goethe.

Ich habe das Archiv, sagte ich, und alle auf die Entstehung der Urkunden bezüglichen Korrespondenz-Vortragsbücher durchgelesen, und es wäre zu weitläufig, Sie in bezug dieses Gegenstandes (der Ermordung Wallensteins nämlich und seiner vornehmsten Genossen) damit zu ermüden.

Goethe erwiderte: Es ist an dem genug, was Sie mir sagten, und jeder würde sich damit begnügen. Solche Geschichtsumstände müssen auch ganz kurz abgefaßt sein.

Ich darauf: Einiges war mir dennoch sehr von Bedeutung, was ich erst aufgefunden habe. Als erwiesen wird angenommen, daß Wallenstein am 25. Februar 1634 hier erstochen wurde. Nun fand ich in der Korrespondenz, dem sogenannten Kopialbuche, daß am 26. Februar 1634 an den Gouverneur zu Theusing geschrieben und er ersucht wurde, Viktualien jeder Art nach Eger zu senden, weil wegen Anwesenheit Wallensteins und seines Hofstaates hier und in der Umgegend alles aufgezehrt werde. Ich prüfte genau, ob vielleicht ein Schreibfehler unterlaufen sei; allein es finden sich vor und nach jener Zuschrift Ersuchschreiben wegen anderer Gegenstände vom 26. Februar 1634 vor, daher konnte kein Irrtum hinsichtlich des 26. Februar vorgefallen sein. Es ist daher nicht unwahrscheinlich, daß man die Ermordung Wallensteins verheimlichen wollte, und daß militärischerseits auf die Ausfertigung jenes Gesuchsschreiben an den Gouverneur zu Theusing Rücksicht genommen worden sei.

Goethe fragte: Wodurch ist denn sicher gestellt, daß Wallenstein am 25. Februar 1634 erstochen worden? Wenn, wie Sie sagen, in dieser Zuschrift ausdrücklich erwähnt wird, daß er an diesem Tage noch gelebt habe, so konnte er erst am 26. Februar ermordet worden sein.

Ich setzte nun folgendes auseinander: daß Wallenstein am 25. Februar und nicht am 26. erstochen wurde, wird nicht allein durch die Berichte Buttlers, sondern auch durch eine im Stadtbuche von mir erst unlängst aufgefundene Urkunde erwiesen ...

Goethe sagte: dieses Aktenstück ist auf jeden Fall wichtig, denn es gibt über die Zeit und den Ort der Handlung Aufschluß.

Indem er nun unter freundlicher Begrüßung nach dem Gasthofe zur Sonne zum Mittagsmahle ging, wo er auf seinem Zimmer Nr. 1 speiste, lud er mich für den Nachmittag zu einem Spaziergang in das Egertal ein, was ich natürlich mit Vergnügen annahm.

Das Egertal hatte für Goethe einen besonderen Reiz, er lobte die rein gehaltenen Wege, die Baumpflanzung, die angelegten Alleen. Gleich bei der sogenannten Wenzelsburg gegenüber den alten Schloßruinen verweilte er einige Zeit, die Felsengruppen betrachtend. Ich machte ihn aufmerksam, daß ehemals ein Kastell den Berg krönte, welches durch eine lederne Brücke mit der Burg in Verbindung stand, und daß ich ein Ölgemälde vom Jahre 1495 besitze, auf welchem dieses Kastell und die Stadt in ihrem damaligen Aussehen dargestellt ist.

Man wird wohl den Standpunkt ausmitteln können, von welchen es aufgenommen ist, sagte Goethe.

Ich antwortete: Ich besitze zwei derlei Bilder, worauf angemerkt ist, wie Eger von der Westseite und von der Ostseite ausgesehen hat. Die Bilder sollen nach einem Holzschnitte ausgeführt worden sein, der sich an einem Altare in der St. Niklaskirche befunden haben soll. Der Maler ist Stadler angemerkt. Diese Malerfamilie existiert noch, und ich besitze von Stadler und seinen Nachkommen einige Ölgemälde.

Von welchem Genre? fragte Goethe.

Der alte Stadler, antwortete ich, hat einiges Architektonische geliefert, auch war ihm die Lehre der Perspektive nicht fremd. Der Sohn hat sich auf Landschaftmalerei gelegt, und würde Gutes zu leisten imstande gewesen sein, wenn er nicht um das tägliche Brot hätte malen müssen. Überhaupt wurde die Malerei in Eger zunftmäßig betrieben; es gab Lehrjungen, Gesellen, Meister, welche ihre Heiligenbilder nach den entferntesten Gegenden Deutschlands, besonders in Klöstern und an Wallfahrtsörtern absetzten. Dieser Erwerbszweig ist beinahe gänzlich erloschen. Die Wallfahrtsbilder wurden in Paketen zu 100, auch 1000 Stücken versendet. Darunter befinden sich die sogenannten Winterheiligen; es waren Brustbilder, warum sie aber diesen Namen erhalten haben, vermag ich nicht zu sagen. Die sogenannten gestochenen Bilder gaben einen besonderen Handelszweig. Eure Exzellenz werden sich überzeugen, wie mühsam und wie für die Augen angreifend die Arbeit bei diesen gestochenen Bildern ist, die meist von Frauenzimmern verrichtet wurde. Je mühsamer sie aber gestochen waren, desto fleißiger war auch das in der Mitte befindliche Bildchen gemalt. Dieser sonst bedeutende Erwerbs- und Handelszweig ist gänzlich eingegangen, weil derselbe die Konkurrenz mit den durch Maschinen gepreßten Bildern nicht aushalten konnte. Einer meiner Mitschüler bekam häufig von seinem Vater, einem Bilderhändler, den Auftrag, auf mehrere Tausend solcher Bilder die Namen der Heiligen mit goldenen Buchstaben zu schreiben. Um rascher fertig zu werden, bat er mich, ihm zu helfen. Da wir einen so großen Vorrat von Heiligen haben, so geriet ich nicht in Verlegenheit, welchen Namen ich den Bildchen geben sollte. Wenn der Heilige etwas jünger aussah, schrieb ich gewöhnlich Johannes darunter.

Sie toller Christ, sagte Goethe lächelnd, wie haben Sie sich das Recht Ihrer Geistlichkeit anmaßen können?

Ich dachte, war meine Antwort, daß es auf die Namen nicht ankomme, und daß die Heiligen bei Gott einen gleichen Wirkungskreis haben; nur schade, daß Deutschland so wenig im Himmel vertreten ist, denn die Italiener sollen dort die meisten Plätze eingenommen haben.

Es sind auch in Italien die meisten Geistlichen, sagte Goethe, und diese Herren glauben auf einer Stufe zum Himmel höher zu stehen. Sie haben keinen Begriff, mein Lieber, wie die Kinder dort schon für den Priesterstand erzogen werden, denn dort können Sie Kinder auf der Gasse als Dominikaner, Franziskaner, Jesuiten, Nonnen angekleidet sehen.

Es mögen aber, sagte ich, dennoch nicht die besten Sitten

in Rom herrschen, denn wenn ich dem Boccaccio trauen darf, so soll sich ein Jude deshalb haben taufen lassen, weil, wie er behauptete, die christliche Religion göttlichen Ursprungs sein müsse, sonst hätte sie wegen der schlechten Sitten in Rom längst gänzlich verdrängt und ausgetilgt worden sein müssen. Doch Eure Exzellenz können auch hierüber den besten Aufschluß geben.

Goethe erwiderte: Ich kann freilich nicht billigen, daß die Geistlichkeit in Rom sich so sehr mit weltlichen Dingen befaßt, aber um dergleichen habe ich mich nicht gekümmert, sondern bin mehr meiner Leidenschaft, Kunstgegenstände dort genauer zu betrachten und mich auszubilden, nachgegangen, wobei ich auch einen tüchtigen Künstler und Kenner an der Seite hatte. Bei jedem Tritte in Rom stößt man auf Gegenstände, die zu ernsten und angenehmen Betrachtungen Anlaß geben. Wir haben daher von der Geistlichkeit und den Kardinälen nur diejenigen besucht, in deren Palästen Kunstgegenstände zu sehen waren. Was nun Ihre Malerzunft betrifft, so wurde zwar die Kunst herabgewürdigt, auf der andern Seite hatte es doch wieder das Gute, daß die Malerei so viele Teilnehmer fand, und unter diesen mancher Geniale sich aus dem gewöhnlich Schlechten erhob und Gutes lieferte.

4931 Grüner *31. August 1821*

Das Gespräch fiel auf Blücher. Goethe lobte seine Geistesgegenwart, seine persönliche Bravour, seine Art, das Zutrauen und die Liebe seiner Soldaten zu gewinnen, dann seine Reden. Baron [Fritz v.] Stein aus Breslau gab über die aufzustellende Statue des Helden und über die Hemmungsursachen Aufschluß.

4932 F. und K. Eggers: Christian Daniel Rauch *1877*

[Über das Blücherdenkmal für Breslau.] Bald aber verwickelt sich trotzdem die Piedestalfrage aufs neue, da Schinkel und Rauch auch noch eine Beschränkung des Untersatzes im Höhenmaße für geboten erachten, von Stein aber fast gleichzeitig bei einer Begegnung mit Goethe in

Franzensbrunn [in Eger am 31. August 1821?] diesen um ein Gutachten in dieser Frage angeht ...

Goethe war der ägyptischen Form nicht geneigt und hätte lieber ein würfelförmiges, als ein Fußgestell konischer Form gesehen; wenn aber letzteres gewählt sei, so stünde das von Langhans vorgeschlagene Gesims in größerer Harmonie mit dem Untersatz als das Schinkelsche griechische.

4933 Grüner *1. September 1821*

Ich stellte diese Herren [den Präfekt und zwei Professoren des Gymnasiums] Goethe vor. Er unterhielt sich einige Zeit mit ihnen über das Schulwesen, und nahm ihre Einladung, die Gymnasialprüfung mit seiner Gegenwart zu beehren, an.

Nach ihrem Weggange erkundigte er sich über ihre Konduite, und ich konnte mit dem besten Gewissen das beste Zeugnis geben. Eure Exzellenz, sagte ich dann, dürfen sich keinen Begriff von einem ansehnlichen Gebäude machen, es ist so alt und winkelig, daß es eines Um- oder vielmehr Neubaues bedarf, welcher auch beantragt ist.

Darauf Goethe: Das macht nichts zur Sache, ich habe verschiedene alte Gebäude kennen gelernt, in welchen gut unterrichtet wurde; es kömmt nur hauptsächlich auf die Lehrer an.

Nachmittags fuhren wir zu dem alten Schulgebäude. Die in das erste Stockwerk führende Treppe war sehr schmal und unbequem, der Gang nach dem Prüfungszimmer sehr dunkel. Nach Goethes Empfang wurde von dem Humanitätsprofessor die Prüfung über die griechischen Autoren vorgenommen. Goethe, dem die griechische Chrestomathie überreicht worden war, schien sehr aufmerksam bis zu Ende zuzuhören. Als ich ihn darauf in seine Wohnung begleitete, sagte er: Dieser Professor ist seinem Fache sehr gewachsen, ich wünschte aber, daß er die Schüler mehr sprechen ließe.

Ich erwiderte: Wahrscheinlich hat er es wegen der Anwesenheit Eurer Exzellenz getan, er ist aber sonst ein sehr geachteter, von seinen Schülern sehr geliebter Mann, der, wie man zu sagen pflegt, Kopf und Herz auf dem rechten Flecke hat, und von dem sie immer mit Achtung sprechen.

Goethe: Da wollen wir ihn loben.

Abends wurde über den Zusammenhang der österreichischen Provinzen, über die Verwaltung derselben, besonders über Ungarn gesprochen.

Goethe sagte: Es gehört eine geistreiche, kluge und energische Regierung dazu, um so verschiedenartige Völkerstämme in Frieden zusammen zu halten; hiezu mag auch die heilige Allianz beitragen. Nur schade, daß es in Ungarn, in diesem so großen und gesegneten Königreiche, mit der Geistes- und Bodenkultur nicht vorwärts gehen will.

Darauf ich: Man sagt, daß die Städte in Ungarn viele Verbesserungen ihres Kommerzes wegen wünschten und mit den königlichen Propositionen einverstanden wären; auch der hohe Adel zeige sich geneigt dazu, um bei Hofe, wie man zu sagen pflegt, ein Bild sich einzulegen, und dadurch hohe Ehrenstellen und Orden zu erhalten; da aber eine Unzahl Edelleute unter dem Bauernstande und auf dem Landtag sich befindet, solle es dem hohen Adel leicht fallen, diese Bauernedelleute insgeheim aufzustacheln, daß sie sich jeder Neuerung widersetzen, wäre dieselbe auch noch so gut und nützlich, damit ja nichts an der längst schon verrotteten Konstitution geändert werde.

Goethe: Da jeder König von Ungarn die Aufrechthaltung der Konstitution beschwört, so läßt sich auch das Gute und Nützliche leider mit Gewalt ihnen nicht aufdringen. *Es dürften aber doch einmal Zeiten kommen, wo, wie unter Kaiser Joseph, das für das Land Nützliche mit Gewalt aufgedrungen werden wird.*

In Folge der Fragen Goethes setzte ich ihm den Geschäftsgang beim Magistrate und Kriminalamte, sowie den Instanzenzug auseinander, worauf er sagte: Wie ich mich überzeuge, so greift es bei Ihnen gut zusammen.

4934 Grüner *2. September 1821*

Auf dem Wege dahin [nach Franzensbad] betrachtete Goethe den Wolkenlauf. Sehen Sie, sagte er, wie sich jene gegen Osten wieder auflösen, er gab der Wolke auch einen Namen, den ich wieder vergessen habe. Kann man, fragte ich, schon bestimmte Resultate aus dem Wolkenlaufe ziehen?

Goethe antwortete: Bisher hat sich bloß der Engländer Howard darauf gelegt; ich glaube, daß, wenn die Beobachtungen durch viele Jahre ernstlich fortgesetzt werden, auch dieser Sache etwas abzugewinnen sei.

Wir kamen zur Louisenquelle, an deren nordöstlichen Seite die Sprudelquelle in einen kleinen Ständer gefaßt ist. Sprudelquelle wurde sie wegen des gewaltigen Aufwallens des Gases genannt.

Sehen Eure Exzellenz, sagte ich, wie geistreich der kleine Mann neben Marie Louise sieht.

Geistreich, erwiderte Goethe, war er wohl in hohem Grade, wenn er nur auch in Grenzen wie hier geblieben wäre.

Ein bayrischer Gelehrter, erzählte ich, hat nach Anblick der Louisen- und Sprudelquelle ein hübsches lateinisches Gedicht auf Marie Louise und Napoleon verfaßt, welches ich, wenn Eure Exzellenz erlauben, nach unserer Zurückkunft zur Einsicht vorlegen werde. Mit dieser Louisenquelle hat es übrigens eine besondere Bewandtnis. Zum Baue der Fassung derselben wurden Sachverständige aus Prag und Bilin herbeigezogen, welche längere Zeit damit sich beschäftigten, und den Stadtrenten einen Kostenaufwand von 18000 Gulden zufügten. Allein diese Herren waren noch auf dem Rückwege, so stürzte das Gebäude zusammen, dennoch mußten die Renten 300 Gulden Diäten an sie bezahlen. Der hiesige Zimmermeister hat unter Leitung des ärarischen Straßenkommissars die Fassung schnell und mit wenigen Kosten bewerkstelligt, und den Sprudel oder die Napoleonsquelle von der Louisenquelle getrennt. Diese Vorbedeutung ist in Wirklichkeit übergegangen.

Darauf Goethe: Nach der Schlacht von Leipzig fiel ohne bekannte Veranlassung sein Bild vom Nagel in meinem Zimmer herab; was sagen Sie dazu?

Wenn wir noch, antwortete ich, in den finsteren abergläubischen Zeiten leben möchten, so würden wir es für ein

Zeichen des Himmels halten müssen, da sonst der Geburt und dem Tode großer Männer solche Zeichen vorangingen, und wer möchte Napoleon nicht unter die größten Männer zählen, die je die Erde getragen hat. Wenn ich hier die Sprudelquelle neben der Louisenquelle ansehe, denke ich mir Napoleon getrennt von seinem Sohne auf der Insel Helena, wie er hier eingeengt innerlich lebt, ohne die Grenzen überschreiten zu können. Nur ein großer Geist vermag in solcher Lage standhaft zu bleiben. Indes, seine Haft sollte ihn unschädlich machen, Millionen Menschen sind durch ihn geopfert worden.

Goethe: Lassen wir gute Wirkungen von dieser Sprudel- oder, wie Sie meinen, Napoleonsquelle für die Menschheit hervorbringen.

Hierauf fuhren wir nach Eger zurück.

4935 Grüner *4. September 1821*

Auf Goethes Befragen [nach dem bevorstehenden Egerer Jahrmarkt] sagte ich ihm, daß nur Kaufleute aus den benachbarten Städtchen und Marktflecken mit hier immer zu kaufenden Waren, meist für das Landvolk bestimmt, hieher kommen, und daß der Jahrmarkt sehr lebhaft werden werde. Von der schlesischen Grenze kommen Leinwandhändler, welche Garn und Leinwand zum Bleichen mitnehmen. Auch Eisenwaren aus Steiermark treffen ein.

Wenn man mir, sagte Goethe, einen Stoß von Waren zum Kaufe vorlegt, so pflege ich jene Stücke, welche mir bei dem ersten Anblicke die für mich passendsten scheinen, auf die Seite zu legen, die anderen sehe ich nicht mehr an. Ich habe dann nur unter wenigen Stücken zu wählen, und komme früher zum Entschlusse, während bei der Ansicht so vieler Stücke dieser oft schwankend wird.

Das, erwiderte ich, habe ich bei sehr vielen Menschen schon bemerkt, sie wissen vor beständigem Wählen am Ende nicht mehr, was sie wählen sollen, und verlassen, ohne etwas zu kaufen, den Kaufladen.

Goethe stand am Fenster und betrachtete ein neugebautes Haus. Der Mann, sagte er, hat das Haus niedlich hergestellt, es verrät, daß er schon manches Gute gesehen haben mag; doch die zwei geschnitzten angestrichenen Heiligen passen nicht zum Ganzen.

Er ist selbst Baumeister, erläuterte ich, und mußte im Innern mit dem Raume äußerst geizen, um eine bequeme Treppe zu erzielen. Um den Hausfrieden zu erhalten, mußte er seiner Ehehälfte nachgeben und beide Heilige anmachen.

Nun, da wollen wir dem guten Manne sie lassen, sagte Goethe.

4936 Grüner *5. September 1821*

Bevor wir uns zu der sogenannten Klassenverlesung begaben, sagte Goethe: Ich sollte den Leopoldsorden zu dieser Feierlichkeit mitnehmen, allein ich ließ ihn zu Hause, weil ich, wie Sie wahrgenommen haben, keinen Orden trage; nur den Stern des Falkenordens hat man mir an einen Frack angenäht, welchen ich nur bei besonderen Anlässen trage.

Nachdem wir im Saale des Schulgebäudes den von einem Rhetor [d. h. Primaner] vorgetragenen Prolog gehört hatten, stellte der Vizedirektor des Gymnasiums an Goethe die Bitte, das erste Prämium einem der Abiturienten zu verleihen, weil dies auf diesen vorzüglichen Schüler einen bleibenden, ihn im Guten festhaltenden Eindruck machen werde. Goethe nahm das übertragene Amt mit Vergnügen an, sagte dem Schüler [Georg Schmied] bei Überreichung des Prämiums aufmunternde Worte, hieß ihn näher zu sich treten, ermahnte ihn zur Beharrlichkeit im Fleiße und in den guten Sitten, schrieb seinen Namen in das Prämienbuch ein, gab ihm zur Erinnerung ein Goldstück, und entließ ihn mit den freundlichsten Worten, sagend, daß es ihm angenehm sein würde, wenn er ihm sonst in seiner Laufbahn förderlich werden könnte, und daß er sich nur an ihn wenden möchte.

Goethe forderte mich dann auf, ihn in das Egertal zu begleiten. Meinem Vorschlage zufolge gingen wir zum Mühltore hinaus. Ich stieg beim ersten Tore links den Felsen hinauf, um einige an der Ecke der Schloßruinen eingemauerte schwarze Steine zu betrachten, und berichtete, daß es die nämliche Steinart sei, woraus der sogenannte schwarze Römerturm erbaut ist.

Diese Burg ist jedenfalls viel später gebaut [als der schwarze Turm], sagte Goethe; es werden noch einige vorrätige Steine davon umhergelegen sein, die man zum Turmbau benutzen wollte, allein nicht mehr hiezu brauchen konnte.

Der Weg führte in Windungen zwischen den Gärten, in welchen die Tuchmacher ihre Tuchrahmen aufgestellt haben. Davon nahm Goethe Veranlassung zu Fragen über die Anzahl der Tuchmacher zu Eger, über die Tucherzeugung und über den Absatz der Tuche. Ich befriedigte seine Wißbegierde und fügte hinzu, daß ehemals die hiesige Tuchmacherzunft sehr bedeutend gewesen sein müsse; denn aus den Chroniken gehe hervor, daß die Egerer Tuchmacher das Raubschloß Graslitz mit gestürmt, und vom Turme den goldenen Stern erbeutet hatten, welcher dann dem ehemaligen alten Rathausturm aufgesetzt wurde. Für diese Tat wurde den Tuchmachern die damals große Auszeichnung zuteil, bei ihren öffentlichen Aufzügen sich der Trompeter bedienen zu dürfen. Die Tuchknappen hielten auch zu gewissen Zeiten den Laternentanz; worin dieser bestand, konnte ich nirgends auffinden. Sie mußten, wenn sie diesen Tanz halten wollten, um Bewilligung ansuchen, welche ihnen nicht immer vom Rate erteilt wurde. Es muß ein ganz besonderer Tanz gewesen sein, da sie sich bei Anwesenheit höchster Herrschaften damit produzieren mußten. Jedenfalls dürfte er interessanter gewesen sein als unsere Walzer und Galopps, denn es wird mir immer unwohl, wenn ich dieses wütend schnelle Drehen, dieses zwecklose, der Gesundheit schädliche Toben und Rasen ohne alle Kunst und Grazie ansehen muß.

Darauf Goethe: Lassen wir sie austoben, sie werden bald zur Kunst zurückkehren und eine Menuette zierlich wieder aufführen. In höheren Zirkeln wird die Tanzkunst ohnedies fortwährend kultiviert.

Als ich ihn abends in Folge seiner Einladung besuchte, erkundigte er sich näher über die Lage des Schülers, dem er das erste Prämium überreicht hatte. Ich sagte ihm, daß derselbe der Sohn eines armen Taglöhners sei, und seinen Lebensunterhalt hier durch Kosttage und Erteilen von Privatunterricht gefunden habe. So würden von den hiesigen Bürgern und Klöstern viele arme Schüler unterhalten. Gar mancher derselben sei nachher zu hohen Ehrenstellen gelangt.

Die Egerer sollen dieserwegen gelobt werden, sagte Goethe, nahm ein für die Erteilung des Unterrichtes in den Gymnasien vorgeschriebenes Lehrbuch der Geschichte zur Hand, blätterte es durch und äußerte: Nun sehen Sie, wie geschickt das Geschichtsbuch für die Jugend eingerichtet ist. Die Marginalanmerkungen sind gut, und die Applikation der aus der Geschichte herausgehobenen Facta zur Belehrung der Jugend ist zweckmäßig; es ist nichts dagegen zu sagen.

Dann ging er die deutsche Chrestomathie durch. Da sein Name so selten darin vorkömmt, so war ich begierig, ob nicht in seinen Mienen einiger Unmut zu lesen sein werde. Er aber legte das Buch ganz unbefangen weg, und sagte nach einer Pause:

Als Muster für die Jugend bin ich weniger als Gellert, Lichtwer, Hagedorn zu gebrauchen.

4937 Grüner *6. September 1821*

Goethe war mit meinem Vorschlage einverstanden, jenseits des Flusses im Egertale bis zum Jägerhaus, Siechenhaus genannt, zu gehen, um dort eine angenehme Aussicht zu gewinnen. Ich hatte die Vorkehrung getroffen, daß ein mit bequemen Sitzen versehenes Schiff uns am Flusse dort erwarte. Goethe war von der äußerst schönen Aussicht angenehm überrascht. Um sich in der ganzen Umgegend zu orientieren, mußte ich ihm über die entferntesten Ortschaften, die sein Blick erreichen konnte, Aufschluß geben.

Er war äußerst vergnügt und aufgeheitert. Im Herabsteigen vom Berge zum Flusse sagte ich, daß diese Gegend für mich um so mehr Reiz habe, als sie mich an meine Kinder- und Schuljahre erinnere. Im Sommer wurde hier an Rekreationstagen gewöhnlich gebadet. Am jenseitigen Ufer hatten wir Stufen angebracht, um von da in das Wasser zu springen. Dort, bei dem vierten Strauch, habe ich einen untersinkenden Schüler glücklich noch bei den Haaren erwischt und herausgezogen. Bloß ein schmaler Streif ist tief, herwärts ist das Wasser seicht und der Boden sandig; hätte der Fluß eine gleich breite Tiefe gehabt, so hätte er mich mit hinabgezogen.

Beim Einsteigen in das Schiff sagte Goethe: Das haben Sie gut gemacht, Sie sollen gelobt werden, man ruht dabei aus und kann die Gegend bei der langsamen Fahrt von beiden Seiten beobachten.

Der Abend war unvergleichlich schön. Ich überließ den großen Dichter seinen Betrachtungen. Beim Aussteigen bei der Stadt, als ich ihn so heiter fand, sagte ich: Horaz hat wohl unrecht gehabt, als er über den Erfinder der Schiffahrt loszog.

Goethe antwortete: Er hat nur das Meer gemeint, dem er sich anvertraut hat, mit uns wäre er schon ruhig gefahren.

Als dann die Rede auf den wundertätigen Fürsten Hohenlohe und auf die Erklärung des Stadtmagistrates von Bamberg gegen denselben kam, äußerte Goethe:

Bei einem nervenschwachen Menschen kann ein derlei fester Glaube zu einer frommen und moralisch guten Person allerdings eine erwünschte Wirkung hervorbringen, wenn diese über ihn fromme Worte ausspricht und den Segen erteilt; allein es drängen sich Menschen mit chronischen Übeln hinzu, und die machen ein schlimmes Spiel.

Ich bemerkte: Selbst von hier sind einige Podagristen dahin gewandert, die natürlich bei wieder eingetretenen Schmerzen verlacht wurden.

4938 Grüner *12. September 1821*

Goethe kam zu mir, sich zu beurlauben. Was die Leiche des Knaben, von welcher er in seinem Tagebuche spricht, betrifft, hatte es folgende Bewandtnis. Dieser Knabe war das Kind des Sonnenwirtes, in dessen Gasthof Goethe wohnte. Die Magd stellte den Knaben in eine im Hofe stehende Kutsche, und glaubte denselben in voller Sicherheit. Aber der Kutschenschlag war nicht fest geschlossen, der Knabe stürzte heraus und zwar auf den Kopf, so daß er gleich nach dem Sturze starb. Ich erzählte Goethe, daß zwei junge, aber schon erwachsene Mädchen vermißt würden. – Die eine derselben war eine Waise, gut erzogen; wegen Mangel an Arbeit wurde sie tiefsinnig, falsche Scham hielt sie ab, um Unterstützung zu bitten. Sie irrte in den Wäldern umher, und wurde endlich im Egerflusse, bis an die Brust im Wasser, wahrgenommen. Sie wurde zur Aufsicht und Heilung ihres Gemütes übergeben, auch wurde für sie eine Sammlung zur Deckung ihrer nächsten Bedürfnisse eingeleitet. In betreff der zweiten der beiden Vermißten wurde ermittelt, daß sie sich wegen der Untreue ihres Geliebten im Egerflusse ertränkt habe.

Goethe unterhielt sich mit meinen Söhnen auf eine äußerst liebreiche Art. Der älteste Sohn Joseph, sowie der zweite Ignaz hatten ihre Prüfungen mit Auszeichnung bestanden, und weil der erstere eine Rede im Prüfungssaale vorgetragen hatte, ließ er sie sich von ihm rezitieren. Er bezeigte seinen Beifall und beschenkte beide.

Wie gewöhnlich verweilte er dann bei meinem Mosaikkasten. Freundchen, sagte er, Sie wissen nicht, welchen großen Schatz Sie hier besitzen. Dieser Kasten ist in Florenz zur Zeit der Medicis verfertigt. Man wollte dort eine Kapelle mit Mosaik verzieren, die Steine waren hierzu bereits größtenteils vorhanden, allein der Tod vereitelte die Ausführung. Wer nun einen aus diesen Steinen verfertigten Mosaik-Tisch oder Kasten besitzt, kann sich glücklich schätzen. Die Italiener nennen diese mühsame Tischlermosaik- und künstliche Arbeit Artesia. Wenn Sie mir die Mittelstücke dieser Mosaikarbeit überlassen, so würde ich Ihnen nicht allein dreihundert Taler geben, sondern auch die Teile, an denen die Mosaik angebracht ist, herstellen und den ganzen Kasten Ihnen lassen.

Ich aber, weil ich mich hierzu nicht gleich entschließen,

auch seinen Antrag nicht platterdings abschlagen wollte, leitete das Gespräch auf meine Ölgemälde.

Sie haben mitunter gute Sachen, sagte er, besonders der Kopf über der Türe ist aus einer sehr guten italienischen Schule.

Mit diesem Kopfe, sagte ich, hat es eine besondere Bewandtnis. Ich war Bevollmächtigter des Herrn Appellationspräsidenten Grafen Joseph Auersperg, Besitzers der Herrschaft Hartenstein. So oft ich in das Zimmer des Grafen trat, zog dieser Kopf meine ganze Aufmerksamkeit auf sich. Als ich einmal nach Hause fahren wollte, fand ich in der Kutsche ein Kistchen. Ich eilte mit der Anfrage zurück zu dem Grafen, was damit zu geschehen habe. Mir ward die Antwort: «Es ist der Kopf, welchen Sie zu Hause mit Muße betrachten mögen, hier lasse ich Ihnen keine Zeit dazu, weil wir stets wichtigere Geschäfte zu besprechen haben.» Nach eingeholter Erkundigung hatte die Frau Gräfin Mutter den Kopf nebst einigen anderen Gemälden sehr teuer in Italien erkauft.

4939 F. v. Müller *22. September 1821*

Fahrt nach Jena mit Meyer, seine herrlichen und warmen Äußerungen über Schiller und Angelika Kauffmann ...

Wir speisten sehr heiter bei Goethe, der uns vielerlei Neues zeigte, Hegels humoristischen Danksagungsbrief über den entoptischen Trinkbecher, Noehdens Übersetzung und Kommentar zu Goethes Abendmahl p. Er schenkte mir das neuste Heft seines Kunst und Altertums und lud Knebel zu Tisch, der aber «absurder Weise» erst nachmittags kam. Mein Bestreben, heiter zu sein und die anfängliche Abspannung zu überwinden, gelang mir. Freundliche Rückfahrt.

4940 Platen: Tagebuch *16./17. Oktober 1821*

[Jena.] Wir gingen zu Major von Knebel, der mich als ein alter Freund meines Vaters empfing und sich überhaupt sehr gerne an Ansbach und Franken erinnerte. Er sagte mir, daß Goethe meine Ghaselen gelobt habe. Er sieht

Goethen täglich, entweder kommt dieser zu ihm oder läßt ihn in seinem Wagen abholen. Da er uns anmerken konnte, daß wir den großen Dichter gern sehen möchten, so versprach er, es zu besorgen... Des andern Morgens, den 17. Oktober, war ich mit Gruber bei Gries, dem Übersetzer des Tasso und Calderon. Von letzterem war auch die Rede. Gries ist beinahe ganz taub. Deshalb kommt er auch nicht mehr mit Goethe zusammen, weil dieser, da er Zähne verloren, sehr leise spricht. Calderons «Tochter der Luft» hat Goethe sehr gerühmt. Mittags aßen wir, wie auch die anderen Tage, bei Wesselhöft, Goethens Buchdrucker, der (Goethe nämlich) seine Sachen selbst korrigiert. Es ist eine angenehme Familie, und mehrere Studenten essen dort. Von den Söhnen, die in einem demagogischen Renommée stehen, hatte ich einen in Erlangen kennen gelernt. Da kam ein Bedienter Goethes und sagte uns, daß wir den Geheimrat um drei Uhr sprechen könnten. Wir waren in banger Erwartung, bis die Stunde kam, doch wurde auch viel darüber gelacht und gescherzt. Goethe wohnt außer der Stadt am botanischen Garten. Seine Aussicht beschreibt er selbst einmal im «Divan». Das Haus hat von außen etwas Altertümliches, innen ist es winklicht, die Treppe äußerst schmal. Das Eckzimmer, das er bewohnt, ist geräumig und ganz ohne Prunk.

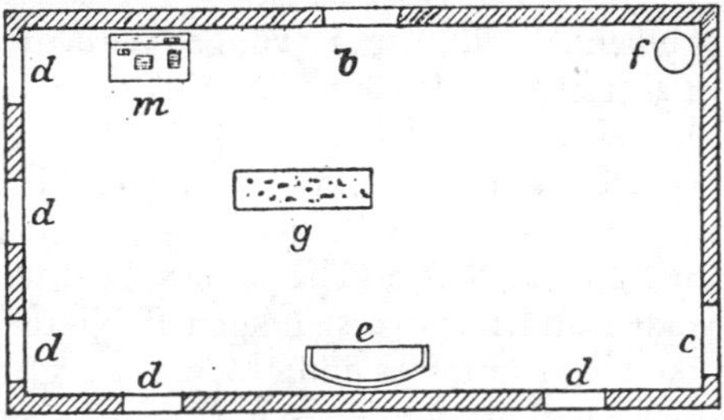

b Türe.
c Kammertür.
d Fenster. Auf dem mittleren eine Flasche mit Wein.
e Sofa.
f Ofen.
g Tisch mit Mineralien.
m Schreibtisch.

Von Goethes Person wage ich kaum etwas zu sagen. Er ist sehr groß, von starkem, aber gar nicht ins Plumpe fallendem Körperbau. Bei seiner Verbeugung konnte man ein leichtes Zittern bemerken. Auch auf seinem Angesichte sind die Spuren des Alters eingeprägt. Die Haare grau und dünn, die Stirn ganz außerordentlich hoch und schön, die Nase groß, die Form des Gesichts länglich, die Augen schwarz, etwas nahe beisammen, und wenn er freundlich sein will, blitzend von Liebe und Gutmütigkeit. Güte ist überhaupt in seiner Physiognomie vorherrschend. Er ließ uns auf das Sofa sitzen und nahm bei Gruber Platz. Bei der Feierlichkeit, die er verbreitet, konnte das Gespräch nicht erheblich werden, und nach einiger Zeit entließ er uns wieder.

4941 K. C. v. Leonhard:
Aus unserer Zeit in meinem Leben *1856*

Zum größten Gewinn der Reise zähle ich, daß mir's vergönnt gewesen, Goethe [am 27. Oktober 1821] wieder zu sehen. Er weilte, wie gewöhnlich in dieser Jahreszeit, zu Jena im «Schlosse». Vieles wußte ich zu erzählen, hatte der Fragen gar viele zu beantworten. Die Berliner Theater kamen zur Sprache. Ich pries die Darstellung der «Stella» als musterhaft, erlaubte mir aber, mit aller Freimütigkeit, jene von «Wallensteins Tod» zu tadeln. Das war nicht der düstere, grübelnde Held, der gezwungen wird zu tun, was er sich nur als freien Gedanken-Scherz erlaubte ...

Goethe machte mir's zur Pflicht, das Drama in Weimar zu sehen; die Darstellung sollte am nächsten Tage [vielmehr am gleichen Tage] stattfinden. Auf der Bühne, welche er zum National-Muster-Theater erhoben, wo, einem kunstliebenden und kunstverständigen Publikum gegenüber, Antikes, Romantisches und Modernes in gleich würdiger Weise vorgeführt wurden, stand mir – der ich bis dahin nur Eßlairs Auffassung des Friedländers kannte – der Genuß bevor, Graff zu bewundern, von allen deutschen Schauspielern der, welcher, unter Schillers Leitung, den «Wallenstein» zuerst gegeben.

Es gefiel Goethe, mich aufmerksam zu machen, daß jene Rolle, wie solche zu Weimar gesprochen werde, größer sei. Das «Mehr» bestehe in merkwürdigen Versen, welche ich nicht übersehen dürfe ...

Goethe verlangte, daß ich an einem seiner Freunde [Knebel] nicht vorbeigehen sollte, dessen offene Gutmütigkeit und der reine Sinn für Edles und Schönes, sowie die Mustergültigkeit seiner Arbeiten nicht genug zu preisen wären. Angenehm wurde ich überrascht durch den wohlwollenden Empfang.

4942 *K. C. v. Leonhard:*
Aus unserer Zeit in meinem Leben *1854*

Er [Goethe] mußte den Ruhm kennen, der ihm zurückstrahlte aus allen Ländern Europas, er war sich dessen bewußt, aber auf eine naive Weise, die nicht mißfallen konnte. Was Bewunderung verdiente, fand sie bei ihm, um jedes andere Talent bekümmerte er sich, inniges Gefühl hatte Goethe für alles Gute. In unsern Unterredungen fand sich wiederholt Gelegenheit, mich zu überzeugen, daß er die Verdienste früherer und mitlebender Männer – ich rede jetzt namentlich von Dichtern – sorgfältig und rein anzuerkennen bemüht war, daß er die Fortschritte bedeutender Leistungen und eines nicht unterbrochenen Wirkens mit froher Teilnahme unablässig begleitete. Der Großmeister deutschen Dichtens und Forschens betrachtete dies von jeher als sicherstes Mittel eigener Bildung. Mit ehrenreichen Worten gedachte er unter andern der Gesänge, Dichtungen eines trefflichen, hoch fühlenden, sich selbst seine Gegenstände schaffenden unerschöpflichen Geistes. Ich rede von Byron.

4943 *W. Shukowski: Tagebuch* *29. Oktober 1821*

Weimar. Struve ... Haus Goethes:

Treppen; Büsten und Gipsabdrücke; Salve; langes Zimmer; Olympischer Jupiter und Achill; Museum, Büsten Schillers, Herders, Goethes, alte und neue. Garten. Enkel Goethes. Langer Salon; Zeichnungen; Sofa; über ihm ein verhängtes Bild: Les noces d'Aldobrandini; Madonna, Zimmer, in welchem Mappen und Antiken ... Zur Großfürstin: über die Griechen, über Krug; Erbprinz; Bemühungen um Goethe, Park, Begegnung mit der Großfürstin und ihrer Tochter. Zu Mittag bei Struve ... Straße nach Jena. Schneckenberg. Mühltal. Malerische Lage Jenas. Goethe; französische Sprache; Tisch; Plan Roms; Büste; über das «Märchen»; alles ist Wahrheit; Wahrheit und Dichtung. Bedauerliches Hemmnis.

4944 W. Shukowski
an Großfürstin Alexandra Fjodorowna *Oktober 1821*

Wegen der Eile konnte ich in Weimar nicht länger als einen Tag verweilen; ich hatte dort das Glück, der Großfürstin Maria Pawlowna vorgestellt zu werden, die mich mit bezaubernder Liebenswürdigkeit empfing, und dieser ihrer Liebeswürdigkeit verdanke ich die Begegnung mit Goethe; er befand sich in Jena, und damit ich Zeit hatte, zu ihm zu fahren, war Ihre Hoheit so liebenswürdig, mir eine Kalesche zu schicken, und am gleichen Tag sah ich den Dichter. Aber mein Zusammensein mit ihm ähnelte meiner Rheinfahrt: es war trübe, obwohl er mich mit einer Schmeichelei empfing.

4945 W. Shukowski an Goethe *9. März 1822*

C'était pour moi une joie bien grande et bien inattendue de recevoir la chère lettre de votre Excellence et le cadeau précieux qui l'accompagnait. Mon retour très retardé à Pétersbourg a été cause, que je l'ai reçue très tard et que je n'ai pas encore fait ma réponse. Mais comment vous remercier pour cette marque précieuse de bienveillance et de souvenir! Je vous dirai tout simplement que la lecture de votre lettre m'a fait venir les larmes aux yeux. Ce que vous y dites avec tant de bonté sur notre entrevue, je l'ai senti en votre présence et après vous avoir quitté. Cette entrevue, si ardemment desirée et attendue, ne fut qu'un moment, mais un moment riche en sensations vives; je n'ai pu rien vous dire précisément parce que j'avais trop à dire; mais je vous ai vu et votre présence a été pour moi comme une récapitulation rapide des plus beaux temps de mon passé. *Und manche liebe Schatten steigen auf!* C'était cela!

4946 J. v. Eckardt: Neue Bilder aus der Petersburger Gesellschaft *1874*

Minder glücklich war ein Besuch bei Goethe ausgefallen, dem Shukowski seit lange mit Spannung entgegengesehen hatte. Dem Habitué der großen Welt war die französische von allen fremden Sprachen die geläufigste, und in dieser hatte er sich den «größten Lyriker des Westens» vorgestellt. Goethes etwas unbehilfliche französische Ausdrucksweise wurde Shukowski sofort bemerkbar, und der gutmütige feine Weltmann glaubte nur den Wünschen seines hochverehrten neuen Bekannten zu entsprechen, wenn er nach einiger Zeit Deutsch zu reden begann. Goethe schien das als Verletzung anzusehen und zeigte sich fortan so steif und einsilbig, daß sein russischer Gastfreund etwas enttäuscht den Rückweg antrat.

4947 Adele Schopenhauer: Tagebuch *1. November 1821*

Zweimal also waren wir [in Jena] den ganzen Tag beim Goethe. Er war das erstemal [am 23. Oktober] in jener erfreulich leichten Stimmung, in der heiterer, schöner Ernst und humoristische Einfälle immer nebeneinander hergehen. Ich wollte, ich könnte aufschreiben, was er sprach, doch liegt in dem *wie* so unbeschreiblich viel; wir waren ganz heimisch, er sehr offen, sehr beredt. Auf die liebenswürdigste Weise beschenkte er mich und gab mir Verse von sich mit. Beim zweiten Male [am 30. Oktober] war er krank und in stiller, leidender Stimmung; er hatte sich mit Geschäften beladen, ich glaube, um sich über seinen körperlichen Zustand zu betrügen.

4948 F. Mendelssohn an seine Eltern *6. November 1821*

Jetzt hört alle, alle zu. Heut ist Dienstag. Sonntag [4. November] kam die Sonne von Weimar, Goethe, an. Am Morgen gingen wir in die Kirche, wo der 100. Psalm von Händel halb gegeben wurde. Die Orgel ist groß und doch schwach, die Marien-Orgel ist, obwohl klein, doch viel mächtiger. Die hiesige hat 50 Register, 44 Stimmen und einmal 32 Fuß. Nachher schrieb ich Euch den kleinen Brief vom 4. und ging nach dem Elephanten, wo ich Lukas Cranachs Haus zeichnete. Nach zwei Stunden kam Professor Zelter: «Goethe ist da, der alte Herr ist da!» – Gleich waren wir die Treppe herunter in Goethes Haus. Er war im Garten und kam eben um eine Hecke herum; ist das nicht sonderbar, lieber Vater, ebenso ging es auch Dir. Er ist sehr freundlich, doch alle Bildnisse von ihm finde ich nicht ähnlich. Er sah sich dann seine interessante Sammlung von Versteinerungen an, welche der Sohn geordnet hat, und sagte immer: «Hm, hm, ich bin recht zufrieden»; nachher ging ich noch eine halbe Stunde im Garten mit ihm und Professor Zelter. Dann zu Tisch. Man hält ihn nicht für einen Dreiundsiebenziger, sondern für einen Fünfziger. Nach Tische bat sich Fräulein Ulrike, die Schwester der Frau von Goethe, einen Kuß aus, und ich machte es ebenso. Jeden Morgen erhalte ich vom Autor des Faust und des Werther einen Kuß, und jeden Nachmittag vom Vater und Freund Goethe zwei Küsse. Bedenkt! Nachmittag spielte ich Goethe über zwei Stunden vor, teils Fugen von Bach, teils phantasierte ich. Den Abend spielte man Whist, und Professor Zelter, der zuerst mitspielte, sagte: «Whist heißt, du sollst das Maul halten.» Ein Kraftausdruck! Den Abend aßen wir alle zusammen, auch sogar Goethe, der sonst niemals zu Abend ißt. Nun, meine liebe, hustende Fanny: Gestern früh brachte ich Deine Lieder der Frau von Goethe, die eine hübsche Stimme hat. Sie wird sie dem alten Herrn vorsingen. Ich sagte es ihm auch schon, daß Du sie gemacht hättest, und fragte, ob er sie wohl hören wollte. Er sagte: ja, ja, sehr gerne. Der Frau von Goethe gefallen sie besonders. Ein gutes Omen. Heute oder morgen soll er sie hören.

4949 *Riemer* *8. November 1821*

Abends bei Goethe mit Frau. Spielte der junge Mendelssohn. Zelter und seine Tochter. Frau von Arnim und Savigny.

4950 *L. Rellstab: Aus meinem Leben* *1861*

Eines Morgens, im November [am 8. November 1821], erhielt ich eine Aufforderung, Frau von Goethe, die Schwiegertochter des Dichters, welche das Mansarden-Stockwerk des Goetheschen Hauses bewohnte, noch am nämlichen Vormittage zu besuchen. Sie empfing mich mit den Worten: «Sie werden Bekannte aus Berlin hier finden, deren Wiedersehen Ihnen Freude machen wird.» Ich riet, ich fragte, doch ohne das Richtige zu treffen, als sich plötzlich die Tür öffnete und Zelters stattliche Gestalt, damals noch in rüstiger Kraft, eintrat. Er grüßte in seiner eigentümlichen Weise mit den Worten: «Nun, da sind Sie ja auch, so finden wir Berliner uns ja alle hier in Weimar zusammen! – Ich mußte doch dabei sein, wie meinem Luther in Wittenberg das Denkmal gesetzt wurde, und da ich einmal auf dem Wege war, bin ich gleich bis hierher gefahren.»

Als wir noch in den gegenseitigen Begrüßungen und ersten Wechselworten begriffen waren, wurde die Tür des Zimmers leise geöffnet, und ein Knabe von etwa zwölf Jahren trat ein; es war Felix Mendelssohn, den ich mit Freuden erkannte. Schüchtern näherte er sich, und sein schwarzes schönes Auge blickte befangen in dem Kreise (es waren noch einige andere Herren und Damen zugegen) umher. Er vermutete wahrscheinlich Goethe selbst unter den Anwesenden, allein dieser war noch in seinem Zimmer und die Reisenden, soweit ich mich erinnere, eben erst eingetroffen. Zelter hatte zuerst Frau von Goethe begrüßt und sein junger Begleiter nun selbst suchen müssen, wohin er sich zu begeben habe, was ihn allerdings in einige Verlegenheit setzen mußte, in dem Hause, das durch den großen hochverehrten Namen des Dichters wohl einem Lebensgeübteren Scheu eingeflößt haben würde. Der Knabe wurde auch eben nicht beachtet, weil man seine außerordentlichen Eigenschaften noch nicht kannte; ich war mutmaßlich der einzige, außer Zelter, der genauer damit vertraut war. In Zelters Grundsatz lag es, gar keine Notiz von ihm zu nehmen, und so mochte denn sein begabter Zögling sich in diesen ersten Minuten ziemlich unbehaglich fühlen. Indessen schwand die Blödigkeit allmählich, und er stellte sich bald auf einen muntern Fuß mit den jüngern Damen. Bei seiner Lebhaftigkeit steigerten sich die heitern Beziehungen schnell zu mutwilligen, und, ohne von dem tiefen, bewundernswürdigen musikalischen Talent irgend etwas gezeigt zu haben, war er schon der Liebling aller geworden. Denn die geistige Gewalt, welche sich bei ihm in der Musik auf ihre höchsten Spitzen drängte, leuchtete und flammte auch in jeder andern Hinsicht schnell auf.

In dem Zimmer stand übrigens nur ein sehr veralteter Flügel; im tiefern Geschoß aber, in den Gesellschaftszimmern Goethes, befand sich ein vortrefflicher Streicherscher Flügel, den ihm Rochlitz besorgt hatte. – Dort fanden wir uns am Abend des Tages alle wieder zusammen, denn Goethe hatte eine größere Gesellschaft geladen, um seine weimarischen Freunde, insbesondere die musikalischen, mit dem staunenswürdigen Talente des Kindes, von dem ihm Zelter den Tag über viel erzählt, auch früher schon manches geschrieben, bekannt zu machen.

Unter den Geladenen befand sich auch der weimarische Regierungsrat Schmidt, der, ein leidenschaftlicher Verehrer Beethovens, dessen Sonaten sämtlich mit Feuer und Fertigkeit spielte und sie zum größten Teile auswendig wußte. Außerdem, wenn ich mich richtig erinnere, der Musikdirektor Eberwein mit seiner Gattin, einer ausgezeichneten Sängerin, Knebel, Herr von Froriep und andere.

Zelter war, als wir andern schon versammelt waren, noch nicht zugegen, wohl aber Felix Mendelssohn, der sich scherzend, wie am Morgen, mit den Damen des Hauses unterhielt. Zelter wohnte in einem der an den Gesellschaftssaal stoßenden Zimmer. Von dort her trat er ein, in einem Zeremoniell der Kleidung, wie ich ihn in Berlin niemals gesehen, nämlich in kurzen, schwarzen seidenen Beinkleidern, seidenen Strümpfen und Schuhen mit großen silbernen Schnallen. Eine Tracht, die damals schon längst nicht mehr Sitte war, ihm aber von früherer Zeit her, als die der höchsten Festlichkeit, gewohnt sein mußte. Er, der sonst mit der Gesellschaft ziemlich obenhin zu verfahren pflegte, legte also in Goethes Hause doch einen entschiedenen Wert auf die äußern Formen. Ob rein die Ehrfurcht vor der geistigen Größe des Freundes oder wenigstens zugleich mit die vor seiner anderweitigen Lebensstellung es war, die ihn dazu bestimmte, lassen wir ununtersucht.

Jetzt erst erschien Goethe selbst; er kam aus seinem Arbeitszimmer; gewöhnlich pflegte er, wenigstens habe ich es so bemerkt, erst abzuwarten, daß die Gesellschaft versammelt sei, bevor er sich zeigte. So lange verwalteten sein Sohn und dessen Gattin die Pflichten der Wirte auf die einnehmendste Art. – Eine gewisse Feierlichkeit war von dem Eintreten des Dichters in den Kreis seiner Gäste kaum zu trennen; denn fast immer befanden sich in demselben einige, die ihn zum ersten Mal sahen, oder ihm doch nur selten nahe getreten waren; und selbst für die, welche nähern oder nächsten Umgang mit ihm pflogen, blieb das Gefühl der Verehrung ihm gegenüber das vorherrschende. Sein ganzes Wesen prägte sich auch in der äußern Erscheinung so aus, daß diese Empfindung die erste, die überwiegende, die bleibende sein mußte. Sein ernster, langsamer Gang, die kraftvollen Züge, welche viel mehr die Stärke als die Schwäche des Alters ausdrückten, die hohe Stirn, das weiße, reiche Haar, endlich die tiefe Stimme und die langsame Redeweise, alles vereinigte sich gerade zu diesem Eindruck. Er stellte sich denn auch an diesem Abend her; eine plötzliche Stille trat ein, als der Dichtergreis die Tür öffnete, jedes Auge wandte sich zu ihm, er wurde mit stummer Verbeugung begrüßt. Sein «Guten Abend» richtete sich an alle, doch vorzugsweise ging er auf Zelter zu und schüttelte ihm vertraulich die Hand. Es ist allbekannt, daß beide auf dem brüderlichen Fuß des «Du» in der Unterredung standen. Felix Mendelssohn schaute mit blitzenden Augen zu dem schneeigen Haupt des hohen Dichters hinauf; dieser aber nahm ihn mit beiden Händen freundlich beim Kopf und sagte: «Jetzt sollst du uns auch etwas vorspielen!» Zelter nickte sein Ja dazu.

Goethe trat nun zu uns andern. Eine kurze Unterredung bei der ersten Vorstellung abgerechnet, hatte ich ihn, obgleich ich mich schon über zwei Monate in Weimar befand, noch nicht weiter gesehen. Seine Erscheinung war mir also fast wie eine erste und bewegte das ehrfurchtsvolle, bewundernde, jugendliche Herz mit jener Beklemmung, die uns eine so mächtig überlegene Größe um so mehr erzeugt, je tiefer wir deren Bedeutsamkeit empfinden. Nach einigen freundlichen Äußerungen gegen mich über die Beziehungen, in die ich zu seinem Sohne und seiner Schwiegertochter getreten, in deren Hause ich seither mehrfach aus- und eingegangen war und wo namentlich Musik – Frau von Goethe sang sehr angenehm – uns öfters beschäftigt hatte, lenkte der Dichter das Wort auf Felix Mendelssohn: «Mein Freund Zelter hat mir da seinen kleinen Schüler mitgebracht, den Sie gewiß schon kennen.» Ich bejahte es. Goethe fuhr fort: «Von seinen musikalischen Anlagen soll er uns erst eine Probe geben; aber auch nach jeder andern Seite ist er außerordentlich begabt. Man hat die Lehre von den Temperamenten; jeder Mensch trägt alle vier in sich, nur in verschiedenen Mischungsverhältnissen. Bei diesem Knaben würde ich annehmen, daß er vom Phlegma das irgend möglichste Minimum, von dem Gegensatz das Maximum besitze.»

Es gehört nicht hierher, wäre mir auch kaum noch möglich, das fernere Gespräch, welches sich hieran knüpfte, genauer zu entwickeln.

Der Flügel war geöffnet worden, die Lichte auf das Pult gestellt. Felix Mendelssohn sollte spielen. Er fragte Zelter, gegen den er durchaus kindliche Hingebung und Vertrauen zeigte: «Was soll ich spielen?»

«Nun, was du kannst!» antwortete dieser in dem obenhin streifenden Tone, dessen sich alle erinnern werden, die ihn näher gekannt: «Was dir nicht zu schwer ist!»

Mir, der ich wußte, was der Knabe leistete, für den schon

damals kaum eine Aufgabe vorhanden war, die er nicht spielend gelöst hätte, erschien dies wie eine unrichtig angebrachte Unterschätzung seiner Fähigkeiten. Es wurde endlich festgesetzt, daß er frei phantasieren solle, und er bat Zelter um ein Thema.

«Kennst du das Lied: Ich träumte einst von Hannchen etc.», fragte ihn dieser. (Diese Worte sind nicht die richtigen; ich habe das Lied musikalisch, wie seinen Wortlaut, vergessen, doch war dies ungefähr der Sinn der ersten Zeile, und es kommt, wie man nachher sehen wird, auf denselben an.)

Felix verneinte.

«So will ich es dir einmal vorspielen.»

Zelter setzte sich an den Flügel und spielte mit seinen steifen Händen (er hatte mehrere gelähmte Finger) ein sehr einfaches Lied in G-dur in Triolenbewegung. Es mochte vielleicht sechzehn Takte haben. Felix spielte es einmal ganz nach und brachte dann, indem er die Triolenfigur in beiden Händen unisono einigemal übte, gewissermaßen seine Finger in das Geleise der Hauptfigur, damit sie sich ganz unwillkürlich darin bewegen möchten. Jetzt begann er, aber sogleich im wildesten Allegro. Aus der sanften Melodie wurde eine aufbrausende Figur, die er bald im Baß, bald in der Oberstimme nahm, sie mit schönen Gegensätzen durchführte, genug, eine im feurigsten Fluß fortströmende Phantasie gab, wobei ihm Hummels Art und Weise, dergleichen Aufgaben zu behandeln, wohl am meisten vorschweben mochte. Alles geriet in das höchste Staunen; die kleine Knabenhand arbeitete in den Tonmassen, beherrschte die schwierigsten Kombinationen, die Passagen rollten, perlten, flogen mit ätherischem Hauch, ein Strom von Harmonien ergoß sich, überraschende kontrapunktische Sätze entwickelten sich dazwischen – nur die Melodie blieb ziemlich unberücksichtigt und durfte wenig mitsprechen in diesem stürmischen, glänzenden Reichstag der Töne.

Mit einem ihm schon damals eigenen richtigen Takt dehnte der junge Künstler sein Spiel nicht zu lange aus. Desto größer war der Eindruck gewesen; ein überraschtes gefesseltes Schweigen herrschte, als er die Hände nach einem energisch aufschnellenden Schlußakkord von der Klaviatur nahm und sie nunmehr ruhen ließ.

Zelter war der erste, der die Stille in seiner schon oben erwähnten fahrlässig humoristischen Weise unterbrach, indem er laut sagte: «Na, du hast wohl vom Kobold oder Drachen geträumt! Das ging ja über Stock und Block!» Zugleich lag in dem Ton die völligste Gleichgültigkeit gegen die Sache, als ob eben nichts Bemerkenswertes dabei wäre. Außer allem Zweifel hatte der Lehrer die pädagogische Absicht, dadurch der Gefahr eines zu glänzenden Triumphes vorzubeugen ...

Genug, das Spiel hatte, wie es nicht anders sein konnte, die höchste Bewunderung aller erregt, und namentlich war Goethe selbst von wärmster Freude erfüllt. Er herzte den kleinen Künstler, in dessen kindlichen Zügen sich Glück, Stolz und Verlegenheit zugleich malten, indem er ihm den Kopf zwischen die Hände nahm, ihn freundlich derb streichelte und scherzend sprach: «Aber damit kommst du nicht durch! Du mußt noch mehr spielen, bevor wir dich ganz anerkennen.»

«Aber was soll ich spielen?» fragte Felix. «Herr Professor» – er pflegte Zelter bei diesem Titel zu nennen – «was soll ich noch spielen?»

Ich will nicht behaupten, daß ich genau die Ordnung der Musikstücke behalten habe, welche der junge Virtuos nunmehr spielte, denn es waren ihrer viele. Diejenigen, an welche sich Besonderes knüpfte, will ich aber erwähnen.

Goethe war ein großer Freund der Bachschen Fugen; ein Musiker aus dem Städtchen Berka, zwei Meilen von Weimar [Schütz], mußte ihm dieselben häufig vorspielen. Es wurde also auch Felix Mendelssohn die Aufforderung gestellt, eine Fuge des hohen Altmeisters zu spielen. Zelter wählte sie aus dem Notenheft der Bachschen Fugen, welches herbeigebracht wurde, und der Knabe spielte dieselbe völlig unvorbereitet, mit vollendeter Sicherheit. Welche, vermag ich nicht mehr anzugeben. Im Thema aber kam ein Triller vor, der später, als derselbe zu andern Stimmen im

Baß und in der Mittelstimme wiederkehrte, zuweilen wegblieb. «Du solltest den Triller nicht weglassen», bemerkte Zelter; «man erkennt daran das Thema so gut wieder.»

Lebhaft rief Felix: «Es ist nicht möglich, ihn zu machen! Sehen Sie nur, Herr Professor, so liegen die Stimmen, so muß ich greifen!»

«Ja, wenn es nicht möglich ist», erwiderte Zelter, «dann muß er wohl wegbleiben! – Aber vielleicht doch!» setzte er zweifelnd, in summendem Tone, hinzu. Felix Mendelssohn beharrte mit kecker Sicherheit auf seiner Meinung und hatte zuverlässig recht, denn wäre es irgend möglich gewesen, die Forderung zu erfüllen, so würde er sie erfüllt haben.

Goethes Freude wuchs bei dem erstaunenswürdigen Spiel des Knaben. Unter anderm forderte er Felix auf, ihm eine Menuett zu spielen.

«Soll ich Ihnen die schönste, die es in der ganzen Welt gibt, spielen?» fragte er mit hell leuchtenden Augen.

«Nun, und welche wäre das?»

Er spielte die Menuett aus «Don Juan».

Goethe blieb fortdauernd lauschend am Instrument stehen, die Freude glänzte in seinen Zügen. Er wünschte nach der Menuett auch die Ouvertüre der Oper; doch diese schlug der Spieler rund ab mit der Behauptung, sie lasse sich nicht spielen, wie sie geschrieben stehe, und abändern dürfe man nichts daran. Dagegen erbot er sich, die Ouvertüre zum «Figaro» zu spielen. Er begann sie mit einer Leichtigkeit der Hand, mit einer Sicherheit, Rundung und Klarheit in den Passagen, wie ich sie nie wieder gehört. Dabei gab er die Orchestereffekte so vortrefflich, machte so viele feine Züge in der Instrumentation bemerkbar, durch mitgespielte oder deutlich hervorgehobene Stimmen, daß die Wirkung eine hinreißende war und ich fast behaupten möchte, mehr Freude daran gehabt zu haben, als jemals an einer Orchesteraufführung.

Goethe wurde immer heiterer, immer freundlicher, ja er trieb Scherz und Neckerei mit dem geist- und lebensvollen Knaben.

«Bis jetzt», sprach er, «hast du mir nur Stücke gespielt, die du kanntest, jetzt wollen wir einmal sehen, ob du auch etwas spielen kannst, was du noch nicht kennst. Ich werde dich einmal auf die Probe stellen.»

Er ging hinaus. Wir, vorzugsweise ich, als ein älterer Bekannter aus Berlin, unterhielten uns indes mit Felix Mendelssohn und wünschten auch, daß er dieses oder jenes spielen möge ...

Goethe kam nach einigen Minuten wieder ins Zimmer und hatte mehrere Blätter geschriebener Noten mitgebracht. «Da habe ich einiges aus meiner Manuskriptensammlung geholt. Nun wollen wir dich prüfen. – Wirst du das hier spielen können?»

Er legte ein Blatt mit klar, aber klein geschriebenen Noten auf das Pult. Es war Mozarts Handschrift. Ob es uns Goethe sagte oder ob es auf dem Blatte stand, weiß ich nicht mehr, nur daß Felix Mendelssohn freudig erglühte bei dem Namen und uns alle ein unnennbares Gefühl durchbebte, was zwischen Begeisterung und Freude, zwischen Bewunderung und Ahnung schwankte, vielleicht von allem etwas hatte. Goethe, der Greis, der ein Manuskript Mozarts, des seit dreißig Jahren Bestatteten, dem zu reichster Verheißung frisch aufblühenden Knaben Felix Mendelssohn vorlegt, um es vom Blatt zu spielen – wahrlich, diese Konstellation ist eine seltene zu nennen!

Der junge Künstler spielte mit vollster Sicherheit, ohne nur den kleinsten Fehler zu machen, das nicht leicht zu lesende Manuskript vom Blatt. Sehr schwer war die Aufgabe allerdings nicht, wenigstens nicht für Mendelssohn, denn es galt nur ein Adagio zu lesen. Aber es hatte viel Zweiunddreißigteile, Passagen, die genau eingeteilt sein wollten, und ein Manuskript, wenn auch im allgemeinen deutlich, bleibt immer schwerer zu lesen als ein gestochenes Blatt. Jedenfalls war es eine Schwierigkeit, die Aufgabe so zu lösen, wie es geschah, denn das Stück klang, als wisse es der Spieler seit Jahr und Tag auswendig, so sicher, so klar, so abgewogen im Vortrag.

Goethe blieb, da alles Beifall spendete, bei seinem heitern

Ton. «Das ist noch nichts!» rief er, «das könnten auch andere lesen. Jetzt will ich dir aber etwas geben, dabei wirst du stecken bleiben! Nun nimm dich in acht!»

Mit diesem scherzenden Ton langte er ein anderes Blatt hervor und legte es aufs Pult. Das sah in der Tat sehr seltsam aus. Man wußte kaum, ob es Noten waren, oder nur ein liniertes, mit Dinte besprütztes, an unzähligen Stellen verwischtes Blatt. Felix Mendelssohn lachte verwundert laut auf. «Wie ist das geschrieben! Wie soll man das lesen?» rief er aus.

Doch plötzlich wurde er ernsthaft, denn indem Goethe die Frage aussprach: «Nun rate einmal, wer das geschrieben?» rief Zelter schon, der herzugetreten war und dem am Fortepiano sitzenden Knaben über die Achsel schaute: «Das hat ja Beethoven geschrieben! Das kann man auf eine Meile sehen! Der schreibt immer wie mit einem Besenstiel und mit dem Ärmel über die frischen Noten gewischt! Ich habe viele Manuskripte von ihm! Die sind leicht zu kennen!»

Ich glaube, ich gebe seine Ausdrücke ziemlich wörtlich, trotz des Vierteljahrhunderts, das seitdem vergangen. Wer seinen derben Humor gekannt hat, wird dieser Versicherung nicht bedürfen. Seine Redeweise war ebenso kenntlich und grotesk, wie Beethovens Manuskripte.

Bei diesem Namen aber war, wie ich schon eben sagte, Felix Mendelssohn plötzlich ernsthaft geworden, mehr als ernsthaft. Ein heiliges Staunen verriet sich in seinen Zügen; Goethe betrachtete ihn mit forschenden, freudestrahlenden Blicken. Der Knabe hielt das Auge unverwandt auf das Manuskript gespannt, und leuchtende Überraschung überflog seine Züge, wie sich aus dem Chaos ausgestrichener, frisch verwischter, über- und zwischengeschriebener Noten und Worte ein hoher Gedanke der Schönheit, der tiefen, edeln Erfindung hervorrang.

Das alles währte aber nur Sekunden. Denn Goethe wollte die Prüfung scharf stellen, dem Spieler keine Zeit zur Vorbereitung lassen. «Siehst du», rief er, «sagt' ich's dir nicht, du würdest stecken bleiben? Jetzt versuche, zeige, was du kannst.»

Felix begann sofort zu spielen. Es war ein einfaches Lied; deutlich geschrieben eine kinderleichte, gar keine Aufgabe, selbst für einen mittlern Spieler. So aber gehörte doch dazu, um aus den zehn und zwanzig ausgestrichenen, halb und ganz verwischten Noten und Stellen die gültigen herauszufinden, eine Schnelligkeit und Sicherheit des Überblicks, wie sie wenige erringen werden. Ich sah verwundert mit ins Blatt und versuchte zu singen, doch manche Takte blieben, was die Worte anlangt, durchaus unlesbar, wie auch der Akkompagnist rücksichtlich der Noten einhalf und oft lachend mit dem Finger die richtige zeigte, die urplötzlich an ganz anderer Stelle gesucht werden mußte. Er aber übersah, so schien es, alles zugleich.

Einmal spielte er es so durch, im allgemeinen richtig, aber doch einzeln inne haltend, manchen Fehlgriff unter einem raschen «Nein so!» verbessernd; dann rief er: «Jetzt will ich es Ihnen vorspielen!» Und dieses zweite Mal fehlte auch nicht eine Note; die Singstimme sang er teils, teils spielte er sie mit. «Das ist Beethoven, diese Stelle!» rief er einmal dazwischen zu mir gewandt, als er auf einen melodischen Zug stieß, der ihm die eigentümliche Weise des Künstlers recht scharf auszuprägen schien. «Das ist ganz Beethoven, daran hätte ich ihn erkannt!»

Mit diesem Probestück ließ es Goethe genug sein. Daß der junge Spieler wiederum das reichste Lob erntete, welches sich bei Goethe in den neckenden Scherz versteckte, hier habe er doch gestockt und sei nicht ganz sicher gewesen, darf ich kaum hinzufügen.

Was ferner an dem Abend geschah, ist mir nicht mehr gegenwärtig. Indes Felix Mendelssohn spielte noch manches; er begleitete Frau von Goethe zum Gesang; es wurde auch vorgeschlagen, etwas zu vier Händen zu spielen, doch keiner von uns andern mochte sich dazu verstehen, in der Gewißheit, daß neben dem alles besiegenden Talent des Knaben jede andere Ausübung doch nur stümperhaft oder gar störend erscheinen mußte, und nichts dabei zu ernten sei, als Beschämung für das anmaßliche Beginnen.

Späterhin veranstaltete Goethe noch mehrere gesellige

Versammlungen, zu denen er die weimarischen Freunde einlud, damit sie sich an dem Talent des Knaben staunend erfreuen möchten. Namentlich erinnere ich mich eines Sonntags vormittags, an welchem Felix besonders glücklich phantasierte, zum Teil über ein Thema von Eberwein (eine Goethesche Ballade), die seine Gattin eben zuvor gesungen.

Der Dichtergreis weissagte dem musikalischen Wunderknaben die größte Zukunft. Er sprach mit vollem, warmem Glauben davon zu mir, an den er sich in dieser Beziehung öfters wandte. Seine echte künstlerische Freude über die vielverheißende Erscheinung loderte immer wieder in frischen Flammen auf. Entschieden war der Knabe sein Liebling geworden.

Er war aber auch der Liebling des ganzen Hauses. Die Frauen und Mädchen neckten sich unablässig mit ihm, und öfters, wenn er eben am Instrument gesessen und uns das Herrlichste geboten hatte, sprang er gleich danach auf und jagte sich mutwillig mit den jüngern Damen durch die Zimmer. Einmal neckte er eins der Hoffräulein auch mit einem Blasebalg, den er irgendwo am Kamin aufgefunden, und blies ihr mutwillig in die Locken – aber ihm wurde niemand böse!

4951 Arnim an W. Grimm *22. Dezember 1821*

Daß meine Frau [am 8. November] bei Goethe gewesen und sich lange mit ihm unterhalten hat unter abwechselnder Laune, würde sie Dir gern erzählen, Du könntest obligat dazu brummen; als etwas Neues sei aber nicht übergangen, daß er jetzt eine Leidenschaft fürs Vorschneiden gefaßt hat, eine Viertelstunde am Nebentische auf den Bratvogel wartet und triumphierend hinter dem Bedienten mit der Karkasse herzieht.

4952 F. Mendelssohn
an seine Eltern *(nach dem 12.) November 1821*

Ich spiele hier viel mehr als zu Hause, unter vier Stunden selten, zuweilen sechs, ja wohl gar acht Stunden. Alle Nachmittage macht Goethe das Streichersche Instrument mit den Worten auf: «Ich habe dich heute noch gar nicht gehört, mache mir ein wenig Lärm vor», und dann pflegt er sich neben mich zu setzen, und wenn ich fertig bin (ich phantasiere gewöhnlich), so bitte ich mir einen Kuß aus, oder nehme mir einen. Von seiner Güte und Freundlichkeit macht Ihr Euch gar keinen Begriff, ebensowenig als von dem Reichtum, den der Polarstern der Poeten an Mineralien, Büsten, Kupferstichen, kleinen Statuen, großen Handzeichnungen usw. usw. hat. Daß seine Figur imposant ist, kann ich nicht finden, er ist eben nicht viel größer als Vater. Doch seine Haltung, seine Sprache, sein Name, die sind imposant. Einen ungeheuren Klang der Stimme hat er, und schreien kann er, wie zehntausend Streiter. Sein Haar ist noch nicht weiß, sein Gang ist fest, seine Rede sanft. Dienstag wollte Professor Zelter mit uns nach Jena, und von da aus gleich nach Leipzig. (Bei Schopenhauers sind wir oft, Freitag [9. November] hörte ich Moltke und Stromeyer daselbst, hier auf dem Theater ist eine vierzehnjährige Sängerin, Fanny, die letzt im Oberon d frei faßte, stark und rein, und f hat.) Sonnabend abend [10. November] war Adele Schopenhauer (die Tochter) bei uns, und wider Gewohnheit Goethe auch den ganzen Abend. Die Rede kam auf unsere Abreise, und Adele beschloß, daß wir alle hingehen und uns Professor Zelter zu Füßen werfen sollten und um ein paar Tage Zugabe flehen. Er wurde in die Stube geschleppt, und nun brach Goethe mit seiner Donnerstimme los, schalt Professor Zelter, daß er uns mit nach *dem alten Nest* nehmen wollte, *befahl ihm, still zu schweigen, ohne Widerrede zu gehorchen*, uns hier zu lassen, allein nach Jena zu gehen und wieder zu kommen, und schloß ihn so von allen Seiten ein, daß er alles nach Goethes Willen tun wird; nun wurde Goethe von allen Seiten bestürmt, man küßte ihm Mund und Hand, und wer da nicht ankommen konnte, der streichelte ihn und küßte ihm die Schultern, und wäre er nicht zu Hause gewesen, ich glaube, wir hätten ihn zu Hause begleitet, wie das römische Volk den Cicero nach der ersten Catilinarischen Rede. Übrigens war auch Fräulein Ulrike ihm um den Hals gefallen, und da er ihr die

Cour macht (sie ist sehr hübsch), so tat alles dies zusammen die gute Wirkung.

Montag um 11 war Konzert bei Frau von Henckel. Nicht wahr, wenn Goethe mir sagt, mein Kleiner, morgen ist Gesellschaft um 11, da mußt auch du uns was spielen, so kann ich nicht sagen: «Nein!»

4953 Adele Schopenhauer: Tagebuch 12. November 1821

Im ganzen verlebe ich eine poetisch schöne Zeit, Goethen sehe ich recht viel, obendrein mit Zeltern, so auch den wunderbaren Felix Mendelssohn, der im zwölften Jahre nach Zelters eignem Ausspruche füglich Kapellmeister sein könnte. Das schöne, wunderbare Kind interessiert mich ungemein; er vereint zwei seltsam verschiedene Naturen in sich: die eines wilden, fröhlichen Knaben und die eines schon reifen Künstlers, der mit Bedacht Fugen, Opern, Quatuors schreibt und gründlich das Seine gelernt hat. Kommendes Jahr bleibt er noch bei Zeltern, sodann geht er mit seinen Eltern und der ebenso musikalisch gebildeten Schwester nach Italien. – Glücklicher Mensch! dich erwartet wohl nur ein kurzes Ephemeren-Leben, aber Liebe, Glück und Kunst haben es aus Licht und Wärme dir gewoben! Zieh hin und sinke, wenn es sein muß, wie alles Schöne im Frühlinge dahin! –

Wenn man so die drei: Walther, Felix und Heinrich [Nicolovius] zusammen herumspringen oder tanzen und ringen sieht, so gibt es eine ganze Menge anmutiger Bilder, ich meine, ich hätte eine Familie. Mir wird unbeschreiblich wohl, wenn ich um mich sehe und die beiden Freunde Goethe und Zelter gewahre. Es läßt sich eben über alles das wenig sagen, aber viel erfreulich Schönes fühlen. – Auch in musikalischer Hinsicht war mancher Genuß bereitet, wir gaben [am 9. November] ein schönes Konzert: Stromeyer, die Eberwein und Moltke sangen, Felix spielte. Bei Goethe gestern ein musikalisches Frühstück und dabei die Gegenwart der Mara, die jedenfalls interessant ist und bleibt. Eine kleine, nicht unangenehme Frau, in der Haltung etwas von den englisch dezidierten Damen; sie hat auch lang in England gelebt. Sie spricht gleich schön Französisch, Englisch und Deutsch. Mara war ein Böhme – ich hatte immer des Namens wegen ihn für einen Italiener gehalten.

Bei Goethens Konzert spielt auch Hummel, die arme Eberwein sang in Todesangst. Goethe behielt mich den ganzen Tag dort. Der Tag brachte mich Heinrichen sehr nahe. Abends ging Ottilie und Ulrike an Hof, Doris unterhielt sich mit August, Zelter war bei meiner Mutter. Uns anderen drei zeigte Goethe Kupfer. Wir nahmen die Lombardische Schule vor, ich sah viel von Caravaggio. Mir war der Künstler fast unbekannt. Im ganzen wollte mir der Meister überhaupt einen Begriff der Richtung geben, die damals die Kunst nahm; er machte mir die großen, ungeheuren Lichtmassen bemerkbar, ihre höchst wenigen Unterbrechungen, den Effekt, den es machte, zugleich die unvermeidliche Verflächung, wenn der Maler seiner Kunst nicht vorzüglich in bezug auf Beleuchtung mächtig war. Wir sahen von Caravaggio unter anderem die Krönung der heiligen Magdalena, an der eben Guidos Manier merkwürdig vorspukte, daß man dem späteren Gange der damaligen Kunst wohl folgen konnte. Noch sahen wir Sachen von Castiglione, der so gern Herden und allerlei Tiere malt, leider schlechte Abdrücke, noch einiges von Parmegianino (Francesco Mazzuoli 1540), dessen radierte Blätter mir der Meister als von seltener Vortrefflichkeit pries. Soviel mir bekannt, arbeitete er in Correggios Manier. Einen herrlichen Stich nach Correggio sah ich zum ersten Male, einen Christus auf dem Ölberge, von oben beleuchtet; denke ihn nächstens mir wieder zu fordern. Spagnolettos sahen wir mehrere, mir ist Manier und Meister fremd, ich weiß nichts.

4954 *L. Rellstab: Aus meinem Leben* *1861*

Durch meinen Brief von Zelter war ich [1821] in näheren Zusammenhang mit ihm [Goethe] gekommen, war oft bei seiner Schwiegertochter aufgenommen. Ich hatte ihn bei Überreichung des Schreibens [im September oder Oktober in Jena] gesprochen, allein er war mehr in seiner vornehmen Absonderung geblieben, wiewohl er sich ganz freundlich mit mir unterhalten hatte. Er fragte manches über Berlin, über Zelter, auch über andere Zustände, behandelte aber doch die Gegenstände der Unterredung mehr wie ein Fürst, der von seiner einsamen Höhe auch von dem, was in der Welt vorgeht, Notiz nimmt. Es wurde kein ruhig dahinfließendes Gespräch mit ihm, sondern nur ein Fragen, dem man die geistige Überlegenheit wohl anmerkte, aus welchem jedoch nichts hervorging, das einem gemeinsameren Gedankenresultat angehörte. Ich war mithin nicht so befriedigt, wie ich hoffte, mußte jedoch nach Verhältnis seiner Stellung immer dankbar für die Zeit bleiben, die er mir widmete. Geschrieben habe ich in jener Zeit über den Eindruck des Gesprächs mit Goethe wohl vielerlei, was ich aber mehr als meine eigenen Gedanken, dem großen Manne gegenüber, betrachten muß, als daß es die seinigen oder gemeinsame waren.

Indessen war ein junger Poet, der einige Kraft in sich fühlte, doch so leicht nicht von seinem Vorsatze abzubringen. Ich ließ durch einen der Choristen (Stiebritz war sein Name), die ich im Gesange unterrichtete, eine saubere Abschrift einiger meiner Gedichte anfertigen, und übersandte sie ihm mit einem Briefe. Dieser Schritt mißlang indessen ganz; ich bekam nach einiger Zeit die Gedichte durch Frau von Goethe zurückgesandt mit einem Briefe, worin sie bedauerte, daß sie dasjenige, was ich mir als höchste Hoffnung des Lebens hingestellt habe, für eine gescheiterte halten müsse, indem ihr Schwiegervater sich grundsätzlich nicht mehr in diese Art von Verbindungen einlasse, deren gewissenhafte Erfüllung ihm sein hohes Alter verbiete. Natürlich war ich sehr traurig darüber, doch im Grunde war die Art der Zurückweisung eine wohl verdiente. Denn ich hatte in meinem Schreiben gesagt, sein Wort würde ich als eine unbedingte Entscheidung hinnehmen, daß mein dichterischer Beruf ein verfehlter sei, falls er nicht seine (Goethes) Zustimmung erwerben könne; allein dies war eigentlich eine Unwahrheit. Ich fühlte mich in meinem dichterischen Leben und Treiben schon so fest, daß mich nichts hätte davon zurückhalten können. Mochte nun die Zurückweisung eine begründete sein oder nicht, fortarbeiten wollte, mußte ich; meine Zusendung war eine Überschätzung meiner Kräfte gewesen, es geschah mir recht, daß keine Folge sich daran knüpfte. – Nichtsdestoweniger blieb ich im Hause der Frau von Goethe ein ungehinderter Besucher und empfing die mehrfältigen Einladungen von Goethe selbst, zu Soireen, sehr freudig, weil er sich in diesen ganz, als sei nichts vorgefallen, unterhaltend und wohlwollend äußerte. Hier hatte ich denn nun Gelegenheit, ihn vielfältig zu beobachten. Seine edle Persönlichkeit, das Haupt voller Ausdruck und wahrer Würde, das reiche, schneeweiße Haar, die Freundlichkeit seiner Physiognomie, wenn er eine heitere Mitteilung machte, griff jeden an das Herz. Mit mir sprach er häufig von Musik, selten über etwas anderes. Er begann damit, eine freundliche Anerkennung meiner Wirksamkeit seiner Schwiegertochter gegenüber anzudeuten, und dankte mir für die Art und Weise, wie ich mein Talent, ihr zum Gesang zu begleiten, in Tätigkeit gesetzt hatte. Dann sprachen wir öfters von Beethoven, den er persönlich kannte, und stolz darauf war, Manuskripte von ihm zu besitzen. Er zog bei diesem Anlaß auch den ... Geheimrat Schmidt heran, der uns eine Beethovensche Sonate vorspielen mußte. Von seiner Liebhaberei an Bachschen Fugen sprach er ebenfalls mehrfalls; es ist auch der Name des Mannes genannt worden – es war ein Organist des benachbarten Städtchens Berka [Schütz] –, der ihm nach Zelters Empfehlung viele von den Fugen Bachs vorspielte. Es mag sein, daß diese Zustände der Musik ihn besonders reizten, allein er hätte doch einer ganz andern Musikausbildung bedurft, um ein wahres Verständnis der echten, großen Fugen Bachs zu haben, welches nur die Sache des mit allen Studien Vertrauten ist, die zu diesem schwierigsten Gipfel in der Kunst führen. – Zwischen diese Gespräche mischten sich, mehr mit der Gesellschaft im ganzen, auch andere, über Malerei zum Beispiel, ein, worin oft viel Seltsames, aber auch viel Gutes gehört wurde.

Unterschied sich auf diese Weise Goethes Unterhaltung sehr von der eingehenden Tiecks und Jean Pauls, und konnte ich nicht sagen, daß ich, wie bei diesen beiden Männern, eine durchgreifende, ins Innerste der Literatur eingreifende Bekanntschaft gemacht: so blieb mir doch von jedem Abend, den ich auf solche Weise mit zehn oder zwölf Gästen in seinem Hause zubrachte, irgend etwas sehr Merkwürdiges zurück.

Beachtenswert ist mir besonders eins gewesen: die Art und Weise, wie er Frau von Arnim (Bettina), welche eines Abends [am 8. November] von Frankfurt am Main auf der Durchreise in Weimar eintraf, und gerade an einem Gesellschaftsabend Goethe sprechen wollte, aufnahm. Es entstand eine kleine Unruhe; ein Diener trat herein, Goethe wurde hinausgerufen. Er ging offenbar ungern; nach einiger Zeit kehrte er in Begleitung zweier Damen zurück, die den Abend über in der Gesellschaft verweilten, und von denen eine als Frau von Arnim vorgestellt wurde. Allein es geschah sehr obenhin, und Goethe unterhielt sich auch wenig mit ihr. Irre ich nicht, so war es der nämliche Abend, wo Zelter zugegen war, indessen mag es auch ein anderer gewesen sein. Was ich aber nachmals durch dritte Hand von den geheimen Unterhandlungen hörte, die beim Hinausrufen Goethes gepflogen wurden, war seltsamer Art. Frau von Arnim war in der ernstesten Spannung mit Goethe; sie hatte ihn durch diesen Besuch nur versöhnen wollen; er dagegen mochte sie gar nicht in seinem Hause sehen, und die Zulassung war nur in einem Augenblick erwirkt worden, wo sie ihn überrascht hatte ...

Noch eines merkwürdigen Falles muß ich gedenken. Es war ein Besuch der berühmten Sängerin «Mara», die, aus Frankreich kommend, durch Weimar reiste, und [am 11. November] bei Goethe zum Frühstück einsprach; es wurde ihr in der Eile eine kleine Gesellschaft geladen. Goethe sagte zu ihr, er erinnere sich wohl, wie er vor funfzig Jahren in Leipzig jedesmal, wenn sie im Gewandhause gesungen habe, mit seinen Freunden nachher bei Pfannkuchen und Wein auf ihr Wohl getrunken hätte! – Ich habe diese merkwürdige Frau nur beim Abreisen, vom Elephanten aus, gesehen, eben als sie in den Wagen stieg, und mit Extrapost abfuhr, nach Riga, wo sie ihre letzte Lebenszeit zubrachte.

4955 Caroline v. Wolzogen an Caroline v. Humboldt *18. November 1821*

Wie ist denn die Bettine Arnim zurückgekommen in ihrem von Goethen zerknickten Herzen? Ihre etwas phantastische Neigung interessiert mich doch wie alle Neigung. Ich sah ihn vor einigen Tagen, konnte aber nicht fragen, da uns ein paar Jahre Entfernung sehr entfremdet haben. Doch will er wieder gemütlich sein, und ich nehme es gern an. Ich wünschte auch, er schwiege, denn es ist traurig, die Splittern eines Geistes zu sehen, der so lebendig in unsere eigene Jugendkraft verwachsen war. Beschaue ich dieses, so dient es mir fürwahr zum Trost über Schiller, der gleich dem Achill als ein ewig blühender Jüngling vor uns schwebt. Auch ist's so tröstend und schön, wenn ein Greis uns als eine Brücke zur Ewigkeit erscheint und das Morgenrot eines höheren Daseins den ergrauten Scheitel umleuchtet. Von dem ist nichts an ihm zu spüren ... Behalte diese Äußerungen ganz für Dich, Liebste, denn ich habe oft das Unglück, daß meine Worte wiederholt werden, und ich möchte nie ein kränkendes gegen Goethe aussprechen.

4956 F. Mendelssohn an seine Eltern *14. November 1821*

«Ach, wer bringt die schönen Tage» hat Goethe gehört und sagte zu mir, «höre mal, das Lied ist sehr hübsch.»

4957 K. Mendelssohn: Goethe und Felix Mendelssohn *1871*

Felix hatte dem Dichter erzählt, die Schwester Fanny beklage sich über Mangel an komponierbaren Texten. Da brachte Goethe eines Tages ein eigenes für Fanny gedichtetes Lied: «An die Entfernte.» Es lautet:

«Wenn ich mir in stiller Seele
Singe leise Lieder vor:
Wie ich fühle, daß sie fehle,
Die ich einzig auserkor.

Möcht' ich hoffen, daß sie sänge
Was ich ihr so gern vertraut;
Ach! aus dieser Brust und Enge
Drängen frohe Lieder laut.»

«Gib das dem lieben Kinde», sagte Goethe zu Zelter, indem er ihm diese Verse einhändigte, die übrigens Fanny bei aller Hochschätzung des Manuskriptes nie zu komponieren versucht hat.

4958 *J. Ch. Lobe: Ein Quartett bei Goethe* *1867*

Es war anfangs November [zwischen dem 5. und 18.], im Jahre 1821, als drei Mitglieder der weimarischen Hof-Kapelle, darunter auch der Schreiber dieser Zeilen, zu dem Herrn Geheimrat von Goethe bestellt, von dem Diener in das bekannte Zimmer, vorn heraus nach dem sogenannten Plan liegend, eingeführt wurden. Drei Pulte standen an der Seite des geöffneten Flügels für uns bereit. Auf demselben lag ein Konvolut geschriebener Notenhefte. Neugierig, wie ich in Sachen der Musik immer war und noch bin, blätterte ich darin und las: Studien im doppelten Kontrapunkt; ein anderes Heft war überschrieben: Fugen; ein drittes: Kanons. Dann kam: Quartett für Klavier mit Begleitung von Violine, Viola und Cello. Auf allen Heften stand der Name: *Felix Mendelssohn-Bartholdy*. Die Noten waren mit fester zierlicher Hand geschrieben, und soviel ich bei schnellem Überblick bemerken konnte, zeigte die Mache einen tüchtig ausgebildeten Künstler. Der Name Mendelssohn als Musiker war uns unbekannt.

Während wir unsere Instrumente in die Hand nahmen und vorläufig in Stimmung mit dem Klavier setzten, trat ein langer Mann herein, den man seiner militärisch straffen Haltung nach wohl für einen ehemaligen Wachtmeister hätte halten können. Mir war er indes nicht fremd, ich hatte ihn das Jahr vorher in Berlin besucht, – es war der Professor Zelter, der bekannte Direktor der Berliner Singakademie, Goethes treuer Freund und Duzbruder.

Er begrüßte uns freundlich und mich als «alten Bekannten». «Ich bin voraus gegangen, meine Herren», begann er dann, «um vorläufig eine Bitte an Sie zu stellen. Sie werden einen zwölfjährigen Knaben kennen lernen, meinen Schüler, Felix Mendelssohn-Bartholdy. Seine Fertigkeit als Klavierspieler, mehr wohl noch sein Kompositionstalent werden Sie wahrscheinlich in einigen Enthusiasmus versetzen. Nun ist aber der Junge eine eigene Natur. Alles Dilettantengejauchze um ihn herum berührt ihn nicht; auf das Urteil der Musiker aber lauscht er begierig und nimmt jedes für blanke echte Münze; denn der junge Kiekindiewelt ist natürlich noch zu unerfahren, um wohlwollende Aufmunterung von verdienter Anerkennung immer gehörig unterscheiden zu können. Darum, meine Herren, wenn Sie zu einem Lobgesang angeregt werden sollten, was ich immer zugleich wünsche und fürchte, so führen Sie ihn in mäßigem Tempo, nicht zu geräuschvoll instrumentiert, und in C-dur, der ungefärbtesten Tonart, auf. Bisher habe ich ihn vor Eitelkeit und Selbstüberschätzung bewahrt, diesen vermaledeiten Feinden alles künstlerischen Fortschreitens.»

Ehe wir noch etwas auf diese einigermaßen sonderbare Anrede erwidern konnten, kam er herein gesprungen, der Felix. Ein schöner, blühender Knabe, mit entschieden jüdischem Typus, schlank und gelenk; reiches, schwarzes Lockenhaar floß ihm bis in den Nacken herab. Geist und Leben sprühten aus seinen Augen. – Er sah uns einen Augenblick neugierig an, dann trat er auf uns zu und gab jedem freundlich zutraulich die Hand, wie alten Bekannten.

Mit Felix war auch Goethe eingetreten, der unsre ehrfurchtsvolle Verbeugung freundlich grüßend erwiderte. «Mein Freund», sagte er, auf Zelter deutend, «hat da einen kleinen Berliner mitgebracht, der uns dieser Tage große Überraschung als Virtuose bereitete. Nun sollen wir ihn auch noch als Komponisten kennen lernen, wozu ich Ihre Beihülfe erbitte. So laß uns denn hören, mein Kind, was dein junger Kopf produziert hat.» Bei diesen Worten strich Goethe dem Knaben über die langen Locken.

Alsobald lief dieser zu den Noten, legte die Stimmen für uns auf die Pulte, die Prinzipalstimme auf den Flügel, und nahm eilig Platz auf dem Sessel. Zelter stellte sich hinter Felix zum Umwenden, Goethe einige Schritte seitwärts, die Hand auf den Rücken; der kleine Komponist warf einen feurigen Blick auf uns, wir legten die Bogen an, eine Bewegung von ihm mit dem Lockenhaupt, und das Spiel begann ...

Goethe hörte alle Sätze mit der gespanntesten Aufmerksamkeit an, ohne besondere Bemerkungen zu machen, als etwa nach dem einen Satz ein «Gut», nach dem andern ein «Brav», welches er mit einem freundlich beifälligen Nikken begleitete. Zelters Ermahnung eingedenk, zeigten auch wir dem Knaben, dessen Antlitz im Verfolg des Vortrags sich immer höher rötete, unsern Beifall nur durch erfreute Mienen.

Als der letzte Satz zu Ende, sprang Felix von seinem Sitz auf und blickte alle der Reihe nach mit fragendem Blick an. Er mochte nun etwas über sein Werk hören wollen. Goethe aber nahm, wahrscheinlich von Zelter gestimmt, das Wort und sagte zu Felix: «Recht brav, mein Sohn! Die Mienen dieser Herren» – auf uns deutend – «sprechen deutlich genug aus, daß ihnen dein Produkt recht gut gefallen hat. Nun geh hinunter in den Garten, man erwartet dich, und erhole und kühle dich ab, denn du brennst ja lichterloh.»

Ohne weiteres sprang der Knabe zur Tür hinaus.

Als wir unsere Blicke fragend auf Goethe richteten, ob wir entlassen seien, sagte er: «Verweilen Sie noch ein wenig, meine Herren; mein Freund und ich wünschen Ihre Ansicht über des Knaben Komposition zu vernehmen.»

Es entspann sich nun eine längere Unterhaltung, deren speziellen Gang ich freilich nach so vielen Jahren nicht mehr anzugeben vermag, weil ich leider in meinen Tagebüchern nichts darüber aufgezeichnet finde. Manche Äußerung ist mir jedoch im Gedächtnis geblieben, da mein späteres näheres Verhältnis zu Mendelssohn mir öfter Anlaß gab, mich jenes ersten Zusammentreffens mit ihm wieder zu erinnern.

Goethe bedauerte, daß wir den Kleinen heute nur im Quartettspiel kennen gelernt hätten. «Die musikalischen Wunderkinder», sagte er, «sind zwar hinsichtlich der technischen Fertigkeit heutzutage keine so große Seltenheit mehr; was aber dieser kleine Mann im Phantasieren und Primavistaspielen vermag, das grenzt ans Wunderbare, und ich habe es bei so jungen Jahren nicht für möglich gehalten!»

«Und du hast doch den Mozart in seinem siebenten Jahre in Frankfurt mit angehört!» sagte Zelter.

«Ja», erwiderte Goethe, «damals zählte ich selbst erst zwölf Jahre und war allerdings, wie alle Welt, höchlich erstaunt über die außerordentliche Fertigkeit desselben. Was aber dein Schüler jetzt schon leistet, mag sich zum damaligen Mozart verhalten, wie die ausgebildete Sprache eines Erwachsenen zu dem Lallen eines Kindes.»

«Allerdings», sagte Zelter lächelnd, «was das Fingergeschlecht betrifft, so spielt der Felix die Konzerte, mit denen Mozart seinerzeit die Welt in Erstaunen versetzte, als leichte Spielerei frisch vom Blatte weg, ohne eine einzige Note sitzen zu lassen. Aber das können jetzt viele andere noch. Bei mir handelt sich's um das schaffende Talent des Knaben, und» – sich an uns wendend – «was meinen nun die Herren zu seiner Quartett-Komposition?»

Es wurde von unserer Seite mit voller Überzeugung ausgesprochen, daß Felix viel selbstständigere Gedanken produziere, als Mozart in denselben Jahren, der damals noch nichts anderes als gewandte Nachahmungen des Vorhandenen geliefert habe. Hiernach sollte man schließen dürfen, daß die Welt mit diesem Knaben einen zweiten Mozart in verbesserter Auflage erhalten werde, und um so sicherer, als er von blühender Gesundheit strotze und alle äußeren Umstände ihm so günstig wären.

«Möchte es so sein», sagte Goethe. «Wer aber kann sagen, wie ein Geist sich in der Folge entwickeln mag? Wir haben schon so manches vielversprechende Talent falsche Wege einschlagen und unsere großen Erwartungen täuschen sehen. Indes davor wird diesen jungen Geist der

Lehrer bewahren, den ihm das gute Glück in Zelter zugeführt hat.»

«Ich nehme es wohl ernst mit dem Jungen und halte ihn neben seinen eigenen freien Arbeiten immer bei der Stange der strengen kontrapunktischen Studien. Allein wie lange kann das noch dauern, so entläuft er meiner Zucht – ich kann ihn ja eigentlich jetzt schon nichts Wesentliches mehr lehren – und einmal frei, wird sich's erst zeigen, wohin seine eigentliche Richtung geht.»

«Ja, und überhaupt», sagte Goethe, «ist es mit dem Einfluß des Lehrers eine problematische Sache. Das, was den Künstler groß und eigentümlich macht, kann er nur aus sich selbst schaffen. Welchen Lehrern danken denn Raffael, Michelangelo, Haydn, Mozart und alle ausgezeichneten Meister ihre unsterblichen Schöpfungen?»

«Freilich», bemerkte Zelter, «es haben viele angefangen wie Mozart, aber noch ist ihm keiner nachgekommen.» (Beethoven wurde nicht erwähnt, und so nannten auch wir seinen Namen nicht.) «Der Felix hat Phantasie, Gefühl und tüchtige Technik, alles in eminentem Grade; er hat überall gute, zuweilen charmante, nichts weniger als Knabengedanken, aber vor der Hand ist es doch nur erst hübsche Musik, die noch auf der Erde herumkriecht, die Sprache des Genius weht noch nicht darin, darüber täusche ich mich nicht. – Meinen Sie nicht so, meine Herren?» – Da er es selbst aussprach, konnten wir ihm wohl beistimmen. Doch fügte ich hinzu: «Auch in Mozarts Knabenkompositionen war diese Sprache noch nicht zu vernehmen.»

Hier erlaubte ich mir die Frage, «ob dieses Quartett auch ganz, wie wir es gehört, von dem Kleinen herrühre.» «Ja, ja», erwiderte Zelter, «alles eigenhändig und – *eigengeistig*, ich sage, auch ganz *eigengeistig*. Was Sie gehört haben, bringt er *jetzt* fertig, ohne jegliche Beihülfe. Ich weiß wohl, wie's die meisten Lehrer machen. Um ihre Lehrkunst zu apotheosieren, überschmieren sie die Arbeiten ihrer Schüler so lange, bis von den Gedanken der letzteren wenig oder nichts übrig bleibt, und geben's dann für die Arbeit der Scholaren aus. Das ist eine niederträchtige

Schwindelei und Scharlatanerie. Sie täuschen nicht allein die Angehörigen und das Publikum, sondern auch die Schüler selbst, die sich bald einbilden, alles selbst gemacht zu haben. Es ist ein Übel, das schon manches wirklich schöne Talent verdorben und in seiner höhern Ausbildung gehemmt hat. *Den* da lasse ich gewähren, lasse ihn jetzt machen, was er jetzt machen kann; da bleibt die Schaffenslust stets frisch, weil er mit dem jedesmal Gemachten zufrieden ist und ihm die Freude am Gelungenen nicht durch die Kritik vergällt wird. Die kommt bald von selbst. Die Einsicht wächst und damit der Trieb zum Neu- und Bessermachen. Darum hat dieser zwölfjährige Bube schon mehr geschrieben, als mancher Dreißigjährige; mag's sein, wie's will, es ist da, als nötige Stufe, die keiner, auch das höchste Genie nicht, zu überspringen vermag. Behüte uns der Himmel die seltene Pflanze vor allen störenden Einflüssen, so wird sie sich gewiß als ein Prachtexemplar entfalten.»

Dies waren ungefähr die Äußerungen, deren ich mich noch erinnere.

4959 Th. Kräuter
an Gräfin v. Hopfgarten *18. November 1821*

Unser geliebter Geheimerat von Goethe hat sich das ganze Jahr außerordentlich wohl befunden, nicht einmal der ungesunde Sommer, den er abermals in den feuchten Bergschluchten Böhmens zubrachte, namentlich in Marienbad, hat seiner guten Konstitution was anhaben können. Er kehrte stark und heiter zu uns zurück.

In den letzten Wochen brachte der Besuch seines Freundes Zelter, in Begleitung seiner Tochter und des jungen talentvollen Felix Mendelssohn, eine wohltätige Zerstreuung in sein gemütliches, aber fast zu einförmiges Einsiedlerleben (ein junger Nicolovius, mit dem Goetheschen Hause verwandt, lebte schon längere Zeit mit ihm unter einem Dache), er war veranlaßt, für die Unterhaltung seiner lieben Gäste zu sorgen, und dieses hatte einen wohltätigen Einfluß auf seine Heiterkeit; jetzt, da ihn alles zu verlassen in Begriff ist, wird uns fast bange vor dem Winter, dessen unerfreuliche Gegenwart er gewöhnlich zu vergessen sich bemüht bei anhaltenden, ja angreifenden Studien und literarischen Beschäftigungen; die traurige Natur und beschränkte Bewegung wirken dann mehr oder minder nachteilig auf seine Gemütsstimmung, was er jedoch seiner Umgebung sorgfältig zu verbergen sucht. Man leidet mit, ohne helfen zu können, und sieht ihn erst dann plötzlich genesen, wenn auf dem Blumenbeet unter seinem Fenster sich das erste Krokus oder Schneeglöckchen zeigt.

Außer den Wanderjahren und einem Heft zu Kunst und Altertum, die er in diesem Jahre hat drucken lassen, ist noch vieles angefangen und vorbereitet worden. Zu den angefangenen zählen wir hauptsächlich das soeben erschienene Erste Heft seiner Handzeichnungen, mit zarter und gefühlvoller rhythmischer Deutung und Erklärung. Wohl nur ein kleiner Teil seiner Zeitgenossen kennt Goethe auch als Maler, und wo er hier und da dieses Talentes an sich selbst erwähnt, wird es wohl meist nur für Ruhmredigkeit gehalten. Diesen Unglauben haben wir selbst in Weimar vielfältig gefunden, und nun ist die Verwunderung um so größer. Ich bemerke nur noch, daß Nr. II eine genaue Nachbildung einer Partie seines eignen Hausgartens ist, in den Figuren hat er Gattin und Söhnchen darstellen wollen.

Auf seiner ersten Reise in Italien im Jahre 1786–1788, wovon er zwei Bände hat drucken lassen (der dritte und letzte wird vielleicht künftiges Jahr erscheinen), hat er durch Abbildung jedes malerischen Punktes eine große Anzahl Handzeichnungen zusammengebracht (– auch das Originalblatt des Schlosses zu Malcesine, welches ihm der kalte Italiener von seiner Mappe nahm und zerriß, welches Abenteuer er so schön erzählt hat, habe ich noch gesehen unter seinen Zeichnungen –), worunter auch freilich solche sein mußten, zu deren malerischen Vollkommenheit noch einiges mangelte, da hat nun Goethe aus der Tiefe seines Gemüts mit kecker Feder nachgeholfen, und aus solchen Blättern, Wahrheit und Dichtung, wird größtenteils die angefangene Sammlung bestehen. Die treuen Ansichten und Prospekte aus Italien dürften zur Zeit einmal als Goethes malerische Reise in Italien viel Aufsehen erregen.

Die freundliche Munifizenz des Herrn Geheimerat macht mich so glücklich, Ew. Hochgeboren ein Exemplar überschicken zu können; dürfte ich nicht hoffen, daß mich Goethe in Schutz nehmen würde, so wüßte nicht, wie meine Keckheit zu entschuldigen sein möchte.

4960 A. Hagen an Molly Oestreich *21. November 1821*

Triumph! Ich befinde mich seit vorgestern in der Ilmenstadt, und erfüllt muß ich meine kühnsten Erwartungen nennen. Schon gestern hätte ich pflichtgemäß einige Zeilen an Sie geschrieben, wenn ich mich nicht geschämt, Ihnen etwas von Weimar und nichts von Vater Goethe zu erzählen ...

Wie es Brauch ist, schickte ich, kaum in Weimar angekommen, meine Adresse an Goethe und erhielt die Nachricht, daß Seine Exzellenz morgen um 11 Uhr mit Vergnügen meinem Besuch entgegensähen ... Vom Spaziergange zurückgekehrt, hörte ich, daß jemand meiner in der Gaststube harrte, ich eilte hinein und fand den von mir lang ersehnten Heinrich Nicolovius, den treuen, biedern Freund – wieder, mit Schnüren und Knebelbart. Er lud mich zum Kammerrat v. Goethe zum Tee ein, dem Sohne des Dichters, an dessen Gemahlin Ottilie, eine Danzigerin von Geburt, ich einen Brief vom Staatsrat Nicolovius abzugeben hatte. Ich ward von der Frau v. Goethe mit vieler Herzlichkeit empfangen. Der Kammerrat machte mir die Hoffnung, noch den Vater zu sehen, die aber nicht in Erfüllung ging, da der Professor Riemer ihn gerade besuchte.

Der Geheimrat v. Goethe lud mich durch seinen Sohn zum Mittagsmahl auf den folgenden Tag, den 20. November, ein.

Erst nach meiner Verabschiedung von der Kammerrätin hatte ich Ruhe genug, mich in dem Hause Goethes umzusehen. Überall spricht sich Einfachheit aus, wenn auch hie und da geschmackvoll aufgestellte Statuen, Vasen, Gruppen, den herrschenden Sinn für das Schöne bekunden. Das Haus, welches die Familie in patriarchalischer Gemeinschaft einnimmt, ist groß und bequem. Die mittlere Etage bewohnt der alte Goethe, die obere der Sohn und die Schwiegertochter mit den Enkeln Walther und Wolfgang, die des Großvaters braune Augen zieren ...

Aus der Kirche, fein und zierlich angetan, mit der Haarschnur an der linken Seite, der Seite des Herzens, trat ich [am 20. November] in Goethes Hauspforte ein. Lieb war es mir, von Heinrich Nicolovius ins Zimmer geführt zu werden. Die Kammerrätin empfing mich mit der Frage, wie ich geschlafen habe, und stellte mich ihrer Freundin, Adelen Schopenhauer, der Tochter der Schriftstellerin und der Lieblingin Goethes, auf die liebenswürdigste Weise als Landsmann vor. Ich hatte nur eine Bekanntschaft wieder zu erneuern, da ich bereits in Danzig sie gesehen und als höchst interessant kennen gelernt hatte. Kurz darauf trat Goethe ein, ein jugendlicher Greis, in dessen Zügen sich Würde, aber nicht Stolz oder Hochmut verrät. Ich überreichte ihm das Schreiben des Staatsrats Nicolovius, und er begrüßte mich mehr vertrauensvoll, als ich es je erwarten konnte. Man setzte sich zu Tisch, und Goethe, der, wie seine Schwiegertochter mir sagte, mit jedem Tage lebhafter und liebenswerter würde, zeigte die heiterste Laune und den glücklichsten Humor. Seine Neckereien, meist gegen das weibliche Geschlecht gerichtet, wozu ihn Adele reizte, waren ebenso artig als harmlos.

Der bekannte Steindruck ist das gewissenloseste Zerrbild, das mit dem Namen Goethes prangt. Der Ausdruck ist ganz verfehlt. Sein jugendlich frisches Angesicht, mit braunen Augen und stark lockigem dunkeln Haar, spricht nur Güte aus, und in seinem Anzuge, einer weißen Weste und blauem Überrock, ohne Stern, zeigt sich die Liebe zur Prunklosigkeit. Während des Tisches richtete er viele Fragen, die Königsberg betrafen, an mich, und ich freute mich, in viele Gegenstände ihn eingeweiht zu finden, von denen ich nicht geglaubt hätte, daß sie außer dem Bezirk der Stadtmauern bekannt wären. Nach Tische ging er mit mir in dem Nebenzimmer auf und ab und erkundigte sich nun nach meinen wissenschaftlichen und poetischen Arbeiten, an welchen er den innigsten Anteil nahm, fragte nach meinem Lebensplan und dann nach meinen Geschwistern. Über meinen Vater hatte er bereits Nachricht von Heinrich Nicolovius, der in seinem Hause seit sechs Wochen lebt, eingezogen. Goethe zeigte mir Sachen, die Adele Schopenhauer auf eine bewunderungswürdig feine, geschmackvolle und geistreiche Art aus schwarzem Papier geschnitten hatte und unter Glas und Rahmen prangten. Die Darstellung der großen Gruppen, jede Figur ungefähr einen halben Zoll groß, war aus Goetheschen Gedichten entlehnt ...

Während des Gespräches mit Goethe kam ich auf die litauischen Dainos zu sprechen, sogleich rezitierte er eins und sprach nun mit mir ebenso angenehm als belehrend über Nationalgesänge. Es war ungefähr 7 Uhr, als er mich den Damen überantwortete, mit dem Auftrage, mich gehörig zu unterhalten. Als ich mich nun ihm empfehlen wollte, fiel er mir in die Rede: «Nun, wir sehen uns wieder!»

Mit fröhlichem Herzen trank ich den Tee, nur bedauerte ich, daß Adele, die den Abend auf dem Ball zuzubringen gedachte, uns bald verließ. Die Kammerrätin spielte, und Heinrich, dessen angenehme Baßstimme mich überraschte, sang ...

Meine traute Molly, Sie freuen sich gewiß mit dem glücklichen Freunde, der heute sich wieder um 2½ Uhr bei Goethe zur Mittagstafel einstellt.

4961 A. Hagen an Molly Oestreich 22. November 1821

Gestern um 10 Uhr besuchte mich Heinrich und brachte mir die höchst beglückende Nachricht, daß der «Alte» (Goethe ist sein Großonkel) mich um 11 Uhr zu sprechen wünsche. Pünktlich stellte ich mich ein und mußte ihm, denken Sie einmal, den Plan meines Trauerspiels haarklein erzählen, und gab er mir seine Zufriedenheit zu erkennen. Darauf sprach er mit mir über die englische, spanische

Literatur und entließ mich. Leider fehlte bei Tisch Adele, die Goethe in die heiterste Laune zu versetzen weiß. Mit der herzlichsten Freundlichkeit wurde mir von allen Seiten begegnet. – Vielleicht ist es Ihnen nicht unlieb, einige Eigentümlichkeiten des Mannes kennen zu lernen, der mehr als alle Männer – Deutschlands Stolz zu heißen ist. Goethe scheint eine gute Tafel zu lieben. Das Tischgerät ist echt und würdig, aber nicht prunkhaft. Goethes Appetit ist, da er sich fast gar nicht aus den vier Pfählen bewegt, zu bewundern. Nicht etwa aus Scheu, auszugehen, hält er sich zu Hause, sondern nur aus Liebe, der Kunst und Wissenschaft jede Stunde seines Lebens zu widmen. Gern nimmt Goethe Besuch an, den ihm sogar der Großherzog abstattet. Im ganzen ist bei ihm etwas Pathetisches zu erblicken, ein Wesen, das aber sogleich schwindet, wenn er über eine Sache, die ihn interessiert, spricht. Bei Tisch wird viel über seine Schriften und Bestrebungen gesprochen, wobei er sich anspruchslos wie ein Anfänger zeigt. Den Braten tranchiert er selbst auf einem Nebentisch. Schlägt er auch oft die Bitte, von einer Speise nochmals zu nehmen, ab, so greift er doch oft unwillkürlich während des Gesprächs nach der Schüssel und läßt es sich wohlschmecken. Eine unaussprechliche Liebe zeigt er zu seiner Schwiegertochter, die durch ein ungekünstelt einschmeichelndes Wesen sogleich jedes Herz zu gewinnen weiß. Wenngleich eine Nordländerin, so ist sie doch ein zartes Pflänzchen, deren starke Kinder ganz das Ebenbild des kräftigen biedern August v. Goethe sind und die Freude des Großvaters, dessen Kniee sie spielend umklammern. Goethe hat starkes, vom Alter gebleichtes Haar, nicht dunkles, wie ich im vorigen Brief Ihnen geschrieben. Er nahm von mir mit einem herzlichen Händedruck Abschied und bat mich, wenn ich mich einige Zeit in Göttingen aufgehalten hätte, etwas von mir hören zu lassen.

4962 A. Hagen an Molly Oestreich (Ende November 1821?)

Mein Trauerspiel ist nun fertig, jetzt bleibt mir nur noch die Mühe des Feilens – dann wird es an Vater Goethe geschickt. Mit dem Plan war er zufrieden, hoffentlich wird er es auch mit der Ausführung sein ...

Goethes Güte erscheint mir im höchsten Licht – – ich weiß nicht, ob ich Dir erzählt habe, was ich in Weimar von Adele Schopenhauer hörte, nämlich, daß es Goethes Absicht sei, mir eine von ihr zu meinem Gedicht ausgeschnittene Gruppe (in dergleichen Arbeiten ist sie Meisterin) zuzuschicken. Wie habe ich diese Aufmerksamkeit nur verdient?

[Nachschrift.] Goethe lobte es an den Damenbriefen, daß das Lesen dieser sehr erleichtert würde, indem das Wichtige sich in der Nachschrift zu befinden pflege – so auch hier ...

4963 Adele Schopenhauer: Tagebuch *27. November 1821*

Den wunderlichsten Tag – wie eine Tag- und Nachtgleiche zerfällt er just in zwei Teile: in Prosa und Poesie. Am Morgen nach manchem Ärger meine Köchin abgeschafft, sodann mit der Mutter allerlei Besuche, Besorgungen usw. Nachmittags erst mit dem Briefe, den ich an Heinrich geschrieben, zu Louisen, sie billigte ihn; sodann zu Ottilien. August hatte mir einen verdrießlichen Klatsch gemacht, er hatte der Pogwisch erzählt von mir und Heinrich, und wie wir uns immer bei der Hand gehalten. Ziemlich verlegen und übellaunig stieg ich hinab zum Papa.

Zuweilen möchte ich mich doch ganz ehrlich fragen, wo kann das enden? Mit immer größerer Klarheit und Kühnheit lerne ich mich in seinen Gedankengang finden, mit großer Freude fühle ich alle meine Geisteskräfte unbegreiflich erhöht. Ich habe heute mit Goethen über die Komposition eines Romans, über die Stimmung, in die man sich versetzen müßte, um ihn zu lesen, *gestritten!* Was mir nicht gefiel, ihm gesagt, seinem Urteil meines schnurstracks entgegengeschoben – bin ich denn etwa toll?

Sehr schön nimmt Goethe erstlich an: es müsse der Leser eines Romans zuerst *verzichten* auf einiges, ja sich bereiten zu solcher Lektüre, wie etwa der Reisende, der, neu in den Wagen steigend, manche alte Ansicht, Vorurteile, Eigentümlichkeiten zurücklassend, bloß als fühlender *Mensch*, aber doch auch auf vernünftige Weise, Forderungen an das neu zu Empfindende macht – das ist eben das Land, das der Reisende betritt. Er spricht über die Klugheit der Anordnung «*Kenilworths*», über die Einsicht, über die schöne Haltung der Mittelpersonen und Hauptcharaktere. Meinen Einwurf der Gemeinheit der Königin widerlegt er, *mir für mich recht gebend*, indem er behauptet, das englische Volk verlange historische Wirklichkeit, und die sei nur zu geben, indem er den Begriff «sie war ein Wesen mit Weibeskörper und Männerkopf» sehr klar mache. Nun behauptete ich, das hätte er gekonnt, auch wenn er die Züge des Männerkopfes verschönt hätte, statt sie zu vergemeinern. Immer *mir* in *meiner* Art recht gebend, stellt Goethe alle Szenen auf, in denen sie als höchst vornehme Frau, von Hofglanze umgeben, in schöner würdiger und anmutiger Haltung auftritt, als etwa in den Schiffs-Szenen; das Ende wird ihm neue Beweise liefern, mir aber auch; er hatte nur den zweiten Teil gelesen. Nun nahmen wir die Charaktere Essex' und Leisters und Varneys vor, endlich sagte er: «Weißt du, warum es mir ganz unmöglich gewesen wäre, das Buch zu schreiben? Ich hätte mich nie entschließen können, die arme Heldin in so unterdrücktem Zustande durchs ganze Werk durch zu erhalten, man interessiert sich durchaus ihres unbeschreiblichen *Leidens* wegen für sie, das war *meiner* Natur nicht möglich, und so blieb das Buch ungeschrieben.» Nun sprachen wir davon, daß der Leser gar nichts von ihrer früheren Geschichte erfährt, auch nicht so recht, wie sie da hineingeraten. Goethe meint, Andeutungen fänden sich häufig, das sei auch eine nötige Klugheit von Walter Scott gewesen, und er habe obendrein sich vor dem Einwurf des Rezensenten sichergestellt, indem er nötigenfalls aus seinem Buche Belege liefern könne, daß der aufmerksame Leser die Geschichte durchweg angedeutet finde. Überdem fange das Buch bei einem festen Punkt an, nämlich bei der Heirat. Damit könne jeder sich um so eher beruhigen, da nirgend bei keiner einzigen Person oder Veranlassung die Echtheit des Ehebandes bezweifelt werde, was dagegen bei andern Romanen häufig. Den Figilibert, den wunderlich überkecken Knaben, nennt Goethe den Abkömmling herrlicher Eltern, nämlich des Calibans und des Pucks von Shakespeare. Nun lobt er dieses Neuschaffen aus vorhandenem Stoff, er ging weit zurück in den Reichtum der englischen Romanwelt und meinte, es sei eben ein ander Ding, solchen Vormännern nachzuschreiben, oder wie ein Deutscher ganz auf sich reduziert zu sein. Zwischenein machte er nun noch Vergleiche anderer Art. Wir bedachten, wie anders der deutsche und der englische Schriftsteller schon im Leben stehen, wie scharfe und deutlich gezeichnete Bilder und Totaleindrücke jene dreifache Nationalität der Schotten, Irländer und Engländer sich ausspreche, wie sie sogar in jedem Stande bei jedem einzelnen unverkennbar sei. Ich stritt den Deutschen die Fähigkeit ab, aus vorhandenem Schönen Neues hervorzurufen, ohne ins Nachahmen zu verfallen, Goethen zugleich seine sogenannten vierundzwanzig Söhne vorführend. – Sehr milde meinte er, die Zeit bringe meist später die Ernte.

Dazwischen fielen nun viel freundliche Zwischenreden, in denen ich zum erstenmal meine Bewunderung und Verehrung aussprach, er aber eine unendliche Duldsamkeit bewies. Endlich sprachen wir von seiner Mignon, er rührte sich selbst unbeschreiblich, indem er mir die Fehlgriffe der Nachahmungen des Charakters, den er ganz empfunden und erfunden, aussprach und erklärte.

In dem Augenblick unterbrach uns der Kanzler. Bald nachher ging ich, weil mich die Art Persiflage, die Goethe an ihm ausübte, drückte, und weil ich zu tief erschüttert war, um so ganz fades Zeug reden zu hören. Das Beste vom ganzen Gespräch ist nicht wiederzugeben: es war die in sich gefaßte, wunderbar bescheidene und doch nichts verleugnende Klarheit, mit der er über das, was er geleistet, sprach, und über die Art, wie er noch schaffen würde, wenn er jetzt in Jugendfrische die Bahn betrete.

1822

4964 *Knebel an Charlotte v. Schiller* *2. Januar 1822*

Von einem Freunde höre ich soeben, daß Goethe mit der Arbeit des Herrn Döring [Schillers Leben] recht wohl zufrieden sein soll, indem er manches darin gefunden hätte, was ihm selbst von seinem Freunde unbekannt gewesen wäre usw. Er meint, andere, die es besser wüßten, könnten es wieder besser schreiben; indes sei es doch Verdienst, von einem Manne Data der Welt überliefert zu haben, die sonst unbeachtet möchten geblieben sein etc.

4965 *Charlotte v. Schiller an ihren Sohn Ernst* *14. Januar 1822*

Ich habe jetzt manche Anfechtungen, da Herr Döring das Leben [Schillers] herausgab. Er schrieb so klein und armselig, daß Dein geliebter Vater ihm gewiß die Türe verschlossen hätte, wenn er zu ihm gekommen wäre. Knebel will nun, ich soll das Buch gut finden, nicht tadeln; doch habe ich ihm meine Meinung gesagt, und er schweigt nun darüber. Der *Geheimrat* hat auch manches nicht übel gefunden. Ich weiß nicht, wie er das sagen kann. Wer Deinen Vater kannte, wie er, sollte doch diese pfuschermäßige Schilderung nicht anerkennen.

4966 *Riemer* *10. Februar 1822*

Warum gibt uns ein einziger großer Mensch solche Freude, ja Wonne? warum wiegt er uns Tausende auf? Weil er es ist, der zum ersten Mal die Idee eines Menschen erfüllt, und alle übrigen nur als Mißrätnisse, als citra et infra jener Idee erscheinen. Was in ihnen allenfalls recht ist, ist es in einem geringeren Grade, und das Schlimme erscheint um so miserabler, als es durch das Gute nicht aufgewogen und balanciert wird.

Die kleinen Schwächen von Goethe, das was wir manchmal von ihm wegwünschten, wie geringfügig ist es gegen das Große, Schöne, Gute, Wahre, Rechte, was wir von ihm haben und in seinen Schriften lebt!

4967 H. Meyer an K. E. Helbig 18. Februar 1822

Ew. Wohlgeboren

melde hiermit: daß ich mich gestern wieder mit Herrn Staats-Minister v. Goethe unterredet habe in Beziehung auf die Gemälde, Zeichnungen, Kupferstiche usw., deren Verkauf Ew. Wohlgeboren bewerkstelligen sollen; und wir haben uns gänzlich zu der Meinung gewendet: daß, mag man die Sache betrachten, von welcher Seite man will, es immer das Beste sei, sich damit nach Leipzig zu wenden. –

Eine neue Übersicht des Vorhandenen, meint auch Herr Staats-Minister v. Goethe, sei unnötig, weil ich teils die Sachen schon kennte, teils weil er ja die Auktions-Katalogen jedesmal von Leipzig erhalte, und so mag denn *unser verabredeter Gang nach dem Jägerhause unterbleiben.*

Nicht nur gestattet Herr Staats-Minister v. Goethe, daß Ew. Wohlgeboren, wenn Sie in dieser Angelegenheit an den Herrn Proklamator Weigel nach Leipzig schreiben wollen, sich auf ihn berufen, sondern will auch, woferne es Ihnen gefällig, vorläufig selbst an denselben schreiben und ihm die Sache empfehlen.

4968 A. Kiesewetter an Eckermann 20. Februar 1822

Schon lange hätte ich Ihnen geschrieben, allein ich zögerte noch immer, weil ich nicht eher schreiben wollte, bis ich den großen Goethe, Ihren hohen Meister, gesehen, auf dessen Anblick ich so begierig war. Ich ging zwei Monat alle Tage vor seinem Hause vorbei, allein vergebens. Zwar war es mir eine große Freude, oft Ottilie mit ihren Kindern vor den Fenstern zu sehen. Eines Sonntags, als ich mit Herrn Sekretär Kräuter spazieren gewesen, ging ich noch hinter Goethe seinem Hause, wo sein Garten ist; die Gartentür war offen; ich lief herein; allein Goethe war nicht im Garten, nur sein Bedienter. Ich schlug die Gartentür wieder zu, weil der Bediente mich sonst gesehen hätte. Wie ich nun noch so ganz trübsinnig nachdachte, daß dieses auch vergebens sei, sah ich eine andere Gartentür offen, lief herein und sah, daß dieses des Nachbars Haus sei, wo Goethens Gartenmauer angrenzte, so daß man von hier aus seinen ganzen Garten übersehen konnte. Ich fragte den Mann dieses Hauses, ob der Geheime Rat Goethe oft in seinem Garten spazieren ginge und um welche Zeit? Er antwortete mir: alle Tage, wenn es schön Wetter sei. Die Zeit aber wäre nicht bestimmt; manchmal um 10 Uhr, sobald die Sonne irgend am Himmel hervorkäme, so sei der Geheime Rat auch da; um 12 Uhr vorzüglich; der alte Herr halte es, wie es scheine, mit den heißesten Sonnenstrahlen. Hierauf bat ich den Nachbar um Erlaubnis, daß ich seinen Garten täglich auf eine halbe Stunde besuchen könnte, um den Geh. Rat Goethe, den großen und von mir so innig verehrten Dichter, zu sehen und zu beobachten. Er antwortete: Warum nicht! Es ist doch wunderbar, lieber Freund, daß man, um einen Neger, um eine wilde Katze zu sehen, einen halben Gulden bezahlen muß, und daß man einen großen Mann in dieser Welt umsonst sehen kann! Ich ging voll Freuden nach Hause. Ich konnte diese Nacht vor Vergnügen kaum ein Auge zutun. Ich kleiner Zwerg kam mir vor, als wäre ich durch die Hoffnungen, einen großen Mann zu sehen, plötzlich eine Spanne größer geworden! Der Morgen dauerte mir, bis er kam, länger wie eine ganze Woche. Der kommende Tag brach an und brachte das schönste Wetter. Wie ich die Sonne scheinen sah, dachte ich: Ha, heute ist gut Wetter für Goethe! Es war 10 Uhr vorbei, als ich von Hause aus nach dem Garten ging. Das Herz pochte mir gewaltig, als ich ihn sah. Ich glaubte Faust und Margarethchen in einer Person zu erblicken. Ich hatte meine Augen beständig auf ihn gerichtet, um seine Gesichtszüge recht in mein Herz zu prägen. So sah ich ihn eine ganze Seigerstunde mit scharfen, unverwandten Blicken an, ohne daß er mich gewahr wurde, woran er auch nichts verloren hat. Als ich mich so eben recht in ihn vertieft hatte, spielte er mir den Possen und ging herein und wieder herauf in seine Studierstube. Teuerster Eckermann, Sie können versichert sein, in Goethens ganzen Wesen zeigt sich seine Größe. Er ist noch so rüstig wie ein Mann von vierzig Jahren. Sein majestätischer Gang, die gerad und aufrecht stehende Stirn, die herrliche Form seines Kopfs; das feurige Auge; die gebogene Nase; alles das ruft Faust, Margareth, Götz, Iphigenie, Tasso und, was weiß ich, was alles noch sonst mehr! Nie habe ich in diesen vorgerückten Alter einen so rüstig schönern Mann gesehn. Ich sehe ihn jetzt, wenn es schön Wetter ist, täglich in seinen Garten, und das gewährt mir ebenso viel Unterhaltung als andern, wenn sie Stunden lang an Büsten stehn und diese betrachten. Er geht gewöhnlich mit langsamen Schritten auf und ab, ohne sich hinzusetzen, und hält oft über einen Gegenstand des Pflanzenreiches, vor dem er stille steht, in seinen Gedanken eine halbe Stunde lang Betrachtungen. Könnte ich doch nur seinen Sinn und seine Gespräche erraten! Mit seines Sohnes artigen Kindern wechselt dieses Spiel ab, wenn er von den Blumen und Pflanzen zurückkehrt. Ich spreche ordentlich mit Goethe durch die Augen, obwohl er mich nicht sieht, denn ich stehe hinter dem Zaun. Das ist wunderlich, Eckermann, aber wirklich wahr! Was könnte ein sechzehnjähriger Bube wie ich wohl besseres tun! O daß Sie doch auch ein Mal hier wären an meiner Seite! Ich freue mich schon darauf, wenn es Frühling wird, wo die Knospen aufbrechen, da will ich Goethens Gespräche mit den Blumen und Vögeln belauschen und sie Ihnen aufschreiben.

4969 Riemer *1. März 1822*

[Goethe:] «Der Frauenverein [in Weimar], der sich solche Verdienste um die Armen erwirbt, der müßte, wenn man vom Verdienst abgeben solle, das meiste geben.»

4970 F.v. Müller an Knebel *23. März 1822*

Da Sie, Verehrtester! über unseres Goethe Befinden beunruhigt scheinen, so säume ich nicht, gleich bessere Kunde mitzuteilen. Ich habe ihn gestern abends wieder aufrecht und gar sehr munter gefunden, so daß in wenig Tagen er ganz hergestellt zu sein hoffen darf.

4971 *Riemer* *12. April 1822*

Abends bei Goethe. Vorher der Kanzler wegen seiner Rede an Bertuchs Grabe.

4972 *Charlotte v. Schiller an ihren Sohn Ernst* *15. April 1822*

Dein Pate Walther Goethe hat das Scharlachfieber. Der *Großpapa* und die übrige Familie ist dadurch von der Gesellschaft entfernt.

4973 *F. v. Müller* *5. Mai 1822*

Abends bei Goethe, der mich an Schubarth erinnerte. Daher las ich noch im Bette darin und exzerpierte den 6. früh daraus. Was er über das ideale *Maß*, das über jeder menschlichen Anlage schwebe, sagt, ergriff mich ungemein und wurde mir wahrhaft tröstlich.

4974 *F. v. Müller* *8. Mai 1822*

Von 8 bis 9½ bei Goethe. Politica, Schubarth, Eschwege, Scylla von den drei Einheiten. Im ganzen sei es einerlei, *wo* und *wie* man Unwahrscheinlichkeiten zugebe; zugegeben müsse einmal werden, wenn man ein Trauerspiel überhaupt wolle.

4975 *F. v. Müller* *15./16. Mai 1822*

15. Mai

Von 8 bis 10 bei Goethe. Gespräch über religiöse Gegenstände, veranlaßt durch Thiemes Geschichte. Kecke Äußerung über christliche Geschichte. «Den Beweis der Unsterblichkeit muß jeder in sich selbst tragen, außer dem kann er nicht gegeben werden.»

«Wohl ist alles in der Natur Wechsel, aber hinter dem Wechselnden ruhet ein *Ewiges*.» Von der Ungewißheit aller Geschichte, siebenfache Hypothesen über das bekannte silberne Taufbecken, jede verwirrender wie die andere. «Um die Menschen aufzuregen, muß man ihnen nur einen kühnen Irrtum dreist hinwerfen! Ohne Poesie läßt sich nichts in der Welt wirken, Poesie aber ist Märchen.»

16. Mai

Tod des Herzogs von Gotha. Verwirrender ängstigender Nachhall von den gestrigen Gesprächen mit Goethe.

4976 F.v. Müller *22. Mai 1822*

Ich ging nachmittags gegen 5 Uhr zu ihm [Goethe], und traf ihn beschäftigt mit Riemer, die Holzdrucke des Triumphzugs des Mantegna zu ordnen, über welchen er einen Aufsatz drucken lassen will. Er erzählte mir von Coudrays Mitteilungen über die Pläne zu den neuen Schulgebäuden hier und zu Eisenach, lebhaft teilnehmend, als einem höchst würdigen, sinnvollen Unternehmen. «Habt nur Glauben daran, so wird das Geld dazu nicht fehlen. Wie wäre Francke in Halle zu seinem Waisenhause, wie Falk hier zu seinem jetzigen Gebäude gekommen ohne Glauben? Haben sie nicht aus allen Ecken dazu zusammen *geklaubt?*» Bald entspann sich großer Meinungsstreit über die *griechischen* Angelegenheiten.

Er führte gegen mich die Sätze durch, daß der Krieg nur den Untergang der Christen in der Türkei beschleunige, daß Konstantinopel doch nicht zerstört, keinem unsrer Potentaten aber ohne Gefahr, dessen Weltherrschaft dadurch zu begründen, überlassen werden könne.

Wollte man aber einen minder mächtigen Staat oder eine Republik dort gründen, so würden die größern Mächte sich dort fortwährend um Steigerung ihres Einflusses bemühen und eine ebenso unselige Gewalten-Zersplitterung hervortreten als zum Beispiel jetzt zu Mainz.

Dabei erzählte er die merkwürdige Expedition des Doge Dandolo von Venedig, zu Anfang des 13. Jahrhunderts, nach Konstantinopel mit französischen Rittern, die es auch wirklich eroberten.

v. Henning, der ehemalige Referendar zu Erfurt, hat ihm gemeldet, daß er soeben im großen akademischen Hörsaale über seine Farbenlehre zu lesen anfange, was Goethen große Freude macht und wozu er selbst einigen Apparat mitgeteilt hat.

Auf mein Verwundern, daß Henning als Jurist sich dieser Wissenschaft jetzt widme, sagte er ganz lakonisch: «Er hat eben aus dem Studium der Gesetze nichts weiter als die Einsicht in den üblen Zustand des Menschen gewinnen können und sich darum zur Natur gewendet.»

Des Großherzogs freundlichen Besuch diesen Morgen rühmte Goethe dankbarlichst; er habe vieles schon Geschehne hinsichtlich auf die jenaischen Museen gebilligt, anderes noch erst zu Unternehmende genehmigt, manches Neue angeregt, sich durchgehends gnädig, förderlich, innerlich zufrieden erwiesen. Sehr geistreich war Goethens Bemerkung (bei Gelegenheit der Thiemischen Sache), daß ein Fürst, der lange regiere, so vieles sich *von selbst wieder herstellen* sehe, daß notwendig dadurch eine mindere Regsamkeit bei Abwendung drohender Übel entstehe.

Wegen des gewünschten Porträts von Kolbe für die jenaische Bibliothek sei es jetzt klüger zu pausieren; gegen ein Vorurteil müsse man nie auf der Stelle ankämpfen; mit der Zeit werde sich alles leichter machen.

Er bat mich, mit Kolben im Nebenzimmer wegen seines jetzigen in der Arbeit begriffenen Porträts zu sprechen, was denn auch gleich geschah.

Mit Freude vernahm ich, daß er mir den neuen Band aus seinem Leben [Campagne in Frankreich] schenken wolle: «Der Großherzog ist recht zufrieden damit», sagte er; «es handelt sich zwar nicht geradezu von ihm, aber so oft er vorkommt, so fällt immer, wie aus einem Spiegel, ein interessantes Bild von ihm zurück.»

So hatten wir etwa bis sieben Uhr geschwatzt; Riemer war eben geschieden, als Julinde sich anmelden ließ. «Ja, wenn sie es auf Gefahr der bösen Gesellschaft, in der sie ihn finde, wagen wolle; doch könne er ihr es freilich nicht zumuten», ließ er ironisch antworten. Mit tausend Scherzen und Neckereien empfingen wir sie.

«Es geht mir schlecht», sagte Goethe, «denn ich bin weder *verliebt*, noch ist jemand in mich verliebt.»

4977 F. v. Müller *24. Mai 1822*

Nachmittags bis fünf Uhr höchst erfrischendes Lesen in Goethes Feldzügen. Dann bei Minister Fritsch und Goethe. Neugriechische Balladen, die Goethe übersetzt. Seine Freude über meine lebhafte Teilnahme an seinem neuen Werk. Komische Anekdote vom *Wolf* des Obristen aus Paulus Aemilius Heere.

4978 F. v. Müller *11. Juni 1822*

Ungeheure Hitze. Gegen 7 Uhr ging ich zu ihm [Goethe], und zwar zuerst in den Garten. Ich traf aber nur den Sohn, der sich in einer Laube mit seinem kleinen Walther behaglich niedergelassen hatte. Bald erschien auf dem grünumrankten Balkon der alte Herr und ließ es sich gefallen herabzusteigen, da er wohl merkte, daß es mir im Garten besser gefallen möchte. Wir wandelten erst auf und nieder, von meinen Reise-Projekten, von dem wunderschönen Sommer, den Goethe nur in Rom noch anhaltender erlebt zu haben sich erinnerte, von Julies gestrigem Besuch bei ihm «auf Wolkenexekution» sprechend.

Als wir uns auf die freundliche Bank nah am Gartenhause, wo wir vor zwei Jahren, am Vorabend einer Abreise Goethes, mit Linen so herzlich traulich gesessen hatten, niederließen, kam das Gespräch gar bald auf Howard, den Quäker, und auf seine neuste Schrift über die Londoner Witterung, die Goethe ungemein lobte.

Sein von ihm selbst aufgesetztes Leben hat Goethe für die Morphologie übersetzt: «Er spricht lange nicht so duckmäuserig als ein Herrnhuter», sagte er, «sondern heiter und frei; er ist Christ, wie er einmal ist, lebt und webt er ganz in dieser Lehre, knüpft alle seine Hoffnungen für die Zukunft und für diese Welt daran und das alles so folgerecht, so klar, so verständig, daß man, während man ihn liest, wohl *gleichen Glauben haben zu können* wünschen möchte; wiewohl auch in der Tat viel Wahres in dem liegt, was er sagt. Er will, die Nationen sollen sich wie Glieder einer Gemeinde betrachten, sich wechselseits anerkennen.»

«Ich habe», fügte Goethe hinzu, «kürzlich einem Freunde geschrieben: ‹Die Nationen sind an sich wohl einig über- und untereinander, aber uneins in ihrem eignen

Körper.› Andere mögen das anders ausdrücken, ich habe mir den Spaß gemacht, es *so* zu geben.» Wir wandelten nun wieder umher, ärgerlich über den dichten Rauch, den uns ein plötzlicher Westwind von den Brauhäusern her zusandte. Bezüglich auf Walter Scott sagte Goethe: «Ein Buch, das große Wirkung gehabt, kann eigentlich gar nicht wahr *beurteilt* werden. Die Kritik ist überhaupt eine bloße Angewohnheit der Modernen. Was will das heißen? Man lese ein Buch und lasse es auf sich wirken, gebe sich dieser Einwirkung hin, so wird man zum richtigsten Urteil darüber kommen.»

Die mitgebrachten Wettiner Mineralien gaben zu geognostischen Gesprächen Anlaß. «Ich habe gar keine Meinung mehr, seit die meisten Meinungen der Gelehrten so absurd in dieser Materie sind; ewige Opposition, ewiges Nichtanerkennen dessen, was mühsam erforscht ist; jede Anschauung will man sogleich töten und in bloße Begriffe auflösen. Ach, die Menschen sind gar zu albern, niederträchtig und methodisch absurd; man muß so lange leben als ich, um sie ganz verachten zu lernen.»

Roscoe hat sein neues Werk «Illustrations» Goethen überschickt. Lady Morgan ist ihm verhaßt. «Die Konstitutionen sind wie die Kuhpocken, sie führen eine einmal grassierende Krankheit leichter hinweg, wenn man sie zeitig einimpft.» Ich erzählte aus Aristophanes' Fröschen und tadelte seinen übertriebnen Zynism. Goethe meinte, man müsse ihn wie den Kasperle betrachten und läßlich nehmen. Meyers Abreise nach Teplitz, Goethes großer Schmerz über seine wankende Gesundheit. «Es ist entsetzlich, für solche tüchtige, treffliche Männer besorgt sein zu müssen, und die Esperanza setzt sich nur auf den Rand der Urne.»

In der letzten halben Stunde ward der Meister immer in sich gekehrter, abbrechender, – er schien körperlich zu leiden, der besorgte Sohn mahnte mit Recht an den Rückzug, und so schied ich um 8 ½ Uhr ganz besorgt und betrübt.

4979 *Riemer* *14. Juni 1822*

Abends bei Goethe. Noch allerlei beredet und Aufträge für seine Abwesenheit. Herzlicher Abschied.

4980 *Grüner* *19. Juni 1822*

Der [in einem Kalkbruche bei Dölitz in der Nähe von Eger gefundene] Mammutszahn machte auf Goethe einen besonderen Eindruck. Der Schmelz des Zahnes war so frisch, als ob er soeben aus der Kinnlade des lebenden Tieres gerissen worden wäre. Ich erwähnte, daß, weil ich zum sammelnden Mitgliede des böhmischen Museums ernannt sei, ich diesem den Zahn übermitteln werde.

Seien Sie mit der Absendung nicht eilig, sagte Goethe; wir müssen dem Zahne noch etwas abgewinnen, verwahren Sie ihn bis zu meiner Rückkunft von Marienbad, – was ich zusagte.

Er blätterte wohlgefällig in meinem Manuskripte über die Sitten der Egerländer, und bezeigte Freude über die kolorierten Zeichnungen. Auch ersuchte er mich, für ihn Wein in Karlsbad zu besorgen, und reiste nach Marienbad ab.

4981 *I. Kopfenberger: Polizeibericht* *30. Juni 1822*

[Marienbad.] Goethe, der Nestor unter den gegenwärtig lebenden deutschen Schriftstellern, behauptet in seinem Alter noch immer jenen Ernst und geistige Solidität, welche in seinen Schriften herrscht. Still und zurückgezogen in seinem Betragen, ist derselbe nur für wenige aus der Badegesellschaft zugänglich: darunter gehören der Professor Höger aus Prag und der Stift Tepler Prämonstratenserpriester Priester Stanislaus Zauper, Professor der zweiten Humanitätsklasse am Pilsner Gymnasium. Auf seinen Spaziergängen mineralogisiert Goethe fleißig und unermüdet, zu welchem Ende er jederzeit mit einem Hammer versehen ist. – Die Abende bringt derselbe größtenteils in Gesellschaft der Familie Levetzow zu, und er scheint vorzüglich an der Seite des ältesten Fräuleins Ulrike v. Levetzow, die ihn entweder mit Gesang oder einigen scherzhaften Gesprächen unterhält, wenigstens für einige Augenblicke die Unbilden zu vergessen, welche er durch die verunglückte Heirat seiner ehemaligen, unter dem Namen Madame Vulpius bekannten Wirtschafterin zu dulden hat. – In Gesprächen über die Literatur der verschiedenen Völker läßt er seine besondere Neigung für die Griechen nicht verkennen, und aus mehreren Äußerungen konnte man seine Teilnahme an dem noch ungewissen Schicksale der Hellenen wahrnehmen. Indessen dürfte jedoch vorzüglich der Umstand zu bemerken sein, daß Goethe dermalen für die katholische Religion nicht bloß sehr gemäßigte Gesinnungen, sondern recht viele Zuneigung blicken läßt: insbesondere lobt er die Erbaulichkeit des katholischen Ritus gegenüber dem protestantischen. Gleiche Lobsprüche erteilt auch der weimarische Kriminalrat Schumann der katholischen Liturgie. Doktor Tzschirners neueste Schrift: *Über Protestantismus und Katholizismus* beurteilen Goethe und Schumann strenge und erklären solche für ganz überflüssig, indem sich in gegenwärtigen Zeiten der Verstand auf keine Weise durch das Ansehen eines Schriftstellers, sondern nur allein durch die Wahrheit einnehmen läßt.

4982 Grüner *30. Juni 1822*

Goethe zeigte Freude über meine Ankunft [in Marienbad], und nahm mein Manuskript mit den Worten: Jetzt habe ich Zeit, es so durchzulesen, daß ich mit Ihnen hierüber in Eger gründlicher sprechen und meine Ansicht mitteilen kann. Ihre Arbeit interessiert mich sehr. Sie verweilen doch bei uns?

Ich erwiderte, daß meine Geschäfte mir dieses große Vergnügen rauben, indem ich heute wieder in Eger eintreffen müsse.

Seien Sie mein Gast, sagte Geothe, ich habe den Professor Zauper aus Pilsen kennen gelernt. Der Mann hat Kenntnisse, er gefällt mir sehr wohl, ich habe ihm auch Aufmunterndes gesagt.

Ich drückte meine Bewunderung der aus der Umgegend von Marienbad gesammelten Mineralien aus.

Darauf Goethe: Nicht wahr, mein Stadelmann hat schon viel Gutes zusammengeschleppt, die Gegend ist sehr interessant, auch ist er am Fundorte der Augiten gewesen, und, wie Sie sehen, habe ich eine schöne Suite ihres Vorkommens am Wolfsberge beisammen. Es gibt viel zu ordnen und zu schreiben, das wollen wir für Eger vorbehalten, und Sie Freund dabei in Anspruch nehmen.

Sowohl beim Spaziergange als bei der Tafel war Goethe sehr heiter und wir mit ihm.

4983 I. Kopfenberger: Polizeibericht *21. Juli 1822*

Heute morgens eilfs Uhr versammelten sich im stillen, ohne vorhergegangene Meldung, die hier anwesenden Kurgäste protestantischer Religion in der Wohnung des Nürnberger Kauf- und Handelsherrn Bertram, wo der Berliner Garnisonsprediger Pischon eine Erbauungsrede hielt, nach deren Beendigung sich die Versammlung in der größten Stille auseinander begab, so daß von dieser religiösen Feier das übrige Badepublikum keine Kenntnis erlangte. Goethe hatte jedoch keinen Anteil daran genommen.

4984 Ulrike v. Levetzow: Erinnerungen

Im Sommer 1822 waren wir wieder mit Goethe in Marienbad, und dies Mal waren auch meine Schwestern mit, da auch sie das Erziehungshaus in Straßburg verlassen hatten. Überhaupt war in diesem Jahr der Kreis unserer Bekannten ein viel größerer, mein späterer Stiefvater, Graf Klebelsberg, war auch da; es kam Graf Kaspar Sternberg, welcher schon lange in brieflichem Verkehr mit Goethe stand, ihn aber da erst persönlich kennen lernte und zwar im Salon meiner Mutter. Goethe war wie im früheren Jahre fast immer mit uns, zu gleicher Zeit war ein Doktor Pohl, welcher lange in Brasilien gereist, er war wohl Naturforscher, dann der bekannte Chemiker Berzelius, ich glaube, ein Schwede; von noch einigen anderen Herren, fast nur Gelehrten, habe ich die Namen vergessen; diese Herren führten sehr gelehrte, aber selbst den so jungen

Mädchen interessante Gespräche, und alle waren so freundlich, uns, was wir nicht verstanden, deutlich zu machen; meine jüngste Schwester Berta, die da nur erst vierzehn Jahre, interessierte sich für Mineralogie, und die von mir genannten Herren und Goethe stellten ihr eine nette Sammlung von Steinen zusammen, wo sie die meisten Steine kannte und die Namen selber aufgeschrieben auf die Steine befestigte. Dr. Pohl lieferte dazu noch einige geschliffene Halb-Edelsteine. Berta gab diese Sammlung viele Jahre später unserem Neffen Franz von Rauch, welcher sie zum Teile noch hat. Noch erinnere ich mich, daß die Herren den Versuch machten, böhmische Granaten zu schmelzen, und Berzelius, welcher es hauptsächlich vornahm, erklärte, daß die Granaten die härtesten Edelsteine nach dem Diamant seien. Ein anderes Mal rief Goethe uns zu sich, wo er auf einer langen Tafel alle Steingattungen, welche sich in der Gegend um Marienbad finden, geordnet hatte, er führte mich zu einer Stelle, wo er zwischen den Steinen ein Pfund Wiener Schokolade gelegt hatte, worauf geschrieben stand:

«Genieß das auf deine eigne Weise,
Wo nicht als Trank, doch als geliebte Speise.
G.»

Ich habe dies Papier D. Jaksch geschenkt, welcher ein so großer Verehrer Goethes ist, und der meiner lieben Mutter ihr langjähriger Doktor war. Daß Goethe die Schokolade für mich zwischen die Steine gelegt, war Scherz, weil ich den Steinen kein Interesse abgewinnen konnte.

Auch in diesem Sommer war Goethe sehr freundlich mit mir und zeichnete mich bei jeder Gelegenheit aus; oft sagte er zu meiner Großmutter, wie sehr er wünsche, noch einen Sohn zu haben, denn er müßte dann mein Mann werden, mich würde er ganz nach seinem Sinn ausbilden, er habe eine große und väterliche Liebe für mich.

Goethe schenkte mir [zum Abschied] wieder ein Buch, welches ihm geschickt wurde: «Aus meinem Leben, 2. Abteilung, 5. Teil. Auch ich in der Champagne.» Er hatte darein geschrieben:

Wie schlimm es einem Freund ergangen,
Davon gibt dieses Buch Bericht.
Nun ist sein tröstendes Verlangen:
Zur guten Zeit vergiß ihn nicht.
Marienbad d. 24. Juli 1822.

Es wurde in dieser Zeit auch von Handschriften gesprochen, und Goethe sagte, daß er keine Schrift von Friedrich dem Großen gesehen. Da holte mein Großvater einen Brief des Königs, worin er die Patenstelle bei ihm annahm; da das Papier des Briefes gänzlich verbogen und zu zerreißen drohte, sagte Goethe, er wolle es wieder glätten und in Ordnung bringen; da er es aber bei seiner Abreise meinem Großvater nicht zurückgestellt, glaubte dieser, er würde den Brief wohl nicht wieder zurück erhalten; doch Goethe sandte ihn schon von Eger, wo er sich bei einem Bekannten von [ihm] schon öfter aufgehalten, meinem Großvater zurück. Goethe hatte den Brief auf Papier aufgezogen und auf der andern Seite dazu geschrieben:

Das Blatt, wo seine Hand geruht,
Die einst der Welt geboten,
Ist herzustellen fromm und gut,
Preis ihm, dem großen Toten.

Den Sommer 1822 waren sehr viele Menschen in Marienbad, und fast alle bemühten sich, Goethe kennen zu lernen, und da er oft nicht aufgelegt war, neue Bekanntschaft zu machen, geschah es öfters, daß ich gebeten wurde, es zu vermitteln, auch schlug er mir es nie ab.

4985 L. Stettenheim: Bei Ulrike v. Levetzow 1898

[Besuch im Sommer 1893.] Noch ein anderes schönes Andenken aus dem Jahre 1822 bewahrt Ulrike, auf das sie ganz besonders stolz zu sein scheint. Es ist der Patenbrief Friedrichs des Großen für ihren Großvater v. Brösigke, mit Goethes Handschrift des bekannten Verses: «Dies Blatt, wo seine Hand geruht etc.» Über diese Episode erzählte sie mir: «Es war eines Tages kurz vor Goethes Abreise nach Eger [am 24. Juli] vom König Friedrich die Rede, und da sagte mein Großvater, Friedrich wäre sein Pate, und er hätte einen Patenbrief mit der Namensunterschrift des Königs. Goethe äußerte sofort den lebhaften Wunsch, das Schriftstück zu sehen. Mein Großvater suchte danach und erschien bald mit einem zusammengerollten Papier. Goethe entfaltete es und sagte: ‹Das ist ja höchst wertvoll, aber Sie haben es nicht gut behandelt. Geben Sie es mir mit; ich will es Ihnen wieder in Ordnung bringen.› Nun reiste Goethe ab, und mein Großvater, der Goethes Vorliebe für Handschriften und Lust am Sammeln kannte, sagte: ‹Meinen Patenbrief werde ich wohl nicht wieder sehen.› Da langte eines Tages von Eger das Schriftstück in erneuter Gestalt an, wie Sie es hier sehen.»

4986 S. M. Prem: Goethe *1900*

Ulrike wurde manchmal von Personen angegangen, sie mit Goethe bekannt zu machen, und wenn sie ihm dann das Anliegen vorbrachte, so pflegte er lächelnd zu fragen: « Macht Sie das glücklich, Töchterchen?»

4987 I. Kopfenberger: Polizeibericht *26. Juli 1822*

Goethe, der Heros unter den gegenwärtig lebenden deutschen Schriftstellern, ist gestern [vielmehr am 24.] früh von hier nach Eger abgereist, wo er sich einige Tage aufzuhalten gedenkt, um sich mit dem dortigen, durch sein Kubinat bekannten Scharfrichter Huß über mineralogische Gegenstände zu unterhalten. Über die guten Wirkungen, welche der Kreuzbrunnen bei ihm hervorbrachte, hat Goethe ebenso viel Lob gesprochen, als derselbe die von Seite der hohen Regierung zu der Emporbringung dieses Kurortes, sowie überhaupt zum Besten der Fremden getroffenen polizeilichen Verfügungen gerühmt hat.

4988 Grüner *24. Juli 1822*

Goethe kam nachmittags um 4 Uhr in Eger an. Der Bediente Stadelmann suchte mich auf, und fand mich am Egerflusse mit der aus demselben zutage geförderten sogenannten Heideneiche beschäftigt. Mit dieser Eiche hat es folgende Bewandtnis. Es ging die Sage, daß die Heiden um eine Eiche getanzt hätten, an welcher ein Götzenbild angebracht war. Durch einen Blitzstrahl wäre diese Eiche in den Fluß geschleudert und nicht mehr gesehen worden. Da ein sehr altes Kirchlein zu St. Jakob am Egerflusse stand, und die Heiden zu ihrem Götzendienste einen dem Jodut oder Juel, auch Goel geweihten Ort zu wählen pflegten, auch an einer Berglehne noch viele Eichen standen, so ließ ich mit einem Kahne Versuche zum Auffinden machen. Man stieß auf einen quer im Egerflusse liegenden Stamm, und nachdem mittelst Aufziehens eines Mühlwehrs der Wasserstand um vieles niedriger geworden, konnte der Umfang und die Länge der Eiche näher untersucht werden. Mit gewöhnlichen Wagenwinden konnte sie offenbar nicht in Bewegung gesetzt werden, daher wurde es mit acht Pferden versucht, allein es rissen die Ketten. Nun wurde der Versuch mit acht starken Ochsen fortgesetzt; diese hoben die Eiche zwar über den Wasserspiegel, allein es war unmöglich, sie über das Ufer zu bringen. Die mehrtägigen Arbeiten setzten das Volk der Stadt und Umgegend in Bewegung, denn es hieß, es würde ein goldenes Kalb (der Götze) mit aufgefunden werden. Nach fruchtlosem Ablaufe aller Versuche übernahm der geschickte Ökonom und Besitzer des Gutes Kinsberg, Nonner, die Leitung der Arbeit mit der Versicherung, daß, wenn ich ihm Schrauben, womit ganze Dachstühle gehoben werden, verschaffe, er die Eiche bald außerhalb des Flusses haben werde. Er traf die Vorrichtung dazu auf der an den Fluß stoßenden Wiese, und brachte den Stamm mittelst solcher Schrauben glücklich an das Land.

In dieser Beschäftigung traf mich Stadelmann, der ein Stück der Eiche mitnahm, und sich von der anwesenden Volksmasse überzeugte. Ich traf Anordnungen wegen der Bewachung des Eichenstammes, konnte aber der Einladung Goethes, ihn zu besuchen, erst um acht Uhr entsprechen. Der Empfang war wie gewöhnlich sehr freundlich.

Mein Stadelmann, sagte Goethe, hat mir Ihre heroische

Unternehmung erzählt, was hat Sie dazu verleitet? was halten Sie von dieser Eiche?

Ich erzählte Veranlassung und Hergang, und fügte bei, daß mir diese Eiche sehr problematisch bleibe; denn ich wisse nicht zu erklären, auf welche Art die muschelförmige Aushöhlung auf der Oberfläche des so harten Stammes, dann die in den feinsten Zwischenräumen befindlichen sehr dünnen eisenartigen Blättchen entstanden seien.

Goethe erwiderte: Morgen, wenn Sie Zeit haben, wollen wir sehen, was wir dieser Heideneiche abgewinnen können.

4989 Grüner *25. Juli 1822*

Goethe fuhr allein zur Eiche, weil ich nach Oberlohma verreisen mußte, und erst gegen Abend zurückkommen konnte.

Bei meinem Eintritte sagte Goethe: Ich habe die wundersame Eiche besichtigt, und ich wünschte, daß sie bis zur Ankunft des Grafen Sternberg unberührt liegen bliebe, denn ich bin mit mir selbst noch nicht einig. Hier haben Sie einen an Sie gerichteten Brief vom Grafen, er will den 30. kommen.

Graf Sternberg avisierte mich, daß auch Dr. Pohl, der Brasilianer, und der berühmte Chemiker Berzelius bei Goethe ihre Aufwartung machen würden. Goethe sah sehr gut aus, war heiter, weswegen ich sagte, Marienbad habe ihm vortrefflich angeschlagen. Er aber erwiderte:

Ich befinde mich sehr wohl; es mag sein, daß, obschon man zweitausend Klafter über der Meeresfläche reinere Luft einatmet, doch die fortdauernde Bewegung und die Reise mich in diesen Zustand versetzt haben. So gut ich dort die Anstalt getroffen habe, so dürfte dennoch die Verordnung, welche fremden Ärzten in Badeörtern die Praxis untersagt, einen nachteiligen Einfluß auf die böhmischen Bäder nehmen, denn der Kranke schließt sich so gern an seinen Arzt an. Dr. [Struve] in [Dresden] hatte alle Jahre gegen 1000 Stück Dukaten von Karlsbad weggeführt, und nun kuriert er mit künstlich erzeugten Mineralwässern.

Die Natur hat uns Winke gegeben, diese müsse man befolgen, und die noch abgängigen Bestandteile bei den Mineralwässern durch Kunst ergänzen. Es wird sich auch diese Ansicht wieder ändern, ebenso wie man davon zurückkommen wird, daß man die Aufschriften bei den neuen Häusern mit lateinischen oder gotischen Buchstaben schreiben läßt, zum Beispiel «Zum weißen Schwan», «Zum goldenen Lamm» usw. Denn es wird bald ein Hauseigentümer von einem Künstler sich einen schönen Schwan, wie er aus gutgemachtem Schilf hervorkommt, als Aushängeschild malen lassen, und dies wird wieder Nachahmung finden; schlecht gemalte läßt man ohnedies nicht aushängen, und gut gemalte geben den Kutschern und Fremden schon von weitem einen Anhaltepunkt. Um mein Gedächtnis zu prüfen, bin ich ganz Karlsbad auf- und abgegangen, und es freut mich, alle Aushängeschilder der Reihe nach rezitieren zu können.

4990 Grüner *26. Juli 1822*

Um zwei Uhr des Nachmittags fuhren wir nach Pograd zu den Eisengruben, eine Stunde südlich von Eger. Von da wurde ein seltener vorzüglicher Eisenstein mit weißem Überzuge, innen bläulich, dann in großen schweren Klumpen vereisentes Holz mitgenommen. Diese Eisengruben befanden sich nahe am Dorfe Pograd, am Abhange des Berges, rechts auf einem Hügel. Die Halden zeigen den Fundort an.

Der Kreuzweg, der von Pograd bis zu dem Wallfahrtsorte Loretto führt, erregte Goethes Interesse. Der Bach, der bei Pograd sich mit dem Wandrebflusse vereinigt, wird der Bach Cedron genannt. Das hat Bezug auf die gemauerten Stationen, in welchen das Leiden Jesu bildlich in Farben dargestellt ist. Auf dem Ölberge fanden wir Jesum mit den Jüngern in Lebensgröße aus Holz frisch angestrichen, und mit auf Pfählen befestigten Lampen umgeben.

Goethe fragte, wem diese kostspielige Unterhaltung der Stationen obliege. Ich gab ihm die Auskunft, daß ehemals die Jesuiten, welche das Gut Kinsberg besaßen, sie unterhielten, und daß der Wallfahrtsort einst sehr besucht war, denn ich hätte in den Annalen der Kinsberger Jesuiten von 1639 bis 1744, welche ich im Original besitze, gefunden, daß da in einem Jahre 80000 Personen das heilige Abendmahl dargereicht wurde. Nach Aufhebung der Gesellschaft Jesu wurde es ein Religionsfondsgut, und unter dessen Verwaltung würden die Stationen zuletzt ganz eingegangen sein. Allein eine Tischlerin sammelte unter dem Landvolke Beiträge zur Unterhaltung derselben, welche sie trotz ihrer Armut dennoch treulich verwendet und deshalb unbegrenztes Zutrauen genießt.

Vom Ölberge ging Goethe zu Fuße nach den Tongruben hinab, weil ich ihn aufmerksam gemacht hatte, daß bloß der hier gefundene Ton zur Verfertigung der Flaschen tauge, in denen das Mineralwasser von Marienbad und Franzensbad versendet wird. Er erkundigte sich in den Tongruben über die Art der Flaschenfabrikation, und nahm von den verschiedenen Sorten Ton Stücke mit. Über die Entstehung des Tons äußerte er sich, daß derselbe wahrscheinlich von dem von den Gebirgen herabgeschwemmten verwitterten Tonschiefer herrühren dürfte, weil sich die Mächtigkeit dieses Tons nach der Lage der Berge richte, indem er am Fuße eine, aufwärts aber nur eine halbe Klafter tief liege.

Hierauf bestieg Goethe die Anhöhe, um den alten Turm zu besichtigen, der von weitem die Aufmerksamkeit auf sich zieht. Die Bauart ist lobenswürdig, sagte Goethe, sie scheint in die Zeit der Römer oder Markomannen zu fallen; die Steine sind so gut untereinander verbunden, daß man auch auf der Nordwestseite keine Spur einer Zerstörung oder Aushöhlung des Mergels wahrnehmen kann.

Da der Kurort Marienbad dem Kloster Tepl gehört und von demselben unterhalten wird, so erzählte ich Goethe, daß der Stifter dieses Klosters, Rosnata, in dem Turm 1221 gefangen saß und starb.

Man hat von hier eine besonders schöne Aussicht auf die romantische Gegend. Wir nahmen den Rückweg über Schloppenhof, und verweilten einige Zeit in der bedeutenden Bachmeyerschen Fabrik mit Spinnmaschinen, dann auch bei den hier zerstreut umherliegenden, oft in klaftertiefem Ton steckenden ungeheuren Basaltklumpen, von denen abgehauene Stücke ebenfalls mitgenommen wurden.

Der Weg war schlecht, daher trachteten wir die Chaussee zu gewinnen, auf der wir nach Hause fuhren. In Goethes Zimmer wurde das Mitgebrachte auf die erwähnte, von ihm angeschaffte große Tafel gelegt und geordnet.

4991 Grüner *27. Juli 1822*

Der Scharfrichter Huß, dessen Lebenslauf mitgeteilt worden ist, brachte vor Tisch einen sehr schönen Bleispat von Bleistadtl mit starken deutlichen Kristallen; es kommen dort besonders schöne kristallisierte Braunbleierze vor.

Sie sollen hierüber gelobt werden, Herr Huß, sagte Goethe, wir wollen sehen, was für Sie wieder zu tun sei.

Darauf Goethe zu mir: Den Fundort des Mammutzahns wünschte ich in Augenschein zu nehmen, könnten Sie mich nach Tische nach Dölitz begleiten?

Ich bejahte die Frage mit Vergnügen, und gleich nach Tische wurde dahin gefahren. Von Dölitz aus erblickte man östlich Maria Kulm, nördlich Franzensbad, westlich den Kammerbühl, und südlich den Fundort der Heideneiche und die Stadt Eger, dann den Kranz der Gebirge, welche das Egertal einschließen. Goethe betrachtete aufmerksam die ganze Gegend, dann fragte er mich, ob die durch das Tal getrennten Dörfer jenseits auch Kalkgruben besitzen, und ob dort ein ähnlicher Kalkstein und Mergel wie hier zutage gefördert werde? Ich konnte diese Frage mit dem Beisatze bejahen, daß ich auch von jenen Dörfern Kalkstein und Mergel zu Hause hätte.

Das ist klug von Ihnen, Sie ersparen mir den Hinweg.

Es wurden nun vom Mergel und Kalkstein Exemplare eingepackt, und da die Luft rauh geworden war, auch Goethe sagte, daß sein linkes Auge sich entzünde, so wurde das Zeichen zum Abfahren gegeben. Bevor er in die Kutsche stieg, ging er zu den Schnittern, betrachtete ihre Schleifsteine, und wollte wissen, woher dieselben stammen. Die Schnitter konnten aber keine andere Antwort geben, als daß sie die Schleifsteine auf dem Egerer Markt gekauft hätten.

Nach der Ankunft in Eger wurden die Exemplare auf die mehrerwähnte große Tafel gelegt. Zur Vergleichung brachte ich auch die von mir bei den Dörfern Dirschnitz, Oberndorf, Trebendorf gesammelten Exemplare, die ihm sehr willkommen waren.

Ich empfehle Ihnen, sagte Goethe, diese Kalkbrüche öfter zu untersuchen, und dabei die Arbeiter aufmerksam zu machen, daß sie jene Kalksteine, oder den Mergel, in welchen Pflanzen- oder andere Abdrücke, Muscheln, Schnecken vorkommen sollten, für Sie auf die Seite legen möchten, denn das ist von großer Bedeutung. Wenn Sie mir nicht so kräftig versicherten, daß der Mammutzahn hier gefunden worden sei, so würde ich diesen Fundort bezweifeln.

Ich antwortete: Die Familie Kriegelstein, welche dieses Gut besaß, hat die Kalkgruben betrieben, und den Zahn als eine dort aufgefundene Merkwürdigkeit bewahrt. Ich würde Nachgrabungen eingeleitet haben, aber der vorige Eigentümer war verstorben, und weder der jetzige Besitzer noch sonst jemand konnte mir Aufklärung geben, denn, wie Eure Exzellenz sahen, ist die Oberfläche durchaus zu Feldern zugerichtet, daher konnte ich nichts veranlassen.

Es wäre freilich gut gewesen, sagte Goethe, denn Sie waren wahrscheinlich der Meinung, wo der Zahn war, könnten sich auch andere Gliedmaßen finden.

Ich übergab Goethe, wie ich schon manchmal getan, einige in früheren Zeiten von mir verfaßte kleine Gedichte, die sich nicht alle für die Öffentlichkeit eignen, die ihn aber zum Lachen und zu dem Ausrufe brachten: Wo haben Sie die Sachen her, das ist etwas für unseren Serenissimum.

Die Entstehung eines dieser Gedichte darf ich anführen. Dasselbe war auf Napoleon gemünzt. Ich ging über die

Prager Brücke und bemerkte, daß bei Ausbesserung der Eiswehren der Rammler oder die Hoye [d. h. Ramme], wenn alle Arbeiter sich zugleich neigten, in die Höhe stieg, wenn sie aber aufrecht standen, herabfiel, und die Pfähle in das Erdreich trieb. Da machte ich folgendes Impromptu:

«Wenn alle Köpfe gleich sich neigen,
So pflegt es rasch empor zu steigen,
Mit Eisen ist der Kopf und auch die Brust vermacht,
Es zweckt nur ab, die andern tief zu drücken,
Doch wird's ihm nur so lange glücken,
Bis man ihm diese Kraft versagt,
Und dies kann dann allein gescheh'n,
Wenn alle aufrecht stehn,
Vor ihm nicht mehr sich knechtisch bücken.»

Ich dachte, als ich diese Zeilen verfaßte, an Napoleons Starrsinn, an die Hinrichtung des Herzogs von Enghien, und an die Zusammenkunft der Souveräne in Erfurt. Als dieser Kongreß versammelt war, dachte ich, wenn nur diese Mächtigen zusammengehalten hätten, so würde dieser kleine Mann, der die Maxime *Divide et impera!* so gut anzuwenden verstand, nie so groß geworden sein. Übrigens wird ihm niemand absprechen können, daß er ein großer Geist, eine in Jahrtausenden kaum wiederkehrende Erscheinung im Menschengeschlechte war.

Darauf Goethe: Sie haben recht. Als Napoleon in Erfurt war, wünschte er, ich möchte ein Trauerspiel «Brutus» schreiben. Der Großherzog schickte deshalb eine Estafette an mich. Der Gegenstand war mir zu heiklich, daher unterließ ich es.

4992 Grüner *28. Juli 1822*

Nach der Rückkehr von meiner Geschäftsreise nach Franzensbad brachte ich Goethe abends aus den Rossenreuther Steinbrüchen ein Stück Gneuß, worauf Granit gelagert und mit diesem zu einen Gestein verbunden war. Sehen Eure Exzellenz, sagte ich, hier haben sich Vulkan und Neptun innigst verbunden. Ich kann mich daher nicht überzeugen, daß der Granit ein vulkanisches Produkt sei. Wenn es mir als Neuling zustände, so würde ich meine Ansicht hierüber aussprechen.

Ihr Juristen, erwiderte Goethe, habt ein eigenes Feld, ihr hört und prüft beide Teile, ehe die Entscheidung folgt; auch in der Naturwissenschaft muß man die verschiedenen Ansichten, meist Hypothesen, gelassen anhören, prüfen, und seine Meinung bescheiden äußern. Lassen Sie hören, auf welche Art Sie den Vulkan von Ihrem Gestein wegbringen.

Ich halte, sagte ich, diesen Granit für einen Abkömmling vom Gebirge, daher für einen jüngern. Jener auf den Bergen zerbröckelt sich, das Wasser hat ihn herabgeschwemmt, zu einer Zeit, als der feinkörnige Granit sich waagerecht lagerte, jedoch nicht zur festen Gneußmasse gebildet war. Der am Gipfel der Berge zerbröckelte hat eine braune, ochergelbe Farbe und scheint von eisenhaltigem Wasser bedeckt und geschwängert worden zu sein. Das eisenhaltige Wasser war nun bei jenem Granit, den ich den «jüngeren» nenne, das Verbindungsmittel, als er auf dem Gneuß erstarrte. Zum Beweise könnte ich anführen, daß man große Blöcke Granit findet, welche ochergelbe, das ganze Gestein durchziehende Ringe haben, die doch von keinem Vulkan oder feuerflüssigem Zustande herrühren können.

Darauf Goethe: Mich freut es, daß Sie in diese Wissenschaft so kräftig eindringen und daran Vergnügen finden. Wir wollen an Ort und Stelle Ihre Ansicht näher prüfen. Bei dieser Gelegenheit muß ich Ihnen doch ein Späßchen erzählen, welches unser Großherzog mit unserem Lenz sich gemacht hat. Professor Lenz in Jena feierte sein Dienstjubiläum. Der Großherzog, der wußte, daß Lenz, wie sein Lehrer Werner, ein eifriger Neptunist war, ließ eine Torte in Form eines ausgebrannten Vulkans machen und die goldene Ehrenverdienst-Medaille hineinlegen. «Nun, lieber Lenz, werden Sie doch dem Vulkane einen günstigen Blick zuwerfen?» Nicht wahr, das war artig? schloß Goethe.

Ich hörte elf Uhr schlagen, und empfahl mich.

4993 Grüner *29. Juli 1822*

Ich besuchte Goethe um halb ein Uhr. Er lenkte das Gespräch auf die Heideneiche, auf die Kosten, welche ihr Herausschaffen aus dem Flusse verursachte, und stellte Betrachtungen an, wie viele Jahrhunderte notwendig waren, um sie in ihren gegenwärtigen Zustand zu versetzen. Ich bin begierig, sagte er, was Graf Sternberg dazu sagen wird.

Goethe war auf dem Kammerbühl gewesen, und hatte von da neue Suiten Schlacken mitgebracht, die auf die große Tafel gelegt wurden. Sie war ganz mit Steinen belegt, diese waren jedoch noch nicht geordnet. Ich begann, sie nach der Himmelsgegend und nach dem Fundorte zu ordnen, und weil die Zeit nahte, zu welcher Goethe zu Mittag zu speisen pflegte, wollte ich mich empfehlen. Allein er wünschte, daß ich mit dem begonnenen Geschäfte fortfahren möchte. Auch lud er mich für den nächsten Tag zu Tisch, weil er, wie erwähnt, den Grafen Sternberg erwartete.

4994 Grüner *30. Juli 1822*

Goethe unterhielt sich oft mit meinen Kindern, und es war interessant zu sehen, wie er zu repuereszieren verstand. Er sagte mir Erfreuliches über ihre Talente und seine Unterhaltung mit ihnen.

Mit dem Numerieren und Verzeichnen der gesammelten Gesteine wurde fortgefahren. Um zwölf Uhr mittags kam Graf Sternberg im Gasthofe zur Sonne an. Goethe ging ihm bis zur Hälfte der Treppe entgegen, sie umarmten sich wie alte Bekannte und Freunde. Bald darauf brachte eine zweite Kutsche den berühmten Chemiker Berzelius aus Stockholm, und den Dr. Pohl, der durch fünf Jahre in Brasilien auf kaiserliche Kosten naturwissenschaftliche Gegenstände gesammelt hatte. Goethe benützte das zweite Zimmer zum Empfange. Nie hatte ich ihn in solcher Haltung und mit einem solchen Benehmen gesehen. Es war eine eigene Art, mit der er die beiden ihm fremden Gelehrten empfing. Es war eine Freundlichkeit, die zwar nicht mit Stolz gepaart, aber so beschaffen war, daß sie Ehrfurcht gebot; man mußte das sehen, beschreiben kann man es nicht. Nach der etwas zeremoniösen Bewillkommnung öffnete Goethe die Türe zu dem Zimmer, in welchem die große Tafel mit den geordneten Mineralien sich befand. Nun wurde das Gespräch allgemein bis zum Mittagsmahle.

Bei Tische machte Goethe die Herren auf meine Manuskripte aufmerksam und sagte manches zu meinem Lobe, teils vielleicht um mich noch mehr aufzumuntern, teils um den Gästen begreiflich zu machen, warum er mir seine Gunst zuwende und ein Plätzchen unter so ausgezeichneten Männern gönne. Auch erzählte er ihnen von der Heideneiche und mit welchen Anstrengungen ich sie aus den Flusse habe heben lassen. Graf Sternberg teilte darauf mit, daß man in seinem Kohlenbergwerke auf einen aufrecht stehenden verkohlten Stamm gestoßen sei, den er erst vorsichtig rings umgraben und zutage fördern lassen müsse, um seine Betrachtungen über ihn anstellen zu können.

Nach Tische machte Berzelius einige Experimente, namentlich mit Apatit, der erhitzt zerstreut hingeworfen eine Helle wie ein Sternlicht verbreitete. Ich hatte bei dem Dorfe Schlada einen nahezu kugelförmigen Stein gefunden, der die Farbe eines schwärzlichen Basaltes hatte, aber viel schwerer war als Basalt. Berzelius schlug ein Stückchen ab, im Mörser zerstoßen, zeigte dasselbe die gelbe Ocherfabe. Die angewendeten Reagenzien bewiesen, daß dieses Gestein einen sehr reichen Eisengehalt hatte.

Hierauf wurde auf den Kammerbühl gefahren, über welchen Goethe bei jeder Gelegenheit die Meinung anderer Naturforscher hören wollte, weil er über ihn mit sich nicht einig werden konnte. Nachdem Berzelius die große Öffnung auf dem Kammerbühl besichtigt hatte, äußerte er: Dieser Vulkan gleicht ganz genau jenen in der Auvergne. Als er nun auf die Regelmäßigkeit der Straten aufmerksam gemacht wurde, sprach er seine Meinung dahin aus, daß der herrschende Westwind auf sie Einfluß genommen haben möge, weil sie von Westen nach Osten gelagert wären.

Ich blickte Goethe bedenklich an, weil ich mich schon früher ausgesprochen hatte, daß nach physikalischen Gesetzen sich diese Lagerung nicht deutlich erklären lasse, weil Klumpen vom vorgeblichen Krater gegen hundert Schritte entfernt waren, die nicht so leicht durch den Westwind hatten herabgetrieben werden können. Gesetzt, es wäre geschehen, so hätten die herabgetriebenen Schlacken einen Eindruck auf die tiefer liegenden Schlacken machen, und deren feine Spitzen, die Nadeln vergleichbar sind, abstumpfen müssen. Waren sie noch in ganz oder halb flüssigem Zustande, so hätte das Lagern dieser oft über vierzig Pfund schweren Basaltklumpen eine Vertiefung auf den unteren Straten hervorgebracht, was doch bei der genausten oft wiederholten Besichtigung nicht wahrgenommen werden konnte.

Goethe hörte bloß zu, ohne eine Meinung abzugeben. Später äußerte er sich gegen den Grafen Sternberg, daß, solange der Hügel nicht von der Sohle bis zu dem vorgeblichen Krater durchfahren sei, er problematisch bleiben werde.

4995 Grüner *31. Juli 1822*

Wir speisten diesen Tag wieder mit Goethe. Nach Tisch wünschten Graf Sternberg und Dr. Pohl die Eiche zu besuchen. Goethe blieb zu Hause. Wir gingen zu Fuß. Auf dem Wege kam das Gespräch auf die Völker, welche zur Römerzeit die Gegend bewohnt haben mochten, und man war einig, daß es die Narisker gewesen, welche zu Nachbarn die Hermunduren hatten, welchen letzteren Tacitus mit Unrecht ihren Wohnort im Riesengebirge angewiesen haben dürfte. Ich entwickelte meine Ansicht über die Einwanderung der Bojer in Böhmen ...

Bald nach der Rückkehr reiste Graf Sternberg mit dem Dr. Pohl von Eger ab ...

Nach der Abfahrt der beiden Herren sagte Goethe: Sie verweilen doch noch einige Zeit bei mir und erzählen das Vorgefallene.

Ich setzte nun meine Hypothese über die Einwanderung

der Bojer in Böhmen so auseinander, wie ich sie dem Grafen Sternberg und dem Dr. Pohl vorgetragen hatte, um auch seine Meinung zu vernehmen.

Goethe sagte: Man will aber diesen ganzen Zug der Bojer, als von Livius erdichtet, behaupten.

Ich kenne diese Behauptung, entgegnete ich. Es wird nämlich eingewendet, daß die Zeitrechnung nicht genau übereinstimme, und daß kein anderer Schriftsteller davon Erwähnung mache, folglich müsse Livius die Einwanderung erdichtet haben. Die Einwanderung nach Italien soll unter Belloves geschehen sein. Wie viele geschichtliche Begebenheiten beruhen nicht in bezug auf ihre Glaubwürdigkeit auf dem Zeugnisse eines einzigen Schriftstellers? Ich sehe keinen Grund ein, warum Livius gerade diese Einwanderung erdichtet haben soll. Wenn daher Eure Exzellenz nichts dawider haben, so lasse ich meinen Sigoves mit seinen Bojern hier in Eger einige Zeit verweilen und dann ungestört weiter nach Böhmen ziehen.

Darauf Goethe: Bleiben Sie bei Ihrer Ansicht, denn sie macht Ihnen Vergnügen. Was haben wir davon, wenn Schriftsteller und Geschichtsforscher den Heldenmut eines Scaevola oder Regulus in Zweifel ziehen und für eine Fabel erklären wollen? Erzählen Sie mir doch auch, was diese Herren über die sonderbare Eiche sagten.

Nachdem ich dem Geheiße Goethes nachgekommen war, äußerte er: Darüber sind wir nun abermals nicht belehrt, wir müssen Zuflucht zu der von Ihnen aufgegriffenen Sage nehmen, bis wir eines Besseren belehrt werden.

Goethe hatte eine besondere Vorliebe für meinen Sohn Ignaz, weil, wie er sagte, der Knabe ihn mit seinen großen Augen so freundlich anblicke, und weil er herzhaft auf alle Fragen Antwort gebe. Manchmal forderte Goethe ihn auf, etwas zu erzählen, zum Beispiel sagte er einst: Erzähle mir etwas von einer Katze. Der Knabe war nicht verlegen, und fragte: Von was für einer Katze, von einer weißen oder schwarzen? – Erzähle mir von einer weißen. – Der Knabe ließ nun die Katze durch einen Teich nach einer Insel schwimmen, dort Mäuse fangen, und wieder zurückschwimmen, aber am Ufer von einem Jäger erschossen werden.

Sehen Sie, Freund, sagte Goethe, der hilft sich wie mancher, der seinen Gegenstand nicht mehr gehörig entwikkeln kann, seinen Helden umkommen läßt.

Ich führe dies darum an, um darzutun, daß Goethe mit Kindern kindlich sein konnte. Es war von dem mit dem Grafen Sternberg und dem Dr. Pohl eingenommenen Mittagsmahle eine Torte übrig geblieben, die schickte Goethe seinem «Natzl», wie er sich ausdrückte.

4996 Graf Sternberg: Materialien zu meiner Biographie

[1822.] Schon lange sehnte ich mich, Goethes persönliche Bekanntschaft zu machen, den ich so oft in Karlsbad verfehlt, in Marienbad um einige Stunden versäumt hatte. Er war in späterer Zeit von dem Parnaß, wohin ich Unglücklicher, der nie einen leidlichen Reim ersonnen, mich nie wagte, zu der prosaischen Naturgeschichte, die keine Dichtung dulden darf, herabgestiegen und hatte sich mir dadurch genähert; wir waren nur um elf Jahre im Alter verschieden, hatten dieselben wichtigen Weltbegebenheiten durchlebt und nicht unbeachtet gelassen, waren mit vielen ausgezeichneten Männern unserer Zeit in Verbindung gekommen, samentlich Berührungspunkte, welche Menschen schneller aneinander schließen, die, wenn auch nicht persönlich bekannt, einander nicht mehr fremd waren. Marienbad bot hiezu die Gelegenheit, wo wir, zusammen unter einem Dache wohnend, uns sehr bald näherten. Die Steine der Umgegend, welche sein Zimmer erfüllten, waren die ersten Vermittler; bald aber wurden die wichtigeren Momente unserer beiderseitigen Lebensfahrt durchgesprochen, die Gegenwart überblickt, und wir fühlten, daß wir uns näher angehörten. Wir speisten mittags und abends an demselben Tische, fuhren öfter zusammen spazieren, und blieben nach dem Nachtessen noch stundenlang auf seinem Zimmer. Als er nach einigen Tagen abends in die Gesellschaft kam und Frau von Levetzow ihn über diese neue Bekanntschaft befragte, antwortete er: Wir haben beide den Donnersberg (der Mileschauer Berg bei Teplitz) bestiegen, ein jeder von einer anderen Seite, auf verschiedenen Wegen, sind aber beide glücklich auf der Zinne angekommen. In den letzten Tagen kam auch noch Ritter von Berzelius und Dr. Pohl hinzu, der unlängst aus Brasilien zurückgekommen war. Goethe reiste voraus nach Eger, ich machte noch eine Exkursion mit Berzelius und Pohl nach Königswarth zu den dortigen Quellen, wir gaben uns aber ein Rendezvous auf dem Kammerbühl, wo wir auch am folgenden Tage zusammen trafen. Berzelius, welcher die vulkanischen Gebilde der Auvergne bereist hatte, war erstaunt über die Ähnlichkeit des Kammerbühls mit jenen Gebirgen, und erklärte ihn für vulkanischen Ursprungs. Am folgenden Tag [31. Juli] speisten wir zusammen bei Goethe im Gasthof zu Eger, wo Berzelius mehrere chemische Untersuchungen mit Erstaunen erregender Gewandtheit vollführte. Ein Bund gegenseitiger Anhänglichkeit war geschlossen.

4997 J. Berzelius an C. Palmstedt *7. August 1822*

Goethe ist ein zweiundsiebzigjähriger Mann von mittlerer Körpergröße, untersetzt und kräftig, sein Haar, welches auf ihm wie auf einem anständigen Beamten liegt, ist noch nicht grau, und seine ganze Haltung war die eines gut gekleideten, ehrwürdigen, altmodischen Inspektors. Er ist eher schweigsam als gesprächig, äußert sich mit Gutmütigkeit und nicht tranchant und ist im Wesen viel mehr wahrer Philosoph als in der Schrift. Er ist auf seine alten Tage ein so eifriger Geologe geworden, daß er in den drei bis vier Tagen, die er in Eger war, schon ein paar hundert Tuffsteine gesammelt hatte.

4998 J. Berzelius: Selbstbiographische Aufzeichnungen

Auf meinen Exkursionen um Karlsbad besuchte ich [1822] die meisten der dortigen vulkanischen Überreste, die Bergwerke von Joachimstal, die Porzellanfabrik von Dallwitz usw.

Dr. Pohl erhielt vom Fürsten Metternich den Auftrag, mich nach dessen Besitzung Königswarth, woselbst ich die dort auftretenden Mineralquellen untersuchen sollte, einzuladen, was ich gern annahm. Pohl führte mich hin, und ich traf dort mit dem ausgezeichneten böhmischen Mäzen und Naturforscher, Grafen Kaspar Sternberg, bekannt durch seine Flora der Vorwelt, zusammen. Nachdem wir ein paar Flaschen des Mineralwassers hatten aufsammeln lassen, reisten wir nach Marienbad weiter, wo Sternberg als Kurgast weilte, und verlebten dort einen höchst interessanten Tag. Sternberg begleitete uns nach Eger, dort hielt sich der berühmte Dichter und Naturforscher Baron von Goethe damals auf, dem er mich [am 30. Juli] vorstellte. Dieser empfing mich mit einer Miene und Gebärde, als sei er von der neuen Bekanntschaft nicht gerade sehr entzückt, auch sprach er kein Wort mit mir. Doch ich war schon zufrieden, daß mir Gelegenheit geboten war, den durch Verdienste jeder Art so ausgezeichneten Mann auch nur gesehen zu haben. Er lud uns zum Mittagessen, das frühzeitig eingenommen wurde, ein. Während desselben wurde beschlossen, am Nachmittag einen Spaziergang nach dem Kammerbühl zu machen.

Dies ist ein erloschener Vulkan, jedoch so kleinen Umfangs, daß man in ein paar Minuten vom Fuß zur Spitze gelangen kann. Hier kam ich nun ins Gespräch mit Goethe. Er hatte einige Jahre vorher eine kleine Broschüre über denselben herausgegeben, in der er darzutun versuchte, daß es sich um einen vulkanischen Ausbruch von Asche und Rapilli, aber ohne Krater- und Lavabildung, der unter Wasser stattgefunden hatte, handle. Zunächst stießen wir auf Massen solcher Rapilli, an denen für Wegebauten ungeheure Ausgrabungen vorgenommen worden waren. Die Lagerstätten waren durchschnitten und zeigten horizontale Schichten verschieden gefärbten Steingrießes. Goethe fragte mich hier, ob das nicht deutlich zeige, daß die Eruption unter Wasser stattgefunden habe. Ich ließ mir nicht merken, daß ich von seiner vorgefaßten Meinung in diesem Falle wußte, und erwiderte nur, daß es allerdings den Anschein habe, aber, bevor wir den Vulkan nicht selbst gesehen hätten, schwerlich ein Schluß gezogen werden könne, weil die gleiche Schichtung entstanden sein würde, falls der Steingrieß aus der Luft niedergefallen wäre. Der Vulkan hatte an der Spitze eine Vertiefung, welche Goethe für eine künstliche Ausgrabung hielt, die in der Absicht erstellt sei, bei Landpartien darin eine Kochgelegenheit für Teewasser unterbringen zu können. Aber diese Vertiefung war von länglicher Gestalt und auf der einen Seite von einem viel höheren Rand umgeben als auf der andern. Nach den Erfahrungen, die ich in der Auvergne und im Vivarais beim Studium der vielen dortigen Vulkane gesammelt hatte, suchte ich Goethe zu überzeugen, daß einmal die Vertiefung ein wirklicher Krater sei, und dann, daß die Eruption, von einem heftigen Sturm begleitet, sich ereignet haben müsse, wobei sich das Ausgeworfene an der Leeseite, die deshalb höher und ersichtlich verlängert sei, angesammelt habe. Daraus folge unbedingt, daß der Krater dicht unter der Spitze des kleinen Berges, ganz nahe der Seite, von welcher her der Wind geblasen hatte, liegen müsse, und daß daher auch dort die Lavaströme zu suchen seien. Der siebzigjährige Naturforscher hörte mir aufmerksam zu, doch bemerkte er, als ich geschlossen hatte, daß hier kein Mensch Lava finden würde. Ich antwortete, daß es allerdings den Anschein habe, aber daß wir jetzt, da die Stelle festgestellt sei, an der Lava gefunden werden könne, auch dort danach suchen müßten. Er rief nun seinen Bedienten, der auf den geologischen Exkursionen des alten Herrn stets einen großen Hammer und eine Hacke mitführen mußte. Dieser räumte Moos und die Grasnarbe weg und stieß dann auf ein Gestein, von dem ich ihn ein Stück abschlagen ließ. An der Bruchfläche fand sich ein Olivin. Das war nun deutlich Lava.

Goethe war über den Fund ganz entzückt und ganz besonders noch darüber, wie man a priori dazu gekommen war. Er erklärte, daß er seine Überzeugung jetzt geändert habe, und machte Sternberg den Vorschlag, einen Durchstich des Vulkans der Tiefe nach vorzunehmen, womit sie im folgenden Sommer beginnen wollten.

Ursprünglich hatte ich die Absicht, mit Pohl, der sich unterdessen in dem nahen Franzensbad aufhielt, am andern Tag nach Karlsbad zurückzukehren, Goethe aber nötigte mich, noch einen Tag zu verweilen.

Die Morgenstunden [des 31. Juli] verwandten Sternberg und ich zu einem Besuch der Steinbrüche von Haßlau, wo eine Art Idokras, der sogenannte Egeran, vorkommt. Wir konnten Goethe ein paar schöne Mineralstufen mitbringen, die er mit Vergnügen annahm. Er zeigte mir dann die Sammlung, die er hier auf seinen Exkursionen zusammengebracht hatte, und die in einem besondern Zimmer auf einer ganzen Reihe von Tischen aufgelegt war. Sie war ziemlich groß, aber nur wenige Stücke davon verdienten es, aufbewahrt zu werden. Über den Namen eines der vorgezeigten Mineralien waren wir nicht einerlei Meinung, und da Goethe mir nicht glauben wollte, schlug ich ihm vor, die Frage mit dem Lötrohr zu entscheiden. Er sagte, daß er die Anwendung dieses Instrumentes nicht recht kenne, aber gern Versuche damit sehen wolle. Ich bewohnte ein Zimmer in dem gleichen Gasthaus, und so holte ich meinen Apparat, den ich auf Reisen immer mit mir führe, herauf. Goethe war von der genauen Auskunft, die das Instrument gab, so eingenommen, daß ich eine Menge der von ihm gesammelten Sachen mit dem Lötrohr prüfen mußte.

Er hatte eine Vorliebe für titanhaltige Mineralien und eine möglichst reiche Sammlung derselben, aus allen bekannten Fundorten, zusammengebracht.

Als ich ihm zeigte, wie leicht man, durch eine schöne Reaktion, Titan mit dem Lötrohr nachweisen kann, beklagte er es bitterlich, daß seine Jahre ihn hinderten, sich im Gebrauch des Instrumentes auszubilden. Es wurde dunkel, ehe er sich an den Lötrohrversuchen satt gesehen hatte, und noch am andern Morgen, vor der Abreise, mußte ich ihm einige Mineralien untersuchen.

4999 *Grüner* *1. August 1822*

Stadelmann hatte blaue, gelbe und weiße Bögen in kleine Quadrate liniert, welche ausgeschnitten, auf jedes Gestein gepicht, mit Nummern versehen und verzeichnet wurden.

Das Gespräch zwischen Goethe und mir fiel auf Werthers Leiden und auf die erstaunliche Sensation, welche dieses Werk, kaum daß es erschienen war, in ganz Deutschland hervorbrachte. Goethe sagte: Man kann den Leuten doch nicht alles recht machen; man wollte mir zur Last legen, daß sich einige Studenten erschossen hätten. In Wien wurde über Werther ein Feuerwerk gegeben, es war eine allgemeine Stille, und nach einer langen Pause fiel ein Pistolenschuß. Das Neue reizt.

Als dann die Rede auf die Volksdichter kam, zählte Goethe Bäuerle unter die besseren.

Auf meinen Vorschlag wurde die Reise über Falkenau nach Hartenberg für den 3. August festgesetzt.

5000 *Grüner* *2. August 1822*

Goethe besah meine Bibliothek, hielt sich einige Zeit bei meinen französischen und englischen Werken auf, nahm manchen Band heraus, um die Auflage zu besehen; endlich nahm er auch einen Band von seinen Werken. Es war der erste Teil, betitelt: «Theater von Goethe», enthaltend: Faust, die Laune des Verliebten und die natürliche Tochter. Wien, gedruckt bei Anton Strauß, 1810, in Kommission bei Geistinger. Da es ein Nachdruck war, befürchtete ich, Goethe werde sich etwas bitter äußern. Er aber betrachtete die Umrisse, die statt der Kupferstiche beigegeben waren, und sagte, nachdem er noch einige Bände angesehen hatte, daß diese Auflage unter die guten zu zählen sei, – ohne eine Miene zu machen, daß der Nachdruck ihm unangenehm wäre. Dann verweilte er längere Zeit bei meiner schon erwähnten Mosaik.

Nachmittags besuchten wir den Prior im Dominikanerkloster, um die Bibliothek und das Mineralien- und Konchylienkabinett zu besehen. Goethe fand beide unbedeutend. Die Bibliothek enthielt meist Werke theologischen

Inhaltes. Ich machte ihn bloß auf ein Manuskript des Priors Wilhelm aufmerksam, der zur Zeit, als Stadt und Gebiet Eger im Jahre 1565 zum protestantischen Bekenntnisse übertrat, allein im Kloster sich erhielt, den Predigten der Prädikanten beiwohnte, und alles aufzeichnete, was sie wider den Papst und die katholische Religion predigten, dieses dem Bischofe von Regensburg anzeigte, und sich dadurch manche Verfolgung zuzog, bis endlich auf Andringen des Bischofs den Lutheranern zu Eger durch ein kaiserliches Reskript Einhalt getan wurde.

Goethe sagte: Gegenseitige Schimpfereien waren damals im Schwange, und entzweiten die Gemüter noch mehr, und der kräftige Luther, wie Sie wissen, hatte doch bedeutende Anhaltspunkte.

Ich sprach meine Ansicht dahin aus, daß, wenn die katholischen Regenten gleich zu Anfang kräftig eingeschritten wären und einige Mißbräuche abgestellt hätten, die Umwälzung nicht in so großem Umfange stattgefunden, der Dreißigjährige Krieg Deutschland nicht so tiefe Wunden geschlagen haben würde.

Sie können recht haben, entgegnete Goethe, allein ich sage Ihnen, daß die Lehre bei Ihnen besser ausgedacht ist, und mehr zum Ganzen zusammengreift als bei uns. Wir haben gute Prediger, sie werden aber wenig besucht, in jeder bedeutenden Stadt fängt man an, neue Grundsätze aufstellen zu wollen. Wenn wir nur ein Original hätten!

5001 Grüner *3./5. August 1822*

Goethe sehnte sich sehr, den Grafen Auersperg, mit welchem er Briefe gewechselt hatte, wieder zu sehen und sich seines Umganges zu erfreuen.

Meinen Vorschlag, in Falkenau zu verweilen und die Mineraliensammlung des Bergmeisters und Justitiars Lößl zu besehen, der auch über die ganze Umgegend gründlichen Aufschluß geben könne, nahm Goethe an. Ich hatte Herrn Lößl zuvor von der Ankunft des berühmten Mannes Nachricht gegeben und von ihm die Zusicherung erhalten, daß er alles aufbieten werde, demselben den Aufenthalt angenehm zu machen.

Goethe wurde dann von diesem meinem Freunde, der wegen seiner Biederkeit und Kenntnisse in allgemeiner Achtung stand, liebe- und ehrfurchtsvoll aufgenommen, besah mit Vergnügen die reichhaltige schöne Sammlung, und erkundigte sich nach dem Vorkommen des einen oder anderen Minerals.

Es begann zu dunkeln, und damit der Abend so angenehm als möglich vergehe, veranlaßte ich Lößl, Seiner Exzellenz auserlesene Früchte des Dichtervereins, dessen Mitglied er war, besonders Gedichte Fürnsteins vorzulegen. Diese Gedichte hatten auf mich einen um so tieferen Eindruck gemacht, als ich wußte, daß Fürnstein nicht studiert hatte, alles aus sich selbst schöpfte, und was seinen Körperbau betrifft, von der Natur leider nur allzu stiefmütterlich behandelt worden war.

Goethe blätterte mehrere Hefte durch, bezeigte sein Wohlgefallen, und ersuchte, ihm Abschrift von einigen der Gedichte Fürnsteins, die er bezeichnet habe, zu übermitteln ...

Goethe ersuchte Lößl, Fürnstein zu raten, daß er hauptsächlich seine Begrenzung, die ihn umgebenden Gegenstände, zur Dichtung wählen möge, weil diese dadurch an Interesse gewinnt.

Da Goethe Fürnstein zu sehen wünschte, wurde die Veranstaltung getroffen, daß dieser den anderen Tag, wo wir den Steg über die Eger zu Fuße passieren mußten, am Ende des Weges in seinem kleinen Wägelchen sitzend von Goethe gesehen werden mochte. Wehmütig betrachtete Goethe die zusammengeschrumpfte Figur Fürnsteins mit den verdrehten Gliedern, und munterte ihn auf; worauf wir wieder in die Kutsche stiegen. Der Anblick des armen Krüppels hatte Goethe sichtlich verstimmt, endlich sagte er zu mir: Haben Sie seinen Kopf betrachtet, nicht wahr, die Natur hat ersetzt, was ihm am übrigen Körper abgeht?

Auf der Fahrt nach Hartenberg stieg Goethe einige Mal auf den Anhöhen aus, und besah die freundliche Gegend;

auch wurden manchen Quarzklumpen die Köpfe abgeschlagen.

Sonntags, den 4. August trafen wir gegen Mittag in Hartenberg ein, wo Goethe sehnsuchtsvoll erwartet und liebevollst aufgenommen wurde. Als nach Tische das Mineralienkabinett des Grafen wegen des ansehnlichen Zuwachses, den dasselbe seit der letzten Anwesenheit Goethes erhalten hatte, in Augenschein genommen wurde, beschenkte jener ihn mit einem mächtigen Bleispat, kristallisiertes Braunbleierz, für dessen Aufbewahrung ein eigenes Kästchen verfertigt worden war. Goethe war den ganzen Abend überaus heiter, und sicherte am 5. August nach dem Frühstücke dem Grafen auf dessen freundschaftliches Andringen vor der Abfahrt zu, im Sommer des nächsten Jahres wieder nach Hartenberg zu kommen. Auf der Rückfahrt von da nach Eger zeigte er sich beständig wegen Konservierung seines Bleispats besorgt, und rühmte die vorzüglichen szientifischen Eigenschaften des Grafen.

5002 Grüner *6. August 1822*

Kompositeur Tomaschek befand sich auf Besuch bei dem Advokaten Frank in Eger. Nach vorgängiger Rücksprache mit mir, beehrte Goethe ihn mit einem Besuche. Tomaschek sang einige Lieder Goethes, die er in Musik gesetzt hatte, namentlich den Erlkönig, die Müllerin, und andere, und begleitete sich dazu auf dem Pianoforte. Goethe empfahl sich unter Beifallsbezeigung.

Zu Hause sprach dann Goethe viel von musikalischen Kompositionen, besonders von jenen Zelters, seines ältesten Freundes, wie er ihn nannte. Diesen sollten Sie kennen, sagte er, ich wünschte mir eine solche Laune. Ich muß Ihnen doch etwas von ihm vorlesen.

Nun las Goethe einen Brief Zelters vor, worin erzählt war, wie er einen tüchtigen Kompositeur in Sachsen (der Name ist mir entfallen) [Peter Mortimer] besuchte, den er in den armseligsten Umständen traf; dann folgte eine Schilderung des Besuches Zelters in Herrnhut. Wenn auch der Brief weniger witzig, weniger mit drolligen Einfällen versehen gewesen wäre, so hätte schon das bloße Vorlesen Goethes dafür einnehmen und einen angenehmen Eindruck hervorbringen müssen; denn er konnte sich dabei so ganz in die Stimmung seines Freundes versetzen und demgemäß die Stimme modulieren; kurz er hatte einen vortrefflichen, mir noch niemals vorgekommenen Vortrag.

Lächelnd fragte er: Nun, was sagen Sie dazu?

Ich antwortete, daß der Brief verdiente, in Druck zu erscheinen.

Wir wollen sehen, sagte Goethe, es müßte natürlich vieles kassiert werden. Dann sprach er über Tomascheks Verdienste und lobte dessen kunstreiche Kompositionen, doch, fügte er hinzu, wünschte ich ihm mehr Gemütliches; der Eingang zum Erlkönig will mich nicht ansprechen.

5003 W. J. Tomaschek: Selbstbiographie *1850*

[Im folgenden Bericht sind die Begebenheiten vom 6. August 1822 irrtümlicherweise auf zwei Tage verteilt worden.] Seit ich erfuhr, daß Goethe Eger besuchen wolle, hatte ich keine Ruhe mehr, in Karlsbad noch länger zu bleiben; der Refrain aus Mignons Sehnsucht: «Dahin, dahin, geht unser Weg, o Vater laß uns ziehn!» klang mir unaufhörlich im Ohre ...

Ich war in meiner Kur sehr fleißig, dessenungeachtet wollte der gichtische Schmerz von mir nicht lassen. Um Goethe, der sich in Eger aufhielt, nicht zu versäumen, reiste ich dahin ab. Ich hielt mich dort beim Advokaten Frank auf, dessen ältester Sohn während seiner Studienjahre in Prag bei mir wohnte. Am folgenden Tage, um acht Uhr morgens, machte ich mich auf den Weg zur goldnen Sonne, wo Goethe während seines Aufenthaltes gewöhnlich wohnte. Mit Beklommenheit näherte ich mich der Türe seines Wohnzimmers und horchte, ob nicht vielleicht jemand schon bei ihm sei. Kein Laut, kein Tritt ließ sich vernehmen; die tiefste Stille herrschte im Zimmer, und doch hatte ich den Mut nicht, an die Türe zu klopfen; denn es kreuzten sich unzählige Anekdoten über Goethes Stolz und Unfreundlichkeit in meinem Kopfe, die mich für einen Augenblick eingeschüchtert hatten. Endlich dachte ich bei mir: Was kann dir geschehen? – Nur Mut gefaßt, und ich klopfte ganz manierlich, worauf eine starke Stimme sich mit «draußen bleiben» hören ließ. Ich blieb vor der Türe stehen, den Erfolg abwartend, auf den ich nun um so begieriger wurde. Es dauerte aber gar nicht lange, als sich die Türe öffnete und ein junger Mann mit den Worten heraustrat: «Der Herr Geheim-Rat erwartet Sie.» – Goethe stand in der Mitte des Zimmers, von dichterischer Majestät umstrahlt; er entschuldigte sich und setzte schmunzelnd hinzu, daß er sich in einer lebensgefährlichen Lage, in den Händen des Bartscherers befunden. Er war, ohne noch zu wissen, wer ich sei, überaus freundlich, und widerlegte so alle Lügen, die über ihn so häufig verlauteten. Als ich mich ihm später nannte, wurde er sogar herzlich, äußerte sich über meine Auffassung seiner Gedichte in Ausdrücken, die ich hier zu wiederholen nicht wage ... Ich sah, daß Goethe nicht angezogen sei und vielleicht den Vormittag noch etwas zu tun habe, worauf ich mich mit dem Versprechen von ihm empfahl, ihn, seinem Wunsche gemäß, des Nachmittags auf längere Zeit zu besuchen.

Kaum konnte ich den Augenblick erwarten, der mich zu Goethe führte. Ich traf dort den Magistrats-Rat Grüner, den ich aus früherer Zeit bereits kannte. Goethe, sehr aufgeweckt und munter, bot uns Sitze an, die Worte an mich im Scherz richtend: «Lieber Tomaschek! Sie müssen sich auf das Kanapee setzen, denn Sie sind heut unser Erzbischof»; ich protestierte gegen eine solche Würde, doch es half nichts, ich mußte folgen. Als wir eine Weile schon saßen, brachte der Kellner eine stattliche Flasche mit süßem ungarischen Wein gefüllt und einen Teller mit Preßburger Zwieback. Es entspann sich bald ein für mich äußerst interessantes Gespräch über die schöne Kunst, wobei Goethe über ihre Formen die herrlichsten Ansichten entwickelte, derer ich mich oft noch mit Entzücken erinnere. Im Verfolge des Gespräches kamen wir auch auf *Wilhelm Meisters Lehrjahre* zu sprechen, wobei ich mir zu bemerken erlaubte, daß ich bei der seligsten Wonne, in die mich dieser Roman, so oft ich ihn las, stets versetzte, dennoch nicht ins reine damit gekommen sei; ob die Kapiteln darin dem Romane ihr Dasein verdanken, oder ob der Roman aus dessen Fragmenten entstand. Goethe schmunzelte und stellte die Frage an mich: Wie ich auf die Idee gekommen? – Ich rechtfertigte sie durch die lockere Haltung der Kapiteln untereinander; vorzüglich wies ich auf das sechste Buch hin, mit der Überschrift: «Bekenntnisse einer schönen Seele», das mit dem Übrigen in gar keiner Verbindung zu stehen scheint, worauf Goethe mir entgegnete: «Da ich Sie mit Ihrer Idee am rechten Wege finde, so will ich Sie vollends zum Ziele führen. Ich hatte die Kapiteln oder Fragmente, wie Sie es nennen, allerdings einzeln geschrieben und sie auch einzeln nach und nach durch Zeitschriften veröffentlicht, doch wer kennt nicht das Los der Zeitschriften! Und so glaube ich nicht, daß sich jemand darüber aufhalten könnte, das früher einzeln Zerstreute nun beisammen aneinander gereiht, als einen Roman vor sich zu sehen; ich wenigstens bedaure nicht, die Mühe darauf verwendet zu haben.» Es kam manches noch zur Sprache, ehe der Abend verging, ja es wurde sogar mineralogisiert, wobei der Magistrats-Rat Grüner herhalten mußte, ich aber hörte zu und pausierte. Goethe, mein Still-Leben gewahrend, machte wieder einen schnellen Übergang zur Kunst, indem er mich fragte, ob es mir nicht möglich wäre, ihm einige seiner von mir komponierten Lieder vorzutragen? hinzusetzend, daß selbst der geübteste Sänger ein Lied doch nicht so zu beleben wisse, als dessen Tondichter; auch meinte er, daß es nicht so sehr auf die Schönheit des Sing-Organs dabei ankomme, als vielmehr auf die jedesmalige an gehöriger Stelle angebrachte Betonung, wodurch erst das Lied seine volle Wirkung tut. Ich schlug ihm vor, die Wohnung des Advokaten Frank, der ein sehr gutes Fortepiano hatte, zu besuchen, und versprach, ihn selbst am folgenden Tage nach 10 Uhr vormittags dahin abzuholen. Goethe wurde durch meine Bereitwilligkeit so herzlich, daß ich kein Bedenken trug, ihn zu bitten, mein kleines Stammbuch, das ich deshalb mithatte, nur mit ein paar Worten zu verherrlichen, wozu er gleich zwei Blättchen sich wählte. Indessen rückte die Nacht heran, was blieb mir und dem Rat Grüner anderes übrig – als uns zu empfehlen und dem Dichterfürsten eine angenehme Nacht zu wünschen. Da ich die Hefte von Goethes Liedern nicht mitgenommen, so ersuchte ich den Rat Grüner, mir Goethes Gedichte zu leihen, um mir den Text zu sichern, denn auf mein musikalisches Gedächtnis konnte ich mich ganz verlassen. Frank freute sich auf Goethes Besuch, und ich säumte nicht, mich am folgenden Tage zur bestimmten Zeit bei ihm einzufinden, um ihn nach dem verabredeten Orte zu begleiten. Nach wechselseitigen Begrüßungen nahm jeder von dem kleinen Publikum seinen Sitz ein. Es bestand aus Frank und seinem Sohn, dann dem Rat Grüner und dem Apotheker von Helly aus Prag, mit dem ich nach Eger gereist. Goethe setzte sich nächst dem Fortepiano mir gerade gegenüber; wahrscheinlich wollte er sehen, ob meine Gebärdensprache mit Wort und Ton stets im Einklange stehe?

Durch die Gegenwart des Dichters begeistert, begann ich mit dem Heidenröslein, das ihn sehr anzusprechen schien, worauf dann die übrigen Lieder folgten, als: «Wer kauft Liebesgötter?» – «Nachgefühl», «Mailied», «An die Entfernte», «Stirbt der Fuchs, so gilt der Balg», «Rastlose Liebe», «Der frühzeitige Frühling», «Trost in Tränen», wobei er tiefe Rührung nicht bergen konnte; vielleicht gab ein trauriges, dem Dichter einst begegnetes Ereignis zu diesem letztern Liede die Veranlassung, daß er jetzt noch so sehr dabei sich aufgeregt fühlte. Dem folgten noch: «Am Flusse», «Wanderers Nachtlied», «Schäfers Klagelied», «An dem See», «Jägers Abendlied», «Mignons Sehnsucht». Die wenigen Worte: «Sie haben das Gedicht verstanden», die Goethe nach Anhören des letztgenannten Liedes zu mir sprach, sagten mir deutlich, daß er mit meiner Auffassung dieses Liedes ganz zufrieden war, indem er noch weiter bemerkte: «Ich kann nicht begreifen, wie Beethoven und Spohr das Lied gänzlich mißverstehen konnten, als sie es durchkomponierten; die in jeder Strophe auf derselben Stelle vorkommenden gleichen Unterscheidungszeichen wären, sollte ich glauben, für den Tondichter hinreichend, ihm anzuzeigen, daß ich von ihm bloß ein Lied erwarte. Mignon kann wohl ihrem Wesen nach ein Lied, aber keine Arie singen.» Nun trat eine Pause ein, während Goethe einige Ölgemälde von Franks zweitem Sohn betrachtete und sich über das Talent des jungen Malers lobend äußerte.

Nachdem Goethe sich wieder gesetzt, nahm ich zum Schlusse noch die drei ihm gewidmeten Balladen vor, nämlich: den «Erlkönig», «König in Thule» und den «Fischer». Goethe empfahl sich allen Anwesenden und wandte sich zu mir mit den Worten: «Ihnen, lieber Tomaschek, werde ich heute erst des Nachmittags danken, bis Sie sich Ihre Stammbuchs-Blättchen abholen werden.» Die Neugierde, wie der große Mann meine Blättchen bedacht, ließen mich nicht säumen, gleich nach Tisch dahin zu gehen. Ich traf ihn herumklaubend unter seinen Mineralien, die er mit Rat Grüner in der Umgegend von Eger gesammelt hatte. Goethe war diesmal noch viel freundlicher, als gewöhnlich, er nahm mich bei der Hand und dankte mir für die musikalische Ausstattung seiner Gedichte mit sehr wenigen, aber um so innigeren Worten, die ich zeitlebens im Gedächtnisse aufbewahren werde. Er nahm die zwei von ihm beschriebenen Blättchen und gab sie mir, indem er lächelnd bemerkte: «Da habe ich Ihnen etwas Diplomatisches zur Erinnerung an unser Zusammentreffen gemacht, es soll mich freuen, wenn Sie beim Anblick dieser Zeilen sich dessen erinnern. Übrigens hoffe ich, daß wir uns noch im Leben wiedersehen werden.» Ich dankte für das herrliche Andenken, empfahl mich und verließ innig gerührt seine Wohnung. Nicht übergehen darf ich das Gedicht hier, das Goethe auf den zwei Blättchen für mein Stammbuch schrieb.

Das Diplomatische daran, wie er sich im Scherz ausdrückte, bestehet darin, daß, wenn man die Überschrift der Rückseite vom Gedicht im Zusammenhange lesen will, man beide Blättchen scharf nebeneinander legen muß. Dasselbe muß auch geschehen, ehe man zum Lesen der inneren Überschrift vom Gedicht schreitet. Die äußere Überschrift lautet:

Für innige	Teilnahme
an meinen	Gesängen
dank-	bar
zu freundlichem	Erinnern
genußreicher	Stunden
Eger, d. 6. August	1822.

Die innere Überschrift lautet:

Liebe schmerzlicher	Zwie-Gesang
unmittelbar	nach dem Scheiden.

Er

Ich dacht', ich habe keinen Schmerz,
Und doch war mir so eng ums Herz,
Mir war's gebunden vor der Stirn,
So hohl im innersten Gehirn;
Bis endlich Trän' auf Träne fließt,
Verhalt'nes Lebewohl ergießt –
Ihr Lebewohl war heit're Ruh';
Sie weint wohl jetzund auch wie Du.

Sie

Ja! er ist fort, das muß nun sein!
Ihr Lieben, laßt mich nur allein;
Sollt' ich Euch seltsam scheinen,
Es wird nicht ewig währen. –
Jetzt kann ich ihn nicht entbehren,
Und da muß ich weinen.

Die senkrechten Linien bedeuten die Kanten der beiden Blättchen.

5004 Grüner *7. August 1822*

Herr Pastor Martius in Schönberg bei Franzensbad wird häufig von Kurgästen wegen seines ansehnlichen Mineralienkabinetts besucht. Er ist ein sehr kenntnisreicher, äußerst gefälliger Mann. Die Aussicht von Schönberg über das Egerland erfreute Goethe sehr und gab zur Rekapitulation der Touren Anlaß, die er in diesem Ländchen gemacht hatte. Wir trafen unter andern Personen den Präsidenten von Stettin, mit welchem Goethe sich unterhielt. Herr Pastor Martius, der sich durch den Besuch höchst geehrt fühlte, überreichte Goethe einige Rauchtopase, Amethyste und Egrane aus der Nachbarschaft, die er dankend freundlichst annahm.

5005 *A. Martius an W. v. Biedermann*

Goethe ... besuchte mich den 7. August 1822 in Schönberg bei Adorf im Sächsischen Vogtlande. Er verweilte einen ganzen Tag bei mir, um mein Museum zu besehen. Gegen Mittag kam ein Gewitter. Bei dem ersten Donnerschlag rief er ganz entzückt aus: Wie freue ich mich, den Donner über dem vogtländischen Granit zu hören. Es war, als hätte der Himmel seine Wünsche berücksichtigt; denn schnell darauf folgte ein zweiter, viel mächtigerer Schlag, der sein angeschlagenes Echo in majestätischer Betonung über den Granit hinüber detonierte.

Er interessierte sich sehr für die Ansicht: kommt der Granit des Vogtlandes geschichtet vor, wie früher Goldfuß und Bischof vom Fichtelgebirge behaupteten? Ich war im Stande gesetzt, gleich in meiner Nähe dem großen Dichter eine klassische Stelle für obige Ansicht nachweisen zu können. Er war hocherfreut an dieser Stelle und bat, ich möchte ihm eine genaue Beschreibung dieses Lageverhältnisses nach Weimar schicken. Diese Arbeit nahm er sehr huldvoll auf und beschenkte mich mit einem ausgezeichneten englischen Prisma ...

In meiner Mineralien-Sammlung zog ihn besonders die Abteilung der Versteinerungen von Abdrücken aus den Steinkohlen Englands an. Er versicherte, selbst in England [?] solche nicht schöner gesehen zu haben. Meinen Meteorstein von 47 Pfund schwer betrachtete er mit erheitertem Wohlgefallen. Die topographische Sammlung des Kammerbühls bei Eger (ein ausgebrannter Vesuv) nannte er eine sehr wissenschaftliche Zusammenstellung, die mehr sagte, als alles andere, was über den Kammerbühl geschrieben worden. Unter meinen physikalischen Instrumenten erfreute ihn besonders mein großes zusammengesetztes Mikroskop, von Plösel aus Wien, dessen Vergrößerungen gingen zu 500mal linear oder 250000mal der Fläche mit vollständiger Klarheit und Schärfe. Ein gleiches Interesse hatte auch für ihn mein neunfacher künstlicher Stahlmagnet, der ein Gewicht von 47 Pfund trug. Unter meinen zoologischen Merkwürdigkeiten erheiterte ihn bis zur poetischen Begeisterung eine Ringelnatter (coluber), die ihr Lager in einem Mooskästchen hatte. Schon zwei Jahre in ihrem Besitz, war sie so an mich gewöhnt, daß sie mir auf jedes Wort folgte. Ich nannte sie Beta. Sie hielt sich immer auf meinem Schreibtisch auf, und folgte, wenn ich schrieb, genau mit ihrem Köpfchen dem Zug der Feder. Wie ein lebendiges Band legte sie sich um meinen Hals und streichelte mit ihrem Köpfchen mein Gesicht. Gegen den großen Dichter hatte sie mehr Deklination als Inklination, denn sobald er nur einen Versuch machte, sie anzurühren, entfloh sie, kam aber sogleich wieder in meine Nähe, sobald ich sie rufte. Goethe meinte, ich besitze ein besonderes Talent, mich mit Tieren zu verständigen. So wie die Römerinnen in den Schlangen Beschützerinnen ihrer Liebe sahen, wenn sie ihnen in ihrem nächtlichen Rendezvous erschienen. In mehreren nachfolgenden Briefen erwähnte der große Dichter «die freundliche Beta».

5006 Grüner *8. August 1822*

Als ich Goethe abends besuchte, kam er wieder auf seinen Lieblingsgegenstand, die Farbenlehre. Er erörterte die Mühe, den Kostenaufwand, welche er beharrlich auf diesen Gegenstand verwendete, und sagte ganz gelassen: Er sei allein auf der Erde, der sagen könne, er habe Wahrheit. Nachdem Goethe noch einiges hinzugefügt, sagte er: Ich muß Ihnen noch die vortreffliche Ode Manzonis auf den Tod Napoleons vorlesen; ich habe versucht, so gut ich konnte, sie deutsch wiederzugeben.

Welch ein Lesen! Er war wie in einem verklärten Zustande, dabei ganz ergriffen, das Feuer blitzte aus seinen Augen, die richtigste Betonung eines jeden Wortes und Ausdruckes ergriffen auch mich, und wie er zu Ende war, folgte eine Pause. Wir sahen einander an, ich konnte in seinem Antlitze, und er mochte in dem meinigen Begeisterung lesen. Sie sollen sie morgen haben, sagte er endlich, nicht wahr, Manzoni ist ein großer Dichter?

Ich wünschte, versetzte ich, daß er beim Vortrage dieser

Ode zugegen gewesen wäre; wenn er auch nicht deutsch verstehen möchte, würde er doch durch den begeisterten Vortrag Eurer Exzellenz sich gewiß ausgezeichnet belohnt gefühlt haben.

5007 Grüner *10./11. August 1822*

Ich erzählte Goethe von der berühmten chemischen Fabrik meines Freundes Fikentscher zu Redwitz, und sagte, daß dieser es sich zur größten Freude machen würde, mit einem Besuche beehrt zu werden. Goethe ließ sich um so mehr geneigt finden, diese Reise zu unternehmen, als er Hoffnung hatte, Gläser für das Naturalienkabinett zu Jena in Fikentschers Glasfabrik bestellen zu können.

Da ich die mehrerwähnte Eiche auf starke Bretter zerschneiden ließ, welche noch auf der Sägemühle beim Mühltore lagen, wünschte Goethe zu sehen, wie die Eiche innerlich durchaus beschaffen sei, und so wurde der im Tagebuche bemerkte Spaziergang unternommen. Goethe fand die Bretter durchaus gesund und von der bereits beschriebenen Farbe, es wurde wieder ein Stückchen mitgenommen.

Über den 9. und 11. August fand sich in Goethes Tagebuch keine auf mich bezügliche Bemerkung. Es scheint, daß die Beschäftigung mit seinen gesammelten Mineralien und anderweitige Arbeiten ihn abhielten, sein Tagebuch täglich zu versehen. In dem meinigen habe ich angemerkt: «Mit Goethe um 12½ Uhr nach Waldsassen gefahren, dort gespeist, die Kirche, dann die Stellagen der ehemaligen Bibliothek besehen.» Es befinden sich über den Fächern dieser ehemaligen Bibliothek allegorisch sein sollende Schnitzwerke, zum Beispiel über dem Fache der philosophischen Schriftsteller ein Kopf mit einem Kropf und mit Warzen im Gesichte, die scriptores profani hatten gebundene Hände usw. Während wir unsere Betrachtungen darüber anstellten, kamen Fremde von ansehnlichem Äußern. Geben Sie acht, Freund, sagte Goethe, es sind Preußen, die wollen immer alles besser wissen als andere Leute.

Goethe zog sich mit mir zurück, um aufmerksam zuzuhören. Als sie nun zu explizieren und zu debattieren anfingen, sah mich Goethe, der die Arme übereinander geschlagen hatte, warnend an, als ob ich aufmerken und mich durch sie belehren lassen sollte, und ging dann. Als wir allein waren, fragte er lächelnd: Nicht wahr, jetzt haben Sie alles weg?

Auf der Heimfahrt nach Eger sprach er abermals von den Widersachern, welche gegen seine Farbenlehre aufgetreten waren. Die Leute, sagte er, wollen sich über Licht und Auge in Zergliederungen a priori einlassen, allein unser Verstand ist beschränkt, wir kennen nichts als die Wirkungen, daher habe ich Licht und Auge vorausgesetzt.

5008 Grüner *12. August 1822*

Wie ich schon erwähnte, hatte ich für Goethe Mineralien aus der Umgegend gesammelt, und es hatte mir stets besonderes Vergnügen gewährt, wenn er, mich aufmunternd, sie annahm. Als ich heute von meinen Berufsgeschäften nach Hause kam, fand ich Goethe in meinem Bilderzimmer. Nach kurzem Gespräche wurde mein Arbeitszimmer geöffnet, und Goethe zeigte auf einen mit vierzehn Schubkästen versehenen Schrank, den er zu meiner Überraschung verfertigen und während meiner Abwesenheit, weil er meine Amtsstunden kannte, hatte aufstellen lassen.

Nun weihe ich Sie in die Mineralogie ein, sagte er lächelnd, und von nun an werden Sie mir nicht mehr so viel zutragen.

Er hatte mehrere Schubkästen mit Mineralien gefüllt, die ich schon kannte. Aber wie hätte ich je denken sollen, daß auch seine Voraussagung in Erfüllung gehen werde, da ich so ausgezeichnet behandelt worden und zur Dankbarkeit so sehr verpflichtet war.

5009 Grüner *13. August 1822*

Redwitz liegt fünf Stunden westlich von Eger, ist ein Marktflecken, und war eine österreichische Enklave früher im Bayreuthschen, dann im Bayrischen. Die Stadt Eger hatte Redwitz im vierzehnten Jahrhunderte von dem Abte Gribel zu Waldsassen erkauft, und bis 1816 ruhig die obrigkeitlichen Rechte ausgeübt und Giebigkeiten bezogen. Durch den Staatsvertrag wurde es an Bayern abgetreten, und die Stadt Eger sah daher noch immer einer Entschädigung entgegen.

Die Fabrik des Herrn Fikentscher ist wegen ihrer Ausdehnung, inneren Einrichtung, wegen ihrer ausgezeichneten chemischen Produkte und wegen des großen Absatzes berühmt. Goethe ließ sich von allem unterrichten, besuchte auch die Glashütte, und bestellte Gläser für das Naturalienkabinett zu Jena. Die Glasfabrik wird bloß für die gläsernen Retorten betrieben. Goethe ließ sich Gläser fertigen, welche, wenn auf einen dunklen Gegenstand gelegt, blau, über einen weißen aber gelb aussahen, und das gab ihm abermals Anlaß zur Erörterung seiner Farbenlehre. Er war heiter, unterhielt sich sehr gut, mich aber riefen Berufsgeschäfte nach Eger zurück; daher fuhr ich den 14. August dahin, was auch Goethe in seinem Tagebuche erwähnt. Er aber blieb bei Fikentscher.

5010 Grüner *18. August 1822*

[Grüner und seine Frau waren nach Redwitz gekommen.] Goethe zeigte sich über unsere Ankunft sehr erfreut, lobte das Großartige der Fabrik, die freundliche Aufnahme, welche er, wie er sagte, meinem freundlichen Vorschlage zu verdanken habe. Die Felsengruppen zu Alexanderbad, fuhr er fort, empfehle ich Ihrer aufmerksamen Betrachtung, denn sie sind auch ein problematischer Gegenstand. Ich habe versucht, ihnen etwas abzugewinnen, – und hierauf setzte er mir seine Ansicht auseinander.

5011 Grüner *19. August 1822*

Ich kam vormittags zu Goethe, der mir den in seinem Tagebuche erwähnten altertümlichen Becher [der für Maximilian Kurfürsten von Bayern bestimmt gewesen war] zeigte, und mich ersuchte, ihm Schillers Dreißigjährigen Krieg zum Lesen zu leihen. Fürnsteins Leben und Gedichte interessieren Goethe sehr. Die jammervolle Gestalt Fürnsteins scheint auf ihn einen tiefen Eindruck gemacht zu haben; er lobte ihn und sagte: Diesem Manne muß man trachten, auf die Beine zu helfen. – Ich brachte dann Schillers Dreißigjährigen Krieg und empfahl mich wieder.

Als ich abends zu Goethe kam, bemerkte ich, daß ihm Zähren über die Wangen herabrollten. Ich fragte erstaunt: Exzellenz, was ist Ihnen geschehen?

Nichts, Freundchen, erwiderte er, ich bedauere nur, daß ich mit einem solchen Manne, der so etwas schreiben konnte, einige Zeit im Mißverständnisse leben konnte. Schiller wohnte drei Häuser von mir, und wir besuchten uns nicht, weil ich, von Italien zurückkommend, vorwärts gedrungen war, und die durch Schiller veranlaßten Räubergeschichten nicht ertragen konnte. Vom Jahre 1797 bis 1805 besuchten wir uns wöchentlich zwei- bis dreimal, schrieben uns auch gegenseitig. Schiller hatte die Gabe, daß er über seine Sachen, die er in Arbeit hatte, über Plan, Einteilung sprechen konnte, was aber mir nicht eigen war. Da er manches nicht gehörig motivierte, so gab es Dispute. Als er mir sein vortreffliches Werk, Wilhelm Tell, brachte, machte ich ihn aufmerksam, wie es komme, daß der Landvogt Geßler auf den Einfall gerät, Tell solle den Apfel von des Knaben Kopf schießen, und bemerkte, daß das nicht gehörig motiviert sei. Schiller war hierüber etwas unwillig; allein ungefähr den dritten Tag brachte er die Szene mit dem Knaben des Tell, der behauptete, sein Vater könne mit dem Pfeile jeden Apfel vom Baume schießen. Sehen Sie, Freund, jetzt ist eine Veranlassung dazu, so macht es sich herrlich.

Schiller, fuhr Goethe fort, war in Stuttgart geboren, in der Militär-Akademie erzogen, schrieb dort die Räuber, entsprang, wurde in Mannheim gut aufgenommen, von Württemberg requiriert, suchte Asyl im Thüringer Walde auf einem Landgute, wie Luther auf der Wartburg, heiratete, kam nach Dresden, Jena, dann nach Weimar. Er hatte ein Leiden im Unterleibe, und ich glaubte, daß er kaum noch ein Jahr leben würde. In jenem leidenden Zustande hatte er eine Apprehension gegen die Menschen. Als ich ihn während desselben besuchte, wurde angeklopft. Schiller sprang hastig auf, öffnete die Türe, und als ein junger, nicht unansehnlicher Chirurg aus Berlin fragte, ob er die große Ehre und das Vergnügen hätte, den berühmten Schiller zu sprechen, sagte dieser hastig: Ich bin Schiller, heute können Sie ihn nicht sprechen, – schob den Fremden zur Türe hinaus und machte sie zu.

Es ist oft lästig, setzte Goethe bei, sich durch so viele Besuche die Zeit rauben zu sehen. Darauf ging er auf Fürnstein über und sagte: Wenn Fürnstein noch einige Gedichte nach meinem Rate gemacht haben wird, so will ich ihn gerne einführen und die Einleitung zum Drucke treffen, denn er ist in körperlicher Hinsicht ein äußerst bedauerungswürdiger Mensch.

5012 Grüner *21. August 1822*

Sie kommen mir eben willkommen, rief mir Goethe beim Eintreten zu, wir müssen doch auch von unserer Sammlung dem Prager Museum etwas zuschicken, daher wollen wir die Sachen nach den Fundörtern verzeichnen und numerieren.

Ich zeigte mich dazu höchst bereitwillig. Während der Beschäftigung kam das Gespräch auf die richtige Benutzung der Zeit, worüber Goethe sich so ausließ:

Man sagt immer, die Lebenszeit ist kurz, allein der Mensch kann viel leisten, wenn er sie recht zu benützen weiß. Ich habe keinen Tabak geraucht, nicht Schach gespielt, kurz nichts betrieben, was die Zeit rauben könnte. Ich habe immer die Menschen bedauert, welche nicht wissen, wie sie die Zeit zubringen oder benützen können. Für mich war es freilich gut, denn mein Sohn führte die ganze Hausordnung, er ist sehr ökonomisch. Ich muß selbst Versendungen rücklings machen, kann aber meinen Geschäften obliegen.

5013 Grüner *22. August 1822*

Heute komme ich, sagte Goethe, meine Frau begrüßend, Sie zu belästigen. Ich möchte gerne noch ein Stück Kattun mit nach Hause bringen, und weil die Frauen ihren eigenen Gusto haben, und auch wissen, was für sie modern, schicklich ist, so nehme ich Ihre Güte in Anspruch. – Es wurde nach gemeinsamer Wahl ein Stück gekauft.

Goethe besah meine Mineralien und freute sich des Anwuchses. Meine Ölgemälde und Kupferstiche prüfte er sorgfältig und sagte: Sie haben einige gute Stücke aus der altdeutschen und italienischen Schule, diese halten Sie wert, besonders aber, wie ich Ihnen schon bemerkte, Ihren florentiner Mosaikschrank, – bei dem er wieder einige Zeit verweilte.

Bei Betrachtung der Bilder, fuhr Goethe dann fort, muß man vorerst fragen, was wollte der Künstler mit diesem Bilde sagen? Man muß die Idee des Künstlers sich eigen zu machen streben, und nicht kleine in Eile hingeworfene Verzeichnisse aufsuchen und hierauf sein Urteil gründen.

Als ich Goethe des Abends besuchte, kam das Gespräch auf Wieland. Goethe sagte: Der Unersetzliche war in Rom und Griechenland zu Hause. Er hat sich seinen Tod selbst zugezogen. Er war bei Hof in Weimar. Da es Winter war, auch viel Schnee fiel, so ersuchte ich ihn warnend, er möchte die Nacht in Weimar zubringen, allein es half nichts, er ging in Schuhen und seidenen Strümpfen durch den Schnee nach seinem Oßmannstedt, verkühlte sich und starb.

5014 Grüner *23. August 1822*

Da ich voraussah, daß meine Amtsgeschäfte in Hartenberg Sonnabend beendigt sein würden, antwortete ich auf Goethes Frage: Am Sonnabende besehen wir doch wieder das Vincenzi-Fest? bejahend und setzte hinzu: Und für den Nachmittag würde ich die Fahrt nach der Veste Seeberg vorschlagen, wo die Drahtmühlen und die romantische Gegend Eure Exzellenz interessieren dürften.

Goethe stimmte bei, und ich übergab ihm die von dem

Prager Museum an mich erlassene Aufforderung, um die Sendung dahin einrichten zu können.

5015 Grüner *24. August 1822*

Der Blitz schlug in den Dachstuhl des Bachmeyerschen Hauses ein, und fuhr durch das Gebälke in die Stube im zweiten Stockwerke. In der Oberdecke der Stube erblickte man die Öffnung, konnte aber keine Spur entdecken, wohin sich dann der Blitz gewendet habe. Die Hausbewohner wollten behaupten, daß, weil das Bett gerade unter der Öffnung, durch welche der Blitz gefahren, stand, die Bettfedern die Materie des Blitzes aufgelöst haben müßten. Sie fügten noch bei, daß sie kein Beispiel wüßten, daß jemand im Bette vom Blitze getroffen worden wäre.

Ich bemerkte zu Goethe: Sollte es Grund haben, daß, wie Seneca sagt, die vom Blitze Getöteten niemals auf dem Gesichte liegend, sondern gegen das Firmament sehend angetroffen werden? Goethe erwiderte, daß er die Erfahrung noch nicht gemacht habe.

5016 Grüner *25. August 1822*

Wir stiegen zu Seeberg in der alten Veste ab, wo man von einem Erker eine äußerst schöne Aussicht genießt. Seeberg ist ein der Stadt Eger zugehöriges, von Franzensbad dreiviertel Stunden entferntes Gut. Ein hölzerner Steg, über den auch eine Wasserleitung in Röhren geführt ist, verbindet die durch das tiefe Tal getrennten Felsen. Über diesen auf hohen Mauerpfeilern ruhenden Steg gelangt man zur Kirche, in welcher sich merkwürdige Familien-Grabsteine befinden. Der Turm, von dem gleich näher die Rede sein wird, war noch nicht wieder aufgebaut, und die Glocke war lediglich an einem niedrigen Gerüste von Holz angebracht. Ich erzählte Goethe das Geschichtliche des Ortes, und bemerkte, daß auf den Ausspruch der Sachverständigen nicht immer zu bauen sei, denn auf die Anzeige, daß der Turm sehr schadhaft sei und mit Einsturz drohe, haben die abgesendeten Sachverständigen diese Gefahr nicht erkannt, sondern eine noch lange Dauer des

Turms zugesagt. Einige Tage nachher stürzte er aber ein, erschlug den Lehrer und beschädigte dessen Eheweib.

Goethe besichtigte die Drahtmühlen, und weil sie wegen des Sonntags nicht im Gange waren, ließ er sich die Manipulation erklären, erkundigte sich auch nach der Menge der Erzeugung und nach der Größe des Absatzes.

Kaum hatten wir unser Zimmer im Schlosse wieder betreten, so fiel ein sanfter Regen ein. Die sogenannte Schwedenschanze bei Seeberg leitete das Gespräch auf den Dreißigjährigen Krieg und auf Wallenstein. Zur Geschichte des letzteren dürfte auch das Weimarsche Archiv Aufschluß geben, denn Herzog Bernhard spielte eine wichtige Rolle. Wallenstein soll an ihn wegen seines Überganges geschrieben, Herzog Bernhard ihm aber nicht getraut haben. Ich habe, sagte ich, die Geschichte der Stadt Eger und des Gebietes, weil sie zu weitwendig wurde, in einen Geschichtskalender zusammen zu stellen mich bemüht, nachdem ich alle Archivsurkunden, alle hierauf Bezug nehmenden Korrespondenz- und andere beim Magistrate aufbewahrten Bücher durchgelesen hatte. Die Arbeit war äußerst mühsam und zeitraubend; allein ich hatte einen besonderen Drang dazu, die Schicksale meiner Vaterstadt von ihrem Ursprunge an nach Möglichkeit zu erforschen. Dabei habe ich die Überzeugung gewonnen, daß die Geschichte Egers in die Reichsgeschichte eingreife, und daß diese Stadt einst eine nicht unwichtige Rolle in betreff der Industrie und durch ihren Verkehr mit den Reichsstädten gespielt habe, denn sie war der Stapelplatz für Böhmen. Doch, sagte ich, mich unterbrechend, ich komme wieder auf meine Lieblingsgegenstände, ohne zu bedenken, daß ich Eurer Exzellenz lästig fallen könne.

Darauf Goethe: Ihr Bestreben ist löblich, sollte aber die Lust zur Mineralogie diesem Eifer nicht einigen Abbruch tun?

Allerdings, antwortete ich, aber bei meinen mineralogischen Exkursionen genieße ich ein doppeltes Vergnügen, weil ich weiß, was an diesem oder jenem Orte sich einst Merkwürdiges zugetragen hat.

5017 *Grüner* *26. August 1822*

Zu diesem Mittagsmahle [das in Goethes Tagebuch vermerkt ist] lud ich auch den hoffnungsvollen Sohn des Physikatsarztes Dr. Köstler ein, und machte Goethe auf die Fortschritte desselben in den Studien aufmerksam: Die Aufmunterung, welche Goethe dem jungen Manne zuteil werden ließ, machte auf diesen einen bleibenden Eindruck.

Das Gespräch drehte sich meist um die Studien, und kam dann auch auf die jetzige deutsche Orthographie. Laßt ihr mich mit eueren Schreibfehlern gehen, sagte Goethe, ich mache in jedem Brief Schreibfehler und keine Komma. Ich diktiere meistens und sehe nicht nach. Sollte ich aber alle Briefe beantworten, so müßte ich ein eigenes Comptoir noch haben.

Am 24. [vielmehr 27.] August des Morgens trat Goethe die Rückreise nach Weimar an.

5018 *Riemer* *29. August 1822*

War Goethe abends [in Weimar] angekommen, wie ich den Tag darauf erfuhr.

5019 *Riemer* *30. August 1822*

Abends bei Goethe, der, sehr wohl, mich freundlich aufnahm, wie mein Gedicht. Mit Hofrat Meyer dort gegessen.

5020 *L. v. Henning an F. Förster* *21. September 1822*

Bei heiterm Herbstwetter habe ich am vorigen Sonntag [15. September] den Weg von hier [Gotha] nach Weimar in wenig Stunden zu Pferde zurückgelegt; meine Ungeduld, zum Ziele zu gelangen, war so groß, daß ich, ohne in dem wohlbekannten Erfurt Rast zu machen und mich nach Freunden und Bekannten umzusehen, von einem Tor zum andern, an meiner alten Wohnung vorüber eilte und dann auf der verkehrsreichen neuen Kunststraße meinen Weg mit klopfendem Herzen, als ging es zur Liebsten, rasch verfolgte. Der Empfang [bei Goethe am 16. September] war überaus freundlich und liebreich; mit heiterm Angesicht kam der verehrte Mann mir entgegen, reichte mir die teure Hand mit väterlicher Milde und versicherte mich auf das wohlwollendste, daß er meiner Ankunft mit Freuden entgegen gesehen habe. Du kannst Dir vorstellen, wie sehr diese unverdiente Huld und Güte mich beschämte und wie lebhaft in mir der Wunsch sich regte, mich in den Stand gesetzt zu sehen, demnächst durch ein würdiges Leisten mich dafür auch in der Tat, und nicht nur in der Gesinnung, dankbar zu erweisen. – Mein Nächstes war, daß ich die von Freunden und Verehrern mir aufgetragenen Grüße überbrachte; ich wurde mit aufmerksamer Teilnahme angehört, und kaum hatte ich Deinen Namen genannt, als ich durch die Frage unterbrochen wurde: Nun, wie geht es denn diesem werten Freunde und seiner schönen Frau? Da ich Eures für diesen Herbst vereitelten Vorhabens, die hiesige Gegend zu besuchen, gedachte, äußerte er sich gar sehr bedauernd darüber und trug mir die schönsten Grüße auf. – Das neue Glaubensbekenntnis unserer Musen und Grazien hat er, Dein heiteres Talent rühmend, ungemein freundlich aufgenommen und sich bei dieser Veranlassung überhaupt so günstig über unser dortiges Sinnen und Tun ausgesprochen, daß wir uns dessen auf alle Weise zu freuen Ursache haben. Im Verlauf des Gespräches sagte er unter anderm freundlich: Nun ja, Ihr jungen Leute, ich sehe wohl, Ihr macht Eure Sachen gut, fahrt nur getrosten Muts so fort; an Euch ist es jetzt, das Werk fortzusetzen und durchzufechten, das wir angefangen haben; ich komme mir bisweilen vor wie der alte Reuchlin in Köln, dem die Pfaffen so vielfältig zusetzten; mich haben sie zwar gerade nicht vorgeladen, sie möchten mir aber doch gern als Ketzer den Prozeß machen; Ihr tut nun, was Ulrich Hutten und Franz Sickingen zu jener Zeit getan haben ... Daß wir bald auf die Farbenlehre und auf meine Vorlesungen darüber zu sprechen kamen, kannst Du Dir wohl vorstellen; ich hatte verschiedene chromatische Gerätschaften mitgebracht, welche großen Beifall fanden, zumal eine Anzahl wohlgeratener entoptischer Gläser. Sogar ein alter Diener, der mit dergleichen Dingen einigermaßen umzugehen versteht, wurde herbeigerufen, um die schönen Farbenerscheinungen mitzubewundern. Was ich über den Gang und die Anordnung meiner Vorlesungen sagte, wurde gebilligt und belobt. So verhandelten und experimentierten wir einige Stunden, bis daß der Professor Riemer gegen Abend kam. Dieser, der früher bei Redaktion der Farbenlehre hülfreiche Hand geleistet, nahm tätigen und einsichtigen Anteil an unserem chromatischen Gespräch, welches sich späterhin mehr ins allgemeine wendete. Der alte Herr ließ es sich gefallen, daß ich ihm gelegentlich etwas vorphilosophierte, sprach belehrend und ermunternd und gedachte wiederholentlich unseres Berliner Meisters auf das wohlwollendste und ehrenvollste. Auch auf den Feldzug von 1792 kamen wir zu sprechen und auf die friedlich-polemische Episode in Pempelfort bei Jacobi. Goethe nahm meine Bemerkung, daß, bei dem Streiten über die Materie, *er* der eigentliche spekulative Philosoph gewesen sei, gütig auf und fügte dann heiter hinzu, daß er, als seine Freunde ihn unklar und unverständlich gefunden hätten, getrost, wie Sancho Pansa, bei sich gedacht habe: So verstehe ich wenigstens mich selbst, und Gott wird mich wohl auch verstehen. – Späterhin wurde der indischen Poesie gedacht; ich erinnerte an Deine Orientalisten, und der Alte erging sich auf das anmutigste in Scherz und Ernst über die indischen Ungetüme und ihre europäischen Verehrer, während er zugleich dem wahrhaft Gehaltvollen, was in jenen altorientalischen Resten enthalten ist, alle Gerechtigkeit widerfahren ließ. Als einen Hauptzug in den indischen Heldengedichten hob er die überaus große Verehrung der Pfaffen hervor und belegte diese Behauptung durch eine höchst launige Aufzählung der Hauptmotive in der Ramajana. – Riemer und ich mußten zu Abend bleiben, und später, als wir bei Tische saßen, fand sich auch noch der Kanzler Müller ein, der eben von einer Rheinreise, zuletzt von Straßburg zurückkam und vieles zu erzählen hatte. Unter anderm erwähnte er auch, daß man ihm in Straßburg das Haus gezeigt habe, welches unser Dichter als Student bewohnt hat.

– So saßen wir guter Dinge bis nach halb zwölf zusammen, und freundlich entlassen wurde ich auf den andern Morgen um zehn Uhr wieder beschieden. Ich stellte mich [am 17. September] zur bestimmten Zeit pünktlich ein, nachdem ich vorher Freund Thon und den Hofrat Meyer aufgesucht hatte; Goethe empfing mich in seinem Arbeitszimmer und zeigte mir zunächst eine eben angelangte neue Lieferung von Steindrücken aus der Boisseréeschen Sammlung. Dann fuhren wir fort, über die Farbenlehre zu verhandeln; ich hatte mein Heft mitgebracht und mußte über eine Stunde daraus vorlesen. Wir besprachen die Anordnung des zu bearbeitenden Compendii, und [ich] mußte versprechen, für das nächstens erscheinende neue Heft zur Naturwissenschaft eine zusammenhängende Relation über das, was für die Sache in Berlin geschehen und wie wir es weiter zu treiben gedenken, zu liefern. Der erste Bogen des neuen Heftes ist bereits gedruckt; er enthält nächst einer kurzen Vorbetrachtung, die so hübsch ist, daß ich sie, da ich den Bogen zum Durchlesen mitnehmen durfte, für Dich abgeschrieben habe, den Anfang einer für Goethe niedergeschriebenen Selbstbiographie des Meteorologen Luke Howard. – Gegen ein Uhr machten wir eine anmutige Spazierfahrt auf der Straße nach Erfurt; unterwegs war auf Veranlassung von Schubarths Schrift über den Homer vornehmlich von griechischer Poesie, insbesondere vom Homer und auch vom alten Wolf die Rede. – Doch ich sehe, daß ich mich kurz fassen muß, da meine Zeit zu Ende geht und ich nicht gern heute die Post versäumen möchte. – Wir kehrten nach zwei Uhr zurück und fanden den Hofrat Meyer, der gleichfalls zu Mittag eingeladen war. Die übrige Tischgesellschaft bestand aus Goethes Sohn, dessen Schwiegertochter mit ihrer Schwester, dem ältesten Enkel, der seinem Großvater sehr ähnlich sieht, und noch einem jungen Verwandten. Der alte Herr war fortwährend überaus heiter und gesprächig; ich mußte nach dem Verlangen der Frau Ottilie viel von Berlin erzählen und hatte von neuem die Freude, mich zu überzeugen, daß der Dichter uns geneigt ist und sich wohlwollend für uns interessiert. Gegen vier Uhr holte ich Freund Thon zu einem verabredeten Spaziergang nach Belvedere ab, und um sieben war ich schon wieder bei Goethe, der mich auf das freundlichste aufgefordert hatte, mit Werner auch den Abend bei ihm zuzubringen. Über das, was diesen Abend und den andern Tag verhandelt wurde, behalte ich mir vor, demnächst ausführlichere Rechenschaft zu geben. Am Mittewoche morgen [18. September] habe ich Weimar verlassen; allein ich habe noch nicht Abschied von unserem lieben Alten genommen, da ich habe versprechen müssen, meinen Rückweg über [nach] Berlin über Weimar zu machen und dort wenigstens noch einen Tag zuzubringen.

5021 Soret *21. September 1822*

Ce soir, Monsieur Meyer m'a conduit chez le célèbre Goethe qui m'a reçu avec bonté, quoique avec un mélange de froideur. Notre conversation a essentiellement roulé sur la minéralogie, la chimie et la physique. Le phénomène de la polarisation paraissait surtout l'intéresser. Il m'a montré des appareils construits en partie d'après ses propres vues et m'a témoigné le désir de faire avec moi des expériences sur ce sujet. Cela me paraissait bien étrange de voir le grand poète occupé de recherches scientifiques et trouvant plaisir à considérer une pierre inerte après avoir créé le brûlant Werther.

Il avait eu la bonté de faire prendre mes Mémoires à la Bibliothèque et de les lire. Je lui ai fait hommage de mes productions qui se montent à neuf maintenant.

La visite a duré plus d'une heure. Goethe a été plus communicatif vers la fin et m'a dit des choses fort obligeantes au moment du départ. Sa figure est belle encore, son front et ses yeux ont surtout quelque chose de très majestueux; il est grand et bien fait. Depuis quelques années, il s'est considéré trop âgé pour aller dans le monde et ne sort plus, pas même pour se rendre chez Leurs Altesses, il les reçoit. A le voir, il serait difficile de croire qu'il soit âgé et infirme.

5022 *Soret* *24. September 1822*

Passé la soirée chez Goethe avec Monsieur Meyer, Goethe fils, Madame de Goethe et le médecin. Goethe est plus animé que la première fois, il m'a fait voir de superbes lithographies de Stuttgart, je n'avais rien vu encore de si parfait en ce genre. Après cela, nous avons causé science et les progrès que fait la chimie ont été notre principal cheval de bataille. L'iode et le chlore préoccupent surtout Son Excellence, il parle de ces substances avec le même étonnement que si les nouvelles découvertes de la chimie étaient venues le surprendre à l'improviste. Il s'est fait apporter un petit tube contenant de l'iode et l'a volatilisé en notre présence à la flamme d'une bougie, puis a fait admirer son nuage violet à tous les assistants. Peut-être pensait-il me réjouir par la vue d'une expérience qui me serait nouvelle, tandis que mon esprit était occupé de toute autre chose. Je me figurais Voltaire cassant des cailloux, Racine une cornue en main, Boileau lorgnant les astres. Ridicule intolérance de mon imagination qui ne peut pas se familiariser avec l'idée de voir le même homme en état d'aborder tant de sujets divers et qui ne saurait permettre au poète de souffler dans un chalumeau. D'ailleurs, n'étais-je pas bien plus ridicule encore lorsque je me permettais de donner mon avis sur des gravures, lorsque je prétendais à une conversation littéraire avec un pareil homme et ne devais-je pas m'estimer flatté de le voir m'entretenir sur des sujets qu'il savait être plus à ma portée?

Goethe est plus fort dans les beaux-arts que dans la science. Il m'a paru doué d'un jugement exquis à cet égard. Il me semble beaucoup plus versé dans la minéralogie et la géologie que dans la chimie. Je lui ai donné quelques substances peu communes qu'il a bien déterminées.

Plusieurs traits saillants que je n'ai malheureusement pas conservés ont percé dans la conversation, il parle assez purement le français, mais avec peine, parce qu'il cherche et choisit ses mots. On voit qu'il a peur de se compromettre, souvent la phrase allemande l'emportait, et alors il parlait avec autant de vivacité que de gaieté.

5023 *Soret* *27. September 1822*

Monsieur Meyer est venu me dire que Goethe avait l'intention de m'inviter une fois par semaine le soir et de faire venir chaque fois quelque nouveau convive pour me faire faire successivement la conaissance de tous les principaux habitants de Weimar. C'est une bien grande bonté de la part d'un tel homme qui certes n'aurait pas besoin de se gêner pour moi, mais j'aurais tort de m'en prélasser, car ce n'est point à moi que la gloire en est due, contentons-nous d'en retirer profit, laissons-en l'honneur à qui de droit, c'est à coup sûr le résultat d'une recommandation d'en haut.

5024 *Soret* *1. Oktober 1822*

C'est aujourd'hui qu'a eu lieu la première soirée à laquelle Goethe m'ait invité. Plusieurs personnes s'y trouvaient réunies, en particulier Monsieur Peucer, président du Consistoire, Monsieur le Chancelier de Müller, deux poètes, Messieurs Schütze et ..., le Conseiller de Régence Schmidt qui a exécuté des sonates de Beethoven sur le piano avec un rare degré de perfection; mais j'ai surtout joui de la conversation de Goethe et de sa belle-fille, celle-ci m'a paru réunir à de la gaieté infiniment d'esprit et d'amabilité.

5025 *Charlotte v. Schiller*
an A. v. Rennenkampff *3. Oktober 1822*

Goethe lebt in seinen Naturansichten und Forschungen am meisten. Ich sah ihn noch nicht, seit er aus Marienbad zurück ... Goethe zieht sich sehr vom öffentlichen Leben zurück. Er hat auch seine Abendgesellschaften nicht mehr.

5026 *Johanna Frommann*
an Amalie Thiersch *9. Oktober 1822*

... fand ich ... Goethe [am 6. Oktober] wohl und heiter, die Kinder seines Sohns machen ihm Freude, dabei arbeitet er viel.

5027 Riemer *8. Oktober 1822*

Abends zum Tee bei Goethe; Mendelssohns von Berlin, Eberwein, Musik.

5028 Soret *8. Oktober 1822*

[Bei Goethe.] Entendu improviser le jeune Félix Mendelssohn, petit-fils du célèbre philosophe de ce nom. Il n'a que treize ans et a déjà composé trois opéras et plus de cinquante fugues. Il a une singulière manière de composer ses partitions de haut en bas, mesure par mesure, complétant ainsi l'harmonie à mesure qu'il avance et sans s'inquiéter de ce qui va suivre, méthode qui suppose un degré de savoir bien étrange pour son âge. Quelques passages de ses fugues improvisées m'ont paru remarquablement bons. Quant aux basses, il m'a semblé qu'il les traitait parfois un peu légèrement. Monsieur Röhr, surintendant général de l'Eglise, était au nombre des invités.

5029 Lea Mendelssohn an ? *(nach dem 8. Oktober 1822)*

An Goethes und Schopenhauers machten wir [am 7. und 8. Oktober] herrliche unvergeßliche Bekanntschaften. Mit inniger Mutterfreude sah ich, daß Felix sich unter den vorzüglichen Menschen ungemein beliebt gemacht hatte, und gerne verdanken ihm die glücklichen Eltern die ausgezeichnete Güte, mit der sie aufgenommen wurden. Goethe, der Vornehme, Hohe, Ministerielle, um den Würde, Ruhm, Dichterglanz, Genie und Superiorität jeder Gattung eine blendende Strahlenkrone bilden, vor dem gemeine Sterbliche erbangen, ist so gütig, mild freundlich, ja väterlich gegen den Knaben, daß ich nur mit dem innigsten Dank und freudiger Rührung mir diese beglückenden Bilder zurückrufen kann. Stundenlang sprach er mit meinem Mann über Felix, herzlich lud er ihn ein, wieder längere Zeit bei ihm zu wohnen, mit sichtlichem Wohlgefallen ruhten seine Blicke auf ihm, und sein Ernst verwandelte sich in Heiterkeit, wenn er nach seinem Sinn phantasiert hatte. Da er gewöhnliche Musik nicht liebt, war sein Piano seit Felix' Abwesenheit unberührt geblieben, und er öffnete es ihm mit den Worten: «Komm und wecke mir all die geflügelten Geister, die lange darin geschlummert.»

Und ein andermal: «Du bist mein David, sollte ich krank und traurig werden, so banne die bösen Träume durch Dein Spiel, ich werde auch nie wie Saul den Speer nach Dir werfen.» Findest Du das nicht von einem dreiundsiebzigjährigen Greis allzurührend? Felix, der sonst ziemlich gleichmütig gegen Lob erscheint, ist mit Recht auf Goethes Neigung stolz, und solch Gefühl kann ihn nur veredeln und heben. Auch gegen Fanny war er sehr gütig und herablassend; sie mußte ihm viel Bach spielen, und seine von ihr komponierten Lieder gefielen ihm außerordentlich, so wie ihn überhaupt erfreut, sich in Musik gesetzt zu sehen.

5030 S. Hensel: Die Familie Mendelssohn *1879*

Nie ermüdete Goethe, Felix zuzuhören, wenn er am Klavier saß, und mit dem Vater unterhielt er sich fast nur über Felix. Diesem selbst sagte er eines Tages, als er sich über irgend etwas geärgert hatte: «Ich bin Saul, und Du bist mein David, wenn ich traurig und trübe bin, so komm Du zu mir und erheitere mich durch Dein Saitenspiel!» – Eines Abends erbat er sich von Felix eine Fuge von Bach, welche die junge Frau v. Goethe ihm bezeichnete. Felix wußte sie nicht auswendig, nur das Thema war ihm bekannt, und dies führte er nun in einem langen fugierten Satz durch. Goethe war entzückt, ging zu der Mutter, drückte ihr mit vieler Wärme die Hände und rief aus: «Es ist ein himmlischer, kostbarer Knabe! Schicken Sie mir ihn recht bald wieder, daß ich mich an ihm erquicke.» – Felix seinerseits fühlte wohl den ganzen Wert einer solchen Anerkennung; obgleich die Damen in Weimar sich die größte Mühe gaben, ihn, der noch fast ein Knabe war, zu verhätscheln und ihm zu schmeicheln, so hatte er doch für nichts Sinn, als für Goethes Liebe und Zufriedenheit.

5031 Soret *10. Oktober 1822*

Passé la soirée chez Goethe avec le célèbre Blumenbach. Ce vieillard, d'une figure animée et joviale, a su conserver toute la vivacité et la gaieté de la jeunesse. A le voir, on ne dirait pas qu'on a devant soi un savant. Sa cordialité est franche, presque brusque, il ne fait point de façons et vous met à l'aise bien vite. Il y a quarante ans qu'il a visité Genève. Aussi ne m'a-t-il parlé que de gens qui par malheur ont depuis longtemps cessé de vivre.

Au lieu d'un goûter auquel je m'attendais, nous avons eu une espèce de souper dont j'ai pris note dans mon journal, parce qu'il contrastait avec mes habitudes genevoises. On a commencé par nous servir des tasses que j'ai cru remplies de chocolat. C'était du bouillon froid très fort; puis est venu du caviar, de la viande et de la venaison froides; plus trois ou quatre plats forts aux anchois, à la lamproie, tels que des salades, des sandwichs; deux ou trois sortes de vins, des fruits confits au vinaigre et des gâteaux aux fruits.

5032 Soret *15. Oktober 1822*

Soirée en petit comité sans étrangers; j'ai monté ma lunette de polarisation sous les yeux de Goethe, il veut la conserver quelque temps pour faire des observations d'optique, je ne l'ai point encore vu si gai qu'aujourd'hui, si disposé à plaisanter, mais j'ai à me reprocher, cette fois comme bien d'autres, de n'avoir rien noté dans mon journal.

5033 M. Löwenthal: Skizzen aus dem Tagebuche einer Reise *1825*

[Über Goethe.] Nicht bloß ein Fürst der Kunst und Wissenschaft, sondern auch – und das von Rechts wegen – im Leben ein vornehmer Mann – adelig, Geheimrat, Minister, Ordensritter – zudem ein hochbetagter Greis, lebt er äußerst zurückgezogen, wohnt in den Hinterzimmern seines niedlichen Hauses, geht nie aus, und sogar so wenig zu Hofe, daß der ganze Hof vielmehr regelmäßig an gewissen Tagen zu ihm kommt. So nimmt er denn auch Besuche neugieriger Fremder begreiflich höchst selten an. Aber der glühende Jünger konnte Weimar nicht verlassen, ohne es wenigstens versucht zu haben, den Meister zu sehen, und wider alles Erwarten gelang der Versuch [am 20. Oktober 1822]. – Die reinliche und, wie es hier gebräuchlich, hölzerne Treppe seiner Wohnung ist mit bronzierten Gipsabgüssen verschiedener Statuen ausgeschmückt; in einem an das Vorgemach anstoßenden kleinen Zimmer stehen mehrere Reihen von Büsten auf einem stufenweise sich erhebenden Gestelle; hier sah ich auch die letzlich von Rauch gefertigte Büste des Dichters, nach dem damaligen Zustande seiner Physiognomie, das gelungenste unter allen Abbildern derselben, da diese sonst sämtlich die Wangen zu voll zeigen. Ferner stehen da einige Figürchen vom Sebaldus-Grabe zu Nürnberg und auch die des ehrsamen Meisters Peter Vischer, der es verfertigte, mit Käppchen, Schurzfell und Meißel. Aus diesem Zimmer kann man über ein kleines Treppchen in den Hausgarten gelangen. In dem langen, freundlichen Empfangzimmer, in welches ich nun trat, steht ein Fortepiano; an den Wänden hängen Handzeichnungen alter Meister, und die Volpatoschen Kupferstiche der Raffaelschen Stanzen im Vatikan; auf einem Wandtischchen steht ein Erdglobus, auf einem andern eine antike Vase; in einem Eckschranke glaubte ich große Zeichnungs- oder Kupferstich-Portefeuilles wahrzunehmen; auf den Fenstern lagen Prismen und Mineralien auf beschriebenen Zettelchen. Ich hatte kaum Zeit gehabt, alles dieses flüchtig zu überblicken, als Goethe zu mir trat, in blauem Oberrock, die Hände vorne zusammengefaltet, das gepuderte Haar aus der hohen Stirne gekämmt, ein edelstes Greisenbild, sein Gang rasch, seine Haltung aufrecht, fast zurückgebogen steif – ganz so hielt sich Peter Frank, der große Arzt, in seinem hohen Alter – seine Stimme überaus tief, völlig nachhallend, eine gewissermaßen unzerstörbare Kraft der Respirations-Organe verkündigend. Er war ernst, doch freundlich und gütig. Gegenstände des kurzen Gespräches, die nicht mich selbst betrafen, waren sein Wohlbefinden; sein letzter Aufenthalt in den böhmischen Bädern; sein von Dawe gefertigtes

Bildnis (hier gab er mir fast buchstäblich seine Ansicht über den Künstler, wie andere sie früher mir mitgeteilt); das «Unfügliche der Anknüpfung neuer Verhältnisse, und seiner Pflichtenvermehrung in seinem Alter» (worauf meine Bemerkung, daß er nie in Wien gewesen, ihn brachte); und «die gewaltige Masse von Musik, die in Wien sein müsse, und wozu schon die Lockung in den schönen Instrumenten liege, die man da mache» (dies auf meine Erwähnung der Schubertschen Kompositionen seiner Gedichte, die er nicht kannte). Er sprach über dies alles nur wenige Worte, und diese kurz, manches nur halblaut heraus, aber auch dies wenige gab sich in jenem Tone schön menschlicher Ruhe, mit jenem Ausdrucke des Friedens und der Befriedigung, welche jede Seite seiner Schriften so anmutig, wohltuend und liebenswürdig macht. Ich werde die Augenblicke, die ich in der Nähe dieses großen Mannes zubrachte, nie vergessen.

5034 Soret *23. Oktober 1822*

J'ai reçu des reproches pour ne pas m'être rendu hier chez Goethe, je me suis excusé sur ce que n'ayant pas eu d'invitation spéciale, j'avais cru que la réunion était renvoyée. Goethe m'a dit que je devais me considérer comme invité une fois pour toutes. Il était occupé à faire faire le catalogue des minéraux que je destine à la collection d'Iéna, je dois y ajouter quelques mots adressés à Monsieur Lenz; les minéraux seront donnés au jubilé du vieux professeur et Goethe veut mettre un post-scriptum à ma lettre pour dire qu'on place mon offrande dans une suite à part.

5035 Riemer *24. Oktober 1822*

Abends bei Goethe. War die Insel Staffa von Konditorarbeit zu sehen, welche der Großherzog zu Lenz' Jubiläum anfertigen lassen.

5036 Soret *29. Oktober 1822*

Soirée essentiellement composée de dames, presque toute la conversation a été en allemand. Goethe me paraissait singulièrement animé, mais j'ai été bien loin de pouvoir tout comprendre. Cela m'attriste d'être encore si retardé malgré tous mes efforts, il y a une distance infinie entre les paroles de la vie ordinaire et celles d'une conversation générale.

Toutes ces dames donnaient à Goethe le nom de *Vater*, elles l'ont en profonde vénération et l'entourent de leurs soins et de leurs caresses comme une idole. Je crois que peu ou point de grands hommes ont aussi complètement joui de la gloire et de l'existence, il est sûr de la postérité et recueille déjà les hommages de ses contemporains.

5037 Soret *4. November 1822*

Kräuter m'a raconté que Goethe s'étant fait couper les cheveux hier, lui Kräuter en avait instamment réclamé une boucle, mais le coiffeur a répondu qu'ils étaient tous comptés; le produit de chaque tonte est expédié à Francfort, depuis longtemps ce manège dure, et, sans que Goethe s'en doute, il fait la fortune de son perruquier.

5038 Soret *5. November 1822*

Soirée sans femmes. Aussi n'a-t-elle pas été aussi brillante que de coutume. Parmi les huit ou dix personnes conviées se trouvait le peintre Kolbe, petit homme d'un assez grand talent. On nous a fait voir de lui un tableau fort bien fait auquel nous avons dû sans doute l'exclusion du beau sexe. C'était une copie de la Vénus du Titien, de Dresde.

Monsieur d'Eschwege et le célèbre Hummel se trouvaient aussi chez Goethe. Ce dernier a improvisé sur le piano pendant près de trois quarts d'heure avec une verve et un talent dont il est impossible de se faire une idée si on ne l'a pas entendu. J'ai trouvé sa conversation simple et naturelle et pour un homme qui jouit d'une aussi grande réputation, pour un musicien surtout, il m'a paru singulièrement modeste.

5039 Maria Pawlowna an ihre Mutter *7. November 1822*

Je compte signaler ma matinée en allant chez Goethe avec lequel j'ai toujours bien de plaisir à causer, il me semble que c'est comme un puits dans lequel l'on trouve toujours quelque ressource, et ce qu'il me raconte m'intéresse beaucoup.

5040 Soret *17. November 1822*

Visite à Goethe qui me montre une quarantaine de diamants cristallisés rapportés du Brésil par Monsieur d'Eschwege qui veut les vendre au Grand-Duc. Il en demande à peu près trois louis d'or l'un portant l'autre, je crois qu'on pourrait se contenter de la moitié. Je dois retourner chez Son Excellence pour les déterminer et en faire le catalogue.

5041 Soret *3. Dezember 1822*

Messieurs Riemer, Coudray, Meyer, Goethe fils, Madame de Goethe ont pris part à cette intéressante soirée.

Les étudiants d'Iéna sont en révolte, on a envoyé une compagnie d'artilleurs pour les mettre à la raison. Monsieur Riemer a fait lecture du recueil des chansons qui leur ont été interdites et sont devenues ainsi le prétexte ou la cause du tapage actuel. Presque toutes ont été applaudies pour le talent qui y règne. Goethe lui-même les a trouvées bonnes et m'a promis de m'en procurer la lecture à tête reposée.

Après avoir passé une partie de notre temps à voir des gravures et des livres précieux, nous avons eu le plaisir d'entendre Goethe nous lire à deux reprises différentes sa poésie intitulée *Caron* [Charon], cette fois je n'ai presque rien perdu et j'ai eu le bonheur de pouvoir suivre pour ainsi dire mot à mot. Mais ce qui m'a surtout facilité l'intelligence de ce poème, c'est la manière claire, distincte, énergique avec laquelle Goethe l'a lu; je ne crois pas avoir jamais entendu de déclamation aussi belle. Quels regards, quel feu, quelle voix alternativement tonnante et douce, quelle prononciation distincte, quelles modulations! Il y avait peut être trop de force pour le petit espace où nous étions renfermés, mais il n'y avait rien de faux.

Pour la première fois, si je ne me trompe, Goethe m'a fait l'honneur de me parler littérature, de ses ouvrages, de Madame de Staël, etc. Il s'occupe maintenant à traduire et à compléter une tragédie d'Euripide dont il ne reste que des fragments: *Phaëton*. C'est un travail entrepris il y a juste un an, mais qu'il vient de reprendre ces jours passés.

5042 F.v. Müller *4. Dezember 1822*

Nachmittags bei Goethe. Ottilie war sehr possierlich. Anpreisen der Tagebücher als einer Schätzung der Gegenwart. Würdigung des Moments, wogegen die Leidenschaft immer nur ein fernes Ziel im Auge habe. Von mir veranlaßte Niederschreibung von Goethes Unterredung mit Napoleon. Vorlesung des Manuskripts der Tante, die über die nur geringe Sensation etwas pikiert war.

5043 F.v. Müller *5. Dezember 1822*

Probe der Oper «Graf Gleichen» bei Goethe. Coudray kündigt die friedliche Wendung des Studenten-Auszugs an.

5044 Soret *5. Dezember 1822*

Répétition du premier acte d'un opéra actuellement en composition, le *Comte de Gleichen*, paroles de Monsieur Schmidt, musique d'Eberwein. C'est la première fois, me dit-on, que Goethe réunit un aussi grand nombre d'acteurs chez lui depuis qu'il a renoncé à la direction du théâtre. L'auteur de l'opéra a dirigé le chant, les chœurs étaient exécutés par de jeunes écoliers et par des dames de la société; les solos par des acteurs. Quelques morceaux m'ont paru assez remarquables, en particulier un canon à quatre voix.

Comme l'opéra s'est joué depuis et est resté au répertoire, je supprime ici les autres détails qui se trouvent dans mon journal.

5045 *F. v. Müller* *16. Dezember 1822*

Kurzer Besuch bei Frau v. Spiegel; längerer bei Goethe, den ich zum erstenmal wieder im Hinterstübchen traf. Ich erzählte ihm von Görres' Kongreß von Verona, der mir großen Eindruck gemacht; er mir von Ørsteds (aus Kopenhagen) Besuch. Es sei ein kleiner, gedrungner, ruhiger Mann; in sich beschlossen, mitteilend, offen. Nur durch *Reisen* können neue Entdeckungen und Ansichten lebendig und rasch verbreitet werden. Abdruck von Manzonis Ode auf Napoleons Tod. Sein neues Trauerspiel Adelchi mit der handschriftlichen Dedikation an Goethe: «Du bist mir nicht fremd! Wie ein freundlicher Stern leuchtete Dein Name schon in meine Jugend herein, und wie viel habe ich nach Dir geforscht, auf Dich gelauscht!»

5046 *H. Ch. Ørsted*
an seine Frau *(nach dem 16.) Dezember 1822*

Am 16. Dezember reisten wir [Ørsted und Bindesbøll] zusammen mit Döbereiner nach Weimar. Er führte uns gleich zu Goethe, der mich aufs freundlichste empfing und viel über meine elektromagnetische Erfindung sprach. Es wurde ein Brief hervorgeholt, in welchem ein Dr. Neeff in Frankfurt einen Vorschlag zu einer elektromagnetischen Untersuchung machte. Ich erörterte die Schwierigkeiten dabei und beschrieb, wie der Versuch angestellt werden mußte. Goethe verstand es vollkommen, und es wurde beschlossen, daß Döbereiner ihn zusammen mit Goethe in den Weihnachtstagen anstellen sollte. Als ich zu Goethe sagte, daß ich mich darüber freute, als Naturforscher jetzt mit einem Manne in nähere Berührung zu kommen, den ich seit langem als Dichter bewundert hätte, meinte er: «Nun, was können wir wohl besseres tun im Alter, als uns der Natur in die Arme werfen.» Er zeigte uns verschiedene Dinge, zu den optischen Versuchen gehörend, aber ohne daß wir dadurch noch zu einer weiteren Auseinandersetzung in bezug auf unsere ungleichen Meinungen darüber kamen. Er lud uns ein, am Abend nach der Komödie zu kommen; Döbereiner konnte jedoch nicht annehmen, da er nach Jena zurückmußte. Hingegen nahmen Bindesbøll und ich die Einladung mit Freuden an ...

Vom Schauspiel gingen wir zu Goethe, wo wir seinen Sohn, Kammerrat Goethe, dessen Frau und Schwägerin, und einen Oberbaudirektor fanden, der, soviel ich mich erinnere, Coudray heißt. Man war damit auf Bindesbøll bedacht gewesen. Gleich nachdem wir gekommen waren, nahm Goethe ein prachtvolles Werk über den Kölner Dom vor, eines der größten Meisterwerke der gotischen Baukunst. Auch die Kupfer sind in ihrer Art Meisterstücke. Hier zeigte sich noch das Merkwürdige, daß einer der Kupfer die alte Kirche als vollendet darstellt, obwohl sie nie fertig geworden ist; aber man hat das Glück gehabt, die Originalzeichnung zu finden, nach welcher die Kirche hätte ausgeführt werden sollen. Goethe tat viele lehrreiche Bemerkungen darüber. Ich sagte zu Goethe, daß er aus einem solchen Werk noch einen Genuß mehr als alle andern haben müsse, da er eigentlich zuerst auf das Große [?] und Tiefe in der gotischen Baukunst aufmerksam gemacht hatte. Bei Tisch redete man viel über Naturwissenschaft. Ich entwickelte unter anderm meine Wärmetheorie, der er seinen Beifall zollte. Wir sprachen auch von der Verwirrung, die durch die nacheinanderfolgenden Entdeckungen in der Chemie herrscht. Es wäre nicht unmöglich, daß ein chemischer Kongreß in Weimar zustande kommen könnte, der dann bei meiner Rückreise stattfinden sollte. Es ist mir nicht möglich, in einem Brief den reichen Inhalt einer ganzen Unterhaltung wiederzugeben, wo ein so geistreicher Mann, wie Goethe, unaufhörlich herrliche, klare Gedanken mitteilte, oder anregend auf die Gesellschaft wirkte. Nach Tische kamen wir auf seine Lichttheorie zu sprechen. Er nötigte mich sozusagen selbst dazu. Ich brachte ihm einige Einwände vor, die er sehr freundlich aufnahm, und meinte, daß wir einander wohl in dieser Sache näher kämen, wenn unser Beisammensein nur länger währte. Ich zweifle allerdings daran; aber es war mir doch lieb, daß er ausdrücklich erklärte, gar nicht beabsichtigt zu haben, in der Lichtlehre anzugreifen, was mit der Brechung und Rückwerfung des Lichtes zu tun hat; sondern daß er nur die Farben abhandeln wolle. Ich sagte ihm, daß auch ich das, was bis jetzt davon vorläge, nicht für zureichend ansähe, und daß ich es zu einem Hauptgegenstand meiner Reise gemacht hätte, genau kennen zu lernen, was mit dieser Sache zusammenhängt. Wir trennten uns erst um zwölf Uhr wohlzufrieden, ohne in allem einig zu sein. Er drückte mir seinen Wunsch aus, mich auf der Rückreise zu sehen; und läßt es sich tun, so werde ich mit Vergnügen die Gelegenheit ergreifen.

5047 M. G. Bindesbøll an seinen Bruder Severin 7. Januar 1823

Am Montag [16. Dezember 1822] reisten wir in Gesellschaft von Professor Döbereiner nach Weimar, wo wir dem Geheimen Rat Goethe vorgestellt wurden, der uns sehr freundschaftlich empfing und uns zu sich zu Abend bat; später besahen wir das Schloß und andere Sehenswürdigkeiten der Stadt, gingen in die Komödie und endlich in Gesellschaft beim Geheimen Rat Goethe, wo ich die Bekanntschaft eines Baumeisters Coudray machte, der mir Empfehlungsschreiben an die meisten Architekten von Paris und an alle die Orte gab, wo ich in Deutschland durchkomme. Von Goethe hätte ich Dir gerne eine Schilderung gegeben, wenn ich nur könnte, aber es ist mir, als ich mit ihm sprach, gegangen, wie wenn ich durch eine Bildergalerie schreite, wo dem Auge so viele große und schöne Dinge auf einmal begegnen, daß es einem schwindelt und man bei weitem nicht alles zu erfassen vermag, was man sieht. So wurde ich auch, als ich mit ihm sprach, ganz verwirrt von seinem ungeheuer ausgedehnten Wissen, seinem persönlichen Anstand und seiner bezaubernden Beredsamkeit. Er ist ein wahrer Kenner und Verehrer der Kunst, und er sprach lange mit mir besonders über den Kölner Dom, über den er ein brillantes Werk mit Kupfern erhalten hatte; seine Begeisterung und dieses umfassende Kunstwerk hatten mich in eine Ideenwelt der Architektur versetzt, über welcher ich alles andere vergessen hatte, so daß ich mich höchlichst verwunderte, als ein paar sehr interessante Damen auf eine liebenswürdige Weise mich von meiner künstlerischen Himmelfahrt herunterholten, und mich wieder auf einem andern Weg in den Himmel führten. Ich mußte ihnen von Charakter, Lebensweise, Kleidertracht, Tanz, Musik, Theater, kurz gesagt, allem in meinem Vaterlande erzählen, was sie schrecklich zu interessieren schien, und ich, schon im voraus in heller Begeisterung, war entzückt, sie mit den Vorzügen meines kleinen Vaterlandes bekannt machen zu können, wenigstens was die Orte anbelangt, die ich schon bereist habe. Dänische Volksweisen schienen sie ganz besonders zu interessieren, und ich mußte versprechen, ihnen so viele zu senden, als es mir möglich sein würde, mit den Melodien zu verschaffen.

5048 Soret *17. Dezember 1822*

Soirée en famille, Goethe était fort gai et a traité avec esprit la thèse que les sottises des pères étaient perdues pour leurs enfants. Les recherches qu'on fait actuellement pour trouver des sources d'eau salée l'intéressent beaucoup. Il se fâche contre l'ignorance de certains entrepreneurs qui n'ont aucun égard à la position des couches que la sonde doit traverser et qui pour ne pas savoir les attaquer verticalement s'exposent à suivre sans fin et sans espoir de succès un trou de sonde dans une seule et même couche.

5049 Ottilie v. Goethe an Soret *22. Dezember 1822*

Da aber doch ein Rat gegeben werden *muß*, so habe ich mit dem Vater beratschlagt, und 10 bis 12 Reichstaler würden für Frau und Kind des Herrn Kräuter einen sehr hübschen Weihenachten bilden lassen. Wollen Sie mir die Anordnung davon überlassen, so bitte ich nur um eine bejahende Antwort.

5050 F. v. Müller *23. Dezember 1822*

Nachmittags bei Goethe von 4 bis 6 Uhr, der mich bald mit in sein Hinterstübchen nahm, doch etwas weniger lebhaft wie gewöhnlich war.

5051 *F. v. Müller* *25. Dezember 1822*

Nachmittags von 4 bis 6 Uhr bei Goethe, wo ich zwei Gebrüder Hasenclever aus der Gegend von Elberfeld traf, Verwandte von Nicolovius, die als Deputierte der Rheinlande in landständischen Angelegenheiten zu Berlin gewesen waren und ganz vergnügt heimkehrten. Unterrichtete, wackre Männer. Goethes mir unbegreifliche Kälte gegen seinen frühern genauen Freund Lavater, den er bei seiner letzten Anwesenheit in Zürich nicht besuchte, ja sogar ihm auf der Straße, als er ihn mit seinem *Kranichschritt* gewahrte, sofort auswich.

«Denn», sagte er, «in der Jugend glaubt man noch an die Möglichkeit einer Ausgleichung und Vereinbarung; in ältern Jahren aber sieht man diesen großen Irrtum ein und hält das Ungleichartige und Unzusagende geradezu von sich ab.»

Beim Souper war Goethe äußerst munter, witzig und scherzhaft.

5052 *J. Hasenclever: Erinnerungen*

In Weimar waren mein Bruder und ich am ersten Weihnachtstage [1822] bei Goethe zum Mittagessen eingeladen und blieben bei ihm, da er überaus heiter, wohlwollend und mitteilend war, viel erzählte und uns manche Kunstsachen und wertvolle Mineralien selbst holte und vorzeigte, bis um Mitternacht, wo er uns mit herzlicher Umarmung und den freundlichen Worten entließ: Ja, meine lieben Freunde, wir sitzen wie an Arturs Tafelrunde, aber es muß nun doch geschieden sein. – Ich habe es oft bedauert, daß ich damals nicht gleich alles, was er sagte, aufgeschrieben habe, denn eigentlich ist jedes Wort, was ein solcher geistreicher Mann spricht, bedeutend. Man ist aber gewöhnlich in der Jugend für solche Aufzeichnungen zu flüchtig und legt auch nicht gehörigen Wert auf den großen Schatz, den man sich durch lebhafte Vergegenwärtigung an bedeutende Erlebnisse (welche nur durch getreues Aufschreiben erhalten werden kann) für das Alter sammelt.

5053 *J. Hasenclever an Goethe* *15. Mai 1823*

Lange Zeit ist verflossen, bevor ich das gegebene Wort lösen konnte. Gleich bei unserer Zurückkunft erkundigte ich mich in Köln nach dem Verzeichnis des Barometer-Standes; es wurde mir versprochen, allein nach vielem Warten erhielt ich Thermometer-Angaben. Von Düsseldorf sind mir endlich vollständige Tabellen zugeschickt worden, und ich sende nun ein und anderes in der Hoffnung, daß es Ihnen noch Freude machen, ich eben wegen der Verspätung Entschuldigung finden möge.

1823

5054 *F. v. Müller* *1. Januar 1823*

Mittags ziemlich heiter mit Line und dem General-Superintendent. Nachher mit erstrer bei Goethe, der erst gegen das Ende hin recht munter ward. Geschenk von Aloe-Absenkung an Line. Alles Gratulieren kam mir heute viel steifer und kälter als sonst.

5055 *F. v. Müller* *6. Januar 1823*

Nachmittags bei Goethe bis 6 Uhr. Seine unwilligen Äußerungen über Pitschafts Hiersein.

5056 *F. v. Müller* *15. Januar 1823*

Bei Goethe mit Röhr und Meyer. Stein-Problemata, Euripides, Palladios Haus, Veronesischer Kongreß, Tzschirners Protestantismus.

5057 *F. v. Müller* *21. Januar 1823*

Abends bei Goethe, wo Froriep, Weichardt, Rehbein, Soret p. waren. Von Schlegels indischer Manie, neuer elektrisch-galvanischer Apparat. Goethes große Heiterkeit und gesellige Anmut.

5058 *F. v. Müller* *25. Januar 1823*

Von 8 ¼ bis 11 ¼ abends bei Goethe.

5059 *F. v. Müller* *26. Januar 1823*

Von 4 ½ bis 6 Uhr bei Egloffsteins. Julie war besser und sehr erfreut über Goethens günstige Beurteilung ihres Bildes.

5060 *Soret* *2. Februar 1823*

J'omets de mentionner plusieurs visites, parce qu'elles ne sont accompagnées d'aucun détail sur la conversation. Ce matin, j'ai reçu, de la part de Goethe, un gros écritoire en bois avec une légende qui lui donne du prix:

Herrn Soret zu täglichem Erinnern
Februar 2. 1823. Glück wünschend. Goethe.

Le nom seul est écrit de sa main. Le reste doit avoir été tracé par son secrétaire Kräuter.

5061 *F. v. Müller* *3. Februar 1823*

Ich traf ihn [Goethe] gegen 6 Uhr abends ganz allein, nur sein kleiner Enkel blätterte in Bilderbüchern und ward bei seinem lebhaften Wesen und öftren Fragen von dem alten Herrn aufs geduldigste von Zeit zu Zeit beschwichtigt, endlich aber durch allerlei Persuasionen vermocht, sich auf das Bett im Kabinett schlafen zu legen.

Die wichtige Tagesneuigkeit des Krieges mit Spanien gab unsrem Gespräch die erste Unterlage. Goethe hält sich überzeugt, daß zu Verona bereits ein fester Plan der Unterstützung Frankreichs durch nachrückende Armeen verabredet sei, daß man Spanien, es koste was es wolle, bezwingen werde und daß viel ernsthaftere Maßregeln, als man sich irgend träumen lasse, ehstens zum Vorschein kommen würden. Die Opposition der Württemberger gegen Österreichs Allgewalt erscheint ihm absurd, wie jede Opposition, die nicht zugleich etwas Positives bestrebe.

«Hätte ich das Unglück, in der Opposition sein zu müssen, ich würde lieber Aufruhr und Revolution machen, als mich im finstern Kreise ewigen Tadels des Bestehenden herumtreiben. Ich habe nie im Leben mich gegen den übermächtigen Strom der Menge oder des herrschenden Prinzips in feindliche, nutzlose Oppostition stellen mö-

gen; lieber habe ich mich in mein eignes Schneckenhaus zurückgezogen und da nach Belieben gehauset. Zu was das ewige Opponieren und übellaunige Kritisieren und Negieren führt, sehen wir an Knebeln; es hat ihn zum unzufriedensten, unglücklichsten Menschen gemacht, sein Inneres, gleich einem Krebs, ganz unterfressen; nicht zwei Tage kann man mit ihm in Frieden leben, weil er alles angreift, was einem lieb ist.»

Wir kamen auf die Landtags-Wahlen zu sprechen, auf die Glieder des Regierungs-Kollegiums, die ich ihm nach ihrer Individualität schildern mußte, auf Riemer und seine gegenwärtige Verstimmung. Er habe mehr Talent und Wissen, als er nach seiner Charakterstärke vertragen könne.

Ich suchte Goethen vorsichtig dahin zu bringen, daß er zu Riemers Ermutigung durch freundliche Attentionen beitragen möge, was denn auch seine gute Wirkung hatte. Nun kam er auf eine förmliche Theorie der *Unzufriedenheit*. «Was wir in uns nähren, das wächst, dies ist ein ewiges Naturgesetz.

Es gibt ein *Organ* des Mißwollens, der Unzufriedenheit, wie es eines der Opposition, der Zweifelsucht gibt. Je mehr wir ihm Nahrung zuführen, es üben, je mächtiger wird es, bis es sich zuletzt aus einem Organ in ein krankhaftes *Geschwüre* umwandelt und verderblich um sich frißt, alle guten Säfte aufzehrend und erstickend. Dann gesellt sich *Reue*, *Vorwurf* und andere Absurdität daran, wir werden ungerecht gegen andere und gegen uns selbst. Die Freude am fremden und eignen Gelingen und Vollbringen geht verloren, aus Verzweiflung suchen wir zuletzt den Grund alles Übels außer uns, statt es in unsrer Verkehrtheit zu finden. Man nehme doch jeden Menschen, jedes Ereignis in *seinem* eigentümlichen Sinne, gehe aus sich heraus, um desto freier wieder bei sich einzukehren.»

Unvergeßliche, herrliche Worte, aus tiefster Menschenkenntnis hervorgegangen. Gegen 8 Uhr verließ ich ihn, und gerne, schien es, hätte er noch länger mich bei sich behalten.

5062 *Th. Kräuter an Eckermann* *6. Februar 1823*

Ihre gehaltvollen, anmutigen Gedichte, für die ich nochmals meinen herzlichsten Dank abstatte, haben auch bei unserm großen Goethe viel Beifall gefunden, eine höchst seltene, für Sie um so schmeichelhaftere Erscheinung, da er bei der großen Menge solcher Verehrungen nur höchst sparsam etwas ihn Ansprechendes darinnen findet, sondern sie bald bei Seiten legt, ohne sie weiter zu beachten; Ihre Dichtungen hingegen waren oft in seiner Hand, sie lagen sehr lange auf seinem Schreibtische unter den auserwählten. Lassen Sie sich hiedurch nicht eitel machen, sondern verfolgen Sie vielmehr in bescheidener Demut und Anspruchslosigkeit, wie ich Sie zu kennen glaube, die so vielen jungen Leuten abgeht, die schön eröffnete Bahn.

Ich hätte mit wahrer Freude Ihre Poesien in Goethes «Kunst und Altertum» aufgeführt und der literarischen Welt vorgeführt gesehen, was Ihnen versprochen war, aber entschuldigen Sie, im Fall es auch nicht geschehen sollte, unsern guten Goethe: zunehmende Schwäche des Alters, stets wachsende, sich vermehrende Geschäfte und Obliegenheiten und was noch alles, lassen so manchen guten Vorsatz unausgeführt; Sie würden nicht der einzige sein, dem es so ginge. Sehen Sie deshalb die Zeilen, die Sie von Goethe in Händen haben, als die große Autorisation an, die Sie berechtigt, auf Ihrer Bahn standhaft fortzuwandeln; vielleicht kömmt das bessere nach! Ich darf mir, ohne zu prahlen, bei Goethe was erlauben; deshalb habe ich ihn auch wiederholt an die Schuld gegen Sie erinnert, er versprach sie mir auch in der Art abzutragen, daß er auf einmal über mehrere der besten neuen Produkte in der Poesie sein Urteil der Welt vorlegen wolle; also hoffen Sie, und wenn es ja nicht geschehen sollte, so trösten Sie sich mit andern, die in gleichem Falle wie Sie sind. Goethe befindet sich im allgemeinen sehr wohl; die für ihn stets Gefahr drohende Zeit, der Winter, wird uns ja endlich auch verlassen! Das ganze Jahr hindurch ist er ein rüstiger

Mann, kein Vierundsiebenziger, nur der Winter rührt in ihm allen Krankheitsstoff, alle Schwäche auf, und diese Jahrszeit dürfte es auch wohl sein, welche einmal, Gott gebe recht spät! diesen großen Geist von der edlen Hülle trennte. Er sucht sich demnach auch diese Zeit durch anhaltendes, fleißiges, ja angestrengtes Arbeiten zu verkürzen, ja vergessen zu machen, und glückt es ihm, so hat er doppelten Vorteil errungen.

5063 L. Robert an L. Tieck *8. April 1823*

Soeben war Herr Teichmann, Theatersekretär, von Paris zurückkommend, bei mir. In seinem Auftrage schreibe ich, daß er Goethen die Verlobten [«Die Verlobung» von Tieck], die dieser noch nicht kannte, [am 9. Februar] hat zukommen lassen; daß der alte Herr sehr erfreut darüber und Sie den *guten Tieck* nannte.

5064 Soret *9. Februar 1823*

Passé la soirée chez Monsieur de Goethe. Monsieur Meyer seul s'y trouvait. J'ai parcouru un album du XVIe et du XVIIe siècles où se trouvaient plusieurs écritures célèbres, celles de Luther, Basnage, Le Clerc, Erasme, Mosheim. Ce dernier avait écrit en latin:

Réputation: source de peines; obscurité: source de biens.

Nous avons parlé de science, en particulier de météorologie, à laquelle Goethe porte un grand intérêt. J'ai abrégé ma visite, ces messieurs ayant l'air très préoccupés.

5065 F. v. Müller *10. Februar 1823*

Abschieds-Wirrwarr. Von Goethe herausgepreßte Abschieds-Verse in Julies Buch. Ich erzählte ihm von Gagerns neuem Buche.

5066 F. v. Müller *14. Februar 1823*

Nach Tische bei Goethe, der schon unpäßlich war und über Dumpfheit im Kopfe klagte.

Er fühle sich gerade in der Disposition, fromm zu werden, und denke es sich gar schön, ein vorgehaltenes Altartuch mit dem Lämmlein und einer Kreuzesfahne gläubig anzublicken. Ottilie war bei ihm und rühmte viel von einer Tieckischen Novelle im Berliner Almanach.

5067 *F. v. Müller* *17. Februar 1823*

Nachmittags bei Goethe, den ich schon sehr leidend und in der ganz dunklen Kammer zu Bette liegend traf. Mittags hatte ihn ein zweistündiger heftiger Fieberfrost befallen. Er wimmerte in einem fort: «Allmächtiger Gott, wie krank ich bin, was muß der arme Teufel leiden, ich bin kränker denn seit vielen Jahren pp.» Doch nahm er noch teil an äußren Dingen, besonders an meiner Erzählung von Knebel und von Stroganow, und trieb mich, ins Theater zu gehen, wo eine Operette aus dem Französischen «Das einsame Haus» gegeben wurde (worin Seidel die Furchtsamkeit sehr treffend darstellte) und drei Tableaux, der Sabiner-Raub, das Opfer der Tochter Jeftas und eine niederländische Kirmse.

5068 *F. v. Müller* *18. Februar 1823*

Das Diner bei Generals ... ward mir durch die plötzliche Kunde von Goethes Lebensgefahr gänzlich verbittert.

Ich ging nachher gleich ins Haus, wo die Ärzte wenig Trost gaben, und besuchte dann Meyern. Konzert und Souper bei der Hoheit, der König sprach etwas mehr als Sonntags ... Ich saß bei Tische neben Perceval und Frau v. Schwarzenfels, die Tränen traten mir fast stets ins Auge, wenn ich an Goethe dachte.

5069 *Maria Pawlowna an ihre Mutter* *20. Februar 1823*

Nous avons été très inquiets pour Goethe qui a été bien sérieusement malade d'une inflammation de cœur: – il va mieux et infiniement mieux, mais il n'est pas encore remis; j'ai évité, chère Maman, de vous parler de cette maladie avant qu'elle n'ait vu diminuer nos craintes, parce que je connais vos bontés pour Goethe et j'étais sûre de la peine que vous éprouveriez à son égard: – il a dû s'apercevoir de l'intérêt bien unamine dont il vient d'être l'objet, puisse-t-il nous être conservé!

5070 F.v.Müller *20. Februar 1823*

Nachmittags war ich lange mit Frau v. Pogwisch bei Ottilie. Goethe hatte sich gebessert, wir waren so froh, so glücklich darüber.

5071 F.v.Müller *21. Februar 1823*

Neue qualvolle Besorgnisse um Goethe. «Dieser heftige, dieser unbesiegbare Schmerz – hatte er vor sich hin gesagt – wird mich noch bald an die Schwelle des Lebens bringen.» Ich war lange, respektive mit Soret, bei Ottilien.

5072 F.v.Müller an Julie v. Egloffstein *21. Februar 1823*

Mitten in meiner Angst und Qual um Goethe war die Kunde Ihrer glücklichen Ankunft und der Erfüllung meiner Prophezeiungen in Göttingen – ein heiterer Lichtstrahl, und meinem Herzen sehr wohltuend. Ach, wer hätte geahndet, daß die Verse in Ihr Denkbuch wahrscheinlich die letzten aus der Feder des teuern Mannes sein würden! Gestern überließ ich mich wieder den beruhigendsten Hoffnungen, *heute* ist er viel schlimmer, und selbst Ottilie findet sein ganzes Wesen verändert und erschlafft. Sonntags soll der entscheidende Tag eintreten, ich zittre ihm entgegen. – – Gewiß, *Sie* fühlen recht tief mit uns, beste Julinde! *wie groß* der Verlust sein würde, der uns bedroht!

5073 Charlotte v. Schiller an Knebel *22. Februar 1823*

Ich will nicht säumen, Ihnen, verehrter Freund, zu schreiben, da ich Ihnen nichts Böses zu melden habe, ob wir gleich seit einigen Tagen Sorgen von allen Seiten haben. Es geht aber etwas besser mit Geheimerat von Goethe; er hat nur noch etwas Fieber. Bei seiner Disposition, wo er gleich bei jedem Katarrh Fieber hat, ist dies weniger ängstlich. Der entzündliche Zustand ist ganz gehoben. Wir wollen hoffen, daß es so fortgeht.

5074 *F. v. Müller* *22. Februar 1823*

Besuch bei Goethens, wo ich Ulriken und Frau v. Pogwisch traf.

Riemer mittagte bei mir. Wir sprachen viel von Goethe und seinem Prinzip: sich über unangenehme Dinge und über die Notwendigkeit dadurch zu *erheben*, daß man sich ihnen freiwillig *ergebe* und zur Einsicht in ihre Notwendigkeit sich aufzuschwingen strebe.

5075 *A. v. Goethe an J. M. Färber* *22. Februar 1823*

Mit dem Vater geht es noch nicht gut, und die Ärzte sprechen sich nicht aus; morgen ist der entscheidende siebte Tag. Gott lasse ihn erfreulich werden.

5076 *F. v. Müller an Knebel* *22. Februar 1823*

Wie gerne möchte ich Ihnen bessere Nachrichten von unserm Goethe geben können, verehrtester Freund! dessen Krankheit Sie gewiß auch schon in diesen Tagen schmerzlich bekümmert hat! Aber leider kann man noch immer nicht sichere Hoffnung zu fassen wagen.

Vorgestern nachmittag war er bedeutend besser, ja sogar wieder munter und an allem teilnehmend; gestern früh betäubt, entsetzlich matt, nachmittags abermals etwas besser, diese Nacht hingegen wurde das Fieber stärker, die Schmerzen in der Seite nahmen wieder zu, und man sieht sich in dieselben qualvollen Besorgnisse zurück versetzt, die am ersten Tage der entdeckten Herzentzündung (Dienstags) auf uns einstürmten.

Was soll ich *Ihnen* über den ungeheuren Verlust sagen, der uns bedroht, *Ihnen*, der ihn mehr noch als irgend jemand zu messen und zu würdigen versteht und in tiefster Seele empfinden wird? – –

Man hält den morgenden Tag für entscheidend. O daß unsre heißesten Wünsche ihn zum gesegneten machen könnten!

Sie sollen Montags früh wieder Nachricht von mir erhalten.

Goethes kräftige Natur läßt allerdings noch einige Hoffnung – aber ich darf nicht verhehlen, daß sie, bei dem sichtbaren Rückschritt in der Besserung – nachdem vorgestern das Hauptübel schon gehoben schien – nur gering ist.

Am Montage abends sprach ich ihn noch. Er lag schon, wiewohl angekleidet, zu Bette, hatte heftigen Fieberfrost empfunden und versicherte mehrmalen, daß er kränker sei als in vielen Jahren. Doch war er noch gesprächig, freute sich der guten Kunde von Ihrem Befinden und beklagte lebhaft, Stroganows Besuch ablehnen zu müssen.

Am Dienstage früh gab sich die Gefahr seines Zustandes erst kund, worauf man ihm sogleich zu Ader ließ, und späterhin Blutigel und Vesicatorien folgen ließ.

5077 *Maria Pawlowna an ihre Mutter* *23. Februar 1823*

... Goethe va très médiocrement et nous inquiète beaucoup, car l'on ne peut penser à la possibilité d'une pareille perte sans s'affliger profondément: cependant tout espoir n'est pas perdu.

5078 *F.v. Müller* *23. Februar 1823*

Die traurigen Nachrichten von Goethens verschlimmertem Zustand betrübten und verstörten mich sehr ... Zweimalige freundliche Anrede der Großfürstin puncto Goethes.

5079 *Soret* *23. Februar 1823*

Grave maladie de Goethe dans le courant du mois de février. Le 22, il n'y a plus d'espoir, le 23, la crise qui l'a sauvé s'est déclarée. Il disait ce matin encore: «Je suis perdu»; à midi, il s'est écrié: «Je suis sauvé»; et, le soir: «Tout va bien». Vers neuf heures, il a dit encore: «Si j'en réchappe, il faudra bien avouer que j'ai joué trop gros jeu pour un vieillard.»

5080 *Caroline Freifrau v. Egloffstein an Julie v. Egloffstein* *23. Februar 1823*

Da ich die Türe nicht öffnen kann, um mein Herz durch Mitteilung zu erleichtern, so tue ich es durch die Feder, vielleicht daß es mich erleichtert. Der Zustand des großen

Mannes, den wir lieben und ehren, hat sich verschlimmert, und nur wenig Hoffnung bleibt uns. Ich kann dies nicht ohne Tränen niederschreiben, da alles so lebhaft mir vor die Seele tritt, was er uns allen war. Die Nachrichten von diesem Morgen sind schlimm, sehr schlimm. Ich sitze und starre vor mich hin, o Gott, was ist alles auf der Welt. Diese Augen, aus welchen Geist und Leben sprach, werden vielleicht bald sich schließen, und blicken nur schwach und unsicher umher, die Lippen, aus welchen die lieblichste Rede tönte, bewegen sich nur mühsam, und endlich der alles umfassende Geist wird bald nur mühsam die gewöhnlichsten Dinge fassen. – Ach, liebe Julie, ich bin recht betrübt. Die Worte, so er Dir zum Abschied gab, sind wahrscheinlich die letzten, so er niederschrieb. Es ist mir höchst erfreulich, daß mein Großvaterstuhl der einzige ist, in dem er gerne sitzt. Der Groß-Herzog und Frau v. Stein haben ihm welche geschickt, aber keiner behagt ihm, und er sagte noch heute: «Die gute Oberkammer-Herrin baut sich eine Stufe im Himmel, durch die Wohltat, so sie uns erweist.» Ottilie pflegt ihm, und wacht die Nächte, sie soll sich mit großer Kraft betragen, obgleich sie keine Hoffnung hat, und weiß, was sie *verliert*. Sie muß ihm unterhalten und wie in gesunden Tagen ihm erzählen. So beklagt er, daß er Stroganow (welcher sich in Konstantinopel so brav benahm) nicht gesehen habe. Kurz, obgleich er sich sehr krank fühlt, so ist er dennoch gefaßt *wie immer*, und betrachtet das Treiben der Ärzte, als wären es Experimente, die sie an einem Fremden machen. «Probiert nur immer», sagt er, «der Tod steht in allen Ecken und breitet seine Arme nach mir aus, aber laßt Euch nicht stören.» Der Kanzler ist außer sich, und Soret ist so betrübt, als wäre es sein Vater. Ich weiß nicht, gute Julie, ob ich Dir diesen Brief schicken werde, aber es ist mir Trost, mir einzubilden, es wäre so, und ich spräche mit Dir. –

Den Abend.

Es soll besser gehen, wenigstens sind die Anzeichen besser, die Sprache, welche fast dahin war, ist wieder kräftiger, er hat mit Walther gesprochen, und der neunte Tag wäre vorüber, er hat gehustet, und etwas ausgespuckt, das Fieber ist mäßiger, aber das Alter läßt wenig hoffen.

5081 Gries an Abeken *24. Februar 1823*

Wenn Unlust zum Schreiben eine gültige Entschuldigung des Nichtschreibens wäre, so würde kein Mensch heute besser entschuldigt sein, als ich. Und doch muß ich Ihnen schreiben, lieber Abeken, nicht mit frohem, sondern mit recht traurigem Herzen. Aber ich halte es für meine Pflicht, lieber selbst der Trauerbote zu sein, wie schwer es mir auch wird, als dieses Geschäft den schonungslosen Zeitungen zu überlassen.

Nach diesem Eingange wird es Ihnen nicht mehr zweifelhaft sein, welche Botschaft ich Ihnen zu melden habe. Ja, mein teurer Freund, wir alle, Deutschland, die Welt, haben einen Verlust erlitten, der, wenn nicht für *alle* Zeiten, doch gewiß für die jetzige unersetzlich ist.

Gibt es dabei einen Trost, so ist es dieser, daß er nicht lange gelitten hat. Erst vorgestern, am Sonnabend, hörte ich die erste Nachricht, daß Goethe bedenklich krank sei, und schon gestern, am 23., nachmittags um 5 Uhr, hat sein Geist diese Welt verlassen. Sein *Geist* sage ich? Nein, den soll kein Tod uns rauben!

Ich war zufällig, wie das im Winter wohl geschieht, die vorige ganze Woche nicht aus dem Hause gegangen und hatte auch niemand gesprochen. Am Sonnabend besuchte ich die Schwestern und erfuhr von diesen, daß vor wenig Tagen (ob am Mittewoch oder Freitag, weiß ich nicht gewiß) die Nachricht von Weimar gekommen sei, Goethe liege an einer Herzentzündung gefährlich krank. Ich lief sogleich zu Frommann, aber dieser wußte nichts näheres. Andre Nachrichten behaupteten, es sei bloß eine starke Erkältung, die er sich an einem milden Tage der vorhergehenden Woche in seinem Garten zugezogen habe. Er hatte während der strengen Kälte das kleine Kabinett neben seinem Wohnzimmer gar nicht verlassen, in demselben gewohnt und geschlafen, und sich dabei recht wohl befunden. Was mich einigermaßen beruhigte, war der Umstand, daß kein hiesiger Arzt nach Weimar gerufen ward, was in bedenklichen Fällen sonst immer geschieht. – Gestern abend (Sonntag) war der gewöhnliche Klub auf der «Rose». Um 11 Uhr verbreitete sich die Nachricht, Goethe sei gestorben; Ziegesars Hofmeister habe die Nachricht von Weimar mitgebracht. Die Bestürzung war allgemein. Nach allen Umständen ließ es sich nicht mehr bezweifeln, und doch hoffte ich noch. Allein diesen Morgen sandte Frommann mir die traurige Bestätigung. Nicht eine Herzentzündung, sondern eine Verhärtung des pericardium (pericarditis) ist wahrscheinlich die nächste Veranlassung seines Todes. Sein ordentlicher Arzt war Rehbein (der ja wohl zu Ihrer Zeit noch hier studierte). Zu diesem hatte er großes Zutrauen; doch ist auch Huschke zugerufen worden. Von Stark soll er nicht viel gehalten haben; wollte Gott, er hätte Kieser rufen lassen! Der Großherzog soll untröstlich sein; aber wer ist es nicht?

Nachmittag. Hier noch einige nähere Umstände, die ich soeben von Knebel erfahren habe. – Goethe hat, wie ich Ihnen sagte, die strenge Kälte recht gut überstanden und auch hernach, bis auf die letzten Tage, sich wohl befunden. Vorigen Dienstag (den 18.) sind Riemer und Meyer bei ihm zum Besuch. Er wandelt mit ihnen im Gespräch das Zimmer auf und ab, bei anscheinend vollkommenem Wohlsein. Auf einmal bleibt er stehen und sagt ungefähr diese Worte: «Meine Freunde, es ist mit mir vorbei. Ich fühle etwas in mir, das ich sonst nicht gefühlt habe. Die morsche Hülle kann den Geist nicht mehr tragen; sie bricht zusammen.» Die beiden, höchst bestürzt über diese Worte des Mannes, der gesund und kräftig vor ihnen steht, suchen ihm diese Vorstellung auszureden. Er bleibt dabei. Am folgenden Tage (Mittwoch) mußte er sich niederlegen und verfiel sehr bald in einen Zustand völliger Besinnungslosigkeit, in ein dumpfes Hinbrüten ohne Schlaf. So lag er bis zum Sonnabend. Am Abend dieses Tages schrieb Riemer an Knebel, Goethe habe sich seit dem Morgen merklich gebessert; Besinnung und Kräfte seien zurückgekehrt; er habe mehrere Stunden ruhig geschlafen, und es sei alle Hoffnung vorhanden, daß er den kritischen fünften Tag (den Sonntag) glücklich überstehen werde. Diesen Brief erhielt Knebel am Sonntag morgen. Am Abend desselben Tages traf die Todesbotschaft ein. Seine Frau verhehlte sie ihm bis heute früh. Anfangs soll er ganz außer sich gewesen sein. Um Mittag war er ziemlich gefaßt, doch sehr traurig. Gott gebe, daß der gute Alte dem jüngeren Freunde nicht zu bald nachfolge!

Noch eine sonderbare Tatsache: In Knebels Hause lebt seit vielen Jahren ein gewisser Dr. Weller als Hausfreund oder Gesellschafter. Vielleicht erinnern Sie sich noch, ihn dort gesehen zu haben. Er ist jetzt bei der hiesigen Bibliothek angestellt, deren neue Anordnung er, unter Goethes Anleitung, mit besorgt hat. Goethe pflegte ihn überhaupt zu mancherlei Geschäften zu gebrauchen, auch wohl als Sekretär, wenn er sich in Jena längere Zeit aufhielt. Diesem Weller träumt in der Nacht vom Dienstag auf den Mittewoch (also ehe irgend eine Nachricht von Goethes Krankheit hieher kommen konnte), Goethe stehe vor ihm, strecke die Hand gegen ihn aus und sage deutlich und bestimmt: «Am Sonntage werde ich sterben.»

5082 Maria Pawlowna an ihre Mutter *24. Februar 1823*

... pour Goethe, les médecins n'en sont pas contents et les raisons de craindre augmentent plutôt qu'elles ne diminuent, c'est le septième jour de sa maladie.

5083 Caroline v. Egloffstein
an ihre Mutter *23./24. Februar 1823*

Am Sonntag mittag, den 23. Februar 1823.

... Goethe ist wohl ohne Rettung, und noch zählen wir nur die Stunden seines irdischen Lebens – bald ringt der Geist sich frei aus diesen Banden, und *wie* frei muß sich dieser fühlen, wenn er die Schwelle überschritten hat! – ! –

Ich weine um mich, ich traure um Ottilien, ich betrübe mich, daß Ihr Euch betrüben werdet, aber ich bitte Gott, den Kampf nicht zu verlängern. Meine Julie hat ein schönes Bild seiner Liebe und Zuneigung mit hinweggenommen, und tröstend steht der Gedanke vor mir, daß sie sich noch daran ergötzt habe und von seiner Liebe zu ihr überzeugt war.

Montag morgen.

Noch ist nichts entschieden, ich lege Euch Sorets heutiges Billett bei, der mit der treuesten und innigsten Anhänglichkeit um den Kranken zittert und ebenso treu alle Nachrichten stündlich mir mitteilt. Ich vermag nicht zu hoffen mehr, resigniert will ich der nächsten Stunde entgegengehen – sie kann uns nichts Gutes bringen. Ottilie hat mit der innigsten Freundschaft Juliens gedacht und trauert um ihre Trauer, die so schnell ihrer Abreise folgt; – Ottilie zeigt eine ungemeine Standhaftigkeit und kräftigen Geist, trotz ihres schwächlichen Körpers. Sie wacht alle Nächte beinahe und hat ihre Gedanken und Überlegung für die übrigen noch; aber sie ist auch ohne Trost, ohne Hoffnung, und wir brauchen allen Mut, um diesen Verlust zu überwinden ...

Um halb 3 Uhr.

Eben komme ich vom Krankenhause – August Goethe gibt alle Hoffnung auf, und der Puls soll so sonderbar schnell und schwach abwechselnd schlagen, und die Schwäche so groß sein. – Nein, ich hoffte ja schon von Anfang an nicht mehr! – der Himmel schenke mir nur die Gnade, Euch alle gesund zu wissen, ach! eine Stärkung, der süßeste Trost meines Lebens, Gott erhalte mir ihn.

5084 Riemer an Frommann *24. Februar 1823*

Die Krankheit unseres Goethe erhält einen in beständiger Sorge und erlaubt kaum ein anhaltendes Beschäftigen mit einer Sache, da Liebe und Pflicht sich zur Teilnahme gedrungen fühlen.

5085 F. v. Müller *24. Februar 1823*

Nachmittags von 4 bis 9 Uhr bei Goethe im Nebenzimmer. Krisis. Wiederkehr der Hoffnung. Von 9 bis 11 bei Stichlings ... Noch nachher im Goethe-Hause.

5086 F.v.Müller
an Henriette v.Beaulieu-Marconnay *24.Februar 1823*

Eben komme ich von Goethens Krankenbette, – wo ich vier Stunden in großer Spannung zubrachte. Es scheint eine Krisis eingetreten, die wieder Hoffnung schöpfen läßt, das Bewußtsein ist wieder ganz frei, das Atemholen ruhig, die Schmerzen minder, die Todeskälte in den Händen beginnt zu weichen, und alles deutet auf eine ruhigere Nacht. Welche merkwürdige Äußerungen tat er, wie klar beurteilt er seine Krankheit, wie die eines Fremden, und wie liebevoll, wie graziös spricht er noch immer mit seinen Familiengenossen, wie humoristisch, ja ironisch mit den Ärzten. «Der Tod steht in allen Ecken um mich», sprach er ganz heiter diesen Morgen, und diesen Abend: «Es ist ein Hindernis in mir zu *leben*, wie zu *sterben*, mich soll nur wundern, wie es enden wird.» Wenn er morgen überlebt, ist er gerettet, glaubt man! Linen war es ein wahrer Trost, seine Stimme im Nebenzimmer zu hören, ja ihn selbst durch die Türe, aufrecht sitzend, zu sehen. Ottilie benimmt sich wie ein Engel, verbirgt ihren ungeheuern Schmerz und umgibt Tag und Nacht sein Lager mit den freundlichsten Worten und Hülfsleistungen.

5087 Soret *24.Februar 1823*

Le docteur Weller est arrivé d'Iéna sur le bruit qui s'y était répandu de la mort de Goethe; les domestiques de la maison en apprenant le motif de son arrivée ont manifesté la plus vive joie ainsi que d'autres personnes que j'aurais cru moins superstitieuses. Beaucoup de monde croit ici que lorsqu'on annonce prématurément la mort d'un malade, c'est qu'il ne mourra pas.

La journée a été fort angoissante, le mieux n'ayant pas reparu à midi comme hier. Dans ce moment, Goethe a dit à sa belle-fille: «Voici l'instant où va commencer en moi le combat de la vie et de la mort.»

Toute la soirée, le malade a pleinement joui de sa présence d'esprit et a même souvent plaisanté. Il a dit à Monsieur Rehbein, l'un de ses médecins: «Vous êtes trop craintif avec vos remèdes. Lorsqu'on est malade comme je le suis, il faut traiter son monde napoléontiquement.» Il a pris avec plaisir une tasse de coction d'arnica qui, administrée hier par Huschke au moment le plus critique a déterminé la bonne crise; il a fait une description gracieuse de cette plante et a exalté ses énergiques vertus. On lui a dit que les médecins n'avaient pas consenti à ce que le Grand-Duc vînt le voir. «Si j'étais Grand-Duc, s'est-il écrié, je ne me laisserais pas diriger par vous autres et j'entrerais ici de force.»

Durant le délire de sa maladie, il a fait appeler Mademoiselle de Pogwisch et voulait absolument obtenir d'elle qu'elle frisât ses cheveux comme les miens; il la tourmenta toute une nuit pour cela.

Dans un moment où il se trouvait mieux et où sa poitrine paraissait plus dégagée, il parlait avec facilité et n'avait plus de rêveries. Là-dessus, Monsieur Rehbein se prit à dire à l'oreille de l'un des assistants: «Une meilleure respiration ramène l'inspiration.» Goethe l'entend et s'écrie: «Il y a longtemps que je le sais, mais cela n'est point vrai pour vous, méchant drôle.»

Je suis entré dans sa chambre à sept heures; il était assis sur son lit, faisant face à la porte du cabinet d'étude. J'ai vu ses traits qui m'ont paru fort peu changés. Sa voix est nette et distincte, mais elle a un timbre solennel comme celle d'un mourant. Pendant que j'étais là, il a dit à ses enfants: «Vous avez l'air de croire que je suis mieux. Eh bien! vous vous trompez.» On l'a plaisanté pour ses appréhensions, il n'a pas insisté. Walther est entré plus tard, il lui a raconté sa visite chez le Prince; le malade l'a écouté avec plaisir. Il s'entretenait avec son petit-fils, mais sa voix me paraissait moins bonne.

Ses principaux amis l'ont vu comme moi de la chambre d'étude, mais il ne s'en est pas aperçu et ne demandait pas à les voir. Trop de monde s'est entassé dans son voisinage; je me suis retiré pour ne pas grossir inutilement la foule et j'ai repris mon poste d'en bas d'où j'envoie mes bulletins à Leurs Altesses.

5088 *Maria Pawlowna an ihre Mutter* *25. Februar 1823*

Goethe va mieux depuis hier au soir, mais l'on ne sait encore si l'on ose se flatter de sa conservation; demain le neuvième jour, en est un bien critique.

5089 *F. v. Müller* *25. Februar 1823*

Freude über die guten Nachrichten von Goethe.

5090 *F. v. Müller an Knebel* *25. Februar 1823*

Es scheint in der Tat, als ob Goethes *Genius* seine tödliche Krankheit im eigentlichsten Sinne besiegt habe. Denn erst von dem Momente gestern nachmittags an, wo er, «daß der Kampf zwischen Leben und Tod jetzt förmlich eingetreten sei», laut erklärt und mit größter Heftigkeit *Kreuzbrunnen* gefodert und erhalten hatte, «um, wenn er denn doch sterben müsse, wenigstens auf seine eigne Weise zu sterben» – – erst von diesem Augenblick an wurde es sichtbar und stündlich besser. Er ließ sich einige Stunden später förmliche Rechenschaft über seine Krankheits-Geschichte ablegen und behandelte sie ganz wie eine abgeschlossene fremde Sache, sich über das körperliche Leidens-Gefühl durchaus emporschwingend. Möge nun dieser neue Bund, den der Genius mit uns eingegangen, dauerhaft sein; wie hoch wollen wir jeden Tag des neu geschenkten teuren Lebens schätzen!

5091 *Soret* *25. Februar 1823*

Goethe s'est fait rendre compte hier du traitement qu'on a suivi. Aujourd'hui il a lu les listes de personnes qui se sont inscrites à sa porte. Elles contiennent plus de cent noms chacune. Il a reçu la visite du Grand-Duc et n'en a pas été fatigué. Sa chambre d'étude est moins remplie de visiteurs qui ont l'inconvénient de vicier l'air et de troubler le service. Mes protestations contre cet abus paraissent avoir eu quelque effet.

5092 Caroline v. Wolzogen
an Caroline v. Humboldt *26. Februar 1823*

In all diesen Tagen dachte ich lebhaft Dein und Humboldts, da wir uns in dem gemeinsamen Gefühl um Goethe gewiß begegneten. Schreiben wollte ich in der Ungewißheit nicht. Gestern ist der neunte Tag der Krankheit vorüber, und von dem Fieber erklären ihn die Ärzte gerettet. Es war eine Herzensentzündung, durch unterdrückten Blutabgang verursacht, der sich sonst einen andern Weg gesucht. Erst gestern hat er seine volle Besinnung wieder und wunderte sich, da man ihm sagte, daß er seit neun Tagen krank gewesen; er glaubte, es sei nur ein Tag verstrichen. Aber in der Abwesenheit des Geistes hat er sehr sinnige Reden geführt, immer Verstand, sogar Witz gehabt, von seinem Tod als unvermeidlich gesprochen, «Es ist nichts als der Tod, er ist in allen Ecken!» mehrmal ausgerufen, auch einmal die schöne Stelle im Egmont gesagt: «Süßes Leben» usw.; auch einmal «Unbezwinglicher Schmerz führt an die Schwelle des Lebens»; er habe kein Herz mehr, es sei nur ein Stein da. Vom Magnetismus sprach er, und als seine Schwiegertochter ihn fragte, ob man Kieser von Jena sollte kommen lassen, erwiderte er: «Nein, da kann nur Gott noch helfen.» Seine Ärzte entfernten sich einmal, sich zu besprechen, denen er wohl will: «Da gehen sie hin, die Jesuiten; beraten können sie sich wohl, aber nicht raten.» Dann hat er sich um alle Kleinigkeiten bekümmert, wer nach ihm fragen ließe, immer bestimmt wissen wollen. Diese wunderbare Komposition der Natur ist auch in ihrer Auflösung wunderbar. Du weißt aus meinem letzten Brief, wie unzufrieden ich mit seinem Benehmen war, und da die Persönlichkeit in den Fehlern des Alters stärker hervordringt, tat ich eben keine Schritte, ihn zu sehen. Auch lebte er in seinem Schlafzimmer eingesperrt in einer schrecklich heißen Luft und ging nur manchmal in sein Besuchzimmer, um die fürstlichen Besuche anzunehmen. Aber ein inniger Schmerz hatte mich ergriffen und die Erinnerung aller belebenden Blüten, mit denen er unser aller Jugend des Geistes erfrischte. Mit ihm geht die Sonne unsrer deutschen Poesie unter, und dieser Ort zumal wird eine wahre Einöde des Geistes, wo die Schatten der Vergangenheit wandeln. Ein unheilbarer Zustand, meinen die Ärzte, werde dem Fieber folgen und eine Wassersucht am Herzen eine Folge der Entzündung sein. Vor einem langen Leiden möge ihn Gott bewahren! Sobald er sich leidlicher fühlt, will ich ihn besuchen, ob mir gleich seine Umgebungen widern. Er lebt eigentlich nur außer Meyer und Riemer mit plattem Volk und kann das Gemeine am besten vertragen wie von je her. Doch wäre es mir lieb, noch eine rein menschliche Stunde mit ihm zu verleben.

5093 Rehberg: Ärztliches Bulletin *26. Februar 1823*

Die Nacht hindurch wurde nicht viel geschlafen, daher Unleidlichkeit, Mißbehagen, Unzufriedenheit, daß der Zustand noch immer leidend ist. Der Puls ist fieberlos, nicht schwach, in gehörigen Intervallen, die Zunge rein, feucht. So schreitet auf langsamem Wege die Besserung allmählich fort.

5094 Riemer an Frommann *26. Februar 1823*

Mit Goethe hat es sich in der Nacht vom Montag zum Dienstag merkwürdig gebessert, und jeden Tag scheinen die Vorschritte zur völligen Herstellung zuzunehmen. Es war gestern bedeutend besser, und soeben höre ich, daß er die Nacht ruhig zugebracht und einige Stunden geschlafen habe. Von Fieber war schon gestern nichts zu spüren; der Puls ging so ordentlich wie nur möglich. So haben wir denn Hoffnung, ihn nicht nur diesmal, sondern auf längere Zeit erhalten zu sehen!

5095 Soret *26. Februar 1823*

Maintenant que la maladie est surmontée, on commence à craindre pour les suites; la main gauche est enflée, il y a menace d'hydropisie. On ne saura que dans quelques jours le résultat final. Goethe a demandé aujourd'hui pour la première fois un de ses amis, c'était le plus ancien, Monsieur Meyer. Il voulait lui montrer une rare médaille qu'il a reçu de Bohême et dont il est enchanté.

5096 *A. v. Goethe an F. Schlosser* *26. Februar 1823*

Wir haben in der letzten Zeit sehr traurige und beunruhigende Tage verlebt; mein armer Vater wurde am 17. dieses Monats plötzlich von einer Entzündung des Herzbeutels und wahrscheinlich auch eines Teils des Herzens, wozu sich noch eine Entzündung der Pleura gesellte, überfallen, welche ihn im Verlauf der Woche an den Rand des Grabes stellte; glücklicherweise traten am 9. Tage, als am 24., die von den Ärzten ersehnten Krisen ein, und in diesem Augenblicke scheint die Gefahr vorüber zu sein. Wir hoffen, daß die starke und gute Natur des Vaters, welche ihn in seinem hohen Alter diese bedeutende Krankheit überstehen ließ, auch die etwanigen Folgen überwinden helfen wird. Diese Zeilen sende zu Ihrer Beruhigung mit der Bitte, Verwandte und Freunde hiervon in Kenntnis zu setzen.

5097 *Maria Pawlowna an ihre Mutter* *26. Februar 1823*

... et pour Goethe l'on peut concevoir l'espérance de le voir sauvé, car depuis avant-hier non seulement le mieux se soutient mais s'augmente dans son état de santé: certes il revient de loin, et je m'en réjouis de tout mon cœur, non seulement personnellement, mais encore parce que l'on devait redouter l'impression de cette perte sur ceux qui sont ses habitués, encore plus que ses contemporains: depuis que l'on le sait mieux, la gaîté se manifeste chez un chacun.

Abends

... pour Goethe il va si décidément bien que c'est une chose surprenante, car après son mal, qui était une inflammation au cœur, il lui est venu des indices d'hydropisie qui diminuent tous les jours et les médecins sont tout-à-fait rassurés: – il faut rendre justice aux Weimariens de dire qu'ils ont pris beaucoup de part à sa maladie, au point que dans les sociétés inférieures et qui ne vivent pas rapprochées de lui, l'on [n']a pas voulu de réunions bruyantes, parce qu'on les a trouvées déplacées lorsqu'on a su cet homme distingué si mal.

5098 Soret *27. Februar 1823*

Aujourd'hui, à une heure, Goethe, sachant que j'étais là, m'a fait appeler auprès de lui. Il m'a tendu la main en me disant: «Eh bien! Vous voyez en moi un ressuscité.» Puis il m'a chargé de remercier Leurs Altesses Royales pour la sollicitude avec laquelle elles avaient pris part à son mal. «Ma convalescence sera longue, a-t-il ajouté, mais il n'en reste pas moins aux médecins l'honneur d'avoir fait un petit miracle.»

Je me suis retiré au bout d'une minute ou deux. Son teint est bon, mais il a maigri et il respire avec quelque difficulté. Il me semble qu'il a un peu plus de peine à parler; l'enflure du bras gauche est très sensible; il tient les yeux fermés et ne les ouvre que quand il parle.

5099 Betty Wesselhöft an Zelter *27./28. Februar 1823*

Länger kann ich nicht gegen Sie schweigen, lieber Zelter, doch Dank sei's dem Himmel, daß ich den Brief, der am verwichenen Montage schon fertig an Sie dalag, wieder vernichten konnte.

Goethe ist *sehr* krank gewesen, doch gottlob! jetzt nach der Ärzte Ausspruch außer Gefahr. – Welche Tage der Angst sind das auch für unser kleines Häuflein seiner treuen Anhänger, seiner innigen Verehrer gewesen; wie viel bitterer fühlte ich noch den Schmerz, wenn ich an Sie dachte, und Ihr Bild kam in den Tagen eigentlich nie aus meiner Seele. – Da ich nicht wissen kann, ob einer im Goetheschen Hause daran denkt, Ihnen ordentlichen Bericht über die Krankheit abzustatten, wohl aber fürchten muß, daß das Gerücht manches in Berlin darüber verbreitet, will ich alles treulich erzählen, was mir davon bekannt ist.

Vor ungefähr vierzehn Tagen fühlte Goethe ein Unwohlsein, welches man jedoch nur für ein leichtes Erkältungsfieber hielt. Der Arzt riet ihm, sich ein paar Tage im Bette zu halten, das wollte er aber nicht. Sonntag vor acht

Tagen, den 16., schüttelte ein heftiger Frost ihn aber auf einmal so zusammen, daß sein getreuer Stadelmann nicht genug herbeiholen konnte, um ihn zuzudecken. Die Ärzte fingen jetzt an, die Krankheit nach den Symptomen ernsthafter zu nehmen, und sprachen von einer Herzentzündung. Adele Schopenhauer, die, wie Sie wissen, immer im Goetheschen Hause ein- und ausgeht, schrieb uns am Mittwoch, dem 19., sehr besorgt. In dem Briefe aber, den wir am Sonntag, dem 23., morgens erhielten, sagte sie uns: daß die Ärzte alle Hoffnung aufgegeben hätten und der Zustand um so schrecklicher sei, da er nicht imstande wäre, zu liegen, aus Mangel an Atem, und die Beine, durch die sitzende Stellung, sehr anschwöllen. Er sah niemand mehr als die nächsten, zu seiner Pflege nötigen Personen, phantasierte mitunter, viel von den Farben; einmal haben die Umstehenden auch vermutet, daß er sich für den Griechen hielt, der die türkischen Schiffe in die Luft gesprengt hat. – Mit Furcht und Zittern erwartete man den Montag, als den neunten Tag, welchen die Ärzte für sehr entscheidend hielten. – Am Sonntag abend spät verbreitete sich hier [in Jena] allgemein die Nachricht durch einen um 6 Uhr aus Weimar gefahrenen Hofmeister aus dem Ziegesarschen Hause, Goethe sei um 5 Uhr nachmittags gestorben. Mich schaudert noch jetzt, da ich das Wort hinschreibe, und Sie können sich unsere Gefühle denken. – Einer schickte zu dem andern, um sich erkundigen zu lassen, keiner wagte mehr zu zweifeln, nach dem, was vorangegangen war; Knebel aber, obgleich er die schreckliche Nachricht auch glaubte, schickte doch Montag gegen Mittag einen Boten hinüber, weil die Post durchaus an niemand einen Brief mitgebracht hatte. – Manche heiße Träne ist hier in aller Stille an dem Tage geweint. Nachmittag 5 Uhr, als noch keine Nachricht diesem schrecklichen Gerücht widersprochen hatte, setze ich mich nieder, um Sie, teurer Freund, darauf vorzubereiten. Nie ist mir ein Brief schwerer geworden, als da ich Ihnen dies Schwert durchs Herz stoßen sollte – und doch war es mir, als dürfe ich Sie nicht ohne Nachricht lassen. – Nun ließ ich den

Brief unversiegelt liegen, immer auf Knebels Boten harrend. – Endlich, gegen 8 Uhr, kommt dieser und bringt die Nachricht: daß er noch lebe und die Ärzte hofften, die höchste Krisis sei überstanden. Die Extremitäten sind schon kalt gewesen, mit einem Male hat die kräftige Natur aber wieder die Oberhand gewonnen, und aus der Betäubung wieder zum Bewußtsein gelangend, ist sein erstes Verlangen am Montag abend schon gewesen, daß Ulrike ihm das Haar kämmen und in Ordnung bringen solle. – Nachher hat er zu trinken verlangt, Champagner, Bier, Kreuzbrunnen, und als der Kammerrat ihm ersteres nicht hat geben dürfen, seine Stimme so mächtig über des Sohnes Ungehorsam erhoben, daß Stadelmann, der sich einen Augenblick entfernt hatte, vor Angst wieder herbeigelaufen ist. Nicht wahr, das ist ein gutes Zeichen, wenn die Galle wieder so rege wird bei euch Männern! – Dienstag lauteten die Nachrichten, deren wir habhaft werden konnten, mitunter günstig, doch widersprechend. Wir versuchten, den Frommann flott zu machen, um endlich einmal recht ordentlichen Bescheid aus Weimar zu haben, denn noch wagten wir nicht, unsern Hoffnungen Raum zu geben. Er war zwar *sehr* bekümmert um Goethe, aber doch zu dem großen Schritt nicht zu bewegen. Da kriegte endlich die Frankfurterin, die kleine artige Hofrätin Voigt, eine große Anhängerin Goethens, ihren Mann dazu, sich gestern, Mittwoch, morgens früh, nach Weimar zu begeben. Sie kam gestern nachmittag zu uns, und ihr Mann hatte geloben müssen, bei seiner Rückkehr vor unserm Hause abzusteigen, wo der Gries sich auch einfand und also das Hauptquartier war. Von diesem Hofrat Voigt habe ich nun manche der kleinen Details, die ich Ihnen schon gemeldet habe, weil Sie alles interessieren wird, was auf Goethe Bezug hat. – Voigt hatte ihn selbst nicht gesehen, weil noch niemand, auch Riemer nicht, zugelassen wird, doch war er lange im Hause gewesen und hatte sich bei beiden Ärzten, Huschke und Rehbein, erkundigt. Alle behaupten, die Gefahr sei vorüber; nun müssen wir von der guten Natur das übrige hoffen und wollen uns nicht damit quälen, daß *gewöhnliche* Naturen oft nach solchem Krankheitsanfalle Anlage zur Wassersucht bekommen.* Die wird Goethe hoffentlich im Champagner ersäufen, den man ihm Dienstag erlaubt hat, in mäßigen Portionen zu trinken. Mit dem Essen will es noch nicht recht gehen, doch stellen sich auch diese Appetitchen wieder ein, und er hat sich schon einige Gerichtchen verordnet. – Länger als Dienstag morgen hat der Großherzog sich nicht zurückhalten lassen, ihn auf ein Viertelstündchen zu besuchen; als der Dr. Rehbein dazu gekommen ist, haben sie sich angelegentlich über Stein- und Erdarten unterhalten, doch da Serenissimus etwas harthörig ist, hat der Doktor den Dolmetscher machen müssen. – Noch *ein* Lebenszeichen von Goethe. Er hat gestern morgen den Stadelmann gefragt: ob sich nicht einige Personen nach ihm hätten erkundigen lassen, und die Zettel sehen wollen. Ach, wenn der Gedanke hinreichend wäre, einen Namen aufs Papier zu bringen, hätte er die unsrigen unzählige Male darauf lesen müssen! – Es hat immer ein vom Dr. Rehbein geschriebenes Bulletin auf dem Vorsaale gelegen, und um Sie auch durch den eigenen Ausspruch des Arztes zu überzeugen, schicke ich Ihnen das gestrige mit, welches Voigt mir geschenkt hat. *Unleidlichkeit*, *Mißbehagen* etc. wird Sie nicht befremden, liebster Freund, denn ich denke Sie mir in ähnlichem Krankheitszustande auch eben nicht wie ein Lamm. – Über die Ignoranz der Ärzte soll Goethe verschiedentlich gewütet und der Dr. Rehbein sein bescheiden Teil abgekriegt haben. – Tut aber alles nichts! Ich beneide einen jeden, der zu seiner Genesung, seiner Pflege etwas beitragen kann, und sollte er es auch mit einigen wohlgemeinten Püffen erkaufen. – Wir können nun leider Gottes nichts tun als uns freuen, das wollen wir aber redlich tun, so wie mir gewiß der Montag einer der schwersten Tage meines Lebens gewesen ist. – Der arme Knebel! – Auch schon ganz mit dem Gedanken vertraut, den Freund, den Zeitgenossen verloren zu haben, setzt er sich gegen Abend, als

* Man will bemerken, daß die Füße und die linke Hand noch geschwollen sind; wird sich aber schon wieder geben.

der Bote immer nicht kommt, hin und fängt ein Gedicht an den Abgeschiedenen an, welches so beginnt: «Die Zeder ist gefallen.» – Ich ergoß mich in Klagen an Sie, weil für Sie der Schmerz dreifach durch meine Seele drang, habe aber meinen Brief wohlweislich in den Ofen gesteckt.

Dieser lange Brief, den ich mit unendlich viel leichterem Herzen schreibe, kann erst morgen abend zur Post, und da hoffe ich noch ein kleines Anhängsel machen zu können, weil wir morgen doch wohl wieder etwas erfahren. – Gibt es im Goethe-Hause keine dienstfertigen Hände, die Ihnen Bericht abstatten, so kostet es Sie nur ein paar Worte, und ich schreibe Ihnen bald wieder, alles, was ich weiß ...

Den 28.

Die Nachrichten lauten ebenso günstig, doch habe ich keine besondere Details erfahren können, selbst von Knebel nicht. – Es ist hier ein Brief von der Frau v. Hopffgarten, der bloß bestätigt, daß die Genesung fortginge. – Frommanns sitzen hier eben mit uns am Teetisch und grüßen den lieben Freund in Berlin gar *scheene*. Auch die Schwester Bohn will Ihrem Andenken empfohlen sein, und Gries würde den allervortrefflichsten Gruß beifügen, sowie auch Knebel, wenn sie wüßten, daß ich schriebe.

5100 Allwina Frommann
an ihren Bruder Fritz *27./28. Februar 1823*

Das waren Tage der Angst und Qual, lieber Fritz, die auch wieder einmal vorbei sind! Seit Sonnabend abend, wo mir Adele einen treuen Krankenbericht über Goethe schickte, gaben wir nach allen Anzeigen die Hoffnung fast ganz auf, so daß, als Sonntag abend uns Färber sagen ließ, den Nachmittag um fünf sei er gestorben, wir es gleich glaubten, weil wir den ganzen Tag die Nachricht erwarteten. Mutter und ich waren ganz allein, wir wollten nicht auf die «Rose» gehen, es war uns nicht möglich, wir lasen viel und lebten so hin den Tag; aber so eine Öde habe ich nie gefühlt.

Wie nun den anderen Morgen die Nachricht sich immer nicht bestätigte, die den Sonntag abend Ziegesars Hofmeister mitgebracht, der, miserabel genug, nicht ins Haus ging und sich genau erkundigte, ehe er eine solche Nachricht bringt, sondern, weil er freilich vorher gehört, die Ärzte hätten ihn aufgegeben, nachher, wie einer kommt und die Todesnachricht bringt, gleich wegfährt, so wurden wir doch irre, indes durch die wunderbarsten Mißverständnisse, ein ewiges Schicken, Laufen usw. blieben wir bis Mittag in Ungewißheit, wo wir durch Studenten hörten, daß er den Morgen noch gelebt, aber ohne Hoffnung. Die Voigt kam den Morgen, wir weinten zusammen; aber doch war es uns eine Art von Trost, daß er nicht so lange gelitten. Auch war es uns ein schrecklicher Gedanke, daß die Ärzte gesagt, wenn die Herzentzündung auch gehoben würde, so folgten oft Krankheiten, die nur langsamer, aber doch in einiger Zeit den Tod brächten, es träte Wasser ins Herz usw. – Adele hatte mir Sonnabend geschrieben, daß der schrecklichste Schmerz am Herzen ihn nicht liegen ließe, nun müsse er sitzen, davon schwöllen ihm die Füße, und er sei überhaupt *unendlich schwach*.

Dienstag früh sagte uns Voigt, daß Baumann, der den Montag mittag von Weimar weggegangen und den Abend von Belvedere im schrecklichsten Wetter noch hierher gelaufen, um Voigt Nachricht zu bringen, von Stadelmann gehört, daß Goethe meist in einer Betäubung liege, von seinen Werken phantasiere und manchmal, wenn er zur Besinnung käme, Stadelmann frage: «Habe ich auch etwas Beleidigendes gesagt?» Auch sei er so schwach, daß er nicht mehr husten könne.

Montag nachmittag ist nun eine Krisis eingetreten, die Stirne ist kalt geworden, Hände und Füße kalt, und kalter Schweiß hat ihm auf der Stirn gestanden, auch ist er ganz schwach gewesen, sie haben ihn schon aufgegeben, er selbst hat gesagt, wie er die Krisis gefühlt: «Das ist der Kampf.» Da legen sie ihm die Hände in warmes Wasser, und an rückkehrender Wärme fühlen sie das erste Zeichen der Hoffnung.

Seitdem, allen ein Wunder, bessert er sich merklich, freilich war die Nacht vom Dienstag zum Mittwoch nicht gut, wie mir Adele schreibt, doch da es darauf am Tage gestern nicht schlimmer wurde, wagt man endlich zu hoffen, daß, wo noch eine solche Kraft ist, auch noch, wenn er ganz besser wird, ihm noch Kraft zur emsigen Geistes-Tätigkeit bleibt, ohne die man ihm das Leben nicht wünschen kann, und er hat diesen Winter so viel gearbeitet! Adele, die immer hin und her lief, da auch ihre Mutter sehr schlimm war, die jetzt aber besser ist, hat nun endlich auch sich legen müssen, Rheumatismus im Arm, der geschwollen ist, doch schreibt sie ganz selig und konfus, so ordentlich ihr Bericht neulich im Schmerz war, so zerstreut ist nun ihr gestriger Brief in der Freude, an die sie kaum noch zu glauben wagt, der Himmel sei ihr jetzt überall blau! schreibt sie zuletzt. –

Goethe sitzt meist auf einem Kranken-Lehnstuhl in einem kleinen Kabinett im Garten heraus. Daneben ist seine Arbeitsstube, wo alle Laden zu sind, wo zuweilen jemand herein gelassen wird, ihn zu sehen oder seine Stimme zu hören, auch Achtung zu geben, wenn etwas im Krankenzimmer gebraucht wird. Bei ihm sind abwechselnd Stadelmann, August, Ottilie, Ulrike, oder John (sein Schreiber), im Vorzimmer Adele, die Pogwisch, Coudray, Soret, der ihm, seit er hier ist, schon ganz ergeben geworden. Es ist auch ein Glücksfall für diesen Menschen, er kommt (sehr traurig) aus der Schweiz, interessiert Goethe, und dieser sieht ihn oft, und Soret ist ganz glücklich darüber. – Stadelmann ist selbst ganz mitgenommen, August läßt sich vor niemand sehen, unten im Bedientenzimmer ist alles voll Menschen, die auf den Arzt warten, denn natürlich ist alles in Spannung. Voigt, der gestern in Weimar war und uns viel erzählen mußte, sagte, die Ärzte wären auf der Straße ganz umlagert von Menschen, da konnte ich nicht lassen zu fragen: «Auch wohl von denen, die früher ganz anders gesprochen?» (Voigt gehört sehr stark dazu, daran dachte ich aber erst nachher.)

Den 28. Februar. Gestern sind Mutter und ich seit acht Tagen, wo wir an Kopfschmerz und Zahnweh litten, gespannt und natürlich sehr trübe waren, zuerst wieder aus gewesen, und zwar zu Knebel, den wir allein und sehr liebenswürdig fanden. Auch war er mäßig in seinen Hoffnungen, worin wir auch mit ihm sehr stimmten, denn so mit vollen Segeln, wie Gries und Schröter, können wir noch nicht gehen, wir haben freilich auch im stillen mehr bemerkt, was Goethe in den letzten Jahren gelitten, und wie er sich verändert.

Mich freut es so, daß er seinen Kopf doch immer wieder bald oben gehabt, noch gescherzt hat usw., einmal hat er gesagt: «Ja, ja, reden können die Ärzte, aber nur nicht retten.»

Am Sonntag hat er dann allerhand trinken wollen, da er so schrecklichen Durst immer gehabt, und sie haben ihm nichts geben wollen. Da hat er Ulriken einmal sehr heftig gesagt: «Ich muß sterben, das weiß ich, aber ich will nicht so niederträchtig sterben, Ihr sollt mir Kreuzbrunnen geben» (aus Marienbad, den er jetzt immer trinkt). Da haben sie ihm denn zuletzt Kreuzbrunnen gegeben, und er hat ihm sehr gut getan. Weller, der auch eine Nacht mit Riemer im Vorzimmer gewacht, sagte uns, August sei immer besonnen, auch Ottilie sei leidlich wohl, Ulrike nicht so ganz, und Adele sei am meisten angegriffen; sie hatte aber auch die Mutter unwohl und lief in dem schrecklichen Wetter hin und her, auch hatte sie am meisten die Hoffnung aufgegeben ...

Denke nur, die gemeinen jenaischen Seelen bilden sich ein, Goethe sei vor Ärger über Pustkuchen gestorben! – und die gute Schmidten sagt's ganz ängstlich nach! – Die Voigt ist doch eine andere Natur, sie, Gries, Schröter, die Tanten, Clärchen, alles kam zu uns, in diesen Tagen der Angst sammelten sich die *Seinigen* fester zusammen.

5101 Wilhelmine Günther
an Amalie Thiersch *28. Februar 1823*

Daß Goethe sehr krank war und während einiger Tage sogar in Todesgefahr, wird bald in allen Zeitungen bekannt werden; denn wirklich hat die Art seiner Besserung etwas Eigentümlich-Sonderbares. Es war am achten Tag seiner Krankheit (einer Herzentzündung), als die Ärzte und seine Angehörigen sein Leben aufgegeben hatten. Er selbst hatte wenig Besinnung, hatte aber schon den Tag vorher seinem Sohn gesagt, daß er schwerlich wieder genesen würde, daß er vielmehr, wo er auch hinsähe, nur den Tod erblickte. – An jenem Tag nun verlangt er dringend ein Glas Kreuzbrunnen, den er in Marienbad mehreremal gebraucht hatte. Die Ärzte verweigern es ihm, weil sie es seinem Befinden gemäß für ganz zweckwidrig halten. Er befiehlt endlich, und man bringt es ihm. Kurz nachdem er es getrunken hatte, verfällt er in einen Zustand, der nichts mehr hoffen läßt. Der Puls setzt aus, die Hände werden kalt, und die Umstehenden erwarten sein Ende. Auf einmal kehrt das volle Bewußtsein wieder. Er verfällt in einen Schweiß, spricht zusammenhängend, erklärt selbst, daß der Kampf zwischen Tod und Leben nun geendet habe, er sich für gerettet halte, und wirklich ist seine Besserung seit jenem Tag anhaltend fortgegangen. – Bis auf welchen Punkt diese vorrücken wird, ist freilich ungewiß, da man sich im fünfundsiebzigsten Jahr nicht leicht von einer solchen Krankheit erholt. Aber es ist doch zu bewundern, daß ein Mann in diesem Alter noch eine solche Krisis überstehen konnte.

5102 Caroline v. Egloffstein
an ihre Schwester Julie *28. Februar 1823*

O meine Julie, freue Dich und liebe Deine alte Line! – Heute gerade, wo Ihr unsere traurigen Berichte erhalten müßt, schreibe ich Dir in voller Sicherheit über des teuren Freundes Leben! – Beifolgendes Billett von Soret, ganz andern Inhalts und anderer Wendung als die frühern, wird Dir den bestimmten Zustand zeigen, und freilich, die Zukunft selbst läßt vieles befürchten, und die Wassersucht scheint sich ganz zu deklarieren. Aber der Mensch hofft so leicht, er hofft so gerne, und leichten Sinnes sehe ich jetzt die Stunden hingehen, da ich nicht mehr zu fürchten brauche beim Beginn einer jeden, sie sei die letzte eines geliebten Hauptes!! ...

Der Montag, gerade der 24. Februar, war ein schauerlicher, entscheidender Tag, und ich hatte allen Mut zusammengefaßt, um *hülfreich*, aber nicht hülfefordernd zu sein. Schon die Nachmittagstunden sollten entscheidend werden, und man hatte uns erlaubt, im Krankenvorzimmer – Du kennst das kleine Kabinett – zu verweilen. Einen Schritt über die Türschwelle, und man hörte die Stimme, die, wie in guten Tagen, kräftig und wohllautend tönte. Einen Schritt weiter, und man sah, ungesehen, den Kranken selbst. Sonderbar würkte alles, wovor ich mich als zu erschütternd gefürchtet hatte, beinahe beruhigend auf mich, und trotz aller Vernunft, die jede Hoffnung in mir ausgelöscht hatte, kehrte, unbegreiflich, ein Hoffnungsstrahl nach dem andern zurück. Um 9 Uhr entfernte ich mich; ich hatte der Hoheit mehrmals schreiben müssen und brachte ihr nun noch mündlichen Rapport. Eine Stunde lang blieb ich mit dem glücklichen Brautpaar bei der Tante, und dann kehrte ich zu Goethens zurück. Ich fand alle noch beisammen in Ottiliens Zimmer, und ohne Rede begriff man gleich, daß ich auch bleiben wollte; plötzlich stürzte Rehbein wie ein Exaltierter herein. «Wir haben Hoffnung, volle Hoffnung!» schrie er leidenschaftlich, «es wird alles besser werden. Der Kranke hat eine Krisis überstanden, Hände und Stirn ist warm, er wird schlafen, denn sogar der Puls ist ruhig und ohne Fieber!!» – Du kannst Dir denken, wie mir ward. – Die Männer fielen sich in die Arme und liefen alle fort; die Pogwisch, Adele und ich konnten nicht so schnell hoffen, nicht so schnell glauben. Die gute Nachricht bestätigte sich aber fort; die Nacht verging ruhig, und am Morgen um 7 Uhr kamen wir alle freudig zusammen, und ich schrieb der Hoheit die Nachricht nun auch und lege Dir ihre freundliche Antwort bei. Sie hat sich benommen, als ob Goethe ihr Vater wäre, und ihr Herz sich, wie immer, trefflich bewiesen.

5103 F. v. Müller *28. Februar 1823*

Nachmittags Spazierritt, dann 1 ½ Stunde bei Goethe, *zum ersten Male* wieder.

5104 *F. v. Müller an Knebel* *28. Februar 1823*

Ich kann Ihnen, teurer Freund! recht gute Nachrichten von unserm teuren Goethe geben. Er hat nicht das geringste Fieber mehr, der Puls geht kräftig, der Geist ist völlig frei. Seit diesen Morgen kann er sogar das Liegen wieder vertragen ohne Hustenbeschwerde ...

Riemer und ich waren diesen Abend lange bei ihm, und er ließ sich mit Teilnahme und Behaglichkeit erzählen. Der Großherzog war auch eine halbe Stunde wieder heute bei ihm.

Mir trug er besonders auf, Ihnen und allen teilnehmenden Freunden zu Jena, namentlich auch dem guten Doktor Gries, seine innigste Dankbarkeit auszudrücken. Den rekommendierten Wein habe ich gehörig angepriesen.

5105 *Rehbein: Ärztliches Bulletin* *1. März 1823*

Die Nacht war im Vergleich gegen die vorigen sehr gut, wenigstens haben Seine Exzellenz vier Stunden gut geschlafen, und ein großer Teil der Unruhe ist gewichen. Es sind ebenfalls im Verlauf dieser Nacht mehrere günstige Erscheinungen eingetroffen.

5106 *Charlotte v. Schiller an Knebel* *1. März 1823*

Ich muß Ihnen heut ein Wort sagen, teurer Freund. Es ist, als wenn wir uns nach einer großen Begebenheit wieder begrüßten; denn Goethes Krankheit hat uns alle gebeugt, und ich war in einer Art stummen Schmerz, wo ich mich gern ganz verborgen hätte. Heut geht es viel, viel besser; er hat vier Stunden geschlafen. Heut ist der dreizehnte Tag, und obwohl das Fieber seit dem neunten Tag gewichen, so sind doch die ungleichen Tage immer noch zu beachten, denke ich. Die geschwollne Hand und der Fuß ängstigen mich nicht so wie andre; denn wohin muß der Krankheitsstoff doch sich sammeln, und ich hoffe, das ist nur die Folge, nicht ein neues Übel.

5107 Rehbein: Ärztliches Bulletin *2. März 1823*

Seine Exzellenz haben diese Nacht sehr gut geschlafen, meist ohne Unterbrechung. Die Rekonvaleszenz geht bis jetzt ihren Gang fort, alle Funktionen stellen sich mit gehöriger Stärke und mit Kraft ein, Zeichen einer baldigst wiederkehrenden Gesundheit treten immer mehrere auf. Und so stelle ich denn in Namen des Herrn Geheimrat von Goethe Exzellenz hiermit den verbindlichsten Dank ab für die vielen Beweise der Teilnahme, indem ich zugleich die Nachricht beifüge, daß von heute an keine Zettel mehr gelegt werden.

5108 F. v. Müller:
Goethes Krankheit *10. Februar/2. März 1823*

Montags abend, 10. Februar 1823 traf ich ihn noch ganz wohl und munter. Auf mein Bitten ließ er sich zu einigen freundlichen Versen in das Denkbuch einer scheidenden Freundin bewegen.

Dienstags, 11. Februar empfing er vormittags den Besuch Ihrer Königlichen Hoheit, der Frau Großherzogin, doch soll er schon hustend und leidend gewesen sein.

Mittwochs abend, 12. Februar erfuhr ich zuerst über sein Übelbefinden, auf das man jedoch kein Gewicht legte.

Donnerstags ließ er mir sagen, daß er sich bereits wieder bessere.

Freitags nach Tisch traf ich ihn recht munter, mit seiner Schwiegertochter noch am Tische sitzend, an und brachte ihm Gagerns neues Buch «Mein Anteil an der Politik», auf das er sich sehr gefreut hatte.

Er klagte nur, daß der Kopf noch nicht recht hell sei, und äußerte, er fühle sich gerade wie einer, der im Begriff sei, recht fromm und bigott zu werden, und dessen Verstand und Vernunft ausruhe. Eine Novelle von Tieck im Berliner Almanach, «Die Verlobung», welche seine Schwiegertochter ihm anpries, mochte die Gelegenheit zu jener Ideenverbindung gegeben haben, da sie gegen die modernen mystischen Frömmler gerichtet sein soll. Ich sagte ihm, daß ich im Begriff stehe, nach Jena zu reisen, worauf er mir verschiedenes an Knebeln auftrug.

Nach meiner Wiederkehr hörte ich Montags früh, den 17. Februar, daß er die Nacht übel zugebracht, wenig geschlafen und viel gehustet habe. Ich ging gegen 4 bis 5 Uhr nachmittags zu ihm und fand ihn angekleidet im Bette liegen, sehr jammernd und klagend über fortwährende Schmerzen und Ermattung. Er hatte einen äußerst heftigen Fieberfrost gehabt, der ihn über zwei Stunden lang durchschüttelt hatte. Meyer schlich sich eben ab, als ich eintrat, Rehbein kam bald darauf und gab guten Trost. Man hoffte auf Schweiß. Er verlangte, etwas Wein zu trinken, was man zu gestatten nicht wagte.

«Allmächtiger Gott, was muß ich ausstehen, wie krank bin ich, kränker als in vielen Jahren», rief er einmal über das andere aus. Sodann: «Die Götter halten uns hart in solchen kranken Tagen, und doch auch nicht gar sonderlich in den gesunden.»

Die Kammer, worin er lag, war ganz dunkel, seine Hand kalt, alles umher unheimlich. Doch nahm er noch großen Anteil an allem, was ich von Knebel und von Stroganow referierte, und trieb mich an, ins Theater zu gehen und die Tableaux zu sehen, die man zu Ehren des Geburtsfestes der Großfürstin darstellen wollte. Gegen 6 Uhr verließ ich ihn, noch ganz ohne ernstliche Besorgnis.

Dienstags, 18. Februar erschreckte mich mittags, beim General v. Egloffstein, mein Bruder mit der eben aus Dr. Rehbeins Munde vernommenen Schreckenskunde, daß Goethe höchst gefährlich krank sei und eine Herzentzündung habe. Ich lief gleich nach Tische hin, erfuhr, daß man ihm zu Ader gelassen, traf Dr. Huschken, sah das Blut mit allen Zeichen der höchsten Entzündung und mußte aus der Ärzte Mund vernehmen, daß die Wahrscheinlichkeit seiner Rettung nur wie zwei zu zehn sei. In der Nacht trat Schweiß ein, weshalb man die beschlossenen Blutigel erst am andern Morgen ansetzte.

Mittwochs, 19. Februar schien es etwas besser zu gehen. Doch hatte er schon, so vor sich hin, gesagt: «Dieser

Schmerz (den am Herzen meinend), dieser unbesiegbare Schmerz wird mich noch an die Schwelle des Lebens bringen.»

Donnerstags bis Sonnabends abends wechselte Besserung und Verschlimmerung immerfort ab.

Jeden Nachmittag brachte ich eine Stunde bei dem Sohn, oder bei Ottilien, oder Ulriken zu. Er war öfters betäubt, phantasierte halb und halb, doch immer dazwischen ganz teilnehmend und verständig sprechend. Donnerstags gab er sich noch sehr mit seinem ältren Enkel ab, sang ihm sogar ein Liedchen aus dem Spiegel von Arkadien vor.

Er fragte oftmals nach Personen, die ihm sonst gleichgültiger waren, zum Beispiel Graf Keller junior, Helldorf, Graf Marschall p. Dazwischen sagte er einmal: «Mischt sich der Großherzog noch immer in meine Kur?» und als man, seine Intention mißverstehend, mit Nein antwortete, sagte er: «Es wird ihm wohl zu langweilig werden!»

Er wiederholte öfters sein Bedauern, um Stroganows Besuch gekommen zu sein und in der Fortsetzung von Kunst und Altertum behindert zu werden. «Und doch ist die Anzeige der Boisseréeschen neusten Lieferungen so dringend; dies muß man ja rühmen und beloben.»

Zu seinem Diener, Stadelmann, sprach er einmal leise: «Du glaubst nicht, wie elend ich bin, wie *sehr* krank.» Den Ärzten gab er öfters auf, sich ernstlich über seinen Zustand zu bedenken, indem er einigen Unglauben an ihre Kunst merken ließ. «Treibt nur eure Künste, das ist alles recht gut, aber ihr werdet mich doch wohl nicht retten.» Mehrmalen verlangte er ein warmes Bad, das man jedoch für zu gewagt hielt.

Einmal, als die Ärzte sich leise miteinander beredet hatten, sagte er: «Da gehen die Jesuiten hin, *beraten* können sie sich wohl, aber nicht raten und retten.» Er jammerte, daß jeder ihm willkürlich verfluchtes Zeug zu schlucken gebe und daß man ihm die guten Kinder (Ottilie und Ulrike) mißbrauche, es ihm beizubringen.

Sobald er sich momentan erleichtert fühlte, wollte er alsobald, daß seine Schwiegertochter ihrer gewohnten geselligen Weise nachgehen, den Hof, oder das Theater besuchen sollte. Jede Dienstleistung erwiderte er durch ein dankbares, artiges Wort oder einen verbindlichen Gestus.

«Nun, Ihr Seidenhäschen, wie schleicht ihr so leise herbei», sagte er Sonnabends morgens zu Ottilien, als sie an sein Bett trat.

Er saß fast beständig, auf dem Bette oder in dem Großvaterstuhl der Oberkammerherrin v. Egloffstein, den er sehr anpries und hinzusetzte: «Durch dessen Sendung habe sie sich eine Staffel in den Himmel verdient.»

Sonnabends mittag ließ man ihn ein Glas Champagner trinken ohne sichtliche Wirkung. Mit großem Behagen aß er eine Bergamotten-Birn und etwas Ananas-Gelée. Einmal sprach er halblaut zu sich selbst: «Mich soll nur wundern, ob diese so zerrissene, so gemarterte Einheit wieder als neue Einheit wird auftreten und sich gestalten können.» Zu Ulriken sagte er: «Ach, du glaubst nicht, wie die Ideen mich quälen, wie sie sich durchkreuzen und verwirren.»

Sonntags, 23. Februar war er am schlechtesten. Früh schon sagte er zu seinem Sohne: «Der Tod steht in allen Ecken um mich herum.» Zu Huschken mehrmalen: «Ich bin verloren.» Einmal soll er auch geäußert haben: «O du christlicher Gott, wie viele Leiden häufst du auf deine armen Menschen, und doch sollen wir dich in deinen Tempeln dafür loben und preisen!»

Ich war vormittags in Stadelmanns Kammer, neben seinem Zimmer, abends vor dem Hofe wieder eine Stunde im Hause.

Rehbein sagte ihm: «Das *Inspirieren* geht leichter als das Exspirieren.» «Freilich», antwortete er, «ich fühle es am besten, ihr Hundsfötter!» Sonntag abends wurde er zu Jena schon totgesagt.

Montags, 24. Februar. Die Nacht war schlecht gewesen, der Puls intermittierte oftmals, man fürchtete einen Herzensschlag. Man sagte ihm, der Großherzog habe öfters zu ihm gewollt, man habe ihn aber wohlmeinend zurückgehalten. Er erwiderte: «Wenn ich der *Fürst* wäre, so ließe ich mich nicht abhalten, der Fürst muß gerade durchdringen, sich nicht um solche Konspirationen kümmern.»

Nachmittags wurde er sehr heftig gegen die Ärzte, befahl mit Ungestüm, ihm Kreuzbrunnen zu geben und sagte: «Wenn ich denn doch sterben soll, so will ich auf meine eigne Weise sterben.» Er trank auch wirklich ein Fläschchen Kreuzbrunnen, mit sichtbar gutem Erfolg.

Von 4½ bis 9 Uhr war ich im Nebenzimmer. Seine Stimme klang ziemlich sonor und kräftig. Ich sah ihn selbst verstohlen. Line, Ottilie, Frau v. Pogwisch, Rehbein, Riemer, Soret waren abwechselnd gegenwärtig.

Ich hörte ihn nach allen Umständen seiner Krankheit fragen, Rechenschaft fordern, wie von einer fremden abgeschlossenen Sache.

Er triumphierte, daß sein scharfer Geschmack etwas (Umbellen) Anis in einer Arznei entdeckt habe und daß man sich, weil ihm diese Kräuter stets verhaßt gewesen, zur Umänderung des Rezepts entschlossen.

Mit Wohlgefallen hörte er, daß man ihm Arnika geben wolle, und hielt ganz behaglich eine kleine botanische Vorlesung über diese Blume, die er häufig und sehr schön in Böhmen getroffen.

«Die Phantasien sind nur Plünderungen des Verstandes und Geistes.» «Es lasten solche Massen von Krankheitsstoff auf mir, seit dreitausend Jahren, man gewahrt deutlich, wie sich das Konventionelle, das Einbildische dazwischenschiebt.» Sehr oft fragte er, wer alles von Freunden dagewesen, sich nach ihm zu erkundigen. «Das ist sehr artig von den guten Leuten.»

Er wurde sichtbar besser, trieb die Seinigen zur Ruhe, sie sollten sich selbst bedenken, für das wenige, was er bedürfe, sei ja gesorgt. «So habe ich doch nicht alle eure Feste gestört.»

Die Hoffnung kehrte ihm selbst wieder, er meinte: «Morgen werde ich ordentlich den Kreuzbrunnen wieder trinken und dann bald wieder ein ordentlicher Mensch *mit Folge* werden.» Er fragte, ob man sein Tagebuch fortgesetzt? und jammerte, daß es nicht geschehen.

Wir wagten kaum, uns der Hoffnung, die sein Zustand unverkennbar gab, hinzugeben, fürchtend, es sei die letzte Aufloderung des Lebensprinzips und vielleicht schon innerer Brand vorhanden. Besonders die kalten Extremitäten wußte man nicht zu erklären. Doch gegen 8 Uhr nahm diese Kälte ab, er fing an, ruhiger zu schlummern; um elf Uhr ging ich nochmals hin und vernahm die besten Nachrichten.

Dienstags morgens, 25. Februar enthielt das Bulletin zum ersten Male lauter Gutes. Er hatte mehrere Stunden ruhig geschlafen, der Puls ging ziemlich frei, und man überließ sich freudig den schönsten Hoffnungen. Gegen 2 Uhr besuchte ihn der Großherzog. Sie sprachen meist von der Edelstein-Sammlung des Großherzogs und von der Kunst, die Diamanten nachzumachen. Rehbein vertrieb den Fürsten, als er merkte, daß die Unterhaltung den Patienten angriff.

Ich sprach nachmittags Ulriken im Nebenzimmer, wie vormittags den Sohn. Goethe hatte sich zwei ganze Nachfragezettel von Stadelmann vorlesen lassen. Es sei doch sehr artig von den Leuten, so viel teilzunehmen, man müsse recht dankbar dafür sein.

Huschke hatte ihm etwas Wein erlaubt, er fand ihn stärker als sonst, und Rehbein mißbilligte diese Aufreizung.

Mittwochs, 26. Februar. Die Nacht war fast schlaflos gewesen, doch schlummerte er am Morgen. Die linke Hand zeigte sich geschwollen, die Füße ohnehin. Üble Zeichen. Er war im ganzen ruhig, fing an, sich nach der Außenwelt zu erkundigen; ob keine Heirat neuerer Zeit zustande gekommen p. Gegen Abend verlangte er nach Meyern. Voigt von Jena war hier. Donnerstags kam Riemer zu ihm, und es ging viel besser.

Freitags ließ er mich nachmittags zu sich einladen, und ich fand ihn, zwar noch liegend und matt, aber doch viel besser aussehend, als ich gefürchtet.

Sonnabends ging er schon etwas im Zimmer umher, und die Geschwulst an den Füßen nahm bedeutend ab.

Sonntags, 2. März ließ er sich alle Nachfrage verbitten, da die Besserung rasch vorwärts schritt.

5109 Riemer an Frommann *2. März 1823*

Sie ersehen wenigstens daraus, daß es mit Goethes Besserung täglich und sichtlich zunimmt, und ich lege die ärztliche Versicherung, wie sie für die Nachfragenden daliegt, abschriftlich bei und werde so brieftäglich fortfahren. Der arme Stadelmann hat wohl den guten Willen zu schreiben, kommt aber vor lauter Geschäfte nicht dazu: denn nicht allein, daß er seinen Herren abwartet, wie nicht leicht ein Kammerdiener, so muß er noch drei andre bedienen, und hat weder Tag noch Nacht Ruhe ...

[Beilage.] Das Übel, was durch das Sitzen während der ganzen Krankheit, da der Herr Geheime Rat im Liegen doppelten Schmerz gefühlt hatte, an den Füßen entstand, wäre für bedeutend gehalten worden, gegenwärtig aber durch das Wickeln mit Bind und Schnürstrümpfen so weit gekommen ist, daß man, wenn der Herr Geheim-Rat sonst stehn könnte, ihm morgen Stiefeln anzuziehen, sich getraut. 21 Grad.

Nach Stadelmanns mündlicher Aussage.

5110 Charlotte v. Schiller an ihren Sohn Ernst *3. März 1823*

Daß der Geheimrat so krank an einer Herzentzündung war, hat Dir Caroline wohl geschrieben. Gestern war der vierzehnte Tag. Er hat sich alles Besuchen dankend verbeten. Es ist wunderbar, wie seine Lebenskraft den Tod besiegt. Er hat sich selbst sehr schlimm gefühlt und an sich verzweifelt ... Drei Ärzte und ein Chirurgus haben ihn behandelt. Rehbein hat oft gewacht. Dieser Zustand von Angst hat mir nicht gut getan.

5111 Soret *2. März 1823*

J'ai passé la soirée chez Goethe avec sa belle-fille et Monsieur Riemer; il était assis sur son fauteuil. Le mieux est très prononcé. Voix naturelle, respiration libre, main gauche désenflée, figure comme dans l'état de santé, conversation facile. Il s'est levé et a marché seul de sa chambre à son alcôve. On a pris le thé chez lui et comme c'était la première fois, j'ai reproché à Madame de Goethe de n'avoir pas placé un bouquet sur le bac à thé. Madame de Goethe a pris le ruban qui était à son chapeau et l'a fixé à la machine. Cette plaisanterie a mis son beau-père en gaieté.

Nous avons vu ensemble une collection d'imitations de pierres fines que le Grand-Duc a fait venir de Paris.

5112 Soret an Caroline v. Egloffstein *(2.) März 1823*

Je ne comptais pas vous écrire ce soir ayant eu le plaisir de vous donner des nouvelles satisfaisantes à six heures, mais il m'est impossible de ne pas vous faire part de ma joie, moi qui vous ai si longtemps entretenu de mes inquiétudes.

Imaginez-vous que j'ai passé plus d'une heure dans la chambre de Monsieur de Goethe, assis vis-à-vis de lui et ayant Madame de Goethe à gauche et Monsieur Riemer à droite! Quel changement prodigieux s'est encore opéré depuis trois jours dans sa physionomie et dans sa voix! Il s'est levé seul, il a marché devant moi, ses yeux sont presque toujours ouverts, il parle volontiers, il mange avec appétit sa soupe, il lit ses lettres, il agit des deux mains, tant l'enflure a diminué. Enfin Stadelmann m'a dit que ses pieds sont moins enflés qu'ordinairement le matin lorsqu'il se porte bien.

Ce n'est pas tout, pour la première fois on a pris le thé comme de coutume sur la grande table, Madame de Goethe a détaché de son bonnet un nœud de rubans roses qu'elle a fixé en signe de triomphe à la théière, cette action a fait sourire le convalescent. Comme il doit être doux de revenir à la vie lorsqu'on voit le bonheur briller sur les traits de tous ceux qui vous environnent! Une collection de pierres fausses a été mise sous nos yeux, pendant que nous étions occupés à les admirer, sot et maladroit que je suis, j'en laisse tomber une qui disparaît sous le bureau; tout se met en mouvement pour la retrouver, je m'empare d'une lumière et je me couche sous la table avec tant de bonheur que je mets le feu à ma perruque, nouvelle confusion, odeur détestable. L'excellent Monsieur de Goethe n'avait pas l'air d'en être fâché ni dérangé; honteux de ma sottise, je prends mon chapeau et je fais la révérence, non sans me répandre en excuses. Voilà mon histoire ...

5113 Ottilie v. Goethe an Soret *4. März 1823*

Mein Schwiegervater ist heute so schwach und erschöpft, daß er nicht nur fast den größten Teil des Tages geschlafen hat, sondern es ihm selbst unmöglich war, sich etwas von mir vorlesen zu lassen. Dennoch habe ich ihm von Ihrem gütigen Anerbieten [Goethe vorzulesen] unterrichtet, und er wird es dankbar annehmen, sobald seine Kräfte etwas zurückgekehrt. Aus demselben Grund ist es mir unmöglich, Ihnen eine bestimmte Antwort wegen diesen Abend zu geben, und füge nur noch hinzu, daß ich diese Nacht wache, um so sicherer also auf die Erzählung rechne.

5114 Riemer an Frommann *5. März 1823*

Endlich, mein teurer Freund, gewinn ich ein Räumchen, Ihren lieben ausführlichen Brief etwas umständlicher zu beantworten. Ihre Lage und Stimmung bei den Nachrichten über Goethes Befinden kann ich mir denken. War es mir doch selbst an Ort und Stelle zu ängstlich, mich auf das bloße Nachfragen, wie oft es auch des Tages geschah, zu beschränken; ich ging selber hin, und ob ihn gleich anfangs nicht sehen durfte, so lag doch in dem Anhören seiner Stimme so viel Tröstendes und Hoffnungsreiches, daß man unmöglich daran glauben konnte, daß alles verloren sei. Den Ärzten ging es selber so, in der Nähe hatten sie Hoffnung, von ihm entfernt bildete sich durch die wissenschaftliche Theorie erst der Zweifel. So hat denn der Glaube gesiegt, und ich freue mich, daß es in der Nacht war, wo ich im Nebenzimmer wachte, und mich durch Erfahrung überzeugen konnte, daß er auf dem Wege zur Herstellung sei. – Es geht nun mit jedem Tage auffallend besser! Die Geschwulst der Füße ist vorüber, so wie der Hände, woraus man für die Folge üble Vorbedeutung nahm; Schlaf findet sich alle Nächte hinreichend ein; der Kopf wird immer heiterer, und nimmt an wissenschaftlichen und andern Gegenständen teil. Ich besuche ihn alle

Abende. Er sitzt im Lehnstuhl an dem Tische, wo Schwiegertochter oder Ulrike mit häuslichen Arbeiten beschäftigt sind. Er unterhält sich mit mir, oder ich lese ihm vor. Er will, daß der Druck des Heftes von Altertum und Kunst fortgehe, und hat mir aufgetragen, dafür zu sorgen. Ich schicke daher heute an Herrn Wesselhöft, was mir Goethe zugestellt hat. Noch viel Manuskript liegt vorrätig, und ich werde nächstens mehr senden. – Wenn denn nun das Frühjahr mit seiner belebenden Wärme kommt, und die Sonne in die Gartenzimmer scheint, denke ich, wird auch die körperliche Kraft zunehmen, die freilich nicht anders als geschwächt und mitgenommen sein kann. Indes ist man doch verwundert, im Gesicht keine bedeutende Änderung zu finden; und bloß die etwas leisere und langsamere Sprache verrät den Rekonvaleszenten. Ich habe nun die allerbeste Hoffnung, und wünsche, daß auch Sie sich beruhigen und für die Zukunft Vertrauen hegen ...

NB. Ein Zettel liegt nicht mehr da, und man hat die Nachfrage verboten. Also erfahre ich jetzt nur unmittelbar durch Besuche.

5115 Adele Blumenbach an Therese Huber 17. März 1823

Gestern sprachen wir jemand, der geradewegs von Weimar kam, und der erzählte, daß Goethe schon wieder mehrere Bogen in die Druckerei geschickt habe. – Er wußte viele interessante Umstände, und zwar aus sichrer Quelle, – mit welcher Ruhe, welcher Fassung Goethe seinem Tod entgegengesehen, ist zum Bewundern. Am Tage, wo er am schlimmsten war, und alles um ihn in der größten Agitation, sagte er mit größter Festigkeit zu seinen Ärzten: Versucht alles an mir – probiert nur alles, was ihr wißt, das ist recht – aber ich sehe den Tod schon vor mir stehen, und mich soll nur wundern, wie das werden wird, und man habe deutlich gemerkt, wie er strebe, mit vollem Bewußtsein den großen Augenblick zu erwarten, wo Seel' und Leib sich scheiden – ordentlich, als wolle er Beobachtungen darüber anstellen.

5116 Charlotte v. Schiller an Cotta *7. März 1823*

Wir waren in vielen Sorgen in dieser Zeit, denn Goethens Krankheit hat uns alle beunruhigt, mehrere Tage konnte man schnelle Auflösung befürchten. Seine Natur hat gesiegt, und er hat sich emporgearbeitet, doch ist er noch schwach ... Mir hat diese Ahnung eines neuen Verlusts sehr wehe getan.

5117 A. v. Goethe an J. M. Färber *8. März 1823*

Dem Vater geht es fortwährend besser, und wir hoffen in einigen Wochen ihn gänzlich hergestellt zu sehen.

5118 Caroline v. Wolzogen
an Caroline v. Humboldt *12. März 1823*

Goethe ist ganz außer Gefahr, und auch die Folgen des Fiebers, die die Ärzte befürchten, sind nicht mehr drohend. Er atmet frei, der Puls geht regelmäßig, und er ist in einem schmerzlosen, oft heiteren Zustand. Eßlust hat er nur noch nicht. Sobald das Wetter sich herstellt, denkt er nach Jena zu gehen; in einigen Tagen werde ich ihn besuchen und Dir dann weiter berichten. «Wie er alles beschauen will, hat er auch den Tod beschauen wollen», sagte mir letzt ein verständiger Mensch, der um ihn war. Es schmerzt mich, daß er nicht einen Augenblick den Übergang zu etwas Besserem darin sich gedacht. Vielleicht hatte er auch niemand um sich, gegen den er sein Inneres aussprechen mochte, und wer weiß, was ihm nun das Reflektieren über seinen durchlaufenen Zustand noch bietet? Ja, ich hoffe, daß ihm an der Schwelle des Übergangs noch ein sanftes Licht herüberleuchten wird. Sein letztes sehr leeres Heft von Kunst und Altertum klingt wie ein Testament, und das Beschäftigen mit den Äußerlichkeiten ist breit und platt. Nur Abgeschmacktes umgibt ihn, und die Konvenienz, die der habsüchtige Sohn sogleich in reelle Habe umsetzt, ist seine Göttin. Ohnerachtet alles diesen freut man sich unendlich, daß er noch das Licht dieser Sonne schaut. Sage ja niemand etwas von diesem allem, denn *der Klatsch* von Berlin hierher ist unendlich, und er erfährt alles und will alles wissen. Nie möchte ich etwas gegen ihn tun, nur unter uns, die das Phänomen solch einer wunderbaren Natur von allen Seiten beschauen, sage ich meine Gedanken.

5119 F.v.Müller *13. März 1823*

Abends bis 9 Uhr bei Goethe. Reinhards Gedicht. Goethes Freude an Röhrs Predigt. Über Macco.

5120 A.v.Goethe an F.Schlosser *14. März 1823*

Mit wahrer Freude kann ich abermals die Feder ergreifen, um Ihnen das fernere Fortschreiten der Besserung des Gesundheitszustandes des Vaters zu melden, wozu mich besonders Ihr lieber teilnehmender Brief auffordert. Der ganze Zustand der vergangenen vier Wochen liegt wie ein böser Traum hinter mir, da die Wirklichkeit jetzt so erfreulich ist. Die Kräfte des Vaters nehmen zusehends zu, und vorgestern haben wir zuerst wieder mit ihm an einem Tisch gegessen, er ist geistig heiter und stark und denkt schon wieder an Kunst und Altertum und Morphologie. Alle beängstigende Zeichen von etwanigen Nachwehen sind verschwunden, und so schreiten wir an der Hand der Hoffnung dem herannahenden gewiß heilbringenden Frühling entgegen.

Ich bitte abermals diese Zeilen teilnehmenden Verwandten und Freunden mitzuteilen und mich Ihrer verehrten Gemahlin bestens zu empfehlen, auch trägt mir der Vater die herzlichsten Grüße auf, Ottilie wird nächstens selbst schreiben, die Kinder sind wohl und munter.

5121 Charlotte v.Schiller an F.v.Stein *15. März 1823*

Die Sorge um Goethe hat mir manche Stunde Schlaf genommen, und ich konnte oft kaum erwarten, bis es Zeit war hinzuschicken, und ehe die geflügelte Botschaft zurückkam, war die Angst, was man hören würde, recht ergreifend. Nun will ich ihn bald selbst besuchen, und vielleicht kann ich Ihnen morgen noch sagen, wie ich ihn gefunden. Die Kälte des Winters hat er wohl nicht durch

Frost empfunden; doch hat er so erschrecklich einheizen lassen, daß die ihn Besuchenden kaum bleiben konnten; dazu wissen Sie, daß er sich gut pflegt, und da er keine frische Luft schöpfte, ist wahrscheinlich alles Getränke und Nahrung in das Blut gegangen, und so bildete sich die Herzentzündung. Es ist das erstemal, daß ich von dieser örtlichen Krankheit hörte. Den 17. Februar fing der kranke Zustand an. Die eigentliche Gefahr dauerte bis zum siebenten Tag, der aber so war, daß man das Ende erwartete.

Acht Tage, sagte mir Huschke, sind ganz aus seinem Leben verschwunden, denn er hat gar keine Erinnerung davon, und als er den neunten Tag sich fühlte, so sagte er, er habe wohl vierundzwanzig Stunden geschlafen. Er sagte einmal: In allen Ecken ist der Tod, ich fühle es. Übrigens hat er wenig gesprochen, sondern lag nur in einer Art Betäubung und Staunen, und dabei wollte er beständig Marienbrunnen trinken, den die Ärzte in einem entzündlichen Zustand für tödlich halten. Als die Entzündung vorüber war, klagte er über die Brust; eine Hand und ein Fuß waren geschwollen, und er mußte immer sitzen. Eine Wassersucht ist oft die Folge der Herzentzündung; doch auch diese Furcht ist gehoben, und es ist sehr tröstlich, daß in diesem Alter die Natur noch den Sieg davon trägt. Huschke sagte mir, daß er nun noch mehrere Jahre leben könnte.

5122 Ch. A. Vulpius an J. M. Färber *16. März 1823*

... ich ... lege ... auch ein paar Exemplare meiner Empfindungen bei Goethes Wiedergenesung bei, wovon ich das eine dem Herrn Bergrat Lenz in meinem Namen zu überreichen bitte.

Der Herr Minister v. Goethe befindet sich recht wohl, und wir sehen einer glücklichen Gesundheitsfortdauer entgegen.

5123 F. v. Müller *16. März 1823*

Von 5 bis 6½ bei Goethe, der anfangs matt, nachher sehr heiter war. Reinhardsche Gedichte, Webersche und Campansche Memoiren über Marie Antoinette. Lob der Caruschen und Ernst Meyerschen Aufsätze in Kunst und Altertum. Wie geistreich und anschaulich sprach er über die drei Hauptursachen der Französischen Revolution, welche Weber aufstellt, und gesellte ihnen eine vierte zu, Marie Antoinettens gänzliche Vernachlässigung aller Etikette.

«Wenn man einmal mehrere Millionen aufwendet, um einen Hof, *um* gewisse Formen, als Schranken gegen die Menge, *zu haben*, so ist es töricht und lächerlich, wenn man solche selbst wieder über den Haufen wirft.»

[Am Rande:] Oberforstmeister Fritsch war auch bei Goethe. Verwendung bei dem Sohn wegen Heinrich.

5124 Charlotte v. Schiller an ihren Sohn Ernst 17. März 1823

Erfreulich ist die Aussicht auf Goethens Herstellung. Jetzt sind alle Symptome, die Angst machten, verschwunden. Er hatte nach der Herzentzündung eine geschwollene Hand und einen geschwollenen Fuß; man befürchtete daher Wassersucht; doch sind auch diese Übel verschwunden. Er hat Appetit und arbeitet wieder etwas. Die Tante und ich wollen ihn besuchen; alle seine Freunde tun es. Ich werde ihm von dem Anteil erzählen, den man in Köln an seiner Gesundheit nimmt ... Der Herr Pustkuchen hat ihn mit seinen falschen Wanderjahren sehr geärgert. Aus Unverstand hatte man sie ihm gebracht. Der Chancelier erzählte in leerer Exaltation, daß nach den seinigen die falschen Wanderjahre erschienen wären. Goethe kannte sie schon, schwieg und machte ein Gesicht, das den Chancelier schreckte. Ich habe mich geärgert, daß man ihm die Sachen bringt. Wäre ich der Sohn, so würde ich ihm diese Schriften nicht vor die Augen bringen ... Ich lese nichts von allem diesen; doch höre ich erzählen, daß Professor Schütz in Halle eine beleidigende Schrift über Goethe geschrieben habe. Das Schicksal ist eigen, noch im Leben so viel Tadel hören zu müssen ...

(Nach 1 Uhr.) Ich komme vom Geheimrat, der Dich freundlich grüßt. Es war mir rührend, ihn wiederzusehen.

Er saß in seinem Zimmer an dem runden Tische, mit allen Lieblingsbeschäftigungen umgeben. Er ist noch etwas matt, aber mitteilend, freundlich und poetisch gestimmt. Er hat acht Tage in beständiger Phantasie gelegen und weiß nicht, was er gesprochen hat. Als er zu sich kam, sagte er: «Ich habe doch vierundzwanzig Stunden so gelegen.» Er lobt sehr die Behandlung der Ärzte. Huschke und Rehbein haben ihn klug behandelt. Ich hoffe, er bleibt uns noch; Huschke meinte, er könne noch mehrere Jahre leben.

5125 Charlotte v. Schiller an Knebel *19. März 1823*

Da ich Ihnen heute manches Gute zu sagen habe, teurer Freund, so will ich zeitig anfangen mit Schreiben. Erstlich bin ich am Montag [17. März] bei Geheimerat von Goethe gewesen, den ich recht ruhig, heiter und teilnehmend gefunden. Er ist etwas schmal geworden, und man sieht wohl, daß er viel gelitten hat, doch ist alles auf dem besten Wege, und wir wollen hoffen, daß es immer besser gehe. Der Geist ist ruhig, und er beschäftigt sich wieder still fort und nimmt Anteil. Er weiß nicht, wie viel Sorgen er uns gemacht hat. Es war mir rührend, ihn wiederzusehen.

5126 Charlotte v. Schiller
an Caroline v. Humboldt *22. März 1823*

Ich würde Dir, geliebte Freundin! früher geschrieben haben, wenn ich nicht gewußt hätte, daß Caroline Dir schrieb, und ich wollte erst Goethe selbst sehen, um recht bestimmt über seinen gegenwärtigen Zustand urteilen zu können.

Ich war diese Woche [am 17. März] bei ihm und fand ihn an seinem großen Tisch sitzen mit allerhand Papieren umgeben, denn er arbeitet wieder. Er ist sehr mager geworden, doch sieht er nicht krank aus; seine Hände sind auch mager; er tritt fest auf und kam uns entgegen. Seine Stimme ist kräftig, und er war so liebenswürdig, teilnehmend und mitteilend, daß es einem recht wohl tat.

Er lobte die konsequente Behandlung seiner Ärzte und

sagte, daß sie vierzehn Tage auf einem Mittel beharrt hätten; von dem, was um ihn herum vorgegangen, wußte er nichts. Auch dem Sohne hat er gesagt, daß der Kampf des Lebens mit dem Tode beginne, und er wolle sehen, wer den Kampf bestehe. Doch das ist alles in dem Fieberzustand gesprochen worden.

Ich habe manche betrübte Stunde erlebt, denn die Furcht, daß wir ihn auch verlieren könnten, weckte alle Schmerzen der Erinnerung in mir.

5127 Caroline v. Wolzogen an Caroline v. Humboldt *22. März 1823*

Goethe ist ganz außer naher Gefahr, und selbst die Folgen, die man fürchtete, scheinen weniger bedenklich. Er war [am 17. März] sehr human und dankt für euren Anteil. Er sagte, er hätte in der Bewußtlosigkeit gelegen, doch sagten ihm die Leute, er sei nicht unvernünftig gewesen. Die Schwiegertochter ist das Beste noch, was er um sich hat; diese ist ihm auch behäglich, scheint es. Ich wünschte, er schriebe gar nichts mehr als seine Naturansichten und enthielte sich der ästhetischen Urteile, in denen er immer nur durch Persönlichkeiten befangen ist. Seine Empfindlichkeit gegen die Urteile über ihn ist seine schwache Seite. Wie gönnt' ich ihm noch in den wenigen Jahren, in denen er uns geschenkt ist, diesen Frieden mit Natur und Menschenwelt, deren schöner Einklang der Urton seiner früheren Dichtungen ist. Wenn man die Meinung nicht als ein Organ der Wirksamkeit im Leben brauchen will, begreife ich nicht, wie einem daran gelegen ist, da man weiß, wie sie entsteht: der Reflex schwachsinnigen Eigendünkels. Was eigentlich geschieht, ist ihm gleichgültig von je her.

5128 F. v. Müller *18. März 1823*

Bei Goethe mit Meyer, Rehbein, Soret.

5129 Gries an Abeken *(23. März 1823?)*

... obwohl ziemlich unzufrieden mit Ihrer späten Antwort, konnte ich's doch nicht übers Herz bringen, Ihnen die

(Gott Lob falsche) Nachricht von Goethes Tode durch die Zeitungen melden zu lassen. Der Brief [vom 24. Februar] war beinahe fertig, als ich glücklicher Weise erfuhr, die Unglückskunde sei wenigstens zweifelhaft. Also sandte ich ihn nicht ab und ersparte Ihnen so einen Schrecken, den wir hier reichlich empfunden haben.

Es ist wirklich seltsam, daß man hier, so nahe bei Weimar, fast vierundzwanzig Stunden lang in der festen Überzeugung war, Goethe sei gestorben. Erst am Montag abend fing man an zu zweifeln, weil die öffentlichen Behörden keine amtliche Anzeige erhalten hatten. Am Dienstag morgen kam die gewisse Nachricht, er lebe noch; dann folgte die Hoffnung, dann die Gewißheit der Herstellung. Und jetzt ist der Herrliche so wohl, wie man es nur verlangen kann. Er hat schon wieder Manuskript eingesandt und läßt an «Kunst und Altertum» fleißig fortdrucken. Frommann, der ihn vorgestern [21. März] gesehen, versichert, er sei im Äußern wenig oder gar nicht verändert. Auch spricht er schon vom Herüberkommen und will so bald als möglich nach Marienbad reisen, um dort den ganzen Sommer zu bleiben.

Im Grunde ist wohl die ganze Sache viel Lärmen um nichts gewesen. Die Ärzte scheinen die Natur der Krankheit ganz verkannt zu haben; vermutlich war gar keine Herzentzündung vorhanden, sondern bloß eine hartnäckige Verstopfung. Das einfachste Mittel hat die Entscheidung herbeigeführt. Als nämlich Rehbein den Kranken in den letzten Zügen glaubte (am Sonntage), entschloß er sich, ihm ein Klistier geben zu lassen, bloß um ihm eine augenblickliche Erleichterung zu verschaffen. Als dieses seine Wirkung getan, fühlte Rehbein ihm an den Puls, und erschrak (nach seiner eigenen Aussage), denn der Puls ging wie eines völlig Gesunden. Von diesem Augenblick an ging die Besserung mit Riesenschritten vorwärts. Man sieht also, Molière hat wohl recht, wenn er «clysterium donare» für das erste aller Heilmittel erklärt. Man muß sich das doch merken, für ähnliche Fälle.

5130 *F. v. Müller* *21. März 1823*

Abends zwei Stunden ganz allein bei Goethe.

Die heutigen Dramatiker müssen die Schillerschen Trauerspiele ganz anders *sehen* und *hören* wie unsereins, sonst könnten sie unmöglich selbst so verwirrtes, absurdes Zeug schreiben.

Gemütlich klare Erzählung der Flucht Louis XVI. nach Varennes p.

5131 *Soret* *22. März 1823*

On a représenté *Torquato Tasso* de Goethe au théâtre avec un prologue composé par Monsieur Riemer, déclamé par Madame Jagemann en réjouissance de la guérison du poète. Son buste a été couronné de lauriers par l'actrice aux applaudissements réitérés des spectateurs émus. Après la représentation, Madame Jagemann, dans son costume et la couronne de Tasso en mains, s'est rendue chez Goethe, s'est fait annoncer, lui a présenté les lauriers que Goethe a placés sur la tête de la Grande-Duchesse Alexandrine dont il possède un buste.

On dit que le Grand-Duc a l'intention d'obtenir de Goethe qu'il se laisse de nouveau couronner sur la scène en présence du Roi de Bavière qui doit bientôt arriver. Un pareil projet n'obtiendra jamais l'assentiment du poète.

5132 *F. v. Müller* *23. März 1823*

Zwischen dem Hof bei Goethe mit Line. «Ein lieber Engel, eine verständige Dame, sie gehört zu den guten Geistern.»

«Leonore ist eben auch eine Tochter Evas, auf deren Erziehung ich viel Mühe verwendet habe.»

«Da ich so viel in den Tasso hineingelegt, so freut es mich, wenn es allmählich *heraus*tritt. Alles geschieht darin nur innerlich; ich fürchtete daher immer, es werde äußerlich nicht klar genug werden.» (Wie allerliebst nahm sich der Lorbeerkranz auf der Großfürstin Alexandra Büste aus!)

5133 *Soret* *24. März 1823*

Remis à Goethe une centaine de pierres fausses de la fabrique Dumas et Raisin de Genève; il les a fort admirées et les a reçues avec le plus vif plaisir, la moitié est destinée au Grand-Duc.

5134 *J. V. Teichmann an Eckermann* *20. September 1843*

Als ich im Jahre 1823 Ihr liebes Weimar und Goethe sah, war ich auf einer Reise nach Paris nur einen Tag dort [9. Februar], damals lebte auch noch Stephan Schütze. Bei meiner Rückkehr [am 26. März] war Goethe von einer schweren Krankheit erstanden. Er hatte die hohe Gnade und Güte – obgleich noch sehr angegriffen und sehr weich gestimmt –, mich zu sich kommen zu lassen; ich mußte ihm viel von Paris erzählen, es schien ihn alles lebhaft zu interessieren, ich brachte ihm auch sein Bild (eine Büste mit einem Lorbeerkranz – lithographiert –). Darunter die Worte: J. W. de Goethe, Ministre de S. A. R. le Grand Duc de Saxe Weimar, Officier de la Légion d'honneur nommé par Napoléon. Als er dies Blatt angesehen und die letzte Stelle gelesen, sagte er: Man sieht doch überall die Opposition. Hierzu gehört noch, daß während meines Aufenthalts in Paris Goethe tot gesagt wurde, alle in der großen Stadt erscheinenden Blätter hatten dies in den Worten mitgeteilt: Le Voltaire de l'Allemagne habe den Schauplatz des Irdischen verlassen. Diese Nachricht verbreitete große Bestürzung unter uns Deutschen wie unter den Franzosen. Erst als ich nach Mainz kam, erfuhr ich, daß es glücklicherweise nur ein Gerücht gewesen. Das alles erzählte ich ihm, von Talma, der Mars, Duchesnois wußte ich manches zu berichten, letztere hatte ich die Maria Stuart (nach Schiller) spielen sehen – Talma war Leicester. Alle diese bedeutende Großkünstler hatte er in Erfurt gesehen. Wer war aber glücklicher als ich, Goethe wiedergesehen zu haben, ich reiste mit Grüßen von ihm an Graf Brühl und Zelter ab, und wie mich das beglückt hat, davon schreibt Zelter in einem seiner Briefe an Goethe.

5135 F. v. Müller *28. März 1823*

Von 7 ½ bis 9 ½ bei Goethe mit Meyer.

Neuerfundne Zeichenmaschine für des Zeichnens Unkundige. Schreibmaschine für Blinde. v. Münchow aus Bonn.

5136 F. v. Müller *29. März 1823*

Bei Goethe sehr heiter mit seinen Kindern und Line, später auch Soret.

Großes Lob des *Sardanapals* und *Werners* von Byron.

Täuschende Nachahmung der Edelsteine in der Genfer Fabrik.

Modelle der berühmtesten großen Diamanten. Goethe war heute zum ersten Male in seinem Garten gewesen und befand sich vortrefflich.

[Am Rande:] Geschichtliche Ableitung der Zigeuner aus der Kaste der Parias in Indien. Goethe jun. erzählte sehr lebhaft vom Dresdner Grünen Gewölbe, und ich ärgerte mich entsetzlich, daß meine Erinnerung an solche frühere *Geschehnisse* so konfus und matt ist.

5137 Soret *29. März 1823*

Goethe m'a dit avoir imaginé un moyen facile d'imiter les cristallisations de la neige en plaçant des barbes de plume dans le champ d'un kaléidoscope; l'idée est fort ingénieuse.

5138 N. L. Höyen an ? *28./30. März 1823*

Karfreitag [28. März].

... Um 1 ½ Uhr war ich in Weimar, wo ich im «Erbprinzen» einkehrte. Schnell kleidete ich mich um, aß zu Mittag und beeilte mich, meinen Brief von Carus an Goethe, der seine Krankheit glücklich überstanden hat, abzuliefern. Morgen um 12 Uhr werde ich ihn sehen und mit ihm sprechen ... Ich lebe in derselben Stadt wie Goethe! morgen werde ich ihn reden hören. Glaubt mir, mich durchströmt ein sonderbares Gefühl, ich bin so ruhig, so glücklich, und dennoch so sehnsuchtsvoll, in so großer Spannung.

Am ersten Ostertag [30. März].

Der gestrige Vormittag verging langsam. Ich spazierte im herzoglichen Garten; endlich schlug die Uhr 11¾; ich ging nun zu Goethe. Seine Wohnung, einen zweistöckigen Bau mit zwei Toren und einer Tür in der Mitte, fand ich, besonders was das Äußere betrifft, nicht hübsch; das Innere dagegen war interessant. Die Treppe breit und bequem; im Korridor bronzierte Abgüsse in Nischen (ein Windspiel war vortrefflich), über den Türen seiner Zimmer standen Büsten von Apollo und Achilles in länglichrunden Nischen. Ich wurde in ein Kabinett geführt, durch dessen offenstehende Tür ich in anstoßende Zimmer hineinsah. Das Ganze war elegant, jedoch bei weitem nicht prachtvoll eingerichtet. Schöne Teppiche am Fußboden; die Türen ruhten nicht auf Angeln, sondern ließen sich in das Wandgetäfel hineinschieben. Die Wände waren mit einer Menge schöner Zeichnungen und Gemälde geschmückt. Auf einem Tische stand ein, so schien es mir, physikalisches Instrument, auf einem kleinen Sekretär eine Bronzearbeit mit vielen Figuren, im anstoßenden Zimmer ein prachtvoller Flügel; es wurde mir aber nicht gestattet, dies alles recht zu betrachten, da Goethe eintrat. Der Diener, der ihm folgte, rückte zwei Stühle vor und entfernte sich. Nun befand ich mich also mit Goethe allein. Wir setz[t]en uns. Er trug einen langen blauen Rock, hatte ein lose gebundenes gesticktes Tuch um den Hals, das ergrauende Haar war gepudert. Er bewegte sich mit Leichtigkeit, seine gerade, feste Haltung verriet keine Spur einer soeben überstandenen Krankheit. Sein Antlitz war ernst und doch milde, die Hautfarbe bräunlich; alle Züge ließen den Greis erkennen, jedoch ohne Schwäche. Besonders merkwürdig waren mir seine Augen: das Weiße war stark gelblich; auch hatten die Runzeln des hohen Alters sich zahlreich um die Augenlider gesammelt; die Pupille besaß aber noch die schöne braune Farbe ungetrübt, sie funkelte fast. Die Stimme war ein wenig schwach, aber äußerst weich und leichtfließend. Das Sprechen fiel mir sehr schwer; ich wollte sein Bild so gern recht genießen, es mir so recht einprägen; es war mir deshalb ganz unmöglich, den Versuch zu machen, eine ordentliche Unterredung anzuknüpfen, und obschon eigentlich gar keine Pause eintrat, war das Ganze doch vielmehr nur eine Reihe von Fragen, Antworten und aphoristischen Äußerungen als ein eigentliches Gespräch. Er erkundigte sich nach Carus, bedauerte das Schicksal Tiecks, daß dieser herrliche Mann fast stets leidend sein müsse, fragte, welche Richtung meine Reise zunächst nehmen würde, womit Oehlenschläger sich beschäftige, sprach von den zahllosen Schwierigkeiten, die mit meinem Studium verbunden seien, meinte, es werde einem einzelnen Manne fast unmöglich sein, die Geschichte der neueren Kunst zu liefern. Ich beantwortete kürzlich seine Fragen; ein paarmal folgte auf meine Antworten ein «Hm hm, Ja ja», aber ganz leise. Seine Stimme zeigte fast kein Sinken oder Fallen; nur ein einziges Mal stieg sie. Als wir nämlich von Carus sprachen, äußerte ich, es sei mir fast unbegreiflich, wie dieser Mann außer seinen Pflichten und literarischen Arbeiten noch Zeit behielte, sich so viel mit der Malerkunst zu beschäftigen. Er antwortete, dies erscheine auch ihm außerordentlich, «doch» – hier ließ er die Stimme steigen – «wer das Leben recht zu gebrauchen weiß, der kann wirklich äußerst viel ausrichten». Es schien mir, als ob er selbst, indem er dies sagte, sich seines ganzen tatenreiches Lebens besonders bewußt fühlte. Der Diener erschien während des Gespräches, zog die Türen zusammen, da jemand – ich weiß nicht wer – eine Musikstunde haben sollte. Ich wollte mich empfehlen, Goethe bat mich aber, noch zu bleiben, und bald darauf ertönte eine herrliche Frauenstimme dann und wann bis ins Zimmer. Endlich wünschte er mir alles mögliche Glück und lud mich ein, ihn zu besuchen, wenn ich auf meiner Rückreise wieder durch Weimar käme.

Ich ging wieder in den Garten, um mir diesen ganzen, mir so merkwürdigen Auftritt für mich selbst unter den stillen Bäumen recht zu wiederholen. Die so oft erwähnte Ruhe seines ganzen Wesens trat erst jetzt gar lebhaft an mich heran; ja, je mehr ich mir die ganze Szene wieder ins

Gedächtnis rief, um so größer erschien sie mir. Es herrschte wirklich ein seltsamer Kontrast zwischen der lebhaften, sanften Stimme und dieser *totalen* Ruhe, ja Unbeweglichkeit seiner ganzen Stellung; es war, als hätte eine herrliche antike Marmorstatue plötzlich Leben und Stimme erhalten.

Es war eben auf den Sonntag abend, wo Goethe krank wurde, ein Hofball angesagt; kaum erfuhr man aber seine Erkrankung, als die ganze Herrlichkeit unterbrochen wurde. Man glaubte bestimmt, daß er diesen Anfall nicht überleben würde. – Ich muß gestehen, daß die Anekdoten, die man in Kopenhagen über sein skandalöses Leben erzählt hat, mir höchst apokryphisch vorkommen; denn gerade diejenigen Männer, die in Gesprächen mit mir von Goethe mit der größten Hochachtung sprachen, gehören sicherlich zu den vortrefflichsten und tüchtigsten Männern (Tieck, Carus, Vogel, Friedrich, Förster, Krause). Sie leben in der Nähe und haben gewiß Gelegenheit, auch das Böse von Goethe zu hören, und ich bin ganz sicher, daß zum Beispiel Friedrich mir solche Dinge nicht verschwiegen haben würde, ebensowenig wie Carus; sie hatten aber keine Kenntnis davon, denn ich fragte sie danach. – H. Meyer, bei dem ich an jedem dieser drei Tage ein paar sehr angenehme Stunden zugebracht habe, ist sein vertrauter Freund. Jeden Tag kommen sie zusammen; haben sie sich nichts zu erzählen, so nimmt jeder sein Buch, und zuweilen reden sie dann vielleicht keine zwei Worte miteinander, sich sehen müssen sie aber notwendigerweise.

Mit Meyers Hilfe gelang es mir nun auch, die Bibliothek des Großherzogs zu sehen; Goethes Privatsekretär, ein Herr Kräuter, führte mich heute mittag dort herum. Was mich am meisten interessierte, war die schöne Sammlung von Büsten; ich sah Wieland, Herder, Blumenbach, Fernow usw., keiner dieser mehr oder weniger geistreichen Köpfe konnte sich aber mit einer Büste von Trippel messen, die Goethe als Jüngling vorstellt. Er ist unwiderstehlich schön gewesen. Den Mund, die Stirn, die Wangen, die Nase, den herrlichen Ausdruck werde ich nie vergessen.

Mein Brief ist verdammt fragmentarisch. Nur noch eins. Ich brachte den Abend bei einem jungen wackeren Landschaftsmaler, namens Preller, zu. Er erzählte mir, es habe allgemeine Stille in Weimar geherrscht, während Goethe krank war. Wenn Goethe durch die Straßen fahre, blieben alle Leute stehen, man hege die größte Ehrfurcht vor ihm. Er erklärte ganz entschieden mehrere der infamen Dinge, die ich in Kopenhagen gehört hatte, für *Lügen*; einige derselben waren ihm noch nie zu Ohren gekommen.

5139 Soret *1. April 1823*

Remis à Goethe de la part de Son Altesse Impériale un numéro du *Journal des Modes* où il est question de la traduction de ses œuvres. Nous avons parlé à ce sujet du *Neveu de Rameau* dont l'original français a longtemps été perdu. Plusieurs Allemands croient encore que cet original n'a jamais existé. Mais Goethe l'affirme. Il m'a dit qu'il lui aurait été impossible d'imiter le caractère du style de Diderot, et surtout de prendre des tournures de phrases aussi françaises dans le texte allemand, si ce n'eût pas été une traduction.

5140 F. v. Müller an Knebel *2. April 1823*

Daß Goethe jetzt täglich ausfährt und sich überhaupt vortrefflich befindet, ist Ihnen gewiß schon berichtet worden. Und so gehen wir denn unter den günstigsten Auspizien dem neuen Frühling entgegen.

5141 Charlotte v. Schiller an ihren Sohn Ernst *2. April 1823*

Geheimrat von Goethe hat sich recht erholt. Heute war die Großherzogin bei ihm. Er fährt wieder spazieren. Nun wird er auch bald wieder sein altes Gesicht haben, wenn er in die Luft geht. Der Sohn wird so dick, daß man erschrickt ...

5142 F. v. Müller *3. April 1823*

Mittags bei Generals mit meiner Frau ... Dann bei Goethe, wo ich Line traf. Über Voltaire und seine Vielseitigkeit. In ihm und Louis XIV. habe sich die ganze französische Nation spezifiziert.

Coudray störte uns gerade, als der interessanteste Diskurs über «Offenbarung» beginnen wollte.

Von Dekorierung des Salons im Park.

5143 *Soret* *3. April 1823*

Passé une grande partie de la soirée chez Goethe en société de Monsieur Coudray. Ce dernier m'a proposé de faire une tournée avec lui à Ilmenau; cette contrée intéresse particulièrement Son Excellence; il y a vécu quelque temps pour y diriger les travaux des mines. Depuis lors, il y retourne fort souvent, surtout à l'époque de son jour de naissance, car il déteste les célébrations d'anniversaire et cherche à les escamoter.

On a parlé de la querelle de Hummel avec quelques acteurs; il a fait un mémoire contre eux qu'il a présenté au Grand-Duc. «Cela n'aboutira, je pense, à rien, dit Goethe, car il ne peut lui avoir dit que des choses que le Grand-Duc savait déjà, mais qu'il ignorait.»

On a parlé du théâtre et des améliorations obtenues depuis peu. «Je m'en aperçois sans y aller», observe Son Excellence en riant. «Il n'y a que deux mois encore mes filles revenaient mécontentes du plaisir qu'on avait cherché à leur donner. Maintenant elles arrivent transportées de joie en s'écriant: Pour aujourd'hui, nous avons bien pleuré!» Ces fontaines sentimentales ont été provoquées hier par un drame de Kotzebue auquel Goethe fait allusion.

5144 *H. Meyer an Böttiger* *6. April 1823*

Die Ihrem Schreiben beigelegt gewesenen zwei Stücke des artistischen Notizenblattes habe ich selbst mit Vergnügen gelesen und dieselben auch Goethe (der sich von seiner Krankheit fast ganz erholt hat) mitgeteilt, und obwohl das Gespräch, da er viel besucht wird und ich ihn selten allein treffe, nicht wieder sich dahin gewendet hat, so vermute ich doch, daß es ihm angenehm war, eine wohlmeinende Stimme zu vernehmen, da ihn das Geschrei der Widersacher zu verdrießen scheint und diese sich ziemlich laut sollen vernehmen lassen.

5145 F. v. Müller *7. April 1823*

Nachmittags zu Goethe, den ich zum ersten Male wieder im vordern Zimmer traf.

Gespräche über Röhrs letzte Festpredigten. «Quilibet habet suos manes», was Goethe übersetzt: «Jeden plagt sein Dämon (zur unrechten Zeit nämlich).» Über Rationalismus überhaupt, und wie er mit dem, was die geläutertste Philosophie aufstelle und annehme, ganz zusammentreffe.

5146 F. v. Müller *10. April 1823*

Von 5 bis 6 Uhr bei Goethe, den ich wieder wohler fand, als man mir gestern gesagt hatte.

5147 Soret *13. April 1823*

Soirée en tête-à-tête avec Goethe, la conversation roule essentiellement sur la littérature, sur Lord Byron, sur *Sardanapale*, *Werner*, etc., puis sur *Faust* dont il parle souvent et volontiers. Il voudrait qu'on essayât de le traduire en vers français du temps de Marot. Il le considère comme la source où Byron a puisé l'idée de *Manfred*. Goethe trouve des progrès dramatiques dans les deux dernières tragédies; il y est moins terrible et moins misanthrope. Nous avons parlé du poème sur lequel a été composée *La Flûte enchantée*, poème auquel Goethe a fait une continuation qu'il n'a point encore publiée, n'ayant point trouvé de musicien capable, à son avis, de traiter ce sujet. Il trouve la première partie remplie d'invraisemblances et de niaiseries, mais féconde en contrastes, et attribue à son auteur une grande entente dans l'art d'amener des effets théâtraux.

Enfin, à ce propos, Goethe me dit qu'en 1806, il avait eu l'idée d'envoyer à tous ses amis une liste imprimée de ses correspondants, mais qu'il y avait renoncé, de crainte qu'on ne prît ces listes renfermées dans toutes ses lettres pour des indications d'affiliations politiques.

5148 *Charlotte v. Schiller an ihren Sohn Ernst* *14. April 1823*

Goethe ist wieder viel besser; doch hat ihm die kältere Luft etwas zugesetzt. Das ist eben das Traurige in unserem Klima, daß wir die Nähe des Thüringer Waldes fühlen, von woher immer die späte Kälte kommt.

5149 *Soret* *15. April 1823*

Soirée en petit comité avec la comtesse C. Egloffstein et Coudray. Toute la conversation a été en allemand et je n'ai presque rien perdu à ma grande satisfaction. Monsieur [Madame?] de Goethe a été fort plaisant aux dépens des almanachs et autres productions périodiques actuelles infestées d'une sentimentalité ridicule qui paraît être à l'ordre du jour en Allemagne. La Comtesse a observé que les écrivains romanesques avaient commencé par gâter le goût de leurs nombreux lecteurs, mais qu'à présent c'étaient, à leur tour, les lecteurs qui gâtaient les romanciers par un goût dépravé auquel on se voit contraint de satisfaire, si l'on veut vendre ses ouvrages.

5150 *F. v. Müller* *16. April 1823*

Abends bei Goethe. Niemeyers populäre Dogmatik.

5151 *Charlotte v. Schiller an Knebel* *23. April 1823*

Cotta aus Stuttgart war gestern bei mir, und sein geistreiches Gespräch, seine Erzählungen von den Zuständen dort haben mich ergötzt. Er hat Goethe doch seit neun Jahren nicht gesehen und angegriffen gefunden.

5152 *Charlotte v. Schiller an ihren Sohn Ernst* *28. April 1823*

... Herr von Cotta ... hatte Goethe seit neun Jahren nicht gesehen und fand ihn sehr gealtert.

5153 *F. v. Müller* *22. April 1823*

Abends bei Goethe. Berlinische Musterbilder für Industrie. Line kam mit Ottilie nur auf ein Stündchen herbei. Der General-Superintendent [Röhr] blieb umso länger. Interessante Revue über die philosophischen Systeme Kants,

Reinholds, Fichtes, Schellings p. Durch des letztern zweizüngelnde Ausdrücke über religiöse Gegenstände sei große Verwirrung entstanden und die rationelle Theologie um ein halb Jahrhundert zurückgebracht worden.

5154 Soret *22. April 1823*

La présence de Monsieur Röhr dans cette soirée donne une direction métaphysique à la conversation qui se tient d'abord en allemand. On parle beaucoup de l'état de la théologie et du kantisme, et, tant que durent ces chapitres, il ne m'est presque pas possible de comprendre les interlocuteurs. Je me trouve bien plus à l'aise, lorsqu'il est question de la littérature. Plus tard, la plupart des convives étant sortis, Monsieur de Goethe me dit en souriant: «Aujourd'hui, nous vous avons fait faire pénitence. Pour vous en dédommager, parlons français maintenant.»

Le libraire-éditeur de Goethe, Cotta, est à Weimar. Il est venu solliciter auprès du Grand-Duc des lettres de noblesse sur un petit village auquel, dit-il, ses ancêtres avaient des droits et en même temps remercier de les avoir obtenues.

5155 F.v. Müller *25. April 1823*

Abends lange bei Goethe mit Riemer.

Ersterer war sehr heiter und kräftig. Über generatio aequivoca. Über v. Hoffs Preisschrift. Über die unerklärbaren Phänomene in der Natur, die man anerkennen und eben sich darein ergeben müsse.

Über das notwendige Ablehnen fremdartiger Gegenstände, wenn es darauf ankomme, bestimmte Begriffe festzuhalten und zu entwickeln.

5156 Soret *26. April 1823*

La grave maladie que la Grande-Duchesse Louise a faite dans le courant de ce mois a donné de sérieuses inquiétudes aux Weimariens. Goethe, en apprenant qu'elle était en danger, s'est écrié: «Si nous devons la perdre, qui pourra trouver encore quelque plaisir à l'existence?» Il m'a pris à part aujourd'hui pour me demander des nouvelles et a paru se tranquilliser lorsque je lui ai dit que malgré la permanence du danger il y avait de bonnes chances en sa faveur, puisque Goethe est revenu de plus loin encore. On a observé que durant le cours de cette maladie il s'est montré presque toujours taciturne et qu'il a évité d'en parler.

Messieurs Coudray et Meyer étaient là, il n'a été question que de sujets scientifiques. Goethe a parlé du globe terrestre que l'on conserve dans la bibliothèque grand-ducale; il a été fait sous Charles-Quint par un Espagnol, il est enrichi de notes telles que la suivante: «Les Chinois, peuple qui a beaucoup de rapport avec les Allemands», etc. «Anciennement, poursuit Goethe, les déserts de l'Afrique étaient remplis, sur les tracés, de représentations d'animaux féroces, maintenant on n'y met rien et les géographes préfèrent nous laisser carte blanche.» Goethe ne craint point, si l'occasion se rencontre, de profiter d'un jeu de mots.

5157 F.v.Müller *27.April 1823*

Gegen Abend bei Isabelle und dann bei Goethe. Seine Charakteristik der Großherzogin. Nie Nachtragen eines Unwillens, bestimmtes Aussprechen ihrer Meinung, Beifalls oder Mißbilligens; so ging sie ohne Reue, ohne Gewissensverletzung durchs Leben.

5158 F.v.Müller *1.Mai 1823*

Bei Schwendlers und Goethe. Erzählung von meinen französischen Expeditionen.

5159 Soret *6.Mai 1823*

Soirée fort agréable chez Goethe. Il n'y avait que sa famille. Les autres habitués étaient ou invités chez Son Altesse Impériale ou restés chez eux; il a été principalement question d'optique et Goethe m'a donné une idée de sa théorie qui consiste principalement à ne pas considérer la lumière comme composée de couleurs diverses, mais à voir dans les couleurs des modifications de la lumière produites par les contrastes de l'obscur et du clair. Tandis qu'il me parlait ainsi des couleurs, j'admirais celles de ses yeux:

l'iris est composé de trois teintes distinctes; un large cercle bleu entoure le fond brun de l'iris, ce qui, avec le noir foncé de la pupille, produit trois cercles concentriques d'un effet singulier, mais pourtant point désagréable. Peu d'hommes ont un regard aussi expressif que le sien.

5160 *Caroline v. Wolzogen*
an Caroline v. Humboldt *9. Mai 1823*

Goethe ist für jetzt in einem leidlichen Zustand, aber seine Füße schwellen immer noch an, und ein langes Leben kann man nicht erwarten ... Schick mir doch ja Rauch zu; ich höre, man erwartet ihn mit dem Modell zu Goethens Statue. Ich bin ganz für eine sitzende Statue, da seine Gestalt doch eigentlich nichts Edles hat. Schiller hätt' ich gern stehend gesehen. Ich kann nicht umhin zu vergleichen. Breit und ganz abgeschmackt beschäftigt sich Goethe jetzt mit allem kleinlichen Urteil über ihn und läßt das Leerste gelten, wenn ein Hauch seines Lobes darin weht. Für einen großen Eindruck seines Wesens war Schiller empfänglich, aber wie wies er alles Alberne von sich!

5161 *Soret* *13. Mai 1823*

Goethe est très occupé à rassembler sur des feuilles volantes toutes les petites poésies fugitives qui n'ont point encore vu le jour et qu'il destine à son édition générale. Il m'a dit en avoir égaré plus de mille dont il avait négligé de prendre copie avant de les donner. Il a été question ensuite de minéralogie et Goethe m'a fait voir un cristal mêlé de feldspath intéressant pour un cristallographe en ce que ces deux moitiés étaient elles-mêmes maclées.

Puis nous avons parlé de l'ancienne ville franche de Redtwitz enclavée dans le Margraviat de Bayreuth, où se fabrique presque tout le sublimé corrosif du commerce. L'on disait à l'un des principaux fabricants: «Vous avez ici toutes choses meilleures qu'autre part, le pain, la bière et les filles. – C'est que nous n'avons point de police qui s'en mêle», a répondu bonnement le brave homme.

5162 F. v. Müller *14. Mai 1823*

Von 7 bis 9 Uhr bei Goethe, der höchst liebenswürdig war.

5163 F. v. Müller *15. Mai 1823*

Nachmittags zu Goethe, um Cotta zu finden, der bei ihm aß.

Lebhafte Unterhaltung mit ihm über politische Schriftstellerei, über Gros, Mayer, Dannecker, Wangenheim. Ottilie ließ sich vom alten Herrn Hoffmanns Nachlaß schenken, unter den zierlichsten Possen.

«Wer keinen Geist hat, glaubt nicht an Geister und somit auch nicht an geistiges Eigentum der Schriftsteller», sprach Goethe, bezüglich auf den Nachdruck.

5164 Riemer an Frommann *24. Mai 1823*

Mit einiger Verwunderung vernehm' ich heute von der Botenfrau, daß Sie, verehrter Freund, bereits zurückgekehrt sind, während ich Sie noch in Leipzig oder auf einem Abstecher dachte. Wir wußten hier alle es nicht anders, und Goethe fragte mich dieser Tage, ob Sie nicht wieder zurück wären? ...

Da Eßlair nunmehr hier ist und von morgen an Gastrollen gibt, so hoffe ich, daß wir Sie zu einer Vorstellung wenigstens zum *Tell* oder *Lear* hier sehen werden ...

Auch hat mich Goethe ziemlich daran gekriegt, teils mit mehrmaligem Durchgehen des Manuskripts, teils auch daß ich ihm in seiner Einsamkeit und Verlassenheit des Abends Gesellschaft leistete. Ich tue es zwar von Herzen gerne, um so mehr als man nicht wissen kann, wie lange die Götter ihn uns noch erhalten; allein es unterbricht manchmal meine lexikalischen Arbeiten, so daß es mir wenigstens den Gefallen an diesen grammatischen und philologischen Quisquilien verleidet, und ich mich ungern wieder zu dieser undankbaren Arbeit wende. Den Abschluß des Kunst und Altertumshefts ingleichen des Morphologischen scheint er sehr zu wünschen, und ich auch; denn das kommt mir auch ökonomisch zugute!

5165 Riemer *27. Mai 1823*

Abends Tee bei Goethe; Engländer, Röhr, Kanzler, Conta, Helbig, Meyer, Peucer, Froriep.

5166 F.v. Müller *27. Mai 1823*

Bei Goethe traf ich unvermutet große Gesellschaft, auch den neuen Engländer Sterling, der von Lord Byron her kam und mir sehr gefiel.

5167 F.v. Müller *29. Mai 1823*

Kurzer Besuch bei Goethe, vorher in seinem Garten.

5168 F.v. Müller *30. Mai 1823*

Besuch bei Goethe und italienische Bilder im Atelier.

5169 F.v. Müller an Julie v. Egloffstein *3. Juni 1823*

Auch Eßlair hat sich Ihrer treulich erinnert; wie würden Sie entzückt gewesen sein, ihn als Theseus, Otto v. Wittelsbach, Tell, Kriegsrat Darner [Dallner] und Lear zu sehen! Leider machte er Goethens Bekanntschaft erst am letzten Tage [1. Juni], doch war sie für beide Teile noch von großem Wert.

5170 F.v. Müller *2. Juni 1823*

Abends bei Goethe. Er sammelt jetzt Schillers Briefe an ihn und sprach mit Entzücken davon.

5171 Soret *2. Juni 1823*

Petite réunion d'amis: Riemer, Müller, Meyer. La conversation a roulé sur plusieurs sujets, et d'abord sur la difficulté de bien comprendre une langue étrangère suivant le sujet traité. «Quant aux sermons, m'a dit Goethe, si vous avez plus de peine à les suivre qu'autre chose, c'est que vous êtes rarement de même avis que l'orateur.» Nous avons ensuite parlé des chansons de Béranger. Goethe en a commenté et paraphrasé quelques-unes en allemand avec une originalité tout à fait piquante.

Plus tard il a été question de physique, de météorologie

en particulier. Son Excellence se dispose à publier des observations barométriques et une théorie d'après laquelle il expliquerait tous les mouvements du baromètre par des influences terrestres, c'est-à-dire par des degrés divers d'attraction du globe sur l'atmosphère.

«Messieurs les savants et en particulier les mathématiciens (Pardon, Monsieur Soret!) ne manqueront pas, poursuit-il, de trouver mes idées parfaitement ridicules ou bien ils se contenteront de les dédaigner. Voulez-vous savoir pourquoi? C'est que je ne suis pas du métier.»

– «Les savants, ai-je répondu, peuvent bien avoir leur esprit de corps. Mais s'il se glisse dans leur doctrine quelques opinions erronées, peut-être faut-il en attribuer la cause à ce qu'ils les ont reçues comme dogmes à l'époque où ils étaient encore eux-mêmes sur les bancs de l'école.»

– «C'est cela même, s'est écrié Goethe. Vos savants font quelquefois comme nos relieurs de Weimar. Le chef-d'œuvre qu'on leur demande pour parvenir à la maîtrise n'est point de présenter une belle reliure moderne, on n'a garde d'y penser; non, depuis deux ou trois cents ans, c'est toujours une grosse bible in-folio avec des planches, des bandelettes en gros cuir. Depuis lors, l'art a fait des progrès. Il en coûte plus de travail et de dépenses pour rester mal à l'ancienne mode que pour se trouver bien à la nouvelle; mais c'est peut-être tout juste en cette absurdité que le chef-d'œuvre consiste et malheur à l'ouvrier qui prétendrait vouloir en remontrer à ses examinateurs!»

5172 F.v. Müller *7. Juni 1823*

Vergnügtes Diner bei Chanykow ... Sodann zu Goethe, wo ich aber schläfrig war. Beredung über den Meister vom Stuhl.

5173 Soret *8. Juni 1823*

Conversation avec Goethe sur la métamorphose des plantes et sur son idée que les progrès de l'humanité vont en ligne spirale; je l'ai notée dans une lettre à mon oncle Dumont. (Voir correspondance.)

5174 Soret an Dumont *9. Juni 1823*

[Über das Gespräch vom 8. Juni.] Je n'ai pas tardé à mettre Monsieur de Goethe sur le sujet de sa métaphore, il faut vous dire qu'elle doit paraître sublime pour un mathématicien; moi qui me suis mêlé de courbes dans mon temps j'ai été frappé de sa justesse surtout en admettant que ce fût une spirale à double courbure ... Voici le résumé de ma conversation avec le célèbre poète.

Moi. Vous avez fait naître une vive discussion à deux cent lieues de vous au sujet d'une expression qu'on vous attribue, la *marche de l'esprit humain* est selon votre opinion non pas en ligne directe mais *en ligne spirale;* tous les plus habiles métaphysiciens de Genève ont admiré et approuvé la figure et grâce aux incertitudes de nos jugements il ne s'en est pas trouvé deux d'accord lorsqu'il a été question d'expliquer vos paroles.

Goethe. Je me souviens confusément d'avoir publié quelque part cette expression; c'est une idée qui m'a fort occupé dans le temps et je sais qu'alors rien ne me paraissait plus juste que ma métaphore; aujourd'hui c'est un peu différent et ma présence au concile genevois n'aurait peut-être pas éclairci les doutes.

Moi. Votre Excellence voudra bien ne pas me trouver présomptueux si je lui dis que tout cela me paraît fort clair; ainsi que dans la gravitation universelle, deux forces opposées travaillent notre esprit; l'une veut le retenir esclave, l'autre veut l'affranchir de ses liens; la première est entouré d'une puissante escorte; l'erreur, les préjuges, l'habitude, la paresse; ces champions s'emparent de notre âme et lui crient: n'avance pas, brebis égarée, reviens au bercail, le chemin de l'innovation est celui de la perdition, c'est tout un. La seconde de ces forces vous est bien connue et pour continuer la métaphore elle ferait partir notre imagination par la tangente sans son éternelle ennemie. L'âme continuellement entraînée par ces deux moteurs opposés choisit une route intermédiaire et si les deux champions étaient de même force elle tournerait éternellement dans un orbite immuable; par bonheur que la comparaison avec les astres s'arrête là; les lumières ont sur les ténèbres un avantage graduit, quoique bien petit, et la courbe s'éloigne peu à peu de centre etc. etc.

Goethe. Vous y voilà, nous serions trop vite parfaits en marchant droit au but; j'avais conçu la chose un peu moins mathématiquement que vous et je ne l'avais appliquée si je ne me trompe qu'aux individus quoiqu'on puisse fort bien comme vous l'avez fait dans la suite de votre développement étendre la comparaison au genre humain pris en masse. Mais vous me rappelez qu'il s'y joignait dans mon esprit une idée accessoire qui n'est point à dédaigner; cette spirale n'était point une simple courbe abstraite, et bonne pour vous autres messieurs les calculateurs, je lui avait donné une existence, c'était un ressort de montre qui se dilate ou se resserre par des causes accidentelles et maintenant voyez comme cela s'applique bien à tous les cas imaginables, surtout au genre humain pris en masse. Il existe de certains révolutions qui semblent plonger tous les peuples dans la barbarie, un nuage épais cache au moyen âge le soleil de l'antiquité; c'est mon ressort qui se contracte, la courbe chemine toujours mais si peu si peu qu'on n'y prend pas garde; puis tout à coup la pression s'évanouit et les progrès faits dans l'ombre paraissent énormes à nos yeux ...

Cette conversation a été poussé beaucoup plus loin et a pris une tournure métaphysique, ce que je vous donne suffira bien amplement pour satisfaire le concile. Pour moi je vous rends grâce de m'avoir par là procuré une des soirées les plus intéressantes que j'aie eu chez Monsieur de Goethe, nous sommes restés près de deux heures, à déplorer les incertitudes de l'esprit humain dans la recherche de la vérité; nous avons vu que les mathématiques mêmes étaient souvent des moyens d'erreur lorsqu'on les sortait du champ de l'abstraction toute pure; enfin les sujets ordinaires de discussion ont presqu'entièrement été oubliés pour faire place à la spirale de nos esprits qui s'est prodigieusement dilatée durant cette séance.

5175 Soret *10. Juni 1823*

Il est question aujourd'hui de Carlsbad et du nombre de verres qu'on parvient à boire successivement sans être incommodé. Goethe a poussé jusqu'a vingt-deux. A propos de grand buveurs, il nous raconte avec détails les usages des étudiants d'Iéna, usages qui ont bien changé depuis quelques années. Je vais les consigner ici pour l'édification des grands buveurs. Lichtenhain est un petit village appartenant au Duché de Saxe-Meiningen et enclavé dans le Grand-Duché de Saxe-Weimar, à vingt minutes d'Iéna. Tous les habitants de ce village passablement corrompus ont le droit de faire de la bière et de la vendre à domicile en sorte que non seulement les étudiants, mais un grand nombre de bourgeois font de Lichtenhain un but journalier de promenade et vont s'y délecter à peu de frais d'une boisson détestable pour ceux qui n'y sont point habitués encore, délicieuse pour les amateurs aguerris. C'est un impôt plus ruineux qu'on ne l'imagine. Pour s'en faire une idée je me contenterai de consigner ici l'exemple cité par Goethe d'un bon vieux bourgeois à lui connu qui, depuis l'âge de dixhuit ans jusqu'à sa soixante-huitième année n'a pas manqué d'aller à Lichtenhain dépenser sa pièce de vingt kreutzer à boire une mesure de bière accompagnée d'un demi-pigeon rôti [d.h. ein Stück Käse]. Ce bonhomme qui n'est pas riche a calculé que s'il avait amassé jour par jour l'argent qu'il a ainsi consommé, il aurait un petit trésor de 5.500 écus de Saxe, soit plus de vingt mille francs.

Quant aux étudiants, leur coutume était d'élire un duc de Lichtenhain et de nommer à toutes les autres charges de cette cour bachique en raison du nombre de bouteilles de bière que chaque candidat avait été en état d'absorber. Nul ne pouvait devenir duc qui n'avait pas vidé ses trente-deux pots dans la journée. Après les élections, la Cour, incapable de marcher, partait en grande procession d'équipages à quatre, six et huit chevaux de poste, faisait le tour d'Iéna et retournait à Lichtenhain où le nouveau souverain prenait possession de son empire pour l'année courante. Les

événements politiques de ces vingt dernières années ont ôté à Iéna toute son ancienne splendeur et à ses étudiants presque toute leur antique rudesse.

5176 F. v. Müller *15. Juni 1823*

Nachmittags sehr lange bei Goethe. Linens Briefe.

5177 Soret *15. Juni 1823*

Goethe m'a semblé beaucoup moins bien que de coutume; il était aussi abattu que durant sa convalescence. La langue me paraissait embarrassée, il avait une contraction de la lèvre droite que je n'avais jamais aperçue encore et dont j'ai été épouvanté, ainsi que de la confusion de ses idées et des nombreuses redites dans lesquelles il paraît tomber. Il se dispose à partir dans quelques jours pour des bains qui, j'espère, préviendront tout accident ultérieur.

5178 F. v. Müller *17. Juni 1823*

Abends mit Meyer, Froriep, Rehbein, der Henckel, Pogwisch p. bei Goethe. Scherzhafte Verteidigung Naglers contra Frau v. Pogwisch. Camera lucida von Sömmerring junior.

5179 F. v. Müller *20. Juni 1823*

Von 8 ½ bis 10 Uhr bei Goethe; er hatte einheizen lassen im Salon, was mir schlecht bekam. Divergenz unserer Ansichten über Preßfreiheit und desfallsige neuste Vorgänge am Bundestage contra Prof. Krug. Es ist mit Goethe hierüber in der Tat nicht zu streiten, da er viel zu einseitig und despotisch sich ausspricht. Eloge von Delambre aus dem Moniteur. Des armen Hofrat Meyer Krankheitsanfall unterwegs zu Gotha. Über Voßens energische Rezension von Schorns Anmerkungen zu Tischbeins Homer. Goethe wollte auch nicht Wort haben, daß die Jenaische Literatur-Zeitung einige Zeit lang geringhaltiger gewesen. Kurz, wir waren beständig in der Opposition.

5180 *Riemer an Frommann* *21. Juni 1823*

Herr Dr. Eckermann, ein junger privatisierender Gelehrter, von Göttingen kommend, gedenkt einige Zeit in Jena sich aufzuhalten, um eine gewisse literarische Vorarbeit, die er für Goethe in Auftrag übernommen, daselbst zustande zu bringen. Er hat sich das Zutrauen des Geheimenrats erworben, und dieses dürfte leicht die beste Empfehlung sein ...

Goethe hat ihm die Redaktion des Manuskripts seiner früheren Rezensionen übertragen, und so ist seine Beschäftigung von der Art, daß sie einen interessanten Gegenstand der Unterhaltung abgibt.

5181 *F. v. Müller* *24. Juni 1823*

Abends bei Goethe, mit seinen Kindern und Riemer. Er nahm Partei für Galls Lehre gegen die Pariser Kritiker. Weniger mitteilend und heiter als sonst, nahm er meine Äußerung, morgen ihn nochmals besuchen zu wollen vor seiner Abreise, so feierlich dankbar an, daß ich – wohl mit Unrecht – es dafür nahm, als würde ich ihn genieren.

5182 *Soret an Dumont* *16. Juli 1823*

Es freut mich ungemein, daß mein letzter Brief Ihnen gefallen hat; stellen Sie mir nur weiter Fragen über Goethe, damit ich sie zum Anlaß ebenso interessanter Unterhaltungen mit ihm machen kann. Daß ich jetzt von ihm getrennt bin, ist mir recht schmerzlich, es war mir schon zur lieben Gewohnheit geworden, ihn wenigstens dreimal in der Woche zu sehen und aus seinen Worten zu lernen. Wie Sie wissen, beschäftigt ihn jetzt an literarischen Dingen am meisten die Sammlung seiner zerstreuten, noch nicht veröffentlichten Gedichte und die Fortsetzung seiner Lebensbeschreibung. Die übrige Zeit widmet er fast ganz der Wissenschaft. Bei seinem hohen Alter kann auch sein Genius nicht mehr in jugendlichem Feuer erglühen, und er hat sich mit kluger Überlegung die Tätigkeit gewählt, die ihm am besten ansteht. Das hindert ihn jedoch nicht, noch ab und zu Gedichte zu machen. Man ist seinen Versen ge-

genüber etwas anspruchsvoll geworden, aber die letzten, die er schrieb, haben allgemeinen Beifall gefunden; es ist eine Antwort auf die mehrfachen Einladungen Lord Byrons, ihn in Italien besuchen zu kommen [Ein freundlich Wort ...]. Das Gedicht entstand im Juni und ist noch unveröffentlicht; Goethe hat es mir anvertraut, und ohne indiskret zu sein, darf ich Ihnen wohl eine Übersetzung davon mitteilen, die ich im Schweiße meines Angesichtes davon angefertigt habe.

5183 Eckermann an E. Grosse *7. August 1823*

Jetzt einiges über Goethe und mich, denn diese Dinge werden doch großes Interesse für Dich haben.

Goethe ist völlig wieder hergestellt und so gesund, wie er je gewesen. Er ist jetzt in Marienbad, Ende August erwarte ich ihn zurück und freue mich dazu.

Ich komme nun mit den wichtigen Dingen meines nahen Verhältnisses zu dem hohen geliebten Greis auf der letzten Seite meines Briefes nach, und es hätte billig das erste sein sollen, was ich Dir zugerufen hätte. Doch weil die schönen Tage und Wochen meines Beisammenseins mit Goethe nun bald zwei Monate hinter mir liegen und Eure Gedichte mich erst dieser Tage aufregten, so habe ich von diesen zuerst gesprochen. Vierzehn Tage war ich in Weimar, bis Goethe ins Marienbad ging. Einen um den andern Tag hatte ich das Glück, bei ihm zu sein. «Es ist doch gut», sagte er eines Tags, «daß wir uns mitunter gesehen und gesprochen, man kennt sich doch einander näher.» Glückliche Zeiten waren's, schöne Augenblicke, die ich bei ihm gesessen, an seinem Anblicke mich weidend und seinen liebevollen Worten lauschend. O, es ist ein unendliches Glück, das ich Dir wünschen möchte! Um keinen Preis möchte ich es nicht genossen haben. Es dünkt mich oft, als ob ich nun fürs ganze Leben genug hätte. Ich möchte Euch sprechen und einige Winke geben, habt Ihr Eure Gedichte ihm gesendet, ich möchte den Brief sehen, denn ich glaube ihn zu kennen. Nur um einen Finger habe ich ihn gebeten, und er hat mir die ganze Hand gegeben.

Ich möchte fast sagen, man muß ihn um nichts bitten, sondern ihn selbst gewähren lassen. Mir ist er in allen Dingen zuvorgekommen ...

Goethes Empfehlungen haben mir hier ein angenehmes Verhältnis bereitet, denn ich habe Zutritt zu den ersten Zirkeln. Bei dem alten Major von Knebel bin ich am liebsten.

5184 Riemer *26. Juni 1823*

Reiste Goethe nach Marienbad ab, nachdem er mir zuvor Asia polyglotta von Klaproth zugesendet.

5185 Grüner *29. Juni 1823*

[Eger.] Goethe ging mir liebevoll, mich herzlich grüßend, entgegen. Auf die verschiedenen Fragen, was ich Neues im Gebiete wahrgenommen, aufgefunden und allenfalls getauscht habe, antwortete ich:

Wenn Eure Exzellenz erlauben, so werde ich morgen Rechenschaft hierüber ablegen, worauf ich mich so sehr gefreut habe. Eure Exzellenz haben uns aber während der schweren Krankheit in außerordentliche Ängsten versetzt, und wir können es dem Herrn Sohne nicht genug danken, daß er uns von der eintretenden Genesung in Kenntnis gesetzt hat.

Darauf Goethe: Ich habe meinem Sohne ausdrücklich dazu den Auftrag gegeben, weil ich von Ihrer Teilnahme überzeugt war. Übrigens muß ich Ihnen sagen, daß ich seit dreißig Jahren mit niemandem auf einem so vertraulichen Fuße stehe, als mit Ihnen. In Weimar bin ich nicht für jeden zugänglich, ich kann mir die Zeit nicht rauben lassen, und man mag mich für stolz gehalten haben. Gerne aber lasse ich jene vor, welche ein Ränzchen aus Italien und Sizilien mitbringen, um wahrzunehmen, was seit meinem dortigen Aufenthalte sich geändert hat.

5186 Grüner *30. Juni 1823*

Die Bücher, die ich Goethe vorlegte, bestanden erstens in einem Folianten, worin der Tauschhandel eingetragen war, dann in vier Bänden, in den beiden ersten derselben waren die Fundörter in alphabetischer Ordnung, in den beiden anderen die Mineralien eingetragen, die sich wieder auf die Fundörter bezogen. Übrigens hatte ich auf einzelnen Blättern angemerkt, was ich suchte, und auf anderen, was ich anbieten könne.

Was das bei Mühlbach, eigentlich zu Liebeneck auf der Straße nach Mühlbach, aufgefundene Quarzgestein betrifft, war es bräunlich und hatte Eindrücke von Würfeln. Goethe nannte es Egerländer Kuchenquarz, mit dem es wirklich viel Ähnlichkeit hatte. Es kömmt gelb lehmicht mit Quarzkörnern vermischt vor. Man hat Stücke aufgefunden, wo der eingedrungene Lehm die Fortbildung der Kristallisation gehemmt hatte, und wenn dieser ausgewachsen war, sah man deutlich die Höhlungen im Quarze. Andere Stücke waren schon zu Quarzkristallen gebildet, allein dicht aneinander so gestellt, daß die Fortbildung zu gleicher Zeit von unten nach oben und von oben nach unten geschehen zu sein scheint. Diese entgegengesetzte Bildung stand still, als die beiderseitigen Kristalle aneinander mit den Zuspitzungen stießen. Bei diesen wurden wieder regelmäßige Eindrücke von verschobenen Würfeln entdeckt, die mit Lehm ausgefüllt waren.

5187 Grüner *1. Juli 1823*

[Ausfahrt mit Goethe «gegen den Siechhof».] Der Name ist nicht Siechhof, sondern Siechhaus oder Jägerhaus. Dasselbe liegt eine halbe Stunde von Eger entfernt, und es führt eine mit Bäumen besetzte Chaussee hin. Für die Fußgänger werden an beiden Ufern des Egerflusses besandete mit Alleen versehene Wege rein gehalten, und diese sind mittelst zwei gut angebrachter Stege miteinander in Verbindung gebracht. Der Waldrand ist von bequemen Fußwegen durchschnitten, die Umgebung des Jägerhauses in einen Park umgeschaffen. Die Aussicht von dem Jägerhause in das Egertal ist wunderschön, denn man sieht den Fluß zwischen üppigen Wiesen, grotesken Felsen und schönen Gärten gegen Osten ruhig dahinfließen, wie er noch einen Teil der alten Festungsmauer bespült. Die hohen Festungsmauern, die Ruinen der alten Burg, in welcher die vornehmsten Anhänger Wallensteins bei einem Bankett niedergemacht wurden, der schwarze hohe Römerturm, die blauen Gebirge im Hintergrunde bilden eine reizende Landschaft. Daher geschieht es auch, daß zur Kursaison die meisten Gäste von Franzensbrunn an Sonntagen, sowie sehr viele Stadtbewohner sich dort einfinden. Nicht selten zählt man gegen achtzig Equipagen, den schönen bequemen Gesellschaftswagen ungerechnet, welcher von Franzensbrunn dahin abgeht, und in welchem die Person dreißig Kreuzer C. M. für die Fahrt zu bezahlen hat.

Wenn auch 1823 dieser Belustigungsort noch nicht alle gegenwärtigen Annehmlichkeiten darbot, so finde ich doch nicht überflüssig, auf die herrliche Gegend aufmerksam zu machen, in deren Anschauen Goethe so lange versunken und in Betrachtungen vertieft blieb.

Beim Einsteigen in den Wagen wäre ich auf Goethes Wink zur rechten Hand zu sitzen gekommen, daher setzte ich mich so auf den Rücksitz, daß ich ihn nicht genierte. Aber ich mußte neben ihm Platz nehmen, und nach einer Weile erzählte er mir folgende Anekdote:

Unter dem Könige Ludwig XIV. von Frankreich rühmten die Hofleute einen Chevalier als den feinstartigen Mann in Frankreich. Laden Sie ihn zu einer Jagdpartie ein, befahl der König, ich will mich überzeugen. Als dieser Chevalier unter den gewöhnlichen Zeremonien vorgestellt war, gab der König ihm mit der Hand ein Zeichen, er möge sich in seinen Wagen setzen. Obschon er zur rechten Hand des Königs zu sitzen kam, so sprang er doch gleich in den Wagen zu dem angewiesenen Sitz, denn er nahm die Deutung des Königs als Befehl.

Von nun an machte ich auch bei ähnlicher Gelegenheit keine Umstände beim Einsteigen in den Wagen.

5188 Grüner *2. Juli 1823*

Bei der Abfahrt (nach Marienbad) reichte Goethe mir die Hand mit den Worten: Auf baldiges erfreuliches Wiedersehen. Setzen Sie mich ja von Ihrer Forschung und Entdeckung in Kenntnis.

5189 K. J. Braun v. Braunthal: Eine Römerfahrt zu Goethe *1864*

Es war im Hochsommer 1824 [vielmehr 1823], da ich den Entschluß faßte, nach Deutschland zu reisen oder vielmehr dahin auszuwandern ...

Ich befand mich jenen Sommer zu Besuch auf einem bei Klattau in Böhmen gelegenen schönen Rittergute und nahm da eines herrlichen Morgens von der mir innigst befreundeten Familie Abschied, wie ich glaubte für immer, um meinen Plan auszuführen.

Dieser beruhte auf Goethe; nach ihm war mein Blick gerichtet. Meine Mappe umschloß Aphorismen über seinen «Faust», lyrische Gedichte, ein paar Dramen. Sagte Er ja, so mochte die ganze Menschheit nein sagen; ich war dann gefeit, geweiht.

Also zu Goethe nach dem idealen Musensitze Weimar.

Auf dieser Römerfahrt wollte ich meinen Geburtsort, das historisch ehrwürdige Eger, besuchen. Daselbst angelangt, bezog ich auf ein paar Tage eine Stube im Gasthof «Zur Sonne». Noch am ersten Abende fragte mich der Wirt, fast ebenso neugierig wie die Wirte in großen Städten, wohin ich zu reisen gedenke, und ich sagte es ihm. – Ah, das trifft sich gut, rief er aus, der Herr Geheimrat Goethe befindet sich gegenwärtig in Marienbad, und da könnten Sie gleich meinen Wagen benutzen, denn ich muß ihm morgen auf Flaschen abgezogenes Eger-Lagerbier schikken, das er so gern trinkt und immer nur von mir bezieht ...

In Marienbad angekommen und in Klingers Hotel mit Wagen und Pferd eingestellt, machte ich sofort ein wenig Toilette und begab mich auf den Weg. Ich stieg wallenden Blutes die Höhe – gradus ad Parnassum – hinan, wo Goethe thronte, wie überall, wo er wohnte. Von meinen «Werken» hatte ich nichts bei mir als mein Tagebuch, ein Heft von zwölf Bogen, dessen Hälfte meine seltsame Autobiographie enthielt, während das übrige aus Aphorismen über Goethe, Shakespeare und andern bestand. Dieses Tagebuch sollte meine Visitkarte vorstellen. Und so geschah es auch.

Ich trat mit heiliger Scheu in das kleine von dem großen Manne bewohnte Haus ein und präsentierte mich seinem Sekretär. Er ließ mich freundlich an, nahm mein Tagebuch – ohne zu lächeln – entgegen, bestellte mich auf den nächstfolgenden Tag um dieselbe Stunde (zwölf) und wünschte mir einen guten Morgen ...

Gegen zwölf [am 7. Juli] stand ich im Vorzimmer von Goethes Wohnung. Der Herr Sekretär, sagte ein Diener, werden sogleich erscheinen.

Ich dankte der Weisung und betrachtete mir mittlerweile – mich zerstreuend, um mich zu sammeln – die Mineralien auf den Gestellen umher, welche der Dichter selbst eingeheimst hatte ...

Eine Viertelstunde mochte so hingeschwunden sein, als der Sekretär eintrat und mich mit den Worten begrüßte: Wollen Sie in den Salon sich begeben, der Herr Geheimrat wünscht Sie zu sprechen ...

– Und im Momente dieser freien Stimmung – tat sich die eine der zwei Seitentüren auf, und ich befand mich, nur ein paar Schritte weit, vor dem leibhaftigen Jupiter Olympicus in einem weißflanellenen Schlafrocke: vor Goethe, besser gesagt, Er vor mir.

Goethe im Schlafrock! Nicht figürlich, nicht metaphorisch, nicht symbolisch, nein, in buchstäblichem Schlafrock, und zwar in einem, der, man sah es ihm an, unzählige Buchstaben des Dichters schon mitgemacht hatte. In jenem Augenblicke aber war mir das nicht die banale Hülle eines Zivilisationsmenschen; Goethe erschien mir da, indem er eine Sekunde lang bei der Türe anhielt und mich ins Auge faßte, wirklich wie ein Standbild des Zeus aus parischem Marmor.

Dieses Haupt! Diese Gestalt! Diese Haltung! Schönheit, Adel, Hoheit!

Bereits ein Greis von fünfundsiebzig Jahren, das wellenförmig um den starken Nacken fallende Haar weiß wie frischgefallener Schnee, die edlen Züge noch fest, die Muskeln noch stramm, die hochgewölbte Stirne glatt und rein wie von Alabaster, die Lippen mit dem unverkümmerten Ausdruck von Selbstgefühl, Würde und Milde zugleich, das kraftkündende Kinn noch ungesenkt, und endlich diese Augen, diese herrlichen himmelabspiegelnden reinen blauen Miniatur-Bergseen!

Von allen seinen Abbildungen, die mir bis dahin zu Gesicht gekommen, entsprach auch nicht eine dieser bewundernswerten Gesamtheit von Größe, Schönheit und Kraft; man konnte, im höchsten Aufwande der Kunst, solchen Verein wohl, wie es auch geschehen, plastisch gestalten, aber nie in einem Farbenbilde wiedergeben; dies ebensowenig, als man den Monte Rosa oder Montblanc, verklärt von den Strahlen der untergehenden Sonne, zu malen vermag.

So erschien mir Goethe, und mein Geist huldigte ihm.

Wie pries ich mich glücklich, ein noch nicht bedeutender, ein angehender Mensch zu sein; wußte ich ja doch, daß er vielsagenden Männern, ganz fertigen Menschen bisweilen den Zutritt verweigerte, und sah ich ja an seinem Negligé, daß er bei mir entweder eine Ausnahme oder mit mir wenig Umstände machte.

Er faßte mich ins Auge wie die königliche Boa Constrictor ein Reh; – nur zermalmte er mich nicht, sondern schritt langsam dem Diwan zu, dem «westöstlichen», mich mit sanfter Handbewegung einladend, ihm zu folgen und dann – o der Wonne – an seiner Seite mich niederzulassen. Ich tat es, in gemischter «nordsüdlicher» Stimmung, «tief am Stamm vom Nord erkältet, hoch im Laub vom Süd entflammt», wie Graf Oerindur, jedoch, dem Fatum Dank, ohne «Schuld».

Und nun, an seiner, an Goethes Seite, vernahm ich, immer noch halb träumend, mit einmal kräftige und zugleich melodische Töne, wie Orgelklänge. Er begann mildernst das Gespräch, und dabei empfand ich durch alle Glieder einen wohltätig erschütternden elektrischen Schlag, der davon herrührte, daß der herrliche Dichtergreis meine Hand, meine vor Entzücken und Verehrung zitternde Hand, sanft erfaßte und mit seinen beiden Händen weich umrahmte, wobei er, den Blick auf mir ruhen lassend, also sprach:

Ich habe Ihr Tagebuch durchblättert und werde noch bis zu Ihrer Abreise von Marienbad darin weiter lesen. Ich fand des Annehmlichen und Zukunftverheißenden bereits manches. Ihren da und dort ausgesprochenen Vorsatz, die Heimat zu verlassen, will ich nicht gutheißen. Sie haben ein schönes, ein großes Vaterland, wo sich viel des Fördernden für Phantasie und Gemüt findet, vieles, das, richtig geschätzt und mit Eifer verwendet, zu erfreulichem Gedeihen, zu allseitig Wünschenswertem zu führen vermag. Die scharfe Denkerluft Deutschlands dürfte, wenigstens in Ihrer jetzigen Blütezeit, auf Ihr reizbares Wesen nachteilig wirken, Versprechendes im Keime vernichten. Und so meine ich denn, mein junger Freund, Sie kehren heim, nehmen vielverheißend Begonnenes mit Besonnenheit auf, setzen fort und streben, Jugendliches zu Mannhaftem zu steigern, sich in sich selbst ergänzend. Haben Sie dann das eine oder das andere Werk zum Abschluß gebracht, so senden Sie es mir nach Weimar. Ich liebe jugendliches Streben auf diesem Gebiete und wende mich nur von dem sich überstürzenden ab ...

So sprach Goethe zu mir. – Mir waren mittlerweile die Augen feucht geworden, und nun begann ich, mir ein Herz fassend, meinen Entschluß zu begründen.

Er hörte mir ruhig zu, ohne mich zu unterbrechen, immer meinen Blick und meine Hand festhaltend; dann aber nahm er wieder das Wort, und seine Rede ward zu einem Strome flüssigen Goldes der – Wahrheit.

Ich preßte, hingerissen, meine bebenden Lippen auf seine Rechte, erhob mich und schied von dem Herrlichen mit der feierlichen Zusage, ihm Folge zu leisten.

Und ich habe Wort gehalten ...
Ich sprach und sah ihn nicht wieder.

5190 *K. J. Braun v. Braunthal (an Eckermann?)* *1. Mai 1826*

Meines Namens – ich machte ihm vor drei Jahren [am 7. Juli 1823] in Marienbad wiederholt meine Aufwartung – wird sich Goethe wohl nicht mehr erinnern. Ich saß neben ihm auf dem Sofa, meine Hand in der seinigen, meinen Blick in seinem Auge. Jedes seiner Worte zu mir war Weisheit; er machte auf meine Phantasie einen bleibenden Eindruck; es war mir damals, und ist mir noch, der erste Mann. Er nannte – denn er las mehrere meiner Gedichte – meine Feder gewandt, lebhaft meine Einbildungskraft. So schied ich von ihm; er entließ mich mit dem Versprechen, für mich, sollte sich meine Muse zur dramatischen formen, gelegentlich tätigst zu verwenden. Er wird sich meiner nicht erinnern, und sehr begreiflich.

5191 *Grüner* *12./13. Juli 1823*

Ich fand Goethe [in Marienbad] äußerst aufgeheitert, sehr gut und lebhaft aussehend, und erlaubte mir daher die Bemerkung, daß die Kur in Marienbad ihm vortrefflich anschlage.

Goethe erwiderte: Der Kur wegen reise ich nicht in die Badeörter, ich lebe hier sehr angenehm, die reine Luft und der Umgang mit liebenswürdigen Personen erheitern meine Tage. Unter andern sollen Sie auch die liebenswürdige polnische Gräfin Ludovica [Maria Szymanowska], eine Virtuosin auf dem Fortepiano, hier kennen lernen. Nun, Freund, was haben Sie Gutes, Neues mitgebracht?

Ich las nun die diktierte Relation über meine mineralogische Exkursion, mehrere Bogen stark, vor, und war kaum noch zu Ende, als der Bediente den ehemaligen König von Westfalen [vielmehr Holland] meldete, und dieser sogleich trippelnd eintrat. Ich entfernte mich sofort in das Nebenzimmer, hörte ihn aber noch sagen: «Je suis bien fâché», worüber? konnte ich nicht mehr vernehmen, vielleicht schloß ich aus seiner Miene richtig: Deshalb, weil Goethe sich zurückgezogen und ihn nicht besucht habe. Goethe war im gewohnten Schlafrocke, hatte nicht Zeit, sich in ein anderes Gewand zu werfen, und schien etwas überrascht zu sein, verlor aber, soviel ich noch im Weggehen bemerken konnte, nicht im geringsten seine Haltung.

Ich ließ in Goethes Wohnung mein Manuskript zurück. Als ich ihn [am 13. Juli] wieder, diesmal meine Frau mitbringend, besuchte, fand ich ihn mit meinem Manuskripte und mit der geognostischen Karte beschäftigt.

Sie werden böse auf mich sein, sagte er zu meiner Frau, daß Ihnen so viele Steine in das Haus gebracht werden.

Die schönen Steine habe ich zwar gerne, erwiderte sie, aber er bringt so manche nach Hause, die so gemein aussehen, und wenn er beim Auspacken nur die polierten Tische verschonen möchte.

Machen Sie sich nichts daraus, sagte Goethe, ich habe auch manche Fuhre zur Verbesserung der Wege wieder hinausgeschafft, die Sache läutert sich und macht uns Vergnügen, wenn wir eines Besseren belehrt werden; er weiß die Sache gehörig anzugreifen und durchzuführen; der Aufsatz, den er mir übergeben hat, macht mir vieles Vergnügen. Ich habe soeben einige große Klumpen Bergkristall von einem Juden eingehandelt, wovon ich Ihnen (mir hinlangend) einen übergebe.

Es war ein Klumpen von mehreren Pfunden, der in Rauchtopas schon überzugehen schien.

5192 Grüner *17.(14.) Juli 1823*

Goethe las die Relation über meine Exkursion, die ich einem ungeschickten Schreiber diktiert hatte, laut, und korrigierte teils die Satzordnung, teils die Schreibfehler. Er war über die Relation sehr erfreut, und drückte sich sehr günstig über sie in Gegenwart eines Malers aus.

Diese von Goethes eigener Hand korrigierten Bogen bleiben bei mir als wertvolles Andenken.

5193 *L. Stettenheim: Bei Ulrike v. Levetzow* *1898*

[Gespräch im Herbst 1897.] Bald kam sie wieder auf Goethe zu sprechen. Sie lebt völlig in den Erinnerungen an jene Zeit, und alles steht lebendig vor ihr. «Goethe nannte mich nicht allein sein ‹Töchterchen›, sein ‹Kind›, er betrachtete mich auch so. Zu meiner Mutter sagte er, er wünschte noch einen Sohn zu besitzen, den er mit Ulriken verheiraten könnte; sie sei noch so bildsam, daß er sie ganz nach seinem Herzen erziehen und bilden könnte. Goethe hat mich stets belehrt und mir viel erzählt.» Eine drollige Geschichte berichtete Ulrike von einem Gedicht, das Goethe auf sie gemacht. «Als mir Goethe einmal sagte, er hätte auch etwas aufgeschrieben, was von seinen Beziehungen zu ihr handelte, und ob sie es nicht lesen wollte, sagte ich: ‹Nein, lesen will ich es nicht, ich höre Sie lieber erzählen.› – ‹Daran erkenne ich mein Töchterchen›, sagte Goethe.» Vermutlich hat er dies im Sommer [11./19. Juli] 1823 zu ihr gesagt und die «Äolsharfen» gemeint. Wieder betonte sie: «Es war keine Liebschaft, sondern Goethe fand Gefallen an mir und suchte mich zu belehren, und ich hatte für ihn eine tiefe Verehrung.» Sehr lästig waren Goethe die vielen Besuche Unbekannter; wenn diese sich aber an Ulrikens Mutter oder an sie selbst mit der Bitte um Vermittlung wendeten, so empfing er sie; sonst konnte er sehr steif, reserviert und abweisend sein. «Goethe hatte die Gewohnheit», so plauderte sie weiter, «wenn er erzählte, im Zimmer hin und her zu gehen und dabei die Hände auf dem Rücken zu halten.» Ich fragte sie, wie Goethe die Hände gehalten hätte. Sie sagte: «So», und ging im Zimmer hin und her, die Arme auf dem Rücken ineinander verschränkt. «Meist trug er einen langen Rock. Oft aber und besonders, wenn er keinen Besuch hatte, trug er einen weißflanellenen Schlafrock und sah darin manchmal zum Fenster hinaus; wenn ich dann gerade vorbeiging, haben wir zusammen geplaudert.» ...

«Goethe erfreute sich», so plauderte sie fort, «mit mir und unserem Kreise junger Mädchen zu verkehren. Er lehrte uns Gesellschaftsspiele. Eines Tages saßen wir wieder beisammen, und Goethe schlug folgendes Spiel vor: Ein Mitglied der Gesellschaft muß ein Thema anschlagen und darüber reden. Der Nachbar fährt fort; aber ein anderer hat das Recht, ein Wort einzuwerfen, das in die Erzählung verwoben werden muß, und so geht das Spiel weiter. Ich begann nun von einer schönen Gegend zu reden und spann das Thema aus. Das Spiel ging im Kreise herum, und als ich wieder darankam, warf Goethe das Wort ‹Strumpfband› ein. Ich wurde rot und wußte nicht, was ich sagen sollte. Da lachte Goethe und half mir aus der Verlegenheit, indem er selbst die Erzählung fortsetzte, und zwar ging er sogleich auf den Strumpfband-Orden über.» ...

Daß Goethes Vorliebe für Ulrike ihren Schwestern kein Geheimnis geblieben war, zeigt folgende kleine Geschichte, welche die alte Dame lächelnd erzählte. Amelie fragte den Dichter einmal, wie ihm ihr Kleid gefiele. «Es ist sehr hübsch», antwortete Goethe, «aber Ulrikens ist hübscher.» Darauf die Schwester: «Da hätte ich ja gar nicht zu fragen brauchen, an Ulriken ist ja alles hübscher.»

5194 S. M. Prem: Goethe *1900*

Gerne weilte er [Goethe in Marienbad] auch mit den «Kindern», die mit Freude an ihm hingen und seinen Worten lauschten, auf der Terrasse. «Goethe verstand es sehr gut», erzählte Ulrike, «sich in die Vorstellungen und Empfindungen junger Mädchen hineinzuversetzen, so daß wir uns mit ihm ausgezeichnet unterhielten. Obwohl er sonst sehr zurückhaltend und förmlich sein konnte, war er bei uns stets angenehm, heiter und gesellig. Er zeigte uns selbst einige Gesellschaftsspiele, wie er überhaupt immer belehrend war. Am liebsten ging er, die Hände am Rücken, auf und ab und plauderte mit uns.»

5195 F.v.Elsholtz an Goethe *30. Oktober 1825*

Voll der dankbarsten Erinnerung an das unschätzbare Glück, welches im Sommer 1823 zu Marienbad mir, einem jungen Unbekannten, zuteil ward, – das Glück, mit Euer Exzellenz nicht bloß unter einem Dache zu wohnen, sondern auch in Ihre tägliche Gemeinschaft mich aufgenommen und, neben anderen jugendlichen Bestrebungen in der Literatur, auch die meinige teilnehmend ermuntert zu sehen, erdreiste ich mich, von dieser Erinnerung als Fürsprecher eines Anliegens Gebrauch zu machen ...

5196 F.v.Elsholtz: Ansichten und Umrisse aus den Reise-Mappen zweier Freunde *1831*

Inzwischen schien von dem eigentlichen Zweck dieses Aufenthalts [in Marienbad 1823] und den darauf gebauten Hoffnungen, vor der Hand, wenig in Erfüllung gehen zu wollen, denn noch sah ich den Wirkungen meiner Kreuzbrunnen-Besuche, meiner Wasser-Schwelgerei und Wein-Abstinenz erwartend entgegen. Nichts destoweniger hatt' ich mit immer wachsendem Interesse diesen Winkel der Erde betrachtet, den Natur mit den Gaben ihrer Milde so reich gesegnet, und die Hand des Menschen, innerhalb weniger Jahre, aus einer öden Wildnis zum Sitz des Heils für Tausende umschuf. Im Grunde eines von Fichten rings umkränzten Bergkessels entsprudeln fünf an Kraft und Gehalt ganz verschiedne Heilquellen dem Erdboden, welcher, selbst mit mineralischen Stoffen reich geschwängert und von Gas-Strömen durchzogen, die Mannigfaltigkeit der hier vereinigten Heilmittel, durch Hinzufügung von Schlamm- und Luftbädern, noch erhöhet. – Doch ein neues, größeres Interesse hatte zugleich der Zufall – diesmal ein treuer Bundesgenosse der Natur – dem merkwürdigen Orte verliehen! Goethe war da, um durch den Gebrauch des Kreuzbrunnens, der ihm schon sonst erhebliche Dienste geleistet, seine Genesung von einer schweren Krankheit zu vollenden; und mich traf das Glück, unter *einem* Dache mit ihm zu wohnen, an seiner nähern Unterhaltung vielfach teilnehmen zu dürfen. Wie zeigte alles, was er tat und sagte, den großen Mann und den liebenswürdigen Menschen zugleich, wie zauberhaft wirkte die milde Klarheit, die großartige Ruhe, die Sicherheit und gemütliche Heiterkeit seines Wesens auf die Umgebung, wie glücklich ergänzte sein Anblick das hohe Bild, welches man aus seinen Werken sich von ihm zu erschaffen versucht. – Wenn er, nach beendigtem Spaziergange, wovon man ihn selten ohne eine Ladung Mineralien, auf den umgebenden Bergen gesammelt, zurückkehren sah, wenn er dann vor der Wohnung seines erhabnen Gebieters und Freundes, des zugleich anwesenden Großherzogs von Weimar, Carl August, sein Hauptquartier aufschlug und – wie sich's fügte – bald vor vielen Zuhörern, bald vor einem, sich in gemütlicher Mitteilung erschloß, da schien das Licht seines Geistes alles, was ihn umgab, zu verklären, da öffnete sich ihm jedes Herz, und jedes Auge wiederstrahlte das Feuer des seinigen; da war es, wo das seelenvollste von allen, begierig an seinen Lippen hangend, die unwiderstehliche Gewalt kund gab, welche der edle Sänger noch jetzt, wie in den Tagen der Jugend, über die Schönheit auszuüben verstand. Fräulein Ulrike von L[evetzow], durch ihre eigne jungfräuliche Neigung gegen den schönen Greis, noch mehr aber durch den feurigen Anteil bekannt, den ihr Liebreiz auch ihm abzugewinnen wußte, sie, die Zierde des kleinen Kreises, welcher dem merkwürdigen Schauspiel einer zärtlichen Annäherung zwischen 17 und 70 Jahren zum Zeugen diente, Fräulein von L[evetzow] also, Goethes unzertrennliche Gefährtin, seine Führerin und Stütze auf allen Wegen und Stegen, – sie war auch die eifrigste seiner Zuhörerinnen und der Gegenstand, an welchen der heitre und galante Teil der Unterhaltung sich zu richten pflegte. Nächst ihr aber zeigte niemand sich fleißiger dabei als ich selbst, und so wurde denn auch mir von jenem aufmerksamen Wohlwollen mein Teil, womit Goethe alle Erscheinungen der lebendigen und leblosen Natur um sich her zu betrachten pflegt, ein Wohlwollen, wodurch ich schon damals mit dankbarem Stolz erfüllt wurde, ohne zu ahnen, daß noch schönere Zeichen desselben einst mir sollten zuteil werden, daß eine meiner jugendlichen Arbeiten - entschuldige, lieber Leser, das eitle Bekenntnis - Jahr und Tag lang der Gunst seines Rats und Anteils sich würde zu erfreuen haben! -

Von den Gesprächen, welche den Eindruck jener Stunden und seiner Nähe mir so unauslöschlich machten, hat mein Gedächtnis unter andern eines über die Werke Shakespeares festgehalten und über die Bedingungen, unter welchen die Darstellung derselben auf der deutschen Bühne mit Erfolg zu bewerkstelligen sei, wobei Goethe die merkwürdige Äußerung fallen ließ, daß er, in Gemeinschaft mit Schiller, es vielfach, wiewohl fruchtlos versucht habe, den Julius Cäsar für unser Theater zu bearbeiten, dessen Schluß, wie passend er den Bewundrern Shakespeares auch vorkomme, eine den jetzigen dramatischen Foderungen und dem deutschen Genius genügende Gestalt nicht habe annehmen wollen. Welche Lehre für unsre neuern, unerschrocknen Bearbeiter, die da nicht einmal Schwierigkeiten zu sehen pflegen, wo die ersten Geister unsrer Nation bescheiden zurücktraten! - Ein ander Mal sprach Goethe mit großem Anteil über Delavigne und namentlich über dessen Paria, indem er der trefflichen Ausführung der Fabel und größtenteils auch der Charakterzeichnung alles Lob beilegte, ja sogar über die allerdings grelle Figur des älteren Paria die Meinung aussprach, daß, wenn man diesen Charakter einmal *zugebe*, derselbe in sich gut und konsequent durchgeführt sei. So gütig urteilte der große Mann über fremdes Talent, über eine Arbeit, welcher in Deutschland wenig von der Anerkennung zuteil geworden ist, deren sie, jenem Ausspruch nach, wohl würdig gewesen wäre. Und so zeigte der edle Meister überall neben der Größe die Milde, eine Milde, die nur der Größe angehört. Dennoch hielt eine natürliche und gewiß nur allzupassende Scheu mich selbst von Ablegung meines schriftstellerischen Inkognito zurück, wie sehr auch ein ebenso anmutiges als geistreiches Wort von ihm dazu hätte ermuntern können. Denn als eine Dame aus der Gesellschaft die Indiskretion einer andern tadelte, welche Goethen allerlei Gedichte zur Beurteilung mitgeteilt hatte, sagt' er lächelnd: «Dreierlei Dinge kann niemand bei sich behalten: Feuer nämlich, Liebe und Verse.»

5197 K. Wagner: Anmerkung zu Goethes Brief an Höpfner vom 23.10.1782 *1847*

Goethe hatte sich im Jahre 1772 dem Prof. Höpfner, in fremder Gestalt, verkleidet, als ein zur Heimat kehrender studiosus iuris vorgestellt und, von ihm nicht gekannt, mit ihm, Merck, Schlosser und Philipp Heinrich Schmidt sehr ergetzliche Tischgespräche geführt ... Etwa 44 [vielmehr 51] Jahre später rächte Höpfners älteste Tochter Marie, vermählte Frau v. Rehberg, ihren Vater auf eine sinnige Weise. Goethe hatte nämlich in den Jahren 1814 ff. zu Rüdesheim im Rheingau im Hause des Geh.-Rats Goetz öfters längere Zeit gelebt, in heiterem Verkehr mit dessen Familie, an der Natur und ihren Erzeugnissen sich labend. Mit dem Geh. Kabinettsrat v. Rehberg, einem strengen Beurteiler seiner Wahlverwandtschaften, stand er nicht auf freundschaftlichem Fuße. Nun kamen Herr und Frau v. Rehberg ums Jahr 1816 [1823] nach Marienbad, wo auch Goethe verweilte. Beide Rehberg sehnten sich nach persönlicher Begegnung mit Goethe. Sie läßt sich deshalb [am 21. Juli] als eine nahe Verwandtin des Goetzschen Hauses in Rüdesheim anmelden und wird angenommen. In der Unterhaltung über das Befinden ihrer Familie, die Fruchtbarkeit des Jahres, den Stand des Weinstocks befragt, stellt sie sich etwas harthörig und nötigt so den Geheimrat, sich zu ihr hinzuneigen und besonders laut zu sprechen. Goethe blickte zwar die gescheit und naiv Antwortende zuweilen etwas befremdet an, ließ sich aber doch täuschen. Beim Weggehen sagte die Fremde, sie habe ihm auch einen Krug Rüdesheimer und, was sie beides im Vorzimmer abgestellt habe, einige Steine ihrer Gegend für seine närrische Sammlung von ihren Vettern mitgebracht. Goethe begleitete seinen Besuch zur Treppe, und fand an dem Krug als Vignette folgende Zeilen geschrieben:

O fänd' ich doch ein glücklich Wort und Zeichen
Für meines Herzens heißen Dank!
Ich möchte Dir den Labebecher reichen,
Gefüllt mit reichem Wundertrank,
Und jeden Balsam in den Becher senken,
Den die Natur erschafft,
Und voll und immer voller Dir ihn schenken
Mit Lebensfüll' und Kraft.

Goethe eilte dem Besuche nach und fand in Herrn und Frau v. Rehberg eine Badegesellschaft, mit der er viele heitere, interessante Stunden verbrachte.

5198 Marie Rehberg an Heumann *30. November 1823*

Welch eine Geschichte haben Sie mir von Goetz erzählt! Wirklich, ich mußte dreimal lesen, eh ich mich überzeugen konnte, daß Sie das wirklich geschrieben hätten! Peinlich wird mir doch immer der Gedanke bleiben, den Freund zum Instrument in einer Posse gebraucht zu haben, über dem schon der schwarze Todesengel schwebte. – Aber die ganze Posse überhaupt war vielleicht nicht löblich! – Indes, ich unternahm's im Vertrauen auf den Katechismus, der da spricht: Notlüge ist erlaubt. Und da der Erfolg den Helden oder den Toren macht, so darf ich ja wohl dreist den Kopf in die Höhe heben.

Gern möchte ich Ihnen und Hallwachs recht viel vom Gespräch mit Goethe erzählen können, aber es geht aus vielen Gründen nicht. Am Morgen, da ich bei ihm allein war [21. Juli], blieb natürlich die Unterhaltung in der Sphäre der Gewöhnlichkeit; ich hatte mich so gut in meinen Basenmantel eingemummt, daß ihm gar kein Zweifel aufsteigen konnte, als habe ich je eine Zeile von ihm gelesen, ja, ob ich überhaupt lesen und schreiben könne, blieb ungewiß. «Ach, sage Se mer doch, Ihr Exzellenz, ob Se sich wieder recht gut befinde, ach, wie wird sich mein Herr Vetter freie! und viele, viele Leit werde sich freie! Is es denn wahr, daß Sie sich selbst kuriert habe? – Die Leit habe sagt, die Dokter hätte Sie nicht ksund mache könne.»

Er kam nicht aus dem Lächeln über die komische Base, zog sie immer wieder aufs Kanapee und sagte, ob sie denn heute nicht in Marienbad bleiben wolle? - «Ach nein, Ihr Exzellenz, sehn Se, ich reis' mit einem alten Herrn, der hat absolut nich herkwollt; aber ich hab'n soviel kbitt, bis ers ktan hatt. – Mer wolle nach Prag, das soll e schöne Stadt sein, und zu Dresde, soviel schöne Bilder» etc. Was war auf solches Zeug zu antworten und was konnte man so einer Base sagen?

Den Nachmittag hätte ich nun gar zu gern mir meinen Pardon allein geholt, und ihn womöglich in die alte Zeit zurückgeführt, zu meinem Vater und Merck usw., aber Rehberg wollte doch auch sein Teil von ihm haben, und blieb «als verwünschter Dritter» dabei sitzen – ich war nach meiner üblen Gewohnheit auf Reisen halb taub, und so entging mir vieles, was er mit Rehberg über allerlei literarische Gegenstände und über Göttingen sprach. Er hat eine Herausgabe seiner Korrespondenz mit Schiller vor, wovon ihn aber doch noch, wie er sagte, die Furcht abhielte, manchen unter den Lebendigen zu verletzen und Anstoß zu geben, was ihm Rehberg auszureden und ihn zu bewegen suchte, seine Korrespondenz der Welt bald möglichst zu schenken. Die Geschichte seines Lebens, sagte er, sei geschlossen. Ich brachte ihn doch noch auf Darmstadt und Merck, wobei er ein Wort aussprach, was das ganze Leben Rehbergs bezeichnete und mir mit einem Blitzstrahl den Punkt erleuchtete, um den sich sein ganzes Schicksal gedreht hat. Ach! konnte ich nicht umhin, im stillen zu seufzen: wer das Rehberg vor dreißig Jahren zugerufen hätte! Und wenn er's hätte befolgen können! – Aber hier erkannte ich *meinen* Dichter, an dem ich vor allem den gesunden Menschenverstand bewundert habe, womit er immer den Nagel auf den Kopf trifft. – Überhaupt ist es nicht möglich, sich etwas Einfacheres, Natürlicheres, als sein Gespräch, zu denken. Er ist sich seiner innern Kraft und Vollendung aufs vollkommenste bewußt und läßt sich darum nur so ganz ruhig gehen. Sein Anstand ist vornehm, imposant, ohne eine Spur von Aufgeblasenheit, ohne die Steifheit, deren ihn so manche angeklagt haben. Manchmal geht seine Natürlichkeit in Naivetät über, und das steht ihm ganz bezaubernd. Im Laufe des Gesprächs erinnerte ich ihn einmal, daß er gesagt habe: Gott segne die Pedanten, da sie so viel Nützliches beschicken. «Ja», sagte er freundlich, «das schickt sich wohl für mich, die Partie der Pedanten zu übernehmen, da ich selbst einer bin.» – Wenn man ihm etwas Verbindliches sagt, so zieht sich ein freundliches Lächeln über sein Gesicht, was ohne Worte zu sagen scheint: ich danke für Deine gute Absicht. – Die wenigen gütigen Zeilen, die er mir ins Reise-Stammbuch schrieb, habe ich Ihnen, glaub ich, schon mitgeteilt. – Beim Abschied nahm er noch zwei Steine aus seiner Mineraliensammlung und gab sie mir mit den Worten: «Ich muß Ihnen doch auch ein Andenken schenken, da sind ein paar Steine, aber ich nenne sie Ihnen nicht, denn wir haben auch unsere Geheimnisse. Fragen Sie nur den ersten besten Mineralogen danach.»

Auf meine Frage sagte mir Hausmann: der eine heiße Pyroxene, der Feuergast, der andere Amphibole, die *Zweideutige*. Da hatte ich also meine gnädige Strafe. So endete mein liebes, glückliches Abenteuer. Nur mußte ich leider mit dem Erzvater Jacob beim Camoens ausrufen:

Zu kurzes Leben für so lange Liebe!

Daß er liebenswürdig war, darf man umso weniger bezweifeln, da er zwei Personen zugleich so erschien, wovon die eine eine alte tiefe Abneigung mitbrachte, die andre eine alte enthusiastische Liebe. Die erste ward ausgelöscht; die Liebe – «statt zu sterben, ward der Fuchs erst nur recht lebendig».

Da haben Sie alles, lieber Heumann, was ich sagen kann; vielleicht kann ich einmal im mündlichen Gespräch die flüchtige Skizze noch etwas ausfüllen.

5199 Varnhagen: Gespräche mit Goethe *1837*

Im Sommer 1823 [am 23. Juli] machte die Geheimrätin Kohlrausch aus Berlin in den böhmischen Bädern die Bekanntschaft Goethes, wozu die Fürstin von Hohenzollern ihr die ersehnte Gelegenheit bot. Sie fand Goethen schöner von Gesicht, als alle seine Abbildungen, sein herrliches braunes Auge nur am Rande der Iris durch einen bläulichen schmalen Streif geschwächt; übrigens erschien er ganz rüstig, gesund, heiter, wie ein jüngerer Mann. Sein Lieblingswort, das bei vielen Gelegenheiten vorkam, war in dieser Zeit: «Wunderlich genug!», und die Abwechslungen im Tone und in der Anwendung sollen von ungemeiner Laune und anmutigstem Reize gewesen sein. Die Fürstin fragte ihn, ob er denn noch nicht in Berlin gewesen sei? Er verneinte es. Nachher war aber von Wilhelm von Humboldt die Rede und von seiner jetzt sehr verschönerten Besitzung in Tegel. «Ach ja», meinte Goethe, «da haben wir einst einen frohen Tag verlebt.» Die Fürstin rief aus: «So? da waren Sie denn doch wohl auch in Berlin?» worauf Goethe ganz gelassen und lächelnd erwiderte: «Da sehen Sie, wie man sich doch zuweilen verschnappt!» Er wurde dann aber sehr ernst, und brach das Gespräch ab; man sah wohl, daß er an jene Anwesenheit nicht erinnert sein wollte.

5200 Lili Parthey: Tagebuch *23. Juli 1823*

Welch ein Tag – o dio! Ich muß mich nur aller Ausrufungen enthalten, aber glücklicher war ich gewiß noch nie, und der Kulminationspunkt meiner Existenz ist vorüber. – Ich habe ihn gesehen, was will das sagen? – aber dreimal gesehen, ihn gesprochen, seine Hand gehalten, ihn geküßt, und er hat mir schöne Dinge gesagt! – Ich war und bin in einer Ekstase wie noch nie, aber da die Momente der Ekstase selten genug im Leben sind, so habe ich sie nicht vorüber gehen lassen, sondern redlich genutzt. Nun lese ich seine Werke mit ganz anderm Verstand und Sinn – und Geist, und verstehe alles viel besser und kann mir ihn dabei denken – ihn sprechen hören. Er spricht ja gerade so, wie er schreibt – und wie schön ist er noch jetzt – ich kann mir nicht helfen, es klingt lächerlich – aber nie sah ich einen schöneren Mann. Doch zur Ordnung, wenn es gehen wird, und zum wie, wo und wann! – Wir haben ihn dreimal gesehen. Erst fünf Minuten am Fenster, dann über eine Stunde bei der Fürstin [Hohenzollern], und dann – das übertraf alles andere – kam er an den Brunnen, wo er sonst niemals ist, und ging mit uns im lebhaftesten Gespräch, fünfviertel Stunden, auf und nieder – und das ist mir geschehen am 23. Was er alles sprach, und wie er es sagte – wer kann das nachsagen oder schreiben? Auch steht es mir ziemlich fest im Herzen – aber wegen der Zeit, die ja alles mehr oder minder verwischt, will ich mir es doch möglichst genau zu Papier bringen – nach und nach, und schlecht genug freilich, aber es wird mir doch einmal Freude machen! – Es vereinigt sich alles zu unsern Gunsten, aber wie vielen Dank sind wir der liebsten Fürstin schuldig, die überhaupt von einer Güte für uns war – sondergleichen, würde Berta sagen. Also gleich am Morgen, wir waren kaum angezogen, klopfte sie an unser Fenster, guten Morgen zu sagen, und daß wir ja an den Brunnen kommen möchten. Das Wetter war schlecht genug und niemand da. – Dann zum Frühstück zur Fürstin um ½10. Wir mußten an Goethes Wohnung vorüber. Hier wohnt er, sagte die Fürstin. Die Fenster standen offen, sie stellte sich hin und rief: Herr v. Goethe! – Er erschien alsobald oben am Fenster in schöner Wäsche und einem Schlafrock (es soll ein Flausch gewesen sein), blendend weiß, mit hübschen Entschuldigungen, daß er noch so gar «morgendlich» sei – ich sah hinauf wie nach einem Stern – dann agacierte sie ihn aufs anmutigste, daß er ihr neulich gutes Wetter prophezeit und gemacht habe, daß sie ganz naß geworden sei. «Ja damals war ich noch jung, wenigstens ein paar Tage jünger und folglich grausam!» – Die Fürstin mit gewohnter Lebendigkeit. – «Jetzt muß ich Sie vorstellen, Herr v. Goethe, hier sind drei Damen aus Berlin, die Ihnen sehr schöne Grüße zu bringen haben, von wem doch schon?» «Von Zelter.» – «Ja, von Zelter, dies ist Lili Parthey, wenn Sie von ihr gehört haben usw.» Ich brachte darauf meinen Gruß an. – «Da bringen Sie mir nicht nur einen schönen Gruß, sondern auch eine schöne Stimme mit», tönt es von oben herab. – Die Fürstin trieb darauf zum Frühstück und sagte ihm, der Kaffee riefe: «Ich weiß, was das sagen will, und hoffe die angenehme Bekanntschaft, die ich von einiger Höhe herab angefangen, in der Ebene fortzusetzen.» Damit gingen wir – schon ziemlich selig, obgleich ich ihn gar nicht recht deutlich, sondern nur le tout gesehen hatte. Unser Frühstück war ungemein angenehm, wir blieben bis um ½12. – Toilette in unserm sächsischen Hause, dann zur Fürstin, die uns abermals eingeladen hatte zum Diner. Um 3 kam Karl, wir hatten ihn zu Goethe senden wollen, um fragen zu lassen, ob wir nicht zu ihm kommen dürfen, unsre Grüße abzugeben, da wir morgen wieder reisten. Die Fürstin schickte nun ihren Kammerdiener, was gewiß besser war, und es kam die Nachricht, er wolle die Damen nicht bemühen, werde aber in einer ¼ oder ½ Stunde selbst kommen. ... Mir schlug mein Herz, als er eintrat, und ich wurde feuerrot, aber mir war gar nicht bang, ich habe mir nicht gedacht, daß er noch so aussehe, denn Rauchs Büste ist zu voll, und ich wurde nur an das gewohnte liebe Bild bei Zelter erinnert. Die Augen sind unendlich schön, gottlob, daß ich sie und ihn nicht dreißig Jahre früher gesehen habe – es ist eine Milde darin und ein Feuer, ich habe so etwas noch nie gesehen. Der Mund ist alt, wenn er nicht spricht, aber sobald er ihn bewegt oder freundlich aussieht, was er oft tat, so ahnet man seine ganze Schönheit. In der Gestalt hat er viel von Seebeck, im Gange auch – aber er imponiert mir mehr, ich kann das nicht recht begreifen. Er wurde auf den Sofa gesetzt, ich neben ihn auf einen Stuhl, die Tante auf dem Sofa, dann die Mutter, Fürstin und Gräfin [Trogoff]: es war sehr schön, und ich nahm mir die Freiheit, ihn immer anzusehn, denn das geschieht mir doch vielleicht nicht wieder. Meinen Gruß von Zelter mußte ich ihm wiederholen. Ja, sagte er, da schreibt er mir immer so viel von seinen schönen Schülerinnen, und dieses und jenes – ich wußte gar nicht recht, was es für eine Bewandtnis haben möchte, nun verstehe ich denn wohl, was es damit auf sich hat – das war gewiß sehr schön und fein. Die Tante sprach ihm von Langermann, von Körners, von Seebecks – er erinnert sich aller freundlichst. Die Fürstin fragte ihn, ob er denn nie nach Berlin kommen würde. – «Nein, da hüte ich mich wohl.» – «Ei mein Gott, haben Sie denn solch eine Antipathie dafür?» – «Ach nein, im Gegenteil, es ist zu gefährlich, jetzt noch mehr», setzte er mit einem liebenswürdigen Seitenblick hinzu, der mich etwas sehr entzückte. «Und dann bin ich durch meine Kinder dort so sehr zu Haus, als sei ich dort gewesen.» – «Was!» rief die Fürstin, «Sie sind nie da gewesen?» «Nein, ich habe mich immer sehr in acht genommen. Bei meinen Kindern ist es eine ordentliche Krankheit geworden, und da hat mein Sohn einen Plan gekauft, den muß ich mit ihm studieren und durch alle Straßen laufen, und bei jedem Hause, wo ein Freund wohnt, wird ein Kreuz gemacht, mit roter Tinte. – Und dann spricht er mir von großen Plätzen, wo das Schloß steht, und das Opernhaus, und wie herrlich das alles sei.» Die Tante sprach von den Statuen, die Rauch jetzt dorthin gestellt habe. So kamen wir auf Rauch zu sprechen, den er einen liebenswürdigen heiteren Künstler nannte, und dann fragte er mich, ob ich seine Büste von ihm ähnlich fände. Ich sagte nach innigster Überzeugung: «Nicht ganz» – ich fände das Bild bei Zelter viel ähnlicher. Er fragte, was es für eins sei, ich wußte nicht von wem, und sagte ihm nur, es wäre sehr schön, und er hätte einen großen Mantel um pp., und ich sähe es immer an, beim Singen. Es fand sich, daß es eine Kopie nach Kügelgen sei, und er lobte sie. – Überraschend war es mir, mit welchem lebendigen Interesse er von allem sprach, von allem wußte. Es kam die Rede auf Thorwaldsen, auf einen kleinen Amor von ihm und endlich auf die Ariadne in Frankfurt, über die die Fürstin mit gewohnter Lebhaftigkeit herfiel. – «Nicht wahr, gestehen Sie's nur, Ihnen hat sie auch nicht gefallen?» – «Da sieht man wieder, daß niemals Frauen über eine Frau urteilen können, das ist uns nun einmal vorbehalten, so wie Ihnen, über uns den Stab zu brechen.» – «Nun, so urteilen Sie nur einmal, sie ist gewiß viel zu klein.» «Ei nein, es ist ein recht hübsches Kind, ein artiges angenehmes Figürchen, und sie sitzt so anmutig auf ihrem Hunde da.» – «Da habe ich Sie gefaßt», rief die Fürstin dazwischen, – «das war eine strenge Kritik, sie sitzt ja auf einem Tiger.» «Was, gar auf einer Katze – nun ich finde es nur bequem, daß sie still steht, und nicht mit dem artigen Kinde davonläuft, denn das würde die Anschauung sehr stören.» Die Tante sprach ihm von Körners, von Langermanns, er sagte von allen etwas Freundliches, Hübsches und Wahres; wie er seine Worte [setzt], wie zierlich und unnachsprechlich alles gestellt ist, das läßt sich nun freilich nicht wiedergeben, aber es erfüllt mich mit Entzükken. Ich war gar nicht in Angst oder blöde und erzählte ihm, daß ich die Freude gehabt hätte, Ulrike Pogwisch zu sehn, und daß es ihr so gut bei uns gefallen habe. Er sagte viel Hübsches von ihr. Auch auf die Humboldts kam die Rede, und bei der Gelegenheit verriet sich's, daß er in Tegel gewesen sei, und also auch in Berlin, was die Fürstin sogleich sehr lebhaft ergriff. – «Ach, da habe ich mich also doch fangen lassen.» «Nun müssen wir noch viel betrübter sein, daß Sie nicht wieder kommen wollen.» – «Nein, es geht doch nicht recht, ich würde am Ende den Rückweg nicht zu finden wissen.» Vom Theater sprach er mit jugendlichstem Anteil. Madame Neumann, und ihre Rezensenten, die Stichsche Geschichte, Wolffs, alles wurde berührt und durchgenommen. Die Fürstin fragte ihn, ob er das französische Trauerspiel liebe. «Ei warum denn nicht.» «Haben Sie Talma gesehn?» «Ja er war bei uns.» Nun ging eine herrliche satirische Schilderung ihrer Art an, wie der Held immer den Mantel auf der rechten Schulter, und der Vertraute auf der linken trüge, so daß man sie daran erkennen könne. Dann von dem Britannicus, einem hübschen soliden Stück, wo der Held mit einem gewissen stehenden Gestus hereinkommen, und langsam einen schönen Helm von seinem Haupt genommen, und ihn herumdrehend auf den nebenstehenden Tisch gestellt habe, – und dann eine Szene aus der Zaïre. «Da war der alte Nerestan – nun, der Mann war bei Jahren, und man konnte ihm das Zittern nicht verargen, der hielt beide Hände in die

Höhe, und zitterte sehr. – Die beiden Liebenden zu seinen Seiten, und im Feuer der Leidenschaft, taten desgleichen, und es war ein schöner Anblick, diese sechs zitternden Hände in der Luft zu erblicken – (wir lachten über die Maßen) – noch nicht genug, im Hintergrunde stand ein Vertrauter, als der die allgemeine Bewegung sah, erhob auch er seine Hände, und so waren es denn acht.» – Von Wolff sprach er sehr lobend, von Iffland, und der Bettina, die in ihrer Kindheit und Jugend viel in Frankfurt bei seiner Mutter gewesen sei, mit lebhaftem Entzücken. Auch von Seebecks sagte er viel Hübsches, besonders über ihren Aufenthalt in der «alten Reichsstadt» – und daß er sich freue, wie sie jetzt nun endlich zur Ruhe gekommen wären, und daß eine Familie wie diese gar nicht auf die Landstraße gehöre. Er war gewiß eine Stunde da, und länger, als ein ungeschicktes Kammermädchen hereinkam, und er nun meinte, daß es Zeit sei zu gehen – ich war recht betrübt. Er nahm Abschied von allen, und gab mir Grüße für Zelter und für alle, und ich möchte an ihn denken – was das überflüssig ist. Ich hatte aber doch nicht das Herz, meinen ganzen Auftrag auszurichten, und seufzte darüber, als er fort war. «Was», rief die Fürstin, «das Beste haben Sie vergessen? Gleich laufen Sie ihm nach.» Ich hatte keinen Mut dazu – aber die Gräfin nahm mich beim Arm, und wir erreichten ihn auf der zweiten Abteilung der Treppe. «Herr v. Goethe», rief die Gräfin, «es ist noch etwas vergessen worden.» – Er wandte sich zu mir, ich stand ein paar Stufen höher, und sagte mit bewunderungswürdiger Kühnheit: «Zelter hätte mir nicht nur einen Gruß aufgetragen, sondern auch was sich darauf reimt.» – Er verstand das augenblicklich, und ich bekam einen sehr schönen –, so daß ich noch mehr als sonst die arme Friederike bedauerte, und dann sagte er gar: «Mein schöner Engel, Millionen Dank sage ich Ihnen.» – Dabei wollte er mir die Hand küssen, was ich natürlich nicht litt, sondern ihm ebenso natürlich den Mund hinhielt. – «Den dritten müssen Sie nun in Berlin holen», sagte die Gräfin. – «Würde ich ihn bekommen?» «O gewiß, mehr als einen.» Ich kam in bedeutender Ekstase wieder herein, ganz rot, wie die Fürstin meinte – und dankte ihr, gewiß mit vielem Ausdruck, denn ihr allein haben wir doch alle das zu danken. Wir freuten uns noch ein Weilchen seiner Lebendig- und Liebenswürdigkeit, und die Fürstin erzählte uns, wie und wo sie ihn schon früher gesehen habe, und wie unvergleichlich schön er gewesen sei. – Ähnlichkeit mit dem Belvederischen Apoll. Um 5 kam der Brunnenarzt Heckler [Heidler], dem die Tante einen Brief von Kranichfeld gebracht hatte, ein kleiner angenehmer, einfacher und recht gescheuter Mann, der uns das Badehaus mit allen Anstalten etc. zeigte. Schlammbäder, Gasbäder, von denen die Fürstin heute das erste nehmen sollte, – und führte uns dann nach dem Carolinenbrunnen, der durch eine schöne Allee mit dem Marie-Kreuz-Brunnen verbunden ist, der ganz herrlich liegt und umgeben ist. Hier standen wir, die Fürstin mit der Gräfin, und es geschah uns, was eigentlich dem ganzen Tag, der ganzen Reise die Krone aufsetzte. – Goethe nämlich trinkt nur des Morgens, aber bei sich und niemals am Brunnen, wo er erst einmal eine Viertelstunde gewesen ist, und zwar mit der Fürstin, die uns schon versichert hatte, es habe ungeheure Sensation gemacht. Um ½6 versammelt sich abermals die ganze Bade-Gesellschaft am Brunnen, und so war es auch heute sehr voll und brillant. Wir waren eben mit den Damen zum Marienbrunnen gelangt, als ein Gemurmel um uns her entstand. «Mein Gott, da ist ja der Geheimerat.» Er kam gleich auf uns zu, und begleitete uns zur Quelle, wo die Fürstin mit der Tante schon war, und nötigte uns, den Brunnen zu kosten. Die Fürstin agacierte ihn auf die hübscheste Weise: «Ei, ei, Herr v. Goethe, was ist auf meiner Treppe geschehn? Was habe ich hören müssen?» «Ach erinnern Sie mich doch nur nicht an das, was ich zu vergessen suche.» «Wie, vergessen wollen Sie es?» «Ja, das war schlimm – sehr schlimm und gefährlich.» Die Fürstin führte die Tante noch irgendwohin, wo die Flaschen verpackt werden; ich hatte aber natürlich viel mehr Lust, seiner Aufforderung, noch etwas zu gehen, Folge zu leisten, die Gräfin und die Mutter schlossen sich an, und nun gingen wir 1 ¼ Stunde auf und nieder, ich dicht an seiner Seite, und alle Leute sahen uns an, gewiß nicht ohne Neid. Ich war auch so selig, aber nicht ein bißchen stolz, im Gegenteil rief ich mir immer zu: halt dich fein in der Niedrigkeit! Aber recht innig habe ich das Glück dieser Stunde genossen, ich sagte mir unaufhörlich, jetzt hörst du ihn wirklich sprechen, jetzt gehst du wirklich mit ihm auf und nieder! Und er war auch so unendlich lebhaft und liebenswürdig und gesprächig, die Unterhaltung riß keinen Augenblick ab. Zuerst vom Abend, vom Brunnen, vom Wetter. Die Gräfin fing an, vom Aufenthalt des Königs von Bayern in Weimar zu sprechen, er hatte ihn noch als Herzog von Zweibrücken gekannt bei der Belagerung von Mainz, und als sie von den Prinzessinnen sprach, erwiderte er: «Ja ich habe sie gesehen, schöne liebe Kinder; ich war grade etwas immobil, aber sie hatten die Gnade, zu mir zu kommen.» Meine Bemerkung, daß die Gnade wohl eigentlich gegenseitig gewesen sei, wurde freundlich angenommen. (Früher hatte er schon, als die Mutter bemerkte, daß er den Brunnen selten besuche, erwidert: «Heute zum erstenmal. Da sieht man aber, was das Verlangen nach guter Gesellschaft tut.» – Also wirklich um unsertwillen war er gekommen. Ich begreife noch nicht, wie ich eigentlich den Mut hergenommen habe, mit ihm zu sprechen und ihm alles zu sagen, was mir in den Mund kam, aber ich war so selig!) Dann sprach er vom Biertrinken des Königs, das alle Dresdner in Aufruhr gebracht hatte. Es grüßten ihn viele Leute und nicht wenig interessante. Der Herzog [Großherzog] und Erbgroßherzog von Weimar, Louis Bonaparte, Eugen Beauharnais etc. Er sprach von allen hübsch. Der Herzog sieht aus wie ein Bäkker, er hatte eine ungeheuer breite und weiße Weste an. Goethe zeigte mir ihn, wie er auf uns zukam, und als er gegrüßt hatte, sagte er: «Nun kennen Sie ihn doch auch?» Louis Bonaparte ist gerade von Rom hierhergekommen, er [Goethe] nennt es ein großes Unternehmen, und meint, es sei «verwunderlich genug», wie weit die Hoffnung den Menschen herumführen könne. Von Eugen Beauharnais sprach er viel und sehr gut. Es sei ein ausgezeichneter Mann, der viel gesehn und erfahren habe, und, was nicht immer der Fall sei, sich verständig und interessant darüber auszusprechen wisse; er habe ihn vor einigen Abenden auf einem Ball lange gesprochen. Von seiner Krankheit erzählte er viel Interessantes. Sein Arzt ist abwesend gewesen, und die übrigen haben die ganze Krankheit gerade umgekehrt behandelt; als nun der rechte Arzt zurückgekommen, der augenblicklich die ganze Gefahr eingesehen hat, haben die andern sich lebhaft seiner Meinung und Ansicht entgegengestellt, und er hat schon aufgegeben gehabt, sowohl das Leben und die Rettung des Prinzen als auch, im Kampf gegen drei bis vier Mitgenossen zu siegen. Da hat sich die Fürstin, von der er ungemein lobend sprach, ins Mittel gelegt, und ihn mit Tränen beschworen, doch ja seiner Ansicht zu folgen, und nichts zu tun, als was er für das Rechte und Wahre halte. Auf das äußerste von dieser Szene ergriffen, und im heftigsten Streite mit sich selbst, leidenschaftlichst aufgeregt, und nicht wissend, was er zu tun und zu lassen habe, hat der Arzt erst fortgehen und sich ausweinen müssen. Dann aber ist er entschlossen herausgetreten, und hat trotz alles Widerspruchs seine Mittel angewendet, und der Prinz ist gerettet gewesen. «Was muß das für eine Krisis gewesen sein», rief ich aus. «Gar keine, das ist eben das Wunderbare. Bei diesem ganz merkwürdigen Fall ist von Krisis gar nicht die Rede gewesen, sondern ein einziger Moment hat die dringendste Todesgefahr in Gesundheit und Leben verkehrt.» Wir sprachen ihm von seiner eignen Krankheit; ich sagte ihm, in was für Angst er uns damit versetzt habe und wie das gar nicht hübsch gewesen sei. «Hübsch war es freilich nicht, mein hübsches Kind», erwiderte er, «indessen man muß schon zufrieden sein, es kömmt nun, wie es kömmt, und dann ist es auch wieder erfreulich, so viel Beweise von Liebe und Anhänglichkeit sich aussprechen zu sehen, als es mir bei dieser Gelegenheit, namentlich von Berlin aus, geschehen ist. Das ist denn auch wieder recht stärkend und die Genesung befördernd. Aber verwunderlich genug war es, daß, als ich mich kaum erholt hatte, die Herzogin, von der ich so vielfache Beweise der Teilnahme und Liebe erhalten hatte, uns, als ich kaum etwas genesen war, krank wurde und ganz in dieselbe Krankheit verfiel; zu unserm Glück geht es ihr ganz besser, und sie lebt in Wilhelmsthal, einem ihr lieben Aufenthalt, jetzt ein schönes und friedliches Leben.» Von ihrem Verlust sprach er als von einem unersetzlichen, da sie es doch sei, die alles zusammenhalte, um die sich alles reihe und ordne. (Er hat eine kleine, ganz liebenswürdige Angewohnheit, im Laufe des Gesprächs «Ach ja!» einzuschieben, das durch Ton und Ausdruck eine ganze Welt von Erinnerung und Bedeutung erhält. Ich werde es nie vergessen.) Marienbad und seine schnelle Entstehung verglich er mit einer amerikanischen Stadt, wo jetzt eine zum Beispiel, seit vier Jahren aus dem Nichts entstanden, schon große Kupferwerke nach England gesendet habe. Ich fragte ihn nach einem ihn Grüßenden. «Das ist ein großer Mann, sein Ur-, Ur-, Ur-, Ur-Älter-Vater ist einmal gen Himmel gefahren und hat wohl auf alle herabgesehen; er heißt Henoch.» «War denn der Mann ein Luftschiffer», fragte ich gewiß recht albern. «Ei, wenn Sie dreißig bis vierzig Jahre früher geboren wären, was ich Ihnen übrigens nicht wünschen will, ganz und gar nicht wünschen will, so würden Sie schon wissen, daß jener Gute nicht im Ballon, sondern in dem Buch Moses zum Himmel aufgehoben wurde.» «Der, das war ja Elias?» «Ja später in dem Buch der Könige, da haben Sie auch recht, aber unser Henoch unternahm dergleichen viel früher im ersten Buch Moses.» Ich schalt mich darauf tüchtig, daß ich nicht besser bestanden und so wenig bibelfest sei. «Das ist gar nicht so notwendig, wie kann ein so schönes und junges Kind schon wissen sollen, was sich alles mit den alten, uralten Erzvätern schon zugetragen hat.» Die Tante war indes schon längst wieder zu uns gekommen, und die Fürstin mit der Gräfin ins Gasbad gegangen. Schon zuvor hatte ich mit ihm viel von Seebecks gesprochen. Ich mußte ihm ihre Wohnung beschreiben und kam so auch auf seine Stube, worin tausend Dinge wären, die unsereins nur ansehn und sich verwundern könne. «Das ist auch wieder gut, und freilich sind alle diese Dinge verwunderlich genug, denn wenn man nun auch alles kennt und recht genau zu verstehen meint, so wundert man sich immer mehr und mehr, um am Ende mit großer Verwunderung einzugestehen, wie man so wenig, so nichts davon weiß.» Die Mutter Seebeck lobte er sehr. «Eine liebenswürdige, verständige Frau, und eine Mutter und Hausfrau, wie es wenige gibt; sie hatte dabei eine Leichtigkeit und Anmut des Betragens und Gesprächs – man mußte ihr gut und innigst zugetan sein. Ach ja! Wir haben schöne, die besten Zeiten zusammen verlebt, ich kann wohl sagen, lauter gute Zeiten.» Er sagte das mit viel Bewegung und Innigkeit, wie er auch schon zuvor, als er von seiner Krankheit und dem allgemeinen Anteil davon sprach, innigst ergriffen und bewegt war. Es begegnete uns unter andern ein ziemlich alter Mann, mit grauen Haaren. «Das ist unser Quartiermeister, der alle Leiden in der Champagne mit uns geteilt hat; wir haben uns nun, wunderlich genug, ganz unvermutet hier wieder gefunden.» Ich sagte ihm, wie ich ihn freilich sehr bedauert hätte, aber doch die Leiden gepriesen, denen wir so viele Freuden zu danken hätten. Er lächelte sehr freundlich auf mich herunter, und meinte: «Nun ja, in der Erinnerung und auf den Blättern nimmt sich's gut genug aus, aber ich sehe doch wenigstens, daß Sie ein gutes Gemüt haben.» «Es war ja aber auch gar zu schlimm.» «Ja freilich, bedauerlich genug war es wohl mit uns, und es regnete wirklich immerfort. Immerfort, vier Wochen hintereinander, da ging es dann freilich am Ende drunter und drüber.» «Aber Sie empfanden nicht viel davon?» «Nun, wohl am wenigsten von allen; ich hatte meine Tagebücher, aber man würde es nicht glauben, wenn man es nicht miterlebt hätte.» Ich sprach mit vielem Mut ziemlich viel dazwischen, und begreife noch nicht, wie es zuging, aber er war so gut und freundlich, und ich nicht ein bißchen in Angst; so sagte ich ihm denn auch manches, was ich mir nachher als etwas Dummes vorgehalten habe, indessen es ist nun einmal gesagt, und da ist nichts zu machen, auch wird er wohl nichts mehr davon wissen. Er sprach von der Gegend, von den Tannen, und wie es uns denn gefalle. «Wir haben nicht viel davon gesehen, und darum sind wir auch gar nicht hergekommen.» «Ei, das ist doch sehr der Mühe wert, was haben Ihnen denn die armen Tannen getan?» «Wissen Sie wohl, warum wir hierher gekommen sind?» «Nun?» Ich wunderte mir über mir selbst, aber ich sagte wirklich: «Nur bloß, um Sie anzusehn.» «Ei ei, das kann ich kaum glauben und annehmen, und kann es gewiß mit größerem Rechte sagen.» Ich äußerte ihm meine Freude, daß nun unsere kühnsten Hoffnungen so unendlich weit übertroffen wären, und erzählte ihm sogar, daß ich mir vorgenommen gehabt, als Schüler im Faust vor sein Angesicht zu kommen. «Ich bin allhier erst kurze Zeit pp.» Er lachte sehr darüber und sagte etwas Schönes von zierlicher Gestalt pp. und wie er mich gleich in allen vier Fakultäten würde examiniert haben. «Da würde ich gewiß sehr schlecht bestehen; aber wissen Sie wohl, daß ich eigentlich eine sehr alte Bekannte von Ihnen bin?» – (Das war das Tollste von mir – indessen es ist nun einmal heraus, und er weiß ja doch kein Wort mehr davon.) Sehr verwundert und mit gar zu hübschen Mienen sah er mich an. «Ei, und wie wäre denn das?» «Ich bin eigentlich die Lili aus Ihrem Park, aber ich habe leider keine Menagerie.» Die Tante stimmte ein, und er lachte und meinte, die Ankündigung sei ominös genug, und da könnte man sich wohl leicht eine gar bedenkliche Rolle aussuchen. Dann fragte er, wohin wir von hier gingen, und sagte viel Hübsches von Prag, einer wahren Königs- und klassischen Stadt, und was sie für eine merkwürdige Geschichte habe. Er verglich sie mit Berlin, die man nur sähe, wenn man mitten drin sei, und wie man im Gegenteil in Prag nichts von der Stadt sähe, wenn man drin sei, sondern nur von außen oder oben herab die herrlichste Ansicht habe. Die Mutter kam noch einmal darauf zurück, ob er denn Berlin nicht beglücken werde. (Er war die ganze Zeit in der liebenswürdigsten Laune, und ich ärgere mich beim Schreiben immerfort, daß ich nicht alles so unendlich hübsch sagen

und stellen kann, als er es tat – es ist wirklich unnachahmlich – einzig.) Er zauderte und umging die Antwort und sagte, wie er jetzt noch viel mehr angezogen sei, wie aber die Sache immer bedenklicher und gefährlicher würde, es sei wirklich nicht mehr zu wagen; er stellte es so hübsch und so hübsch für mich, daß ich es nicht wiedergeben kann, und als die Mutter sagte, es würden ihm noch ganz andere und viel schönere Mädchen entgegenkommen als ich, meinte er, es sei schon genug, und viel zu viel. «Also ein schönes Nein?» «Nun, man kann immer nicht wissen, aber bei meinen Kindern ist es schon ausgemacht, die können keinen Winter mehr durchleben, ohne in Berlin gewesen zu sein, und da will sich dann meine Schwiegertochter nur den heiligen Christ bescheren lassen, und dann den Herrlichkeiten des Karnevals nachziehn.» Ich sagte ihm, auch wir hätten so viel Schönes von seinen Enkeln gehört. «Ja, es sind liebe Kinder, und gut und tüchtig, und hübsch dazu, was auch recht gut und angenehm ist, wenn man es in den Kauf bekommt, und sie vertragen sich gar gut mit dem Großvater, besonders wenn er ihnen Pfeffernüsse gibt, die auch diesesmal wieder angeschafft werden müssen.» Von Karlsbad war sehr lange und viel die Rede. Wie er in früheren Jahren viel und gern dort gewesen, fünf bis sechs Jahre hintereinander. «Da wohnte ich denn immer in den drei Mohren, nachher baute man mir aber ein Haus hin, das mir die Aussicht nahm, und da mochte ich denn nicht mehr dorthin ziehen, auch nicht die guten Leute durch mein Fortbleiben betrüben, und so blieb ich lieber ganz davon. Dann war es mir auch zuwider, weil ich zuletzt immer und ohne Aufhören die Pferde der Abreisenden über die Brücke traben hörte.» Ich sagte ihm, wie mir das ganze Badeleben wie ein Menschenleben erschienen sei, ein ewiges Kommen und Gehen, Auftreten und Verschwinden. «Jawohl, so war es mir auch; ich war in der Regel vier ganze Monat dort; im ersten gab es nun große Herrlichkeit, die angenehmsten Bekanntschaften wurden gemacht, alles war jugendlich, lebensfroh, die Gegend neu, und reich, es bildete sich ein Zirkel, der seinesglei-

chen suchte. Im zweiten Monat verwandelte sich die Szene, neue Erscheinungen traten auf, ein ganz anderes Geschlecht, nicht weniger angenehm und gut, aber die ersten Teilnehmer fehlten, die Lebendigkeit und Frischheit war abgestumpft, indessen man half sich, wie man konnte, und es ging, nicht wie zu Anfang, aber noch immer gut genug, bis dann zuletzt sich einer nach dem andern verlor und davonzog, und es immer leerer und einsamer wurde.» («Ach ja», sagte er sehr oft, und ich hatte jedesmal eine wahre Freude daran.) Die Schilder in Karlsbad haben ihn auch sehr amüsiert, er erkundigte sich, wo wir denn wohnten, und kannte den w. H. [Weißen Hirsch?] gar wohl. Die Unmöglichkeit nannte er ein liebenswürdiges Schild, und fand besonders die Bezüglichkeiten sehr gut, die sich oft durch die Bewohner machten; so hatte ein Freund aus ihrem Kreise, ein lustiger Vogel, im Lustigen Bauer gewohnt. Schon bei der Fürstin hatte er eine hübsche Geschichte erzählt, wie nämlich ein Freund einen dummen Bedienten gehabt, dem er eingebildet habe, hinter dem Kreuzberg sei ein großes Feuer, eigentlich das Fegefeuer, wo die bösen Seelen in einem großen Kessel siedeten, und daher sei der Sprudel entstanden, und daher rühre auch der seltsame Geschmack nach Fleischbrühe. Ich fragte ihn, ob er denn gar keinen Lieblingsplatz habe. «Nein, Lieblingsplatz eigentlich nicht, am liebsten ging ich von der Prager Chaussee herunter, und freute mich der sich auftuenden Herrlichkeiten, was denn allerdings für jemand, der selbst am Zeichnen Interesse hat und lebhaft auf Beleuchtung und Schattierung achtet, einen besonderen Reiz hat.» – Das Theater war aus, und er erzählte uns, daß heute noch ein Konzert sei. «Geht denn irgend jemand ins Theater», fragte er die Tante. «Gewiß, man freut sich an der Schlechtigkeit, und am Ende ist doch das schlechteste Theater besser als die beste Langweil.» Am Ende war es schon ganz leer und sehr kühl geworden. Da meinte er dann, es sei wohl nötig für uns, zu Hause zu gehen; denn Gesundheit, wenn man auch noch so gesund sei, müsse man doch immer am höchsten halten. Wir fragten, ob wir

ihn denn zu Haus bringen dürften, und er erbot sich auf die liebenswürdigste Weise von der Welt, uns zu geleiten; der Mann muß doch unwiderstehlich gewesen sein! So gingen wir denn den Berg herauf. Ich sprach ihm noch von Felix [Mendelssohn], von dem er sagte, es sei nicht abzusehn, wo das hinaus wolle, wie es sich noch steigern könnte. Am Ende standen wir vor der Türe der Fürstin, und der Moment des Abschieds, des letzten, war gekommen. Moritz bekam eine Hand, und die Mutter bemerkte, daß ihm mehr Glück geworden, als seinem Bruder, der so weit danach gereist; Goethe machte sein hübsches, verwundertes Gesicht, als er Ägypten hörte. Ich bekam noch eine Hand und Grüße an alle Freunde, und bat ihn, mein Andenken bei Ulrike zu erneuern. Er schied mit hübschen Worten über die mit uns verlebten Stunden. Ich stand noch immer und sah ihm nach und hatte die Freude, daß er sich noch zweimal nach uns umsah. Ich war in einer Ekstase, als ich nach Hause kam, über diesen ganzen schönen und einzigen Tag, daß ich die halbe Nacht nicht schlafen konnte, sondern nur immer nachdachte über alles, was mir geschehen war, über alles, was er gesagt und ich gehört und gesehen hatte. Ich erzählte ihm auch, daß ich die Magnetnadel tanzen gesehn. «Aber ohne Musik; das ist nun wunderlich genug, wie man die Gute jetzt in Bewegung gesetzt hat.» Von der ältesten weimarischen Prinzeß sprach er viel und sehr lobend, daß sie so gut und gescheut sei und so hübsch, als es sich für eine Person gehöre, die sich allen Blicken zu zeigen berufen sei, und wie ihr das schöne Köpfchen am rechten Fleck aufgesetzt sei. Die jüngere dagegen sei ein ganz liebenswürdiges und originelles Geschöpf, das jetzt schon ganz seine eigentümlichen Gedanken und Einfälle habe. «Da tanzt sie nun mit wahrer Freude und Lust durchs Leben hin, und tanzt eben immer, wenn die Neigung sie dazu treibt. Man hat also, um dieses Talent zu fesseln und auszubilden, ihr einen Tanzmeister gegeben und ihr bedeutet und vorgestellt, daß man beim Tanzen auch noch etwas ausstehen müsse; aber da ist man ihr gerade recht gekommen. Sie hat den Leuten ins Gesicht gelacht, und gesagt: Ihr seid alle nicht recht gescheut; wenn ich tanze, so tu ich's, weil ich Lust und Vergnügen daran habe, aber plagen will ich mich nicht lassen, mit etwas, das mir Freude machen soll.»

Als er von der Tante hörte, daß der Papst gestorben sei, sahen wir wieder das hübsche verwunderte Gesicht, und er stand einen Moment still, und sagte dann: «Nun wohl ihm, er hat lang genug gelebt, um sterben zu können»; setzte aber hinzu, wie von allen Dingen in der Welt, sein Nachfolger zu werden, das wenigst Wünschenswerte sei. Da steht nun ungefähr da, was zwischen uns verhandelt worden ist – aber: Ach wie traurig sieht in Lettern, schwarz auf weiß, mich alles an, was sein Mund allein vergöttern, was das Herz bezaubern kann! Indessen ist es immer für die Zukunft besser, als gar nichts, und die Zeit verlöscht mehr, als wir denken und möchten!

5201 W. J. Tomaschek: Selbstbiographie *1850*

Goethe in Marienbad zu wissen! Wie hätte ich früher zur Ruhe kommen können, bevor ich ihn nicht besucht und gesprochen habe? Er freute sich des Wiedersehens [nach dem 31. Juli 1823] und war überaus freundlich gegen mich. Er erzählte mir, daß er unlängst von einer schweren Krankheit genesen sei, doch sah ich sein Aussehen nicht im geringsten geändert, immer noch glutvoll fand ich seinen Blick, und entschieden, wie ehedem, den Ausdruck seiner Gesichtszüge. Er erwähnte der vielen Freunde, die ich mir in Weimar durch die Komposition seiner Gedichte gemacht, und wünschte mich dem Großherzog, der sich ebenfalls in Marienbad aufhielt, vorzuführen, um bei ihm in einer Gesellschaft auf dem Pianoforte zu phantasieren, da er ihn schon im vorigen Jahr auf mich aufmerksam gemacht hatte. Ich sagte es ihm nicht ab, sagte es aber auch nicht zu, überhaupt fühlte ich mich bei der erst begonnenen Kur zu keiner der Art Produktion aufgelegt. Ich empfahl mich für diesmal, da ich seine Toilette nicht länger unterbrechen wollte, denn ich fand ihn noch in tiefster Negligé.

5202 *Caroline v. Humboldt an ihren Mann* *12. August 1823*

Man spricht hier [in Karlsbad] viel von zwei Fräulein von Levetzow, ohne die man Goethen selten oder nie in Marienbad zu sehen bekäme. Sie hängen immer an seinen Armen. Man sagte vorige Woche sogar, er hätte die Älteste geheiratet. Doch hoffe ich, sind solche Ideen dem dreiundsiebzigjährigen Goethe fremd.

5203 *Lili Parthey: Tagebuch* *24. August 1823*

Dienstag kommt die Milder wieder [nach Berlin], sie ist in Marienbad gewesen und hat Goethe [am 15. August] etwas vorgesungen, worüber er denn nicht wenig entzückt gewesen ist. Unter anderm hat sie die Sehnsucht gesungen, worauf er gesagt hat, er habe geglaubt, sie sei für ihn schon aus der Welt geschwunden, aber sie riefe sie zurück.

5204 *Caroline v. Humboldt an ihren Mann* *20. August 1823*

Eine große Freude hat es mir gemacht, Goethe noch zu sehn [am 19. August in Marienbad]. Heute reist er ab nach Franzensbrunn, wo er noch ein vierzehn Tage bleiben will. Er treibt dies Leben in den böhmischen Bädern, wie mir vorkommt, mit in geologischer Hinsicht und Beschäftigung. Ich war mit Caroline [ihrer Tochter] bei ihm, es schien ihn zu freun, er war ungemein freundlich, und beim Abschied sehr weich. Er hängt mit großer Freude an dem Gedanken, Dich im November in Weimar zu sehen, und läßt dich tausendmal grüßen und versichert, er wolle sich von allem losmachen und nur für Dich leben. Ich fand ihn wohl aussehen, besonders, wenn man seinen Zustand im Winter bedenkt, wohler und etwas voller im Gesicht als im Jahr 17, wo ich ihn zuletzt sah, und wirklich weniger alt und verfallen in den Zügen als in Rauchs Büste. Dennoch fand ich in einer gewissen Weichheit des Ausdrucks, in dem leicht sich mit Feuchtigkeit füllenden Auge, in einer gewissen Unsicherheit der Bewegungen Spuren des sehr vorgeschrittenen Alters, und mir ist's sehr lieb, daß Du nicht länger zögern wirst, ihn noch einmal zu sehen. Wie scheinbar kräftig der schöne Greis auch dastand, es kam mir doch vor, als sei sein irdisch Ziel nicht fern mehr. Sein Auge fand ich sehr verändert, nicht trübe, aber um die Pupille herum einen weiten blaßblauen Kreis – mir war, wie ich hineinschaute, als suche das Auge ein anderes Licht und andere Sonnen.

Sein Interesse am Wissenschaftlichen bleibt rege. Es kam die Rede auf Liboschütz und die Produktionen, die er aus Sibirien mitgebracht, von denen ich letzthin schrieb. Er erfaßte sogleich, was ich ihm erzählte, mit großer Lebhaftigkeit, und wenn nicht seine Sachen schon gepackt gewesen wären, so glaube ich, er wäre geblieben, um den Doktor Liboschütz hier abzuwarten und seinen Goldkristall zu sehen. Den hatte er bei sich, etwa so lang wie ein Gelenk am kleinen Finger. Es soll ein sehr merkwürdiges Stück sein. Liboschützens Sammlung, obgleich klein, hat mich selbst unendlich interessiert, und seit vorigem Winter hat mir Alexander viel Wißbegierde über all diese Dinge eingeflößt.

Goethe sprach, wie ein junger Mann über sein wissenschaftliches Treiben es könnte. «Man muß sich die Erde», sagte er, «wenigstens das Stück, das man abreichen kann, wie einen Kreis denken, in dessen Mittelpunkt man steht, und ein Dreieck nach dem anderen untersuchen.»

5205 *Fanny Lewald: Meine Lebensgeschichte* *1862*

[Über ihren Onkel Friedrich Jacob Lewald.] ... er hatte im Jahre achtzehnhundert dreiundzwanzig in Marienbad Goethe kennen lernen, was ihn für mich mit einem wundervollen Nimbus umgab.

Ich wurde es nicht müde, die Unterhaltung auf jene Tage zu bringen, ich war sehr gespannt darauf, einen rot seidenen Regenschirm zu sehen, unter welchem der Onkel einmal die Exzellenz Goethe nach Hause geleitet, und den er deshalb, als der Schirm unbrauchbar geworden, in Breslau zum Andenken aufgehoben hatte; und da der Onkel ein Talent für Nachahmung besaß, wußte er es sehr ergötzlich darzustellen, wie ein einfältiger österreichischer Graf sich eines Tages abgemüht, Goethe zu beweisen, daß es sehr leicht sei, sich in der Rechnung mit dem Münz- und Scheinengeld zurecht zu finden. «Zwei Kreuzer sind fünf Kreuzer, und vier Kreuzer sind zehn Kreuzer, und zwei Gulden sind fünf Gulden», hatte der Graf immerfort erklärt, und Goethe hatte das mit unerschütterlicher Gelassenheit angehört. Endlich aber hatte er mit seiner olympischen Ruhe gesagt: «Daß das Publikum sich damit ins Gleiche zu setzen versteht, das glaube ich gern, wie aber die Regierung sich einmal aus dem Dilemma zwischen Schein und Sein heraus wickeln und mit ihrer Finanzwirtschaft in Ordnung kommen wird, das möchte schwerer zu bestimmen sein.» Der Graf hatte ihn indes versichert, daß «das all's 'ne Kleinigkeit sei» und sich in bester Ordnung befinde, und Goethe ihn mit der Bemerkung entlassen: «Es soll mich sehr erfreuen, mein Herr Graf! in diesem Punkte mich geirrt zu haben.»

Ein andermal hatte Goethe den Onkel um unsere Vaterstadt Königsberg befragt, die ihn um Kants, Hamanns und Hippels willen interessierte, und der Onkel konnte es nicht genug rühmen, wie vortrefflich Goethe durch seine wohlberechneten Fragen die Menschen bei demjenigen festzuhalten gewußt, was er von ihnen zu hören verlangt. Mehr aber noch, als diese Mitteilungen, überraschte uns die Kunde von des Greises leidenschaftlicher Liebe für Fräulein von Levetzow, die jetzt aller Welt bekannt ist, und auch damals wohl den nahestehenden und literarischen Kreisen lange kein Geheimnis mehr gewesen sein wird. Für mich aber, die ich jenen Regionen so fern gelebt, und zu ihnen und zu Goethe wie zu dem Olymp und zu Jupiter hinaufgesehen hatte, lag etwas ganz Wunderbares darin, von einem Augenzeugen, und obenein von einem meiner Verwandten, über Goethes persönliche Verhältnisse sprechen zu hören.

5206 A.v. Harnack: Meine Zeitgenossen aus dem 18. Jahrhundert *1929*

Frau Platzmann-Preußer, die Witwe eines begüterten Kaufmanns und das Haupt einer verzweigten Familie, in der sie schon Urenkel begrüßte, lebte für sich in behaglicher Wohnung oder auf Reisen ... mit Goethe war sie in Marienbad und hatte die Episode mit Ulrike v. Levetzow und die Spaziergänge auf der Promenade miterlebt – «wir alle merkten etwas, aber Ulrike merkte gar nichts», berichtete sie. Goethe fand Gefallen auch an der beweglichen Leipzigerin und schrieb ihr die Worte ins Stammbuch:

Löblich ist ein tolles Streben,
Wenn es kurz ist und mit Sinn;
Heiterkeit zum Erdeleben
Sei des flücht'gen Rauschs Gewinn –

Ich kann bezeugen, wie treffend diese schalkhafte Mahnung gewesen ist, aber auch, daß ihr der beste Erfolg nicht gefehlt hat.

5207 Grüner *20. August 1823*

Goethes Blick war [auf der Fahrt von Marienbad nach Eger] meistens nach oben gerichtet, er blieb wiederholt dabei, daß man auch dem Wolkenzuge durch häufige und genaue Beobachtung in verschiedenen Ländern etwas abgewinnen könne. Schäfer und Hirten, die immer im Freien sich bewegen, wären dabei nicht außer Spiel zu lassen. Die Gegend, wo der Menilit bei Grottensee, Königswarther Herrschaft, vorkömmt, und welchen Professor Zippe den schalichten Opal nannte, faßte er scharf ins Auge und sagte: Den wollen wir auch noch besuchen. In Eger angekommen, bezog er seine gewohnte Wohnung im Gasthofe zur goldenen Sonne.

5208 Grüner *21. August 1823*

Herr von Knorring [Theodor v. Bernhardi], ein junger Mann von etwa zwanzig Jahren, war ein anmutiger Gesellschafter. Von den verschiedenen witzigen Gesprächen habe ich bloß angemerkt, daß Herr von Knorring erzählte, er habe, als er durch die Stadt Dux fuhr, bei dem Tore auf einer Tafel geschrieben gefunden: «Hier ist verboten, betteln zu gehen und Tabak zu rauchen.»

Der Schuhmacher Braunholder war zugleich Lichterzieher. Die Aufschrift über seinem Laden war: «Braun holder Licht erzieher.»

In Riga gibt es ein Schild mit der Aufschrift: «Ach Jesu.»

Goethe erzählte: Ein Nadelmacher hatte zum Hausschild: «Das gequälte Herz», das gequälte Herz war mit Nadeln durchstochen.

5209 Th. v. Bernhardi an F. Tieck *1. September 1823*

In Eger erfuhr ich, daß Goethe in Marienbad sei, – wenn ich das früher gewußt hätte, so würde ich Dich von Dresden oder Teplitz aus um ein paar Zeilen für ihn gebeten haben. So muß ich gestehen, daß ich mich einigermaßen vor ihm fürchtete. Nach seinen letzten Werken sowohl, als nach allen Beschreibungen dachte ich mir einen überaus vornehmen Minister, der alle Worte wie Orakel von sich gibt und sehr unzugänglich ist. Wie angenehm fand ich mich getäuscht! Ich brachte dem freundlichen Greise einen Gruß von Dir und ward sehr gut von ihm aufgenommen. Wenige Menschen habe ich noch getroffen, mit denen mir der Umgang so leicht geworden, und mehrere Tage verlebten wir ganz miteinander [in Marienbad und zuletzt in Eger am 21. August]. Es schmeichelte meiner edleren Eitelkeit ... daß er mich zuletzt recht herzlich zu sich nach Weimar einlud ...

5210 Th. v. Bernhardi an A. W. Schlegel *21. November 1823*

In den böhmischen Bädern fand ich in einer schönen Natur zahlreiche und glänzende Gesellschaften versammelt, Heiterkeit schien hier überall zu herrschen, und ich zauderte nicht, aus vollem Herzen Anteil daran zu nehmen, aber auch eine ernstere Erinnerung nahm ich mit von hier, die mir ewig teuer bleiben wird, ich lernte Goethe in Marienbad kennen. Schüchtern näherte ich mich dem ehrwürdigen Greise, ich glaubte zu bemerken, daß ihm meine Gesellschaft nicht unangenehm sei, und so wurden wir bald näher bekannt. Ich glaubte mich wieder in die Tage versetzt, welche ich so glücklich mit Ihnen zu Bonn verlebte, und diese in Marienbad zugebrachten werden ewig wie jene zu meinen liebsten Erinnerungen gehören. Ich habe noch wenige Menschen gefunden, deren Denkungsweise so vollkommen mit der meinigen übereinstimmte; überall ergänzte und erweiterte er mit reifem Geist meine Ansicht, und nirgends trat er mit ihr in Widerspruch.

5211 Grüner *22. August 1823*

Goethe war seit seinem Besuche in Redtwitz für das Haus Fikentscher sehr eingenommen. Der Vater, Wolfgang Fikentscher, der zum Landtagsdeputierten gewählt worden und nach München gereist war, hatte seine beiden Söhne Friedrich und Wilhelm, jenen als Chemiker, diesen als Techniker, nach Frankreich und England reisen lassen, von wo sie nach längerem Aufenthalte ausführliche Tagebücher über die in ihre Fächer einschlagenden Gegenstände mitgebracht hatten, und nun [bei einem Besuche Friedrich Fikentschers in Eger] Goethes Wißbegierde befriedigen konnten. Friedrich vermählte sich mit der Tochter des berühmten Chemikers Tromsdorf, und führt jetzt mit seinem Bruder das noch mehr erweiterte Geschäft fort.

Ich hatte außer dem mir von Goethe verehrten Schranke noch zwei Schränke, jeden mit vierzehn Schubkasten, mit Mineralien gefüllt, worüber er sehr erfreut war und sagte: Ich werde sehen, daß, wo Ihr Arm noch nicht hinlangt, ich Ihnen in etwas nachhelfen könne.

Meinen Florentiner Mosaikschrank verließ er nie, ohne zu sagen: Er ist wunderschön, halten Sie auf dieses altertümliche Meisterstück.

Auf der Anhöhe von Mühlbach bei Liebeneck stiegen wir [bei einer Ausfahrt] aus, labten uns an der schönen Aussicht, nahmen dann einige Exemplare des von Goethe Egerer Pfannenkuchen-Quarz benannten Gesteins mit nach Hause.

5212 Grüner *23. August 1823*

Nach eingenommenem Gabelfrühstück und mitgenommenem Proviant fuhren wir früh neun Uhr nach Boden, um den Rehberg zu untersuchen. Goethe blieb auf der Höhe sitzen, und schlürfte aus einer vergoldeten Pilgrimschale von Silber den hineingegossenen Rheinwein. Ich ging um den Rehberg herum, und weil ich auf der West-, der Ost- und der Nordseite Tonschiefer fand, so berichtete ich, daß der Berg aus Tonschiefer bestehe.

Haben Sie ihn auch auf der Südseite untersucht? fragte Goethe, und als ich mit nein antwortete, sagte er: Ihr jungen Leute laßt euch durch Leidenschaft öfters zu Fehlschlüssen verleiten. Kann denn gegen Süden und im Innern nicht etwas anderes als Tonschiefer sein? Es kann nicht der Schluß gezogen werden, daß, weil am Fuße des Berges südlich dieses und nördlich jenes Gestein vorkömmt, die ganze Unterlage des Berges daraus besteht, denn es mag etwas dazwischen liegen. Ebenfalls ist nicht richtig, daß, weil mich das Mädchen den ersten und dritten Tag geküßt hat, sie den zweiten Tag nicht auch einen anderen geküßt haben kann. Die Leidenschaft verleitet gewöhnlich den Menschen zu solchen Schlüssen.

Er trank aus der Pilgrimsschale, ich mußte mich zu ihm setzen und seinen Wein, seinen Proviant mit verzehren helfen. Verweilen Eure Exzellenz, sagte ich, hier noch, ich werde den Berg auch gegen Süden untersuchen, eilte von ihm weg, und kam sofort mit schöneren Basalten als vom Kammerbühle zurück, denn der Olivin in den Basaltschlacken war viel frischer und größer.

Woher, Freund, haben Sie diese schönen Schlacken? fragte Goethe, erhob sich in diesem Momente rasch wie ein Jüngling und sagte: das müssen wir an Ort und Stelle untersuchen.

Im Dorfe Boden am Fahrwege sind große Klumpen dieses porösen Basalts entblößt. Ein kleiner Hügel ist mit verschiedenen Schlacken bedeckt; es wurde in der Mitte desselben eine Vertiefung wahrgenommen, die schon größtenteils ausgefüllt ist. Die Einwohner sagten uns, daß dort eine große Vertiefung und in ihr auf der Sohle Wasser sich befunden habe. Nach und nach wäre sie durch das Hineinwerfen der Schlacken ausgefüllt worden.

Goethe war eifrig, dem großen Klumpen Basalt etwas abzugewinnen, ich zerschlug, sammelte verschiedene Schlacken, die alle vorsichtig eingepackt und von mir und dem Diener nach der Höhe hinaufgetragen wurden.

Wir haben, sagte Goethe, eine wichtige Entdeckung in dieser Gegend gemacht, die zu weiteren Nachforschungen dienen wird.

Dann gingen wir in nördlicher Richtung den Berg abwärts auf das Dorf Albenreuth zu, wo auf den Feldern glänzende zertrümmerte Basalthornblende, nahe am Dorfe hohe Schichten von vulkanischem Sande mit porösen Basaltstückchen und Hornblende entdeckt wurden.

Als wir den schönen Fund nach der Heimkunft auspackten, sagte Goethe: Morgen gibt es zu ordnen und zu verzeichnen. Sie bleiben doch noch bei mir, wir wollen noch manches besprechen.

Nachdem er das Oberkleid mit dem Schlafrock vertauscht hatte, mußte ich mich zu ihm setzen, und er sprach: Wir haben heute unser Tagewerk vollbracht, und wollen nun ausruhen; diese merkwürdige Gegend wünschte ich doch mit Ihnen noch einmal zu besuchen, wenn es Ihre Geschäfte zulassen. Wir haben den in der Nähe östlich liegenden Dillenberg, wo die edlen Granaten vorkommen, noch nicht besucht, und der südlich von uns gelegene Berg, Hochwald genannt, dürfte nebst den schönen Andalusiten noch andere Ausbeute liefern. Ihre Gebirgskarte hat mich zu dem abermaligen Besuche bestimmt; denn ich glaube, daß die Gebirgsformation gegen Westen aus anderem Gestein, als jene gegen Süden bestehe; die Täler dazwischen und die äußere Form dieser Gebirge dürften meine Meinung bestärken. Finden wir bei der Trennung derselben Spalten, Wasserrisse, so kommen wir bald ins reine, auch den Bach dürfen wir nicht unbeachtet lassen, denn Regengüsse führen manches hinab, was wir brauchen, und uns daran erfreuen können.

5213 Grüner *24. August 1823*

Die Exemplare [der am Vortage gesammelten Gesteinsproben] wurden bestimmt, numeriert und verzeichnet.

Die Kleidertracht der Egerländer bildete in meiner Abhandlung eine eigene Abteilung. Ich hatte die älteste und die neueste Tracht bildlich dargestellt, um zu vergleichen, ob und inwieferne der allgemein herrschende Luxus auch auf sie eingewirkt habe. Zugleich gab ich den Stoff und das Ellenmaß bestimmt an, wobei ich die ältesten und die jüngsten Bauernschneider zu Rate gezogen hatte.

Das hat sein Gutes, sagte Goethe, man kann in der Folge wahrnehmen, ob und inwiefern der Luxus auf sie eingewirkt hat. Es wäre interessant, solche Aufzeichnungen auch von anderen Völkern zu haben.

Abends kam Hofrat Meyer. Einer meiner ältesten Freunde, sagte Goethe, dem ich in Beurteilung von Kunstwerken viel zu verdanken habe.

Hofrat Meyer, ein anspruchsloser Mann, der im Dialekte den gebornen Schweizer noch etwas verriet, schien bei dieser Äußerung Goethes in Verlegenheit zu geraten. Goethe lenkte aber das Gespräch sogleich auf die früheren Zeiten, auf Italien, auf Rom, wo Hofrat Meyer sich insbesondere ausgebildet hatte. Von dem Gespräche zwischen Goethe und Meyer habe ich nur folgende Äußerung Goethes aufgezeichnet:

Neue Erfindungen können und werden geschehen, allein es kann nichts Neues ausgedacht werden, was auf den sittlichen Menschen Bezug hat. Es ist alles schon gedacht, gesagt worden, was wir höchstens unter andern Formen und Ausdrücken wiedergeben können. Man komme über die Orientalen, da findet man erstaunliche Sachen.

5214 Grüner *25. August 1823*

Als Hofrat Meyer Abschied genommen hatte, sagte Goethe: Den Tod dieses Mannes wünsche ich nicht zu überleben. Er ist ein gediegener tüchtiger, nicht zu ersetzender Mann. Ich bin an ihn gewöhnt, und er bleibt öfters bei mir bis nachts ein Uhr.

Die [für den September vorgesehene] Zusammenkunft in Hartenberg bei dem Grafen Auersperg wurde besprochen.

5215 *Ulrike v. Levetzow: Erinnerungen*

Hier verläßt mich nun mein Gedächtnis; denn ich erinnere mich nicht recht, ob in diesem Jahre [1822] oder erst im darauffolgenden der Großherzog von Weimar, welcher ja so befreundet mit Goethe war, auch nach Marienbad kam; doch daß er in unserm Haus wohnte, das weiß ich, wie auch, daß das Haus noch nicht den Namen «Stadt Weimar» erhalten hatte. Ich sagte schon, daß der Großherzog sehr befreundet mit meinen Großeltern und meiner Mutter war, auch uns hatte er schon als Kinder öfters gesehen; er war mit uns allen sehr freundlich und gnädig, und er war es, welcher meinen Eltern und auch mir sagte, daß ich Goethe heiraten möchte; erst nahmen wir es für Scherz und meinten, daß Goethe sicher nicht daran denke, was er widersprach, und oft wiederholte, ja selbst mir es von der lockendsten Seite schilderte, wie ich die erste Dame am Hof und in Weimar sein würde, wie sehr er, der Fürst, mich auszeichnen wolle, er würde meinen Eltern gleich ein Haus in Weimar einrichten und übergeben, damit sie nicht von mir getrennt lebten, für meine Zukunft wolle er in jeder Weise sorgen; meiner Mutter redete er sehr zu, und später hörte ich, daß er ihr versprochen, daß, da nach aller Wahrscheinlichkeit ich Goethe überleben würde, er mir nach dessen Tod eine jährliche Pension, 10000 Taler, aussetzen wolle. Meine Mutter hatte sich aber fest vorgenommen, keine ihrer Töchter zu einer Heirat zu überreden und zu bestimmen, doch sprach sie darüber mit mir und frug mich, ob ich mich wohl dazu geneigt fühle, worauf ich ihr erwiderte: ob sie es wünsche, daß ich es tue; ihre Antwort war: «Nein, mein Kind, Du bist noch zu jung, um daß ich Dich schon jetzt verheiratet sehen möchte; doch ist der Antrag so ehrenvoll, daß ich auch nicht, ohne Dich darüber zu fragen, ihn abweisen kann; Du mußt es Dir überlegen, ob Du in einer solchen Lage den Goethe heiraten [willst].» Ich meinte, ich brauche keine Zeit, zu überlegen, ich hätte Goethe sehr lieb, so wie einen Vater, und wenn er ganz allein stünde, ich daher glauben dürfte, ihm nützlich zu sein, da wollte ich ihn nehmen; er habe ja aber durch seinen Sohn, welcher verheiratet sei und welcher bei ihm im Haus lebt, eine Familie, welche ich ja verdrängte, wenn ich mich an ihre Stelle setzte; er brauche mich nicht, und die Trennung von Mutter, Schwestern und Großeltern würde mir gar zu schwer; ich hätte noch gar keine Lust zu heiraten. So war es abgemacht. Goethe selbst sprach nie darüber, weder mit meiner Mutter noch mit mir, wenn er mich auch seinen Liebling nannte, doch meist sein liebes Töchterchen.

Im Jahre 1823 waren wir nur kurze Zeit mit ihm in Marienbad zusammen, da meine Mutter Karlsbad brauchen mußte, wohin Goethe aber auf einige Tage kam, mit uns im selben Haus wohnte und immer mit uns war, mit uns frühstückte und speiste, uns des Abends abwechselnd vorlesen ließ, wozu meine Schwester Amelie sich nie entschließen wollte und sich sehr viel mit ihm neckte, da sie sehr lebhaft war. In Karlsbad war er auch an seinem Geburtstag [28. August] mit uns, und da meine Mutter merkte, daß er nicht wissen lassen wollte, daß es sein Geburtstag, so verbot sie auch uns, es zu erwähnen. Goethe sagte den Tag vorher, er wünsche sehr, daß wir mit ihm recht früh nach Elbogen fahren möchten und daß wir diesen Tag seine Gäste seien, wie er die ganze Zeit unser Gast gewesen. Mutter nahm es an, setzte für diesen Tag ihre Küche aus, und als Goethe um 7 Uhr früh zum Frühstück herunter kam, stand eine hübsche Tasse, auf welcher ein Efeu-Kranz, an seinem Platz; nachdem er sie eine Weile betrachtet, wandte er sich zu meiner Mutter: «Warum die schöne Tasse?» – «Damit Sie an unsere Freundschaft erinnert werden. Efeu ist ja deren Sinnbild.» Goethe reichte der Mutter die Hand: «Wie hübsch, es soll mir ein liebes Andenken sein.» Bald fuhren wir fort, und Goethe war die ganze Zeit sehr heiter, erzählte uns viele heitere Erlebnisse, besonders von seinen öfteren Aufenthalten in Karlsbad; auch in Elbogen zeigte er uns alle Merkwürdigkeiten.

So kam die Essenstunde, er hatte seinen Kammerdiener schon früher nach Elbogen geschickt, damit er alle Vorbereitungen treffe. Mutter aber hatte einen schönen Kuchen, einen echten Geburtstags-Kuchen, und zwei Flaschen alten Rheinwein, welchen Goethe besonders liebte, mitgenommen, welche an dem Tisch standen und Goethe gleich bemerkte: «Welch schöner geschenkter Kuchen!» Nun erwiderte die Mutter: «Ich muß doch auch etwas zu dem Diner beitragen, und da wählte ich Biskuit und einen Wein, welches Sie ja lieben.» – «Meine aufmerksame kleine Freundin! Aber welch schönes Glas seh ich wieder hier mit Ihrem und der lieben Kinder Namen!» Wieder sagte Mutter: «Wir wollen über allem nicht vergessen sein, und Sie sollen sich unser und auch des heutigen schönen Beisammensein erinnern und immer daran denken.» Goethe lächelte, dankte und blieb fort heiter. Zu Ende der Mahlzeit brachte sein Kammerdiener ihm einen ganzen Pack Briefe und Schriften, welche er zum Teil las, dabei öfters sagte: «Die lieben Menschen sind sehr freundlich und lieb», wohl erwartend, daß wir fragen würden, was aber nicht geschah. So fuhren wir in heiterer Laune nach Karlsbad zurück; schon von weitem sahen wir vor dem Haus auf der Wiese viele Menschen und daß Musik uns erwartet. Gleich als wir ausstiegen, wurde Goethe umringt. Mutter winkte uns, sagte Goethe gute Nacht und ging mit uns hinauf. Da es schon spät, sahen wir Goethe erst am andern Morgen wieder, wo seine erste Frage war: «Nicht wahr, Sie wußten, daß gestern mein Geburtstag?» Mutter sagte: «Wie sollte ich nicht? Da hätten Sie es nicht drukken lassen müssen!» Lachend schlug er sich vor den Kopf und meinte: «So wollen wir es den Tag des öffentlichen Geheimnisses nennen», und so erwähnte er es auch später in den Briefen.

Ich kann nur wiederholen, was ich schon oft gesagt, es war eine schöne Zeit, welche wir mit dem so liebenswürdigen Manne verlebt haben, und die Briefe, welche er noch lange Jahre mit meiner Mutter wechselte, zeigten, daß er sie auch nicht vergessen. Sehr viel hat Goethe zu meiner und meiner Schwestern Belehrung und Bildung beigetragen, da er über so viele Gegenstände mit uns gesprochen und auch meiner Mutter manchen Wink und Rat gegeben.

5216 Baron Foelkersahm
an G. v. Foelkersahm *30. August 1823*

Auch Goethe ist hier [in Karlsbad], und vielleicht schon nicht mehr, denn er ist nur auf ein paar Tage, und, wie man sagt, nur wegen eines Paares hier durchreisender schöner Augen hiehergekommen. Im Vertrauen auf seine Unsterblichkeit beginnt er jetzt seine siebzigjährige durchlaufene Lebensbahn von neuem. Bei dem Mineralien-Suchen in Marienbad ist ihm ein unbekanntes liebes Herzensveilchen aufgestoßen, das er beschlossen hat, an seinem Busen aufzunehmen, und zu einem weltbekannten Veilchen zu machen, ja ihm sogar Unsterblichkeit zuzusichern. Kurz, er ist in ein junges Mädchen verliebt, er ist ganz weg, er will sie – heuraten. Welch eine dichterische Raserei! Übrigens wird dies alles bloß von einem «man sagt» verbürgt.

5217 Caroline v. Humboldt an ihren Mann *31. August 1823*

Von Goethe höre ich gestern, daß er es in Eger nicht hat aushalten können, sondern nach Karlsbad gegangen ist, wo das Fräulein mit ihrer Mutter ist, welches er anbetet. Sie heißt Levetzow. Es ist dies eine kuriose Geschichte, die der ganzen Familie und ihres Zusammenhangs. Genug, die Großeltern des Fräuleins, Herr und Frau von Brösigke, aus Preußen gebürtig, haben hier [in Marienbad] das größte Haus gebaut, wohnen im Sommer immer hier, und Frau von Brösigke hat Bekanntinnen, die in ihrem Hause wohnen, erzählt, Goethe habe ihrer Enkelin seine Hand angetragen und ihr gesagt, sie würde auch in seiner Familie von seinem Sohn und Schwiegertochter sehr geehrt und auf Händen getragen werden. Vom Großherzog aber würde sie als seine Witwe 2000 Taler Pension jährlich haben. Das Fräulein aber, sagt die Großmama, könne sich nicht zu einer im Alter so sehr ungleichen Heirat verstehen.

5218 *Caroline v. Wolzogen*
an Caroline v. Humboldt *24. September 1823*

Alle Welt trägt sich mit Goethens Liebesgeschichte, und seine Familie fürchtete sogar eine Heirat. So toll ich diese fände, so freut mich doch die Jugendkraft des Herzens an ihm, sich noch verlieben zu können. Wie es bei ihm immer war, der Wert des Gegenstandes liegt bloß in seiner Vorstellung, denn eigentlich soll gar nichts Vorzügliches daran sein. Die Familie sind Spieler und sehr spekulativ, doch denke ich, zur Heirat soll er sich nicht fangen lassen. Mit seiner Gesundheit geht es indessen nicht gut. Vielleicht hast Du ihn selbst noch gefunden in einem der Bäder.

5219 *Bettina an Arnim* *Anfang Oktober 1823*

Von Goethe heißt es hier [in Berlin] allgemein, daß er die Fräulein Levetzow heuraten wolle, daß ihre Mutter damit einverstanden sei, das junge achtzehnjährige Mädchen sträubt sich.

5220 *Böttiger an F. A. Wolf* *7. November 1823*

Altvater Goethe soll sich noch mit aller Gewalt mit einer ihn fein um den Bart herumstreichelnden Marienbaderin verheiraten. Credat Iudaeus! Da wär er ja noch im Anfang seiner Wanderjahre!

5221 *Grüner* *6. September 1823*

Ich hatte Goethe zwar vorgeschlagen, den 28. August abermals in Hartenberg, wie es der Graf [Auersperg] so sehr wünschte, zu verleben, allein er war nicht dazu zu bewegen, schützte seine notwendige Anwesenheit in Karlsbad vor. Graf Auersperg war ein eifriger Mineralog. Ich bemühte mich, durch die eingeleitete Korrespondenz und den Tauschhandel für ihn Fossilien zu akquirieren, um nach und nach die Lücken in seinem Kabinette ausfüllen zu können. Hierüber hatte er stets außerordentliches

Vergnügen. Da ich der Verabredung gemäß mit Goethe bei dem Grafen zusammentraf, hatte ich einige diesem unbekannte Fossilien mitgebracht, die zu Fragen und Erörterungen Anlaß gaben.

Hierauf wurde ein Spaziergang um das Schloß gemacht, und der Graf zeigte Goethe den langen breiten Teichdamm, den er zur Zeit der größten Not 1816 und 1817 hatte ausführen lassen, lediglich um seinen Untertanen einigen Erwerb zu verschaffen. Es war ein jammervoller bedaurungswürdiger Zustand im Gebirge, sagte der Graf. Rat Grüner hat sich damals im Erzgebirge davon überzeugt.

Ja, erwiderte ich, es war ein bejammernswerter Zustand, ein grenzenloses Elend. Ich hatte als Kriminalrat den Auftrag erhalten, in einem Städtchen eine zur Anzeige gekommene Bleivergiftung, an der bereits fünf Personen gestorben sein sollten, zu untersuchen ... Die Reagenzien zeigten nicht die geringsten Spuren einer Metallvergiftung, und bei der sorgfältigsten Geschirr- und Hausuntersuchung konnte kein Gegenstand gefunden werden, der auf eine solche Vergiftung zu schließen berechtigt hätte. Ich begab mich in das Dorf zu jener Müllerin, wo der unglückliche Vater mit seinem älteren Sohne Getreide gestohlen haben sollte, und fand einen abgesonderten Haufen von sogenanntem geringen Getreide, von dem er gestohlen hatte, und welches besonders viel Mutterkorn enthielt. Ich nahm eine Quantität zur Erhebung des Tatbestandes und wenigstens die beruhigende Überzeugung mit, daß keine absichtliche Vergiftung stattgefunden, sondern daß das Mutterkorn in den ausgehungerten Menschen die schreckliche und tödliche Krankheit veranlaßt habe. Das bestätigte auch die Prager medizinische Fakultät, und erklärte die Krankheit für die Kribbelkrankheit. Euer Exzellenz können sich keinen Begriff von dem damaligen Zustande dieser armen Gebirgsbewohner machen ... Ich war so glücklich, durch Sammlung von Geld, Lebensmitteln und Kleidungsstücken einige Abhülfe verschaffen zu können. Ich forderte mehrere dieser Leute auf, mich nach Eger zu begleiten, wo ich mich bemühen würde, ihnen Nahrung und Verdienst zu verschaffen; allein es folgten mir bloß zwei Familien, welche indes trotz des ausgiebigen Verdienstes, den sie hatten, schon nach einigen Tagen wieder in ihren Notstand zurückkehrten, wahrscheinlich, weil ihre Hände, durch die feinere Arbeit des Spitzenklöppelns erweicht, zur Verrichtung gröberer Arbeiten nicht geeignet waren; überdies die Gebirgischen das Einatmen einer feineren Luft, insbesondere in den höheren Gebirge[n], und ein gesellig freieres Leben zu führen gewohnt waren.

Allerdings, sagte Goethe, hängen die Gebirgsbewohner mit ganzer Seele an ihrer Heimat. Wenn ich nicht irre, ist unter Ludwig XIV. unter den schwersten Strafen das Blasen einer Schalmei verboten worden, weil in den Schweizerregimentern die Leute dadurch zu sehr an ihre Heimat erinnert wurden, und viele an Heimweh dahinstarben. Der Fall, den Sie uns mitteilten, ist sehr merkwürdig und hätte öffentlich zur Warnung bekannt gemacht werden sollen.

Der Fall wurde auch, entgegnete ich, der Landesregierung zu diesem Zwecke mitgeteilt. Die Jahre 1816 und 1817 mögen wegen der herrschenden Nässe das Mutterkorn häufiger als gewöhnlich erzeugt haben. Dasselbe mußte auch bei diesen ausgehungerten Menschen, die es in größerer Quantität genossen, die schreckliche bisher unbekannte Wirkung hervorbringen.

5222 Grüner *7. September 1823*

Diese zwei edlen und, ich darf von beiden sagen, großen Männer [Goethe und Graf Auersperg] schieden voneinander mit dem innigsten Wunsche und der zuversichtlichen Hoffnung, sich im künftigen Jahre wieder zu sehen, aber sie sahen sich auf Erden nicht wieder.

5223 Grüner *8. September 1823*

Beim Eintritte begrüßte mich Goethe freundlich mit: Glück auf! Nun lassen Sie, mein Guter, Ihre neuen Akquisitionen sehen. Man würde Ihnen ans Herz greifen, wenn ich mir davon etwas wählen wollte.

Für Eure Exzellenz, sagte ich, steht alles zu Diensten; denn ich habe Ihnen ja alles zu verdanken.

Darauf Goethe: Ich will Sie nicht beunruhigen, denn künftig ließen Sie vielleicht Ihre vorzüglichsten Stücke mir nicht mehr sehen.

Da er indes die schön kristallisierten Andalusiten lobte, suchte ich einen vorzüglichen für ihn aus, den er wohlgefällig mit den Worten annahm: Jemand anderem würden Sie ihn gewiß nicht so bereitwillig ohne reichlichen Ersatz gegeben haben; nicht wahr, mein Lieber?

Bei Euer Exzellenz, sagte ich, gereicht es mir nur zum Vergnügen, und ich schätze mich glücklich, in den Stand gesetzt zu sein, nun etwas Annehmbares anbieten zu können, aber, wie gesagt, es bemächtigt sich meiner eine so unendliche Leidenschaft des Geizes, daß ich ihr kaum widerstehen kann; ich möchte nur immer schöne Mineralien akquirieren, und, wenn ich tausche, fällt es mir schwer, sehr schwer, mich von schönen Stufen zu trennen, und dennoch muß ich es tun, weil der Freund dann gezwungen ist, mir auch schöne Sachen dafür zu liefern.

Sie sind schon auf dem rechten Wege, sagte Goethe, so muß es kommen. Fahren Sie nur so fort, wo Ihre Arme noch nicht hinreichen, werde ich meine zum Beispiel nach England, Chile, Sizilien ausstrecken.

Während des in Goethes Tagebuche angemerkten Spazierganges richtete sein Auge sich bald auf das schöne Egertal, bald auf die Wolken, denen, wie er sich oft äußerte, etwas abzugewinnen sei.

Bei meinem Abendbesuche erkundigte er sich über die Zeremonie bei Einführung eines Pfarrers, über die Anzahl der zum Egerschen Magistrate gehörigen Patronate und über die Obliegenheiten eines Patrons. Ich gab die erforderliche Auskunft.

5224 Grüner *11. September 1823*

Er [Goethe] schied von mir wie von einem alterprobten Freunde mit einer mir unvergeßlichen Herzlichkeit. Als ich ihm noch am Wagen sagte: Euer Exzellenz hoffe ich mit Zuversicht im künftigen Jahre wieder verehren zu dürfen, denn es stehen ja noch manche wichtige Exkursionen, zum Beispiel zu dem Menilit, bevor, um Vergleichungen mit jenem von Menilmontant anzustellen und dergleichen, antwortete er mit zuversichtlicher Miene: «Ja, mein Bester!» Ich sah der dahin rollenden Chaise, welche den großen Mann trug, bis sie meinen Blicken entschwand, mit Wehmut nach und war den ganzen Tag verstimmt.

UNDATIERTES 1821–1823

5225 K. A. Ch. Sckell: Goethe in Dornburg *1864*

Als im September dieses Jahres [1821] der großherzogliche Hofgärtner des Botanischen Gartens [in Jena] mehrere Wochen auf einer im Auftrage des Großherzogs unternommenen Reise abwesend war, wurde ich stellvertretend mit der Aufsicht des Gartens betraut. Gerade in dieser Zeit wohnte Goethe in dem damals sich dort befindenden Gartenhause. Da er die Oberaufsicht über den Botanischen Garten führte, so hatte ich selbstverständlich oft Gelegenheit, mit ihm zu verkehren.

5226 Platen: Tagebuch *1. Januar 1822*

Durch ... den Beginn meiner leidigen Schriftstellerei ist mir das verflossene Jahr besonders merkwürdig. Mit letzterer habe ich in der Tat nicht Ursache, zufrieden zu sein, nicht bloß ihrer selbst willen, sondern auch der vielen Widersprüche wegen, die ich schon in dieser kurzen Zeit deshalb erdulden mußte. Doch hat mir Gruber geschrieben, der es von Major Knebel wissen will, daß Goethe meine Lyrischen Blätter mit Beifall aufgenommen.

5227 F. v. Alten: Aus Tischbeins Leben *1872*

Rennenkampff machte den Versuch bei seiner Anwesenheit (Sommer 1822) in Weimar, Goethe dieser Arbeit [weitere Verse zu Zeichnungen Tischbeins zu liefern] zu gewinnen, aber er verfehlte ihn und hörte vom Kanzler Müller: Goethe habe darüber gescherzt, daß man das Kind im

Bade ersäufen und an einer Leckerei, wie seine Verse zu Tischbeins ersten einundzwanzig kleinen Bildern, uns satt essen wollten; indessen wolle er zusehen, vielleicht käme ihm einmal doch die Laune an, Rennenkampffs Bitte zu erfüllen. Indessen habe er Goethe den Anakreon [anakreontische Aquarelle Tischbeins] auf den Tisch gelegt.

5228 A. v. Rennenkampff an F. Münter 7. September 1822

Goethe war nicht in Weimar. Auf der Bibliothek habe ich die marmousets en question mit großer Aufmerksamkeit betrachtet, sie sind mit unübertrefflicher Genauigkeit abgebildet in den Kuriositäten und darum jede andere Zeichnung davon überflüssig. Wo sie her sind? Das ist des verdrehten Vulpius Geheimnis. Goethe hält sie für unbestreitbare Werke des Altertums, wie mir sein Sohn sagt, macht sich aber lustig über die Hammerschen Träumereien und des Schwagers Abgeschmacktheiten.

5229 K. A. Ch. Sckell: Goethe in Dornburg 1864

Von Jena zurückgekehrt, blieb ich das Jahr 1822 als Gehülfe bei meinem Vater in Belvedere. Während dieser Zeit hatte ich im Herbste dieses Jahres Veranlassung, Goethe wieder einmal meine Aufwartung zu machen. Der Großherzog Carl August wollte mich nämlich im Frühling des Jahres 1823 zu meiner weiteren Ausbildung noch nach Karlsruhe schicken und Goethe mir an seine dortigen Freunde Empfehlungsschreiben mitgeben. Die Sache zerschlug sich wieder, die Reise unterblieb.

5230 J. W. Appell: Werther und seine Zeit 1882

Wie Goethe aber an seinem Lebensabend jener glücklich-unglücklichen Wetzlarer Zeit gern gedachte, bestätigt auch ein von Paul Wigand mitgeteilter Zug. Der Wirt von Garbenheim berichtete demselben: Wie er 1822 als Rekrut zur Garde nach Berlin marschierte und in Weimar Rast machte, wurde er von einem seiner Kameraden: «Wetzlarer!» angerufen. Bald darauf kam ein Bedienter herbei und begehrte zu wissen, ob er aus Wetzlar gebürtig sei, oder diesen Namen führe. Auf die Bejahung des ersteren, lud ihn der Diener ein, mit zu seinem Herrn zu gehen. Es war Goethe. Er hatte im Fenster den Ruf gehört, und erkundigte sich gar freundlich, ob der Rekrut die Buffsche Familie kenne und wie es ihr gehe. Er fragte ebenfalls nach verschiedenen anderen Personen, ließ sich von Garbenheim erzählen und forschte, ob die Wirtin Koch noch am Leben sei; diese war aber längst tot. Auch von der alten Linde und vom Wildbacher Brunnen, dem Werther-Brunnen, sprach er, und endlich verabschiedete er den angehenden Soldaten, nachdem er ihm zwei harte Taler geschenkt und ihn zu Mittag hatte bewirten lassen, aufs wohlwollendste.

5231 Caroline v. Wolzogen
an Caroline v. Humboldt *18. Dezember 1822*

Bitte Humboldt, meine liebste Li, wenn etwa von Goethe eine Anfoderung wegen Schillers Briefen an ihn kommt, sie nicht herauszugeben. Wir müssen beim nächsten Sehen ausführlich darüber sprechen. Goethe hatte eine Idee, die Korrespondenz mit Schiller herauszugeben, aber er tat einen so niederträchtigen geizigen Antrag deshalb, daß ich mich beinahe für ihn deshalb schäme und die Sache ganz abbrach. Wie anders würde sich Schiller in Goethes Lage gegen seinen Sohn benommen haben! Der Egoismus wächst fürchterlich im Alter. Wir verwahren Goethes Briefe, wie es mein Mann angeordnet, und werden sie nur gegen Schillers seine herausgeben. Schiller legte damals seine ganze Seele in diese Mitteilungen, und sie sind unendlich wichtiger als die Antworten. Im ganzen kann es ein einziges Werk für die Literaturgeschichte werden ... Kannst Du Körner auf gewisse Weise auch mit der Idee bekannt machen, die Briefe nicht, im Fall sie Goethe foderte, herauszugeben, so wäre es mir sehr lieb. Die Details und das Benehmen Goethes mußt Du ihm aber ja nicht sagen, denn durch die Frauens wird es gleich ein Universalklatsch. Ich schone Goethen immer gern, da so jetzt alles über seinen Charakter herfällt. Ich sehe ihn als eine Naturerscheinung an, die keinen Charakter hat.

5232 *Julie v. Egloffstein an Goethe* *(Ende Dezember 1822)*

Heilig, unvergeßlich bleiben mir für immer die inhaltsreichen Stunden, wo Ihre Huld und Nachsicht freundlich auf mein inneres Leben wirkte und so manchen bangen Zweifel löste, der es früher hemmte, und wenn ich gegenwärtig vertrauungsvoller weiterschreite, wem anders als Ihnen verdanke ich den heitern Erfolg ängstlicher Mühe und Anstrengung?

5233 *J. Falk: Geheimes Tagebuch* *22. August 1823*

Der Kupferstecher Schwerdgeburth sagte zu Goethe, als er Weber, den Komponisten des Freischützen, in Kupfer gestochen hatte: «Ich habe in Weimar auf keinen großen Absatz gerechnet; auch bin ich kaum ein paar Exemplare los geworden.» Goethe gab ihm sehr recht und sagte: «Sie haben wohlgetan, diesen Weg zu gehen. Es ist bei den Weimaranern eitel, das Maul voll zu nehmen, und für ernste Zwecke wenig oder vielmehr gar nicht auf sie zu rechnen.»

5234 *M. Müller: Lebenserfahrungen und Lebensziele* *1893*

Nun hat man mir noch folgendes erzählt.

Unser Dichterfürst Goethe soll auf einer Reise auch einmal in unserem Hause [«Zum goldnen Löwen» in Pößneck] eingekehrt sein. Mein Vater rühmte sich, wie gut Goethe der Wein geschmeckt habe, und meine Mutter desgleichen, wie ihm das Essen so gut gemundet hätte. Mein Vater fragte Goethe, was wohl zwei große Gipsfiguren auf dem Ofen zu bedeuten hätten, es wisse es niemand zu deuten. Goethe meinte, das sei ein Phantasiestück, der Künstler habe keine besonderen mythischen Gestalten dabei im Auge gehabt. Ich bekam bei dieser Gelegenheit einen Rüffel. Unter der Haustür, mit einem Butterbrot ernstlich beschäftigt, stehend, hatte mich Goethe am Kopfe gestreichelt und gefragt, ob mir's schmeckte, ich hätte aber gar nicht geantwortet. Darüber wurde ich ausgescholten, aber ich hätte doch nur ein «Ja» loslegen können.

5235 *E. Mautner: Carl La Roche* *1873*

Wie sehr das Verhältnis La Roches zu Goethe den Charakter ehrfurchtsvollster Bewunderung von der einen und sympathischer Zuneigung von der anderen Seite trug, beweist der Umstand, daß es La Roche in einem der folgenden Jahre vergönnt war, Goethe auf seiner alljährlichen Badereise zu begleiten. La Roche erzählte mir selbst mit vielem Humor die Fahrt mit Goethe von Marienbad nach Kloster Tepl, wo der Abt, Goethe zu Ehren, Hummelsche Kirchenmusik aufführen ließ, die der Komponist selbst dirigierte. Beide hatten kalte Küche mitgenommen; La Roche unter anderem eine besondere Gattung Wurst, die er sehr gerne aß. Goethes feinen Geruchswerkzeugen blieb die Existenz dieses Leckerbissens nicht lange verborgen, er kostete dieselbe und fand sie so sehr nach seinem Geschmacke, daß er sie allein verzehrte und La Roche sich an dem kalten Huhne des Dichters schadlos halten mußte.

5236 *Dresdner Anzeiger* *11. Dezember 1876*

Joseph Pleyer ... erinnerte sich, wenn das Gespräch auf Goethe kam, stets der Worte, die letzterer bei seinem Aufenthalt in Eger während eines Konzertes zu Pleyer (einem Mitwirkenden) gesagt hatte: «Wer Musik nicht liebt, verdient nicht, ein Mensch genannt zu werden, wer sie nur liebt, ist erst ein halber Mensch, wer sie aber treibt, ist ein ganzer Mensch.» Als Kompliment für einen Mitwirkenden sehr artig; als Lehrsatz wohl zu sehr – Kompliment.

5237 *J. St. Zauper: Studien über Goethe* *1840*

«Das läßt sich nicht lehren, man muß es tun», sagte mir Goethe ...

5238 *J. St. Zauper: Studien über Goethe* *1840*

Das Schematisieren, welches Goethe so gewohnt war, ist ein treffliches Mittel einer logischen, reichen Erfindung, und der Verfasser dankt es seinem Lehrer sehr, der die rhetorischen, auch wohl poetischen Arbeiten seiner Schüler durch dieses Mittel so zweckmäßig leitete. Goethe machte mich auch besonders auf die Chria aufmerksam – sie ist eben nichts anders, als ein Schema –, von der er erinnerte, sie sei seinem Sohne als Sprecher so nützlich gewesen; er empfahl mir dringend diesen rhetorischen Leisten für die Schule, und ich habe seinen Rat vielfach bewährt gefunden.

5239 J. St. Zauper: Studien über Goethe *1840*

Goethe äußerte sich über ihn [den Komponisten Tomaschek] überaus günstig, indem er im allgemeinen über den glücklichen Bund, der Dichter und Musiker verbrüdere, mit lebhaftem Anteil sich äußerte.

5240 J. St. Zauper: Studien über Goethe *1840*

Goethe sagte mir: «Bis die Folgezeit Sie aus meinem Kreise in andere Kreise zieht.»

5241 J. St. Zauper: Studien über Goethe *1840*

Unter anderen Gesprächen in Marienbad, führte Goethen der Verlauf derselben auch auf höhere religiöse Gegenstände, deren Inhalt mir, leider, nicht mehr ganz gegenwärtig; doch höre ich noch die Worte: *die Erbarmungen Gottes*, wobei er mit dem seelenvollsten Auge hinaufschaute, ein Himmel klärte sich in diesem Blicke auf!

5242 J. St. Zauper: Studien über Goethe *1840*

Durch Eckermanns Gespräche werde ich wieder lebhaft an Goethe erinnert, und an jene Zeiten schönen Zusammenseins. Vieles, an das ich nicht mehr gedacht, taucht wieder auf; was über Schiller gesagt wird, wiederholt sich mir fast wörtlich zur schönsten Bestätigung; sein zu wenig Motivieren, sein riesenmäßiges Wachsen an Kenntnis von Tag zu Tage. Nur das wollte Goethe nicht gelten lassen, als habe Schiller sich in innerer Unzufriedenheit, in einem zu gemütlichen Zwiespalt mit der Welt, und Verdruß allmählich aufgezehrt; denn gewiß ist es, daß die Seele häufig den Körper bedingt, mit vielen seiner Schwächen, und daß die gegenseitigen Wirkungen, besonders die psychischen auf die somatischen, wohltuend und schädlich einwirken mögen. Goethe, der das durchaus besser wissen mußte, gestand bei aller Gesundheit der Seele Schillers bloß ein ihm angeborenes, organisches Verderben.

5243 *J. St. Zauper: Studien über Goethe* *1840*

Es ist mir noch immer lebhaft erinnerlich, wie ich mit Goethe an dem unteren Gloriet in Marienbad nächst der Mühle lange auf- und abging; er fragte, wohl meine Gesinnungen zu erforschen, über Wissenschaft und Literatur in unseren Landen vieles. Darauf führte er mich höher hinauf, es war am Morgen, wo man an der linken Seite des dort anfangenden Ortes ganz Marienbad im halben Kreise erschaut. Dann hieß er mich nächst dem Carolinenbrunnen auf einer Gartenbank neben sich niedersetzen, und unser Gespräch betraf den Unterricht, die Schule. Es war mir ein recht belehrendes, erfrischendes Gespräch. Er hatte, fast möchte ich so sagen, hier alle seine Würde und Hoheit vergessen, und war ungemein traulich geworden. Ich hatte fast nur aufzuhorchen mit ganzer Seele, und ward ganz zum gelehrigen Kinde. Ein andermal wieder saßen wir im Gespräche unter der Kolonnade des Kreuzbrunnens, die herrliche Aussicht gegen Südost, die sich so allmählich hinablehnt und senkt, rechts und links die dunklen Fichtenhöhen, der Himmel war dabei ungemein heiter und sommerlich; kleine, nettgekräuselte Schäfchen schwammen ruhig in der himmlischen Atmosphäre. Das gab Gelegenheit, manches über Wetterveränderung zu sprechen, ein Lieblingsthema Goethes.

5244 *J. St. Zauper: Studien über Goethe* *1840*

Meine Bekanntschaft mit Goethe fiel in die Zeit seiner jüngsten Liebe. Ich kann mich an dem Gedanken freuen, daß seine damalige Stimmung, seine lieblichst-schmerzliche Empfindung, wie sie in der Elegie, und überhaupt in der Trilogie der Leidenschaft sich ausspricht, eine mir günstige Atmosphäre gewesen, in der ihm auch mein Andenken mitlebte.

5245 *J. St. Zauper: Studien über Goethe* *1840*

Daß ich Goethe persönlich gesehen, gesprochen, kommt mir zum Verständnis seiner Gedichte sehr zustatten. Noch mehr aber will ich es von seiner Prosa meinen, die mit seiner Rede eins war, jederzeit geistreich, prägnant, das Höchste berührend, dennoch voll Klarheit und ungezwungener Natur. Dabei sein Auge, das durchdringend-milde, aufrichtige, menschenliebende! Die Anmut, die Dezenz, mitunter das Zartironische seines Tuns und Lassens, durchaus aber das Wahre und Zuverlässige seines Benehmens, das Würdevolle ohne Stolz, das Freundliche ohne Schmeichelei, das gutmütig Hinreißende.

5246 *J. St. Zauper an Eckermann* *12. Dezember 1823*

Um die Stunden bei und um Goethe beneide ich Sie in der Tat, mein Teurer; man lernt so viel mit wenigen, und seine Nähe ist so ungemein wohltätig; ich wiederhole gern, daß mein Leben durch ihn erst Bedeutung gewonnen, daß seine Schriften durch seinen Anblick in eine andre Verständlichkeit bei mir getreten, daß ich jederzeit mit besseren Gefühlen und Entschlüssen ihn verlassen, daß – doch wo nähme das ein Ende, wenn ich von Ihm rede!

5247 *Grüner: Widmung an Maria Pawlowna* *1853*

Seine Exzellenz der Geheime Rat und Staatsminister Freiherr von Goethe haben mir und anderen bei jeder Gelegenheit die erhabenen hochherzigen Eigenschaften Euerer Kaiserlichen Hoheit mit den lebhaftesten Farben geschildert, wovon ich mich teils in Weimar, teils in Franzensbad auf das allervollkommenste zu überzeugen Gelegenheit hatte.

Als ich bei der jüngsten Anwesenheit zu Franzensbad der hohen Gnade teilhaft wurde, Euere Kaiserliche Hoheit verehren und untertänigst vortragen zu dürfen, daß Goethe, sooft er von Weimar in die böhmischen Bäder reisete, stets auf einem großen Quarzfelsenstücke, bei Haslau zu Ende des Himmelreicher Waldes liegend, sich niederließ, ausruhte, um von dort die schöne Aussicht zu genießen, haben Euere Kaiserliche Hoheit sogleich dieses Felsenstück bestiegen, und in den erhabenen Zügen leuchtete deutlich die Erinnerung der Seele an den großen unersetzlichen Mann.

5248 Grüner *31. August 1825*

Die Fahrt [Grüners mit seinem Sohne] von Eger [nach Weimar] ging zunächst nach Haslau. Ich war einige Male mit Goethe in diesem Orte, denn in einer kleinen Entfernung rechts hinter Haslau an einer mit Bäumen bepflanzten Berglehne kömmt der von Werner entdeckte Egran mit Kalk, Tremolith, Opal, Granat, Malakolith und Feldspat vor, wovon Goethe stets mehrere Exemplare, sorgfältig eingepackt, mitnahm. Vor der Waldung, welche Himmelreich heißt, liegt an der Chaussee ein großes Stück Quarzfels, auf welchem Goethe, von Weimar zur Kursaison kommend, stets sich niederließ und sich an der schönen Aussicht labte. Auf der Anhöhe rechts zieht sich eine lange Kette Quarzfels nordwärts in schönen Gruppierungen hin, welche, gezeichnet, den Geognosten umso willkommener sein würden, da sie einzig in ihrer Art sein dürften.

5249 Grüner *29. Juni 1823*

Wenn ich mich nicht eines so erhebenden Ausspruches Goethes in betreff meiner erfreuen könnte, so würde ich schwerlich folgendes mit ihm geführte Gespräch, das der Zeitfolge nach einen andern Platz finden müßte, hier einschalten.

Jeder Mensch, sagte Goethe zu mir, hat eigene Zustände. Da wir so vertraut sind, so lassen Sie hören, wo Sie Ihre Studien, wahrscheinlich in Prag, vollendet haben, welcher Studienplan auf der Prager Universität vorgeschrieben war, und welche Professoren nach diesem vortrugen. Es wird mir alles angenehm sein, was Sie mir aus Ihren Erlebnissen erzählen wollen.

Ich antwortete: Eure Exzellenz haben befohlen, mögen Sie nun nicht durch lange Weile gequält werden. Mein

Vater bezog, so wie es seine Vorfahren seit unvordenklichen Zeiten getan, die Frankfurter Messen. Ich war schwach von Körperbau, daher hat es geheißen, er muß studieren, besonders als ich in der sogenannten Normalschule ausgezeichnet wurde. Das Gymnasium zu Eger war damals größtenteils mit Exjesuiten besetzt, unter denen indes bloß einer, namens Grassold, im Lehrfache sich vorzüglich auszeichnete. Er war unermüdlich tätig und um das Wohl und Fortkommen seiner Schüler äußerst besorgt ...

Darauf Goethe: Wer kann in Abrede stellen, daß die Jesuiten große Gelehrte hatten, es ist löblich, daß Sie sich seiner so dankbar erinnern. Es wäre zu wünschen, daß diesen so lobenswürdigen Fußtapfen so manche Professoren folgen möchten. Wie viele Jahre mußten Sie im Gymnasium zubringen, bevor Sie bei der Universität aufgenommen wurden?

Sechs Jahre, antwortete ich, in der Parva zwei Jahre, dann in der Grammatik, der Syntax, der Rhetorik und Poesie (so hießen die Klassen) je ein Jahr. Das Hauptstudium war die lateinische Sprache, und zunächst die Mathematik. Während ich noch in der sogenannten Grammatik war, starb mein Vater im neunundvierzigsten Jahre seines Alters mit Hinterlassung von vier Söhnen und zwei Töchtern und eines nur geringen Vermögens ... Mein Eifer veranlaßte die Professoren, auszuwirken, daß ich die Universität [Prag] beziehen durfte ... Im Jahre 1797 wurde ich als Akademiker immatrikuliert. Die Universität war sehr besucht, denn für den ersten Jahrgang des philosophischen Kursus waren fünfhundert Hörer immatrikuliert. Die Philosophie trug Professor Seibt vor ... Professor Meißner lehrte die Ästhetik und die römische und griechische Literatur.

Goethe bemerkte: Wenn ich nicht irre, hat Meißner den Ruf nach Prag durch die Herausgabe seines Alcibiades erhalten. Er war in der römischen und griechischen Geschichte sehr bewandert, und hatte als Sehriftsteller sich ein großes Publikum erworben. Wie waren Sie sonst mit ihm zufrieden?

Ich antwortete: Wir hatten Ursache, ihm unsere ganze Zuneigung und Liebe zu weihen, denn er gab uns Privatvorlesungen, las uns die neuesten Werke vor, eiferte uns zu dichterischen Aufsätzen an, die er genau durchging und verbesserte, und sie uns dann vortrug. Meißner hat sich überhaupt um Prag sehr verdient gemacht ... Als Meißner zum Leidwesen aller Studierenden den Ruf nach Fulda annahm, gaben wir ihm zu Ehren eine große musikalische Akademie im Konzertsaale ... Den Tag nachher besuchte ich ihn, und drückte mit herzlicher Lebhaftigkeit im Namen sämtlicher Akademiker ihre Dankgefühle aus. Im Gespräche erlaubte ich mir dann anzuführen, was man über Fulda sage, nämlich: Nix, nox et nebulae, tenuis cerevisia Fuldae. Das frappierte ihn lebhaft, und er fragte mich hastig: Woher haben Sie diesen Vers? Ich antwortete: Aus des Doktors der Medizin Wikard Lebensgeschichte, der dort verfolgt, dann russischer Staatsrat wurde ...

Goethe sagte: In Fulda, so wie ich hörte, hat Meißner mit seiner Familie traurige Schicksale erlebt, – und forderte mich auf, weiter zu erzählen.

So fuhr ich denn fort: Der gute ehrwürdige Exjesuit Widra war Professor der Mathematik. Im zweiten Semester der Logik erhielt der Direktor der philosophischen Fakultät Auftrag, die Stipendisten früher als die übrigen Hörer der Philosophie prüfen zu lassen. Da ich ein kleines Stipendium genoß, wurde ich auch dazu vorgeladen. Weil aber die bestimmte Prüfungszeit einige Wochen früher als die gewöhnliche angeordnet war, so war ich noch nicht gänzlich vorbereitet. Teils mußte ich, um mir besseren Unterhalt zu verschaffen, viele Zeit auf das Unterrichten von Kindern verwenden, teils war ich überzeugt gewesen, noch hinlängliche Zeit zu haben, um mich zur Prüfung gehörig vorzubereiten. Indes ging es nicht wohl an, sie aufzuschieben, und so unterzog ich mich ihr. Professor Widra sah in den Katalog, und da ich im ersten Semester gut von ihm klassifiziert worden war, er vielleicht durch meine Prüfung Ehre vor dem Direktor einlegen wollte, gab er mir ein bedeutendes Problem zu lösen. Als er wahrnahm, daß ich auf der Tafel einen ganz falschen Ansatz machte, löschte er ihn mit dem Schwamm aus, sagte zu mir ganz leise: Etiam nihil didicisti, und gab mir einige leichte Fragen, die ich gut beantworten konnte.

Goethe lächelte, notierte sich etwas, und später las ich in seinen gedruckten Aphorismen: Ein Professor sagte zu seinem Schüler etiam nihil didicisti und ließ ihn für einen guten laufen.

Nachdem ich, sagte ich, in meiner Erzählung fortfahrend, meine Lage und das Nachteilige überdacht hatte, was durch eine schlechte Klasse für mich hätte entstehen können, faßte ich den ernstlichen Vorsatz, nie wieder anders als vollkommen vorbereitet zu einer Prüfung zu gehen. Mögen Eure Exzellenz es nicht für Eitelkeit anrechnen, wenn ich anführe, daß ich den gefaßten Entschluß strenge gehalten, und auch von dieser Zeit an stets durchaus Vorzugsklassen, selbst bei den Prüfungen vor dem Appellationsgerichte, erworben habe.

Darauf Goethe: Der Mensch kann Unglaubliches leisten, wenn er die Zeit einzuteilen und recht zu benutzen weiß. Ich erfreue mich an Ihren offenen Konfessionen. Lassen Sie daher von Ihren Zuständen, Erlebnissen noch weiteres hören.

Wenn ich damit Eure Exzellenz nicht ermüde, antwortete ich, so will ich fortfahren. Ein Beamter zu Prag lieh mir die besten Zeitungen und Journale zum Lesen, und ich durfte sie auch längere Zeit benutzen. Derselbe hatte eine Nichte als Wirtschafterin bei sich, ein wohlgebildetes schönes junges Mädchen. Als ich die Zeitungen wieder abgab, um neue mitzunehmen, erzählte mir die Nichte unter Weinen und Händeringen, wie roh und sittenlos der Onkel sich gegen sie betrage, und bat mich inständig, ich möchte mich doch ihrer annehmen. Ich schrieb sogleich an ihre Eltern, schilderte die Lage ihres Kindes, und riet dringend zur Abberufung. Sogleich wurde Reisegeld geschickt, und sie reiste während der Abwesenheit ihres Onkels, der zu Wien Geschäfte hatte, in ihre Heimat, nachdem sie von mir, unter Danksagungen und Tränen vergießend, Abschied genommen hatte.

Goethe bemerkte: Bei diesem Abschiede werden Sie wohl auch nicht gefühllos geblieben sein. Mir scheint es, als ob es auf ein Liebesabenteuer hinausginge.

Ich antwortete: Ich kann nicht in Abrede stellen, daß ich sie wegen ihrer guten vorzüglichen Eigenschaften lieb gewann, sie auch deshalb in Franken bei ihren Eltern besuchte ... Es war im Monate August, als ich mit meinem Bruder zu Fuß bis Würzburg reiste ... Endlich langten wir zu Frankfurt an. Ich hatte mir von Frankfurt als einer so berühmten Handelsstadt eine großartige Vorstellung gemacht. Eure Exzellenz werden doch erlauben, daß ich mich über Ihre Vaterstadt ausspreche.

Goethe sagte: Im Jahre 1801 werden Sie nach Ihrer vorgefaßten Vorstellung Frankfurt freilich nicht günstig haben beurteilen können. In wissenschaftlicher Hinsicht war Frankfurt von keiner Bedeutung.

Auch in Rücksicht von Verschönerungen und öffentlichen Anlagen zu Spaziergängen war keine Fürsorge getroffen, erwiderte ich, in meiner Erzählung seinem Willen gemäß fortfahrend ... Als wir nach Heidelberg gekommen waren, wurde mir zu Ehren von den Studenten ein großer Kommers gegeben. Mir waren die Lieder, die sie sangen, nicht fremd; ich war ein so guter Billardspieler, daß mir keiner eine Partie abgewann, kurz ich war ein ausgerüsteter Bursche. Sie stellten mich dem Professor Succow vor, gingen mit mir nach den Ruinen des Schlosses, wo das große Faß in Augenschein genommen wurde. Hier, Eure Exzellenz, liegt mir etwas, sooft ich daran denke, schwer auf dem Herzen.

Goethe sagte: Nun? lassen Sie hören, es muß freilich schwer sein, weil Sie es durch so lange Zeit nicht wegschaffen konnten.

Ich gab, erzählte ich, als mir das Faß gezeigt wurde, dem Diener oder Aufseher mein ganzes kleines Geld. Die Studenten machten mich aufmerksam, daß ich auch ein vorzügliches Bild in der Kapelle sehen müsse. Ich schützte etwas vor, und nahm das berühmte Bild nicht in Augenschein, weil ich kein Trinkgeld geben konnte. Nun mochten sie mir nachsagen: Seht, Brüder, der Böhme ist zum Fasse, aber nicht zu dem Gemälde gegangen. So können oft unbedeutend scheinende, kleine Umstände, wenn sie unerörtert und unaufgeklärt bleiben, einen nachteiligen Einfluß auf den Ruf eines Menschen haben.

Da haben Sie ganz recht, sagte Goethe, allein manches, wie im vorliegenden Falle, läßt sich nicht gleich aufklären, denn Sie konnten die Ursache Ihren Begleitern nicht sagen, und so muß man oft den Gegenstand auf sich beruhen, die Leute reden lassen. Doch deren Handlungsweise und Benehmen dürfte keinen Anlaß gegeben haben, worüber Sie sich zu kränken Ursache hätten.

Sie haben mich, erwiderte ich, sehr ausgezeichnet behandelt, ich mußte mich in ihr Buch eintragen, wobei sie bemerkten, daß noch kein Prager Jurist bisher in ihrer Mitte erschienen wäre. Beim Abschiede sagte ich, daß ich nach Straßburg reisen wolle. Ich ging eine Strecke in der Richtung auf Durlach, allein als ich meine Börse zu Rate zog, die ich leichter fand, als ich geglaubt hatte, kehrte ich um, und damit kein Student mich sehen möchte, ging ich über den Neckar nach Neckarmünde ... In Würzburg erhielt ich ... frisches Reisegeld, und entschloß mich, die Nichte zu besuchen, welche ich in Prag von ihrem bösen Oheim befreit und zurück in ihre Heimat befördert hatte. Auf dem Wege nach W., ihrem Wohnorte, kam ich über Kitzingen usw.; es ereilte mich aber eine so finstere Nacht, daß ich in einer abgelegenen Mühle Obdach suchen mußte ... Am frühesten Morgen setzte ich meine Reise nach W. fort, fand die Eltern mit Friederike glücklich auf, wurde herzlich empfangen und mit aufrichtigen Danksagungen für meine Verwendung zugunsten der letzteren belohnt. Meine offene Erklärung, daß ich als Student noch lange nicht an Selbständigkeit denken könne, mochte die innige Zuneigung, die mir Friederike zeigte, zur Ruhe gebracht haben. Ich setzte meine Reise über Nürnberg, Regensburg nach Eger fort, und dachte recht oft noch an die große Sorglosigkeit, mit welcher ich mich damals aus dem väterlichen Hause in die Welt stürzte, gedenke noch heute der Entbehrungen und körperlichen Anstrengungen, die ich mir damals auferlegt, und mit Leichtigkeit ertragen habe.

Darauf Goethe: Sie haben mit Ihrem Körper schwere Proben versucht, und da Sie diese ohne nachteilige Folgen überstanden haben, so muß Ihnen eine lange gesunde Lebensdauer wohl in sicherer Aussicht stehen.

XII

VON DER RÜCKKEHR AUS BÖHMEN BIS ZUM GOLDENEN DIENSTJUBILÄUM

1823–1825

1823

5250 *A. v. Goethe an J. M. Färber* *9. September 1823*

Zugleich bemerke ich, daß mein Vater Sonnabend, den 13. September in Jena eintreffen wird und daß ich, um alles zu dessen Empfang vorzubereiten, Freitag, den 12. dieses nach Jena kommen werde. Da nun mein Vater mehrere Tage in Jena verweilen wird, so ist es notwendig, daß auch für den Kutscher ein Bett besorgt werde. Auch ist das Bett meines Vaters weiß zu überziehen. Ich werde mich auf die Zeit meines Aufenthaltes im Gasthof einquartieren.

5251 *A. v. Goethe an seine Frau* *13. September 1823*

[Jena.] Heute mittag, als ich bei Knebels aß, kam der Vater unerwartet an, er traf uns beim Braten, aß mit, und nach Tisch fuhren wir zusammen nach Hause, besahen den Botanischen Garten und das neue Gebäude in der Veterinäranstalt; Dein Übelbefinden habe angebracht; bis jetzt ist nichts verlautet, aber einige Verlegenheit nicht zu verkennen. Wenn Du oder Ulrike kommen soll, will ich durch einen Expressen sagen lassen. Am 28. abends 11 Uhr haben Studenten dem Vater auf dem Markte ein Pereat gebracht, es ist hier Untersuchung darüber; dem Vater es zu sagen, ist unangenehm, aber er muß es wissen. Dies verkürzt vielleicht seinen Aufenthalt hier, setze also alles in Bereitschaft zur Aufnahme. Diese Zeilen schreibe, als ich noch keinen Augenblick mit dem Vater allein gewesen ...

5252 *A. v. Goethe an seine Frau* *14. September 1823*

... der Vater wird nicht lange hier bleiben und wahrscheinlich schon Mittwoch nach Weimar kommen; so lange gedenke ich auch hier zu bleiben. Mit allen von mir getroffenen Anordnungen ist er sehr zufrieden. Gestern abend habe ich mit dem Vater bis gegen 9 Uhr zugebracht, wir tranken zusammen, und *nichts* störte unser Zusammensein. Der bewußte *Name* [Ulrike v. Levetzow], das Wort *Familie*, ist noch nicht genannt worden, und ich fange an zu hoffen, daß alles gut gehen und sich die ganze Geschichte wie ein Traumbild auflösen werde.

5253 *Gries an Abeken* *2. November 1823*

Er [Goethe] kam gegen Michaelis von seiner Badereise zurück und blieb einige Tage hier [in Jena]. Er schien sich sehr wohl zu befinden, kam mir aber älter vor, als vor der Reise; freilich sah ich ihn diesmal nur bei Licht. Im Innern aber scheint er nicht gealtert zu haben, denn die hundertzüngige Fama erzählt, er habe sich in Marienbad förmlich – verliebt, und zwar in ein junges siebzehnjähriges Mädchen, eine Fräulein von Levetzow, die ein wahres Wunder von Schönheit sein soll. In Weimar geht man so weit, zu behaupten, er werde sie heuraten; aber das wäre doch gar zu toll.

5254 *Riemer* *17. September 1823*

War Goethe wiedergekommen. Besuch. Brachte ich und der Kanzler ihm den Wein von Bremen.

5255 *F. v. Müller* *17. September 1823*

Um 6 Uhr mit Riemer zu Goethe, der um eins aus Jena angelangt war.

Übergabe des Bremer Wein-Geschenks und der Zeichnung von Julie, die er höchst «kongruent» nannte.

Exkurs über die böhmischen Zustände, hinsichtlich geordneter Lebensrichtung, Stellenerlangung p.

Im ganzen sei alles dort so abnorm von *unsren* Einrichtungen, so stationär wie in China. Wer nicht in die Messe geht, wird denunziert.

Riemer mußte Roberts herrliches Festspiel zum 28. August vorlesen. Ottilie war noch sehr matt, doch höchst liebenswürdig, besonders in Erzählung ihres langen Schlafs in Wilhelmsthal nach der nächtlichen Konversation mit Line und in ihrer Verteidigung der Frömmigkeit des «Cain». Goethe bemerkte, daß er zu Marienbad und Karlsbad durchaus von keinem andern Autor als Byron und Scott habe sprechen hören. Aber Scotts Zauber ruhe auch auf der Herrlichkeit der drei britischen Königreiche und der unerschöpflichen Mannigfaltigkeit ihrer Geschichte, während in Deutschland sich nirgends «zwischen dem Thüringer Wald und Mecklenburgs Sandwüsten» ein fruchtbares Feld für den Romanschreiber finde, so daß Goethe im *Meister* den allerelendesten Stoff habe wählen müssen, der sich nur denken lasse, herumziehendes Komödiantenvolk und armselige Landedelleute, um nur Bewegung in sein Gemälde zu bringen.

Bei Gelegenheit der Erwähnung von der schönen Rezension über Schubarths homerische Rhapsodien sagte er: «Die Gründe für das trojanische Vaterland Homers, hergenommen aus seiner angeblichen Vorliebe für die trojanischen Helden durch ihre sittlich höhere Stellung, wollen mir nichts entscheiden, denn der *Dichter* mußte Gegensätze haben, und da die Trojaner die *Unglücklichern* waren, so mußte er, um für sie zu *interessieren*, notwendig sie geistig und sittlich reicher ausstatten.»

Nochmalige Erzählung des Abenteuers mit Prinzeß Julie von Hohenzollern.

Ich skizzierte Moores Liebe der Engel, ob ich gleich die *dritte* Erzählung noch gar nicht gelesen hatte, aber ich war mit meinen Darstellungen diesen Abend überhaupt nicht ganz zufrieden, da sie nicht präzis genug waren und die Gegenstände mir nicht in erschöpfender Klarheit vorschwebten.

Wohl aber gelang es mir, den Faden des Gesprächs immer lebhaft fortzuspinnen und Goethes Munterkeit stets wieder anzufachen. Seine Gewohnheit, im Sitzen immer das zusammengedrehte Schnupftuch durch die eine Hand zu ziehen und damit zu spielen, trat wieder hervor. Nach 9 Uhr zum Souper bei Generals.

5256 E. Wedekind: Tagebuch *21. August 1824*

[Über seine vorjährige Wanderung mit Freunden nach Weimar, wo er am 17. September 1823 eingetroffen war.] Am 18. schrieb ich im «Erbprinzen» ein Gedicht, das ich auf der Wartburg gemacht hatte, in Form eines Briefes, den ich an Goethe abzugeben die Absicht hatte, falls er mich nicht vorlassen würde, kleidete mich fein an, lieh vom Marqueur einen Hut und ging zu Goethen. Er war an den Hof gefahren, werde aber, sagte man mir, in einer Stunde zurückkommen. Es war 11 Uhr; bis 12 Uhr sah ich mich ein wenig im Park um und ging dann wieder zu Goethe. Er war zu Haus. Einen Bedienten, der gerade eine große Torte heraufbrachte, bat ich, mich zu melden. Er fragte mich nach meinem Namen und kam bald mit der Antwort zurück, daß es dem Herrn Geheimerat sehr angenehm sein würde, mich zu sprechen. Ich ging also hinauf. Vor der Türe war in dem Fußboden mit großen blauen Buchstaben ein SALVE eingelegt. Der Bediente öffnete die Tür, und ich trat nun in ein Vorzimmer, das sehr elegant dekoriert und mit vielen Büsten verziert, aber mit dunklen Gardinen behangen war, so daß ein magisches Helldunkel im Zimmer herrschte. Hierdurch führte mich der Bediente zu einem kleinen Kabinett, dessen Tür er mir öffnete und wo nun Goethe selbst stand. Er war in einen blauen Oberrock gehüllt, in dessen weiten Ärmel er die Hände übereinander gewickelt hielt. Als ich kam, machte er eine kurze Verbeugung; ich sagte ihm darauf, was mich zu ihm führe, und gab ihm meine Hochachtung zu erkennen. Er ließ mich ganz ausreden und nahm meine Komplimente an als ein Mann, dem man es ansah, daß er dergleichen längst gewohnt geworden ist. Als ich ausgeredet hatte, machte er wieder eine kurze Verbeugung. Dann fragte er mich: wo? was? wie lange ich studierte und dergleichen mehr. Unser Gespräch war höchst gleichgiltig, er sprach nur, um zu sprechen, nicht um zu unterhalten. Nur eines fiel mir auf. Als er hörte, daß ich nach Berlin ginge, um dort zu studieren, sagte er: «Nun da können Sie, *wenn es mit Maße geschieht*, manches Vergnügen nebenher genießen.» Es fiel mir auf, daß gerade dieser Mann, dessen Leben doch nur Eine ununterbrochene Kette von Freuden ist, mir gewissermaßen Mäßigkeit anempfahl. Als ich im Laufe unseres Gesprächs fallen ließ, daß der Professor Schelver in Heidelberg mein Onkel sei, sagte er, daß das ein Mann sei, der sich um die Naturwissenschaften mannigfache Verdienste erworben habe, und bat mich, ihm zu sagen, daß er seiner noch immer gedächte.

Goethes Sprache ist tief und eintönig; er sprach ohngefähr so, wie schlechte Deklamateure auswendig gelernte Stellen hersagen. Seine Physiognomie ist eine der genialsten, die ich je gesehen habe, sein Haar ist schon grau, sein Auge aber noch sehr hell, seine Gesichtsfarbe gesund und seine Haltung ungebückt und würdevoll.

Einen Stuhl bot er mir nicht an.

In einem Nebenkabinett, dessen Tür offen stand, saß auf einem Sofa vor einem Tische ein Mädchen von ohngefähr sechs Jahren, ein wenig ideal gekleidet, und malte.

Im ganzen mochte ich ohngefähr fünf Minuten bei Goethe gewesen sein, als ich mich wieder empfahl. Der Besuch bei ihm machte eigentlich einen unangenehmen Eindruck auf mich. Daß ich vorher über der Asche eines Schiller und Herder gewandelt war, hatte einen viel tieferen Eindruck auf mich gemacht. Man sah Goethen doch schon die Spuren des Alters an, und der unsterbliche, ewig grüne Lorbeer bildete mit dem greisen Haupte einen zu scharfen Kontrast.

5257 F. v. Müller *18. September 1823*

Wolf Goethes Geburtstag und desfalls bei Ottilie. Nachher beim alten Herrn, wo Meyer, doch nicht lange.

Über die Schlechtigkeit der letzten Humboldtischen Vorlesung über Vulkane. Er habe eigentlich nie «höhere Methode» gehabt, bloß viel gesunden Verstand, viel Eifer und Beharrlichkeit.

Im Ästhetischen möge jeder noch allenfalls glauben und fühlen, wie er wolle, aber in den Naturwissenschaften sei das Falsche und Absurde rein unerträglich.

Meyer mußte Nees v. Esenbecks treffliche Schilderung des hochbejahrten philosophischen Sonderlings Nose, bei Bonn, vorlesen, der mit Goethe im Naturwissenschaftlichen so sehr übereinstimmt und von dem er Näheres hatte wissen wollen. Als das Gespräch auf die jetzige Bestrebung der Monarchisten fiel, Freiheit und Aufklärung zu verdrängen, sagte Goethe: «Im Prinzip, das *Bestehende* zu erhalten, Revolutionärem vorzubeugen, stimme ich ganz mit ihnen überein, nur nicht in den Mitteln dazu. *Sie* nämlich rufen die Dummheit und die Finsternis zu Hilfe, ich den Verstand und das Licht.»

Pausenweise kam Goethe mir leidend oder in sich gekehrt vor. Ich ging um 9 Uhr nach Hause und las Quentin Durward [von W. Scott].

5258 F. v. Müller an Julie v. Egloffstein 19. September 1823

Ich schrieb Ihnen Montags nur ganz flüchtig über Goethe; vernehmen Sie das Nähere: Als er Sonnabends mittag in Jena anlangte, visitierte er unverzüglich, ohne auszuruhen, alle Museen, Bibliothek, Sternwarte, bis in die sinkende Nacht, war 5 Uhr morgens schon wieder auf den Beinen, revidierte die Tierarzneischule, den Botanischen Garten, die Sammlungen jeder Art, speiste sehr fröhlich bei Obrist Lyncker mit Knebel, besuchte dann Frommanns und setzte so jedermann in Atem, ohne doch zu irgend einer neugierigen Frage, – die Knebel sehr oft auf der Zunge gehabt haben soll, – Zeit zu gönnen.

Als ich [am 14. September] abends sieben Uhr bei ihm eintraf, lenkte sich das Gespräch gar bald auf Rehbeins Braut, die dieser heimzuholen gerade jenen Abend nach Eger abgereist war. Diese schöne Gelegenheit ergriff der alte Herr aufs schlauste, sein eignes Glaubensbekenntnis auszusprechen. Er lobte nämlich die Braut über alle Maße, nannte es aber doch einen dummen Streich, daß Rehbein sich so rasch verehliche. «Sie wissen», sagte er, «wie ich alles Extemporisieren hasse, vollends eine Verlobung oder Heurat aus dem Stegreife war mir von jeher ein wahrer Greuel. Eine *Liebe* wohl kann im Nu entstehen, und jede echte Neigung muß irgend einmal gleich dem Blitze plötzlich aufgeflammt sein; aber wer wird sich denn gleich heuraten, wenn man liebt? *Liebe* ist etwas Ideelles, *Heuraten* etwas Reelles, und nie verwechselt man ungestraft das Ideelle mit dem Reellen. Solch ein wichtiger Lebensschritt will allseitig überlegt sein und längere Zeit hindurch, ob auch alle individuellen Beziehungen, wenigstens die meisten, zusammen passen? Übrigens ist Rehbeins Heuratsgeschichte so wunderbar, daß offenbar die Dämonen sich hineingemischt haben, und da hütete ich mich, dagegen zu sprechen, ob ich gleich innerlich wütend war.»

Sie werden mir zugeben, liebste Freundin! daß man sich indirekt nicht deutlicher aussprechen kann. Die Familie ist nunmehr auch völlig wieder beruhigt. Mittwochs mittag kam Goethe hier an, war gestern bei der Großherzogin, heute zu Belvedere, wird morgen sehr wahrscheinlich in den Freischützen – und zwar auf den Balkon!! – gehen. Gestern und vorgestern brachte ich die Abende nebst Ottilie bei ihm zu, ganz in alter Gemütlichkeit, und übergab ihm auch Ihre Zeichnung, die den *lautesten* Beifall erntete. Er nannte sie «höchst kongruent und verständig», Meyer lobte ganz besonders die kräftigen und scharfen Züge um Hals, Kinn und Backen. Ich soll Ihnen *einstweilen* die schönsten Danksagungen aussprechen, bis er selbst Zeit gewinne, «etwas Facundliches von sich zu geben». Sie glauben nicht, liebste Julinde! wie herzlich er Ihnen zugetan ist und wie ich mich daran ergötze: Ehster Tagen sollen Ihre «Munda», wie er sie nennt, gefertigt werden, über deren Verlangen er weidlich lachte. Recht artig ist es, daß sich in Karlsbad mein Abenteuer mit dem Fürsten von Hohenzollern und seiner Schwester (von dem Wasserfall bei Baden her) auf Goethen übertragen und fortgesponnen hat und daß jene *seine* Bekanntschaft und er wieder umgewandt die *ihrige* lediglich durch Reminiszenzen aus meiner Erzählung machte. Goethe war nachher nochmals bei ihnen und rühmt besonders die Anmut und den feinen, milden Sinn der Prinzeß Julia.

Gestern war auch unsres Paten Wolf Geburtstag, den ich mit einer stattlichen Zuckerdeute anband und dabei seiner holden *Patin* [Julie] nur noch lebhafter gedachte!

5259 F.v. Müller *20. September 1823*

Von 8 bis 10 bei Goethe, den seine Kinder vergebens in den Freischützen hatten bereden wollen und der mir vielmehr beteuerte, auch diesen Winter «in seiner Dachshöhle» bleiben zu wollen. Meyer sah eben die Probedrucke zu den Berliner Tableaux aus Lalla Rookh durch, blieb jedoch nicht lange.

Von dem Abgrunde der jenaischen Professor-Gemeinheit, veranlaßt durch Besprechung über Voigts jun. Anspruch auf eine Fakultätsstelle. Von Hands Intrigen und des Kurators entsetzlicher Schwäche. Von des Fürsten unbegreiflicher Passivität in diesen Jenensibus.

«Er hat absolut keinen *Begriff von der Vergangenheit* und dem, was in ihr geleistet worden, kaum die *Gegenwart* ist ihm klar, es ist kein wahres daurendes Interesse an dem, was geschieht, vorhanden, und so müßte man sich zu Tode ärgern, hätte man sich nicht längst Räson gemacht und auf das Unerreichbare verzichtet. Man muß eben alles so hingehen lassen und sich im Sommer *auswärts* Heiterkeit und frische Lebenslust holen, den Winter durch hier auszuhalten. Ich freue mich nur, wie stattlich und in schönster Ordnung *meine* Institute zu Jena sind, die nur errichtet wurden, um das zu leisten, was die Nominal-Professuren nicht vermögen. Ich habe auch den Stolz, daß sie nicht zwei Jahre nach meinem Tode fortbestehen, sondern mit mir untergehen werden. Denn dann wird man hineinpfuschen, alles persönlich und willkürlich betrachten, statt daß ich alles rein objektiv behandelt und keine einzigen unnützen oder überflüssigen Angestellten habe.»

Er sprach dann von *Meteorologie* und wie er den Einfluß der Planeten und selbst des Mondes verwerfe, nichts auf den Thermometer und alles auf den *Barometer* setze.

Je mehr er auf seine Studien kam, je lebendiger und heitrer wurde er und erregte auch in mir lebhaftere Arbeitslust. Ich erzählte aus Quentin Durward, was ihn sehr interessierte; sodann machte ich die Einleitung zum Vorlesen meiner Werlhof-Cimmerischen Gedichte, verschob sie aber klüglich, als ich einigermaßen merkte, daß er müde werde.

Im ganzen fühlt man durch, daß er nicht sehr heiter gestimmt ist, ungern sich wieder in die hiesige Lebensweise resigniert. Die öftern Pausen seines sonst so lebendig fortfließenden Gesprächs immer wieder mit neuen interessanten Gegenständen auszufüllen, ist keine leichte Aufgabe.

5260 F.v.Müller *21. September 1823*

Sonntag, 21. September war ich nach dem Hofe ein Stündchen bei ihm, wurde aber bald abgerufen. Wir sprachen von dem nun wirklich zu Paris aufgefundenen Originalmanuskript von Rameaus Neffen, dessen Authentizität zu bezeugen Goethe durch den Verleger in einem sehr schmeichelhaften und klug gestellten Schreiben aufgefordert worden. «Il y a peu de voix, mais beaucoup d'échos en France», heißt es in der Vorrede jener neuen Edition.

5261 F.v.Müller *23. September 1823*

Ich war kaum gegen 6 Uhr abends in Goethes Zimmer getreten – zunächst um Prof. Umbreit für morgen anzumelden –, als der alte Herr seinen leidenschaftlichsten Zorn über unser neues Juden-Gesetz, welches die Heirat zwischen beiden Glaubensverwandten gestattet, ausgoß. Er ahndet die schlimmsten und grellsten Folgen davon, behauptet, wenn der General-Superintendent Charakter habe, müsse er lieber seine Stelle niederlegen als eine *Jüdin* in der Kirche im Namen der Heiligen Dreifaltigkeit trauen; alle *sittlichen* Gefühle in den Familien, die doch durchaus auf den *religiösen* ruhten, würden durch ein solch skandaloses Gesetz untergraben; überdies wolle er nur sehen, wie man verhindern wolle, daß einmal eine Jüdin Oberhofmeisterin werde. Das Ausland müsse durchaus an *Bestechung* glauben, um die Adaption dieses Gesetzes begreiflich zu finden; wer wisse, ob nicht der allmächtige Rothschild dahinter stecke. Überhaupt geschähen *hier* so viele Albernheiten, daß er sich bloß durch persönliche Würde im Auslande vor beleidigenden Nachfragen schützen könne, daß er sich aber schäme, aus Weimar zu sein, und gerne wegzöge, wenn er nur wisse, wohin?

Dieser sein Unmut, wieder hier sich eingeengt zu befinden, machte sich den ganzen Abend vielfach bemerkbar.

Als ich ihn zu täglichen Spazierfahrten antrieb, sagte er: «Mit *wem* soll ich fahren, ohne Langeweile zu empfinden? Die Staël hat einst ganz richtig zu mir gesagt: Il vous faut de la séduction.» Und als ich Ottilien und Ulriken anführte, erwiderte er: «Wen man täglich von früh bis Abend sieht, der kann uns nicht mehr verführen. Ja, ich bin wohl und heiter heimgekehrt, drei Monate lang habe ich mich glücklich gefühlt, von einem Interesse zum andern, von einem Magnet zum andern gezogen, fast wie ein Ball hin und her geschaukelt, aber nun – ruht der Ball wieder in der Ecke, und ich muß mich den Winter durch in meine Dachshöhle vergraben und zusehn, wie ich mich durchflicke!»

Wie schmerzlich ist es doch, *solch eines Mannes* innere Zerrissenheit zu gewahren, zu sehen, wie das *verlorne Gleichgewicht* sich durch keine Wissenschaft, keine Kunst wieder herstellen läßt, ohne die gewaltigsten Kämpfe, und wie die reichsten Lebenserfahrungen, die hellste Würdigung der Weltverhältnisse ihn davor nicht schützen konnte!

Was in seinem Judeneifer recht merkwürdig war, ist die tiefe Achtung vor der positiven Religion, vor den bestehenden Staatseinrichtungen, die trotz seiner Freidenkerei überall durchblickte. «Wollen wir denn hier überall im *Absurden* vorausgehen, alles Fratzenhafte zuerst probieren?» sagte er unter andern.

5262 F.v.Müller *23. September 1823*

Von 8 bis 9½ bei der Oberkammerherrin, wo Clementine, Line und die Pogwisch.

Über Goethes Krisis, Zwiespalt im Innern und Ottiliens erfahrne Kränkung. Die Frauen mögen nicht unrecht haben, wenn sie meinen, Goethe gefalle sich darin, noch die Leidenschaftlichkeit eines Jünglings darzustellen, und die Art und Weise, wie er sein großes Gedicht an die Levetzow produziere, beweise es. Ich freute mich, Linen so heiter sich aussprechen zu hören, aber es erschütterte mich tief, die Öde in Goethes Gemüt allenthalben bemerkt zu finden.

5263 *C. Stadelmann an ?* *24. September 1823*

Ew. Hochwohlgeboren Gnaden
bin ich so frei, auf Ihren Wunsch die Haare von Seiner Exzellenz [Goethe] zu senden.

Die Locke No. 1 ist geschnitten den 2. März 1823, einige Tage im Laufe seiner Genesung. Die Locke No. 2 ist geschnitten den 18. September in demselben Jahre.

Übrigens bin ich so frei zu melden, daß Seine Exzellenz in besten Wohlsein angekommen und sich bis diesen Augenblick ganz wohl befinden.

5264 *F. v. Müller* *24. September 1823*

Um 1 Uhr führte ich Prof. Umbreit zu Goethe. Fast eine Stunde lang war er freundlich, mild und aufgeschlossen, indem er viele der Heidelberger Lehrer und den Zustand der Naturwissenschaften, Philologie p. die Revue passieren ließ. Paulus' Tochter, Frau v. Schlegel, habe eigentlich einen sehr guten Charakter, setzte er mit Wärme hinzu, ihr Eigensinn sei nur *unentwickelter* Charakter, den die Eltern nicht verstanden hätten aus sich herauszuführen, in andere hinüber, zu Verarbeitung ihrer Kraft zu leiten.

Den Divan werde er nur innerlich, das heißt insofern fortsetzen, daß er einzelne Bücher, zum Beispiel das des Paradieses, erweitere und verstärke. Bei den ungeheuren Schwierigkeiten mit deren Sprache, habe er seine Kenntnis von ihr mehr erobert durch Überfall als regelmäßig erworben. Weiter dürfe er jetzt nicht mehr gehen, ohne verführt zu werden; wenn er zuweilen noch in dieses Land, in diese Zustände hineinschaue, so werde ihm ganz wunderlich zumute. Umbreit benahm sich vortrefflich, munter, lebendig, ohne alle Verlegenheit und doch bescheiden. Wegscheiders Dogmatik und Kapps Christus und Sokrates lobte er sehr. Goethe sagte, es sei doch in wissenschaftlicher Hinsicht eine höchst interessante Zeit, in der wir lebten, alles habe sich unglaubig umgestaltet und aufgehellt, und eine Freude sei es zu sehen, wie jedes Fach so viel würdiger behandelt werde. Dies sei zunächst Verdienst der Philosophie, die, trotz der vielen abgeschmackten Systeme, alles mit neuer Lebenskraft durchdrungen habe. Umbreit ging hoch entzückt hinweg, seine arme kleine, junge Frau jammerte hingegen, Goethe nicht auch gesehen zu haben.

5265 K. C. v. Leonhard: Aus unserer Zeit in meinem Leben *1854*

Mit einem gemeinsamen lieben Freunde, mit meinem werten Amts-Genossen Umbreit – er begrüßte den Dichterfürsten in Weimar – von mir redend, sagte Goethe: es sei ihm auf seinem Lebenswege niemand vorgekommen, der die Zeit so gut zu benützen wisse, wie ich.

5266 F. v. Müller *25. September 1823*

Von 5 bis 8 bei Goethe, höchst interessant, vertraulich, gemütvoll. Sehr viel über Julinde. Vorlegung der illuminierten Kupfer zu Lalla Rookh.

Über Cuviers Lobrede auf Hauy, worin vorkommt: «Le ciel est entièrement soumis à la géométrie.» Goethe belächelte diese Phrase sehr, «da die Mathematiker ja nicht einmal die vis centrifuga noch erklären könnten».

Mitteilungen der Gedichte auf Gräfin Szymanowska, die herrliche Virtuosin, und auf ihre Schwester. Jene sei wie die *Luft*, so umfließend, so alsbald zusagend, so überall, so leicht und gleichsam körperlos. Vorzeigung ihrer Handschrift.

Meine Episteln an L. gefielen ihm sehr, «weil sie die *Gegenwart*, die *Gelegenheit*, das Individuellste so scharf und bezeichnend darstellten, und doch wieder Allgemeinstes würdig aussprächen, so daß sie fast für ein Lehrgedicht gelten könnten, nur unmittelbarer ansprechend als zum Beispiel die Tiedgenschen.»

Als ich Knebels Aufreizung, ihm Wernersche Sonetts abzulocken, vorlas, à la Spion von Erfurt, reüssierte diese offne Kriegslist vortrefflich, und er versprach, sie vorzusuchen. Einstiger Wettkampf mit Werner, bei Gelegenheit des 24. Februar, Fluch und Segen in zwei kleinen Dramas durchzuführen. Gozzi habe behauptet, es gäbe nur sechsunddreißig Motive zu einem Trauerspiel.

Lob Ottiliens. Die Freundinnen teilen sich in zwei Klassen, solche, die actio in distans haben, und solche, die nur durch Gegenwart etwas sind. «Mit *jenen unterhalte* ich mich oft lange im Geiste, *diese* sind mir rein nichts, wenn ich sie nicht vor mir sehe.» Als ich über die schöne Virtuosin einige Querfragen tat, äußerte er, sanft scheltend: «Ach, der Kanzler macht mir oft unversehens Verdruß.»

Den ganzen Abend war keine Spur von Unmut oder Verstimmung in ihm zu finden, nur war es a tempo, als ich ging, denn er fing an zu ermüden.

5267 F. v. Müller an Julie v. Egloffstein 25. September 1823

Unmöglich kann ich mir das Vergnügen versagen, Ihnen, teuerste Julinde! alsbald mitzuteilen, *wie* herzlich und liebevoll Goethe heute von Ihnen sprach.

Ohne allen Anlaß meinerseits rief er, kurz nachdem ich eingetreten war, aus: «Es ist doch recht absurd, daß Julie diesen Winter nicht hier ist; sie weiß gar nicht, wie viel sie mir entzieht und wie viel ich dadurch entbehre, so wenig als sie weiß, wie sehr ich sie liebe und wie oft ich mich im Geiste mit ihr beschäftige. *Ihnen* kann ich das wohl sagen, obgleich wir in diesem Punkte Rivals sind, denn ich traue Ihnen zu, daß Sie gleich sehr betrübt über ihre Abwesenheit sind.» Als ich hierauf ihm die Gründe entwickelte, die Ihre jetzige Abwesenheit motivierten, erwiderte er: «Sie hat ganz recht, das begreife ich wohl und habe mir längst im stillen alles das, was Sie mir jetzt sagen, selbst kombiniert und enträtselt, aber nur *noch viel* lebhafter und passionierter, als Sie es aussprechen, (?) ja, während der Krankheit der Großherzogin habe ich beständig mit wegen Julien gezittert, und noch jetzt werde ich wütend, wenn ich nur die Möglichkeit denke, daß eine für Julies Zukunft so höchst passende und wichtige Perspektive verloren gehen könnte. Glaubt mir nur, daß der alte Merlin in seiner Dachshöhle sich manche stille Stunde mit *solchen* Abwesenden beschäftigt, die für ihn eine actio in distans haben (das heißt eine unmittelbare Wirkung in die Ferne). Andere erfreuen mich bloß durch ihre Gegenwart, durch ihre sichtliche Erscheinung, sind aber rein Nichts für mich, wenn ich sie nicht vor mir sehe. Mit jenen aber kann ich mich unsichtbar unterhalten, und darunter gehört Julie. Ich weiß zu gut, daß *sie* mir durch keine andere jemals ersetzt werden kann, und eben darum bin ich so betrübt, daß *sie* mir gerade diesen Winter fehlt.»

Und dabei war er so gemütlich, so vertraulich, als ich ihn lange nicht gefunden in diesen Tagen. Er erzählte mir viel vom Marienbad, besonders von der Gräfin Szymanowska, die so wunderschön Klavier spielt, und sagte von ihr: Sie sei schön und liebenswürdig, daß man trotz ihrer zauberischen Töne froh sei, wenn sie aufhöre, um sie nur *sprechen* zu können, und wieder umgewandt wünsche, sie möge nur wieder spielen, weil ihr *Sprechen* so sehr aufrege, daß man nur *Ruhe* bei ihrem Spiel wieder zu finden hoffen könne.

Er sagte, ohne alle Einleitung sei er so schnell mit ihr bekannt geworden, wie man in einer milden, reinen Luft sich alsobald heimisch fühle. Darauf holte er mir aus seinem Gartenzimmer ihre Handschrift, aus der er ihren Charakter demonstrierte, und las mir dann im höchsten Pathos sein Gedicht an sie vor, drei wunderschöne Stanzen. Wie strengte ich mich an, sie zu behalten, – aber nur *ohngefähr* gibt die Anlage sie wieder, dagegen lautet das kleine Gedicht, was er ihrer Schwester, Fräulein Wodzcki [Wolowska], ins Stammbuch schrieb, wörtlich also (sie glaubt nämlich, wegen eines öftern Seitenschmerzes, bald zu sterben, und ein geistreicher junger Pole hatte ihr scherzweise ein Testament aufgesetzt, worin ihre einzelnen Tugenden an so viel verschiedne Freunde legiert wurden):

Wohl hat Dein Testament jedweden Reiz bedacht,
Mit dem Natur so herrlich Dich vollendet,
Und jedem Freund ein reiches Teil gemacht,
Großmütig jede Tugend ausgespendet:
Doch wenn Du *Glückliche* zu machen trachtest,
So wär's *nur der*, dem Du Dich *ganz* vermachtest.

Sie sehen also, daß seine Leidenschaft für Ulrike Levetzow wenigstens nicht exklusiv ist und daß ich recht habe zu behaupten, *nicht* dieses einzelne Individuum, sondern das gesteigerte Bedürfnis seiner Seele überhaupt nach Mitteilung und Mitgefühl habe seinen jetzigen Gemüts-Zustand herbeigeführt.

Die rohe und lieblose Sinnesweise seines Sohnes und Ulrikens schroffe Einseitigkeit und gehaltlose Naivität sind freilich nicht gemacht, eine solche Krisis sanft und schonend vorüber zu führen, und die arme Ottilie ist seit seiner Ankunft beständig krank und für ihn so gut wie unsichtbar. Daher macht ihn der grelle Kontrast gegen sein heitres Badeleben mitunter höchst verstimmt und niedergebeugt, wo ihm dann jede äußere Anforderung peinlich wird. In solcher Stimmung trafen ihn gestern leider Tante und Auguste und wurden sehr bewegt dadurch. Aber das ist nur momentan. Mir ist es noch immer gelungen, ihn aufzuheitern und gesprächig zu machen. Nur vom *Sohne* her droht alles Übel, da der verrückte Patron gegen den Vater den Pikierten spielt und sogar Ottilien mit sich nach Berlin nehmen will, wodurch *alsdann erst alles* verloren gehen könnte. Doch ich hoffe noch immer, es soll mir gelingen, solche Tollheiten abzuwehren, und Line wird mir dabei treulichst helfen.

5268 F.v.Müller *26.September 1823*

Von 6 bis 9 Uhr bei ihm [Goethe], respektive mit Line und Meyer. Ich brachte bald die Lalla-Rookhischen Bilder aufs Tapet, damit er sie Linen zeigte, und dies gab Gelegenheit zu heitersten Scherzen und Gesprächen, besonders über die Peris. Zuletzt holte er seine Divan-Manuskripte und las uns zwei herrliche Gedichte zu Ergänzung des «Paradieses» vor. Eine Huri steht Wache an der Pforte des Himmels, will den *Dichter* nicht einlassen, weil sie ihn für verdächtig hält, und fordert Beweise für seine Glaubenskämpfe. Da antwortet er ihr:

«Mach doch nicht so viel Federlesen,
Laß mich zu der Pforte ein,
Denn ich bin ein *Mensch* gewesen
Und das heißt ein *Kämpfer* sein.»

Dann zeigt er ihr die Wunden, die Schicksal und Leidenschaft seinem Herzen geschlagen, und wie er dennoch dabei froh, fromm und dankbar geblieben; sie läßt ihn ein, und er zählt nun an ihren Rosenfingern die Ewigkeiten. «So habe ich den Briten zu überbieten gesucht.» Wir waren beide, Line und ich, innig gerührt von der Wärme seines Vortrags. Als Line weg war, gab uns Coudray einen gedrängten Ab- und Umriß seines Berliner Lebens und der dortigen Regsamkeit in Kunst und Wissenschaft, Technik, Lebensannehmlichkeit p. so, daß die Lust, solche Wunder auch zu sehen, lebhaft erwachte.

5269 F.v.Müller *27.September 1823*

Von 7 bis 8 ½ bei Goethe, mit Line. Ich führte die Wiedererzählung des Abenteuers mit der Prinzeß von Hohenzollern und der Bekanntschaft mit Gräfin Szymanowska herbei; es fand sich, daß Line sie von Petersburg her kannte und liebte, was dem alten Herrn vielen Spaß machte. Nachher ergoß er sich noch in Lob des Badelebens, weil man *dort ganz aus sich heraustrete, ganz frei außer sich lebe*, was zu Hause niemals vorkomme.

Er verglich sich mit einem Gärtner, der eine Menge schöner Blumen besitze, ihrer aber erst dann recht gewahr und froh werde, wenn jemand einen Strauß von ihm fodere. So mache ihm die Poesie erst wieder Vergnügen, wenn er Nötigung zu einem Gelegenheitsgedicht erhalte.

Von einem jungen, trefflichen Polen sprach er auch, der sehr reich sei und ihm wohl 10000 Taler geben könnte, wenn er ihm einigermaßen den Kopf zurechtsetze. Dieser habe ihm von einem polnischen Trauerspiel erzählt, das, nach den Motiven zu urteilen, ungemein anziehend sein müsse. Er versprach, es bei erster Gelegenheit zu erzählen.

Gern hätte ich ihn aufgefordert, Linen sein Gedicht an die schöne Polin vorzulesen, doch wagte ich es nicht; zumal Rehbeins Erzählung von seinem Unwillen auf Peucer wegen der indiskreten Verbreitung von seinem Byronschen Verhältnis mich sehr stutzig und besorgt gemacht hatte.

5270 Soret *27.(28.?) September 1823*

Ce long intervalle sans visites a été rempli par un séjour à Wilhelmsthal et un voyage à Genève; le lendemain de mon retour [28. September ?], j'ai été chez Goethe qui m'a reçu très amicalement, je lui ai trouvé bonne mine, on m'avait dit qu'il était fort changé, mais je ne m'en suis point aperçu.

J'ai l'intention de faire frapper une médaille de Goethe par notre excellent graveur Bovy. J'en ai parlé à Monsieur Meyer. Celui-ci, en approuvant l'idée, m'a dit qu'il la communiquerait à Son Excellence afin d'en obtenir un buste d'après Rauch qui pourrait servir de modèle. Si ce projet réussit, j'aurai trouvé un moyen bien facile de contribuer à augmenter la réputation de mon compatriote, tout en rendant à Goethe un hommage qui soit digne de lui.

5271 F.v. Müller *28. September 1823*

Von 9 bis 11 Uhr beim Großherzog mit Goethe, Fritsch, Schweitzer, Coudray p. Des Fürsten kritische Urteile über die Berliner Kunstwerke und Denkmäler und über den Mangel an Einheit und gehöriger Prüfung der Bau-Plane.

5272 F.v. Müller *29. September 1823*

Von 7 bis 11½ bei Goethe, mit Meyer, Riemer und Schultz. Staatsrat Schultz von Berlin, ein gar feiner, verständiger, in sich gefaßter Mann, eine edle Physiognomie, auf körperliche Leiden und Tiefe der Reflexion deutend. Eine Mappe Kupferstiche aus Raffaels Zeit ward durchgesehen. Erstes Souper wieder nach langer Zeit.

Lebhafte Erinnrung an Julie.

Drei herrliche bronzene Medaillen aus dem 15. Jahrhundert. Auf der einen wird ein Reh von jungen Adlern zerfleischt, oben thront ein großer Adler, die Umschrift ist «liberalitas augusta». Goethe besitzt an zweitausend solche bronzene Medaillen, von denen er viele mit einem Speziestaler bezahlte. Erst durch die Übersetzung von Cellini kam er auf die Idee, Medaillen der Päpste und ihrer Zeit zu sammeln. Von Martin V. an besitzt er eine vollständige Folge aller Päpste. Über die Kunst und Schwierigkeit,

Briefe, Aufsätze, Merkwürdigkeiten jeder Art gehörig zu *reponieren*, und wie man außerdem seines Besitzes nie froh wird. Die schöne Gonzaga, deren Bild im hiesigen Museum, war an einen Trivulzio zu Mantua verheiratet, circa im Jahr 1500.

Mein ungeschicktes Anfassen der Medaillen und Antasten in der Mitte gab Goethen Gelegenheit zu einer rügenden Äußerung gegen seinen Sohn, als dieser sie wegtrug. Lob der Schenkischen Terzinen auf Canova: «Terzinen müssen immer einen großen reichen Stoff zur Unterlage haben, wenn sie gefallen sollen.»

Nach Tische Gespräch zwischen Riemer und Goethe über die *Tropen* und deren Durchführung. Die neuern Pedanten verlangen letztere bis zum äußersten Punkt; Goethe springt gerne ab, wie ja auch die Phantasie es tut, häuft deren mehrere, um einen durch den andern zu erklären. Riemer erläuterte an Beispielen aus dem gemeinen Sprachgebrauch, wie man ohne Vermischung gar nicht fortkommen könne, zum Beispiel ins Werk setzen.

Ich war leider zu ermüdet, um ganz achtsam zu sein.

5273 Riemer *1. Oktober 1823*

Besuch vom Grafen Reinhard, französischen Gesandten am Bundestag in Frankfurt. Abends bei Goethe.

5274 F. v. Müller *2. Oktober 1823*

Von 5 bis 11 Uhr bei Goethe. Beim Eintreten gleich beschwichtigte er meinen Groll über Nichteinladung zum heutigen Mittag, wo Reinhards Geburtstag bei ihm gefeiert wurde, auf die freundlichste Weise. Dadurch fiel bald das Gespräch auf seine Geselligkeit überhaupt, und ich sprach sehr offen über die desfallsigen Wünsche seiner Freunde und der Fürstlichkeiten. Goethe nahm meine Aufrichtigkeit sehr gut auf und entwickelte seine Gegengründe, die hauptsächlich auf Frau v. Heygendorf hinausliefen und die ich nicht zu verkennen vermochte. Seine Äußerungen über Reinhard waren rührend. «Ich lasse ihn so bald nicht fort, ich klammere mich an ihn an.»

Schultz spielte, Ottilie sang, Soret kam, Goethe mineralogisierte mit ihm lange und sprach mit etwas schwerer Zunge, aber stets sehr dichterisch. Es gebe wohl verschiedene Ansichten, aber sie würden oft nur durch eine *papierene Scheidewand* veranlaßt, die leicht mit dem Ellbogen durchzustoßen sei. Bald ließ er mich wieder allein zu ihm in die Ecke des blauen Zimmers setzen und fing das Gespräch über Organisation seiner Winter-Geselligkeit wieder an.

«Ewiger Tee, wie die ewige Lampe in Kapellen brennt.» Freibriefe fürs Theater an Ottilie und Ulrike. Aufforderung zu Unterstützung und Ausbildung seiner Ideen.

Vertraulichste Mitteilung seiner Verhältnisse zu Levetzows. «Es ist eben ein *Hang*, der mir noch viel zu schaffen machen wird, aber ich werde darüber hinauskommen.» Iffland könnte ein charmantes Stück daraus fertigen, ein alter Onkel, der seine junge Nichte allzuheftig liebt.

Tadel meiner und Riemers allzugroßer Gelindigkeit in der Kritik des Schenkischen Gedichts auf Canova.

Es sei kein Funke echten poetischen Geistes darinnen, nur Rhetorik, ja sogar falsche, verderbliche Motive. Unsre eignen Produktionen seien ganz gut, in der Kritik aber bewiesen wir uns nicht als seine echten Schüler. Man müsse nur das Beste preisen. Man müsse sich stets die schwersten Aufgaben machen und in Dichtungen nur auf reiche, gehaltvolle Motive eingehen.

Dann zeigte er mir ein Cahier Landschafts-Zeichnungen von 1810, während jenaischen Aufenthaltes, vor und klagte, daß er seitdem nichts mehr zu zeichnen vermocht und dadurch unendlich an Selbstbefriedigung verloren habe. Je schwerer die Zunge ihm wurde, je geistreichere und humoristischere Ideen drängten sich hervor. Wir gingen ins Eßzimmer, wo die andern sehr lustig waren. Er machte allerliebste Scherze über Ottilie, die ihre Mützenbänder, zu seinem großen Skandal, ungeknüpft herabhängen ließ. Dann kam er auf Byron, pries seinen Cain und vorzüglich die Todschlag-Szene. «Byron allein lasse ich neben mir gelten. Walter Scott ist nichts neben ihm.»

«Die Perser hatten in fünf Jahrhunderten nur sieben Dichter, die sie gelten ließen, und unter den verworfenen waren mehrere Kanaillen, die besser als ich waren.» Als er merkte, daß Ulrike schläfrig war, ergrimmte er scherzhaft, daß seine persische Literaturgeschichte an ihr und dem übrigen jungen Volk verschwendet sei, und jug sie mit komischer Heftigkeit alle fort. Den Sohn hatte er oft trefflich persifliert über seine indolente Sinnlichkeit, doch hatte dieser auch öfters dagegen angeknurrt.

Seit lange hatte ich Goethe nicht so überreich an Witz, Humor, Gemütlichkeit und Phantasie gefunden.

Zarteste Erzählungen von *seiner* Schönheit im Marienbad und von der Bekanntschaft mit der hübschen Regensburgerin, die Helldorf anbetete.

5275 Soret *2. Oktober 1823*

Son Excellence m'a reçu avec des démonstrations d'amitié plus vives que de coutume; les expressions tendres dont sa conversation était entrelardée se succédaient avec rapidité. N'importe le motif, cela m'a fait grand plaisir. La conversation alternait entre le français et l'allemand. Il a été beaucoup question de métaphysique et j'ai dû entendre tant de paradoxes que je m'y suis perdu et n'ai point pris de notes.

5276 F. v. Müller *3. Oktober 1823*

Mit Reinhard jun. bei Goethe von 5 Uhr an. Er schien anfangs einsilbiger, abgespannter, doch gelang mir, ihn belebter zu machen. Wilbrand von Gießen, der die schöne *Höhenkarte* herausgegeben, war bei ihm gewesen, Henning aus Berlin war annonciert. Der alte Reinhard kam von Belvedere. Goethe war anfangs auch gegen ihn still und unmitteilend, und schien mir sehr Dank zu wissen, als ich politische Gespräche herbeiführte, die Reinhard zu vertraulichsten Mitteilungen über seine Stellung zu Chateaubriand und dem französischen Gouvernement überhaupt veranlaßten. Er sprach mit liebenswürdiger Wärme und Geradheit, berührte seine drei Gefangenschaften und sein trübseliges Verhältnis zu Talleyrand im Jahr 1814/15 als

Kanzleichef. La Besnardière sei damals sehr eifersüchtig auf ihn gewesen. Perfidie Talleyrands, als er ihm einen Journal-Artikel gegen Chateaubriand auftrug, der aber hoffentlich zu viel Seelengröße habe, um es nachzutragen.

5277 F.v. Müller *4. Oktober 1823*

Von 5 Uhr nachmittags an bei Goethe. Er war noch immer abgespannt und weniger mitteilend, selbst gegen Reinhard. Schultz war krank. Goethe widersetzte sich keineswegs Reinhards montägiger Abreise, aber als er weggegangen war, bat er mich, sie zu verhindern. Ich mußte ihm dann noch ganz spät «Die Tante» [Roman von Johanna Schopenhauer] referieren und erntete Beifall.

5278 Soret *5. Oktober 1823*

Conférence avec Goethe et Meyer au sujet de la médaille. Il donne son consentement à la réalisation du projet et me promet un buste en plâtre qu'il possède dans sa collection et que Rauch lui-même a retouché d'après nature.

5279 F.v. Müller *5. Oktober 1823*

Um 9 Uhr morgens kündete ich ihm [Goethe] den glücklichen Erfolg meiner Negoziation an, was ihn sehr freute. Ich nahm Gelegenheit, den «ewigen Tee» wieder anzuregen, und fand mit Schrecken, daß er fast alles vergessen, was er mir Donnerstags abends gesagt hatte. Um 12 Uhr zeigte er Reinhard und mir die herrlichen Bilder des Himalaja-Gebirgs.

Nach dem Hof teilte ich ihm des Großherzogs Anti-Schultzische Äußerungen mit, bereute es aber, da es ihn zu sehr affizierte.

Er begehrte «Die Tante» von mir, die ich sogleich schaffte. Abends nach Hof nochmals bei ihm mit Reinhard.

5280 Riemer *6. Oktober 1823*

Bei Goethe zum Diner mit dem Kanzler und Reinhard. Ward eine Bouteille von dem Bremenser Wein (der Rose) spendiert. Artiges Gedicht des Kanzlers. Abends meine Sonette vorgelesen, die sehr gefielen.

5281 F.v.Müller 6.Oktober 1823

Mittags bei Goethe, mit Reinhards und Riemer. Überraschung durch Bremer Wein und mein Gedicht. Reinhard gab seinen Empfindungen darüber viel freiern Lauf als Goethe, wiewohl er später mir innigst dankte.

Linens Erscheinen nach Tisch, mindern Eindruck machend, als ich gehofft. Ihr Verdruß über Goethes Verschenkung ihrer englischen Oblaten an die junge Reinhard.

Klagen Reinhards auf einem Gang in den Park über Goethes Verschlossenheit und Abspannung. Riemers witzige Sonette, besonders die hasenhaften. Reinhards ergreifende Erzählungen aus der Schreckenszeit.

5282 F.v.Müller an Julie v.Egloffstein 6.Oktober 1823

Seit sechs Tagen wohnt Staatsrat Schultz aus Berlin bei Goethe, ein großer Kunstkenner und Liebhaber, mit welchem tagtäglich die großen Goetheschen Portefeuilles und alle Medaillen, Bronzen, Münzen und sonstige Raritäten durchgegangen wurden. Wie oft haben wir Sie zu uns gewünscht! Schultz bestätigte mein Urteil über die Seidlerschen Gemälde und frug mich nach dem Maler der Rubensischen Söhne, die ihm sehr gefallen hätten.

Die Seidler ist nun selbst gekommen, war gestern bei uns, bleibt diesen Winter, ja vielleicht ganz hier und hat die Erlaubnis erhalten, einstweilen in Ihrem Atelier zu malen. Ich sprach jedoch gleich mit Goethe und dem Großherzog, um Ihre Rechte zu wahren, und so wurde ihr denn auch die Beschränkung gemacht «bis zu Ihrer *Wiederkehr*». Lasse der Himmel ihn nur recht bald eintreten!

Fast gleichzeitig mit Schultz kam der vortreffliche Graf Reinhard, französischer Gesandter zu Frankfurt, nebst seiner Familie, hier an, um seinen geliebten Goethe nach vierzehnjähriger Trennung wiederzusehen. Wie viel schöne, geisterhebende und gemütliche Stunden habe ich seitdem mit diesem würdigen, vielerfahrnen Manne verlebt, teils im traulichen Zweigespräch, teils bei Goethe! Mehrmalen waren wir von mittags bis Mitternacht dort.

Am Donnerstage [2. Oktober] feierte Goethe Reinhards Geburtstag und war von unerschöpflich heitrer und milder Laune. Gegen Abend, als Reinhard am Hofe war, nahm er mich beiseite und sprach viel und herzlich über seine Neigung (oder *Hang*, wie *er* es nennt) zu Fräulein Levetzow. «Ich werde darüber hinauskommen», sagte er, – «ich weiß es, aber es wird mir noch viel zu schaffen machen.»

Nachher beredete er mit mir die Einleitung zu einem «ewigen Tee», den er diesen Winter *alle* Tage geben will, wo von 6 Uhr an die Freunde und Freundinnen uneingeladen willkommen sein sollen, so jedoch, daß Ottilie und Ulrike nicht geniert seien, Theater und Bälle nach Belieben zu besuchen, und daß überhaupt allseitig die größte Freiheit herrsche.

«Da werden wir denn freilich die gute Julie gar oft vermissen», sprach *er*, und dachte *ich!*

Inzwischen hat ihn jener Festtag allzusehr aufgeregt, und er war die letzten Tage ziemlich abgespannt. Diesen Mittag bereitete ich ihm die Überraschung, auf welche sich das anliegende Gedicht bezieht, und die aufs schönste gelang. Line kam noch nach Tische von Belvedere herunter und erzählte mir von ihrem gestern empfangenem Briefe.

5283 F. v. Müller *7. Oktober 1823*

Diesen Mittag war Goethe, der mit Reinhard in Belvedere gewesen, sehr heiter und lustig. Vorher hatte er sich mit Reinhard ausgesprochen, doch mehr indirekt. Reinhard meint, er wolle die Seinigen mit der Marienbader Geschichte ein wenig foppen. Ich las zum Nachtisch den Judenbrief über den Einzug in Paris 1814 vor. Nachmittags mit Reinhard in Goethes Ilmgarten. Herrliches Wetter, schönste Abendbeleuchtung, singendes Gymnasten-Chor. Reinhards innerste Freude. Abends zeigte uns Goethe eine Unzahl seiner eignen Zeichnungen und die herrliche Tischbeinische Mappe, mit dem sinnreichen Katalog.

Goethes Zimmer zu Rom. Büste der Juno Ludovisi. «Sind Sie denn ein Dutzend statt Einer, daß Sie so unglaublich vieles machen konnten?» sagte Reinhard zu Goethe.

Der Sohn Goethe gefiel mir heute viel besser als sonst in seinem Enthusiasm für des Vaters Zeichnungen, und für Gartenanlagen.

5284 F. v. Müller
an Henriette v. Beaulieu-Marconnay *10. Oktober 1823*

Dienstags [7. Oktober], am Abend vor Reinhards Abreise, zeigte Goethe ihm, Schultzen und mir eine köstliche Mappe von wenigstens hundert eignen Zeichnungen, die ich nie gesehen hatte, meist Landschaften, die er sich nach Schilderungen in Reisen und Gedichten entworfen, oder auch zu Versinnlichung geistiger Beziehungen erdacht hatte. Es war mir immer, als ob Julie mit hinein gucken müßte, und schon machte ich mich so schmal als möglich, ihr Platz zu schaffen. Vielleicht gelingt es mir, einige dieser Zeichnungen auch für sie zu erreden. Dan[n] wurde eine große Mappe Tischbeinischer Handzeichnungen und flüchtiger Umrisse hervorgeholt, meist aus Rom und Neapel, seltsame Menschengruppen, Pantomimen, Scherze, komische Erlebnisse vorstellend, gleichsam eine Bildergalerie zu Goethes italienischem Leben. Besonders würden Sie sich an seinem Zimmer zu Rom sehr ergötzt haben, und wunderbar genug fand sich darin dieselbe Büste der Juno Ludovisi angedeutet, die einige Stunden zuvor, im kolossalen, reinstem Abguß, Schultz Goethen verehrt hatte. Das Original besitzt jetzt der Fürst von Piombino, und Humboldt hatte, als diesem von Napoleon Vertriebenen sein Land restituiert wurde, einen eignen Artikel in den Wiener Staats-Vertrag gesetzt, kraft dessen dem Berliner Museo ein Abguß dieser wunderbar imposanten Büste zugesichert wurde. Dies Exemplar hat nun Schultz wieder für Goethe mit höchster Sorgfalt abgießen lassen, und so schmückt es jetzt dessen Salon und nimmt die Wand ein, wo bisher die Dresdner Madonna von Raffael hing. Jupiter und Minerva sind ganz vernichtet dadurch und sehen wie Kinderköpfe aus. Wie wird sich Julie freuen, einst sie abzeichnen zu können!

5285 Caroline Freifrau v. Egloffstein an Julie v. Egloffstein *11. Oktober 1823*

Der Kanzler schwamm über Reinhards Gegenwart [vom 1. bis 8. Oktober] in Entzücken, *wir* schwammen aber nicht, der Vater mag klug sein, dies hat er bewiesen, da er sich in allen Formen der französischen Verfassung zu halten wußte, auch seiner Güte will ich nicht zu nahe treten, aber seine Liebenswürdigkeit kann ich nicht erkennen, ebenso die der übrigen, die Tochter ist häßlich und unerlaubt disgracios, Auguste sagt, der Sohn sei es womöglich noch mehr als die Tochter. Fräulein v. Wimpffen [Reinhards Nichte], ziemlich hübsch, wurde aber durch die häßliche Umgebung noch gehoben; diese Schöne hat nur Sinn für die Herren der jüngeren Klasse, so wandte sie bei einem Diner gleich der Sonnenblume ihr Antlitz dem jungen Nicolovius zu, indessen Goethe sich mit dem Rükken begnügen mußte; dies verdroß den alten Herrn, und er ließ es ihr merken, aber umsonst, indessen zog sie doch den Neffen vor, welches dem alten Herrn kurios vorkam.

5286 Graf Reinhard an Wessenberg *2. November 1823*

Vous me demandez, mon respectable ami, des nouvelles de Monsieur de Goethe auquel je vous avais écrit que je me proposais de faire une visite. Je l'ai trouvé revenant de Marienbad en Bohême; vous savez qu'un flacon d'eau de cette source qu'un instinct subit lui avait fait demander et avaler d'un seul trait, avait amené la crise salutaire de sa dernière maladie. Je l'ai revu tel qu'il était il y a quatorze ans, à cela près qu'il était devenu plus maigre et que des rides avaient tracé des sillons un peu plus profonds dans son visage; du reste le même feu dans le regard, la même vigueur dans le port et dans sa démarche, le même son métallique de la plus belle voix que j'aie jamais entendu. Sûr de la légitimité de sa domination littéraire, ignorant Pustkuchen et les factieux qui prétendent la lui disputer, étendant et affermissant ses conquêtes dans les provinces limitrophes (car si la littérature est son empire, il a comme Buonaparte pour pays confédérés les arts, pour pays alliés l'histoire naturelle et la philosophie), il voit sa Cour se composer de quelques amis intimes, ses Ministres et ses confidents, des voyageurs qui viennent lui rendre hommage, et s'enrichir et s'embellir des communications et des productions littéraires qui y affluent de toutes les parties de l'Europe. Tantôt c'est une dédication du Lord Byron, portée par un Envoyé Extraordinaire; tantôt c'est la traduction française d'un de ses ouvrages qu'il avait oubliés, venant de Paris, tantôt c'est la nouvelle de l'établissement d'une chaire fondée à Berlin, pour expliquer sa théorie des couleurs. Il y a en effet quelque chose de princier dans cette existence; son âge et des considérations locales l'ont déterminé à ne point rendre de visite, même à la Cour; on s'en plaint, mais on s'y résigne et l'on va le trouver chez lui. L'ennui ne prendra jamais dans cette enceinte; le salon de compagnie reçoit des hommes et des femmes d'esprit que vont et viennent; de riches collections de dessins, de médailles, d'objets d'histoire naturelle, remplissent son Cabinet; il y a en outre le sanctuaire où il se retire pour travailler. Une belle-fille spirituelle et aimable, deux petits enfants charmants et un fils, excellent garçon, composent son intérieur. Il leur a donné dernièrement une alarme qui s'est même répandue au dehors. Il avait fait connaissance aux eaux d'une jeune et jolie personne; on disait qu'il l'avait engagée à venir à Weimar et qu'il allait l'épouser. Il n'en est rien; mais comme l'alarme lui avait déplu, il s'est amusé à l'entretenir. Il se propose de consacrer cet hiver à l'arrangement de tous ses papiers; ce travail sera immense, mais comme il a un merveilleux esprit d'ordre, il espère d'en venir au bout. C'est chez lui et avec lui que j'ai passé une semaine délicieuse, pleine de souvenirs du passé et d'instruction pour l'avenir ...

5287 *Ch. F. L. Schultz an Goethe* *18. Oktober 1823*

Unmöglich kann ich den heutigen zweiten Posttag seit meiner Rückkehr vorbeigehen lassen, ohne Ihnen, hochverehrter, edelster Freund, für die mir in Ihrem lieben Hause erwiesene viele Güte nochmals Dank zu sagen ...

Da ich aber heute nur einen Augenblick für diesen Brief habe, so darf ich das Wichtigste nicht versäumen, Ihre große Ausgabe betreffend. Ihrer Erlaubnis gemäß, habe ich mit dem Buchhändler Humblot davon gesprochen, als von einer noch sehr geheim zu haltenden Sache. Diesen Mann habe ich selbst und durch mehrere zuverlässige Personen als reell und räsonabel kennen gelernt. Er bezeigte sich sehr dankbar für das Vertrauen, und wünschte eifrigst, daß diese große Unternehmung seiner Handlung zuteil werden möchte.

5288 *Charlotte v. Schiller an ihren Sohn Ernst* *10. Oktober 1823*

[Ernst hatte sich verheiratet.] Nur der Kammerrat ist stumm, weil er in großer Angst ist. Du wirst schwer erraten, wer Dir nachfolgen will. Es ist der *Vater Goethe*, der in Böhmen ein Fräulein liebt ... Das Mädchen ist ganz schwärmerisch für den Geheimrat eingenommen. Der Kammerrat soll außer sich sein, Ottilie aber sich sehr vernünftig betragen. Gesehen habe ich Goethe noch nicht. Er hatte in dieser Zeit viel Besuch ... Ich hoffe, daß Goethe in einem Alter von vierundsiebzig Jahren nicht so unweise handeln wird. Sage es auch niemand, damit es nicht von mir kommt. Ich möchte die Blöße lieber verhüllen als aufdecken.

5289 *F. v. Müller* *11. Oktober 1823*

Von 7½ bis 9 Uhr abends ganz allein [bei Goethe]. Über Reinhard, über Zach, die Herzogin-Mutter von Gotha, Herzog Ernst, Frau v. Buchwald, Gotter, Prinz August und Grimm. Letzterer habe ein ganz diplomatisches Ansehen gehabt, doch nicht wie die feierliche Repräsentation eines Gesandten, sondern die zusammengenommene Haltung eines Legationsrats, die Schultern und den Kopf etwas vorwärts, was ihm recht gut gestanden. Über die schnelle, nur achttägige Bearbeitung des Clavigo, über *Stella*, deren früherer Schluß durchaus keiner, nicht konsequent, nicht haltbar, nur ein Niederfallen des Vorhangs gewesen. Goethe war zwar herzlich und mitteilend, jedoch innerlich gedrückt, sichtbar leidend. Seine ganze Haltung gab mir den Begriff eines unbefriedigten großartigen Strebens, einer gewissen innern Desperation.

5290 S. Rösel an J. E. Hitzig *(1838?)*

Ein gewisser Goethe meinte vor etwa fünfzehn Jahren [12. Oktober 1823?]: «Nun! Ihr seid ja ein Weilchen in Rom verblieben, habt Euch nach Eurer Weise dies und jenes angesehen, Euch auch wohl in den Kirchen herumgetrieben und alle die Feste mit angeschaut?» Antwort: O ja! – «Nun gut! – bringt solches bestmöglichst in Ordnung, denn so etwas fehlt noch und könnte manchem recht willkommen sein.» – Nun ja! da habe ich mich denn drüber her gemacht, und diesen Krimskrams zusammengebracht. Da sehen Sie doch, Herr Kriminal! daß ich an allen ganz entsetzlich unschuldig bin; – der gewisse Goethe mag's beim Papste verantworten! ich nicht.

5291 F. v. Müller *12. Oktober 1823*

Von 5 ½ bis 6 ½ mit Line bei Goethe. Über Byrons Cain und Himmel und Erde. Letzteres Stück referierte er unvergleichlich mit vieler Laune und Humor. Es sei viel faßlicher, klarer als das erste, was gar zu tief gedacht, zu bitter sei, wiewohl erhaben, kühn, ergreifend. Nicht gotteslästerlicher als die alte Dogmatik selbst, die einen zornigen, wütenden, ungerechten, parteiischen Gott vorspiegle.

«Thomas Moore hat mir nichts zu Dank gemacht, von Walter Scott habe ich zwei Romane gelesen und weiß nun, was er will und machen kann. Er würde mich immerfort amüsieren, aber ich kann nichts aus ihm *lernen*. Ich habe nur Zeit für das Vortrefflichste.» «Die Rose von Jericho» [Roman von D. Hess], die er sehr lobte, und nicht zu verborgen gelobt haben wollte, versprach er dann doch Linen zu borgen, wenn sie ihm eine freundliche Hand gebe, nur müsse sie solche mir nicht borgen, mich zu quälen. «Das tue ich gar zu gerne», antwortete diese.

5292 V. St. Karadžić an B. Kopitar *(wohl Oktober 1823)*

An Goethe hatte ich von Grimm einen Brief, in dem er ihm die deutsche Übersetzung des Gedichtes «Dioba Jakšića» schickte. Ich kann Ihnen nicht sagen, wie Grimm in diesem Brief unsere Lieder rühmt ... Ich übergab diesen Brief Goethes Kammerdiener abends, gerade als sich Goethe zu einer Wagenfahrt irgendwohin anschickte. Nachdem ihm der Kammerdiener den Brief übergeben hatte, sagte er mir, Seine Exzellenz hätten gesagt, daß es ihm außerordentlich lieb sein werde, wenn ich ihn morgen um 11 Uhr besuche. Als ich am Tag danach [13. Oktober] kam, erwartete mich Goethe inmitten des Zimmers, und als wir uns nach vielen Komplimenten auf dem Kanapee niedergelassen hatten, auf dem Grimms Brief aufgewickelt nebst der Übertragung der «Dioba Jakšića» und einem offenen Zeitungsband lag, sagte Goethe, mit der Hand auf den Zeitungsband deutend: «Sie sehen, daß Sie heute nicht das erstemal in meinem Zimmer sind; Sie sind schon lange hier bei mir.» Als ich einen Blick auf die Zeitung werfe, ist es die Rezension meiner ersten serbischen Grammatik! Selbst können Sie sich vorstellen, welch ein Triumph das für mich war! Danach unterhielten wir uns viel über unsere Lieder, er las mir «Dioba Jakšića» vor und fragte mich nach einigen Versen, wie sie im Original lauten, und sagte, daß er sie in Druck geben werde, und bat mich, ihm «wörtlich» einige Gedichte zu übersetzen und ihm zu schicken usw.

5293 Soret *14. Oktober 1823*

[Bei Goethe.] Grande réunion aujourd'hui; Monsieur le Conseiller de Régence Schmidt a joué avec un grand talent quelques beaux morceaux de Beethoven; parmi les conviés se trouvaient Monsieur et Madame de Savigny; le célèbre professeur m'a frappé par sa grande stature, sa figure de Christ et ses cheveux noirs flottants à la nazaréenne. Il y avait encore là Riemer, Müller, Meyer et un petit docteur, jeune encore, qui se nomme Eckermann. Il a publié un ouvrage sur les poésies de Goethe, dont il fait la base de quelques règles d'esthétique. Goethe l'a appelé auprès de lui pour l'aider à préparer les matériaux d'une édition générale de ses œuvres.

Monsieur de Froriep nous a parlé en détail d'un cas d'hydrophobie actuellement traité à Weimar; c'est une femme nommée Burkhard qui a été mordue par un chien enragé il y a dix semaines environ. Ce cas me rappelle celui dont tout Neustadt a été témoin et dont Monsieur Schweitzer le ministre m'a raconté les circonstances. Un meunier mordu par son chien est atteint d'hydrophobie et en meurt. On ne tue pas l'animal, il est gardé à vue et l'on reconnaît qu'il n'est point enragé; il vivait encore lorsque le fait est parvenu à ma connaissance.

Goethe m'a donné un appareil de miroirs et de verres taillés pour répéter les expériences de Seebeck.

5294 F.v. Müller *14. Oktober 1823*

Teegesellschaft [bei Goethe], wozu ich uneingeladen kam. Savigny mit Frau und Tochter waren da. Seine fast kolossale Gestalt, seine schlicht gescheitelten und rund herunterhängenden Haare, sein ovales, so kräftiges Gesicht, haben etwas sehr Imposantes ... Frau v. Savigny, deren lebhaftes Auge noch jetzt schön zu nennen, schien mir von angenehmsten, leichten Ton zu sein; spricht sehr gewandt und gemessen und ist sehr behaglich in der Mitteilung. Sie erzählte viel von Beethovens Singularitäten und Geldverachtung. Goethe war sehr munter.

5295 W. Grimm: Niederschrift *22. September 1845*

Abends Unterredung mit Savigny, der allein war, über Bettine ... Goethe habe [am 14. Oktober 1823?] von ihr gesagt, wenn sie so viel Verstand hätte, als sie Geist hat, so würde sie uns alle in die Tasche stecken.

5296 *Rehbein an Grüner* *17. Oktober 1823*

[Über seine vierte Frau Catty, geb. v. Gravenegg, die er jüngst in Marienbad kennengelernt und in Eger geheiratet hatte.] Catty ist für mich ein liebes, liebes Weib und für meine Kinder eine Mutter, wie man sie selten findet. Auch wird sie hier überall von Bekannten und Unbekannten hochgeachtet, und die Kinder vermissen keine frühere Mutter. Goethe, bei dem wir zweimal waren, achtet sie ungemein hoch ...

Goethe, von dem ich soeben zurückkomme, läßt Dich grüßen und hofft, daß seine letzte Sendung von Mineralien in Deinen Händen ist. Er ist gesund und wohl, fleißig, tätig, und man hört hier nichts mehr von seiner Verheiratung.

5297 *F. v. Müller* *19. Oktober 1823*

Zwischen dem Hof bei ihm [Goethe]. Anfangs war er einsilbig, dann, als Riemer gekommen, sehr lebhaft. Von Raupachs Pedantism in der Kritik und den drei ersten Akten seines «Verfehlten Ziels».

Das Gespräch über die von Hermann zusammengestellten Fragmente der Euripideischen Niobe gab Anlaß, daß Goethe dessen «Bakchen» für sein liebstes Stück erklärte. Euripides hat seine Naturphilosophie von Anaxagoras, sagte er. Geniale Charakteristik der Kirchengeschichte als Produkt des Irrtums und der Gewalt. Die Lehre von der Gottheit Christi, dekretiert zuerst durch das Nicaeische Concilium, sei dem Despotismus sehr förderlich gewesen, ja Bedürfnis.

Reinhards Geschenk des Tibull leitete auf ein sehr ernsthaftes Gespräch über das «Ecce jacet Tibullus» und über den Glauben an persönliche Fortdauer. Goethe sprach sich bestimmt aus: Es sei einem denkenden Wesen durchaus unmöglich, sich ein Nichtsein, ein Aufhören des Denkens und Lebens zu denken; insoferne trage jeder den Beweis der Unsterblichkeit in sich, selbst und ganz unwillkürlich. Aber sobald man objektiv aus sich heraustreten wolle, sobald man dogmatisch eine persönliche Fortdauer nachweisen, begreifen wolle, so verliere man sich in Widersprüche. Der Mensch sei aber demohngeachtet stets getrieben, das Unmögliche synthesieren (vereinigen) zu wollen. Fast alle Gesetze seien Synthesen des Unmöglichen, zum Beispiel das Institut der Ehe. Und doch sei es gut, daß dem so sei, es werde dadurch das Möglichste erstrebt, daß man das Unmögliche postuliere.

Was er über die Erzählung der Frau Elise v[on der] Recke von ihrer Schwester Tode und persiflierend über ihre Hoffnung des Wiedersehens sprach, kam mir sehr lieblos und gemütlos vor und verwundete mich tief. Lebhaft trat es mir vor die Seele, daß man seine heiligsten Überzeugungen nicht von irgendeines Menschen – und also auch nicht von Goethes – Ansichten abhängig machen dürfe.

5298 F. v. Müller *22. Oktober 1823*

Abends bei Goethe, der aber nicht sehr mitteilend war.

5299 Soret *23. Oktober 1823*

Seul avec Goethe, je lui avais remis une brochure de Humbert sur la poésie arabe qu'il a lue avec intérêt, la conversation a essentiellement roulé sur le *Divan*, sur les poésies orientales, sur les nouvelles poésies du Comte de Platen qui a publié de charmantes *Ghaseles* dont Goethe me lit quelques-unes, en m'expliquant les passages obscurs, elles sont remplies d'esprit et d'une amabilité qui fait oublier que la morale en est un peu légère. On y renconnaît la touche du *Divan*. Une profonde discussion sur l'optique s'est élevée ensuite à l'occasion des plaques de Seebeck. Nous n'avons pas pu nous entendre, principalement au sujet des croix noires et des croix blanches.

5300 Soret *24. Oktober 1823*

Entendu Madame Szymanowska jouer du piano chez Goethe; celui-ci paraissait l'écouter avec une agitation extrème, surtout pendant ses improvisations. J'en prends note, parce que cette séance a sans doute inspiré la pièce de vers adressée à cette habile musicienne dans la Trilogie des passions.

5301 *F. v. Müller* *24. Oktober 1823*

Goethe gab eine große Abendgesellschaft jener interessanten polnischen Virtuosin, Madame Marie Szymanowska, zu Ehren, von der er uns schon so viel erzählt hatte und die gestern ihn zu besuchen mit ihrer Schwester, Casimira Wolowska, hier angelangt war. Auf sie hat er zu Karlsbad die unvergleichlichen Stanzen gedichtet, die er uns kürzlich vorgelesen und die seinen Dank aussprechen, daß ihr seelenvolles Klavierspiel seinem Gemüte zuerst wieder Beruhigung schaffte, als die Trennung von Levetzows ihm eine so tiefe Wunde schlug.

Goethe war den ganzen Abend hindurch sehr heiter und galant, er weidete sich an dem allgemeinen Beifall, den Madame Szymanowska ebensosehr durch ihre Persönlichkeit als durch ihr seelenvolles Spiel fand.

5302 *F. v. Müller an Julie v. Egloffstein* *25. Oktober 1823*

Madame Szymanowska, die schöne Polin, die unvergleichliche Klavierspielerin, von der Goethe sich im Bade so angezogen fühlte, an die er das herrliche Gedicht machte, ist mit ihrer Schwester seit gestern früh hier und wird wohl sechs bis acht Tage, auf ihrer Reise nach Paris und Florenz, hier verweilen. Gestern abend waren wir mit ihr bei Goethe; Line kam noch ganz spät dazu von Gotha, wohin sie mit ihrer Fürstin gereist war.

Madame Szymanowska ist weniger schön, als hübsch, aber von unbeschreiblicher Anmut, etwa dreißig Jahre alt, eine schlanke, bewegliche Gestalt, höchst lebhaft und doch ohne alle Unruhe, voll Phantasie und doch höchst einfach und natürlich, von der behaglichsten Gutmütigkeit und doch voll Entschlossenheit und Bestimmtheit in ihrem ganzen Wesen. Wie ihr Spiel nur ein wahres *Spiel* mit Tönen, ohne Kunst und Anstrengung, scheint, als ob ihr erster Anschlag gleich die Saiten alle so schöpferisch belebte, daß sie wie von selbst tönen und klingen und ihre Finger sie nur leicht zu ordnen und zu lenken brauchen, – so scheint sie auch das Leben und seine Verhältnisse gleichsam vom Blatt weg zu spielen und ungesucht lauter

Akkorde um sich her unwillkürlich zu schaffen und zu wecken. Der Aufschlag ihrer Augen hat etwas Zauberisches und Kindliches zugleich, und ein *milderes* Feuer, als aus ihnen nicht blitzt, sondern vielmehr sanft leuchtet, können Sie sich kaum denken.

Ihre kindliche Verehrung für Goethe spricht sich aufs einfachste, ohne alle Ziererei, aus, und so findet man sein Bild von ihr, «Daß sie wie die heiterste Ätherluft sei, die einen rings umfließe, ohne daß man sie greifen könne», wohl passend. Gar artig sagte der kleine Wolf von ihr, sie gefalle ihm doch noch besser wie die große Juno (die neue Büste meinend), und er wollte gar nicht essen, um ihr noch länger zuzuhören.

5303 F. v. Müller *26. Oktober 1823*

Nach Tisch mit Wemyss bei Goethe, und kurz nachher mit ihm bei Madame Szymanowska.

5304 F. v. Müller an Julie v. Egloffstein *27. Oktober 1823*

Wie glänzend gestern der Hof gewesen zum Doppelfeste der Kaiserin-Mutter und des neugebornen Prinzen Eduards (künftigen Königs von England in spe), stellen Sie sich kaum vor, teure Julinde!

Insbesondere führte der Zufall eine Unzahl neu ankommender, zum Teil auch bloß durchreisender Engländer zusammen ... der heldenhafteste Held von allen, Sir Wylmsen, Kapitän des Schottischen 2. Dragoner-Regiments, welches bei Waterloo so siegreich kämpfte, dieser Alcides und Antinous zugleich, und auch geistig sehr liebenswürdig, reist schon morgen nach London zurück und soll, wie man sich in die Ohren sagt, bloß deswegen von Petersburg über hier gereist sein, um die schöne Szymanowska noch einmal zu sehen und zu hören. Da ist es denn auch billig, daß ihn Goethe zum heutigen Abendkonzert gebeten, wo wir das berühmte Quartett des Prinzen Louis Ferdinand, was er einst bei der Herzogin-Mutter spielte, von ihr hören werden ... Rechnen Sie nun noch einen Postzug junger, ungelenker Pursche von siebzehn bis achtundzwanzig

Jahren und den gebildetsten von allen, den «Dämonischen Jüngling» Sterling (wie ihn Goethe nennt), hinzu, so werden Sie leicht begreifen, daß allerlei Gegenmittel für die Langeweile am Hofe diesen Winter vorhanden sind.

5305 *F. v. Müller* *27. Oktober 1823*

Herrliches Konzert bei Goethe ... Trio von Beethoven. Quartett von Louis Ferdinand. Melancholisch erhabenes Andante. Beflügelter Kotillon mit Variationen. «Um Mitternacht.» Divans-Lieder.

Sichtbare Unruhe und Unstetigkeit der schönen Polin.

5306 *Riemer* *27. Oktober 1823*

Abends zum Tee bei Goethe, spielte die Szymanowska, und [die] Eberwein sang.

5307 *Soret* *27. Oktober 1823*

Un nouveau concert, plus brillant encore que le premier, a eu lieu chez Goethe. Il y avait une nombreuse société. Madame Szymanowska et Eberwein ont fait tous les frais de la soirée.

5308 *F. v. Müller* *28. Oktober 1823*

Konzert bei Goethe. Ein Quartett von der Komposition des Prinzen Louis Ferdinand und gespielt von Madame Szymanowska gab Goethen zu den interessantesten Bemerkungen Anlaß. Er faßte den Gedanken, daß die Künstlerin ein öffentliches Konzert geben sollte, und forderte Schmidt, Coudray und mich auf, es auf alle Weise zu befördern.

5309 *F. v. Müller* *30. Oktober 1823*

Abermals Konzert bei Goethe.

5310 *Riemer* *30. Oktober 1823*

Ich und Frau zu Goethe. Tee. Szymanowska, Schmidt, Kanzler, Schopenhauer.

5311 Pauline Raupach:
Raupach. Eine biographische Skizze *1853*

Von Karlsbad begab sich Raupach über Dresden und Leipzig nach Weimar, wo ihm durch die Gnade der Frau Großherzogin vergönnt war, am großherzoglichen Hofe den höchsten Herrschaften sich vorzustellen, und auch wünschenswert erscheinen mußte, unter den dort lebenden bedeutenden Männern der Wissenschaft und Kunst vor allem dem Manne, der sie in Ruhm und Glanz überragte, die gebührende Ehre zu erweisen.

Goethe, damals schon im dreiundsiebzigsten Jahre seines Alters, im Wohlstande geboren, im Wohlleben erzogen und – verzogen, gefeiert und verwöhnt von der Welt, seines gesegneten Schaffens und Wirkens sich bewußt, genoß den Abend seines Lebens in heiterer Ruhe, mit der würdevollen Haltung eines Herrschers im Reiche der Wissenschaften.

Raupach, ein Mann von neununddreißig Jahren, von frühster Jugend gewohnt, nur durch festen unbeugsamen Willen und eifriges Streben dem Leben abzuringen, was das Glück ihm versagt hatte, im Beginn einer Laufbahn, die jener bereits vollendet, vermochte es nicht, der abstrakten Ruhe Goethes gegenüber, sich untergeordnet darzustellen.

Raupach suchte den berühmten Dichter, den Gelehrten, um im wechselseitigen Tausch der Gedanken von diesem Belehrung zu empfangen über die auf dem Gebiete der Kunst und Wissenschaft in Deutschland ihm noch unbekannten Verhältnisse; er ward [wohl im Oktober 1823] von dem *Minister*-Goethe vornehm, höflich, kalt und wortkarg empfangen. Das ertrug Raupach selbst von Goethe nicht. Er war gekommen in voller Kraft des Geistes, sich des Wollens und Könnens bewußt, daher war dieser erste Besuch auch sein letzter. Später äußerte er mit der ihm eigenen Wahrheitsliebe oft, daß er Goethe gegenüber Unrecht gehabt habe, daß es ihm, als dem so bedeutend Jüngeren, geziemt hätte, zu versuchen, Goethe durch öftere

Ansprache zu gewinnen, doch als er dies eingesehen, es zu spät gewesen sei. Goethe dachte indes groß genug, ihm später seine Anerkennung nicht zu versagen.

5312 K. Gutzkow: Am Lethestrom *1876*

Und noch ein Zeichen vom Selbstgefühl der Dichter, das mir der Schauspielveteran Eduard Genast erzählte.

Zu den vielen, die, wenn sie einmal in Weimar waren, den Versuch machten, die Exzellenz Goethe zu sehen und zu sprechen, gehörte eines Tages auch Ernst Raupach ...

Raupach hatte einige Trauerspiele, «Die Fürsten Chawansky», «Die Erdennacht», geschrieben. Der Verkehr zwischen Petersburg und Weimar war der lebhafteste, und Raupach kam auch nach Weimar mit den glänzendsten Empfehlungen ...

Goethe schien sich in der eigenen Schwerfälligkeit und Langsamkeit seines spätern Wesens eine Redensart angewöhnt zu haben, die vielleicht auch seinen Jahren entsprach. Wer im Jahre 1749 geboren wurde, hatte wohl ein Recht, von den Nachgeborenen, wenn diese nicht an der Krücke gingen, wie von «Kindern» zu sprechen. «Ihr junges Volk» oder «ihr jungen Leutchen» – das hätte er selbst zu Uhland und Rückert gesagt ...

Als Goethe, die Hände auf dem Rücken, auf und nieder ging und sich wahrscheinlich auf den Tadel besann, der bei Eckermann verzeichnet steht, begann er sich zu dem Professor Raupach mit den ungefähren Worten herabzulassen: «Ja, mein Lieber, wenn *ihr jungen Leute* doch nur – das allgemein Menschliche festhalten wolltet! Aber das *junge Volk* denkt immer, wenn es nur einen Stoff theatralisch zurechtstutzen kann, dann sei es schon getroffen» usf. – Da soll denn der damals fast schon fünfzigjährige Raupach den Hut ergriffen und sich mit den Worten empfohlen haben: «Exzellenz, aus den Kinderschuhen bin ich herausgewachsen.»

5313 Riemer *1. November 1823*

Goethe hätte wollen die Naturwissenschaft auf mehrere hundert, ja tausend Jahre zugrunde richten, wenn er Märchen, Mythologie, Kunst und seine poetische Darstellungsgabe mit in die Naturwissenschaft hätte einmengen wollen.

Er habe sich aber selbst bekämpft und das auseinander gehalten, daher neulich eine Rezension ganz recht öffentlich gesagt, bei Gelegenheit einer Vorstellungsart oder Erklärung, die jemand gegeben: Goethe würde dieses als Dichter billigen und akzeptieren, aber nicht als Naturforscher.

5314 F. v. Müller an Julie v. Egloffstein *3. November 1823*

Noch ist die Herzogin von Gotha (schon seit sechs Tagen) hier, Souper auf Souper, Konzert auf Konzert, und – was auch Linen am meisten beschäftigt, gleich mir – die liebenswürdige Szymanowska, die von den Fürstlichkeiten und der Gräfin Henckel an bis zur Frau von Spiegel inklusive (was *viel* sagen will) alle *weiblichen* Herzen, nur die Tante ausgenommen, die, weil sie sie weder gesehen noch gehört, und nur beständig von ihr vernehmen muß, ganz erbittert auf die neue Frau ist, gewonnen und bezaubert hat; nun urteilen Sie erst von den männlichen! In meinem nächsten Briefe mehr davon, und für jetzt nur noch so viel, daß Goethes, meine, Linens *und der Pogwisch* tägliche Schmerzensklage nur diese war, daß *Sie* nicht bei uns, teils um sich selbst an dieser poetischsten aller Erscheinungen zu ergötzen und zu laben, teils um ihr Konterfei zu gewinnen. Morgen abend ist das große Konzert, welches wir ihr abgedrungen ...

«Wenn Julie nur eine Tagreise entfernt wäre», sagte Goethe, «so müßte man sie mit Kurierpferden holen, denn so etwas hört man so leicht nicht wieder.»

5315 Eckermann an Frau Kiesewetter *4. November 1823*

[Über ihren Sohn August, der als Zögling Falks durchaus Schauspieler werden will.] Goethe hat geflucht, als er hörte, was Falk wieder mit August trieb: «Die verfluchte Theorie», hat er gesagt, «lassen Sie ihn erst zehn Jahre auf der Bühne herumtanzen, dann mag so etwas getrieben werden.» Ich habe mit Goethen nicht darüber gesprochen, er hat dieses zum Sekretär Kräuter gesagt.

5316 F.v. Müller *4. November 1823*

Heute endlich, nach vielen Bemühungen und sich durchkreuzenden Hemmnissen, kam das öffentliche Konzert der Madame Szymanowska zustande. Noch wenig Stunden vorher wäre das Unternehmen fast am Mangel eines guten Instrumentes gescheitert, hätte nicht die Frau Großfürstin selbst das ihrige großmütig dargeliehen. Nach dem Konzert soupierten wir mit Egloffsteins bei Goethe, der von der liebenswürdigsten Gemütlichkeit war. Als unter mancherlei ausgebrachten Toasten auch einer der Erinnerung geweiht wurde, brach er mit Heftigkeit in die Worte aus: «Ich statuiere keine *Erinnerung* in eurem Sinne, das ist nur eine unbeholfene Art sich auszudrücken. Was uns irgend Großes, Schönes, Bedeutendes begegnet, muß nicht erst von außen her wieder *er-innert*, gleichsam er-jagt werden, es muß sich vielmehr gleich vom Anfang her in unser Inneres verweben, mit ihm eins werden, ein neueres beßres Ich in uns erzeugen und so ewig bildend *in uns* fortleben und schaffen.

Es gibt kein Vergangnes, das man zurücksehnen dürfte, es gibt nur ein ewig Neues, das sich aus den erweiterten Elementen des Vergangenen gestaltet, und die echte Sehnsucht muß stets produktiv sein, ein neues Beßres erschaffen. Und», setzte er mit großer Rührung hinzu, «haben wir dies nicht alle in diesen Tagen an uns selbst erfahren? Fühlen wir uns nicht alle insgesamt, durch diese liebenswürdige edle Erscheinung, die uns jetzt wieder verlassen will, im Innersten erfrischt, verbessert, erweitert? Nein, *sie kann* uns nicht entschwinden, sie ist in unser innerstes Selbst übergegangen, sie lebt in uns mit uns fort und, fange sie es auch an, wie sie wolle, mir zu entfliehen, ich halte sie immerdar fest in mir.»

5317 F. v. Müller *5. November 1823*

Als ich nachmittags zu Goethe kam, traf ich ihn noch mit ihr [der Szymanowska] zu Tische; sie hatte eben an die ganze Familie bis zu unserm Paten Wolf herab, ihrem Liebling, die allerzierlichsten kleinen Geschenke, zum Teil eigner Hände Arbeit, ausgeteilt, und der alte Herr war in der wunderbarsten Stimmung. Er wollte heiter und humoristisch sein, und überall blickte der tiefste Schmerz des Abschieds durch. Um 5 Uhr war [sie] zur Abschieds-Audienz bei der Großfürstin bestellt, wo sie, der Hoftrauer entsprechend, ganz schwarz gekleidet, was den Eindruck noch erhöhte. Der Wagen fuhr vor; ohne daß er es merkte, war sie verschwunden. Es schien zweifelhaft, ob sie noch einmal wiederkäme. Da trat das Menschliche in Goethen einmal endlich recht unverhüllt vor, er bat mich aufs dringendste zu bewirken, daß sie nochmals wieder erschiene, nicht ohne Abschied scheiden möchte. Einige Stunden später führten der Sohn und ich sie und ihre Schwester zu ihm. Welch eine still gemütliche Viertelstunde! «Ich scheide reich und getröstet von Ihnen», sagte sie ihm, «Sie haben mir den Glauben an mich selbst bestätigt, ich fühle mich besser und würdiger, da *Sie* mich lieben. Nichts von Abschied, nichts von Dank; lassen Sie uns vom Wiedersehen träumen. O daß ich doch schon viel älter wäre und hätte einen Enkel bald zu hoffen, er müßte Wolf heißen, und das erste Wort, das ich ihn stammeln lehrte, wäre *Ihr* teurer Name.» «Comment», erwiderte Goethe, «vos compatriotes ont eu tant de peines à chasser des loups de chez eux, et Vous voulez les y reconduire?» Aber alle Anstrengung des Humors half nicht aus, die hervorbrechenden Tränen zurückzuhalten, sprachlos schloß er sie und ihre Schwester in seine Arme, und sein segnender Blick begleitete sie noch lange, als sie durch die offne lange Reihe der Gemächer entschwanden.

5318 F. v. Müller an Julie v. Egloffstein *14. November 1823*

[Frau Szymanowska] zeigte uns [am 5. November] ihre prächtigen Albums. Das eine enthält lauter eigens für sie verfaßte kleine Kompositionen ... das andere ... enthält die

Bildnisse in Kupferstich usw. der bedeutendsten polnischen Männer und Frauen ... In dieses Buch hat Goethe die wunderschönen Stanzen geschrieben, die ich für Sie, geliebte Julinde, abgestohlen. Ich stiftete ihr Goethes Kupferstich von David und eine Zeichnung von Goethes Haus hinein, mit dem ebenfalls anliegenden Sonett, dem Goethe, es ins Französische zu übersetzen, die Ehre antat.

5319 F. v. Müller *6. November 1823*

Goethe war in der Nacht erkrankt, heftigster Husten mit Brustfieber.

5320 F. v. Müller an Knebel *8. November 1823*

Goethe hat große Lust an Ihrem «Büchersaal» gefunden; ich habe mir ihn kopieren lassen, aber es wäre schade, wenn [eine] so meisterhafte Übertragung nicht ein größeres Publikum erfreute ...

Wir haben durch das fast vierzehntägige Dasein der liebenswürdigsten aller Künstlerinnen und polnischen Frauen allerdings sehr reiche, gemütliche Genüsse gehabt. Und durch Goethes Freundlichkeit war ich steter Mitgenosse ihrer lieblichsten Mitteilungen im traulich engern Kreise.

5321 H. Stieglitz an Charlotte Willhöfft *11. November 1823*

Das kahle Feld zwischen Erfurt und Weimar belebte sich in den Gedanken hoher Erwartung; sie ist reich erfüllt, und mit heiliger Feier blicke ich auf Weimar zurück. Mein Quartier war im Elephanten; die Stunden meines dortigen Aufenthalts während der zwei Tage von Sonnabend mittag bis zum Montag war ich von Eckermann nur die wenigen Stunden des Schlafes getrennt, und die Augenblicke, in denen ich Goethes Anblick genossen. Meinen dringenden Wunsch hatte Eckermann dem Hohen mitgeteilt; er bestimmte den Sonntag mittag [9. November] um zwölf, mich zu sehen. Mit heiliger Ehrfurcht nahte ich den Schwellen dieses reichen Hauses, mit einem Gefühle, das ich so noch nicht empfunden. Der Kammerdiener meldete mich; Freude und Bangen wechselten in mir; er erschien, ein jugendfrischer Greis, im Vollgefühle vielseitiger Kraft rüstig, ernst, erhaben, eine bedeutende Gestalt; ich zitterte, mehrere Minuten stand ich sprachlos da; was ich zu sagen mir vorgenommen, hatte ich vergessen. Da stand er vor mir, der Gewaltige, den ich so lange im tiefsten Heiligtum des Geistes verehrt, dessen Leben und Schaffen einwirkt auf Jahrhunderte, wie er der ganzen Zeit entschiedene Richtung gegeben. Wie der Gedanke Gottes, wenn er in seiner ganzen Objektivität auch das Gemüt des Sterblichen umdränge, nicht zu fassen wäre, so drang die Erscheinung dieses Einzigen, den der Schöpfer als Vollender von so Großem hingestellt, auf mich mit aller Macht, daß ich mich selbst verlor und mit mir die Besonnenheit. Erst nach und nach faßte ich mich wieder, drückte die Hand des Herrlichen, die ich heftig ergriff, an mein schlagendes Herz, und vielleicht hat ihm da mein Blick gesagt, was ich auszusprechen nicht vermochte. Er redete zu mir mild und liebevoll, über mein Streben und Wollen, über das Nächste zur Befestigung des Fernern; ich gewann Mut und antwortete auf seine Fragen mit Vertrauen; er fragte mich, ob ich auch Neigung fühlte, Italien und Griechenland zu sehen, ob mich's nicht ins Leben zöge; «wohl», sprach ich, «zieht es mich mit Macht hinaus; doch ich mag dem heiligen Drang nicht folgen wie die Laffen, die nur aus eitelm Wahne recht bald hinauseilen, neubegierig sich umschauen und so leer zurückkehren, wie sie gegangen; ich will mich erst ganz fühlen, erst tüchtiger Leistung froh werden, ehe ich die herrliche Ferne mit ihrer Fülle von Erinnerungen begrüße.» Das Gefühl der Gegenwart mochte meinen Worten ein lebendiges Feuer geben, denn eben jetzt empfand ich ja das marternde Gefühl, vor einem Höchsten zu stehen, sich selber ungenügend in seiner ganzen schmerzlichen Fülle, und doch ward mir so wohl, so ganz zu Sinne. Als ich jene Worte und mehr noch gesprochen, da legte er seine Hand mir auf die Schulter: «Das ist brav, junger Mann», rief er aus mit fester Ruhe, «streben Sie zum Tüchtigen, ich hoffe Sie noch wiederzusehen und nur Gutes von Ihnen zu hören.» In meinem Leben ist mir kein «Bravo» mit so süßer Harmonie in die Seele gedrungen, als dieses Mannes. Kaum mein selbst bewußt schied ich von ihm, so voll, so überströmend von Wollen und Wirken und doch mir jetzt so ungenügend. Der Hohe hatte mein ganzes Wesen durchdrungen; ich hätte eine Welt schaffen mögen, auch ohne Stoff. Seltsamer war mir nicht zumute gewesen; Eckermann fühlte das und führte mich ins Freie; da erst wurde mir wohl, ganz heiter, und durch das ganze Leben einflußreich durchdringend trat der Gedanke an den Gewaltigen erst da wieder hervor, als bald nach meiner Ankunft in Leipzig ein Brief von Eckermann mich überraschte, der Goethe tags darauf gesprochen hatte.

5322 Eckermann an H. Stieglitz *10. November 1823*

Ich war eben bei Goethe. Er ließ mich in der Dämmerung zum freundlichen Gespräch zu sich rufen.

Ich fing natürlich gleich von Ihnen an und welchen Eindruck Sie auf ihn gemacht. «Er hat mir *sehr* wohl gefallen», antwortete Goethe darauf. «Eine durchaus reine Natur. Er hat kein unvernünftiges Wort gesprochen, alles klar und vernünftig.» Ich sagte, der große Eindruck hätte Sie das nicht sagen lassen, was Sie sonst wohl gemocht hätten. Drauf sagte Goethe wieder: «Er hat mir sehr wohl gefallen, er sprach lauter Vernünftiges, es ist ein *hübscher* Junge.» Auch sagte Goethe, er habe viel *Energisches* an Ihnen bemerkt, und damit wäre denn das Eigentlichste Ihrer Natur ausgesprochen. Ich freute mich bei diesem Wort abermals über den raschen, sichern und tiefen Blick, den Goethe in solchen Dingen hat. Denn er hat Sie doch kaum gesehen und weiß nun schon ganz, wie es mit Ihnen aussieht. *Energisches!* Wenn man nur ein einziges Wort über Sie aussprechen wollte, so könnte man kein anderes gebrauchen.

Ich wollte Ihnen nur diese wenigen Worte flüchtig hinübersenden, damit zu der Freude des Wiedersehens sich auch *die* gesellen möge, sich bei Goethen, dem größten

Manne des Jahrhunderts, in so gutem Andenken zu wissen. Leben sie wohl!

5323 Soret *11. November 1823*

Soirée chez Goethe, en très petit comité, il est encore très souffrant d'une longue indisposition qu'il a eue. Ses pieds sont enveloppés de la couverture de laine qu'il avait lors de la fameuse campagne champenoise, et qui l'accompagne encore partout. A propos de cette couverture, il nous raconte un tour joué par lui, en 1806, à un chapelain de régiment durant l'occupation d'Iéna par les Français. Le curé avait exigé, pour sa part de réquisitions, de belles tentures pour orner son autel; on lui en avait remis une du plus brillant cramoisi, mais elle n'était point encore assez bonne à son gré. Il s'en plaignit à Goethe qui lui dit: «Remettez-moi cette étoffe, je chercherai à vous procurer quelque chose de mieux.» «Cependant, poursuivit Goethe, on donnait une pièce nouvelle et la pièce de drap cramoisi servit à parer les acteurs; on s'en sert encore dans une tragédie de Raupach qui a peut-être puisé l'idée de nouvelles compositions ténébreuses aux reflets sanglants des habits de ses personnages. Quant à mon curé, je n'obtins point d'autre étoffe pour son usage, il fut obligé de se tirer d'affaire comme il put.»

5324 F.v. Müller *11. November 1823*

Goethes Lob der Mille et une nuits.

5325 F.v. Müller an Graf Reinhard *12. November 1823*

[Über Graf Rumigny, den französischen Gesandten in Weimar.] ... ich machte ihn auch mit Goethe bekannt, und er brachte daselbst einen recht interessanten Abend [27. Oktober] zu, als Madame Szymanowska, Goethes besungne Freundin von Marienbad her, uns durch ihr seelenvolles Klavierspiel bezauberte.

Die dreizehn Tage, welche diese talent- und gemütreiche Frau, zunächst Goethe zu Ehren, hier zubrachte, waren ihm sehr genußreich, seitdem aber leidet er an Husten und

Schnupfenfieber, das bei plötzlich eingetretner rauhern Witterung um so hartnäckiger scheint und ihn bittre Klagen über dadurch gelähmte Tätigkeit führen läßt. Dazu kommt, daß Rehbein gefährlich krank war und ihn erst heute zum erstenmale wieder besuchen konnte. Ihr Brief hat ihn *sehr* erfreut, er las mir mehrmalen daraus vor und ist für die nähere Würdigung seines morphologischen Heftes höchst dankbar. Möge er nur wiederhergestellt sein, wann Humboldt eintrifft, der vom 14. an acht Tage hier bleiben will!

Mein Gedächtnis hat Ihnen Goethes Gedicht an Madame Szymanowska *abgestohlen;* ich weiß, es wird Sie erfreuen, und Sie verwahren es *im stillen;* auch füge ich ein Sonett von mir selbst bei, das Goethe ins Französische überzutragen würdigte.

Diese Dame will von Berlin aus gegen Weihnachten nach Paris gehen und dort den Winter, in London Frühjahr und Sommer zubringen. Für den Fall, daß sie durch Frankfurt käme, war Goethes Absicht, ihr Empfehlungen an Sie mitzugeben und zugleich um dergleichen nach Paris zu bitten, die ihren Debut erleichterten und ihr auch in geselliger Hinsicht Gunst und Würdigung vorbereiteten. Bereits hat Herr v. Rumigny sie seiner Familie aufs angelegentlichste empfohlen.

5326 F. v. Müller *12. November 1823*

Wilhelm v. Humboldt war diesen Morgen auf mehrere Tage hier angelangt. Ich traf ihn nachmittags bei Goethe. Er erzählte ausführlich und mit vieler Laune die Details der Geschichte der nach dem zweiten Pariser Frieden (1815) erfolgten Restitution der von Napoleon entführten deutschen Kunstschätze.

5327 W. v. Humboldt an seine Frau *12. November 1823*

Ich habe Goethen, liebe Li, leider krank gefunden. Er hat seit zehn bis zwölf Tagen einen Husten, der ihn sehr mitnimmt. Er wirft nicht aus dabei, hat kein Fieber, obgleich vollen Puls und krampfhafte Anwandlungen, so daß ihm die Nägel oft blau sind. Er klagt besonders über schlaflose Nächte, die mit dem Husten natürlich verbunden sind. Er schreibt die Verschlimmerung seines Zustandes großenteils einer gefährlichen Krankheit zu, an der sein Arzt, ein Hofrat Rehbein, darniederlag. Jetzt ist dieser, auf den er großes Vertrauen setzt, wiederhergestellt, und so ist er auch mutvoller. Sein Aussehen kann ich demungeachtet nicht sehr verändert finden. Auch spricht er heiter, sobald ihn der Gegenstand belebt. Da es ihm aber unmöglich gut sein kann, viel zu reden, so werde ich mich doch in acht nehmen, ihn nicht zu viel und zu lange zu besuchen. Es ist mir sehr leid, daß es sich gerade so hat fügen müssen. Was ich seinem Zustand unangemessen finde, ist die schreckliche Hitze bei ihm ... Ich halte sie aus, aber es erfordert eine Gewohnheit wie die meinige. Ich habe mir die Freiheit genommen, in Gegenwart des Arztes darauf aufmerksam zu machen, und der riet sehr einen Thermometer an. Allein Goethe ist in meinen Prinzipien und protestiert gegen einen so gefährlichen Zeugen.

Im Gespräch habe ich ihn wie sonst gefunden, höchst interessant und leicht zu großer Teilnahme zu bringen, aber abgebrochen, so daß man das einzelne zusammenlesen und sich sehr hüten muß, ihn nicht durch ein dazwischengeworfenes Wort aus seinem Ideenzusammenhang zu bringen. Mit mir ist er, man kann nicht freundlicher [sein], er hat mir auch versprochen, mir vorzulesen oder mir zum Lesen zu geben, und er muß doch also allerlei bereit haben. In den Gesprächen über Kunst, und namentlich über Berlinische, habe ich in den Gesprächen mit ihm und dem Großherzog immer viel von den alten Ideen gefunden, die nicht frei von Vorurteil sind ...

Auf Meyer hat bei uns nichts einen solchen Eindruck gemacht als der Lippi, den er für einen der besten erklärt, die er je gesehen hat, und das Fragment des Männerkopfes, das Du nicht liebst. Von beiden hört er nicht auf zu reden. Goethe ist ungemein begierig, das Fragment zu sehen, und ich wünschte ihm wohl die Freude zu machen. Sei doch so gut, teure Seele, und sprich mit Rauch, ob er Lust hat, es formen zu lassen ... Einen Abguß der großen Juno nach unserm Kopf hat Goethe auch und ist erstaunt über die Schönheit des Abgusses.

Den Minervakopf, der bei uns auf dem Ofen steht, hält Meyer für schöner als den der Velletranischen. Diese Meinung möchte ich nun nicht teilen, um so weniger, als ich den Kopf der letzteren hier wieder bei Goethen gesehn habe.

Goethes Art, sich zu beschäftigen, ist mir, nachdem ich nun alle seine Hefte gelesen und ihn hier noch darüber höre, sehr klar. Ich fragte ihn nach verschiedenen Sachen, die ihn an sich interessieren müssen, Alexanders neuestem geognostischen Werk, seiner Reise usf. Auf alle Fragen gestand er, daß er das gar nicht gelesen habe und nicht lesen wolle, bis er in seinen eigenen Forschungen darankomme. Bei dieser Gelegenheit sagte er dann deutlich, daß er jetzt gar nicht mehr anders lese, als indem er gleich auch darüber schreibe, und darum hüte er sich vor neuen Büchern, die ihn nur anregen und auf Untersuchungen führen würden, die außer seinem Weg lägen, und zu denen er jetzt nicht mehr Zeit und Kraft habe. Von mir hatte er die Sprachabhandlung jetzt wieder gelesen und war sehr bewandert darin. Merkwürdig aber ist mir gewesen, daß er mir auf die über die Geschichte [Über die Aufgabe des Geschichtsschreibers] nie weder schriftlich ein Wort geantwortet, noch jetzt eine Silbe gesagt hat ...

Zwischen Goethe und der Schiller ist eine Art Angelegenheit über die Briefe Schillers und Goethes. Goethe möchte diesen Briefwechsel zusammen drucken lassen, und die Lücken von der Zeit, wo sie zusammen waren, erzählend ausfüllen. Wenn er diese Idee ausführt, so ist sie für die Leser offenbar die beste. Die Schiller aber möchte, und mit Recht, den aus diesen Briefen zu ziehenden Vorteil nicht für die Kinder aufgeben. Sie hält also Goethes Briefe zurück und hat einige von Goethe gemachte Vorschläge, sie für eine geringe Summe zurückzukaufen, abgeschlagen. Ich habe nun dadurch, daß ich Goethen meine Schillerschen Briefe gegeben, ihn aber gebeten habe, sie, wenn er sie gelesen hätte, der Schillern zu geben, und daß ich ihm so indirekt zu Gemüte geführt, daß von Schiller geschriebene Briefe von seinen Freunden billig als Eigentum der Kinder angesehn werden, eine neue Bewegung in die Sache gebracht, und beide Teile haben mich nun gebeten, sie zu vermitteln. Ob das aber gelingen wird, steht doch dahin. Denn obgleich beide sich ehren und lieben, so bestehen sie doch gegenseitig auf ihren Meinungen. Das alles muß natürlich ganz unter uns bleiben ...

Goethe wird seine Wahrheit und Dichtung nicht weiter fortsetzen, und die Champagne wird das letzte bleiben. Aber er hat eine Chronik seines ganzen Lebens von Jahr zu Jahr, oft von Monat zu Monat ausgearbeitet, wo er die verschiedenen Epochen in verschiedener Ausführlichkeit behandelt, und die wohl in einiger Zeit erscheinen wird. Es ist unglaublich, wie viel er sich mit dem Aufsuchen, Ordnen, Redigieren aller alten Papiere beschäftigt. Sogar, was man im «Morgenblatt», der «Literaturzeitung» und früher in der «Frankfurter Zeitung» hat abdrucken lassen, wird aufgesucht und zusammengeschrieben.

5328 F.v. Müller an Knebel *14. November 1823*

Goethe war recht leidend diese ganze Woche, der Husten quält ihn fürchterlich und raubte den Schlaf.

Seit gestern geht es etwas besser. Humboldt, der Minister, ist hier seit drei Tagen; das gab denn freilich manche zu lebhafte Sprechaufregung für einen Hustenpatienten.

5329 F.v. Müller *14. November 1823*

Ich brachte Humboldt zu Riemer ... Bei Goethe über das Verderben der Naturforschung durch Poesie.

5330 W.v. Humboldt an seine Frau *15. November 1823*

Mit Goethe geht es noch gar nicht gut. Auch heute abend soll er sich sehr matt und angegriffen gefühlt haben. Ich sah ihn leider heute gar nicht.

5331 *Soret* *16. November 1823*

Goethe est toujours souffrant. Son Altesse Impériale m'a envoyé ce soir chez lui pour lui donner un moment de distraction par la vue de belles médailles russes en or. Il se plaint d'avoir dans la région cardiaque la même douleur qui a précédé sa grande maladie. «Ce mal, dit-il, m'empêche de travailler avec suite. Je ne puis même pas me permettre de lire longtemps et si je veux penser, il faut que je le fasse, pour ainsi dire, à la dérobée et par surprise dans de bons intervalles.» Eckermann était avec lui.

5332 *W. v. Humboldt an seine Frau* *17. November 1823*

Gestern bin ich von 9 Uhr morgens bis nach 11 abends ununterbrochen nicht herausgekommen ... Nach Tisch besuchte ich Carolinen und Goethe ...

Heute war den Morgen, den ich zwischen Carolinen und Goethe teilte, Ruhe, weil der Großherzog auf der Jagd war. Den Nachmittag besuchte ich wieder Goethe ... Goethe hat auf nichts Appetit, nicht auf Bouillon, Fleisch, Gemüse, er lebt von Bier und Semmel, trinkt große Gläser am Morgen aus und deliberiert mit dem Bedienten, ob er dunkel- oder hellbraunes Köstritzer oder Oberweimarisches Bier, oder wie die Greuel alle heißen, trinken soll. Doch geht er meist in eine andere Stube dazu, wenn ich da bin. Die Scheu geht doch in einer menschlichen Brust nicht ganz aus.

Über seine Gesundheit war man heute und gestern bedenklicher als früher, ich glaube aber mit Unrecht. Mir schien er eher besser. Unmittelbare Gefahr ist bei diesem Übelbefinden nicht, nur die, daß dieser Husten Anzeige anfangender Brustwassersucht sei oder Ursach davon werde. Er sprach heute manchmal sehr schön, er zeigte mir auch ein Gedicht, das er im Frühjahr gemacht hat und das nun im neuesten Heft von Altertum und Kunst gedruckt wird. Es ist indischen Inhalts, ein Gegenstück zur «Bajadere», und heißt «Der Paria». Parias sind die unterste Kaste der Indier. Es ist sehr schön, sehr künstlich und merkwürdig, weil er den Stoff vierzig Jahre mit sich herumgetragen, ihn auf alle Weise zu behandeln versucht hat, und erst jetzt damit fertig geworden ist. Ob es aber so gefallen wird, wie die «Bajadere», zweifle ich doch. Der Stoff wird vielen widrig sein, ich vermute auch Dir. Mündlich mehr davon.

Es ist schrecklich, daß die Ursach von Goethes Krankheit höchstwahrscheinlich eine einzige Erkältung ist, von der ich Dir auch mündlich erzählen werde. Er kann nicht genug sagen, wie wohl und tätig er vorher war. Es ist peinlich zu hören, daß er alle Augenblick Ach Gott! ach Gott! sagt. Doch ist das mehr Angewohnheit. Denn er klagt nicht über Schmerzen.

5333 F. v. Müller *17. November 1823*

Von 7 bis 10 bei Goethe meist mit Ottilie, die aufs reinste von Wemyss sprach. Erster Brief der Szymanowska an sie von Berlin. Als Ottilie weg war, ließ Goethe seinen Unmut und Verdruß über die Geschichte mit diesem Engländer aus. Das Treiben Ottiliens sei hohl, leer, es sei weder Leidenschaft, Neigung, noch wahres Interesse, es sei nur eine Wut, aufgeregt zu sein, ein abenteuerliches Treiben. Seine entsetzliche Ungeduld und Weichlichkeit beim Hustenanfall, lebhafter Ausfall gegen meine unlogischen Trostsprüche.

5334 Caroline Freifrau v. Egloffstein
an Julie v. Egloffstein *17. November 1823*

Goethe leidet an Husten und Schnupfenfieber, mein Stuhl ist wieder dort. Er hat sich zu sehr angegriffen. Um ihn zu zerstreuen von einer Seite, so regt man ihn zu sehr auf, und in seinen Jahren ist dies gefährlich, sein Geist verträgt zwar mehr als ein gewöhnlicher Mensch, allein solange ihn menschliche Form umgibt, müßte man doch bedenken, daß sie ihn schon vierundsiebzig Jahre schmücken. Reinhards, dann der Polin Anwesenheit griffen ihn sehr an, und selbst der Kanzler und Konsorten sollten ihn des Abends weniger besuchen, denn der Husten fordert Schonung, etwas Langeweile würde ihm weniger schaden.

5335 *Soret* *17. (18.?) November 1823*

Je suis retourné un moment chez lui [Goethe] le lendemain [18. November?]; la présence et la conversation de Monsieur de Humboldt paraissent l'avoir ranimé. Son mal n'est pas purement physique. Il s'y joint une cause morale et les souvenirs de Marienbad y sont pour beaucoup. Je n'entrerai pas ici dans des détails qui touchent à l'intimité. Je me bornerai à consigner ce qu'il a rendu lui-même notoire par sa Trilogie et par d'autres aveux pour rappeler ce qu'il m'avait dit une autre fois sur la nécessité de former toujours une petite intrigue de cœur lorsqu'on se rend aux bains. Cette fois, malgré son grand âge, le sentiment qu'il a conçu pour une jeune dame à Marienbad, s'y est trouvé plus vif que jamais et, à son retour, il s'est élevé de singuliers combats dans son âme. Ils ont inspiré un poème qui, par sa vigueur et les sentiments dont il est rempli, rappelle l'époque où *Werther* fut composé.

5336 *F. v. Müller* *18. November 1823*

Ich hatte mich mit Wilhelm v. Humboldt zu einem Abendbesuch bei Goethe eingefunden, den wir sehr ermattet und von heftigen Krampfhusten gequält fanden. Ihn zu zerstreuen und zu erheitern, erzählte Humboldt tausend Interessantes aus seiner politischen Laufbahn ...

5337 *Riemer* *18. November 1823*

Abends bei Goethe, der noch sehr am Husten litt.

5338 *W. v. Humboldt an seine Frau* *19. November 1823*

Du wirst, liebe Seele, zuerst von Goethes Gesundheit hören wollen. Ich weiß aber in der Tat nicht, was ich Dir eigentlich davon sagen soll. Das ist leider nur zu gewiß, daß er immer noch einen starken, trockenen Husten hat, daß er nicht arbeiten kann und fast nichts zu essen und zu trinken vermag als Bier und Brot. Die Nächte hatte er bisher so gut als gar nicht geschlafen, die letzte ist besser gewesen, aber aus einer Ursach, die ich wirklich schlimmer als das Übel finde. Er ist nämlich gar nicht zu Bett gegangen, sondern auf seinem Stuhl, wie bei Tage, sitzen geblieben. Die Unruhe, nicht arbeiten zu können, der Verdruß, aus schöner Stimmung durch eine Erkältung, wie er wenigstens glaubt, in diesen leidenden Zustand versetzt zu sein, die Besorgnis, daß dies noch lange dauern könne, wirken sehr, sein Übel oder doch die Empfindung davon zu vermehren. Die Ärzte behaupten, daß ich gleichfalls dazu beitrüge, weil es ihn so verdrieße, nicht ordentlich mit mir reden zu können. Andere meinen, ich heiterte ihn auf. Ich wünschte, er hätte mir von seinem Übelbefinden Nachricht gegeben. Ich wäre dann erst nach Burgörner gegangen und hätte ihn dann ordentlich genossen, was freilich jetzt nicht der Fall sein kann. Die wichtigste Frage aber, wie gefährlich oder bedenklich nun sein Übel eigentlich ist, weiß ich kaum zu beantworten, glaube mich indes nicht zu irren, wenn ich sage, daß es für jetzt zwar nicht gefährlich ist, aber es gewiß werden muß, wenn es noch Wochen hindurch so anhält.

Heute früh habe ich eine himmlische Stunde bei ihm zugebracht, die ein reicher Lohn für die ganze Reise ist. Ich muß Dich aber sehr bitten, niemandem ein Wort davon zu sagen, weil er äußerst geheim damit tut. Ich habe Dir erzählt, denke ich gewiß, daß er mich neulich hatte den «Paria» lesen lassen. Gestern gab er mir ein Buch des «Divans», zu dem er mehreres neu hinzugedichtet hatte. Es war sehr Hübsches darunter, doch nichts, was einen bei Goethes früheren Sachen verwundern konnte. Heute gab er mir ein eigen gebundenes Gedicht, eine Elegie. Ich sah schon, daß sie sehr zierlich und sorgfältig äußerlich in Band und Papier behandelt war. Sie war ganz von seiner Hand geschrieben, er sagte mir, es sei die einzige Abschrift, die davon existiere, er habe sie noch niemandem, ohne Ausnahme, gezeigt und werde sie noch lange nicht, vielleicht nie drucken lassen. Er habe sich aber auf meine Ankunft gefreut, weil er vorher wisse, ich werde mit ihm fühlen. Er sagte das alles in einem bewegteren und sich mehr erschließenden Ton, als ihm sonst eigen war. So fing ich an zu lesen, und ich kann mit Wahrheit sagen, daß ich nicht bloß von dieser Dichtung entzückt, sondern so erstaunt war, daß ich es kaum beschreiben kann. Es erreicht nicht bloß dies Gedicht das Schönste, was er je gemacht hat, sondern übertrifft es vielleicht, weil es die Frische der Phantasie, wie er sie nur je hatte, mit der künstlerischen Vollendung verbindet, die doch nur langer Erfahrung eigen ist. Nach zweimaligem Lesen fragte ich ihn, wann er es gemacht habe. Und als er mir sagte: «Vor nicht gar langer Zeit», war es mir klar, daß es die Frucht seines Marienbader Umganges war. Die Elegie behandelt nichts als die alltäglichen und tausendmal besungenen Gefühle der Nähe der Geliebten und des Schmerzes des Scheidens, aber in einer so auf Goethe passenden Eigentümlichkeit, in einer so hohen, so zarten, so wahrhaft ätherischen und wieder so leidenschaftlich rührenden Weise, daß man schwer dafür Worte findet ...

Nach der Lesung spann sich nun ein Gespräch darüber an; die Person wurde nie genannt, aber es war eigentlich immer von ihr die Rede, und es sei nun, daß sie noch sehr, wie ich glaube, in seiner Seele herrsche oder nicht, so ist gewiß, daß ohne sie diese wirklich himmlischen Verse nie entstanden wären, und damit hat sie denn ein bleibendes Verdienst. Denn es gibt doch eigentlich nichts Höheres, als ein Gefühl, selbst welches es sei, wahrhaft gelungen in Poesie vorgetragen.

Ich konnte mich nicht enthalten, ihm zu sagen, daß ich wirklich erstaunt wäre, [in] ihm noch diese Jugendlichkeit des Talents und des Gefühls, da solchem Gedicht ein wirkliches zugrunde liegen müsse, zu finden, und daß diese Geistes- und Phantasiestärke wahrhaft Gewähr leiste, daß, wenn nicht ein Zufall ihn dahinraffe, er noch für lange Jahre Lebenskraft besitze, und wirklich hätte ich nie gedacht, daß er dessen noch fähig sei. Er sagte darauf selbst, daß man wohl damit dem Leser den Geburtstag des Dichters zu raten aufgeben könne. In keiner Silbe des Gedichtes ist des Alters erwähnt, aber es schimmert leise durch; teils darin, daß alles darin so ins völlig Hohe und Reine gezogen ist, teils in der umfassenden

Fülle der Naturbetrachtung, auf die hingedeutet ist, und die Reife der Jahre fordert.

Goethe wurde über das Gedicht, von dem er selbst sehr naiv sagte: «Ich habe nicht aufhören können, es so lange zu lesen, bis ich es nun auswendig weiß; ich habe mir auch darin nachgesehn, warum soll man sich solche Genüsse versagen?» er wurde, wollte ich sagen, über das Gedicht und meine Freude daran so gehoben, daß er, sein Übel vergessend, mit ganz ungewöhnlicher Heiterkeit sprach und sicher lange fort gesprochen hätte, wenn nicht der Großherzog plötzlich hereingetreten wäre. Dieser suchte mich auf, um mir bei dem schönen Sonnenschein, den wir heute hatten, das Palmenhaus in Belvedere zu zeigen, das ich neulich bei dunklem Wetter gesehen hatte.

Es ist mir sehr klar geworden, daß Goethe noch sehr mit den Marienbader Bildern beschäftigt ist, allein mehr, wie ich ihn kenne, mit der Stimmung, die dadurch in ihm aufgegangen ist, und mit der Poesie, mit der er sie umsponnen hat, als mit dem Gegenstand selbst. Was man also vom Heiraten und selbst von Verliebtheit sagt, ist teils ganz falsch, teils auf die rechte Weise zu verstehen. Nur glaube ich doch, daß die Einförmigkeit, vielleicht sogar die geringe Erfreulichkeit des Familienkreises ihm, nach der lebendigeren Regung in Böhmen, nicht wohltut, und daß ihm dies Gefühl mehr lastet, weil seine Krankheit ihm den gewohnten Trost beständiger Beschäftigung raubt, wozu denn zufällig auch der Mißmut kommt, mir nicht das alles selbst lesen und wahrhaft darüber sprechen zu können ...

Caroline, Lolo und Goethe, der oft von Dir spricht, grüßen Dich herzlich.

5339 F. v. Müller *19. November 1823*

Goethe war sehr matt, er zeigte mir, Coudray und Riemer Isabeys wunderschöne und feine dreißig lithographischen Zeichnungen aus Italien.

5340 *F.v. Müller* *20. November 1823*

Goethe hatte Blutigel gelegt, und ich konnte ihn nicht sehen.

5341 *W.v. Humboldt an seine Frau* *21. November 1823*

Goethen fand ich gestern morgen sehr schwach. Er hatte die Nacht wieder nur im Lehnstuhl zugebracht, und die Augen fielen ihm alle fünf Minuten zu, wobei dann sein Kopf gleich auf seine Brust sank. Dann hob er ihn wieder und öffnete die Augen, und so ging es die ganzen Stunden, die ich da war. Dazwischen sprach er aber wieder mit Lebendigkeit. Er sagte mir auch einiges über seine Lage, wovon mündlich. Er braucht eine außerordentliche Erheiterung, glaube ich, in dieser Einförmigkeit seines Lebens. Eine solche würde, meiner Meinung nach, einen sehr glücklichen Einfluß haben. Ich habe ihm allerlei Vorschläge gemacht, allein es wird wohl beim alten demungachtet bleiben. Die Ärzte behaupten, daß es mit seiner Krankheit nichts zu sagen habe. Ich kann leider diese Meinung nicht teilen. Sein Leib ist offenbar geschwollen. Er nimmt fast lauter flüssige Nahrung zu sich. Die schlaflosen Nächte und der Husten matten ihn außerordentlich ab. Man erwartet jetzt sehr gute Wirkung von Blutegeln, die man ihm in der Nierengegend gesetzt hat. Ich konnte ihn deshalb gestern nachmittag nicht mehr sehen und habe nicht von ihm Abschied genommen. Ich werde aber, wenn ich übermorgen von hier [Rudolstadt] abreise, wieder über Weimar gehen, weil der Weg über Jena gar zu schlecht sein soll, und dann nur Goethen und Carolinen besuchen ...

Ich sagte Dir, glaube ich, noch nichts von Schadows Madonna. Der Großherzog, der sie gekauft, liebt sie sehr. Sie stand einige Tage auf einer Staffelei im Versammlungssaal des Schlosses, und alle waren damit zufrieden. Auch Goethen wurde sie geschickt. Öffentlich und gegen den Großherzog lobt er sie sehr: «Artig, reinlich, nett, sauber, lieblich, anmutig» und wie alle seine «Artigkeitswörter» heißen. Unter vier Augen hat er mir aber seine Theorie über diese Art Bilder auseinandergesetzt. Er teilt alle Bilder in die ein, die zur Bilderwelt, und die, welche zur Natur gehören. Bei den ersten hat der Maler nur andere Bilder vor Augen gehabt, bei den letzten die wahre, volle und doch idealische Natur. Dies Bild rechnet er zu den ersten. Die Madonna sei keine Mutter, keine Amme, keine Wärterin, sondern eben eine Madonna, wie man sie so gemalt zu finden pflege usf. Giotto und Cimabue hätten wirklich die Natur ergriffen, da ihre Vorgänger nur byzantinische Bilder nachgemacht hätten. Unter ihren Nachfolgern sei wieder viel von dieser Malerei nach Bildern gewesen. Raffael habe zuerst wieder die Natur ergriffen, darum müsse man aber nun nicht die vor ihm, sondern ihn Nachahmende zum Muster nehmen.

Van Eyck ist ihm auch einer, der bloß nach Bildern gemalt hat. Es scheint mir darin viel Vorurteil zu sein, und ein Teil davon liegt auch darin, daß er eigentlich Haß auf alle christlichen Sujets, besonders auf Madonnen, hat. Über diese seine Ansicht des Christentums schreibe ich Dir ein andermal mehr.

5342 Caroline v. Egloffstein
an ihre Schwester Julie *21. November 1823*

Bekümmern wird es Dich, von den neuen Sorgen um Goethe zu hören; eine nahe Gefahr scheint nicht vorhanden, allein die Schwäche und der Husten lassen mich, trotz den Verheißungen der Ärzte, nichts Gutes erwarten, und ich sehe diesen schmerzlichen Verlust schon mit resignierendem Gefühl herannahen.

5343 Soret *21. November 1823*

Goethe est très fâché contre les médecins qui n'ont pas permis à ses amis d'entrer dans sa chambre pendant un ou deux jours. «Une telle précaution, dit-il, est tout à fait superflue et vous me privez de la jouissance de voir mes amis peut-être pour la dernière fois.» Il est cependant un peu mieux et a pu reprendre une partie de ses occupations.

5344 *F. v. Müller* *22. November 1823*

Gegen eins 1/2 Stunde bei Goethe. Riemer, Frommann waren dort. Ich fand ihn sehr matt, doch mit Expeditionen in die jenaische Druckerei beschäftigt. Mir schien sein Atem kürzer. Er sagte schmerzlich einige Worte über die notwendige Unzugänglichkeit für die nächste Zeit.

5345 *W. v. Humboldt an seine Frau* *25. November 1823*

In Weimar habe ich bei meiner Rückkunft aus Rudolstadt [am 23. November] nur Carolinen und Goethe gesehen. Mit Goethe war es ungefähr, wie ich ihn verlassen hatte. Er muß immer die Nächte auf dem Stuhl bleiben, ist daher matt, hat keinen Appetit und hustet noch viel. Einige Besserung aber fand ich darin, daß er wenigstens auf dem Stuhl die Nächte geschlafen und nur abends und morgens gehustet hatte, daß er auf die Blutegel Erleichterung im Unterleib verspürte, daß er wenigstens die «Tausend und eine Nacht» las und weniger Bier trank, wie mir auch sein Bedienter mit Freuden erzählte, der dies Unwesen auch mit Bedauern sah. Auf diese Weise ließe sich wohl Besserung hoffen. Dagegen hat der Geheime Hofrat Herscher [Huschke], der aber nicht sein eigentlicher Arzt ist, Carolinen gesagt, daß das Hauptübel in den Nieren sitze, daß eine bereits ganz zerstört und die andere auf dem Wege dahin sei, daß Wassersucht mithin die unfehlbare Folge sei. Er glaube nicht, daß er länger als ein Jahr leben könne. Was soll man nun für wahr halten? Prophezeiungen dieser Art sind doch oft falsch, und wie will man wissen, daß eine Niere ganz zerstört ist? Ich bleibe dabei, daß, wenn wir heute den 25. April schrieben, Goethe bald besser sein würde, und daß Aufheiterung, mannigfaltigerer und seiner Individualität mehr zusagender Umgang ihre Wirkung nicht verfehlen könnten.

Ich kann nicht leugnen, daß ich mit wahrer Wehmut von ihm geschieden bin. Ich habe seine noch immer sehr schöne Stirn, die so das Bild seines freien, weiten, unbegrenzten Geistes entfaltet, mehrere Male, da er eben saß und ich ihn nicht aufstehen lassen wollte, geküßt, und ich zweifle, daß ich ihn je wiedersehe. Es geht unendlich viel mit ihm dahin, meinem Glauben nach mehr, als je wieder in deutscher Sprache aufstehen wird.

Mir hat er in diesen Tagen, wie zerstreut und durch seine Krankheit gestört unser Umgang war, viel Freundschaft und wahres altes Vertrauen bezeigt, und wohltätig ist gewiß mein Wiedersehen, mein Eingehen in die Sachen, die er mir wies, meine große Freude an der, die ihm die liebste ist, auch gewesen. Ich möchte es für vieles nicht hingeben, die Reise gemacht zu haben.

5346 W. v. Humboldt an seine Frau *1. Dezember 1823*

Es fällt mir dabei oft ein, daß es doch eigentlich sonderbar ist, daß Goethe so fast ausschließend in den Produkten der Zeit lebt und an dem hängt, was er seine Arbeit in seinen Heften nennt, was doch wieder nur eine für die neueste Zeit ist ...

Du wirst jetzt leicht mehr von ihm erfahren als ich. Selbst wenn ich Carolinen regelmäßig darum schriebe, würde es nicht eigentlich helfen. Man erfährt immer nur in Weimar die Relationen des Bedienten oder die Räsonnements der Ärzte. Wer ihn nicht selbst sieht, kann nicht genau urteilen, und Caroline sieht ihn gar nicht. Sie sind eigentlich auseinandergekommen, und sie urteilt bisweilen über seinen Charakter und sein Benehmen mit einer Strenge, die einem weh tut. Wahr ist es indes, daß er sich gegen die Schillerschen Kinder nicht gut benommen hat.

5347 Caroline v. Humboldt
an A. v. Rennenkampff *3. Februar 1824*

Humboldt hat, nachdem er einigermaßen wieder hergestellt war, eine Reise nach Weimar gemacht. Er hatte es Goethe schon lange schriftlich versprochen. Leider hat er ihn unwohl getroffen, und wenn schon keine dringende Besorgnis vorhanden war, so war es doch störend und legte Humboldt im Gespräch einen großen Zwang auf, um ihn nicht zu sehr aufzuregen, was die Ärzte durchaus vermieden wissen wollten. Er hat ein ganz kostbares Gedicht gelesen, sein letztes Produkt, nachdem er seine Sommerreise beschlossen hatte, was aber vielleicht nie, solang er lebt, gedruckt werden wird. Und ich bitte Sie auch, nicht einmal gegen andere zu äußern, daß Sie gehört hätten, daß er ein solches gemacht habe. Aber Humboldt sagt, daß Goethe nie etwas Schöneres, Tieferes, ja Glühenderes in der Empfindung gemacht habe, und war tief ergriffen davon, daß solche Blüten auch noch dem scheidenden Dasein entsprössen. Diesmal scheint Goethes trefflicher Körper über die Krankheit gesiegt zu haben – aber ach – trübe Ahndungen lauern doch noch im Hintergrunde.

5348 Caroline v. Humboldt
an A. v. Rennenkampff *29. März 1824*

Dann war ich sehr bewegt von Goethens Gedicht in seinem neuesten Heft Kunst und Altertum ... Aber dieser Paria, diese Legende! Es hat mir ein Fieber gemacht ... Goethe hat Humboldt gesagt, er habe diesen Stoff vierzig Jahre mit sich herumgetragen. Vierzig Jahre, ehe er ihm Wort zu geben vermögend gewesen.

5349 Caroline v. Humboldt
an A. v. Rennenkampff *25. Juni 1827*

Haben Sie die neue Ausgabe, die letzte, die herauskommen wird, von Goethens Werken zu Gesicht bekommen, soweit sie erschienen ist? ...

Vollkommen, schön, tief, wahr, unbeschreiblich ergreifend, eben weil sie wahr und aus der wahrsten Empfindung in der Wirklichkeit geflossen ist, werden Sie die Elegie finden. Er las sie Humboldt vor vier Jahren vor, wo erst zwei Monate vorüber waren, seit er sie gemacht hatte, wo er an der Erinnerung des Gegenstandes vor Sehnsucht beinah starb. Da muß man denn wohl zu ihm selbst sagen, was er den Tasso sagen läßt: «Und wenn der Mensch in seiner Qual verstummt, gab mir ein Gott zu sagen, was ich leide.» Er war damals zweiundsiebzig Jahre alt! Das find' ich eben göttlich, daß die Flamme nicht wie der Glanz der Jugend verlischt.

5350 *F. v. Müller* *23. November 1823*

Als ich heute gegen Mittag Goethe besuchte und ihm von dem gehässigen Benehmen der Würzburger gegen Heine und seine orthopädische Anstalt erzählte, sagte er: «Das ist die alte Erfahrung; sobald sich etwas Bedeutendes hervortut, alsobald erscheint als Gegensatz die Gemeinheit, die Opposition. Lassen wir sie gewähren, sie werden das Gute doch nicht unterdrücken. Bei mir ist an keine Besserung zu denken, solange ich, wie schon seit vielen Tagen, nicht im Bette schlafen kann. Die Krankheit ist eben auch ein absolutes Übel. Welch ein Zustand! Welch eine Qual, ohne Morgen und Abend, ohne Tätigkeit, ohne klare Idee! Aber besucht mich nur immer mittags ein wenig, damit man doch noch denken möge zusammenzugehören.»

5351 *Soret an Dumont* *24. November 1823*

Seit meiner Rückkehr war ich noch häufiger als früher in Goethes häuslichem Kreise, selten aber mit ihm unter vier Augen, denn wenn er sich wohlfühlte, wurde sein Zimmer nicht leer von Fremden; darunter waren Savigny aus Berlin und Reinhard aus Frankfurt; letzterer sprach mit mir viel von Ihnen, und ich mußte ihm über Sie erzählen. Später traf ich bei Goethe oft den Staatsminister von Humboldt, von dessen Bekanntschaft ich mehr gehabt hätte, wenn Goethe um diese Zeit nicht krank gewesen wäre; es ging ihm einige Zeit so schlecht, daß er alle Arbeit unterbrechen mußte und nur die nächsten Freunde bei sich sah. Seit vorgestern fand ich ihn besser, aber wir sind noch immer in Angst vor wiederholten Rückfällen, denn es ist die gleiche Krankheit, die ihn uns im Frühjahr beinahe entrissen hätte.

5352 *F. v. Müller* *24. November 1823*

Goethe war sehr matt, ich sah ihn deshalb heute nicht. Nachmittags Zelters Ankunft.

5353 *Zelter an Goethe* *27. Dezember 1823*

Mein Geschäft in Erfurt war in zwei halben Tagen abgemacht. Nun wasche mich, putze mich, freue mich, nehme Extrapost, komme [am 24. November] nach Weimar, fahre vor. Ich bleibe eine Minute im Wagen, niemand kommt mir entgegen. Ich trete in die Tür, ein weiblich Gesicht kuckt zur Küche heraus, sieht mich, zieht sich wieder zurück. Stadelmann kommt und hängt das Haupt und zuckt die Schultern. Ich frage, keine Antwort. Ich stehe noch an der Haustür: soll man etwa wieder gehn? wohnt hier der Tod? Wo ist der Herr? Trübe Augen. Wo ist Ottilie? Nach Dessau. Wo ist Ulrike? Im Bette. Mein Traum fällt mir ein, ich erschrecke. Der Kammerrat kommt: «Vater ist – nicht wohl; krank, recht krank.» – Er ist tot! – «Nein, nicht tot, aber sehr krank.» Ich trete näher, «und Marmorbilder stehn und sehn mich an». So steig' ich auf. Die bequemen Stufen scheinen sich zurückzuziehen. Was werd' ich finden? Was finde ich? Einen, der aussieht, als hätte er Liebe, die ganze Liebe mit aller Qual der Jugend im Leibe. Nun, wenn es die ist: er soll davonkommen! Nein! er soll sie behalten, er soll glühen wie Austernkalk; aber Schmerzen soll er haben wie mein Herkules auf dem Öta! Kein Mittel soll helfen; die Pein allein soll Stärkung und Mittel sein. Und so geschah's, es war geschehn! Von einem Götterkinde, frisch und schön, war das liebende Herz entbunden. Es war schwer hergegangen, doch die göttliche Frucht war da und lebt und wird leben und ihres Geistes Namen über Zonen und Äonen hinaustragen, und wird genennet werden Liebe, ewige allmächtige Liebe!

5354 *F. v. Müller* *25. November 1823*

Einige Minuten mittags bei Goethe. Rehbein und Zelter hielten ihn heute für besser, da Auswurf erfolge und der Husten sich mindere. *Mir* war keine Besserung merklich, er sprach fast gar nicht und sah ganz fahl aus.

Selbst der Szymanowska Brief schien ihn wenig zu freuen. «Was sind das für neue Narrheiten mit den Kindern?» sagte er, mißverstehend.

5355 F. v. Müller *25. November 1823*

Nachmittags war ich mit Zelter drei Stunden bei Riemer und Eberweins ...

[Zelter:] «... Haydn hat die Naivität zur höchsten Vollendung gebracht, er ist so rein, so mild, man möchte gleich jemanden etwas Gutes, Angenehmes erzeigen, wenn man ihn gehört. Einst befragt, warum seine Messen so fröhlich und fast lustig? antwortete Haydn: ‹Weil, wenn ich an den lieben Gott denke, ich so unbeschreiblich froh werde.› Als ich dies Goethen erzählte, liefen ihm die hellen Tränen die Wangen hinab.»

5356 Charlotte v. Schiller
an ihren Sohn Ernst *28. November 1823*

Minister Humboldt war hier und trug mir auf, Dich zu grüßen. Auch Zelter war bei mir ...

Er hat in Goethes Haus viel Verstimmung gefunden. Der Vater ist krank. Sein Zustand ist ängstlich, bei vierundsiebzig Jahren. Die Familie hat seine Heiratsgedanken auf eine undelikate, harte Art aufgenommen, statt ihm Anteil zu zeigen. Wenn er die Torheit begangen hätte [wieder zu heiraten], so wäre es im Grunde seine Sache. Der Sohn soll mit ihm sehr hart gewesen sein. Ottilie bekam Krämpfe. Alles war in Verzweiflung. Das ist nicht der Weg, sein Herz zu besänftigen. Er hat die Natur, daß ihn der Widerstand verhärtet. Ich weiß nicht, wie es enden wird ... Daß ein Mann wie Goethe in seinen Jahren noch einmal recht liebt, ist bei so viel Einbildungskraft nicht unmöglich. Freilich ist zu bedenken, daß ein junges Mädchen ihn vielleicht nicht so lieben kann und ihn und sich täuscht. Wenn er aber noch einige Jahre glücklich sein könnte, so wäre es ihm doch zu gönnen. Täuschungen über das andere Geschlecht hat er sich stets gemacht. Das findet man im Laufe seines Lebens. Seine erdichteten Frauen sind mehr Wahrheit als die wahren. Von der Frau Geheimrätin an ist er von seinem Zenit herabgestiegen.

5357 *Soret* *28. November 1823*

L'ouvrage de Monsieur Meyer, dont la première partie vient de paraître occupe agréablement Goethe qui se porte maintenant assez bien pour reprendre le cours de ses occupations; il m'en a fait grand éloge. Quelques jours plus tard, la douleur de côté a repris de nouvelles forces, mais a cédé à l'application de sangsues.

5358 *Charlotte v. Schiller an Caroline v. Humboldt* *30. November 1823*

Du wirst mündlich viel hören über Goethe. Es ängstigt mich sehr, denn ich fürchte doch, es könnte die Wassersucht sein. Seine Neigung kömmt mir vor, wie in der Ilias der Streit um die Briseis. Nur ist Agamemnon statt des Achill; ein Streit mit einer egoistischen Familie, die sich sehr unfein benimmt. Du hast diese Briseis gesehen. Wenn er wirklich einer so heftigen Leidenschaft noch fähig ist, so ist es kein Mangel seines Gemüts und rührend. Ich möchte, daß man ihm das Leben noch erheiterte und nicht durch kleinliche Gemeinheiten verbitterte. Was mich bei seinem Zustand ängstigt, ist, daß er sitzend schläft und das Bett nicht ertragen kann. Wäre nur erst der Dezember, sein stets gefürchteter Monat, vorüber!

5359 *F. v. Müller* *2. Dezember 1823*

Gegen 9 Uhr bei Frau v. Goethe, wo ich mit Freude die Bestätigung von des alten Herrn Besserung vernahm.

5360 *A. v. Goethe an F. Schlosser* *3. Dezember 1823*

Leider haben wir von der Mitte des vorigen Monats wieder traurige Tage in Hinsicht auf des Vaters Gesundheit verlebt, und da der Vater so wohl aus Marienbad wieder gekommen war und wir die schönsten Hoffnungen für diesen Winter hegten, so war das eintretende Übelbefinden um desto unerwarteter. Eine Erkältung war die Ursache, nach welcher sich ein Katarrh einstellte, der immer heftiger wurde und zuletzt das Liegen im Bett unmöglich machte; so mußte der Vater wieder über vierzehn Tage die

Nächte sitzend zubringen, welches ihn immer mehr ermattete; es traten nun auch Schmerzen in den Nieren ein, und ein krampfhafter Husten erhöhte die Schmerzen und machte den Zustand bedenklich. Leider lag auch in der ersten Zeit der Krankheit der Arzt meines Vaters an einer Augenentzündung nieder und konnte daher den Vater nicht besuchen. Jetzt ist alles wieder auf dem Weg der Besserung, der Katarrh und Husten sind völlig beseitigt, und der Vater schläft seit mehreren Nächten wieder liegend in seinem Bette, wodurch die Kräfte sehr zugenommen haben, auch nimmt er schon wieder teil an allem, nur ist noch ein Schmerz in der rechten Seite, der ihn belästigt, welchen die Ärzte aber durch angeordnete Bäder zu beseitigen hoffen.

5361 F. v. Müller *3. Dezember 1823*

Zwischen 1 bis 2 Uhr bei Goethe, den ich viel mitteilender, teilnehmender und wohler fand, als ich ihn verlassen.

5362 Caroline Freifrau v. Egloffstein
an Julie v. Egloffstein *5. Dezember 1823*

Mit Goethe geht es besser, er kann wieder im Bette liegen und schläft gut, aber ängstlich bleibt sein Zustand schon durch das Alter. Zelter ist seit acht Tagen hier, geht aber wieder.

5363 Soret *5. Dezember 1823*

J'ai donné quelques minéraux à Goethe, en particulier un ochre argileux trouvé à Courmayeur par Deschamps, et dont Monsieur Massot fait le plus grand cas. Quelle n'a pas été la surprise de Goethe, lorsqu'il a reconnu dans cette couleur celle qu'Angelika Kauffmann employait pour peindre les chairs. Elle estimait au poids de l'or le peu qu'elle possédait et dont l'origine lui était inconnue. Goethe a dit à sa belle-fille que je le traitais comme un sultan qui recevait tous les jours de nouvelles offrandes. «Il vous traite comme un enfant», a-t-elle répondu. Et il s'est mis à rire.

5364 *F. v. Müller* *7. Dezember 1823*

Bei Goethe um 1 Uhr. Das Atemholen wurde ihm schwer, er sprach fast gar nicht.

5365 *Soret* *7. Dezember 1823*

J'ai demandé à Goethe comment il se portait. «Pas tout à fait aussi mal que Bonaparte dans son île», a-t-il répondu. Son état prolongé de malaise lui donne beaucoup de mauvaise humeur.

5366 *J. Falk: Geheimes Tagebuch* *8. Dezember 1823*

Goethe liegt abermals am Tode. Mich ergriff es mit fast unnennbarer Wehmut. Je geringer und kleiner die Zahl solcher Geister in Weimar wird, je fremder wird mir die Stadt. Was soll ich länger unter den Fremden in Melchisedeks Reich?

In dieser Stimmung lief ich hinaus auf den neuen, einsam gelegenen Kirchhof vor dem Frauentor bei Goethens Fenstern vorbei, die finster waren.

5367 *F. v. Müller* *8. Dezember 1823*

Bei Ottilien mit Line. Gemeinsamer Ärger über Goethes neuerliche Äußerungen, die Szymanowska betreffend.

[Am Rande:] Tausch mit Walther.

5368 *F. v. Müller* *10. Dezember 1823*

Von 1½ bis 2½ bei Goethe respektive mit Zelter. Ich fand ihn weit besser, er sprach ziemlich viel gegen das Ende meines Besuchs. Seine Urteile über Lukrez taten mir zum Teil weh.

Gegen Huschkens Ansicht, daß Karlsbad ihm zusagen würde, lehnte er sich heftig auf.

5369 *F. v. Müller* *12. Dezember 1823*

Nachmittags von 5 bis 7 Uhr bei Goethe mit Zelter und Meyer. Goethe war sehr munter. Über die Mystifikation der Senckenbergschen Gesellschaft rücksichtlich ihres Diploms an den Pascha von Ägypten.

Isabeys Miniatur seiner italienischen Landschaften und Ansichten in Steindruck.

5370 *F.v. Müller an Knebel* *13. Dezember 1823*

Mit Goethe selbst geht es täglich besser, ich genoß gestern wieder den ersten heitern Abend bei ihm mit Zelter und Meyer. Er trug mir tausend Freundliches an Sie auf.

5371 *Zelter: Notiz*

Ein schweres Krankenlager erfolgte ... im Spätherbst 1823, und die Weimarischen Ärzte erwarteten Goethes Tod.

Schon zweimal hatte ich den Freund in ähnlichem, dem Tode nahen Zustande angetroffen, und ihn unter meinen Augen gleichsam wieder aufleben sehen. Diesmal, seine Genesung sozusagen befehligend, sah ich ihn von Stund an, zur Verwunderung der Ärzte, so schnell sich erheben, daß ich ihn in der Mitte des Dezembers [am 13.] in völliger Munterkeit verlassen durfte.

5372 *F. Peucer an Böttiger* *14. Dezember 1823*

Goethes Gesundheit schien wieder zu schwanken. Er konnte nicht liegen, schlief wenig und meist im Lehnstuhl, so daß man die Brustwassersucht fürchtete. Jetzt geht es wieder besser, doch ist kein gutes Zeichen, daß die Füße, die bisher angelaufen oder wohl gar geschwollen waren, sich wieder gesetzt haben. Das Heiratsgerücht verschwindet unter solchen Umständen von selbst. Diejenigen, die um ihn sind, haben viel zu leiden; er ist sehr grillig, übelnehmend, auffahrend; selbst sein Arzt, Dr. Rehbein, muß sich viel gefallen lassen. Meyer besucht ihn wieder häufig, da es auch mit Meyers Gesundheit jetzt wieder gut geht. Gesprochen wird aber dabei eben nicht viel; die Unterhaltung ist ziemlich eintönig. Dann und wann ist noch Riemer dort, als dritter; der gibt aber auch nicht viel von sich und macht gegen Seine Exzellenz den untertänigen Diener.

5373 *Caroline v. Wolzogen an Caroline v. Humboldt* *14. Dezember 1823*

Goethe geht's etwas besser, doch kann er, um den Husten nicht zu reizen, wenig sprechen und soll sehr böser Laune sein. Einem recht hohlen Menschen hat er seine Liebe anvertraut und gesagt, er wolle sie bekämpfen. *Dies ja nur bloß für euch*, denn die Indiskretion ist grenzenlos.

5374 *A. v. Goethe an J. M. Färber* *15. Dezember 1823*

Gern wäre ich in der letzten Zeit nach Jena gekommen, um noch alles, was diesen Winter etwa erforderlich ist, anzuordnen, aber das Übelbefinden des Vaters hat mich daran gehindert. Gott sei Dank, es geht jetzt wieder recht hübsch ...

5375 *F. v. Müller an Graf Reinhard* *15. Dezember 1823*

Endlich, nach langen Tagen der Besorgnis und Gefahr, kann ich Euer Exzellenz die frohe Gewißheit mitteilen, daß unser hochverehrter Goethe wieder insoweit hergestellt ist, daß er allmählich seine gewohnte Tätigkeit wieder zu beginnen, den engen Kreis seiner Freunde wieder um sich zu versammeln anfängt. Seit dem Anfang Novembers hatte ein fürchterlich hartnäckiger Husten ihn gequält, seine Nächte schlaflos gemacht. Späterhin trat heftiger Nierenschmerz, Engbrüstigkeit und manches andere Symptom herannahender Wassersucht hinzu, so daß man sich den traurigsten Besorgnissen hingeben mußte. Er durfte fast gar nicht mehr sprechen, um den Husten nicht zu reizen, seine Freunde konnten ihn nur minutenlang sehen, er konnte in keinem Bette mehr schlafen, mußte die Nächte auf einem Stuhle zubringen. Doch seine kräftige Natur hat abermals gesiegt, und besonders haben warme Bäder ihm sehr wohl getan. Seit acht bis zehn Tagen schläft er wieder vortrefflich, die Nierenschmerzen zerteilen sich, der Husten hat sich verloren und auch die Engbrüstigkeit fast ganz. Nur klagt er noch sehr, daß anhaltende Tätigkeit ihm noch sauer werde. Ich freue mich nun doppelt, daß ich Ihnen, Verehrtester! unsren Kummer nicht früher mitgeteilt, vielmehr jetzt zugleich die frohe Kunde unsrer Beruhigung geben kann. Von Goethe selbst soll ich die allerherzlichsten Grüße ausrichten und zugleich die Bitte vortragen, mir für seine Schwiegertochter, die am 27. dieses auf einige Wochen nach Berlin reisen wird, einige gütige Empfehlungszeilen an Frau von Rayneval zuschicken zu wollen, deren nähere Bekanntschaft Frau v. Goethe gerne machen möchte ...

Auch ein Gedicht an Knebel, als er kürzlich seinen achtzigsten Geburtstag feierte, mögen Sie freundlich aufnehmen; in der Tat datiert sich Goethes Besserung von jenem Tage, und dieser Umstand wird den flüchtigen Stanzen vielleicht einiges mehrere Interesse in Ihren Augen verleihen.

5376 F. v. Müller *15. Dezember 1823*

Nachmittags im Park ... Dann eine Stunde bei Goethe, der ziemlich munter. Ärger über die Rezension des Konzerts der Madame Szymanowska im Berliner Blatt. Prachtwerk über den Krönungszug Georgs IV.

«Die Geschwister» entwarf Goethe auf einer kleinen Reise nach Thalbürgel zum Großherzog; in wenig Tagen waren sie fertig. Es reut ihn, daß er nicht damals ein Dutzend ähnlicher Stücke hinwarf, aber er geriet bald an die Iphigenie und ward viel ernster.

Die Geschwister führte er dann auf einem kleinen Privattheater mit Demoiselle Kotzebue (Madame Gildemeister) selbst auf, nicht ohne wechselseitige Neigung. Sie sei sehr anmutig und naiv gewesen, weit mehr als ihre jetzige Tochter, die etwas kurz Angebundnes habe. Der nachmalige Staatsrat Kotzebue machte den Postillon.

Goethe bat mich, mit seinen nähern Freunden zu verabreden, daß ihn jeder von uns nur, mit den Abenden abwechselnd, immer allein besuche, weil das Hin- und Herreden mehrerer ihn betäube oder zu sehr aufrege.

5377 Soret *15. Dezember 1823*

[Bei Goethe.] Longue visite pendant laquelle j'ai mis en ordre les cristaux de pyroxène qu'il a rapportés de

Bohême. Il m'a dit qu'il recevrait de nouveau très volontiers les visites de ses amis dans la soirée, mais que nous devions nous arranger pour qu'il n'en vînt jamais plus d'un à la fois.

5378 Soret *16. Dezember 1823*

Mon catalogue des cristaux sera rédigé dans le même genre que celui des diamants du Grand-Duc et paraîtra dans l'un des prochains numéros de la *Morphologie*.

5379 F. v. Müller *18. Dezember 1823*

Von 6½ bis 8½ abends bei Goethe, allein. Appianische Schlacht-Gemälde Napoleons in einer Sammlung schöner Kupferstiche. Über Hamann und seine Briefe an Jacobi. Hamann sei zu seiner Zeit der hellste Kopf gewesen und habe wohl gewußt, was er wolle. Aber er habe immer biblische Sprüche und Stellen aus den Alten wie Masken vorgehalten, und sei dadurch vielen dunkel und mystisch erschienen.

Goethen sei die Popularphilosophie stets widerlich gewesen, daher habe er sich leichter zur Kantischen hingeneigt, die jene vernichtet habe.

Doch mit der Kritik der Vernunft habe er sich nie tief eingelassen. Ich gab ihm mein Gedicht auf Knebel, was er lobte, und erzählte dann von Gagern.

5380 Soret *21. Dezember 1823*

L'humeur de Goethe est redevenue brillante. Nous avons atteint le plus court des jours de l'année. Maintenant, l'espérance de les voir bientôt recroître semble lui donner un gage de santé et il m'a salué joyeusement ce matin, en me disant: «Voilà la renaissance du soleil.» Cette influence des jours courts agit fortement sur son imagination et amène, chaque année, à la même époque, quelques appréhensions dans son esprit.

5381 Eckermann an H. Stieglitz *22. Dezember 1823*

Von Goethen kann ich nun zunächst sagen, daß er wieder in völligem Wohlsein dasteht und keine Spur von Schwäche mehr an sich trägt. Wenn man ihn ansieht, gewinnet man das Vertrauen, daß er gewiß noch zehn Jahre leben werde. Diese Nachricht wird Ihnen besonders lieb sein. Ich bin jetzt fast jeden Tag bei ihm und hatte die Freude, diese Woche viermal bei ihm zu Tisch zu sein. Ach, was ist da manches herrliche Wort zum Vorschein gekommen! ...

Sie wollen Weltanschauung, Tiefe des Lebens? ...

Es ist bloß das unruhige Geblüt, was Sie treibt, und Sie wissen eigentlich selbst nicht, wo hinaus. Wissen Sie, worin die wahre Modernität ruhet? Goethe sagt, sie ruhe in einem Wollen, das über die Kräfte des Individuums hinaus geht. Nehmen Sie sich vor einem solchen in acht, es ist auch in Schillern sichtbar, und zwar nachteilig.

5382 Soret *22. Dezember 1823*

Continué le travail des pyroxènes avec des alternatives de causerie. A propos de la Bohême, Goethe m'a dit qu'on y avait fait des progrès inouïs pour la calligraphie et qu'il l'attribuait aux nombreux essais qu'on y avait fait pour émettre des faux billets de banque: «C'est en voulant atteindre l'impossible, a-t-il ajouté, que tout le possible se fait.»

Madame de Goethe est entrée pour prévenir son beau-père qu'elle allait partir pour Berlin où elle désirait rejoindre sa mère, tout en regrettant bien fort de manquer les fêtes de Noël. Goethe plaisante ensuite avec moi sur cette activité d'imagination qui caractérise la jeunesse. «Je suis trop vieux, dit-il, pour pouvoir la contredire et lui faire comprendre que le plaisir de revoir sa mère ici ou là est toujours la même chose, que ce n'est pas Berlin qui peut embellir une telle rencontre, c'est l'attachement réciproque qu'on se porte. Voilà un grand bouleversement pour rien, mais de pareils riens sont beaucoup à certain âge et cela ne tire pas à conséquence. Il suffit quelquefois qu'on fasse une extravagance pour que la chose réussisse. Le raisonnement trouble tout. Dans ma jeunesse, bien souvent, j'agissais de même et cependant me voilà sain et sauf.»

5383 F.v. Müller *28. Dezember 1823*

Im Park und bei Goethe, respektive mit Ziegesar. Anmahnung wegen Meyers in Minden und Julie. Seltsamer Aufsatz über das Frankfurter Theater-Direktionswesen.

5384 F.v. Müller *29. Dezember 1823*

Von 7 bis 9 bei Goethe. Vorlesung der Julinde p. Besehen von Kupferstichen. Erzählungen vom Bundestage.

5385 Caroline v. Egloffstein an ihre Mutter *29. Dezember 1823*

Die Reisenden sind fort; Goethe befindet sich so wohl, wie ich ihn seit seiner Krankheit, das heißt seit vergangenem Jahr, nicht wiedergesehen. Es scheint mir, daß er seinen Neigungen den Abschied gegeben hat; er ist bestimmter, heiterer wieder und hält das schöne Gleichgewicht mit alter, gewohnter Kraft.

5386 Soret *30. Dezember 1823*

Le matin, occupé seul à classer les pyroxènes. Le soir, en tête à tête avec Goethe pendant trois heures consécutives, la conversation a été des plus vives et des plus intéressantes. Il m'a d'abord demandé quelques renseignements sur les derniers troubles religieux de Genève, sur les intrigues du curé Vuarin, sur les constitutions des cantons de Genève, Vaud et Valais, sur les jésuites de Fribourg, sur les rapports actuels entre Vaud et Berne et enfin m'a parlé du projet qu'il avait de publier dans ses œuvres son *Voyage en Suisse*, de 1797. Pour la première fois, si je ne me trompe, il a été question de *Werther*, qu'il n'a relu, dit-il, qu'une dizaine d'années après son impression; il en fait autant de ses autres ouvrages. A propos de traductions, il me dit avoir une peine extrême à rendre en allemand les poésies anglaises, parce que les mots de cette dernière langue sont monosyllabiques et que les effets de force sont perdus quand on les rend par des mots composés.

Nous en sommes venus à parler science et en particulier de la petitesse avec laquelle quelques savants élèvent entre eux des querelles de priorité.

Goethe. – J'ai plus appris à connaître les hommes en m'occupant de science que tout le reste de ma vie, et bien que ce soit à mes dépens, je me félicite de l'expérience.

Moi. – Il paraît que le sujet des discussions touchant à des questions de fait touche de plus près l'amour-propre et celui-ci, une fois en jeu, dévoile bien vite les côtés faibles du caractère.

Goethe. – Dans le domaine de l'esthétique, le beau a certaines formes un peu vagues. L'idée fondamentale est, pour ainsi dire, la propriété de tout le monde ou de personne, en sorte que la manière seule de présenter ce fonds de propriété commune devient la propriété de chaque faiseur en particulier et ne saurait être un objet de jalousie. La même idée fondamentale peut fournir à cent poètes le sujet de cent épigrammes. Ils ne se disputent pas l'invention, parce qu'elle est à tous et ils laisseront aux lecteurs le soin de juger l'exécution.

Mais pour les savants, c'est autre chose. Voilà du positif. Chaque fait nouveau est une découverte, chaque découverte est une propriété. Attentez à la propriété, aussitôt l'homme se montre.

Il y a une autre sorte de propriété pour le savant ou le dogmatiseur, c'est l'habitude d'admettre comme établies les notions qu'il a déjà acquises, les lois qu'il a trouvées. On attente à ses droits ou à sa propriété, si l'on avance comme vraies des lois ou des opinions opposées aux siennes. Il s'irrite en raison du danger que court son système. Ou il ne vous croit pas, ou bien il ne vous comprend pas, ou bien il ne vous accorde aucune attention et il se passe bien du temps avant qu'on puisse parvenir à le faire changer d'avis. Un Français disait à l'un de mes amis à propos de mes recherches sur la lumière: Nous avons travaillé cinquante ans pour établir le règne de Newton. Il nous en faudra bien autant pour le renverser.

Enfin, voici un fait assez curieux. Je lis une brochure

nouvelle sur les lois de l'optique; elle est écrite par un jeune homme rempli de talent. Cette brochure me plaît sans doute, parce qu'elle abonde dans le sens de mes propres observations et qu'elle est, en grande partie, un extrait de mes ouvrages. Cependant, je ne suis cité nulle part et m'en étonne à juste titre. Quelque temps après, un ami commun m'a donné la clef de ce silence: le jeune homme fondait sa réputation sur ce livre et aurait craint de la compromettre dans le monde savant s'il avait osé appuyer les principes qu'il avançait par l'autorité de mon nom. Le livre a eu quelque succès et plus tard l'auteur est venu me faire ses excuses. Tels sont les hommes.

Moi. – Ce fait est d'autant plus curieux qu'en tout autre point on s'estimerait trop heureux de pouvoir proclamer tout haut un patron tel que vous. Mais il s'explique, car il ne s'agit pas seulement ici de combattre la théorie d'un grand maître, l'ouvrage d'un Newton. Il faut abattre du même coup tous les écrits de physiciens, il faut produire une révolution universelle dans les idées universellement admises et, eussiez-vous mille fois raison, il faut que vous commenciez par avoir tort longtemps.

Goethe. – Et cela m'arrivera d'autant plus que, fier de ma découverte, je me disais avec orgueil: Ce Newton que tout le monde admire, ces mathématiciens si rigoureux, ces calculateurs sublimes, ces observateurs si judicieux, ils se trompent tous. Moi seul ai raison contre eux, moi seul je possède le mystère que pourtant il leur serait si facile de découvrir, qui leur paraîtrait l'évidence elle-même, si leurs yeux voulaient s'ouvrir et bien voir. Avec une pareille conviction, j'ai heurté de front et courageusement toutes les opinions reçues; on m'a combattu ou plutôt on a tourné mes idées en ridicule. Mais je n'en suis pas moins satisfait de mon travail, ne fût-ce que pour avoir eu le plaisir d'apprendre à mieux connaître les faiblesses du genre humain.

Tandis qu'il parlait avec une richesse d'expressions et une force de style qu'il ne m'est pas donné de rendre, ses yeux brillaient d'un feu extraordinaire; on y voyait l'expression du triomphe, tandis qu'un sourire d'ironie paraissait errer sur ses lèvres; sa belle physionomie était plus imposante que jamais.

Le reste de la conversation sur ce sujet a été une discussion de principes qui ne saurait trouver sa place ici; ensuite nous avons passé à d'autres sujets.

Parlant du *Neveu de Rameau*, Goethe m'a dit en avoir achevé la traduction en quatre semaines; il a toujours dicté, il tenait le manuscrit original de Schiller; c'est en 1805, peu avant la mort de son ami, qu'il a entrepris cet ouvrage.

A propos de personnes qui peuvent être considérées comme juges compétents en matière de science, j'observe qu'elles se réduisent à un très petit nombre d'individus. Le monde se divise en deux parts: les ignorants et les savants. Les premiers se récusent; les derniers sont en partie récusables, à savoir ceux qui font de la science en litige l'objet de leurs propres travaux. Quant aux autres qui seraient désintéressés, ils sont loin de former une majorité suffisante. «Ajoutez, dit Goethe, que les désintéressés ne s'intéressent pas.»

Il me serait difficile de consigner tout ce que j'ai entendu de spirituel et de nouveau dans le cours de cette soirée où j'ai observé avec un plaisir infini l'absence totale des répétitions, des idées fixes, de la langueur qui m'avaient si péniblement frappé après les deux dernières maladies de Goethe. Il paraîtrait que son génie a été retrempé par elles et qu'on peut encore beaucoup attendre de l'avenir.

5387 F.v. Müller an Knebel *31. Dezember 1823*

Goethe ist wohl und munter, seines Sohnes Ernennung zum Geheimen Kammerrat hat ihn doch sehr erfreut.

5388 E. Genast: Aus dem Tagebuche eines alten Schauspielers *1862*

So waren denn fast alle dramatischen Werke Schillers auf der Leipziger Bühne gegeben worden, bis auf die Trilogie «Wallenstein»; aber auch diese war in Aussicht gestellt, die Titelrolle bereits nach der weimarschen Einrichtung ausgeschrieben und mir übertragen worden. Ich fuhr nach

Weimar, um Goethe zu bitten, sich meiner bei dieser großen Aufgabe freundlich anzunehmen. «Ich will Dir recht gern in diesem Vorhaben behülflich sein», sagte Goethe [am 31. Dezember 1823], «und Dir im allgemeinen meine Ansichten über den Charakter mitteilen; um Dir aber wahrhaft förderlich bei Deinem Studium dieser schwierigen Rolle zu sein, werde ich Dir einen Brief an Tieck mitgeben und ihn ersuchen, daß er die Rolle mit Dir durchgehe. Er hat Fleck in dieser Rolle gesehen, den besten Wallenstein, wie er mir selbst sagt, den je die deutsche Bühne besessen.» Diesen Empfehlungsbrief sandte mir Goethe durch meinen Vater im Anfang des Jahres 1824 zu.

1824

5389 F.v.Müller *1. Januar 1824*

Nachmittags traf ich Line und die Pogwisch bei Goethe, der etwas steif und einsilbig war.

5390 Gries an Abeken *2. Januar 1824*

Die Heuratsgedanken werden dem alten Herrn [Goethe] wohl vergangen sein, wenn er sie jemals gehabt hat. Vermutlich haben Sie schon durch die Zeitungen erfahren, daß er gegen Ende November wiederum recht gefährlich krank gewesen ist. Es war sein gewöhnlicher Zufall, der aber diesmal die Ärzte besorgter machte, weil er zu ganz ungewöhnlicher Zeit eintrat. Der Februar ist Goethes mensis fatalis, und der 24. ist noch nicht vorüber. Für jetzt aber ist er völlig hergestellt und arbeitet wie gewöhnlich. Als Goethe am schlimmsten war, kam Zelter nach Weimar und erschrak nicht wenig; denn er war in Holland gewesen und wußte nichts von der Krankheit. Gewiß hat die Gegenwart dieses trefflichen Freundes, den Goethe unter allen Lebenden wohl am meisten und vielleicht allein liebt, zu seiner Herstellung das Beste beigetragen. An häuslicher Aufheiterung mag es ihm sonst wohl ziemlich fehlen. August kann dem Vater doch nur wenig sein, und Ottilie hat von ihrer Namensschwester nichts, als eben den

Namen. (Sie ist eben jetzt nach Berlin gereist, bloß um sich im Karneval zu amüsieren; denn die Familie Levetzow ist gar nicht nach Weimar gekommen.)

Eine junge Polin, Szymanowska, wunderschön, höchst anmutig und vielleicht die erste Klavierspielerin unsrer Zeit, kam im November nach Weimar. Goethe, noch immer ein eifriger Verehrer alles Schönen, machte sich viel mit ihr zu tun, sah sie oft bei sich, ließ sich von ihr vorspielen usw. Dieser Anstrengung schreibt man die Veranlassung der Krankheit zu; wenigstens soll sein ehemaliger Diener (jetzt hiesiger Bauinspektor), der durch Goethes Biographie unsterblich gewordene Paul Götze, der sich die alten Kammerdienerrechte zu bewahren gewußt hat, bei dem ersten Unwohlsein zu ihm gesagt haben: «Ja, Ihr Exzellenz, Polnisch geht es jetzt nicht mehr mit uns.»

Zelter blieb mehrere Wochen in Weimar, kam aber während der Zeit zweimal herüber [nach Jena]. Er ist noch immer der Alte; kräftig, heiter, derb, geistreich, in jeder Hinsicht ein höchst ausgezeichneter Mensch. Als Goethe in der Besserung war, schrieb Zelter an Betty Wesselhöft, Goethe habe ein Liebesgedicht gemacht, voll von Glut, Blut, Mut und Wut, herrlicher als eins seiner Jugendgedichte. Dieses habe er (Zelter) ihm dreimal hintereinander vorlesen müssen. Endlich habe Goethe gesagt: «Ihr lest gut, alter Herr!» – «Das war ganz natürlich», fügt Zelter hinzu; «aber der alte Narr wußte nicht, daß ich dabei an meine eigene Liebste gedacht hatte.» – Das sind doch noch ein paar alte Herren, wie sie sein sollen! Zelter ist ungefähr zehn Jahre jünger als Goethe.

5391 F. v. Müller *10. Januar 1824*

Von 6 bis gegen 9 Uhr – etwas zu lang – bei Goethe; in der Hinterstube. Über die Jenensia, über seine Theaterdirektion, über das katholische Kirchen-Regulativ. Vorlesung einiger Voigtischer Gedichte. Zeunes poetische Aufforderung an Goethe im alten Minnesängerstil. Vergebliches Bemühen, einen Empfehlungsbrief an Humboldt für die Szymanowska zu erhalten. «Da Sie zu denen Naturforschern gehören, die alles durch Vulkane erzeugt halten, so sende ich Ihnen einen weiblichen Vulkan, der alles vollends versengt und verbrennt, was noch übrig ist.» Einladung auf Montags mittag unter Andeutung, daß ihm lange Abendbesuche schlecht bekämen.

5392 *F. v. Müller* *12. Januar 1824*

Vergnügter Mittag bei Goethe. Die Masken-Pläne boten manchen Stoff zu Scherzen dar. Brunnquells Übersendung seines Werks an Gersdorff gleichfalls.

5393 *F. v. Müller an Julie v. Egloffstein* *12. Januar 1824*

Goethe grüßt Sie viel tausendmal und war recht munter. Er beklagt Ihr Unwohlsein herzlich und sagt, wenn Sie hier wären, müßten die vorseienden Masken-Züge Sie alsobald kurieren, weil man Ihnen nicht Zeit lassen würde, krank zu sein. Lieutenant Asverus heiratet Mathilden Thon. Das gab uns Stoff zu manchen Scherzen. Auch der kleine, muntre Walther Goethe junior und Ulrike wollen Ihnen empfohlen sein.

5394 *F. v. Müller* *15. Januar 1824*

Von $4^1/_2$ bis $5^1/_2$ bei Goethe, der Kupferstiche durchsah und ganz heiter war. Meyer kam dazu. Bitte an mich, einen Artikel über den Cain des Byron aus dem Moniteur zu übersetzen, um Goethes eigne Äußerungen in seinem Journal zu accouchieren.

«Wenn die Franzosen ihre Philisterei aufgeben und *wo* sie es tun, stehen sie weit über uns im kritischen Urteil, in der Auffassung von Geisteswerken.»

«*Interessant* ist alles, was uns interessiert.»

Ich war schläfrig, verdrossen, und blieb daher umso weniger lange.

5395 *Soret* *17. Januar 1824*

On fait des préparatifs pour célébrer le jubilé du Grand-Duc comme recteur. J'ai été appelé à consulter Goethe sur la convenance qu'il pourrait y avoir à immatriculer, dès à présent, le Prince comme étudiant futur de l'Université d'Iéna. Goethe observe qu'une pareille démarche n'engage à rien et qu'elle aurait l'avantage de faire un très bon effet. C'est, d'ailleurs, une occasion unique qui se présente. La fête semi-séculaire du Rectorat ne s'est jamais présentée et le Prince conservera un souvenir précieux d'avoir obtenu dans son enfance des lettres d'immatriculation signées par son grand-père. D'ailleurs, ce n'est point une innovation. L'on inscrit souvent d'avance des enfants aux Universités où l'on compte les envoyer un jour.

5396 Soret *19. Januar 1824*

Goethe a traduit en prose française les vers qu'il a composés pour Madame Szymanowska, mais comme il n'est pas encore satisfait de ce travail, il m'a fait demander une traduction nouvelle par Monsieur de Müller.

5397 F.v. Müller *20. Januar 1824*

Ich war zum Mittag bei ihm [Goethe], bloß Ulrike und Walther aßen mit.

Die jenaischen Jubiläumsfestlichkeiten und Gedichte gaben den nächsten Stoff zum Gespräch. Er fand Freude an dem handschriftlichen Gedicht des Studenten** [Karl Meyer?] aus Gotha, «der Dichter habe sich den *Überblick* seines ganzen reichen Gegenstandes verschafft, und nur so könne man etwas Tüchtiges leisten.»

Vom künftigen Jubelfeste des Großherzogs 3. September 1825 sprachen wir viel, da mir daran gelegen war, seine Ideen zu erforschen. Ich schlug Medaille, Triumphbogen, Versammlung von Deputierten aus allen Ortschaften vor. Zur erstern, wenn das *Bild* des Fürsten darauf geprägt werden sollte, meinte er, bedürfe es durchaus der Einwilligung des Großherzogs. «Überraschung darf ohnehin bei einem Fürsten nicht statuiert werden.»

Die Idee des Triumphbogens, am Eingange zum Schloßhofe, sprach ihn sehr an, Repräsentanten des Landes seien langweilig, wenn nicht schöne Repräsentantinnen dazu kämen.

Nach Tische sprachen wir wohl noch anderthalb Stunden stehend. Er war sehr gemütlich und heiter. Der Zustand der Mineralogie sei jetzt gar zu wunderbar. Leonhard und andere, die früher auf rechtem Wege gewandelt, hätten sich selbst zu überbieten gesucht und verwirrt. Mit Rechte nenne man die physischen Wissenschaften die «exakten», weil man die Irrtümer darin klar nachweisen könne. Im Ästhetischen, wo alles vom Gefühl abhänge, sei dies freilich nicht möglich. «Fürs Ästhetische bin ich eigentlich geboren, doch jetzt zu alt dazu, wende ich mich den Naturstudien immer mehr zu.» Der Verfasser des Drama «Paria» [Michael Beer] hatte ihm kürzlich sein Manuskript überbracht, was er sehr lobte.

Schönes antikes Schild, dem Großherzoge verehrt, etwa aus dem 16. Jahrhundert. Goethe zeigte mir ein Kollektiv-Gedicht von Tiefurter Genossen, aus dem Jahre 1780 circa, an den damals mit ihm zu Ilmenau hausenden Herzog, das er jetzt aufgefunden und dem Erbgroßherzog zum 2. Februar zu verehren willens. Eine zierliche Dedikation im Lapidarstil, eine erklärende Einleitung, ein Verzeichnis der verschiednen Verfasser, gleichsam einen Theaterzettel, zum Schlusse, hatte er sinnig dazu geschrieben, das Ganze elegant in dunkelrotes Maroquin-Papier mit grünseidnen Schleifen einbinden lassen. Viel erzählte er von «Alonzo et la révolution d'Espagne», historischem Roman in vier Bänden à la Walter Scott [von Salvandy], woraus er nun seit vierzehn Tagen viel Aufklärung über die innern Zustände Spaniens geschöpft. Er lobte die Darstellungsweise höchlich, doch riet er mir ab, meine Zeit daran zu wenden, und erweckte doch immer die Lust dazu von neuem. Als ich ihn über die Schicklichkeit eines besondern Gedichtes für die englischen Dichtergestalten zum nahen Maskenballe befrug, billigte er meine Skrupel und schlug Mitteilung an Riemer zur Aufnahme in sein größeres Gedicht vor. Er sei selbst geneigt, wenn ein schönes Kind ihn darum begrüße, einige anonyme Verse zu spenden.

Lange war er nicht so redselig, so gemütlich mitteilend, so ruhig und heiter gewesen.

5398 F.v.Müller an F.Schlosser *21.Januar 1824*

Wenn ich so spät den Dank für die schöne Zeichnung ausspreche, die Euer Wohlgeboren uns von Goethes Haus zu Frankfurt verehrten, so ist bloß der Wunsch daran schuld, Ihnen zugleich die Abdrücke dieser Zeichnung übermachen zu können, welche ich erst gestern erhalten habe ...

Mit der Originalzeichnung ist ganz nach Ihrem Wunsche verfahren worden, und Goethe widmet Ihnen um so herzlichern Dank dafür, als er die zierliche und nette Ausführung des Zeichners nicht genug loben konnte.

Mit seiner Gesundheit geht es immerfort vortrefflich, und gewiß teilen Sie unsre Freude darüber von ganzem Herzen.

5399 F.v.Müller *26.Januar 1824*

Mittag bei Goethe. Staffisch-Flavische Gespräche. Zelters interessanter Brief. «Sie hat Dir hundert Küsse auf meinen Mund gegeben.»

5400 F.v.Müller an Knebel *28.Januar 1824*

Ich sende Ihnen ein treffliches Lied von Goethe, das er mir erst in diesen Tagen mitgeteilt und das sich gar glücklich in altertümliche Formen geschmiegt hat. Aber ich muß es mir wieder zurück erbitten.

Riemer komponiert noch an einem großen Maskengedichte zum 2. Februar. Im erscheinenden Vereine der Hauptgestalten Ariosts, Dantes, Tassos, Calderons, Byrons, W. Scotts, Th. Moores und Shakespeares ist dem Dichter ein reicher, aber auch um so schwierigerer Stoff geboten; nach Goethes Urteil soll die Behandlung sehr gelungen sein; in wenig Tagen werden wir uns also an solcher poetischen Festesgabe höchlich erfreuen können.

5401 F.v.Müller *30.Januar 1824*

Goethes gestriger Anfall von Erbrechen ging glücklich vorüber.

5402 Soret *30. Januar 1824*

J'ai prêté la tragédie de *Caïn* à Goethe. Il en est fort occupé et m'a dit avoir l'intention de commander [commenter?] cet ouvrage.

5403 F.v. Müller *1. Februar 1824*

Nachmittags bei Goethe, der sehr munter war. Herzliches Gedicht eines Studenten «Meyer» an ihn. Triumph, daß ich ihn zu einem Brief an Humboldt vermochte.

5404 F.v. Müller *3. Februar 1824*

Ball am Hofe abends ... Gemütliche Stunde vorher mit Meyer und Riemer bei Goethe. «Wie sehe ich aus?» frug der nackte, ölbestrichene Kaiser Commodus, umhangen von einer Löwenhaut, den Schuster am Capitolinus. «Wie ein Narr», antwortete dieser.

5405 Caroline v. Wolzogen
an Caroline v. Humboldt *5. Februar 1824*

Goethe ist noch gar nicht hergestellt, und die Familie scheint sich darüber zu täuschen. Er hat eine wahre Wut, drucken zu lassen. Ich höre, er ist mit einer andern Lebensepoche beschäftigt als der mit Schiller. Wegen der Briefe habe ich nichts wieder vernommen.

5406 Riemer *8. Februar 1824*

[Goethe:] «Des Wissens wird immer mehr, und Verstand und Vernunft bleiben immer dieselben. Wir können jetzt jenes ebenso wenig gewältigen, als die Früheren das ihrige.» Bei Gelegenheit von Köppens historisch-philosophischen Untersuchungen.

5407 F.v. Müller *9. Februar 1824*

Mittags bei Goethe. Abermalige Aufforderung, Gedichte zu des Großherzogs Jubiläum vorzubereiten. Über d'Agincourt, Histoire des beaux arts depuis l'origine du Christianisme. Schönes englisches Werk über alte Waffengattungen und Rüstungen.

Ottiliens Tagebuch, artige Schilderung des Eindrucks, den *Hermann und Dorothea* auf sie gemacht. Gute Aufnahme meines Ball-Gedichts an Julie.

Adele, Eckermann kamen. Strenges, verwerfendes Urteil des letztern über Raupachs «Freunde».

Ich war vor Tische sehr dumpf und träge, die Gespräche und Champagner ermunterten mich in etwas, doch war ich nicht innerlichst heiter.

5408 F.v. Müller an Knebel *10. Februar 1824*

Ich säume nicht, verehrtester Freund! Ihnen das angekündete Gerstenbergkische Gedicht hier nachzusenden und füge das allerliebste Meyerische Gedicht an Goethe bei, von dem Ihnen Dr. Weller schon erzählt haben wird.

Goethe läßt letztern erinnern, doch ja gedachten Studiosus Meyer auszumitteln und ihm zu sagen, daß sein Besuch willkommen sein solle. Herr Dr. Weller hat bei seinem letzten Hiersein darüber zu rapportieren – und Goethe ihn daran zu mahnen vergessen.

5409 F.v. Müller *11. Februar 1824*

Nachmittags eine Stunde bei Goethe, wo Adele und Fräulein Münchhausen waren und das Panthéon des célèbres Français besahen. Höchst interessante Physiognomien! Naseweise, anmaßliche Bemerkungen Adelens!

5410 F.v. Müller *14. Februar 1824*

Von halb fünf an ein paar Stunden bei Goethe. Ärger über Ulrikens Plumpheit in bezug auf ihr polnisches Ballkostüm. Ich stattete meinen Dank ab für das neueste Heft von Kunst und Altertum und erfuhr, daß die in manchen Xenien eingemischten römischen Zahlen auf einer Nachahmung Shakespeares beruhten.

«Ich gebe gern von Zeit zu Zeit eine Partie solcher Reimsprüche aus; jeder kann nach eigner Lust eine Erfahrung, einen Lebenszustand hineinlegen oder daran knüpfen; sie kommen mir oft in der wunderbarsten Anwendung wieder zurück und bilden sich so lebendig immer weiter aus.

Hat man doch auch aus der Bibel, aus Horaz und Virgil Denksprüche auf fast alle Ereignisse.»

Wir kamen auf die Parias-Gedichte zu sprechen und auf den ewigen Hang der Menschen zu Unterscheidung der Kasten. «Jeder Mensch schlägt die Vorteile der Geburt bloß deswegen so hoch, weil sie etwas *Unbestreitbares* sind; alles was man erwirbt, leistet, durch Anstrengungen verdient, bleibt dagegen ewig von der Verschiedenheit der Urteile und Ansichten abhängig.»

«Eine *Aussöhnung* hierunter ist vergeblich, macht das Übel nur schlimmer, wie zum Beispiel die Bürger mit dem Luxus einer Hoftafel nicht versöhnt werden, wenn man einige aus ihrer Mitte zuweilen daran teilnehmen läßt.»

Das Gespräch wandte sich auf Napoleon und Goethes Gespräch mit ihm, dessen Niederschreibung ich urgierte; er meinte, ich solle nur erst meine Mémoires aus jener Zeit niederschreiben, recht gegenständlich, ohne subjektive Einmischung; das werde auch ihn dann aufregen zu Darstellungen aus jener Zeit.

5411 Soret an Dumont *15. Februar 1824*

Meine engste und ohne Frage wichtigste Beziehung ist die zu dem berühmten Goethe; ich habe Ihnen davon schon mehrfach erzählt und komme immer mit demselben Vergnügen darauf zurück. Dieser Verkehr ist keineswegs eingeschlafen, im Gegenteil, er hat mit der Zeit an Intimität zugenommen, und wenn ich das Glück habe, eine freie Stunde mit ihm unter vier Augen zu verleben, kehre ich stets ganz beladen mit geistigen Schätzen von ihm zurück. Wenn Goethe sich im Gespräch erschließt, ist er gewöhnlich guter Laune, und er legt Wert darauf, seine Ansichten in einer möglichst originellen Form vorzubringen. Die *Wahrheit* liegt ihm am Herzen, aber je fester er von der Richtigkeit seiner Worte überzeugt ist, um so lieber kleidet er sie in ein Paradoxon. Oft will er aber auch seine Gedanken erraten sehen und verbirgt sie gleichsam hinter einem Schleier, er zwingt den Hörer stets zu Aufmerksamkeit und Nachdenken; dann ist er allerdings oft schwer zu verstehen, besonders wenn einem die Fülle der Beziehungen nicht völlig gegenwärtig ist. Mit Redensarten hat man bei ihm kein Glück, man liefe Gefahr, auf dem Äquator zu landen, während er ruhig am Nordpol bleibt, und doch fehlt ihm von dem, was man geistreiche Unterhaltung nennt, wahrlich nichts; im Gegenteil, ich bin wenigen Menschen mit einer derartigen geistigen Beweglichkeit begegnet.

Sie halten es wohl kaum für möglich, daß seine beiden letzten Krankheiten, und noch dazu bei seinem Alter, seine Geisteskraft keineswegs geschwächt, sondern offenbar neu belebt haben! Es ist aber unbestreitbar, daß in der ersten Zeit meines hiesigen Aufenthalts seine Gedankenwelt lange nicht so reich, sein Geist nicht so klar war wie jetzt. Seinen nächsten Freunden fiel das ebenso auf wie mir. Vielleicht waren das nur die Anzeichen einer bevorstehenden Krankheit. Im vergangenen Herbst waren Wiederholungen im Gespräch und fixe Ideen bei ihm nichts Seltenes; jetzt merkt man davon nichts mehr. Seit Jahren hat er keine Verse mehr gemacht, die so viel Beifall fanden, wie eine Art Madrigal auf eine berühmte Pianistin, deren Spiel wir vor drei Monaten hier in Weimar bewundern durften. Obgleich er schon wieder an einem Rückfall in seine vorige Krankheit litt, haben ihn die schönen Augen und das Talent der Dame zu einigen noch unveröffentlichten Stanzen begeistert, die ein Beweis sind für die Jugendfrische seiner Phantasie. Ich lasse eine ganz getreue Übersetzung hier folgen ...

Ich besitze ein kostbares Schriftstück, nämlich die französische Übersetzung dieses Gedichts, die Goethe selbst für Frau Szymanowska verfaßt hat, denn diese versteht nicht eben viel Deutsch. Die Übersetzung ist ziemlich frei, an zwei oder drei Stellen hat der Autor seinen Gedanken durch einen andern ersetzt, ist aber dabei stets Dichter geblieben. Der letzte Vers der ersten Stanze ist sogar im Französischen besser; es heißt da: «Et les sens n'apperçoivent plus qu'un monde effacé», die Ohnmacht, über die er klagt, ist dadurch richtiger bezeichnet als im Original.

Diese Übersetzung ist meines Wissens die einzige, die Goethe je gemacht hat; ich erhielt sie durch einen gemeinsamen Freund Goethes und der Frau Szymanowska [Kanzler v. Müller]. Der Dichter selbst behielt, glaube ich, keine Abschrift davon.

Ich fürchte, Sie zu ermüden, sonst würde ich noch den Inhalt einer Unterhaltung wiedergeben, die ich neulich mit ihm hatte über seine literarischen und wissenschaftlichen Arbeiten; mein heutiges Schweigen darüber läßt sich schnell gutmachen, Sie brauchen nur ein Wort zu sagen, mein lieber Onkel, und ich schwatze wie eine Elster.

5412 F. v. Müller *18. Februar 1824*

Spazierfahrt mit Egloffsteins. Abends wegen Linens Maskenidee bei ihr und dann bei Goethe, zuletzt bei der Tante.

5413 F. v. Müller *20. Februar 1824*

Früh bei Riemer, Line, Goethe. Webers kalligraphisches Meisterstück.

Vor der Redoute noch bei Goethe.

5414 Maria Pawlowna an ihre Mutter *21. Februar 1824*

Ce matin le temps est délicieux derechef, je vais en profiter après avoir fait visite à Goethe, qu'il y a trois mois que je n'ai pas vu: grâce à Dieu il va bien à présent.

5415 F. v. Müller *21. Februar 1824*

Abends bei Generals und dann länger bei Goethe, der höchst liebenswürdig war.

5416 F. v. Müller *22. Februar 1824*

Um 12 Uhr mit Frau v. Spiegel bei Goethe, wohin auch Soret kam. «Ein Fähnrich ist immer leichter zu kurieren als ein Feldmarschall.»

5417 Soret *23. Februar 1824*

A une grande mascarade donnée pour le jour de naissance du Grand-Duc, j'avais pris un costume de Bulgare qui m'allait bien. Goethe a voulu me voir dans cet équipage et m'a invité à me présenter chez lui dans le courant de la soirée avec mon masque. Je l'ai trouvé seul, dans son grand salon qu'il avait fait éclairer d'une grande quantité de bougies. Après m'avoir examiné silencieusement dans tous les sens, il m'a dit être fort satisfait du costume, m'a fait servir du punsch et m'a engagé à prolonger ma visite. Nous nous sommes assez longtemps promenés côte à côte, allant, revenant, sans trop nous entretenir, moi, fort ennuyé de mon rôle et impatient de partir pour me rendre à une société où j'étais attendu, Goethe plongé dans une profonde méditation et faisant peut-être le plan d'une *Ghasele*. Le malaise augmentant de ma part en raison inverse peut-être de l'amusement que se donnait le vieillard, j'ai eu le tort d'y mettre un terme. Mieux aurait valu sacrifier l'autre rendez-vous. Qui sait si Goethe ne m'en eût pas récompensé par quelque poésie digne de son *Divan?*

5418 F. v. Müller an Knebel *24. Februar 1824*

Goethe hat sich Ihres letzten Briefes (über Kunst und Altertum) sehr erfreut. Wenn man nur auch seine Xenien alle verstände! Des Rätselhaften ist doch oft allzuviel. Aber der *Paria?* hat er Sie nicht auch höchlich entzückt?

5419 Riemer *24. Februar 1824*

Abends bei Goethe mit Herrn Kanzler. Ich weiß nicht wie, aber die Alten erscheinen mir noch größer in der bildenden Kunst, als in ihrer Poesie und Beredsamkeit. Mit letzterer glaub' ich noch wohl fertig zu werden, sie zu verstehen, sie zu beurteilen, ja zu kritisieren. Mit ersterer aber gar nicht. Sie überwältigt mich, ich muß sie zugeben, ich habe gar keinen Begriff von ihr, sie ist höher als alle meine Begriffe, als alles, was ich von Kunst jetzt kenne und weiß. – Ich äußerte diese Gedanken an Goethe. Er gab mir vollkommen recht und erläuterte sie nach seiner Weise, indem er sagte: Das Subjekt könne in jenem Falle noch alles Antike in sich selbst hereinziehn, in dem andern Falle aber gar nicht.

5420 *Eckermann: Tagebuch* *25. Februar 1824*

Sie sind auf dem rechten Wege, sagte Goethe, Sie können nichts aus dem Stegreife obenhin, sondern Sie müssen Ihren Gegenstand mit Ruhe tief durchdringen können, auf diesem Wege aber wird das Höchste geleistet.

Ich fragte ihn nach Ramberg. Goethe nannte ihn einen Improvisator, es ist ein Talent, das nicht seinesgleichen hat. Er verlangte von mir in Dresden einmal eine Aufgabe. Ich sagte ihm, er möge den Agamemnon machen, wie er vom Wagen steige, und wie es ihm unheimlich sei, die Schwelle seines Hauses zu betreten. Es ist der schwierigste Gegenstand, den man sich denken kann. Ich hatte aber kaum das Wort ausgesprochen, als Ramberg schon an zu zeichnen fing, und zwar zum Erstaunen, wie er den Gegenstand gleich richtig auffaßte. Ich kann nicht leugnen, ich möchte einige Blätter von ihm besitzen.

Die Manier will immer fertig sein und hat keinen Genuß an der Arbeit. Das echte große Talent aber findet das große Glück in der Ausführung. Roos ist unermüdlich in emsiger Zeichnung der Haare und Wolle seiner Ziegen und Schafe, man sieht an dem unendlichen Detail der Ausführung, daß er glücklich war während der Arbeit und daß er nicht daran dachte, fertig zu werden.

Italien war für ein Talent wie Ramberg nichts, er machte auch bald, daß er wieder herauskam.

5421 *F.v. Müller* *25. Februar 1824*

Von 6½ bis 9½ bei Goethe, mit Riemer. Sehr genußreiche Stunden. Verlags- und Nachdrucks-Quaestionen. Stanzen an Frau v. Spiegel.

5422 *Eckermann: Tagebuch* *27. Februar 1824*

Hofrat Meyer war bei ihm [Goethe], und der kleine Wolf spielte erst mit Rechenpfennigen, die er zählte, dann mit der Jagd. Goethe war sehr heiter. Ich sprach mit ihm von unseren Arbeiten in betreff der neuen Ausgabe seiner Werke. Goethe ließ eine Bouteille Wein kommen, woraus er mir ein Glas nach dem andern einschenkte. Meyer trank keinen. Nachher ward von Italien gesprochen, über seinen kriegerischen Zustand im Jahre 1797. Abwechselnd aber sprach Goethe mit dem Kinde. Goethe schellte. Daraus schloß der kleine Wolf, daß er zu Bette solle, und sagte betreten zum Alten: Lieber Opapa, Du wirst mich doch nicht fortschicken. Laß mich noch hier, lieber Opapa. Goethe wich seinen Fragen aus und kitzelte ihn und schäkerte mit ihm. Stadelmann kam, und Goethe winkte ihm, daß er den Wolf hinaufbringen solle. Der Wolf aber setzte sich fest auf seinen Stuhl und machte ein böses Gesicht und sagte: nein, er wolle nicht. Stadelmann bat ihn, darauf hörte er nicht. Goethe sprach ihm auch etwas Gutes vor und sagte, daß wir andern nun auch zu Bette gehen wollten und dergleichen. Da gab der Kleine denn endlich nach und ließ sich forttragen. Der Wolf gefällt mir über die Maßen wohl, es ist ein tiefer fester Charakter, von dem sich einmal viel erwarten läßt. Walther dagegen ist viel leichter und beweglicher, von der lebendigsten Phantasie, er hat mir oft eine ganze Comedie vorgestellt, er hat mehr das Naturell seiner Mutter, Wolf mehr das seines Großvaters. Es ist etwas Ernstes, Großartiges in dem Kinde, und wenn seine Natur so fortfährt, so kann etwas daraus werden.

5423 Eckermann: Tagebuch *29. Februar 1824*

Auf Mittag zur Spazierfahrt eingeladen und auch zu Tisch. Goethe frühstückte ein wenig, als ich hinkam. Ich stellte mich ihm gegenüber an der anderen Seite des Tisches und sprach mit ihm, während er aß. Ich redete ihm zu, sowohl sein Götter, Helden und Wieland als auch seine Briefe des Pastors in die neue Ausgabe seiner Werke mit aufzunehmen. Wünschelrute, wo Gold ist, kein Wissen, nur Gefühl des Rechten. Ich machte bemerklich, daß es bei jedem großen Talent sein müsse, indem es sonst bei seinem Erwachen das Verkehrte nicht bemerken würde. Nun, sagte er, wie Sie meinen, so soll es geschehen. Sie sollen die Sachen dem Publikum kredenzen. Wir sprachen heiter über dieses und jenes. Es war angespannt, wir nahmen unsere Mäntel und fuhren. Es war sehr schön, wir fuhren den Weg nach Jena hinaus. Wir sprachen größtenteils von Arbeiten.

5424 Riemer *1. März 1824*

[Bei Goethe.] Nach Tische über die Parias. Bei dieser Gelegenheit: Daß das Kastenwesen gewissermaßen natürlich, notwendig sei, indem es durch die Verschiedenheit der Beschäftigungen, die nichts miteinander gemein haben, gegeben sei.

Das einzig Vermittelnde, was sie alle zusammenbringt, ist die Religion.

In neuer Zeit war die Politik ein solches, was man zur Vereinigung der verschiedenen Kasten aufs Tapet brachte.

Dies hört nun auf.

Der Adel muß wieder zurückgehen, der reiche Bürger desgleichen.

Man hat die Handwerke aufgehoben, um den Handwerksgeist aufzuheben, aber man sieht sich genötigt, sie wiederherzustellen. Die etwas verstehen, halten ohnehin zusammen und müssen die Pfuscher von sich ausstoßen.

5425 F. v. Müller *2. März 1824*

Abends bei Goethe, mit Eckermann und Meyer. Höchst interessante Unterhaltung.

5426 H. Meyer an Ch. D. Rauch *8. März 1824*

Den gefühltesten besten Dank für Ihre mir sehr werte Zuschrift vom 26. des vergangenen Monats, welche ich dem Herrn Staats-Minister von Goethe [am 5. März] mitgeteilt und von demselben Auftrag erhalten habe, Ihnen zu melden: Das Gips-Modell zu einer sitzenden, *ihn* darstellenden Statue sei glücklich bei ihm angelangt und habe ihn sehr erfreut. Auch mir ist das Anschauen dieses Modells vergönnt worden, noch ehe Ihr vorgedachter Brief angekommen war, und wir glaubten beide übereinstimmend, mit dem Werk, als Entwurf zu einer in Lebensgröße oder drüber auszuführenden Statue, könne man ganz wohl zufrieden sein, ja es sei für gelungen zu achten; es wäre indessen zu wünschen, daß man sich über die etwa vorzunehmenden Abänderungen, ehe die Ausführung im Großen stattfindet, noch mündlich besprechen könnte; denn im schriftlichen Verkehr ist es teils schwer, sich gehörig deutlich zu machen, teils spricht sich jeder Vorschlag als Meinung, ich möchte sagen, diktatorisch aus; Herr Staatsminister von Goethe aber, und woferne auch mir erlaubt sein sollte mitzusprechen, möchten bloß gemeinschaftlich beratend mit Ihnen übereinkommen. Hier sei indessen antwortend auf Ihre freundlich gütige Zuschrift über einiges unmaßgeblich sich geäußert.

Das von Ihnen geschehene Ablehnen des wirklichen, gegenwärtigen Kostüms ist alles Beifalls würdig. Was wäre da Befriedigendes zu leisten, und was ließe sich, auch bei der sorgfältigsten Ausarbeitung in Marmor, auf diesem Wege hoffen? – Ich bediene mich der eigenen Worte des Herrn Staats-Ministers von Goethe: Wie das Kostüme, so würde auch die Statue selbst in wenigen Jahren veralten. – Die antike Bekleidungsweise, welche Sie, verehrter Freund, für das Modell gewählt haben, ist ohne allen Zweifel die beste. Ein Bild dieser Art kann für alle Zeiten, rückwärts und vorwärts, gelten, und also möchte – wie vorhin schon angedeutet ist – das übersendete Modell als Fundament für die im Großen auszuführende Statue einstweilen angenommen werden. Eine völlige Umbildung scheint uns nicht verlangt werden zu dürfen. Das ruhige Sitzen ist ganz angemessen, und in diesem Sinne wird künftig von selbst das heftige Zurückgehen des linken Arms gemildert, der angezogene rechte Fuß mehr vorwärts gebracht werden; dieses letztere gewährt auch für den Faltenwurf um die Kniee den Vorteil größerer Flächen, ruhigerer Massen ...

In Beziehung auf den Vorschlag von einer Statue oder vielmehr Gruppe, wo der Dichter auf reichem Throne sitzt, neben ihm eine in den Saiten seiner Leier spielenden Psyche, will ich mich abermals mit Herrn von Goethes eigenen Worten erklären, indem dieselben auch meine Ansicht, und, wie ich aus Ihrem Briefe entnehme, die Ihrige ebenfalls ausdrücken. Er sagte nämlich: «Der Vorschlag mit der Psyche scheint zu dem Runden keineswegs geeignet. In einem kleinen Relief würde es als artiger Gedanke erheitern.» ...

Die Zeichnung des Basreliefs von Exterstein hat Goethe bereits erhalten und dankt verbindlichst, es ist allerdings ein merkwürdiges altes Denkmal.

Der Gipsabguß des sonderbaren Fragments, welches Canova besessen, ist ebenfalls wohlbehalten angekommen, und ich habe solchen bei Herrn von Goethe gesehen.

5427 F.v.Müller *5. März 1824*

Von 5 bis 8 Uhr bei Goethe, mit Coudray, und respektive bei der gestern von Berlin heimgekehrten Ottilie.

Über Alexander Humboldt und seine Verhältnisse zu Haeftens in Bayreuth. Über den Improvisatore Sgricci. «Alles kommt auf die Erfindung der Methode, der Behandlung des gegebenen Sujets an, kein langes Nachdenken kann die Erfindung ersetzen, die bloß Sache des Moments ist.» Ich schien ihm zu lange zu verweilen, ehe ich Ottilien aufsuchte.

5428 F.v.Müller *6. März 1824*

Von 6 bis 8 Uhr bei Goethe, der minder munter als gewöhnlich.

5429 F.v.Müller *8. März 1824*

Ich traf ihn [Goethe] um 4 Uhr ganz allein und sehr gemütlich. Zuerst zeigte er mir sein neu zusammengebrachtes Münzkabinett ephemerer und erloschener Souveränitäten. Iturbidens Wappen ein Adler auf dem Kaktus. Schöne kleine Münze von Kolumbia.

Das Gespräch fiel auf *Selbstkenntnis*. «Ich behaupte, der Mensch kann sich nie selbst kennen lernen, sich nie rein als Objekt betrachten. Andere kennen mich viel besser als ich mich selbst. Nur *meine Bezüge* zur Außenwelt kann ich kennen und richtig würdigen lernen; darauf sollte man sich beschränken. Mit allem Streben nach Selbstkenntnis, das die Priester, das die Moral uns predigen, kommen wir nicht weiter im Leben, gelangen weder zu Resultaten noch zu wahrer innerer Besserung.

Doch will ich diese Ansicht nicht eben für ein Evangelium ausgeben. Was sind *Travers?* Falsche Stellungen zur Außenwelt. Wer hat sie nicht? Jede Lebensstufe hat die ihr eignen.»

Riemer kam späterhin zu uns. Ich erzählte, Schmidt sei von Madame Milder höchst eingenommen, sie übersteige alles, was seine Phantasie sich von einer vollkommnen Sängerin gedacht.

«Ganz natürlich», sagte Goethe, «denn die Phantasie kann sich nie eine Vortrefflichkeit so vollkommen denken, als sie im Individuo wirklich erscheint. Nur vager, neblicht unbestimmter, grenzenloser denkt sie sich die Phantasie. Aber niemals in der charakteristischen Vollständigkeit der Wirklichkeit. Es erregt mir daher immer Schmerz, wenn man ein wirkliches Kunst- oder Naturgebilde mit der Vorstellung vergleicht, die man sich davon gemacht hatte, und dadurch sich den reinen Genuß des erstern verkümmert. Vermag doch unsre Einbildungskraft nicht einmal das Bild eines wirklich gesehnen schönen Gegenstandes getreu wiederzugeben; immer wird die Vorstellung etwas Neblichtes, Verschwimmendes enthalten.»

Auf meine Klage, daß diese Beschränkung unserer Natur uns so viel Herrliches entziehe, erwiderte er: «Ei, das ist ja ein Glück, was würden wir anfangen, wenn alle die unzähligen Empfindungen, die uns zum Beispiel ein Hummelsches Spiel gibt, uns fortwährend blieben? Dann würden ja auch die vergangnen Schmerzen immerfort uns peinigen. Sein wir froh, daß für das Gute, Angenehme doch immer noch ziemlich viele Reproduktskraft in uns wohnt.»

Das Gespräch fiel wieder auf Alonzo, dessen Pietät und milde Religiosität, ohne Frömmelei, er sehr pries. Der Frau v. Helvig neuste Übersetzung schwedischer Gedichte fand seinen großen Beifall, Byrons Cain und Sündflut ward abermals analysiert. Er begreife recht, sagte er, wie ein so großes Genie sich nach so vielen herrlichen Produktionen überall ennuyieren könne und daher die griechischen Angelegenheiten nur einmal als einen neuen Zeitvertreib leidenschaftlich ergreife.

Nach 7 Uhr mußte ich leider nach Hause eilen.

5430 Soret *9. März 1824*

Depuis quelque temps, Goethe s'occupe à former une collection de portraits au crayon de toutes les personnes avec lesquelles il est en relation. Il a fait un accord pour cela avec un jeune artiste nommé Schmeller qui a du bonheur pour saisir les ressemblances. Cette collection pourra devenir très précieuse dans la suite. Nous avons parcouru aujourd'hui les six ou sept feuilles déjà remplies. Ensuite, il a été question de la *Morphologie* que Son Excellence m'engage à traduire en français.

5431 Soret *11. März 1824*

La première épreuve en plomb de la médaille de Bovy a reçu l'approbation de Son Excellence et les corrections indiquées par Monsieur Meyer se bornent à très peu de chose. J'ai pris aujourd'hui des arrangements pour écrire à Genève et faire quelques commandes d'exemplaires destinés aux principaux amis de Goethe.

5432 Eckermann an Johanne Bertram *12. März 1824*

Goethe hat mich diese Zeit sehr in Anspruch genommen. Ein neues Heft von Kunst und Altertum haben wir schon wieder im Druck. Ich habe auch etwas dazu geschrieben in bezug auf ein neues Trauerspiel, das unter dem Titel *Der Paria* in Berlin erschienen ist. Ich habe bei dieser Gelegenheit die Verhältnisse des Paria auseinandergesetzt, und Goethe hat einen schönen Anhang dazu geschrieben in bezug auf den französischen Paria und *sein* Gedicht. Wenn Du, liebes Kind, alle diese hübschen Sachen demnächst lesen wirst, so wird Dir denn auch über Goethes schönes Gedicht kein Zweifel bleiben. Dieser Tage habe ich auf Goethes Anregung zu des berühmten Staatsrat Thaers Jubiläum bei Berlin einige Festgedichte gemacht, die ich

Goethen diesen Morgen zugesendet habe. Die Sachen sind mir gelungen, und ich werde morgen, wenn ich zu ihm gehe, sicher gelobt werden. Goethe ist sehr munter, vorgestern mittag bei Tisch aß er in Hemdsärmeln und war sehr jugendlich heiter. Bei Tische teilt er manches mit mir und gibt mir von seinem Teller. Wenn ich abends komme, läßt er gleich eine Bouteille Wein bringen. Der alte Hofrat Meyer trinkt keinen. Kanzler v. Müller Zuckerwasser. Goethe und ich trinken dann alleine. Ottilie ist von Berlin zurück und weiß viel zu erzählen. Nicolas Kompositionen werde ich nun dieser Tage Ottilien geben, damit sie sie dem Alten vorsinge. Dann werde ich auch gleich an Nicola schreiben ...

Nachschrift: Ich habe mir die Haare abschneiden lassen und sehe sehr lustig aus. Goethe stutzte. Ich habe meine Freude darüber.

5433 F. v. Müller *12. März 1824*

Bei Goethe von 4 bis 6 Uhr. Über Alonzo, über meine Mémoires. Schematism, Bronzemünzen.

5434 F. v. Müller *16. März 1824*

Von 5 bis 7 Uhr bei ihm, erst allein, dann mit Soret. Goethe billigte nicht, daß Österreich die Mailänder Verschwornen begnadigt habe, daß der König von Preußen die zwei hallischen Studenten, die als Militärs widerspenstig gewesen, begnadigen wolle. Solche Gnade sei törichte Schwachheit. Jeder künftige Verbrecher denke dann durchzukommen. In bezug auf Kirmsens Abgang von der Theater-Intendanz sagte er: «Kirms hat sich in einer Zeit Verdienste erworben, wo es noch galt zu *sparen*, mit wenigem viel zu machen.

Ich hatte keinen Heller für meine Direktion, ich wendete noch viel Geld daran, die Akteurs herauszufüttern, und genoß das Vorrecht eines Souveräns, generös zu sein ohne Vernunft.»

Er erzählte, daß er heute in seinem Parkgarten gewesen, öfter dort verweilen wolle, wenn es ihm keine Apprehension gebe. Die alten, selbstgepflanzten Bäume, die alten Erinnerungen machten ihm aber ganz unheimliche Eindrücke oft. Drei Jahre habe er dort gewohnt, sei oft nach der Redoute noch im Tabarro hinausgelaufen. Seine Naturstudien habe er nie so innig als dort getrieben, die Natur mit ganz andren Augen angeschaut, sie in jeder Stunde des Tags und der Nacht beobachtet. Wir kamen auf seine Ilmenauer Bergbaurede zu sprechen, meine Analyse derselben an Soret machte ihm Lust, sie selbst wieder zu lesen, wiewohl er meinte, daß ich vieles aus dem 19. Jahrhundert hineingetragen habe. Bei dieser Gelegenheit sagte er, daß er höchst unwissend in allen Naturstudien *hierher* gekommen und erst durch das Bedürfnis, dem Herzog bei seinen mancherlei Unternehmungen, Bauten, Anlagen praktische Ratschläge geben zu können, zum Studium der Natur getrieben worden sei.

Ilmenau habe ihm viel Zeit, Mühe und Geld gekostet, dafür habe er aber auch etwas dabei gelernt und sich eine Anschauung der Natur erworben, die er um keinen Preis vertauschen möge. Mit allen Naturlehrern und Schriftstellern getraue er sich es aufzunehmen, sie scheuten ihn auch alle, wenn sie schon oft nicht seiner Meinung wären.

5435 F. v. Müller *19. März 1824*

Nachmittags bei Goethe, der mir sein Gedicht über Thaer nicht zeigte.

5436 Wilhelmine Günther an Amalie Thiersch *20. März 1824*

Nur der Verlust von Goethens Freundschaft oder vielmehr seine Nachlässigkeit gegen sie scheint sie [Louise Seidler] zu kränken. Es steckt dahinter wahrscheinlich eine Feindseligkeit von der Schopenhauer, die nicht ihre Freundin ist, und sie auf diese Weise mehr zu kränken glaubt als durch eigene Unhöflichkeit, worin sie sich auch wohl nicht verrechnet hat. –

Goethe wird übrigens immer stumpfer, einseitiger und nimmt nur noch teil an dem, was ihm unbedingt huldigt; für alle Fremden, ja selbst für Gelehrte, die ihn besuchen, ist er nichts mehr. Er weist sie kalt zurück, und gewöhnlich verlassen sie ihn höchst unbefriedigt über seine persönliche Bekanntschaft. – So zum Beispiel ging es Köppen, Raupach und mehreren andern, die er mitten in der Stube empfing, dastehn ließ und so auch wieder verabschiedete, ohne sich ihnen nur durch irgend eine interessante Frage oder durch Berührung irgend eines Gegenstands, über den sie hätten sprechen können, genähert zu haben.

5437 Soret *22. März 1824*

Visite à Goethe pour lui annoncer de la part de Son Altesse Impériale que Schmidt a été engagé comme maître élémentaire auprès du jeune Prince. Son Excellence approuve le choix. Nous avons parlé ensuite de cristallographie; je dois faire plusieurs collections de cristaux d'amphébole et de pyroxène choisis parmi les doublets; elles sont destinées à différents musées, en particulier celui de Genève.

5438 F. v. Müller *22. März 1824*

Von 5 bis 7 Uhr allein bei ihm [Goethe]. Betrübnis über Ulrikens Zustand. Über die Haehlingische Klage contra den Schauspieler Seidel. Goethe würde ihn bestraft haben. Bei dieser Gelegenheit erwähnte er der falschen Wanderjahre. «Eigentlich beruht das echte Lustspiel lediglich auf Persönlichkeiten und Zoten.» Der «Rehbock» sei deshalb eines von Kotzebues besten Stücken, zumal die Zweideutigkeiten insofern unschuldig seien, als sie nicht träfen.

Der Faschings-Aufzug zu Köln interessierte ihn sehr. Erlanger Freunde haben auf die bittre Knebelsche Kritik contra Graf Platen ein Spottgedicht verfertigt. Knebel und Herders hätten durch ihr Mißwollen bei ähnlichen literarischen Erscheinungen ihm, Goethen, viele Tage verbittert; doch habe er größere Einsicht in das menschliche Herz dadurch erlangt.

Gruithuisens, des Münchner Astronomen, Behauptung, im Monde eine Festung entdeckt zu haben, mache ihn wütend; denn den Unsinn verbreitet, offenbare Irrtümer für bare Wahrheit ausgegeben zu sehen, sei das Schrecklichste, was einem Vernünftigen begegnen könne. So sei aber die Menschheit, Gott müsse sie wohl nicht anders haben wollen, sonst hätte er andres mit ihr angefangen. D'Altons *jetzigen* Besuch könne er nicht brauchen, er würde ihm nur Zerstreuung bringen; es dringe so viel auf ihn ein, daß man sich sehr zusammenhalten müsse, um, wo nicht verwirrt, doch vom Notwendigen abgehalten zu werden.

5439 F.v. Müller an Knebel *24. März 1824*

Unser Goethe befindet sich vortrefflich, aber das Kopfübel der Fräulein Pogwisch – Folge eines Falls beim Tanze – bekümmert ihn sehr, da es mindestens langwierig zu werden droht.

5440 F.v. Müller *24. März 1824*

«Es ist doch besser schlechtes Wetter als gar keins», soll Prinz August von Gotha einst gesagt haben. Dies war heute ein Haupttext der Goetheschen Unterhaltung.

Er sagte, dieses Wort falle ihm immer ein, wenn er sich über etwas Unvollkommnes ärgere.

So über die schlechte Außenseite der hiesigen Bibliothek.

Nie habe er ein Wort darüber verloren, ob er wohl kaum zweifle, daß es ihm leicht gewesen sein würde, den Fürsten zur Abhülfe des Übelstandes zu vermögen. Schon Schiller habe 1802 an Humboldt geschrieben: «Wenn Goethe nur einen Funken Glauben hätte, so würden manche Sachen hier sich bessern lassen p.»

5441 Eckermann an H. Stieglitz *26. März 1824*

Ich bin diese Zeit für Goethe recht fleißig gewesen. Der liebe hohe Meister befindet sich im besten Wohlsein, und jetzt mit ihm zu leben, ist ein wahrer Genuß ...

Im *Prager Kranz* soll etwas von Zauper über mich stehen, wie Goethe mir sagt.

5442 *Charlotte v. Schiller an Cotta* *26. März 1824*

Nach einer durch Goethe, mit Herrn von Humboldt, im November vorigen Jahres angeknüpften, und durch meine Schwester fortgesetzten Negoziation, über die Herausgabe der Korrespondenz, von der so lange die Rede war, sende ich Ihnen anbei das Resultat in einer Erklärung Goethes mit. Wenn Sie diesen Antrag annehmen, und uns also die Hälfte des Honorares, wie die des Anteils an künftigen Auflagen garantiert ist, geben wir die Goetheschen Briefe sogleich an ihn heraus.

Goethe ist in dem Augenblick sehr warm über dieses Unternehmen; seine Gesundheit ist so hergestellt, daß er hoffen kann, er werde dieses, und noch mehreres andere, vollenden; und nach der Meinung unserer Freunde ist es das Günstigste, was wir unter den vorliegenden Umständen tun können, darauf einzugehen. Was er, wie Goethe selbst gesteht, an der Masse durch meines seligen Mannes Briefe zuvor erhält, ersetzt er durch die Mühe und Auslage der Redaktion; und da seine Hand und sein Name freilich beim Publikum von hoher Bedeutung dabei sind, für Sie, wie für uns, so finden wir im ganzen diese Proposition sehr billig und annehmbar.

5443 *Soret* *27. März 1824*

Goethe a pris beaucoup de plaisir à voir quatre portraits de famille que je possède et qui ont été dessinés par Madame Munier-Romilly dont le talent fait honneur à Genève; il m'a demandé à les garder chez lui pendant quelque temps pour étudier ce genre de travail qu'il ne connaît pas encore. Il a été frappé du ton des chairs qui paraissaient colorées alors que je lui ai fait connaître l'ingénieux procédé de Madame Munier qui frotte avec de l'orpin jaune sur le revers de la feuille toute la place qu'occupe la tête. Ce jaune paraît carmin à travers le papier, en sorte qu'on peut faire rougir à volonté le portrait en l'éclairant par derrière. Ce petit fait d'optique doit avoir intéressé Goethe, parce qu'il rentre dans sa manière de voir.

5444 *F. v. Müller* *27. März 1824*

Von 6 bis 8½ mit Coudray bei Goethe. Viel über die Jubelfeier des Großherzogs gesprochen, besonders über eine zu schlagende Medaille. Goethes Negations-Neigung und ungläubige Neutralität trat wieder recht grell hervor. «Eine untergehende Sonne über einem Meere, mit der Legende: ‹Auch im Untergehen bleibt sie dieselbe› (nach Nonnus), wäre eigentlich das großartigste Symbol, aber wer wollte dazu raten?»

Er zeigte uns ein sehr interessantes Portefeuille von Zeichnungen und Entwürfen, worunter besonders der Entwurf zu dem Schmettauischen Grabmal «ferient ruinae» sehr merkwürdig.

Unartige Ablehnung meiner Nachfrage nach Boisserées Einleitung zu den Kölner-Dom-Abrissen.

Überhaupt war er in jener, durch Wein etwas aufgeregten, bitter-humoristischen Stimmung und sophistischen Widerspruchsart, die ich so ungern manchmal bemerke.

5445 *F. v. Müller* *31. März 1824*

Von 6 bis 9¼ Uhr bei ihm [Goethe], mit Riemern, anfangs auch mit Meyer. Einer der interessantesten, behaglichsten und gemütlichsten Abende unter vielen. Goethe war durchaus heiter, gemäßigt, mitteilend, lehrreich, keine Piken, keine Ironie, nichts Leidenschaftliches oder Abstoßendes.

Mitteilung seiner Rezension über Varnhagens Biographien von Graf Schulenburg, Graf Bückeburg und Theodor v. Neuhauss [Neuhof]. «Weltmärchen». Schulenburgs Kupferstich. Mitteilung seiner Antwort an den Übersetzer und Travestierer seiner Lebensbeschreibung in Paris, Monsieur Vitry.

Der Eingang ist besonders glücklich, nach kurzer Entschuldigung der langen Zögerung sogleich in die Mitte des Gegenstandes sich versetzend und bei aller Billigung des jenseitigen Verfahrens doch nicht ohne Ironie und kleine Seitenhiebe. Goethe las uns seine Einleitung und Analyse der v. Helvigschen Übersetzung schwedischer

Romanzen von Tegnér, nach alten Sagen, und dann eine solche Romanze selbst pathetisch vor, «Die Königswahl», welche von überaus großer Naivität und Anmut ist.

Die Gespräche über den Kölnischen Karneval leiteten auf Herrn v. Haxthausen daselbst, der viele neugriechische Lieder besitzt, aber aus Unentschlossenheit nicht herausgibt.

«Nichts ist verderblicher, als sich immer feilen und bessern wollen, nie zum Abschluß kommen; das hindert alle Produktion.» Durch Gedanken-Assoziation brachte ich das Gespräch auf Geheimen Regierungsrat Hetzer und seine Retardate, und davon ging es auf Fritsch, den Vater, über.

Goethe rühmte, daß er stets redlich gegen ihn gewesen, obgleich sein, Goethes, Treiben und Wesen ihm nicht habe zusagen können. Aber er habe doch Goethes reinen Willen, uneigennütziges Streben und tüchtige Leistungen anerkannt. Seine Gegenwart, seine Äußerlichkeit sei nie erfreulich gewesen, vielmehr starr, ja hart, bouffu; er habe nichts Behagliches oder Feines in seinen Formen gehabt, aber viel Energie des Willens, viel Verstand, wie schon aus seinen zwei Söhnen sich schließen lasse, die denn doch selbständig genug auf eignen Füßen ständen.

Riemer bemerkte, daß es ein großer Irrtum sei, das *Wissen* und den *Charakter* voneinander zu trennen, eins sei erst durch das andere etwas, durch den Charakter trete jenes erst recht hervor, man könne allenfalls ohne Wissen, aber nicht ohne Charakter leben. «Jawohl», versetzte Goethe, «der Charakter ersetzt nicht das Wissen, aber er suppliert es. Mir ist in allen Geschäften und Lebens-Verwicklungen das *Absolute* meines Charakters sehr zustatten gekommen; ich konnte Vierteljahre lang schweigen und dulden, wie ein Hund, aber meinen Zweck immer festhalten; trat ich dann mit der Ausführung hervor, so mußte ich *unbedingt* mit aller Kraft zum Ziele, mochte fallen rechts und links, was da wollte. Aber wie bin ich oft verlästert worden, bei meinen edelsten Handlungen am meisten. Aber das Geschrei der Leute kümmerte mich nichts. Die Kinder und ihr Benehmen gegen mich waren oft mein Barometer hinsichtlich der Gesinnungen der Eltern gegen mich. Ich nahm alle Zustände und Personen, meine Kollegen zum Beispiel, durchaus *real*, als gegebne, einmal fixierte Naturwesen, die nicht anders handeln können, als sie handeln, und ordnete hiernach meine Verhältnisse zu ihnen. Dabei suchte ich ringsum mich richtig zu sehen. In die Kriegs-Kommission trat ich bloß, um den Finanzen durch die Kriegs-Kasse aufzuhelfen, weil da am ersten Ersparnisse zu machen waren. Einst zahlte ich 1000 Louisdor daraus der Herzogin zu einer Badereise nach Aachen aus. Den Ilmenauer Steuer-Kassier Gruner brachte ich ins Zuchthaus, weil ich im Conseil seinen Propre-Rest von 4000 Talern, den er durch falsche Restspezifikation maskiert hatte, schonungslos aufdeckte, trotzdem daß der Minister Fritsch und Hetzer, Eckardt p. ihn protegierten.

Der Ilmenauer Bergbau würde sich wohl gehalten haben, wäre er nicht isoliert da gestanden, hätte er sich an ein Harz- oder Freiberger Bergwesen anschließen können. Einen Parvenu wie mich konnte bloß die entschiedenste *Uneigennützigkeit* aufrecht halten. Ich hatte von vielen Seiten Anmahnungen zum Gegenteil, aber ich habe meinen schriftstellerischen Erwerb und zwei Drittel meines väterlichen Vermögens hier zugesetzt und erst mit 1200 Taler, dann mit 1800 Taler bis 1815 gedient.»

Riemer sagte: «Ach wie glücklich sind Sie, daß Sie immer so *real im* Leben stehen konnten, ich komme mit aller Anstrengung kaum *hinein* ins Leben, geschweige *durch*.» Zuletzt las ich aus dem Constitutionnel einiges vor und teilte ihm zwei Moniteurs mit, namentlich über Quatremère de Quincys Sur l'imitation de nature dans les beaux arts.

5446 F. v. Müller *3. April 1824*

Von $6^1/_2$ bis $8^1/_2$ bei ihm [Goethe], mit Riemer.

Er dankte sehr für Mitteilung Pariser interessanter Blätter, verbat sie sich aber doch, weil sie ihn zu sehr zerstreuten und doch nicht genug förderten.

Quatremère p. habe, im richtigen Gefühl, daß die gewöhnliche Nachahmungstheorie falsch sei, eine *Formel* gesucht, aber die richtige nicht gefunden.

Die Nachahmung der Natur durch die Kunst sei umso glücklicher, je tiefer das Objekt in den Künstler eingedrungen sei und je größer dessen Individualität, je tüchtiger [er] selbst sei.

Ehe man andern etwas darstelle, müsse man den Gegenstand erst in sich selbst neu produziert haben. –

Über Byron, der immer, auch im Verruchtesten, eine originelle und edle Form habe. Vorlesung des Aufsatzes über seinen Cain. Plötzliche Abneigung, etwas über Alonzo zu schreiben. Ich kämpfte heftig dagegen. Komische Heftigkeit über die Griesische Hoffarts-Begebnis und meine angeblich zu große Gutmütigkeit. Über Ministers Bülow Hang zur Lüderlichkeit und widernatürliche Lüste, vorzüglich im Orient, als erklärliche Verirrungen der Roheit.

5447 F.v.Müller *5.April 1824*

Von 7 bis 8½ bei ihm [Goethe], ganz allein. Regierungsrat Meyers Brief aus Minden. Geheimrat Wolf sei der unverträglichste, unleidlichste Sterbliche durch sein ewiges Negieren. Deshalb sei Goethe so gut wie zerfallen mit ihm. Wenn er komme, sei es, als ob ein beißiger Hund, ein reißendes Ungetüm ins Haus trete. «O ich kann wohl auch *bestialisch* sein, und verstehe mich gar sehr darauf, aber es ist doch verdrüßlich, die rauhe Seite herauskehren zu müssen. Oft hatte ich etwas von ihm gelernt; wenn ich es nach zwei Tagen wieder vorbrachte, behandelte er es wie die größte Absurdität.*»

Bittre Klagen über gestörten häuslichen Frieden durch Ulrikens Unfall. Wer nicht verzweiflen könne, müsse nicht leben; nur christlich sich ergeben, sei ihm das Verhaßteste.

* [Späterer Zusatz] Einst war ich mit ihm im Bade zu Tennstedt, als mein Geburtstag herannahte. Da betrog ich ihn um einen ganzen Tag im Kalender und machte, daß er am 27. August abreiste, denn mir war angst, er würde mir an meinem Geburtstage ableugnen, daß ich geboren sei.

Ich fragte, ob er mit diesem Glauben glücklicher sei?

«Aufs *Glück* kommt es nicht an, es handelt sich nur vom Dasein und von der *wahren* Beschaffenheit der Dinge; ich will nicht hoffen und fürchten wie ein gemeiner Philister, das Geschwätz der Ärzte und ihr Trösten ist mir zuwider.»

Klingers Erklärung freute ihn sehr. Er verglich ihn mit Huttens Schrift Epistolae obscurorum virorum zugunsten Reuchlins.

Großes Lob Wielands. Schöne Billetts von ihm, die er mir lesen zu lassen versprach.

5448 Caroline v. Wolzogen an E. v. Schiller *9. April 1824*

Deine Aussicht, Vater zu werden, erfreut mich sehr ...

Noch eine Idee Goethens will ich Dir sagen, aber nur im allerengsten Vertrauen; keine Seele darf davon wissen; Du kannst Dich ihrer für den neuen Ankömmling freuen. Die Originale der Briefe sollen, wenn die Herausgabe geschehen ist, versiegelt auf der Regierung deponiert werden, mit dem Beding, daß sie nach fünfundzwanzig Jahren vollständig herauskommen sollen. Alle Persönlichkeiten sind dann ausgelöscht, und das Interesse für die zwei merkwürdigsten Geister unserer Zeit verspricht den beiden Familien noch einen großen Gewinn, den sie unter sich teilen. Ich finde den Plan sehr schön. Schreibe August Goethe nichts darüber. Überhaupt steht jetzt alles so gut, daß nichts weiter zu tun nötig ist.

5449 F. v. Müller *9. April 1824*

Mittags bei Goethe mit Gräfin Henckel, Frau v. Pogwisch p. Sehr munter. Alonzo, «suspendu». Hübsche Schuhe. Scherze der Gräfin Henckel über Advokatentage.

5450 F. v. Müller *15. April 1824*

Ein Stündchen bei Goethe, der etwas matt war.

5451 *Charlotte v. Schiller an Cotta* *16. April 1824*

Da Sie, verehrtester Freund! den angetragenen Verlag nach Goethes Bedingung zu übernehmen sich bereitwillig erklärt, so habe ich seine Briefe an Schiller ihm übergeben. Er wird sogleich die Redaktion beginnen und eine reine Abschrift fertigen lassen. Wir freuen uns beiderseits der Erneuerung früherer Verhältnisse. Die Überlassung des Originalmanuskripts nach Vollendung des Drucks findet jedoch manches Bedenken, und erst im Gefolge der Redaktion wird es sich ausweisen, inwiefern solches tunlich sei. Das übrige, was in diesem Geschäft noch näher zu bestimmen wäre, haben Sie die Güte mit Goethe, mit welchem wir jederzeit Rücksprache nehmen, weiter zu verhandeln; da wir dann zu dem Verabredeten unsere Zustimmung zu geben nicht ermangeln werden.

5452 *F. v. Müller* *18. April 1824*

Bei Goethe traf ich Wolfen von Berlin. Sein übles Aussehen, aber muntre Scherze: «Kolik-Umtriebe». Klage über zu große Schnelligkeit der preußischen Posten. Schützische Maulsperre.

5453 *Riemer* *19. April 1824*

Geh. Rat Wolf von Berlin. Einladung zu Goethe. Großes Gastmahl.

5454 *F. v. Müller* *19. April 1824*

Frohes Diner bei Goethe mit Wolf, Röhr, Coudray, Riemer, Rehbein.

Wolfs Tobacks-Konterbanden bei Kehl. «Ich werfe ganze halbe Pfunde in die Höhe und fange dann mit der Nase auf.» Fahrt mit der Supplikantin zu Minister Altenstein, gegen Abend. Goethes heitre Ironie contra Wolf, und launige Oppositionen. Ich rezitiere die Körnersche absurde Zuschrift. Wolf war weit sanfter als sonst, aber doch voll beißender Wortspiele. Humboldt schreibe alle vierzehn Tage eine neue amerikanische Grammatik.

«Zu den Kirschen muß man nur Kinder und Sperlinge

schicken», sagte Goethe, als Wolf das Berliner Theater tadelte. Wolf kam einst im *Januar* nach Pyrmont. Wenn es kein Engländer ist, sagte der Fürst, kann es bloß Wolf sein.

Wolfs humoristischer Witz beruht vorzüglich mit auf seiner philologischen Sprachkürze und geselligen Freigeisterei, Burschikosität. «Ich durchfingere nur die Bücher.»

Goethe riet ihm ab, Thümmels Reisen zu lesen, und empfahl statt dessen den [Eintrag bricht ab]

5455 F. A. Wolf an G. H. L. Nicolovius *20. April 1824*

Herrn v. Goethe fand ich wie gar nicht gealtert und eben itzt recht frisch – nur die Ulrike krankt noch immer etwas an ihrem Falle oder Umfalle, die Kindlein sind sehr wohl. Geht es *so* fort mit dem ersten, so wird bald die letzte Rauchische Büste weit vor ihm voraus sein.

5456 F. A. Wolf an W. Körte *21. April 1824*

Der gestrige Tag, wo ich von 8 Uhr an beim Großherzog sein und fast den ganzen Tag bei ihm und den beiden herrlichen Frauen zubringen mußte und, weil mir wohl schien, mehr als nötig aß – dieser Tag hat mich so erschöpft, daß ich mich von Goethe am Abend fast ohnmächtig mußte nach Hause *fahren* lassen, so nah wir dem Hause auch waren.

5457 F. v. Müller *21. April 1824*

Nachmittags bei der Oberkammerherrin ein halb Stündchen und bei Goethe, der sehr launig war und immer Wolfen ironisierte. Seine Diätfehler seien ja gar nicht schuld an seinem Übelsein, dieses sei bloß Ausfluß seiner *Höflichkeit*, weil er zu Hofe gewesen, den Großherzog nicht herab in den Schloßhof bestellt habe. Die *Krankheit* gehe den Menschen nichts an, er müsse sie ignorieren, nur die Gesundheit verdiene remarquiert zu werden.

5458 *F. A. Wolf an Rahel Varnhagen* *21./23. April 1824*

Zwar bin ich heute unwohler als auf dem ganzen Herwege (ich kam bei Goethe am ersten Festtage zeitig an) ... Die Großherzogin hat sich nach einer vorjährigen schweren Krankheit gänzlich hergestellt, und auch Goethe ist es; ja, der ist frischer und lebenslustiger, und Rauchs letzte Büste wird ihm gewiß langsam nachaltern können ...

Den 23.

Nach diesem kurzen Geschreibsel fiel ich in eine wirkliche Krankheit, zu deren Hebung oder vielmehr Erleichterung Goethe seinen Retter aus der ersten großen Krankheit [Rehbein] herbeirief.

5459 *F. A. Wolf an J. B. S. Dehn* *22. Mai 1824*

... so kam es, unter dem Rat guter Ärzte, besonders meines alten Universitätsfreundes Sömmerring, noch vor Antritt des großen Zuges gen Straßburg, ein acht bis sechzehn Tage mich in dies göttliche Milchwasser [von Schlangenbad] zu legen. (Bitte der Wortfügung etwas nachzuhelfen.) Auch Goethe riet schon nebst seinem Lebensretter, Dr. Rehbein, dazu, und dies grade wegen der unbestimmten Eigenschaften dieses Wassers, dem bisher noch nie ein französischer oder deutscher Chemiker etwas hat anhaben können. Das, sagte Goethe, sind die rechten Wasser für Naturen, wie die unsrigen: man gebietet ihnen, was sie helfen sollen, und sie leisten's. Der Art soll auch Goethes Marienbädchen sein, wo er sich im vorigen Sommer so jugendlich erfrischt hat, daß er bald zur Volkssage geworden wäre.

5460 *F. A. Wolf an Varnhagen* *23. Mai 1824*

Noch hätte ich Ihnen von der Reise nach Weimar bis Frankfurt viel zu schreiben. Aber das Widrige verdient Vergessenheit. Von dem Erfreulichen *in* Weimar aber doch etwas. Grade am zweiten Festtage, wo mir Goethe eine große Mittagsgesellschaft geladen hatte, geriet er, der mit Reden zu aller Erstaunen unerschöpflich war, über Ihre drei [Biographischen] Denkmale, die man in Weimar noch wenig zu kennen schien, und pries sie so aus dem Busch, daß der Superintendent Röhr (neben mir) blaß und erschrocken ward, sie noch nicht gesehen zu haben. (Seit Bertuch ist nämlich der Buchhandel dort ein wenig träge worden.) In gewisser Hinsicht, sagte Goethe, hätten Sie etwas Ultra-Plutarchisches damit geliefert; das Plutarchisch-Parallele zöge sich ohnehin durch die drei gewaltigen Kerle fein durch. Auch Stil und Ausdruck wurde hochgelobt, und besonders gefiel ihm die letzte Periode des Schlußstückes. Aber das alles ist bloß Einzelheit: er konnte nicht aufhören zu preisen, und billig hätten Ihnen gegen 4 Uhr den 19. April die Ohren tüchtig klingen sollen. Nach geschlossenem Panegyrikus bekam dann auch Ihr lieber Nachbar Streckfuß einige laudes über seine Übersetzungen und *auch* die kleinern eignen Gedichte. Sagen Sie ihm doch ein Wort davon ...

Von der weitern Reise auf Frankfurt läßt sich auch kaum Böses genug sagen. Immer litt ich noch an dem Hofschmaus vom dritten Festtage durch Brust- und Magendrücken, und die hofmännische Nachgiebigkeit, auf die Goethe ordentlich schalt, mußte ernstlich bereuet werden. Vor allem, meinte Goethe, hätte ich den Großherzog, da er mich im Theater auf den ganzen folgenden Tag zu sich einlud, fragen sollen, wie hoch dermalen Seine Hochgroßherzogliche Hoheit wohnten, und, hätte ich dann von den dreiundachtzig Stufen gehört, gleich den Wunsch nach einer kurzen Audienz im Hofraum oder unten bei der Gemahlin äußern sollen. Letztre war auch so übergnädig, daß sie auf die Nachricht, ich würde vor Tafelzeit zu ihr kommen, sagen ließ, daß sie mich früher bei Goethe zu sehen wünsche. Den Einen Tag der Woche ist sie immer dort des Vormittags, einen andern die Großfürstin, einen dritten der alte, jetzt sehr harthörige Herr, der jedoch fast so munter ist als Goethe, aber allerdings nur fast. Ohne meinen neuen von den Weimarer Freunden in der Eil' gewählten Bedienten hätte ich aber gewiß nicht fortkommen können; denn allein konnte ich nicht in, nicht aus dem Wagen kommen ...

So ging es denn kriechend und erfroren, wiewohl im Pelzkleide, fort bis Fulda, wo die große Klimascheide ist ... Indes hatte mir schon Goethe ein fröhlicheres Dasein von Fulda bis Hanau verkündigt.

5461 F.v.Müller *26.April 1824*

Bei Goethe bis halb neun Uhr, meist mit Riemer.

Über Raffaels Bilderbibel. Das Alte Testament sei noch sehr mäßig in Metaphern und Hyperbeln gegen die andern orientalischen Schriften.

Diese Leute hätten immer in der Natur gelebt, darum ihre Bilder unmittelbare Anschauungen. Von Voltaires Taureau blanc. Von der Anmut und Frische der *serbischen* Lieder. Eine ganz neue Menschheit gehe einem darin auf. Von Rochlitzens Liebenswürdigkeit, der sich stets in würdiger Mitte gehalten.

Mein Bild von Schmeller habe eine gewisse Innigkeit. «Die Pedanten haben eigentlich immer recht.»

5462 F.v.Müller *29.April 1824*

Abends bei Goethe, mit Riemer. Übergabe meines Manuskripts. Großer Ärger über die Kölner Maskenfeste.

5463 Eckermann: Notiz *5.Mai 1824*

Gespräch [mit Goethe] über das Theater und die Zweideutigkeiten, die durch falsche Aussprache entstehen, auch über andere Regeln. Bei Gelegenheit der Redaktion des Theater-Katechismus. Solche Bewegungen gut, die man nicht umhin kann zu machen.

5464 O.Roquette: Friedrich Preller *1883*

Es war Winter geworden, der Schwansee belebt, er [Preller] selbst tummelte sich dort als guter Schlittschuhläufer oft mit seinen Freunden umher. Dadurch angeregt, entstand sein erstes selbständiges Bild, eine Fahrt auf dem Eise. Die Figuren darauf stellen Prellers nächste Freunde dar. «Dieses unscheinbare, wertlose Bildchen», erzählt er, «entschied über meine spätere Studienzeit. Die jährliche

Ausstellung unsrer Elementarschule sah auch mein Opus. Ich war, als ich's hintrug, so beschämt, daß ich die Ausstellung mit keinem Fuße betrat. Da ließ mich eines Morgens Frau von Heygendorf (frühere Schauspielerin Jagemann, dem Großherzog sehr befreundet) zu sich bitten. Da ich der Dame mich unbekannt wußte, war ich höchlich darüber erstaunt. Sie begrüßte mich aufs freundlichste, und da ich auch ihre Frage bestätigte, daß ich der Verfertiger jenes Bildchens sei, sagte sie: Gehen Sie doch morgen früh um 8 Uhr in das Römische Haus, der Großherzog hat den Wunsch, Sie zu sehen.

Zur bestimmten Stunde [am 8. Mai 1824?] trat ich meine Wanderung an, und schon von ferne sah ich Goethe unter dem Portale des Römischen Hauses, die Hände auf dem Rücken, hin und wieder wandeln. Herzlich vergnügt, meinen hochverehrten Gönner dort zu finden, trat ich rasch mit meinem Morgengruße an ihn heran. Exzellenz, redete ich ihn an, ich bin hierher beordert, können Sie mir vielleicht sagen, was der gnädige Herr befiehlt? – Warten Sie einen Augenblick! war die Antwort. Der Herr wird bald hier sein. Goethe sprach einige Worte über den klaren schönen Morgen, indes ging die Tür auf, der Großherzog trat, die Hände ebenfalls auf dem Rücken, heraus und reichte Goethe mit einem: Guten Morgen, Alter! die Hand. Hier ist der junge Preller, sagte Goethe. Carl August wendete sich mit der Frage an mich: Hast Du die Eisfahrt gemalt? – Ja, gnädigster Herr! – Wer sind die jungen Leute darauf? Wer ist der Dicke hinter dem Stuhlschlitten? – Es sind meine Freunde. Der hinter dem Schlitten ist Hufeland. – Richtig! Als den hab ich ihn erkannt. Was denkst Du diesen Sommer zu unternehmen? – Ich habe vor, nach Salzburg zu gehen und landschaftliche Studien zu machen. – Hm! brummte Carl August, und schwieg eine Zeitlang, sich stumm Goethen zukehrend. Hättest Du wohl Lust, nach den Niederlanden zu gehen? – Oh –! Ja, gnädiger Herr. Doch dafür möchten meine beschränkten Mittel schwerlich ausreichen. – Nun! Dafür soll gesorgt werden, närrischer Kerl! Packe Deine sieben

Sächelchen und finde Dich morgen früh um acht Uhr auf dem Schloßhofe ein. Um diese Zeit geht's fort. – Wie ich nach Haus gekommen, ob gegangen oder geflogen, ich weiß es nicht. Meine Eltern waren bei meiner Nachricht zu Tode erschrocken, doch löste sich alles in Freude und Wohlgefallen auf.»

5465 Soret *10. Mai 1824*

Goethe m'a raconté ce soir tout ce qu'il a fait à Iéna en faveur des établissements succursaux de l'Université, en particulier le Musée d'Histoire naturelle et la Bibliothèque. Il m'a raconté quelqes bonnes histoires sur les moyens qu'il a mis en œuvre pour forcer les résistances du corps académique et comment il est parvenu à créer des chaires actives là où précédemment il n'y en avait que de titulaires, en particulier pour bien pourvoir aux chaires de chimie, de botanique et de minéralogie qui sont reléguées dans un coin de la classe de chirurgie comme des sinécures et que l'on n'envisage que comme étant des branches de la pharmacie.

5466 K. Sondershausen: Der Letzte aus Altweimar *1859*

Gevatter Matthisson kam damals wiederholt nach Weimar, hielt gewissermaßen eine Ährenlese seines Ruhms ... Überall auf seinem Rundgange von Besuch zu Besuche sollte ich ihn begleiten. Mir aber stand begreiflich keine solche Ährenlese bevor. Ich beschränkte meine Begleitung deshalb auf das bloße Hinführen.

So auch zu Goethe [am 15. Mai 1824]. Hier, vor der Tür des Dichterkönigs und der Minister-Exzellenz, stand ich hartnäckig fest den Versuchungen gegenüber. Schon hatte Matthisson die Klingelschnur gezogen, und immer noch sträubte sich meine Scheu seinem Zusetzen. Da öffnete Goethe selbst und stand in der offenen Tür. «Votre Excellence –!» rief der Besucher ihm entgegen, noch im Zuge der Hofsprache von seiner vorher gegangenen Aufwartung bei dem Oberstallmeister. Ein Blick der Nötigung auf mich, mit einzutreten, unterbrach die Anrede. – «Aber ich bitte Sie –!» rief er unwillig und folgte der Einladung Goethes, der dem gleichgiltig zusah. Die Tür schloß sich hinter beiden.

Dem guten Lyriker waren Talent und Rang in der Gesellschaft nicht getrennte Qualitäten, die man in der Person, jede für sich besonders betrachtet, honoriert oder ignoriert, je nach den Umständen und Verhältnissen. Ihm erschienen sie in unteilbarer Verbindung, die eine in der anderen, der Künstler in dem Menschen, der Mensch in dem Künstler, sich gegenseitig bedingend. Ich aber hatte über diese ideale Integrität bereits andere Erfahrungen gemacht; war mir aber des kaum bewußt worden: da ertönte und erdröhnte wiederholt außen die Glocke, die den Diener rief. Der sprang die Treppe herauf; aber schon hatte Goethe geöffnet, ergriff meine Hand und führte mich zum Sofa neben Matthisson. *Ob* er, *was* er dabei gesprochen, weiß ich nicht, denn die Überraschung bestürzte und berauschte mich. So mußte einem Ganymed zumute sein, wenn ihn Jupiter in den Olymp entführte. Ich sah und hörte auch nur den Zeus vor mir; und als die Rede auf Knebel kam, erhob sich auch Zeus Goethe, schritt majestätisch nach dem Nebenzimmer, warf beide Türflügel weit auf und stand betrachtend vor einem alten Glatzkopfe, Knebels Bilde, das auf einem Stuhle lehnte, und ebensogut ein Sokrates hätte sein können. Goethe winkte, wir traten hinzu, Matthisson in Bewunderung des kräftigen Wohlaussehens, Goethe gerührt, versunken im Anschauen des Bildes, als wollt' er die Begründung des Urteils suchen. Ich hatte mit allen Drein zu tun.

5467 F. v. Matthisson an Haug *29. Mai 1824*

Zu Weimar war [am 15. Mai] mein erster Gang zu Goethe, der eben von Jena zurückgekommen war. Kräftig und mit völlig gerader Haltung trat der alte Dichterkönig mir entgegen. Sein herrliches Auge hatte den frühern Glanz klar und ungetrübt erhalten. Das Gespräch betraf die verschiedenen Epochen, in welchen wir einander, seit dem Jahre 1783, auf der Lebensbahn begegnet waren. «Ich hoffe, wir werden nun noch eine Weile beisammen bleiben», sagte er, als von seiner letzten Krankheit die Rede war. Schon hatte ich meinen Hut genommen, als ihm plötzlich noch etwas einzufallen schien. «O lassen Sie sich noch ein wenig halten! Ich muß Sie noch einem alten Freunde vorführen.» Nun ging er, um einen Schlüssel zu holen, und öffnete dann ein Zimmer, wo mich Knebels ähnliches Bild gar freundlich willkommen hieß. «Grüß Gott! lieber, lieber Knebel!» rief ich Neuschwabe recht herzhaft dem Bilde zu, und Goethe schien sich dieses Ausdrucks einer vieljährigen Liebe zu freuen. Auf die Frage: «Werden Sie nicht noch etwas für den Faust tun?» erhielt ich zur Antwort: «Das ist größtenteils schon geschehen.»

Doktor Sondershausen, ein junger Mann von feurigem, trefflich angebautem Geiste, führte mich in den Theatersitz der Pagen, seiner Untergebenen. Man gab Schillers Räuber.

5468 F.v.Matthisson an C.V.v.Bonstetten *14.Juni 1824*

In Weimar (den 15. Mai) war mein erster Gang zu Goethe, der soeben von Jena zurückkam, wo er seinen ältesten und besten Freund Knebel (den trefflichen Übersetzer des Lukrez) besucht hatte.

Kräftig und mit völlig gerader Haltung trat mir der alte Dichterkönig entgegen. Jede Spur der schweren Krankheit war verschwunden. Selten schuf die Natur wohl ein Auge aus gediegenerem Feuerstoff, als das Auge Goethes, das trotz der schwarzen Schatten des Alters seinen Glanz ebenso klar und ungetrübt erhalten hat, wie das Deine. Dein Latium ist ihm besonders lieb. Ich soll Dich seiner vieljährigen Achtung versichern. Er wäre Dir so gern im Leben begegnet. Unser Gespräch begann mit Dir, dann ging es über auf die verschiedenen Epochen, in welchen Goethe und ich seit 1783 einander begegnet waren. Auf meine Frage, ob er nichts weiter für den Faust tun werde? war die Antwort: «Das ist größtenteils schon geschehen.» Schon hatte ich Abschied genommen, als ihm plötzlich noch etwas einzufallen schien. «O warten Sie noch einen

Augenblick! Ich muß Sie noch einem alten Freunde vorführen.» Nun ging er, einen Schlüssel zu holen, und öffnete ein Zimmer, wo mir Knebels ähnliches Bild ein gar freundliches: Willkommen! zulächelte. Lieber, lieber Knebel! rief ich aus, und Goethe schien sich meiner Überraschung zu freuen.

5469 Soret *16. Mai 1824*

Messieurs Meyer et Riemer passent la soirée avec moi chez Goethe. La conversation est en allemand. Il nous parle des poésies serbes dont il a fait dernièrement la lecture. «Elles sont assez bien traduites, dit-il, et ont un caractère tout à fait particulier qui se rapproche pourtant plus de la réalité que de l'imaginaire. Les faits plutôt que les sentiments y sont exposés, mais la forme en est étrange, comme vous pourrez en juger par les morceaux suivants.»

«Vous voyez, poursuit-il, après sa lecture, qu'ils prennent leurs sujets si haut et que l'action est toujours si avancée dès le début du poème, qu'il ne reste plus de place à l'imagination pour créer des événements, si ce n'est de massacrer tous les personnages. Aussi voit-on ces poèmes finir presque tous par le récit de catastrophes épouvantables.»

Ici, le valet de chambre Stadelmann entre et interrompt la conversation. D'un air de triomphe, il vient dire: «Que Son Excellence lui permette de lui faire part de ma découverte.»

Goethe. – Voyons, Stadelmann, voyons.

Stadelmann. – J'ai pris le verre de vin, je l'ai mis sur une feuille de papier blanc comme cela, une chandelle ainsi placée; vous voyez que la lumière en traversant le vin produit sur le papier l'image des trois soleils et de l'arc-en-ciel que nous avons observé l'autre jour dans le ciel. En tournant ainsi, voilà le soleil. Ainsi, en voilà trois. Et voici l'arc-en-ciel, voici le cercle blanc, voici le cercle obscur.

Goethe. – Stadelmann est un génie qui rivalise avec la bonne nature; encore est-il plus économe qu'elle, car il ne lui faut qu'un seul verre de vin blanc pour composer son atmosphère. Allons, Stadelmann, tourne ton verre!

Moi. – Mais il est curieux que ce mouvement suffise pour amener ces accidents de lumière.

Goethe. – Et les facettes, Monsieur le cristallographe?

Moi. – C'est vrai! Je n'y pensais pas, à tous moments je me surprends occupé à observer au travers d'une lunette facettée sans m'en douter tout d'abord.

Goethe. – C'est bon. Stadelmann, mon ami, tu peux laisser là ton verre et les trois soleils, nous te promettons d'y regarder de plus près.

Stadelmann. – Ah! oui, c'est très curieux, c'est très remarquable. Il ne m'a fallu qu'une demi-heure pour faire cette expérience. J'en découvrirais bien d'autres, si j'avais le temps.

Goethe. – Je n'en doute pas, et surtout s'il avait l'instruction (poursuit-il en français), car cet homme est observateur. Mais il fait comme tant d'autres. Il se méprend sur la valeur des faits qui se présentent à lui et il suffit que ces faits lui appartiennent pour qu'il leur attribue de l'importance.

Monsieur Riemer (après avoir longtemps tourné le verre). – Voyez, Monsieur Soret, combien est jolie la partie la plus obscure; on dirait que c'est du velours.

Moi. – C'est peut-être la seule chose à remarquer dans ce fait. Aussi Stadelmann n'a-t-il eu garde de s'en apercevoir.

La conversation a roulé ensuite sur Sacontala et la mythologie indienne; mais comme elle n'offrait rien de nouveau, je n'en ai pas pris note.

5470 Albertine v. Boguslawska an ihre Mutter 18./20. Mai 1824

Weimar, den 18. Mai.

... Denke Dir, liebe Mutter, daß, als ich noch eben schreibe, Frau von Goethe kommt und mich zu sich und ihrem Schwiegervater zum Tee einladet. – Was sagt ihr lieben Kinder? – Danke doch Röstell für seine unvergleichliche Empfehlung ... Die Goethe sagte mir, wenn ich zum Tee bei Hofe müßte, könne ich vorher kommen. Wenn mir Röstell das alles so leicht gemacht hat, daß ich den Verfasser des «Tasso» und des «Werther» sprechen soll, mit einem Wort Goethe, so rührt mich in der Tat seine Güte, denn er muß doch allen seinen Einfluß für mich verschwendet haben.

Eisenach, den 20. Mai 1824.

... Goethe war so überaus freundlich und mitteilend, so gütig, daß ich es gar nicht aussprechen kann. – Sage nur unserem Röstell den herzlichsten Dank für alle Freude, die diese Stunde mit Goethe mir gegeben hat. – Wir fahren gleich wieder, und ich will diesen Brief doch nicht noch weiter mitnehmen. Aber von Homburg schreibe ich sogleich versprochenermaßen an meinen Wilhelm, den ich nicht vergessen habe, Goethen zu empfehlen. Wenn man ein Urteil nur nie nach Hörensagen bildete! – Goethe ist auch so freundlich gut, kann sich so herabstimmen zu denen, die er vor sich hat! – Wie könnte auch der *wahre Genius* anders sein. Ich bat ihn zuletzt, ihm danken zu dürfen für alles, was er uns gegeben hat, und wie nahm er es auf! ... Sage der alten Kalb und der Helvig, daß Goethe sie herzlich grüßen ließ ...

Goethe ist übrigens sehr wohl.

5471 Albertine v. Boguslawska
an ihren Bruder Wilhelm *23. Mai 1824*

Ihr wißt, daß Frau von Goethe in Weimar mich zu sich und ihrem Schwiegervater geladen hatte zum Tee, aber mit dem Zusatz, ich könne auch früher kommen, wenn etwa am Hofe etwas sei. Dies war gut, denn, wie vorhergesehen, ward man zum Tee im Schloß befohlen, mein schöner Abend also hin; ich fuhr darum gleich nach Tisch zu Goethe mit einer sonderbaren Empfindung – die Du mir nachfühlst. – Vor dem Haus, vor dem wir damals im Mondschein gestanden, und von dem Du ein Stück mitnahmst, hielt ich nun still und ward in der geöffneten Tür von einem Bedienten die Treppe hinaufgewiesen, die bequem und hell genug ist, um verschiedene Büsten und Figuren gehörig zu beleuchten, die in den Nischen der Absätze angebracht sind. Oben an der Tür Castor und Pollux und ein *Salve* auf einer Steinplatte der Türschwelle. Frau von Goethe kam mir entgegen mit ihrem Sohn von fünf Jahren, führte mich in ein zweites Zimmer und sagte mir mit einer freundlichen Begrüßung, daß sie mir *unterdessen* den Enkel vorstelle.

Wir setzten uns auf ein Sofa in diesem Zimmer mit drei Fenstern, das ganz einfach, aber bequem eingerichtet war, und wo sich außer wenigen anderen an der Seite des ersten Fensters der Kopf der großen Juno befand, die Du wohl kennst. –

Der Kleine ist ein munteres schönes Kind, und ich betrachtete eben seine außerordentlich großen schwarzen Augen, in denen etwas vom Großvater sein mußte, als dieser eintrat – – die Tür schloß, mich freundlich zum Niedersetzen nötigte, einen Stuhl nahm und – neben Deiner Schwester saß! Es waren keine Flügeltüren aufgegangen, damit der berühmte Mann eintrete und die große Minute vergönne. Er war da und sprach und dankte freundlich für das Mitgebrachte und fragte und nahm alles freundlich auf. Ich betrachtete diese Züge, während er sich in Röstells Lob aussprach – ich dachte daneben an seine schönsten Stellen, in denen einfach der hohe Genius sich ausspricht – und ich war mir jetzt vor diesem Goethe keines anderen Gefühles als nur des Dankes bewußt, daß der Himmel uns, seinen Menschen, so viel gewährt. Jeder Schmerz ist Seelenohnmacht, da wir im Geist *über* der Erde und *über* dem Schmerze leben können.

Bin ich Dir ungenügend und unverständlich mit diesem meinen Eindruck von dem großen Manne, Wilhelm? Ich habe ungefähr alles aufzufassen und zu bewahren gesucht, was er dann *sagte*, aber Wehmut mischt sich gewöhnlich zuerst in jede Erhebung, die das Schöne und Große in mir hervorbringt. Auf die Grüße der Frau v. Kalb war er sehr erfreut, von ihr etwas zu hören, rühmte sie in jeder Art und sagte, sehr angenehme Zeiten mit ihr verlebt zu haben. Er bat in einem recht herzlichen Ton, sie zu grüßen, sowie auch die Generalin Helvig, von der er selbst anfing, und deren Übersetzungen der nordischen Romanzen er rühmte. Er erwähnte dann Berlin, die Winterunterhaltungen, natürlich auch das Theater, worauf ich erwidern mußte, daß wir das Beste doch gerade aus Weimar hätten, nämlich die Wolffs, und er nahm es freundlich auf, als ich auf Wolffs Vorstellung des «Faust» kam und ihm sagte, daß ich demselben die Bekanntschaft dieses seines Werkes verdanke. Er wußte davon, und als ich die Schule der Wolffs erwähnt hatte, sagte er, es sei doch auch erfreulich, daneben Talente zu bemerken, die alles sich selbst verdankten und allein recht viel geworden seien, zum Beispiel Devrient – wie er denn jedesmal *leicht hinwegging über alles, was man ihm schuldig ist.* – Besonders interessant sprach er dann über italienische Opern, vorzüglich diejenigen in Italien selbst, und man sah es ihm an, wie sich seine Seele lebhafter bewegte bei dem Gedanken an dies Land. Er rühmte besonders die Art der kleinen Opern, die improvisiert würden von jedem, einzeln, und wie denselben an geistiger Lebhaftigkeit nichts gleich käme; er meinte, daß die Vaudevilles in Frankreich sich ihnen am ersten und meisten näherten. Von den nordischen Gedichten der Frau v. Helvig oder mehr noch von dem heutigen Improvisator in Holland kam er auf die Literatur dieses Landes und meinte, daß dieselbe recht viel Vortreffliches besitze, daß man sie bei uns nicht sehr kenne, weil sie freilich in der Form ganz nach der französischen gebildet sei.

Er sprach dann auch von Schlesien, von Fischbach, daß er niemals im Gebirge gewesen sei; und als sein kleiner Enkel zu der Mutter sagte, er wolle zu mir kommen, uns dort besuchen, sagte Goethe zu diesem: «Da bitte doch, daß Dein Großpapa auch mitkommen darf!» Das war doch artig! – Als ich endlich, gewiß nach einer Stunde, aufstand, um wegzugehen, gab er mir die Hand; ich war wirklich recht bewegt und bat ihn, ihm nun zuletzt danken zu dürfen für alles, was er uns gegeben habe. Da schüttelte er meine beiden Hände und sagte: «Nun, das freut mich, wenn Ihnen etwas davon wohlgetan hat.» Ich weinte recht von Herzen und freudig vor ihm, sagte, «daß ich einen Bruder hätte, und daß ich ihm den schicken würde». – Darauf sah er mich bejahend an, sagte «Adieu» und noch ein recht freundliches Wort und ging, und ich von der anderen Seite mit seiner Tochter. Der Kleine meinte, ich sei traurig, und ich war doch recht erhoben und stark in der Minute. – Seine schönsten Gedanken waren lebendiger als je in meiner Seele, mir war, als sei alles gut und alles ausgeglichen im Leben, es war ein Blick in die Unsterblichkeit. Frau von Goethe war auch recht gut und freundlich. Sie führte mich noch weiter (wir waren in seinem eigenen Zimmer, nicht bei ihr) in ein Zimmer, wo Büsten in zwei Reihen übereinander aufgestellt waren, gegenüber lagen auf Tischen Papiere und Hefte. Unter den Büsten waren Schiller, Jacobi, Winckelmann usw., alle bedeutenden Männer seiner Zeit, und es machte ihm wie ihnen Ehre, sie an diesem Ort zu sehen, in jeder Art. Von Herder stand eine marmorne noch apart, die überaus ähnlich sein soll. Aus dieser Gesellschaft kommt man in ein rundes Kabinett, dessen Tür in den Garten geht und in dem Goethe früher oft gesessen haben soll, allein mit Schiller. Überhaupt scheint er diesen immer *recht geflissentlich neben sich erheben zu wollen* und darzutun, wie sehr sie Freunde waren, was auch die Tochter öfter aussprach. Der Garten war voller Blumen und Blütenbäume und außer einer niedrigen Mauer mit großen schattigen Kastanienbäumen umgeben.

Ich mußte wohl fort, denn gerade in der Stunde hätte ich niemandem nur entfernt lästig sein mögen, und jetzt war alles so freundlich. Ich nahm Abschied von Frau v. Goethe und ihrem kleinen lieben Wolf und dem «Salve», das mich so freundlich empfangen hatte.

5472 Charlotte v. Schiller an ihren Sohn Ernst 24. Mai 1824

Goethe hat sich wunderbar erhalten. Er ist sehr fleißig an den Briefen. Es ist, als wäre eine neue Periode in unserer Freundschaft begründet; denn er denkt und handelt für uns mit. Ich freue mich, daß alles so gegangen ist. Mündlich mehr darüber. Über Emilie scheint er eine große Freude zu haben; er hat ihr seine Vorschriften zum Zeichnen angeboten.

5473 *Soret* *25. Mai 1824*

Il est question de mon élève.

Goethe. – Comment occupez-vous votre temps avec lui?

Moi. – Jusqu'à présent, le nombre des études régulières est très limité et les causes de distraction me paraissent nombreuses. Lorsque le Prince est disposé à entrer en conversation un peu suivie, je tends toujours à le ramener à des idées positives et à des faits, parce que son imagination est portée à préférer les idées poétiques. J'aurais mieux aimé me voir forcé à prendre une route opposée, mais dans sa position, plus que dans toute autre, il est essentiel de se tenir au domaine des choses réelles.

Goethe. – Des deux méthodes opposées vous avez choisi la plus difficile. Moi, je suis d'avis que les meilleurs contrepoisons se trouvent parmi les venins et vous réussiriez peut-être plus facilement à régler son imagination par la poésie que par la réalité.

Vous avez fait un tableau exhaustif des connaissances humaines d'après Bentham; Son Altesse Impériale m'en a parlé et je suis curieux de le connaître. Mais *a priori* je ne crois pas à la possibilité de faire un tableau satisfaisant pour tous les esprits. Telle division convient à telle tournure d'esprit qui devient inadmissible pour un autre entendement. Passe encore, s'il ne s'agissait que des premiers embranchements. Mais là où ils s'anastomosent comme mes doigts, l'un part à gauche, l'autre reste au milieu; puis, après bien des ramifications, ils reviennent tous au même point.

Moi. – L'objection est forte, mais il semble que le système bifurqué tel que l'a conçu Bentham y réponde en partie. L'essentiel est de n'admettre jamais pour chefs de divisions que les deux termes qui s'excluent complètement l'un l'autre. Il est difficile alors que la confusion puisse naître et cette méthode conduit très loin sans difficultés majeures.

Goethe. – Cela est possible, mais je ne le crois pas applicable à tout. Au reste, vous en aurez assez – et plus qu'il ne vous en faut – pour trouver le fil qui peut vous guider dans le but d'instruire le Prince, et, avant de pousser plus loin cette discussion, il conviendra que je prenne connaissance de votre travail sur la communication duquel je compte, comme vous me l'avez promis.

Monsieur Riemer se fait annoncer au moment où nous commencions à parler de minéralogie.

Goethe nous fait l'analyse d'un poème anglais sur la géologie avec tant d'esprit et d'imagination que l'original n'a sans doute rien perdu à passer par sa traduction.

«Un pareil livre, dit-il ensuite, en amusant les gens du monde peut leur donner cette espèce de connaissance générale que je voudrais voir dans tout homme intelligent et il peut répandre le goût de la science. Ce genre d'intérêt gagne de proche en proche et peut produire le plus grand bien, car chacun est en état de se rendre utile par des recherches locales et des observations isolées.»

Moi. – Vous croyez que s'ils étaient un peu plus instruits, ils observeraient moins bien.

Goethe. – A coup sûr, car ils passeraient dans le corps déjà trop nombreux des savants, des géologues proprement dits, ils auraient leur système et observeraient en conséquence. En géologie, plus peut-être que partout ailleurs, on n'a point encore assez de faits. J'ai observé que les meilleurs découvreurs ne sont pas ceux qui ont les connaissances les plus profondes. L'enfant a le nez plus près de la terre, il est souvent le premier à voir l'insecte qui rampe à sa surface, parce qu'il ne songe pas à la possibilité d'un météore qui l'engagerait à guetter le ciel et lui ferait perdre de vue sa petite recherche.

Moi. – Mais cela n'est bon que pour les manœuvres de la science.

Goethe. – Eh! Plût au Ciel que tout le monde fût manœuvre. A force de vouloir être autre chose et de trop philosopher, on embrouille tout.

Monsieur Riemer donne un autre tour à la conversation en parlant de Lord Byron, de sa mort, etc. Goethe, après avoir parlé de ses écrits et en avoir fait le plus brillant exposé, continue ainsi: «Au reste, quoiqu'il soit mort jeune, le domaine des lettres n'a rien perdu sous le rapport d'une extension plus grande. Byron ne pouvait pas aller plus loin; il avait atteint son maximum de force. Ce qu'il aurait produit dans la suite, quoique sans doute toujours beau et bon, aurait été plus utile à l'amusement du lecteur qu'à lui-même. Cela n'aurait pas servi à reculer les limites du champ où son génie pouvait se développer. Il a gagné le terme le plus éloigné de ses conceptions dans l'inconcevable production de *La Vision du Jugement.*»

5474 Eckermann: Notiz *26. Mai 1824*

Nahm Mittwoch, den 26. Mai 1824 Abschied von Goethe, um nach Hannover und an den Rhein zu gehen. Aufträge an Lotte [Kestner] pp.

5475 H. Meyer an Ch. D. Rauch *27. Mai 1824*

Herr Staatsminister v. Goethe befindet sich recht wohl und grüßt Sie freundlich. Er sagte mir, in Venedig sei öffentlichen Nachrichten zufolge noch ein Skulptur-Denkmal gefunden worden, welches aller Wahrscheinlichkeit gemäß vom Giebel des Parthenon herrühre.

5476 H. Meyer an Ch. D. Rauch *31. Mai 1824*

Ihren Brief, mein verehrter Freund! welchen ich am vergangenen Sonnabend erhalten, hätte gestern schon Ihnen beantwortet, allein Herr v. Goethe hatte vorgestern abend Besuch, und so konnte ihm die Sache nicht mitgeteilt werden, und der gestrige Morgen war mir durch unvermeidliche Abhaltungen geraubt, und so habe ich also erst heute mich besprechen können und kann Ihnen nun folgendes melden.

Herr Staatsminister v. Goethe grüßt freundlichst und freut sich, Sie zu sehen und mit Ihnen das Erforderliche wegen der Statue zu überlegen. Er wird zuverlässig noch den ganzen Monat Junius, wahrscheinlich noch einen Teil des Julius in Weimar zubringen, doch läßt sich dieses letztere nicht geradezu als gewiß versichern, indem zufällige Ereignisse auf seine Entschlüsse würken können. Nochmals hat er mir seine große Zufriedenheit zu erkennen gegeben darüber, daß Sie die Bemerkungen, welche ich Ihnen letzthin in betreff des Gips-Modells für die sitzende Statue freimütig mitgeteilt, wohl aufgenommen haben, und ich antwortete darauf mit einem Vers von Wieland:

«Den guten Tänzern ist gut geigen»,

kommen Sie also nur und seien Sie vorläufig der besten Stimmung und in allewege freundlichem Entgegenkommen versichert.

Die Dreifüße werden von Jena herbeigeschafft werden, damit das Modellieren, woferne Sie es für nötig finden sollten, gleich vorgenommen werden kann.

5477 F. v. Müller an Knebel *2. Juni 1824*

Sie haben mich durch die sogleich rückfolgenden *Liebes*lieder unendlich erfreut, beglückt, verpflichtet. Etwas Zarteres, Innigeres, Geistvolleres in diesem Genre habe ich nie gelesen. Goethe hatte ganz recht, sie mir so reizend zu schildern. Wie gerne hätte ich den edlen Jüngling noch einmal gesehen!

5478 Soret *3. Juni 1824*

Goethe m'apprend qu'il attend la visite du Comte Gaspard de Sternberg et qu'il s'en réjouit infiniment.

Goethe. – Je suis embarrassé pour pouvoir bien vous exprimer ma pensée en français. Je voudrais pouvoir dire de lui que c'est un homme comme il faut. Mais on donne ce titre à tant de gens indignes de le porter – ou du moins de lui être assimilés – qu'en vérité j'aime mieux me passer de l'appeler ainsi.

Moi. – Selon l'usage, on a abusé de cette expression, comme on abuse de toutes celles dont chacun peut tirer quelque profit. A force de dire de chacun: «C'est un homme comme il faut», on ne sait plus comment employer comme il faut cette expression.

Goethe. – Le jeu de mots est bon. Avez-vous entendu parler de la fête de Thaer, vous autres gens de cour?

Moi. – Non.

Goethe. – Une cour est un monde à soi. Tout ce qui n'en ressort pas lui paraît peu digne d'attention. L'étiquette prend la place de la pensée. Eh bien! Sachez que Thaer est un agronome distingué, il a rendu d'innombrables services à l'agriculture et a formé une nombreuse école. C'est un bonhomme de mon âge, ce qui veut bien dire quelque chose. On vient de célébrer son jubilé. Zelter m'a demandé des vers à cette occasion. Je m'y suis prêté volontiers. Il a fait la musique et vous trouverez dans cette lettre que je viens de recevoir de lui tous les détails de la fête.

Mon ami Zelter est l'un de mes correspondants les plus précieux, j'ai de lui une collection de lettres dès le commencement de ce siècle, toutes aussi pleines d'esprit que celle-ci. Chose bien remarquable avec une langue aussi peu favorable que la nôtre au genre épistolaire.

5479 F.v.Müller *6.Juni 1824*

Vormittags mit Student Funck aus Frankfurt ¼ Stunde bei ihm [Goethe]. Er war ziemlich freundlich, doch nicht redselig. Stielersche Karten, Reise des Lieutenant Lumsden aus Delhi nach London. Branische drei Journale, Miszellen, Minerva, Ethnographisches.

Nach dem Hofe von 5½ bis 7 Uhr bei ihm.

Er saß im Hemdärmel und trank mit Riemern. Ersteres ward Ursache, daß er Line nicht annahm, trotz meines Bittens. «Sie soll», sagte er zu Ottilien, «des Abends zu mir kommen, nicht wenn Freunde da sind, mit denen ich tiefsinnig oder erhaben bin!» Nicht leicht hab' ich ihn geistreicher und lebhafter gesehen. Von Kirchnern kam das Gespräch auf *Humor*.

«Nur wer kein Gewissen oder keine Verantwortung hat, kann *humoristisch* sein. Musäus konnte es sein, der seine Schule schlecht genug versah und sich um nichts und um niemand kümmerte. Freilich humoristische Augenblicke hat wohl jeder, aber es kommt darauf an, ob der Humor eine perennierende Stimmung ist, durchs ganze Leben geht.»

«Wahrscheinlich deswegen», sagte ich, «weil dem

Humoristen mehr an seiner *Stimmung* als an dem *Gegenstand* gelegen ist, weil er jene unendlich höher, als diesen, anschlägt.»

«Sehr richtig kommentiert, und sogar sehr scharfsinnig», erwiderte er. «Wieland zum Beispiel hatte Humor, weil er ein Skeptiker war, weil es ihm mit nichts ein großer Ernst war.

Wieland hielt sich niemandem responsabel, nicht seiner Familie, nicht seinem Fürsten, und handelte auch so. Wem es ernst ist mit dem Leben, der kann kein Humorist sein. Wer untersteht sich denn, Humor zu haben, wenn er die Unzahl von Verantwortlichkeiten gegen sich selbst und andere erwägt, die auf ihm lasten? wenn er mit Ernst gewisse bestimmte Zwecke erreichen will? Damit will ich den Humoristen keine Vorwürfe machen. Muß man denn gerade ein Gewissen haben? wer fordert es denn?»

Ich führte an, daß irgendein Schriftsteller gesagt habe, «der Humor *sei nichts* als der Witz des Herzens».

Goethe ergrimmte aufs heftigste über die Redensart «nichts anderes».

«So», schrie er, «sagte einst Cicero: ‹Die Freundschaft ist nichts anderes als› p. O du Esel, du einfältiger Bursche, du heilloser Kerl, der nach Griechenland läuft, um Weisheit zu holen, und nichts Klügeres als jene unsinnige Phrase herausbringt.

‹Nichts anderes› – lauter Negation, lauter Herabsetzung! Ich werde gleich wütend, wenn ich dergleichen höre. Nie konnte ich vor Matthisson Achtung haben, wegen des absurden Liedes: ‹Namen, ich nenne dich nicht›.

Und ‹Witz des Herzens›, welcher Unsinn! Ich weiß nicht, was *Herz* ist, und will ihm Witz beilegen! Dergleichen Phrasen streichen an meinem Ohre vorüber, wie zerplatzte Luftblasen. Der Verstand findet absolut nichts darin. Das ist hohles Zeug.»

Es dauerte lange, bis er sich beruhigte, und dabei strömten die schlagendsten Einfälle aus seinem Munde.

Webers Vorlesung über die «Braut von Korinth» gefiel ihm, doch habe er nicht aus Phlegons Traktat von Wunderdingen, sondern woanders her, das Sujet genommen, es aber meist vom Stoffartigen entkleidet.

Die Gegensätze der heidnischen und christlichen Religion böten allerdings eine reiche Fundgrube für die Poesie. Aber eigentlich taugten beide nichts. Unter den großen Staatsmännern habe bloß der Herzog von Ossuna Humor gehabt, aber aus Menschenverachtung. Schubarth habe über Immermann im zweiten Heft seiner Neoterpe trefflich geurteilt.

«Ich lasse Immermann gewähren und kann ihn mir nicht recht konstruieren. Wie kann ich über ein erst Werdendes, Problematisches urteilen? Habe ich nicht mit meinem eignen *Werden* genug zu tun? Und Sie wissen, daß ich ein fortwährend Werdendes statuiere.

Gegen einen *Grundsatz* statuiere ich keine Erfahrung. Ich leugne sie geradezu.

Alles Tragische beruht auf einem unausgleichbaren *Gegensatz*.

So wie Ausgleichung eintritt, oder möglich, schwindet das Tragische.

Kirchners Kopf paßt nicht zu seinem Rumpf und Leib. Schleppte er nicht an letzterm eine so große Last herum, so würde er noch viel mehr Teufelszeug machen, noch viel lebendiger sein. Er ist ein kluger Schelm, der klügste in Frankfurt. Dort herrscht der krasseste Geldstolz, die Köpfe sind dumpf, beschränkt, düster. Da taucht nun auf einmal so ein Lichtkopf wie Kirchner auf! Ich will wetten, oder vielmehr de credulitate schwören, er schickt zu Michaelis keine weitern Frankfurter nach Jena.

Meine Freunde teile ich in Hoffer und Verzweifler. An der Spitze der erstern der *Kanzler*, der letztern *Meyer*. Dieser steht so hoch im Verzweiflen, daß er wieder zu hoffen anfängt.» (Riemer nannte ihn «Auszweifler».)

Die Geschichte mit Oubril, dem die Gräfin Henckel den Doblado von mir verschaffte, amüsierte Goethen sehr. «Statt in seinen Instruktionen», sagte ich, «soll er im Alonzo und Doblado lesen.»

Line wurde wütend, als ich ihr sagte, ich hätte mich geärgert, daß sie sich bei Goethe anmelden lassen. «Einen Mohren wünscht man nicht weiß», rief sie zornig, und ich ärgerte mich nun wieder meinerseits, besonders als sie mir vorwarf, ich spräche meist nur Goethen nach.

5480 Maria Pawlowna an ihre Mutter *12. Juni 1824*

Nous allons voir Goethe tantôt qui se porte bien. Si l'on vous a parlé, chère Maman, de ses inclinations de l'année passée, c'est là un des malheurs attachés à la célébrité, ou pour mieux dire, la suite du mouvement que la famille de la jeune personne s'est donné pour mettre la chose en évidence: il est assez simple qu'il ait trouvé de son goût une femme aimable et spirituelle, il l'est moins que les propres parents en aient fait du bruit, et aient cherché à le fixer et à l'enchaîner, et à causer comme ils ont fait. Vous connaissez, chère Maman, mon horreur pour les clabauderies, qui si souvent font un mal qu'il n'est pas aisé de réparer, je me suis donc tenue loin de tout [ce] que je n'ai pu me défendre d'entendre à ce sujet.

5481 F. v. Müller *13. Juni 1824*

Regenwetter. Nach Hof bei Goethe, mit Riemer. Rousseaus Botanique, des Großherzogs Lossagen vom Handel mit Buchhändler Jügel.

«Wenn man für einen Fürsten handelt und spricht, muß man sein wie ein Scharfrichter, seine Befehle rasch, streng, glattweg vollziehen.»

Über Byrons zu rechter Zeit erfolgten Tod. Sein griechisches Unternehmen habe etwas Unreines gehabt, hätte nie gut endigen können. «Es ist ein Unglück, daß so ideenreiche Geister ihr *Ideal* durchaus verwirklichen, ins Leben einführen wollen. Das geht einmal nicht, das *Ideal* und die gemeine Wirklichkeit müssen streng geschieden bleiben.»

Über Naglers Gesandtschaftsposten. Über meine sanguinischen Hoffnungen bei solchen Vorfällen. Anstettens Brief hat er der Großfürstin noch immer nicht gezeigt. «Ich bin ohnehin viel zu kommunikativ, ich will es mir abgewöhnen.» Als ich ihn durch poetische Trostgründe wegen Ulriken und auch wegen Schillers Verlust, den er von neuem lebhaft und schmerzlich beklagte, beruhigen wollte, sagte er: «Ach, das sind lauter Scheingründe, so etwas ist rhetorisch recht hübsch und gut, aber es kann mir nichts helfen, verloren bleibt verloren; alle Einbildung kann mir die glücklichere Vergangenheit nicht wiedergeben.»

5482 Soret an Goethe *15. Juni 1824*

[Über Gedichte des Generals Canicoff.] Wie Eure Exzellenz schon vorgestern bemerkten, erinnern die Verse sehr an die geistreiche und graziöse Art des Marquis de Boufflers, dazu kommt hier eine Tiefe des Gefühls, die das Gedicht gewiß nicht weniger wertvoll macht.

5483 Maria Pawlowna an ihre Mutter *18. Juni 1824*

... j'ai vu Goethe qui se porte fort bien et était bien disposé: il est toujours notre fidèle ami et nous le prouve à chaque occasion.

5484 Therese v. Jakob an B. Kopitar *6. Januar 1825*

[Wohl mit Bezug auf ihren Besuch bei Goethe am 18. Juni 1824.] Goethe hat die kleinste Meinung von den bewußten Griechenliedern. «Schlagt ihn tot, schlagt ihn tot! Lorbeern her! Blut! Blut!» – sagt er, «das ist noch keine Poesie.» – Ob er gerecht ist, kann ich nicht beurteilen, da ich die Sachen nicht kenne. Gegen den Übersetzer aber war er es nicht.

5485 Rehbein an Grüner *(vor dem 23. Juni 1824)*

Mich traf Dein Brief [vom 19. Dezember 1823] selbst krank an, obgleich ich Goethe als Kranken besuchte. Wirklich war seine Krankheit wieder sehr bedeutend. Seine herrliche Natur indessen, meine unausgesetzte Sorgfalt, die Beachtung der kleinsten Symptome und das Glück, bei ihm stets das Rechte zu treffen, haben ihn uns erhalten, und er ist jetzt ungleich mehr gesund, als im vorigen Jahre in der glücklichsten Zeit desselben. Jetzt gibt die Hoffnung, bald wieder nach Böhmen zu können, seiner Gesundheit gleichsam Flügel, und so wird er wohl bald genug zu Euch eilen ...

5486 Varnhagen: Gespräche mit Goethe *1837*

Goethe sagte zu Adolph Wagner, der ihn im Sommer 1824 [am 23. Juni] zu Weimar besuchte: «Die nördlichen protestantischen Staaten müssen zum Heil der Welt eng verbunden bleiben, gegen Barbaren jeder Art, woher sie immer kämen, von Nordosten oder Südwesten; hauptsächlich gehören Preußen und England in diesen Bund.»

«Wer mich [nicht] liebt», sagte Goethe ebenfalls zu Adolph Wagner, «der darf mich auch nicht beurteilen.»

5487 Caroline v. Wolzogen
an Caroline v. Humboldt *26. Juni 1824*

Ich finde Goethen sehr liebenswürdig in den letzten Zeiten, seit das Eis wegen der Briefe gebrochen ist. Ich scheine ihm auch wohlzutun, und letzt war er nahe daran, daß sein Herzensverhältnis zur Sprache kam. Wenn ich hier bliebe, könnte ich alles tun, um ihm die Nähe seiner Liebe zu gewähren; ich bin überzeugt, daß noch viel Herrliches entstünde. Das Mädchen soll sehr gut und von den schönsten Anlagen sein und sich über die Gemeinheit ihrer Familie sehr kränken. Die seine benimmt sich sehr abgeschmackt, doch ist Goethe so weich, daß er den Unfrieden um sich her nicht tragen kann, und glaubte ich nicht, daß Ärger von dieser Seite seinem physischen Wohlsein nachteilig wäre, so böte ich ihm an, das Mädchen nach Jena zu mir im Herbst einzuladen. Immer bin ich geneigt, die Frau Minnetrost zu sein, und was ist denn am Leben ohne diese himmlische Blüte?

5488 Charlotte v. Schiller an Cotta *3. Juli 1824*

Sie haben vielleicht indessen Nachrichten von Geh. Rat v. Goethe? Er hat mir noch viel Empfehlungen aufgetragen. Seine Tätigkeit ist recht lebendig wieder erwacht, und im September erscheint gewiß Ein Band. Es ist mir eine große Beruhigung, daß wir uns darüber verständigt haben. Denn es wird gewiß ein Werk seltener Art. Es ist mir sehr lieb, daß es noch zur Sprache bei Goethens Lebzeiten kam, denn so kann es niemand anders drucken, als Goethe selbst. Seine Liebe und wahre Anhänglichkeit an Schiller rührt mich tief. Es ist mir auch, als hätte ich mehr teil an seinem Leben und Zuständen zu nehmen, da ich seine Freundschaft erkenne.

5489 Ch. D. Rauch: Tagebuch *18./24. Juni 1824*

Freitags [den 18. Juni] um 2 Uhr in Weimar mit Agnes [seiner Tochter] bei gutem Wetter angekommen und von Herrn v. Goethe und Familie aufs freundlichste aufgenommen worden.

In Weimar.

... Seit dem beinahe dreijährigem Nichtsehen Goethes fand ich ihn [am 19.] unverändert, geistig lebendig, heiter in fast ununterbrochener ausdaurenden Tätigkeit, körperlich wohl, in bewunderungswürdiger Gradehaltung des Körpers, beweglich, das Auge lebendiger im Ausdruck, als vor drei Jahren in Jena ich's fand, die Farbe des Gesichts fast jugendlich blühend gerötet, daß ich mich der Büste schämte, vor drei Jahren modelliert, welche mir gegen die Natur veraltet vorkam. –

[Am 24.] beendigte ich die aus den beiden Skizzen sitzender Stellung zusammengesetzte dritte, welche Goethen und Hofrath Meyer Wunsch ganz entsprach (tägliches beglückendes Beisammensein mit Goethe, wo auch die kleine stehende Figur desselben, mit den Händen auf dem Rücken, modelliert wurde).

Morgens [am 22.] wurde ich durch Goethe der verständigen und geistreichen regierenden Frau Großherzogin vorgestellt. Goethe sprach bei dieser Gelegenheit seinen vollkommensten Beifall über die Aufrisse und Pläne des von Schinkel in Berlin zu erbauenden großen Kunstmuseums umständlich und deutlich aus.

5490 *K. Eggers: Rauch und Goethe* *1889*

[Zur Punktation Goethes vom 26. Juni 1824, die Jubiläumsmedaille für Carl August betreffend.] Dies Schriftstück ward Rauch während seines Weimarer Aufenthalts von Goethe übergeben. Auf dessen Rückseite hat Rauch mit Bleistift notiert: «Naturgröße in Weimar, Maßstab – die Höhe 6 Fuß 1½ Zoll. – 27. Juni 1824. – Goethes wahre Größe.» – Auf einem andern Blatte, welches Maßangaben für die Goethe-Statuette enthält, steht gleichfalls von Rauchs Hand in Tintenschrift: «Goethes wirkliche Größe, gemessen am 27. Juni 1824. 6 Fuß 1⅔ Zoll Weimar. Fußmaß.» Im Zähler des Bruches ist augenscheinlich eine vorhergeschriebene 1 in 2 umgewandelt.

5491 *F. v. Müller an D. Kirchner* *27. Juni 1824*

Ein kleines Modell zu Goethes Statue hatte er [Rauch] schon – wie ich Dir zu Frankfurt kürzlich erzählte – einige Monate vorausgeschickt, ein zweites brachte er mit, ein *drittes* ging aus der Anschauung des verehrten Gegenstandes unmittelbar hervor und möchte wohl alle Vorzüge der beiden ersten vereinigen und – nach Goethes eigenen und anderer Kunstkenner Urteil – nichts mehr zu wünschen übrig lassen! ... Wie sehr hätte ich gewünscht, Dich nur auf einen Tag hier bei uns zu haben, damit Du ... auch die lohnende Freude genossen hättest, den unsterblichen Dichterhelden in heiterster Kraftfülle sich darbieten und den geistesverwandten, ernstsinnigen Künstler in frischester Begeisterung *formen* zu sehen. Rauch bittet mich, Dich unbekannt aufs traulichste zu begrüßen. Auch von Goethe soll ich die freundlichsten Grüße ausrichten.

5492 *F. v. Müller an Knebel* *27. Juni 1824*

Goethe läßt Sie, teurer Freund! bitten, durch Herrn Döring schnellmöglichst pag. 10–13 anliegender Byronscher Gedichte, wo nicht in gereimte Verse, doch in Jamben, übersetzen zu lassen. Sie werden ihn und mich höchlich durch baldige Erfüllung dieses Wunsches verpflichten ...

Wir haben acht herrliche Tage mit dem liebenswürdig genialen Rauch verlebt, der Sie herzlich grüßt ...

Goethes statuarisches Modell ist herrlich gelungen, auch haben wir Rauch durch Schmeller zeichnen lassen, und es ist unübertrefflich gelungen.

5493 F. und K. Eggers: Ch. D. Rauch 1877

[Über das Relief der Kreuzabnahme Christi auf den Externsteinen.] Es war damals am Relief noch unzweifelhaft erkennbar, daß über dem Kreuze Gott Vater mit der Seele des Leichnams vorgestellt ist. Den Gegenstand unter den Füßen Josefs von Arimathia erklärte Goethe an Rauch [bei dessen Anwesenheit in Weimar vom 18. bis zum 27. Juni 1824?] für eine niedergebeugte Palme.

5494 Ch. F. L. Schultz an Goethe 10. Juli 1824

Rauch war einen Abend bei mir, in einem gewissen höheren Gefühle, welches ich auch an anderen, die von Ihnen kamen, bemerkt habe, ja selbst mir persönlich bewußt geworden bin. Es ist etwas Ähnliches von Verklärung und Standeserhöhung, oder vielmehr Heiligung. Damit mag es nun sein, wie es will; mir tat es sehr wohl, daß er mir die Objektivität dieses Zustandes von neuem bestätigte, und ihn auch in mir von neuem erregte.

5495 E. von der Malsburg an L. Tieck 8. August 1824

In Weimar empfing Goethe [am 28. Juni] mich und mein Buch, ja selbst meinen kleinen, mich ihn mitzunehmen peinigenden Neffen sehr holdselig und väterlich; ich fand den alten Herrn schöner und größer (an Leibesstatur) als vor zwei Jahren, keine Spur von Krankheit, warme und schalkhafte Augen. Er sprach schön über Sie, über Shakespeare, über Calderon, und ich verließ ihn nach einer Stunde viel zufriedener über ihn als über mich, denn ich weiß nicht, was für ein Dämon in mich gefahren war, ihm tausend Dinge sagen, ich glaube gar ihm gefallen zu wollen, worüber ich, bald dies, bald jenes vergessend, bald manches im bewegten Gespräch nicht anbringen könnend, mir in holdem Wechsel bald ein zerstreutes, bald ein albernes Aussehen anfühlte.

5496 *A.v. Goethe an seine Frau* *30. Juni 1824*

Ein Tagebuch zu schreiben, wäre unnütz, denn es geht einen Tag wie den anderen, aber sehr mannigfaltig muß der Küchenzettel sein, da der Vater sich einmal in den Kopf gesetzt hat, alle Tage zwölf Personen zu haben, und daß immer dieselben. Darunter sind: Adele, Coudray, Meyer, Riemer, der Kanzler, der Generalsuperintendent Röhr stehende Gäste, die Mutter konnte gar nicht kommen, wohl einmal aber Line und die Großmama ... Deinen Brief haben wir erhalten, er hat uns viel Freude gemacht, und der Vater stolziert ordentlich damit herum.

5497 *F.v. Müller* *30. Juni 1824*

Von 3½ bis 9 Uhr bei ihm [Goethe], erst am Tische mit Sohn und Ulrike – Briefe über Ottiliens Frankfurter Aufenthalt – (Ulrike wollte durchaus nicht zugeben, daß sie in ihrer Krankheit sich vernünftig betragen). Griesens herrliches Gedicht in der Urania 1824 auf den 16. Februar 1810. –

Dann mit Coudray, später noch mit Riemer und endlich noch mit Meyern, der Abschied nahm, morgen nach Karlsbad reisend.

Nie habe ich Goethen geistreicher, lebhafter, humoristischer, offner, grandioser gesehen. Aufforderung an mich, die Gedichte zum Pentazonium herbeizuschaffen, die Motive der fünf Zonen zu schematisieren. Über das «vir semisaecularis» müßte Eichstädt p. konsultiert werden, keine jüngern Philologen, nur fünfzigjährige mindestens seien hier pares curiae. «Im *Geistreichen* rasch vorwärts, im *Konventionellen*, Positiven, Rezipierten aber vielfach umgefragt, umgeschaut, ja selbst pedantisch.»

Riemer wollte nun gleich eine Dissertation halten, ob Pente- oder Pentazonium, oder gar Penta- oder Heptasolium oder p.

Coudrays «brillante» Idee, die Loge möge zur Jubiläumsfeier Preisaufgaben für Maler setzen. Goethes extemporiertes Programm dazu, nur zwei große Momente habe die sächsische Geschichte als brauchbare Motive: 1) Kurfürst Friedrich der Weise lehnt die Kaiserwürde ab, 2) Herzog Bernhard ergreift nach Gustav Adolfs Tod das Kommando.

In der Entwicklung dieser Motive, die nur *beide zusammen* den Gegenstand erschöpfen, war Goethe bewundernswürdig. Welche Gegenwart aller Anschauungen und Abstraktionen! Meyers skeptische, ja desparate Einwürfe. Hartes Urteil über Schadow, Kolbe, Macco p.; Hartmannen schien er noch am höchsten zu stellen, zweifelte aber an seiner Bereitwilligkeit, da er gegen Weimar fürs ganze Leben vergällt sei. Nahls Surport-Gemälde in des Großherzogs grünem Zimmer, wie Minerva den Ulysses enthüllt, sei das beste im ganzen Schloß, und doch habe der Großherzog es sehr getadelt.

Coudray schimpfte auf unser katholisches Regulativ wegen Trennung der Ehe, das gab Gelegenheit zu grellen und tollen Ausfällen Goethes über die Mysterien der christlichen Religion, vorzüglich über die immaculata conceptio S. Mariae, deren Mutter Anna schon immaculate concipiert haben soll. Scharfe Kritik der «Lettres Romaines», der Verfasser sei nie in Rom gewesen, es sei eine Parteischrift, ziehe alles Ideelle ins Gemeine herab, entkleide alle Symbole ihres höhern Sinnes p. Jede Idee, wenn sie real wird, verliert ihre Würde.

Coudrays scharfe Kritik des Schwendlerschen Benehmens puncto Wegreißens des Turmes an der Esplanade. Klagen über die verkehrte Stellung der Oberbaubehörde.

Nach Meyer und Coudrays Weggang kam das Gespräch auf Spanien; Goethe entwickelte in großen, charakteristischen Umrissen die ältere Geschichte Spaniens, den langen Kampf mit den Mauren, die daraus entstandne Isolierung und Opposition der einzelnen Provinzen, und wie notwendig alle zehn Millionen Bewohner sich aufreiben müßten, weil nirgends Heil zu finden möglich. Großes Lob des Buches: Spanien und die Revolution. «Der jetzige Zustand der Welt-Klarheit ist dem Individuo sehr förderlich, wenn es sich auf sich selbst *beschränken* will; will es aber eingreifen in die bewegten Räder des Weltgangs, glaubt es als ein Teil des Ganzen selbsttätig nach eignen Ideen wirken, schaffen oder hemmen zu müssen, so geht es umso leichter zugrunde. Ich, meinesteils, möchte in keiner andern Zeit gelebt haben. Man muß nur sich auf sich selbst zurückziehen, das Rechte still im angewiesenen Kreise tun; wer will einem dann etwas anhaben?»

[Am Rande:] Vorlesen mehrerer höchst humoristischer und naiver Szenen aus Malsburgs Übersetzung der Lopez de Vegaischen Stücke. Goethe agierte meisterhaft dabei.

5498 F.v. Müller an Knebel *1. Juli 1824*

Goethe dankt schönstens für Ihre geneigte Förderung seiner Wünsche; Sie möchten doch ja Ihre Übersetzung in Prosa *gleich* mir zusenden; sie soll wieder zurückfolgen, wenn Sie es verlangen. Das Buch dagegen sei einstweilen bei Ihnen in besten Händen, bis Döring wiederkomme und vielleicht doch gereimte oder jambische Übersetzung versuche.

5499 F.v. Müller an Julie v. Egloffstein *4. Juli 1824*

Goethe sagt Ihnen viel Tausend Schönes und Herzliches. Wie glücklich wäre ich gewesen, wenn Sie die acht Tage von Professor Rauchs Hiersein mit uns hätten verleben können! Täglich von 2 bis 7 Uhr war ich mit ihnen zusammen. Einen liebenswürdigern Künstler gibt es nicht, schön wie ein Grieche, einfach, bescheiden, offen, schnell auffassend, von der heitersten Gefälligkeit! Goethes Statue-Modell ist trefflich ausgefallen. *Diesen* Künstler hätten *Sie* zeichnen müssen. Goethe seufzte oft darnach. Doch hat ihn Schmeller über alle Erwartung gut gefaßt und getroffen.

Überhaupt ist es mir wieder recht einleuchtend geworden, daß Sie durchaus *hier sein*, schnell, möglichst schnell, wieder hierher kommen *müssen*. Mit jedem Tage verlieren Sie schon an Goethes *jetzigen* Umgang, an seiner zehnfach gesteigerten Mitteilungsfähigkeit und Lust, Unschäzbares!

Welche Aufschlüsse würden Sie *jetzt* von ihm erhalten,

nachdem die zweimalige Gefahr seines Verlustes *Sie* geiziger auf die Stunden seines Umganges, *ihn* gleichsam eifriger in seinen Mitteilungen gemacht haben; und wie sehnt er sich nach Ihnen! –

«Ich spreche nicht gerne von Julie», sagte er mir jüngst, «ich empfinde im stillen zu viel über ihr Wegbleiben und über den zögernden Gang ihrer Hofanstellung. Wir können uns doch nicht rühmen, eine vorzüglichere Person ihrer Art gekannt zu haben! Aber wenn sie klug, wenn sie nicht dunkel über sich selbst wäre, so käme sie unverweilt hierher zurück. Das allein könnte und müßte der Sache schnell ein Ende machen. Ihre Erscheinung würde das alte Interesse der Fürstlichkeiten an ihr rasch beleben, würde der zarteste, und doch der wirksamste, stillschweigende Vorwurf für sie sein – und glauben Sie mir, Fürsten trösten sich leicht wegen Abwesender, aber nur sehr schwer lassen sie Anwesende, für die [sie] sich interessieren, unbefriedigt. Was soll ihr, Julies, längeres Wegbleiben heißen? Es hat keinen vernünftigen Sinn. Es sieht einer Boutade, einem Ertrotzenwollen durch Wegbleiben ähnlich. Es schadet ihr offenbar bei den Herrschaften, die sie sehr ungern vermissen. Sie gehört *zu uns*, hier ist ihre Stelle. Was will sie in den Wäldern, in den Teichen?

Frau v. Eschwege wird nicht gehen, bis Julie kommt; dann aber gewiß in kürzester Zeit. Glauben Sie, der Großherzog würde Julie ein zweites Mal wegreisen lassen, ohne ihr die Stelle einzuräumen? Das ist undenkbar. Kurz, sprecht mir nicht mehr davon, ich ärgere mich zu sehr, es war unrecht schon, daß sie das erstemal wegging – viel unrechter, ja abgeschmackt ist es, daß sie so lange wegbleibt, als jene nicht das Feld von selbst räumt. Das heißt ja, ihr selbst den Wechselbrief verlängern. Schwatzt mir nicht von Delikatesse, von unangenehmer Empfindung beim Wiederkommen vor erreichtem Ziel, von gekränktem Ehrgefühl; das ist für Philister-Seelen allenfalls, nicht aber Julies würdig; wer den Zweck will, muß die Mittel wollen, sich über kleine Unannehmlichkeiten hinwegsetzen und grandios genug denken, sich selbst und der Macht seiner Persönlichkeit zu vertrauen.»

So sprach der alte Meister, oder, wie er selbst sich lieber benamset, der alte *Merlin*, und mir klang es wie die schönste Harmonie, als ich Sie *so* schelten hörte.

Aber Er hat recht, gute, teure Julinde! ich habe es auch schon längst vorempfunden und bin nach reifer Prüfung ganz derselben Meinung. Gewiß wird *in ruhiger Stunde* Ihre geliebte Mutter den Gehalt unsrer Gründe nicht verkennen können ...

Und wie wird Goethe sich freuen, wenn Sie seinem – *Rate*, darf ich nicht sagen, denn Sie wissen, daß er stets im Munde führt: «die Menschen lassen sich ja nicht raten» p., aber – *Winke*, *Wunsche* gefolgt sind! Ich habe Linen alles mitgeteilt, sie ist durchaus meiner Ansicht.

5500 F.v.Müller
an Henriette v.Beaulieu-Marconnay *4.Juli 1824*

Soeben komme ich von Goethes Diner; Graf Sternberg, der von Julie kopierte, aus Böhmen war Anlaß; ein herrlicher Mann! Goethe grüßt recht herzlich Mutter und Tochter.

5501 F.v.Müller an W.v.Humboldt *4.Juli 1824*

Herr v.Goethe befindet sich vortrefflich; er beklagt nur noch immer, daß er gerade so unsozial sein mußte, als uns das Glück Ihrer Gegenwart vergönnt war.

5502 A.v.Goethe an seine Frau *7.Juli 1824*

Nachdem Rauchs abgereist waren, ist gleich der Graf Sternberg angelangt, er logiert aber auch nicht bei uns. Stadelmann ist nun abgezogen und im Haus eine ordentliche Ruhe trotz Gästen und Mittags-Essen eingetreten, Du kannst denken, daß mir diese Ablösung manchen Ärger und manche Gemütsbewegung gemacht hat, so daß mein Befinden, da ich mir beinahe gar keine Bewegung machen konnte, nicht besonders war, denn der Vater wollte, daß ich immer zu Hause sei.

5503 *Graf Sternberg: Materialien zu meiner Biographie*

Die Bekanntschaft mit Goethe, der von ihm und dem Großherzog geäußerte Wunsch, nach Weimar zu kommen, bestimmten mich, meine zweite naturhistorische Reise mit Weimar zu beginnen. Ich nahm den Weg über Jena, wo ich von den Professoren sehr freundlich aufgenommen wurde. Der Großherzog lebte in Eisenach, die Großherzogin war auf einem Sommeraufenthalt, ich meldete mich daher gleich bei meiner Ankunft [am 4. Juli 1824] bei Goethe. Seine Wohnung im Inneren ist gleich italienischen Villen (Landhäusern) ausgestattet, vom Fuß der Treppe herauf mit Gegenständen der Kunst geziert, gleichwie die Zimmer mit Zeichnungen und Gemälden; nach dem Geschmack der erwarteten Gäste wird auch ein und das andere hinzugefügt, für mich zum Beispiel waren meteorologische Tabellen, die neuesten geognostischen Karten etc. vorbereitet. Überhaupts findet man bei diesem so vielseitig gebildeten, allgemein verehrten Veteran stets das Neueste und Wichtigste aus allen Fächern der Literatur, das in Europa erscheint, gleichwie Sammlungen aller Art aus dem Gebiete der Naturwissenschaften, sowie der Künste und des Altertums: das Wichtigste bleibt aber der Besitzer. Ich lernte in diesem Hause bei Tische oder in der Abendgesellschaft die interessantesten Männer und Frauen Weimars kennen. Die Gärten des Großherzogs bei dem Lustschlosse Belvedere gehörten unter die pflanzenreichsten in Deutschland, einzelne Pflanzen-Exemplare von Kasuarinen, Araukaria etc. von besonderer Größe. Die Frau Erbgroßherzogin, welche meine Familie von Prag aus kannte, wo sie im Jahre 1813 einige Zeit mit ihrer Schwester sich aufgehalten hatte, behandelte mich besonders als einen Freund von Goethe mit zuvorkommender Freundlichkeit. Der Großherzogin Mutter aufzuwarten, hielt ich für Pflicht; ich besuchte sie auf ihrem Lustschloß an der Saale zu Dornburg, und wurde auf das leutseligste aufgenommen. Im Vorüberreisen machte ich noch einen Besuch bei der Familie Ziegesar in Drakendorf und kehrte wieder nach Weimar zurück, um noch die letzten Tage [bis zum 10. Juli] bei dem verehrten Freunde zuzubringen.

5504 Soret *18. Juli 1824*

Le petit Walther Goethe a passé plusieurs jours auprès de mon élève à Dornburg. Son grand-père me demande si j'ai été content de lui et je donne un bon témoignage de l'enfant. J'observe, en outre, que le cercle de ses idées est très étendu, qu'à cet égard il a été fort utile à mon élève en lui parlant de choses nouvelles pour lui, parce qu'elles tenaient à l'expérience de la vie vulgaire et que je mettrais beaucoup de prix à voir souvent, autour du Prince, des enfants bien élevés et bien francs.

«Les enfants, me dit Goethe, sont les meilleurs précepteurs que l'on puisse choisir, parce qu'ils sont disposés à s'accorder réciproquement une oreille attentive et aussi, comme vous l'avez observé, parce qu'ils parlent un langage plus intelligible que le nôtre. Mais tandis que mon Walther apprenait à former dans son esprit une nouvelle association d'idées en voyant de plus près la vie de cour si nouvelle pour lui, en observant qu'il s'y trouvent des *Noli me tangere* redoutables, je crains que votre élève n'en ait pas aussi bien profité que vous le dites, car Walther aura craint de blesser le Prince et l'aura trop ménagé.»

Moi. – J'espère que ce n'est point le cas. Les deux amis se sont bien vite placés sur un terrain de familiarité qui permettait à Walther de dire toute sa pensée et le Prince en aura tiré parti.

Goethe. – Je suis toujours frappé de penser que la vie la plus active, la plus variée, celle où l'on voit le plus d'objets nouveaux passer devant nos yeux, la vie de cour, enfin, est l'une de celles où pourtant les progrès de l'esprit soient les plus difficiles à obtenir.

5505 F. v. Müller an Julie v. Egloffstein *19. Juli 1824*

Macco ... der alte, treue Freund, entzückt über die durch mich bewirkte Aussöhnung mit Goethe und über dessen Lob seiner (durch mich hierher gebrachten) Charons-

Skizze (die er nun für den Kronprinzen von Bayern zum großen Tableau ausführt), erinnert sich, daß ich eine flüchtige Bleistift-Zeichnung von Fräulein [Auguste] Jacobis Zügen gewünscht hatte ... und nun sendet Macco das herrlich gelungne Bild an Goethe, mich damit zu überraschen, und bittet mich, es als *Geschenk* und zu Wiedervergeltung für achtzehnjährige treue Freundschaft anzunehmen ...

Und welch ein Bild! Halb en Gouache, halb in Aquatinta, halb mit Kreide, halb mit Farben. Goethe spricht, es sei nach der neuen, grandiosen Manier Gérards à la Quodlibet gemalt; es sei ihm nie eine zierlichere und verständigere Vereinigung aller technischen Vorteile der verschiednen Genres vorgekommen. Er freut sich im voraus auf den Gewinn, den Sie – seine Malerin par excellence – daraus für Ihre Kunstvorschritte und deren *Erleichterung* ziehen werden. Er behauptet, Macco habe schwerlich je ein besseres Porträt gemalt, dem man, auch ohne das Original zu kennen, ansehe, daß es höchst ähnlich sein müsse ...

Goethe, den die ganze Sache zum allerhöchsten interessiert, hat nun mit seiner bekannten Geheimnis-Krämerei das Bild allen seinen Freunden und auch Linen, der Wolzogen, Adelen p. unter den mystischsten Formeln gezeigt, ohne eine Silbe zu verraten, woher es komme oder wem es gehöre oder vorstelle, und nun schwören alle Stein und Bein darauf, es sei die Fräulein Ulrike Levetzow, Goethes Geliebte, und können nicht aufhören, die Liebenswürdigkeit und Schönheit zu preisen. Und gewiß darf ich von Ihnen und Mama nicht fürchten, daß Sie das Geheimnis verraten. Line war die einzige, die, zu Goethes großem Erstaunen, sagte, die *Manier* habe, bei aller Originalität, doch Ähnlichkeit mit der Maccoschen, worin er einst Madame Weyrauch gemalt. Kurz, dieses Bild ist ein wahres Vexierbild für das ganze Goethische Haus, denn selbst der Sohn und Ulrike bilden sich ein, es sei Fräulein Levetzow ...

Meine Frau und Goethe sagen Ihnen Tausend Schönes. Wie sehr wird Sie des letzteren Gabe erfreut haben! Mit Graf Sternberg habe ich sehr glückliche acht Tage verlebt.

5506 A.v. Goethe an seine Frau *25. Juli 1824*

Der Vater grüßt Dich schönstens und freut sich sehr auf das verheißene Tagebuch.

5507 Bettina an Arnim *27. Juli 1824*

... ich schreibe in aller Eile, die von Müdigkeit noch beschleunigt wird, daß ich aufs schnellste und wohlbehaltenste in Weimar am Montag [26. Juli] um 7 Uhr abends eingetroffen bin ... heute war der Regen schon mit die Veranlassung, daß ich hierblieb, wo ich mich nicht wenig langweilte, obschon ich abends bei Goethe war, den ich ganz allein fand so wie auch gestern: er war ungemein gut, ich werde den Abend nicht vergessen, ich mußte von Dir und besonders viel von den Kindern erzählen, er hat mir viele Grüße an Dich aufgetragen, mit denen ich diese schläfrigen Zeilen beschließe.

5508 Bettina an Arnim *3. August 1824*

Goethe war wunderbar in seiner Erscheinung wie im Betragen, mit großer, erhabner Feierlichkeit entließ er mich [am 27. Juli], er legte mir beide Hände auf den Kopf und segnete mich mit folgenden Worten, indem er die ausgepackte Skizze betrachtete, an der die Leier und Psyche zerbrochen war: «Dies Werk hast Du nur aus Liebe zu mir vollbringen können, und dies verdient wieder Liebe, und darum sei gesegnet, und wenn mir's Gott vergönnt, so sei alles Gute, was ich besitze, auf Dich und Deine Nachkommen vererbt» – er grüßt, er rief mir noch auf der Treppe nach, «grüß mir den Arnim recht ordentlich.» Ganz ungemein interessiert er sich für das Berliner Theaterwesen; über des Pitt Theaterverwaltung schlug er die Hände über dem Kopf zusammen; und sagte, «die Menschen wissen nicht, daß sie profan mit dem Heiligsten, und heilig mit dem Profanen schalten und so sich doppelt kompromittieren. Dein Mann sollte so eifrig und tätig wie Dein Schwager, und dieser wieder so nachlässig wie Dein Mann sein, so wär' für beider Ehre besser gesorgt»; und nun lächelte er, als wolle er beweisen, daß er ernsthaft scherze, und sagte, «ich bin Deinem Arnim recht gut und nur darum böse, daß ich ihn vergessen konnte, das ist aber nicht meine Schuld allein.» – Er wollte von den Berliner Frommen und Predigern erzählt haben und sagte: «Ich weiß wohl, daß sie mich alle verdammen, im Himmel ist der Luxus verboten, aber um ihre Hölle auszuputzen, bin ich ihnen ein bedeutender Gegenstand, die Höflichsten sprechen mir nicht vom Jenseits, um mir keine unangenehme Empfindung zu erregen, aber es ist mir gerade recht, denn ihr Anteil an meiner Zukunft würde mir eine Landplage sein, die mich schneller hinüber beförderte.»

Er wollte viel von unsern Kindern wissen und fragte sehr, wie Du Dich mit ihnen beschäftigst.

5509 Bettina an Arnim *24. August 1824*

... Goethe ließ mich erst am Abend zu sich kommen, wo er freilich so liebenswürdig war wie ein Kind.

5510 F. v. Müller an F. Rochlitz *31. Juli 1824*

Ich kann Ew. Wohlgeboren nicht genug aussprechen, wie lebhaften Teil Goethe an der Schilderung des genußreichen Mittags genommen, den ich an Ihrer Seite so heiter als dankbar verlebte.

Es tut seinem Herzen sehr wohl, sich in so treuem innigen Andenken bei Ihnen zu wissen, und die eröffnete Aussicht auf einen Besuch von Ihnen war das willkommenste Mitbringnis, was ich ihm machen konnte.

5511 Eckermann: Notiz *1. August 1824*

Sonntag, den 1. August. Nachmittags 6 Uhr wieder nach Weimar zurück und sogleich bei Goethe.

5512 Soret an Dumont *8. August 1824*

Beurlin hat es übernommen, ein Heft meiner *Gespräche* mit nach Genf zu bringen; sie sind nicht sonderlich bedeutend, ich habe zu spät mit der Arbeit begonnen, auch mag man nicht alles dem Papier anvertrauen; am interessantesten sind die Unterhaltungen mit Goethe, in meinem Tagebuch habe ich sie mit Merkzeichen versehen, aber so aus dem Zusammenhang gerissen, verliert alles an Reiz ...

Goethe arbeitet mit Macht an der Redaktion seiner Werke; eine neue Ausgabe ist nötig, viel Neues und Wichtiges soll gedruckt werden; unter anderm viele unbekannte Gedichte und der ganze Briefwechsel mit Schiller; auf dieses Buch ist man sehr gespannt. Ich stehe immerfort in engster Fühlung mit ihm, soweit der Unterschied an Alter, Fähigkeit und Arbeit es gestatten; er ist immer gleich liebenswürdig und entgegenkommend, und sein Rat ist mir oft wertvoll. Ein langes Leben hat ihn gelehrt, immer gleich ins Zentrum zu treffen, auch wenn er sich gewöhnlich auf der Spirallinie hält, um sein Bild zu gebrauchen.

5513 Riemer *8. August 1824*

[Goethe?:] «Die Journalisten sind wie die Scheherezade gegen das Publikum, sie halten es mit ihren abgerissenen und unterbrochenen Erzählungen nur so hin, daß es ihnen nicht den Kopf abschlage.»

5514 Eckermann an Johanne Bertram *13. August 1824*

Dieses nun seit acht Wochen beobachtete gänzliche Schweigen Deinerseits ... würde mich gänzlich unglücklich machen und mir zu aller Arbeit Lust und Ruhe nehmen, wenn ich nicht durch Goethes gesteigerte Liebe einigen Ersatz und in dem geistreich heiteren Umgang mit ihm einige Zerstreuung fände.

5515 G. F. Kersting an seine Frau *19. August 1824*

Zuerst besuchte ich die Familie Frommann in Jena ...

Hier hat Goethe immer, wenn er in Jena ist, sein Standquartier, diese guten Menschen nun von Goethen erzählen zu hören, wie er's treibt und lebt, ist höchst ergötzlich ...

Um 10 Uhr [abends] trafen wir in Weimar ein ... Um 9 Uhr [am 18. August] ging ich zu den Hofrat Meyer (ein guter, herzlicher, alter, offner Schweizer, von den Graubündnern einer), der mich mit Herzlichkeit empfing, so wie ich vermutet hatte, *er*, der innigste Freund Goethens, ließ mich sogleich bei ihm melden, und erhielt durch rückkommenden Diener die gütige Einladung, ihn, den lieben herrlichen Mann, um 12 Uhr zu besuchen.

Ich fand Goethen zwar sehr gealtert, auch etwas zittrig an den Armen, aber am Geiste stark und jung, er bot mir freundlich guten Tag, und mußte mich zu ihm auf den Sofa setzen, war herzlich und sprach ohngefähr $^1/_2$ Stunde mit mir über meine Verhältnisse, auch Weib und Kinder wurden freundlich gedacht. Gute Seele, hättest Du doch in diesen Augenblicken den herrlichen Greis sehen können, der mich so freundlich mit seinen gewaltigen Augen fortwährend ansah, und wie er mich beim Fortgang so herzlich noch die Hand drückte und mir ferner Glück und Zufriedenheit wünschte, Du würdest gewiß auch Freudentränen geweint haben so wie ich.

5516 J.W.Rachel: Tagebuch *3./4.April 1831*

[Über seinen Aufenthalt in Meißen]. Wir gingen [am 3. April] zum Malervorsteher, Herrn Kersting, einem sehr freundlichen und treuherzigen Mann, der mir sehr gefiel ...

Er war [am 4. April] so bieder und freundlich wie neulich. Als wir im Begriffe waren fortzugehen, kam das Gespräch beim Anblick der kleinen Statue, die die Arbeiter ihm nach der Gipsfigur von Rauch abgegossen und geschenkt hatten, auf Goethen. Nun erfuhren wir, daß er sehr gut mit Goethen bekannt sei, und mit Körnern, der in der Compagnie der Lützowschen Jäger, wo er gestanden, Oberjäger gewesen sei. Als Goethe einmal nach Dresden gekommen sei, so hatte Körner, der es erfahren, Herrn Kersting beredet, ihn zu besuchen. Herr Kersting hatte es getan, war sehr freundlich von diesem großen Manne aufgenommen worden; noch zuletzt hatte er Herrn Kersting zugerufen, er wünsche ihrer guten Sache glücklichen Erfolg, den schönsten Sieg ... Auf der Reise nach Thüringen hatte Herr Kersting Goethen wieder besuchen wollen, war jedoch erst zum Hofrat Meyer gegangen, dem innigsten Freund von Goethen, und hatte ihn gefragt, ob er könne zu Goethen gehen, da dessen Zeit doch so eingeteilt wäre. Dieser hatte sogleich ein Billett an Goethen geschrieben, worauf dieser geantwortet, er möge dreiviertel auf 12 Uhr kommen. Als Herr Kersting hingekommen, habe er eine lange Zeit im Vorzimmer gewartet und sich umgesehen. Unter anderem hatte auch ein Napoleon unter einem Thermometer mit Quecksilber gestanden. Auf einmal rauscht es hinter ihm, und er erblickt Goethen; dieser kann nämlich durchaus nicht das Geknarre der Türen leiden. Wenn er daher auf Reisen gewesen, so hat er stets ein bißchen Öl mit sich geführt, um in dem Gasthofe knarrende Türen einölen zu können. In seinem eigenen Hause hat er die Türen mit Papier überklebt; sie werden in die Wand hineingeschoben; das Papier hängt stellenweise an der Türe lose herab, was natürlich gegen das andere sehr absticht. Sein Platz ist so gemessen, daß er ein Sofa nur für zwei Personen hat. Herr Kersting hatte doch die Genugtuung gehabt, daß Goethe geäußert, er hätte es ihm übel genommen, wenn er ihn nicht besucht hätte.

5517 Riemer *28. August 1824*

Goethes Geburtstagsfeier. Früh Gedicht für meine Frau zu ihrem Kranz von Orangenblüten, Rosen, Myrten und Lorbeer für Goethe, mit einer Melone. Sie und Bruno brachten sie hinaus, kurz zuvor ehe er nach Berka fuhr.

5518 Soret *28. August 1824*

Après une abstinence de plusieurs années, Goethe a enfin repris la résolution d'aller quelquefois au théâtre. Il y était ce soir incognito pour la seconde fois. C'est son jour de naissance. Dès cinq heures du matin, il s'est enfui à Berka pour se mettre à l'abri des félicitations. La pièce représentée était le *Freischütz;* il y a eu un moment d'interruption. Tous les acteurs ont paru sur la scène et Madame Jagemann a déclamé des vers en l'honneur du poète. Stromeyer a chanté quelques couplets à sa louange; les spectateurs ont applaudi à tout rompre à sept ou huit reprises différentes.

5519 *Ottilie v. Goethe an Rahel Varnhagen* *30. August 1824*

Des Vaters Geburtstag ist sehr, sehr heiter vorübergegangen: seit vielen Jahren war er zum ersten Male wieder in Weimars Mitte, und was von Liebe und herzlichen Wünschen eine Stimme suchte, es auszusprechen im einzelnen, fand sich wie in einem Brennpunkt in der Feier vereint, die der Großherzog im Theater veranstaltet.

5520 *Riemer* *10. September 1824*

Abends mit Wolff bei Goethe. Coudray, Meyer. Wolff erzählte allerliebst die Geschichte der Aufführung des Faust bei Fürst Radziwill.

5521 *K. F. Ph. v. Martius: Aufzeichnung*

Als ich mit meiner Frau und Tante Amalie im September 1824 [am 13.] bei Goethe zu Tische saß und jene mit den Artischocken nicht fertig wurde, improvisierte Goethe:

«Mein Kind, Sie wissen's nicht zu machen;
Doch Artischocken sind von allen Sachen
Die schlimmsten nicht, die unter zarten Fingern
Ihr widerspenstig Naturell verringern. –
Nimm nur den Stachel mit geschickter Kraft,
Das ist der Sinn von aller Wissenschaft.»

5522 *W. Alexis: Dreimal in Weimar* *1839*

Ich war nicht mehr Student, und *was already printed*, als ich das zweite Mal nach Weimar reiste – um Goethen zu sehen. Ein werter Freund aus Württemberg [Karl Grüneisen], er war auch *already printed*, begleitete mich; er hatte denselben Zweck ... In einem dieser herrlichen, dunkeln, deutschen Wälder, wo Buchen und Eichen wechselten, überfiel uns ein heftiger Regen. Der fette Tonboden machte das Marschieren sehr beschwerlich, die Nacht drohte dazu, und es war sehr einsam. Während mein Freund verdrießlich wurde, ward ich ausgelassen. Das Rauschen der mächtigen Wipfel, das Knarren der Äste, der Güsse Naß, die sie auf uns herabschüttelten, erhoben meine frohe

Stimmung; denn es war der Weg zu Goethen, und diesmal sollte ich ihn wirklich sehen, sprechen. Wir gerieten, nachdem die Fährlichkeiten überwunden waren, in einen freundlichen Wortwechsel. Mein Freund, obgleich Dichter, war doch auch Theolog – und er ist jetzt ein sehr würdiger Geistlicher – und als Theolog mochte er nicht dulden, daß der Mensch noch Götter habe neben dem Einen. Er lächelte über meinen Enthusiasmus, er meinte, Goethe sei zwar ein großer Poet, aber doch immer ein Mensch mit sehr vielen Schwächen, und wenn zwar das Verlangen, ihn zu sehen, löblich sei, müsse man doch nicht zittern und beben. Denn man trete nicht in den Tempel von Sais, sondern zu einem Großherzoglich Sächsischen Minister. Die Berliner übertriebene Verehrung des Dichters werde in Süddeutschland nicht geteilt ...

Wir sandten, [am 13. September 1824] in Weimar angelangt, unsere Empfehlungsbriefe in das Goethesche Haus, und wurden auf den Nachmittag um 5 Uhr, wie man uns vorausgesagt, beschieden ... Ich und Goethe! Unter einem Dache, Aug in Auge, er sollte zu mir sprechen, Mund zu Munde, und ich ihm antworten. Wahrhaftig, in der Fieberhitze, die mich durchglühte, kam mir die Vergleichung des Freundes mit dem Eintritt in den Tempel von Sais noch schwach vor. Es schlug fünf! – Die Pforte öffnete sich. Das *Salve*, die antiken Statuen des Atriums grüßten uns, wie sie andere vor uns und nach uns gegrüßt haben, und wir stiegen die Treppe nach dem kleinen Kabinett hinauf. Alles das ist oft geschildert. Jede Treppe, auch die sanftest sich aufwindende, kostet Atem, wenn eine Entscheidung uns oben erwartet. Bei der goldenen breiten Treppe, die zum Audienzsaal im Münchner Schlosse führt, dachte ich unwillkürlich an die viel bescheidenere des Goetheschen Hauses zurück. Meine Reisegefährten sprachen von dem Herzklopfen, das oft hier an den kalten Wänden wiederklingen möchte, und fanden es unrecht, daß man durch den grellen Gold- und weißen Marmorglanz den schweren Steig noch unbehaglicher gemacht habe. Die Treppe im Goetheschen Hause *ist* behaglich, nichts blendet das

Auge; aber manches Herz wird dort lauter gepocht haben, vor der Schwelle des Dichterkabinetts, als vor den Pforten des Thronsaales.

«Exzellenz werden alsbald erscheinen!» sagte der Kammerdiener, auf die für uns bereitgestellten Stühle weisend. Und wenige Sekunden darauf, als habe sie schon hinter der Tür bereitgestanden, trat die Exzellenz ein. Von Kopf bis Fuß in glänzendem Schwarz, den großen, blitzenden Stern auf der Brust. Wir verbeugten uns tief, wir stammelten einige Silben, die Exzellenz erwiderte andere, und deutete einladend auf die Stühle. In der nächsten Sekunde saßen wir, den Rücken gegen das Licht, dessen voller Glanz auf die auch sitzende Exzellenz vor uns niederfiel. Die Exzellenz spielte, die Hände halb vor sich auf dem Schoße gefaltet, mit dem Daumen ein Rad schlagend. Wir saßen, ehrfurchtsvoll übergebeugt, um keinen Laut zu verlieren. Unsere Empfehlungsbriefe waren vollgewichtig, die Unterhaltung war sofort eingeleitet, und floß in dem ebenmäßigen Gleise fort, wie es unter anständigen Leuten Sitte ist, die sich nichts zu sagen haben.

Ich weiß nicht, ob es schon das Wort Exzellenz auf der Lippe des Kammerdieners war, oder der glänzend schwarze Frack, oder der blitzende große Stern, was meinen Zauber mit einem Male verschwinden ließ, und mich plötzlich in die bare Wirklichkeit zurück versetzte. Das Herz schlug ganz ruhig, das Fieber war fort. Nicht Goethe, der Dichter des Werther, Götz, Faust, nicht der Liedersänger, war zu uns getreten, sondern Goethe, der vornehme Mann, gab uns Audienz ... Goethe erschien mir da als ein vornehmer Mann, und im Augenblick war die Magie fort. Äußere Vornehmheit mag wohl auf den ersten Moment einschüchtern, kann aber nicht fesseln. Die aufgeregten Geister waren auf mehr vorbereitet; sie ließen sich durch das gebotene Weniger nicht einmal frappieren, und ich war im Momente darauf wieder ein ganz freier Mann. Statt verlegen zu sein und hinzuhorchen, wohin der Meister die Unterhaltung leiten dürfte, ergriff ich, im Gefühl eines gewissen Übermutes, das Wort, und versuchte

Wendungen, damit wir mehr erhielten, als man uns geben wollte.

Aber es fruchtete wenig. Vielleicht war auch der Versuch, insofern er ihn gemerkt hat, Goethen nicht gelegen, und er umwickelte noch mehr seine Meinungen, als es vorhin seine Absicht war. Er erkundigte sich, in welchen Kreisen wir in Stuttgart und Berlin lebten, lobte den Herrn von Cotta und den Herrn von Varnhagen, und sagte, daß letzterer ein sehr respektabler Mann sei, und sein Zirkel sehr zu empfehlen. Raumers Hohenstaufen waren eben erschienen. Goethe sagte, auf mein Anklopfen: diese werden uns für den Winter viel Beschäftigung geben. Das Theater kam auch an die Reihe. Wolffs Darstellung des König Johann gab zu einem indirekten Komplimente für den Mann, welcher uns den großen Künstler gebildet, Anlaß, und ich hörte von Goethe: daß Wolff ein wohlgebildeter, beachtungswerter Künstler sei. Hinsichts jenes Shakespeareschen Dramas und des Standhaften Prinzen von Calderon schien eine Meinung aus den umwobenen Worten herauszublicken: daß nämlich eine Theaterdirektion auf die realen Begriffe ihres Publikums Rücksicht zu nehmen habe, und fremdartige Vorstellungen erst dann wagen dürfte, wenn die Ansichten dafür geebnet seien. Alsdann, meinte ich, käme König Johann wenigstens nicht zu früh, da Müllner uns bereits mit den ergreifendsten Auftritten daraus in seinem Yngurd handgreiflich genug vertraut gemacht habe. Goethe senkte etwas lächelnd den Blick, und meinte, auch dieser Mann habe seine Verdienste, und es sei immer löblich, das Publikum auf diese Art mit wertvollen Werken bekannt zu machen, insofern es noch nicht an der Zeit sei, ihm diese Werke selbst vorzuführen.

Wir gingen, nachdem die Türe hinter uns geschlossen, lange, ohne ein Wort zu sprechen, in derselben Allee auf und ab, die wir vorhin mit bangen Schritten gemessen hatten. Von Bangigkeit war nicht mehr die Rede. Die frische Luft tat mir wohl. Also das war Goethe! ich sprach es aus, oder es stand auf meinem Gesicht zu lesen. Mein Freund lachte laut auf. Ich bat mir seine Meinung aus. – «Nun, er hat mir sehr gefallen. Viel mehr, als ich gedacht. Diese herrliche Gestalt, diese offene, mächtige Stirn, und vor allem das klare, große Auge des alten Mannes! Ich habe ihn ordentlich lieb gewonnen, und nehme den freundlichsten Eindruck von ihm auf meine Reise mit.» – Das Predigen war nun an ihm, und es gab die besten Texte von überspannten Erwartungen, die allemal trügen, vom selbstgezogenen Nimbus, der für die echte Verehrung gefährlich sei, und von einem Extrem zum andern führe. Was sollte mir die Weisheit! Mein Goethe war dahin. Und gewiß mit großem Unrecht. Wie sollte der mit Besuchen überlaufene Dichter sich anders gegen zwei junge ihm wildfremde Männer äußern, die nur gekommen waren, ihre Neugier zu befriedigen, und von denen er nicht wußte, ob sie nicht im nächsten Morgen-, Abend- oder Mitternacht-Journal alle Vertraulichkeiten abdrucken ließen, falls er sich zu solchen bewogen gefühlt hätte ...

Dennoch möchte auch von unserm Besuche mehreres, wenngleich mit blühenden Zusätzen und in anderer Gestalt, noch bei Goethes Lebzeiten ins Publikum gekommen sein. In Wilhelm Hauffs «Memoiren des Satan» wurde ich in der sarkastischen Schilderung des Besuches bei Goethe lebhaft an meinen eigenen erinnert, und ich fand darin sogar Reminiszenzen, welche mir jetzt entfallen sind. Wilhelm Hauff war nicht in Weimar gewesen, er hatte Goethen nicht gesehen; er komponierte nach mündlichen Mitteilungen seiner Landsleute, und der Freund, mit dem ich die Rolle des Verzückten *nach* dem Besuche ausgetauscht, stand dem Seligen nahe im Leben.

5523 Fräulein Grüneisen: Mitteilung an Dr. Schoenhardt

Grüneisen erzählte oft, in welch gehobener Stimmung Häring [W. Alexis] sich befunden, ehe sie zusammen zu Goethe gingen; wie Häring ein Notizbuch mit Bleistift zu sich gesteckt, um darin alsbald alles zu verzeichnen, was Goethe gesprochen, und was sie in dessen Haus gesehen ... Goethe empfing sie im Frack mit großem Ordensstern und ging zuerst auf Grüneisen zu, sprach von Cotta und von der kleinen Liedersammlung, die bei Cotta erschienen, und endlich von Grüneisens bevorstehender Studienreise nach Italien. Sodann wandte er sich an Häring, mit dem sich das Gespräch vornehmlich über Berlin und das Theater erstreckte.

5524 E. W. Emerson: Anmerkung *1903*

[Mit Bezug auf Ralph Waldo Emerson.] His older brother William, destined, like his ancestry for several generations, for the ministry, graduating from Harvard at the age of seventeen, had after four years of school-teaching gone to Göttingen to study... William's mind was exact and judicial and his conscience active. The German philosophy and the Biblical criticism shook his belief in the forms and teachings of the religion in which he had been brought up... To William, beset by distressing doubt at Göttingen, it occurred that, but eighty miles away at Weimar, lived the wisest man of the age. He forthwith sought him out, was kindly received [19. September 1824], and laid his doubts before him. He hoped, no doubt, that Goethe could clear these up, and show some way in which he could honorably and sincerely exercise the priestly office. The counsel which he received was in effect – for unhappily there is no written record and the story rests on family tradition – to persevere in his profession, comply with the usual forms, preach as best he could, and not trouble his family and his hearers with his doubts. Happily the youth, at this parting of the ways where the great mind of the age acted the part of the Tempter, turned his back, and again listened to the inward voice. He left the ancestral path, gave up at the age of twenty-four his plan of life for which he had been with diligence and sacrifice preparing himself, and studied law.

5525 H. Heine an R. Christiani *26. Mai 1825*

Den Herbst [1824] machte ich eine Fußreise nach dem Harz, den ich die Kreuz und Quer durchstreifte, besuchte den Brocken, so wie auch Goethe auf meiner Rückreise über Weimar [am 2. Oktober]. Ich reiste nämlich über Eisleben, Halle, Jena, Weimar, Erfurt, Gotha, Eisenach und Kassel hierher [nach Göttingen] wieder zurück. Viel Schönes habe ich auf dieser Reise gesehen, und unvergeßlich bleiben mir die Täler der Bode und Selke. Wenn ich gut haushalte, kann ich mein ganzes Leben lang meine Gedichte mit Harzbäumen ausstaffieren. –

Über Goethes Aussehen erschrak ich bis in tiefster Seele, das Gesicht gelb und mumienhaft, der zahnlose Mund in ängstlicher Bewegung, die ganze Gestalt ein Bild menschlicher Hinfälligkeit. Vielleicht Folge seiner letzten Krankheit. Nur sein Auge war klar und glänzend. Dieses Auge ist die einzige Merkwürdigkeit, die Weimar jetzt besitzt. Rührend war mir Goethes tiefmenschliche Besorgnis wegen meiner Gesundheit. Der selige Wolf hat ihm davon gesprochen. In vielen Zügen erkannte ich den Goethe, dem das Leben, die Verschönerung und Erhaltung desselben, so wie das eigentlich Praktische überhaupt, das Höchste ist. Da fühlte ich erst ganz klar den Kontrast dieser Natur mit der meinigen, welcher alles Praktische unerquicklich ist, die das Leben im Grunde gringschätzt und es trotzig hingeben möchte für die Idee. Das ist ja eben der Zwiespalt in mir, daß meine Vernunft in beständigem Kampf steht mit meiner angeborenen Neigung zur Schwärmerei. Jetzt weiß ich es auch ganz genau, warum die Goethischen Schriften im Grund meiner Seele mich immer abstießen, so sehr ich sie in poetischer Hinsicht verehrte und so sehr auch meine gewöhnliche Lebensansicht mit der Goethischen Denkweise übereinstimmte. Ich liege also in wahrhaftem Kriege mit Goethe und seinen Schriften, so wie meine Lebensansichten in Krieg liegen mit meinen angeborenen Neigungen und geheimen Gemütsbewegungen. – Doch sein Sie unbesorgt, guter Christiani, diese Kriege werden sich nie äußerlich zeigen, ich werde immer zum Goethischen Freikorps gehören, und was ich schreibe, wird aus der künstlerischen Besonnenheit und nie aus tollem Enthusiasmus entstehen.

So bist du denn der ganzen Welt empfohlen,
Das übrige brauch ich nicht zu wiederholen.

Es ist aber spaßhaft, wie ich immer und überall, und ging' ich auch nach der Lüneburger Heide, zu Erzgoethianern komme. Zu diesen gehören auch Sartorius und seine Frau, vulgo geistreiches Wesen genannt, mit denen ich hier am meisten verkehre. Ich brachte ihnen Grüße von Goethe, und seitdem bin ich ihnen doppelt lieb. – Es gibt sogar unter den Studenten Goethianer.

5526 H. Heine an M. Moser *1. Juli 1825*

Daß ich Dir von Goethe nichts geschrieben, und wie ich ihn in Weimar gesprochen, und wie er mir recht viel Freundliches und Herablassendes gesagt, daran hast Du nichts verloren. Er ist nur noch das Gebäude, worin einst Herrliches geblüht, und nur das war's, was mich an ihm interessierte. Er hat ein wehmütiges Gefühl in mir erregt, und er ist mir lieber geworden, seit ich ihn bemitleide. Im Grunde aber sind Ich und Goethe zwei Naturen, die sich in ihrer Heterogenität abstoßen müssen. *Er* ist von Haus aus ein leichter Lebemensch, dem der Lebensgenuß das Höchste, und der das Leben für und in der Idee wohl zuweilen fühlt und ahnt und in Gedichten ausspricht, aber nie tief begriffen und noch weniger gelebt hat. Ich hingegen bin von Haus aus ein Schwärmer, das heißt bis zur Aufopferung begeistert für die Idee und immer gedrängt, in dieselbe mich zu versenken, dagegen aber habe ich den Lebensgenuß begriffen und Gefallen daran gefunden, und nun ist in mir der große Kampf zwischen meiner klaren Vernünftigkeit, die den Lebensgenuß billigt und alle aufopfrende Begeistrung als etwas Törichtes ablehnt, und zwischen meiner schwärmerischen Neigung, die oft unversehens aufschießt und mich gewaltsam ergreift und mich vielleicht einst wieder in ihr uraltes Reich *hinabzieht*, wenn es nicht besser ist zu sagen, *hinaufzieht;* denn es ist noch die große Frage, ob der Schwärmer, der selbst sein Leben für die Idee hingibt, nicht in einem Momente mehr und glücklicher lebt als Herr von Goethe während seines ganzen sechsundsiebzigjährigen egoistisch behaglichen Lebens.

5527 *H. Heine: Die romantische Schule* *1836*

In der Tat, die Übereinstimmung der Persönlichkeit mit dem Genius, wie man sie bei außerordentlichen Menschen verlangt, fand man ganz bei Goethe. Seine äußere Erscheinung war ebenso bedeutsam wie das Wort, das in seinen Schriften lebte; auch seine Gestalt war harmonisch, klar, freudig, edel gemessen, und man konnte griechische Kunst an ihm studieren, wie an einer Antike. Dieser würdevolle Leib war nie gekrümmt von christlicher Wurmdemut; die Züge dieses Antlitzes waren nicht verzerrt von christlicher Zerknirschung; diese Augen waren nicht christlich sünderhaft scheu, nicht andächtelnd und himmelnd, nicht flimmernd bewegt: – nein, seine Augen waren ruhig wie die eines Gottes. Es ist nämlich überhaupt das Kennzeichen der Götter, daß ihr Blick fest ist und ihre Augen nicht unsicher hin und her zucken. Daher, wenn Agni, Varuna, Yama und Indra die Gestalt des Nala annehmen, bei Damayantis Hochzeit, da erkennt diese ihren Geliebten an dem Zwinken seiner Augen, da, wie gesagt, die Augen der Götter immer unbewegt sind. Letztere Eigenschaft hatten auch die Augen des Napoleon. Daher bin ich überzeugt, daß er ein Gott war. Goethes Auge blieb in seinem hohen Alter ebenso göttlich wie in seiner Jugend. Die Zeit hat auch sein Haupt zwar mit Schnee bedecken, aber nicht beugen können. Er trug es ebenfalls immer stolz und hoch, und wenn er sprach, wurde er immer größer, und wenn er die Hand ausstreckte, so war es, als ob er, mit dem Finger, den Sternen am Himmel den Weg vorschreiben könne, den sie wandeln sollten. Um seinen Mund will man einen kalten Zug von Egoismus bemerkt haben; aber auch dieser Zug ist den ewigen Göttern eigen, und gar dem Vater der Götter, dem großen Jupiter, mit welchem ich Goethe schon oben verglichen. Wahrlich, als ich ihn in Weimar besuchte und ihm gegenüber stand, blickte ich unwillkürlich zur Seite, ob ich nicht auch neben ihm den Adler sähe mit den Blitzen im Schnabel. Ich war nahe dran, ihn griechisch anzureden; da ich aber merkte, daß er deutsch verstand, so erzählte ich ihm auf deutsch: daß die Pflaumen auf dem Wege zwischen Jena und Weimar sehr gut schmeckten. Ich hatte in so manchen langen Winternächten darüber nachgedacht, wie viel Erhabenes und Tiefsinniges ich dem Goethe sagen würde, wenn ich ihn mal sähe. Und als ich ihn endlich sah, sagte ich ihm, daß die sächsischen Pflaumen sehr gut schmeckten. Und Goethe lächelte. Er lächelte mit denselben Lippen, womit er einst die schöne Leda, die Europa, die Danae, die Semele und so manche andere Prinzessinnen oder auch gewöhnliche Nymphen geküßt hatte – –

5528 M. Heine: Erinnerungen an Heinrich Heine 1868

Es sprach gerade nicht für den Scharfblick des großen Goethe, daß er den aufgehenden Stern einer so originellen Poesie, wie die Heines, nicht erkannte, oder, wie einige zu seiner sonderbaren Entschuldigung behaupten, nicht erkennen wollte. Wie dem auch sei, der junge Dichter glühte in Verehrung für den hohen Meister, und ein innerer Drang zog ihn nach Weimar, um dem größten Dichter seiner Zeit persönlich zu huldigen.

Goethe empfing Heine mit der ihm eigenen graziösen Herablassung. Die Unterhaltung, wenn auch nicht gerade über das Wetter, bewegte sich auf sehr gewöhnlichem Boden, selbst über die Pappelallee zwischen Jena und Weimar wurde gesprochen. Da richtete plötzlich Goethe die Frage an Heine: «Womit beschäftigen Sie sich jetzt?»

Rasch antwortete der junge Dichter: «Mit einem Faust.»

Goethe, dessen zweiter Teil des Faust damals noch nicht erschienen war, stutzte ein wenig, und fragte in spitzigem Tone: «Haben Sie weiter keine Geschäfte in Weimar, Herr Heine?»

Heine erwiderte schnell: «Mit meinem Fuße über die Schwelle Ew. Exzellenz sind alle meine Geschäfte in Weimar beendet», und empfahl sich.

5529 *F. v. Müller an Graf Reinhard* *18. Oktober 1824*

Lassen Sie sich vor allem sagen, daß wir hier, wenn schon im stillen, den zweiten Oktober [Reinhards Geburtstag] mit den innigsten und treusten Wünschen gefeiert und des vorigen Jahres freudig und dankbar gedacht haben, wo uns Ihre persönliche Gegenwart gegönnt war. Goethe war jenes Abends so ausnehmend geistreich, mitteilend und elektrisch – möchte ich sagen –, daß ich einen gleichen Kulminations-Punkt nicht wieder seitdem erlebt habe.

5530 *F. v. Müller* *10. Oktober 1824*

Frühstück bei Goethe mit Jakobs von Halle und der Schopenhauer. Gespräch mit Ottilien nachher.

5531 *Soret an Caroline v. Egloffstein* *14. Oktober 1824*

Herrn von Goethe geht es dauernd ausgezeichnet, er sieht immer eine Menge Leute bei sich; Sonnabend und Sonntag [9. und 10. Oktober] besuchte ich ihn während der Stunden, in denen der Prinz bei seiner Großmutter ist; das zweitemal traf ich eine große Gesellschaft dort zu Ehren eines Fräulein Jakob, die serbische Gedichte übersetzt hat, die Goethe außerordentlich schätzt. Was und wie sie ist, kann ich Ihnen nicht sagen, denn ich kam und ging sogleich wieder. Fragen Sie Herrn von Müller.

5532 *F. Deycks: Friedrich Heinrich Jacobi* *1848*

So ist es mir eine teure Erinnerung ... einst in jungen Tagen von Goethe freundlich aufgenommen worden zu sein. Ich kehrte von der Universität Berlin nach dem Rheine zurück. Ludwig Tieck in Dresden hatte mir gütig einen Brief an den Dichterfürsten gegeben. Damals war das Reich der Poesie noch nicht ohne Haupt. Mit hochklopfendem Herzen stieg ich [am 11. Oktober 1824] die breite Treppe des Goetheschen Hauses hinan, betrat, über das grüßende *Salve* hinweg, den Vorsaal, in dessen Seitentüre bald die hohe Gestalt des Altmeisters erschien, mich freundlich heranwinkend. Seine Worte, sein Wesen waren nicht vornehm abweisend, wie ich es oft gehört. Er ging ein auf Fragen, die ich mir erlaubte, ja er gab mir einen Rat, den ich nicht wieder vergaß. «Das Altertum», sprach er damals zu mir, «ist unermeßlich tief und groß, und man wird sein Leben lang damit nicht fertig.»

5533 F.v. Müller *11. Oktober 1824*

Bei Goethe, wo Riemer, der mit ihm arbeitete. Sei es die unwillkommne Störung, sei es die Aufregung durch des kleinen Walthers Unfall (er hatte den Arm gebrochen) und meine übelgewählte Tröstung, – Goethe war sehr heftig, widersprechend in politicis, ja unartig hinsichtlich der Griechen und der angeblich öffentlichen Stimmung *gegen* Kaiser Alexander. «Ich überspränge im politischen Urteil oft alle Grenzen, spräche gar zu leichtsinnig ab p.»

Gemütlich sprach er nur über Raumers Geschichte der Hohenstaufen, an welcher er gerade das Nüchterne, das Freihalten von allen *philosophischen* Ansichten lobte. Und doch, wenn man die vier Bände durchlesen, habe man nichts gewonnen als die Überzeugung, daß es damals *noch schlechter* als jetzt hergegangen. Die Weltgeschichte sei eigentlich nur ein Gewebe von Unsinn für den höhern Denker, wenig aus ihr zu lernen. Er ziehe Raumern hundertmal dem Johannes Müller vor.

Das Geistreichste, was er sagte, war: daß er die jetzigen Griechen-Kämpfe als ein Analogon und Surrogat der Kreuzzüge ansehe; wie diese seien auch jene zu Schwächung der Macht der Osmanen, des Orients überhaupt, höchst heilsam.

Richtiger Tadel des Ausdrucks «sitzt (der Gefangene)» in Scherers Gedicht an den Kronprinzen.

5534 A.v. Goethe an F. Schlosser *14. Oktober 1824*

Der Vater befindet sich sehr wohl, obgleich er alles Zuredens ohngeachtet diesen Sommer kein Bad besucht hat; sein Körper ist stark und gesund und seine geistige Tätigkeit lebhafter und produktiver als seit langer Zeit, er grüßt Sie und die Ihrigen freundlichst.

5535 *F. v. Müller* *14. Oktober 1824*

Nach Tische kurze Zeit bei Goethe, da Riemer mit ihm arbeitete. «Reinhard sei wie einer, der stets mit einem Reffe auf dem Rücken durch das Leben gehe.»

5536 *F. v. Müller* *16. Oktober 1824*

Nachmittags bei Fritsch, Schwendlers, Goethe. Ich konnte ihm mein Anbringen bei der Großherzogin nicht mitteilen, und so wand ich mich durch, so gut es gehen wollte.

Der kleine Walther mit seinem geschindelten Arm blätterte ganz vergnügt in Bilderbüchern. Goethes Unzufriedenheit mit dem Bilde vor der neuen Ausgabe vom Werther, ohne es doch vorzuzeigen. Er habe die Idee gehabt, sich nach einem alten Bilde von Kraus gravieren zu lassen, damit die Leute doch sähen, wie ein Verfasser solchen tollen Zeugs ohngefähr beantlitzt gewesen.

5537 *F. v. Müller* *19. Oktober 1824*

Nachmittags bei Goethe, der sehr mitteilend und liebenswürdig.

5538 *F. v. Müller an Knebel* *20. Oktober 1824*

Goethe ist sehr erbaut von Ihrem letzten Briefe. Wir haben neue, sehr interessante Engländer hier, die ich Ihnen zuführen will.

5539 *Bettina an Sophie Brentano* *1824*

... abends 6 Uhr [am 19. Oktober] in Weimar eingetroffen, Goethe, allein in weißem Schlafrock von mir überrascht bei einer Karlsbader Wasserflasche und einem eisernen Küchenleuchter. Er unterhielt sich sehr gut bei meiner Beschreibung von Rödelheim. Von Guaitas Bürgermeisterschaft verlangte er auch eine Relation, er sagte, er habe eine wahre Anhänglichkeit an die Verfassung seiner Vaterstadt, die zugleich auch einen poetischen Grund habe, und es sei ihm lieb, von mir bestätigt zu hören, was ihm schon von andern mitgeteilt sei, daß Guaita der Mann sei, der auf ihre Rechte und ihre Gebräuche den wahren Wert zu legen wisse. Da ich ihn fragte, warum er denn das Bürgerrecht aufgegeben, da er doch denken könne, daß dies den Frankfurtern höchst kränkend sein müsse, sagte er: die mir dazu rieten, sind Meister dieser Sache, es ist ihre eigene Zukunft, und nicht die meinige. Ich habe nie den Übermut gehabt, gegen den Willen meiner Kinder etwas für ihre Existenz als wichtig zu behaupten oder durchzusetzen. Wenn mich jemand früge, wo ich mir den Platz meiner Wiege bequemer, meiner bürgerlichen Gesinnung gemäßer, oder meiner poetischen Ansicht entsprechender denke, ich könnte keine liebere Stadt als Frankfurt nennen; sie hat das edelste Verhältnis und das bedeutendste zur Geschichte unserer Tage, sie ist gerade groß genug, daß sie die Ambition eines jungen regsamen Gemütes befriedige, sie hatte zum wenigsten in meiner Zeit eine lebendige Teilnahme, durch die ich allein zu meiner Entwicklung kam, und meiner Mutter, die vielleicht in jeder andern Stadt ein trübes einsames Leben geführt hätte, ist, bis in ihr spätestes Alter geehrt und geliebt von allen Mitbürgern, ein glückliches Leben zuteil geworden. Sie hat sich oft darüber in ihren Briefen gegen mich geäußert, und ich, der für ihr Dasein so wenig tun konnte, war dadurch sehr erleichtert und werde gewiß jedem Frankfurter, der mir nahe kommt, meinen Dank in der freundlichsten Gesinnung in Vergeltung bringen. Ich mußte ihm nun noch alle einzelne Familienglieder und deren Nachkommenschaft hernennen ... Die beiden Mädchen mit der alten Claudine [Piautaz] hab' ich ihm auch beschrieben. Sophie mußte zu einer Vergleichung der jüngsten Sibylle des Pietro Perugino herhalten, während Claudine, die Jüngere, einem schönen Porträt des van Dyck, das Goethe kennt, ihre Vergegenwärtigung zu danken hatte; zur Verschönerung des Rödelheimer Besitzes habe ich nichts beigetragen, als daß ich den kleinen grünen Nachen ganz vergoldet habe und ihm beschrieben, wie bei warmen Sommernächten der edelgebildete George, seine melancholische Stimme mit der Gitarre begleitend, sich bei Mondenschein von seinen beiden Töchtern auf der Nidda rudern lasse, während die alte Claudine mit bescheidener mütterlicher Vorsicht das Steuerruder lenke. Er fand dies eine höchst malerische Situation zu einem Familienporträt, und ich versicherte ihm, daß es auch ganz und gar das gegenseitige Verhältnis der beschriebenen Personen ausdrücke. Und so hab' ich denn auch auf einer Seite nicht gelogen, denn die beiden glücklich liebenden Töchter eines so glücklichen Vaters bestreben sich ja allein, ihn sanft über die Wellen seines Lebensstromes hingleiten zu machen, und unsere Claudine verbringt ihre Tage im Segenerbitten und Sorgen für alle. George der Jüngere trat auf mit einem mutigen Engländer am Zaum und einem schönen Jagdhunde, voll Witz und Übermut, der es bei dem Familienfrühstück zu Buffotänzen und Kunstsprüngen zum Exzellieren bringe. Die Miniaturen von George, von denen er genaue Relation haben wollte, waren über alle Beschreibung. Ich habe ihm daher nur gesagt, daß die Kompositionen sowohl wie die Ausführung mit nichts Ähnlichem zu vergleichen seien und daß in jedem handgroßen Bilde eine Anordnung für ein wandgroßes sei. Das von Grimm radierte Porträt unseres Franz hat er gesehen. Da ich Goethe erzählte, daß man ihn dies Jahr in Winkel erwartet habe und daß Toni expreß ein Faß Zweiundzwanziger habe anstecken lassen für ihn, wurde er trocken im Halse und beorderte einen ziemlich trinkbaren Rambaß, der seine Wirkung nicht verfehlte. Er trank die Gesundheit meiner sämtlichen wunderlich liebenswürdigen Familie, ich stieß noch einmal apart auf die Burgermeisterschaft Guaitas an. Dieser möge jedoch nicht so seltsamliche Sprünge im Kopfe haben wie Du, sagte er, sonst könnte die gute Stadt Frankfurt eine zu krause Perücke bekommen; – ich bedeutete ihm, daß ich unter der gemäßigten Zuchtrute seiner Kritik mich stets wohlbefunden und daß die Frau Burgemeisterin Meline das schönste Exemplar eines pflichterfüllten Eheweibes sei, und so wie er im Rate der Stadt, sie sich im häuslichen Kreise einzig auszeichne. Hiermit befahl er mich zum Klavier, wo ich ihm die Lieder, die ich von ihm komponiert, vorspielen sollte; der Kammerjungfer befahl er, ein paar schönste silberne Leuchter, die in seinem Kabinett, wo er mehrere Gipsbüsten hat, stehen, zu holen, allein diese hielt die Büsten für Geisterköpfe, und wir gingen nun alle drei in Prozession, ich mit dem Licht, Goethe mit dem Weinglas und die Kammerjungfer mit den Leuchtern, es wurden Wachslichter aufgesetzt und gesungen. Zu meiner Mortifikation gefiel ihm das Lied von Maxis komponiert, welches ich ihm auch vorsang, am besten, er sagte: «Nun, das läßt sich hören, es ist einfach und edel komponiert, und die Melodie prägt sich meinem Gehör ein.» Ich mußte es mit allen Versen zweimal singen und für seine Schwiegertochter abschreiben. Den Mittwoch [20. Oktober] blieb ich noch in Weimar ... am Abend war ich wieder bei Goethe allein, wer uns da beobachtete, hätte der Nachwelt was zu erzählen gehabt. Seine Eigentümlichkeit entwickelte sich ganz, erst knurrte er mich an, dann liebkoste er mit den schmeichelhaftesten Worten, um mich wieder gut zu machen; die Weinflasche hatte er im Nebenzimmer, weil ich ihm Vorwürfe am vorigen Abend gemacht hatte über sein Trinken; er ging unter irgend einem Vorwand ungefähr sechsmal vom Theater ab, um ein Glas zu trinken; ich ließ mir nichts merken, aber beim Abschied sagte ich ihm, daß zwölf Gläser Wein ihm nicht schaden würden, und er habe doch am heutigen Abend nur sechs getrunken. Er sagte: «Woher weißt Du das so bestimmt?» – «Ich habe die Bouteille glucksen hören im Nebenzimmer und dann das Glas in Deine Gurgel, und dann hast Du es mir wie Salomon im Hohen Liede seiner Geliebten mit Deinem Atem verraten.» «Du bist ein arger Schelm», sagte er, «mache, daß Du fortkömmst», und nahm das Licht, um mir hinauszuleuchten. Ich aber nahm den Vorsprung und kniete mich an die Schwelle seines Zimmers. «Nun will ich sehen, ob ich Dich einsperren kann und ob Du ein guter oder ein böser Geist bist wie die Ratte im Faust; ich küsse diese Schwelle und segne sie, über die täglich der herrlichste Menschengeist und mein bester Freund hinausschreitet.» «Über Dich und Deine Liebe schreite ich nicht hinaus», sagte er, «die ist mir zu teuer, und um Deinen Geist schleiche ich mich so herum (indem er das Plätzchen sorgfältig umschritt), denn Du bist sehr pfiffig, und es ist besser, in gutem Vernehmen mit Dir zu sein.» Und so entließ er mich, mit Tränen in den Augen, ich blieb noch vor der Tür im Dunklen stehen, um meine Rührung zu verschlukken, ich überlegte es mir, daß diese Tür, die ich eben mit eigner Hand zugemacht hatte, ihn aller Wahrscheinlichkeit nach auf ewig von mir getrennt habe; wer ihm nahe ist, kann nur bekennen, daß sein Genie sich zum Teil in Güte aufgelöst habe, das Sonnenfeuer seines Geistes hat sich in mildes Purpurlicht beim Untergang verwandelt. – Ihr könnt wohl denken, daß ich nicht vergessen habe, ihm auch von seinem Monument zu erzählen, und wie es den Frankfurtern am besten gefallen habe, ich habe mir ein nicht geringes Lob beigelegt; darin gleiche ich dem Gluck, er hat auch immer gesagt: «mon opera sera superba!» Er hörte mit sichtbarem Vergnügen zu, wie ich ihm das enthusiastische Lob meines Schwagers Guaita, der doch im ganzen nicht für mich eingenommen zu sein schien, beschrieb; und wie ich ihm sagte, er habe es am 18. Oktober bei einem feierlichen Diner den ausgezeichnetsten Mitgliedern des Senates vorgezeigt, belobte er ihn sehr deswegen, er meinte, dem Gedanken des Monuments würde doch kein anderer vorgreifen, und er wollte unter einem solchen Bild am liebsten in seiner Vaterstadt in Erinnerung bleiben ...

5540 F. v. Müller *23. Oktober 1824*

Von 3½ bis 5½ bei Goethe. Neckereien Ottiliens und Ulrikens wegen Julies Ankunft. Revanche durch erregte Neugierde auf den Morgenblatts-Aufsatz über Goethe-Byron. Mitteilung der Eröffnungen der Großherzogin puncto der Denkmünze.

Goethe will Freybergs schönen Aufsatz über Julio Romano gar nicht lesen, teils weil er eine mystische Tendenz habe, teils um sich *jetzt* nicht zu zerstreuen. Riemers Gleichnis vom Harzscharrer.

5541 *F.v.Müller* *27. Oktober 1824*

Nachmittags von 3 bis 6 Uhr bei Goethe. Eberweins Komposition meines Liedes. Ottiliens Scherze darüber, daß sie nicht ins *goldne Buch* des Vaters kommen solle. Sie bitte sich Miss Clifton zur Erzieherin aus. Launige Einschrift Goethes in Ottiliens englisches Dictionnaire des Synonymes:

«Dicke Bücher, vieles Wissen,
Ach was werd' ich lernen müssen!
Will's nicht in den Kopf mir geh'n,
Mag es nur im Buche stehn.»

Höchst merkwürdiges erstes Manuskript des «Gottfried von Berlichingen», sehr reinlich, fast ohne alle Korrektur geschrieben. Aufdeckung der *geheimen* Tendenz des deutschen Fürstenbundes, nämlich *gegen* Friedrichs II. Anmaßungen, während er selbst dazu anzutreiben vermocht wurde. Der Kronprinz war im Geheimnis, und von dem alten Fürsten von Dessau ging die Idee aus.

5542 *F.v.Müller* *2. November 1824*

Nachmittags mit Olympien ausgefahren; bei Goethe kurze Zeit, da er nicht aufgelegt schien.

Doch schilderte er Betty Jacobi sehr prägnant, als eine heitre, kräftige, kluge, von Sentimentalität ganz freie Niederländerin.

Jacobis Briefe wolle er, vorerst wenigstens, nicht lesen, es zerstreue ihn nur, rege alte Zustände zur Gärung auf und könne doch nichts helfen, zu nichts führen. Jacobi sei auch so ein Hans Dampf gewesen, der mit klugen Frauen sich in Korrespondenz eingelassen, was zu nichts führe.

5543 *F.v.Müller* *5. November 1824*

Bei Goethe, wo ich von Reinhards Schweizerreise erzählte und mit Eschwege zusammentraf.

5544 *F.v.Müller* *8. November 1824*

Von 5 bis 6 1/2 bei Goethe im Dunkeln.

Feine Zurechtweisung unklarer politischer Urteile.

«Meine Kinder sprechen auch oft wie Neulinge in der Welt, die eben erst von der Konfirmation herkommen. Haben nicht von jeher Abenteurer und Söldlinge aller Nationen in den Kriegen sich auf beiden Seiten befunden? Was ist denn nur viel Aufhebens davon zu machen, daß einige Österreicher und Engländer bei den Türken gefunden worden? Die Geschichte sollte doch lehren, daß nichts Neues unter der Sonne geschieht.»

«Dreiundsechzig Jahre», sagte ich, «zählt Reinhard, aber was will das heißen?» «Ei», erwiderte er, «wer sie überlebt, weiß wohl, was das heißen will; wie könnt Ihr euch nur so ausdrücken?»

Über Augustens Eigensinn; er habe fest vor, sagte er, eine pragmatische Geschichte der demagogischen Umtriebe auf unseren Universitäten zu schreiben, die erst im 20. Jahrhundert solle gedruckt werden.

[Am Rande:] «Es gibt einen Eigensinn schlimmster Art, den der Phantasie, oder vielmehr der Einbildungskraft.»

5545 F.v.Müller *12. November 1824*

Nachmittags 1/2 Stunde bei Goethe, der sehr wenig aufgelegt war.

5546 F.v.Müller *15. November 1824*

Tee bei Goethe, wo der vielgewanderte Engländer Knight war und Coudrays Nichte, Julie, die Schopenhauer.

5547 F.v.Müller *16. November 1824*

Nachmittags bei Goethe, der Wachlers Literatur-Geschichte sehr lobte und über den Schaden aller *Akkomodationen* sprach, die notwendig entstehen, wenn man zu Erklärung eines Phänomens ein halbwahres System zugibt.

5548 F.v.Müller *18. November 1824*

Nachmittags 4 bis 5 Uhr [bei Goethe]. Ein Frankfurter, Herr Fellner, wurde angemeldet und abgeschlagen.

«Man muß den Leuten abgewöhnen, einen unangemeldet zu überfallen. Man bekommt doch immer andere, fremde Gedanken durch solche Besuche, muß sich in *ihre* Zustände hineindenken. Ich will keine fremden Gedanken, ich habe an meinen eignen genug und kann mit diesen nicht fertig werden.»

Mitteilung des ausgesonnenen Plans zu Reglung der vom Großherzog *gewünschten* Benutzung der neuen Kunst- und Bücherschätze auf der Bibliothek. Nach einem gewissen Turnus sollen acht bis neun Familienhäupter jedes alle drei bis sechs Wochen eine Karte erhalten, auf welche sie dann mit einer beliebig gewählten Gesellschaft zwei Vormittagsstunden des Montags oder Donnerstags die ausgelegten literarischen Neuigkeiten beschauen mögen. A. W. Schlegels Büchergeschenk seiner neuen indischen Druckerei an Goethe, Annäherung.

Goethe war heute ausnehmend mild, ruhig, innerlichst heiter.

Lob des Konversations-Blatts, was doch noch auf einer gewissen Basis stehe.

5549 F. v. Müller *19. November 1824*

Tee bei uns ... Der interessante Engländer Gally Knight kam hinzu, ganz entzückt von Goethe.

5550 F. v. Müller *20. November 1824*

5 bis 7 1/2 Uhr nachmittags [bei Goethe]. Vorlesung von Reinhards Brief; die Urteile über Fouché Memoiren, Manuscrit de 1813 p. zogen ihn vorzüglich an.

Über Lord Byrons kritisches System in der Ästhetik. Er stellte den alten Pope so hoch, um an ihm eine unbezwingliche Mauer zum Hinterhalt zu haben. Gegen Pope (allenfalls Wieland) sei Byron ein Riese, gegen Shakespeare aber freilich wieder nur ein Zwerg gewesen. Die Ode auf den Tod des General Moore sei eine der schönsten Dichtungen Byrons. Shelley müsse ein armseliger Wicht sein, wenn er dies nicht gefühlt, überhaupt scheine Byron viel zu gut gegen ihn gewesen. Ebensowenig sei Körner Schillers würdig gewesen. Daß Byron bei dem Gefangnen von Chillon Ugolino zum Vorbild genommen, sei nicht zu tadeln; die ganze Natur gehöre dem Dichter an, nun aber werde jede geniale Kunstschöpfung auch ein Teil der Natur, und mithin könne der spätere Dichter sie so gut benutzen wie jede andere Naturerscheinung.

Madame Belloc verdarb es mit Goethe, daß sie Moore der Byronschen Lorbeerkrone würdig hielt. Höchstens in einem Ragout dürfe Moore einige Lorbeerblätter genießen. An einem so herrlichen Gedicht wie das Byronsche auf General Moore zehre er, Goethe, einen Monat lang und verlange nach nichts anderem. Wäre Byron am Leben geblieben, er würde für Griechenland noch ein Lykurg oder Solon geworden sein. Lord Strangfords Abreise von Konstantinopel sei sehr bedeutungsreich, ohne Zweifel Symptom, daß die Engländer die griechische Sache für gewonnen hielten. Aus Europa könne man *nie* die Türkei treiben, da keine christliche Macht Konstantinopel besitzen dürfe, ohne Herr der Welt zu werden. Aber beschneiden, reduzieren könne man die türkische Macht in Europa, so weit als die griechischen Kaiser in den letzten zwei Jahrhunderten. Die ganze Unterhaltung war sehr freundlich, heiter, kraftvoll. Versprochne Mitteilung des jenaischen Bibliotheksberichts. Das große indische Heldengedicht hält 24000 Distichen.

5551 F. v. Müller *25. November 1824*

Von 4 bis $5^{1}/_{2}$ ganz allein bei Goethe. Über Walter Scott, der an 80000 Pfund durch Schriftstellerei gewonnen, aber sich selbst dafür verkauft habe und seinen wahren Ruhm, denn im Grunde sei er doch zum Pfuscher geworden, seine neusten Romane seien nicht viel wert, doch immer noch viel zu gut fürs Publikum.

Schrittschuh-Almanach mit Gedichten von Klopstock, Cramer p., die kein Mensch mehr recht verstehe. Klopstock sei doch immer sehr vornehmtuerisch, steif und ungelenk in seinen Dichtungen gewesen. Über Fiesko, bei Gelegenheit von Ancelots Bearbeitung. Es sei ein wildes Stück, das den Todeskeim gleich in sich getragen. Diese Verschwörungsgeschichten alle, die den frühern Dichtern im Kragen gesteckt, seien im Grunde nichts als revolutionäre Schwärmereien; gewöhnlich sei der Ermordete gerade der Beste oder der Unentbehrlichste.

5552 Riemer *25. November 1824*

Nach dem Nachhausegehen von Goethe (Lord Byron, dänische Volkslieder, oder vielmehr von den Faröer Inseln). Es gestaltet sich gewiß immer wieder im Universum derselbe *besondere* Mensch (das Individuum), derselbe Unglückliche, Dunkle, der Mörder, der Geizige, der Lustgierige, der Tyrann usw., damit es nie und zu keiner Zeit an diesem Supplement der Totalität fehle!

Wie oft bin ich nicht schon dagewesen, wie oft werde ich nicht noch sein, ja wie werde ich nicht immer sein und bleiben!

Immer so unzulänglich, unausreichend, unbedeutend gewesen; immer es noch seiend, in alle Zukunft so wiederkehrend; – wie der getreue Eckart oder eine andere anerkannte Volksmaske, die ihre Partie singt, ihre Stimme. Doch ist in der Musik das Angenehme, daß jeder gewiß weiß, seine Stimme sei notwendiges Harmonieren zu den übrigen, zum Ganzen, welches in andern als musikalischen Fällen schwerlich zur Wahrnehmung, zum Bewußtsein, zur Überzeugung gebracht werden kann oder wird.

5553 Riemer *(26. November 1824)*

Blumenbachs Bildnis von Grimm. [Goethe:] «Er sieht aus, wie einer, der zwar unendlich viel weiß, aber doch begierig ist zu wissen, wie das alles eigentlich zusammenhänge.»

5554 Caroline v. Wolzogen
an E. v. Schiller *28. November 1824*

Hat Goethe mit Dir nicht über die Korrespondenz gesprochen? Es geht übrigens alles gut. Er sagte mir, gegen Ostern werde das Manuskript fertig sein, und Cotta müsse noch mehr bezahlen, als er anfangs gedacht ... Goethe ist in den besten Prinzipien über diese Dinge.

5555 *Soret an Dumont* *1. Dezember 1824*

Sie wollen Neues über meinen berühmten Freund wissen! Leider habe ich zur Zeit von seiner Freundschaft herzlich wenig. Ich sehe ihn nur flüchtig und nur dann und wann. Mit der Ausgabe seiner Werke rückt er tüchtig vorwärts; viel Unveröffentlichtes wird darin erscheinen. Ich sprach Ihnen schon von seinem Briefwechsel mit Schiller. Sie können sich vorstellen, wie interessant diese Briefe sein werden ...

Herr von Goethe ist in Physik und Naturwissenschaft unermüdlich tätig; er hat mir, wie Sie durch meine Eltern wissen werden, die Ehre angetan, einen Beitrag von mir in seine Morphologie aufzunehmen, und demnächst will er einen zweiten, den ich über Diamanten schrieb, ebenfalls drucken lassen; das sind die letzten Atemzüge meiner Kristallographenfeder. – Häufiger sehe ich Frau von Goethe, weil man sie nach 8 Uhr abends besuchen kann, aber die Gesellschaft dort gefällt mir nicht mehr so wie früher, denn man trifft dort stets eine Menge halbwüchsiger Engländer von fünfzehn oder sechzehn Jahren, die für einen ausgewachsenen Menschen wie mich denn doch zu grün sind ... Kein Mensch von Gefühl und Verstand als nur Goethe – das ist schrecklich. Gewiß, er wiegt tausend andere auf, darin bin ich ganz Ihrer Meinung, aber nur, wenn man ihn ganz für sich hat und wenn er zum Reden aufgelegt ist.

5556 *F. v. Müller* *1. Dezember 1824*

Diner bei Goethe mit Schinkel von Berlin und Dr. Waagen. Freundliche, mitteilende, anspruchslose Leute.

5557 *K. F. Schinkel an H. Meyer* *17. Mai 1825*

Mein letzter, leider viel zu kurzer Aufenthalt in Weimar [am 1. Dezember 1824] ist mir von unbeschreiblicher Wichtigkeit gewesen, ein paar höchstbedeutende Worte des hochverehrten Geheimerat v. Goethe trafen so vollkommen mit der Lösung einiger Aufgaben, die ich mir gemacht hatte und deren Bearbeitung ich die besten Stunden meiner Muße widme, zusammen, daß ich sehr ermutigt wurde, auf meinem Wege weiter vorzugehn. Das eine betraf den Charakter des Spitzbogens in der Architektur als wohl mannigmal gebrauchfähig, aber der Schönheit ermangelnd, und das andre die Gefährlichkeit der Landschaftsmalerei in der schönen Kunst.

5558 F.v.Müller *3. Dezember 1824*

Bei Goethe. Lebende Bilder aus Lalla Rookh. Dantes Büste. Über Steinabdruck von Heines Bild.

5559 Eckermann an H.Stieglitz *4. Dezember 1824*

Goethe ist äußerst wohl und munter, und es ist eine Freude, ihn zu sehen.

Gestern abend habe ich mit ihm, vor der Büste des großen Dante sitzend, bedeutende Gespräche geführt, oder vielmehr ihn zu großen Äußerungen veranlaßt.

5560 F.v.Müller *9. Dezember 1824*

Nachmittags bei Goethe, sein Ausfall gegen alle *Vergleichungen*, die man nur aus Bequemlichkeit mache, um sich ein selbständiges Urteil zu ersparen.

5561 F.v.Müller *11. Dezember 1824*

Früh beim Großherzog, der sehr freundlich war und mir Goethes und Byrons eben aus Paris gekommene Büsten zeigte, auch mit der Nachricht davon zu Goethe sandte.

5562 Soret an Caroline v. Egloffstein *14. (Dezember) 1824*

Monsieur de Goethe a été indisposé, il croit s'être refroidi aux Bourgeois de Vienne [im Theater am 8. Dezember], ou plutôt il souffre comme nous tous des influences de la saison; le rose n'est plus à la mode sur les joues, les teintes varient entre le jaune clair, le gris, l'orange et le pistache; heureux les gens qui comme moi ont un teint historique. Pour en revenir à notre célèbre ami *der Vater* je vous dirai qu'à tout prendre il est beaucoup mieux que les autres années à la même époque et que son travail ne discontinue pas.

5563 Soret an Caroline v. Egloffstein 17. Dezember 1824

Gestern erhielt ich aus Genf zwei Exemplare der Goethe-Medaille, eines in Gold, das andere in Silber ... So hatte ich eine halbe Stunde frei und widmete sie Goethe. Unsere Unterhaltung wurde sehr bald höchst interessant; wir sprachen von Byron, und der Vater war geistreicher denn je. Hätte ich nur die Fähigkeit, um Ihnen all die prächtigen Wendungen wiederzugeben, die er brauchte, um mir den Charakter Byrons, wie er ihn versteht, deutlich zu machen; wer ihm zuhörte, hätte nicht ahnen können, daß er in den letzten Tagen nicht recht wohl gewesen und noch immer nicht ganz auf dem Posten sei. Er war geradezu vergnügt. Als er sein Bild auf der goldenen Medaille sah, rief er: «Damit muß ich doch schließlich aller Welt imponieren; was der Kopf allein nie fertig bringen wird, gelingt dem Metall.» Es sind nicht genau seine Worte, aber ihr Sinn.

5564 F. v. Müller 17. Dezember 1824

Ich traf ihn [Goethe] bei der Lektüre der neuen Übersetzung von Tausend und einer Nacht von Büsching, Hagen und Schall, die er sehr lobte und, da sie aus dem Urtext, der französischen vorziehen zu dürfen glaubte. «Diese Märchen», sagte er, «müssen mir über die trüben Tage weghelfen; ist es doch, als ob das Bewußtsein, in wenigen Tagen der Sonne wieder näher zu kommen, mich schon jetzt erwärmte.»

Ich brachte ihm von Gagern merkwürdige Handschriften. Er holte ähnliche herbei in großer Zahl. Eckermann trat ein, das Gespräch kam auf Byrons Conversations. «Ich lese sie nun zum zweiten Male, ich möchte sie nicht missen, und doch lassen sie einen peniblen Eindruck zurück. Wie viel Geklatsche oft nur um eine elende Kleinigkeit; welche Empfindlichkeit über jedes alberne Urteil der Journalisten, welch ein wüstes Leben mit Hunden, Affen, Pfauen, Pferden, alles ohne Folge und Zusammenhang.

Nur über *Anschauungen* urteilt Byron vortrefflich und klar, Reflexion ist nicht seine Sache, seine Urteile und Kombinationen sind denn oft die eines Kindes.

Wie viel zu geduldig läßt er sich Plagiate vorwerfen, scharmutziert nur zu seiner Verteidigung, statt mit scharfem Geschütz die Gegner niederzudonnern.

Gehört nicht alles, was die Vor- und Mitwelt geleistet, ihm de iure an? Warum soll er sich scheuen, Blumen zu nehmen, wo er sie findet? Nur durch Aneignung fremder Schätze entsteht ein Großes. Hab' ich nicht auch im Mephistopheles den Hiob und ein Shakespearisches Lied mir angeeignet? Byron war meist *unbewußt* ein großer Dichter, selten wurde er sein selbst froh.»

Das Taschenbuch für Österreichische Geschichte von Hormayr mit Sternbergs Bild führte das Gespräch auf Böhmen. «Dort war eine große Kultur im 14., 15. Jahrhundert einheimisch, ehe man im übrigen Deutschland daran dachte. Prag mit seinen 40000 [?] Studenten, welch eine Erscheinung! Aus allen Winkeln Deutschlands waren Lehrer hingegangen, die jeder gleich seine Zuhörer-Schar mitbrachte. Jedermann dürstete nach griechischer und lateinischer Kenntnis. Man räumte den Professoren die größten Rechte und Freiheiten ein; als man sie späterhin beschränken wollte, wurden sie wild und zogen aus. Damals wurde Leipzig durch solch eine ausgewanderte Schar emporgehoben, der man das Paulinum einräumte. Ja, die Geschichte läßt ganz wundersame Phänomene hervortreten, je nachdem man sie aus einem bestimmten Kreispunkte betrachtet. Und doch kann eigentlich niemand aus der Geschichte etwas lernen, denn sie enthält ja nur eine Masse von Torheiten und Schlechtigkeiten.»

Er war im schönsten Zuge, allgemeine Ansichten und Betrachtungen aus der innern Fülle seines Geistes hervorzuströmen, und dabei höchst mild und treuherzig; leider mußte ich nach sechs Uhr entfliehen, da ich zu Schwendlers geladen war.

5565 *F. v. Müller an Knebel* *18. Dezember 1824*

Goethe ist wohl und ergötzt sich an der neuen Übersetzung der Tausend und eine Nacht von Büsching, die er vortrefflich findet.

5566 *Gries an Abeken* *11. Februar 1825*

Von Goethe kann ich Ihnen diesmal wirklich etwas melden, und zwar recht Erfreuliches. Am besten, ich schreibe Ihnen wörtlich ab, was Frommanns letzter Brief enthält: «In Weimar waren wir am 20. Dezember bei Goethe, und ich hatte bei ihm ein höchst erfreuliches und belehrendes Stündchen. Er war sehr heiter und gemütlich, und sprach besonders über seine jetzige Arbeit, *die Herausgabe des Briefwechsels zwischen ihm und Schiller*, wozu Frau von Schiller alle Briefe Goethes hergegeben, so daß es gewissermaßen ein gemeinschaftliches Unternehmen wird, drei Bände in groß Oktav. Viel höchst Interessantes (auch als Zwischenrede von Goethe) wird dieses Werk enthalten über eine Periode unsrer Literatur, die einzig ist und bleibt. ‹Mich freut es›, sagte Goethe, ‹daß ich dies noch ausführen konnte, daß auch Sie und andre teilnehmende Freunde sich jener einzigen Zeit noch einmal erfreuen können.› Und dann wieder: ‹Wie viel gehaltreicher, tiefer sind Schillers Briefe, als die meinigen!› – Kurz, ich möchte jedes Wort niedergeschrieben haben. Fast eine Stunde sprach er so, höchst geistreich, lebendig und offen. Er ist überhaupt diesen Winter, zwar zurückgezogen, aber sehr wohl, heiter und fleißig, oft bis 10 Uhr abends ...»

5567 *F. v. Müller* *21. Dezember 1824*

An einem Dezember-Abend

sagte Goethe, bezüglich auf Klinger: «Alte Freunde muß man nicht wiedersehen, man *versteht* sich nicht mehr mit ihnen, jeder hat eine andere Sprache bekommen.

Wem es ernst um seine innere Kultur ist, hüte sich davor, denn der alsdann hervortretende Mißklang kann nur störend auf uns einwirken, und man trübt sich das reine Bild des frühern Verhältnisses.»

5568 Riemer *24. Dezember 1824*

Abends 9 bis 10 Uhr, nach einem Gespräch mit Goethe: «Daß einer eine positive Religion habe, ist nicht nötig; daß er harmonisch mit sich und dem Ganzen sei, darauf kommt es an, und dies kann er, ohne sich durch eine positive und spezifische Weise darüber auszusprechen.»

5569 Eckermann an Nees v. Esenbeck *27. Dezember 1824*

Um nun mit dem Besten anzufangen, so kann ich Ihnen sagen, daß Goethe sich in dem herrlichsten Wohlsein befindet. Er ist kräftig, braun, funkelnder Augen, heiter, mitteilend, händedrückend, mit einem Wort! es ist eine Lust, ihn zu sehen, und eine Wonne, ihm zuzuhören. Das letzte naturhistorische Heft ist erschienen, er hat mir damit mittelst Zuschrift von seiner Hand ein angenehmes Weihnachtsgeschenk gemacht, und es tut mir doppelt wohl, darin zugleich alle dortigen werten Freunde vereinigt zu besitzen. D'Altons Affen werden von ihm geschätzt und bewundert, wie sie es verdienen. Die Redaktion der Schillerschen und Goetheschen Briefe ist ihrer Vollendung nahe, sie hat Goethen größtenteils allein beschäftigt. Ein neues Heft von Kunst und Altertum ist begonnen. Die Gespräche des Lord Byron gewähren ihm in diesen Tagen eine interessante Lektüre.

Daß der Paria von Beer hier wiederholt mit vielem Beifall ist gegeben worden, haben Sie durch Goethe erfahren. Er sagte mir, daß er einen Komödien-Zettel zur Freude des Verfassers an Sie gesandt habe. Ich bitte auch meinerseits um einen verbindlichen Gruß an Herrn Dr. Beer.

Die Redaktion älterer Papiere aus Goethes Nachlaß ist schon seit mehreren Monaten beendigt, und Goethe treibt mich seitdem zu eigenen Arbeiten. Ich bin daher auch dem Geiste nach jetzt sehr glücklich und mache viele Gedichte. Auch ein größerer Aufsatz über objektive Wahrheit in der Poesie hat mich wochenlang beschäftiget; er ist in Goethes Händen und findet Zustimmung und Beifall. Übrigens lerne ich auf Goethes Rat Englisch und gebe den hier anwesenden jungen Engländern Unterricht in deutscher Literatur und Stil.

Den neugriechischen Heldenliedern sehe ich entgegen. Bei Gelegenheit und in Gegensatz der serbischen Gedichte hat Goethe sich im vorigen Sommer darüber geäußert, und diese Winke könnte ich dann vielleicht zugunsten der Sache benützen.

5570 F.v. Müller an Knebel 31. Dezember 1824

Wie hat Sie Goethes Morphologisches Heft angesprochen? Er war etwas leidend, seit er vor 10 bis 12 Tagen das Theater wieder einmal besucht hatte, aber seit den letzten Tagen ist er wieder ganz munter.

5571 F.v. Müller an Graf Reinhard 31. Dezember 1824

Flatters Büsten sind vor einigen Wochen richtig hier angekommen. Sonderbarerweise kam kein Brief an den Großherzog mit, und nur aus dem an Goethe erfuhr man, daß wahrscheinlich eine der Büsten dem erstern bestimmt sei, während wir erst aus Euer Exzellenz Nachrichten entnehmen, daß auch eine der Großfürstin gewidmet ist.

Der Großherzog hat durch Treitlinger vorerst Erkundigung einziehen lassen über die nähere Bewandtnis.

Goethe kam in Verlegenheit über die zu gebende Antwort, da er mit *seiner* Büste keineswegs zufrieden ist. Stirn und Nase sind wohl getroffen, die untern Gesichtspartien aber viel zu stark, zu ausgestopft gleichsam, so daß Goethe äußerte, es sei wohl eher die Physiognomie eines recht behaglich, wohl genährten Musikers wie Jomelli. Auch scheint ihm der Lorbeerkranz sehr steif und unbeholfen ums Haupt geschlungen.

Er hat endlich sich durch die – offen anliegende – Antwort mit dem Künstler abzufinden gesucht und sich durch Ihre Anfrage über den Hergang der Sache veranlaßt gefunden, Ihnen solchen vorzulegen und um geneigte Beförderung, nach beliebiger Siegelung, zu bitten. Vielleicht, meint er, ließen Sie gegen Ihren Korrespondenten einiges einfließen über die gerechten Desideria, und der Künstler nähme es dann aus Freundes Mund auch freundlicher auf.

Ich soll die allerherzlichsten Begrüßungen hinzufügen und den Wunsch, daß sein Morphologisches Heft Ihnen nicht zu steril erscheinen möge.

5572 F.v.Müller *31. Dezember 1824*

Am 31. Dezember
war ich mit Coudray und Riemer einige Abendstunden recht gemütlich bei ihm [Goethe].

Coudrays schöner Entwurf zum Pentazonium für den Großherzog gab Stoff zu heitern Betrachtungen.

1825

5573 F.v.Müller *3. Januar 1825*

Nachmittags kurze Zeit bei Goethe, goldne Medaille an Bildhauer Flatters zu Paris.

5574 F.v.Müller *5. Januar 1825*

Abends mit Julie bei der Tante ...

Auch hatte ich vorher Goethe mundfaul getroffen, nichts wollte bei ihm anklingen.

5575 Soret *9. Januar 1825*

Machte am Vormittag Besuch bei Gräfin Julie, traf sie aber nicht; von da mit dem kleinen Prinzen zu Herrn von Goethe. Er erzählte mir, er habe ein Manuskript aus Würzburg erhalten, worin eine Wallfahrt vierzig deutscher Ritter nach Palästina um die Reformationszeit erwähnt sei. Wir betrachteten außerdem das erste Bild des jungen Preller, den der Großherzog nach Holland geschickt hat, um dort zu studieren. Für einen Anfänger eine sehr tüchtige Arbeit.

5576 Soret an Caroline v. Egloffstein *15. Januar 1825*

J'ai été trois ou quatre fois chez Monsieur de Goethe, il travaille énormément, les soirs il est variable comme jadis, tantôt un peu taciturne, tantôt étincelant d'esprit, dimanche passé [9. Januar] je lui ai conduit mon petit prince, nous sommes restés une heure et demi occupés de mille sujets, il est tout plongé dans la lecture d'un vieux manuscrit que le chancelier lui a procuré et où il s'agit d'un pèlerinage de nobles Allemands à Jérusalem en 1506. Monsieur de Goethe était aussi tout émerveillé d'un tableau envoyé de Flandres par un jeune Preller qu'on y pensionne pour lui faire des études et qui répond dignement aux sacrifices du grand-duc en sa faveur. Le travail relatif à la correspondance de Schiller avance à grand pas. Monsieur Meyer ne peut assez répéter combien cet ouvrage sera intéressant et utile, il sera volumineux malgré d'énormes retranchements.

5577 F. v. Müller *10. (9.) Januar 1825*

Nach Tafel bei Gräfin Beust, die morgen nach Berlin reist, und dann bei Goethe. Wohlgeratenes Bild von Preller, einen tanzenden Bären vorstellend. Mitteilung aus dem alten Manuskript, das ich von Nenninger verschafft hatte, eine Pilgrimsfahrt angesehner Grafen und Herren im Jahre 1507 nach Jerusalem betreffend. Goethe schien sich sehr daran zu ergetzen. Artiger Brief von Frau v. Ringseis aus München wegen der Medusa Rondanini. «Ich *quäle* mich so hin von Tag zu Tag», sagte Goethe, «oder suche doch unter manchen Beschwerden mein Tagwerk immer so fortzuführen; nun, das ist auch so recht.» Coudray kam hinzu mit einem verbesserten Entwurf seines Pentazonii.

5578 A Specimen of Foreign Criticism *1832*

[Mit Bezug auf den Besuch von Captain Hutton bei Goethe am 10. Januar 1825.] He (Goethe) piqued himself much, (I understand), on his knowledge of England, and said to an English traveller who visited him a few years ago: I never was in your country, but I have endeavoured to collect all the information about it in my power, and would find myself, I think, pretty much at home among you.

5579 F.v.Müller *14.Januar 1825*

Schrecken über Goethes Unwohlsein.

5580 F.v.Müller *16.Januar 1825*

Kurzer Besuch vor Tafel bei dem wieder genesenen Goethe.

5581 F.v.Müller *17.Januar 1825*

Nachmittags lange bei Goethe, der später mit Adele und Ulrike recht heiter scherzte, zuerst aber mir durch seine Äußerung, «es lasse sich doch die mauvaise volonté im Gothaischen Kalender empfinden», nicht Genüge tat.

5582 F.v.Müller *20.Januar 1825*

Ich war bei Serenissimo des Morgens wegen der Veltenschen Sache. Auftrag an Goethe puncto des jungen Müller.

Als ich ihn nachmittags besuchte, sprach er aber nicht davon. Julie kam hinzu, er schien über die Engländergeschichte sehr gereizt, und *ich* wurde über Julie ärgerlich.

5583 F.v.Müller *22.Januar 1825*

Nachmittags bei Goethe, mit dem ich nur wegen Müller sprach.

5584 F.v.Müller *23.Januar 1825*

Hofrat Meyer erzählte mir von der Schweiz und dem Rigi, und von glücklicher Vollführung seines kritischen Großherzoglichen Auftrags an Goethe wegen Translozierung der Kupferstiche ins Museum.

Goethe werde, wie schon so oft, auch hier wissen, den Willen des Fürsten durch die *Ausführungsart* zum Besten zu lenken.

5585 F.v.Müller an Graf Reinhard *24.Januar 1825*

Goethe grüßt aufs herzlichste und hofft ebenfalls bald auf briefliche Äußerung über sein letztes Heft von Kunst und Altertum.

5586 F.v. Müller *26. Januar 1825*

Ich traf ihn [Goethe] im vordern Zimmer, und brachte ihm Hiob zum Geschenk von Umbreit. «Es ist ein schwer zu verstehendes Buch, man wird nie darüber einig werden, einige setzen es sogar *vor* Moses. Ich habe meine eigne Gedanken darüber, die ich aber nicht aufdringen will.»

An die Herausgabe der Fortsetzung vom Divan erinnert, erwiderte er, sie müsse bis zur Herausgabe seiner sämtlichen Werke verschoben bleiben, die er gerne noch bei Lebzeiten besorgen und daher Bedacht nehmen müsse, daß täglich etwas zu diesem Zwecke Förderliches geschehe und geleistet werde.

Seine «Zahmen Xenien» lagen im Manuskript vor ihm. In einer kommt vor: «Auch den *Verdruß* müsse man sich zunutze machen, denn er sei ja auch ein Teil, und zwar ein großer, des Lebens.»

Er ging hierauf hinaus und ließ mich nach einer Weile ins hintere Zimmer nachrufen, *da* sei es ihm um diese Zeit (7 bis 8 Uhr) wohnlicher. Und auch mir war es so. Ich las Reinhards trübsinnigen, seltsamen Brief und die Stelle aus Jacobi vor.

Dies gab zu den herrlichsten Schilderungen von Jacobis Persönlichkeit und zu höchst wichtigen Aufschlüssen über ihn und sein Verhältnis zu Goethe Anlaß, die ich immer noch mehr durch Vorlesung anschlagender Stellen aus Jacobis Briefsammlung provozierte.

Die Spekulation (die metaphysische) sei Jacobis Unglück gewesen, er sei doch eigentlich nicht dazu geboren, noch erzogen gewesen. Ihm hätten die *Natur*wissenschaften gemangelt, und mit dem bißchen Moral lasse sich doch nie große Weltansicht fassen. Er sei mehr zu einem liebenswürdigen, feinen Hof- und Weltmann geartet gewesen, zumal bei unverkennbarer Eitelkeit, die man jedoch nicht verargen müsse. Es komme darauf an, ob sie sich nach *außen* oder nach *innen* richte.*

* [Späterer Zusatz] «Von stattlicher Figur, edler Haltung, feinen Manieren und würdigem Ernst wüßte ich nicht leicht mir eine liebenswürdigere Erscheinung zu denken als eben Jacobi. – Ihm starb

5587 Henriette v. Beaulieu-Marconnay an ihre Tochter Caroline *1. Februar 1825*

Goethe freut sich noch immer über Deinen Brief und hat der Großherzogin neulich gesagt: Deine Art zu schreiben und Deine *Handschrift* sei die *angenehmste*, die er kenne; worauf sie erwiderte: nach dem, was sie von Dir gelesen, sei dies auch *ihre* Meinung.

5588 Eckermann an Nees v. Esenbeck *6. Februar 1825*

[Nach Mitteilung seiner Ansicht über des Adressaten Übersetzung neugriechischer Lieder.] Goethe, der alles wissen muß, was Sie betrifft, ist im Einverständnis; er hat meine Gründe gebilligt und mir zugeredet, Ihnen zu schreiben. Es ist ihm lieb, daß Sie sich auch auf diesem Wege versuchen wollen.

5589 F. v. Müller *7. Februar 1825*

Nachmittags bei Goethe, der eine Menge kleiner, beschriebner Zettel mit Denksprüchen vor sich hatte.

Herrliche Zeichnung von Jacobi durch Hemsterhuis.

Ich solle Linen gratulieren zu ihrer Bekehrung, oder vielmehr Zukehrung wegen Byrons. Endische Sendung von Kölner Karnevals-Gedichten p.

5590 Soret an Caroline v. Egloffstein *7. Februar 1825*

Le 24 s'est fait la première partie de traîneaux composée de quatorze attelages; j'avais promis à Madame de Goethe d'obtenir une permission pour m'échapper pendant deux heures et lui servir de cavalier, par bonheur pour elle je n'ai su la partie que trop tard, elle n'avait pas plus d'envie de sortir que moi; je ne sais quelle veine de retraite l'avait

aber seine heitere, lebensfrohe, tüchtige Gattin, die eine echt niederländische Figur, wie wir sie in Rubens besten Gestaltungen finden, viel zu früh.

Bei seinem Bedürfnis nach weiblicher Pflege und Anregung fiel er dann bald unter die Tutel seiner Schwestern, die sich zu viel Herrschaft über ihn anmaßten und ihn verweichlichten. Die jüngere, klar, voll Verstand und Charakter, aber auch voll Einseitigkeit oder bittrer Schärfe, ist für ihn und andre zu einem wahren *Reibeisen* geworden.»

prise et pourvu qu'il fût prouvé que ce n'était pas sa faute d'être restée à la maison elle était contente; quant à moi au risque de recevoir des lettres terribles je préférais les attendre à la maison. Le Papa Goethe a seul été fort scandalisé de ce que sa belle-fille n'avait point eu de cavalier, il est avec elle comme l'est un jeune mari avec son épouse; si on a l'air de la négliger il se fâche, si on lui fait la cour il se fâche encore plus, voilà un jaloux! Et cependant malgré son âge je donnerais beaucoup pour avoir un amoureux tel que lui si j'étais femme ... Voyez comme je suis galant! j'ai vite été ce soir chez Monsieur de Goethe pendant que Monsieur Meyer était au château, pour pouvoir vous donner des nouvelles bien nouvelles du *Vater*. Il avait été un peu dérangé ces jours passés par je ne sais quelle gringerie dont il ne vaut pas la peine de tenir compte. Maintenant il est aussi bien que possible, nous avons bien ri et nous nous sommes amusés de babioles, preuve irrécusable de son bon état physique. Il m'a demandé des nouvelles de St. Pétersbourg [wo sich die Adressatin befindet] d'un ton qui m'a prouvé qu'en langage poétique il prenait un nom de ville pour un nom de femme, j'ai répondu que St. Pétersbourg se portait bien, à bon entendeur salut. Il a paru content; ce n'est pas à lui que j'irai jamais dire que St. Pétersbourg m'a écrit le plus aimable billet du monde, il ne me le pardonnerait pas.

5591 F. v. Müller an Graf Reinhard *11. Februar 1825*

Goethe grüßt *aufs allerherzlichste*, es freut ihn sehr zu hören, daß Sie Voigts Naturgeschichte durchlesen, deren Verfasser er sehr begünstigt. In kurzem wird wieder ein Heft von Kunst und Altertum fertig, und ein sehr inhaltsreiches. Unter andern kommen die Goetheschen Antworten auf die im letzten Hefte abgedruckten Schillerschen Briefe darin vor.

Man schrieb mir dieser Tage von München, ob ich nicht eine Kopie des Porträts von Jacobi, das Wieland besaß, verschaffen könnte, um dem zweiten Teil der Briefsammlung einen recht ähnlichen Kupferstich vorzusetzen. Leider aber ist jenes Porträt nach Aussage der Wielandischen Töchter schon in den letzten zehn bis zwölf Jahren vor ihres Vaters Tode verschwunden gewesen, ohne daß man weiß wohin. Ich klagte dies Goethen, der hierauf nachsuchte und eine ganz herrliche Zeichnung von Hemsterhuis, vom Jahre 1771, fand, die Jacobis Züge, aufs edelste, treuste und geistreichste aufgefaßt, ganz so wiedergibt, als Goethe sie in den schönsten Jugendstunden gekannt haben will. Nun habe ich diesen Morgen den Fund nach München geschickt ...

5592 Ottilie v. Goethe an Soret *13. Februar 1825*

Mein Schwiegervater trägt mir auf, Ihnen zu sagen, daß es ihm sehr angenehm sein würde, wenn der Prinz um 12 Uhr ihm in Ihrer Begleitung die Ehre seines Besuchs geben wollte.

5593 Soret an Caroline v. Egloffstein *(18./19.) Februar 1825*

J'ai passé une heure et demie chez Monsieur de Goethe dimanche dernier [13. Februar] en y conduisant mon bout d'homme ... Quant à Son Excellence, je suis surpris du bon état de sa santé, les petites incommodités sont toujours passagères, la disposition habituelle est bonne! Il travaille avec une ardeur de jeune homme; il prépare une nouvelle édition du Divan dans laquelle se trouvent beaucoup d'additions et correctures, il va publier aussi un petit roman fort intéressant gardé depuis vingt ou trente ans au fond d'un portefeuille. Ces nouvelles sont pour vous, car avec son amour du mystère je ne sais pas s'il veut qu'on sache par le monde ce qu'il fait maintenant, je ne suis point indiscret avec mes confidences car je ne tiens point la chose de lui et personne ne m'a recommandé le secret.

5594 Eckermann an Johanne Bertram *13. Februar 1825*

Goethe rät mir zu der Archivstelle [in Hannover], im Fall sie vakant wird, und will selbst sowohl an Rehberg als dem Archiv-Rat Kestner schreiben. «Sie wissen, wie lieb ich Sie habe», sagte er, «und wie gerne ich Sie in meiner Nähe behielt; Sie müssen es sich selbst sagen, daß ich Sie zu den wenigen zähle, die meinen nächsten Umgang ausmachen; aber doch, wenn es zu Ihrem dauernden Glücke gereicht, will ich Sie gerne entbehren. Ich habe wohl daran gedacht und habe *viel* daran gedacht, ob ich Sie nicht auf die eine oder andere Weise hier placieren könnte, aber Sie wissen ja selbst, wie beschränkt unsere Zustände sind. *Hier* wüßte ich Ihnen keine glückliche Lage zu bereiten, auf der Sie eine sichere häusliche Existenz gründen könnten. Und dies ist es doch, worauf es ankommt. Wäre ich zwanzig Jahr jünger, so wäre es schon anderes. Aber wir stehen alle auf der Neige. Ich bin alt, der Großherzog ist alt, der kann bald zusammenbrechen, und dann ständen Sie hier alleine.

Dagegen in Hannover ist es ganz anders, sind Sie dort einmal placiert, so sind Sie gesichert und avancieren. Auch Ihrer Geliebten wegen muß es Ihnen lieber sein dort als hier. Wir wollen daher, im Fall die Stelle vakant wird, alles tun, daß Sie sie erhalten und versorgt werden; denn eine so passende Gelegenheit kommt so leicht nicht wieder. Die Kenntnisse dazu haben Sie hinreichend, und die Funktionen selbst lassen Ihren Geist in voller Freiheit, Sie können gar keine passendere Stelle bekommen. Und Kestner ist ein so hübscher Mann, daß Sie gewiß in solcher Lage ein sehr angenehmes Verhältnis hätten.»

Ich konnte auch Pertz gegen Goethe rühmen, und er fügte noch vieles hinzu, woraus ich sah, wie sehr mein Glück ihm am Herzen liegt. Von Dir, geliebte Hannchen, sprach er sehr viel. Ich war still beglückt über Goethes Liebe, und in Hoffnung einer glücklichen Existenz mit Dir; aber es schlich sich ein wehmütiges Gefühl mit ein, wenn ich bedachte, daß ich mich von dem herrlichen Goethe trennen sollte.

5595 F. v. Müller *18. Februar 1825*

Bei Goethe, aber nicht lange, da er mit Riemer arbeiten wollte.

5596 *F. v. Müller* *19. Februar 1825*

Nachmittags bei Riemer und dann lange bei Goethe sehr vergnügt. Durchlesung höchst interessanter Briefe von Humboldt, Nicolovius, Schelling, Frau v. Staël. A. Humboldt klagt, daß ihm «der Anblick so großer gewaltiger Natur (in Amerika), die Stille und Einsamkeit der Wälder, eine düstre Stimmung zurückgelassen, die ihn jedoch nicht am Arbeiten hindere.»

Frau v. Staël lud Goethen vergebens mit den schönsten Schmeichelworten nach Dresden ein.

5597 *F. v. Müller* *25. Februar 1825*

Beim Großherzog wegen Goethes Wunsch, ein Privileg gegen Nachdruck zu erhalten ... Nachmittags bei Goethe. Herzenserleichterung wegen Jubel-Medaille und Goethes Plan auf Genève.

5598 *Soret an Caroline v. Egloffstein* *26. Februar 1825*

Der Vater. Je le trouve depuis quelque temps dans un merveilleux état de santé, par malheur qu'il m'est bien rarement permis de jouir de sa vue; il faut des prétextes bien plausibles pour aller le relancer aux environs de 9 heures, hier je ne l'ai pas craint, j'avais à lui remettre douze médailles d'argent qu'il a fait venir de Genève dans de jolis étuis en maroquin pour des cadeaux à d'illustres amis. Son Excellence était d'une gaîté charmante.

5599 *F. v. Müller* *1. März 1825*

Nachmittags kurze Zeit bei Goethe, der mir sein merkwürdiges Stammbuch berühmter Gelehrten zu Anfang des 18. Jahrhunderts zeigte.

5600 *F. v. Müller* *5. März 1825*

Nachmittags lange bei Goethe mit Meyer. Beschluß wegen der Medaille in Genève. Durchsicht von gesammelten merkwürdigen Handschriften.

5601 *F. v. Müller* *9. März 1825*

Lange bei Goethe nachmittags, der sehr freundlich war. Über gefährliche Zerstreuung durch Tages-Lektüre. «Der Mensch nimmt am Ende doch nur an, was ihm gemäß ist.»

5602 *F. v. Müller* *10. März 1825*

Kürzere Zeit bei ihm [Goethe] mit Julie. Briefe von Reinhard. Er war sehr zur Ironie und Widerspruch geneigt.

5603 *F. v. Müller* *12. März 1825*

Nachmittags bei Goethe, alte Stammbücher. Sein Zorn über Flatters, so daß er ärgerlich wurde, daß ich die Sache komisch nahm.

[Am Rande:] Baron Burkana.

5604 *F. v. Müller* *13. März 1825*

Des jungen Felix Mendelssohns Klavierspiel bei Goethe.

5605 *Soret an Caroline v. Egloffstein* *(13. März 1825)*

A la maison Goethe, il y a eu ce matin déjeuner musical en l'honneur de Félix Mendelssohn, soit heureux hasard soit pitié pour moi, votre amie a invité les amateurs entre 11 et midi seule heure dont je puisse disposer. Félix l'enfant est devenu un joli jeune homme et son talent a fait des progrès aussi remarquables que son physique, il exécute maintenant avec âme ce que jadis il faisait avec dextérité, j'ai entendu des variations de sa composition d'autant plus remarquables que leur extrême difficulté n'empêche pas le sentiment de percer pour ainsi dire au travers de chaque mesure.

5606 *F. v. Müller* *15. März 1825*

Eine Stunde bei Goethe, wo wir von Röhr, Fitzroy sprachen, von Flatters und von der Notwendigkeit, alle Geschäftsexpeditionen reinlich und anständig zu machen, indem ein Kommunikationsschreiben des Landschafts-Kollegiums, das mit Klecksen und schlechtem Oblatensiegel versehen war, Goethen sehr ärgerte.

5607 *F. v. Müller an Graf Reinhard* *18. März 1825*

Ihre freundlichen Zuschriften, verehrtester Freund! haben Goethen und mir große Freude gemacht, besonders da wir uns nun der schönen Hoffnung überlassen zu dürfen glauben, Sie bald von Angesicht zu Angesicht zu sehen, denn daß Ihnen eine durch so bedeutende Motive [Verheiratung seiner Tochter Sophie nach Meiningen] gebotene Reise von Paris aus erschwert werden könnte, scheint uns kaum gedenkbar ...

Goethe ist über Flatters – wenn gleich nur indirekte – Drohung, hierherzukommen, ganz erschrocken. Er wird Ihnen in diesen Tagen ein ostensibles Blatt senden, um jeder etwaigen weitren Demarche gründlich vorzubeugen.

5608 *F. v. Müller* *18. März 1825*

Nachmittags kurze Zeit bei Goethe, dem ich die Pempelforter und Petersburger Briefe mitteilte.

5609 *F. v. Müller* *21. März 1825*

Nachmittags bei Goethe, der mir seinen Wunsch kundtat, mich und Riemern zu Exekutoren seines literarischen Nachlasses dereinst zu machen. Brief von Rauch, die Medaille betreffend, und Goethens veränderter Entschluß.

5610 *F. v. Müller* *22. März 1825*

Großer Feuerschreck in der Nacht. Das Theater brennt furchtbar-schön ab. Serenissimus entwirft im Palais, noch während des Brandes, neue Pläne zum Wiederaufbau ... Erörterungen wegen der Kompetenz zu Untersuchung des Brandereignisses.

Ziegesars freundliche Erscheinung. Besuch bei Goethe, den ich sehr angegriffen fand. «Die Brandstätte ist das Grab meiner Erinnerungen.»

Doch äußerte er auch: «Nur durch frische Tätigkeit seien Widerwärtigkeiten zu überwinden, und er wolle deshalb noch heute eine Session mit Riemern halten.»

5611 *Soret* *22. März 1825*

Le théâtre de Weimar a été consumé en entier cette nuit par un incendie terrible. Goethe en a été si éprouvé qu'il a gardé le lit une grande partie de la journée et n'a pas pu recevoir la visite de la Grande-Duchesse. «Chacun de nous a maintenant de précieux souvenirs consumés», s'est-il écrié dans son chagrin. En effet, c'est là que, pendant bien des années, il a exercé avec Schiller une si grande et si favorable influence sur la scène allemande. Pendant deux ou trois jours, il s'est senti souffrant et a fermé sa porte à presque tous les visiteurs.

5612 *F.v.Müller* *23. März 1825*

Nicht angenommen bei Goethe.

5613 *F.v.Müller* *24. März 1825*

Nachmittags vergeblich bei Goethe, dann bei Meyer.

5614 *Riemer* *25. März 1825*

Ließ mir Goethe absagen, indem er der Einsamkeit bedürfe, sich herzustellen.

5615 *F.v.Müller* *25. März 1825*

Merkwürdiger Brief von Goethe, die Medaillen-Angelegenheit und seine freiwillige Einsamkeit betreffend ...

Abends mit Kynaston bei Egloffsteins. Olympiens Anmahnung zu Hinweisung Goethes auf eine nun noch mögliche Einweihung des neuen Theaters durch ihn. Sie glaubte sich aus dem Vorspiel von 1807 des von ihm aufgestellten Gleichnisses der Ameisen zu erinnern.

5616 *F.v.Müller* *26. März 1825*

Der ganze Morgen ging leider auf die Nachlesung des Vorspiels von 1807 und auf einen Brief an Goethe hin, der jedoch allen Eindruck verfehlte und mir durch seine Antwort, worin Schriftlichkeit für alle Geschäftssachen verlangt und auf möglichste Beschränkung der Besuche hingedeutet wurde, großen Kummer und Schmerz zuzog ...

Besuch bei Meyer, dessen scharfer, kalter Verstand mich einigermaßen tröstete. Er begriff nicht, warum Goethe sich so außerordentlich um das Theater betrübe. «Ich habe mich aber nie vermessen, ihm meine Ansichten und Empfindungen aufdringen zu wollen, sonst wären wir wohl auch nicht so gute Freunde geblieben. Ich habe das Hinwegsetzen über unabwendbare Ereignisse gerade in Goethes Schule gelernt, und nun wird er seiner Lehre selbst untreu. Was will er mit traurigen Vorzeichen für das Jubeljahr? Vor dem Herrn sind tausend Jahre wie ein Tag, warum sollte just in diesem Jubeljahr so viel Schreckliches zusammentreffen? Und träfe es, wer könnte es ändern? Es ist fatal genug, daß das Theater abgebrannt, sollen wir uns noch obendrein unmäßig darüber betrüben?»

5617 Caroline Freifrau v. Egloffstein
an Caroline v. Egloffstein *26. März 1825*

Goethe ist sehr bewegt durch den Verlust des Hauses, welches unter seiner Aufsicht entstanden und in welchem er gewirkt hat mit Lust und Liebe, er betrachtet es als einen lieben, teuern, abgeschiedenen Freund, man muß ihn in Tätigkeit zu ziehen suchen, indem er das Neue an das Alte knüpft, der Großherzog macht es so, und während dem Brand dachte er an eine neue Schöpfung ...

5618 Eckermann an Johanne Bertram *27. März 1825*

Vorigen Dienstag nacht brannte unser liebes Theater ab bis auf den Grund! Welchs solche Teilnahme und Verwirrung in Weimar hervorgebracht hat, daß die ganze Woche fast niemand etwas getan hat. Goethe war einige Tage von dem Schreck und Teilnahme krank. Jetzt denkt jeder an Vorschläge zu einem neuen und wie man sich anders einrichten will. Ich bin sehr fleißig und fülle jetzt die Theaterabende auf das nützlichste aus.

Goethe selbst ist dieser Tage etwas sehr Angenehmes geschehen, was er mir gestern vertraute. Der Deutsche Bund nämlich hat ihm für die intendierte neue Ausgabe seiner Werke ein Privilegium der Art erteilt, daß kein Buchhändler in Deutschland wagen darf, sie je nachzudrucken. Der Verleger also, dem er sie gibt, wird ihm eine sehr große Summe geben können, weil er für alle Jahre hinaus gesichert ist und er nie einen Nachdruck zu befürchten hat. Dies regt ihn nun auf, die Redaktion der neuen Ausgabe rasch zu betreiben und mich wieder um meine tätige Hülfe zu ersuchen. Diese kann ich ihm nicht versagen, um so weniger, als ich weiß, daß kein anderer ihm helfen kann. Dagegen hat er versprochen, nicht allein durch bare Münze dankbar zu sein, sondern auch an meinem neuen Buche mir zu helfen, und mir sogar von seinen eigenen Manuskripten zu geben, die ich für mich herausgebe. Er freut sich sehr, daß die Hannoveraner mich nicht gewollt haben, und hält es für ein glückliches Ereignis.

5619 G. H. Calvert: First Years in Europe *1866*

... I, after spending two or three days at Gotha ... had, early on the morning of Sunday, the 27th of March, 1825, started alone, in a hired carriage, and ... had arrived at Weimar about noon; my purpose being to stop there a day or two, see Goethe if I could, and then go on to Leipsic and Dresden ...

After dinner (which at the public table of the *Erbprinz* was served at half-past one) learning that Goethe dined at two, I waited till a quarter past three, and then walked to his house in the *Frauenplatz*, (women's-place) not two hundred yards from the hotel. I had no letter, and knowing that Goethe refused to admit unlabelled visitors, I rang the bell with misgivings. The servant said, the *Herr Geheimerat* (the Privy Councilor) had not yet risen from table. "There", cried I vexedly to myself as I turned away, "by my impatience I have forfeited the at best doubtful chance of seeing the great man. The summons of his waiter from the dining-room to the door, he will feel as an intrusion on his privacy and comfort, and be thereby jarred into an inhospitable mood." I walked into the park, enlivened on a sunny Sunday afternoon with Weimar's quiet denizens. Towards four I was again ringing Goethe's bell. The servant asked my name. I gave him my card on which I had written, "aus Washington, America." My home being near the capital, of this I availed myself to couple my name with that of the sublime man – honored by all the hundred millions in Christendom – the presenting of which to the imagination of a great poet might, I hoped, kindle an emotion that would plead irresistibly in my behalf. The servant quickly returned and ushered me in. I ascended the celebrated wide, easy, Italian staircase. On the threshold I was about to pass, my eye fell pleasantly on the hospitable SALVE, inlaid in large mosaic letters. The door was opened before me by the servant, and there, in the centre of the room, tall, large, erect, majestic, Goethe stood, slightly borne forward by the intentness of his look, out of those large luminous eyes, fixed on the entrance.

In 1825, Americans were seldom seen so far inland. In his whole life Goethe had not probably met with six. The announcement of one for the unbusied moments of after-dinner, was, I dare say, to the ever-fresh student and universal observer, a piquant novelty. His attitude and expression, as I entered, were those of an expectant naturalist, eagerly awaiting the transatlantic phenomenon.

Goethe was then in his seventy-sixth year; but neither on his face nor figure was there any detracting mark of age. Kindly and gracefully he received me; advancing as I entered, he bade me be seated on the sofa, and sat down beside me. In a few moments I was perfectly at ease.

At such an interview the opening conversation is inevitably predetermined. How long I had been in Europe; the route by which I had come; the sea-voyage. When he learned, that for fifteen months I had been a student at Goettingen, he inquired with interest for several of the professors, especially Blumenbach and Sartorius.

Opportunities of converse with the wise have ever been esteemed, by men eager for improvement, among the choice human privileges ... What a position was mine then at that moment – seated beside one wiser than the wisest of the seven sages of Greece, in whose single head was more knowledge than in the heads of all the seven together; the wisest man then living, – nay, save two or three, the wisest that ever has lived. Across the Atlantic, through England and Belgium, over the Rhine (railroads and ocean-steamships were not in those days) I had come to be taught by the wise men of Goettingen. And here sat I, face to face with the teacher of these Goettingen teachers, with him from whom every one of them had learned, and from whom the best of them were still learning. Yet, in this interview with the chief of teachers, the wisest of the wise – an interview which hundreds of the highest men of to-day would almost give a finger to have had – in this privileged *tête-à-tête*, it was not Goethe who taught me, it was I who taught Goethe.

Reader, I take no offence at your contemptuous incredulity, but will briefly tell you how it was.

The news of the election of John Quincy Adams to be President of the United States had just reached Germany. Three days before, I had read it, while at Gotha, in a Frankfort newspaper. Goethe wished to understand the mode and forms of election. This I explained to him in full: the first process through electors, and then, as in this instance, the second by the House of Representatives. In stating that the people did not directly choose, but voted for a small number of electors, and that these then voted for one of the candidates, I used the word *gereinigt* (cleansed) to describe how the popular will, to reach its aim, was sifted through the electoral colleges. The term *gereinigt* pleased Goethe much. I used it because, being of one of the most federal of federal families, and not having yet begun to think for myself on political subjects, the breadth and grandeurs of democracy were still unrevealed to me; and it pleased Goethe because, broad and deep as was his sympathy with humanity, he was after all not omnisentient any more than omniscient ...

Thinking that a stranger, with not even the claim of an introductory note, should be content, after sharing with Goethe a brief fragment of his time, before a half hour had expired I rose and took my leave.

Back into the park I strolled, now no longer lonley: I was accompanied by the image of Goethe.

Goethe's face was oval, with grand harmonious lines, and features large and prominent, hair cut short, and gray without baldness, forehead high and roomy, largely developed throughout, and swelling in the upper corners, so as to unite in a fine curve the conspicuous organs of wonder and ideality. The whole head and face less massive than in the full-sized Paris engraving, which I have, after a portrait by Jagemann; and also less broad than the engraving in Mrs. Austin's "Characteristics"; having the lightness and airiness which, in a countenance resplendent with mind, result from the harmony between the curve-inclosed breadth above and the strong basilar front ...

On Monday morning I awoke with such pleasant recollections of the preceding afternoon and evening, that I resolved to stop a day or two in Weimar – at least until time should begin to press idly upon me. Just before leaving Goettingen, I had received from a Boston friend and Harvard classmate a late number of the "North American Review", containing an article on Goethe's works. This I inclosed to Goethe with a note saying, that I took the liberty to send it, thinking that he might like to read what was written about him in the New World ...

... in the evening I was making inquiries about the routes to Leipsic, when there came a package from Goethe, containing the "Review" accompanied by a note of thanks, which stated that he had a few hours before received a copy of the same number from a friend in Berlin. But the pith of the note was in the end of it – an invitation to Goethe's house on the following evening ...

Toward eight I repaired to Goethe's. In the large drawing-room, where he had received me on Sunday, were collected twelve or fifteen persons. But Goethe was not among them: he was unwell. Neither was his son present. Frau von Goethe, sprightly, intelligent, and graceful, did the honors with tact and cordiality. In five minutes I felt myself at home ...

And have you nothing more to say of Goethe? some of my readers may here ask. Would that I had. But, to be frank, I thought very little about Goethe. If self-reproaches were, in such a case, of any avail, briskly would I join the reader in heaping a mountain of them on my own head. Here was, indeed, a gigantic example of the wasted opportunities of youth. True, with the most intense will, I could not have had another interview with Goethe. From the illness into which he fell, two days after my arrival, he did not recover until I had left Weimar. His daughter-in-law promised me that I should see him again; but the day never came. I spent, however, three weeks, lodged within a stone's throw of his house, in the town where he had lived for fifty years, and where there were scores of men and women who had witnessed his arrival, and a whole population familiar with his person and his every-day life...

One afternoon we found ourselves – two or three of my English fellow-idlers and myself – in the drawing-room of Madame Goethe. Goethe's son and daughter-in-law had in his house up-stairs, a separate suite of rooms. The Englishmen – more muscular than mental – soon got into a romp with several young ladies, who happened to be present. Not being so demonstrative, I was a tranquil, and by no means admiring spectator of the hoydenish flirtation. German houses are not the most solid. The room so shook, that I feared some cups, on an *etagère*, would leap to the floor. I said to Madame Goethe, "Will not this disturb your father-in-law?" "Oh! no," she answered, "he will not hear it, and if he does, he will not mind it." This is another precious, and, I may add, unique memory, that, in Goethe's own house, I once raised my voice, to protect his sick nerves from the possibility of a shock.

5620 Caroline Freifrau v. Egloffstein
an Caroline v. Egloffstein *29. März 1825*

Goethe sieht heute die Großherzogin zum erstenmal wieder nach diesem Ereignis [dem Theaterbrand], er war bis jetzt für jeden, selbst für Meyer, unzugänglich, auch war er leidend, indem seine Herzschmerzen sich zeigten, doch pflegte er sich physisch und geistig.

5621 F.v. Müller an Graf Reinhard *29. März 1825*

Goethe war *sehr gebeugt* und ergriffen [durch den Theaterbrand], hat sich aber wieder glücklich erholt und wird sich sehr der Kunde von Ihnen und Nagler [das Bundestags-Privilegium für die Ausgabe letzter Hand betreffend] freuen.

5622 F.v. Müller an Graf Reinhard *31. März 1825*

Goethe grüßt aufs herzlichste und ist von unserm Brandunglück noch sehr gebeugt, vielleicht empfindet es in ganz Weimar niemand tiefer als er! «Das ist das Grab meiner Erinnerungen», rief er gleich bei der ersten Schreckensnachricht aus.

Zum Glücke haben Nagler und seine guten Nachrichten einige günstige Diversion gemacht. Vorher wollte er mehrere Tage lang gar niemanden von uns sehen. Die Bundestagsbegünstigung ist ihm vom allergrößten Werte.

5623 Riemer *29. März 1825*

Abends bei Goethe, brachte ihm die neue Helena zurück.

5624 Eckermann an Nees v. Esenbeck *31. März 1825*

Den Einschluß an Goethe habe ich gleich abgegeben, allein weil die höchst erregte Epoche unseres Theaterbrandes dazwischen getreten ist, so hat er diese heiteren Gegenstände noch nicht mit mir besprochen ...

Für die Medaille sage ich meinen besten Dank, sie ist sehr gelungen, und auch Goethe erfreuet sich ihrer.

Goethe hat vom Bundestage ein Privilegium zur Herausgabe seiner Werke der Art erhalten, daß kein deutscher Fürst in seinem Staat je einen Nachdruck derselben gestatten will. Dieses hat ihm zu der Redaktion einen neuen Sporn gegeben, und er hat auch meine Kräfte seit den letzten Wochen wieder herzugezogen. Mir ist es sehr lieb, ihm wieder dienen zu können. Es wäre ihm zu gönnen, daß er die Ausgabe erlebte und noch manches schöne Jahr hinterdrein.

Der Großherzog ist krank, gestern sogar gefährlich, heute jedoch besser. Der Brand des Theaters, wobei er sich sehr tätig erwiesen, wird auf sein Alter nachteilig gewirkt haben. Auch Goethe lag einige Tage darnieder. Dieser ist jedoch ganz wohl wieder, und auch den lieben Großherzog werden wir hoffentlich bald wieder hergestellt sehen.

5625 Riemer *31. März 1825*

(Grüner Donnerstag.) Bruno [Riemers Sohn] zum Eiersuchen bei Goethe im Garten.

5626 Riemer: Notiz

[Zusatz zu der Niederschrift seiner Frau Caroline, das von Goethe in den ersten Weimarer Jahren veranstaltete Eiersuchen betreffend, vgl. Nr. 659.] Er hielt es noch den 31. März 1825, wobei Bruno war und die meisten Eier fand. Auch in den ersten Jahren meines Hierseins weiß ich, daß es geschah; Rinaldo suchte die Eier im Hausgarten.

5627 F. v. Müller *2. April 1825*

Mittags bei Goethe, den ich elf Tage nicht gesehen. Es ging doch ziemlich munter her. Unmäßigkeit im Essen.

5628 F. v. Müller *4. April 1825*

Nachmittags eine Stunde bei Goethe, der Naglern einen Velocifer-Charakter nannte, an dem Plane der Errichtung eines Orthopädischen Instituts großen Teil nahm und sich noch immer nicht über die Medaille aussprach. Brand-Fragmente aus Tasso. «Ich bin fast nicht mehr kommunikabel nach außen, nur daß mein Inneres etwas wert sei, tröstet mich noch.»

5629 Henriette v. Beaulieu-Marconnay an ihre Tochter Caroline *5. April 1825*

Das Theater kommt auf die alte Stelle, nur weiter zurück, und wird, statt wie ehemals 500, künftig 800 Menschen fassen ... Der Großherzog hat Goethes Meinung dabei vorzüglich mit in Anschlag gebracht, und beide alte Heroen der guten Zeit leben und weben ganz in dem neuen Werk, das bis zum 3. September dieses Jahres fertig und am Jubelfest eingeweiht werden soll. – Der Schmerz des Verlustes wird sehr durch die Aussicht auf ein hübsches neues Haus an der alten lieben Stelle vermindert, und die Tätigkeit, die dort herrscht, wo man nun schon frisch und munter, wie in einem Ameisenhaufen, arbeitet, verscheucht die trüben Gedanken, die sich aus dem Schutthaufen, wie böse Geister, erhoben. «Nur frisch, Ameisen gleich, die Hand ans Werk gelegt!» Wo steht diese Stelle in Goethens Werken?? Kein Mensch weiß sie zu finden, nur ich allein trage sie, zu meiner eignen Kräftigung, schon seit Jahren in meinem Gedächtnis herum, und jetzt, wo es gilt, kann Goethe selbst sich nicht darauf besinnen, obgleich er sie vortrefflich findet. Du, die alles weiß, sage uns, wo steht sie?

5630 F. v. Müller *6. April 1825*

Vor Tische noch bei Goethe im Garten; aufblühende Gewächse, Krokus, Tausendschön.

5631 F. v. Müller *8. April 1825*

Vor Reinhard und *mit* ihm bei Goethe, der heiterer und mitteilender war, als ich gedacht hatte ... Schöner Spaziergang im Park mit Reinhard, dann den Abend bei Goethe mit Riemer. Das Souper machte mich sehr schläfrig, und ich bereute sehr, nicht Goethens Beispiel gefolgt zu sein, der weder aß noch trank. Reinhard erzählte sehr interessant von den Girondisten und Feuillants und der steten Gefahr, in der arretiert zu werden er damals gefürchtet hatte.

5632 Graf Reinhard an Wessenberg *17. Mai 1825*

Quant à Monsieur de Goethe, je l'ai trouvé [am 8. April] assez bien remis de l'impression que lui avait faite l'incendie de la salle de spectacle; contre son usage il resta à causer avec nous jusqu'à minuit.

5633 *Graf Reinhard an Hammer-Purgstall* *22. Mai 1825*

[Über Goethe.] Daß Sie aber diesem grauen, nicht bloß ruhm-, sondern wahrhaft liebenswürdigen Greis immer zu Leibe gehen wollen und ihm eine Lanze entgegen strecken, kann ich doch nicht billigen. Erst vor einigen Wochen habe ich ihn wiedergesehen, und hinter dem abwehrenden Panzer seiner prätentiösen Steifheit das warme, jugendliche, für Zuneigung empfängliche, in Anhänglichkeit beharrliche Herz gefühlt. Nehmen Sie dazu die rastlose Tätigkeit, diesen auf allen Gebieten des Wirkens Licht werfenden Blick, diese besonnene Teilnahme an allem Menschlichen, und in allen Zeitaltern werden Sie wenige finden, die ihm gleichen.

5634 *Graf Reinhard an Goethe* *4. Juli 1825*

Das häßliche *Chiragra* war schuld, daß ich, seit ich Sie verließ, Ihnen noch nicht direkte Nachricht von mir gegeben habe. Wie ich der Hand wieder mächtig ward, waren Geschäfte nachzuholen, und eben in der Muße meines hiesigen Lebens find ich am wenigsten Muße; es ist wohl das «Sich-Gehn-Lassen», wie Sie von Wolf sagten; und in diesem unschuldigen Sinn will ich es mir aneignen.

5635 *Soret an Caroline v. Egloffstein* *12. April 1825*

Der Vater ist ganz wohl, vorgestern habe ich die Freude gehabt, ihn zu sehen, wir sind zusammen im Garten spazieren gegangen – usw., vous me permettrez seulement d'ajouter en bon français qu'il m'a demandé avec sa manière toute mystérieuse de vos nouvelles, un passant qui de fortune aurait entendu sa question aurait cru qu'il s'agissait du Grand-Turc ou du Grand-Mogol. Nous avions l'air de diplomates français et pourtant nous parlions Allemand ... On a envoyé de Berlin à Monsieur de Goethe, *den Vater*, un volume d'un journal américain dans lequel se trouve une récension de ses œuvres remplie des plus beaux éloges. L'expéditeur profitait de cette occasion pour dire à Son Excellence que les habitants d'outre-mer ne se montraient pas à son égard aussi *herzlos* que les froids insulaires de la Grande-Bretagne. *Oh! répond bien vite Monsieur de Goethe à son correspondant, il est possible que vos Anglais aient ce défaut à mon égard, mais je vous jure bien que ma fille n'est point de votre avis, elle n'a pas eu de ces Anglais herzlos dont vous vous plaignez tant pour mon compte.* Votre amie frémit de l'idée que cela va courir dans tout Berlin et moi je le fais courir en poste à St. Pétersbourg ... Plusieurs plans ont été proposés pour le nouveau théâtre, il y avait même un peu d'inquiétude parmi les principaux projeteurs. Messieurs de Goethe et Coudray, qui depuis longtemps s'étaient amusés à faire un plan nouveau, ont remporté la victoire, le Grand-Duc s'est décidé en leur faveur et les ouvriers sont occupés au milieu des décombres à tirer des lignes au cordeau pour le nouveau tracé.

5636 Soret an Caroline v. Egloffstein *(12. April 1825?)*

Beaucoup de personnes ont souffert moralement ou physiquement de la catastrophe. Notre cher *Vater* a été bien affecté. Le mal était inévitable; il a usé d'un remède qui lui est familier, celui de nous fermer sa porte pendant quelques jours, dans cet intervalle il paraît qu'il a travaillé son imagination affligée en faisant quelque composition forte et absorbante, puis tout d'un coup il s'est laissé aborder de nouveau comme si de rien n'était, parlant avec regret mais avec abandon de la perte que nous avons faite, souriant aux projets de reconstruction et étant aussi bien qu'auparavant sous le rapport de la santé; j'en ai eu une longue conversation avec lui [am 10. April?] où tous ces sujets et bien d'autres ont passé en revue, je suis revenu à la maison parfaitement tranquille sur le compte de notre cher *Vater*. Il m'a beaucoup parlé de Madame de Goethe et témoigné le désir que ses amis la vissent plus souvent que jamais pour suppléer au vide du théâtre; et a plaint aussi celle qu'il appelait une fois *la pauvre petite* en pensant aux pénibles impressions qu'elle recevrait de nos dernières lettres; vous qui connaissez Goethe mieux que moi, vous savez qu'il faut qu'il soit singulièrement bien disposé de corps et d'esprit pour consentir à aborder des sujets qui peuvent offrir la moindre face mélancolique.

5637 *F. v. Müller* *10. April 1825*

Von 1 bis 2 Uhr bei Goethe, dem ich von Reinhard noch vieles erzählte. Plötzlich brach er ab, und entschuldigte sich seltsam genug, mich nicht zu Tisch bitten zu können. Und doch war es noch nicht zu spät.

5638 *F. v. Müller* *11. April 1825*

Nachmittags langer Spaziergang mit Riemer. Verdruß über Goethes Erklärung, die Medaille aufgeben zu wollen.

5639 *F. v. Müller an Graf Reinhard* *13. April 1825*

Goethen war Ihre Erscheinung sehr wohltätig. Die Atmosphäre von Wohlwollen und Innigkeit, die Sie – nach seinem Ausspruch – um sich verbreiten, hat ihn selbst erwärmt. Er ist in diesen Tagen durch d'Altons Besuch von Bonn erfreut, doch etwas schnupficht, Folge der so schnell veränderten Witterung. Sind Sie denn auch so umschneit worden auf Ihrer Heimreise, wie wir hier?

5640 *F. v. Müller* *14. April 1825*

Goethes Unwohlsein, freundliches Billett von ihm.

5641 *Riemer* *15. April 1825*

Abends bei Goethe, der unpaß im Bette sich befand.

5642 *F. v. Müller* *15. April 1825*

Goethe sehr unwohl.

5643 *F. v. Müller* *16. April 1825*

Gemütliche Stunde bei Goethe im hintern Zimmer mit Ulrike und respektive Rehbein.
[Am Rande:] Geschenk an Goethe.

5644 *F. v. Müller* *18. April 1825*

Nach Tische in Goethes Haus, der heute früh sehr krank war und durch Aderlassen vor Lungenentzündung gerettet wurde.

5645 *Riemer* *19. April 1825*

Besuchte mich d'Alton ... Über Goethe, seine Milde, sein noch kräftiges Alter.

5646 *Soret an Caroline v. Egloffstein* *23. April 1825*

Notre Goethe a souffert un peu comme tout le monde des influences catarrheuses de la saison, mais il est bien maintenant, et plus de la moitié de ses pensées se tourne vers le nouveau théâtre, c'est une seconde vie qui vient de sortir des cendres du Phénix, le plan qu'il a fallu discuter, l'activité qu'on met à la bâtisse pour être prêt au 3 septembre, le sentiment qu'il présidera à la renaissance et jettera sur l'avenir quelques rayons de l'éclat passé, toutes ces circonstances sont bien propres à sourire à son imagination au milieu des regrets; Goethe a fait la gloire de l'ancien théâtre, Goethe aura créé le nouveau, voilà un rapprochement qui ne peut être que de bon augure. Il a vu en outre pour se distraire des personnes qui l'intéressent, Monsieur Reinhard et plus tard ce singulier Monsieur d'Alton dont les cheveux blancs comme la neige de nos alpes et les yeux étincelant comme des escarboucles produirent un si singulier effet que Madame de Goethe en était presqu'amoureuse, il faut dire encore que c'est un homme rempli d'esprit et de la conversation la plus intéressante. – Je n'ai pas vu votre amie depuis deux semaines parce que Monsieur Rehbein nous a fait peur de la coqueluche, les deux enfants ont eu une forte toux, mais point de coqueluche, je n'ose pourtant y retourner à cause de mon élève. Notez, mon aimable Comtesse, qu'ils se sont bien amusés pendant que je boudais à la maison. Madame de Goethe a réuni plusieurs fois des Anglais, on a fait de la musique, chanté, babillé, ri sans relâche. Mademoiselle Schopenhauer est triomphante avec son cousin Gnuschke et le cousin de son cousin Monsieur Stromeyer, très joli jeune étudiant fort sentimental et par-dessus le marché chanteur délicieux ... Vous ai-je dit que Félix Mendelssohn avait été ici en passant pour aller à Paris?

5647 V. Cousin: Journal de voyage *28. April 1825*

Je suis allé à onze heures chez Goethe. On me dit que Monsieur le ministre de Goethe était malade. Je remis au domestique la lettre de Monsieur Hegel, et me retirai. J'avais déjà fait la moitié de la rue, quand je vis accourir le domestique, qui me dit que Monsieur de Goethe désirait me voir. Je repris donc le bel escalier orné de plâtres et de petites statues; puis on m'introduisit dans cette galerie où, il y a huit ans, j'avais eu le plaisir de faire plusieurs tours avec Goethe, et de cette galerie dans le cabinet, où l'on me dit que Goethe allait venir. La pièce est plus longue que large. Sur le mur qui est en face des croisées sont des dessins et des esquisses de tableaux; au-dessus du canapé, une composition que je n'ai pas eu le temps d'examiner; sur un meuble des dessins coloriés, l'un avec l'inscription: *Herrn Alexander von Humboldt.* Vis-à-vis, près des croisées, de petits meubles avec quelques livres, le tout dans le plus grand ordre; dans le fond un pupitre à divers compartiments où sont de grands cartons qui renferment sans doute des gravures. J'étais assez ému de l'idée de me trouver là dans le cabinet de Goethe, où Goethe allait paraître, quand la porte de la galerie s'ouvrit, et je vis un vieillard, que je reconnus sur-le-champ. Il avait une cravate de couleur nouée négligemment, un pantalon de drap gris, une redingote bleue, et la tête nue. Quelle tête! large, haute, imposante comme celle de Jupiter Olympien. Il s'avança lentement et doucement, me montra un sopha, et s'y assit avec moi.

A chaque mot qu'il prononçait, il toussait, sa voix tremblait. En l'écoutant, je le regardais fixement, et je pus juger des ravages que huit années avaient faits sur cette grande et forte figure. Chaque parole lui coûtait: il avait l'air de souffrir; je le lui dis. «Non; je ne souffre pas trop; mais l'âge! Il faut seulement que je prenne des précautions, que je ne me livre à rien trop longtemps, et me tienne en équilibre pour pouvoir suffire aux occupations dont je suis capable encore.»

Je lui demandai ses commissions pour Paris, où on commençait à s'intéresser à la littérature allemande, où on traduisait Schiller et Goethe. Je voulais l'amener à me parler de l'état de la littérature en France et prendre ses conseils; mais voici tout ce qu'il me dit:

«Oui, tant de traductions prouvent un désir du mieux, et on ne peut nier qu'il n'y ait de la bonne volonté en France ... Oui, je le sais; mais je n'ai pas lu ces traductions; comme je vous disais, je dois me tenir en équilibre, et me refuser à des lectures qui me plairaient. Dans ma jeunesse, je me livrais à tout ce qui m'intéressait; maintenant, il faut que je m'abstienne, et me borne à quelques objets.

... On a traduit Faust littéralement? Je le conçois pourtant; pour s'améliorer, la langue française n'a besoin que de reculer de quelques siècles et de revenir à Marot ... Oui, la langue de Marot ... Il faut prendre quelques libertés: peu à peu on s'y habitue.»

On comprend tout ce que j'aurais eu à lui répondre, moi qui trouve insupportable l'archaisme de Monsieur Courier, toutes les fois que la passion ne vient pas l'animer et le rajeunir, et qui préfère incomparablement la prose simple et mâle du XVIIe siècle à la langue souple et gracieuse, il est vrai, mais déjà maniérée du XVIe. Mais ne voulant pas contredire l'illustre vieillard, et voyant que je n'en pourrais tirer davantage sur la France, je changeai de sujet: «Du moins, lui dis-je, je suis heureux que, parmi les choses dont vous pouvez vous occuper, vous ayez mis la nouvelle littérature italienne et mon ami Manzoni.»

«Ah! Manzoni! (en levant les yeux et avec un accent réfléchi) c'est un jeune homme bien intéressant. Il a commencé à s'écarter des règles reçues, et surtout de l'unité de lieu. Mais les anciennistes, dit-il en souriant lui-même de son mot, ne veulent pas cela ... Oui, on lui en a voulu, et cependant il ne s'en est écarté qu'avec mesure, et cela me plaît. C'est très bien commencé. D'ailleurs, ces querelles dureront toujours, et il n'y a pas de mal; il faut que chacun fasse à sa manière.

Oui, j'ai reçu Adelchi. J'en ai même fait un extrait que je

publierai peut-être, si j'en ai l'occasion. Je l'ai bien étudié. Il y a de très belles choses. Je n'aime pas à m'arrêter aux particularités, c'est toujours l'ensemble qu'il faut voir; mais, tenez, vous rappelez-vous ce soldat lombard chez qui se réunissent les conjurés, et qui ne songe qu'à sa propre élévation? Comme il arrange tout pour lui!» Ici Goethe, fatigué et toujours toussant, quoique paraissant s'intéresser à la conversation, accompagna le peu de mots qu'il pouvait prononcer de regards et de gestes, comme pour me faire entendre ce qu'il ne pouvait exprimer. «Comme il fait servir les desseins de tout le monde à son but! Et ensuite, à la cour de Charlemagne, comme il a l'air de protéger ceux qu'il a trahis!

Oui, Manzoni se tient à l'histoire et aux personnages réels qu'elle fournit; mais il les élève jusqu'à nous par les caractères qu'il leur donne; il leur prête nos sentiments humains, libéraux même, et il a raison. Nous ne pouvons nous intéresser qu'à ce qui nous ressemble un peu, et non aux Lombards ou Longobards et à la cour de Charlemagne, qui serait aussi un peu trop rude. Voyez Adelchi, c'est un caractère de l'invention de Manzoni.»

Là-dessus je lui dis avec un peu d'émotion: Les sentiments d'Adelchi mourant sont ceux de Manzoni lui-même. Manzoni, qui est toujours un poète lyrique, s'est peint dans Adelchi.

«Oui, vraiment, il y a longtemps que j'avais connu son âme et sa manière de sentir dans ses *Inni sacri*. C'est un catholique naïf et vertueux.»

Je lui exprimai ma reconnaissance, comme ami de Manzoni, de ce qu'il avait eu la bonté de le défendre contre la critique du *Quarterly Review*. Il me répondit, avec un accent vrai et profond: «J'en fais grand cas, j'en fais grand cas. Adelchi est un plus grand sujet; mais le comte de Carmagnola a bien de la profondeur. Et la partie lyrique en est si belle que ce méchant critique anglais l'a louée et même traduite.»

Je lui appris que Manzoni faisait un roman où il serait plus fidèle à l'histoire que Walter Scott, et appliquerait à la rigueur son système historique.

«Et quel en est le sujet?» – «Le seizième siècle à Milan.» – «Le seizième siècle à Milan! Manzoni est Milanais, il aura bien étudié ce siècle. Si vous voyez Manzoni, dites-lui combien je l'estime et je l'aime.»

Goethe était si fatigué qu'en conscience je ne voulus pas prolonger l'entretien. Je me levai, et lui demandai ses ordres pour Paris. Il me dit que pour le moment il n'avait aucune commission à me donner. «Mais croyez, dit-il en me regardant avec ses yeux calmes et pénétrants, que je m'intéresse bien à vous; et quand vous serez à Paris, donnez-moi de vos nouvelles.» Là-dessus il inclina doucement sa noble tête, et je sortis.

Le soir, quand je dis à Madame de Schw[endler] que j'avais vu Goethe le matin, elle en fut bien surprise, et m'apprit que la veille Goethe avait été saigné, et que le médecin lui avait commandé de ne recevoir personne pendant plusieurs jours. Monsieur le chancelier de Müller, l'un des habitués de la maison de Goethe, qui y avait dîné, me dit que Goethe lui avait parlé de moi avec bonté, et qu'il n'avait pas voulu me laisser quitter Weimar sans me voir. En rentrant à mon auberge, le sommelier me dit que Monsieur le ministre de Goethe avait envoyé savoir de mes nouvelles, et qu'il y avait une carte pour moi. Je compris à merveille que tant d'attentions ne s'adressaient point à ma personne, mais qu'après mes aventures, Goethe avait voulu me donner un témoignage public d'intérêt.

Le lendemain, j'allai faire visite à la belle-fille de Goethe, la fameuse Ottilie. On m'avait beaucoup parlé de son esprit, mais aussi de sa légèreté et de sa coquetterie, et j'étais préparé à voir une personne passablement étrange. Je me rendis chez elle, toujours par le bel escalier; et tournant à droite, je pris l'escalier particulier qui mène au logement de la famille de Goethe. Là je trouvai entre plusieurs dames une jeune femme très pâle, couchée sur un sopha. Sa figure est très ordinaire, ses yeux bleus, ses cheveux noirs, et le son de sa voix assez agréable. Elle était si faible qu'elle commença par me dire qu'elle ne me garderait pas longtemps. J'y suis resté trois heures, qui pour moi se sont écoulées comme une minute. Elle s'intéressa, s'anima, s'embellit presque. De quoi avons-nous parlé? De tout au monde; et tout a passé comme une ombre. On ne peut avoir plus d'esprit, de sensibilité, d'imagination, mais aussi plus d'inconséquence. Je n'ai retenu de notre conversation que ce qui est relatif à Goethe, car on se doute bien que c'est de Goethe surtout que je tâchai de la faire parler.

Madame de Goethe m'a confirmé que son beau-père aime beaucoup Manzoni; et il a été si charmé du premier volume des chansons grecques de Monsieur Fauriel, qu'il n'a pu s'empêcher de lui en écrire lorsqu'elle était aux eaux d'Ems.

Goethe a trouvé Ourika très agréable de simplicité. Il a fort goûté Anatole.

Goethe et elle ont lu Alonzo avec plaisir. Grande dispute. Elle est convenue de tout, de la déclamation, de l'imbroglio, etc. Mais Maria est une Allemande, et une Allemande héroïque. Elle m'a dit qu'en résumé Goethe était d'avis qu'il y avait de la vivacité et du travail. Je souscris de tout mon cœur à ce jugement.

Elle m'a souvent répété combien Goethe aimait Schiller. Il a été si fâché que *Demetrius* ne fût pas fini, qu'il avait entrepris de l'achever, d'après les conversations de Schiller. Car Schiller parlait beaucoup, surtout à Goethe, de ses projets; Goethe, jamais; mais ses ouvrages terminés, il aime à les lire.

Goethe a une collection de quatre cents lettres d'hommes célèbres, auxquelles il attache le plus grand prix. Selon lui, de tous les signes extérieurs du caractère, il n'y en a pas de plus sûr que l'écriture. Et puis, en rangeant sa collection chronologiquement, il se donne le spectacle de chaque siècle avec toutes ses diversités, des lettres de guerriers et d'hommes d'État se trouvant à côté de lettres de savants et de poètes. Monsieur de Hardenberg lui a fait présent de la lettre que Blücher lui écrivit sur un tambour du champ de bataille de la Katzbach. Goethe se propose de publier cette collection avec des notes. Il est curieux de le voir le matin, en grande robe de chambre, et sa large poitrine découverte, ayant à sa ceinture les clefs des armoires qui contiennent ses autographes et ses gravures. Il évoque les souvenirs de toute sa vie, et parle avec une force et une énergie extraordinaire.

Il ne lit absolument aucune gazette politique: seulement il reçoit l'*Allgemeine Zeitung*.

En me promenant dans le parc avec le chancelier de Müller, celui-ci m'a montré une maison de campagne où Goethe a composé *Iphigénie* et le *Tasse*. Goethe qui aimait tant ce séjour, n'y va plus. Il ne sort plus de sa maison. Le grand-duc vient l'y voir. Son seul exercice est d'aller de ses appartements à celui de sa belle-fille.

Goethe a deux amies dans mesdemoiselles d'Egloffstein, toutes deux jeunes, belles, et remplies de talent pour le dessin et la musique. Il faut voir Goethe entre ces deux demoiselles, gai, aimable, les traitant comme un père et pourtant avec les soins et les attentions d'un jeune ami. Elles, de leur côté, le caressent et folâtrent avec lui. Monsieur de Müller l'a entendu dire à l'une d'elles: «Si tu étais (car Goethe tutoie ceux qu'il aime), si tu étais mon enfant, je t'enfermerais pendant trois ans dans une chambre, sous trois serrures, et au bout de ce temps je t'enverrais à Rome. Tu deviendrais Angelika Kauffmann.»

Ces familiarités de Goethe avec mesdemoiselles d'Egloffstein me rappellent ce que me dit un soir à Berlin la célèbre Bettina, Madame d'Arnheim [Arnim], chez sa sœur Madame de Savigny.

«Rien, dit-elle, n'est aimable comme Goethe lorsqu'il est à son aise. Souvent dans l'abandon, moi à ses pieds, les yeux fixés sur lui, il m'a dit des choses plus grandes, plus profondes, plus énergiques que tout ce qu'il a écrit. Mais alors je renfermais en moi mon émotion; car s'il eût vu sur mon visage qu'il me disait quelque chose d'extraordinaire, il aurait eu la conscience de lui-même, et la muse se serait envolée.

Quand nous sommes seuls dans son cabinet, il va me chercher une grande robe de chambre blanche, l'étend par terre pour que je me couche dessus, et ainsi nous causons, disputons, jusqu'à ce que je l'impatiente et qu'il me dise:

Va-t'en, folle. Je m'en vais; mais quand il me voit trop affligée et prête à pleurer, il me rappelle et me dit: Va, tu dois être contente du sentiment que j'ai pour toi.

Souvent, je lui ai développé des endroits de ses ouvrages; il me regarde en souriant, et il m'assure qu'il n'a jamais pensé à tout cela. Non pas lui, mais le génie en lui.»

Madame d'Arnheim [Arnim] et Madame de Goethe ne pensent pas que Goethe soit aussi réfléchi que je le crois.

5648 V. Cousin an Hegel *1. August 1825*

A Weimar, j'ai vu une fois Goethe [28. April] qui m'a reçu à cause de vous, quoique malade; j'en ai été fort touché, et je vous en remercie.

5649 Soret *28. April 1825*

J'ai fait à la Bibliothèque grand-ducale la connaissance de Monsieur Daniell que le Grand-Duc m'a dit de conduire chez Goethe. Il était là avec le Général Congreve et sa femme. Le Général désirant aussi faire la connaissance de Goethe, j'ai écrit à ce dernier pour lui demander la permission de lui présenter ces deux messieurs et il s'est établi une conversation assez intéressante dont j'ai pris note dans un cahier à part.

28 avril. – Goethe, Général W. Congreve, Fr. Daniell, chez Goethe.

J'ai conduit ces deux messieurs chez Monsieur de Goethe pour les introduire.

Congreve. – Vous devez connaître davantage Monsieur Daniell que moi. Du moins vous avez fait usage de ses appareils. Mais à quoi bon mes fusées pour vous?

Goethe. – Pour n'être pas à la portée de ma pratique, elles ne m'en intéressent pas moins.

Congreve. – Walter Scott me disait que si Milton les eût connues, il les aurait mises entre les mains des diables pour faire le siège des cieux.

Goethe. – C'était un instrument de leur compétence. Ces messieurs auraient peut-être mieux réussi dans leur entreprise.

Congreve. – Au moins, c'eût été plus poétique!

Byron vous a sans doute bien occupé. Mais vous avouerez que, mort bien jeune, il est encore mort trop vieux pour sa gloire.

Goethe. – Je ne puis tout à fait partager votre avis. Même ses derniers ouvrages où il s'est trop laissé emporter par sa fougue sont imprégnés de son génie. On voit toujours qu'il écrivait pour la passion du moment et avec une extrême rapidité. Ce sont, si vous le voulez, de belles extravagances, mais de sublimes extravagances. (Je voulais ajouter: «Ce sont les fusées de la poésie.» Mais j'ai gardé pour moi l'épigramme.)

Congreve. – Oh oui, il s'est toujours trop pressé.

Goethe. – Pas toujours. Son *Doge de Venise* doit avoir coûté de longues études. Il a vécu trois ans dans cette cité; on voit qu'il s'est donné la peine d'étudier à fond la localité. *Sardanapale* est plein de beautés réfléchies et je pourrais citer d'autres ouvrages où l'on voit que la pensée a donné corps à la fantaisie de l'imagination. Vous voyez que nous autres Allemands nous mettons de l'intérêt à la poésie de Byron. Byron est un de nos favoris. Nous ne voyons en lui que le grand poète, laissant à l'Angleterre le soin de rechercher des griefs contre sa personne dont nous n'avons que faire.

Congreve. – Mais vous aimez sans doute Walter Scott aussi?

Goethe. – Nous l'aimons de même. Nos dames qui font la gloire des auteurs sont partagées entre scottistes et byronistes. Ces dernières sont celles dont le cœur est fort et la tête brûlée, les autres préfèrent Scott.

Congreve. – J'en reviens à dire que Byron a plutôt perdu que gagné à trop écrire. C'est un malheur pour les gens distingués. Ils font tout leur effort en une ou deux fois et puis ils ne produisent plus rien de neuf.

Goethe. – Votre critique vient, du moins par rapport à Byron, de ce qu'il ne s'est jamais reposé. Il a écrit sans relâche et, naturellement, il a dû ou copier ses formes ou voir ses facultés s'affaiblir. S'il eût eu des moments de relâche (car la nature intellectuelle en demande aussi bien que la nature physique), alors il se serait relevé plus grand et plus sublime que jamais. Ce qui le rend plus admirable à mes yeux, c'est qu'avec un tel génie, il eut un jugement si juste et un coup d'œil si pénétrant. Les *Bardes écossais* prouvent que, dès ses premiers pas, il saisissait à fond tous les secrets de l'art. Tous ses coups de pinceau ont été les touches de la vérité.

Congreve. – Vous étiez ici lors des fameuses guerres, n'avez-vous jamais exercé votre plume sur de pareils tableaux?

Goethe. – Non! C'étaient des réalités trop terribles et trop voisines, elles étaient trop poétiques pour que l'imagination du poète pût y rien ajouter, et alors ce n'était plus mon affaire.

Moi. – On aurait pu les rendre au domaine de la poésie par une marche contraire à celle que les poètes emploient, c'est-à-dire en émoussant toutes les pointes, car l'histoire était alors un effrayant amas d'exagérations réalisées.

5650 F.v.Müller an Graf Reinhard 29.April 1825

Herr Prof. Cousin, der seit vorgestern hier ist und morgen abreist, wird Ihnen in 4 bis 5 Tagen Näheres von uns berichten.

Seine Bekanntschaft war mir *höchst interessant*, ich brachte ihn zu Gersdorff und Ottilien; Goethen hat er leider nur wenig gesehen, da er schon zehn Tage sehr unwohl ist. Er hatte einen Anfall von Lungen-Entzündung, den ein Aderlaß glücklich hob, allein er ist doch noch sehr matt und reizbar und vorzüglich sehr mutlos und voller trüber Ahndungen.

Wie mich das bekümmert, habe ich nicht Worte genug auszusprechen. Doch hoffen wir vieles von der bessern Witterung und reden ihm sehr zu, nach Marienbad zu gehen ...

In Goethes Auftrag sende ich Ihnen beikommendes Heft [von Kunst und Altertum], das Ihnen viel Interesse geben wird. Schreiben Sie ihm bald freundliche Äußerungen darüber, und Sie werden ihm wohltun.

5651 L. Stromeyer: Erinnerungen eines deutschen Arztes 1875

Die Einladung, nach Weimar zu kommen, welche ich in Wiesbaden erhalten hatte, machte damals noch keinen großen Eindruck; auf der schönen Reise hatte ich sie fast vergessen. In Briefen an Eduard [Gnuschke] wurde sie wiederholt und darauf der Beschluß gefaßt, daß ich in den Osterferien meinem Freunde dahin folgen sollte, meine Mutter war sehr dafür eingenommen. Der April 1825 war ein schlimmer Monat, es schneite und regnete fast beständig, ich sah fast nichts von den Gegenden, die ich zu durchreisen hatte, ja kaum etwas von den nächsten Umgebungen Weimars. Aber in dieser Stadt gab es ein Haus, in dem ein ewiger Frühling thronte, Licht und Wärme in anderen verbreitend, und das war Goethes Haus. Es ist von außen nicht sehr bestechend, schmucklos, durch die Mansarden des zweiten Stocks sogar unschön, dazu liegt es an einem kleinen, wenig belebten Platze, der dem Auge nichts Anziehendes darbietet, und doch gibt es in ganz Deutschland kein Haus, wohin so viele andächtige Pilger aus allen Ländern der Welt gewandert sind.

In einem Wirtshause, dicht neben Goethes Wohnung, hatte Eduard Zimmer für mich gemietet, wo ich die Stille des Platzes sehr angenehm empfand, denn während der drei Wochen, welche ich dort blieb, war ich oft auf das Haus angewiesen. Ohne meinen Freund würde es mir nicht gelungen sein, die Verbindungen zu knüpfen, welche den Reiz dieses Aufenthaltes bildeten, ich überließ mich ganz seiner Führung. Die goldenen Meinungen, welche er sich durch seinen vorigjährigen Aufenthalt erworben hatte, kamen mir zustatten. Seine Leistungen in der Musik berechtigten ihn in meinen Augen, überall den Vorzug vor mir zu finden, man ließ es mich aber nicht merken, ich wurde mit derselben Güte und Freundlichkeit aufgenommen. Schon am Tage nach meiner Ankunft betrat ich das Goethesche Haus, um der Frau von Goethe vorgestellt zu werden, welche mit den Damen Schopenhauer im freundschaftlichsten Verhältnisse stand. Frau Ottilie von Goethe, geborene von Pogwisch, des Dichters Schwiegertocher, war eine sehr anziehende Erscheinung. Sie war ungefähr zweiunddreißig Jahre alt, von zartem Körperbau; eine hohe Stirn, große dunkelblaue Augen, eine fein gebogene Nase, ein bewegtes Mienenspiel drückten Verstand, Gemüt und Heiterkeit aus. Mit ihren schönen beiden Knaben neben sich war sie ein Bild des Glückes und der Anmut. Ihr Gatte war ein stattlicher Mann, dessen große dunkle Augen an den Vater erinnerten. Ihre Schwester Ulrike von Pogwisch hat hellere Augen und lichteres Haar, als Frau von Goethe, sie ist witzig und heiter wie diese, aber zur Zeit etwas leidend durch einen Sturz auf das Hinterhaupt, welchen die Ungeschicklichkeit eines Tänzers verschuldete. Sie mußte sich führen lassen, weil sie die Fähigkeit verloren hatte, geradeaus zu gehen, wurde aber völlig davon geheilt.

Ich würde es nicht gewagt haben, den Wunsch auszudrücken, Goethe selbst vorgestellt zu werden, und hätte ruhig gewartet, bis sich die Gelegenheit, ihn zu sehen, gefunden hätte, ohne ihm beschwerlich zu werden, aber die Damen-Lenkerinnen unseres Geschickes hatten es anders beschlossen. Einige Tage später mußte mich Eduard morgens 11 Uhr vorstellen. Wenn man die schöne malerische Treppe bis zum ersten Stock erstiegen hat, sieht man auf dem Vorplatze die Büste der Juno. Im Vorzimmer stand Byrons Kolossalbüste, im Empfangszimmer, zwischen dem Fenster und der Tür, welche in das folgende Zimmer führte, der kolossale Jupiterkopf. Goethe trat bald zu uns ein, ich hatte das Glück, ihm eine halbe Stunde gegenüber zu sitzen, unsere Unterhaltung drehte sich um Göttingen, die dortigen Professoren, namentlich um Blumenbach. Sein Kopf war auf das günstigste beleuchtet, er hatte den Rücken dem Jupiter zugewendet, vom Fenster fiel das volle Licht auf seine linke Seite. Ich habe ihn später öfter gesehen, aber dieser erste Eindruck war bleibend. Er war damals fünfundsiebzig Jahre alt und doch noch von großer unvergleichlicher Schönheit. Ich konnte nicht umhin, seinen Kopf mit dem des olympischen Zeus zu vergleichen. Wie viel edler ist doch Goethes Haupt! ... Carus, der Goethe 1821 sah, bemerkt über dessen Aussehen: ganz wie uns Rauch ihn dargestellt hat! Ganz wie gemalt! würde Gumpelino gesagt haben. Allen Respekt vor Rauch, aber Goethe war doch schöner, als Rauchs Büste ihn darstellt, er lebte ja und sprach. Man sagt wohl, ein sprechendes Bildnis, aber das sind Redensarten, noch nie hat ein Bild gesprochen. Wie muß er erst ausgesehen haben, ehe ein breiter Altersring einen Teil seiner dunklen Iris versteckte. Er war majestätischer, wenn er saß; wenn er stand, bemerkte man, daß seine Unterextremitäten etwa um einen Zoll zu kurz waren. Carus, der auch schon den Greisenbogen sah, hat dies nicht bemerkt, obgleich er eine Proportionslehre für Maler geschrieben hat ...

Von den Soireen, denen ich in seinem Hause beiwohnte, erinnere ich mich vorzüglich der liebenswürdigen Art, wie seine Schwiegertochter mit ihm umging, und wie glücklich ihn dies zu machen schien. Man irrt sich, wenn man glaubt, sein Alter sei verlassen gewesen, für eine beglükkende Hausfrau konnte ihm niemand besseren Ersatz geben, als Frau Ottilie ...

Wenn man Goethe gesehen hat, wird es begreiflich, daß er es unterlassen konnte, sich die passende Lebensgefährtin zu suchen. Seine Siege wurden ihm zu leicht ...

Nach dem Besuche bei Goethe freute ich mich, daß ich ihm gegenüber nicht verlegen gewesen war, und machte mir auch keine Gewissensbisse darüber, ihm eine halbe Stunde geraubt zu haben.. Er klagt ja doch, daß die Zeit nicht immer gut hinzubringen sei, und macht seine Studien bei Besuchen, die er erhält. Sein Urteil über junge Leute, welche ihn damals aufsuchten, lautet nicht günstig ... [Es folgt die von Eckermann unter dem 12. März 1828 überlieferte Äußerung Goethes.]

Glücklicherweise paßte dieses traurige Bild nicht auf uns, Goethe wird sich über uns nicht beschwert haben, denn wir unterhielten uns unter seinem eigenen Dache vortrefflich mit Dingen, die ihm selbst teuer waren, nur eine Treppe höher, denn Frau Ottilie wohnte in der Mansarden-Etage, wo wir täglich einige Stunden zubrachten, während Goethe mit Eckermann beschäftigt war.

Frau Ottilie sang sehr schön, und Eduard begleitete vortrefflich ... Zu unseren Unterhaltungen im Goetheschen Hause gehörte auch das Besehen von Kupferstichen, welche demselben reichlich zuflossen. Bei dieser Beschäftigung sagte Frau Ottilie einmal: Goethe würde mich gewiß gern um sich haben, weil ich so vorsichtig mit Kunstwerken umgehe ...

Wie Felix Mendelssohn einige Jahre später, so versuchte es auch Eduard, Goethe für Beethovensche Musik zu gewinnen, Goethe wollte nur von Mozart hören. Eduard spielte die verständlichsten Sätze von Beethoven, ohne vorher den Komponisten zu nennen. Goethe fand sie dann schön und erfuhr hinterher den Namen des Tondichters ...

Eckermann kannte ich schon von Hannover her, er kam nie zum Vorschein, sein Leben war ganz dem Dienste des alten Dichters geweiht, dem er seine eigene Poesie zum Opfer brachte. Er hat wohl daran getan; was hätte er Besseres schaffen können, als das schöne Bild Goethes im Spiegel einer reinen, liebenden Seele?

Goethes Freund und Beschützer, den Großherzog Carl August, habe ich nicht gesehen, wohl aber seinen Sohn, den damaligen Erbgroßherzog, den Wiederhersteller der Wartburg. Ich hatte die Ehre, ihm in einer Soiree bei Frau Schopenhauer einige Lieder vorzusingen und von ihm gelobt zu werden. Ich würde es nicht gewagt haben, Goethe vorzusingen, vielleicht wenn ich ihn vorher hätte lesen hören, aber ich bin nicht so glücklich gewesen und war zu schüchtern, es anzustreben.

5652 Eckermann an Johanne Bertram *2. Mai 1825*

Goethe war vierzehn Tage nicht wohl, ist jedoch jetzt völlig wieder hergestellt. Gestern nachmittag schoß ich in seinem Garten mit einem Baschkiren-Bogen. Goethe selbst schoß zweimal. Ich hatte große Freude darüber. Ich schoß einen Pfeil in seine Fensterlade, der nicht wieder herauszubringen war, und den wir haben stecken lassen.

5653 *F. v. Müller* *1. Mai 1825*

Nachmittags viel mit Goethe über Jacobi gesprochen.

5654 *H. E. Brockhaus: Die Firma F. A. Brockhaus* *1905*

Trotz dieser regen Verlagstätigkeit der Firma während ihrer Administration in den Jahren 1823 bis 1829 hatte sie schon kurz nach dem Tode ihres Begründers, im Mai 1825, den kühnen Entschluß gefaßt, sich um den Verlag von Goethes Werken zu bewerben. Im Frühjahr 1825 war bekannt geworden, daß Goethe bei der deutschen Bundesversammlung ein Privilegium für eine neue Ausgabe seiner Werke zu erlangen suche, nachdem sein 1816 mit der Cottaschen Buchhandlung auf sieben Jahre abgeschlossener Kontrakt abgelaufen war. Diese Nachricht erregte natürlich großes Aufsehen in der deutschen Verlegerwelt. Als begeisterter Verehrer Goethes hegte Heinrich Brockhaus den lebhaften Wunsch, dessen Verleger zu werden, und bestimmte seinen Bruder Friedrich, mit ihm sofort nach Weimar zu reisen, um darüber mündlich zu verhandeln. Sie verließen Leipzig am 3. Mai abends, trafen am 4. Mai früh in Weimar ein, schrieben sofort an Goethe und wurden schon für denselben Vormittag [vielmehr am 5. Mai] zu ihm bestellt. Der damals sechsundsiebzigjährige Dichter machte auf den einundzwanzigjährigen Verleger den mächtigsten Eindruck, den dieser nie vergessen hat. Goethe war sehr freundlich und liebenswürdig gegen die beiden Brüder, erkundigte sich nach ihrem verstorbenen Vater, der auch mehrmals persönlich mit ihm verkehrt hatte, sowie nach ihrem Geschäft und lobte mehrmals das «Literarische Conversations-Blatt»; auch das «Conversations-Lexikon» benutzte er oft und hatte es auf seinem Arbeitstische stehen. Er schien sehr geneigt zu weitern Unterhandlungen, teilte den Brüdern mit, daß die neue Ausgabe vierzig Bändchen enthalten solle und er noch mit keinem andern Verleger abgeschlossen habe, und forderte sie auf, ihm schriftlich weitere Mitteilungen zu machen. Die beiden Brüder reisten noch denselben Abend nach Leipzig zurück, berieten sich mit dem dritten Administrator Bochmann und den Vormündern ihrer Geschwister, zogen aber vor, statt zu schreiben, am 13. Mai abends nochmals nach Weimar zu fahren, um auch die weitern Verhandlungen lieber mündlich zu führen.

5655 F.v. Müller *12. Mai 1825*

Nachmittags lange bei Goethe respektive mit Coudray und Meyer. Über die Kölner Mummerei, Platen, Raumer. Großes Lob des letztern, durch welches erst sich Goethe aufzuheitern schien. Ich hätte billig gleich mit Meyern weggehen sollen.

5656 E. d'Alton an Knebel *14. Juni 1825*

An meinen etwas übereilten Abschied von Goethe [am 13. Mai], dem ich so viel wie keinem andern Menschen zu verdanken habe, kann ich nicht ohne die peinlichste Empfindung denken. Den wahrscheinlichen Sinn seiner Äußerung, daß es gegen seinen Plan sei, daß ich so schnell abreiste, glaubte ich erst zu erraten, als ich auf der Treppe dem Hofrat Meyer begegnete, der wieder zur Gesellschaft zurückkehrte, und den ich, ohne Abschied von mir zu nehmen, zu Hause glaubte.

5657 H. E. Brockhaus: Die Firma F. A. Brockhaus *1905*

Goethe empfing sie [die Brüder Heinrich und Friedrich Brockhaus] am 14. Mai wieder sehr freundlich und schien ganz bereit, mit ihnen abzuschließen, wie er selbst aussprach, teilte ihnen noch mehrere Einzelheiten mit und bat sie, das weitere mit seinem Sohne, Geh. Kammerrat August von Goethe (damals sechsunddreißig Jahre alt), zu verhandeln.

5658 F.v. Müller *18. Mai 1825*

Nachmittags zwei Stunden bei Goethe mit Meyer und Coudray. Er war sehr gemütlich und gesprächig im hintern Zimmer. Anekdoten von Ärzten und verschämten Frauen bei Gelegenheit des vorseienden Baues eines neuen Accouchierhauses. Vielerlei zugesandte Schriften, zum

Beispiel Thibaut, Über Reinheit der Tonkunst, Zschokkes sämtliche Schriften, Tausend und eine Nacht, die der rastlose Mann alle hintereinander durchgelesen. Es wurde mir recht wohl in Goethes Atmosphäre, Ordnung, folgerechte Tätigkeit sprachen mich heiter an.

5659 F.v. Müller an Graf Reinhard *23. Mai 1825*

Goethe wird täglich wieder wohler und munterer, Herr Peucer wird Ihnen dies aus eigener Anschauung bestätigen können. Stratford-Cannings fast zweistündiger Besuch [am 21. Mai] hat ihn sehr erfreut, und er hat diesen britischen Diplomaten höchst interessant und liebenswürdig gefunden.

5660 F.v. Müller *28. Mai 1825*

Abends von 6 bis 8 ½ Uhr respektive mit Meyer bei ihm [Goethe]. Anfangs schien er mir weniger aufgelegt, nachher wurde er aber immer mitteilender und zuletzt recht gesprächig und gemütlich. Erst sprachen wir lange über die Gothaische Gemäldegalerie, Meyer beschrieb ein paar vorzügliche Bilder von Caravaggio und ** (ein Knabe mit einem Vogel), die ich ganz übersehen hatte. Nun kamen wir auf den Berliner Probeabdruck der Jubiläums-Medaille.

Herrlich geraten! Goethe holte treffliche Medaillen von Benvenuto Cellini p. auf Päpste p. herbei, um durch Vergleich die Schönheit des Berliner Entwurfs noch mehr darzutun. Als Meyer weg war, sagte er: «Wir sind so kühn in dieser Sache gewesen, mehr als billig, wir mögen nur Gott danken, daß es so glücklich abläuft.» Nun zeigte er mir schöne Hamburger Steindrücke, was er eine Stunde früher abgelehnt hatte. L. Devrient und ein zahmer Blücher darunter.

Über die Belagerung von Navarino, über geistige Ähnlichkeit zwischen Frau v. Staël und Byron, über die Mémoires sur Madame de Pompadour, aus denen er mancherlei erzählte, über das bei der neusten Vermählung in Berlin recht grell hervortretende Ungeschick der Stellung der

Halb-Königin (Liegnitz), über Gagern und die rechten Gesichtspunkte zu seiner und seiner Schriften Würdigung, über die durchgefallene Emanzipationsbill in England, über Rehbeins Tüchtigkeit, der sich von der jenaischen Naturphilosophie gerade genug angeeignet, um sich ein höheres Urteil zu bilden und seinen Kopf aufzuhellen, über des alten (verstorbenen) Stark praktischen Tiefblick, über Goethes tödliche Krankheit im Jahr 1801, bloß aus einem Brownianischen zurückgetriebenen Katarrh entstanden, über Reils Gutachten hinsichtlich seiner Nierenkrämpfe, ebenfalls aus katarrhalischem Stoff hergeleitet, über Aufhebung des Sklavenhandels, wodurch eine gewaltigere Zusammenfassung der afrikanischen Völker und Vertreibung der Europäer von Afrikas Küsten drohen dürfte, über die Wichtigkeit des Besitzes der Jonischen Inseln aus der Venezianischen Erbschaft, über die großen Pläne des ägyptischen Vizekönigs, über Alexander Humboldts gescheiterte Hoffnung zu politischer Wichtigkeit. «Er ließ die Republik hinter sich, als er nach Amerika zog, und fand einen Diktator, als er wiederkehrte, der ihn geringschätzig frug: ‹Sie beschäftigen sich mit Botanik? Ich weiß, daß auch meine Frau sie treibt.›» Das National-Institut, das Humboldt aufs grandioseste mit einrichten helfen, war während dem ganz umgemodelt worden p.

Endlich kam Goethe auf Cicero, von dem ihm die erste Rede, die er zu Defension eines des Mordes angeklagten Landmannes und gegen einen Günstling Sullas hielt, erst siebenundzwanzig Jahre alt, heute morgen wieder in die Hand gefallen war. Er charakterisierte sie aufs lebendigste nach der Keckheit, Gehlschnabligkeit, Petulanz, die darin herrsche und doch schon mit großem Verstand und Umsicht gepaart sei. Eh die römische Republik ausgeartet, als Jahrhunderte lang kein Ehebruch vorgekommen, gegen den Vatermord gar kein Gesetz nötig geschienen p., sei es doch übrigens so langweilig und nüchtern hergegangen, daß kein honetter Mensch sich dort gelebt zu haben wünschen möchte. «Die zwölf Tafeln waren eine elende Kompilation. Ich kann mich jetzt mit allem diesen Zeug und

Detail nicht mehr abgeben, aber ich weiß wohl, was an jedem dieser Staaten war, und halte die Hauptumrisse aller jener Zustände fest in mir.»

Den Beschluß machte meine Ankündigung der Gräfin Rapp. Es war schon ganz dunkel geworden, als ich von Goethen schied, der lange nicht so mild redselig gewesen war.

5661 *H. Meyer an Ch. D. Rauch* *29. Mai 1825*

[Über die Medaille zum Jubiläum des Großherzogs.] ... habe das Vergnügen gehabt, daß auch Herr Staatsminister v. Goethe sowie die übrigen Freunde im Urteil darüber mit mir gänzlich übereinstimmten und nicht weniger vollkommene Zufriedenheit bezeugten ...

Wenn Herr Brandt seinem Werk, welches ihm und der Kunst alle Ehre macht, seinen Namen beisetzen will, so wünscht Herr Staatsminister von Goethe (und ich halte es auch für die schicklichste Stelle), daß derselbe auf dem Abschnitt der Schulter des Bildnisses angebracht werde ...

Herr Staatsminister v. Goethe ist gegenwärtig bei ziemlichem Wohlbefinden, und die schöne Arbeit des Herrn Brandt für den Avers der Medaille hat ihn gleich in die nötige Stimmung versetzt, an den Revers zu denken und uns seinen Vorschlag dazu mitzuteilen. Dieser ist ungefähr folgender: Der Zodiakus bildet auf der Kehrseite einen Kreis wie der Blätterkranz auf der Vorderseite der Medaille; der Raum oder die Abteilung, worin die Waage ist, steht oben. Hinter oder in demselben Andeutung des Sonnenbildes, und im mittlern runden Feld, welches der Zodiakus umschließt, kommen zwei oder drei Worte zu stehen.

5662 *Eckermann an Nees v. Esenbeck* *30. Mai 1825*

D'Alton traf es nicht glücklich, indem er Goethen bei seinem ersten Hiersein krank fand und also nicht viel mit ihm anzufangen war. Seit drei bis vier Wochen jedoch ist die alte Kraft und Heiterkeit in Goethe wieder zurückgekehrt, so daß er auch die produktivesten Tage gehabt hat. Die Vorbereitungen zu seiner neuen Ausgabe geben viel zu tun, und ich bin seit einigen Monaten ihm wieder aus allen Kräften behülflich. Die Überzeugung, dem großen Einzelnen sowie den fernen Freunden und Jüngern und nicht weniger dem ganzen Vaterlande etwas zuliebe zu tun, lassen mich in einer Lage mit Geduld verharren, in der ich persönlich nicht kalt und nicht warm bin und die von Sorgen oft für die nächsten Bedürfnisse keineswegs frei ist. Doch will ich den Mut nicht sinken lassen und von der Zukunft ein besseres Los hoffen.

Weimar, den 30. Mai 1825.

Ich war vor einigen Tagen durch Stimmung, körperliche Zustände und Erfordernisse des Tages behindert, meinen Brief fortzusetzen. In der Zeit ist nun gestern Ihre werte Sendung der neugriechischen Gedichte eingegangen, und ich hatte die Freude, das Bekannte wieder als etwas durchaus Neues zu erblicken. Das für Goethe bestimmte Exemplar habe ich sogleich überreicht, und der Große und Gute läßt Ihnen vorläufig seinen besten Dank sagen. Was er beim Lesen über Ihre schöne Arbeit sagen wird, soll Ihnen nicht vorenthalten werden ...

Sagen Sie mir doch etwas Näheres von Rietz, nicht leicht hat ein Mensch einen angenehmeren Eindruck auf mich gemacht als dieser Treffliche, und ich habe Goethen bedauert, daß er ihn nicht gesehen hat, und dieses gegen ihn ausgesprochen.

Er hätte gerne der guten Stadt Aachen etwas zuliebe getan, allein die Musen haben ihm nichts geben wollen. «Ich machte gern etwas», sagte Goethe, «allein es will mir nichts vor die Augen kommen, es fehlt mir alle Ansicht der dortigen Zustände.»

Eine Reise wird Goethe auch dies Jahr höchst wahrscheinlich *nicht* machen. Er ist sehr fleißig an seiner Biographie, so daß das Manuskript ein Jahr nach dem andern immer fetter und anmutiger wird. Vom ersten dürren Schema an habe ich diese Sachen heraufwachsen sehen und betrachtet und geraten und angeregt. Dies macht mir große Freude.

Ich muß von hier bis Michaelis eine Anleihe von wenigstens 10 Louisdor machen, damit ich durch den Mangel augenblicklicher Bedürfnisse nicht täglich in Sorgen gerate und von meinen Bestrebungen so höchst unangenehm abgelenkt werde. Wollen Sie mir, wie ich aus höchstwohlwollenden Äußerungen früherer Briefe schließen darf, diesen Freundesdienst erweisen und mir womöglich mit umgehender Post die gedachte Summe übersenden, so würden Sie mich sehr erheitern und sich an dem raschen Fortrücken eines eigenen größeren Werks, was ich zu Michael erscheinen zu lassen gedenke, ein großes Verdienst erwerben. Von dem zu hoffenden Honorar werde ich sodann auch meine Schuld pünktlich bezahlen.

Ich weiß nicht, was mich abhält, Goethen dergleichen zu sagen! Da Goethe meine Lage kennt, ist es mir immer, als sollte er sich dergleichen *selbst* sagen, und da stockt denn meine Natur, sich gegen ihn auszulassen.

5663 F. v. Müller *1. Juni 1825*

Von 6 bis 8 ½ Uhr bei Goethe allein.

Über die Medaillensache gesprochen, über Verteilung der Medaille auf den Großherzog und verkäuflichen Absatz derer auf die Großherzogin. Entwerfung einer Übersicht der Beitrags-Klassen.

Vorzeigung der Leyboldischen Skizze zum «Charon», die ganz herrlich geraten, in brauner Sepia. Goethes große Freude darüber. Über Captain Parrys Werk «Die letzten Lebenstage Byrons», welches das interessanteste aller erschienenen sei. Byron sei aus Verdruß und Ingrimm über die schlechte Wirtschaft in Griechenland gestorben. Er hätte gleich von Missolunghi umkehren sollen.

Ich las Reinhards Brief vor, seine Kantate auf die Krönungsfeier gefiel Goethe sehr. Dessen Verzweiflung über das Studium der Meteorologie.

Aktenmäßig geheftete Briefe nach Jahrgängen.

Goethe war im ganzen sehr munter und wohlwollend. Belebtes Gefühl der Ordnung und geregelten Tätigkeit.

5664 *Soret an Caroline v. Egloffstein* 2./3. Juni 1825

Seiner Exzellenz Herrn von Goethe geht es ausgezeichnet, und seine Stimmung ist vortrefflich; ich wagte aber nicht, ihn zu besuchen, aus Furcht, man könne mir vorwerfen, den Keuchhusten ins Schloß gebracht zu haben. Dabei hat Wolf nur einen Katarrh, und Walther ist in Jena.

5665 *F. v. Müller an Graf Reinhard* 3. Juni 1825

Goethe ist frisch und munter und trägt mir die schönsten Begrüßungen auf.

Von Fräulein Auguste [Jacobi], der ich die von München mir zugegangne Zeichnung zu Jacobis kürzlich errichtetem Monumente übersenden mußte, habe ich – schneller als je – eine höchst freundliche Antwort erhalten ... Sie beschreibt mir das neuste große Gemälde des Cornelius, den Untergang des Trojanischen Königshauses darstellend, mit so großer Klarheit und Wärme, daß selbst Goethe über die Kraft und Gewandtheit ihrer Feder erstaunt ist.

5666 *Eckermann an Johanne Bertram* 6. Juni 1825

Meine Arbeit rückt langsam vor, aber es wird auch etwas sehr Gutes. Goethe, dem ich vor einigen Tagen die ersten Gespräche zeigte, ist sehr erbaut davon und findet die Arbeit vortrefflich. Ich werde damit sicher ein großes Glück machen und nicht allein in Deutschland, sondern auch in Frankreich und England dadurch einen guten Namen bekommen. Denn das Interesse von ganz Europa ist seit Lord Byrons Tode und wegen mangelnder politischer Interessen jetzt durchaus auf Goethe gerichtet.

In einem großen Tee bei Goethe wurden meine Lieder von Madame Eberwein neulich vortrefflich gesungen. Diese werden nächstens herauskommen.

5667 *Th. Kräuter an M. v. Löwenthal* 10. Juni 1825

[Über Löwenthals Buch «Skizzen aus dem Tagebuche einer Reise durch Frankreich, Großbritannien und Deutschland», Wien 1825.] Unser Goethe hat Ihr Werk mit großem Interesse gelesen. Er bezeugte mir seine Zufriedenheit über den ihn betreffenden Artikel und freute sich im allgemeinen Ihrer schönen Auffassungsgabe. Besonderes Vergnügen war mir zu hören, daß Ihre angeführte Unterhaltung mit ihm ihn in den Stand setzte, sich Ihrer Persönlichkeit wieder lebhaft zu erinnern.

Er befindet sich fortwährend sehr wohl, und arbeitet, nach seiner Art fleißig, das heißt nach gewöhnlicher Bedeutung angestrengt, an der neuen vollständigen Ausgabe seiner sämtlichen Schriften, welche mit dem, was schon einzeln gedruckt, aber noch nicht in die zwanzig Bände der letzten Ausgabe aufgenommen worden, samt dem, was noch in Handschrift vorrätig vorliegt, sich wohl auf fünfzig Bände steigern mögen. Wollte ihm die Vorsehung seine Tage bis zur Vollendung dieses großen Werkes gnädig fristen!

5668 F.v.Müller *13.Juni 1825*

Spazierfahrt mit ihm [Goethe] nachmittags nach Belvedere. Es war das die erste für ihn seit sieben bis acht Monaten, und der Wunsch, meinen neuen Wagen zu erproben, gab die Veranlassung.

Das herrliche, milde Wetter, nicht allzu heiß, tat ihm sehr wohl. Wir stiegen aus, wandelten in den Alleen umher und setzten uns dann geraume Zeit in das schattige Rundteil hinter dem Schlosse. Die serbischen Lieder, Fräulein Jakob, mein Türckheimischer Brief gaben Stoff zur Unterhaltung.

«Ungemein viel», sagte er, «kommt bei solcher Übersetzung fremder Volkslieder auf Beibehaltung der Wortstellung des Originals an. Ich kann ebensowenig Serbisch als Persisch, aber ich habe mir doch durch Ansicht der Originale die Wortstellung abstrahiert.»

Er frug mich nach Sicherheits-Kautelen bei Verlags-Verträgen für den Fall, daß der Buchhändler Konkurs mache.

Vom *Wahnsinn* gab er die einfache Definition: daß er darin bestehe, wenn man von der wahren Beschaffenheit der Gegenstände und Verhältnisse, mit denen man es zu tun habe, weder Kenntnis habe, noch nehmen wolle, diese Beschaffenheit hartnäckig ignoriere. Ich reizte ihn sehr lebhaft an, doch noch etwas über die Zustände Tiefurter Lebens zur Zeit der Herzogin-Mutter zu entwerfen. «Es wäre nicht allzu schwer», erwiderte er, «man dürfte nur die Zustände ganz treu so schildern, wie sie sich dem poetischen Auge damals darstellten; Dichtung und Wahrheit, ohne daß *Erdichtung* dabei wäre.»

Reiselust und Reisepläne erwachten in ihm.

Heimgekehrt mußte ich noch ein halb Stündchen bei ihm weilen. Ich erzählte ihm die Motive aus den beiden Freunden von Frau v. Fouqué.

Nicht leicht erinnere ich mich eines so reizenden, Auge und Gefühl gleich mächtig ansprechenden Sommerabends. Friede und Freude schien in der ganzen Natur zu herrschen.

5669 F. v. Müller *15. Juni 1825*

Abermalige Spazierfahrt mit Goethe nach Belvedere. Wir fielen umherwandelnd in eine große Gesellschaft bei Völkel. Besichtigung der Winterhäuser. Lob der frühern französischen Gartenformen, wenigstens für große Schlösser: «Die geräumigen Laubdächer, Berceaux, Quinconces, lassen doch eine zahlreiche Gesellschaft sich anständig entwickeln und vereinen, während man in unseren englischen Anlagen, die ich *naturspäßige* nennen möchte, allerwärts aneinander stößt, sich hemmt oder verliert.» Donnerstags früh [16. Juni] im Römischen Haus soll Goethe beim Großherzog sehr liebenswürdig und heiter gewesen sein.

5670 F. v. Müller *18. Juni 1825*

Abends bei ihm [Goethe] von 7 bis 8 Uhr.

Über den vormittags eingegangenen Brief Rauchs an mich, die Medaille betreffend. Vorzeigung antiker Abbildungen der Sternbilder.

Über den Hang der neuern Zeit zum Mystizism, weil man dabei weniger gründlich zu lernen habe. Sonst habe man viel *sein* müssen, um etwas zu *scheinen*. Die Faseleien von einem Vor-Noachidischen Zeitalter könnten doch nie zu etwas führen. Aber leider huldigten selbst diejenigen dem falschen Zeitgeiste, die höher stünden. Er behalte sich doch noch vor, diese zu geißeln.

5671 *Eckermann an Johanne Bertram* *19. Juni 1825*

Ich bin acht Tage krank gewesen an einer Erkältung, die ich mir beim Baden zugezogen hatte. Der liebe Goethe war sehr besorgt und schickte täglich zweimal nach mir, so wie er mich auch mit Erquickungen reichlich versehen hat.

5672 *F. v. Müller* *19. Juni 1825*

Zwischen dem Hof bei ihm [Goethe]. Über die Medaillen-Angelegenheit. Über die griechischen Sukzesse. Seit acht Tagen habe er sich ungemein mit Reisebeschreibungen, Karten und Kriegsgeschichten von Griechenland beschäftigt. Daß sie einen Diktator erwählt, sei ganz recht.

Residenz des Königs von Audh, der die Sieben Seen der persischen Sprache herausgegeben. Über Tartuffe und dessen geniale Exposition, den Goethe erst in diesen Tagen wieder gelesen.

Allerliebste kleine Verse, mit denen Wolf spielte und sie zerriß.

«Erinnr' mich doch spät und früh
Des lieblichsten Gesichts,
Sie denkt an mich, ich denk' an sie
Und beiden hilft es nichts.»

5673 *Riemer* *20./21. Juni 1825*

20. Juni. Aufforderung zu einer Kranzrede durch den Zimmermann Schenk. Rücksprache zuerst mit Goethe. Dann ans Theater.

21. Juni. Den Anfang davon abends bei Goethe vorgelesen.

5674 *Rehbein an Grüner* *24. Juni 1825*

Ob Goethe noch [nach Böhmen] kommt, ich weiß es nicht, bald wird es mir wahrscheinlich, daß er zu euch reise, bald wieder nicht.

Goethe hat Deinen an mich geschriebenen Brief gelesen und sich Deines grenzenlos lustigen Humors erfreut...

5675 *Riemer* *26. Juni 1825*

Abends Manuskript von Goethe zur neuen Ausgabe. Gelegenheitliche Gedichte, kleinere.

5676 *F. v. Müller* *29. Juni 1825*

Von 7 bis 9 Uhr bei Goethe, allein, ziemlich heiter und gesprächig, doch nicht so festhaltend an den Gegenständen und mitteilend, wie in den ganz guten Stunden. Nekrolog der Frau v. Krüdener. «So ein Leben ist wie Hobelspäne, kaum ein Häufchen Asche ist daraus zu gewinnen, zum Seifensieden.» Doch riet er mir, Valerie zu lesen.

Abguß einer Carstenschen kleinen Statue, wahrscheinlich Andromache. Herrliche Stelle über Herders Tod in der Chronik von 1803. Goethens weit größere Teilnahme an den Griechen wie sonst. Parrys letzte Tage Byrons. Ich erzählte von Rudolstädter Gemälden, von Oels' Reise nach Karlsbad und Dresden, und von Scheidlers methodologischer Enzyklopädie der Philosophie. Goethe äußerte sich sehr günstig über ihn, mein Versuch aber, eine nähere Erläuterung des heftigen Ausfalls gegen den Orakelspruch: «Kenne dich selbst» zu erhalten, schlug fehl.

Ich kann mich darüber nicht herauslassen, aber ich hätte meinen Satz allerdings freundlicher und akzeptabler ausdrücken können.

Von den reichen Einkünften der irländischen protestantischen Geistlichkeit. Ein gewisser Bischof von ** = 51000 Pfund. Diese zu schmälern, sei in Antrag. «Die dunkeln Köpfe, als ob man der Geistlichkeit etwas nehmen könnte! Als ob es nicht ganz einerlei sei, *wer* etwas habe. Wieviel wackre Männer gibt es, die noch mehr haben; uns Bettlern kommt das nur viel vor.»

Zuletzt von der nahen Ankunft der Gräfin Rapp.

5677 M. M. v. Weber: Carl Maria von Weber *1864*

In Weimar galt es ... längeren Rasttag zu machen ... Goethes Sohn, den er [am 6. Juli 1825] zufällig traf, überredete ihn, seinem großen Vater einen Besuch abzustatten. Der Dichterfürst war ... durch seines Freundes Zelter Einfluß, gegen Weber eingenommen. Der gewaltig aufgeschossene Ruhm des Tonmeisters erschien ihm, durch das gefärbte Glas der Meinung des alten, trocknen Berliner Musik-Professors gesehen, wie ein «Schwammgewächs ohne Kernholz». Er ließ Weber, der an solche Aufnahme schon längst nicht mehr gewöhnt war, im Gegenteil gerade auf dieser Reise den Sonnenschein seines Ruhms recht erwärmend fühlte, im Vorzimmer warten, sogar ein zweites Mal nach seinem Namen fragen. Als der Geärgerte und allerdings wenig zu freundlicher Konversation Aufgelegte endlich eintreten durfte, empfing er ihn mitten im Zimmer stehend und mit einer stolzen Handbewegung zum Sitzen einladend, tat dann einige höchst unbedeutende Fragen über Dresdener Persönlichkeiten, berührte das Thema der Musik gar nicht und stand nach einer Viertelstunde zuerst auf, den Abbruch des Gesprächs bezeichnend und andeutend, daß er Webers Besuch in keiner Weise anders klassifiziere, als den junger Literaten und Künstler, die täglich, um sagen zu können: «Ich habe Goethe gesprochen!», sein Haus in oft höchst lästiger und doch von dem alten Hohen-Priester gewiß nur ungern vermißter Weise belagerten.

Weber war in der Tat schwerer geärgert, als er, wie er selbst sagte, für möglich gehalten hätte. Ein Fürst hätte ihn durch solches Verhalten nicht verletzen können, von Goethe kränkte es ihn, und zwar in solchem Maße, daß er sich leidenschaftlich darüber aussprach.

5678 Eckermann an Johanne Bertram *7. Juli 1825*

Das Glück, was ich durch mein immer innigeres Verhältnis mit Goethe genieße, ist so groß, daß mir kein Mensch in der Welt dafür Ersatz geben könnte, so wie Goethe selbst in der Welt nicht seinesgleichen hat. Höhere und Geringere, Männer und Frauen beneiden mich um dieses seltene Glück, wiewohl es mir jeder zu gönnen scheint. Und bei meinen höheren Zwecken, durch wen wollte ich denn so gefördert werden als durch ihn? Und bei meinem Fache, was ist da meinem Rufe bei Buchhändlern, Journalisten und Publikum günstiger als mein aller Welt bekanntes Verhältnis zu ihm. Und da nun alles Bedeutende nach Weimar kommt, um den Einzigen zu sehen, welche höchst wichtige Bekanntschaften habe ich da nicht schon gemacht und welche werde ich nicht noch machen. Der Weg ist mir gebahnt wie keinem andern, und durchreisende junge Talente beneiden mich um dieses seltene Glück. Jetzt laß nur erst meine Unterhaltungen mit Goethe öffentlich erscheinen, und Du wirst sehen, was für Anträge kommen und für Verhältnisse sich bereiten werden ... Es kam vor einigen Tagen ein bedeutender Mann gereist, wie er mir versicherte, bloß um mit mir bekannt zu werden, er war voll von meinem Buche und meinte, daß es alles der Art übertreffe. Es war dieser ein Kenner der ersten Art, auch ein Freund von Goethe, der ihn zu sich einladete und ihm mit seinem Porträt ein Geschenk machte. Da dieser Ästhetiker zugleich ein bedeutender Komponist ist, auch lange in Italien war und die Kunst im allgemeinen studiert hat, so hat er die Absicht, die Musik so zu behandeln, wie ich die Poesie, und sich auf mein Werk zu gründen, weil er meint, daß dieses ausgesprochene Gesetze wären, die für immer feststehen müßten. Ich zeigte ihm mein Manuskript, worin er tief einging und worüber er mit Begeisterung sprach, auch gegen Goethe gesprochen hat, wie dieser mir erzählte.

5679 F.v. Müller *7. Juli 1825*

Goethe war sehr freundlich und mitteilend. Viel über die Gräfin Rapp. Lob meines Gedichtes, Auslieferung des Stammbuchblattes für sie, Reinhards gemütlich heiterer Brief an Goethe, liebliche Schilderung von Kronenburg. Über die Herausgabe von Goethes Werken, Buchhändler-Anrede p. Seumes Gedichte trüben Goethes Phantasie, so griesgrämisch, mißwollend, sansculottisch, nichts Höheres über sich anerkennen wollend, möge er die Dichter durchaus nicht.

Eckermann war da, Goethe sandte ihn mir zuliebe weg. Schönes Blatt von Cornelius zu den Nibelungen. Mit Friede und Freude im Herzen schied ich von Goethe, mit treulichem Händedruck.

5680 Varnhagen: Tagebuch *8. Juli 1825*

Nachmittags und abends bei Goethe. Ich fand ihn seit den letzten Jahren bedeutend älter geworden, aber noch rüstig und munter genug. Er war ungemein liebenswürdig, voll heitern Anteils, ganz unbefangen und gütig; seine Blicke waren ernst aufmerksam und begleiteten lebhaft, was er sprach und was er vernahm. Er sprach von den Biographien Derfflingers und Leopolds: «Sie haben uns da ein paar Helden ins Haus geschickt, die haben hier gewaltigen Tumult angerichtet»; und nun fügte er Bemerkungen über die verschiedenen Lebensbahnen und ihre verschiedenen Charaktere bei. Das eigentliche Losschlagen, schloß er, mache doch eigentlich den Feldherrn, wie den gemeinen Krieger; am Ende komme es immer darauf an, die mehr oder minder vorbereitete Entscheidung mit herzhafter Persönlichkeit auf sich zu nehmen. Wir erinnerten ihn an seine bezeichnenden Worte über Napoleon; er zuckte die Achseln und sagte mit wirklicher Bescheidenheit: «Ja, das ist ein Versuch, den wir gewagt, ein bedenkliches Stück, wir müssen sehn, wie wir damit ankommen!» Es war von Ségurs Geschichte des Zuges nach Rußland die Rede, und daß man ihm manche Unrichtigkeit vorwerfe: «Wie soll es bei der Geschichtsschreiberei immer richtig sein», sagte Goethe, «die Welt selber ist es ja oft nicht.» Auch bemerkte er, daß aus einer Menge von Zügen, die im einzelnen nicht immer genau richtig seien, doch ein im ganzen richtiges Bild entstehen könne. Wir sprachen von den Franzosen, von ihren großen Fortschritten in Sprach- und Geistesbildung, von ihrer Naivetät, ihrer Kindlichkeit, die selbst aus ihrer ärgsten Verfeinerung wieder hervorwachse. «Die Franzosen lieben von jeher das Idyllische», sagte Goethe, erinnerte an ihre Vorliebe für Geßner, der bei ihnen mehr Eindruck gemacht als bei den Deutschen selbst. Von Victor Cousin wurde gesprochen; die Franzosen können es in der Philosophie noch einmal sehr weit bringen, meinte Goethe, ihre eminente Gabe der Darstellung nach außen müsse auf diesem Gebiete, wenn sie es erst sich zu eigen gemacht, unberechenbare Wirkungen hervorbringen. Über den Wechsel des Geschmacks in Porzellansachen, in Gärten; den Engländern zuliebe macht man in Dresden wieder die alten Figuren, Harlekine etc., wozu sich, wunderbar, die Formen noch gewissenhaft aufbewahrt gefunden; wahrscheinlich komme man ebenso einmal auf die Merkure zurück. Parkanlagen, einst – besonders durch Hirschfelds allgemein verbreitetes Buch – in ganz Deutschland eifrigstes Bestreben, seien völlig aus der Mode; man höre und lese nirgends mehr, daß jemand noch einen krummen Weg anlege, eine Tränenweide pflanze; bald werde man die vorhandenen Prachtgärten wieder zu Kartoffelfeldern umreißen. Seine Schwiegertochter erinnerte ihn, daß er ihr versprochen habe – «Ja, das ist bei mir sehr leicht», sagte er, mit hinreißender Liebenswürdigkeit einfallend, «da ich nicht Wort halte» – als ob dies so eine andere Eigenschaft wäre, für die er nicht könne! – Von Achim von Arnim sagte er: «Er ist wie ein Faß, wo der Böttcher vergessen hat, die Reifen fest zu schlagen, da läuft's denn auf allen Seiten heraus.»

5681 F. v. Müller an Soret *13. Juli 1825*

Sie werden wohl schon wissen, daß Herr Meyer aus Karlsbad zurück ist. Er hatte die Zeichnung für die Rückseite der Medaille vierzehn Tage vor seiner Ankunft geschickt, aber Herr von Goethe will sich nicht entschließen, bevor nicht das Wachsmodell der Vorderseite da ist; daß es so lange auf sich warten läßt, ist uns unbegreiflich. Was uns dabei einigermaßen beruhigt, ist der Umstand, daß wir die Medaille erst gegen Ende September brauchen; der Jahrestag der Hochzeit der Frau Großherzogin ist erst am 3. Oktober ...

Herr von Goethe beauftragt mich, Sie vielmals zu grüßen, er fühlt sich ausgezeichnet.

5682 *Bettina an Arnim* *17. Juli 1825*

Von Weimar sind Nachrichten, daß Savignys wohlbehalten dort ankamen. Wagner war [am 14. Juli] mit bei Goethe und fühlte sich ungemein beglückt, daß dieser ihm die Hand bot.

5683 *Riemer* *15. Juli 1825*

Abends zu Goethe, mit ihm spazieren. Sein Haus am Park ganz mit Rosen umwebt. Lilien in Masse.

5684 *Riemer* *19. Juli 1825*

Abends bei Goethe. Mit ihm, dem Kanzler und Eckermann zuerst ins Museum, dann spazieren gefahren. Dann in Goethes Garten, wo er uns mit Wein und Zwieback regalierte. Sehr liebenswürdig und erzählig. Dann mit ihm durchs Webicht.

5685 *F. v. Müller an Graf Reinhard* *22. Juli 1825*

Goethe trägt mir die herzlichsten Begrüßungen und Danksagungen für Ihre ihm ausnehmend liebe Zuschrift auf. Er ist in vollster Kraft der Seele wie des Körpers, und wir haben mit ihm zu Belvedere und in seinem Park-Garten unschätzbar-köstliche Abende verlebt. Wie viel Interessantes und Erfreuliches werde ich von ihm zu erzählen haben! ...

Wir haben uns kürzlich vierzehn Tage lang einer sehr liebenswürdigen und anmutsvollen Erscheinung erfreut, der Gräfin Rapp, Schwester unserer Frau v. Spiegel. Auch Goethe ergötzte sich innigst an ihr und weihte ihr eine herrliche Stanze in ihr Album, während sie umgewandt von seiner Freundlichkeit und Herzlichkeit ganz bezaubert war.

5686 Riemer *24. Juli 1825*

Mittags bei Goethe, mit Coudray, Herrn Kanzler, Meyer und Eckermann. Sehr heiter über Tisch.

5687 F. v. Müller an Soret *24. Juli 1825*

Ich kann gar nicht aussprechen, werter Herr Hofrat, welche Freude Ihre letzte Sendung bereitet hat. Das Medaillenmodell hat unsere Erwartung übertroffen, und die Kritik kann nur ganz wenig dazu sagen.

Herr von Goethe hat es gleichwohl vorgezogen, Ihre Güte nochmals in Anspruch zu nehmen und die kleinen Bemerkungen, die er und Meyer aufgesetzt haben, Ihnen vorzulegen; mit der morgigen Post wird er selbst sie Ihnen senden nebst der Zeichnung für die Rückseite. Wir verlieren dadurch zwar einige Tage, aber die Sache kann nur dadurch gewinnen, daß sie unter Ihrer Obhut bleibt.

5688 Ch. Xeller: Briefentwurf

[Über den Besuch, den er und der Schauspieler Lemm am 24. oder 25. Juli 1825 bei Goethe machten.] Wir gingen abends vier Uhr uns melden. Seine Exzellenz waren noch bei Tisch in Gesellschaft mehrerer Freunde, wir wurden in einer Stunde beschieden. Als wir um fünf Uhr kamen, wurden wir vorgelassen. Ich hatte beim Anmelden Brief und Zeichnung übergeben lassen durch Herrn Eckermann. Wir hätten nicht ungünstiger kommen können. Er hatte seinen Mittagsschlaf noch nicht gehalten und war bei Tisch, wie uns nachher Herr Eckermann erzählte, sehr mürrisch über gewisse Dinge, die vorgefallen und die ihn sehr verstimmt haben sollen. Es betraf eine Menge Anordnungen zum Jubiläum des Fürsten, welches im September gefeiert werden soll. Herr von Goethe schien aber gegen Fr[ankfurter] Freunde nicht unartig sein zu wollen, und sicher hätte ich ohne den Brief – die Zeichnung ist gar nicht erwähnt worden – abziehen können. Herr Lemm ärgerte sich über den schnöden Empfang, denn Goethes Fragen an ihn klangen mehr als abwesend und sonderbar. Mich hingegen hat es heimlich amüsiert, einesteils meinen Zweck erreicht zu haben, andernteils dieses und noch manches andere zu bemerken, woran der große Goethe wohl schwerlich gedacht. Es ist doch ein fatales Ding, so ein Renommee zu haben, um sich von Fremden angaffen zu lassen. Indessen aller Scherz beiseite, denn mir war es viel wert, ihn – wenn auch nur auf einige wenige Minuten – zu sehen; das Sprechen wollt' ich ihm gern erspart haben, es waren nur allgemeine Fragen: wo ich mein Studium gemacht, wie lange ich in Rom gewesen bin, über Restauration, die Boisserées und dergleichen. Darüber, werden Sie sagen, wird Ihr Eindruck von ihm nicht sehr günstig, noch vollständig von einem Mann sein, der doch als Mensch und Künstler gleich interessant ist. Mir aber war es hinreichend, um in meiner Vorstellung von ihm manches zu berichtigen, was ich vom Hörensagen von seinem Leben als auch von seinen Werken mir habe vereinigen können. Das Wie und Was muß ich mir aber mündlich vorbehalten, es könnte leicht in einem Brief mißverstanden werden. Dem lieben Mütterchen danke ich vorderhand für ihre gefällige Bemühung, und Ihrer wertesten Freundin bleibe ich jetzt so lange dankbar, bis ich's abgetragen. Das Beste an der Sache war mir dies, und, wie Sie wissen, auch die Ursache und Wunsch, ihn persönlich mit all den Bildern, Büsten und Kupferstichen zu vergleichen, von welchem mich außer der Rauchschen Büste keine befriedigt. Ein Porträtmaler, wenn er es versteht, muß augenblicklich wissen, ob ein Bild ähnlich, und noch mehr: ob die Individualität glücklich aufgefaßt sei. In Vergleichung mit der Natur hatte ich ganz recht geurteilt, so wie ich ihn mir gedacht, so war seine Erscheinung, nur aber mit dem Vorteil der lebendigen Bewegung, die natürlich das beste Konterfei nicht zu geben imstande ist. Etwas aber ist in seinem Gesicht, das weder ein Maler noch ein Bildhauer geben kann und was ich nicht vergessen werde. Wenn ich einmal wieder nach Frankfurt komme, kann ich Ihnen mehr darüber sagen, als ein Brief vermag.

5689 Eckermann an Johanne Bertram *28. Juli 1825*

Für den lieben Goethe habe ich diesen Sommer abwechselnd noch immer gearbeitet. Wenn Du wüßtest, was dem Trefflichen täglich durch den Kopf geht, wie er nicht allein von den wichtigsten Besuchen täglich heimgesucht wird, sondern wie auch von allen Seiten Sendungen eingehen, die seine Gedanken hinnehmen. Dabei seine Stellung hier zum Hofe, wo besonders in diesem Jahr wegen des bevorstehenden Jubiläums des Großherzogs sein Rat und seine Vorschläge auf mannigfaltige Weise in Anspruch genommen werden. Und über dieses alles die große Ausgabe seiner Werke und die Korrespondenz mit Buchhändlern, die sich darum bewerben. Und dabei sein hohes Alter von sechsundsiebzig Jahren! Wenn Du dieses alles berücksichtigst, geliebte Hanchen, so wirst Du ihn entschuldigen, wenn die Angelegenheit wegen des Diploms ihm aus dem Sinn gekommen ist. Es liegt an mir, ihn daran zu erinnern, und ich denke daran, wie ich dieses auf eine passende Weise tun könne. Ich bin diese Zeit wieder viel mit ihm spazieren gefahren. Neulich [am 19. Juli] fuhren wir selbvierte, der Kanzler und Riemer waren mit; nachdem wir zuvor die Gemälde-Sammlung in Augenschein genommen hatten, fuhren wir nach seinem Garten, wo er uns mit Wein und den schönsten Erzählungen traktierte. Diesen Abend um 8 gehe ich zu ihm, der Bediente war eben hier, mich einzuladen. Von diesem erfuhr ich, daß zu Ehren des berühmten Hummels, der kürzlich aus Paris zurückgekommen, gestern eine Tischgesellschaft bei Goethe gewesen wäre, und man eine halbe Stunde auf mich gewartet hätte, wie ich aber nicht gekommen, und man vermutet, daß der Bibliotheks-Diener mich einzuladen vergessen, sei man halb 3 zu Tisch gegangen. Dieses zu hören, tat mir sehr leid, und ich könnte auf den vergeßlichen Bibliotheks-Diener recht böse sein.

Am 3. September ist das Jubiläum des Großherzogs. Man veranstaltet dazu viele Feste. Man erwartet viele Fürsten und Könige hier. Ich habe zu diesem Fest eine Kantate gedichtet, die von Eberwein in Musik gesetzt und an jenem Tage in der Kirche vorgetragen werden wird. Auch das Theater wird man zu diesem Tage fertig machen, es wird hier sehr lebhaft werden.

Wer die neue Ausgabe von Goethes Werken bekommen wird, ist noch nicht entschieden. Ich denke, Cotta wird sie nicht fahren lassen.

5690 *Riemer* *29. Juli 1825*

Abends bei Goethe. Mit ihm in seinem Garten am Park. Den Prolog vorgelesen, zu seiner Zufriedenheit. Über das Pastorale der Italiener. Anraten des Studiums desselben zu Kantaten.

5691 *Rehbein an Grüner* *2. August 1825*

Jetzt im Ernste, Goethe hat mich schon zweimal gefragt, ob ich noch keine Gewißheit über Deine Ankunft habe, also schreibe flugs.

5692 *Riemer* *2. August 1825*

Abends mit Goethe nach Belvedere. Bemerkung von ihm, daß die Pfaffen die Linden angepflanzt und dadurch die Eichen verdrängt. Man finde keinen Kirchhof, wo Eichen ständen.

5693 *Rehbein an Grüner* *5. August 1825*

Unser alter Meister wünscht es sehr, daß Du kommen möchtest. Er ist wohl und heiter, und obschon seine Sehnsucht nach Böhmen hoch gestiegen war, so blieb er darum hier, weil die neue Ausgabe seiner sämtlichen Werke ihn gar zu sehr beschäftigt. Zehntausend Louisdor sind ihm angeboten, aber noch hat er nicht abgeschlossen, und ich habe Ursache zu vermuten, daß das Angebot sich noch steigern werde.

5694 *Riemer* *9. August 1825*

Abends bei Goethe, dem und seiner Schwiegertochter ich mein Gedicht für den Stadtrat zum Jubiläum vorlas, zu großer Zufriedenheit.

5695 Eckermann an Johanne Bertram 18. August 1825

Vor einigen *Abenden* brachte Goethe das Gespräch auf Dich. Er erkundigte sich nach Deinem Befinden. Ich sagte ihm von Deiner Lage und daß ich sehr darauf dächte, Dich zu mir zu nehmen. Er bat mich, diesen Schritt nicht zu übereilen, sondern erst meine bürgerliche Existenz besser zu begründen, damit ich uns beide nicht in Not brächte. Denn ich müsse hier doch standesgemäß leben können. Ich sagte ihm, daß wir zurückgezogen leben und uns einschränken würden. Das können Sie nicht, sagte er, vermöge Ihres Ranges und der allgemeinen Achtung, die Sie hier genießen; Sie können sich der Gesellschaft nicht entziehen, Sie mögen sich stellen, wie Sie wollen. Dann sprach er von schönen Kleidern und daß Du bald schöne Kinder haben würdest, die denn auch immer auf das feinste hergehen sollten. Dann von den Kosten der ersten Einrichtung, wobei er vorauszusetzen schien, als wärest Du ohne alles Vermögen. Ich sagte ihm aber, daß Du von einer sehr guten Familie und mit der besten Aussteuer zu mir kommen würdest. «Ihr seid gute Menschen», sagte er darauf, «und Ihre Geliebte muß sehr vortrefflich sein. Ich wollte nur, daß ich für Euch etwas tun könnte.» Nun entdeckte er mir den ganzen Zustand von Weimar, seine Stellung als Minister und wie ihm überall, bei der Schuldenlast des Landes und den kleinen Mitteln, die ihm zu Gebote stehen, die Hände gebunden seien. Er ging alles auf das offenherzigste und zutraulichste mit mir durch. Ich sagte ihm, daß ich nie ersucht hätte, für mich etwas zu tun, weil ich bei seiner Liebe zu mir vorausgesetzt hätte, daß er es von selbst tun würde, wenn er dazu imstande. Er sagte mir, daß ich hierin vollkommen recht gehabt, indem er selbst mehr an mein Glück gedacht, als ich glauben könne. Ich habe andere Menschen zu einer glücklichen Lage geholfen, sagte er, die mir bei weitem nicht so nahe standen als Sie. Wir sprachen den ganzen Abend von 7 bis halb 10 nur von diesem einzigen Gegenstande. Wenn ich sagte, daß ich nach Hannover zurück wolle, so wolle er nie dazu raten.

Er meinte, es würde mir da der Umgang geistreicher und gelehrter Männer fehlen, und daß ich auch dort nicht so schnell zu einer Stelle kommen würde. Zudem hätte ich hier für meine Person durch den Umgang mit den Engländern eine Existenz, und um ein besseres Glück abzuwarten, sei hier immer noch der beste Ort. Das Resultat war, für den Augenblick keinen übereilten Schritt zu tun, aber zu arbeiten und neue Proben meines Talents zu geben. Er meinte, es könne sich vielleicht in kurzem hier etwas ereignen. So viel weiß ich, daß, wenn sich Goethen irgend eine Aussicht eröffnet, mich hier zu fixieren, er sie gewiß schnell ergreifen wird ...

Gestern abend war ich bei Goethe. Diesen Mittag bei Goethe zu Tisch.

5696 Riemer *19. August 1825*

Abends bei Goethe. An seinem Leben, die Geschichte von Helmstedt pp.

5697 Soret *20. August 1825*

Après un séjour d'été à Wilhelmsthal, nous retournons à Weimar et ma première sortie du château est pour faire une visite à Goethe que je retrouve très bien disposé de corps et d'esprit. Nous parlons de l'ancienne littérature française; il croit que ses œuvres auraient besoin d'être traduites en vieux français pour moins perdre de leur caractère.

5698 Soret *28. August 1825*

Pour la première fois depuis bien longtemps, Goethe a pris son parti de recevoir des visites et des félicitations à son jour de naissance, son intention est d'encourager par son exemple le Grand-Duc qui voudrait de bon cœur échapper à l'ennui des fêtes qu'on lui prépare pour son jubilé. La foule était grande ce matin au moment où j'ai conduit chez lui le Prince mon élève. J'y suis retourné le soir pour lui porter une gravure; il n'était nullement fatigué de sa journée.

5699 *F. v. Müller an Graf Reinhard* *29. August 1825*

Das Theater ist so gut wie schon fertig und wird am 3. September mit der Oper Semiramis und am 5. mit Tasso eingeweiht. Riemers Prolog ist sehr gehaltreich und lyrisch. Schon fangen alle Häuser und Straßen sich mit buntem Blumen- und Laubschmuck zu kränzen an, überall Gewimmel von lustig Arbeitenden und Anordnenden. Goethe, der sehr wohl und Ihnen Tausend Herzliches sagen läßt, hat sein ganzes Haus renovieren lassen, um es am Jubeltage *nach* dem Theater für Fremde und Einheimische in Unzahl gastlich zu eröffnen. Ottilie muß für 150 bis 200 Personen Erfrischungen vorbereiten, und hat alle Hände voll zu tun. «Der älteste Diener des Fürsten», hat er gesagt, «muß auch das Recht haben, an diesem Tage der frohste und ausgelassenste Wirt zu sein.»

Und so führen wir denn ein buntes und krauses Leben in allen diesen Tagen, so daß man kaum zu Atem kommt. Ich muß mich in Goethes Park-Garten flüchten, um nur einige ruhige Sammlung zu finden.

5700 *F. v. Müller an Ch. D. Rauch* *29. August 1825*

Den nicht genug zu beeilenden dankbaren Beifall über unsre so schön gelungene Denkmünze hat Herr Staatsminister v. Goethe vorläufig ausgedruckt, und ich wiederhole denselben in meinem und im Namen des sämtlichen Vereins.

5701 *Grüner* *1. September 1825*

Am 1. September 1825 abends ½8 Uhr langten wir [Grüner und sein Sohn Joseph] in Weimar an und stiegen bei dem Hofrate und Leibarzte Seiner Königlichen Hoheit Dr. Rehbein ab, der uns mit seiner Gemahlin Catharina von Gravenegg sehr liebreich aufnahm und mich sogleich zu Goethe, der mich bei sich wohnen haben wollte, führte. Goethe hatte eine ihm eigene Art, Gäste zu empfangen, sie flößte Zutrauen und Ehrfurcht ein. Mich empfing er äußerst liebreich, küssend, wies mir sein eigenes zweites Zimmer mit der Entschuldigung an, daß, weil er zur Feier des Festes eine Soiree für die fremden Gäste gebe, und dazu die ganze Etage bedürfe, ich mich mit seinem Studierzimmer, die Aussicht auf den Garten, begnügen möge, welche Ihnen, fügte er hinzu, nicht unangenehm sein dürfte.

Sie haben sich, sagte er dann, doch bei Bergrat Lenz in Jena sehen lassen?

Ich antwortete, daß ich demselben ein Kistchen mit Mineralien gebracht hätte, worüber Goethe erfreut war. Als ich ferner erzählte, Lenz habe mich zu einem Mineralienschrank geführt, woran ein Täfelchen mit meinem Namen in vergoldeten Buchstaben angebracht war, sagte Goethe:

Lenz weiß alles zum Vorteile des Kabinetts einzuleiten, seine Haupteigenschaft ist: Er will immer haben und nichts ablassen, nichts geben.

5702 Grüner *2./3. September 1825*

Am 2. September nach dem Frühstücke besah ich das Mineralienkabinett Goethes und bewunderte besonders die Suiten von sizilianischem Cölestin und Zinngraupen aus Cornwallis, Schlaggenwalde, Ehrenfriedersdorf, herrliche russische Malachite und Großulare von besonderer Größe und Schönheit.

Zu Mittag speiste ich mit Hofrat Meyer bei Goethe ... Hofrat Meyer war von mittlerer, beinahe kleiner Statur, zeichnete sich durch vollkommene Anspruchslosigkeit aus, war einfach bedachtsam in seinen Äußerungen, der Dialekt der Schweizer war, wie schon erwähnt, nicht zu verkennen, er hatte einen durchdringenden Verstand und scharfen Forschblick in Beurteilung artistischer Gegenstände, und wurde daher auch von Goethe als ein intimer wahrer Freund betrachtet und behandelt.

Nach Tisch fuhr Goethe mit Hofrat Meyer und mir durch alle Straßen der niedlichen, reinlichen, mit Blumengewinden, Fahnen und Inschriften geschmückten Stadt, und machte mich auf die Wohnungen Schillers, Herders und auf andere merkwürdige Gegenstände aufmerksam.

Schillers Haus war mit einer Lyra geziert. Der Wagen war aufgeschlagen, damit ich alles besser sehen und mich orientieren könne. Goethe ließ von außen um die Stadt fahren, und machte mich auf seinen Garten mit den Worten aufmerksam: «Dort an der Ilm sehen Sie meinen Garten, man hat ihn schöner und angenehmer beschrieben, als er wirklich ist.» Wir fuhren um den großherzoglichen Park und stiegen bei der Zeichenakademie ab. Hofrat Meyer, der ihr Direktor war, machte mich mit der inneren Einrichtung bekannt, und zeigte die zur Preisverteilung aufgestellten vortrefflichen Gemälde.

Nach der Rückkunft [vielmehr wohl am 3. September] führte Goethe mich in seine Mineraliensammlung mit den Worten: «Nun können Sie von meinen Dubletten einige Ihrer Lücken ergänzen», wozu er einen Tisch für mich herrichten ließ. Nun war ich in meinem Elemente, vergaß alle Feierlichkeiten, kümmerte mich nicht um die auf allen Straßen von Tribünen ertönende Musik. Goethe freute sich über meinen Eifer.

Während dieser Arbeit überraschte mich der Leibarzt Rehbein, machte mir Vorwürfe, daß ich mich hier unter Steinen begraben lasse, während die ganze Stadt auf den Straßen in Bewegung sei, alles sich an den Musiken und Dekorationen der Häuser erfreue, und wollte mich von meinem Geschäfte weg und mit sich nehmen. Ich aber war nicht wegzubringen und sagte:

Man sieht, daß Du kein Mineralog bist, solche günstige Gelegenheiten sind äußerst selten; denn wo hast Du noch gehört, daß ein Mineralog einen Fremden in seiner Sammlung allein sitzen und Duplikate für sich aussuchen ließ? Freundchen, Du siehst nicht ein, welche Freude mir Goethe dadurch bereitet, welchen großartig generösen Charakter er abermals beweiset, indem er mich hier unter seinen Schätzen allein läßt. Ich will aber auch diese Generosität nicht mißbrauchen, sondern hauptsächlich nur solche Mineralien aussuchen, die in meiner Sammlung mangeln und hier mehrfach vorkommen. Sieh, hier liegen drei sehr große Großulare aus Sibirien, allein mir fällt nicht ein, obschon ich einen davon nur allzu gerne hätte, ihn auf den mir eingeräumten Tisch zu legen.

Während des Gespräches mit Rehbein ließ ich mich im Aussuchen von Duplikaten nicht stören. Nun, so vergrabe Dich unter den Steinen, sagte er endlich und ging. Nach seinem Weggange trat Goethe lächelnd ein, weil er sah, daß ich den Tisch schon ziemlich mit Duplikaten belegt hatte.

Lassen Sie sich nicht stören, sagte er, es freut mich, daß Sie einiges gefunden haben, packen Sie es nur sorgfältig ein, wozu ich den Stadelmann schicken werde. Einige Momente später sagte Goethe: Der Großherzog weiß, daß Sie hier sind, es ist notwendig, daß Sie bei der großen Audienz erscheinen, vorgestellt werden.

Er befahl, sogleich seinen Galawagen anzuspannen, in welchem ich nach Hofe fahren sollte. Ich mußte seinen Degen, seinen Chapeaubas, seine Schuhschnallen benutzen. Als die Kammerjungfer mir die großherzogliche goldne Medaille an meinen schwarzen Frack befestigten sollte, bezeichnete er ihr die Stelle, wo sie angebracht werden müsse. Er bemerkte: Auf das rote Band können Sie sich etwas zugute tun, denn ich habe es von Napoleon erhalten. Nun, so, so ist's recht, sagte er, als ich völlig ausstaffiert war, jetzt fahren Sie in Gottes Namen ...

Nach meiner Rückkunft mußte ich Goethe den ganzen Vorgang erzählen.

Abends wurde das neugebaute Theater mit der Oper Semiramis eröffnet. Der Prolog, von Riemer verfaßt und von der Jagemann vorgetragen, wurde mit Beifall aufgenommen. Hummel dirigierte die Musik.

Nach dem Theater war Soiree bei Goethe, auf welcher der Erbgroßherzog, mehrere Prinzen aus souveränen Häusern, die Gesandten, der Adel und Gelehrte erschienen. Goethes Schwiegertochter begrüßte die Ankommenden mit dem edelsten Anstand. Alle Zimmer waren vollgefüllt, und man konnte sofort erkennen, in welchem Goethe sich befand, denn dahin strömte alles. Ich begab mich bald auf mein Zimmer, weil das Gedränge zu groß war, und ich am Tage mich an Goethe laben und erfreuen konnte.

5703 *H. Eisenschmidt: Erinnerungen*

[3. September 1825.] Der Tag kam, und zwar ein wunderschöner Herbsttag mit blauem Himmel. Morgens 5 Uhr donnerten 101 Kanonenschuß, alle Glocken begannen zu läuten, und auf allen freien Plätzen ertönte Festmusik. Schon durch die Straßen zu gehen, wo jedes Haus reich und geschmackvoll geschmückt war, gereichte zu hohem Genuß. Gegen sechs Uhr traf mich ein Mitschüler: «Komm schnell, der alte Goethe geht eben gratulieren!» Und wirklich hatten wir das Glück, diese Heroengestalt ernst und sinnend durch den Park nach dem «Römischen Hause» wandeln zu sehen, wo sein erhabener Freund diese Nacht geschlafen hatte.

5704 *Riemer* *3. September 1825*

Vor das Römische Haus geeilt. Großes Gedränge und langes Warten, bis die Kantate anhob. Feierlicher und imposanter Eindruck im Freien bei immer heiterer werdendem Himmel ... Im Theater der Prolog, der auch besser vorgetragen werden konnte. Nach dem Theater zu Goethe, wo alles sich versammelte.

5705 *Wilhelmine Günther*
an Amalie Thiersch *29. September 1825*

[Über das Regierungsjubiläum Carl Augusts am 3. September.] Am frühesten hat ihm Goethe Glück gewünscht; noch vor 5 Uhr ist er bei ihm im Römischen Haus gewesen, und nur Ein Zeuge (der Rat Haage) ist bei diesem Zusammensein gewesen. – Goethe ist so gerührt gewesen, daß ihm die Tränen über die Backen gerollt sind, und auch der Großherzog hat außer den wenigen Worten «*Es bleibt beim alten*» nichts sprechen können. Der Großherzog hat darauf Goethe gebeten, Kaffee mit ihm allein zu trinken; da sind aber schon fremde Prinzen, namentlich der Prinz Christian von Darmstadt, der in dem Augenblick angekommen war, hereingetreten und haben diesen wirklich feierlichen Minuten ein Ende gemacht. – Ich stand auch unter der Menge vor dem Römischen Haus, um eine Morgenmusik zu hören, die die Kapelle dem Großherzog brachte und die Hummel zur Feier des Tags komponiert hatte.

5706 F. v. Müller: Bericht

Das Zusammentreffen des Großherzogs an seinem Jubiläums-Tage mit Goethe war der Moment, der den Gefeierten sichtbar am meisten erschütterte. Mit beiden Händen hatte der Großherzog Goethes Hände ergriffen, der vor Rührung nicht zu Worte kommen konnte und endlich nur sagte: «Bis zum letzten Hauch beisammen!» Der Großherzog zeigte bald wieder Fassung, und ich hörte: «O achtzehn Jahr und Ilmenau!» Es folgten Erinnerungen an jene Vergangenheit, und in höchster Lebendigkeit schloß der Großherzog seine erste Rede mit der Wendung: «Gedenken wir aber dankbar besonders daran, daß uns auch heut noch erfüllt ist, was uns einst in Tiefurt vorgesungen wurde:

‹Nur Luft und Licht
Und Freundeslieb' –
Ermüde nicht
Wem dies noch blieb!›»

«Dies Dreifache gab mir, was ich gegeben!» antwortete Goethe, den die innerste Bewegung noch nicht verlassen hatte, als ihn der Großherzog umarmte und dann zu einem Fenster hinzog, wo beide leise sprachen, so daß nur die letzten Worte des Großherzogs zu vernehmen waren: «Ich werd' es ja noch erleben!» Wie man später erfuhr, so bezogen sich diese Worte auf die Jubelfeier der Ankunft Goethes in Weimar, über welche der Großherzog an diesem Tage eine Bestimmung traf.

5707 F. v. Müller: Goethe in seiner ethischen Eigentümlichkeit *1832*

... wem schwebt nicht jener heilige Tag von Carl Augusts Jubelfeier (3. September 1825) vor der Seele, wo er, der ehrwürdige Greis, in frühster Morgenstunde, dort jenem anmutigen Sommerhause seines Fürsten gegenüber, unvermutet aus dem Gebüsche heraustrat und durch die blumen- und lorbeerumschmückten Säulen sich leise hineinschlich, um, wie er der Lebensfreunde des Fürsten Erster und Ältester war, auch nun *zuerst* dem erhabenen Gefeierten, beredt in stummer Rührung, die Huldigung seines Herzens und jene Denkmünze, die fromme Gabe unserer Treue und Liebe, darzubringen? – In wessen Andenken lebt nicht der unvergeßliche Abend desselben Tages, wo er das eigene festlich bekränzte Haus zahllosen Gästen und Freunden öffnete, sie um sich sammelte, durch heiterste Zusprache erquickte, aufs sinnigste bewirtete und – der Beglückteste unter den Beglückten – im süßen Dank- und Frohgefühl bis tief in die Nacht umher wandelte?

5708 Zeitung für die elegante Welt 12./13. September 1825

Das Jubelfest in Weimar.
Aus dem Tagebuche eines Reisenden.

Weimar, den 2. September 1825.

Welch ein fröhliches Gewühl auf Märkten und Straßen? Welche heitere Geschäftigkeit überall! ...

Goethes Haus, von ansehnlicher Größe (es hat, dünkt mich, funfzehn Fenster Breite), ist mit den schönsten Blumengewinden umhangen, als wolle es symbolisch die ewige Jugend andeuten, die den Besitzer desselben geistig schmückt. Eine Reihe von Bildern, mir beim nur flüchtigen Anschauen, das die Zeit gestattete, nicht verständlich, aber wie man mir sagte, Anspielungen auf die Werke ausdrückend, die auch er seit einer langen Reihe von Jahren unter dem milden Einfluß *dieser* Regierung der Welt geschenkt hat, schließen sich über dem Portal, mit Kränzen eingefaßt, aneinander. Ich hätte wohl von Goethe selbst die Erklärung derselben hören mögen ...

Den 3. September 1825.

... Man ging auseinander, um der Einweihung des wie ein Phönix aus der Asche wieder erstandenen Theaters, das mit einem Prolog, und der italienischen Oper Semiramis zum ersten Mal eröffnet wurde, beizuwohnen.

Ich hatte gehofft, Goethe würde die hellen Strahlen seines Abendrots in einen Kranz gewunden haben, um durch einen von *ihm* verfaßten Prolog die Menge zu erfreuen. Er hatte aber, wie man mir sagte, die Bitte abgelehnt, und dem Professor Riemer die Ehre überlassen, durch seine Dichtung diesen seltenen Tag zu weihen. Unverkennbar herzlich war der Empfang des Großherzogs, der mit dreimaligem Hoch und schallendem Applaudissement bewillkommt wurde. So klatschen keine *bezahlten* Hände! dacht' ich mir, und nachdem ich noch die schöne Ouvertüre der Oper mit angehört hatte, verließ ich das gedrängt volle Haus, um einige Stunden von der Fülle dieser, am Ende doch physisch ermüdenden, Genüsse auszuruhen.

Denn nach beendigtem Theater steht uns noch ein Fest bevor, *mir* höchst erwünscht und ersehnt. Goethe nämlich, sonst nicht leicht zugänglich, wie man sagt, da seine kostbare, so vielfach in Anspruch genommene Zeit ihm teuer ist, hat *alle* seine hiesigen Freunde und Bekannte mit der wahrhaft grandiosen Erlaubnis zum Abend eingeladen, jeden vielleicht aus der Fremde erhaltenen Besuch, sei er so zahlreich, wie er wolle, mitzubringen.

So werde denn auch *ich* seine Schwelle betreten, und ihn von Angesicht sehen, der mir in seinen Schriften und Porträts bereits so teuer war, und dem ich immer wünschte, wenn auch nur von ferne, einmal nahen zu dürfen. Ich gestehe, daß die Erfüllung dieser lange genährten Hoffnung für mich den heutigen schönen Tag erst recht würdig vollendet.

Den 4. September 1825.

So ist denn auch diese Freude nun vorüber – aber unvergeßlich wird sie fortdauern in meiner Seele. Es war abends gegen 10 Uhr, als ich mit den Gefühlen der tiefsten Ehrfurcht das reich geschmückte Haus betrat, das der große Dichter bewohnt. Abgüsse von Antiken, in Nischen stehend, empfangen den Eintretenden, und scheinen zu verkünden, daß man sich hier im Heiligtum der Kunst und Wissenschaft und in der Nähe ihres Oberpriesters befinde. Ehe man die Zimmerreihe betritt, die zu *Ihm* führt, ermutigt das freundliche Wort: *Salve*, das man vor der Schwelle liest, zu diesem – wie meinem klopfenden Herzen dünkte – *kühnen* Unternehmen. Noch war die Gesellschaft nicht sehr zahlreich, und nur von wenigen umgeben, erblickte ich Goethe, schwarz gekleidet, mit seinen vielen Orden geschmückt, und von dem vollen Silberhaar wie von einer Glorie leuchtend, in einem der letzten Zimmer, wo er mit ruhiger Würde die Ankommenden verbindlich empfing, und auch mir, der ich ihm vorgestellt wurde, einige sinnvolle Worte sagte.

Nach und nach füllten sich Zimmer und Säle. Die Fürsten, die ich bei Hofe gesehen hatte, nahmen ebenfalls teil an diesem festlichen Abend. Fast hätte ich ihnen jetzt ihren Rang beneidet, da er ihnen behülflich war, sich der Unterhaltung unseres trefflichen Wirts ausschließend zu bemächtigen. Goethe sieht noch sehr wohl aus, doch schien er mir magerer, als die letzten Porträts, die von ihm existieren. Sein braunes Feuerauge strahlt noch gleich einer Sonne, die über die niedere Erde erhaben ist, und ihr nur scheint, um sie zu erhellen und zu verklären. Sein edler Anstand und sein leichter Gang deuten auf Kraft und Wohlbefinden, die ihm Gott noch lange erhalten möge. Mehrere der Zimmer waren zur Bewirtung der Gäste eingerichtet, die hundertweis sich einfanden. Das auserlesene kalte Souper und die kühlenden und geistigen Getränke aller Art waren hinreichend, um *alle* zu befriedigen, und seine geistreiche und liebenswürdige Schwiegertochter bewegte sich mit jugendlicher Leichtigkeit unter der Menge, für jeden sorgend, niemand übersehend, und alles mit umsichtigem Scharfblick ordnend und leitend. Bis nach Mitternacht blieb Goethe gegenwärtig, doch noch lange nachher, als er sich zurückgezogen hatte, dauerte das fröhliche Beisammensein der Gäste fort, das auch mir Fremdling zu mancher neuen und angenehmen Bekanntschaft verhalf.

5709 *Goethe bei dem Jubiläum des Großherzogs von Weimar*

Schon seit längerer Zeit lebt Goethe in stiller Zurückgezogenheit, nur höchst selten wohnt er einem Feste des Hofes bei, erfreut sich dagegen öfter in seinem Hause freundlicher Besuche von seinem humanen Fürsten und dessen Familie. Der Tag des allgemeinen Jubels für Weimar rief auch ihn in die Wohnung seines gefeierten Mäzens, und er war unter den ersten, welche dem Jubel-Fürsten ihre Glückwünsche darbrachten. Dies geschah in dem im Park gelegenen Römischen Hause, welches der Großherzog gewöhnlich den Sommer hindurch bewohnt und wo sich außer den Kavalieren auch die Kapelle eingefunden hatte, welche letztere den Großherzog bei seinem ersten Erscheinen mit einer Kantate von Hummel begrüßen sollte. Der Andrang der Menschen war groß; jeder suchte sich eine Stellung, von wo aus man den Großherzog erblicken könne; noch verhinderten ihn die zahlreichen Glückwünschenden, sich der Menge zu zeigen! – Da war es, als Goethe aus einer Seitentür des Römischen Hauses heraus trat; man bemerkte ihn, bald erfuhren es mehrere, und mit einem Male hatte eine große Menge ihre früheren Plätze verlassen, begierig, nur ihn zu sehen. – Noch auffallender aber sprach sich diese Begierde am Abend aus. Er hatte vermuten können, daß ein großer Teil der Fremden ihn kennen zu lernen wünschen möchte; um dieses sowohl den Fremden als sich selbst zu erleichtern, und zugleich das hohe Fest, wie er immer zu tun pflegt, auf eigentümliche Weise zu feiern, hatte er schon früher erklärt, daß er am Abend des ersten Festtages *offenes Haus* geben werde, «daran, daß man mit ihm diesen Jubeltag begehe, wolle er seine Freunde erkennen!» – und siehe! er hatte viele und würdige Freunde zu erkennen; denn in dem Palaste eines Monarchen glaubte man sich, betrachtete man den Glanz der versammelten Gäste, deren Anzahl kaum Platz fand in dem geräumigen Hause. Wer, der Weimar auch nur auf kurze Zeit besucht, kennt sie nicht, die freundliche und reiche Wohnung Goethes? Sie war an diesem Tage noch überdies wohl ausgeschmückt mit grünem Laubwerk und Blumen; zwischen den Fenstern waren kleine allegorische Gemälde befestigt, welche, schön ausgeführt, die von dem gefeierten Regenten beschützten Künste und Wissenschaften sinnreich andeuteten, und über der Haustür standen, mit goldener Schrift, die sowohl Bescheidenheit, als auch Dank, Liebe und Verehrung ausdrückenden Worte: «*Haec otia fecit.*» – Wenn man in das Haus tritt, glaubt man in einem römischen Gebäude sich zu befinden; in dem Hausflur sind mehrere Büsten aufgestellt, eine trefflich eingerichtete Treppe führt bequem zum obern Stockwerk; an der Schwelle des Eingangs in den Saal ist mit schwarzem Holze ausgelegt zu lesen ein großes: «*Salve!*» – Am Abend des Festes waren sieben Zimmer für die Gäste geöffnet; im letzten auf der linken Seite des Gebäudes hing das Gemälde des Großherzogs, mit Rosen umkränzt; im blauen oder Musikzimmer befand sich Goethe nachher im Kreise der Versammlung; in den drei Zimmern des rechten Flügels waren Erfrischungen zu finden, und in dem sogenannten Büstenzimmer, wo eine große Anzahl von Büsten der größten Männer aller Zeiten aufgestellt zu sehen, empfing der freundliche Hausvater die Begrüßungen seiner Gäste. Nach dem Theater hatte sich der Großherzog, erschöpft durch das vielfach Ergreifende des Tages, zurückgezogen; der Erb-Großherzog jedoch, wie sämtliche fremde Herrschaften, Gesandten, Minister und ein großer Teil der übrigen Gäste des Hofes, auch die blühendsten Schönheiten und was an geachteten Gelehrten und Künstlern Weimar besitzt, hatte sich bei Goethe eingefunden; zehn fürstliche Personen konnte man zählen, und alle im festlichen Staate, wie sie am Morgen den Großherzog begrüßt; nur die Gelehrten und Künstler waren in einfaches Schwarz gekleidet, gleich ihrem großen Meister, dessen Brust an diesem Tage der große Stern zierte. So stand der ehrwürdige Greis an eine Büste (wenn ich nicht irre, Homers) gelehnt, und empfing mit Bescheidenheit und stiller Freude die Huldigungen der erlauchtesten Personen; ein Fürst unter Fürsten, feierte er einen Triumph, wie wohl noch kein

Dichter erlebt! – Die Versammlung verweilte bis gegen Mitternacht, und der sechsundsiebzigjährige Greis, obgleich er schon morgens vier Uhr aufgestanden, unterhielt sich bis gegen ein Uhr im traulichen Familienkreise, und am nächsten Morgen bei guter Zeit war er schon wieder mit Diktieren beschäftigt.

5710 *Weimars Jubelfest am 3. September 1825*

Goethe gab ... an diesem Abend offenes Haus. Jedem, den die freie Neigung zu ihm führen wollte, Einheimischen und Fremden, waren seine Türen gastlich geöffnet.

«Der beglückteste Diener seines Fürsten», – hatte er geäußert, – «müsse an diesem Tage auch das Recht haben, ihn aufs ausgelassenste zu feiern, und daran, wer uneingeladen zu ihm komme, wolle er seine Freunde erkennen.»

Schon seit einigen Tagen war dieses Wort in der Stadt bekannt geworden, zu großer Freude der Einwohner, die ihren allverehrten Dichter nicht oft genug sehen, und zu noch größerer Freude der Fremden, denen dadurch die beste Gelegenheit geöffnet war, dem Ersehnten auf die bequemste, heiterste Weise nahe zu treten.

5711 *Nach dem Tagebuch von C. v. Weber*

Am 23. Oktober 1842 machte der von Weber öfters als sehr geistreich bezeichnete damalige Königlich Preußische Gesandte von Jordan Weber einige interessante Mitteilungen ... Noch erzählte er, als er in Weimar beim Jubiläum des Großherzogs [Carl] August gewesen, sei früh um 7 Uhr Goethe, den der Großherzog geduzt, zu diesem gekommen, der Großherzog habe ihn umarmt und gesagt: «Nun, Goethe, so weit haben wir es beide nun gebracht, in der Jugend haben wir es nicht danach getrieben.» Den Abend habe Goethe sich vorbehalten und alle Honoratioren eingeladen. In seinem Hause sei die vordere Reihe der Zimmer ganz mit gedeckten Tischen gefüllt gewesen, an welchen sich die Gäste, wie es ihnen beliebte, niedergelassen. Auf jedem Tische habe eine Speise- und eine Weinkarte gelegen, nach der jeder sein Abendessen sich habe wählen können. Goethe sei den ganzen Abend nicht in diese Zimmer gekommen, sondern sei in einer mit allerhand Kunstsachen gefüllten Galerie im Hintergebäude auf und ab gewandelt, wo er die Ankommenden begrüßt habe. Erst nach 9 Uhr, als ein Teil der Gäste schon wieder fort gewesen, sei der Großherzog gekommen und habe mit Goethe soupiert.

5712 Grüner *4./5. September 1825*

Die Soiree [am 3. September] dauerte bis nach Mitternacht. Da Goethe an eine streng regelmäßige Lebensweise gewöhnt war, befand er sich am nächsten Tage leidend. Bei einem so alten Schiffe, sagte er, müsse man besondere Vorsicht anwenden.

Als ich aus der öffentlichen Bibliothek zurückkam, waren meine Effekten in ein anderes Zimmer in der ersten Etage gebracht. Goethe führte mich mit den Worten dahin: «Nun haben Sie Gelegenheit, meine Sachen anzusehen.»

Ich befand mich in der Mitte von Natur- und Kunstschätzen. Er machte mich auf die Seltenheiten, die er aus Herkulanum und Pompeji, aus Sizilien, überhaupt von seinen Reisen mitgebracht hatte, aufmerksam und erklärte sie mir. Ich mußte den umfassenden Reichtum seines Wissens, seinen Kunstsinn und sein Kunsturteil, ganz besonders aber auch sein bei einem so hohen Alter doppelt merkwürdiges Gedächtnis bewundern.

Ich besitze, sagte Goethe unter anderm, seit dem funfzehnten Jahrhunderte bis jetzt die Münzen aller Päpste. Es dient zur Geschichte der Kunst. Ich kenne alle Graveurs. Die griechische Prägung vor und zu Alexanders Zeit ist noch nicht erreicht. Die Ägypter lieferten den Griechen nur Stoff zur Verfeinerung.

Am 4. September früh wohnte ich der Predigt des Generalsuperintendenten Röhr bei, welche im Druck erschienen ist. Es wurde eine Kantate von Hummel gesungen. Nach meiner Rückkunft forderte Goethe mich bei Tisch auf, den Inhalt der Predigt zu erzählen, was ich zu seiner Zufriedenheit zu tun imstande war, da ich aufmerksam zugehört und die Einteilung genau dem Gedächtnisse eingeprägt hatte.

Herr Nicolovius aus Berlin war mit zu Tische, ein junger jovialer wißbegieriger Mann. Das Gespräch kam auch auf das Altarblatt von Cranach in der Hauptkirche, Luthern vorstellend, wie er die Hand auf die Bibel legt. Die Figur ist kräftig, alles übrige aber wenig zu loben. Nicolovius sagte, es gehöre in eine alte Rüstkammer. Goethe rügte den unpassenden Ausdruck, und empfahl, ein Bild immer so anzusehen, als wenn der Maler es besser als der Beschauer verstanden habe, sonst werde man immer nur tadeln.

Goethe wünschte Aufklärung über die Waisenanstalten in Österreich, welche ich umständlich zu geben vermochte. Nun müssen Sie aber auch, sagte Goethe, Einsicht in unser Kriminalverfahren und in unsere Strafanstalten nehmen und Falk besuchen, der die Obsorge über verwahrloste Kinder verbrecherischer Eltern führt. Es ist der nämliche Falk, welcher Ihnen als Satiriker bekannt sein wird. Er lebt jetzt für die ihm anvertrauten Kinder, beurteilt ihre Fähigkeiten, geistigen Anlagen und körperliche Beschaffenheit, wonach er jeden einzelnen, wozu er zu verwenden wäre, in Antrag bringt. Ich werde die Einleitung treffen, daß man Ihnen überall die gehörige Aufklärung gebe. Bei Falk werden Sie sich in sein großes schwarzes Buch einschreiben müssen.

Goethe war sehr heiter, und das Gespräch kam darauf, daß manche Meister in ihren Gemälden wunderliche chronologische Fehler begingen. Ich erzählte, daß in der Wohnung des Generalgroßmeisters der Kreuzherren mit dem roten Stern zu Prag ein sehr schönes Gemälde sich befinde, Maria mit dem Jesuskinde; Maria hält in der rechten Hand das Ordenskreuz der Kreuzherren. In Worms ließ ein Maler die Beschneidung Jesu mit der Brille vornehmen. Nicolovius wußte mehrere Inschriften anzuführen, welche Heiterkeit verbreiteten.

Da ich sagte, ich wünsche das Theater zu besuchen, antwortete Goethe: Gehen Sie, Freundchen, Sie werden sich gut unterhalten. – Es wurden «Die beiden Briten» und «Die Humoristenstreiche» gegeben. – Nach der Rückkunft aus dem Theater forderte Goethe mich auf, ihm den wesentlichen Inhalt der beiden Stücke zu erzählen. Nachdem ich es getan und das vortreffliche Spiel der Schauspieler Durand und [La] Roche hervorgehoben und zergliedert hatte, sagte er: Sie haben recht, sie machen ihre Sache gut. – Bei meinem Scheiden machte er mich auf die morgige Feierlichkeit aufmerksam.

Diese Feierlichkeit war die Einweihung der neuerbauten großartigen Bürgerschule, welche in Gegenwart des Hofes des Vormittags des 5. September vorgenommen wurde ...

Mittags speiste ich bei Rehbein, der vom Großherzoge den Falkenorden erhalten hatte, worüber höchste Freude herrschte, und bei der Tafel Toaste, insbesondere auf den Großherzog, ausgebracht wurden. Goethe, der dem Leibarzte Rehbein sein volles Zutrauen schenkte, und mit ihm auch auf freundschaftlichem Fuße stand, hat Glückwünsche dargebracht, und mich zugleich aufmerksam gemacht, daß heute Torquato Tasso gegeben werde, worauf ich antwortete, daß es längst mein sehnlicher Wunsch gewesen, dieses Meisterstück aufführen zu sehen.

Goethe antwortete: Da Sie sich schon in höheren Zirkeln bewegt haben, was dieses Stück zur gründlichen Beurteilung erfordert, so dürfte es bei Ihnen einen guten Eindruck hervorbringen.

Torquato Tasso wurde vortrefflich gegeben, und besonders zeichneten sich Durand und die Jagemann aus. Unter Goethes Werken war Tasso stets mein Lieblingsstück. Durch Vortrag, Gebärdespiel und Charakterdarstellung wurde mir so manches lebhaft vorgeführt, was man bei dem aufmerksamsten Lesen und Studieren sich nicht versinnlichen kann, und ich wurde wahrhaft begeistert. In dieser Stimmung trat ich nun gleich nach dem Theater in Goethes Zimmer ein. Er grüßte mich freundlich mit den Worten: «Wie haben Sie sich unterhalten?» Durch den Anblick des Schöpfers eines so großen Werkes noch mehr begeistert, zog es mich, ihn den höchsten Grad der Verehrung zu bezeigen, denn war er nicht ein Souverän im Reiche der Geister? Er aber gestattete es nicht, und ich konnte nur hervorbringen: Ich danke Eurer Exzellenz für den unaussprechlich hohen Genuß, den mir dieses Meisterwerk bereitet hat! Auf ferneres Befragen sagte ich: Es wurde vortrefflich gegeben, es paßte alles, das Kostüm, die Dekorationen, zum Ganzen. Es gehört ein hoher Grad von Bildung und Talent dazu, sich in die Charaktere so einzustudieren. Euer Exzellenz mögen gewiß früher auf die Darstellung dieser Schauspieler Einfluß genommen haben.

In früherer Zeit, antwortete Goethe, als ich die Direktion führte, hatte ich freilich viel mit diesen Leutchen zu tun, Zeitaufwand, auch manchen Verdruß gehabt. Mich freut es, daß Sie sich so gut unterhalten haben.

Nachdem ich auseinandergesetzt, wie einzelne Szenen gegeben worden, sagte er: Die Rollen waren gut verteilt, die Direktion soll gelobt werden. Beim Abschiede sagte er: Gehen Sie mir morgen früh nicht aus, ich habe etwas Wichtiges mit Ihnen vor.

5713 Grüner *6. September 1825*

Am 6. September früh mußte ich einem Maler sitzen, welchen er [Goethe], um mich zu porträtieren, bestellt hatte. Ich habe eine Sammlung von Bildnissen guter Freunde, worunter ich auch Sie zähle, sagte Goethe. Nachdem der Maler den Umriß in brauner Kreide fertig hatte, wurden Mineralien, Büsten, Antiken besehen.

Ich war zur großherzoglichen Tafel geladen. Goethe war wieder bemüht, mich hiezu auszustaffieren.

5714 Grüner *7. September 1825*

Am 7. September früh ließ Goethe für meinen Sohn Joseph, der bei Rehbein wohnte, ein Frühstück bereiten, bei welchem auch seine Enkel Wolfgang und Albrecht [Walther] erschienen.

Sehen Sie meinen Wolf in die Augen, sagte Goethe, es spricht so etwas heraus, daß ich meinen sollte, er werde ein Dichter. Mein Sohn hat keine Anlage dazu, wohl aber ist er auf seinem Platz als Kammerrat. Er versieht auch meine ganze Wirtschaft, um die ich mich nicht zu kümmern brauche. Meine Enkel machen mir viele Freude, sie werden gut erzogen, meine Schwiegertochter ist eine einsichtsvolle, in Sprachen geübte, im Umgange in höheren Zirkeln gewandte, unterrichtete Hausfrau. Sie dürften sich selbst bei der Soiree überzeugt haben, wie sie jeden Gast empfangen und sich bemüht hat, jeden nach Möglichkeit zu unterhalten.

Ich bewunderte, antwortete ich, ihren edlen Anstand, ihr einnehmendes Wesen, und ihre Sprachkenntnisse.

Nun müssen Sie auch, sagte Goethe, die Sammlung meines Sohnes im Gartenhause ansehen, welches er sich für seine Passion für Petrefakte ganz eingeräumt hat.

Nach Besichtigung der Sammlung sagte Goethe zu seinem Sohne: Heraus mit Deinen Dubletten! Grüner muß sich auch in dieses Fach einstudieren, er kann Dir auch manche Beiträge liefern.

Ich machte aufmerksam auf die Altsattler so verschiedenartigen Blätterabdrücke, und verschiedenartiges petrifiziertes Holz, auf die versteinerten Süßwasserschnecken bei Libnitz im Elbogner Kreise, und sicherte Zusendungen zu. Der junge Goethe versprach, mir ein Verzeichnis seiner Dubletten und die entbehrlichsten davon zu geben.

Hierauf führte mich Goethe zu seinen Münz-, Antiken- und Kupferstichsammlungen. Ich staunte über den Reichtum an Münzen und Antiken, und über Goethes Gedächtnis, denn er kannte die berühmten Steinschneider alle mit Namen, wußte über die Veranlassung zu den Medaillen, und über den Lebenslauf der berühmten Männer, auf deren Ehre sie geschlagen worden, manche Anekdote zu erzählen. Die Kupferstiche bewahrte er in mehreren großen Portefeuilles auf. Unter anderem legte er mir die Schlacht Konstantins in großen Blättern vor, machte mich, mit dem Finger hin- und herweisend, auf die Verteilung und Gruppierung der Figuren, auf die richtige Zeichnung der Menschen und Pferde aufmerksam und sagte: Sehen Sie, dazu gehört Geist und Talent, um ein solches Bild zu entwerfen und so glücklich auszuführen.

Unter dieser belehrenden herrlichen Unterhaltung verstrich die Zeit, bis man endlich das Mittagsmahl ansagte. Indem wir uns anschickten, uns zu demselben zu begeben, erlaubte ich mir die Bemerkung, es sei schade, daß diese häuslichen Schätze nicht öffentlich bekannt würden. Das lassen wir gut sein, antwortete Goethe, bei der Beschreibung müßte ich dabei sein, was mir zu viele Zeit rauben würde.

Nach Tische besuchte ich Falk, den Direktor der Bewahranstalt verwahrloster Kinder verbrecherischer Eltern. Goethe hatte ihn von meiner Ankunft benachrichtigen lassen ...

Goethe war auf meine Relation gespannt, und nachdem ich sie erstattet hatte, fügte ich hinzu: Es wäre sehr zu wünschen, daß diese für die Menschheit so wohltätige Anstalt in anderen Ländern Nachahmung finden möchte; denn ich habe in meiner Kriminalpraxis die Erfahrung gemacht, daß Diebe ihre Kinder zum Einkriechen durch die kleinen Stallfenster mitnahmen, damit sie inwendig von der Stalltüre die Querriegel zurückzögen, um sodann die Stalltüre zu öffnen. Solche Kinder, die in einer Diebesfamilie aufwachsen, werden der öffentlichen Sicherheit noch gefährlicher, als ihre Eltern es waren.

Darum soll, sagte Goethe, Falk gelobt werden, der sich dieser Anstalt mit ganzer Seele widmet und seine Schriftstellerei ganz aufgegeben hat.

5715 Amalie Wolff an ihren Mann 13. September 1825

In Weimar fand ich [am 7. September] noch die ganze Stadt festlich geschmückt. Den ersten Tag ließ mich die Riemer und Durand nicht zu Goethe. Riemer, der noch denselben Tag zu ihm ging, meldete mich bei ihm, und ich wurde auf den andern Tag zu Tisch geladen, aber er war wieder krank und konnte nicht bei Tisch erscheinen. Rehbein, sein Doktor, speiste mit, ging wieder nach Tisch zu ihm und sagte mir dann, ich sollte nicht darauf bestehn, ihn zu sprechen, mein Erscheinen würde ihn zu sehr bewegen. Ich mußte also abreisen, ohne ihn gesehn zu haben.

Er hat sich bei diesen Festlichkeiten zu sehr angegriffen, den Tag zuvor zu viel gegessen und getrunken, seine Krankheit sei nicht gefährlich, sagte der Arzt.

5716 *Grüner* *8. September 1825*

Am 8. September besuchte ich das Kriminalgebäude und die Strafanstalten. Die Vorsteher waren von Goethe ersucht, mich von allem zu unterrichten ...

Ich war diesen Tag abermals zur großherzoglichen Tafel geladen ... Goethe war den Abend unwohl. Nachdem ich indes in launiger Weise über das diesen Tag Gesehene und Geschehene berichtet, war er aufgeheitert und entließ mich zu Rehbein, an den er mir Grüße auftrug, zum Abendessen.

5717 *Grüner* *9. September 1825*

Am 9. September früh halb neun Uhr hatte der Maler mein Porträt vollendet. Goethe ließ hierauf anspannen, und gab dem Maler die Weisung, mit mir und meinem Sohne ins Belvedere zu fahren, um dort die Treibhäuser, die Anlagen und das Schloß und dessen innere Einrichtung zu besehen. Dieses Belvedere, eigentlich der großartige Park, ist eine Zierde Weimars, und ein äußerst angenehmer Unterhaltungsort ...

Bei meiner Rückkunft gab Goethe dem Sekretär der Bibliothek in meiner Gegenwart die Weisung, mir deren Merkwürdigkeiten zu zeigen, lächelnd mich warnend: Fordern Sie nichts Unmögliches, wie die geistreiche Prinzessin von Oldenburg hier es tat.

Goethe hatte den geistreichen Kanzler von Müller zu Tisch geladen, vielleicht, damit ich meine Ansicht über das Weimarsche Kriminalverfahren in dessen Gegenwart aussprechen möge, denn er sagte zu Müller: Grüner ist mit unseren Kriminalverfahren nicht ganz einverstanden.

Ich sprach mich dahin aus, daß ich mit der Trennung der Urteilsschöpfung von der Inquisition einverstanden sei; obschon die dem Instruktionsrichter überlassene Erhebung des Tatbestandes auf die Urteilsschöpfung den wesentlichsten Einfluß habe, stelle sich doch der Vorteil heraus, daß die Akten vor dem Urteilsspruche genau geprüft werden, folglich der Instruktionsrichter fleißig, leidenschaftslos und umständlich den Tatbestand und die Constituta aufnehmen muß, will er sich nicht Rügen, Ausstellungen zuziehen, oder die Akten zur Ergänzung zurück erhalten. Nicht billigen aber könne ich, daß es dem Inquisiten freistehe, an Universitäten zu appellieren, weil ich mit Grund voraussetze, daß rechtliche, gesetzkundige Richter angestellt sind, die gewissenhaft nach den bestehenden Gesetzen entscheiden, und weil wegen der Armut der meisten Inquisiten der Staat die nicht unbedeutenden Kosten der Appellationen an die Universitäten tragen muß.

Goethe gab mir Beifall und sagte: Seht Ihr, ich habe es immer gesagt, bei uns greift es nicht recht zusammen.

Kanzler Müller konnte nichts Wesentliches, sondern bloß einwenden, daß diese Prozedur altherkömmlich und noch ein Überbleibsel deutscher Freiheit sei.

Nach Tisch erwartete mich der Bibliothekssekretär Kaiser [Kräuter] in der Bibliothek ...

Nach der Rückkunft teilte ich Goethe meine Gefühle bei dem Anblicke seiner Büste und der Büsten der übrigen großen Männer Weimars mit, pries die zweckmäßige Einrichtung des bei einer Feuersgefahr Sicherheit gewährenden Turms, und sprach meine innigste Überzeugung aus, daß sich der Großherzog einen unsterblichen Namen sowohl als Mäzen wie als Regent erworben habe.

Goethe antwortete: Ich habe so manches mit ihm durchlebt, hatte Gelegenheit, ihn näher kennen zu lernen. Er ist sehr wissenschaftlich gebildet, fällt stets ein vorurteilfreies Urteil, und trifft immer den Nagel auf den Kopf. Er ist ein großer, sehr vortrefflicher Regent, und für das Wohl seiner Untertanen äußerst besorgt.

5718 Grüner *10. September 1825*

An dem zu meiner Abreise festgesetzen 10. September 1825 früh brachte mir Goethes Sohn ein Kistchen mit

Petrefakten, worüber Goethe sehr erfreut war. Stadelmann wurde angewiesen, sorgfältig einpacken zu helfen, damit keine Beschädigung stattfinden könne. Auch gab mir Goethe alle Werke, Broschüren, Gedichte, welche dem Großherzoge zu seiner Jubelfeier dargebracht worden waren. Vor meiner Abreise waren der Leibarzt Rehbein, der Kanzler Müller zu Goethe gekommen, um meine Abschiedsvisite zu erwidern, und blieben auch bis zu meiner Abfahrt da. Der geistreiche lebhafte Sohn Goethes war sehr um mich besorgt, besichtigte den Wagen, ob alles gut gepackt und in Ordnung sei. Ich kann die Gefühle nicht beschreiben, welche sich meiner bemeisterten, als ich mich von dem großen Manne und seinen Angehörigen trennen sollte, welche mich mit so viel Wohlwollen und Auszeichnung aufnahmen und behandelten. Ich war, obschon mit so vielen Schätzen versehen, ganz wehmütig gestimmt. Es überkam mich der melancholische Gedanke, als ob ich mich auf immer von ihm trennen sollte. Nachdem ich mich bei der liebenswürdigsten Frau Schwiegertochter Ottilie mit der Versicherung verabschiedet hatte, daß ich die hier zugebrachten Tage unter die allerglücklichsten meines Lebens zähle, und sie mir unvergeßlich bleiben würden, mag Goethe mein nasses Auge bemerkt haben. Er reichte mir die Hand mit der freundlichsten Zusicherung, daß im künftigen Jahre unsere freundschaftlichen wissenschaftlichen Beziehungen würden fortgesetzt werden.

Ich drückte, gerührt und zu sprechen nicht fähig, seine Hand an mein Herz, er umarmte mich, und nahm mit den Worten Abschied: Auf freudiges Wiedersehen! Meinem Sohne, den er zum Andenken sein in einen Hyazinth graviertes Porträt gegeben hatte, legte er die Hand auf das Haupt und sprach: Fahre fort, Deinem Vater wie bisher Freude zu machen.

Schon hatte ich mich allseitig empfohlen, und saß bereits zur Abfahrt bereit im Wagen, als Kanzler von Müller mir noch ein Gedicht brachte, welches die Stadt Weimar dem Großherzoge zu seiner Jubelfeier überreicht und welches Goethe vergessen hatte. Endlich rollte der Wagen davon.

Wir kamen wohlbehalten in der Heimat an, von wo aus nicht verfehlt wurde, es unter erneuerten Danksagungen nach Weimar zu vermelden.

5719 *Eckermann an Johanne Bertram* *26. September 1825*

Vorgestern ließ mich der Kanzler v. Müller zu sich bitten und eröffnete mir, daß die Universität Jena vorhabe, zu Goethens Jubiläum am 7. November mir mit dem Doktor-Hute ein Geschenk zu machen. Goethe und der Kanzler haben die Sache früher eingeleitet, und die Universität will Goethe nun zu jenem Tage eine Freude machen.

Zweitens nahm er meine Kräfte in Anspruch zu der Beschreibung und Redaktion der hier während des herzoglichen Jubiläums stattgefundenen Festlichkeiten, welche die Hoffmannsche Buchhandlung unter Leitung des Kanzlers und meiner in zwei Bändchen herausgeben will ...

Ehrenvoller aber als alles ist ein Auftrag von Goethe, nämlich zu der neuen Ausgabe seiner Werke eine kritische Einleitung zu schreiben, die den Werken vorangedruckt werden soll. – Er sagt dazu, daß der Buchhändler mir dieses ganz vorzüglich honorieren müsse. Wir wollen dieses Werk in Abendstunden miteinander besprechen, wozu Goethe noch besondere Abende bestimmen wird.

5720 *F. v. Müller an Graf Reinhard* *26. September 1825*

... Dagegen feiern wir hoch, durch Medaille, Morgen-Kantate, Verein auf der Bibliothek, großes Mittagsmahl, Theater, Ball pp.

Goethes Jubiläum, am 7. November,

ohne daß er es ahnen darf. Ewig schade, daß *Sie* uns fehlen werden.

Goethe grüßt tausendmal. Er war fünf bis sechs Tage unwohl, doch geht es besser. Eichhoffen, den ich zu ihm brachte, wird Ihnen viel von ihm erzählen. Er genoß eine köstliche, inhaltsschwere Stunde bei ihm [am 24. September], und gefiel ihm sehr. Überhaupt ist mir nicht leicht ein bescheidenerer, zartsinnigerer, liebenswürdigerer junge Gelehrte vorgekommen.

5721 *F. Gruithuisen: Reisebericht* *6. Februar 1826*

Auch in Weimar bin ich gewesen. Was könnte zum Lobe dieser Stadt ich noch sagen, wenn sie schon längst den Namen eines zweiten Athens führt, in welcher ein Fürst residiert, der sie vollends dazu umschuf, und die durch mehrere große Männer hochberühmt geworden ist! Mit der Hoffnung, bei besserer Muße diese Musenstadt zum zweiten Male zu sehen, verweilte ich hier nur drei Tage, welche die seligsten waren, die sich an meinen Lebensfaden gereiht hatten. Außer dem vielen bekannten Schönen und Guten, was ich hier nur gleichsam kostend gesehen habe, hatte ich durch die besondere Wohlgewogenheit des Herrn Geheimen Rates Ministers v. Goethe auch Gelegenheit, von Hochdessen neuesten Bestätigung seiner Ansicht von der Natur der Farben Kunde einzuziehen. Am ersten Tage [29. September 1825] hatte Hochderselbe die Gnade, mir ein gemaltes Glas zu zeigen, welches, je nachdem ich eine Stellung hatte, von Gelb in Purpur, in Blau und in Grün eine äußerst frappante Verwandlung zeigte. Die so spielenden Farben hatten die Lieblichkeit derer des Opals und die Intensität jener des Labradors in seinem höchsten Farbabglanze. Der Herr Minister v. Goethe schloß diese Vorzeigung mit den wenigen Worten: «*Dieses ist mein Farbensystem*», und entfernte sich mit dem Glase. Diese Erscheinungen, daß eine und dieselbe auf das Glas hingeschmolzene Substanz, außer den schillernden Zwischenspielen die drei Farben (Gelb, Purpur und Blau), aus welchen alle übrigen Farben komponiert werden können, so äußerst rein zu geben vermögen, konnte ich auf der Stelle schlechterdings nicht deuten, und dieses brachte mich um so mehr in Verlegenheit, als ich kurz vorher mich (und ich glaube mit Recht) rühmte, ich hätte Seiner Exzellenz Werk *Zur Farbenlehre* gewiß so aufmerksam studiert, als irgend ein anderer. Ich mußte daher das Gespräch ablenken, nachdem ich meine wirkliche Verwunderung über die Erscheinung selbst geäußert hatte. Mein Nachdenken in der folgenden Nacht half mir ohne jenes Glas zu gar nichts, und so wurde denn meine Verlegenheit erneuert, als Seine Exzellenz den andern Tag nach aufgehobenem Mittagsmahle mir zeigten, wie andere Gläser von ähnlicher Beschaffenheit Blau gaben, wenn schwarzes, Gelb, wenn weißes Papier dahinter lag usw. Ich begriff nun jetzt, daß gestern die Stellungen, die ich gegen das Glas annehmen mußte, diese Unterlagen ersetzten. Ich erfuhr, daß die letztern Gläser unter der Aufsicht des Herrn Ministers von Goethe verfertigt wurden, und nahm mir tags darauf [vielmehr wohl am gleichen Tage] die Freiheit zu fragen, wie dieses geschehen könne, was Hochderselbe auch mir zu sagen die Gnade hatten. Ich verspare das weitere auf das Ende dieses Berichtes, und bemerke nur vorläufig, daß ich glaube, Herr Geh.-Rat v. Goethe wird über diese Erscheinung in seiner Zeitschrift selbst etwas drucken lassen, und daß ich nachher erfahren habe, daß seine Forschungen nach dem Geheimnisse der Farbe seines vorzüglichen Glases, welches er im Karlsbade gekauft haben soll, veranlaßten, daß mehrere Kunstverständige Kunde von dieser Sache erhalten haben, und daß ich, so weit es möglich ist, über die v. Goethesche Ansicht dieser sonderbaren Erscheinungen vorläufige Aufschlüsse erteilen will, wenn ich zu dem Punkte meiner Reise kommen werde, wo ich selbst in den Besitz solcher Gläser gekommen bin.

Übrigens schenkten Seine Exzellenz meinen Entdeckungen auf der Mondfläche große Aufmerksamkeit und äußerten dabei so viele selenographische Kenntnisse bei der Erläuterung meiner Steindrucktafeln und Originalzeichnungen, daß ich sie mir nicht erklären hätte können, wenn ich nicht von seinem Herrn Sohne, dem Großherzoglich-Weimarschen Geheimen Kammerrate Julius August Walther von Goethe, dabei erfahren hätte, daß der Herr Vater längere Zeit mit einem siebenfußigen Teleskope Beobachtungen am Himmel anstellten.

Unter dem vielen Herrlichen, was ich in dem von Goetheschen Hause gesehen habe, ist auch noch eine treffliche Sammlung von Petrefakten und fossilen organischen Resten, die dem Herrn Geh. Kammerrate angehören.

5722 *W. v. Biedermann: Goethe und Dresden* *1875*

Carus ... legte [seinem Brief an Goethe vom 17. Januar 1825] einen Brief des Komponisten Lecerf bei, worin dieser mit Bezug auf das Singspiel «Jery und Bätely» schrieb: «... es war mir immer, als möchte das Werk noch auf genügendere Weise schließen, wenn wir uns zuletzt davon sichtlich überzeugt fänden: die endliche Nachgiebigkeit Bätelys habe ihr auch die übrigen Bewohner des Dorfes versöhnt ... Wie frisch und kräftig könnte dann nicht ein einstimmender Chor der Landleute das Ganze beschließen! – Sie zu diesem Ende zu Dichtung eines andern Schlusses zu vermögen, der Ihrer Meisterhand nur Einen Zug kosten würde, ist meine sehr kühne, aber herzlich gut gemeinte Bitte.»

Goethe erhielt den Brief erst am 21. Januar, und schon am nächsten Tag sandte er an Carus den Chor zu «Jery und Bätely», der seit der letzthandigen Ausgabe der Werke den Schluß bildet. Der Chor trägt wie der Brief selbst die Unterschrift des 22. Januar 1825. – Als Lecerf im September 1825 auf der Reise nach Aachen, wo ihm die Stelle des städtischen Musikdirektors übertragen war, Goethe besuchte und für die Willfahrung hinsichtlich dieser Chordichtung seinen Dank ausdrückte, erwiderte jener: «Ich konnte Ihren Wunsch leicht erfüllen; er war ganz vernünftig.» Schon 1820 war Lecerf auf der Durchreise nach Paris in Weimar bei Goethe gewesen.

5723 *R. Köhler: Ein Brief Goethes an Alessandro Poerio* *1882*

Gleich am Tage seiner Ankunft in Weimar – Sonntag, den 2. Oktober 1825 – begab sich A. Poerio, mit einem Empfehlungsbriefe des österreichischen Gesandten in Florenz, des Grafen Ludwig Bombelles, versehen, zu Goethe, der ihn, nachdem er den Brief gelesen, sehr freundlich aufnahm und sich mit ihm etwas unterhielt. Der Besuch war jedoch nicht lang, da Goethe beschäftigt schien. Goethe hatte Poerio aufgefordert, noch denselben Tag zu seiner Schwiegertochter zu gehen, aber Poerio traf sie nicht zu

Hause. Am folgenden Tage war die goldene Hochzeit des Großherzogs Carl August, und Poerio hielt es daher nicht für passend, an diesem Tage wieder zu Goethe zu gehen, sondern tat dies erst am 4. «Ich bin» – schreibt er noch an demselben Tage an seinen Vater – «mit ihm ungefähr drei Viertelstunden im Garten spazieren gegangen. Er sprach mit mir von verschiedenen Dingen. Er erkundigte sich nach Alfieri, nach der Albany und andern auf Italien bezüglichen Gegenständen. Er ist alt, aber kräftig; er geht gerade und ziemlich rasch; das Auge ist adlerartig und strahlt noch mit dem ganzen Glanz der Jugend.» Poerio hatte die Braut von Korinth übersetzt und wollte die Übersetzung dem Dichter vorlesen, aber Goethe nahm selbst die Handschrift, um die Übersetzung, wie er gewohnt sei, still für sich zu lesen, worauf jedoch Poerio erklärte, er wolle dann erst seine unleserliche Handschrift deutlich abschreiben lassen.

In seinem Briefe vom 8. Oktober schreibt Poerio, daß er endlich am Tage vorher Goethes Schwiegertochter zu Hause getroffen habe. Sie war, berichtet er, sehr liebenswürdig gegen ihn, versprach ihm Empfehlungsbriefe Goethes an Blumenbach und Sartorius in Göttingen, wohin sich Poerio von Weimar begeben wollte, stellte ihm ihre deutsche und englische Bibliothek zur Verfügung, lieh ihm Goethes Übersetzung von Manzonis Ode «Der fünfte Mai» und verschaffte ihm eine Eintrittskarte zu dem am Abend stattfindenden großen Balle des «Casino», das heißt der noch heute bestehenden Erholungsgesellschaft. An demselben Tage lernte Poerio auch Goethes Sohn und einen seiner Enkel, «dem der Dichter oft diktiert», kennen. Über Goethes Übersetzung der Ode Manzonis schreibt Poerio in demselben Briefe: «Sie ist so, wie man von einem großen Dichter, der in der Sprache, aus der er übersetzt, bewandert ist, erwarten kann.» Er bemerkt dann weiter: «Man muß wissen, daß Goethe Manzoni besonders hoch schätzt und vor einigen Jahren seine Tragödie ‹Der Graf Carmagnola› gelobt hat, wofür der Verfasser ihm in einem an ihn gerichteten Brief vielmals gedankt hat. Zu mir sagte er [Goethe] über Byron, er sei ein außerordentlicher Geist, *ein Leben* sei in seinen Werken. Ach! – fügte er hinzu – als ich ihm einige Verse der Aufmunterung schrieb, wußte ich nicht, daß es Abschiedsverse sein sollten.»

5724 Marie Rehberg an Eckermann *19. November 1825*

Den Meister lieben meine Kinder beinahe so sehr als ich, sein Anblick [am 5. Oktober] hat sie beseligt und ihrem Gefühl neue Stärke gegeben. Wer einen so göttlichen Blick der Augen hat, sagen sie, der muß auch die edelste Seele haben, und keine Lästerung über seinen moralischen Charakter soll uns mehr Einen Augenblick trüben.

5725 F. v. Müller an Graf Reinhard *9. Oktober 1825*

Goethe ist wieder wohl und grüßt herzlich. Die Besuche des großen Mondsehers Gruithuisen von München, Prof. von Hennings aus Berlin, Rehbergs aus Hannover, zweier Brasilianer und eines sehr gebildeten Florentiners – zahlreiche Engländer ungerechnet – haben ihn in diesen Tagen sehr erfreut. Der 7. November rückt näher, Ihre Muse darf uns da nicht fehlen, wenn gleich leider wir Ihre Person entbehren müssen.

5726 H. Meyer an Böttiger *13. Oktober 1825*

Den dritten Band der Amalthea erhielt ich vor wenigen Tagen, freute mich an der reichen Ausstattung und Mannigfaltigkeit; das Käuzchen mit den Mäusen ist wunderartig; Ihre schöne Silenuslampe nimmt sich nicht minder gut aus. Ich habe das Werk Goethe mitgeteilt, der an den beiden erwähnten Denkmalen viel Vergnügen zu finden schien und, wie ich aus einem spätern Gespräch habe schließen können, das Buch durch und durch gelesen.

5727 Riemer *15. Oktober 1825*

Mittags bei Goethe zu Tische. War früh der Großherzog auf zwei Stunden dagewesen. Vorher beim Kanzler wegen der Medaille auf Goethes Jubiläum. Serenissimus hat alles genehmigt.

5728 F.v.Müller an Graf Reinhard 21.Oktober 1825

Goethe grüßt aufs herzlichste. Der 7. November rückt immer näher, im Theater wird Iphigenie (von Goethe) für diesen Tag einstudiert, wozu ich einen Prolog dichten werde. Doch das Schmeichelhafteste, Überraschendste für Goethe wird mit höchster Genehmigung ganz im stillen zu Berlin von mir präpariert; es ist eine Medaille, auf der einen Seite die vereinten Brustbilder des Großherzogs und seiner Gemahlin, auf der andern Seite das seinige, mit der vom Avers zum Revers hinüber laufenden Legende:

«Carl August und Louise
Goethen
zum 14.November 1825.»

So hat wohl noch kein Fürst seinen Diener gefeiert! Aber ich bitte sehr, das *Geheimnis* noch zu bewahren, von dem ich bloß Humboldten letzthin einige Andeutung gemacht.

5729 F.v.Müller an F.Schlosser 24.Oktober 1825

Euer Wohlgeboren halte ich anzuzeigen mich verpflichtet, daß wir hier am 7.November dieses Jahres Goethes zweifaches Jubiläum feiern.

Denn nicht nur sind es an diesem Tage fünfzig Jahre, daß Goethe zuerst hierher gekommen, wie ich aus einem Wielandschen Originalbriefe an Jacobi d. d. 10. November 1775, welchen ich aus des letztern Nachlaß an mich zu bringen so glücklich war, nachgewiesen habe; sondern es hat auch des Großherzogs Königliche Hoheit auf meinen ehrerbietigsten desfallsigen Vortrag gnädigst zu genehmigen geruht, daß Goethes Dienstjubiläum, welches eigentlich erst am 11.Juni 1826 einträte, gleich am 7.November dieses Jahres mitgefeiert werde (dies inchoatus pro completo), «damit er darin einen besondern Beweis fürstlicher Huld erkennen möge, die, wie er selbst durch Verdienst und Treue sich vor allen andern Dienern auszeichnet, nun auch annehmen wolle, daß er nicht erst mit Abschwörung eines körperlichen Eides, sondern schon mit dem ersten Momente seines Aufenthaltes hier für Weimars Wohl und

Ruhm zu wirken und zu schaffen begonnen». Zu so schöner Doppelfeier also lassen Sie mich Sie und Ihre verehrte Frau Gemahlin aufs dringendste und herzlichste einladen...

Goethe weiß noch nichts von unserm Vorhaben, aber mit seinen Kindern ist alles besprochen, und sie vereinigen ihre Bitten und Einladungen mit den meinigen. Nicolovius jun., der schon vor drei Wochen nach Berlin zurück sollte, ist von seinem Vater eigens angewiesen worden, bis zum 7. November hier zu bleiben. Die Festlichkeiten werden mannigfaltig, so würdig des Gefeierten als möglich, aber *so* eingerichtet sein, daß Goethes Individualität und Zurückgezogenheit dabei auf alle Weise beachtet und *geschont* werde. Im Theater wird seine Iphigenie, neu einstudieret, gegeben.

[Am Rande:] Wir haben aus Algier einen sehr merkwürdigen Brief von Goethes beiden Eltern d. d. 12. Juli 1776 an Schönborn aufgetrieben, der über Goethes hiesigen ersten Aufenthalt und Diensteintritt sehr viel Merkwürdiges enthält. Dieser Brief wird feierlich in der Großherzoglichen Bibliothek niedergelegt werden.

5730 F. v. Müller an K. W. Stark *6. November 1825*

Leider konnte ich Sie gestern nicht mehr aufsuchen, und sende daher diesen Boten, um Ihnen und allen Ihren verehrten Herrn Kollegen, die morgen unser Fest beehren wollen, gründlichen Bescheid zu geben.

Goethe empfängt zu zweien Malen Glückwünsche, um 8¾ Uhr morgens und um 10 Uhr.

Diejenigen, so erstere Stunde wählen, Herrn und Damen, genießen das Vergnügen, die schöne Morgen-Kantate mit anzuhören, die um 9 Uhr in Goethes Zimmer aufgeführt wird.

Von halb eilf Uhr an ist der verehrte Jubelgreis *nicht mehr sichtbar*, weil nun die fürstlichen Herrschaften erwartet werden. Um eilf Uhr präzise beginnt die Feierlichkeit auf Großherzoglicher Bibliothek, die zwar nur für einen ganz kleinen Kreis von Zuhörern berechnet ist, zu welcher ich aber doch sämtliche Herrn Professoren und Ihren Frauen, welche entweder um neun oder um zehn Uhr bei Goethe sein werden (denn ich bin beide Male dort), Einlaßkarten zuzustellen von Serenissimo die gnädigste Erlaubnis erhalten habe. Um 11¾ Uhr endet dieser Actus.

5731 E. Förster: Aus der Jugendzeit 1887

... ich ... kam am 5. November in Weimar an. Am Morgen des 6. – es war ein Sonntag – meldete ich mich mit Übersendung des d'Altonschen Briefes bei Goethe an und erhielt die Einladung, um zwölf Uhr bei ihm zu sein. Ich nahm eine von mir gefertigte Zeichnung nach dem von uns ausgeführten Freskogemälde der Theologie zu mir und ging über die geweihte Schwelle.

Mit einer namenlosen Empfindung, gemischt aus höchster Freude und hochgesteigerter Angst, die selber durch das «Salve» am Eingang nur wenig gemindert wurde, trat ich in das große Empfangzimmer. Wußte ich doch, daß der erhabene Dichter des «Faust» zugleich der kühle Beurteiler des Corneliusschen «Faust» war, der ihn mit dem von Retzsch, ja fast mit dem von Delacroix auf eine und dieselbe Stufe gestellt und der an den «Nibelungen» meines großen Meisters nur «den altertümlich tapfern Sinn und die unglaublich große technische Fertigkeit» zu rühmen gewußt. Und doch war er der hohe, von tausend und aber tausend Zungen gepriesene und von mir mit tiefster Ehrfurcht bewunderte Dichterfürst!

Ich hatte erwartet, ihn auf einem Stuhl, gleich einem Audienz erteilenden thronenden Fürsten, zu finden, und war darauf gefaßt, in bescheidener Entfernung an der Türe stehen bleiben zu müssen. Wie war ich überrascht und plötzlich aller Sorgen ledig, als er mit offenen Armen mir entgegenkam, mich mit beiden Händen erfaßte und aufs herzlichste willkommen hieß. – Nach den Vorfragen über d'Altons Befinden etc. ging er sogleich auf die Kunstunternehmung in Bonn über und war hocherfreut, daß ich meine Antwort mit einer Zeichnung begleiten konnte.

Es war ein eigentümlicher Zug im Charakter Goethes, daß er die vornehme Zurückhaltung, die er in Gesellschaft und gegenüber Fremden von Auszeichnung beobachtete, vor jüngern Leuten gänzlich fallen lassen, sich – sozusagen – mit ihnen auf eine und dieselbe Linie stellen, ja sogar von ihnen Belehrung erbitten konnte. Auf mich machte dies Verfahren den wohltuendsten Eindruck, alle Befangenheit war verschwunden, meine Zunge war gelöst, so daß ich sogar über eine Viertelstunde die «Exzellenz» vergaß und mich erst nach und nach auf die gebührende Anrede förmlich einüben mußte.

Ich setzte ihm nun den von Cornelius angeregten, von der königlich preußischen Regierung genehmigten Plan, die Universitäts-Aula in Bonn mit historischen Darstellungen der vier Fakultäten – Theologie, Philosophie, Jurisprudenz und Medizin – in Fresko auszuschmücken, auseinander, berichtete, wie mit der *Theologie* der Anfang gemacht worden, die Cornelius dem Maler Carl Hermann aus Dresden übertragen, wobei er mich und noch einen seiner ältern Schüler, Götzenberger aus Heidelberg, ihm als Gehülfen beigegeben in der Art, daß uns in der Ausführung einzelner Gruppen eine Art Selbständigkeit gewahrt blieb; – ein Umstand, den Goethe mit einem fragenden «So?» anhörte. Darauf gab ich, zuweilen von Goethe durch ein «Hm!» oder «So, so!» unterbrochen, die Erklärung der Zeichnung: wie die allegorische Figur auf dem Postament in der Mitte die Theologie vorstelle mit den Genien des Forschens und Glaubens; wie neben ihr, gleich Säulen, die Evangelisten ständen, an die sich, in zwei Reihen sitzend, die Kirchenväter anschlossen, die ich, wie alle dargestellten Personen, namentlich bezeichnen mußte. Dann zeigte ich auf die hervorragenden Erscheinungen in der ältern Kirchengeschichte, auf die Sektierer, auf Ordensstifter, die Repräsentanten der Hierarchie (Innozenz IV. und Gregor VII.), auf die scholastischen Theologen und den frommen Thomas a Kempis; dann auf der andern Seite die Verbreiter des Christentums, die Vertreter der Kirchenreformation von Petrus Waldus, Hus und Wiclif bis auf Luther und seine Zeit- und Kampfgenossen, sowie die Theologen des 17. Jahrhunderts. Endlich machte ich auf die beiden Gruppen im Vorgrund aufmerksam, in welcher die Richtung der Gegenwart auf eine Ausgleichung katholischer Gläubigkeit und protestantischen Forschersinns ausgesprochen sein sollte, wozu der alte Herr die allerfreundlichste, aber auch allerungläubigste Miene machte.

«Ein rühmliches Unternehmen», sagte nun Goethe, «und mit Eifer und ernstem Studium angefaßt. Man wird sich um die Kirchengeschichte bekümmern müssen, um Sie zu verstehen. Ich habe aber noch mehr Bedenken», und damit wandte er sich, um im Saal auf und ab gehend weiter zu sprechen. «Die Allegorie ist in der bildenden Kunst nicht zu entbehren, so wenig als in der Dichtkunst. Es frägt sich aber doch, ob sie hier an der rechten Stelle, oder wenigstens ob sie in der rechten Form ausgeführt ist? Ist sie farbig, das heißt mit dem Schein des wirklichen Lebens dargestellt?» Und als ich dies bejahte, fuhr er fort: «Das würde mich stören. Eine Marmorgruppe an diesem Platze würde den Gedanken aussprechen, ohne in Konflikt zu geraten mit der Gesellschaft wirklicher Personen, die sie umgeben. – Auch bei der Gegenwart habe ich einige Skrupel. Das Werdende entzieht sich der unbefangenen Wahrnehmung, nur das Gewordene fällt in die verläßlichere Anschauung. Die Gruppe der ausgesöhnten Konfessionen gleicht mehr einem frommen Wunsche, als einer Tatsache.» Nun aber ging er über auf die Richtung, welche die Schule von Cornelius überhaupt genommen, namentlich in betreff des Stils, der aus den Umrissen der vorgelegten Zeichnung nicht wohl zu erkennen war. «Die der Schule auf Veranlassung von Cornelius gestellten Aufgaben», erwiderte ich, «sind sehr verschieden; in Koblenz wird ein Jüngstes Gericht, in Helldorf die Geschichte des Barbarossa, in einem andern Ort der Mythus des Apollo gemalt; danach modifiziert sich der Stil. Auch ist die Geschmacksrichtung der einzelnen verschieden, und weicht sie nicht zu sehr von den höchsten Zielen ab, so läßt sie der Meister gewähren.» Und als ich auf seine Frage nach diesen «höchsten Zielen» meine Begeisterung für Raffael und

Michelangelo kundgegeben und erzählt, wie Cornelius uns ohne Unterlaß diese erhabenen Meister als Vorbilder vor die Augen stellte und auf Schönheit und Größe des Stils uns hinzuführen unablässig bemüht sei, sah er mich mit unbeschreiblicher Freundlichkeit an und sagte: «Wirklich? Raffael und Michelangelo schätzt und empfiehlt Cornelius? Das ist mir ganz neu. Ich habe geglaubt und immer gehört, daß er nur die Meister des 14. und 15. Jahrhunderts, Dürer etwa und Holbein eingeschlossen, als Muster und Vorbilder gelten lasse.» Zum Glück hatte ich eine Zeichnung bei mir, die ein Freund nach dem neuesten Karton von Cornelius – der Zerstörung Trojas – gemacht, und konnte sie als die sicherste Widerlegung des ausgesprochenen Vorurteils vorlegen.

Er äußerte seine Freude und Bewunderung unverhohlen. Dann führte er mich vor eine über der Türe angebrachte Zeichnung von Leybold aus Stuttgart, die dieser auf Goethes Anregung nach einem Gedicht «Der neugriechische Charon» gefertigt und ihm zugeschickt. Es stellt den Tod vor, wie er auf dahinstürmendem Roß alles, was Leben hat, vor und neben sich niederwirft; eine Zeichnung, reich an ausdrucksvollen Motiven, klar in der Anordnung und schön in den Formen. Was ich dazu sagte, wurde gut aufgenommen, so daß ich mich in der Tat wie an vertrauter Stelle befand.

Wohl über eine Stunde war im Sehen, Sprechen und Hören vergangen, als Goethe das Zeichen der eingetretenen Eßstunde und damit der Besuch sein Ende erhielt. Freundlich reichte er mir zum Abschied die Hand und fügte hinzu: «Morgen erlebe ich mein fünfzigjähriges Dienst-Jubiläum. Ich weiß nicht, was die Freunde vorhaben, und will es dann in aller Bescheidenheit erwarten. Ich werde mich freuen, Sie unter ihnen zu sehen.»

5732 Goethes Jubiläum. Am 7. November 1825

Am 7. November 1775 ist Goethe nach Weimar gekommen, und als nun der Morgen des 7. November zum funfzigsten Mal wiedergekehrt war seit jenem Tage der Ankunft, sah man von allen Seiten her die Freunde und Verehrer Goethes in Festesschmuck – denn selbst die großherzogliche Familie hatte die eben bestehende Hoftrauer auf besonderen Beschluß abgelegt – zu dessen Hause sich begeben, und kaum vermochte dies alle Zuströmenden zu fassen. Die ersten Morgenstunden hatte man ihn dem Kreise seiner nächsten Familienglieder überlassen und war hier nur ein alter Schulfreund Goethes [Riese] zugegen, der, obwohl auch in den Siebzigen, noch ein Jahr älter als Goethe, von Frankfurt am Main hergereist war ...

Der Frankfurter, den ich oben erwähnte und der mit mir in demselben Gasthofe wohnte, erzählte mir: er habe bereits am 6. November abends in dem Arbeitszimmer Goethes ganz allein mit diesem seinen Jugendbekannten – «denn Freund dürfe er zu sagen sich nicht unterstehen» – eine unvergeßliche Stunde zugebracht, und Goethe sei in sehr bewegter Stimmung gewesen. Schließlich habe er ihn um eine Zeile gebeten zum Andenken dieses Wiedersehens nach länger als funfzig Jahren, und er sei beglückt worden durch ein Blättchen von Goethes Hand. Er zeigte es mir und erlaubte die Abschrift des folgenden Verses:

«Ist uns Jugendmut entrissen,
Mag zum Troste dann Erfahrung
Sicher leiten zur Bewahrung
Aller, die wir treu uns wissen.
So in jetz'gen Tagen träumen
Wir zurück wohl sonstig Walten
Steter Frühlingswelt uns Alten,
Um in ewig lichten Räumen
Ew'ge Jugend fest zu halten.»

Dieser Fremde sagte mir auch: Goethe habe dem folgenden Tage mit Beklommenheit entgegen gesehen und geäußert: «Er wird mir viel des Guten bringen, mich aber auch für lange Zeit mit beschwerlicher Unruhe überhäufen, denn es dürfte vieles zu beantworten sein, und daß es gehörig geschehe, bin ich mir und andern schuldig, obwohl es mich verstört in meinem stillemsigen Schaffen.»

5733 *E. Förster: Aus der Jugendzeit* *1887*

Hier [bei Goethe am 7. November 1825] fand ich eine auserlesene Gesellschaft: Frauen und Jungfrauen Weimars im Festkleid, ausgezeichnete Männer aus Weimar und Jena, und in der Tiefe des Saales einen Tisch mit kostbaren Geschenken, vornehmlich weiblichen Arbeiten. Hier sah ich auch Eckermann wieder, der mich während des Sommers in Bonn besucht und der mir nun mit großer Freundlichkeit seine Dienste für Weimar anbot. Als Goethe – wenn ich mich recht erinnere – begleitet von seinem Sohn, seiner Schwiegertochter und seinen beiden Enkeln, eingetreten, begrüßte ihn ein vierstimmiger Festgesang, in welchem Frau Eberwein als Ilm die Chorführerin war. Und danach begrüßte er uns alle einzeln mit Wort und Händedruck und besah mit kindlicher Freude die Bescherung.

Wo war nur der große, unnahbare Mensch hingekommen, als der er nach so vielen Berichten vor meiner Seele gestanden? Selbst den Zug göttlicher Ironie in Rauchs Büste suchte ich vergebens im lebenden Original. Ist es schon hocherfreuend und unter Umständen innig rührend, wenn Menschen, die durch Geburt und Rang weit über uns stehen, sich mit der Äußerung ihrer Empfindungen und Gedanken, mit Neigungen und Gewohnheiten uns gleichstellen, so steigert sich die Freude zur andächtigen Bewunderung, wenn ein Mann, der durch sein Verdienst, durch seinen selbsterworbenen Wert ein Fürst geworden im Reiche der Geister, dem alle huldigen, sich gibt wie der Ärmsten einer, seines Reichtums wie seiner Vorzüge unbewußt. So war Goethe an diesem Festmorgen, so menschlich liebenswürdig, daß man weder an den Minister, noch an den gefeierten Dichter erinnert wurde.

5734 *Riemer* *7. November 1825*

Feier des Goethischen Dienstjubiläums. Früh 1/2 9 Uhr Gratulation. Kantate von mir und Eberwein. Um 11 Uhr auf der Bibliothek Actus der Deposition der Medaille auf Goethe. Rede von mir und dem Kanzler. Dann zu Goethe, erhielt ich aus seiner Hand das Doktordiplom von der

Jenaischen Universität. Mittags Tafel von zweihundert Kuverts im Stadthause.

5735 Maria Pawlowna an ihre Mutter *7. November 1825*

C'est aujourd'hui l'anniversaire des cinquante ans de résidence de Goethe à Weimar, de sorte que ses connaissances et amis particuliers se sont réunis pour fêter la journée: il y a eu réunion à la Bibliothèque dont il est le Directeur et où des vers seront chantés et des discours rappelant ses services prononcés. – Plus tard il y a un grand dîner par souscription à l'hôtel de ville, et ce soir nous avons tous assisté à la représentation de l'Iphigénie de Goethe qui a été très bien rendue: on dit qu'il lui sera porté une sérénade pour terminer la journée. Notre participation au prince, à mes enfants et à moi s'est bornée à aller complimenter ensemble ce matin à onze heures, où nous l'avons trouvé entouré de cadeaux et très bien disposé malgré son émotion.

5736 F. Peucer an Böttiger *8. November 1825*

Gestern hat Weimar den denkwürdigen 7. November gefeiert, wo im Jahre 1775 Goethe zuerst in unsere Mauern trat. Er wurde ganz früh vor dem Erwachen durch einen sanften Choralgesang unter dem Gartenfenster seines Schlafzimmers überrascht. Um 9 Uhr versammelten sich alle singende Damen und Freundinnen des Goetheschen Hauses, wohl vierzig an der Zahl, in dem größern Visitenzimmer, und empfingen den Eintretenden mit einer Morgenkantate, Text von Riemer, Musik von Karl Eberwein. Alle Minister und höheren Staatsdiener, auch Jenaische Professoren, Fremde usw. waren hierauf in den anstoßenden Zimmern seines Eintritts gewärtig. Der Staatsminister v. Fritsch überreichte ihm ein großherzogliches Handschreiben mit einer auf diesen 7. November vom Großherzog und der Großherzogin geprägten Medaille, auf dem Avers die Brustbilder beider fürstlichen Ehegatten, auf dem Revers die Worte: Carl August und Louise Goethen. Der Stadtrat überreichte ein Bürgerrechts-Diplom für die beiden Enkel, Walther und Wolf von Goethe. Die Loge gratulierte, mehrere Landescollegia, die Bibliothek, die Akademie. Die medizinische Fakultät ernannte ihn zum Doktor; die theologische überreichte ihm ein Patent honoris gratia (jedoch kein Doktordiplom). In dem einen Zimmer war eine vollständige Ausstellung von allerlei Industrie- und Kunstarbeiten der hiesigen Damen, von welchen jede etwas für ihn, diesem Tage zu Ehren, mit eigner Hand gearbeitet hatte. Um 10 Uhr kam der Hof, die ganze großfürstliche und erbgroßherzogliche Familie. Um 11 Uhr war große Zeremonie auf der Bibliothek, wohin eine ziemliche Menge Karten an Herren und Damen ausgeteilt waren. Hier wurden zwei Briefe feierlichst deponiert, welche im Jahre 1775 Goethes Vater und Mutter an einen holländischen Konsul in betreff der Anstellung Goethes in Weimar geschrieben hatten. Abermals Gesang, komponiert von Hummel, und Rede vom Kanzler v. Müller, Gegenrede von Riemer. Um 2 Uhr zweihundert Gedecke im großen Saale des Stadthauses mit Rezitation, Gesängen und Toasts. Ich lege ein Exemplar hierbei. Abends Iphigenie von Goethe im Theater bei stürmischem Applaus; der Abgang beklatscht; die ganze Darstellung meisterhaft, der schönsten Zeiten unsers Theaters würdig. Goethe war zugegen bis in den dritten Akt. Er wurde vor Anfang des Stücks beklatscht und mit Bravorufen empfangen. Abends nach dem Theater Abendmusik in Goethes Hause, durch die Kapelle, von Hummel komponiert. Dem Vernehmen nach hat er alle diese Herren nach beendigter Musik bei sich zum Abendessen behalten. Eckermann übergab ein Gedicht. So endete dieser Tag, von welchem Ihnen Madame Hartknoch mehr erzählen wird.

5737 Eckermann an Marie Rehberg 9. November 1825

Von Goethes Jubiläum, das am 7. November höchst brillant gefeiert worden, möchte ich Ihnen in aller Schnelle einige Nachricht geben. Morgens um 9 Uhr fand bei ihm eine große Gratulation statt, wobei unzählige Geschenke überreicht wurden. Während der Zeit brachten ihm treffliche Sängerinnen eine schöne Morgen-Kantate, im Zimmer, wobei die Glückwünschenden, wenigstens zweihundert Menschen, zugegen waren. Alle ersten Frauen der Stadt hatten ihm schöne Sachen gestickt oder andere schöne Handarbeiten gemacht. In den nächsten Wochen, die dem Feste vorangingen, war alles beschäftigt. Von seiten des Großherzogs wurde ihm durch den Minister v. Fritsch eine Medaille überreicht, die auf der einen Seite das Bildnis des Großherzogs und der Großherzogin und auf der anderen Goethes Bildnis zeigte. Ein so fürstliches Geschenk ist gewiß noch keinem Dichter gemacht, solange die Welt steht. Abgeordnete des Magistrats von Weimar überreichten ein Diplom, wodurch allen Nachkommen von Goethe das hiesige Bürgerrecht zugesichert wird. Deputierte der Universität Jena beschenkten ihn mit den Doktor-Diplomen aller Fakultäten. Der Gedichte und glückwünschenden Briefe waren unzählige. Noch etwas überaus Merkwürdiges trug sich zu. Ein alter Brief, vor funfzig Jahren von Goethes Vater an einen Freund in Algier geschrieben, über die ersten Zustände seines Sohnes in Weimar, war herbeigeschafft und Goethen zu großer Rührung überreicht. Um 11 Uhr war auf der Bibliothek eine große Feierlichkeit, wo unter Musik, Gesängen und Reden dieser Brief von Goethes Vater, die Medaille des Großherzogs und ein neuer Abdruck der Iphigenie (vom Großherzog zu diesem Feste veranstaltet) in einem eigenen Schranke niedergelegt wurden; die Reden wurden von Kanzler v. Müller und Professor Riemer gehalten. Mittags war auf dem großen Saale des Stadthauses ein glänzendes Diner von über zweihundert Personen; wobei es an Liedern und Gedichten nicht fehlte. Der Saal war sehr geschmackvoll dekoriert, rund umher mit den Namen von Goethes einzelnen Werken, mit großen goldenen Buchstaben und jeder mit einem Kranze umgeben. Oben war ein Gemälde angebracht, welches den Moment darstellte, wie Goethe vor funfzig Jahren von dem Großherzog in die Stadt Weimar eingeführt wird. Dann eilte man ins Theater. Als der Vorhang in die Höhe ging, erblickte man Goethes Büste, unter der ein schöner Lorbeerkranz hing. Ein mit vieler Wärme gesprochener Prolog erregte große Begeisterung. Dann folgte eine meisterhafte Vorstellung der Iphigenie. Goethe selbst war zum großen Jubel des Volkes heute zuerst wieder im neuen Theater. Die nächsten Straßen von Goethes Hause fand man an diesem Abend prächtig illuminiert, und eine schöne Nachtmusik, von Hummel arrangiert und von der Kapelle vor Goethes Hause ausgeführt, ertönte zu den Ohren des Allverehrten. Goethe selbst war diesen Abend höchst jugendlich heiter und bis gegen 11 Uhr in der bei ihm von selbst sich zusammengefundenen großen Gesellschaft. Der Hof hatte an diesem Tage die Trauer aufheben lassen.

Dieses schreibe ich Ihnen heute in aller Flüchtigkeit, welches Ihre überschwengliche Güte entschuldigen wird.

Goethe hat diese Zeit oft von Ihnen gesprochen. Auch von Pertz fast einen ganzen Abend.

Es macht Ihnen vielleicht die Nachricht Freude, daß die philosophische Fakultät zu Jena am Tage von Goethes Jubiläum mich mit dem Doktor-Diplome beschenkt hat.

5738 Eckermann an Johanne Bertram 10. November 1825

Nur kurz, meine Geliebte, will ich Dir die Nachricht geben, daß die philosophische Fakultät zu Jena mich am Tage von Goethes Jubiläum mit dem Doktor-Diplom beschenkt hat. Goethe selbst überreichte es mir in einer roten vergoldeten Kapsel. Es ist mir dieses, da das Diplom als Datum den Tag von Goethes Jubiläum trägt, ein sehr liebes Geschenk ... Goethes Fest war fürstlich! Die Zeitungen werden es Euch melden. Goethe selbst ist an diesem Tage von der Universität Jena zum Doktor aller Fakultäten gemacht, und der Professor Riemer hat auch, wie ich, das Diplom von der philosophischen erhalten.

5739 Allwina Frommann an J. D. Gries (nach dem 7. November 1825)

Wohl war es ein schöner Gedanke, den Tag zu feiern, da Goethe vor fünfzig Jahren zuerst nach Weimar gekommen. Kaum hätte man diesen Tag (7. November) so genau gewußt, wäre er nicht in einem Briefe Wielands an Jacobi aufgezeichnet, in demselben Briefe, worin die schöne Stelle vorkommt: «Seit dem heutigen Morgen ist meine Seele so voll von Goethe wie ein Tautropfen von der Morgensonne.»

Als wir gegen 9 Uhr morgens bei der Schopenhauer ankamen, fanden wir sie und Adele eben bereit, zu Goethes zu gehen; wir warfen also schnell unsre winterlichen Hüllen ab und fuhren eiligst hin. Dort waren in einem langen Zimmer Eberweins Schülerinnen, er selbst und seine Frau, um den Flügel versammelt, die jungen Damen alle in Weiß und Grün gekleidet. Als alles bereit war, kam Goethe aus seinen Gartenzimmern zwischen den Sängerinnen hervor und stellte sich dann ihnen gegenüber an die Tür des Saales. Kaum hatte er sich gegen sie gewandt, so begann die Eberwein, als Ilm ihn begrüßend, den Gesang; ihre Nymphen fielen dann ein, und da es sanfte, liebliche Melodien waren, machte es den allgemeinen Eindruck tiefer Bewegung und Rührung. Er selbst sah sehr bewegt aus, und erst da am Ende die Musik rauschender sich erhob, ward er ruhiger und heiter. Nach Beendung des Gesanges sprach Goethe sehr freundlich mit einigen Damen, ging dann in ein andres Zimmer und empfing die Minister und Deputationen. Der Stadtrat ließ ihm das Bürgerrecht für alle Nachkommen seines Namens überreichen. Die medizinische Fakultät sandte ihm durch Kieser, die philosophische durch Bachmann ihr Doktordiplom, und die theologische sprach sich in einem Schreiben dankend und anerkennend über die Art aus, wie er sich immer für die protestantische Kirche erklärt und den Nachforschungen auch in ihrer Wissenschaft günstig und hülfreich gewesen. Die Juristen konnten kein Diplom schicken, da Goethe schon in Straßburg Doktor geworden; Konopak war aber als Deputierter da.

Unter den Festgeschenken, die in einem andern Zimmer aufgeputzt waren, zeichnete sich vorzüglich eine Medaille aus, auf der einen Seite die Bildnisse des Großherzogs und seiner Gemahlin, auf der andern Goethes Bild, mit der Inschrift: «Carl und Louise – Goethen». Es wäre nicht möglich, alle die schönen Gaben zu nennen, merkwürdige Gedächtnismünzen neben gestickten Tragbändern, Fußkissen und Mappen; unter diesen die schönste von Ottilie; ein Adler mit einem Rosenzweig; von Adele eine Arbeit in Papier, wie haut-relief behandelt: eine Leier, über welcher ein Stern schwebt und deren Saiten unten auch aus einem Sterne hervorgehen *(zwei Sterne sind Goethes Wappen);* die Leier ruhend auf der tragischen und komischen Maske, diese wieder halb verdeckt von einem Lorbeer- und einem Blumenkranze. An beiden Seiten begrenzen zwei Füllhörner das Ganze; man kann nichts Anmutigeres sehen.

Gegen 10 Uhr verloren sich die Damen, und nun sind noch viele Deputationen und andre Besuche gekommen. Dann hat der Hof sich eingestellt, und währenddessen ist eine Feierlichkeit auf der Bibliothek gewesen, bei welcher von uns nur der Vater zugegen war. Dort hat der Kanzler Riemern (als Bibliothekar) einen Brief von Goethes Eltern übergeben, der, nach Algier an einen Herrn v. Schönborn gerichtet, die Freude ausspricht, daß ihr Sohn Wolfgang in Weimar so freundlich aufgenommen und sein geringes Talent so hoch geschätzt werde. Diesem Briefe hat man längst nachgespürt und ihn endlich aus England, wo er lange gelegen, sich zu verschaffen gewußt. Außerdem ist ein Prachtexemplar der «Iphigenie» (die am Abend aufgeführt ward) mit den Namen der Schauspieler, welche die Rollen übernahmen, und den Namen aller der Personen, die überhaupt bei diesem Feste irgend etwas leisteten, in einem Schranke niedergelegt worden, der als Postament für Goethes Büste dient. Der Kanzler und Riemer haben Reden gehalten; Stromeyer, Moltke, die Eberwein und die Schmidt haben gesungen; es soll alles sehr schön gewesen sein.

Nach 1 Uhr versammelte sich eine Gesellschaft von mehr als zweihundert Personen auf dem «Stadthause» zum Mittagsmahle. An den Wänden des Saales hingen große, bekränzte Medaillons, die auf blauem Grunde mit goldener Schrift die Titel von Goethes vorzüglichsten Werken enthielten; dann auch ein Bild von Schmeller, vorstellend, wie der Herzog Goethen, als Apollo Musagetes, der Herzogin Amalia und Wielanden zuführt; nicht besonders gelungen. Den Ehrenplätzen gegenüber, die von den Ministern und der Goethischen Familie eingenommen waren (er selbst war nicht zugegen), hatte man die jenaischen Deputierten gesetzt. – Zuerst ward des Großherzogs Gesundheit vom Minister Fritsch ausgebracht. Dann sang Moltke ein recht hübsches Lied von Stephan Schütze, von Hummel komponiert, und alles sang im Chore mit. Nach einer Pause brachte der Minister v. Gersdorff mit einer Donnerstimme Goethes Gesundheit aus; alles erstaunte über die Kraft dieser Stimme, es machte sich aber vortrefflich. Später sang Moltke mit der Eberwein einen Zweigesang von Peucer, auf die Melodie aus dem «Titus»: «In deinem Arm zu weilen»; dummes Lied, unpassende Melodie, aber schön gesungen. Goethes «Bundeslied» ward auch gesungen. Zwischendurch sprach Oels ein Gedicht vom Kanzler, La Roche eins von Hase, und zuletzt sang Stromeyer ein Lied von Professor Weichardt so unvergleichlich schön, daß gewiß nicht das Lied, sondern der Gesang die dreifache Salve von ungeheuerm Beifallklatschen verursachte. Vorher war gar nicht applaudiert worden.

Als Goethes Gesundheit getrunken und alles wieder still war, stand August Goethe auf und sprach ungefähr so: Er habe schon oft Gelegenheit gehabt, im Namen seines Vaters für die Liebe und Teilnahme zu danken, die man für ihn gezeigt, heute aber wolle er es ihm selbst überlassen, der sich dieser angenehmen Schuld, wenn nicht gleich, doch sehr bald entledigen werde. Es möge ihm aber erlaubt sein, an einen alten Freund seines Vaters zu erinnern, der die erste Veranlassung seiner Berufung nach Weimar gewesen sei: den Major v. Knebel in Jena. Worauf dann eine freudige Bewegung unter allen, die dies Verhältnis kannten, und ein lautes Hoch erfolgte. Das war überraschend und schön und hat Knebel sehr gefreut.

Nun war es halb 6, und man fuhr ins Theater, wo, auf des Großherzogs ausdrücklichen Wunsch, «Iphigenie» gegeben ward. Die Jagemann hatte erst nicht spielen wollen, weil sie jetzt, während der Trauer um ihre Mutter, gar nicht auftritt. Da aber Goethe ihr vor einiger Zeit seine Medaille mit einem freundlichen Brieflein gesandt, war sie gleich an den Bücherschrank gegangen und hatte angefangen zu studieren. Sie spielte nach meinem Gefühl sehr schön, stockte nicht ein einziges Mal und steigerte sich so, daß alles hingerissen ward. Graff spielte den Thoas besser, als ich ihn lange nicht gesehen, sprach sehr gut; sein Organ ist nur so unangenehm. Oels war als Orest sehr, sehr gut; zu dieser Rolle paßt seine Stimme ganz. Durand, als Pylades, war gut, aber nicht ausgezeichnet; Lortzing als Arkas gleichgültig. – Goethe hat hernach, unaufgefordert, gegen den Vater geäußert, er habe nicht gedacht, daß nach zwölf Jahren, seitdem die Schauspieler der eigentlichen Tragödie fast fremd geworden, eine so ausgezeichnete Vorstellung, ein solches Zusammenspiel möglich sei. Goethe war im Theater, aber nach dem zweiten Akte holte sein Arzt Rehbein ihn heraus, damit es ihn nicht zu sehr angriffe, weil ihm hernach noch eine Abendmusik gebracht werden sollte.

Wir fuhren nach dem Theater zu Goethe. Der ganze Platz vor seinem Hause war illuminiert; die herzogliche Kapelle stand in der Mitte desselben und spielte vortrefflich ein Notturno, das in ein leises Echo verschwebte. Hummel hatte sehr schöne Stücke gewählt und passend verbunden, zum Beispiel Glucks Ouvertüre zur «Iphigenie in Aulis». Die Gesellschaft im Hause war zahlreich, doch nicht in zu großer Menge; Goethe selbst noch heiterer und kräftiger als am Morgen. Noch in den letzten Zimmern hörte man die Musik angenehm herüber, die den Tag so würdig beschloß. Nun ward noch an kleinen Tischen kalt gespeist; wir blieben aber nicht lange. Goethe selbst war nach der Musik verschwunden.

Der Kanzler Müller hat wohl das meiste Verdienst um die Anordnung dieses Festes. Unermüdet hat er geschafft und gearbeitet. Meyer, Riemer, Coudray waren auch tätig; allein die meiste Mühe hat doch der Kanzler übernommen, wofür er nun auch die Freude genießt, daß alles so schön gelang.

5740 *F. v. Müller: Goethes Jubelfest*

Weimar, 12. November 1825.

... Am 7. November feierten wir, feierten Hof und Stadt das dritte goldene Jubelfest, das Jubelfest unsers Goethe.

Am frühesten Morgen dieses Tages im Jahre 1775 war er, kurz nach dem Regierungsantritt und der Vermählung unsers Großherzogs, und einer dringenden Einladung des jungen fürstlichen Paares folgend, *zuerst* in unsern Mauern gastlich eingezogen, und von der Huld und dem Vertrauen des Hofes, sowie von eigener Neigung und ahnungsvoller Stimmung festgehalten, am 11. Juni 1776 als Geheimer Legationsrat, mit Sitz und Stimme im damaligen Geheimen Conseil, als weimarischer *Staatsdiener* verpflichtet worden ...

Der Großherzog beschloß, daß die funfzigste Wiederkehr des Tages, wo Goethe zuerst in Weimar einging, zugleich als sein *Dienstjubiläum* angesehen und gefeiert werden sollte, weil der Freund und Vertraute seiner Jugend nicht erst durch förmlichen Diensteid sich ihm auf ewig verpflichtet und verbündet habe. In tiefster Stille und allen ein Geheimnis, ließ der erhabene Fürst durch denselben wackern Künstler, Brandt zu Berlin, der die Medaille auf des Großherzogs Jubelfest so vortrefflich ausgeführt hatte, nun auch auf seines ersten Staatsdieners und Jugendfreundes goldenen Tag eine goldene Denkmünze gravieren und ausprägen, die auf dem Avers die vereinten Brustbilder des Großherzogs und der Frau Großherzogin, auf dem Revers aber Goethes – von Lorbeerzweigen umwundenes – Brustbild, nach Rauchs herrlich gelungener Büste, zeigt, mit der von der einen Seite auf die andere herüberlaufenden, erhaben-einfachen Inschrift:

Carl August und Louise
Goethen.

Auf dem Münzrand ist eingegraben:

Zum VII. November 1825.

Goethes Meisterwerk «Iphigenie» wurde auf höchsten Befehl schnell vom Hoftheater neu einstudiert und ein zierlicher Festabdruck in klein Quart veranstaltet; vielfach sinnreiche Feier des schönen Tages in Wort, Schrift und Tönen und in würdigen Kunstgebilden aufgerufen und gefördert.

Der Morgen des *siebenten* Novembers erschien, und die allgemeinste Freude gewahrte die trüben Regenwolken kaum, die ihn umzogen, als bedürfte sie an solchem Tage keines andern Lichts als ihres eigenen.

Wie der hochverehrte Jubelgreis den Fensterladen seines Schlafzimmers in frühester Dämmerstunde öffnete, tönte ein festlich heiteres Morgenlied ihm aus einem Versteck seines Gartens entgegen. Sein erster Blick fiel auf zart ersonnene Gaben kunstfertiger Freundinnen in Stickereien, Zeichnungen, Gemälden, Vasen, Kristallen usw. Um halb neun Uhr schon rollten alle Wagen der Stadt, wallfahrteten die Angesehenen des Hofes und der Stadt in Goethes Haus, während sich in seinem Saale ein Verein von Tonkünstlern und vierzehn sinnig geschmückten ältern und jüngern Freundinnen zu Aufführung einer Morgenkantate anschickten, die der Professor und Bibliothekar Riemer gedichtet und der Kammermusikus Eberwein komponiert hatte. Als um neun Uhr der Gefeierte durch einen Freund seines Hauses und den eigenen Sohn aus seinem Gartenzimmer abgeholt wurde, war das Gedränge im Vorsaal, Saal und Zimmern schon so groß, daß jene ihn durch eine Seitentreppe unbemerkt hereinzubringen bedacht sein mußten. Kaum erblickte man das verehrte Haupt, als die Musik sogleich begann und mit ihren Harmonien jeder zu heftigen Rührung, die aus seinen und aller Augen glänzte, vorbeugte.

Die Nymphe der Ilm begrüßte den goldenen Tag ihres *Getreuesten*, besang die Feier ihrer eigenen Unsterblichkeit, von einem Chor wahlverwandter Nymphen der Quellen und Haine des Parks begleitet und wechselnd unterstützt. Als die treffliche Sängerin, Madame Eberwein, die Worte:

> Heil mir, ich darf Ihn stolz den *Meinen* nennen,
> Mich als die *Seine* dankesvoll bekennen,

vortrug, durchbebte namenlose Rührung die dicht gedrängte Menge der Zuhörer, und der ernsteste Geschäftsmann wie die zarteste jungfräuliche Brust hatten Mühe, den Ausbruch innigster Bewegung zurückzudrängen.

Die Töne verklangen in feierliche Stille. In bescheidenwürdiger Haltung wandte sich der Jubelgreis zu den Freundinnen, in beredtem Händedruck und herzlichen Worten seine Dankbarkeit anzudeuten. Da trat der Staatsminister Freiherr von Fritsch vor und überreichte ihm ein Handschreiben des Großherzogs, großsinnig und golden an Inhalt und Ausdruck, zugleich die goldene Denkmünze mit einem zweiten höchst schmeichelhaften Schreiben. Goethe, wohl Hohes vorahnend, doch auf das *Höchste* sogleich nicht ratend noch gefaßt, hielt beides lange uneröffnet in frommer Rührung in seiner Hand, und was er späterhin empfand, als sein Auge den überschwenglichen Erguß fürstlicher Huld und Gnade zuerst gewahrte, – welche Sprache vermöchte dies auszusprechen?

Die feierlichen Deputationen der Akademie Jena, der Landeskollegien hier und zu Eisenach, des Stadtrats und der Freimaurerloge traten nun vor, Glückwunsch und würdigste Jubelgabe bringend. Die philosophische und medizinische Fakultät zu Jena überreichten ihm in sinnreich abgefaßten Diplomen die Insignien ihrer Doktorwürde; die philosophische Fakultät fügte zwei Doktorhüte für Goethes nächste Gehülfen in Herausgabe seiner sämtlichen Werke, für den Professor und Bibliothekar Riemer und für Herrn Eckermann, aus dem Hannöverischen, bei, mit der Bitte, solche jenem bewährten Gelehrten und diesem hoffnungsvollen jungen Manne, zu desto ausgezeichneter Feier des heutigen Tages, selbst aushändigen zu wollen. Die theologische Fakultät übergab ein eigenes, geistreich verfaßtes Gratulationsdiplom mit einem höchst würdevollen Schreiben, voll des tiefsten und reichsten Sinnes. Die Juristenfakultät fügte ihrem Glückwunsche den Ausdruck ihres Bedauerns bei, daß ihr die Universität Straßburg schon vor 54 Jahren in Erteilung des Doktorhuts zuvorgekommen sei. Der Bürgermeister, Hofrat Schwabe, namens des Stadtrats der Residenz, begleitete mit trefflicher Rede eine feierliche, höchst ehrenhaft abgefaßte Urkunde, durch welche Goethes einzigem Sohne, dem Geheimen Kammerrate von Goethe, und seinen beiden Enkeln, Walther und Wolf, sowie allen seinen rechten männlichen Nachkommen *auf ewige Zeiten* das Bürgerrecht in der Residenzstadt Weimar verliehen wurde,

«*auf daß der gefeierte Name* Goethe *für alle Zeiten in den Urkunden der hiesigen Stadt als höchste Zierde derselben vorhanden sein möge.*»

Unter den Weihgeschenken, welche schöne Hände bereitet hatten, zeichnete sich ein großes, köstliches Portefeuille von weißer Seide aus, auf dessen beiden Decken die frischesten Rosenbuketts gestickt waren (von seiner kunstfertigen Schwiegertochter) und das sofort der Aufbewahrung jener großherzoglichen Schreiben gewidmet wurde; sodann eine Porzellanvase, die auf der einen Seite Tassos Haus zu Sorrent mit dem herrlichen Hintergrunde der Meeresküsten und der Umschrift:

Wo wohnt Cornelia? Zeigt mir es an!

und auf der andern das beabsichtigte Opfer der Iphigenie darstellte – nach einem Wandgemälde aus Herkulanum – mit der Legende:

Sie wollte nicht mein Blut,
Und hüllte reitend in eine Wolke mich.

Zwischen beiden Gemälden sind zwei kleine Medaillons angebracht; in dem einen sieht man, von einem Lorbeerkranze umwunden, die Schreibfeder des Dichters mit der Umschrift: «Iphigenia und Tasso», in dem andern zeigen sich sieben Bücher, stufenweis aufgeschichtet, mit der Umschrift:

Exegit monumentum aere perennius.

Die so sinnreich als geschmackvoll erfundene Festgabe kam von einer liebenswürdigen englischen Familie (Bracebridge), die, nach langem Aufenthalt in Italien, sich seit kurzem hier aufhält und Goethen enthusiastisch ergeben ist.

Gleich nach 10 Uhr gönnten die Glückwünschenden, wie billig, Goethen einige Ruhe und Erholung, denn nun wartete sein der schönste Moment des ganzen Tages, der persönliche Besuch des Großherzogs und der Frau Großherzogin.

Wohl eine Stunde blieb das erhabene Fürstenpaar mit ihm allein, bis auch der Erbgroßherzog und die Frau Erbgroßherzogin-Großfürstin mit beiden Prinzessinnen Töchtern ihn durch ihren Besuch beglückten und so den reichsten Blütenkranz um den Gefeierten schlangen ...

Nunmehr [nach dem Festakt auf der Bibliothek] eilten der Kanzler von Müller, der Bibliothekar Professor Riemer, und der Bibliotheksekretär Kräuter abermals zu dem Gefeierten und überreichten ihm das Protokoll über den ganzen Bibliothekactus, Prachtexemplare des Festabdrucks der Iphigenie und eine sorgfältig-genaue und beglaubte Abschrift des aufgefundenen Briefes seiner Eltern, mit dem Duplikate der Stiftungsurkunde aufs zierlichste zusammengebunden. Der Professor Riemer übergab zugleich das von ihm in vierundzwanzig eigentümlich-kunstvoll gebildeten Ottaverime verfaßte epische Jubelgedicht, welches sich an das am 3. September dem Großherzoge in demselben Versmaße ehrerbietigst geweihte und vom hiesigen Stadtrat übergebene Jubelgedicht zu Deutung des vom Oberbaudirektor Coudray gezeichneten idealen Ruhmtempels *(Pentazonium)* anschließt, so daß beide zusammen die Hauptdenkwürdigkeiten der Regierung des erhabenen Jubelfürsten und die Eigentümlichkeit der glücklichen Wechselwirkung zwischen Goethe und seinem Fürsten in großartig entworfenen und klassisch ausgeführten Zügen darstellen und besingen.

Goethe hatte inzwischen sich seines Glücks erst recht erlabt und, nachdem ihn die allerhöchsten Herrschaften mit ihrem Besuche beglückt hatten, angefangen, alle empfangenen Festgaben zu noch genußreicherer Beschauung und Betrachtung auf die sinnigste Weise zu ordnen und zu gruppieren, so gleichsam selbst eine neue dichterische Komposition, einen neuen originellen Festeskranz daraus bildend.

Als nun die Stunde herangekommen war, wo die Goethesche Familie zu dem feierlichen Mittagsmahle auf dem Stadthause abgeholt werden sollte, erschienen Mutter und Großmutter von Goethes Schwiegertochter, die Frau Oberhofmeisterin Gräfin Henckel von Donnersmarck und die Hofdame Frau von Pogwisch, gleich sehr durch eigenen Wunsch wie durch allerhöchste Bestimmung beider erhabenen Fürstinnen dazu berufen, um heute an dem Mittagstische des Gefeierten die Stelle der Wirtinnen zu vertreten ...

Neuer geistiger Genuß erwartete uns in dem erst am 3. September dieses Jahres, am Jubeltage des geliebten Regenten, eingeweihten neuen Hoftheater, das Goethe noch bis jetzt nicht hatte besuchen können, und welches heute durch seine Iphigenie gleichsam zum zweiten Male geweiht werden sollte.

Bis zum letzten Augenblicke war man in banger Ungewißheit geblieben, ob die Anstrengung und Aufregung dieses Tages ihm erlauben würde, der Vorstellung beizuwohnen. Als nun plötzlich einige Zuschauer im Parterre ihn in der ihm eigens gewidmeten, halb verborgenen, für diesen Abend mit besonderer Sorgfalt durch Teppiche und Friese geschützten Loge, gerade unter der fürstlichen, entdeckten, lief die frohe Kunde: *Er ist da!* durch alle Reihen und wirkte wie ein elektrischer Schlag auf alle Schauspieler und Zuschauer zugleich. Mit dem lautesten Beifallklatschen wurde in selbem Nu die eintretende großherzogliche Familie und der fast unsichtbar gegenwärtige Held des Tages begrüßt und dies rauschende Freudenzeichen endlos wiederholt, als der aufgezogene Vorhang, statt den erwarteten Hain Iphigeniens, einen festlich dekorierten Saal und im Vordergrunde rechts Goethes Büste, auf lorbeerumkränztem Postamente, überrascht erblicken ließ.

Einen Prolog hatte die allgemeine Stimme gewünscht, aber niemand geahnet, da er in tiefster Stille, nur dem Großherzog bewußt, vorbereitet worden war. Madame Seidel, geb. Meyer, im reichen Hofkleide und festlichem Haarschmuck, sprach ihn, und aus jedem ihrer Akzente leuchtete klar und würdig hervor, wie rein und tief sie sich der Bedeutung des Moments bewußt sei. Was vom Herzen kam, drang zu Herzen, und rauschender Beifall lohnte der Künstlerin, als sie die Worte:

Wie schlang er oft des Lorbeers frische Kronen
Um ein geliebt – erhabnes Fürstenhaupt;
Nun wird, Ihm selbst aufs herrlichste zu lohnen,
Die edle Stirn mit ew'gem Schmuck umlaubt,

mit mühsam verhaltener Rührung sprach, und mit den Versen schloß:

So steigt auch uns ein neuer Tag hernieder,
Es grüßt die Kunst die heil'gen Bilder wieder,
Dem kühnsten Streben öffnen sich die Schranken,
Nur durch *Ihn selbst* laßt uns *Ihm* würdig danken.

...Goethe hatte der Aufführung bis zum dritten Akte mit innigster Zufriedenheit und Freude beigewohnt, und nur ungern, der Mahnung des freundlich-sorgsamen Arztes folgend, sich alsdann zurückgezogen, um der schönen Schlußfeier des Tages, die seiner noch wartete, um so rüstiger genießen zu können.

Gleich nach Beendigung des Schauspiels nämlich versammelte sich bei ihm ein Kreis der nächsten Freunde und Freundinnen, um der festlichen Nachtmusik beizuwohnen, die ihm jetzt von der großherzoglichen Hofkapelle vor seinem Hause gebracht wurde. Unser Hummel hatte sie in sinnreiche Verschmelzung des Triumphmarsches aus Titus, der Ouvertüre aus Glucks Iphigenie und sodann wieder der aus Titus mit einem eigens meisterhaft geschaffenen Adagio, das in immer weiter entfernende Waldhornechos ausklang, komponiert, und die Hofkapelle führte sie mit enthusiastischem Eifer aufs glücklichste aus. Hatte der Anfang Triumph und Sieg des heutigen Tages großartig verkündet, so schienen die sanften Töne des Adagio zu genußreicher Ruhe einzuladen und sich in liebliche Träume gelungener Taten und beglückender Erlebnisse zu verlieren, deren zartester Nachklang in dem Gedichte des Dr. Eckermanns, welches dem gefeierten Sänger in demselben Momente übergeben wurde, wo die Musik schwieg (und auch wirklich erst in diesem Nachmittag gesetzt und abgedruckt worden war), mit den Schlußworten:

So träume fort etc.

aufs geistreichste und anmutigste ausgedrückt ist.

Alle Häuser auf dem Frauenplatze, den Goethe bewohnt, waren während des Theaters aus freiem Antrieb illuminiert worden; noch mehre Häuser in der Stadt waren es, und insbesondere das Haus des Kaufmanns Münderloh auf dem Markte glänzend und geschmackvoll, mit der flammenden Inschrift: «Dem Fürsten der Dichter.»

Es hatte den ganzen Tag und noch während des Theaters geregnet. Schon verzweifelte man an der Ausführbarkeit aller jener Veranstaltungen, als plötzlich, mit dem Frieden in Orests Brust, mit dem reinsten Glück der Heimkehr zum Vaterlande in Iphigeniens Schwesterseele, der heiterste Himmel wiederkehrte und, so wie alle übrigen Feierlichkeiten des reichen Tages, auch die schöne Schlußszene desselben aufs herrlichste gelingen ließ.

Die großherzogliche Hofkapelle und zahlreiche Freunde und Fremde, die sich noch spät einfanden, wurden im Hause des Gefeierten von der liebenswürdigen Sorgfalt der Frauen aufs stattlichste bewirtet, und wohl noch eine Stunde weilte der geliebte Jubelmeister unter seinen glücklichen Gästen.

5741 Wilhelmine Günther
an Amalie Thiersch *19. Dezember 1825*

Von Goethes Jubiläum habt Ihr nun gewiß so viel gelesen und gehört, daß alles, was ich darüber sagen könnte, nur eine Wiederholung sein würde. – Durch den Maler Förster, der sich gerade in jenen Tagen hier aufhielt, und der alle Feste dabei mitgenossen hat, werdet Ihr ausführliche mündliche Nachrichten erhalten ... Louise Seidler hatte Goethe eine allegorische Skizze, die seine Ankunft in Weimar bedeutet, zu seinem Fest gezeichnet, und dieses Geschenk ist, wie viele andere sehr verschiedenartige, freundlich vom Jubelgreis angenommen worden.

5742 F.v.Müller: Goethe in seiner ethischen Eigentümlichkeit *1832*

Wie manche von uns werden sich mit Rührung jenes Morgens nach seiner funfzigjährigen Jubelfeier erinnern – sind es doch heute gerade sieben Jahre –, wo er, um seine Empfindung über die unaufgeforderte nächtliche Erleuchtung der Straße vom Theater bis zu seiner Wohnung aufs gemütlichste auszudrücken, sein Enkelpaar, die damals noch zarten Knaben, von Haus zu Haus herumsandte, die treuen Mitbürger mit kindlichen Dankesworten in seinem Namen zu begrüßen.

5743 Riemer *9. November 1825*

Mittags große Tafel bei Goethe, sämtliche Teilnehmer und Mitwirker zu seiner Jubiläumsfeier.

5744 E. Förster: Aus der Jugendzeit *1887*

Für den 9. November war ich von Goethe zu Mittag geladen. «Ich hoffe», sagte er mir beim Eintritt, «Sie heute mit den Männern bekannt zu machen, die bei uns die Kunst repräsentieren.» Und in der Tat war bald eine zahlreiche und höchst interessante Gesellschaft versammelt. Goethe stellte mich dem Oberbaurat Coudray vor, der den Gedanken des Großherzogs in betreff von Freskomalereien begierig auffaßte und, von Goethe lebhaft sekundiert, alsbald die neue Begräbnishalle als den Ort bezeichnete, wo der Malerei eine bedeutsame Tätigkeit angewiesen werden könne.

Man setzte sich nach angewiesenen Plätzen zu Tisch. Der meinige war zwischen Oberbaurat Coudray und Hofrat

Heinrich Meyer, bekannt bei den Künstlern unter dem Namen «Kunschtmeyer», den ihm seine alemannische Aussprache zugezogen. Weiter links saß Goethes Schwiegertochter Ottilie, mir gegenüber ihre reizende Schwester, eine junge Dame voll Geist und Lebendigkeit im Gespräch, zwischen Goethe Vater und Sohn. Kein Wort und keine Miene des Mannes konnte mir entgehen, der heute mir bald wie der olympische Zeus, bald wie der Musengott erschien, der alle Herzen fesselte und alle Gedanken entfesselte. Er lenkte zuerst das Gespräch auf Carstens, und als ich das Entzücken nicht zurückhielt, das mir seine Zeichnungen eingeflößt, sagte er: «Es geht alles seinen geordneten Gang, und so war es gewiß von guter Vorbedeutung, daß dieser Genius, mit dem man so gern die neue Epoche deutscher Kunst beginnt, sich vor allen an die Dichter und Denker des klassischen Altertums gehalten hat.» – «Das hat ihn auch», fiel der Hofrat ein, «vor der unglückseligen Nachahmung der altdeutschen Manier bewahrt, die seine Nachfolger sich zur angelegentlichen Pflicht gemacht haben.» – «Und doch», bemerkte ich, «ward er angefeindet wie seine Nachfolger, ja, er blieb fast unbekannt im Vaterlande, und erst Cornelius wußte das Herz des Volkes zu treffen, indem er ihm den ‹Faust› vor Augen stellte.» – Goethe nahm die Bemerkung sichtbar wohlgefällig auf, doch fügte er hinzu, Cornelius habe recht getan, die in seinem Faust gebrauchten, der altdeutschen Kunst entlehnten Formen zu verlassen, um sich freier bei seinen jetzigen mythologischen Aufgaben bewegen zu können. – Da Cornelius sich selbst einmal gegen mich dahin geäußert, daß der Stil durch den Gegenstand der Darstellung bedingt sei, und daß er Faust und Nibelungen auch jetzt in keiner andern Ausdrucksweise wiedergeben würde, als früher, so teilte ich diese Äußerung mit. Aber Eckermann fiel mir ins Wort: «Diese Ansicht scheint auf einer Verwechslung der dichtenden und bildenden Kunst zu beruhen. Bei der unmittelbaren Einwirkung der letzteren auf die Sinne machen sich doch sicher andere Gesetze geltend, als wenn nur Phantasie und Vorstellungsvermögen beschäftigt werden.» «Es ist ein Unterschied», bemerkte Goethe, «doch muß ich hier Cornelius beistimmen, denn auch ich hätte Iphigenie und Tasso nicht im Stil von Faust und Götz schreiben können – so wenig, als umgekehrt.»

Das Gespräch wurde auf eine – vielleicht nur mich – überraschende Weise unterbrochen. An dem einen Ende der Tafel wurde es unruhig, man räusperte sich, gab ein leichtes Zeichen am Glas, und ein vierstimmiger Gesang ward angestimmt. Es gehörte die schöne Sitte, das Mahl mit Gesängen zu würzen, wie mir Eckermann vertraute, zu Goethes besondern Tafelfreuden bei festlichen Gelegenheiten, und so folgte auch heute nach jedem Gang ein Gesang.

Goethe aber nahm nach Beendigung des Liedes das Gespräch wieder auf. «Ich schätze», sagte er, «Carstens noch um eines besondern Umstandes willen: er ist immer glücklich in der Wahl seiner Stoffe. Will er auch zuweilen das Unmögliche – wie bei ‹Raum und Zeit› –, so hält er sich doch stets an das Große, Edle und Ergiebige. Die größte Armut und Beschränkung zeigen unsre Maler meistenteils in der Wahl ihrer Stoffe. Wie steht's damit in der Schule von Cornelius?» wandte er sich an mich. – «Wir haben», antwortete ich, «das auch empfunden, und es haben deshalb die ältern Schüler sich vereinigt, sich über Aufgaben zu besprechen für Kompositionen und diejenigen, die die meiste Billigung finden, auszuführen. So hatten wir namentlich aus den Nibelungen, aus Shakespeares historischen Dramen, aus den Ihrigen, aus Uhlands Gedichten, auch aus den Dichtern des Altertums mancherlei ausgesucht und ausgearbeitet, als eines Abends Cornelius zu uns kam, die Zeichnungen durchsah und im einzelnen Bemerkungen machte, dann aber hinzufügte, daß die Zeit der Szenen-Malerei vorbei sei; die Kunst habe über diese Brücke gehen müssen, um Aufnahme beim Volk zu finden; sie sei aber zur Selbständigkeit berufen und müsse diese erringen und erhalten, so gut wie die Poesie, die eine schlechte Figur machen würde, wenn sie bloß Bilder in Verse übersetzte. Das nahmen wir uns zu Herzen und fortan unsre Aufgaben eine andre Richtung. Wir nahmen an, es sei eine neuaufgebaute Ritterburg auszumalen – was gehört dahin? – was in ein Rathaus? – in ein Theater? – in einen Konzertsaal? etc. Gerade die letztre der Aufgaben war eine der letzten, und man hatte an Bilder gedacht, in denen die verschiedenartige Wirkung der Musik dargestellt sein könnte: an Apoll unter den Hirten, Orpheus unter den Tieren des Waldes, an das Alexanderfest bei Persepolis, an Cäcilia, auch an Casella im Purgatorio des Dante, der durch seinen Gesang die Seelen auf dem Weg zu ihrer Reinigung aufzuhalten vermag, und an wohl manches andre, das mir gerade nicht einfällt.»

«Der Weg ist neu», sagte Goethe, «aber nicht uneben und führt zu löblichen Zielen. Ich wünsche Ihnen Glück dazu. Was meinen Sie dazu, Meyer?» – «Wenn die Herren», antwortete der Kunstrat, «tüchtig zeichnen und malen lernen und sich nicht an mängelvolle Muster halten, kann manches Gute hervorgebracht werden, obschon Zeuxis und Apelles andre Wege eingeschlagen haben.»

Während der Schlußworte war wieder das Zeichen zum Gesprächstillstand gegeben und das Lied angestimmt worden: «Mich ergreift – ich weiß nicht wie – himmlisches Behagen etc.» Nach Beendigung desselben hub Goethe an: «Man schreibt sonst den Gerüchen die besondre Kraft zu, Erinnerungen zu wecken. Musik und Gesang wirken ebenso nachdrücklich in der gleichen Richtung. So steht jetzt lebhaft der Abend vor mir, für welchen ich das Lied, das man eben sang, gedichtet habe. Es war vor der Abreise unsres Erbprinzen nach Paris, daß ein Freundekreis um ihn versammelt war. Schiller hatte für denselben Abend sein bekanntes Lied an den Erbprinzen geschrieben, das wir nach der Rheinweinlied-Melodie sangen, und nun steht der Abend, Schiller, der Kreis der Freunde, der Abschied – alles bis auf den kleinsten Zug vor meiner Seele.»

Fast hätte diese, von Goethe in zartester Weise berührte Erinnerung an die Bedeutung des Tages – es war ja der 9. November – eine Adagiostimmung in die Gesellschaft gebracht, und, dies zu verhüten, wie mir schien, richtete Frau

Ottilie v. Goethe die Frage an mich: «Sie haben dem Vater recht interessante, auch für uns interessante Mitteilungen über Ihre und Ihrer Freunde Kunsttätigkeit gemacht; nun erlauben Sie mir eine Frage, die uns Frauen doch noch näher ans Herz geht: wie leben Sie mit Ihrem Meister, ich meine, wie ist das allgemein menschliche Verhältnis zu ihm?» – «Wie das der Söhne zum Vater», antwortete ich. «Einige von uns fühlen sich geradezu als Familienglieder. Viele Abendstunden bringen wir in seinem Hause zu; die Kinder hängen an uns, als wären wir ihre Onkels; wir am Munde des Meisters, der mit wunderbarer Klarheit und Schärfe spricht, von Rom erzählt, von seinen Erlebnissen und seiner Bildungsgeschichte, von alten und neuen Meistern, von allem, was das Herz bewegt und den Geist erhebt. Wir hängen alle an ihm mit der innigsten Verehrung. Da er zu seinem Namenstag (Ende Junius) immer in München war, so haben wir den Tag des heiligen Sylvester am Jahresschluß gewählt, um ihm ein Zeichen unsres Dankes zu geben. Da sind wir denn jedesmal mit Fackeln, Musik und Gesang vor sein Haus gezogen und haben unser Herz ausgeschüttet, und ganz Düsseldorf hat daran teilgenommen, als wären wir Eine Familie. – Und jetzt», fuhr ich fort, «ist doch dieses Band zerrissen: Cornelius ist fortgezogen; wir alle ziehen ihm nach, weil wir uns ein Leben ohne ihn nicht denken können, und Düsseldorf wird sich an andere anschließen, wie es sich an uns angeschlossen hat.»

«Noch eins», nahm Frau Ottilie wieder das Wort, «Sie erwähnen die Frau von Cornelius nicht. Sie ist eine Römerin, hält sie sich vielleicht zurück?»

«Durchaus nicht», erwiderte ich, «sie ist freundlich und gütig gegen uns alle, namentlich gegen die nähern Hausfreunde. Sie ist eine glühende Römerin, hat aber doch Deutschland so lieb gewonnen, daß sie jetzt schon ganz leidlich deutsch spricht. Wir verehren sie als die Frau unsres Meisters, und als sie im letztvergangenen Mai von einem langwierigen und sehr gefährlichen Krankenlager aufgestanden, haben wir ihre Genesung mit einem Waldfest gefeiert, bei welchem es ungewiß bleiben muß, ob poetische Jugendlust, ob freudige Teilnahme oder der Frühling das Haupttriebrad war. Hatten doch mehrere von uns zur heitern Verherrlichung dieses ländlichen Festes schnell das Reiten gelernt!»

Das brachte denn selbst meinen gestrengen Nachbar, den Hofrat Meyer, in eine heitere Stimmung. Bisher hatte er die feindliche Stellung, die er der neuen deutschen Kunst gegenüber eingenommen, wenn auch nicht aufgedeckt, doch behauptet. Ich weiß nicht, mochte ihm der Gedanke gekommen sein, daß doch nicht alle, die der neuen Fahne folgen, zu den verhaßten «Nazarenern» gehören dürften; mochten die letztern Mitteilungen ihn milder gestimmt haben – kurz, als jetzt Champagner eingeschenkt wurde und Goethe das Glas erhob und gegen mich gewendet sagte: «Lassen Sie uns auf das Wohl Ihres Meisters und einen segensreichen Erfolg seines Wirkens anstoßen!» und nun Eckermann und mehre der Nahesitzenden dem gegebenen Beispiele folgten; und da Goethe hinzufügte: «Grüßen Sie Ihren Meister herzlich von mir und sagen Sie ihm, daß mich alles gefreut habe, was ich durch Sie von ihm und seiner Schule erfahren», wandte sich auch Meyer mit seinem Glas zu mir und stieß an und fügte – wie mir schien, in einem andern als dem bisher gebrauchten trocknen und harten Tone – hinzu: «Sagen Sie's Ihrem Meister, daß ich mit Ihnen hier auf sein Wohl ein Glas Champagner geleert. 's ist ernstlich gemeint!» (was ich denn natürlich nicht nur versprochen, sondern auch treulich ausgerichtet habe.) Und so hatte es den Anschein, als ob es der Rede und Widerrede gelungen sei, Vorurteile zu zerstreuen, wo sie am festesten Fuß gefaßt.

Nach dem Dessert setzte sich Hummel ans Instrument und gab dem kleinen Fest mit einer heitern und reichen Phantasie einen glänzenden Schluß.

Goethe hatte mir von seinem Teller eine kleine Paste mit einer Minerva gereicht, «zum Gedächtnis der Gottheit, in deren Tempel wir uns begegnet»; nach Tische aber sagte er: «Ich habe Ihnen ein etwas zerbrechliches Andenken geboten; es dürfte besser lassen, wenn ich es mit einem dauerhafteren begleitete.» Und damit legte er eine Medaille mit seinem Bildnis (von Bovy) in meine Hände.

Schon über Tisch hatte es mich vielfach beschäftigt, wie ich mich wohl für so viel auszeichnende Güte dankbar beweisen könnte; und so war ich auf den Gedanken gekommen, die Enkel Goethes zu zeichnen. Ich wandte mich deshalb an Frau Ottilie v. Goethe und fand für meinen Antrag die freundlichste Aufnahme; schon am nächsten Morgen konnte ich die Arbeit beginnen.

5745 *E. Förster: Aus der Jugendzeit* *1887*

Am 13. November war ich wieder zu Goethe an den Mittagstisch geladen. Diesmal war außer mir kein Fremder zugegen, als Oberbaurat Coudray und Eckermann.

Er hatte mich bitten lassen, die Zeichnung der «Theologie» wieder mitzubringen, und noch einmal mußte ich vor der kleinen Versammlung über das Ganze wie über jeden kleinsten Teil ausführlich Rechenschaft geben. Die Szene steht noch vor mir in heitrer Erinnerung. Coudray mochte mehr das Ganze überschauen, während Eckermann zwischen jedem Strich den Stein der Weisen zu suchen schien. Frau Ottilie, die mit den Knaben herzugetreten war, wußte auf die liebenswürdigste Weise durch Fragen meine Beredsamkeit zu reizen, und Goethe, in besonders behaglicher und höchst gemütlicher Stimmung, gab dem Gespräch mit Wort und Blick die Richtung und teilte, wie der Geber alles Guten aus sonnenumglänztem Wolkensitz, mit würdevoller Freundlichkeit Belehrung und Lob aus.

Coudray bekümmerte sich viel um das Technische der Freskomalerei, die ja damals erst wieder durch Cornelius in Deutschland in Übung gebracht worden. Eckermann äußerte sich sehr erfreut darüber, daß von einem so kleinen Blatt (wie meine Zeichnung) so viel zu lernen sei, und frug, ob uns wohl überall Bildnisse zu Gebote gestanden hätten? was denn freilich, namentlich in betreff der Evangelisten und Kirchenväter, verneint werden mußte. Bei historischen Gemälden, meinte er, komme doch sehr viel auf die historische Wahrheit an, weshalb er denn auch eine große Scheu vor Anachronismen und dergleichen Fehlern habe. An die Zusammenstellung von Heiligen aus verschiedenen Jahrhunderten habe man sich allerdings gewöhnt durch die Altargemälde; aber die Reformatoren in Einem Raum zu versammeln mit den Aposteln und Kirchenvätern, komme ihm doch gewagt vor; mehr aber noch, daß man durch die Arkaden des Saales ins Freie und zugleich auf Rom, auf das Siebengebirg bei Bonn und auf Wittenberg sehe. Aber Goethe fiel ihm ins Wort und sagte: «Die Herren in Düsseldorf scheinen sich an den Ausspruch Schillers zu halten: ‹*Die Kunst ist eine Fabel.*› Und sie haben nicht ganz unrecht! es würde uns wenig von der Kunst übrig bleiben, wenn wir ausschließen wollten, was sich nicht fassen und begreifen läßt, wie das tägliche Leben.»

«Sollten aber doch nicht solche Verstöße» – fuhr Eckermann fort – «vermieden werden, die bloß beunruhigen, ohne zu nützen, wie zum Beispiel Folianten in den Armen der Evangelisten? Die Buchbinder gehören doch einer spätern Zeit an.»

«Ganz ohne Not» – nahm ich das Wort – «wurden von jeher von den Künstlern die ‹Folianten› nicht gewählt; sie sprechen jedenfalls besser als eine Schriftrolle den Begriff eines Buches aus; und darauf kommt es vor der Mehrzahl der Beschauer vornehmlich an. Übrigens erinnere ich mich einer antiken Glasmalerei aus der römischen Kaiserzeit, davon ich eine Abbildung besitze, auf der ein durch die Maske neben sich kenntlicher tragischer Dichter abgebildet ist, der einen Folianten auf dem Schoß hält, genau so wie Christus in den alten Mosaikbildern.» Das schien selbst Goethen neu zu sein. Frau Ottilie aber lenkte durch eine neue Betrachtung unter dem Beifall des alten Herrn das Gespräch auf eine andere Seite. «Sonst bei Gemälden», sagte sie, «bin ich gewohnt, die dargestellten Personen in Beziehung aufeinander zu sehen, unmittelbar oder wenigstens mittelbar. Hier sind so viele Männer in Einem Raum versammelt; hie und da sehe ich zwei, drei, vier zu einer Gruppe vereinigt, aber jede steht für sich, sie lesen und sprechen, ohne sich um den Nachbar zu bekümmern – und doch stört es mich nicht; ich finde es ganz natürlich. Das Bild kommt mir vor wie eine Bibliothek, in der Evangelisten und Kirchenväter, Protestanten und Katholiken mit ihrem ganzen geistigen Gehalt, gut eingebunden, friedlich nebeneinander stehen und ohne sich gegenseitig in ihren Gedanken zu unterbrechen.»

«Nun», meinte Goethe, «das läßt sich hören! Übrigens hat uns schon längst die ‹Schule von Athen, die Disputa, der Parnaß› im Vatikan, ja fast jedes Altarblatt mit Heiligen, die sich neben der Madonna auf dem Throne aufgestellt, an die Freiheit gewöhnt, die sich die Kunst nicht hat bestreiten oder verkümmern lassen. – Und wenn es sich denn einmal um Gedanken handelt in dem Bilde, so habe ich auch noch eine Frage an unsern jungen Freund. Sie haben mir» – wandte er sich an mich – «Auskunft gegeben über die beiden Genien zu Seiten der allegorischen Mittelfigur. Ich sehe, daß sie Tafeln in ihren Händen haben. Bei den Evangelisten, Kirchenvätern, bei Luther ist über den Inhalt der Bücher, die sie halten, kein Zweifel; aber was bedeuten die Tafeln ohne Inschrift in den Händen der geflügelten Knaben?»

«Es sind, wenn ich mich von meinem vorjährigen Besuch in Bonn her recht entsinne», nahm Eckermann das Wort, «Sprüche darauf geschrieben; doch weiß ich nicht mehr, welche!»

«An den Tafeln», sagte ich, «hängt ein Stück lustiger Kunstgeschichte», und nun erzählte ich das Ereignis, so wie ich es ... beschrieben* und fügte hinzu: «Hätte Seine

* Der Besuch des Königs Friedrich Wilhelm III. war uns ... angekündigt worden, aber unter Bedingungen, die sich zu großen Schwierigkeiten gestalteten. Der allegorischen Gestalt der Theologie zur Seite stehen zwei Genien, ein jeder mit einer Tafel in den Händen, auf denen die Sprüche zu lesen, auf katholischer Seite: «*Selig, die nicht sehen und doch glauben!*» und auf protestantischer Seite: «*Prüfet Alles und das Beste behaltet!*» Obwohl nun die Sprüche nicht nur bezeichnend, sondern auch als der Heiligen Schrift entnommen unanfechtbar sind, so hatten sie doch höchsten, vielleicht allerhöchsten Orts Anstoß erregt, und das Kuratorium der Universität verlangte die Tilgung der Sprüche als unerläßliche Bedingung des königli-

Majestät König Friedrich Wilhelm III. der Betrachtung unsers Bildes etwas mehr als fünf bis sechs Minuten geschenkt, in denen er die gefährlichen Täfelchen, die den Herren von den Fakultäten so schwere Sorgen gemacht, gar nicht bemerkt haben wird, so würde er wohl auch wie Ew. Exzellenz gefragt haben: warum steht nichts darauf?»

Die Geschichte schien Goethe sehr zu belustigen. «Und doch» – sagte er – «sind wir so oft genötigt, das Gute fahren zu lassen, um das Bessere zu retten.» Damit schloß der Tag in heiterster Weise.

5746 F. v. Müller an F. Schlosser *14. November 1825*

Je schöner und glücklicher unser Fest abgelaufen, um so schmerzlicher beklagen wir alle – beklagen Goethes und ich insbesondere, daß es Ihnen unmöglich gewesen, dasselbe mit Ihrer und Ihrer Frau Gemahlin Gegenwart zu verschönen ...

Goethe ist Gott sei Dank sehr wohl und munter und hat die Anstrengung des Tages glücklich überstanden. Erst drei Tage zuvor erfuhr er vom Großherzog selbst, daß sein Jubelfest nahe und gefeiert werden solle.

Die Huld des Großherzogs und seiner erhabenen Gemahlin war überschwenglich, und so wurde mir es leicht, die größte aller Gaben, die je ein Dichter und Staatsdiener empfangen hat, in tiefster Stille vorzubereiten und das ganze Fest zu ordnen und zu vollführen.

chen Besuchs. Selbst auf wiederholtes, auch von mehreren Professoren unterstütztes Verlangen weigerte sich Hermann, die Sprüche zu löschen, da – wie er freilich unwidersprechlich darauf hinwies – die Genien ohne dieselben keine Bedeutung hatten; der König war schon in oder nahe der Stadt, – da kam noch einmal halb in Verzweiflung Professor Welcker zu einem letzten Sturm in die Aula und erklärte, daß es sich um Sein und Nichtsein der ganzen Arbeit handle. Hermann blieb unbeugsam. Der königliche Wagen war bereits in Sicht; da nahm ich rasch einen breiten Pinsel, tauchte ihn in den Kalktopf und überstrich die Sprüche; Professor Welcker war noch Augenzeuge, und eine halbe Stunde später beglückte uns der Besuch Seiner Majestät des Königs. Die Sprüche waren verschwunden, die Fakultäten gerettet; ein Zeichen besonderer allerhöchster Zufriedenheit ist uns nicht zuteil geworden. Seine Majestät war kein Freund der Freskomalerei.

5747 E. Förster: Aus der Jugendzeit *1887*

Noch einmal [am 14. November] öffnete Goethe mir die gastliche Pforte seines Hauses. Nun aber war ich mit ihm und den Gliedern seiner Familie allein. Er hatte mich bitten lassen, die Zeichnung der Theologie wieder mitzubringen, und noch einmal mußte ich über das Ganze sowie über jeden einzelnen Teil ausführlich Rechenschaft geben. Er zeigte die wärmste Teilnahme und lobte Gedanken und Anordnung, fand auch die Arabeskeneinfassung sinnreich und schön.

Inzwischen hatte ich meine Mappe mit verschiedenen Bildnissen aufgeschlagen, und Goethe betrachtete ein jedes genau mit besonderm psychologischem und ästhetischem Interesse. Plötzlich sah er unter denselben die Bildnisse seiner Enkel. Es war eine Überraschung, denn wir Beteiligte alle hatten hinter seinem Rücken operiert, und zwar eine gelungene, denn er hatte eine herzliche Freude daran, die sich steigerte, als ich ihn bat, die Zeichnung gütig von mir anzunehmen. Ich hatte bisher bei meinen Besuchen Goethe zuerst allein mir gegenüber gesehen, dann in festlicher, fast feierlicher Versammlung, dann wiederum als freundlicher Wirt unter zahlreichen Freunden und Verehrern; heute sollt' ich ihn im trauten Familienkreise kennen lernen. Überall und immer derselbe, war mir's doch, als ob jedesmal der Nachdruck auf einem andern Zug seines Charakters läge. Heute war er die Heiterkeit und gute Laune selbst und ließ sich ganz gehen. Mehr als bei dem festlichen Mahl zog er seinen Sohn ins Gespräch; gegen die Schwiegertochter war er voll zarter Aufmerksamkeit, und mit ihrer Schwester sprach er am liebsten im Ton des leichten, reizenden Humors; äußerst liebreich war er gegen die Enkel. Mich veranlaßte er, vom Leben und Charakter der Bevölkerung des Niederrheins, ganz besonders aber von den Karnevals-Lustbarkeiten in Köln und Düsseldorf, zu erzählen; dann lenkte er auf Bayern über, von dem er – «nach den Mitteilungen seiner Freunde» – im Gegensatz gegen die lebhaften Rheinlande wenig für die Kunst erwartete. «Inzwischen», sagte er, «viel kann ein Fürst mit energischem Wollen erreichen.» Endlich kam er auch auf sein Lieblingsthema, die Farben, deren Anwendung, Zusammenstellung, Stärke, Mischung, Behandlung, und selbst auf die verschiedenen Farbstoffe.

Nach Tisch führte er mich noch zu verschiedenen seiner Sammlungen, namentlich den schönen antiken und mittelalterlichen Münzen. – Plötzlich sagte er: «Ich will Sie doch noch was zeigen» (wirklich! so hat er's gesagt!), und damit zog er aus einem Fach einige Blätter Radierungen nach Zeichnungen von Carstens. Ich weiß nicht, hatte er mir damit eine Freude machen wollen, oder bloß wissen wollen, was ich dazu sagen würde? – sie blieben nicht lange Gegenstand der Unterhaltung, da ich sie zu wenig in Übereinstimmung mit den Originalen fand.

Ich wollte nun Abschied nehmen; da aber Goethe hörte, daß ich den folgenden Tag noch in Weimar bleiben und erst am 15.[?] abreisen würde, forderte er mich auf das freundlichste auf, ihn noch einmal zu besuchen. Das tat ich denn am 14. [15.?] und ward von ihm mit der gleichen Herzlichkeit, wie bisher, empfangen. Es schien bei ihm Bedürfnis, den Besuchenden entweder eine Freude zu machen, oder einen womöglich sichtbaren Stoff der Unterhaltung zu bieten; und so hatte er denn eine Anzahl sehr kunstreicher Papier-Ausschneidereien von der Hand der Fräulein Adele Schopenhauer bereitgelegt und ging sie einzeln mit Beachtung jeder Kleinigkeit daran mit mir durch.

Unvergeßlich ist mir der Abschied, bei dem ich noch einmal die ganze Größe des Glücks empfand, in die unmittelbare Nähe dieses bisher nur in hoher Ferne erblickten Genius gekommen zu sein. Als wär' er der Beschenkte, Bereicherte, sprach er zu mir; er forderte mich auf, ihm von Zeit zu Zeit zu schreiben, und indem er wie bei dem ersten Willkommen, aber noch viel herzlicher, meine Hand mit beiden Händen faßte, gab er mir nebst vielen freundlichen Grüßen seinen väterlichen Reisesegen.

5748 F. v. Müller *17. November 1825*

12 Uhr Besuche bei Minister v. Gersdorff, bei Vulpius und bei Goethe, Vater und Sohn.

Konferenz mit dem Festausschuß.

Verteilungs-Liste zur neuen Ausgabe der Iphigenie ... zur Medaille.

5749 F. v. Müller an Graf Reinhard *18. November 1825*

Der Tag [der 7. November] war einzig schön, der reichste meines ganzen Lebens. Des Großherzogs und der Großherzogin Huld überstieg alle Grenzen. So ist noch kein Dichter, kein Weiser, kein Staatsdiener seit Adam und Eva geehrt worden, und keiner könnte wohl im sechsundsiebzigsten Jahre mehr würdig-bescheidene Haltung bewiesen haben. Das Schreiben des Großherzogs ist gewiß ein gültiger Paß zur Unsterblichkeit.

Ihre edlen, herzlichen Zeilen haben Goethen sehr wohlgetan, Ihr Wohlsein, Ihre Zufriedenheit beglückt uns. Wir sehen Ihre Festhaltung in Frankfurt als ein neues Jubelgeschenk an!

5750 F. v. Müller an Graf Reinhard jun. *18. November 1825*

Goethes Jubeltag ist glänzend, würdig und genußreich vorübergegangen ...

Goethe hat seine Jubiläumsanstrengungen glücklich überwunden, ist heiter und wohl. Von ihm und seinem ganzen Hause wie von meiner Frau die allerschönsten Grüße.

5751 A. Nicolovius
an Th. Nicolovius *(etwa 4. Dezember 1825)*

Um Mitternacht zwischen dem 27. und 28. August kam ich in Weimar an. Durch ein gewaltiges Wogen und Treiben auf den Straßen ward ich aufgeweckt und erblickte – welch ein Anblick! – vor jedem Hause einen überaus großen Wagen voll Eichenlaub, welches zur Ausschmückung jung und alt geschäftig und voller Begeisterung in den Hausflur trug. Es war des allverehrten Großherzogs Jubiläum in den nächsten Tagen, zu dessen Feier einstimmig alle beitragen wollten. Es mochte wohl 9 Uhr sein, als ich mich endlich dem Goetheschen Hause näherte und hinein zu gehen wagte. Denn meine herzliche Freude, Goethen so nahe zu sein, dem ich schon lange Zeit hindurch ganz ergeben war, machte mich in einem unbeschreiblichen Grade schüchtern und ließ viel Zeit vorübereilen, bis ich endlich in sein Haus hinein ging. Zu meiner Freude kamen mir auf der Treppe sein Sohn August und dessen Frau mit den beiden Enkeln, sämtlich Geschenke tragend, in hohem Festschmucke entgegen, welche eben dem Vater gratulieren wollten, denen ich mich denn anschloß, so daß ich in wenigen Minuten in den Armen des Geburtstagskindes lag. Goethe nämlich stand da, schwarz gekleidet und mit dem Falkenorden geschmückt, in seiner erhabenen Gestalt, allen Leuten den Zutritt gewährend, jeder Huldigung erreichbar.

Tags zuvor hatte ich mich angemeldet, und sogleich beim Eintreten in seinen Saal erkannte er mich, indem er wohl ahndete, daß ich zu *dem* Tage eintreffen werde, kam auf mich zu, umarmte und küßte mich. Nach Verlauf einer Stunde, in der er sich ununterbrochen mit mir unterhielt, hatten sich über zweihundert Menschen in seinen Zimmern versammelt, an deren Spitze der Herzog sich freundschaftlich herumbewegte. Gleich im Anfange wurde ich letzterem vorgestellt, der durch seine liebenswürdige Herablassung alsbald mein Herz gewann. Die Namen der vielen neuen Bekanntschaften würden Dich ermüden und langweilen, deshalb laß mich Dir nur sagen, daß Goethe mich an der Hand nahm und all den Gratulanten sowohl als den höchsten Personen als seinen «Vetter Nicolovius» vorstellte. Auf diese Weise hatte ich in kurzer Zeit das gesamte Fürstenhaus, den Adel und die Vornehmsten des Bürgerstandes kennen gelernt. Die Mittagszeit nahte, und ich fing gerade an, eine liebe Bekanntschaft zu kultivieren, als mir eine schriftliche Einladung zu einem feierlichen Mittagsmahle vom Kanzler eingehändigt wurde.

Zwischem dem Onkel August v. Goethe, der in seinem

Amte als Geheimer Kammerrat von allen Seiten her belobt wird, und mir wurde die bekränzte Büste aufgerichtet, und ich war durch die Freundlichkeit und Herzlichkeit der zahlreichen Gesellschaft hoch erfreut. Da lernte ich denn die interessantesten zu Weimar lebenden Männer kennen. Daß Goethe mir zu jeder Zeit den Zutritt in das Studierzimmer gestattete, mußte ich hoch aufnehmen, da diese Auszeichnung selbst seinen Hausgenossen nicht zuteil geworden ist. Späterhin ließ er mich oft rufen und redete mehrere Stunden allein mit mir. Indem ich aber vor- und nachmittags bei ihm war und in dem Genuß seiner geistvollen Unterhaltung schwelgte, so kam es, daß ich mehrere Wochen mich in dem geliebten Städtchen aufgehalten und nur eine oder zwei Visiten gemacht hatte, deren ich wohl fünfzig zu betreiben auferlegt bekam. Ich erhielt zwei Stuben im Goetheschen Hause und wohnte beim Großonkel, der es durchaus nicht haben wollte, daß ich in die obere Etage zu seinem Sohne ziehen sollte. Da mir mein lieber Vater den Aufenthalt in Weimar drei Monate hindurch verstattete und Goethe mir nun eine Liste von abzustattenden Besuchen entwarf, auch sein Sohn und die Schwiegertochter jede ihrer Bekannten von mir besucht wissen wollten, so begann ich nach vier Wochen einen Kursus, der wahrlich nicht ohne Mühe und Schweiß endete.

Von dem Jubiläum des Großherzogs [am 3. September] wirst Du manches gelesen haben. Alles war in der größten Unruhe des großen Festes wegen und unser Haus mit fünfhundert unermeßlich großen Kränzen verziert. Bald wurde ich leider gewahr, daß Goethen seine Umgebung im Hause nicht genügt, da sie ihm in geistiger Hinsicht nicht viel sein kann und sich ihr Interesse nach außen erstreckt. Davon möchte ich Dich mündlich unterhalten können, denn es bewegt mich über die Maßen ...

Das neu erbaute Theater wurde mit vieler Feierlichkeit [am 3. September] eingeweiht, aber weder Theater noch Spiel entsprach meiner Erwartung, so daß ich bedauern mußte, bessere Theater besucht zu haben. Es war für Weimar eine ausgezeichnet brillante Zeit; die Anzahl der Feste ist unzählig, man hoffte zuletzt, daß sie mit dem nächsten möchten geschlossen werden. Entfernt von jeder fremdartigen Idee kann ich Dir vertraulich sagen, daß ein jeder Tag von der größten Wichtigkeit, dem größten Einflusse war. Es scheint mir, daß sich jene rein menschliche, ungeheuere Regung, ich möchte sie eine unedle Lebenslust nennen, welche wir ja in beinah allen Goetheschen Schriften in einzelnen Stellen finden, auf seinen Sohn fortgepflanzt habe. Und so steht er mir als ein Bild der allgewaltigen Lebensfreude, löblich als Praktikant, Hausherr und Hausfrau in Einer Person vorstellend, in seiner Mensch-Natur da und lässet mich fühlen, daß ihn nur diese Seite des Vaters beseelt; hingegen ein Gefühl voller Wärme und Innigkeit scheint ihm fremd und unbekannt zu sein.

Goethe fuhr häufig mit mir spazieren, benutzte meine Handschrift, die ihm wohl gefiel und diktierte mir allerlei. Daß ich mich bereit zeigte, die fünfunddreißig Privilegien, seine Ausgabe der sämtlichen Werke betreffend, sauber zu kopieren, erfreute ihn sehr; noch mehr jedoch, daß ich treulich Wort gehalten. Wenn ich drei bis vier Stunden mit ihm allein in seinem Zimmerchen gesessen und vor meiner Seele all die verschiedenen Erscheinungen, die mannigfaltigen Verhältnisse, seine Liebe, die er mich so ganz empfinden ließ, vorüberging, dann dünkte ich mich oft älter, und ich meinte Jahre durchlebt zu haben. Ich wüßte kein Thema, dessen er gegen mich nicht erwähnt, und keine innere Regung, welche ich ihm verschwiegen hätte. Nicht nur in seinem Hause, sondern auch bei vielen mir entfernter Stehenden gewährte seine Art gegen mich den heitersten Eindruck, indem ich Goethen näher als die jungen Leute stehen soll, welche sich ihm seit langer Zeit genähert. Das fühlte ich auch selbst und benutzte fleißig die vielen Stunden, in denen er sich mit mir beschäftigte, zu meiner weiteren geistigen Förderung.

Weil ich wirklich Neigung und Lust habe, Theologie zu studieren, Ostern das Universitäts-Examen zu machen und mich ihr dann zu ergeben, so nahm ich keinen Anstand, Goethen diesen Vorsatz zu entdecken. Wie war ich erstaunt, als er meine Meinung nicht nur gelten ließ, sondern selbst kräftig unterstützte. Das erfreute mich sehr. Er ist unendlich reich an Erfahrung, und eine jede Woche erschien mir wie eine große Kette von Lebensweisheit, so viel hörte und strebte ich zu durchdenken. So auch konnte ich die Reise nicht einer Lustfahrt vergleichen, indem ich jauchzte, tausendfache Schätze für mein ganzes Leben dort zu empfangen.

Eines Morgens, ungefähr in der Mitte meines dortigen Aufenthalts, erhielt ich den Besuch eines Malers, welcher mich in Goethes Auftrag groß und stattlich zeichnen mußte. Artig in Kreide ausgeführt, gelang es zu des Großonkels gänzlicher Zufriedenheit ... Erkennt gleich Goethe nicht gern irgend eine Ähnlichkeit an, so gestand er dennoch, daß er oft über mich lachen [mußte], indem ich ihn häufig im Gespräch an seine Jugend, im Äußeren aber an Wieland, da er jung war, und an Johann Georg Schlossers Bruder erinnere.

Des Mittags aßen bisweilen einige Herren mit uns. Am Abend genießt Goethe nichts. Mäßig im Essen und Trinken, liebt und lobt er das Gute, weshalb er große Summen dazu aufwendet ...

Des Großonkels Gesundheit ist sehr erfreulich. Sechs Stunden Schlaf stärken ihn für den ganzen Tag. Was sein Äußeres betrifft, so möchte ich in allen Bildnissen, welche ich gesehen, eine Ähnlichkeit wahrnehmen, da ich, je nachdem er gestimmt ist, bald an dies, bald an jenes erinnert werde. Seine Liebe, sein großes Vertrauen zu mir setzte oft andere in Verwunderung, weil er gegen mich Dinge erwähnte, deren Andenken ihm schmerzlich ist. Sein Herz scheint oft seinen Geist zu überstrahlen. Das Gespräch ergreift er oft und ihn es, daß er Jünglingswärme verrät. Eine andre Umgebung würde imstande sein, ihn noch zu heben ...

Die Stunden, in denen Goethe seinem Sekretär diktierte, waren meistenteils den Besuchen gewidmet ... Ich war bemüht, täglich aus den Unterredungen mit Goethe zu lernen. Er ist geistreich, kräftig und milde, daß es wahrhaft ergötzt, ihn anzuhören. Nur selten konnte man ihn einen alten Mann, geschweige einen Greis nennen. Seine gerade Haltung gibt ihm das Ansehen eines Hofmannes. Die herzlichen Äußerungen der hervorbrechenden Freude und des Wohlgefallens, die Lebhaftigkeit und die Beweglichkeit der hell tönenden, starken Stimme verleihen ihm ein besonderes jugendliches Wesen. Der Witz bringt Leben, sein Geist Bewunderung hervor. Eine derbe Äußerung darf nicht erschrecken und ein sonst unerlaubtes Gespräch nicht in Erstaunen setzen. Das Unstete seiner jetzigen Lebensweise oder vielmehr das oftmalige Verändern seines höchst einfachen Tageslaufes erklärt uns leicht seine ganze Lebensgeschichte. Auf der andern Seite jedoch besitzt er eine ungeheure Härte und Kälte, welche fürchterlich entgegentritt. Er ist durchaus nicht Heide, noch auch neigt er zum Katholizismus hin, wie ihm häufig schuld gegeben wird.

Sonderbar, fast unbegreiflich ist's, daß alle Hofgeschichten und sonstigen Stadtgeschwätze ihn interessiert. Wenn er gleich selten etwas darüber äußert, so vernimmt er doch alles der Art mit größter Behaglichkeit, und weil er Weitläufigkeit in dem Vortrage solcher Dinge anempfiehlt, sah ich manche köstliche Zeit matt dahinschwinden. Auf seinen Wunsch gab auch ich jedesmal flüchtige Rechenschaft über mein Ausgehen. Und er freute sich über jegliche Tollheit. Der Sohn lebte in roher Munterkeit fort und fühlte sich mit Ottilien, seiner Frau, glücklich, indem sie sich gegenseitig nicht genieren. Mit dem größten Recht gedenke ich hier der beiden Kinder, Walther und Wolfgang, welche, von der Natur reichlich ausgestattet, liebevoll und kindlich, zu mancher trüben Besorgnis Anlaß geben und deren Bahn Gott am erfreulichsten leiten möge!

Goethe geht nie zu den Leuten. Alle vierzehn Tage besucht ihn die Großherzogin, welche 1 1/2 Stunde bei ihm verweilt. Da war ich jedes Mal dabei, und freute mich, wenn er ihr Kupfer erklärte. Die Großfürstin sagte mir, «der Name Nicolovius stünde bei ihr hoch, und ich solle sie der ganzen Familie empfehlen» ... Man hat mich mit einer Liebe aufgenommen und mir die ganze Zeit eine Güte bezeugt, welche ich wohl fühlen, aber nicht vergelten kann. Vorzüglich am 7. November, an Goethes Jubiläum, habe ich gesehen, daß ich gern gesehen wurde, und meine Dankbarkeit für all die freundliche Aufnahme wird in der Ferne nicht verlöscht werden. Mag immerhin das gesellschaftliche Leben dort angenehmer und befriedigender sein als in anderen größeren Städten – wer ersetzt mir Goethen – seinen Geist und seine Liebe?

Tausenderlei solltest Du mündlich von mir erfahren, da ich das Schreiben zu lästig finde. Drei Monate [bis etwa 24. November] wohnte ich bei Goethe. Ich war ganz eingebürgert in Weimar, eingewohnt in Goethes Hause. Laß mich nicht der unerträglichen Abschiedswehen gedenken. Solch eine Teilnahme habe ich durch meine Persönlichkeit nie erwecken zu können gedacht. Solch eine Güte und Freundschaft, wie man mich dort hat empfinden lassen, kann ich nicht durchdenken und mitteilen. Ich kam ins väterliche Haus heut vor acht Tagen, am 27. November, zurück mit dem bestimmten Gefühle, eine Kraftperiode meines Lebens geendet zu haben. Es kommt mir mein letztes Leben wie eine ungeheure Strapaze vor, von der auszuruhen ich in die väterlichen Arme eilte. Ich liebte Goethen, da ich zu ihm ging, und liebe ihn jetzt mit allen Gefühlen.

P. S. Goethe ist noch nicht mit Cotta wegen der Ausgabe seiner Werke im reinen. Sie standen zuletzt auf 60 000 Taler für zwölf Jahre. Da druckte Cotta während der Unterhandlungen den Faust nach, und eine entferntere Handlung bot 85 000 Taler auf eben die Zeit, was beides Goethen wurmte. Als ich ihn verließ, sagte er mir, daß ich sagen solle, «er sei noch nicht einig, dächte aber, sich bald zu entschließen». Fünfundvierzig bis sechsundvierzig Bände werden es wohl werden. Die Folge der ersten achtunddreißig Bände hat er genau bestimmt und sie mir in die Feder diktiert; sollte sie jemand gern besitzen wollen, so bin ich erbötig, sie abzuschreiben.

5752 *J. M. Lappenberg: Reliquien der Fräulein Susanna Catharina von Klettenberg* *1849*

... alle, welche in Goethe nicht nur den großen Dichter, sondern ihn auch als der herrlichsten Menschen einen, wenngleich nicht irrtumslosen, erkannt haben, werden gerne seine letzten uns aufbewahrten, vertraulich hingebenden Äußerungen über Fräulein von Klettenberg vernehmen. Herr Dr. Alfred Nicolovius brachte während seines mehrmonatlichen Aufenthaltes bei Goethe im Jahre 1829 [vielmehr wohl August bis November 1825] auf seines Vaters dringendes Verlangen, bei einer einsamen Spazierfahrt, das Gespräch auf dieselbe. Er freute sich, den bald achtzigjährigen Greis mit einer Art Pietät derselben eingedenk zu finden, obwohl beide sich nicht darüber zu verständigen wußten, inwieweit deren Wesen auf körperlichem Wehe beruhte. Goethe pries ihre Geduld und Ergebenheit: «aber freilich, sie war krank!» Er rühmte die Klarheit, mit der sie stets ihres Unwohlseins als eines notwendigen Bestandteils ihres Erdenlebens gedachte, und bewunderte ihre Ergebenheit: «aber freilich, sie war krank!» Er erzählte, wie er es für eine Pflicht erachtet habe, den Einfluß öffentlich zu bekennen, den sie auf seine moralische Herzensbildung ausgeübt, und daß ihn öfters im Leben der Gedanke beschlichen habe, ob er wohl recht daran getan, einer Richtung sich abgewendet zu haben, die seinem Geiste und auch seinem Herzen lange Zeit äußerst wohltätig erschien. «Indessen mußte ich mir immer zu meinem Troste sagen: sie war krank, die treue, liebevolle Freundin!»

5753 *A. Nicolovius an G. v. Loeper* *April 1881*

[Mit Bezug auf das Gedicht «Im Sommer», das Goethe für eins seiner Jugendgedichte gehalten zu haben scheint. Es ist aber in J. G. Schlossers Sammlung der «Auserlesenen Lieder von J. G. Jacobi» (Basel 1784) gedruckt.] Als ich Goethe persönlich diesen Beleg vorlegte [wohl August bis November 1825], schlug er das Gedicht in seinen Werken auf, ergriff ein Lineal und eine Feder, und strich es mit einem beinahe feierlichen Suum cuique! aus.

UNDATIERTES 1823–1825

5754 *L. Rellstab: Aus meinem Leben* *1861*

... als ich 1823 wiederum durch Weimar kam, hatte ich ein ähnliches [Gespräch] mit ihm [Goethe], das mir hauptsächlich Fragen über den Erfolg meiner Studien in Heidelberg, den alten Voß, der dort lebte, den ich aber nie gesehen, über Creuzers Richtungen usw. vorlegte; auch der Verhältnisse Stolbergs gedachte er, Voß gegenüber, und nannte dessen ganze Stellung zu ihm eine falsche von jeher.

5755 *L. Rellstab: Aus meinem Leben* *1861*

Auch sah ich [1823] Goethe wieder und hatte das ausführlichste Gespräch mit ihm, was ich überhaupt gehabt. Es mochte ihm zu bequemer Zeit fallen, denn er wollte eben ein wenig ausfahren, und erwartete im Zimmer den Wagen. Ich sehe ihn noch vor mir, im grauen, großen Mantel, das weiße schneeig gekrönte Haupt, die ernste und doch wohlwollende Miene. Er fragte nach meinen Studien, was ich zunächst vorzunehmen gedenke, erkundigte sich nach den Koryphäen in Bonn, in Heidelberg, behandelte alle Verhältnisse frisch, in kurzer Munterkeit, und schied endlich, indem er mir die besten Grüße an Zelter und die sonstigen Berliner Freunde auftrug. – Dies war das letzte Mal, daß ich Goethe gesehen; in diesem Bilde, mit dem übergeworfenen Mantel, dem Hoheit gebietenden Anblick, habe ich ihn am meisten gegenwärtig behalten. Und mehr als jemals empfand ich hier die Wahrheit seines Wortes, das er bei Schillers Tode schrieb: «Wie der Mensch von uns scheidet, so sehen wir ihn ewig vor uns!» – Von mir schied er in der edelsten Haltung.

5756 *L. Stromeyer:*
Erinnerungen eines deutschen Arztes *1875*

Freund Eduard [Gnuschke, Medizinstudent und Musiker] war während der Osterferien [1824] in Weimar gewesen, wo seine Tante, Frau Johanna Schopenhauer, wohnte. Er sprach mit Begeisterung von Goethes herrlicher Erscheinung, von seiner Freundlichkeit gegen ihn, von der Liebenswürdigkeit der Damen und dem heiteren geselligen Verkehre in Weimar. Es war mir ein ganz neuer Gedanke, daß sich ein Student der Medizin einem Manne wie Goethe nähern, mit ihm reden und ihm sogar Sonaten vorspielen dürfe; es dauerte lange, ehe ich es für möglich hielt, daß dies auch einem andern beschieden sein könne, der kein musikalisches Genie sei und nicht der Neffe von Johanna Schopenhauer, die mit Goethe sehr befreundet war. Die nächste Wirkung der Erzählungen Eduards aus Weimar war nur, daß sie mir von neuem den Trieb in die Ferne weckten, die Sehnsucht nach allem, was die Welt Großes und Herrliches darbietet.

5757 Adele Schopenhauer an Goethe *28. August 1824*

Mein Bruder ist vollkommen hergestellt, befindet sich in Mannheim und hat mir geschrieben, um eine Zusammenkunft zwischen uns in Frankfurt zu bestimmen. Es gibt Worte, die ich von Ihnen gehört habe, die durch mein ganzes Leben hindurchtönen, ohne zu verhallen. So sagten Sie mir, als ich von der Möglichkeit sprach: Du wirst dann wieder begütigend auf ihn wirken und in dem gestörten Dasein wieder eine Art Milde hineinbringen. Und so, hoffe ich zu Gott, soll es sein. Ich bedarf des Gefühls, jemanden wohl zu tun, denn in den letzten Jahren ist mir sehr weh geschehen, und oft habe ich mich unnütz, oder besser sag' ich unbenutzt, gefühlt. Es hatte noch niemand mir ausgesprochen, daß in meinem Wesen eine Art Begütigung liege, deren Einwirkung ein anderer empfinde, Sie sagten es, und nun ging es wieder fröhlicher durch die bunte Welt, in der ich wohl eigentlich ein Halbschatten bin.

5758 Wilhelmine Günther
an Amalie Thiersch *10. Oktober 1824*

[Über Louise Seidler.] Sie ist unter ungünstigen Umständen hieher gekommen, unter die vorzüglich Goethes Abneigung gegen ihre Malerei gehört, und häusliche Verhältnisse vermehren das Unangenehme ihrer Lage. Endlich war es ihr zum Beispiel gelungen, im Jägerhause auf dem Flügel, in dem ihr Atelier ist, eine Wohnung zu finden, dadurch daß der Professor Müller ihr einen Teil der seinigen abtrat. Der Mann ist lange kränklich gewesen, wird aber nun auf einmal so übel, daß man jetzt seine Auflösung wünscht und sie jeden Tag erwartet. Dadurch ist Louise Seidler, der Goethe nicht wohlwill, der über das Haus zu gebieten hat, wieder genötigt, ein anderes Logis zu suchen, was sie nicht wieder so wie hier finden wird.

5759 Eckermann an Knebel *1824*

Ihre Grüße an Goethe habe ich bestellt. Hefte von Kunst und Altertum wollte er selbst senden, sobald sie von Jena angelangt seien.

5760 W. Dorow: Erlebtes aus den Jahren 1790–1827 *1845*

In Weimar ward Dorow [1824?] mit einem splendiden Frühstück bei Goethe regaliert; die Aufnahme war sehr freundlich, und er sagte, als Dorow seine Versetzung in den Ruhestand erzählte: «Jetzt sind Sie in Ihren Lebensverhältnissen dahin gelangt, wohin man zu kommen streben muß, wenn man in einem Fache etwas Tüchtiges leisten will, – Sie haben Unabhängigkeit erlangt! ein großes Glück! ein Gut, welches wenigen Menschen zuteil wird.» Jetzt, nachdem Reichardt tot, brachte Goethe das Gespräch selbst auf denselben, ließ sich viel von seinen letzten Tagen, seinem Tode erzählen und schien besonders an Karl von Raumer, dem Mineralogen, Interesse zu nehmen; Dorow empfand große Freude über die Wärme, mit welcher Goethe von Reichardt sprach. Auf Dorows Äußerung, daß er nicht begriffe, wie man die Kompositionen des alten plumpen Zelter, denen Zartheit und Phantasie fehlen, den Reichardtschen vorziehen könne, und daß man wohl nur das Gefühl, den guten Geschmack preisgebe, um Privatleidenschaft und Haß zu befriedigen, – machte Goethe ein sehr unfreundliches Gesicht und sagte: «Reichardt war ein sehr reich begabter Mann; seine Kompositionen meiner Lieder sind das Unvergleichlichste, was ich in dieser Art kenne; ich habe in Giebichenstein mit Ihren Onkel sehr glückliche Tage verbracht; möge es seiner vortrefflichen Witwe wohlgehen.» Darauf kam Goethe auf Spontini und meinte, Reichardts Abneigung gegen den Mann und seine Werke käme aus einer zu großen Freundschaft für Cherubini, und äußerte sich tadelnd, daß Dorow diesen «Heros in der Musik» nicht genauer kennen gelernt und nun nicht imstande sei, ihm mehr von demselben zu erzählen; denn «wird man von einer solchen großen Persönlichkeit auch durch seine Eitelkeit und andere kleine Torheiten entfernt, so muß man sich doch für sehr beglückt halten, mit einem solchen Mann in einem Zeitalter geboren zu sein, und um wie viel begünstigter, mit ihm in einer Stadt zu leben und einen solchen Geist in der Nähe wirken und schaffen zu sehen.»

Goethe holte das Heft mit den Steindrücken von den Externsteinen in Westfalen hervor, ließ sich alles aufs genaueste beschreiben und fand namentlich das Bildwerk, die Kreuzes-Abnahme, von sehr großem Interesse; ihm sei etwas Ähnliches von alter Bildhauer-Arbeit in Deutschland nicht vorgekommen. «Ich werde meine Ansichten darüber aussprechen und Ihnen das Heft senden.» Goethe wünschte zur Reise nach Italien Glück und reiche Ausbeute, und als er von der Einladung des Papstes und dem eigenhändigen Brief desselben an Dorow hörte, veranlaßte er diesen auf das dringendste, den Brief zu holen. Dorow tat es, und es war merkwürdig, mit welch eigentümlicher Aufmerksamkeit Goethe das Schreiben besah, um- und wieder umkehrte und es nicht genugsam betrachten konnte; er ergoß sich in Lobeserhebungen nicht allein über den vortrefflichen Stil, sondern besonders über den liebevollen Inhalt in so würdigen Ausdrücken. – Goethes stets ernste, unwandelbare Züge, seine Augen waren förmlich leuchtend geworden, und mit großer Zufriedenheit zeigte er noch an Dorow eine kleine Antikaglien-Sammlung und bat solche doch zu vermehren; – der famose Hosenknopf des Marschalls Augereau war aber nicht mehr zu sehen!

5761 K.H. Ritter v. Lang: Memoiren *1842*

Auf der Rückreise [nach Bamberg, etwa Mitte des Jahres 1825] ging's über Heiligenstadt und Erfurt, eine bedeutende Stadt mit einem romantischen Dom, nach Weimar, wo ich mich vom Teufel verblenden ließ, mich bei seinem alten Faust, dem Herrn von Goethe, in einem mit untertänigen Kratzfüßen nicht sparsamen Brieflein anzumelden. Ich war angenommen um halb eins. Ein langer, alter, eiskalter steifer Reichsstadtsyndikus trat mir entgegen, in einem Schlafrock, winkte mir, wie der steinerne Gast, mich niederzusetzen, blieb tonlos an allen Seiten, die ich bei ihm anschlagen wollte, stimmte bei allem, was ich ihm vom Streben des Kronprinzen von Bayern sagte, und brach dann in die Worte aus: «Sagen Sie mir, ohne Zweifel werden Sie auch in Ihrem Ansbacher Bezirk eine Brandversicherungsanstalt haben.» Antwort: «Jawohl.» – Nun erging die Einladung, alles im kleinsten Detail zu erzählen, wie es bei eintretenden wirklichen Bränden gehalten werde. Ich erwiderte ihm, es komme darauf an, ob der Brand wieder gelöscht werde oder Ort oder Haus wirklich abbrenne. «Wollen wir, wenn ich bitten darf, den Ort ganz und gar abbrennen lassen.» Ich blies also mein Feuer an und ließ alles verzehren, die Spritzen vergeblich sausen, die Herren Landrichter vergeblich brausen: rücke andern Tags mit meinem Augenscheine aus, lasse den Schaden einschatzen, von der Schatzung so viel als möglich herunterknickern; dann neue Schönheitsbaurisse machen, die in München Jahr und Tag liegen bleiben, während die armen Abgebrannten in Baracken und Kellern schmachten, und zahle dann in zwei, drei Jahren das abgehandelte Entschädigungssümmlein heraus. Das hörte der alte Faust mit an und sagte: «Ich danke Ihnen.» Dann fing er weiter an: «Wie stark ist denn die Menschenzahl von so einem Rezatkreis bei Ihnen?» Ich sagte: «Etwas über 500000 Seelen.» – «So! so!» sprach er, «hm! hm! das ist schon etwas.» (Freilich mehr als das Doppelte vom ganzen Großherzogtum Weimar.) Ich sagte: «Jetzt, da ich die Ehre habe, bei

Ihnen zu sein, ist dort eine Seele weniger. Ich will mich aber auch wieder dahin aufmachen und mich empfehlen.» Darauf gab er mir die Hand zum Abschied, dankte mir für die Ehre meines Besuchs und geleitete mich zur Tür. Es war mir, als wenn ich mich beim Feuerlöschen erkältet hätte.

5762 *Wilhelmine Günther*
an Amalie Thiersch *19. Dezember 1825*

Das Verhältnis zwischen Louise Seidler und Goethe scheint sich überhaupt zu verbessern; wenigstens äußert sich letzterer wohlwollend über die erstere. Wenn Louise Seidler den Rat guter Freunde befolgt und sich hübsch still und gehalten gegen Goethe benimmt und nur aufmerksam ohne Zudringlichkeit gegen ihn ist, so zweifele ich nicht, daß dies Verhältnis gut bleiben und noch besser werden wird.

Bibliothek der Erstausgaben im dtv

Herausgegeben von
Joseph Kiermeier-Debre

Gotthold Ephraim Lessing
Nathan der Weise
dtv 2600 · DM 8,-

Friedrich Schiller
Die Räuber
dtv 2601 · DM 8,-

Johann Wolfgang Goethe
Die Leiden des jungen Werthers
dtv 2602 · DM 6,-

Novalis
Heinrich von Ofterdingen
dtv 2603 · DM 10,-

Heinrich von Kleist
Michael Kohlhaas
dtv 2604 · DM 6,-

Joseph Freiherr von Eichendorff
Aus dem Leben eines Taugenichts
dtv 2605 · DM 6,-

Georg Büchner
Danton's Tod
dtv 2606 · DM 6,-

Annette von Droste-Hülshoff
Die Judenbuche
dtv 2607 · DM 6,-

Adalbert Stifter
Brigitta
dtv 2608 · DM 6,-

Frank Wedekind
Frühlings Erwachen
dtv 2609 · DM 6,-

Gotthold Ephraim Lessing
Minna von Barnhelm
dtv 2610 · DM 6,-

Friedrich Schiller
Maria Stuart
dtv 2611 · DM 8,-

Johann Wolfgang Goethe
West-oestlicher Divan
dtv 2612 · DM 8,-

Bibliothek der Erstausgaben im dtv

Herausgegeben von
Joseph Kiermeier-Debre

E.T.A. Hoffmann
Der goldene Topf
dtv 2613 · DM 8,-

Heinrich Heine
Buch der Lieder
dtv 2614 · DM 12,-

Franz Grillparzer
Der arme Spielmann
dtv 2615 · DM 6,-

Eduard Mörike
Mozart auf der Reise nach Prag
dtv 2616 · DM 6,-

Gottfried Keller
Kleider machen Leute
dtv 2617 · DM 6,-

Theodor Storm
Der Schimmelreiter
dtv 2618 · DM 8,-

Rainer Maria Rilke
Die Aufzeichnungen des Malte Laurids Brigge
dtv 2619 · DM 10,-

Gotthold Ephraim Lessing
Emilia Galotti
dtv 2620 · DM 6,-

Jakob Michael Reinhold Lenz
Der Hofmeister
dtv 2621 · DM 6,-

Friedrich Schiller
Kabale und Liebe
dtv 2622 · DM 6,-

Johann Wolfgang Goethe
Faust.
Eine Tragödie
dtv 2623 · DM 8,-

Friedrich Hölderlin
Hyperion
dtv 2624 · DM 10,-

Heinrich von Kleist
Der zerbrochne Krug
dtv 2625 · DM 6,-

Bibliothek der Erstausgaben im dtv

Herausgegeben von
Joseph Kiermeier-Debre

Georg Büchner
Lenz
dtv 2626 · DM 6,-

Friedrich Hebbel
Maria Magdalene
dtv 2627 · DM 6,-

Theodor Fontane
Effi Briest
dtv 2628 · DM 12,-

Franz Kafka
Die Verwandlung
dtv 2629 · DM 6,-

Gotthold E. Lessing
Die Erziehung des Menschengeschlechts
dtv 2630 · DM 6,-

Johann Wolfgang Goethe
Faust II
dtv 2631 · DM 10,-

Heinrich Heine
Deutschland. Ein Wintermärchen
dtv 2632 · DM 6,-

Jeremias Gotthelf
Die schwarze Spinne
dtv 2633 · DM 6,-

Rainer Maria Rilke
Duineser Elegien
dtv 2634 · DM 6,-

Johann Wolfgang Goethe
Iphigenie auf Tauris
dtv 2635 · DM 6,-

Friedrich Schiller
Dom Karlos
dtv 2636 · DM 12,-

Gottfried Keller
Romeo und Julia auf dem Dorfe
dtv 2637 · DM 6,-

Theodor Fontane
Frau Jenny Treibel
dtv 2638 · DM 10,-

Christian Morgenstern
Galgenlieder
dtv 2639 · DM 6,-

dtv

Goethes Gespräche
Biedermannsche Ausgabe

Band IV

Diese Taschenbuchausgabe ist band- und textidentisch
mit der im Artemis Verlag, Zürich,
von 1965 bis 1987 erschienenen Ausgabe.

November 1998
Deutscher Taschenbuch Verlag GmbH & Co. KG,
München

Umschlagkonzept: Balk & Brumshagen
Gesamtherstellung: C. H. Beck'sche Buchdruckerei,
Nördlingen
Printed in Germany · ISBN 3-423-59039-4

Goethes Gespräche
Biedermannsche Ausgabe

Fünf Bände in sechs Teilbänden
Ergänzt und herausgegeben
von Wolfgang Herwig

Band 1
Gespräche der Jahre 1749–1805
Band 2
Gespräche der Jahre 1805–1817
Band 3 · Erster Teil
Gespräche der Jahre 1817–1825
Band 3 · Zweiter Teil
Gespräche der Jahre 1825–1832
Band 4
Kommentar
Band 5
Nachklang/Nachträge/Register

Goethes Gespräche

Eine Sammlung zeitgenössischer Berichte
aus seinem Umgang
Auf Grund der Ausgabe und des Nachlasses
von Flodoard Freiherrn von Biedermann
Ergänzt und herausgegeben
von Wolfgang Herwig

Band 4
Kommentar

Deutscher Taschenbuch Verlag

ZUR EINFÜHRUNG UND BENÜTZUNG

Der folgende Kommentar zu den Bänden I bis III/2 von «Goethes Gesprächen» vermittelt dem Leser die nötigen Informationen zum Verständnis und zur eigenen Bewertung der Texte. Dabei war, bei gebotener Kürze, eine Konzentration auf das für Goethe selbst oder seinen Umkreis Relevante notwendig. Außerdem muß der Kommentar im Zusammenhang gelesen werden mit den interpretierenden Einblendungen in den Textbänden (dort jeweils in eckiger Klammer [ ]); des weiteren werden auch die Angaben des Registers (Band V) heranzuziehen sein. Dies trifft in der Regel besonders zu für die vorkommenden Personen, zu denen spezielle Angaben im Kommentar nur gemacht werden, wo das Verständnis des Textes dies erfordert oder die Identität zu sichern ist.

Der Einzelkommentar ist jeweils folgendermaßen aufgebaut:

Auf die *Nummer des Textes* nach unserer Ausgabe folgt in Klammern die entsprechende Nummer des Gesprächs nach der 2. Auflage der «Gespräche» von Flodoard von Biedermann (= Bi^2). Falls eine solche zweite Nummer fehlt, bedeutet dies, daß der Text neu in die Sammlung aufgenommen wurde. Er stammt dann entweder aus Biedermanns Nachlaß oder wurde vom Herausgeber nachgesammelt, ohne daß das eigens gekennzeichnet wird.

Die nun folgende *Quellenangabe* besteht in der Regel aus einer Sigle, die über das Siglenverzeichnis aufzuschlüsseln ist. Nicht mehrfach benutzte Quellen werden dagegen voll zitiert. Häufig wird neben der Quelle, nach der zitiert wurde, in Klammern noch eine zweite Quelle angegeben, die leichter erreichbar oder kommentiert ist.

Im *Kommentar* selbst werden, wo tunlich, jeweils zu Beginn Ausführungen zu einem Gespräch gemacht mit allgemeinen Informationen, besonders zu Hintergründen, Glaubwürdigkeit und Datierung. Daran schließen sich die eigentlichen *Erläuterungen* an, durch einen Textaushub eindeutig fixiert.

Mit *Band V* wird unsere Ausgabe von «Goethes Gesprächen» abgeschlossen. Abgesehen vom erwähnten Register wird er die Textabteilungen «Nachklang» bzw. «Nachträge» (= Nrn 7082 ff.) samt Kommentar sowie eine Konkordanz zwischen vorliegender Edition und Bi^2 enthalten.

VERZEICHNIS DER SIGLEN UND ABKÜRZUNGEN

AA ErgBd 2[1]	Goethes Werke. Hrsg. von der Deutschen Akademie der Wissenschaften zu Berlin, Ergänzungsband 2, Teil 1. Quellen und Zeugnisse zur Druckgeschichte von Goethes Werken. Berlin 1966
aaO	am angegebenen Ort: bezieht sich auf die im Textband dem Stück vorangestellte Quellenangabe
Adelung	Johann Christoph Adelung: Versuch eines vollständigen grammatisch-kritischen Wörterbuchs der hochdeutschen Mundart. 5 Bde. Leipzig 1774–86
AllgZ	Allgemeine Zeitung. München
ALZ	Allgemeine Literatur-Zeitung, Jena (bis 1803), dann Halle
Amelung	Heinz Amelung: Goethe als Persönlichkeit. Bd 3. Berlin 1925
Aphor	Friedrich Wilhelm Riemer: Briefe von und an Goethe. Desgleichen Aphorismen und Brocardica. Leipzig 1846
Appell	Johann Wilhelm Appell: Erinnerungen aus Offenbach am Main. In: Frankfurter Konversationsblatt 1847
Archiv	Archiv für Literaturgeschichte. Hrsg. von Schnorr von Carolsfeld. Leipzig 1871 ff.
AWSchlegel	Briefe von und an August Wilhelm Schlegel. Gesammelt und erläutert durch Josef Körner. Zürich, Berlin, Wien 1930
BA	Goethe: Werke. Berliner Ausgabe. Berlin 1970 ff.
Bach	A. Bach: Aus Goethes rheinischem Lebensraum. Neuß 1968
Bamberg	Die Erinnerungen der Karoline Jagemann. Nebst zahlreichen unveröffentlichten Dokumenten aus der Goethezeit. Hrsg. von Eduard v. Bamberg. Dresden 1926
Berend	Goethe, Kästner und Lotte. Hrsg. von Eduard Berend. München 1914
Behrens	Friedrich Leopold Graf zu Stolberg: Briefe. Hrsg. von Jürgen Behrens. Neumünster 1966
BerFDH	Berichte des Freien Deutschen Hochstifts. Frankfurt
Bergmann	Alfred Bergmann: Briefe des Herzogs Carl-August

	von Sachsen-Weimar an seine Mutter, die Herzogin Anna Amalia. Jena 1938
Bgm	Bettinas Leben und Briefwechsel mit Goethe. Hrsg. von Fritz Bergemann. Leipzig 1927
Bi[1]	Goethes Gespräche. Hrsg. von Woldemar Freiherr von Biedermann. 10 Bde. Leipzig 1889–96
Bi[2]	Goethes Gespräche. Gesamtausgabe. Neu hrsg. von Flodoard Freiherr von Biedermann. Leipzig 1909–11
Bode	Goethe in vertraulichen Briefen seiner Zeitgenossen. Zusammengestellt von Wilhelm Bode. Berlin 1921–23
BodeSchauspieler	Wilhelm Bode: Goethes Schauspieler und Musiker. Berlin 1912
Bö	Literarische Zustände und Zeitgenossen. In Schilderungen aus Karl August Böttigers handschriftlichem Nachlasse. Hrsg. von K.W. Böttiger. 2 Bde. Leipzig 1838
Boisserée	Sulpiz Boisserée. Hrsg. von Mathilde Boisserée. Bd I. Stuttgart 1862
Br	Briefe
Bradish	Joseph A. von Bradish: Goethes Beamtenlaufbahn. New York 1937
Braun	Julius W. Braun: Goethe im Urteile seiner Zeitgenossen. 3 Bde. Berlin 1883–85
BrentanoBr	Clemens Brentano: Briefe. Hrsg. von Friedrich Seebaß. 2 Bde. Nürnberg 1951
BuG	Goethe. Begegnungen und Gespräche. Hrsg. von Ernst und Renate Grumach. 1965 ff.
Caroline	Caroline [Schlegel]. Briefe aus der Frühromantik. Nach Georg Waitz vermehrt, von Erich Schmidt hrsg. Leipzig 1913
ChrWGV	Chronik des Wiener Goethe-Vereins. Wien 1886–1959 (dann JbWGV)
Corpus	Corpus der Goethezeichnungen. Bearb. von Gerhard Femmel u.a. 7 Bde. Leipzig 1958–73
Deetjen	Werner Deetjen: Die Göchhausen, Briefe einer Hofdame aus dem klassischen Weimar. Berlin 1923
Dembowski	Mitteilungen über Goethe und seinen Freundeskreis aus bisher unveröffentlichten Aufzeichnungen des gräfl Egloffsteinschen Archivs zu Arklitten. Hrsg. von J. Dembowski. Lyck 1889
Diezmann	August Diezmann: Aus Weimars Glanzzeit. Ungedruckte Briefe von und über Goethe und Schiller. Leipzig 1855
DjG	Der junge Goethe. Neue Ausgabe in 6 Bden. Besorgt von M. Morris. Leipzig 1909–12
DjG[3]	Der junge Goethe. Neu bearb. Ausg. in 5 Bden und ei-

nem Reg.-Bd. Hrsg. von Hanna Fischer-Lamberg. Berlin 1963–74

Dobbek — Herders Briefe. Ausgewählt, eingeleitet und erläutert von Wilhelm Dobbek. Weimar 1959

DtRevue — Deutsche Revue über das gesamte nationale Leben der Gegenwart. Hrsg. von R. Fleischer. Breslau 1886. 11. Jg. 1. Bd, Jan–März, 2. Bd, April–Juni, 4. Bd, Okt–Dez

DtRundschau — Deutsche Rundschau. Hrsg. von Julius Rodenberg. Berlin 1875 ff.

DtVjs — Deutsche Vierteljahrsschrift für Literaturwissenschaft und Geistesgeschichte. Halle 1923 ff. (Stuttgart 1949 ff.)

DüntzerChSchiller: Briefe von Schillers Gattin an einen vertrauten Freund. Hrsg. von H. Düntzer. Leipzig 1856

DüntzerKnebel — Zur deutschen Literatur und Geschichte. Ungedrucktes aus Knebels Nachlaß. Hrsg. von H. Düntzer. Nürnberg 1858

DüntzerStein — H. Düntzer: Charlotte von Stein, Goethes Freundin. Stuttgart 1874

Durylin — Russische Schriftsteller bei Goethe. Goetheband der Moskauer Zeitschrift ‹Literaturnoje Nassledstwo›. Moskau 1932. (Übs [Ms] von Maximilian von Propper)

DuW — Dichtung und Wahrheit

DWb — Grimm, J. und W.: Deutsches Wörterbuch. 16 Bde. Leipzig 1854–1960

ebd — ebenda. Bezieht sich immer auf die direkt davor angegebene Quelle, bzw. die Quelle der vorangehenden Nr. Wenn nur eine Zahl folgt, handelt es sich um die Seite desselben Bandes.

Ebers/Kahlert — Briefe von Goethe und dessen Mutter an Friedrich Freiherrn von Stein. Hrsg. von J.J.H. Ebers und A. Kahlert. Leipzig 1846

edWeitz — Sulpiz Boisserée. Tagebücher. Hrsg. von H.-J. Weitz. 2 Bde. Darmstadt 1978/81

Eggers — Christian Daniel Rauch. Hrsg. von Friedrich Eggers (Bd 1), Friedrich und Karl Eggers (Bd 2). Berlin 1877/78

Egloffstein — Alt Weimars Abend. Briefe und Aufzeichnungen aus dem Nachlasse der Gräfinnen Egloffstein. Hrsg. von Hermann Freiherr von Egloffstein. München 1923

Eybisch — Hugo Eybisch: Anton Reiser. Untersuchungen zur Lebensgeschichte von K.Ph. Moritz und zur Kritik seiner Autobiographie. Leipzig 1909

Fahrten nach Weimar: Slawische Gäste bei Goethe. Auswahl aus Briefen, Berichten und Aufzeichnungen mit einem Vorwort

	von Rudolf Fischer und mit Anmerkungen von Peter Kirchner und Rüdiger Ziemann. Weimar 1958
Fambach	Oscar Fambach: Ein Jahrhundert deutsche Literaturkritik (1750–1850). Ein Lesebuch und Studienwerk. 4 Bde. Berlin 1953–67
FambachGoethe	Oscar Fambach: Goethe und seine Kritiker. Düsseldorf 1953
FBdm	Flodoard von Biedermann
FBdmMs	Manuskript zur geplanten dritten Auflage der Gespräche aus dem Nachlaß von Flodoard Freiherr von Biedermann
FDH	Freies Deutsches Hochstift, Frankfurt am Main
Fehling	Briefe an Cotta. Das Zeitalter Goethes und Napoleons. 1794–1815. Hrsg. von Maria Fehling. Stuttgart, Berlin 1925
Femmel/Heres	Die Gemmen aus Goethes Sammlung. Bearbeiter der Ausgabe Gerhard Femmel. Katalog Gerold Heres. Leipzig 1977
Festschrift 1899	Festschrift zu Goethes 150. Geburtstagsfeier, dargebracht vom Freien Deutschen Hochstift. Frankfurt am Main 1899
Festschrift Dobenecker:	Beiträge zur thüringischen und sächsischen Geschichte. Festschrift für O. Dobenecker. Jena 1929
FestschrLauchstädt:	Festschrift zur Einweihung des Goethetheaters in Bad Lauchstädt am 13.–14. Juni a.d. 1908. Hrsg. von Carl Lehmann. Bad Lauchstädt 1908
Fichte	Immanuel Hermann Fichte: Johann Gottlieb Fichtes Leben und literarischer Briefwechsel. 2. Auflage. 2 Bde. Leipzig 1862
Fielitz	Schiller und Lotte. 1788–1805. Dritte, den ganzen Briefwechsel umfassende Ausgabe. Bearbeitet von Wilhelm Fielitz. 2 Bde. Stuttgart 1879
F-R	Eduard Firmenich-Richartz: Die Brüder Boisserée. Erster Band: Sulpiz und Melchior Boisserée als Kunstsammler. Ein Beitrag zur Geschichte der Romantik. Jena 1916.
Fränkel	Goethes Briefe an Charlotte von Stein. Hrsg. von J. Fränkel. Umgearb. Neuausg. 3 Bde. Berlin 1960–62.
Frese	Goethes Briefe aus Fritz Schlossers Nachlaß. Hrsg. von Julius Frese. Stuttgart 1877
Freye-Stammler	Briefe von und an J.M.R. Lenz. Hrsg. von Karl Freye und Wolfgang Stammler. 2 Bde. Leipzig 1918
Froitzheim	J. Froitzheim: Zu Straßburgs Sturm- und Drangperiode 1770–76. Straßburg 1888
Frommann	F.J. Frommann: Das Frommannsche Haus und seine Freunde, 2. vermehrte Auflage. Jena 1872 (dritte unveränderte Auflage 1889)

GA	Johann Wolfgang Goethe. Gedenkausgabe der Werke, Briefe und Gespräche. Hrsg. Ernst Beutler. 24 Bde. Zürich 1948ff.
Gaedertz	Karl Theodor Gaedertz: Bei Goethe zu Gaste. Neues von Goethe, aus seinem Freundes- und Gesellschaftskreise. Leipzig 1900
GallatiSoret	Ernst Gallati: Frédéric Soret und Goethe. Bern und München 1980
Geiger	Goethes Briefwechsel mit Wilhelm und Alexander v. Humboldt. Hrsg. von L. Geiger. Berlin 1909
GeigerWeimar	Ludwig Geiger: Aus Alt-Weimar. Mitteilungen von Zeitgenossen nebst Skizzen und Ausführungen. Berlin 1897
Gerhardt	L. Gerhardt: Karl Ludwig Fernow. Leipzig 1908
GHb^1	Goethe-Handbuch. Hrsg. von J. Zeitler. 3 Bde. Stuttgart 1916–18
GHb^2	Goethe-Handbuch. Hrsg. von A. Zastrau. 2. vollkommen neugestalt. Aufl. Bd 1. Stuttgart 1961 (mehr nicht erschienen)
GJb	Goethe-Jahrbuch
GKal	Goethe-Kalender
GMD	Goethe-Museum Düsseldorf
GNM	Goethe-Nationalmuseum Weimar
GoedGrundr	Goedekes Grundriß zur Geschichte der deutschen $Literatur^3$, Bd 4 Abt. 2–5, Berlin 1910–1960
Goethe/Knebel	Briefwechsel zwischen Goethe und Knebel (1774–1832). 2 Teile. Leipzig 1851
Goethe/Reinhard	Goethe und Reinhard. Briefwechsel in den Jahren 1807–1832. Mit einer Vorrede des Kanzlers Friedrich von Müller. Stuttgart und Tübingen 1850/Wiesbaden 1957
Goethe/Rochlitz	Goethes Briefwechsel mit Friedrich Rochlitz. Hrsg. Woldemar Freiherr von Biedermann. Leipzig 1887
Gr	Kanzler von Müller: Unterhaltungen mit Goethe. Kleine Ausg. Hrsg. von Ernst Grumach mit Anmerkungen von Renate Fischer-Lamberg. Weimar 1959
Gräf	Hans Georg Gräf: Goethe über seine Dichtungen. Frankfurt 1901–1914. Unveränderte Neuauflage: Wiesbaden 1967/68
Grisebach	Arthur Schopenhauer: Sämtliche Werke. Hrsg. von Eduard Grisebach. Leipzig o.J.
Grüner	Briefwechsel und mündlicher Verkehr zwischen Goethe und dem Rathe Grüner. (Grüners Niederschrift). Leipzig 1853
Grumach	Kanzler von Müller: Unterhaltungen mit Goethe. Kritische Ausgabe. Hrsg. von Ernst Grumach. Weimar 1956

GrumachAntike	Ernst Grumach: Goethe und die Antike, eine Sammlung. Berlin 1949
GSA	Goethe- und Schiller-Archiv. Nationale Forschungs- und Gedenkstätten der klassischen deutschen Literatur, Weimar
GTgb	Goethes Tagebücher
GWb	Goethe-Wörterbuch. Hrsg. von der Akademie der Wissenschaften der DDR, der Akademie der Wissenschaften in Göttingen und der Heidelberger Akademie der Wissenschaften. Stuttgart, Berlin, Köln, Mainz 1966ff.
HA	Goethes Werke. Hamburger Ausgabe in 14 Bänden. Hrsg. von Erich Trunz. Hamburg 1948–60
Hagen	Die Drucke von Goethes Werken. Bearbeiter: Waltraud Hagen. Berlin 1971
HamannBriefw	Johann Georg Hamann, Briefwechsel. Hrsg. von Walther Ziesemer und Arthur Henkel. 4 Bde. Wiesbaden 1957/59
Hecker	Der Briefwechsel zwischen Goethe und Zelter. Im Auftrag des Goethe- und Schiller-Archivs nach den Handschriften hrsg. von Max Hecker. Leipzig 1913–1915
HegelBr	Briefe von und an Hegel. Hrsg. von Johannes Hoffmeister. 4 Bde. Hamburg 1952–1960
Heitmüller	Aus dem Goethehause. Briefe Friedrich Wilhelm Riemers an die Familie Frommann in Jena (1803–1824). Hrsg. von Ferdinand Heitmüller. Stuttgart 1892
Hensel	Die Familie Mendelssohn (1729–1847). Nach Briefen und Tagebüchern. Hrsg. von S. Hensel. Berlin 1879
Herbst	Johann Heinrich Voß. Hrsg. von Wilhelm Herbst. 2 Bde. Leipzig 1872/76
HerderBr	Von und an Herder. Ungedruckte Briefe aus Herders Nachlaß. Hrsg. von Heinrich Düntzer und Ferdinand Gottfried Herder. 3 Bde. Leipzig 1861/62
HerderNachl	Aus Herders Nachlaß. Hrsg. von Heinrich Düntzer und F.G. Herder. Frankfurt am Main 1857
HerderItal	Herders Reise nach Italien. Herders Briefwechsel mit seiner Gattin, vom August 1788 bis Juli 1789. Hrsg. von Heinrich Düntzer und F.G. Herder. Gießen 1859
Hertz	Wilhelm Hertz: Bernhard Crespel, Goethes Jugendfreund. München und Leipzig 1914
Heuermann	Bernhard Rudolf Abeken, Goethe in meinem Leben. Hrsg. von Adolf Heuermann. Weimar 1904
Hs	Handschrift(en)
Houben	H.H. Houben: Johann Peter Eckermann. Sein Leben für Goethe. Leipzig 1928

HoubenSchopenhauer:	Damals in Weimar. Erinnerungen und Briefe von und an Johanna Schopenhauer. Gesammelt und hrsg. von H.H. Houben. Zweite erweiterte Auflage. Berlin 1929
HoubenSoret	Frédéric Soret. Zehn Jahre bei Goethe. Hrsg. von H.H. Houben. Leipzig 1929
HVoß	Goethe und Schiller in Briefen von Heinrich Voß dem jüngeren. Briefauszüge, in Tagebuchform zeitlich geordnet und mit Erläuterungen herausgegeben von Hans Gerhard Gräf. Leipzig o.J. [1896]
ItR	Italienische Reise
JA	Goethes Sämtliche Werke. Jubiläums-Ausgabe in 40 Bänden. Hrsg. von Eduard von der Hellen u.a. Stuttgart und Berlin 1902–12
JALZ	Jenaische Allgemeine Literatur-Zeitung
Jacobi	Briefwechsel zwischen Goethe und F.H. Jacobi. Hrsg. von Max Jacobi. Leipzig 1846
Janssen	Johannes Janssen: Friedrich Leopold Graf zu Stolberg. 2 Bde. Freiburg i.Br. 1877
JbFDH	Jahrbuch des Freien Deutschen Hochstifts. Frankfurt am Main
JbGG	Jahrbuch der Goethe-Gesellschaft
JbGG NF	GOETHE. Neue Folge des Jahrbuchs der Goethe-Gesellschaft
JbSKipp	Jahrbuch der Sammlung Kippenberg
JbSKipp NF	Jahrbuch der Sammlung Kippenberg. Neue Folge. 1963 ff.
JbWGV	Jahrbuch des Wiener Goethe-Vereins. 1960 ff. (vorher ChrWGV)
JeanPaulBr	Jean Pauls Sämtliche Werke. Historisch-kritische Ausgabe. Hrsg. von der Deutschen Akademie der Wissenschaften zu Berlin. 3. Abteilung: Briefe. 4 Bde. Berlin 1956–1960
Jonas	Schillers Briefe. Hrsg. von Fritz Jonas. 7 Bde. Stuttgart 1892–96
Jung-Stilling 3	Heinrich Stillings Wanderschaft. Frankfurt und Leipzig 1780
Jung-Stilling 4	Heinrich Stillings häusliches Leben. Eine wahrhafte Geschichte. Tübingen 1789
Kasten	H. Kasten: Goethes Bremer Freund Dr. Nicolaus Meyer. Briefwechsel mit Goethe und dem Weimarer Kreise. Bremen 1926
Katalog Henrici 149:	Karl Ernst Henrici, Berlin. Katalog zur Versteigerung 149 (23. März 1929): ... Handschriftliches aus dem Nachlaß der Bettine von Arnim
KatSKipp	Katalog der Sammlung Kippenberg. Zweite Ausgabe. Leipzig 1928

Keil	Frau Rath. Briefwechsel von Katharina Elisabeth Goethe. Nach den Originalen mitgeteilt von Robert Keil. Leipzig 1871
Keudell	Goethe als Benutzer der Weimarer Bibliothek, bearbeitet von Elise von Keudell. Weimar 1931
Kletke	Kunst und Leben. Aus Friedrich Förster's Nachlaß. Hrsg. von Hermann Kletke. Berlin 1873
KnebelBriefw	Aus Karl Ludwig von Knebels Briefwechsel mit seiner Schwester Henriette (1774–1813). Hrsg. von Heinrich Düntzer. Jena 1858
KnebelNachl	K.L. von Knebel's literarischer Nachlaß und Briefwechsel. Hrsg. von K.-A. Varnhagen von Ense und Th. Mundt. 3 Bde. (in 2). Leipzig 1835/36
Knittermeyer	Unbekannte Briefe und Urkunden aus dem Goethekreis. Aus dem Nachlaß Johann Michael Färbers. Hrsg. von Hinrich Knittermeyer. Bremen 1935
Kraft	Johann Heinrich Merck: Briefe. Hrsg. von Herbert Kraft. Frankfurt am Main 1968
Kretschmann	Aus Goethes Freundeskreise. Erinnerungen der Baronin Jenny von Gustedt. Hrsg. von Lily von Kretschmann. Braunschweig 1892
Krisenjahre	Krisenjahre der Frühromantik. Briefe aus dem Schlegelkreis. Hrsg. von Josef Körner. 3 Bde, Bd 1 und 2 Brünn, Wien, Leipzig 1936, Bd 3 (Kommentar) Bern 1958
Krosigk	H. von Krosigk: Karl Graf von Brühl. General-Intendant der Königlichen Schauspiele, später der Museen in Berlin und seine Eltern. Berlin 1910
KSchmidt	Schillers Sohn Ernst. Eine Briefsammlung mit Einleitung. Hrsg. von Dr. Karl Schmidt. Paderborn 1893
KuA	Kunst und Altertum (Zeitschrift Goethes)
LA	Goethe. Die Schriften zur Naturwissenschaft. Hrsg. im Auftrage der Deutschen Akademie der Naturforscher Leopoldina. Weimar 1947 ff.
Laube	Heinrich Laube: Reisenovellen. 2. Aufl. 9. Theil. Mannheim 1847
Laubmann/Scheffler:	Die Tagebücher des Grafen August von Platen. Hrsg. von G. v. Laubmann und L. v. Scheffler. 2 Bde. Stuttgart 1900
Lewinsky	Josef Lewinsky: Vor den Coulissen. 2 Bde. Berlin 1881/82
Lyncker	Am Weimarischen Hofe unter Amalien und Karl August. Erinnerungen von Karl Frhr. von Lyncker. Hrsg. von seiner Großnichte Marie Scheller. Berlin 1912
Matthisson	Friedrich von Matthisson: Schriften. Ausgabe letzter Hand. 3 Bde. Zürich 1825 und 7. Bd Zürich 1829

MatthissonNachl	Friedrich von Matthisson: Literarischer Nachlaß nebst einer Auswahl von Briefen seiner Freunde. Ein Supplement zu allen Ausgaben seiner Schriften. Bd 3, Berlin 1832
Maurer-Constant	Briefe an Johann von Müller (Supplement zu dessen sämmtlichen Werken). Hrsg. von Maurer-Constant. Bd 1. Schaffhausen 1839
MerckBr	Johann Heinrich Mercks Briefe an die Herzogin-Mutter Anna Amalia und an den Herzog Carl August von Sachsen-Weimar. Hrsg. von Hans Gerhard Gräf. Leipzig 1911
Mommsen	Momme Mommsen: Die Entstehung von Goethes Werken in Dokumenten. 2 Bde. Berlin 1958
Monroy	Goethes Briefwechsel mit Georg und Caroline Sartorius (von 1801–1825). Hrsg. von Else von Monroy. Göttingen 1931
Münter	Frederik Münter: Et Mindeskrift. II, III, IV. Aus den Tagebüchern Friedrich Münters. Hrsg. von Øjvind Andreasen. 3 Teile. Kopenhagen und Leipzig 1937
MuR	Maximen und Reflexionen (Nr. nach Hecker SchrGG 21)
NA	Schillers Werke. Nationalausgabe. Weimar 1943 ff.
NN	Nachträge in Bi[2] 5, 488 ff.
Norman	F. Norman: Henry Crabb Robinson and Goethe. Part I and II. London 1930/31 (Publications of the English Goethe Society. New Series)
Oehlke	Bettina von Arnim: Sämtliche Werke. Hrsg. von Waldemar Oehlke. 3. Bd: Goethes Briefwechsel mit einem Kinde, 1. und 2. Teil. Berlin 1920
O.F.	Nach Auskunft von Oscar Fambach, Tübingen, besonders nach seiner noch ungedruckten reich kommentierten neuen Ausgabe von: Eduard Genast, Aus dem Tagebuche eines alten Schauspielers
Pallmann	Johann Adam Horn, Goethes Jugendfreund. Hrsg. von Heinrich Pallmann. Leipzig 1908
Petersen	Julius Petersen: Die Entstehung der Eckermannschen Gespräche und ihre Glaubwürdigkeit. Frankfurt am Main 1925
Pf-B	Johann Caspar Goethe, Cornelia Goethe, Catharina Elisabeth Goethe: Briefe aus dem Elternhaus. Erster Erg.-Band der GA. Hrsg. von Wolfgang Pfeiffer-Belli. Zürich 1960
Plitt	Aus Schellings Leben. In Briefen. Hrsg. von G.L. Plitt. 2 Bde. Leipzig 1869/70
Pniower	Otto Pniower: Goethe in Berlin und Potsdam. Berlin 1925
Pollmer	Friedrich Wilhelm Riemer: Mitteilungen über Goe-

	the. Auf Grund der Ausgabe von 1841 und des handschriftlichen Nachlasses hrsg. von Arthur Pollmer. Leipzig 1921
PollmerUnters	Arthur Pollmer: Friedrich Wilhelm Riemer und seine «Mittheilungen über Goethe». Leipzig 1922
Raich	Dorothea von Schlegel geb. Mendelssohn und deren Söhne Johannes und Philipp Veit. Briefwechsel. Hrsg. von J.M. Raich. 2 Bde. Mainz 1881
Reichlin-Meldegg	Karl Alexander Freiherr von Reichlin-Meldegg: Heinrich Eberhard Gottlob Paulus und seine Zeit, nach dessen literarischem Nachlasse, bisher ungedrucktem Briefwechsel und mündlichen Mittheilungen dargestellt. 2 Bde. Stuttgart 1853
Reiter	Friedrich August Wolf. Ein Leben in Briefen. Die Sammlung besorgt und erläutert durch Siegfried Reiter. 3 Bde. Stuttgart 1935
Reutern	Gerhardt von Reutern. Ein Lebensbild, dargestellt von seinen Kindern und als Manuskript gedruckt zur hundertjährigen Gedächtnisfeier seines Geburtstages. St. Petersburg 1894
Ri	Friedrich Wilhelm Riemer: Mittheilungen über Goethe. Aus mündlichen und schriftlichen, gedruckten und ungedruckten Quellen. 2 Bde. Berlin 1841
Rieger	M. Rieger: Klinger in der Sturm- und Drangperiode. Darmstadt 1880
Roethe	Gustav Roethe: Goethes Campagne in Frankreich 1792. Berlin 1919
Rohmann	Briefe an Fritz von Stein. Hrsg. und eingeleitet von Ludwig Rohmann. Leipzig 1907
Roth	Friedrich Heinrich Jacobi's auserlesener Briefwechsel. Hrsg. von Friedrich Roth. 2 Bde. Leipzig 1825 und 1827
Ruppert	Goethes Bibliothek. Katalog. Bearb. Hans Ruppert. Weimar 1958
Schellberg/Fuchs	Das unsterbliche Leben. Unbekannte Briefe von Clemens Brentano. Hrsg. von Wilhelm Schellberg und Friedrich Fuchs. Jena 1939
Schleif	Walter Schleif: Goethes Diener. Berlin und Leipzig 1965
Schmid	Günther Schmid: Goethe und die Naturwissenschaften. Halle 1940
Schöll	Goethes Briefe an Frau von Stein. Hrsg. von Adolf Schöll. 3. Aufl. 2 Bde. Frankfurt a. M. 1899/1900
Schoof	Briefwechsel zwischen Jacob und Wilhelm Grimm aus der Jugendzeit. Hrsg. von Herman Grimm und Gustav Hinrichs. Zweite, vermehrte und verbesserte Auflage besorgt von Wilhelm Schoof. Weimar 1963

Schreckenbach	Goethes Autographensammlung. Katalog. Hrsg. von Hans-Joachim Schreckenbach. Weimar 1961
Schreiber	Ich war wohl klug, daß ich Dich fand. Heinrich Christian Boies Briefwechsel mit Luise Mejer. Hrsg. von Ilse Schreiber. München 1961
SchrGG	Schriften der Goethe-Gesellschaft. Weimar
Schuchardt	Goethes Kunstsammlungen. Beschrieben von Chr. Schuchardt. 3 Bde. Jena 1848/49
Schüddekopf	Carl Schüddekopf: Goethes Tod. Leipzig 1907
Schulte-Strathaus	Die Bildnisse Goethes. Hrsg. von Ernst Schulte-Strathaus. München 1910
Sichardt	Gisela Sichardt: Das Weimarer Liebhabertheater unter Goethes Leitung. Weimar 1957
Sintenis	Briefe von Goethe, Schiller, Wieland, Kant, Böttiger, Dyk und Falk an Karl Morgenstern. Dorpat 1875
Sor	Frédéric Soret: Conversations avec Goethe. Documents présentés par A. Robinet de Cléry. Paris 1932
StA	Staatsarchiv
Steig	Achim von Arnim und die ihm nahe standen. Hrsg. von Reinhold Steig und Herman Grimm. 3 Bde. 1. Bd: Achim von Arnim und Clemens Brentano. Stuttgart 1894 2. Bd: Achim von Arnim und Bettina Brentano. Stuttgart und Berlin 1913 3. Bd: Achim von Arnim und Jacob und Wilhelm Grimm. Stuttgart und Berlin 1904
SteinAufz	Goethe. Aufzeichnungen des Freiherrn Carl von Stein-Kochberg. Hrsg. von Hans Wahl. Leipzig 1924
StG	Wilhelm Bode: Stunden mit Goethe. 9 Bde. Berlin 1906–1913
Stoll	Adolf Stoll: Der Geschichtsschreiber Friedrich Wilken. Kassel 1896
Strodtmann	Briefe von und an Gottfried August Bürger. Hrsg. von A. Strodtmann. Berlin 1874
Sydow	Wilhelm und Caroline von Humboldt in ihren Briefen. Hrsg. von Anna von Sydow. 7 Bde. Berlin 1906–1916
Tewes	Aus Goethes Lebenskreise. J.P. Eckermanns Nachlaß. Hrsg. von Friedrich Tewes. 1. Bd. Berlin 1905
Tgb	Tagebuch
TieckBr	Briefe an Ludwig Tieck. Hrsg. von Karl von Holtei. 4 Bde. Breslau 1864
Titel/Haug	Jakob Michael Reinhold Lenz: Werke und Schriften. Hrsg. von Britta Titel und Hellmut Haug. 2 Bde. Stuttgart 1966/67
Trunz/Loos	Goethe und der Kreis von Münster. Zeitgenössische Briefe und Aufzeichnungen. In Zusammenarbeit mit

	Waltraud Loos hrsg. von Erich Trunz. 2. Aufl. Münster 1971
TuJ	Tag- und Jahres-Hefte
Übs	Übersetzung
Uhde	Erinnerungen der Malerin Louise Seidler. Hrsg. von Hermann Uhde. Neue Ausgabe. Berlin 1922
Uhde 1875	Hermann Uhde: Erinnerungen und Leben der Malerin Louise Seidler. 2. Aufl. Berlin 1875
Urlichs	Charlotte von Schiller und ihre Freunde. Hrsg. von Ludwig Urlichs. 3 Bde. Stuttgart 1860–65
Urzidil	Johannes Urzidil: Goethe in Böhmen. Zürich und Stuttgart 1962
VarnhagenNachl	Aus dem Nachl. Varnhagen's von Ense. Brfe. von Chamisso, Haugwitz, Humboldt usw.. 2. Bd. Leipzig 1867
Varnhagen/Rahel	Briefwechsel zwischen Varnhagen und Rahel (Aus dem Nachlaß Varnhagens von Ense) Bd 3 und 4. Leipzig 1875
VarnhagenTgb	Tagebücher von K.A. Varnhagen von Ense. 14 Bde. Leipzig, Zürich, Hamburg 1861–1870
VarnhagenVermSchr:	K.A. Varnhagen von Ense: Vermischte Schriften. 3. vermehrte Aufl. 2. und 3. Teil Leipzig 1875/76
Veil	Wolfgang H. Veil: Goethe als Patient. 2. Aufl. Jena 1946
Vogel	Carl Vogel: Goethe in amtlichen Verhältnissen. Jena 1834
Vollmer	Briefwechsel zwischen Schiller und Cotta. Hrsg. von W. Vollmer. Stuttgart 1876
Vordtriede	Achim und Bettina in ihren Briefen. Hrsg. von Werner Vordtriede. 2 Bde. Frankfurt a.M. 1961
WA	Goethes Werke. Hrsg. im Auftrage der Großherzogin Sophie von Sachsen. Abt. I–IV. 143 Bde. Weimar 1885–1919
Wachler	Franz Passow's Leben und Briefe. Eingeleitet von Ludwig Wachler. Hrsg. von Albrecht Wachler. Breslau 1839
Wagner1	Briefe an Johann Heinrich Merck von Göthe, Herder, Wieland und andern bedeutenden Zeitgenossen. Hrsg. von Karl Wagner. Darmstadt 1835
Wagner2	Briefe an und von Johann Heinrich Merck. Hrsg. von Karl Wagner. Darmstadt 1838
Wagner3	Briefe aus dem Freundeskreise von Goethe, Herder, Höpfner und Merck. Hrsg. von Karl Wagner. Leipzig 1847
Wahl	Briefwechsel des Herzogs-Großherzogs Carl August mit Goethe. Hrsg. von Hans Wahl. 3 Bde. Berlin 1915–18
Wahnes	Freundliches Begegnen. Goethe, Minchen Herzlieb

	und das Frommannsche Haus. Auf Grund von Fr. Frommann «Das Frommannsche Haus und seine Freunde» neu hrsg. von Günther H. Wahnes. Stuttgart und Jena 1927
Waitz	Eberhard Waitz: Goethe und Pauline Gotter. Mit Benutzung ungedruckter Briefe. Hannover 1919
WeimarsAlbum	Weimar's Album zur vierten Säkularfeier der Buchdruckerkunst am 24. Juni 1840. Weimar
WeimJb	Weimarisches Jahrbuch für deutsche Sprache, Litteratur und Kunst. Hrsg. von Hoffmann von Fallersleben und O. Schade. Bd III u. VI. Hannover 1855/57
Weitz	Marianne und Johann Jakob Willemer: Briefwechsel mit Goethe. Hrsg. von Hans-J. Weitz. Frankfurt a.M. 1965
Weldler-Steinberg	Theodor Körners Briefwechsel mit den Seinen. Hrsg. von A. Weldler-Steinberg. Leipzig 1910
Weniger	Erich Weniger: Goethe und die Generale der Freiheitskriege. Neue, erweiterte Aufl. Stuttgart 1959
Werner	Die Schwestern Bardua. Bilder aus dem Gesellschafts-, Kunst- und Geistesleben der Biedermeierzeit. Aus Wilhelmine Barduas Aufzeichnungen gestaltet von Johannes Werner. Leipzig 1929
Wieland	Christoph Martin Wieland, Werke. Hrsg. von F. Martini und H.W. Seiffert. Bd 3. München 1967
WielandBr	C.M. Wieland, Ausgewählte Briefe an verschiedene Freunde. 3 Bde. Zürich 1815
Witte	Ernst Witte: Falk und Goethe. Diss. Rostock 1912
Wolff	Adele Schopenhauer: Tagebücher. 2 Bde. Leipzig 1909
Zauper	J.St. Zauper: Studien über Goethe. 2 Bde. Wien 1840
Zellweker	Goethe in der Anekdote. Gesammelt und hrsg. von Edwin Zellweker (Wien 1934), vermehrte Aufl. Wien 1947
Zoeppritz	Aus F.H. Jacobi's Nachlaß. Hrsg. von Rudolf Zoeppritz. 2 Bde. Leipzig 1868

KOMMENTAR

1 Bgm 312f. – Antwort auf G.s Brief vom 25.10.1810, in welchem er Bettina den Entschluß, seine Autobiographie zu schreiben, mitteilt und sie um ihre Beihilfe bittet (WA IV 21, 408f.). Sie berichtet hier und im folgenden, was sie 1806 aus dem Munde seiner Mutter, der «Räthin», gehört und aufgezeichnet hat. G. hat den Bericht über seine Geburt teils für DuW (GA 10, 15), teils für die ‹Aristeia der Mutter› (ebd 858), deren Einschaltung in DuW er erwogen hatte, verwandt. – *blau gewürfelte Vorhänge:* der Stoff hierzu ist im Inventar des Vermögens von G.s 1730 verstorbenem Großvater Friedrich Georg G. nachweisbar, vgl.: Die Stadt Goethes, hrsg. von H. Voelcker, 1932, 364f. – *Fleischarden:* Fleischmulde. – *Deine Großmutter:* mütterlicherseits, Anna Margarethe Textor. – *Dein Großvater:* Johann Wolfgang Textor. Als Gevatter in der Taufurkunde genannt, vgl. GJb 30, Tafeln vor Titelseite. – *Accoucheur:* Geburtshelfer (so DuW). Der Sachverhalt wird durch J.Ch. Senckenbergs Tgb bestätigt: «da ward Schlicht Chirurgus accoucheur.» (Kriegk, Die Brüder Senckenberg, 1869, 319)

2 Bgm 315f. – *Tante:* «wohl Joh. Maria Melber» (Bgm 454).

3 Bgm 315f. (DjG 1,92) – 2. Abs. teils in der ‹Aristeia der Mutter› verwertet (GA 10,858f.), teils in DuW weiter ausgeführt (ebd 16f.). – *die Nachbarn:* Ochs v. Ochsenstein (nach DuW).

4 (1) Oehlke 500f. (DjG 1, 93f. und 6, 13f.) – In Bettinas Originalbrief vom 24./28.11.1810 (Bgm 327ff.) nicht enthalten. Die Berichte aus Bettinas Briefroman sind nicht als unmittelbare Zeugnisse, sondern als stark von Künstlerhand um- und ausgestaltete Produktionen zu werten. – *Großmutter:* die verwitwete Cornelia Goethe.

5 Oehlke 503f. – Nur der 1. Satz in Bettinas Originalbrief vom 12.11.1810 enthalten (Bgm 317); dieser auch in der ‹Aristeia der Mutter› (GA 10, 859). – *Geburtstag der Mutter:* 19. Februar.

6 (2)Oehlke 502f. (DjG 1,94) – Ebenfalls nicht in Bettinas Originalbrief enthalten. – *[...Erdbeben von Lissabon]:* 1.11.1755. Vgl. die ausführliche Darstellung in DuW (GA 10, 36f.)

7 (3) Oehlke 499 (DjG 1,92) – Nur ein geringer Teil in Bettinas Originalbrief vom 12.11.1810 enthalten (Bgm 316). – *Sternen... bei seiner Geburt:* vgl. den Anfang von DuW (GA 10,15).

8 (4) Bgm 316f. (DjG 1,92f.) – In der ‹Aristeia der Mutter› verwertet (GA 10,859). – *Tod seines... Bruders:* Hermann Jakob G. starb am 11.1.1759.

9 (4a) Bgm 328 (DjG 6,14) – Vgl. ‹Aristeia der Mutter› (GA 10,859).

10 Oehlke 522f. – Als Keim enthalten in Bettinas Originalbrief vom 14.11.1810 (Bgm 324); dieser auch in der ‹Aristeia der Mutter› verwertet (GA 10,861). – *Hausbau:* vgl. die Schilderung in DuW (ebd 20ff.). – *Einquartierung eines französischen Kommandanten:* des Grafen Thoranc, vgl. das 3. Buch von DuW (ebd 94ff.).

11 Pf-B 676 (DjG 6,14) – *Wilhelm:* Bd 1 von ‹Wilhelm Meisters Lehrjahren› (Berlin 1795). – *Preparatoien:* wohl Präparatorien = Vorbereitungen, Zurüstungen. – *Puppenspiel:* vgl. die zweimalige Erwähnung in DuW (GA 10,20 und 57f.) und die Aufnahme des Motivs in die

‹Theatralische Sendung› und dann in die ‹Lehrjahre› (GA 7,12ff.). Eine Kindergesellschaft mit Puppentheater ist nach dem Haushaltungsbuch von G.s Vater für den 30.6.1754 bezeugt (DjG 6,14); es muß sich bei der Erwähnung der Frau Rat aber um spätere Ereignisse handeln, jedenfalls nach Beginn des Siebenjährigen Krieges 1756. – *ältesten Moors:* Friedrich Maximilian M.

12 (5) Bö 1,59 (DjG 1,94) – Böttiger notiert als Datum dieser mündlichen Mitteilung von Gerning den 26.11.1798 (Bö 1,58). – *Hüsgen:* als Muttersöhnchen in DuW erwähnt (GA 10,178f.).

13 AllgZ, Beilage Nr. 81, 9.4.1902,61 (DjG 6,15) – Vgl. G.s Briefe an L.Ysenburg v.Buri vom 23.5. und 2.6.1764 (DjG[3] 1,65ff.), in denen er sich (ohne Erfolg) um Aufnahme in die 1759 gegründete und seit 1762 von Buri geleitete ‹Arkadische Gesellschaft zu Phylandria› bemüht (dazu HA Br 1,519 und GJb 24,248).

14 (6) wie 13 S.61f. (DjG 1,94f.) – *meine Oprette:* ob damit A.s erstes Singspiel ‹Der Töpfer›, das erst 1773 veröffentlicht und aufgeführt wurde, gemeint ist, muß zweifelhaft bleiben. – *Manskopf:* Vetter von Lili Schönemann, G.s späterer Verlobten.

15 wie 13 S.62 (DjG 6,15)

16 Bgm 328ff. – *Wirtshaus zur Rose:* nach Appell 1053 eine Schuhmacherherberge. – *Gretchen:* Bettinas Bericht wird gestützt durch Appell (1053f.) und Maria Belli-Gontard, Leben in Frankfurt am Main, Bd 3, 1850, 106: «die erste Flamme des Knaben war Gretchen, Tochter des Wirthes zur Rose in Offenbach, Kellnerin im Bierhause zum Puppenschänkelchen...» Eine Identität mit dem in DuW (GA 10, 185ff.) erwähnten Frankfurter Gretchen scheint E. Trunz auszuschließen (HA 9,672). Dagegen Bgm 457: «Danach wäre Goethes erste Liebe...eine Offenbacher Gastwirtstochter gewesen; daß Bettina diese Lesart, trotz der abweichenden Darstellung in ‹D.u.W.›, die über Gretchens Stand und Herkunft absichtlich einen Schleier wirft, auch im ‹Br.m.e.K.› beibehält, spricht für sie.»

17 (126) R.M. Werner, Der Berliner Werther, Salzburg 1878, 5 (DjG 1,286) – *Leipzig:* in der Leipziger Universitäts-Matrikel vom Winter-Semester 1765/66 ist G. unter dem 19.10.1765 eingetragen (DjG 6,52).

18 (7) Pallmann 20ff. (DjG 1,286ff.) – Horn, der am 8.9.1765 in Frankfurt eine gereimte Abschieds-Rede auf den scheidenden G. gehalten (Pallmann 96f.) und eine Abschieds-Ode gedichtet hatte (ebd 131ff.), war Ostern 1766 nach Leipzig gekommen. – *seiner gnädigen Fräulein:* über den Umgang G.s mit einer adligen Dame ist sonst nichts bekannt. – *portemains:* Verballhornung von portement (heute comportement): Geste (Hinweis K.Kloocke) – *König von Holland:* vgl. G. an seine Schwester Cornelia 12.10.1765: «Was würde der König von Holland sagen, wenn er mich in dieser Positur sehen sollte? Rief Herr von Bramarbas aus.» (DjG[3] 1,81) Ein damals offenbar beliebtes (leicht abgewandeltes) Zitat aus dem Holbergschen Lustspiel ‹Bramarbas oder der großsprecherische Offizier›, übersetzt in Gottscheds ‹Deutscher Schaubühne›, Bd 3, 1741 (GJb 7, 125).

19 (8) Pallmann 25ff. (DjG 1,288ff.) – *Mädchen … unter seinem Stand:* Käthchen Schönkopf, Tochter des Gastwirts Christian Gottlob Sch., in DuW Annette oder Ännchen genannt (GA 10,307 und 312).

20 a.a.O. 29 – Der Livländer Bergmann ist im Herbst 1767 nach Leipzig gekommen; so muß dies als terminus a quo der hier und in den beiden folgenden Stücken in verschiedenen Versionen dargestellten Begebenheit angesetzt werden. – *Fuchs:* Student in den ersten Semestern.

21 (9) a.a.O. 1,223 (DjG 1,290) – *Hier stinkt's nach Füchsen:* ein damals in Leipzig offenbar geläufiger Studentenausdruck, vgl. GJb 16,197 sowie die ausführliche Anmerkung bei E.v.Bergmann (siehe Nr. 22).

22 a.a.O. 160f. (DjG 1,290) – Ernst v.B. ist der Enkel Gustavs v.B. Er bezieht sich auf Biedermanns voranstehenden Bericht, welcher der Familientradition entspreche. – *Liebhabertheater:* es kann sich wohl nur um die «mancherlei Unterhaltung» handeln, von der in DuW (GA 10,312) die Rede ist.

23 (10) a.a.O. 2,49f. (DjG 1,290f.) – *in seinem Leben:* im 8. Buch von DuW (GA 10,359). – *die älteste … die jüngere:* es ist umgekehrt: Marie, die jüngere, heiratete Christian Gottfried Körner, den Freund Schillers, während Doris, die ältere, unvermählt blieb. – *[Marie Körner:]* diese ist in der Tat, trotz der irrtümlichen Angabe «der älteren», gemeint. – *in dem … Breitkopfschen Hause zum Silbernen Bären:* das Haus von Johann Immanuel B., vgl. DuW (ebd 357). – *über ihren Platten schwitzten:* auch darüber berichtet G. in DuW (ebd 358f.).

24 (11) Kletke 102ff. (DjG 1,291ff.) – *Studentenszenen des Faust:* die Szene ist in ‹Faust I› «Auerbachs Keller in Leipzig» überschrieben (GA 5,205ff.). – *Strubbelpeter:* mundartlicher Ausdruck, der später durch das bekannte Kinderbuch des Frankfurter Arztes und Dichters Heinrich Hoffmann ‹Der Struwwelpeter› (1847) Allgemeingut wurde. – *Prüfet alles:* 1. Thess. 5,21. – *Bergpredigt:* Matth. 5ff.

25 (12) a.a.O. 2,50. – *Tochter von Breitkopf:* Theodora Sophie Constanze B. Von einem «Liebeshandel» ist in DuW keine Rede. – *jüngeren Schwester:* vielmehr älteren (vgl. Anm. zu 23). – *Alexis und Dora:* die Elegie (GA 1,182ff.) ist 1796, im gleichen Jahre wie ‹Hermann und Dorothea›, entstanden. Mit Bezug auf letzteres Epos schreibt G. am 8.12.1796 an Ch.G.Körner: «Dorchen [K.s Schwägerin Dora Stock] wird sehen, daß, ich weiß nicht durch welchen Zauber, meine neue Heldin schon wieder Dorothea heißt.» (WA IV 11,285) Aus der Namengleichheit dürfte kaum zu schließen sein, daß die Elegie «an sie gerichtet gewesen» sei.

26 a.a.O. 105 – Heinrich Wolfgang B. ist der Bruder von G.s Leipziger Universitätsfreund Ernst Wolfgang B., über den in DuW (GA 10,326ff.) ausführlich berichtet wird. Als G. im März 1768 in Dresden war, besuchte er auch die Familie B. – *Davenantische Gabe:* mit Bezug auf den englischen Dichter Sir William Davenant (1606–68), von dem B. vorher gesprochen hatte.

27 DjG 6,53 – *Böhmischen … Vorlesungen:* Johann Gottlob Böhme wird im 6. und 7. Buch von DuW (GA 10,271f.,280 und 317) erwähnt. – *Clodiusschen … [Phrasen]:* vgl. die Charakteristik von Clodius, der sich in nachahmender Dichtung erging, in DuW (ebd 332f.). – *Päan auf Hendeln:* das parodistische Preisgedicht auf den Kuchenbäcker Händel ist in DuW wiedergegeben (ebd 333).

28 Festschrift 1899,54 (DjG 6,53) – *in costi:* dort, am Platze (Kaufmannssprache); d. h. in Frankfurt, wo sich G. zur Zeit der Abfassung des Briefes aufhielt. – *die Leiden des jungen Werthers:* erschienen Leipzig 1774. – *konfiszieret:* auf Betreiben der Theologischen Fakultät in Leipzig.

29 SchrGG 16,5 (DjG 6,53) – *Diethelm:* jüngerer Bruder von L., «war Ostern 1765 als stud. med. nach Leipzig gekommen» (SchrGG 16,384). – *Ludwig:* G. berichtet über den Besuch des Mittagstisches bei L. in DuW (GA 10,283).

30 Bibliothek der redenden und bildenden Künste, Bd 3, 1807, 405 – G. Witkowski, Die Leipziger Goethe-Aufführungen im Jahre 1807 (JbGG 4, 130ff.), merkt zu dieser Stelle an: «Engel war, gleich Goethe, im Jahre 1765 nach Leipzig gekommen; aber dieser nennt den später so angesehenen Mann nicht unter seinen Leipziger Bekannten. Ebensowenig erwähnt er etwas davon, daß Corona bei den Liebhaberaufführungen im Breitkopfschen und Schönkopfschen Hause mitgewirkt habe. Durch Dyks Worte, die vollen Glauben verdienen, wird Reichardts Angabe über eine nähere Beziehung des Dichters zu Corona vor der Weimarer Zeit bestätigt.» (ebd 135f.). Die Stelle aus Reichardts Autobiographie BuG 1,107. – *Liebhaber-Gesellschaft:* von einer förmlichen, organisierten «Gesellschaft» kann nicht die Rede sein (vgl. Anm. zu 22).

31 wie 30 Bd 8, 1811,268 (DjG 1,286) – Dyk kann mit großer Wahrscheinlichkeit als Verfasser dieses Beitrags angesehen werden (Hinweis von O. Fambach): er ist in Leipzig geboren und hat dort gleichzeitig mit G. studiert. – *Ernesti:* G. erwähnt in DuW eine «Vorlesung Ernestis über Ciceros Orator» (GA 10,283). – *Oeser:* über ihn und seinen Zeichenunterricht berichtet G. ausführlich zu Beginn des 8. Buches von DuW (ebd 340ff.).

32 Pf-B 338f. (DjG 1,436) – G.s Schwester Cornelia hat vom 16.10.1768 bis 16.6.1769 ein Tgb in französischer Sprache für ihre Freundin Anna Katharina Fabricius in Worms geführt. – *votre Sœur:* Maria Barbara Fabricius. – *Mademoiselle Baumann:* Tochter des Stadtschultheißen Philipp B. in Worms.

33 Pf-B 342 (DjG 1,436) – *mon oncle:* nach Pf-B 905 vermutlich Dr. jur. Johann Jost Textor. – *nous ne sommes pas bien:* G. war nach dem «heftigen Blutsturz», von dem er in DuW spricht (GA 10,363), «gleichsam als ein Schiffbrüchiger» von Leipzig nach Hause zurückgekehrt (ebd 370).

34 a.a.O. 267f. – *Senckenbergische Stiftung:* G. gedenkt der Familie Senckenberg und insbesondere des Arztes Johann Christian S. und seiner berühmten Stiftung im 2. Buche von DuW (GA 10,88ff.).

35 (13) Pf-B 344f. (DjG 1,436f.) – *deux jeunes seigneurs:* Johann Georg und Heinrich Wilhelm v.Olderogge gehörten, als Livländer, zweifellos zu der «angenehmen Tischgesellschaft», die G. nach DuW in Leipzig kennengelernt hatte (GA 10,296).

36 (14) Pf-B 345ff. (DjG 1,437f.) – *un de mes cousins:* Persönlichkeit bisher offenbar nicht ermittelt. Ob es sich um einen Vetter im eigentlichen Sinne, um einen entfernteren Verwandten oder gar nur um einen Freund, wie Pfeiffer-Belli zu vermuten scheint (Pf-B 906), handelt, muß dahingestellt bleiben.

37 Pf-B 350 (DjG 1,438) – *ses aimables seigneurs:* die Brüder Olderogge (vgl. Anm. zu 35).

38 Pf-B 352 (DjG 1,438f.)

39 Pf-B 354 (DjG 1,439) – *nouvelle comédie:* Die Mitschuldigen.

40 Pf-B 354 (DjG 1,439)

41 Pf-B 357 (DjG 1,439) – *une violente attaque de colique:* in DuW heißt es: «eine gestörte und man dürfte wohl sagen für gewisse Momente vernichtete Verdauung brachte solche Symptome hervor, daß ich unter großen Beängstigungen das Leben zu verlieren glaubte...» (GA 10,376)

42 Pf-B 358 (DjG 1,439)

43 (15) Pf-B 366f. (DjG 1,439f.) – *Mademoiselle Meixner:* Charitas M., wie Katharina Fabricius in Worms lebend. – *Moritz:* der dänische Legationsrat Johann Friedrich M. – *Müller:* «Es handelt sich wohl um den Musiker Johann Caspar Möller aus Lauterbach in Hessen, einen Freund Bernhard Crespels.» (Pf-B 907)

44 Pf-B 335 (DjG 1,440)

45 Pf-B 371 (DjG 1,440) – *votre sœur:* vgl. Anm. zu 32.

46 (16) Pallmann 46 (DjG 1,440) – Horn «war am 2. April nach Frankfurt zurückgekehrt» (DjG^3 1,492). Wie Horn über G., so schreibt G. über Horn an Käthchen Schönkopf am 1.6.1769 (ebd 276f.). – *stipide:* der Ausdruck, der viermal in dem Briefe vorkommt, kann nicht als Verschreibung für «stupide» angesehen werden; die Bedeutung möchte man eher mit «stolz, hochnäsig» ansetzen.

47 Hertz 62 – Der Brief ist an G.s Jugendfreund Johann Bernhard C. gerichtet. – *Deinen Schwestern:* Maria Catharina und Franciska Jacobea C.

48 GJb 32,188 (DjG 6,129) – G. berichtet im 15. Buch von DuW von seiner «Annäherung an die Brüdergemeine» und erwähnt auch des «Synodus zu Marienborn, wohin mich Legationsrat Moritz, Geschäftsträger der Grafen von Isenburg, mitnahm» (GA 10,692f.). «Daß ich den nachherigen Bischof Spangenberg dort gesehn, erinnere ich mich noch recht gut», schreibt er am 15.1.1813 an F. Schlosser (WA IV 23,249).

49 GJb 32,188 (DjG 6,129)

50 Pallmann 60 (DjG 1,440)

51 Pallmann 64 (DjG 1,440)

52 Pallmann 70 (DjG 2,98) – Nach einer Äußerung G.s im Brief an J.Ch.Limprecht vom 19.4.1770 muß er am 4. April in Straßburg angekommen sein (DjG^3 2,4). Horns Brief wäre demnach auf den 12. April zu datieren.

53 (17) Jung-Stilling 3,136ff. (DjG 2,98) – *ins Kosthaus zu Tische:* G. berichtet im 9. Buch von DuW von der Straßburger Tischgesellschaft (GA 10,394) und erwähnt auch des Eintritts von Jung-Stilling in diesen Kreis (ebd 406ff.). – *zwanzig Personen:* von anfangs zehn war der Kreis auch nach G.s Darstellung inzwischen auf zwanzig Personen angewachsen (ebd 406). – *[Meyer von Lindau]:* Johannes M., von G., da ihm «am gegenwärtigsten», als erster aus der Gesellschaft genannt und charakterisiert (ebd 394f.). – *Melzer:* d.i. Friedrich Leopold Weyland, erst im 10. Buch von DuW als «Freund und Tischgenosse» erwähnt (ebd 455). – *Lerse:* über ihn sagt G.: «als ich den Götz von Berlichingen schrieb, fühlte ich mich veranlaßt, unserer Freundschaft ein Denkmal zu setzen und der wackern Figur, die sich auf so eine würdige Art zu subordinieren weiß, den Namen Franz Lerse zu geben.» (ebd 410) – *Salzmann:* von G. als «unser Präsident» bezeichnet (ebd 395), jedoch nicht, wie G. behauptet, «schon in den Sechzigen», sondern erst 48 Jahre alt. – *seine Augen herüberwälzte:* «wälzen» hier in der ursprünglichen Bedeutung «drehen».

54 (18) Jung-Stilling 3, 140f. (DjG 2,99) – *[Meyer von Lindau]:* das hier Berichtete paßt zu G.s Charakteristik, der von M.s «Mutwillen» und seinem «Nachäffen der Professoren» spricht (GA 10,394).

55 (19) a.a.O. 120 (DjG 2,100) – Über G.s Beziehung zu Sesenheim (eigentlich Sessenheim) und Friederike Brion, im 10. und 11. Buch von DuW ausführlich dargestellt, gibt es nur wenige Zeugnisse. Der erste Besuch im Pfarrhaus mit Weyland fand Anfang Oktober 1770 statt. – *des «Welschkornbastens»:* «Aufhängen und Trocknen des Mais.» (DjG 6,176).

56 JbGG 5,252ff. – Der Bericht ähnlich bei Heuermann 160f. Dort Wiedergabe nach Abekens Reise-Tgb und Angabe des Datums des Besuchs in Kreuznach: 25.7.1825. Danach DjG 6,176f. – *Goethes Leben:* die ersten 3 Teile von DuW waren 1811/14 erschienen. – *nach seinem Abschied:* G. berichtet ausführlich über die schmerzhafte Trennung von Friederike gegen Ende des 11. Buches von DuW (GA 10,545ff.). – *Gestorben ... vor 12 Jahren:* Friederike ist 1813 zu Meißenheim in Baden gestorben, wo noch heute ihr Grab zu sehen ist.

57 (20) Wagner 1,44 (DjG 2,100f.) – Über die Begegnung mit Herder heißt es im 10. Buch von DuW: «das bedeutendste Ereignis, was die wichtigsten Folgen für mich haben sollte, war die Bekanntschaft und die daran sich knüpfende nähere Verbindung mit Herder.» (GA 10,441) – *Homer:* vgl. G. an J.D.Salzmann 12.6.1771 (?): «ich habe in der Zeit daß ich hier binn meine griechische Weisheit so vermehrt, daß ich fast den Homer ohne Übersetzung lese.» (DjG^3 2,21)

58 (22) SchrGG 41,68 (DjG 2,100) – *Gefangenschaft:* Herder mußte sich in Straßburg einer Augenoperation unterziehen. G. berichtet in DuW ausführlich darüber und über seine Besuche bei dem Patienten (GA 10,442ff.). – *schöne Produktion:* die ‹Geschichte Gottfriedens von Berlichingen›, die G. mit Brief von Anfang 1772 an Herder geschickt hatte (DjG^3 2,70f.).

59 Wagner 1,39f. – Diese Briefstelle Herders kann als Zeugnis für den «abstoßenden Puls seines Wesens» und den «Widerspruchsgeist» gelten, wovon G. in DuW spricht (GA 10,442). – *M.:* Merck? – *Elihu:* vgl. Hiob 32ff.

60 (21) Jung-Stilling 3,149f. (DjG 2,101) – *Ossian, Shakespeare ...:* vor allem das Shakespeare-Erlebnis hat in DuW seinen Niederschlag gefunden (GA 10,539ff.). – *Diesen Winter ...:* Herder war am 5.9.1770 in Straßburg eingetroffen. Die starke Ausstrahlungskraft seiner Persönlichkeit hat somit, wie G., auch Jung-Stilling erfahren.

61 (23) Jung-Stilling 3,154f. (DjG 2,101) – *Braut:* Christine Heyde. – *Preusch:* die Breusch, französisch Bruche, mündet 2 km oberhalb von Straßburg in die Ill. – *letzten sich:* nahmen Abschied voneinander.

62 (24) Jung-Stilling 3,173 (DjG 2,102) – *Lenz:* war im Frühjahr 1771 nach Straßburg gekommen. G. charakterisiert den «so talentvollen als seltsamen Menschen» kurz im 11. Buch von DuW (GA 10,542f.), ausführlicher zu Beginn des 14. Buches (ebd 654ff.).

63 A. Stöber, Der Dichter Lenz und Friedericke von Sesenheim, 1842,46 (DjG 2,102) – *wie ein welscher Hahn:* Anspielung auf den gespreizten Gang des Truthahns.

64 (27) GJb 2,427f. (DjG 2,102) – Der Briefempfänger ist nach DjG 6,179 F.D.Ring, der gleiche wie in Nr. 66 und 67. – *[Frankfurter Gelehrte Anzeigen]:* G. ist an dem berühmten Jahrgang 1772 dieser literaturkritischen Zeitschrift mit einer Reihe von Beiträgen beteiligt. Er erwähnt seine Mitarbeit im 12. Buch von DuW (GA 10,601ff.).

65 (27a) Alsatia, hrsg. von A.Stöber, Mülhausen, 1853,79f. – Zu Meyer von Lindau vgl. Anm. zu 53. – *O Corydon!...:* welcher Wahnsinn hat dich ergriffen! (Vergil, Ecl. 2,69)

66 (27b) GJb 2,427 (DjG 2,103) – Das Aktenmaterial, G.s Promotion zum Lizentiaten der Rechte betreffend, findet man bei H.Holstein, Goethes Einzeichnungen in die Straßburger Matrikel (GJb 25,242), wiederholt DjG 2,99f. und 6,179. Vgl. ferner: Goethes Straßburger Promotion, hrsg. von Elisabeth Genton, Basel 1971. – *Inaugural-Dissertation:* G. spricht in DuW von einer Abhandlung, die er der Juristischen Fakultät vorgelegt hat, deren Veröffentlichung aber von dieser als bedenklich, ja gefährlich abgelehnt worden ist (GA 10,519f.). Das Manuskript scheint verloren gegangen zu sein. Der Titel ‹De legislatoribus› (Von den Gesetzgebern) ist nur durch die vorliegende Briefstelle bezeugt (vgl. die abweichende Angabe in Nr. 69). – *ex capite...:* aus religiösen und Klugheitsgründen.

67 (27c) GJb 2,427 (DjG 2,103f.) – *Reißeißen...Decanus Facultatis:* «Stoeber irrt, Reißeißen wurde erst für das Wintersemester 1771/72 zum Dekan gewählt.» (Genton a.a.O. 64 Anm. 1) G. schildert den Dekan, dessen Namen er nicht nennt, als «lebhaften gescheiten Mann» (GA 10,591).

68 (26/25) Bö 1,60f. (DjG 2,104) – Böttiger hat Lerse bei dessen Besuch in Weimar kennengelernt. Er notiert zu Beginn der Aufzeichnung: «Lerse im Club den 30. Nov. 1798.» – *eine, die noch viel ketzerischer war:* es handelt sich um die 56 Thesen, die G. am 6.8.1771 zu verteidigen hatte und die unter dem Titel ‹Positiones juris› gedruckt sind (GA 4,931ff.). – *Respondent:* G. spricht von der «Disputation», die, «unter Opposition meiner Tischgenossen, mit großer Lustigkeit, ja Leichtfertigkeit vorüber» ging (GA 10,520). – *Hektor:* Anspielung auf den Zweikampf zwischen H. und Patroklos im 16.Gesang der ‹Ilias›. – *Münster:* G. erwähnt Besteigungen des Straßburger Münsters im 9. und 10. Buch von DuW (ebd 392f., 411 und 455). – *Erwin:* gemeint ist der dem Erbauer des Münsters, Erwin von

Steinbach, gewidmete Aufsatz ‹Von deutscher Baukunst› (GA 13,16ff.), der im November 1772 (mit der Jahreszahl 1773) erschienen ist. Auch in DuW erwähnt (GA 10,424 und 556f.). Von den ‹Positiones juris› abgesehen, ist dies in der Tat «die erste Schrift, die Goethe drucken ließ». – *Götz von Berlichingen:* G. hatte die ‹Geschichte Gottfriedens von Berlichingen› außer an Herder (vgl. Anm. zu 58) auch an Salzmann geschickt (Ankündigung im Brief an diesen vom 28.11.1771, DjG³ 2,69; Bestätigung der Rücksendung am 3.2.1772, ebd 72). Vielleicht meint Lerse *diese* Abschrift. – *schrieb... an Lerse:* die Briefe sind nicht erhalten.

69 GJb 23,218f. (DjG 2,103) – Am Tage nach G.s Disputation geschrieben. Der Berichterstatter ist nach Genton (siehe Anm. zu 66, a.a.O. 15) nicht Professor, sondern der Student Johann Ulrich Metzger aus Colmar. – *Gottingue:* G. hat nicht in Göttingen studiert, wiewohl er dies nach seinem eigenen Zeugnis in DuW (GA 10,266f.) gewünscht hatte. – *Jesus autor...:* Jesus, Begründer und Richter der heiligen Dinge. – *jus naturae...:* die 1. These der ‹Positiones juris› lautet: «Jus naturae est, quod natura omnia animalia docuit.» (Naturrecht ist das, was die Natur alle Lebewesen gelehrt hat.) (GA 4,931)

70 Geiger 107 (DjG 6,178f.) – *Ramond [de Carbonnières]:* zwei weitere Zeugnisse für diese Bekanntschaft, die bei G. nirgends erwähnt wird, hier Nr. 73 und BuG 1,183f.

71 GJb 28,30

72 GJb 5, 356 (DjG 2,102) – *Loos:* Justizrat. Die Äußerung fällt im Zusammenhang mit einem Gespräch über G. nach dessen Rückkehr aus Italien (vgl. Nr. 896). – *Prinzen von Holstein:* Herder war als Reisebegleiter des 16-jährigen Friedrich-August von Holstein-Gottorp und dessen Hofmeister nach Straßburg gekommen.

73 a.a.O. 4f. (JbGG NF 2,213) – *Landschaftsstück:* vgl. Bö 1,51: «Salzmann in Straßburg zeigte Storchen einige Skizzen von Goethe's Hand.» Zwei Zeichnungen aus der Straßburger Zeit in Corpus 1 Nr. 83 und 84.

74 Pf-B 488f. (DjG 6,233) – *Götz:* G. berichtet ausführlich über die Entstehungsgeschichte im 13. Buch von DuW (GA 10, 623ff.). Die Beschäftigung mit dem ‹Götz› fällt in den Spätsommer, die Niederschrift in den Herbst 1771 (DjG³ 2,331f.). – *juristischen Buch:* Pütters ‹Grundriß der Staatsveränderungen des teutschen Reichs›, 3.Aufl. 1764 (ebd 332). – *Götzens Lebensbeschreibung:* die sog. Vita mit dem Titel: Lebensbeschreibung des Herrn Gözens von Berlichingen, zugenannt mit der Eisernen Hand, erläutert... von Veronus Franck von Steigerwald, Nürnberg 1731.

75 (28) Norman 1,22 – Etwas verändert ist der Bericht, den Robinson im ‹Monthly Repository› vom Mai 1832 veröffentlicht hat (Norman 1,22 Anm., ferner BuG 1,191). Abweichend gegenüber dem voranstehenden Brief der Frau Rat Goethe ist die Tatsache, daß G. auf die Vita des Götz in der Frankfurter «public library» (im andern Bericht «town library») gestoßen sein soll.

76 Pf-B 418. – Philipp Seidel war Diener in G.s Elternhaus in Frankfurt und folgte dann seinem jungen Herrn nach Weimar (vgl. W.Schleif, Goethes Diener, 1965,25). – *den Götz... abschriebet:* es handelt sich hier um die

2. Fassung des ‹Götz von Berlichingen›, die G. auch in DuW erwähnt (GA 10,625) und die um die Jahreswende 1772/73 entstanden und Mitte Juni 1773 im Druck erschienen ist (DjG³ 3,457). Der Vorgang ist demzufolge auf Anfang 1773 zu datieren. Die Seidelsche Abschrift ist übrigens nicht erhalten (ebd). – *nichts... zu danken:* vgl. die Szene «Lager» im 3.Akt des ‹Götz› (GA 4,704).

77 (29a) SchrGG 39,418 (DjG 2,284) – *[Merck]:* G. berichtet Anfang 1772 an Herder: «Vor einiger Zeit bracht ich auch einen reichen Abend mit Mercken zu...» (DjG³ 2,71) – *Katechismus fürs Landvolk:* Katechismus der Sittenlehre für das Landvolk, 1771. – *[Johann Georg Schlosser]:* nach der Darstellung in DuW wurde G. durch ihn und seinen Bruder Hieronymus Peter mit Merck bekannt (GA 10,553).

78 GJb 32,188 – Vgl. G.s Besuch der Brüdergemeine Marienborn am 21.9.1769 (Nr. 48f.).

79 (29) GJb 17,240 (DjG 2,284; auch in: JbFDH 1963,38) – Über seine Besuche in Darmstadt berichtet G. in DuW (GA 10,555f.).

80 (30) SchrGG 41,48f. (DjG 2,284f.) – Im ‹Darmstädtischen Frag- und Anzeigungs Blättgen› vom 9.3.1772 sind Schlosser und G. unter dem 3.März als «Ab- und durchgereiste Passagiers» aufgeführt (DjG 6,234). – *Trisept-Spiel:* «ein Kartenspiel unter drei Personen» (ebd). – *meine Schwester:* Friederike v.Hesse. – *Ballade:* die bekannte Ballade ‹Edward› im 2.Teil von Herders ‹Volksliedern›.

81 Archiv 14,157 (DjG 6,234) – Bezieht sich nach SchrGG 41,421 auf Leuchsenrings Begegnung mit G. und Schlosser in Frankfurt am 16.2.1772.

82 (31) SchrGG 41,91ff. (DjG 2,285f.) – *Shakespeare:* das Lied aus ‹As you like it› II 5 mit dem Titel ‹Waldgesang› in Herders ‹Volksliedern› (SchrGG 41,425). – *«Gottfried von Berlichingen»:* die Urfassung des ‹Götz›, die G. in der Tat Anfang 1772 an Herder geschickt hatte (vgl. Anm. zu 58). – *der kleine Georg:* in der 2.Szene des 1.Akts (GA 4,524). – *von einer Hütte:* das Gedicht ‹Der Wandrer› (GA 1,378ff.). – *Lila:* Louise v.Ziegler, Hofdame der Landgräfin von Hessen-Homburg. – *etwas aus seinem Herzen:* nach SchrGG 41,425 vielleicht die Elegie ‹Ein zärtlich jugendlicher Kummer...› (GA 2,73). – *das Mädchen:* Käthchen Schönkopf in Leipzig. – *Koxkox:* in Wielands mexikanischer Geschichte von ‹Koxkox und Kikequetzal› in den ‹Beyträgen zur geheimen Geschichte der Menschheit›. – *La Roche:* Sophie v.La Roche. – *meinen Bruder:* Sigmund Flachsland. – *Rezensionen:* für die ‹Frankfurter Gelehrten Anzeigen›.

83 (37b) Wagner 3,21ff. (DjG 2,287) – *voyage de fou:* Anfang März Wanderung von Darmstadt aus über Frankfurt nach Homburg (Kraft 662). – *sa fille aînée:* Maximiliane. – *Monseigneur le Landgrave et Madame:* Landgraf Friedrich V. von Hessen-Homburg und seine Frau Caroline. – *le bois:* «der Lusthain oder sogenannte ‹Große Tannenwald› in Homburg» (ebd). – *Jaup:* nachmals Professor in Gießen. – *Mademoiselle Ziegler:* Louise v.Z., «Lila» (vgl. Anm. zu 82). – *Mademoiselle de Roussillon:* Henriette Helene v.R., «Urania», Hofdame der Herzogin von Pfalz-Zweibrücken.

84 (31a) SchrGG 41,99ff. (DjG 2,287f.) – *aufgebracht wie ein Löwe:* nach Carolines Darstellung muß Sophie v.La Roche durch ihr Auftreten bei G. ebenso wenig Sympathie erregt haben wie beim Darmstädter Freundeskreis.

85 SchrGG 41,105ff. (DjG 2,288) – *Le Fever:* in Sternes ‹Tristram Shandy› Bd 4 Kap.49. – *«Yoricks empfindsame Reisen»:* Sternes ‹Sentimental Journey›. – *Wetzlar:* G. hat sich am 25.5.1772 in die Matrikel des Reichskammergerichts in W. eingetragen.

86 SchrGG 41,111f. (DjG 2,288) – Antwort auf Nr. 85.

87 SchrGG 41,116 (DjG 2,288) – *Berlichingen:* vgl. Anm. zu 58.

88 SchrGG 41,119ff. (DjG 2,316f.) – *Elysium:* mit der Widmung «An Uranien», entstanden Mai 1772 (GA 2,214f.). – *Morgenlied:* ‹Pilgers Morgenlied›, mit der Widmung «An Lila», entstanden zur gleichen Zeit (ebd 216f.). Die beiden Gedichte «beziehen sich trotz Carolinens Angabe auf Darmstadt» (SchrGG 41,429). – *drei Stücke:* außer den beiden genannten Gedichten der ‹Felsweihe-Gesang an Psyche› (d.i. Caroline Flachsland), aus der gleichen Zeit stammend (GA 2,212f.). Über diesen äußert sich Herder in seinem Antwortbrief vom 6.6.1772 abfällig (SchrGG 41,132).

89 (122) Bö 1,48f. (DjG 2,288f.) – Grumach (BuG 1,197) vermutet: «Nach Caroline Herder?»

90 Wagner 2,100 (DjG 2,289) – Die Adressatin ist Louise v.Ziegler (nach Kraft 156).

91 (32) Berend 106ff. (DjG 2,314ff.) – Dieses und das folgende Stück sind Konzepte zu dem Brief Kestners an Hennings vom 18.11.1772 (vgl. Nr. 130), «beide wohl erst nach Goethes Abgang von Wetzlar verfaßt, da das Erlebnis bereits als abgeschlossen erscheint» (Berend 164). Der Adressat August v.Hennings ist ein «Studienfreund Kestners, seit Herbst 1772 Legationssekretär in Berlin» (ebd 159). Die Wetzlarer Episode im 12.Buch von DuW (GA 10,573ff.), dort auch Charakteristik des Brautpaars Kestner und Lotte (ebd 592ff.). Auf den Zusammenhang dieses und der folgenden Lebenszeugnisse mit dem ‹Werther›, und zwar dessen erster Fassung (GA 4,268ff.), wird im folgenden gelegentlich hingewiesen. – *Hantierung:* Beschäftigung, Beruf. – *Homer:* über den erneuten Umgang mit H. spricht G. auch in DuW (GA 10,588f.). – *Frankfurter Gelehrten Zeitung:* vgl. Anm. zu 64. – *Gotter:* der gothaische Legationssekretär und Dichter, in DuW charakterisiert (ebd 584). – *Garbenheim:* im ‹Werther› «Wahlheim» genannt (GA 4,276). – *v.Goué:* braunschweigischer Legationssekretär, nach DuW «ein schwer zu entziffernder und zu beschreibender Mann» (GA 10,582). – *v.Kielmannsegg:* Praktikant am Reichskammergericht, «der ernsteste von allen» (ebd). – *Dr.König:* ebenfalls Praktikant.

92 Berend 108ff. (DjG 2,314 und 318f.) – *Ball auf dem Lande:* auch Werther lernt Lotte auf einem solchen Balle kennen (GA 4,281ff.). – *mein Mädchen:* Charlotte Buff, mit der Kestner schon seit 1768 verlobt war. – *Vorhin:* vorher, zuvor.

93 Berend 99 (DjG 2,317f.) – *chapeaux:* Herren. Es werden im folgenden nur die wichtigsten Personen erläutert. – *Jerusalem:* Legationssekretär, in DuW charakterisiert (GA 10,585f.); sein Selbstmord war das auslösende Moment für die Konzeption des ‹Werther› (ebd 639f.) – *Bostel:* Friedrich v.Bostell, Advokat. – *Dietz:* Dr. D., Advokat. – *de Born:* Praktikant. – *Madame Lange:* Hofrätin Susanne Maria Cornelia L., geb. Lindheimer, G.s Großtante. Als ihr und ihrer beiden Töchter Begleiter war G. auf dem Ball. – *2 Buff teutonique:* die Schwestern Caroline und Charlotte B. aus dem sog. «Teutschen Haus», dem Deutschordenshofe in Wetzlar. – *3 Brand:* Töchter des Prokurators Johann Ferdinand Wilhelm v.Brandt, ebenfalls im Teutschen Hause wohnend: Anna (Annchen), Dorothea (Dortchen, Dorthel) und Annemine.

94 Berend 99 (DjG 6,243) – *Vater:* Heinrich Adam Buff, Amtmann des ‹Teutschen Hauses›.

95 Im neuen Reich 1874,1,979f. (DjG 2,319 und 6,243) – *Born:* er war es, der G. zuerst auf das Bedenkliche seines Umgangs mit Charlotte und Kestner aufmerksam machte, vgl. G. an Kestner 15.4.1773 (DjG[3] 3,32). – *zu unserer Zeit in Leipzig:* G. erwähnt in DuW die Bekanntschaft mit Eschenburg (GA 10,360), jedoch nicht die mit Jerusalem. – *Frankfurter Zeitungs-Schreiber:* vgl. Anm. zu 64.

96 GJb 18,113 (DjG 6,243f.) – *nach Göttingen:* über Gotters Beziehungen zu Göttingen berichtet G. in DuW (GA 10,584). Der Reiseplan wurde nicht verwirklicht.

97 wie 30 S.411 – *Die Mitschuldigen:* das Lustspiel ist, in zwei Fassungen, bereits 1768/69 in Frankfurt entstanden. – *Liebhaber-Theater:* G.Witkowski (vgl. Anm. zu 30), der als Grundlage dieser Angabe eine Mitteilung Gotters vermutet, hält eine Liebhaberaufführung in Wetzlar für möglich (JbGG 4, 136). In DuW ist davon nicht die Rede.

98 Berend 99f. (DjG 6,244) – G. war am Tage vorher in Atzbach gewesen, wo er Lotte besucht hatte, die sich dort seit einigen Tagen aufhielt, um die kranke Frau des Rentmeisters Rhodius zu pflegen. Vgl. G.s Brief an Kestner am 8.8.1772, in welchem er gleichzeitig seinen Plan, am folgenden Tage «Caffee unterm Baum in Garbenh[eim]» zu trinken, mitteilt (DjG[3] 2,257). – *ihre Schwester:* Caroline Buff. – *Predigt vom Yorick:* einer von Sternes ‹Sermons› (1760/69). – *Professor Schulz:* Johann Christoph Friedrich Sch., Professor der orientalischen und griechischen Literatur. – *Schmidt:* Christian Heinrich Schmid, Professor der Poesie und Beredsamkeit.

99 Berend 100 (DjG 6,244f.)

100 Berend 100 (DjG 2,319 und 6,245) – *Hof:* das Teutsche Haus (vgl. Anm. zu 93).

101 (33) Berend 100 (DjG 2,319f. und 6,245) – *Rentmeisterin:* Rhodius, die krank war (vgl. Anm. zu 98). – *Morgens-Dröpperger:* Morgentröpfchen = Wiesenschaumkraut. – *Mondenschein ... Mauer:* an das «MondenmitternachtsGespräch an der Mauer» erinnert sich G. in seinem Brief an Kestner vom 15.(?)1.1773 (DjG[3] 3,17).

102 Berend 100 (DjG 6,245)

103 H. Gloël, Goethes Wetzlarer Zeit, 1911,182f. (DjG 6,245) – *[der Oberförsterin]:* Fritzen.

104 wie 103 S.159 (DjG 6,246) – Karl August Freiherr v.Hardenberg, Praktikant in Wetzlar, der spätere preußische Staatskanzler. Datum des Besuches nach DjG. – *Leipzig:* Hardenberg ist in DuW nicht unter G.s Leipziger Bekannten erwähnt.

105 Berend 101 (DjG 6,245) – *nach Gießen:* über den Ausflug vom 18./19.August berichtet G. ausführlich im 12.Buch von DuW (GA 10,597 ff.). – *Pfaff:* hessen-darmstädtischer Kriegszahlmeister. – *Lottchen:* zu ihrer Reise nach Gießen vgl. Nr. 103 und 112. – *Höpfner:* Professor der Rechte an der Universität Gießen.

106 (33a) WeimJb Bd 3,1855,65 (DjG 2,320) – Zwei Tage vorher ahnte Höpfner also noch nichts von G.s Überraschungsbesuch. – *in all my griefs...:* nicht ermittelt.

107 (35) Wagner 3,186 Anm. (DjG 2,320 f.) – Morris (DjG 6,246) hebt die Zuverlässigkeit dieses Berichtes gegenüber G.s Darstellung in DuW (vgl. Anm. zu 105) hervor. – *Schlosser und Philipp Heinrich Schmidt:* beide, Johann Georg Schlosser und Christian (nicht Philipp) Heinrich Schmid, werden in diesem Zusammenhange auch in DuW erwähnt (GA 10,598 ff.).

108 (34) GJb 6,345 f. (DjG 2,321 f.) – Über diesen Bericht von Obersteuerrat Hallwachs nach seiner Stiefgroßmutter, Höpfners Frau Marianne, urteilt Morris (DjG 6,246): «Noch unzuverlässiger [als G.s Erzählung in DuW, vgl. Anm. zu 105] ist der aufgeputzte Bericht...»

109 (36) wie 106 S.66 (DjG 2,323) – *Klotz Leben:* Leben und Charakter Herrn Christian Adolf Klotzens. Entworfen von Karl Renatus Hausen. Halle 1772 (GA 14,153 f.). – *Polnischen Juden:* Gedichte von einem polnischen Juden [J.F.Behr]. Mietau und Leipzig 1772 (ebd 157 ff.). – *Frankfurter Zeitung:* in den ‹Frankfurter Gelehrten Anzeigen› vom 29.5. und 1.9.1772. – *Schmidt:* die Geißelung Christian Heinrich Schmids, «der in dem deutschen Literarwesen zwar eine sehr untergeordnete, aber doch eine Rolle spielte», bildet das Kernstück in G.s Gießener Erzählung (GA 10,598 ff.). Im Brief an Kestner vom 25.12.1772 nennt er ihn den «Scheiskerl in Gießen» (DjG^3 3,15).

110 (37a) GJb 8,125 (DjG 2,323) – *Geßners Idyllen:* Moralische Erzählungen und Idyllen von Diderot und S.Geßner. Zürich 1772. G.s Rezension in den ‹Frankfurter Gelehrten Anzeigen› vom 25.8.1772 (GA 14,154 ff.).

111 GJb 8,126 – *Götz von Berlichingen:* vgl. Anm. zu 76.

112 Wagner 3,58 f. (DjG 2,323) – *Francfort:* Merck war am 16. August in Frankfurt gewesen. Am 17. traf er in Gießen ein. – *Mademoiselle Goethe:* G.s Schwester Cornelia. – *deux charmantes filles:* «wohl zwei der Schwestern Gerock» (Kraft 664), Antoinette Louise, Charlotte, Katharina. – *ami Goethe:* lies «amie», gemeint ist Cornelia. – *l'amie de Goethe:* Charlotte Buff. Sein Urteil über sie steht im Gegensatz zu der «Gleichgültigkeit gegen diese geliebte Person», die G. ihm in DuW nachsagt (GA 10,606).

113 Berend 101; Gloël (vgl. Anm. 103) 201 (DjG 6,245)

114 Berend 101 (DjG 6,245) – *Rentmeister:* Rhodius (vgl. Anm. zu 98).

115 Wagner 3,57f. (DjG 2,322f.) – *Coblence:* vgl. den Beginn des 13.Buches von DuW: «Mit Merck war verabredet, daß wir uns zur schönen Jahreszeit in Koblenz bei Frau von Laroche treffen wollten.» (GA 10,608) «Goethe traf vermutlich am 14. oder 15.September in Thalehrenbreitstein bei Sophie von La Roche ein.» (Kraft 664) – *Monsieur Schlosser:* Johann Georg Sch. heiratete Cornelia Goethe am 1.11.1773.

116 Berend 101 – *Atzbacher Reise:* vermutlich war ein Ausflug nach A. geplant, bei welchem G. Lotte begleiten wollte; denn in einem Billett an Kestner vom folgenden Tage (6.9.1772) schreibt er: «Ich habe gestern den ganzen Nachmittag gemurrt daß Lotte nicht nach Atspach gangen ist...» (DjG^3 2,257)

117 Berend 101f. (DjG 6,246) – *Porträt von Lottchen:* offenbar nicht erhalten, vgl. H. Gloël, Goethe und Lotte, 1922,122 Anm.

118 (37) Berend 102 (DjG 2,326) – *Teutschen Hause:* Wohnung der Familie Buff (vgl. Anm. zu 93). – *Gespräch:* G. erwähnt das entscheidende «Gespräch», den «Diskurs», in seinen Abschiedszeilen an Kestner und Lotte vom gleichen Tage (DjG^3 2,258) und noch in seinem Brief an Kestner vom 10.4.1773 (DjG^3 3,29f.). Die poetische Ausgestaltung dieses letzten Gesprächs bildet den Abschluß des 1.Teils des ‹Werther› mit dem gleichen Datum: 10. September (GA 4,319ff.).

119 Berend 102f. (DjG 2,326f.) – *Billett:* die in der vorigen Anm. erwähnten Abschiedszeilen. – *Koblenz:* vgl. Anm. zu 115. – *Diktatur:* «das Protokoll-Aufnehmen» (Bode 1,31). – *Hans:* Johann Buff, Charlottes jüngerer Bruder. – *Hofrätin Lange:* vgl. Anm. zu 93. – *einem Unverständigen:* «wohl Dietz» (Berend 164).

120 Berend 103f. (DjG 6,246f.) – *Bauersfrau:* «die im ‹Werther› (27. Mai 1771) [GA 4,278f.] geschilderte Küfersfrau Eva Justine Henriette Bamberger, geb. Däumer (1744 bis 1834), eine Schwester der Schulmeisterstochter, die Lotte begleitete» (Berend 164).

121 Berend 104 (DjG 6,247) – *Amtmann:* Heinrich Adam Buff. – *er habe einen Schuß:* er sei nicht ganz richtig im Kopfe.

122 Gedruckt: Versteigerungs-Katalog Meyer u. Ernst Nr. 17, 1931,42. Hier nach der Handschrift im Goethe-Museum Düsseldorf. Der 18.9.1772 ist das Empfangsdatum. – *auf die Bilderjagd:* nach G.s Zeugnis im 7.Buch von DuW (GA 10,306f.) ein damals weitverbreitetes Diktum von E.v.Kleist für das «Aufhaschen» von Bildern in der Natur zum Zwecke poetischer «Verarbeitung». Demnach nicht, wie G.Femmel (Corpus 7 Nr. 40) annimmt, auf die Absicht zeichnerischer Betätigung zu beziehen. G. schildert seine Wanderung flußabwärts am rechten Ufer der Lahn und erwähnt u.a. auch Weilburg (GA 10,608f.). – *Geßner:* vgl. Anm. zu 110. – *Polnische Jude:* vgl. Anm. zu 109. – *das Mädchen:* Charlotte Buff. In der Tat entwirft G. in der letztgenannten Rezension eine Art «Porträt» von ihr (GA 14,159f.). – *das kleine... Liedchen:* nicht ermittelt.

123 Berend 104 (DjG 3,384)

124 Berend 104f. (DjG 3,384) – *Schwester der Antoinette:* Katharina Gerock (nach BuG 1,223; vgl. Anm. zu 112). – *Demoiselle:* Cornelia Goethe

125 Berend 105 (DjG 3,384f.)

126 Pf-B 427 – *der Doktor:* ihr Sohn. – *Frau Aja:* G. gibt im 18.Buch von DuW eine Erklärung für diese Bezeichnung seiner Mutter (GA 10, 784f.), die allerdings wohl nicht der ursprünglichen Bedeutung entspricht (vgl. HA 10,636f.).

127 Bgm 328 – Vgl. ebd 457: «Sollte das folgende ‹Irrlichter›-Motiv den Dichter auf den Einfall seines symbolischen ‹Pandämoniums von Irrlichtern› auf der Fahrt zur Universitätsstadt Leipzig 1765 (‹DuW›, 6.Buch) [GA 10,268f.] gebracht haben?» – Grumach (BuG 1,18) datiert die Erzählung auf das Ende der 50er Jahre; der Zusammenhang in der Quelle – das Stück folgt in Bettinas Brief auf unsere Nr. 9 – legt eine solche Datierung nahe. Wir haben uns für die Anknüpfung an Nr. 126 entschieden, da Bettinas ausgeschmückter Bericht auch aus der Erzählung der Mutter stammt.

128 Berend 106 (DjG 3,385) – Eine Beurteilung dieses Besuchs («konnte er es doch nicht lassen») gibt Kestner selber am Schluß seines Briefes an Hennings vom 18.11.1772 (vgl. Nr. 130).

129 Berend 106 (DjG 3,385) – G. schreibt am gleichen Tage in deprimierter Stimmung von Friedberg aus an Kestner (DjG^3 3,7f.).

130 Berend 110ff. (DjG 2,324f.) – Zwei Konzepte zu diesem Brief hier unter Nr. 91 und 92. – *Ein Mensch:* es kann nur G. gemeint sein. – *mit einem Freunde:* Johann Georg Schlosser.

131 (37c) Pf-B 386 (DjG 3,385) – *Montag:* 16. November.

132 Pf-B 387 – *Nachricht von meinem Bruder:* G. hatte am 19.11.1772 aus Darmstadt an Kestner geschrieben (DjG^3 3,9). – *nicht nach Mannheim:* diese Mitteilung auch in dem genannten Brief an Kestner.

133 SchrGG 41,281f. (DjG 3,386) – *Akademie:* G. schreibt am 7.12.1772 aus Darmstadt an Herder: «Ich binn ietzt ganz Zeichner habe Muth und Glück.» (DjG^3 3,12)

134 Pf-B 387

135 (38) SchrGG 41,286f. (DjG 3,386) – *er... ist uns herzlich gut:* am 28.11.1772 schreibt G. an Kestner: «Euer Grus an die Flachsland hat mir einen Kuss getragen ich bitte euch grüsst öffter, so mag ich gern Porteur seyn.» (DjG^3 3,11) – *in die Schweiz:* die geplante Schweizer Reise wurde im Mai 1773 noch nicht ausgeführt.

136 (39) SchrGG 41,294ff. (DjG 3,386) – *Kurland:* es ging um das Gerücht einer Berufung Herders, der sich in Bückeburg nicht wohlfühlte, nach Mitau.

137 SchrGG 41,305 (DjG 3,386) – *Goethe ist fort:* er schreibt bereits am 11. Dezember aus Frankfurt an Kestner (DjG^3 3,12).

138 SchrGG 41,355 (DjG 3,387) – *die englischen Romanzen:* aus Herders ‹Volksliedern›.

139 (39a) Pf-B 388 (DjG 3,387) – *Ossian:* gemeint ist vielleicht Herders ‹Auszug aus einem Briefwechsel über Oßian und die Lieder alter Völker›, erschienen 1772 und wiederveröffentlicht in Herders Sammlung ‹Von deutscher Art und Kunst› 1773.

140 Pf-B 388 (DjG 3,387)

141 SchrGG 41,409 (DjG 3,387) – *seit zwei Tagen:* G. teilte am

14.4.1773 Kestner mit: «ich geh morgen nach Darmstadt...» (DjG^3 3,31) – *Ressort:* Triebfeder.

142 SchrGG 41,411 (DjG 3,387)

143 (40) Gedruckt zuerst von Redlich: Zum 29. Januar 1878, Hamburg 1878, S. Vf; dann JbFDH 1909,382f. und DjG 3,388ff. mit dem Vermerk (ebd 6,329): «Nach der Handschrift im Frankfurter Goethe-Museum.» Da der letztgenannte Abdruck nicht frei von Fehlern ist – es fehlt z.B. der Satz «Von Ihrem Ugolino...» –, wurde nochmals mit der Handschrift verglichen. – Schönborn war als dänischer Konsulatssekretär auf der Reise nach Algier. Der Briefempfänger Gerstenberg befand sich in Kopenhagen. Der umfangreiche, in mehreren Etappen geschriebene Brief verzeichnet folgende Stationen: Hamburg, den 21. September; Braunschweig, den 30. September (Besuch bei Lessing in Wolfenbüttel); Göttingen, den 5. Oktober (Besuch bei Boie, Bürger, Voß, Hölty, Stolbergs u.a.); Frankfurt, den 12. Oktober (beginnend mit dem Besuch in Kassel). Die Begegnung mit Höpfner und G. fand etwa am 10. Oktober statt. – *Götze:* ‹Götz von Berlichingen› war etwa 4 Monate vorher erschienen (vgl. Anm. zu 76). – *Ugolino:* des Briefempfängers berühmte Tragödie war 1768 erschienen. – *Höpfner:* über G.s Besuch bei ihm in Gießen am 18.8.1772 vgl. Nr. 107f. – *ein paar Zeilen:* G.s Brief an Gerstenberg vom 18.10.1773 beginnt: «Ich kenne Sie schon so lang, und Ihr Freund Schönborn, der mich nun auch kennt, will zwischen uns einen Briefwechsel stiften.» (DjG^3 3,48). Gerstenberg nennt G. in seinem Antwortbrief vom 5.1.1774 den «deutschen Shakespear» (JbFDH 1909,384). – *Prometheus:* das Prometheus-Drama ist Fragment geblieben (GA 4,185ff.); vollendet ist nur die im Zusammenhang damit entstandene Ode ‹Prometheus› (GA 1,320f.). – *von deutscher Baukunst:* vgl. Anm. zu 68 unter ‹Erwin›. Hier ist vielleicht der Wiederabdruck in Herders ‹Von deutscher Art und Kunst› 1773 gemeint. – *Wieland et Consorten:* W. und die Mitarbeiter an seiner Zeitschrift ‹Der Teutsche Merkur›. – *Farcen:* zwischen Ende September und Anfang Oktober 1773 war ‹Götter Helden und Wieland› (GA 4, 213ff.) entstanden (DjG^3 3,473). Die Farce ‹Das Unglück der Jacobis›, von der in Nr. 145 sowie in dem großen Gespräch mit Johanna Fahlmer (Nr. 164) die Rede ist, hat sich nicht erhalten. – *Brieflein von Goethe:* diese Nachschrift muß also am 18. Oktober geschrieben sein. – *Leben des Götze von Berlichingen:* vgl. Anm. zu 74.

144 Pf-B 315 (DjG 6,329) – Die Zeilen der Frau Rat sind dem Briefe ihres Mannes an Schönborn beigefügt.

145 (41) WeimJb Bd 3, 1855,68f. (DjG 3,390) – *beikommendes Stück:* der ‹Götz›. – *Prolog auf die Bahrdtische Bibelübersetzung:* die gegen den Theologen Bahrdt gerichtete kleine Farce ‹Prolog zu den neuesten Offenbarungen Gottes› (GA 4, 230ff.) erschien Anfang 1774. – *in Frankfurt logierte:* Mitte Oktober 1773. – *Das Unglück der Jacobis:* vgl. Anm. zu 143 unter ‹Farcen›. – *Kopf en bas-relief:* das Basrelief in Gips von einem Schüler Johann August Nahls d.Ä. ist verschollen. Bekannt ist jedoch ein Stich von J.H.Lips nach diesem Basrelief (vgl. Schulte-Strathaus 8f. und Tafel 10).

146 (42) SchrGG 16,329f. (DjG 3,390f.) – *bald...auf ewig verbinden:* am 1.11.1773. – *Ihr Freund:* Lavaters erster Brief an G., den Dank für den ihm übersandten ‹Götz› enthaltend, ist vom 14.8.1773 (SchrGG 16,3f.). – *er zeichnet...an meinem Profil:* die Zeichnung ist nicht erhalten.

147 (42a) Strodtmann 1,174 (DjG 3,391) – *Falcke:* Morris (DjG 6,570) bezieht die Stelle auf Ernst Friedrich Hektor F., Jurist in Wetzlar. G. hat ihn am 20.10.1772 in Frankfurt kennengelernt, wie er am folgenden Tage an Kestner schreibt (DjG^3 3,6). – *Lenore:* Bürgers bekannte Ballade ist im Herbst 1773 erschienen.

148 (43) W.Scherer, Aufsätze über Goethe, 1886,107 (DjG 3,391) – *Das Väterchen:* Bearbeitung von Plautus' ‹Asinaria› in den ‹Lustspielen nach dem Plautus fürs deutsche Theater› von Lenz (1774). G. schreibt ähnlich an Betty Jacobi Ende November 1773: «Ich habs nicht gemacht...aber ein Junge, den ich liebe wie meine Seele, und der ein trefflicher Junge ist.» (DjG^3 3,54)

149 Pf-B 389 (DjG 3,391) – «Cornelia hatte am 14. November Frankfurt verlassen; Caroline war am 2. Mai 1773 Herders Gattin geworden.» (Pf-B 908) – *künftigen Sommer:* G. plante eine Schweizer Reise, die jedoch erst 1775 zustande kam.

150 (43a) Wagner 3,84f. (DjG 3,391) – *tandis [in Frankfurt]:* lies «taudis [in Darmstadt]», von wo aus der Brief geschrieben ist (Kraft 94). – *fou dans sa joie:* G. schreibt am 25.12.1773 aus Frankfurt an Kestner: «Ich kann euch die Freude nicht beschreiben die ich hatte Mercken wieder zu sehn...» (DjG^3 3,59) Merck muß kurz vor seiner Rückkehr nach Darmstadt in Frankfurt Station gemacht haben.

151 Pf-B 462 – *Häschelhans:* so nennt Frau Rat öfter ihren Sohn. – *Reime:* in dem Gedicht ‹In das Stammbuch Johann Peter de Peyniers› (GA 2,224f.), das allerdings erst am 13./14.11.1774 entstanden ist (DjG^3 4,392).

152 (81) Bgm 330f. (DjG 4,74) – G. hat die Szene im 16.Buch von DuW verwertet (GA 10,739f.), wo sie allerdings in spätere Zeit (Anfang 1775) fällt. Anhaltspunkte für die Datierung (22.1.1774) ergeben sich aus zwei Briefen G.s. Am 21.1.1774 schreibt er an Sophie v.La Roche: « Ich bin im Stande, Ihnen ein groses Schauspiel zu geben, wenn Sie mir den morgenden Nachmittag schencken wollen...Meine Mutter wird dabey seyn...» (DjG^3 4,5) Und Anfang Februar 1774 heißt es in einem Brief an Betty Jacobi: «Ein groser Wiesenplan draussen ist überschwemmt und gefroren...Vor 10 Tagen ohngefähr waren unsre Damen hinausgefahren unsren Pantomimischen Tanz mit anzusehen.» (ebd 6) Der «große Wiesenplan» sind die Rödelheimer Wiesen an der Nidda (ebd 323). – *war Deine Mutter:* Maximiliane Brentano, geb. v.La Roche.

153 Rosaliens Briefe an ihre Freundin Mariane von St⁺⁺. Von der Verfasserinn des Fräulein von Sternheim [Sophie v.La Roche]. Bd 2. Frankfurt und Leipzig 1781. S.204f. (DjG 4,74f.) – Rosalie ist Sophie v.La Roches Tochter Maximiliane. Vgl. Morris (DjG 6,366): «In ihrer Pomona 1,74 bestätigt sie: ‹Das Angenehme und würklich Schöne des Schlittschuhlaufens sah meine Rosalie in Frankfurt, so wie sie es beschrieb.› » –

einer der … vortrefflichsten Köpfe: Goethe.

154 (44) GJb 10,139f. (DjG 4,75) – *das bewußte Päckchen:* «es waren Angelegenheiten eines jungen Autors» (GJb 10,139f.). Näheres scheint über den ganzen Vorgang nicht bekannt zu sein. – *M[oser]:* Präsident der Landeskollegien und Kanzler in Darmstadt.

155 (44a) Wagner 3,85f. (DjG 4,76) – *mariage:* die Heirat der jungen Maximiliane v.La Roche mit dem wesentlich älteren Kaufmann Peter Anton Brentano hatte am 9.1.1774 stattgefunden. – *Dumeiz:* G. nennt ihn im Zusammenhang mit der Familie Brentano in seinem Brief an Betty Jacobi von Anfang Februar 1774 (DjG^3 4,6). – *Goethe … l'ami de la maison:* G. erwähnt diese Beziehung auch in DuW (GA 10,640f.).

156 (45) Wagner 3,88 (DjG 4,76) – *le voyage de la Suisse:* vgl. Anm. zu 149. – *drame:* der ‹Götz›. – *roman … à Pâques:* der ‹Werther› wurde erst zur Michaelismesse 1774 gedruckt (DjG^3 4,350).

157 (46) GJb 12,266 (DjG 4,77) – Der schwedische Orientalist Professor Jakob Johann Björnståhl war auf der Rückreise von Italien am 8.4.1774 in Frankfurt eingetroffen (GJb 12,266). – *Lichtenstein:* der Konsistorialrat Frank v.L. wird in einem auf den 15.6.1773 datierten, BuG 1,236 wiedergegebenen Zeugnis erwähnt.

158 (47) GJb 12,266 – In einem französischen Billett vom 9. oder 13.4.1774 kündigt G. Björnståhl die Möglichkeit einer Bibliotheksbesichtigung an (DjG^3 4,12).

159 (47a) W.Lang, Von und aus Schwaben, Heft 7, Stuttgart 1890,90f. (DjG 4,77) – Vgl. von demselben: Goethe und David Hartmann, in: GJb 9,128ff. Gottlob David H. war am 24.4.1774 von Stuttgart abgereist und über Mannheim nach Frankfurt gelangt (ebd 131).

160 (47c) GJb 9,132 (DjG 6,366) – Hartmann hatte sich vor der Begegnung in Briefen an Bodmer und Lavater abfällig über G. geäußert (GJb 9,129ff.).

161 (47b) GJb 9,132 (DjG 4,77)

162 (49) Oehlke 70 (DjG 4,78) – *wie er den «Werther» geschrieben hat:* G. begann die Arbeit am ‹Werther› Anfang Februar 1774; im Mai sandte er ihn an den Verleger Weygand in Leipzig (DjG^3 4,350). Grumach (BuG 1,242) datiert die Äußerung: Winter 1773/74(?); das wäre dann *vor* der Niederschrift des ‹Werther›.

163 GJb 2,378f. (DjG 4,78) – Zur Datierung des Briefes vgl. H.Böhm in: GJb 90,259f. Von dem am 8. und 11.5.1774 geschriebenen Brief fällt unser Abschnitt unter den 11.5. – *Tante Fahlmer:* Stieftante der Brüder Jacobi. – *Merkur:* Wielands ‹Teutscher Merkur›, in dessen Juni-Heft von 1784 (6.Bd 3.Stück) seine Rezension ‹Über das Schauspiel, Götz von Berlichingen, mit der eisernen Hand› erschienen ist. G. lernte die Rezension bereits vier Wochen vor Erscheinen durch eine Abschrift Wielands kennen (vgl. H.Böhm a.a.O. 263). – *goldenen Hochzeit … auf dem Lande:* von G. erwähnt im Brief an Sophie v.La Roche vom 7. oder 8.5.1774 (DjG^3 4,17; Datierungsberichtigung nach H.Böhm a.a.O. 264). Dort auch Wiedergabe einer Beschreibung der goldenen Hochzeit des Frankfurter Ehepaares Allesina in Sindlingen bei Höchst, die vom 2. bis 6.5.1774 stattfand

(DjG^3 4,261). – *in beiliegendem Auszuge:* die folgende Nr. 164. – *Pasquill...unter dem Titul:* zu ergänzen wohl ‹Das Unglück der Jacobis› (vgl. Anm. zu 143 unter ‹Farcen›).

164 (48) DjG 4,78ff. – Nach Morris (DjG 6,366) das «schönste von allen überlieferten Gesprächen des jungen Goethe». Es handelt sich um eine Abschrift von Jacobis Hand (GJb 2,379). Zur Datierung der Gespräche vgl. H.Böhm in: GJb 90,257ff., speziell 264: «Damit erscheint der 6. Mai [1774] als der wahrscheinlichste Tag für das Gespräch.» – *dies hier:* die Fußnote («Aretins Grabschrift...») von Jacobis Hand. Der wegen seiner Schmähschriften bekannte und gefürchtete Pietro Aretino wird hier natürlich im Hinblick auf G.s eigene Versuche als Satiriker zitiert. – *George:* Jacobis Sohn Georg Arnold. – *Bölling:* Kaufmann in Frankfurt. G. hatte am 23.11.1773 an Johanna Fahlmer geschrieben: «Bölling ist von seiner Reise wieder da. Er hätte bald den Bassa zu Weimar [Wieland] besucht.» (DjG^3 3,54) – *zu Gast geladen haben:* Jacobi merkt zu dieser Stelle an: «Goethe war wegen Wielands Rache voller Erwartung und sah deswegen dem VI. Theile des Merkurs mit brennender Ungeduld entgegen.» (GJb 2,380) – *[Rezension] über Götz von Berlichingen:* vgl. Anm. zu 163 unter ‹Merkur›. Stellennachweise im folgenden nach: Christoph Martin Wieland, Werke, hrsg. von F.Martini und H.W.Seiffert, Bd 3, 1967,285ff. (Wieland). – *wie der Herodes:* Matth.14,7 bzw. Mark.6,23. – *«Mit der Zeit!...»:* «Mit der Zeit wird sichs schon geben.» (Wieland 287) – *mein Vater:* Zeugnis für das gespannte Vater-Sohn-Verhältnis in der letzten Frankfurter Zeit, in DuW stark gemildert. – *seine allerschlechtste Arbeit:* das Singspiel ‹Alceste› (1773). – *ewigen Briefen:* die fünf ‹Briefe an einen Freund über das deutsche Singspiel Alceste› im ‹Teutschen Merkur› 1773. – *Musarion:* das Gedicht ‹Musarion oder Die Philosophie der Grazien›, erschienen 1768. – *Fratzen-Zeug...schon gelesen:* Wieland spielt mehrfach auf die Farce ‹Götter Helden und Wieland› an, ohne sie direkt zu nennen. – *Vergleichung mit den jungen Füllen:* «Junge Genien sind wie junge Füllen...» (Wieland 286) – *Weislingen:* Wieland geht ausführlich auf diese Figur ein und nimmt sie gegenüber einer tadelnden Rezension in Schutz (ebd 289f.). – *Vermischung der Sprachen:* gegen Schluß der Rezension ist von der «ziemlich häufigen Vermengung der Sprache aus den Zeiten Maximilians I mit der von Joseph II» die Rede (ebd 293). – *Satyros:* das kleine Drama ‹Satyros oder Der vergötterte Waldteufel› (GA 4,198ff.) war im Sommer 1773 entstanden (DjG^3 3,463). – *vor Ihrer Abreise:* nach Düsseldorf im September 1773 (ebd). – *Das Unglück der J[acobi]:* vgl. Anm. zu 143 unter ‹Farcen›. – *Wischwaschereien:* nach DWb nur hier belegte Wortbildung. – *Dechant:* Dumeiz. – *an das Licht riechen:* auch diese merkwürdige Wendung für «ans Licht gelangen» offenbar nur hier belegt. – *von Koblenz zurückkamen:* vgl. Anm. zu 115.

165 SchrGG 16,279f. (DjG 4,83) – Lavater befand sich auf der Reise nach Bad Ems. Er besuchte in Karlsruhe G.s Schwager und Schwester, wie aus dem folgenden Hinweis ersichtlich.

166 (50) SchrGG 16,281 (DjG 4,83) – *Zu Goethe:* G. schildert diese erste Begegnung im 14.Buch von DuW (GA 10,667). – *Schneider von Darm-*

stadt: Ludwig Sch., stud. iur. Es gibt eine Stammbucheintragung von G. für Sch. von 1775 (DjG^3 5,234).

167 (51) SchrGG 16,282ff. (DjG 4,83f.) – *Glettwein:* nicht ermittelt. – *Malereien seines Vaters:* von der Gemäldesammlung des Vaters spricht G. bereits im 1. Buch von DuW (GA 10,34f.). – *Joh.XVII:* wohl das 17.Kapitel aus dem Johannes-Evangelium als Gesprächsthema. – *bei Klettenberg:* G. berichtet über die «Unterhaltungen Lavaters und der Fräulein von Klettenberg» in DuW (ebd 670) – *wenn ihr stille werdet:* Jesaias 30,15. – *Werthers Leiden:* das Buch war noch nicht erschienen (vgl. Anm. zu 156). – *Jonas-Predigten:* Predigten über das Buch Jonas von J.C.Lavater, gehalten in der Kirche am Waisenhause, Winterthur 1773. – *von der üblen Laune:* wird in einer Fußnote im ‹Werther› erwähnt (GA 4,295). – *Hamann:* G. spricht ausführlich über den «Magus aus Norden» im 12.Buch von DuW (GA 10,561ff.). – *Einmal sagt er:* nämlich Hamann.

168 SchrGG 16,333 (DjG 4,86) – Der Briefempfänger Johann Konrad P. ist Prediger in Zürich.

169 SchrGG 16,286 (DjG 4,84) – *Schmoll:* Maler aus Ludwigsburg. – *Apollonius von Tyana:* «das Gespräch beruht auf dem Buche: Vie d'Apollonius de Thyane par Philostrate, Berlin 1774, dessen Übersetzung aus dem Englischen durch Castillon Friedrich der Große veranlaßt und mit einer Widmung des Philalethes an Papst Klemens XIV. versehen hatte.» (DjG 6,367) – *Cordata:* «ein Name (von cor abgeleitet), den sich Susanna v.Klettenberg selber gegeben hatte.» (DjG^3 4,329)

170 (52) SchrGG 16,287ff. (DjG 4,84f.) – *Bockenheim:* Ort westlich außerhalb der Reichsstadt Frankfurt, Sitz der französischen reformierten Gemeinde, inzwischen eingemeindet. – *Spinoza:* G. erwähnt diesen «Geist, der so entschieden auf mich wirkte, und der auf meine ganze Denkweise so großen Einfluß haben sollte», im 14.Buch von DuW (GA 10,683f.). – *Passavant Vater und Sohn:* der Kaufmann Johann Ludwig P. und (nach SchrGG 16,437 Register) sein Sohn Johann Karl. – *Hilgenbach:* Hilchenbach. – *Gottsched:* G. hatte ihn in Leipzig gehört und ihn auch, wie er in DuW schildert, besucht (GA 10,295f.). – *Gellert:* wird ebenfalls mehrfach in DuW erwähnt (z.B. ebd 324f.). – *Cordata:* vgl. Anm. zu 169. – *G[?]:* der Name ist unlesbar. – *Das Weimarsche Schloß:* das alte Schloß in Weimar war kurz vorher, am 6.5.1774, abgebrannt. – *enigmatischer:* änigmatischer = rätselhafter. – *der höhere Ruf:* von A.S.Goué, Wetzlar 1769.

171 (53) SchrGG 16,289ff. (DjG 4,85f.) – *mittelmäßiges Amt:* Herder war Hofprediger, Superintendent und Konsistorialrat in Bückeburg. – *die Chodowieckischen Zeichnungen:* G. spricht in DuW von seiner Verehrung für Ch. (GA 10, 645). – *Satire auf verschiedene:* vielleicht die Farce ‹Das Unglück der Jacobis› (vgl. Anm. zu 143). – *die physiognomischen Kupfertafeln:* Tafeln zu Lavaters Hauptwerk ‹Physiognomische Fragmente zur Beförderung der Menschenkenntnis und Menschenliebe›, 4 Bde, Leipzig und Winterthur 1775/78. – *Anfang meines Menschen-Gedichts:* das religiöse Drama ‹Abraham und Isaak›, 1776 in Winterthur erschienen (Bach 138f.). – *Salis Memorialien:* «vielleicht das Memorial des Ulysses von Salis-Marschlins (1728–1800), das...allerdings erst in der von seinem Sohne herausgegebenen Bildergalerie der Heimwehkranken, Zürich 1800–1804 erschien; es ist also wohl als Manuskript in Lavaters Händen gewesen.» (Bi^2 5,10) – *Rat Schneider:* Johann Kaspar Sch., bayrischer Agent in Frankfurt. – *Oncle Tobias:* Figur aus Sternes ‹Tristram Shandy›. – *Chimie:* von alchemistisch-chemischen Experimenten spricht G. im 8.Buch von DuW (GA 10,377f.).

172 SchrGG 16,320 (DjG 4,86) – *Schwalbach:* heute Langenschwalbach.

173 (54) SchrGG 16,291ff. (DjG 4,86ff.) – *Bolongaro:* «In Höchst sah man im Vorbeifahren das große schloßartige Haus, das der reiche Handelsherr Josef Maria Bolongaro dort eben für sich erbauen ließ.» (Bach 142) – *Homo temperatissimus:* ein durch und durch gemäßigter Mensch. – *Sein Briefwechsel:* G. erwähnt im 16.Buch von DuW die «nachgelassenen Werke jenes merkwürdigen Mannes» (GA 10,731). Die 1677 erschienenen ‹Opera posthuma› von Spinoza enthalten u.a. ‹Epistolae et Responsiones›. – *Julius Cäsar:* G. beschäftigte sich etwa seit dem Herbst/Winter 1771 mit dem Plan zu einem Cäsar-Drama, von dem jedoch nur wenige Fragmente erhalten sind (DjG^3 2,330f.). – *Oppenheim und Worms:* 1689 von General Mélac zerstört. – *Ewigen Juden:* dramatisches Fragment (GA 4,233f.), vermutlich im Frühjahr 1774 entstanden (DjG^3 4,347). – *Romanze aus dem Schottischen:* wohl aus Herders ‹Volksliedern› (vgl. Anm. zu 138). – *lateinischen Übersetzung:* wohl die im 12.Buch von DuW erwähnte «Clarkesche wörtliche Übersetzung (GA 10,604); Samuel Clarke hatte 1729/32 eine griechisch-lateinische Ausgabe der ‹Ilias› veröffentlicht; die lateinische Übersetzung gab Ernesti 1756/64 seiner Homer-Edition bei. – *Von meinem Gedichte:* ‹Abraham und Isaak› (vgl. Anm. zu 171 unter ‹Anfang meines Menschen-Gedichts›).

174 (55) SchrGG 16,294f. (DjG 4,89f.) – *Frau Baron von Stein:* Henriette Caroline Freifrau von und zum Stein, Mutter des preußischen Staatsmanns. – *reisenden Schweden:* vgl. Nr. 157f. – *Schönhof:* Schönenhof, der Wohnsitz von Barbara Schultheß in Zürich. – *im Nassauer Hause:* «das vornehmste Haus in Ems... das Nassauische Kurhaus» (Bach 148). – *Geheimrat Meyer:* Hofrat und Kammersekretär, mit Kestner befreundet. – *Geßner:* Salomon G. – *Iselin:* Nationalökonom in Basel. – *kurzes Drama:* vielleicht das Fragment ‹Des Künstlers Vergötterung› (GA 4,229f.).

175 (55a) SchrGG 16,295 (DjG 4,90) – *Um 7 Uhr weg:* G. fuhr allein nach Frankfurt zurück (GA 10,672).

176 (56) SchrGG 16,297f. (DjG 4,105f.) – *Goethe da:* er war nach vierzehntägiger Abwesenheit wieder in Ems eingetroffen. – *Basedow:* hatte G. in Frankfurt aufgesucht und war am 12.7.1774 in Ems angekommen, um Lavater kennenzulernen. G. schildert ihn ausführlich im 14. Buch von DuW (GA 10,672ff.). – *Passavant:* Jakob Ludwig P., Theologe. – *Briefchen von Lenz:* das Briefgedicht nur in dieser Abschrift Lavaters überliefert. – *Aufsatz von Goethe:* die Äußerung über Lessing und was Lavater im folgenden (Nr. 177) zitiert, sind die einzigen Bruchstücke, die von diesem Aufsatz überliefert sind (DjG^3 4,188 und 363f.). – *Verfasser des Lebens Jesu:*

Johann Jakob Heß. – *Ostein:* vielleicht Gräfin Ludovica Charlotte v.O. (Bach 168)

177 (57) SchrGG 16,299 ff. (DjG 4,106 f.) – *Goethe saß Schmollen:* vielleicht zu der Bleistiftzeichnung Schulte-Strathaus Nr. 13. – *Barbara Schultheß:* Lavaters Freundin in Zürich. – *Ariane an Wetty:* Fragment eines Romans in Briefen (GA 4,263 ff.), bereits im Frühjahr 1770 begonnen (DjG^3 2,287). – *aus dem Aufsatz:* von Goethe, vgl. Anm. zu 176. – *Clavigo:* G.s Trauerspiel (GA 4, 754 ff.) ist im Mai 1774 entstanden und etwa Mitte Juli des gleichen Jahres bei Weygand in Leipzig erschienen (DjG^3 4,343 f.).

178 (57a) SchrGG 16,302 f. (DjG 4,107) – *Goethe zeichnete Schmoll:* offenbar nicht erhalten; ein Schmoll-Porträt in Wien, das man G. zugeschrieben hatte, nicht hierauf zu beziehen (Corpus VI B,166 Nr. A 376).

179 (58) SchrGG 16,304 f. (DjG 4,107 f.) – *II. Sura:* «da er [G.] sich kürzlich mit dem Koran beschäftigt hatte, nennt er seine Fortsetzung der Verse Lavaters: ‹II. Sura› und schreibt darunter: ‹Explicit Sura› » (Bach 178). Abdruck der Verse auch WA 5 II, 359. – *Meyerin:* Frau des «Geheimderats» Meyer (vgl. Anm. zu 174). – *schönen Liesel:* Sophie v.La Roches Tochter Louise.

180 (59) SchrGG 16,305 ff. (DjG 4,108 ff.) – *auf der Lahne:* G. schildert die Lahnfahrt im 14.Buch von DuW (GA 10,678). – *wo Basedow raucht:* G. hat seinen Widerwillen gegen B.s Pfeifenrauchen in DuW deutlich zum Ausdruck gebracht (ebd 675). – *Reimendungen:* wohl für die folgenden Verse. – *Ulrich und Alsdorf:* Diener Lavaters und Basedows. – *Schließe:* Schleuse. – *bei der Aalen ... Herr von der Nil:* «bei Ahl, heute Friedrichssegen, stieg man nicht aus, obwohl Herr Hofrat van der Nüll aus Köln, der Besitzer der Ahler Eisenschmelze, kam, um die Reisenden zu sich einzuladen» (Bach 179). – *bei Lahnstein:* genauer: «als sie sich Hohenrhein näherten» (ebd 180). – *Allerheiligenberg ... Schloß Lahnegg:* vgl. die Abbildungen ebd 181. – *Hoch auf dem alten Turne:* G. erwähnt die Entstehung des Gedichts, das später die Überschrift ‹Geistes-Gruß› erhielt (GA 1,68), in DuW, meint jedoch irrtümlich, er habe es «in Lipsens Stammbuch» geschrieben (GA 10,678). – *Lahnstein vorbei:* der Nachen legte in Niederlahnstein an (Bach 182). – *ein zerstörtes Schloß:* die Ruine Stolzenfels jenseits des Rheins. – *in den Rhein:* «Ich freute mich den herrlichen Rhein wiederzusehen», heißt es in DuW (GA 10,678). – *Frau Gräfin von Thiersdorf:* Gräfin v.Wied zu Diersdorf. – *aßen zu Mittag:* nach G.s Darstellung in DuW soll das «Andenken an einen wunderlichen Wirtstisch in Koblenz» in dem Gedicht ‹Zwischen Lavater und Basedow› (GA 1,450 f.) mit den bekannten (später hinzugefügten) Schlußversen «Prophete rechts, Prophete links, Das Weltkind in der Mitten› aufbewahrt sein (GA 10,678). Bach (184) hält es jedoch für unklar, «ob Goethe gemeinsam mit Lavater in Ehrenbreitstein [jedenfalls nicht in Koblenz] zu Mittag gegessen hat», und datiert das ‹Diné zu Coblenz› (so die Überschrift des Gedichts seit dem Druck bei Cotta 1815) auf den 26.7.1774 (ebd 208 ff.). – *das Trierische Schloß und Festung:* das alte Kurfürstlich Trierische Schloß im Tal und Festung Ehrenbreitstein auf dem Berg. – *Vallendar:* G. hat dort, wie er am 19.7.1774 Sophie v.La Roche mitteilt, deren Tochter bei Katharina Elisabeth d'Ester gesehen (DjG^3 4,221 und 368). – *bei Herrn Remin:* der Industrielle Remy. – *setzten uns zu Schiff:* «Vielleicht ist Goethe in Bendorf wieder zu den Gefährten ins Schiff gestiegen...» (Bach 184) – *Frau Hofrat Kämpf:* Frau des Leibarztes Dr. Kaempf in Neuwied, «die unterwegs wohl für das leibliche Wohl der Reisenden gesorgt hatte» (ebd 182). – *Hofprediger Roques:* Prinzenerzieher; empfing die Reisenden bei ihrer Ankunft abends in Neuwied. – *Der Graf:* Johann Friedrich Alexander Graf v.Wied-Neuenwied. – *Aussichten:* Lavaters ‹Aussichten in die Ewigkeit›, 4 Bde, Zürich 1768/78. – *Die Gräfin:* Caroline Gräfin v.Wied-Neuenwied.

181 (59a) Jakob Jonas Björnståhls Briefe auf seinen ausländischen Reisen an den Königlichen Bibliothekar C.C.Gjörwell in Stockholm, übers. von Chr.H.Groskurd, Bd 5, 1782,321 (DjG 6,372)

182 (60) SchrGG 16,311 ff. (DjG 4,112 f.) – *Über die Wiesen:* mit der Überschrift ‹Ein Gleichniß› gedruckt in Claudius' ‹Wandsbecker Boten› vom 5.3.1774. – *Hat alles seine Zeit:* aus dem ‹Concerto dramatico› mit der Überschrift ‹Molto andante› (GA 4,159), entstanden wahrscheinlich im März 1773 (DjG^3 3,432). – *Laß regnen:* «Während es weiter regnete, tröstete Goethe anscheinend die Genossen mit dem Verschen des Frankfurter Volksmunds...» (Bach 190) – *Elmire:* das Schauspiel mit Gesang ‹Erwin und Elmire› (GA 4,806 ff.), von G. im November/Dezember 1773 begonnen, wurde erst im Februar 1775 beendet (DjG^3 5,430).

183 Zürcher Taschenbuch 1912,87 – *bei Düsseldorf:* d.h. links des Rheins, am gegenüberliegenden Ufer.

184 wie 183 S.88 und 90 – *Heinrich Jacobi:* Friedrich Heinrich (Fritz) J., der jüngere Bruder von Johann Georg. G. hatte am 21. Juli weder ihn noch seine Frau Betty in Düsseldorf bzw. Pempelfort angetroffen, wie er am gleichen Tage an Betty Jacobi schreibt (DjG^3 4,221 f.). – *Elberfeld:* dort wollte G. seinen Straßburger Jugendfreund Jung-Stilling besuchen (vgl. Nr. 185). – *Caspari:* Kaufmann, zum Kreise der Pietisten gehörend. – *Nach dem Essen:* an dem im folgenden Berichteten ist G. nicht mehr beteiligt, da er noch am gleichen Tage mit Fritz Jacobi und Heinse nach Pempelfort ritt.

185 (61) Jung-Stilling 4,43 ff. (DjG 4,122 f.) – Morris: «Der Bericht ist nur mit Vorsicht zu benutzen.» (DjG 6,373) – *Christine:* seine Frau. – *Hofkammerrat Vollkraft:* F.H.Jacobi. – *Kaufmann:* Caspari (vgl Anm. zu 184) – *der junge Kaufmann:* Grahe aus Elberfeld. – *Stillings Lebensgeschichte:* ‹Heinrich Stillings Jugend›, von G. 1777 herausgegeben (vgl. Nr. 377).

186 (63) Jahrbuch des rheinisch-westfälischen Schriftenvereins, Bd 3, 1861,111 ff. (DjG 4, 117 f.) – BuG 1,280 Wiedergabe der beiden letzten Absätze nach dem Originaltagebuch unter dem 22.7.1774. – *Klopstocks «Messiade»:* die letzte (20 Gesänge umfassende) Ausgabe des ‹Messias› war 1773 in Halle erschienen. Ein weiterer anekdotischer Bericht der Begegnung mit Hasenkamp Bi^2, 1,41.

187 (65) W.Heinse, Sämtliche Werke, hrsg. von K.Schüddekopf, 1902 ff., Bd 9,225 (DjG 4,121) – *qui ruit...:* der stürzt, ein Unmäßiger mit unerschöpflicher Fülle des Ausdrucks (nach Horaz, Ode IV, 2, 7f.).

188 (67/62) wie 187 S.229f. (DjG 4,121f.) – G.s Urteil über Heinses ‹Laidion› (Bi^2 Nr. 67) wurde hier weggelassen, da nach Morris (DjG 4,138 und 6,381) aus einem nicht erhaltenen Brief G.s an Heinse vom Spätsommer 1774 (WA IV 2,323 und 30,253). – *Sammlung von alten Romanzen:* in den ‹Volksliedern› (vgl. Anm. zu 138). – *Petron:* Begebenheiten des Enkolp. Aus dem Satyricon des Petron. 2 Bde. 1773. – *Laidion:* Laidion oder Die Eleusinischen Geheimnisse, 1774. – *Ausseher:* Anspielung auf Lavaters ‹Aussichten in die Ewigkeit› (vgl. Anm. zu 180). – *die Asineide im Merkur:* ‹Beschluß der Ase-Neitha›, 1773 in Wielands ‹Teutschem Merkur› erschienen. – *Klopstocks Messias:* vgl. Hasenkamps Bericht Nr. 186 und Anm. – *Herders Urkunde:* der 1.Bd der ‹Ältesten Urkunde des Menschengeschlechts› ist 1774 erschienen. – *Bensberg:* «Lustschloß Bensberg, das der Baumeister des Kurfürsten Johann Wilhelm (Jan Wellem) von der Pfalz, Graf Matteo Alberti aus Venedig, für diesen errichtet hatte.» (Bach 198). G. berichtet über den Besuch in DuW (GA 10,685f.). – *Basedow... in Neuwied:* er verweilte dort, «um mit dem Grafen wegen der Errichtung seines ‹Philanthropins› in Neuwied zu verhandeln» (Bach 186).

189 (66) wie 187 S.233 – *Die Leiden des jungen Werthers:* vgl. Anm. zu 156. – *Wieland... Musarion:* vgl. Anm. zu 164.

190 (68) wie 187 S.242 – Grumach (BuG 1,317) datiert die Äußerung auf 8.1./5.2. bzw. 24.2./2.3.1775 (F.H.Jacobis Besuch in Frankfurt) und faßt sie damit als Wiedergabe eines Berichts Jacobis an Heinse auf. – *Hendekasylben:* elfsilbige Verse, wohl mit Bezug auf die Ottave rime in ‹Laidion›, über die sich G. im Brief an Schönborn vom 1.6./4.7.1774 höchst anerkennend äußert (DjG^3 4,24f.).

191 (68) wie 187 S.254 (DjG 4,122) – *Das ist mein Mann:* das folgende ähnlich im Brief an Klamer Schmidt vom 8.7.1774 (wie 187 S.222); dort ausdrücklich als briefliche Äußerung G.s bezeichnet, als dessen Empfängerin Fischer-Lamberg Johanna Fahlmer annimmt (vgl. DjG^3 4,22 und 334). – *in Beisein Lavaters:* am 22. Juli.

192 (71) DjG 4,114ff. – *in öffentlichen Blättern... beleidigt:* in einer Rezension in den ‹Frankfurter Gelehrten Anzeigen› vom 18.12.1772 (GA 14,165) sowie in einer Stelle in ‹Götter Helden und Wieland›, wo Wieland im Traum seinen «lieben Jakobi» anredet und Euripides sagt: «Man sieht doch mit was für Leuten er umgeht.» (GA 4,215) – *sieben Berge:* das Siebengebirge. – *Jagdstücke:* besonders von Jan Weenix, den auch G. erwähnt (GA 10,685), vgl. die Abbildung bei Bach 199. – *Rubens:* ‹Die Kreuzigung Petri›, Altarbild in der Peterskirche in Köln, vgl. Bach Tafel 7. – *castrum doloris:* Trauerbühne, Katafalk. – *ehemalige Wohnung der Familie von Jabach:* das Haus «des Kölner Patriziers Eberhard von Jabach des Jüngeren (gest. 1695) in der Sternengasse, das man seither unverändert in seinem alten Zustand belassen hatte» (Bach 202). G. berichtet über diesen Besuch in DuW (GA 10,682f.). – *Le Brun:* das große Familiengemälde von Charles Le Brun, das G. stark beeindruckt hat (ebd), abgebildet bei Bach 201. – *Gasthof:* ‹Zum heiligen Geist›. – *altschottische Romanzen:* vgl. Anm. 138.

193 Jacobi 50f. (DjG 4,120)

194 (72) Jacobi 259f. (DjG 4,120) – *im dritten Teil:* G. hatte am 10.5.1812 an Jacobi geschrieben: «Erlaube mir im dritten Theile meines biographischen Versuchs deiner in allem Guten zu gedenken.» (WA IV 23,7f.) Der 3. Teil von DuW ist 1814 erschienen. – *über Spinoza:* G. berichtet ausführlich über das Gespräch mit Jacobi in DuW (GA 10,684f.). – *Es war ein Buhle frech genug:* die Ballade (GA 1,114f.) ist im Sommer 1774 entstanden. G. erwähnt noch (GA 10,683) die Rezitation der etwa gleichzeitig entstandenen Ballade ‹Der König in Thule› (GA 1, 117f.). – *Um Mitternacht:* «Nachts, als wir uns schon getrennt und in die Schlafzimmer zurückgezogen hatten, suchte ich ihn nochmals auf.» (GA 10,685)

195 JbGG NF 7,45 – *Lotte:* Charlotte, die Stiefschwester der Brüder Jacobi. – *Licht und Farben:* eines der frühesten Zeugnisse für G.s Beschäftigung mit optischen Phänomenen.

196 (80) a.a.O. Bd 1 (DjG 4,120) – Umarbeitung des 1779 zuerst erschienenen Romans. Die Widmung trägt die Überschrift ‹An Goethe›.

197 Roth 1,174 (DjG 4,118)

198 (73) Roth 1,178ff. (DjG 4,118f.)

199 (77) Roth 1,185ff. (DjG 4,119) – *quantum est...:* wieviel Nichtiges es in den Dingen gibt. – *Gedicht an Psyche:* ‹An Psyche›, veröffentlicht im ‹Teutschen Merkur›, 6.Bd, 1.Stück, April 1774, S.14–33.

200 Roth 1,210f. (DjG 6,477)

201 (78) Roth 2,487 (DjG 4,121)

202 (70a) HerderNachl 2,111 (DjG 4,113) – *[in Ems]:* G. und Lavater hatten sich offenbar in Neuwied wieder mit Basedow vereinigt und waren über Koblenz am 26. Juli abends in Ems eingetroffen (Bach 208ff.). – *«Urkunde»:* vgl. Anm. zu 188.

203 Im neuen Reich 1878,2,604f. (DjG 4,113f.) – Da Lavater am 27. Juli die Heimreise nach Zürich antrat (Bach 216) – G. blieb noch zusammen mit Basedow bis zum 12. August zur Kur in Ems –, ist dieser Tag als terminus ad quem für dieses und die folgenden Zeugnisse von Lavater anzusetzen.

204 wie 203 S.605 (DjG 4,114)

205 wie 203 S.605 (DjG 5,245) – *Lottens Schattenbild:* Silhouette von Charlotte Kestner (vgl. DjG 4 Tafel vor S.93). – *10 Porträte:* für Lavaters ‹Physiognomische Fragmente›. Vgl. Schulte-Strathaus Tafel 8,10,11,12, 13,14,15,16. – *Schattenriß:* wohl die damals in vielen Exemplaren verbreitete Silhouette Schulte-Strathaus Tafel 20. – *an Reichen:* Reich, der Leipziger Verleger von Lavaters ‹Physiognomischen Fragmenten›.

206 (70) wie 203 S.605f. (DjG 4,114 und 5,246) – *Herder (von dem Hamann sagt...:* vgl. Nr. 167 letzter Absatz und Anm. – *bübische Abfertigung:* in Wielands ‹Teutschem Merkur› vom November 1774.

207 JbGG 6,283 – *Historiam morbi:* Krankheitsgeschichte.

208 (84) L.Bechstein, Mittheilungen aus dem Leben der Herzoge von Sachsen Meiningen, Halle 1856,141 (DjG 5,275) – Morris und Grumach (BuG 1,356) stellen dies Urteil Lavaters über G. zu den Zeugnissen der Begegnung in Zürich 1775.

209 (74) GJb 9,11 (DjG 4,366f.) – «Auszug einer Stelle aus einem Briefe des Herrn Klinger...», nach E. Schmidt Lenzens Handschrift (GJb 9,10 und Anm.). Datierung des Briefes nach Freye-Stammler 1,267: Mitte 1776.

210 Pf-B 789f. – *Das kai[s]erliche Präsent:* ein Geschenk des Zaren Alexander I. von Rußland, Näheres scheint nicht bekannt zu sein (ebd 965). – *Klinger:* stand seit 1780 in russischen Diensten.

211 C.M.Fritz, Leben D. Johann Lorenz Blessig's, Straßburg und Leipzig, 1818,66 (DjG 6,420) – *Basedow bei Goethe:* im Gegensatz dazu heißt es in GHb^2 1,812: «B. blieb zwar noch einige Zeit nach der Trennung von Lavater und wohl ohne sonderlichen Kontakt mit Goethe in Frankfurt.»

212 GJb 16,88 (DjG 6,420) – Antwort auf Lavaters erste Nachricht aus Zürich. – *Zeilen an Goethe:* offenbar nicht erhalten.

213 (74a) Wagner 3,107 (DjG 4,366) – G. hatte sich, wie aus seinem Brief an Charlotte Kestner vom 26./31.8.1774 hervorgeht (DjG^3 4,246f.), am 27. August mit Merck in Langen getroffen. – *Leiden des jungen Werthers:* vgl. Anm. zu 156. – *P. Viaud:* «Naufrage et aventures de Monsieur P.[ierre] V.[iaud], natif de Bordeaux, Capitaine de Navire. Histoire véritable, vérifiée sur l'attestation de Mr Sevettenham, Bordeaux 1770.» (Kraft 674) – *Die Pasquinaden:* die im ‹Neueröffneten moralisch-politischen Puppenspiel› (Leipzig und Frankfurt 1774) veröffentlichten Stücke ‹Jahrmarktsfest zu Plundersweilern› (GA 4,160ff.) und ‹Ein Fastnachtsspiel...vom Pater Brey dem falschen Propheten› (ebd 171ff.).

214 GJb 5,186 (DjG 4,366) – Da Jakob Ludwig Passavant, Kandidat der reformierten Theologie aus Frankfurt, vom Frühjahr 1774 bis Oktober 1775 als «Amanuensis» Lavaters in Zürich arbeitete, ist das Frühjahr 1774 als terminus ad quem für die Begegnung anzusetzen. – *Roman:* vgl. Anm. zu 156. – *Trauerspiel:* Clavigo (vgl. Anm. zu 177).

215 (75) GJb 7,206ff. (DjG 4,368f.) – Aus einem Reisebrief, unser Ausschnitt in Bern niedergeschrieben. – *Hofmeisters:* J.M.R.Lenz, Der Hofmeister oder Vortheile der Privaterziehung. Eine Komödie. Leipzig 1774. – *Loloischen Genealogie:* nach Schach Lolo in Antoine Gallands ‹Les Mille et une Nuit›, Paris 1745. Den Stoff hat Wieland in seiner Verserzählung ‹Schach Lolo› (erschienen 1778) behandelt. Über die Genealogie vgl. dort Vers 197ff. – *«Brannte nicht unser Herz...»:* Luk.24,32. – *Bei Klopstocken:* in Karlsruhe. G. hatte ihn vorher, wie er in DuW berichtet (GA 10,713f.), in Frankfurt kennengelernt. – *Republik:* Die deutsche Gelehrtenrepublik, Hamburg 1774.

216 (76) K.Weinhold, Heinrich Christian Boie, Halle 1868, 70f. (DjG 4,368) – *Dr. Faust:* eine der frühesten Bezeugungen für G.s Arbeit an dem Drama. Wie das «fast fertig» zu verstehen sein könnte, dazu vgl. Gräf 2,2,15f. Anm. – *Plautinischen Lustspiele:* Lustspiele nach dem Plautus fürs deutsche Theater, 1774. – *zwei neue Produkte:* ‹Der neue Menoza› und ‹Anmerkungen übers Theater nebst angehängten übersetzten Stück Shakespears› – *ein paar Gedichte:* Gräf 3,1,32 Anm. vermutet: «‹An Schwager Kronos›? und etwa ‹Prometheus›, ‹Ganymed›?» wahrscheinlicher auf Lenz bezogen; vgl. z.B. das Briefgedicht Nr. 176.

217 Efterladte Papirer fra den Reventlowske Familiekreds, hrsg. von L.Bobé, Kopenhagen 1895/1931, 8,35 (JbGG NF 2,216) – *über die Begeisterung:* A. Leitzmann (JbGG NF 2,216) vermutet eine Beziehung zu den «Fragmenten eines kleinen Aufsatzes», die Wilhelm Meister in der ‹Theatralischen Sendung› 2,5 (GA 8,615 ff.) vorliest.

218 Nach Abschrift aus Nachlaß FBdm. Gedruckt: Schreiber 24. – *Lila:* Singspiel (GA 6,861 ff.).

219 JbGG NF 19,316 (DjG 4,369) – *zwei Male bei mir gewesen:* «Goethe begleitete Anfang Oktober Klopstock nach Darmstadt, am 16. Oktober war er zum zweiten Mal in der Gesellschaft Boies bei Merck in Darmstadt» (Kraft 175).

220 Jung-Stilling 4,54 – *Herbst 1774:* irrige Angabe Jung-Stillings, der vielmehr im Februar/März 1775 in Frankfurt war; vgl. G.s Schilderung in DuW (GA 10,742 ff.).

221 (82) Pf-B 396 f. (DjG 4,370) – *Des Abends:* es war der Vorabend von Susanne v.Klettenbergs Todestag. – *Medikus:* Dr. J.F.Metz. – *mit dem Prinzen von Weimar nach Mainz:* über die Bekanntschaft mit den Prinzen Carl August und Constantin von Weimar, die Knebel vermittelt hatte, und die Fahrt nach Mainz am 13. Dezember berichtet G. ausführlich in DuW (GA 10,701 ff.).

221a Goethe/Knebel 1,3 – Gemeinsam mit G. verfaßter Brief (DjG^3 4,261 f.) – *[nach Mainz]:* wo man bis zum 16. Dezember blieb.

222 (83) DtRundschau 12,517 ff. (DjG 4,370 ff.) – *Von Wieland:* von Knebels Brief an Wieland weiß man auch durch des letzteren Antwortbrief vom 24.12.1774 (Gaedertz 181 f.). – *Goethens Brief:* G. teilt am 22.12.1774 Sophie v.La Roche mit, daß er aus Mainz an Wieland geschrieben habe (DjG^3 4,262). Auch in DuW berichtet er, daß er veranlaßt ward, «Wielanden einen freundlichen Brief zu schreiben» (GA 10,710). – *ältesten Jacobi:* gemeint sein muß Friedrich (Fritz) Heinrich, der jüngere der beiden Brüder. – *außerordentliche Ähnlichkeit:* wird bestätigt durch G.s Schilderung des ersten Eindrucks von Knebel, «den ich zuerst in der Halbdämmerung für Fritz Jacobi hielt» (ebd 701). – *Schrift auf ihn:* die Farce ‹Das Unglück der Jacobis› (vgl. Anm. zu 143). – *Frauenzimmer in Frankfurt:* Johanna Fahlmer. – *Doktor Faust:* vgl. dazu Gräf 2,2,16 f. Anm.

223 E.v.Bojanowski, Louise Großherzogin von Sachsen Weimar..., 2. Aufl., Stuttgart und Berlin 1905,63 (DjG 4,372) – Datum nach DjG.

224 Nach Abschrift aus Nachlaß FBdm. Gedruckt: JbFDH 1909,325 – Graf v.Schlitz gen. v.Goertz hatte als Oberhofmeister und Prinzenerzieher die weimarischen Prinzen begleitet. G. erwähnt ihn auch in DuW (GA 10,702).

225 (85) Mittheilungen aus dem Litteraturarchiv in Berlin 1897,10 f. (DjG 5,241) – Zimmermanns Besuch, über den G. auch in DuW berichtet (GA 10,714 ff.), fällt noch in das Jahr 1774. – *une planche de la Physiognomique de Lavater:* vgl. Anm. zu 205 unter ‹Schattenriß›. – *Kaiserlichen Rate:* G. berichtet im 2.Buch von DuW, aus welchem Grunde sich sein Vater den «Charakter eines kaiserlichen Rates» verschafft hatte und, ohne ein Amt zu übernehmen, zu den «Zurückgezogenen» gehörte (GA 10,84). –

Un étranger: nicht ermittelt. – *Brief des Pastors:* Brief des Pastors zu xxx an den neuen Pastor zu xxx, 1773 (GA 4,126ff.). – *Zwo unerörterte Fragen:* Zwo wichtige bisher unerörterte biblische Fragen, 1773 (ebd 139ff.). – *Puppenspiel:* vgl. Anm. zu 213 unter ‹Pasquinaden›. – *Une femme du monde:* nicht ermittelt. – *Lavater... de Francfort:* am Tage seiner Ankunft (vgl. Nr. 166). – *... de Zurich:* vgl. Nr. 203.

226 Roth 2,334 (DjG 5,242) – F.H.Jacobi war vom 8.1.–5.2. und vom 24.2.–2.3.1775 in Frankfurt.

227 (79) KnebelNachl 2,72 (DjG 5,243)

228 Wagner 2,122f. (DjG 6,477f.) – *Lilische Epoche:* Umgang G.s mit Lili Schönemann seit Anfang 1775. Die erste Begegnung wird im 16.Buch von DuW geschildert (GA 10,741f.).

229 (86) Roth 1,199ff. (DjG 5,242) – *Kantate des Apollo im Midas:* der Gesang Apollos in der 4.Szene des einaktigen Singspiels ‹Das Urteil des Midas›. – *Shandymus:* Nachahmung von Sternes Stil im ‹Tristram Shandy›. – *Merkur:* Wielands ‹Teutscher Merkur› (seit 1773). – *Iris:* von J.G.Jacobi und W.Heinse herausgegebene Zeitschrift (seit 1774). – *verschiedene Beiträge:* im 1.Stück des 2.Bandes (Januar 1775) die Gedichte ‹Lied, das ein selbst gemahltes Band begleitete› (GA 1,53), ‹Mayfest› (ebd 52f.), ‹Der neue Amadis› (ebd 16). – *Drama mit Arien:* ‹Erwin und Elmire› (GA 4,806ff.), erschienen im 3.Stück des 2.Bandes (März 1775).

230 GJb 31,46ff. – *Arien in Musik gestochen:* das Stück enthielt die Musikbeilage zu ‹Ein Veilchen auf der Wiese stand› (GA 4,815f.). – *Das Veilchen, das Goethe einst Lottchen schickte:* erhalten ist eine «Abschrift von Lotte Jacobi, die sie ihrem Bruder Georg in einem Brief vom 25. Januar 1774... schickte» (DjG³ 4,337).

231 Roth 1,202 (DjG 5,242f.) – *literarischen Manufaktur:* Anspielung auf den ‹Teutschen Merkur›.

232 Roth 1,205 (DjG 5,243) – *Freuden Werthers:* F.Nicolais Satire ‹Freuden des jungen Werthers, Leiden und Freuden Werthers des Mannes›, Berlin 1775, von G. in DuW charakterisiert (GA 10,645). – *die Arie in Erwin und Elmire:* GA 4,819.

233 (87) Zoeppritz 1,23f. (DjG 5,243)

234 (88) Zoeppritz 1,108 (DjG 4,121) – Grumach (BuG 1,317) nimmt als Briefempfänger Georg Melchior Kraus an.

235 (89) wie 208 S. 82ff. und DjG 5,243f. – Vgl. die abweichende Wiedergabe nach Abschrift von Charlotte v.Schiller GJb 10,141 und Anm. ebd 141f. – Der junge Herzog war mit seinem Bruder Georg und einem kleinen Gefolge in Frankfurt. – *Herr von Riese:* G.s Jugendfreund. – *Herr Heim:* Instruktor der Prinzen von Meiningen. – *Der Tod J. Cäsars:* vgl. Anm. zu 173. – *Oper:* Erwin und Elmire.

236 JbFDH 1909,346 – Der letzte Satz könnte sich auf die Begegnung in Mainz 13./16.12.1774 beziehen (siehe Nr. 224). – *«Die Freuden des jungen Werthers»:* vgl. Anm. zu 232.

237 (90) wie 17 S. 4 (DjG 5,245)

238 E.Schmidt, Heinrich Leopold Wagner, 2.Aufl., 1879,128 – *Prometheus:* die Satire ‹Prometheus Deukalion und seine Rezensenten› (1775) von Heinrich Leopold Wagner. G., der für ihren Verfasser gehalten wurde, sah sich zu einer öffentlichen Erklärung, datiert vom 9.4.1775 (GA 4,259), veranlaßt, in welcher er Wagners Verfasserschaft aufdeckte. Er berichtet darüber in DuW (GA 10,711f.). – *die Gans:* «eine der Figuren, unter denen die Rezensenten des ‹Werthers› verspottet werden. Deinet hatte die Spottschrift selber gedruckt.» (Bode 3,429) – *überweisen:* überführen.

239 Grenzboten 70,1911,1,559 (DjG 6,478) – Diese und die folgende Nr. wohl Berichte aus zweiter Hand.

240 wie 238 S.128 (DjG 5,246)

241 DjG 5,246f. – *Freuden des jungen Werthers:* vgl. Anm. zu 232. – *Kriegsfeuer:* «die Empörung Goethes und Friedrich Heinrich Jacobis ... anläßlich Jacobis Aufenthalt in Frankfurt zwischen dem 8.Januar und 5.Februar 1775.» (Kraft 677) – *gedruckten Erklärung:* vgl. Anm. zu 238 unter ‹Prometheus›. – *andres von beiden:* muß heißen «anders von beiden» (Kraft 133). Außerdem muß die Sacherläuterung lauten: Goethes «Leiden des jungen Werthers» und Nicolais «Freuden des jungen Werthers». – *Rezension:* Nicolai hatte Merck beauftragt, G.s ‹Werther› und andere durch dies Werk ausgelöste Schriften zu rezensieren. Die Rezension erschien in der ‹Allgemeinen Deutschen Bibliothek› 1775, wiederabgedruckt: J.H.Merck, Werke, hrsg. von A.Henkel, 1968,586ff.

242 (109) Rieger 82 (DjG 5,247) – *in der Schweiz:* G. war am 14.Mai zu seiner ersten Schweizer Reise aufgebrochen. – *ein Schauspiel für Liebende:* dies der Untertitel von ‹Stella› (GA 4,880ff.). G. arbeitete seit dem Frühjahr an dem Stück und nahm es auf seine Schweizer Reise mit (DjG[3] 5,432).

243 Jung-Stilling 4,73f. – *[Mitte Februar]:* Grumach (BuG 1,362) datiert: Juli/Aug. 1775. Entsprechend wäre für die beiden folgenden Stücke dieser spätere Zeitpunkt anzusetzen. – *die Schleuder...:* die Streitschrift erschien 1775. – *Eichenbergische Buchhandlung:* in Frankfurt.

244 (69) Wagner 1,80 – *Risum teneatis!:* Haltet das Lachen zurück!

245 (124) Pf-B 813f.

246 (91) DjG 5,244f. – G. charakterisiert den Maler und Kupferstecher Georg Melchior Kraus zu Beginn des 20.Buches von DuW (GA 10,835 ff.). – *Er hat... auch etwas gemalt:* G. spricht über seine Versuche in der Ölmalerei in DuW (ebd 616f.). – *Gesichter in Profil:* «Ich zeichnete die Porträte meiner Freunde in Profil auf grau Papier mit weißer und schwarzer Kreide.» (ebd 700) – *Don Quixote:* ‹Leben und Taten des weisen Junkers Don Quixote›, 6 Bde, Weimar 1775/77, die erste vollständige Übersetzung nach dem spanischen Original des Cervantes von F.J.Bertuch.

247 (92) Appell 1049f.(DjG 6,478f.) – Nach Morris (DjG 6,478) «einige nicht recht glaubhafte Anekdoten». G. berichtet über die Offenbacher Verhältnisse im 17.Buch von DuW (GA 10,753ff.). – *Bernard:* Nikolas B., «Onkel Bernard, wie ich ihn gleich mit seinem Familientitel nennen will» (ebd 753). – *André:* das über Johann A. Berichtete offenbar nach DuW (ebd 755). – *Anton André:* Johann Anton A., geb. 6.10.1775. Demnach wäre diese Anekdote auf Herbst 1775 zu datieren.

248 (93) HamannBriefw 3,186 – *Prolegomena:* Christiani Zacchei Telonarchoe Prolegomena über die neueste Auslegung der ältesten Urkunde des menschlichen Geschlechts, 1774. – *ein Kerl von Geist und Leben:* Herders Urteil über G. beruht auf früheren Begegnungen (letztes Zusammensein Mai 1773) und inzwischen gewechselten Briefen. – *Neuen Menoza:* Der neue Menoza. Eine Komödie. Leipzig 1774.

249 (94) Janssen 1,32f. (DjG 5,265) – Die beiden Brüder Christian und Friedrich Leopold Grafen zu Stolberg-Stolberg waren etwa am 8.Mai in Frankfurt eingetroffen. G. berichtet über ihren Aufenthalt in DuW (GA 10,784ff.). – *Haugwitz:* auch ihn erwähnt G. (ebd 784). Er war es, der die Schweizer Reise mit seinen Göttinger Studienfreunden, den Grafen Stolberg, angeregt hatte.

250 J.H.Hennes, Aus Friedrich Leopold v.Stolberg's Jugendjahren, 1876,45 (DjG 5,265) – *er geht mit uns:* G. teilt gleichzeitig seinen Entschluß zur Reise Herder und Sophie v.La Roche mit (DjG^3 5,25). – *Sonntag:* 14.Mai.

251 GKal 1912,106 – *Offenbach[erin]:* Charlotte Nagel. Sie muß, wie aus Nr. 252 hervorgeht, eine vielumworbene Schönheit gewesen sein. Auf sie wird ein Passus aus G.s Brief vom 17.9.1775 an Auguste (Gustgen) Gräfin zu Stolberg bezogen: «Vergängelte ein paar Stunden. Verliebelte ein paar mit einem Mädgen davon dir die Brüder erzählen mögen, das ein seltsames Geschöpf ist.» (DjG^3 5,258 und Anm. 457)

252 wie 251 – Durch dieses zweite Zeugnis wird die Bekanntschaft sowohl Klingers als der Brüder Stolberg mit Charlotte Nagel bestätigt. Vgl. ferner Rieger 73f.

253 (95) Janssen 1,34 und wie 250 S. 46f.(DjG 5,266) – Brief aus Heidelberg. – *Werthers Uniform:* im Roman beschrieben (GA 4,341). Über die damalige Beliebtheit dieser Tracht vgl. SchrGG 22,9. – *Darmstadt:* die erste Station der Reisenden nach ihrem Aufbruch am 14.Mai, auch in DuW erwähnt (GA 10,786ff.). – *Merck:* G. läßt ihn in DuW seine Reisegefährten abschätzig beurteilen (ebd 787), was, wie SchrGG 22,9f. nachgewiesen, nicht den Tatsachen entspricht. – *das weltberühmte Heidelberger Faß:* von Kurfürst Karl Theodor 1751 bestellt, schon damals eine Sehenswürdigkeit.

254 Briefe von und an Klopstock, hrsg. von J.M.Lappenberg, Braunschweig 1867,259f. (DjG 5,266) – Die Reisenden hielten sich vom 17. bis 23. Mai in Karlsruhe, der Residenz des Markgrafen Carl Friedrich von Baden, auf. – *Herzog von Weimar und seinen Bruder:* Carl August war in Begleitung seines Bruders Constantin in Karlsruhe, um seine Heirat mit der Prinzessin Louise von Darmstadt, einer Nichte des Markgrafen, zu betreiben. G. berichtet darüber in DuW (GA 10,789).

255 wie 254 S.261f. (DjG 5,267) – Brief aus Straßburg. Der dortige Aufenthalt wird in DuW nicht erwähnt.

256 (96) wie 208 S.106 (DjG 5,267f.) – *Herrn Heim:* vgl. Anm. zu 235. – *in Cronegks ersten Blüten des Geistes:* Johann Friedrich v.C., Blüthen des Geistes. In Zweyen von seinen bisher nie gedruckten Schriften. Straßburg 1775. – *seine Schwester im Badenschen:* Cornelia war seit 1773 mit Johann

Georg Schlosser verheiratet und lebte in Emmendingen. – *seinen Freund Lenz:* G. erwähnt ihn in einem Brief an Johanna Fahlmer vom 24.Mai (DjG³ 5,229). – *Herr von Dürkheim:* Prinzenerzieher.

257 (99) Janssen 1,36f. (DjG 5,268) – Brief aus Straßburg. – *in Emmendingen:* G. war dort am 28.Mai mit Lenz eingetroffen. Über den Besuch bei seiner Schwester (bis zum 5. Juni) berichtet er in DuW (GA 10,790). – *nach Italien:* erste Andeutung, daß die Schweizer Reise eventuell weiter ausgedehnt werden sollte. – *sein Herz nach Frankfurt:* zu Lili Schönemann.

258 Froitzheim 79f. (DjG 5,268) – Brief aus Straßburg. Luise König ist «die Tochter eines Straßburger Konsulenten, eine treue Freundin von Caroline Herder» (SchrGG 22,14), die Adressatin ist der letzteren Schwester.

259 Froitzheim 81 (DjG 5,268)

260 Janssen 1,40f. (DjG 5,269) – In Zürich waren die Reisenden am 9.Juni abends angekommen. – *Lavater:* zu ihm eilte G. zuerst, wie er in seinem Bericht über den Zürcher Aufenthalt (GA 10,794ff.) betont. – *Lebensbeschreibung der drei letzten Jahre Jesu:* Johann Jakob Heß, Geschichte der drei letzten Lebensjahre Jesu, 1768/83. – *Goethe, welcher bei Lavater wohnt:* in der Spiegelgasse. «Das Haus – jetzt Nr. 11 – trägt über der Tür die alte Inschrift: Zum Waldries [vielmehr: Waldreis] 1740.» (SchrGG 22,18).

261 (106) VarnhagenNachl 2,254 (DjG 5,270) – *Minister Grafen Haugwitz:* H. war 1802/04 und 1805/06 preußischer Außenminister. – *zu einer Predigt... die beiden fehlenden Teile:* wenn glaubhaft, dann ist anzunehmen, daß G. sie, wie seinen Brief an Sophie v.La Roche vom 12.6.1775, «An Lavaters Pult» (DjG³ 5,230) geschrieben hat.

262 a.a.O. 93f.(DjG 5,274f.) – Über Heinrich B. aus Rümikon vgl. SchrGG 22,24. – *Brachmonat:* Juni. – *nach dem Katzenreutihof zu Kleinjogg:* über den philosophischen Bauer Jakob Gujer, genannt Chlyjogg (klein Jakob), und sein Pachtgut, den Katzenrütihof, zwei Stunden von Zürich, ausführlich SchrGG 22,23f. Vgl. ferner W.Guyer, Kleinjogg, der Zürcher Bauer, Erlenbach-Zürich 1972. G. erwähnt den Besuch in dem in Anm. zu 261 genannten Brief an Sophie v.La Roche.

263 Im neuen Reich 1878,2,606.

264 (101) GJb 5,192 (DjG 5,269f.) – Über den damals fast siebenundsiebzigjährigen Bodmer vgl. SchrGG 22,20. G. schildert ihn in DuW (GA 10,797f.). – *in der Enge:* damals Vorort, heute Stadtteil Zürichs. – *Brutus... Cassius... Cäsar:* ein weiteres Zeugnis für G.s Beschäftigung mit dem Cäsar-Stoff (vgl. Anm. zu 173). – *ex insidiis:* aus dem Hinterhalt. – *Dr. Faustus:* wichtiges Zeugnis für Goethes Arbeit am ‹Faust›.

265 (100) GJb 5,193 (DjG 5,270) – *in Eschers Hause:* «Es ist wohl Bodmers Neffe und nachheriger Erbe gemeint; sein Haus nannte sich ‹Wollenhof›.» (GJb 5,193)

266 Janssen 1,43f. (DjG 5,270f.) – Der 16.Juni war ein Freitag; da aber beim Datum Montag angegeben ist, so müßte der Brief am 19. geschrieben sein. – *zwei Frankfurter:* Jakob Ludwig Passavant und Philipp Christoph Kayser. - *Landpfarrer:* nach SchrGG 22,28 Pfarrer Däniker in Oberrieden. - *Kloster Einsiedeln:* Benediktinerabtei und Wallfahrtskirche. G. schildert den Besuch in DuW (GA 10,801 ff.).

267 GJb 21,110 - Wenn das Datum stimmt, muß der Brief in G.s Abwesenheit geschrieben sein, der, wie er selber in DuW berichtet (GA 10,803), am 16.Juni zum Gotthard aufgebrochen und erst am 26. wieder in Zürich eingetroffen ist. - *Waldreis:* Lavaters Haus, vgl. Anm. zu 260.

268 HerderNachl 2,145 (DjG 5,276) - Dieses und das folgende Zeugnis Resümee der beiden Aufenthalte G.s in Zürich (9./15.6. und 26.6./6.7.1775).

269 (107) SchrGG 16,342 (DjG 5,275) - *Prometheus:* vgl. Anm. zu 238. - *Menschen, Tier und Goethe:* über die wenige Wochen nach G.s Abreise erschienene Farce ‹Menschen Thiere und Göthe› von Johann Jakob Hottinger vgl. SchrGG 22,36. - *neben Basedow und Hasenkamp:* vgl. Nr. 185 f.. - *bei Kleinjoggen und Boßhard:* vgl. Nr. 262.

270 GJb 5,194 (DjG 5,271) - *auf den Gotthardberg:* Aufbruch am 16.Juni. Vgl. G.s Reisetagebuch (DjG^3 5,236 f.) und die Schilderung in DuW (GA 10,803 ff.). - *bis Mailand:* vgl. Anm. zu 257 unter ‹nach Italien›, ferner SchrGG 22,32.

271 (102) Janssen 1,45 (DjG 5,271) - *mit einem hiesigen Freunde:* Jakob Ludwig Passavant. G. charakterisiert ihn in DuW (GA 10,798 f.). Passavant habe gewußt, ihn «in die Gebirge zu locken» (ebd 799).

272 (103) Archiv für Frankfurts Geschichte und Kunst, 3.Folge 1888, Bd 1, 33 f. - *Goethes Darstellung:* in DuW (GA 10,810 ff.). Die Umkehr am Gotthard geschah am 23.Juni.

273 (104) GJb 5,194 (DjG 5,273) - *nach seiner Wiederkunft vom Gotthardberge:* G. war am 26.Juni wieder in Zürich eingetroffen. - *Prometheus:* vgl. Anm. zu 238.

274 GJb 5,195 - Am Tage von G.s Abreise geschrieben.

275 GJb 5,196 und GJb 4,316 f. (DjG 5,274) - *der von Lindau:* G. nennt ihn in DuW «einen jungen in der Einsamkeit sich gefallenden Hannoveraner» (GA 10,813). - *depontanum:* ein depontanus wird der wegen hohen Alters von öffentlichen Angelegenheiten Entfernte genannt. - *polit:* höflich. - *Breitinger, Steinbrüchel, Hottinger:* werden von G. in DuW nicht erwähnt.

276 GJb 5,197 (DjG 5,275 f.) - *fustian:* englisch ‹hochtrabend›, ‹schwülstig›; Lesung jedoch fraglich (vgl. Anm. GJb 5,197).

277 (105) Janssen 1,46 f. (DjG 5,273) - G. irrt, wenn er in DuW schreibt: «Bei meiner Rückkunft in Zürich fand ich die Stolberge nicht mehr...» (GA 10,813) - *Übermorgen:* G. ist erst am 6.Juli aufgebrochen.

278 Briefe Friedrich Leopolds Grafen zu Stolberg und der Seinigen an Johann Heinrich Voß, hrsg. von O.Hellinghaus, Münster i.W. 1891 S. 35 - Dieses enthusiastische Freundschaftszeugnis steht im Gegensatz zu der Entfremdung, von der G. in DuW berichtet (GA 10,796).

279 BerFDH NF 7,444 (DjG 5,273) - Zu Kayser vgl. Anm. zu 266 unter ‹zwei Frankfurter›.

280 Bode 3,431 - Die Begegnung mit dem Arzt Dr. Johannes Hotz oder Hotze in Richterswil fand anläßlich der Fahrt auf dem Zürcher See am 15.Juni statt. G. erwähnt ihn in DuW (GA 10,800).

281 Europa 1840,3,129f.(DjG 5,273f.) – Wilhelm Brenner: ein junger Theologe aus Basel. – *Die Leiden des jungen Werthers:* es folgt noch eine längere offenherzige Kritik an dem «Traktätlein» vom christlichen Standpunkt aus, nachzulesen bei Amelung 1,121ff.

282 Urlichs 2,72 (DjG 6,489) – *[Magdalene Schweizer geb. Heß]:* «Magdalene Heß, die Tochter des Postdirektors Johann Jakob Heß... stand wenige Tage vor ihrer Hochzeit mit Johann Caspar Schweizer... den sie am 11.Juli heiratete.» (SchrGG 22,34; dort auch weiteres über sie)

283 Im neuen Reich 1877,2,103 (DjG 5,276f.) – Johannes Tobler war Diakon am Fraumünster in Zürich. Das Gedicht findet sich in seiner anonym herausgegebenen Sammlung ‹Odaische und andere Versblätter›. (SchrGG 22,35) – *Waldreis:* Lavaters Haus, vgl. Anm. zu 260. – *Geßner:* ein Zeugnis für eine Begegnung G.s mit Salomon Geßner, dem damals bedeutendsten Dichter in Zürich, gibt es nicht, doch ist eine solche nicht unwahrscheinlich (SchrGG 22,21).

284 (108) GJb 5,195 (DjG 5,277) – *in Baden:* G. verließ Zürich am 6.Juli und reiste über Baden und Brugg nach Basel (SchrGG 22,36).

285 GJb 29,177 (DjG 5,277) – Ohne Kenntnis dieses Zeugnisses wird SchrGG 22,37 bereits die Vermutung ausgesprochen, daß G. den Kupferstecher Christian v.Mechel besucht habe.

286 GJb 6,89 (DjG 5,277f.) – Über den Basler Ratsschreiber und philosophischen Schriftsteller Isaak Iselin vgl. GJb 6,84f. – *Leuchsenring:* «Iselin vergleicht Goethe mit Leuchsenring, weil er diesen persönlich kannte und ihn einige Jahre lang für ein Genie hielt – ein damals weitverbreiteter Irrtum.» (SchrGG 22,37) – *Jean Rodolphe Frey:* der Briefempfänger. – *Remeli Frey:* dessen Söhnchen, Iselins Patenkind (GJb 6,89f.).

287 GJb 6,90 (DjG 5,278) – *Tätigkeit zu spiegeln, Stärke zu zeigen:* Versuch einer Charakterisierung der Sturm-und-Drang-Bewegung.

288 Froitzheim 83 (DjG 5,279) – Nachschrift zu einem Brief von Luise König an Caroline Herder (Freye-Stammler 111ff.). – *auf dem hohen Münsterturm:* in der ‹Dritten Wallfahrt nach Erwins Grabe im Juli 1775› (Handschrift vom 13.7.1775) heißt es am Schluß: «Hier ward durch Lenzens Ankunft die Andacht des Schreibers unterbrochen, die Empfindung ging in Gespräch über...» (GA 13,56)

289 GJb 10,69f. (DjG 5,279f.) – Das Fragment wiederabgedruckt Titel-Haug 1,254ff. – Poetischer Reflex des Zusammenseins mit G. während dessen Aufenthalt in Straßburg 13./20.7.1775. – *Dein Bild:* vielleicht ist die Porträtbüste Cornelias (Corpus VI B Nr. 229) gemeint. – *ich muß von ihm:* «Lenz plante damals noch eine längere Reise durch verschiedene Länder als Begleiter eines jüdischen Bankierssohns aus Berlin, aus der jedoch nichts wurde.» (Titel-Haug 1,639)

290 (99a) Briefe Goethes an Sophie von La Roche und Bettina Brentano..., hrsg. von G.v.Loeper, Berlin 1879,201 (DjG 5,279)

291 A.Stöber, Johann Gottfried Röderer, von Straßburg und seine Freunde, 2.Aufl. Colmar 1874,177 (DjG 5,280)

292 Iris 4,2,August 1775,147 (DjG 5,280) – *Der Wasserzoll:* doppelsinnig, in Anspielung auf die Tränen der Sehnsucht und das Wirtshaus ‹Zum Wasserzoll› an der Ill. Dort fand das gemeinsame Mittagessen statt, von dem G. spontan im Brief vom 24.5.1775 an Johanna Fahlmer berichtet (DjG^3 5,229).

293 WA IV 40,457 f. (DjG 5,279) – Nach GHb^2 1, 2179 nicht 1825, sondern 1826. Zur Einordnung vgl. Morris (DjG 6,490): «Engelhardt verlegt den Vorgang in Goethes ersten Straßburger Aufenthalt [1770/71], aber jener Säugling war wohl nicht Engelhardts ‹um weniges älterer› Bruder, sondern vielmehr er selbst (geb. am 25. April 1775). Sein Vater war ein Vetter des Aktuars Salzmann.» Dagegen hat sich Grumach (BuG 1,185) für 1770/71 entschieden.

294 (97) wie 225 S. 15 ff. (DjG 5,278 f.) – Zimmermann war «auf einer Urlaubsreise nach seiner schweizerischen Heimat begriffen» (SchrGG 22,37).

295 (97a) aaO 2.Theil,33 – *Alles um Liebe:* mündlich? Im dritten Versuch von Lavaters ‹Physiognomischen Fragmenten› (1775/78) findet sich zu Goethes Silhouette die Bemerkung: «Thut alles um Liebe.» (vgl. Schulte-Strathaus Tafel 20 und Text S. 16). Ferner besaß G. ein Petschaft mit der Devise «Alles um Liebe» (Hinweis bei Fränkel 1,14 Anm.). Die gleiche Wendung taucht später in dem 1805 geschriebenen, jedoch erst 1816 veröffentlichten neuen Schluß der ‹Stella› auf: «Alles um Liebe, war die Losung meines Lebens. Alles um Liebe, und so nun auch den Tod.» (GA 4,926); vgl. auch Nr. 3139

296 (110) HamannBriefw 3,201 f. (DjG 5,280) – G. war am 21. Juli in Darmstadt und ist am 22. in Frankfurt eingetroffen. Am 26. meldet er Sophie v.La Roche: «ich bin wieder da seit einigen Tagen, habe Herdern in Darmstadt angetroffen, und bin mit ihm und seinem Weibgen herüber.» (DjG^3 5,243) – *[Nicolai]:* vgl. Anm. zu 232; seine ‹Anekdote zu den Freuden des jungen Werther› (WA I 38,37 und 433) ließ G. nicht drucken; zu dem Gedicht ‹Nicolai auf Werthers Grabe› vgl. WA 5 II, 277 ff. – *Kanters Märchen:* «Der Buchhändler Kanter aus Königsberg hatte Herder im Juni 1775 in Bückeburg besucht.» (DjG 6,490) Vgl. ferner Kanters Kennzeichnung als schwatzhaften «Windbeutel» in Herders Brief an Hamann vom 29.7.1775 (ebd).

297 HerderNachl 2,141 ff. (DjG 5,280) – *«Apokalypse»:* Herders Interpretation der Offenbarung Johannes, erst 1779 unter dem Titel ‹ΜΑΡΑΝΑΘΑ› erschienen.

298 (110a) Grenzboten 1870,II,1,427 (DjG 5,469) – Der Besuch Millers bei G. muß vor dem 19.August stattgefunden haben (vgl. BuG 1,364). – *Kupfer von Goethe:* vielleicht Schulte-Strathaus Nr. 15.

299 (110b) wie 298 S. 431.

300 Jung-Stilling 4,69 – *mißglückten Augenoperation:* G. berichtet ausführlich darüber gegen Ende des 16.Buches von DuW (GA 10,742 ff.), vor allem auch über Jung-Stillings Verzweiflung (ebd 746 f.). Der Vorgang gehört wohl ins Frühjahr 1775; Jung-Stilling war allerdings im Juli/August 1775 noch einmal in Frankfurt (vgl. Anm. zu 243).

301 (111) Deutsches Museum 2,1778,204 (DjG 5,469) – Datierung nach J.G.Sulzer, Tagebuch einer ... in den Jahren 1775 und 1776 gethanen Reise und Rückreise, Leipzig 1780,16: «Den 2 und 3 September. Aufenthalt in Frankfurt.» G. erwähnt die «Stelle seiner Reisebeschreibung, worin er mein gedenkt» in DuW (GA 10,720).

302 (112) GJb 5,198 (DjG 5,469)

303 Mannheimer Geschichtsblätter, 6.Jg., Nr. 5, Mai 1905, Sp.143f. (JbGG NF 2,217) – Gottlieb Christian Götz: damals siebzehnjähriger Buchhändlerlehrling, auf dem Wege nach Leipzig.

304 (97) wie 225 S. 16 (DjG 5,470) – G. erwähnt den Besuch Zimmermanns u.a. in seinem Brief an Lavater vom 28.9.1775 (DjG^3 5,260), ferner in DuW (GA 10,714 ff.).

305 (115) HerderNachl 2,350f. (DjG 5,469f.) – *der Herzog:* Carl August. G. erwähnt ihn in dem Brief an Lavater vom 28.9.1775 (DjG^3 5,261).

306 (116) U.Hegner, Beiträge zur nähern Kenntniß ... Johann Kaspar Lavaters, 1836,65f. (DjG 5,470) – *Tracassier ... Tracasserien:* Quälgeist ... Neckereien.

307 GJb 11,267 (DjG 5,470f.) – *noch in Leipzig:* G. war vielmehr zur Zeit der Abfassung des Briefes in Weimar; er reiste erst Ende März 1776 nach Leipzig. – *physiognomischen Transaktionen:* die Aushängebogen der ‹Physiognomischen Fragmente› Lavaters gingen durch G.s Hand an den Autor. – *Fragmente ... die mich ... halb tot lachen machten:* wohl die Szene ‹Auerbachs Keller in Leipzig›.

308 (114) Festschrift zur Begrüßung des 5. allgemeinen deutschen Neuphilologentags zu Berlin, 1892,84 (DjG 5,470)

309 (113) Im neuen Reich 1878,2,603f. (DjG 5,471) – *Cenci ... Bild in Rom:* das nach neueren Forschungen fälschlich Guido Reni zugeschriebene Gemälde in Rom stellt nicht die «schöne Vatermörderin» Beatrice Cenci (enthauptet 11.9.1599) dar. Die sich um das Bild rankende Legende verfehlte jedoch nicht ihre Wirkung auf Goethe und seine Zeitgenossen (vgl. Nr. 782) – *Lavaters Physiognomik:* es erschien in der Tat 1778 als 7. Tafel (jedoch nicht Abschluß) des 4. Bandes von L.s ‹Physiognomischen Fragmenten› als ein «auffallendes allanziehendes Gesichtgen! von Guido vermuthlich unlange vor ihrem Tode gezeichnet – von einem guten Mahler kopirt, von Sturzens Meisterhand nachkrayonirt, und von Lipsen radirt – und nicht erreicht – und dennoch wie sprechend für alle Menschenaugen!» (ebd 125)

310 (117) Johann Heinrich Mercks Schriften und Briefwechsel, hrsg. von Kurt Wolff Bd 2. Leipzig 1909, S. 67 ff. (DjG 6,556) – *von einem meiner Freunde gekränkt:* gemeint ist G., Näheres vgl. Kraft 680. – *Inskription der griechischen Historie:* Morris (DjG 6,556) konjiziert «Gleichischen Historie»: gemeint ist Cezilies Erzählung vom Grafen von Gleichen (GA 4,922f.). – *Fresko-Arbeit menschlicher Geschichte:* G. gebraucht Herder gegenüber im Brief vom 12.5.1775 auch den Ausdruck «Fresko Mahlerey» mit Bezug auf ‹Erwin und Elmire› (DjG^3 5,25 und Anm. 422). – *Rationem artis:* Kunsttheorie. – *Clavigo:* Merck habe, so G. in DuW, über den

C. geäußert: «solch einen Quark mußt du mir künftig nicht mehr schreiben; das können die andern auch». (GA 10,724)

311 GJb 13,15f. (DjG 6,554) - Das Datum «27 X. 95» ist wohl als Dezember zu lesen (so DjG und BuG 1,371) - *Lise Türckheim:* Lili v.T., geb. Schönemann. Der Bericht über die Verlobungszeit bildet den Hauptinhalt des 4. Buches von DuW (GA 10,727ff.). Die Trennung vollzog sich im September 1775.

312 (118) Grenzboten 1869,II,1,210 (DjG 5,468) - Die Begegnung fand im Winter 1794/95 statt. «Die Richtigkeit der Mitteilung wurde von Lilis Enkel angefochten» (vgl. $Bi^2$5,14 Anm 118), sie mag auch etwas forciert formuliert sein.

313 (119a) Rieger 379 (DjG 5,471)

314 GJb 8,275 (DjG 6,555) - *Werthers Uniform:* vgl. Anm. zu 253.

315 Rieger 381 (DjG 5,471)

316 Rieger 388 (DjG 5,471) - Datum nach BuG 1,379: 16.[30.?] 6.1776.

317 (120a) Pf-B 314 - *succinte:* kurzgefaßte. - *coup manqué:* Fehlschlag. - *nach Weimar:* G. war dort am 7. November eingetroffen. - *Herzog von Weimar... mit der... Prinzessin Louise vermählt:* die Hochzeit hatte am 3.10.1775 in Karlsruhe stattgefunden. - *nach Frankfurt:* am 12. Oktober. - *nach Weimar eingeladen:* «eine Einladung nach Weimar lag seit Ende September vor» (DjG^3 5,458). Vgl. G.s Darstellung in DuW (GA 10,843ff.).

318 aaO 2. Aufl., S. 148f.

319 (125a) J.L.Ewald, Fantasien auf einer Reise durch Gegenden des Friedens, Hannover 1799,164f. (DjG 5,472) - Grumach (BuG 1,368) datiert: Offenbach 17.9.1775. Er nimmt dabei Bezug auf die Erwähnung eines «iungen Paars» im Brief an Gustgen Stolberg vom 16.9.1775 (DjG^3 5,258), womit der Pfarrer Johann Ludwig Ewald und seine Frau Rachel Gertrud geb. du Fay gemeint sei, die kurz vorher, am 10.9.1775, geheiratet hatten. - *kleine Lied von Goethe:* ‹Künstlers Fug und Recht› (GA 1,394f.).

320 (123) Oehlke 3,70

321 Bode 1,116 - *hier:* in Dresden. - *auf Universitäten:* Grumach (BuG 1,187) nimmt Straßburg (1770/71) an.

322 Nach der Hs. im Goethe-Museum Düsseldorf. Es handelt sich um eine eigenhändige Notiz Lenzens, zu datieren wohl Frühjahr 1775.

323 (128) Roth 1, 228f. - *Allwills Papiere:* «Der Anfang von Friedrich Jacobis philosophischem Roman Eduard Allwills Papiere erschien im September 1775 in der Zeitschrift Iris, dann wieder mit Fortsetzung im April 1776 im Teutschen Merkur (vgl. Nr. 393), ferner 1781 in Jacobis Vermischten Schriften und in letzter Bearbeitung unter dem Titel Eduard Allwills Briefsammlung 1792.» (Bi^2 5,15)

324 (127) SchrGG 16,343 - *Kupfern zum zweiten Teil der Physiognomischen Fragmente:* vgl. Anm. zu 171. - *nach Frankfurt zu schicken:* Zeugnis dafür, daß G.s Aufenthalt in Weimar ursprünglich nur als Besuch geplant war. - Δευτεραι...: Eurip. Hipp. 436, sprichwörtlich: Die zweiten Überlegungen sind die klügeren. [Hier die folgende erfreuliche Mitteilung einleitend.] - *meines ältesten Mädchens:* Sophie Katharina.

325 WielandBr 245f.

326 (129) Grenzboten 1874, I, 1, 376f. – Zu Philipp Seidel vgl. Anm. zu 76. – *einen Roman, von welchem mein Herr der Verfasser ist:* nach Schleif, S. 31, ist die Lesung «mein Herr» aus einer «nicht zu entziffernden Geheimschrift» erschlossen. Es ist nicht bekannt, daß G. damals an einem Roman arbeitete; die ersten Zeugnisse für die Entstehung des ‹Wilhelm Meister› fallen in das Jahr 1777. – *Korsika:* «Goethe und Philipp hatten den Freiheitshelden Paoli in Frankfurt gesehen.» (Bode 3, 433)

327 Janssen 1, 61 – «Fritz Stolberg war von Karl August als Kammerherr nach Weimar berufen worden, hielt sich zunächst im Dezember [26.11./3.12.] 1775 einige Zeit dort auf, um sich mit den Verhältnissen bekannt zu machen. Auf Veranlassung Klopstocks trat er aber schließlich zurück.» (Bi^2 5, 15) Vgl. ferner Nr. 331 und Nr. 333 und Anm.

328 Janssen 1, 61f. – *Statthalter:* Karl Theodor Anton Reichsfreiherr v. Dalberg (vgl. Nr. 331).

329 (131) Janssen 1, 63 – *Einen Nachmittag:* Die Brüder Stolberg waren bis zum 3.12.1775 in Weimar. – *seinen halbfertigen Faust:* Was unter «halbfertig» zu verstehen ist, erläutert Gräf 2, 2, 33. – *Herzoginnen:* die Herzogin-Mutter Anna Amalia und Herzogin Louise.

330 GJb 10, 144 – Dieser und die folgenden Berichte Stolbergs reflektieren seinen Besuch vom 26.11. bis 3.12.1775 in Weimar.

331 GJb 29, 28 – *in Dienste gehen:* vgl. Anm. zu 327.

332 (132) Janssen 1, 70f. – Grumach (BuG 1, 391) nimmt als Briefempfängerin Stolbergs Schwester Katharina an. – *an einem der letzten Tage:* vgl. Anm. zu 329.

333 (134) Im neuen Reich 1874, 2, 337 – *Korrespondenz mit Goethe:* auf einen ermahnenden Brief Klopstocks vom 8.3.1776 hatte G. am 21.5.1776 kurz und ablehnend geantwortet (WA IV 3, 63f.), woraufhin Klopstock den Briefwechsel schroff beendete (vgl. HA Br 1, 648f.).

334 (133) Janssen 1, 91

335 (130) Archiv 4, 311f.– *im Merkur:* in Wielands Zeitschrift ‹Der Teutsche Merkur›. – *für die Physiognomischen Fragmente zu arbeiten:* vgl. Anm. zu 171. – *Prof. Meister… Geschwätz über die Schwärmerei:* Leonhard M. war seit 1773 Professor der Geschichte an der Kunstschule zu Zürich. «Er schrieb mit einer Leichtigkeit, die gelegentlich der Gründlichkeit Eintrag tat.» (Brockhaus ^{9}1846). Zur negativen Beurteilung auch durch G. vgl. BuG 1, 394. – *préalablement:* vorläufig.

336 Gedruckt: GJb 9, 303. Hier nach der Handschrift im Goethe-Museum Düsseldorf. Der Empfänger ist jedoch nicht Merck. Nach dem Erstdruck des Briefes im ‹Morgenblatt› Nr. 161 vom 6.7.1820 handelt es sich vielmehr um Anton v. Klein (Hinweis von O. Fambach).

337 Wielands Briefwechsel mit der Familie v. Keller…, hrsg. von J. Biereye, 1932, 34 – *Einsiedelei:* auf dem Gute Stedten, 6 km von Erfurt entfernt. – *Psyche:* Julie v. Bechtolsheim, geb. v. Keller (vgl. Wielands Gedicht ‹An Psyche› Nr. 352). – *Wir kommen:* der Besuch fand vom 1. bis 3.1.1776 statt (vgl. die Zeugnisse Nr. 351–353).

338 Wahl 1, 356 – *Waldeck bei Bürgel:* in der Nähe von Jena. Über den

Ausflug vgl. Wahl 1, 355 und G.s Brief an Carl August vom 23./26.12.1775 (WA IV 3, 7ff.). – *Stachelschlitten:* nach Adelung «kleiner niedriger Schlitten, in welchem man sich... auf dem Eise vermittelst zweyer mit eisernen Stacheln versehener Stäbe selbst forthilft». – *diesen Brief... zu übergeben:* das herzogliche Paar war während der Weihnachtstage in Gotha, wohin G. nachfolgte (vgl. Nr. 340 und 341).

339 (137) wie 225 S. 18f. und 21 (DjG 5, 470) – *ma fille:* Zimmermanns Tochter Katharina hatte im Anschluß an den Besuch in Frankfurt (vgl. Nr. 304–309) einige Zeit in G.s Elternhaus verbracht. Vgl. G.s Darstellung in DuW (GA 10, 716), in der das Verhältnis Zimmermanns zu seiner Tochter in einem ungünstigen Lichte erscheint und außerdem von der Möglichkeit einer Verbindung G.s mit dem Mädchen die Rede ist. – *votre silhouette:* vgl. Zimmermanns Brief vom 22.10.1775 (Nr. 294). – *durchs Medium der Liebe:* Anspielung auf die ebd überlieferte Äußerung G.s.

340 nach Abschrift Nachl. FBdm. Gedruckt: Festschrift Dobenecker 421 – Dobenecker datiert 12.12.1775 und nimmt Gotha oder Erfurt als Ort an. Dies erscheint fraglich. – *je veux dire:* ce veux dire (Dobenecker).

341 (135) R. Schlösser, Friedrich Wilhelm Gotter, 1894, 109 – *[in Gotha]:* vgl. Anm. 338.

342 Knebel Nachl. 1, 29 – Dieses und die folgenden Zeugnisse beziehen sich, ohne im einzelnen genauer datierbar zu sein, auf G.s erste Weimarer Zeit bis Ende 1775, reichen zum Teil auch bis in den Anfang des Jahres 1776 hinein. – *die Werthersche Montierung:* vgl. Anm. zu 253.

343 Deutsche Klinik 1863, 137f. – *tödliche Krankheit des Herzogs:* dies ist eine Übertreibung; der damaligen Medizin waren die Frischluft-Therapien Goethes unheimlich; s. Nr. 348 am Ende – *Goethes Uniform:* gemeint ist Werthers Kleidung (vgl. Nr. 253).

344 (127a) Stein Aufz. 2ff. – *Schauspiele:* gemeint sind Liebhaberaufführungen, vgl. Sichardt – *in einem... Schreibtische... aufzeichnete:* «Auf der inneren Platte von Charlottens Schreibtisch schrieb er seinen Namen und das Datum ein: ‹Goethe d. 6. Dez. 75.›» (W. Bode, Charlotte von Stein, 1914, 75f.)

345 Lyncker 46ff. – *Landschaftskollegialhause:* über die erste Stadtwohnung der Familie v. Stein (bis 1777) vgl. W. Bodes Anm. Lyncker 163. – *in der Steinschen Wohnung:* Ackerwand 27; vgl. im übrigen W. Bodes Anm. ebd.

346 Bö 1, 52 – *in Triumph:* Böttiger berichtet vorher, daß G. im «Staatswagen» nach Weimar kam. – *Kalb logierte ihn... bei seinem Vater:* bis zum 18.3.1776 wohnte G. bei Karl Alexander v. Kalb. Als sich sein Bleiben in Weimar entschieden hatte, mietete er ein eigenes Haus (vgl. Nr. 378). – *Liebelei... mit seiner... Schwester:* Sophia Friederike. Zur Glaubwürdigkeit dieser Geschichte vgl. J.L. Klarmann, Geschichte der Familie von Kalb auf Kalbsrieth, 1902, 78f., Anm. Nr. 5. – *Seladonschaft bei der... Kotzebue:* von der Neigung G.s zu Amalia K. berichtet auch ihr Bruder August (vgl. Nr. 605) und G. selber im Gespräch (vgl. Nr. 5376). – *Die Geschwister:* das Schauspiel in einem Akt (GA 6, 483ff.) wurde am 21.11.1776 mit G. und Amalie Kotzebue in den Hauptrollen aufgeführt (vgl. Sichardt 140). Darauf dürfte die irrige Meinung, daß das Stück *für* Amalia geschrieben sei, beruhen. – *Epigramm zum Denkmal:* «Hier gedachte still ein Liebender seiner Geliebten...», später unter der Überschrift ‹Erwählter Fels› veröffentlicht (GA 1, 351). Angebracht auf einer in einen Felsen eingelassenen Tafel bei dem Lieblingsplatz von Charlotte v. Stein in der Nähe von Goethes Gartenhaus.

347 (136) Bö 1, 221 f. – *der Herzog, mit welchem Goethe alle Mittage aß:* vgl. die Auszüge aus dem Weimarer Fourierbuch in BuG 1 von S. 386 an unter dem Strich. – *das Wort unendlich... Stichwort:* über dies Modewort und den Zusammenhang mit Goethes Dichtungen vgl. B. Maurach in Jb FDH 1978, 236. – *seinen Bedienten:* Philipp Seidel.

348 Bö 1, 203 f. – *Exadvokat Goethe:* über seine «Advokatur» in der letzten Frankfurter Zeit berichtet G. im 13. Buch von DuW (GA 10, 617 ff.). Seine Rechtsanwaltsschriften sind in DjG bzw. DjG^3 abgedruckt. – *die verwitwete Herzogin:* Anna Amalia. – *Wertherfrack:* vgl. Anm. zu 253 und Nr. 343. – *regierenden Herzogin:* Louise, die zurückhaltender war als ihre Schwiegermutter. – *zog die Verwitwete alles an sich:* Anna Amalia und ihr ‹Musenhof› bildeten damals den geistigen Mittelpunkt Weimars. – *Parforcekarbatsche:* Peitsche für die Parforcejagd. – *Bertuch... mystifiziert und geärgert:* vgl. Böttigers anekdotischen Bericht in GJb 4, 201.

349 Bö 1, 53 – *Kanevasweste:* Weste aus grobem Leinen.

350 (137a) Bö 1, 61 – Vgl. die ähnlichen Berichte am Ende von Nr. 354 und Nr. 362.

351 wie 337 S. 65 – Zu dem Besuch in Stedten vom 1. bis 3.1.1776 vgl. die Ankündigung in Nr. 337 – *le plus chéri des époux:* Johann Ludwig Freiherr v. Mauchenheim, gen. v. Bechtolsheim; ihr Onkel, mit dem sie seit dem 4.4.1774 verheiratet war. – *la meilleure des mères:* Auguste v. Keller, geb. v. Mauchenheim, gen. v. Bechtolsheim. – *Tiger und Lamm:* vgl. Nr. 269. – *poème à Psyché:* vgl. Nr. 352.

352 Der Teutsche Merkur 1776, 15 ff. – «Das Gedicht, Julie von Bechtolsheim gewidmet, stellt die schönste poetische Schilderung des jungen Goethe dar, die bekannt ist.» (Wieland, Werke, hrsg. von F. Martini und H.W. Seiffert, Bd 4, 1965, 900). Der Schluß des Gedichtes ist ein Stimmungsbild der gemeinsamen Rückfahrt Wielands und G.s bei grimmiger Kälte.

353 F. Horn, C.M. Wieland's Briefe an Sophie von La Roche..., 1820, 180 f.. – *Julie:* v. Bechtolsheim.

354 Bö 1, 202 f. – *Mutter der Frau von Bechtolsheim:* vgl. Anm. zu 351. – *in einem Liede:* vgl. Nr. 352. – *erst an ihren jetzigen Mann versprochen:* irrig, vgl. Anm. zu 351 unter ‹le plus chéri des époux› – *ich hab's doch unterlassen:* das Gedicht ist in der Tat nicht in Wielands Ausgabe letzter Hand aufgenommen worden. – *Idololatrie:* Götzendienst. – *Spruch des Plato:* entspricht dem Sinne nach der Eros-Lehre Platons, vgl. Lysis 212 a ff.; Symposion 199 c ff.; Phaidros 249 d ff. – *auf dem Boden... herumgewälzt:* vgl. Nr. 350 und Nr. 362.

355 R. Keil, Vor hundert Jahren, 1875, 1,27 und 31 ff. – Produktionen dieser Art, offenbar ‹Matinées› genannt, «mit denen die genialen Schöngeister Weimars ihre Eigenheiten launisch-satyrisch zu geißeln liebten» (Keil Anm. ebd), scheinen damals üblich gewesen zu sein. Vgl. G. an Merck 8.3.1776: «Schick mir die Matinees wieder, so kriegst du mehr, wir machen des Teufels Zeug...» (WA IV 3,38) – *Ausbund:* Goethe. – *Buch von ein'm albern Tropf:* ‹Werther›. – *Paradiert:* Parodiert?

356 (138) Wieland Br 3,246f. – *Was Gott zusammengefügt hat...:* Matth. 19,6 – *effort:* Anstrengung, Bemühung.

357 Henriette Feuerbach, Uz und Cronegk, 1866, 173 – *duzt sich mit dem Herzog:* ob G. den Herzog im mündlichen Umgang geduzt habe, erscheint fraglich. Während Carl August in seinen Briefen G. duzt, behält dieser konsequent das Sie bei.

358 (139) GJb 29,27 – *Sappho:* die ‹Karschin› wurde damals, besonders in ihrem Wohnort Berlin, als ‹deutsche Sappho› gefeiert.

359 GJb 2,386 – *in Knittelversen:* vgl. das ‹An den Herzog Carl August› überschriebene und mit ‹Seb. Simpel› unterzeichnete Gedicht (GA 2,229f.). Über den Vorgang, der sich auf Schloß Stedten bei Erfurt abgespielt haben soll, und die Entstehung des Gedichts handelt ausführlich H. Wahl in JbGG NF 11, 1949, 62ff. Als Datierung ist der 17./18.1.1776 zu erschliessen.

360 Leo Liepmannssohn, Berlin, Verst.-Katalog Nr. 48, 1926, 56f. – Zeugnis, daß die in Nr. 359 erwähnte Geschichte damals die Runde machte.

361 Wagner 1, 88ff. – *liaison:* damals allgemein im Sinne von ‹Verbindung› gebraucht.

362 Düntzer Knebel 1, 52 – *Konvulsionen:* vgl. Nr. 350 und Nr. 354.

363 (140) SchrGG 16, 345f.– *Hans Sachs:* «wurde damals von Wieland und Goethe sehr hoch geschätzt. Lavater...besorgte durch Lips eine bezügliche Abbildung, die im Merkur 1776 erschien zugleich mit Goethes Gedicht ‹Hans Sachsens poetische Sendung› [GA 2,103ff.].» – *Goethe... ist mächtig umsponnen:* ähnlich drückt dies G. in TuJ aus: «der Besuch in Weimar umschlang mich mit schönen Verhältnissen...» (GA 11,618) – *seit Sonnabends früh:* 3. Februar. – *38 Jahr alt:* Wieland kam 1772 nach Weimar. – *Précipicen:* Abgründe. – *ascendant:* Einfluß.

364 Wieland Br 3, 247f. – *Deus nobis...:* Ein Gott hat mir diese Muße gegeben (Vergil, Ecloge 1,6). – *Kalumnien:* Verleumdungen. – *Konnexion:* Verbindung, Beziehung. – *sacrebleus:* Verwünschungen.

365 Archiv 4, 316 – *Herder:* hat am 14. Februar den auf G.s Anregung ergangenen Ruf nach Weimar angenommen. – *General-Superintendent:* höchster geistlicher Würdenträger des Landes.

366 Grenzboten 1874, I, 1, 377 – Das Datum des Briefes ist auf den 29.2.1776 zu korrigieren: dies das Datum der Aufführung (vgl. Sichardt 135). – *Westindier:* Lustspiel nach dem Englischen des Richard Cumberland, übersetzt von J.J.C. Bode. – *Belcours Rolle:* die Titelrolle des Stücks. Unter andern hat auch Charlotte v. Stein bei der Aufführung mitgewirkt. – *Wie lang wir bleiben und ob für immer:* erste Andeutung der Möglichkeit, daß aus dem Besuch in Weimar ein Daueraufenthalt wird.

367 WielandBr 3, 249 und 251 – *siebenseltsam:* Verstärkung von ‹seltsam›, wohl Wortbildung Wielands.

368 Grenzboten 1874, I, 1, 377 – *Die Verwünschungen des Heiligen Antonius:* der Aufzug ‹Die Versuchung des Heiligen Antonius› wurde nach Sichardt 134f. anläßlich einer Redoute am 23.2.1776 aufgeführt. Auch Lyncker berichtet darüber mit dem Zusatz: «Diese Maskerade fand man sehr anstößig und sprach den lautesten Tadel über Goethe aus, der sie veranstaltet hatte.» (Lyncker 48, vgl. Bodes Anm. ebd 163f.)

369 (141) SchrGG 16, 346f. – *Müdling:* den gleichen Ausdruck gebraucht G. in seinem Brief an Lavater vom 6.3.1776 (WA IV 3, 36); beide haben ihn wohl von diesem übernommen. – *Herders Berufung:* vgl. Anm. zu 365. – *Pharao-Spiel:* Kartenglücksspiel mit einem Bankhalter und Gegenspielern (Pointeuren). Wieland will mit diesem Gleichnis den Einsatz G.s in Weimar, besonders den großen Zeitaufwand, den seine Stellung ihm abverlangte, veranschaulichen. – *Physiognomik:* zur Kontinuität von G.s Teilnahme an Lavaters ‹Physiognomischen Fragmenten› vgl. Nr. 171, 307 und 324.

370 (142) Wartburgstimmen 1904, 172f. – *Er... nennte mich... Du:* an die erregte Szene erinnert sich Charlotte noch 11 Jahre später, vgl. Nr. 371. In G.s Briefen an sie wechselt die Anrede zwischen Sie und Du bereits seit Ende Januar 1776.

371 (N. 266 a) Bi[2] 5, 188 – *diese lateinische Sitte:* Das Lateinische kennt nur Du (tu) als Anrede, kein Sie.

372 (143) Wartburgstimmen 1904, 173f. – *Pasquillieren:* Lästern, Verächtlichmachen. – *Goethe und ich werden niemals Freunde:* diese Äußerung sowie der ganze Ton des Briefes beruhen wohl auf der Verstimmung, welche die zwei Tage vorher stattgefundene Auseinandersetzung (vgl. Nr. 370) hervorgerufen hat.

373 Wagner 2, 55 – *Stella:* das ‹Schauspiel für Liebende› ist Anfang 1776 bei Mylius in Berlin erschienen.

374 Keil 51ff. – *meine liebsten Eltern:* «Kalb machte in jenen ersten Novembertagen 1775 in Frankfurt Brüderschaft mit Goethe; Frau Rat und wohl auch der Herr Rat nannten den weimarischen Edelmann ‹lieber Sohn›; er erwiderte es entsprechend. Also redete er sie auch brieflich als seine Eltern an.» (Bode 3, 435) – *Titel eines Geheimden Legations-Rats:* Die «Anstellung Goethes als Geheimer Legationsrat mit Sitz und Stimme im Geheimen Konsilium» erfolgte erst am 11.6.1776 (Bradish 193f.). Über die vorangegangenen Widerstände gegen diesen Schritt Carl Augusts, vor allem seitens des Freiherrn Jakob Friedrich v. Fritsch, vgl. Bradish 35ff. Vgl. ferner Nr. 396. – *Ihr jüngster Sohn:* dies kann sich nicht auf K.s Alter beziehen; denn, 1747 geboren, ist er älter als G. Er datiert wohl seine Sohnschaft von 1775 an.

375 WielandBr 3, 252 – *Paternität mit unserm Goethe zu teilen:* außer G. wurde auch Charlotte v. Stein Patin (vgl. Nr. 392).

376 (125) GJb 2, 392 – Der Brief ist aus Basel. – *als Regierungsrat:* vgl. Anm. zu 374 unter ‹Titel eines Geheimden Legations-Rats›.

377 Jung-Stilling 4, 78f. – Glaubwürdigkeit des Berichtes, besonders hinsichtlich der Datierung, zweifelhaft. – *Stillings Jugend:* erschien erst 1777.

378 (144) Wagner 2, 58f. – *ein Haus gemietet:* am 18.3.1776 verließ G. die Kalbsche Wohnung und bezog die Stadtwohnung bei Hofkassierer König gegenüber dem Schloß. – *Philipp:* Seidel. – *einen Garten zu kaufen:* vgl. Nr. 387. – *nach Leipzig:* Ankunft am 25. März, Rückkehr am 4. April, in GTgb bezeugt.

379 wie 357 S. 171 – In der Quelle fälschlich 1774 datiert. – G. kannte Weiße aus seiner Leipziger Studienzeit; er erwähnt ihn in DuW (GA 10, 359f.) – *Polissonnerien:* Ungezogenheiten.

380 (145) GJb 13, 122

381 Bö 1, 18 – Anekdotischer Bericht: bei Lenzens Ankunft am Abend des 3. April war G. noch nicht von Leipzig zurück. – *«Der lahme Kranich...»* es handelt sich um das ‹Placet› überschriebene Gedicht (Titel-Haug 1, 105), beginnend: «Ein Kranich lahm, zugleich Poet / Auf einem Bein Erlaubnis fleht:...». Es ist allerdings an Carl August gerichtet.

382 aaO 126ff. – Ebenfalls anekdotisch ausgeschmückter Bericht aus zweiter Hand. – *Marqueur:* Aufwärter. – *ein welscher Hahn, der kaudert:* ein Truthahn, der kollert.

383 Bode 1, 180

384 Archiv 9, 428

385 (146) Strodtmann 1, 303f. – *sechsten Buch Ihrer teutschen Ilias:* Bürgers teilweise Homer-Übertragung unter dem Titel ‹Homers Ilias. Sechste Rhapsodie› (in: Teutscher Merkur 1776, 2, 146/168). Vorangegangen war eine Übersetzung des 5. Gesangs der ‹Ilias›, der 1. bis 4. Gesang folgten 1784. Vgl. auch den Bericht Böttigers nach Wieland (Bö 1, 223). – *etliche hundert dergleichen Wörter:* deutet auf Wielands Bestreben, alten Wortgebrauch neu zu beleben. – *Anbeter des griechischen Homers:* nicht ermittelt. – *nisi quid obstat:* wenn dem nichts entgegensteht. – *Sendschreiben an Goethen:* vgl. Bürger an einen Freund über seine teutsche Ilias: Teutscher Merkur 1776, 4, 46/47.

386 Stein Aufz. 6f. – *einen Garten:* Das Gartenhaus am Stern erhielt G. vielmehr von Carl August im April geschenkt und bezog es am 18. Mai. Vgl. G.s Brief an Charlotte v. Stein vom 19.5.1776 (WA IV, 3, 62). – *im welschen Garten:* ältere Anlage, die 1777 in die neue Weimarer Parkanlage einbezogen wurde (vgl. GTgb 22.7.77). Am 1.4.79, einem Gründonnerstag (!), verzeichnet GTgb: «Eierfest denen Kindern im Wälschen Garten.»

387 Freundesgaben für C.A.H. Burkhardt, 1900, 116 – *konferieret:* verliehen.

388 (145a) Herbst 1, 301 – «Eine Probe der damals über den Weimarer Kreis herumgetragenen Klatschgeschichten» (Bi^2 5, 16) – *Devisen:* eingebackene Zettelchen mit scherzhaften Denksprüchen.

389 Bode 1, 208 – Brief aus Hamburg.

390 Frankfurter Zeitung 8.11.1924 – Dieser anekdotische Bericht wurde zusammen mit einer Abschrift von Wielands Brief an Sophie v. La Roche vom 19.9.1776 (Nr. 415) von einem «Kopisten» des Hessen-Homburgischen Hofes an die Landgräfin Caroline, eine Schwester der Herzogin Louise von Weimar, geschickt.

im Herbst 1774 in Frankfurt kennengelernt, vgl. DuW (GA 10, 719f.) – *Rheinwein... den Goethe besungen hat:* wohl eine Verwechslung. Bode 1, 188 vermutet: «Das bekannte Lied ‹Bekränzt mit Laub den lieben vollen Becher› war in Vossens ‹Musen-Almanach› für 1776 erschienen. Verfasser: Matthias Claudius.»

392 (147) Wartburgstimmen 1904, 174 – *wie er mich so heftig verlassen hat:* vgl. Nr. 370 und 371. – *seit einigen Tagen verschwunden:* G. war am 3. Mai wegen eines Brandes nach Ilmenau geritten und besuchte in den nächsten Tagen die dortigen verlassenen Bergwerke, die wieder in Gang gebracht werden sollten. – *zu Gevatter gestanden:* vgl. Nr. 375. – *Gärtens gekauft:* vgl. Nr. 378, 386 und 387. – *kleinen Fluß:* Ilm.

393 (148) Wagner 2, 64 und 66 – *Allwills Papiere:* vgl. Anm. zu 323. – *von dem Manne:* F.H. Jacobi.

394 (149) Wagner 2, 68 – *tour à tour comme vous savez:* abwechselnd, wie Sie sich denken können.

395 G Kal 1911, 100ff. – Der Kyffhäuser-Ausflug am 30./31. Mai ist in GTgb bezeugt. – *Frankenhausen:* Hauptort einer Unterherrschaft des Fürstentums Schwarzburg-Rudolstadt am Kyffhäuser. – *acto:* am heutigen Tage. – *Oberforstmeister:* v. Beulwitz. – *auf den Kux:* ins Bergwerk (zum Auskundschaften). – *Schmergelstein:* Schmirgel, hartes eisenhaltiges Gestein. – *am 30. m.pr.:* am 30. mensis praeteriti = im vergangenen Monat (d.h. Mai). – *mit Bleistift gezeichnet:* G.s Zeichnungen der Kirchenruine auf dem Kyffhäuser und einer Kyffhäuserschlucht sind erhalten (vgl. Corpus I Nr. 138). – *das Schloß... eingegangen:* Burganlage aus dem 11. Jh., im 15. Jh. verfallen.

396 Vogel 1f. – Vgl. Anm. zu 374 unter ‹Titel eines Geheimden Legations-Rats›. Der Text findet sich fast gleichlautend in dem beschwichtigenden Antwortbrief Carl Augusts vom 10.5.1776 auf das Entlassungsgesuch des Ministers v. Fritsch (Bradish 36ff.). – *Dr. Goethe:* Obwohl nur Lizentiat der Rechte, wurde G. in der ersten Weimarer Zeit der Doktortitel beigegeben (vgl. z.B. Nr. 343–345). – *mein wichtigstes Collegium:* «das Geheime Konsilium, welches für das ganze Land, nicht nur für die einzelnen Landesteile zuständig war» (Bradish 16).

397 (149a) Wartburgstimmen 1904, 175f. – *zum Geheimen Legations-Rat ernennt:* vgl. Anm. zu 374.

398 Wieland Br 3, 257 – *als Dichter... für die Welt verloren:* Leitmotiv in Wielands Briefen seit Anfang des Jahres 1776 (vgl. z.B. Nr. 363, 364 und 369).

399 (150) Keil 62f. – *seit zwei Tagen:* G. verzeichnet Klingers Ankunft in seinem Tgb unter dem 24. Juni: «Nachts Klinger».

400 (151) Rieger 385f. – Der Brief ist nicht, wie in der Quelle angegeben, auf den 12. Juni, sondern auf den 26. (den gleichen Tag wie Nr. 399) zu datieren. – *Goethe spricht von Bleiben:* Klinger blieb bis Ende September in Weimar. Im Gegensatz zu dem Überschwang der ersten Tage stellt sich bei G. schon bald eine spürbare Reserve ein. Vgl. Briefe an Merck vom 24.7.1776: «Klinger kann nicht mit mir wandeln, er drückt mich, ich hab's ihm gesagt, darüber er außer sich war...» und vom 16.9.1776:

«Klinger ist uns ein Splitter im Fleisch seine harte Heterogenität schwürt mit uns, und er wird sich herausschwüren.» (WA IV 3, 91 und 111)

401 (152) Rieger 389 – Der Brief ist ebenfalls wie Nr. 400 in der Quelle falsch datiert: nicht der 16. Juni, sondern der 30. ist als Datum einzusetzen. – *Mein Schicksal:* zu Klingers bedrängten Umständen und G.s Hilfsbereitschaft vgl. Nr. 209.

402 (3098) aaO 136f. – *nach Petersburg, wo er General ward:* Klinger erhielt 1780 eine Offiziersstelle in russischen Diensten und avancierte anschließend. – *Contenance:* Fassung.

403 Keil 65ff. – *en profil... gezeichnet:* vgl. GTgb 24.6.1776: «Wielanden gezeichnet...» und Nr. 406. Abgebildet Corpus I Nr. 286. – *in affection genommen:* zu seinem Liebling gemacht. – *nach Ilmenau:* nach GTgb hielt sich G. mit Carl August und dem Bergmeister F.W.H. von Trebra vom 18. Juli bis 14. August in Ilmenau und Umgebung auf. Anlaß waren Vorbereitungen für die Wiederaufnahme des Bergbaus (vgl. Nr. 392, 409 und 411). – *Conduite und Savoir-faire:* gutes Betragen und Gewandtheit. – *Bonifaz-Schleichers:* Schnorrer. – *in Eremum:* Einöde, vgl. Nr. 424.

404 E. Schmidt, Charakteristiken, 2, 1901, 151f. – *Ihren Verlust:* den Tod von Glucks Nichte Maria Anna (Nanette) am 21.4.1776. – *von einer großen Idee erfüllt:* E. Schmidt ebd 153 bezieht dies auf das Melodrama ‹Proserpina›, das als Einlage in den ‹Triumph der Empfindsamkeit› aufgenommen ist (GA 6, 528ff.); dem wurde jedoch widersprochen (vgl. HA 4^2, 597).

405 (154) Wagner 2, 73f. – *in Ilmenau:* vgl. Anm. zu 403. – *rapporteurs:* Zuträger. – *goldene Äpfel in silbernen Schalen:* vgl. Sprüche Salomos 25, 11 – σωφροσυνη*:* Besonnenheit. – *adversus quoscunque:* jedem gegenüber.

406 (153) SchrGG 16, 347f. – *mein Profil... gezeichnet:* vgl. Anm. zu 403. – *attrappieren:* fangen, erwischen. – *Herder:* vgl. Anm. zu 365. Er traf mit seiner Familie am 1. Oktober ein.

407 GJb 18, 102f. – In deutscher Übersetzung Bode 1, 205ff.

408 (154a) Strodtmann 2, 21 – Über Sprickmanns Persönlichkeit vgl.: Trunz/Loos, 211f., über seinen Besuch in Weimar ebd 223 Anm.

409 (155) GJb 9, 11ff. – «v. Trebra, Bergbau-Fachmann, damals kursächsischer Vizeberghauptmann in Marienberg, war auf Ersuchen der Weimarischen Regierung mit einem Gutachten über den Ilmenauer Bergbau betreut worden und zur Besichtigung dort. G. schloß mit ihm enge Freundschaft.» (Bi^2 5, 16). Zur Datierung vgl. Anm. zu 403. – *Ilmenau:* vgl. die poetische Rückspiegelung in dem Gedicht ‹Ilmenau› (GA 1, 359ff.). – *das launige Gemälde in Stützerbach:* nach GTgb am 26. Juli. G. erinnert sich noch 1819 an das im folgenden berichtete Abenteuer (vgl. Nr. 4677). – *bemittelten Krämer:* Johann Elias Glaser. – *des Gemäldes Original:* «Dampfende Täler bei Ilmenau», vgl. Corpus I Nr. 145 und S. 60f.

410 Wagner 2, 75 – *zeichnet... die ganze Hennebergische Natur ab:* vgl. Corpus I Nr. 145–148. – *Fieldings Pardridge:* Partridge, zunächst Dorfschulmeister, später Barbier und Reisebegleiter der Titelfigur in Fieldings Roman ‹Tom Jones›. – *orandum est...:* Orandum est, ut sit mens sana in corpore sano = Willst du durchaus aber beten... sollst du gesunden Geist in gesundem Leib erflehen (Juvenal, Satire 10, 356).

411 (166) Bö 1, 22

412 (156) Schöll 1, 495 – Das Datum des Briefes durch die Angabe «jeudi au soir à 10 heures» (ebd) gesichert.

413 (157) Wagner 2, 76

414 (158) Wagner 1, 95f.

415 Frankfurter Zeitung 8.11.1924 – Der hier wiedergegebene Ausschnitt ist in Wielands Brief, wohl zur Hervorhebung, in Anführungsstriche eingeschlossen.

416 WielandBr 3, 261f. – *Zukunft:* hier im veralteten Sinne von ‹Ankunft›, ‹Kommen›. – *mein Bild en profil:* vgl. Anm. zu 403.

417 (158b) GJb 2, 389 – *Wertherfieber:* Ernst (nicht C.) August Anton v. Göchhausen, Kammerjunker in Eisenach, veröffentlichte 1776 anonym ‹Das Werther-Fieber, ein unvollendetes Familienstück›.

418 (168) GJb 2, 390

419 (159) Grenzboten 1870 II, 2, 501f. – *Kaufmann:* Christoph K., Schweizer Philanthrop und ‹Genieapostel›, auf dessen Veranlassung 1776 das bekannte Klingersche Drama den Titel ‹Sturm und Drang› erhielt. Begegnungen mit G. sind in GTgb am 22., 24., 26., 28. und 30. September bezeugt. K. soll, wie Klinger am 29.8.1789 an E. Schleiermacher berichtet, der Anlaß von dessen vorzeitiger Abreise aus Weimar gewesen sein (vgl. Rieger 171). – *unter die Lauen ...:* nach Offenbarung Johannes 3, 15f. – *Durandarte:* nicht ermittelt. (D. = das Schwert Rolands in einer der vielen Umdichtungen des Rolandsliedes).

420 GJb 5, 205 – *energumene:* Schwärmer. – *in dem wunderlichen Allerlei:* d.h. in der Schrift ‹Allerley gesammelt aus Reden und Handschriften großer und kleiner Männer›. K. hatte jedoch nur geringen Anteil daran.

421 (162a) HerderBr 1, 50 – Herders sind am 1. Oktober in Weimar angekommen. GTgb vermerkt unter dem 2. Oktober: «... aufs Lerchenstreichen, Nachts zu Herdern. Mit ihm gessen.»

422 Dobbek 179

423 Bode 3, 441

424 Bode 1, 211f. – *Stolberg kommt nicht zu uns:* vgl. Anm. zu 327.

425 (N. 162b und 160) Wagner 2, 77f. – *nicht viel Salz miteinander gegessen:* nach der sprichwörtlichen Redensart ‹einen Scheffel Salz mit jemandem gegessen haben›. – *Ecclesia Catholica:* im ursprünglichen Sinn der allumfassenden Kirche. – *Berg Ararat:* vgl. 1. Mose 8, 4. – *A propos de bottes:* eigentlich ‹um nichts und wieder nichts›, hier wohl im Sinne von ‹beiläufig›. – *postface zu Herders Hutten:* ‹Ein Fragment über den Charakter des Erasmus von Rotterdam›, erschienen im ‹Teutschen Merkur› Dez. 1776 (Wieland, Werke, hrsg. von F. Martini und H.W. Seiffert, Bd 3, 1967, 350ff.). Bezieht sich auf Herders Aufsatz ‹Hutten› im vorangegangenen Juli-Heft des ‹Teutschen Merkurs›.

426 (161) Wagner 2, 81 – *etwas von ihm:* vermutlich das Gedicht ‹Seefahrt› (GA 1, 317f.), das G. selbst auf den 11.9.1776 datiert hat (so auch Bode 1, 212).

427 (162) Strodtmann 1, 355f. – *Ihr Brief über Homer in Jamben:* vermutlich: Bürger an einen Freund über seine teutsche Ilias, im: ‹Teutschen Merkur› 1776, 4, 46f.

428 JbGG NF 22, 166 – G.s Diener Seidel schreibt in diesem und dem folgenden Brief an Lenz, der seit dem 3. April G.s Hausgenosse in Weimar ist, sich jedoch häufig in Berka aufhielt (vgl. Nr. 424). – *Am Donnerstag... aufgeführt:* am 21. November fanden Liebhaberaufführungen der beiden genannten Stücke statt (vgl. Sichardt 140). – *Das Maidel:* Amalie v. Kotzebue als Marianne in den ‹Geschwistern›.

429 JbGG NF 22, 166 – *Laube:* in Weimar und Berka entstandenes dramat. Fragment von Lenz (Titel-Haug 2, 551ff. und Anm. S. 779). – *Am vergangenen Donnerstag:* 28. November.

430 (163) Der Gesellschafter, 7. Jahrg., 1823, 171 – *Liebhaber-Theater:* über das Weimarer Liebhabertheater und G.s Anteil daran vgl. grundlegend Sichardt. – *«Die Geschwister»:* vgl. Nr. 428. – *«Die Mitschuldigen»:* vgl. Nr. 429.

431 aaO 121f. – *als Orest in der Iphigenie:* am 6. und 12. April 1779 (vgl. Sichardt 154f.). – *als Belcour in dem Westindier:* vgl. Nr. 366 und Anm. – *Hans Sachs... Der Kranke und der Narrenschneider:* Aufführungen des ‹Narrenschneiders› am 11. Dezember 1778 (?) und im Juli 1779, vgl. Sichardt 154 und 157.

432 Festschrift 1899, 7

433 wie 337 S. 36 – *über vierzehn Tage bei dem Fürsten von Dessau:* am 2. Dezember Abreise, danach u.a. Aufenthalt in Wörlitz, Rückkehr am 21. Dezember.

434 Keil 70ff.

435 (165) aaO 34 – *Cäsar:* vgl. Anm. zu 173.

436 (166a) Stein Aufz. 7f.

437 Deutsche Klinik 1863, 138 – *«Der junge Don Quixote»:* wahrscheinlich von oder nach Bertuch (nach O. Fambach). – *«Erwin und Elmire»:* vgl. GTgb 4.6.1776: «Erwin u. Elmire. Gewitter.» Die Aufführung beider Stücke an diesem Tage scheint sonst nicht bezeugt zu sein (vgl. Sichardt 138).

438 (223) aaO 129ff. – Anekdotisch ausgeschmückter Bericht. Das von Gotter nach dem Englischen bearbeitete Lustspiel heißt ‹Der argwöhnische Ehemann› und ist 1777 in Hamburg uraufgeführt worden (nach O. Fambach). Die Aufführung des Stückes auf dem Weimarer Liebhabertheater, in Bi² auf Anfang 1782 datiert, ist unsicher (vgl. dazu Sichardt 167). Die aus thematischen Gründen vorgenommene Umstellung folgt dem Ms FBdm. – *ein verwegener sächsischer Rittmeister:* Hauptmann von Braun (Sichardt ebd).

439 Zoeppritz 1, 17f. – Der Ausschnitt stammt aus einem am 22. Januar 1777 begonnenen und am 27. Januar beendeten Brief. – *Briefen [Allwills]:* vgl. Anm. zu 323. – *Zurückkunft von Dessau:* am 21. Dezember 1776.

440 (169) Strodtmann 2, 31 – *Ausforderung an Fritz Stolberg:* «Deutsches Museum 1776, 2. Bd, Dez., S. 1062 ‹An Friedrich Leopold, Grafen zu Stolberg› ... Bürgers Schriften, Göttingen 1817, 1. Bd, S. 236ff., Stolbergs versöhnliche Antwort ebenda, S. 239ff.» (Bi² 5, 17)

441 W. Dobbek, Karoline Herder, Weimar 1963, 203 – *Komödien von Goethe aufgeführt:* nach GTgb am 1. März ‹Erwin und Elmire›, am 3. März ‹Lila›.

442 (170) WielandBr 277 – *eben kömmt auch Goethe:* in GTgb vom gleichen Tage bezeugt.

443 (171a) GJb 2, 394 – *unser Jacobi:* dessen Begegnung mit Goethe in Weimar hat nach GTgb am 13. März stattgefunden.

444 (171) Wagner 2, 90

445 (172) Roth 1, 269 – *Oper «Rosamunde»:* Rosamund. Ein Singspiel, in drey Aufzügen, von Wieland und Schweizer. Weimar 1778. – *proton pseudos:* Grundirrtum.

446 (167) Wagner 1, 102f. – Datum des Briefes nach BuG 2, 19: 18. Juni.

447 (174) aaO 139ff. – *Gleim ... nach Weimar:* am 25. Juni. – *den neuesten Göttinger Musenalmanach:* dieser wurde seit 1770 jährlich zunächst von Boie und Gotter, dann von Voß und seit 1776 von Goeckingk herausgegeben. Auch Gedichte Goethes waren 1774 dort erschienen.

448 GJb 28, 241f. – *Messiade:* Klopstocks ‹Messias›.

449 (176) HerderBr 3, 10 – *bei uns [in Tiefurt]:* bei Knebel und dessen Zögling Prinz Constantin. Vgl. GTgb 8. Juni: «Abends ... nach Tiefurt. Ich blieb unten.» 9. Juni: «Morgen verschwäzt verlesen verzecht. Mittags da gessen nach Tische gezeichnet ...» – *Wilhelm Meisters theatralische Sendung:* erste Erwähnung der Urfassung von ‹Wilhelm Meisters Lehrjahren› (GA 8, 523ff.).

450 Bode 1, 225 – Der Brief ist aus Halle, wo der Schwede Thunman Professor eloquentiae war (nach Bode).

451 (177) Wagner 1, 118

452 WielandBr 282

453 Wagner 2, 101 – *in Eisenach:* nach GTgb seit 6. Sept.

454 Wagner 2, 101f. – *Brief über die Landschaftsmalerei:* ‹Über die Landschaft-Mahlerey, an den Herausgeber des T.M.›, erschienen im ‹Teutschen Merkur› 1777, III, 273ff. – *in seiner Wartburg ... um einem bösen geschwollenen Backen abzuwarten:* vgl. GTgb 5. September: «am dicken Backen gepflegt, das Buch Hiob gelesen.» 9. September: «Mit Fritsch auf die Wartburg. Zahn und Backenweh ward immer schlimmer.» – *Sommermärchen:* «Das Sommermärchen. In zwei Teilen. Nach einem Fabliau des Chretien de Troyes.» Verserzählung Wielands, erschienen im ‹Teutschen Merkur› 1777, III.

455 Keil 84 – *auf der Wartburg:* Goethe blieb dort mit Unterbrechungen bis zum 9. Oktober.

456 (178) Literatur des katholischen Deutschlands Bd 3, 1780, 581ff. – Über Franz Oberthür aus Würzburg vgl. Christa Schaper in: JbGG NF 23, 201ff. – *Spitzsäulen gezeichnet:* vgl. Corpus 1 Nr. 181. – *von Wieland im Teutschen Merkur besungen:* in dem Gedicht ‹Sixt und Klärchen oder der Mönch und die Nonne auf dem Mädelstein›. – *unsern geschickten Hofmaler:* nach Christa Schaper ebd 204f. Anm. Joh. Christoph Fesel.

457 Bode 3, 444f. – Aus dem Französischen. Brief aus Eisenach. – *in un-*

serm Haus: im Hause des Kaufmanns Johann Lorenz Streiber, bei dem Gademann angestellt war. Besuche durch GTgb vom 2. und 9. Oktober bezeugt. – *Oheim:* Streiber. – *in seiner Fabrik:* vgl. GTgb 9. Oktober: «mit Streubern in die Fabricken ... Gegen Abend mit Kneb. zu Streubern.»

458 Wagner 2, 98 ff. – Die Adressatin ist Louise v. Ziegler (nach Kraft 156). – *Flachsland:* Caroline Herders Bruder Sigmund F. – *neun Monate:* Da Flachsland in GTgb am 21./22. Oktober und 25. Dezember 1776 erwähnt wird, ist anzunehmen, daß er sich bis Juni/Juli 1777 in Weimar aufgehalten hat.

459 (179) wie 310 S. 102 f. – *auf Wartburg besucht:* nach GTgb vom 21. bis 28. September belegt.

460 MerckBr 172 – *glücklichsten Begebenheit:* Geburt des Erbprinzen Carl Friedrich am 2. Februar – *angenehme Aussichten:* damals kam es zu einer Fehlgeburt.

461 (180) SchrGG 16, 352 f.

462 JbGG NF 22, 155 – Der Adressat ist Johann Adam Wolf in Frankfurt (Schleif 31 und 33). Nach Schleif 33 ist der Brief «wohl mehr als literarischer Versuch zu werten.»

463 (181) Wagner 2, 111 ff. – *eine Rezension:* «Einige Schnizzer Rezensions, worunter auch Klopstock kurz abgethan» übersandte Merck bereits Anfang Dez. 1777 (gedruckt Teutscher Merkur 1778, I). – *liebes Löwchen, brülle noch einmal!:* nach Shakespeares ‹Sommernachtstraum› V, 1. – *Goethe sagt:* Er hat den Klopstock-Apostel Karl Friedrich Cramer später, mit Bezug auf dessen Werk ‹Klopstock. Er; und über ihn›, (Bd 1 1780), im ‹Neusten von Plundersweilern› Vers 173 ff. (WA I 16, 51) verspottet. Ursprünglich sollte dies im Mittelpunkt des Stückes stehen (vgl. JA 7, 356). – *auf seinem Altan:* des Gartenhauses.

464 (182) Wagner 2, 117 f. – *opus an Olympien:* Unter dem Titel ‹Zweierlei Götterglück› der Herzogin-Mutter Anna Amalia zu ihrem Geburtstag am 24. Oktober 1777 gewidmet, dann im ‹Teutschen Merkur› 1777, IV, 97 ff. gedruckt.

465 Keil 92 – *mit dem Herzog ... auf Abenteuer gezogen:* Nach GTgb ist Goethe am 29. November aufgebrochen. Den Herzog traf er erst am 15. Dezember in Eisenach.

466 Neophilologus 18, 27 – *Ist im Harz gewesen:* vgl. GTgb, die Briefe an Charlotte v. Stein (WA IV 3, 188 ff.), das Gedicht ‹Harzreise im Winter› (GA 1, 309 ff.) sowie die ausführliche Darstellung in der ‹Campagne in Frankreich› (GA 12, 385 ff.).

467 GJb 9, 15 – Beleg für das Ungewöhnliche einer Brockenbesteigung im Winter. Vgl. die Fortsetzung des Textes ebd 15 f. sowie, daran anschließend, unsere Nr. 677 mit dem Bericht des G. am 10. Dez. auf den Brocken begleitenden Wirtes.

468 Dobbek 189 – *neuen Stück zum Geburtstage der Herzogin:* ‹Der Triumph der Empfindsamkeit› (GA 6, 502 ff.) wurde am Geburtstag der Herzogin Luise (30. Januar 1778, vgl. GTgb) mit der Musik von Seckendorff aufgeführt. Vgl. auch Nr. 472.

469 Neophilologus 18, 27 – *Lamberts Architektonik:* Johann Heinrich

Lambert, Anlage zur Architektonik oder Theorie des Einfachen und Ersten in der philosophischen und mathematischen Erkenntniß, Riga 1771.

470 Keil 101f. – *Westindier:* vgl. Anm. zu 366. Die Aufführung am 13. Januar ist durch GTgb belegt. Vgl. ferner Sichardt 147. – *Der alte Ekhof:* Der berühmte Schauspieler Konrad E., damals siebenundfünfzigjährig, Direktor des Gothaer Hoftheaters, war vom Herzog eigens zu dieser Gastrolle nach Weimar eingeladen worden. Wie sehr die Aufführung Beachtung fand, beweist der Bericht im ‹Theater-Journal für Deutschland›, 6. Stück, Gotha 1778, 99, sowie der spätere Rückblick im ‹Neuen Theater-Journal für Deutschland›, Heft 2, Leipzig 1789, 48.

471 aaO. Eine Geschichte in Briefen. Zweyte Sammlung. Eisenach 1781, 168f. – Als Verfasser kommen (nach Goedeke und Anonymenlexikon) Carl Heinrich Krögen oder Eleonore Thon in Frage. – *Gustav von Normann:* die Identität konnte nicht ermittelt werden.

472 (183) Wagner 3, 157f. – *neuen Stücke:* ‹Der Triumph der Empfindsamkeit› (vgl. Anm. zu 468). – *am 10. Februar:* die Wiederholung ist in GTgb belegt. – *Schlitt-Schule [!]:* Eislauf durch GTgb vom 13. und 14. Februar bestätigt. Vgl. ferner Nr. 788.

473 Wagner 2, 131f. – *mit Türen versehen:* «Mit Goethes Absonderung haben diese Brückengatter nichts zu tun. Sie wurden verschlossen gehalten, damit Alle, die die Stadt einpassierten, an den Torwachen … vorbei mussten …» (Bode 1, 236) – *mit dem Herzog nach Ilmenau:* Nach GTgb ist Goethe erst am 13. April dem Herzog gefolgt und am 15. zurückgekommen.

474 Wolff, 2, 112 – *Oratorium von Hasse:* nach GTgb ‹I tre fanciulli›.

475 Des Reichsgrafen Ernst Ahasverus Heinrich Lehndorff Tagebücher … Nach dem französischen Original bearbeitet von K.E. Schmidt-Lötzen. Bd 1. Gotha 1921, 107f. – *v. Altenstein:* vielmehr v. Ahlefeldt (nach Pniower 50). – *bei dem Prinzen Heinrich:* Das Diner bei dem Bruder Friedrichs II. ist sowohl in GTgb als auch im Brief an Charlotte v. Stein vom gleichen Tage bezeugt.

476 (186) H. Pröhle, Abhandlungen über Goethe, Schiller, Bürger und einige ihrer Freunde, Potsdam 1889, 77 – *Bruder vom Fürsten von Dessau:* Bei Johann Georg Prinz von Anhalt-Dessau, der preußischer Offizier war, verbrachten laut GTgb vom 15. Mai die Reisenden, zu denen auch der Fürst selbst gehörte, den ersten Abend. – *ich schrieb … im halbdrolligen Ton an ihm:* vgl. das Gedicht Pniower 62. – *meine Tochter:* vgl. Nr. 477. – *Er ging nur:* Nach GTgb war Goethe bei Chodowiecki am 16. und 20. Mai, bei André und Frisch am 17. Mai. Der Besuch bei Moses Mendelssohn ist in GTgb nicht belegt. Er könnte am 19. Mai stattgefunden haben; es gibt aber eine Tradition, die dem widerspricht (vgl. Pniower 70ff.). – *auf'm Konzert:* nach GTgb am 19. Mai.

477 (185) wie 476 S. 78 – *Bei Chodowiecki … mit dem Herzoge:* Der Besuch zusammen mit Carl August ist in GTgb vom 20. Mai bezeugt.

478 Münter 2, 44 – *Kraftleute:* Der Ausspruch Goethes stammt offenbar aus zweiter Hand. Außerdem sei darauf hingewiesen, daß es sich um eine Übersetzung aus dem Dänischen handelt.

479 (187) HerderBr 1, 127f. – *garstig von Berlin...gesprochen:* Bezieht sich auf Caroline Herders Äußerung: «Gute Menschen... müssen fern davon leben. Es ist ein garstiger, herzloser Boden da, und nur Menschenmasken wandeln da herum.» (Pniower 91). – *War's Goethe:* Caroline lehnt dies ab (vgl. Nr. 804). Allerdings ist das gegenseitige Mißverhältnis zwischen Goethe und den Berlinern auch anderweitig belegt (vgl. Nr. 475f. sowie die brieflichen Zeugnisse bei Pniower 91f.).

480 (184) F.v. Matthisson, Erinnerungen, Bd 3, Zürich 1812, 298f. – Bericht hat anekdotischen Charakter. – *Wörlitz:* Landsitz des Fürsten von Anhalt-Dessau. Ankunft daselbst laut GTgb am 23., Abfahrt am 26. Mai.

481 Wagner 2, 146 – *wieder angekommen:* vgl. GTgb vom gleichen Tage: «um 1 in Weimar...»

482 (173) Wagner 2, 149ff. – *Poëmata:* eigentlich Gedichte, hier übertragen auf phantasievoll ausgeführte Einzelheiten der Parkgestaltung. – *terminum ad quem:* hier wohl im Sinne von Ziel. – *Schröterin:* Goethes Interesse für die Sängerin Corona Schröter ist in GTgb seit dem 16. November 1776 bezeugt. – *insidiosen:* eigentlich hinterlistig, hier wohl im Sinne von verführerisch. – *ex parte:* zum Teil. – *inakzessibler:* unerreichbarer.

483 Bergmann 23 – *daß mein Bruder hierbleibt:* d.h. daß Prinz Constantin nicht, wie sonst üblich, in auswärtige Dienste geht.

484 (189) Wagner 2, 158ff. – *Herzogin:* Anna Amalia. – *Poëmen:* vgl. Anm. zu 482. – *casu quodam:* zufällig. – *Freund Bölling:* vgl. Anm. zu 164. – *Archi-Magus:* Obermagier, Erzzauberer.

485 Keil 114

486 (190) Wagner 1, 148f. – *Goethens Puppenspiel:* Erweiterte Fassung des bereits 1773 entstandenen Schönbartspiels ‹Jahrmarktsfest zu Plundersweilern› (GA 4, 160ff.). – *Herzogin:* Anna Amalia. – *pretiere:* hergebe. – *ein junger Leyser:* gemeint ist der damals elfjährige Karl v. Lyncker, vgl. dessen eigenen Bericht (Lyncker 71) – *Madame Wolf:* Caroline W. – *Poesien:* vgl. Anm. zu 482 ‹Poëmata›.

487 Deetjen 17f. – *Médecin malgré lui:* von Molière. – *Beilage 1:* vgl. Sichardt 153f. – *Bänkelsänger-Gemälde:* von Kraus

488 Keil 122f. – *Thusnelde:* Luise v. Göchhausen. – *das Weimarische Zimmer:* vgl. Goethes Mutter an Anna Amalia 17.8.1778 über ihre «Weimarer Stube» (Pf-B 421).

489 JbGG NF 4, 243 – Es handelt sich um eine Verquickung der Aufführung des ‹Jahrmarktsfestes zu Plundersweilern› am 20.10.1778 mit der Darstellung des satirischen Gedichtes ‹Das Neuste von Plundersweilern› zu Weihnachten 1781 (vgl. JA 7, 356ff.).

490 Pf-B 433 – *Spinnerei vom Doktor:* «...Goethe hatte an dem von Philipp Seidel für die Weimarer entworfenen Spinnbüchlein Anteil.» (Pf-B 916f.; vgl. auch Schleif 51)

491 aaO 2, 67f. – Riemer knüpft diese Bemerkung an einen Brief Goethes an Merck vom 5.8.1778 an, in welchem bildlich vom Schwimmen die Rede ist (WA IV 3, 237f.).

492 (191) HerderNachl 2, 178f.

493 Wagner 1, 155 – *Bruder Leopold:* Maximilian Julius Leopold von

Braunschweig, preußischer Offizier.

494 Keil 136f. – *seinen Orest:* in der Prosafassung der ‹Iphigenie›. Aufführung in GTgb belegt. – *Liebes Löwchen:* vgl. Anm. zu 463. – *wieder aufgeführt:* ebenfalls in GTgb belegt. Zu den beiden Aufführungen vgl. Sichardt 154f.

495 Keil 138f. – *Verheiratung der jünsten Tochter der La Roche:* über Sophie v. La Roches unglückliche Wahl des Gatten (Ernst v. Möhn) für ihre Tochter Louise vgl. die entrüsteten Auslassungen von Goethes Mutter in ihrem Brief an Anna Amalia vom 11.4.1779 (Pf-B 448f. und Anm.). – *Der dritte Feiertag:* 6. April, Dienstag nach Ostern. – *Thusnelde:* Luise v. Göchhausen (vgl. Nr. 494).

495a Deutsche Klinik 1863, 137

496 (193) Wagner 1, 166 – *was gar Köstliches:* die Prosafassung der ‹Iphigenie›. – *Der Friede:* von Teschen, der den Bayerischen Erbfolgekrieg beendet.

497 HamannBriefw 4, 76 – *vor acht Tagen:* vielmehr vom 21.–24. April, vgl. GTgb. – *einem Kammerherrn:* v. Wedel.

498 HamannBriefw 4, 83 – *Sibylle:* κογξομπα. Fragmente einer apokryphischen Sibylle über apokalyptische Mysterien. o.O. 1779.

499 JbGG NF 14/15, 344 – *Belle:* Charlotte Wilhelmine Isabella Gräfin von Wartensleben, Tochter des Grafen zu Lynar. – *von dem bisherigen Kriege:* vgl. Nr. 496 und Anm.

500 Keil 140f. – *Die Launen des Verliebten:* Die Laune des Verliebten (GA 4, 15ff.), entstanden 1767/68. Die Aufführung in GTgb Mai 1779 erwähnt: «Eridon in Ettersburg gespielt...» Vgl. auch Sichardt 155f.

501 (192) J. Froitzheim, Lenz und Goethe, Stuttgart 1891, 67 – Zur Veranlassung des Berichts von Karl Lenz, der seinerzeit Student in Jena war, vgl. Bode 3, 15. Für die Datierung hat man einen Anhaltspunkt in der Angabe des Berichtes, daß die Brüder Lenz am 3.7.1779 in Erfurt waren.

502 Wagner 1, 168 – *Tag Ihrer Abreise:* 13. Juli. Merck hatte sich seit dem 30. Mai in Erfurt, Weimar und Ettersburg aufgehalten. Vgl. GTgb. – *Egmont und die Vögel:* beide Werke waren damals noch im Entstehen begriffen.

503 (194) Wagner 1, 169f. – *dem Rat May zu sitzen:* vgl. GTgb 26.7.1779: «lies mich versprochner Maßen von Mayen mahlen. Und bat Wielanden mir dabey seinen Oberon zu lesen er thats zur Hälfte.» Zu dem Ölgemälde von Georg Oswald May vgl. Schulte-Strathaus Tafel 30 und S. 21f. – *Herzogin von Württemberg:* die seit 1756 von Karl Eugen getrennt lebende Herzogin Elisabeth Friderica. – *Oberon:* Wieland las aus dem Manuskript; das Gedicht in 14 Gesängen erschien erst 1780. – *sich von dem... Auftrag verbotenus akquittieret:* sich des Auftrags wortwörtlich entledigt. Der Auftrag Kaiser Karls bestand darin, von dem Kalifen nach Vollbringung brüskierender Handlungen vier Backenzähne und eine Handvoll Haar aus seinem Bart zu erbitten. – *opus hujus furfuris et farinae:* ein Werk aus solcher Kleie und Mehl.

504 Festschrift 1899, 9 – *Adelstand:* Goethe erhielt das Adelsdiplom erst 1782.

505 (195) Wagner 1, 180f. – Zu der in dieser und der folgenden Nummer berichteten «Kreuzerhöhungsgeschichte» (so Goethe an Lavater 7.5.1781, WA IV 5, 122), die in der Literatur vielfach behandelt worden ist, vgl. ausführlich: Heinz Nicolai, Goethe und Jacobi, Stuttgart 1965, 126ff. Nach der Tradition soll die Begebenheit in den Zeitraum von Mercks Besuch, d.h. zwischen dem 31. Mai und dem 13. Juli, fallen; dies ist jedoch, wenn auch wahrscheinlich, nicht beweisbar. Vgl. die weiteren Zeugnisse BuG 2, 126ff. – *Woldemars Briefen:* Der 1. Bd von F.H. Jacobis Roman in Briefen ‹Woldemar. Eine Seltenheit aus der Naturgeschichte› war zur Ostermesse 1779 erschienen. – *etliche davon vorgelesen:* dabei hat Goethe den Schluß improvisierend parodiert (vgl. Nr. 521).

506 Gedruckt: Zoeppritz 2, 175. Hier nach der Handschrift im Goethe-Museum Düsseldorf – *gentilhommière:* kleiner Edelhof. – *was er fähig ist:* im Brief an Lavater vom 7.5.1781 bekennt sich Goethe mit den Worten «das Facktum ist wahr» (WA IV 5, 122) zu der Tat.

507 J.G. Forster's Briefwechsel, hrsg. von Th[erese] H[uber], geb. H[eyne], Bd 1, Leipzig 1829, 225f. Zu dem Besuch bei dem jungen Forster, der seinen Vater auf der zweiten Weltumseglungsfahrt von J. Cook (1772/75) begleitet hatte, vgl. GTgb 14.9.1779: «Abends zu Forstern, ihn zu Tische mitgenommen. Viel gefragt, und geschwazzt.» Vgl. ferner Goethe an Charlotte v. Steins Mann 15.9.1779: «Der Junge Forster hat mit uns gegessen und ist viel ausgefragt worden wies in der Südsee aussieht.» (WA IV 4, 61) – *Weißenstein:* ehemaliges Augustinerkloster auf einer Anhöhe (jetzt Wilhelmshöhe) bei Kassel. Vgl. GTgb 15.9.1779: «Auf Weißenstein, den Winterkasten erstiegen, die übrigen Anlagen besehen.» – *Kabinett der Altertümer... Kunstkammer:* vgl. GTgb 16.7.1779: «Früh das Kunstkabinet, die Antiken...» Der Besuch des Museum Fridericianum ist durch Eintragung in das Besucherbuch bezeugt. (BuG 2, 137).

508 (197b) wie 507 S. 229f. – *das Museum:* vgl. 507 und Anm.

509 (197) wie 507 S. 232f. – *frug mich wegen der Südländer:* bezieht sich auf Forsters Südseereise. – *Museum:* die von H.Ch. Boie herausgegebene Zeitschrift ‹Deutsches Museum›.

510 (196) Wagner 1, 319 – *die Kasselische Galerie:* vgl. GTgb 14.9.1779: «Nachm. die Galerie...» Ferner Goethe an Charlotte v. Stein 15.9.1779: «Wir gehen unter denen Cassler Herrlichkeiten... Die Gemählde Gallerie hat mich sehr gelabt...» (WA IV, 4, 60)

511 Caroline v. Wolzogen, Literarischer Nachlaß, Bd 2, Leipzig 1849, 374 – *Menagerie:* in GTgb 14.9.1779 bezeugt.

512 (197a) Morgenblatt Nr. 175, 23.7.1835, 698f. – Novellistisch ausgeschmückter Bericht einer Begegnung, die durch Nr. 511 bestätigt wird.

513 JbGG 11, 112

514 Bergmann 24

515 Pf-B 455f. – *Am Sonntag:* 19. September. – *im Roten Haus:* an der Zeil. – *Braunenfels:* «Sitz der adligen Gesellschaft Frauenstein seit 1694.» (Pf-B 919)

516 Pf-B 458

517 JbGG 11, 113 – *[estrade pontée?]:* verdeckter Wagentritt (Konjektur nach JbGG 11, 131). – *Goethe zeichnete:* Zeichnung der Heidelberger Schloßruine vgl. Corpus 1 Nr. 214, eigenhändig datiert den 23.9.1779 (ebd 81).

518 JbSKipp 4, 303f. – *Sesenheim:* über seinen Besuch bei Friederike Brion am 25. September berichtet Goethe ausführlich im Brief an Charlotte v. Stein vom 28.9.1799 (WA IV 4, 66f.)

519 Bergmann 25f.

520 Wagner 2, 171

521 (198) Jacobi 57ff. – Die Briefschreiberin Johanna Schlosser geb. Fahlmer, eine Stieftante der Brüder Jacobi (vgl. ihren Bericht Nr. 164), ist seit 1778 die zweite Frau von Goethes Schwager Schlosser. – *von Deinem Briefe an ihn:* vom 15.9.1779 (Jacobi 53ff.). – *mutwillige Parodien:* vgl. Nr. 505f. und Anm. Inzwischen war ohne Goethes Wissen auf Grund seines improvisierten Scherzes von Anna Amalia ein Privatdruck der Parodie unter dem Titel ‹Geheime Nachrichten von den letzten Stunden Woldemars...› hergestellt und verschickt worden (vgl. Karl Schüddekopf, Goethes Parodie auf Fritz Jacobis «Woldemar», 1908, ferner: Hellmuth v. Maltzahn, Woldemars Kreuzerhöhungsgeschichte, in: Insel-Almanach 1961, 112ff.). Ob Jacobi diese Schrift kannte, ist fraglich. (vgl. Nr. 531).

522 GJb 4, 317 – *in Basel:* 1./2. Okt. – *schöne Erzählung:* die Verserzählung ‹Oberon›, vgl. Anm. zu 503.

523 JbGG 11, 116 – *remparts:* Festungswälle.

524 (199) Im neuen Reich 1877, 2, 105 – *auf dem Lande:* auf Kirchbergers [eigentlich: Kilchberger] Landgut Schoßhalde bei Bern. Vgl. Goethe an Lavater 17.10.1779 (WA IV 4, 88f.), nach BuG 2,158: 19.10.1779.

525 (200) SchrGG 16, 353f. – *Regime:* Lebensordnung.

526 Hessische Chronik 2, 187 – *einen ganzen Vormittag:* vgl. Goethe an Merck 17.10.1779: «Bei Wyttenbachen war ich diesen Morgen drei Stunden, er ist sehr instructiv.» (WA IV 4, 87) nach BuG 2,157: 19.10.1779.

527 Die Persönlichkeit 1, 1914, 174f. Vgl. JbGG 4, 247ff. – Maria Antonia v. Branconi, berühmte Schönheit, seit 1766 verwitwet, dann Geliebte des Erbprinzen Carl Wilhelm Ferdinand von Braunschweig, war seit 1777 mit ihren Kindern und deren Erzieher Carl Matthaei, der gleichzeitig ihr Sekretär und Vertrauter war, auf Reisen. Schon seit Ende Mai hielt sie sich in Lausanne auf. Über Matthaei vgl.: Carl Scherer, Carl Matthaei, in: GJb 15, 216ff. Die Verbindung war durch Lavater vermittelt worden. – *Poltron:* hier wohl im Sinne von polternder Großtuer. – *in Kontribution setzt:* zu einem Beitrag nötigt. – *Staubbach bei Lauterbrunnen:* Goethe hatte den berühmten Wasserfall am 9. und 10. Oktober gesehen. – *«Gesang der Geister über den Wassern»:* das Gedicht (GA 1, 306f.) ist gleichzeitig, zwischen dem 9. und 11. Oktober, entstanden. – *Fürsten von Dessau:* Leopold III. von Anhalt-Dessau. – *eine treffliche Frau:* vgl. die Charakteristiken Goethes in seinem Brief an Charlotte v. Stein unter dem 23.10.1779 (WA IV 4, 92 und 93) und an Lavater unter dem 29.10.1779 (ebd 113f.).

528 JbGG 11, 134

529 JbGG 11, 134 – *Huber:* der Maler Johann Huber, Freund Voltaires.

530 JbGG 11, 135 – *Goethens Bild:* vgl. Schulte-Strathaus Tafel 32.

531 MerckBr 26f. – *Calcographia prohibita:* Scherzhafter Name für kleine typographische Anstalt, die auch sonst vom Kreis um Anna Amalia für Privatdrucke beauftragt wurde. Gemeint ist die Parodie auf Jacobis ‹Woldemar› (vgl. Anm. zu 521). – *Exekution in Ettersburg:* vgl. Nr. 505f. – *bei meinen Alten:* Goethe hat Mercks Schwiegereltern Charbonnier in dem Dorf Mont am 24. Oktober besucht, wie er Charlotte v. Stein am gleichen Tage mitteilte (WA IV 4, 94). – *mein Schwager:* Jacques Arpeau (nach Kraft 709). – *in Fautigny:* «irrtümlich für Faucigny, Landschaft im Arve-Tal (Savoyen). Goethe und der Herzog Carl August hielten sich vom 3. bis zum 6. November 1779 in Chamonix auf und besuchten von dort aus den Gletscher Mer de Glace.» (ebd 709). Vgl. Goethe an Charlotte v. Stein unter dem 3.–6.11.1779 (WA IV 4, 123ff.).

532 Funde und Forschungen, Eine Festgabe für Julius Wahle, Leipzig 1921, 182f. – *St. Maurice:* im Rhônetal. – *Kirche... nebst einer Einsiedelei:* Notre-Dame-du-Scex. Vgl. ‹Briefe aus der Schweiz 1779› (GA 12, 35).

533 wie 532. S. 183 – Vgl. die Schilderung GTgb vom gleichen Tage, ferner ‹Briefe aus der Schweiz 1779› (GA 12, 36ff.).

534 wie 532 S. 185 – Vgl. GTgb vom gleichen Tage, ausführlicher in ‹Briefe aus der Schweiz 1779› (GA 12, 39ff.).

535 (201) GJb 5, 208ff. – *Fleurettes:* Schmeicheleien. – *meinen Homer:* Homers Werke, aus dem Griechischen metrisch übersetzt..., 2 Bde, Zürich 1778. – *Stolbergs Homer:* Friedrich Leopold Stolbergs Übersetzung der ‹Ilias›, 2 Bde, Flensburg und Leipzig 1778. – *Zesianische Rechtschreibung:* mit Bezug auf Klopstocks reformatorische Bestrebungen in seiner kleinen Schrift ‹Über die deutsche Rechtschreibung› (Leipzig 1778). – *Markgrafen:* Carl Friedrich von Baden. – *exzediert:* überfordert. – *Veldigs Aeneas:* Heinrich von Veldekes Versroman ‹Eneide› aus dem 12. Jahrhundert. Die verlangte kostbare Handschrift schickte Goethe mit Brief vom 8.8.1780 an Lavater zur Weitergabe an Bodmer (WA IV 4, 267). – *Tabletten:* Schreibtafel. – *Abtei St. Gallen:* «Die ihm die Einsicht in den Nibelungencodex nicht hatte verstatten wollen.» (GJb 5, 211 Anm.) – *membrana:* Pergamenthandschrift. – *Unfugen:* nach dem mhd. ‹unvuoge› = Unziemlichkeit. – *Noachide... Calliope:* Werke Bodmers, die ‹Noachide› zuletzt in verbesserter Auflage 1772 erschienen; ‹Calliope›, 2 Bde, 1767. – *Apollons Argonautica:* Die Argonauten des Apollonius, 1779. – *die literarischen Nachrichten:* «Er meint wohl die ‹literarischen Denkmale von verschiedenen Verfassern›. Zürich 1779.» – *Evadnen und Kreusa:* Zwei griechische Gedichte, Zürich 1777. – *politischen Dramen:* ‹Politische Schauspiele›, 3 Bde, 1768/69.

536 (202) GJb 5, 213f. – *Campens Robinson:* Robinson der Jüngere, Bd 1, Hamburg 1779. – *das Denkmal König aufgerichtet:* Schrift von Bodmer, publiziert in: Literarische Denkmale (von verschiedenen Verfassern), 1779. – *Sulzers Biographie:* «Es möchte schwer sein zu sagen, ob ‹Hirzel an Gleim über Sulzer den Weltweisen›, Zürich und Winterthur 1779, oder die im April und September desselben Jahres von Wegelin im deutschen Museum veröffentlichten Aufsätze gemeint sind.» (GJb 5, 214 Anm.)

537 JbGG 11, 121f. – Zu den erwähnten Werken Bodmers vgl. Nr. 535f. und Anm.

538 Bergmann 31 – Der Besuch bei Kleinjogg fand am 26. November statt (vgl. SchrGG 16, 405).

539 WA IV 34, 338 – *Stilling:* Jung-Stilling. Gemeint ist: Heinrich Stillings Wanderschaft. Leipzig 1778.

540 SchrGG 16, 112 – Für diesen Ausspruch Goethes ist als terminus ad quem der 2. Dezember, an dem dieser Zürich verließ, anzusetzen. – *Heirli:* Lavaters Sohn Heinrich.

541 ChrWGV 27, 43 – Grumach ordnet diesen nicht sicher datierbaren Ausspruch in Goethes erster Schweizer Reise 1775 (BuG 1, 357) ein.

542 GJb 5, 215 – *Schaffhausen:* vgl. Goethe an Charlotte v. Stein von dort am 7. Dezember: «Lavater hat uns hier überrascht, sich zu Hause losgemacht und ist gestern hier hergekommen.» (WA IV 4, 153). – *Geßnern:* Salomon G. – *Gedicht in Ariostos Geschmack:* Oberon.

543 K. Stokar, Johann Georg Müller, Basel 1885, 409

544 (202a) KnebelNachl 1, 117 – *traité du sublime:* vgl. Goethe an Charlotte v. Stein 7.12.79: «Wir haben heut zusammen den Rheinfall wieder... gesehen... Wir haben einen starcken Dialog übers Erhabne geführt den ich auch aufzuschreiben schuldig bleiben werde.» (WA IV 4, 153). Vgl. auch die von Lavater selber in seinem Brief an Goethe vom 12.1.1780 überlieferte Anekdote, die im Anschluß an dieses Gespräch in Schaffhausen entstanden sein soll (SchrGG 16, 95f.).

545 GJb 3, 359 – Goethes Besuch in Stuttgart fällt in die Zeit vom 11. bis 18. Dezember. – *unter fremdem Namen:* vgl. Nr. 507f. – *Karlsschule:* vgl. Nr. 551. – *nach Hohenasperg zu Schubart:* der dort seit 1777 inhaftiert war. – Ob der Besuch wirklich stattgefunden hat, ist nicht mit Sicherheit auszumachen (vgl. GJb 23, 125f. und Nr. 549). – *Herzogin Franziska:* Franziska von Hohenheim, seit 1770 morganatische Gattin des Herzogs Carl Eugen, erst seit 1786 Herzogin.

546 (203) GJb 3, 360 – *Professor Hartmanns:* Gottlob David H., verstorben 1775 (vgl. dessen Berichte Nr. 159ff.).

547 (204) GJb 3, 360

548 A. von der Goltz, Thomas Wizenmann..., Bd 1, Gotha 1859, 77 – *die astronomische und die Rechen-Maschine:* Erfindungen des Pfarrers Hahn, der eine feinmechanische Werkstatt unterhielt. – *das Museum:* wohl die Zeitschrift ‹Deutsches Museum› (vgl. Nr. 509).

549 D.F. Strauß, Gesammelte Schriften, hrsg. von E. Zeller, Bd 8, Bonn 1878, 301 – Helene Schubart: Frau des Dichters Christian Friedrich Daniel S. (vgl. Nr. 545 und Anm.) – *Herr Elsässer:* «Entweder Regierungsrath Karl Friedrich Elsässer oder Expeditionsrath Gottlieb Friedrich Elsässer, beide Freunde der Familie Schubart; bei letzterem wohnte damals Frau Schubart.» (GJb 23, 124 Anm.). – *unsern Fürsten:* Herzog Carl Eugen von Württemberg, der Schubart eingekerkert hatte.

550 GJb 5, 215f.

551 Biographie des Doctor Friedrich Wilhelm von Hoven..., Nürnberg 1840, 61f. – Zu dem Besuch in der Karlsschule vgl. Goethe an Charlotte v. Stein 20.12.1779: «In Stuttgard haben wir den Feyerlichkeiten des Jahrstags der Militär Akademie beygewohnt, der Herzog war äußerst galant gegen den unsrigen...» (WA IV 4, 154). – *Cunsbruch:* Consbruch. – *sein würdiger Rival:* Schiller.

552 (206) Westermann's Jahrbuch der Illustrierten Deutschen Monatshefte, Bd 26, 1869, 592f. – Änderung des Briefdatums vom 29. auf den 24. Dezember nach O. Fambach. Über seine erste Begegnung mit Iffland vgl. Goethes Schilderung ‹Besuch von Iffland› (GA 12, 617). – *den Ehescheuen:* Lustspiel von Claude Joseph Dorat in der Übersetzung von Gotter. – *in den Nebenbuhlern:* Lustspiel nach Sheridan von Engelbrecht und Bock.

553 A.W. Iffland, Briefe an seine Schwester Louise..., Berlin 1904, 244 Anm. – *(Philipp):* wohl Ifflands älterer Bruder.

554 Nach Abschrift aus Nachlaß FBdm. – Die Berichterstatterin ist die Frau des Intendanten des Mannheimer Nationaltheaters Wolfgang Heribert Reichsfreiherr von Dalberg.

555 (205) Briefe an Schiller, hrsg. von L. Urlichs, Stuttgart 1877, 34f. – *von meinem Vater:* Buchhändler Christian Friedrich Schwan. – *mit meiner Schwester:* Margarete Schwan. – *nach einigen Jahren:* es kann sich allenfalls um den Besuch in Mannheim im August 1793 handeln.

556 MerckBr 29f. – *seit dem 1. Feiertage... alle Tage:* zunächst in Frankfurt, später in Darmstadt.

557 Archiv für das Studium der neueren Sprachen und Literaturen, Bd 124, 1910, 275

558 MerckBr 93 – Carl August schätzte Merck als «gründlichen Kunstkenner und gewandten Geschäftsmann; er gab Merck den Auftrag, ihm jährlich für einen gewissen Betrag Kupferstiche, Handzeichnungen und Gemälde zu besorgen.» (ebd XIII). – *Raffaels Bilderbibel... Cartons:* vgl. Kraft 722. – *Marc Antonios:* Werke von Marc Antonio Raimondi.

559 MerckBr 156 – Der Aufenthalt in Homburg war am 2./3. Januar.

560 (207) Wagner 1, 208 – *homunciones:* schwache Erdenkinder. – *Leute cujuscunque generis, ordinis, furfuris et farinae:* Leute solcher Art und Klasse, Mehl und Kleie solchem Teig (so offenbar nicht antik, doch ähnlich mehrfach bei Wieland; vgl. Nr. 503). – *multum mutatus ab illo:* seitdem sehr verwandelt. (Vergil Aeneis II 274) – *enfant gâté:* Schoßkind. – *Panurgie:* Vielgeschäftigkeit. G. nannte sich selbst (nach einer Person bei Rabelais) einmal scherzhaft (1773) ‹Panurgo secondo› im Untertitel des Gedichts ‹Concerto dramatico› (GA 4, 155).

561 Bö 1, 55 – *mit Goethe machte...:* hier folgt in der Handschrift die im Druck weggelassene Ergänzung: «und die in 6 Monaten 18000 Thaler kostete.» (vgl. B. Maurach in: JbFDH 1978, 243f.).

562 (136 Anm.) Bö 1, 222 – *Müschen:* in der Quelle ‹Müßchen›. Bei Goethe selbst in der elsässischen Form ‹Misel› schon früher belegt, vgl. z.B. GTgb 7.8.1776.

563 (207a) Wagner 1, 210 – *Goethen... hatte es härter gefaßt:* vgl. GTgb 22.1.1780 und später: «hatte einen Schnuppen gehohlt... Ward d. Schnuppen Ärger es schlug ein Fieber dazu... Es lag mir im Kopfe daß ich nichts einmal lesen konnte.»

564 (208) Geliebte Schatten, Bildnisse und Autographen..., hrsg. von F. Götz, Mannheim 1858, Nr. 17 b – *Müllern den Malern:* Friedrich M., genannt Maler Müller. Zum Katholizismus trat Müller 1780 in Rom über, wurde jedoch nicht Mönch. – *démence:* Wahnsinn. – *von Serenissimo Palatino:* Karl Theodor Philipp Kurfürst von der Pfalz, seit 1777 Kurfürst von Bayern. – *Pension:* Auf Veranlassung des Coadjutors v. Dalberg veranstaltete Goethe wegen der ungenügenden Ausstattung Müllers eine Subskription, die ihm eine Pension auf mehrere Jahre zuführte, um seinen Aufenthalt in Rom zu bestreiten (vgl. WA IV 3, 243, 16f.)

565 Keil 164f. – *Schweizer Drama:* Jery und Bätely (GA 6, 916ff.). – *bald aufgeführt:* erst am 12. Juli (Sichardt 160). – *Das neue Theater:* gemeint ist das (als Ersatz für das 1774 abgebrannte Theater) 1779/80 errichtete Redoutenhaus, das später zum Hoftheater umgebaut wurde.

566 (210/212) Wagner 1, 235f. – σωφροσυνην: Besonnenheit. – *Beschreibung ihres Zugs durch Wallis:* vorgetragen am 2. April, vgl. GTgb vom gleichen Tage und Goethes Brief an Merck vom 7. (recte 3.) 4.1780 (WA IV 4, 201). Für die Veröffentlichung geplant, die, zunächst unvollständig, in Schillers ‹Horen› 1796 erfolgte, dann 1808 als ‹Briefe aus der Schweiz. Zweite Abteilung› in Goethes Werke aufgenommen wurde (GA 12, 7ff.). Vgl. Nr. 2450. – *Jaktanz:* Ruhmredigkeit, Prahlerei. – *Mr. Thomas:* «Professor der Beredsamkeit in Paris, war bekannt durch seine Lobreden auf berühmte Persönlichkeiten.» (Bode 1, 268)

567 (211) Zoeppritz 1, 41 – *Nathan dem Weisen:* Lessings ‹dramatisches Gedicht› ist 1779 erschienen.

568 Wagner 1, 242f. – *Jean Jacques le fataliste:* Diderots Roman ‹Jacques le fataliste et son maître›. Auch Goethe erwähnt das ‹Herumschleichen› des Manuskriptes in seinem Brief an Merck vom 7. (recte 3.) 4.1780 (WA IV 4, 203). – *in Leipzig in der Messe:* vom 22. bis 26. April Besuch der Warenmesse. Vgl. auch Goethes Mutter an Anna Amalia 16.5.1780 (Pf-B 474f.).

569 (209) Wagner 1, 241f. – *L.:* Herzogin Louise.

570 Nach Abschrift aus Nachlaß FBdm

571 (214a) KnebelNachl 1, 116 – *Oesern... von Leipzig mitgebracht:* vielmehr traf Oeser, wohl nach vorheriger Absprache in Leipzig, am 12. Juni in Weimar ein. – *die angefangenen Aristophanischen Vögel:* vgl. Anm. zu 502 und 577. – *achevé:* Fertigstellung.

572 JbSkipp 10, 266. Verglichen mit der Handschrift im Goethe-Museum Düsseldorf. Dort «Freimäurer» statt «Freimaurer». – *Freimaurer:* in der Loge Anna Amalia, vgl. GTgb 23. und 24. Juni.

573 (214) Wagner 1, 252 – *[Sturz des Ministers v. Moser]:* «Der Hessen-Darmstädtische Minister Frhr. v. Moser hatte durch seine willkürliche, von persönlichem Eigennutz nicht freie Herrschaft sich viel Feinde gemacht und war 1780 seiner Ämter entsetzt worden. Der Prozeß, mit dem er verfolgt wurde, brachte viel Unruhe über ihn und das Land.» (Bi^2 5, 20)

574 (213) Wagner 1, 257 – *Begebenheiten:* vgl. Nr. 573.

575 (214b) Briefe des Herzogs Karl August von Sachsen-Weimar-Eisenach an Knebel und Herder, hrsg. von H. Düntzer, Leipzig 1883, 19

576 StG 6, 159 – *«Jery und Bätely»... aufgeführt:* Wiederholung der Aufführung vom 12. Juli (vgl. Nr. 565 und Anm.). – *«Agapito»:* «Verfasser unbekannt... Vielleicht handelt es sich um Gozzi's Stück ‹Der verstellte Kranke›, worin ein ‹Agapito› vorkommt.» (Sichardt 161)

577 StG 6, 159 – *Kloster:* Hütte im Weimarer Park, für Herzogin Louise im Juli 1778 errichtet (vgl. ‹Das Luisenfest, gefeiert Weimar am 9. Juli 1778›, GA 12, 610ff.), von Carl August zu seiner ‹Einsiedelei› erkoren, von Goethe gezeichnet (vgl. Corpus I Nr. 204 und 225). – *im Epilogus:* vgl. GA 6, 580.

578 (188) J.A. Leisewitzens Tagebücher, hrsg. von H. Mack und J. Lochner, Bd 2, Weimar 1920, 14

579 (215a) J.A. Leisewitzens Briefe an seine Braut, hrsg. von H. Mack, Weimar 1906, 87

580 (215b) wie 579 S. 88

581 (215) wie 578 S. 23ff. – *Statue des Apolls:* vielleicht die Büste des Apolls von Belvedere im Büstenzimmer (vgl. Anm. ebd 271). – *Andreae von Erdarten:* J.G.R. Andreaes Abhandlung über eine beträchtliche Anzahl Erdarten..., Hannover 1769. – *Schliestedt:* Schrader v. Schliestedt. – *Berceaux:* Bogenlauben. – *Komödien-Probe:* von den ‹Vögeln›. – *Einsiedelei:* vgl. Anm. zu 577 unter ‹Kloster›.

582 Wagner 1, 259 – *Epops maximus cacaromerdicus:* vgl. den «großen Hosenkackerling, Epops maximus polycacaromerdicus» in den ‹Vögeln› (GA 6, 569f.) – *Vorstellung zu Ettersburg:* vgl. Sichardt 161f.; zur Ausstattung der Vögel «in pappenem, sehr natürlich gemaltem Federschmuck» und zu den Proben vgl. Lyncker 72f.

583 (216) SchrGG 16, 354f. – Brief aus Rastatt auf der Rückreise von der Schweiz, wo Knebel Lavater in Zürich getroffen hatte. – *daß Sie Goethe nicht kennen:* beruht auf einem Mißverständnis. Knebel hatte Lavater von dem Dichter Göze [J.N. Götz] geschrieben, worauf dieser am 23. August antwortete: «Götze kenn' ich nicht.» (ebd Anm.) Knebel hat die Äußerung irrtümlich als innere Abkehr Lavaters von Goethe verstanden und sich bemüßigt gefühlt, um Verständnis für seinen Freund zu werben.

584 Schöll 1, 567

585 Schöll 1, 567 – *Ode an die Phantasei:* ‹Meine Göttin› am 15.9.1780 an Charlotte v. Stein geschickt (GA 1, 307ff.). – *Briefe pp:* wohl die Briefe von der Schweizer Reise 1779.

586 (217) Wagner 1, 271 – *impudica:* obszöne Kupferstiche, vgl. dazu Merck an Carl August 18.9.1780 (Kraft 281). Im Verzeichnis der Sendung wird erwähnt: «12 feuilles impudiques de Lud. Caraccio...» (MerckBr 279).

587 Corona 4, 1933/34, 344f. Vorher GJb 6, 100 mit der Variante ‹gährt› für ‹ziehet›.

588 (218) Wagner 1, 281f. – *Eulogium von Kassel:* ‹Über einige Merkwürdigkeiten von Cassel›, erschienen im ‹Teutschen Merkur› 1780, IV, 216ff. – *Fürsten:* Landgraf Friedrich II. von Hessen-Kassel. – *dessinierte... vor:* deutete an. – *intrigiert:* verflochten, beschäftigt. – *pro secunda audientia:* zum zweiten Anhören. – *E.E.:* Euer Exzellenz (scherzhaft). – *nach... tristamischer Weise:* wie Sterne in ‹Tristram Shandy›. – *in medio actu:* mitten in der Handlung.

589 Nach Abschrift aus Nachlaß FBdm

590 Wagner 2, 180 – *aus der Fahlmerschen Verlassenschaft:* Maria Fahlmer, Mutter der zweiten Frau von Goethes Schwager Schlosser, war am 16.11.1780 gestorben (vgl. Pf-B 923 Anm. zu 71).

591 Festschrift 1899, 16f.

592 (219) SchrGG 16, 356f. – *Befreiung von Holland:* ‹Egmont› wurde erst 1787 in Italien vollendet. – *über des Königs in Preußen Schrift:* vgl. Nr. 593 und Anm.

593 (220/219a) HamannBriefw 4, 274f. – *ein Gespräch... über des Königs Schrift Sur la littérature allemande:* Friedrichs II. Traktat ‹De la littérature allemande. Des défauts qu'on peut lui réprocher; quelles en sont les causes; et par quels moyens on peut les corriger› war 1780 in Berlin erschienen. Goethes Gegenschrift ist nicht erhalten. Über Herders Kritik äußert er sich in einem Brief an diesen vom 23.3.1781 (WA IV 5, 93). Als Zeugnis dafür, daß die Schrift längere Zeit zirkulierte, vgl. Goethes Brief an Merck 14.11.1781 (ebd 221).

594 Wagner 2, 186 – *die Everdings:* die Radierungen von Everdingen sind in Goethes Kunstsammlungen erhalten, vgl. Schuchardt 1, 155ff. Nr. 92–126.

595 GJb 27, 254. Hier nach Abschrift aus Nachlaß FBdm. Der Originalbrief Mercks an Boie vom 28.5.1781 jetzt bei Kraft 306f. Dort die Fortsetzung: «... daß er aus dieser Galeere, u. auf einem bessern Clima säße. Denn man kan sich nichts abscheulichers zu leben gedenken, als der Thüringer Wald, u. seine Fröste.» – *Er hat... Bürgern besucht:* bezieht sich auf Merck.

596 MerckBr 104 – *Brief von Wieland:* vom 13.4.1781 (ebd 85ff.). – *Deo Stercutio:* dem Abfall- oder Dreckgott.

597 Nach Abschrift aus Nachlaß FBdm – *Grandmaman:* Herzogin Anna Amalia. – *sa divine Lotte:* Charlotte v. Stein.

598 Wagner 1, 301 – *fiat applicatio:* man möge es anwenden. – *Kaysern:* der Komponist Philipp Christoph Kayser war vom Januar bis Mai 1781 in Weimar gewesen. – *rumusculis:* nichtige Redereien, Geschwätz. – *Seit vierzehn Tagen ist er zu Ilmenau:* seit 25. Juni.

599 Keil 169 – *auf eine Kommission:* in Bergwerksangelegenheiten.

600 Nach Abschrift aus Nachlaß FBdm – *comédie d'ombres chinoises:* vgl. GTgb 28.8.1781: «Abends in Tiefurt wo man die Ombres Chinois gab.» Zu dem von Seckendorf gedichteten und komponierten Schattenspiel mit dem Titel ‹Minervens Geburt, Leben und Thaten...› vgl. das Programm GJb 7, 361ff., ferner Sichardt 164.

601 (221) SchrGG 16, 359f. – *Wir wären fort:* Tobler beabsichtigte, zusammen mit Knebel nach Zürich zurückzukehren. Die Reise fand jedoch erst zu Beginn des Novembers statt. – *am neuen Stücke:* dem Fragment gebliebenen ‹Elpenor›. – *letzten Brief:* vom 16.8.1781 (ebd 185ff.). – *Pontius Pilatus:* von dem Werk, an dem Lavater arbeitete, erschien der 1. Teil 1782. – *Goethes Tasso:* die ersten beiden Akte. – *das Erwarten... abermal ge-*

täuscht!: vgl. GTgb [10.]9.1781: «Niederkunft der Herzoginn mit einer todten Prinzeß.» 1779 war bereits statt des erhofften Prinzen die Prinzessin Louise Augusta Amalia geboren worden.

602 Münter 2, 28 – *Exposition der Gemälde:* Ausstellung der Zeichenschule, vgl. GTgb vom gleichen Tage. – *hohes air:* vornehmes Aussehen, Wesen.

603 (222) Münter 2, 29

604 Münter 5, 245

605 JbSKipp 2, 177ff. – Kotzebues autobiographischer Aufsatz mit dem Titel ‹Meine verschiedenen Bestimmungen im bürgerlichen Leben›, datiert 27.3.1817, ist in Einzelheiten nicht zuverlässig. – *die Geschwister:* vgl. Anm. zu 346. – *eine Art von Sekretär:* Philipp Seidel. Dieser wurde erst 1786 Rentkammerkalkulator.

606 Matthisson 7, 31ff. (JbSKipp 4, 313f.) – *Herzogin Luise:* von Anhalt-Dessau, gestorben 1811. – *Basedows Philantropine:* 1774 gegründete Erziehungsanstalt im Sinne des auf Rousseaus Ideen beruhenden Philanthropismus. – *in seinem Gefolge Goethe:* vgl. dessen Brief an Knebel 21.9.1781: «Ich habe den schnellen Entschluß gefaßt morgen auf Dessau zu gehen und mein langes Aussenbleiben dadurch wieder gut zu machen, daß ich auf der Hoheit Geburtstag und zu den dabei angestellten Spielen und Festen komme.» (WA IV 5, 195) – *Profilporträte:* Radierung nach einer Zeichnung von G.F. Schmoll in Lavaters ‹Physiognomischen Fragmenten›, Dritter Versuch, 1777, S. 222 (Schulte-Strathaus Tafel 15 und S. 13f.).

607 Schreiber 118 – Goethe war vom 3. bis 11. Oktober in Gotha. – *Gotters:* Friedrich Wilhelm Gotter und seine Frau Luise. – *die «Sechs Schüsseln»:* nicht ermittelt, von Gotter? – *Nicolai:* Bezeugung der Begegnung vgl. BuG 2, 342 unten.

608 GJb 24, 255 – *Grimm:* Melchior v. Grimm, der sich damals in Gotha aufhielt. Wie wichtig Goethe diese Begegnung war, geht aus den Briefen an Charlotte v. Stein vom 1. und 9. Oktober hervor (WA IV 5, 198 und 201). – *Madame de Buchwald:* Oberhofmeisterin, im Brief an Charlotte v. Stein vom 9.5.1782 «alte Mama» genannt (WA IV 5, 322).

609 Keil 176f. – *ein Haus in der Stadt zu mieten:* vgl. Goethe an Charlotte v. Stein 14.11.1781: «...dir die Nachricht daß ich mit Helmershausen richtig gemacht habe. Auf Ostern zieht Hendrich aus und ich trete in seine Miethe habe den ganzen Sommer Zeit mich einzurichten, und künftigen Winter sehn wir unsern Planen entgegen.» (WA IV 5, 218). Das Haus am Frauenplan wurde am 2.6.1782 bezogen. Vgl. auch Nr. 615 und 631.

610 JbSKipp 10, 269 – *[Klinckowström]:* «Leonhard Freiherr v. Klinckowström, Reisemarschall, seit 1781 Hofmarschall. Ein sprachgewandter, aber sehr verschwenderischer Mann, der mit Hinterlassung einer ungeheuren Schuldenlast 1789 nach Stockholm entfloh.» (ebd Anm.)

611 (222a) Wagner 2, 194 – *Swiftische Schnâk:* von Merck: ‹Über die lezte Gemälde Ausstellung in **›, und ‹Fortsetzung des Gesprächs in der Gallerie zu **›, erschienen im ‹Teutschen Merkur› 1781 IV, 167ff. und 261ff. – *à corps perdu:* Hals über Kopf. – *die Vetter Schleglischen Dialoge:* in den oben genannten Aufsätzen Mercks finden Gespräche zwischen einem Grafen und dessen Vetter Schle.. l statt.

612 Nach Abschrift aus Nachlaß FBdm.

613 (224) GJb 2, 376 – Die in der Quelle angesetzte Datierung (Anfang 1782) des undatierten Briefes ist falsch. Vielmehr fällt seine Abfassung wohl in die Zeit von Goethes Besuch in Jena 28. Oktober bis 2. November 1781, wo dieser Loders anatomische Vorlesungen besucht hat (vgl. Goethes Brief an Charlotte v. Stein vom 29.10.1781, WA IV 5, 207).

614 J.L. Klarmann, Geschichte der Familie von Kalb auf Kalbrieth, Erlangen 1902, 450 – Vgl. GTgb 3.1.1782: «Kam Kalb und sprach über verschiednes, besonders über die Kammer Umstände.»

615 (225) Düntzer Knebel 1, 81ff. – *Redoute:* Über den Aufzug ‹Die Entführung› berichtet auch Lyncker 111f. (vgl. Anm. ebd 176). – *das Hendrichsische Quartier:* vgl. Nr. 609 und Anm. – *Mademoiselle Streiberin:* älteste Tochter des Kaufmanns und Bürgermeisters Johann Lorenz Streiber (vgl. Nr. 457 und Anm.).

616 Diezmann 40 – *ein Schauspiel ohne Namen:* ‹Pantomimisches Ballett› (GA 3, 686ff.), auch ‹Der Geist der Jugend› genannt (WA I 16, 444), aufgeführt zum Geburtstag der Herzogin Louise am 30. Januar. Vgl. auch Nr. 617f.

617 (227a) wie 575 S. 34f. – *alles... krank:* vgl. Erich Ebstein: Die «klassische Grippe» in Weimar im Jahre 1782 (JbSKipp 3, 107ff.). – *Mieding... gestorben:* der von Goethe geschätzte Theatermeister des Liebhabertheaters Johann Martin M. starb am 27. Januar. – *Comédie-Ballet:* vgl. Anm. zu 616. – *seinem Andenken einen Kranz:* das umfangreiche Gedicht ‹Auf Miedings Tod› (GA 2, 89ff.).

618 (226) Wagner 2, 199f. – *maladie contagieuse:* ansteckende Krankheit. – *Comédie-Ballet:* vgl. 616f. und Anm. Eine weitere ausführliche Beschreibung der Aufführung gibt Lyncker 115ff. – *Amor... beiliegende Verse:* das Gedicht ‹Amor. Zum 30. Januar 1782› (GA 3, 694f.). – *weibliche Tugenden... Verse Nr. 2:* ‹Die weiblichen Tugenden. Zum 30. Januar 1782› (GA 3, 685). – *Aufzug zum zweitenmal der Winter:* Am 8. Februar war vielmehr die dritte Aufführung, nachdem bereits 1781 zwei, am 16.2. und 2.3., vorangegangen waren. Vgl. auch Lyncker 110f. Ein Teil des Textes ist unter dem Titel ‹Aufzug des Winters› gedruckt (GA 3, 682ff.). – *Egmont geendigt:* vgl. Anm. zu 592 unter ‹Befreiung von Holland›. – *Noch etwas:* wohl ‹Auf Miedings Tod› (vgl. Nr. 617 und 622).

619 (227) Deetjen 31 – *A.B.C.-Buch:* nicht ermittelt.

620 J.v. Müller, Sämtliche Werke, hrsg. von J.G. Müller, Bd 35, Stuttgart und Tübingen 1835, 271 (JbGG NF 2, 218) – Johannes v. Müller hielt sich vom 10. bis 14. März bei Herder in Weimar auf (ebd).

621 Briefe zwischen Gleim, Wilhelm Heinse und Johann von Müller, hrsg. von W. Körte, Bd 2, Zürich 1806, 363f. (JbGG NF 2, 218)

622 (227b) wie 575 S. 37 – *Goethe reist im Lande herum, mißt das Volk:* Die Reise fand vom 14. bis 25. März statt. Am 26. Februar schrieb Goethe an Knebel: «Das alberne Geschäft der Auslesung iunger Leute zum Militare, sezt mich in die Nothwendigkeit nächstens vier Wochen im Lande herum zu reiten.» (WA IV 5, 273), vgl. auch die früher entstandene Handzeichnung Goethes ‹Rekrutenaushebung› (Corpus 1, 307) – *«Mieding» ist fertig:* am 22. März schickte Goethe eine Abschrift des Gedichtes ‹Auf Miedings Tod› an Charlotte v. Stein (ebd 287). – *Corona [Schröter]:* tritt am Schluß des Gedichtes hervor (GA 2, 94f.).

623 Münter 7, 137 – Goethe befand sich seit dem 29. März auf einer Rundreise an die thüringischen Höfe. – *Danows Tod:* Der Jenaische Professor der Theologie Danovius hatte sich am 18. März in einem Anfall von Schwermut in der Saale ertränkt.

624 (228) Festschrift 1899, 24f. – *mehr Offenherzigkeit... als ehedessen:* vgl. Diedes ersten Besuch in Weimar 1776 (Nr. 432). – *Ziegenberger Anlagen:* mit Bezug auf die Parkanlage des reichsfreiherrlichen Schlosses Ziegenberg bei Nauheim. – *Verschönerung des Sophienplatzes:* Gestaltung eines Grabmals für Diedes verstorbene Schwester Sophie. Hierüber war vorher schon brieflich verhandelt worden, und die Korrespondenz zog sich noch weiter hin (vgl. WA IV 30, 14ff. und 18ff.). – *Form des neuen Monumentes:* vgl. die Abbildung Festschrift 1899 zwischen S. 24 und 25: « ‹Das dreifach gefesselte Glück.› Idee von Goethe, Zeichnung von Oeser, Ausführung von Klauer» – *artige Inschriften:* die im Brief vom 15.7.1782 Diede mitgeteilten Verse hat Goethe unter dem Titel ‹Erkanntes Glück› in seine Werke aufgenommen (GA 1, 351).

625 Revue germanique 1910, 228 – Das genaue Datum des Briefes und damit der Begegnung ist nicht ermittelt. Im Weimarer Fourierbuch wird V. zusammen mit Goethe am 7.5. und 20.5. erwähnt (BuG 2,361 und 365)

626 Protestantische Monatsblätter 14, 1859, 97 – *Reisen der Päpste:* von Johannes v. Müller, erschienen 1782.

627 Deetjen 39 – *Journal:* Tiefurter Journal, im August 1781 von Mitgliedern des Kreises um die Herzogin Anna Amalia gegründet. – *eine auf Ihren Schreibtisch:* das erste Gedicht der Reihe ‹An Knebels Schreibtisch›: «Mich erbaute zuerst ein Denker...» (GA 2, 131).

628 wie 614 S. 108 Anm. – *les grades de la Noblesse:* Goethes Adelsdiplom wurde von Joseph II. als Kaiser des Heiligen Römischen Reiches Deutscher Nation unter dem 10.4.1782 ausgestellt (Bradish 218ff.). Vgl. auch Nr. 637. – *mon beau-frère:* Johann August Alexander v. Kalb. Über seine Ablösung vgl. die folgenden Nummern. – *Siriaque:* syriaque = Altsyrisch.

629 Lyncker 122 – *Kammerpräsidium:* zur Beauftragung Goethes mit der Leitung der obersten Finanzbehörde durch Carl August vgl. die Zeugnisse bei Bradish 224ff., beide vom 11.6.1782 datiert.

630 Preußische Jahrbücher Bd 43, 1879, 420ff.

631 Wagner 1, 335f. – *Standes-Erhöhung:* über Goethes Nobilitierung vgl. 628 und Anm. – *ein Haus in der Stadt bezogen:* vgl. Anm. zu 609. – *honorificentissime:* auf ehrenvollste Weise. – *quod felix faustumque sit!:* möge es gelingen! – *Amphiktyonen:* Abgeordneten.

632 Deetjen 39f. – Beim Briefdatum steht: «Tiefurth d. 26ten Jan. unter der grosen Buch auf dem steinern Tisch». – *Tempe:* Tal in Thessalien, reizende Gegend. – *Meinungen:* Sachsen-Meiningen. – *Die Fischerin:* Goethes

Singspiel wurde am 22. Juli in Tiefurt aufgeführt (vgl. Sichardt 167). Vgl. auch Lyncker 117f.

633 HamannBriefw 4, 403 – *Schlosser:* Goethes Schwager Johann Georg S. – *Broschüre:* Über die Seelenwanderung, 2 Bde, Basel 1781/82. – *Vorlesungen über die Osteologie:* vgl. GTgb Oktober/November 1781. «Goethe hielt die Vorlesungen über den Knochenbau des Menschen wöchentlich vom 7. November bis zum 6. Januar 1782 im neuen Saal der Zeichenakademie in Weimar.» (LA II 9 A, 277) – *Ernestinischer Häuser:* auf Kurfürst Ernst von Sachsen (1441–1486) zurückgehende Bezeichnung für die zahlreichen kleinen Fürstentümer im Raum Thüringen, die durch den Leipziger Vertrag 1485 und weitere Erbteilungen entstanden waren. – *baronisiert:* vielmehr nobilitiert (vgl. Anm. zu 628).

634 (N. 228a) Deetjen 43f. – *Rousseaus Confessions:* Der erste Teil von Rousseaus Autobiographie ‹Les Confessions› war postum 1782 in Genf erschienen.

635 Diezmann 41

636 Nach Abschrift aus Nachlaß FBdm – *Frau v. Wedel:* zur Zeit der Abfassung des Briefes noch Marianne v. Wöllwarth, kurz darauf verheiratet mit dem Kammerherrn v. Wedel.

637 Protestantische Monatsblätter 14, 1859, 99f. – *Adelstand:* vgl. Anm. zu 628. – *Ämter:* vgl. die ähnliche Aufzählung bei Herder Nr. 633.

638 Protestantische Monatsblätter 14, 1859, 99 – *Lavater hier erwartet:* dieser war auf Reisen, ein Besuch in Weimar ist jedoch nicht zustande gekommen. – *disgustiert:* mißfällig gemacht. – *geliebteste Herzogin:* Louise.

639 Wagner 1, 340 – *[Mercks Briefe an den Herzog]:* nach Kraft 735 vielmehr der ‹Akademische Briefwechsel› (Teutscher Merkur II, 101 ff., 220ff., III 47ff.)

640 Nach Abschrift aus Nachlaß FBdm – *haridelle:* «dürre Ziege», bezieht sich auf Charlotte v. Stein.

641 Wagner 1, 345 – *[Die Fischerin:]* vgl. 632 und Anm. Es handelt sich hier offensichtlich nicht um die dort versprochene Abschrift, sondern um den inzwischen von Anna Amalia veranstalteten Privatdruck in 150 Exemplaren (WA I 12, 368). – *Gedicht an Mieding:* vgl. 617 und Anm.

642 Deetjen 45 – *Parodie der Zaïre:* die Aufführung dieser Parodie der Tragödie von Voltaire (‹Les enfants trouvés ou le Sultan poli par amour› von Dominique [P.F. Biancolelli], Romagnesi und Francesco Riccoboni, Paris 1732) ist nur hier und in einem zweiten Brief der Göchhausen an Knebel vom 16.9.1782 (Deetjen 49) belegt. Sie muß vor dem Datum des zweiten Briefes stattgefunden haben (vgl. Sichardt 168f.). – *Carolinchen:* Caroline v. Ilten.

643 (N. 228b) GJb 6, 32 Anm.

644 aaO 162 – Anekdotischer Bericht, der auf folgender Äußerung Goethes im Brief an Charlotte v. Stein vom 12.9.1782 beruht: «Morgen führe ich die Mädgen an und den Prinzen dazu. Wenn's gelingt giebts eine Geschichte auf Zeitlebens!» (WA IV 6, 57). Hierzu merkt Fritz v. Stein an: «Er gab ihnen ein Frühstück im Zeughause und hatte einen der in der Reihe aufgestellten Harnische zum Schrecken der Mädchen belebt.» (Schöll 1, 624)

645 Nach Abschrift aus Nachlaß FBdm – Briefdatum nach BuG 2, 385: 27. September. Der Brief ist aus Gotha.

646 Nach Abschrift aus Nachlaß FBdm – Der Brief ist aus Weimar. – *et sur mari et sur femme:* Carl August und Louise.

647 Deetjen 52 – *seines Wilhelm Meisters:* d.h. der ‹Theatralischen Sendung›.

648 Keil 183f. – *Palais:* es handelt sich natürlich um das Haus am Frauenplan.

649 Bode 1, 299 – *Geschenk:* zu ihrem Geburtstag am 24. Oktober.

650 (229) Düntzer Knebel 1, 115

651 (230) GJb 17, 241 – *K. Mattei:* recte Matthaei. – *Pilatus:* von Lavaters ‹Pontius Pilatus› war 1782 der erste Teil erschienen. Goethe hat in Briefen an Lavater seiner Ablehnung dieses Werkes Ausdruck gegeben. Am 29. Juli schrieb er: «Deinen Pilatus hab ich sogar zu parodiren angefangen, ich habe dich aber zu lieb als daß mich's länger als eine Stunde hätte amüsieren sollen.» (WA IV 6,20).

652 (232) J.P. Eckermann, Gespräche mit Goethe..., hrsg. von H.H. Houben, 24. Aufl., Wiesbaden 1949, 55f. – Eckermanns Begegnung mit Sutor wird durch GTgb 21.12.1823 bestätigt: «Mittag Eckermann. Sutors Tradition einer Himmelserscheinung.» Von einer Himmelserscheinung berichtete Goethe selber an Charlotte v. Stein am 6.4.1783: «Heute Nacht sah ich ein Nordlicht in Südost, wenn nur nicht wieder ein Erdbeben gewesen ist, denn es ist eine auserordentliche Erscheinung.» (WA IV 6, 147). Offenbar spielt Goethe hiermit auf das Erdbeben von Messina vom 5. bis 7. Februar 1783 an. Hierauf bezieht Sutor seinen Bericht. Als sagenhaft bezeichnet Houben diesen in seinem Nachwort (ebd 706f.) und ordnet ihn dem erwähnten Brief an Charlotte v. Stein zu (so auch BuG 2, 409f.).

653 (233) Vierteljahrsschrift für Literatur-Geschichte, Bd 1, 1888, 142f. – Der Bericht beruht offenbar auf einer Erzählung Wielands. – Über die Predigt schreibt Goethe am 20.3.1783 an Herder: «Da ich deine Predigt hörte, wünschte ich du hättest ein tröstlich, wohlthätig Wort für den Herzog hinzufügen können und mögen. Du hast deine Zuhörer an den breitsten Theil der Klufft geführt, die unsre Gegenwart und... Zukunft trennt...» (WA IV 6, 138)

654 (NN 233a) Gartenlaube 1910, 736 – Eine ausführliche Aufzählung sämtlicher Teilnehmer an dem «Festaufzug zu Pferde nach der Höchsterfreulichen Geburt des Durchlauchtigsten Erbprinzen Karl Friedrich, den 13. März 1783» bringt Lyncker 1:24ff.

655 Nach Abschrift aus Nachlaß FBdm – *notre bonne grande maîtresse:* Gräfin Gianini.

656 Nach Abschrift aus Nachlaß FBdm – Beruht offensichtlich auf einem ähnlichen Bericht der Frau v. Oppel wie dem vorigen.

657 (234) F.v. Matthisson, Erinnerungen, Bd 3, Zürich 1812, 299ff. – Matthisson war nach seinem Tagebuch vom 1. bis 12. Juni in Weimar (vgl. BuG 2, 418). Daß das Ostereiersuchen nach Ostern stattgefunden hat, wird durch Nr. 659 bestätigt. – *petulanten:* ausgelassenen. – *Kokagnen zu Neapel:* nach altem neapolitanischen Brauch wurde zur Karnevalszeit ein mit Leckerbissen bestückter «Schlaraffenbaum» errichtet, den es zu erklettern galt. Wer am meisten Trophäen erringen konnte, war Sieger. Kokagne = Abwandlung von it. «Cuccagna» = Schlaraffenland. – *Philanthropins:* vgl. Anm. zu 606.

658 Lyncker 47f. – Der Bericht, wenn auch dem vorigen nahestehend, ist wohl auf Mittwoch, den 26.3.1777 zu datieren, vgl. GTgb von diesem Tage: «Die Kinder alle im Garten. Eyersuchen usw.» – *Oster-Heiligabend:* gemeint ist der Abend vor Gründonnerstag. – *Götze:* trat seinen Dienst bei Goethe am 1.1.1777 an und wurde am 1.4.1794 Baukondukteur. Er starb 1835.

659 JbSKipp 4, 37ff. – Diesen Bericht seiner Frau hat Riemer in sein Tgb vom 31.3.1825 (Nr. 5625f.) eingeschaltet. Er beruht auf Hörensagen und ist als Zeugnis für die mehrfache Wiederholung des Ostereiersuchens in Goethes ersten Weimarer Jahren anzusehen.

660 aaO 120 – Auch dieser zusammenfassende Bericht ist aus thematischen Gründen hier eingeordnet. – *Fritsch:* Friedrich August v. F., geboren 1768. – *Kinderfeste:* auch Caroline Jagemann berichtet in ihren Erinnerungen: «Goethe gab damals zuweilen Kindern aus bekannten Familien Feste im Freien, an denen der Herzog stundenlang teilnahm...» (Bamberg 56)

661 Euphorion 1, 72ff. – *kamen wir hier an:* die Tochter des berühmten Göttinger Philologen Heyne mit ihrem Onkel, dem Naturforscher Blumenbach, und dessen Frau Louise Amalie. Sie befanden sich auf einer Reise in die Schweiz.

662 (235) E. Schmidt, Karl Weinhold mit herzlichen Glückwünschen zum 26. October 1893, 3f. – Brief aus Jena. – *von meinen beiden Damen:* vgl. Nr. 661 und Anm. – *tenue spicilegium:* Nachlese. – *Chrysostomus:* Goldmund.

663 (236) Wagner 1, 390 – *Handzeichnungen:* über Mercks Kommissionen vgl. Anm. zu 558. – *Kammer-Präsidenten:* Goethe. – *Taciturnität:* Schweigsamkeit. – *Both qua Both:* ein für Both hervorragendes Blatt, sofern es von Both ist (und keinem bedeutenderen Künstler). – *Schellinks:* vgl. Schuchardt 1, 310 Nr. 891. – *Hobbema:* vgl. ebd 1, 305 Nr. 842. – *mit Protest:* als nicht angenommen.

664 (236a) Schöll 1, 617 – *ein Zimmer in seinem Hause:* vgl. Goethe an Charlotte v. Stein 25.5.1783: «Fritz hat gut wie immer geschlafen und räumt nun seine Sachen ein. Du weist doch... wie ich mich freue dies Pfand von dir zu haben.» (WA IV 6, 165)

665 (236b) DüntzerStein 1, 199

666 (237) DüntzerStein 1, 199 – *Berendis:* Hieronymus Dietrich B., Kammer- und Landschaftskassenbeamter in Weimar, gestorben 1782. – *Bruder:* Ernst Carl Constantin v. Schardt, der eine Besoldungszulage erhofft hatte.

667 GJb 13, 131 – Der Zürcher Bürgermeistersohn Johann Heinrich Landolt studierte in Halle und besuchte von dort aus mit seinem Freunde, dem Junker Escher vom Blauen Himmel, Weimar.

668 (N. 237 a.a.) Bi^2 5, 187 – Goethe war vom 13. bis 15. Juni in Gotha.

669 MerckBr 181f. – *Ludecus:* Johann August L., Steuerrat in Weimar.
670 StG 6, 165 – *Er hat Fritzen zu sich genommen:* vgl. Nr. 664f.
671 StG 6, 166f. – *Ihr Urteil über «Wilhelm Meister»:* nicht erhalten. Vgl. Goethe an Knebel 3.7.1783: «Es freut mich recht sehr, daß du meinen Wilhelm so gut aufgenommen hast und daß du mir deine Gedancken darüber sagen magst. Was du daran lobst, habe ich wenigstens zu erreichen gesucht...» (WA IV 6, 176)
672 (237a) Wagner 1, 397 – *Reise... auf den Harz:* vgl. Nr. 677.
673 Protestantische Monatsblätter 14, 1859, 103 – *Gottfrieds:* des ältesten Sohns, geboren 1774.
674 HerderBr 1, 96 – Vgl. Goethe an Charlotte v. Stein 13.9.1783: «Heute abend geh ich nach Halberstadt wo die Herzoginn [Anna Amalia] Morgen durchgeht...» (WA IV 6, 197)
675 (175) HerderBr 1, 100 – *ich hab' ihn aber nicht gefunden:* beruht auf Gegenseitigkeit, vgl. Goethe in den ‹Tag- und Jahresheften› 1805: «Auch konnte ich, damals wie in der Folge, kein Verhältnis zu ihm gewinnen...» (GA 11, 781) – *hier... dort:* in Halberstadt 1783, in Weimar 1777.
676 Deetjen 58 – *in Halberstadt:* am 14. September. – *begleiteten die Herzogin:* Anna Amalia war in Braunschweig zu Besuch gewesen. Auf der Rückreise nach Weimar wurde sie von den genannten Angehörigen des Braunschweigischen Hofes begleitet. Vgl. Goethe an Charlotte v. Stein: «Die Herrschafften sind alle, ausser der regierenden Herzoginn, vergnügt und wohl angekommen, ich habe den ganzen Tag in ihrer Nähe zugebracht.» (WA IV 6, 198)
677 (239) GJb 9, 16ff. – Goethe besuchte Trebra in Zellerfeld vom 18. bis 26. September (JbGG NF 27, 125). – *nach den Brocken führen:* am 21. September – *der gehende Förster:* wohl im Gegensatz zum reitenden (vgl. DWb s.v. gehen Sp. 2405). – *dorten... mitten im Winter:* damals im Dezember 1777 (vgl. Nr. 466f. und Anm.) – *noch zu einem Vergnügen:* zur folgenden Schilderung vgl. Goethe zu Kanzler v. Müller am 18.5.1821 (Nr. 4853). Kommentierend dazu im Hinblick auf die Bedeutung von Geologie und Mineralogie in der damaligen Zeit vgl. JbGG NF 27, 126ff.
678 Zeitschrift für Bücherfreunde N.F. 4, 1912, 174 – *zwei junge Leute:* einer davon ist Fritz v. Stein, der Goethe auf der Reise begleitete. – *dephlogistisierten Luft:* Sauerstoffgas. – *Quartier:* Flüssigkeitsmaß, etwa 0,9 l.
679 (239a) Caroline 1, 75f. – *zwei Tage:* am 27. und 28. September.
680 wie 507 S. 355 – *hier [in Kassel] am Hofe:* Goethe war vom 1. bis 5. Oktober in Kassel. Am 2. schreibt er an Charlotte v. Stein: «Wir sind nun hier und sehr vergnügt... Ich bin an Hof gewesen, und werde überall sehr gut aufgenommen...» (WA IV 6, 203) – *besuchte Sömmerringen:* erste Begegnung mit dem bedeutenden Naturforscher.
681 (238a) Wagner 1, 425f.
682 (231) Deetjen 57 – Goethe ist seit dem 6. Oktober wieder in Weimar. – *Entschuldigung:* «erschien zuerst im 40. Stück des Tiefurter Journals.» (ebd 181f.), später in der Sammlung ‹Antiker Form sich nähernd› (GA 1, 353)
683 (240) Christoph Friedrich Rinck, Studienreise 1783/84..., hrsg.

von M. Geyer, Altenburg 1897, 72 – *von Herdern:* dessen Predigt Rinck am Tage vorher gehört hatte. «Rink war 1781 zum Hof- und Stadtvikarius in Karlsruhe bestellt und dann von Markgraf Karl Friedrich beauftragt worden, sich auf einer Reise durch Deutschland und die Schweiz durch Besuch ausgezeichneter Männer, besonders Theologen, weiter auszubilden.» (Bi^2 5, 23)

684 Protestantische Monatsblätter 14, 1859, 104

685 (242) Wagner 2, 230 – *l'honnête-homme à la cour:* Ehrenmann am Hof.

686 Diezmann 44 – *Ilmenauer Nachrichten:* wohl der im Aug. 1783 von der Kommission abgefasste Bericht ‹Nachricht von dem ehemaligen Bergbau zu Ilmenau … und Vorschläge … ihn wieder zur Aufnahme zu bringen› (LA I, 1, 32ff.)

687 Diezmann 45 – *Rede:* Rede bei Eröffnung des neuen Bergbaues zu Ilmenau den 24. Februar 1784 (GA 12, 659ff.).

688 Keil 208

689 Diezmann 45 – *die Rede:* vgl. Nr. 687 und Anm.

690 J. Voigt, Goethe und Ilmenau, Leipzig 1912, 171 und 176f. – *Rede … gedruckt:* zum Druck von Goethes Rede vgl. WA I 36, 451.

691 (2953) Sor 131 (Houben Soret 531) – *vingt minutes:* von Eckermann geändert in «zehn Minuten» (GA 24, 757).

692 (242a) Wagner 2, 234 – *Wassersnot:* Überschwemmung. – *Goethe:* war vom 29. Februar bis 4. März in Jena. Am 1. März schreibt er an Charlotte v. Stein: «Ich bin nicht ganz unnütze hier drum will ich bleiben. Du bist meine Begleiterinn auf Wassern und Eise. An einigen Orten der Vorstadt ist das Übel gros …» (WA IV 6, 248)

693 StG 6, 172

694 (252) aaO 433f. – *die frühverstorbenen Prinzessinnen von Weimar:* Louise Augusta Amalia, geboren 3.2.1779, starb am 24. März 1784. Ihre jüngere Schwester war am 10.9.1781 geboren und am gleichen Tage gestorben.

695 JbGG NF 14/15, 346f. – Der Bericht ist aus Weimar, die Charakteristik vom Hörensagen.

696 (243) DüntzerKnebel 1, 120f. – *[Ideen zur Philosophie der Geschichte der Menschheit]:* der erste Teil ist 1784 erschienen (vgl. Nr. 697).

697 (241) Herders Briefe an Joh. Georg Hamann, hrsg. von O. Hoffmann, Berlin 1889, 192f. – *Autor autoris:* Urheber des Autors. – … αδης: *der Ungebornen:* Hades (Unterwelt) von gar nicht Entstandenem; Vorstellung aus der Seelenwanderungslehre, wie am Schluß von Platons «Staat» und bei Vergil, Aeneis, Buch VI am Schluß

698 (244) wie 278 S. 106ff. – *kamen wir … an:* die Brüder Friedrich Leopold und Christian Grafen zu Stolberg und deren Frauen Agnes und Louise. – *Der kleine Schardt:* «Es muß Sophie v. Schardt, die ‹kleine Schardt› (1755–1819), geb. Bernstorff, seit 1778 verheiratet und in Weimar lebend, gemeint sein. Ihre drei Kinder starben jeweils gleich nach der Geburt.» (Behrens 516 Anm.) – *zur Bernstorffen:* Charitas Emilia Gräfin von Bernstorff, seit 1778 in Weimar lebend. – *auf dem Landtag:* nach Eisenach. –

ὑπεροπλος: von Stolberg in seiner Ilias-Übersetzung XV, 185 und XVII, 170 mit ‹übermütig› wiedergegeben. – καλοκαγαθια: Kalokagathia, Schön- und Gutheit, von den Griechen übernommenes Bildungsideal der Zeit. – *Vorrede zu den Volksliedern:* zu deren zweitem Teil (1779). Dort werden «berühmte» Homer-Übersetzer getadelt, was Stolberg auf sich beziehen mußte. – *ein Amor von Stein:* im Park von Tiefurt. – *Dich hat Amor gewiß:* unter dem Titel ‹Philomele› in Goethes Gedichte aufgenommen (GA 1, 357).

699 (245) Janssen 1, 160 – *Goethe... fühlte sich... verjüngt:* vgl. Goethe an Charlotte v. Stein 3.6.1784: «Die Stolbergs haben uns noch einen fröligen verjüngten Tag gemacht, es ist gar hübsch daß ich vor der Abreise [mit Carl August nach Gotha und Eisenach] noch einmal in ienen Seen der Jugend durch die Erinnerung gebadet worden.» (WA IV 6, 284)

700 Roth 2, 148f. – Bei welcher Gelegenheit die erwähnte Äußerung Goethes gefallen ist, kann nicht mit Sicherheit ausgemacht werden. BuG 1, 392 datiert: 26.11./3.12.1775. – *man müsse sein Herzchen halten, wie ein krankes Kind:* in der 1. Fassung des ‹Werther› heißt es: «Auch halt ich mein Herzgen wie ein krankes Kind...» (GA 4, 272).

701 Bergmann 43 – *ein italienischer Improvisatore:* Pellegrini, vgl. Goethe an Charlotte v. Stein 4.6.1784: «Wir haben einen Improvistatore hier gehabt, den ich nur kurz gehört habe, er macht seine Sachen recht gut, ich hätte gewünscht ihn länger und in seinem Glanze zu sehen.» (WA IV 6, 291). Dagegen Herders negative Äußerung im Brief an Gleim 13.6.1784 (HerderBr 1, 108f.). – *Markgräfin von Erlangen:* Caroline Sophie von Bayreuth.

702 (245a/245b) KnebelNachl 3, 371 – Knebel war am 15. Juli nach längerer Abwesenheit zurückgekehrt. – *zu sich, in sein Haus, bitten:* vgl. Nr. 696. – *die schöne Vestalin:* vielleicht mit Bezug auf die Herzogin Louise (vgl. Nr. 698). – *Mémoires pour servir à la vie de Monsieur de Voltaire:* Voltaires 1784 erschienenes Erinnerungswerk.

703 JbGG NF 22, 158

704 Protestantische Monatsblätter 14, 1859, 112 – Der Brief ist undatiert, das Datum nach dem letzten Satz erschlossen. Vgl. auch Knebels Tgb vom gleichen Tage: «Göthe reißt ab, nach Braunschweig.» (BuG 2, 478)

705 Schreiber 369 – *«L[es] ombres chinoises»:* in Goethes gleichzeitigen Briefen an Charlotte v. Stein werden verschiedene Veranstaltungen in der Oper, jedoch nicht die damals üblichen Schattenspiele (vgl. Nr. 600) erwähnt.

706 Nach Abschrift aus Nachlaß FBdm – *Madame l'Abbesse:* Prinzessin Auguste Dorothee von Braunschweig.

707 Bode 1, 318 – Während Goethes längerer Abwesenheit von Weimar geschrieben.

708 Morgenblatt 13.4.1837, 350 – Anekdotischer Bericht. Die Beteiligung des Malers Kraus an Goethes 3. Harzreise vom 2. bis 15. September ist bezeugt, jedoch nicht ein Besuch in Wörlitz. Vgl. 709 und Anm.

709 (246) KnebelBriefw 26f. – *Zeichnungen... von den Harzgegenden:* vgl. Goethe an Merck 2.12.1784: «Ich habe diesmal Krausen mit auf dem

Harze gehabt und er hat mir alle Felsarten nicht mahlerisch, sondern wie sie dem Mineralogen interessant sind, gezeichnet.» (WA IV 6, 402). Goethe hat die Zeichnungen in einem Portefeuille bewahrt: vgl. Nr. 4720 und 4853. – *Jacobi... und seine Schwester:* vgl. Goethe an Charlotte v. Stein 19.9.1784: «Jacobi est arrivé avec sa Soeur il me fait un grand plaisir par sa presence.» (WA IV 6, 360). Gemeint ist die Stiefschwester Charlotte (Lottchen). – *Der alte Oeser:* vgl. Goethe an Charlotte v. Stein 17.9.1784: «Tu sauras deja que le viel Oeser est ici pour peindre les petits apartemens de Mdme la Duchesse Mere...» (WA IV 6, 359)

710 (247) Roth 1, 372f. – Der Brief ist aus Pempelfort, Jacobi hatte sich bis zum 29. September in Weimar aufgehalten. – *Claudius:* vgl. Goethe an Charlotte v. Stein: «Claudius le fameux Wandsbecker Bote arrivera aujourdhui...» (WA IV 6, 362). – *Sie... kamen nicht:* Der Besuch der Fürstin Gallitzin in Weimar wurde ein Jahr später nachgeholt; vgl. Goethe an F.H. Jacobi 26.9.1785 (WA IV 7, 102). – *großen Schattenriß:* in Goethes Sammlungen befinden sich zwei Silhouetten der Fürstin Gallitzin (vgl. Trunz/Loos 163), eine davon ist abgebildet ebd 23. – *die dehors zu salvieren:* nach der französischen Redewendung ‹sauver les dehors› = den äußeren Schein wahren. – *das dedans:* das Innere.

711 (248) aaO 190f. (JbGG NF 2, 218f.) – *Ein geistvoller Mann:* in Bd 2 von F.H. Jacobis Werken (1815) S. 276 ersetzt durch: Goethe. – *vernünftigen Diskurs!:* über den Zusammenhang dieses Diktums mit dem Distichon «Fortzupflanzen die Welt, sind alle vernünftgen Diskurse / Unvermögend; durch sie kommt auch kein Kunstwerk hervor» (GA 1, 261) vgl. JbGG NF 2, 218ff.

712 (249) KnebelNachl 2, 234 – *bei Ihnen:* in Jena. In Knebels Tagebuch vom 27.9.1784 werden als Besucher noch Herder, Jacobi und seine Schwester, Wieland und Claudius erwähnt (BuG 2, 489)

713 (250) KnebelNachl 2, 233f. – *Claudius:* der bei Herders zu Gast war, hatte, wie Jacobi, Weimar am 29. September verlassen. – *Goethes Abreise:* am 2. Oktober nach Groß-Kochberg, am 4. Oktober weiter nach Ilmenau. – *vom Herzoge und seiner Reise:* über Carl Augusts Reise in geheimer Mission nach Zweibrücken ohne Beteiligung Goethes vgl. Wahl 1, 370 Anm. – *die dumme Märe:* von einer Verstimmung zwischen Goethe und Carl August.

714 Wagner 1, 436

715 wie 697 S. 202 – *Golgatha:* ‹Golgatha und Scheblimini! Von einem Prediger in der Wüsten›, erschienen 1784.

716 HerderNachl 2, 258f. – *einen neuen... Band von seinem «Wilhelm Meister»:* das 5. Buch der ‹Theatralischen Sendung›. – *Anfang einer neuen... Arbeit:* die in der folgenden Nr. genannte Abhandlung.

717 (251) KnebelNachl 2, 236f. – *Abhandlung vom Knochen:* ‹Versuch aus der vergleichenden Knochenlehre, daß der Zwischen-Knochen der obern Kinnlade dem Menschen mit den übrigen Tieren gemein sei›, zunächst nur handschriftlich, in erweiterter Fassung gedruckt erst 1820 (GA 17, 288ff.). – *dictator perpetuus:* Diktator auf Lebenszeit (Titel Caesars und der römischen Kaiser). – *promoviert:* befördert, erhöht.

718 KatSKipp 2 Nr. 4215 – *die griechischen Gedichte:* aus Herders ‹Blumen aus der griechischen Anthologie›. Vgl. Goethe an Knebel 17.11.1784: «Herder ist über der Anthologie und ist im Übersetzen sehr glücklich und übersetzt glücklich.» (WA IV 6, 391)

719 KnebelBriefw 31f. – *Goethens Weisheit:* Goethe war vom 18. bis 20. November in Jena, die hier zusammengefaßte ‹Weisheit› Goethes kann aber auch mit auf früheren Gesprächen beruhen.

720 Protestantische Monatsblätter 14, 1859, 106f. – *lebendigen Reichtum:* die fünf Söhne Herders.

721 HerderNachl 2, 261f. und 265f. – *Hamanns Brief:* den Jacobi Herder geschickt hatte. Vgl. Goethe an F.H. Jacobi 12.1.1785: «Theile ia alles mit was du von Haman empfängst.» (WA IV 7, 13) – *eine Oper im italienischen Geschmack:* das Singspiel ‹Scherz, List und Rache› (GA 6, 941ff.).

722 Vor hundert Jahren. Elise von der Reckes Reisen ... nach dem Tagebuche ihrer Begleiterin Sophie Becker, hrsg. von G. Karo und M. Geyer, Stuttgart 1884, 88 – Elisa von der Recke war seit dem 10. Dezember in Weimar. Am 26. schreibt Goethe an Carl August, daß er sie nur ein einziges Mal gesehen habe (WA IV 6, 418).

723 wie 722 S. 90

724 StG 6, 179f.

725 StG 6, 180f. – *Sonnen-Mikroskop:* einfacher Projektionsapparat mit der Sonne als Lichtquelle. Vgl. Goethe an Lichtenberg 12.6.1780: «Haben Sie die Güte sich des von mir bestellten Sonnen Microscops zu der Camera obscura anzunehmen.» (WA IV 50, 10) – *«Le mariage de Figaro»:* das Lustspiel von Beaumarchais, seit 1783 aufgeführt, jedoch erst 1785 gedruckt.

726 (253) KnebelNachl 2, 240 – *Mem[oires] de Scott:* nach BuG von G. Scott

727 wie 722 S. 104 und 106

728 Dobbek 253f. – *bei Ihnen:* in Jena (vom 6. bis 12. März) – *leidigen «Ideen»:* vgl. Nr. 696 und Anm. und Nr. 730. – *Pontifex maximus:* Oberpriester. Die scherzhafte Übersetzung spielt auf Goethes Amt als Wegebaudirektor an.

729 (253a) HerderBr 1, 110

730 (254) wie 697 S. 214 – *caput mortuum:* eigentlich Totenkopf, in der Chemie: unbrauchbarer (verhärteter) Rückstand. – *Herr Immanuel:* Kant hatte den ersten Teil der ‹Ideen› in der Jenaer ‹Allgemeinen Literaturzeitung› rezensiert. – *ad carceres:* wörtlich zu Kerkerhaft, hier für: Aufbewahrung unter Verschluß.

731 (258b) KnebelNachl 2, 301 – *Glas:* Mikroskop. – *Infusions-Tierchen:* Mikroorganismen. Anspielung auf Goethes Beschäftigung mit diesen Einzellern, die sich mit systematischen Beobachtungen noch länger hinzog; vgl. Anm. zu 738 und die Aufzeichnungen vom Mai 1786 (WA II 7, 259ff.)

732 HerderBr 3, 21 (JbGG NF 2, 220) – *[in Jena]:* 25. bis 27. April. – *etwas Mut geholt:* vgl. Goethe an Knebel 30.4.1785: «Wie gut es ist vertraulich über seinen Zustand mit Freunden hin und wiederreden! ich ging mit viel freyerem Muthe von dir weg...» (WA IV 7, 50)

733 (254a) Wieland und Reinhold, hrsg. von Robert Keil, Leipzig/Berlin 1885, 12 – *[...Schwiegersohn]:* Karl Leonhard Reinhold heiratete Wielands Tochter Sophie.

734 Wagner 1, 451 – *umbris:* nach Horaz (epist. 1, 5, 28 u.ö.) die ungeladenen Begleiter der Ehrengäste – *capite censis:* die unterste Bürgerklasse, die nur gezählt, nicht nach dem Vermögen geschätzt wurde. – *nach Karlsbad:* Goethe fuhr am 22. Juni zunächst nach Jena und dann weiter mit Knebel (vgl. die folgenden Nummern).

735 (255) KnebelNachl 3, 374f. – Bei dieser und den folgenden Nummern handelt es sich um ausgearbeitete Aufzeichnungen nach Tagebuchnotizen. – *zwei Bedienten:* Sutor und Friedrich Gottlieb Dietrich (vgl. Nr. 739). – *Pfeife Tabak:* erste Bezeugung von Goethes Empfindlichkeit gegenüber Tabakrauch.

736 (256) KnebelNachl 3, 375ff. – *griesicht:* sandig, körnig. – *mit unserm Botanikus:* Dietrich (vgl. Nr. 739).

737 (257) KnebelNachl 3, 378

738 (257) KnebelNachl 3, 379 – *mikroskopische Belustigungen:* im alten Sinne von Beschäftigung, die Freude macht. Vgl. Goethe an Charlotte v. Stein 27.6.1785: «Mein Mikroscop bring ich mit, es ist die beste Zeit die Tänze der Infusionsthiergen zu sehen. Sie haben mir schon groses Vergnügen gemacht.» (WA IV 7, 72)

739 (258) Deutsche Rundschau 2. Jahrg., Bd 7, 1876, 444 Anm. – Der Bericht ist nach Knebels Aufzeichnungen auf den 1. Juli zu datieren (vgl. KnebelNachl 3, 381ff.). – Über den Berichterstatter Friedrich Gottlieb Dietrich aus Ziegenhain vgl. Georg Balzer in JbGG NF 16, 312ff. Wie es dazu gekommen sein soll, daß Goethe den Sproß aus der als Bauernbotaniker bekannten Familie mit nach Karlsbad nahm, berichtet F. Cohn nach F.G. Dietrich: «Auf der Reise nach dem Karlsbad in Gesellschaft des Major v. Knebel begriffen, war Goethe am 20. [vielmehr 22.] Juni 1785 zufällig dem siebzehnjährigen Dietrich auf dem Burgweg bei Jena begegnet, wie er, mit der Botanisiertrommel auf dem Rücken, von einer botanischen Excursion zurückkehrte; er hatte ihn angehalten, ihm Namen und Merkmale der gesammelten Pflanzen abgefragt, und nachdem er ihn als erfahrenen Pflanzenkenner erprobt, ihm ohne Weiteres die Frage gestellt, ob er ihn sofort als Botanikus nach Karlsbad begleiten wolle, was Dietrich mit Freuden annahm.» (Deutsche Rundschau aaO 443). Vgl. auch GTgb 2.5.1825: «Professor Dietrich von Eisenach, alter Zeiten sich erinnernd, wie er im Jahre 1785 mit mir als Ziegenheimer Bauerbursche auf dem Fichtelgebirge, sodann in Carlsbad gewesen und wie er von da an seinen Eintritt in die höhere Kultur zu rechnen habe.» – *sein Werk... angefangen:* der ‹Versuch die Metamorphose der Pflanzen zu erklären› ist erst 1790 erschienen.

740 wie 722 S. 155 – *Bernhards:* Bernhard Becker.

741 wie 722 S. 155

742 wie 722 S. 157 – *Prinz Adam:* Adam Casimir Fürst von Czartoryski.

743 KnebelNachl 2, 250 - *Goethe blieb noch da:* bis zum 16. August. - *die Fürstin:* Isabella v. Lubomirska, Schwester des Fürsten Czartoryski. Sie verließ Karlsbad am 13. August.

744 GJb 11, 132. - *Naumann:* der Dresdner Komponist Johann Gottlieb N. - *Auf den Auen wandlen wir:* Interpunktion des Gedichtes nach WA I 5^{I}, 67 (GA 2, 246).

745 StG 6, 184f. Briefempfängerin nach BuG 2, 542 Luise v. Imhoff, Charlotte v. Steins Schwester. - *wegen Eures projektierten hiesigen Aufenthaltes:* Niederlassung des Ehepaars Imhoff in Weimar, nachdem seine Versuche, in Indien oder London Fuß zu fassen, fehlgeschlagen waren (vgl. Nr. 725).

746 Zur Erinnerung an F.L.W. Meyer..., Bd 1, Braunschweig 1847, 182f. - *difficile d'abord:* anfangs schwierig. - *Therese:* Forster, geb. Heyne, vgl. Goethe an Charlotte v. Stein 16.9.1785: «Der iüngere Forster war hier mit seinem iungen Weibgen, einer gebohrnen Heyne von Göttingen, sie asen Abends bey mir mit Herders, Wieland und Amalie Seidler...» (WA IV 7, 96)

747 GJb 18, 121 - *griechisches Abendmahl:* wohl Umschreibung für Symposion.

748 wie 746 S. 191 - *bekleiben:* Wurzeln schlagen; altertümliches Wort, auch von Goethe gebraucht.

749 (N. 258 ab) Dobbek 255 u. 257 - *Dein... Buch:* über die Lehre des Spinoza in Briefen an den Herrn Moses Mendelssohn. Breslau 1785

750 (N. 258 aa) Krosigk 133

751 (N. 258 ac) Bi^{2} 5, 187

752 Keil 241f. - *Ballon:* Goethe hatte Fritz nach Frankfurt geschickt, um dort den Aufstieg des französischen Ballonfahrers mitzuerleben. Dieser wurde jedoch verschoben, und Fritz kehrte vor dem Ereignis, das am 3. Oktober stattfand, nach Weimar zurück. Vgl. Rolf Denker: Luftfahrt auf montgolfierische Art in Goethes Dichten und Denken. In: JbGG NF 26, 181ff., besonders 188. - *Philosophin:* wohl mit Bezug auf Frau Rats Gelassenheit bei Verschiebung des Ballonaufstiegs. Mit Brief vom 20. Oktober schickte sie ihm eine Beschreibung des schließlich geglückten Aufstiegs (vgl. Pf-B 548 und 930f. Anm.)

753 KnebelNachl 2, 318

754 (N. 258 c) Krosigk 131f. - *[Die ungleichen Hausgenossen]:* vielmehr ‹Scherz, List und Rache›, komponiert von Kayser (vgl. Nr. 721 Anm.)

755 (258a) Bi^{2} 5, 24. Zum Briefdatum vgl. Bi^{2} 5, 262 - *hier [in Jena]:* vom 12. bis 14. Dezember.

756 wie 697 S. 224 - *lat. Zeitung:* gemeint ist die Jenaer «Allgemeine Literaturzeitung», die im April 1785 eine Rezension von Hamanns ‹Golgatha und Scheblimini› (vgl. Nr. 715 Anm.) gebracht hatte. - *Verfasser:* nicht ermittelt

757 (259) Urlichs 2, 256

758 Carl August von Weimar, hrsg. von Hans Wahl, Weimar 1928, 50

759 StG 6, 185 - *hier wieder angekommen:* Er war vom 24. bis 27. März in Jena. - *pinselt... an seinen Prometheusschen Menschen:* gemeint ist wohl die Arbeit an den ‹Ungleichen Hausgenossen› und an ‹Wilhelm Meister›. Vgl. z.B. Goethe an Charlotte v. Stein 21.3.1786: «Die Operette und Wilhelm rucken zusammen... Abends schreibe ich wieder und hoffe Donnerstags dir und Herders etwas zu lesen.» (WA IV 7, 193)

760 (260) Morgenblatt 25.4.1823 S. 395f. – Die Begegnung zwischen F.A. Wolf und Goethe fand während Goethes Aufenthalt in Jena vom 25. bis 29. April statt, vielleicht am 27. April, wo Wolf in Knebels Tgb erwähnt wird (BuG 3, 12). – *Maler Franck:* F.A. Wolf hatte sich von dem Berliner Maler J. Franck porträtieren lassen. Er schreibt am 22.2.1822 an Wilhelm und Wilhelmine Körte: «Der Mann heißt Frank, und hatte soeben auch in gleicher Größe (d.h. Kleinheit, die ich wünschte) Göthe, Wieland und Herder gearbeitet.» (Reiter 2, 289). Bei dem Goethe-Gemälde kann es sich nicht um ein Originalporträt gehandelt haben. – *auf der Büttnerschen Bibliothek:* die umfangreiche Bibliothek des ehemaligen Göttinger Professors Christian Wilhelm Büttner war 1783 von Carl August angekauft und im Jenaer Schloß untergebracht worden.

761 StG 6, 186 – *Ihr Philosoph:* Platon.

762 (261) HerderBr 2, 203 – Die allgemeine Bemerkung knüpft an einen Bücherwunsch Herders für Goethe an. – *humanae naturae:* der menschlichen Natur.

763 (264) GJb 2, 395 und 5, 352 (Datumsberichtigung). – *Ilmenau:* Goethe war dort seit dem 12. Juni. – *[9. Juni]:* vielmehr 11. Juni. – *die Sache:* Verhandlungen über die Ausgabe von Goethes Schriften mit dem Verleger Göschen in Leipzig. (vgl. Nr. 765).

764 (262) GJb 6, 35f. – Datum des Briefes nach BuG 3, 21: 19.6.1786. Goethe war vom 17. bis 20. Juni in Gotha. – *eine Epistel V. Cl. Weikhardi:* was für ein Brief des ‹vir clarissimus› Melchior Adam Weikard oder Weickard gemeint ist, kann nicht mit Sicherheit ausgemacht werden. Vermutet wird die Schrift ‹Gedanken eines Weltbürgers über geheime Gesellschaften›, Petersburg 1786 (GJb 6, 36). – *homiletisch:* kanzelrednerisch. – *Fungum apocalypticum hypostaticum:* standhafter Apokalypsenpilz. – *Fungum iambicum trimetrum catalecticum Hendecasyllabum:* den elfsilbigen katalektischen jambischen Trimeterpilz. – *Fungo alcaico iambico:* dem alkäischen Jambenpilz. «Der abstruse Spaß... mag auf eine von Herder empfangene prosodische Belehrung zurückgehen...» (ebd)

765 (263) GJb 2, 396ff. – *seine Erklärung:* vgl. Nr. 763 und Goethes Briefe an Bertuch Ende Juni 1786 (WA IV 7, 233f.). Vgl. den endgültigen Vertrag und die Vertragsentwürfe AA ErgBd 2^1, 198ff. – *akkordieren:* zugestehen. – *changiert:* durch Transaktionen, bei Büchern insbesondere durch Tausch Geschäfte abschließen (s. Campe, Wörterbuch zur Erklärung und Verdeutschung... 1812 s.v. Change und changieren). – *Ankündigung... Brief-Extrakt:* vgl. Brief an Bertuch und Göschen Ende Juni 1786 (WA IV 7, 334ff.), gedruckt unter dem Titel ‹Des Herrn G.R. von Goethe Sämtliche Werke in acht Bänden› (GA 14, 171f.) – *Median mit Petit:* Großformat (45 × 58 cm) mit Kleindruck.

766 (265) Der Gesellschafter, 16. Jahrg., 71. Blatt, Berlin, 2.5.1832, 349ff. – *Erzählung meiner Sommerreise:* unter dem Titel ‹Sommerreise von Halle nach Schnepfenthal› gedruckt im ‹Gesellschafter› vom 26.1.1831. – *Erziehungs-Institut:* 1784 von G. Salzmann gegründet. – *Salto mortale von einem Hofrat auf den Lindengipfel:* Als Wieland Dittmar bei seinem ersten Besuch dem Herzog vorstellen wollte, war dieser aus Schüchternheit zurückgeblieben und die sog. ‹Schnecke› bis zur Höhe eines Lindengipfels hinaufgestiegen, wo ihn der Herzog entdeckte. – *Laterna magica:* einfacher Projektionsapparat. – *Bruder in Erfurt:* Wilhelm Salzmann. – *zur Zeit des Bonifatius erbaut:* vielmehr im 12. Jahrhundert begonnen; zur Zeit des Bonifatius (742) wurde Erfurt vorübergehend Bistum. – *Cellula divino...:* Zelle, die der göttliche große Luther bewohnte. – *Lavater in Gotha:* vgl. Nr. 767 und Anm. – *im Kupferstiche:* im 1. Bd von Lavaters Werk ‹Jesus Messias. Oder Die Evangelien und die Apostelgeschichte, in Gesängen›, 1783. Über den Stich und die Ähnlichkeit vgl. A. Kippenberg in JbSKipp 10, 147ff., dort auch Abbildung. – *Unser Musäus:* in seinen ‹Physiognomischen Reisen›, 4 Bde, 1778/79. – *daß das Herz Geheimnisse hat...:* Anklang an das berühmte Wort von Pascal: «Le cœur a ses raisons que la raison ne connaît pas.» – *Wer hebt den ersten Stein...:* GA 4, 309.

767 (266) SchrGG 16, 363 – Lavater war auf dem Rückweg von einer Reise nach Norddeutschland vom 18. bis 20. Juli in Weimar. Vgl. Goethe an Charlotte v. Stein 21.7.1786: «Er hat bey mir gewohnt. Kein herzlich, vertraulich Wort ist unter uns gewechselt worden... Ich habe auch unter seine Existenz einen großen Strich gemacht...» (WA IV 7, 250)

768 SchrGG 16, 240

769 SchrGG 16, 365ff. – *Ein Wort über Goethe:* die Charakteristik war bestimmt für das Werk von L. Meister ‹Charakteristik deutscher Dichter. Nach der Zeitordnung und mit Bildnissen von H. Pfenninger›, ist dort jedoch nicht aufgenommen worden (ebd 367). – *Camera obscura:* Vorläufer des photographischen Apparats. – *ekrasieren:* zermalmen. – *Dexterität:* Gewandtheit.

770 (267) SchrGG 16, 325 – *den fliegenden Papillon zu spießen:* vgl. den ähnlichen Gedankengang in dem frühen Gedicht ‹Die Freuden› (GA 1, 45)

771 Jonas 1, 410

772 Mémoires du Prince Adam Czartoryski... Tome premier, Paris 1887, 31 (JbGG 2, 221) – Nach der Darstellung Czartoryskis fand die Begegnung 1786 in Weimar statt: er war über Gotha und Weimar auf dem Wege nach Karlsbad. Schon Leitzmann hält Karlsbad als Ort des Zusammentreffens für wahrscheinlicher. Dem schließt sich BuG 3, 66 an. Eine Vorlesung der ‹Iphigenie› ist in Goethes Brief an Charlotte v. Stein vom 23. August für den 22. August bezeugt (WA IV 8, 7).

773 GJb 10, 145f. – Name der Berichterstatterin nach BuG 3, 70: Grävemeyer.

774 GJb 34, 214 – *Deserteur:* vgl. GTgb 3.9.1786: «D. 3. Sept. früh 3 Uhr stahl ich mich aus dem Carlsbad weg, man hätte mich sonst nicht fortgelassen. Man merckte wohl daß ich fort wollte; die Gräfin Lanthieri setzte auch einen entsetzlichen Trumpf drauf...» (WA III 1, 145) – *saloisiert:* jedenfalls korrupt, Lesung nach SchrGG 2, 370: saisirt. – *à la française:* der anschließende Satz lautet: «Nein! Wir Preußen überlisten unsre Feinde; nie aber brauchen wir List gegen unsre Freunde.» (GJb 34, 214)

775 (232) wie 652 S. 55 – *ein bejahrter Mann:* Ch. E. Sutor. – *«Als ich bei ihn kam»:* Sutor trat seinen Dienst bei Goethe am 1.12.1776 an (vgl. Schleif 90 und 270). – *Naturforschung:* hier knüpft Nr. 652 an.

776 (164) aaO 282ff. – *etwa im Jahre 1814:* vgl. JbGG 5, 46 Anm. 1. – *in den letzten zwanzig Jahren:* Goethe war seit 1776 mehrfach, zuletzt 1797 in Dessau und Wörlitz gewesen. – *Vorfall mit Kretschmar?:* auf Grund einer (nicht recht überzeugenden) Tagebuchnotiz von Goethe in Bi^2 1, 83 auf den 3.12.1776 datiert.

777 [v. Lose], Schattenrisse edler Teutschen. Aus dem Tagebuche eines physiognomischen Reisenden. Bd 1. Halle 1783, 81ff. Der Schattenriß Goethes befindet sich zwischen S. 80 und 81. – *Zusammensatz:* alte Form von ‹Zusammensetzung›.

778 Briefe eines reisenden Franzosen über Deutschland an seinen Bruder zu Paris. Übersezt von K.R. Zweyte beträchtlich verbesserte Ausgabe. Bd 2, 1784, 56f. (DjG 2, 102). Die Übersetzung ist eine Fiktion und Riesbeck selber der Verfasser. – *Als das Gefühl seines Genies in ihm erwachte:* scheint auf die Straßburger Zeit 1770/71 zu deuten.

779 MerckBr 250 – *Tripoteurs:* Gerüchtemacher. – *auch an mich… gedacht:* vgl. Goethes Brief an Merck aus Rom vom 10.2.1787 (WA IV 8, 179).

780 Im neuen Reich 1877, 1, 858

781 Ebers/Kahlert 16 und 18f. – *in sein Haus:* vgl. Nr. 664f.

782 SteinAufz 8f. – *Von ihm bekam ich…:* es werden im folgenden damals verbreitete Volksbücher genannt. – *Bild der Cenci:* vgl. 309 und Anm.

783 SteinAufz 9ff. – *meines jüngeren Bruders:* Fritz (vgl. Nr. 781). – *Peter Lindau:* vgl. den Aufsatz ‹Peter im Baumgarten› von E. Beutler in ‹Essays um Goethe›, 5. Aufl., Bremen 1957, 444ff. Nach GTgb hatte Goethe den Pflegesohn am 12.8.1777 in sein Haus aufgenommen. – *Hofmeister:* Kästner.

784 A.v. Kotzebue, Die jüngsten Kinder meiner Laune, 5. Bdchen, Leipzig 1796, 174f. – *Ende gut Alles gut:* daß G. keine hohe Meinung von K.s Produktionen hatte, vgl. den Brief vom 26.1.1786 an Charlotte v. Stein (WA IV 7, 171, 29ff.) – *Goethe besuchte damals oft unser Haus:* vgl. Nr. 605. – *Die Geschwister:* vgl. Nr. 428.

785 Lyncker 50 Anm. – *in vorbenannten Angelegenheiten:* bei dienstlichen Unternehmungen.

786 Lyncker 54

787 Lyncker 79f. – *Goethe meldete sich bei der Loge:* im Februar 1780. Er wurde «am 23. Juni 1780 als Lehrling aufgenommen, genau ein Jahr später zum Gesellen befördert und am 1. März 1782 gleichzeitig mit dem Herzog Karl August… auf die Meisterstufe erhoben». (GHb^1 1, 610) – *wurde nach Verlauf weniger Jahre gedeckt:* über den Fortbestand der Loge vgl. ebd 610f.

788 Lyncker 81 – *Eis-Maskeraden und Illuminationen:* z.B. am 16.2.1778 (vgl. Nr. 472).

789 Lyncker 109f. – *der ich nun wohl 14 Jahr alt war:* also etwa 1781/82.

790 Lyncker 114

791 JbGG 11, 317 – *in Brembach:* «von improvisierten Aufführungen in Großbrembach ist nichts überliefert.» (ebd 321)

792 E. Grumach, Goethe im Gespräch, Frankfurt a.M. 1960, 57 – Diese und die folgende Nummer veranlaßt durch die Beschäftigung mit Batschens Naturgeschichte.

793 HerderBr 3, 36 (JbGG NF 3, 310)

794 Bö 1, 58

795 (269) Bö 1, 56

796 Bö 1, 57 – *Ex ore Kalbii:* nach Bericht (Johann August v.) Kalbs. – *nach Meiningen:* 1782.

797 Bö 1, 248f.

798 aaO 24

799 (270) Heuermann 227f.

800 GJb 18, 114 – *Voyage pittoresque...:* Jean Pierre Houel: Voyage pittoresque de Sicile, de Malte et de Lipari. 4 Bde. Paris 1782–1787.

801 GJb 12, 142 – *bei unserer Ankunft zu Weimar [im Herbst 1787]:* Henriette, die mit ihrem jung vermählten Bruder Gottlob eintraf, war erst 14 Jahre alt.

802 Protestantische Monatsblätter 14, 1859, 115f.

803 (273) HerderBr 1, 127 – Anm. ebd: «Gleim hatte am 6. Januar auch für Goethe ein Exemplar seiner *Sprüche* beigelegt.»

804 (271) HerderBr 1, 129 – *wegen Berlin:* vgl. Nr. 479 und Anm.

805 Jonas 1, 358

806 (272/272a) Jonas 1, 380f. und 383 – *Major v. Knebel:* wohnte während Goethes Abwesenheit in den Sommermonaten in dessen Gartenhaus (vgl. Nr. 807) – *Über tausend Briefe von Goethe:* Fränkel zählt in seiner Ausgabe bis zu Goethes Abreise nach Italien 1602 Nummern. – *Sein Vater war da:* Johann Caspar Goethe hat seine Italienreise von 1740 in italienischer Sprache unter dem Titel ‹Viaggio in Italia› beschrieben (erstmals gedruckt in Rom 1932). – *im Zeichnen große Schritte:* die in Italien entstandenen Zeichnungen jetzt gesammelt in Corpus 2 und 3.

807 Jonas 1, 404 – *Goethens Geburtstag:* vgl. Knebels Schilderung im Brief an seine Schwester Henriette vom 31.8.1787 (KnebelBriefw 63). – *Charlotten:* v. Kalb.

808 Pf-B 555f. – *Dein Brief aus Rom:* vom 4.11.1786 (WA IV 8, 43f.) – *Max Moors:* Friedrich Maximilian M., Goethes Jugendfreund, gestorben 1782.

809 (121) Pf-B 557 – Charlotte v. Stein hatte Goethes Briefe aus Rom an die Mutter geschickt.

810 Pf-B 559

811 (275) SchrGG 16, 364f. – *Goethe kam mir unverhofft hierher:* vgl. GTgb 29.10.1786: «Ich kann nun nichts sagen als ich bin hier [in Rom], ich habe nach Tischbeinen geschickt... Tischbein war bey mir. Ein köstlich guter Mensch.» – *jetzt wohnet er in meiner Stube:* vgl. GTgb 30.10.1786: «Ich bin zu Tischbein gezogen und habe nun auch Ruhe von allem Wirtshaus und Reiseleben.» Der Maler Tischbein hielt sich seit 1779 mit Unterbrechung in Rom auf. – *wirklicher Mann:* Tischbein schreibt in seiner eigenwilligen Orthographie «Werckliger Mann». – *Ich habe sein Porträt angefangen:* das berühmte Ölgemälde, genannt ‹Goethe in der Campagna› (Schulte-Strathaus Taf. 65). Vgl. J.H.W. Tischbein: Goethe in der Campagna. Einführung von Christian Beutler, Stuttgart: Reclam 1962. Vgl. ferner die Beschreibung Nr. 843. – *arbeitet... an seiner Iphigenia fertig zu machen:* die Umarbeitung der Prosafassung in Verse. – *Man wollte ihm eine Ehre antun:* Aufnahme in die Gesellschaft ‹Arcadia› (vgl. Nr. 823 und Anm.)

812 (274) SchrGG 25, 20f. – *als Sie vor Moritz auf den Knien lagen:* nach dessen Unfall am 29. November (vgl. Nr. 822f.). – *beim Prinzen Lichtenstein:* Philipp Joseph Fürst von Liechtenstein. Erwähnt in ItR unter dem 23.11.1786 (GA 11, 154ff.). Vgl. Nr. 832f. – *bei der Angelika:* der Malerin Angelika Kauffmann. Vgl. Goethe an Charlotte v. Stein 19.2.1787: «Ich habe sie [Iphigenie] gestern der Angelika vorgelesen und freute mich sehr über die gute Art wie sie das Gedicht empfand.» (WA IV 8, 204) – *«Dort oben auf jenem Berge...»:* Schäfers Klagelied (GA 1 61f.), entstanden erst 1802. – *«Vorüber, ihr Schäfchen, vorüber»:* trotz der späteren Entstehung des Gedichts (vgl. Nr. 1682) ist nicht auszuschließen, daß Goethe die Wendung (vorletzte Zeile des Gedichts) schon damals gebraucht hat.

813 SchrGG 25, 17f. – *die vielen Schweine schlachten:* vgl. die ausführliche Schilderung Goethes im Brief an F.v. Stein 4.1.1787: «Neulich sahen wir, und ich kann wohl sagen, hörten wir 1000 Schweine in einem engen Bezirk abschlachten. Es geschieht dies den Winter über, alle Freitage, auf einem Platze, wo früher ein Minervatempel stand...Das Lärmen der Menschen...und noch allerlei Detail machen dieses Amazzamento zum sonderbarsten Spektakel.» (WA IV 8, 133f.). Vgl. ferner Goethes Aufsatz ‹Tischbeins Zeichnungen des Ammazzaments der Schweine in Rom› (WA I 48, 169ff.). – *bei der Angelika:* vgl. Nr. 812 und Anm. – *Zucchi:* der Mann von Angelika Kauffmann.

814 SchrGG 25, 25

815 K. Ph. Moritz, Reisen eines Deutschen in Italien..., 1. Teil, Berlin 1792, 148 – Briefempfänger nach Bode 1, 338 Campe, jedoch zweifelhaft. – *Villa Pamfili:* erwähnt in ItR unter dem 2.12.1786 (GA 11, 159).

816 K.F. Klischnig, Erinnerungen aus den zehn letzten Lebensjahren meines Freundes Anton Reiser, Berlin 1794, 181

817 JbGG 8, 173 – Der Bildhauer Trippel hat in Rom eine Büste Goethes angefertigt (Schulte-Strathaus Taf. 69 und 70) – *unter dem Namen Müller:* Goethe ist seit dem 5.9.1786 incognito unter dem Namen Möller gereist, vgl. GTgb (WA III 1, 152). – *Reiffenstein:* vgl. Goethe an den Freundeskreis in Weimar 7.11.1786: «Hofrath Reifenstein erzeigt mir viel Gefälligkeit. An Trippeln hab ich einen sehr braven Künstler kennen lernen.» (WA IV 8, 46)

818 Bode 3, 454 – Briefdatum: 17.4.1787 (nach BuG 3, 111) – Goethe hatte mit dem seit 1778 in Rom lebenden Maler Müller, den er früher förderte (vgl. Nr. 564), keinen Kontakt aufgenommen, da er die Entwicklung von dessen Kunst nicht ästimierte. – *Schütz:* der Maler Johann Georg S.

819 Münter 3, 247 – *Sizilien:* vgl. ItR unter dem 20.12.1786: «Doktor Münter ist hier, von seiner Reise nach Sizilien zurückkehrend, ein energischer heftiger Mann... Er reiste zwei Jahr in Italien.» (GA 11, 163f.)

820 Münter 3, 247

821 Münter 3, 248 – *die Vaticana:* Vatikanische Bibliothek.

822 Münter 3, 248f. – *den Arm zu brechen:* vgl. Nr. 823

823 Eybisch 204ff. – *zum arkadischen Schäfer ernannt:* Goethe ist am 4.1.1787 in die literarische Gesellschaft ‹Arcadia› aufgenommen worden. Vgl. den Abschnitt ‹Aufnahme in die Gesellschaft der Arkadier› in ItR, wo der Zeitpunkt jedoch um ein Jahr zurückverlegt wird, und das in italienischer Sprache abgefaßte Patent (GA 11, 528ff. und 531f.). Vgl. Nr. 811 und 833. – *während den vierzig Tagen:* vgl. ItR unter dem 6.1.1787: «Eben komme ich von Moritz, dessen geheilter Arm heute aufgebunden worden. Es steht und geht recht gut. Was ich diese vierzig Tage bei diesem Leidenden als Wärter, Beichtvater und Vertrauter, als Finanzminister und geheimer Sekretär erfahren und gelernt, mag uns in der Folge zugute kommen.» (GA 11, 168)

824 Münter 3, 249

825 Münter 3, 249 – *Dolom[ieus] Buch über Calabr[ien]:* Mémoires sur les tremblemens de terre de la Calabrie, 1784.

826 Münter 3, 251 – *Leim:* Lehm, Ton.

827 Münter 3, 251

828 Münter 3, 252 – *formten wir einige... Medaillen in Gips ab:* vgl. Goethe an Charlotte v. Stein 14./16.12.1786: «Grüße Fritzen und sage daß ich einige recht schöne Kunststücke für ihn lerne. Münzen in Thon abzudrucken, mit zwey Seiten und ihnen im Brunnen eine Metall Farbe zu geben. Das viel artiger und dauerhafter als alles Gypswesen ist.» (WA IV 8, 95) – *Duca di Nemi:* Luigi Conte Braschi Onesti, Duca di Nemi.

829 (277) GJb 4, 318f. – Über die Zuverlässigkeit der in spätem Alter niedergeschriebenen Erinnerungen vgl. GJb 26, 174. – *über alte und neue Musik:* vgl. das in Nr. 841 wiedergegebene Gespräch. Es bleibe dahingestellt, ob das hier und dort Berichtete nicht vorwiegend Gyrowetz' eigene Meinung widerspiegelt. – *Abendgesellschaft:* wohl in Goethes Wohnung.

830 Eybisch 209 – *viel studieren und verarbeiten:* vgl. Nr. 845. – *seit meiner Wiederherstellung:* vgl. Anm. zu 823.

831 (278) Eybisch 209f. – Beilage zu Goethes Brief an Herder vom gleichen Datum (WA IV 8, 186ff.) – *ein gemeinnütziges Werk über die römischen Altertümer:* vgl. Nr. 845 und Anm.

832 Sebastian Brunner, Die theologische Dienerschaft am Hofe Joseph II., Wien, 1868, 151 – Zu diesem und dem folgenden politisch motivierten Bericht vgl. Bode 1, 348: «Da Karl August sich seit einiger Zeit mit möglichster Heimlichkeit in die große Politik mischte, so hielt man in Wien für möglich, daß sein Freund Goethe bei seinen Reisen gleichfalls im

Dienst der Fürstenbund-Bestrebungen wirke.» – *in einem Gasthofe:* vielleicht die in Nr. 834 erwähnte Weinschenke. – *einige Stücke aus seinem Tagebuche vorgelesen:* nicht überliefert. – *nach Neapel gereiset:* am 22. Februar (vgl. Nr. 838).

833 wie 832 S. 156f. – *Arkadische Versammlung:* vgl. Nr. 823 und Anm. – *Megallio:* Megalio Melpomenio. – *vollendete sein... Trauerspiel Iphigenia:* Goethe meldet die Fertigstellung der ‹Iphigenie› in Versen an Herder am 29.12.1786 (WA IV 8, 108) – *Ajo:* Hofmeister.

834 aaO 2, 26 – Der Bericht ist sowohl dem ersten als auch dem zweiten römischen Aufenthalt (1787/88) zuzuordnen. – *«la campanella»:* vgl. Nr. 6068, wo die Schenke ‹Osteria alla Campana› bzw. ‹Weinschenke zur Glocke› genannt wird. – *funfzehnten römischen Elegie:* GA 1, 175f.

835 GJb 10, 146 – Name der Berichterstatterin vgl. Anm. zu Nr. 773. – *zwei Hannoveraner:* G.W.A.v. Pape und A. Ch. Dies. – *über Graz:* Irrtum.

836 SchrGG 25, 20 – Der Brief ist von Tischbein mit einer Randzeichnung zu dem darin berichteten Vorfall geschmückt (ebd). Zu diesem und dem folgenden Briefzeugnis vgl. die Fassung in der Lebensgeschichte Nr. 838. – *Sedia:* eigentlich Tragsessel, hier für leichtes Gefährt.

837 SchrGG 25, 26 – *Locanda di Castello:* in Nr. 838 ‹Locanda di Mariconi› genannt, in ItR unter dem 26. Februar als ‹Locanda del Signor Moriconi al Largo del Castello› bezeichnet (GA 11, 202).

838 (279) aaO 2, 87ff. – *Wagen mit Ochsen bespannt:* vgl. Nr. 836. – *nach Pompeji:* nach ItR Sonntag, den 11. März (GA 11, 216). – *Torre dell' Annunziata... Mittagsmahl:* das Essen in Torre dell' Annunziata wird auch in ItR erwähnt (ebd 224). – *Lacrimae Christi:* Süßwein von den Abhängen des Vesuvs. – *meinen Freund Kniep:* über das «neue Verhältnis», das sich zu dem Landschaftsmaler K. anknüpfte, vgl. ItR unter dem 19. März (GA 11, 233). – *Eines angenehmen Tages:* der Ausflug mit dem Fürsten von Waldeck wird in ItR unter dem 1. März erwähnt (ebd 204). – *Trippel... Goethes Büste:* vgl. Anm. zu Nr. 817. – *Locanda di Mariconi:* zu dem Gasthaus und der Begebenheit vgl. Nr. 837 und Anm.

839 GJb 14, 38 – *Gräfin Filangieri:* eine Begegnung mit ihr und ihrem Mann ist in ItR unter dem 12. März erwähnt (GA 11, 221ff.). – *Villa Reale:* Uferpromenade in Neapel.

840 Die Tagebücher des Dichters Zacharias Werner, hrsg. von O. Floeck, Bd 1, Leipzig 1939, 174 – *Überfahrt nach Sizilien:* nach ItR genau datiert: 29. März bis 1. April (GA 11, 246ff.). – *krank geworden:* auch Goethe erwähnt in ItR seine «Seekrankheit» (ebd 247).

841 (280) GJb 4, 319ff. – Über die Zuverlässigkeit der Erinnerungen vgl. Anm. zu 829. – *nach Neapel zurückkam:* Goethe war vom 15. Mai bis 3. Juni zum zweiten Mal in Neapel. – *Promenade al Giardina [!] Reale:* vgl. Nr. 839 und Anm. – *vieles über Musik:* vgl. Nr. 829 und Anm.

842 (281a) DüntzerKnebel 1, 144

843 Wagner 3, 273f. – Die Identität des Briefschreibers ist nicht gesichert (vgl. Anm. ebd 271). Ludwig Strack ist ein Vetter Tischbeins und gleichfalls Maler. – *Bildnis des Herrn v. Goethe:* vgl. Nr. 811 und Anm. – *Man sieht nämlich den Dichter...:* «Für diese Schilderung hat Strack offenbar persönliche Mitteilungen Tischbeins, wie sich dieser die Umgebung der Figur dachte, benutzt, da einzelnes in dem Bilde nicht ausgeführt ist.» (Schulte-Strathaus 34).

844 (281) aaO 51f. – Der Bericht könnte sich auch auf den ersten römischen Aufenthalt 1786 beziehen.

845 (282) Eybisch 218f. – *über die Altertümer ein... Werk:* wohl der unter dem Titel ‹Die heiligen Gebräuche der Römer› 1791 erschienene 1. Bd des zweibändigen Werkes ‹ΑΝΘΟΥΣΑ oder Roms Alterthümer. Ein Buch für die Menschheit›. – *mit ihm zugleich nach Deutschland zurückreisen:* Moritz blieb vielmehr noch einige Zeit in Rom.

846 Wagner 1, 507 – *Goethe... ist ein halber Maler geworden:* vgl. ItR unter dem 11. August: «Diese Woche ist still und fleißig hingegangen. Besonders hab' ich in der Perspektiv manches gelernt... Auch sind einige Mondscheine aufs Brett gekommen und ausgetuscht worden...» (GA 11, 422) – *erwarte ich ihn hier:* der Gedanke noch einmal nach Neapel zu gehen (ebd), wurde nicht ausgeführt.

847 (283) Eybisch 225

848 (284) Laubmann/Scheffler 742 – Der Bericht ist auf den ersten und zweiten römischen Aufenthalt 1786/88 zu beziehen. – *Danneckern:* der Bildhauer Dannecker war seit 1785 in Rom, wird aber von Goethe nicht erwähnt.

849 Jonas 2, 34

850 wie 832 S. 175 – *künftigen Sonnabend:* vielmehr reiste Goethe Mittwoch, den 23. April ab.

851 Neujahrsblatt auf das Jahr 1903..., 66. Stück, Zürich 1903, 65 – *[in Konstanz]:* auf der Rückreise zusammen mit Kayser hatte Goethe den Umweg über Konstanz gemacht, um Barbara Schultheß zu treffen, die mit ihrer Tochter Dorothea (Döde) auf der Reise von Zürich nach Esslingen war. – *die Zeichnung:* wohl das in Nr. 852 genannte Porträt.

852 wie 851 S. 65 – *Frau Meiß:* «Die Base Anna Magdalena v. Meiß, geb. Schinz, war die Schönheit der Familie, aber unglücklich verheiratet.» (Bode 3, 455)

853 wie 851 S. 66f. – *Mondschein:* Transparent (vgl. Nr. 2356 und 2380).

854 wie 851 S. 68f. – *der V[etter]:* Heinrich Schinz, Bruder der in Nr. 852 genannten Frau v. Meiß. – *Gügeli und Däubli:* Hähnchen und Tauben.

855 wie 851 S. 70 – *Maske:* wohl mit Bezug auf die Masken der Quacqueri (Quäker), wie sie im Abschnitt ‹Das Römische Karneval› in ItR beschrieben werden (GA 11, 541f.).

856 wie 851 S. 71f. – *Liedchen «Hm hm so so»:* Lied des Georg im ‹Götz›: «Es fing ein Knab ein Vögelein...» (GA 4, 718), vermutlich von Bäbe Schultheß für Goethe vertont.

857 wie 851 S. 72 – *Krämli:* Mitbringsel.

858 wie 851 S. 73 – Der Abschied in Konstanz hatte am gleichen Tage stattgefunden.

859 SchrGG 16, 367f. – *Neveu:* H. Schinz.

860 Jonas 2, 74

861 GJb 25, 70 – *au soir tard:* Goethe hatte noch in Jena Station gemacht.

862 Festschrift 1899, 34f. – *manches Gesehene mit ihm zu wiederholen:* über die Begegnung Goethes mit dem Ehepaar Diede in Rom vgl. den Bericht in ItR unter dem Februar 1788 (GA 11, 574).

863 KnebelNachl 2, 242

864 Nach Abschrift aus Nachlaß FBdm – *La vieille maman:* Anna Amalia.

865 Protestantische Monatsblätter 14, 1859, 123 – *in Ihre Nähe:* nach Schaffhausen.

866 Urlichs 3, 305 – Knebel war am 28. Juni in Weimar gewesen und mit Goethe zusammengetroffen, vgl. die Notiz in seinem Tgb (BuG 3, 217)

867 Jonas 2, 83 – Bericht vom Hörensagen.

868 Jonas 2, 85 – *Die Iphigenia:* die Versfassung im 3. Bd von ‹Goethe's Schriften›, 1787.

869 StG 9, 311f. – Die Empfängerin ist eine Schwester von Charlotte Buff, Ridels Braut. – *Es sind... Fremde hier:* vor allem der Engländer Charles Gore mit seinen Töchtern.

870 Jonas 2, 92f.

871 Heuermann 255 – Wohl mit Bezug auf Goethes Aufenthalt in Jena vom 9. bis 21. November 1788.

872 (286) HerderItal 121f. – Brief aus Rom. Zu Herders Reise mit Dalberg vgl. Nr. 865. Herders Abreise erfolgte am 6. August. – *wie ein Künstlerbursche:* über «Goethes Gesellen» in Rom vgl. Herder an seine Frau 8.11.1788 (HerderItal 160f.).

873 (287) HerderItal 3f. – *die Volkstädtin:* Friederike v. Volgstedt.

874 (288) HerderItal 6 – *im Politischen:* mit Bezug auf Carl Augusts politische Ambitionen (vgl. Anm. zu Nr. 832). – *den achten Band seiner Werke:* Frühwerke und ‹Vermischte Gedichte› enthaltend, 1789 erschienen. – *«Wenn du stille bist...»* nach Jes. 30, 15.

875 (289) HerderItal 23 – *seine häusliche menschliche Situation:* diese Formulierung kann keine Anspielung Caroline Herders auf Goethes seit dem Juli bestehendes Verhältnis zu Christiane Vulpius enthalten, da sie von dem «Geheimnis» erst im März 1789 erfuhr (vgl. Nr. 952 und Nachträge, Nr. 7375 und Anm.) – *in Deinen drei Bänden der Philosophie:* von den ‹Ideen zur Philosophie der Geschichte der Menschheit› waren die ersten drei Teile erschienen, zum 4. Teil vgl. Nr. 879 und Anm.

876 (290) HerderItal 26 – *Brief der Herzogin:* d.h. Brief vom 14. August (Nr. 875), den Caroline Herder Anna Amalia vor ihrer Abreise nach Italien am 15. August mitgegeben hatte. – *er sei sinnlich geworden:* die gleiche Formulierung legt Charlotte v. Stein in einem Briefe an Charlotte v. Schiller vom 27.7.1795 aus Anlaß von Goethes ‹Römischen Elegien› Herder in den Mund (Urlichs 2, 302). – *die Herzogin:* Louise.

877 (291) HerderItal 28f. – *Chamäleon:* Anspielung auf Goethes auch von andern bemerkte ‹Doppelnatur›. – *sein Pflanzensystem:* Vorarbeiten zur ‹Metamorphose der Pflanzen›. – *ins Lateinische übersetzen:* ein Bruchstück davon vielleicht das Paralipomenon WA II 13, 136ff.

878 (294) Jonas 2, 107 – *Er hätte mich besucht:* Dies hatte Ridel am

4.8.1788 Schiller mitgeteilt (Euphorion 12, 282). – *gar keine Geschäfte:* bezieht sich wohl auf die offizielle Entbindung Goethes von den Kammergeschäften vom 11.4.1788, also noch vor der Rückkehr aus Italien (Bradish 239f.).

879 (292) HerderItal 45ff. – *Ich las aus dem Brief ... vor:* gemeint ist wohl Herders längerer Brief aus Nürnberg vom 19. August (ebd 30). – *oder vielmehr Gedichte:* vgl. Herder an seine Frau 21.8.1788: «Das Manuscript, das ich an Goethe eingesiegelt habe, laß Dir von ihm geben und bewahre es auf. – Es sind alte deutsche Sprüche und Priameln» (ebd 35). Am 4. September bedankt sich Goethe bei Herder für die «Meistersängersprüche» (WA IV 9, 19) – *vielleicht die Verzweiflung:* vgl. Goethe an Charlotte v. Stein vom 24.8.1788: «Den Herzog hat sein Fuß gezwungen zurückzukehren ... Es ist wieder ein rechtes Probestückchen wie er sich und andern das Leben sauer macht. Ich ... bin in einer innerlichen Verzweiflung ...» (WA IV 9, 11f.). – *Gott:* Herders Werk ‹Gott. Einige Gespräche› (Gotha 1787) hatte Goethe zu seinem vorjährigen Geburtstag in Rom bekommen, vgl. ItR (GA 11, 426f.) – *Ball im Komödienhaus:* aus Anlaß von Goethes Geburtstag, vgl. Goethe an Knebel 30.8.1788 (WA IV 9, 12) – *vierten Teil [der Ideen]:* im Manuskript; der abschließende 4. Teil erschien erst 1791. – *mit Euch ... fahren:* mit Herder und Dalberg, vgl. Nr. 865, 881 und 890f.

880 GJb 26, 282 – *zum Herrn Geh.-Rat Goethe:* anläßlich des gemeinsamen Geburtstags am 28. August. – *Ring mit einem geschnittenen Steinchen:* nach Femmel/Heres 146 nicht überliefert.

881 (296) HerderItal 55f.

882 (300) Gedenkblätter von Charlotte von Kalb, hrsg. von E. Palleske, Stuttgart, 1879, 179f. – *bei Frau v. Stein:* wohl der Aufenthalt in Groß-Kochberg vom 5. bis 7. September, der in Nr. 883 beschrieben wird. – *dies Experiment:* die sog. Chladnischen Klangfiguren. – *in dem Tempelhause:* Tempelherrenhaus, ‹Salon› im Weimarer Park. – *als er von mir Abschied nahm:* vor dem 10. März 1790, seinem Aufbruch nach Italien. – *Übersetzungen:* wohl des Homer. – *manches Sonett und Epigramm:* vgl. Goethe an Charlotte v. Kalb aus Venedig 30.4.1790: «Hier schicke ich ein Blätchen Epigrammen welche ich den Freunden mitzutheilen bitte.» (WA IV 9, 201). Von Sonetten ist nichts bekannt.

883 (298) HerderItal 72ff. – *Prinz August:* von Sachsen-Gotha-Altenburg; vgl. Goethe an Herder 4.9.1788: «Prinz August ist gekommen, mit dem ich vielleicht die nächste Woche nach Gotha gehe.» (WA IV 9, 19) – *einiges ... in den Merkur geben:* das Oktoberheft des ‹Teutschen Merkur› 1788 enthielt unter der Überschrift ‹Auszüge aus einem Reise-Journal›: ‹Rosaliens Heiligtum› (übernommen in ItR, GA 11, 259ff.), ‹Zur Theorie der bildenden Künste› (WA I 47, 60ff.) und ‹Stundenmaß der Italiäner› (WA I 32, 341ff.). – *ins Lengefeldische Haus:* der Besuch am 7. September wird auch in Caroline Herders Brief an J.G. Müller vom 15.9.1788 erwähnt (Protestant. Monatsblätter 14, 1859, 125). – *Gedicht ... über die Götter [Griechenlands]:* in der ersten Fassung erschienen im «Teutschen Merkur» 1788

884 (299) HerderItal 152f. – *als wir von Kochberg zurückfuhren:* am 8. September. – *Angelika:* Kauffmann, Malerin, bei der Goethe in Rom viel verkehrt hatte.

885 Fielitz 1, 82f. – *Herrn von Stein:* Fritz. – *Hofrat von Beulwitz:* Friedrich Wilhelm Ludwig v. B.

886 (301) Jonas 2, 115ff. – *vergangenen Sonntag:* 7. September. – *Behauptung, daß in Neapel so viele müßige Menschen seien:* vgl. Goethes Berichtigung der Behauptung Volkmanns von der Unzahl von Müßiggängern in Neapel in ItR unter dem 28.5.1787 (GA 11, 362ff.). – *nach Gotha:* Goethe war dort vom 10. bis 17. September. – *verschiedenes in den Teutschen Merkur geben:* vgl. Anm. zu 883, weitere Veröffentlichungen bis zum März 1789. – *seine Schriften endigen:* vgl. Anm. zu 874; als letzte erschienen Bd 6 und 7 1790, u.a. ‹Tasso› und ‹Faust, ein Fragment› enthaltend; vgl. Nr. 989.

887 J. Minor, Aus dem Schiller-Archiv, Weimar 1890, 8f.

888 (301a) Nach der Ausgabe von 1845 S. 130 – *in unserm Hause:* im Hause der Familie Lengefeld; Caroline v. Lengefeld wurde später Schillers Schwägerin. – *Rezension des Egmont:* anonym erschienen in der Allgemeinen Literaturzeitung Jena 20.9.1788 (vgl. Nr. 905). – *die Götter Griechenlands:* vgl. Anm. zu 883.

889 (299a) KnebelBriefw 85

890 (297)HerderItal 70ff. – *Brief aus Innsbruck:* vom 29. August (ebd 43f.). – *nach Gotha:* vgl. Anm. zu 886.

891 (302) HerderItal 88ff. – *al Barone:* vgl. Herder an seine Frau aus Verona 4.9.1788: «Mit einem Vetturin zu reisen, wie Goethe gereiset ist, muß eine ganz andre Sache sein, als jetzt unter solchen Umständen al Barone...» (ebd 58). – *gegen Dein Verbot:* Herder hatte in seinen Briefen aus Bozen vom 1. September und aus Verona vom 4. September gebeten, niemandem, auch Goethe nicht, etwas von seinen Schwierigkeiten zu sagen (ebd 52 und 58). – *einen Spinnrocken anzünden:* Anklang an das Sprichwort: Wenn der Spinnrocken brennt, ist's zu spät, nach Wasser zu gehen. (Wander 4, Sp. 723).

892 (325) HerderBr 1, 136

893 GJb 26, 282f.

894 GJb 25, 71

895 (303) HerderItal 101 – *seit Mittwoch:* 24. September. – *der kleine Mensch:* «Anspielung auf Dalbergs kleine, verwachsene Gestalt.» (Bi^2 5, 26)

896 GJb 5, 355f.

897 (304) HerderItal 108ff. – *Deine Fahrt am Meer:* in Herders Brief aus Ancona vom 11.9.1788 beschrieben (ebd 65ff.). – *die schöne Dame:* Frau v. Seckendorff. – *Dein Verbot übertreten:* vgl. Anm. zu 891. – *erste Abteilung seiner Gedichte:* in Bd 8 von ‹Goethe's Schriften›. – *An die Christel und Käthchen:* ‹Christel› (GA 1, 19f.). ‹Käthchen› ursprünglich auf das Gedicht ‹Rettung› bezogen (HerderItal 110 Anm.); es ist jedoch eher an das auf Käthchen Schönkopf bezügliche Gedicht ‹Wahrer Genuß› (GA 2, 38f.) zu denken. Die genannten Gedichte wurden tatsächlich nicht in die

Ausgabe aufgenommen.

898 (307) HerderItal 111ff. – *Bild und Vignette:* Titelvignette von Lips, Titelkupfer von Angelika Kauffmann (Hagen 12). – *auf dem Seil:* «Am 1. hatte sie geschrieben, das von Fritz von Stein den Kindern geschenkte im Garten gespannte Seil mache diesen unsägliche Freude, und dieses Spiel erfreue die ganze Nachbarschaft.» (HerderItal 112 Anm.) – *aus dem Tasso... gelesen:* dieser war noch ungedruckt (vgl. Anm. zu 886).

899 (308) wie 620, Bd 5, Tübingen 1810, 232f. – *in Weimar:* am 12. Oktober. – *von der Maria:* nicht ermittelt. – *gotische Kirche:* das Tempelhaus im Park (vgl. Nr. 900). Den Ausdruck ‹gothische Kirche› gebraucht Goethe in seinem Billett an J.v. Müller vom gleichen Tage (WA IV 18, 19; dort falsch datiert).

900 (309) HerderItal 124f. und 127f. – *Schäfer:* Johann Christian Schäffer. – *Kaiser:* Joseph II. – *durch einen Krieg:* den letzten Türkenkrieg, den Österreich im Bunde mit Rußland 1787–1792 führte. – *wie ihm mankiert worden:* d.h. Mangel zugefügt worden. – *der künftige Kurfürst:* Dalbergs Bruder Karl Theodor wurde 1802 Kurfürst von Mainz.

901 (315) HerderItal 134ff.

902 Urlichs 3, 307 – *acht Tage bei mir:* vom 14. bis 20. Oktober.

903 HerderBr 3, 44 – *verschiedene Tage:* vgl. Anm. zu 902.

904 (310) HerderItal 137ff. – *Reiffensteins wieder abzuschlagen:* Herder berichtete am 1. Oktober von einer Einladung Reiffensteins nach Frascati, der sich Dalberg und Frau v. Seckendorff wegen angeblicher plötzlicher Erkrankung entzogen hatten (ebd 105f.). – *Bruder des künftigen Kurfürsten:* vgl. Anm. zu 900. – *zur Herzogin:* Anna Amalia.

905 (306) Jonas 2, 132 – *Rezension von Egmont:* vgl. Anm. zu 888. – *Goethe:* vgl. dessen Brief an Carl August 1.10.1788: «In der Litteratur Zeitung steht eine Recension meines Egmonts welche den sittlichen Theil des Stücks gar gut zergliedert. Was den poetischen Theil betrift; möchte Recensent andern noch etwas zurückgelaßen haben.» (WA IV 9, 37)

906 (311) HerderItal 144

907 (312) HerderItal 151f. – *100 Scudi:* den Empfang bestätigt Herder im Brief vom 22. November (ebd 177).

908 Karl Schwartz, Landgraf Friedrich V. von Hessen-Homburg..., Bd 2, Rudolstadt 1878, 53 – Das angegebene Datum des Reisetagebuchs bezeichnet den Besuch in Weimar. – *os de Scipion:* vgl. Anm. ebd: «Der Landgraf besaß vermuthlich einen angeblichen Knochen Scipio's... welchen er Goethe bei einem seiner Besuche in Homburg gezeigt haben mochte.»

909 (313/314) HerderItal 165 und 168 – *Brief des Unbekannten:* Caroline Herder hatte am 22.9.1788 von den «gewiß von Dalberg den 11. März empfangenen 400 Ducaten oder 1200 Rthlr.» geschrieben (ebd 91f.), wozu angemerkt wird: «Von unbekannter Hand hatte Herder franco Eisenach eine solche Summe per Post erhalten... die sie irrthümlicher Weise für ein Geschenk Dalbergs hielten.» (ebd) – *Markgraf von Baden:* nach Mskr. FBdm kam das Geld von der Herzogin Louise. – *meliert:* verwickelt.

910 (316a) Jonas 2, 143 f. – *Goethe ist nicht hier:* vgl. Nr. 912. – *alle Geschäfte abgegeben:* vgl. Nr. 878 und Anm.

911 (318a) Jonas 2, 146 ff. – *den armen Merkur in Todesnöten:* finanzielle Schwierigkeiten bei Herausgabe des ‹Teutschen Merkur›, vor allem wegen der hohen Autorhonorare. – *Goethe ... der dritte Mann:* Dieser Plan einer neuen Herausgeberschaft wurde nicht ausgeführt; dagegen erschien seit 1790 ‹Der Neue Teutsche Merkur›, herausgegeben von Wieland, Reinhold und Böttiger.

912 (316b/305/316) HerderItal 169 ff. – *August:* Herder. – *Ansicht der Zeichnungen:* von der italien. Reise. Goethe hatte sie inzwischen geordnet und «in Bücher gebracht, daß sie nur einigermaßen geniesbar werden» (an Knebel 25.10.1788, WA IV 9, 44). – *auf dem tanzenden Picknick:* vgl. Goethe an Herzog Ernst II. von Gotha 8.11.1788: «Von dem gestrigen Balle und Punschgelage bin ich an Leib und Seel' verstimmt.» (ebd S. 51 f.)

913 (317) GJb 26, 283

914 HerderItal 181 – *die Briefe an Gottfried über Tivoli und an August über das Museum:* erwähnt in Herders Brief an seine Frau vom 28. Oktober (ebd 148 f.), abgedruckt in Caroline Herders ‹Erinnerungen aus dem Leben Johann Gottfrieds von Herder›.

915 Bergmann 81 – *Stein von Pichler ... Nemesis:* erstmals erwähnt im Brief Goethes an Carl August vom 28.9.1787 (WA IV 8, 262). Weitere Zeugnisse bei Femmel/Heres 138 Anm. zu Nr. 48; vgl. ferner ebd 47 f.

916 KnebelBriefw 91 f. – *«Anton Reiser»:* in 5 Bden erschienen 1785–1794.

917 (322) Eybisch 239

918 Jonas 2, 173

919 (323) Jonas 2, 180

920 (324) HerderItal 189 f. und 192 – *daß die Herzogin so artig gegen Dich ist:* Anna Amalia war seit Anfang Oktober in Rom; über ihr freundliches Verhalten Herder gegenüber berichtet dieser in seinen Briefen vom 15. und 22. November (ebd 176 und 179). – *Die Göchhausen:* die als Hofdame von Anna Amalia mit in Italien war. – *daß Du darüber ungehalten wirst:* Herder bringt in seinem Brief vom 21.2.1789 seinen Unmut über Goethes Antwort, die er «äußerst albern und abgeschmackt» findet, und des Herzogs mangelnde Großzügigkeit ihm gegenüber, heftig zum Ausdruck (ebd 256 ff.). – *[in Gotha]:* Goethe war dort vom 30. November bis 4. Dezember.

921 Jonas 2, 178

922 HerderItal 199

923 (319) Jonas 2, 182 f. – *Eichhorns Abgang:* der Orientalist und Literarhistoriker E., seit 1775 Professor in Jena, ging 1788 nach Göttingen. – *Goethe beförderte es:* vgl. sein Promemoria an das Geheime Consilium 9.12.1788 (WA IV 9, 64 ff.). – *docendo discitur:* beim Lehren lernt man.

924 GJb 26, 283

925 (328) GJb 26, 283 – In BuG 3, 265 wird der Brief «Ende Jan. 1789» datiert.

926 (320) Jonas 2, 185 f.

927 (321) Fielitz 1, 184
928 (327a) Fielitz 1, 187f.
929 (326) HerderItal 203 und 205
930 HerderItal 211
931 HerderItal 212 - *seine abgedruckten Gedichte:* im 8. Bd von ‹Goethes's Schriften›.
932 (330/327) HerderItal 217f. - *Goethe... warnte mich vor meinen Träumen:* vgl. Goethe an Herder 27.12.1788: «Wenn ich nur deiner Frau, wie auch der Frau von Stein, die verwünschte Aufmerksamkeit auf Träume wegnehmen könnte.» (WA IV 9, 69). Vgl. auch Nr. 725.
933 Eybisch 240
934 HerderItal 228f. - *bei der Stein gesehen:* vgl. Nr. 932.
935 Protestant. Monatsblätter 14, 1859, 206
936 (329) Jonas 2, 218f. - *er ist an nichts zu fassen:* über seine Reserviertheit Schiller gegenüber in dieser Zeit äußert sich Goethe in seinem Aufsatz ‹Erste Bekanntschaft mit Schiller›: «...ich vermied Schillern, der, sich in Weimar aufhaltend, in meiner Nachbarschaft wohnte.» (GA 12, 621) - *mein Gedicht:* Die Künstler.
937 (333) Jonas 2, 222f.
938 Fielitz 1, 220f.
939 (339) Jonas 2, 234f. - *wie Hamlet sagt:* vgl. Hamlet I, 5. - *Schrift von Mirabeau:* Histoire secrète de la cour de Berlin, 3 Bde, 1789. Auch in Knebels Tgb vom 19.12. 1789 erwähnt (BuG 3, 275). - *von dem jetzigen König:* Friedrich Wilhelm II.
940 Jonas 2, 249
941 (N. 330a) HerderBr 3, 46f. - *absolutissime:* ganz unbedingt. - *Moritzens Schrift von der Nachbildung des Schönen:* ‹Über die bildende Nachahmung des Schönen›, 1788, teilweise von Goethe in ItR aufgenommen (GA 11, 588ff.). - *einen im neusten Stück des Teutschen Merkurs gedruckten Brief:* im Februarheft unter dem Titel ‹Naturlehre› (WA II 13, 427ff.). - *ein Schreiben von Goethe:* vom 28.1.1789 (WA IV 9, 71f.). - *die Antwort auf das gedruckte Schreiben:* im Märzheft des ‹Teutschen Merkurs› veröffentlichte Goethe eine ‹Antwort›, in die vermutlich Gedankengänge aus Knebels Antwortbrief eingegangen sind. (WA II 13, 429ff.).
942 (331/332) HerderItal 239ff. - *Unwesen... mit ihren Krämpfen:* Zweifel, ob es sich um eine echte Krankheit oder um Betrügerei handelt. - *Goethe hat uns Neapel... gezeichnet:* Herder war seit dem 4. Januar dort. - *des letztern Abhandlung:* vgl. Nr. 941 und Anm. - *in der Literaturzeitung:* vielmehr im Juliheft 1789 des ‹Teutschen Merkur› (GA 13, 71ff.).
943 (335/334) HerderItal 249f. - *die Leonore im Pater Brey:* ‹Ein Fastnachtspiel, auch wohl zu tragieren nach Ostern vom Pater Brey dem falschen Propheten›, entstanden 1773, zuerst gedruckt 1774, aufgenommen in Bd 8 von ‹Goethes Schriften› enthält in der Tat Anspielungen auf Herders, besonders auf Caroline (vgl. DjG^3 3, 455f.).
944 GJb 25, 74 - *aussi heureux que son Egmont:* vielleicht Anspielung auf sein Verhältnis zu Christiane Vulpius (vgl. Nr. 952).
945 (336) KnebelBriefw 93

946 Diezmann 49 – *den jungen Hunnius:* Anton Christian H., vgl. Goethes Empfehlungsbrief an Voigt Mitte Febr. 1789 (WA IV 9, 85), zur Person ferner SchrGG 53, 427.

947 (338) wie 733 S. 106 – *Kants Kritik:* der reinen Vernunft. – *in Jena:* wo Wielands Schwiegersohn Reinhold Prof. der Philosophie war.

948 (337) HerderItal 252ff. – *von Goethe bekommen:* vgl. Goethe an Herder 2.3.1789: «Vom Tasso, der nun seiner Verklärung sich nähert, habe ich die erste Scene im Kreis der Freunde publicirt. Deine Frau und Knebel haben sie am meisten genossen und durchgefühlt.» (WA IV 9, 94) – *ein Landschäftchen:* vielleicht Corpus VI b Nr. 86–88 oder 188 (vgl. Corpus VII, 109). – *Beschreibung des römischen Karnevals... mit achtzehn Kupfern:* ‹Das Römische Carneval› wurde 1789 bei Unger in Berlin gedruckt. Als Anhang wurden 20 handkolorierte Tafeln, gezeichnet von G. Schütz, rad. von G.M. Kraus, beigegeben (Hagen 135). – *sia ammazzato etc.:* vgl. bei der Beschreibung des Röm. Karnevals in ItR: «Sia ammazzato chi non porta moccolo! Ermordet werde, der kein Lichtstümpfchen trägt!» (GA 11, 564).

949 (N. 337a) HerderBr 3, 51 – *Akademie:* Universität Jena. – *an den Herzog von Gotha überlassen:* Gotha gehörte zusammen mit Weimar, Coburg und Meiningen zu den Erhalterstaaten der Jenaer Universität. – *Vogel:* vielmehr Johann Heinrich Voigt (vgl. BuG 3, 574 Register).

950 (N. 339a) HerderBr 3, 48

951 (358) HerderItal 268ff. – *inliegenden Brief:* Goethes Brief an Herder vom gleichen Tage (WA IV 9, 91ff.).

952 HerderItal 278

953 (342) GJb 26, 284 – *Pinchen:* Pinienpflanzen.

954 (341) GJb 26, 284 – *den Karneval gesehen:* gemeint sind wohl die Illustrationen zur Ausgabe des ‹Römischen Carneval› (vgl. Nr. 948 und Anm.). – *Quacqueri:* vgl. Anm. zu Nr. 855.

955 (344/345) HerderItal 292 – *im September nach Rom:* die Abreise fand erst im März 1790 statt (vgl. Nr. 1004).

956 (343) GJb 26, 284 – *Ausgabe des Curtius von Petiskus:* Curtius Rufus von Samuel Pitiskus

957 (340) HerderItal 296f.

958 (348) GJb 26, 284 – *Wernern:* Herders Diener.

959 Bergmann 88 – Brief aus Aschersleben, beruht auf Mitteilung Goethes an Carl August.

960 (346) HerderItal 329f. – *Antrag [einer Professur]:* Caroline Herder hatte die Angelegenheit erstmals in ihrem Brief vom 8. März erwähnt (ebd 275), Herder den Erhalt der «vorläufigen Nachricht vom Göttinger Antrage» am 28. März bestätigt (ebd 299).

961 (347) HerderItal 336ff. – *Kinderfest:* Luise Herders Geburtstagsfeier. – *Er will Dir selbst schreiben:* der nächste Brief Goethes, der die Göttinger Angelegenheit berührt, ist vom 10. Mai (WA IV 9, 112f.). – *Reichardt... komponiert die Claudine:* Goethe hatte das Schauspiel mit Gesang ‹Claudine von Villa Bella› von 1775 zu einem Singspiel umgearbeitet. – *Knebel... gegen Moritzens Abhandlung:* vgl. Nr. 941f. und Anm.

962 (353) Strodtmann 4, 270f. – Nicolai hatte in einem Brief vom 9.12.1796 (Bode 1, 582f.) Althof, den Biographen des 1794 verstorbenen Bürger, um des letzteren Epigramm gegen Goethe gebeten, das noch ungedruckt, aber in Abschriften verbreitet war. Er wollte es in einer Antwort auf den ‹Musen-Almanach für das Jahr 1797›, der die berüchtigten Xenien von Schiller und Goethe enthielt, verwenden. Althofs Bericht geht offensichtlich auf Bürger zurück, ist aber nicht frei von Unrichtigkeiten. Nicolai benutzte ihn in seinem ‹Anhang zu Schillers Musen-Almanach für das Jahr 1797›, wo er auch das Epigramm veröffentlichte. Die Geschichte der mißglückten Begegnung zwischen Bürger und Goethe machte die Runde, wofür auf Nr. 7390 (Nachträge) als Beispiel verwiesen sei. – *mit Du angeredet:* es war Bürger, der zuerst das vertrauliche Du gebrauchte. – *ein Exemplar von der zweiten Ausgabe seiner Gedichte:* Goethe bedankt sich für die beiden Bände ‹Gedichte› (Göttingen 1789) in einem kurzen Schreiben an Bürger vom 19.6.1789, woraus eindeutig hervorgeht, daß die Übersendung *nach* der Begegnung erfolgt ist, über die sich Goethe bedauernd äußert: «Leider hielten Sie Sich neulich bey uns so kurze Zeit auf daß ich das Vergnügen Ihrer Unterhaltung nicht genießen konnte wie ich es gewünscht hätte.» (WA IV 9, 133) – *ci-devant:* weiland. – *[Ende April 1789]:* nach BuG 3, 287: am 24. oder 25. April. – *Frequenz der Göttingischen Universität:* «... die Frage ... die Althof so unerhört schien, entspricht durchaus Goethes damaligem, durch Herders Berufung erregten Interesse.» (WA IV 9, 353)

963 Nach Abschrift aus Nachlaß FBdm – Loepers Brief ist ausgelöst durch die Erstveröffentlichung von Nr. 962 in der Aprilnummer 1872 von ‹Westermanns Monatsheften›.

964 HerderItal 347

965 (349) HerderItal 353ff. – *auf einem Billett die Punkte:* in seinem Brief an Goethe vom 3.5.1789 bietet Carl August Herder in 6 Punkten Verbesserungen seiner wirtschaftlichen Lage an (Wahl 1, 140).

966 (350) HerderItal 363 – *Kanzellariat über Jena?:* in Punkt 4 in dem Nr. 965 erwähnten Billett Carl Augusts versichert dieser, er wolle es durchsetzen, «daß ihm das Universitäts-Canzelariat übertragen würde» (ebd 353 Anm.).

967 (351) HerderItal 367f. – *den Tasso ... vorgelesen:* vgl. Goethe an Carl August 10.5.1789: «Gestern laß ich Ihrer Frau Gemahlinn den Tasso vor; sie schien zufrieden. Die fehlenden Scenen erzählte ich so gut es möglich war.» (WA IV 9, 144) – *Schulden ... Enschluß, sie zu bezahlen:* laut Punkt 1 des Nr. 965 erwähnten Billettes (HerderItal 353 Anm.). – *Von Deiner Herreise:* Herder verließ am 15. Mai Rom. – *diese Inlage:* Brief vom gleichen Tage (WA IV 9, 112ff.).

968 HerderItal 372f.

969 HerderItal 382 – *[in Karlsbad]:* Herder beabsichtigte, über Karlsbad nach Weimar zurückzureisen. – *der alte König:* Friedrich II. von Preußen.

970 (352) HerderItal 384f. – *Einen Brief von ihm:* vom 10. Mai (vgl. Anm. zu 967). – *Goethe ist in Belvedere:* seit dem 20. Mai, mit dem Erbprinzen und dessen Erzieher Ridel. – *Brief, der in Venedig liegt:* Caroline Herder hatte ihrem Mann dorthin geschrieben in der Annahme, daß sein Rückweg ihn über Venedig führen würde. – *um Rat gefragt:* schriftlich. – *seinen Brief:* Goethes Antwort an Caroline Herder ist ebenfalls vom 29. Mai (WA IV 9, 120f.).

971 HerderItal 393 – *von der Revue zurückgekommen:* «C.A. exerzierte seine Kürassiere in Aschersleben für die große Truppenrevue in Magdeburg ein.» (Wahl 1, 400 Anm.) – *den stillen Aufenthalt:* in Belvedere.

972 HerderItal 405

973 Bergmann 90

974 Reichlin-Meldegg 1, 335f. – *wo ich Goethe das erstemal sah:* möglicherweise während Goethes Aufenthalt vom 10. bis 13. Juli in Jena, wohin Paulus im April 1789 berufen worden war. BuG 4, 222 datiert jedoch den 2. Absatz: 14.? 5.96 – *die Büttnersche Raritätenbibliothek:* vgl. Anm. zu 760. – *Professor Lenz:* Verwechslung, vielmehr hatte Batsch die Naturforschende Gesellschaft zu Jena ins Leben gerufen. – *Alexis und Dora:* entstanden 1796.

975 (353a) Nach der Handschrift im Herder-Nachlaß, Preußischer Kulturbesitz, ehemals UB Tübingen, Kaps. XXXVII, Fasc. 10 – *[Herders] Rückkunft:* 9. Juli 1789. – *Agitation:* Gemütsbewegung. – *der kranke Präsident:* Carl Friedrich Ernst v. Lyncker.

976 Preußische Jahrbücher Bd 43, 1879, 148f.

977 wie 976 S. 98f. – *die vorgeschlagenen Punkte des Herzogs:* vgl. Anm. zu 965. – *Kanzler der Universität Jena:* vgl. Nr. 966 und Anm.

978 wie 441 S. 105 – Der Brief ist undatiert; nach BuG 3, 317: Herbst 1789?

979 Fahrten nach Weimar 16 – *nach Jena gefahren:* Irrtum, Goethe ist am 23. Juli früh nach Eisenach gefahren.

980 (354) aaO 124 – Anekdotischer Bericht, der in verschiedenen Versionen überliefert ist (vgl. Zellweker 185 Anm.). In Ruhla war Goethe am 10. und 11. August 1789. – *Oberforstmeister v. Stein:* gemeint ist wohl der Oberstallmeister G.E.J.F. v. Stein, doch auch dessen Identität ist fraglich.

981 Bergmann 92 – *«Tasso»... «Faust»:* vgl. Anm. zu 886.

982 Bergmann 93 – *in einen hiesigen Dorfe:* Untersuhl. – *Capo di Bove oder Grabe der Cecilia Metella:* das monumentale Grabmal an der Via Appia, wegen seines Bukranionfrieses auch ‹Capo di Bove› = Rindskopf genannt, in ItR zweimal erwähnt (GA 11, 147 und 499).

983 (355) Diezmann 50

984 GJb 25, 75 – *qu'il garde sa pension:* die Weiterzahlung der Besoldung an Goethe nach seiner Entbindung von den Kammergeschäften wurde in Weimar kritisiert, wie z.B. Schillers Brief an Körner vom 19.12.1787 (Jonas 1, 446) zeigt.

985 (356) KnebelBriefw 96 – *Max:* Knebels Bruder. – *Aisance:* Leichtigkeit, Ungezwungenheit. – *Cento:* Goethe war am 17.10.1786 dort, vgl. ItR (GA 11, 109ff.).

986 (357) KnebelBriefw 97 – *des Herrn Werner aus Freiberg:* vgl. Goethe an Voigt 19.9.1789: «Mit Herrn Werner haben wir einige angenehme Stunden zugebracht, ich habe nun den ganzen Umfang seiner Meynung über die Vulkane erfaßt... Er wird immer mehr Beyfall finden... (WA IV 9, 153). – *Donnerstags und Freitags:* Goethe blieb bis zum 27. September in Jena.

987 (358a) HerderBr 3, 54 – *Gärtners Buch de fructibus et seminibus plantarum:* von dem großen Werk der Karpologie ist 1788 der erste Bd erschienen.

988 Urlichs 1, 213

989 (358b) GJb 25, 76 – *le 6me et 7me volume de ses œuvres:* vgl. Anm. zu 886.

990 GJb 15, 285 – *Bratenkleide:* Festkleidung. – *Chapeau bas:* Hut unter dem Arm.

991 Urlichs 1, 215 – *Goethe war artig:* Die Begegnung fand bei Hofe statt. – *in Kindesnöten:* Goethes Sohn August wurde erst am 25. Dezember geboren.

992 Jonas 2, 399 – *chère Mère:* Frau v. Lengefeld, Charlottes Mutter. – *mit Linen:* Charlottes Schwester Caroline v. Beulwitz.

993 Urlichs 1, 216 – *seines Liebchens wegen:* vgl. Nr. 991.

994 Fielitz 2, 197 – *K[oadjutor]:* Dalberg. – *daß ihm Goethe... unser Verhältnis gesagt hat:* wohl bei Hof am 5. Dezember (vgl. Eintragung im Fourierbuch BuG 3, 319).

995 Fielitz 2, 209f.

996 Fielitz 2, 219

997 (361b) Briefe von Wilhelm von Humboldt an Friedrich Heinrich Jacobi, hrsg. von A. Leitzmann, Halle a.S. 1892, 34 – *nur einmal bei ihm:* am 28. Dezember.

998 Fielitz 2, 225 – *Komödie:* seit Jan. 1784 spielte die Bellomosche Truppe in Weimar. – *ein einfältiges Stück:* die Oper ‹Die verfolgte Unbekannte› von Anfossi.

999 Fielitz 2, 266

1000 KnebelBriefw 109f.

1001 (359) Adolf Frey, J. Gaudenz von Salis-Seewis, Frauenfeld 1889, 87 – Salis-Seewis befand sich auf einer Bildungsreise vom 7. bis 9.2.1790 in Weimar. – *Madame de Kalb und ihre Schwester:* Charlotte und Eleonore v. Kalb. – *Nationalassemblee:* die nach der Revolution in Frankreich gebildete Nationalversammlung (Assemblée nationale).

1002 (359a) Diezmann 51f. – *Rezensionswesen:* betrifft die Allgemeine Literatur-Zeitung Jena. – *prudente:* vernünftige. – *Goethes sechster Band:* der ‹Schriften› (vgl. Nr. 1003). – *der gelehrte Kongreß:* «Jedenfalls nur eine Versammlung von Gelehrten aus Jena, Weimar etc., die namentlich bei der Allg. Lit. Ztg. betheiligt waren und sich wegen derselben besprechen wollten.» (Diezmann Anm. ebd)

1003 KnebelBriefw 111

1004 (361a) KnebelBriefw 114 – *in Deiner Nachbarschaft:* Henriette v. Knebel lebte in Ansbach. Goethe war am 13. März von Jena aus nach Italien aufgebrochen und fuhr am 15. durch Nürnberg.

1005 (360/361) Jonas 3, 68 – *den ersten Teil meiner Memoires:* ‹Allgemeine Sammlung Historischer Memoires vom zwölften Jahrhundert bis auf die neuesten Zeiten durch mehrere Verfasser übersetzt...›, hrsg. von Schiller, 2 Abt., 3 und 5 Bde, Jena 1790–1793.

1006 Deetjen 119 – *[Venedig]:* vom 31. März bis 22. Mai hielt sich Goethe mit Anna Amalia und Luise v. Göchhausen in Venedig auf. Vgl. die Aufzeichnungen von Goethes Diener Götze (WA III 2, 14ff.).

1007 wie 746 S. 304 (JbSKipp 4, 314) – *einen Tag:* das genaue Datum ist nicht ermittelt; es kann aber nicht lange vor Abfassung des Briefes liegen.

1008 wie 746 S. 306 (JbSKipp 4, 314; JbGG NF 2, 222)

1009 (361c) Jonas 3, 98 – Was hier von Goethe berichtet wird, muß sich auf die Zeit vor dessen Abreise nach Schlesien (26. Juli) beziehen. – *den zweiten Band der Memoires:* vgl. 1005 und Anm. – *mit meinem neuesten:* «Das neuste (vorige) opus waren die Zeichnungen zu den Avanturen des neuen Telemachs etc.» (ebd 503 Anm.). – *Diese Art Landschaften:* über Goethes Liebhaberei, Transparente herzustellen, vgl. Nr. 853 und Anm.

1010 StG 6, 249 – *nach Schlesien:* zu einem Manöver der preußischen Truppen, an denen Carl August als Kommandeur der Magdeburgischen Kavallerie teilnahm (vgl. Nr. 1019). – *Christelchen:* Christiane Vulpius.

1011 (362) Briefwechsel zwischen Schiller und Körner, mit Einleitung von L. Geiger, Bd 2, Stuttgart und Berlin o.J., 144

1012 Westermann's Jahrbuch der Illustrirten Deutschen Monatshefte, Bd 17, 1864/65, 80 – *Ankunft des Königs:* Friedrich Wilhelm II. von Preußen.

1013 Bergmann 104f.

1014 (364) wie 1012 S. 80 – *kurrenten:* gängigen, geläufigen. – *Bergamt:* Schuckmann war Oberbergrichter. – *Colonna:* der reichste oberschlesische Großgrundbesitzer Philipp Graf von Colonna, Zielscheibe von Schuckmanns Witz (vgl. JbGG NF 27, 184)

1015 (365) wie 1012 S. 80f. – *nachdem er acht Tage weg ist:* Goethe hat Breslau am 19. September verlassen. – *von meiner guten Mutter:* Frau v. Röder, die Mutter seiner im Frühjahr 1790 verstorbenen Frau, die ihm das Hauswesen führte. – *Kessel... seine Liebhaberei:* Sammler von Kupferstichen. – *Ein Mädchen gefiel ihm hier:* vgl. 1016 und Anm.

1016 aaO S. 8f. – *bei dessen Frau:* vielmehr bei dessen Schwiegermutter (vgl. Nr. 1015 und Anm.). – *die er zur Gattin begehrte:* ausführlich handelt darüber Irma Margaretha Lengersdorff in ihrem Aufsatz ‹Eine Heiratsabsicht Goethes aus dem Jahre 1790› (JbGG NF 27, 175ff.).

1017 (365a) Briefe von Christian Garve an Christian Felix Weiße..., 1. Teil, Breslau 1802, 425 – *[in Breslau] einige Wochen:* Goethe war vom 9. bis 26. August und vom 10. bis 19. September in Breslau.

1018 aaO, 3. Quartal, Nr. 35, 267 – *kurfürstliche Kapelle:* von Fischer von Erlach.

1019 aaO S. 111ff. – *Regiment «Herzog»:* Herzog Carl Wilhelm Ferdinand von Braunschweig. – *Franz Kleist:* bisher erschienen ‹Hohe Ansichten der Liebe (an Minona)›, 1789.

1020 (366) wie 1011 S. 149 – *ich habe viel mit ihm gelebt:* vgl. Goethe an Körner 21.10.1790: «Dresden hat mir mehr gegeben als ich hoffen konnte, Sie mir in Dresden mehr als ich wünschen durfte, der Gedancke an die schöne und interessante Stadt und an das liebe Ehpaar ist und bleibt unzertrennlich.» (WA IV 9, 233f.) – *Kritik der teleologischen Urteilskraft:* die letzte der drei berühmten ‹Kritiken› war 1790 erschienen. – *Elegien:* den ‹Römischen Elegien›.

1021 Jonas 3, 106

1022 (367) Jonas 3, 113f. – *ist eine Mamsell Vulpius:* in der Handschrift: «ist eine ziemlich berüchtigte Mlle Vulpius» (BuG 3, 365)

1023 (367a) Sydon 1, 290f. – *mit meinem zerstörten Kopfe:* sie hatte Schnupfen, Kopf- und Augenweh.

1024 (368) Sydow 1, 337 – Bezieht sich auf die Begegnung in Nr. 1023. – *Lili:* Caroline v. Beulwitz.

1025 (370) wie 733 S. 124f.

1026 (369) Friedrich Walter, Archiv und Bibliothek des Großh. Hof- und Nationaltheaters in Mannheim 1779 – 1839, Bd 1, Leipzig 1899, 230 – Der Schauspieler Heinrich Beck war im Dezember 1790 / Januar 1791 zu einem Gastspiel in Weimar. Vorher hatte man wegen Übernahme der Bühnenleitung mit ihm verhandelt. Vgl. Goethe an Knebel 1.1.1791: «Wir haben jetzt Becks von Manheim hier. *Sie* singt sehr brav, *Er* ist ein interessanter Ackteur, der denckt und sich Mühe giebt.» (WA IV 9, 239).

1027 (370a) KnebelNachl 2, 260 – *Wilhelm Meister:* vgl. Goethe an Knebel 1.1.1791: «Durch Aufmunterung der Herzoginn Mutter habe ich, in diesen letzten Tagen, Wilhelm Meister wieder vorgenommen, vielleicht ruckt in diesem neuen Jahre auch dieses alte Werck seiner Vollendung näher.» (WA IV 9, 239). Vgl. die Erwähnungen in GTgb von Januar 1791.

1028 (370b) Baltische Monatsschrift, Jahrg. 41, Bd 48, Riga 1899, 288f. – Aus dem «Tagebuch, das Graß in seinem letzten akademischen Semester in Jena 1791 führte» (ebd 287). – *zum Reisen:* Graß ist 1790 in der Schweiz gewesen. – *Lips hat ihn … gezeichnet:* vgl. Schulte-Strathaus Taf. 76 – *Westermeyer:* Konrad Westermayr.

1029 aaO 1, 4

1030 (370c) Jonas 3, 142 – *er versicherte mir:* vielleicht während Goethes Aufenthalt in Jena vom 4.–6. März.

1031 KnebelNachl 2, 263 – *gestern wiedergekommen:* vielmehr am 6. März. – *Lustspiel:* ‹Der Groß-Cophta›.

1032 GJb 25, 79f. – *notre troupe de comédiens:* Die Truppe spielte seit Januar 1784 in Weimar. – *le directeur proprement dit:* Goethe war die Oberdirektion über das Theater übertragen worden, während die Regie in den Händen des Schauspielers J. Franz Fischer lag. Als erstes Stück unter Goethes Leitung wurden am 7.5.1791 ‹Die Jäger› von Iffland aufgeführt (Bradish 245f.).

1033 (371) Diezmann 53 – *[einem Rufe nach Halle]:* Hufeland ist dem Ruf nicht gefolgt. – *was die Höfe für ihn tun wollen:* gemeint sind die Höfe zu Weimar, Gotha, Coburg und Meiningen als Nutritoren der Universität Jena, von denen erwartet wird, daß sie, um Hufeland zu halten, ihm günstigere finanzielle Bedingungen anbieten.

1034 GJb 18, 115 – *Theorie der Farben:* 1791 und 1792 erschienen das 1. und 2. Stück der ‹Beyträge zur Optik›. – *osteologisches Buch:* «Münter meint wohl die Prachthandschrift über den Zwischenkieferknochen, deren Kenntnis schon eine gewisse Verbreitung in Fachkreisen erfahren hatte.» (LA II 9 A, 406)

1035 GJb 18, 115

1036 (372) wie 555 S. 118f. – Zur Datierung der Gespräche vgl. Nr. 1037. – *wegen Aufschub der Vorstellung Ihres Don Carlos:* Darum hatte Schiller in seinem Brief vom 3.10.1791 Wieland gebeten (Jonas 3, 158). ‹Don Carlos› war am 25.9.1791 von den weimarischen Schauspielern in Erfurt zur Aufführung gebracht worden, der auch Schiller beiwohnte. Vor der geplanten Weimarer Aufführung wünschte er, «es noch einmal der Feile zu unterwerfen», und bat, ihm 4 bis 6 Wochen dazu Zeit zu lassen. – *rationes decidendi:* Gründe oder Gesichtspunkte für eine Entscheidung. – *habitude:* Gewohnheit. – *Deferenz:* Willfährigkeit. – *den Don Carlos... zurückbehalten:* Die Aufführung fand erst am 28.2.1792 statt.

1037 (373) Bö 1, 139ff. – *Crocheteurs:* Reffträger. – *Theater von Taormina:* vgl. die Beschreibung des Gebäudes in ItR (GA 1, 323ff.). – *Sosthenes:* Schreib- oder Lesefehler? Ein Baumeister Alexanders mit diesem Namen ist nicht bekannt. Gemeint sein kann Deinokrates, «Architekt Alexanders d.Gr., dessen Aufmerksamkeit er durch das phantastische Projekt gewann, den Berg Athos in eine Riesenstatue des Herrschers zu verwandeln». (Lexikon der Alten Welt, 1965, Sp. 696). Diese Vermutung beruht auf einem freundlichen Hinweis von Dr. med. H.R. Frank, Wuppertal. – *Monsieur Houel:* vgl. Anm. zu 800. – *mal'aria:* eigentlich ungesunde Luft; gemeint ist aber wohl das Malaria genannte Sumpf- und Wechselfieber. – *einen unvollendeten Tempel:* vgl. die ausführliche Beschreibung des Tempels von Segesta in ItR (GA 11, 294ff.). – *Merians Bilderbibel:* Goethe kannte sie von Kindheit an, vgl. DuW 1 (GA 10, 41). – *auf den alten Münzen:* Goethe besaß zwei Münzen von Tarent (Schuchardt 2, 242 Nr. 20 und 21) sowie 16 der genannten Münzen, auf denen sich ein Stierleib mit einem Menschengesicht befindet (Schuchardt 2, 241 Nr. 1–16). Vgl. die Darstellung JbGG 7, 223f. sowie die Abbildungen ebd Tafel 3 (zwischen S. 200 und 201). – *einzig[?]:* sinngemäß müßte es ‹keineswegs› heißen (vgl. ebd 224 Anm.).

1038 (373a) Jonas 3, 164 – *auch Goethe:* könnte sich auf dessen Aufenthalt in Jena vom 4. bis 6. März beziehen (so BuG 3, 377).

1039 (374) Bö 1, 23 und 25 – *Sitzung der neuen gelehrten Gesellschaft:* die sog. ‹Freitagsgesellschaft›, an der Gelehrte aus Weimar und Jena teilnahmen, war auf Anregung Goethes ins Leben gerufen worden. Die erste Sitzung fand am 9.9.1791 statt. Vgl. Carl Schüddekopf: Die Freitagsgesellschaft, in: GJb 19, 14ff. – *Die Ordnung der heutigen Sitzung:* Auf Goethe folgten Beiträge von Herder, Voigt, Batsch, Lenz und Ch.W.F. Hufeland. – *Der Präsident der Gesellschaft:* nach den Statuten vom 5.7.1791 wurde dieser jeweils durch das Los bestimmt. – *Beiträge zur Optik:* vgl. Anm. zu 1034. – *24 kleine illuminierte Kupfertäfelchen:* 27 kolorierte lose Tafeln, aus Spielkartenkartons hergestellt, vgl. die Abbildungen am Schluß von WA II 5^1. – *an einer schwarzen Tafel:* vgl. Corpus V A Nr. 171.

1040 (374a) HerderBr 1, 145 – *der Groß-Cophta:* 1792 bei Unger in Berlin erschienen.

1041 (375a) aaO 1, 5 – *in Weimar angekommen:* wohl Anfang Mai, er nahm jedenfalls bereits an der ersten Aufführung unter Goethes Leitung am 7. Mai teil. (Bradish 245).

1042 (375) aaO 1, 80 und 82 f. – Nach A. Genast. – *«König Johann»:* von Shakespeare, unter dem Titel ‹Leben und Tod des Königs Johann› übersetzt von Eschenburg, erstmals in Weimar aufgeführt am 29.11.1791 (O.F.). Das Stück war nach Goethes Äußerung in TuJ 1791 «unser größter Gewinn» (GA 11, 628). – *[Euphrosyne]:* Totenehrung für die frühverstorbene Christiane Becker, geb. Neumann, entstanden 1797/98 (GA 1, 196 ff.). Zitiert wird Vers 47.

1043 (379) GJb 19, 32 – Aus C. Schüddekopfs Beitrag ‹Ein Gutachten Goethes über Abschaffung der Duelle an der Universität Jena. 1792›, ebd 20 ff. Der genaue Titel der Schrift von Heinrich Stephani lautet: ‹Wie die Duelle, diese Schande unsers Zeitalters, auf unsern Universitäten so leicht abgeschafft werden könnten› (Leipzig 1828). Datierung nach Goethes Brief an den Jenaer Studenten G.H.v. Deyn vom 5.1.1792 (ebd 29 f.). – *die Verbundenen:* die Studenten, die sich zusammengeschlossen hatten, um die Abschaffung der Duelle zu erreichen.

1044 (377) Bö 1, 29 f. – *Gesellschaft:* vgl. Anm. zu 1039. – *Aufsatz:* Es handelt sich vielmehr um ein Buch, von dem Goethe nur einen Teil vorgelesen hat.

1045 Bö 1, 36 und 38 – *Lehrgedichts über die Pflanzen:* ‹Hymnus an Flora› von Karl Emil Freiherr von der Lühe, erwähnt im Brief an Batsch vom 9.3.1792 (WA IV 9, 293). Goethe hat das Gedicht offensichtlich im Manuskript vor sich gehabt; denn es ist erst 1797 in Wien im Druck erschienen. – *ein Schwede:* vielmehr Holsteiner. – *Kleist:* Ewald v. K.

1046 (378) Bö 1, 39 und 42 ff. – *Aufsatz:* zuerst gedruckt in ‹Goethe's neuen Schriften› Bd 1, 1792, unter dem Titel ‹Des Joseph Balsamo, genannt Cagliostro, Stammbaum. Mit einigen Nachrichten von seiner in Palermo noch lebenden Familie›, später in ItR aufgenommen (GA 11, 276 ff.). – *Cagliostros Stammbaum:* vgl. WA I 31, 294. – *Advokat:* Baron Antonio Vivona – *ein Memoire:* vgl. Goethes Auszug in deutscher Übersetzung ebd 328 f. – *Halsbandprozeß:* von Goethe im ‹Groß-Cophta› als Beispiel für die Korruption des Ancien Régime gedeutet. – *Seraphine:* Lorenza Feliciana, seine Frau. – *seinen Eintritt in die kleine Wirtschaft:* vgl. ItR (GA 11, 282 ff.). – *Er... erhält einen Brief:* in Übersetzung wiedergegeben WA I 31, 300 f. – *Corf:* Joff. – *Auch diesen Brief:* ebd 301 ff. – *Cagliostros neueste Schicksale in Rom:* er war zum Tode verurteilt, 1791 zu lebenslänglicher Haft begnadigt worden. – *Enfin la sauce...:* Schließlich war die Sauce ebenso köstlich wie das Fleisch. – *in den zu Rom aus dem Verhöre gedruckten Nachrichten:* «Ein Auszug der römischen Prozeßakten erschien in Rom 1791, eine deutsche Übersetzung von Christian Joseph Jagemann, dem Bibliothekar der Herzogin Amalie, Weimar 1791.» (HA 11, 631)

1046a (1779) aaO 1, 91 f. – Nach A. Genast. – *«Don Carlos»:* vgl. Nr. 1036 und Anm. – *«Heinrichs des Vierten»:* von Shakespeare. – *daß Goethe selbst... die Einrichtung des Stücks gemacht hatte:* «Bei dem Theaterbrand im Jahre 1825 wurde das Manuscript ein Raub der Flammen.» (Anm. E. Genasts).

1047 (378a) HerderBr 2, 218 – Herder wandte sich an Heyne in Göttingen in dessen Eigenschaft als Bibliothekar. – *Optik:* eines der frühesten Zeugnisse für Goethes Beschäftigung mit der Geschichte der Farbenlehre.

1048 (378b) HerderBr 2, 219 – *wie Pharao:* Anspielung auf 1. Mos. 41. – *Antonius de Dominis:* vgl. den Abschnitt über ihn im ‹Historischen Teil› der Farbenlehre (GA 16, 425 ff.). – *Marat:* desgleichen (ebd 657 ff.). – *Rezier:* Jean Louis Ant. Reynier – *Gauthier:* vgl. den Abschnitt über ihn im ‹Historischen Teil› der Farbenlehre (GA 16, 617 ff.)

1049 (380) WeimJb Bd 6, 1857, 21 ff. – Zur Datierung des Briefes vgl. H. Koch in: JbGG NF 20, 290. BuG 3, 425 datiert, offenbar nach Prüfung der Handschrift, 8.2.1795. – *[24. Juni 1792]:* ausführlicher Nachweis des Besuchsdatums bei H. Koch aaO 288 ff. – *einen starken schwarzen Bart:* sonst nirgends bezeugt, es kann sich wohl nur um den Bartwuchs handeln. – *Schiller:* Anlaß zu diesen im damaligen Zeitpunkt ungewöhnlichen Äußerungen über Schiller könnte die noch nicht lange zurückliegende Aufführung des ‹Don Carlos› sein (vgl. Nr. 1036 und Anm.). – *Briefen über den Don Carlos:* die ‹Briefe über Don Carlos› waren im Juli und Dezember 1788 im ‹Teutschen Merkur› erschienen. – *Goethes Marmorbüste:* gemeint sein könnte nur die Büste von Trippel, die Fürst Christian August von Waldeck bestellt hatte (vgl. Nr. 838 und Anm. zu 817).

1050 HerderBr 3, 87 – Herder befand sich zur Kur in Aachen. – *nach Koblenz:* gemeint ist Goethes Reise ins preußische Feldlager, die ihn nach seinem Aufbruch am 8. August zunächst nach Frankfurt, Mainz und Trier führte. – *in seinem nun wieder neuen Hause:* Goethe hatte im Juni 1792 das Haus am Frauenplan zum zweiten Mal bezogen. In den Jahren 1792–94 wurde es umgebaut, und Goethe erhielt es von Carl August zum Geschenk.

1051 LA II 3, 57

1052 (381) L.F. Huber's Sämtliche Werke … [1. Teil] Tübingen 1806, 441 ff. – Briefempfänger nach Bi^2 5, 32. – *zwei Abende:* 20. und 21. August; vgl. Goethes Erwähnung von «zwei munteren Abenden» in der ‹Campagne› (GA 12, 240).

1053 Roethe 82 – Das Tagebuch des Kämmeriers Wagner hat Goethe später bei Ausarbeitung der ‹Campagne in Frankreich› benutzt (vgl. ebd 57 ff.)

1054 Bergmann 114 f. – *Bombardement:* vgl. GTgb 31.8./1.9.92: «Früh wurde Verdun aufgefordert. Um Mitternacht ging das Bombardement an und dauerte bis 1. [September] Früh acht Uhr.» Vgl. außerdem die ausführliche Darstellung des Bombardements und der Einnahme der Festung in der ‹Campagne› (GA 12, 258 ff.).

1055 Roethe 93 – Nach GTgb «kantonierten» sie vom 6. bis 10. September in Jardin Fontaine. Vgl. den Bericht in der ‹Campagne› (GA 12, 268 ff.).

1056 Roethe 99 – *Regiments-Stabs-Wagen:* vgl. ‹Campagne›: «Das Wetter ... ward in der Nacht so arg, daß man es für das höchste Glück schätzen mußte sie unter der Decke des Regimentswagens zuzubringen.» (GA 12, 272)

1057 GJb 33, 160. – Übersetzung aus dem Russischen. Zur Glaubwürdigkeit dieses Berichts vgl. positiv ebd 167f. Anm. – dort wird als Tag der Begegnung Trensinskis mit Goethe der 27. September angenommen –, ausgesprochen negativ dagegen Roethe 201 Anm. 2 und 224f. Anm. 5. – *[Besuch bei Trensinski ...]:* fand auf dessen Gut in Rußland, – wohl zwischen 1835 und 1838, statt. – *Abbildung der Rauchschen Goethebüste:* die Büste Goethes von 1820 (Schulte-Strathaus Taf. 118) war damals «die am meisten verbreitete Darstellung Goethes» (ebd 63). – *sont ce que nous sommes:* sind, was wir auch sind. – *V'là vos chiens de Brunswick!:* Da sind eure Hunde von Braunschweig! Anspielung auf den Herzog von Braunschweig als Feldherrn. – *«ça ira!»:* Lied der französischen Revolutionäre. – *ein regierender Fürst:* nicht ermittelt. – *seine königliche Majestät:* Friedrich Wilhelm II. von Preußen. Eine Begegnung mit dem König schildert Goethe in der ‹Campagne› unter dem 29. August. – *Lafayette ... ist eins mit den Jakobinern:* vgl. Roethe 225 Anm. 5: «... vollends unmöglich ist damals Goethes Annahme, Lafayette stehe auf Seite der Jakobiner ...» – *nach Paris zu reisen:* kann sich nur auf das Ziel des Feldzugs beziehen. – *Arouet:* Familienname von Voltaire. – *unter den Lilien:* dem Wappenbild der französischen Könige. – *einer der ergrauten Obristen:* nicht ermittelt. – *Gefäß seines Säbels:* Griff. – *Joinville ... mit dem heiligen Ludwig:* hierzu vgl. die auffällige Parallele in der ‹Campagne› unter dem 27. September mit der deutschen Fassung des französischen Zitats: «... von diesem Tage sprechen wir noch im Zimmer vor den Damen.» (GA 12, 300). Entweder wird hierdurch die Glaubwürdigkeit des Berichts gestützt, oder man muß annehmen, daß der Erzähler Goethes ‹Campagne› gekannt hat. – *Evolutionen:* Aufstellungsänderungen der Truppen. – *Homo sum ...:* Ich bin ein Mensch; nichts Menschliches ist mir fremd (Terenz, Heautontimorumenos I, 1, 25). – *Theorie der Farben:* vgl. u. a. die prägnante Stelle in der ‹Campagne› (GA 12, 256f.). – *la Messiade:* Klopstocks ‹Messias›. – *meine erste Begegnung:* eine zweite Begegnung soll nach Trensinskis Erzählung einige Jahre später (1796/97) in Weimar stattgefunden haben (GJb 33, 165f.). Über deren Unglaubwürdigkeit vgl. Roethe 225 Anm. 5. – Da Herzen Goethe sehr verehrte, fühlte er sich verpflichtet, Trensinskis Bericht zu kommentieren, u. a. mit den Worten: «In Trensinski überwiegt der Skeptizismus einer verfehlten Existenz.» (GJb 33, 166)

1058 Roethe 107f. – Vgl. den auf Wagners Tgb basierenden Bericht in der ‹Campagne› (GA 12, 297f.).

1059 Roethe 117 – Vgl. ‹Campagne› unter dem 7. und 8. Oktober (GA 12, 322). – *unsern Kranken:* Johann Christian Venus, des Herzogs Kammerdiener. – *den kranken Junker:* Wilhelm v. Vogelsang. Beide litten an dem «allgemeinen Übel», der Ruhr.

1060 Roethe 117f. – Vgl. ‹Campagne› (GA 12, 325f.).

1061 aaO 141 – Das Kapitel, dem unser Abschnitt entnommen ist, trägt die Überschrift ‹Einige Züge aus dem Bilde des damaligen Verdun›.

1062 Roethe 121f. – Vgl. ‹Campagne› (GA 12, 332f.). – *Husar Liser:* von Goethe Liseur genannt und als geschickter Reiseführer mehrfach in der ‹Campagne› erwähnt. Über ihn handelt ausführlich: Nikolaus Hein, 1792 Goethe in Luxemburg, 3. Aufl., Luxemburg 1961, 167ff.

1063 Bergmann 117

1064 (383) Hecker 2, 220 – *Rosenmeier:* vielmehr Rosenmeyer. Die beiden Begegnungen sind nicht näher zu datieren.

1065 (384) wie 555 S. 270 – *durch Trier:* wohl auf der Rückreise vom 23. bis 31. Oktober oder bereits auf der Hinreise vom 24. bis 26. August.

1066 Roethe 123 – *Igel:* Goethe hat den Ort sowohl auf der Hinfahrt am 23. August als auch auf der Rückfahrt passiert. Vgl. Goethes ausführliche Beschreibung des ‹Römischen Denkmals in Igel› (GA 13, 1033ff.).

1067 Roth 2, 139f. – *[Pempelfort]:* Goethe hat dem dortigen Aufenthalt vom 6. November bis 4. Dezember einen eigenen Abschnitt in der ‹Campagne› gewidmet (GA 12, 369ff.). – *Lene:* Helene Jacobi. – *Kriegsrat R.:* nicht ermittelt. – *Registerschiff:* «das schiff, auf welchem sich das verzeichnis aller, auf der ganzen flotte befindlichen waaren und sachen befindet, franz. vaisseau de regître.» (DWb)

1068 Ungedruckte Briefe von und an Johann Georg Jacobi, hrsg. von E. Martin, Straßburg 1874, 22 – *Die Tante:* Johanna Schlosser. – *ausfratschelen:* ausfragen. – *Marie:* J.G. Jacobis Frau Maria. – *Paderborn:* über die Stationen von Goethes Rückreise vgl. Nr. 1078. – *Prinzessin von Fürstenberg:* muß heißen: Prinzessin *und* Fürstenberg (Hinweis von E. Trunz). Gemeint ist die Fürstin Gallitzin in Münster und Franz Frhr. v. Fürstenberg.

1069 (387) Zoeppritz 1, 165ff. – *Verachtung gegen Schlosser:* Goethes distanziertes Verhältnis zu seinem ehemaligen Schwager ist auch anderweitig bezeugt (vgl. Nr. 1076 und Anm.)

1070 (389) Zoeppritz 2, 159f. – *haute-lisse:* kunstvoll senkrecht geknüpftes Gewebe. Vgl. Goethe an F.H. Jacobi 17.4.1793: «...wenn sich unser einer einmal...nach dem schönen Gleichniße der Kirchenmutter Lehnchen die rechte Seite der gewirckten Tapete an einem Festtage herauskehrt.» (WA IV 10,52)

1071 (388) wie 733 S. 299

1072 Jacobi 194 – *Deine Elegien:* die Römischen Elegien. – *eine Sammlung Sinngedichte:* die Venezianischen Epigramme.

1073 (385) Jacobi 271f. – *Wiedersehen...in Weimar:* September 1784 (vgl. Nr. 710).

1074 (386) Jacobi 272 – *Ahndungen in der Mitternachtsstunde zu Köln:* am 24. Juli 1774 (vgl. Nr. 192ff.).

1075 Bö 2, 22 – Böttigers Begegnung mit der Familie Reimarus in Hamburg fand 1795 statt. – *improvisierte Gedicht:* Künstlers Fug und Recht (GA 1, 394f.). – *Rezension...in der Neuen Bibliothek der schönen Wissenschaften:* in Bd 54, 1792, der von Ch. F. Weiße herausgegebenen namhaften Zeitschrift. – *Eutiner Exil:* Jacobi hatte wegen der Kriegswirren Pempelfort verlassen und lebte seit 1794 in Norddeutschland. – *In dieser Abschrift liegt es vor uns:* Dies ist die einzige erhaltene Reinschrift des Gedichts; der erste Druck erfolgte von J.L. Ewald in dem Nr. 319 genannten, 1799 erschienenen Buch S. 166–168.

1076 (390) aaO Bd 3, 66 – *Goethes Erzählung von Pempelfort:* vgl. Anm. zu 1067. – *Stelle über Schlosser:* gemeint ist die in der ‹Belagerung von Mainz› geschilderte Begegnung in Heidelberg 1793 (GA 12, 463f.).

1077 (390a) aaO 249f. – Dohm und seine Frau werden in der ‹Campagne› erwähnt (GA 12, 377).

1078 Roethe 184 – Goethe hatte seinen damaligen Diener, jetzt Wegebauinspektor in Jena, um Gedächtnishilfe gebeten. – *in Münster:* dort Ankunft am 6. Dezember spät abends. Goethe hat Goetzes Bericht in der Tat in der ‹Campagne› verwertet.

1079 (391) Reichlin-Meldegg 2, 298f. – *bei der Rückkehr:* Goethe kehrte am 16.12.1792 nach Weimar zurück; es kann sich aber nur um die Rückkehr nach der Belagerung von Mainz – Carl August war im Dezember 1793 wieder in Weimar – handeln.

1080 (393) Briefwechsel zwischen Rahel und David Veit, Leipzig 1861, Bd 1, 1ff. – David Veit, angehender stud. med. in Jena, reiste mit seinem Onkel Simon Veit. – *im Gemälde:* gemeint ist zweifellos ein Kupferstich nach der Zeichnung von Lips (Schulte-Strathaus Taf. 76). – *Virtuose:* Künstler. – *kaltblütig:* leidenschaftslos. – *Dezision:* Engagement. – *aus dem Reich:* Unter ‹Reich› verstand man, im engeren Sinne, den oberrheinischen, bayrischen, schwäbischen und fränkischen Kreis. – *mies:* aus dem Jiddischen. – *Goethe hat jetzt keine juristischen Geschäfte mehr:* von hier an berichtet Veit, was er vom Hörensagen über Goethe ermittelt zu haben glaubt. – *Departement der Gnadenerzeigung:* Unsinn. – *emzoe:* ungeklärt, wohl im Sinne von scherzhafte Übertreibung. – *Die Vulpius... ihm zur Linken angetraut:* unsinnig, da es die sog. morganatische Ehe nur beim Hochadel gab. Veit berichtigt diese Behauptung in Nr. 1159. – *kommt nie in sein Haus:* gemeint ist, daß Christiane nie in den Gesellschaftsräumen gesehen wurde. – *dem Bruder:* Christian August Vulpius.

1081 HerderNachl 2, 303ff. – *[Reineke Fuchs]:* Bearbeitung des mittelniederdeutschen Versepos ‹Reinke de Vos›.

1082 (393a) HerderBr 1, 155

1083 (393b) HerderBr 1, 156f.

1084 (393c) Dobbek 353 – *versifiziert:* in Hexametern, nachdem Gottsched das gereimte Original 1752 wortgetreu in Prosa übersetzt hatte.

1085 (393d) HerderBr 1, 159

1086 HerderNachl 2, 306

1087 (N. 393e) Bi^2 5, 189 – *Ihren zweiten Band:* der ‹Briefe zu Beförderung der Humanität›.

1088 Pf-B 636 – *Zehn kurze Tage:* 17.–26. Mai

1089 Bode 1, 485 – *hat er sich nun selbst Ihnen wieder gestellt:* eine Begegnung könnte nur in Frankfurt stattgefunden haben.

1090 VarnhagenTgb 3, 403f. (JbGG NF 2, 226)

1091 Bamberg 215 – *[am 2./3. August]:* vielmehr 4./5. August. – *Kraus:* begleitete Goethe auf seiner Reise nach Mainz. – *Operette «Der Aufschluß»:* Oper in 2 Akten von Salieri, aufgeführt am 4. Aug. in Gegenwart des Königs von Preußen (O.F.)

1092 Bergmann 130 – *der alte Gore:* Charles G. war ebenfalls Goethes Reisebegleiter.

1093 (395) Bi[1] 1, 141 – *bei Goethes Rückkehr nach Frankfurt:* Goethe war seit dem 9. August zum zweiten Mal in Frankfurt. – *«Das Wiedersehn»:* Zwiegespräch in Distichen (GA 1, 201 f.). – *Moritzens «Prosodie»:* K. Ph. Moritz: Versuch einer deutschen Prosodie. Berlin 1786. – *Herders «Zerstreute Blätter»:* J.C. Herder: Zerstreute Blätter. Sechs Sammlungen. Gotha 1785–1797.

1094 (396) Bi[1] 1, 142 – *liken:* Bildung nach dem engl. ‹like›?

1095 (397) Bi[1] 1, 142 – *Barkhausens:* die Familie v. Barckhaus. – *Amasia:* Geliebte.

1096 (398) Bi[1] 1, 143 – *Kupferstiche von Lips:* vgl. Anm. zu 1080 unter ‹im Gemälde›. – *mit einem Verslein:* nicht bekannt.

1097 LA I 3, 89 f. – Vgl. Goethe an F.H. Jacobi 19.8.1793: «Mit Sömmering der jetzt hier ist habe ich einige sehr aufmunternde Conferenzen gehabt.» (WA IV 10, 105) – *Ihr wahrhaft himmlischer Versuch:* «wohl eine Vorführung von Farben trüber Mittel» (LA II 3, 215), speziell mit Bezug auf die Farbe des Himmels.

1098 (399) Bi[1] 1, 143

1099 (401) Jahrbuch des Geschichtsvereins für das Herzogtum Braunschweig, Jahrg. 6, Wolfenbüttel 1907, 163

1100 (400) wie 1099 S. 163 f. – *Antrag:* auf einen theologischen Lehrstuhl.

1101 wie 1099 S. 163 – *Knebel (Übersetzer des Lukrez):* die ‹Probe einer Übersetzung des Lukretius... Von der Natur der Dinge. Erstes Buch› war im ‹Teutschen Merkur› September 1792 erschienen. – *Prorektor Voigt:* Johann Heinrich Voigt. – *Wielands Aristophanes:* die Aristophanes-Studien begannen 1793; Wielands Übersetzung der ‹Acharner› erschien August/Oktober 1794 im ‹Neuen Teutschen Merkur›.

1102 (402) Rohmann 37 f. – Zum Datum des Briefes vgl. JbSKipp 4, 304: «...(20. des Brumario) [am Schluß von anderer Hand: 15. Nov. 1793].» Demnach wäre der Brief auf den 10. November zu datieren, der 15. wäre möglicherweise das Empfangsdatum. – *in Hamburg:* er besuchte dort eine Handelsakademie. – *bon-bons:* Zuckergebäck. – *Gemmen:* wohl vor allem der Hemsterhuis-Gallitzinschen Sammlung, die Goethe im Dezember 1792 aus Münster mitgebracht hatte.

1103 (401a) DüntzerStein 1, 381 f. – Das Datum ist nach dem Tage der Geburt von Goethes Tochter Carline, die am 3. Dezember starb, angesetzt worden. – *Calembours:* Wortspiele. [Bode 1, 487 liest ‹Kalender› und gibt folgende Erklärung: «Kalender machen oder Kalendern bedeutet soviel wie schmausen und schwelgen, nämlich leben nach Art der Kalendsbrüder. Das Beiwort ‹französische› erklärt sich wohl aus der Redensart: ‹wie Gott in Frankreich leben.›»]

1104 (403) Rohmann 42 – Nachschrift zu einem Brief Karls an seinen Bruder, in dem von der Krankheit und dem am 27. Dezember erfolgten Tod des Vaters berichtet wird.

1105 Fichte 1, 209 – Fichte hatte eine Professur für Philosophie in Jena übernommen.

1106 (406/407) Johann Heinrich Voß, Briefe, hrsg. von A. Voß, Bd 2, Halberstadt 1830, 385 ff. – Voß war vom 3. bis 7. Juni in Weimar. – *Gartenkabinett:* Zimmer mit Ausgang in den Garten. – *Untersuchungen über Homer:* 1793 war die vierbändige Übersetzung von Homers Werken erschienen. – *Die Odyssee:* die Übersetzung war zuerst 1781 erschienen, jedoch für die Gesamtausgabe einer Umarbeitung unterzogen worden. – *die böse Rotte:* Kritiker von Voß. – *rezensiert:* hier etwa im Sinne von durchgehechelt. – *Steinwein:* Würzburger Wein. – *Goethe hätte mit Begeisterung von mir geredet:* vgl. Goethes lobendes Urteil und seine Korrektur der bisherigen Einstellung Voß gegenüber im Brief an Meyer vom 9.6.1794 (WA IV 10, 165).

1107 wie 1106 S. 392 – *die schlechten Hexameter anzumerken:* vgl. Voß an Goethe 17.7.1794 (GJb 5, 38 ff.). – *in Hexameter:* vgl. Anm. zu 1084.

1108 (407a) HerderBr 1, 206 – *Gesellschaft ... bei uns:* die in Nr. 1106 geschilderte. – *Knebel und Meyer:* während Knebels Teilnahme bezeugt ist, trifft dies für Meyer, der gar nicht in Weimar war, nicht zu. – *Wolf hier gewesen:* im Mai 1795. Die Absicht des Briefes ist es, die Feindschaft zwischen Herder und Wolf zu erklären. – *in den Horen:* 1795 erschienen die beiden Aufsätze ‹Homer ein Günstling der Zeit› und ‹Homer und Ossian›.

1109 (408) Bi^2 1, 199 f. – *Cadmus' Buchstabentransport:* nach griechischem Mythos soll der Phöniker Kadmos die Schrift in Griechenland eingeführt haben. – *seine Buchstaben* – σημεια: Buchstabenzeichen, d.h. frühes Vorhandensein der Schrift zum Aufzeichnen der Gesänge Homers. Goethes Parteinahme für Voß ist keine endgültige, vgl. Nr. 1203 – *im catalogo navium:* dem sog. Schiffskatalog (Verzeichnis der achaischen Völker vor Troja) im 2. Gesang der ‹Ilias›: vgl. Nr. 1168. – *inter pocula:* beim Trinken.

1110 (409) GJb 4, 322 f. – *mittags bei Goethe:* es handelt sich um die von Voß gegen Ende von Nr. 1106 erwähnte Gesellschaft. – *mit ... Heftigkeit gegen Lavater:* die Entfremdung ist bereits für die Zeit von Lavaters Besuch in Weimar im Juli 1786 bezeugt (vgl. Anm. zu 767). – *seit Lavater mit Reinhold bei ihm war:* wohl bei der eben genannten Gelegenheit.

1111 Diezmann 69 – *bei Goethe mit Fichte:* am 28. Juni. Vgl. Goethe an Voigt 26.6.1794: «Fichte kommt Sonnabends. Ich wünschte Sie noch vorher zu sprechen und Sie Sonnabend Mittags bey Tische bey mir zu sehen.» (WA IV 10, 168)

1112 (405) DüntzerStein 2, 10 – *Nach den schönen englischen Landsitzen:* Fritz v. Stein war im Frühjahr in England gewesen.

1113 Nach Abschrift aus Nachlaß FBdm – *Nany:* nicht ermittelt. – *un roman:* ‹Wilhelm Meisters Lehrjahre›.

1114 SteinAufz 12 f. – Das hier Berichtete kann sich, soweit es Christiane betrifft, nur auf die Zeit nach der italien. Reise beziehen. Goethe hat in der Tat zunächst Christiane in seinem Gartenhaus untergebracht.

1115 SteinAufz 14 – *trisenet [?]:* so bereits in der Quelle, da offenbar nicht erklärbar. – *potagère:* gemeint ist ‹potager› = Suppentopf.

1116 (410) Laube 13 – Anekdotischer Bericht aus zweiter Hand.

1117 (411) wie 882 S. 168

1118 (412) wie 614 S. 528f.

1119 Gedruckt: wie 441 S. 113. Hier nach der Handschrift wie 975. – Variante des alten Sprichworts: «Wessen Brot ich esse, dessen Lied ich singe.» (Wander 1 Sp. 480). Wenn glaubwürdig, dann wohl ironisch gemeint.

1120 (376) Norman 1, 51 Anm. – *Herder said to Goethe:* es wird hier suggeriert, daß Herder Goethe auf den ‹Reineke Fuchs› hingewiesen habe; dies ist sonst nicht bezeugt. Dagegen entspricht Herders Hochschätzung des Versepos seinen Äußerungen anläßlich von Goethes Bearbeitung des Stoffes (vgl. Nr. 1082ff.). – *Gottsched:* vgl. Anm. zu 1084. Die folgende negative Charakteristik dürfte, wie auch Norman vermutet, ein Zusatz von Robinson im Hinblick auf seine englischen Leser sein.

1121 J. Minor, Aus dem Schiller-Archiv, Weimar 1890, 9

1122 Neophilologus 18, 1933, 24 – *nach seiner Rückkunft:* Goethes Entbindung von den Kammergeschäften erfolgte bereits am 11.4.1788 (vgl. Anm. zu 878). Die folgende Aufzählung von Goethes Funktionen nach der italien. Reise ist unvollständig. – *sein fiat:* seine Zustimmung.

1123 wie 1122 S. 26 – Anekdotischer Bericht; Glaubwürdigkeit schwer zu beurteilen. – *die Bellomosche Gesellschaft:* die Truppe des Joseph Bellomo war von 1784 bis 1791 in Weimar. – *Epigramm:* sonst nicht überliefert.

1124 Bö 1, 48 – Schlußvermerk: «Geschrieben 1791.)» – *in einer Schrift:* Beyträge zur Optik. Erstes Stück... Weimar, im Verlag des Industrie-Comptoirs [von Bertuch]. 1791 – *Schnellkäulchen:* Spielkügelchen, Murmeln. – *ein neues Schauspiel:* ‹Der Groß-Cophta›, erstmals aufgeführt am 17.12.1791. – *zu Gevatter:* in der Handschrift statt des folgenden Relativsatzes: «und dieser war auch, zum großen Ärger aller ehrbaren Weimaraner, mit vielem Vergnügen dabei gegenwärtig.» (vgl. B. Maurach in: JbFDH 1978, 246) – *Porträt von Lips:* vgl. Anm. zu 1080 unter ‹im Gemälde›.

1125 wie 1122 S. 24 – *Maler Meyer:* Heinrich M., seit November 1791 Goethes Hausgenosse.

1126 wie 1122 S. 23 – *ὕστερον πρότερον:* ‹das Spätere das Frühere›, d.h. Umkehr der Reihenfolge. – *in einem gedruckten theologischen Aufsatze:* ‹Zwo wichtige bisher unerörterte biblische Fragen› (GA 4, 139ff.), gedruckt 1773. – *(in Goethes Schriften...):* Irrtum; ein Wiederabdruck erfolgte erst in den Nachlaßbänden der ‹Ausgabe letzter Hand›.

1127 wie 1122 S. 25 – Wohl im Zusammenhang mit Goethes Auseinandersetzung mit Newton.

1128 (413) Bö 1, 49 – *der jüdische Praß:* in der Handschrift «der jüdische und christliche Praß» (vgl. B. Maurach in JbFDH 1978, 244) – *Sodomitereien:* wohl im Sinne von Unsittlichkeiten. – *Grillen (?):* vielleicht ‹Gryllen›, Ungetüme des Altertums (vgl. Nr. 7165).

1129 (414) Bö 1, 50 – BuG 4, 123 ordnet diesen Bericht unter Januar 1795 ein und nimmt Verbindung mit Vorlesungen von Loder und Göttling an – *os coccygis:* Steißbein. – *Anekdote, die Loder Huntern ... erzählte:* es dürfte eher umgekehrt gewesen sein. – *better than ever:* mit mehr Erfolg denn je. – *Brust des Mannes?:* vgl. Nr. 2321. – *Sterne in seinem Koran:* Koran or essays, sentiments, characters and callimachies, of tria juncta in uno – *homo lar:* der zivilisierte Mensch. – *Fritz Stolberg ... in seinen Reisen:* F.L. Stolberg: Reise in Deutschland, der Schweiz, Italien und Sicilien in den Jahren 1791 und 1792. Königsberg, Leipzig 1794. – *Dominichinos Sakrament des heiligen Hieronymus:* es gibt zwei Gemälde des Domenico Zampieri, gen. Domenichino, die Kommunion des heil. Hieronymus darstellend, in Rom. Goethe besaß in seiner Sammlung drei danach gefertigte Kupferstiche (vgl. Schuchardt 1, 32f. Nr. 290ff.).

1130 (409) GJb 4, 323f. – Dies Stück schließt mit neuem Absatz und neuen Anführungszeichen an unsere Nr. 1110 an. Es erscheint zweifelhaft, daß das dort angegebene Datum (6.6.1794) auch für dieses Stück gilt. – *lange Untersuchungen über das sogenannte os intermaxillare:* vgl. Anm. zu 717 und 1034, ferner die 1784–1786 entstandene ‹Beschreibung des Zwischenknochens mehrerer Tiere ...› (GA 17, 328ff.). – *Loder wird sie herausgeben:* dieser Plan wurde nicht ausgeführt (vgl. LA II 9 A, 429, wo übrigens fälschlich behauptet wird, unser Stück sei, wie in BuG 3, 441, schon 1784 eingerückt). – *Anekdote von einem Bauer bei Verdun:* vgl. die abweichende Darstellung in der ‹Campagne› (GA 12, 253f.). – *Ein niedliches Bauerweibchen:* vgl. ‹Campagne› (ebd 254f.). – *[Welt?]:* zu dieser Konjektur vgl. Bi^2 5, 37. – *Ein Blatt vom Moniteur:* vgl. ‹Campagne› mit dem französ. Zitat im gleichen Wortlaut (GA 12, 275). – *Spezialkarten:* vgl. ‹Campagne› (ebd 256).

1131 wie 1122 S. 25

1132 Bö 1, 144 – *auf den Nagel:* genau bis zum Geringsten.

1133 GJb 8, 32f. – Brief aus Neuenburg (Neuchâtel)/Schweiz.

1134 F.G. Dietrich, Neuer Nachtrag zum vollständigen Lexikon der Gärtnerei und Botanik ..., Bd 10, Ulm 1840, 15f. – Zur Person des Berichterstatters vgl. Anm. zu 739. Zu dem hier Berichteten vgl. JbGG NF 16, 317f. – *(Metamorphose):* der ‹Versuch die Metamorphose der Pflanzen zu erklären› ist 1790 erschienen. – *in Jussieus natürlichem System:* ‹Genera plantarum› von Antoine Laurent de J., 1789. – *Syngenesisten:* Synantheren = Pflanzen mit verwachsenen Staubbeuteln.

1135 Jahrbücher der Königlichen Akademie gemeinnütziger Wissenschaften zu Erfurt N.F., Heft XI, 1882, 84 – *«Von der Auferstehung»:* ‹Von der Auferstehung, als Glauben, Geschichte und Lehre›, Riga 1794. Böttigers Anmerkungen dürften sich auf das Manuskript beziehen. – *[Goethe?]:* als Fußnote in der Quelle angegeben. Auch R. Haym vermutet, daß Goethe gemeint ist (‹Herder›, hrsg. von W. Harich, Bd 2, Berlin 1954, 576).

1136 (415/416) C.M. Wieland, Sämmtliche Werke, Bd 53, Leipzig 1828, 255ff. – *Ausfeilung seines Oberon:* wohl für die ‹Sämtlichen Werke› in 36 Bänden, Leipzig 1794–1802.

1137 (417) Franz Grillparzer, Werke, hrsg. von R. Backmann, Bd 5, Wien 1952, 92f. – *Ahnfrau:* Grillparzers Schicksalstragödie wurde am 31.1.1817 uraufgeführt. Das Gespräch mit Schreyvogel fand in Wien im

Sommer 1816 statt. – *nach Jena und Weimar:* 1794–96.

1138 NA 27, 24f. – *Unterhaltungen mit Ihnen:* Goethe war vom 20. bis 23. Juli in Jena. Er selbst berichtet von einem Gespräch, das nach einer Sitzung der Naturforschenden Gesellschaft stattgefunden haben soll, in seinem Aufsatz ‹Glückliches Ereignis› (GA 16, 864ff.). Hierfür kommt höchstwahrscheinlich der 20. Juli in Frage (vgl. NA 42, 556). Ein zweites Zusammentreffen fand am 22. Juli bei W.v. Humboldt statt, worauf Melitta Gerhard in ihrem Aufsatz ‹Wahrheit und Dichtung in der Überlieferung des Zusammentreffens von Goethe und Schiller im Juli 1794› (JbFDH 1974, 22) hinweist.

1139 (419) NA 27, 34f. – *Brief von Goethe:* vom 27.8.1794 (WA IV 10, 183ff.). – *vor sechs Wochen über Kunst und Kunsttheorie … gesprochen:* hier kann nur das Gespräch vom 22. Juli bei Humboldt gemeint sein (vgl. Anm. zu 1138).

1140 (419a) DüntzerStein 2, 12

1141 Fichte 2, 439 – *seit gestern:* vielleicht ist die Begegnung am 28. Juni gemeint (vgl. Anm. zu 1111). Gesehen hatten sie sich schon vorher (vgl. Nr. 1105)

1142 (420) Briefwechsel zwischen Schiller und Wilhelm von Humboldt, 3. Ausg. mit Anm. von A. Leitzmann, Stuttgart 1900, 55f.

1143 (420a) NA 27, 37 – *das erste Stück:* enthielt Goethes ‹Erste Epistel› (GA 1, 211ff.).

1144 (421/422) Urlichs 2, 307 – Datum nach Schöll 2, 340. – *Lollochen:* Charlotte Schiller. – *Tische:* «… ein Schreibtisch. 1826 schenkte Ernst v. Schiller den Tisch seinem Freunde August v. Goethe» (ebd 618). – *neulichen Unterredung:* vgl. Nr. 1138 und Anm.

1145 (422a) NA 27, 43f.

1146 NA 27, 46 – *Er hat mir so sehr zugeredet:* im Brief vom 4. September (WA IV 10, 190). Die Einladung lautete auf den 14. September, an dem Schiller in der Tat nach Weimar fuhr.

1147 (423) NA 27, 48 – *weil ich mich selten wohl befand:* vgl. Goethe an Meyer 15.9.1794: «Schiller ist jetzt bey mir und von sehr guter Unterhaltung, insofern es seine Kranckheit erlaubt.» (WA IV 10, 194) – *noch niemand als ihn:* wohl mit Bezug auf Christiane.

1148 (424) Freies Deutsches Hochstift. Zur Eröffnung des Frankfurter Goethemuseums am 20. Juni 1897. S. 12 Anm. – *Mitte September 1794:* die Aufzeichnung in Gernings Tgb bezieht sich vielmehr auf die zweite Woche des September (ebd). – *Seinen mich sonst bedienten Ernst:* unklar; soll vielleicht besagen, daß Goethe sich bisher keine solchen Scherze Gerning gegenüber erlaubt hat.

1149 (425) GJb 1, 316f. – Zu Ramdohr vgl.: G. Schulz: Friedrich Wilhelm B. von Ramdohr, der «unzeitgemäße» Kunsttheoretiker der Goethezeit. In: JbGG NF 20, 140ff. Goethe charakterisiert ihn in seinem Brief an Meyer vom 15.9.1794: «Ramdohr war einige Tage hier und einigemal bey mir, er hat sich gut und gescheit gegen mich betragen … übrigens hat er sich durch sein *viel* – und *ab*sprechen eben auch hier nicht viel Freunde gemacht.» (WA IV 10, 194) – *l'homme propose …:* Der Mensch denkt, Gott lenkt (nach Sprüche Salomos 16,9). – *Andenken an Italien:* Ramdohr war vor Goethe dort; dieser erwähnt Ramdohrs dreiteiliges, 1787 erschienenes Werk ‹Über Malerei und Bildhauerarbeit in Rom für Liebhaber des Schönen in der Kunst› leicht abschätzig in ItR (GA 11, 463).

1150 Friedrich Karl Julius Schütz, Christian Gottfried Schütz, Bd 2, Halle 1835, 335 (JbGG NF 2, 222f.) – *wie er in Dresden war:* Ramdohr hatte Goethe 1790 in Dresden kennen gelernt (ebd 222).

1151 (426) NA 27, 49 – *seine Elegien:* die ‹Römischen Elegien›; sie erschienen unter dem Titel ‹Elegien. Erste bis zwanzigste Elegie› im 6. Stück der ‹Horen› 1795. – *Plan zu den Maltesern:* wurde nicht ausgeführt. – *bis zum Geburtstag der regierenden Herzogin:* 30. Januar 1795. – *seinen Egmont für das Weimarische Theater zu korrigieren:* Schillers Bearbeitung in drei Akten (NA 13, 1ff.) wurde am 25. April 1796 mit Iffland in der Hauptrolle aufgeführt (vgl. Nr. 1280a). – *dieser Briefwechsel soll dann in den Horen gedruckt werden:* das geplante Unternehmen wurde nicht ausgeführt.

1152 NA 27, 51

1153 NA 27, 52f. – *wieder hier [in Jena]:* seit dem 27. September. – *an Herrn Arens schreiben:* wohl wegen Mitarbeit an den Horen (ebd 285). – *Herr von Ramdohr:* vgl. Nr. 1150.

1154 NA 27, 53

1155 (427) NA 27, 60 – *Hofrat Schütz:* Christian Gottfried S. lieferte keine Beiträge (ebd 289). – *daß deutsche Schrift der lateinischen vorzuziehen sei:* Die Horen wurden in Fraktur gedruckt (ebd 289).

1156 (428) NA 27, 65f. – *Seinen Roman:* ‹Wilhelm Meisters Lehrjahre›. Der 1. Bd erschien 1795 bei Unger in Berlin.

1157 (429) NA 27, 92 – *alle Teufeleien:* gemeint sind wohl die ‹Römischen Elegien› (vgl. Nr. 1151 und Anm.)

1158 Zürcher Taschenbuch 1915–1917, N.F. 38. Jahrg., Zürich 1917, 215ff. – Über die Persönlichkeit des Berichterstatters vgl. JbGG 5, 202f. – *[5. Oktober?]:* vgl. ebd 203f. Anm. 4. – *gemeinen:* nicht pejorativ gemeint, vgl. ebd 204 Anm. 1. – *sein ... inwendig neu gebautes Haus:* vgl. Anm. zu 1050. – *Professor Meyer aus Berlin:* nicht ermittelt (vgl. ebd 205 Anm. 2). – *Heirats- und Sterbensgeschichte des Hofrat Moritz:* K. Ph. Moritz war am 26.6.1793 gestorben, nachdem er 1792 noch einmal geheiratet hatte.

1159 (430/431) wie 1080 S. 243ff. – Die Datierung der beiden Begegnungen mit Goethe auf den 19. Oktober Bi^2 1, 211f. beruht auf der irreführenden Angabe «gestern». Die Aufführung von Goldonis ‹Diener zweier Herren› in Schröders Bearbeitung fand jedoch am 16. Oktober statt; am gleichen Tage war Veit nachmittags bei Goethe. – *Hofrat Gruner:* Prof. der Medizin, die auch Veits Studienfach war. – *vor anderthalb Jahren:* vgl. Nr. 1080. – *er schreibt so starke Sachen:* nach dem ersten größeren Werk ‹Versuch über die Transzendentalphilosophie› 1790 erschienen weitere philosophische Werke von Salomon Maimon. – *seine neue Theorie:* Versuch einer neuen Logik oder Theorie des Denkens. Berlin 1794 (Ruppert 3098). – *Plan ... ein neues Wörterbuch der schönen Künste heraus-*

zugeben: Maimon hatte bereits 1791 ein ‹Philosophisches Wörterbuch› veröffentlicht. – *Die Vulpius ist ihm nicht angetraut:* Berichtigung der in Nr. 1080 aufgestellten Behauptung.

1160 (432) wie 1080 S. 254 – *sein Roman:* vgl. Anm. zu 1156. – *er war schon 1780 fertig:* es handelt sich um die erste (unveröffentlichte) Fassung mit dem Titel ‹Wilhelm Meisters theatralische Sendung›. – *den Orest selbst gespielt:* vgl. Nr. 494. – *ein Journal:* ‹Die Horen› begannen 1795 zu erscheinen. – *in der Literatur-Zeitung:* gemeint ist die ‹Allgemeine Literatur-Zeitung› in Jena.

1161 (433) Diezmann 70f. – *neuen Auflage der Beurteilung:* Fichtes Schrift ‹Beitrag zur Berichtigung der Urteile des Publikums über die französische Revolution› war 1793 anonym vor Fichtes Berufung nach Jena erschienen.

1162 (434) Bö 1, 81 – *Abendzirkel:* zur sog. ‹Freitagsgesellschaft› vgl. Nr. 1039 und Anm. – *Ilias nach Voß:* die Übersetzung der Ilias war in der vierbändigen Ausgabe von Homers Werken 1793 erschienen. – *Goethe ist Vorleser:* vgl. TuJ 1796 (GA 11, 662), ferner ‹Aus dem geplanten Kommentar zum Briefwechsel zwischen Schiller und Goethe› (GA 14, 340f.). – *den 31. Oktober 1794:* an diesem Tage wurde der Erste Gesang behandelt. – *Winckelmann... ed. Fea:* italien. Ausgabe Rom 1783–84 (Ruppert 2139). – *Vorgänger:* vor allem F.L. Stolberg (vgl. Anm. zu 535).

1163 (435) Hölderlin, Sämtliche Werke, Kleine Stuttgarter Ausgabe, hrsg. von F. Beißner, Bd 6, Stuttgart 1959, 152f. – Zur Datierung: Goethe war vom 2.–6. November in Jena. – *Fragment von meinem Hyperion:* erschienen in der ‹Neuen Thalia› 1793. – *Gedicht an das Schicksal:* ‹Das Schicksal›. – *Frau von Kalb:* Hölderlin war Hauslehrer bei Charlotte v. Kalb in Waltershausen (Unterfranken). – *Klub der Professoren:* wöchentliche Zusammenkunft, an der auch Studenten teilnehmen durften.

1164 (435a) NA 27, 80 – *Suite von Erzählungen:* Die ‹Unterhaltungen deutscher Ausgewanderten› erschienen im 1. Jahrgang (1795) der ‹Horen›.

1165 (435b) NA 27, 82 – Ch. G. Schütz war Hrsg. der Allgemeinen Literatur-Zeitung in Jena.

1166 (435c) NA 27, 83f. – *wirklich:* «schwäbisch, in der Bedeutung von gegenwärtig» (ebd 305). – *die Briefe von mir:* ‹Über die ästhetische Erziehung des Menschen...›, 1.–9. Brief. – *für jedes Stück des ersten Jahrgangs eine Epistel:* die Episteln gediehen nicht über zwei hinaus (GA 1, 211ff. und 215ff.), die im ersten und zweiten Stück erschienen.

1167 NA 27, 106

1168 (436) Bö 1, 82ff. – *Catalogus navium:* vgl. Goethes Bemerkung darüber Nr. 1109. – *d'Anvilles Karte:* Atlas Antiquus Danvillianus tabularum geographicarum. Nürnberg 1784.

1169 (437) Bö 1, 84ff. – *Ernesti in Clav. Cic.:* J.A. Ernesti: Clavis Ciceronia. Leipzig 1739. – *mit seinem Aktäonischen Schmuck, als cocu:* d.h. mit Hörnern, als Hahnrei.

1170 Wilhelm von Humboldt, Gesammelte Schriften, hrsg. von der Kgl. Preuß. Akademie der Wissenschaften, Bd 14, Berlin 1916, 254 –

Homers-Gesellschaft: in der Freitags-Gesellschaft wurde an diesem Tage der Vierte Gesang der Ilias behandelt.

1171 NA 27, 95 – *Herr v. Humboldt:* vgl. Goethe an Schiller 27.11.1794: «Herr v. Humbold ist neulich zu einer ästhetisch critischen Session gekommen, ich weiß nicht wie sie ihn unterhalten hat.» (WA IV 10, 208)

1172 Reiter 3, 48 – *einige Memoranda:* überliefert sind nur die Aufzeichnungen zu den drei ersten Gesängen (vgl. Nr. 1162 und 1168f.).

1173 Neophilologus 18, 1933, 23 – Die erste Begegnung Kraus' mit Goethe in Frankfurt kann nur nach dessen Rückkehr aus Leipzig 1768/69 stattgefunden haben (vgl. dagegen BuG 1, 318). Goethes damalige Krankheit, von der er selber in DuW ausführlich berichtet, als Syphilis aufzufassen, war eine verbreitete Meinung, die auch in der Sekundärliteratur diskutiert worden ist, sich aber als unhaltbar erwiesen hat (vgl. W.H. Veil, Goethe als Patient, 2. Aufl., Jena 1946, 80ff.). – *patrocinium:* Rechtsbeistand. – *Venus vulgivaga:* Göttin der sinnlich wollüstigen Liebe.

1174 wie 1163 S. 161f. – *Goethe sprach ich drüben:* in Weimar Ende Dezember 1794/Anfang Januar 1795, während Hölderlin mit Charlotte und Fritz von Kalb sich dort aufhielt.

1175 (438) wie 1163 S. 164 – *Klub:* vgl. Nr. 1163

1176 (439) wie 1163 S. 168

1177 NA 27, 115

1178 Bö 1, 49 – *Im Anfang Januar 1795:* Goethe war mit Meyer vom 11. bis 23. Januar in Jena. – *[wohl: Flüssigkeit]:* Konjektur nach LA II 3, 85.

1179 (440a) GJb 2, 376

1180 (441) NA 27, 122f. – *Aufsatz über die Musik:* Körners Aufsatz ‹Über Charakterdarstellung in der Musik› erschien im 5. Stück der Horen 1795.

1181 (442) NA 27, 129 – *dieses vierte Stück:* es handelt sich um das sechste Stück, das ausschließlich aus den ‹Römischen Elegien› Goethes und einer Fortsetzung der ‹Briefe über die ästhetische Erziehung des Menschen› von Schiller bestand.

1182 NA 27, 142 – *Goethens Äußerungen:* wohl ausgelöst durch Charlottes langen Brief aus Weimar, etwa 20. Januar 1795, an Goethe in Jena (GJb 13, 49ff.)

1183 Preußische Jahrbücher Bd 43, 1879, 145f.

1184 (440) wie 1080 Bd 2, 72ff. – *Pharao:* vgl. Anm. zu 369. – *im Wilhelm:* vgl. Nr. 1160 und Anm. – *er spielt Klavier:* über den Klavierunterricht, den er und seine Schwester bekommen hatten, berichtet Goethe in DuW (GA 10, 130ff.).

1185 JbGG 12, 140 – *ist... Goethe nirgends mehr wenigstens für mich zu sehn:* ähnlich klagt sie in ihrem Brief an Goethe von Mitte September 1795, daß sie ihn nie zu sehen bekomme (GJb 13, 52). – *Jetzt:* muß heißen: Lezt (NA 35, 162).

1186 Urlichs 2, 299

1187 (444) NA 27, 170 – *Bild von Dorchen [Stock]:* Kopie nach Anton Graffs Ölbildnis von Schiller. – *eben hier:* Goethe ist seit dem 29. März wieder in Jena.

1188 (443) NA 27, 175 – *die Befreiung des Prometheus:* als kurzes Fragment überliefert (GA 6, 849)

1189 (404) W. Peters, Zur Geschichte der Wolfschen Prolegomena zu Homer, Frankfurt a.M. 1890, 17 Anm. – ἠλιτομηνα καιὑπηνεμια: Fehlgeburten und Windeier – *verschiedenen Verfassern zuschreibt:* entsprechend der Theorie Wolfs von der Entstehung der Epen Homers.

1190 JbGG 8, 175 – Der Berichterstatter ist Barbiergesell, mit Jean Paul während seiner Schwarzenbacher Lehramtszeit (1790–94) verbunden. Anfang 1795 ging er zur Fortsetzung seiner Lehrzeit nach Weimar. Er muß also Goethe vor dessen Aufenthalt in Jena gesehen haben. – *der verstorbene Friedrich:* Friedrich II.?

1191 (473a) wie 1163 S. 183f.

1192 (445) NA 27, 179 – Zahn war Teilhaber der Cotta'schen Buchhandlung in Tübingen. – *Herrn Cotta:* der auf seiner Reise nach Leipzig Ende April in Jena war.

1193 NA 27, 276 – *noch immer hier:* er blieb bis zum 2. Mai in Jena.

1194 JbGG 13, 209

1195 Diezmann 34 – *Claudine:* Goethes Oper ‹Claudine von Villa Bella› mit der Musik von Reichardt wurde 1794 von Vulpius aus Versen in Prosa umgearbeitet. – *auf den zweiten Pfingstfeiertag:* 25. Mai.

1196 Diezmann 34 – *künftigen Sonnabend:* 30. Mai.

1197 (446) Reiter 1, 172 – Wolf war vom 22. bis 28. Mai als Gast Böttigers in Weimar.

1198 (447) Reiter 1, 167

1199 Reiter 1, 178 – *Sie lernten ihn ja früher kennen:* vgl. Nr. 1106.

1200 (448) Bi[1] 8, 255ff. (GJb 15, 91ff.) – *Bei Goethe:* am 28. Mai, zusammen mit Wolf, der als Gesprächsteilnehmer genannt wird. – *Langer:* Goethe war mit ihm in seiner Leipziger Zeit befreundet, vgl. DuW (GA 10, 366f.) und: Goethes Briefe an E. Th. Langer, hrsg. von Paul Zimmermann, Wolfenbüttel 1922 (Sonderabdruck aus dem «Braunschweigischen Jahrbuche 1922»). – *sedem fixam:* einen festen Wohnsitz. – *in der «Allgemeinen Deutschen Bibliothek»:* seit 1765 von Nicolai herausgegebenes Rezensionsorgan. – *des Erlanger Beyer Versuch über den Theokrit:* Alb. Bayer, Commentarii perpetui in Theocriti Charitas et Syracusias, Erlangen 1790. – *Gemmensammlung:* vgl. Anm. zu 1102. – *Bion:* der griech. bukolische Dichter. – *[Betonung?]:* Bi[2] 1, 222 merkt an: «Unleserlich. Liest sich wie: Schonung, das aber keinen Sinn gibt.» – *mit den exostris und* ἐκκυκλήσεσι: hölzernen Maschinen auf dem Theater, die auf Walzen fortgerollt wurden und den Zuschauern den Hintergrund der Bühne als Inneres eines Hauses zeigten. – *Palladio beim Theater zu Vicenza:* vgl. Goethes Beschreibung des ‹Olympischen Theaters› in ItR (GA 11, 56f.). – *wie die Advokaten ... von Venedig ihre Sachen plädieren:* vgl. die Schilderung in ItR unter dem 3.10.1786 (GA 11, 81ff.). – *Instrumente:* Urkunden. – *statarisch:* langsam fortschreitend. – *concertationes und altercationes:* Wortkämpfe, Disputationen. – *pia causa:* fromme, d.h. rechtmäßige Sache (Formel der röm. Rechtssprache). – *in luctu et squalore:* in Trauer und Schmutz (squalor: die schmutzige äußere Erscheinung als Zeichen der

Trauer). – *einen Advokaten ... gezeichnet:* vgl. Corpus VI A Nr. 119, ferner die Beschreibung Sorets Nr. 6497. – *pensitato rem agitare:* nach langem Überlegen etwas tun. – *die judicia centumviralia:* Centumviralgerichte, ein seit der republikanischen Zeit bestehendes röm. Richterkollegium von ursprünglich 105, später 180 Mitgliedern für Privatklagen. – *corona populi:* Volksmenge. – *suggestes:* Rednerstühle. – *Meyer:* Friedrich Johann Lorenz Meyers Reisewerk war 1792 in Berlin erschienen. – *Betrachtung einiger altsizilischen Münzen:* vgl. Schuchardt 2, 243f. – *pes:* Versfuß. – μῆνιν: den Zorn. – *Graeculus:* Grieche, abschätzig. – *Magister Hederich:* Benjamin Hederichs Lexikon in der Ausgabe Leipzig 1770 besaß und benutzte Goethe (Ruppert 1968). Die erwähnte Stelle im Artikel ‹Aesculapius› Sp. 121. – *Metamorphose der Tyrrhener in Delphine:* Fries des Lysikrates-Monuments, von Goethe in seinem Aufsatz ‹Anforderung an einen modernen Bildhauer› als schöner Gegenstand für bildkünstlerische Darstellung empfohlen (GA 13, 739f.). – *ein Priap:* vgl. Schuchardt 2, 13f. Nr. 33 oder 34. – *Archigallus:* Oberpriester der Kybele, einer kleinasiatischen Naturgöttin, in deren Kult ihre Diener in höchster Ekstase bis zur Selbstentmannung getrieben werden. – *accubitus:* die antike Sitte des Sich-Niederlegens, bes. auch bei Mahlzeiten. – *canzoni:* lyrische Gedichte. – *von Palermo nach Girgenti:* vielmehr auf dem Wege nach Catania, vgl. ItR unter dem 30.4.1787 (GA 11, 313). – *Wolf erinnert sich nie, geträumt zu haben:* vgl. Nr. 3336 und 3954, jeweils am Schluß.

1201 (454) wie 1189 S. 34f. – Zur Begründung der Datierung vgl. ebd S. 34 Anm. – *F.A. Wolfs «Prolegomena ad Homerum»:* die berühmte 1795 in Halle erschienene Untersuchung, in welcher die These vertreten wird, daß die Epen Homers eine Sammlung von Einzelwerken verschiedener Herkunft seien. – *aufs unangenehmste situieren:* in die unangenehmste Lage bringen.

1202 (450) NA 27, 189 – *Deine Ergießungen über Meister:* im Brief Körners an Schiller 22.5.1795 (NA 35, 211) – *Auf die Komödie:* gemeint sind Shakespeares Lustspiele (vgl. den 2. Abs. des genannten Briefes). – *entrieren:* eintreten. – *Unterschied zwischen Roman und Drama:* vgl. ‹Wilhelm Meisters Lehrjahre› 5. Buch 7. Kapitel (GA 7, 330ff.).

1203 (453) Wilhelm von Humboldt, Gesammelte Werke, Bd 5, Berlin 1846, 119ff. – *Prolegomena:* vgl. Nr. 1201 und Anm. – *letzten Freitag:* 29. Mai. – *Psammetichus:* der ägypt. König Psammetich I. (664–610 v. Chr.). Zur Frage der Einführung der Schrift im Zusammenhang mit Homer vgl. Nr. 1109. – *an meinen metris:* wohl schon im Hinblick auf Humboldts metrische Übersetzungen, vgl. Nr. 1352 und Anm.

1204 (457a) wie 1142 S. 151 – *Die beiden an Fichte:* ‹Ein Wort an die Proselytenmacher› und ‹Der Metaphysiker› in Schillers ‹Musenalmanach für das Jahr 1796› S. 155 und 171. – *Herr Lappe:* «Schiller nahm die beiden Gedichte «Die Schmetterlinge» und «An einen Freund» auf (Musenalmanach für das Jahr 1796. S. 46 und 163). Goethe hatte Lappes Gedichte *läppisch* genannt.» (NA 35, 636).

1205 wie 1142 S. 276 – Antwort auf Schillers Aufforderung an Humboldt, eine Rezension von Goethes Reineke Fuchs zu liefern. Diese kam jedoch nicht zustande. – *die Gottschedische Ausgabe:* vgl. Anm. zu 1084 und 1120.

1206 (N. 457b) GJb 31, 54 – *in Dornburg:* wann ein gemeinsamer Besuch Dornburgs stattgefunden hat, ist nicht zu ermitteln.

1207 (449) wie 1080 Bd 2, 142ff. und 146 und 148 – *vor einiger Zeit:* im April. – *Latrobe:* wie Veit Student der Medizin in Jena, mit Zelter befreundet (vgl. JbGG NF 2, 223ff.). – *«Ich denke dein»:* Gedicht von Friederike Brun, erschienen im Vossischen Musenalmanach für 1795 (HA 1^3, 526). Goethes Kontrafaktur mit dem Titel ‹Nähe des Geliebten› erschien in Schillers Musenalmanach für 1796 (GA 1, 43f.). – *äußerst miserabel gesungen und gespielt:* es blieb die einzige Aufführung der ‹Claudine› in Weimar. – *Der Rugantino:* Weyrauch (Gräf 2. 1, 131 Anm.). – *in Prosa gesetzt:* die Bearbeitung war vielmehr von Vulpius (vgl. Anm. zu 1195). – *«Wer dichtet nicht...»:* GA 6, 1044. – *Benda:* Darsteller des Pedro (Gräf ebd). – *Chladni:* akustischer Experimentator, vgl. Nr. 882 und Anm. – *mit den Büchern in der Hand:* d.h. mit den gedruckten Gesängen, die «an der Casse für 1 Groschen zu haben» waren (Gräf ebd)

1208 Baltische Monatsschrift, Jahrg. 46, Bd 58, Riga 1904, 156f. (JbGG NF 2, 224) – *mit der vorteilhaften Riemerschen Darstellung:* Riemers ‹Mittheilungen über Goethe› sind 1841 in zwei Bänden erschienen. Der erste Band enthält ein Kapitel mit der Überschrift ‹Persönlichkeit›.

1209 aaO 169

1210 (451) aaO 15f. – *Märchen:* Goethes ‹Mährchen (zur Fortsetzung der Unterhaltungen deutscher Ausgewanderten)› ist im 10. Stück der ‹Horen› 1795 zuerst gedruckt. Seine Äußerung über die Veranlassung ist wohl später anzusetzen.

1211 (452) Jonas 4, 246

1212 (457) Sydow 2, 21f. – Zur Datierung des Briefes: wohl 15. Juni 1795. Vgl. Nr. 1203, wo ein Zusammensein Goethes mit Humboldt in Weimar vom 4. Juni an für zwei bis drei Tage vorgesehen ist. – *Goethe hat dies so vorgeschlagen:* der Plan scheint wegen einer Unpäßlichkeit Goethes nicht durchgeführt worden zu sein, vgl. dessen Brief an Schiller vom 10. Juni (WA IV 10, 265).

1213 wie 1080 Bd 2, 152 – *in Karlsbad:* Goethe brach erst Anfang Juli dahin auf. – *die Unzelmann:* Friederike U., Sängerin und Schauspielerin in Berlin, die mit Rahel nach Karlsbad reiste.

1214 wie 1189 S. 19 Anm. – *tumor maxillaris:* Goethe spricht von seiner «Backengeschwulst» im Brief an Schiller vom 10. Juni (WA IV 10, 265). – *Ihre Prolegomena:* vgl. Nr. 1201 und Anm.

1215 JbGG 8, 175 – Zum Berichterstatter vgl. Anm. zu 1190. – *verfliegt:* nach Karlsbad, vgl. Anm. zu 1213.

1216 Urlichs 1, 444 – *spanischen Fliegen:* Medikamente, die aus den gleichnamigen Käfern gewonnen wurden; hier wohl als Pflaster zur Heilung von Goethes Backengeschwulst.

1217 Reiter 3, 54

1218 (455) Bi^2 1, 230: nach GJb 27, 57f. mit Ergänzungen, wohl nach der Handschrift. – Zum Vorgang vgl. Wolfs Brief an Böttiger vom 14. Juni

(Reiter 1, 168f.), des letzteren Antwort vom 18. Juni (ebd 3, 54 und unsere Nr. 1217) sowie Wolfs Brief an Böttiger vom 22. Juni (ebd 1, 170f.). Wolf hatte Böttiger gebeten, Goethe ein sorgfältig gebundenes Exemplar seiner soeben erschienenen ‹Prolegomena ad Homerum› zu überreichen, dieser aber darauf hingewiesen, daß dies in der Kürze der Zeit, d. h. vor Goethes Antritt seiner Badereise, nicht möglich wäre. Wolf erklärte sich daraufhin mit einem broschierten Exemplar einverstanden. – *als ich ihm ... Ihren Brief insinuierte:* die Auslassung ist ergänzt bei Reiter 3, 55: «mit einem ziemlich weitläuftigen Billet». Dieses ist datiert vom 25. Juni; gemeint ist Wolfs Brief an Goethe vom 22. Juni (ebd 1, 172 und unsere Nr. 1197), in welchem jener sich entschuldigt, daß er Goethe ein uneingebundenes Exemplar seines Buches überreichen läßt. – *diesen Morgen abgereist:* zunächst nach Jena. – *ich bin leer ausgegangen:* Goethes Antwort erfolgte erst am 5.10.1795 (WA IV 10, 309); jedoch liegt ein Konzept vor, das noch vor der Reise nach Karlsbad abgefaßt sein muß (ebd 420). – *Noch ehe ich Ihren Brief erhielt:* den vom 22. Juni (siehe oben). – *mit meinen drei sauber in apfelgrün Livrei gekleideten homerischen xeniis:* mit diesen ‹Gastgeschenken› können nur die beiden 1794 erschienenen Bände von Wolfs Homer-Ausgabe und die ‹Prolegomena› gemeint sein, alle in der Tat broschiert in Goethes Bibliothek vorhanden (Ruppert 1278 und 1300). – ωκειαι χαριτες χαριεστεραι: schnelle Geschenke sind erfreulicher, «schnelle Gabe, doppelte Labe». – *Ihr Plänchen wegen der Sachsischen Bimssteintoilette:* Wolfs Äußerung in seinem Brief an Böttiger vom 22. Juni: «Den Mangel des sachsischen Bimssteins sind Sie gewis so gütig zu entschuldigen ...» (siehe oben) hatte dieser in seinem Billett an Goethe vom 25. Juni in die geistreiche Form gekleidet: «Der Phönix deutscher Buchbinder, Sachse in Gotha, sollte sie mit allen seinen Bimssteinen glätten und verzieren. Zum Glück für den alten Barden hat Ihre Badereise einen Strich durch das Projekt gemacht.» (Reiter 3, 55) – *Sunt ipsissima verba:* das sind seine eigenen Worte. – *Voß ... seine vierte Ekloge:* P. Virgilius Maro: Vierte Ekloge, übersetzt und erklärt. Altona 1795. – *das vale an Heyne:* vgl. Goethe an J.H. Voß 1.7.1795 (WA IV 10, 274). – *Ordensteufeleien:* erneute Unruhen der Studentenverbindungen. – *Hoffmann:* Karl Christoph v. H., Besitzer des Ritterguts Dieskau bei Halle, befand sich zur Zeit in Weimar (Reiter 1, 171).

1219 (456) Karl Ludwig v. Woltmann, Sämmtliche Werke, hrsg. von seiner Frau, 1. Lfg., 1. Bd, Leipzig 1818, 49f. – Datierung nach Bi^2 1, 230: Ende Juni 1795.

1220 wie 758 S. 80f. – *die überschickten Horen:* das 6. Stück von 1795. – *Die Elegien:* Goethes ‹Römische Elegien›. – *da sie mir der Autor vorlas:* BuG 3, 369 datiert August / Dezember 1790. – *ganz zu unterdrücken:* zu Carl Augusts Urteil vgl. W. v. Humboldt an Schiller 4.8.1795 (NA 35, 272).

1221 Urlichs 2, 301 – *aus der Luft zu kommen:* wohl wegen seiner «Backengeschwulst» (vgl. Nr. 1214 und Anm.)

1222 (458) Deutsche Rundschau, 31. Jahrg., Bd 123, 1905, 236f. – Die Berichterstatterin hielt sich mit ihren Kindern und einem Hauslehrer auf der Reise nach Italien in Karlsbad auf. Über sie schreibt Goethe an Schiller am 19.7.1795: «Welch eine sonderbare Mischung von Selbstbetrug und Klarheit diese Frau zu ihrer Existenz braucht ist kaum denckbar...» (WA IV 10, 280). – *Kupfer zu Wielands Werken:* der 36-bändigen Ausgabe von Wielands ‹Sämmtlichen Werken›, die 1794 bei Göschen in Leipzig zu erscheinen begann. – *Dänen:* Friederike Brun geb. Münter ist deutscher Abstammung, aber mit einem dänischen Kaufmann verheiratet.

1223 (459/460) wie 1222 S. 237 ff. – *aus der Agathonischen Schwärmerei von intellektueller Schönheit:* Anspielung auf Wielands ‹Agathon›. – *einen Jüngling von zwanzig Jahren:* Fritz v. Stein. – *mit der kleinen Levin und der Unzelmann:* vgl. Anm. zu 1213. – *ein avantageuser fât:* lies: fat, ein großtuerischer Geck. – *soll mich verlangen:* möchte ich gern wissen. – *der...Miltonische Teufel:* der Satan in Miltons Epos ‹Paradise Lost›. – *Sarah und Marianna:* zwei Schwestern, Töchter des reichen jüdischen Kaufmanns Meyer aus Berlin, später Sara v. Grotthuß und Marianne v. Eybenberg. – *Lotte:* Friederike Bruns Tochter. – *mit dem dritten Teil von Meister:* der dritte Band von ‹Wilhelm Meisters Lehrjahren›, das 5. und 6. Buch enthaltend, ist 1795 erschienen. Zur folgenden Äußerung vgl. Nr. 1160. – *[Therese Brzozowska]:* über sie äußert sich Goethe noch am 9.2.1821 gegenüber Kanzler Müller (Nr. 4836). Durch Marianne Meyer ließ Goethe ihr nach seiner Abreise ein Kettchen überreichen (vgl. GJb 14, 28). – *Voß, seine Luise:* Voß' ‹ländliches Gedicht in drey Idyllen› ist 1795 erschienen.

1224 (461) wie 1222 S. 239 f.

1225 (462) wie 1222 S. 240

1226 (463) Christoph Heinrich Pfaff, Lebenserinnerungen, Kiel 1854, 321 f. – *häuslichen Güte:* Bi[2] 1, 236 Anm.: [herzlichen?]. – *seine neueren Schriften:* bezieht sich wohl auf die siebenbändige Ausgabe von ‹Goethe's neuen Schriften› bei Unger in Berlin 1792–1800.

1227 GJb 1, 323 – *Die Kupfer... in Hermann und Dorothea:* es handelt sich um die mit zehn Kupfern versehene Ausgabe, erschienen bei Vieweg in Braunschweig 1799 (Hagen 243). Die 9 Kupfer im Text sind von F. Bolt und C. Kohl nach F. Catel (Nahl wird nicht genannt). – *Leier-Vignette:* das Titelkupfer ist von Bolt (vgl. Hagen ebd). Urzidil 29 Anm. bezieht die Vignette dagegen auf ein von Goethe kommendes Blättchen mit dem Symbol «Adler mit einer Leyer nach oben strebend». – *alle Fehd' hat ein Ende:* «Bezieht sich auf Böttigers Veruntreuung des Manuscriptes von Wallensteins Lager an Friderike Brun.» (GJb 1, 323 Anm.)

1228 (464) GJb 14, 28 – *Patin:* vgl. Nr. 1230 und 1249 und Anm.

1229 GJb 14, 29 – *Sara von Grotthus:* Sara, damals noch verwitwete Wulff, trug den Namen Grotthuß erst später.

1230 (467) wie 1142 S. 162 f. – *hier:* in Berlin. – *von zwei getauften Jüdinnen:* die Schwestern Meyer, später Eybenberg und Grotthuß. – *die eine:* Marianne. – *zu dem Vers:* Römische Elegien Vers 42. – *neuen Ankömmling:* vgl. Nr. 1249 und Anm.

1231 (465) wie 1080 Bd 2, 167 ff. – *[in Karlsbad]:* Goethe war bis zum 8. August dort. – *Horn:* vielleicht Anton Ludwig Ernst H., damals Student in Göttingen (Rahel Varnhagen im Umgang mit ihren Freunden, hrsg.

von F. Kemp, München 1967, 422). – *entouriert:* umgeben. – *(er ist hier):* Goethe war nach seiner Rückkunft von Karlsbad in Jena. – *seine anatomischen Arbeiten:* über Goethes Beschäftigung mit der vergleichenden Anatomie vgl. TuJ 1795 (GA 11, 646). – *über den literarischen Sansculottismus:* der Aufsatz ‹Literarischer Sansculottismus› (GA 14, 179ff.) ist eine Replik auf einen im März 1795 im ‹Berlinischen Archiv der Zeit und ihres Geschmacks› erschienenen Beitrag von Daniel Jenisch.

1232 (465a/466) wie 1080 Bd 2, 179ff. – Großenteils Wiederholung von Nr. 1231. Veits Bericht wird ergänzt durch den Brief Horns an Rahel vom gleichen Tage (Nr. 7385).

1233 Dobbek 362 – Datum des Briefes nach NA 35, 298: 22.8.1795. – *Opus über Homer:* ‹Homer, ein Günstling der Zeit›, erschienen im 9. Stück der Horen 1795. – *Goethe:* vgl. dessen Brief an Schiller vom 21. August (WA IV 10, 290).

1234 Jonas 4, 237 – *seit acht Tagen wieder zurück:* aus Karlsbad, bis 16. August in Jena, seit 17. in Weimar.

1235 Urlichs II, 303 – *Erzählungen:* des französischen Schriftstellers Tressan. – *Goethes Märchen:* vgl. Nr. 1210 und Anm. – *Wieland:* Böttiger überliefert unter dem 8.11.1795 eine negative Äußerung Wielands über den Schluß des ‹Märchens› (Bö 1, 165).

1236 Jonas 4, 255 – *die Ideale:* erschienen im Musenalmanach für das Jahr 1796. «Goethe hatte sein Urteil über die Gedichte vermutlich mündlich geäußert.» (NA 28, 388).

1237 Urlichs 2, 224f. (JbGG NF 2, 225) – *Goethe sah ich noch nicht:* vgl. Nr. 1185 und Anm. Mitte September 1795 kündigt Goethe seinen Besuch bei ihr an (WA IV 10, 300f.). – *Mißstand mit der ganzen Sozietät:* Anspielung auf das vor allem von den Weimarer Damen mißbilligte Verhältnis Goethes zu Christiane.

1238 (468) Fichte 1, 262 – Aus Oßmannstedt, wo Fichte die «Sommermonate» 1795 verbrachte.

1239 Sintenis 8f. – Die Jahreszahl 1795 mit Fragezeichen, bei Witte 14 ohne Fragezeichen. Es handelt sich um Falks zweiten Besuch in Weimar. – *unter den ... Schatten des Helikons:* d.h. im Tal der Musen.

1240 (469) Jonas 4, 283 und 285 – *nach Frankfurt:* Goethe ging zunächst nach Eisenach, der Frankfurter Plan wurde wegen der Kriegswirren aufgegeben, vgl. TuJ 1795 (GA 11, 645). – *weil Unger Manuskript haben wollte:* zum 3. Band von ‹Wilhelm Meisters Lehrjahren›. – *über seinen italienischen Sachen:* den Studien zur ‹Vorbereitung zur zweiten Reise nach Italien› (WA 34^2, 149ff.), die Goethe auch in TuJ 1796 erwähnt (GA 11, 660). – *kleine Schrift der Madame Staël:* der 1795 veröffentlichte ‹Essai sur les fictions› erschien in Goethes Übersetzung unter dem Titel ‹Versuch über die Dichtungen› im 2. Stück der Horen 1796 (GA 15, 335ff.). – *mit einigen Anmerkungen convoyiert:* die ‹begleitenden› Anmerkungen sind nicht erschienen. – *Ihr Logis:* bei dem Medizinprofessor Ch. A. F. v. Hellfeld, vgl. Nr. 1247. – *Lolo:* Schillers Frau Charlotte. – *von der feuchten Seele:* Sömmerrings Schrift ‹Über das Organ der Seele› erschien 1796 in Königsberg. – *die Elegie [Würde der Frauen]:* bei der im 10. Stück der Horen

1795 veröffentlichten ‹Elegie› handelt es sich vielmehr um das später ‹Der Spaziergang› betitelte Gedicht.

1241 GJb 8, 38 – Zum Briefdatum: ‹November› verbessert in ‹Oktober› (ebd 111).

1242 wie 1189 S. 27 Anm. – *Meyer... nach Italien:* nach einem Aufenthalt in Jena am 2. Oktober brach Meyer nach Italien auf. – *schriftliche Antwort:* diese war bereits am 5. Oktober erfolgt (WA IV 10, 309). – *Ihr Werk:* die ‹Prolegomena ad Homerum›.

1243 (469a) Jonas 4, 302 – *Niederkunft:* vgl. Nr. 1249 und Anm.

1244 Reiter 2, 306 (vgl. JbGG NF 2, 225f.) – *Wolfs Antwort:* ‹Ankündigung eines deutschen Auszugs aus Prof. Wolf's Prolegomenis ad Homerum und Erklärung über einen Aufsatz im IX. Stück der Horen›, erschienen im Intelligenzblatt der Allgemeinen Literatur-Zeitung, Jena und Leipzig, vom 24.10.1795 (Fambach 3, 664ff.) – *lapis infernalis:* Höllenstein.

1245 Jonas 4, 305. Der Bericht beruht hauptsächlich auf Goethes Brief an Schiller vom 28.10.1795 – *die Replik auf den Wolfischen Ausfall:* ist nicht erfolgt.

1246 Jonas 4, 307 – *eine Veränderung:* Cotta ging auf diese Wünsche bereitwillig ein. Näheres vgl. NA 28, 436f. – *Gentzischen Monatsschrift:* der von Friedrich Gentz herausgegebenen ‹Neuen Deutschen Monatsschrift› (Berlin 1795).

1247 (470) Jonas 4, 316f. und 319 – *meinen Geburtstag:* am 10. November; Goethe kehrte am 11. nach Weimar zurück. – *Über Baukunst:* vgl. den gleichzeitig entstandenen Aufsatz ‹Baukunst› (GA 13, 108ff.). – *zu den Horen:* ist nicht erfolgt. – *einen neuen Bedienten:* Johann Ludwig Geist. – *Trapizius:* Johann Nikolaus Trabitius. – *Die Ilgen:* Johanna, Frau des Orientalisten Karl David I. – *Lust zu Ihrem Logis:* vgl. Nr. 1240.

1248 (471) Jonas 4, 322 – *Deinen letzten Brief:* vom 6. November (NA 36^1, 3ff.). – *Erziehung:* Körner gibt seinen Eindruck von F. v. Stein, der ihn auf der Durchreise kurz besucht hatte, ausführlich wieder: «Ich habe ihn als ein pädagogisches Kunstwerk aufmerksam betrachtet.» (ebd 4)

1249 DüntzerStein 2, 34 – *ein Faulconbridgen:* Anspielung auf Philipp Faulconbridge, den illegitimen Sohn von Richard Löwenherz in Shakespeares ‹König Johann›. Goethes Sohn Karl lebte nur vom 1. bis 16. November.

1250 (472) Bö 1, 167 – Die Aufzeichnung (undatiert) ist zwischen dem 15. und 26. November 1795 eingeordnet. – *Herr Richter in Hof:* Jean Paul, dessen ‹Hesperus› 1795 erschienen ist.

1251 (473b) Bö 1, 169f. – Die Aufzeichnung (undatiert) ist zwischen dem 26. und 29. November 1795 eingeordnet. – *von fünf Bänden:* vgl. Nr. 1285, ‹Wilhelm Meisters Lehrjahre› wurden 1796 mit dem 4. Bd abgeschlossen. – *von einer verstorbenen Dame:* gemeint ist Susanna Katharina v. Klettenberg. Goethe hat in den ‹Bekenntnissen einer schönen Seele› Motive aus ihrem Leben, aber nicht Aufzeichnungen von ihr benutzt. – *morceaux:* Stücke. – *Das erste Buch im Wilhelm Meister:* gemeint ist ‹Wilhelm Meisters theatralische Sendung›, die jedoch nicht nur in das 1.

Buch der ‹Lehrjahre› eingegangen ist. – *Haberstroh:* minderwertiges Zeug. – *Zauberzither:* Oper von Wenzel Müller, erstaufgeführt am 17.10.1795.

1252 (473) Bode 1, 540 – Vgl. DüntzerStein 2, 35

1253 wie 630 S. 170f. – Zur Sache vgl. Goethes Brief an Caroline Herder vom 30.10.1795 (WA IV 10, 318ff.), der wohl eine Verstimmung bei ihr hervorgerufen hatte.

1254 Stoll 287f. – *die Eltern:* J.F.A. Tischbein und seine Frau Sophie. Weimar war Station auf der Reise von Arolsen nach Dessau.

1255 Die Grenzboten, Jahrg. 76, 3. Vierteljahr, Berlin 1917, 308

1256 wie 1255 S. 311f. – Brief aus Dessau. – *im Schauspielhaus gesehen:* vgl. Nr. 1254. – *nach Italien reisen:* Meyers Reise dorthin hatte nichts mit Tischbein zu tun.

1257 aaO Bd 1, 166 und 174ff. – *nach Jena:* zur Fortsetzung seiner Studien. – *bei dem Eislaufe auf der Saale:* die Begegnung fand wohl in den Tagen vom 9. bis 11. März 1796 statt, wo in GTgb «Auf dem Eise» notiert ist. – *wie lange wir schon bekannt gewesen:* bezieht sich wohl auf geistige Bekanntschaft.

1258 (474) Jonas 4, 377f. – *Goethe:* hielt sich vom 3. bis 17. Januar in Jena auf. – *zu viel Lärm:* Entschuldigung für die Kürze des Briefes. – *Epigramme:* die Idee zu den Xenien hatte Goethe Schiller bereits in seinem Brief vom 23.12.1795 (WA IV 10, 353) mitgeteilt. – *über 20:* vgl. die faksimilierte Wiedergabe der ‹Ur-Xenien› (SchrGG 47). – *etliche hundert:* von 923 sind 414 im ‹Musen-Almanach für das Jahr 1797› abgedruckt. – *schrecklich darauf schimpfen:* vgl. die Dokumentation bei Fambach 2, 306ff.

1259 (475) Jonas 4, 379 – *Deinen Brief:* vom 1. Januar (NA 36^1, 75f.).

1260 (475a) Jonas 4, 381 – *Aufsatz:* ‹Sobiesky. Ein historisches Fragment›. Es handelt sich um den polnischen König Johann III. (1629–1696).

1261 (476) Jonas 4, 386 – *Rezension [der Horen]:* erschienen in der Allgemeinen Literatur-Zeitung, Jena und Leipzig, vom 4., 5. und 6.1.1796 (Fambach 2, 185ff.).

1262 (477) Jonas 4, 387ff. – *erste Abteilung der Rezension der Horen:* eine Fortsetzung ist nicht erschienen. – *mit sorgfältiger Strenge ausgeführt:* in dem Aufsatz ‹Beschluß der Abhandlung über naive und sentimentalische Dichter...› im 1. Stück der Horen.

1263 Julius Petersen, Schillers Persönlichkeit, 3. Teil, Weimar 1909, 33f. und 36 – Funck war vom 7. bis 11. Januar in Jena, in GTgb am 7. und 10. erwähnt. – *den einen Abend... in Dresden:* vielleicht im August 1794 oder bereits 1790 (vgl. Nr. 1011 und 1020). – *wurzeln:* prügeln.

1264 (478) Jonas 4, 393f. – *der Almanach:* Musen-Almanach für das Jahr 1796. – *poetische Teufelei:* die Xenien (vgl. Nr. 1258 und Anm.). – *à leur aise zu setzen:* aus sich herauskommen zu lassen.

1265 (479a) Jonas 4, 400 – *guten Kaviar:* Humboldt erfüllte Goethes Bitte, vgl. die Notiz in seinem Brief an Schiller vom 2.2.1796 (NA 36^1, 106)

1266 (479) Jonas 4, 409 – *Die Xenien:* vgl. Nr. 1258. – *Impudenz:* Unverschämtheit, Frechheit. – *die runde Zahl tausend:* sie wurde nicht ganz erreicht (vgl. Anm. zu Nr. 1258). – *Sammeln wir unsere Gedichte:* dieser ursprüngliche Plan wurde nicht durchgeführt. Über die ersten separaten Veröffentlichungen Schillers und Goethes nach dem ‹Xenien-Almanach› vgl. NA 28, 519. Vgl. ferner SchrGG 8.

1267 (479b) Jonas 4, 417 – *einem befreundeten Emigranten:* Guillaume-Anne Sandoz. – *in Weimar:* d.h. im Herzogtum Sachsen-Weimar-Eisenach. – *kein Freund der Emigrierten:* vgl. Nr. 7388 (Nachträge)

1268 Ebers / Kahlert 134 – *bleibt länger hier:* Goethe war vom 16. Februar bis 16. März wieder in Jena.

1269 GJb 1, 317 – *Die heiligen drei Könige:* Goethe, Herder, Wieland. – *allerliebste Epigramme:* ‹Epigramme. Venedig 1790› im Musen-Almanach für das Jahr 1796 (GA 1, 219 ff.). – *das* †*:* in Nr. 66 (ebd 235); Böttigers Deutung, daß das Kreuz Christi gemeint ist, ist richtig.

1270 DüntzerStein 2, 38 f.

1271 Goethe / Knebel 1, 130 – Brief aus Weimar. – *Auge:* zur damaligen Beschäftigung Goethes mit dem Auge vgl. GTgb 3. und 5. März.

1272 (480) Jonas 4, 428 – Mit Bezug auf Schlegels Aufsatz ‹Etwas über William Shakespeare bey Gelegenheit Wilhelm Meisters› im 4. Stück der Horen 1796. – *Bürgers Macbeth:* die Übersetzung ist 1783 erschienen. – *die übersetzten Hexengesänge:* Bürger hatte die Hexenszenen eigenmächtig verändert und zwei eigene Szenen hinzugedichtet. – *räsonnabel:* verständnisvoll. – *anders übersetzt:* Schillers Macbeth-Übersetzung wurde am 14. Mai 1800 in Weimar aufgeführt.

1273 aaO 1. Teil S. 66 f. – *am Paradiese:* Uferpromenade (vgl. Nr. 1210). – *Schlittschuhläufer:* vgl. Nr. 1257 und Anm. – *Professorenklub:* vgl. Nr. 1163 und Anm., ferner GTgb vom 21., 24., 28. Februar und 2. und 6. März.

1274 Neophilologus 18, 1933, 25 – Vgl. GTgb 18.3.1796: «Abends Gesellschaft.» Es handelt sich um die sog. ‹Freitagsgesellschaft› (vgl. Nr. 1039 und Anm.). – *Schwefelkieskugeln:* vgl. Campagne unter dem 26.9.1792 (GA 12, 296). – *Champagne pouilleuse:* feste Wendung für die unfruchtbare (trockene, eigentl. lausige) Champagne.

1275 Jonas 4, 437 f. – Vgl. den Brief Schillers vom gleichen Tage an Körner (NA 28, 208 f.). – *nach Weimar:* Schiller hielt sich vom 23. März bis 20. April dort auf. – *Karfreitag:* 25. März.

1276 (481) Jonas 4, 441

1277 Morgenblatt 32. Jahrg., 1838, 907 – *eine Suite von Vorstellungen:* über Ifflands Gastspiel, der vom 28. März bis zum 25. April vierzehnmal auftrat, vgl. TuJ 1796 (GA 11, 658 f.), ferner: A.W. Iffland, Meine theatralische Laufbahn, hrsg. von O. Fambach, Stuttgart 1976, 124 und 161 Anm. – *Vorstellung seiner Räuber:* am 16. April. – *grillierte Loge:* mit einem Gitter versehene Loge. – *Goethe nahm ihn … auf:* vgl. Nr. 1275 und Anm. – *einem oder dem andern:* in GTgb wird Göritz unter dem 3. April zusammen mit Iffland, Paulus, Böttiger und Kirms genannt. – *eine große Gesellschaft nach der Komödie:* nach GTgb käme hierfür u. a. der 7. April in Frage.

1278 DüntzerStein 2, 41 – *kleinen Schiller:* Karl (geb. 1793). – *Hat er Dir ... geantwortet?:* Goethe hatte am 15. März auf zwei Briefe von Fritz v. Stein geantwortet (WA IV 11, 47 ff.). – *nach Italien:* über diesen Plan vgl. Nr. 1285.

1279 Geiger 12 – Der Brief Schillers an Humboldt ist nicht erhalten.

1280 Jonas 4, 443 – *hier:* zu Hause in Jena.

1280a (1770) BodeSchauspieler 29 f. (nach Europa 1856, 477) – Vgl. Genasts Bericht Nr. 7385a – *«Egmont» nach Schillers Einrichtung für die Bühne:* vgl. Nr. 1151 und Anm. Zu der Aufführung mit Iffland am 25. April kam Schiller noch einmal nach Weimar.

1281 (485) Bö 1, 97 f. – Es ist zweifelhaft, ob es sich bei diesem aus dem Nachlaß veröffentlichten Bericht um Äußerungen Goethes handelt; als briefliche Mitteilungen eines Ungenannten schon in Böttigers Schrift ‹Entwicklung des Ifflandischen Spiels› vgl. GWb s.v. Ausstaffierung und BuG 4, 555 Anm.

1282 Bö 1, 56 – Die Äußerung ist undatiert, fällt aber wohl in die Zeit von Ifflands Gastspiel 25.3.–25.4.1786 in Weimar.

1283 Bode 1, 563

:**1284** Ernst Pasqué, Goethe's Theaterleitung in Weimar, Leipzig 1863, Bd 1, 167 – Der Briefempfänger ist Schauspieler und Regisseur des Hoftheaters in Dresden.

1285 GJb 1, 318 f. – *nach Italien:* die Reise ist nicht zustande gekommen (vgl. Nr. 1293 und 1326). – *Ihre Italienische Reise:* Schulz ist 1793 in Italien gewesen; eine Reisebeschreibung von ihm ist nicht erschienen. – *eine artistische Reise:* Goethe plante ein großes Werk über Italien; jedoch ist «nicht anzunehmen, daß Goethe ... Unger bindende Zusagen gemacht hat». (AA ErgBd 2/1, 329 Anm.). – *Meyer ... in Italien:* vgl. Nr. 1242 und Anm.

1286 (484) DüntzerStein 2, 44 – Nach Mitteilung von N. Oellers, der die Handschrift eingesehen hat, ist der Brief vom 13.–18. Mai 1796, der vorliegende Ausschnitt vom 17. datiert. Außerdem muß es statt «wie ich da war» heißen: «wie er da war». – *noch immer in Jena:* nach GTgb seit dem 28. April. – *eine kleine Viktoria:* vgl. Schuchardt 2, 14 Nr. 36, GTgb 16. Mai, ferner Goethe an Meyer 20./22.5.1796 (WA IV 11, 72 ff.).

1287 Weldler-Steinberg 11 – *Unsere Reise nach Jena:* die Familie Körner war von Körners Schwägerin Dora Stock und seinem Freunde Karl Friedrich Graf Geßler begleitet. Sie blieben dort bis zum 17. Mai. – *für den diesjährigen Almanach:* für den Musen-Almanach für das Jahr 1797.

1288 (482) aaO 2, 52 f. – *in dieser ländlichen Einsamkeit:* gemeint ist der Körnersche Weinberg in Loschwitz, wohin die Szene fälschlicherweise verlegt wird.

1289 Heuermann 58 – Das hier Berichtete kann sich auch auf die beiden früheren Besuche Goethes in Jena vom 3.–17. Januar und vom 16. Februar bis 16. März beziehen.

1290 Morgenblatt 32. Jahrg., 1838, 906 – *ehemals:* vom Zeitpunkt der Veröffentlichung aus gesehen. – *Graf Kolle:* Verwechslung mit Graf Geßler (vgl. Anm. zu Nr. 1287). – *die beiden Humboldt:* die Brüder Humboldt waren im Sommer 1796 nicht in Jena; es liegt wohl eine Verwechslung mit ihrem dortigen Aufenthalt in den ersten Monaten des Jahres 1797 vor.

1291 (363) aaO 2, 44 – Düntzers Bericht beruht nach Mitteilung von N. Oellers auf dem Brief von Charlotte von Stein an ihren Sohn Fritz vom 17. Mai 1796. Die unmittelbare Fortsetzung von Nr. 1286 in der Handschrift: «...eine von die vergangnen Tage ging das Gespräch aufs heyrathen, er wollte den Graf Ries [vielmehr Geßler] dazu bereden, darauf sagte Mlle Stock warum heyrathen sie den nicht selbst? er antwortete ihr, ich bin verheyrathet nur nicht mit cermonie.» – *den eben abgereisten Grafen Geßler:* vgl. GTgb 16.5.1796: «Graf Geßler ab.»

1292 (483) Jonas 4, 451 – *während Eurer Abwesenheit:* d. h. nach ihrer Abreise am 17. Mai. – *einmal in Weimar:* vgl. GTgb 20. Mai: «Nach Weimar und zurück.» – *viele Exkursionen:* nach Lobeda, ins Rauhtal und nach Dornburg (vgl. GTgb 21./23.5.1796). – *Hero und Leander:* vgl. Goethe an Schiller Ende Mai 1796 (WA IV 11, 84). Der Plan wurde nicht ausgeführt; später hat Schiller den Stoff für seine bekannte Ballade übernommen. – *etwas anderes von lustigem Inhalt:* das Gedicht ‹Musen und Grazien in der Mark›, erschienen im Musen-Almanach für das Jahr 1797 (GA 1, 102 ff.).

1293 GJb 4, 324 – *Jetzigen Freitag:* 10. Juni. – *die Göchhausen die Theaterdirektion:* vgl. ihren undatierten Brief an Goethe, der am 9. Juni geschrieben sein muß (Deetjen 125). Es handelt sich um eine Liebhaberaufführung, vgl. Sichardt 170, wo das Aufführungsdatum 10. Juni zu ergänzen wäre. – *Reise nach Italien:* vgl. Nr. 1285 und Anm. – *Schlegel:* August Wilhelm S. habilitierte sich 1796 in Jena.

1294 Jonas 4, 454. – *der Roman:* ‹Wilhelm Meisters Lehrjahre›. Vgl. GTgb 26. Juni: «Roman fertig.»

1295 (486) Jonas 4, 455 – *[Die Pulververschwörung]:* Die Pulver-Verschwörung in England im Jahre 1605, dem dritten der Regierung Jakobs I.

1296 (477a) Jonas 4, 456 – *an den Musikus Zelter:* vgl. Schillers Brief an Goethe vom gleichen Tage, wo er diesen daran erinnert (NA 28, 223). Goethe wandte sich nicht direkt an Zelter, sondern schrieb am 13. Juni in dieser Angelegenheit an die Frau seines Verlegers Friederike Helene Unger (WA IV 11, 92 f.). – *einen Centaur:* über die Änderung des Planes vgl. NA 28, 566 Anm.

1297 AWSchlegelBr 1, 33 – *Wieland abwesend:* er befand sich mit seiner Frau auf einer Schweizer Reise. – *Übersetzung des Romeo:* vgl. Schlegel an Schiller 26.2.1796: «Den Romeo habe ich in diesem Winter nun übersetzt.» (NA 36^1, 129) Einige Szenen wurden im 3. Stück der Horen 1796 veröffentlicht.

1298 (487a) August Wilhelm und Friedrich Schlegel im Briefwechsel mit Schiller und Goethe, hrsg. von J. Körner und E. Wieneke, Leipzig 1926, 35 – Der Brief ist vor Schlegels Abreise nach Braunschweig geschrieben, wo er am 1. Juli Caroline Böhmer heiratete. Am 27. Juni war er in Weimar. Demnach müßte das Stück nach Nr. 1302 eingeordnet werden. – *in Mainz bei Forsters:* vgl. die Erwähnung zu Beginn der Campagne (GA 12, 240) und unsere Nr. 1052. – *Erzählung:* nicht bekannt.

1299 Urlichs 2, 312

1300 (487) JeanPaulBr 2, 211f. – Zu Jean Pauls Aufenthalt in Weimar vgl.: Max Kommerell, Jean Paul in Weimar, in: Dichterische Welterfahrung, Frankfurt a.M. 1952, 53ff. – *in wenigen Tagen:* Jean Paul ist seit dem 10. Juni in Weimar. – *Heute ess' ich bei Goethe:* vgl. GTgb 17.6.1796: «Knebel und Richter von Hof zu Tische.» – *boue:* Schmutz. – *Sein Haus:* über der Zeile steht «als Alternative oder Erläuterung» des darunterstehenden Wortes: «Pallast». – *ein ungedrucktes herrliches Gedicht:* ‹Alexis und Dora›, entstanden im Mai 1796, Erstdruck im Musen-Almanach für das Jahr 1797 (GA 1, 182ff.).

1301 JeanPaulBr 2, 209

1302 Briefe von Charlotte von Kalb an Jean Paul und dessen Gattin, hrsg. von P. Nerrlich, Berlin 1882, 13 – Brief aus Jena.

1303 (488) Caroline 1, 390f. – *Schütz:* Professor Christian Gottfried S. – *seit drei Jahren:* vgl. Nr. 1298 und Anm. – *Paradies:* Uferpromenade an der Saale. – *an beiden Orten:* vgl. GTgb 17.7.1796: «Mittag Schiller Abends Clubb.» Über den ‹Klub der Professoren› vgl. Nr. 1163 und Anm. – *nicht lange bleiben:* Goethe war vom 16. bis 19. Juli in Jena.

1304 Caroline 1, 392

1305 (488a) Jonas 5, 38 – Der Brief ist möglicherweise auf den 25. Juli zu datieren (vgl. NA 28, 602 Anm.).

1306 (490) Jonas 5, 54 – *Der Almanach:* Musen-Almanach für das Jahr 1797. – *siebzig, achtzig:* gemeint sind wohl die ‹Tabulae Votivae›, von denen insgesamt 103 gedruckt wurden (NA 28, 614 Anm.). Im weiteren Fortgang des Briefes spricht Schiller von den «satyrischen» Xenien.

1307 Jonas 5, 59 – *aparte ausgegeben:* «Die Melodien Zelters erschienen gesondert und wurden dem Almanach als Anhang beigegeben.» (NA 28, 617 Anm.).

1308 (491) Jonas 5, 59f. – *ein Vers von Goethen und von mir:* der Plan wurde nicht ausgeführt.

1309 (494) DüntzerStein 2, 51 – *aus der Sache zu helfen:* d.h. der Verpflichtung Carl August gegenüber, der Fritz v. Stein zum Erzieher des Erbprinzen Carl Friedrich hatte ausbilden lassen. – *nur einen Augenblick:* nach GTgb war Goethe am 1. September in Weimar.

1310 (495) Caroline 1, 397f. – *läßt das Theater arrangieren:* über den Plan der Einrichtung eines Theaters im Jenaer Ballhaus vgl. Goethes Briefe an Kirms und Voigt vom 6.9.1796 und der folgenden Zeit (WA IV 11, 185ff.). – *Raupen:* Vgl. GTgb 21. August und Brief an Christiane 4. September: «Die Raupen, deren noch viele eingekommen sind, beschäftigen mich ...» (ebd 181). Goethe befaßte sich mit der Metamorphose der Insekten von 1796 bis 1798 (vgl. WA II 6, 401ff.). – *ein Epigramm:* «die ‹Xenien›, damals in handschriftlichem Fluß, kann C. noch nicht gesehen haben, sie spricht vom Hörensagen ...» (Caroline 1, 714 Anm.). – *Musen und Grazien in der Mark:* vgl. Anm. zu Nr. 1292 und Nr. 1311.

1311 (496a) Jonas 5, 62 – *wohl:* streichen. Die Vertonung erschien anonym in Schillers Musenalmanach 1797 (GA 2, 713 Nr. 480)

1312 (501a) Novalis. Der handschriftliche Nachlaß des Dichters. [Versteigerung am 20.12.1930.] Hellmut Meyer u. Ernst J. A. Stargardt. S.

106 – *unsere kleine Stube:* in der sich Novalis' Braut Sophie v. Kühn unter der Pflege ihrer Schwester Friederike nach einer Operation in Jena aufhielt. Vgl. H.-J. Mähl in JbFDH 1967, 160f.

1313 (498) aaO 2, 98ff. – Erste (kürzere) Darstellung der Begegnung mit Goethe bei: G. Merkel, Skizzen aus meinem Erinnerungsbuche, Erster [!] Heft, Riga 1812, 46ff. [KatSKipp Nr. 1236]. – Besuch Goethes bei Loder am 15. September durch GTgb bezeugt. – *Taschenbuch:* Musen-Almanach. Die Versendung erfolgte erst in der Zeit vom 8. bis 15. Oktober (NA 28, 625), und Goethe ging am 5. Okt. nach Weimar zurück. Die frühe Kenntnis muß Erinnerungstrübung oder Fiktion sein. – *Verfasser der Letten:* ‹Die Letten›, erschienen 1797 in Leipzig. – *Raffaels Gemälde im Vatikan:* die sog. Loggien, erwähnt in ItR (GA 11, 144f. und 158f.).

1314 (497) Nach der Ausgabe von 1845 S. 270f. – *bei meiner Schwester:* Charlotte Schiller. – *Wallenstein:* der intensive Beginn der Arbeit fällt in den Spätherbst 1796. – *Hermann und Dorothea:* die Arbeit daran wurde Anfang September 1796 begonnen. – *den Gesang:* d.h. den späteren 4. Gesang, ursprünglich als zweite Hälfte des 3. Gesangs nach GTgb am 17. September entstanden.

1315 (500) Caroline 1, 399 – *die Geisterinsel:* von dem Opernlibretto nach Shakespeares ‹Sturm›, damals noch unveröffentlicht, erschienen nach Gotters Tod drei Akte im 8. und 9. Stück der Horen 1797. Die Oper mit der Musik von Fleischmann wurde am 19. und 23. 5. 1798 in Weimar aufgeführt.

1316 Friedrich Schlegel und Novalis, hrsg. von M. Preitz, Darmstadt 1957, 65 – *Epigrammen auf mich:* die Xenien Nr. 825–844 in SchrGG 8, 96ff.

1317 (498a) wie 1298 S. 61 – *Almanach:* Musen-Almanach auf das Jahr 1798.

1318 (492) Akademische Blätter, hrsg. von O. Sievers, Braunschweig 1884, 73

1319 (493) Jonas 5, 87 – *meinen diesjährigen Gedichten:* im Musen-Almanach für das Jahr 1797. – *tabulae votivae:* wie die Xenien von Schiller und Goethe gemeinsam ohne Kennzeichnung des jeweiligen Anteils (vgl. NA 1, 291ff.). Goethes Anteil ist nicht so gering, wie Schiller behauptet (vgl. GA 2, 531ff.).

1320 DüntzerStein 2, 54 – Vgl. GTgb 16.–19.10.1796: «War der Herzog nicht wohl meistens bey ihm.»

1321 JbGG 13, 211f. – *Gegengeschenke…:* Gegengeschenke an die Sudelköche in Jena und Weimar von einigen dankbaren Gästen 1797. Anonym erschienen. – *Dyk und Manso:* diese sind in der Tat die Verfasser.

1322 (499) Jonas 5, 97 – *Luise von Voß:* vgl. Anm. zu Nr. 1223. – *vier Gesänge:* die in Jena entstandenen ersten vier Gesänge gestaltete Goethe später zu sechs Gesängen um.

1323 (496) Jonas 5, 171 – *Ideen über epische und dramatische Kunst:* der Meinungsaustausch wurde brieflich fortgesetzt und manifestierte sich in dem Aufsatz ‹Über epische und dramatische Dichtung› (GA 14, 367ff.), der erst 1827 in ‹Über Kunst und Altertum› veröffentlicht wurde.

1324 (522a) Jonas 5, 385f. – *Ausbreitung Hermanns und Dorotheas:* vgl. die bei Hagen 146f. aufgeführten Drucke.

1325 Briefwechsel zwischen Karoline von Humboldt, Rahel und Varnhagen, hrsg. von A. Leitzmann, Weimar 1896, 8 – *Reise nach Ilmenau:* 30. Oktober–9. November.

1326 GJb 1, 319f. – *Meyer... aus Florenz:* vgl. Meyers ausführliche Briefe aus Florenz in SchrGG 32, 272ff.

1327 GJb 18, 151 – *Bruchstück aus Wilhelm Meisters Wanderschaft:* die Erstveröffentlichung von ‹Sanct Joseph dem Zweiten› im Taschenbuch für Damen auf das Jahr 1810.

1328 Dobbek 367 – *las er uns daraus Stücke vor:* gemeint ist die Urfassung mit dem Titel ‹Wilhelm Meisters theatralische Sendung›, die Herder im folgenden mit der umgearbeiteten Fassung ‹Wilhelm Meisters Lehrjahre› vergleicht.

1329 (501) Diezmann 71 – *Vorlesung seiner Epopee:* in Jena, vielleicht die in Nr. 1314 erwähnte.

1330 DüntzerStein 2, 56

1331 wie 1325 S. 11 (JbSKipp 4, 314f.) – Vgl. Goethe an Schiller 30.11.1796 (WA IV 11, 270) – *Burgsdorff:* Goethe äußert sich über ihn in dem genannten Brief: «Burgsdorf hat mir in seinem Betragen und in dem wenigen was er sprach recht wohl gefallen.» Über ihn vgl. auch W. v. Humboldt an C. G. v. Brinckmann 9.12.1796 (Bibliothek des Literarischen Vereins Stuttgart Bd 288). – *sein neuestes Gedicht:* Hermann und Dorothea.

1332 Wilhelm von Burgsdorff, Briefe an Brinkmann, hrsg. von A. F. Cohn, Berlin 1907, 59f. (JbSKipp 4, 314)

1333 (502) wie 733 S. 231

1334 (508) Sintenis 11ff. – *Neulich im Klub:* die Begegnung ist nicht näher zu datieren. – *Corroborans:* Stärkungsmittel. – *Alles kommt auf die Dosis an:* nach S. Domandl in Jahrbuch des Wiener Goethe-Vereins 80, 1976, 44f., Anspielung auf Paracelsus.

1335 Maurer-Constant 238 – *Gegengeschenke...:* vgl. Nr. 1321 und Anm. – *Heldengedicht:* Hermann und Dorothea.

1336 Jonas 5, 136 – *Knebel war bei mir:* der Besuch in Jena erfolgte von Weimar aus. – *die Schottländer:* James Macdonald und sein Zögling William Macdonald. Über sie vgl. NA 36^2, 441 Anm. – *von den optischen Unterhaltungen:* vgl. Goethe an Schiller 21.12.1796 (WA IV 11, 291). – *auf dieser Reise:* nach Leipzig, die Goethe mit Carl August am 28. Dezember antrat.

1337 (503) Caroline 1, 410f. – *bei Goethe:* dieser spricht in seinem Brief an Schiller vom 21.12.1796 von einem «großen, völlig litterarischen Gastmahl» (WA IV 11, 292). – *ein Bild von Füßli:* ‹Titania liebkost Zettel mit dem Eselskopf›, entstanden 1793/94. – *Epigramm... das Klopstock... auf ihn gemacht:* im ‹Berlinischen Archiv der Zeit› vom November 1796. Schiller zitiert es in seinem Brief an Goethe vom 22.11.1796 (NA 29, 11; vgl. Anm. ebd 320). – *die deutsche Sprache verachtet:* im 29. der ‹Epigramme. 1790› nennt er sie den «schlechtesten Stoff» für den Dichter (GA 1, 227).

1338 (504) Jacobi 216 Anm. – Max Jacobi, der Sohn F. H. Jacobis, von 1793–1795 Student der Medizin in Jena, hielt sich damals als Gast Goethes in Weimar auf. Die Anm. bezieht sich auf eine Stelle im Brief Goethes an F. H. Jacobi vom 26.12.1796, wo auf die Vollendung von ‹Hermann und Dorothea› angespielt wird: «Die Art, wie Max solches genommen, hat mir wieder neuen Muth dazu gegeben.» (WA IV 11, 294).

1339 (505) Bö 1, 70 und 73f. – Bericht über die Freitagsgesellschaft mit ausführlicher Inhaltsangabe und Würdigung von ‹Hermann und Dorothea›, soweit damals vollendet. – *den vierten Gesang:* vgl. Anm. zu Nr. 1322.

1340 Maurer-Constant 241f. – *vollendet:* vgl. die Formulierung «unter der Feder» in Nr. 1341, die den damaligen Stand präziser wiedergibt. – *ein Gemälde Italiens:* vgl. Anm. zu Nr. 1285.

1341 GJb 6, 107 – *Sudelkoch:* mit Bezug auf die Anti-Xenien-Schrift ‹Gegengeschenke an die Sudelköche in Jena und Weimar› (vgl. Nr. 1321 und Anm.). – *in Leipzig:* vgl. Anm. zu Nr. 1336.

1342 (507) GJb 6, 102 – *Weiße:* in GTgb am 30. Dezember erwähnt.

1343 (506) wie 1150 Bd 1, Halle 1834, 86 – Zitiert in einem Brief von Eichstädt an Ch. G. Schütz vom 19.3.1797. – *Eichstädts Berufung:* als Professor der alten Sprachen und Mitherausgeber der Allgemeinen Literaturzeitung.

1344 (509) Stoll 310 – *auf kurze Zeit nach Dessau:* «Goethe hielt sich innerhalb der Zeit, die Tischbein in Dessau verlebte, nur vom 2. bis zum 6. Januar 1797 ebenda auf.» (ebd 339 Anm.) – *Abneigung gegen den Vater:* vgl. Nr. 1256.

1345 Jonas 5, 142 – *Ihre Beschreibungen:* der Reise mit Carl August nach Leipzig und Dessau vom 28. Dezember bis 10. Januar, vgl. die verhältnismäßig ausführlichen Notizen in GTgb.

1346 Jonas 5, 149 – Schillers Anfrage ist veranlaßt durch den Plan, nach Weimar zu übersiedeln, aus dem vorerst nichts wurde. – *verinteressieren:* verzinsen.

1347 Bamberg 96 – *Abschlusse meines Engagements:* vgl. GTgb 28. Januar: «Früh. Contrackt mit Mlle Jagemann.» – *in Mannheim:* von 1792 bis 1796 als Schauspielerin und Sängerin (vgl. Nr. 1091). – *Intendanten:* Wolfgang Heribert Frhr. v. Dalberg. – *Hofkammerrat:* Kirms. – *Vater:* Christian Joseph Jagemann wird am 22. Januar in GTgb erwähnt. – *meine Stellung…:* Caroline Jagemann projiziert offenbar ihre spätere hervorgehobene Stellung in die Weimarer Anfangszeit und sogar in die Mannheimer Jahre hinein.

1348 Maurer-Constant 254 – *eine schöne Elegie:* ‹Hermann und Dorothea›, entstanden Dezember 1796 (GA 1, 206ff.). – *dem Gedichte zur Einleitung:* der ursprüngliche Plan, die Elegie zusammen mit dem Epos ‹Hermann und Dorothea› zu veröffentlichen, wurde nicht ausgeführt.

1349 Jonas 5, 160 – Nach GTgb war Goethe am 12./13. Februar und wieder vom 20. Februar bis 31. März in Jena.

1350 Jonas 5, 162

1351 Bamberg 98f. – *bei meinem ersten Auftreten:* über Caroline Jagemanns erfolgreiches Debüt als Oberon berichtet K. Eberwein (W. Bode, Goethes Schauspieler und Musiker, Berlin 1912, 38f.). – *In Mannheim:* auch dort hatte sie, am 7.10.1792, als Oberon debütiert (nach O.F.). – *am 18. Februar 1797:* vgl. GTgb vom gleichen Tage: «Früh Probe von Oberon Abends die Vorstellung Mad. Jagemann erschien das erstemal.» – *des Hofkammerrats:* Kirms.

1352 wie 1203 S. 186f. – *Agamemnon:* Humboldts metrische Übersetzung, mit der er sich sehr lange und intensiv beschäftigte, wurde erst 1816 veröffentlicht.

1353 (540) Ebers/Kahlert 138f. – In der Quelle falsch datiert: 1798. – *sein großes episches Gedicht:* Hermann und Dorothea. – *Karl... Ernst:* Schillers Söhne.

1354 wie 1325 S. 16

1355 Albert Leitzmann, Wilhelm von Humboldts Briefe an Christian Gottfried Körner, Berlin 1940, 35 und 39 – *das Goethische Gedicht:* die ersten drei Gesänge der ursprünglichen Fassung von ‹Hermann und Dorothea› waren über Schiller an Humboldt gelangt; vgl. Schiller an Körner 24.2.1797 (NA 29, 52) und Anm. (ebd 371).

1356 wie 1316 S. 75 – *meine Rezension des ‹Woldemar›:* d.h. der 1796 erschienenen dritten Ausgabe von F.H. Jacobis Roman, anonym erschienen in J.F. Reichardts ‹Deutschland›, Berlin, September 1796 (Fambach 4, 52ff.).

1357 (358) aaO Bd 4, 267f. – *Athenäum:* die von A.W. und F. Schlegel 1798 bis 1800 herausgegebene Zeitschrift. – *die schneidende Kritik:* kann sich nur auf die in Nr. 1356 erwähnte Rezension beziehen. – *Allwills Briefsammlung:* F. H. Jacobis Roman ‹Eduard Allwill's Briefsammlung›, in Buchform erschienen 1792, wird in der genannten Rezension zusammen mit andern Schriften Jacobis nur am Rande berührt.

1358 GJb 1, 321 – *hin:* die Konjektur in der Quelle «hin [? und wieder]» erscheint nicht zwingend. – *meinen ersten Versuch gelesen:* Die Griechen und Römer. Historische und kritische Versuche über das Klassische Alterthum. Bd 1. Neustrelitz 1797. Vgl. GTgb 13., 15. und 20. März.

1359 Wahl 1, 214f. – *unsere neuliche Abrede:* nach GTgb war Carl August am 7./8. März in Jena, wo er auch mit ‹Bergrat› Alexander v. Humboldt zusammentraf. – *eines Menschen:* des Johann Ludwig v. Herda.

1360 wie 1332 S. 92 – *hörte ihn... lesen:* vielleicht am 30. März bei Schiller (vgl. GTgb).

1361 Jonas 5, 283

1362 wie 1203 S. 189f. – *aus vielfältigen Äußerungen gegen mich:* vgl. GTgb 27. und 29. März, ferner unsere Nr. 1352 und 1355.

1363 (509a) Sydow 2, 29 – Humboldt ist seit dem 2. April in Weimar (vgl. GTgb) und schreibt an seine Frau in Jena. – *aus Goethes gelöstem Prometheus:* zu der ‹Befreiung des Prometheus› vgl. Nr. 1188 und Anm. Der genannte Chor ist nicht erhalten (vgl. WA I 11, 441).

1364 (510) Sydow 2, 36ff. – *nur die Abende:* z.B. am 5. April (vgl. GTgb). – *Plan von Hero und Leander:* vgl. Nr. 1292 und Anm. – *seinen andern Plan:* das geplante Epos ‹Die Jagd› wurde nicht ausgeführt (vgl. Nr.

6269). Der Stoff wurde später für die ‹Novelle› benutzt. – *im Hermann die Feuersbrunst:* im 2. Gesang von ‹Hermann und Dorothea› Vers 124ff. (GA 3, 378f.).

1365 (511) Sydow 2, 39 – *bis Sonntag früh:* 9. April (vgl. GTgb).

1366 Urlichs 2, 322

1367 Bö 1, 77 – *Den 15. April 1797:* vgl. GTgb: «Abends Böttiger ... Vorlesung der 5 letzten Gesänge.» ‹Hermann und Dorothea› hatte inzwischen die Einteilung in neun Gesänge erhalten.

1368 (512) Sydow 2, 47

1369 (513) Jonas 5, 185 – *nach Italien:* die Reise führte nur bis in die Schweiz. – *der Friede:* vgl. GTgb 24. April: «Friedens Nachricht». Es handelt sich um den Vorfrieden von Leoben, der den 1. Koalitionskrieg zwischen Österreich und Frankreich beendete. – *in Kalenderform:* als ‹Taschenbuch für 1798›.

1370 (514) Sydow 2, 61 – *Das Honorar ist ungeheuer:* Goethe erhielt 1000 Taler. – *Goethe kommt den 15.:* vielmehr 19. (vgl. GTgb). – *den 31. abzureisen:* vielmehr den 30. (vgl. GTgb).

1371 (515) Sydow 2, 69

1372 (516) Sydow 2, 71 – *‹Der neue Pausias...›:* GA 1, 188ff. – *für den Almanach:* Musen-Almanach für das Jahr 1798. – *letzt vorgelesen:* wohl am 22. Mai abends bei Schiller (vgl. GTgb).

1373 (563a/517) Bö 1, 65ff. – Das von Böttiger Berichtete wohl aus zweiter Hand; eine Begegnung ist für den angegebenen Tag in GTgb nicht bezeugt. Am 28. Mai schreibt Goethe an Schiller: «Böttiger wird morgen ankommen und einige Tage bleiben.» (WA IV 12, 131). – *Bernhards von Weimar Biograph:* die Beschäftigung mit dem Projekt einer Biographie des bedeutenden Feldherrn im Dreißigjährigen Kriege fällt vor allem in die Zeit von 1780 bis 1783. Vgl. TuJ (GA 11, 619f.). – *Bernhards Größe:* die folgende Würdigung wird am Schluß des Absatzes durch eine Fußnote kritisiert. Der Anfang läßt offen, ob hier Goethes oder Woltmanns Worte wiedergegeben werden: «Dies Urtheil, es mag herrühren, von wem es will, ist jedenfalls zu einseitig.» (Bö 1, 66 Anm.) – *Vogts Gustav Adolf oder die deutsche Republik:* Niklas Vogt, Über die Europäische Republik, Frankfurt a.M. 1787/89; Gustav Adolph, König in Schweden als Nachtrag zur europäischen Republik, Frankf. u. Mainz 1790. – *chien à tondre:* Hund, um ihn (pfleglich) zu scheren, zurechtzustutzen – *Reinhards [Reichardts?]:* Konjektur FBdm. In GTgb wird am 25. Mai ein gewisser Reinhard neben Schleusner erwähnt. Im Register wird die Stelle mit Fragezeichen auf den Schriftsteller Karl v. Reinhard bezogen (WA II 15^1, 180). Vgl. andererseits die Eintragung in GTgb 29. Mai, wo «es über die Reichardt und Schlegelschen Verhältnisse sehr lustig herging». – *man spricht nicht gern davon:* in der Handschrift Zusatz: «Vulpiam suam innuebat.» (vgl. B. Maurach in: JbFDH 1978, 246) – *wetzte:* seinen Degen zur Herausforderung an den Steinen rieb (Studentensprache).

1374 JbGG 9, 293 – Brief innerhalb von Jena. – *die gestrige Partie:* diese führte nach Triesnitz, einem Dorf bei Jena, und anschließend in die «Rose» in Jena (vgl. GTgb). – *Mignon:* das Gedicht ‹An Mignon› (GA 1, 65f.), erschienen im Musen-Almanach für das Jahr 1798. – *Gerning:* Goethe hatte den Plan, zusammen mit G. von Frankfurt aus nach Italien zu reisen. Am 28. Mai hatte Goethe an Schiller geschrieben: «Gerning scheint Ernst zu machen, er meldet daß er Pfingsten nach Italien gehen will.» (WA IV 12, 131) – *Urania:* neunter und letzter Gesang von ‹Hermann und Dorothea›. – *poetischen und biblischen Plane:* das Epos ‹Die Jagd› und den Aufsatz ‹Israel in der Wüste›, später aufgenommen in die ‹Noten und Abhandlungen zu besserem Verständnis des West-östlichen Divans› (GA 3, 504 ff.).

1375 (518b) Sydow 2, 71

1376 (518) Jonas 5, 198

1377 JbGG NF 4, 69 – *des Aristoteles Poetik:* fraglich, ob Schiller mündliche Äußerungen Goethes wiedergibt oder sich auf die Briefe Goethes vom 28. April und 5. Mai bezieht (WA IV 12, 106 f. und 117).

1378 (518a) Jonas 5, 212 – *in jedem Falle:* trotz des Abbruchs der Beziehungen zwischen Schiller und Schlegel. – *Ihren Anteil an dem Almanach:* von A.W. Schlegel erschienen mehrere Beiträge im Musen-Almanach für das Jahr 1798.

1379 (519) Jonas 5; 341 f. – *Humboldts Brief:* an Körner vom 21.12.1797. – *Braut von Korinth:* entstanden am 4./5.6.1797 in Jena (vgl. GTgb). – *Die Bajadere:* ‹Der Gott und die Bajadere›, entstanden 6.–9.6.1797 ebenda (vgl. GTgb). Beide Balladen erschienen im Musen-Almanach für das Jahr 1798.

1380 Jonas 5, 201 f. – *Seit Ihrer Entfernung:* Goethe hatte Jena am 16. Juni verlassen (vgl. GTgb).

1381 (520) DüntzerStein 2, 71 – Zum Datum: ebd wird erwähnt, daß Goethe mit seinem Sohn August Charlotte am 17. Juni besucht habe.

1382 GJb 8, 275 – Der Briefempfänger von FBdm erschlossen. Unger ist der Verleger von Goethes ‹Neuen Schriften›, deren 7. und letzter Band mit den Gedichten erst 1800 erschien. Ein Separatdruck mit dem Titel ‹Göthe's neueste Gedichte› ist textidentisch mit dem Band. BuG 4, 556 bezieht (richtiger) auf Vieweg und den Druck von ‹Hermann und Dorothea›. – *Goethe äußert:* mündlich?

1383 Maurer-Constant 269 f. – *Fortsetzung des Goethischen Gedichtes:* wohl ‹Hermann und Dorothea›. – *Musenalmanach:* der Musen-Almanach für das Jahr 1798 enthielt 6 Balladen von Schiller und 5 von Goethe. – *durch Feuer:* trifft nur auf ‹Der Gott und die Bajadere› zu, worauf der Klammerzusatz anspielt. – *Geschichte des Cola Pesce:* Cola Pesce (d.i. Cola Fisch) ist der Held eines italienischen Märchens, der auf Geheiß des Königs von Messina dreimal erfolgreich im Meer nach Schätzen taucht, beim vierten Mal aber nicht mehr zurückkehrt: Vorbild zu Schillers «Taucher». – *Geschichte mit den Kranichen des Ibykus:* ursprünglich von Goethe geplant, dann an Schiller überlassen.

1384 (521) Jonas 5, 222 – *mit ihm und mir:* Schiller hielt sich vom 11. bis 18. Juli bei Goethe in Weimar auf. – *Ihre Gedichte:* die im Musen-Almanach für das Jahr 1798 erschienen.

1385 Jonas 5, 222

1386 Jonas 5, 224

1387 wie 1284 S. 121f. – *Madame Becker:* Christiane Becker-Neumann war erkrankt (sie starb am 22.9.1797). Kirms bemüht sich vergeblich darum, die beiden jugendlichen verwaisten Schauspielertöchter als Ersatz zu gewinnen (O.F.).

1388 KnebelNachl 2, 270 – *[30. Juli]:* vgl. GTgb: «Nachmittag um 3 Uhr von Weimar.» – *ipse cum sua:* er selbst mit der Seinigen. Goethe nahm Christiane und August nach Frankfurt zu seiner Mutter mit.

1389 (523) Ph. Fr. Gwinner, Kunst und Künstler in Frankfurt a.M. . . ., Frankfurt a.M. 1872, 538 – *redsprächiger:* alte Form für ‹gesprächiger›. – *Briefe . . . zu vernichten:* vgl. GTgb 2. und 9.7.1797.

1390 JbSKipp 4, 72ff. – *die Veit:* A. Mendelssohns Schwester Dorothea, später geschieden, dann Frau Friedrich Schlegels. – *eines Abends:* am 15. August. – *Palmira [von Salieri]:* aufgeführt am 13. August; vgl. GTgb: «Abends Palmira, sehr schöne Vorstellung, besonders in Absicht auf Decoration.» Vgl. ferner die ausführliche Darstellung im Brief an Schiller vom 14. August (WA IV 12, 232f.). – *bei Schiller gesungen:* ‹Der Gott und die Bajadere› und ‹An Mignon›. Vgl. A. Mendelssohn an Zelter 12.8.1797 (NA 42, 235f.), ferner Schiller an Zelter 7.8.1797 (NA 29, 113f.). Außer diesen beiden Kompositionen brachte die Musikbeilage zum Musen-Almanach 1798 noch Vertonungen Zelters von Schillers ‹Elegie an Emma› und den ‹Feenreigen› (vgl. ebd 431 Anm.). – *wieder in der Komödie:* vgl. GTgb 17. August: «Abends Comödie. Richard Löwenherz.» Es handelt sich um die Oper von Grétry. – *empressiert:* angestrengt bemüht. – *präveniert:* eingenommen, beeindruckt. – *in Frankreich:* der Brief ist auf der Reise nach Paris in Metz geschrieben.

1391 aaO Bd 3, 106f. Anm. – Hier zu streichen; als Nr. 4089 an richtiger Stelle eingeordnet.

1392 (524) Pf-B 742 – *bei seinem Hiersein:* Goethe war vom 3.–25. August in Frankfurt.

1393 (525) Adolf Spemann, Dannecker, Berlin und Stuttgart 1909, Anhang S. 60 – *Aufenthalt in Stuttgart:* vom 29. August bis 7. September. – *Kaufmann:* gemeint ist Danneckers Schwager Gottlieb Heinrich Rapp. Bei diesem hatte sich Goethe mit Brief vom 24. August angemeldet (WA IV 12, 267f.). Er besuchte ihn am 30. August als ersten (vgl. GTgb). – *las er . . . seine Elegie vor:* vgl. Nr. 1395 und Anm. – *Thouret . . . Isopi:* in GTgb mehrfach erwähnt. – *Leybolds Arbeit:* Prof. Leybold wird zusammen mit den Vorgenannten in einem ausführlichen Bericht über Stuttgarts Kunst und Künstler an Carl August vom 11. September genannt (WA IV 12, 295). – *von Claude-Lorrain eine Landschaft:* wohl ‹Die untergehende Sonne› (Schuchardt 1, 202 Nr. 82). Vgl. GTgb 2.9.1797, wo von Bildern des Legationsrats Abel gesprochen wird, darunter einem Claude «von Mittelgröße und besonderer Schönheit, ein Sonnenuntergang, den er auch selbst radiert hat.»

1394 Vollmer 247 – Zu dieser und der folgenden Nr. vgl. auch: Moriz Rapp, Das goldne Alter der deutschen Poesie, Bd 1, Tübingen 1861, 187. – *österreichisches Lager bei Neckarrems:* vgl. darüber ausführlich GTgb 3.9.1797.

1395 (526) Vollmer 268. – *Brief [Goethes ...]:* aus Nürnberg (vgl. WA IV 12, 355). – *Abend des 5. September:* vgl. die lakonische Eintragung in GTgb.

1396 Vollmer 261 – *Schreiben vom 21. hujus:* d.h. vom 21. September (vgl. NA 29, 135). – *bei Goethe so wohl angeschrieben:* vgl. Goethe an Schiller 12.9.1797 (WA IV 12, 301). – *[in Tübingen]:* Goethe war vom 7.–16. September als Gast Cottas in Tübingen (vgl. GTgb).

1397 Einhundertfünftes Neujahrsblatt der Zürcherischen Hülfsgesellschaft auf das Jahr 1905, Zürich 1905, 14 – *Nette:* Geßners zweite Frau Anna, eine Tochter Lavaters. – *Mama [Schultheß]:* Barbara, deren Tochter Bäbe Geßners erste Frau war. – *[in Zürich]:* Goethe war laut GTgb nur vom 19. September abends bis zum 21. September morgens in Zürich. – *Schönenhof:* Wohnsitz der Barbara Schultheß. – *ambetiert gegen:* verärgert (nach französ. embêter). Über das Mißverhältnis zwischen Lavater und Goethe sowie die Vorgänge in Zürich vgl. K. Guggenheim, Der labyrinthische Spazierweg, Frauenfeld 1975, 21 ff. – *[das Los]:* vgl. «Geßner und das ‹Los›» in der Quelle S. 19 ff.

1398 SchrGG 16, 370 – *ohne daß wir uns sahen:* vgl. dagegen Nr. 1408 sowie GTgb 20.9.1797: «Auf dem Rückweg [vom Schönenhof] begegnete ich den Kranich [Lavater].» Fest steht, daß es nicht zu einem Gespräch gekommen ist.

1399 GJb 1, 321 – Datierung des Briefes in der Quelle fälschlich 1797. Die Begegnung in GTgb unter dem 20. September bezeugt: «Abends bei Tische fand ich Herrn Hofrath Müller von Wien.»

1400 GJb 15, 283 f. – *Magdalena Pfenninger:* über sie und den Briefwechsel mit Goethe, der nach der Begegnung geführt worden sein soll, vgl. ebd 284. – *in Stäfa:* seit dem 21. September bei Heinrich Meyer (vgl. Nr. 1383).

1401 Neue Briefe Wilhelm von Humboldts an Schiller, hrsg. von F.C. Ebrard, Berlin 1911, 173 f. – *mehrere Wochen:* mit Unterbrechung bis zum 21. Oktober – *Tell:* zu Goethes Beschäftigung mit diesem Stoff in Stäfa vgl. GTgb 9.10.1797. Von seinem Plan, «die Fabel vom Tell» episch zu behandeln, spricht Goethe in seinem Brief an Schiller vom 14.10.1797 (WA IV 12, 328).

1402 (527) GJb 18, 293 – *die «Schipf»:* Gut bei Herrliberg, damals Johannes Escher gehörend. Nach GTgb war Goethe am 21. September und 21. Oktober dort. – *Jakob Escher:* vielmehr Johann Caspar E., Sohn des vorher Genannten. In GTgb erwähnt. – *Ausflug ... nach der ... Albishöhe:* es dürfte sich um die am 28. September von Stäfa aus begonnene Wanderung handeln, die weiter über Einsiedeln bis zum Gotthard führte, ausführlich beschrieben in GTgb. – *einen jungen Mann:* gemeint ist wohl Goethes Diener Geist. – *mit einem Fernrohre:* die Echtheit der folgenden Geschichte bezweifelt Barbara Schnyder-Seidel: Dichtung oder Wahrheit? Goethe und das Fernrohr. In: Turicum. Vierteljahresschrift. Zürich Dez. 1980/Febr. 1981. S. 81 f.

1403 (528) wie 1397 S. 14 – Goethe war am 21. Oktober von Stäfa nach Zürich aufgebrochen (vgl. GTgb). – *Schönenhof:* vgl. Nr. 1397 und Anm. – *Franken:* Franzosen.

1404 (529) wie 1397 S. 14f. – *[Abends um 7 Uhr...]:* vgl. GTgb: «Abends bey Frau Schultheß.» – *nicht sehr im Strumpf:* nicht gut gelaunt (schweizerisch). Über die Trübung von Goethes Verhältnis zu Barbara Schultheß vgl.: K. Guggenheim, Der labyrinthische Spazierweg, Frauenfeld 1975, 135ff. – *Vossens Übersetzung:* wohl die des Homer.

1405 (530) wie 1397 S. 15

1406 (531) wie 1397 S. 15 – An Goethes letztem Tag in Zürich.

1407 Bode 1, 621 – Der Empfänger ist Wielands Schwiegersohn.

1408 SchrGG 16, 371 – Antwort auf Hotzes Anfrage vom 6. November (vgl. Bode 3, 463).

1409 SchrGG 16, 371 – *[in Frankfurt]:* wo Hotze bei seiner Tochter lebte. Goethe kam auf seiner Rückreise nicht nach Frankfurt.

1410 SchrGG 16, 371 – *Xenien:* in denen Lavater persönlich angegriffen wird (SchrGG 8, 35 Nr. 309–311).

1411 Bode 1, 620 – *in Jena:* bei seinem Besuch Schillers um Neujahr 1796 (ebd).

1412 (532) K.A. Varnhagen von Ense, Ausgewählte Schriften, Bd 16, 3. Aufl., Leipzig 1874, 134f. – *[in Nürnberg]:* vom 6.–15. November bei Knebel. – *zu Nürnberg... wo er bei Dir war:* Schiller war auf der Hinreise nach Schwaben 1793 und wieder auf der Rückreise 1794 in Nürnberg. – *Orts- und Geschäftsveränderung:* Erhard erhielt nach mißlungenen Auswanderungsplänen 1797 eine Anstellung in Ansbach.

1413 (532a) Jonas 5, 286f. – *überraschte mich Goethe:* auf der Durchreise nach Weimar.

1414 Euphorion 12, 759 – *zur Universität:* er wurde am 10. Oktober 1797 immatrikuliert. – *Arm in Arm mit Goethe:* wenn diese Angabe stimmt, kann sie sich nur auf den 20. November beziehen. – *an jedem Samstage:* dies dürfte kaum den Tatsachen entsprechen. Spätere Idealisierung des Goethe-Schillerschen Verhältnisses.

1415 (532b) Jonas 5, 288

1416 Goethes Briefwechsel mit seiner Frau, hrsg. von H. G. Gräf, Frankfurt a.M. 1916, Bd 1, 213f. – Beilage zu einem Brief von Christiane mit nicht ganz gesichertem Datum, gerichtet an Goethe in Jena.

1417 (536) Hamburger Nachrichten 1877, Nr. 102, Morgen-Ausgabe – *[Christiane Becker...]:* am 22. September gestorben.

1418 (534a) KnebelNachl 2, 410 – *Gedichte:* Übersetzung der Elegien von Properz, erschienen 1798 bei Göschen in Leipzig. – *erwiesene Liebe und Freundschaft:* bei ihrem Besuch in Nürnberg (vgl. Anm. zu Nr. 1412).

1419 (532c) JeanPaulBr 3, 25

1420 (533) JeanPaulBr 3, 37 – *Ahlefeld:* die Schriftstellerin Charlotte v. A.

1421 (534) aaO 86ff. – *Die «bekannte Anecdote mit dem Fensteröffnen»,* etwas kürzer und leicht abweichend, auch bei: O.L.B. Wolff, Das Büchlein von Goethe, Penig 1832, 66. – *«Ritter» des Aristophanes:* Wielands Übertragung erschien dann 1798 im Druck. – *«Athenäum»:* vielmehr ‹Attisches Museum› (Hinweis von W. Pfeiffer-Belli). – *Egidi:* der Tag des hl. Aegidius wäre der 1. September. Gemeint ist vielleicht ‹Eligius› = 1.

Dezember. – *«Ew. Durchlaucht ...»:* bei Wolff lautet der Ausspruch: «Eure Durchlaucht haben allerdings das Recht über Leben und Tod Ihrer Unterthanen, aber erst nach Urtheil und Spruch.»

1422 ChrWGV 36, 18 – *Elegien:* u.a. erschienen im Musen-Almanach auf das Jahr 1799 von Goethe ‹Euphrosyne›, ‹Die Metamorphose der Pflanzen› und ‹Amyntas›. – *Materialien über Antike und Kunst:* vgl. Böttiger an J. v. Hammer 16.1.1798: «Göthe verarbeitet mit Meyer die Früchte der italienischen Reise.» (ebd 19). Offenbar Vorarbeiten für die ‹Propyläen›.

1423 Reiter 3, 91f. – *Ihr Beifall:* am 22.12.1797 kündigte Wolf Böttiger einen großen Brief an Goethe an (ebd 1, 245). Ein solcher ist nicht bekannt (ebd 3, 92). – *Schlegelsche... Rezensionen:* von A. W. Schlegel erschien eine Rezension von ‹Hermann und Dorothea› in der Allgemeinen Literatur-Zeitung, Jena und Leipzig, vom 11.–13.12.1797 (Fambach Goethe 34ff.). – *fidus Achates:* treuen A. (Gefährte des Aeneas von sprichwörtlicher Treue).

1424 (535) Bö 1, 214 und 217 – Die Datierung bezieht sich auf Begegnungen und Gespräche Böttigers mit Wieland in Weimar. – *Kopie der Madonna della Seggiola:* Meyers Kopie der «Florentinischen Madonna des Raffaels» (WA IV 13, 5).

1425 (537) KnebelNachl 2, 411 – *Titelkupfer für den Properz... Goethes Siegelring:* vgl. Femmel/Heres 71 zu Abb. 19: «Seit 1789 als Briefsiegel nachweisbar... Flacher Karneol... Amor mit den Waffen des Hercules nach rechts schreitend; er hält inne und wendet sich um. In der Linken trägt er Löwenfell und Keule, in der Rechten den Köcher... Späthellenistisch.» Vgl. ferner ebd 183 Anm. zu Nr. 186: «Das Kupfer, nach Meyers Zeichnung von K. G. Gutenberg gestochen, in der... Knebelschen Übersetzung der ‹Elegien von Properz› [vgl. Anm. zu Nr. 1418] vor dem Titelblatt» – *so wünschte Goethe solche zu bekommen:* nach Femmel/Heres ebd nicht in Goethes Kunstsammlung.

1426 Jonas 5, 315

1427 (538a) GJb 23, 77f. – *Prof. Stieglitz:* Christian Ludwig St. – *Klosterbruder:* W. H. Wackenroder, Herzensergießungen eines kunstliebenden Klosterbruders, hrsg. von L. Tieck, Berlin 1797. – *Gespräch unter vier Augen:* Wielands ‹Gespräche unter vier Augen› erschienen im ‹Neuen Teutschen Merkur› 1798. Hier handelt es sich offenbar um die Aushängebogen.

1428 (539) Leipziger Zeitung, Wissenschaftl. Beilage, Juni 1888, 275 – *[im Februar]:* Erwähnungen Brinckmanns in GTgb 18., 20. und 22.2.1798.

1429 (1896) TieckBr 1, 44f. – Als Absender ist irrtümlicherweise Bernhard v. Beskow (auch Schwede!) angegeben. Zur Zuweisung an Brinckmann vgl. H. G. Gräf, Goethe, 1924, 26 und Anm. – *Pursuits of Literature:* vgl. ebd: «‹A satirical poem in four dialogues› von Thomas James Mathias; der dem vierten, zuerst 1797 gedruckten Dialog entnommene Vers lautet wörtlich: ‹No German nonsense sways my English heart.›»

1430 Maurer-Constant 274f. und 277f. – *von den Habsburgern dann reklamieren:* d.h. aus Deutschland, damals noch dem ‹Heiligen Römischen

Reich deutscher Nation›, zurückberufen. – *Wahl des neuen Direktoriums:* im Zusammenhang mit der Umwandlung der Schweiz in die ‹Helvetische Republik› durch die Franzosen. – *Meyer... Werk über die Kunst:* vielleicht erste Pläne zu der umfassenden ‹Geschichte der Kunst›, die zwischen 1809 und 1815 entstanden, jedoch Manuskript geblieben ist. Erste Gesamtveröffentlichung: SchrGG 60, Weimar 1974.

1431 Jonas 5, 357 – *[am 6. März]:* vgl. GTgb: «Frau Hofrath Schiller zum Frühstück.» – *Meyers schöne Werke:* Kopien und Kunstgegenstände, die Meyer aus Italien mitgebracht hatte.

1432 Maurer-Constant 282 – *in Jena:* seit dem 20. März. – *die Horen:* von Schillers Zeitschrift ist 1797 der 3. und letzte Jahrgang erschienen.

1433 (541) Jonas 5, 365 – *gemeinschaftliches Werk:* aus diesem Plan entstand Goethes Zeitschrift ‹Propyläen›. – *Suite:* Folge. – *Über den Laokoon:* Goethes Aufsatz ‹Über Laokoon› (GA 13, 161 ff.) erschien im 1. Bd der ‹Propyläen› 1798. – *über die Niobe:* Meyers Aufsatz ‹Niobe mit ihren Kindern› im 2. Bd der Propyläen 1799. – *Cellini:* von Goethes Übersetzung der Vita des Cellini waren Teile bereits in den Horen erschienen. Die überarbeitete und vervollständigte Fassung erschien in Buchform unter dem Titel ‹Leben des Benvenuto Cellini› erst 1803 in zwei Teilen bei Cotta in Tübingen.

1434 Novalis, Schriften, hrsg. von P. Kluckhohn und R. Samuel, Bd 4, Leipzig 1929, 234 – *[29. März]:* GTgb: «Gegen Abend zu Schiller, wo Niethammers und von Hardenberg waren.» Zu den persönlichen Beziehungen Goethes zu Novalis vgl. H. J. Mähls Aufsatz ‹Goethes Urteil über Novalis› in JbFDH 1967, 130 ff., speziell 160 ff.

1435 Jonas 5, 366 – *Ihr Aufenthalt hier:* vom 20. März bis 6. April.

1436 LA II 3, 112 – *die Camera obscura hervorgesucht:* vgl. Goethe an Charlotte Schiller 18.4.1798: «Gestern habe ich meine Camera obscura wieder zurechte gestellt...» (WA IV 13, 121).

1437 (542) Jonas 5, 370 f. – *Kritik des Almanachs:* in Briefen an Schiller vom 25. Dezember 1797 bis 26. März 1798. – *über den Ibykus und Polykrates:* gegen den ‹Ibykus› erhob Körner den Vorwurf der «Trockenheit» und vermißte im ‹Polykrates› eine «menschliche Hauptfigur». – *Dehors:* Außenseite, Äußeres.

1438 (542a) Jonas 5, 374 – *Theaterkalender:* der Göschen angeboten werden sollte im Austausch gegen dessen Verlagsrechte am ‹Don Carlos›, die an Cotta übergehen sollten. Der Plan des Theaterkalenders wurde nicht verwirklicht.

1439 JbGG NF 4, 73 f. – *Déjeuner:* vgl. GTgb 25.4.1798: «Frühstück bey mir.» Zu den Nichtgeladenen gehörte Garlieb Merkel (vgl. Nr. 1313), der dies in seinen ‹Darstellungen und Charakteristiken›, Bd 2, 1840, 101 erwähnt: «Als... Iffland nach Weimar kam, wurde Morgenstern, der bei mir wohnte, zu einem großen Dejeuner eingeladen, das Göthe Iffland gab, und an dem fast ganz Weimar Theil nahm; ich erhielt keine Einladung.» – *Iffland:* weilte vom 23. April bis 5. Mai zu seinem zweiten Gastspiel in Weimar. – *Mademoiselle Ludecus:* Amalia Henriette Caroline L., später verheiratet mit C. G. Voigt d.J. – *Kopie eines italienischen Originals:*

wohl die Tizian-Kopie Schuchardt 1, 326 Nr. 3. – *blaues Kabinett:* das Büstenzimmer. – *Büste des Vatikanischen Apolls:* Kopie des Apollo von Belvedere. – *«Die Aldobrandinische Hochzeit»:* seit November 1797 in dem sog. Juno-Zimmer (vgl. GHb² 1 Sp. 123f.). – *die Loggie di Raffaello:* im ‹Gelben Saal›, zehn kolorierte Stiche von Nicolas Dorigny nach Raffaels ausgeführten Entwürfen aus dem Jahre 1518 in der Villa Farnesina, Rom (Schuchardt 1, 337 Nr. 85–94), vgl. Nr. 1515, Raffaels Stanzen – *alter Kopf von Meyer:* vielleicht der Kopf eines Eremiten nach Dominichino (Schuchardt 1, 278 Nr. 470).

1440 DüntzerStein 2, 89 – Zum Datum: der Brief müßte auf den 25. April datiert werden, wenn Düntzers Angabe stimmt, daß Charlotte bei dem ersten einer Reihe von ‹Dejeuners›, die Goethe zu Ehren Ifflands gab, zugegen war. Die Erwähnung der Fürstlichkeiten, besonders des Erbprinzen von Gotha, spricht für diese Annahme.

1441 JbGG NF 4, 81 – *Déjeuners:* vgl. GTgb: «Frühstück». – *Jenisch:* Daniel Jenisch, Über die hervorstechendsten Eigenthümlichkeiten von Meisters Lehrjahren..., Berlin 1797. – *Stolberg:* Friedrich Leopold St.

1442 (N. 540a) Euphorion 16, 734ff. – Die nach Tagebuchblättern mitgeteilte, stark überarbeitete Veröffentlichung von H. Deiter ist inzwischen überholt durch die Erstausgabe des Reisetagebuchs von 1798 von J.F. Abegg, erschienen 1976. Der Bericht wird nach diesem korrekten und vollständigen Text in Bd 4/II Nr. 7390 wiederholt und kommentiert.

1443 JbGG NF 4, 85ff. und 90 – *Déjeuner:* das letzte der Reihe von «Frühstücken» zu Ehren Ifflands (vgl. GTgb). – *Schillers Frau:* vgl. Schiller an Goethe 1.5.1798: «Meine Frau wird auf den Donnerstag nach Weimar kommen um noch zum Schluß etwas von den Iflandischen Gaben zu genießen.» (NA 29, 231)

1444 Jonas 5, 377 – *von Ifflands lustigem Apotheker:* Iffland spielte am 3. Mai den Agapito in Goldonis Lustspiel ‹Die verstellte Kranke›.

1445 (542b) GJb 26, 63 – *Als ich in Weimar war:* kann sich nur auf Ifflands zweites Weimarer Gastspiel 1798 beziehen; ein drittes fand erst im September 1810 statt. – *Fortsetzung der Zauberflöte:* ‹Der Zauberflöte zweiter Teil›, an dem Goethe 1798 arbeitete, blieb Fragment (GA 6, 109ff.). Vgl. ferner die ausführliche Anm. GJb 26, 84.

1446 (543) Jonas 5, 386 – *seit acht Tagen:* seit dem 20. Mai. – *Manuskript von Humboldt über Hermann und Dorothea:* Humboldts Schrift ‹Über Göthe's Herrmann und Dorothea› erschien als 1. Teil seiner ‹Ästhetischen Versuche› in Braunschweig 1799.

1447 (546) Jonas 5, 395ff. – *[Zu Humboldts Schrift...]:* die Gespräche darüber sind vom 21. bis 27. Mai täglich in GTgb bezeugt. – *epische und dramatische Poesie:* vgl. GTgb 26.5.1798: «Abends bey Schiller... Über epische, dramatische und lyrische Dichtkunst.» Über Gattungsfragen der Poesie hatten Goethe und Schiller bereits im Frühjahr und im Dezember 1797 Briefe gewechselt. Es entstand daraus der gemeinsame Aufsatz ‹Über epische und dramatische Dichtung› (vgl. Nr. 1323 und Anm.).

1448 (544) Jonas 5, 388f. – *das Schema:* vgl. Goethes Brief an Cotta vom 27. und die Beilage vom 28.5.1798 (WA IV 13, 162ff.). – *muß einschlagen:*

die ‹Propyläen› wurden vielmehr ein finanzieller Mißerfolg. – *ob Sie die Vorschläge eingehen wollen:* Cotta akzeptierte diese ausnahmslos in seinem Brief an Schiller vom 9.6.1798 (Vollmer 302).

1449 (545) Urlichs 2, 329 – *bei Hof:* während seines kurzfristigen Aufenthalts in Weimar vom 31. Mai bis 4. Juni sind am 31. Mai und 3. Juni Essen bei Hof in GTgb belegt.

1450 Jonas 5, 390

1451 Jonas 5, 390 – *wir sehen uns alle Abende:* für die Zeit von Goethes Aufenthalt in Jena vom 20. bis 31. Mai und vom 4. bis 21. Juni sind fast täglich Besuche bei Schiller, meist abends, bezeugt.

1452 (N. 544a) GJb 31, 66 – Der Berichterstatter hielt sich vom 25. bis 29. Juni in Weimar auf. Sein Besuch ist nicht in GTgb verzeichnet. – *Kant:* der Graf war ein Schüler Kants.

1453 (548) Bö 1, 221

1454 August Matthiä in seinem Leben und Wirken ..., Quedlinburg 1845, 48 – Matthiä war vorübergehend Lehrer an Mouniers Erziehungsinstitut auf Schloß Belvedere. Er schreibt an einen ehemaligen Zögling in Amsterdam. – *Vorige Woche:* wohl am 20. Juli (vgl. GTgb und Anm. zu Nr. 1455).

1455 wie 1454 S. 50 – *Dr. van Marum:* wird in GTgb am 17., 20. und 21. Juli erwähnt. Am 20. Juli notiert Goethe: «Hr. von Marum früh ... Nachmittags fuhr ich mit ihm zu ... Mounier.» Damit ist offenbar die ‹Zuführung› gemeint.

1456 Reiter 1, 258 – *fand ich ... Goethe:* vgl. GTgb vom 7.7.1798: «Prof. Wolf war früh Morgens bey mir. Mittags mit demselben bey Schiller, wo er bis gegen Abend blieb.» Das Stück wäre also vor Nr. 1453 einzuordnen.

1457 (547) Jonas 5, 414 – *die zwei letzten Akte des Wallenstein gelesen:* nach Schillers Kalender hat dies vielmehr am gleichen Tage, dem 15. August, stattgefunden (NA 29, 611 Anm.).

1458 Jonas 5, 416

1459 (549) JeanPaulBr 3, 94 – *bei Goethe:* der Besuch ist in GTgb nicht bezeugt; jedoch wird er in Goethes Brief an Schiller vom 6. September erwähnt (WA IV 13, 268f.). Gräf 2, 2, 81 datiert: zwischen 22. und 30. August. – *nach vier Monaten:* vgl. dagegen Goethe an Cotta 2.1.1799: «Mein Faust ist zwar im vorigen Jahre ziemlich vorgerückt, doch wüßt ich bey diesem Hexenproducte die Zeit der Reife nicht voraus zu sagen.» (WA IV 14, 1). – *Stimmung:* vgl. die abweichende Darstellung über diesen Gegenstand in Goethes obigem Brief an Schiller.

1460 (550) JeanPaulBr 3, 103 – *in den gallischen Fortschritten:* d.h. denen der Französischen Revolution. – *Auch die gelesene Wahrheit ...:* der erste Satz könnte noch eine Goethesche Äußerung wiedergeben; der zweite gehört mit Sicherheit Jean Paul an.

1461 Krosigk 214 – Besuch in GTgb nicht bezeugt.

1462 Jonas 5, 431f. – *in Weimar:* Schiller war vom 10. bis 15. September Goethes Gast. – *Prolog:* «Wallensteins Lager» sollte zur Eröffnung des renovierten Weimarer Theaters gegeben werden (vgl. Nr. 1464f.). – *in dem Theatersinne zu vollenden:* vgl. GTgb 13./14.9.1798: «Wallenstein zusammen gelesen und über dessen Aufführung berathschlagt.»

1463 ChrWGV 36, 25 – *Musenalmanach:* für das Jahr 1799.

1464 (551/552a) Jonas 5, 436ff. – *In zehn Tagen:* die Aufführung fand am 12. Oktober statt (vgl. Nr. 1465). – *in zwei Stücke getrennt:* in der Endfassung ‹Die Piccolomini› und ‹Wallensteins Tod› genannt. – *Goethe grüßt Dich:* er war vom 22. September bis 1. Oktober in Jena. – *Deinen letzten Brief:* vom 16. September. – *gegen Deine Gründe:* in Dresden zu bleiben und nicht, wie Schiller gehofft hatte, an die Leipziger Universität zu gehen.

1465 (555/556) aaO 1, 99ff. und 104 – Nach A. Genast. – *Thouret:* war zum Neubau des Schlosses nach Weimar berufen worden. – *Prolog:* Schillers: «Der scherzenden, der ernsten Maske Spiel...» – *«Wallensteins Lager»:* zur Aufführung vgl. die Dokumente bei Fambach 2, 398ff. – *Wöchner:* «Göthe braucht das wort für die in wöchentlicher abwechslung mit der besorgung bestimmter geschäfte (regie) betrauten schauspieler des Weimarer theaters» (DWb). – *so würde ich die Rolle selber spielen:* in ähnlichem Wortlaut bei Eckermann unter dem 26.2.1824 (GA 24, 94). – *Soldatenlied... nach einer Melodie aus «Claudine von Villa Bella»:* «Es leben die Soldaten...», nach Reichardts Vertonung des Liedes «Mit Mädeln sich vertragen...».

1466 (553/554) Caroline 1, 455ff. – *Athenäum:* vgl. Nr. 1357 und Anm. – *Ihren Wilhelm Meister:* ‹Über Goethes Meister› im ‹Athenäum› 1798 (wiederabgedruckt bei Fambach Goethe 46ff.). – *Fortsetzung:* nicht erschienen. – *von der griechischen Poesie:* ‹Über das Studium der griechischen Poesie›, ebenfalls im ‹Athenäum› 1798 erschienen. – *Die Fragmente:* von Friedrich Schlegel mit Beiträgen August Wilhelms und Schleiermachers, im ‹Athenäum› 1798. – *pivot:* Angelpunkt. – *das weimarische Komödienhaus... umgeschaffen:* Rekonstruktion nach zeitgenössischen Dokumenten im Goethe-Nationalmuseum Weimar, abgebildet bei: H. Holtzhauer, Goethe-Museum, Berlin und Weimar 1969, 459 und 461. – *Architekt... aus Stuttgart:* Thouret. – *Schillers Käfig:* vgl. «grillierte Loge am Proscenium» in Nr. 1277. – *Piccolomini:* Aufführung am 30. Januar 1799 (vgl. Nr. 1489). – *Schröder:* Friedrich Ludwig S. wurde aus Hamburg erwartet. – *[in Jena]:* vgl. GTgb: «Mittag 12 Uhr nach Jena.» – *Sternbald:* ‹Franz Sternbalds Wanderungen›, 2 Bde, Berlin 1798. – *Sonnenaufgänge:* die Notizen zu einer geplanten Besprechung des ‹Sternbald› in den ‹Propyläen› beginnen: «Zu viel Morgensonne.» (WA I 47, 362)

1467 (552b) Jonas 5, 450 – *als Beilage abgedruckt:* Goethes Aufsatz ‹Eröffnung des weimarischen Theaters. Aus einem Briefe› erschien als Beilage zur allgemeinen Zeitung, Tübingen, vom 7.11.1798 (GA 14, 17ff.).

1468 Ebers/Kahlert 147 – *Goethe ist hier:* er ist vielmehr schon am 22. Oktober nach Weimar zurückgekehrt.

1469 (557) Jonas 5, 454f. – *Posselt:* Begründer und Herausgeber der ‹Allgemeinen Zeitung› in Tübingen. – *diese Relationen:* Goethes Aufsatz ‹Weimarischer neudekorierter Theatersaal. Dramatische Bearbeitung der Wallensteinischen Geschichte durch Schiller. (Auszug eines Briefes aus Weimar)› in der ‹Allgemeinen Zeitung›, Tübingen, vom 12.10.1798 (GA 14, 13ff.), sowie der in Anm. zu Nr. 1467 genannte. – *Böttiger:* dieser lieferte dennoch einen Beitrag ‹Nachrichten von dem Weimarischen Hof-Theater›, der im ‹Journal des Luxus und der Moden›, Weimar, November 1798 erschien (Fambach 2, 401ff.). – *Almanach:* Musen-Almanach für das Jahr 1799. – *Prolog:* vgl. Nr. 1465 und Anm.

1470 DüntzerStein 2, 98

1471 (558) JeanPaulBr 3, 113

1472 Caroline 1, 472f. – *Propyläen:* das Erste Stück des Ersten Bandes erschien im Herbst 1798. – *[Goethe]:* war vom 11. bis 29. November in Jena. – *Vorrede:* Einleitung (GA 13, 135ff.). – *Allgemeine Zeitung:* vgl. Anm. zu Nr. 1467 und 1469.

1473 NA 30, 6 – *Goethe, der eben da ist:* Besuch in GTgb bezeugt.

1474 NA 30, 7 – Goethe war am 29. November nachmittags nach Weimar zurückgekehrt. – *den chromatischen Kursus:* vgl. Goethes Antwort vom 1. Dezember (WA IV 13, 325).

1475 NA 30, 10 – *Buch über den Kaukasus:* Jakob Reinegg: Allgemeine historisch-topographische Beschreibung des Kaukasus. Hrsg. von Friedr. Enoch Schröder. 1. 2. Theil mit Karten. Gotha u. St. Petersburg 1796/97 (ebd 240 Anm.).

1476 (559) NA 30, 13 – *neuen Beitrag:* ‹Grübels Gedichte in Nürnberger Mundart 1798› in der ‹Allgemeinen Zeitung› vom 23.12.1798 (GA 14, 428).

1477 Maurer-Constant 299f. – *in der gewöhnlichen Gestalt der Abundantia:* der auf spätrömischen Münzen dargestellten Personifikation des Überflusses mit dem Füllhorn.

1478 wie 1302 S. 31 – Nicht genauer zu datieren.

1479 NA 30, 24 – Schiller befand sich seit dem 4. Januar in Jena. – *Gestern:* nach GTgb war Goethe mit Schiller am 9. «Bey Hofe».

1480 MatthissonNachl 3, 6 und 8 – Der Bericht Knebels beruht nicht auf einer Begegnung mit Goethe, sondern auf Briefwechsel und früher Besprochenem – *Übersetzung [des Lukrez von Knebel]:* es handelt sich um ‹Von der Natur der Dinge›: von der Übersetzung waren bisher nur Proben erschienen (vgl. Anm. zu Nr. 1101). Eine Buchveröffentlichung erfolgte erst 1821. – *Abschrift des ersten Buchs:* in seinem Brief vom 22. Januar an Knebel bestätigt Goethe den Empfang des ersten Buchs des Lukrez (WA IV 14, 9). – *Gedicht in der Art des Lukrez:* über den Plan eines Naturgedichts vgl. Nr. 1481 und 1493. In TuJ 1799 schreibt Goethe: «Bei allem diesem [Beschäftigung mit Natur und Kunst] lag ein großes Naturgedicht, das mir vor der Seele schwebte, durchaus im Hintergrund.» (GA 11, 673f.). – *Übersetzung als Basis:* ähnlich Goethe in seinem oben genannten Brief an Knebel: «... seit dem vorigen Sommer habe ich oft über die Möglichkeit eines Naturgedichtes in unsern Tagen gedacht, und seit der kleinen Probe über die Metamorphose der Pflanzen bin ich verschiedentlich aufgemuntert worden. Um so interessanter wäre es auch für mich wenn dein Lucrez recht vollendet in unserer Sprache hervorgehen könnte, damit das Alte als die Base des Neuen dastünde.» (WA IV 14, 9f.)

1481 Maurer-Constant 307 – *der ästhetische Kommentar:* vgl. Nr. 1446 und Anm. – *in Berlin:* vielmehr in Braunschweig.

1482 (562) Bö 1, 67ff. – *Nach Tische:* vgl. GTgb: «Mittags. Böttcher Frommann Richter Gerning Herder Voigt Voigt Sohn Schiller Bertuch Krause.» – *die Aldobrandinische Hochzeit:* vgl. Nr. 1439 und Anm. – *pronuba:* ‹Brautfrau›, die die Braut bei den Hochzeitsvorbereitungen unterstützt. – *nova nupta verecundia notabilis:* die Neuvermählte, bemerkenswert durch ihre Schamhaftigkeit. – *dem König:* von Neapel, Ferdinand IV. von Bourbon. – *Witz über Gerning:* bezieht sich auf die Vertreibung der Königin Maria Carolina von Neapel, Gernings Gönnerin, durch die Franzosen im Dezember 1798, und seine verlorenen Münzen (vgl. GTgb 19.1.1799).

1483 (561) Bö 1, 61 – *Biographie des Tigers:* nicht ausgeführt; vgl. jedoch Goethe in seinem 1820 veröffentlichten Aufsatz über den Zwischenkieferknochen: «Wie denn einst, bei großer Kälte, ein zu Nürnberg verendeter Tiger, mit der fahrenden Post, stark gefroren anlangte und noch jetzt, ausgestopft und skelettiert, unsern Museen zu vorzüglichem Schmuck gereicht.» (GA 17, 309). Außerdem als Gesprächsthema bei Böttiger unter dem 16.1.1799 erwähnt (Bö 1, 67f.). Vgl. ferner Nr. 1845. – *Prokyon:* eigentlich Vorhund, hier Schmeichler, Schoßhund. – *den Tiger halten:* hieran schließt sich in der Handschrift der folgende Satz an: «(Mit solchem Puppenspiel amüsiert man das große fürstliche Kind.)» (vgl. B. Maurach in: JbFDH 1978, 245).

1484 (564/563) JeanPaulBr 3, 151 – *Mit Schiller neulich:* am 13. Januar bei Wolzogens. – *bei der Kalb:* vgl. GTgb: «Zu Kalbs Schiller. Richter». – *über das hiesige Tragische:* wohl mit Bezug auf Aufführungen von Tragödien in Weimar, speziell auf die Vorstellung von Lessings ‹Emilia Galotti› am gleichen Abend. – *Simultaneum:* Gleichzeitigkeit. – *[am 16. Januar]:* vgl. Nr. 1482 und Anm.

1485 JeanPaulBr 3, 177

1486 (560) Bö 1, 238 – Das Datum bezieht sich auf eine Begegnung mit Wieland. – *vis comica:* Wirkungskraft des Komischen.

1487 (566) Bö 1, 239 – *zu Wieland:* Böttiger gibt im folgenden wieder, was er von diesem gehört hat. – *Macdonalds:* James M. (vgl. Anm. zu Nr. 1336). «Er war in den Cirkeln von Herder und Wieland sehr geschätzt…» (Bö 1, 239 Anm.). – *Fichte:* vgl. Nr. 1510f. und Anm. – *Ihm brandert es:* er spürt schon den Brand.

1488 Bamberg 138f. – *in Wallensteins zweitem Teil:* in den ‹Piccolomini›. – *Leseproben:* nach GTgb am 8., 10., 11., 17., 18. und 24. Januar.

1489 (565) aaO 4, 110 und 112f.

1490 (N. 566a) Krosigk 227 – *die «Piccolomini»:* nach der Uraufführung am 30. Januar fand eine zweite Vorstellung am 2. Februar statt.

1491 Caroline 1, 505f. – *Goethe, der hier [in Jena] ist:* vom 7. bis 28. Februar. Vgl. GTgb 19. Februar: «Schlegel um 11 Uhr über griechische Elegie.» – *Optik für die Propyläen:* Goethe beschäftigte sich damals nach Ausweis seines Tgb mit der Farbenlehre. In den Propyläen ist jedoch nichts Einschlägiges erschienen.

1492 NA 30, 32 – *acht Wochen:* vom 4. Januar anwaren Goethe und Schiller zunächst in Weimar, dann in Jena zusammen gewesen. – *Commercium durch die Botenfrau:* «Die Botenfrau ging dienstags und freitags von Jena nach Weimar und kehrte mittwochs und sonnabends von hier nach Jena zurück.» (ebd 259 Anm.)

1493 NA 30, 34f. – *Idee zu einem didaktischen Gedichte:* vgl. Nr. 1480 und Anm. – *Achilleis:* seit Dezember 1797 beschäftigte sich Goethe mit dem Stoff; die Niederschrift des Fragments (GA 3, 245ff.) erfolgte vom 10. März bis 5. April. – *jenes kurze Gespräch:* vgl. GTgb 17.2.1799: «Mittags Hofrath Schiller, Abends Achilleis besprochen.»

1494 (567) aaO 4, 93ff. – *Eines Abends:* am 11. Februar, vgl. GTgb: «Abends bei Frommann. War gegenwärtig: Hr. und Fr. von Stachelberg. Hr. und Fr. Hofrath Loder und Demoiselle. Hr. und Frau Dr. Paulus. Herr Gries und Herr Magister Steffens.» – *Philinens Worte:* in ‹Wilhelm Meisters Lehrjahren› (GA 7, 251). – *Loder... Sein Geburtstag:* 28. Februar. – *«Schauspieler wider Willen»:* Lustspiel von Kotzebue. Erst 1803 erschienen und erstmals aufgeführt. Wohl Verwechslung mit einer späteren Gelegenheit. (O.F.) – *Den Tag darauf:* Goethe verließ noch an Loders Geburtstag, dem 28. Februar, Jena (vgl. GTgb). – *Ich war dort einige Tage sein Gast:* in GTgb nicht erwähnt. Vgl. die abweichende Darstellung bei Henrik Steffens, Novellen, Bd 8, Breslau 1837, 22ff. Dort fehlt die Theateraufführung; dafür wird von einer zweiten unvermuteten Begegnung in Jena «nach einigen Wochen» berichtet, die durch GTgb vom 6. April gestützt wäre: «Rath Schlegel mit Magister Steffens aus Koppenhagen.» Ein näherer «Umgang mit Goethe» in Weimar, wie er auch in den ‹Novellen› geschildert wird, dürfte demnach in die Zeit nach Goethes zweitem Aufenthalt in Jena (21. März bis 10. April) fallen. – *Schelling:* seit 1798 in Jena. Seine naturphilosophischen Ideen waren von bedeutendem Einfluß auf Steffens.

1495 aaO 2, 284f.

1496 Rohmann 70 – *Herr von Haren:* erwähnt in GTgb 14.3.1799.

1497 AWSchlegelBr 1, 86 – Diese und die folgende Nr. beruhen auf Begegnungen in Jena während Goethes dortigem Aufenthalt vom 21. März bis 10. April.

1498 NA 30, 43 – *neuen Almanachs:* des Musen-Almanachs für das Jahr 1800, in dem das ganze Gedicht dann tatsächlich, allerdings ohne die geplanten Beigaben von Goethe und Schiller, veröffentlicht wurde. – *Meyer:* vgl. Goethes Brief an ihn vom 27. März (WA IV 14, 57f.).

1499 (568) JeanPaulBr 3, 188 – *[am 15. April]:* vgl. GTgb: «Abends bey Frau v. Wolzogen. Zudringlichkeit Richters.» Bezieht sich vermutlich auf das in Nr. 1500 geschilderte Vorkommnis. – *Herderschen Metakritik:* Herders ausführliche Auseinandersetzung mit Kant: Verstand und Erfahrung. Eine Metakritik zur Kritik der reinen Vernunft. – Vernunft und Sprache. Eine Metakritik zur Kritik der reinen Vernunft. Mit einer Zugabe, betreffend ein kritisches Tribunal aller Facultäten, Regierungen und Geschäfte. 2 Theile. Leipzig 1799.

1500 (569) Caroline 2, 136 – Vgl. Nr. 1499 und Anm. – *auf den*

Sch[eiß]dr[eck] führen: derb im Sinne von ‹aufs Glatteis führen›.

1501 aaO 228

1502 (570a) DüntzerKnebel 1, 167 – *[...Herders «Metakritik»]:* vgl. Anm. zu Nr. 1499.

1503 Johannes von Müller, Briefwechsel mit Johann Gottfried Herder und Caroline v. Herder geb. Flachsland..., hrsg. von K. E. Hoffmann, Schaffhausen 1952, 289 – *Kalligone:* erschienen 1800.

1504 (571) NA 30, 46f. – *die Anzeige...für die Allgemeine Zeitung:* nicht erschienen. – *Anzeige der Piccolomini:* in der Allgemeinen Zeitung vom 25. bis 31. März 1799 (GA 14, 36ff.). – *Equipage angeschafft:* vgl. GTgb 24. und 25. April. – *fährt mich alle Tage spazieren:* Goethe ist seit dem 1. Mai in Jena. Ausfahrten mit Schiller sind in GTgb am 3. und vom 5. bis 8. täglich belegt.

1505 Nord und Süd Bd 84, 1898, 106 – *an einem großen epischen Gedichte:* der ‹Achilleis› (vgl. Nr. 1493 und Anm.)

1506 Fichte 2, 257 – *[Rastatter] Gesandtenmord:* Ermordung zweier französischer Gesandten bei ihrer Abreise vom Rastätter Kongreß durch österreichische Husaren am 28. April. Vgl. Goethe an Meyer 7.5.1799: «Was sagen Sie zu dem tragischen Ende des Rastadter Congresses? es ist als Factum und als Symbol schrecklich.» (WA IV 14, 81). Ferner an denselben 9.5.1799 (ebd 83)

1507 Caroline 2, 549f. (JbGG NF 3, 288) – *Dohm:* der preußische Bevollmächtigte Ch. W. v. D. hatte über den Rastatter Vorfall im Auftrage aller Gesandten den ‹Gemeinschaftlichen Bericht über den an der französischen Friedensgesandtschaft bei ihrer Rückreise verübten Meuchelmord› verfaßt. Vgl. Schiller an Goethe 7.6.1799 (NA 30, 57). Goethe war zu dem Zeitpunkt nicht mehr in Jena; er empfing Dohm in Weimar am 7., 8. und 10. Juni (vgl. GTgb).

1508 (572) NA 30, 49 – *Sammlung von Romanen:* das ‹Journal der Romane› enthielt keine Beiträge von Goethe und Schiller. – *an einen neuen Band seiner Schriften erinnert:* vgl. Unger an Goethe 14.5.1799 (AA ErgBd 2^1, 334). Es handelt sich um den 1800 erschienenen 7. Bd von Goethes ‹Neuen Schriften› (vgl. Anm. zu Nr. 1382). Das Gespräch mit Schiller in GTgb vom 23. Mai bezeugt. – *Ausgabe eines deutschen Theaters:* der Plan der «Entreprise eines Theater-Calenders» bereits in Schillers Brief an Unger vom 22.12.1797 erwähnt (NA 29, 173), jedoch nicht ausgeführt.

1509 NA 30, 50 – *in den zwei Tagen:* laut GTgb war Goethe am 27. Mai nach Weimar zurückgekehrt. – *in meinem angefangenen Geschäft:* «Quellenstudium für ‹Maria Stuart›.» (NA 30, 274 Anm.) – *Aufsatz über den Dilettantism:* vgl. Goethe in TuJ 1799: «... auch der nützliche und schädliche Einfluß des Dilettantismus auf alle Künste ward tabellarisch weiter ausgearbeitet, wovon die Blätter beidhändig noch vorliegen.» (GA 11, 673). Der für die ‹Propyläen› bestimmte Aufsatz kam nicht zustande; überliefert sind lediglich die von Goethe und Schiller gemeinsam verfaßten Schemata und Entwürfe (GA 14, 729ff.).

1510 (573) aaO 4, 166 – *ich besuchte Goethe:* nicht näher datierbar; eine Begegnung in Weimar ist in GTgb nicht bezeugt. – *Rolle... in der Fichte-*

schen Sache: Steffens hatte eine Petition für Fichtes Verbleiben an der Universität Jena entworfen (vgl. Anm. zu Nr. 1511).

1511 aaO 1, 288 (JbGG NF 3, 289) – *[Bei Fichtes Weggang von Jena.]:* Fichte verließ nach dem sog. Atheismusstreit im Juni Jena, nachdem er am 29. März seine Entlassung erhalten hatte. Goethe begründet seine Haltung in dieser Angelegenheit im Brief an seinen Schwager Schlosser vom 30.8.1799 (WA IV 14, 172) und später ausführlich in TuJ 1803 (GA 11, 720). – *der andere erhebt sich!:* gemeint ist wohl Schelling.

1512 (575) Rohmann 72 – *Meine Mutter gab uns zu Ehren einen Tee:* nach DüntzerStein 2, 113 erhielt Charlotte v. Stein am 7. Juni Besuch von ihrem Sohn Carl mit Schwiegertochter und Enkelkind. Der Tee fand am folgenden Tag, dem 8. Juni, statt. – *von dem Herrn Kriegsrat aus Breslau:* von Charlottes Sohn Fritz.

1513 (575a) JeanPaulBr 3, 207 – *gedruckten [Briefen]:* Briefe und bevorstehender Lebenslauf, Gera, Leipzig 1799.

1514 Bamberg 143 – *König und Königin von Preußen:* Friedrich Wilhelm III. und Luise. – *Prinzeß Taxis:* Therese Mathilde Amalie Fürstin von Thurn und Taxis, Schwester der Königin Luise. – *Wallensteins Tod (2. Juli):* vierte Aufführung in Weimar.

1515 (576) Reise von Offenbach nach Weimar und Schönebeck im Jahr 1799. [2. Titel:] Schattenrisse abgeschiedener Stunden in Offenbach, Weimar und Schönebeck im Jahr 1799. Leipzig 1800, 52 ff. – *[am 17. Juli]:* vgl. GTgb: «Abends in Tiefurth.» – *[am 21. Juli]:* in Oßmannstedt bei Wieland, in GTgb jedoch nicht bezeugt. – *Ankauf eines ländlichen Ruhesitzes:* Goethe hatte das Gut Oberroßla bereits am 8.3.1798 erworben. Vgl. Nr. 1671 und Anm. – *[am 25. Juli]:* vgl. GTgb: «Frau von la Roche und andre Freunde zu Tische.» Angekündigt als «großes Gastmahl» im Brief an Schiller vom 24. Juli; dort auch eine Charakteristik der Sophie von La Roche (WA IV 14, 135). – *Raffaels Stanzen:* vgl. Nr. 1439 und Anm. – *Verfasserin der reizenden Agnes von Lilien:* Caroline v. Wolzogen. – *Dichterin der Gesänge von Lesbos:* Amalie v. Imhoff (vgl. Nr. 1498 und Anm.). – *Amorino:* wohl Goethes Sohn August.

1516 Urlichs 2, 337 – *empfindsames Diner:* vgl. den Ausdruck «Fest der Seele» in Nr. 1515. – *Carlchen und Ernstchen:* Schillers Söhne.

1517 NA 30, 75 f.

1518 wie 662 S. 6 – *Sänger Dorotheens:* Anspielung auf ‹Hermann und Dorothea›.

1519 aaO 1, 259 – *er hatte Goethe gesehen:* am 21. Juli. Vgl. Goethe an Schiller 24.7.1799 (WA IV 14, 135) – *Schlegel:* August Wilhelm S.

1520 Vossische Zeitung 27.4.1904 Abendausgabe – Unverbürgte Wanderanekdote, die wohl erst später auf Tieck bezogen wurde. Vgl. die Fassungen bei H. Künzel, Fliegende Blätter, 1839, 322 f. («ein ungenannter junger Dichter, Doktor F.») und Zellwecker 166 f. Nr. 418: «Ein Student kam einst in Goethes Haus und wünschte ihn zu sehen ...»

1521 H. Lüdeke, Ludwig Tieck und die Brüder Schlegel, Frankfurt a.M. 1930, 50 – *Meine Verwandten:* wohl seine Frau Caroline und deren Tochter Auguste. – *Athenäum:* das 2. Stück des 2. Bandes, erschienen August 1799.

1522 Caroline 1, 556 – Das erschlossene Briefdatum ist auf den 16. September zu korrigieren. Der Brief ist am «Montag» geschrieben. Der 16., an welchem Goethe laut Tgb nach Jena fuhr, war ein Montag. – *bis ihr weg waret:* Auguste Böhmer war mit Tischbeins, die zuvor in Weimar und Jena zu Besuch waren, nach Dessau gefahren. Zum Mißverhältnis zwischen Goethe und J.F.A. Tischbein vgl. Nr. 1256.

1523 Rudolph Schleiden, Jugenderinnerungen eines Schleswig-Holsteiners, Wiesbaden 1886, 15 – Das Briefdatum der Quelle, 15. September, ist unrichtig, da Goethe erst am 16. in Jena eingetroffen ist. – *bei dem ersten Besuche:* wohl am 22. September: erste Erwähnung Schlegels in GTgb. – *nach Ihnen erkundigt:* vgl. Quelle S. 12: «Meine Großmutter von Nuys hatte im Herbst 1799 von Braunschweig aus einen Ausflug nach Weimar, wo sie Goethe kennen lernte, und nach Jena gemacht, wo sie mit August Wilhelm Schlegel befreundet wurde...» – *alle Vormittage:* vom 24. bis 29. wird Schlegel täglich in GTgb erwähnt. Goethe nahm mit ihm seine Gedichte für den 7. Bd der ‹Neuen Schriften› durch (vgl. Nr. 1528).

1524 (577) aaO 1, 260f. – *«Zerbino»:* Tiecks ‹Prinz Zerbino› in GTgb 23.9.1799 erwähnt.

1525 NA 30, 98

1526 F.W.J. Schelling, Briefe und Dokumente, Bd 1, hrsg. von H. Fuhrmans, Bonn 1962, 176f. – zum Briefempfänger vgl. ebd 175 Anm. – *ich war eine Zeitlang täglich bei ihm:* Schelling wird vom 20. September bis 13. Oktober sehr häufig in GTgb erwähnt. – *Schrift über Naturphilosophie:* Erster Entwurf eines Systems der Naturphilosophie. 2 Bde. Jena und Leipzig 1799. Beschäftigung Goethes damit im Tgb seit dem 12.11.1798 bezeugt.

1527 Marbacher Schillerbuch II, Stuttgart und Berlin 1907, 319 – *gegen die Literatur-Zeitung:* in der Allgemeinen Literatur-Zeitung vom 3. und 4. Oktober 1799 war eine Rezension zweier anonymer Autoren von Schellings ‹Ideen zu einer Philosophie der Natur› (Leipzig 1797) erschienen (Fambach 4, 338ff.). Gegen diese Rezension wandte sich Schelling in einem ausführlichen Aufsatz in der ‹Zeitschrift für spekulative Physik›, der auch als Broschüre erschienen ist (ebd 352ff.). Der Streit nahm immense Ausmaße an (O.F.).

1528 Fichte 1, 324 – Der Brief ist nach Berlin gerichtet, wo Fichte sich aufhält. Er antwortet am 10. Oktober: danach die Datierung. – *er nimmt mit Goethe seine Gedichte durch:* vgl. Nr. 1523 und Anm.

1529 (612) Aus Schleiermachers Leben in Briefen, Bd 3, Berlin 1861, 125 – Brief ohne Datum. Das Datum nach J. Körner, Briefe von und an Dorothea Schlegel, Berlin 1926, 641 – *«Über die Religion»:* in GTgb am 23. und 26.9.1799 erwähnt.

1530 Briefe von Dorothea Schlegel an Friedrich Schleiermacher, hrsg. von H. Meisner und E. Schmidt, Berlin 1913, 14 – *auf seiner alten Burg:* Goethe wohnte im Jenaer Schloß.

1531 Fichte 1, 325 – Zum Briefdatum vgl. Anm. zu Nr. 1528. Fichtes Antwort auf diesen Brief ist vom 28. Oktober. – *courtoisieren:* für ‹courtisieren› = jemandem den Hof machen.

1532 wie 1416 Bd 1, 271f. – *zur guten Stunde:* Goethe war am 10. November erneut in Jena eingetroffen. Dort hatte es Studentenkrawalle gegeben, vgl. GTgb 12. November: «Über die neusten hiesigen Unruhen.»

1533 (578) wie 1530 S. 21f. – *Gestern mittag:* vgl. GTgb 14. November: «Gegen Mittag spatzieren. Das Wetter war abermals sehr schön.»

1534 Raich 1, 22f. – *Schiller, dessen Frau sehr krank ist:* seit ihrer Entbindung am 11. Oktober. – *die Schlegel:* Caroline S.

1535 Dorothea und Friedrich Schlegel, Briefe an die Familie Paulus, hrsg. von R. Unger, Berlin 1913, 112 – Undatiertes Billett.

1536 Raich 1, 94 – *vis-à-vis de certaines personnes:* gegenüber gewissen Personen.

1537 (579) wie 1530 S. 23 – *Europa, und der Widerborst:* Novalis' ‹Die Christenheit oder Europa› und Schellings ‹Epikurisch Glaubensbekenntniß Heinz Widerporstens›. – *Goethe... zum Schiedsrichter:* vgl. GTgb 27. November und 7. Dezember und dazu H.-J. Mähl in JbFDH 1967, 167f., wo zur Sache noch aus A.W. Schlegels Brief an Schleiermacher vom 16. Dezember zitiert wird. – *nach Weimar gereist:* vgl. GTgb 8. Dezember: «Von Jena nach Weimar. Abends Hr. Hofr. Schiller.» – *Tieck... seine heilige Genoveva:* das Trauerspiel ‹Leben und Tod der heiligen Genoveva›. Vorlesung nach GTgb am 5. und 6. Dezember. – *zum Berge:* d.h. zur Partei (nach dem seit der Französischen Revolution geläufigen Begriff ‹montagne›).

1538 (580) aaO 1, 260 – *zu seinem... Sohne:* August war seit dem 25. November in Jena.

1539 aaO 67 – Vgl. den abweichenden Text bei Zellweker 51f. Nr. 104 und Anm. S. 188. Dort auch Hinweis auf Goethes briefliche Äußerung an L. Tieck vom 9.9.1829: «Gar wohl erinnere ich mich... der guten Abendstunden in welchen Sie mir die neu entstandene Genoveva vorlasen, die mich so sehr hinriß daß ich die nahertönende Thurmglocke überhörte und Mitternacht unvermuthet herbeykam.» (WA IV 46, 80). Die auch vertretene Meinung, «Goethe sei darüber eingeschlafen» (H. Laube, Ludwig Tieck, in: Gesammelte Werke Bd 49, 286), wird damit wohl widerlegt.

1540 (581) aaO 1, 259 – *«Volpone»:* Beschäftigung mit Ben Jonsons Komödie ‹Volpone, or, The Foxe› in GTgb vom 6. und 7. Dezember bezeugt.

1541 Caroline 1, 589f. – *Konflikt:* vgl. Schlegels ‹Abschied von der Allg. Lit. Zeitung›, veröffentlicht im Intelligenzblatt Nr. 145 der Allgemeinen Literatur-Zeitung vom 13.11.1799 (Fambach 4, 454f.). – *Ehe Schiller Jena verließ:* er siedelte am 3. Dezember nach Weimar über. – *Goethe:* blieb laut GTgb bis zum 8. Dezember.

1542 NA 30, 131 – Vgl. GTgb: «Bey Hrn. Hofr. Schiller [in Weimar]. einiges über Farbe.»

1543 Nach Abschrift aus Nachlaß FBdm – *Mahomet:* Goethes Übersetzung des Trauerspiels entstand im September/Oktober 1799. – *gestern... vorgelesen:* vielmehr am 17. Dezember, vgl. GTgb: «Mittag bey Hofe. Abends Vorlesung von Mahomet. Zum Thee.»

1544 (1770) BodeSchauspieler 29 (nach: Europa 1856, 477) – *«Titus»:* Mozarts Oper wurde am 21. Dezember erstmals aufgeführt. Es könnte sich um die in GTgb erwähnte Probe vom 19. Dezember handeln.

1545 KnebelNachl 2, 329 – *[am 23. Dezember 1799]:* vgl. GTgb: «Abends Thee. Vorlesung von Mahomet.» Unter den zahlreichen Anwesenden, die genannt werden, befindet sich auch Herder.

1546 Wahl 1, 279 – Vgl. Anm. ebd 448: «es war offenbar bei Hofe am 25. Dez. über das letzte Werk des Mineralogen Charpentier... gesprochen worden, die ‹Beobachtungen über die Lagerstätte der Erze› ...» Lektüre bezeugt in GTgb vom 27. Dezember bis 1. Januar.

1547 Diezmann 34f. – *Rezension der «Propyläen»:* in der ‹Allgemeinen Literatur-Zeitung›. Eine solche ist erst am 20. und 21. November 1800 erschienen (gekürzter Wiederabdruck bei Braun 2, 347ff.)

1548 (581a) wie 575 S. 111 Anm. – *vorgelesen:* von Kotzebue selbst. – *Goethe:* seine Teilnahme an der Vorlesung ist im Brief an Schiller vom 3.1.1800 bezeugt (WA IV 15, 7).

1549 NA 30, 136 – *Quartett:* in GTgb vom 7. Januar sind nur Schiller und Voigt genannt; bei dem vierten könnte es sich um Meyer handeln, der bei Goethe wohnte. – *gut geschlafen:* über das, was Schiller aufgeregt haben könnte, vgl. den Briefwechsel zwischen Goethe und Voigt vom 8. und 11. Januar (SchrGG 54, 210f.).

1550 (581b) GJb 23, 78 – *Iphigenie in Wien aufgeführt:* Die Uraufführung der Iphigenie in ihrer endgültigen Versgestalt erfolgte am 7.1.1800 am Burgtheater in Wien

1551 Rohmann 73f. – *[hier]:* Zusatz des Herausgebers, im Original in runden Klammern.

1552 NA 30, 141 – Antwort auf Goethes Anfrage vom gleichen Tage (WA IV 15, 23). – *ein weißer und kein roter Wein:* «Schiller hatte im Januar von dem Weinhändler Zapf ‹1 Eimer aus Suhl› (Kalender S. 90) bezogen.» (Anm. ebd 355)

1553 (583) HerderBr 3, 154 – *Mahomet:* vgl. Nr. 1543 und Anm. Die Äußerung kann sich auf die Aufführung vom 30. Januar oder die vom 1. Februar beziehen.

1554 (584) Bi[1] 8, 268 – *«Es ist die Rechte nicht»:* erste Aufführung am 12. Februar 1800.

1555 (582) Heuermann 55f. – *aus meiner Jenaischen Zeit:* er studierte seit dem Herbst 1799 Theologie und Philosophie. – *Wallenstein:* es handelt sich wohl um die Aufführung des dritten Teils der Trilogie am 17. Februar 1800.

1556 (585) aaO 1, 36ff. – W. G. Gotthardi: Pseudonym für Moritz Wilhelm Gotthard Müller. – *Rochus Pumpernickel:* Quodlibet von M. Stegmeyer, Musik aus Werken anderer Komponisten zusammengestellt von Seyfried, erstmals aufgeführt in Weimar am 9. Juni 1810. Demnach muß es sich um eine Erinnerungstrübung handeln. Die Zuschreibung des Stückes an Kotzebue (Bi[2] 5, 45) ist falsch. – *«Tarare»:* ‹Tarare, gen. Axur› wurde am 26. Februar 1800 erstmals in Weimar aufgeführt.

1557 (585b) DüntzerKnebel 1, 170f. – Zum Briefdatum: der Brief ist an einem «Mittwoch» geschrieben. Die Angabe «März» nach der Quelle. Schulte-Strathaus 43 datiert: 2. April 1800. – *sein Bild, durch Bury gezeichnet:* Kreidezeichnung, begonnen am 22. Februar 1800 (Schulte-Strathaus Taf. 82 und S. 42). – *Jetzt zeichnet er ihn sitzend:* ebenfalls Kreidezeichnung als Karton zu einem Gemälde, das erst später ausgeführt wurde (ebd Taf. 83 und S. 43f.).

1558 (585a) NA 30, 146 – *schreiben alsdann an ihn:* Cotta machte in der Tat in seinem Brief vom 4. April Goethe ein großzügiges Angebot (AA ErgBd 2^1, 374). Am 11. April schreibt Goethe an Schiller, er habe «auf diese Veranlassung das Werk heute vorgenommen und durchdacht». (WA IV 15, 56).

1559 NA 30, 147 – *die noch ungedruckte Elegie:* ‹Hermann und Dorothea› (vgl. Anm. zu Nr. 1348). – *mit abdrucken lassen:* im 7. Bd der ‹Neuen Schriften›. – *Theaterreden:* Prologe und Epiloge (GA 3, 657ff.). Diese bildeten tatsächlich den Abschluß des Bandes. – *Oberons Hochzeit:* der ‹Walpurgisnachtstraum› ist erst in der Faust-Ausgabe von 1808 erschienen.

1560 (589) Raich 1, [11] – *«Athenäum»:* Band 3, 1. Stück – *Kritik von Schmidt, Matthisson und Voß:* Das 1. Stück des 3. Bandes (Berlin 1800) enthielt eine Besprechung A.W. Schlegels zu Matthisson, Voß und Schmidt, die am Schluß der Rezension in einem «Wettgesang» verulkt und parodiert werden – *de suite:* nacheinander.

1561 Briefe von und an Friedrich und Dorothea Schlegel, hrsg. von J. Körner, Berlin 1926, 27f. – *neuen Ausgabe seiner Gedichte:* Bd 7 der ‹Neuen Schriften›.

1562 JeanPaulBr 3, 327 – *[am 9. April]:* vgl. GTgb: «Abends Conzert. Violinist.»

1563 (585c) DüntzerStein 2, 126 – *Ich erinnerte ihn:* in einem Billett vom 26. April (Fränkel 2, 396). – *messingene Alphabet:* Fritz hatte im Brief an Charlotte Schiller vom 1. April um eine Kopie von Goethes «Alphabet lateinischer Buchstaben in Messing ausgeschnitten» gebeten (ebd 3, 229). Es handelt sich um Schablonen, die er für eine Inschrift am Grabmal einer verstorbenen Freundin benötigte. – *das seinige leihen:* Goethe schickte die «wohleingepackten Buchstaben» noch am 26. April an Charlotte v. Stein (WA IV 15, 61). – *er sieht nicht glücklich aus:* Charlotte hatte ihn bei einem Morgenkonzert in Goethes Haus am 25. April gesehen (vgl. GTgb).

1564 (586) Otto Jahn, Biographische Aufsätze, Leipzig 1866, 122 – *die Metrik:* Handbuch der Metrik. Leipzig 1799 (Ruppert Nr. 675). – *Achilleïs:* vgl. Nr. 1493 und Anm. – *Helena:* die Arbeit daran beginnt erst im September. – *nach Leipzig:* Goethe war dort vom 28. April bis 16. Mai. – *[am 7. Mai]:* Besuch in GTgb bezeugt.

1565 Euripidis Tragoediae, recensuit G. Hermannus, vol. I, pars I, Lipsiae 1831, XIVf. (JbGG NF 3, 290) – *haec laus Euripidi:* GTgb vom 7. Mai erwähnt: «über Euripides».

1566 Geschäftsbriefe Schiller's, hrsg. von K. Goedeke, Leipzig 1875, 232 – *Goethe... kennen gelernt:* Begegnungen sind in GTgb ab 10. Mai bezeugt.

1567 wie 1566 S. 260 – *einen achten Band seiner Schriften:* ein solcher ist in den ‹Neuen Schriften› bei Unger nicht erschienen.

1568 (587) Plitt 1, 299f. – *Schütz:* Christian Gottfried S., Mitherausgeber der ‹Allgemeinen Literatur-Zeitung›. – *Verunglimpfungssache:* Schlegel war in den Streit, der sich an einer Rezension von Schellings ‹Ideen zu einer Philosophie der Natur› (vgl. Anm. zu Nr. 1527) entzündet hatte, verwickelt. – *Verteidigung gegen Ihre Schrift:* ‹Vertheidigung gegen Hn. Prof. Schellings sehr unlautere Erläuterungen über die A.L.Z.› von Schütz im Intelligenzblatt der ‹Allgemeinen Literatur-Zeitung› vom 30. April 1800 mit einer Fortsetzung ebd vom 10. Mai 1800 (Fambach 4, 371ff. und 385ff.) – *in Leipzig:* vgl. GTgb 12. Mai: «Nach Tische kam Hr. Rath Schlegel.» – *Ihre Schrift:* der in Anm. zu Nr. 1527 genannte Aufsatz Schellings.

1569 GJb 6, 112f. – Zur Begründung der Einordnung vgl. ebd 113. Besuch in GTgb nicht erwähnt. – *Böttiger:* war zur gleichen Zeit in Leipzig. – *a prima vista:* auf den ersten Blick.

1570 (588) aaO 1, 109ff. – Nach A. Genast. Bei diesem Bericht, der als Beispiel für «Schiller's Bescheidenheit, namentlich bei seinen eigenen Werken» angekündigt wird (ebd 109), muß es sich um eine Verwechslung handeln. Goethe war während der Proben von Schillers Bühnenbearbeitung der Shakespearischen Tragödie ‹Macbeth› (die Hauptprobe muß am 13. Mai stattgefunden haben) und auch noch am Tage der Erstaufführung (14. Mai) in Leipzig; erst der zweiten Aufführung am 17. Mai wohnte er bei (vgl. GTgb). Die Erzählung kann sich demnach, jedenfalls was Goethe betrifft, nur auf eine andere Gelegenheit beziehen. – *fungieren:* als ‹Wöchner› (vgl. Nr. 1465 und Anm.).

1571 Fielitz 3, 134 – *großes Gastmahl:* Aufzählung der Gäste in GTgb, als erste «Hr. Sander und Frau». – *gestern:* bei der Aufführung der «Räuber». – *Visite:* der Besuch bei Schiller, der sich in Ettersburg aufhielt, kam nicht zustande.

1572 Fielitz 3, 137f.

1573 (596) Briefwechsel des Freiherrn Karl Hartwig Gregor von Meusebach mit Jacob und Wilhelm Grimm, hrsg. von C. Wendeler, Heilbronn 1880, 69 – *Maria Stuart:* die Äußerung Goethes muß vor der Uraufführung am 14. Juni gefallen sein.

1574 (590) aaO 1, 261 – *Lauchstädt:* dortige Sommergastspiele seit 1797. – *einer Vorstellung der «Maria Stuart»:* wohl der zweiten Aufführung am 16. Juni.

1575 (590a) F.L.W. Meyer, Friedrich Ludwig Schröder, Neue Ausgabe, Bd II, 1, Hamburg 1823, 183ff.

1576 NA 30, 165 – *seit gestern:* vielmehr seit dem 27. Juni. – *bei Goethen:* vgl. GTgb: «Abends mit Schiller über die natürliche Tochter.»

1577 (590b) NA 30, 168 – *diese Truppe:* Franz Secondas Gesellschaft. – *Goethe:* dessen abfälliges Urteil bereits im Brief an Schiller aus Leipzig vom 4. Mai (WA IV 15, 62f.).

1578 (591) NA 30, 170 – *Propyläen:* deren «Absatz so gesunken war, daß Cottas Unkosten nicht gedeckt wurden» (ebd 384). – *das Stück, wel-*

ches jetzt gedruckt werden soll: nämlich das zweite Stück des dritten Bandes. – *künftige Fortsetzung:* es erschien kein weiteres Stück mehr.

1579 (592) Briefe von Goethes Frau an Nicolaus Meyer, Straßburg 1887, 36 – *Eines Morgens:* vor dem 13. Juli, an welchem Tage nach GTgb Nikolaus Meyer Abschied nahm. – *Herausgabe eines... Bilderbuches:* J. Glatz: Naturhistorisches Bilder- und Lese-Buch oder Erzählungen über Gegenstände aus den drei Reichen der Natur. Nebst 300 illuminirten Abbildungen von Horny und einer kurzen Erklärung derselben in Versen. Jena o.J. [1803]. – *Goethe... die poetische Erklärung:* in der Vorrede zur 2. Auflage (1808) bemerkt Glatz: «Die Erklärung der XIV. Tafel hat einen andern Verfasser als der übrigen XIII und zwar einen auch als Mineralogen verehrten Dichter». (WA I 5², 231). Es handelt sich um das Gedicht «Nicht auf der grünen Erde nur», das in der WA unter ‹Goethe zugeschriebne Gedichte zweifelhaften Ursprungs› aufgenommen ist (GA 2, 575ff.). Vgl. Gräf 3, 1, 383.

1580 JbGG NF 4, 247 – *Montag:* 14. Juli. – *das neue Schloß:* das sich noch im Bau befand. – *Reiseprojekte:* eine geplante Reise nach Italien kam wegen der Kriegsereignisse nicht zustande. – *Reizens lateinische Übersetzung von Aristoteles' Poetik:* erschienen Leipzig 1786. – *das Weimarsche Schauspielhaus:* Bericht über die Besichtigung des Theaters Quelle 247f.

1581 (592a) NA 30, 173 – *nach Lauchstädt:* wo am 3. und 12. Juli ‹Maria Stuart› aufgeführt worden war. Eine dritte Aufführung fand am 2. August statt.

1582 (593a) NA 30, 178 – *des herauszugebenden deutschen Theaters wegen:* vgl. Nr. 1508 und Anm.

1583 (593) NA 30, 181 – *Astrologie:* die im ‹Wallenstein› eine Rolle spielt.

1584 (594) Friedrich Schlegels Briefe an seinen Bruder August Wilhelm, hrsg. von O.F. Walzel, Berlin 1890, 431 – *[in Jena]:* vom 22. Juli bis 4. August. – *Gestern:* vgl. GTgb 25. Juli: «Friedrich Schlegel.» – *Schellings Naturphilosophie:* vgl. Nr. 1526 und Anm.

1585 (595a) NA 30, 184f. – Brief aus Oberweimar.

1586 (595) JeanPaulBr 3, 367f. – *das gelobte Gedicht der Imhoff:* ‹Die Schwestern von Lesbos›.

1587 (595b) NA 30, 192 – Zum Briefdatum vgl. ebd 403. – *[nach Jena]:* nach GTgb am 3. September.

1588 (597) KnebelNachl 2, 336

1589 (598) Heuermann 56f. – *21. September 1800:* vgl. GTgb: «Kamen Schiller und Prof. Meyer bey Griesbach zu Mittage.» – *Aussicht... bis nach Dornburg:* «Eine Stelle, von wo aus man bis Dornburg sehen kann, gibt es in Jena nicht.» (Bi² 5, 47) – *das Phänomen der... physiologischen Farben:* von Goethe in der Ersten Abteilung des Didaktischen Teils der Farbenlehre abgehandelt (GA 16, 27ff.). – *Er sprach... von Broxtermann:* dieser stammte wie Abeken aus Osnabrück.

1590 NA 30, 198 – *neuliche Vorlesung:* am 21. September in Jena.

1591 NA 30, 201 – Zum Briefdatum vgl. ebd 409 Anm. – *Hermann:* Godofredi Hermanni De metris poetarum Graecorum et Romanorum libri III. Lipsiae 1796. (Ruppert Nr. 676) Goethe entsprach Schillers Bitte, vgl. GTgb 28. September.

1592 Raich 1, 52f. – *[am 28. September]:* vielmehr am 25. September (vgl. GTgb).

1593 (599) NA 30, 207 – *längst zurück:* seit dem 4. Oktober (vgl. GTgb). – *vom Faust:* Helena-Akt.

1594 (600) Weimar's Albumzur vierten Säcularfeier der Buchdruckerkunst am 24. Juni 1840, 133f. – Cäcilie: Pseudonym für Amalie v. Voigt, geb. Ludecus. – *Paläophron und Neoterpe:* GA 3, 569ff. – *24. Oktober 1800:* Goethe war an diesem Tage laut Tgb mit einem «poetischen Beytrag zu der Herzoginn Amalia Geburtstag» beschäftigt; die Aufführung fand jedoch erst am 31. Oktober statt. – *Ganz kurz vorher:* vgl. GTgb 28. Oktober: «Abends bey Durchl. der Herzogin Mutter, wo Vasthi von Gotter aufgeführt wurde.» – *eine Rolle... sofort memoriert:* ähnlich die auf Immermann beruhende Anekdote bei Zellweker 52f. Nr. 108. – *Freiherrn v. Fritsch II.:* dem Sohn des Ministers.

1595 (N. 600a) Krosigk 244f. – Zur Datierung der beiden erwähnten Aufführungen vgl. Anm. zu Nr. 1594. – *Streit der alten und neuen Zeit:* ‹Alte und Neue Zeit›: ursprünglicher Titel von ‹Paläophron und Neoterpe› (vgl. Nr. 1597f.).

1596 wie 1284 Bd 2, 111 – *Graf Essex:* das Trauerspiel war 1791 und 1792 aufgeführt worden. Die jetzt geplante Wiederholung kam nicht zustande.

1597 (602) DüntzerKnebel 1, 184 – Zum Briefdatum: in der Quelle fälschlich ‹September›. Bei der Konjektur wurde angenommen, daß die Monate September und November verwechselt worden sind. – *zu Ihrem Geburtstag:* am 30. November.

1598 (601) wie 1584 S. 446f. – *[in Jena]:* vom 14. bis 25. November. – *Paläophron und Neoterpe:* vgl. GTgb 15. November: «... Festspiel mit verändertem Namen übersendet.» – *ein gewaltiges griechisches Trauerspiel:* ‹Helena› (vgl. Nr. 1590).

1599 (604a) Plitt 1, 323 – *seit gestern:* vielmehr seit dem 12. Dezember: er blieb bis zum 26.

1600 (604) NA 30, 223 – *den Tancred zu vollenden:* «Iffland hatte vorgeschlagen, Goethes Übersetzung von Voltaires Tragödie zu den Krönungsfeierlichkeiten am 18. Januar 1801 aufzuführen, und so eilte es mit der Ablieferung des Manuskripts.» (ebd 425 Anm.) Vgl. die fast täglichen Eintragungen in GTgb seit dem 22. November. Die erste Aufführung fand jedoch erst am 10. März 1801 am National-Theater in Berlin statt.

1601 (603) wie 1584 S. 452 – *Zu Goethe:* «Friedrich überbrachte die ‹Ehrenpforte›, welche Wilhelm am 16. December zur Versendung gelangen hatte lassen ...» (Anm. ebd). Vgl. Goethes Urteil im Brief an Schiller vom 22. Dezember bei Übersendung des «anmuthigen Heftes» (WA IV 15, 161f.).

1602 Caroline 2, 110 (JbGG NF 3, 290) – *Goethen vorgelesen:* vielleicht am 31. Dezember, wo Schellings Anwesenheit nach GTgb und Nr. 1604 bezeugt ist.

1603 (605) HVoß 15f. – *des «Freimütigen»:* der seit 1803 in Berlin erschien. – *wie es Bürger tat:* vgl. Nr. 962f. und Anm. – *als ich... vor drei Jahren zuerst zu Goethe kam:* er hielt sich im Dezember 1800 zu einem Ferienbesuch in Jena und Weimar auf; die Begegnung dürfte in Weimar stattgefunden haben. – *Lehrer der Weimarer Schule:* vgl. Nr. 1908.

1604 (606) aaO 4, 408f. und 411f. – *Den wirklichen Anfang des Jahrhunderts:* wie z.B. aus dem Brief Goethes an Schiller vom 1.1.1800 hervorgeht (WA IV 15, 1), war man der irrigen Meinung, daß bereits mit Beginn des Jahres 1800 das neue Jahrhundert angebrochen war. – *Maskerade:* diese fand erst am Abend des 2. Januar 1801 statt. Demnach ist das Berichtete auf die Nacht vom 2. zum 3. Januar zu datieren. So auch in ‹Schillers Gesprächen› (NA 42, 304 Nr. 692); vgl. Anm. ebd 636. – *Kritik über Klopstock:* «Es dürfte die Rezension der Gedichte Bürgers gemeint sein (vgl. NA 22, 245–264).» (ebd 636) – *einer bedeutenden Krankheit:* vgl. Nr. 1649ff.

1605 (607) Kletke 101 – *unsere Bekanntschaft:* vgl. Nr. 24.

1606 (610) Briefe eines ehrlichen Mannes bey einem wiederholten Aufenthalt in Weimar, hrsg. von P. Stapf, Bern und München 1962, 16f. und 19 – Die Identität des Verfassers des anonym erschienenen Buches von P. Stapf in seinem Nachwort S. 69ff. begründet, von E. Berend in seiner Rezension der Neuausgabe (‹Germanistik› 3. Jahrg., Tübingen 1962, 578f.) angezweifelt. Letzterer hat sich jedoch dem Herausgeber gegenüber am 28.2.1964 in Marbach/Neckar für die These von Stapf ausgesprochen. Da Oertel 1797 Weimar verlassen hat, ist dies als terminus ad quem für das Berichtete anzusetzen. – *der zweite:* nach der Begegnung mit Wieland. – *Porträt von Lips:* vgl. Anm. zu Nr. 1080 unter ‹im Gemälde›.

1607 (611) wie 1606 S. 21 und 23f.

1608 (570) aaO 13 – E. Berend, Jean Pauls Persönlichkeit in Berichten der Zeitgenossen, Berlin und Weimar 1956, 63 datiert: Weimar, Juni/Juli 1800.

1609 (608) FestschrLauchstädt 11 – Anekdotischer Bericht.

1610 (609) FestschrLauchstädt 11f. – *des Doktrinärs [?]:* wohl Verlesung oder Verschreibung: ergibt im Zusammenhang mit den «genialen Aufgelöstheiten» keinen Sinn.

1611 JbGG NF 4, 240 – *Sie nehmen einander nichts übel:* vgl. den ebenfalls auf Falk zurückgehenden Bericht Nr. 1334.

1612 JbGG NF 4, 241

1613 JbGG NF 4, 241f. – *[als Wieland]:* von dessen «Schlaffheit» im Charakter er vorher spricht. – *weit gefährlicher:* hier ist «Im Text ein nachträgliches Fragezeichen von Morgensterns Hand.» (ebd 242 Anm.) – *völlig lächerlich:* ebenso. – *der dux zu sein:* «Nachtrag dazu am Rande: Schön! Sei's wers kann!» (ebd).

1614 JbGG NF 4, 241ff. – *Pantalon von Fries:* lange Hose aus grobem, flauschigem Stoff. – *Gedichte in Knittelversen:* Morgenstern fährt im Anschluß an unsern Textausschnitt fort: «Dahin gehört Goethes ungedrucktes Gedicht, das ich mir abschrieb: Fabula narratur.» (ebd 243) Gemeint ist ‹Künstlers Fug und Recht› (GA 1, 294f.)

1615 Neophilologus 18, 1933, 24f. – *Fräulein von Voß:* Amalia Friederike, bereits 1788 verheiratet mit Christian Friedrich August v. Staff. – *Par dépit:* aus Verärgerung. – *mamsellisieren:* Demoiselle (also nicht Madame) nennen.

1616 Bö 1, 64f. – *Gemmen ... aus Hemsterhuis' Sammlung:* vgl. Nr. 1102 und Anm. – *den priapischen Carpophoros:* «Priap als Gartengott ... Eins der besten Kunstwerke der Sammlung» (Schuchardt 2, 13f. Nr. 33). – *Rückkehr aus Italien:* in Nürnberg am 13./14. Juni 1790 (vgl. BuG 3, 348). – *bei der Hinreise:* am 15. März 1790 (vgl. ebd 334). – *Brocanteur:* Kunsthändler. – *Ratkauf:* Kauf, der Nutzen, Vorteil bringt. – *Unkepunze:* nach Murrs Scherzschrift ‹Laudatio funebris in obitum m. Andreas Unkepunz ...› (Nürnberg 1763), vgl. DWb Bd 11, 3. Abt., Sp. 1087. – *Ezechiel von Pietro von Cortona:* bei Schuchard nicht aufgeführt. – *Poussin ... in Gouache:* von der Erwerbung einer «in Guazzo gemahlten Landschaft von Poussin» für sich (nicht für Goethe) berichtet Meyer an Goethe aus Rom am 22./24.11.1795 mit den gleichen Begleitumständen, wie sie Böttiger erwähnt (SchrGG 32, 153 und 155f.). – *Ariadne ... Madonna von Raffael ... Aldobrandinische Hochzeit:* vgl. Meyer an Goethe 8.1.1796 (ebd 174f.). – *Hamilton in Neapel:* zu dem im folgenden Berichteten vgl. ItR unter dem 27.5.1787 (GA 11, 360f.).

1617 Bö 1, 59f. – *viel Bier:* sonst kaum belegt. Goethe ist vielmehr als Weintrinker bekannt. Vgl. aber Nr. 5332 und 5345.

1618 (618c) Bö 1, 58

1619 Bö 1, 57f. – Datum nach A. Leitzmann in: Neophilologus 18, 1933, 26 – *ein Leinweber:* über die Störungen durch diesen vgl. Goethe an C.W. v. Fritsch 27.8.1811 (WA IV 22, 157f.). – *Schweine:* auf «Schlachtefeste bei Goethes» weist Bode, 654 in Anm. hin. – *die Circeischen Gesellen:* Anspielung auf die von Circe in Schweine verwandelten Gefährten des Odysseus.

1620 JbGG 11, 317 – Aus inhaltlichen Gründen hier angeschlossen, aber wohl später zu datieren. Der Schreiber J.A.F. John trat seine Stelle im Spätherbst 1814 an; es muß jedoch zweifelhaft bleiben, ob er Selbsterlebtes berichtet. Vgl. den in Nr. 1619 genannten Brief von 1811.

1621 JbGG NF 4, 71

1622 (618d) Morgenblatt 20.9.1838, 901f. – *über Wallenstein:* zu Goethes angeblicher Distanz gegenüber Schiller als Dichter vgl. Nr. 2082. Vielleicht besteht hier sogar ein Zusammenhang.

1623 wie 1170 S. 348 – *von der Mutter:* vgl. Goethes Charakteristik von Helene Elisabeth Jacobi im 14. Buch von DuW (GA 10, 680).

1624 Wilhelm von Humboldt, Gesammelte Schriften, hrsg. von der Preuß. Akademie der Wissenschaften, Bd 16, Berlin und Leipzig 1935, 29 (JbGG NF 3, 310) – Brief aus Rom.

1625 (268) KnebelBriefw 133 – Brief aus Nürnberg.

1626 (Ersatz für 1377) BrentanoBr 1, 66 – Zu Biedermanns Zeugnis und dessen Fragwürdigkeit vgl. Bi^2 5, 91f. Dort Hinweis auf das gleiche Dictum, gebraucht von Novalis im Brief an Caroline Schlegel vom 20.1.1799. Offen bleibt, wer der Urheber des naheliegenden Wortspiels ist.

1627 wie 1523 S. 224 – *[Frau von Nuys?]:* wenn es sich wirklich um diese, die Großmutter des Berichterstatters, handelt, so ist die Äußerung auf Herbst 1799 zu datieren (vgl. Anm. zu Nr. 1523)

1628 DüntzerChSchiller 134

1629 (618a) Bi^2 5, 47 – *Agnes [von Lilien]:* erschienen 1798.

1630 Frommann 18 – Eintritt in den preußischen Kriegsdienst: 1788.

1631 (618b) KnebelNachl 2, 285 – *Voigts Hypothese:* vgl. Goethes spätere Darstellung in ‹Herrn von Hoffs geologisches Werk› (1823): «Bergrat [J.C.W.] Voigt zu Ilmenau ... geriet auf den Gedanken, diese [nord- und mitteldeutschen erratischen] Blöcke durch große Eistafeln herantragen zu lassen ... Wir ... ließen uns die Hypothese eine Zeitlang gefallen, dann scherzten wir darüber ...» (GA 17, 615f.).

1632 GJb 18, 144f.

1633 GJb 18, 149f. – *Goethes Faust [1. Teil]:* erschienen 1808 im 8. Bande der ersten Cottaschen Ausgabe von ‹Goethe's Werken›. – *aus einigen frühern Äußerungen Goethes:* wohl im Mai 1800 in Leipzig (vgl. Gräf 2, 2, 92f. Anm.).

1634 Johanne Herting, Carl Wigand Maximilian Jacobi, ein deutscher Arzt (1775–1858), Görlitz 1930, 43 – *eine gütige Aufnahme:* vgl. Nr. 1338 und Anm.

1635 wie 1208 S. 134 (JbGG NF 2, 224) – Der undatierte Brief dürfte nach Latrobes Weggang von Jena (Ende 1795) geschrieben sein, vielleicht 1796.

1636 Uhde 12 (JbGG NF 3, 287) – *in jenen Jahren:* 1796/97. Die spätere Malerin war damals etwa zehn Jahre alt. – *meinem Vater:* dem Universitätsstallmeister August Gottfried Ludwig Seidler. – *Bergmannstracht:* wohl aus Anlaß der ersten beiden Reisen Augusts mit seinem Vater im Sommer 1795 und Herbst 1796 nach Ilmenau (vgl. JbGG NF 3, 287f.).

1637 (591a) Freundschaftliche Briefe von Goethe und seiner Frau an Nicolaus Meyer, Leipzig 1856, S. X – Bericht nach Familienüberlieferung (vgl. ebd S. IX). – *zum ersten Besuche:* nicht näher datierbar. – *Prodromus anatomiae murium:* ‹Vorläufige Bemerkungen zur Anatomie der Mäuse›, in Goethes Bibliothek mit gedruckter Widmung vorhanden (Ruppert Nr. 4889).

1638 (613) Henriette von Bissing, Das Leben der Dichterin Amalie v. Helvig geb. Freiin von Imhoff, Berlin 1889, 18 – *nach Jena:* das Berichtete muß sich demnach auf die Zeit vor Schillers Übersiedlung nach Weimar (3.12.1799) beziehen.

1639 (613) wie 1638 S. 18 – Zur Datierung vgl. Nr. 1638.

1640 (614) wie 1638 S. 28 – *Schwestern von Lesbos:* vgl. Nr. 1498 und Anm. – *Ich las sie ... ihm vor:* vgl. GTgb 12.3.1798: «Abends Fräulein v. Imhof. Vorlesung der ersten Gesänge des neuen Gedichts.» – *«Luise» von Voß:* vgl. Anm. zu Nr. 1223. – *die zweite Auflage:* erschienen Heidelberg 1801. – *Korrekturbogen:* Beschäftigung Goethes damit in GTgb 23.8. und 27.9.1799 bezeugt.

1641 (574a) Archiv 4, 453f. – Anekdotenhafte Ausschmückung des in Nr. 1640 Berichteten. Vorlesung in Goethes Gartenhaus und Gegenwart der Frau v. Stein nicht verbürgt.

1642 Heinrich Laube, Gesammelte Werke, hrsg. von H.H. Houben, Bd 49, Leipzig 1909, 205f. und 210 – *Xenienzeit:* 1796. – *Reichsbürger:* vgl. Anm. zu Nr. 1080 ‹aus dem Reich›. – *Woltmann:* der von 1794 bis 1799 in Jena war. – *In Jena ... Fichte:* ebenfalls von 1794 bis 1799.

1643 (617) Reichlin-Meldegg 2, 294f. – Zu Paulus vgl. Nr. 974 und Anm. – *Spinoza ... die alte Ausgabe seiner Schriften:* ‹Opera posthuma ...›, Amsterdam 1677 (Ruppert Nr. 3133). – *die Ausgabe Spinozas:* ‹Benedicti de Spinoza Opera quae supersunt omnia›. 2 Bände. Jena 1802/03 (Ruppert Nr. 3132). – *tractatus theologico-politicus:* bereits in der alten Ausgabe enthalten. – *Hegel:* kam erst 1801 nach Jena.

1644 Mitteilungen aus dem Litteraturarchive in Berlin N.F. 8, 1913, 36f. – *bei Staatsvisiten die Honneurs im Hause:* völlig unglaubwürdig, vgl. Nr. 1661.

1645 (522) Jonas 5, 225ff. – *auf deutschem Boden:* Meyer war nach seiner Italien-Reise Ende Juni in Stäfa am Zürichsee eingetroffen. – *von unserm Freund:* Goethe, der allerdings erst am 20. September mit Meyer in Zürich zusammentraf. – *episches Gedicht:* ‹Hermann und Dorothea›.

1646 (552) Ebers/Kahlert 142f. – *wieder in Weimar:* Goethe traf am 20. November dort ein.

1647 Jonas 5, 425.

1648 (618) NA 30, 213ff. – Antwort auf Charlotte v. Schimmelmanns Brief an Charlotte Schiller vom 23. September (Urlichs 2, 385ff.). – *die Natur in allen ihren drei Reichen:* die alte Einteilung in Tier-, Pflanzen-und Mineralreich noch bei Kant. – *Physik des Menschen:* Anatomie. – *die Schlegelischen Gebrüder:* Charlotte v.Schimmelmann hatte mit den Worten «diese neuen Giganten, die er mit hervorbringen half» auf sie angespielt (ebd 387). – *von Ihnen beiden:* der Adressatin und ihrem Mann, dem dänischen Finanzminister Ernst Heinrich von Schimmelmann.

1649 GJb 1, 324 – *beunruhigende Nachrichten:* seit 3. Januar Eintragungen in GTgb über seine Krankheit. Vgl. auch die ausführliche Schilderung in TuJ 1801 (GA 11, 676f.).

1650 (619) Jonas 6, 236f. – *katarrhalisches Fieber ... Rotlauf ... Krampfhusten:* ausführliche Diagnose der gefährlichen Krankheit als Gesichtsrose, verbunden mit einer Rose des Kehlkopfes bei Veil 27ff.

1651 Ebers/Kahlert 165f.

1652 DüntzerKnebel 2, 1f. – *Bräune:* Angina. – *Haydns Schöpfung:* vgl. GTgb 1. Januar: «Abends in der Schöpfung.»

1653 Jonas 6, 237 – *Hirnentzündung:* die Befürchtung war nach Veil (vgl. Anm. zu Nr. 1650) S. 31 nicht unberechtigt.

1654 Ebers/Kahlert 166

1655 Ebers/Kahlert 166

1656 wie 1584 S. 455

1657 (620) KnebelNachl 2, 337 – *vorgestern:* vgl. GTgb 19. Januar: «H. Hofr. Schiller. Herder. Durchl. der Herzog.» Die ersten Besuche nach der Krankheit sind bereits am 17. und 18. Januar in GTgb verzeichnet.

1658 (621) DüntzerStein 2, 135 – *26. Januar:* vgl. GTgb: «Besuchten mich Frau von Stein und Fr. Hofr. Schiller.» – *Die Sucht zu glänzen:* ‹Der Besuch oder die Sucht zu glänzen› wäre nach GTgb schon am 31. Oktober 1800 einmal aufgeführt worden, ebenso andere Stücke von Kotzebue (z.B. Corsen, März 1798).

1659 (621a) Akademische Blätter, hrsg. von O. Sievers, Braunschweig 1884, 354 – *noch neulich:* am 17. oder 26. Januar (nach GTgb).

1660 (621b) Jonas 6, 241

1661 Urlichs 1, 458 – *Hirnentzündung:* vgl. Anm. zu Nr. 1653. – *Schiller...fast täglich:* Besuche seit 17. Januar in GTgb bezeugt.

1662 GJb 10, 149

1663 Caroline 2, 50 – *Schelling:* am 21. und 22. Februar in GTgb erwähnt.

1664 aaO 1, 121 – *jene an Christus gerichtete Apostrophe:* wahrscheinlich Reminiszenzen aus Goethes Jugendgedicht ‹Poetische Gedanken über die Höllenfahrt Jesu Christi› (GA 2, 83 ff.); so die Darstellung Riemers in dem von Soret unter dem 19.3.1830 überlieferten Gespräch (Nr. 6536). Die Fassung in Riemers ‹Mitteilungen› offenbar durch seine allgemeine Tendenz zur Rechtfertigung Goethes bestimmt.

1665 (625) Fielitz 3, 159 – *Streit zwischen den Schauspielerinnen Jagemann und Vohs:* Friederike Vohs hatte die Rolle der Thekla bei Gastspielen in Lauchstädt und Rudolstadt übernommen und wollte sie nun auch, gegen den Anspruch von Caroline Jagemann, der von Herzogin Louise unterstützt wurde, in Weimar beibehalten. Bei den Aufführungen der ‹Piccolomini› am 14. und des ‹Wallenstein› am 21. März spielte Madame Vohs mit Goethes Genehmigung die Thekla. Vgl. zu dem Vorgang Bamberg 270 f. – *Herzogin:* Anna Amalia. – *die Rudorf:* seit 1798 Knebels Frau.

1666 (626) Rohmann 80 – *mit dem Kranz entzweit:* über die Differenzen mit dem Kapellmeister vgl. Bamberg 268 f. – *Bei dem Gelächter:* nach Bamberg 269 bei der Aufführung von Mozarts ‹Don Giovanni› am 18. Februar.

1667 GJb 18, 145

1668 (622) aaO 104 ff. – *eines Sonntags:* wohl am 1. März (vgl. NA 42, 639 Anm.).

1669 (623) aaO 108 ff. – *zu ihm zu kommen:* GTgb verzeichnet nur am 23. März: «Hr. Schmidt, welcher einiges declamirte.» – *Bemerkungen von Goethe:* vgl. die ‹Regeln für Schauspieler› (GA 14, 72 ff.).

1670 (624) SchrGG 18, 12 – Brief aus Wien, wo Schmidt auf Empfehlung Goethes ein Engagement erhalten hatte.

1671 (628/628a) DüntzerKnebel 2, 6 ff. – *Säkulargesang:* ‹Das achtzehnte Jahrhundert. Säcularischer Gesang.› Grimma 1801 (Ruppert Nr. 912). – *Herders «Metakritik»:* vgl. Anm. zu Nr. 1499. – *Roßla:* vgl. A. Doebber: Goethe und sein Gut Ober-Roßla. In: JbGG 6, 195 ff. – *Pachter:* Johann Friedrich Fischer. – *das Gut selbst administrieren:* es wurde vielmehr ein neuer Pächter, Immanuel Reimann, eingesetzt, an den Goethe das Gut 1803 verkaufte, vgl. TuJ 1803 (GA 11, 727 f.).

1672 (629a) KnebelNachl 2, 338 f. – *Adrastea:* die von Herder 1801 bis 1803 herausgegebene Zeitschrift. – *Oßmannstädt...Roßla:* die Güter Wielands und Goethes waren benachbart.

1673 (627) aaO 2, 138 f. – *während seiner Abwesenheit:* mit Bezug auf die für den Sommer geplante Reise nach Göttingen und Pyrmont. – *durch des Herzogs Anwesenheit hindern:* Anspielung auf die Verstimmung infolge der nicht zustande gekommenen Anstellung Fritz von Steins in Weimarischen Diensten.

1674 (629) Jonas 6, 271 – *Faust... das, was gedruckt ist:* ‹Faust, ein Fragment› in Bd 7 von Goethes Schriften 1790. – *Hartmann:* der Maler Ferdinand August H. ist in GTgb vom 7. bis 15. März fast täglich erwähnt.

1675 (630) Caroline 2, 123 – *[in Jena]:* vom 5. bis 8. Mai. – *Nicolai [von Fichte]:* ‹Friedrich Nicolais Leben und sonderbare Meinungen...›, Tübingen 1801.

1676 (630a) Jonas 6, 274 – *Wir erwarten Sie:* die Schauspielerin kam erst im September. – *Wallenstein:* wurde Sonnabend, den 16. Mai aufgeführt.

1677 (631) Jonas 6, 277 f. – *anderes Sujet:* ‹Die Braut von Messina›. – *mit dem Ensemble:* mit dem Ganzen.

1678 (634b) DüntzerKnebel 2, 12

1679 (632) Max Morris, Goethe-Studien, Bd 2, 2. Aufl. Berlin 1902, 261 – *daß... Goethe heut... verreiste:* von einer Reise ist nichts bekannt. Vielleicht ist das Briefdatum falsch. – *Entlassung des Arrestes:* über Goethes Disziplinarmaßnahmen gegenüber den Schauspielern vgl. J. Wahle in SchrGG 6, 195 ff.

1680 Caroline 2, 153 – *Luise:* L. Michaelis, Carolines Schwester.

1681 (633) Caroline 2, 156 f. – *Söder:* vgl. Nr. 1683 und Anm. – *Sonnenklaren:* «Die Verse auf Fichtes ‹Sonnenklaren Bericht an das größere Publikum› nach Hamlet 2, 2.» (ebd 618).

1682 (634) Bi^2 1, 305 f. – nach Handschrift der Sammlung Speck, jetzt im Besitz der Yale University. New Haven, Conn. Einordnung und Datierung nach FBdm (Mai 1801). Dagegen Gräf 3, 1, 369 ff., der für die Abendgesellschaft den 17.2.1802 ansetzen möchte (vgl. GTgb: «Abends bey G.H. Loder im Kränzchen.»). Ebd weitere Auseinandersetzungen über die Frage der Entstehung des Gedichts. – *alt-rheinisches Volkslied:* nicht bekannt. – *Schäfers Klagelied:* Erstdruck im ‹Taschenbuch auf das Jahr 1804› (GA 1, 61 f.) mit geringen Abweichungen gegenüber der Abschrift im Brief von Schütz. – *Vorüber, ihr Schäfchen, vorüber:* vgl. Nr. 812 und Anm. Im Druck geändert in «Schafe».

1683 Caroline 2, 163 f. – *vorige Woche abgereiset:* am 5. Juni. – *seinen Sohn... legitimieren:* vgl. TuJ 1801, wo Goethe den Vorgang «Konfirmation meines Sohnes» nennt (GA 11, 680). Die kirchliche Konfirmation Augusts fand nach GTgb am 13.6.1802 statt. – *Geist:* Johann Ludwig G., Goethes Diener. – *Evan Evoë:* Jubelruf der Bacchantinnen. – *über Göttin-*
Augusts fand nach GTgb am 13.6.1802 statt. – *Geist:* Johann Ludwig G., Goethes Diener. – *Evan Evoë:* Jubelruf der Bacchantinnen. – *über Göttin-*
gen: er hielt sich dort vom 6. bis 12. Juni auf. – *Söder... Brabeck:* über den Landedelmann und Kunstsammler F.M. Brabeck und die musterhafte Leitung seines Gutes Söder vgl. Caroline 2, 9 ff. Der von ihr gewünschte Besuch Goethes ist nicht zustande gekommen.

1684 Jonas 6, 284 – *zu Pyrmont:* seit 13. Juni. – *Kalender:* Damenkalender für 1802.

1685 Schellberg/Fuchs 186 – *ein Vivat zusammen gerufen:* vgl. Nr. 1686, 1690 und 1698 sowie Goethes Schilderung der studentischen Ovation in TuJ 1801 (Ga 11, 681). – *Kestner:* Theodor Friedrich Arnold K., Sohn von Lotte.

1686 Reinhold Steig, Goethe und die Brüder Grimm, Berlin 1892, 15f. – Brief aus Varnhagens Nachlaß. Bei der Angabe des Empfängers scheint es sich um einen Irrtum zu handeln, da Winkelmann doch selber bei der Ovation dabei war.

1687 Steig 2, 42 – *an Blumenbach:* am 15.8.1806. – *nach dem Bade:* d.h. nach dem Aufenthalt in Karlsbad.

1688 Schellberg/Fuchs 190 – *mit seinem verkehrten Hut:* vgl. Nr. 1693. Brentano hat in diesem Brief «einen Goethe mit dem verkehrten Hut an den Rand gezeichnet» (Schellberg/Fuchs ebd).

1689 Schellberg/Fuchs 210 – *Picknick... Loder:* Anspielung unklar.

1690 Caroline 2, 174 – *Die Loder... ihre Eltern:* Justus Christian Loders Frau war eine Tochter des Göttinger Professors Johann Georg Röderer. – *seinen Geist:* den Diener. – *Bibliothek:* vgl. Nr. 1696 und 1698 und Goethes Erwähnung in TuJ 1801 (GA 11, 682).

1691 Caroline 2, 184 – *Sartorius:* wird ebenso wie Fiorillo anläßlich des zweiten Göttinger Aufenthalts (18. Juli – 14. August) in TuJ 1801 erwähnt (GA 11, 690f.). Die Bekanntschaft mit Georg Sartorius und dessen Frau Caroline führte in der Folge zu einem Briefwechsel, der bis 1825 andauerte (hrsg. von Else v. Monroy, Göttingen 1931). – *garbato, cortese ed amabile:* artig, höflich und liebenswürdig.

1692 GJb 32, 19

1693 aaO Sp 908f. – *in Pyrmont:* Aufenthalt vom 13. Juni bis 17 Juli. Vgl. Goethes Bericht in TuJ 1801 (GA 11, 683ff.).

1694 Bode 3, 467ff. – Brief aus Frankfurt. Schmid: Neffe von Goethes Straßburger Bekanntem Salzmann. – *mein seliger Schwager:* die Mitteilung vom Tode des Schwagers Engelbach ist der Anlaß des Briefes. – *Auszug aus der «Zeitung für die elegante Welt»:* vgl. Nr. 1693 von «Sein Äußeres...» an.

1695 LA II 3, 139 – *Beiträge zur Optik:* in 2 Stücken erschienen 1791/92. Goethe bittet Bertuch am 16.1.1802, die beiden Bändchen zu besorgen (WA IV 16, 8), und schickt sie laut GTgb am 25.1. an Schütz.

1696 Neue Heidelberger Jahrbücher Bd 18, 1914, 13f. – *in Göttingen:* vom 18. Juli bis 14. August. Vgl. Goethes Bericht in TuJ 1801 (GA 11, 689ff.). Zweck seines Besuches war vor allem, «die Lücken des historischen Teils der Farbenlehre, deren sich noch manche fühlbar machten, abschließlich auszufüllen». – *Der zweite Teil der Zauberflöte:* ‹Der Zauberflöte zweyter Theil›, erschienen in: Taschenbuch auf das Jahr 1802. Der Liebe und Freundschaft gewidmet. Bremen, bei Friedrich Wilmans (Hagen 289).

1697 LA II 6, 316 – *Rizzetti:* Giovanni R.: De luminis affectionibus... Tarvisii et Venetiis 1727. Goethes Wunsch, das Buch zu besitzen, ist auch im Brief an Sartorius vom 10.10.1801 ausgesprochen (WA IV 15, 260f.). Bei Ruppert nicht erwähnt. Vgl. den Abschnitt ‹Johannes Rizzetti› im Historischen Teil der Farbenlehre (GA 16, 566ff.).

1698 (635) Friedrich Bülau, Geheime Geschichten und räthselhafte Menschen. 2. Aufl. Bd 5, Leipzig 1863, 432 Anm. – *bei dem ersten Besuche:* 27./28.9.1783. – *Studentenovation:* vgl. Nr. 1685 und Anm.

1699 (636) JeanPaulBr 4, 109 – *Eisenach:* wo sich Goethe vom 22. bis 24. August aufhielt. – *der Schlegel Urteil über mich:* Friedrich Schlegels Athenäums-Fragment 421 (Edition Behler Bd 2, 1967, 246f.). (Hinweis von O. F.)

1700 (637) Carl Graf Oberndorff, Erinnerungen einer Urgroßmutter, Berlin 1902, 109 – *beim Baron [Grimm in Gotha]:* vgl. GTgb 29.8.1801: «Mittag bey Hrn. v. Grimm.» Die spätere Freifrau von Bechtolsheim lebte damals, vierzehnjährig, als Waise in Grimms Haus.

1701 AWSchlegelBr 1, 128ff. – *den ... alten Meister zu begrüßen:* Goethe war am 30. August nach Weimar zurückgekehrt. Vgl. GTgb 31. August: «Mittag Hr. Rath Schlegel, eingesendete Concurrenzstücke.» 1. September: «Früh bey Serenissimo noch einige Unterhaltung mit R. Schlegel.» – *Preisaufgaben:* im Zusammenhang mit den ‹Propyläen› wurden seit 1799 Preisaufgaben gestellt, die eingesandten Arbeiten ausgestellt und die besten prämiert. Vgl. W. Scheidig: Goethes Preisaufgaben für bildende Künstler 1799–1805. Weimar 1958 (SchrGG 57). – *von einem andern in Paris studierenden Künstler:* Franz Gareis. vgl. dessen Brief an Goethe vom 19.8.1801 (SchrGG 57, 184). – *Bestellungen im Schloß:* in Verbindung mit der Ausstellung war an eine Dekoration des neuen Schlosses gedacht (vgl. TuJ 1801, GA 11, 696). – *Raub des Hylas:* Federzeichnung von F. Tieck (Schuchardt 1, 290 Nr. 682). – *Zeichen im Walde:* Romanze, erschienen im Schlegel-Tieckschen Musen-Almanach für das Jahr 1802 S. 2ff. – *Intrigenkomödie:* eine solche war als Preisaufgabe ausgeschrieben, vgl. Goethes Aufsatz ‹Dramatische Preisaufgabe› in den ‹Propyläen› 1800 (GA 14, 60ff.). – *Aufsatz von Schadow:* ‹Über einige in den Propyläen abgedruckte Sätze, die Ausübung der Kunst in Berlin betreffend›, erschienen in der Zeitschrift ‹Eunomia› 1801, 487ff. – *Verleger:* Maurer und Sander in Berlin.

1702 AWSchlegelBr 1, 131f. – *Ankunft:* nach GTgb traf die Schauspielerin am 19. September in Weimar ein. – *Minna von Barnhelm:* Lessings Komödie wurde nach GTgb am 1. Oktober aufgeführt.

1703 (638) wie 555 S. 441f. – *Kassel:* Goethe traf auf der Rückreise von Göttingen am 15. August mit Christiane und Meyer in Kassel zusammen (vgl. GTgb). – *[Dresden]:* Schiller hielt sich dort als Gast seines Freundes Körner auf: er kehrte am 20. September zum Gastspiel der Unzelmann nach Weimar zurück.

1704 wie 1521 S. 96f. – *weil er Goethes Büste machen wird:* F. Tieck arbeitete daran vom 25. September bis 10. Oktober (Schulte-Strathaus Taf. 84 und S. 44f.).

1705 AWSchlegelBr 1, 137f. – *aus dem Wirtshause:* in Jena, wo Schlegel und Tieck sich vefehlt hatten (vgl. Nr. 1704). – *Almanach:* Musen-

Almanach für das Jahr 1802. Hrsg. von A.W. Schlegel und L. Tieck. Tübingen 1802. – *Intrigen-Lustspiel:* vgl. Nr. 1701 und Anm.

1706 Fehling 259

1707 Gr 1 – *Kunst-Ausstellung:* vgl. Anm. zu Nr. 1701 unter ‹Preisaufgaben›.

1708 Jonas 6, 301 – *den theatralischen Dingen:* im Zusammenhang mit dem Gastspiel der Unzelmann.

1709 AWSchlegelBr 1, 140ff. – *Hausgenossinnen:* Caroline, deren Schwester Luise und Juli Gotter. – *Madame Unzelmann:* gastierte vom 21. September bis 1. Oktober, vgl. TuJ 1801 (GA 11, 697f.). – *Ihr Bruder:* Friedrich Tieck, vgl. Nr. 1704 und Anm. – *Intrigen-Stück:* vgl. Nr. 1705.

1710 GJb 4, 325 – *Ihr Stück:* ‹Liebhabereien oder die neue Zauberflöte›, von Rochlitz als Konkurrenzstück für die Preisaufgabe eingesandt.

1711 (639) GJb 6, 65ff. (aus dem Aufsatz ‹Goethes cour d'amour› von C. v. Beaulieu-Marconnay). Einordnung und Datierung nach der ersten in GTgb bezeugten «geschlossenen Gesellschaft», am 28.10.1801. Vgl. auch das ‹Stiftungslied› (GA 1, 78f.), entstanden am 2. Nov. und geschickt am 6. Nov. an Henriette v. Egloffstein. Vgl. ferner Nr. 1722f. – *Freundschaftstagen:* vgl. den Bericht ‹Die Freundschaftstage der Fräulein von Göchhausen› von Cäcilie (Amalie v. Voigt) in der Quelle von Nr. 1594 S. 123ff. Auszugsweise bei Deetjen 9ff. – *poursuivant d'amour:* Liebhaber, Anbeter. – *aus lauter wohlassortierten Paaren:* vgl. das von Goethe verfertigte Verzeichnis der sieben Paare GJb 6, 69. – *Xenie:* «Alles beginnt der Deutsche mit Feierlichkeit...» (GA 2, 476).

1712 aaO 2, 143 – *Sie aber meinte:* vielleicht nach Charlotte v. Steins Brief an ihren Sohn Fritz vom 9.11.1801, aus dem vorher zitiert wird.

1713 (640) Plitt 1, 349 – *[in Jena]:* wo Goethe sich vom 31. Oktober bis 10. November aufhielt. – *Der Schlegelsche Almanach:* vgl. Anm. zu Nr. 1705. – *zu viel Blut und Wunden:* bezieht sich nach H.-J. Mähl «vornehmlich auf die sieben geistlichen Lieder Hardenbergs [d.h. des kurz vorher verstorbenen Novalis]» (JbFDH 1967, 171). – *keine H –:* im Gegensatz zu ‹Maria Stuart›, vgl. die dazu überlieferte Äußerung in Nr. 1573. – *Flußgötter:* neben ‹Achill auf Skyros› war 1801 als zweite Preisaufgabe ‹Achills Kampf mit den Flüssen› gestellt. Eine Übersicht über die Teilnehmer findet man SchrGG 57, 502 (vgl. Anm. zu Nr. 1701). Vgl. ferner Goethes und Meyers Aufsatz ‹Weimarische Kunstausstellung vom Jahre 1801...› (GA 13, 337ff.). – *Den Schadow... schinden:* wegen dessen in Nr. 1701 erwähnten Aufsatzes (vgl. Anm. ebd). – *Tiecks Porträt:* vgl. Nr. 1704 und Anm. – *Souper:* wohl am 4. November, vgl. GTgb: «Abends auf der Rose z. Picknick.» – *Ausländer:* nicht Landeskinder.

1714 (641) Jonas 6, 315 – *Klub oder Kränzchen:* ‹cour d'amour› (vgl. Nr. 1711 und Anm.); die zweite Zusammenkunft fand nach GTgb am 11. November statt.

1715 (641a) Jonas 6, 316 – *Ihr Paket:* mit dem Konkurrenzstück (vgl. Anm. zu Nr. 1710). – *Es findet sich... Gutes darunter:* vgl. Nr. 1725.

1716 Norman 1, 13f. – Robinsons Besuch in GTgb nicht erwähnt.

1717 Norman 1, 15 Anm. – *recent portrait:* wohl die Zeichnung von

Bury (vgl. Nr. 1557 und Anm.).

1718 Norman 1, 15 – *Kemble:* der berühmte englische Schauspieler John Philipp K., vgl. Nr. 4860f. – *Measure for Measure:* Komödie von Shakespeare.

1719 Norman 1, 16 – *Bürger made an epigram:* vgl. Nr. 962 und Anm.

1720 Friedrich v. Gentz, Tagebücher, Leipzig 1861, 16 – *soirée:* Gentz war mit seinem Bruder Heinrich, damals Schloßbaumeister in Weimar, bei Goethe; vgl. GTgb: «Abends Theegesellschaft... Hr. Prof. Gentz, Hr. Kriegsr. Gentz...»

1721 wie 1720 S. 17

1722 (645) aaO 176f. und 181f. und 183f. – Für das in dieser und der folgenden Nr. Berichtete ist ein Zeitraum bis etwa Frühjahr 1802 anzusetzen. – *Zusammenkunft:* die ‹cour d'amour› (vgl. Nr. 1711). In der folgenden Auslassung berichtet Falk vom Hörensagen weiteres darüber, worauf in Nr. 1723 Bezug genommen wird. Der Abschnitt wurde wegen seiner Unglaubwürdigkeit nicht aufgenommen. – *Dalai Lama:* hier liegt eine Verwechslung vor; dieser hatte mit den beiden Höfen in Japan nichts zu tun.

1723 (642/644) GJb 6, 70f.

1724 (643) Jonas 6, 321

1725 Schellberg/Fuchs 240 – *[Ponce de Leon]:* Brentano hatte sein Stück aus Anlaß der Preisaufgabe für eine Intrigenkomödie (vgl. Nr. 1701) eingesandt. Ähnlich wie hier äußert er sich gegenüber A. Winkelmann gegen Mitte Dezember 1801 (Schellberg/Fuchs 243). – *mit Friedrich:* eine Begegnung mit Friedrich Schlegel ist in GTgb am 6. November bezeugt.

1726 Schellberg/Fuchs 252 – *Propyläen:* vgl. Anm. zu Nr. 1578.

1727 (648) Plitt 1, 353f. – *Ion:* Schauspiel von A.W. Schlegel nach Euripides. Zur Wirkungsgeschichte vgl. Fambach 4, 564ff. im Anschluß an Goethes Aufsatz ‹Weimarisches Hoftheater› (GA 14, 62ff.).

1728 (647) Caroline 2, 250 und 255ff. – In diesem Brief wird die Aufführung des ‹Ion› ausführlich beschrieben. – *Schelling:* vgl. GTgb 3. Januar: «Früh Unterredung mit Hrn. Prof. Schelling. Derselbe nach Tische wieder ab.» – *Die Brüder:* Lustspiel von Einsiedel nach Terenz. Aufführungen fanden von Okt. bis Dez. 1801 statt, die folgende am 31. Mai 1802. – *die drei Stücke von Schiller:* wohl die Wallenstein-Trilogie. – *Turandot:* vgl. Nr. 1742.

1729 Caroline 2, 259 ff. – *am 12.:* Goethe fuhr erst am 17. Jan. nach Jena.

1730 (651) Caroline 2, 265 und 267 – *Schelling:* war am 2./3. Januar bei Goethe (vgl. GTgb). – *im Schauspiel:* zur Aufführung von A.W. Schlegels ‹Ion› am 2. Januar. – *Stück von Kotzebue:* ‹Die Kreuzfahrer›, Aufführung in Berlin (wo sich A.W. Schlegel aufhielt)? – *Der Wirrwarr:* Aufführung am 13. Januar.

1731 DüntzerKnebel 2, 23 – *Bei der zweiten Vorstellung:* am 4. Januar.

1732 Geiger Weimar 44 – Zu Goethes Unterdrückung von Böttigers für das ‹Journal des Luxus und der Moden› geschriebener Kritik des ‹Ion› vgl. den Aufsatz ‹Eine Begebenheit, von welcher wir wünschten, daß sie erdichtet wäre› in Kotzebues und Merkels Berliner Zeitschrift ‹Der Freimüthige› vom 4.1.1803 (Fambach 4, 608ff.). – *fulminiert:* wettert, schleudert den Bannstrahl. – *Billette an Bertuch:* vgl. Goethes scharfen Brief an B. vom 12. Januar (WA IV 16, 3f.).

1733 KnebelNachl 2, 328 – Datierung des Briefes nach Fambach 4, 587. – *Adrastea:* vgl. Anm. zu Nr. 1672. – *kommen nun heraus:* werden eliminiert.

1734 Jean Paul und Herder, hrsg. von P. Stapf, Bern und München 1959, 109

1735 Neue Heidelberger Jahrbücher Bd 18, 1914, 8 – Wiederabdruck nach der Hs. in JbGG NF 17, 304f. – *fulminierte:* vgl. Nr. 1732. – *den Artikel des Weimarischen Theaters:* es blieb bei dem einen Aufsatz ‹Weimarisches Hoftheater›, erschienen März 1802 im ‹Journal des Luxus und der Moden› (GA 14, 62ff.).

1736 (648a) Bi^2 5, 50f. – Datierung des Briefes nach Fambach 4, 594.

1737 DüntzerStein 2, 145 – *auf dem Schlitten:* Schlittenfahrten nach GTgb für den 5. und 7. Jan. bezeugt.

1738 (634a/648b) Rohmann 81f. – *Schlittenfahrten:* außer den zu Nr. 1737 angegebenen ist in GTgb am 9. Jan. noch eine «große Schlittenfahrt nach Belvedere» erwähnt. – *Füchsin:* Anspielung auf ‹Reineke Fuchs›. – *Konzert bei Zabels:* vgl. GTgb 5. Jan.: «Abends bey Zabels zum Thee.» – *Die Cour:* Besuch bei Hof. – *Reise nach Sibirien:* Kotzebue: Das merkwürdigste Jahr meines Lebens. 2 Bde. Berlin 1801.

1739 (649) Jonas 6, 335f. – *Iphigenia:* vgl. Goethe an Schiller 19.1.1802: «Hiebey kommt die Abschrift des gräcisirenden Schauspiels. Ich bin neugierig was Sie ihm abgewinnen werden. Ich habe hie und da hineingesehen, es ist ganz verteufelt human.» (WA IV 16, 11). Die Aufführung fand am 15. Mai 1802 statt.

1740 Caroline 2, 281 – *[in Jena]:* seit dem 17. Jan.– *Berlin:* die geplanten Aufführungen des ‹Ion› fanden am National-Theater in Berlin am 15. und 16. Mai statt (O. F.).

1741 Caroline 2, 287f.

1742 (650) aaO 1, 125f. – *Zum 30. Januar 1802:* dem Geburtstag der Herzogin Luise. – *die vier Masken:* nach der Commedia dell'arte. – *In Italien:* vgl. ItR 4.10.1786 (GA 11, 84).

1743 Rohmann 85f. – *Mittwochs-Soupé-Gesellschaft:* die sog. ‹cour d'amour› (vgl. Nr. 1711 und Anm.). – *Capitaine Egloffstein:* August Friedrich Karl Freiherr v. E. – *Caroline Egloffstein:* Frau des Hofmarschalls Wolfgang Gottlob Christoph Freiherrn v. E. – *Gemahl von Agnes Lilie:* Wilhelm Ernst Friedrich Freiherr v. Wolzogen. – *Redouten:* gemeint ist die vom 29. Januar. – *Kind der Liebe:* Goethes Sohn August. – *Verse:* «Wenn von der Ruhmverkünderin begleitet ...» (GA 3, 701f.).

1744 aaO 5ff. und 12f. – *während eines glänzenden Maskenfestes:* wohl der Redoute vom 29. Januar. – *mein verehrter General:* Carl August war als preußischer General der Vorgesetzte von Fouqué. – *Etwa zwei Tage nach jenem Feste:* am 1. Februar verzeichnet GTgb: «Mittag bey Hof.» – *Dikasteriant:* Mitglied eines Richterkollegiums. – *Jajadewa:* Beschäftigung mit dem «Indianischen Gedicht» Gitagowinda des Dschajadewa aus dem 12. Jahrhundert in GTgb am 22. Januar und 17. Februar 1802 bezeugt. - *Abend, der... einem geschlossen geselligen Kreise angehörte:* wohl die sog. ‹cour d'amour›, an der Amalie v. Imhoff regelmäßige Teilnehmerin war.

1745 (652) Jonas 6, 346f. - *Böttigern... Eröffnungen getan:* Cotta weist dies in seinem Antwortbrief vom 15. Februar zurück (Vollmer 447f.).

1746 Caroline 2, 293ff. - *Beschluß Bertuchen deklariert:* vgl. Nr. 1732 und Anm. - *Zeichnung der Kostüme:* vgl. die farbige Abbildung Fambach 4 nach S. 576.

1747 (653/654/658) Caroline 2, 295ff. und 300 und 302 - *die kleine Fee:* Friederike Unzelmann. - *Hexe:* Dorothea Veit. - *förmliche Weisung bekommen:* vgl. die ausführliche Anm. 69 Fambach 4, 614f. - *Das Frankfurter Theater:* ‹Ion› ist in Frankfurt nicht aufgeführt worden (O. F.). - *Aufsatz in der Eleganten Zeitung:* Carolines Aufsatz ‹Ion, ein Schauspiel nach dem Euripides auf dem Hoftheater in Weimar› war am 16. Januar in der ‹Zeitung für die elegante Welt› erschienen (Fambach 4, 584ff.). - *de son propre Chef:* auf eigene Faust. - *ein Intrigenstück:* zweifellos nicht von A.W. Schlegel, der nur den Mittelsmann spielte; vielleicht von Sophie Bernhardi. (Vgl. Caroline 2, 636 Anm.) - *der Oheim:* Goethe (nach ‹Wilhelm Meisters Lehrjahren›). - *Alarcos:* Friedrich Schlegels Trauerspiel wurde am 29. Mai in Weimar aufgeführt. - *Unzeline:* die Unzelmann. - *Vermehrens Almanach:* Musen-Almanach für das Jahr 1802. - *Covent:* Dünnbier, Aufguß. - *die Büttnersche Bibliothek:* vgl. Anm. zu Nr. 760. Büttner war am 8.10.1801 in Jena gestorben, und Goethe hatte es übernommen, die umfangreiche, in chaotischem Zustand befindliche Bibliothek in die Jenaer Schloßbibliothek, später in die Universitätsbibliothek zu überführen. - *Cäcilia:* Romanprojekt, nur von Caroline Schlegel bezeugt, deren Information von Schelling herrührt (Mommsen 2, 1).

1748 (655/656) Caroline 2, 302f. und 305 und 307f. - *Ion... [in Berlin]:* vgl. Anm. zu Nr. 1740. - *Mittwoch kommt er wieder:* Goethe fuhr erst Donnerstag, den 4. März wieder nach Jena. - *kleine Romanze:* ‹Schäfers Klagelied› (vgl. Nr. 1682 und Anm.). - *Fichtens Weggang:* vgl. Anm. zu Nr. 1511.

1749 (657) aaO 318f. - Zu dem ‹Zwist› vgl. Goethes Brief an Kirms vom 28. Febr. (WA IV 16, 54f.) sowie seine Darstellung in TuJ 1802 (GA 11, 700). - *Die deutschen Kleinstädter:* Kotzebues bekanntestes Lustspiel, gedruckt Leipzig 1803. Es wurde erst am 7. Nov. 1803 erstmals in Weimar aufgeführt. - *[am 22. Februar 1802]:* An diesem Tage hatte nach Anm. WA IV 16, 413 oben eine Auseinandersetzung zwischen Kotzebue und Goethe stattgefunden. Am 25. Februar kam es bei einem Konzert der Herzogin-Mutter abermals zu einer Auseinandersetzung (vgl. Nr. 1754f.). - *Die theatralischen Abenteuer:* Oper von Cimarosa (L'impresario in angustie). Zuletzt aufgeführt am 13. Februar. - *die Gurli:* Figur aus Kotzebues Lustspiel ‹Die Indianer in England›, zuletzt aufgeführt am 27. September 1801 (vgl. Nr. 6077). - *Ehrenpforte:* von A.W. Schlegel (vgl. Nr. 1601 und Anm.) - *geflickte Braut:* in Goethes ‹Triumph der Empfindsamkeit›.

1750 Caroline 2, 310f. – *[nach Jena]:* vgl. GTgb 4. März: «Um 12 Uhr nach Jena.» – *Zelter:* während dessen ersten Besuchs in Weimar sind tägliche Begegnungen mit Goethe in GTgb vom 24.–28. Febr. bezeugt. – *Hufeland:* Justizrat Gottlieb H., am 24. und 25. Febr. in GTgb erwähnt. – *den dritten Grad:* wohl Anspielung auf Freimaurerei. – *etwas vom Faust mitgeteilt:* vgl. Zelter an Goethe 17.5.1807: «Auf den ‹Faust› freue ich mich gar sehr, wie ich mich über das Wenige gefreut habe, das Sie mir in Weimar vorgelesen haben.» (Hecker 1, 170)

1751 (659a) Jonas 6, 361 – Anlaß des Briefes ist der Tod des Komponisten Zumsteeg am 27.1.1802, dessen Witwe durch den Ankauf der Oper ‹Elbondokani› geholfen werden sollte (vgl. Anm. ebd 514).

1752 GJb 4, 326 – *Theater-Edikt:* der Aufsatz ‹Weimarisches Hoftheater› (vgl. Anm. zu Nr. 1735). – *Ihr Stück:* vgl. Nr. 1710 und Anm. – *Kotzebue:* vgl. Nr. 1749. – *in Jena:* vgl. Nr. 1750, er blieb bis zum 22. März dort.

1753 (659) GJb 6, 78f. – *Feste... Schiller zu ehren:* über das Scheitern des Unternehmens und ihr in der Folge getrübtes Verhältnis zu Goethe berichtet Henriette in ihren Erinnerungen anschließend ausführlich (ebd 75ff.). Vgl. Nr. 7079.

1754 Caroline 2, 315ff. – Über die gescheiterte Schiller-Feier Kotzebues äußert sich Goethe ausführlich in TuJ 1802 (GA 11, 700ff.). – *seit dem merkwürdigsten Jahr seines Lebens:* vgl. Anm. zu Nr. 1738 unter ‹Reise nach Sibirien›. – *Die Kleinstädter:* vgl. Nr. 1749. – *Konzert bei der Herzogin-Mutter:* vgl. GTgb 25. Febr.: «Im Palais zum Conzert.» – *die alte Kotzebübin schreibt:* aus dem Beschwerdebrief von Kotzebues Mutter vom 3. März vgl. WA IV 16, 413 Anm. Das kassierte Mundum von Goethes grobem Antwortbrief vom gleichen Tage vgl. ebd 47. – *Antwort der Berliner Theaterdirektion:* mit Bezug auf die geplante Aufführung des ‹Ion› (vgl. Nr. 1740 und Anm.). – *Intrigenstück:* vgl. Nr. 1747 und Anm.

1755 Caroline 2, 319ff. – *debitiert:* hinterbracht. – *Fräulein Lesbos:* Amalie v. Imhoff. – *Gegenvisite bei Kotzebue:* vielleicht am 24.10.1801 (vgl. GTgb).

1756 (660) Caroline 2, 324f. – *Persönlichkeiten:* von Goethe gestrichene Anzüglichkeiten in Kotzebues ‹Kleinstädtern› (vgl. Nr. 1754). – *hors d'œvre – Rolle eines Poeten:* Parodie auf A.W. Schlegel. – *Regulus:* Trauerspiel von H.J. v. Collin, am 24. Febr. am Nationaltheater in Berlin mit Iffland in der Titelrolle aufgeführt. – *proniert:* über Gebühr lobt. – *das Ionische Gutachten:* Ifflands Brief über A.W. Schlegels ‹Ion› (vgl. Nr. 1754).

1757 DüntzerStein 2, 149f. – Zur Datierung des Briefes: vgl. Goethes Brief an Henriette v. Egloffstein vom 25. März (WA IV 16, 60). Über die Aufkündigung der ‹cour d'amour› vgl. Henriettes eigene Darstellung (GJb 6, 80). – *die drei Egloffsteinschen Frauen:* vielmehr zwei. – *Lolo:* Schillers Frau Charlotte.

1758 (661) GJb 1, 331 – *ne γρυ quidem:* nicht einmal das Schwarze unter dem Nagel, d.h. keinen Deut. – *Ion... meine Übersetzung des Euripidischen:* erschienen Leipzig 1803. – *Helena des Euripides:* erschienen Zürich 1805. – *bonis avibus:* bei guten Vorzeichen, d.h. zu guter Stunde, mit gutem Erfolg.

1759 (662) Jonas 6, 385 ff. – *mit Goethen ... gesprochen:* wohl am Abend des 17. Mai, vgl. Goethes Brief an Schiller vom gleichen Tage (WA IV 16, 88). – *Almanach von Liedern:* erst 1803 erschien das ‹Taschenbuch auf das Jahr 1804›, hrsg. von Wieland und Goethe (Hagen 203 f.). – *Geschichte der Kunst ...:* der ‹Entwurf einer Kunstgeschichte des 18. Jahrhunderts› ist eingegangen in Goethes 1805 erschienenes Werk ‹Winckelmann und sein Jahrhundert›. Über den Gesamtplan einer umfassenden Kunstgeschichte Meyers vgl. Anm. zu Nr. 1430. – *Honorar ... 100 Carolin:* «Das Honorar ... betrug 400 Laubthaler (was genau der Summe von 100 Carolin entspricht).» (Vollmer 454 Anm.). – *Cellini:* vgl. Anm. zu Nr. 1433. – *Alphabet:* Terminus der Buchdruckerei. Ein Alphabet umfaßt 23 Bogen (bei der Zählung wurden J, V und W weggelassen). – *Goethischen Faust:* vgl. Anm. zu Nr. 1633. – *explizieren:* verständigen. – *Sonnabend nach Himmelfahrt:* 29. Mai. Vgl. GTgb: «Mittag Hofr. Schiller und Cotta».

1760 Urlichs 3, 38 f. – *Freund mit Reichardt:* nach einer Zeit der Entfremdung hatte dieser unter dem Eindruck von Goethes schwerer Erkrankung mit seinem Brief vom 25.1.1801 (JbGG 11, 203 f.) die Beziehung wieder aufgenommen. – *Giebichenstein ... Lauchstädt:* Goethe war vom 19. bis 27. Mai in Lauchstädt, dazwischen vom 22. bis 24. in Giebichenstein. Das neue Theater in Lauchstädt, entworfen von Heinrich v. Gentz, wurde am 26. Juni eröffnet. Über den Theaterneubau vgl. TuJ 1802 (GA 11, 707 ff.). – *Schwester von Reichardt:* wohl die jüngste, Marie Amalie, seit 1798 verheiratet mit Ludwig Tieck (O. F.). – *die hübschen Mädchen:* Reichardts Töchter Luise, Friederike und Johanna.

1761 Reiter 1, 304 – *Mit Goethe:* das Zusammensein in GTgb vom 22.–26. Mai erwähnt.

1762 Reiter 1, 310 – *halbierten Existenzen:* gemeint ist das Sich-Teilen zwischen verschiedenen Personen und Interessen.

1763 (663) GJb 6, 72 f. – *Goethe ... rief mit donnernder Stimme:* der Vorfall, vielleicht nicht einmalig, findet sich auch in andern anekdotischen Berichten (vgl. Zellweker 189 Anm.).

1764 aaO 1, 124 Anm. – Nach A. Genast. In der Quelle irrtümlich auf die Aufführung von A.W. Schlegels ‹Ion› bezogen.

1765 (664) aaO 1, 125 – Nach A. Genast. Dort wie Nr. 1764 auf A.W. Schlegels ‹Ion› bezogen. Die Zuordnung zur ‹Alarcos›-Aufführung nach Bi², der wir gefolgt sind, ist zweifelhaft. Nimmt man den Bezug auf ‹Ion› als gesichert an, so wäre der Bericht auf den 5. Jan. 1802 (Tag nach der zweiten Aufführung) zu datieren.

1766 (665) Jonas 6, 400

1767 (668) GJb 24, 77 ff.

1768 (666) wie 1638 S. 76 f.

1769 (667) Journal des Luxus und der Moden, Weimar 1802, 394 f. – *Charaktermasken:* vgl. Nr. 1742.

1770 (670) Plitt 1, 376 – *Zigeunerpack:* vielleicht nur momentane Unmutsäußerung. Vgl. Goethes freundlichen Brief an Sophie Sander vom 15.1.1802 (WA IV 16, 6 f.).

1771 (671/672) aaO 1, 128 und 130 – *«Was wir bringen»:* ‹Vorspiel bei

Eröffnung des neuen Schauspielhauses zu Lauchstädt› (GA 3, 592f.). Vgl. ferner Goethes kurze Notiz in der ‹Allgemeinen Zeitung› vom 10.10.1802 (ebd 766f.). – *«Titus»:* von Mozart. – *einige Zeit:* Goethe war bis zum 8. Juli, dann wieder vom 21. bis 25. Juli in Lauchstädt. – *Ferdinand Baron von L.:* identisch mit dem in Nr. 5993 genannten schlesischen Baron von Lüttwitz. Die Identifikation ist Oscar Fambach zu verdanken, vgl. JbFDH 1967, 317ff., wo näheres über die ungewöhnliche Persönlichkeit zu erfahren ist.

1772 Kasten 32f. – Datierung nach Goethes Ankunft in Lauchstädt (21. Juni). – *Oellers:* gemeint ist Ehlers. – *wurde so gerührt:* sie meint etwa: wurde so das Tanzbein geschwungen. – *in Halle:* Goethe war vom 9. bis 20. Juli in Halle und Giebichenstein.

1773 (673) J.G. Gruber, August Lafontaine's Leben und Wirken, Halle 1833, 282f.– Anekdotischer Bericht, vgl. die abweichende Fassung in Nr. 1774. Ein Besuch bei Lafontaine wird in GTgb nur unter dem 7.5.1803 notiert. Diese Begegnung muß aber auf bereits bestehender Bekanntschaft beruhen, vgl. TuJ 1803 (GA 11, 718). Für die erste Begegnung käme nach GTgb vielleicht der 10. Juli 1802 in Frage: «Verschiedne Visiten.»

1774 Walter Schwarz, Jugendleben der Malerin Caroline Bardua, nach einem Manuscript ihrer Schwester Wilhelmine Bardua, Breslau 1874, 143f. (JbGG NF 3, 291f.)

1775 Reiter 1, 311 – Zum Briefdatum: da Juni nicht möglich ist, könnte Verschreibung oder Verlesung für Juli angenommen werden. – *trefflichen Effekt:* steht im Gegensatz zu Goethes Äußerung in TuJ 1802: «... Alarkos ... konnte sich ... keine Gunst erwerben.» (GA 11, 699.)

1776 Reiter 1, 316

1777 Thüringisch-Sächsische Zeitschrift für Geschichte und Kunst, Bd 19, Halle 1930, 82 – *einmal allein gesprochen:* die Begegnung ist in GTgb nicht erwähnt.

1778 aaO 366f. (JbSKipp 4, 315f.) – *in einer Gesellschaft von Gelehrten:* vielleicht am 10. Juli (vgl. GTgb). – *Goethe ... fand sich auch ... ein:* am 12. Juli wird in GTgb Besuch im Pädagogium erwähnt. Die Datierung des aus später Erinnerung niedergeschriebenen Berichtes ist damit jedoch nicht gesichert.

1779 Edmund Hildebrandt, Friedrich Tieck, Leipzig 1906, 37 – *seit zwei Tagen:* Goethe kehrte nach GTgb vielmehr schon am 25. Juli abends nach Weimar zurück. – *Souper:* vgl. GTgb 1. Aug.: «Abends Gesellschaft, sämtliche Bauofficianten.» – *Büste der Unzelmann:* vgl. Nr. 1788 und Anm.

1780 (674) Plitt 1, 390 – *Auseinandersetzung:* ausgelöst durch einen Aufsatz in der Allgemeinen Literatur-Zeitung vom 10.8.1802. Wiederabgedruckt mit den im Zusammenhang damit stehenden Dokumenten bei Fambach 4, 622ff. Zu der vorausgegangenen Fehde vgl. Nr. 1527 und 1568 und Anm.

1781 (675) Jonas 6, 417 – *«Was wir bringen»:* vgl. Goethe an Cotta 13.8.1802 (WA IV 16, 113). Das Stück erschien als Einzeldruck bei Cotta in Tübingen 1802 (Hagen 156).

1782 Maurer-Constant 364 – *Kunst- und Theaterausstellungen:* am 24. September wurde die vierte Kunstausstellung im Theater eröffnet, vgl. TuJ 1802 (GA 11, 712f.). – *Wohnung für die russische Schwiegertochter:* Räume in dem im Bau befindlichen neuen Schloß für die Großfürstin Maria Pawlowna, die 1804 mit dem Erbprinzen Carl Friedrich vermählt wurde.

1783 (675a) KnebelBriefw 153 – *unsre lieben Steine:* wohl Geschenk Knebels an Prinzessin Caroline.

1784 Caroline 2, 340f. – Zur Scheidungsangelegenheit vgl. Goethe an Schelling, Carolines späteren Mann, 18.9.1802: «Wegen der bewußten Angelegenheit wünsche ich Sie freilich zu sprechen.» (WA IV 16, 120). Vgl. ferner Caroline an Julia Gotter 18. Febr. 1803: «... ich will und darf Dir nicht sagen, wer mir in dieser Angelegenheit fast väterlich beigestanden hat ...» (Caroline 2, 356).

1785 Kasten 41 – *Victorie:* vgl. Nr. 1286 und Anm.

1786 (676) Bi^2 1, 324 – Berichtigung des Briefdatums (1802) in: Wilhelm von Humboldts Briefe an Karl Gustav von Brinkmann, hrsg. und erl. von A. Leitzmann, Leipzig 1939, 135f. – Das Gespräch fand nach GTgb wohl am 21. September statt.

1787 (683) wie 1779 S. 47 – *Büste Wielands:* diese wurde Schadow übertragen (vgl. Nr. 1789f.).

1788 (677) Gottfried Schadow, Aufsätze und Briefe ..., hrsg. von J. Friedlaender, 2. Aufl., Stuttgart 1890, 68f. Diese und die folgende Nr. in leicht veränderter Form aufgenommen in: J.G. Schadow, Kunst-Werke und Kunst-Ansichten, Berlin 1849, 67ff. – *Kopie nach Tizian von Bury:* Schuchardt 1, 326. Vgl. Nr. 7271. – *Blätter aus Raffaels Psyche:* Schuchardt 1, 337 Nr. 85–94. – *Büste der Madame Unzelmann:* von F. Tieck (vgl. Nr. 1779), bei Schuchardt nicht verzeichnet. – *nach Maßen seinen Kopf zeichnen:* in Schadows ‹Kunst-Werke und Kunst-Ansichten› (Berlin 1849) lautet die Stelle: «... indem ich fragte, ob er verstatten würde, mit dem Zirkel die Maße nehmend, seinen Kopf zu zeichnen?» (Bi^2 1, 324). – *Galls Lehre:* nach Anm. der Quelle «ein Mißverständnis», darauf beruhend, «daß es sich nicht um die Gall'schen Theorien, sondern um wissenschaftliche Feststellung der Maaße des Schädels handelte, daß Schadow ein Werk über die Körpermaaße in verschiedenen Völkern bearbeitete». – *ein anderes Zimmer:* wohl das Juno-Zimmer. – *Medusenkopf:* noch Caroline Sartorius berichtet im Oktober 1808 von einer im Fußboden angebrachten ‹tragischen Maske› (vgl. Nr. 2771). – *Die Catels:* die Brüder Franz und Louis Catel.

1789 wie 1788 S. 72 – *an seiner Göttlichkeit gezweifelt:* in einem kritischen Aufsatz (vgl. Nr. 1701 und Anm.). – *Ausstellung:* vgl. Nr. 1782 und Anm. Schadow hat die Ausstellung nach seinem Tgb am 25. und 27. Sept. besucht.

1790 (684) wie 1788 S. 73 – *eine starke Szene:* ein weiteres Zeugnis für diesen (angeblichen) Vorfall gibt es nicht. – *tracassièren:* Unruhe stiftenden. – *W.:* wohl Wieland.

1791 Kasten 43 – *Rechnung:* wohl für eine Weinsendung.

1792 Jonas 6, 418f. – *[Was wir bringen]:* vgl. Nr. 1781 und Anm. – *Cellini:* vgl. Nr. 1433 und Anm. – *Anmerkungen und Beilagen:* vgl. den ausführlichen ‹Anhang zur Lebensbeschreibung des Benvenuto Cellini› (GA 15, 860ff.).

1793 (679/678) Plitt 1, 422ff. – *Ihre Schrift:* Flugschrift, erschienen bei Cotta in Tübingen 1802. Über den Anlaß vgl. Anm. zu Nr. 1780. – *Szene mit Kotzebue:* Anspielung auf die ‹Ehrenpforte› (vgl. Nr. 1601). – *Goethes, der eben jetzt auf einige Tage hier war:* Goethe, nach GTgb am 12. Okt. in Jena eingetroffen, blieb bis zum 15. Okt. – *[Die Andacht zum Kreuz]:* übersetzt von A.W. Schlegel. – *Guido:* Guido Reni. – *Schwadke:* in der Quelle fälschlich: Schwacke. Korrektur nach O.F. Es handelt sich um eine Kontroverse in der ‹Zeitung für die elegante Welt› Juli–Sept. 1802. – *Oberon:* in Wielands Verserzählung 5. Gesang, Strophe 56.

1794 JbSKipp 5, 105f. – *Zwick:* Schauspieler, von Hofrat Marcus in Bamberg an Goethe empfohlen, von diesem aber abgelehnt; vgl. Goethe an A.F. Marcus 25.11.1801 (WA IV 15, 288f.). – *soupçonnös:* im Original ‹subsonös› = mißtrauisch. – *Frau Wunschel:* in Kotzebues Lustspiel ‹Die beiden Klingsberg› (vgl. JbSKipp 5, 180). – *die J[agemann]:* als Geliebte des Herzogs Carl August.

1795 Johann Heinrich Voß, Briefe, hrsg. von A. Voß, Bd 3, 2. Abt., 2. Ausg., Leipzig 1840, 55f. – *Goethe besuchte uns:* nach Goethes Ankunft in Jena am 17. Okt. wird Voß erstmals am 19. Okt. in GTgb erwähnt.

1796 Voßische Hausidylle, Briefe von Ernestine Voß an Heinrich Christian und Sara Boie, hrsg. von L. Bäte, Bremen 1925, 95 – Zum Briefdatum: Monat unleserlich. Goethe hielt sich bis zum 23. Okt. in Jena auf.

1797 Zu der auf den 16. und 17. März angesetzten öffentlichen Prüfung sämtlicher Classen des Gymnasiums zu Eutin ladet ergebenst ein Dr. Ch. Pansch, Direktor.. Eutin 1864, 2 – Einordnung des undatierten Briefes nach Goethes letztem Jenaer Besuch. Vgl. Hallwags Brief an J.H. Voß vom 30. Dez. 1802, der sich offensichtlich auf den Brief des jungen Voß bezieht (LA II, 3 140f.). – *Stolberg:* Friedrich Leopold; vgl. Anm. zu 2011. – *Optik:* Vorarbeiten zur ‹Farbenlehre›.

1798 (681) Plitt 1, 427 – Schelling wird am 20. Okt. in GTgb genannt. – *Lacrimas:* veröffentlicht erst 1807 durch A.W. Schlegel. – *Stück des Calderon:* ‹Die Andacht zum Kreuz› (vgl. Nr. 1793).

1799 (685) wie 1779 S. 39f. – *Aufsatzes über die hiesige Ausstellung:* ‹Weimarische Kunstausstellung und Preisvertheilung›, erschienen in der ‹Zeitung für die elegante Welt› 7.–16. Oktober 1802 (Fambach 4, 651ff.). Verfasser war Böttiger im Verein mit Herder (O.F.). Vgl. F.A. Hünich in: JbSKipp 5, 277ff., ferner B. Maurach in JbFDH 1978, 250f. – *mit dem Bruder und Hartmann:* Konstruktion undurchsichtig, gemeint soll wohl sein, daß Goethe Ludwig Tieck und Carl F.A. Hartmann in Dresden (nach O.F.) für die Verfasser hält. – *Dein Göttliches Kreuz:* die Calderon-Übersetzung.

1800 (687) Plitt 1, 433 – *Bothe:* im Original richtig ‹Bode›. Geändert nach JbSKipp 6, 272, wo Friedrich Heinrich Bothe als Verfasser genannt wird. Berichtigt bei Fambach 4, 668, der Theodor Heinrich August Bode als Verfasser der 1800 erschienenen ‹Gigantomachia›, einer Satire gegen die Brüder Schlegel, nennt.

1801 (680/688) Plitt 1, 440 – *Calderon:* Schlegel hatte offenbar eine Äußerung Goethes über seine Übersetzung der ‹Andacht zum Kreuz› erwartet. Eine solche findet sich erst im Brief Goethes an A.W. Schlegel vom 5.9.1803 (WA IV 16, 293); vgl. das Konzept dazu von Mitte Juni (ebd 471). – *einen Brief an Sie:* unsere Nr. 1793. – *Urheber jenes Berichts:* vgl. Nr. 1799 und Anm.

1802 (692a) Rohmann 89f. – *Artikel über die Weimarsche Kunstausstellung:* vgl. Nr. 1799 und Anm. Über das Weimarische Wappen, ausgeführt von Heinrich Meyer, vgl. Fambach 4, 660. – *den Verfasser:* Böttiger. Der Schluß liegt nahe, daß C. v. Stein nicht ihn, sondern einen Falschen für den Verfasser hielt.

1803 KnebelNachl 2, 289 – Brief nicht genauer datierbar. – *die Chemie vortragen lassen:* wohl von J.F.A. Göttling.

1804 (1774) aaO 66ff. – *Saalnixe:* nach der bekannten Oper ‹Das Donauweibchen› von Ferdinand Kauer, Textbearbeitung von Vulpius. – *Bertha Götz:* vielmehr Maria Christiane Elisabeth Caroline G. – *Einmal:* Gräf 3, 1, 379 datiert 26. (oder 28.) Okt. 1802 mit Hinweis auf die Erwähnungen in GTgb. Die Erstaufführung fand am 6. Nov. statt. – *«Das Wasser rauscht»:* ‹Der Fischer› (GA 1, 116f.). – *Ritter Hartwig:* Figur in der Oper.

1805 (686a) aaO 2, 158 – *[am 7. November 1802]:* diese genaue Datierung nicht gesichert. – *Heirat:* «Fritz v. Stein hatte brieflich beim Marquis du Fumel in Paris um die Hand seiner Tochter Tinette angehalten, nahm aber, da er lange keine Antwort erhielt, seinen Antrag zurück.» (Bi^2 5, 52).

1806 DüntzerStein 2, 158 – *[Eliza Gore]:* sie starb am 20. Nov.

1807 (686) KnebelBriefw 157f.

1807a Europa 1857 Sp. 690 – *29. November [1802]:* an diesem Tage debütierte der sechzehnjährige (!) Carl Unzelmann als Gürge in dem Lustspiel ‹Die beiden Billets› von Wall; vgl. Goethe an Friederike Unzelmann 2.12.1802 (WA IV 16, 150).

1808 (689) DüntzerKnebel 2, 38 – *Voigt:* wohl der Bergrat J.K.W. Voigt. – *Gegner von Werners System:* unrichtige Behauptung; vgl. Nr. 986 und Anm. – *Briefe und Blätter:* boshafte gegen Schiller und Goethe gerichtete Distichen (vgl. Bode 1, 742).

1809 JbGG 15, 230f.

1810 JbGG 11, 281f. – *promontory of noses des Tristram-Shandyschen Hafen Slawkenburgius:* Erzählung vom Vorgebirge der Nasen im Kapitel 86 von Sternes ‹Tristram Shandy›. «Man trägt Bedenken, die Deutung auszusprechen, die man der Anspielung notwendigerweise dann geben muß, wenn man sich erinnert, welcher Krankheit die Satiriker des 18. Jahrhunderts den Verlust der Nase zuzuschreiben pflegen.» (ebd 295)

1811 JbSKipp 4, 304 – *Chladni:* vgl. GTgb 26. Jan.: «Chladni. Acustic.» – *Clavicimbel:* in der Quelle «Clavicimpel». Gemeint ist ‹Clavicylinder›, ein von Chladni 1800 erbautes Tastenfriktionsinstrument, ähnlich der Glasharmonika.

1812 Kasten 66ff. – Beilage zu Goethes Brief an N. Meyer vom gleichen Tage (WA IV 16, 183ff.). – *Gäste eingeladen:* der Tag, an dem die Gesellschaft stattgefunden hat, ist nicht festzustellen. – *den Kotzebueischen Ausfällen:* mit Bezug auf die gegen Goethe gerichteten Aufsätze im ‹Freimütigen›.

1813 Kasten 63 – *Stück mit Chören:* ‹Die Braut von Messina›. – *sein Trauerspiel:* ‹Die natürliche Tochter›.

1814 (691a) Jonas 7, 12 – *Was wir bringen... Cellini:* vgl. Nr. 1781 und Nr. 1433. Druckfehler im ‹Cellini› führt Goethe in seinem Brief an Cotta vom 7. Febr. an (WA IV 16, 182). – *Reich:* vgl. Anm. zu 1080.

1815 (691) Jonas 7, 14f. – *nicht nach außen produktiv:* vgl. dagegen Nr. 1816. – *Wenn Goethe noch einen Glauben...:* dieser Satz wird von Goethe, leicht abgewandelt, dem Kanzler v. Müller gegenüber am 24. März 1824 zitiert (vgl. Nr. 5440).

1816 Jonas 7, 65 – *Oktober... gedruckt:* Goethes Trauerspiel ‹Die natürliche Tochter› erschien als ‹Taschenbuch auf das Jahr 1804› bei Cotta in Tübingen.

1817 Herbst 2/2, 281 – *hier in Jena:* vgl. Nr. 1795f.

1818 JbSKipp 5, 111f. – *Der verwitwete Hof:* der Kreis um Anna Amalia. – *Partie:* nach französ. ‹parti› = Anhang.

1819 (692) Jonas 7, 18f. – *Ihr Außenbleiben:* ähnlich enttäuscht auf die Absage des geplanten Besuches reagiert Goethe in seinem Brief an Zelter vom 10. März 1803 (WA IV 16, 192ff.). – *eine Tragödie von mir:* ‹Die Braut von Messina›. – *Ich sende das Stück... an Iffland:* Erstaufführung am 14. Juni 1803 mit Musik von B.A. Weber am Nationaltheater Berlin (O.F.). – *wir werden das Stück... bloß deklamieren lassen:* Uraufführung in Weimar am 19. März.

1820 JbGG NF 17, 306

1821 JbSKipp 5, 114ff. – *Cantatrice J[agemann]:* über den wachsenden Einfluß der Sängerin vgl. Nr. 1794 und Anm. – *Diese Woche:* am 8. März. – *Er arbeitet viele Gedichte jetzt aus:* für das von Wieland und Goethe herausgegebene ‹Taschenbuch auf das Jahr 1804›, erschienen bei Cotta in Tübingen.

1822 DüntzerKnebel 2, 42 – *Bajadere:* Goethes Ballade ‹Der Gott und die Bajadere›, vertont von Zelter.

1823 DüntzerStein 2, 163 – *Palmarum:* Palmsonntag fiel 1803 auf den 3. April.

1824 Rohmann 89f. – *Redoute:* Zeitpunkt nicht zu bestimmen.

1825 wie 441 S. 212

1825a Europa 1857 Sp. 683

1826 Jonas 7, 29f.

1827 Urlichs 1, 474f. und Ebers/Kahlert 159 – *der erste Teil... «Eugenie»:* Uraufführung der ‹Natürlichen Tochter› am 2. April. Das Trauerspiel war ursprünglich als 1. Teil einer Trilogie geplant.

1828 Schellberg/Fuchs 308 – Brief aus Weimar. – *en Almanach:* d.h. als Taschenbuch (vgl. Anm. zu Nr. 1816). – *die beiden andren Teile sind auch fertig:* von der Fortsetzung sind nur Bruchstücke erhalten, vgl. die Tabelle bei Gräf 2, 3, 514.

1829 Bö 1, 258f.

1830 wie 441 S. 433 – Ähnlich Caroline an Jean Paul, 12.4.1803 (Jean Paul und Herder, hrsg. von P. Stapf, Bern und München 1959, 121).

1831 (693) Kasten 89f.

1832 (695) Plitt 1, 454 – *Calderonschen Werken:* Bd 1 des ‹Spanischen Theaters›, erschienen 1803 bei Unger in Berlin. – *[in Jena]:* seit 17. April. – *Von Goethes neuem Stück:* der ‹Natürlichen Tochter›.

1833 (682) wie 1795 S. 56f. – *nach Jena:* wie schon im Oktober 1802 (vgl. Nr. 1795), so vom 17. bis Ende April 1803.

1834 (682a/855) Heuermann 157f.

1835 (694) wie 1795 S. 58 – *das erstemal:* vgl. GTgb 21. April: «Bey Voß. Jambische Lehre.» – *Reineke Fuchs:* vgl. Nr. 1107 und Anm.

1836 JbSKipp 5, 127 – *nach Lauchstädt:* Goethe hielt sich während einer Rundreise am 3./4. und 9./10. Mai in L. zur Regelung von Theaterangelegenheiten auf.

1837 (696) Herbst 2/2, 267 – *von Lauchstädt:* vielmehr von Weimar, wo Goethe sich nach seiner Reise ein paar Tage aufgehalten hatte.

1838 (697a) Herbst 2/2, 278f. – *[Kotzebues] Freimütiger:* vgl. Nr. 1812. Inzwischen waren weitere Ausfälle erschienen.

1839 (vgl. 697) Deutschland, weimarische Landeszeitung Nr. 127, 7.5.1905 – Zur Datierung vgl. GTgb 16. Mai: «Hr. Präs. v. Herder.» Vgl. ferner Gr 223 Anm. zu S. 45: «im Mai 1803 war Herder zur Einführung des Superintendenten Marezoll nach Jena gekommen und wohnte dort mit Goethe zusammen im Schloß.» Der Vorfall kann sich demnach nicht bei einer Vorlesung der ‹Natürlichen Tochter› im Kreise von Professoren ereignet haben. Wie sehr Goethe durch Herders Äußerung verletzt war, zeigt seine Darstellung in dem Abschnitt ‹Herder› der ‹Biographischen Einzelnheiten› (GA 12, 625f.) und seine Äußerung gegenüber dem Kanzler v. Müller am 8.6.1821 (unsere Nr. 4857). In beiden Fällen spricht er die Herdersche Äußerung nicht aus. Wir wissen also nicht, was dieser wirklich gesagt hat. Von den beiden überlieferten (einander widersprechenden) Fassungen in diesem und dem folgenden Stück muß die zweite als unglaubwürdig abgelehnt werden. Als sicher darf angenommen werden, daß Herder ein indezentes, Goethe kränkendes Wortspiel mit der ‹Natürlichen Tochter› und dem ‹natürlichen Sohn› gemacht hat.

1840 (vgl. 697) Bi^1 9, 280 – Vgl. Anm. zu Nr. 1839.

1841 (697b) Jonas 7, 40 – *Vokation:* als Professor der Medizin in Jena.

1842 Kasten 95 – *einen Brief erhalten:* der letzte Brief Goethes an N. Meyer ist vom 12. Mai (WA IV 16, 223f.). – *in Jena:* Goethe hielt sich bis zum 25. Mai dort auf. – *bis Freitag:* 20. Mai. Vgl. GTgb: «Schickt ich den Wagen nach Weimar.»

1843 Maurer-Constant 372 – *Anhang zu seinem Benvenuto Cellini:* vgl. Nr. 1792 und Anm. – *in fünfzehn Akten:* vgl. Nr. 1828 und Anm.

1844 (698) Archiv 4, 463 – *[am 22. Juli 1803]:* vgl. GTgb: «Grüner und Geselle.»

1845 Friederike Brun, Wahrheit aus Morgenträumen und Idas ästhetische Entwicklung, Aarau 1824, 223f.(JbGG NF 3, 292f.) – *In Jena:* wo

Goethe sich vom 7.–11. Aug. aufhielt. – *[8. August 1803]:* vgl. GTgb: «Bey Mad. Brun...Mad. Brun und Familie bey mir.» – *Karlsbad:* vgl. Nr. 1222ff. – *[Ida]:* damals achtjährig. – *mit meinem Sohne:* Karl. – *Tiger:* vgl. Anm. zu Nr. 1483.

1846 Insel-Almanach 1918, 62f. – Der Bericht wird eingeleitet: «Ein anderes etwas boshafteres Beispiel, das wenigen Lebenden bekannt sein dürfte, kann ich ihm [Goethe] nacherzählen, da er es mir mehr als einmal erzählt hat.» (ebd 62). – *Lady Hamilton:* Goethe lernte sie als Geliebte Hamiltons, ihres späteren Mannes, 1787 in Neapel kennen und schildert in ItR ihre ‹Exhibitionen› (GA 11, 228f.).

1847 wie 1734 S. 127

1848 (699) KnebelBriefw 179 – *[Über Knebels Übersetzung des Lukrez]:* vgl. Nr. 1480 und Anm.

1849 (700) DüntzerStein 2, 179f. – *[Beim Tee in Schillers Hause.]:* dieser soll nach der Quelle am 27. Aug. stattgefunden haben. Danach das Briefdatum. – *Helvig:* seit kurzem Mann der Amalie v. Imhoff.

1850 JbSKipp 5, 132 – *Der Freimütige Schuft:* im ‹Freimütigen› war am 19.8.1803 ein Aufsatz unter dem Titel ‹Eine sehr interessante Neuigkeit für alle Freunde der Litteratur› erschienen. Vgl. O. Fambach in: Euphorion Bd 56, 418ff. – *scil.:* scilicet = versteht sich (ironisch). – *bis die Literatur-Zeitung nach Halle kam:* der Herausgeber Ch. G. Schütz bereitete die Verlegung der ‹Allgemeinen Literatur-Zeitung› nach Halle zum Beginn des Jahres 1804 vor. – *die Jenaische Literatur-Zeitung:* Goethe verhandelte gleichzeitig mit dem bisherigen Mitherausgeber H.K.A. Eichstädt über die Neugründung der ‹Jenaischen Allgemeinen Literatur-Zeitung›, an der Goethe in den folgenden Jahren regen Anteil nahm. Sie bestand bis 1832.

1851 (700a) DüntzerStein 2, 181 – *Visite:* nach der Quelle soll der Besuch am Tage der Abfassung des Briefes stattgefunden haben. – *Skiöldebrands Reisen nach Kap Nord:* Voyage pittoresque au Cap Nord 1801; vgl. Nr. 3321 und Anm.

1852 (701) Jonas 7, 77 – *Riemer:* war am 3. Sept. in Jena angelangt, nachdem er vorher Hauslehrer bei Humboldts gewesen war. – *Griesbach hoffnungslos krank:* er starb erst 1812.

1853 (702) Heitmüller 36 – *Julius Caesar:* von Shakespeare. Erstaufführung in A.W. Schlegels Übersetzung am 1. Okt. in Weimar.

1854 Karl Theodor Gaedertz, Was ich am Wege fand...N.F. Leipzig 1905, 66f. – *«Britannicus»:* in Overbecks Übersetzung offenbar nirgendwo aufgeführt (O.F.).

1855 (703) Jonas 7, 82 – *Kunstausstellung in Weimar:* es ist die fünfte Kunstausstellung. Vgl. Goethe an A.W. Schlegel, 2.10.1803 (WA IV 16, 315).

1856 (738a) Jonas 7, 119

1857 (703a) Gerhardt 146f. – Fernow in GTgb am 8. und 9. Okt. erwähnt; für die Unterredung mit Goethe ist wohl der 12. Okt. anzusetzen. – *Unterricht im Italienischen:* Fernow war von 1794 bis 1802 in Rom gewesen und hatte eine Italienerin geheiratet. Veröffentlichte 1804 eine zweibändige ‹Italienische Sprachlehre für Deutsche›.

1858 GJb 18, 149 – *[am 13. Oktober]:* vgl. GTgb: «Abends privat Vorstellung von Mahomet.» Zu ‹Mahomet› vgl. Anm. zu Nr. 1543. – *der zweite Teil seiner Eugenie:* vgl. Anm. zu Nr. 1828. – *Mémoires...:* die Quelle für Goethes ‹Natürliche Tochter› waren in der Tat die ‹Mémoires historiques de Stéphanie-Louise de Bourbon-Conti, écrits par elle-même›, 2 Bde, Paris 1798.

1859 KnebelNachl 2, 350

1860 Alexandre Duval, Œuvres complêtes, tome sixième, Paris 1822, 401 f. – ‹Le Chevalier d'Industrie› ist eine Komödie von Duval. – *le moment où il se disposait à partir:* Goethe fuhr laut Tgb am 1. Nov. nach Jena. Danach, FBdm folgend, Einordnung und Datierung. – *un livre:* gemeint ist der ‹Werther›, von dem im folgenden die Rede ist. Duval hatte versucht, den ‹Werther› zu dramatisieren.

1861 (703b) Gerhardt 150 – *bei Frommann:* vgl. GTgb 5. Nov.: «Abends bei Frommanns, wo Thibaut, Fernow, Loder, Hufeland und Paulus waren.» Danach das Datum des undatierten Briefes erschlossen. – *die... Abtrünnigen:* Loder ging nach Halle, Hufeland und Paulus nach Würzburg.

1862 HegelBr 1, 78 – *Goethe:* der sich bis zum 12. Nov. in Jena aufhielt. – *und Apparate:* zu ergänzen: und auf Apparate. Gemeint sind, dem Zeitgebrauch entsprechend, Instrumentarien, auch Sammlungen zu naturwissenschaftlichen Zwecken.

1863 Bode 2, 15 – Datum des Briefes unbekannt. Goethes Nichte Luise Nicolovius, Tochter seiner Schwester Cornelia, lebte in Eutin, dem früheren Wohnort der Familie Voß. – *den raschen Knaben:* d.h. den kurz nacheinander geborenen Söhnen.

1864 (719) wie 1795 S. 58 ff. – *Sammlung so schöner Lieder:* im ‹Taschenbuch auf das Jahr 1804› (vgl. Anm. zu Nr. 1821). Vgl. auch Nr. 1870.

1865 (716) Philipp Otto Runge, Briefe in der Urfassung, hrsg. von Karl Friedrich Degner, Berlin 1940, 147 f. – Ph. O. Runge hielt sich mit Ludwig Tieck vom 14. bis 19. November in Weimar auf.

1866 (717) wie 1865 S. 150 – *[18. November]:* vgl. GTgb: «Mittags die Herren Tieck und Runge.» Die gleiche Eintragung bereits am 17. Nov.

1867 (718) Urlichs 1, 481 – *der Herr bedarf ihrer:* Matth. 21, 3.

1868 (717a) Heitmüller 38 f. – *Böttigers Weggehn nach Berlin:* vgl. Ludwig Geiger: Böttigers Berufung nach Berlin. In: Euphorion 1, 1894, 350 ff. Böttiger ging vielmehr im Mai 1804 als Direktor des Pageninstituts nach Dresden.

1869 HVoß 13 – *[in Jena]:* seit 24. Nov. – *schon wieder bei meinen Eltern:* vgl. Anm. ebd: «... im Sommer 1803 erkrankte Heinrich nicht unbedenklich an der Gicht und verbrachte traurige Wochen in der Einsamkeit der Krankenstube.»

1870 (731) HVoß 14 f. – Eine Charakteristik der Briefe des jungen Heinrich Voß gibt Abeken (vgl. Heuermann 61 ff.). – *[4. Dezember 1803?]:* vgl. GTgb: «Abends bey Voß.» Es ist aber nicht gesichert, ob es sich um diesen Besuch handelt. – *Liederalmanach:* vgl. Nr. 1864 und Anm. – *über Schlegel sprach er:* ob A.W. oder Friedrich oder beide Schlegels gemeint sind, muß offen bleiben. – *gegen keinen Menschen hat...:* hier folgt nach Bi[1] 8, 277: «Er betrachtet die Menschen als Naturproducte, und wie könnte er sich da über den Makassarischen Giftbaum ärgern. Jeden individuellen Charakter achtet er, selbst einen Kotzebue, insofern er, wenn ihm der liebe Gott nun eine eselhafte Natur gegeben hat, dieser consequent folgt und so seinen Wirkungskreis (gleichviel ob positiv oder negativ) ausfüllt. (Goethe als handelnder Mensch ist freilich ein anderer, als wenn er betrachtet und anschaut.)» – *Schlegels Apotheose:* ‹Göthe. Ein Fragment›. In Reichardts ‹Deutschland› Bd 1, 1796, 258 ff. Als Verfasser wurde fälschlich A.W. Schlegel genannt. Später Berichtigung, das Fragment stamme von Friedrich Schlegel (O.F.). – *«Blumensträuße»:* A.W. Schlegel: Blumensträuße italiänischer, spanischer und portugiesischer Poesie. Berlin 1804.

1871 wie 1796 S. 107 – *nach Weimar:* der Besuch des Ehepaars Voß bei Goethe fand vom 9. bis 11. Febr. 1804 statt. Vgl. Nr. 1908. – *in Jena:* vgl. Nr. 1869 und Anm. Goethe blieb dort bis zum 24. Dezember.

1872 Diezmann 39 – Brief aus Coburg. Stahl war bis 1802 als Mathematiker an der Universität Jena.

1873 KnebelBriefw 188 f. – *Madame de Staël:* die bekannte französische Schriftstellerin war 1803 von Napoleon verbannt worden und lebte seitdem auf Reisen. Henriette v. Knebel gibt in einer Nachschrift ihres Briefes noch eine Charakteristik von ihr. – *Goethe... will sie da sehen:* in seinem Brief an Schiller vom 13. Dez. hatte Goethe bereits seinen Entschluß, in Jena zu bleiben, ausgesprochen (vgl. WA IV 16, 376). – *ein paar Monate hier zu bleiben:* sie blieb bis zum 29. Febr. 1804 in Weimar. Vgl. Goethe über sie TuJ 1804 (GA 11, 732 ff.).

1874 (721) Ebers/Kahlert 167

1875 (722) KnebelBriefw 190 – *künftigen Sonnabend:* 24. Dezember. Goethe kündigt seine Ankunft in Weimar im Brief vom 19. Dez. der Madame de Staël an (WA IV 16, 383).

1876 KnebelBriefw 191 – *an die Schillern geschrieben:* am 20. Dezember. Die genannte Stelle lautet: «... zu einer Zeit, die mir die verdrießlichste im Jahre ist... und wo ich Herdern beneide, wenn ich höre daß er begraben wird.» (WA IV 16, 386). Herder war am 18. Dezember gestorben.

1877 (723) wie 1638 S. 183 – Das Briefdatum in der Quelle fälschlich: 14. Dezember. Berichtigt nach der ersten Begegnung Goethes mit Madame de Staël.

1878 Revue des Deux Mondes, 84e Année, 6e Période, Tome 21, Paris 1914, 345 – Vgl. den Abdruck mit Übersetzung in: JbGG NF 13, 212.

1879 J.A. Stargardt, Auktionskatalog 567, 1964, 72 Nr. 361 – Vollständig in: Benjamin Constant et Madame de Staël: Lettres à un ami. Cent onze lettres inédites à Claude Hochet, publiées... par Jean Mistler. Neuchâtel 1949, 60 f. – *Il m'a dit:* der Satz beginnt: «Dites à Villers qu'il m'a dit...».

1880 (720) Morgenblatt Jahrg. 49, 1855, 658 – *er sei über vierzig Jahre* *alt:* gemeint ist sicher: sechzig, vgl. die folgende Nummer. – *Delphine:* ihr Briefroman, erschienen in 2 Bänden Genf 1802, in deutscher Übersetzung in Leipzig bereits 1800/01. – *Anzeige ... in der Jenaischen Literatur-Zeitung:* nicht erschienen.

1881 (725) Norman 1, 48

1882 (724) wie 1880 S. 659 – *[am 27. Dezember 1803]:* vgl. GTgb: «Früh bey Mad. de Stael ... um 6 Uhr zum Thee bey Frau v. Stael.» – *Schillers Bekanntschaft:* vgl. die Schilderung der Madame de Staël über ihre erste Begegnung mit Schiller am 15. Dezember in ‹De l'Allemagne›, wiedergegeben NA 42, 370f.

1883 (726) Rohmann 91f.

1884 KnebelBriefw 193

1885 Reiter 1, 355 – *die bei Ihnen verlebten ... Tage:* Wolf hielt sich vom 28. Dez. bis 6. Jan. in Weimar auf.

1886 (729) Heitmüller 40ff. – *zu Bett liegt:* vgl. GTgb 3., 9. und 10. Jan. – *Humors:* in der Quelle fälschlich ‹Homers›.

1887 JbSKipp 5, 136 – *Götz von Berlichingen:* Über die Entstehung der Theaterbearbeitung des Götz (WA I 13^1, 185ff.) vgl. WA I 13^2, 245f. Über die Aufführung vgl. Nr. 2001ff. – *der zweite Teil der Natürlichen Tochter:* vgl. Anm. zu Nr. 1828.

1888 Kasten 127 – *Herr Prof. Sartorius:* war vom 15.–20. Okt. 1803 in Weimar. – *Graf Harrach:* vom 24. Sept. bis 1. Okt. 1803 in GTgb erwähnt. – *Prof. Fernow:* am 1. und 2. Jan. 1804 in GTgb erwähnt.

1889 Benjamin Constant, Journaux intimes, publ. par A. Roulin et Ch. Roth, Paris 1952, 53 – In Übersetzung Bode 2,5. – Constant war der Begleiter der Madame de Staël. Vgl. A. Haas: Benjamin Constants Gespräche mit Goethe 1804. In: Euphorion Bd 7, 1900, 521ff.

1890 (733) A.E. Ticknor, The Life of J.G. Cogswell as sketched in his letters, Cambridge/Mass. 1874, 55 – Überlieferung fragwürdig, möglicherweise ist Welcker der Gewährsmann von Cogswell. Vgl. die ausführliche Anm. Bi^2 5, 54 zu Nr. 733. – *a ship of war:* vgl. das ähnliche Bild vom Schiff, überliefert von Falk (Nr. 2916, Bd 2, 428f.).

1891 (732) wie 1880 S. 658f. – *Geistergruß:* das Gedicht ‹Geistes-Gruß› (GA 1, 68). – *reculiere:* sich zurückziehe. – *meinen Abgang von Weimar:* vgl. Anm. zu Nr. 1868.

1892 GJb 4, 325

1893 wie 1880 S. 660 – Die von Madame de Staël überlieferte Äußerung auch in: JbGG NF 13, 214 mit Übersetzung.

1894 wie 1880 S. 663 – *Goethes Fischer:* die Ballade ‹Der Fischer› (GA 1, 116f.). – *[am 26. Januar]:* vgl. GTgb: «Abends Fr. v. Stael mit Hrn. Hofr. v. Müller ...»

1895 (758) wie 1880 S. 684 – τὸ πρέπον: das Angemessene (im Original fälschlich ‹πρωπον›, seit Bi^1, 259 irrig konjiziert: ‹πρῶτον›

1896 (730) DüntzerStein 2, 193 – *Glück gewünscht:* vgl. Goethe an Charlotte v. Stein 24. Jan. (WA IV 17, 26). Außerdem war sie am gleichen Tage bei ihm (vgl. GTgb). Fritz hatte sich mit der einzigen Tochter des Freiherrn von Stosch auf Gustau, Helene, verlobt.

1897 (734) wie 1889 S. 54 – *sur la politique:* es folgt ein Zusatz, von dem unklar ist, ob er noch in den Zusammenhang des Berichts gehört und etwa eine Äußerung Goethes wiedergibt: «Anecdote plaisante: ‹Tu es un fichu cochon. Va-t-en commander la troupe d'élite› ».

1898 (735) Aphor 286

1899 (737) Pollmer 248 (vgl. Aphor 286) – Einordnung des undatierten Stücks folgt der Riemerschen Anordnung.

1900 wie 1878 S. 352 – Wiedergabe des Stücks mit Übersetzung in: JbGG NF 13, 214f. – *nouvelle philosophie:* vgl. Nr. 1897. – *une petite:* dazu die Anm. in der Quelle: «Mme de Stael avait traduit en vers: le Dieu et la Bayadère.»

1901 (739) wie 1880 S. 631 – *9. Februar:* die letzten Erwähnungen der Madame de Staël am 3. und 6. Febr. in GTgb. – *noble ennui:* edle Langeweile. – *die erste Vorstellung dieser Eugenie:* am 2. April 1803 (vgl. Nr. 1827). Die Vorstellung ist in GTgb zwar erwähnt; man weiß jedoch nicht, ob er ihr beigewohnt hat.

1902 (739a/3112) Heitmüller 42f.

1903 (740) Jonas 7, 121 – *sein Anliegen wegen russischer Kupfermedaillen:* vgl. Goethe an Wolzogen 4. Febr. (WA IV 17, 49f.).

1904 AWSchlegelBr 1, 180f. – *vortrefflichen Beitrag:* die Rezension von ‹Vier Tragödien des Äschylos übersetzt von F.L. Gr. z. Stolberg›. Goethe hatte sich im Brief vom 7. Febr. an A.W. Schlegel kurz dafür bedankt. Die Rezension erschien in Nr. 48–50 der Jenaischen Allgemeinen Literatur-Zeitung vom 25. Febr. 1804ff. – *Ihre Kritik über Schützens Aeschylus:* innerhalb seiner Rezension hatte Schlegel einzelne Lesarten der Schützischen Ausgabe der Tragödien des Aeschylus getadelt. Die Bitte um Mäßigung sprach Goethe in seinem Brief an Eichstädt vom 29. Jan. aus (WA IV 17, 39). Am 19. März teilt Eichstädt Schlegel mit: «Mit der leichten Abänderung einer Stelle, welche Schützens Aeschylus betrifft, werden Sie, wie ich hoffe und wünsche, zufrieden seyn...» (AWSchlegelBr 2, 77).

1905 Kasten 130f. – Briefdatum gegenüber der Quelle – «[Ende März 1804]» – korrigiert. Das Ehepaar Voß war vom 9. bis 11. Febr. in Weimar; der junge Heinrich Voß kam am 12. Febr. – *Götz von Berlichingen:* vgl. Nr. 1887 und Anm.

1906 Herbst 2/2, 22

1907 Herbst 2/2, 281 – *Rezension des Schlegel:* der Abdruck von Overbecks Rezension der ‹Blumensträuße› (vgl. Nr. 1870 und Anm.) wurde von Goethe im Brief an Eichstädt vom 29. Febr. abgelehnt (WA IV 17, 80f.). – *mit dem Knaben...säuberlich verfahren:* nach Sam. 2, 18, 5. Vgl. Goethe an Eichstädt aaO: «Aber einen Mann wie Schlegel, der so viel geleistet hat, dürfen wir nicht wie einen Schüler abfertigen.»

1908 (767/719) wie 1795 S. 60ff.

1909 (755/741/748/749/742) HVoß 16ff. – *zehn Tage bei Goethe:* 12.–20. Febr. – *schwul:* schwül im Sinne von beklommen. – *[Sonntag, den 12. Februar]:* vgl. GTgb: «Mittag der junge Voß von Jena.» – *er fragte mich...nach meiner Gesundheit:* über seine Krankheit vgl. Anm. zu Nr.

1869. – *den ersten Abend:* vgl. GTgb 12. Febr.: «Abends Thee und Abendessen: Dem. Silie, Hr. und Mad. Müller, Hr. Grüner, Hr. Wolff, Hr. Ehlers, Hr. Oels.» – *Stelle von der Trauung:* in der dritten Idylle, 1. Gesang, von Voß' «Luise», mit dem Titel «Die Vermählung» – *Pfarrer von Grünau:* vgl. Vers 1 der dritten Idylle: «Wer den redlichen Pfarrer von Grünau neulich besucht hat...» – *Silie:* Friederike Petersilie, später verheiratete Unzelmann. – *«Prometheus»:* von Aischylos. – *die «Mythologischen Briefe»:* von J.H. Voß, 2 Bde, Königsberg 1794. – *nil admirari:* sich nicht imponieren lassen (Horaz, Epistel I, 6, 1). – *den Platonischen Ausspruch:* Theaet. 155 d, vgl. den Abschnitt ‹Betrachtungen über Farbenlehre und Farbenbehandlung der Alten› im Historischen Teil der Farbenlehre (GA 16, 328). – *einen mächtigen Eindruck machen:* vgl. H.Voß an H.Ch. Boie 25. Febr. 1804: « ‹Der ist ein Tölpel›, sagte er, ‹den die ewigen Naturgesetze in großen oder kleinen Maßen nicht in Staunen setzen, und so seiner Seele einen Aufschwung geben, ihnen nachzuforschen und auf den innersten Grund zu dringen. Aber der wahre Weise und der wahre Mensch höret auf mit dem Nicht-Bewundern.» (Mittheilungen über Göthe und Schiller in Briefen von Heinrich Voß, hrsg. von A. Voß, Heidelberg 1834, 4.)

1910 (743) wie 1889 S. 59 – *le tableau de Polygnote:* vgl. den von Goethe und Meyer verfaßten Beitrag ‹Weimarische Kunstausstellung vom Jahre 1803 und Preisaufgabe für das Jahr 1804›, erschienen in der Jenaischen Allgemeinen Literatur-Zeitung, Extra-Beilage zum 1. Januar 1804 (GA 13, 363 ff., speziell 383 ff.).

1911 (745) Bi[1] 8, 283 und HVoß 36 – *(lacrymosa poëmata Puppi):* die rührseligen Trauerspiele des Pupius (Horaz, Epistel I, 1, 67). – *«Herodes vor Bethlehem»:* Mahlmanns Parodie auf Kotzebue wurde in Weimar nicht gegeben (O.F.).

1912 (746) wie 1889 S. 60 – *Souper... chez Goethe:* vgl. GTgb: «Abends Mad. de Stael und Hr. von Constant.» – *Werther:* vgl. die von Kanzler Müller überlieferte Äußerung über den ‹Werther› vom 30.5.1814 (Nr. 3940).

1913 wie 1880 S. 662 – *Übersetzung des Fischers:* vgl. Nr. 1895.

1914 aaO 2, 496 f.

1915 (754/750/744/753/747) HVoß 21 ff. – *vor Verona:* vgl. ItR unter dem 14.9.1786 (GA 11, 34 ff.). – *schwul:* vgl. Nr. 1909 und Anm. – *die Gefängnisse von außen betrachtet:* vgl. über den «Palast der Justiz» in Verona ItR unter dem 16.9.1786 (GA 11, 46 f.). – *«Delphine»:* vgl. Nr. 1880 und Anm. – *sich einen effort geben:* alle Kraft zusammennehmen. – *der Flußgott Achelous:* im griechischen Mythos rang der Flußgott Acheloos mit Herakles um den Besitz der Deianeira in wechselnder Gestalt (Schlange, Stier). – *die Schweine im Homer:* die von Circe in Schweine verwandelten Gefährten des Odysseus im 10. Gesang der Odyssee. – *Bandwurm in Delilles L'homme des champs:* Jacques Delille, L'homme des champs, ou les Géorgiques françaises, 1800, 3. Gesang, Vers 546 f.: «le ver assassin,/En rubans animés vivant dans notre sein.» – *von den Hyperboreern, Greifen und Arimaspen:* vgl. Herodot III 102/16, IV 27 (E. Grumach, Goethe und die Antike, Bd 2, Berlin 1949, 842 Anm.).

1916 (751) Bi[1] 8, 284 – *in Tiecks Minneliedern:* Minnelieder aus dem Schwäbischen Zeitalter. Berlin 1803.

1917 (752) Bi[1] 8, 284 – *Manne in G[iebichenstein?]:* Reichardt?

1918 (754) Bi[1] 8, 280

1919 HVoß 25 – *willigte er in meine Abreise:* vgl. HVoß an Hellwag 13.3.1804: «Als die paar Tage um waren, sagte mir Goethe: an meine Abreise wäre nun gar nicht zu denken; er wäre in dieser Zeit mein Vater und hätte zu befehlen. Das ließ ich mir denn auch gefallen...» (Bode 2, 12)

1920 (756) wie 1880 S. 681 – *Alarcos:* von F. Schlegel. – *(turpe est difficiles habere nugas):* es ist schmählich, das Läppische kompliziert zu machen. – *Parallele zwischen... der Plastik:* Konstruktion des Satzes unklar, es sollte wohl heißen: ‹*und* der Plastik›.

1921 HegelBr 1, 80 – *die Reinhold[sche] Rezension Krugs:* in der Jenaischen Allgemeinen Literatur-Zeitung vom 6. und 7.1.1804.

1922 (756a) wie 1889 S. 63 – *Visite à Goethe:* vgl. GTgb: «Gegen Mittag Hr. v. Constant.» – *la géographie des Anciens:* vgl. die gleichzeitigen Zeugnisse über Beschäftigung mit der «alten Geographie» bei GrumachAntike 2, 838f.

1923 wie 1889 S. 63 – *Soirée et souper:* vgl. GTgb: «Bey Frau v. Stael Abends zu Tische.»

1924 aaO S. 28 – *Moreaus Gefangennehmung:* der französische Feldherr J.V. Moreau wurde wegen angeblicher politischer Umtriebe verurteilt. Vgl. Constants Tgb-Eintragung vom 27. Febr.: «Journaux de France, Arrestation de Moreau.» (Quelle wie Nr. 1889, vgl. Anm. ebd S. 480). Vgl. Goethes Darstellung des Gesprächs in TuJ 1804 (GA 11, 734f.).

1925 wie 1889 S. 63 – *Soupé:* vgl. GTgb: «Abends bey Durchl. der Herzogin Amalia zu Tafel.» Da Madame de Staël am 1. März Weimar verlassen hat (vgl. Goethes Empfehlungsbillett an A.W. Schlegel von diesem Tage WA IV 17, 85), hat auch sie wohl an dem Abendessen teilgenommen.

1926 Insel-Almanach 1918, 62 – *eine Bouteille Champagner getrunken:* vgl. TuJ 1804 (GA 11, 735). – *Schmollis getrunken:* nach einem studentischen Ausdruck: Brüderschaft getrunken. Goethe gibt seine scherzhafte Äußerung aaO vielmehr so wieder: «da müssen wir uns denn doch schon manchmal zusammen bespitzt [d.h. einen leichten Rausch angetrunken] haben.»

1927 (757) wie 1880 S. 661 – *courageuse:* mutig (nur von Personen gebraucht). – *hardie:* kühn

1928 (759) Archiv 4, 401 – *Berlin:* Brief aus Berlin, wohin Madame de Staël nach ihrem Weimarer Aufenthalt gefahren war.

1929 Zoeppritz 1, 319 – Vgl. JbGG NF 13, 215: anderer Ausschnitt des Briefes mit Übersetzung.

1930 (760) Mme de Staël, de l'Allemagne, nouvelle édition publiée... par la Comtesse Jean de Pange..., Paris 1958, 2, 78f. und 81f. – Vgl. JbGG NF 13, 216f. mit Übersetzung.

1931 wie 1880 S. 683 – *eine liebenswürdige... Frau:* nicht ermittelt.

1932 KnebelBriefw 198

1933 DüntzerStein 2, 195 – *auf dem Schlitten gefahren:* vgl. GTgb 5.–7.

März täglicher Eintrag. «Schlitten gefahren.» - *Deine vorseiende Heirat:* vgl. Nr. 1896 und Anm.

1934 StG 7, 60

1935 (763a) Gerhardt 159 - *Goethe:* Erwähnung Fernows in GTgb am 4. März. - *Erfüllung meiner Wünsche:* vgl. Nr. 1940f. - *interzedieren:* vermitteln.

1936 (762) aaO Jahrg. 1896 Nr. 10

1937 (777) Jonas 7, 138 - *Erscheinung des Parricida:* in der Schlußszene des ‹Tell›. Vgl. dagegen Goethes Distanzierung von dieser Szene gegenüber Eckermann am 16.3.1831 (GA 24, 480).

1938 (763) Bi^2 1, 357f. - *Szene vor Stauffachers Haus:* 1. Akt 2. Szene.

1939 (764) wie 1889 S. 67 - Constant hielt sich seit dem 10. März erneut in Weimar auf. - *Promenade avec Goethe:* vgl. GTgb: «... mit Hrn. v. Constant spatzieren gefahren.» - *La nouvelle philosophie:* ähnliches Gesprächsthema wie am 27. Jan. (vgl. Nr. 1897).

1940 (773a) Gerhardt 159f. - Letzte Erwähnung Fernows in GTgb 17. März.

1941 Gerhardt 160

1942 Norman 1, 39 - *at the Theatre:* zur Uraufführung von Schillers ‹Wilhelm Tell›. - *you... have never once paid me a visit:* Robinson war seit 1801 in Jena und hatte Goethe in Begleitung anderer am 20. Nov. 1801 besucht (vgl. Nr. 1716ff.).

1943 (765) Norman 1, 39f. - *I dined with him several times:* in GTgb zu dieser Zeit nicht erwähnt.

1944 (765) Norman 1, 40f. - *«Venice Preserved»:* Tragödie von Thomas Otway. In der Bearbeitung von Vallott wurde ‹Das gerettete Venedig› am 14.10.1794 und 15.1.1795 in Weimar aufgeführt. Erneute Beschäftigung mit dem Stück in Goethes Billett an Schiller vom 2.3.1803 (WA IV 16, 205) bezeugt.

1945 (1060a) aaO 1, 147 - *zum ersten Mal:* sie debütierte bereits am 14. Jan. 1804 als Adolpho in Paers Oper ‹Camilla› (O.F.).

1946 (766) wie 1889 S. 67 - Bode 2, 13 in Übersetzung. - *Pris congé de Goethe:* vgl. GTgb: «Früh Hr. v. Constant.» Dieser verließ am 20. März Weimar.

1947 JbSKipp 4, 304f. - Briefempfänger nach Schleif 259 Anm. 60: Nikolaus Meyer in Bremen. - *bis Ostern:* 1. April. - *begleiten:* Schleif 151 konjiziert richtig: bekleiden.

1948 KnebelBriefw 200 - *Altenstein:* «Der jüngere Bruder des Ministers [Karl Freiherrn vom Stein zum Altenstein], der mit dem später ins preußische Ministerium berufenen Arzt Langermann in Berlin gewesen war.» (Anm. ebd). - *menagiert:* behutsam behandelt.

1949 (768) Norman 1, 42 - *Auszug:* Der ‹Auszug der Studenten aus Jena› war vielmehr schon am 19. Juli 1792 (vgl. Goethes Bericht GA 12, 742); vgl. auch den Brief R.s an seinen Bruder Thomas vom 29.3.1804 (Norman 1, 42)

1950 (769) aaO 2, 46ff. - Schulze hat von der Leipziger Ostermesse aus einen kleinen Ausflug nach Jena und Weimar gemacht. - *[3. April 1804.]:*

Schulze in GTgb erwähnt. – *Rauchs plastische... Nachbildung:* die Statuette im Hausrock von 1828 (Schulte-Strathaus Taf. 155). – *H. Heine:* in der 1836 erschienenen ‹Romantischen Schule› (vgl. Nr. 5527). – *Landschaft von Hackert:* vgl. Goethes Aufsatz ‹Zwei Landschaften von Philipp Hackert› im Intelligenzblatt der JALZ Nr. 19 und 20, 1804 (GA 13, 397 ff.).

1951 (773b) Ebers/Kahlert 167 f. – *auf die Donnerstage eingeladen:* vgl. GTgb 29. März: «Fr. v. Stein und Fr. v. Helvig.» Am 5. April schickt Goethe an Charlotte v. Stein ein Billett, in welchem er an den Besuch der beiden Damen erinnert (WA IV 17, 115) – *Bedürfnis:* Bode 2, 22 offenbar nach anderer (ungenannter) Quelle: besoin.

1952 wie 1796 S. 115 f. – *zehn Tage in Weimar:* 29. März bis 8. April. – *Pension:* vgl. Nr. 1908 am Schluß.

1953 (771/770) HVoß 27 f. – *freundlichen Schreiben:* vom 21. März (WA IV 17, 96 f.). – *als er vor drei Jahren sterbend lag:* bezieht sich auf Goethes schwere Erkrankung im Jan. 1801; von einer Pflege durch Herder ist nichts bekannt. – *Fünf Kinder... gestorben:* vielmehr vier. – *«Die glücklichen Gatten»:* GA 1, 81 ff. Gemeint ist die 8. Strophe.

1954 (771/774) HVoß 28 ff.

1955 (775/771/773) HVoß 31 ff. – *die Allgemeine Literaturzeitung:* gemeint ist die Jenaische. – *die Gedichte meines Vaters zu rezensieren:* ‹Lyrische Gedichte von Johann Heinrich Voß›, erschienen in der JALZ 16./17. April 1804 (GA 14, 193 ff.). – *Übergang von den Herbstliedern zu den religiösen:* ebd 197 f. – *im Kampfe gegen ausschließende Meinungen:* ebd 201. – *Einige Stellen habe ich ausgearbeitet:* nach WA I 40, 453 ist eine genaue Scheidung der Anteile von Goethe und Voß nicht möglich.

1956 (772/771) HVoß 33 ff. und 133 f. – *nach dem Gewächshause:* aus dem Brief von HVoß an Börm vom 2. Mai 1804 geht hervor, daß Goethe seinen Sohn August nach Belvedere schickte (Morgenblatt 1857 S. 629).

1957 (771) HVoß 35 – *«Macbeth»:* von Shakespeare in Schillers Bühnenbearbeitung (erstmals aufgeführt in Weimar am 14. Mai 1800). – *die Szene, wo dem Macduff die Ermordung seines Weibes und seines Kindes verkündet wird:* IV/7.

1958 (771) HVoß 36 f.

1959 (777a) Sydow 2, 145 – Brief aus Erfurt, wo Caroline v. Humboldt sich bei ihrem Vater aufhielt.

1960 (778) Sydow 2, 153 f. – Das Stück ist vor Nr. 1963 einzuordnen. – *Staël:* die mit A.W. Schlegel erneut nach Weimar gekommen war. – *zu Goethe:* am 28. April. – *Gruß der Elisabeth:* nach Luk. 1,41. Gemeint ist wohl, daß beide Frauen in gesegneten Umständen waren. – *da der Weg übel war:* Caroline v. Humboldt fuhr abends wieder zurück nach Erfurt.

1961 Norman 1, 43 ff. – *Dr. Johnson:* der englische Schriftsteller Samuel Johnson, bekannt vor allem durch die 1791 erschienene Biographie von James Boswell. – *one of his distichs:* Vier Jahreszeiten Nr. 43 (GA 1, 260). – *Sacontala:* Kalidasas ‹Sakuntala› war 1791 in deutscher Übersetzung von J.G. Forster nach der englischen von W. Jones erschienen. Eine Übersetzung von F. Schlegel nach dem Original ist nicht erschienen. – *Socinians:*

Sozinianer, eine nachreformatorische, unitarische Religionsgemeinschaft, die im 17. Jahrh. u.a. auch in England Anklang fand. Genauer Bezug nicht festzustellen. – *when I visited him:* vgl. Nr. 1716ff. – *Bury:* kleine Industriestadt in der Nähe von Manchester.

1962 (779/768) Norman 1, 46 – *Bardolph:* in Shakespeares ‹Heinrich IV.›, Spießgeselle von Falstaff.

1963 wie 1889 S. 83 – Constant hielt sich vom 22.–30. April zum dritten Mal in Weimar auf.

1964 (781) HVoß 38f. – *in Halle:* wo HVoß unter F.A. Wolfs Leitung Philologie studiert hatte. – *«Der alte Ehrwürdige»:* D.A.E. war auch die Signatur des rezensierenden HVoß in der JALZ.

1965 (780) HVoß 39ff. – *vom Hofe:* in GTgb bezeugt. – *Basilika Neronis:* Bezeichnung wohl nach dem Standort (in der Nähe des Zirkus des Nero); vgl. GWb unter ‹Basilika›. – *ABC der Anschauung:* wohl Anspielung auf Pestalozzis ‹Figuren zu meinem ABC Buch› (Basel 1797).

1966 (782) HVoß 41f. – *im «Faust»:* Vers 1924ff. (GA 5, 200). – *Athenäum:* die Zeitschrift der Brüder Schlegel (1798–1800).

1967 (782) HVoß 42ff. – *einen Giftbaum:* vgl. Fußnote: «den Makassarischen Giftbaum». Wohl Antiaris toxicaria, auch Javanischer Giftbaum genannt. – *Wort über die Grenzen der Duldsamkeit in seiner Rezension:* vgl. Anm. zu Nr. 1955. Die gemeinte Stelle GA 14, 198ff.

1968 HVoß 45

1969 HVoß 46 – *den Goetheschen Almanach?:* ‹Taschenbuch auf das Jahr 1804› (vgl. Anm. zu Nr. 1821). – *die Ehlersschen Kompositionen:* Gesänge mit Begleitung der Chitarra eingerichtet von Wilhelm Ehlers. Tübingen 1804. – *«Generalbeichte»:* GA 1, 89f. – *«Mich ergreift...»:* ‹Tischlied›, ebd 86ff. – *«Der Rattenfänger»:* ebd 126f. – *«Die Hochzeit des Grafen»:* ‹Hochzeitlied›, ebd 123ff. – *«Frühlingsorakel»:* ebd 79f. – *Demodokos:* Sänger am Hofe der Phaiaken. – *«Weltschöpfung»:* später ‹Weltseele› betitelt (ebd 90f.).

1970 (782a) Sydow 2, 168

1971 Pollmer 248f. – *Intration:* Th. Mann nimmt das Wort in seinem ‹Vorwort zu einer Bildermappe› (1921) auf und spricht von «Kräften der ‹Intration›» als «suggestiven Kräften» (Rede und Antwort, Berlin 1922, S. 355f.). Das Wort ist jedoch als Fremdwort nicht nachweisbar, deshalb der Versuch einer Konjektur.

1972 (784) Heitmüller 46 – *einen siebenfüßigen Herschel:* Spiegelteleskop von sieben Fuß Durchmesser.

1973 (783) aaO 47ff. – *Geiselbrecht:* Geißelbrecht. – *«Die Prinzessin mit dem Schweinsrüssel»:* Falk hatte in das Stück zwei Parodien eingeflochten (vgl. SchrGG 55, 379 Anm. zu Goethes Brief an Voigt 27.5.1804). In dem Brief spricht Goethe von dem «verwünschten Puppenwesen», dessentwegen er «noch einigermaßen besorgt» sei (WA IV 17, 137).

1974 (784a) Sydow 2, 184 – *in Jena:* Caroline v. Humboldt war vom 29. Mai bis 1. Juni in Weimar; Goethes Aufenthalt in Jena muß also in diese Tage fallen. – *Kohlrausch:* begleitete Caroline auf ihrer Reise nach Paris. Vgl. Schillers Billett an Goethe 30.5.1804 (Jonas 7, 148).

1975 Jonas 7, 153 – Briefdatum berichtigt nach: Der Briefwechsel zwischen Schiller und Goethe, hrsg. von H.G. Gräf und A. Leitzmann, Bd 2, Leipzig 1955, 489. – *von dem Schritte:* «Schiller hatte in einem Briefe vom 4. Juni Karl August um eine Erhöhung seiner Pension gebeten mit Rücksicht auf die Anträge der preußischen Regierung, ihn in Berlin zu fixieren» (ebd Bd 3, 229).

1976 GJb 7, 200f. – Schiller war vom 1. bis 17. Mai in Berlin und Potsdam gewesen und hatte dort ehrenvolle Anträge bekommen.

1977 (784b) Jonas 7, 154

1978 Jonas 7, 155 – Cotta hatte in seinem Brief vom 1. Juni Schiller gebeten, seinen Wunsch, wenigstens ein Gedicht für den Damenkalender zu liefern, bei Goethe zu unterstützen (Vollmer 511).

1979 wie 1796 S. 119f. – *morgen:* Goethe fuhr vielmehr am 22. Juni nach Jena. – *er sorgt auch für unsern Garten:* vgl. Nr. 1833f.

1980 wie 1878 S. 361 – Wiedergabe des Stückes mit Übs. in: JbGG NF 13, 215. – Datierung: vor dem 22. Juni.

1981 (776) HVoß 49 – *[Dienstag, den 19. Juni]:* vgl. GTgb: «Bey Fr. v. Wolzogen zum Abendessen.»

1982 KnebelBriefw 203 – Vgl. GTgb 21. Juni: «Gesellschaft früh. Prinzeß.»

1983 Bode 2, 29f. – Brief aus Lauchstädt, wo sich die Theatertruppe seit dem 23. Juli aufhielt.

1984 HVoß 49f.

1985 HVoß 50 – *Hölderlins Sophokles?:* ‹Die Trauerspiele›, 2 Bde, Frankfurt am Main 1804.

1986 (787) HVoß 50f. – *«Corday»:* ‹Charlotte Corday›, Trauerspiel, von Christine v. Westfalen. Vermutlich war sie mit Luden befreundet, und ihn mag sie gebeten haben, das Stück zur Rezension vorzulegen (O.F.). Goethes negatives Urteil wird bestätigt durch Brief an Eichstädt 3.10.1804 (WA IV 17, 204).

1987 (789) Jonas 7, 232

1988 (786a) aaO 2, 202 – *seinen Besuch … angekündigt:* vgl. Goethes Billett an Charlotte v. Stein vom 11. Juli (WA IV 17, 145). – *Laharpe:* erwähnt in GTgb 9. Juli. – *Tirone:* wohl richtiger wie Schöll 2, 367: Tyrann.

1989 JbSKipp 5, 141 – *«Naldo Naldini …»:* nach Vulpius' erfolgreichem Roman ‹Rinaldo Rinaldini, der Räuberhauptmann› (1799).

1990 (788/798) HVoß 51f. – *in Lauchstädt:* wo die Weimarer Schauspieler vom 23. Juni bis 3. Sept. gastierten. – *«Trachinerinnen» … «Antigone»:* von Sophokles. – *«Nur nicht zu hitzig …»:* vgl. HVoß an H.Ch. Boie 22. Aug. 1804: «Nur zu hitzig wollen wir nicht beginnen; es ist eine Schande, bei so etwas nicht tempo halten zu können. Lieber nachher im Eifer gestiegen, als erkaltet.» (Mittheilungen über Göthe und Schiller in Briefen von Heinrich Voß, hrsg. von A. Voß, Heidelberg 1834, 20). – *Prophet Bileam:* nach 4. Mos. 22, 21ff.

1991 (786) HVoß 53 – *nach Tiefurt:* nach Anm. ebd 142: vor dem 31. Juli.

1992 Geiger Weimar 50f. – Der Briefschreiber heißt vielmehr Schwab.

– *Sonntag vor Himmelfahrt:* 6. Mai. – *meine Cour gemacht:* Zeitpunkt nicht bestimmbar, aber wohl nicht weit zurückliegend.

1993 KnebelBriefw 205

1994 Maurer-Constant 394 – *trousseau:* Aussteuer, Mitgift. – *Großfürstin:* Maria Pawlowna, mit der sich der Erbprinz Carl Friedrich am 3. August in St. Petersburg vermählt hat. – *allegorische Maskenspiele:* wurden nicht verfertigt.

1995 Adolph Müller, Briefe von der Universität in die Heimath, Leipzig 1874, 116 (JbGG NF 3, 293) – *[in Halle]:* wo A. Müller Medizin studierte. Goethe war am 17. August bis 3. September in Lauchstädt und Halle. – *ein Werk über's Licht:* Goethe arbeitete am Histor. Teil der Farbenlehre. Das Gesamtwerk erschien 1810. – *ein altes griechisches Werk über das Licht:* «Goethes und Wolfs gemeinsames Studium des Werks des Theophrast über die Farben ... fällt vielmehr schon in den Sommer 1802 ...» (ebd 294).

1996 wie 1995 S. 117 (JbGG NF 3, 293 f.)

1997 GJb 1, 333

1998 JbSKipp 5, 142 – *hier:* in Jena.

1999 Heitmüller 49 – *Ihr Anliegen:* nicht bekannt.

2000 (790) Bi[1] 10, 40 – *des Herrn Gentz:* Friedrich G. – *des Herrn Gentz Rezension:* eine solche war schon vor dem 28.4.1804 an die JALZ eingegangen (vgl. WA IV 17, 132), es ist fraglich, ob es sich noch um diese handelt.

2001 Nach der Hs im GMD – Stephan Schütze war 1804 nach Dresden und dann nach Weimar gegangen, wo er seinen festen Wohnsitz nahm. – *Saalnixe:* vgl. Nr. 1804 und Anm. Wurde zur Eröffnung der Saison am 15. Sept. gegeben.

2002 (790b) KnebelBriefw 207

2003 Egloffstein 12 (JbGG NF 3, 294) – *Gebeine ... Davids:* vgl. Ps. 51, 10. – *in zwei Teile teilen:* «das geteilte Drama ging zuerst am 29. September und 13. Oktober über die Bühne.» (ebd) – *sentierte:* urteilte. – *wie das Angesicht Moses:* vgl. 2. Mos. 34, 29.

2004 Diezmann 23 f. – *im Werther:* unter dem 15. August (GA 4, 430).

2005 (791) HVoß 55 f. – Die Reflexionen stehen im Zusammenhang mit der Würzburger Berufung des Vaters.

2006 Grenzboten Jahrg. 62, 1. Vierteljahr, Leipzig 1903, 796 f. – *diese Gratifikation:* vgl. Nr. 1908 am Schluß. – *aus Würzburg:* wohin Voß einen Ruf erhalten hatte.

2007 (792) wie 1795 S. 62

2008 (793/795) JbGG NF 13, 223 f. – *Rezension [von Sophokles' Trauerspielen]:* für die JALZ, erschienen in Nr. 255–257 vom 24.–26. Okt. 1804. – *Vulgata Aj. 674:* Voß hielt an der hier gebotenen lectio difficilior δεινῶν heftig, furchtbar fest gegenüber der Konjektur des Gothaer Philologen und Romandichters Friedrich Jacobs: λειων = sanft – *Gothaner:* Jacobs und Ast, einer der Sophokles-Übersetzer (vgl. Anm. ebd 223).

2009 (794) HVoß 56 ff. – *den Brunckischen Sophokles:* der kritischen Ausgabe, wohl der zweiten dreibändigen, Straßburg 1789. – *«der alte Ehr-*

würdige»: vgl. Nr. 1964 und Anm. – *Solgers Übersetzung:* die damals noch ungedruckte Übs. Solgers: Die Tragödien des Sophokles, Berlin 1808 (Grumach Antike 1, 256 Anm.). – *«reichlich mit Fleisch und lieblichem Weine gelabet»:* Wendung nach Homer (Übersetzung). Vgl. Od. 9, 162.

2010 HVoß 59 – *mein Weigern [wegen Würzburg]:* vgl. Nr. 2005 und Anm.

2011 HVoß 60 – *in Stolbergs Gegenwart:* Friedrich St. war von 1791–1800 Präsident der fürstbischöflichen Regierung zu Eutin und stand in dieser Zeit JHVoß (dem Vater) nahe, der damals Rektor am dortigen Gymnasium war.

2012 (796) Jonas 7, 180f. – *Herausgabe seiner sämtlichen Schriften:* bezieht sich auf die erste Cottasche Gesamtausgabe, erschienen in ursprünglich zwölf, dann dreizehn Bänden 1806–1810. – *380–400 Bogen:* Goethe erhielt als Honorar 10 000 Taler, was seinen Erwartungen entsprach. – *Faust:* der 1. Teil erstmals erschienen 1808 im 8. Bande der genannten Ausgabe.

2013 (794/797) HVoß 61f. – *den «Götz von Berlichingen» umgearbeitet:* nicht für den Druck, sondern nur für Aufführungszwecke (Erstdruck der Bühnenfassung aus dem Nachlaß in der Ausgabe letzter Hand). Zu den Aufführungen vgl. Nr. 2002ff. und Anm. – *Babo:* dessen ‹Otto v. Wittelsbach›, uraufgeführt 1781 in München, im ganzen häufiger aufgeführt als sein Vorbild ‹Götz von Berlichingen› (O.F.). – *bevor die ewige Nacht eintritt:* vgl. Joh. 9,4: «es kommt die Nacht, da niemand wirken kann.» Von Goethe übernommen in den ‹Divan›: «Die Nacht tritt ein, wo niemand wirken kann.» (GA 3, 335). – *Rezension:* in der JALZ Nr. 235–238 vom 1.–4. Okt. 1804 (Fambach Goethe 72ff.).

2014 (829) Deutsche Rundschau Bd 71, 1892, 156 – *Knebels Distichon:* gedruckt KnebelNachl 1, 95. – *[am 22. Oktober?]:* nach Gräf 3, 1, 406 Anm., dort ausführliche Begründung der Zeitbestimmung. – *Goethe... war so entzückt davon:* wird bestätigt durch die Tatsache, daß Goethes Mutter das Distichon ihrem Enkel August am 23. April 1805 bei seinem Besuch in Frankfurt in sein Stammbuch eingetragen hat (vgl. Gräf ebd).

2015 HVoß 63

2016 (799) Geiger Weimar 65 – *die Groß-Fürstin:* Maria Pawlowna traf mit ihrem Mann, dem Erbprinzen Carl Friedrich, am 9. November in Weimar ein. – *einen Prolog liefern:* dieser Plan kam nicht zustande.

2017 (800) Jonas 7, 186f. – *etwas Dramatisches:* Schiller schrieb ein ‹lyrisches Spiel› mit dem Titel ‹Die Huldigung der Künste›, das am 12. Nov. aufgeführt wurde (vgl. Nr. 2019).

2018 aaO 24ff. – Bei dieser Geschichte handelt es sich um eine Übertragung. Nicht Goethe, sondern Wieland hat ein Begrüßungsgedicht für Maria Pawlowna verfaßt. Vgl. Luise v. Göchhausen an Böttiger 14. Nov. 1804 (Deetjen 139). Die von Wieland gedichtete ‹Anrede›, ein 14 Verse umfassendes Gedicht, bei: L. Preller, Ein fürstliches Leben, 2. Aufl., Weimar 1859, 91. Als glaubwürdig anzunehmen ist jedoch, daß Goethe das Gedicht mit den beiden Mädchen eingeübt hat. – *das Wörtchen «auch»:*

kommt in Wielands Gedicht nicht vor, dagegen ‹auf›.

2019 Nach der Hs im GMD – *Roller... Zachariä:* nicht zu ermitteln, vielleicht Lehrer aus der gemeinsamen Studienzeit von Schütze und Jariges. – *Vorspiel von Schiller:* ‹Die Huldigung der Künste› (vgl. Anm. zu Nr. 2017). – *Mithridat:* Trauerspiel von Racine, bearbeitet von Bode.

2020 (801) HVoß 67f. – *Persikoflasche:* Flasche mit Pfirsichlikör. – *(dente Theonino):* nach Horaz, Epistel I, 18, 82: mit theoninischem Zahn, d.h. mit bissiger Verleumdung. – *Asts ‹Crösus›:* Friedrich Asts Trauerspiel ‹Krösus›, erschienen Leipzig 1805. – *heftige Drohung gegen mich:* in der JALZ, Intelligenzblatt Nr. 141, Dez. 1804. – *Überlassen Sie mir die Antwort:* die kurze ‹Antwort des Rezensenten› ist im Namen von Heinrich Voß tatsächlich von Goethe verfaßt (GA 14, 208) und unmittelbar unter Asts Angriff abgedruckt. – *«Richard III.»:* vgl. Fußnote S. 980. Seine Übersetzung der vierten Szene des ersten Aktes von Shakespeares Tragödie hat HVoß in seiner Rezension von A.W. Schlegels Shakespeare-Übersetzung IX, 1 (1810) in der JALZ Nr. 292f. vom 21./23. Dez. 1811 zur Vergleichung mit derjenigen Schlegels veröffentlicht (Fambach 5, 95ff.). – *«Othello»:* vgl. Nr. 2031 und Anm.

2021 (802) Jonas 7, 192 – *Übersetzung des Rameau:* sie erschien 1805 bei Göschen in Leipzig unter dem Titel: Rameau's Neffe. Ein Dialog von Diderot. Aus dem Manuskript übersetzt und mit Anmerkungen begleitet von Goethe.

2022 (801a) KnebelBriefw 214f. – *Götz:* die Bühnenfassung ist am 8. Dez. erneut aufgeführt worden.

2023 (803) Jonas 7, 198 – Zum Briefdatum: der Brief ist am 24. Dez. abgesandt (ebd 324). – *Billett an mich:* Goethes Billett ist undatiert, die Herausgeber-Datierung auf den 24. Dez. erscheint zweifelhaft. – *Schrift von Diderot:* vgl. Nr. 2021 und Anm. Von dem philosophisch-satirischen Dialog ‹Le Neveu de Rameau› des 1784 verstorbenen Diderot wurde von F.M. Klinger in der Petersburger Eremitage eine Abschrift entdeckt. Diese fiel durch Vermittlung Schillers und Melchior Grimms, der mit Diderot befreundet gewesen war, in Goethes Hände. Durch Goethes Übersetzung wurde Diderots Dialog erstmals bekannt.

2024 Urlichs 1, 487f. – *kleine Tante:* Sophie v. Schardt. – *bei Goethe:* es war an einem Donnerstag, an welchem Tage Goethe Charlotte v. Stein und andere Damen zu empfangen pflegte (vgl. Nr. 1951 und Anm.). – *Abguß der Minerva von Velletri:* vgl. Goethe an Schiller 20. Dez. 1804 (WA IV 17, 229). Nach Schuchardt 2, 335 Nr. 109: «Büste der Minerva bellatrix mit reichverziertem Helm.»

2025 (805) HVoß 68 – *Gratulationsbillett:* Goethes Billett an Schiller vom 1. Jan. 1805 (WA IV 17, 232) enthält das Wort ‹Neujahrstag› nicht.

2026 DüntzerKnebel 2, 59 – Vgl. GTgb 2. Jan.: «Knebelio-Hendrichiana.» Knebel hatte Gerning am 25. Dez. als Logierbesuch bei sich aufgenommen, ohne dies vorschriftsmäßig bei der Wache zu melden. Er weigerte sich, die geringe Strafgebühr von 8 Groschen zu bezahlen, und ließ sich zu beleidigenden Äußerungen hinreißen, die der Jenaer Stadtkommandant nicht auf sich beruhen lassen konnte. Vgl. ausführlich darüber

H. Tümmler in: JbGG NF 16, 192ff.

2027 (804a) DüntzerKnebel 2, 59 Anm.

2028 Deetjen 145 – Das Briefdatum kann nicht stimmen. F.A. Wolf war vom 30. Mai bis 14. Juni in Weimar. Die Angabe ‹Jan.› am Briefkopf könnte verlesen sein für ‹Jun.›. Vgl. Goethe an Charlotte v. Stein 4. Juni (WA IV 19, 10); der Brief wäre demnach vor Nr. 2119 einzuordnen. – *Glauben an seine Gesundheit:* kann sich nur auf die wiederholten Erkrankungen Goethes von Mitte Jan. bis Ende Mai beziehen.

2029 (809) Rohmann 99 – Das angegebene Briefdatum ist dasjenige eines Briefes an den Bruder Fritz, dem die Abschrift eines gerade beendeten Briefes an Karls Schwiegermutter Frau v. Seebach beigefügt ist. – *[der Großfürstin]:* Maria Pawlowna am 3. und 10. Jan. in GTgb erwähnt. – *französisch:* dies war die Verkehrssprache am Petersburger Hof.

2030 Heitmüller 64f. – *Die chemische Stunde:* vgl. GTgb 10. Jan.: «Abends Dr Fries chemische Stücke.». 11. Jan.: «befand mich nicht wohl». Zu Goethes Krankheit vgl. Veil 32ff. – *die Mitschuldigen:* zusammen mit dem ‹Bürgergeneral›.

2031 (810/812) HVoß 69 – *«Othello»:* die Übersetzung, bei der HVoß Anregungen von Schiller benutzt hat, ist 1806 in Jena im Druck erschienen. – *an Iffland schreiben:* vgl. Schiller an Iffland 12. April 1805 (Jonas 7, 234). – *in Berlin aufgeführt:* erst am 28. Dez. 1812 (O.F.). – *von Berlin aus Hülfe:* bei der Übersetzung des ‹Lear›, erschienen ebenfalls 1805, wurde HVoß von seinen Freunden Abeken und Solger unterstützt.

2032 (806) HVoß 69f. – *den Abend:* nach Gräf (Anm. ebd 149) vermutlich kurz vor dem 23., sicher vor dem 26. Jan. – *serapiontischer Erguß:* mit Anspielung auf E.T.A. Hoffmanns 1819 erschienene ‹Serapionsbrüder› (der Ausschnitt ist einem Brief an Abeken vom 17. März 1820 entnommen). – *Rezension:* ‹Allemannische Gedichte›, erschienen JALZ 13. Febr. 1805 (GA 14, 436ff.).

2033 (808) KnebelBriefw 216 – *Mémoires von Marmontel:* ‹Mémoires d'un père pour servir à l'instruction de ses enfants›, Paris 1799.

2034 (807) wie 1148 S. 15 – *Bei Goethe:* vgl. Goethes Einladungsbillett vom 30. Jan. 1805 ebd (WA IV 30, 84). – *Knebels Unverträglichkeit:* vgl. Nr. 2026 und Anm. – *am Main:* Gerning kommt aus Frankfurt.

2035 KnebelBriefw 216 Anm.

2036 Jonas 7, 211

2037 DüntzerStein 2, 212

2038 (811) HVoß 70ff. – *Luthers «Tischreden»:* die bekannte Sammlung von Gesprächen oder Aussprüchen, nach fremden und eigenen Nachschriften herausgegeben. – *die Cervantischen Novellen:* vgl. die Erwähnung Goethes Schiller gegenüber im Brief vom 17. Dez. 1795 (WA IV 10, 350).

2039 (811a) HVoß 120 – *Goethes «Leben» (den zweiten Teil):* der zweite Teil von ‹Dichtung und Wahrheit› ist 1812 erschienen. – *die Sakramente:* im 7. Buch (GA 10, 318ff.). – *Geschichte von Gottsched:* Besuch bei Gottsched ebd (GA 10, 295f.).

2040 HVoß 73 – *Goethe... zu genesen:* vgl. Nr. 2399 (dort falsch eingeordnet) – *Schiller... kränkeln:* «Schillers Kalender 9. Februar 1805: ‹Hatte ich in der Nacht den Fieberanfall...› » (ebd 149).

2041 HVoß 77

2042 Heitmüller 65 – *Briefe von Winckelmann:* für die Ausgabe: Winkelmann und sein Jahrhundert. In Briefen und Aufsätzen herausgegeben von Goethe. Tübingen 1805 (der Anteil Goethes GA 13, 407ff.). – *[Die Laune des Verliebten]:* Aufführung am 6. März.

2043 HVoß 77

2044 (812) HVoß 78 – *«Miszellen»:* «Die französischen, italienischen und englischen ‹Miscellen›, herausgegeben von Helmine von Chézy, Phil. Jos. von Rehfues und J.C. Hüttner, bei Cotta, waren die Vorläufer des seit 1807 erscheinenden ‹Morgenblattes›.» (Anm. ebd 150).

2045 (812a) Jonas 7, 214f. – Das erschlossene Briefdatum wird bestätigt durch GTgb 25. Febr.: «Rameaus Neffe. durch Hrn. Hofr. v. Schiller nach Leipzig.» – *Anmerkungen:* ‹Anmerkungen über Personen und Gegenstände, deren in dem Dialog Rameaus Neffe erwähnt wird› (GA 15, 1025ff.).

2046 (812b) Ri 2, 696 – Zur Kennzeichnung vgl. Pollmer Unters 112.

2047 (819) Ri 2, 696 – Undatiert. Von Riemer eingeordnet zwischen 1. März und 1. Mai 1805.

2048 HVoß 78

2049 (813) Bi[1] 8, 291 – *«Othello»:* vgl. Nr. 2031 und Anm. Aufführung in Weimar 8. Juni 1805.

2050 JbSKipp 5, 147 – *August nach Frankfurt:* am 7. April.

2051 KnebelBriefw 216

2052 HVoß 79f. – *Calpurn:* T. Calpurnius Siculus. Vgl. Anm. ebd 150.

2053 HVoß 80f. – *«Nibelungen»:* «Friedrich Heinrich von der Hagen ...hatte zu der Zeit ‹Proben der Nibelungen nebst Auszug des Inhalts vom Ganzen› veröffentlicht (‹Eunomia› 1805, März, S. 171–187).» (Anm. HVoß 151, vgl. dort die weiteren Ausführungen.)

2054 Schellberg/Fuchs 334f. – Brief aus Heidelberg. – *Ackermann:* ging noch 1805 nach Heidelberg. Goethes Unmutsäußerung ist durch die starke Abwanderung von Professoren aus Jena motiviert.

2055 (816a) Jonas 7, 227f. – *Satire von Diderot:* Rameaus Neffe. – *Briefe von Winckelmann:* vgl. Nr. 2042 und Anm. – *in der Literatur-Zeitung:* zu Goethes Beiträgen in der JALZ vgl. die Zusammenstellung bei Hagen 292ff. – *Er wird... Ihnen... schreiben:* ein Brief Goethes an Humboldt aus dieser Zeit ist nicht bekannt.

2056 Reiter 3, 133

2057 JbSKipp 4, 219

2058 (814) Schwäb. Schillerverein, 42. Rechenschaftsbericht, Stuttgart 1938, 76 – *Ausgabe seiner sämtlichen Werke:* vgl. Nr. 2012 und Anm. – *Optik:* gemeint ist die ‹Farbenlehre›.

2059 (815) HVoß 81 – *in bessere Hexameter umgeschmolzen:* über die Ergebnisse der Zusammenarbeit Goethes mit H. Voß bei der Überarbeitung vgl. ausführlich WA I 50, 380ff. – *«Lear»:* vgl. Anm. zu Nr. 2031.

2060 (816) aaO 2, 586 Anm. – Anekdotische Fassung bereits bei O.L.B.

Wolff: Das Büchlein von Goethe. Penig 1832. S. 60f. – *«einen Vers...»:* Hermann und Dorothea II, 186. – *grata negligentia:* anmutige Nachlässigkeit.

2061 Urlichs 1, 489

2062 GJb 10, 150

2063 Kasten 159ff. – Das Briefdatum kann nicht stimmen: August ist bereits am 7. April in Frankfurt eingetroffen. – *Frau Doktorin Buchholz:* Wilhelmine, Witwe des 1798 verstorbenen Apothekers W.H.S. Buchholz.

2064 Jonas 7, 235

2065 (816b) Gerhardt 168 – *Angelstern:* Polarstern.

2066 DüntzerStein 2, 216

2067 GJb 10, 151

2068 JbSKipp 5, 147

2069 (817) Jonas 7, 236f. – *Anmerkungen:* vgl. Nr. 2045 und Anm. – *Abschrift des französischen Originals:* vgl. Anm. zu 2023. Das Original wurde erst 1891 entdeckt.

2070 (818) Jonas 7, 240f.

2071 Heitmüller 67 – Briefdatum: «Weimar im sogenannten May 1805.» Jedenfalls vor Schillers Tod (9. Mai) zu datieren. – *schlimmen Tag:* mit Bezug auf die periodisch wiederkehrenden Nierenkoliken.

2072 Gartenlaube 1859, 670

2073 (820/820a) HVoß 83f. – *letzten Krankheit Schillers:* vom 1. Mai bis zum Todestag (9. Mai). – *Mut, es ihm zu melden:* vgl. TuJ 1805: «Bei dem Zustande meines Körpers und Geistes, die um aufrecht zu bleiben aller eigenen Kraft bedurften, wagte niemand die Nachricht von seinem Scheiden in meine Einsamkeit zu bringen.» (GA 11, 747) – *ohne eine Silbe zu sagen:* zu den beiden Berichten von HVoß, wie Goethe die Nachricht von Schillers Tod empfing, an Solger 22. Mai 1805 und an Niemeyer 12. Aug. 1806, vgl. Anm. HVoß 153f.

2074 (821) Deutsche Rundschau, Jahrg. 28, Bd 109, 1901, 240 – Die Äußerung Goethes wohl nicht wörtlich zu nehmen; aber als Zeugnis für die mehrfach überlieferte nach außen distanzierende Haltung bei Todesfällen zu werten (vgl. z.B. Nr. 1806f.).

2075 (825a) Ri 2, 620 – *erwähnte Goethe:* im Zusammenhang mit der Vorbereitung der ersten Cottaschen Ausgabe von Goethes Werken (vgl. Nr. 2012f.). – *Romanze:* die Ballade ‹Der Rattenfänger› (GA 1, 126f.).

2076 (707) Aphor 282 – Zu streichen: vgl. GTgb 25. Mai 1797.

2077 (804) Ri 2, 640 – Anmerkung von Riemer: «Sehr frühe Bemerkung, noch in Goethes Hause, aus der ersten Zeit.» (PollmerUnters 110).

2078 (826) Abendzeitung auf das Jahr 1832, hrsg. von Th. Hell, Bd 2, Dresden und Leipzig, 356 – Persönlichkeit des Berichterstatters nicht zu ermitteln. – *die v.E.:* wohl die oder eine der Töchter der Gräfin Henriette v. Egloffstein.

2079 (827) StG 5, 137 – *«Mit einem Herrn steht es gut...»:* aus ‹Sprichwörtlich› (GA 1, 419).

2080 aaO 37 – *Les soirées de Goethe:* als Teilnehmerin z.B. erwähnt GTgb 17.12.1799.

2081 (825b) aaO 2. Aufl., 9. Theil, 35 – Aus thematischen Gründen hier eingeordnet.

2082 (830) aaO 1. Theil S. 164ff. – Woltmann selbst macht in einem Brief an Goethe vom 11. März 1815 auf die anonym erschienenen ‹Memoiren› aufmerksam, ohne sich als deren Verfasser zu erkennen zu geben (SchrGG 18, 298f.). Die Gräfin wird als Rosamunde aus dem Hause W-g eingeführt. A. Sauer in seinen Erläuterungen (ebd 398) schließt eine Beziehung auf die Gräfin Aloisia Lanthieri-Wagensperg nicht aus, urteilt aber: «Die Charakteristik G.'s und Schillers... und die Erinnerung an ihre Gespräche stammen aus W.'s eigener Erfahrung...». Folgt man dieser Argumentation, so ist der Bericht in die Zeit von 1794 bis 1797, während welcher Woltmann an der Universität Jena war, zu verlegen. – *Wallenstein:* vgl. Nr. 1622 und Anm.

2083 aaO 23 – *Knebel hatte er nicht gekannt:* dieser weilte von 1798 bis 1804 in Jena. – *Manuskripte, die ihm Knebel eingeschickt:* wohl seine Lukrez-Übersetzung (vgl. Nr. 1480 und Anm.).

2084 aaO 1 S. III und V f. – *seit zwanzig Jahren:* Schelver war seit 1803 Universitätslehrer in Jena gewesen (vgl. Nr. 1832 und 1862). – *dieses Buch überreichen:* es befindet sich in Goethes Bibliothek (Ruppert Nr. 5053).

2085 Ernst von Bergmann, Von Unseren Vorfahren, 1. Theil, Berlin 1896, 160f. – Der Briefempfänger kannte Goethe bereits aus seiner Leipziger Zeit (vgl. Nr. 20ff.).

2086 aaO 41

2087 (669) KnebelBriefw 311 – Äußerung wohl im Zusammenhang mit Augusts Konfirmation durch Herder am 13. Juni 1802 und den Vorbereitungen dazu.

2088 aaO 1, 131f. – Nach A. Genast. – *nach Rudolstadt:* gemeint ist das dortige Gastspiel vom 17. Aug. bis 20. Sept. 1802. Goethes Anwesenheit um diese Zeit ist nicht bezeugt.

2089 (690) HVoß 165 Anm. – *Aufsatz über den Calderon:* ‹Die Tochter der Luft› (GA 14, 844ff.). – *die «Andacht zum Kreuze»:* kannte und schätzte Goethe in A.W. Schlegels Übersetzung seit 1802 (vgl. Nr. 1793).

2090 Steig 1, 157 (JbGG NF 3, 311) – *Friedrich Tieck:* seit 1801 in Weimar.

2091 Uhde 20 – Louise Seidler ist 1803 aus einem Pensionat in Gotha nach Jena zurückgekehrt.

2092 Uhde 21 – *Laterna Magica:* vgl. Alwina Frommanns Erinnerungen an dieses Weihnachtsgeschenk: «Hätten Sie die Kinderchen gesehen, wie frisch, lieblich und freudig die jubelten, mehr Glieder hatten als andere Tage! Goethe und Riemer erbauten uns alle damit und trieben es so eifrig wie eine Wissenschaft.» (Gaedertz 37). Darnach nach Sept. 1803 anzusetzen.

2093 (690a) Ein Stammbuch für Wilhelm Hertz zum siebzigsten Geburtstage, Berlin, den 26. Juni 1892, 59 – *«Paria»:* die Trilogie entstand 1821/23; angespielt wird hier auf das mittlere Stück, betitelt ‹Legende› (GA 1, 469ff.). – *erzählte uns Goethe:* nach Gräf 3, 1, 368 Anm. vielleicht am 24. Jan. 1802 (vgl. GTgb.) Äußerungen Goethes bezeugen, daß er den

Stoff lange mit sich herumgetragen hat.

2094 Weldler-Steinberg 169 – *Prinzessin Stephanie Conti:* ihre Memoiren waren die Quelle für Goethes ‹Natürliche Tochter› (vgl. Nr. 1858 und Anm.). Er arbeitete 1799–1803 an diesem Stück. Die Anwesenheit der Stéphanie Bourbon-Conti in Weimar ist sonst nicht bezeugt. Über Goethes Reserviertheit gegenüber der Niederlassung von französischen Emigranten in Weimar vgl. Nr. 1267 und 7388. – *Moreaus Verschwörung:* 1804 (vgl. Nr. 1924 und Anm.)

2095 aaO 1, 334 – Paulus hat im Sept. 1803 mit einer Reihe anderer Professoren Jena verlassen. – *Professorengesellschaft:* vgl. Nr. 1273 und Anm.

2096 wie 1263 S. 197 – Das Stück auch in ‹Schillers Gesprächen› (NA 42, 325f.) dort datiert: Weimar 1799–1801.

2097 wie 1995 S. 109 (JbGG NF 3, 293) – Das Begebnis muß in Halle stattgefunden haben, wo A. Müller seit 1803 Medizin studierte und Niemeyer Kanzler der Universität war. 1804 war Goethe erst nach Abfassung des Briefes in Halle, vgl. Nr. 1995 und Anm., ab 17. August also nach dem (nicht korrekten?) Briefdatum.

2098 GJb 13, 237f. Aus dem Schwedischen. Angabe der 1889 in Stockholm erschienenen Quelle ebd 237 Anm. – Aufenthalt des damals kaum zweiundzwanzigjährigen schwedischen Grafen in Weimar anläßlich einer größeren Reise durch Europa. – *Oxenstjerna:* Johann Gabriel Graf O., Dichter und von 1792 bis 1801 schwedischer Reichsmarschall. – *fünf Geheimräte… Weimarer Geheimconseil:* neben Goethe Fritsch, Schnauß, Schmidt und vor allem Voigt.

2099 (828) VarnhagenVermSchr³ 2, 338 – *Almanache… der Chamisso-Varnhagensche:* Musenalmanach auf das Jahr 1804 oder 1805.

2100 Europa 1855 Nr. 26 S. 311f. – Dieser anekdotische Bericht geht zurück auf Schillers Diener Georg Gottfried Rudolph (vgl. NA 42, 644 Anm.).

2101 (646/727) Bö 1, 63 – *des Freimütigen:* der seit 1803 erschien. – *Sir Reverence:* nach Bode 2, 25 Anm.: «besser Sir, reverence geschrieben: Vorsicht, mein Herr!» – *Ach könnt ich doch…:* die beiden Verse wurden erst 1914 nach unserer Quelle in Goethes Werke aufgenommen (WA I 53, 428) – *Eleganten Zeitung:* Zeitung für die elegante Welt, erschienen seit 1801. – *Nicolai:* Anspielung auf das 1775 entstandene Gedicht ‹Nicolai auf Werthers Grabe› (GA 2, 417).

2102 (850) Reinhard Kekulé, Das Leben Friedrich Gottlieb Welcker's, Leipzig 1880, 37 – Der Berichterstatter datiert seinen Besuch auf Herbst 1805. Er muß aber vor Schillers Tod stattgefunden haben. Es liegt wohl eine Verwechslung um ein Jahr vor; denn die Sophokles-Lektüre mit HVoß ist von diesem für Sommer und Herbst 1804 bezeugt (vgl. Nr. 1990 und 2008f.). *Schaumann:* Möglicherweise hat Sch. Rezensionen Goethescher Werke für die JALZ geschrieben; gedruckt sind von ihm solche nicht (O.F.). – *böswillige Kritik:* vgl. Nr. 2020 und Anm.

2103 (820) HVoß 84

2104 Deetjen 146 – *Eumeniden:* Rachegöttinnen bei Sophokles, auch in Goethes ‹Iphigenie› als Verfolger Orests genannt (vgl. Vers 1359).

2105 (823) SteinAufz 14 – Das Stück ist auf den 11. Mai zu datieren; Schillers Beerdigung fand in der ersten Stunde des 12. Mai statt.

2106 (822) DüntzerStein 2, 217

2107 (823a) Heitmüller 68

2108 (829/820a) HVoß 85f. – *Er hat mir... bitten lassen:* nach Schwäb. Schillerverein, 42. Rechenschaftsbericht, S. 75 (HVoß an Solger 22. Mai 1805): «Er hat mir herzliche Worte durch seinen August sagen lassen, und ließ mich mehrmals zu sich bitten.»

2109 (831) Heitmüller 69 – *des jungen Starks:* Neffen des Leibarztes von Carl August.

2110 JbSKipp 5, 149

2111 (832) aaO 1, 154ff. – *Sonnabend, den 10. Mai:* vielmehr 11. Mai, an welchem Tage normalerweise die nächste Vorstellung gewesen wäre (O.F.). – *Trauerkunde:* vgl. dagegen Nr. 2073 und 2113. – *wer sie verfaßt hatte:* Hofkammerrat Kirms. – *Längere Zeit:* vgl. dagegen Nr. 2117.

2112 Geiger Weimar 72 – *contra audentior ito:* Man soll (bei einem Unglück) um so beherzter entgegenwirken: Verg. Aen. 6, 95.

2113 (824) Heitmüller 70 – *ad laborem:* an die Arbeit.

2114 (833/834) HVoß 86f. – *mein Vater nach Heidelberg:* Goethe hatte dies bereits durch J.H. Voß' Brief vom 27. April erfahren (GJb 17, 58), wovon der Sohn offenbar nichts wußte.

2115 JbSKipp 5, 150

2116 wie 2058 S. 75ff. – Bei Gräf (HVoß 88) sind die beiden Absätze vertauscht.

2117 wie 2058 S. 79 – Gehört noch als Fortsetzung zum vorigen Brief; das Datum dieses Abschnitts ist erschlossen nach der Aufführung von ‹Maria Stuart› am 25. Mai.

2118 DüntzerStein 2, 218

2119 Die Gegenwart Bd 28, 1885, 373 – *Früchte seines... Geistes:* ‹Winckelmann und sein Jahrhundert› und ‹Rameaus Neffe›.

2120 GJb 10, 150 – *Geh. Rat Wolf:* zu dessen Besuch vgl. Nr. 2028 und Anm.

2121 HVoß 89 – *als meine Eltern hier waren:* Anspielung auf deren Abschiedsbesuch in Weimar Mitte Juni, der sehr kühl gewesen war (vgl. ebd).

2122 JbGG 2, 244 – *Geh. Rat Jacobi:* F.H. Jacobi hielt sich auf seiner Reise nach München vom 23. Juni bis 1. Juli in Weimar auf (ebd 245). Vgl. den Abschnitt ‹Jacobi› in den ‹Biographischen Einzelnheiten› (GA 12, 633ff.).

2123 JbGG 3, 208f.

2124 Urlichs 2, 350f. – *des Jacobi Schwester:* Helene J. – *Attentionen:* Aufmerksamkeiten.

2125 HVoß 90 – *in dreizehn Jahren:* seit Goethes Besuch in Pempelfort im Nov. 1792 (vgl. Nr. 1067ff.).

2126 (835) KnebelBriefw 227f. – *bei Voß:* letzte Begegnung vor dessen Abreise nach Heidelberg. – *Seine letzten Schriften:* vgl. Nr. 2119 und Anm.

2127 Urlichs 3, 192 – Brief aus Heidelberg

2128 Nach der Hs im Goethe-Museum Düsseldorf. Fragliche Lesungen und Verbesserungen im folgenden vermerkt. – *von einem Tage zum andern:* Hs: zu. – *würde er reisefertig:* Hs: wurde. – *in Berlin:* Jacobi war von Eutin über Berlin und Leipzig nach Weimar gekommen. – *actio in distans:* Wirkung in die Ferne, gebräuchliche Wendung bei Goethe (vgl. GWb unter ‹Aktion›). – *in Verlegenheit setzt:* Hs: Verlegenheiten? – *Vulpius, den man zwar in Goethes Hause antrifft:* Hs: zwischen ‹Hause› und ‹antrifft› ein unleserliches Zeichen, das vielleicht ‹nie› oder ‹nicht› bedeuten soll, was dem Sinne besser entsprechen würde. – *in Lauchstädt:* Abreise am 3. Juli.

2129 Roth 2, 368f. – *Pascal... ce qui passe la géométrie, nous surpasse:* wohl aus dem Gedächtnis zitiert. Bei Pascal (Pensées, Nr. 17 der «Pensées diverses») heißt es: «L'étendue visible du monde nous surpasse visiblement.»

2130 Jacobi 273 – *Julianische Haß:* mit Bezug auf den römischen Kaiser Julianus (331–363), der sich vom Christentum abwandte und offen zum Heidentum bekannte. – *Apostel-Geschichte:* 8, 36.

2131 (836) K.A. Varnhagen von Ense: Denkwürdigkeiten und vermischte Schriften, NF, Bd 1, Leipzig 1840, 219f.

2132 (837) HVoß 95f. – *am 2. Juli:* vielmehr am 3. Juli. – *Umarbeitung von «Hermann und Dorothea»:* Wiederaufnahme der bereits im April begonnenen Arbeit (vgl. Nr. 2058ff.). – *Siebenfüßler:* blieb erhalten (vgl. Nr. 2060). – *einzelne Distichen:* «Welche Distichen das waren, läßt sich nicht bestimmen.» (HVoß 159 Anm.).

2133 wie 1797 S. 8

2134 GJb 6, 115f. – *Gemälde des Herrn Menken:* den Empfang der ersten Sendung hatte Goethe im Brief an N. Meyer vom 10. Okt. 1804 bestätigt (WA IV 17, 205f.), den der zweiten Sendung im Brief an denselben vom 15. Nov. 1804 (ebd 216). In beiden Briefen wird der Maler als talentvoll, aber nicht gründlich genug charakterisiert.

2135 Kasten 165f. – *Hummel, der Maler aus Kassel:* wohl Johann Erdmann H., jetzt in Berlin lebend. – *heute um 4 Uhr:* die Abreise erfolgte einen Tag später.

2136 JbSKipp 5, 151 – *[2. Juli]:* vielmehr 3. Juli.

2137 (838) aaO 153f.

2138 Eichendorff: Werke und Schriften, hrsg. von G. Baumann und S. Große, Bd 3, 1958, 103 – *Schädelcollegium:* über Galls Vorlesungen vgl. TuJ 1805, dort irrtümlich auf die ersten Tage des August verlegt (GA 11, 755ff.).

2139 wie 2138 S. 103f.

2140 (839) aaO 6, 49ff. – *mein Zuhörer:* bei seinen naturphilosophischen Vorlesungen. – *aus seinen eigenen Äußerungen:* vgl. TuJ 1806: «...Steffens' Grundzüge der philosophischen Naturwissenschaften gaben genug zu denken, indem man gewöhnlich mit ihm in uneiniger Einigkeit lebte.» (GA 11, 793) – *ward dadurch nicht gestört:* zu dieser Geschichte vgl. die Variante in Nr. 7431 (Nachträge)

2141 aaO 336ff.

2142 Ebers/Kahlert 168

2143 (840) Laube 19f. – Bericht aus zweiter Hand. Laubes Gewährsmann ist nicht bekannt. FBdm vermutet F.A. Wolf.

2144 Wachler 54 – *Worte der Weihung:* Vers 95f. (GA 1, 199).

2145 aaO 290ff. – Vgl. GJb 26, 286ff. – *Fragen über das bayerische Schulen- und Studienwesen:* Röckl war im Jan. 1805 zum Professor der Pädagogik an das Lyceum in Dillingen an der Donau berufen worden. – *Pierinnen:* Pieriden, Beiname der Musen.

2146 Reiter 1, 411 – *unser Geheimnis:* eine Rezension des ‹Handwerkslibells› ist in der JALZ Nr. 77 und 78 vom 2. und 3. April 1806 erschienen. «Die jedenfalls in Wolfs Sinne und wohl auch mit Benutzung von Wolfs Papieren, P.F.T. unterzeichnete Rezension ist von Becker verfaßt...» (ebd 3, 143).

2147 Henrici, Katalog 149 S. 34 – *die vierzehn Tage:* während deren er in Halle war.

2148 GJb 10, 151

2149 wie 2138 S. 106 – *Kanonen:* bis an die Knie oder weiter reichende schwere Stiefel.

2150 (844) Heitmüller 73 – Brief aus Lauchstädt.

2151 (1112) Aphor 287 – Zum Datum vgl. PollmerUnters 126f.: der 16. August ist auszuschließen. Anzunehmen ist Anfang August. Für den 6. August spräche, daß es sich um einen bloßen Schreib- oder Druckfehler handeln könnte. Die Äußerung scheint im Zusammenhang mit Galls Vorlesungen zu stehen.

2152 wie 1995 S. 238f. (JbGG NF 3, 295f.) – *die Becker:* das Einüben des Epilogs schildert Anna Amalia B., spätere Wolff in Nr. 2172. – *Epilog:* ‹Epilog zu Schillers Glocke› (GA 3, 666ff.).

2153 Diezmann 33 – *[in Halle]:* gemeint ist wohl der Aufenthalt vom 12.–14. Aug.

2154 (844a) Heitmüller 75 – *Tuschbad:* in der Quelle ‹Touchebad›.

2155 (841) wie 1529, Bd 2, Berlin 1858, 35 – *nach meiner Rückkunft [nach Halle]:* am 21. Juli.

2156 (842) wie 1529, Bd 2, Berlin 1858, 35f. – Bezieht sich gleichfalls auf die beiden Begegnungen am 21. Juli und 13. Aug. wie Nr. 2155. – *gestern mit Wolf zurückgekommen:* vielmehr am 25. Aug. (vgl. Nr. 2164).

2157 Ebers/Kahlert 169 – *Helmstedt... Beireis:* den Besuch der kleinen Universitätsstadt und des gelehrten Sonderlings vom 16.–19. Aug. schildert Goethe ausführlich in TuJ 1805 (GA 11, 760ff.).

2158 Urlichs 1, 495

2159 Nach Manuskript FBdm verbessert und ergänzt durch Kollationierung, die freundlicherweise im GSA Weimar vorgenommen wurde. – *à Helmstedt:* nach Goethes Darstellung in TuJ 1805 hat er den Abbé im Magdeburger Dom gesehen (GA 11, 760).

2160 aaO 2, 16f. – *Festessen:* Goethe erwähnt den geselligen Umgang mit den Professoren in TuJ 1805 (GA 11, 761). – *«... wie alt bist Du geworden!»:* Goethe hat Wolf nicht geduzt.

2161 (846) Johannes – Album, hrsg. von F. Müller, 2. Theil, Chemnitz

1857, 365ff. Veröffentlicht von Varnhagen aus dem anonym erschienenen Buch: Rückblick eines evangelischen Predigers in der preußischen Provinz Sachsen auf mehr als 50 Lebens- und mehr als 30 Amtsjahre. Halberstadt 1841. Diese Quelle war nicht zu beschaffen. Wiedergabe nach den Tagebuchkladden Weitzes (mit Varianten) in: Das Blaubuch, Jahrg. 1, 1. Quartal, Berlin 1906, 273ff. Vgl. Nr. 2162f. – *Herrn von Hagen:* über den Besuch beim ‹tollen Hagen› vgl. die drastische Schilderung TuJ 1805 (GA 11, 777ff.). – *Henke:* die Begleitung des «heiteren geistreichen Probst Henke» in TuJ bezeugt (ebd 777). – *widerlegte Goethe diese Behauptung!:* Goethes Äußerungen im Druck offenbar absichtlich unterdrückt, vgl. die handschriftlichen Fassungen Nr. 2162f. – *«der alte Herr»:* Tiedge ist drei Jahre jünger als Goethe. – *Urania:* lyrisch-didaktisches Gedicht, zuerst erschienen Halle 1801. – *Kartonstatuen:* Goethe spricht von «sauberen Abgüssen des Apollin und ähnlicher Statuen» (GA 11, 778). – *Drapd'or:* Goldstoff. – *von Herder konfirmiert:* vgl. Nr. 2087 und Anm. – *Magdeburger Dom:* vgl. Nr. 2159 und Anm.

2162 (846a) Das Blaubuch, Jahrg. 1, 1. Quartal, Berlin 1906, 274 – Über Bewertung und Glaubwürdigkeit dieser und der folgenden Fassung vgl. Anm. zu Nr. 2163.

2163 wie 2162, S. 274f. – Vgl. ebd 275: «Wir dürfen uns über die Divergenz der beiden hier mitgeteilten Fassungen nicht wundern; neue Einzelheiten werden dem Verfasser bei der zweiten Revision nachträglich zum Bewußtsein gekommen sein; denn er verfügte über ein geradezu glänzendes Gedächtnis, das ihn befähigte, Erlebnisse und Reden, die sein Inneres besonders bewegt hatten, noch nach Jahrzehnten bis in alle Einzelheiten hinein mit absolut historischer Treue darzustellen. Den Worten Goethes fügt er die Bemerkung an: Ich habe mir diese Worte damals so genau als möglich gemerkt und abends in meine Schreibtafel geschrieben.»

2164 wie 1529, Bd 2, Berlin 1858, 36 – *daß uns das irgend trennen könnte...:* Schleiermacher hatte gegen Gall gepredigt.

2165 JbSKipp 5, 152 – *in Lauchstädt:* seit 27. Aug. – *Schillers Apotheose:* die geplante Totenfeier anläßlich von Schillers Geburtstag am 10. Nov. ist nicht zustande gekommen. Es haben sich nur einzelne Vorarbeiten erhalten (vgl. WA I 16, 561ff.). – *Gegen den 12. September:* Goethe war bereits am 6. Sept. wieder in Weimar.

2166 aaO 2, 12f. – Die Begegnung mit Steffens und Oehlenschläger muß kurz vor dem 5. Sept. stattgefunden haben; vgl. die Erwähnung im Brief an F.A. Wolf von diesem Tag. (WA I 19, 60). – *Aladdin:* das dramatische Märchen ist 1805 in Kopenhagen erschienen. Vgl. Nr. 2239f. – *Gjerlew:* Riemer machte dessen Bekanntschaft in Halle, wie er am 14. Aug. an Frommann berichtet (Heitmüller 75). – *Noureddin, welchen Aladdin:* muß heißen ‹welcher›. – *daß er uns nicht zu Mittag eingeladen hatte:* über die gedrängte Situation, in der sich Goethe befand, vgl. den o.a. Brief an F.A. Wolf. – *einige Monate darauf:* während Oehlenschlägers Aufenthalt in Weimar vom April bis Juni 1806 (vgl. Nr. 2239ff.).

2167 (867a) aaO 5, 161f. – *Aladdin... noch nicht deutsch erschienen:* erste deutsche Übersetzung Amsterdam 1808.

2168 (843) Bi[1] 10, 214 – *ersten Reise:* gemeint ist ‹nächsten› Reise.

2169 Werner 16 – *von ihm aufgenommen:* vgl. Goethe an Körte 13. Sept. 1805: «Ich habe Demoiselle Bardua bey mir zu Tische gesehen und eine recht angenehme Bekanntschaft gemacht.» (WA IV 19, 63) – *Porträt:* vgl. Nr. 2350 und Anm.

2170 KnebelBriefw 233 – *die Prinzeß mit ihrer Frau Schwägerin:* Prinzessin Caroline mit Maria Pawlowna.

2171 Fehling 40 – Zum Briefdatum: die Quelle hat: 20. Sept. Bei Vollmer dagegen steht 2. Sept; er merkt aber in einer Fußnote S. 559 an: «Da Goethe erst nach dem 5. Sept. von Lauchstädt nach Weimar zurückkehrte, wird auch das Datum des Briefes, der am 19. in Tübingen eintraf, später zu setzen sein, als auf den 2. Sept.» Bode 2, 67 datiert (wohl richtig): 12. September. – *daß ich ihn nicht sah:* sie meint, in der ersten Zeit nach Schillers Tod.

2172 (847/845) Weimarer Sonntagsblatt, 3. Jahrg., 1857, 294 – *Leseprobe:* für die Aufführung der ‹Natürlichen Tochter› am 12. Okt. – *Ende des vorletzten Monologs:* V, 6 Vers 2654 ff. (GA 6, 396 f.). – *Epilog zu Schillers Glocke:* vor der Aufführung am 10. Aug. in Lauchstädt (vgl. Nr. 2152).

2173 Pollmer 250 (verbessert gegenüber Ri 2, 696 f.). Nach Pollmer Unters 112 trägt das Stück die Unterschrift: «Aus einem Gespräch mit G. Morgens.»

2174 (848a) Heitmüller 78 – *der erste Bogen der Optik:* Beginn des Satzes der ‹Farbenlehre›.

2175 GJb 10, 151 – *Mittwochs:* über die neu eingerichtete Mittwochsgesellschaft vgl. Goethe an Knebel 7. Dez. 1805. «Der Mittwoch treibt mich immer an über das Ganze und Einzelne zu dencken und fördert mich sehr.» (WA IV 19, 82)

2176 (849) HVoß 97 – *ajustieren:* einrichten. – *soll da fortfahren, wo die Mutter aufhörte:* über Christiane Neumann in der Rolle des Arthur vgl. Nr. 1042. Die Aufführung fand am 7. April 1806 statt. – *«Lear»:* vgl. Nr. 2031 und Anm. und Nr. 2059. – *[«Hermann und Dorothea»]:* vgl. Nr. 2059 und Anm. – *Othello-Übersetzung:* vgl. Nr. 2031 und Anm.

2177 Heitmüller 79 – *Störungen bei Hofe:* aus Anlaß des Besuches von Zar Alexander I. von Rußland in Weimar. – *Manuskript:* zur ‹Farbenlehre›.

2178 (850a) Heitmüller 80 – *von Zeltern:* Goethe bedankt sich dafür im Brief vom 18. Nov. (WA IV 19, 74)

2179 Kasten 178 – *Franzwein:* französischer Weißwein.

2180 JbSKipp 5, 155 – *Farbenlehre:* das Erscheinen vezögerte sich bis 1810.

2181 (853) KnebelBriefw 239 – *Elastizität der Luft:* vgl. Goethes Aufzeichnungen WA II 11, 214 ff.

2182 (851) Rohmann 112 – *Minerva:* vgl. Nr. 2024 und Anm.

2183 (848) Hans Wahl, Prinz Louis Ferdinand von Preußen, Weimar 1917, 268 f. – Zuerst veröffentlicht (leicht abweichend) von Varnhagen: Goethe in den Zeugnissen der Mitlebenden … Erste Sammlung. Berlin 1823, 62. – Carl August hatte seinen Besuch mit dem Prinzen Louis Ferdinand in einem Billett vom 15. Dez. an Goethe, der sich kurz in Jena aufhielt, angekündigt (Wahl 1, 340). Sie trafen am 15. abends in Jena ein, wo sie übernachteten. H. Wahl vermutet aaO, daß der Brief in Gera am Tage nach der Begegnung geschrieben ist. Vgl. Anm. Bi[2] 5, 61: «Varnhagen fügt bei wiederholter Mitteilung dieser Briefstelle in seiner Galerie von Bildnissen, S. 278 hinzu: Der Herzog erzählte nach vielen Jahren noch gern von dieser Zusammenkunft; er selber hatte sich früh zurückgezogen, die andern aber tranken die ganze Nacht ungeheuer viel, sagte er, um die Wette, und Goethe blieb nichts schuldig, er konnte fürchterlich trinken.» Bestätigt wird dies «große Trinkgelag» durch Kanzler Müllers Gespräch mit Carl August am 27. Mai 1828 (Nr. 6146). Vgl. auch Weniger 28f. – *wirklich kennen gelernt:* d.h. menschlich näher gekommen; denn Begegnungen hatten bereits nach Goethes Darstellung während der Campagne in Frankreich 1792 und der Belagerung von Mainz 1793 stattgefunden. – *deboutonnierte sich:* eigentlich: knöpfte sich auf, hier: öffnete sich.

2184 (852) Steig 1, 152f. – *Überkunft [nach Jena]:* muß heißen nach Katalog Henrici: Versteigerung 149, Berlin 1929, 67: Unterkunft [in Jena]. – *unsre Sammlung:* Des Knaben Wunderhorn. Alte deutsche Lieder, gesammelt von L. Achim von Arnim und Clemens Brentano. Bd 1 mit Zueignung an Goethe erschienen Heidelberg 1806. – *Worte ... in der Jenaer Literaturzeitung:* die Rezension ist in der JALZ vom 21./22. Jan. 1806 erschienen (GA 14, 444ff.). – *des Schneiders Feierabend:* die genannten Lieder sind alle in Goethes Rezension kurz charakterisiert und mit Seitenzahlen versehen, was unsere Quelle übernommen hat. – *das von Procop, zwei Nachtigallen:* gemeint ist ‹Antwort Mariä auf den Gruß der Engel›. Procop ist die Quelle, der Anfang des Liedes lautet: «Zwei Nachtigallen in einem Tal ...».

2185 Steig 1, 153

2186 Steig 1, 153f. – Brief aus Weimar, wohin auch Goethe inzwischen zurückgekehrt war.

2187 SchrGG 14, 83 – *[im Dezember 1805]:* Arnim verließ Weimar wenige Tage vor Weihnachten. – *Farbenerscheinung auf der alten gemalten Scheibe:* Goethe kommt in seinem Brief an Arnim vom 9. März 1806 auch noch einmal darauf zurück (WA IV 19, 114).

2188 (854) wie 746 Bd 2, 82 Anm. – *Polyidos:* erschienen 1805 in Leipzig.

2189 (851a) Rohmann 113

2190 Weniger 40 – *Adjutant Leutnant von Kleist:* Wilhelm Heinrich Friedrich v. K.

2191 JbSKipp 5, 156f. – *daß er ... nicht à son aise ist:* daß er sich unwohl befindet. – *einen Brief:* vom 25. Dezember (WA IV 19, 84).

2192 JbSKipp 5, 158f. – *Schwester Ernestine:* geb. 1779.

2193 Kasten 186f. – *Die Tante:* Juliane Auguste Vulpius, die ebenso wie Ernestine mit in Goethes Haushalt aufgenommen worden war.

2194 (856a) Vollmer 560 – *Mittwoch früh:* vgl. Nr. 2175 und Anm. Vgl. ferner GTgb: «Früh die Damen. Physiologische Farben, biß zur Harmonie.» Dazu Goethes Aufzeichnungen WA II, 11, 222f.

2195 wie 2190 S. 40f. [9. Januar 1806.]: vgl. GTgb: «Mittag Ltnant v. Schak.» – *Kleist:* vgl. Nr. 2190. – *Hofmeister:* Riemer.

2196 (857) Ri 2, 683 – Vgl. PollmerUnters 109. – *Herren:* Kerls (AbschrKeil, JbGG NF 32, 270).

2197 Pollmer 250 – *Speiteufel:* Feuerwerkskörper.

2198 JbGG 3, 209 – *Journal für Frauen ...:* ‹Journal für deutsche Frauen von deutschen Frauen geschrieben. Besorgt von Wieland, Schiller, Rochlitz und Seume›. (Schillers Name nach dessen Tod weggelassen.) – *Nekropompe:* ‹Schillers Nekropompe›. Geschrieben auf dem Bothnischen Meerbusen. Erschienen im Dezember 1805. Seume ist der einzige Mitarbeiter, der sich als Mann zu nennen wagt (vgl. Anm. ebd 223). ‹Nekropompe› bedeutet Totengeleit. – *stehen:* die im FDH befindliche Hs hat «stecken» (Mitteilung von Hans J. Weitz).

2199 JbGG 3, 209 – Nach Anm. ebd 223 wird gegenüber der vorigen Nummer ein Zeitabstand von kaum einem Monat angenommen. – *Ein Feiner Almanach:* Eyn feyner kleyner Almanach Vol schoenerr echterr liblicherr Volcklieder, lustiger Reym, vnndt kleglicher Mordgeschichte, gesungen von Gabriel Wunderlich weyl. Benkelsengernn zu Dessaw, hrsg. von Daniel Saeuberlich, Schusternn tzu Kitzmücken an der Elbe. 2 Bde. Berlin, Stettin 1777/78. Der Almanach war weniger gegen Herder als gegen Bürger gerichtet (vgl. Anm. ebd 223) – *Bileam:* 4. Mos. 22, 21 ff. – *recht gute Lieder:* die Mischung guter und schlechter Lieder war beabsichtigt.

2200 Urlichs 1, 497 – *Schwester der Vulpius:* vgl. Nr. 2192f. – *manches aufgeschrieben:* nach Anm. ebd sollen die Aufzeichnungen erhalten sein. – *Farbenlehre:* vgl. Nr. 2180 und Anm.

2201 (858) Rohmann 117f. – *über die Farben:* vgl. Nr. 2194 und Anm.

2202 Ri 2, 639 – *Plan ... Tell:* vgl. Nr. 1401 und Anm. – *16. Januar 1806:* vgl. GTgb: «Nach Tische mit Riemer manches, besonders über den epischen Tell ...». Vgl. ferner Riemers Notiz: «G. hatte einen Tell als episches Gedicht vor u wollte es einmal durch mich niederschreiben lassen. Aus seiner Idee ist Schillers seiner hervorgegangen.» (JbSKipp 9, 296) – *präzipitiert:* übereilt.

2203 (859) Ri 2, 697 – Geringe Abweichungen gegenüber der Hs sind bei PollmerUnters 112 vermerkt.

2204 KnebelBriefw 242 – *Goethe war ... auch da:* vgl. GTgb 16. Jan.: «bey Herz. Amalie gegenw. Pr. Caroline, Frl. v. Knebel und die Haus und Hofgenossen.»

2205 (860/861) KnebelBriefw 242f. – Zum Briefdatum ist «Sonnabend» angegeben; dieser war aber am 25. Januar. Da auch die beiden vorangehenden Briefe jeweils an einem Sonnabend geschrieben sind, ist das Datum wohl auf den 25. zu korrigieren. – *Goethes und Wielands Kampfgespräch:* an dem in der vorigen Nummer erwähnten Abend. – *über Tischbeins Zeichnungen:* vgl. TuJ 1806: «Ferner sendete Tischbein an Herzogin Amalie einen mäßigen Folioband aquarellierter Federzeichnungen. Hierin ist nun Tischbein ganz besonders glücklich, weil auf diese leichte Weise ein geübtes Talent Gedanken, Einfälle, Grillen ohne großen Aufwand und ohne Gefahr seine Zeit zu verlieren ausspricht. Solche Blätter sind fertig wie gedacht.» (GA 11, 790). Vgl. ferner SchrGG 25, 8f. – *vor Alexander dem Großen die Hirsenkörner durch ein Nadelöhr geworfen:* vgl. Quintilian, Institutio Oratoria 2, 20, 3. – *[22. Januar]:* vgl. GTgb: «Die Damen. Galvanismus. theoretisch und historisch...» Dazu Goethes Aufzeichnungen WA II 11, 199ff.

2206 (862) HVoß 98 – Bi[1] 8, 294 nach Brief an Abeken 30. Jan. (bis auf den Schlußsatz). – *Austerlitz:* Dreikaiserschlacht am 2. Dez. 1805: Napoleon I. gegen Alexander I. und Franz II. – *Russennieren:* der Ausspruch auch überliefert von Caroline Schelling im Brief an ihren Mann vom 9. Mai 1806 (Caroline 2, 455).

2207 KnebelBriefw 244 – *gestern vormittags:* vgl. GTgb 29. Jan.: «Kein Vortrag...» 31. Jan.: «Die Damen Vortrag der galvanischen Experimente...». Zu den Versuchen vgl. WA II 11, 204f.

2208 Wie 2190 S. 41 – *Vorlesung:* die in der vorigen Nummer erwähnte.

2209 JbGG 3, 209f. – *Pitts Tod:* William Pitt d.J. starb am 23. Jan. – *wahrscheinlich von Böttiger:* der unter der Rubrik ‹Miscellen aus England› erschienene Aufsatz stammt in der Tat von Böttiger. – *Der arme podagrische Pitt:* der Aufsatz beginnt: «Welches Glück für den armen podagrischen Pitt...» (vgl. Anm. ebd 224). – *Fabel vom Fuchs..., welcher den toten Löwen bep-sst:* nicht ermittelt; wohl drastische Vergröberung (im Hinblick auf Böttiger) der gängigen Sprichwörter, daß kleinere Tiere den toten Löwen an Bart oder Mähne zupfen.

2210 JbGG 3, 210 – *Mouniers Tod:* am 26. Jan. – *im Wochenblatt:* Bertuchs Todesanzeige im ‹Weimarischen Wochenblatt› abgedruckt ebd Anm. 225.

2211 GJb 10, 151 – *naturhistorische Vorlesungen:* vgl. GTgb vom 7. und 12. Jan. Dazu die Aufzeichnungen WA II 11, 205f. und 225ff.

2212 KnebelBriefw 244 Anm.

2213 JbGG 3, 210 – *Macbeth aufgeführt:* in Schillers Bühnenbearbeitung am gleichen Tage.

2214 KnebelBriefw 244 – *etwas unpaß:* nach GTgb fiel der übliche Vortrag an diesem Mittwoch aus.

2215 JbSKipp 5, 159ff. – *Tante:* vgl. Nr. 2193 und Anm. Sie starb zweiundsiebzigjährig. – *Stella:* Aufführung der Neufassung mit dem tragischen Schluß am 15. Jan.

2216 (862a) Rohmann 120 – *er hätte Stella sterben lassen:* korrupt, da Stella tatsächlich stirbt. Gräf 2, 4, 199 und Anm. konjiziert, Bi[1] 9, 105 folgend, «[nur] Stella» mit Begründung. Richtiger wäre wohl: «Stella [nicht]».

2217 Krisenjahre 1, 297 – *Des Knaben Wunderhorn:* vgl. Nr. 2184 und Anm. – *Müllers Selbstbiographie:* in ‹Bildnisse jetzt lebender Berliner Gelehrten›, JALZ 26. Febr. 1806 (GA 14, 227ff.). – *Humboldts Vorlesung:* ‹Ideen zu einer Physiognomik der Gewächse, von Alexander von Humboldt›, JALZ 14. März 1806 (WA II 7, 93ff.).

2218 (863a) Rohmann 122 – *Goethens Vorlesungen:* die letzten hatten am 19. Febr. und dann erst wieder am 12. März stattgefunden. Dazu Goethes Aufzeichnungen WA II 11, 227ff.

2219 JbGG 3, 210f. – *anhaltend und ernst nachgedacht:* vgl. Anm. ebd 227f.

2220 Bode 2, 80 – *Anfälle von der güldenen Ader:* gemeint sind die schon öfter erwähnten Hämorrhoidalbeschwerden. – *Kutschen und Pferde hat er abgeschafft:* gemeint kann nur sein, daß er diese nicht mehr benutzt.

2221 (863b) Vollmer 560 – *sah er besser aus:* sie hat ihn wohl bei seinem Mittwoch-Vortrag am 26. März gesehen.

2222 Diezmann 25 – *neuen Ausgabe seiner Werke:* vgl. Nr. 2012 und Anm. – *an einem neuen Werke über die Farben:* Farbenlehre, vgl. Nr. 2180 und Anm.

2223 (863) Ri 2, 674 – *Lichtenbergs Wohlgefallen an Karikaturen:* wohl mit Bezug auf dessen ‹Ausführliche Erklärung der Hogarthischen Kupferstiche...›, 5 Teile, Göttingen 1794–1799.

2224 Pollmer 251 – Anführungsstriche und das «pp.» am Schluß nach Abschr Keil

2225 Pollmer 251 – Anführungsstriche nach Abschr Keil – *Wielands neustes Gedicht an die Großfürstin:* Das Gedicht «An Maria», geschrieben zum 21. Geburtstag der Großfürstin Maria Paulowna am 16. Februar 1806. Erstdruck: Journal des Luxus und der Moden Bd 21, Weimar 1806, S. 161.

2226 JbGG NF 32, 270 – Vgl. die ausführliche Anm. ebd 270f. – *das Barometer erfunden:* zur Zeit Galileis. – *ein Musikus:* W. Herschel. – *Rezension von Gall:* die Rezension über Gall ist in der JALZ vom 25. und 26. März erschienen. Der Verfasser ist Karl Asmund Rudolphi. – *Katzenpastete:* vgl. das gleichnamige erst 1810 entstandene Gedicht (GA 1, 399f.) – *Wilkes:* vielmehr Thomas Willis.

2227 (863c) Goethes Briefe an Eichstädt, hrsg. von W. Frhr. v. Biedermann, Berlin 1872, 289 Anm. – Voigt d.J.: vielmehr d.Ä. – *Unterredung mit Herrn v. Goethe:* nach GTgb am 5. April. – *[von Reil]:* vielmehr von K.A. Rudolphi (vgl. Anm. zu Nr. 2226). – *zumal Sachkenntnis:* zwischen beiden Wörtern im Druck eine fehlende Abkürzung, könnte heißen: d. (= die) oder s. (= seine) – *qualifiziere:* Goethe beschwert sich im Brief an Eichstädt vom 12. April über die ihm peinliche Rezension (WA IV 19, 122).

2228 (864) Aphor 288 – *Hammer...Amboß:* vgl. den Schlußvers des Gedichtes ‹Geh! gehorche meinen Winken...› (GA 1, 92)

2229 Kasten 193 – *Verlust:* Tod der Tante Juliane Auguste Vulpius (vgl. Nr. 2215).

2230 JbGG 3, 211 – Datum nach GTgb korrigiert. Die Anwesenheit von Therese aus dem Winkel und Anton Eberl neben andern in GTgb bezeugt. – *mancherlei von Mozart:* Eberl soll mit diesem befreundet gewesen sein.

2231 HVoß 98f. – H.Voß war am 12. April nach längerem Aufenthalt in Jena nach Weimar zurückgekehrt. – *Boie:* dieser war am 3. März gestorben.

2232 (865) Aphor 288f.

2233 JbGG 3, 210 – *Vier Tageszeiten:* Radierungen in Folio nach den Originalzeichnungen (Schuchardt 1, 136 Nr. 317). Vgl. GTgb vom gleichen Tage: «Runges Umrisse mit Meyer.» Vgl. ferner Goethes Dankbrief vom 2. Juni (WA IV 19, 132f.). – *Endlich hast du, Galiläer, doch überwunden:* Worte des Kaisers Julian Apostata (vgl. Anm. JbGG 3, 227).

2234 Krisenjahre 1, 336 – *Ihres Andenkens:* Schlegel hatte in seinem vorangehenden Brief Grüße ausrichten lassen.

2235 KnebelBriefw 249 – *Jagemann:* arbeitete zur gleichen Zeit an einem Ölgemälde Goethes (Schulte-Strathaus Taf. 87), vgl. GTgb 1. Juni.

2236 JbGG 3, 212 – *«Bekanntschaft im Bade»:* ‹Der Geheimniskrämer, oder Abenteuer im Bade›, aufgeführt am gleichen Tage.

2237 LA II 3, 14ff. – Goethes Mittwochs-Vorträge über optische Gegenstände fanden vom 18. Dez. 1805 bis 1. Juni 1806 statt. Vgl. dazu die Aufzeichnungen WA II 11, 221ff. Gegenüber Goethes stichwortartigen Aufzeichnungen vermitteln die Nachschriften der Sophie v. Schardt einen Eindruck von Goethes Vorträgen, wie er sie wirklich gehalten hat. Über die sachlichen Beziehungen zum Didaktischen Teil der Farbenlehre vgl. Anm. LA II 3, 17. – *Wär nicht das Auge sonnenhaft...:* die Verse nach Plotin, entstanden am 30. Aug. 1805, in der Fassung des Erstdrucks im Didaktischen Teil der Farbenlehre (GA 16, 20).

2238 (866) aaO 404ff. Anm. – Zur Sache vgl. Anm. zu Nr. 2237. Nachweisbar sind Goethes Vorträge über den Magneten am 2. Okt. 1805 (vgl. WA II 11, 176ff.) und über Atomismus und Dynamismus am 20. Nov. 1805 (vgl. ebd 209ff.).

2239 (867) Adam Oehlenschläger, Werke, Zum zweiten Male gesammelt, vermehrt und verbessert, 2. Bdchen: Selbstbiographie, 2. Bdchen, Breslau 1839, 24 und 26f. – Oehlenschläger hielt sich bis zum 14. Juni in Weimar auf. – *Schleiermacher:* Oehlenschläger war mit Steffens und Schleiermacher nach Halle gereist, bei welcher Gelegenheit er Goethe in Lauchstädt kennenlernte (vgl. Nr. 2166). – *Aladdin:* vgl. Anm. zu Nr. 2166. – *Hakon Jarl:* Trauerspiel, damals noch unveröffentlicht. – *«Hm, das ist hübsch!» ... «Nein, tun Sie das nicht.»:* diese Stelle in etwas anderem Wortlaut zuerst in Oehlenschlägers ‹Vorrede zum vierten Theile› von: Holberg's Lustspiele. Übersetzt von Oehlenschläger. Bd 4. Leipzig 1823. S. XIIf.

2240 aaO 2, 57 – *Hakon Jarl las ich ihm auf ein Mal nach Tisch vor:* vgl. GTgb 29. April: «Dr. Oelenschläger zu Tische. Sein Trauerspiel vorgelesen.» – *das Stück schriftlich zu übersetzen:* die Übersetzung des ‹Hakon Jarl› ist anonym erschienen Tübingen 1809. – *damit es in Weimar gespielt werden könne:* in der ‹Selbstbiographie› von 1829 (vgl. Anm. zu Nr. 2239) heißt es S. 35: «... Goethe hatte versprochen, meinen Hakon Jarl, wenn er von mir *schriftlich* übersetzt wäre, auf die deutschen Bühnen zu bringen.» Goethe bestätigt dies in TuJ 1806 und führt die Gründe an, weshalb es nicht zu einer Aufführung kam (GA 11, 786f.).

2241 (867) wie 2239 S. 28f. – Möglicherweise sind hier zwei zeitlich auseinanderliegende Eindrücke miteinander verknüpft. Eine Vorlesung aus den Proben des Nibelungenliedes, die F.H. von der Hagen 1805 veröffentlicht hatte (vgl. Anm. zu Nr. 2053), ist laut GTgb für den 25. Juni 1806 in Jena bezeugt (vgl. Nr. 2249). Hieran kann Oehlenschläger teilgenommen haben. Die zitierten Verse können bei dieser Gelegenheit aber nicht zur Sprache gekommen sein; denn sie waren noch nicht veröffentlicht. In der ersten Gesamtausgabe ‹Der Nibelungen Lied›, hrsg. durch F.H. von der Hagen, Berlin 1807, lauten die Verse 16/3937f.: «Der Herre tobelichen von dem Bronnen sprang;/Ihm ragete von dem Herzen eine Speerstange lang.» Das Buch, das Goethe mit Widmung des Verfassers vom 9.10.1807 bekommen hat, befindet sich in seiner Bibliothek (Ruppert Nr. 793). Vom Nov. 1808 bis Jan. 1809 liest Goethe das Nibelungenlied in der Mittwochsgesellschaft vor. Oehlenschläger ist dann wieder vom 2. bis 6. Nov. 1809 in Weimar. Vielleicht wurde bei dieser Gelegenheit über die zitierte Stelle gesprochen.

2242 aaO 2, 60f. – *sein Herz von mir wenden:* über Oehlenschlägers Enttäuschung bei seinem Besuch in Weimar im Nov. 1809 vgl. Nr. 3050ff.

2243 (869a/869b) aaO 2, 100f. – *Falk:* in GTgb am 11. Juni erwähnt. – *Ein junger Baron:* von hier an hat der Bericht stark anekdotischen Charakter.

2244 (867) wie 2239 S. 30 – *In mein Stammbuch:* vgl. GTgb 14. Juni: «Oelenschläger Stammb.»

2245 wie 2239 S. 31ff.

2246 (869c) aaO 2, 221 – *[in Rom]:* 1809. – *[am 19. Juni 1806]:* vgl. GTgb: «bey Knebel. Oelenschläger sang.» – *«Wir sind pieder und nadierlich.»:* die beiden Schlußverse lauten: «Wir sind bieder und natürlich,/Und das ist genug getan.» (GA 1, 104)

2247 (868) aaO 1, 415 – *[Arndt]:* vielmehr Arendt, vgl. dessen Besuche im Januar 1809 (Nr. 2901). – *Tischgenosse Goethes:* bis zu dessen Abreise nach Karlsbad am 29. Juni.

2248 JbSKipp 5, 161f. – *Major von Hendrich:* er und Riemer begleiteten Goethe auf der Reise, vgl. TuJ 1806 (GA 11, 798).

2249 Uhde 21 – *das Nibelungenlied:* vgl. Nr. 2241 und Anm. – *[25. Juni 1806?]:* vgl. GTgb: «Bey Frommanns. Niebelungenlied.»

2250 (870) Ri 2, 697 – *die Hussiten vor Naumburg:* Erstaufführung in Weimar am 15. Febr. 1804 (vgl. Nr. 918). Riemers Bericht wird durch GTgb und die Erwähnung in TuJ 1806 (GA 11, 798) gestützt. – *‹Und hätt' ich Flügel der Morgenröte...›:* Anspielung auf Psalm 139, 9f.

2251 JbGG NF 32, 272 – Das nicht näher datierte Gespräch wohl ausgelöst durch die Kotzebue-Aufführung in Asch – *Octavia:* war Goethe im Okt. 1799 anonym zugeschickt worden. – *Frommann:* nicht dieser, sondern der Leipziger Buchhändler Jacobäer war der Vermittler (vgl. Anm. ebd 272). – *[Friederike Unzelmann]:* geschieden 1803, verheiratet mit dem Schauspieler Bethmann seit 1805.

2252 aaO 303 – Der erste Absatz wohl nicht als Goethesche Äußerung aufzufassen. – Goethe war am 2. Juli in Karlsbad eingetroffen. – *[am 5. Juli 1806?]:* vgl. GTgb: «Wie Fürst Puttiatin versicherte, wenn er Gott wäre und er hätte voraussehen können, daß ein Stück wie Schillers Räuber sollte geschrieben werden, so würde er die Welt nicht erschaffen haben.» Die Eintragung ist von Riemers Hand. Eine Erzählung Goethes von der Begegnung mit dem Fürsten und dessen Äußerung wird von Eckermann unter dem 17. Jan. 1827 berichtet (GA 24, 209).

2253 Frommann 76 – *mineralogische Spaziergänge:* Goethe berichtet über seine geologischen Studien und Spaziergänge in TuJ 1806 (GA 11, 799f.).

2254 Caspar Voght und sein Hamburger Freundeskreis..., Teil II, Briefe aus den Jahren 1785 bis 1812 an Johanna Margaretha Sieveking, geb. Reimarus, bearb. von Annelise Tecke, Hamburg 1964, 148f. – Begegnungen mit Voght in GTgb vom 10. Juli bis 3. Aug. bezeugt; vgl. besonders 1. Aug.: «Unterhaltung mit von Voght. Über höhere Ansichten des Reiches der Natur und der Freyheit... Gegen Abend Voght. Fortsetzung des früheren Gespräches.» – *ein großer Grieche:* Kenner des Griechischen und Herausgeber eines ‹Kleinen Griechisch-Deutschen Handwörterbuchs› in 2 Bdn, Jena und Leipzig 1802/04 (vgl. Ruppert Nr. 633). – *was die Alten über das Sehen gesagt haben:* vgl. die Erste und Zweite Abteilung des Historischen Teils der Farbenlehre (GA 16, 255ff.). – *auf Ostern herauskommen:* vgl. Anm. zu Nr. 2180. – *Handschriften bekannter Männer:* Goethe hatte kurz zuvor angefangen, eine Autographensammlung anzulegen (vgl. den Artikel ‹Autograph› in GHb^2). Voght ist Goethes Wunsch nachgekommen (vgl. Nr. 2546 b und Anm.). – *auf einliegender Karte:* nicht erhalten. – *Hagedorns Handschrift:* der Dichter war wie Voght und die Adressatin Hamburger. – *Jacobi:* F.H. Jacobis ‹Erklärung› gegen Körtes Vorrede zu der genannten, 1806 erschienenen Briefausgabe in JALZ, Intelligenzblatt vom 14. April 1806, auch in ALZ, Intelligenzblatt vom 23. April 1806. Vgl. Goethe an Eichstädt 19. April 1806 (WA IV 19, 123).

2255 Bode 2, 84

2256 (871) aaO 167

2257 Ulrike von Levetzow, Erinnerungen an Goethe, hrsg. von A. Sauer, Prag 1919, 3 – *Meine Mutter:* Amalie v. Levetzow am 27. und 28. Juli in GTgb erwähnt. Zu der Bekanntschaft vgl. Urzidil 35.

2258 JbGG NF 32, 273. Vgl. Pollmer 253. Dort falsche Lesung «Gott in Stücken». Der erste Absatz fehlt; statt dessen Zusatz: «Gemeinschaftlich mit Goethe erfunden auf der Rückreise von Karlsbad, nach erhaltener Nachricht, das Deutsche Reich sei aufgelöst.» – Goethe und Riemer hatten am 4. August Karlsbad verlassen. – *in seinem Tagebuche:* «Unterwegs politisirt und neue Titel Napoleons ersonnen. Spaß von subjectiven Prinzen. Ferner Fichtes Lehre in Napoleons Thaten und Verfahren wiedergefunden.» Eintragung von Riemers Hand.

2259 JbGG NF 32, 273 – Vgl. GTgb: «Nachmittag und Abends bey Major von Knebel, wo Geh. Rath Hufeland und Professor Luden zu Nacht speisten.» – *des... Experiments mit dem schwimmenden Stein:* vielleicht mit Bezug auf Goethes Vortrag über den Magneten vom 2. Okt. 1805, wo es in den Aufzeichnungen lakonisch heißt: «Schwebender oder schwimmender Stein.» (WA II 11, 177) – *einem Hause in Weimar, worin es spuken sollte:* vgl. Goethe an Schiller 10. Aug. 1799: «Das wegen Gespenstern berüchtigte Gräfl. Wertherische Haus ... ist so viel ich weiß zu vermiethen, es wäre wohl der Mühe werth das Gebäude zu entzaubern.» (WA IV 14, 148)

2260 (873) aaO 8 ff. – *Staatsrat Hufeland:* bei dem Luden Hauslehrer gewesen war. – *Gestern abend spät:* nach GTgb vielmehr am 8. Aug. abends. – *sang ... Frau von Knebel:* die Kammersängerin der Herzogin Anna Amalia gelesen war. – *Ich reise ... erst übermorgen nach Weimar:* er fuhr vielmehr schon am folgenden Tag, dem 11. Aug. (nach GTgb).

2261 (872a/872b) DüntzerStein 2, 238 – *Fräulein von Günderode:* Caroline v. Günderode hatte sich sechsundzwanzigjährig am 26. Juli das Leben genommen. Vgl. dazu Goethe an W. v. Humboldt 22. Aug. 1806 (JbGG NF 27, 312). – *einen neuen Schuldirektor:* Christian Ludwig Lenz. – *Dependenz:* Anhang.

2262 Krisenjahre 1, 355 – *Goethe:* GTgb verzeichnet erst am 19. Aug.: «Graf und Gräfin von Voß aus Berlin.»

2263 Urlichs 2, 351 – *vorgestern:* vgl. GTgb 12. Aug.: «Bey Frau von Stein.»

2264 (874) aaO 21 ff. – Das ausführliche Gespräch hier, trotz des überwiegenden Gesprächsanteils von Luden, erstmals wieder vollständig abgedruckt. Obwohl Luden versichert, er habe das Gespräch über Faust wenige Tage später aufgeschrieben (hier S. 110), ist es doch unmöglich, daß er es in allen Details noch so genau im Kopfe haben konnte. Im großen und ganzen mag der Verlauf des Gesprächs wahrheitsgetreu dargestellt sein; jedoch ist eine tendenziöse Färbung, resultierend aus Ludens Empfindlichkeit, nicht auszuschließen. Daß ‹reine Harmonie› geherrscht habe, wird auch von Goethes Seite nicht behauptet. Dieser schreibt noch am Tage des Gesprächs an C.G. Voigt: «Professor Luden ist heute eine Stunde bey mir gewesen. Er gefällt mir sehr wohl. Es sind aber schon äußere Dinge, die auf ihn eindringen, seine gute Natur verwirren und verlegen machen, die mir beym ersten Anblick nicht gefallen und die ich Ew. Excellenz vertraulich mittheile, wenn ich sie nicht bey näherer Betrachtung anders finde.» (WA IV 19, 177). Luden seinerseits berichtet in dem Abschnitt ‹Hufeland, Knebel und Griesbach über meine Gespräche mit Goethe› (Quelle S. 75 ff.), daß er sich mit den drei Genannten über das Gespräch unterhalten habe, und schildert deren verschiedene Reaktionen darauf (einen kurzen Ausschnitt bringt Nr. 2265). Hufeland fordert Luden, trotz schwerwiegender Bedenken, zur wortgetreuen Niederschrift des Gesprächs auf. Griesbach pflichtet dem bei, und der Abschnitt endet: «Wir verabredeten, daß ich das Gespräch ihm, Griesbach, zur Durchsicht geben sollte. Das geschah. Griesbach gab es mir nicht zurück, und ich mochte, als ich aus Jena abreisen wollte, es nicht zurückfordern. Dadurch ist es der Zerstörung entgangen. Erst etwa zu Ostern 1807 habe ich es wieder erhalten.» (Quelle S. 101). Das eigentliche Motiv zur Preisgabe des Gesprächs, die jedoch erst posthum erfolgt ist, hat Luden später so formuliert: «... die Wendung, welche dieses Gespräch nahm ... ist eine der Ursachen des geringen Verkehrs gewesen, der zwischen Goethe und mir Statt gefunden hat.» (ebd S. 8) – *[am 19. August 1806]:* Ludens Angabe, das Gespräch habe einen Tag nach dem vorangegangenen (Nr. 2260) stattgefunden, ist falsch. Nach kurzem Aufenthalt in Weimar ist Goethe am 15. Aug. nach Jena zurückgekehrt. Am 19. Aug. verzeichnet GTgb: «Besuch von Prof. Luden.» – *in den Garten [S. 86]:* wohl in den Botanischen Garten. – *von dem Fragmente [S. 86f.]:* ‹Faust. Ein Fragment› (GA 5, 67 ff.). – *in meinem Geburtsorte [S. 87]:* Loxstedt bei Bremen. – *das bekannte Volksbuch [S. 87]:* 1587 zum ersten Mal von dem Frankfurter Verleger Spieß herausgegeben. – *«Ich glaube ihn gesehen ... zu haben.» [S. 88]:* während seines Aufenthalts in Göttingen 1801, vgl. die Erwähnungen Winkelmanns Nr. 1685 und 1689f. – *«hohe Intuitionen» [S. 88]:* vgl. Vers 1961. Die zahlreichen folgenden (teilweise ungenau wiedergegebenen) Faust-Zitate werden in der Regel nicht nachgewiesen. – *Schlegels Vorlesungen [S. 90]:* A.W. Schlegels Vorlesungen über Literatur, Kunst und Geist des Zeitalters Ende 1802. – *Kohlrausch [S. 90]:* Berichterstatter von Nr. 2965. – *Herzensergießungen eines kunstliebenden Klosterbruders [S. 91]:* von Wackenroder (vgl. Anm. zu Nr. 1427). – *argumenta ad hominem [S. 92]:* Beweisgründe aus dem (vom Gegner selbst) Zugestandenen. – *divina tragoedia [S. 93]:* göttliche Tragödie, nach Dantes ‹Divina commedia› gebildet. – *Horazens Wort: futuri temporis exitum caliginosa nocte premit Deus [S. 94]:* Wohlweislich hüllt der kommenden Zeiten Lauf/In undurchdringbar Dunkel der Gott uns ein (Oden III, 29, 29f.) – *die Idee, welche den Dichter beseelt hat [S. 98f.]:* vgl. dagegen die von Eckermann unter dem 6. Mai 1827 überlieferten Äußerungen Goethes (GA 24, 635f.). – *im Torso den Herkules [S. 99]:* der im Vatikan befindliche Torso («vom Belvedere») eines sitzenden Herkules. – *In tantum [S. 99]:* so weit (es zureicht). – *sich nach diesem Mittelpunkt umzusehen [S. 100]:* Gräf 2, 2, 139 Anm. verweist besonders auf Schelling. – *«Es ist vorhanden ...» [S. 107]:* Gräf, 2, 2, 148 merkt hierzu an: «Bei dem ‹vorhanden› ist besonders an die Helena Dichtung zu denken, sowie an die noch ungedruckten Theile von Faust I c [in Bd 8 der Cottaschen Ausgabe, 1808]. Merkwürdig auffallend bleibt doch, daß Goethe hier und überhaupt während des ganzen langen Gesprächs mit keinem Wort auf die bevorstehende neue Ausgabe hinweist, von der die Druckvorlage zur Zeit ja schon in den Händen des Verlegers war ... und die durch den ‹Prolog im Himmel› manche Fragen und Zweifel Ludens gelöst haben wird.» – *daß Sie sehen und nicht glauben wollen [S. 108]:* im Original ‹gläuben›. Anspielung auf Joh. Ev. 20, 29. – *Collegium logicum [S. 109]:* vgl. Vers 388. – *Sie gebe Stoff [S. 110]:* Konjektur W Bdm ‹gäbe› wohl richtig (vgl. Gräf 2, 2, 152 Anm.). – *Goethes Unterhaltung ... aufgeschrieben [S. 110]:* an anderer Stelle heißt es: «... das Gespräch über den Faust habe ich sogleich aufgeschrieben ... « (Quelle S. 8). Ferner: «Die Unterredung mit Goethe hatte ich in den ersten Tagen niedergeschrieben.» (ebd S. 86) – *So war es schon in meinen Tagen [S. 113]:* diese angeblich von Goethe improvisierten Verse, die anderweitig nicht bezeugt sind, sind ebenso wie die S. 115 wiedergegebenen von WA in die Gedichte aus Goethes Nachlaß aufgenommen worden (WA I 5^1, 43f.). Dieser fragwürdigen Tradition folgen auch die neueren Ausgaben (vgl. GA 2, 81). – *Was brauchen wir weiter Zeugnis [S. 114]:* nach Matth. 26, 65 und Lukas 22, 71. – *Was Völker sterbend hinterlassen [S. 115]:* vgl. Anm. zu S. 113. – *Johannes Müller [S. 117]:* Luden dürfte den bedeutenden Historiker Johannes v. Müller in Berlin kennengelernt haben. – *Duo quum faciunt idem [S. 118]:* Wenn zwei das gleiche tun (ist es nicht dasselbe). – *Friede zu Preßburg [S. 120]:* 26. Dez. 1805. – *was ist Wahrheit? [S. 121]:* Joh. Ev. 18, 38. – *sagt er irgendwo [S. 122]:* in der ‹Duplik› auf J.M. Goezes Schrift ‹Etwas Vorläufiges gegen des Herrn Hofrat Lessings ... Angriffe auf unsere allerheiligste Religion ...› (Lessing, Werke, hrsg. von H.G. Göpfert, Bd 8, 1979, 33). – ποιησις *[S. 124]:* Gestaltungskraft. – *der langen Rede kurzer Sinn [S. 125]:* Die Piccolomini I, 2. – *in magnis voluisse sat est [S. 125]:* richtig ‹in magnis et voluisse sat est› (Properz II, 10, 6) = bei großen Dingen genügt es, gewollt zu haben.

2265 (875) aaO 78f.

2266 Kasten 343 – *[Mitte August 1806]:* Goethe war am 11. August nach Weimar zurückgekehrt, aber bereits am 15. wieder nach Jena gefahren. Begegnungen mit Meyers sind in GTgb am 11., 13., 14. und 16. Aug. bezeugt. Das Stück ist demnach vor Nr. 2264 einzuordnen. – *Sendung an Meyer:* GTgb verzeichnet unter dem 30. Juni 1826: «Herrn Dr. Nicolaus Meyer nach Minden, mit einem Kistchen, verschiedenes enthaltend.» In einer Beilage zu dem Brief vom gleichen Tage wird der Inhalt der für die Familie Meyer bestimmten Sendung beschrieben. Es heißt da: «Der liebewerthen Hausfrau. Zum Andenken an weimarisches Local und dortigen Freund.» (WA IV 41, 77) – *«Bübchen»:* vgl. GTgb 14. August «Nachts Verkleidung der Dr. Meyern in einen Knaben.»

2267 Frommann 74f. – *von Deiner Reise, seiner Mutter:* Frommann befand sich mit Gries auf einer Rheinreise. Von dem Besuch in Frankfurt berichtet Frau Rat ihrem Sohn am 19. August (Pfeiffer-Belli 842). – *die Gentzianer:* Anhänger von Friedrich v. Gentz, der im preußischen Hauptquartier ein Manifest Preußens gegen Frankreich verfaßt hatte. Erwähnung wohl im Zusammenhang mit der Errichtung des Rheinbundes unter dem Protektorat Napoleons. – *seine Schweizerreise:* Johann Gottfried Ebel: Anleitung, auf die nützlichste und genußvollste Art die Schweiz zu bereisen. Zürich 1793.

2268 Frommann 75 – Vgl. GTgb 28. Aug.: «Abends bey Frommanns, mit Prof. Hegel.» – *Fräulein v. Günderode:* vgl. Nr. 2261 und Anm. – *Steffens' Schrift:* H. Steffens: Grundzüge der philosophischen Naturwissenschaft ... Berlin 1806 (Ruppert Nr. 5151). Vgl. Goethe an W. v. Humboldt 22. Aug. 1806 (JbGG NF 27, 310f.).

2269 (876) Pollmer 253 – Vgl. Aphor 289 abweichend. – *Bonifacius:* vgl. GTgb 28. Aug.: «Bonifacius Briefe.» – *Koteriesprache:* Sprache eines abgeschlossenen Kreises.

2270 JbGG NF 32, 274 – *wieder abgehen:* geändert aus: hinten wieder herauskommen. – *Tian:* Caroline v. Günderode (vgl. Nr. 2261 und Anm.)

2271 (912) Ri 2, 643f. – Datierung nach PollmerUnters 110, dort auch die Angabe: «Die Handschrift zu Horaz ist mit G.R. unterzeichnet ...». – *Horaz:* Beschäftigung mit der ‹Ars poetica› nach GTgb am 31. Aug. und 1. Sept. während der Rückfahrt von Jena nach Weimar bezeugt. – *furchtbaren Realität:* vgl. W. Schadewaldt: Goethes Begriff der Realität. In: JbGG NF 18, 44ff. Dort S. 47 Anm.: Ablehnung der Konjektur ‹fruchtbaren› aus ‹furchtbaren›.

2272 (877) Ri 2, 663 – Datierung nach PollmerUnters 109 – *Minna von Barnhelm:* vgl. GTgb 1. Sept.: «Abends in der Comödie. Minna von Barnhelm.» – *sich akkrochiert:* hängen bleibt.

2273 aaO 2, 239f. – Vgl. GTgb 6. Sept.: «Mit Prof. Meyer im Schießhause. Nach der Rückkehr mit Frau von Stein spatzieren.»

2274 Urlichs 1, 536 – *Schlüsseldame:* Wie dieser Ausdruck zu verstehen sein könnte, dazu vgl. Bode 2, 293 Anm. – *32 Zeichnungen:* vgl. Corpus VIII, 126 Anm. zu Nr. 662: «Die offenbar sorgfältig ausgeführten Zeichnungen ... der Ertrag der Karlsbader Reise von 1806, scheint verloren ...»

2275 (888a, recte 878a) Heitmüller 83

2276 Deutsche Rundschau Bd 162, 1915, 445f. – Der Bericht beruht auf Marwitz' Tagebüchern (vgl. ebd S. 427f.). Die Ausgestaltung sei 1835 erfolgt. In der Publikation ‹Aus dem Nachlasse Friedrich August Ludwig's von der Marwitz', Bd 2, Berlin 1852, 11f. (der Weniger 46f. folgt) weicht der Text erheblich von unserer Fassung ab; aber dort ist er, nach dem Vorwort S. III, von einem «berühmten militairischen Schriftsteller» redigiert worden. Zweifellos ist der Bericht anekdotisch ausgeschmückt; jedoch ist nach Weniger S. 214 Anm. Marwitz «ein sehr zuverlässiger Berichterstatter». – *zu Mittag beim Fürsten [Hohenlohe]:* Mittagessen beim Fürsten Hohenlohe-Ingelfingen, dem Kommandeur der preußischen Armeen bei Jena; in GTgb am 2. und 3. Okt. bezeugt. Vgl. auch TuJ 1806 (GA 11, 803). – *Blumenstein:* in GTgb am 3. und 4. Okt. erwähnt. Vgl. ferner die Charakterisierung in TuJ 1806 (ebd 804f.). – *Prinz Louis:* Louis Ferdinand von Preußen in GTgb ebenfalls am 3. Okt. erwähnt. Er ist am 10. Okt. bei Saalfeld gefallen. – *altum silentium:* tiefes Stillschweigen. – *Amabilität:* Liebenswürdigkeit.

2277 (987a) KnebelBriefw 285f. – Zur Datierung von Goethes Ausspruch vgl. GTgb 3. Okt.: «Bey Maj. v. Knebel mit Seebeck und Hegel.» Vgl. auch TuJ 1806 (GA 11, 803).

2278 JbGG 3, 212f. – Als Gespräch wohl erst später anzusetzen. Das Stück ist wiedergegeben mit der Angabe «Im Anfang Novembers 1806» im Anschluß an unsere Nr. 2302 und 2303. – *vor dem 14. Oktober:* dem Tage der Schlacht von Jena; am 6. Okt. verließ Goethe Jena. – *Elpenor:* vgl. Nr. 2300 und Anm.

2279 Frommann 77f. – *Laufe der Ceres:* Zusammenhang unklar. – *Wolf:* Zusammensein mit F.A. Wolf bei Frommann in GTgb am 26. Sept. bezeugt. – *Minchen:* Herzlieb.

2280 (878) aaO 2, 12f. – Aus dem Abschnitt ‹Ausflug nach Weimar im Oktober 1806›; danach unsere Einordnung. FBdm hatte als Datierung Ende September angesetzt. – *Herr von Hopfenkeim:* erstmals in Weimar aufgeführt am 20. Okt. 1802. Wiederaufführung am 11. Febr. 1807.

2281 (882) Siegmar Schultze, Falk und Goethe, Halle a.S. 1900, 58 – *bei der Herzogin Amalie:* vgl. GTgb 10. Okt.: «Starcker Truppenmarsch durch die Stadt und die Gegend. Bey der Herzogin Mutter zu Tafel ...» – *«Ich habe meine Sach' auf nichts gestellt!»:* ‹Vanitas! Vanitatum Vanitas!› (GA 1, 93f.) Entstanden Anfang 1806.

2282 (881) wie 2239 S. 52 – *Koës:* vgl. dessen Tgb vom 8. Okt.: «Über Jena nach Weimar, da noch abends in der Comödie: Reue und Ersatz, von Vogel...» (GJb 27, 119)

2283 (883) DüntzerStein 2, 241f.

2284 (884) HoubenSchopenhauer 17

2285 (885) GJb 27, 120 - Vgl. GTgb: «Ging ich mit Hrn. v. Hendrich das Lager zu sehen.» - *Der König:* Friedrich Wilhelm III. von Preußen.

2286 (886) aaO 1, 362ff. - Zum 14. Okt., dem Tag der Schlacht bei Jena und Auerstädt vgl. GTgb: «Früh Kanonade bey Jena, darauf Schlacht bei Kötschau. Abend um 5 Uhr flogen die Kanonenkugeln durch die Dächer. Um ½ 6 Einzug der Chasseurs. 7 Uhr Brand, Plünderung, schreckliche Nacht. Erhaltung unseres Hauses durch Standhaftigkeit und Glück. Lieutenant Noisin.» *-pelotonweise:* in Salven durch gleichzeitiges Schießen von Pelotons (Schützeneinheiten). - *wir eilten...auf sie zu:* in anekdotischen Berichten wird diese Handlungsweise auf Goethe übertragen, vgl. J.A. Ludecus, Aus Goethes Leben, 1849, 81f., in anderer Version bei Falk (S. Schultze, Falk und Goethe, 1900, 63). - *Löffelgarde:* «spottende bezeichnung von soldaten, die nur in das essen einzuhauen gewohnt sind, gleichsam nur mit dem löffel gegen die schüssel fechten» (DWb). - *der Marschall...kam an:* der erwartete Marschall Ney am 15. Okt. nicht in GTgb erwähnt; dagegen: «Marschall Lannes im Quartier und General Victor...»

2287 (892/887) HoubenSchopenhauer 27–30 und 36 - *Sophie:* die Erzieherin von Adele? - *Mein Landsmann Falk:* der wie sie aus Danzig stammte.

2288 (889) Bi[1] 2, 105 - Zeitangabe unsicher.

2289 (890b) JbSKipp 5, 165 - *Victor:* vgl. GTgb 15. Okt. - *Ney:* war am 15. Okt. nur wenige Stunden im Goetheschen Hause (nach R. und R. Keil, Goethe, Weimar und Jena im Jahre 1806, Leipzig 1882, 33). - *Lannes:* nach GTgb 15./16. Okt. - *Augerau:* nach GTgb 16./17. Okt.

2290 (887/890) HoubenSchopenhauer 37f.

2291 (890a) JbSKipp 5, 163 - *trauen lassen:* GTgb erwähnt am 19. Okt. lakonisch: «Trauung.»

2292 aaO 1, 373 - *Oberkonsistorialrat Günther:* vgl. Goethes Schreiben an Günther vom 17. Okt. (WA IV 19, 197f.).

2293 (891) aaO 62f.

2294 Ebers/Kahlert 171

2295 JbGG 5, 222ff. - *de Nou:* vielmehr Denou, in GTgb vom 18. bis 20. Okt. erwähnt. - *ihren Schnitt gemacht hat:* vgl. den Korrespondenzbericht in der ‹Allgemeinen Zeitung› vom 24. Nov. 1806, datiert: Weimar, 6. Nov.: «Göthe ließ sich unter dem Kanonendonner der Schlacht mit seiner vieljährigen Haushälterin, Dlle. Vulpius, trauen, und so zog sie allein einen Treffer, während viele tausend Nieten fielen.»

2296 Urlichs, 1, 499

2297 HoubenSchopenhauer 40 - *trauen lassen:* über die Gründe von Goethes Trauung kursierten verschiedene Gerüchte. Vgl. z.B den Bericht von G. Reinbeck, Goethe habe auf Zureden von Augereau Christiane geheiratet (Bi[2] Nr. 893), den wir als anekdotisch ausgeschaltet haben. Ein wohlmeinender Erklärungsversuch aus Goethes Umgebung stammt von Heinrich Voß (HVoß 102f.). – *denselben Abend:* vgl. GTgb 20. Okt.: «Abends bey Madam Schopenhauer.»

2298 aaO 1, 3 – *einige... vortreffliche Personen:* Weniger S. 52 führt als Beispiel Luden an.

2299 Denkwürdigkeiten aus dem Leben von Jean Paul Friedrich Richter, hrsg. von E. Förster, Bd 3, München 1863, 136

2300 (879) aaO 2, 625 – *[Elpenor]:* vgl. die beiden Fassungen ‹Ur-Elpenor› und ‹Elpenor. Ein Trauerspiel› (GA 6, 787ff. und 812ff.). – *die Ausgabe in Oktav:* das Elpenor-Fragment erschien im 4. Band der Cottaschen Ausgabe 1806. – *das Manuskript zum Druck abgesandt:* vgl. GTgb. 26. und 27. Okt.

2301 HVoß 101f. – *nichts durchgesehen:* in Anm. ebd S. 160 wird auf Voß' Durchsicht der ‹Achilleis› hingewiesen.

2302 JbGG 3, 212

2303 JbGG 3, 212 – Das Datum von Nr. 2302 wohl auch auf dies Stück zu beziehen. – Auf andere Vergleichungen der dichterischen Tätigkeit mit dem Bäckerhandwerk oder andern Berufen wird ebd S. 229 Anm. hingewiesen.

2304 (909) Aphor 296 – Datumsergänzung nach Hs im GMD. – *a spissando, densando:* vom Verdichten her.

2305 (910) Aphor 296f. – Das undatierte Stück ist zwischen unsere Nrn 2304 und 2323 eingeordnet. – *Delilles l'Imagination:* das Gedicht in 8 Gesängen ist 1806 erschienen. – ληκυθος: eigentlich Ölflasche.

2306 (896) Aphor 289 – Von Riemers Hand gibt es Paralipomena zur Farbenlehre über die Bestimmungen der verschiedenen roten Farbtöne (vgl. WA II 5^2, 141ff.).

2307 (897) Aphor 290 – *Paulus:* vgl. Röm. 13, 1 – *eine ungeheuere Kultur:* vgl. MuR 928.

2308 (898) Aphor 290 – Der dritte Absatz bereits Ri 2, 681. Pollmer Unters 110f. vermutet, daß die Stelle aus einem Briefkonzept stammt. – *Einleitung zur Morphologie:* seit Okt. beschäftigte Goethe sich damit, seine morphologischen Studien gesammelt bei Cotta herauszugeben, vgl. Brief an Cotta vom 24. Okt. (WA IV 19, 218f.). Damals entstanden die ersten Abschnitte einer Einleitung, die später (1817) im ersten Heft der Zeitschrift ‹Zur Morphologie› veröffentlicht wurden (GA 17, 11ff.).

2309 (899) Aphor 291 – *Kokkusarten:* Schildlausarten, vgl. Didaktischer Teil der Farbenlehre § 648 (GA 16, 177).

2310 (900) Aphor 291 – *regulinischen:* reinen, gediegenen, vgl. Didaktischer Teil der Farbenlehre § 508 (GA 16, 149).

2311 (901) Aphor 292

2312 (902) W. von Kotzebue, August von Kotzebue, Dresden 1881, 70f. – *Kraus:* der an den Folgen des Schocks, den ihm die Plünderung verursacht hatte, am 5. Nov. gestorben war. Sein Begräbnis ist eines der wenigen, an denen Goethe teilgenommen hat.

2313 (903) Aphor 292 – *Qualis rex, talis grex:* wie der Hirt, so die Herde (wie der Herr, so das Gescherr). – *miles gregarius:* Herdensoldat, d.h. der gemeine Soldat.

2314 (904) HoubenSchopenhauer 50f. – *[10. November]:* Erwähnung der Mittagsgesellschaft in GTgb. – *Madame Ludecus:* vgl. Nr. 2326 und Anm.

2315 (1569) Weimars Album 186f. – *ihre verschiedenen Dialekte:* vgl. Nr. 2356 und Anm.

2316 HVoß 104 – *Abschied ... von Goethe:* Voß verließ aus gesundheitlichen Gründen Weimar, um zu seinen Eltern nach Heidelberg zu gehen. Der Abschied von Goethe erfolgte nach einer Notiz Riemers am 10. Nov. (JbGG NF 32, 275).

2317 (906) Rohmann 129

2318 (905) Aphor 293f.

2319 JbGG NF 32, 275

2320 (908) Aphor 294f. – Einordnung in der Quelle zwischen 18. Nov. (Nr. 2318) und 20. Nov. (vgl. Nr. 2321). – *Acheminement:* Weg. – *in Deverticulis logiert:* auf Abwegen verweilt. – γάρ: denn, aber (Partikel, die einen neuen Gedanken einleitet).

2321 (907) JbGG NF 32, 276 – Wesentlich kürzere Fassung Aphor 295 mit Zusatz in eckigen Klammern: «Das Übrige von Zweck und Bestimmung beider Geschlechter und demgemäßem Körperbau ging zu weit in das Physiologisch-Anatomische, als daß es hier ausgesprochen werden könnte.» In der Hs, die unserer Quelle zugrunde liegt, folgt noch eine längere Auslassung «Über männliche und weibliche Schönheit», die wohl als Reflexion Riemers aufzufassen ist. – τέλος*:* Zweck, Ziel.

2322 (914) Aphor 298f. – Nach Hs in GMD datiert: 20. Nov. 1806. – *zusammengepackt:* Hs am Rande: «(als Windeln wie G. sagt)».

2323 (911) Aphor 297f. – *Undulisten:* eigentlich Terminus für Anhänger einer bestimmten Richtung in der Malerei, die das Weichere und Gefällige bevorzugt, definiert in ‹Der Sammler und die Seinigen› (GA 13, 315f.). Von ‹Undulistinnen› spricht Goethe im Brief an Meyer vom 10. Mai 1799 (WA IV 14, 87).

2324 nach der Hs im GMD – Das Briefdatum ist zu korrigieren: Sonntag war der 23. Nov. An diesem Tage ist Goethes Besuch bei Johanna Schopenhauer in GTgb bezeugt. – *Blumentalent:* vgl. Nr. 2339. – *Hausblase:* eigentlich ‹Hausenblase›, Blase einer Störart, zum Kleben verwendbar. – *encharmiert:* wohl Kontamination von ‹charmiert› und ‹enchantiert›. – *[Herrn Villain]:* bei den in Naumburg residierenden französischen Generalintendanten war Falk Geheimsekretär und Dolmetscher (vgl. GHb^{2}).

2325 (915) Ri 2, 697f. – Nach PollmerUnters 112 trägt der Handschriftzettel die Unterschrift: «Nach Goethes Bemerkung.» – *im Physischen:* d.h. im Physiologischen (vgl. LA II 4, 121)

2326 (917) HoubenSchopenhauer 52ff. – *sonntags und donnerstags:* die letzten Zusammenkünfte waren am 23. und 27. Nov., beide in GTgb bezeugt. – *Dr. Riemer:* vgl. seine Briefe an Frommann vom 27. Nov. (Heitmüller 86) und vom 29. Nov. (Frommann 90f.)

2327 (916) WeimarsAlbum 200 – *seinen Luther:* Martin Luther oder Die Weihe der Kraft. Eine Tragödie. Berlin 1807.

2328 Gerhardt 190 – *erste Vorstellung:* vgl. Nr. 2358.

2329 (918) Gerhardt 191ff. – *Indiskretionen:* vgl. Goethes ausführlichen, nicht abgeschickten Brief an Cotta vom 24. Dez. (WA IV 19, 516ff.) – *«Freimütiger»:* vgl. Nr. 1603 und Anm. – *von Ulm aus:* dem Erscheinungsort von Cottas ‹Allgemeiner Zeitung›.

2330 (913) DtRevue 11/2, 165 mit Korrektur JbGG NF 32, 275: «Reinigkeit» statt «Reinlichkeit».

2331 JbGG, 3, 213 – *der erste und zweite Band:* Goethe war zu dem Zeitpunkt erst im Besitz der Aushängebogen. Der zweite Band enthielt die erste Hälfte von ‹Wilhelm Meisters Lehrjahren›.

2332 (919) Aphor 299

2333 (923) Aphor 299f. – Zur Einordnung: das Stück schließt in der Quelle unmittelbar an das vorangehende an. – *Phalangen:* von Goethe in dieser Form mehrfach in den Schriften über vergleichende Anatomie gebraucht; als Plural von Phalanx = Finger- und Zehenglied. – *fünf über etc.»:* vgl. die lange Anm. Riemers ebd 300f., in der auf eine Stelle in TuJ 1807 hingewiesen wird, die seine Teilnahme an Gesprächen über osteologische Ansichten bezeugt (GA 11, 808).

2334 (924) Aphor 302 – Dieses und die folgenden Riemer-Stücke sind in der Quelle vor dem 13. Dez. 1806 eingeordnet. – *Entis:* des Seienden.

2335 Aphor 304 – *Vorurteil:* hier verweist Riemer selber auf den ähnlichen Gedankengang MuR 341.

2336 Aphor 305

2337 Aphor 305

2338 Deetjen 167 – *Rudel:* Kosename, nach dem Mädchennamen von Knebels Frau, Rudorf, gebildet.

2339 (920) HoubenSchopenhauer 61f.

2340 (888) Neue Heidelberger Jahrbücher Bd 18, 1914, 44 – *seine Verheiratung:* vgl. Nr. 2291ff. und Anm. zu Nr. 2297.

2341 (921) HoubenSchopenhauer 60f. – *Tag... bei der Frau v. Fritsch:* nicht bestimmbar. – *Frau des Marschall Lannes:* Ankunft nach GTgb am 7. Dez. abends, Abreise am folgenden Tag.

2342 (922) Goethe, Weimar und Jena im Jahre 1806, hrsg. von R. und R. Keil, Leipzig 1882, 153 mit Ergänzung JbGG NF 32, 278

2343 (925) DtRevue 11/2, 165 mit Ergänzung JbGG NF 32, 278 – *Rungische allegorisch-symbolisch-mystische Pflanzenmetamorphose:* mit Bezug auf den Zyklus ‹Die Tageszeiten› (vgl. Nr. 2233 und Anm.). Zu der Wortverbindung vgl. die Abschnittsüberschrift ‹Allegorischer, symbolischer, mystischer Gebrauch der Farbe› im Didakt. Teil der Farbenlehre (GA 16, 233). – *Romanze:* «Es handelt sich um eine in der französischen Erzählung ‹La folle en pèlerinage› (Cahiers de lecture 1789) veröffentlichte Romanze, die Goethe in ‹Der Müllerin Verrat› (GA 1, 132ff.) nachgebildet hat.» (JbGG NF 32, 278 Anm.)

2344 (926) DtRevue 11/2, 165f. mit Ergänzung JbGG NF 29, 261 – *junger Freund:* nicht ermittelt. – *K-r:* ebenfalls nicht ermittelt. – *Herzog von Braunschweig-Oels:* der Bruder Anna Amalias war am 8. Okt. 1805 in Weimar gestorben. – *wie Aristoteles sagt:* vgl. «Von der Seele», Buch 2,

416 b 32 ff., bes. 421 a 7 ff.

2345 (927) Aphor 307

2346 (928) JbGG NF 32, 278 f. und DtRevue 11/2, 166 – Der erste Absatz in etwas anderer Fassung Aphor 303 im Zusammenhang mit unserer Nr. 2252. Dort nicht ausdrücklich als Ausspruch von Goethe gekennzeichnet. – *Levana:* Levana, oder Erziehungslehre. 2 Bde. Braunschweig 1807. – *Catena:* Kette, Reihe. – *Bonmot:* mit Bezug auf die Nachahmung Schillers durch Christian S. vgl. den genauen Wortlaut JbGG NF 32, 279 Anm.

2347 (929) Ri 2, 698 – *sich nur gleichnisweise auszudrücken:* vgl. über Gall TuJ 1805: «... er ... behauptete, meinem Stirnbau zufolge: ich könne den Mund nicht auftun, ohne einen Tropus auszusprechen ...» (GA 11, 757).

2348 Pollmer 263 – *Basedows ergo bibamus:* vgl. § 391 im Polemischen Teil der Farbenlehre (WA II 2, 192). Zur Entstehung von diesem Passus und später von Goethes Gedicht ‹Ergo bibamus!› (GA 1, 101 f.) vgl. Nr. 7127 (Nachträge).

2349 JbGG NF 32, 279 – *Voigt:* Friedrich Siegmund V. – *os temporum:* Schläfenbein. – *scapulis:* von scapula = Schulterblatt. – *«Aus drei Rückenwirbeln ...»:* vgl. Goethes späteren Aufsatz ‹Das Schädelgerüst aus sechs Wirbelknochen auferbaut› (GA 17, 346 f.) sowie Nr. 2333 und Anm. – *lange vor Okens Programm:* die Zeugnisse zum Prioritätsstreit bei Günther Schmid, Goethe und die Naturwissenschaften, Halle 1940, 314 ff.

2350 (930) HoubenSchopenhauer 62 f. – *jeden Gesellschaftsabend:* die letzten Besuche vom 11., 14., 18. und 21. Dez. in GTgb bezeugt. – *Die Bardua malt jetzt Goethen:* Sitzungen zu dem Porträt (Schulte-Strathaus Taf. 88) in GTgb am 12. und 19. Dez. bezeugt. Vgl. auch Nr. 2809.

2351 (931) GJb 3, 321 – *«Unterhaltungen über Gegenstände der bildenden Kunst»:* Beilage zur JALZ vom 1. Jan. 1807, wiederabgedruckt, Trunz/Loos 177 ff. Vgl. auch Goethes 1823 erschienenen Aufsatz ‹Hemsterhuis-Gallitzinsche Gemmensammlung› (GA 13, 945 ff.).

2352 JbGG NF 32, 280 – *Lust, zu zeichnen:* vgl. GTgb vom gleichen Tage: «Bey der Herzogin Mutter. Die Gesellschaft spielte, ich zeichnete.»

2353 (932) Aphor 307

2354 (933) Aphor 307 – Das Stück ist zwischen dem 24. Dez. (Nr. 2353) und dem 30. Dez. (Nr. 2362) eingeordnet.

2355 (934) aaO 224 ff. – *[am 24. Dezember 1806]:* vgl. GTgb: «Schmidt von Wien zu Theaterangelegenheiten.» – *seinen eigenen frühern Ausspruch:* vgl. die reservierten Äußerungen Goethes, von denen H. Schmidt in Nr. 1668 berichtet.

2356 (935) HoubenSchopenhauer 68 f. – *den ersten Feiertag:* vgl. GTgb 25. Dez.: «Bey Madam Schopenhauer zum Thee.» – *Aufsatz über die verschiedenen Mundarten der italienischen Sprache:* vgl. die Erwähnung in TuJ 1806 (GA 11, 797). Die Abhandlung ist im 3. Bd von Fernows ‹Römischen Studien› 1808 erschienen (vgl. Ruppert Nr. 532).

2357 (937) aaO 134 ff. – *Schillers ‹Don Carlos›:* Aufführung am Nationaltheater in Berlin am 10. Dez. 1806. – *[26. Dezember 1806?]:* vgl. GTgb:

«Schmidt von Wien zu Tische.» Es ist jedoch nicht auszuschließen, daß das Gespräch bereits am 24. Dez. (vgl. Nr. 2355) stattgefunden hat. – *«Das Rätsel» [von Contessa]:* erstmals aufgeführt in Weimar am 18. Sept. 1805. – *ihren Ehrentag:* vielleicht noch mit Bezug auf die Verheiratung am 19. Okt.

2358 nach der Hs im GMD – *Gestern abend:* vgl. GTgb 26. Dez.: «Erstes Schauspiel die Erben.» Wiedereröffnung des Theaters nach der Schlacht von Jena und Auerstädt.

2359 (938) JbGG NF 32, 280 – Ri 2, 681f., datiert «26. u. 27. Dec. 1806», ohne die Überschrift und den ersten Absatz und mit Milderung der derben Ausdrücke. – *Hauy:* vgl. Nr. 2360 und Anm. – *noch ver-:* es ist nicht auszumachen, was für ein Kraftausdruck hier gemeint ist. – *diszerpieren:* zerreißen. – *Schart:* hierfür im Druck Ri 2, 682 drei Sternchen. Es ist rätselhaft, was gemeint ist. Vielleicht ist [Sophie v.] Schardt gemeint.

2360 Pollmer 264 (nur der erste Absatz) und JbGG NF 32, 281 – *Hauy:* mit Bezug auf dessen ‹Traité élémentaire de physique›, Paris 1803, deutsch: ‹Handbuch der Physik für den Elementarunterricht, in den französischen National-Lyceen ausgearbeitet›. Aus d. Franz. übers. u. mit Anm. und Zusätzen verm. von Christian Samuel Weiß. 2 Bde. Leipzig 1805 (Ruppert Nr. 4648). Erwähnung in GTgb 6. Jan. 1807. – *Prytaneen:* vgl. Goethes Brief an Graf Reinhard vom 27. Sept. 1807 über den gleichen Gegenstand, wo das ursprünglich im Konzept verwendete Wort ‹Prytaneen› (WA IV 19, 531) in der Reinschrift in ‹Lyceen› geändert worden ist (ebd 419). Das Prytanée in Paris war eine von Napoleon gestiftete Lehranstalt für Schüler bis zum 15. Lebensjahre. – *Exstirpieren:* Beseitigen. – *Castel, Mariotte, Gauthier... Voltaire:* vgl. die entsprechenden Abschnitte im Histor. Teil der Farbenlehre (GA 16, 609ff.; 586; 617ff.; 600ff.).

2361 (975) aaO 2, 106ff. – *«Flüchtige Bemerkungen...»:* erschienen Leipzig 1806. – *Storch:* H.F. v. Storch: Historisch-statistisches Gemälde des russischen Reiches am Ende des achtzehnten Jahrhunderts. 1797/1803.

2362 (940) Aphor 307 – *Almanach:* Almanach fürs Theater und Theaterfreunde auf das Jahr 1807, hrsg. von Iffland. Vgl. GTgb 29. Dez.: «Ifflands Theaterkalender.» – *Richard:* Richard III. von Shakespeare.

2363 JbGG NF 29, 261 und 32, 277

2364 HoubenSchopenhauer 69f.

2365 (1569) WeimarsAlbum 188 – *des großen Rätsels:* vgl. den Deutungsversuch bei FBdm, Goethe als Rätseldichter, Berlin 1924; dagegen HoubenSchopenhauer 65f., woraufhin FBdm Ms. seine Deutung zurückgenommen hat. Houben tritt mit großer Bestimmtheit dafür ein, daß nur das ‹Märchen› aus den ‹Unterhaltungen deutscher Ausgewanderten› gemeint sein könne: «Dieses Märchen wirkte allerdings wie ein ‹großes Rätsel› und regte viele Leser zu Deutungen an, die dem Dichter zugingen und ihm viele Freude machten, wie sein Briefwechsel mit Schiller zeigt.»

2366 HoubenSchopenhauer 70 – *Neujahrstag:* vgl. GTgb 1. Jan. 1807: «Abends bey Mde Schopenhauer. Las Fernow Schützens Lustspiel ‹Der

Dichter und sein Vaterland› vor.»

2367 (1569) WeimarsAlbum 188f. – *Der Dichter und sein Vaterland:* HoubenSchopenhauer (167f.) stellt eine Beziehung zwischen Schützes Lustspiel und dem Divan-Gedicht ‹Befindet sich einer heiter und gut ...› (GA 3, 326f.) her.

2368 (936) aaO 159ff. – *Madame Beck ... mit der ich abschloß:* die Verhandlungen zerschlugen sich, Henriette B. blieb in Weimar. – *Herrn Haide:* der nur vorübergehend nach Wien ging. – *[2. Januar 1807]:* vgl. GTgb: «War der junge Schmidt von Wien zu Tische.» – *Abänderungen:* gemeint ist Schillers Bühnenbearbeitung (vgl. Nr. 1151 und Anm.). – *in seines Nichts durchbohrendem Gefühle:* Zitat aus Schillers ‹Don Carlos› II, 1.

2369 (944) aaO 163

2370 (948) HoubenSchopenhauer 70

2371 nach Hs im GMD – *kleinen Sohn:* Carl Wolfgang, später v. Heygendorf, Sohn Carl Augusts. – *[am 11. Januar]:* vgl. GTgb: «Taufactus.»

2372 JbSKipp 5, 168 – *seinen Anfall:* Unwohlsein notiert GTgb am 9. und 10. Jan.

2373 (949) DtRevue 11/1, 60f. – *Newtons zweites Buch der Optik besprochen:* im Zusammenhang mit der Arbeit am Polemischen Teil der Farbenlehre, vgl. Goethe an Knebel 14. Jan. (WA IV 19, 262). – *Spektator:* Beobachter.

2374 DtRevue 11/1, 61

2375 (950) Aphor 309 – Ausführung der vorausgehenden Tgb-Notiz.

2376 GJb 10, 151 – *bei Frommann:* vielmehr bei Cotta; der Druck erfolgte bei Frommann in Jena.

2377 (952) DtRevue 11/1, 61 – *der Amerikaner:* seit 1799 häufig aufgeführt.

2378 (952a) DtRevue 11/1, 61 – Die Leseprobe in GTgb bezeugt. Das Goethesche Dictum in anderem Zusammenhang Ri 1, 405 zitiert.

2379 DüntzerStein 2, 259 – Vgl. GTgb vom gleichen Tage: «Abends ... bey Frau von Stein. Brief aus Breslau mit der Belagerungsnachricht.» – *Prinz August von Preußen:* in GTgb am 27. Dez. 1806 erwähnt. – *für den Grafen Schmettau ein Monument:* dieser war im Hause von Charlotte v. Stein untergebracht. Über seinen Tod vgl. Nr. 2412. Das Monument wurde nicht ausgeführt, vgl. Nachtrag zu TuJ 1808 (WA I 36, 390).

2380 (953/951) HoubenSchopenhauer 72ff. – *Goethe ist ... nicht recht wohl:* Unwohlsein in GTgb am 25. Jan. notiert. – *Dienstag [dem 27.]:* vgl. GTgb: «Abends bey Mde Schopenhauer. Klein Concert.» – *Huber, dessen Leben:* die Biographie des 1804 verstorbenen L.F. Huber von seiner Frau Therese in Bd 1 seiner ‹Sämtlichen Werke› 1806 veröffentlicht.

2381 (954) Heitmüller 89f.

2382 HegelBr 1, 151f. – *siderischen Versuche:* mit einem an einem Faden hängenden, pendelnden Metallstück, das als eine Art Wünschelrute benützt wird. – *[am 31. Januar?]:* an diesem Tage ist Hegel als Mittagsgast bei Goethe erwähnt. – *an seiner Farbengeschichte:* vgl. Goethe an Knebel 25. Febr. (WA IV 19, 274f.). – *Morphologie:* vgl. Nr. 2308 und Anm. Inzwischen war bereits mit dem Druck begonnen worden, vgl. GTgb 7., 10. und

27. Jan. – *Abhandlungen über den tierischen Organismus:* Aufsätze zur vergleichenden Anatomie wurden erst in Goethes Zeitschrift ‹Zur Morphologie› 1817 und später veröffentlicht.

2383 (955) HoubenSchopenhauer 76 – Johanna Schopenhauer kannte Tischbein aus Hamburg. – *Goethe... Kommentar:* erst 1821 schrieb Goethe mit dem Zyklus ‹Wilhelm Tischbeins Idyllen› (GA 1, 541 ff.) eine Art Kommentar zu einzelnen Bildern.

2384 (956) Aphor 309 f. – *inundierte:* überflöße.

2385 (957) Aphor 310 – Dieses und die drei folgenden Stücke folgen in der Quelle unmittelbar auf das vorangehende.

2386 (958) Aphor 310

2387 (959) Aphor 310

2388 (960) Aphor 311 – *jede Idee...:* vgl. MuR 541: «Jede große Idee, sobald sie in Erscheinung tritt, wirkt tyrannisch...»

2389 (961) HoubenSchopenhauer 79 – *[3. Februar]:* vgl. GTgb: «Abends die Mitschuldigen mit den jungen Schauspielern, Mde Schopenhauer und Dem. Bardua.» – *einige junge Schauspieler:* nach HoubenSchopenhauer 81: P.A. Wolff, Grüner, Grimmer, Unzelmann und Oels.

2390 (1369) Werner 18

2391 Europa 1856, Sp. 479

2392 JbGG 3, 213 – *Initiationen:* Einführungen.

2393 (962) HoubenSchopenhauer 79 ff. – *[5. Februar]:* vgl. GTgb: «Abends bey Mde Schopenhauer Vorlesung von Hebelschen Gedichten.» – *aus einem Briefe:* von H. Voß aus Heidelberg 31. Jan. – *die Alemannischen Gedichte [von Hebel]:* von Goethe 1805 rezensiert (vgl. Nr. 2032 und Anm.). – *das Gespenst von der Kanderer Straße:* in Goethes Rezension eigens hervorgehoben (GA 14, 439). – *[«Ich hab mein Sach auf nichts gestellt»]:* vgl. Nr. 2281 und Anm. – *in seinen neuen Schriften:* d.h. der Cottaschen Ausgabe von Goethes Werken. – *Porträts von Gerhard v. Kügelgen:* Goethe erwähnt die vier genannten Porträts, die Fernow erhalten hatte, in Tgb 7. Febr. – *Karte... mit Goethe fabriziert:* HoubenSchopenhauer 81 vermutet, daß das Schablonenzeichnen am 8. Febr. stattgefunden, an welchem Tage GTgb einen weiteren Besuch bei Johanna Schopenhauer verzeichnet. – *Alphabete... von Blech:* vgl. das «messingene Alphabet» (Nr. 1563 und Anm.).

2394 (964) Carl Ludwig Fernow's Leben, hrsg. von Johanna Schopenhauer, Tübingen 1810, 369 ff.

2395 (967/964a) wie 2394 S. 373 ff. – *in der Gesellschaft, wo auch ich mich befand:* bei Johanna Schopenhauer, wo die vier Bilder von Kügelgen ausgestellt waren (vgl. Nr. 2393). Besuche Goethes bei Johanna Schopenhauer in Tgb. 8., 12., 15., 18., 19. Febr. bezeugt.

2396 (963) DüntzerStein 2, 260 f. – Zur Datierung des Briefes vgl. GTgb 10. Febr.: «Nachmittags bey Frau von Stein. Abends die Weihe der Kraft von Werner. Prof. Meyer.» – *Die Weihe der Kraft:* vgl. Nr. 2327 und Anm. ‹seinen Luther›. – *Weißer:* fertigte zunächst eine Gesichtsmaske, dann eine Büste Goethes an (Schulte-Strathaus Taf. 89 und 90). Vgl. Nr. 2552 und Anm. – *Tieck:* Büste von 1801 (Schulte-Strathaus Taf. 84).

2397 (965) DtRevue 11/1, 61 – Vgl. MuR 319. – *Nec temere nec timide:* nicht blindlings und nicht furchtsam. – *auream mediocritatem:* das goldene Mittelmaß (nach Horaz, Carm. 2, 10, 5).

2398 (965a) Gerhardt 199f. – *die neue Ausgabe der Winckelmannschen Muse:* der erste Band der Ausgabe von Winckelmanns Werken, hrsg. von Fernow u.a., erschien Dresden 1808. – *Goethe hat versprochen:* wohl am Tage vorher, vgl. GTgb 14. Febr.: «Nach Tische Besuch von Fernow.» Die Vorrede ist nicht erschienen.

2399 Deetjen 168 – Das Stück ist hier falsch eingeordnet. In der Quelle ist die Jahrzahl falsch ergänzt: es muß 1805 heißen.

2400 aaO 2, 104ff. – *[...16. Februar 1807?]:* erste Aufführung des ‹Tasso› in Weimar. Den Besuch Reinbecks nimmt Gräf 2, 4, 324 für den 17. Febr. an. Dieser kann aber auch nach der zweiten Aufführung am 21. März, an der Goethe laut Tgb ausdrücklich nicht teilgenommen hat, stattgefunden haben.

2401 Heitmüller 90 – *an Newtons Optik:* d.h. am Polemischen Teil der Farbenlehre. Vgl. GTgb 13. Febr. – *Müllers Rede:* die Übersetzung erschien in der JALZ vom 28. Febr. 1807 (GA 14, 244ff.). Vgl. auch TuJ 1807 (ebd 11, 822).

2402 HoubenSchopenhauer 82 – *Ehegestern:* vgl. GTgb 18. Febr.: «Abends bey Mad. Schopenhauer. Hr. v. Einsiedel las seine Übersetzung der Mostellaria vor.» – *hier spielen lassen:* die Aufführung fand am 29. April statt.

2403 WeimarsAlbum 189 – *zwei Übersetzungen aus dem Plautus:* nach der im vorigen Stück genannten folgte am 26. März die Vorlesung des ‹Schatzes› (Trinummus), in GTgb bezeugt.

2404 DtRevue 11/1, 61

2405 JbSKipp 5, 170

2406 (966) Ri 2, 698

2407 Pollmer 269 – *Ode auf Napoleon...im Publizisten:* Die in Paris erscheinende Zeitschrift «Le publiciste» brachte in der Nummer vom 29. Januar 1807 die Ode «L'homme du destin», verfaßt von Charles Guillaume Etienne (1778–1845), also keineswegs von Napoleon, wie Goethe vermutet. Das Gedicht, das den Kaiser verherrlicht, «interzediert» (lat. «intercedere» = Einspruch erheben, sich ins Mittel legen) auch nicht für den preußischen König, sondern stellt vielmehr fest: «la Prusse est prête à descendre / Dans le tombeau qu'elle a creusé», d.h. Preußen steige ins selbstgeschaufelte Grab.

2408 (968) Pollmer 269f. – Zuerst Ri 2, 698f. ohne den Zusatz über Kotzebues Reisen. – *Pagliasso:* eigentlich ‹pagliaccio›, auch Bajazzo, der Spaßmacher bei Seiltänzern und Akrobaten.

2409 (969) HoubenSchopenhauer 84f. – *[1. März]:* vgl. GTgb: «Zum Dejeuner Mde Schopenhauer, Mlle Bardua, Fernow, Meyer.» – *von seinen ausgeschnittenen Sachen:* vgl. Nr. 2339. – *vier große Blätter:* vgl. 2233 und Anm. – *er liest auch den Abend keine drei Seiten:* die Vorlesung zog sich tatsächlich noch länger hin. Vgl. Nr. 2419f. – *Wallenstein:* «Daß über meinem braunen Scheitelhaar / Die schnellen Jahre machtlos hingegangen.»

(Wallensteins Tod V/4.)

2410 (1369) Werner 18f. – *Frau eines Satirikers:* Falk hatte seine Schriftstellerlaufbahn als Satiriker begonnen und von 1797 bis 1803 ein ‹Taschenbuch für Freunde des Scherzes und der Satire› herausgegeben.

2411 Weimarer Sonntagsblatt Nr. 50 vom 14.12.1856, 417 – Korrektur des Briefdatums aus inhaltlichen Gründen, so auch bei Amelung 2, 81.

2412 HoubenSchopenhauer 86f. – *ein Denkmal setzen:* vgl. Nr. 2379 und Anm. – *seine Skizze:* wiedergegeben bei HoubenSchopenhauer zw. S. 80 u. 81.

2413 (970) DtRevue 11/2, 166

2414 (971) Aphor 311 – *Leiter:* vgl. ‹Präludium› Nr. 2322.

2415 (972) DtRevue 11/1, 62

2416 JbGG 3, 213f. – *Oedipus in Kolonos:* von Sophokles.

2417 (973) DtRevue 11/1, 62 – *Fürstin Gallitzin:* sie war der Gegenstand eines Briefes von F.L. Stolberg an Goethe vom 11. März (Trunz/Loos 120), den Goethe laut Tgb am 21. März erhalten hatte.

2418 (972a) aaO 2, 264

2419 (974) HoubenSchopenhauer 88f. – *Drurylane:* das Drury Lane Theatre in London. – *Sonntag [den 29.]:* die Vorlesung in GTgb bestätigt. – *Hummel:* vielmehr Friedrich Heinrich Himmel. Über dessen Kompositionen Goethescher Gedichte vgl. Gräf 3, 1, 424 Anm. – *extert:* ärgert und neckt. – *[20. März]:* vgl. GTgb: «Nachher zum Thee bey Hrn. Kammerherrn von Schardt. Harmonica.»

2420 (1569) WeimarsAlbum 192f.

2421 (1113) Werner 17f. – *«Füllest wieder Busch und Tal»: ‹An den Mond› (GA 1, 71f.).* – *«Wenn die Reben wieder blühen»:* ‹Nachgefühl› (ebd 43). – *Eines Abends bei Goethe:* nicht bestimmbar. Die Einordnung erfolgte im Anschluß an das in Nr. 2419 über Caroline Bardua Berichtete.

2422 (975) aaO 2, 106ff. – *Moden-Journal:* Journal des Luxus und der Moden, seit 1790 in Weimar erschienen. – *Die Rollen wurden verteilt:* hier muß eine Verwechslung vorliegen. Calderons ‹Standhaften Prinzen› las Goethe vor. – *belustigenden Widerspruch:* bezieht sich offenbar auf den Vorfall, von dem Nr. 2426 berichtet.

2423 (976) DtRevue 11/2, 166f. – *anwenden:* aus ‹verwenden› korrigiert nach PollmerUnters 70.

2424 JbGG 3, 214 – Zum Datum vgl. GTgb: «Abends Vorstellung von Emilia Galotti.»

2425 Heitmüller 93 – *[von] Frankfurt wieder zurück:* Christiane war laut GTgb am 23. März dorthin abgereist. Sie kehrte am 12. April zurück. – *Pfingsten:* 17. Mai.

2426 (1569) WeimarsAlbum 196 – *[am 9. April 1807]:* «Romanze von Hilla Lilla vorgelesen.» Dazu Nachtrag zu TuJ 1807: «Hilla Lilla, eine schottische Ballade, war auch im Geschmack einer Litanei bei uns willkommen; man las den Text mit vernehmlicher Stimme, und die Gesellschaft wiederholte den Glockenklang des Refrains als Chor.» (WA I 36, 388). Es handelt sich nicht um eine schottische, sondern um die schwedische Ballade ‹Stolts Hilla›, die Goethe wohl aus Kosegartens Übersetzung von 1801 kannte (ebd 388 Anm. und Houben 92).

2427 aaO 2, 118f.

2428 DtRevue 11/1, 62 – *Schema:* zu der in der folgenden Nr. genannten Trauerrede.

2429 (978) KnebelBriefw 281f. – *Trauerrede:* ‹Zum feierlichen Andenken der Durchlauchtigsten Fürstin und Frau Anna Amalia...› (GA 12, 688ff.), gedruckt bei Frommann in Jena. – *[15. April]:* vgl. GTgb: «Um 10 Uhr die Damen. Gab Geh. Rath Wolf denselben einen kleinen Abriß von dem Alterthumsstudium.» – *Lack-:* Goldlack-. – *Hungerblümchen:* wohl Draba verna.

2430 Heitmüller 94 – *[F.A. Wolfs] Besuch:* nach GTgb vom 12. bis 16. April. – *die Polemik:* der zweite (polemische) Teil der Farbenlehre. – *ist wieder zurück:* seit dem 12. April.

2431 Reiter 1, 435

2432 DtRevue 11/1, 62 – Vgl. GTgb: «Gegen Abend unwohl und Anfall des alten Übels.»

2433 DtRevue 11/1, 62 – Vgl. GTgb: «Verlorner Tag. Abends leidlich.»

2434 (978a) Heitmüller 94f. – *Aufsatz:* vgl. Nr. 2429 und Anm. – *Ein erweiterter... anderen Orts:* «R. verfaßte einen solchen am 13. April ‹für die Weltzeitung› (Tgb.).» (Heitmüller 294) Gemeint ist wohl die ‹Zeitung für die elegante Welt›. – *Reisegefährten:* in GTgb 15. April werden Madeweiß und Keferstein genannt. – *Abäscherung:* Strapaze.

2435 JbSKipp 5, 172

2436 (825) aaO 2, 601 – *[etwa 19.–21. April 1807]:* nach PollmerUnters 103.

2437 KnebelBriefw 282

2438 Steig 2, 57 – *[am 23. April 1807]:* vgl. GTgb: «Mamsell Brentano.» – *einen Ring:* H. Wahl glaubt in einer Neuerwerbung des GNM 1927/28 diesen Ring als «seltsamen Heimkehrer in Goethes Haus» bezeichnen zu können (vgl. JbGG 14, 293). Bei Femmel/Heres 206 Anm. zu Nr. 245 wird dies in Frage gestellt. Zur Schenkung des Rings vgl. ferner Nr. 2445 und 2447.

2439 Oehlke 3, 30 – Zum Quellenwert von Bettinas Briefroman vgl. Anm. zu Nr. 4.

2440 (979) Oehlke 3, 35ff. – *[das Ehepaar Jordis]:* Bettina war in Begleitung ihrer Schwester Lulu und ihres Schwagers Karl Jordis.

2441 Bgm 231

2442 Oehlke 3, 171f.

2443 (979) Oehlke 3, 54f.

2444 (979) Oehlke 3, 68

2445 Steig 2, 218f. – *Carrière:* im Sinne von: geschwind, in Eile. – *nach den Aussagen seiner Mutter:* Bettine hat 1806 Gespräche mit Frau Rat geführt und diese aufgezeichnet (vgl. Nr. 1ff.) – *Haimonskinder:* bekanntes Volksbuch. – *Hans Sachs:* Anspielung auf das Gedicht ‹Hans Sachsens poetische Sendung› (GA 2, 103ff.).

2446 Malla Montgomery-Silfverstolpe, Das romantische Deutschland, Reisejournal einer Schwedin..., Leipzig 1912, 256f. – *Von 4 Uhr bis 10*

Uhr abends: vgl. dagegen Nr. 2438: «vier Stunden». Zellweker datiert den Schluß des Berichtes auf den 10. Nov. 1807 und bringt außerdem weitere Anekdoten, die er als ‹unbefriedigte Wunschphantasien› Bettinas deutet. (vgl. Zellweker Nr. 186 und die Begründung S. 194, Anm. zu Nr. 184ff.).

2447 wie 2446 S. 257 – *einen Ring:* vgl. Nr. 2438 und Anm.

2448 HoubenSchopenhauer 97 – *dem Tode nahe:* zu Goethes Erkrankung vgl. Nr. 2432 und 2437. – *übermorgen:* vgl. GTgb 30. April und Nr. 2452. – *Standrede:* vgl. Nr. 2429 und Anm. – *auf so dickem Papier gedruckt:* 4 Seiten in Großformat.

2449 (980) KnebelBriefw 282f. – *diesen Morgen nicht bei Goethen:* letzte Eintragungen über die Mittwoch vormittags stattfindenden Zusammenkünfte der Damen bei Goethe in GTgb am 8. und 15. April. – *auf dem Spaziergang:* Spaziergänge sind am 24. und 25. April in GTgb erwähnt. – *«Tausend und eine Nacht»:* nach Keudell 82 Nr. 487 hat Goethe am 23. April die Bände 5 bis 12 der französischen Ausgabe ‹Les mille et une nuit› von J.-A. Galland entliehen.

2450 (983) aaO 2, 536f. – *Reisebeschreibung durch die Schweiz:* betr. die Reise von 1779, vgl. Nr. 566 und Anm. – *[am 29. April 1807]:* nach PollmerUnters 102. – *in die Ausgabe von 1806:* in Bd 11 der Cottaschen Ausgabe (1808).

2451 JbGG 5, 227ff. – Fernow war Bibliothekar der verstorbenen Herzogin Anna Amalia gewesen und sollte nun nach dem Willen Carl Augusts als Universitätslehrer nach Jena versetzt werden. – *die erhaltenen Depeschen:* Brief von Eichstädt, eingeschlossen in ein Billett von Voigt. – *die Ausgabe der Winckelmann'schen Schriften:* vgl. Nr. 2398 und Anm. – *ausführliches Gutachten:* Brief an Voigt vom 1. Mai (WA IV 19, 316ff.). Der im folgenden wiedergegebene Schluß des Briefes ist aus dem Gedächtnis, daher ungenau zitiert.

2452 JbGG 3, 214 – *die Hofmedicus Herderin:* Maria Henriette Karoline, Witwe von Herders ältestem Sohn Wilhelm Gottfried.

2453 (981a) KnebelBriefw 283

2454 (982) Wachler 57f. – Brief aus Gotha. – *Aufführung des Tasso [?]:* hier muß eine Verwechslung vorliegen: Aufführungen des Tasso fanden am 16. Febr. und 21. März statt. Vielleicht ist die Aufführung der Iphigenie am 11. Mai gemeint; dann wäre das Besuchsdatum entsprechend später anzusetzen. – *von Halle:* vgl. Nr. 2144.

2455 (984) aaO 2, 120ff. – *[am 8. Mai 1807]:* Datum nicht gesichert; es ist erschlossen nach dem Bericht der folgenden Nr. Die letzte in GTgb bezeugte Gesellschaft bei Johanna Schopenhauer war am 30. April. – *Landschaften, die er … in Sepia ausführte:* über den Verbleib dieser Zeichnungen vgl. HoubenSchopenhauer 99f.

2456 (985) aaO 2, 123ff. – *[9. Mai 1807]:* vgl. GTgb: «Nach Tische nahm Prof. Reinbeck Abschied.» – *General-Superintendenten:* Johann Ludwig Gottfried Vo(i)gt.

2457 (986) DtRevue 11/1, 63

2458 (988) DtRevue 11/1, 63 – Datumskorrektur nach PollmerUnters 68. – *Zincgrefs Apophthegmen:* Der Teutschen Scharpfsinnige kluge

Sprüch Apophthegmata genannt. 2 Bde. Straßburg 1628/31. Diese oder eine spätere Ausgabe hat Goethe nach Keudell 82 Nr. 488 am 9. Mai aus der Weimarer Bibliothek entliehen. - *Nihil contra Deum...:* Nichts (kann) wider Gott (sein) außer Gott selbst; ebenfalls erwähnt Ri 1, 397. Vgl. ferner Nr. 3213 sowie Nr. 2787 und Anm. In der Form «Nemo contra deum...» im 4. Teil von DuW als «jener sonderbare, aber ungeheure Spruch» bezeichnet (GA 10, 842) und von den Nachlaßherausgebern diesem Teil als Motto vorangestellt (ebd 727). Die Herkunft des Dictums ist trotz mehrerer Untersuchungen bis heute nicht geklärt.

2459 HoubenSchopenhauer 100 - *Abschied:* vgl. GTgb 13. Mai: «Nach Tische bey Mad. Schopenhauer...»

2460 (987) Wachler 83 - *Plan mit Wien:* Goethe hatte die Absicht, von Karlsbad aus Einladungen dorthin zu folgen.

2461 (988) DtRevue 11/1, 63 - *Major [von Hendrich]:* in der Quelle fälschlich auf Knebel bezogen; Hendrich nach GTgb gesichert.

2462 (989) DtRevue 11/1, 63 - *«Flucht nach Ägypten»:* Anfang von ‹Wilhelm Meisters Wanderjahren›. - *«Die Irrtümer...»:* in MuR (282) aufgenommen.

2463 (977) DtRevue 11/2, 167 - Datumskorrektur nach PollmerUnters 70.

2464 (990) Ri 2, 699 - In der Quelle eingeordnet vor der folgenden Nr. - *be-:* nicht sicher, was für ein derber Ausdruck hier gemeint ist. - *en tant:* insofern.

2465 (992) Ri 2, 699 - Datumskorrektur nach PollmerUnters 113.

2466 (991) DtRevue 11/1, 63 - Folgt der Eintragung in GTgb vom gleichen Tage.

2467 Nord und Süd Bd 84, 1898, 107 - *[der Lübecker Schlacht]:* die von Blücher mit einem Teile des preußischen Heeres besetzte Stadt wurde am 6. Nov. 1806 von den Franzosen erstürmt und mehrere Tage geplündert.

2468 (994) DtRevue 11/1, 63f. - *«Die neue Melusine»:* Märchen für ‹Wilhelm Meisters Wanderjahre› (GA 8, 380ff.). - *Eitelkeit:* vgl. GTgb und Aphor 312. - *verschwand der Unsinn:* die Fortsetzung des Stückes (Bi^2 1, 490) nicht von Goethe.

2469 (995) DtRevue 11/1, 64 - *Elektrometer:* vgl. GTgb.

2470 (993) KnebelBriefw 286 - Knebel in GTgb am 20. und 21. Mai erwähnt.

2471 HegelBr 1, 172 - Seebeck in GTgb am 17., 20., 22. und 24. Mai erwähnt. - *mit Ihren gegenwärtigen Geschäften und Wohnorte:* Hegel befand sich als politischer Redakteur in Bamberg.

2472 (997) aaO 102ff.

2473 (998) KnebelBriefw 287

2474 (999) DtRevue 11/1, 64 - *Aufsatz über die Kunst:* Über die bildende Nachahmung des Schönen. Braunschweig 1788. Von Goethe als Ergebnis seiner Unterhaltungen mit Moritz in Italien teilweise in ItR aufgenommen (GA 11, 588ff.).

2475 Pollmer 274

2476 Ri 2, 699f. - Datumskorrektur nach PollmerUnters 113.

2477 (1000) DtRevue 11/1, 64

2478 (1005) Ri 2, 700 – Datum nach GTgb, wo gleicher Gedankengang in ähnlicher Formulierung, angeregt durch den Aufenthalt in Franzensbad. – Zur Zuschreibung des zweiten Absatzes vgl. PollmerUnters 113.

2479 (1002) Aphor 312 – Zu streichen. Wörtlich aus Brief an Meyer vom 30. Juni 1807 (WA IV 19, 360).

2480 (1003) Aphor 313 – Zu streichen. Wörtlich aus Brief an Meyer vom 9. Juli 1807 (WA IV 19, 367).

2481 (1004) Aphor 313 – In der Quelle eingeordnet zwischen 21. Mai und 24. Juli 1807.

2482 Josef Freiherr von Hammer-Purgstall, «Erinnerungen aus meinem Leben»..., bearb. von R. Bachofen von Echt, Wien und Leipzig 1940, 489 – *ist Goethe hier:* er ist am 28. Mai in Karlsbad eingetroffen. Zur Begegnung mit Reinhard vgl. TuJ 1807 (GA 11, 812f.).

2483 (1001 Anm.) Bi² 5, 67f. – Vgl. ebd: «Die Briefe der Christine Reinhard geb. Reimarus aus Hamburg sind von ihrer Enkelin Baronin v. Wimpffen in französischer Übersetzung herausgegeben... [vgl. die Quellenangabe der folgenden Nr.]. Dieselbe hatte die Güte, einige der wichtigsten Stellen mir in Abschrift aus dem deutschen Originale mitzuteilen. Desgleichen verdanke ich ihrer Liebenswürdigkeit Abschrift eines Abschnittes aus des Grafen Reinhard Tagebuch... [Nr. 2500]» – *Vorgestern:* Besuch bei Reinhard am 30. Mai in GTgb bezeugt. – *die Deutschen... wie die Juden:* vgl. Nr. 2645 und 2832.

2484 (1001) Une femme de diplomate, Lettres de Madame Reinhard à sa mère, 1798–1815, traduites de l'Allemand et publiées... par la Baronne de Wimpffen, née Reinhard, sa petite-fille, Paris 1900, 325f. – *Mon mari... se rendit chez lui:* vgl. GTgb 29. Mai. – *Jassy:* wo Reinhard sich kurze Zeit mit dem Titel eines französischen Generalkonsuls und Residenten aufhielt – *internement:* durch die Russen.

2485 (1006) DtRevue 11/1, 64

2486 (1007) Ri 2, 700 – *Marc Aurel:* XI 6,3.

2487 (1008) wie 2484 S. 326ff. – *Goethe est venu prendre le thé:* vgl. GTgb 10. Juni: «... zu Reinhard. Thee getrunken.» – *la copie que je fais de sa carte des hauteurs:* vgl. GTgb 8. Juni: «... bey Reinhards wegen der Copie der Mad. Reinhard, nach meiner Gebirgszeichnung.» Zu Goethes Karte der ‹Höhen der Alten und Neuen Welt›, geplant als Tableau zu A.v. Humboldts ‹Ideen zu einer Geographie der Pflanzen› (Stuttgart 1807) vgl. TuJ 1807 (GA 11, 809) und Corpus V B Nr. 201. – *le journal de notre internement:* vgl. TuJ 1807 (GA 11, 812f.). – *Le duc de Weimar:* Ankunft laut GTgb 6. Juni.

2488 (1008 Anm.) Bi² 5, 68

2489 (1009) DtRevue 11/1, 64 – *Jugendgeschichten aus Wetzlar...:* ähnlich in GTgb. Bei v. Braun handelt es sich möglicherweise um eine Verwechslung mit Born. – *Götz von Berlichingen:* vgl. Goethes Darstellung in DuW 13 (GA 10, 626f.). – *«Wer einen Stein...»:* vgl. MuR 320.

2490 (1010) wie 2484 S. 329f. – *la bataille prévue [Friedland]:* am 14. Juni siegte Napoleon in der Schlacht von Friedland über die Russen. – *Le con-*

cert: das Konzert in GTgb erwähnt. – *démonstration:* Reinhard wurde als französischer Diplomat von der Gesellschaft gemieden, vgl. TuJ 1807 (GA 11, 813).

2491 GJb 18, 117ff. – Wiederabdruck LA II 4, 143ff. Dort datiert: 28. Juni. Vgl. GTgb 28. Juni: «Nachher kam Reinhard. Das Phänomen der epoptischen Farben vorgelegt... Nachher zu Reinhard, demselben den Kristall mit der Iris gezeigt.» – *il publia une partie:* Beiträge zur Optik, 1791/92. – *le résumé d'une séance:* vgl. LA II 4, 145 Anm.

2492 (1011) Ri 2, 700 – *Elbogen:* Ausflug dorthin in GTgb erwähnt.

2493 (1014) Ri 2, 700 – Datumskorrektur nach PollmerUnters 113.

2494 (1012) Bi² 1, 498 – *autokratische Natur:* wohl verlesen für: aristokratische Natur (vgl. Nr. 2495).

2495 (1013) wie 2484 S. 332f. – Zum Verhältnis dieser Nr. zur vorangehenden vgl. Anm. zu Nr. 2483. – *la nouvelle édition de ses œuvres complètes:* die neue Cottasche Ausgabe von Goethes Werken. – *Corinne:* Madame de Staël: Corinne ou l'Italie. Paris 1807.

2496 wie 2482 S. 491

2497 Frommann 24f. – *wir sehen ihn täglich:* häufige Bezeugungen in GTgb.

2498 (1017) Ri 2, 701

2499 (1015) wie 2484 S. 334ff. – *Goethe parut alors!:* Vgl. GTgb: «Nach Tische zu Resident Reinhard.» – *on s'est promis de s'écrire:* der Briefwechsel zwischen Goethe und Reinhard wurde zunächst 1848 von Friedrich v. Müller, dann 1850 von Karl v. Reinhard herausgegeben.

2500 (1016) Bi² 1, 501f. – *weitläufiges Tagebuch... viele Briefe:* vgl. Tagebücher und Briefe Goethes aus Italien an Frau von Stein und Herder. Weimar 1886 (Schriften der Goethe-Gesellschaft. Bd 2). – *Tagebuch... Briefe drucken zu lassen:* der Erstdruck des später ‹Italienische Reise› genannten Werkes erschien erst 1816/17. – *Aufsatz über antike und moderne, über sentimentale und naive Poesie:* in Fortsetzungen erschienen in den Horen 1795/96.

2501 (1016a) Goethe/Reinhard 56

2502 (1018) Ri 2, 660 Anm. – Nach PollmerUnters 110f. vermutlich aus einem Briefkonzept stammend. – Vgl. die längere Betrachtung über Kleists ‹Amphitryon› in GTgb 13. Juli und Goethes Brief an Adam Müller vom 28. August (WA IV 19, 402). – *[«Amphitryon» von Kleist]:* Amphitryon, ein Lustspiel nach Molière. Hrsg. von A.H. Müller. Dresden 1807. – *klatrig:* kläglich (vgl. DWb unter ‹klaterig›).

2503 Heitmüller 97

2504 (1019) DtRevue 11/1, 65 – Vgl. GTgb: «mit Himmel bis zur Papiermühle gefahren.»

2505 (1020) Aphor 313f. – *Face machen:* (sie) ins Auge fassen. – *Exempla sunt odiosa:* es gibt widerwärtige Beispiele dafür.

2506 (1021) Ri 2, 701 – *in nostra potestate non situm:* nicht in unserer Macht liegend.

2507 Bode 2, 130f. – *Fernow:* vgl. GTgb 24. Juli: «Kam Professor Fernow.»

2508 (1507a) Die Heimat 1882, 768 – *[am 26. Juli 1807?]:* vgl. GTgb: «Nachher mit dem russischen Gesandten über französische Poesie.» FBdm datiert die Begegnung auf den 3. Mai 1813 in Teplitz, wo Maltitz namentlich in GTgb erwähnt wird.

2509 Aphor 314f.

2510 (1023) DtRevue 11/1, 65 – Großenteils wörtlich auch in GTgb. – *«Alles Spinozistische...»:* aufgenommen in MuR 321, vgl. Heckers ausführliche Interpretation ebd S. 326f.

2511 (1024) DtRevue 11/1, 65 – Ohne den einleitenden Satz und als Goethesches Dictum in Anführungszeichen Aphor 315. – *Corinna:* vgl. Nr. 2495 und Anm. – *das Brot... mit der Butter... überstreichen:* vgl. Nr. 2359.

2512 Aphor 315 – Dieses und die beiden folgenden Stücke in der Quelle eingeordnet zwischen 1. und 2. Aug. 1807.

2513 Aphor 315 – *die Lebemenschen:* vgl. A.B. Wachsmuth: Goethes anthropologischer Typus: der «Lebemensch». In: JbGG NF 23, 1ff.

2514 Aphor 316 – Prägnantere Formulierung von Goethes Bemerkung, die Riemer unter dem 17. Dez. 1809 notiert hat (vgl. Nr. 3087). Vielleicht hier zu streichen.

2515 (1025) DtRevue 11/1, 65 – Vgl. GTgb 1. und 2. Aug. – *das Bouterweksche Buch über die französische Literatur:* Teil der zwölfbändigen ‹Geschichte der neuern Poesie und Beredtsamkeit› (Göttingen 1801/19).

2516 (1032) Aphor 316f. – Das Stück folgt in der Quelle auf unsere Nr. 2518. – *dicto audientem esse:* dem Gesagten gehorsam zuhören.

2517 (1028) DtRevue 11/1, 65 – In Aphor 317 (undatiert) aufgenommen.

2518 (1026) DtRevue 11/2, 167f. – Die ersten drei Absätze in Aphor 316 aufgenommen. Zum Datum dieser Ausführungen über Naturphilosophie vgl. PollmerUnters 129: «Sie scheinen der Niederschlag von den Verhandlungen zu sein, die er [Goethe] am 6. und 7. August mit Gotthilf Heinrich Schubert führte.» – *von Dingen an sich:* nach Kant.

2519 (1031) DtRevue 11/2, 168 – Nach PollmerUnters 69 unmittelbar anschließend an die vorangehende Nr. – *aperceviert:* wahrgenommen. – *die Naturphilosophen die Newtonische Lehre:* korrigiert nach PollmerUnters 70.

2520 Franz Rudolf Merkel, der Naturphilosoph Gotthilf Heinrich Schubert..., München 1913, 129 – Zur Datumskorrektur: Begegnungen mit Schubert sind in GTgb mehrfach zwischen dem 24. Juli und 7. Aug. 1807 bezeugt. Hier scheint besonders die vom 25. Juli zugrunde zu liegen. – *zweiten Teil [der «Ansichten von der Nachtseite der Naturwissenschaft»]:* vielmehr den 1. Bd des 2. Teils der ‹Ahndungen einer allgemeinen Geschichte des Lebens› (nach Hinweis von A. Elschenbroich 1970).

2521 (1022) Gotthilf Heinrich von Schubert, Der Erwerb aus einem vergangenen und die Erwartungen von einem zukünftigen Leben..., Bd 2, 1. Abt., Erlangen 1855, 223f. – *Farbenlehre... Morphologie:* damals noch nicht erschienen, offenbar Vermengung mit späteren Eindrücken. – *damaligen Wohnung Goethes:* er logierte, wie schon 1806, in den ‹Drei Mohren›.

2522 (1029) Ri 2, 701

2523 (1060) aaO 2, 522f. – *Achilleïs:* an der Goethe 1797/99 gearbeitet hatte (vgl. Nr. 1493 und Anm.) – *in einen Roman zu verwandeln:* worauf auch in einer Anm. Ri 2, 454 hingewiesen wird. Ähnlich formuliert in GTgb; die Idee ist nicht zur Ausführung gekommen.

2524 (1027) Ri 2, 702 – Datumskorrektur nach PollmerUnters 113.

2525 (1033) DtRevue 11/1, 65 – Die ersten fünf Zeilen, leicht abweichend und in zwei Stücken, in Aphor 317 aufgenommen. – *Gartenmanns-Figur:* in Aphor fälschlich ‹Kartenmannsfigur›. Gemeint ist, was wir heute Vogelscheuche nennen. – *«Coquette ist...»:* lautet in Aphor: «Coquetterie-Egoismus in der Form der Schönheit.» Die weitere Ausführung des Gedankens anders in einer Goetheschen Notiz WA I 53, 440f.

2526 (1034) DtRevue 11/2, 168

2527 (1030) Ri 2, 702 – Zum Datum vgl. PollmerUnters 113.

2528 aaO 396f. – *zusammen in Karlsbad:* vgl. GTgb 16., 17. und 18. Aug. – *Gemälde:* gemeint ist wohl Beschreibung. – *Schriftchen:* Sammlung zur Kenntniß der Gebirge von und um Karlsbad angezeigt und erläutert von Goethe (GA 17, 492ff.).

2529 (1035) Archiv 4, 1875, 456f. – Zu dem folgenden (aus zweiter Hand stammenden) Bericht über Augusts Ankunft in Karlsbad vgl. GTgb 22. Aug.: «Nach Tische kam August, mit mehreren Briefen.» Vgl. Goethes Bericht über Augusts Aufenthalt in Karlsbad in TuJ 1807 (GA 11, 819f.).

2530 (1036a) DtRevue 11/1, 66 – Vgl. GTgb. – *Bolza:* Graf, Gasthofbesitzer – *Erzählte Goethe:* in der Quelle nach Komma an den vorigen Satz anschließend. Korrigiert nach PollmerUnters 68.

2531 (1036) Ri 2, 702 – Zu streichen. Aus Brief an Reinhard vom angegebenen Tage (WA IV 19, 400). (Hinweis von Hans-J. Weitz.)

2532 (1037) Ri 2, 702f. – Vgl. GTgb: «Über Tische politisches Lebensgespräch.»

2533 DtRevue 11/1, 66 – Vgl. GTgb. – *Sprachen:* aus ‹Sprache› korrigiert nach PollmerUnters 68.

2534 DtRevue 11/2, 169 – *Maria-Kulm:* Wallfahrtsort zwischen Eger und Karlsbad. – *in seinem Tagebuche...»:* folgt die längere Ausführung über Protestantismus und Katholizismus in GTgb, ferner eine Riemersche Reflexion über Goethes Einstellung zum Katholizismus.

2535 HegelBr 1, 190f. – *stieg bei uns ab:* übernachtet hat er dann laut GTgb bei Hendrich. – *Bezeichnung der Karlsbader Mineralien:* vgl. Nr. 2528 und Anm.

2536 (1038) aaO 1, 167f. – *Gesamtgastspiel... in Leipzig:* die Weimarer Schauspieler gastierten vom Mai bis August, mit einer Unterbrechung in Lauchstädt, in Leipzig. – *von allen Seiten:* vor allem durch Briefberichte von Rochlitz – *Mahlmann:* in der ‹Zeitung für die elegante Welt›. Zitate daraus in der Quelle.

2537 JbGG 3, 214f. – Zu datieren: 14.–18. Sept. (Erwähnung des Vorspiels in GTgb). – *Tasso:* war nach den ersten Aufführungen in Weimar am 16. Febr. und 21. März auch in Leipzig und Lauchstädt aufgeführt worden. – *Märchen von den sieben weisen Meistern:* Volksbuch, erwähnt in GTgb am 14. Sept. – *der schönen Erfindung:* vgl. die Inhaltsangabe JbGG 3, 234f.

2538 (1039) DtRevue 11/1, 66 – Der erste Teil (bis «schätzbarer als diese») umgeformt in direkte Rede Aphor 318. Der zweite Teil aufgenommen in MuR 313. – *(Jacobi etc.):* nach PollmerUnters 129 wird in der Hs auch Lavater genannt. – *Wedgwoods:* des berühmten englischen Keramikers und Fabrikanten.

2539 (1039b) KnebelBriefw 304f. – *Zur Prinzeß:* vgl. GTgb 29. Sept.: «Bey der Prinzeß Caroline. Frau von Stein und Rath Oberthür waren zugegen.» – *Handzeichnungen:* das sog. ‹Reise-, Zerstreuungs- und Trostbüchlein› (nach Corpus VII, 142 Anm. zu Nr. 752). Erstmals veröffentlicht von H. Wahl, Leipzig 1927. – *Prolog:* vgl. Nr. 2537.

2540 aaO 2,271

2541 (1039a) Heitmüller 100 – *Unfall:* Frommanns Tochter Allwina war im August an Typhus erkrankt.

2542 (1040) DtRevue 11/1, 66 – *Geschichte der Philosophie:* vgl. GTgb: «Geschichte der Philosophie, besonders in Rücksicht auf Naturwissenschaft.»

2543 (1041) Aphor 318

2544 (1044) Aphor 318f. – In der Quelle auf die vorangehende Nr. folgend. – ἡγεμονικόν: das Leitende, Führende. – *Fierabras:* Riese und Held eines Volksbuches.

2545 JbSKipp 5, 176 – *Hackerts Biographie:* ‹Philipp Hackert› erschien erst 1811. – *Vorspiel:* vgl. Nr. 2537.

2546 (1041b) Ri 2, 703 – *von Görres' dummem Urteil:* brieflich überliefert von H. Voß an Goethe am 30. September (PollmerUnters 113).

2546a Caspar Voght und sein Hamburger Freundeskreis..., Teil III, Reisejournal 1807/09, bearb. von Annelise Tecke, Hamburg 1967, 6 – *[11. Oktober]:* vgl. GTgb: «Baron Voght von Hamburg, welcher über Leipzig, um den französischen Gesandten Bourienne zu sehen, nach Paris geht und im Vorbeygehen einspricht.» – *vierstimmige Kirchenmusik:* vgl. GTgb: «Gesang. Die ersten vierstimmigen Gesänge ...». – *das Jägerlied:* Jägers Nachtlied, in Himmels Komposition überliefert.

2546b wie 2546a S. 8f. – *Goethes letztes Gedicht:* das ‹Vorspiel› (vgl. Nr. 2537). – *Handschriften:* vgl. GTgb: «Baron Voght, der mir verschiedene Autographa verehrte.» – *die Doktorin:* Johanna Margaretha Sieveking (vgl. Nr. 2254).

2546c wie 2546a S. 14

2546d wie 2546a S. 17

2547 (1043a [recte b]) Heitmüller 102 – Das Briefdatum von späterer Hand hinzugefügt (ebd 342). – *Spawasser:* Mineralwasser. – *Nößel:* ungefähr 1 Schoppen.

2548 (1041c) DtRevue 11/1, 66 – Datumskorrektur nach PollmerUnters 68. Der Ausspruch über Baco auch Ri 2, 679. – *Baco von Verulam:* vgl. den Abschnitt über ihn im Histor. Teil der Farbenlehre (GA 16, 404ff.). – *so auch:* Ri 2, 679 geändert in: auch so.

2549 (1041a) Heitmüller 103 – Vermutetes Briefdatum nach dem Eintrag in GTgb vom 20. Okt., wonach er die erbetene Adresse (offenbar umgehend) erhalten hat.
2550 (1042) aaO 1, 109 – *[am 20. Oktober 1807]:* vgl. GTgb: «Abends bey der Hoheit, wo Spohr und seine Frau von Gotha, er auf der Violine, sie auf der Harfe sich hören ließen.»
2551 (1043) DtRevue 11/1, 66 – Aufgenommen MuR 545. Vgl. die ähnliche Formulierung im Abschnitt ‹Lücke› des Histor. Teils der Farbenlehre (GA 16, 340).
2552 (1043a) DtRevue 11/1, 66 – *Büste [von Weißer]:* damals in Arbeit. Goethe war vom 19. bis 24. Okt. wiederholt in Weißers Atelier (vgl. Schulte-Strathaus Taf. 90 und S. 47).
2553 DtRevue Juli 1878, 122ff. – *Auf einer großen Weide gehen...:* Rätsel für die Bearbeitung von Gozzis ‹Turandot› (1802). – *Die nächste Probe war Donnerstag:* vielleicht am 22. Oktober, vgl. GTgb.: «Nachher die Sänger angehört.» – *9 [wohl 7] Uhr:* Korrektur nach BodeSchauspieler 74. – *Großmutter und Tante der Geheimerätin:* vielmehr seines Spielgefährten August. Ernestine und Juliana Vulpius lebten jedoch zur Zeit des Berichteten nicht mehr. – *um...zu soupieren:* Goethe pflegte nicht zu ‹soupieren› (vgl. Nr. 2547). – *Talglichter:* «Diese Talglichter in einem sonst so vornehmen Hause fielen auch noch um 1830 einigen kleinen Mädchen auf, die als alte Damen mir über ihre damaligen Eindrücke erzählten.» (BodeSchauspieler 75 Anm.) – *wie Knebel das Licht... ausputzte:* vgl. Nr. 4899f.
2554 (1043b, recte c) KnebelBriefw 308
2555 KnebelBriefw 317 – *[am 3. November?]:* vgl. GTgb: «...ging nachher zu der Prinzeß Caroline... Ich unterhielt sie mit dem Schema der Gemüthskräfte und der daraus zu ziehenden Horoskopen.»
2556 Bgm 257 – *die kleine runde Quelle:* «die Sprudelquelle des Läuterbachs, nahe am Stern» (Anm. ebd 439)
2557 (1437) Goethe's Briefwechsel mit einem Kinde, 3. Aufl. hrsg. von Herman Grimm, Berlin 1881 S. XXII (aus Grimms Einleitung, datiert: Berlin, Ostern 1880) – Einordnung hier nach Bgm 402 Anm., der versehentlich 1808 statt 1807 schreibt.
2558 Bgm 194 – [am 4. November 1807]: vgl.GTgb: «Nachher auf die Bibliothek, wo die Fremden waren.» – *zu Deiner jungen Büste:* von Trippel, 1789/90 (vgl. Schulte-Strathaus Taf. 71).
2559 wie 2446 S. 158
2560 aaO 1, 270 – *das bekannte Sonett:* ‹Das Mädchen spricht› (GA 1, 270f.). Zur Frage der Beziehung Bettinas zu Goethes Sonetten vgl. Nr. 2596 und Anm.
2561 DtRevue 11/1, 67 – *Brentanos:* die Schwestern Bettina und Meline. – *Neben diesem:* aus ‹diesen› korrigiert nach PollmerUnters 68. – *(die Grimm):* die Brüder Jacob und Wilhelm G. – *Sammlungen:* aus ‹Sammlung› korrigiert nach PollmerUnters 68. – *Abends Tasso:* vgl. GTgb: «Abends Tasso, wovon ich einen Act sah.»
2562 Bgm 279

2563 Bgm 196
2564 Zoeppritz 2, 28 – *er ging weg:* nach dem 1. Akt (vgl. GTgb 9. Nov.)
2565 Steig 2, 119
2566 Steig 2, 356 – *vergnügt:* im Sinne von befriedigt, zufriedengestellt (auch bei Goethe belegt).
2567 Bgm 195 – *als ich Abschied nahm:* Anspielung auf das Sonett VII ‹Abschied› (GA 1, 272), das Goethe ihr geschickt hatte.
2568 Bgm 217 – *Elsermann:* vgl. GTgb 10. Nov.: «Nachher Mittags Bettina Brentano und Elsermann.»
2569 Johann Georg Zimmer und die Romantiker..., hrsg. von Heinrich W.B. Zimmer, Frankfurt a.M. 1888, 176 und 178ff. – *die vier Rungeschen Tageszeiten:* vgl. Nr. 2233 und Anm.
2570 (1045) DüntzerStein 2, 273f. – *Gestern abend:* vgl. GTgb 10. Nov.: «Abends bey der regierenden Herzogin einen Theil von Faust vorgelesen.» Faust I erschien als Bd 8 der Cottaschen Ausgabe von Goethes Werken 1808. – *von Jacobi:* Über gelehrte Gesellschaften, ihren Geist und Zweck. 1807. – *von Schelling:* Über das Verhältnis der bildenden Künste zu der Natur. 1807.
2571 DtRevue 11/1, 67
2572 (1046) aaO 1, 32f. und 35
2573 (1047) Ri 2, 596
2574 (1048) KnebelBriefw 312ff. – *vorgestern:* vgl. GTgb 15. Nov.: «Mittag bey Herrn Major von Knebel, mit Seebeck und Dr. Voigt.»
2575 DtRevue 11/1, 67
2576 (1048a) KnebelBriefw 314 – *Spaziergang:* in GTgb am 16., 18. und 19. Nov. bezeugt.
2577 (1049) Ri 2, 703 – Vgl. GTgb: «Alchymie aus dem Gothaischen Bande: Artis auriferae Vol. I.» – *prima materia:* der erste (wichtigste) Stoff. – *sana mens, in corpore sano:* gesunder Geist in gesundem Körper (Juvenal).
2578 (1051) Ri 2, 703
2579 JbSKipp 5, 178
2580 (1052) KnebelBriefw 315 – *Fischarts Possen nach Rabelais:* vgl. GTgb 26. Nov.: «Bey Hrn. v. Knebel. Alte Kupferstiche. Besonders aber Fischarts Schriften. Der Bienenkorb und die Übersetzung des Rabelais.» – *Unser Uz:* Knebels Lehrer in Ansbach. – *acht bis vierzehn Tage:* Goethe blieb bis zum 18. Dez. in Jena.
2581 HegelBr 1, 202
2582 Ri 2, 703f. – Vgl. GTgb: «Abends bey Herrn von Knebel:...» Über den «scherzhaften Anlaß zur Behandlung dieser ernsten Frage» vgl. PollmerUnters 114: «Knebels Frau hatte ihrem Mann zum Geburtstag [der allerdings erst am 30. Nov. war] Wein geschenkt, der aus seinen eigenen Beständen stammte.»
2583 (1050) Aphor 319 – Datumskorrektur nach Hs GMD.
2584 (1052a) KnebelBriefw 316 – Vgl. GTgb 3. Dez.: «Gegen 5 Uhr Werner und Knebel. Mit beyden zu Frommanns, wo Werner verschiedene kleine Gedichte, Sonette u.s.w. vorlas.» Die erste Begegnung zwischen

Goethe und Werner fand nach GTgb am 2. Dez. statt (vgl. auch Nr. 2621). – *«Kraftweihe»:* für die Tragödie ‹Martin Luther oder Die Weihe der Kraft›.

2585 (1053) Aphor 320 – Der Anlaß dürfte Werners Eigenart sein (vgl. GTgb). – *widersprochen:* vgl. MuR 9: «Jedes ausgesprochene Wort erregt den Gegensinn.» – *hypersthenisch:* mit krankhaft erhöhter Lebenstätigkeit.

2586 (1054) DtRevue 11/1, 67

2587 (1615) Pollmer 287 – In der Quelle unmittelbar an das vorangehende Stück anschließend. Vgl. Ri 1, 334 (dort im Ausdruck gemildert).

2588 (1055) KnebelBriefw 317 – *der poetische Luther:* Werner. – *Erziehungsanstalten:* Knebel führt im folgenden seine Klage noch weiter aus.

2589 (1056) DüntzerStein 2, 277f. – *[wohl am 9. Dezember]:* vgl. GTgb: «Abends um 5 Uhr zu Knebel gefahren mit Werner, welcher den Prolog zur Friedensfeyer in Berlin las...»

2590 (1057) KnebelBriefw 318f. – *einen einsamen Abend:* wohl am 11. Dez. (vgl. GTgb). – *Schauspiel... zum Geburtstage der Herzogin:* Wanda.

2591 (1058a) Gaedertz 228f. – *in den Morgenblättern:* im Morgenblatt für gebildete Stände vom 21. und 22. Okt. 1807.

2592 (1058) KnebelBriefw 319f. – *Sonette vorgelesen:* vgl. GTgb 16. Dez.: «Um 5 Uhr zu Knebel. Sonette vorgelesen.»

2593 (1058b) DtRevue 11/1, 67

2594 SchrGG 14, 307 – *«Charaden-Sonett auf Minchen Herzlieb»:* gedruckt bei H. Düntzer, Zwei Bekehrte, Leipzig 1873, 111. Vgl. auch GTgb: «Um 8 Uhr zu Frommanns... Werner hatte vorgelesen. Nachher allein. Werners Charaden-Sonett auf Minchen Herzlieb.»

2595 (1058c) DtRevue 11/1, 67 – Vgl. GTgb. – *Sonett auf Herzlieb:* das Sonett XVII ‹Scharade› (GA 1, 277).

2596 (1046a) aaO 1, 35 – *«Sonettenwut»:* vgl. Goethes Darstellung der Jenaer Epoche in einem Nachtrag zu TuJ 1807 (WA I 36, 391f.) – *gar nicht auf Bettine gemeint oder gemünzt:* wendet sich gegen die Art und Weise, wie Bettina die Sonette in ihrem ‹Briefwechsel mit einem Kinde› verwertet. Einzelne Anregungen durch die Begegnung mit Bettina und deren Briefe sind jedoch nicht von der Hand zu weisen.

2597 Gaedertz 13f.

2598 Heinrich Düntzer, Abhandlungen zu Goethes Leben und Werken, Bd 1, Leipzig 1885, 233ff. – *Frau Walch:* Wilhelmine Herzlieb war mit dem Juristen und Universitätslehrer K.W. Walch verheiratet gewesen. – *bei Stahr:* Adolf Stahr, Minna Herzlieb... In: Westermanns Monatshefte 1870. März. Bd 27, Nr. 162, S. 664–76. – *Lewes'... Buch:* die erste ausführliche Goethe-Biographie von G.H. Lewes: The Life and Works of Goethe, 2 Bde, London 1855. In deutscher Übersetzung von J. Frese erschienen Berlin 1857. – *das Sonett «Wachstum»:* GA 1, 271.

2599 HegelBr 1, 213

2600 JbGG 11, 317f. – *Stiefmutter:* vgl. ebd 310. Dort auch zur Begründung der Einordnung.

2601 (1058d) DtRevue 11/1, 67 – *Ständchen:* vgl. GTgb: «Brachten die

Sänger zu Nacht ein Ständchen.»

2602 aaO 2, 598 – *das Verhältnis zu Lili schildert:* im postum erschienenen 4. Teil von ‹Dichtung und Wahrheit›.

2603 Urlichs 1, 503

2604 (1058e) KnebelBriefw 321 – Vgl. GTgb 22. Dez.: «Bey Durchlaucht der Prinzeß.»

2605 (1058f.) Heitmüller 106f. – *Sonntag:* den 27. Dez. – *Ihre Rückreise:* GTgb verzeichnet Frommanns Besuch am 26., 27. und 28. Dez. – *gestern bei der Schopenhauer:* vgl. GTgb 22. Dez.: «Mittag bey Mad. Schopenhauer bis gegen Abend: mit Werner...» – *bei Goethe:* vgl. GTgb: «Um 10 Uhr kamen Durchlaucht die Herzogin, die Hoheit und Prinzeß Caroline nebst den übrigen Damen. Wurde Werner präsentiert und las einige Sonette vor.»

2606 JbSKipp 5, 179 – *Prometheus:* gemeint ist Pandora. – *[25. Dezember]:* vgl. GTgb: «Abends Gesellschaft zu Augusts Geburtstag und kleine dramatische Unterhaltung von Dr. Vulpius...»

2607 (1569) WeimarsAlbum 196f. – *ähnliche Peinlichkeit:* wie die in Nr. 2426 berichtete. – *(den 31. Dezember 1807):* vgl. GTgb: «Abends bey Mad. Schopenhauer, wo Gesellschaft war und man mit Gesang Mitternacht abwartete.» – *eine Lachtaube:* nach HoubenSchopenhauer 113 vermutlich die Elsermann.

2608 DtRevue 11/IV, 20 – Vgl. GTgb: «Die Sänger, Schauspieler, und andre Personen zum Frühstück. Verschiedenes von den vierstimmigen Gesängen vorgetragen.»

2609 DtRevue Juli 1878, 125f. – *nach Berlin zu gehen:* vgl. Nr. 2817.

2610 (1061) Aphor 320f. – In der Quelle eingeordnet vor dem 10. Jan. – *Shakespeare gesehen hat:* folgt in der Quelle, wohl Zusatz Riemers: «[die Mitwelt Goethe und Schiller]». – *bellicosen:* kriegerischen.

2611 (1061a) KnebelBriefw 322 – *[6. Januar, bei Goethe]:* vgl. GTgb: «Früh die Damen. Werner las den 2. Act des Kreuzes an der Ostsee.» – *[«Die Blume und die Schärpe»]:* vielmehr ‹Der standhafte Prinz›. Vorlesung von ‹Die Schärpe und die Blume› in GTgb erst am 28. Jan. und 2. Febr. bezeugt.

2612 (1061b) DtRevue 11/IV, 20

2613 DtRevue 11/IV, 20 – Vgl. GTgb: «Über Werners Liebeshypothesen und was dabey zu bedenken und zu erinnern.» Das Goethesche Dictum verwendet in MuR 306. Angeregt durch Madame de Staëls ‹De l'Allemagne› (vgl. SchrGG 21, 325).

2614 (1062a) Aphor 322 – *«Machtspruch» von Ziegler:* Lektüre bezeugt in GTgb 26. Okt. 1807.

2615 (1062b) KnebelBriefw 322f. – *Boschen:* Fräulein v. Bose, Hofdame der Prinzessin Caroline. – *zu Goethen:* vgl. GTgb: «Die Damen. Werner las den dritten Act des Kreuzes an der Ostsee.»

2616 (1062c) DtRevue 11/IV, 21 – *Späße über das Kreuz:* mit Bezug auf oder aus Anlaß von Werners ‹Kreuz an der Ostsee›.

2617 DtRevue 11/IV, 21

2618 DtRevue 11/IV, 21

2619 (1062d) KnebelBriefw 324 – Vgl. GTgb 22. Jan.: «Abends bey der regierenden Herzogin die Hackertschen Anekdoten.» Es handelt sich um Partien über König Ferdinand IV. von Neapel aus Hackerts Autobiographie, die Goethe später in seiner biographischen Skizze ‹Philipp Hackert› verwendet hat (vgl. GA 13, 529 ff.).

2620 KnebelBriefw 320 Anm.

2621 SchrGG 14, 308 f. – Vgl. Goethes Charakteristik von Werner in dem Nachtrag zu TuJ 1807 (WA I 36, 391 ff.).

2622 (1063a) DtRevue 11/IV, 21 – Vgl. GTgb: «Mittags die Freunde von Jena...» – *«Ich bin Gott darin ähnlich...»:* von Riemer verwertet Ri 2, 704, ähnlich Ri 1,256. Vgl. Nr. 2626 und Anm.

2623 WeimarsAlbum 200 f. – *(den 10. Dezember 1807):* Goethe fuhr vielmehr am 18. Dez. nach Weimar, und Werner folgte ihm am 19. – *Es glückte damit:* die Aufführung hatte großen Erfolg. Sie wurde zehnmal wiederholt. – *höchst vollendete Darstellung:* am 24. Febr. 1810. Vgl. Nr. 3134 f.

2624 (1064) aaO 5, 59 f. Anm.

2625 (1065) DtRevue 11/IV, 22 – Der Anfang bis «besch[eiße]n» fast wörtlich nach GTgb. – *Numanzia:* ‹Die Belagerung von Numantia›, Verstragödie von Cervantes. – *die Herren:* von Katharina Mommsen, Kleists Kampf mit Goethe. Heidelberg 1974, 77 f., auf die Herausgeber der Zeitschrift ‹Phöbus›, H.v. Kleist und Adam Müller, bezogen. Goethe beschäftigte sich in diesen Tagen mit dem ersten Phöbus-Heft und schrieb am 1. Febr. an Kleist (WA IV 20, 15 f.). – *Puissance:* Autorität. – *«Nur die ungebildete Seite...»:* verwertet in Aphor 322. Vgl. ähnlich Nr. 3879.

2626 (1063) Ri 2, 704 – Der Anlaß ist der gleiche wie beim vorangehenden Stück.

2627 JbGG NF 32, 287 – Einordnung nach dem 1. Februar nach Pollmer 288. – *«Der Herr bedarf ihrer»:* Matth. 21, 3.

2628 JbGG 3, 215 – *Lichtstrahlen:* «Lichtstrahlen. Beiträge zur Geschichte der Jahre 1805, 1806 und 1807. Eine Zeitschrift in freien Heften, von einer Gesellschaft wahrheitsliebender Militärpersonen, Civil-Beamten und Gelehrten. Erster Band. Hamburg und Leipzig 1807» (ebd 235). – *v. Müfflings Schrift:* «Operationsplan der Preußisch-Sächsischen Armee im Jahr 1806, Schlacht von Auerstädt und Rückzug bis Lübeck. Weimar 1807» (ebd). Über die Zusammenhänge vgl. die ausführliche Anm. ebd 235 f.

2629 (1065a) Heitmüller 113 – *Knebel:* vgl. GTgb: «Major von Knebel, welcher mit uns speiste.»

2630 JbSKipp 4, 229 f.

2631 (1065b) KnebelBriefw 327 – *«Attila» [von Z. Werner]:* Werner hatte nach GTgb mit seiner Vorlesung am 10. Febr. begonnen.

2632 (1065c) DtRevue 11/IV, 22 – Verwertet Ri 2, 704. Nach PollmerUnters 114 sind dieses und das folgende Stück «die ideellen Ergebnisse eines Mittagsgespräches über Theaterangelegenheiten». Vgl. GTgb.

2633 Ri 2, 705 – Der Anfang verwertet als Bestandteil von MuR 89.

2634 DtRevue 11/IV, 23 – *Asts Journal:* vgl. GTgb: «Die Astische Zeitschrift für Wissenschaft und Kunst, erstes Heft...». Gemeint ist: Zeitschrift für Wissenschaft und Kunst, hrsg. von Friedrich Ast [u.a.]. Erster Band, 1. Heft, Landshut 1808.

2635 (1066a) KnebelBriefw 328

2636 (1066) aaO 1, 169f. – Zur Aufführung des ‹Zerbrochenen Krugs› vgl. Falks Aufzeichnung ‹Wie Göthe sich irren konnte›, woraus hervorgeht, daß Goethe mit einem Erfolg des Stückes gerechnet hatte. Vgl. ferner die Darstellung bei Katharina Mommsen (aaO Anm. 2625) S. 35ff. – *Darsteller des Adam:* Heinrich Becker. Nach andern Zeugnissen «traf die Schuld des Mißlingens» die Darstellerin der Eve, Beate Elsermann. – *den kurzen Imperativ:* Zitat aus Schillers Brief an Goethe vom 28. April 1801 (Jonas 6, 283). – *ein Vorfall:* «Aus der breiten Literatur über diese Erstaufführung,... ist uns außer Genasts Aussage kein Zeugnis von anderer Seite zu diesem ‹Vorfall› bekannt; es ist zu zweifeln, daß er sich zugetragen hat.» (O.F.)

2637 (1066b) DtRevue 11/IV, 23 – *Brief an Jacobi:* mundiert am 7. März (WA IV 20, 24ff.). – λόγος: Anspielung auf Joh. ev. 1, 1.

2638 (1066c) DtRevue 11/IV, 23 – *in der Tieckischen Liedermanier:* vgl. Nr. 1916 und Anm. – *Über Falk:* aus Anlaß von dessen Besuch bei Goethe am Vortage nach Rückkehr von seiner Kasseler Reise (vgl. GTgb).

2639 Ri 1, 20 – *[Über Falk.]:* aus dem stark polemisch gefärbten Kapitel über Johannes Falk.

2640 Gr 1 – *Strafe:* «Elkan war wegen ‹Goldmäckelei mit preußischer Münze› denunziert und schließlich nur zur Zahlung von 100 Reichstalern verurteilt worden...» (ebd 194).

2641 Heitmüller 114 – *Damenbesuch:* zur Mittwochsgesellschaft vgl. Nr. 2175 und Anm.

2642 (1067) DtRevue 11/IV, 23 – Verwertet Ri 2, 671. – *Steindrücke der Albrecht Dürerschen Federzeichnungen:* Albrecht Dürers Christlich-mythologische Handzeichnungen. (Lithogr. v. J.N. Strixner.) München 1808 (Ruppert Nr. 2448). Enthält lithographische Nachbildungen von Dürers Randzeichnungen zu Kaiser Maximilians Gebetbuch. Geschenk von F.H. Jacobi, dem er in seinem Dankbrief vom 7. März schreibt: «Man hätte mir soviel Ducaten schenken können, als nöthig sind die Platten zuzudecken, und das Gold hätte mir nicht soviel Vergnügen gemacht als diese Werke» (WA IV 20, 24).

2643 (1068) DtRevue 11/IV, 23 – Verwertet Ri 2, 705 mit der Variante «lateinische Disputa».

2644 DtRevue 11/4, 23

2645 DtRevue 11/IV, 24 – Goethes Äußerung ähnlich GTgb.

2646 KnebelBriefw 330 – *Schauspiel:* Aufführung des ‹Wilhelm Tell› laut GTgb am 12. März.

2647 Heitmüller 115 – *nach Jena:* vom 17. bis 21. März (vgl. GTgb).

2648 (1068a) KnebelBriefw 330 – *«Die Schärpe und der Blumenstrauß»:* ‹Die Schärpe und die Blume›, vgl. Anm. zu Nr. 2611.

2649 (1068b) KnebelBriefw 331 – *Fortsetzung des Calderonschen «Ulysses»:* vgl. GTgb: «Besuch von den Damen. Schluß von Ulysses und Circe des Calderon vorgelesen.»

2650 (1068c) Heitmüller 116

2651 JbFDH 1963, 268f. – *vierwöchentliche literarische Beschäftigung:* «Gemeint ist die Bearbeitung der beiden Teile des ‹Kreuzes an der Ostsee› zum einaktigen Drama ‹Der Ostermorgen› ... (Anm. ebd 270f.). – *Ihre Übersetzung:* Bezug nicht ermittelt. – *Aufführung der Gluckschen Iphigenia:* Glucks ‹Iphigenia in Tauris› wurde am 10. Sept. und 16. Okt. 1808 aufgeführt. – *von Ihrem jungen Freunde:* Persönlichkeit nicht ermittelt.

2652 Kasten 222 – *nach Heidelberg:* am 4. April.

2653 (1068d) Heitmüller 117

2654 (1068e) DtRevue 11/4, 24 – Vgl. GTgb: «Mittags Werner zu Tische: über Heidenthum und Christenthum.»

2655 JbFDH 1963, 288 – *ipsissimis verbis:* mit seinen eigenen Worten.

2656 Steig 2, 176 – *System der Liebe:* vgl. Nr. 2613 und Anm.

2657 Steig 2, 209

2658 (1069) FestschrLauchstädt 12 – Anekdotischer Bericht.

2659 SchrGG 14, 15 – *[...]:* hier fehlt ein Wort, etwa ‹schaut›.

2660 (1068f.) KnebelBriefw 331 – *aus dem «Standhaften Prinzen»:* vgl. GTgb: «Die Damen. Der standhafte Prinz 1. Act.»

2661 (1070) Gr 1 – *Auchische Windfahne:* «von ... Auch ... angefertigte Windfahne, deren Bewegungen auch im Innern des Gebäudes beobachtet werden können» (ebd 194).

2662 (1071) DtRevue 11/4, 24 – Der Anfang nach GTgb. – ἀγάπη ... ἔρως: geistige und sinnliche Liebe.

2663 (1072) DtRevue 11/IV, 24f. – Der Anfang nach GTgb. – *Tremellen:* zu den Grünalgen gehörige Gattung, von Goethe in zwei Aufzeichnungen erwähnt (WA II 7, 289 und 355f.). – *Maranatha:* das Gedicht ist nicht zustande gekommen. An anderer Stelle (Ri 2, 525f.) erwähnt Riemer es unter Verwendung dieser Tgb-Stelle in der Form ‹Maran Atha› im Zusammenhang mit Goethes Plänen zu einer Dichtung ‹Ahasverus, oder der ewige Jude›.

2664 KnebelBriefw 332 Anm.

2665 (1073a) Heitmüller 118

2666 (1075) Archiv 15, 447f. – *[am 17. April]:* vgl. GTgb: «Abends bey Mad. Schopenhauer. Diatribe gegen die neuen Dichterlinge.» – *Wallenstein:* ‹Die Piccolomini› wurden am 20. und ‹Wallenstein› am 23. April aufgeführt. – *die Landshuter Erklärung (von Ast?):* es ist tatsächlich Asts Journal gemeint, vgl. Nr. 2634 und Anm. – *Friedrich Schlegel zum Herkules ... proklamiert:* vgl. Goethe an F.H. Jacobi 7. März 1808: «... der neue Hercules Friedrich Schlegel, der statt mit einer Keule mit einem Schlegel einherschreitet.» (WA IV 20, 25) Vgl. ferner Anm. zu Nr. 2668.

2667 Raich 1, 94 (JbGG NF 3, 311). – Undatiert. Aus sachlichen Gründen hier eingeordnet.

2668 (1074) aaO 97ff. – Die Glaubwürdigkeit dieses Gesprächs war bereits von den Zeitgenossen Schütze (Nr. 2669) und Riemer (Ri 1, 27f.) umstritten. Eine Ehrenrettung Falks mit ausführlicher Interpretation unternimmt H.-J. Mähl in seinem Beitrag ‹Goethes Urteil über Novalis› in:

JbFDH 1967, 130ff., speziell 190ff. – *«Die Piccolomini»... «Wallenstein»:* die Zeitangaben beruhen auf einer Erinnerungstrübung; vgl. Nr. 2666 und Anm. – *Gelehrtenzeitung:* vgl. Nr. 2666 und Anm. zu Nr. 2634. – *Friedrich Schlegel:* vgl. den bei Mähl aaO 205 wiedergegebenen Passus. – *katholisch geworden:* diesen Irrtum Goethes begründet Mähl aaO 193f. – *ein junger Anfänger:* Friedrich Ast. – *[A. Bode?]:* nach Mähl aaO 208 Anm. ist vielmehr offensichtlich Bernhard Vermehren gemeint. – *Herausgabe von... ein paar Almanachen:* Vermehren gab 1802 einen Almanach heraus (vgl. Nr. 1747). – *besuchte mich ein junger Mann:* nicht ermittelt.

2669 (1569) WeimarsAlbum 198 – *die Grundsätze von Voltaire:* vgl. Anm. Mähl aaO (Anm. Nr. 2668) S. 197.

2670 (1076) Aphor 322f. – *Rezension seiner Werke:* d.h. der ersten vier Bände der neuen Cottaschen Ausgabe, anonym erschienen in den ‹Heidelbergischen Jahrbüchern der Literatur›, 5. Abt., 2. Heft, S. 145ff., von 1808. Wiederabdruck bei FambachGoethe 110ff. – *wo die Zäume hingen:* vgl. die ähnliche Formulierung im Brief Goethes an Reinhard 22. Juni 1808 (WA IV 20, 91).

2671 (1077) DtRevue 11/IV, 25

2672 KnebelBriefw 332

2673 Grumach 6 – *Fertigkeit... eines Kanarien-Vogels:* vgl. GTgb 19. Febr. 1809 und die ausführliche Erklärung von O. Fambach in: DtVjs 48, 1974, 377f.

2674 (1078) DüntzerStein 2, 286 – *Vor einigen Tagen:* nicht bestimmbar, da in GTgb nicht bezeugt. – *ihre Tochter:* Henriette v. Pogwisch. – *Lackstock:* Goldlack.

2675 Heuermann 75 – *mit der jüngsten Tochter des Hauses:* Emilia.

2676 (1073) Heitmüller 120 – *was heute gegeben wird:* Die Piccolomini. – *Sonnabend:* 23. April.

2677 (1080) Dreizehnter Bericht der städtischen höheren Mädchenschule und der Lehrerinnen-Bildungsanstalt zu Osnabrück, Osnabrück 1893, 10 – Als Briefdatum muß der 13. Mai angesetzt werden: Goethes Abreise nach Karlsbad erfolgte am 12. – *Ich besuchte ihn:* wohl bald nach seiner Ankunft am 19. April. – *sein Sohn:* der am 4. April mit einem Zwischenaufenthalt in Frankfurt zum Studium nach Heidelberg gegangen war. – *Konzert:* am 10. Mai (vgl. GTgb).

2678 (1079) Heuermann 78f.

2679 aaO 2, 286 – *[22. April 1808]:* die Vorlesung der genannten Novellen in GTgb bezeugt.

2680 (1078a) KnebelBriefw 333

2681 StG 7, 83

2682 (1078b) GJb 10, 5 – *Lob von Frankfurt:* Augsut wohnte vom 8. bis 22. April bei Goethes Mutter.

2683 (1078c) KnebelBriefw 333f. – *[den 28. April]:* vgl. GTgb: «Abends bey Knebel. St. Joseph II. Die neue Melusine.» – *die Dürerschen Sachen:* vgl. Nr. 2642 und Anm.

2684 JbGG 3, 215 – *die beiden Verse:* 11f. Auch im Gespräch mit Eckermann vom 25. Mai 1831 bekennt sich Goethe zur Autorschaft dieser beiden Verse (GA 24, 501). – *Die Wahlverwandtschaften:* vgl. GTgb: «Hofrath Meyern die erste Hälfte der Wahlverwandtschaften erzählt.»

2685 DtRevue 11/IV, 25

2686 (1080a) KnebelBriefw 334 – Vgl. GTgb: «Bey Durchlaucht der Prinzeß.» – *Erzählungen:* vgl. Nr. 2683 und Anm.

2687 (1080b) Heitmüller 121f.

2688 DtRevue 11/IV, 25 – *Friedrich Schlegel:* seine Anwesenheit in GTgb bezeugt. – *Über Indisches:* im Zusammenhang mit F. Schlegels Werk ‹Über die Sprache und Weisheit der Indier›, Heidelberg 1808 (Ruppert Nr. 767), dessen Lektüre GTgb erstmals am 23. Mai erwähnt.

2689 F-R 115f. – *franchement:* frei heraus. – *zum Lobe von Albrecht Dürer:* gemeint ist die Rezension von ‹Albrecht Dürers christlich-mythologischen Handzeichnungen› in der JALZ vom 19. März 1808. Sie stammt fast ausschließlich von H. Meyer (vgl. Hagen 303).

2690 (1080c) DtRevue 11/IV, 25

2691 (1081) aaO 113ff. – Das Gespräch ist in GTgb 9. Mai 1808 bezeugt: «Abends Meyer und Falk: über französische Anmaßungen und Ungerechtigkeiten.» Wenn auch eingeräumt werden muß, daß Goethes lange Rede in der Falkschen Darstellung offensichtlich stark ausgeschmückt ist, so muß man doch annehmen, daß ein heftiger, den Gesprächspartner beeindruckender Ausbruch Goethes stattgefunden hat. Dies beweist ein späteres Zeugnis von A.N. (= Alfred Nicolovius), der Falk im Sept. 1825 besucht und aus seinem Munde die folgenden Worte notiert hat: «Ich weiß ... eine wahre Anekdote aus Göthe's Leben, die ich selbst erlebt habe, und die ihm zum höchsten Lobe gereicht. Sie gehört in die Zeit der unglücklichen Schlacht bei Jena, und ich muß mich wohl hüten, sie zu erzählen, da es mich zu sehr angreifen würde. Übrigens verspreche ich Ihnen, daß sie nicht untergehen und vergessen werden soll; denn ich will und muß sie für die Nachwelt sichern.» (Hermione. 1. Abt.: Kunst-und Unterhaltungsblätter. 2. Jahrg. Hamm, 21.5.1828. S. 328) – *Herrn v. Rühl:* Rühle von Lilienstern. – *Herr v. Müffling:* Was Falk über ihn berichtet, wird von Weniger 60ff. bestätigt und ergänzt. – *der unglückliche Johann:* Herzog Johann Friedrich von Sachsen-Weimar, wegen Unterstützung des aufständischen Reichsritters Wilhelm v. Grumbach 1566 von Kaiser Maximilian geächtet, 1567 gefangen genommen. – *Lucas Cranach:* begleitete den Kurfürsten Johann Friedrich von Sachsen 1547 in die vom Kaiser verhängte Gefangenschaft nach Innsbruck.

2692 (1081c) KnebelBriefw 335 – *nur eine Visitenkarte bei Dir abgeben:* auf der Durchreise durch Jena nach Karlsbad am 12. Mai. – *«Medschnun usw.»:* ‹Medschnun und Leila›, Liebesepos von Nisami, nach der französischen Übersetzung Chézys ins Deutsche übersetzt von A. Th. A. Hartmann, 1808. Lektüre in Karlsbad laut GTgb 26. Mai bezeugt.

2693 (1081b) DüntzerStein 2, 287

2694 (1081a) Heitmüller 122f.

2695 GJb 10, 6f.

2696 (1081d) DtRevue 11/IV, 25f. – Auf die Übereinstimmung zwischen Goethes Tgb, das in Riemers Hs vorliegt, und dessen eigenen Aufzeichnungen wird hier und im folgenden in der Regel nicht besonders hingewiesen. – *deleta cultura:* bei – bzw. nach – Zerstörung seiner Kultur. – *die Szene von Pandorens Schilderung:* Zwiegespräche zwischen Prometheus und Epimetheus Vs. 569ff. (GA6, 426ff.).

2697 (1081e) DtRevue 11/IV, 26 – *Viel lateinisch gesprochen:* die Gesprächsthemen in GTgb in latein. Sprache wiedergegeben.

2698 (1082) DtRevue 11/IV, 26 – *Kobellsche Landschaft:* gemeint ist wohl: Landschaft wie von dem Maler Ferdinand K. – *seltensten:* in Hs, wohl richtiger, ‹seltsamsten› (vgl. JbGG NF 32, 290). – *Omnia in propatulo:* alles (ist) sichtbar, preisgegeben. In Hs folgt hierauf: «Alles ausgleichen, Schleifen von Gräben und Mauern.» (ebd)

2699 (1082a) DtRevue 11/IV, 26 – Die ersten beiden Gesprächsgegenstände in GTgb unter dem 14. Mai erwähnt. Vgl. PollmerUnters 70f. – *Sonett auf die Erlösung:* vgl. GTgb: «2 italiänische Sonette ... eins von einem italiänischen Freygeist, gegen die Erlösung.» – *Amor feminarum ...»* die Liebe der Frauen ist meist dienstbeflissen, die der Männer oder Männlichen enthusiastisch – *amoris uxoris suae ...:* Liebe zu seiner Frau nach erprobter Treue. Vielleicht schon mit Bezug auf das Gedicht ‹Das Tagebuch›; vgl. Anm. zu 2733.

2700 (1083) DtRevue 11/IV, 27 – Die beiden Goetheschen Dicta verwertet in Aphor 323 (mit dem falschen Datum: 17. März 1808). – *Systole und Diastole:* in GTgb auf die «Metamorphose und deren Sinn» bezogen.

2701 (1083a) DtRevue 11/IV, 27 – *Rußland ... Polen:* wohl ausgelöst durch Goethes in diesen Tagen bezeugte Lektüre von L.T. v. Spittlers ‹Entwurf der Geschichte der Europäischen Staaten›, 2. Abdruck Berlin 1807 (Ruppert Nr. 3341)

2702 DtRevue 11/IV, 27 – *dieses empirischen Ausdruckes:* vgl. das Gespräch über die Herkunft des Ausdrucks ‹Wahlverwandtschaften› aus dem Bereich der Chemie im 4. Kapitel des Romans, dazu die Erklärung in DWb.

2703 DtRevue 11/IV, 27

2704 DtRevue 11/IV, 27 – *Sylvie:* die Dokumente über Goethes Beziehung zu Sylvie v. Ziegesar sind zusammengestellt in: Goethe und Sylvie. Hrsg. von P. Raabe. Stuttgart 1961.

2705 DtRevue 11/IV, 28 – *Sonntagsblatt:* das 1807 bis 1809 erscheinende Wiener ‹Sonntagsblatt›.

2706 DtRevue 11/IV, 28 – *das So la la:* das Lied ‹Die Spröde› (GA 1, 20f.).

2707 Frommann 59 – Prometheus-Hefte: in den ersten beiden Heften der Zeitschrift ‹Prometheus›, hrsg. von L. v. Seckendorf und J.L. Stoll (Wien 1808) ist ‹Pandora's Wiederkunft› bis Vers 402 erschienen; die angekündigte Fortsetzung unterblieb (vgl. Hagen 302).

2708 (1083b) DtRevue 11/IV, 28 – *Fabrik:* nach GTgb Porzellanfabrik. – *die Stanzen:* ‹Zueignung›.

2709 (1084) Heitmüller 123ff.

2710 Waitz 7ff. – *«Wie schön befriedigt ...»:* Tasso III 2 Vers 1863ff. (GA 6, 267). – *botanische Stunden:* vgl. GTgb 6. Juli: «An Dem. Gotter die ersten Elemente der Pflanzenmetamorphose überliefert.» 8. Juli: «Gegen Mittag bei Dem. Gotter. Botanische Gegenstände.» – *Landpartie:* vgl. GTgb 6. Juli: «...zu Fuß ins Egertal nach den Heilinger Felsen. Interessante riesige Felsenwand und Wasserpartie.»

2711 Caroline 2, 529f. – *Urania:* von Tiedge (vgl. Nr. 2161 und Anm.). Vgl. GTgb vom 10. August: «Über Fr. v. Reck und ihr Uranisches Evangelium.»

2712 (1085) Frankfurter Zeitung 11.6.1899 – *Fünf Wochen:* vom 10. Juni bis 16. Juli.

2713 DtRevue 11/IV, 29

2714 DtRevue 11/IV, 29

2715 DtRevue 11/IV, 29 – *Bury:* vgl. GTgb: «Überraschung durch Burys Ankunft.»

2716 (1086) Philipp Otto Runge, Hinterlassene Schriften, hrsg. von dessen ältestem Bruder, 2. Theil, Hamburg 1841, 363f. – *Brief von Goethe:* vom 23. Juli (WA IV 20, 119f.). – *Eger:* gemeint ist Franzensbad, von wo aus Goethe zweimal in Eger war.

2717 DtRevue 11/IV, 29 – *Abschied:* Frau v. Eybenberg reiste nach Teplitz.

2718 (1087) DtRevue 11/IV, 29

2719 Weldler-Steinberg 63f. – Zum Briefdatum: in der Quelle fälschlich 1809 datiert. – *mit Goethe:* vom 30. Juli bis 3. August täglich. – *bei der lieben Herzogin [von Kurland]:* am 2. und 3. August (laut GTgb). Am 4. reiste sie ab. – *Dein Werner:* Theodor Körner studierte bei A.G. Werner in Freiberg Mineralogie.

2720 (1087a) DtRevue 11/IV, 30 – *Plan zu einem deutschen Volksbuch:* vgl. GTgb: «Über die Lyrische Sammlung für das teutsche Volck.» Vgl. die Antwort auf Niethammers Vorschlag eines deutschen ‹Nationalbuches, als Grundlage der allgemeinen Bildung der Nation›, 1808 (GA 14, 460ff.) und den ‹Entwurf zu einem Volksbuch historischen Inhalts›, 1808 (ebd 463ff.).

2721 aaO 2, 639 – *Josephus:* Flavius J., jüdischer Geschichtsschreiber. In dem Anm. zu Nr. 2720 genannten ‹Entwurf› in der Tat erwähnt (GA 14, 468).

2722 DtRevue 11/IV, 30 – *Schema zu mineralogischem Aufsatz:* ‹Der Kammerberg bei Eger›, erschienen erst 1820 (GA 17, 537ff.). Vgl. TuJ 1808 (GA 11, 828).

2723 (1088) Ri 2, 705 – Die beiden Absätze in der Quelle durch einen Trennungsstrich voneinander geschieden. – *Zadig (von Voltaire):* philosophische Erzählung.

2724 (1088a) DtRevue 11/IV, 30 – Vgl. GTgb: «Zu Frau von der Reck.»

2725 DtRevue 11/IV, 30 – Zum gleichen Thema liegen zwei besondere Blätter vor, von denen das zweite lautet: «Goethe führte oft den Philippus Neri an, sein Symbolum [,] auch Geschichte und Anekdoten aus seinem Leben. Er hatte immer Lust das Leben desselben zu schreiben, als Gegenstück zu Benvenuto Cellini. Bis er es dann ganz zuletzt noch kürzlich ausführte und in seine italienische Reise einschob.» (ebd)

2726 Pollmer 293 – Undatiert. Zur mutmaßlichen Datierung vgl. GTgb 23. Aug.: «Das epische Gedicht Psyche von Nauwerk aus Ratzeburg und dessen Eigenschaften.»

2727 (1088b) DtRevue 11/IV, 30

2728 (1093) GJb 24, 79f. – Besuch des preußischen Offiziers Valentini in GTgb am 22. und 26. Aug. bezeugt.

2729 (1089) DtRevue 11/IV, 31 – In der Quelle als besonderes Blatt bezeichnet und zwischen 26. und 27. Aug. eingeordnet.

2730 (1090/1090a) DtRevue 11/IV, 31f. – *Der Charakter ruhe…:* fast gleichlautend in den ‹Noten und Abhandlungen zum Divan› (GA 3, 522). – *Idem per Idem:* Gleiches durch Gleiches oder mit Gleichem (sagen). – *Ermunterung:* dieser Schlußsatz verwertet in Ri 2, 611, dort allerdings auf den 28. Aug. 1808 datiert. Vgl. PollmerUnters 103f. – *künftiges Jahr:* Goethe begann in der Tat 1809 mit den Vorarbeiten zu ‹Dichtung und Wahrheit›.

2731 (1091) DtRevue 11/IV, 32f. – *«Seine Idee…»:* verwertet in Aphor 323. – *das Romantische:* hier ist, wie aus dem Inhalt hervorgeht, nicht der heutige Epochenbegriff ‹Romantik› gemeint. – *(Hüon und Amanda, Oberon):* Hüon und Amanda sind Hauptfiguren in Wielands «Oberon», der im Untertitel als «romantisches Heldengedicht» bezeichnet wird.

2732 Weldler-Steinberg 34 – Goethe vermerkt die «Gegenwart Kaazens, des vorzüglichen Dresdener Landschaftsmalers» in TuJ 1808 (Ga 11, 829). Vgl. auch die Erwähnungen von Kaaz in GTgb.

2733 (1092) DtRevue 11/IV, 33 – Fast gleichlautend mit GTgb. – *höchst moralisch:* «Riemer bemerkt dazu: erste Idee zu dem Gedicht ‹das Tagebuch› 1810.» (ebd Anm.) Vgl. Nr. 3177 und Anm.

2734 DtRevue 11/IV, 33 – *Fichtes Reden:* die ‹Reden an die deutsche Nation› sind 1808 in Berlin erschienen. Vgl. GTgb: «Fichtens Machiavell. Dessen Vorlesungen.»

2735 Pollmer 296 – Zum Datum: Fichte wird in GTgb im Sept. nicht erwähnt.

2736 DtRevue 11/IV, 33 – Zur Datumskorrektur vgl. GTgb 1. Sept.: «Nach Tische nach dem Kammerberg.»

2737 DtRevue 11/IV, 33 – *Tod von Goethes Mutter:* am 13. Sept.

2738 (1095) Heitmüller 129f. – Der Brief ist undatiert. Das eingesetzte Datum ist das des Empfangs (ebd 343), das bei der geringen Entfernung wohl mit dem der Absendung identisch ist. – *die Treppe…geschmückt:* vgl. GTgb 17. Sept.: «Theatralischer Aufputz des Hauses.»

2739 (1096) KnebelBriefw 343

2740 (1095a) GJb 10, 17f. – *sine Bauch:* ohne Bauch.

2741 (1095b) GJb 10, 18

2742 Fehling 43

2743 SteinAufz 15f.

2744 (1096a) Gaedertz 134 – *in Jena:* wo Goethe sich nach Rückkehr von seiner Badereise vom 14. bis 17. Sept. aufhielt.

2745 Heitmüller 134 – *beider Teile:* des Didaktischen und Polemischen Teils.

2746 DtRevue 11/IV, 33
2747 SteinAufz 14f.
2748 (1097/1098) aaO 236ff. – Zu den Berichten über ‹Goethes Unterredungen mit Napoleon 1808› von F. v. Müller und Talleyrand (Nr. 2748f. und 2760f.) vgl. grundlegend die quellenkritische Untersuchung von Karl Griewank in: Dem Tüchtigen ist diese Welt nicht stumm. Beiträge zum Goethe-Bild. Jena 1949. S. 157ff. Zwei Hauptquellen sind zu vergleichen. 1. Müllers Mémoire in französischer Sprache, das dieser Talleyrand kurz nach den Ereignissen zur Verfügung gestellt hat. Vgl. den Abdruck dieser frühesten Aufzeichnung mit reichem Kommentar von B. Suphan in: GJb 15, 20ff. Dieses Mémoire ist auch dem Fürsten von Ligne in die Hände gekommen, der eine Abschrift davon, datiert Teplitz, 24. Okt. 1808, angefertigt hat (deutsche Übersetzung in: Der Fürst von Ligne. Neue Briefe... hrsg. von V. Klarwill, Wien 1924, 263ff.). 2. Goethes eigene späte (erst aus dem Nachlaß veröffentlichte) Niederschrift (GA 12, 636ff.). Auf diese sowie auf Goethes mündliche Mitteilungen beruft sich Müller, wie aus dem Schlußabsatz unseres Stückes hervorgeht, selber. – *mehrere Tage:* bis 4. Okt. – *am 2. Oktober:* vgl. GTgb: «Zum Lever. Nachher beym Kaiser.» – *Werthers Leiden... siebenmal gelesen:* hierzu Anm. in der Quelle: «In der That finden sich Werthers Leiden in Bourienne's Memoiren unter dem Verzeichniß der wenigen Bücher aufgeführt, die Napoleon mit nach Ägypten nahm.» Die Übertreibung «sept fois» bereits in Müllers Mémoire. – *Doch bald wieder auf das Trauerspiel zurückkommend:* das Stück von hier an bis zum Schluß des Absatzes gehört offensichtlich, wie schon Bi² 1, 539 angemerkt ist, zum Gespräch vom 6. Okt. (vgl. Nr. 2760). – *«Voilà un homme!»:* die berühmten Worte von Müller offenbar aus kompositorischen Gründen an den Schluß der Unterredung gestellt. In Goethes Niederschrift lauten die ersten Worte, die Napoleon an ihn richtet: «Vous êtes un homme.» (GA 12, 636). Daß das Dictum schon früh nach außen gedrungen ist und Aufsehen erregt hat (auch in dieser Form von Goethe nicht widersprochen), beweist Reinhards Brief an Goethe vom 24. Nov. 1808: «Von Ihnen soll der Kaiser gesagt haben: Voilà un homme! Ich glaub es, denn er ist fähig, dies zu fühlen und zu sagen.» (Goethe/Reinhard 77). Goethe antwortete darauf am 2. Dez.: «Also ist das wunderbare Wort des Kaisers womit er mich empfangen hat, auch bis zu Ihnen gedrungen? Sie sehen daraus, daß ich ein recht ausgemachter Heide bin, indem das Ecce homo im umgekehrten Sinne auf mich angewendet worden.» (WA IV 20, 230) – *[... am 14. Februar 1824]:* vgl. Nr. 5410.
2749 (1100) Mémoires du Prince Talleyrand, publiés... par le Duc de Broglie, I, Paris 1891, 425ff. – Über den (immer wieder umstrittenen) Quellenwert von Talleyrands Memoiren vgl. mit positivem Akzent K. Griewanks in Anm. zu Nr. 2748 genannte Untersuchung. Immerhin war Talleyrand, im Gegensatz zu F. v. Müller, Augenzeuge der ersten Unterredung Napoleons mit Goethe. – *Müller habite Berlin:* Johannes v. Müller befand sich vielmehr seit 1807 in Kassel. – *Iphigénie:* es wurde vielmehr ‹Mithridate› von Racine aufgeführt. – *le prince primat:* der Fürstprimas des Rheinbundes Dalberg. – *Kotzebue:* war nach seiner sibirischen Ver-

bannung schon lange begnadigt und in russischen Diensten angestellt.

2750 (1099) Briefe von Karl Viktor von Bonstetten an Friederike Brun, hrsg. von F. v. Matthisson, 2. Theil, Frankfurt a.M. 1829, 312 – Anekdotische Fassung des Gesprächs über ‹Werther›.

2751 DüntzerStein 2, 298

2752 GJb 10, 152

2753 Krisenjahre 1, 629

2754 (1097) aaO 242ff. – *Goethe eilte daher schon am 4. Okt. zurück:* vgl. GTgb: «Früh die Angelegenheit wegen der Aufführung einer französischen Tragödie in Weimar. Bey Remusat. Um 2 Uhr nach Weimar und das Nothwendigste gleich besorgt.»

2755 Heuermann 101f.

2756 (1101) DtRevue 11/IV, 34 – *das Tippelchen auf das I gesetzt:* wohl mit Bezug auf Napoleons Werther-Kritik.

2757 wie 2281 S. 74ff.

2758 Heuermann 101

2759 GeigerWeimar, 146 – Es handelt sich bei der ‹Beschreibung› um ein ‹Prachtwerk› mit lateinischem Titel, deutschem und französischem Text und Abbildungen (vgl. ebd 145), erschienen Weimar 1809. Offizielle Berichte über die Audienzen und Feierlichkeiten konnte man schon bald nach den Ereignissen z.B. in der ‹Allgemeinen Zeitung› vom 15., 18., 25. und 29. Okt. 1808 lesen.

2760 (1102) aaO 249 und 253 – Zum Quellenwert dieser und der folgenden Nr. vgl. Anm. zu Nr. 2748. – *Er wiederholte dabei:* dieser Satz fast wörtlich bereits in Müllers französischem Mémoire.

2761 (1103) wie 2749 S. 441ff. – Talleyrands Aufzeichnungen beruhen zum Teil, wie er selber zugibt, auf Müllers Mémoire (vgl. Anm. zu Nr. 2748), das besonders hier vergleichend heranzuziehen ist.

2762 (1104) aaO als Folge der ‹Histoire de la Révolution française›, Tome neuvième, Paris 1849, 328

2763 aaO 8, 25ff. – In deutscher Übersetzung JbSKipp 9, 299. Zum Quellenwert vgl. ebd 299f.

2764 Bamberg 336ff.

2765 HegelBr 1, 246

2766 (1104a) Rohmann 153

2767 (1105) DüntzerStein 2, 299 – Vgl. GTgb: «Abends zu Frau von Stein.» – *ein großes Frühstück:* vgl. GTgb: «Früh Besuch von Marschall Lannes. Mit demselben und Minister Maret verschiedenes.»

2768 (1106) Sintenis 38 – *beim Präsidenten von der Reck:* vgl. GTgb 2. Okt.: «Zu Reck. Fand ich Hofrath Morgenstern.»

2769 Deutsche Rundschau. Bd 101, 1899, 154 und 156f. – Es handelt sich hier und bei den Nummern 2771, 2772, 2776, 2779 und 2780 um Auszüge aus zwei langen Briefen von Caroline Sartorius an ihren Bruder Karl von Voigt. Vollständiger Wiederabdruck bei Monroy 61ff. und 68ff. Von den nicht zahlreichen Textabweichungen werden im folgenden nur die wichtigeren vermerkt. – Der erste Brief ist bei Monroy datiert: «(Ende Oktober 1808)»; es findet sich aber gegen Schluß des Briefes (Monroy 67) die Datumsangabe: «24. Oct.» – *ging Sartorius zu Goethe:* vgl. GTgb: «... kam Hofrath Sartorius; mit demselben zu seiner Frau, mit denen ich in's Theater ging. Minna von Barnhelm. Nachher nach Hause gebracht in den Erbprinzen.» – *geehrt und geliebt:* geliebt und geehrt (Monroy).

2770 (1106a) KnebelBriefw 346 – Einleitung zu einem verspäteten Bericht über Napoleons Aufenthalt in Weimar und die Feierlichkeiten.

2771 wie 2769 S. 158f. – Vgl. Anm. zu Nr. 2769. Monroy 70f. Datierung dieses zweiten Briefes dort: «Göttingen den 27. October 1808». – *unser Wagen:* der sie von Erfurt nach Weimar führen sollte. – *kam ich nach Weimar:* vgl. GTgb: «Abends kam Frau Hofrath Sartorius an.» – *vor dem so manche sich fürchten mochten:* vor dem so mancher sich fürchten mochte (Monroy). Es folgt ebd noch der Satz: «Meine glückliche Unbefangenheit verließ mich indeß nicht, und so ging alles zum beßten ab.» – *Seine Frau ... nach Frankfurt gereist:* am 1. Okt. über Erfurt. – *einer Friese:* einem Friese (Monroy). – *daß man in einem Privathause ihr nichts vergleichen kann:* daß ich in einem Privat Hauß, ihr nichts zu vergleichen wüßte (Monroy). – *die tragische Maske:* wohl der in Nr. 1788 erwähnte ‹Medusenkopf›.

2772 wie 2769 S. 159f. – Vgl. Anm. zu Nr. 2769. Monroy 71ff. – *so viele Auszeichnung:* so viele Auszeichnungen (Monroy).

2773 KnebelBriefw 349 – *das Zeichen der Ehrenlegion:* vgl. GTgb 14. Okt.: «Orden der Ehrenlegion.» Vgl. das offizielle Schreiben über die Ordensverleihung, datiert Paris, 29. Okt. 1808, bei Bradish 201f.

2774 (1107) Sintenis 39f. – *Seine Frau war neulich in Frankfurt:* sie kam vielmehr erst am 23. Nov. zurück.

2775 Sintenis 37 – Die Tgb-Eintragung ist datiert: Löbichau, 27. Sept. 1808. Dies kann nicht stimmen; denn es wird offensichtlich Bezug genommen auf die Begegnung mit Goethe am 14. Okt. – *die Zueignung:* «Der Morgen kam ...», später an den Anfang der Gedichte gestellt. (GA 1, 9ff.).

2776 (1108) wie 2769 S. 160 – Vgl. Anm. zu Nr. 2769. Monroy 73f. – *14. Oktober:* vgl. GTgb: «Gegen 2 bey Hofe wegen Ankunft des Russischen Kaysers dort verweilt. Abend 5 Uhr gespeist ... Talma und Frau. Speisten Abends mit Sartorius und de Lorgne [Le-Lorgne].»

2777 (1109) wie 2281 S. 80ff. – *[Napoleon] wie ... Konzertmeister, der ... alle ... zu benutzen weiß:* «An der Seite des Blattes steht noch folgende Bemerkung: ‹Daher auch die plötzlichen Übergänge in die heterogensten Geschäfte. Sein Kopf ist wie ein Fächer geteilt. Nachdem er mit dem Prinzen Marat vier Stunden und länger über spanische Angelegenheiten verhandelt hatte, ließ er Talma, der gewartet hatte, vortreten: «il me parlait théâtre, garderobe, Caesar, Brutus, tout ce que vous voulez.» Möglich, daß der letzte Satz Talmas eigener Ausspruch war, der diese Tage, am 14. 15. Oktober wiederum in Weimar weilte und mit Goethen verkehrte.» (ebd 81 Anm.) – *Cinna:* von Corneille. – *Cäsar:* von Voltaire. – *bon sens:* gesunder Menschenverstand. – *die Faibles:* die Schwächen, Unzulänglichkeiten. – *Königinnen Elisabeth:* in ‹Maria Stuart›. – *Marquis Posa:* in ‹Don Carlos›.

2778 (1110a) DtRevue 11/IV, 34 - Verwertet: Ri 2, 705f. - *russischen Orden:* vgl. GTgb: «Annen Orden. Bey Hof gespeist.»

2779 (1110) wie 2769 S. 161f. - Vgl. Anm. zu Nr. 2769. Monroy 74ff. - *Déjeuner dînatoire:* ein das Mittagsmahl ersetzendes Frühstück. - *Reise durch Spanien:* Nouveau voyage en Espagne. 3 Bde. Paris 1789. Deutsche Übersetzung: 3 Bde, Jena 1789–1800, von Goethe 1801 aus der Weimarer Bibliothek entliehen (vgl. Keudell Nr. 256). - *zu einer Deklamation wieder bestimmt:* zu einem Declamatorium wieder bestellt (Monroy). - *wollte sich aber auch auf kein Versprechen einlassen:* ‹auch› fehlt (Monroy). - *Dulise:* Du Lise (Monroy). Vgl. Anm. ebd: «Hier liegt wahrscheinlich ein Hörfehler von Frau Sartorius vor. Ein Dulise ist nicht bekannt, vielleicht ist Ducis, Jean François (1733–1816) gemeint, der Shakespearesche Stücke nach französischem Geschmack umarbeitete und in Beziehungen zu Talma stand.» - *Herzogin von Orléans:* Elisabeth Charlotte (Liselotte) von der Pfalz. Bruchstücke aus ihren berühmten Briefen waren erstmals 1789 veröffentlicht worden. - *blickte ich nach Goethe, auf dessen Gesicht sich aber keine Spur von Verstimmung zeigte:* blickte ich auf Goethe auf dessen Gesicht aber sich keine Spur von Verstimmung zeigte (Monroy). - *im Hiob:* 1, 16. - *«So etwas schreibt sich...»:* So etwas schreibe sich (Monroy). - *dieses Wort aber sprach er deutsch:* diese Worte aber sprach er deutsch (Monroy). - *zu der oben erwähnten Deklamation:* zu dem oben erwähnten Declamatorium (Monroy). - *von seiner Liebenswürdigkeit entzückt:* von seiner hohen Liebenswürdigkeit entzückt (Monroy).

2779a wie 2546a S. 272

2780 (1111) wie 2769 S. 164 - Vgl. Anm. zu Nr. 2769. Monroy 83f. - *seine Gedichte:* sein Gedicht (Monroy). - *aus dem Kopf zu rezitieren:* es aus dem Kopf zu rezitieren (Monroy). - *ein Liebchen:* unrichtige Verknüpfung von Goethes Umgang in Karlsbad mit der Entstehung der Sonette im Winter 1807/08. - *tiefe Blicke getan hat, es ist:* tiefe Blicke gethan, und es ist (Monroy). - *die uns bald in das unsinnigste Lachen versetzte:* die uns bald sämmtlich in das unsinnigste Lachen versetzte (Monroy). - *habe ich nie einen liebenswürdigeren Mann gesehen:* glaube ich nie einen liebenswürdigern Mann gesehen zu haben (Monroy).

2781 Pollmer 343 nach Ri 2, 166 - Von «sollte auf der Oberfläche» an wörtlich nach TuJ 1807 (GA 11, 808).

2782 (856) DtRevue 11, 2, 164f. - Der Schlußvermerk scheint zu besagen, daß Riemer das Vorstehende als mündliche Äußerungen Goethes notiert hat. Der 1. und 3. Absatz wörtlich MuR 1061 und 1295. Auch der mittlere Satz bei Goethe in der Hs. Zum handschriftl. Befund vgl. SchrGG 21, 390f. (Anm. zu Nr. 1295 u. 1336). Entstehungszeit nach Hecker 1805–1809.

2783 (1625) Ri 2, 653 - Riemer weist im folgenden darauf hin, daß Goethes Bemerkung über Shakespeare «mit etwas andern Worten» in ‹Shakespeare und kein Ende› (GA 14, 759) wiederkehrt. Er habe sie «zwischen 1803–1806» mitgeteilt bekommen.

2784 (943) Ri 2, 638 - Für Goethes Beschäftigung mit dem Plan gibt es einen Beleg in GTgb 6. Nov. 1808: «Wahlverwandtschaften und andre Romangegenstände. Sultan wider Willen.»

2785 JbGG NF 32, 270

2786 (945) DtRevue 11/II, 166 - Dieses und die beiden folgenden Nummern in der Quelle fälschlich (vgl. PollmerUnters 70) als zusammenhängendes Stück wiedergegeben. - *à la lettre oder au pied de la lettre:* wortwörtlich.

2787 (946) DtRevue 11/II, 166 - Auf die Bedeutung dieser Aufzeichnung für die Interpretation des Nemo-contra-deum-Satzes (vgl. Nr. 2458 und 3213) weist mit Recht M. Mommsen in JbGG NF 13, 87 hin.

2788 (947) DtRevue 11/II, 166

2789 Nach der Hs im GMD. Gedruckt JbSKipp 9, 295ff. (in falscher Reihenfolge). - *«Wollt ihr euch erklären...»:* Paralipomenon zu den ‹Zahmen Xenien› in etwas anderm Wortlaut (WA I, 3, 440). - *Dialog über Nicolais Fortsetzung vom Werther:* ‹Anekdote zu den Freuden des iungen Werthers› (GA 4, 244ff.), vgl. Nr. 232 und Anm. und Nr. 296 und Anm. - *Fortsetzung vom Bürgergeneral:* vgl. Ri 2, 619f. Ist nicht zustande gekommen. - *Schillers Demetrius fortsetzen:* der Plan, das Fragment zu vollenden, wurde nicht ausgeführt (vgl. Nr. 3231). - *Gedicht über die Jagd:* vgl. Nr. 6269. - *Herzogs Bernhards Leben beschreiben:* vgl. Nr. 1373 und Anm. - *eine Art von römischem Festkalender:* vgl. Ri 2, 628f. - *Moritz...Anthusa:* vgl. Nr. 845 und Anm. - *Vieto:* gemeint wohl der neapolitanische Politiker und Geschichtsphilosoph Giovanni Battista Vico, mit dem sich Goethe mehrfach beschäftigte. - *Weissagungen des Bakis:* vgl. Nr. 7120. - *das Goldschmiedsliedchen:* ‹Der Goldschmiedsgesell› (GA 1, 28f.). - *«Sie kommt nicht»:* im Notizkalender von 1808 erwähnt (WA I, 3, 422). Vgl. die ausführliche Schilderung des Anlasses (die mißglückte Feier von Lilis Geburtstag am 23. Juni 1775) und des Inhalts in DuW 17 (GA 10, 759ff.). - *die 20 Sonette:* vielmehr 17.

2790 JbGG 3, 216 - Diese und die folgende Nummer undatiert, in der Quelle auf Nr. 2684 vom 1. Mai 1808 folgend. - *Ottave Rime:* Stanzen. Dazu Anm. ebd 236: «Wichtig im Hinblick auf die Fragment gebliebenen ‹Geheimnisse› ...»

2791 JbGG 3, 216 - *der neu-katholischen Künstler:* der sog. Nazarener.

2792 (855a) GJb 5, 51

2793 (833a) Urlichs 3, 199f.

2794 (1114) aaO 88ff. - Luden berichtet von einem Gespräch mit Knebel in Jena, das einige Zeit nach dem langen Gespräch mit Goethe vom 19. Aug. 1806 (Nr. 2264) stattgefunden hat. - *vita brevis:* das Leben ist kurz.

2795 (1115) Heinrich Düntzer, Mein Beruf als Ausleger, Leipzig 1899, 115 - Nach der Altersangabe K.W. v. Knebels ist das Berichtete zu datieren 1806/07.

2796 aaO Diss. Rostock 1912, 50 - *[Falks Dichtung ‹Amphitruon›]:* Falk hat das 1804 erschienene Lustspiel Goethe mit handschriftl. Widmung geschenkt (vgl. Ruppert Nr. 890). Im Zusammenhang mit Kleists ‹Amphitryon› erwähnt in GTgb 13. Juli 1807.

2797 (1782) FestschrLauchstädt 12 - *«Das Kreuz an der Ostsee»:* in GTgb erwähnt Dez. 1807/Jan. 1808. - *«Licht des Osterlandes»:* gemeint ist wohl der damals teilweise vorliegende 2. Teil von ‹Das Kreuz an der Ostsee› (vgl. Nr. 2655), der den Untertitel ‹Ostermorgen› erhielt und für den Werner Goethe sogar ein (im GNM befindliches) ‹Programm zur Rollenbesetzung› vorgelegt hatte; vgl. Gerard Kozielek, Das dramatische Werk Zacharias Werners, Warschau 1967, S. 133 und 341.

2798 (1052b) HerderBr 3, 346

2799 HVoß 161 Anm.

2800 (894) aaO 2, 98f. – *während der Schlacht:* vielmehr fünf Tage nach der Schlacht von Jena und Auerstädt. – *le commencement de la fin:* der Anfang vom Ende.

2801 (895) Heuermann 83 – Die von Goethe überlieferte Äußerung fällt wohl in den Winter 1806/07.

2802 (1117) aaO 34

2803 (1569) WeimarsAlbum 187f. – *die Gesellschaft:* vgl. Nr. 2315. – *«Ich hab' meine Sach' auf nichts gestellt»:* vgl. Nr. 2281 und Anm.

2804 WeimarsAlbum 190 – *Tröst-Einsamkeit:* Arnims ‹Zeitung für Einsiedler› erschien vom 1. April bis 30. Aug. 1808. Erste Erwähnung in GTgb 21. April 1808 (vgl. auch Ruppert Nr. 354). – *den Armen Heinrich:* von Hartmann von Aue in der Ausgabe von Büsching (1810); Lektüre in GTgb erst 9. Februar und 3. März 1811 bezeugt. Vgl. auch TuJ 1811 (GA 11, 853f.).

2805 (878) aaO 2, 102f. – Zu datieren: 1806/07. – *Erklärung über Klinger:* vielleicht ist Goethes positive Darstellung in DuW 14 (GA 10, 659ff.) gemeint.

2806 aaO 2, 116

2807 GJb 10, 157

2808 Werner 18 – Das Stück findet sich in der Quelle in dem Abschnitt, der die Zeit von Herbst 1805 bis Frühjahr 1807 umfaßt.

2809 (939) Werner 16f. – *Bildnis des berühmten Goethe [von Caroline Bardua]:* vgl. Nr. 2350 und Anm.

2810 (1094) GJb 6, 116 – Zur Zuverlässigkeit dieser Nachricht vgl. die Anm. L. Geigers ebd 166f., die jedoch mit Vorsicht aufzunehmen ist.

2811 (996) aaO 38ff. – Zur Berichtigung der Datierung (nach Bi^{2} 1, 490: 23. Mai 1807) vgl. ausführlich H. Koch in JbGG NF 25, 362ff., dessen Argumentation sich auf GTgb 26. Okt. 1808 stützt: «Auf dem Napoleonsberg. Kleine Loevenichte mit dem pädagogischen Pfarrer.» – *ein kleines Tempelchen:* «dieser Tempel hat nur vom 7. Oktober bis 5. November 1808 auf dem Windknollen gestanden!» (H. Koch ebd 365). – *bekannt zu sein:* Schlosser war damals Pfarrer in Drakendorf. – *einigen Frauenzimmern:* den «drei Töchtern des Frankfurter Kaufmanns Friedrich von Lövenich, dessen Witwe Charlotte Susanne damals zu Besuch bei der Hofrätin Seidensticker in Jena weilte». (H. Koch ebd 367). – *en bataille rangée:* in geordneter Feldschlacht.

2812 (1382) aaO 6, 251f. – *nach Jena:* Goethe war dort vom 19. bis 29. Okt. – *nach sieben Jahren:* ungenaue Angabe; dieletzte Begegnung hatte 1805 in Halle stattgefunden (vgl. Nr. 2140 und 2144). – *Handbuch der Mineralogie:* ‹Handbuch der Oryktognosie›, 3 Bde, 1811–19. – *Metamorpho-*

se der Knochen: gemeint ist die ‹Vergleichende Anatomie›. – *sein Vertrauen mißbraucht:* Anspielung auf den Prioritätsstreit mit Oken (vgl. Nr. 2349 und Anm.). – *nach Weimar:* vgl. Nr. 2878f.

2813 GJb 10, 20f.

2814 DüntzerStein 2, 300 – *den folgenden Tag:* vgl. GTgb 2. Nov.: «Durchlaucht die Herzogin und die Damen. Friedrichs Zeichnungen und Werneburgs Clavier.» – *Werneburgs neuer Klaviererfindung:* der Mathematiker und Physiker Johann Friedrich Christian W. versuchte seine Kenntnisse auf verschiedenen Gebieten praktisch umzusetzen. Damals Goethes Nachbar und in seinem Haus verkehrend, konnte er diesen für seine Ideen zur Verbesserung des Klaviers gewinnen. Vgl. dazu GTgb 11. Okt. und 20. Nov. 1808 sowie 14. Feb. und 1. Juli 1809. Schließlich erfolgte eine Veröffentlichung Werneburgs darüber im Morgenblatt Nr. 172, 20. Juli 1809. – *mystischen Zeichnungen von Friedrich:* die dieser Goethe übersandt hatte, vgl. Goethe an Kaaz 1. Nov. 1808 (WA IV 20, 198). Vgl. auch TuJ 1808 (GA 11, 830).

2815 Zeitschrift für Bücherfreunde Jahrg. 9, 1905/06, Bd 2, 334 – *Stänkerei:* über die «Mißhelligkeiten» beim Theater vgl. TuJ 1808 (GA 11, 831).

2816 aaO 1, 31ff.

2817 DtRevue 1878, 276 – *[am 6. November 1808]:* vgl. Goethe an Zelter 7. Nov.: «Wir haben uns gestern an manchen Ihrer Gaben ergetzt ... auch habe ich Ihrer dankbar gedacht, indem Eberwein etwas von Ihrem Ernst mitgebracht zu haben scheint.»

2818 DtRevue 11/IV, 36 – *Orden der Ehrenlegion:* gemeint ist wohl die Verleihungsurkunde (vgl. Anm. zu Nr. 2773). – *Hagensche Liedersammlung:* Deutsche Gedichte des Mittelalters. Hrsg. von F.H. von der Hagen und J. G. Büsching. Bd. 1. Berlin 1808 (Ruppert Nr. 779). – *Matthissons lyrische Blumenlese:* Lyrische Anthologie. 20 Bde. Zürich 1803–1807.

2819 DüntzerStein 2, 300f. – *begegnete ihr Goethe:* vgl. GTgb: «Auf dem Spaziergang Frau von Stein und Gräfin Henkel angetroffen.» – *Aufsatz Meyers über die Meister der Münzen:* wohl ‹Beyträge zur Geschichte der Schaumünzen aus neuerer Zeit›, erschienen als erster Aufsatz in der JALZ 1810. Wiederabdruck: Goethes Italian Renaissance Medals. Introduction and Comments by Edward Gans. San Diego. Cal. 1969.

2820 (1117b) DtRevue 11/IV, 34 – Vgl. GTgb: «Mittags Hofrath Wieland nebst Tochter und Enkelin.» – *Campe:* mit Bezug auf dessen ‹Wörterbuch zur Erklärung und Verdeutschung der unserer Sprache aufgedrungenen fremden Ausdrücke› (Ruppert Nr. 639).

2821 (1118) DtRevue 11/IV, 34

2822 (1119) DüntzerStein 2, 301

2823 (1120) DüntzerStein 2, 301

2824 (1121) Heitmüller 136 – *Die Friedrichschen Zeichnungen:* vgl. Nr. 2814 und Anm.

2825 (1569) WeimarsAlbum 197f. – Der Zweifel am Datum (nach HoubenSchopenhauer 124) doch wohl nicht gerechtfertigt.

2826 JbGG 12, 218f. – Pauline Gotter blieb bis zum 16. Nov. in Weimar, vgl. Goethes Abschiedsbrief vom gleichen Tage an sie (WA IV 20, 216). – *[30. Oktober]:* vgl. GTgb: «Dlle Gotter von Gotha.» – *viele Landschaften:* vgl. Corpus VII S. 153 Nr. 831, wo auf die Zeichnungen im einzelnen verwiesen wird. – *in seiner Loge sitzen:* z.B. am 9. Nov., vgl. GTgb: «War Paulinchen Gotter in der Loge; diese nach Hause gebracht.» – *[am 6. November]:* vgl. GTgb: «Abends zu Mad. Schopenhauer. Meistens Männer außer Dem. Gotter.»

2827 Frankfurter Zeitung 11.6.1899

2828 Waitz 19f. – *Brief von ... Goethe:* vom 29. Mai 1809 (WA IV 29, 338). – *Exemplare von einem Gedichte:* ‹Johanna Sebus› (über den Einzeldruck vgl. Hagen Nr. 323). – *allerlei Ausgeschnittenes:* die damals beliebten Scherenschnitte (vgl. z.B. Nr. 2339).

2829 (942) DtRevue 11/2, 165 – In der Quelle datiert: «(1806)». Der Anklang an die Eintragung in GTgb 16. Nov. 1808 ist so überzeugend, daß das Datum als gesichert angenommen werden darf. Vgl. auch die folgende Nummer.

2830 (1122) KnebelBriefw 353 – *[Nibelungenlied]:* über Goethes Beschäftigung mit den Nibelungen berichtet er ausführlich an Knebel am 25. Nov. (WA IV 20, 221 f.). – *Reflekt:* in GTgb 16. Nov. kommt der Ausdruck ‹Reflex› mehrfach vor.

2831 DtRevue 11/IV, 35 – *Hundeshagens Säulenabdrücke:* aus ‹Hundeshagen seine Säulenabdrücke› korrigiert nach PollmerUnters 71. Es handelt sich wohl um Vorarbeiten zu: B. Hundeshagen, Des großen Kaisers Friederichs I. Barbarossa Palast in der Burg zu Gelnhausen, 1814 (Ruppert Nr. 2351). – *Herr von Müller:* der Kanzler. – *Schiller:* Charlotte v. S. – *W. Schlegels Spottgedicht auf Voß:* möglicherweise der im Kommentar zu Nr. 1560 erwähnte «Wettgesang».

2832 (1123) Sydow 3, 20ff. – *von Weimar:* wo er sich am 17./18. Nov. aufgehalten hatte. – *desolant:* betrüblich. – *in alle Welt zu zerstreuen:* vgl. die ähnliche Formulierung in Nr. 2855. – *Seinen Faust ... gelesen:* in der Ausgabe von 1808. – *eine Art Märchen:* ‹Die neue Melusine›. – *die Ausgewanderten:* gemeint ist das ‹Märchen› am Schluß der ‹Unterhaltungen deutscher Ausgewanderten›.

2833 (1124) wie 997 S. 75f.

2834 (1125) Sydow 3, 29

2835 (1125a) KnebelBriefw 354 – *von Rom:* wo er als preußischer Gesandter war.

2836 (1136) DüntzerStein 2, 302 – *[wohl 22. November 1808]:* vgl. GTgb: «Bey der Prinzeß.» Auch Nr. 2835 bezieht sich auf diesen Besuch. – *Entlassungsgesuch:* vgl. Goethe an Carl August 10. Nov. 1808 (WA IV 20, 210f.).

2837 (1128) DüntzerStein 2, 302f. – *Betrachtungen über die Nibelungen:* in GTgb jeden Mittwoch bis zum 11. Jan. 1809 bezeugt.

2838 DtRevue 11/IV, 35 – *traf die Geh. Rätin ein:* von Frankfurt. Vgl. GTgb: «Ankunft meiner Frau; mit Auspacken und Referiren ging der Tag hin.»

2839 (1126) DtRevue 11/IV, 35 – *Lemarquand ... Übersetzung von*

Goethes Faust: vgl. GTgb: «Abends Mr. Le Marquand und Legationsrath Falk. Unterhaltung über Faust, von dem er sehr geistreich den Prolog vom Theater in's Französische übersetzte.» Über den Plan einer Gesamtübersetzung, der nicht ausgeführt wurde, vgl. Goethe an Cotta 2. Dez. 1808 (WA IV 20, 227f.). – *Humaniora:* schöne Wissenschaften, auf der griech. und latein. Sprache beruhend. – *[Goethe?]:* das folgende, auf einem besonderen Blatt, wohl eher Reflexion Riemers. – *divulgiert:* allgemein verbreitet. – *Abends hinten:* in den Hinterzimmern, die Christiane bewohnte.

2840 KnebelBriefw 354 – *aus Bewegung der Jagemann:* vgl. deren eigene Darstellung (Bamberg 347f.), die von denen Wolffs (Nr. 2842) und Christiane v. Goethes (Nr. 2844) abweicht.

2841 (1126a) DtRevue 11/IV, 35f.

2842 SchrGG 6, 319ff. – *die Direktion des hiesigen Theaters niedergelegt:* vgl. Nr. 2836 und Anm. – *die Oper «Sargino»:* von Paër, zum erstenmal aufgeführt 29. Okt. 1808; die zweite Aufführung fand am 26. Nov. statt.

2843 Wachler 90

2844 (1127a) GJb 10, 24 – *am Dienstag:* 29. Nov.

2845 (1127) Goethes Briefe an Christian Gottlob von Voigt, hrsg. von Otto Jahn, Leipzig 1868, 486ff. – Voigt als Vermittler in der Theaterkrise teilt Goethe in einem undatierten Billett (Anfang Dezember 1808?) Carl Augusts Antwort auf die hier unterbreiteten Vorschläge Goethes mit: «In der Theaterangelegenheit wollen Serenissimus Ihro Gedanken und Vorsätze aufschreiben und mitteilen, nicht ohne Hoffnung, daß sich doch wohl noch eine Mittelstraße erfinden lassen werde.» (SchrGG 55, 205). – *submittieren:* sich unterwerfen.

2846 DtRevue 11/IV, 36

2847 (1128a) DtRevue 11/IV, 36 – *Offens:* Beleidigung.

2848 DtRevue 11/IV, 36

2849 (1128b) DtRevue 11/IV, 36 – In der Quelle als besonderes Blatt (zum 2. Dez. 1808) bezeichnet. Es folgt als zweites Blatt eine ‹Componimento› (recte: Composimento) überschriebene Punktation von Goethe (vgl. SchrGG 6, 317f.).

2850 (1129) DtRevue 11/IV, 36f. – *Theodor:* Riemers ehemaliger Schüler. – *ins Theater:* wo ‹Wilhelm Tell› gegeben wurde. – *Gegen das Sprechen zur Musik:* dieser und der folgende Absatz sind in der Quelle als besondere Blätter bezeichnet. – *«Licht, wie es mit der Finsternis...»* von Riemer verwertet Aphor 325f. Dort in eckige Klammern als Riemersche Reflexion eingeschlossen. Nach dem Tgb-Befund kann dies nur ein Versehen sein (vgl. PollmerUnters 129), das vielleicht dadurch zu erklären ist, daß dem Stück noch eine Bemerkung folgt, die ohne Zweifel von Riemer stammt.

2851 (1130) Sydow 3, 40f. – *Fortsetzung der Natürlichen Tochter:* vgl. Anm. zu Nr. 1828.

2852 (1131) DtRevue 11/IV, 37 – In der Quelle folgt, als besonderes Blatt bezeichnet, noch eine längere Reflexion Riemers zu dem Thema.

2853 (1132) Aphor 326 – *Schuberts Ansichten...:* erschienen Dresden 1808.

2854 (1133) Aphor 326 – Zuerst veröffentlicht: Ri 2, 677. Dort datiert: 9. Dec. 1808. Dies Datum nach PollmerUnters 129 auch durch die Hs bestätigt.

2855 (1134) Gr 1f. – *zerstreut... in alle Welt:* vgl. Nr. 2832. – *Angriff gegen Goethes Rezension des Wunderhorns:* zu Goethes Rezension vgl. Nr. 2184 und Anm. Vossens Angriff im ‹Morgenblatt für gebildete Stände› vom 25./26. Nov. 1808; wiederabgedruckt bei Fambach 5, 26ff. – *auf den Blocksberg zitieren:* «gemeint der für die Walpurgisnacht geschriebene Dialog zwischen dem Eutiner (= Voß) und dem Wunderhorn WA I 14, 305 Nr. 47 v. 13–20.» (Gr 195) – *Einleitung zu Roger Bacons Leben:* im Abschnitt ‹Zwischenzeit› des Histor. Teils der Farbenlehre (GA 16, 351 ff.). – *Elegante Zeitung:* Zeitung für die elegante Welt. – *das Jenaische Commissoriale:* betr. die Einsetzung einer Kommission unter Beteiligung Goethes zur Verwaltung einer Dotation Napoleons für die Kathol. Pfarrei in Jena durch Carl August am 6. Dez. 1808 (vgl. SchrGG 53, 465 Anm.). – *influieren:* beeinflussen. – *nächsten Dienstag:* 20. Dez.

2856 Goethe/Knebel 1, 343 – Beilage zu Goethes Brief an Knebel (WA IV 20, 268 f.). – *erwarten wir Wernern:* er traf nach GTgb am 21. Dez. ein. – *Herr v. Kügelgen... malt den Geh. Rat:* K.s erstes Ölgemälde Goethes entstand Dez. 1808/Jan. 1809 (Schulte-Strathaus Taf. 92).

2857 (1135) wie 2845 S. 528 – *mancherlei Unterredungen:* mit negativem Erfolg, vgl. Goethes Brief an Kirms vom 18. Dez. (WA IV 20, 270).

2858 (1137) wie 2677 S. 11f. – *[18. Dezember]:* vgl. GTgb: «Mittags Schillers und Wolzogens Kinder mit ihrem Hofmeister Herrn Abeken und Dr. Meyer.»

2859 (1137a) Heuermann 79

2860 (1138) WeimarsAlbum 199f. – *ganz anderer Meinung:* vgl. dagegen die Würdigung Kügelgens in TuJ 1809 (GA 11, 838). – *wie Kügelgen Goethen modellierte:* das Wachsrelief vgl. Schulte-Strathaus Taf. 95.

2861 Gr 2f. – *Max II.:* «vielmehr Rudolf II. (1552–1612)» (ebd 196 Anm.). – *Verdeutschung:* ‹Die Liebesgeschichte des Kanzlers Schlick›, vgl. Nr. 3011 und Anm.

2862 (NN 1139a) Steig 2, 240f. – Wiederabdruck (abweichend): Henrici, Versteigerung 149, Berlin 1929, 24. Dort die Angabe zur Datierung: «Weihnachtsmorgen». – *Gänge:* Spazierwege. – *[... Zeitung für Einsiedler]:* ‹Tröst-Einsamkeit› (vgl. Nr. 2804 und Anm.). – *Streitigkeit mit Voß:* aus Anlaß von dessen abfälliger Kritik von ‹Des Knaben Wunderhorn›. Arnims Replik, datiert 8. Dez. 1808, erschien im Intelligenzblatt der JALZ 6. Jan. 1809 (Wiederabdruck: Fambach 5, 33 ff.). – *Basrelief:* vgl. Nr. 2860 und Anm.

2863 Steig 2, 249

2864 DtRevue 11/IV, 37

2865 Gr 3 – *Villemancys Notifikation:* im Zusammenhang mit dem ‹Jenaischen Commissoriale› (vgl. Nr. 2855 und Anm.). Vgl. auch die zwischen Voigt und Goethe gewechselten Briefe vom 26. und 27. Dez. (SchrGG 55, 211 ff.). – *Dulon:* «blinder Flötenspieler, dessen Autobiographie Wieland gerade (Zürich 1807/08) herausgegeben hatte» (Gr 196

Anm.). – *Otahaitin:* Bewohnerin von Tahiti (Erklärung der Anspielung ebd).

2866 Gr 3

2867 DtRevue 11/IV, 37 – Die Weihnachtsfeier in GTgb nicht erwähnt. – *Arnim:* vgl. GTgb: «... Arnim um Abschied zu nehmen.»

2868 (1139) wie 2569 S. 190 – Vgl. Arnim an C. Brentano 15. Jan. 1809: «Lass Dir von Savigny erzählen, wie gut und reichlich mir Göthe alle Mühe vergolten, die ich mit der Zeitung gehabt. Über Voß ist er einverstanden ...» (Steig 1, 269). – *Rezension vom Wunderhorn:* es blieb bei der Rezension des ersten der drei Bände.

2869 Steig 3, 20f. – *Wilhelms Übersetzungen:* wohl die 1811 erschienenen ‹Altdänischen Heldenlieder, Balladen und Märchen› von W. Grimm. – *die [schottischen] Übersetzungen der Schubart:* vielleicht die erst 1817 erschienenen ‹Schottischen Lieder und Balladen› von Walter Scott, übersetzt von Henriette Schubart (vgl. Ruppert Nr. 1520). – *Realschulbuchhändler:* mit Bezug auf die Realschulbuchhandlung in Berlin. – *Hagen ... neue kritische Ausgabe der Nibelungen:* erschienen 1810.

2870 Steig 2, 274 – *schriftlich ausgedrückt:* in seinem Brief an Bettina 22. Febr. 1809 (WA IV 20, 298).

2871 Steig 3, 36

2872 Gr 3 – *gestern beim Herzog:* vgl. GTgb 25. Dez.: :«Bey Durchlaucht dem Herzog wegen der Theaterangelegenheiten. Kam Geheimer Rath von Voigt.»

2873 SchrGG 6, 321f. – *Seit meinem letzten Brief:* wohl unsere Nr. 2842. – *die Vollmacht:* vgl. den Wortlaut des Theaterreskripts vom 24. Dez. SchrGG 55, 466 Anm. Vgl. auch Nr. 2876.

2874 (1140) Sydow 3, 53f. – *wohne bei Goethe:* vgl. GTgb 25. Dez.: «Kam Herr von Humboldt an von Erfurt, um bey uns zu logiren.» – *bei Carolinen vorgelesen:* laut GTgb am 26. Dez. – *«Prometheus»:* vgl. Anm. zu 2707.

2875 Gr 3 – *steif, schroff und schwerfällig:* erstes Beispiel für die Registrierung von Goethes Stimmungen in Müllers Aufzeichnungen.

2876 (1140a) GJb 10, 28 – *Doktor Meyer:* Nicolaus M. – *Tee von dreißig Personen:* am 20. Dezember (vgl. Nr. 2862).

2877 Bamberg 345ff. – Zu der handschriftl. Quelle vgl. Anm. ebd 602. Vgl. auch die Darstellung der Jagemann und die Auseinandersetzung mit den übrigen Zeugnissen der Theaterkrise ebd 347ff. – *wöchnerischen Beschäftigung:* vgl. Nr. 1809.

2878 Pollmer 299 – *Quodlibet aus Polen:* Werner hatte sich lange in Polen, besonders Warschau aufgehalten und 1801 als dritte Frau eine Polin geheiratet. Ob es sich beim ‹Quodlibet› um ein Stück aus der Tragödie ‹Wanda› oder eine andere Dichtung handelt, konnte nicht ermittelt werden.

2879 (1141) aaO 6, 252ff. – *frühern Neujahrsnacht:* 1800/01 (vgl. Nr. 1604).

2880 Schoof 83

2881 SchrGG 14, 64

2882 Gr 3 - *Jenaischen Baupläne:* vgl. Goethe an Voigt 27. Dez. 1808: «Ich erbiete mich, ihnen, was ich über den Bau der Kirche und den Aufbau der Häuser gedacht, freundlich mitzuteilen...» (SchrGG 55, 212)

2883 (1143) Sydow 3, 60f. - Vgl. GTgb 1. Jan.: «Kam Herr von Humboldt von Rudolstadt zurück.» - *Burattini:* Puppen. - *Carolinen [von Wolzogen]:* vgl. GTgb: «Bey Frau von Wolzogen.»

2884 DtRevue 12/1, 11

2885 DtRevue 12/1, 11

2886 (1145) Sydow 3, 64ff. - Brief aus Wittenberg; Humboldt hatte am 8. Jan. Weimar verlassen (vgl. Nr. 2889). - *neuen Roman:* die Wahlverwandtschaften. - *sich jeder einen Schauspieler geschlachtet:* gemeint sind Becker und Morhard. - *leichte Brouillerie:* beruht offensichtlich auf der Darstellung von Caroline v. Wolzogen.

2887 Reiter 2, 71f. - *von «seinem» Kaiser:* in Anm. ebd 3, 170 wird noch auf einen ungedruckten Brief Böttigers an Heyne vom 21. Nov. 1808 hingewiesen, wo von den «Unterredungen des Kaisers mit Goethe, der ihn jetzt nur meinen Kaiser nennt», die Rede ist. - *Bürgermeister von Jena:* Georg Wilhelm Vogel.

2888 (1145a) Sydow 3, 89

2889 (1146b) GJb 10, 29f.

2890 Gr 4 - *deklamierte Fräulein [aus dem] Winkel:* nach GTgb den ‹Taucher›.

2891 DtRevue 12/1, 11f. - *Fierabras:* altfranzösisches Gedicht (vgl. Nr. 2911).

2892 DüntzerStein 2, 305

2893 GJb 10, 153 - *großes Maskenfest:* vgl. Nr. 2906f.

2894 (1145 b) DtRevue 12/1, 12

2895 (1146) Heuermann 79f. - *[13. Januar 1809]:* vgl. GTgb: «Abends bey Legationsrath Falk, Thee und chinesisches Schattenspiel.»

2896 (1148a) DüntzerKnebel 2, 108 - *die äußerst geisthaltige Münze:* nicht ermittelt.

2897 F. Ch. A. Hasse, Das Leben Gerhards von Kügelgen, Leipzig 1824, 206f. - *Porträts... von Goethe:* vgl. Nr. 2856 und Anm. Vgl. ferner GTgb 21. Jan.: «Malte Herr von Kügelgen an meinem Porträt und speiste mit uns.»

2898 wie 2897 S. 208ff. - *Goethe... zu modellieren:* vgl. Nr. 2860 und Anm.

2899 (1148) Bi[1] 2, 238

2900 (1144) Graf August von Platen, Die Tagebücher, hrsg. von G. v. Laubmann und L. v. Scheffler, Bd 2, Stuttgart 1900, 442f. - *zweiten Band seiner «Ahnungen»:* vgl. Nr. 2520 und Anm.

2901 (1149) aaO 1, 412f. - *Runen-Antiquarius Arendt:* vgl. Nr. 2894, letzte Erwähnung in GTgb 24. Jan. Charakterisiert in TuJ 1809 (GA 11, 834). - *Irus:* Bettler in der ‹Odyssee›. - *ein omnia sua secum portans:* ein alle seine Habe bei sich Tragender. Nach Cicero, Paradoxa I, 1, 8: «Omnia mea mecum porto.» - *benachbarten Gasthofe:* Weißer Schwan. - *étrangeren:* fremdartigen. - *Erlaubnis zu verschaffen:* es folgt bei Riemer noch (ebd

413f.) ein Bericht, wonach Arendt sich bei der Köchin über die mangelhafte Auswahl an Gemüsen beschwert.

2902 Nach Hs im GMD

2903 aaO 132 – Gedruckt in dem Aufsatz ‹Daniel Engelhard, der Architekt der Wahlverwandtschaften› von Reinhold Steig in: JbFDH 1912, 311. – *«Über deutsche Baukunst»:* ‹Von deutscher Baukunst› (GA 13, 16ff.). – *[26. Januar 1809?]:* vgl. GTgb: «Nach Tische der Architekt Engelhardt, um Abschied zu nehmen, weil er nach Cassel geht.»

2904 JbFDH 1912, 305

2905 DtRevue 12/1, 12 – *Antigone:* von Sophokles, übersetzt von Rochlitz, zuerst aufgeführt am 30. Jan.

2906 (1150b) GJb 10, 30 – *Geburtstags-Redoute:* die Redoute zum Geburtstag der Herzogin Luise am 30. Jan. fand erst vier Tage später statt. Zu den Vorbereitungen vgl. GTgb 29. Jan. bis 3. Febr. – *Carolinens:* C. Ulrich.

2907 (1151) HoubenSchopenhauer 146ff. – *alle unsre Verse:* Goethe hatte die des Sterndeuters sowie der Landleute, Gärtner und Hirten beigesteuert (GA 3, 703f.). – *incroyable:* Modeaffe. – *«Melpomene»:* Muse der Tragödie. – *marschierten wir:* Johanna Schopenhauer mit Adele und Caroline Falk. – *Riese Ruprecht:* Zacharias Werner. – *Tabarro:* Mantel ohne Ärmel. – *soutenierten:* durchhielten. – *daß Goethe so lange aufblieb:* dafür am nächsten Tag «Spät aufgestanden» (GTgb).

2908 JbGG 3, 151 – Zum Datum des Briefes vgl. ebd 152. – *uns zu besuchen:* Bettina hatte in einem Brief an Christiane vom 8. Jan. darauf angespielt (vgl. ebd 150). – *Herrn von Savigny und seine Frau:* bei denen Bettina in Landshut wohnte.

2909 GJb 10, 32

2910 Nach der Hs im GMD

2911 Fehling 46f.

2912 Heitmüller 143 – *Manuskript [der Farbenlehre]:* vgl. GTgb 11. Febr. «Manuscript zum vierzehnten Bogen nach Jena.» – *17. Jahrhundert:* vgl. GTgb 14. Febr.: «Ich blieb zu Hause, um die Chromatik des 17. Jahrhunderts zu überlegen.»

2913 (1152) DtRevue 12/1, 13f.

2914 DtRevue 12/1, 15

2915 (1152a) DtRevue 12/1, 14 – *Blaubarts Märchen:* am Tage vorher war Grétrys Oper ‹Blaubart› gegeben worden.

2916 (1153) aaO 28ff. – *29. [26.] Februar 1809:* zur Korrektur des Datums vgl. Witte 80f. – *Färber in Heilbronn:* nach Register LA II/6, 617 auf J.M. Gülich bezogen, der in der Farbenlehre behandelt wird (GA 16, 676ff.). – *Sonnenmikroskop... Camera obscura:* vgl. die ähnliche Aussage im Abschnitt ‹Roger Bacon› der Farbenlehre (GA 16, 361). – *weil wir leben:* dieweil...

2917 (1153a) DtRevue 12/1, 14 – *das tolle Wesen der Vosse:* im Zusammenhang mit dem Streit um ‹Des Knaben Wunderhorn› (vgl. Fambach 5, 40).

2918 GJb 10, 153 – *[Fernows]:* der am 4. Dez. 1808 gestorben war. Vgl.

GTgb 8. Jan.: «Der jüngere Bertuch sprach über die Fernowschen Erbschaftsangelegenheiten.»

2919 (1154) Ri 2, 706

2920 (1155) Ri 2, 706 - Undatiert. Einordnung der Quelle folgend.

2921 (1159) Ri 2, 706

2922 (1157) Ri 2, 706 - *«Intentionelle Brezeln»:* witzige Bildung nach dem Abschnitt ‹Intentionelle Farben› in der Farbenlehre (GA 16, 433 ff.). Vgl. GTgb 28. Febr.

2923 (1156) DtRevue 12/1, 14 - Die Äußerungen Goethes und Riemers Bemerkung verwertet in Ri 2, 706 f.

2924 (1158) DtRevue 12/1, 14 f. - Da nicht in Anführungszeichen stehend, nicht sicher, ob als Goethesche Äußerung oder Gesprächsergebnis aufzufassen.

2925 (1159a) KnebelBriefw 359 - *gestern besucht:* vgl. GTgb 7. März: «Gegen 11 Uhr zur Prinzeß Caroline ...» - *Brief ... an Riemer:* Knebels Brief vom 6. März gedruckt Aphor 258 ff. Enthält ein negatives Urteil über die 1809 erschienene Verstragödie von Constant. Vgl. auch Goethes boshafte (Charlotte v. Schiller gewidmete) Verse vom 22. Februar 1809 (GA 2, 256).

2926 (1160) DtRevue 12/1, 15 - Die Aufzeichnung - entweder als Goethesche Äußerung oder als Gesprächsergebnis aufzufassen - wohl veranlaßt durch den in GTgb bezeugten Besuch Z. Werners.

2927 (1161) DtRevue 12/1, 15

2928 (1162) DtRevue 12/1, 15 - Verwertet in Ri 2, 707. - *das injustum und praematurum:* das Ungerechte und Unzeitige.

2929 DtRevue 12/1, 15 - *Märchen von den drei Raben ...:* Ein Märchen mit dieser Motivkonstellation ist für die Maingegend, also Goethes Heimat, belegt. Außerdem enthält das ‹Osterbüchlein› (1811) von G.s gelegentlichem Gesprächspartner J.D. Falk ebenfalls ein solches Märchen. Möglicherweise hatte G. von Falk davon gehört.

2930 (1163) Rohmann 166

2931 (1164) GJb 22, 73 - Zum Briefdatum vgl. ebd. Goethes Anwesenheit bei der Schopenhauer ist laut Tgb für diesen Tag bezeugt. - *neues Werk über China:* Ch. L. J. de Guignes, Voyage à Pekin, Manille et l'Ile de France, 3 Bde, Paris 1809.

2932 (1570) FestschrLauchstädt 12 - *Eines Tages schlief ich:* vgl. den Bericht in ItR, Castelvetrano, 21. April 1787 (GA 11, 297) - *à la belle étoile:* unter freiem Himmel.

2933 (1165) DtRevue 12/1, 16 - die Äußerung über das ‹Märchen› verwertet in Ri 2, 604 - *Schubart hatte es gedeutet:* Gräf 1, 1, 354 f. merkt an, daß er den Deutungsversuch nicht ermitteln konnte.

2934 (1166) DtRevue 12/1, 16 - Der Ausspruch verwertet in Ri 2, 707 und Aphor 327.

2935 (1166a) KnebelBriefw 360 - *Beschreibung eines französischen Soldaten:* angedeutet in Henriettes Brief an Knebel vom 22. März (vgl. Anm. ebd 360 f.).

2936 (1166b) DtRevue 12/1, 16 - *in seinem neuen Logis:* Werner war auf Wunsch Carl Augusts in das Haus von Caroline Jagemann gezogen (vgl. SchrGG 14, 320 Anm.). Zu Goethes Reaktion vgl. Nr. 2944f.

2937 DtRevue 12/1, 16 – Vgl. GTgb: «Abends bey Frau von Wolzogen, wo Rath Majer einige Fabeln aus der Edda Sämundar vorlas.» Es handelt sich um die sog. Lieder-Edda. Vgl. auch die Erwähnung TuJ 1809 (GA 11, 834).

2938 (1166c) GJb 10, 33 – *die Langeck:* vielmehr Lagnac. Vgl. GTgb 23. Febr.

2939 GJb 10, 153

2940 wie 2677 S. 12 – *am stillen Freitage:* am Karfreitag. Vgl. GTgb: «Mittags Frau Hofrath Schiller mit ihren Kindern und dem Hofmeister Münzen angesehen.»

2941 DtRevue 12/1, 16 – *der Tod Jesu:* Passionskantate von Graun.

2942 (1167) DtRevue 12/1, 16 – Goethes Ausspruch, ohne Nennung der Namen, verwertet in Ri 2, 707. – *Rühl:* Rühle v. Lilienstern.

2943 DtRevue 12/1, 17 – *aus der Hagenschen Sammlung:* vgl. Nr. 2818 und Anm.

2944 JbFDH 1963, 272 – Der Briefempfänger erschlossen (vgl. Quelle). Briefdatum korrigiert nach der Angabe «Donnnerstags» und im Hinblick auf die folgende Nummer. Zur Sache vgl. Nr. 2936.

2945 DtRevue 12/1, 17

2946 (1168) DtRevue 12/1, 17 – Der Ausspruch von Goethe übernommen in MuR 293.

2947 Pollmer 303 – *Tancred [von Voltaire]:* in der Übersetzung von Goethe.

2948 KnebelBriefw 362 Anm.

2949 (1169) KnebelBriefw 394f. Anm.

2950 (1170) Bilder aus vergangener Zeit ..., 2. Teil, Bilder aus Karl Sievekings Leben, 1. Abt., Hamburg 1887, 87f. – Korrektur des Briefdatums nach den Zeitangaben, die durch GTgb vom 16. bis 18. April gestützt werden. – *Bei der Schopenhauer:* nach GTgb am 16. April.

2951 KnebelBriefw 363 – *[«Die Wahlverwandtschaften»]:* vgl. GTgb: «... bei Durchlaucht der Herzogin: die Wahlverwandtschaften.»

2952 wie 2950 S. 88 – *[19. April]:* vgl. GTgb: «... zu Tisch der junge Sieveking.» – *«Emilia Galotti»* wurde am 19. April aufgeführt. – *Orsina:* Die Besetzung dieser Rolle in ‹Emilia Galotti› ist nicht genau bekannt. Hier dürfte es sich um Beate Elsermann, später Lortzing, handeln, zu der Goethe (nach Auskunft O.F.) ein herzliches Verhältnis hatte.

2953 aaO 1, 161f. – *den glänzenden Ball:* vgl. GTgb 23. April: «Abends großer Ball auf dem Stadthause.» Gegeben für Marschall Bernadotte und sein Gefolge (vgl. Weniger 164).

2954 (1170a) KnebelBriefw 366 – *nach Jena:* vgl. GTgb 29. April: «Früh nach 8 Uhr von Weimar nach Jena.» Er blieb dort bis zum 13. Juni.

2955 DüntzerStein 2, 309 – *Kriegsunruhen:* zwischen Österreich und Frankreich. Vgl. GTgb 26. April: «Nachricht von der Schlacht bey Ingolstadt.» Vgl. ferner Nr. 2965 und Anm.

2956 (1170b) GJb 10, 35 – *Mamsell Langeck:* Lagnac (vgl. Nr. 2938 und Anm.).

2957 GJb 10, 36 – *üble Anfälle:* vgl. GTgb 29. April.

2958 Frommann 110 – *zur Mutter:* Caroline Wesselhöft geb. Bohn. – *von der heiligen Familie:* ‹Sankt Joseph der Zweite› aus den ‹Wanderjahren›. – *bei Knebels vorlas:* vgl. Nr. 2683.

2959 KnebelBriefw 368

2960 (1171) DtRevue 12/1, 18 – *les illustres Françaises:* ‹Mémoires pour servir à l'histoire des hommes illustres dans la république des lettres›, 43 Bände, Paris 1727–41, von Jean Pierre Niceron, von Goethe gerade in Übers. entliehen (Keudell 569 und 573).

2961 (1171a) DtRevue 12/1, 18 – *seine Laboranten- und alchemischen Studien:* vgl. DuW 8 (GA 10, 374ff.).

2962 (1182a) GJb 10, 86

2963 (1184a) Preußische Jahrbücher 139, 1910, 480

2964 (1173/1174) Wolf Graf Baudissin, Gedenkbuch für seine Freunde, Leipzig 1880, 159ff. – *Fortsetzung des Meisters:* vielmehr ‹Wahlverwandtschaften›. – *Brief, den Sartorius … mitgegeben:* vom 19. Mai (Monroy 90f.). – *Buch von der Göttinger Bibliothek:* nach dem genannten Brief von Sartorius und GTgb 23. Mai die ‹Wilkina Saga›. – *Mineralienkabinett:* vgl. GTgb: «Kam … Hofrath Hugo von Göttingen, alsdann Graf Baudissin. Zusammen auf dem Cabinet.» – *Prozeß:* Näheres berichtet Kohlrausch (vgl. Nr. 2965). – *Forkel und Zelter:* setzten sich für die Wiederentdeckung von J.S. Bach ein (vgl. Nr. 2966). – *in den Botanischen Garten:* vgl. GTgb: «Mit Graf Baudissin und Hofrath Hugo im botanischen Garten.» – *die Fichteschen Reden an die deutsche Nation:* vgl. Nr. 2734 und Anm. – *Hamlet:* wurde am 17. Mai aufgeführt. – *Fridolin oder Der Gang nach dem Eisenhammer:* szenische Bearbeitung der Schillerschen Ballade von Franz von Holbein. – *die Tiecksche Büste:* von 1801.

2965 (1172) aaO 113ff. – *Hauderer:* Lohnkutscher. – *die isländische Nibelungen-Sage:* vgl. Anm. zu Nr. 2964. – *Kämpfe zwischen den Franzosen und Österreichern:* am 21./22. Mai war die Schlacht bei Aspern. – *eine Naht beurteilen:* vgl. Nr. 2748.

2966 (1175) Heuermann 120

2967 (1184b) wie 2963 S. 481 – *Goethe und Frau:* Christiane war laut GTgb gerade angekommen. – *Katzenbergers Badereise:* erschienen Heidelberg 1809. – *in verba magistri:* auf die Worte des Meisters.

2968 (1176) Im neuen Reich 1875/1, 722 – *[am 29. Mai]:* vgl. GTgb: «Um 3 Uhr zu Protonotar Kayser, wo Ziegesars abgestiegen waren.» – *als wir im Wagen saßen:* zur Rückfahrt nach Drakendorf.

2969 DtRevue 12/1, 19

2970 (1177) DtRevue 12/1, 19 – Goethes Äußerungen verwertet in Ri 2, 707f. – *das servire:* das Dienen. – *adjuvante Deo:* mit Gottes Hilfe.

2971 (1178) Ri 2, 708 – In der Quelle, unter dem gleichen Datum, unmittelbar an das Vorangehende anschließend. Zusammenhang fraglich.

2972 (1179) wie 2968 S. 722 – *[Johanna Sebus]:* vgl. Nr. 2828 und Anm. – *ein Maire von dem dortigen Orte:* es handelt sich um Baron v. Keverberg, sous-préfet; der Vorfall ereignete sich in der Nähe von Cleve. – *Den Namen … verändert:* «Schön Suschen».

2973 (1181) wie 2968 S. 723

2974 (1182) DtRevue 12/1, 173 – Der letzte Absatz verwertet in Aphor 327. Vgl. dazu auch die erstaunliche Parallele in den ‹Kleinen Biographien zur Trauerloge am 15. Juni 1821› (WA I 36, 363). – *Romanze von den drei Freiern:* ‹Die drei Reiter. Ein Ehestandslied› (vgl. Nr. 2977). – *De Mortuis:* wohl der Anfang des geflügelten Wortes: De Mortuis nil nisi bene = Über die Toten (soll man) nur Gutes (reden).

2975 (1184c) wie 2963 S. 482f.

2976 wie 2963 S. 482

2977 (1180) Die Tagebücher des Dichters Zacharias Werner, hrsg. von O. Floeck, Bd 1, Leipzig 1939, 44 – *Besuch bei Goethe:* vgl. GTgb: «Bibliothekar Walch und Werner.» – *Hirts architektonisches Werk:* A.L. Hirt: Die Baukunst nach den Grundsätzen der Alten. Berlin 1809 (vgl. Ruppert Nr. 2345 und Anm.). – *[Johanna Sebus]:* vgl. Nr. 2828 und Anm. – *Kompositionen... Hummels von Arnims Liedern im Wunderhorn:* muß heißen: Himmels (vgl. Nr. 4216).

2978 SchrGG 14, 38

2979 (1183) DtRevue 12/1, 174 – Die Äußerungen von Goethe verwertet: MuR 301 und 300.

2980 (1184) DtRevue 12/1, 174

2981 (1184d) wie 2963 S. 483 – *Sage vom Heerwurm:* vgl. Handwörterbuch des deutschen Aberglaubens, Bd 3, 1930/31 Sp. 1626.

2982 (1185a) DtRevue 12/1, 175

2983 (1185b) KnebelBriefw 376f. – *Erbprinzeß:* Maria Pawlowna

2984 (1186) KnebelBriefw 377 – *Deinen «Saul»:* Anfang einer Übersetzung von Alfieris Tragödie.

2985 (1187) Pollmer 305 – Vgl. Ri 2, 708f. – Das Datum hat den Zusatz «nach Tische». Vgl. GTgb: «Mittag Dem. Elsermann und Luise Beck.» Demnach ist ‹Buck› in ‹Beck› zu korrigieren. – *Amor als Schütz:* ‹Novemberlied› (GA 1, 41). – *sagte einmal:* am 18. April 1808 (vgl. Nr. 2670).

2986 GeigerWeimar 267f. – *[am 23. Juni abends]:* vgl. GTgb: «Abends in der Loge.» – *Bode:* der 1793 verstorbene J. J. Ch. Bode war Angehöriger der Loge Anna Amalia gewesen.

2987 (1188) Ri 2, 709

2988 (1190) DtRevue 12/1, 175 – *Die Obtrectatores:* die mißgünstigen Widersacher.

2989 (1189) Ri 2, 709 – *«Der Mensch ist der größte und gemeinste physikalische Apparat»:* vgl. Goethe an Zelter 22. Juni 1808 (WA IV 20, 90), ferner MuR 706.

2990 (1197) Ri 2, 710 – Diese und die folgende Nummer sind in der Quelle zwischen dem 28. Juni und 24. Juli eingeordnet.

2991 (1198) Ri 2, 710

2992 (1185) aaO 37ff. – Wie auch in andern Fällen ist die Glaubwürdigkeit dieses Gesprächs von Riemer in Frage gestellt worden (Ri 1, 27). Ein Entwurf Falks, wo allerdings von einem «Vormittag bey Göthen 1809» die Rede ist, findet sich Corpus 7, 155 Nr. 844. Die Datierung dürfte nach

GTgb 30. Juni gesichert sein: «Nach Tische Portefeuilles mit Kaaz durchgesehen... Nachher gezeichnet im Garten. Abends Legationsrath Falk.» – *Schlange:* «es kann nur eine kleine oder junge Blindschleiche gewesen seyn, und diese erinnere ich mich in einem Glasgefäße in einer Fensterecke seines Schreibzimmers stehend, kurze Zeit gesehen zu haben.» (Ri 1, 27) – *die große Nieswurz:* Helleborus niger. – *Anticyra:* zwei Städte des Altertums in Thessalien und in Phocis, in denen sehr viel Nieswurz wuchs, die als Heilmittel gegen die Dummheit galt. – *Kotzebue:* gemeint ist ‹Das merkwürdigste Jahr meines Lebens› (vgl. Nr. 1738 und Anm.). – *far niente:* Nichtstun. – *viscus:* vielmehr viscum = Mistel. – *au double!:* noch einmal soviel.

2993 (1191) DtRevue 12/1, 175f.

2994 (1186a) DtRevue 12/1, 176 – *Alterkation:* Wortwechsel.

2995 (1190a) GJb 10, 40

2996 (1192) DtRevue 12/1, 176 – Vgl. GTgb: «Mittags Legationsrath Falk. Politische Gespräche und manches über die Gesinnungen der Zeit.» Das gleiche Thema nach Riemer bereits am 30. Mai behandelt (vgl. Nr. 2970).

2997 (1193) FestschrLauchstädt 12 – *Iphigenie:* die Erwähnung der Personen im folgenden spielt an auf die ersten Liebhaberaufführungen der ‹Iphigenie› am 6. April und 12. Juli 1779, bei denen Corona Schröter die Iphigenie, Goethe den Orest und bei der zweiten Aufführung Carl August den Pylades dargestellt hatten.

2998 (1192a) DtRevue 12/1, 177 – *Goethes Porträt:* vgl. Schulte-Strathaus Taf. 96. – *den Sammler:* ‹Der Sammler und die Seinigen› erschienen in den ‹Propyläen› 1799.

2999 DtRevue 12/1, 177 – *Roman:* Wahlverwandtschaften, vgl. Anm. zu 3003 – *zu Wedel:* vgl. GTgb: «Abends in Wedels Garten.»

3000 (1195/1194) wie 2968 S. 724 – *[23. Juli]:* vgl. GTgb: «Zu Frau von Berg... Kamen die Ziegesarischen und Seidlers; sodann in den botanischen Garten mit Sylvien und Seidlers. Dieselben nach Hause begleitet.»

3001 (1196) Uhde 50 – *Valeriana:* Baldrian.

3002 DtRevue 12/1, 177 – *schöner Mondschein:* vgl. GTgb: «Schöne, obgleich etwas trübe und wolkige Mondnacht.»

3003 (1199) Ri 2, 710f. – *«Wahlverwandtschaft»:* über die Entstehung dieses Begriffs als Übersetzung von Torbern Bergmanns Terminus ‹attractio electiva› vgl. den Artikel im DWb. – *Wirbel:* vgl. im Abschnitt ‹Renatus Cartesius› der Farbenlehre die diesbezügliche Stelle mit dem gleichen negativen Akzent (GA 16, 439).

3004 (1201) DtRevue 12/1, 178 – *Isaak Vossius:* vgl. den Abschnitt über ihn in der Farbenlehre (GA 16, 452ff.). – *Jakob I.:* vielmehr Jakob II.

3005 (1200) DtRevue 12/1, 178

3006 DtRevue 12/1, 178

3007 (1201a) DtRevue 12/1, 178 – *Abklatsch:* Rohabzug, Probeabdruck.

3008 (1202) DtRevue 12/1, 179 – Vgl. GTgb: «Hypothese, daß das Detail von Christi Leiden noch den gemeinen Umständen einer Hinrichtung nacherfunden und auf einen würdigen Mann angewendet sey.»

3009 (1203) DtRevue 12/1, 179 - Verwertet in Aphor 327. - *von ihm arboriert:* von ihm, d.h. Goethe, anerkannt, zum Standard erhoben. - *Über Polarität des Glaubens und Hoffens:* gleiche Formulierung in GTgb.

3010 (1205) DtRevue 12/1, 180 - Verwertet in Ri 2, 711. - *Die alten Kupfer:* aus Fernows Nachlaß, zum Kauf angeboten: vgl. die am 1. Aug. zwischen Goethe und Meyer gewechselten Briefe (SchrGG 34, 238f.). Die genannte Zeichnung vielleicht Schuchardt 1, 44 Nr. 403.

3011 Nach der Hs im GMD - Briefdatum nach Katalog Henrici 149. Zu Brentanos Besuch vgl. GTgb 8. August: «Nach Tische Clemens Brentano.» - *Wintergarten:* Novellensammlung, erschienen Berlin 1809. - *Kanzler Schlick:* ‹Die Liebesgeschichte des Kanzlers Schlick und der schönen Sienerin›. Nach einer lateinischen Erzählung des Aeneas Silvius Piccolomini, späteren Papstes Pius II. - *Miss Lee:* ‹Mistris Lee›. - *das Werklichste:* das Werkgerechteste, Kunstvollste. - *Nelson:* ‹Nelson und Meduse›, Romanzen. - *Einsiedler:* vgl. Nr. 2804 und Anm.

3012 Schellberg/Fuchs 410f. - *Hofmeister:* Riemer.

3013 (1217) BrentanoBr 1, 421

3014 (1218) Joseph von Görres, Gesammelte Schriften, hrsg. von Marie Görres, Bd 8, Zweite Abt., Gesammelte Briefe, Bd 2, hrsg. von F. Binder, München 1874, 77 - *Erzählung von der Engländerin:* ‹Mistris Lee›. - *schlechte Rezension in der Jenaer Literatur-Zeitung:* in der JALZ vom 27. Nov. 1809. Verfasser: Ha.Ha. = Jariges (O. F.). Vgl. Goethes Verurteilung der Rezension in dem Briefentwurf an Eichstädt vom 22. Nov. 1809 (WA IV 21, 468).

3015 DtRevue 12/1, 181

3016 (1206) DtRevue 12/1, 181 - Verwertet in Ri 2, 711. - *Josef II.:* vielmehr Friedrich II.: «Der Fürst ist der erste Diener seines Staates.»

3017 Heuermann 119 - *Auf den Abend:* vgl. GTgb: «Gegen Abend zu Kirchenrath Griesbach, wo Hofrath Wieland und Knebel waren.»

3018 (1207) Weimarer Sonntagsblatt 20.9.1857, 383 - *um Quartier bat:* in Abekens Tgb lautet die Stelle: «...daß Wieland, das Lachen nicht mehr aushaltend, um Pardon bat...» (Heuermann 221).

3019 (1208) DtRevue 12/1, 181 - Verwertet MuR 284.

3020 (1209) Aphor 328 - Das in der Quelle voranstehende, auf den 18. Aug. datierte, Stück stammt aus einem Brief an H. Meyer von diesem Tage. PollmerUnters 129 meint, auch das vorliegende (undatierte) Stück «könnte ein Schnitzer aus einem Briefkonzepte sein».

3021 DtRevue 12/1, 279

3022 (1210) DtRevue 12/1, 279 - Die Äußerung Goethes verwertet Ri 2, 711. Vgl. auch MuR 973. - *Halems Geschichte Peters des Großen:* G.A. v. Halem: Biographie Peter's des Großen. 3 Bde Münster und Leipzig 1803-05.

3023 (1211) DtRevue 12/1, 279 - Goethes Äußerung verwertet: Ri 2, 712. Dort der unausgeschriebene Kraftausdruck gemildert wiedergegeben durch «verunreinigen».

3024 DtRevue 12/1, 279 - Goethes Geburtstag. Vgl. GTgb: «War meine Frau mit Mad. Wolff, Dem. Engels und Elsermann angekommen. Den Morgen in ihrer Gesellschaft zugebracht.»

3025 (1212) DtRevue 12/1, 280 – Verwertet: Ri 2, 640f. Dort falsch datiert: 20. Aug. – *Schlegels Vorlesungen:* ‹Über dramatische Kunst und Litteratur›. Der 1. Bd der Wiener Vorlesungen A.W. Schlegels ist 1809 erschienen. – *Supplices:* ‹Die Schutzflehenden›, in denen die Danaiden den Chor bilden. Vgl. Ri 2, 621 und 638, ferner Goethes Brief an Zelter 29. Mai 1801 (WA IV 15, 232) und das Briefkonzept an denselben vom Juli/Aug. 1800 (ebd 338).

3026 DtRevue 12/1, 280 – *Roman:* ‹Die Wahlverwandtschaften›. Vgl. GTgb: «Einiges am Roman schematisiert und durchgedacht.»

3027 (1213) Pollmer 311 – Verwertet: Aphor 328f. – *difficilis in perfecto mora:* schwierig ist das Verweilen in der Vollendung. – *Darstellungen des bethlehemischen Kindermords:* vgl. Schuchardt 1, 61 Nr. 571–575. – *Tod des Ananias:* vgl. ebd 1, 62 Nr. 591.

3028 DtRevue 12/1, 281 – Vgl. GTgb: «Befand mich nicht ganz wohl, doch ging der Anfall bald vorbey. Gespräch über Herodot und andre griechische und römische Prosaisten.»

3029 DtRevue 12/1, 281

3030 DtRevue 12/1, 282

3031 (1214) Aphor 329 – *Face machen:* die Stirn bieten.

3032 (1252) JbGG 7, 255 – Zur Datierung vgl. Anm. ebd 255f. Dort auch Hinweis darauf, daß es sich um den eben ausgedruckten 1. Teil der ‹Wahlverwandtschaften› handelt. – *das Messer auf den Rücken zu legen:* vgl. Anm. ebd 256f.

3033 (1218a) DtRevue 12/1, 282 – *[«Das Mädchen von Oberkirch]:* das Stück, an dem Goethe in den neunziger Jahren gearbeitet hatte, ist Fragment geblieben.

3034 (1216) Aphor 330

3035 (1218b) DtRevue 12/1, 282 – *in der Zeit:* Goethe setzte sich in den genannten Stücken mit den Auswirkungen der französ. Revolution auseinander.

3036 (1218c) DtRevue 12/1, 282 – *Jenaische Literatur-Zeitung debauchiert:* mit Bezug auf die ‹Entführung› der ‹Allgemeinen Literatur-Zeitung› von Jena in das preußische Halle 1804.

3037 (1218d) DtRevue 12/1, 283 – *komischen Roman:* vgl. Ri 2, 620: «...dergleichen er mehrere im Sinne hatte, welche zum Theil in kurze Novellen übergegangen sind.»

3038 (1219) DüntzerStein 2, 318 – *am nächsten Morgen:* vgl. GTgb 8. Okt.: «Bey...Frau von Stein.»

3039 (1219a) KnebelBriefw 388 – *«Saul»:* vgl. Nr. 2984 und Anm.

3040 (1219b) DtRevue 12/1, 283 – *Kanonade bei Valmy:* am 20. Sept. 1792; vgl. Goethes Ausspruch in der ‹Campagne›: «Von hier und heute geht eine neue Epoche der Weltgeschichte aus...» (GA 12, 289).

3041 (1220) DtRevue 12/1, 283 – *Erdbeben von Lissabon:* Anfänge der Beschäftigung mit ‹Dichtung und Wahrheit› (vgl. GA 10, 36f.).

3042 (1221) Ri 2, 712

3043 Kasten 229 – *Schriften:* die 12 Bände der Cottaschen Ausgabe von 1806–1808, als deren 13. Band die ‹Wahlverwandtschaften› nachträglich zugefügt wurden.

3044 (1221b) Sydow 3, 271

3045 DtRevue 12/1, 284 – *Goethe, der krank:* vgl. GTgb: «Litt an einem dicken Backen.» – *Ging August nach Jena:* Zur Fortsetzung seines Studiums.

3046 (1221a) DtRevue 12/1, 284 – *Goethes Vater:* vgl. GTgb: «Jugendreminiscenzen.»

3047 (1222) Ri 2, 677f. – Nach PollmerUnters 110 lautet der Beginn in der Hs: «Moritz' und Hirts Art zu disputieren war...»

3048 DtRevue 12/1, 284 – Vgl. GTgb: «Mittags Oehlenschläger.»

3049 DtRevue 12/1, 284 – *Correggio:* die Tragödie war zunächst in deutscher Sprache niedergeschrieben und erst danach ins Dänische übersetzt.

3050 (1223) aaO 2, 230f. – *mit einem andern:* mit einem Landsmann (vgl. Nr. 3056).

3051 DtRevue 12/1, 284

3052 (1225) aaO 1, 416ff. – *Koterie:* geschlossene Gesellschaft. – *skoptischen:* höhnenden, spöttelnden. – *durch mich an Zelter:* vgl. Goethes Brief vom 30. Okt. 1828 (WA IV 45, 37f.), der allerdings nicht von Riemer geschrieben ist. – *Oehlenschläger in seiner Lebensbeschreibung:* gemeint ist die Selbstbiographie von 1839 (vgl. dort S. 171f.).

3053 (1224) aaO 2, 231ff. – *Nikodemus:* vgl. Joh. ev. 7, 50. – *Herr Riemer sein Buch über Goethe:* vgl. Nr. 3052.

3054 Fehling 379 – *Correggio:* ist 1816 in deutscher Sprache bei Cotta erschienen.

3055 DtRevue 12/1, 284

3056 (1225a) Heitmüller 143f.

3057 (1225b) DtRevue 12/1, 284

3058 (1226) DtRevue 12/1, 284 – Verwertet: Ri 2, 712. Dort ‹Dreck› gemildert in ‹Quark›.

3059 (1227) DtRevue 12/1, 285 – Verwertet: Ri 2, 648f. – *Calderon:* Goethe las stattdessen die ‹Neue Melusine› vor (vgl. GTgb und Nr. 3060). – *Pragmatischste:* Belehrendste.

3060 KnebelBriefw 394

3061 (1227a) DtRevue 12/1, 285

3062 (1227b) DtRevue 12/1, 285

3063 (1228) DtRevue 12/1, 285

3064 (1229) DtRevue 12/1, 285 – Verwertet: Ri 2, 712. – *Verzeichnis der Autographen:* vgl. GTgb: «Abends alphabetisches Namensverzeichniß der Handschriften verschiedener Gelehrten und anderer berühmter Männer.»

3065 (1230) DtRevue 12/1, 285 – Verwertet: Ri 2, 712f. – *weibliche Schälke:* zu Goethes Begriff der ‹Schalkheit› vgl. die Stichworte im 3. Faszikel der ‹Reise in die Schweiz 1797› (WA I 34^2, 129).

3066 (1231) DtRevue 12/1, 285 – *über Ifflands Theater-Kalender:*

‹Almanach für Theater und Theaterfreunde auf das Jahr 1807› (GA 14, 91ff.). – *Naturdichter Hiller:* Gottlieb Hillers Gedichte und Selbstbiographie. – *die Heidelberger:* wohl J.H. Voß und sein Sohn.

3067 (1229a) Heitmüller 145

3068 (1232) Vollmer 563

3069 Heitmüller 147 – *freundliche Aufnahme seiner Frau:* die laut GTgb seit 17. Nov. in Jena war.

3070 (1233) DtRevue 12/1, 286 – *Goresche Familie:* vgl. GTgb 27. Nov.: «Zu Consistorialrath Günther. Zu Fräulein [Emilie] Gore.» Die Schwester Elise war 1802, der Vater 1807 gestorben.

3071 Leo Liepmannssohn, Versteigerungskatalog 48, 1926, 61, Nr. 384

3072 GeigerWeimar 26f. – *chemischen Stelle:* es handelt sich um die Nachfolge des 1809 verstorbenen C.W. Göttling in Jena. – *Bercht:* vgl. Voigt an Goethe 21. Sept. 1809 (SchrGG 55, 255). B. erhielt die Stelle nicht (vgl. GHb^2).

3073 (1233a) DtRevue 12/1, 286 – *Ulrich:* Caroline U., Riemers spätere Frau.

3074 (1233b) Heitmüller 147f. – *gute Mutter:* Frommanns Schwiegermutter Karoline Wesselhöft. Ihr Tod erfolgte kurz darauf.

3075 DtRevue 12/1, 286 – *Köhlers Münzbelustigung:* die ‹Historischen Münz-Belustigungen› erschienen in 22 Teilen 1729–50 und 1764–65 (Ruppert Nr. 2472).

3076 (1233c) DtRevue 12/1, 286 – *schönen Gabriele:* wohl die berühmte Sängerin Catharina Gabrielli (1730–1796). Sie wurde von dem anschließend genannten Kaiser Franz I. nach Wien berufen. «Ihr Talent war mit vielem Eigensinn gepaart... was zu vielen Anekdoten Veranlassung gab» (Brockhaus 9 s.v. Gabrielli).

3077 (1233d) KnebelBriefw 397

3078 (1235) DtRevue 12/1, 286 – die Äußerungen über die ‹Wahlverwandtschaften› verwertet: Ri 2, 607. Dort eingeleitet: «G. bemerkte dabei gegen mich ...». Nach PollmerUnters 103 besagt das zweifache Datum des Tgb, daß wir es hier «mit einem zusammenfassenden Ergebnis zweier Gespräche zu tun» haben. – *eludiert:* vereitelt. – καρτεpieren: kartarieren = ausharren.

3079 Egloffstein 32f.

3080 DtRevue 12/1, 286f. – *[Wilhelm] Grimm:* vgl. GTgb: «Brief von Arnim, welcher Herrn Grimm anmeldete.» Brief aus Berlin vom 19. Nov. 1809 (SchrGG 14, 143ff.). Vgl. ferner Nr. 3086. – *Simplicissimus:* Grimmelshausens Roman ‹Der abenteuerliche Simplicissimus› in der Ausgabe von 1670 sowie ‹Der wiedererstandene Simplicissimus› (Nürnberg 1684) von Goethe am 11. Dez. aus der Weimarer Bibliothek entliehen (Keudell Nr. 617). Letzte Erwähnung der Lektüre in GTgb 15. Dez.

3081 (1235a) Heitmüller 148f. – *zum erstenmal wieder ausgegangen:* vgl. GTgb: «Im Garten spatzieren.» – *Augusts Geburtstag:* 25. Dez.

3082 (1236) DtRevue 12/1, 287 – *Sammlung von dänischen Balladen und Liedern:* W. Grimms erste Veröffentlichung ‹Altdänische Heldenlieder, Balladen und Märchen› erschien Heidelberg 1811.

3082a (1236) JbGG NF 29, 262 – *Gil Blas:* Goethe besaß den bekannten Roman von Lesage (Ruppert Nr. 1604).

3083 (1239a) DüntzerStein 2, 321 f.

3084 (1234) DüntzerKnebel 2, 117 f. – *Er hat zweimal gespielt:* offensichtlich wurde von Goethe keine Vorstellung besucht.

3085 (1240) DtRevue 12/1, 287

3086 (1237/1239) Schoof 185 f. – *Ar[e]ndt:* vgl. Nr. 2894 und 2901. – *Edda Saemundina:* vgl. Anm. zu Nr. 2937. Dort jedoch nicht in Verbindung mit Arendt. – *Kämpe Viser:* mittelalterliche Heldenlieder aus Skandinavien, vgl. Nr. 3092 – *ein recht hübsches Mädchen:* Caroline Ulrich. – *Bild der Bettine von Louis [Ludwig Grimm]:* die bekannte Radierung, vgl. die Abbildung bei Bergemann nach S. 280. – *Fabliaux:* mittelalterliche französische pikant-satirische Verserzählungen. – *Teich[n]er:* der mittelhochdeutsche Dichter Heinrich der Teichner.

3087 (1241) DtRevue 12/1, 287 – Vgl. GTgb: «Früh die Sänger. Große Gesellschaft. Regierungsassessor Hagen von Königsberg.» – *Goethes Bemerkung:* verwertet MuR 317.

3088 (1242) DtRevue 12/1, 287

3089 DtRevue 12/1, 287 – Vgl. GTgb: «Schlimme Nacht.»

3090 DtRevue 12/1, 287

3091 (1245a) Heitmüller 150 – Zum Briefdatum vgl. ebd 344.

3092 (1243, vgl. 1244) Schoof 188 ff.

3093 (vgl. 1238) Steig 3, 47 ff. – *in Weimar ... Bild von Cranach:* das berühmte Altargemälde in der Stadtkirche von Lukas Cranach d.Ä. und d.J. – *Märchen:* ‹Die neue Melusine› – *was im Taschenbuch gestanden:* ‹Die pilgernde Thörinn›. In: Taschenbuch für Damen auf das Jahr 1809. Tübingen 1809. – *Vergleichung des Wintergartens mit dem Original:* bezieht sich auf den ‹Kanzler Schlick› (vgl. Nr. 3011 und Anm.).

3094 (1245) Schoof 155 f.

3095 (1246) Aphor 330

3096 DtRevue 12/1, 288 – *von König Salomo und Marculfus s[einem] Diener:* das Spruchgedicht ‹Salomon und Markolf› in der Sammlung ‹Deutsche Gedichte des Mittelalters› (vgl. Anm. zu Nr. 2818). Darin unterliegt Salomos Weisheit der Schlauheit seines Dieners Markolf.

3097 Kasten 230 f.

3098 DtRevue 12/1, 288 – *die Sänger:* vgl. GTgb: «Musik, wobey große Gesellschaft.»

3099 (1247) Aphor 331 – Zu streichen. Exzerpt aus Goethes Brief an Reinhard vom gleichen Tage (WA IV 21, 153).

3100 Fehling 51

3101 (1254) Sydow 3, 307 ff. – *bei Goethe:* vgl. GTgb 2. Jan.: «Gegen Abend Herr von Humboldt ...» – *Deine Beschreibung der spanischen Bilder:* Goethe äußert sich auch sonst lobend über das Ms, das 1799 während der Spanienreise des Ehepaars Humboldt in Madrid entstanden war (vgl. z.B. TuJ 1807, GA 11, 985). Er hatte es in Besitz, da zunächst an eine Veröffentlichung in den Propyläen gedacht war, die jedoch mit 1800 ihr Erscheinen einstellten. In Goethes Nachlaß war das Ms nicht mehr auffindbar. Vgl. weiter dazu Geiger 112f. und Anm. 320f. – *Madonna del Pez:* Raffaels ‹Madonna del Pesce› im Prado in Madrid. – *Haarbauer:* Besuch bezeugt GTgb 3. Jan. Er befand sich auf dem Wege nach Petersburg.

3102 (1254a) DtRevue 12/3, 55 – *Trinklied auf ergo bibamus:* über die Entstehung des Trinklieds im Zusammenhang mit dem Paragraphen 391 des Polemischen Teils der Farbenlehre vgl. Riemers Darstellung Nr. 7127. Riemers Trinklied hat Goethes Lied ‹Ergo bibamus!› (GA 1, 101f.) angeregt.

3103 (1254b) Sydow 3, 309f. und 312 – *[... 6. Januar]:* Vgl. GTgb: «Früh nahm Herr von Humboldt Abschied.» – *Goethe scheint keine Lust zu haben:* vgl. Nr. 3231.

3104 Geiger 211f. – *Bezeichnungen der Charaktere:* vgl. den Abschnitt ‹Newtons Persönlichkeit› im Histor. Teil der Farbenlehre (GA 16, 573ff., insbes. 576f.).

3105 (1255) DtRevue 12/3, 55 – Vgl. GTgb: «Mittags Legationsrath Falk. Motive des Coriolan.» – *Briefen über Wien:* ‹Vertraute Briefe ... auf einer Reise nach Wien ...› 2 Bde. Amsterdam 1810.

3106 (1256) DtRevue 12/3, 55f. – *Monodrama ... Nero:* verwertet: Ri 2, 635. Gräf 2, 3, 575 setzt als mutmaßlichen Zeitpunkt für den Plan Herbst 1777 an. – *mettre à son aise:* entgegenkommen. – *Chapitre:* Lieblingsthema.

3107 (1257) Ri 2, 713

3108 KnebelBriefw 401

3109 (1258) DtRevue 12/3, 56 – Vgl. GTgb: «Mittags fuhr meine Frau zu Schlitten nach Jena.»

3110 (1270) aaO 173ff. – *[am 17. Januar 1810?]:* vgl. GTgb: «Nach Tische Legationsrath Falk.» – *Kotzebue ... «Merkwürdigstes Lebensjahr»:* vgl. Anm. zu Nr. 1738. – *seinen «Verbannten Amor»:* GTgb 13. Jan.: «Im Schauspiel: der verbannte Amor.» – *«Reise nach Italien»:* ‹Erinnerungen von einer Reise aus Liefland nach Rom und Neapel›. 3 Bde. Berlin 1805.

3111 (1262) Heitmüller 152 – *weniger Leute:* ursprüngl.: weniger Fremde (ebd 344).

3112 (1263) DüntzerStein 2, 324 – *Nichte:* Marie Anna Luise Nicolovius geb. Schlosser.

3113 (1259/1260) Sydow 3, 320 u 322 – *zwei Tage:* 18.–20. Jan.

3114 (1261) Sydow 3, 356

3115 Sydow 3, 475 – *Köpfe der Kolosse:* Abgüsse der Köpfe der antiken Statuen des Castor und Pollux auf dem Monte Cavallo in Rom. Vgl. Nr. 4493.

3116 (1263a) DtRevue 12/3, 56 – *Redoute:* vgl. GTgb: «Anfrage und Anrege zu einem Redoutenaufzug zum 30. Januar. Nach Tische kleiner Aufsatz darüber.» – *Promemoria:* abgedruckt WA I 16, 457ff.

3117 (1254d) Heitmüller 153 – *inquietiert:* in Unruhe versetzt. – *Madame Hendel:* in GTgb vom 22. bis 29. Jan. und in TuJ 1810 (GA 11, 843) erwähnt. – *die Prinzen:* der Erbprinz Friedrich Ludwig und dessen Bruder Gustav Wilhelm von Mecklenburg-Schwerin und der weimarische Erbprinz Carl Friedrich (vgl. GTgb 26. [!] Jan.).

3118 DtRevue 12/3, 57 – Verwertet: Aphor 331. – *Déraisonnements:* unvernünftige Urteile.

3119 Carl Ludwig Costenoble, Tagebücher aus seiner Jugend bis zur Übersiedlung nach Wien (1818), hrsg. von A. v. Weilen, Bd 2, Berlin 1912, 82f. (JbGG NF 3, 296). Ersatz für Bi^2 Nr. 1142, wo als Gesprächspartner Zacharias Werner genannt wird. Nach Anm. in der Quelle S. 196 ist diese Wanderanekdote außerdem von H. Laube als Äußerung gegenüber Jean Paul erwähnt.

3120 Heuermann 94f. – *«Die romantische Poesie»:* in Stanzen (GA 3, 704ff.). Vgl. auch TuJ 1810 (GA 11, 844).

3121 (1370) aaO 1, 44f. – Verquickung der Maskenzüge am 2. und 16. Febr. 1810. – *Prologus:* K.W. v. Fritsch (der übrigens damals noch nicht Minister war) sprach die dem Minnesinger zugeteilten Stanzen (vgl. WA I 16, 460). – *Goethe als Tempelherr:* vgl. Nr. 3127.

3122 DüntzerStein 2, 326 – *[wohl am 6. Februar]:* vgl. GTgb: «Nachher spatzieren. Erst mit Frau von Stein ...». – *von der Münze:* vgl. Nr. 3139.

3123 (1264a) DtRevue 12/3, 57

3124 Heitmüller 154 – Zum Datum vgl. ebd 344. – *Stanzen zum Maskenzuge:* vgl. den Einzeldruck Hagen Nr. 333f. – *gedruckt in ein Cahier:* vgl. Nr. 3129 und Anm.

3125 Heitmüller 156 – Zum Datum vgl. ebd 344.

3126 Heitmüller 159 – *Verse aus dem Faust:* Vers 220f.

3127 DtRevue 12/3, 58 – Vgl. GTgb: «Nachts große Redoute und doppelter Aufzug bey Hofe.»

3128 (1266a/1266) KnebelBriefw 413 – *Tochter von Karl V.:* Beschreibung des prächtigen altdeutschen Kostüms im Brief Caroline v. Egloffsteins an ihre Mutter vom 23. Febr. (Egloffstein 44f.). – *[14. Februar]:* vgl. GTgb: «Abends in der Vorstellung von Tasso.»

3129 GJb 10, 154 – *employierte:* beschäftigte. – *Pallas [?]:* Fragezeichen nach der Quelle. Gemeint ist: Peter Simon Pallas: Bemerkungen auf einer Reise in die südlichen Statthalterschaften des Russischen Reiches a.d.J. 1793–1794. Leipzig 1799. Der Band Kupfer von Goethe am 5. Febr. aus der Weimarer Bibliothek entliehen (vgl. Keudell Nr. 655). – *Schemane:* im Brief Caroline v. Egloffsteins an ihre Mutter vom 23. Febr. als «Schamanke [Zauberin]» bezeichnet (Egloffstein 45). – *Journals der Moden:* dort auch Abdruck der Goetheschen Lieder ‹Maskenzug russischer Nationen zum 16. Februar 1810› (GA 3, 711ff.). Vgl. Hagen Nr. 667f.

3130 Egloffstein 43ff. – *Verlobungs-...feste:* es handelt sich um die Verlobung des Erbprinzen Friedrich Ludwig von Mecklenburg-Schwerin mit der Prinzessin Caroline. – *Julien:* ihre Schwester. – *Quadrille:* vgl. Goethes Verse ‹Quadrille italienischer Tänzer und Tänzerinnen zum 16. Februar 1810› (GA 3, 713f.).

3131 Kasten 232

3132 KnebelBriefw 418 –*die Feste:* außer den bereits erwähnten am 2. und 16. Febr. wurde am 18. Febr. der russische Aufzug nochmals wiederholt.

3133 (1265) DtRevue 12/3, 58 – In der Quelle als ‹Besonderes Blatt vom Februar 1810› bezeichnet und an den 18. Febr. angeschlossen. – *Prophet Habakuk:* vgl. in den Apokryphen zum Alten Testament ‹Vom Drachen zu Babel› Vers 32ff.

3134 (1378) Archiv 4, 461f. – *Aufführung der Wanda:* am 30. Jan. 1808 (vgl. Nr. 2623 und Anm.). – *«Der vierundzwanzigste Februar»:* zur Entstehung vgl. ebd. Das Stück war bereits am 13. Okt. 1809 in Coppet auf dem Privattheater der Madame de Staël aufgeführt worden. – *bei verschlossenen Türen des Hauses:* vgl. Goethe an Z. Werner 1. Okt. 1809 (WA IV 21, 105f.). – *Wieland:* das Folgende hat anekdotischen Charakter. Darauf, daß Goethe Wieland duzte, hat bereits FBdm (Bi^2 2, 112) aufmerksam gemacht.

3135 (1269) aaO 1, 173 – *«Tasso»:* Aufführung am 14. Febr. (vgl. Nr. 3128).

3136 (1271a) DtRevue 12/3, 59 – *retiré:* zurückhaltend. – *Macbeth:* vgl. GTgb: «Leseprobe von Macbeth.» Die Aufführung fand am 10. März statt.

3137 DtRevue 12/3, 59 – *Prinzessin von Österreich:* Marie Louise. Sie wurde am 2. April 1810 mit Napoleon getraut. – *Socer:* lat.: der Schwiegervater, d.h. Franz I. von Österreich.

3138 (1271b) DtRevue 12/3, 59 – *[Poesie]:* Konjektur von FBdm und, dem folgend, auch Bode. Dank freundlichen Hinweises von E. Trunz, Kiel, dürfte Paste im Sinne von Gemmenabguß jedoch richtig sein.

3139 aaO 2, 327 – *Stück von Calderon:* vgl. GTgb: «Abends zu Durchlaucht der Herzogin. Die Brücke von Mantible 1. Act.» – *Alexander VIII. ... der VI.:* Medaillen beider Päpste hatte Goethe in seiner Sammlung (vgl. Schuchardt 2, 97 Nr. 547ff. und 78 Nr. 225ff.). – *(Beiträge zur Geschichte der Schaumünzen aus neuerer Zeit):* erschienen in der JALZ Jan., Febr., März 1810, gezeichnet W.K.F. (= Weimarer Kunst-Freunde). Der Verfasser ist H. Meyer, wohl unter Beteiligung Goethes. Neudruck: Goethe's Italian Medals ... Introduction and Comments by Edward Gans. San Diego, California, U.S.A. 1969. – *Alles um Liebe:* vgl. Nr. 295 und Anm.

3140 Rohmann 180f. – *Dienstag früh:* wohl 6. März. – *aufführen lassen:* ‹Der standhafte Prinz› wurde in der Übersetzung von A.W. Schlegel am 30. Jan. 1811 erstmals aufgeführt. Vgl. Nr. 3388ff.

3141 DtRevue 12/3, 59 – Vgl. GTgb Sonntag, 11. März: «Früh Musik. Johanna Sebus von Zelter. Große Gesellschaft von Damen.»

3142 (1272a) Gr 4 – *Z[iegesar?]:* nach der Quelle muß es offen bleiben, ob es sich um den Vater August Friedrich Karl oder dessen Sohn Anton handelt.

3143 (1272) Wachter 111ff. – Zum folgenden vgl. als weiteres Zeugnis die Darstellung von A.L. Bucher in: Weimarer Sonntagsblatt Nr. 50 vom 14. Dez. 1856, 417f. (Hinweis von H.-H. Reuter, Weimar). Zur Problematik von Passows Brief äußert sich ausführlich Houben in: Houben Schopenhauer 175f. – *Fernows Tod:* am 4. Dez. 1808. – *jachternde:* gehetzte, unruhige. – *urgieren:* bestimmen, festlegen. – *[7. März]:* vgl. GTgb: «Mittags Professor Passow, seine Frau und Fräulein von Soden zu Tische.» – *Persius:* Leipzig 1809.

3144 DtRevue 12/3, 59
3145 KnebelBriefw 423 Anm.
3146 (1273) KnebelBriefw 423 f. – *im Botanischen Garten:* vgl. GTgb 15. März: «Herr von Knebel. Mit demselben in den botanischen Garten; wohin auch August kam.»
3147 KnebelBriefw 426 – *seinen Besuch:* vgl. GTgb 18. März: «Gegen Abend zu Knebel. Bey demselben bis 9 Uhr.»
3148 (1275) DtRevue 12/3, 60
3149 (1276) DtRevue 12/3, 60 – Verwertet Aphor 331; von Goethe verwertet und ausgebaut MuR 321. Vgl. Aphor. 326: «Veranlaßt jedenfalls durch Napoleon.»
3150 Heuermann 108 f. – *«Morgenblatt für gebildete Stände»:* Wiederabdruck: FambachGoethe 160 ff.
3151 (1253) Frommann 111 Anm.
3152 (1271) Bi[1] 2, 303 f. – *interpretatio authentica:* beglaubigte, gültige Auslegung.
3153 wie 2677 S. 15 – *Sonnabend vor acht Tagen:* am 17. März. – *[27. März]:* vgl. GTgb: «Um 11 Uhr Herr Abeken.» – *Briefe über Hamlet:* nicht ermittelt.
3154 (1277) Heuermann 109 f.
3155 (1376) Heuermann 93 f. – *Romeo und Julia:* die erste Aufführung von Goethes Bearbeitung fand erst am 1. Febr. 1812 statt.
3156 (1267) Heuermann 92 – *[Tasso]:* Aufführung am 14. Febr. 1810 (vgl. Nr. 3128).
3157 (1277a) DtRevue 12/3, 60
3158 (1278) Ri 2, 713 – Handschriftl. Urfassung: «Napoleon hat den Menschen gezeigt, daß gar nichts daran liege, ob die Menge etwas von uns halte. Das sei das Ungeheure, welches sie nicht klein kriegen könne, daß nämlich auch der Gegensatz von der frühern Eitelkeit der Revolutionsmänner wie Lafayette usw. existiere.» (PollmerUnters 116).
3159 DtRevue 12/3, 60
3160 (1279) KnebelBriefw 428 ff. – *conviviis:* Gastmählern. – *mein Bild:* Knebels Porträt, ein Reliefmedaillon, dem eine Profilzeichnung zugrunde lag (vgl. HoubenSchopenhauer 176 f.). Vgl. auch Nr. 3164.
3161 Rohmann 181 – *Drakendorf:* vgl. GTgb 5. April: «Um 11 Uhr nach Drakendorf, wo sich zum Geburtstag des Herrn von Ziegesar große Gesellschaft eingefunden.»
3162 Uhde 67
3163 (1282) KnebelBriefw 430 f. – *Goehe war auch zugegen:* vgl. GTgb 9. April: «Abends zu Dr. Seebeck, dessen Geburtstag war. Große Gesellschaft.»
3164 (1282a) KnebelBriefw 432
3165 KnebelBriefw 434
3166 (1283) KnebelBriefw 436
3167 (1284) KnebelBriefw 437 f. – *Goethe war hier:* vgl. GTgb 23. April: «Abends zu Knebel. Verschiednes über Hemsterhuis, Fürstin Gallitzin, Fürstenberg, Hamann u.s.w.» – *in diesen Feiertagen:* Ostern fiel auf den

22. April. – *in seiner Lebensgeschichte:* ausgeführt in der ‹Campagne in Frankreich› (GA 12, 396ff.). Der Vorsatz bereits in GTgb 5. Mai erwähnt. – *ihm das Rezept mitzuteilen:* vgl. Henriette v. Knebel an ihren Bruder 21. April (KnebelBriefw 436). – *aus dem Italienischen:* des Vincenzo Monti. Vgl. Goethes Brief an Strick van Linschoten Hellendorp vom 27. April 1810 (WA IV 21, 253).

3168 DtRevue 12/3, 60 – *Mercks Verse:* erhalten sind vor allem Fabeln.

3169 (1285) Aphor 331

3170 (1286) Ri 2, 713 – Vgl. unter ‹Sprichwörtlich›: «Kein tolleres Versehn kann sein,/Gibst einem ein Fest und lädst ihn nicht ein.» (GA 1, 428).

3171 (1286a) KnebelBriefw 439

3172 (1287) DtRevue 12/3, 60 – *moralische Erzählungen in Stanzen:* mit Bezug auf das Gedicht ‹Das Tagebuch› (vgl. Nr. 3177 und Anm.)

3173 (1288) DtRevue 12/3, 61

3174 (1289) KnebelBriefw 440 – *den «Vierundzwanzigsten Februar»:* vgl. GTgb 30. April: «Gegen Mittag Knebeln den vierundzwanzigsten Februar gebracht... Gegen Abend... zu Knebel. Über den vierundzwanzigsten Februar und dergleichen.»

3175 (1290) KnebelBriefw 441 – *verehrten Präsidentin:* Prinzessin Caroline.

3176 (1291) Aphor 332 – Der zweite Absatz als Fußnote zu dem Stück.

3177 DtRevue 12/3, 62 – Vgl. GTgb: «Baron Rennenkampf, der mir... die Übersetzung des Tibull von Koreff... brachte... Abends zu Knebel. Koreff.» Vgl. Ruppert Nr. 1447. – *Castische Erzählung: Das Tagebuch:* das Gedicht in Stanzen ‹Das Tagebuch› (GA 2, 114ff.). Es war laut GTgb am 30. April abgeschrieben. Auch Riemer notierte: «Schrieb ich die Stanzen in Casti's Manier: ‹Das Tagebuch› betitelt.» Das Gedicht blieb sekretiert und wurde erstmals dreißig Jahre nach Goethes Tod veröffentlicht.

3178 (1292) KnebelBriefw 442

3179 LA II 6, 403 – *zweiten Band der Farbenlehre:* wohl die Aushängebogen. Vgl. GTgb: «Revision der letzten Bogen der Farbenlehre. Abends zu Knebel, wo ich Seebeck fand. Wir lasen den historischen Theil stellenweise und blieben lange zusammen.»

3180 (1296) Gustav Schulz, Ein Jünger Pestalozzi's, Erfurt 1890, 17f. – *Pestalozzi, den er persönlich kennt:* ob und wann Goethe P. kennengelernt hat, ist nicht eindeutig nachweisbar (vgl. K. Muthesius in: GJb 28, 1907, 161f.).

3181 Pädagogium 9. Jahrg., 1887, 430

3182 KnebelBriefw 445 – *Dienstags:* 15. Mai.

3183 (1280) Plitt 2, 207ff. – *In Weimar:* wohl am 10. März (nach GTgb). – *[Caroline Schelling]:* war am 7. Sept. 1809 gestorben. – *das erstemal:* am 29. März (vgl. Nr. 3157). – *den 24. Februar:* vgl. Nr. 3134 und Anm. – *die Wirkung des Segens:* als Gegenstück zu der ‹Wirkung des Fluchs› (so der Untertitel des ‹24. Februar›, vgl. Nr. 3194). – *Verse:* nicht ermittelt. – *Gedichte... zu den weimarischen Fêten:* vgl. Nr. 3124 und 3129 und Anm.

3184 (1293) DtRevue 12/3, 62 – Von Goethe verwertet MuR 294. Anspielung auf 2. Mos. 14, 16ff.

3185 Wachler 114ff. – *nach Karlsbad:* die Abreise erfolgte am 16. Mai.

3186 (1295a) DtRevue 12/3, 62

3187 KnebelBriefw 446f. – *Henriette:* Knebels Nichte. – *den bronzenen Stier:* vgl. Schuchardt 2, 17 Nr. 67. – *ausbitten lassen:* vgl. Goethe an Knebel 15. Mai (WA IV 30, 145). – *Anzeige von Goethes «Farbenlehre»:* ‹Anzeige und Übersicht des Goethischen Werkes zur Farbenlehre›, erschienen im ‹Morgenblatt› (GA 16, 751ff.).

3188 (1295b) DtRevue 12/3, 62 – *Apaisiert:* beruhigt, besänftigt.

3189 (1297) KnebelBriefw 447f. – *beiliegendes Billett:* vom 16. Mai (WA IV 21, 303).

3190 (1295) KnebelBriefw 451f.

3191 (1294) KnebelBriefw 454

3192 JbGG 7, 257 – *Rittermantel:* wohl der Umhang, den Goethe auf der Redoute am 2. Febr. als Tempelherr getragen hatte. – *Majestätisch erhob:* in der Quelle: «Majestätischen hob»; jedoch dort schon in einer Anm. als vielleicht verschrieben bezeichnet.

3193 Gräf 3/1, 490f. Anm. – *«Rechenschaft»:* GA 1, 98ff. – *Zeitung für die elegante Welt:* vom 12. Mai 1810 (Hagen Nr. 343).

3194 (1281) Plitt 2, 213ff. – *«das liebliche Fest»:* Zitat aus dem 1. Vers des ‹Reineke Fuchs› (GA 3, 9). – *Auguste, Caroline:* Auguste Böhmer und ihre Mutter Caroline Schelling. – *20. Mai:* vielmehr 16. Mai. – *Stecknadeln geschickt:* vgl. GTgb 19. Mai. – *die Stanzen:* vgl. Nr. 3124 und Anm. – *artige kleine Liedchen:* vgl. ebd und Nr. 3129 und Anm. – *Pandora:* ein Taschenbuch für1810. Wien und Triest (Hagen Nr. 346).

3195 Diezmann 35

3196 DtRevue 12/3, 62 – *über werdende Chausseen:* vgl. GTgb: «Bey ... sehr beschwerlich werdenden Chausseen.» – *anseres christicolae:* geändert aus ‹christiani› nach PollmerUnters 72. Auch GTgb vermerkt: «Anseres christicolae.» Die Zeichnung: Corpus VI B Nr. 172. – *alten Wirten:* im Hause zu den ‹Drei Mohren›.

3197 (1380) aaO 1, 393 – *asserierenden:* zustimmenden. – *noch unter seinen Zeichnungen:* über den weiteren Verbleib vgl. Corpus VI B S. 61f. zu Nr. 172.

3198 Heitmüller 159

3199 (1298) DtRevue 12/3, 63

3200 Heitmüller 159ff. – *Prinzessin Marianne von Sachsen:* Therese Marie Anna Josepha Magdalena, Schwester des Prinzen Anton von Sachsen. – *Kaiserin von Östreich:* Maria Ludovica. Vgl. GTgb 6. Juni.

3201 ChrWGV 26, 21 – *Amalie von Sachsen:* Frau von König Friedrich August I. von Sachsen.

3202 GJb 10, 154 – *[des Prinzen Bernhard]:* der vom 10. bis 13. Juni in Karlsbad war. – *Bewillkommnungs-Gedicht:* ‹Der Kaiserin Ankunft. Den 6. Juni 1810› (GA 2, 257ff.)

3203 wie 1416 Bd 2, 148

3204 Albrecht Stauffer, Karoline von Humboldt in ihren Briefen an

Alexander von Rennenkampff, Berlin 1904, 237.

3205 GJb 8, 79 – Brief aus Wien.

3206 (1299) DtRevue 12/3, 63 – *moraliter...physice:* moralisch (im Sinne von psychisch)...physisch.

3207 DtRevue 12/3, 63f. – *las Goethe von seinen Gedichten vor:* darunter wohl die in Nr. 3216 genannten auf die Kaiserin Maria Ludovica.

3208 (1301) Aphor 332

3209 (1300) DtRevue 12/3, 64

3210 (1302) Gaedertz 97f.

3211 (1304) DtRevue 12/4, 39

3212 DtRevue 12/4, 40 – Vgl. GTgb: «Abends nach dem Posthofe... dann Körners getroffen, mit diesen zurück.»

3213 (1305) DtRevue 12/4, 40 – *Nihil contra Deum...:* vgl. Nr. 2458 und Anm. – *Hallore:* nach Pollmer Reg. S. 401 «Arbeiter in den Hallischen Salzwerken. Die H. gelten als gute Schwimmer». – *artis peritum:* Kunstverständigen.

3214 (1306) DtRevue 12/4, 40 – Vgl. GTgb: «Abends zu Körners, wo verschiedenes zum Clavier und zur Guitarre gesungen wurde.»

3215 Europa 1870 Sp. 580f. – *[am 8. Juli 1810?]:* vgl. GTgb: «Abends Ball. Prinz Heinrich und August von Preußen.» Demnach dürfte die Datierung auf 1810 gesichert sein.

3216 (1307) Heitmüller 162f. – *Hofrat Stark:* am 7. Juli (nach GTgb). – *Frau v. Eybenberg:* am 8. Juli (nach GTgb). – *Wolf:* Friedrich August W. traf erst am 12. Juli ein (vgl. Nr. 3218). – *beifolgende Gedichte:* ‹Der Kaiserin Ankunft› (vgl. Nr. 3202 und Anm.), ‹Der Kaiserin Becher. Den 10. Juni 1810› (GA 2, 259), ‹Der Kaiserin Platz. Den 19. Juni 1810› (GA 2, 260), ‹Der Kaiserin Abschied. Den 22. Juni 1810› (GA 2, 260ff.).

3217 (1308) DtRevue 12/4, 40 – *frais:* Unkosten

3218 DtRevue 12/4, 40

3219 (1309) Aphor 332

3220 (1310) Aphor 332f. – Von Riemer, leicht abgewandelt, bereits verwertet: Ri 2, 246 Anm.

3221 (1311) Aphor 333 – Diese und die folgende, undatierte Nummer in der Quelle zwischen 13. und 29. Juli eingeordnet. – Voran steht in eckigen Klammern, also als Riemerscher Zusatz: «Unser größter Poet habe nur Geschmack, behauptete Jemand.»

3222 (1312/1313) Aphor 333 – Über die Zusammengehörigkeit der beiden in der Quelle getrennt wiedergegebenen Absätze vgl. PollmerUnters 130.

3223 DtRevue 12/4, 40

3224 DtRevue 12/4, 40 – *Nahm Zelter Abschied:* von Riemer? Vgl. GTgb 20. Juli: «Abends Zelter zum letzten Male.» – *Wolf seine Aristoph[anischen] Wolken:* metrische Übersetzung, vgl. Goethe an Sartorius 19. Juli (WA IV 21, 354). Erschienen Berlin 1811.

3225 Bode 2, 272 – *Tonlehre:* vgl. Goethe an Zelter 6. Sept. 1826: «Die Tabelle der Tonlehre ist nach vieljährigen Studien und, wenn du dich erinnerst, nach Unterhaltungen mit dir, etwa im Jahr 1810 geschrieben.»

(WA IV 41, 143). Wiedergabe der «Tabelle» in fortlaufendem Text GA 16, 906ff.

3226 (1310a) DtRevue 12/4, 41 – *Tonlehre:* vgl. GTgb 28. und 29. Juli.

3227 (1316) Aphor 334 – Von Riemer bereits in einer Anm. Ri 2, 363 verwertet mit dem Vermerk: «G. mündlich zu mir.»

3228 (1361, vgl. 1551) DtRevue 12/4, 46 – Verwertet, leicht verändert Aphor 352 mit dem Datum: «Im März 1814.» Nach PollmerUnters 132 stammt das Stück auf Grund der Tagebuchhandschrift aus dem Juli 1810.

3229 (1314, vgl. 1544) DtRevue 12/4, 41 – Verwertet mit Abweichungen Aphor 352, undatiert und damit von Riemer Goethe zugeschrieben. Nach PollmerUnters 132 stammt das Stück auf Grund der Tagebuchhandschrift aus dem August 1810. Terminus ad quem: 4. Aug., Tag von Goethes Abreise aus Karlsbad. – *auf das Altertum:* «vis à vis des Alterthums» (Aphor). – *Monumente:* «inventa» (Aphor).

3230 (1315) DtRevue 12/4, 41 – Die zweite Äußerung wohl nachträglich hinzugefügt, vgl. Nr. 3400.

3231 (1303) Urlichs 3, 57f. – *Schillers Werke:* über den Plan vgl. Nr. 3103. – *Fortsetzung des Demetrius:* nach Goethes Darstellung in TuJ war der Plan bereits 1805 aufgegeben (GA 11, 747ff.).

3232 Bode 2, 275 – Vgl. die Eingangsnotiz ebd: «Bretschneider hatte schon im Juni aus Karlsbad an Nicolai geschrieben: ‹Goethe ist hier, Se. Exzellenz sind zu stolz, zu mir zu kommen, und ich zu krank, zu ihm zu gehen.› » – *anno 1772:* die erste Begegnung fand in Leipzig 1765 statt (vgl. Nr. 17); ferner ist eine Begegnung in Frankfurt 1775 bezeugt (vgl. Nr. 237f.). – *die Eybenberg:* vgl. Nr. 3216 und Anm.

3233 Wachler 151 – *Scharfrichter von Eger:* Karl Huß. Goethe hatte 1806 und 1808 dessen Kuriositätensammlung besichtigt.

3234 DtRevue 12/4, 41 – *in den Park:* «nach Alexander von Humboldt einen der schönsten der Welt» (Urzidil 70).

3235 (1317) DtRevue 12/4, 41 – *Bocksberg:* vgl. GTgb: «... fuhren gegen den Bocksberg, den wir bestiegen. Augitenreiches Gestein, das in eine Art Mandelstein übergeht. Auf dem Rückweg in einer Hohle merkwürdiger kuglichter Basalt lagerweise.» – *Goethe äußerte:* die Äußerung verwertet: Ri 1, 234 und Aphor 335. Aus diesen beiden von Riemer autorisierten Veröffentlichungen die zweifellos richtige Lesung «im bewußten Zustande» statt der falschen «im bewußtlosen Zustande» der Quelle übernommen.

3236 Goethův Sborník, Prag 1932, 300 und Urzidil 70f. – Der Berichterstatter war damals vierzehn Jahre alt. In der tschechischen Quelle wird weiter aus Czernins Tgb referiert, daß dieser Goethe mit allen möglichen Fragen bestürmt habe, worauf er zur Antwort bekam: «Junges Herrchen, junges Herrchen, zersplittern Sie nicht Ihre Verstandeskräfte, gerade ich kann Ihnen in dieser Beziehung zum warnenden Beispiel dienen.» – *Wir brachten:* verlesen für ‹brachen›?

3237 (1318) wie 2257 S. 4 – *Teplitz:* Goethe war dort am 6. Aug. angekommen.

3238 JbSKipp 2, 288 – *Besuch von Savignys:* die am gleichen Tage zusammen mit Bettina Brentano eingetroffen waren. Die überraschende Begegnung mit letzterer schildert Goethe in seinem Brief an Christiane vom 11. Aug. (WA IV 21, 370).

3239 (1319) Aphor 335

3240 Fichte 1, 251 (JbGG NF 3, 298) – Vgl. GTgb 8. Aug.: «Mit Zelter spatzieren, Fichten unterwegs angetroffen.»

3241 DtRevue 12/4, 41

3242 Heitmüller 163ff. – *Batarde:* bedeckter leichter (Wiener) Reisewagen. – *Louis Bonaparte:* hatte am 1. Juli die Regierung niedergelegt. – *Fichte... abgereist.:* vgl. GTgb 11. Aug.: «Nachher bey Fichte Abschied.» – *unseren Dux:* Karl August, den Goethe in Teplitz bereits bei seiner Ankunft angetroffen hatte und der bis zum 31. Aug. dort blieb. – *das Manuskript:* von ‹Wilhelm Meisters Wanderjahren›.

3243 Adolf Stoll, Friedrich Karl v. Savigny, Bd 2, Berlin 1929, 57.

3244 Bgm 331 – Unmittelbar anschließend an Nr. 152.

3245 JbFDH 1964, 350ff. – Von Bettina nicht veröffentlichte Aufzeichnung in Form eines fiktiven Briefes. Überliefert in 5 Handschriften. Diese vom Hrsg. W. Vordtriede synoptisch wiedergegeben. Gewählt wurde die 1. Fassung, da die 2., 3. und 4. sekundär, diese jedoch, ohnehin fragmentarisch, ohne den letzten Teil, der das Erlebnis reflektierend gefühlsmäßig ausspinnt. Weggelassen wurde auch die 5. Handschrift, den ‹Schluß der Erzählung› enthaltend. Dieser kann, trotz einiger konkreter Hinweise am Anfang, nur als reine Dichtung aufgefaßt werden, besonders von einem bestimmten Punkt an, zu dem der Hrsg. treffend bemerkt: «Bettina träumt nun im Mondschein. Die Stelle: ‹Ich träumte und träumte, vielleicht schlief ich? – ja ich schlief› läßt, in ihrer eigentümlichen Wortwiederholung und unbestimmten Frageform, ganz geheim die Möglichkeit offen, daß alles, was von nun an erzählt wird, vielleicht doch nur ein Traum im Morgengrauen war.» (ebd 347f.). – Für die Glaubwürdigkeit des Erlebnisses in Teplitz, mag es auch poetisch ausgestaltet sein, führen wir 4 Argumente an. 1. Daß Bettina trotz ihrer Bekenntnisfreudigkeit im Hinblick auf Goethe gerade diesen Bericht nicht veröffentlicht hat. 2. Die folgende Stelle aus Bettinas Brief an J. Döring vom 28./31.3.1839: «...und auch einmal – am lauen Sommerabend, bei offnem Fenster, da hatte er meine Brust geküßt, und auf einmal sagte er: hör wenn du abends Dich auskleidest und die Sterne leuchten wie jezt, so lasse sie auch Dich anleuchten, denke daß die Sterne Dich geküßt heute mit meinen Lippen, und daß ich dann Dich wieder küsse mit ihren Strahlen wenn Dus ihnen gestattest in einsamer Nacht daß sie Dich anleuchten. – Das sagte mir Goethe...» (JbFDH 1963, 353f.). 3. Die überdimensionale Erwähnung der Begegnung mit Bettina in den beiden Briefen Goethes an Christiane vom 11. und 13. Aug. 1810 (WA IV 21, 370f.). 4. Als poetisches Zeugnis der Erotik Goethes die erste Fassung des frühen Gedichts ‹Wechsel›: «Es küßt sich so süße der Busen der Zweyten, Als kaum sich der Busen der ersten geküßt.» (WA I 1, 383) – Ist die Aufzeichnung im ganzen auch als ‹Mythologem› aufzufassen, so ist doch im Kerne der Wahrheitsgehalt nicht anzuzweifeln. Es handelt sich für Bettina, wie der Hrsg.

bemerkt, um «das Grunderlebnis, auf dem ihr Goethebild beruht». Für Goethes Biographie stellt der Text einen bedeutenden Zuwachs dar. – *manches, was ich ihm ... schrieb:* nicht erhalten, aber bestätigt durch Goethes Brief an Bettina, nach Bgm 305 zu datieren 17. Aug. 1810 (WA IV 21, 381).

3246 DtRevue 12/4, 41 f. – *Anfang seiner Biographie:* vgl. Carl Friedrich Zelters Darstellungen seines Lebens, hrsg. von J.-W. Schottländer, Weimar 1931 (SchrGG 44).

3247 (1320/1321) DtRevue 12/4, 42

3248 (1322) DtRevue 12/4, 42 – Diese und die folgende undatierte Nummer in der Quelle zwischen dem 13. und 17. Aug. eingeordnet.

3249 (1323) DtRevue 12/4, 42

3250 Im neuen Reich 1875/1, 725 – *ersteren nur zwei Mal:* GTgb vermerkt unter dem 14. Aug. zweimal «Unsichtbares Mädchen». Diese Stellen werden im Tgb-Register (WA III 15^2, 32) mit Fragezeichen auf Louise Seidler bezogen. Über deren Neigung, sich zu verbergen, vgl. Nr. 3273.

3251 Uhde 45 – *Duschbad:* an Badeorten im 19. Jh. häufig gebraucht

3252 DtRevue 12/4, 42 – *Am musikalischen Schema:* vgl. Nr. 3225 und Anm., ferner GTgb 22. Aug.: «Tabelle der Tonlehre.»

3253 (1324–1327) GJb 30, 44 f. – Zu der Persönlichkeit des Berichterstatters vgl. ebd 44. Begegnungen verzeichnet GTgb am 11., 14. und 15. Aug. – *Johannes von Böhmen:* böhmischer Heiliger, vielfach als Brückenheiliger dargestellt, vgl. Goethes Gedicht ‹Zelebrität› (GA 1, 404 f.). – *Memoiren der Markgräfin von Bayreuth:* die ‹Mémoires de Frédérique Sophie Wilhelmine Margrave de Baireuth 1706–1742›, erschienen in 2 Bänden 1810. – *Kunstausstellung in Weimar:* 1801 war als Thema ‹Achills Kampf mit den Flüssen› gestellt. – *Lobte das dreizehnte Jahrhundert:* Varnhagen, der Marwitz' Aufzeichnungen ziemlich wortgetreu referiert, fährt an dieser Stelle fort: «Er lobte das dreizehnte Jahrhundert wegen seiner Poesie und Kunst, wegen seines frischen und kräftigen Bildungstriebes. Damals sei Geistlichkeit und Ritterschaft etwas gewesen, was sie nie wieder werden könnten. Thörichte Nachahmerei, dergleichen wiederholen zu wollen. Aber die Don Quixote's kehren immer wieder, und nicht nur edle und sinnreiche, wie der des Cervantes, sondern leider auch niedrige, dumme, und wohl gar schuftige. Gegen die möchte man jetzo zum Ritter werden! – » (VarnhagenVermSchr^3 II, 340).

3254 (1328) Vossische Zeitung, Sonntags-Beilage vom 10.4.1904. – Begegnungen mit dem Berichterstatter in GTgb am 14., 21. und 22. Aug. erwähnt. – *Campe:* in GTgb am 22. Juni erwähnt. Sein ‹Wörterbuch zur Erklärung und Verdeutschung der unsrer Sprache aufgedrungenen Ausdrücke› ist in Braunschweig 1801 erschienen (vgl. Ruppert Nr. 639). Beschäftigung Goethes mit dem Wörterbuch im Brief an Campe vom 19. Juli bezeugt (WA IV 21, 253). Die von Pfuel berichtete Geschichte ist bereits am 13. Nov. 1810 in der ‹Königlich privilegierten Berlinischen Zeitung von Staats- und Gelehrten Sachen› als ‹Anekdote›, in der von zwei Gelehrten C und G die Rede ist, wiedergegeben (O.F.). – *Isidorus orientalis:* unter diesem Pseudonym erschien 1804 Loebens Roman ‹Guido›.

3255 (1329) Vossische Zeitung, Sonntags-Beilage vom 15.1.1905.

3256 DtRevue 12/4, 42

3257 DtRevue 12/4, 42f. – *Ossegg:* Zisterzienserstift bei Teplitz.

3258 (1330) DtRevue 12/4, 43

3259 DtRevue 12/4, 43 – *die Vögel:* in Bd 9 der Cottaschen Ausgabe von Goethes Werken (1808).

3260 (1331) Aphor 335

3261 Heitmüller 166ff. – *der Herzog:* GTgb verzeichnet den Abschied am 31. Aug. – *den Frauenzimmern:* Frommanns hielten sich zusammen mit Louise Seidler bereits in Dresden auf. – *nicht Wort gehalten:* vgl. Nr. 3242 und Anm. zu ‹Manuskript›. – *nach Graupen:* laut GTgb am 17. Aug. – *nach Dux:* vgl. Nr. 3264. – *Zelter... abgereist:* GTgb verzeichnet den Abschied am 23. Aug. – *unsere Akademie:* die sonntäglichen musikalischen Veranstaltungen in Goethes Haus.

3262 (1332) DtRevue 12/4, 43

3263 (1333) Aphor 335 – *über Gerechte und Ungerechte:* nach Matth. 5, 45.

3264 DtRevue 12/4, 43

3265 DtRevue 12/4, 43 – *der Graf:* Waldstein. – *die Kleinstädter:* ‹Die deutschen Kleinstädter› von Kotzebue.

3266 (1334) DtRevue 12/4, 43 – *A.[andere?]:* in GTgb ist außer den genannten Personen ein Kammerherr v. Schmalensee erwähnt. – *Vater, vergib ihnen:* nach Lukas 23, 34. – *zum König:* Louis Bonaparte.

3267 Heitmüller 169

3268 Nach Abschrift aus Nachlaß FBdm.

3269 wie 3255 – *im Paulinen-Sinne:* Anspielung auf eine Redensart von Pauline Wiesel, Freundin von Rahel und Geliebte des gefallenen Prinzen Louis Ferdinand von Preußen. – *Ihre Freundin:* Regina Frohberg.

3270 DtRevue 12/4, 43

3271 DtRevue 12/4, 44 – *Pandora:* vgl. Nr. 3194 und Anm. Eine Fortsetzung ist nicht erschienen.

3272 (1335a) DtRevue 12/4, 44

3273 (1336) Uhde 45ff. – *[wohl 17. September 1810]:* erster Besuch der Galerie in GTgb an diesem Tage vermerkt.

3274 (1335) Ri 2, 715 – Die erste Reflexion verwertet in: MuR 290. – *Friedrichs Gemälde:* vgl. GTgb: «Zu Friedrich. Dessen wunderbare Landschaften. Ein Nebelkirchhof, ein offnes Meer.» – *Die Claudes:* Bilder von Claude Lorrain.

3275 Weldler-Steinberg 105

3276 Weldler-Steinberg 106

3277 (1502) aaO 6. Abdruck, Berlin o.J., 141ff. – Kügelgen verlegt die Begegnung irrtümlich in das Jahr 1813. Vgl. dagegen die Erwähnungen F. v. Kügelgens in GTgb 19. und 21. Sept. und den Eintrag am 22. Sept.: «In die Rüstkammer.»

3278 (1339a) GJb 23, 70 – Über den Berichterstatter vgl. ebd. – *mit Fleiß:* absichtlich.

3279 (1338) Uhde 47 – *meine Nachbarin:* Betty Wesselhöft (vgl. Nr.

3273). – *Gegen Abend:* vielleicht am 24. Sept; vgl. GTgb: «Auf die Brühlische Terrasse.»

3280 Uhde 1875, 58f. Anm.

3281 Bode 2, 276

3282 (1380a/1337) Henriette Herz, Ihr Leben und ihre Erinnerungen, hrsg. von J. Fürst, Berlin 1850, 209ff. – *Frau Seidelmann:* Apollonia Seydelmann, Frau des Professors an der Dresdner Kunstakademie Jakob Crescenz S. – *bei Körners:* wohl am 23. Sept., vgl. GTgb: «Zu Körners Große Gesellschaft.» Vgl. auch die folgende Nummer.

3283 Weldler-Steinberg 107f. – *Aufsatzes über die Weimarische Ausstellung:* gemeint ist wohl der anonym in der ‹Zeitung für die elegante Welt› vom 7., 9., 12., 14. und 16. Okt. 1802 erschienene Aufsatz, der einen schweren Angriff auf Goethe und seine Preisaufgaben enthielt und an dem möglicherweise Hartmann beteiligt war. – *bei Thielmanns:* vgl. GTgb 24. Sept.: «Zu Gen. Thielemann.» – *[Dienstag, 24. September]:* vielmehr 25. September nach GTgb: «Hofr. Bloch. Edelsteine geschliffen, krystallisiert.» – *Singübung:* vgl. GTgb: «Körners. Music.» – *nach Löbichau:* GTgb 29. und 30. September bezeugen Begegnungen mit Th. Körner.

3284 (1339) Deutsche Rundschau 4. Jahrg., Bd 16, 1878, 118f. – *Gedichte ... an die Kaiserin von Östreich:* vgl. Nr. 3216 und Anm. – *Cottaschen Almanach:* ‹Taschenbuch für Damen auf das Jahr 1810›. Mit Vorabdruck aus ‹Wilhelm Meisters Wanderjahren› (vgl. Hagen Nr. 665).

3285 (1248) VarnhagenTgb 2, 194 – *General von Rühle:* Begegnungen mit Rühle v. Lilienstern sind in GTgb für Karlsbad, Teplitz und Dresden bezeugt. – *Kapp in seinem Buche:* ‹Friedrich Wilhelm Joseph von Schelling ...›, Leipzig 1843 (vgl. Gräf 1, 1, 431f. Anm.). – *jungen Künstler aus Kassel:* Engelhard. Zum Rätselraten über die Vorbilder der Romanfiguren vgl. Nr. 3093.

3286 DtRevue 12/4, 44 – Vgl. GTgb: «Zu Trebra. Das Academische Gebäude besehen. Laboratorium.»

3287 (1341) aaO 78f.

3288 Walther Herrmann, Goethe und Trebra, Berlin 1955, 97f.

3289 (1341a) DtRevue 12/4, 44 – *Ederan:* Oederan.

3290 (1340) Aphor 336 – *causas proximas ... remotas ... remotissimas:* nächstliegende, entlegene, ganz entlegene Gründe.

3291 (1342) Aphor 337 – 1. Okt. noch auf der Rückreise. 2. Okt. Ankunft in Jena.

3292 (1343) KnebelBriefw 494f. – *Bolzano:* über ihn vgl. Urzidil 294. – *kleines Werkchen:* das erste Heft seiner ‹Beiträge zu einer begründeten Darstellung der Mathematik› (ebd).

3293 DtRevue 12/4, 45 – Ob das Urteil über ‹Don Carlos› von Goethe oder Riemer stammt, ist nicht mit Sicherheit auszumachen; allerdings ist «flügelmännisch» ein Goethesches Wort.

3294 DtRevue 12/4, 45 – *Augusts Beförderung:* zum Kammerassessor (vgl. Nr. 3298).

3295 Urlichs 1, 549 – *in einer Stunde:* d.h. zur gleichen Zeit; sie kehrte von einer Reise nach Süddeutschland zurück. – *[in Löbichau]:* vgl. GTgb 29. Sept.

3296 KnebelBriefw 494f. – *Kutsche und Pferde:* vgl. GTgb 15. Okt.: «Kamen die Pferde an.»

3297 (1344a) KSchmidt 61 – *Sonntagsmusik:* vgl. GTgb 14. Okt.: «Musik; die Damen zum ersten Mal.»

3298 Kasten 236

3299 Plitt 2, 238 – *sein Verlangen ausgedrückt:* im Brief an Silvie v. Ziegesar vom 19. Okt. (WA IV 21, 401f.)

3300 (1345) DtRevue 12/4, 45 – *Siegwart:* Roman von J.M. Miller.

3301 (1346) Urlichs 1, 552f. – *26. Oktober:* vgl. GTgb: «Mittags bey Hofe. Geburtstag der Kaiserin Mutter. Abends Ball bey der Hoheit; August kam dazu von Jena zurück.» – *chère mère:* Charlottes Mutter Luise Juliane v. Lengefeld. – *Fernows Leben:* von Johanna Schopenhauer (Tübingen 1810).

3302 (1344) Bi[1] 2, 334

3303 (1347) Aphor 338 – *Fortsetzung der Pandora:* vgl. Nr. 3271 und Anm.

3304 (1348) Heitmüller 170f. – Zum Briefdatum vgl. ebd 344. – *die spezifizierten Exemplare:* wohl der ‹Farbenlehre›. – *Klavierauszug:* von Zelters Komposition. – *Leverberg:* vielmehr Keverberg (vgl. Nr. 2972 Anm.).

3305 (1622) aaO 2, 552 – Zur Datierung vgl. PollmerUnters 102f. Eine Aufführung des ‹Egmont› hatte am Tage vorher stattgefunden.

3306 (1349) DüntzerStein 2, 337

3307 (1350) DtRevue 12/4, 45f. – Vgl. GTgb: «Diese Tage her Reflexion über die Epochen der deutschen Literatur.» Im Hinblick auf das 7. Buch von ‹Dichtung und Wahrheit› (vgl. GA 10, 297f.). – *Tyrannentöter:* vgl. die Stelle über den «poetischen Tyrannenhaß» im 18. Buch von DuW (GA 10, 785). – *die Lieder bei Breitkopf:* ‹Neue Lieder› 1770. – *Systole:* S. und Diastole als Goethesche Grundbegriffe.

3308 (1351) aaO 163ff. – Die Authentizität dieses Gesprächs wird von Riemer, im Gegensatz zu seinen sonstigen Ausfällen gegen Falk, ausdrücklich bezeugt: «wie unter allen Relationen nur die Bemerkungen über den König von Holland so authentisch, so identisch mit G's. eigenen Worten, wie er sie mir gleichzeitig in Teplitz ... fast nach jeder Unterhaltung mit dem König zu vertrauen liebte, ausfallen konnten.» (Ri 1, 23). Allerdings zieht er das Datum in Zweifel (Anm. ebd). In der Tat ist Falk am 10. Nov. nicht in GTgb erwähnt, dagegen am 3. Nov.: «Mittags Legationsrath Falk zu Tische.» – *seinen Bruder:* Jérôme. – *Sein Reich ist nicht von dieser Welt:* nach Joh. Ev. 18, 36. – *Doktor:* Ambrosius? – *Holländisch sprechen:* vgl. Nr. 3246.

3309 (1366) Plitt 2, 240f. – *schrieb er ... ganz boshaft:* im Brief an Sylvie v. Ziegesar 25. Nov. (WA IV 21, 423). – *[10. November]:* vgl. GTgb: «Waren die Frauenzimmer von Drakendorf ... gekommen.» – *schlechtes Stück:* ‹Rochus Pumpernickel› von Stegmeyer. – *Hackerts Leben:* ‹Philipp Hackert. Biographische Skizze, meist nach dessen eigenen Aufsätzen entworfen von Goethe› erschien Tübingen 1811. – *Kompositionen zu seinem Faust:* wohl die Umrißzeichnungen von Moritz Retzsch. Vgl. Nr. 3966 und Anm. – *Kügelgen:* vgl. Schulte-Strathaus Taf. 102 und 103 sowie S. 53ff.

3310 Waitz 31f. – *Andacht am Kreuz:* Calderons ‹Andacht zum Kreuze› ist in Weimar nicht aufgeführt worden, während die erste Aufführung des ‹Standhaften Prinzen› am 30. Jan. 1811 stattfand (vgl. Nr. 3388f.). – *Sophie Baumbach...damals:* vielleicht am 14. Nov. 1808, wo GTgb sie zusammen mit Pauline Gotter erwähnt. ‹Wanda› wurde kurz darauf, am 19. Nov., aufgeführt.

3311 (1351a) DtRevue 12/4, 46 – Verwertet Ri 2, 715 mit dem Zusatz: «Beides wurde nachher von mir und P.A. Wolff noch näher verabredet und das Taschenexemplar danach eingerichtet.»

3312 (1353) Aphor 339 – *Philippus Neri:* vgl. Goethes spätere Darstellung in ItR (GA 11, 510).

3313 (1352) Aphor 338

3314 (1356) Aphor 338 – Diese und die folgende undatierte Nummer sind in der Quelle eingeordnet nach dem 14. Nov. – *die Ringe an Zeus' Ruhebette:* d.h. gehen immer aufs Höchste. Zur Vorstellung des «höchsten Rings», an dem die Welt an Zeus' Ruhebett aufgehangen ist, vgl. Xenien Nachlaß: «Der an Zeus' Ruhebette hängt, hangen wird und hing» («Geh, Karl Reinhard...») (GA 2, 518) und die Anm. dazu (mit Hinweis auf Baco) in SchrGG 8, 198f.

3315 (1357) Aphor 338

3316 (1354) Aphor 339 – *Hauy:* in der Quelle fälschlich: Haug.

3317 KnebelBriefw 499ff.

3318 (1355) KSchmidt 62 – *[am 16. November]:* vgl. GTgb: «Abends bey Frau von Egloffstein, wo Frau von Schiller... Der Hausfreund...». Gemeint ist J.P. Hebels ‹Rheinländischer Hausfreund oder: Neuer Kalender auf das Jahr 1811›. Darin die erwähnte berühmte Erzählung mit dem Titel ‹Unverhofftes Wiedersehen›.

3319 (1355a) KSchmidt 63 – *Hebels Schatzkästlein:* das 1811 erschienene ‹Schatzkästlein des rheinischen Hausfreundes› enthält Auszüge aus dem in Nr. 3318 genannten Kalender, darunter die erwähnte Erzählung.

3320 Heitmüller 171 – *Brizzi:* Antonio B., berühmter italienischer Operntenor, der 1810, 1811, 1813 und 1816 in Weimar gastierte. Vgl. TuJ 1810: «Die Vorstellung der Oper Achill durch Brizzi in italienischer Sprache eröffnete gegen Ende des Jahrs ein neues Feld...» (GA 11, 844).

3321 KnebelBriefw 504 – *[am 25. November?]:* Goethe war vom 23. bis 26. Nov. in Jena. Vgl. GTgb 25. Nov.: Mittags bei Knebel...» – *finnländisches Liedchen:* ‹Finnisches Lied› (GA 1, 107), «frei übersetzt aus Skjöldebrands Voyage pittoresque au Cap Nord (1801), wo das Lied in finnischer und französischer Sprache mitgeteilt war». (JA 1, 336).

3322 Bamberg 603

3323 (NN 1355b) StG 7, 91 – *Gestern abend:* vgl. GTgb 27. Nov.: «Abends bey Frau von Stein, wo die Hoheit gegenwärtig war. Zeichnungen und anderes vorgewiesen.» – *über die Farben:* vgl. in dem genannten Band, die ‹Adrastea› enthaltend (Tübingen 1809), S. 456–461 den Abschnitt ‹Newtons Theorie des Lichts und der Farben›. Darin über Euler S. 457f.

3324 Pollmer 326 – *Gedichts in Stanzen:* nicht ermittelt.

3325 (1358) DtRevue 12/4, 46 – *Inter coenam:* bei der Mahlzeit. Diese Angabe dürfte sich auf den 3. Dez. beziehen, wo GTgb vermerkt: «Mittags unter uns.» Am 4. war er bei Hofe.

3326 Heitmüller 172f. – *Der Standhafte Prinz:* Aufführung erst am 30. Jan. 1811 (vgl. Nr. 3388). – *Wegen der Kaaz:* es handelt sich wohl um den Nachlaß des am 14. Juli verstorbenen Landschaftsmalers Kaaz.

3327 (1359) KnebelBriefw 504ff. – *Einladung:* vgl. Goethe an Knebel 5. Dez. (WA IV 21, 431f.). – *Vermählung der Erbprinzessin:* Caroline hatte am 1. Juli 1810 den Erbprinzen von Mecklenburg-Schwerin geheiratet. – *Präsent:* vgl. Henriettes Brief an ihren Bruder vom «zweiten Christtag 1810» (KnebelBriefw 509). – *[am 9. Dezember]:* vgl. GTgb: «Gesang. Große Gesellschaft, Prinz Friedrich von Gotha, Erbprinz. Mittags Gäste: Herr von Knebel, Bergrath Voigt, Kammerrath Riedel, Capellmeister Müller.»

3328 (1360) KnebelBriefw 510f.

3329 (1362) DtRevue 12/4, 47

3330 (1363) DtRevue 12/4, 47 – Auch dieses und das folgende Stück scheinen, obwohl ohne inneren Zusammenhang, unter das Datum der Nr. 3329 zu gehören.

3331 (1364) DtRevue 12/4, 47

3332 aaO 285ff. – In der Quelle fälschlich datiert: 28. Sept. 1809. Der Tag der Begegnung ist durch den Eintrag in GTgb vom 25. Dez. 1810 gesichert: «Mittags Tischner und Rumpf aus Oldenburg.»

3333 Bode 2, 283 – Begegnung durch GTgb 28. Dez. bestätigt. – *den Prinzen:* sie meint wohl den Grafen Marschall. – *die trüben Eindrücke:* Maria Paulowna hatte selber ihren ersten Sohn im Alter von sieben Monaten verloren.

3334 DüntzerStein 2, 340f.

3335 (941) DtRevue 12/4, 46 – In der Quelle unter der Jahreszahl unmittelbar anschließend an unsere Nr. 3228, deren Datierung jedoch genauer zu präzisieren war (vgl. Anm. ebd). Verwertet Aphor 308. Dort zwischen 30. Dez. 1806 und 14. Jan. 1807 eingeordnet.

3336 JbSKipp 8, 330ff. – Mitgeteilt von Anton Kippenberg, der u.a. dazu bemerkt: «Unzweifelhaft handelt es sich um Goethisches Gedankengut... sie sind, wie die Schrift zeigt, im ersten Jahrzehnt des neunzehnten Jahrhunderts geschrieben.» – *de miseria vitae humanae:* über das Elend des menschlichen Lebens. – *Herrn von Kalb:* wohl mit Bezug auf Karl Alexander v. K., vgl. Nr. 3174 am Schluß. – *Urgation:* gebildet nach: urgieren = auf etwa dringen oder bestehen. – *Helvetius:* Claude Adrian Helvétius wurde 1765 von Friedrich II. in Potsdam aufgenommen. – *Ramlers Batteux:* Übersetzung: Ch. Batteux, Einleitung in die Schönen Wissenschaften, 4 Bde, Leipzig 1756–1758. – *Reder:* wohl v. Röder, Rittmeister in Eisenach, Schwager des Oberstallmeisters v. Stein. – *Wolfs Töchter:* Johanna, Wilhelmine (Minchen), Karoline. – *nicht geträumt:* vgl. Nr. 1200 am Schluß.

3337 aaO 1, 428f.

3338 (1373) aaO 120ff. – Kleists ‹Käthchen von Heilbronn› und

‹Michael Kohlhaas› waren im Herbst 1810 vollständig erschienen. Über Goethes Verhältnis zu den beiden Werken vgl.: Katharina Mommsen, Kleists Kampf mit Goethe, Heidelberg 1974, 103ff. – *italienischer Novellen:* es ist dabei wohl vor allem an Boccaccios ‹Decamerone› gedacht. – *‹Wasserkrug›:* Aufführung des ‹Zerbrochenen Krugs› am 2. März 1808 (vgl. Nr. 2636). Vgl. dazu Katharina Mommsen ebd 37ff. – *Verirrung der Natur:* Schiller, Jungfrau von Orleans 62: «das ... deutet/Auf eine schwere Irrung der Natur.» – *‹Penthesilea›:* Goethe kannte das Penthesilea-Fragment aus dem ersten ‹Phöbus›-Heft, das ihm Kleist mit seinem berühmten Begleitbrief vom 24. Jan. 1808 übersandt hatte. Vgl. Goethes unfreundlichen Antwortbrief vom 1. Febr. 1808 (WA IV 20, 15f.). – *«Minna von Barnhelm»:* vgl. die lobenden Worte über die Exposition in DuW 8. Buch (GA 10, 384).

3339 (1372) aaO 25 – *Urdämonen:* ähnlich zu Eckermann am 2. und 8. März 1831 (GA 24, 469 und 472).

3340 aaO 267f.

3341 (1150a) Gaedertz 236 – *Kügelgen:* vgl. Nr. 2897f.

3342 (1268) KnebelBriefw 418 – *Werners «Vierundzwanzigster Februar»:* Aufführung in Weimar zwei Tage nach dem Briefdatum; Goethe muß jedoch schon früher mit Knebel über das Stück gesprochen haben.

3343 KnebelBriefw 420 – *Briefe verbrannt:* 1797 (vgl. Nr. 1389).

3344 (1368) KnebelBriefw 566 – Dieser und der folgende Brief sind aus Ludwigslust geschrieben, wohin Henriette der Prinzessin nach ihrer Vermählung am 1. Juli 1810 gefolgt war.

3345 (1367) KnebelBriefw 598

3346 J. Minor, Aus dem Schiller-Archiv, Weimar 1890, 9.

3347 aaO Bd 1, 168ff. (JbGG NF 3, 297). – *Seidel:* vielmehr Seidler. – *Totenfeier von Schiller:* nach Leitzmann soll die Weimarer Theateraufführung vom 10. Mai 1806 gemeint sein. Das kann nicht stimmen; denn nach der im Bericht gegebenen Charakteristik der Aufführung kann es sich nur um die vom 9. Mai 1810 handeln, bei welcher Schillersche Schauspielszenen zusammen mit Goethes ‹Epilog zu Schillers Glocke› dargeboten bzw. gesprochen wurden. Goethe, der sich vom 12. März bis 18. Mai 1810 in Jena aufhielt, hat an dieser Aufführung nicht teilgenommen. Er hat sich aber, wenn man der Darstellung Glauben schenken darf, von Frau Seebeck berichten lassen. Diese müßte dann am 9. Mai in Weimar gewesen sein und könnte am folgenden Tag mit Goethe gesprochen haben; denn in GTgb ist unter dem 10. Mai notiert: «Zu Frommanns. vorher zu Seebeck und Bohn.» Dies der einzige Eintrag in jener Zeit, der einen Besuch bei Seebeck bezeugt. – *eine feine Naht:* vgl. Nr. 2748 und 2965.

3348 wie 2950 2. Abt., 121 (JbGG NF 3, 311) – *Herr von Trott:* in Frankfurt.

3349 (1150) wie 1150 Bd 1, Halle 1834, 148 – Der Goethesche Ausspruch auch überliefert von Varnhagen, Vermischte Schriften, 3. Aufl., Bd 2, 338, mit einer Erweiterung, die wohl als apokryph aufzufassen ist.

3350 aaO 1, 134 (JbGG NF 3, 307f.). – Besuche Brentanos bei Goethe fallen in die Zeit von 1807 bis 1809. Über Bucher und dessen ‹Sündflut›, die nicht nachzuweisen ist, vgl. ebd.

3351 (1225c) Breve fra og til Adam Oehlenschläger... Udgivet af D. Preisz... I. København 1953, 36 – *Abreise aus Weimar:* 7. Nov. 1809 (vgl. Nr. 3053).

3352 Nach der Hs im GMD – *in meinen Geschäften:* Kräuter war seit 1805 Schreiber an der Weimarer Bibliothek.

3353 JbSKipp 4, 231

3354 (1249) Die Grenzboten Jahrg. 29, 1870, I. Sem., 2. Bd, 260 – Vgl. Albert R. Schmitt: Wielands Urteil über Goethes «Wahlverwandtschaften». In: Jahrbuch der Deutschen Schillergesellschaft, 11. Jahrg., Stuttgart 1967, 47 ff.

3355 (1250) Laube 35

3356 (1251) Laube 36

3357 (1146a/1147) Heuermann 80 – *eines Soupers bei Herrn von Wolzogen:* wohl im Januar 1809.

3358 (1375) Heuermann 100 f. – *Lessing:* das folgende Zitat aus dem 7. Buch von DuW (GA 10, 310).

3359 (1371) Heuermann 105 f. – *Schillers Ballade:* ‹Der Handschuh›.

3360 Reiter 2, 159 – *unter dem Striche:* später geläufiger Ausdruck für die Rubrik des Feuilletons in Zeitungen.

3361 Reiter 2, 163 – *wās ist eigentlich ◡́:* d.h. betont und lang.

3362 DtRevue 1878, 127 – Das Stück schließt an unsre Nr. 2609 (Januar 1808) an. Eberwein war von 1808 bis 1810 Dirigent der Goetheschen Hauskapelle. – *unter Hessens Direktion:* Rudolf Karl Heß war Eberweins Vorgänger. – *Kanons von... Ferrari:* in GTgb bezeugt Febr. 1811. Gemeint ist Giacomo Gotifredo F., nicht Benedetto F., auf den Reg. GTgb die Stellen bezieht.

3363 DtRevue 1878, 127 – *Frau von Stein:* war, im Gegensatz zu Eberweins Darstellung, nach GTgb Zuhörerin bei Goethes Sonntagskonzerten.

3364 DtRevue 1878, 276 – *Die Übungen... fortgesetzt:* Eberwein war 1809 acht Monate in Berlin gewesen. – *zum Weihnachtsfeste:* 1809.

3365 Europa 1857 Sp. 693 – *An einem dieser Abende:* es dürfte sich um die Gesellschaft handeln, die Goethe am 26. Jan. 1810, einen Tag nach dem Geburtstag der Jagemann, gab (vgl. GTgb und Anm. bei BodeSchauspieler 65). – *«Mich ergreift...»:* ‹Tischlied› (GA 1, 86 ff.), neu komponiert von Max Eberwein für dreistimmigen Männerchor (Abdruck der Melodie bei BodeSchauspieler 66 f.). – *«Nun, so nicke sie mir zu»:* in der 5. Strophe.

3366 (1635) Lewinsky 2, 154 ff. – *meinem Vater:* dem Opernsänger Karl Melchior Jakob Moltke, seit 1809 in Weimar. – *sein Söhnchen:* wenn man, wie Zellweker 92, für die Datierung «Spätherbst, etwa 1810» ansetzt, müßte Gustav Moltke danach etwa vier Jahre alt gewesen sein. – *Kleiner Molke:* ähnliche Namensverkürzung wie im Falle Genast zu ‹G'nast› (vgl. Nr. 1570). – *Herlitzchenbaum:* Baum der Kornelkirsche (Cornus mas).

3367 (1370) aaO 1, 44 – *«Blind geladen»:* erste Theateraufführung in

Weimar 2. Febr. 1811. Die Kindervorstellung, die möglicherweise erst 1811 war, in GTgb nicht erwähnt (O.F.). – *Plastik:* Pantomimik.

3368 (1365) aaO 1, 177f. – *Den «Standhaften Prinzen»:* Aufführung am 30. Jan. 1811 (vgl. Nr. 3388).

3369 Bamberg 360f. – *Aufführung seines besten... Werkes:* des ‹Vierundzwanzigsten Februar› am 24. Febr. 1810. – *«Bekehrung»:* vgl. H. Düntzer: Zwei Bekehrte. Zacharias Werner und Sophie von Schardt. Leipzig 1873.

3370 (1374) aaO 124ff. – *ein junger Dichter:* lt. Göthel, Spohr-Bibliographie, Tutzing 1981, ist der Dichter von Spohrs «Alruna» unbekannt geblieben. Zwar nennt das Journal des Luxus und der Moden (Mai 1809) einen «Rat Reinhard» als Librettisten, doch ist nicht auszumachen, wer dies gewesen ist. –*«Alruna, die Eulenkönigin»:* Spohrs zweite Oper (1808). – *«Donauweibchen»:* vgl. Nr. 1804 und Anm. unter ‹Saalnixe›. – *Stromeyer:* mit dem Spohr in dieser Angelegenheit korrespondierte. Vgl. die Briefzitate bei Bamberg 356f. Am 20. Juli 1809 durfte Spohr die Stimmen der Oper übersenden. – *zum zweitenmal nach Weimar:* weder der Zeitpunkt des ersten noch der des zweiten Besuchs in Weimar sind nachweisbar. – *exekutiert:* aufgeführt.

3371 aaO 1, 144 und 146 (JbGG NF 3, 299) – Die Begegnung Pücklers mit Goethe im Jahre 1810 ist, da in GTgb nicht vermerkt, zeitlich nicht genauer zu bestimmen. – *Parkschöpfungen:* die berühmten Parkanlagen in Pücklers Standesherrschaft Muskau bei Cottbus und in Schloß Branitz.

3372 Heitmüller 175 – *Reisejournal eines Engländers:* ‹Tagebuch einer Reise nach Sizilien von Henry Knight› (GA 13, 489ff.). – *Gore:* vgl. den aus dem Englischen übersetzten Abschnitt ‹Charles Gore› in den Nachträgen zu ‹Philipp Hackert› (ebd 598ff.). – *Der Standhafte Prinz:* vgl. Nr. 3388ff.

3373 JbSKipp 3, 28 – Vgl. GTgb: «Architect Engelhardt von Cassel, auf seiner Durchreise nach Italien.»

3374 JbFDH 1912, 314ff. – Vgl. GTgb 4. Jan. 1811: «Mittags Architect Engelhardt zu Tisch. Über Cassel. Palladio. Bußlers Ornamente.» – *Selbstporträt des Albrecht Dürer:* Kopie von Peter Epp (nicht von L.E. Grimm, wie im folgenden vermutet wird). Bettina kündigt sie Goethe in ihrem Brief vom 16. Juni 1809 als Leihgabe an. Über das weitere Schicksal der Kopie vgl. Quelle S. 316 Anm. – *Sodann kommen:* im folgenden ist von unausgeführten Plänen die Rede.

3375 Journal für die Baukunst Bd 11, 1837, 210f. und 217f. und 236 und 331 – *Rotunde:* vgl. Goethes Schilderung der Rotonda in ItR unter dem 21. Sept. 1786 (GA 11, 59f.). – *[in Mantua]:* wo Goethe auf der Rückreise von Venedig am 28. Mai 1790 war. – *Villa Madama:* zweimal in ItR kurz erwähnt. – *«... in dem Berge verborgen vorzustellen.»:* im folgenden setzt sich Engelhard kritisch mit dieser Deutung Goethes auseinander.

3376 GJb 10, 154f. – *nach Jena:* nach GTgb am 9. Jan. – *vor zwei Jahren:* vgl. Nr. 2903f. – *Architekt in den Wahlverwandtschaften:* vgl. TuJ 1811: «Man wollte behaupten, ich habe ihn in früherer Zeit als Musterbild seiner Kunstgenossen in den Wahlverwandtschaften im Auge gehabt.» (GA 11, 852).

3377 JbSKipp 3, 28

3378 (1381a) KnebelBriefw 516 – *Bricken:* Muränen (aalartige Fische). – *Goethe kam auch dazu:* vgl. GTgb 15. Jan.: «Abends bey Knebel. Geburtstag seines Sohns, der 15 Jahr alt war, und als Student inscribirt worden.» – *die Kaazischen Zeichnungen:* vgl. Nr. 3328. – *außer der Prinzeß:* Prinzessin Caroline von Mecklenburg-Schwerin machte von dem Angebot Gebrauch. Vgl. Goethe an Knebel 27. Febr. 1811 (WA IV 22, 40). – *ordinieren:* verfügen.

3379 JbSKipp 3, 29 – *Sylvia und Pauline:* S. v. Ziegesar und P. Gotter.

3380 (1383) Ri 2, 715 – Mündlich? Auch in Goethes eigener Handschrift, leicht abweichend, überliefert: vgl. MuR 1244.

3381 (1381b) KnebelBriefw 517 – *«Saul»:* Trauerspiel von Knebel (vgl. Nr. 3411). Die Vorlage ist nach O.F. die gleichnamige ‹Tragedia in 5 atti› von Vittorio Alfieri.

3382 Plitt 2, 246

3383 Heitmüller 176 – *unsre Frauenzimmer:* Christiane und Caroline Ulrich hielten sich vom 22. bis 24. Jan. in Jena auf. – *sakrifieren:* sakrifizieren = opfern.

3384 (1381) Urlichs 1, 561f. und 564 – *mit dem Meister:* vgl. GTgb 4. Jan.: «Abends bey der Hoheit zum Thee.» – *alle Sonntage morgen:* bei den Hausmusiken. – *Teilnehmer ... bei seinem Gut:* Teilhaber an dem Gut auf dem Apollinarisberg bei Remagen. – *Aventin:* Johannes Aventinus, Chronicon Bavariae, Nürnberg 1522.

3385 JbSKipp 3, 29 – *Krusensterns Reise um die Welt:* ‹Reise um die Welt in den Jahren 1803 bis 1806› (3 Bde, Petersburg 1810–1812).

3386 Heitmüller 177 – Das Datum von späterer Hand beigeschrieben (vgl. ebd 345). – *Großfürstin:* ihr ist ‹Philipp Hackert› gewidmet. Die Widmung trägt das Datum: 16. Februar 1811 (GA 13, 459). – *Nächsten Mittwoch:* 30. Jan.

3387 Urlichs 1, 565 – Am 26. Jan. wurde Mozarts ‹Entführung aus dem Serail› aufgeführt. – *die Frau Gemahlin so krank:* vgl. GTgb: «Meine Frau war nicht wohl.»

3388 JbSKipp 3, 29 – *Raabe:* der Miniaturgemälde von Goethe, Christiane und August anfertigte (vgl. Schulte-Strathaus Taf. 104 und S. 55).

3389 Urlichs 1, 565ff. – *Gestern:* die zweite Aufführung des ‹Standhaften Prinzen› fand am 6. Febr. statt. – *schwere Konstruktionen der Sprache:* die Übersetzung stammte von A.W. Schlegel.

3390 GJb 7, 217 – *Achille:* von Paer (vgl. Nr. 3322 und 3326).

3391 Plitt 2, 246 – *[übernächsten] Tag:* vgl. GTgb 1. Febr.: «Zu Tische Mamsell Gotter. Gespräche über den standhaften Prinzen, Sacontala und dergleichen.» – *[... «Wirkung in die Ferne»]:* entstanden 1808 (vgl. Nr. 2612).

3392 (1384) Archiv 4, 1875, 462f. – *[Passow] ... Broschüre:* gemeint ist wohl vielmehr: Johannes Schulze, Über den standhaften Prinzen des Don Pedro Calderon, Weimar 1811 (Ruppert 1722), vgl. auch Nr. 3572 – *Regulus:* der römische Feldherr Marcus Atilius R. war nach 250 v. Chr., seinem Wort getreu, in die karthagische Gefangenschaft zurückgekehrt, obwohl er wußte, daß ihm dort ein grausamer Tod bevorstand.

3393 JbSKipp 3, 30 – *Halle und Jerusalem:* ein «Studentspiel und Pilgerabentheuer» (Heidelberg 1811). – *novissima:* neueste Neuigkeiten. – *Hochzeit:* Achim v. Arnim und Bettina heirateten am 11. März 1811.

3394 KnebelBriefw 521f. – *Verschen... an Goethe:* «Kränze jeglicher Art hast du dir geflochten...» (KnebelNachl 1, 47). – *nicht darauf geantwortet:* die Antwort erfolgte am 27. Febr. (WA IV 22, 39).

3395 (1383a) Urlichs 2, 355 – Vgl. GTgb: «Sodann bey Frau von Stein, wo die Hoheit und der Erbprinz gegenwärtig.»

3396 Heitmüller 178f. – *taciturn:* schweigsam. – *über Hackert zu sagen:* gemeint ist der Schlußabschnitt ‹Nachträge› (GA 13, 594ff.). – *Dose von der Kaiserin:* Goethe erhielt die Dose von der Kaiserin Maria Ludovica am 18. Febr. (vgl. GTgb). Vgl. auch Goethes Brief an Knebel vom 27. Febr. (WA IV 22, 41).

3397 JbSKipp 3, 30 – *den Armen Heinrich:* von Hartmann von Aue. Ausgabe von Büsching: Zürich 1810.

3398 JbSKipp 3, 30

3399 JbSKipp 3, 30

3400 (1385) JbSKipp 3, 30f. – Verwertet: Ri 2, 622. Von Goethe benutzt: MuR 316. Vgl. GTgb: «Nach Tische Plan von den Egoisten.» (Der Plural wohl Schreibfehler.)

3401 JbSKipp 3, 31 – *Übungen gegen den Schwindel:* bei Besteigung des Straßburger Münsterturms, vgl. DuW 9. Buch (GA 10, 411).

3402 (1386) Heitmüller 180 – *Philipp Hackert:* der endgültige Titel lautet: Philipp Hackert. Biographische Skizze, meist nach dessen eigenen Aufsätzen entworfen von Goethe.

3403 (1274) KnebelBriefw 523ff. – *Verse an Goethe:* vgl. Nr. 3394 und Anm.

3404 Urlichs 1, 572 – *lange ausgeblieben:* sie war bei ihrer Mutter in Rudolstadt.

3405 (1387) Urlichs 1, 575f. – *seinen Brief:* vom 15. März, Begleitbrief zu den Kaazischen Zeichnungen (WA IV 22, 62f.).

3406 JbSKipp 3, 31 – *Madonna della Seggiola:* Caroline Barduas Kopie des Raffaelschen Gemäldes.

3407 GeigerWeimar 270

3408 Heitmüller 182

3409 (NN 1380b) StG 7, 92

3410 (1388) Ri 2, 715 – *Schweizerfamilie:* Oper von Weigl. – *Demoiselle [Frank]:* Luise Frank aus Mannheim. Näheres über sie vgl. O. Fambach: Das Repertorium des Hof- und Nationaltheaters in Mannheim 1804–1832. Bonn 1980. S. 482 Reg. – *furor uterinus:* Mannstollheit.

3411 (1389) KnebelBriefw 529ff. – *Dose der Kaiserin:* vgl. Nr. 3396 und Anm. – *bronzenen Stier:* vgl. Schuchardt 2, 17 Nr. 68. – *desiderieren:* wünschen. – *Er will es... wieder geben lassen:* eine weitere Aufführung erfolgte am 8. April 1812.

3412 (1393) Urlichs 1, 578f. – Nach der Quelle: ein abgerissenes Blatt ohne Datum. – *[am 16. April]:* vgl. GTgb: «Abends bei der Hoheit zum

Thee und Concert.»

3413 (1390) aaO 6, 258 ff. – *von diesem Dichter selbst ... und von Riemer:* vgl. Nr. 3053 und 3052. – *[am 17. April 1811]:* vgl. GTgb: «Major von Knebel und Steffens von Halle. Mit letzterm einige Stunden gesprochen.» – *Tragödie Correggio, die er vorlesen ... wollte:* vgl. Nr. 3050. – *Weihe der Kraft:* Werners Luther-Drama, vgl. Nr. 2327. – *die Unkraft zu weihen:* Anspielung auf die spätere Schrift Werners ‹Die Weihe der Unkraft› (Frankfurt am Main 1814).

3414 Heitmüller 183 – *Cottas Ankunft:* vgl. GTgb 2. Mai: «Herr Doctor Cotta von Stuttgart.»

3415 DüntzerStein 2, 346

3416 JbSKipp 3, 32 – *die Russen:* nicht zu ermitteln.

3417 HVoß 108 f. – Parallelstelle zu diesem Bericht ebd 108 Anm. (aus Brief an Ch. v. Truchseß 4. Mai 1811). Über die spätere Verschiebung des Eindrucks von Goethes Empfang vgl. ebd 164 Anm. – *vergnügt:* im alten Sinne von: befriedigt, zufrieden.

3418 (1392) Urlichs 1, 577 f. – *in den blauen Zimmern:* bei der Herzogin Louise. – *[am 26. April?]:* die erste Vorlesung aus der Lebensbeschreibung, an der aber Charlotte v. Schiller vielleicht nicht teilgenommen hat, fand am 22. April statt (vgl. Nr. 3415). – *eine Zeitlang ohne Leben:* vgl. den Beginn von DuW (GA 10, 15). – *Blattern:* vgl. DuW (GA 10, 43 f.)

3419 Heitmüller 184 f. – *von Karln:* dem Diener Johann David Eisfeld, den Goethe Karl nannte. – *heute nach Jena:* Goethe blieb dort bis zum 30. April. – *vorigen Sonntag:* vgl. GTgb 21. April: «Musik zum letzten Male.»

3420 (1391) KnebelBriefw 537

3421 JbSKipp 3, 32

3422 JbSKipp 3, 32 – *Nachtwestchen:* von Pauline Gotter, vgl. Goethes Billett an sie vom 12. Mai (WA IV 22, 97).

3423 JbSKipp 3, 32 f.

3424 Pollmer 328

3425 F-R 385 f. (= edWeitz 1, 61) – *Freitag, 3. Mai:* vgl. GTgb: «Herr von Boisserée von Köln ... Federzeichnungen zum Faust von Cornelius, welche Boisserée mitgebracht.» – *über unsere Bilder:* die Sammlung altkölnischer und altniederländischer Gemälde der Brüder Sulpiz und Melchior Boisserée. – *die Ansichten:* die Anstiftung (edWeitz). – *Domwerk:* zu dem Unternehmen, die Vollendung des Kölner Doms betreffend, vgl. Reinhards Brief an Goethe vom 16. April 1810 (Goethe/Reinhard 119 f.). – *Spitzen-Liebhaberei:* Spritzen-Liebhaberei (edWeitz). – *Stephanie:* Stieftochter Napoleons, geb. Beauharnais, vermählt mit dem Großherzog von Baden. – *Gesang der Clärchen:* aus ‹Egmont› (‹Die Trommel gerühret›). – *Jahres-Zeiten von Runge:* ‹Vier Tageszeiten› (vgl. Nr. 2233 und Anm.). – *wieder unsere Enkel:* wie unsere Enkel (edWeitz).

3426 (1394) F-R 128 f. – *Lob der neugriechischen Kunst:* d.h. der romanischen Kunst. – *kleines ... Herrchen:* der Baron Oliva aus Wien.

3427 (1395) F-R 130 f. – *Diego von Kettenburg:* erschienen Berlin 1811. – *er ist schon hin:* Runge starb, dreiunddreißigjährig, am 2. Dez. 1810.

3428 JbSKipp 3, 33 – *Sperlingsberg:* vgl. GTgb: «... auf den Sperlingsberg. Daselbst die Gegend, wo die Schlacht vom 14. October [1806] vorgefallen, übersehen.»

3429 F-R 386 (= edWeitz 1, 61f.). – *das alte Bauwesen:* gemeint ist hier die romanische («neugriechische») Baukunst. – *zwischen den neugriechischen:* zwischen den neugriechischen Kirchen (edWeitz). – *die Türme:* die Türe (edWeitz). – *elfenbeinerne Maria:* hochgotische Figur, später im Bayerischen National-Museum zu München.

3430 (1396) F-R 131

3431 (1397) F-R 133f.

3432 (1399) F-R 386f. (= edWeitz 1, 62f.) – *Am Mittwoch:* vgl. GTgb 8. Mai: «Mittags Herr Boisserée. Von Köln und der Gegend, älteren und neuern Verhältnissen, seinen Studien, Lebensgange.» – *daß er ihm geschrieben:* vgl. Goethe an Cornelius 8. Mai (WA IV 22, 87ff.). – *Dürers Handzeichnungen:* Dürers Randzeichnungen (edWeitz). Vgl. Nr. 2642 und Anm. – *habe er... bemerkt:* habe es... bemerkt (edWeitz). – *[nicht] eigentlich kennen [gelernt]:* nie recht eigentlich kennen gelernt (edWeitz). – *und sei es:* und so sei es (edWeitz). – *[er] äußert sich:* äußerte sich (edWeitz). – *bei uns:* bis ins Innerste (edWeitz). – *um [in] der Sache:* und der Sache (edWeitz).

3433 (1398) F-R 134 – *Schlegel:* Friedrich S. Vgl. Nr. 3434 und GTgb vom 9. Mai: «Boisserée zu Tische. Über Friedrich Schlegel und sonstige neue litterarischeGesinnungen.»

3434 JbSKipp 3, 33

3435 Fehling 57 – *Billett:* offenbar nicht erhalten.

3436 F-R 387 (= edWeitz 1, 63) – *kam die Rede:* brachte ich die Rede (edWeitz). – *in den Dramatischen Vorlesungen:* A.W. Schlegel: Über dramatische Kunst und Litteratur. Vorlesungen. 3 Bde. Heidelberg 1809–1811. – *gegen Novalis am meisten:* wegen dessen Wilhelm-Meister-Kritik, vgl. H.J. Mähl in: JbFDH 1967, 220f. – *zum Schelm:* ein Schelm (edWeitz).

3437 (1400) F-R 135

3438 F-R 387 (= edWeitz 1, 63). – Nach edWeitz bezieht sich der erste Absatz noch auf den 9. Mai. – *Zeichnungen von Quaglio:* zum Kölner Dom. – *mehrmals:* nochmals (edWeitz). – *seine Abreise:* nach Karlsbad.

3439 (1401) F-R 136 – *Ebenist:* Drechsler, Schreiner.

3440 F-R 387f. (= edWeitz 1, 63f.) – *sorgsam:* sogar (edWeitz). – *der Herzog:* die Herz[oge?] (edWeitz). Gemeint sind wohl der Herzog Carl August und der Erbprinz Carl Friedrich. – *zwei Coburger Herzoge:* der Herzog Ernst III. Friedrich Anton von Sachsen-Coburg-Saalfeld und dessen Bruder Prinz Leopold. – *v. Bracht:* v. Beust (edWeitz).

3441 (1404/1402) F-R 136ff. – *Batalha:* Klosterkirche in Portugal. – *Petrus von Rubens:* vgl. Nr. 192 und Anm. – *[Bracht]:* ist zu streichen, vgl. Nr. 3440 und Anm. – *Schlegel:* wohl Friedrich S. – *«Dio sia laudato...»:* «Gott sei gelobt, daß es ohne Skandal abgegangen ist!» – *Unterdrückung seiner Rede über den Straßburger Münster:* ‹Von deutscher Baukunst› (GA 13, 16ff.) war seit dem Erstdruck 1773 in keine der inzwischen erschienenen Goethe-Ausgaben aufgenommen worden. – *bei den Dürerschen Rand-*

zeichnungen: von Meyer war in der JALZ 1808 Nr. 67 eine Besprechung von ‹Albrecht Dürer's christlich-mythologischen Handzeichnungen› erschienen, zu denen Goethe zwei Absätze beigesteuert hatte (WA I 48, 249).

3442 JbSKipp 3, 33

3443 (1403) F-R 138 – Der Bericht bezieht sich auf Jena, wohin Goethe am 12. Mai gefahren und Boisserée ihm nachgereist war.

3444 (1405) KnebelBriefw 541 f. – *Mecklenburger Kolonie:* der Kreis um die Prinzessin Caroline. – *Zeichnungen des Ratzeburger Nauwercks [zu Faust]:* Nauwercks Zeichnungen (erweitert auf zwölf) sind 1826 veröffentlicht worden.

3445 JbSKipp 3, 33

3446 JbSKipp 3, 33 f. – *7 Uhr:* abends; sie hatten den Tag in Hof verbracht.

3447 (1406a) Ri 2, 716 – Vgl. GTgb: «Geschichte des Ritters Degrieux und Manon Lescot epitomisirt». Der Auszug aus Prévosts berühmtem Roman war für den Schluß des 5. Buches von DuW vorgesehen, ist aber nicht zur Verwendung gekommen (WA I 26, 376 ff.). – *Alarcos:* von Friedrich Schlegel.

3448 JbSKipp 3, 34 – Goethes Äußerung von Riemer zweimal in Anmerkungen zitiert: Ri 2, 233 und 719.

3448a JbGG NF 29, 263 – Diese und die folgenden Nummern sind Reflexionen Goethes auf der Reise nach Karlsbad, als Anschluß an Nr. 3445 erstmals veröffentlicht 1967. – *pronieren:* rühmen, ausposaunen.

3448b JbGG NF 29, 263

3448c JbGG NF 29, 263 – *Geschäften:* durchstrichen: Sachen (ebd).

3448d JbGG NF 29, 263

3448e JbGG NF 29, 263

3448f JbGG NF 29, 263 – *Kindheit:* durchstrichen: Jugend oder (ebd).

3448g JbGG NF 29, 263

3449 JbSKipp 3, 34 – Goethe und Riemer waren am 17. Mai mittags in Karlsbad eingetroffen. – *Plutarch:* vgl. GTgb: «Plutarchs moralische Schriften.» Die Kaltwassersche Übersetzung enthält: Plutarchs moralische Abhandlungen aus dem Griechischen, Frankfurt a.M. 1783–1800; Vergleichende Lebensbeschreibungen, Magdeburg 1799–1806. Die Plutarch-Lektüre ist in GTgb vom 18. bis 22. und vom 24. bis 27. Mai, ferner am 1. und 4. Juni verzeichnet. Vgl. Nr. 3461.

3450 JbSKipp 3, 34 – Vgl. GTgb: «Gegen Abend nach Weheditz zu einem Bauern, der sich zu einem Weinhändler erhoben hatte.» Über den Ausflug vgl. auch TuJ 1811 (GA 11, 850 f.). – *Ruster:* bekannter Wein aus Rust im Burgenland, Goethe spricht von «Ungarwein».

3451 JbSKipp 3, 34

3452 (1406) Ri 2, 716 – Die erste der beiden Äußerungen verwertet: MuR 302.

3453 JbSKipp 3, 34

3454 (1406b) Ri 2, 716 – Datumskorrektur nach PollmerUnters 116 auf Grund von Riemers Tgb. Von den erschlossenen Namen ist der der

Fürstin Gallitzin nach Riemers Tgb gesichert (vgl. PollmerUnters ebd). Sophie v. Schardt ist bereits von FBdm vermutet worden (vgl. Bi² 5, 93). Verwertet ohne Nennung von Namen: MuR 356. – *Wocken:* Spinnrocken.

3455 JbSKipp 3, 34 – Vgl. GTgb: «Nach 11 Uhr kamen die Frauenzimmer an. Ging der Tag hin mit Aus- und Einräumen.»

3456 (1408) Aphor 340 – Vgl. GTgb 1. Juni: «Mit Riemer... Plutarch gegen Herodot.»

3457 (1409) Aphor 341 – Dieses und die beiden folgenden undatierten Stücke sind in der Quelle zwischen dem 2. und 20. Juni eingeordnet.

3458 (1410) Aphor 341

3459 (1411) Aphor 341

3460 (1412) Aphor 342 – Zu streichen. Aus Goethes Brief an Reinhard vom 8. Juni 1811 (WA IV 22, 101). (Hinweis von H.-J. Weitz).

3461 (1407) aaO 1, 396 – *Badegast:* F.A. Wolf (vgl. Nr. 3449). – *«Mütter» im Faust:* Faust II V. 6212 ff. – *im Plutarch davon gelesen:* ausführlicher Nachweis bei GrumachAntike 2, 852 f. Anm.

3462 JbSKipp 3, 35

3463 JbSKipp 3, 35 – *Markgrafen von Baden-Baden, der ausstarb:* die Linie Baden-Baden des Hauses Baden starb im Jahre 1771 aus.

3464 JbSKipp 3, 35 – *die Frauenzimmer:* Christiane und Caroline Ulrich.

3465 JbSKipp 3, 36 – *Hochdorf:* nach GTgb korrigiert aus: Hedendorf. – *Mineralien:* vgl. GTgb: «... pseudovulkanische Reste.»

3466 JbSKipp 3, 36 – *über die Literatur:* im 7. Buch von DuW.

3467 JbSKipp 3, 36 – *Prolog für das Theater in Halle:* zur Eröffnung des Theaters in Halle am 6. Aug. 1811 (GA 3, 671 ff.). – *[Goethe?]:* das folgende, obwohl in Anführungszeichen stehend, scheint eher eine Reflexion Riemers zu sein.

3468 (1414) Aphor 341

3469 JbSKipp 3, 37 – *Enorme Zeche des Wirts (76 fl.):* vgl. GTgb: «Händel mit dem Wirth wegen übertriebener Forderung.» Vgl. ferner das Promemoria mit beigefügtem «Unmaßgeblichem Vorschlag» an den Kreishauptmann J. v. Weyrother vom 22. Juni (WA IV 22, 110 ff.).

3470 JbSKipp 3, 37

3471 JbSKipp 3, 37 – *der Fließ Unhöflichkeit:* nach Goethes Besuch bei ihr am 23. Juni erfolgte ihr Gegenbesuch am 24. Juni (nach GTgb), worauf sich wohl die Rüge ihres Benehmens gegen Christiane bezieht.

3472 JbSKipp 3, 37 – Vgl. GTgb: «Nachher zu Frau von der Recke. Vorgelesen aus dem Faust und der Pandora. Waren die drey Prinzessinnen da und Himmel.» – *die Sagan, die Hohenzollern:* Nichten der Frau von der Recke.

3473 JbSKipp 3, 37 f. – *Versen von Herrn von Löwen:* vgl. Nr. 6059, dort mit falscher Zeitangabe. – *mit hohen Gaben:* d.h. Orden.

3474 JbSKipp 3, 38 – Die Äußerung, undatiert und fälschlich im Dez. 1806 eingeordnet, verwertet: Aphor 303 f.

3475 (1417) Aphor 342

3476 Urlichs 1, 595

3477 (1413) GJb 13, 143

3478 (1415) Die Heimat 1882, 768 – *[Simon von Laemel]:* Simon Edler von Lämmel, Bankier und Kaufmann in Prag. Goethe unterhielt später geschäftliche Beziehungen zu ihm und seinem Sohn Leopold. – *«... merkwürdige Stadt!»:* Goethe ist nie in Prag gewesen; das folgende kann also nicht auf eigener Anschauung beruhen. – *Synagoge:* die ‹Altneu-Synagoge› aus dem 13. Jahrhundert. – *Friedhof:* ebenfalls aus dem 13. Jahrhundert. – *Schiller:* die Jenaer Vorlesung ‹Die Sendung Moses› ist 1790 in der ‹Thalia› gedruckt. – *Judenstadt:* über das Frankfurter Getto berichtet Goethe im 4. Buch von DuW (GA 10, 166). – *das hohe Liebeslied:* ‹Das Hohelied Salomons›, nach dem Lateinischen der Vulgata und nach Luthers Verdeutschung von Goethe selber bearbeitet (GA 15, 323 ff.). – *Melniker Wein:* einen solchen bestellt Goethe in seinem Brief vom 6. Mai 1812 an Lämmel, wobei er auch an die Begegnung vor einem Jahr in Karlsbad erinnert (WA IV 23, 5).

3479 (1416) Boisserée 1, 140 – *Karlstein:* Burg aus dem 14. Jahrhundert in der Nähe von Prag.

3480 JbSKipp 3, 38

3481 (1418) Aphor 341 f.

3482 JbSKipp 3, 38

3483 Aphor 342 – Der Bezug auf Kotzebue bei PollmerUnters 130 nachgewiesen. – *solertia:* Geschicklichkeit.

3484 JbSKipp 3, 38 – *Ständchen der Konskribierten:* vgl. GTgb: «Es war die erste Militär-Verlosung gewesen. Nachts Musik und Ständchen der Losenden, welches sie dem Landrath, dem Commandanten und dem Stadtrath brachten.»

3485 Plitt 2, 259 – Vgl. GTgb 2. Juli: «Abends zu Bohns, wo Sylvie und Gotter. Unterhaltung mit Frommann.» – *der erste Teil von Wilhelm Meisters Wanderjahren:* erschien erst 1821.

3486 Waitz 35 Anm.

3487 (1419) KnebelBriefw 551 f. – *Zufall der Herzogin:* sie hatte sich bei einem Fall den Knöchel verrenkt (vgl. ebd 545). – *kein sonderliches Interesse:* in TuJ 1811 spricht Goethe von einer «tagverzehrenden Zerstreuung», der er sich übergeben hatte (GA 11, 850). – *[Nauwerck]:* vgl. Nr. 3444 und Anm. – *Brief von Werner aus Rom:* vom 23. April 1811 (SchrGG 14, 58 ff.).

3488 JbSKipp 3, 38 f. – *Märchen vom neuen Paris:* für das 2. Buch von DuW (GA 10, 60 ff.). – *[Goethe?]:* das folgende, trotz der Anführungszeichen, fraglich, ob mündliche Äußerung Goethes.

3489 KnebelBriefw 552 – Vgl. GTgb 4. Juni: «Zu Major von Knebel. Verschiedene Nova. Kam Riemer. Einheimische Klatschereyen.» – *Heirat von Schardt:* vgl. Bode 307: «Die neueste Geschichte war, daß eine junge reiche Gräfin B. den einfältigen alten Kammerherrn [Ludwig] v. Schardt heiratete unter der Bedingung, daß sie sich nach der Trauung sogleich trennten. Die Schöne war guter Hoffnung, was alle Welt außer dem Herrn v. Schardt wußte.» – *zwei Bändchen:* der erste und zweite Teil von DuW sind 1811 und 1812 erschienen.

3490 Pollmer 330 – *Okens Theorie:* wohl in seinem ‹Lehrbuch der Naturphilosophie›, von dem Goethe den 1. und 2. Teil (Jena 1809) besaß. Vgl. auch Nr. 3499. – *ore rotundo:* mit rundem Munde, d.h. volltönend (sprechen): Horaz, Ars poetica 323; vgl. auch Nr. 3499 Beilage – *os magna sonatorum (recte: sonaturum):* ein durchtönender Mund: Horaz, Satiren 1, 4, 43/44.

3491 (1420) Aphor 342

3492 (1421) Heuermann 128 – Das erschlossene Briefdatum nach dem Zeitpunkt der Begegnung. – *der Bruder:* Bernhard Rudolf, der Gymnasiallehrer in Rudolstadt war.

3493 Urlichs 3, 324f.

3494 (1422) Aphor 343

3495 (1428) Aphor 343 – In der Quelle eingeordnet zwischen 9. Juli und 1. Aug. 1811. – Von Goethe verwertet: MuR 175.

3496 Waitz 35f. – Vgl. GTgb 10. Juli: «Mit Mad. Frommann und Schoppenhauer nach Drackend. Prof. Köthe, Friedrich v. Dresden und Kühn.» – *Westchen mit dem blauen Band:* vgl. Nr. 3422 und Anm. – *seinen Wetzlarischen Aufenthalt:* geschildert im 12. Buch von DuW. – *Ordensgeschichten:* gemeint ist die «Rittertafel» (GA 10, 582); vgl. auch Nr. 2489. – *Stech-, Haar- und Nähnadeln:* aus Karlsbad.

3497 JbSKipp 3, 39 – *[Goethe]:* das folgende ist lediglich durch Anführungszeichen von andern Aufzeichnungen (Lesefrüchten) abgesetzt. – *eludieren:* umgehen.

3498 JbSKipp 3, 39 – *sagt Falstaff:* in Goethes fragmentarischer Weiterdichtung von Shakespeares Heinrich IV., 2. Teil (vgl. WA 53, 95, 28ff.). Als Goethes geistiges Eigentum nachgewiesen von A. Brandl in: GJb 21, 87.

3499 (1423) Urlichs 1, 589ff. – *[14. Juli]:* vgl. GTgb: «Nach Tisch bey denselben [Knebel]. Frau von Wolzogen und Frau von Schiller.» – *Apollonius von Tyana:* Vita 3, 15 (nach GrumachAntike 880). – *Propos:* Vorschlag, Äußerung.

3500 (1423a) Vollmer 564 – *Aufsatz von Körner über Schillers Leben:* ‹Nachrichten von Schillers Leben› (1812).

3501 (1424) KnebelBriefw 552ff. – *Wilhelm Blomberg:* W. v. Blomberg hatte 1811 in Lemgo ‹Satiren über das göttliche Volk› veröffentlicht (Ruppert Nr. 841).

3502 JbSKipp 3, 40 – *Henckel von Donnersmarck:* wohl Wilhelm Ludwig Victor Graf H. v. D., Sohn der Oberhofmeisterin in Weimar, preußischer Offizier.

3503 (1425) JbSKipp 3, 40 – Der zweite Absatz verwertet: Ri 2, 716. Dort im Anschluß an die folgende Nr. – *mit dem Charakter zusammen:* [erweitert] und fließt auf ihn ein (Ri 2, 716).

3504 (1425) Ri 2, 716

3505 aaO 1, 307

3506 JbSKipp 3, 40 – In der Quelle folgen unter dem gleichen Datum noch drei weitere Absätze, die eindeutig als Riemersche Reflexionen aufzufassen, von E. Grumach jedoch in ‹Goethe im Gespräch› (Frankfurt a.M. 1960) S. 35 und 23 irrigerweise als ipsissima verba Goethes wiedergegeben sind. – *Prolog:* vgl. Nr. 3467 und Anm. – *vertrauliches Gespräch:* zwischen Riemer und Frommann.

3507 Heuermann 126f. – *[am 24. Juli]:* vgl. GTgb: «...zu Griesbach um Voß eine Gegenvisite zu machen.» – *vor zwei Jahren:* vgl. Nr. 3017f.

3508 (1447b) Urlichs 3, 194

3509 (1426) KnebelBriefw 557ff. – *aus Diskretion:* vgl. GTgb: «Bey Zeiten nach Hause, weil ein Gewitter drohte.»

3510 Waitz 36f.

3511 (1427) Plitt 2, 264f. – *Wahrheit und Dichtung:* die Umstellung ‹Dichtung und Wahrheit› erfolgte nach Riemer «aus euphonischen Gründen» (Ri 1, 397).

3512 (1427a) Plitt 2, 275 – *Friedrich Schlegels geschichtlichen Vorlesungen:* Über die neuere Geschichte. Vorlesungen, gehalten zu Wien im Jahre 1810. Wien 1811 (Ruppert Nr. 3294). In GTgb unter dem 25. und 26. Juni und 2. und 6. Sept. erwähnt.

3513 (1429) Urlichs 1, 591 – *Caroline:* v. Wolzogen. Ein Besuch der beiden Schwestern ist in GTgb am 2. Aug. bezeugt.

3514 (NN 1429a) StG 7, 94

3515 (1430) Aphor 343

3516 (1431) Heitmüller 185f. – *in der bewußten...Angelegenheit:* vgl. dazu die ausführliche Anm. ebd 324.

3517 (1432) Aphor 343

3518 (1450) Aphor 344 – In der Quelle eingeordnet zwischen 6. Aug. und 11. Dez. 1811. – Von Goethe verwertet: MuR 176. Nach Hecker: «wohl durch die Beurtheilungen der ‹Wahlverwandtschaften› veranlaßt.» (SchrGG 21, 312).

3519 (1433) Goethe/Reinhard 163f. – In deutscher Übersetzung ebd 472f. Vgl. ferner TuJ 1811: «Lefebvre...durch Baron Reinhard angemeldet, regte im lebhaften Gespräch französische Rede, Poesie und Geschichte wieder auf, zu angenehmster Unterhaltung.» – Über Lefebvre vgl. Register ebd 576. – Der Brief ist überliefert in einer Abschrift, die Reinhard Goethe in seinem Brief aus Kassel vom 7. Sept. 1811 übermittelt. – *[...am 7. August.]:* vgl. GTgb: «Lefebvre, französischer Legations-Secretär in Cassel, geht nach Berlin.» – *portrait:* Kopie des ersten Ölgemäldes von Kügelgen 1808/09 (Schulte-Strathaus Taf. 92). Vgl. Reinhard an Goethe 3. Juli 1810 (Goethe/Reinhard 129). – *judicieux:* in seinem Antwortbrief an Reinhard vom 26. Okt. 1811, in welchem Goethe Lefebvres Darstellung lobend erwähnt, heißt es: «Bis auf ein einziges Wort (statt judicieux lies circonspect) kann ich die ganze Relation, insofern sie das was ich gesagt und gewollt betrifft, unterschreiben.» (WA IV 22, 185).

3520 (1434) Heitmüller 187 – Das Briefdatum ist von späterer Hand hinzugefügt worden (vgl. ebd 345). – *Angelegenheit:* vgl. Nr. 3516 und Anm. – *Napoleonsfest:* Feier von Napoleons Geburtstag. Hierzu hatte der französische Intendant de Vimes den Herzog, den Erbprinzen, Goethe und Wieland eingeladen. – *Entbindung der Großfürstin:* am 30. Sept. 1811 wurde die Prinzessin Augusta, spätere deutsche Kaiserin, geboren. – *prä-*

venieren: vorbereiten.

3521 Heitmüller 188 – *Symphonie:* Ouvertüre. – *die Schöpfung:* Haydns Oratorium.

3522 Heitmüller 189f. – *Motto:* vgl. GA 10, 9. – *Dedikation:* ist nicht erschienen. – *Vorwort:* vgl. GA 10, 11ff. – *ein Quartier ... mieten lassen:* vgl. Nr. 3534.

3523 JbSKipp 3, 41f. – *Spix' Geschichte der Zoologie:* Johannes Spix: Geschichte und Beurtheilung aller Systeme in der Zoologie ... Nürnberg 1811 (Ruppert Nr. 5139). Lektüre in GTgb am 28. Aug. bezeugt. – *äußerte Goethe:* vgl. die beiden (leicht abweichenden) Fassungen: Pollmer 341 und JbGG NF 32, 268.

3524 JbSKipp 2, 289f. – Vgl. GTgb: «Kamen Arnims. Unterhaltung mit diesen ... Mittag Arnim. Gegen Abend im Schießhause. Zum Abendessen Arnims.» Der Herausgeber der Aufzeichnungen von Caroline Ulrich vermutet, das Frühstück habe bei Christiane stattgefunden.

3525 (1436) VarnhagenTgb 11, 199f. – *Volkslustbarkeit:* Besuch des Schießhauses in GTgb am 26. und 27. Aug. erwähnt.

3526 Heitmüller 190 – *die schöne Sendung:* vgl. Nr. 3522. – *Sonntag abend:* 25. Aug.

3527 JbSKipp 2, 290 – *Eduard [Ulrich]:* der Bruder Carolines. – *banden ihn ... an:* beschenkten ihn. Vgl. GTgb: «Geburtstagsbesuche und Angebinde.» – *die Diaconus:* Carl Theodor Lungershausen aus Buttstedt und seine Gattin (nach JbSKipp 3, 79 Anm. 3).

3528 (NN 1436a) StG 7, 95 – *Sammlung von Miszellen:* es ist nicht auszumachen, was damit gemeint ist.

3529 (1439) aaO 1, 263ff. – *[am 7. September]:* vgl. GTgb: «Abends Frau von Arnim, ihre Geschichten mit Tieck. Der klarste Sternhimmel und große Deutlichkeit des Kometen.» Der Komet auch am 10. Sept. in GTgb notiert. – *che so io!:* was weiß ich!

3530 Uhde 51f.

3531 JbSKipp 4, 235

3532 JbSKipp 2, 293

3533 Heitmüller 192

3534 (1433a) Steig 1, 288f. – *des Herzogs, Wielands Geburtstag:* 3. und 5. Sept.

3535 (1438) Steig 3, 146f. – *heimlich kommuniziert:* auf Hörensagen beruhend, unwahrscheinlich. – *Stanzen auf Schiller:* bei der Neufassung sind die Verse 85–88 geändert worden, wobei in der Tat das Wort ‹Vaterland› gestrichen wurde (vgl. HA 1^3, 532). – *Johannes Müller:* der aus einem Gegner ein Anhänger Napoleons geworden war.

3536 Steig 3, 151 – *Buch über Meistergesang:* Über den altdeutschen Meistergesang. Göttingen 1811.

3537 Urlichs 1, 597f. – *de but en blanc:* ohne Überlegung. – *Zänkerei in der Ausstellung:* ausführliche Darstellung des Auftritts und seiner Folgen bei Bgm 125ff. und 402ff. Anm. – *vorgestern geschrieben:* der Brief ist nicht bekannt.

3538 Marie Helene von Kügelgen, geb. Zöge von Manteuffel. Ein Lebensbild in Briefen. Leipzig 1900, 177f. – *Blutwurst:* daß Bettina diesen Ausdruck gebraucht hat, wird nicht bezweifelt (vgl. Bgm 127 und 403 Anm.).

3539 JbGG 3, 160 – Der vor dem Abschied (am 20. oder 21. Sept.) von Weimar geschriebene Brief ist von dem Hrsg. R. Steig «aus der Kladde hergestellt». Der Brief selbst scheint nicht erhalten zu sein.

3540 SchrGG 14, 277 – *am Hofe:* wohl am 18. Sept., an welchem Tage nach GTgb Goethes Anwesenheit bei Hofe bezeugt ist.

3541 Waitz 38

3542 Urlichs 1, 601

3543 (1440) Heitmüller 193 – Zur Sache vgl. Nr. 3516 und Anm. – *Tournure:* Wendung.

3544 (NN 1440a) StG 7, 96f.

3545 Kasten 246

3546 Heitmüller 194f.

3547 (1441) Heitmüller 196 – Das Datum (25.) mit Blei nachgetragen (ebd 345).

3548 DüntzerStein 2, 354 – *unter dem Siegel des Geheimnisses:* vgl. Goethes Billett an Charlotte v. Stein 28. Sept. 1811 (WA IV 22, 170) – *dedizieren:* vgl. Nr. 3522 und Anm.

3549 JbSKipp 3, 42

3550 (1442) Heitmüller 196f. – *nach Hause gekommen:* am 28. Sept. war Frommann in Weimar.

3551 (1443) aaO Bd 4, 163ff. – *[am 5. Oktober]:* vgl. GTgb: «Besuch von dem jungen Dorow von Königsberg. – *Übersetzung der Wolken des Aristophanes:* Aristophanes' Wolken. Eine Komödie. Griechisch und deutsch. Berlin 1811 (Ruppert Nr. 1244). Goethe hatte das Buch in seinem Brief an Wolf vom 28. Sept. erbeten (WA IV 22, 172f.). – *Umsturz mit dem Wagen:* von Goethe im gleichen Brief an Wolf erwähnt (ebd 173).

3552 (1443) aaO 3. Teil, 59ff. – *Blätter Volpatos nach Raffaels Bildern im Vatikan:* bei Schuchardt nicht nachzuweisen. Dieselbe Angabe wird von M. Löwenthal 1822 gemacht (vgl. Nr. 5033). Da jedoch auch von Luise Seidler (vgl. Nr. 7271) wie schon von früheren Besuchern Stiche nach den Psyche-Fresken in der Villa Farnesina als Wandschmuck genannt werden (die noch heute vorhanden sind), könnte es sich um einen Irrtum handeln. – *Kopie des ... Porträts von Dürer:* vgl. Nr. 3374 und Anm. – *Büste auf der Bibliothek:* von A. Trippel (Schulte-Strathaus Taf. 71). – *«mein Herr, mein Kaiser»:* vgl. Nr. 2886f.

3553 Lilij von Gizycki, Deutsche Fürstinnen. Berlin 1893, 74 – *Prinzeß [Augusta]:* geboren 30. Sept.

3554 Plitt 2, 267f. – nicht so oft gesehn: Pauline Gotter in GTgb am 8. Okt. erwähnt.

3555 Plitt 2, 275f.

3556 (1444) Heitmüller 197f. – *F[rege]:* erwähnt im Brief Riemers an Frommann vom 21. Sept. (ebd 195).

3557 (1445/1446) KnebelBriefw 573ff. – *Sylphidie:* Sylvie v. Ziegesar. – *Heute mittag:* vgl. GTgb: «Zu Mittag bey Knebel. Voigt und Köthe. Mit

August.» – *Ginevra:* italienische Oper von J.S. Mayr. – *von Brizzi:* d.h. mit dem italienischen Tenor Brizzi.

3558 JbSKipp 3, 43

3559 (1455) aaO 1, 119ff. – *ohnehin kein Meisterwerk:* das Stück hatte auch an andern deutschen Bühnen (Berlin, Stuttgart, Frankfurt, München, Breslau, Wien) keinen sonderlichen Erfolg (O.F.).

3560 (1447a) KnebelBriefw 580 – *[nach Jena]:* Goethe fuhr am 23. Nov. dorthin. – *Abreise des Herzogs:* am 27. Nov. – *Brizzis Vorstellung:* in der Oper ‹Achille› von Paer. – *gemalt hatte:* vgl. Schulte-Strathaus Taf. 108.

3561 (1447) Uhde 51 und 54 – *einige seiner kostbaren Stunden:* vom 26. bis 29. Nov., jeweils ab 11 Uhr (nach GTgb). – *der Erlös war … reichlich:* vgl. Goethes Brief mit der Aufstellung des Erlöses vom 28. Dez. 1811 (WA IV 22, 226ff.).

3562 JbSKipp 3, 43 – *Verzeichnis der Autographa:* vgl. Goethes Briefe an Carl Bertuch vom 3. und 5. Dez. (WA IV 22, 204). Das Verzeichnis ist reproduziert von R. Brockhaus in: Zum 28. August 1899, Leipzig 1899, 13. – *Rogus des Hephästion:* über den Scheiterhaufen für den Feldherrn Alexanders, zu dessen Bestattung Mauern von Babylon abgetragen wurden, vgl. Goethes Brief an Hirt vom 9. Juni 1809 (WA IV 20, 361).

3563 (1448) Rohmann 190 – *Steffens' Vorlesungen:* in Breslau.

3564 (1451) Aphor 344 – *Peculium:* Eigen-, Sondergut. – *Apprehension:* instinktiver Widerwille. – *Perturbation:* Störung, Beunruhigung.

3565 JbSKipp 3, 43 – Von E. Grumach in ‹Goethe im Gespräch› (Frankfurt a.M. 1960) S. 24 ohne den letzten Satz aufgenommen, so daß der Eindruck entsteht, es handle sich um eine rein Goethesche Äußerung. Tatsächlich scheint hier im ersten Satz (bis «den andern») ein Gedanke Goethes zugrunde zu liegen, der Riemer besonders beeindruckt hat und mit dem er im folgenden sein eigenes Verhältnis zu Goethe reflektiert. Vgl. Nr. 3213.

3566 JbSKipp 3, 43

3567 Diezmann 35 – *«Romeo und Julie»:* Theaterbearbeitung der Schlegelschen Übersetzung (WA I 9, 169ff.)

3568 Heitmüller 200 – Das Datum auf der Rückseite des Briefs von Frommanns Hand (ebd 345).

3569 (1452) Aphor 344f.

3570 (1453) Ri 2, 717

3571 (1454) Aphor 345 – Vielleicht Reflexion Riemers, auf Goethe bezüglich.

3572 JbSKipp 3, 44 – *Johannes Schulze:* Über den standhaften Prinzen von Calderon. Weimar 1811.

3573 (736) Aphor 286 – In der Quelle fälschlich nach dem 29. Jan. 1804 eingeordnet. Nach PollmerUnters 127 steht diese Bemerkung «in der Tagebuchhandschrift am Schlusse des Jahrgangs 1811»; auch die Zuordnung zu Johannes Schulze von Pollmer ebd.

3574 aaO 2, 693 Anm. – Die Anm. knüpft an Goethes Tgb-Notiz vom 29. Sept. 1831 an: «Ich las den Lykurg in Plutarchs Biographien und verwunderte mich, wie man einem solchen ganz unwahrscheinlichen Mährchen einigen Glauben habe schenken können.» Nach PollmerUnters 110 beginnt das Notizblatt über Lykurg: «G. hält die spartanische Verfassung...». Es ist unterschrieben: «Aus einem früheren Notat von mir.» Lektüre von Niebuhrs Römischer Geschichte ist in GTgb vom 2. bis 8. Dez. bezeugt.

3575 (1204) Pollmer 309 – Der zweite Satz, Klytämnestra betreffend, von Riemer verwertet: Ri 2, 620, der erste Satz: Aphor 327, dort eingeordnet zwischen 2. und 18. Aug. 1809. Die Datierung auf Ende des Jahres 1811 nach PollmerUnters 130.

3576 Heitmüller 201

3577 Urlichs 1, 615f. – *[am 20. Dezember]:* vgl. GTgb: «Abends bey der regierenden Herzogin, die 4 ersten Acte von Romeo und Julie vorgelesen.» – *[am 25. Dezember]:* vgl. GTgb: «Geburtstag der Frau von Stein. Derselben gratulieren gegangen.» – *Le bon ménage:* die glückliche Familie (Goethes eigene). – *Epigramm:* Anspielung auf Venezianische Epigramme Nr. 47 (GA 1, 232).

3578 JbSKipp 4, 238

3579 Heinrich Eduard Brockhaus: Friedrich Arnold Brockhaus. 1. Teil. Leipzig 1872, 275 – Brockhaus war Anfang Jan. in Weimar. – *Zeichnungen [zum «Faust»]:* zu ergänzen: und zu «Egmont». Nämlich: ‹Faust begleitet Gretchen aus der Kirche›. Gezeichnet von G.H. Näke, lithographiert von Strixner. Nach dem Bilde von 1811. Als Gegenstück. Egmont und Clärchen. Zwei lithographische, braun gedruckte und weiß gehöhte Blätter. Folio. (Goedeke IV/3, 765). – *Schwerdgeburth:* hat später drei Kupfer von Naeke zum Faust gestochen (vgl. ebd).

3580 (1459/1458) KnebelBriefw 585f. – *[in Jena]:* wo sich Goethe vom 13. bis 21. Jan. aufhielt. – *Mademoiselle Seidler:* vgl. ihre Erinnerungen (Uhde 70f.).

3581 (1457) Uhde 80 – *[zwischen dem 7. und 24. Januar 1812]:* Leseproben sind in GTgb unter dem 7., 10., 12., 23. und 24. verzeichnet.

3582 (1461) aaO Bd 1, 327 – *[29. Januar 1812]:* vgl. GTgb: «Bey der Hoheit Musick, v. Weber und Bärmann, Clarinet.». Die Veranstaltung fand am Vormittag statt. – *Variation:* Variationen op. 33.

3583 Plitt 2, 291

3584 Plitt 2, 297 – *[... Schellings «Denkmal der Schrift...»]:* erschienen Tübingen 1812. Polemische Erwiderung auf Jacobis Schrift «Von den göttlichen Dingen und ihrer Offenbarung» (Leipzig 1811).

3585 (1460) Urlichs 1, 618ff. – *alle Papiere:* wohl vor allem Goethes Briefe an sie. – *[Reitzenstein?]:* die Auflösung erscheint fraglich, besonders da die Mutter von Fräulein Tinette R. bereits (1810) gestorben war. Vielleicht ist statt «R» ein anderer Buchstabe zu lesen, z.B. «S» = von Schardt. – *über Kochberg hinaus:* gemeint ist Charlottes Elternhaus in Rudolstadt. – *die Bettina wieder kam:* Ende Januar hielten sich Arnims auf der Durchreise kurz in Weimar auf.

3586 KnebelBriefw 586 – *«Romeo und Julie»:* die Aufführung ausführlich geschildert und gewürdigt in den Erinnerungen der Caroline Jagemann (Bamberg 381ff.).

3587 (1462) GJb 18, 61f. und 64f. – *Bearbeitung und Darstellung «Romeo und Julia»:* am 1. und 3. März aufgeführt.

3588 Diezmann 36

3589 aaO 270ff.

3590 (1463) Urlichs 1, 623 – *feierliche Einführung des Herrn Gesandten [Saint-Aignan]:* vgl. die Schilderung von H. Tümmler in: Natur und Idee, Weimar 1966, 268f. – *Tempel der Diana von Ephesus:* Beschäftigung damit angeregt durch A.L. Hirts Schrift ‹Der Tempel der Diana zu Ephesus›, Berlin 1809 (Ruppert Nr. 2068). Vgl. auch TuJ 1809 (GA 11, 838).

3591 (vgl. 1464) StG 8, 10 – *Ridicules... ridicule:* Lächerlichkeiten... lächerlich.

3592 Fehling 59 – Vgl. GTgb 20. Febr.: «Abends bey der regierenden Herzogin. Thomas Platter vorgelesen.» – *[Thomas Platters Selbstbiographie]:* die Lektüre der Schicksale des Schweizer Ziegenhirten, dann wandernden Schülers in Deutschland, Seilergesellen, Buchdruckers Calvins, schließlich Schulmanns in Basel, die zugleich ein anschauliches Bild seiner Zeit, des 16. Jh., geben, beschäftigte nach GTgb Goethe über einen längeren Zeitraum.

3593 Pollmer 332 – *Madame du Deffant:* in der Quelle fälschlich «Dessant», verbessert im Reg. S. 378. Lektüre der ‹Lettres à Horace Walpole et à Voltaire› in GTgb vom 15. bis 21. Febr. bezeugt. – *bonne humeur:* gute Laune.

3594 (1784) aaO 52ff. – *Turandot:* von Schiller nach Gozzi. – *in der vorhund-aubrischen Zeit:* die Aufführung des Stückes ‹Der Hund des Aubri› am 12. April 1817 war der Anlaß von Goethes Niederlegung der Theaterleitung (vgl. Nr. 4415ff.). – *Korrepetitor Eulenstein:* oder Eylenstein. Über ihn und seine Trunksucht vgl. BodeSchauspieler 122f. Goethe erwähnt den «Scandal» in seinem Billett an Kirms vom 29. Febr. (WA IV 22, 291).

3595 Pollmer 332 – *Roux Dictionnaire des proverbes:* der Herausgeber eines französischen Sprichwörterbuchs heißt A.Y. V. le Roux de Lincy.

3596 StG 8, 10f.

3597 KnebelBriefw 594

3598 DüntzerStein 2, 363 – *Dalai-Lama:* Bezeichnung beruht wohl auf der gelben Farbe.

3599 JbSKipp 3, 44

3600 GJb 10, 155 – *den jungen John:* Ernst Carl Christian J.

3601 Urlichs 1, 627

3602 (1465) Plitt 2, 309 – Vgl. Nr. 3584. Über den Streit, der durch Jacobis Schrift ausgelöst wurde, vgl. die Zeugnisse bei Fambach 5, 733ff. – *[am 4. April?]:* vgl. GTgb: «Abends Hofrath Meyer. Über Chateaubriand, Jacobi, Schelling.» In Frage käme auch der 13. April (vgl. GTgb). Dann wäre Louise Seidler die Überbringerin der Äußerung.

3603 (1466) wie 3579 S. 276 – *Zeichnung zum «Egmont» von Naeke:* vgl. Nr. 3579 und Anm. – *[am 6. April?]:* an diesem Tage wird Falk in GTgb erwähnt. – *der hiesige französische Gesandte:* Saint-Aignan.

3604 (1466a) KnebelBriefw 602 – *Lukrez:* Knebels Übersetzung von Lukrez' ‹Von der Natur der Dinge›. Zu Goethes Bemühungen vgl. sein an Voigt gerichtetes Promemoria vom 21. April (WA IV 22, 342f.). Der Druck erfolgte erst 1821.

3605 Urlichs 3, 332

3606 KnebelBriefw 603

3607 (1569) WeimarsAlbum 197 – *(den 19. April 1812):* vgl. GTgb: «Abends zu Frau Hofräthin Schopenhauer.»

3608 (1466c) KnebelBriefw 616 – *Stipendiums:* vgl. Goethes Billett an Knebel in Jena vom 21. April (WA IV 22, 339). Die Großzügigkeit des Herzogs ist darauf zurückzuführen, daß Karl Knebel eigentlich sein illegitimer Sohn ist.

3609 (1466b) KnebelBriefw 603 Anm. – *seit ein paar Tagen:* seit dem 20. April.

3610 (1467) Urlichs 3, 332 – *die berühmte russische Dame:* Frau v. Krüdener; vgl. GTgb 23. April: «Nach Tische zu Knebel, wo Frau von Schiller war. Nachricht von der Anwesenheit der Frau von Krüdener in Weimar.»

3611 Rohmann 193 – *heute:* Goethe fuhr bereits am 30. April ab.

3612 GeigerWeimar 274

3613 (1468) Germania 9, 1850, 264 Anm. – *Des Herren Wort bleibet ewiglich:* Jes. 40, 8.

3614 (1472) KnebelBriefw 613f. – *Erbprinzen:* Friedrich Ludwig von Mecklenburg-Schwerin vom 4. bis 25. Juni mehrfach in GTgb erwähnt. – *vandalisches Trauerspiel:* ‹Julianus Apostata› (Berlin 1812) von Kettenburg. Lektüre in GTgb am 9. und 10. Juni bezeugt.

3615 (1471) Behrens 423 – Korrektur des Briefdatums nach dem Eintrag in GTgb 13. Juni: «Nach Tische... Besuch beym Grafen Stolberg... Abends Herr von Humboldt, welcher zu Tische blieb.»

3616 JbSKipp 4, 240 – *Seine Gattin:* Christiane und Caroline Ulrich trafen am 19. Juni in Karlsbad ein.

3617 Urlichs 2, 356 – *auf dem Parnaß:* die Huldigungsgedichte ‹Ihro der Kaiserin von Österreich Majestät›, ‹Ihro des Kaisers von Österreich Majestät› und ‹Ihro der Kaiserin von Frankreich Majestät› (GA 2, 263ff.) entstanden vom 5. bis 9. Juni.

3618 (1471a) Sydow 4, 4ff. – *einen langen Spaziergang:* vgl. GTgb 14. Juni: «... Herr von Humboldt. Abends mit demselben den Schloßberg hinauf bis zum Chotekischen Belvedere, die Findlaterschen Wege bis zum böhmischen Saal, nachher zusammen.» – *nur jenseits der Berge:* d.h. in Italien.

3619 (1471b) Sydow 4, 7ff. – Brief aus Rudolstadt. – *seine alten Verrücktheiten:* Anspielung auf die Zeit, wo Riemer Hauslehrer bei Humboldts war. – *neuer Teil seines Lebens:* der zweite Band von DuW erschien 1812. – *auf Rom habe er Verzicht geleistet:* vgl. die ähnliche Äußerung zu Kanzler Müller Nr. 3940.

3620 (vgl. 1471c). Die Briefe Barthold Georg Niebuhrs. Hrsg. von D. Gerhard und W. Norvin. Bd 2. Berlin 1929, 298f.

3621 Breve til og fra F.C. Sibbern. Udgivne af C.L.N. Mynster. Bd 2. Kjøbenhavn 1866, 25f. Aus dem Dänischen übersetzt von Wilhelm Friese, Tübingen. – *öfters zu dem großen Dichter zu gelangen:* «Dr. Sibbern» in

GTgb vom 6. bis 18. Juni mehrfach erwähnt. – *einen weiteren eigentlichen Minister:* C.G. v. Voigt.

3622 (1469) wie 3621 S. 70ff. – *die Briefe:* von Zelter, Knebel und Kettenburg. – *neuen Universität:* in der Hauptstadt Christiania (heute Oslo), gestiftet 1811, gegründet 1813.

3623 (1470) wie 3621 S. 77 – *«Hakon Jarl»... in Weimar... geben:* vgl. Nr. 2240 und Anm.

3624 (1474) Janssen 2, 216 – *In Karlsbad:* Stolberg in GTgb vom 13. Juni bis 9. Juli mehrfach erwähnt. – *Jacobis Schrift:* lies: Schriften (nach Trunz/Loos 125). Damit ist (im Gegensatz zu unserer Erläuterung) gemeint: Friedrich Heinrich Jacobi's Werke. Bd 1. Leipzig 1812. Darin sind ausgewählte Briefe an und von Hamann enthalten.

3625 Behrens 425 und GJb 18, 119 – Bei Behrens ist versehentlich folgender Satz weggelassen worden: «Unter anderm sprach er ganz vortrefflich über Jacobis letzte Schrift.» – *Vom Vorigen:* von den Angriffen in den ‹Xenien›, die von Schiller stammen. – *Jacobis letzte Schrift:* ‹Von den göttlichen Dingen und ihrer Offenbarung›.

3626 Diezmann 36

3627 Die Musik. 19. Jahrg. Heft 7. S. 1 (mit Faksimile) – *[in Teplitz]:* Goethe war dort vom 14. Juli bis zum 11. Aug. – *täglich bin ich mit ihm zusammen:* Begegnungen in GTgb am 19., 20., 21. und 23. Juli bezeugt. Vgl. GTgb 21. Juni: «Abends bey Beethoven. Er spielte köstlich.»

3628 ChrWGV 26, 36 – Der Bericht ist überschrieben: «Unterthänigste Meldung.» Er war für Wien bestimmt. – *Namensfeste:* vgl. GTgb 3. Aug.: «Nahmenstag des Herzogs gefeyert. Die Kayserinn und Prinzeß Mariane waren im Gärtchen.» – *Maria Anna:* von Sachsen.

3629 (1475) Urlichs 1, 637f. – *[Die Wette]:* Lustspiel in einem Akt (GA 6, 769ff.). – *[am 28. Juli]:* vgl. GTgb: «Ihro Majestät, Gräfin O'Donel. Der Herzog, Fürst Lichnowsky Aufgabe, das Betragen zweyer durch eine Wette getrennter Liebender.» Vgl. ferner Goethes Brief an Christiane aus Teplitz nach Karlsbad vom 1./2. Aug. (WA IV 23, 48). – *[am 6. August]:* vgl. GTgb: «Befand mich nicht ganz wohl.» Vgl. Goethes Brief an die Gräfin O'Donell vom 7. Aug. (WA IV 23, 54). – *an seine Frau geschrieben:* am 19. Juli (WA IV 23, 43). – *Gedicht an die Kaiserin:* vgl. Nr. 3617 und Anm.

3630 Beethovens Sämtliche Briefe, hrsg. von A. Ch. Kalischer, Bd 2, Berlin und Leipzig 1907, 97ff. – Dieser angebliche Brief Beethovens, erstmals veröffentlicht im ‹Athenäum für Wissenschaft, Kunst und Leben›, Nürnberg, Januar 1839, dürfte vorwiegend, wenn nicht ganz aus der Feder Bettinas stammen. Vgl. O. Fambach: Eine Brieffälschung der Bettina von Arnim... In: DtVjs 45, 1971, 773ff. Zu vergleichen ist der undatierte Brief Bettinas an Pückler-Muskau (Fürst Hermann von Pückler-Muskau: Briefwechsel. Bd 1. Hrsg. von Ludmilla Assing. Hamburg 1873. S. 90ff.), der ähnliche *mündliche* Äußerungen Beethovens Bettina gegenüber wiedergibt, wie sie in dem Beethoven-Brief *schriftlich* formuliert sein sollen. Diese werden bekräftigt mit den Worten: «Die Reden sind alle wörtlich wahr, es ist nichts Wesentliches hinzugesetzt, Beethoven erzählte es mehrmals auf dieselbe Weise...». Über die nachweisbaren Unstimmigkeiten in der Chronologie vgl. die ausführliche Argumentation von O. Fambach. Die so bekannt gewordene Begegnung mit der Hofgesellschaft ist demnach in das Reich der Fabel zu verweisen. Beethoven befand sich am 9. Aug. in Franzensbad. Von dort aus schrieb er den Brief an Breitkopf und Härtel (vgl. Nr. 3631) und am 12. Aug. an den Erzherzog Rudolf: «Mit Göthe war ich viel zusammen...» (Quelle S. 95). Was Bettina aus Beethovens Munde *wirklich* erfahren hat, wird man nie ergründen können. Daß ein Kern von Wahrheit, beruhend auf der Verschiedenartigkeit der beiden großen Männer, darin enthalten ist, kann nicht bestritten werden. Das beweist auch das folgende *echte* Briefzeugnis Beethovens. Und Goethe hinwiederum äußert sich gegenüber Zelter in seinem Brief vom 2. Sept. über Beethoven: «Sein Talent hat mich in Erstaunen gesetzt; allein er ist leider eine ganz ungebändigte Persönlichkeit, die zwar gar nicht Unrecht hat, wenn sie die Welt detestabel findet, aber sie freylich dadurch weder für sich noch für andere genußreicher macht.» (WA IV 23, 89). Für die Begegnung mit Spaziergängern (nicht mit der Hofgesellschaft!) gibt es eine anekdotische Variante bei: L.A. Frankl: Wahrheit aus Goethes Leben. In: Die Heimat, 1882, 768.

3631 wie 3630 S. 94 – Aus Franzensbrunn (Franzensbad).

3632 Allgemeine musikalische Zeitung, 30. Jahrg., 1828, Sp. 13f. – *Karlsbad:* vielmehr Teplitz. Eine spätere Begegnung in Karlsbad fand am 8. Sept. statt. – *Musik zu seinem Egmont:* op. 84 (1809). – *daß wir diese Musik... geben:* d.h. in Leipzig.

3633 Urlichs 3, 335

3634 Wahl 2, 359 – Deutsch: Bode 2, 376 – *son second séjour à Carlsbad:* Goethe war vom 12. Aug. bis 12. Sept. nochmals in Karlsbad.

3635 JbSKipp 3, 45 – *Ins Theater:* wo ‹Die beiden Klingsberge› von Kotzebue gegeben wurde. – *die zwei letzten Bücher:* das 9. und 10. Buch DuW. Durchsicht mit Riemer in GTgb vom 20. Sept. bis 3. Okt. vermerkt.

3636 StG 8, 15 – *den fünften:* vielmehr den siebten nach der Schlacht bei Borodino. – *Ich sah heute Goethen:* vgl. GTgb: «Bey Frau von Stein».

3637 Westfalen, Jahrg. 8, 1916, 51f. – *interessanten Mann in Jena:* gemeint ist Knebel. Ein Brief Goethes vom 23. Sept. ist nicht bekannt.

3638 wie 3637 S. 52ff. – *seinen Tod:* am 26. März 1812. – *von Stolberg:* in Karlsbad. – *Griesbach:* gestorben am 24. März 1812. – *in Jena:* wo sich Buchholtz vom 24. bis 26. Sept. aufhielt.

3639 wie 3637 S. 56ff. – *[zu Goethe]:* vgl. GTgb: «Gegen ein Uhr Herr von Buchholz von Münster. Blieb derselbe bey Tisch.» – *Frage altioris indaginis:* res altioris indaginis (Ausdruck der Rechtssprache) = Sachen, die einer tieferen Nachforschung bedürfen. – *sein Sekretär:* E. C. Ch. John. – *ich bin wohl dafür:* «Zusatz im Notizbuch...: Auf die Schriftsteller sich beziehend. Die Natur hat große, kleine Blumen usw. – Ich applaudire, wo ichs tu, im ersten Akt: man kann durch Applaudiren ein Stück zwingen usw.» (JbGG 5, 212 Anm.) – *Iffland:* der im Dezember auch nach Weimar zu einem Gastspiel kam. – *«Hurtig und ungeschaffen»:* vgl. Schuchardt II 148 Nr. 1209. Deutsche Medaillen des 16. Jahrhunderts: F.R. Hurttich und Ungeschaffen M CXXV.

3640 wie 3637 S. 59 – *in Heidelberg:* wo er 1808 studierte. – *benigna interpretatio:* wohlwollende Deutung.

3641 StG 8, 15f. – *Doktor in Jena:* wohl D. G. Kieser. Die Lektüre seiner 1812 bei Frommann in Jena erschienenen Schrift: Grundzüge der Pathologie und Therapie des Menschen (Ruppert 4749) nach GTgb am 22. Sept.

3642 KnebelBriefw 630 – Goethe war vom 1. bis 3. Okt. in Jena.

3643 (1478) aaO 104f. und 108ff. – Vgl. GTgb 1. Okt.: «Bey Maj. v. Knebel. Prof Luden.» – *mit Hufeland nach Jena:* vgl. Nr. 2260. – *Biographie von Sir William Temple:* Göttingen 1808. – *zu dem Versuche einer Biographie des Herzogs bewogen:* vgl. Nr. 1373 und Anm. – *Nördlingen:* bei Nördlingen erlitt Herzog Bernhard 1634 durch eigenes Verschulden eine schwere Niederlage.

3644 (1478a) GJb 26, 189 – *Neunundzwanzigsten Februar:* Müllners Trauerspiel ist 1812 in Leipzig erschienen. – *eine der nächsten Darstellungen:* vgl. Nr. 3658 und Anm.

3645 Bibliothèque universelle et Revue suisse, Tome LXXIV, Lausanne 1914, 543 – Bei dem Datum scheint es sich um das der Begegnung zu handeln. Vgl. GTgb 8. Okt.: «Abends bey Ihro Hoheit zum Thee.»

3646 (1479) Gr 4f. – Vgl. GTgb: «Mit Geh. Regierungsrath von Müller zum Gesandten und Legationssecretär Schwebel.» – Vor der Goetheschen Rede späterer Zusatz: «Im Heimgehen kamen wir auf seine Kupferstichsammlungen zu sprechen, wie er denn auserlesene Blätter daraus alle Sonntags Morgen jenen kunstliebenden Freunden und mir ausgewählte Exemplare aus seiner eigenen reichen Sammlung vorzuzeigen und zu erläutern pflegte.» (Grumach 9)

3647 (1480) Briefe von Carl Maria von Weber an Hinrich Lichtenstein, hrsg. von E. Rudorff, Braunschweig 1900, 24f. – *[am 27. Oktober]:* vgl. GTgb: «Herr Capellmeister von Weber.»

3648 StG 8, 17 – *Musik bei der Großfürstin:* vgl. GTgb 27. Okt.: «Abends bey Ihro Hoheit zum Concert.» Vgl. O. Fambach in JbFDH 1969, 221: «Karl Maria v. Weber hielt sich in Weimar zusammen mit der dort gastierenden Sängerin Mme Schönberger auf...»

3649 DüntzerStein 2, 373

3650 aaO (als Handschrift gedruckt) S. 64f. – Vgl. die Variante in den Nachträgen Nr. 7477. – *[am 30. Oktober 1812?]:* vgl. GTgb: «Fahrt mit August nach Berka, um die dortigen Schwefelquellen zu betrachten. Gegen Mittag zurück.»

3651 (1772) aaO 1, 91ff. – Zur Datierung: Ifflands ‹Herbsttag› von 1791 bis 1805 in zunächst jährlichem, später etwas größerem Abstand aufgeführt. Die Probe, von der die Rede ist, dürfte die für die Wiederaufführung am 16. Nov. 1812 gewesen sein. – *Goethe schenkte keinem und keiner etwas:* über Goethes pädagogisches Einwirken auf die Schauspieler vgl. die ‹Regeln für Schauspieler› (GA 14, 72ff.). – *«Gaudeamus igitur!»:* bekanntes Studentenlied.

3652 GJb 10, 156 – *in Jena:* Goethe befand sich vom 1. bis 24. Nov. dort.

3653 (1483/1483a) KnebelBriefw 633ff. – *lief zu Goethe:* vgl. GTgb 18. Nov.: «Knebel wegen Incarceration seines Sohnes. Mit Obrist von Hendrich über diesen Fall gesprochen. Aufsatz mit Knebeln für denselben ... Durchl. dem Herzog mit dem Knebelschen Petitum.» – *diktierte ihm Briefe:* vgl. GTgb 21. Nov.: «Der junge Knebel assistirend beym Schreiben.»

3654 (1482) Aphor 345 – Datierung nach PollmerUnters 131.

3655 JbSKipp 3, 45 – Vgl. GTgb: «Mittags Professor Riemer. Nach Tische mit demselben über Aesthetica und Moralia.»

3656 DüntzerChSchiller 85 – Brief undatiert, eingeordnet vor dem folgenden Brief von Anfang Dezember 1812.

3657 DüntzerChSchiller 86

3658 (1484) GJb 26, 189f. – *Der Neunundzwanzigste Februar:* das Stück wurde in Weimar nicht aufgeführt. – *mit den Versen hätte ich [nicht] gewechselt:* die Konjektur nach FBdm; in der Tat wird der durchgehende Vierheber gelegentlich durch andere Metren unterbrochen, jedoch so selten, daß die Konjektur in Frage gestellt werden muß. – *«Vertrauten»* ... *«Gefährliche Prüfung»:* noch unveröffentlicht.

3659 JbSKipp 3, 45 – *Die heiligen drei Könige und Invocavit:* ‹Epiphaniasfest› (GA 1, 104f.) und ‹Versus memoriales› (ebd 452).

3660 JbSKipp 3, 46 – *Durchreise Napoleons:* vgl. GTgb: «Herr von Wolpock die Durchreise des Kaisers notificirend, so wie daß er sich nach mir erkundigt.»

3661 (1486) Gr 5f. – *Alles vekündet Dich:* ‹Gegenwart› (GA 1, 44), hier ungenau wiedergegeben. – *«Namen, ich nenne Dich nicht»:* richtig: «Namen nennen dich nicht». Komposition von L. Berger. Goethes Gedicht ist also eine Kontrafaktur nach dem Gedicht von Ueltzen. – *im Widder:* vielmehr im Stier. – *heiter gestimmt:* späterer Zusatz: «Es war, als ob ihm selbst etwas höchst Bedeutendes widerführe. Da war er denn zu Anerkennung jedes Ausgezeichneten doppelt gestimmt.» (Grumach 10) – *«bloß pro redimenda vexa»:* nur um eine Pflicht zu erfüllen. – *Selbstmord seines Sohnes:* Zelter hatte Goethe in seinem Brief vom 14./16. Nov. den Selbstmord seines Stiefsohns K.L. Flöricke mitgeteilt (Hecker 1, 333ff.). Goethe verwendet in seinem Antwortbrief vom 3. Dez. zum erstenmal das Du gegenüber Zelter (WA IV 23, 185ff.). – *Angriff gegen deutsche Literatur:* ‹Ein Wort über deutsche Literatur und deutsche Sprache› in Friedrich Schlegels ‹Deutschem Museum› Bd 1, H. 3, S. 197ff. (nach Gr 199 Anm.). – *musikalischen Vereinen:* wie den früheren musikalischen Veranstaltungen am Sonntag vormittag.

3662 Pollmer 333 – Datumskorrektur nach GTgb, wonach Riemers Anwesenheit am 23., nicht aber am 24. Dez. bezeugt ist. – *die Juden:* Gedankengang wohl mit ausgelöst durch die Aufführung des Schauspiels ‹Der Jude› von Cumberland am 22. Dez.

3663 KnebelBriefw 641 – *fünf Tage:* vom 19. bis 24. Dez. – *Ifflands Spiel:* das Gastspiel dauerte vom 20. bis 30. Dez.

3664 (NN 1486a) aaO 123ff. – *Herzog von Gotha:* Anwesenheit in GTgb am 23. Dez. bezeugt. – *[am 25. Dezember]:* vgl. GTgb: «Der fremde

Schauspieler Haak.» – *die bekannte kleine Gipsstatue:* die Statuette im Hausrock von Rauch aus dem Jahre 1828 (Schulte-Strathaus Taf. 155). – *Stralsund:* Haake hatte von dort, wohin er mit einer Wandertruppe gelangt war, brieflich seinen Besuch bei Goethe angemeldet.

3665 JbSKipp 3, 46 – Vgl. GTgb: «Mittags Iffland, Hofkammerrath Kirms, Bergrath Voigt, Professor Riemer und Dem. Seidler. Heiterer Mittag.» – *Cobentzel:* wohl richtig Cobenzl.

3666 (1487) Im neuen Reich 1875/1, 726f. – *(am 20. Dezember 1812):* vgl. GTgb: «Nach Tische kam Dem. Seidler. Man blieb zusammen bis zum Schauspiel.» – *Bronze-Statue des berühmten Moses von Michelangelo:* vgl. Schuchardt 2, 20 Nr. 104, ferner Goethes Erwähnung der Erwerbung in TuJ 1812 (GA 11, 856).

3667 Uhde 50 – *Gatten:* Friedrich Siegmund V.

3668 Archiv 15, 46

3669 (NN 1486b) aaO 125ff. – *[29. Dezember 1812]:* vgl. GTgb: «Schauspieler Haak, der einiges recitirte.» – *Anlagen zu etwas Tüchtigem:* über Haaks fernere Karriere vgl. Bi^2 5, 491 Anm.: «Er fand nach längerem Umherziehen Engagement in Karlsruhe, war dann an verschiedenen Bühnen, Regisseur in Braunschweig 1818–23, Direktor in Mainz 1829, in Breslau 1835, Regisseur in Frankfurt a.M. 1850, Direktor in Heidelberg 1854, letztes Auftreten 1862 in Mainz.»

3670 Weniger 154f. – *Goethe mitgeteilt:* Müffling hatte das Stück mit Brief vom 14. Dez. 1812 übersandt (vgl. ebd 153f.). – *[am 13. Januar]:* vgl. GTgb: «Im Schauspiel der Puls [Lustspiel von Babo] und die Erfüllung.» – *Minette:* Müfflings Frau Wilhelmine. – *für den Autor:* das Stück ist nicht erhalten. Müfflings Autorschaft blieb offensichtlich weiter verborgen. Noch in WA III 14, 486 (Reg.) wird das Stück einem gewissen Köllmer mit Fragezeichen zugeschrieben.

3671 JbSKipp 3, 46

3672 Urlichs 1, 649f. – *er ist krank:* vgl. GTgb 8. Jan.: «Befand mich nicht ganz wohl. Fieberhafte Nacht.» 9. Jan.: «Blieb lange im Bette.»

3673 (1487a) HoubenSchopenhauer 198 – *[am 18. Januar]:* an diesem Tage ist Johanna Schopenhauer als Besucherin bei Goethe in GTgb bezeugt. – *Zenobia:* ‹Die große Zenobia› von Calderon. Das Stück wurde am 30. Jan. 1815 in Weimar aufgeführt.

3674 Archiv 15, 47f.

3675 DüntzerStein 2, 377 – *Wielands Tod:* 20. Jan.

3676 (1489) aaO 151ff. – Das Stück findet sich in der Quelle im Kap. VI: ‹Goethe's Verhältnisse zu ausgezeichneten Zeitgenossen und Urtheile über sie›, Abschnitt 8: ‹Goethe und Wieland›. – *eine Vorlesung:* Falk berichtet vorher: «Den Abend [des 24. Jan.] brachte ich in einem geselligen Kreise hin, wo ‹Die natürliche Tochter› gelesen wurde …» (ebd 149). – *Herder:* zum positiven Urteil des Ehepaars Herder über die ‹Natürliche Tochter› vgl. Nr. 1830. – *jener geheimnisvolle Schrank:* Die natürliche Tochter II, 4. – *wo Eugenie … mit ihrem Schmucke spielt:* ebd II, 5. – *‹Pervonte›:* Verserzählung, erstmals gedruckt im ‹Teutschen Merkur› 1778/79. – *[Das Wintermärchen]:* Verserzählung, erstmals gedruckt im

‹Teutschen Merkur› 1776. Bis zur Ausgabe letzter Hand 1796 mehrfach überarbeitet. – *‹Sympathien eines Christen›:* gemeint ist wohl die 1756 erschienene Schrift ‹Sympathien›. – *Präservativ:* Vorbeugungsmittel. – *Briefen des Cicero:* die Übersetzung der sämtlichen Briefe blieb unvollendet. – *Musarion:* für Goethes frühe Schätzung dieser Verserzählung vgl. Nr. 164. – *Wieland im Tode gesehn:* seine Leiche war, wie Falk berichtet (Quelle S. 149), «im bertuch'schen Hause ausgesetzt». – *August v. Goethe:* vgl. GTgb 25. Jan.: «Gegen Abend August von Osmannstedt, der die Umstände des Begräbnisses erzählte.»

3677 (1490) aaO 50ff. – Das Stück findet sich in der Quelle im Kap. IV: ‹Goethe's wissenschaftliche Ansichten›. Riemer kritisiert dies Gespräch und urteilt, daß es «gar zu sehr in dem Falkischen Idiom abgefaßt» sei (Ri 1, 25). Kanzler Müller notiert unter dem 24. Jan. 1819 aus einem Gespräch mit Falk: «An Wielands Begräbnistag sprach er [Goethe] mit Falk über Seelenwanderung und die Anziehungskraft höherer Geister im Weltall...» (Gr 25). Die Glaubwürdigkeit des Gesprächs wird heute allgemein höher angesetzt als früher. – *wenn es Ihnen anders gefällt:* gemeint ist: wenn (anders) es Ihnen gefällt. – *ein Hund... mit seinem Gebell:* in Goethes unmutigem Ausbruch nimmt Riemer an den Ausdrücken «Larve» und «unterkriegen», als Goethe nicht angemessen, Anstoß (Ri 1, 25). In Kanzler Müllers Bericht nach Falk lautet der Ausspruch: «Mich kriegst du so weit nicht mehr herunter.» (Gr 25). – *Wieland... als einem Stern erster Größe:* vgl. die Formulierung bei Kanzler Müller: «...er...meinte, Wielands Seele könne wohl irgendeinen ganzen Planeten zum Vehikel angeeignet bekommen.» (ebd) – *den Menschen das erste Gespräch... das die Natur mit Gott hält:* vgl. Nr. 7223.

3678 Urlichs 1, 653 – *Trauerrede für die Loge:* ‹zu brüderlichem Andenken Wielands› (GA 12, 693ff.) – *Seit dem schönen Gesang:* wohl am Sonntag, dem 3. Jan. (nach GTgb).

3679 (1491) Aphor 347 – Datumskorrektur nach GTgb 31. Jan.: «Mittag... Riemer...». Am 30. Jan. war die Aufführung von Paers ‹Agnese› gewesen.

3680 Urlichs 1, 655f. – *zum 16.:* Geburtstag der Maria Paulowna.

3681 (1492) Ri 1, 7 Anm. mit dem Schlußvermerk: «G. mündlich, d. 15. Febr. 1813.» – Datumskorrektur nach GTgb 14. Febr.: «Mittags Professor Riemer. Unterhaltung mit demselben.»

3682 Pollmer 345 – Diese und die folgende undatierte Nr. sind in der Quelle zwischen dem 15. Febr. und 26. Sept. eingeordnet.

3683 Pollmer 345f.

3684 GJb 1, 336 – *Bilder-Szenen:* vgl. GTgb: «Abends an Hof, die Tableaux aufgeführt.» – *Müller:* Kapellmeister August Eberhard M.

3685 JbSKipp 4, 305

3686 (1493) Uhde 1875 S. 87f. Anm. – *[am 17. Februar]:* vgl. GTgb: «Nach Tische Dem. Seidler, Unterhaltung über die neusten Romane.» – *Fouqués «Zauberring» und «Undine»:* erschienen 1813 bzw. 1811.

3687 Im neuen Reich 1875/1, 728f. – Aus der Fortsetzung des gleichen langen Briefes wie Nr. 3686. – *Carl:* der Diener Johann David Eisfeld. Er wurde am 26. Okt. 1812 entlassen. – *Scharwenzel:* im heutigen Sinne etwa: Mädchen für alles.

3688 GeigerWeimar 278 – *Aufsatz:* vgl. Nr. 3678 und Anm. – *als Manuskript für Freunde:* ‹Wieland's Andenken in der Loge Amalia zu Weimar gefeyert den 18. Februar 1813 von Goethe. Als Manuscript.›

3689 PollmerUnters 78 – Unterschrieben «G.R.» Kennzeichnung für das Ergebnis eines Gespräches zwischen Goethe und Riemer.

3690 Uhde 69 und 71 f. – *Briefe [vom 24. Februar]:* vgl. WA IV 23, 288 f. – *«Stickerin»:* vgl. Abb. Uhde nach S. 72. – *Lotterie:* zur Verlosung vgl. die Darstellung von K.K. Eberlein in JbGG 14, 51 f. – *[am 11. März]:* vgl. GTgb: «Neue Liste zur Ausspielung des Kersting'schen Gemäldes... Abends Ausspielung bey Frau Hofrath Schopenhauer. Stallmeister Seidler gewann das Bild.» – *Argandschen Lampe:* Petroleumlampe.

3691 JbSKipp 3, 47 – Vgl. GTgb: «Sonett in das Portefeuille der Hoheit.» – *Sonett:* ‹Ihro Kaiserlichen Hoheit der Frau Erbgroßherzogin von Sachsen-Weimar und -Eisenach› (GA 1, 673). – *Fürsten Kurakin:* über ihn vgl. Goethe an Reinhard 14. Nov. 1812 (WA IV 23, 151).

3692 Montagsblatt. Wissenschaftliche Beilage der Magdeburgischen Zeitung. 74. Jahrg. Nr. 4 vom 25.1.1932 – Vgl. GTgb 15. März: «Legationsrath Falk. Gespräch besonders über die Metamorphose der Pflanzen und Ähnliches.» – *Brief von Schelling an einen Freund über die persönliche Fortdauer:* Briefe (über Metamorphose) an Georgii (Oberjustizrat in Stuttgart), von denen Goethe eine Kopie hatte (vgl. GTgb 24.2.1813). – *Tabellen über die Beschaffenheit der Raupe:* vgl. Nr. 1310 und Anm. – *Vogel:* gemeint ist das fliegende Insekt. – *Hofrat Stark:* gestorben 1811.

3693 JbSKipp 3, 47 – *Schelling; sein Journal:* wohl Kritisches Journal der Philosophie, hrsg. von Schelling und Hegel.

3694 (1634a) aaO 7 – In deutscher Übersetzung Bi² 2, 262. – *[28. März 1813]:* vielmehr: vor dem 24. März; denn an diesem Tage hat Goethe die Werke des Statius aus der Weimarer Bibliothek entliehen (vgl. Keudell Nr. 846). Der 28. März ist der Tag, an dem das Gespräch über Statius stattgefunden hat, vgl. GTgb: «Mittags Professor Riemer und Hand... Nachher über Statius.» – *equum Domitiani:* Nachweis dieser und der folgenden Statius-Stellen bei GrumachAntike 394.

3695 aaO 153 – Hinweis von Ernst Zinn, Tübingen. – *silvam:* Statius hat seine Gedichte in 5 Bänden unter dem Titel ‹Silvae› veröffentlicht.

3696 wie 3692 74. Jahrg. Nr. 9 vom 29.2.1932 – Vgl. GTgb 29. März: «Herr Legationsrath Falk, Naturgeschichte. Metamorphose der Pflanzen, besonders Knospen.» – *Schelver:* der 1. Bd der ‹Kritik› ist 1812 erschienen (vgl. Ruppert Nr. 5052). – *das offenbare Geheimnis:* von Goethe mehrfach gebrauchte Formel. – *Harzzeichnungen:* von G.M. Kraus (vgl. Nr. 709 und Anm.).

3697 JbSKipp 3, 47 – *Schule von Athen:* von Raffael.

3698 Urlichs 1, 659 – *Rede... [auf Wieland]:* vgl. Nr. 3678 und Anm. – *an seinem Garten:* Aufenthalt im Garten in GTgb 7.–9. April bezeugt. – *Jupiters Kopf:* vgl. GTgb 24. Febr.: «Ankunft des Jupiters von Gotha und Aufstellung desselben.» Es handelt sich um einen Abguß des Jupiters von

Otricoli. Vgl. auch die Erwähnung in TuJ 1813 (GA 11, 860).

3699 JbSKipp 3, 47 – Karfreitag.

3700 (1494) GJb 26, 191 – *«Die großen Kinder»:* erwähnt in GTgb am 2. April. – *[etwa 13. bis 16. April]:* an diesen Tagen sind Wolffs in GTgb erwähnt. – *das gestrige Stück:* am Tage der Erstaufführung des Stücks war Goethe nicht mehr in Weimar.

3701 JbSKipp 3, 47 – *Werke:* wohl zur Vorbereitung der zweiten Cottaschen Ausgabe.

3702 DüntzerStein 2, 382

3703 (1495) KnebelBriefw 650

3704 (1496a) Deutsche Pandora. Gedenkbuch ... Bd 1. Stuttgart 1840, 65f. – Die Glaubwürdigkeit des Berichts im ganzen ist nicht zu bezweifeln, wenn auch im einzelnen Unstimmigkeiten zugegeben werden müssen. Goethe war nach GTgb vom 19. April 7 Uhr abends bis 20. April ½ 1 Uhr mittags in Meißen. Der Waffensegen ist bezeugt durch Goethes Gedicht ‹An Friedrich Förster› (Jena, den 27. September 1820): «Als an der Elb ich die Waffen ihm segnete...» (GA 2, 282).

3705 (1496) Ost und West 1837, 20. Weitere Variante dieser Geschichte: Kletke 166f. – *Schlacht von Lützen:* gemeint ist die Schlacht bei Groß-Görschen (bei Lützen) am 2. Mai, bei der Napoleon siegreich war.

3706 (1497) Woldemar Frhr. von Biedermann, Goethe und Dresden, Berlin 1875, 30 – *[in Dresden]:* vgl. GTgb 20. April: «Gegen 4 Uhr in Dresden ... Einquartiert bey Hofrath Burgsdorff.»

3707 Hedwig v. Olfers geb. v. Staegemann. Bd 1. Berlin 1908, 166.

3708 (1498) aaO 2. Aufl. S. 195f. – *in zwanzig Jahren:* Arndt studierte 1793 in Jena. – *[am 21. April 1813]:* vgl. GTgb: «Bey Körners, wo wir Herrn Arndt fanden.» Erwähnung Arndts auch im Brief an Christiane vom 21. April (WA IV 23, 326).

3709 (1500) aaO 1, 285f. – *[am 22. April 1813?]:* Vgl. Goethes Brief an Christiane vom 25. April: «Donnerstag den 22. gingen wir nach dem Kupferstichkabinett... Nach Tisch auf die Gallerie.» (WA IV 23, 328).

3710 wie 3706 S. 30 – *von frühern Zeiten her:* erste Begegnung mit dem Minister von Stein in Weimar 15.–17. Sept. 1807.

3711 (1499) VarnhagenVermSchr³ 2, 332 – *[am 23. oder 24. April 1813?]:* an diesen Tagen war Goethe laut GTgb bei Frau v. Grotthuß zu Besuch.

3712 (1501a) wie 3538 S. 197 – Auf die Widersprüche dieses und des folgenden Berichts mit den Angaben in GTgb vom 24. April hat bereits L. Geiger in GJb 23, 223f. hingewiesen. – *die schwarze Tante:* Geiger ebd hält für möglich, daß Frau v. Grotthuß damit gemeint sei.

3713 (1501) aaO 6. Abdruck, Berlin o.J., 137ff. – *eine unbekannte Dame:* vgl. «die schwarze Tante» in Nr. 3712 und Anm. dazu.

3714 Aus den Papieren des Ministers... Theodor von Schön. Anlagen zum zweiten Theil. 4. Bd. Berlin 1876, 162.

3715 wie 3714 Zweiter Theil. 3. Bd. Berlin 1876, 17f.

3716 wie 3706 S. 30.

3717 Bibliothèque universelle et Revue suisse. Tome LXXV. Lausanne 1914, 89 – *am 26. April:* Montag. – *deux soirées:* nach GTgb war Goethe am

28. mittags und am 29. abends bei Maria Pawlowna.

3718 wie 3717 S. 89 – *[30. April]:* vgl. GTgb: «Abends zur Hoheit, die Geschichte von der klugen Hausfrau und dem wilden Jäger.» – *Princesse [Marie]:* geboren 1808.

3719 wie 3717 S. 89.

3720 wie 3717 S. 89f. – *Tous ces jours:* Besuche am 2., 3., 4. und 5. Mai in GTgb bezeugt.

3721 wie 3717 s. 90ff.

3722 Fritz Jonas: Christian Gottfried Körner. Berlin 1882, 291 – Datum des Briefes nach Bode 2, 396. Körners hatten Dresden wegen der Kriegsunruhen verlassen. Begegnungen in GTgb seit dem 9. Mai mehrfach bezeugt.

3723 Zeitschrift für deutsches Altertum und deutsche Literatur Bd 25, 1881, 97 (JbGG NF 3, 310f.) – *mein Vater:* der Kupferstecher Stock in Leipzig. – *daß wir ihn erwarten sollten:* «Von dem Wiedersehen im August 1789 nach Goethes Eisenacher Reise ist sonst nichts bekannt ... wenn es überhaupt stattfand.» (JbGG NF 3, 311).

3724 (1503) Weimarer Zeitung 13.6.1889 – *am 12. [vielmehr 27.]:* vgl. GTgb 27. Mai: «Nach Tische im Garten. Die Legationsverwandten des Grafen Bubna gesprochen.» – *in Dresden:* vgl. Nr. 3735.

3725 (1504) Die Harfe 1, 1815, 220ff. – *[am 29. Mai 1813]:* vgl. GTgb: «St. Schütze von Karlsbad kommend.» – *sein Sekretär:* Ernst Carl Christian John. – *am andern Tage:* vgl. GTgb 30. Mai: «Abends mit Dr. Schütze gegen Bilin. Einiges von den Chausseehaufen mitgenommen, ingleichen Strontium im Basalt.» – *Eisenstengel:* vgl. Goethe an August 27. Juni: «Der stängliche Thoneisenstein ist ein Mineral, das uns Bewunderung ablockt, so oft man es betrachtet. Nun ist es pseudovulcanisch ...» (WA IV 23, 391). – *in der hebräischen Sprache:* über Goethes Beschäftigung mit dem Hebräischen vgl. DuW 4. Buch (GA 10, 139ff.). – *[am 1. Juni]:* vgl. GTgb: «Mit Dr. Schütze gegen Mariaschein.» – *[am 3. Juni]:* vgl. GTgb: «John kranck. Mit Dr Schütz spazieren gefahren. Persönlichkeiten der deutschen Litt. Kind, Langbein, Kuhn, Kleist. Rhetorische Technologie.»

3726 wie 3704 S. 213 – *Sebastian Sailer:* Goethe erwarb später dessen ‹Schriften im schwäbischen Dialekte›, Buchau 1819 (vgl. Ruppert Nr. 1104).

3727 (1506) SchrGG 18, 392f. – Eine Begegnung mit Dittrich ist in GTgb am 1. Juli bezeugt: «Anton Dittrich Cistercienser Ordens-Priester und Prof. des Stils am Gymnas. zu Commotau.» Der Hrsg. nimmt einen weiteren (in GTgb nicht bezeugten) Besuch am 16. Juli an. Stimmt dies, so hätte er sich bei der Angabe des Briefdatums verschrieben, und dies müßte lauten: 17. Juli 1813. Goethe erwähnt Dittrich auch unter den «bedeutenden Personen», die er in Teplitz gesehen habe, in TuJ 1813 (GA 11, 862). – *Jenisch:* Daniel Jenisch: Vorlesungen über die Meisterwerke der griechischen Poesie, mit besonderer Hinsicht auf die poetischen Meisterwerke der neueuropäischen Litteratur. 2 Bde Berlin 1803. Enthält mehrfach hohes Lob Goethes. – *Baggesens Heideblumen:* erschienen 1808. – *epigrammatisches Urteil:* Anspielung auf das Epigramm ‹Der Meister› zitiert Quelle S. 394.

3728 Wahl 3, 271 – *von denen sehr merkwürdigen Tagen:* Goethe hatte vom 9. bis 11. Juli einen Ausflug nach Zinnwalde und Altenberg unternommen, über den er in einem 1820 veröffentlichten Aufsatz berichtet (GA 17, 515ff.). Auch Schmid wird darin erwähnt (ebd 520). GTgb vermerkt unter dem 10. Juli: «Nach Altenberg Mittags zurück Abends Berg-A Assessor Schmidt.» – *seine Töchter noch zu unbedeutend:* Schmid hatte 1809 geheiratet.

3729 (1505) aaO 4ff. – Schwanenfeld wird in GTgb am 29. Juni erwähnt: «Im Garten. Rittmeister v. Schwanefeld erzählte seine Abentheuer bey Eröffnung der unglücklichen Campagne.» Eine ausführliche Charakterisierung findet sich im Brief an Christiane vom 1. Juli (WA IV 23, 383f.). Auch in TuJ 1813 wird Schwanenfeld erwähnt (GA 11, 862). Dadurch ist die Glaubwürdigkeit des Berichtes hinlänglich gestützt; ob allerdings das lange aufrecht erhaltene Inkognito Goethes der Wahrheit entspricht, bleibe dahingestellt. – *Schlachten von Groß-Görschen und Bautzen:* am 2. und 20./21. Mai. Der Eintrag in GTgb 4. Juli «Schlacht vom 2. May» bezieht sich vermutlich auf die Gespräche mit Schwanenfeld. – *mit einem kleinen, dicken Forstmanne:* gemeint ist, wie aus dem folgenden hervorgeht, Carl August, der am 5. Juli in Teplitz eingetroffen war. – *Schamade geblasen:* das Zeichen zur Ergebung gegeben. – *bei Lützen:* gemeint ist die Schlacht von Groß-Görschen (vgl. Nr. 3705 und Anm.). – *Vize-Königs:* gemeint ist Napoleons Stiefsohn Eugène de Beauharnais, Herzog von Leuchtenberg. – *Etourderie:* Dummdreistigkeit.

3730 (1507) Archiv 15, 54 – Der Brief muß zwischen dem 6. und 24. Juli geschrieben sein. – *zwei Schreiber:* Goethe vermerkt im Tgb unter dem 23. Juni: «Der junge Schreiber, Nicodem Zeidler Burggrafenamts Schreiber bey dem Teplizer Wirthschaftsamte.» Dieser Schreiber, der bis zum 1. Juli in GTgb erwähnt wird, war für den erkrankten John eingesprungen. Der zweite «geliehene» Schreiber, wenn es einen solchen gab, ist nicht bekannt. – *Lebens- und Liebesgeschichte:* Goethe arbeitete an ‹Dichtung und Wahrheit›. Das folgende, das auf die Begegnung mit der Kaiserin Maria Ludovica und der Gräfin O'Donell vor einem Jahr anspielt, ist selbstverständlich scherzhaft gemeint.

3731 Archiv 15, 56f. – *Goethe vous a écrit:* am 24. Juli (WA IV 23, 407ff.). – *Princesse Leopoldine:* Maria Leopoldine Fürstin von Liechtenstein.

3732 Sydow 4, 84f. – Brief auf Prag. Frau von der Recke ist in GTgb nicht erwähnt.

3733 (1508) Bi^1 10, 70 – Vgl. GTgb: «Um sechs Uhr von Tepliz... Peterswalde, eilf Uhr... Zehist ¾ auf 1. Consist. R. Weber und Familie. Schachwiz. Dresden um drey Uhr.»

3734 (1509) aaO 604f. – *war ich stets sein Begleiter:* Peucer wird vom 11. bis 16. August täglich in GTgb (überwiegend abgekürzt «P.») erwähnt. – *«Herren Regierungsrat Peucer»:* in Handschrift und Druck andere Anordnung der Verse (vgl. GA 2, 273). Ausführliche Beschreibung der Handschrift mit dem eingefügten Dukaten WA I 5^2, 147. – *Sic fulgent littora Rheni:* So blitzen die Fluten des Rheines.

3735 (1510) Weimarer Zeitung 13.6.1889 – *Getreibe und Kriegsgetümmel:* vgl. GTgb 10. Aug.: «Getümmel Gedränge. Feuerwerck. Illumination.» – *die Galerie:* vgl. GTgb 11. Aug.: «Um 9 Uhr Gallerie. Hr. v. Heß.»

3736 (1511) Laube 34 – Anekdotischer Bericht, Glaubwürdigkeit zweifelhaft.

3737 Urlichs 2, 327 – Das Briefdatum korrigiert nach DüntzerStein 2, 390. Goethe war am 19. Aug. abends in Weimar angekommen. Der Besuch bei Charlotte v. Stein, wohl am 20., in GTgb nicht verzeichnet.

3738 JbSKipp 3, 49 – *der Eckart und der Totentanz:* ‹Der getreue Eckart› und ‹Der Totentanz› (GA 1, 143 ff.)

3739 JbSKipp 3, 50

3740 Didaskalia. Belletristisches Beiblatt des Frankfurter Journals 28.8.1875 – *Herrn Geheimrat v. Goethe:* dieser hielt sich vom 26. Aug. bis 2. Sept. in Ilmenau auf. – *sein Geburtstag:* von Goethe ausführlich geschildert in GTgb 28. Aug. und im Brief an Christiane vom gleichen Tage (WA IV 23, 429 f.)

3741 JbSKipp 3, 50

3742 JbSKipp 3, 50 – *Zenobia von Gries:* vgl. Nr. 3673 und Anm.

3743 Urlichs 2, 357 – *où peut-on:* wo könnte man besser sein ... als im Schoße der Familie. Ironisch gemeint mit Bezug auf Sänger und Schauspieler, die als ‹Kinder› Christianes in Goethes Haus verkehrten. – *Mademoiselle Engels:* vgl. GTgb 6. Sept.: «Abend Dlle. Engels. Guitarre.»

3744 JbSKipp 3, 50 – Vgl. GTgb: «Theater Session.» – *Müllers:* G.F.K.L. Müller v. Gerstenbergk und Frau. – *Bischof:* Rotweinpunsch. – *Circe:* komische Oper von P. Anfossi. Dialoge von Vulpius bearbeitet. Aufgeführt in Weimar 1794/95. Von Goethe überliefert Fragment einer Neubearbeitung der Gesangstexte (GA 6, 1119 ff.).

3745 JbSKipp 3, 50

3746 JbSKipp 3, 50 – Vgl. GTgb: «Die Frauenzimmer nach Bercka Mittag Prof. Riemer, Dr Schütz Geschichte der Schlacht bey Dresden, durch letzteren als Augenzeugen.» – *Porträt von der Kaiserin von Österreich, französisch geschrieben:* nicht ermittelt.

3747 JbSKipp 3, 50 – Vgl. GTgb: «Mineralien Ergänzungsblätter der A.L.Z. Abend Riemer. Mineralogische Nomenclatur. Blieb zu Tische.»

3748 JbSKipp 3, 51 – Vgl. GTgb: «Abends Riemer ... Metamorphose. Sprachbildung.»

3749 JbSKipp 3, 51

3750 JbSKipp 3, 51 – Vgl. GTgb: «Militärische Bewegung, Durchzug der Reste von vielerlei Regimentern.» – *[Gymnasial-]Direktor:* nicht ermittelt. – *Bröndsted:* vgl. TuJ 1813: «Herr Bröndsted beschenkte mich im Namen der zu so bedeutenden Zwecken nach Griechenland Gereisten mit einem zum Spazierstabe umgeformten Palmenzweig von der Akropolis; eine bedeutende griechische Silbermünze vertrat die Stelle des Knopfes.» (GA 11, 861). Die Ankunft der Sendung in GTgb 19. Sept. erwähnt.

3751 JbSKipp 3, 51

3752 (1512) GJb 20, 273 – Übersetzung aus dem Polnischen. – *[am 25. September 1813]:* vgl. GTgb: «Einquartirung Polnischer Obrist ... Gespräch mit Obr.» – *großherzogliche Loge:* es gab die Oper ‹Adrian von Ostade› von Weigl.

3753 JbSKipp 3, 52

3754 Pollmer 346

3755 GeigerWeimar 281 – *Memoria [über den Tod von Voigts Sohn]:* Ch. G. v. Voigt, d.J. war am 13. Mai gestorben. Eichstädt hat ein ‹Memoria Chr. Gottl. de Voigt› verfaßt. Erwähnt in GTgb am 22. Sept.

3756 JbSKipp 3, 52

3757 JbSKipp 3, 52 – *Briefe aus Italien an Herder:* im Hinblick auf die Veröffentlichung der ‹Italienischen Reise›.

3758 JbSKipp 3, 52 – *Durchzeichnungen aus einem alten Sachsenspiegel:* vgl. TuJ 1813 (GA 11, 860). Zur Sache vgl. HA 10, 745f. Anm. – *Manuskript über Physiologie:* vgl. GTgb: «...mit letztrem [Riemer] das Mspt die vergl. Anatomie betr. zur Hälfte.»

3759 JbSKipp 3, 52

3760 JbSKipp 3, 52 – *Devigne:* vielmehr de Guignes. Vgl. Nr. 2931 und Anm. Entleihung aus der Weimarer Bibliothek am 4. Okt. bezeugt (Keudell Nr. 863).

3761 (1512b) Heitmüller 211 – *Einleitung:* gemeint ist ‹Erster Entwurf einer allgemeinen Einleitung in die vergleichende Anatomie, ausgehend von der Osteologie›, entstanden 1795, veröffentlicht 1820.

3762 JbSKipp 3, 53 – *Korrektur:* des 3. Teils von ‹Dichtung und Wahrheit›.

3763 aaO 19f. – *«Scilicet...»:* sichtlich ist von dem unermeßlich großen Namen noch viel übrig geblieben (Lucan, Pharsalia VII, 717). Nach Otto Schönberger, Goethe und Lucan, Gymnasium 65, 1958, S. 451 hätte Goethe (gemäß Auskunft des Goethe-Museums in Weimar) für die Aufschrift auf das beschädigte Napoleonrelief jedoch statt ‹nomine› die (heute verworfene) Lesart ‹numine› gewählt (im Hinblick auf das ‹Dämonische› Napoleons). Ob, wie Sch. meint, eine bewußte Wahl der Variante vorliegt (und genaue Kenntnis Lucans), darf bezweifelt werden (Auskunft von Ernst Zinn). Vgl. auch Goethes eigenen Bericht gegenüber Grüner, Nr. 4934.

3764 JbSKipp 3, 53 – *Entstehung und Legende:* ergibt keinen Sinn, soll vielleicht heißen: Entstehung der Legende. Dann wäre damit das 1797 entstandene Gedicht ‹Legende› (GA 2, 108ff.) gemeint. – *Overbeck und Cornelius:* Zeichnungen Overbecks und die Zeichnungen Cornelius' zu den ‹Nibelungen› waren am 19. Sept. bei Goethe angekommen. – *Mahadöh:* die ebenfalls 1797 entstandene Ballade ‹Der Gott und die Bajadere› (GA 1, 158ff.). Was mit «Gedicht als Fortsetzung» und «Vaudeville» gemeint ist, bleibt unklar.

3765 Pollmer 346 – In GTgb kein Anhaltspunkt für dies Gesprächsthema.

3766 JbSKipp 3, 53 – *Uline:* Caroline Ulrich.

3767 JbSKipp 3, 53f. – *des Assessors:* August v. Goethe.

3768 JbSKipp 3, 54.

3769 JbSKipp 3, 54.

3770 (1515) aaO 19ff. – *Etwa zehn Jahre:* die Begegnung hatte Anfang des Jahres 1802 stattgefunden (vgl. Nr. 1744). – *Beiwachtsglut:* Biwakfeuer.

3771 (1526a) Denkwürdigkeiten des Schauspielers... Friedrich Ludwig Schmidt, hrsg. von H. Uhde, 2. Teil, Hamburg 1875, 64f.

3772 JbSKipp 3, 54 – *meine Not:* wohl wegen der Einquartierung. Vgl. den Eintrag Riemers im Tgb 27. Okt.: «Früh zum ersten Mal wieder das Vergnügen, allein zu sein.» (ebd 55).

3773 JbSKipp 3, 54f.

3774 (1514) Pollmer 346 – Verwendet Aphor 348 (mit Ausnahme des Zusatzes). – *Fürst Metternich:* vgl. GTgb: «Graf Metternich... Gegenvisite bei dem Grafen Metternich.»

3775 Pollmer 346 – In der Quelle eingeordnet zwischen 26. und 27. Oktober.

3776 (1512c) Sydow 4, 155 – *Annen-Orden, die Legion:* vgl. Nr. 2778 und 2773 und Anmerkungen.

3777 (1513a) Sydow 4, 156 – *Wie Colloredo gekommen ist:* die Geschichte mit dem Orden hat weiterhin die Runde gemacht. Einer Anekdote zufolge soll Goethe noch in Wiesbaden Ende Juli 1814 den Orden der Ehrenlegion getragen haben (vgl. Bi^2 2, 267). – *österreichischen Orden:* zur Verleihung des Leopoldsordens 1815 vgl. die Dokumente bei Bradish 265ff.

3778 (1513b) Sydow 4, 167 – *Exzellenz:* Prädikat, das Humboldt als preußischer Staatsminister hatte.

3779 (1513c) Sydow 4, 207

3780 JbSKipp 3, 55

3781 Pollmer 346

3782 (1513) Weimarer Zeitung 13.6.1889

3783 (NN 1515a) The Bath Archives. A further Selection from the Diaries and Letters of Sir George Jackson... Edited by Lady Jackson. Vol. II. London 1873, 326 und 328f. – In deutscher Übersetzung bei Bode 2, 401ff. – Vgl. GTgb 28. Okt.: «Engl. Gesandte Jackson Derselbe bey mir einquartirt... Bey Jackson zu Nacht.» – *my friend:* der später erwähnte Rumbold. – *to the play:* es wurden ‹Die zwei Grenadiere› und ‹Jery und Bätely› gegeben. – *Pat:* wohl sein Diener. – *the Chancellor:* Staatskanzler Karl August v. Hardenberg.

3784 JbSKipp 3, 55

3785 (NN 1515a) wie 3783 S. 334

3786 JbGG 13, 257 – Aus: Max Hecker, Ferdinand Heinke in Weimar. Über Herkunft und Werdegang bis zu Heinkes Eintreffen in Weimar vgl. ausführlich ebd 251ff. Über den Charakter des Tgb, das in einer später ausgearbeiteten Reinschrift vorliegt, vgl. ebd 280f. – *«Die beiden Klingsberg»:* von Kotzebue. – *ambulando:* auf- und abgehend.

3787 JbSKipp 3, 55 – *Die Andreas del Sarto:* wohl die 12 Blätter Schuchardt 1, 84 Nr. 804. – *Schopenhauers Abhandlung:* die 1813 erschienene Dissertation (vgl. Ruppert Nr. 3126).

3788 JbGG 13, 258 – An diesem Tage erste Erwähnung Heinkes in GTgb. – *Sänger Engels:* vielmehr die Sängerin Ernestine Engels.

3789 JbGG 13, 258

3790 JbGG 13, 259 - Das hier Berichtete bereits 1851 von G.E. Guhrener als Mitteilung Heinkes in ausführlicher Fassung veröffentlicht (Goethe/Knebel 2, 102f. Anm.).

3791 (1630) Pollmer 345 - Von Riemer verwertet Aphor 348. Datierung nach PollmerUnters 131.

3792 JbGG 13, 259

3793 JbGG 13, 260

3794 JbSKipp 3, 55

3795 (1517) aaO 2, 396

3796 JbSKipp 3, 55

3797 Pollmer 347

3798 JbGG 3, 260 - *«Graf Essex»:* Trauerspiel von Banks, für die deutsche Bühne bearbeitet von J.G. Dyk, gefolgt von einem Epilog Goethes (GA 3, 675ff.).

3799 (1518) Aphor 348

3800 JbGG 13, 260f. - *Sonntagsversammlungen:* diese hatten bereits am 7. Nov. begonnen. Unter den Teilnehmern verzeichnet GTgb unter dem 14. Nov. Heinke. - *Cornelius und Overbeck:* vgl. Nr. 3764 und Anm.

3801 JbGG 13, 261 - *Ottilie v. Pogwisch:* die Begegnung des bereits verlobten Heinke mit der späteren Frau Augusts v. Goethe führte zu lebenslanger Verbundenheit.

3802 JbSKipp 3, 55 - *Brief an Knebel:* da Goethe seit einiger Zeit keinen Schreiber hatte, diente ihm Riemer ausnahmsweise als ein solcher (WA IV 24, 37 und 335 Anm.). - *Medaille auf Wellington:* wohl die Schuchardt 2, 223 Nr. 1788 verzeichnete.

3803 (1521) Uhde 1875 S. 98f. Anm. - *seinem Sohn verweigert:* vgl. Nr. 3812.

3804 Pollmer 347 - *akkusiert:* hervorgehoben.

3805 (1522) Aphor 348 - Zu streichen, da nach PollmerUnters 131 von Riemer.

3806 JbGG 13, 262 - *musikalischer Mittagszirkel:* sonntägliche Hausmusik.

3807 JbGG 13, 262 - *zwei fremde Offiziers:* erwähnt in GTgb 23. Nov.: «Mittag Ltnt v. Arnim und Brandt.»

3808 JbGG 13, 262

3809 (1524) Uhde 1875 S. 98f. - *in meinen hiesigen öffentlichen Geschäften:* vgl. Nr. 3812 und Anm.

3810 (1523) Aphor 349

3811 JbGG 13, 263 - *mit Goethes:* da in GTgb nicht erwähnt, fraglich, ob Goethe selbst hier mitgemeint ist.

3812 Uhde 1875 S. 99f. - *Geschäfte:* Kieser, Mediziner an der Universität Jena, war nach Weimar gekommen, um sich den Freiwilligen anzuschließen. Der dort herrschende Typhus forderte seinen Einsatz bei der Pflege der Kranken.

3813 JbGG 13, 263 - *«Generalbeichte»:* GA 1, 89f.

3814 (1771) aaO 1, 99 - Zur Datierung: Haide trat erstmals in der

Egmont-Aufführung vom 1. Dez. 1813 als Oranien auf. Weitere Aufführungen folgten: 29. Jan. 1814, 26. Dez. 1814, 13. Jan. 1816.

3815 (1525) aaO 24f.

3816 JbGG 13, 264 – *Lazzaronis:* wohl im Zusammenhang mit der Arbeit an der Italienischen Reise, vgl. den Abschnitt vom 28. Mai 1787 (GA 11, 362ff.). – *Hier ist noch keine Not:* abweichend unter der Überschrift ‹Soldatentrost› (GA 1, 453).

3817 JbGG 13, 264 – *Müller:* G.F. Müller genannt v. Gerstenbergk.

3818 JbGG 13, 264 – *Epilog zum «Essex»:* vgl. Nr. 3798 und Anm.

3819 (1526) aaO 25ff. – *einer meiner frühesten gedruckten Dichtungen:* nach Anm. in der Quelle: «Der Märtyrertod des heiligen Johannes Nepomucenus in Pellegrins dramatischen Spielen, herausgegeben von A.W. Schlegel.» – *Brandesschen Essex:* wohl Verwechslung mit dem Verfasser des englischen Originals, John Banks. – *er ließ den Alba... verlarvt zugegen sein:* vgl. Nr. 2368 und Anm. – *Romeo und Julie:* unausgesprochene Kritik an Goethes Bühnenbearbeitung. – *Kulmer Schlacht:* am 30. Aug. 1813. – *penible:* peinlich. – *«Reliquien»:* vgl. Nr. 3815.

3820 JbGG 13, 265 – *Graf Edling:* hatte gerade den Prinzen Bernhard auf einer längeren Reise nach Italien und Paris begleitet. In holländische Dienste trat dieser erst im Febr. 1815.

3821 JbSKipp 3, 55f.

3822 Pollmer 348 – *Kapuzinade:* vgl. Nr. 3951.

3823 JbGG 13, 265 – *«Weislingen»:* erster Teil der dritten Bühnenbearbeitung des ‹Götz›. Der zweite Teil wurde am 11. Dez. aufgeführt.

3824 JbGG 13, 265 – Keine Erwähnung in GTgb. Fraglich, ob Goethe anwesend. Die Aufführung fand Sonntag, den 19. Dez. statt (vgl. Nr. 3832).

3825 (1527) Uhde 1875 S. 104f. – *zu Goethe:* vgl. GTgb 12. Dez.: «Mittag für uns. Prof. Kieser.» – *im Kügelgenschen Bilde:* wohl dem Ölgemälde von 1810 (Schulte-Strathaus Taf. 102f.). – *große Plane:* was hier gemeint ist, kann nur vermutet werden. Man könnte allenfalls eine Parallele ziehen zu dem, was Goethe am folgenden Tage Luden gegenüber geäußert haben soll und was dieser, im Gegensatz zu Kieser, verstanden haben will (vgl. Nr. 3827, speziell S. 866 und 869).

3826 (1528) Uhde 1875 S. 106 – *die «Räuber»:* sind nicht aufgeführt worden.

3827 (1529) aaO 113ff. – *Nemesis:* Ludens so betitelte «Zeitschrift für Politik und Geschichte» erschien im Landes-Industrie-Comptoir Weimar von 1814 bis 1818. – *Herrn von Grolman:* zur Entstehung des Nemesis-Plans vgl. das Kapitel ‹Der General von Grolman› in der Quelle S. 193ff. – *Handbuch der Staatsweisheit:* erschienen Jena 1811. – *Abkommen:* Übereinkunft. – *‹Ein Pferd...›:* bekanntes Zitat aus Shakespeares ‹Richard III.›.

3828 JbGG 13, 266

3829 JbSKipp 3, 56 – *Mozart:* der junge Rochlitz hatte Mozart 1789 in Leipzig kennengelernt.

3830 JbSKipp 3, 56 – *zur Italienischen Reise:* seit 9. Dez. tägliche Erwähnung in GTgb.

3831 JbGG 13, 266 – Begegnung mit Goethe selber an diesem Tage fraglich. Für den Abend verzeichnet GTgb ausdrücklich: «Abends allein.»

3832 JbGG 13, 266 – Auch hier ist fraglich, ob abends eine Begegnung mit Goethe stattgefunden hat.

3833 GJb 1, 337f. – Rochlitz war mit seiner Familie nach Weimar gekommen, um sich von den Aufregungen der Leipziger Schlacht zu erholen. – *beim Abschiede [am 21. Dezember]:* Rochlitz meint wohl: zum Abschiede; denn die Zeichnungen wurden ihm, wie aus der folgenden Nr. hervorgeht, nach seiner Rückkehr nach Leipzig übersandt.

3834 (1530) Goethe/Rochlitz 453ff. – *der Götz:* so wurde Truchseß genannt (vgl. Nr. 512). – *Götz von Berlichingen:* vgl. Nr. 3823 und Anm. – *einem Hierherreisenden:* vgl. GTgb 28. Dez.: «Zeichnungen an Rochliz durch Mad Löhr...» – *Briefchen:* vom gleichen Tage (WA IV 24, 71f.). – *[am 19. Dezember]:* vgl. GTgb: «Music. Die Leipziger.»

3835 (1532) Bi[1] 10, 70f.

3836 (1533) Jahrbücher der Literatur 60, 1832, 228 Anm. Bei dieser und der folgenden Nr. handelt es sich um Anmerkungen zu einer Besprechung der beiden 1832 erschienenen Werke über Goethe von J. Falk und K.W. Müller. – *alma mater:* die große Mutter mit Bezug auf die Natur. – *St. Paulus:* Römer 8, 19 und 22.

3837 (1531) wie 3836 S. 231 Anm.

3838 JbGG 13, 267

3839 (1534) aaO 31ff. – *Ludwig Bonaparte:* Marie, les peines de l'amour, ou les Hollandaises. 3 Bde. Paris 1814. – *in Karlsbad:* vielmehr in Teplitz 1810.

3840 SchrGG 14, 237

3841 aaO 232f. – *Ludwig Tiecks poetischem Taschenbuch:* ‹Poetisches Journal›, Jena 1800.

3842 JbSKipp 3, 56 – *Oelsschen Sammlung:* die Kunstsammlung war aus der «Verlassenschaft» des Herzogs Friedrich August von Braunschweig-Oels, des Bruders von Anna Amalia, in Weimarer Besitz gekommen. Vgl. den Brief an H. Meyer vom 7.5.14 (WA IV 30, 176f.) – *Fischer:* Johann Friedrich F. (nach GrumachAntike) – *Schäfer:* Gottfried Heinrich Schaefer (?).

3843 JbGG 13, 268

3844 JbSKipp 3, 56

3845 Pollmer 348

3846 JbGG 13, 269

3847 Uhde 1875 S. 109 – Goethe war unpäßlich, wie GTgb 30. Dez. vermerkt: «Böser Abend und Nacht.»

3848 JbGG 13, 270 – Das Regiment befand sich seit dem 30. Dez. in Beichlingen Kreis Eckartsberga. Heinke kehrte am 2. Jan. dorthin zurück.

3849 JbSKipp 3, 56f. – *Sinnsprüche und Reime:* vgl. GTgb: «Zu Mittag Riemer. Ernst und Scherz Reden aller Sprachen und Art sortirt.»

3850 JbGG 13, 270

3851 Urlichs 1, 670

3852 (1537) Pollmer 348 – Verwertet ohne Nennung der Namen Aphor 349f. – *Knebel:* der sich mit seinem Sohn vorübergehend in Weimar aufhielt.

3853 Pollmer 348 – In der Quelle eingeordnet nach der vorangehenden Nr. Da ohne Anführungszeichen, möglicherweise Riemersche Reflexion.

3854 JbSKipp 3, 57 – *Schützens Taschenbuch:* Taschenbuch für das Jahr 1814. Der Liebe und Freundschaft gewidmet.

3855 JbSKipp 3, 57

3856 (1537a) GJb 26, 192 – *[9. Januar]:* vgl. GTgb: «Decoration zur Schuld... Abends Leseprobe von der Schuld.»

3857 StG 8, 287 – *neulich:* Besuche bei Hof sind nach GTgb für den 7. und 10. Jan. bezeugt.

3858 JbSKipp 3, 57

3859 Urlichs 1, 672f. – *Magnetismus:* Goethe hatte sich damit anläßlich seiner physikalischen Vorträge im Okt. 1805 beschäftigt, die in schematisierter Form fixiert sind (WA II 11, 176ff.).

3860 JbSKipp 3, 57

3861 JbSKipp 3, 57

3862 Uhde 1875 S. 111

3863 JbSKipp 3, 57

3864 JbSKipp 3, 58

3865 Uhde 1875 S. 113

3866 JbSKipp 3, 58 – *das famose in Münster von Fischart kommentiert:* Text ist zu ergänzen: das famose [Uhrwerk] im [Straßburger] Münster. Gemeint muß sein Fischarts Schrift: Aigentliche Fürbildung und Beschreibung des neuen künstlichen astronomischen Urwerks zu Straßburg im Mönster, das MDLXXIIII Jar vollendet, zu sehen, 1574. – *Birmanns Voyage pittoresque:* Pierre Birmann: Voyage pittoresque de Basle à Bienne... Basel 1802. – *Über des Niello Vermutung:* Text muß wohl lauten: Über das Niello, Vermutung. Niello ist eine Verzierung von Metallgegenständen, besonders solchen aus Silber, durch eine schwärzliche Legierung.

3867 (1773) aaO 1, 95ff. – *[am 21. Januar 1814]:* d.h. einen Tag vor der Aufführung. – *im «Meister»:* in den ‹Lehrjahren› IV 5 (GA 7, 239).

3868 JbSKipp 3, 58 – *Bonmot:* von Goethe?

3869 (1556a, recte 1536a) Briefe an Friedrich Baron de la Motte Fouqué. Hrsg. von Albertine Baronin de la Motte Fouqué. Berlin 1848, 258ff. – *nach Deiner Abreise:* d.h. nach dem 25. Dez. 1813 (vgl. Nr. 3839). – *Kleine Lustspiele:* nach GTgb ‹Die großen Kinder› und ‹Die Vertrauten›. – *Familie Hallersee:* vgl. den Eintrag in GTgb 27. Jan.: «Fouqué Schauspiele.» Erschienen in: Dramatische Dichtungen für Deutsche, 1813. – *Briefe Deiner... Gattin:* vom 24. Nov. 1813 (SchrGG 14, 233ff.). – *baldige Beantwortung:* am 3. Jan. 1814 (WA IV 24, 84f.).

3870 Euphorion 15, 1908, 483

3871 (1538) Heitmüller 213f. – Das Datum von Frommanns Hand (vgl. ebd 346).

3872 JbSKipp 3, 59 – *Gegen Hauy:* muß heißen: Haug (laut Hinweis von H.-J. Weitz). Gemeint sind die beiden gegen Friedrich Haug gerichteten Gedichte ‹Soll denn dein Opferrauch …› und ‹Geist und Schönheit im Streit› (GA 1, 576). – *für Napoleon:* wohl der Vierzeiler ‹Ich kann mich nicht bereden lassen …› (GA 2, 408), aufgenommen in die ‹Zahmen Xenien›. – *gegen Werner:* ‹Den 6. Februar 1814› (GA 2, 436), aufgenommen in die ‹Invectiven›.

3873 wie 3717 S. 331 – Zur Datierung: es geht eine Eintragung vom 10. Febr. voraus. Unser Eintrag ist überschrieben: «quelques jours plus tard». – *le général:* wohl Kanikoff.

3874 (1569) WeimarsAlbum 196 – *(den 10. Februar):* vgl. GTgb: «Abends Ausspielen der Dose.» Vgl. Nr. 3862. Schütze muß sich bei dem Gegenstand geirrt haben (vgl. HoubenSchopenhauer 215).

3875 JbSKipp 3, 59 – *Briefe von Sartorius und Zelter:* vom 7. Febr. (Monroy 121 ff.) und vom 26. Jan./5. Febr. (Hecker 1, 371 ff.). – *Domine in te speravi:* auf Goethes Bitte hin komponiert, vgl. Goethe an Zelter 26. Dez. 1813 (WA IV 24, 73). – *Selbstkomposition:* vgl. Goethe an Zelter 23. Febr. 1814 (ebd 172 f.).

3876 StG 8, 287

3877 JbSKipp 3, 59 f. – *Zusammenstellung seiner lyrischen Gedichte:* für die neue zwanzigbändige Cottasche Ausgabe, deren erste zwei Bände, 1815 erschienen, die Gedichte enthalten.

3878 JbSKipp 3, 60

3879 (1539) Aphor 350 – Vgl. ähnlich Nr. 2625.

3880 (1540) Aphor 350 – Folgt in der Quelle auf die vorangehende Nr.

3881 (1541) Heitmüller 215 – *seine Meinung:* vgl. Nr. 3871. – *an Cotta:* im Brief vom 7. Febr. (WA IV 24, 130).

3882 JbSKipp 3, 60 – *Zusatz zu Bürgers Molly:* das Gedicht ‹Was sagt hierauf das liebenswürdge Mädchen?› (GA 2, 126 f.), das unter dem Titel ‹Mollys Antwort› für den Komponisten Moltke geschrieben und in dessen Sammlung ‹Acht Lieder mit Begleitung des Pianoforte oder der Guitarre …› im Anschluß an die Komposition von Bürgers ‹Mollys Werth› in Leipzig 1814 veröffentlicht ist (WA I 5^2, 356 f.). – *Gnomen:* vgl. GTgb: «Sonderung des Babylonischen.» Gemeint sind wohl Gedichte der Abteilung ‹Sprichwörtlich› für die neue Ausgabe.

3883 JbSKipp 3, 60 – *das Pfarrhaus zu Sesenheim:* es sind zwei Zeichnungen Goethes erhalten (vgl. Corpus I Nr. 83 f.).

3884 JbSKipp 3, 60

3885 JbSKipp 3, 60 – *Wundemanns Geschichte der Dogmen:* Johann Christian Friedrich Wundemann: Geschichte der christlichen Glaubenslehren … 2 Bde. Leipzig 1798/99. Von Goethe am 19. Febr. aus der Weimarer Bibliothek entliehen (vgl. Keudell Nr. 907).

3886 Heitmüller 217

3887 JbSKipp 3, 60 – Vgl. GTgb: «Riemer. Unterhaltung über die Kupfer.»

3888 JbSKipp 3, 60

3889 (1553b) Heitmüller 217 f. – Das Datum von Frommanns Hand. –

nach Jena: vgl. GTgb 12. März: «Die Frauenzimmer nach Jena.» – *Erklärung der... Tafeln:* GA 16, 742 ff. Diese ist als gesondertes Heft erschienen.

3890 Urlichs 1, 678

3891 (1542a) Urlichs 1, 679 – Abgerissenes Blatt, dessen Anfang sich auf Goethes Sohn zu beziehen scheint. Daher hier eingeordnet.

3892 JbSKipp 3, 60 – *Meisters Lehrjahre:* Durchsicht für Bd 3 und 4 der neuen Ausgabe. – *Poussin:* vgl. Schuchardt 1, 208 Nr. 138. – *Endymion und Diana:* vielleicht die Sepiazeichnung von Georg Schütz, Schuchardt 1, 288, Nr. 673, oder (weil auch Kupferstich und Landsmann Poussins): ‹Der schlafende Endymion von Luna geküßt›, von A.L. Girodet-Trioson, Schuchardt 1, 200, Nr. 61.

3893 JbSKipp 3, 60

3894 (3131) Urlichs 1, 679

3895 JbSKipp 3, 61 – *Handzeichnung:* wohl ‹Die vier Kirchenväter› (Schuchardt 1 Nr. 880).

3896 (1543) Aphor 351 f. – ἐυσύνοπτον*:* mit einem Blick überschaubar.

3897 (1545) Aphor 352 – Einordnung des undatierten Stückes nach der Quelle; allerdings gehören das unmittelbar vorangehende und das folgende Stück in das Jahr 1810 (unsere Nr. 3229 und 3228).

3898 (1546) Aphor 353

3899 (1547) Aphor 353 – *ins gis!:* nicht erklärbar, vielleicht Text korrupt. – *Heims Geognostischen Ansichten:* Johann Ludwig Heim: Geologische Beschreibung des Thüringer Waldgebirges. 3 Teile. Meiningen 1796/1812. Von Goethe am 18. März entliehen (Keudell Nr. 910).

3900 (1548) Aphor 353 – Dieses und die beiden folgenden Stücke schließen in der Quelle an die vorangehende Nr. an.

3901 (1549) Aphor 353 – *ad hunc actum:* für diesen (einen, besonderen) Fall.

3902 (1550) Aphor 354 – Vgl. die in der Hs. Riemers überlieferte Fassung JbSKipp 9, 297.

3903 JbSKipp 3, 61 – *Fürst Radziwill:* arbeitete seit 1806 an einer Bühnenmusik zu Goethes ‹Faust›.

3904 JbSKipp 3, 61 – *Harzgegenden, von Kraus gezeichnet:* vgl. Nr. 709 und Anm.

3905 StG 8, 289 – Das Briefdatum steht im Widerspruch zu der Angabe «vorgestern».

3906 (1553) Ri 2, 717 f. – Zum ersten Absatz vgl. die ähnliche Formulierung ebd 569. Betr. Tizian heißt es dort: «Tizian, der große Colorist, malte im hohen Alter diejenigen Stoffe, die er früher so concret nachzuahmen gewußt hatte, auch nur in Abstracto, z.B. den Sammet nur als Idee davon: ein Anecdote die G. mir mehrmals mit Beziehung auf sich erzählte.»

3907 Heitmüller 218 – Das Briefdatum von Frommanns Hand (vgl. ebd 346). – *am 4. Bande:* unter dem Obertitel ‹Aus meinem Leben› erschien als 4. Bd 1816 der 1. Teil der ‹Italienischen Reise›.

3908 (1553a) Ri 2, 718

3909 JbSKipp 3, 61f. – *Insel Elba:* im Zusammenhang mit seiner Abdankung (vgl. Nr. 3913).

3910 JbSKipp 3, 62 – *Ritter Georg:* von Schongauer, vgl. Schuchardt 1, 140 Nr. 352.

3911 Pollmer 351 – *Geißelung Christi:* Handzeichnung, vgl. Schuchardt 1, 309 Nr. 878. – *Nonnus:* mit Bezug auf Friedrich Graefe: Des Nonnos Hymnos und Nikäa. Petersburg 1813. Vgl. Brief an Uwarow vom 9. Mai 1814 (WA IV 24, 259f.)

3912 (1554) Aphor 354 – *Denons:* der 1806 bei Goethe einquartiert war (vgl. Nr. 2295 und Anm.). War damit beauftragt, Kunstschätze in den eroberten Ländern auszuwählen und nach Paris zu bringen.

3913 Varnhagen/Rahel 4, 188f. (JbGG NF 3, 299f.). – *Napoleons Abdankung:* am 11. April. – *[... 16. April 1814]:* vgl. GTgb: «Mittag v. Gersdorf...» – *Jupiterkopfes:* vgl. Nr. 3698 und Anm.

3914 JbSKipp 3, 62 – *Mercks Epistel an Wieland:* Merck hat eine Reihe von Beiträgen an den Herausgeber des ‹Teutschen Merkurs› veröffentlicht. Vielleicht ist der «Swiftische Schnâk» gemeint (vgl. Nr. 611 und Anm.).

3915 Heitmüller 219 – *Hofrat Sartorius:* der am 2. Mai abreiste.

3916 DüntzerStein 2, 412 – *Knebel:* am 20. Apr. in GTgb erwähnt.

3917 JbSKipp 3, 62

3918 (1060) aaO 2, 523 – *[am 26. April 1814]:* nach PollmerUnters 102.

3919 (1555) Aphor 354 – *Schälke:* vgl. Nr. 3065 und Anm.

3920 JbSKipp 3, 62

3921 (1556) Ri 2, 718f. – Datumskorrektur nach PollmerUnters 117.

3922 JbSKipp 3, 62 – *Prolog für Halle:* ‹Was wir bringen. Fortsetzung. Vorspiel zu Eröffnung des Theaters in Halle im Juli 1814 von Goethe und Riemer› (GA 3, 628ff.).

3923 JbSKipp 3, 62 – *des Herzogs Rückkunft:* vom holländischen Feldzug.

3924 (1575) aaO 22 Anm. – *[am 15. Mai?]:* vgl. GTgb: «v. Stael L'Allemagne... Dr. Schoppenhauer.» Die Schrift ‹De l'Allemagne› war zuerst 1810 in Paris erschienen, jedoch auf Napoleons Geheiß vernichtet worden. Hier handelt es sich um die zweite in London 1813 erschienene Ausgabe. Eine deutsche Übersetzung ist in Berlin 1814 erschienen. – *in Berka:* wo sich Goethe seit dem 13. Mai zur Kur aufhielt.

3925 (1557) Goethe's Werke [Hempel]. 11. Theil. 1. Abt. Berlin o.J., 109f. – *Ifflands Aufforderung:* Brief an Kirms vom 6. Mai (ebd 108f.). – *mündlich:* das folgende aus einem Briefe von Kirms an Iffland? (vgl. Gräf 2, 1, 299). Goethe hat den Antrag angenommen (vgl. Nr. 3929 und Anm.).

3926 JbSKipp 3, 63

3927 (1558) Aphor 354f. – *mit ihrem Urteil... unzufrieden:* vgl. Nr. 3937.

3928 JbSKipp 3, 63

3929 JbSKipp 3, 63 – *Vorspiel... das Schema:* es handelt sich um das Programm für ‹Des Epimenides Erwachen› (WA I 16, 494ff.), das Goethe am 24. Mai an Iffland nach Berlin geschickt hat, vgl. den Begleitbrief (WA IV 24, 287).

3930 (1562) aaO 1, 198ff. – *Osmin:* «Am 23. April 1814 betrat ich, unter Goethe's specieller Leitung, zum ersten Mal die Bühne als Osmin in der ‹Entführung aus dem Serail›.» (ebd 194). – *Sekretär John:* Irrtum. Ernst Carl Christian John war Ende 1813 aus Goethes Diensten entlassen worden. Vielleicht Verwechslung mit Riemer. – *Musik Eberweins zur «Proserpina»:* vgl. Nr. 3938.

3931 JbSKipp 3, 63 – *Schema:* vgl. Nr. 3929 und Anm. – *Böhringer:* vgl. GTgb: «August Böhringer von Wittenb.» – *Empfehlungsschreiben:* vom gleichen Tage (WA IV 24, 286).

3932 JbSKipp 3, 63f. – *Brief an Iffland:* vgl. Nr. 3929 und Anm. – *Hallischen Vorspiel:* vgl. Nr. 3922 und Anm.

3933 JbSKipp 3, 64 – *Reilschen Vorspiel:* so genannt nach dem Mediziner Johann Christian Reil, der am 22. Nov. 1813 gestorben war. Dieser hatte das Theater in Halle ins Leben gerufen. Im 2. bis 5. Auftritt wird er gewürdigt. – *Parzen-Szene:* 3. Auftritt.

3934 JbSKipp 3, 64

3935 Gr 6 – *von Augusts Händeln:* Goethes Sohn war, weil er sich, ohne an den Kriegshandlungen teilzunehmen, in der Uniform der Freiwilligen gezeigt hatte, von Hans Carl Frh. v. Werthern-Wiehe zum Duell gefordert worden. Vgl. Nr. 3945.

3936 JbSKipp 3, 64

3937 (1559) Gr 7 – *Gil Blas:* von Lesage. – *Stück zu des Königs Empfang:* ‹Des Epimenides Erwachen›.

3938 (1560) Weimarisches Sonntagsblatt vom 6.7.1856, 226f. – *Seckendorff:* die Komposition war 1778 erschienen. – *Geheimrätin ... Ulrich in der Residenz:* diese Angabe im Widerspruch zu GTgb und Riemers Tgb (vgl. Nr. 3936). – *deklamierte der ... Dichter Proserpina:* nach Riemer war dieser es, der deklamierte. Wohl Verwechslung mit einer andern Gelegenheit, bei welcher Goethe sich produzierte. – *Proserpina ... in Szene setzen:* vgl. Nr. 4114.

3939 JbSKipp 3, 64 – *Vorspiel:* es ist nicht auszumachen, ob Goethe an ‹Des Epimenides Erwachen› diktiert oder ob Riemer an ‹Was wir bringen› gearbeitet hat. – *Assessors ... Angelegenheit:* vgl. Nr. 3935 und Anm.

3940 (1561) Gr 7ff. – *Voigts Erzählung:* sicher im Zusammenhang mit Augusts Duell-Affäre (vgl. Nr. 3935). – *Vernichtung Sachsens:* wegen der Napoleontreue des sächsischen Kurfürsten Friedrich August III. – *Ponte molle:* Brücke über den Tiber in Rom. Vgl. die ähnliche Äußerung zu W. v. Humboldt Nr. 3619. – *Palladio:* vgl. ItR 2.10.1786 (GA 11, 77). Es handelt sich um das Kloster Santa Maria della Carità. – *Unterredung mit Lord Bristol:* nach GTgb am 10. Juni 1797. – Weitere Bezeugungen für die Bedeutung, die Goethe dieser Begegnung beimaß: die kurze Charakteristik ‹Lord Bristol, Bischof von Derry› vom Tage der Begegnung (GA 12, 626f.), der Brief an Carl August vom 12. Juni 1797 (WA IV 12, 153), die Erwähnung in TuJ 1797 (GA 11, 665) und die ausführliche von Soret überlieferte Gesprächsäußerung Nr. 6536 (III/2, 593ff.). – *Israel von Mecheln:* vgl. Schuchardt 1, 132 Nr. 276. – *Kaiserlichen Akademie der Naturforscher:*

die sog. ‹Leopoldina›, 1652 in Schweinfurt gegründet. Besteht noch heute mit Sitz in Halle a.d. Saale. – *Plinius secundus:* Wortspiel mit dem Namen des C. Plinius Secundus. – *erzählte ich:* das folgende bezieht sich auf Verhandlungen in den französischen Hauptquartieren 1806 (vgl. Gr Anm. S. 201). – *Fürsten Kaunitz:* hier folgt in der späteren Ausarbeitung: «Man durfte z.B. ihm nie vom Tode reden und das Ableben des Kaisers Joseph wurde ihm nur dadurch hinterbracht, daß sein Secretair ihm sagte: ‹Joseph II unterschreibt nicht mehr.› Kaunitz hatte eine alte kränkliche Schwester, der er oft die besten Speißen und besonders Früchte von seiner Tafel zusandte. Dieß setzte er lange noch fort, als sie schon verstorben war.» (Grumach 14f.).

3941 StG 8, 290

3942 JbSKipp 3, 65

3943 JbSKipp 3, 65 – *Szene... Parodie vom Epimenides:* es handelt sich um die in der vorigen Nr. genannte «Szene mit Langsalm». Riemer erwähnt diese Ablehnung auch in seinen ‹Mitteilungen› in der Formulierung: «aus Furcht in eine Parodie seines Epimenides... zu gerathen...» (Ri 1, 209). – *Damenkalender:* Taschenbuch für Damen auf das Jahr 1815. Von Goethe u.a. Bei Cotta in Tübingen erschienen. – *Frauenlob:* der mittelalterliche Dichter Heinrich von Meißen.

3944 JbSKipp 3, 65f. – *an seinem Vorspiel:* ‹Des Epimenides Erwachen›. – *Ifflands freundlicher Brief:* auf den Goethe am 15. Juni antwortete und gleichzeitig einen Teil des ‹Epimenides› übersandte (WA IV 24, 299).

3945 JbSKipp 3, 66 – *Geschichte des Assessors:* vgl. Nr. 3935 und Anm. Statt Werther lies: Werthern. – *Elsermann:* gemeint ist Beate Lortzing geb. Elsermann. – *Nixen-Szene:* ‹Was wir bringen› 5. Auftritt. – *veranakrusierte:* nach Anakrusis = Auftakt, Vorschlagsilbe wohl im Sinne von: betonte die Versanfänge.

3946 JbSKipp 3, 66 – *mein Stück:* ‹Was wir bringen›. – *Szene der Schauspielkunst:* 6. Auftritt.

3947 PollmerUnters 79 – Mit dem Schlußvermerk: «G.R.» ausdrücklich als Gesprächsergebnis gekennzeichnet. Verwertet Aphor 354 mit dem falschen Datum 5. Mai 1814 und als ipsissima verba Goethes.

3948 JbSKipp 3, 66f. – *[Friedrich August] Wolf:* am 8. Juni erstmals als in Berka anwesend erwähnt. Er blieb bis zum 16. Juni. – *Sonntag:* 12. Juni (vgl. Nr. 3950).

3949 (1563) Gr 9 – *Pardos de Figueroa:* zur Person und Sache vgl. Johannes v. Müller an F.A. Wolf 7. März 1807 (Reiter 3, 150 Anm.). – *Sophokles:* vielmehr Aischylos. Vgl. Nr. 1352 und Anm. – *seinem Kaiser:* Franz I. von Österreich. – *Stelle in Goethes Elegien:* Römische Elegien XX Vers 3f. – *Sartorius:* der eine Mission Carl Augusts auf dem Wiener Kongreß übernehmen sollte.

3950 JbSKipp 3, 67 – *Abschrift [des «Epimenides»]:* vgl. RiemersTgb 10. Juni: «Goethes Berliner Oper selbst abgeschrieben. (ebd). – *Instanzen:* Einwendungen.

3951 Pollmer 352f. – *Kapuzinaden:* vgl. Nr. 3822.

3952 JbSKipp 3, 67 – *das Stück:* ‹Des Epimenides Erwachen› (vgl. Nr.

3948). – *Musik:* vgl. GTgb: «Abend der Badeinspector von Bach gespielt.»

3953 JbSKipp 3, 67f. – *antike Musik:* vgl. dazu Zelter an Ch.L.F. Schultz, Wiesbaden, 30. Aug. 1814 (JbSKipp NF 1, 124) und den ausführlichen Kommentar von Dora Wahl (ebd 129f.). Von Wolfs damaliger Beschäftigung mit Musik, speziell mit griechischer Musik zeugt sein Brief an seine Tochter Wilhelmine Körte vom 31. Mai 1814 (Reiter 2, 174f.). Vgl. ferner seinen späteren Brief an F.J. v. Drieberg vom 9. Dez. 1817 (ebd 233). Man muß sich vorstellen, daß Wolf gewissermaßen experimentell vorgeführt hat, wie nach seiner Vorstellung antike Musik geklungen haben mag. (Bei Klärung dieser Frage habe ich der freundlichen Mithilfe von G. Wille, Tübingen, zu danken.) – *spielte der Sumpfkönig:* vgl. GTgb: «Der Organist die Bachischen Sachen gespielt.» – *Trompeterstückchen:* Goethe gebraucht diesen Ausdruck ebenfalls, rückblickend auf die Berkaer Tage, im Brief an Zelter vom 3. Mai 1816 (WA IV 27, 7). Es handelt sich um das ‹Capriccio sopra la lontananza del suo fratello dilettissimo› B-Dur (BWV 992), speziell um dessen letzten Satz ‹Fuga all'imitazione della cornetta di Postiglione›. Vgl. Dora Wahl aaO 138.

3954 (1564) aaO 1, 265ff. – *in seinen Tag- und Jahresheften:* ausführliche Charakteristik Wolfs in TuJ 1805 (GA 11, 750ff.). – *in den Briefen an Zelter:* vom 28. Aug. 1816 (WA IV 27, 148f.) und vom 7. Nov. 1816 (ebd 220f.). – *Bachische Sonaten:* wohl Stücke von Johann Sebastian Bach (vgl. Nr. 3963). – *daß er nie träume:* vgl. Nr. 1200 und Nr. 3336, jeweils am Schluß.

3955 Reiter 2, 180f. – *Friedensfest Deutschlands:* Anspielung auf ‹Des Epimenides Erwachen›.

3956 Reiter 2, 203

3957 JbGG 13, 278f. – *nach Berka:* Heinke kam aus Weimar, wo er am 14. Juni abends angekommen war. GTgb vermerkt: «Nachmittag die Schopenhauer mit Heinecke.»

3958 JbGG 13, 279 – Goethe war vom 18. bis 20. Juni in Weimar, um verschiedene Besuche und Geschäfte zu erledigen. Heinke ist in diesen Tagen in GTgb nicht erwähnt. – *auf Nimmerwiedersehn!:* diese Formulierung beweist, daß es sich um eine später ausgearbeitete Fassung des Tgb handelt.

3959 JbSKipp 3, 68 – *Programm:* vgl. GTgb: «Schema zu des Herzogs Empfang Abends zusammen redigiert und abgeschrieben.» – *Verse:* ‹Willkommen, dem Großherzog Carl August bei der Rückkehr nach Weimar im Sommer 1814 dargebracht›, entstanden vom 19. Juni bis 14. Juli (GA 2, 271f.).

3960 JbSKipp 3, 68 – *Weber und Duncker:* die am Abend vorher angekommen waren, vgl. GTgb 24. Juni: «Abends der Capellmeister Weber und der Hofrath Duncker, beide aus Berlin.» Der Anlaß war Musik und Verlag des ‹Epimenides›. – *Zelter:* der ebenfalls kurz vorher angekommen war. Vgl. GTgb 23. Juni: «Nachricht von Zelters Ankunft.» 24. Juni: «Mittags Zelter.» GTgb vermerkt am 25. Juni: «Mittags mit Zelter und den beiden Berlinern... Abends die Berliner.» – *Sebastian Bach:* vgl. die ähnliche von Zelter überlieferte Formulierung Nr. 3963.

3961 JbSKipp 3, 69

3962 (1565) wie 3925 S. 115f. – Brief aus Weimar. – *kamen wir:* Weber und Duncker. – *mit Ihnen... in Berlin:* Esperstedt war Theatersekretär.

3963 JbSKipp NF 1, 105f. – Brief aus Weimar. – *Fischpredigt des Heiligen Antonius von Padua:* der Text findet sich im Textbuch der Liedertafel von 1818 und stammt teilweise von Abraham a Santa Clara (vgl. ebd 106).

3964 JbSKipp 3, 69

3965 JbGG NF 28, 306 – Der Berichterstatter ist ein junger russischer Offizier (vgl. ebd 304).

3966 JbSKipp 3, 69 – *Zeichnungen von Retzsch zum Faust:* die ‹Umrisse zu Goethe's Faust› von Moritz Retzsch sind erstmals 1816 in Stuttgart erschienen. Neuausgabe: Berlin 1980.

3967 (1661) GJb 13, 114 (JbGG NF 3, 300) – Der Brief ist, wie die Quelle angibt, viele Jahre später geschrieben. – *[... 1. Juli 1814]:* letzte Erwähnung Gersdorffs in GTgb vor Beginn des Wiener Kongresses im November 1814.

3968 (1567) Urlichs 1, 690f. – *waren wir:* vgl. GTgb 1. Juli: «Frau von Wolzogen und Schiller.» – *aus seiner Komposition:* wohl Verwechslung mit B.A. Weber (vgl. Nr. 3962). – *ich hab mein Sach...:* Anspielung auf das Gedicht ‹Vanitas! Vanitatum vanitas!› (GA 1, 93f.).

3969 JbSKipp 3, 69

3970 StG 8, 291 – *große Anstalten:* am 23. Juli schreibt Charlotte v. Stein an Knebel: «Was sagen Sie dazu, daß... unser Herzog noch nicht da ist? Dem Goethe seine Decorations sind alle verwelkt!» (ebd).

3971 JbSKipp 3, 69 – *Stanzen:* wohl Festgedichte von Riemer.

3972 JbSKipp 3, 70 – Vgl. GTgb: «Bey Mad. Schopenhauer zum Thee; die Decoration ihres Hauses besprochen. Zelter sang.»

3973 JbSKipp 3, 70 – *im Gartenhause:* im Häuschen des Gartens von Goethes Wohnhaus.

3974 JbSKipp 3, 70 – *Gedicht des Landmannes:* wohl ebenfalls ein Festgedicht Riemers. – *Gewisse sogenannte Fehler...:* eindeutig Riemersche Reflexion. Grumach, in der zu Nr. 792 angegebenen Quelle S. 24, bringt den Passus als Goethesche Äußerung.

3975 (1566) aaO 21f. – Goethes Aktivität bei den Empfangsvorbereitungen in GTgb mehrfach bezeugt, z.B. am 11. Juli: «Mit den Anstalten zur Festlichkeit beschäftigt.»

3976 (NN 1567a) aaO 157f. – Erstveröffentlichung mit leichten Abweichungen unter dem Titel ‹Memoiren eines deutschen Staatsmannes› Leipzig 1833 – *[am 14. Juli 1814]:* vgl. GTgb: «Vergebliche Erwartung bey Hofe auf die Ankunft des Kaisers von Rußland. Viele Freunde, Graf Schlick [!]...» – *Brief Friedrichs des Großen:* Empfang in GTgb am 12. März 1816 verzeichnet. Es handelt sich um einen Brief an Fredersdorf, der nicht mehr vorhanden ist. Vgl. H.-J. Schreckenbach, Goethes Autographensammlung, Weimar 1961, 262. Nicht vorher, sondern als Gegengabe sandte Goethe laut GTgb am 30. März 1816 ein Paket mit Autographen an Graf Schlitz. Vgl. den Begleitbrief (WA IV 26, 321f.). Näheres vgl. JbGG 6, 293.

3977 Joseph von Eichendorff: Sämtliche Werke. Hrsg. von W. Kosch und A. Sauer. Bd 13. Regensburg o.J., 56 – Der Brief ist aus Radenwitz bei Görlitz geschrieben, wo L. vier Wochen vorher angekommen war. Der in GTgb nicht bezeugte Besuch bei Goethe hat offenbar kurz vor dessen Aufbruch nach den Main- und Rheingegenden stattgefunden.

3978 JbSKipp 3, 70

3979 JbSKipp 3, 70 – *Stanzen zur Kunstschule:* Festgedicht Riemers. Vgl. dessen Tgb 15. Juli: «An den Stanzen zu Meyers Verzierung des Fürstenhauses.»

3980 JbSKipp 3, 70 – *[Die Aufgeregten]:* vgl. GTgb: «Breme v. Bremenfeld Revision.» Für die zweite Cottasche Ausgabe.

3981 JbSKipp 3, 71 – *War etwas vorgefallen:* wohl etwas Familiäres im Zusammenhang mit Christiane und Caroline Ulrich. Vgl. Riemer Tgb 12. Juli: «Sagte die Ulrich, daß es nicht mehr auszuhalten, die Goethe fange nun wieder an, eifersüchtig zu werden.» (ebd 70). – *Keils Stelle:* als Unterbibliothekar an der Weimarer Bibliothek.

3982 JbSKipp 3, 71 – *Landsturmsgeschichte:* vielleicht im Zusammenhang mit Carl Augusts militärischen Aktivitäten, vgl. Goethe an Knebel 17. Nov. 1813 (WA IV 24, 35).

3983 JbSKipp 3, 71 – *1. Teil:* gemeint ist Bd 1 der zweiten Cottaschen Ausgabe, den 1. Teil der Gedichte enthaltend. – *Fanny aus der Ostsee:* sicher Fanny (eigentlich Franziska Christiane Johanna Friederike) Tarnow mit ihrem Erstlingsroman ‹Natalie. Ein Beitrag zur Geschichte des weiblichen Herzens› (1811). Sie lebte vorher längere Zeit auf Rügen.

3984 (1568) Aphor 355

3985 JbSKipp 3, 71 – *Machte ... die Ulrich weinen:* im Zusammenhang mit Caroline Ulrichs Verlobung mit Kieser.

3986 JbSKipp 3, 71 – *Nachricht von Geh. Rat Voigt:* vom gleichen Tage (vgl. SchrGG 56, 120). – *auf die andern verzichten:* bezieht sich vor allem auf Riemers (vorläufig) vergebliche Werbung um Caroline Ulrich.

3987 GeigerWeimar 222

3988 (1598) aaO 1, 398 f. – *Temperamentenrose:* in TuJ 1798 und 1799 erwähnt (GA 11, 671 und 673).

3989 (1535) Aphor 349 – Das Stück ist undatiert, es folgt in der Quelle auf eine Riemersche Reflexion, die das angegebene Datum 24. Dez. 1813 trägt. Nach PollmerUnters 132 ist das Stück in einer Hs überschrieben: «Karlsbad». Darauf bezieht sich die in Klammern gesetzte Datierung. Vgl. auch die Wiedergabe WA IV 53, 427 f.

3990 JbGG NF 32, 288

3991 PollmerUnters 78

3992 (1599) DtRevue 11/2, 170 und JbGG NF 32, 291. – Datierung dieser und der folgenden Nummern bis 3997 nach der Quelle.

3993 (1600) DtRevue 11/2, 170 – *tragisch:* die zweifellos korrupte Textstelle bereits von FBdm konjiziert: «weinerlich» (Bi^2 2, 255). Unsere Konjektur im Anschluß an Pollmer 335.

3994 (1601) DtRevue 11/2, 170 f.

3995 (1602) DtRevue 11/2, 171 – *ad hunc actum:* für diesen (einen, besonderen) Fall. – *beigebracht:* aus «angebracht» korrigiert nach PollmerUnters 70.

3996 (1603) DtRevue 11/2, 171

3997 (1607) DtRevue 11/2, 172

3998 Pollmer 339 – Diese und die folgenden Nummern bis 4002 ähnlich bei PollmerUnters 80. Sie stammen aus einer Hs, die «in die Zeit der Arbeit am zweiten Teil von ‹Dichtung und Wahrheit› » fällt (ebd 79). Daher die Datierung.

3999 Pollmer 339

4000 Pollmer 339 – *Altes Sprüchwort:* von Wander in dieser Form gebucht. Von Goethe als Motto zum 2. Teil von DuW in folgender Fassung benutzt: «Was man in der Jugend wünscht, hat man im Alter die Fülle.» (GA 10, 239).

4001 Pollmer 339 – *Schnöckerei:* nach ‹schnökern› im Sinne von ‹naschen› (vgl. DWb).

4002 Pollmer 340

4003 (1787) Aphor 355 – Zur Datumskorrektur und Kennzeichnung ‹Goethe und Riemer› vgl. PollmerUnters 132. Das von Pollmer angegebene Datum 18. Juli 1813 kann nicht stimmen, da Goethe an diesem Tage in Teplitz ohne Riemer war.

4004 Uhde 48ff. – *nach Weimar eingeladen:* die Einladung bereits erwähnt in Nr. 3279. – *«die lustigen Weiber von Weimar»:* Anspielung auf Shakespeares Komödie ‹Die lustigen Weiber von Windsor›. Vgl. ferner das im Jan. 1813 entstandene Gedicht ‹Die Lustigen von Weimar› (GA 1, 105f.). – *Moses von Michelangelo:* vgl. Nr. 3666 und Anm. – *Werke des Canova:* gemeint ist wohl die Beschreibung des Grabmals der Erzgroßherzogin Christine in Wien von J. Melchior von Birkenstock mit 6 Tafeln, das Goethe von dessen Tochter, Antonie Brentano, am 24.8.1813 erhielt; vgl. GTgb und Anm. (WA III 5, 336f.) – *«Diener zweier Herren»:* nach Goldoni. Es dürfte die Aufführung vom 13. April 1812 gemeint sein. An diesem ist sowohl Luise Seidler als auch der Besuch der Aufführung in GTgb erwähnt.

4005 Uhde 50

4006 GJb 5, 350ff. – *Am andern Morgen:* wohl am 14. Dez. 1810, vgl. GTgb: «Dem. als angehende Schauspielerin.» Diese Stelle wird vom Reg. auf Judith Weber bezogen. Nächste Erwähnung in GTgb 4. Febr. 1811.

4007 (1633) Archiv 4, 462 – *bald darauf:* voran geht der Bericht von 1810 Nr. 3134. – *Vergleichung des Mondes mit der heiligen Hostie:* vgl. Nr. 2878f.

4008 (1456) GJb 1, 336 – *Stelle über den Katholizismus:* d.h. über die Sakramente im 7. Buch von DuW (GA 10, 318ff.)

4009 Aus den hinterlassenen Papieren des Generals der Infanterie v. Holleben. Berlin 1867, 36f. – *[Ende 1811?]:* diese mutmaßliche Datierung nach Amelung 2, 153. – *in Uniform:* Goethe trug zwar Hofuniform; die Beschreibung scheint aber auf diese nicht zu passen. Eine Verwechslung ist nicht auszuschließen.

4010 (1632) aaO. Vol. I. Second Edition, London 1860, 16f. – Wolff war 1811 zur Ausbildung nach Deutschland gekommen. – *Francis Xavier:* Heiliger und Missionar im 16. Jahrhundert.

4011 Frommann 126

4012 GJb 10, 155

4013 Urlichs 1, 637 – *Freund:* Wilhelm v. Humboldt, den sie in Naumburg getroffen hatte. Goethe war in Teplitz.

4014 wie 3637 S. 50 Anm. – *Sophie Häßler:* Schwiegermutter von Karl Eberwein. Vgl. JbGG 5, 207.

4015 wie 3717 S. 334

4016 (1570a) DüntzerKnebel 2, 133 – *meine Versuche:* bezieht sich auf ihre ‹Erinnerungen von einer Reise in den Jahren 1803, 1804 und 1805›, Bd 1, Rudolstadt 1813 (vgl. Ruppert Nr. 4072).

4017 Kasten 261 f.

4018 GeigerWeimar 282 – *sieben Sakramente:* vgl. Nr. 4008 und Anm.

4019 (1536) aaO 1, 189 ff. – *Osmin:* in Mozarts ‹Entführung aus dem Serail›. Vgl. Nr. 3930. – *Mafferu:* in Winters Oper ‹Das unterbrochene Opferfest›. (O.F.) – *«Willkommen und Abschied»:* in der Komposition von Ehlers (O.F.). – *«Wer ein Liebchen hat gefunden»:* erste Arie des Osmin.

4020 (1676) aaO 1, 221 f. – Zur Glaubwürdigkeit: E.C.Ch. John (nur dieser kann gemeint sein) war bis Ende 1813 in Goethes Dienst. Der damals 15- bis 16jährige Genast kann die anekdotisch anmutende Geschichte allenfalls vom Hörensagen erfahren, jedoch nicht als Theatereleve und geladener Tischgast an Goethes Tafel erlebt haben (O.F.).

4021 aaO 270 ff. – *Saint Aignan:* vgl. Nr. 3590 und Anm.

4022 Nach der Hs im GMD (Kräuter-Nachlaß) – *im ersten Viertel des Jahres 1814:* seit 2. April Erwähnungen Kräuters in GTgb.

4023 Reutern 23 f.

4024 (1636) Bi[1] 8, 337 f. – Briefdatum nicht überliefert.

4025 wie 3637 S. 79 – *[in Frankfurt]:* August war dort im Jan./Febr. 1814 (vgl. Nr. 3872).

4026 (1631a) Aus dem Leben von Johann Diederich Gries [von Elisa Campe]. Leipzig 1855, 102 f. – *«La gran Cenobia»:* vgl. Nr. 3673 und Anm. – *«La vida es sueño»:* ‹Das Leben ein Traum›, erschienen 1815. – *vires adquirit eundo:* die Kräfte wachsen beim Gehen (Vergil, Aeneis IV, 175)

4027 (1641) GJb 24, 97 – *Sigurd:* Sigurd, der Schlangentödter. Ein Heldenspiel. Berlin 1808.

4028 Schopenhauer's Briefe an Becker, Frauenstädt u.a., hrsg. von E. Grisebach, Leipzig o.J. [1894], 195 f. – *vierfachen Wurzel:* vgl. Nr. 3787 und Anm. Es handelt sich um das 6. Kapitel.

4029 (NN 1516a, vgl. 1516) Unterhaltungen am häuslichen Herd. Hrsg. von K. Gutzkow. 1854. Nr. 2 = III. Band. Leipzig 1855, 29 – *Eines Tages:* Spekulationen über das Datum bei HoubenSchopenhauer 204 f. Als möglich wird der 28. Nov. 1813 angenommen, ohne daß dies schlüssig bewiesen werden kann.

4030 (vgl. 1572) aaO 5

4031 (vgl. NN 1516b) Grisebach 6, 260 – Vgl. die ausführlichere deutsche Fassung des ‹Lebenslaufs› Nr. 7485.

4032 wie 4028 S. 70

4033 wie 4028 S. 159 – *Goethe-Album:* nicht erschienen. – *adversus physicos:* gegen die Physiker, abgedruckt: Parerga und Paralipomena II, Kap. 7, Zur Farbenlehre, Schluß. – *«Du bist mein lieber Sohn…»:* nach Matth. 3, 17. – *Exoriare aliquis meis ex ossibus ultor:* «Möge einst aus meinen Gebeinen ein Rächer erstehen» (so betet Dido vor ihrem Selbstmord), Vergil. Aeneis IV, 625.

4034 (1579) Grisebach 6, 227f. – *Theorie der Farbe:* 1816 erschien von Schopenhauer ‹Über das Sehn und die Farben›. – *Spinoza:* das Zitat lautet: «Wahres nämlich zeigt sich selbst an und das Falsche – Licht erhellt sich selbst und das Dunkel.»

4035 (1583) Bi^{1}8, 336f. – *«A kick…»:* etwa: «Also ein Fußtritt, Stoß…».

4036 (1571) Arthur Schopenhauer. Von ihm. Über ihn. Ein Wort der Vertheidigung von E.O. Lindner und Memorabilien, Briefe und Nachlaßstücke von J. Frauenstädt. Berlin 1863, 221f. – *von dem erkennenden Subjekt vorgestellt:* entsprechend der Grundposition Schopenhauers in seinem Hauptwerk ‹Die Welt als Wille und Vorstellung›.

4037 (1573) wie 4036 S. 225 – *von den Hofleuten aufführen lassen:* gemeint sind die Liebhaberaufführungen. Die Äußerung dürfte übertrieben sein. Über die Proben, die abgehalten wurden, vgl. Sichardt 103ff.

4038 (1574) wie 4036 S. 225

4039 (1576) wie 4036 S. 224f. – *Jean Paul:* vgl. Nr. 1609.

4040 (1580) wie 4036 S. 243 – *den Don Juan:* Mozarts Oper.

4041 (1577) Grisebach 2, 167

4042 (1581) Grisebach 4, 141f.

4043 (1582) Gespräche und Briefwechsel mit Arthur Schopenhauer. Aus dem Nachlaß von Karl Bähr hrsg. von L. Schemann. Leipzig 1894, 42 – *es war 1814:* letzte Erwähnung Schopenhauers 1814 in GTgb am 1. Juli. Danach sind nur noch zwei Besuche am 19. und 20. Aug. 1819 bezeugt.

4044 aaO 109 – Vgl. GTgb, Wiesbaden, 2. Aug.: «Hauptm. Luck. Einladung des Obristen von Krausenec nach Maynz.» Es handelt sich um eine Einladung des Obersten Wilhelm v. Krauseneck, des preußischen Kommandanten von Mainz, durch dessen Adjutanten, den Hauptmann Friedrich v. Luck, zur Feier des Geburtstags des Königs von Preußen (vgl. Weniger 120ff.). Zu dem Besuche in Mainz sowie zu Goethes Wiesbadener Aufenthalt überhaupt vgl. ausführlich und grundlegend: F. Otto, Goethe in Nassau. In: Annalen des Vereins für Nassauische Altertumskunde und Geschichtsforschung. Bd 27. Wiesbaden 1895. S. 53ff. (hier speziell S. 138). – *In Zelters Begleitung:* den Goethe am 29. Juli bei seiner Ankunft in Wiesbaden dort angetroffen hatte. – *ältlichen Österreicher:* es ist wohl einer von den drei in GTgb genannten österreichischen Generälen gemeint.

4045 (1638) aaO 1, 441f. – Nachdem Goethe auf der Durchreise am 27. Juli Leonhard in Hanau nicht angetroffen hatte, lud er ihn in seinem Brief vom 1. Aug. nach Wiesbaden ein (WA IV 25, 9f.). Vgl. F. Otto aaO (Anm. zu 4044) S. 86. – *bis zum Spätherbst:* vgl. Nr. 4092ff.

4046 (1639) H. Morf: Zur Biographie Pestalozzi's. 4. Theil. Winterthur 1889, 313 – Über Johannes de l'Aspée (Laspée) vgl. F. Otto aaO (Anm. zu 4044) S. 125ff.

4047 (1640) wie 4046 S. 314f. – *9. August [1814]:* vgl. GTgb: «Bey [de l'Aspée] Unterricht im Pestaluzzischen Sinne.»

4048 Monatsschrift für rheinisch-westfälische Geschichtsforschung und Altertumskunde, 1. Jahrg., Bonn 1875, 287 – Die Berichterstatterin, eine Tochter des Oberbergrats Cramer, in der Quelle als D. St. bezeichnet. Entschlüsselung des Namens durch Schreiben des Magistrats von Wiesbaden an den Hrsg. vom 31. Jan. 1968. – *öffentliche Prüfung:* GTgb vermerkt am 26. Aug. für den Vor- und Nachmittag: «Examen bey Delaspée... Examen bey de la Spée fortgesetzt.» Wenn dieses Examen, wie kaum zu bezweifeln, gemeint sein sollte, so müßte nach dem unten angegebenen Datum Goethe die Widmungsexemplare von Hermann und Dorothea schon vor der Prüfung verteilt haben.

4049 JbSKipp NF 1, 123ff. – *Tage aller Heiligen:* gemeint ist Goethes Geburtstag. – *verdorbenen Magen:* vgl. GTgb 29. Aug.: «Nicht wohl. Im Bette geblieben.» – *Dr. Schlosser:* Christian Heinrich Sch. – *Ihre optischen Bemühungen:* vgl. Nr. 4489 und Anm. – *in Biebrich:* vgl. GTgb 28. Aug.: «Mittags in Bieberich.» Goethe war dort beim Herzog Friedrich August von Nassau-Usingen zu Gast. Über den herzoglichen Hof zu Biebrich vgl. F. Otto aaO (Anm. zu 4044) S. 100ff. – *die beiliegenden Zeilen:* vom gleichen Tage (WA IV 25, 29f.). – *Epimenides... nicht aufgeführt:* vgl. dazu (wie zum ganzen Brief) den ausführlichen Kommentar von Dora Wahl in der Quelle (hier S. 130ff.).

4050 (1568a) wie 3621 Bd 1, 61 – Ob die Äußerung über Sibbern beim Zusammensein Goethes mit Zelter in Berka oder in Wiesbaden gefallen ist, läßt sich nicht ausmachen. Am 1. Sept. haben Goethe und Zelter sich in Winkel am Rhein getrennt.

4051 Hecker 3, 406 – Zum Briefdatum: der folgende Abschnitt ist datiert: 19. April (ebd 407). – *Dr. Müller:* Wilhelm Christian M. Vgl. GTgb 1. Aug.: «Dr. Müller aus Bremen und Tochter.» – *Töchterchen:* die als Pianistin bekannt gewordene Elise M. – *«Einleitungen in die Wissenschaft der Tonkunst»:* W.Ch. Müller: Ästhetisch-historische Einleitungen in die Wissenschaft der Tonkunst... 2 Bde. Leipzig 1830.

4052 wie 4048 S. 285f. – *dreimalige Erwähnung meines Vaters:* in ‹Kunst und Altertum am Rhein und Main› (GA 12, 533) sowie TuJ 1814 und 1815 (GA 11, 866 und 871). – *Gemälde von Ferdinand Jagemann 1806:* Schulte-Strathaus Taf. 87. Der Kupferstecher ist Franz Anton Erich Moritz Müller genannt Steinla. Der Kupferstich ist bei Schulte-Strathaus nicht erwähnt. – *zweites Porträt:* die Denkmünze von J.G. Schadow (Schulte-Strathaus Taf. 111). Die Versendung kann erst 1816 oder 1817 erfolgt sein. – *Geisberge:* vgl. Goethe an Cramer 6. Nov. 1816 (WA IV 27, 217).

4053 (1642) wie 4048 S. 288 – *Zelter:* die Angabe ist unrichtig, Zelter war bereits vor Goethes Eintreffen in Wiesbaden. Es muß sich um ein späteres Zusammentreffen handeln. – *auf dem Nürnberger Hofe:* Verwechslung mit 1815, vgl. GTgb 6. Juli 1815: «Fahrt auf den Nürnberger Hof. Mittag auf dem Hofe. Im Freyen schöne Aussicht.» Vgl. ferner Nr. 4155.

4054 (1643) aaO 86f. – *[... Philippine Lade]:* über sie handelt ausführlich F. Otto aaO (Anm. zu 4044) S. 132ff. In GTgb wird sie zwar 1814 nicht erwähnt; die geschilderte Begebenheit wird jedoch bestätigt durch Kanzler v. Müllers Bericht (vgl. Nr. 4138). Vgl. ferner Goethes Brief an Cramer vom 8. Jan. 1815, wo er von der «schönen und talentreichen Tischnachbarin» spricht. Goethe versuchte, Philippine Lade für das Weimarer Theater zu gewinnen. – *«die ziehen mich nicht an»:* darauf soll Goethe nach Creizenach bemerkt haben: «Nun ja! Für so liebe kleine Wesen sind auch meine Sachen nicht.» (Briefwechsel zwischen Goethe und Marianne von Willemer, hrsg. von Th. Creizenach, 2. Aufl., Stuttgart 1878, 43 Anm.). – *«Nicht eigene Wahl»:* vielmehr: «Der Not gehorchend, nicht dem eignen Trieb...» – *An dem Tage:* über Unstimmigkeiten in den beiden Schlußabsätzen dieses Berichtes vgl. F. Otto aaO (Anm. zu 4044) 135.

4055 (1644) Goethes Briefwechsel mit Antonie Brentano 1814–1821, hrsg. von R. Jung, Weimar 1896, 10f.– Bei dieser und den beiden folgenden Nummern handelt es sich um Erinnerungen einer 85jährigen Frau. – *nach dem Tode meines Vaters:* des Hofrats v. Birkenstock, gestorben 1809. – *Elfer:* der berühmte Jahrgang, den Goethe auch im ‹Divan› besungen hat.

4056 (1646) wie 4055 S. 11

4057 (1645) wie 4055 S. 11f. – *Rochuskapelle:* nach GTgb am 5. Sept. Goethe war bereits am 16. Aug. während einer Wallfahrt dort gewesen. Vgl. das ‹Sankt Rochus-Fest zu Bingen› (GA 2. 469ff.). – *Heiligenbild:* Goethe bestellte dies bei Louise Seidler (vgl. Nr. 4358). Vgl. auch Goethes Brief an Antonie Brentano vom 19. Juli 1816, in welchem er ihr die Absendung des Bildes nach Bingen mitteilt (WA IV 27, 113f.).

4058 Deutsche Rundschau Bd 63, 1890, 355f. – *Stammbucheintragungen:* diese sind in der Quelle S. 355 sowie bei F. Otto aaO (Anm. zu 4044 S. 144f.) wiedergegeben.

4059 GKal 1931, 198f. – Am 12. Sept. war Goethe in Frankfurt eingetroffen. – *Gerbermühle:* Sommerhaus Johann Jakob Willemers bei Frankfurt. Über den Besuch berichtet Goethe Christiane am 21. Sept. (WA IV 25, 40).

4060 Boisserée 1, 224f. – Brief aus Frankfurt. Boisserée am 19. Sept. in GTgb erwähnt. – *Schlosser... bei uns wohnen:* vgl. Nr. 4071.

4061 (1647) Schoof 346 – *Meline:* Guaita, geb. Brentano. – *in den Brentanoischen Häusern:* bei Franz und Georg Brentano sowie bei Guaita.

4062 Festschrift 1899, 64 – vgl. GTgb 21. Sept.: «Moriz Bethmann Mittag.»

4063 (1652a) Sydow 4, 389 – *[in Heidelberg]:* wo Goethe am 24. Sept. eingetroffen war.

4064 (1652b) Sydow 4, 389f.

4065 Christian Carl Josias Freiherr von Bunsen. Aus seinen Briefen und nach eigener Erinnerung geschildert von seiner Witwe. Deutsche Ausgabe, durch neue Mittheilungen vermehrt von F. Nippold. Bd 1. Leipzig 1868, 65.

4066 Neues Archiv für die Geschichte der Stadt Heidelberg und der rheinischen Pfalz, Bd 11, 181ff. – *Gastmahl:* über das «große Diner» am 5. Okt. berichtet Goethe Christiane am gleichen Tage (WA IV 25, 51). – *Abegg:* erwähnt unter dem 7. Okt. in Goethes Brief an Christiane (ebd 54).

4067 Boisserée 1, 227 und 229 – *vierzehntägigen Besuch:* Goethe hatte Heidelberg am 9. Okt. verlassen. – *Amtmännin:* Sartorius (vgl. F-R 200). – *Tod der Maria:* für die Unsicherheit der Zuschreibung vgl. Nr. 4071.

4068 (1650) Boisserée 1, 233f. – *die goldenen Äpfel in silbernen Schalen:* nach Sprüche 25, 11 von Goethe gebraucht in ‹Wilhelm Meisters Lehrjahre› V 4 (GA 7, 316) sowie mündlich überliefert von Eckermann unter dem 25. Dez. 1825 (GA 24, 167). – *Mohr und Zimmer:* Verlag in Heidelberg. – *Bauwesen:* gemeint sind die Zeichnungen des Kölner Doms; Beschäftigung damit in Goethes Briefen an Christiane erwähnt. Vgl. auch Nr. 4071.

4069 wie 3014 S. 432

4070 (vgl. 1729) wie 3243 S. 125

4071 (1651) Bayrische Zeitung, Morgenblatt 1863. Nr. 195/197 – Bertrams Berichte enthalten Unstimmigkeiten und anekdotisch zugespitzte Erzählungen. – *seinem Schwager:* vielmehr dem Neffen seines Schwagers. – *Westöstlichen Divan:* im Juni waren die ersten Gedichte zum ‹Divan› entstanden. – *Sulpiz versichert:* vgl. die fast wörtliche Formulierung von Boisserée selbst (Nr. 4068). – *Anbetung der Heiligen drei Könige:* von Roger van der Weyden. – *«byzantinisch-niederrheinisch»:* von Goethe in ‹Kunst und Altertum am Rhein und Main› verwendet, vgl. z.B. GA 12, 585f. – *das der Heiligen Veronika:* Meister unbekannt, vgl. Abb. GA 12, 581. – *byzantinisch:* in Boisserées Sprachgebrauch ‹neugriechisch› (vgl. Nr. 3426 und Anm.). – *Frau von Humboldt:* vgl. ihre eigene Darstellung der ersten Begegnung Nr. 4063. – *Bilde des Heiligen Lukas:* damals van Eyck, heute Roger van der Weyden zugeschrieben. – *in Abendgesellschaft:* am 28. und 29. Sept. – *bei Voß:* am 25. und 28. Sept. sowie am 3. und 8. Okt.

4072 (1652) Bayrische Zeitung, Morgenblatt. 1864. Nr. 17/18 – *seinen Bedienten:* Stadelmann. – *am andern Tage nach seiner Ankunft:* Goethe berichtet Christiane vom ersten Besuch des Schlosses am 25. Sept. (WA IV 25, 43f.). – *Werkes über die Erziehungslehre:* Die Erziehungslehre. 4 Bde. Leipzig 1804/13. – *Maske... des liberalistischen Indifferentismus:* vgl. TuJ 1807 (GA 11, 814). – *ihr Töchterlein:* Adelheid. – *in pace:* in Frieden. – *um sich wieder zu ärgern:* vgl. die von HVoß überlieferte Version dieser Geschichte Nr. 4076.

4073 (1648) Mitteilungen aus dem Literaturarchive in Berlin 1898, 69.

4074 (1651a) Wolff 1, 43 und 45f. – *Die drei Bilder:* es handelt sich um den Dreikönigsaltar von Roger van der Weyden.

4075 wie 4066 S. 184f. – *Kirchheim [bei Heidelberg]:* der Besuch im dortigen Pfarrhause ist anderweitig nicht nachzuweisen, dürfte aber in das Jahr 1814 fallen. – *«Auf Kieseln im Bache»:* ‹Wechsel› (GA 1, 46).

4076 (1653) HVoß 111f. – *im Karlsberge:* ‹Gasthaus zum Karlsberg› am Mitteltor, 1824 abgebrochen (vgl. Anm. ebd 165). – *Schwarz:* eine Begegnung schildert Bertram (vgl. Nr. 4072). – *In einer großen Teegesellschaft:* die beiden folgenden Geschichten ähnlich im Brief von H.Voß an Truchseß vom 30. Okt. 1814 (Nr. 7488a). – *Einer meiner Kollegen:* nach Bertram, der die Geschichte in etwas anderer Version überliefert (vgl. Nr. 4072), Ch.R. Martin. – *Bückeburger Sanitätsfaust:* «Der durch sein gemeinnütziges Wirken verdiente Arzt Bernhard Christoph Faust in Bückeburg.» (vgl. Anm. Quelle S. 165). – *[... 8. Oktober]:* ein Besuch von «Prof. Voß» ist im Brief Goethes an Christiane unter dem 7. Okt. erwähnt (WA IV 25, 54). Nicht auszuschließen ist, daß der *zweite* von HVoß genannte Besuch am folgenden Tage stattgefunden hat.

4077 HVoß 112 – Der hier wiedergegebene Ausspruch Goethes über Shakespeare ähnlich im Brief von HVoß an Cotta 8. März 1815: «Ich würde nicht begreifen können, daß ein Mann *so* viel Geist haben kann, wenn ich's nicht erlebt hätte.» (Fehling 336).

4078 HVoß 113

4079 (1655) Boisserée 1, 226 – *der neu aufgefundene Riß:* vom nördlichen Turm des Kölner Doms, den Oberbaurat G. Moller in Darmstadt entdeckt hatte. Vgl. Goethe an Christiane 11. Okt. (WA IV 25, 57).

4080 (1654) Boisserée 1, 226f. – Das Briefdatum ist offensichtlich falsch, es müßte 12. Okt. heißen: Goethes Abreise nach Frankfurt ist am 11. Okt. erfolgt.

4081 (1647c) wie 3637 S. 84 – *bei Schlossers:* Goethe wohnte bei der verwitweten Margaretha Schlosser, der Mutter von dem Goethe begleitenden Christian. An Christiane schreibt Goethe unter dem 12. Okt.: «... Mittag speiste Herr v. Buchholz mit uns.» (WA IV 25, 58). – *Der Entenmann:* unklar, was damit gemeint ist. Vielleicht salopper Frankfurter Ausdruck. Vgl. Frankfurter Wörterbuch Bd 3, 1973, «Entenliese» und «Ente» = Rente. – *[Jordis?]:* gemeint ist wohl Maria Ludovica Katharina Jordis geb. Brentano (vgl. Nr. 4083).

4082 (1647c) wie 3637 S. 84 – *bei Baron Hügel:* vgl. Goethes Brief an Christiane unter dem 13. Okt.: «Abends bey Herrn v. Hügel. Die Fräulein spielte Hendelische Sonaten und Ouvertüren. Am Familien Tisch, mancherley Gespräche über Vergangnes und manche Gegenwärtige und nächste Verhältnisse.» (WA IV 25, 59f.) – *ad extra ... ad intra:* nach aussen ... nach innen. – *18. Oktober:* Jahrestag der Völkerschlacht bei Leipzig (vgl. Nr. 4087f. und 4090).

4083 (1647c) wie 3637 S. 85

4084 wie 3637 S. 83 – *hier:* bei Baron Hügel am 13. Okt.

4085 Boisserée 1, 231 – Goethe war bis zum 20. Okt. in Frankfurt geblieben. – *beschließt:* wohl im Sinne von ‹beschränkt›.

4086 (1647b) Zeitschrift des Bergischen Geschichtsvereins. Bd 38. Jahrg. 1905, 26 Anm. – *nicht aufgeführt:* Nicolovius antwortet darauf aus Berlin am 3. Dez.: «Warum sein Stück auf die Rückkehr des Königs hier nicht gegeben ist, das hat wohl keinen andern Grund, als daß nach einem aus persönlicher, fast in Unwillen sich äußernden Bescheidenheit entsprungenen Verbot alle Festlichkeiten, die auf den König selbst Beziehung hatten, unterbleiben mußten.» (ebd). Vgl. auch Nr. 4049 und Anm.

4087 (1647a) wie 4086 S. 25f.

4088 Neue Heidelberger Jahrbücher N.F. 1927, 44f. – *besuchte uns dreimal:* nach GTgb am 16. Sept. zum Essen, ferner am 20. Sept. und 15. Okt. – *im Morgenblatt:* im ‹Morgenblatt für gebildete Stände› Nr. 232 vom 28. Sept. 1814, wiederabgedruckt bei Weitz 289f. Der satirisch zu verstehende Beitrag stammt nicht von Willemer, sondern von Rahels Bruder Ludwig Robert (ebd 291). Einen nachgeschobenen Bericht von der nicht stattgefundenen Ehrung Goethes bringt Carl Jügel in ‹Das Puppenhaus›, Frankfurt a.M. 1857, 176f. – *Titus:* Mozarts Oper wurde nach GTgb Freitag, den 16. September aufgeführt.

4089 aaO Bd 3, 106f. Anm. – *aus dem Theater:* vielleicht nach der Titus-Aufführung.

4090 aaO Bd 3, 107 Anm.

4091 «Struwwelpeter-Hoffmann» erzählt aus seinem Leben. Lebenserinnerungen Dr. Heinrich Hoffmanns, hrsg. von E. Hessenberg. Frankfurt am Main 1926, 10.

4092 (1656) aaO 1, 442 – *Albini:* am 21., 22. und 24. Okt. in GTgb erwähnt.

4093 (1657) aaO 1, 443f. – *Jean Paul:* Zitat so nicht nachgewiesen, doch in ähnlichem Sinne mehrfach Äußerungen Jean Pauls über Goethe in der ‹Vorschule der Ästhetik› (1804, 3. Aufl. 1814).

4094 (1658) aaO 1, 452 – *Schlacht bei Hanau:* am 30./31. Okt. 1813 während Napoleons Rückzug nach Frankreich. – *[am 22. Oktober 1814]:* vgl. GTgb: «Ausgefahren aufs Schlachtf.» – *in meinem Bericht:* «Geschichtliche Darstellung der Schlacht bei Hanau am 30. Okt. 1813. Von einem ‹Augenzeugen›». Für die Übersendung dankt Goethe Leonhard in seinem Brief vom 8. Febr. 1814 (WA IV 24, 137).

4095 (1659) aaO 1, 445ff. – *für Goethe neu:* Th. Körners Lustspiel ‹Der Vetter aus Bremen› wurde am 6. März 1816 in Weimar erstaufgeführt. – *Schillers Glocke:* in dramatischer Form mehrfach in Lauchstädt und Weimar aufgeführt. – *Übersendung einer Abschrift...:* mit Brief vom 26. Dez. 1814 (WA IV 25, 112).

4096 Morgenblatt für gebildete Stände 1814 S. 1243f. – *Die drei Schulmeister:* gemeint ist ‹Der Vetter aus Bremen oder Die drei Schelmenstreiche›. – *Wetterauschen Gesellschaft naturforschender Freunde:* von Goethe bereits am 9.1.1809 in einem Brief an Leonhard erwähnt (WA IV 20, 277). Vgl. auch GA 12, 557ff.

4097 (1660) aaO 1, 448ff. – *Morgen-Spaziergang:* am 23. Okt.

4098 aaO 1, 456 – *Diplom des Ordens der verrückten Hofräte:* Vorgang der Ordensverleihung von Leonhard irrtümlich ins Jahr 1814 verlegt. Vgl. dagegen Boisserées Bericht vom 14. Aug. 1815 (Nr. 4177).

4099 JbSKipp 3, 75 – *[... Verheiratung mit Caroline Ulrich]:* über die Vorgeschichte im Zusammenhang mit der Lösung der Caroline Ulrich von Kieser vgl. Riemer Tgb-Eintragungen während Goethes Abwesenheit (ebd 72ff.).

4100 JbSKipp 3, 75 – *Garten:* Hausgarten.

4101 StG 8, 296

4102 Heitmüller 222

4103 Urlichs 1, 703 – *Reisejournal:* vgl. GTgb 30. Okt.: «Reise Notizen geordnet.»

4104 Nach der Hs im GMD – *Wilhelmine Schorcht:* Enkelin Wielands.

4105 JbSKipp 3, 76 – Vgl. GTgb: «Riemer Trauung.»

4106 Leo Liepmannssohn, Berlin, Versteigerungskatalog Nr. 60, 1930, 68 Nr. 467 – *Eichstädt:* in seiner Eigenschaft als Redakteur der ‹Jenaischen Allgemeinen Literatur-Zeitung›.

4107 Urlichs 1, 704f. – *Kunstgeschichte Meyers:* teilweise veröffentlicht Dresden 1824 (vgl. Ruppert Nr. 2089), vollständig erst Weimar 1974 (SchrGG 60).

4108 (N 1661a) aaO 318 – *[am 3. Dezember 1814]:* vgl. GTgb: «Bey der Gräfinn Brühl.»

4109 JbSKipp 4, 305f. – *in Jena:* vom 4. bis 21. Dez. – *[am 9. Dezember 1814]:* vgl. GTgb: «Besuche ... Student einladender.» – *von Danzigs Schicksalen:* Döring, Sohn eines Kaufmanns, stammte aus Danzig.

4110 (1662) Gaedertz 106 – *Louis:* Bohn, Neffe von Johanna Frommann.

4111 (1663) KnebelNachl 3, 23 – *Reisegeschichte:* vgl. Nr. 4103 und Anm. – *Italienische Reise:* erschienen 1816/17.

4112 (1664) Matthias Murko: Deutsche Einflüsse auf die Anfänge der slavischen Romantik. Bd 1: Deutsche Einflüsse auf die Anfänge der böhmischen Romantik. Graz 1897, 318f. (Fahrten nach Weimar 130f.). Übersetzung aus dem Tschechischen, erstmals gedruckt Prag 1862. – Bericht aus zweiter Hand; Kollár besuchte Goethe erst im Herbst 1817 (vgl. Nr. 4509 und 4519). – *[vielmehr 20. Dezember 1814?]:* vgl. GTgb: «Lorsbach Geschenk... Besuche... Lorsbach...». Der Weihnachtsabend kommt nicht in Frage, da Goethe zu dem Zeitpunkt wieder in Weimar war. – *Professor Lorsbach:* Orientalist, mit dem Goethe während seines Jenaer Aufenthalts mehrfach verkehrte (vgl. GTgb). – *«Eva, verziehen sei Dir...»:* die angeblich improvisierten Verse sind von der WA aufgenommen worden (danach GA 2, 190). In WA I 5^2, 363 wird die Geschichte als «eine nicht ganz sicher verbürgte Anecdote» bezeichnet.

4113 GJb 7, 155.

4114 (1665) wie 3938 S. 227f. – *[am 2. Januar 1815]:* vgl. GTgb: «Hofr. Meyer. Mad. Wolf. Eberwein. Proserpina.»

4115 Heitmüller 226 – Das Briefdatum von Frommanns Hand (ebd 347). – *9. Januar:* vgl. GTgb: «Spazieren gefahren. Doppelter Unfall. Mittag gestört. Herstellung.» – *Supplikationen:* wohl ironisch im Sinne von Dankopfer.

4116 aaO 1, 228ff. – *[wohl am 19. Januar]:* vgl. GTgb: «Leseprobe von Zenobia.»

4117 Diezmann 36

4118 (1666) aaO 1, 230ff.

4119 (1667) Heuermann 126 – *selbst der König:* wahrscheinlich ist Pilipp IV. gemeint. – *Prinz Fernando:* in Calderons ‹Standhaftem Prinzen›.

4120 DüntzerChSchiller 177

4121 DüntzerChSchiller 178 und 180f. –*Freitag [17. Februar]:* der Geburtstag von Maria Paulowna war am 16. Februar (sie war allerdings von Weimar abwesend). Hat Charlotte v. Schiller sich im Wochentag geirrt? – *Regierungsrat Müller:* Müller v. Gerstenbergk. – *Aspasia:* Johanna Schopenhauer. – *[Klassischen?]:* Konjektur nach HoubenSchopenhauer 226.

4122 (1671) Heitmüller 227. – Briefdatum von des Empfängers Hand (ebd 347). – *Stelle in Rostock:* Professur an der Universität.

4123 DüntzerChSchiller 181f. – *Gestern:* vgl. GTgb 21. Febr.: «Bey Serenissima. Schluß Ferdusi.» – *Umgang mit dem Orient:* im Zusammenhang mit den Divan-Gedichten beschäftigte sich Goethe seit Nov. 1814 mit orientalischer Literatur. – *Firdusi:* vgl. den Abschnitt über ihn in den ‹Noten und Abhandlungen› (GA 3, 443f.).

4124 DüntzerChSchiller 184 – *[am 28. Februar]:* vgl. GTgb: «Abends bey Serenissima. Die Moallakats.» – *«Fundgruben des Orients»:* von Josef Frh. Hammer v. Purgstall, am 25. Jan. aus der Weimarer Bibliothek entliehen (vgl. Keudell Nr. 962). – *aus englischen Übersetzungen:* ‹The Moallakat›, am 22. Febr. aus der Weimarer Bibliothek entliehen (vgl. ebd Nr. 967).

4125 (1671a) Bi[1] 10, 72 – Vgl. GTgb 14. März: «Nachricht der Entweichung Napoleons.»

4126 StG 8, 297f. – *geduldig in seinem Leiden:* vgl. GTgb 22. März: «Dauerte der Catharr gewaltsam fort.»

4127 Heitmüller 230f.

4128 HoubenSchopenhauer 228f.

4129 Diezmann 25f.

4130 (1673) Gr 9ff. – Vgl. GTgb: «Meyer. v. Müller. Zeichnungen der Gräfin Egloffstein.» Der Brief Kanzler Müllers hat die Form eines (scherzhaften) Protokolls. – *Zauber-Ring:* von Fouqué (Nürnberg 1813). – *Flaxmannischen Umrisse:* Goethes Schätzung des englischen Bildhauers und Zeichners John Flaxman geht aus seiner fragmentarischen Abhandlung ‹Über die Flaxmanischen Werke› vom 1. April 1799 (GA 13, 183ff.) hervor. – *Friedrich:* Caspar David F.

4131 Lewinsky 1, 280f. – *[vor dem 15. April 1815?]:* Tag der Erstaufführung von Kotzebues Schauspiel ‹Rudolph von Habsburg und König Ottokar›.

4132 JbSKipp 3, 76 – Vgl. Riemers Tgb vom 19. April: «Kam der junge Kotzebue aus Nienburg an.» (ebd). Ferner GTgb vom 23. April: «Mittag Riemers, Hand, Nienburger. Bildende Kunst. Periodenbau.»

4133 (1674) Matthisson 7, 35f. – Datierung nach Gräf 2, 2, 212: nach 17. April. Begründung Anm. ebd. – *Sommer 1799:* von einer Begegnung in dieser Zeit ist sonst nichts bekannt. – *Trilogie des Faust:* von einer Trilogie ist sonst nie die Rede. – *Theatralische Darstellung:* vgl. Eberweins Bericht Nr. 4442. – *neue Szene:* vgl. Gräf 2, 2, 212f. Anm., der annimmt, daß es sich um die Szene 5 von Akt III des Szenariums von 1812 handelt (vgl. ebd 202).

4134 (1552) aaO 1, 209f. – *Brief an Goethe:* der Empfehlungsbrief Brentanos ist datiert: Berlin, 11. März 1815 (SchrGG 14, 82). Ringseis berichtete selber S. 208: «So trat ich denn … im April 1815 meinen Rückweg [von Berlin] in die Heimath [München] an.» Der Weg führte über Dessau, Halle, Naumburg, Jena, Weimar etc. Das mit Fragezeichen versehene Datum ist demnach gesichert. – *ich verstehe ihn nicht:* vgl. die ähnliche Äußerung im Brief an Bettina vom 11. Sept. 1809 (WA IV 21, 61). – *«Rheinischen Merkur»:* erschienen 1814/15; im Januar 1816 verboten.

4135 (1675) aaO 609 – *Nachspiel:* vgl. das ‹Nachspiel zu Ifflands Hagestolzen› (WA I 13^1, 136ff.). Über die Anteile von Peucer und Goethe vgl. WA I 13^2, 216. Die Aufführung erfolgte am 10. Mai 1815.

4136 Nach der Hs im GMD – Vgl. GTgb: «Zum Abendessen Meyer, Schütze und Frau, Beuter, Genast und Sohn.»

4137 StG 8, 298 – Vgl. GTgb 4. Mai: «Fr. v. Stein im Garten.» – *«Achilles»:* die Oper von Paer wurde am 6. Mai aufgeführt.

4138 (1677) Gr 12f. – *Unfall in Lüttich:* wohl im Zusammenhang mit dem Aufmarsch der preußischen Truppen in Belgien gegen Napoleon. Näheres ist nicht bekannt. – *Theater-Spaß:* vgl. GTgb 10. Mai: «Aufführung zu Schillers und Ifflands Andencken.» – *Wiener Achtserklärung:* gegen Napoleon; Goethe besaß einen Sonderdruck aus Ludens ‹Nemesis› Bd 4, Stück 2, 1815, mit dem Abdruck unter dem Titel ‹Die Erklärung des Wiener Congresses gegen Napoleon› (Ruppert Nr. 3376). – *Kanonade bei Valmy:* am 20. Sept. 1792, beschrieben in der ‹Campagne› (GA 12, 284ff.). – *Föhr[?] – Zweigen:* im später revidierten Text geändert in: Fichten (Grumach 18 Anm.). – *Erzählung einer venezianischen Justiz-Verhandlung:* vgl. Nr. 1200 und Anm. – *(ad laudes):* «soviel wie vermögensrechtlich, Besitzübertragung betreffend» (Gr 204 Anm.). – *reizenden jungen Mädchen:* Philippine Lade (vgl. Nr. 4054 und Anm.). – *Wassertaucher:* Schillers Ballade ‹Der Taucher›. – *Maria Stuart:* Szene III 1. – *Lavater:* Anspielung auf dessen ‹Physiognomische Fragmente›. – *verlesen:* Wortspiel mit der alten Bedeutung von verlesen = verloren.

4139 (1678) aaO 27 – *[… 21. Mai 1815]:* vgl. GTgb: «Junge Leute von Stuttgart.»

4140 (1679) wie 2312 S. 71 – *[vor dem 22. Mai 1815]:* dem Tage der Aufführung von Kotzebues Lustspiel ‹Der Rehbock oder Die schuldlosen Schuldbewußten›. Eine Leseprobe ist in GTgb am 12. Mai, eine weitere Probe, wohl die Hauptprobe, am 21. Mai verzeichnet.

4141 JbSKipp 2, 243 – *Egloffstein:* in der Quelle nur: E. Der Name ergänzt nach GTgb.

4142 JbSKipp 2, 244ff. – *Fulda:* vgl. GTgb: «in Fulda angek. 6½ Uhr. Im Posthause. Gespräch mit dem Postmeister.» Gleiche Station wie am 26. Juli 1814 (vgl. GTgb).

4143 JbSKipp 2, 249ff. – *Neuhof … bei guter Zeit:* vgl. GTgb: «Neuhof 7.» – *zeichnete mein Herr:* vgl. die Ansicht von Schlüchtern Corpus IV B Nr. 185. – *In Wiesbaden:* vgl. GTgb 27. Mai: «Das Blat von Schlüchtern ausgezogen.» – *bei guter Zeit in Frankfurt:* vgl. GTgb: «Frankf. 8.».

4144 JbSKipp 2, 255ff.

4145 JbSKipp 2, 261.

4146 JbSKipp 2, 261.

4147 JbSKipp 2, 261f.
4148 JbSKipp 2, 262.
4149 JbSKipp 2, 262 und 266f. – *Äsche:* Blumentöpfe
4150 JbSKipp 2, 267.
4151 JbSKipp 2, 268f. – *Major von Roth:* in der Quelle nur: R. Der Name ergänzt nach GTgb.
4152 (1680) wie 4048 S. 287 – *[am 23. Juni]:* vgl. GTgb: «Gedicht für die Kinder».
4153 Annalen des Vereins für Nassauische Altertumskunde und Geschichtsforschung. 27. Bd. Wiesbaden 1895, 127 – Zum Briefdatum vgl. ebd: «...etwa am Ende des Sommerhalbjahres 1815.» Bei den erwähnten Besuchen können die vom Vorjahre mitgemeint sein.
4154 (1680a) wie 4086 S. 17
4155 (1643) aaO 87f. – *Abschied [1814]:* zu den chronologischen Unstimmigkeiten in diesem Bericht vgl. Anm. zu Nr. 4054. Philippine Lades Vater war inzwischen gestorben. – *nicht wieder gesehen:* letzte Erwähnung in GTgb am 9. Aug.
4156 wie 3014 S. 470 – Goethe war am 23. Juli in Nassau eingetroffen und hatte am 24. den Freiherrn vom Stein in seinem Schloß aufgesucht. Vgl. Kurt v. Raumer: Der Freiherr vom Stein und Goethe. Münster/Westf. 1965.
4157 Steig 1, 342.
4158 DtRevue 43/1, 1918, 88 – *im Dom:* über den Dom-Besuch vgl. ausführlich GTgb 26. Juli.
4159 (1681) aaO 2. Aufl. S. 243ff. – *von Frankfurt nach Wetzlar:* ungenaue Darstellung von Goethes Reise die ihn über Limburg nach Nassau führte. – *Prophete rechts...:* Schlußverse des Gedichts ‹Zwischen Lavater und Basedow› (GA 1, 451). – *in Dresden!:* vgl. Nr. 3708. – *bürgerliche Blödigkeit und Beklommenheit:* zu Arndts Voreingenommenheit in diesem Punkte vgl. Raumer aaO (Anm. zu 4156) S. 33 Anm.
4160 (1682) aaO 224ff. – *nur nichts Politisches!:* über das Unsinnige dieser angeblichen Äußerung Steins vgl. Raumer aaO (Anm. zu 4156) S. 34f. Anm. – *Beine... zu kurz:* auch sonst bezeugt, hier wohl übertrieben. – *Wilhelm Humboldts Erstgeborner:* es könnte sich nur um den damals achtzehnjährigen zweiten Sohn Theodor handeln. – *Jarno:* Figur aus ‹Wilhelm Meister›.
4161 aaO 1. Buch S. 60f.
4162 (1683) wie 2598 Bd 2, Leipzig 1885, 103f. – *[am 27. Juli]:* Der Besuch in GTgb verzeichnet: «Des Schulrectors Gemälde Mspte. Besonders das gemalte.» Fochem war Rektor der Grooteschen Familienkirche zum Elend. – *mein Manuskript:* Handschrift aus dem 15. Jahrhundert, reich mit Miniaturen ausgestattet. – *geklatscht:* wohl im Sinne von kopiert. – *Unus sufficit orbi:* einer allein genügt dem Weltkreis. Abwandlung eines bekannten Zitates nach Juvenal, Satiren 10, 168: «Unus non sufficit orbis.». – *Herausgabe des Taschenbuchs:* ‹Taschenbuch für Freunde altdeutscher Zeit und Kunst auf das Jahr 1816› – *im Zurückkommen:* von der Reise nach Paris, wie Fochem glaubte.

4163 F-R (= edWeitz 1, 220) – *in Ems:* bis Ems (edWeitz).

4164 aaO 20f. – Goethe hatte am 27. Juli Köln verlassen und befand sich auf der Rückreise nach Wiesbaden.

4165 F-R 391 (= edWeitz 1, 223) – *dort gespeist:* vgl. GTgb 31. Juli: «Über Schwalbach, woselbst an Table d'Hote... Nach Tische abgefahren. Glückliche Fahrt ... In Wiesbaden ... S. Boisserée war Morgens auf Schlangenbad.» – *Als ich zurückkam:* von einem Spaziergang. Es fehlen die Auslassungszeichen davor (vgl. edWeitz). – *Goethes Brief:* vom 1. Aug., worin er bedauert, daß sie sich verfehlt haben, und eine Begegnung für «höchst nöthig» hält (WA IV 26, 50).

4166 (1684) F-R 391ff. (= edWeitz 1, 224ff.) – *Dank für den Orden:* vgl. Nr. 3777 und Anm. Metternich hatte an Goethe am 16. Juli aus Paris geschrieben (Bradish 266f.). Goethe antwortet am 4. Aug. und deutet das Anliegen, die Erhaltung der Kunstschätze betreffend, an (WA IV 26, 54ff.). – *Cornelius, dessen Faust... von Ruscheweyh gestochen:* erschienen mit Widmung an Goethe 1816 (vgl. Goedeke IV/3, 765). – *von einer deutschen Gesellschaft wie für Altertum und Kunst:* von einer Deutschen Gesellschaft; wie für Altertum und Kunst (edWeitz). – *in der Farbenlehre:* Abschnitt ‹Londoner Sozietät› und folgende (GA 16, 510ff.). – *Neefs Bekanntschaft:* Neeffs Bekannschaft. – *beiseite lassen konnte:* bei Seite lassen könnte (edWeitz). – *gestorben 1809:* aber jetzt da er 8 (?) Jahre tot ist (aR: † 1809) (edWeitz). – *in seinem Kompendium:* Lehrbuch der allgemeinen Chemie. 3 Bde. Jena 1811/12. – *Hofgärtner in Dresden:* J.H. Seidel, in Goethes auf die ‹Metamorphose› bezüglichem Aufsatz ‹Wirkung dieser Schrift› erwähnt (WA II 6, 249). – *Laacher See... Mennig:* Goethe war dort am 28. Juli, vgl. Tgb: «Nach der verödeten Abtey Laach. Gröber. See. Bruch der sog. Mühlsteine bey Niedermennich.» – *Abt Spangenberg:* Bischof der Herrnhuter Brüdergemeine, den Goethe 1769 in Marienborn kennengelernt hatte (vgl. Nr. 48). – *in Böhmen... eines Vulkans:* gemeint ist der Kammerbühl (Kammerberg) bei Eger (vgl. GA 17, 537ff.). – *gar nichts davon versteht:* gar nichts davon verstand (edWeitz). – *mit Gott reden, wie das:* mit Gott reden. Wie das (edWeitz). – *Ring mit dem Serapiskopf unten INI:* Karneol, vgl. Schuchardt 2, 3 Nr. 1. Was Goethe als «INI» liest, wird dort als vielleicht von späterer Hand eingegrabenes «(N)» gedeutet. – *war er unwohl:* ist er unwohl (edWeitz). – *Napoleon ist entflohen:* Goethe erhielt die Nachricht am 14. März – *Felix omen: Napoleon interiit:* Glückliches Vorzeichen: Napoleon ist untergegangen. Buchstabenspiel mit dem von Goethe wohl mißverstandenen «INI»: n inter ii (freundlicher Hinweis von H.-J. Weitz). – *von den verrückten Hofräten:* vgl. Nr. 4177 und Anm.

4167 (1685) F-R 394ff. (= edWeitz 1, 227ff.) – *zwei Bände Gedichte:* vgl. Nr. 3877 und Anm. – *Bartels:* Briefe über Calabrien und Sicilien. 3 Bde. Göttingen 1787/92. – *Riedesels Buch:* Voyage en Sicile et dans la Grande Grèce... Lausanne 1773 (Ruppert Nr. 4060). – *Winckelmanns Geschichte:* Goethe hatte, wie er selber in ItR berichtet, von W.s ‹Geschichte der Kunst des Altertums› die italienische Übersetzung von Fea in der neuen Ausgabe von 1786 angeschafft (GA 11, 160; vgl. Ruppert Nr. 2139). – *der* *vierte Band von Dichtung und Wahrheit:* ist erst aus Goethes Nachlaß erschienen. – *Introduktion:* ‹Hegire› (GA 3, 287f.). – *Talismane...:* ‹Segenspfänder› (GA 3, 288f.). – *Goethes Gedicht an ihn:* ‹Beiname› (GA 3, 300f.). – *Diez:* Buch des Kabus oder Lehren des parischen Königs Kjekjawus für seinen Sohn Ghilan Schach... Berlin 1811 (Ruppert Nr. 1772). Vom Tulpen- und Narcissen-Bau in der Türkey aus dem Türkischen des Scheich Muhammed Lalézari... Halle und Berlin 1815 (Ruppert Nr. 1773). – *Ich erzähle ihm...:* davor, wohl versehentlich ausgelassen: «Diese Gedichte zum ‹Divan› trefflich einfach, bedeutsam natürlich kräftig. Die Verse zum Teil wie im ‹Faust›.» (edWeitz). – *Unredlichkeit der Schlegel...:* Unredlichkeit der Schlegel und Tiecks – Lumpen-Streiche gegen Vermehren von Friedrich und Ritter.» Geldprellereien. (edWeitz). – *er hat seine Sache gesetzt:* er hat seine Sache darauf gesetzt (edWeitz). – *sans tache et sans reproche:* ohne Fehl und Tadel. – *Ethik von Spinoza:* vgl. Ruppert Nr. 3132. – *nun muß er:* nun muß es (edWeitz). – *par ricochet:* auf Umwegen. – *ist mir ein Beweis:* ist nur ein Beweis (edWeitz). – *Leonhards nächsterscheinendes Werk:* wohl das 1821 erschienene ‹Handbuch der Oryktognosie› (Ruppert Nr. 4802). – *Hauys Kristallographie:* Tableau comparatif des résultats de la cristallographie et de l'analyse chimique, relativement à la classification des cristaux. Paris 1802. – *die zwölf Religionen (!):* die 12 Religionen (?) (edWeitz). Vgl. Goethes eigene Erklärung im ‹Morgenblatt für gebildete Stände› vom 27. April 1816 (GA 3, 760ff.). – *Behrisch:* vgl. dessen Charakteristik in DuW 7. Buch (GA 10, 326ff.). – *ob varietatem scientiarum?:* ob varietatem etc. scientiarum? (edWeitz) = wegen der Mannigfaltigkeit der Wissenschaften. Vgl. im übrigen Nr. 4177 und Anm.

4168 (1686/1687) F-R 396ff. (= edWeitz 1, 231ff.). – *die Entwürfe:* es (den Entwurf) (edWeitz). – *Wahlverwandtschaften:* Anspielung auf Goethes Verhältnis zu Marianne v. Willemer. – *von den Frankfurter Vorhaben:* von dem Frankfurt. Vorhaben (edWeitz). – *seit vorigem Jahr:* was seit vorigem Jahr (Druckfehler). – *in moralischer...:* in artistisch-moralisch-politisch-ökonomischen (edWeitz). – *er las mir dann...:* Er las mir dann (dies alles wurde nach Tisch verhandelt) – die Fortsetzung des ‹Divan› (edWeitz). – *das Rosen-Öl...:* ‹An Suleika› (GA 3, 343). – ‹Behandelt die Frauen mit Nachsicht!...› (GA 3, 320). – ‹Versunken› (GA 3, 310). – ‹Erschaffen und Beleben› (GA 3, 292f.). – ‹Komm, Liebchen, komm!...› (GA 3, 349f.). – ‹Nur wenig ist's...› (GA 3, 350f.): vgl. Gräf 3, 2, 1, 47 Anm. – *[hat] doch:* und doch (edWeitz). – *Stolz der Armut des Liebenden:* ‹Hätt ich irgend wohl Bedenken...› (GA, 3, 351). – *Großartigkeit und Kühnheit:* Großart der Kühnheit (edWeitz). – *neuen katholisch:* neu katholisch (edWeitz). – *Müller:* Johannes v. M. – *haben's getan:* habe es getan (edWeitz). – *das Gemüt des Großen und das Naturell:* das Gemüt das Große – das Naturell (edWeitz). – *Überlieferungen:* Überlieferung (ed Weitz). – *noch nicht einmal:* doch noch nicht einmal (edWeitz). – *Schubart:* Schubert (edWeitz). Gemeint ist G.H. v. Schubert, vgl. Nr. 2853. – *Christuschens:* Christus'chers (edWeitz). – *wenn sie beide weiter schliefen:* wenn sie bei den Weibern schliefen (edWeitz). – *Büchleins über das Abendmahl:*

Über das h. Abendmahl, eine dogmengeschichtliche Untersuchung nebst Vorschlägen zu einer Beseelung dieses Instituts nach den Bedürfnissen unserer Zeit. Gießen 1815. Der Verfasser, G.K. Horst, am gleichen Tage in GTgb erwähnt. – *Goethe klagt...:* davor ein längerer Abschnitt, der sich nicht auf Goethe bezieht, ausgelassen (vgl. edWeitz). – *zu Tisch soll:* soll (edWeitz).

4169 (1687) F-R 398ff. (= edWeitz 1, 233ff.) – *Staatsrat Süvern:* Nachmittags Staatsrat Süvern (edWeitz). – *Abends war ich...:* Abends mit Goethe auf dem Geisberg – schöne Aussicht auf diesem Hügel: Mainz und das ganze reiche Tal von sanften Abhängen durchschnitten – mit fließenden Berglinien begrenzt [?]. Ober-Bergrat Cramer war mit, es wurde eben gezecht in der Schenke (edWeitz). – *ein Töchterchen:* Dorothea, geboren 1801. – *16. Jahrgang:* 16jährig (edWeitz). – *Kind. Goethe [neckte sie] mit:* Kind mit (edWeitz). – *erzählte uns:* Goethe erzählte uns (edWeitz). – *Buchstaben-Rechnungen:* Buchstaben-Rechnung (edWeitz). – *Hafis ein anderer Voltaire. Er sagt:* Hafiz ein anderer Voltaire so frech (edWeitz). – *orientalische Musik:* Orientalen ohne Musik (edWeitz). – *so auch die Musik:* so auch keine Musik (edWeitz). – *eigentlichen Kunstwert:* eigentümlichen Kunstwert (edWeitz.) Hierauf folgt: « – alle sinnlich: haben sie gleich real genommen – die Janitschar-Musik v. Türken, vom Oxus herüber gekommen. –» (edWeitz). – *Bestimmung; wo Pestalozzi aber:* Bestimmung, wo Pestaloz nur (edWeitz). – *von jenem Gespräch:* von unserem Gespräch (ed Weitz). – *in Biebrich bei Hof:* am 6. Aug. – *Krüdener:* Frau v. K. wurde nach dem Tode ihres Mannes Pietistin und übte einen unheilvollen Einfluß auf Kaiser Alexander aus.

4170 wie 3637 S. 87 – *[am 6. August]:* Datum ergibt sich aus dem Kontext der Quelle. – *das erste Mal:* vgl. Nr. 3638. – *Leopoldsorden:* vgl. Nr. 4166 und Anm. – *[am 1. August]:* vgl. GTgb.

4171 (1688/1689) F-R 400f. (= edWeitz 1, 236ff.) – Das Datum nach Weitz zu korrigieren: Sonntag, den 6. Aug. – *das Reimarussche Teewesen:* Reinhards Frau Christine war eine geborene Reimarus. – *in kurzem Abriß meine:* einen kurzen Abriß meiner (edWeitz). – *Haupt-Angelegenheit...:* Haupt-Angel- und Vereinigungs-Punkt Schlegel – Vorlesungen (edWeitz). – *Schlegels Vorlesungen:* private Vorträge in Friedrich Schlegels Wohnung in Paris 1803/04. – *mit schwarzgeschnittnem Samt:* mit schwarzem geschnittenem Samt (edWeitz). – *[Kehr]:* vgl. GTgb 6. Aug.: «Dr. Kehr.» – *und es ist:* ei es ist (edWeitz). – *Entstehen der Perle...:* ‹Die Perle, die der Muschel entrann...› (GA 3, 381f.) – ‹Trunken müssen wir alle sein!...› (GA 3, 372). – ‹Da wird nicht mehr nachgefragt!...› (ebd). – ‹Als wenn das auf Namen ruhte...› (GA 3, 328f.). – *lustig usw.:* tüchtig [?] – usw. (edWeitz). – *Epigramm...:* Anakoluth durch Sprünge verbundene Gedanken – Epigrammatische Dinge (edWeitz). Hier folgt bei Weitz mit der Kennzeichnung «aR:» (= am Rand) der letzte Passus dieses Absatzes von «Goethe hat sich über...» an. – *Strophe, die Goethe:* Strophe die er Goethe (edWeitz). – *den Dingen:* dem Ding (edWeitz). – *es sei immer fast:* sei eine fast (edWeitz). – *innere Notwendigkeit:* Anspielung auf die klassische Form der Sonate. – *[das] Mutige – das Herrliche:* mutig mächtige, sanfte weiche – dann das Freudige und Herrliche (edWeitz).

4172 (1689) F-R 401f. (= edWeitz 1, 238ff.). – *Adam und Eva:* ‹Es ist gut› (GA 3, 384). – *[wie] Jesus das Evangelium gebracht:* Jesus, der das Evangelium gebracht (edWeitz). ‹Vom Himmel steigend Jesus bracht...› (GA 3, 383). – *Was ich verlange...:* ‹Nur wenig ist's was ich verlange...› (GA 3, 350f.). – *Die Feueranbeter der alten Parsen:* ‹Vermächtnis altpersischen Glaubens› (GA 3, 385ff.). – *und wird Funke...:* und wieder [?] Funke d. Seel. [?] d. Gottheit (edWeitz). – *Natrop:* (Natorp) (edWeitz). – *geheiratet:* hieran schließt bei Weitz unmittelbar der unten in runden Klammern stehende Passus an. – *Alle Reichtümer:* aller Reichtum (edWeitz). – *Freude, die unmittelbar[e]...:* Freude des unmittelbar – und totalen durchaus lebendigen Beifalls (edWeitz) – *Einnehmer von Monte pietà:* Einnehmer von Monte pietà in Rom gewesen (edWeitz) – *Wiener:* Weimarer (edWeitz). – *in Weimar:* nicht mehr (edWeitz). – *Schreck und Not:* Schreck und [?] Not (edWeitz). – *In Rom gewesen:* siehe oben. – *dies entscheidet; um...:* dies entscheidet, um ihrem Vater und Familie zu helfen, sich gleich bei der Gesellschaft anzuwerben (edWeitz). – *sie blieb immer brav:* immer brav (ed Weitz).

4173 (1690) F-R 402ff. (= edWeitz 1, 240ff.) – *Der Schenke:* ‹Du, mit deinen braunen Locken...› (GA 3, 373f.). – *die kürzeste Nacht:* ‹Sommernacht› (GA 3, 378ff.) – *Morgenrot und Abendrot:* Morgenröte und Abendröte (edWeitz). – *am Himmel sind...:* am Himmel. Reminiscenzen darin von Heidelberg, wo ich auf der Brücke mit Goethe im vorigen Herbst die schönste Himmels-Klarheit in Westen sah und selbst der ganze Horizont durchsichtig und leuchtend schien. (edWeitz). – *den schönen...:* den schönen freundlichen blonden, blauaugigen Kellner auf dem Geisberg (zu Wiesbaden), bei Herrn Hastings (edWeitz). ‹Du zierlicher Knabe...› (GA 3, 373). – *auf die kleine Paulus:* auf den kleinen Paulus (ed Weitz). ‹Heute hast du gut gegessen...› (GA 3, 376f.). Zum Bezug auf den jungen Wilhelm Paulus vgl. Gräf 2, 1, 50 Anm., ferner unsere Nr. 4255. – *Schwänchen:* in Goethes Wortgebrauch für Geschenk. Vgl.: Momme Mommsen, «Schwänchen und Schwan». In: JbGG NF 13, 290ff. – *auf den Spaziergängen:* auf dem Spaziergang (edWeitz). – *wenn er Gedichte träume:* vgl. Nr. 1123. – *ein verlorenes:* wie verloren (edWeitz). – *(Petrarca [nach] Wilken):* (Petrarca s. Wilken) (edWeitz). – *Italienische Reise:* Italien Reise (edWeitz). – *so vollständig seien:* so vollständig – (edWeitz). – *einen Brief geschrieben:* vom 28. Juli (Wahl 2, 121). – *Problem der Architektur:* Geheimnis – Probe der Architectur – (edWeitz). – *in der Mitte...:* in d. Mitte der Diagonal darf nichts treffen (edWeitz). – *Zeichen des Hauses usw.:* hier folgt bei Weitz: – wegen dem warmen sonnreichen Klima immer die mittlere Giebel-Wand begünstigt – hier stehe gewöhnlich der Tisch – darum Benvenuto auch nach dem Zeichen der Sonne gezielt (von der Engelsburg), er war sicher dahinter müßten Menschen am Tisch sitzen. – Dies bei Gelegenheit der Architectur und des Dom. G. behauptet, es lägen die Gesetze nicht sowohl in den Zahlen als in den Formen. – Ich gebe es zum Teil zu, nur [?] in so weit als die Zahlen gleichsam das Wort für die Formen sind. – *Timurs Winter-Feldzug:* ‹Der Winter und Timur› (GA 3, 342f.). – *Haß des*

Kreuzes: ‹Süßes Kind, die Perlenreihen . . .› (GA 3, 405 ff.). – *Cosken:* Cosru (edWeitz). – *die westliche Narrheit:* die westlich nordische Narrheit (edWeitz). – *närrischen Hofrat:* ‹verrückten Hofrat› (edWeitz). Vgl. Nr. 4177 und Anm. – *ob odium crucis:* wegen des Hasses gegen das Kreuz. – *Gedichte, die er verwerfe:* Gedichte die er verworfen (edWeitz). – *Angelegenheit des Tages:* Angelegenheiten des Tages (edWeitz). – *Sedes poeticae:* poetischer Stuhlgang. – *mit Schiller:* beruht wohl auf einem Mißverständnis. – *Mahomet:* von Voltaire. – *qu'en dit Monsieur Goeth:* vgl. Nr. 2748 (S. 336). – *was es denn . . . :* was es denn eigentlich betroffen. – langer Abend von 6 bis 11 Uhr. (edWeitz).

4174 F-R 404 (= edWeitz 1, 243). – *Farbenlehre:* Abschied-Schmaus bei Cramer. Farben-Lehre (edWeitz).

4175 (1691) F-R 404 ff. (= edWeitz 1, 243 ff.) – *Ebel:* Johann Gottfried E.: Über den Bau der Erde in dem Alpen-Gebirge . . . 2 Bde. Zürich 1808 (Ruppert Nr. 4515). – *sich herüber kobilde:* sich bilde (edWeitz). – *Buttes Zahlen-Lehre:* Wilhelm B.: Grundlinien der Arithmetik des menschlichen Lebens . . . Landshut 1811. – *am letzten Tag:* d.h. am Tage vorher. Zu Butte vgl. F. Otto aaO (vgl. Nr. 4153) S. 97 f. – *sie folgten:* sie folgt (edWeitz). – *unsere Mathematik:* unsere Mathematiker (edWeitz). – *biegen:* biege (ed Weitz). – *Karten:* Karte (edWeitz). – *Bellin Venetian. Wärme:* Bellin. Venetianische Wärme (edWeitz). – *[D. Bouts]:* Hinweis auf den niederländischen Maler unklar, fehlt bei Weitz. – *Verliebtheiten:* Verliebtheit (ed Weitz). – *Agrippina:* Anspielung auf den lateinischen Namen für Köln: Colonia Agrippinensis (nach der römischen Kaiserin Agrippina d.J.). – *Geburts-Stadt von Eyck:* Maaseyck. – *die meines Vaters:* Stockem. – *Der Groß-Onkel . . . :* Der Groß-Onkel und die Großmutter väterlicher Seite sei von Tongern (edWeitz). – *Kaufmann Memminger:* die Richtigkeit der interpretierenden Textergänzungen von F-R fraglich, nicht von Weitz übernommen. – *Dom, der:* Dom, derselbe (edWeitz). – *Kardinal:* Boisserée berichtet unter dem 18. Aug., daß er das Bild gekauft habe (edWeitz 254). – *spanischer Maler:* spanischer Maler v. alte! (edWeitz). – *der Krug . . . :* die Krüge mit Asche. Nahe bei der Wasserleitung (edWeitz). – *schlecht gebaute Kirchen Zahlberg:* schlecht gebaute Kirche von Zahlbach (edWeitz). – *durch die Laufgräben geritten:* wohl der Ritt nach der Weisenauer Schanze am 16. Juni (vgl. ‹Belagerung von Mainz›, GA 12, 436) sowie Ende Juni (GA 12, 444 ff.) – *Spaziergang:* davor bei Weitz: «Bei Prof Lehné die Frauen – und einige von der Familie Jung, um G. zu sehen, Aschen-Krügel und allerlei kleine Altertümer Ringe Hefte usw.» – *von der Großmutter:* vgl. Boisserées Darstellung in den Fragmenten einer Selbstbiographie. (ed Weitz 1, 26 f.).

4176 (1692) F-R 406 f. (= edWeitz 1, 246 f.). – *. . . schön Wetter . . . :* Morgens um 7 Uhr nach Frankfurt. Schön Wetter (edWeitz). – *Mein Wunsch:* Meinen Wunsch (edWeitz). – *wie mich die großen Kirchen-Feste usw.:* wie uns die großen Kirch-Feste etc. (edWeitz). – *edeler Umgebung:* edeler Umgebungen (edWeitz). – *Gottestracht, Zünfte:* Gottes-Tracht Geck Bärnchen – Zünfte (edWeitz). – *[den Altären]:* Zusatz fraglich, nicht bei Weitz. – *Kirchen-Musik:* Kirchen-Musik Messe (edWeitz). Erst dann folgt als zwischengeschrieben: «Liebhaber bemühen sich...» – *vortreffliches Thema:* Vortrefflich Thema (edWeitz) – *Mit unserer Liebe:* Mit unseren Dingen (edWeitz) – *einzelne G[emälde]:* einzeln (edWeitz). – *Maria:* Marie (ed Weitz). Gemeint ist Marie Brentano, geb. Schröder, Frau von George Brentano.

4177 (1693) F-R 407f. (= edWeitz 1, 247). – *häßlich Wetter:* Boisserée hatte am Tage vorher vemerkt: «Regenguß.» (edWeitz ebd). – *Bei Schlosser. [Später] fuhr:* Bei Schlosser fahre (edWeitz). Vgl. GTgb: «zu Schlosser. Beyde Brüder.» – *daß ich den Ort sehe:* daß ich den Ort sah [?] (edWeitz). – *Tonie:* Antonie Brentano. – *Spaer Kistelmalerei:* Spaaer Kisterl-Malerei: (ed Weitz). Bezieht sich auf niedliche Holzwaren, durch deren Verfertigung ein großer Teil der Einwohnerschaft des belgischen Badeorts Spa seinen Unterhalt fand. – *Steinernes Heilig-Häuschen...:* der Passus bis «1508?» bei Weitz mit der Kennzeichnung «aR» anschließend an «Dank den Frauen». – *[Goethes] Diplom:* mit der Begründung «ob orientalismum occidentalem» (= wegen Westöstlichkeit). Ausgefertigt unter dem Datum des 1. April von Timandor, d.h. Ehrmann. Vgl. die Abb. in: JbFDH 1914/15 nach S. 248. – *einen näheren Bescheid:* meinen näheren Bescheid (edWeitz). – *verschrieb!:* verschrieben? (edWeitz). – *Sie fordre bei mir...:* Sie verderben [?] mir dadurch beinahe meine Schutzrede (edWeitz).

4178 F-R 408 (= edWeitz 1, 248). – vgl. GTgb: «Gem. Samml. im Dominicaner Kloster. Mit Boisserée heraus.» – *Canova:* Carové (edWeitz).

4179 aaO 44 – *15. August:* muß lauten: 16.; vgl. GTgb: «Mittag Familie. v. Otterstedt... Nachts Herzog, Herzoginn Cumberland. Unterbrochnes Abendessen.» – *die Herzogin unterhielt sich:* Goethe gedenkt dieser Begegnung in seinem Brief an die Herzogin vom 10. Sept. (WA IV 26, 76).

4180 F-R 408 (= edWeitz 1, 248). – *Meline:* Guaita. – *Claudine:* Piantaz. – *Der alte Kuppler...:* Der alte Kuppler (Mincio [Micio]) sagt der M. etwas! (edWeitz). Micio, gutmütiger Vater in den ‹Adelphen› des Terenz, als Bezeichnung für Goethe, von ihm selber eingeführt.

4181 F-R 408 (= edWeitz 1, 254) – *[in Mainz]:* über die Fahrt dorthin berichtet Boisserée unter dem 17. Aug. (ebd 248 ff.). Goethe war in Frankfurt geblieben.

4182 (1694) F-R 408 und Weitz 305 (= edWeitz 1, 255) – *schönes helles Wetter...:* morgens früh schön hell Wetter (edWeitz). – *und fahre noch:* ich fahre noch mit einer Schachtel voll Lampen und Töpfen in einem Nachen (edWeitz). – *will dieselbe [die Schrift] gleich:* will die Schrift jetzt (edWeitz). – *in rhetorischer Kunst:* ein rhetorisches Kunststück (edWeitz).

4183 F-R 408 (= edWeitz 1, 255). – *Schlossers:* Schlosser (edWeitz). – *Dienstag:* 22. Aug. (vgl. Nr. 4186).

4184 Varnhagen/Rahel 4, 265 ff. – *Ellisen:* Klavierspieler (nach Weitz 305). – *sehe Goethen:* vgl. GTgb: «Mit der Fam. durch den Wald übers Forsthaus.» – *wie ich ihn sah:* in Karlsbad 1795.

4185 F-R 408 (= edWeitz 1, 256). – *mit Christian [Schlosser]:* mit Christian bis zum Garten von Salzwedel (edWeitz).

4186 F-R 408 (= edWeitz 1, 256). – Ebd folgt noch: «Auf dem Heimweg: ‹ich merke doch daß ich ein rechter Frankfurter bin, hättet mir ebenso ‹ob naturam francofurtensem› mein Diplom geben können›.»

4187 Revue bleue 49e Année, 1911, 228 – *[am 22. August]:* GTgb verzeichnet Custine unter den Tischgästen bei Schlossers.

4188 Revue de Paris Tome XLVII, 1837, 218ff. (JbGG NF 3, 300ff.). – Zum Hintergrund und zur Geschichte dieses Briefes vgl. A. Bergmann: Goethe in Frankfurt am Main 1815. In: GKal 1933, 185ff. Ebd 192ff. Wiedergabe in deutscher Übersetzung. – *mon ami Werner:* Custine hatte Zacharias Werner 1812 in Rom kennengelernt.

4189 wie 4187 S. 228f.

4190 wie 4187 S. 229

4191 aaO. Tome deuxième. Troisième édition. Paris 1838, 84. – In deutscher Übersetzung und mit Erweiterung des Textausschnitts in: GKal 1933, 198ff.

4192 aaO. Quatrième édition. Paris 1912, 501f. – In deutscher Übersetzung: GKal 1933, 200f.

4193 F-R 408 (= edWeitz 1, 256).

4194 aaO 85 – Einordnung nach Weitz 307 – *[...August Christian Bansa]:* von Willemer als Zehnjähriger nach dem Tode seines Vaters (1802) in sein Haus aufgenommen. – *«Die natürliche Tochter»:* erschienen als Taschenbuch auf das Jahr 1804.

4195 (1695) F-R 409 (= edWeitz 1, 256f.) – *die Dinger:* die Dinge (ed Weitz). – *Goethe ist bei Hügel:* Goethe ißt bei Hügel (edWeitz).

4196 wie 3637 S. 87 – *hier gespeiset:* vgl. GTgb 24. Aug.: «Bey Herrn v. Hügel Mittags...» – *Der österreichische Orden:* vgl. Nr. 4170.

4197 F-R 409 (= edWeitz 1, 257). – Zum Datum: die Hochzeit, an der Goethe teilnahm, fand nach GTgb vom 21. und Goethes Brief vom 30. Aug. am 21. Aug. statt. – *zur Hochzeit abgeholt:* zur Hochzeit abgeholt auf d. Forst-Haus (edWeitz). – *Jungfer Melber:* vielmehr Neuburg, einer Enkelin von Goethes Tante Melber. – *auf dem Forst-Haus:* siehe oben.

4198 aaO (als Mskr. gedruckt) Frankfurt am Main 1857, 200f.

4199 F-R 409 (= edWeitz 1, 257).

4200 (1696) F-R 409f. (= edWeitz 1, 257ff.). – *Kasten-Schreiber:* Armenpfleger (nach Weitz 309). – *mit Laubkränzen, darinnen:* von Laubkränzen, darin (edWeitz). – *Farben-Kreis:* nach Goethes Farbentheorie. – *1749:* (1749.) (edWeitz). – *den an diesem Tag geborenen:* einen an diesem Tag geborenen (edWeitz). – *von Ehrmann:* hierauf folgt bei Weitz mit der Kennzeichnung «aR Seiten 22a und 21b» der Absatz: «In Beziehung auf den Farbenkranz...». – *Harmonieen:* Blasmusik. – *einer voll der schönsten Blumen:* einen voll der schönsten Blumen (edWeitz). – *die Jahreszeiten von Pietro Testa:* es handelt sich um drei Blätter (vgl. Schuchardt 1, 87 Nr. 834). – *[1781?]:* Vermutung nach H.G. Gräf in: JbGG 7, 245 Anm. – *d. Bildchen:* des Bildchens (edWeitz). – *in diesen Tagen:* nun diese Tage (edWeitz).

4201 (1697) Schoof 468f.

4202 (1698) F-R 410f. (= edWeitz 1, 259). – *auf d. Mühle:* auf die Mühle; der Alte setzt sich auf eine bessere Diät (edWeitz). – *was wir über:* was wir besonders über (edWeitz).

4203 (1699) Das Literarische Echo Jahrg. 7, 1904/05, Sp. 1604ff. – *Bru-*

der Theodor: Arzt in Frankfurt. – *meiner Mutter:* Charlotte Kestner geb. Buff. – *unsere sämtlichen Silhouetten:* Kestner und Lotte mit ihren fünf ältesten Söhnen, an Goethe gesandt Anfang 1783; vgl. die Abbildung bei Berend zwischen S. 80 und 81. – *Zeichnungen...zum «Götz von Berlichingen»:* erwähnt in H. Meyers Aufsatz ‹Neudeutsche religios-patriotische Kunst› (GA 13, 720). – *Riepenhausen[s]:* die Brüder Friedrich Franz und Christian Johannes. Sie hatten sich 1803/04 an den Preisaufgaben der W.K.F. beteiligt. – *den Herrn Doktor:* Theodor Kestner.

4204 F-R 411 (= edWeitz 1, 260)

4205 GKal 1931, 199f.

4206 JbFDH 1907, 223

4207 F-R 411f. (= edWeitz 1, 260). – *Syndicus Schmidt:* vgl. GTgb: «Mittag Syndicus Schmidt. Akyanoblebsie. In geringerem Grade.» Es handelt sich um eine Form von Farbenblindheit. – ακυανοβλεπτ: ακυανοβλεπς (edWeitz).

4208 (1700) F-R 412f. (= edWeitz 1, 261ff.). – Nach Weitz beginnt die Eintragung vom 6. Sept.: «Ich sehe das Quartier...», die Eintragung vom 7. Sept.: «Die Mandeln von Melchior...». – *Solms:* über die Mission des Grafen Solms, die Kunstsammlung für Köln und Preußen zu erhalten, berichtet Boisserée ausführlich in seinem Tgb am Tage vorher (edWeitz 1, 261). – *wie lieb es ihm sei:* wie lieb es ihnen sei (edWeitz). – *von einigen wenigen:* danach: «aR: Geleits-Bretzeln.» (edWeitz). – *Zeichnung:* Zeichnungen (edWeitz). – *eine Dorothea:* vgl. Nr. 4228 und Anm. – *in seinem Hause:* d.h. in Willemers Stadtwohnung. – *über die Städel:* über beide (edWeitz). – *die W-ner alte Erfahrung:* die W [am]b[o]ld. Alte Erfahrung (edWeitz). Über sein Verhältnis zu Frau v. Wambold berichtet Boisserée in seinem Tgb von 1811 (edWeitz 1, 58f.). – *Meine Beschreibung des Hemmelink:* davor: «(siehe den 15.)» (edWeitz).

4209 Das Literarische Echo Jahrg. 14, 1911/12, Sp. 754 – *Malchen:* vgl. die folgende Nr.

4210 Ludwig Emil Grimm: Erinnerungen aus meinem Leben. Hrsg. ...von A. Stoll. Leipzig 1911, 208ff. Vgl. die ausführlichen Anmerkungen ebd. – *Kopf unserer schönen Cousine Amalie Burchardi:* vgl. die Abbildung ebd neben S. 209. – *Bildnis Goethes von Jagemann:* Irrtum in der Chronologie. Nach der Beschreibung kann es sich nur um das Ölgemälde von 1818 (Schulte-Strathaus Taf. 115) handeln.

4211 F-R 413 (= Weitz 1, 262f.). – Bei Weitz eingeordnet in den Text der Nr. 4208. – *noch folgenden Tag:* am folgenden Tag [8.] (edWeitz).

4212 GKal 1931, 200.

4213 Die Gartenlaube 1877, 807f. – *Feldberge:* im Taunus.

4214 wie 552 Bd 28, 1870, 646 – Ähnlich Creizenach aaO (Nr. 4215) S. 43, wo in der Anm. als Gewährsmann außer dem Direktor Classen auch Mariannes Arzt Dr. Kellner angegeben wird.

4215 aaO 22

4216 JbFDH 1907, 223

4217 (1711) Weitz 194f. – *Devisen:* «mit gedruckten Sinnsprüchen umwickelte Süßigkeiten» (ebd 444). – «Nachts, wenn gute Geister schweifen»: aus den ‹Zahmen Xenien› (GA 1, 668).

4218 Varnhagen/Rahel 4, 325ff. – Vgl. GTgb: «In die Stadt. Zu Fr. v. Varnhagen.» – *nehle:* nöhle = trödle. – *aiséen:* ungezwungen. – *glimpf:* milde. – *in Karlsbad:* 1795. – *Prinzessin Solms:* Herzogin von Cumberland, Schwester der Königin Louise von Preußen. – *Prinz Louis:* Louis Ferdinand von Preußen.

4219 (1701) F-R 413 (= edWeitz 1, 263) – *Farbenlehre über Kochung:* Über Farb-Lehre. Kochung (edWeitz). – *ein Haken:* irgendein Haken (?) (edWeitz). – *in aller Expansion und Kontradiktion:* aller Expansion und Contraction (edWeitz).

4220 (1702) F-R 413 (= edWeitz 1, 263) – *Klarheit in den Schatten:* Klarheit und Schatten (edWeitz).

4221 (1703) F-R 413f. (= edWeitz 1, 264) – *bei Goethe…:* Auslassungspunkte irrig (vgl. edWeitz). – *Meine erste Kunstliebhaberei…:* Meine erste Kunstliebhaberei Rubens. Düsseldorfer Galerie. Aachen bei Scheins. (ed Weitz). – *Rat zu holen:* Rat zu holen etc. Ich erzähle von den Steinmetzen und meinen Arbeiten darüber. (edWeitz). – *Goethe spricht Riemer:* wohl: weist auf das Beispiel von Riemer hin. – *dem Herzog…geschrieben:* am 3. Sept. (WA IV 26, 73f.)

4222 (1704) F-R 414f. (= edWeitz 1, 264f.) – *Münster:* vielmehr Dom. – *Konklave:* die bei der Kaiserwahl durch die Kurfürsten benutzte Seitenkapelle (Wahlkapelle) im Frankfurter Dom (vgl. DuW, GA 10, 27) – *für Bedürfnisse:* die Bedürfnisse (edWeitz). – *wo der Wein gelegt:* wo der Wein gelagert (edWeitz). – *Maler Friedrich:* Caspar David Friedrich. – *nicht enthalten:* nicht entbrechen (edWeitz). – *Darbringung im Tempel:* aus dem Dreikönigsaltar (vgl. Nr. 4074 und Anm.).

4223 aaO 47

4224 (1705) F-R 415 (= edWeitz 1, 266)

4225 F-R 415 (= edWeitz 1, 267) – *Sammlung von Brentano-Birkenstock:* vgl. die Erwähnung in ‹Kunst und Altertum› (GA 12, 537). – *Has von Weenix:* d.h. eines seiner Jagdstücke. – *Wouwerman. Dies:* Wouvermann. Dieser (edWeitz). – *Berliner Antrag:* Berlinianismus (edWeitz).

4226 (1706) F-R 415ff. (= edWeitz 1, 267ff.) – *aus dem Roten Männchen:* dem Stadthaus Willemers, das Goethe für die letzten Frankfurter Tage wieder mit der Gerbermühle vertauschte. – *Eindruck, das ländliche Wesen:* Eindruck des ländlichen Wesen (edWeitz). – *bei Serrand:* vgl. GTgb: «Bey dem Französischen Gemälde Händler.» – *sogenannt Raffael. – Silence:* sogenannter Raphael Silence (edWeitz). – *und Niederländ.:* von Niederland (edWeitz). – *zu den Namen:* zu dem [?] Namen (edWeitz). – *Der Spielmann…:* sprichwörtliche Redensart. – *mit schuld:* nit schuld (edWeitz). – *Inhalt des Verses:* Anspielung auf die Schlußverse des Gedichts ‹Gingo Biloba› im ‹Divan›: «Fühlst du nicht an meinen Liedern / Daß ich eins und doppelt bin?» (GA 3, 348).

4227 (1707/1708) F-R 417 (= edWeitz 1, 269f.). – *von den Steinmetzen:* vgl. ‹Kunst und Altertum› (GA 12, 597ff.). Zum folgenden vgl. den Abschnitt ‹Köln› dieses Aufsatzes. – *ein dickes Paket:* mit Manuskripten. – *nichts [lesen] lassen:* nichts lesen (edWeitz). – *noch gehört:* anstelle der Auslassungspunkte folgt bei Weitz der Schlußsatz: «Nach Tisch liest Goethe...» – *den Siebenschläfer:* die ‹Siebenschläfer› (edWeitz). Gedicht aus dem ‹Divan› (GA 3, 398ff.). – *Am jüngsten Gericht:* vielmehr «Am Jüngsten Tag», Beginn des Sonetts ‹Warnung› (GA 1, 275).

4228 (1709) F-R 417f. und Weitz 321f. (= edWeitz 1, 270f.) – *von der schönen Müllers-Tochter:* Besuch der Nonnenmühle in GTgb unter dem 3. Juli verzeichnet. Vgl. dazu F. Otto aaO (Quelle Nr. 4153) S. 75f. – *angekündigt wurde:* danach folgt bei Weitz mit der Kennzeichnung «aR» der Ausspruch Mariannens: «Die Mariane Wilmer...» – *«Schlaf[e], was willst Du mehr»:* ‹Nachtgesang› (GA 1, 63f.). – *«Wenn Du zu meim Schatzel kommst»:* ‹An einen Boten› aus ‹Des Knaben Wunderhorn›. – *Gib mir die Hand...:* das bekannte Duett aus Mozarts ‹Don Giovanni›. – *Privatissima, Sprüche:* Privatisier-Sprüche (edWeitz). Nach Weitz 374 Anm. hieß Privatisieren «die anspielungsreiche Gesellschaftssprache der Gerbermühle». – *proper...propter:* passend, wegen (lat.). – *o si tacuisses philosophus mansuisses:* recte: mansisses = O, wenn du geschwiegen hättest, wärest du ein Philosoph geblieben (geflügeltes Wort nach Boethius). – *Anspielung auf die Müllerin...›:* vgl. die Schlußverse von ‹Der Edelknabe und die Müllerin›: «Ich liebe mir den Müllerknecht;/An dem ist nichts zu verderben.» (GA 1, 130). – *Die Marianne Willemer...:* bei Weitz an dieser Stelle, edWeitz dagegen umgestellt (siehe oben). Neckerei mit Boisserée, auf die Gemeinsamkeit des katholischen Glaubens anspielend. – *Turban und...:* Turban, einem orientalischen farbigen Shawl (edWeitz).

4229 (1710) Daniel Stern (Pseud.): Mes souvenirs 1806–1833. Paris 1877, 70f. – Die Berichterstatterin war damals zehn Jahre alt.

4230 aaO 328 Anm.

4231 aaO 3. Teil S. 366f. – *Braunfels:* in GTgb vom 14. bis 22. Sept. 1814 mehrfach erwähnt. Der Bericht also vielleicht besser in diese Zeit zu verlegen. – *Vor Augen ist mein Reich unendlich...:* Faust II Vers 11153ff.

4232 (1712) F-R 418f. und Weitz 324 (= edWeitz 1, 271f.) – Vgl. GTgb: «Allein spazieren... Mit der rückkehrenden Gesellschaft spazieren. Mittag Familie. Mieg. Gerning. Scheinfahrt [wohl vorgebliche Abfahrt]. Abgefahren halb Fünf.» – *über Musik Mozarts. Konzerte:* über Musik. Mozarts Concerte (edWeitz). – *Besitzt wohl kein:* Besitzt wohl keiner (edWeitz). – *Romanze:* ‹Vor Gericht› (GA 1, 128). – *doch die Musik:* durch die Musik (edWeitz). – *Lied eines Freiwilligen:* ‹Kriegsglück› (GA 1, 94ff.). – *zu stehen:* danach folgt edWeitz: «In Langen abenteuerliche Erscheinung einer reisenden Schönen. Scheint mit ihrer Gesellschaft unzufrieden, wahrscheinlich wegen Zudringlichkeit derselben – kömmt mit 3 Herren von Frankfurt. Abends Spaß mit Hysterolithen – geflügelte F-tzchen, Müschelchen in der Grauwacke beim Ausfluß der Lahn in der Nähe von Coblenz gefunden.»

4233 aaO 324 – *Äußerung Mariannens:* im Brief an Ottilie v. Goethe 20. März 1833, vgl. ebd. 599f. Dort auch über die Möglichkeit, daß Goethe die «geschnittene Muschel» beim Siegeln verwendet haben könnte. In ihrem Brief erbittet Marianne den Jupiterkopf zurück (KatSKipp 2, 78 Nr. 4727). Nach Femmel/Heres 241 Anm. ist der Jupiterkopf nicht nachweisbar.

4234 (1713) F-R 419 (= edWeitz 272f.). – *Gemälde, Statuen...:* Gemälde; G. in Zwischenzeit bei den Naturalien. Statuen/Museum Smeatons Leucht-Türme (edWeitz). – *bei Hof:* bei Hof... (Auslassung vgl. edWeitz). – *Lingham:* altindisch Linga, Lingam, entspricht dem griechischen Phallus. – *der Gott Schiva usw.:* Der Gott Schiwa in seiner Wut habe alles zu verbrennen und zu verheeren gedroht, da seien die Götter bei Brahma zu Rat gegangen und Wischnu hab sich in eine weibliche S. verwandelt welche überall herumgeschwebt; wie nun der Schiwa in seiner Wut und Grimm hin- und hergefahren im Universo, sei er immer in die F. geraten und so gebändigt worden. (edWeitz). – *die verdürben gleich:* die verdürben ihm gleich (edWeitz). – *sein kleines Werk:* seine kleineren Werke (edWeitz). Georg Moller, ‹Denkmaehler der deutschen Baukunst, dargestellt› (vgl. Ruppert Nr. 2357 und Anm. S. 345f.). – *Man wählt dazu Architektur:* Maurische Architectur (edWeitz). – *verziertem Umriß:* gezinntem Umriß (edWeitz).

4235 Leo Liepmannsohn, Berlin, Verst.-Katalog Nr. 48, 1926, 61 Nr. 383 – Es ist wohl von der Drucklegung von Primavesis ‹Der Rheinlauf von dessen verschiedenen Quellen bis zur Vereinigung des Vorder- und Hinter-Rheins bey Reichenau...› (Frankfurt a.M. 1818/19) die Rede (vgl. Ruppert Nr. 2465).

4236 (1714) F-R 419f. (= edWeitz 273f.). – *nach Heidelberg:* nach Heidelberg. Hell kalt. (edWeitz). – *Pilgernde Schöne:* ‹Die pilgernde Törin› in ‹Wilhelm Meisters Wanderjahre› (GA 8, 58ff.). – *im [Post-] Coupé:* in Langen (edWeitz). Vgl. Anm. zu Nr. 4232. – *Oken:* vgl. Nr. 2349 und Anm. – *Zeh[e]n:* Zehe (edWeitz). – *Fluch des Bischofs Arnulphus:* vielmehr Ernulphus, vgl. Goethe an Schiller 28. April 1798 (WA IV 13, 126). Anspielung auf Sternes ‹Tristram Shandy› 3, 11.

4237 (1715) F-R 420 (= edWeitz 274) – *von den neugriechischen Dichtungen:* vgl. die ‹Neugriechisch-epirotischen Heldenlieder› (GA 1, 591ff.). – *vor etwa fünfzig Jahren her:* v. etwa 50 Jahren her (edWeitz). – *meist unabhängige Familien:* meist unabhängig – Familien – (edWeitz). – *die Seelen der Gestorbenen:* die Seelen hinter (edWeitz).

4238 HVoß 166 Anm. – *Rezension des Blümner:* d.h. des Buches ‹Über die Idee des Schicksals in den Tragödien des Aischylos'› von Heinrich Blümner (ebd 165). – *[am 21. September 1815?]:* einzige Erwähnung von H.Voß während des Heidelberger Aufenthaltes 1815.

4239 F-R 420 (= edWeitz 275)

4240 (1716) F-R 420 (= edWeitz 275) – *Precipizio:* Hinweis auf diesen von Goethe mehrfach gebrauchten Ausdruck bei Riemer (vgl. Nr. 7127). Dies bis «Sorte!» bei Weitz, noch als Goethesche Rede, in Anführungszeichen eingeschlossen.

4241 Reutern 26f. – *[am 25. September 1815:]* vgl. GTgb: «Auf dem Schlosse. Der junge Russe.» Reutern stammte aus Livland. Über ihn vgl. Weitz 600 Anm. Vgl. ferner Goethe an Christiane 26./27. Sept. 1815: «Erinnerst du dich des schönen Russen mit Einem Arm? Er begegnete mir gestern, auf dem Schloß, wir freuten uns beyderseits des Wiedersehns. Er wird durch Weimar kommen.» (WA IV 26, 87).

4242 aaO 57
4243 aaO 45
4244 (1730) aaO 2, 362f. – Zu der Begegnung mit Creuzer und der Entstehung des Gedichts ‹Gingo biloba› vgl. Goethes Brief an Rosine Städel 27. Sept. 1815 (WA IV 26, 83ff.). – *eins und doppelt!:* vgl. «Fühlst du nicht an meinen Liedern, / Daß ich eins und doppelt bin?» (GA 3, 348). – *erhielt am andern Morgen:* vielmehr mit Brief an Boisserée vom 21. Dez. 1815 (WA IV 26, 194).
4245 (1731) aaO 2, 364 – Anekdotischer Bericht.
4246 F-R 420 (= edWeitz 275) – *Turm-Risse:* Risse zum Kölner Dom.
4247 (1717) Bayrische Zeitung, Morgenblatt 1863. Nr. 196f. Zu Bertrams Berichten vgl. Anm. zu Nr. 4071.
4248 F-R 420 (= edWeitz 275).
4249 (1718) F-R 421 (= edWeitz 275) – *Henry VII Chapel und Salisbury Cathedral:* gemeint ist die Kapelle Heinrichs VII. in der Westminster Abbey in London; ob die Kathedrale von Salisbury fälschlich für Westminster Abbey steht oder als zweites Beispiel gemeint ist, muß dahingestellt bleiben. – *botanisches Werk:* gemeint ist das in dem Aufsatz ‹Blumenmalerei› lobend erwähnte Werk: «A Description of the Genus Pinus by Lambert. London 1803.» (GA 13, 784). Nach FBdmMs kostete der erste Band allein 50 Guinees.
4250 wie 3707 S. 388 – *[am 1. Oktober]:* vgl. GTgb «Fr. v. Stegmann und Familie.»
4251 wie 3707 S. 397f. – *den Stillingschen Ausdruck:* vgl. Nr. 53 und Anm.
4252 (1719) F-R 421 (= edWeitz 275) – *aperçu:* ein Aperçu (edWeitz) = einen Einfall, eine Idee.
4253 (1725) Clemens Theodor Perthes: Friedrich Perthes' Leben. Bd 2. Hamburg und Gotha 1851, 134f. – Briefdatum zu korrigieren: wohl 1816. Boisserée vermerkt in seinem Tgb unter dem 14./15. Aug. 1816 den Besuch von Perthes.
4254 HegelBr 2, 63 – *fast alle Abend bei uns:* Erwähnungen in GTgb am 21., 22., 24. und 28. Sept. sowie am 2. Okt. – *Schwänchen:* vgl. Nr. 4173 und Anm.
4255 aaO 1, 335 – *dichterisch ausgezeichneten Freundin:* Caroline Paulus schrieb unter dem Pseudonym Eleutheria Holberg.
4256 (1727) Schoof 457 – *Haoh Kiöh Tschwen:* ‹Hao-ch'iu chuan›, chinesischer Roman des 17. Jahrhunderts. Schiller plante eine Bearbeitung. Ewähnung in GTgb am 12. Jan. 1796. – *kam auch einmal zu mir:* Besuch in GTgb nicht bezeugt. – *Prosaübersetzung bei der Edda:* Lieder der alten Edda. Bd 1. Hrsg. von Jacob und Wilhelm Grimm. Berlin 1815.
4257 (1649) Steig 3, 332f.
4258 (1728/1700a) Schoof 468f. – *den Armen Heinrich:* Hartmann von Aue: Der arme Heinrich. Aus der Straßburgischen und Vatikanischen Handschrift … erklärt von Jacob und Wilhelm Grimm. Berlin 1815. – *Märchen:* Jacob und Wilhelm Grimm: Kinder- und Hausmärchen. 2 Bde. Berlin 1812/15. – *die deutschen Sagen:* Jacob und Wilhelm Grimm: Deut-

sche Sagen. 2 Bde. Berlin 1816/18. – *Louis:* die Begegnung mit Ludwig Emil Grimm in Heidelberg ist in GTgb nicht bezeugt. – *Rheinreise:* die er, anfangs mit seinem Bruder Wilhelm und Savigny zusammen, kurz vorher unternommen hatte.

4259 wie 3014 S. 479 (JbGG NF 3, 310).

4260 (1720) F-R 421 ff. (= edWeitz 275 ff.). – *warum ich den Kölnischen Dom so vorgezogen...:* das folgende bis «Rekapitulation der letzten Tage» bei Weitz in anderer Anordnung. – *englischen Werken:* vgl. Nr. 4249. – *Baumeister Stieler:* vielmehr Steiner (edWeitz). – *Rettung der kleinen, liebenswürdigen Frau:* mit Bezug auf die Heirat mit Marianne Jung im Sept. 1814. – *Bruder Wilhelm:* ältester der Brüder Boisserée, der das Geschäft des Vaters weitergeführt hat. – *Verwandtschaft mit Brentano:* Verwandtschaft mit Brentano. Meline. Eröffnungen des Alten über sie – Was sie über die Religions-Veränderung der Schlosser gesagt. Eine schöne Seele. – (ed Weitz) – *Ein Pfarrer:* Johann Ludwig Ewald. – *bei Mädchen:* bei einem Mädchen (edWeitz). – *Lebens-Beschreibung:* der 4. Teil von ‹Dichtung und Wahrheit› ist erst nach Goethes Tod erschienen. – *Vor vierzig Jahren:* auf der ersten Reise in die Schweiz 1775. – *Gedicht von der Schöpfung:* ‹Wiederfinden› (GA 3, 364f.). – *zwei Buch:* altes Papiermaß: 24 Bogen. – *Er erzählt [spricht] mir von:* Er erzählt von (edWeitz). – *Baco:* Francis Baco von Verulam (vgl. GHb^2). – *stieß man:* stieß er an (edWeitz). – *Schiller in Jena:* vgl. ‹Erste Bekanntschaft mit Schiller› (GA 12, 619 ff.). – *Bildung überhaupt:* Bildung überhaupt, (edWeitz). – *Schlegel:* Friedrich S. – *Liturgie, kurz dem Gerüste:* Liturgie – Kreuzigung etc. Gerüste (edWeitz). – *Erinnerung meines letzten Hierseins:* vgl. Boisserées Tgb April/Mai 1813 (ed Weitz 99). – *Nicolai:* Nicolay. – *Apponi:* Apponyi. – *alle Geburtstagskränze und Geschenke:* Jung-Stilling hatte am 12. Sept. Geburtstag gehabt. – *Kupferstiche:* Küpferchen (edWeitz). – *war, tief gekränkt:* ‚war tief gekränkt (edWeitz). – *Die heimliche Ehe?:* nach GTgb ‹Der Hausdoktor› von Ziegler. – *Spaß-Realismus:* Spaß. Realismus. – (edWeitz).

4261 (1721) F-R 424 (= edWeitz 280) – *und dem Norden:* und Nord (ed Weitz).

4262 (1723) F-R 424f. (= edWeitz 280 ff.) – *Antikes Theater...:* beschrieben von Plinius d. Ae., nat. hist. 36, 116–120 (vgl. GrumachAntike 44). – *Vogel-Haus des Plinius:* vgl. Plin. nat. hist. 10, 50, 72. –*Palais des Reichs-Grafen Hochberg...:* Palais der Reichs-Gräfin Hochberg. Die Grafen Hochberg beide. Bunte Decken-Gemälde über d. Treppe lauter Pfauen. – 4 große Landschaften Sonne Mondschein etc. von Kunz verzieren/einen großen Saal. (edWeitz). – *Andacht zum Kreuz:* von Calderon. – *sehe eben den Titurel:* sehe oben den ‹Titurel› (edWeitz). – *vor vierzig Jahren:* am 3. Nov. 1775. – *nach Köln zu gehen:* nach Karlsruhe zu gehen (edWeitz). – *influenzieren:* beeinflussen. – *determinierte Naturen:* determinierte/entschiedene Naturen (edWeitz). – *Ottilie [Minna Herzlieb]:* F-R 425: «An anderer Stelle bezeichnet Sulpiz B. als Gegenstand dieser Bekenntnisse Minna Herzlieb, das Urbild der Ottilie.» – *ein Häuschen, Hüttchen, welches fährt:* ein Häus'chen welches fährt. (edWeitz). Gemeint ist ‹Der neue Kopernikus›: «Artges Häuschen hab ich klein...» (GA 1,

495f.). – *einen Fall:* meinen Fall (edWeitz).

4263 MatthissonNachl 4, 184 (JbSKipp 4, 316).

4264 aaO 1. Teil S. 245ff. (JbSKipp 4, 316ff.). – *‹prematur in nonum annum›:* neun Jahre soll es zurückgehalten werden (nach Horaz, Ars poet. 388).

4265 (1722) Morgenblatt für gebildete Leser. 53. Jahrg. 1859, 443ff. – *verfänglichsten Muscheln:* wohl Venusmuscheln, Veneridae.

4266 (1724) F-R 425 (= edWeitz 282) – *Dunkel. Matt:* Dunkel-Wetter (edWeitz). – *Die Jagemann hat ihn ... gedrängt:* ihr Brief ist nicht bekannt, ebensowenig wie Goethes in GTgb vom 6. Okt. verzeichneter Antwortbrief. Erhalten ist der Brief Goethes an Carl August vom 8. Okt., der seine plötzliche Abreise zu erklären versucht (WA IV 26, 95ff.). – *Mußflüchten:* vgl. GTgb 6. Okt.: «Entschluß zur Abreise.» Die Situation wird minutiös interpretiert bei: Hans Pyritz, Goethe und Marianne von Willemer, Stuttgart 1941, 51ff. – *Carl von Mander:* Carel van Mander, niederländischer Maler. – *im Vordergrund:* im Vorgrund (edWeitz).

4267 (1726) Ost und West, Prag 1837, 20. – *[am 6. Oktober]:* vgl. GTgb: «Hptm. Forster ... von Paris kommend.» – *sein Segen:* vgl. Nr. 3704f.

4268 aaO 1, 14f. (JbSKipp 4, 322)

4269 (1732) F-R 425f. (= edWeitz 282f.) – *zum Begleiter:* zur Begleitung (edWeitz). – *Sievers ...:* Der junge Schweighäuser. General Sievers. – aR: Wimmersbach ... Neckar-Elz ... (edWeitz). – *Zilkenhardt:* Zillenhard (edWeitz). Vielleicht ist der 29. Sept. gemeint, vgl. GTgb: «Fr. v. Zillenhart.» – *einige politische Volksschriftchen:* ein politisches Volksschriftchen (edWeitz). – *Geschichte des Fürstenbundes:* in Ch. W. Dohms ‹Denkwürdigkeiten meiner Zeit oder Beiträge zur Geschichte vom letzten Viertel des achtzehnten und vom Anfang des neunzehnten Jahrhunderts 1778–1806›, wovon Goethe den 1. Band in seinem Brief an Dohm vom 16. Nov. 1814 (WA IV 25, 79f.) erwähnt (vgl. Ruppert Nr. 3317). Vgl. W. Mommsen: Die politischen Anschauungen Goethes. Stuttgart 1948. S. 43ff. – *Florenzer Händel:* nicht ermittelt; vielleicht mit Bezug auf die politische Geschichte von Florenz und der Toscana unter Napoleon oder die ‹Rückkehr› zu Österreich 1815. – *Spottgedicht:* ‹Parabel› (GA 1, 405f.). – *Kinderspiel, Messe:* Kinder spielen Messe (edWeitz). – *neue Ausgabe der Gedichte:* d.h. Bd 2 der neuen Cottaschen Ausgabe von Goethes Werken, Stuttgart und Tübingen 1815 (dort in der Abteilung ‹Parabolisch›). – *Wir däumeln ...:* dieser Passus bis «verliebt» bei Weitz 283 eingeordnet unter dem 8. Okt. (vgl. Nr. 4270) während der Fahrt von Neckar-Elz vor der Begegnung mit Jagemann.

4270 (1733) F-R 426f. (= edWeitz 283ff.) – *Oberschaflenz:* Oberscheefflenz. – *halb Protestant:* Halb-Protestanten (edWeitz). – *Danckelmann ... nach Eisenach einsperren:* Adolf Albert Friedrich Wilhelm Freiherr von D., wegen Erregung von Skandalen. Die Ehe wurde 1815 geschieden. (vgl. GHb^2). – *[Großfürstin] Katharina:* Prinzessin von Oldenburg, Schwester der Großfürstin-Erbprinzessin Maria Paulowna. – *die Kunst machte ... hatte:* die Künste machten ... hätten (edWeitz). – *Yverdün:* Ifferten (ed Weitz). – *mit Familie ...:* mit Familie und mehreren Kindern, wahrscheinlich noch ein paar Zöglinge – (edWeitz). – *war auch in Heidelberg...:* war nun in Heidelberg von Colloredo empfohlen (edWeitz). – *Liebesgeschichten wechselseitig:* danach folgt bei Weitz der Satz: «Deutsche mögen nur gern...» – *Gedicht von einem Reisenden...:* ‹Das Tagebuch› (GA 2, 114ff.). Zu dem folgenden Ausdruck vgl. Weitz 608: «den ein Knüpfzauber untüchtig zum Beischlaf gemacht hat (Nestel = Senkel, Schnürband).» – *Abbate:* Giambattista Casti, in Verbindung mit dem Grafen Josef Johann Fries erwähnt in ItR 17.7.1787 (GA 11, 406). – *auf die Kunst-Reise:* auf diese Kunst-Reisen (edWeitz). – *er verdarb sich ganz:* Fries starb am 6.4.1788. – *Novelle von Piersom:* Novelle v. Pievan (edWeitz). Bezug ungeklärt. – *Mincio:* Micio (vgl. Nr. 4180 und Anm.). – *Der Pfälzische Hof...:* der ‹Pfälzische Hof›. ist das Schönbornische Haus. (edWeitz).

4271 F-R 427 (= edWeitz 285). – Vgl. GTgb: «Von Boisserée geschieden.»

4272 wie 3014 S. 476f. – *der auch Sie besucht hat:* am 29. Juli in Koblenz.

4273 Neues Archiv für die Geschichte der Stadt Heidelberg und der Kurpfalz Bd 11, 1924, 191f.

4274 JbSKipp 3, 76 – Vgl. GTgb: «Nach Tische in Weimar... Abends Professor Riemer. Hofrath Meyer.»

4275 JbSKipp 3, 76f.

4276 (1734) Heitmüller 234 – *«Über Kunst und Altertum»:* Über Kunst und Alterthum in den Rhein und Mayn Gegenden. Erstes Heft. Stuttgart 1816. Ausgehend von dieser durch Boisserée angeregten Schrift, wuchs sich das Unternehmen zu einer Zeitschrift mit dem Titel ‹Über Kunst und Altertum› aus, von der bis 1832 6 Bde erschienen sind.

4277 Diezmann 36f. – *Gedichte in der Manier...:* West-östlicher Divan. – *Reise nach Italien:* unter dem Obertitel ‹Aus meinem Leben› erschien als 4. und 5. Bd 1816 und 1817 die ‹Italienische Reise›.

4278 JbSKipp 3, 77 – *Namenstag:* vgl. den Eintrag in GTgb 29. Okt.: «Wolfgang».

4279 JbSKipp 3, 77 – *nach Berka:* Tagesausflug. – *Badeinspektor:* J.H.F. Schütz.

4280 JbSKipp 3, 77

4281 DüntzerChSchiller 227

4282 JbSKipp 3, 77 – Vgl. GTgb: «Mittag Riemers. Jahrstag deren Heyrath. Divan. Moltke Gesang.»

4283 (1735) wie 3579 2. Teil. Leipzig 1876, 217f. – *«Zeitgenossen, Biographien und Charakteristiken»:* Sammelwerk, erschienen Leipzig 1815ff., von dem Koethe die ersten beiden Bände herausgab. Goethe lieferte keinen Beitrag dazu. – *Knebel... Selbstbiographie:* vgl. Schlußsatz von Nr. 3653. – *Maler Rabe:* kleines Ölgemälde von K.J. Raabe 1814 (Schulte-Strathaus Taf. 110).

4284 StG 8, 299f. – *Mosen und die Propheten:* nach Luk. 16, 29.

4285 (1792) KnebelNachl 3, 70 – *Gedichte:* Sammlung kleiner Gedichte. Leipzig, Göschen 1815.

4286 (1734a) Ri 2, 662 Anm.

4287 Briefe von Stägemann, Metternich... nebst Briefen... von Varnhagen von Ense. Leipzig 1865, 19 – *[am 4. Dezember]:* vgl. GTgb: «Coreff Dr. L. Arzt. Wilh. Tell. Coreff in der Loge. Gedichte.»

4288 JbSKipp 1, 79

4289 JbSKipp 1, 81 – *die Rolle in Epimenides:* einer der Dämonen der List (vgl. WA I 16, 333).

4290 JbSKipp 1, 85 – *Sprung:* Theaterdiener. – *Probe von Epimenides:* vgl. GTgb: «Epimenides 2. Abtheilung.»

4291 JbSKipp 1, 86 – *«Alles kündet dich an»:* ‹Gegenwart› (vgl. Nr. 3661 und Anm.). – *Probe von Epimenides:* vgl. GTgb: «Probe Epimenides 1. Act.»

4292 aaO 146f. – *Anselm Weber:* vgl. Anm. zu Nr. 3960. – *Leitung des Fürst Blücher-Denkmals:* vgl. Goethes Aufsatz ‹Blüchers Denkmal›, erschienen 1817 (GA 13, 742ff.). – *Goethe zeigte Handzeichnungen:* am 29. Jan. (vgl. Nr. 4294). – *[27. Januar]:* vgl. GTgb: «Prof. Schadow. Berathung mit demselben.»

4293 Diezmann 37 – *Goethes Epimenides:* die Aufführung fand erst am 7. Febr. statt (vgl. Nr. 4302ff.). – *Abänderungen:* gegenüber der ersten (Berliner) Fassung. Die zweite (Weimarer) Fassung wurde in Goethes Werke aufgenommen (vgl. WA I 16, 524ff.).

4294 aaO 147 – *29. Januar:* vgl. GTgb: «Mittag die Berliner und andere Freunde.» – *Major domo:* vielleicht der Kanzler v. Müller, der am 30. Jan. in GTgb erwähnt ist.

4295 GeigerWeimar 289 – *Danksagungsrede:* ‹Rede bei der Feierlichkeit der Stiftung des weißen Falkenordens. Am 30. Januar 1816› (GA 12, 684ff.). Offizielle Beschreibung der Feierlichkeit unter dem Titel ‹Verleihung des Sachsen-Weimarischen Ordens der Wachsamkeit oder vom weißen Falken an Goethe› bei Bradish 283ff.

4296 (1736a) Bi[1] 10, 77 – *Aufsatz:* die geplante Publikation kam nicht zustande. Vgl. Goethes Briefwechsel mit Voigt 31. Jan./1. Febr. (SchrGG 56, 192). – *«allerliebst»:* so charakterisiert Goethe Voigts Prolog im Brief vom 31. Jan. (WA IV 26, 242).

4297 aaO 148f. – *bei Herrn v. Mettingh:* dem preußischen Ministerresidenten in Weimar, vgl. GTgb: «Tableaux bey Mettingh.» – *«Hans Sachs' Sendung»:* ‹Hans Sachsens poetische Sendung› (GA 2, 103ff.).

4298 aaO 149 – *3. März [Februar]:* vgl. GTgb: «Director Schadow wegen der Basreliefs.»

4299 aaO 149

4300 aaO 150 – *Profil in Wachs:* für eine Denkmünze (vgl. Schulte-Strathaus Taf. 111). – *Weinprovision:* Versorgung mit Wein in Preußen.

4301 JbSKipp 1, 89

4302 (1738) aaO 150f. – *Experimente des Chladni:* dessen Klangfiguren (vgl. Nr 882 und Anm.). – *Maske:* am 10. Febr. abgenommen, vgl. Schulte-Strathaus Taf. 112. – *Büste in Marmor:* erst 1823 ausgeführt, vgl. ebd Taf. 113 und S. 59.

4303 JbSKipp 1, 89

4304 (1736) aaO 1, 243f. und 246 – *am 18. Oktober:* dem Jahrestag der Völkerschlacht bei Leipzig. – *den Darstellenden:* vgl. das Verzeichnis der

Mitwirkenden WA I 16, 333f. – *Jugendfürst:* tritt auf II 7 (GA 6, 473f.), dargestellt von C.M.J. Moltke.

4305 Europa 1857, Sp. 692f. – *Darstellerinnen der Liebe und des Glaubens:* Unzelmann und Eberwein. – *die Jagemann:* im Verzeichnis der Mitwirkenden (WA I 16, 333f.) nicht aufgeführt. – *wurde nicht wiederholt:* es folgten zwei Aufführungen, am 10. Febr. und 19. Okt. 1816.

4306 aaO 151f. – *fuhren wir ab:* Schadow zusammen mit B.A. Weber.

4307 (1737) GJb 1, 341

4308 Heitmüller 235

4309 StG 9, 293f. – *Gestern:* vgl. GTgb 20. Febr.: «Abends bey der Großherzogin. Vorlesung des Divans.»

4310 DüntzerChSchiller 255 – *[22. Februar]:* vgl. GTgb: «Bey Staatsminister von Voigt. Frauenzimmer Gesellschaft zum Thee versammelt.»

4311 JbSKipp 1, 92

4312 Heitmüller 236f.

4313 JbSKipp 1, 94 – Vgl. GTgb: «Mittag Riemers und Dlle Engels.»

4314 StG 9, 295 – *heiligen Hildegard:* vgl. den Brief von Carl August an Goethe vom 25. Jan. 1816 (Wahl 2, 137f.) und die Anm. dazu (ebd 384), wo eine «Durchzeichnung (12. Vision des 3. Teils)» aus dem ‹Liber Scivias Domini› erwähnt wird. Vgl. ferner die auf die heilige Hildegard von Bingen bezügliche Stelle in ‹Kunst und Altertum› (GA 12, 532).

4315 JbSKipp 1, 96 – *Achilles:* die Oper von Paer wurde am 30. März aufgeführt.

4316 Heitmüller 237 – Das Briefdatum von des Empfängers Hand. – *Logis am Park:* vgl. Bode 2, 465 Anm.: «Riemer wohnte, als er von Goethe fortzog, am Marktplatz, offenbar auch noch nach der Verheiratung. Die erstrebte Wohnung kann nicht wohl in einem Privathause gewesen sein. Vielleicht hatten Goethe und Meyer für Räume im Jägerhause, die jetzt Baurat Steinert inne hatte, eine andere Verwendung vor. Riemer scheint jenes Logis am Park bekommen zu haben.» – *Propos:* Vorschlag.

4317 Bode 2, 465 – Vgl. GTgb: «Ward nicht wohl und legte mich zu Bette.»

4318 Bode 2, 465f. – Vgl. GTgb: «Übler Tag.»

4319 Bode 2, 466 – Vgl. GTgb: «Aufgehäufte Geschäfte in Ordnung gebracht. Wieder ziemlich wohl.»

4320 StG 9, 298f. – *spanische Fliegen:* vgl. Nr. 1216 und Anm. – *bei der vorgestrigen Zeremonie:* vgl. GTgb 7. April: «Vorbereitung zum Huldigungsfest. Gegen 12 Uhr am Hof. Huldigung.» Gemeint ist die Eröffnung der zur Beratung der Verfassung bestimmten Versammlung, bei welchem Anlaß die feierliche Erbhuldigung erfolgte (vgl. SchrGG 56, 509 Anm.)

4321 JbSKipp 1, 100

4322 JbSKipp 1, 100

4323 JbSKipp 1, 100

4324 JbSKipp 3, 77 – vgl. GTgb: «Nach Tische mit Riemer, August, Meyer in die Gelmeröder Schlucht.» – *Teile eines Elefantenkopfes:* vgl. Knebel an Goethe 1. Mai 1816 (Goethe/Knebel 2, 188), ferner die Erwähnung «Reste von Elephanten» in dem Aufsatz ‹die Umgebung von Weimar in geologischer Beziehung› (WA II 10, 132).

4325 DüntzerChSchiller 274f.

4326 Nach der Hs im GMD

4327 JbSKipp 1, 102

4328 Nach der Hs im GMD

4329 StG 9, 301 – *Ihren Karl:* vgl. GTgb 2. Mai: «Lieutnant von Knebel zu Tisch ... Frau von Stein.»

4330 JbSKipp 3, 77f. – *Halsbandgeschichte:* vgl. Nr. 1046 und Anm. Vgl. ferner GTgb 5. Mai: «Schluß des Groß-Cophta.» Dies also der Anlaß von Goethes Äußerung.

4331 (1740) aaO 1, 240f. – Zur Datierung und Glaubwürdigkeit: nach Genasts Darstellung fand das Berichtete 1815 statt; ‹König Lear› wurde aber erst am 25. Mai 1816 aufgeführt. Goethe war vom 11. bis 29. Mai in Jena. Es könnte sich allenfalls um eine Probe handeln, die vor Goethes Abreise stattfand. Am Tage der Aufführung und danach war Goethe jedenfalls nicht in Weimar. – *Schauspieler ... welcher den Haushofmeister darstellte:* der Bezug von FBdm auf Lortzing von O. Fambach bezweifelt.

4332 (1739) Ludwig Hirzel: Karl Ruckstuhl. Straßburg 1876, 16. – *[am 18. Mai]:* vgl. GTgb: «Ruckstuhls Abhandlung über deutsche Sprache». Vgl. ferner Nr. 4770.

4333 JbSKipp 3, 78

4334 L. Preller: Ein fürstliches Leben. 2. Aufl. Weimar 1859, 128f. – Zum Briefdatum vgl. GTgb 16. Mai: «Prinzeß Marie war angekommen.» Ferner GTgb 24. Mai: «Den Prinzessinnen die indischen Märchen erzählt.». Der Brief dürfte also kurz vor dem letzteren Datum geschrieben sein. – *Ceylanische Märchen:* aus Robert Knox: An historical relation of the island of Ceylon, London 1681. Erwähnt in GTgb am 18., 19. und 20. Mai. Goethe hatte das Buch der Büttnerschen Bibliothek entnommen, vgl. Brief an Riemer 25. Mai (WA IV 27, 21). – *[studiert?]:* Konjektur von FBdm übernommen.

4335 DüntzerChSchiller 280f. – *seine Frau ... bedeutend krank:* vgl. GTgb 29. Mai (Tag von Goethes Rückkehr aus Jena): «Gefährlicher Zustand meiner Frau.» Ferner GTgb 31. Mai: «Rückfall meiner Frau.» – *ängstlich:* im Sinne von Angst erregend (so auch bei Goethe gebraucht).

4336 JbSKipp 1, 106f.

4337 Elftes Jahrbuch der Schopenhauer-Gesellschaft. Für das Jahr 1922. Heidelberg S. 80f. – *Donnerstag:* 6. Juni (vgl. GTgb). – *Unser Groß-Cophta:* Goethe war in jenen Tagen in Sorge um seine Frau. – *Prolog:* gedruckt in Bd 1 von Riemers Gedichten, Jena 1826, S. 149. – *Oper Hadrian:* ‹Kaiser Hadrian› von Josef Weigl. – *seit Wolffs Abschied:* das Ehepaar Wolff war am 23. März zum letztenmal in ‹Romeo und Julia› aufgetreten.

4338 JbSKipp 1, 107

4339 JbSKipp 1, 107

4340 Wolfgang Vulpius: Christiane. Weimar 1949, 101 – Vgl. ebd 100: «... Kondolenzlisten, die im Goethehause aufgelegt wurden, als Christianes tödliche Erkrankung bekannt geworden war und sich viele Besucher höflich teilnehmend einstellten. Die Listen, über die ein kurzes ‹Bulletin› gesetzt ist, sind von Goethes Sekretär Kräuter angelegt; die Besucher haben sich meistens einschreiben lassen...»

4341 wie 4340 S. 101

4342 JbSKipp 3, 78 – Vgl. GTgb: «Gut geschlafen und viel besser. Nahes Ende meiner Frau. Letzter fürchterlicher Kampf ihrer Natur. Sie verschied gegen Mittag. Leere und Todtenstille in und außer mir.»

4343 wie 4340 S. 101

4344 aaO. 2. Aufl. Bd 2, 148f. – Die Glaubwürdigkeit dieses und des folgenden Berichts erscheint, trotz der Berufung auf Gewährsmänner, nicht gesichert. Mehr Glauben zu schenken ist dem Bericht von Johanna Schopenhauer (Nr. 4357), besonders im Hinblick auf den Umstand, daß Goethe doch wohl während des Todeskampfes und danach das Zimmer Christianes nicht mehr betreten hat.

4345 (1741) Kretschman 81

4346 aaO 1, 359ff. – *«Du versuchst, o Sonne...»:* ‹Den 6. Juni 1816› (GA 1, 705).

4347 (1741a) DüntzerKnebel 2, 153 – *an ihrem Geburtstage:* dieser war vielmehr am 1. Juni, vgl. Wolfgang Vulpius aaO (Anm. zu Nr. 4340) S. 15. – *Heute wird die Erblaßte begraben:* vgl. GTgb: «Meine Frau früh um 4 Uhr begraben.»

4348 DüntzerChSchiller 284

4349 (1743) Heitmüller 239

4350 Goethe-Briefe aus Fritz Schlossers Nachlaß. Hrsg. von J. Frese. Stuttg. 1877, 112.

4351 wie 1579 S. 17

4352 Diezmann 26

4353 (1742) Lewinsky 1, 272ff. – *Goethe zu sehen:* dies muß vor dem 25. Juni gewesen sein, an welchem Tage GTgb vermerkt: «Tanz- und Fechtmeister Franke mit seinen Kindern.»

4354 (1744) Steig 3, 349f. – *[am 19. Juni]:* vgl. GTgb: «Bibliothekar Grimm, mit Nachricht von Arnims.» – *dem Haus und der Gegend:* Arnims lebten seit 1814 auf dem Gut Wiepersdorf im südlichen Teil der Mark Brandenburg. – *Adam Müller und Friedrich Schlegel:* beide waren zur katholischen Kirche übergetreten. – *altdeutschen Literatur:* hieran knüpft W. Grimm auch in seinem Brief an Goethe vom 1. Aug. 1816 (SchrGG 14, ebd) an. – *Prosa-Übersetzungen:* vgl. Nr. 4256 und Anm. – *an dem vierten Bande seines Lebens:* vgl. Nr. 3907 und Anm.

4355 E. Stengel: Private und amtliche Beziehungen der Brüder Grimm zu Hessen. Bd 1. Marburg 1886, 153f. (Hinweis von O.F.)

4356 Sydow 5, 273 – *seinem Briefe an Schlosser:* nicht bekannt.

4357 (1745) Hamburgischer Correspondent 6. Juni 1875, Nr. 130, S. 2f. – *Goethe, der eben bei mir war:* vgl. GTgb: «Zu Mad. Schopenhauer...» – *Der Tod der armen Goethe:* als Reaktion auf Johanna Schopenhauers Bericht vgl. was Caroline v. Humboldt an Charlotte v. Schiller am 23. Juli schreibt: «Die Schopenhauer schreibt in die Welt allerlei Details herum, die es besser wäre, mit Stillschweigen zu übergehen, sie mögen nun wahr sein oder nicht.» (Urlichs 2, 211). – *auch Goethe selbst wagte es nicht:* vgl. Anm. zu Nr. 4344. – *die fallende Sucht:* Christianes letzte Krankheit hält der Psychiater Möbius für «epileptische Anfälle, die auf Urämie beruhten, d.h. auf einer Vergiftung des Blutes durch Versagen der Nierentätigkeit» (Wolfgang Vulpius aaO Nr. 4340 S. 99).

4358 (1746) Uhde 80f. – Ausführlichere Fassung unter Einbeziehung von Goethes Briefen an Louise Seidler Uhde 1875, 127ff. – *Rochuskapelle... Altarbild:* vg. Nr. 4057 und Anm. – *lebhaften Briefwechsel:* vgl. Goethes Briefe an Louise Seidler vom 2., 9., 30. März, 27. Mai (?) und 12. Juni 1816. – *Dem... Besuche:* am 27. Juni in Jena, vgl. GTgb: «Zu Dlle Seidler... Berathung über das Bild... Zu Dlle Seidler. Fortgesetzte Berathung.» – *Ölgemälde des heiligen Rochus:* abgebildet Quelle nach S. 80. – *öffentlich ehrend:* in dem ‹Gemälde› überschriebenen Aufsatz in ‹Kunst und Altertum› 1817 (GA 13, 727ff.), dort auch Abbildung des Gemäldes.

4359 JbGG 5, 239f. – *«Magus»:* ‹Der wunderbare Magus›, erschienen 1816 in Bd 2 von Calderons Schauspielen. Beschäftigung damit in GTgb vom 9. Juni bezeugt. – *über meinen Calderon:* es erschien lediglich 1822 ein Aufsatz über ‹Die Tochter der Luft› (GA 14, 844ff.).

4360 SchrGG 27, 227f. – *in der Ackerwand:* Straße hinter Goethes Haus (dieser war seit dem 3. Juli wieder in Weimar).

4361 (1747) Eggers 1, 174 – *[11. Juli]:* vgl. GTgb: «Mittag Geh. Rath Schinkel von Berlin und Hofr. Meyer. Vorher mit Schinkel spazieren gefahren. Verhandlungen wegen Boisserées. Mit beyden Männern nach Tisch zusammen. Entoptische Farben vorgezeigt.». Vgl. ferner Goethe an Boisserée 12. Juli (WA IV 27, 82).

4362 JbSKipp 3, 78 – Vgl. GTgb: «Früh um 7 Uhr mit Hofr. Meyer abgefahren. Um 9 Uhr kurz vor Münchenholzen umgeworfen. Hofr. Meyer an der Stirn beschädigt. Die hintere Achse des Wagens zerbrochen. Gegen 1 Uhr wieder in Weimar.» Über Plan und Mißlingen der Reise vgl. TuJ 1816 mit dem Resümee: «Aus Unmut und Aberglaube ward die vorgesetzte Reise vielleicht übereilt aufgegeben...» (GA 11, 881).

4363 StG 9. 303 – *nach Tennstedt:* Goethe blieb dort bis zum 10. Sept.

4364 Woldemar Frhr. v. Biedermann: Goethe-Forschungen. Frankfurt a.M. 1879, 292f. – *den ersten Besuch:* erste Begegnung am Brunnen nach GTgb bereits am 25. Juli. Weitere Erwähnungen Krugs in GTgb am 26. Juli und 8. Aug. – *«Gonsalvo»:* ‹Gonsalva von Cordova›, Übersetzung aus dem Französischen des Jean-Pierre Claris de Florian erschien Leipzig 1817.

4365 (1748) wie 4364 S. 289ff. – Ausführlicher Titel: ‹Gedenk-Büchlein oder Blick durch's Leben› (Leipzig 1829). Goethe hat das Buch mit Widmung vom Verfasser bekommen (vgl. Ruppert Nr. 1004). – *Novalis:* vgl. dazu H.-J. Mähl: Goethes Urteil über Novalis. In: JbFDH 1967, 130ff., besonders 248f. Dort wird der Kreisamtmann A.C. Just als «ältester Vorgesetzter und Freund Hardenbergs» erwähnt. – *deren Bruder Georg:* gemeint ist Georg Anton v. Hardenberg, der jüngere Bruder des Novalis, damals ebenfalls Badegast in Tennstedt (Mähl aaO). – *Werke... in zwanzig Bänden:* erschienen 1815–1819. – *schriftlichen Dank des Gefeier-*

ten: Brief vom 17. Mai 1817 (WA IV 27, 93). – *den weisen Gebrauch der Trope:* vgl. Nr. 4677.

4366 Reiter 2, 214 – Brief aus Tennstedt. F.A. Wolf war nach GTgb vom 26. bis 28. August morgens in Tennstedt. Über Wolfs unleidlichen Umgang schreibt Goethe an Zelter am 28. August (WA IV 27, 148f.). Später berichtet er, daß er ihm seinen Geburtstag verheimlicht habe (vgl. Nr. 5447).

4367 (1748a) Hecker 1, 518 – *«Analekten»:* Litterarische Analekten, vorzüglich für alte Litteratur und Kunst, deren Geschichte und Methodik. Hrsg. v. F.A. Wolf. Bd 1. Berlin 1816 (vgl. Ruppert Nr. 680).

4368 (1754) Lewinsky 1, 277 – *[am 11. September 1816]:* es wurde ‹Phädra› von Schiller nach Racine gegeben.

4369 StG 9, 305

4370 (1751a) DüntzerChSchiller 301f. – *Gestern:* vgl. GTgb 24. Sept.: «Vorbereitungen zum Thee... Frau von Wolzogen, von Schiller, Fräulein und Assessor von Schiller. Frau Major von Kalb.» – *Kupferstiche aus «Faust»:* vgl. Nr. 4166 und Anm.

4371 (1750) GJb 14, 285ff. – Briefschreiberin und -empfänger sind Kinder von Charlotte Kestner geb. Buff. – *[25. September]:* vgl. GTgb: «Mittag Riedels und Mad. Kästner von Hannover.» – *dem Bilde, was ich durch Dich von ihm hatte:* A. Kestner hatte ein Jahr zuvor Goethe auf der Gerbermühle bei Frankfurt besucht (vgl. Nr. 4203). – *Julien:* v. Egloffstein. – *Schattenrisse:* vgl. Nr. 4203 und Anm. – *Teinture:* Anstrich. – *Gartenzimmer:* noch heute Büstenzimmer.

4372 (1751) GJb 14, 287

4373 (1752) Stoll 104f. – Vgl. GTgb 28. Sept.: «Kam Zelter und Wilken. Blieben zu Mittag bey uns... Mannigfaltige Unterhaltung. Mit diesen in Rosamunde [von Th. Körner].» 29. Sept.: «Wilken reist ab. Zelter zog ins Haus.»

4374 (1753) aaO 105

4375 Aufzeichnungen des schwedischen Dichters P.D.A. Atterbom über berühmte deutsche Männer und Frauen... Aus dem Schwedischen übersetzt von F. Maurer. Berlin 1867, 125 (das schwedische Original ist 1859 erschienen). – *diese Sammlung schon gesehen:* in Wiesbaden, vgl. GTgb 3., 5. und 7. Juli 1815. Die geplante Herausgabe erfolgte zu Haxthausens Lebzeiten nicht. Vgl. Schulte-Kemminghausen/G. Soyter, Neugriech. Volkslieder, gesammelt von W. v. Haxthausen, Münster 1935 (Gr 257). – *[Am 7. Oktober 1816?]:* an diesem Tage in GTgb: «Prof. Thiersch» notiert. Die Begegnung Atterboms mit Thiersch muß Ende 1817, Anfang 1818 stattgefunden haben.

4376 StG 9, 306f.

4377 (1754a) DüntzerChSchiller 310ff. – *Graf O'Donell:* in GTgb am 7. und 8. Okt. erwähnt. – *naseweise Blondine:* vgl. GA 4, 398.

4378 GJb 14, 288 – *freundschaftliches Billeti:* vgl. Goethe an Charlotte Kestner 9. Okt. (WA IV 27, 197).

4379 JbSKipp 3, 78 – Vgl. GTgb: «Abends bey Canzler von Müller: Egloffsteins [Caroline und Julie], Kästners, Riedels.»

4380 Egloffstein 87

4381 GJb 14, 288

4382 (1755) Life, Letters, and Journals of George Ticknor. Vol. I. Second Edition. London 1876, 94f. Auszugsweise in deutscher Übersetzung Bode 3, 8. – Vgl. GTgb: «Prof. Everett von Cambridge bey Boston. Herr Ticknor aus Boston.» – *one of our letters:* F.A. Wolf an Goethe, Göttingen, 12. Sept. 1816 (Reiter 2, 217). Vgl. Goethes Antwort an Wolf vom 30. Okt. (WA IV 27, 209). – *«Life of Bentley»:* erster Beitrag in den ‹Analekten› (vgl. Nr. 4367 und Anm.). – *Lara:* Verserzählung in zwei Cantos, erschienen 1814.

4383 Paul Revere Frothingham: Edward Everett. Boston and New York. 1925, 40f. – *Manual Greek Lexicon:* Kleines Griechisch-Deutsches Handwörterbuch. 2 Bde. Jena und Leipzig 1802/04 (vgl. Ruppert Nr. 623). – *mollissima tempora fandi:* einen für schonende Rede geeigneten Augenblick (Vergil, Aeneis 4, 293f.) – *«The Corsair»:* Verserzählung, erschienen 1814. – *to the Professor of Mineralogy:* Billett an J.G. Lenz vom 26. Okt. (WA IV 27, 209). – *«Siege of Corinth»:* erschienen 1816 (vgl. Ruppert Nr. 1498).

4384 wie 4383 S. 62

4385 (1755a) wie 4382 S. 95f. In deutscher Übersetzung Bode 3, 8f. – *«William Tell»:* vgl. Nr. 1401 und Anm. – *(Oken):* vgl. Nr. 2349 und Anm.

4386 StG 9, 307f. – *«Italienische Reisen»:* Bd 1 ist zur Herbstmesse erschienen.

4387 (1755b) Gr 14 – *Posas Rede an Philipp:* in Schillers ‹Don Carlos› III 10.

4388 (1756) Gr 14 – *zu diktieren … aus seinem Leben:* entweder an Bd 2 der ‹Italienischen Reise› (vgl. Mommsen 2, 494) oder am 4. Teil von DuW (vgl. Gr 205). – *in Frankfurt:* vielmehr in Heidelberg 1809 (vgl. Nr. 2906).

4389 (1756a) Gr 14 – *Preßfreiheits-Angelegenheit:* mit Bezug auf die Aufhebung der Zensur im März 1816 und die Freiheiten, die sich Oken in seiner Zeitschrift ‹Isis› herausnahm; vgl. den ausführlichen Brief Goethes in dieser Angelegenheit an Carl August vom 5. Okt. 1816 (WA IV 27, 184ff.). – *Yngurds-Fabel:* wohl im Zusammenhang mit Adolf Müllners Trauerspiel ‹König Yngurd› (vgl. Gr 205 Anm.).

4390 Wilhelm von Humboldts Briefe an Karl Gustav von Brinkmann. Hrsg. … von A. Leitzmann. Leipzig 1939, 173f. – *[15. bis 18. Januar]:* täglich Erwähnungen in GTgb, am 15. auch «Frau von Humboldt». – *die letzten Teile der neuen Ausgabe seiner Werke:* gemeint sind wohl die letzten Abteilungen in dem 1815 erschienenen 2. Band der ‹Gedichte›.

4391 (1758) Egloffstein 105ff. – *2. Februar:* vgl. GTgb: «Verschiedene Beschäftigungen, bezüglich an die Tableaux … ¾ auf 7 zu den Tableaux.» – *in Beaulieuscher Manier:* Beaulieu ist der Name ihres Stiefvaters.

4392 (1760) aaO 1, 284ff. – Über die Gründe von A. Genasts Entlassung vgl. die Darstellung von Caroline Jagemann (Bamberg 422f.). Eine verzerrte Darstellung findet sich in einem Korrespondenzbericht in G. Merkels Zeitschrift ‹Ernst und Scherz, oder der alte Freimüthige› Nr. 124 vom 24. Febr. 1817, auf die E. Genast in Nr. 132 vom 10. März 1817 mit einer Berichtigung reagiert hat (O.F.). – *[am 8. oder 9. Februar 1817]:* an beiden Tagen ist Genast in GTgb erwähnt.

4393 August von Goethe und Ottilie von Pogwisch. Briefe aus der Verlobungszeit. Hrsg. von H. Bluhm. Weimar 1962, 59. Die Verlobung hatte am 31. Dez. 1816 stattgefunden. – *Probe:* vgl. GTgb: «Abends Probe von Athalia [Oper von Poißl].» – *des Schutzgeistes:* von Kotzebue. Das Stück war am 1. Febr. in der (überlangen) Originalfassung aufgeführt worden. Die Aufführungen in Goethes Bühnenbearbeitung (WA 13^2, 1 ff.) fanden am 8. und 17. März statt (vgl. ebd 342 f.). – *der Abschreiber:* J. John.

4394 wie 4393 S. 61 – *den morgenden Ball:* zum Geburtstag von Maria Paulowna.

4395 (1783) aaO 268 f. Nach Erinnerungen von dem Weimarer Schuldirektor Schubert. – *von einem Unbekannten:* ‹Luthers Entscheidung› von Heinrich Schorch (vgl. W. Herwig: «Pfaffen und Theater in Collision». In: JbGG NF 30, 1968, 318 ff.). – *[am 15. Februar 1817?]:* vgl. die Notiz in GTgb. Katharina Mommsen (Kleists Kampf mit Goethe, Heidelberg 1974, 103) setzt dagegen die Datierung Anfang Dezember 1810 an und vermutet, daß statt Kräuter Riemer gemeint ist, der ein Exemplar des ‹Käthchens von Heilbronn› von Frommann geliehen und wohl an Goethe weitergegeben hatte. Für diese Datierung spricht ferner, daß Johannes Schulze nur bis 1812 Lehrer am Weimarer Gymnasium war. Vgl. auch Falks Bericht (Nr. 3338).

4396 (1758a) Gr 14 – *Die Drillinge:* Lustspiel von Bonin. Es wurde an diesem Tage aufgeführt.

4397 (1758b) Zum 29. Januar 1878. Herrn Professor Georg Reinhard Röpe Dr. ... dargebracht von Director und Lehrercollegium der höheren Bürgerschule. Hamburg 1878. S. II. – *Fehde:* «Die Fehde Heinrich Wilhelm v. Gerstenbergs mit Wieland gründete sich auf das scharfe Urteil, das ersterer über Wielands Diogenes 1770 in der Hamburger Neuen Zeitung gefällt hatte.» (Bi^2 5, 109).

4398 wie 4393 S. 67 – Zum Briefdatum vgl. ebd S. 159 f.

4399 Bamberg 424 – Zu der von Bamberg benutzten Quelle vgl. ebd 602 Anm. Nr. 154. – *Proben:* die Hauptprobe ist in GTgb am 18. Febr. verzeichnet.

4400 (1758c) Gr 14 – *Benckendorff:* Müller hatte Goethe am gleichen Tage gebeten, ihm seinen «Jugendfreund und Schulgenossen, den russischen General von Benckendorff» vorstellen zu dürfen (Grumach 290).

4401 (1757) Lewinsky 1, 279 f. – *«Der Schutzgeist» von Kotzebue:* vgl. Nr. 4393 und Anm. – *Probe:* am 6. März, vgl. GTgb: «Probe vom Schutzgeist von 4 Uhr – 9½.»

4402 (1670) aaO 1, 224 f. – *[am 18. März 1817?]:* vgl. GTgb: «Eduard Genast Musik.» Genast selber verlegt das Vorkommnis auf einen früheren Zeitpunkt. – *«Zwischen Weizen und Korn»:* ‹Mailied› (GA 1, 58), in Zelters Vertonung (O.F.). – *«Da droben auf jenem Berge»:* wohl ‹Schäfers Klagelied› (GA 61 f.) in Ehlers' Vertonung (O.F.). – *«Willkommen und Abschied»:* vgl. Nr. 4019 und Anm. – *Szene von Lauchstädt:* vgl. Quelle S. 205.

4403 Egloffstein 109ff. – *bei Goethe:* vgl. GTgb 19. März: «Um 11 Uhr die Comtesses Egloffstein und Canzler von Müller und Frau...». – *Derschau:* Goethe hatte die Sendung am 10. Febr. erhalten (vgl. GTgb) und den Empfang im Brief an D. vom 13. Febr. bestätigt (WA IV 27, 340f.). – *Chien d'Aubry:* ‹Der Hund des Aubri de Mont-Didier oder: Der Wald bei Bondy›, historisch-romantisches Drama aus dem Französischen übersetzt von Castelli mit Musik von Seyfried. – *der hündische Schauspieler:* der dressierte Pudel, mit dem der Wiener Schauspieler Karsten reiste.

4404 Egloffstein 112

4405 Bode 3, 24f. – *Einige gute Freunde:* darunter die Großherzogin Louise. – *seinen Sohn:* der seit dem Januar der Hoftheater-Intendanz als Gehilfe beigeordnet war (vgl. Bradish 291ff.).

4406 (1761) aaO 1, 287f. – *[am 26.]:* vgl. GTgb: «Kamen die beiden Genaste.» – *Das Buch:* von den beiden Bänden ‹Gedichte› hatte Goethe mehrere Exemplare zu Geschenkzwecken zusammenbinden lassen. Vgl. GTgb 28. März: «Beschäftigung abzusenden ... Genast. Liederband.»

4407 (1764) wie 1890 S. 58f. Anm. – Vgl. GTgb: «In's Museum, die Herren Loyswell [Cogswell] und Thorndike aus Boston, eingeführt von Geh. Hofrath Eichstädt, empfohlen von Eichhorn.»

4408 (1763) wie 1890 s. 56ff. – in deutscher Übersetzung Bode 3, 26ff. – *«Edinburgh Review.»:* In dieser Zeitschrift war G.s ‹Dichtung und Wahrheit› 1816 heftig angegriffen worden (GHb^2, Sp. 1993)

4409 wie 1890 S. 58

4410 Nach der Hs im Besitz von Herrn Adolf Thiersch, München – *[am 27. März]:* vgl. GTgb: «Abends bei Frommann, Frau Hofrath Martin...»

4411 Urlichs 3, 376 – *Frau v. Stein geschrieben:* vgl. Nr. 4405. – *Goethe besucht uns... täglich:* Besuche in GTgb vom 21. März an täglich verzeichnet.

4412 (1765/1766) HVoß 113ff. – *Inhaber dieses Hundes:* der Schauspieler Karsten. – *[...30. März 1817]:* vgl. GTgb: «Professor Voß von Heidelberg.» – *daß Goethe mich so frostig entließ:* vgl. dagegen die Darstellung des Abschiedsbesuches in Nr. 4076. – *«Lustigen Weibern»:* in: Schauspiele von William Shakespeare, übersetzt von Heinrich Voß und Abraham Voß. Teil 1–3. Tübingen 1810/15 (Ruppert Nr. 1524). – *Bomtfort:* vielmehr Brentford. – *Lenz:* über dessen Übersetzung von ‹Love's labour's lost› vgl. das 11. Buch von DuW (GA 10, 542f.). Dort auch Wiedergabe des Hirschlieds in Lenzens Übersetzung. – *[... 1. April]:* vgl. GTgb: «Zu Major von Knebel, daselbst gespeist mit den Gebrüdern Voß aus Heidelberg und Rudolstadt.» – *Calderonrezensionen:* Abekens Rezensionen der Übersetzung Calderonscher Schauspiele von Gries in den ‹Heidelbergischen Jahrbüchern der Litteratur› 1815/16. Vgl. die folgende Nr. – *‹Judas Ischarioth›:* ‹Judas Ischarioth oder Betrachtungen über das Gute im Verhältnis zum Bösen› (1816). – *Anmerkung über die Elfen:* in Bd 1 der obengenannten ‹Schauspiele von William Shakespeare› 1810 (1). Demnach muß es offen bleiben, ob dieser Teil des Berichtes nicht als eine Rückerinnerung aufzufassen ist. – *«Heinrich den Vierten» übersetzen:* die Übersetzung erschien 1822. – *die Treutern:* Frau von Goethes Hausnachbarn in Weimar.

4413 HVoß 167 Anm.

4414 HVoß 117 – *in dem Bischoffschen Hause:* das Goethe seit 1817 zu bewohnen pflegte.

4414a wie 4397 S. III. – *[in «Dichtung und Wahrheit»]:* 7. Buch (GA 10, 297). – *an den Verfasser des Ugolino:* Goethe an Gerstenberg 18. Okt. 1773 (WA IV 2, 112f.). – *viel mit ihm zusammen:* Erwähnung in GTgb nur am 28. März.

4415 JbSKipp 4, 26 – *Hund des Aubry de Mont-Didier:* vgl. Nr. 4403 und Anm. Abdruck des Theaterzettels bei Bradish 296 und Bamberg neben S. 426. Ausführliche Dokumentation zur Bühnengeschichte des Stückes in der Sammlung Oscar Fambach des Germanistischen Seminars der Universität Bonn.

4416 JbSKipp 4, 26 – *Abschied vom Theater:* in einem persönlichen und einem offiziellen Brief Carl Augusts vom gleichen Tage (Wahl 2, 185f.).

4417 (vgl. 1767) aaO 77. Blatt S. 308 – Der Bericht ist unterzeichnet: «R.». Er ist der Ersatz für einen angeblichen Brief Riemers an Unbekannt vom 5. Mai 1817, veröffentlicht von F.W. Gubitz in: Berühmte Schriftsteller der Deutschen, Bd 1, Berlin 1854, 38ff. Dieser enthält außer wörtlichen Übereinstimmungen mit dem Bericht einen längeren Einschub vor «Hatten die Schauspieler...», der von einem Besuch Riemers bei Goethe «in seinem Hause» (!) handelt. Es dürfte sich dabei um eine Fälschung handeln. Die Nr. 1767 bei Bi^2 enthält nur diese Interpolation mit ihrer ausführlichen Wiedergabe angeblicher Äußerungen Goethes. – *Chef aller unmittelbaren Wissenschaften und Künste:* Goethe hatte zusammen mit Voigt die Oberaufsicht über die unmittelbaren Anstalten für Wissenschaften und Kunst in Weimar und Jena (vgl. Bradish 279ff.). – *Bearbeitung seines Faust fürs Theater:* vgl. Nr. 4442. – *zweites Heft seiner Rheinreise:* Kunst und Altertum, 2. Heft, 1817, enthaltend vor allem Meyers polemischen Aufsatz ‹Neudeutsche religios-patriotische Kunst› (GA 13, 708ff.). – *über alte und neue deutsche Kunst:* vgl. den Aufsatz ‹Altdeutsche Baukunst› und die folgenden (GA 13, 729ff.). – *Geschichte seines Studiums der Botanik:* ‹Geschichte meines botanischen Studiums› in: Zur Morphologie, Bd 1, Heft 1, 1817 (vgl. GA 17, 62ff.).

4418 Europa 1857, Sp. 693f. – *Epimenides:* vgl. Nr. 4303–4305. – *Hund des Aubry:* dieser und die folgenden aus späterer Zeit stammenden Berichte enthalten Ungenauigkeiten über den Vorgang, die hier nicht immer im einzelnen berichtigt zu werden brauchen. – *Grafen Edling:* der seit Ende 1813 Mitglied der Hoftheaterkommission und nach Goethes Rücktritt vorübergehend Intendant des Weimarer Hoftheaters war. – *prägnante Zuschrift:* von einer solchen ist nirgends die Rede. – *Großherzogin Louise:* dieser Besuch, auch der Carl Augusts, sind in GTgb nicht bezeugt. Von Carl August ist lediglich ein Billett überliefert, datiert vom 20. März (?): «Zieh hin in Frieden und wenn du wiederkömmst, so besuche mich.» (Wahl 2, 185). – *Mit «zarter Lippe»:* Tasso II 5 Vers 1628. Eberwein weist vorher selber auf die Ähnlichkeit der Situation im ‹Tasso› hin.

4419 Lewinsky 1, 282ff. – *sein Sohn August:* vgl. Anm. zu Nr. 4405.

4420 Bamberg 426f. und 430 und 434ff. – *teilte er ... Kirms mit:* gemeint ist wohl das Schreiben vom 26. März, als dessen Adressaten man fälschlich Voigt angenommen hat (WA IV 28, 36). – *für Goethen Partei ergriff:* vgl. Bamberg 436: «... Stephan Schütze parodierte Schillers Verse vom Siege der Natur über die Kunst: Es soll die Bühne nie dem Hundestalle gleichen,/und kommt der Pudel, muß der Dichter weichen.» – *Opposition von 1808:* vgl. Nr. 2815 und die folgenden Berichte bis Januar 1809. – *das Auftreten Dragons:* so hieß der Hund.

4421 (1768) aaO 2. Aufl. Bd 1, 242f. – *in seinen biographischen Aufzeichnungen:* d.h. in den ‹Tag- und Jahresheften›. – *erschütternden Ausruf:* sonst nicht überliefert.

4422 aaO 164 – Anekdotischer Bericht. Ein Besuch Carl Augusts bei Goethe in Jena ist in GTgb am 18. April bezeugt.

4423 (1797) aaO 1, 238f. – *soupçonnierte:* angenommene. – *Falks fabelhafte Anekdote:* Nr. 3677.

4424 (1788) Aphor 355f. – Undatiert, in der Quelle eingeordnet zwischen 21. Aug. 1815 und 14. März 1817. – *desobligeant:* ungefällig, unfreundlich.

4425 (1800) Aphor 356 – Undatiert, in der Quelle eingeordnet zwischen 14. März und 22. Aug. 1817.

4426 PollmerUnters 78

4427 (1524) K.A. Varnhagen von Ense: Denkwürdigkeiten und vermischte Schriften. 6. Bd. Leipzig 1842, 126

4428 GJb 13, 116 (JbGG NF 3, 310) – Von den zahlreichen Erwähnungen Gersdorffs in GTgb von 1813 an vgl. besonders die Eintragung vom 21. Febr. 1814: «v. Gersdorf langes interessantes Gespräch.»

4429 (1669) wie 4026 S. 112 – *Calderon:* den Gries übersetzte.

4430 Fehling 71

4431 Heuermann 82f. Anm. Quelle: Kölnische Zeitung vom Okt. 1864. Der terminus ad quem dieser und der folgenden Nr. ist Riemers Heirat im Nov. 1814.

4432 (1793) aaO 1, 219f. – *Ragusa:* Rapuse, ein französisches Kartenspiel (O.F.). – *goldene Schnalle:* Verwechslung mit dem von Marianne erhaltenen ‹Mondorden›? (Vgl. Weitz 421).

4433 aaO 1, 222f. – *«Die Lustigen von Weimar»:* GA 1, 105f.

4434 aaO 1, 223f. – *Riemer sein Begleiter:* dies deutet auf die Zeit der Hausgenossenschaft bis 1813. – *Abende, an denen kein Theater war:* dienstags, donnerstags, freitags und sonntags (O.F.)

4435 (1785) Weimarer Sonntagsblatt. 3. Jahrg. 8. Nov. 1857, 440.

4436 (1786) aaO. 166f. – *Berufung eines Orientalisten:* es handelt sich wohl um die im Frühjahr 1816 durch den Tod Prof. Lorsbachs frei gewordene Stelle (vgl. GTgb 9. April, 14. und 16. Mai 1816).

4437 (1789) Germania. Neues Jahrbuch ... Hrsg. von F.H. von der Hagen. 1. Bd. Berlin 1836, 100 – *Maurerschen Buchhandlung:* in Berlin. – *1816 in Weimar:* in GTgb nicht bezeugt.

4438 (1790) Briefwechsel des Freiherrn Karl Hartwig Gregor von Meusebach mit Jacob und Wilhelm Grimm. Hrsg. von C. Wendeler. Heilbronn 1880, 224 – *Karl den Fünften:* in DuW richtig auf Karl den Vierten bezogen (GA 10, 26); auch die Erstausgabe hat nach dem Lesartenapparat der Ausgabe von S. Scheibe (Berlin 1970/1974) keine Abweichung.

4439 (1796) HVoß 123 – Die hier überlieferte Äußerung muß vor oder bei der letzten Begegnung mit Goethe am 30. März 1817 gefallen sein. – *Brief an Scott:* der Brief enthielt Worte «des Dankes und der Liebe aus voller Seele» (HVoß 172). – *Tischbein:* gemeint ist die persönliche Beziehung, die sich bereits vor der Begegnung in Rom im Briefwechsel zeigte.

4440 (1795) aaO 62 – Letzte Begegnung W. Grimms mit Goethe: 9. Juni 1816. – *«Weihnachten, Weihnachten ...»:* R. Steig weist in der Quelle S. 253 auf den Anklang an das Gedicht «Weihnachten, ach Weihnachten, Du warst der Kinder Trost ...» in dem 1808 erschienenen 3. Teil von ‹Des Knaben Wunderhorn› hin und vermutet mit Recht, daß der Ausspruch bei Grimms Besuch Weihnachten 1809 gefallen sein könnte.

4441 aaO. 2. Aufl. Berlin 1883, 15 – *unser Freund Eduard:* Persönlichkeit nicht identifiziert. – *durch Erfurt:* vielleicht am 24. Mai 1815 auf der Reise nach Wiesbaden, wenn man der Geschichte überhaupt Glauben schenken darf.

4442 (1672) Europa 1853, 337f. – *den Faust teilweise für die Bühne einzurichten:* vgl. dazu Anm. Gräf 2, 2, 210, der dies Stück auf März/April 1815 datiert und meint: «Eberweins Angabe kann sich nur auf den ... Versuch beziehen, die ersten Scenen als ‹Monodrama› zu behandeln.» Vgl. Goethes Brief an Brühl vom 1. Mai 1815 (WA IV 25, 293f.) und GTgb 17. Mai 1815: «Faust Monodram.» – *Komposition der Proserpina:* vgl. Nr. 3938.

4443 aaO 7ff. – *August des Jahres 1816 [?]:* Goethe war damals in Bad Tennstedt; der Bericht könnte sich nur auf die Zeit nach seiner Rückkehr nach Weimar am 10. Sept. beziehen. Der Ausdruck «weite Reise» würde jedoch eher für das Jahr 1815 passen, dann allerdings erst nach Carl Augusts Rückkehr im November.

4444 Die Schaubühne. Bd 36. 1950, 71 – P.A. Wolff war seit 22. Juli 1803 (vgl. Nr. 1844) Goethes Schüler und bis 23. März 1816 einer der hervorragendsten Schauspieler am Weimarer Hoftheater. Der Schauspielunterricht für P.A. Wolff und K.F. Grüner fand im Sommer 1803 statt. Aus ihm sind die ‹Regeln für Schauspieler› erwachsen, an deren Niederschrift P.A. Wolff beteiligt war und die in Eckermanns Redaktion aus Goethes Nachlaß veröffentlicht worden sind (GA 14, 72ff.).

4445 wie 4444 S. 75

4446 wie 4444 S. 81ff.

4447 aaO 1, 88f.

4448 (616) aaO 1, 86 – *Schröder:* F.L. Sch., der Hamburger Theaterdirektor.

4449 (1780) aaO 1, 86f.

4450 (1781) aaO 1, 104 – *Elstermann:* Elsermann ist korrekt. – *Engel:* Engels ist korrekt.

4451 (1778) aaO 1, 170f. – *«Räuber»:* welche der Weimarer Aufführungen von 1792 bis 1816 hier in Frage kommt, ist nicht auszumachen.

4452 aaO 1, 234 – unmittelbar anschließend an Nr. 4118.
4453 aaO 4, 79 (JbGG NF 3, 309)
4454 (1770) Europa 1856, Sp. 477f. – *Egmont-Probe:* es muß sich um eine Aufführung zwischen 1806 und 1816 handeln. – *Probe zu Schillers «Tell»:* es kommen Aufführungen zwischen 1809 und 1816 in Frage.
4455 (1775) Europa 1856, Sp. 480
4456 (1776) Europa 1856, Sp. 481 – *Wurms Bestreben:* vgl. Anm. Bode Schauspieler 36f.: «F.A.A. Wurm (1783–1834) war der wirksamste Schauspieler seiner Zeit im Niedrig-Komischen, auch tüchtiger Sänger. Seine Darstellung des Jakob in Sessas Judenposse ‹Unser Verkehr› erregte die Berliner Juden so sehr, daß er 1815 Berlin verlassen mußte. Um so größer war dann sein Erfolg in den Städten, wo er als Gast auftrat, und in Leipzig, wo er 1817 angestellt wurde.» Die Aufführung in Berlin fand am 2. Sept. 1815 statt. In Weimar gastierte Wurm am 27. April 1822 in dieser Rolle. Goethes Empörung könnte sich also auf dieses Weimarer Gastspiel beziehen.
4457 (1777) Europa 1856, Sp. 482
4458 Bamberg 417f. – *Grafen Edling:* vgl. Anm. zu Nr. 4418.
4459 Lewinsky 2, 156 – *Camilla von Paër:* in den Aufführungen vom 29. April und 15. Juni 1815. – *«Des Epimenides Erwachen»:* aufgeführt am 7. und 10. Febr. und 19. Okt. 1816.
4460 Lewinsky 1, 276 – *dritte Theaterabend:* am 26. Juni 1816, vgl. GTgb: «Im Theater: Hedwig [die Banditenbraut, von Körner] und der Educationsrath [von Kotzebue]. Frankes Kinder tanzten. Letzte Vorstellung.»
4461 (1754) Lewinsky 1, 277ff. – *von jetzt an:* d.h. vom Beginn der Saison im September 1816 an. – *einen Schreiber:* J.A. John.
4462 Pollmer 340 – Terminus ad quem der Äußerung Goethes: März 1816.
4463 (1769) aaO 57ff. – Der Bericht ist, wenn man ihm überhaupt Glauben schenken darf, auf Amalie Malcolmi, spätere Wolff zu beziehen und im Hinblick auf deren Debüt (sie war damals elf Jahre alt) Ende 1791 zu datieren.
4464 (1578) Schopenhauer's Gespräche und Selbstgespräche. Hrsg. von E. Grisebach. Berlin 1898, 72f. – *Aufführungen im Weimarischen Theater:* im Winter 1813/14. – *Minna von Barnhelm:* es kann sich nur um Proben zu der Aufführung am 20. Nov. 1813 handeln. Der Bericht trägt allerdings anekdotische Züge.
4465 (1798) Frommann 52f. – *[23. April?]:* vgl. GTgb: «Abends bey Frommanns.» Der 30. April scheint nach GTgb nicht in Frage zu kommen.
4466 Urlichs 3, 378 – *Museum:* Mineralogisches Museum. – *Botanik und Chemie:* vgl. TuJ 1817 erster Absatz (GA 11, 883).
4467 JbGG 5, 240f. – *privilegium senectutis:* Vorrecht des Alters. – *einen Besuch:* in GTgb nicht vermerkt. – *Calderon:* vgl. Nr. 4359 und Anm. sowie Nr. 4412f. – *Ihrer Rezension:* in den ‹Heidelberger Jahrbüchern›.
4468 (1798) Frommann 52 – *dieser König:* Wilhelm I. Friedrich Karl,

seit 1816 König von Württemberg.

4469 Insel-Almanach 1913, 113 – Stadelmann war seit dem 1. Febr. wieder in Goethes Dienst. – *Barth [Goethes Kutscher]:* seit Ende 1816 in Goethes Dienst.

4470 (1739) wie 4332 S. 17f. – *Aufsatz [über die deutsche Sprache]:* ‹Von der Ausbildung der Teutschen Sprache, in Beziehung auf neue, dafür angestellte Bemühungen›, erschienen in Ludens ‹Nemesis› Bd 8. St. 3, S. 336–386. – *habe ich solchen Goethe mitgeteilt:* eine Begegnung mit Meyer ist in GTgb am 13. und 14. Mai in Jena vermerkt. Am 18. und 19. Mai war Goethe vorübergehend in Weimar. – *um solche an Bekannte zu senden:* Goethe seinerseits hatte Exemplare an Boisserée, Knebel und Rochlitz gesandt. – *Im dritten Rhein- und Mainhefte:* im Aufsatz ‹Deutsche Sprache› ausführlicher Hinweis auf Ruckstuhl (GA 14, 265f.). – *der darin herrschende Ton:* der polemische Ton in Meyers von Goethe unterstütztem Aufsatz ‹Neudeutsche religios-patriotische Kunst›. Über die Bemühungen, Ruckstuhl als Bundesgenossen zu gewinnen, vgl. Quelle S. 18ff.

4471 Insel-Almanach 1913, 116ff. – Vgl. GTgb 25. Mai: «Nachts mit Beschwerlichkeit zu Fuße herein, wegen eines Übels am linken Fuße.». 26. Mai: «Kam Doctor Rehbein zufällig. Mittel gegen Geschwulst des Fußes.» – *in das Haus an dem Botanischen Garten:* der Umzug erfolgte in der Tat am 28. Mai.

4472 Urlichs 3, 378

4473 Urlichs 3, 378 – *diesen Mittag:* vgl. GTgb: «Mit Knebel spazieren gefahren nach Löbstädt. Bey demselben zu Tische.»

4474 Urlichs 3, 379 – *Renouard:* F.J.R. Raynouard: Elémens de la grammaire de la langue romane avant l'an 1000, précédés... Paris 1816 (Ruppert Nr. 738). In GTgb erwähnt am 24. April. – *[Papadopulos]:* vgl. TuJ 1817 (GA 11, 895). – *nach Weimar:* Rückkehr nach Jena bereits am 11. Juni

4475 Mitternachtsblatt für gebildete Stände, Braunschweig 1829, Nr. 119 vom 27.7.1829, 475 Anm. – *[am 13. Juni]:* vgl. GTgb: «Hofrath Müllner und Regisseur Oels.» – *Bürger gegenüber:* vgl. Nr. 962 und Anm.

4476 (1799) KSchmidt 118 – *Goethe war mit uns da:* vgl. GTgb 24. Juni: «Bey Knebel zu Tische, wo Frau und Fräulein von Schiller waren.» – *daß man unrecht habe:* «die diesem [Ernst v. Schiller] zugesagte Anstellung im weimarischen Dienst verzögerte sich, ob durch Schuld des Großherzogs oder eines höheren Beamten, scheint nicht aufgeklärt. E. v. Sch. ging darauf in preußischen Dienst.» (FBdm). – *Der Sohn ist vermählt:* vgl. GTgb 17. Juni: «Abends 7 Uhr Trauung, Gesellschaft, Abendessen.» Goethe war vom 16. bis 18. Juni in Weimar.

4477 Urlichs 3, 379 – *Gestern:* vgl. GTgb 26. Juni: «Zu Knebel. Mit ihm spazieren gefahren. Abends bey demselben allein ...»

4478 AA Ergbd 2/1, 604 – *[Italienische Reise]:* der zweite Band erschien zur Michaelismesse 1817. – *Wiener Nachdruck [von Goethes Werken]:* von Cotta gesteuerte und von Goethe bewilligte Ausgabe, die bei Kaulfuß und Armbruster in Wien erschien (vgl. Hagen 48ff.).

4479 Nach Hs im GMD – Abgedruckt: KatSKipp Nr. 3829 – Nach

GTgb hatte Goethe am 18. Juni Kräuter mit nach Jena genommen. – *Hofrat Stark:* vgl. GTgb: «... Kopfschmerzen, Mattigkeit und Fieberhitze. Geh. Hofrath Stark verschrieb ein Recept und verbot mir den Sonnabend nach Weimar zu reisen.»

4480 (1803) Rohmann 224f. – *Mounier:* um welche Angelegenheit des von Goethe geschätzten jüngeren Mounier es sich handelte, konnte nicht ermittelt werden. – *Heidentum:* für Sophie v. Schardt, die heimlich katholisch geworden war, besonders anstößig. – *je l'ignore:* ich weiß es nicht.

4481 wie 4479 S. 604 – *Fällen qu[aestionis]:* fraglichen Fällen. «Der erste Fall betraf das Heften von Kunst und Alterthum, auf dem Goethe bestand.» (Hagen 604 Anm.)

4482 (1807) Rohmann 227ff. – *tierce:* mittelbare

4483 aaO 123ff. – Unmittelbar anschließend an Nr. 3827. – *[3. August]:* vgl. GTgb: «Kam Major von Knebel. Fuhr ich mit demselben Staatsrath Schultz zu Luden. Erst im Garten, dann im Hause. Historische und politische Gespräche.» Goethe hielt sich seit dem 21. März, mit kurzen Unterbrechungen, in Jena auf.

4484 Urlichs 3, 379 – *zweite Abteilung der Italienischen Reise:* vgl. Nr. 4478 und Anm.

4485 Der Gesellschafter oder Blätter für Geist und Herz. 133. Blatt. 13. August 1817. 1. Jahrg. S. 532. – Der Berichterstatter ist mit Sicherheit Ch.L.F. Schultz, der nach GTgb am 2. Aug. in Jena angekommen und am 7. Aug. mit Goethe nach Weimar gefahren war (O.F.).

4486 (NN 1804a) Vordtriede 1, 82f. – Brief aus Karlsbad. – *nicht [nach Karlsbad]:* Arnim hatte unter dem 14. Juli Bettina angekündigt, daß Goethe wahrscheinlich Anfang August nach Karlsbad käme (Quelle S. 71). – *an seinem Leben:* d.h. der ‹Italienischen Reise›. – *Heiratsgerüchte:* «genannt wurde eine Gräfin Schulenburg, Hofdame der Großherzogin» (Bode 3, 40).

4487 (1762) aaO 1, 291 – [am 11. August 1817]: vgl. GTgb: «Genast, Nachrichten vom Dresdener und Leipziger Theater.» – *zwei Handzeichnungen:* vgl. Corpus VI B Nr. 59 und 72. – *Unterschrift:* die Verse als zusammenhängendes Gedicht mit dem Beginn «Zur Erinnerung trüber Tage ...» (GA 1, 699).

4488 (1825) Germania 6, 1844, 306 – *[am 14. August?]:* vgl. GTgb: «Abends ... von Hagen ...»

4489 (1805) Briefwechsel zwischen Goethe und Staatsrath Schultz. Hrsg. und eingeleitet von H. Düntzer. Neue wohlfeile Ausgabe. Leipzig o.J. [1852], 64ff. – *2. August:* vgl. GTgb: «Ankunft des Herrn Staatsrath Schultz... Begleiter des Herrn Staatsrath Lieutenant [Marcel Püttmann].» – *Knebel und Luden:* vgl. Nr. 4483 und Anm. – *zweiten Aufsatz:* der erste Aufsatz mit dem Titel ‹Über physiologe Gesichts- und Farben-Erscheinungen› ist 1816 erschienen (vgl. Schmid Nr. 2382 und Ruppert Nr. 5088). Der zweite Aufsatz mit dem gleichen Titel ist veröffentlicht in der Quelle S. 391ff. (Schmid Nr. 2383). – *Choroidea:* recte Chorioidea = Aderhaut des Auges – *[am 18. August]:* vgl. GTgb: «Mittag zu vier. Um 2 Uhr Staatsrath Schultz abgefahren.»

4490 (1805a) Eggers 1, 211 – *auf Ihrer Rückreise besuchen:* das Zusammentreffen Rauchs mit Goethe ist nicht zustandegekommen.

4491 Fahrten nach Weimar 18ff. – Aus dem Russischen. Quellenangabe ebd 145. – Zu dem Besuch von Gretsch vgl. M. v. Propper in: JbGG NF 17, 220ff. – *Ich ging hin:* vgl. GTgb 7. Okt.: «Abends Rath von Otto, mit einem reisenden Petersburger. Gretsch, Bibliothécaire d'honneur.» – *Panorama der Schweizer Berge:* vgl. GTgb 7. Okt.: «Das Panorama wieder aufgestellt. An den Schweizer-Modellen untersucht.»

4492 (1809a) Dembowski 8 – *[... 9. Oktober]:* vgl. GTgb: «Abends bey Ottilien, wo Julie Gräfin von Egloffstein war.»

4493 (1810) Urlichs 2, 27 – Brief aus Rudolstadt. – Goethe war dort vom 10. auf den 11. Oktober. – *die großen Köpfe:* vgl. TuJ 1817: «... daß ich an einem schönen sonnigen Morgen, ohne Absicht aus dem Hause fahrend, von meiner Leidenschaft überrascht, ohne Vorbereitung aus dem Stegreife nach Rudolstadt lenkte, und mich dort, an den erstaunenswürdigen Köpfen von Monte Cavallo, für lange Zeit herstellte.» (GA 11, 889). – *Baumeister:* nach GTgb «Baudirector»: dies könnte «Joh. David Heubel oder auch der Baurat Wilhelm Thiery sein» (O. Fambach in: DtVjs 48, 1974, 378).

4494 (1811) Gr 14f. – Vgl. GTgb: «Abends für mich. Canzler Müller. Über Vinariensia [wohl: Vimariensia], Jenensia, die bevorstehenden Feste u.s.w.» – *Krönung der Maria...:* W. Ternite: Mariä Krönung und die Wunder des heiligen Dominicus [!], nach Johann von Fiesole in 15 Bl gez. ... nebst einer Nachricht vom Leben des Mahlers und Erklärung des Gemähldes von August Wilhelm von Schlegel. Paris 1817 (Ruppert Nr. 2436). – *Heidelberg:* vgl. Meyers Brief an Goethe, Heidelberg, 1. Okt. 1817 (SchrGG 34, 443f.).

4495 (1814) Eleonora Fürstin Reuß: Friederike Gräfin von Reden ... Bd 1. Berlin 1888, 292 – *[17. Oktober?]:* vgl. GTgb: «... Ober-Cammerherrin von Egloffstein und Gräfin Julie von Egloffstein.»

4496 Bericht von Kurt Schultze-Jena nach Aufzeichnungen von Richard Schultze, freundlicherweise mitgeteilt von Dr. Bellermann, Berlin, dem Vetter von K. Schultze-Jena. – *Wartburgfest:* veranstaltet zum Gedenken des Reformationsjahres 1517 und der Leipziger Völkerschlacht 1813 von der Jenaischen Burschenschaft. Daß Goethe bereits vor dem Fest eine so negative Einstellung hatte, wie hier berichtet wird, ist unrichtig. Vgl. Nr. 4512 und Anm.

4497 (1812) Victor Cousin: Fragments et Souvenirs. Troisième Edition. Paris 1857, 150ff. – Der Besuch bei Goethe unter dem Titel ‹Première visite à Goethe› zuerst veröffentlicht in ‹Le Globe› Nr. 26 vom 2. Juni 1827 (wiederabgedruckt von K. Kloocke in: JbFDH 1974, 47f.). Die unserem Text zugrunde liegende spätere Fassung ist überarbeitet. Auszugsweise in deutscher Übersetzung bei Bode 3, 40ff. – *visite de cour:* vgl. GTgb 17. Okt.: «Mittags in Belvedere.» – *[18. Oktober]:* vgl. GTgb: «Mr. V. Cousin, Professeur de Philosophie à Paris, reisend, um die deutsche Philosophie näher kennen zu lernen.» – *la physique de Monsieur Biot:* J.B. Biot: Traité de physique expérimentale et mathématique. T. 1–4.

Paris. Von Goethe entliehen am 23. Juli (Keudell Nr. 1092).

4498 (1812a) Gr 15 – *Panorama:* vgl. GTgb 18. Okt.: «Sendung von Serenissimo an Panoramen und Modells von der Schweiz.»

4499 (1812b) Gr 15 – Vgl. GTgb: «Später Ehlers und Frau und Gesellschaft.»

4500 (1812c) Gr 15

4501 KSchmidt 123 – *zum musikalischen Frühstück:* wohl am 26. Okt., vgl. GTgb: «Zu Hause. Frühstück. Ehlers und Frau. Declamation. Mittag mit Ottilien.»

4502 (1815) Urlichs 3, 382 – *seit einigen Tagen:* seit dem 6. Nov. – *Lord Byrons Manfred:* erschienen London 1817 (vgl. Ruppert Nr. 1493). – *übersetzt daran:* in Goethes Aufsatz ‹Manfred›, erschienen ‹Kunst und Altertum› 1820, wird am Schluß ein Monolog Manfreds in Übersetzung wiedergegeben (GA 14, 787f.).

4503 Urlichs 3, 383f. – *alle Tage bei uns:* in GTgb belegt. Am 15. Nov. fuhr Goethe wieder nach Weimar.

4504 Carl Ludwig Sand, dargestellt durch seine Tagebücher und Briefe von einigen seiner Freunde. [Hrsg.: R. Wesselhöft.] Altenburg 1821, 133ff. (JbSKipp 4, 322ff.). – Der Besuch von Sand in Goethes Agenda vom 1. Sept. 1827 verzeichnet: «14 Nov. 1817. Sand in Jena. bey mir» (WA III 13, 241) – *Ballhaus:* Gebäude für Ballspiel. Das Jenaer Ballhaus von 1670 galt als das schönste in Deutschland.

4505 (1817) wie 4427 Bd 1, Mannheim 1837. 426ff. Zuerst anonym veröffentlicht in: Varnhagen, Goethe in den Zeugnissen der Mitlebenden, Berlin 1823, 73ff. – *[am 19. November 1817]:* vgl. GTgb: «Abends Varnhagen von Ense. Blieb zu Tische.» – *schriftlichen Berührungen:* seit 1811 (vgl. Goethes ersten Brief an Varnhagen vom 10. Dez. 1811. WA IV 22, 207f.). – *Schlabrendorf:* der hochgebildete, in Paris lebende, preußische Sonderling Gustav Graf von S. war ungefähr gleich alt wie Goethe.

4506 Karl Ernst Henrici, Berlin, Versteigerung CXII, 1926, 119 Nr. 893

4507 Egloffstein 121f.

4508 (1809) Raich 2, 452 – Brief aus Frankfurt. Der «Durchreisende» ist nicht identifiziert.

4509 (1813) wie 4112 S. 316f. (Fahrten nach Weimar 129). *–in Jena:* Goethe hielt sich dort seit dem 21. Nov. auf. – *[27. November 1817?]:* vgl. GTgb: «Zwey Ungarn...» – *«Ich höre, die Magyaren...»:* dieser Satz im Original in deutscher Sprache.

4510 Urlichs 3, 384 – *[am 30. November]:* vgl. GTgb: «Mittags bey Knebel, Prof. Döbereiner und der Grieche.»

4511 (1820) Frommann 148 – *[am 4. Dezember]:* vgl. GTgb: «Mittag bei Frommanns, war Herr von Gerstenbergk gegenwärtig. Vieles über die neusten Vorfallenheiten.» – *R[ödigers] Rede:* ‹Ein deutsches Wort an Deutschlands Burschen›, gedruckt Jena 1817.

4512 (1821) Frommann 148 – *Wartburgsgeschichte:* Goethe hatte am Tage vor der Wartburgfeier (17. Okt.) an Willemer geschrieben: «... beneid ich diejenigen die nach Eisenach ziehen ... weil mir angelegen wäre, dieses

Fest auf der herrlichen Zinne wieder zu begehen und die Flämmchen und Flammen des allgemeinen und besondern Wohlwollens am Horizont und in der Nähe auflodern zu sehen.» (WA IV 28, 286).

4513 (1819) Frommann 147

4514 (1822) Frommann 149 – Ähnliche Darstellung, ohne Nennung des Namens Rödiger in F.J. Frommanns Aufsatz ‹Goethe und das Volk› (1848), zitiert bei Schleif 10f. – *[am 28. November]:* vgl. GTgb: «Der Studiosus Rödiger.» Vgl. ferner über diese Begegnung Goethes Brief an August vom gleichen Tage (WA IV 28, 317).

4515 (1822a) Gr 15 – Vgl. GTgb: «Canzler von Müller, Geh. Cammerrath Stichling.» – *Preßfreiheit:* vgl. Nr. 4389 und Anm. – *Bibliotheks-Veränderungen:* vgl. Goethes ausführliche Darstellung, besonders hinsichtlich der Vereinigung der Büttnerschen Bibliothek mit der Universitätsbibliothek, in TuJ 1817 (GA 11, 884f.).

4516 GJb 17, 251 – *[am 16. Dezember]:* vgl. GTgb: «Mittag im Schlosse, Graf Zichy, Graf Edling, der Prorector, die Decanen, drey Ungarn.» Graf Zichy war der damalige österreichische Gesandte in Berlin; er war in Begleitung von Minister Edling nach Jena gekommen.

4517 Urlichs 3, 386 – *Gestern:* vgl. GTgb 24. Dez.: «Zu Knebel, wo Prof. Kosegarten war. Abends Geh. Hofrath Stark. Weynachtsbescherung.»

4518 (1824) Frommann 150 – *Äußerung der S[chopenhauer]:* in ihrem Buch ‹Ausflucht an den Rhein und dessen nächste Umgebungen im Sommer des ersten friedlichen Jahres› (Leipzig 1818), erschienen Ende 1817. Auch J.D. Gries nahm an dem Ausdruck Anstoß, wie er in seinem Brief an Johanna Schopenhauer vom 30. Dez. 1817 freimütig äußert (Houben Schopenhauer 269f.)

4519 (1816) wie 4112 S. 317f. (Fahrten nach Weimar 130). Unmittelbar anschließend an Nr. 4509. – *Einige von jenen:* hier liegt ein Irrtum vor, es sind keine Übersetzungen slowakischer Gedichte von Goethe veröffentlicht worden (vgl. Anm. Fahrten nach Weimar 157). – *Samuel Ferienčik:* vgl. Nr. 4872.

4520 (NN 1829a) wie 3869 S. 158f. – *[am 6. Januar?]:* vgl. GTgb: «Russischer Garde-Lieutenant von Reuter, Kunstwerk des Grafen Tolstoi vorzeigend.» – *das Goethesche Reskript:* gemeint ist wohl die lobende Äußerung Goethes über Horn, die Reutern diesem mündlich oder schriftlich übermittelt haben muß.

4521 Reutern 32f. – *Grafen Tolstoi:* vgl. Nr. 4815 und 4896. – *a.St.:* alten Stils, d.h. nach dem Julianischen Kalender, der in Rußland noch gültig war. – *[am 6. Januar 1818]:* vgl. GTgb: «Russischer Garde-Lieutenant, Kunstwerk des Grafen Tolstoi vorzeigend.» – *Briefe an Charlotte:* von Schwertzell, seine spätere Frau.

4522 Urlichs 3, 386

4523 Urlichs 3, 389ff. – *[Das Buch Kabus]:* vgl. Nr. 4167 unter ‹Diez›. Goethe schickte ein Exemplar an Knebel mit Brief vom 18. Okt. 1817 (WA IV 28, 277). – *in der Tanne:* wo Goethe sich seit dem 3. Febr. tagsüber aufhielt.

4524 Urlichs 3, 391 – *Nachricht über Meyer:* vgl. Charlotte v. Schiller an Knebel 11. Febr. 1818: «Sagen Sie Geheimerath von Goethe mit den freundlichsten Grüßen, daß ich einen Brief vom 8. Jänner von unserm Meyer habe, der mir sagt, daß er sich mit der Frühlingsluft wieder einfinden würde.» (ChSchillerBr 341) – *Zeichnungen nach den altgriechischen Monumenten:* das sog. ‹Relief von Phigalia› (Schuchardt 1, 289 Nr. 676). Vgl. das ‹Fragment eines Schreibens an die Malerin Luise Seidler› vom Februar 1818 mit Abb. (GA 13, 854ff.).

4525 GJb 1, 341

4526 Sor 122 (HoubenSoret 456). Von Eckermann berichtet unter dem 5. Mai 1824 (GA 24, 553f.). – *[3./19. Februar 1818]:* die Datierung bezieht sich auf Goethes nachweisbaren Aufenthalt in der ‹Tanne›.

4527 (1829b) Urlichs 3, 391f.

4528 Knittermeyer 26

4529 Gr 15 – *[...Maskenzug]:* aus Anlaß des Geburtstages von Maria Pawlowna am 18. Febr.

4530 (1829a) KSchmidt 127 – *Götz von Berlichingen:* der Maskenzug bestand aus Figuren Goethescher Dichtungen.

4531 DüntzerChSchiller 350f. – *Gruß aus der Ferne:* die Stanze ‹Der Abwesende dem Maskenfest zum 16. Februar 1818› (GA 1, 704).

4532 (1830) Gr 15f. – Vgl. GTgb: «Abends Gesellschaft: beyden Gräfinnen Egloffstein, Frau von Pogwisch, Gräfin Beust, Canzler von Müller. Blieben bis 11 Uhr. Ich mit meinen Kindern erst später zu Bette.» – *die Tante:* die Kammerherrin Caroline v. Egloffstein. – *Beust:* Frau des Grafen Karl Leopold v. B. – *General:* nach Gr 207 Anm. wohl August v. Egloffstein. – *Flavien:* Gräfin Flavie v. Beust, Hofdame von Maria Pawlowna. – *Liebesgeschichte von Karlsbad:* vgl. Soret 20. Juli 1831 (Nr. 6870). Urzidil (S. 50) verlegt diese Episode in das Jahr 1808. – *Folianten-Kapsel:* «noch heute wird Goethes umfangreiche Autographensammlung im GSA in den elf originalen Foliantenkapseln verwahrt». (Gr 207 Anm.).

4533 Grumach 291 – *Devisen:* vgl. Nr. 388 und Anm. – *Gelegenheitsprodukt:* Maskenzug; vgl. Nr. 4529f. und Anm.

4534 Gr 16 – Vgl. GTgb: «Befand mich so schlecht, daß ich mich zu Bette legen mußte. Abends Rehbein und Kämpfer.»

4535 Knittermeyer 27 – Der letzte Satz vielleicht später hinzugefügt.

4536 DüntzerChSchiller 359

4537 Urlichs 3, 393 – Dieser Brief ist nicht die Antwort auf Nr. 4536 (Einordnung nach der inneren Datierung), sondern auf Nr. 4531 – *Gedicht an Goethe:* vgl. Nr. 4533.

4538 (1830a) Gr 16 – Vgl. GTgb: «Nach Tische Canzler von Müller: Expedition wegen des nachbarlichen Baues.»

4539 (1831) Gr 16 – *Friesen:* vgl. GTgb: «Friesens Selbstvertheidigung, parodirt; von Canzler von Müller die wahre in Original und dazu gehörige Acten.» Die Parodie lautet: «Selbstvertheidigung des Hofraths Fries über die ihm öffentlich gemachten Beschuldigungen wegen der in und bei Eisenach begangenen Feier des 18. Octobers 1817 mit kleinen Bemerkungen von einem seiner großen Verehrer. Im Jahre des Heils 1818, auf dem

Turnplatze geschrieben.» (WA III 6, 312 Anm.). – Fries hatte auf der Wartburgfeier eine Rede an die Studenten gehalten. – *«Quiconque rassemble le peuple...»:* «Jeder, der das Volk versammelt, wiegelt es auf.» Aus den Mémoires de Monsieur le Cardinal Retz, zuerst erschienen 1717. – *im 22. Jahre:* nicht wörtlich zu nehmen, vgl. Gräf 2, 1, 267 Anm. – *Komposition Zelters:* von Goethes Gedicht ‹Um Mitternacht› (GA 1, 492), das kurz zuvor entstanden war (vgl. GTgb 13. Febr. 1818).

4540 (1832) Gr 16f. – *in der Nachbarschaft:* «Müller und die Tante Caroline v. Egloffstein (bei der Julie lebte) wohnten in der Windischengasse.» (Gr 207 Anm.)

4541 (1832a) Gr 17 – Vgl. GTgb: «Gräfin Julie Egloffstein. Canzler Müller, Coudray und Rehbein.» – *Claude Lorrains aus England:* wahrscheinlich die beiden in Goethes Besitz befindlichen englischen Nachstiche von Woollett und Mason, vgl. Schuchardt 1, 203f. Nr. 94 und 100 (Mitteilung von H. Umbach, Hamburg).

4542 Urlichs 3, 394 – *wie ich höre:* vgl. Goethe an Knebel 7. März (WA IV 29, 76f.).

4543 (1833) Dembowski 9 – *Theatermaler:* Beuther.

4544 (1834) Dembowski 9 – *neue Lieder:* vgl. GTgb 11. März: «Abends Gräfin Egloffstein, Zelterisches Lied vorgetragen.» Hierbei handelt es sich zweifellos um das in Nr. 4539 (vgl. Anm.) erwähnte.

4545 Egloffstein 126f.

4546 KSchmidt 128

4547 (1832b) Gr 17 – *gegen Wieland:* d.i. Ludwig Wieland, der geheime Bulletins Kotzebues veröffentlicht hatte (über den Sachzusammenhang vgl. ausführlich Gr 208 Anm.).

4548 Egloffstein 127 – *nach Jena:* vgl. GTgb 14. März: «Nach 12 Uhr in Jena.»

4549 Grumach 291f. – Korrektur des Briefdatums nach der genannten Abreise Goethes nach Jena. – *neue Komposition von Zelter:* vgl. Nr. 4539 und 4544 und Anm.

4550 Urlichs 3, 394 – *Six weeks in Paris:* nicht ermittelt. Lektüre in GTgb am 30. März und 2. April erwähnt.

4551 Grumach 292 – *[4. April]:* vgl. GTgb: «Canzler von Müller. Unterhaltung mit demselben; mit ihm auf der Tanne.» – *gestern... Mittagsmahl!:* vgl. GTgb 6. April: «Mittags bey Knebel, Gräfin Egloffstein...». Das Wortspiel bezieht sich vielleicht auf Goethes Aufsatz ‹Giuseppe Bossi: Über Leonardo da Vincis Abendmahl zu Mailand›, der im 3. Heft des 1. Bandes von ‹Kunst und Altertum› 1817 erschienen war (GA 13, 744ff.).

4552 Urlichs 3, 394

4553 GeigerWeimar 294 – *perennieren:* fortsetzen.

4554 (1836a) aaO 12ff. – *Paul:* Reisebegleiter Partheys, nicht identifiziert. – *«Wo Leben sich zum Leben freundlich regt»:* ‹Hausgarten› Vers 4 (GA 1, 547f.). – *[... 11. April 1818]:* vgl. GTgb: «Carue von Coblenz, berühmter Wartburger sein Büchlein bringend.» Daß Carové bei dieser Gelegenheit auch Goethes Wohnhaus in Weimar gesehen hat, ist nicht auszuschließen.

4555 (1836) aaO 1, 214ff. – *procès monstre:* Anspielung auf die bekannte Auseinandersetzung, die im April 1817 zu Goethes Rücktritt von der Theaterleitung führte. Hier fälschlich in die Zeit von Kobbes Besuch verlegt. – *[11. April 1818]:* vgl. GTgb: «Koppe von Kiel, in Heidelberg Studierender.» – *überall:* überhaupt. – *Verrina:* Verrina heißt der rigorose Republikaner in Schillers ‹Fiesco›, Gegenspieler des Titelhelden. – *Grasatzel:* Grasperücke (vgl. DWb unter ‹Atzel›). – *Fabris Geographie:* entweder ‹Handbuch der neuesten Geographie› (2 Bde, Halle 1784/85) oder ‹Kurzer Abriß der Geographie› (Halle 1786) von J.E.E. Fabri, beides in mehreren Auflagen erschienen.

4556 DüntzerChSchiller 373 – *daß der Großpapa kommt:* Goethe traf am 16. April mittags in Weimar ein.

4557 KSchmidt 128 – *Morgen:* vgl. GTgb 21. April: «Um 11 Uhr Taufe...» – *Urgroßmama:* Gräfin Henckel von Donnersmarck.

4558 DüntzerChSchiller 378f. – *eine ungestörte Stunde:* wohl am 19. April, vgl. GTgb: «Nach Tische Philostrats Gemälde wieder vorgenommen. Hofräthin von Schiller. Später Oberbaudirector Coudray.»

4559 Grumach 292 – Die Einladung ist nach Jena gerichtet, wo sich Goethe seit dem 27. April wieder aufhielt. Vgl. GTgb 29. April: «Ganz früh Einladung vom Canzler von Müller nach Dornburg.»

4560 Dembowski 9f. – *Ein Besuch bei Goethe in Dornburg:* vgl. GTgb: «Nach Dornburg gefahren. Ober-Kammerherrin [d.h. die Berichterstatterin] und Julie. Zu Mittag geblieben, über Landschaftszeichnung, Politica. Die Lage des Cölestins untersucht.» – *Einer meiner Begleiter:* der Kanzler von Müller. – *Staatsvereine:* wohl nach ‹contrat social› von Rousseau gebildet.

4561 (1838) Gr 18ff. – Die stellenweise fast wörtlichen Übereinstimmungen dieses Berichts mit dem vorigen scheinen zu beweisen, daß Julie v. Egloffstein die Aufzeichnungen ihrer Tante mit benutzt hat. – *Nachbar:* Kanzler von Müller. – *Feenschlößchens:* gemeint ist das Rokokoschloß, das mittlere der drei Dornburger Schlösser. – *aufzugeben vermögen:* späterer Zusatz: «In dieser Ahnung liegt das Geheimnis des ewigen Fortstrebens nach einem unbekannten Ziele, es ist gleichsam der Hebel unseres Forschens und Sinnens, das zarte Band zwischen Poesie und Wirklichkeit.» (Gr 23 Anm.) – *Macht ins Leben.»:* späterer Zusatz: «Wohl übersetzt sich jeder diese Formeln in die ihm eigentümliche Sprache, paßt sie auf mannigfache Weise seinen beengten individuellen Zuständen an und mischt dadurch oft so viel Unlautres darunter, daß sie kaum mehr in ihrer ursprünglichen Bedeutung zu erkennen sind. Aber diese letztere taucht doch immer unversehens wieder auf, bald in diesem bald in jenem Volke, und der aufmerksame Forscher setzt aus solchen Formeln eine Art Alphabet des Weltgeistes zusammen.» (Gr 23 Anm.). – *Äußerungen hervorzulocken:* späterer Zusatz: «Es war, als ob vor Goethes innrem Auge die großen Umrisse der ganzen Weltgeschichte vorübergingen, die sein gewaltiger Geist in ihre einfachsten Elemente aufzulösen bemüht war. Mit jeder neuen Äußerung nahm sein ganzes Wesen etwas Feierlicheres, ich möchte sagen, Prophetisches an, Dichtung und Wahrheit verschmolzen sich ineinander und die höhere Ruhe des Weisen leuchtete aus seinen Zügen. Dabei war er kindlich mild und teilnehmend, weit geduldiger als sonst in Beantwortung unserer Fragen und Einwürfe, und seine Gedanken schienen wie in einem reinen ungetrübten Äther auf und nieder zu wogen.» (Gr 24 Anm.)

4562 Grumach 292

4563 aaO 22f. – *metrische Übersetzung:* Altspanische Romanzen. Übersetzt von Friedrich Diez. Frankfurt a.M. 1818 (Ruppert Nr. 1715). – *im April 1818:* in GTgb nicht namentlich erwähnt. Möglicherweise ist die Tgb-Notiz vom 3. April auf den Besuch zu beziehen: «Sechs junge Leute von verschiedenen Akademien, eingeführt von Wesselhöft.» – *Treitschke:* Deutsche Geschichte im 19. Jahrhundert, Leipzig 1882, II, 9 (Anm. Quelle). – *Choix des poésies originales des Troubadours:* 6 Bde, Paris 1817/22.

4564 Urlichs 3, 395 – *den Abend:* vgl. GTgb 14. Mai: «Zu Bohns im Garten. Große Gesellschaft bis nach 10 Uhr.»

4565 Zeitschwingen oder des deutschen Volkes fliegende Blätter. Frankfurt a.M., 1. August 1818. S. 235f. Anonymer Bericht. – Das Fragezeichen ist hier und im Register zu streichen: die Verfasserschaft von Heinrich Wilhelm August v. Gagern ist gesichert (Auskunft von O.F.). – *[am 22. Mai bei Frommanns?]:* vgl. GTgb: «Fuhr ich zu Frommann, wo Methfessel Musik vor großer Gesellschaftgab. Bekanntschaft mit dem jungen Herrn von Gagern.» Auch das Datum der Begegnung dürfte als gesichert anzusehen sein.

4566 (1839a) KSchmidt 128f. – *Um den Geheimrat... unruhig:* Goethe war krank, vgl. die Eintragungen in GTgb vom 29. Mai bis 4. Juni. – *Doktor Weller:* dieser war laut GTgb am 4. Juni abends bei Goethe gewesen. – *Mimi und Bernhard:* Schillers Tochter Emilie und Knebels Sohn.

4567 Reiter 3, 226

4568 (1840) KSchmidt 129 – *[am 6. Juni]:* vgl. GTgb: «Abends Frau von Schiller und Major von Knebel.» – *Caroline:* Schillers älteste Tochter.

4569 (1839) Frommann 153 – *intruders:* Eindringlinge. – *[am 7. Juni]:* vgl. GTgb: «Um 11 Uhr Frommanns.» – *Agapanthus:* Schmucklilie.

4570 Urlichs 2, 357

4571 (1972b) Goethe's Naturwissenschaftliche Correspondenz. Hrsg. von F.Th. Bratranek. Bd 2. Leipzig 1874, 330f. – *Prometheus:* gemeint ist das Dramenfragment (GA 4, 185ff.). Die Lenzsche Kopie wurde die Vorlage für den Abdruck in der Ausgabe letzter Hand (vgl. DjG^3 3, 466 Anm.). – *Amor und Psyche:* vgl. Nr. 6883. – *[16./21. Juni 1818?]:* in diesen Tagen wird Seebeck in GTgb genannt.

4572 JbSKipp 4, 27

4573 (1841a) Heuermann 149 – *Rezension des Müllnerschen Yngurd:* die Lektüre von ‹König Yngurt› ist in GTgb schon am 2. und 3. Jan. 1817 bezeugt.

4574 Dembowski 11 – *Taufe:* des am 24. Juni geborenen Erbprinzen Carl Alexander. – *Goethe:* der am 2. Juli nach Weimar zurückgekehrt war.

4575 DüntzerChSchiller 394f.

4576 (1842) Woldemar Frhr. v. Biedermann: Goethe und Leipzig. 2.

Teil. Leipzig 1865, 300ff. – Der Besuch Gerhards in GTgb am 7. Juli nicht erwähnt; jedoch finden sich die Eintragungen: «Persische Dichtkunst... von Hammers persische Dichtkunst.» – *daß er den «Divan» des Hafis bearbeite:* mißverständlich ausgedrückt für die Entstehung von Goethes eigenem ‹Divan›. – *«Sakuntala»:* Goethe besaß das indische Schauspiel des Kalidasa in der Übersetzung von G. Forster von 1791 (Ruppert Nr. 1788). – *Büste von Weißer:* von 1807 (Schulte-Strathaus Taf. 90). – *Medaillon von Kügelgen:* von 1808 (Schulte-Strathaus Taf. 95). – *Kupferstecher Müller:* J.Ch.A. Müller hat das Porträt nach einer Kreidezeichnung von F. Jagemann im August 1817 in Kupfer gestochen (Schulte-Strathaus Taf. 114).

4577 DüntzerChSchiller 400f. – *Werke von Mailand:* vgl. darüber TuJ 1818 (GA 11, 897f.)

4578 (1843) Gr 24 – *Die einsame Spinnerin:* Nach einer Schilderung in: Bemerkungen auf einer Reise in America von der Küste von Virginien bis zum Gebiet von Illinois ... Jena 1818, von Morris Birkbeck (Ruppert 4099); für das große Interesse an diesem Motiv vgl. Nr. 4650 und Nr. 4682. Näheres darüber vgl. Gr 2. Aufl., 1982, Anm. S. 241

4579 Urlichs 3, 396 – *[in Jena]:* der Tagesausflug in GTgb 16. Juli beschrieben.

4580 (1844) Gr 24 – *der junge Humboldt:* Theodor v. H., preußischer Offizier. – *Steinschneiders Müller:* Joseph Müller war 1817 gestorben.

4581 (1843a) KSchmidt 132

4582 Bode 3, 54 – *abgereist:* zunächst nach Jena, wo er bis zum 23. Juli blieb.

4583 Reiter 3, 224f. – *des Sohns wegen:* über die Entfremdung, die nach Augusts Verlobung mit Ottilie eingetreten war, vgl. Pollmer 13f.

4584 (1846) Metternich: Mémoires. Tome troisième. Paris 1881, 105f. – In deutscher Übersetzung Bode 3, 55. – Goethe befand sich seit dem 26. Juli in Karlsbad. – *[31. Juli]:* vgl. GTgb: «Fürst Metternich, Schwarzenb. Einladung. Probe Catalani ... Nachts zweyte Probe Catalani.» – *Potier dans le rôle de Werther:* es handelt sich um eine Werther-Parodie, in welcher der Komiker Charles Potier die Hauptrolle spielte. Vgl. die Darstellung in den ‹Lebenserinnerungen› Ludwig Richters, zitiert GJb 21, 277.

4585 (1847) Briefe von Friedrich von Gentz an Pilat. Hrsg. von K. Mendelssohn-Bartholdy. Bd 1. Leipzig 1868, 288 – *Biron:* Herzog von Kurland.

4586 (1846a) SchrGG 17, 200 – Brief aus Franzensbad. – *kurzen Aufenthalte:* Metternich verließ bereits am 2. August Karlsbad (vgl. GTgb). – *Jahrbüchern der Literatur:* begründet von M.C. v. Collin. Der 1. Bd erschien 1818.

4587 wie 3236 S. 300 – Vgl. GTgb: «Conzert Mad. Catalani auf dem Posthofe.» – *John Paar und Georg Buquoy:* die beiden jungen in Böhmen ansässigen Grafen Johann Baptist Paar und Georg Buquoy waren Goethes ständige Begleiter (vgl. Urzidil 103f.).

4588 Urzidil 105 – Vgl. GTgb: «Nach Tafel zu Feldm. Schwarzenberg.»

4589 (1847a) wie 4585 S. 289

4590 wie 3236 S. 300 – *Farbenlehre:* Gespräche mit dem Grafen Buquoy über die Farbenlehre in GTgb am 6., 8. August und öfter erwähnt. Vgl. auch Nr. 4594. – *Jussieus Pflanzensystem:* vgl. Nr. 1134 und Anm.

4591 (1848a) wie 4585 S. 285 und 294 – *General Kanikoff:* russischer Gesandter an den sächsischen Höfen, scheint der Urheber dieser Anekdote zu sein.

4592 (1848) wie 4585 S. 292f. – Der Bericht wurde anonym («Aus einem Privatschreiben») bereits am 21. August in der ‹Allgemeinen Zeitung› Nr. 233 und danach am 27. August im ‹Journal des Débats› veröffentlicht. Seine Glaubwürdigkeit wurde von Solger angezweifelt (vgl. Nr. 4607). Vgl. ferner Goethes eigenes Urteil Nr. 4710. – Vgl. GTgb: «Bey Fürst Schwarzenberg dem reg. zur Tafel. Gräfinn Bombelles pp. Sie sang. Kam M. Catalani. Sang gleichfalls.» – *Gräfin Bombelles:* Ida, Tochter Friederike Bruns.

4593 MatthissonNachl 2, 65

4594 Urzidil 105

4595 (1477a) aaO 8, 444f. – *[am 9. August 1818]:* vgl. GTgb: «Mittag bey Pr. Biron.»

4596 wie 3236 S. 300 – Vgl. GTgb: «Mittag zu Gr. Czernin. Engländer Whale.» Ob Whale etwa identisch mit dem von Czernin genannten Werry ist, konnte nicht ermittelt werden. – *vor einigen Jahren in Schönhof:* vgl. Nr. 3234ff.

4597 wie 3236 S. 300f. – *Uwarow:* der in der folgenden Nr. erwähnte «russische General von hohem Range». – *fast keine Zähne:* gemeint sind die Vorderzähne. – *«Beiträge zur Kenntnis der böhmischen Gebirge»:* der Aufsatz ‹Zur Kenntnis der böhmischen Gebirge› (GA 17, 562ff.), als Separatdruck erschienen 1817 (Hagen Nr. 307). – *verbindliche Verse:* vielleicht das Widmungsgedicht an den Grafen Paar, datiert: Karlsbad, den 12. August 1818: «Der Berge denke gern ...» (GA 1, 682).

4598 Briefwechsel zwischen Friedrich Gentz und Adam Heinrich Müller. Stuttgart 1857, 263.

4599 aaO 2. Aufl. Zürich 1965, 104 – Nach GTgb wird hier nicht, wie am Schluß angegeben, der Tagesverlauf vom 18. August, sondern der vom 13. beschrieben: «Mit Gr. Paar und Bouqoy auf dem Posthof gespeist. Weiter Spaziergang über Findlaters Tempel.» – *Erinnerungen an den alten Earl:* den Goethe 1808 in Karlsbad kennengelernt hatte.

4600 (1849) wie 4585 S. 301 – *more solito:* wie gewöhnlich. – *Studenten-Unfug:* das Wartburgfest.

4601 (1850) wie 4598 S. 263 – Auf den Briefausschnitt folgt die Anekdote Nr. 4598.

4602 Solger's nachgelassene Schriften und Briefwechsel. Hrsg. von L. Tieck und F. v. Raumer. Bd 1. Leipzig 1826, 658 (Hinweis von O.F.) – *Schütz:* Christian Wilhelm v. S. – *gestern nachmittag:* vgl. GTgb 22. Aug.: «Abends mit Weiß, v. Schütz, Solger gegen Fischern.» – *seit ich ihn in Jena sah:* 1801, als Solger dort studierte.

4603 JbGG 9, 282ff. – Über den Umgang Goethes mit dem Mineralogen Ch.S. Weiß vgl. TuJ 1818: «So wurden mir auch sehr belehrende kristallographische Unterhaltungen mit Professor Weiß. Er hatte einige kristallisierte Diamanten bei sich, deren Entwicklungsfolge er nach seiner höheren Einsicht mich gewahr werden ließ.» (GA 11, 900). – *[wohl am 26. August 1818]:* vgl. GTgb: «Prof. Weiß. Schöne chrystallographische Unterhaltung.» – *Beschreibung der Joseph Müllerschen Sammlung:* ‹Joseph Müllerische Sammlung› (WA II 9, 10ff.) unter dem Obertitel ‹Zur Kenntnis der böhmischen Gebirge›. – *haerent vestigia:* die Spuren bleiben haften. Als Zitat so nicht nachweisbar. Vielleicht Abwandlung der Wendung: «manent vestigia» (= es dauern die Spuren; Horaz, Episteln II 1, 160).

4604 aaO 68f. – Falls man die hier und in der folgenden Nr. wiedergegebene Anekdote überhaupt für glaubwürdig hält, ist, wie Zellweker Anm. S. 204 richtig bemerkt, eher an einen Scherz als an einen Irrtum Goethes zu denken.

4605 (1851) aaO 3, 17f.

4606 JbGG 11, 302f. – Vgl. GTgb: «Prof. Dietrich, von Comotau.» – *Empfehlungskarte:* das an Dr. Weller gerichtete Empfehlungsschreiben ist wiedergegeben in der Quelle S. 303. – *Vor fünf Jahren:* vgl. Nr. 3727.

4607 wie 4602 S. 660 (Hinweis von O.F.) – *Schütz:* vgl. Nr. 4602 und Anm. – *Abendmusik:* vgl. GTgb 28. August: «Abends für uns. Nachtmusic.» – *Allgemeinen Zeitung:* vgl. Nr. 4592 und Anm.

4608 JbGG 11, 306 – *[in Weimar]:* wo sich Goethe seit dem 17. Sept. wieder befand. – *Rhetorik[?]:* über die Zwischenstellung der didaktischen Poesie und ihre Beziehung zur Rhetorik vgl. Goethes 1827 erschienenen Aufsatz ‹Über das Lehrgedicht› (GA 14, 370ff.). – *Herder:* Marmorbüste von Trippel, Rom 1790 (Schuchardt 2, 323 Nr. 5). – *Rubens' Malereien:* Verwechslung mit Raffael?

4609 JbGG 11, 306

4610 JbGG 11, 307f. – *«Non omnis moriar alibi»:* nach Horaz, Oden III, 30, 6: «Non omnis moriar» = Nie ganz werde ich vergehen; ‹alibi›: ‹anderwärts› meint wohl: ich werde an anderer Stelle weiterleben – im Andenken des Freundes. – *Ihre Schwester:* Ulrike v. Pogwisch war am 24. Sept. von einer Pariser Reise zurückgekehrt und in Goethes Haus aufgenommen worden. – *Inspektor von Berka:* J.H.F. Schütz. – *Flügellisten[?]:* gemeint ist Klavierspieler. – *Tomaschek:* «Wenzel Johann T., der Prager Komponist, hatte erst vor kurzem mit einem Brief vom 29. Juni 1818 dem Dichter seine ‹Gedichte von Goethe für den Gesang mit Begleitung des Piano-Forte› übersandt.» (JbGG 11, 309 Anm.).

4611 DüntzerChSchiller 421

4612 DüntzerChSchiller 425

4613 Kurt von Raumer: Der Freiherr vom Stein und Goethe. Münster/Westf. 1965, 50 Anm. – *[wohl am 24. Oktober]:* an diesem Tage ist in GTgb ein Theaterbesuch bezeugt, bei welchem die in der nächsten Nr. erwähnte zweite Begegnung am Abend stattgefunden haben könnte.

4614 Nach der Hs im Hessischen Staatsarchiv; Publikationserlaubnis vom 11. Sept. 1969.

4615 JbSKipp 4, 27 – Vgl. GTgb: «Prof. Riemer, wegen des Aufzugs.

Gedicht desselben zur ersten Charade.» Vorbereitung für den Maskenzug am 18. Dezember.

4616 Gr 24

4617 JbSKipp 4, 27 – *Bruno:* Riemers Sohn.

4618 DüntzerChSchiller 428 – *[am 8. November]:* Goethe war vom 8. bis 12. Nov. in Jena.

4619 (1851a) StG 5, 125 – Vgl. GTgb: «Bey dem Herzog von Meiningen, wohin die Grafen Edling und Luxburg kamen.» Es handelt sich um den jungen Herzog Bernhard Erich Freund von Sachsen-Meiningen.

4620 (1852) StG 5, 126 – Vgl. GTgb: «Mittags bey des Herzogs von Meiningen Durchlaucht.»

4621 Urlichs 3, 398

4622 (1852a) KSchmidt 146 – *nach Berka:* wo er bis zum 6. Dez. blieb. – *Brunnenmeister:* J.H.F. Schütz.

4623 DüntzerChSchiller 434f. – *Rehbein:* kam wegen des schlechten Befindens von Goethe am 20. Nov. nach Berka (vgl. GTgb). – *Huschke:* ebenfalls in GTgb vom 20. Nov erwähnt.

4624 Grumach 293 – Vgl. GTgb 4. Dezember: «Kamen Gräfinn Julie Egloffstein, Frl. v. Werther, Adele Schopenhauer. Die Rollen wurden gelesen und besprochen. Nach Tische fuhren sie ab.» – *Goethes Maskenzug:* ‹Bey Allerhöchster Anwesenheit Ihro Majestät der Kaiserin Mutter Maria Feodorowna in Weimar Maskenzug.» Als Einzeldruck erschienen Stuttgart 1819 (GA 3, 715ff.). – *Muse:* vielmehr Tragödie.

4625 (1852b) Wolff 2, 5 – *Kaiserin [von Rußland]:* war nach GTgb bereits am 23. Nov. in Weimar eingetroffen.

4626 (1853) Bi² 2, 426f. – Aus dem Dänischen übersetzt von D.E. Gigar (wie auch die folgende Nr.). – *Er sagte:* das folgende im Original deutsch zitiert. – *die hervorragendsten Goetheschen und Schillerschen Dramen:* Götz von Berlichingen, Faust, Braut von Messina, Tell, Wallenstein, Wallensteins Lager, Demetrius, Turandot (vgl. GA 3, 737ff.).

4627 (1854) Bi² 2, 427f. – Vgl. GTgb: «Professor Bröndsted aus Kopenhagen, mit einem Reisegefährten. Abdrücke von Gemmen. Umstände der Ausgrabung von Phigalia.» – *Lunzi:* Conrad L., Sohn eines dänischen Konsuls von der Insel Zakynthos. Hatte einige Jahre in Dänemark gelebt. – *Zeichnung:* vgl. Nr. 4524 und Anm. – *affairé:* vielbeschäftigt. – *Betragen Baggesens:* gegenüber Oehlenschläger, das zum Bruch führte (vgl. GHb²). – *Er äußerte:* das folgende im Original deutsch zitiert.

4628 Archiv für das Studium der neueren Sprachen und Literaturen, Bd 160, 1931, 85f. – *Kaiser Alexander:* Verwechslung mit der Kaiserin-Mutter Maria Feodorowna. – *«Das Buch der Lieder»:* gemeint ist der ‹West-östliche Divan›, der in der Tat 1819 erschien.

4629 (1855) aaO 250 – *An dem großen Festzuge:* das Personal des Maskenzugs 1808 ist im Druck (vgl. Anm. zu Nr. 4624) mit Angabe der einzelnen Darsteller wiedergegeben (vgl. GA 3, 753ff.).

4630 (1856) Bi¹ 8, 395

4631 Heitmüller 255ff. – *Goethes Maskenzug:* vgl. TuJ 1818 (GA 11, 898). – *Programm:* gedruckt als ‹Vorläufige Anzeige› im Dez. 1818 (Hagen Nr. 404), wiederaufgenommen in den späteren Einzeldruck des Maskenzuges (vgl. Anm. zu Nr. 4624 und GA 3, 715 ff.). – *Rollen, die er uns zuerteilt:* Riemer als Werner Stauffacher, seine Frau als Axinia (vgl. das Personal GA 3, 755 f.). – *der Sohn:* August v. Goethe. – *Scharaden:* vgl. Nr. 4615 und Anm. die beiden Scharaden Riemers wurden veröffentlicht in der ‹Abend-Zeitung›, Dresden, vom 7. Jan. 1819, ihre Auflösung im Zusammenhang eines wohl von Riemer stammenden Berichtes «Die Festtage in Weimar im Dezember 1818» ebd am 2. Febr. 1819. – *ein Verhältnis, das sich wieder einleiten wollte:* vgl. Nr. 4583 und Anm.

4632 Nach der Hs im Besitz von A. Thiersch, München.

4633 Egloffstein 142 – Nachschrift Müllers zu einem undatierten Brief von Egloffstein, enthaltend eine «Flüchtige Skizze des Maskenzuges» (ebd 139 ff.).

4634 Knittermeyer 36 – *abgereist:* vgl. GTgb 21. Dez.: «Abreise der Kaiserin, welche um 5 Uhr mit Geläute aller Glocken, wie bey ihrer Ankunft, erfolgte.»

4635 JbGG 5, 241 f. – *nach Berka:* Goethe hatte sich dort bis zum 6. Dez. aufgehalten, während die Kaiserin von Rußland schon am 23. Nov. in Weimar eingetroffen war (vgl. Nr. 4625 und Anm. und Nr. 4626). – *nur einmal besucht:* Besuche sind vielmehr am 9., 19. und 21. Dez. bezeugt. – *Nr. 308 des Morgenblatts:* vgl. Hagen Nr. 407. – *Anekdote:* nicht der Wahrheit entsprechend, vgl. GTgb 21. Dez.: «Mit der Hoheit zur Kaiserin.»

4636 DüntzerChSchiller 444

4637 (1857b) Wolff 2, 7 – *Leseprobe:* vgl. GTgb 8. Jan.: «Gräfin Egloffstein und Adele Schopenhauer recitirend: Paläophron und Neoterpe. Kam Gräfin Lina. Blieben sämmtlich zu Tisch.»

4638 Vollmer 568 – *Ernsts Schicksal:* er hatte vergeblich versucht, eine Anstellung in Sachsen-Weimar zu erhalten.

4639 (1857c) KSchmidt 152

4640 (1858a) Wolff 2, 8 f. – *Probe bei Goethen:* vgl. GTgb 22. Jan.: «Überlegung wegen Paläophron und Neoterpe.»

4641 (1858) Gr 25 – Vgl. GTgb: «Canzler von Müller; verschiedene Druckschriften und Nova.» – *Verfehlte Hoffnung:* Julie v. Egloffstein zu treffen. – *Lavarium:* so bei Grumach 30. Gr 25 geändert in: Lararium («Schrein mit den Bildern der Hausgötter (lares).» ebd 209). – *[Die Welt als Wille und Vorstellung]:* Goethe hatte das Werk am 18. Jan. erhalten (vgl. Ruppert Nr. 3125). – *Festbeschreibung im Modejournal:* «Journal für Literatur, Kunst, Luxus und Mode Dezember 1818 S. 707: ‹Besuch der Kaiserin Maria von Rußland in Weimar›. (Gr 209).

4642 (1859) Gr 25 – *«Gebet, gebet…»:* frei zitiert nach Reineke Fuchs X 324 (GA 3, 128). – *die neuen Finanz-Einrichtungen:* «auf dem Landtag in Dornburg war Anfang des Jahres über Fragen der Schuldentilgung verhandelt worden.» (Gr 209). – *Hofnarr:* Gonella, am Hofe des Markgrafen Nicolao von Este, der 300 Ratgeber bei Zahnschmerzen zu 300 Ärzten addiert (vgl. Gr 2. Auflage S. 241).

4643 (1860) Gr 25

4644 Gr 25 – Vgl. GTgb: «Vorbereitungen zum Festspiel… Um 6 Uhr das Festspiel Paläophron und Neoterpe zum Geburtstag der Prinzessin Marie. Zahlreiche Gesellschaft.» – *Paläophron und Neoterpe:* das Stück war mit einem neuen Schluß versehen worden (GA 3, 580f.). – *in dieser Rolle:* Neoterpe. – *Adele:* als Paläophron

4645 (1861) Lewinsky 1, 281 – *zur ersten Probe:* nach GTgb am 1. März.

4646 (1857) Wilhelm v. Gwinner: Schopenhauers Leben. 3. Ausg. Leipzig 1910, 138ff. – *[am 18. Januar]:* vgl. GTgb: «Brachte Fräulein Schopenhauer das Werk von Arthur Schopenhauer: Die Welt als Vorstellung und Wille. Ward einiges gelesen und mitgetheilt.» Vgl. ferner Nr. 4641 und Anm. – *der Vater sitze über dem Buche:* Lektüre in GTgb am 19., 21. und 24. Jan. bezeugt. – *über die Farbenlehre veruneinigt:* vgl. Nr. 4034. – *auf dem Lande:* in Berka (vgl. Nr. 4624f.).

4647 Gr 25 – Vgl. GTgb: «Abends Dr. Nöhden, Prof. Riemer, Hofrath Meyer.»

4648 Gr 26 – *Abends:* vgl. GTgb: «...zum Abendessen, auch Canzler von Müller und Gräfin Lina von Egloffstein.»

4649 Heitmüller 258

4650 (1862) Gr 26 – Vgl. GTgb: «...kamen noch Gräfin Beust, Caroline von Egloffstein...» – *Die Spinnerin von Louisiana:* vgl. Nr. 4578 und Anm.

4651 (1863) Gr 26 – *Dichter-Schmeichelei:* vgl. den Abschnitt ‹Einrede› in den ‹Noten und Abhandlungen› (GA 3, 463ff.). – *Tötung des Clytus:* vgl. ebenfalls ‹Noten und Abhandlungen› (GA 3, 469). – *Zeichen-Sprache:* vgl. ‹Blumen- und Zeichenwechsel› (GA 3, 483ff.).

4652 (1864) Gr 26 – Vgl. GTgb: «Canzler Müller und Gräfin Julie Egloffstein. Blieben zu Tische.» – *Landschaft nach Ruisdael:* ‹Der Kirchhof› (vgl. Schuchardt 1, 335 Nr. 64). – *«Eins ist not = à la fortune du pot.»:* Anspielung auf Lukas 10, 42 in Verbindung mit der geläufigen französischen Phrase ‹inviter qn à la fortune du pot›, d.h. jemanden, ohne besondere Umstände zu machen, zum Essen einladen, was durch die Goethesche Tgb-Stelle hinreichend erklärt wird.

4653 nach Hs im StA Weimar – Vgl. GTgb: «Bey der Erbgroßherzogin.»

4654 (1865) Gr 26 – *Parallele zwischen Wangenheim und Posa:* vgl. Nr. 3487. – *Klosters im Park:* vgl. Nr. 577 und Anm. Das Datum ist danach zu berichtigen. – *Fischer-Spiel:* über Goethes Singspiel ‹Die Fischerin› und die Aufführung vgl. Nr. 632 und Anm. – *antipreußische Äußerung:* vgl. GTgb: «Verunglückte Preußische Getreide-Speculation.» Bezieht sich auf Schütz'› Ausführungen über die verunglückten Maßregeln der preußischen Regierung beim Ankauf von Getreide für die bedürftigen Gegenden. Vgl. H. Sembdner: Schütz-Lacrimas. Berlin 1974, 109.

4655 Grumach 293

4656 (1865a) Gr 26 – Vgl. GTgb: «Prof. Riemer, welcher mit Hofrath Meyer, Canzlar von Müller und Fräulein Milkau zu Tische blieb.» – *Goethes Exzerpte:* vgl. den Abschnitt ‹Vergleichung› in den ‹Noten und Abhandlungen› (GA 3, 476ff.).

4657 (1866) Dembowski 12f. – Vgl. GTgb: «Abends die Ober-

Cammerherrin, Lina und Julie von Egloffstein.» – *Homer... gar nicht existiert:* im Anschluß an F.A. Wolfs bekannte Hypothese. – *Nicolovius:* Franz N., der zweite Sohn von Goethes Nichte. – *Mephistopheles:* August hatte beim Maskenzug vom 18. Dez. 1818 den M. dargestellt.

4658 Gr 26

4659 (1867) Gr 27 – *[Nees] von Esenbeck:* vgl. GTgb: «Nachricht von der Ankunft Nees von Esenbeck... Gegen Abend Nees von Esenbeck.» – *persischen Buche:* ‹Buch des Kabus› (vgl. Nr. 4167 und Anm. unter ‹Diez›).

4660 (1868) Gr 27 – *dem teuren Kranken noch zu antworten:* vgl. Goethes Brief an Voigt vom gleichen Tage (WA IV 31, 101).

4661 Gr 27 – Vgl. GTgb: «Staatsminister von Voigt stirbt um 1 Uhr.»

4662 Knittermeyer 38

4663 Dembowski 13 – *«daß er nichts wisse»:* aus dem auf Plato zurückgehenden geflügelten Wort: «Ich weiß, daß ich nichts weiß.»

4664 Gr 27 – Vgl. GTgb: «Früh nach fünf Uhr solennes Begräbniß des p. von Voigt ... Canzler von Müller die Nachricht von Kotzebue!!!! Ermordung.» – *Kotzebues Ermordung:* am 23. März.

4665 Knittermeyer 38 – *einen Studenten aus Jena:* Karl Ludwig Sand.

4666 (1868a) Gr 27 – Vgl. GTgb: «Die Kinder aus Egmont. Canzler von Müller. Gräfin Lina von Egloffstein.» – *Voigts Nekrolog:* «anonyme Nekrologe erschienen im Weimarer Regierungsblatt und in der Augsburger Allgemeinen Zeitung Nr. 59 vom 16.4.1819.» (Gr 211 Anm.) – *Trauerloge:* Müllers am 16. April gehaltene Gedenkrede ist gedruckt (vgl. Ruppert Nr. 251).

4667 (1869) Gr 27f. – *Assassinen-Geschichte:* Josef v. Hammer: Die Geschichte der Assassinen. Stuttgart und Tübingen 1818. Von Goethe aus der Weimarer Bibliothek entliehen (vgl. Keudell Nr. 1194). – *Panzerhemd:* ein solches soll, nach Hammer, Mohammed bei Hofe unter seinen Kleidern getragen haben, und wurde dann vergiftet; vgl. Gr 211 Anm.

4668 (1870) Gr 28 – *Zustand der jenaischen Dinge:* im Zusammenhang mit Sands Mordtat.

4669 Wolff 2, 18 – *[am 31. März]:* vgl. GTgb «Fuhr... nach Berka. Blieb daselbst bis Nachmittag... Zurück nach Weimar. Nachts Gräfin Henkel und Lina von Egloffstein. Auch Adele Schopenhauer.»

4670 DüntzerStein 2, 464 – *Student aus Gießen:* Charlotte von Stein hatte vorher «vom Mord des Kotzebue» und «von der Verschwörung der Studenten» geschrieben (ebd). – *Präsidenten Motz:* dieser ist am 4. April in GTgb erwähnt.

4671 (1170a, recte 1870a) Gr 28

4672 (1870b) Gr 28

4673 (1870c) Gr 28 – *Proteus anguineus:* Grottenolm, Schwanzlurch. – *meiner Rede:* vgl. Nr. 4666 und Anm. – *Del.:* Deleatus? – *Halkyonische Tage:* Tage der Ruhe, nach der in einen Eisvogel verwandelten Halkyone der griechischen Sage, während deren Brutzeit Zeus die Winde anhielt.

4674 (1871) Gr 28 – Vgl. GTgb: «Canzler Müller und Gräfin Julie von Egloffstein zu Tische.» – *«Sperlings-Kopf»:* vgl. Nr. 4857. – *Assassinen:* vgl. Nr. 4667 und Anm. – *Festgedichten:* Goethe hatte Rochlitz am 4. April den inzwischen erschienenen Einzeldruck des Maskenzuges vom 18. Dez. 1818 (vgl. Anm. zu Nr. 4624) übersandt, wofür sich dieser am 14. April bedankte (Goethes Briefwechsel mit Friedrich Rochlitz, hrsg. von W. v. Biedermann, Leipzig 1887, 200).

4675 Knittermeyer 39f. – Färber war Museumsangestellter in Jena.

4676 (1872a) Gr 28

4677 (1872/1873) Gr 28f. – Vgl. GTgb: «Abends Canzler von Müller, der zu Tische blieb.» – *Tropen:* vgl. den Abschnitt ‹Übergang von Tropen zu Gleichnissen› in den ‹Noten und Abhandlungen› (GA 3, 472ff.). – *Keuschheit der Tropen:* Begriff aus der antiken Rhetorik (nach E. Zinn, Tübingen). – *Proprietät:* Angemessenheit, Richtigkeit. – *Koterie-Wörter:* vgl. Nr. 2269 und Anm. – *Tolle Späße:* vgl. Nr. 409. – *Zelters origineller Brief:* erhalten ist ein kurzer Brief an Ottilie vom 17. April mit gezeichnetem Straßenplan und Hinweis auf Zelters eigene Wohnung (SchrGG 28, 49).

4678 Gr 29 – Vgl. GTgb: «Canzler von Müller wegen Voigts Denkrede.» – *Donnerstags:* den 15. April.

4679 (1835) Dembowski 9 – Das Briefdatum der Quelle (1818) berichtigt nach Egloffstein 147. Antwort auf einen Brief der Mutter an Caroline vom 18. April. – *Musenscherze:* über die Gründung des Musenvereins hatte Caroline der Mutter bereits am 20. März 1817 berichtet (Dembowski ebd). Er bestand aus Caroline und Julie v. Egoffstein (Museline, Julemuse), Ottilie v. Goethe (Tillemuse), Adele Schopenhauer (Adelmuse) und andern (vgl. Bode 3, 51).

4680 (1874) Gr 29 – Vgl. GTgb: «Bildhauer Tieck von Carrara nach Berlin durchgehend... Kamen Gräfin Henkel, Lina Egloffstein, Adele Schopenhauer, der Canzler, Coudray und Tieck.»

4681 (1875) Gr 29f. – *Fräulein v. Mellish:* hielt sich mit ihrem Vater von 1797 bis 1802 in Weimar auf. – *Schuppmacher:* vielmehr Schüpbach, Bauer und Wunderdoktor im Emmental bei Bern. Goethe erwähnt seine Bekanntschaft in den Briefen an Merck vom 17. Okt. 1779 (WA IV 4, 87) und Charlotte v. Stein vom 20. Okt. 1779 (ebd 90f.).

4682 (1876) Gr 30 – Vgl. GTgb: «Zum Abendessen: Gräfin Henkel, Lina von Egloffstein, Cammerherr von Fritsch und der Canzler.» – *einsamen Spinnerin:* vgl. Nr. 4578 und Anm.

4683 Gr 30 – *Zelters originelle Äußerung:* im Brief vom 26. April (Hecker 2, 10).

4684 Gr 30 – Vgl. GTgb: «Canzler von Müller und Prof. Hugo von Göttingen.» – *der alte:* Müller war Hugos Schüler gewesen.

4685 Egloffstein 148f. – Zum Briefdatum: Caroline hatte den nach Berlin gerichteten Brief August und Ottilie, die am 4. Mai dorthin aufbrachen, mitgegeben. – *Januarheft des Luxus und der Moden:* in ‹Journal für Literatur, Kunst, Luxus und Mode› war in Bd 33, Dez. 1818, S. 717ff. ein Artikel erschienen: ‹Besuch der Kaiserin von Rußland in Weimar, im Decemb. 1818› (vgl. Hagen Nr. 408c).

4686 Gr 30 – Vgl. GTgb: «Zum Abendessen Gräfin Henkel, Madame Schopenhauer und Tochter, Gräfin Lina von Gerstenbergk, Professor Riemer und Dawe.»

4687 wie 4646 S. 143 – *[am 5. Mai?]:* vielmehr am 19. Mai, wie der Hinweis auf das Bild von Seghers beweist. – *Sandische Geschichte:* Kotzebues Ermordung. – *Blumenstück von Seghers:* ein aus Frankfurt im Auftrage Carl Augusts erworbenes Gemälde von Daniel S., das nach GTgb am 16. Mai angekommen war. Vgl. Goethe an Carl August 11. Juli: «Das große vortreffliche Blumenstück ist glücklich angekommen, und dient schon zu mancher künstlerischen Betrachtung und Nachbildung.» (WA IV 31, 220). Beschreibung des Bildes bei Wahl 2, 440 Anm.

4688 (1877) Gr 30f. – Vgl. GTgb: «Abends Canzler von Müller, eingeleitetes Geschäft wegen dem Münzcabinet.» – Dazu Gr 213 Anm.: «nach dem Tode des Ministers Voigt wurde eine Revision des großherzoglichen Münzkabinetts, dem dieser vorgestanden hatte, nötig.»

4689 (1878) Gr 31 – Vgl. GTgb: «Ausgefahren mit Ulricken. Gesellschaft im Resourcengarten... Kanzl. v. Müller. Cogswell, Amerikaner. Blieben zu Tische.»

4690 (1879) wie 1890 S. 97f. – In deutscher Übersetzung auszugsweise bei Bode 3, 69.

4691 (1879a) Bi^2 5, 116f. – In deutscher Übersetzung bei Bode 3, 70f. – *America... his paramount study:* steht wohl im Zusammenhang damit, daß Cogswell Goethe D.B. Wardens Werk ‹A statistical, political and historical Account of the United States of North America...› (3 Bde Edinburgh 1819) mit handschriftlicher Widmung überreicht hatte (vgl. Ruppert Nr. 4115), Lektüre mehrfach in GTgb bezeugt.

4692 (1880) Gr 31 – *Bei Goethe:* es war wieder, wie damals in der Regel am Mittwoch abend, «große Gesellschaft» (vgl. Nr. 4686f.). – *«tira, tira»:* stich zu! – *Julies Ölbild:* vgl. GTgb: «War früh das Bild der Gräfin Julie angekommen.» Näheres nicht ermittelt. – *Lines Mitreise nach Marienrode:* die beiden Schwestern reisten im Juni nach dem Gut ihres Stiefvaters bei Hildesheim.

4693 Urlichs 3, 406

4694 (1880a) Gr 31 – Vgl. GTgb: «Um 4 Uhr nach Berka, wo ich den Bergrath von Herder fand... Nachts Canzler von Müller.» – *Döbereiners Lehrbuch der Chemie:* Grundriß der allgemeinen Chemie... 2. Aufl. Jena 1819 (vgl. Ruppert Nr. 4498). – *Bild von Seghers:* vgl. Nr. 4687 und Anm.

4695 Gr 31 – *Souper bei Goethe:* vgl. Anm. zu Nr. 4692.

4696 JbGG NF 29, 263f. – Das Datum vom Hrsg. offenbar fälschlich so angegeben; denn in seinem Kommentar ebd S. 265 weist er richtig auf die passende Stelle in GTgb vom 2. Mai hin: «Unterhaltung über den Werth des Aperçus.» Diese fand in Gegenwart von Riemer und Frau sowie Rehbein statt. Das Stück ist also nach Nr. 4684 einzuordnen – *parenchyma:* Gewebe. – συλληψις: Entwurf. – *Charpente:* Zimmerwerk.

4697 (1880b) Gr 31 – *4. Heft der Kunst und Altertums:* gemeint ist: Zweyten Bandes erstes Heft, erschienen mit der Jahreszahl 1818.

4698 (1880c) Gr 31 – *Gagernscher Brief:* vgl. GTgb: «... Canzler von Müller. Letzterer theilte mit... einen von Gagerischen Brief...» Offenbar vom 24. Mai (vgl. Gr 214 Anm.).

4699 (1880d) Gr 31

4700 (1881) Gr 31f. – *prima intentione:* im ersten Anlauf – *Voigts Schwäche gegen Eichstädt:* letzterer war mit dem Staatsminister v. Voigt befreundet gewesen; Näheres vgl. Gr 214 Anm. – *Schwäche gegen eine Actrice:* vgl. ähnlich Eckermann 22. März 1825 (GA 24, 565). – *Euphrosyne:* Christiane Becker.

4701 Gr 32 – Vgl. GTgb: «Mittags Fräulein von Milkau, als Braut, Regierungsrath von Mandelsloh, als Bräutigam; Major von Knebel, unverhoffter Gast; Frau Prof. Riemer; Canzler von Müller; Major von Kleist; Ulrike von Pogwisch; Oberbaudirector Coudray; Hofrath Meyer; Hauptmann Raabe; Prof. Riemer und Dr. Weller.»

4702 (1882) Gr 32 – *Kephalidesche Biographie:* Lebensbeschreibung des Joh. Gottlieb Kephalides, weiland Prediger d. evang. Gemeinde zu Heidersdorf ... in Schlesien, von ihm selbst verfaßt. Hrsg. von Ludwig Wachler. Breslau 1818 (Ruppert Nr. 152). – *Jacobis Leichenrede:* Grabesfeyer bey der Beerdigung Friedrich Heinrich Jacobi's.... Den 12. März 1819. München 1819. Darin S. 5–15: Rede am Grabe des Präsidenten (v. Stiller). (Ruppert Nr. 145). – *Linens Reise-Journal:* Tagebuch von Caroline v. Egloffstein über ihre Marienroder Reise (vgl. Nr. 4692 und Anm.). – *Raupachs Lorenzo und Caecilie:* vgl. GTgb 14. Juni: «Schauspieler Haide und Unzelmann ... Sie übersendeten mir die Tragödien von Raupach, wovon ich die mittlere las, ingleichen zwey Acte von Müllners Albaneserin, die ich näher beleuchtete.» Beide Dramen wurden später in Weimar aufgeführt (vgl. O. Fambach in: DtVjs 48, 1974, 378).

4703 (1883) Grumach 293 – *taciturn:* schweigsam.

4704 (1884) Gr 32 – Vgl. GTgb: «Abends von Schiller, [Fritz] von Stein, der Canzler und Frau von Pogwisch.» – *Voigts Vorlesung über Ludwig von Thüringen:* «nicht ermittelt; der unlängst verstorbene Staatsminister v. Voigt hatte häufiger historische Vorlesungen gehalten ...» (Gr 215 Anm.). – *Okeniade:* «Oken war vor die Alternative gestellt worden, die Herausgabe der ‹Isis› ... einzustellen oder seine Professur niederzulegen; als er sich zu letzterem entschloß, wurde der Druck der ‹Isis› in Jena untersagt.» (Gr 216 Anm.). – *18. Juni:* Jahrestag der Schlacht von Belle-Alliance.

4705 (1882a) aaO 2, 466

4706 (1885) Eggers 2, 94f. – *Freiherr von Stein:* Fritz v. Stein, in Breslau lebend. – *[am 18. Juni]:* vgl. GTgb: «Um 11 Uhr Herr von Stein, über das Blücherische Modell gesprochen.» – *Schadowschen Blücher in Rostock:* vgl. Nr. 4292 und Anm.

4707 JbSKipp 4, 27 – Vgl. GTgb: «Kam Professor Zelter an, mit demselben den Abend zugebracht.»

4708 JbSKipp 4, 27 – Vgl. GTgb: «Schauspieler Wolff von Berlin. Mit demselben Theatralia, besonders auf Faust bezüglich, durchgesprochen. Mittags derselbe und Prof. Riemer. Blieben lange zusammen.»

4709 Bamberg 458 – *Berliner Dilettantenaufführungen:* durch den Fürsten Radziwill am 24. Mai 1819. Vgl. Humboldts Schilderung Nr. 4716. – *Leipziger Versuch:* «Am ersten Ostersonntag 1819 wurden Faustszenen dargestellt, in denen Eduard Stein den Faust spielte.» (Bamberg 608

Anm.). – *[14. Juni 1819]:* vgl. GTgb: «Schauspieler Haide und Unzelmann, wegen der Aufführung von Götz von Berlichingen.» – *Aufführung:* am 27. und 30. Okt. (vgl. Nr. 4733 und Anm.).

4710 (1886) Frommann 162. Goethe war seit dem 26. Juni in Jena. – *Zelter:* der am 26. Juni ebenfalls nach Jena gekommen war. – *Gestern abend:* vgl. GTgb 27. Juni: «Mit Zelter zu Frommanns, Unterhaltung über Mara, Catalani und mehrere Sängerinnen.» – *Catalani:* vgl. Nr. 4592 und Anm.

4711 (2561a) Hecker 2, 61f. – *[Juni 1819?]:* die letzte Begegnung vor dem Briefdatum hatte am 26. und 27. Juni in Jena stattgefunden.

4712 wie 4571 S. 331 – *[15.–21. Juli]:* in diesen Tagen Erwähnung von Seebecks Frau und Kindern in GTgb.

4713 (1845) Bi[1] 8, 394f. – *[15./21. Juli 1819?]:* am wahrscheinlichsten ist der 21. Juli, an welchem Tage GTgb vermerkt: «Bey Knebels zu Mittag, Seebecksche Familie; Unterhaltung von Berlinschen und Nürnbergschen Zuständen.»

4714 (1845a) Die Zeit, Wien, 28.8.1907

4715 Urlichs 3, 406

4716 Sydow 6, 579ff. – *Ich brachte den ganzen Abend nun mit ihm zu:* vgl. GTgb 26. Juli: «...gegen Abend. Später Staatsminister von Humboldt auf der Durchreise. Blieb zu Tische.» – *Kunst der Deutschen in Rom:* der sog. Nazarener. – *Fohrs Kopf:* um welches Bild des 1818 im Tiber ertrunkenen Malers C.Ph. Fohr es sich handelt, ist nicht zu ermitteln (nicht bei Schuchardt). – *Tagebuch von 1810:* vgl. GTgb 26. Juli: «Das Jahr 1810 der summarischen Biographie durchgesehen...» Es handelt sich um Vorarbeiten für die ‹Tag- und Jahreshefte›. Humboldt war im Januar 1810 in Weimar gewesen (vgl. Nr. 3101 und 3103f., ferner 3113ff.). – *Szenen aus Faust:* vgl. Nr. 4709. – *fand ich... Riemern:* vgl. dessen Tgb: «v. Humboldt da. Eröffnung meiner Wünsche und Bitten. Aussichten [auf eine Professur].» (JbSKipp 4, 27). – *zwei Bände eigener Gedichte:* unter dem Pseudonym Silvio Romano 1816 und 1819 veröffentlicht (vgl. Ruppert Nr. 1097f.). – *Manuskript über die spanischen Bilder:* vgl. Nr. 3101.

4717 Sydow 6, 589f. – *Louise Seidler:* war seit Okt. 1818 in Rom.

4718 Sydow 6, 597f.

4719 (1887) Gr 33 – Vgl. GTgb: «Canzler von Müller Novissima.» – *Okens Entlaßbarkeit:* vgl. Nr. 4704 und Anm.

4720 (1888) Gr 33f. – Vgl. GTgb: «Mittag für uns. Später Canzler von Müller und Gräfin Julie von Egloffstein. Die Harzer Zeichnungen betrachtet... Abends beyde Gräfinnen Egloffstein, die Ober-Cammerherrin und Canzler von Müller.» – *Harz-Zeichnungen von Kraus:* vgl. Nr. 709 und Anm. – *das Münstersche Pereat:* der hannoveranische Staatsmann Graf Münster nahm seit Anfang August in Karlsbad an den Beratungen teil, die zu den ‹Karlsbader Beschlüssen› führten. Ob er Weimar auf dieser Reise berührt hat und worauf sich das ‹Pereat› (= er soll zugrundegehen!) bezieht, ist nicht ermittelt (vgl. Gr 2. Aufl. S. 250).

4721 (1889) Gr 33 Anm. – *niedliche Anekdote:* auf sie spielt auch Riemer in seinen ‹Mitteilungen über Goethe› 1, 21 an: «... «Burgcastellanin zu Nürnberg, welche, wenn man auf die Schmeichler schalt, sie in Schutz nehmend zu sagen pflegte: «ach, was hab' ich die Schmeichler so lieb.» ...». Vgl. auch das Paralipomenon zu ‹Wilhelm Meister› WA I 55, X. Die Anekdote später auf Goethe als Beteiligten bezogen: vgl. Zellweker 48 Nr. 97 sowie Quellenangabe und Anm. ebd 187.

4722 (1890) wie 1890 S. 104f. Diese und die folgende Nr. in deutscher Übersetzung Bode 3, 76ff. – *at Jena:* Goethe war seit dem 12. Aug. dort. – *[17. August]:* «Das bisher unermittelte Datum ergibt sich aus einem Vermerk neben Cogswells Eintrag im Fremdenbuch der Jenaischen Mineralogischen Gesellschaft.» (Bi^2 5, 117).

4723 (1890) wie 1890 S. 105

4724 wie 4043 S. 50f. – *[... am 19. und 20. August]:* vgl. GTgb 19.: «Kam Dr. Schopenhauer, brachte mit demselben den Abend zu. Über seine Studien, Reisen und nächste Vorsätze.» 20.: «Dr. Schopenhauer, demselben die entoptischen Erscheinungen vorgewiesen.». Vgl. ferner TuJ 1819: «Ein Besuch Dr. Schopenhauers, eines meist verkannten, aber auch schwer zu kennenden, verdienstvollen jungen Mannes, regte mich auf und gedieh zur wechselseitigen Belehrung.» – *Verzweiflung:* im folgenden wird als Beispiel Bürgers verunglückter Besuch bei Goethe erwähnt (vgl. Nr. 962).

4725 Urlichs 3, 407

4726 GJb 1, 342ff. – Der Berichterstatter ist seit 1804 Schauspieler in Berlin. – *[in Karlsbad]:* Goethe hielt sich dort vom 28. August bis 26. September auf. – *Antonio:* Figur im ‹Tasso›.

4727 (1891a) Gr 34 – Goethe war am Tage vorher in Jena angekommen. – *Dankgedicht:* ‹Die Feier des achtundzwanzigsten Augusts dankbar zu erwidern› (GA 1, 694f.). Goethes Geburtstag war während seiner Abwesenheit in Weimar gefeiert worden.

4728 (1891) Hamburgischer Correspondent vom 29. und 30.12.1892 – Besuche Runges sind in GTgb am 3. und 7. Oktober verzeichnet. Vgl. ferner TuJ 1819: «Sodann lernte ich noch einen jungen Chemiker, namens Runge, kennen, der mir auf gutem Wege zu sein schien.» (GA 11, 909) – *Aconitum* [S. 137]: Eisenhut, zur Familie der Hahnenfußgewächse gehörig.

4729 (1891b) Gr 34 – Vgl. GTgb 6. Okt.: «Aushängebogen Nr. 13 Morphologie. Kamen Ulrike und der Canzler. H. v. Könneritz. Beyde ersten blieben zu Tische.» – *Gedichte aus der Morphologie:* ‹Metamorphose der Tiere› (GA 1, 519ff.), zuerst veröffentlicht unter dem Titel ‹ΑΘΡΟΙΣΜΟΣ› in ‹Zur Morphologie› I, 2, und wohl auch ‹Die Metamorphose der Pflanzen› (GA 1, 516ff.), wiederabgedruckt in ‹Zur Morphologie› I, 1.

4730 Nach Hs im StA Weimar – *jour de naissance:* vgl. den Schlußabsatz von TuJ 1819: «Des Anteils hab' ich nunmehr zu erwähnen, den man meinem siebzigsten Geburtstage an vielen Orten und von vielen Seiten her zu schenken geneigt war.» (GA 11, 909). – *nouvel ouvrage de poésie:* gemeint ist der ‹Divan›.

4731 (1892) M.A. DeWolfe Howe: The Life and Letters of George

Bancroft. Vol. I. London 1908, 67f. In deutscher Übersetzung StG 2, 264ff. – Weiter in deutscher Übersetzung Bode 3, 80ff. Dort auch ein Ausschnitt aus einem acht Monate später geschriebenen Brief Bancrofts an seine Schwester. Bancroft war damals 19 Jahre alt. – Vgl. GTgb: «Besuch des Nord-Amerikaner Bancroft.» – *Warden's Statistical account of America:* vgl. Anm. zu Nr. 4691. – *essay on American Literature:* ‹On the State of learning in the United States of America›. Als Sonderdruck eingeklebt in Wardens Werk, das Cogswell Goethe überreicht hatte (vgl. Ruppert Nr. 4115). – *author of Bertram [C.R. Maturin]:* vgl. ‹Maturin's Bertram or the Castle of St. Aldobrand› (GA 14, 773ff.). – *a letter:* an Kräuter vom 12. Okt. (WA IV 32, 66). Über Bancrofts Besuch in Weimar am 13. Okt. vgl. dessen Tgb-Eintragung in deutscher Übersetzung Bode 3, 82f. – *Byron ... his last poem:* ‹Don Juan›, die ersten beiden Gesänge waren 1819 erschienen.

4732 (1892a) Gr 34 – Vgl. GTgb: «Kam August. Hierauf der Kanzler, Gr. Line Egloffstein, Ottilie. Der Tag ging hin, August mit Groß nach Weimar, die Übrigen in den Weinberg, dann zu mir. Endlich abgefahren.» – *F. v. Schmidt:* «gemeint vielleicht Adrienne Jeanne v. Schmidt (gest. 1820), Erzieherin der Prinzessin Maria v. Mecklenburg-Schwerin, deren Mann im Sommer als Erzieher des Prinzen Paul v. Mecklenburg in Jena gewesen war.» (Gr 216 Anm.)

4733 JbSKipp 4, 28 – Goethe war seit dem 24. Okt. wieder in Weimar. – *der erste Teil vom Götz:* vgl. GTgb: «Abends Weislingen.». Dazu O. Fambach in: JbFDH 1969, 222: « ‹Götz von Berlichingen› I. und II. Akt in 4 Aufzügen kam erstmals seit Goethes Rücktritt wieder auf das Hoftheater.» Der zweite Teil wurde am 30. Okt. aufgeführt.

4734 (1893) Gr 34 – Vgl. GTgb: «Staatsminister von Gersdorff. Canzler von Müller. War Ottiliens Geburtstag.» – *Die Mächte hätten in Kohlen geschlagen:* vgl. MuR 121: «Alle Gegner einer geistreichen Sache schlagen nur in die Kohlen, diese springen umher und zünden da, wo sie sonst nicht gewirkt hätten.»

4735 (1893a) Gr 34 – *Wachlers Literaturgeschichte Deutschlands:* J.F.L. Wachler: Vorlesungen über die Geschichte der teutschen Nationalliteratur. Frankfurt a.M. 1818/19. Vgl. Goethes Dankbrief an Wachler vom 24. Okt. (WA IV 32, 81f.). – *Dohms Denkwürdigkeiten:* Ch.W. Dohm: Denkwürdigkeiten meiner Zeit... (vgl. Ruppert Nr. 3317). Der 4. Teil: Lemgo/Hannover 1819. Vgl. Goethes Dankbrief an Dohm vom 9. Nov. (WA IV 32, 94f.). – *Brief Friedrichs II. an seinen Kammerdiener:* der Brief an Fredersdorf ist nicht mehr erhalten, vgl. Nr. 3976 und Anm.

4736 Vollmer 569 – *[am 14. November]:* vgl. GTgb: «Um 11 Uhr Frau von Schiller und Hofrath Meyer.»

4737 (1894) KSchmidt 182

4738 (1895) GJb 27, 124ff. – Übs aus dem Schwedischen nach: Wandrings-Minnen, 1833, S. 84ff. Ausführlichere Textwiedergabe in der Übs von R. Palleske in StG 4, 253ff. – *[20. November 1819]:* vgl. GTgb: «Zwey Schwedische Reisende [für die Namen ist eine Zeile im Text freigelassen].» – *Verdienst ... gut Deutsch zu schreiben:* vgl. Venezian. Epigramme 29: «Nur ein einzig Talent bracht ich der Meisterschaft nah. Deutsch zu schreiben.» (GA 1, 227). – *Abderiten:* wohl nach Wielands gleichnamigem Roman. – *A plague of all cowards:* einen Henker für jeden Feigling (der er selbst ist). – *dessen Enkeln:* der jüngere, Wolfgang Maximilian, ist erst 1820 geboren. – *von Geijer und Afzelius herausgegebene Sammlung:* ‹Svenskafolkvisor›, 3 Bde, 1814–16.

4739 KSchmidt 188 – *seit vier bis sechs Tagen krank:* vgl. GTgb 20. Dez.: «Fühlte mich nicht wohl.»

4740 KSchmidt 188

4741 JbFDH 1963, 566

4742 Urlichs 3, 411

4743 (1898a) Gr 34 – *Denkschrift auf Blücher:* vgl. GTgb 27. Dez.: «Hegewisch, von Kiel, Lobschrift auf Blücher pp.» (vgl. Ruppert Nr. 34).

4744 (1898b) Gr 34 – *mildes Urteil über Leopold Stolberg:* im Zusammenhang mit dem Streit zwischen Voß und Stolberg. Vgl. GTgb 29. Nov. 1819: «... Sophronizon 3. Heft: Voß contra Stolberg.» Es handelt sich um den Aufsatz ‹Wie ward Fritz Stolberg ein Unfreier?› von J.H. Voß. Nochmalige Erwähnung in GTgb am 7. Jan. 1820. Vgl. auch in den ‹Invektiven›: ‹Voß contra Stolberg 1820› (GA 2, 432). – *das antike Emblem:* «heimkehrender Krieger zu Pferd und getöteter Löwe; im Hintergrund das Brandenburger Tor.» (Gr 217 Anm.)

4745 (1827) Das großherzogliche Hoftheater in Weimar... hrsg. von M. Littmann. München 1908, 9f. – *[wohl am 5. Januar 1820]:* vgl. GTgb: «Abends Oberbaudirector Coudray, Theaterprojekt.» Der Berliner Theaterbrand hatte am 29. Juli 1817 stattgefunden. Vgl. ferner GTgb 6., 9. und 12. Jan.

4746 (1898c) Gr 34 – *Übersetzung aus Don Juan:* ‹Byrons Don Juan›, veröffentlicht in KuA III 1, 1821 (GA 14, 789ff.).

4747 KSchmidt 194

4748 JbSKipp 4, 28 – Vgl. GTgb: «Gegen Abend Prof. Riemer. Mit demselben über die Schulangelegenheiten...»

4749 (1900) KSchmidt 194 – *Deinen Brief:* vom 13. Jan. (vgl. ebd S. 20).

4750 (1899) Gr 35

4751 Gr 35 – *Prometheus...:* bezieht sich auf den sog. Pantheismusstreit, ausgelöst durch Goethes ‹Prometheus›, vgl. DuW 15 (GA 10, 699).

4752 (1901) Gr 35

4753 Gr 35

4754 Gr 35 – Vgl. GTgb: «Herr von Gagern und Canzler von Müller.»

4755 Pollmer 355 – Vgl. GTgb 20. Febr.: «Mittag Riemers und Rehbein. Stolbergs Abfertigung Vossens.» Vgl. Nr. 4744 und Anm., ferner GTgb 18. Febr.: «Canzler von Müller... Brachte Friedrich Leopold Graf zu Stolberg kurze Abfertigung der langen Schmähschrift des Hofraths Voß gegen ihn.»

4756 (1902) Gr 35 – Vgl. GTgb: «Thee und Nachtessen: Frau von Pogwisch, die beyden Gräfinnen Egloffstein, Geheime Staatsrath Schweitzer, Canzler von Müller, die Herren Coudray, Frommann und Meyer.» – *Silberne Taufschüssel:* vgl. TuJ 1820 (GA 11, 917). – *gegen Byron erklären:* vgl.

‹Manfred. A dramatic Poem by Lord Byron›, veröffentlicht in KuA II 2, 1820 (GA 14, 785 ff.). – *Vampir:* nicht von Byron, sondern von J.W. Polidori, erschienen 1819. – *extraordinario modo:* in außergewöhnlicher Weise.

4757 (1903) aaO 2, 144 ff. – *[27. März 1820]:* vgl. GTgb: «Genast sen. und jun. Geh. Hofrath Kirms. Demoiselles Pöhler und Mutter, Frau von Niebecker und Töchter.» – *der gute Karl:* Stadelmann.

4758 Euphorion 15, 1908, 484 – *über Philostrats Bilder:* ‹Philostrats Gemälde›, erschienen in KuA II 1, 1818 (GA 13, 792 ff.).

4759 Daheim. 52. Jahrg. 1916. 2. Halbjahr. S. 16 f. Der Bericht ist mitgeteilt von Rudolf Schade, einem Enkel Beyers, und übernommen von H.G. Gräf in seinem Buch ‹Goethe›, Leipzig 1924, 199 f. Nach späteren Einzelveröffentlichungen erfolgte 1930 eine Buchveröffentlichung: Rudolf v. Beyer, Meine Begegnung mit Goethe und andern großen Zeitgenossen. Tagebuchblätter. Bearbeitet von seinem Enkel Rudolf Schade. Berlin 1930. Darin S. 47 ff. der Bericht in ausführlicherer, offensichtlich ausgeschmückter Fassung. Die Glaubwürdigkeit des Berichtes bereits 1924 angezweifelt von Hermann Kügler in: Mitteilungen des Vereins für die Geschichte Berlins, 41. Jahrg., 1924, 7 f. – *[5. April 1820?]:* vgl. GTgb: «Früh nach Berka.» Am folgenden Tage hat Goethe Berka wieder verlassen. – *[... «Samson»]:* Oratorium von Händel.

4760 Knittermeyer 50 – Brief nach Jena, wo Färber Kustos der Sammlungen und der Bibliothek war. – *Telegraphen:* nicht ermittelt, um welchen Apparat es sich exakt handelt. An der Entwicklung des elektrischen Telegraphen war Sömmerring beteiligt. Nach GTgb vom 11.8.15 besichtigte Goethe an diesem Tage einen Telegraphen bei Prof. Lehné in Mainz.

4761 (1904) aaO 81 ff. – Über das Leben Christian Lobes, der damals Flötist in der Weimarer Hofkapelle war, vgl. den Abriß bei BodeSchauspieler 117 ff. – *Brief an Zelter:* ein Brief vom 12./14. April ist erhalten, in dem Lobe jedoch nicht erwähnt wird (WA IV 32, 242 f.). – *Gespräch mit Eckermann:* vom 5. Juni 1826 (GA 24, 596 ff.). – *1811 in der Kapelle angestellt:* vgl. Lobes Bericht Nr. 3594. – *Addisonschen Zuschauer:* ‹The Spectator› 1711/12 herausgegeben von Addison und Steele – *der Schulzeschen [Tonfiguren]:* von Johann Peter Abraham Schulz. – *Komposition einer Oper:* Lobe hat fünf Opern komponiert, die sämtlich in Weimar aufgeführt worden sind. – *«Trommeln und Pfeifen»:* ‹Die Trommel gerührt›, vertont von Beethoven.

4762 wie 4332 S. 35 f. – Erwähnung Meyers in GTgb am 18. April vor seiner Abreise nach Jena am folgenden Tage. – *durch allenfalls nicht Aufnahme:* von Ruckstuhl eingesandte Aufsätze wurden in der Tat mit abschlägigem Bescheid von Meyer mit einem Begleitbrief vom 1. Sept. 1820 zurückgeschickt (vgl. Quelle 36 f.).

4763 Gr 35 – Müllers Besuch in GTgb sowohl am 21. als auch am 22. April vermerkt.

4764 Urlichs 3, 414

4765 (1906) Grüner 1 ff. – Vgl. GTgb: «Um 12 Uhr in Eger ... Zu Herrn Huß, seine Münzsammlung gesehen. Herr Polizeyrath Grüner kam dahin.» – *Kammerberg:* vgl. Goethes Aufsatz ‹Der Kammerberg bei Eger› von 1808 (GA 17, 537 ff.). – *ein eigenes Werkchen:* ‹Über die ältesten Sitten und Gebräuche der Egerländer› (Ruppert Nr. 3421).

4766 C. Otto: Levserindringer fra mine reiser. København 1873, 58 f. Aus dem Dänischen übersetzt von W. Friese, Tübingen. – *[am 29. April]:* vielmehr 27. April, vgl. GTgb: «Früh 6¼ Uhr von Eger ab...» Goethe fuhr zunächst nach Marienbad; in Karlsbad traf er am 29. April ein.

4767 (NN 1906a) Anselm Feuerbach: Nachgelassene Schriften. Bd 1. Braunschweig 1853, 27 f. – Vgl. GTgb: «Der junge Feuerbach, der mit Frau von der Recke gekommen war, besuchte mich.» Es handelt sich um den Archäologen, den Vater des bekannten Malers. – *Bürger:* vgl. Nr. 962 und Anm. – *Rückert:* in GTgb ist lediglich am 23. Juli 1811 ein Besuch Rückerts bezeugt.

4768 (1907) DtRundschau. Jahrg. 28. Bd 109. 1901, 233 – *zu Goethe:* vgl. GTgb 13. Mai: «Gegen Abend... Herr Legationsrath Conta. Brief von Rehbein, andere Mittheilungen.»

4769 wie 4768 S. 234 – *bei Goethe:* vgl. GTgb 14. Mai: «Conta; Brief von Meyer, andere Mittheilungen, academische Gegenstände, Wiener Nachrichten.»

4770 (1908) wie 4768 S. 234

4771 (NN 1908a) wie 4767 S. 28

4772 wie 4768 S. 234

4773 (1909) wie 4768 S. 234 – *Zug der Wolken:* vgl. GTgb 18. Mai: «...Legationsrath Conta. Auf die Mühlbadbrücke, wegen des Wolkenzuges... Abends auf die Pragerstraße.» – *Gedicht... zu Schwabes Jubelfeier:* vgl. Ruppert Nr. 228 f.

4774 (1910) Bi[1] 10, 96 f. – Vgl. GTgb: «Um 8 Uhr zu den Damen...» Gemeint ist außer der Herzogin von Kurland deren Schwester Elisa von der Recke.

4775 (1911) wie 4768 S. 235 – *mineralogische Fahrt:* vgl. GTgb: «Nach Tische nach Dallwitz... verschiedene Mineralien dort aufgenommen. Über Hohendorf, Lessau, auf die Schlackenwerther Chaussée; zu dem dortigen Erdbrande, vieles aufgelesen. Herr Conta war von der Gesellschaft und interessierte sich für diese Gegenstände.»

4776 (1912) wie 4768 S. 235 – *Geschichte des Weimarischen Theaters:* möglicherweise ein Vorhaben, das jedenfalls nicht ausgeführt worden ist. – *Hermann... Pölitz:* vgl. GTgb 21. Mai: «... Legationsrath Conta, Hermann und Poelitz aus Leipzig.» Vielleicht ist der Brief auf diesen Tag zu datieren.

4777 (1914) Bi[1] 10, 97 – Vgl. GTgb: «Abends bey der Herzogin von Curland, Kupfer des Wiener Congresses.»

4778 (1913) wie 4768 S. 235. – Vgl. GTgb: «... besuchte mich wieder Legationsrath Conta... Nach Tische um 3 Uhr die Chaussée gegen den Horn, daselbst Basalte aufgelesen. Herr Conta war von der Gesellschaft.»

4779 (1915) wie 4768 S. 235 f. – *Bücher seiner Autorschaft:* vgl. GTgb 25. Mai: «GLR Conta... Kleine Samml. an Conta.» – *ein Gedicht:* welches der in ‹Zur Morphologie› I 2 veröffentlichten Gedichte gemeint ist, ist nicht auszmachen, vielleicht die zu Beginn stehenden ‹Urworte. Orphisch› (GA 1, 523f.).

4780 (1916) wie 4768 S. 236

4781 (1917) wie 4768 S. 236f. – *[am 26. Mai]:* vgl. GTgb: «Conta, Unterhaltung über Weimars Frühzeit.» – *ihn heute wieder zu besuchen:* Conta ist am 27. Mai in GTgb erwähnt.

4782 (1917a) wie 4768 S. 232 – Wann dieser Bericht niedergeschrieben wurde, ist nicht bekannt.

4783 (1918) Grüner 4ff. – Vgl. GTgb: «Eger... Mit Herrn Polizeyrath Grüner nach dem Cammerberg. Belebende Unterhaltung über den Egerkreis; Größe, Verhältniß. Magistrat von Eger. Sitten, Gebräuche. Den Cammerberg besehen und auf's neue bedacht. Schacht im sogenannten Crater bis auf den Glimmersand. Exemplare der Schichten erhalten und ihrer Stärke... Abends Besuch von Policeyrath. Lange Unterhaltung.» Vgl. auch Goethes zweiten Beitrag über den Kammerberg bei Eger, erschienen in ‹Zur Naturwissenschaft überhaupt› I 3, 1820 (GA 17, 550ff.). – *Straten:* geologische Schichten.

4784 (1919) Gr 35 – Goethe war am 31. Mai in Jena eingetroffen. Vgl. GTgb 7. Juni: «Canzler von Müller. Verschiedene Privata und Publica; zu Serenissimo in den Prinzessen-Garten. Mitspeisende: Eichstädt, die beyden Stark, von Motz, Canzler von Müller, Hofrath Voigt.» – *Riemers erstes Bibliothekariat:* vgl. Nr. 4832. – *Siechhaus-Angelegenheit:* es handelt sich wohl um das neue Krankenhaus in Jena. – *mit dem trüben Glas:* zur Erscheinung der physischen Farben blau und gelb, je nach dunklem oder hellem Hintergrund, vgl. Nr. 2237 (Bd 2, 64). Zu dem aus Karlsbad mitgebrachten Glas vgl. ferner den Abschnitt aus den ‹Nachträgen zur Farbenlehre› WA 5[1], 347f. – *die zwanzig Bände Goethescher Werke:* die zweite Cottasche Ausgabe, erschienen 1815 bis 1819. – *«Pancrias»:* So lautete der Spitzname für den skeptischen Philosophen Pyrrhon. Möglicherweise soll auf ihn angespielt werden.

4785 Urlichs 3, 414

4786 JbGG 5, 242f. – *«Albaneserin» [von Adolf Müllner]:* vgl. Nr. 4702 und Anm. Das Trauerspiel ist 1820 im Druck erschienen. – *neuen Heft von «Kunst und Altertum»:* II 3. – *Ballade:* so der Titel (GA 1, 465ff.).

4787 (1920) aaO 116ff. – *Zelter spricht sich sehr anerkennend... aus:* über Lobes Darbietung am 5. Juli in seinem Brief an Goethe vom 18. Juni/8. Juli 1820 (Hecker 2, 80). – *Ich nannte...:* die Aufführungsdaten der genannten Stücke (nach O. Fambach): ‹Ferdinand Cortez›: 30. Juni; ‹Die falsche Prima Donna›, [Posse mit Gesang von A. Bäuerle]: 1. Juli; ‹Die Entführung aus dem Serail›: 2. Juli; ‹Emilia Galotti›: 3. Juli; ‹Deodata›: 4. Juli; ‹Das letzte Mittel›: 5. Juli (mit Lobes eigenen Auftritten in den Zwischenakten); ‹Die Zauberflöte›: 7. Juli. – *Ausführung unter Spontini:* der am 1. Sept. 1819 zum «Ersten Capellmeister und General-Musikdirektor» in Berlin ernannt worden war. – *Vestalin:* unter Goethes Theaterleitung von 1812 bis 1816 sechsmal aufgeführt. – *ein Wiener Schauspieler:* Fleet, Pseudonym für Johann Baptist v. Meddlhammer (nach O.F.). – *auf meinem Instrumente:* der Flöte.

4788 Urlichs 3, 414

4789 (1919a) Wolff 2, 59 – *[am 22. und 24. Juli]:* an diesen beiden Tagen in GTgb erwähnt.

4790 Urlichs 3, 415

4791 (vgl. 1925) Karl Eggers: Rauch und Goethe. Berlin 1889, 15 – Vgl. GTgb 15. Aug.: «Anmeldung des Herrn Staatsrath Schultz und seiner Reisegefährten auf morgen. Überlegung deßhalb und Vorbereitung.». 16. Aug.: «Die Herren von Berlin waren spät angekommen.» Über die Arbeit an den Büsten vgl. ferner GTgb 18. bis 21. Aug. Tiecks Büste Schulte-Strathaus Taf. 117, Rauchs Büste ebd Taf. 118. Über die gleichzeitige Entstehung der beiden Büsten vgl. ebd S. 62f. – *Tieck... seine frühere Büste:* von 1801 (Schulte-Strathaus Taf. 84).

4792 KSchmidt 201 – *nächsten Monat niederkommen:* Goethes Enkel Wolfgang Maximilian wurde am 18. September geboren.

4793 (vgl. 1925) wie 4791 S. 15f. – *verließen wir Jena:* vgl. GTgb: «Um 6 Uhr fuhren die Freunde fort.» – *seine Ankunft:* vgl. GTgb: «Fuhr nach Weimar, woselbst ich die Berliner Freunde bey den Meinigen antraf. Sie speisten noch zu Abend... Um 10 Uhr fuhren sie ab.»

4794 (1925a) aaO 2, 308 – Wiedergabe einer Äußerung Goethes im Brief an Boisserée vom 1. Sept. 1820 (WA IV 33, 186). Die Nr. ist demnach als Gespräch zu streichen.

4795 (1920a) Wolff 2, 60f. – *Gestern:* vielmehr vorgestern, wenn das Tgb-Datum stimmt. – *den Mittwoch:* Goethe blieb am 23. Aug. zunächst noch in Weimar. Vgl. GTgb: «In Jena spät angekommen.»

4796 (1921/1922) Weimarer Sonntagsblatt 1857, 233 – 239 – *mich zu Goethe zu führen:* vgl. GTgb 24. Aug.: «Herr Vicedirektor von Both aus Rostock, ein academischer Freund meines Sohns.» – *Ein Abend bei Knebels:* vgl. GTgb 24. Aug.: «Abends bey Knebel, wo Herr von Both und seine Frau zum Abendessen waren.» – *Thackeray:* vgl. dessen Bericht Nr. 6643. – *Dom in Magdeburg... Grabmal:* die Bronzetumba des Erzbischofs Ernst von Peter Vischer. Vgl. TuJ 1805 (GA 11, 759). – *[«Olfried und Lisena» von A. Hagen]:* vgl. Goethes Anzeige in KuA II 3, 1820, und seine beiden Besprechungen in KuA III 1, 1821, und III 3, 1822 (GA 14, 304ff.) – *Briefwechsel zwischen Goethe und mir:* drei Briefe Goethes an Both aus den Jahren 1820 bis 1822 sind in unserer Quelle, dem Weimarer Sonntagsblatt 1857 Nr. 24 und 25, veröffentlicht (und wurden in WA aufgenommen).

4797 (1923) J. Schneller: Hinterlassene Werke. Hrsg. von E. Münch. Bd 2. Leipzig und Stuttgart 1834, 25ff. – Schneller war der Stiefvater von Prokesch-Osten. – *vorgestern, in Jena:* vgl. GTgb 25. Aug.: Johann Graf von Paar, kaisl. königl. Oberst und General-Adjutant des Feldmarschalls Fürsten Schwarzenberg./Anton Prokesch, kaisl. königl. Offizier, zugetheilt bey S.D. dem Fürsten Schwarzenberg./Vorgenannte Freunde überraschten mich, da wir denn gar manches, besonders die Hahnemannische Heilmethode besprachen. Ich führte sie in der Troschke nach Zwätzen. Sodann in's Schloß, wo wir die Museen betrachteten, bey mir speisten, nach Tische die Bibliothek besuchten, wieder bey mir einsprachen. Die entoptischen Farben wurden vorgezeigt. Sie blieben bis 10 Uhr Nachts, ihrem Wunsch gemäß wurde aus dem Divan vorgelesen. – *den dritten Teil der Morphologie:* gemeint ist der Beitrag ‹Entoptische Farben› in Zur Naturwissenschaft überhaupt I 3 (GA 16, 777ff.).

4798 (1924) Kleine Schriften von Ritter Anton von Prokesch-Osten… Bd 5. Stuttgart 1844, 372. – Der Brief ist erstmals veröffentlicht in der Stuttgarter Zeitschrift ‹Hesperus› Nr. 28 vom 1. Febr. 1823 und Nr. 29 vom 3. Febr. 1823, und zwar als Antwort auf die Schmähschrift ‹Goethe als Mensch und Schriftsteller› von Glover (Pseud. für Ch.H.G. Köchy), Braunschweig 1823 (vgl. GJb 16, 206).

4799 aaO Nr. 218 – Über den Verlauf des Geburtstages vgl. GTgb, u.a.: «Mittagessen auf der Rose… Früh hatten Studenten ein Gedicht gebracht. Abends Ständchen mit Fackeln.» – *wohlgetroffene Büste:* um die ausgearbeitete Büste Goethes von Tieck oder Rauch kann es sich nicht handeln, da die Formen dazu erst am 29. Aug. nach Berlin geschickt wurden; vgl. WA IV 33, 257, 10.

4800 JbGG 3, 267 ff. – *Curator perpetuus der Universität:* Goethe gehörte zur sogenannten «Oberaufsicht». – *«beim Bierkrug von Stein»:* Zitat aus einem Studentenlied (vgl. Quelle 270 Anm.). – *Doctor legens:* Reisig hatte sich 1818 habilitiert. – *die Fenster eingeworfen:* möglicherweise ist das ‹Pereat› gemeint, das die Jenaer Studenten Goethe in seiner Abwesenheit am 28. Aug. 1823 gebracht hatten (vgl. Nr. 5251).

4801 Urlichs 3, 415 – *gestern überbracht:* vgl. GTgb 3. Sept.: «Abends zu Major von Knebel.» – *kleines Drama:* vgl. GTgb 29. Aug.: «Die Entführung oder Der alte Bürgercapitän, Frankfurter bürgerlich Lustspiel.» Erschienen Frankfurt a.M. 1820. Vgl. Goethes Anzeige in KuA II 3, 1820 (GA 14, 304).

4802 (1926) Dr. Carl Loewe's Selbstbiographie, bearb. von C.H. Bitter, Berlin 1870, 76 ff. – *[am 16. September 1820]:* vgl. GTgb: «Candidat Löwe aus Halle, musikalisch.» – *Kurz vorher:* am 23. März 1819. – *Erlkönig:* Loewe hat die Ballade 1818 komponiert.

4803 wie 4802 S. 384

4804 (1928) Kletke 168 f. – *[am 27. September]:* vgl. GTgb: «Hauptmann Förster und Frau.»

4805 (1928a) Hecker 2, 101

4806 (1927) K.E. Schubarth: Gesammelte Schriften. Hirschberg 1835, 204 – *24. bis 28. September 1820:* in dieser Zeit werden täglich ausführliche Gespräche mit Schubarth in GTgb vermerkt. – *in meiner Beurteilung:* in der 2. Auflage von Schubarths Werk ‹Zur Beurtheilung Goethe's, mit Beziehung auf verwandte Litteratur und Kunst›, Bd 1, Breslau und Wien 1820 (Ruppert Nr. 1949).

4807 (1930) Dr. C.E. von Weltzien: Briefe auf einer Reise in Deutschland… Hrsg. von C. v. Seidlitz. Dorpat 1874, 94 ff. – *ganz in Gala:* Goethe erwartete den Besuch von Carl August, vgl. GTgb 9. Okt.: «Serenissimus kamen in den Garten und verweilten lange.» – *Stern der Ehrenlegion:* vielmehr des Falkenordens.

4808 (1929/1931) Goethe-Festschrift zum 150. Geburtstage des Dichters. Hrsg. von der Lese- und Redehalle der deutschen Studenten in

Prag... Prag 1899, 110ff. – *[8. Oktober]:* vgl. GTgb: «Gegen Mittag Hofrath Blumenbach und Familie...». – *Büste von Tieck:* von 1801. – *vor achtzehn Jahren:* im Oktober 1802, vgl. GTgb 2., 9. und 10. Okt. – *Bild vor der diesjährigen Urania:* ‹Urania›. Taschenbuch auf das Jahr 1821. Neue Folge, 3. Jahrg. Leipzig 1821. Enthält vor dem Titelblatt den Kupferstich von Goethe, gestochen von Coupé in Paris nach der Kreidezeichnung von Ferdinand Jagemann 1817 oder nach einem danach gefertigten Stich (Schulte-Strathaus Taf. 114). – *[am 9. und 10. Oktober]:* Erwähnung Blumenbachs in GTgb. – *Wo Jahr um Jahr:* ‹Toast zum 28. August 1820 beim akademischen Gastmahl auf der Rose› (GA 1, 703). Der Anlaß ist demnach hier unrichtig dargestellt.

4809 (1932) KSchmidt 205f. – *[am 15. Oktober]:* vgl. GTgb: «Vorbereitungen zur Taufe. Getauft um 12 Uhr.» Goethe war am Tage vorher in Weimar eingetroffen.

4810 Reiter 2, 270 – Goethe ist seit dem 19. Okt. wieder in Jena, Wolf wird vom 22. bis 26. Okt. täglich in GTgb erwähnt. – *Cadaver urbis:* «vgl. Cic. ad fam. IV 5, 4 uno loco tot oppidum cadavera iacent.» (Reiter 3, 236 Anm.)

4811 Reiter 3, 236 Anm.

4812 Reiter 2, 294 (JbGG NF 3, 312) – Hier eingeordnet nach der letzten Begegnung Wolfs mit Goethe.

4813 JbSKipp 4, 28f. – Der 4. Nov. ist der Tag von Goethes Rückkehr nach Weimar. Riemer drückt offenbar seine Enttäuschung darüber aus, daß Goethe während seiner langen Abwesenheit von Weimar kein größeres Werk zustandegebracht hat. – *Hölle:* Raum unter dem Tisch der Schneider.

4814 (1931a) wie 4489 S. 221 Anm. – *Entwurf des einen Aufsatzes:* erschienen unter dem Titel ‹Vorschläge zu Einrichtung von Kunstakademien rücksichtlich besonders auf Berlin› in KuA III 1, 1821; unterzeichnet: W.K.F. In TuJ 1821 als «Aufsatz des Weimarischen Kunstfreundes für Berlin, Kunstschulen und Akademien betreffend» erwähnt (GA 11, 945).

4815 Fahrten nach Weimar 21 – Übersetzung aus dem Russischen. – Vgl. GTgb 22. Nov.: «Junger Petersburger von Küchelbecker, in Gefolg des Fürsten Narischkin.» – *Tolstoi:* den Medailleur (vgl. Nr. 4521 und 4896).

4816 Fahrten nach Weimar 23 – Übersetzung aus dem Russischen. – Weitere Besuche Küchelbeckers sind nach GTgb am 23. und 27. Nov. bezeugt. – *Papa Breitkopf:* Bernhard Theodor, der älteste Sohn von J.G.I. Breitkopf, erwähnt in DuW 8 (GA 10, 357f.). In Petersburg lebend. – *eins seiner neuesten Werke:* ein Exemplar des ‹Maskenzugs bei Allerhöchster Anwesenheit Ihro Majestät der Kaiserin Maria Feodorowna in Weimar. Den 18. Dezember 1818›.

4817 JbSKipp 4, 29 – Vgl. GTgb: «Um halb 7 Uhr Thee-Gesellschaft. Herr und Frau von Quandt und mehrere Freunde.»

4818 Wolff 2, 66f.

4819 (1934) GJb 6, 138ff. – *24. November:* vgl. GTgb: «Nachricht von der Ankunft des Quandtischen Ehepaars.» – *[am 4. Dezember]:* vgl. GTgb:

«Herr von Quandt, die Rauchsche Büste zu sehen.»

4820 (1933) Europa 1870 Sp. 625ff. – *(Tag- und Jahreshefte...):* GA 11, 931. – *Nickfang:* in der Weidmannssprache Schlag ins Genick.

4821 Vordtriede 1, 262f. – *[am 4. Dezember]:* vgl. GTgb: «Herr von Arnim und Mahler Ruhl aus Cassel.» – *Säulen in Wiesbaden:* nach Anm. Quelle S. 265 handelt es sich um ein Werk des Architekten Zais, für das Goethe sich interessierte. – *bei Riemer:* am 5. Dezember, vgl. dessen Tgb (JbSKipp 4, 29).

4822 Steig 3, 481f. – *seit den neun Jahren:* erster Besuch seit dem Besuch Arnims und Bettinas im September 1811, der zum Abbruch der Beziehung geführt hatte (vgl. Nr. 3537ff.). – *[Anna Katharina Emmerick]:* stigmatisierte Nonne, an deren Krankenbett sich Clemens Brentano seit 1819 aufhielt und deren Visionen er aufzeichnete. – *Blutwurst:* Ausdruck, den Bettina für Christiane nach ihrem Streit mit ihr gebraucht hatte. – *Falk... in seiner Schule:* d.h. in seiner Erziehungsanstalt für verwahrloste Knaben, insbesondere Kriegswaisen.

4823 (1934a) KSchmidt 207

4824 JbSKipp 4, 29

4825 JbSKipp 4, 29 – Vgl. GTgb: «Abends Professor Riemer, Oberbaudirector Coudray und Hofrath Meyer. Wurden Sonetten und andere Gedichte gelesen.»

4826 Urlichs 1, 523 – Die Äußerung über Goethe ähnlich in Charlotte v. Schillers Brief an ihren Sohn Ernst vom 25. Dez. (KSchmidt 208). – *Prinzeß:* Maria Pawlowna.

4827 (1935a) Gr 36 – *Gabriele:* Roman von Johanna Schopenhauer, 1819/20, von Goethe in KuA IV 1 besprochen (GA 14, 319ff.). – *to be or not to be:* Sein oder Nichtsein. Bekanntes Zitat aus Shakespeares ‹Hamlet› III 1.

4828 Boisserée 1, 388 – *Ursula:* vgl. Ruppert Nr. 2407. – *er könnte mir... helfen:* bei Beschaffungen von Materialien für ihr Werk ‹Johann van Eyck und seine Nachfolger› (vgl. HoubenSchopenhauer 287 Anm.). – *solche Wendung:* gemeint ist weg von der altdeutschen und altniederländischen Kunst.

4829 (1934b) KSchmidt 210

4830 (1935b) Gr 36 – *Vulpius:* seit 1816 Bibliotheksrat. – *Riemer:* vgl. Nr. 4784.

4831 JbSKipp 4, 29

4832 (1936) Gr 36ff. – *ein Faß:* vgl. die ähnliche Äußerung über Arnim (Nr. 5680). – *Schubarths schöne Äußerungen:* in ‹Zur Beurtheilung Goethe's...› (Vgl. Nr. 4806 und Anm.). – *dessen letzten Brief:* vom 6. Jan., vgl. das längere Zitat daraus Gr 219. – *Schubarths Bruder:* Ernst Ludwig Sch. – *Steffanysche Cassedefecta:* «Friedrich Christian Ludwig St. (geb. 1783), Kammerrechnungsrevisor, war 1817 wegen Unterschlagung verhaftet worden.» (Gr 219f.). – *Inadvertenz:* Unachtsamkeit. – *nicht bezeichnen:* späterer Zusatz: «möge die Zukunft meine Prophezeiung nicht rechtfertigen.» (Gr 37 Anm.). – *neue Berliner Monat-Schrift:* Neue Berliner Monatschrift für Philosophie, Literatur und Kunst. Heft 1. Berlin 1821 (Ruppert Nr. 314).

4833 (1937) Gr 38ff. – *Meisters Wanderjahren:* Goethe hatte im Dez. 1820 die Arbeit an ‹Wilhelm Meisters Wanderjahren› wiederaufgenommen, deren 1. Teil 1821 bei Cotta erschien. – *wieder gelesen:* Lektüre der ‹Lehrjahre› bezeugt in GTgb am 15. und 16. Jan. – *fertig gewesen:* gemeint ist die unveröffentlichte Urfassung ‹Wilhelm Meisters theatralische Sendung›. – *Königin von Preußen:* Königin Luise. – *(Cujonerie):* der Ausspruch lautet im Original: «Dove, diavolo, Messer avete tante coglionerie.» (Goethes Unterhaltungen mit dem Kanzler Friedrich von Müller. Hrsg. von C.A.H. Burkhardt. 3. Aufl. Stuttgart und Berlin o.J. S. 43 Anm.). – *an Ridels Grabe:* C.J.R. Ridel war am 16. Jan. gestorben. – *regrets:* Reue. – *Trauer-Rede in der Loge:* vgl. ‹Kleine Biographien zur Trauerloge am 15. Juni 1821› (WA I 36, 347ff.). – *Herzogin von Cumberland:* die letzte Begegnung mit der Herzogin Friederike von Cumberland, der Schwester der Königin Luise, hatte laut GTgb am 27. Juli 1819 stattgefunden. – *Mignons Lied:* vielmehr Lied des Harfners. Die Episode auch MuR 231 (GA 9, 521). Vgl. ferner Eckermann unter dem 11. Okt. 1828 (GA 24, 294).

4834 JbSKipp 2, 232ff. – Der Briefentwurf, der zahlreiche Korrekturen enthält, wurde mit der Hs im GMS Düsseldorf verglichen, woraus im folgenden einzelnes bemerkt wird. Nach GTgb hatten Graf und Gräfin Hopfgarten Goethe am 23. Sept. 1820 in Jena besucht. – *äffisch-artig:* geändert aus: äffisch-niedlich. – *sein Alter:* geändert aus: seine letzten Jahre. – *Sonst sieht Goethe noch zuweilen:* zu ergänzen: des Abends. – *er hat's begonnen:* hierauf folgt ein gestrichener Passus: Er hat auch dieß mit seinem hohen Freunde dem Grosherzog gemein, wie denn bei beiden Denk- und Handlungsweise oft gleich ist, so z.B. (ich wage das kaum zu sagen) haben beide in dem Wahne gelebt und sind noch darin, ihre Damen hätten allein ihre Persönlichkeiten geliebt ohne auf Stand und Würde Rücksicht zu nehmen!!! – *das beschriebene Blatt mit anklebe:* folgt in runden Klammern: Sein gelehriger Kammerdiener hat ihm die Fertigkeit, sehr zierlich packen zu können, ganz allein zu verdanken. – *[unleserlich]:* reponirt.

4835 (1937a) wie 4571 Bd 1. Leipzig 1874, 224 und 228 – *[am 5. und 6. Februar 1821]:* vgl. GTgb 5. Febr.: «Briefe von Zelter und Nicolovius durch Max Jacobi und Dlle Schlosser. Abends dieselben zu Tische. Unterhaltung über Berlinische Zustände.» 6. Febr.: «... Obermedicinalrath Jacobi und Dem. Schlosser ... Mit meinem Sohn, Jacobi und Mdll. Schlosser zu Abend gespeist. Beyde nahmen Abschied.» – *Irrenheilanstalt:* in der ehemaligen Abtei Siegburg bei Bonn. – *«Sammlungen für die Heilkunde ...»:* Ruppert Nr. 4718.

4836 (1938) Gr 40f. – Vgl. GTgb: «Canzler von Müller. Erzählung von der Taschenspieler-Exhibition auf dem Stadthause.» – *voriges Jahr:* am 23. Juli 1820, vgl. GTgb: «Nach Dornburg gefahren, woselbst vor den versammelten Herrschaften der indische Gaukler [nach Reg. GTgb: Krtom Balahja] seine Künste machte.» – *Kupferstich von Longhi:* Leihgabe von Carl August; vgl. ferner TuJ 1821 (GA 11, 941). – *Tableaux:* lebende Bilder. – *Medaille:* zum 50jährigen Dienstjubiläum Kircheisens (vgl. Schuchardt 2, 187 Nr. 1483). – *schöne muntre Polin:* Therese Brzozowska in Karlsbad

1795 (vgl. Nr. 1223). – *gewisse polnische Fürstin:* vielleicht Isabella Lubomirska, Karlsbader Bekanntschaft seit 1785 (vgl. Nr. 743 und Anm.).

4837 JbSKipp 4, 29 – *Briefe vom Dichter Manzoni:* Antwort auf Goethes Beiträge in KuA. Der Brief vom 23. Jan. 1821 von Goethe im Original veröffentlicht in KuA III 2, 1821 (GA 14, 833ff.), in deutscher Übersetzung in KuA IV 1, 1823 (ebd 835f.). – *Retzschs Faust:* vgl. Nr. 3966 und Anm. Zu den englischen Nachstichen (London 1820 und 1821) vgl. Goedeke IV/3 S. 630 Nr. 6 und 8.

4838 (1939) Gr 41f. – Vgl. GTgb: «... Canzler von Müller. Nachts Lucrez.» – *«Caesars Tod»:* von Voltaire. Über die Aufführung in Weimar am 6. Okt. 1808 vgl. Nr. 2764. – *Knebels Lukrez:* ‹Von der Natur der Dinge.› 2 Bde. Leipzig 1821 (Ruppert Nr. 1405). – *brieflich:* vgl. Brief an Knebel 14. Febr. 1821 (WA IV 34, 126). Vgl. ferner Goethes Entwurf einer Vorrede zu Knebels Lucrez-Übersetzung (GA 14, 661f.). – *in der ersten Antwort:* undatiert (Goethe/Knebel 2, 282ff.).

4839 Gr 42 – Vgl. GTgb: «Canzler von Müller; den Inhalt der neuen Tragödie von Raupach, Erdennacht [Leipzig 1820], erzählend.»

4840 (1940) wie 4731 S. 97ff. – Vgl. GTgb: «Herr Beresford [!], ein Amerikaner aus der Gegend von Boston. War schon einmal hier gewesen; dießmal kam er von Berlin.» Die frühere Begegnung betreffend, vgl. Nr. 4731. – *Humboldt's Agamemnon:* vgl. Nr. 1352 und Anm. – *famous masquerade:* das Festspiel ‹Lalla Rookh› nach dem Epos von Th. Moore, aufgeführt in Berlin am 27. Jan. 1821. – *Sir George Rose:* englischer Gesandter in Berlin. – *Perthes and Besser:* Buchhandlung. – *Morphologie:* gemeint ist die Zeitschrift ‹Zur Morphologie›.

4841 aaO New Edition. Vol. I. Edinburgh 1828, 56ff. Vgl. G. Herzfeld: Ein Schotte über Weimar und Goethe. In: Herrigs Archiv, LI. Jahrg., Bd 99, 1897, 121ff. – Vgl. GTgb: «Früh Besuch von Roussel.» – *writing German:* vgl. Nr. 4738 und Anm.

4842 JbSKipp 4, 29

4843 (1941) Bi^2 2, 501 – Vgl. GTgb: «Der Amerikaner nahm Abschied, Namens Beresford [!].»

4844 (1935) Boisserée 1, 389f. – *Lithographien nach Ihren Gemälden:* die Steindrucke von Strixner waren nach GTgb am 6. Jan. 1821 eingetroffen. Vgl. Schuchardt 1, 216 Nr. 1 und Ruppert Nr. 2183.

4845 (1941a) Wolff 2, 75 – *Bruch mit Goethen:* es dürfte sich nur um eine Verstimmung gehandelt haben (vgl. HoubenSchopenhauer 290 Anm.).

4846 JbSKipp 4, 30

4847 JbSKipp 4, 30 – Vgl. GTgb: «Nach 12 Uhr Professor Riemer. Einige Manuscripte mit ihm durchgegangen. Blieb derselbe zu Tische.» – *die pilgernde Törin:* Novelle aus den im Druck befindlichen ‹Wanderjahren›.

4848 JbSKipp 4, 30 – Vgl. GTgb: «Professor Riemer, einiges Manuscript durchgegangen... Abend große Gesellschaft von jungen Leuten.»

4849 JbSKipp 4, 30

4850 JbSKipp 4, 30 – Vgl. GTgb: «Mit Professor Riemer das letzte Capitel durchgegangen. Expedition nach Jena... durch einen Boten. Riemer speiste mit uns.»

4851 Wolff 2, 79 f. – *Alter Rapport:* bezieht sich auf Adele Schopenhauers Eintragung vom 6. Mai, wo bereits von Goethes Berliner Prolog die Rede war (ebd 79). – *Eröffnung des Hauses:* d. h. des neuen Schauspielhauses am Gendarmenmarkt von Schinkel, das mit Goethes ‹Iphigenie› am 26. Mai eröffnet wurde. – *Prologs [zu Eröffnung ...]:* GA 3, 644 ff. – *Schema:* vgl. WA I 13^2, 200 ff.

4852 JbSKipp 4, 30 – Vgl. GTgb: «Professor Riemer; das 11. und 12. Buch der Ilias durchgesehen. Blieb zu Tische.» – *Auszug aus Homer:* ‹Ilias›, veröffentlicht KuA III 2, 1821, und III, 3, 1822 (GA 14, 618 ff.).

4853 (1942) Gr 43 f. – *Weimarische Pinakothek:* über den Plan einer Veröffentlichungsreihe zur Bekanntmachung der Weimarer Kunstschätze vgl. Goethes Aufsatz unter dem gleichen Titel in KuA III 2, 1821 (GA 13, 878 ff.). – *Maler von Crayer:* ‹Kaspar de Crayers Bildnis von Anton van Dyck› (ebd 884). – *Krausens Harz-Gegenden:* vgl. Nr. 709 und Anm. – *«Wir müssen noch berühmt werden ...»:* vgl. Trebras Bericht Nr. 677. – *Marmorplatte:* «auf der jetzt in Goethes Gartenhaus befindlichen Marmorplatte steht: ‹G.: Nur fort! Nur fort! Wir müssen noch zu großen Ehren kommen, ehe wir die Hälse brechen!! T.: Vorsichtig, zwischen den Moos bedeckten schlüpfrigen Felsstücken können leicht die Beine stecken bleiben!› » (Gr 222). – *Purkinje:* in seiner Schrift: Beiträge zur Kenntniß des Sehens in subjectiver Hinsicht. Prag 1819 (Ruppert Nr. 4984). – *in der Morphologie:* in Zur Morphologie II 2: Das Sehen in subjektiver Hinsicht (GA 16, 893 ff.). – *System der Naturgeschichte:* gemeint ist das mehrbändige unvollendete Werk ‹Grundzüge der Naturgeschichte› (Ruppert Nr. 4354–4356).

4854 JbSKipp 4, 30 – *Manuskript für die Farbenlehre, Fortsetzung:* d. h. für die unter dem Haupttitel ‹Chromatik› zusammengefaßten Beiträge in Zur Naturwissenschaft überhaupt I 4, 1822 (vgl. Hagen 225).

4855 (1944) GJb 21, 287 f. – Vgl. GTgb: «Großfürst Nicolaus und seine Gemahlin ... Blieben bis halb zwey Uhr.» – *meine Mutter und Tante Cumberland:* Königin Luise und ihre Schwester Prinzessin Friederike. Es kann sich bei der folgenden Äußerung nur um die Einquartierung in Goethes Elternhaus bei festlicher Gelegenheit handeln (vgl. Bode 1, 762 Anm.).

4856 JbSKipp 4, 306 – *[am 4. Juni]:* vgl. GTgb: « ... Gräfin Julie Egloffstein. Lombardische Schule besehen.»

4857 (1945) Gr 44 ff. – *Merkels Lebens-Abriß von Roth:* Nachricht von dem Leben Paul Wolfgang Merkel's ... Nürnberg 1821 (Ruppert Nr. 180). Die Gabe des Kanzlers v. Müller ist in Goethes Bücher-Vermehrungsliste unter dem gleichen Datum eingetragen (WA III 8, 312). – *Nullität eines Krause:* vgl. Goethes negative Äußerungen über den Weimarer Generalsuperintendenten in TuJ 1819 (GA 11, 907 f.). – *Kirche des heiligen Humbert:* «vielmehr Kunibert» (Gr 223). – *Ausgang dieses Gesprächs:* vgl. Nr. 1839 und Anm. – *Spatzenkopf:* vgl. Nr. 4674. – *Anforderungen an den Hof:* vgl. Nr. 1253 und Anm. – *«Unarten, die der Jugend ...»:* vgl. MuR 92 und die dazu von Hecker angegebenen Parallelstellen (SchrGG 21, 304). – *Böttiger ... der böse Dämon:* vgl. Nr. 6594. – *«... und lebte auf meine Weise.»:* späterer Zusatz: «Jeder von uns hätte eines eignen, abgeschlossenen Kreises für sich bedurft; in einer großen Stadt, z. B. in Berlin hätten wir ihn gefunden, während wir uns hier durchkreuzten.» (Gr 46 Anm.). – *Meisterjahre:* ursprünglich geplanter dritter Teil des ‹Wilhelm Meister›. – *Caspers:* die Schauspielerin Fanny C. war von 1800 bis 1802 in Weimar. – *Chanykow:* Kanikoff, russischer Gesandter an den sächsischen Höfen. Der Name von Müller später in Struve geändert (vgl. Grumach 52 Anm.). – *adiaphoren:* etwa: indifferenten.

4858 Abendzeitung, Dresden, vom 15.10.1821 – *19. Juni:* vgl. GTgb: «Nach Tische Graf Lepel aus Dresden.»

4859 (1947a) Fraser's Magazine... Vol. XIII. London 1836, 526 – *[22. Juni 1821]:* vgl. GTgb: «Früh Mr. Gillies from Edinburgh.» Dieser war von seinem Schwager begleitet (vgl. Nr. 4861) – *John Kemble:* vgl. Nr. 1718 und Anm.

4860 (1947b) Fraser's Magazine... Vol. XXI. London 1840, 69f. – *Sir Brooke Boothby:* «wurde 1804 am 30. April am Weimarer Hofe vorgestellt und nahm am 6. Sept. 1804 Abschied (Fourierb.).» (Bi^2 5, 122 Anm.).

4861 (1946) aaO Vol. III. London 1851, 10ff. – *pianoforte:* den Streicherschen Flügel, der sich heute noch im Goethehaus befindet, hat Goethe erst am 14. Juli 1821 erworben (vgl. GTgb). – *«Edinburgh Annual Register»:* « ‹Ed. Ann. Reg.› for 1809, vol. II, Pt. II, pag. 647f. (Edinb. 1811) anonym: The Genius and the Bayadere. An Indian Legend. From the German of the celebrated von Goethe, Author of Herman and Dorothea, the Sorrows of Werther etc.» (Bi^2 5, 122 Anm.).

4862 Heitmüller 267

4863 (1947) aaO 2, 5f. und 8ff. – Eine kürzere Fassung der Begegnung mit Goethe bereits in: C.G. Carus, Göthe. Zu dessen näherem Verständniß. Leipzig 1843. Vgl. GTgb 21. Juli: «Dr. Carus von Dresden besuchte mich; wir sprachen über den Schädel und dessen Bildung aus sechs Wirbeln.» – *Arcus senilis:* ringförmige Hornhauttrübung am Auge. – *Vermutung... von sechs Kopfwirbeln:* vgl. Goethes Aufsatz ‹Das Schädelgerüst aus sechs Wirbelknochen auferbaut› in Zur Morphologie II, 2 1824, mit der Erwähnung von Carus (GA 17, 346f.). Zur umfangreichen Literatur über die Wirbeltheorie des Schädels vgl. Schmid 314ff. – *Spix und Bojanus:* vgl. Schmid 326 Nr. 2243 und 322 Nr. 2207. – *beiden Bildern:* ‹Dunkle Waldpartie› und ‹Das Brockenhaus› (Schuchardt 330 Nr. 20f.). – *kleiner goldener Napoleon:* vielleicht Schuchardt 2, 339 Nr. 150.

4864 Grumach 296 – *[22. Juli]:* Knebels Besuch in Weimar in GTgb bezeugt. – *Montag abend:* vgl. GTgb 23. Juli: «Gegen Abend Musik... Canzler von Müller, Frau von Egloffstein, Gräfin Julie.» – *reist er nun ab:* nach Marienbad. – *Schweiggers Programm:* wohl in dessen ‹Journal für Chemie und Physik› (Ruppert Nr. 4196) 1. Bandes 1. Heft, das Goethe am 5. Juni erhalten hatte (vgl. WA III 8, 312).

4865 (1948) aaO 2, 159f. – *[von Lauchstädt]:* Gastspiel des Leipziger Stadttheaters. – *Koch:* eigentlich Julius von Kellner. – *[am 24. Juli 1821]:* vgl. GTgb: «Der junge Genast mit dem Schauspieler Koch von Leipzig.» – *vor kurzem:* am 29. Mai (O.F.). – *Kühne:* eigentlich Johann Reinhold v. Lenz.

4866 Knittermeyer 56 – *Auftrag meines Vaters:* der am 26. Juli nach Marienbad aufgebrochen war. – *Aufstellung des Starkischen Kabinetts:* über die von dem 1811 verstorbenen Hofrat Stark angelegte «Präparatensammlung für das anatomische Kabinett» vgl. TuJ 1820 (GA 11, 916).

4867 (1798) Frommann 53 – In der Quelle im Anschluß an Johanna Frommanns Brief an ihren Sohn vom 6. Mai 1817 (vgl. Nr. 4465).

4868 (1955) Frommann 52

4869 (1818) Goethe's West-Easterly Divan. Translated ... by John Weiß. Boston Mass. 1877 S. XXf. – Von Zellweker 123 Nr. 294 nach einer sekundären Quelle deutsch wiedergegeben. – *Wilhelm Meisters Wanderjahre:* wohl Verwechslung mit den ‹Wahlverwandtschaften›, die 1817 als Bd 14 der zwanzigbändigen Ausgabe von Goethes Werken erschienen sind. – *Wartburg meeting:* am 18. Oktober 1817.

4870 (1804) Bi^2 2, 396f. nach: Quellwasser fürs deutsche Haus. 3. Jahrg. 1878. Nr. 13. Die Quelle war nicht zu beschaffen gewesen. – *mein Vater:* Friedrich Adolf Krummacher: Parabeln. Duisburg 1805.

4871 (1826) aaO 55f.

4872 (1808) ChrWGV 3, 1889, 7f. – *Diplom:* wiedergegeben in der Quelle S. 9.

4873 aaO Vol. II. Paris 1837, 278

4874 Wahnes 245f. Der undatierte Brief, der hier wortgetreu wiedergegeben wird, ist an den Herausgeber einer Zeitschrift gerichtet. Zur Datierung dieses Stückes vgl. Goethes Brief an seinen Sohn August aus Jena vom 2. Juni 1818: «Im Reiche der Wirklichkeit kommen mir gute Bissen aus Madame Frommanns Küche sehr schmackhaft entgegen.» (WA IV 29, 188).

4875 aaO 134 – Der Berichterstatter, Schwiegersohn Jean Pauls, studierte in Jena von Ostern 1818 bis Michaelis 1819.

4876 JbGG 7, 248ff. – Über die Berichterstatterin vgl. ebd 246f. – *[Johann Gustav v. Struve]:* russischer Staats- und Legationsrat in Weimar. – *Gesicht eines van Dyck:* vgl. Anm. Quelle 249f.: «Verwechslung mit der Todtenmaske Tassos? denn jener «Schädel mit einer kleinen Narbe, der, was wenig glaubhaft ist, der Schädel des Malers Antonius van Dyk sein soll ... kann hier doch nicht gemeint sein.» – *[im Herbst 1818?]:* zur Begründung der Datierung vgl. Anm. Quelle 250. – *Mephistopheles:* zu diesem Rollenspiel Augusts vgl. Nr. 4657 und Anm.

4877 (1970) Hamburgischer Korrespondent 1890, Nr. 72, Mittagsausgabe.

4878 (1857a) Heuermann 151f. – Zur Datierung: ob Abeken die erste Ausgabe von Schubarths Schrift von 1818 oder nicht vielmehr die zweite wesentlich vermehrte Auflage von 1820 (vgl. Ruppert Nr. 1949) rezensiert hat, konnte nicht ermittelt werden. – *Er hat gesagt:* «... Frau von Lengefeld, die Goethes Urtheil ohne Zweifel von ihrer Tochter, Frau von Schiller, erfahren hatte.» (Heuermann 152).

4879 aaO 215f.

4880 JbGG 7, 257 – Anekdotischer Bericht. Über das Mißtrauen gegenüber Unbekannten, das nach Kotzebues Ermordung geherrscht haben soll, vgl. auch Nr. 4802. – *polnischer Starost:* nicht ermittelt, vgl. Quelle Anm.

4881 aaO 10

4882 aaO Bd 1 S. 9 (JbGG NF 3, 312). – Zur Datierung: Schütz in GTgb am 1., 3., 5. und 7. März 1819 erwähnt (vgl. auch Nr. 4654). Über Preßfreiheit vgl. Goethes Äußerung vom 18. April 1819 (Nr. 4676).

4883 Egloffstein 149f.

4884 (1972e) Dembowski 13

4885 (1897) aaO 8f. – *Wolkenbildungen:* Goethe erwähnt in TuJ 1821, daß Preller seine eigenen Wolkenzeichnungen ins reine brachte (GA 11, 948). – *die Sache ausführlicher zu behandeln:* vgl. Goethes Aufsatz ‹Wolkengestalt nach Howard› in Zur Naturwissenschaft überhaupt I 3, 1820 (GA 17, 647ff.).

4886 (vgl. 1116/1116a) Penelope. Taschenbuch für das Jahr 1839. Hrsg. von Th. Hell. 28. Jahrg. Leipzig. S. 329 – Für die weitverbreitete Madame-Du-Titre-Anekdote wurde die offenbar erste gedruckte Fassung gewählt, die noch nicht ausdrücklich auf das bekannte Berliner Original bezogen ist. Glaubwürdigkeit des Vorgangs und dessen genauere Datierung müssen offen bleiben. Die in Bi^1 4, 356ff. erstmals veröffentlichte und in Bi^2 1, 553f. wiederholte briefliche Mitteilung des Freiherrn v. Czettritz-Neuhauß, wonach Goethe die Anekdote selber erzählt haben soll, ist wohl, wie schon A. Leitzmann in JbGG NF 3, 309 bemerkt hat, als Mystifikation anzusehen. Auch der in Bi^2 5, 79 wiedergegebene, von G. Parthey überlieferte Bericht ist, wie andere, aus zweiter Hand. Ihn findet man auch bei Zellweker (Nr. 307); vgl. die Anm. ebd 204.

4887 aaO Wien 1908. S. 8. – *«Agape, das Liebesmahl»:* A. Kestner: Die Agape oder der geheime Weltbund der Christen... Jena 1819 (Ruppert Nr. 2678). Lektüre in GTgb am 28. Juli 1819 bezeugt. – *«Mieselchen»:* zu dieser Bezeichnung Goethes für junge Mädchen vgl. Nr. 562 und Anm.

4888 aaO 12f. – Vgl. Nr. 4881. – *Gemälde Osianders:* Sckell berichtet vorher von dem Porträt eines jungen Mädchens in Osianders Gemäldesammlung, das seine frühverstorbene «erste und letzte Liebe» darstellte.

4889 (1905) Ein Stammbuch für Wilhelm Hertz zum siebzigsten Geburtstage. Berlin, den 26. Juni 1892. [Als Manuskript... gedruckt.] S. 60.

4890 (1965) aaO 46 – *«Nachträgen zu Goethes sämtlichen Werken»:* es handelt sich um die von E. Boas herausgegebenen ‹Nachträge› zu der 40bändigen Cottaschen Ausgabe von 1840 (3 Bde Leipzig 1841).

4891 (1966) aaO 46 – *Leipziger Lieder:* in dem von F.T. Hase herausgegebenen ‹Leipziger Musenalmanach aufs Jahr 1777› ist nur das Gedicht ‹An Herrn Professor Zachariä› (Schon wälzen schnelle Räder..., GA 1, 365f.) abgedruckt (vgl. Hagen 263 Nr. 553).

4892 wie 4026 S. 126ff.

4893 aaO 13 – *Blumenbach:* Besuch Blumenbachs in GTgb 7. bis 10. Okt. 1820 bezeugt, jedoch in Jena.

4894 (1932a) Wolff 2, 64f.

4895 (2143b) Westermanns Illustrirte Deutsche Monatshefte. 82. Bd. Braunschweig 1897. S. 712 – *die Iphigenie vorzulesen:* «Ihr Talent als Vorleserin betätigte Adele auch, als sie am 12.2.1820 vor 500 Menschen mit großem Beifall Thekla aus Wallenstein sprach. Vgl. ihr Tagebuch II, 43.» (Bi^2 5, 137 Anm.)

4896 aaO im russischen Original S. 121 Anm. Übersetzt von M. v. Propper, Hamburg. – Die Äußerung Goethes ist wohl durch G. v. Reutern überliefert, der Goethe diese Basreliefs Tolstojs am 6. Jan. 1818 überbrachte (vgl. Nr. 4521) Ein weiterer Besuch Reuterns mit Basreliefs Tolstojs ist in GTgb am 10. Febr. 1820 bezeugt.

4897 (1972) aaO 153

4898 JbGG 7, 261

4899 JbSKipp 2, 235f.

4900 (1610) aaO 1, 268f.

4901 Ost und West. Prag 1837. S. 20f. *–1821[?]:* wahrscheinlicher ist, daß es sich um die Begegnung im Herbst 1820 handelt (vgl. Nr. 4804).

4902 (1972a) Kletke 211 – *eine der unlängst stattgefundenen Aufführungen:* vgl. Nr. 4709.

4903 (1971) Urlichs 3, 422 – Die Äußerung könnte auch in der Zeit von Goethes Jenaer Aufenthalt vom Herbst 1821 gefallen sein, wäre dann also später einzuordnen.

4904 Pollmer 355

4905 Pollmer 355

4906 Pollmer 355

4907 Bode 3, 112 – *über Religion:* im 1. Kapitel des 2. Buches (GA 8, 171f.).

4908 (1951) aaO 2, 218ff. – *«Iphigenie» von Papadopulos:* erschienen 1818 (Ruppert Nr. 1853).

4909 (1059) aaO 2. Aufl. Bd 1, 268 – *einen Abguß:* die am 13. Okt. 1807 abgenommene Gesichtsmaske (Schulte-Strathaus Taf. 89 und S. 46f.). – *seinem früheren Diener:* Kräuter war vielmehr seit 1814 Goethes Sekretär, wurde 1816 Bibliothekssekretär und verwaltete 1817 Goethes Privatbibliothek. Die Äußerung könnte auch in eine spätere Zeit gehören.

4910 (1968) Archiv 4, 458f.

4911 Elisabeth Kulmann: Sämmtliche Gedichte. Hrsg. von K.F. v. Großheinrich. 5. Ausg. Leipzig 1847. S. 50ff. – *[1821]:* Datierung nach dem Alter der jungen Dichterin. – *privatisierender Arzt:* Persönlichkeit nicht ermittelt.

4912 aaO 13 – *[vor 1821?]:* d.h. vor der ersten Begegnung mit dem jungen Felix Mendelssohn im Nov. 1821 (vgl. Nr. 4948). O.F. vermutet Bezug auf das Vorspiel der ‹Sylvana›-Variationen durch Carl Maria v. Weber am 29. Jan. 1812 (vgl. Nr. 3582) oder der (dann Maria Paulowna gewidmeten) ‹Grande Sonate› am 2.2.1812 (Teilnahme Goethes durch GTgb bezeugt).

4913 (1973) Grüner 17ff. – Vgl. GTgb: «In Eger um 5¼ Uhr ... Zu Eger in der Sonne eingekehrt. Besuch vom Polizeyrath Grüner. Gespräch über Politisches und Litterarisches.» – *in Berlin:* gemeint ist Leopold v. Henning, vgl. dessen Erwähnung in TuJ 1821 (GA 11, 947). – *Chateaubriand:* wohl in dessen ‹Itinéraire de Paris à Jérusalem›, Paris 1811.

4914 (1974) Grüner 20 – Vgl. GTgb: «Besuch vom Polizeyrath Grüner; Fortsetzung des gestrigen Gesprächs. Um 7 Uhr abgefahren.»

4915 (1975) DtRundschau. Jahrg. 28. Bd 109. 1901, 238 – Vgl. GTgb: «In Marienbad angekommen 12¾ Uhr; in dem Graf Klebelsbergischen Hause eingekehrt ... Besuch von Dr. Heidler ... Besuchte Frau von Heygendorf, gleich in der Nachbarschaft. Mich besuchte Dr. Heidler noch einmal, ingleichem Herr Geh. Legationsrath Conta ...».

4916 wie 4915 S. 238 – *Frau von Brösigke:* ihr Mann Friedrich Leberecht B. hatte als ‹Inspector› Hausherrenrechte und -pflichten im Klebelsbergischen Haus.

4917 (1975a) wie 4915 S. 238f. – *große Gesellschaft:* vgl. GTgb 31. Juli: «... Abends zum Thee ... Ein Spieltisch; die jungen Leute mit kleinen Spielen sich unterhaltend.»

4918 (1978) wie 4915 S. 239 – *Gestern abend:* Goethes Teilnahme an der Gesellschaft nicht in GTgb bezeugt.

4919 (1978a) wie 4915 S. 239 – *Gestern abend:* vgl. GTgb: «Abends Ball im Hause; wobey gegenwärtig bis 10 Uhr.»

4920 Zauper 194f. – Über Goethes Beziehungen zu Zauper vgl. Urzidil 250ff. – *in 26 Bänden:* vielmehr 20. – *meine Poetik:* Grundzüge zu einer deutschen theoretisch-praktischen Poetik, aus Göthe's Werken entwickelt. Wien 1821. – *günstig aufgenommen und freundlichst erwidert:* vgl. Goethe an Zauper 9. April 1821 (WA IV 34, 187ff.). – *[am 6. August 1821 ...]:* vgl. GTgb: «Inspector Gradl mit den Professoren von Pilsen, Präfekt Steinhäuser ... und Professor Zauper; mit demselben spazieren gegangen, moralische, ästhetische und politische Unterhaltung ... Mit den Pilsner Freunden nach Tische nochmals spazieren gegangen; viel Vergnügen an ihrer Unterhaltung.»

4921 Zauper 196 – *Anagnosten:* Vorleser.

4922 (1978a, recte 1978b) wie 4915 S. 239 – *mit Goethe am Brunnen:* vgl. GTgb 6. Aug.: «Abends am Brunnen mit Conta ...»

4923 wie 4915 S. 239 – *Großfürsten Michael:* jüngerer Bruder von Maria Paulowna.

4924 (1976) wie 2257 S. 4f. – *[am 29. Juli?]:* dem Tag von Goethes Ankunft in Marienbad.

4925 (1977) Neue Freie Presse, Morgenblatt vom 23.3.1898, Wien.

4926 (1977a) GJb 8, 186

4927 (1979) Grüner 20f. – Vgl. GTgb: «Abgefahren [von Marienbad] um 12½ Uhr ... Um 6 Uhr in Eger. Polizeyrath Grüner. Mit demselben nach Franzenbrunn.» – *Einladung nach Hartenberg:* vgl. GTgb 26. Aug.: «Den Entschluß der Einladung nach Hartenberg zu folgen dem Polizeyrath Grüner erklärt ...».

4928 (1980) Grüner 21ff. – Vgl. GTgb: «St. Vincenztag, großes Fest in Eger ... Polizeyrath Grüner ... mit demselben auf den Ring und in die Hauptkirche gegangen; die Stadt sehr lebhaft, die Prozessionen von neun Pfarreyen mit ihren untergeordneten Ortschaften zogen von 7 Uhr an einzeln in die Stadt, in die Hauptkirche, von wo aus um 10 Uhr die große Prozession ausging ... [folgt ausführliche Beschreibung der Prozession].

Ich fuhr [nach 1 Uhr] mit Rath Grüner nach Liebenstein, dem Herrn von Zedtwitz gehörig... Von unsern mineralogischen Zwecken erreichten wir nur schöne große Feldspat-Zwillingscrystallen... Unsere Fahrt, durch schlimmen Weg verspätet, durch Gewitter bedroht, mußte leider allzufrüh abgebrochen werden; vor Nachts kamen wir eben nach Hause.»

4929 (1981/1982) Grüner 24ff. – Vgl. GTgb 27. Aug.: «Nach Tisch um 3 Uhr weggefahren und auf gutem Wege 6½ Uhr in Hartenberg angelangt... [folgt ausführliche Schilderung des ersten Besuchstages].» – *Feuerwerk:* vgl. die Darstellung in GTgb. – *Am 28. August:* vgl. auch hier die ausführliche Schilderung in GTgb. – *29. August:* vgl. GTgb: «Abgefahren 8¼ Uhr... Um 11½ Uhr in Eger.»

4930 (1983) Grüner 27ff. – Vgl. GTgb: «Wir gingen eine alte verödete Judensynagoge zu sehn, merkwürdig wegen hebräischen Inschriften, sodann auf das Schloß... Wir stiegen auf das Dach und erfreuten uns der herrlichsten Aussicht... Von dem alten schwarzen Thurme spreche ich zuletzt; er bleibt doch der Anfang und das Ende. Ich wüßte nichts einfacher-größeres von dieser Art. Mir ist er gewiß römisch, so etwas setzt einen großen Kunstbegriff voraus... Abends bey Herrn Huß... Sodann machte ich mit Herrn Rath Grüner noch einen Spaziergang an der Eger, in einem wundersam schönen Thale, ferner um einen Theil der Stadt, zum Oberthor herein.» – *Erbprinzessin von Oldenburg:* Katharina, Schwester der Maria Paulowna, als Königin von Württemberg 1819 gestorben. – *zu Weimar:* Besuche nach GTgb 1813 und 1815 bezeugt. – *malebarische Dokumente:* Hindusprache vom Malabar-Küstenstreifen, dem südlichen Teil der Westküste Indiens. Im 16. Jh. entstanden dort schon europäische Faktoreien der Portugiesen, später Holländer und Briten. – *Hofrat Försters Geschichte Wallensteins:* F. Försters Biographie ‹Albrecht von Wallenstein› ist erst 1834 erschienen. – *tüchtigen Künstler und Kenner:* nach Anm. in der Quelle J.H. Meyer.

4931 (1984) Grüner 38f. – Vgl. GTgb: «Mittag für mich, sodann Rath Grüner und Herr von Stein. Unterhaltung über die vorseyende Statue Blüchers und über die Retardationen dieses Geschäftes.» Über das Blücher-Denkmal in Breslau vgl. Nr. 4706.

4932 (1985) aaO 2, 99 – *[in Eger am 31. August 1821?]:* nach GTgb hatte Goethe Fritz v. Stein bereits am 29. Aug. in Franzensbad besucht; das fragliche Gespräch hat aber wohl, ebenfalls nach GTgb, in Eger stattgefunden.

4933 (1986) Grüner 39ff. – Vgl. GTgb: «Rath Grüner mit dem Präfecten und zwey Professoren des Gymnasiums. Nach Tische zur Schule gefahren. Lateinisch, Mathematik, Geographie und Griechisch examinirt, durch Professor Kratochwill... Abends Herr Rath Grüner; mit demselben über Staatsverhältnisse, besonders Steigerung der Instanzen gesprochen.»

4934 (1987) Grüner 41ff. – Vgl. GTgb: «Um 3 Uhr mit Rath Grüner nach Franzenbrunn... Um 7 Uhr zurück nach Eger. – *Sprudelquelle:* auch Napoleonsquelle genannt (siehe unten). – *ärarischen:* nach Ärar = Fiskus (österreichisch). – *fiel... sein Bild... herab:* vgl. Nr. 3763. – *denke ich mir*

Napoleon: dieser war bereits am 5. Mai 1821 gestorben.

4935 (1988) Grüner 44f. – Vgl. GTgb: «Herr Rath Grüner, den nächst bevorstehenden Jahrmarkt besprochen, die vorzüglichsten Waaren und woher?»

4936 (1989/1990) Grüner 45ff. – Vgl. GTgb: «Um 10 Uhr mit Herrn von Stein und Grüner in den Schulactus der Prämienaustheilung, öffentlicher Belobung u.s.w., wo man mir die Artigkeit erzeigte, das erste, in einem Autor classicus, wohlgebunden, bestehende Prämium dem Jüngling selbst einzuhändigen ... [Nach 5 Uhr] Polizeyrath Grüner, durch gesprochen litterarische, Schul-, Polizey- und Staatsverhältnisse.» – *[Georg Schmied]:* der Name wird bei Grüner in einer Anm. S. 46 genannt. Vgl. außerdem GTgb 6. Sept: «Georg Schmied, der am Fünften prämiirte Schüler, besuchte mich.»

4937 (1991) Grüner 48ff. – Vgl. GTgb: «Kam Abends Grüner, Wiederholung mit ihm des montägigen Spaziergangs ... Heiterer Abend, anmuthige Wasserfahrt bis Eger herein.» – *Horaz:* Carm. I 3. – *Fürsten Hohenlohe:* den seit 1820 als Wundertäter auftretenden Fürsten Alexander Hohenlohe-Waldenburg-Schillingsfürst. Vgl. GTgb 7. Sept.: «Rath Grüner die Erklärung des Stadtmagistrats von Bamberg gegen Fürst Hohenlohe vorzeigend.»

4938 (1992) Grüner 50ff. – Vgl. GTgb: «Eingepackt. Rath Grüner ... Abfahrt vorbereitet. Vier Uhr zu R. Grüner. Leiche des Knaben. Polizeyliches Abentheuer von zwey Mädchen, ersäuft oder nicht? und welche? Heutiges Examen der Grünerischen Söhne. Rezitation des Ältern. Zu Hause bey mir mit Grüner.» – *Artesia:* soll wohl heißen: Intarsia. – *Hartenstein:* vielmehr Hartenberg.

4939 (1993) Gr 47 – Goethe war seit dem 15. Sept. in Jena. Vgl. GTgb 22. Sept.: «Nach 11 Uhr Herr Canzler von Müller mit Hofrath Meyer. Geschäfte und sonstige Ereignisse durchgesprochen. Speisten zusammen. Nach Tische Major von Knebel und Bernhard.» – *Hegels humoristischen Danksagungsbrief:* vom 2. Aug. 1821 (GJb 16, 61ff.); zum Vorgang vgl. die zugehörige Anm. (ebd 75f.). – *Noehdens Übersetzung:* Observations on Leonardo da Vinci's celebrated picture of the Last Supper. By J.W. de Goethe ... Transl. from the German ... by G.H. Noehden ... London 1821 (Ruppert Nr. 1807). Übersetzung von Goethes Rezension: Giuseppe Bossi: Über Leonardo da Vincis Abendmahl zu Mailand, veröffentlicht KuA I 3, 1817 (GA 13, 744ff.). – *das neuste Heft:* KuA III 2.

4940 (1994) Graf August von Platen: Die Tagebücher. Hrsg. von G. v. Laubmann und L. v. Scheffler. Bd 2. Stuttgart 1900. S. 493f. – Vgl. GTgb 17. Okt.: «Graf Platen und Studiosus Gruber.» – *meine Ghaselen:* Ghaselen, Erlangen 1821. In Goethes Bücher-Vermehrungsliste am 14. April 1821 als vom Verfasser erhalten eingetragen (WA IV 8, 310). – *Calderons «Tochter der Luft»:* vgl. Goethes späteren Aufsatz: Die Tochter der Luft, in KuA III 3, 1822 (GA 14, 844ff.). – *im «Divan»:* in einer Anm. der Quelle S. 493 irrtümlich auf ‹Im Gegenwärtigen Vergangenes› bezogen (GA 3, 295).

4941 (1995) aaO 2, 33f. und 39 – *[am 27. Oktober 1821]:* vgl. GTgb:

«Geh. Rath. Leonhard. Betrachtung über dessen Nomenclatur der Krystallgestalten.» – *im «Schlosse»:* vielmehr am Botanischen Garten. – *«Wallensteins Tod»:* am 18. Okt. mit Mattausch (nicht Esslair) in der Hauptrolle (O.F.).

4942 (1638) aaO 1, 441f.

4943 Fahrten nach Weimar 27. Diese und die folgende Nummer Übersetzung aus dem Russischen. – Vgl. GTgb: «Gegen Abend Herr von Joukowsky aus Petersburg mit Herrn von Struve; empfohlen von Graf Brühl und von Boisserée's.» – *«Märchen»:* von hier bis «Dichtung» im Original deutsch. – *Hemmnis:* bezieht sich wohl auf das etwas unbeholfene Französisch Goethes (vgl. Nr. 4946).

4944 Fahrten nach Weimar 28

4945 «An Goethe.» Briefe bedeutender Zeitgenossen. Gedächtnisgabe der Reichsregierung zum 22. März 1932. Weimar 1932. Nr. 9. In deutscher Übersetzung Fahrten nach Weimar 29. – *lettre de votre Excellence:* vom 16. Nov. 1821 (WA IV 35, 172f.). – *Und manche liebe Schatten steigen auf!:* Zitat aus der Zueignung zu Faust Vs 10 (GA 5, 141).

4946 aaO 133f.

4947 (1995a) Wolff 2, 108f. – *[am 23. Oktober]:* vgl. GTgb: «Kamen Ottilie, Adele und Heinrich [Nicolovius]. Sie fuhren spazieren bis Wöllnitz. Speisten mit mir.» – *[am 30. Oktober]:* vgl. GTgb: «Kam Ottilie, Adele und Nicolovius.»

4948 (1997) Hensel 101f. – *[4. November]:* vgl. GTgb: «Gegen 1 Uhr angekommen. Fand Zelter, dessen Tochter, Mendelssohn und Nicolovius. Unterhaltung im Garten. Augusts Versteinerungen besehen. Mittag zusammen gespeist. Später spielte Mendelssohn auf dem Flügel. Abends mit Zelter, zuletzt mit der Gesellschaft gespeist.» – *Marien-Orgel:* Orgel in der Marienkirche in Berlin. – *Lukas Cranachs Haus:* am Marktplatz, Wohn- und Sterbehaus von L. Cranach d.Ä. – *ebenso ging es auch Dir:* wohl bei Abraham Mendelssohns Besuch am 10. April 1816 (vgl. GTgb). – *Fanny:* Felix' Schwester.

4949 JbSKipp 4, 31 – *Savigny:* ihre Schwester Gunda.

4950 (1998) aaO Bd 2, 135ff. – *Streicherscher Flügel:* vgl. Anm. zu Nr. 4861. – *Regierungsrat Schmidt:* Christian Friedrich S., Schwager Rehbeins. – *Mozarts Handschrift:* Schreckenbach verzeichnet unter Nr. 1129 ein Manuskript Mozarts. – *Beethoven geschrieben:* vgl. das Notenmanuskript Schreckenbach Nr. 96. – *eines Sonntags vormittags:* am 11. Nov., vgl. GTgb: «Um 11 Uhr großes Conzert.»

4951 Steig 3, 504 (JbGG NF 3, 304). – Über den Besuch Bettinas vgl. auch Rellstabs Bericht Nr. 347. – *Leidenschaft fürs Vorschneiden:* vgl. Nr. 4961.

4952 (2001) Hensel 102ff. – *Dienstag:* den 13. Nov. Zelter ist an diesem Tage in der Tat (nach GTgb) nach Jena gefahren. – *[9. November]:* vgl. GTgb: «Abends für mich, da alles bey Schopenhauers zum Concerte war.»

4953 (2000a) Wolff 2, 113ff. – Mara: die nach GTgb bereits am 10. Nov. abends bei Goethe gewesen war. – *in Todesangst:* wohl wegen der Gegenwart der berühmten Sängerin Mara. – *Castiglione:* vgl. Schuchardt 1, 29 Nr. 262. – *Stich nach Correggio:* vgl. Schuchardt 1, 3 Nr. 8.

4954 (1996/2000) aaO Bd 2, 131 ff. – *Brief von Zelter:* die Empfehlung ist bezeugt durch Goethes Brief an Zelter vom 14. Okt. 1821: «Der empfohlene Rellstab hält sich noch in Weimar auf, um sich zum Heidelberger akademischen Leben vorzubereiten...» (WA IV 35, 138). – *[im September oder Oktober...]:* Rellstab befand sich seit dem 3. September in Weimar (HoubenSchopenhauer 296). – *in Begleitung zweier Damen:* vgl. Nr. 4949 und Anm.

4955 Euphorion 15, 484 – *gleich dem Achill als ein ewig blühender Jüngling:* Anklang an eine Formulierung Goethes in ‹Winckelmann und sein Jahrhundert›: «...so bleibt uns Achill als ewig strebender Jüngling gegenwärtig.» (GA 13, 450).

4956 (2001) Karl Mendelssohn Bartholdy: Goethe und Felix Mendelssohn Bartholdy. Leipzig 1871. S. 16 – *«Ach, wer bringt...»:* ‹Erster Verlust› (GA 1, 42 f.), vertont von Fanny Mendelssohn.

4957 (2001a) wie 4956 S. 16 – *«Wenn ich mir in stiller Seele...»:* das Gedicht ohne die genannte Überschrift (GA 2, 49) ist nach GTgb am 13. Okt. 1827 entstanden: «Kleines Gedicht für Fanny Mendelssohn.» – *zu Zelter:* der vom 12. bis 18. Okt. in Weimar weilte. Demnach ist das Stück nach Nr. 6088 einzuordnen.

4958 (1999) Die Gartenlaube 1867, 4 ff. – *Quartett für Klavier:* vielleicht das 1822 als op. 1 veröffentlichte Klavierquartett in c-moll. – *Mozart... in Frankfurt:* die Begegnung gegenüber Eckermann erwähnt am 3. Febr. 1830 (GA 24, 390 f.). Das Konzert hat nach dem Haushaltungsbuch von Goethes Vater am 25. Aug. 1763 stattgefunden.

4959 JbSKipp 2, 237 ff. – Der Briefentwurf, der zahlreiche Korrekturen enthält, wurde mit der Hs im GMS Düsseldorf verglichen, woraus im folgenden einzelnes bemerkt wird. – *in den feuchten Bergschluchten Böhmens:* geändert aus: in denen mit ewigen schweren Nebelwolken angefüllten Böhmischen Bergschluchten. – *er war veranlaßt:* davor gestrichen: er kam durch sie mit dem großen Berlin wieder in nähere Berührung. – *Man leidet mit:* die Hs hat: Man leidet mit ihm. – *Heft zu Kunst und Altertum:* vgl. Nr. 4939 und Anm. – *Erste Heft seiner Handzeichnungen:* Radirte Blätter nach Handzeichnungen von Goethe, hrsg. von C.A. Schwerdgeburth. Weimar 1821 (Hagen Nr. 426). – Enthält die sechs Gedichte ‹Zu meinen Handzeichnungen› (GA 1, 547 ff.). – *nur ein kleiner Teil seiner Zeitgenossen kennt:* geändert aus: nur ein kleiner Theil seiner Verehrer hat bis jetzt vermuthet in Goethes Vielseitigkeit auch noch das schöne Talent des Zeichnens [bricht ab]. – *Nr. II:* dazu das Gedicht ‹Hausgarten›. – *(der dritte und letzte...):* wohl Verwechslung mit der ‹Campagne in Frankreich›, die 1822 erschienen ist. – *welches Abenteuer er so schön erzählt hat:* in der ‹Italienischen Reise› (GA 11, 34). – *als Goethes malerische Reise in Italien viel Aufsehen erregen:* geändert aus: als eine höchst interessante Voyage pittoresque par Goethe erscheinen.

4960 August Hagen. Eine Gedächtnisschrift zu seinem hundertsten Geburtstage... Berlin 1897. S. 53 ff. – *zum Kammerrat v. Goethe zum Tee:*

vgl. GTgb 19. Nov.: «Anmeldung von Hagen aus Königsberg, welcher bey den Kindern zum Thee war. Mit Professor Riemer Manuscript zu Kunst und Alterthum besprochen.» – *[am 20. November]:* vgl. GTgb: «Mittag Nicolovius und Hagen von Königsberg. Nach Tische Unterhaltung.» – *bekannte Steindruck:* wohl nach der Kreidezeichnung von F. Jagemann (Schulte-Strathaus Taf. 114). – *Dainos:* vgl. Goethes spätere Anzeige ‹Dainos oder litauische Volkslieder› (GA 14, 566).

4961 wie 4960 S. 56f. – *Pünktlich stellte ich mich ein:* vgl. GTgb 21. Nov.: «Dr. Hagen; Unterhaltung mit demselben über seine nächsten Arbeiten... Mittag Dr. Hagen und Nicolovius.» – *Plan meines Trauerspiels:* Goethe hatte sich bereits für eine Dichtung Hagens, ‹Olfried und Lisena›, interessiert und diese in KuA angezeigt und besprochen (vgl. Nr. 4796 und Anm.). Dem neuen Plan eines Trauerspiels scheint Goethe eher skeptisch gegenübergestanden zu haben, vgl. seinen Brief an Staatsrat Nicolovius vom 25. Nov. (WA IV 35, 186).

4962 wie 4960 S. 58 – *an Vater Goethe geschickt:* mit einem Begleitschreiben vom 3. Mai 1822 (WA IV 36, 334 Anm.). Vgl. Goethes reservierte Antwort vom 7. Mai 1822 (ebd 33f.). – *zu meinem Gedicht:* Olfried und Lisena. – *so auch hier:* die Nachschrift enthält eine wichtige Mitteilung für die Braut.

4963 (2002) Wolff 2, 116ff. – Vgl. GTgb: «Später [nachmittags] Fräulein Adele und der Canzler. Den zweyten Theil von Kenilworth ausgelesen.» – *zu Louisen:* v. Werthern. – *«Kenilworths»:* W. Scotts Roman, der um Königin Elisabeth I. von England spielt, war 1821 erschienen. – *die arme Heldin:* Amy Rotsart, eine legendäre Gestalt. – *vierundzwanzig Söhne:* gemeint sind Nachfolger und Nachahmer Goethes. Anspielung auf sein Gedicht ‹Die Feier des achtundzwanzigsten Augusts [1819] dankbar zu erwidern› (GA 1, 694f.). Vgl. auch die Anm. in der Quelle S. 179.

4964 (2003) Urlichs 3, 421 – *Döring [Schillers Leben]:* vgl. GTgb 1. Jan.: «Schillers Biographie von Döring.» Heinrich Doering: Friedrich von Schillers Leben... Weimar 1822 (Ruppert Nr. 322).

4965 (2003a) KSchmidt 220

4966 JbSKipp 4, 31 – Letzte Erwähnung Riemers in GTgb am 8. Febr. – *citra et infra:* diesseits und unterhalb.

4967 (2004) GJb 24, 43 – *Verkauf:* es handelt sich um die Sammlung des 1820 verstorbenen Hofmalers Jagemann, die Helbig als Vormund von dessen Tochter zu verkaufen beabsichtigt. Vgl. Goethes Brief an den Leipziger Auktionator Weigel vom 3. April 1822 (WA IV 36, 1f.). – *Proklamator:* Auktionator.

4968 Funde und Forschungen. Eine Festgabe für Julius Wahle zum 15. Februar 1921... Leipzig 1921. S. 173ff. – Zuerst in stark überarbeiteter Fassung unter dem Titel ‹Brief eines sechzehnjährigen Jünglings, als er Goethe zum ersten Male gesehen› in: Johannes Falk, Goethe aus näherm persönlichen Umgange dargestellt, Leipzig 1832, 199ff. – Die Identität des Briefschreibers, eines Zöglings von Falk und Bruders eines Studiengenossen von Eckermann, nachgewiesen bei Houben 1, 113f. – *Seigerstunde:* volle Stunde.

4969 Pollmer 356 – Vgl. GTgb: «Abends Professor Riemer.»

4970 Grumach 296

4971 JbSKipp 4, 32 – *an Bertuchs Grabe:* dieser war, wie GTgb vermerkt, am 3. April gestorben.

4972 KSchmidt 221

4973 Gr 48 – Schubarth: vgl. Nr. 4832 und Anm.

4974 (2005) Gr 48 – *Scylla:* abgekürzt für Scylla und Charybdis im Sinne von Engpaß.

4975 (2006) Gr 48 – Vgl. GTgb 15. Mai: «Abends... Canzler von Müller. Von den Ilmenauer Religionsirrungen war die Rede.» – *Thiemes Geschichte:* «Der als Konventikler bekannte Diakonus Thieme in Ilmenau hatte von der Kanzel herab weltliche und kirchliche Obrigkeit angegriffen, so daß sich die Regierung genötigt sah, am 21. Mai 1822 ein Reskript zu entwerfen, in dem Konventikel und Betstunden untersagt wurden.» (Gr 224 Anm.). – *silberne Taufbecken:* vgl. Nr. 4756 und Anm.

4976 (2007) Gr 48 ff. – Vgl. GTgb: «Kamen Serenissimus vor Ihro Abreise manches zu besprechen. Um 12 Uhr Professor Riemer; behandelten wir Mantegna's Triumphzug... Ersterer blieb bis gegen Abend. Später Canzler von Müller. Gräfin Egloffstein.» – *einen Aufsatz drucken:* ‹Julius Cäsars Triumphzug, gemalt von Mantegna›, erschienen KuA IV 1 und 2, 1823 (GA 13, 921 ff.). – *Mainz:* «dort hatte die Zentrale Untersuchungskommission ihren Sitz, eine Bundeszentralbehörde, die die revolutionären Umtriebe in Deutschland aufdecken sollte.» (Gr 225 Anm.). – *v. Henning:* vgl. GTgb 20. Mai: «Schreiben von Herrn von Henning. Verzeichniß des chromatischen Apparats. Nachricht von dem Anfange der Vorlesungen auf den 21. d. M. bestimmt.» – *Porträts von Kolbe für die jenaische Bibliothek:* das große Ölgemälde (Schulte-Strathaus Taf. 121) ist erst 1826 an seinem Bestimmungsort eingetroffen (vgl. GTgb 14. Sept. 1826). – *wegen seines jetzigen... Porträts:* das Ölgemälde (Schulte-Strathaus Taf. 120) war laut GTgb seit dem 2. Mai in Arbeit. – *[Campagne in Frankreich]:* als 2. Abteilung 5. Teil von ‹Aus meinem Leben› 1822 erschienen.

4977 (2007a) Gr 50 – Vgl. GTgb: «Übersetzung griechischer Balladen ... Abends... Canzler von Müller, über die Campagne und sonst verschiedenes sich besprechend.» – *Neugriechische Balladen:* ‹Neugriechisch-epirotische Heldenlieder›, erschienen in KuA IV 1 (GA 1, 591 ff.). – *Komische Anekdote:* unklarer Text; Gr 225 Anm. vermutet: «wohl Verwechslung mit der von Livius erzählten Geschichte von dem Wolf, der vor der Schlacht von Sentinum durch das Heer des P. Decius lief und von den Römern als Siegesomen begrüßt wurde.»

4978 (2008) Gr 50 ff. – Vgl. GTgb: «Die Wolkenbildungen geordnet und auf egales Papier gezogen. Canzler von Müller im Garten.» – *Vorabend einer Abreise Goethes:* vgl. GTgb 18. April 1820. – *neuste Schrift:* Luke Howard: The Climate of London... Vol. 1.2. London 1818/20 (Ruppert Nr. 4690). – *für die Morphologie:* ‹Luke Howard an Goethe›, veröffentlicht in Zur Naturwissenschaft überhaupt II 1, 1823 (WA II 12, 43 ff.). – *einem Freunde geschrieben:* an Graf Reinhard am 10. Juni in etwas anderm Wortlaut (WA IV 36, 61). – *Roscoe:* William Roscoe: Illustrations, historical and critical, of the life of Lorenzo de' Medici... London 1822 (Ruppert Nr. 178). – *Lady Morgan:* gemeint ist ihr Buch ‹Italien›, erschienen Weimar 1821. Beginn der Lektüre in GTgb am 9. April bezeugt. – *Esperanza:* span. Hoffnung.

4979 JbSKipp 4, 32 – *Abwesenheit:* Goethe brach am 16. Juni nach Böhmen auf.

4980 (2009) Grüner 74 – Goethe war am Tage vorher in Eger angekommen. Vgl. GTgb 19. Juni: «Mit Herrn Polizeirath Grüner; fossiler Elephanten-Zahn eigner Art, auf den Mammuth hindeutend. Dessen Werck über die Sitten des Egraner Volcks mit schönen Zeichnungen. Gegen Dreye ab.»

4981 ChrWGV 26, 1912, 38 – Kopfenberger ist als Besucher mit der Bezeichnung «Civil-Polizeykommissär» und ausgespartem Namen am 21. Juni in GTgb erwähnt. – *Doktor Tzschirners neueste Schrift:* die Streitschrift ‹Protestantismus und Katholizismus aus dem Standpunkt der Politik betrachtet› von dem Professor der Theologie und Superintendenten H.G. Tzschirner ist 1822 in Leipzig erschienen und hat großes Aufsehen erregt.

4982 (2011) Grüner 75f. – Vgl. GTgb: «Polizeyrath Grüner unerwartet. Den Carlsbader Wein bringend, auch seine Arbeiten über den Eger Kreis. Präfeckt Steinhäuser und Prof. Zauper von Pilsen. Zusammen spazieren. Mittag Polizeirath Grüner zu Tafel. Unterhaltung mit ihm und beyden Pilsnern. Er fuhr ab.»

4983 Unsere Heimat. Plan bei Marienbad. 8. Jahrg. 1936. S. 23

4984 wie 2257 S. 6f. – *zu meiner Großmutter:* Ulrike v. Brösigke. – *sandte ihn schon von Eger:* vgl. GTgb 22. Aug.: «Friedrich des Großen Handbillett restaurirt für Baron Brösigke.». 24. Aug.: «Gedicht zu Friedrichs Handschrift.»

4985 (2010a) Neue Freie Presse vom 23.3.1898

4986 aaO 3. Aufl. S. 423

4987 Unsere Heimat. Plan bei Marienbad. 8. Jahrg. 1936. S. 34f. – *Kubinat:* nach Urzidil 127 ist (wohl richtig) zu lesen: Kabinett.

4988 (2014) Grüner 76ff. – Vgl. GTgb: «In Eger, [Lücke] Man war beschäftigt eine uralte, im Wasser lange gekannte Eiche, herauszuziehen. Stadelmann brachte einige Stücke. Später Herr Rath Grüner.» Die Eiche auch in TuJ 1822 erwähnt (GA 11, 951).

4989 (2015) Grüner 78ff. – Vgl. GTgb: «Mit Rath Grüner manches besprochen, auch festgesetzt: die Eiche soll bis zu Graf Sternbergs Ankunft unberührt liegen bleiben... Um 4 Uhr zur großen Eiche, Betrachtung und Meynung.» – *zweitausend Klafter über der Meeresfläche:* dazu Anm. in der Quelle: «Marienbad ist 1803... Wiener Klafter über die Meeresfläche erhöht.»

4990 (2016) Grüner 80ff. – Vgl. GTgb: «Mit Rath Grüner zu Wagen nach Pokrat, Eisensteingrube; zum Ölberge; in's Thal zur Thongrube, hinauf zu Kiesberg. Bedeutender alter Turn. Zurück; meistens zuletzt auf der Chaussée. Mineralien ausgepackt, geordnet und besprochen.»

4991 (2017/2017a) Grüner 83ff. – Vgl. GTgb: «Polizeyrath Grüner,

Herr Huß. Bleystufe... Mit Grüner [nachmittags] auf Dölitz, die Reste des dort gebrochnen Kalcksteins aufsuchend. Nacht Rath Grüner... Kleine Gedichte.» Über die Fahrt nach Dölitz vgl. ferner TuJ 1822 (GA 11, 951). – *«Brutus»:* vielmehr den Tod Cäsars (nach der Überlieferung, vgl. Nr. 2748).

4992 (2018) Grüner 87f. – Vgl. GTgb: «Rath Grüner nach Franzenbrunn fahrend... Rath Grüner brachte Granite und sonstiges Gebirg, blieb bis Mitternacht.» – *Vulkan und Neptun:* Anspielung auf die beiden Theorien der Gesteinsbildung durch Feuer- oder Wassereinwirkung (sog. Vulkanismus und Neptunismus).

4993 (2019) Grüner 88f. – Vgl. GTgb: «Rath Grüner, während des Essens. Fortgesetztes Aufsammeln der Mineralien... Abends... Rath Grüner, das Nächste durchgesprochen.» – *auf dem Kammerbühl:* vgl. GTgb 28. Juli: «Nach dem Kammerbühl gefahren... Mit Schlacken bepackt nach Hause.»

4994 (2020) Grüner 89ff. – Vgl. GTgb: «Polizeyrath Grüner und Kinder, Neues bringend. Fortgesetzte Ordnung. Graf Sternberg. Prof. Pohl und Berzelius. Manches mitgebracht, besprochen. Beschwerlichkeit der Brasilianischen Reise... Zu Tische mit Grüner. Nachher auf dem Kammerbühl. Relation von Auvergne.» Über den Ausflug nach dem Kammerbühl berichtet Goethe in dem kurzen Aufsatz ‹Kammerbühl›, veröffentlicht in Zur Naturwissenschaft überhaupt II 1, 1823 (GA 17, 552f.). – *repueriszieren:* wieder Kind werden, sich in Kinder hineinversetzen. – *Straten:* geologische Schichten.

4995 (2021) Grüner 92ff. – Vgl. GTgb: «Ward gespeist zu fünfen... Der Graf, Pohl und Grüner zur großen Eiche... Der Graf und Pohl fuhren um neun Uhr, bey hellem Mondschein ab. Grüner blieb bis spät.» – *Man will... behaupten:* Niebuhr, Röm. Geschichte I 258ff. (GrumachAntike 864). – *Livius:* V 34 (ebd).

4996 (2013) Ausgewählte Werke des Grafen Kaspar von Sternberg. Bd 2. Materialien zu meiner Biographie. Hrsg. von Wladimir Helekal. Prag 1909. S. 130f. – *samentlich:* altertümliche Form von ‹sämtlich›.

4997 Jacob Berzelius: Reiseerinnerungen aus Deutschland. Berlin 1948. S. 19. Übersetzung aus dem Schwedischen. – *tranchant:* schneidend, absprechend.

4998 (2020a) aaO Hrsg. ... von H.G. Söderbaum. Nach der wörtlichen Übersetzung von Emilie Wöhler bearb. von Georg W.A. Kahlbaum. Leipzig 1903. S. 80ff. – *Flora der Vorwelt:* Versuch einer geognostisch-botanischen Darstellung der Vorwelt (Ruppert Nr. 5159). – *kleine Broschüre:* ‹Der Kammerberg bei Eger›. Sonderdruck aus: Zur Naturwissenschaft überhaupt I 2, 1820 (GA 17, 537ff.). – *mit dem Lötrohr prüfen:* vgl. GTgb 31. Juli: «Nachher [nach dem Essen] Lötrohr Versuche durch Berzelius.»

4999 (2022) Grüner 96f. – Vgl. GTgb: «Rath Grüner bezeichnete die Gebirgs-Arten. Stadelmann hatte die Coburger Folge zurechtgelegt und Nummern geschrieben.»

5000 (2023) Grüner 97ff. – Vgl. GTgb: «Bey Polizeyrath Grüner; Pfarrer von Lohma daselbst ... Bey'm Pater Prior der Dominikaner. Dessen Naturalien Cabinet von einem verstorbenen Bruder herrührend angesehen. Ingleichen die Bibliotheck ... Polizeyrath Grüner, Verabredung auf morgen.» – *Nachdruck:* der ersten Cottaschen Ausgabe (vgl. Hagen Nr. 17).

5001 (2024/2025) Grüner 99 f. und 102 f. – Vgl. GTgb 3. Aug.: «Vorbereitung zur Abfahrt. Abgefahren 8¾ bey kaltem Nordwest. Herr Bergmeister Ign. Lößl kam bis über Zwota entgegen und führte den guten Weg. Angekommen 12½ Uhr. Lage von Falkenau ... Mineralien beschaut ... Cabinet besehen ... Abends zu dreyen. Unterhaltung über kirchliche Bezüge und über einen Naturdichter, Nahmens Firnstein, ward einiges Lobenswerthe vorgelesen.». 4. Aug.: «Abgefahren 10½ Uhr. Angekommen in Hartenberg um Eins. Wohl empfangen. Unterredung mit dem Grafen ... Nach Tafel Mineralien Cabinet. Schöne Blenden von Ratiborschitz.» – *Gedichte Fürnsteins:* vgl. Goethes Aufsatz über ihn unter dem Titel ‹Deutscher Naturdichter› in KuA IV 2, 1823, wo auch die Begegnung mit ihm geschildert wird (GA 14, 504 ff.) und drei Gedichte von ihm abgedruckt werden. – *seit der letzten Anwesenheit Goethes:* im August 1821 (vgl. Nr. 4929).

5002 (2027) Grüner 103 f. – Vgl. GTgb: «Kapellmeister Tomaschek von Prag ... Halb eilf zu Gerichtsadvokat Franck, wo Tomascheck von meinen Liedern spielte, sang und glücklich vortrug. Für mich bis sechs Uhr, wo Gerichtsadvokat Franck, Tomascheck und Rath Grüner mich besuchten; sie entfernten sich einzeln. Letzterer blieb bis spät. Über musicalische Composition, Tomaschecks Verdienste, und was ihm zu wünschen.» – *die Müllerin:* ‹Der Edelknabe und die Müllerin› (GA 1, 129 f.). – *Brief Zelters:* vom 29. Mai 1822 (Hecker 175 ff.).

5003 (2026) Libussa. Jahrbuch für 1850. 9. Jahrg. S. 327 ff. – Vgl. W. Handrick: Goethes Beziehungen zu V.J. Tomášek im Spiegel ihrer Aufzeichnungen. In: JbGG NF 29, 1967, 218 ff. Darin S. 229 über Tomascheks Irrtümer in der Chronologie. – *Wilhelm Meisters Lehrjahre:* im folgenden scheint teilweise eine Verwechslung mit den ‹Wanderjahren› vorzuliegen, speziell in dem, was Goethe in den Mund gelegt wird. – *«An dem See»:* ‹Auf dem See› (GA 1, 57). – *«Mignons Sehnsucht»:* ‹Nur wer die Sehnsucht kennt› (GA 1, 343). – *das Gedicht ... für mein Stammbuch:* entstanden am 24./25. Juli nach der Abreise aus Marienbad, d.h. nach dem Abschied von Ulrike v. Levetzow, veröffentlicht unter dem Titel ‹Äolsharfen› (GA 1, 480). Vgl. Nr. 5193.

5004 (2029) Grüner 104 f. – Vgl. GTgb: «Nach Tische mit Rath Grüner nach Schönberg ... Um 9 Uhr zu Hause.»

5005 (2030) Nach Abschrift aus Nachlaß FBdm. Erweitert gegenüber Bi² 2, 595. – *Goldfuß und Bischof:* A. Goldfuß und G. Bischof: Beschreibung des Fichtelgebirges. 2 Teile. Nürnberg 1817 (Schmid Nr. 2824). – *coluber:* lat. Schlange. – *Deklination ... Inklination:* Abwendung ... Zuneigung.

5006 (2031) Grüner 105 f. – Vgl. GTgb: «Nachts Polizeyrath Grüner. Manzoni's Ode gelesen.» – *Ode Manzonis auf den Tod Napoleons:* ‹Der fünfte Mai›, Ode von Manzoni (GA 1, 585ff.).

5007 (2032/2033) Grüner 106f. – Vgl. GTgb 10. Aug.: «Fikentscher, junger Chemiker und Fabrikant von Redwitz. Mit Grüner... Polizeyrath Grüner wegen der Tour nach Redwitz... Mit Grüner zur Eiche, durch die Tuchrahmen, die Höhe hinauf. Schöne Aussicht in's Egerthal. Zum Oberthor herein.» 11. Aug.: «Nach zwölf abgefahren, in Waldsassen angekommen [Lücke]... Fand... Herrn Loos. Bemerckungen desselben über die Schnitzwercke der Bibliothek... Wir fuhren zurück.» – *Redwitz:* heute Marktredwitz – *keine auf mich bezügliche Bemerkung:* Grüner stellt seinen Berichten jeweils Auszüge aus GTgb voraus. Am 9. Aug. ist Goethe laut Tgb, offenbar ohne Grüner, nach Schönberg gefahren. – *scriptores profani:* weltliche Schriftsteller.

5008 (2034) Grüner 108f. – Vgl. GTgb: «Den Steinschranck zu Grüner».

5009 (2035) Grüner 110f. – Vgl. GTgb: «Um 3 Uhr Nachm. abgefahren, durch Waldsassen und Mitterteich, um achte in Redwitz. Eingekehrt bey Herren Fickentscher, Fabrickherren.» – *Giebigkeiten:* Abgaben. – *Fabrik des Herrn Fikentscher:* über die Goethe stark beeindruckende Glasfabrik vgl. seine Briefe an Knebel vom 23. Aug. (WA IV 36, 127ff.) und Graf Sternberg vom 26. Aug. (ebd 133f.).

5010 (2036) Grüner 111 – Vgl. GTgb: «Voranstalt zur Abreise. Kam Polizeyrath Grüner und Frau; mit ihm die vergangenen Tage rekapitulirt... Um vier Uhr abgefahren... Vor Nacht in Eger.» – *setzte er mir seine Ansicht auseinander:* hierzu Anm. in der Quelle: «Goethe hat einige Partien jener Felsengruppen gezeichnet, und seine Ansicht über sie in den Heften zur Naturgeschichte veröffentlicht.» Unter dem Titel ‹Die Luisenburg bey Alexanders-Bad› in: Zur Naturwissenschaft überhaupt I 3, 1820 (WA II 9, 229ff., dort auch Abbildung der Zeichnungen).

5011 (2037) Grüner 112ff. – Vgl. GTgb: «Untersuchung des Bechers; war für Maximilian Churfürst v. Bayern bestimmt. In seinem Todesjahr 1651 gefertigt... Bergmeister Lößl schrieb und sandte Firnsteins Leben und einige Gedichte... Abends Schillers dreyßigjährigen Krieg bewundert, den Krug gepriesen, der mich das Werck aufzuschlagen veranlaßt. Polizeyrath Grüner Abends. Bisheriges durchgesprochen; auch wie es mit dem Druck von Firnsteins Gedichten allenfalls zu halten.» – *Fürnsteins Leben und Gedichte:* vgl. Nr. 5001 und Anm., ferner Urzidil 295ff. – *in Stuttgart geboren:* vielmehr in Marbach am Neckar. – *auf einem Landgute:* der Freifrau Henriette v. Wolzogen in Bauerbach bei Meiningen. – *Apprehension:* im Sinne von Aversion (Goethescher Wortgebrauch, vgl. GWb). Zur folgenden Anekdote vgl. Anm. zu Schillers Gesprächen NA 42, 658. – *Einleitung zum Druck:* ein solcher kam nicht zustande; erst 1880 wurde eine Auswahl von Gedichten Fürnsteins veröffentlicht.

5012 (2038) Grüner 114f. – Vgl. GTgb: «Nachts Polizeyrath Grüner. Recapitulation des Bisherigen. Was für das Prager Museum zu thun.» – *rücklings:* hinter seinem Rücken, heimlich.

5013 (2039) Grüner 115f. – Vgl. GTgb: «Um elf Uhr zu Grüner. Noch ein Stück Kattun angeschafft... Nachts Rath Grüner.» – *florentiner Mo-*

saikschrank: vgl. Nr. 4938. – *nach seinem Oßmannstedt:* sein Gut hatte Wieland bereits 1803 verkauft und wohnte seitdem in Weimar.

5014 (2040) Grüner 116 – Vgl. GTgb: «Rath Grüner, nach Hartenberg fahrend. Verabredung wegen Sonntags... Erlaß der Gesellschaft des vaterländischen Museums an Grüner.»

5015 (2041) Grüner 117 – Vgl. GTgb: «Gewitter von Mittag her; schlug ein in's Hinterhaus der Apothecke gegenüber meinem Fenster, zündete nicht.»

5016 (2042) Grüner 117ff. – Vgl. GTgb: «Das Fest St. Vinzenz des Stadt Patrons gefeyert... Nach zwölfen mit Polizeyrath Grüner nach Seeberg. Einfallender Regen, doch erfreuliche Lage.»

5017 (2043) Grüner 119f. – Vgl. GTgb: «Aufgeräumt und eingepackt. Mittag bey Grüner. Dr. Köstler von Wien. Über dortige Zustände. Rath Grüners neuacquirirte Mineralien besehen.»

5018 JbSKipp 4, 32 – Vgl. GTgb: «Gegen sechs Uhr in Weimar.»

5019 JbSKipp 4, 32 – *mein Gedicht:* wohl zu Goethes Geburtstag; vgl. Riemers Tgb 28. Aug.: «Feier des Goethischen Geburtstages im Erbprinzen mit Schmaus und Liedern von mir, Schütze und Peucer.»

5020 (2045) Nach Kopie der Hs in der Speck Collection der Yale University, New Haven, USA – *[bei Goethe am 16. September]:* vgl. GTgb: «Die vordern Zimmer in Ordnung. In Erwartung Herrn von Hennings, die chromatischen Gläser und Ordnung in denselben... Nach Tische kam Herr von Henning. Brachte mehrere chromatische Gläser und sonst mit. Abends Professor Riemer. Wir aßen zusammen, kam Herr Canzler von Müller, welcher von seiner Reise und den Begegnissen auf selbiger zu erzählen wußte.» – *Glaubensbekenntnis unserer Musen und Grazien:* das von Förster zu Goethes siebzigstem Geburtstag gedichtete Lied ‹Der Musen und Grazien der Mark Glückwunsch› (vgl. Nr. 7254). – *meine Vorlesungen:* vgl. Nr. 4913 und 4976 und Anm. – *unseres Berliner Meisters:* gemeint ist Hennings Lehrer Hegel. – *Feldzug von 1792:* die 1822 erschienene ‹Campagne in Frankreich›. – *Episode in Pempelfort:* im November 1792 (GA 12, 369ff.). – *wie Sancho Pansa:* in Cervantes' ‹Don Quijote› – *Deine Orientalisten:* Bezug nicht ermittelt. – *Ramajana:* altindisches Epos; Beschäftigung damit in GTgb mehrfach bezeugt. – *[am 17. September]:* vgl. GTgb «Um 10 Uhr Herr von Henning. Mit ihm verschiedene Versuche wiederholt. Sodann las er seine Vorlesungen auszugsweise vor. Kam der erste Revisionsbogen Zur Naturwissenschaft. Mittag von Henning und Hofrath Meyer. Nach Tische Unterhaltung fortgesetzt. Abends für mich. Später Henning; blieben zusammen bey Tische.» – *Lieferung von Steindrücken:* Ankunft in GTgb unter dem 13. Sept. vermerkt. – *erste Bogen des neuen Heftes:* Zur Naturwissenschaft überhaupt II 1, 1823. – *Vorbetrachtung:* WA II 12, 234f. – *Selbstbiographie des Meteorologen Luke Howard:* vgl. Nr. 4978 und Anm. – *Schubarths Schrift über den Homer:* ‹Homer und sein Zeitalter› (1821), in der Bücher-Vermehrungsliste im Oktober 1821 notiert (WA III 8, 315). – *einem jungen Verwandten:* Goethes Großneffe Ferdinand Nicolovius. – *Werner:* vielleicht ist Hennings Freund Ottokar Thon gemeint. – *[18. September]:* vgl. GTgb: «Die Acten der Farbenlehre vorgesucht. Herr von Henning; ihm einige chromatische Acten, sodann auch Requisite zum Apparate gegeben.» – *Rückweg... über Weimar:* Besuch am 7./8. Okt. (vgl. Nr. 7506).

5021 (2046) Sor 1f. – HoubenSoret 13f. (vgl. dort 16f. auch Sorets Brief an seinen Onkel Dumont vom 27. Sept. über seine beiden ersten Besuche bei Goethe am 21. und 24. Sept.) – Von Eckermann benutzt (GA 24, 523). – Vgl. GTgb: «Abends Hofrath Meyer und Herr Soret.» – *Je lui ai fait hommage de mes productions:* vgl. Goethes Bücher-Vermehrungsliste Sept. 1822: «Herr Friedr. Soret, zwey Memoiren in 4°, sechs in 8°, sämtlich mineralogisch-physischen Inhalts.» (WA III 8, 323). Die einzelnen Titel bei Ruppert Nr. 5131ff.

5022 (2047) Sor 2f. – HoubenSoret 14f. – Von Eckermann benutzt (GA 24, 523f.). – Vgl. GTgb: «Hofmedicus Rehbein, die Boisseréeschen Steindrücke gesehen. Hofrath Meyer und Herr Soret; wurden dieselbigen betrachtet...».

5023 Sor 3 – HoubenSoret 15

5024 Sor 4 – HoubenSoret 18 – Von Eckermann benutzt (GA 24, 524) – Vgl. GTgb: «Abends Thee und Musik, gegenwärtig die Herren: von Müller, Hofrath Meyer, Soret, Regierungsrath Schmidt, Hofrath Rehbein, Dr. Schütz, Professor Riemer, Director Peucer.» Demnach wäre in der Lücke im Text Riemer einzusetzen.

5025 Bode 3, 143

5026 Nach Hs im Besitz von A. Thiersch, München

5027 JbSKipp 4, 32 – *Mendelssohns:* Felix mit seinen Eltern und der Schwester Fanny.

5028 Sor 4 – HoubenSoret 18f.

5029 (2048) wie 4956 S. 20f. – *Du bist mein David:* nach 1. Sam. 18, 10f.

5030 (2049) Hensel 129f.

5031 Sor 4f. – HoubenSoret 19 – Von Eckermann benutzt (GA 24, 524). – Vgl. GTgb: «Zum Nachtessen Obermedicinalrath Blumenbach, Sohn und Tochter. Canzler von Müller. Obermedicinalrath von Froriep. Hofrath Meyer. Herr Soret und Professor Riemer.» – *Genève:* Sorets Heimatort.

5032 (2050) Sor 5 – HoubenSoret 20 – Vgl. GTgb: «Nach Zwölfe Herr Soret, das Polarisation-Instrument aufstellend und einigermaßen erklärend... Abends Herr Soret.»

5033 (2050a) aaO 2, 231ff. – *[am 20. Oktober 1822]:* vgl. GTgb: «Löwenthal, Reisender von Wien, von einer Reise durch Frankreich und England kommend.» – *die letztlich von Rauch gefertigte Büste:* Schulte-Strathaus Taf. 118. – *Figürchen vom Sebaldus-Grabe zu Nürnberg:* vgl. Schuchardt 2, 337 Nr. 1297. – *die Volpatoschen Kupferstiche der Raffaelschen Stanzen im Vatikan:* vgl. Nr. 3552. – *Sein von Dawe gefertigtes Bildnis:* Ölgemälde von 1819 (Schulte-Strathaus Taf. 116).

5034 (2051) Sor 5f. – HoubenSoret 20 – Vgl. GTgb: «... die Soretischen für Jena bestimmten Mineralien numerirt und catalogirt.» – *reproches pour ne pas m'être rendu hier chez Goethe:* vgl. die durch Meyer übermittelte allgemeine Einladung (Nr. 5023). – *Goethe veut mettre un post-scriptum:*

vgl. Goethes Zeilen an Lenz vom 25. Okt. (WA IV 36, 185f.).

5035 JbSKipp 4, 32 – *Insel Staffa:* berühmt durch die Fingalshöhle.

5036 Sor 6 – HoubenSoret 21 – Vgl. GTgb: «Abends die herkömmlichen Freunde, auch Gräfin Line Egloffstein.»

5037 Sor 6 – HoubenSoret 22

5038 Sor 6f. – HoubenSoret 22 – Von Eckermann benutzt (GA 24, 524f.)

5039 nach Hs im StA Weimar – *en allant chez Goethe:* der Besuch fand nicht statt, vgl. GTgb 7. Nov.: «Abgelehnte Anmeldung der Hoheit. Deßhalb der Hofrath Huschke.»

5040 (2052) Sor 7 – HoubenSoret 22f. – Vgl. GTgb: «Der Prinz und Herr Soret. Mit diesen die Eschwegischen Diamanten besehen.»

5041 (2053) Sor 7f. – HoubenSoret 23 – Von Eckermann benutzt (GA 24, 525f.) – *Les étudiants d'Iéna sont en révolte:* vgl. den Bericht des Museumsschreibers Färber an Goethe vom 2. Dez. (WA III 8, 390f.). – *[Charon]:* in den ‹Neugriechisch-epirotischen Heldenliedern› (GA 1, 596), vgl. Nr. 4977 und Anm. Über die Wirkung beim Vorlesen des Gedichtes äußert sich Goethe in einem Beitrag, der 1823 in KuA IV 2 erschienen ist (GA 13, 957f.). – *Phaéton:* vgl. GTgb 3. Dez.: «Nach Tische Phaethon.» Veröffentlichung des «Versuchs einer Wiederherstellung aus Bruchstücken» in KuA IV 2, 1823 (GA 14, 666ff.).

5042 (2054) Gr 52 – *Goethes Unterredung mit Napoleon:* es handelt sich um ein erstes Schema, vgl. L. Blumenthal: Zur Textgestaltung von Goethes «Unterredung mit Napoleon». In: JbGG NF 20, 1958, 264ff. – *Tante:* Caroline Freifrau v. Egloffstein.

5043 Gr 52 – Vgl. GTgb: «Abends Musik, der erste Act von dem Grafen Gleichen probirt.» – *Wendung des Studenten-Auszugs:* vgl. Nr. 5041 und Anm.

5044 Sor 8f. – HoubenSoret 26f. – Von Eckermann benutzt (GA 24, 526) – *Monsieur Schmidt:* der Weimarische Regierungsrat Christian Friedrich S. – *l'opéra s'est joué depuis:* am 1. Mai 1824 (vgl. Gr 226 Anm.)

5045 (2056) Gr 52 – *Görres' Kongreß von Verona:* «J.J. Görres veröffentlichte in Stuttgart 1822: Die heilige Allianz und die Völker auf dem Kongreß v. Verona, worin er sich gegen die Einverleibung rheinischer Gebiete in den preußischen Staat wandte.» (Bi^2 5, 131). – *Manzonis Ode auf Napoleons Tod:* vgl. Nr. 5006 und Anm. – *handschriftlichen Dedikation:* vgl. Ruppert Nr. 1690.

5046 (vgl. 2055) Artes. Monuments et mémoires. 1. 1932. Copenhague. S. 135f. – Ersatz für die kürzere Darstellung im Brief Ørsteds an seine Tochter Frau Bull vom 10. Okt. 1823 (GJb 2, 30). – Vgl. GTgb 16. Dez.: «Hofrath Döbereiner. Professor Oersted und Architekt [Lücke] von Copenhagen ... Nach der Comödie Oersted, der Architekt, Herr Oberbaudirector Coudray. Lebhaftes Gespräch über Physikalisches u.s.w.» – *elektromagnetische Erfindung:* Ørsted hatte im Juli 1820 die Ablenkung einer Magnetnadel durch den elektrischen Strom entdeckt. – *Dr. Neeff:* dessen Brief vom 22. Jan. 1822 an Nees v. Esenbeck von diesem am 4. Dez. 1822 Goethe mitgeteilt (WA IV 36, 420 Anm.). – *Werk über den Kölner Dom:* S.

Boisserée: Ansichten, Risse und einzelne Theile des Doms von Köln... [Textbd Tafelbd]. Stuttgart 1821/23 (Ruppert Nr. 2329). – *das Große [?] und Tiefe in der gotischen Baukunst:* gemeint ist wohl die Stelle im 12. Buch von DuW, wo Goethe von seinem frühen Aufsatz ‹Von deutscher Baukunst› spricht (GA 10, 556f.).

5047 wie 5046 S. 137f.

5048 (2057) Sor 9 – HoubenSoret 28 – Von Eckermann benutzt (GA 24, 526)

5049 HoubenSoret 29

5050 (2057a) Gr 52

5051 (2059) Gr 53 – Vgl. GTgb: «Mittag die Gebrüder Hasenclever. Canzler von Müller. Jene beyden blieben Nachmittag.» – *Verwandte von Nicolovius:* David Hasenclevers Frau Henriette und Goethes Nichte Lulu Nicolovius, beide geb. Schlosser, waren Stiefschwestern. – *Kranichschritt:* vgl. GTgb 20. Sept. 1797, wo Goethe Lavater als «Kranich» bezeichnet.

5052 (2058) wie 4086 S. 25ff.

5053 (2058a) wie 4086 S. 27f. Anm.

5054 (2060a) Gr 53 – *General-Superintendent:* Röhr.

5055 (2060b) Gr 53 – *über Pitschafts Hiersein:* vgl. GTgb 8. Jan.: «Mittag zu dreyen. Mancherley Unglücksfälle der Stadt besprochen. Auch die Tollheiten des Pitschafts.» Dieser zog als philosophierender Sonderling durch Deutschland.

5056 (2060c) Gr 53 – Vgl. GTgb: «Abends Gräfin Flavie Beust, Mineralien vom Rheine. Generalsuperintendent Röhr, Canzler von Müller und Hofrath Meyer.» – *Palladios Haus:* die sog. Rotonda (vgl. Nr. 3375 und Anm.). – *Veronesischer Kongreß:* vgl. Nr. 5045 und Anm. – *Tzschirners Protestantismus:* vgl. Nr. 4981 und Anm.

5057 (2060d) Gr 53 – *Von Schlegels indischer Manie:* mit Bezug auf A.W. Schlegels Beschäftigung mit indischer Literatur, als deren erstes Ergebnis seine Ausgabe des ‹Bhagavad-Gita› 1823 erschien (Ruppert Nr. 1783). – *neuer elektrisch-galvanischer Apparat:* vgl. GTgb 16. Jan.: «... Mechanicus Bohne ein Thermometer und einige physikalische Geräthschaften bringend.»

5058 Gr 53 – Vgl. GTgb: «Canzler von Müller bis spät.»

5059 Gr 53 – *ihres Bildes:* d.h. eines halbfertigen Selbstporträts (vgl. Gr 228 Anm.)

5060 Sor 11 – HoubenSoret 36f. – Vgl. die Anm. ebd sowie die Abbildung des Tintenfasses vor S. 49.

5061 (2061) Gr 54f. – Vgl. GTgb: «... Beschäftigung mit Walther. Canzler von Müller. Über die verschiedenen Regierungsglieder.» – *Krieges mit Spanien:* nach der Revolution von 1820 Intervention Frankreichs zur Wiederherstellung eines absolutistischen Regimes. – *Opposition der Württemberger:* gegenüber den Restaurationsversuchen Metternichs (vgl. Gr 229 Anm.). – *Landtags-Wahlen:* vgl. dazu ausführlich Gr ebd. – *Glieder des Regierungs-Kollegiums:* dem Müller als Kanzler angehörte.

5062 JbGG 12, 264f. – *Gedichte:* J.P. Eckermann: Gedichte. Hannover 1821. Mit ausführlicher handschriftlicher Widmung an Goethe (vgl. Ruppert Nr. 879). – *Zeilen, die Sie von Goethe in Händen haben:* vom 2. Okt. 1821 (WA IV 35, 127f.). Die allgemein gehaltene ‹Erklärung und Bitte› wiederholt in KuA III 2, 1821 (GA 14, 314).

5063 (2086a) TieckBr 3, 161 – *«Die Verlobung»:* Novelle, erschienen im Berlinischen Taschenkalender 1823. Vgl. Nr. 5066 sowie die Erwähnung in Sulpiz Boisserées Brief an August v. Goethe am 4. März 1823 sowie dessen Antwort vom 14. März 1823 (Boisserée 2, 352). Hinweis von O.F.

5064 Sor 11f. – HoubenSoret 38 – Von Eckermann benutzt (GA 24, 527). – *Luther, Basnage…:* vgl. Schreckenbach Nr. 78 (Basnage), Nr. 297 (Clavicus), Nr. 1120 (Mosheim). Die Autographen von Luther und Erasmus offenbar nicht mehr vorhanden.

5065 Gr 55 – Vgl. GTgb: «Abends… Canzler von Müller, Unterschrift und Abschiedsgedicht negoziirend.» – *Abschieds-Wirrwarr:* wegen Abreise von Julie v. Egloffstein. – *Abschieds-Verse:* ‹Abgeschlossen sei das Buch…› (GA 1, 692). – *von Gagerns neuem Buche:* H.Ch.E. Frhr. v. Gagern: Mein Anteil an der Politik I. Unter Napoleons Herrschaft. Stuttgart und Tübingen 1823. Vgl. GTgb 14. Febr.: «Von Gagerns Antheil an der Politik. Darinnen gelesen.»

5066 Gr 55 – *Tieckischen Novelle:* vgl. Nr. 5063 und Anm.

5067 (2063) Gr 55 – Von Goethes Unwohlsein kein Wort in GTgb. – *Erzählung von Knebel:* nach GTgb ist Müller am 14. Febr. nach Jena gegangen. – *Stroganow:* vgl. GTgb 18. Febr.: «Anmeldung des Baron Stroganow durch Herrn Staatsrath Struve, welchen ich leider nicht sehen konnte.» – *Operette aus dem Französischen:* La maison isolée, in 2 Akten, von N. d'Allayrac, Text von Marsollier, uraufgeführt Paris 1797 (O.F.)

5068 Gr 56 – Vgl. GTgb: «Gesteigertes Übelbefinden. Besonders heftiger Schmerz am Herzen. Um 11 Uhr zur Ader gelassen… Den ganzen übrigen Tag fortwährend sehr unruhig. Abends 5 Uhr Geh. Hofrath Huschke. Schlaflose Nacht. Hofrath Rehbein blieb im Hause.» Zu Goethes schwerer Erkrankung vgl. Veil 43f., der von «Zerstörungen im Bereich der Herzkranzgefäße» spricht (S. 298 «Herzinfarkt»). – *bei Generals:* August und Isabella v. Egloffstein. – *der König:* Wilhelm I. von Württemberg.

5069 Nach der Hs im StA Weimar

5070 Gr 56 – Vgl. GTgb: «…ging der Puls etwas besser.»

5071 (2065a) Gr 56 – Vgl. GTgb: «…den Tag über in Schmerzen und Unruhe zugebracht.»

5072 Grumach 297 – *Verse in Ihr Denkbuch:* vgl. Nr. 5065 und Anm. – *Sonntags:* 23. Febr.

5073 DüntzerChSchiller 532

5074 Gr 56

5075 Knittermeyer 66

5076 Grumach 297f. – *(Dienstags):* 18. Febr.

5077 Nach Hs im StA Weimar

5078 Gr 56

5079 (2068) Sor 12 – HoubenSoret 39 – Von Eckermann benutzt (GA 24, 527).

5080 (2067) Dembowski 15f. – *Worte...zum Abschied:* vgl. Nr. 5065 und Anm. – *mein Großvaterstuhl:* vgl. Goethes Verse ‹An Frau Oberkammerherrin von Egloffstein› vom 10. Mai 1826 (GA 2, 291). – *Stroganow... in Konstantinopel:* dieser hatte sich 1821 in Konstantinopel um den Schutz der Griechen und der griechischen Kirche verdient gemacht. – *«der Tod steht in allen Ecken...»:* nach Müllers zusammenfassender Darstellung Nr. 5108 soll Goethe dies am 23. Febr. früh zu seinem Sohn gesagt haben.

5081 JbGG 5, 243ff. Der Brief wurde erst später abgeschickt (vgl. Nr. 5129). – *die Schwestern:* Sophie Bohn geb. Wesselhöft und Betty Wesselhöft. – *Dr. Weller:* der noch am gleichen Tage nach Weimar ging, um sich Gewißheit zu verschaffen (vgl. Nr. 5087).

5082 Nach Hs im StA Weimar

5083 Dembowski 15

5084 Heitmüller 271

5085 Gr 56 – Vgl. die beiden ausführlicheren Berichte Nr. 5086f., dazu GTgb: «Der Zustand verschlimmerte sich sehr, bis gegen Abend eine unwiderstehliche Neigung zum Marienbader Wasser eintrat, welches auch getrunken wurde. Später eine Tasse Arnica-Thee getrunken, nach welchem sich der Zustand ganz zu verändern schien.»

5086 (2069) Grumach 298

5087 (2071) Sor 12f. – HoubenSoret 39ff. – Von Eckermann benutzt (GA 24, 527ff.)

5088 Nach Hs im StA Weimar

5089 Gr 56

5090 Grumach 298f. – *Kreuzbrunnen:* ‹Marienbader Wasser› (vgl. Nr. 5085 Anm.)

5091 Sor 13f. – HoubenSoret 41f. – Von Eckermann benutzt (GA 24, 529). – *la visite du Grand-Duc:* GTgb verzeichnet erst am 26. Febr. Besuch des Großherzogs, was wohl auf einem Irrtum beruht. – *aus meinem letzten Brief:* wohl unsere Nr. 4955.

5092 Euphorion 15, 485f. – *«Süßes Leben»:* Egmont V im Dialog mit Ferdinand (GA 6, 97).

5093 JbGG 1, 136 – Rehberg ist zu verbessern in Rehbein. – Vgl. GTgb 25. Febr.: «Die Nacht wenig geschlafen, daher Unruhe und Mißbehagen.»

5094 Heitmüller 271f.

5095 Sor 14 – HoubenSoret 42

5096 wie 4350 S. 113

5097 Nach Hs im StA Weimar

5098 (2074) Sor 14 – HoubenSoret 42f.

5099 JbGG 1, 130ff. – *daß er sich für den Griechen hielt:* zu diesen und andern Gerüchten, die damals umgingen, vgl. Abeken an Gries 9./11. April 1823: «Ist denn das wahr, was ich in mehreren Zeitungen las, Göthe habe gegen den Willen der Ärzte in der Krankheit Champagner getrunken und sich darnach besser befunden? Er sei sich in seinen Phantasien als Admiral der griechischen Flotte vorgekommen und habe tüchtig Feuer auf die Türkischen Schiffe geschleudert?» (JbGG 5, 248). Auf den Branderführer Konstantin Kanaris spielt Goethe in MuR Nr. 347 an (vgl.

SchrGG 21, 65 und ebd 328 Anm.). – *Knebels Boten:* Dr. Weller (vgl. Nr. 5087). – *Hofrätin Voigt:* Susanne (Susette) V. geb. Loevenich, Frau von F.S. Voigt. – *Bulletin... das gestrige:* vgl. Nr. 5093.

5100 JbGG NF 9, 194 ff. – *Baumann:* Hofgärtner. – *Pustkuchen:* Verfasser der «falschen Wanderjahre» (vgl. Nr. 5124 und Anm.). – *die Tanten:* vgl. «die Schwestern» (Nr. 5081 und Anm.)

5101 Abschrift nach Hs im Besitz von A. Thiersch, München

5102 Dembowski 16f. – *mit dem glücklichen Brautpaar:* ihrem Vetter Heinrich v. Egloffstein und Henriette v. Niebecker (Egloffstein 588 Anm.).

5103 Gr 56

5104 Grumach 299 – *Großherzog:* vgl. GTgb 28. Febr.: «Gegen 2 Uhr Besuch Sr. K.H. des Großherzogs.»

5105 (2075a) Heitmüller 273 – Abschrift von Riemer, mit Brief vom 2. März an Frommann gesandt (vgl. Nr. 5109). – Vgl. GTgb 28. März: «Ruhige Nacht.» 1. März: «Zustand besser wie gestern. Früh von 5 bis 8 Uhr ruhiger Schlaf.»

5106 DüntzerChSchiller 534

5107 (2075b) Knittermeyer 67 – Abschrift von Stadelmann, geschickt an J.M. Färber in Jena. Eine andere Abschrift wurde von Riemer an Frommann geschickt (vgl. Heitmüller 274). – Vgl. GTgb: «Am Morgen abermals erquickender Schlaf. Verbesserter Zustand.»

5108 (2061a/2062/2064/2065/2066/2070/2072/2073/2074a/2075c) Gr 56 ff. – Zusammenfassende Darstellung in späterer Niederschrift unter Benutzung eigener Tgb-Notizen und anderer Quellen. – *Besuch... der Frau Großherzogin:* vgl. GTgb 11. Febr.: «Frau Großherzogin um ½ 11 Uhr.» – *Gagerns neues Buch:* vgl. Nr. 5065 und Anm. – *mein Bruder:* August. – *Spiegel von Arkadien:* «Oper von Süßmayr und Vulpius. Weimar 1796» (Gr 230). – *Fortsetzung von Kunst und Altertum:* vgl. Nr. 5114 und Anm. – *Boisseréeschen neusten Lieferungen:* vgl. Nr. 5046 Anm. zu «Werk über den Kölner Dom». Goethes Anzeige erschien in KuA IV 1, 1823 (GA 13, 948f.). – *Großvaterstuhl:* vgl. Nr. 5080 und Anm. – *Inspirieren... Exspirieren:* vgl. Nr. 5087. – *Tagebuch fortgesetzt:* «Die Einträge in den Tagen vom 19.–24. Februar, wo die Krankheit ihren Höhepunkt erreichte, event. auch bis zum 2. März sind erst später aus der Erinnerung heraus nachgetragen worden.» (WA III 9, 346 Anm.)

5109 Heitmüller 272f. – *ärztliche Versicherung:* Nr. 5105. Am Schluß seines Briefes fügt Riemer noch eine Abschrift unserer Nr. 5107 bei. – *21 Grad:* wohl Angabe der Zimmertemperatur (nach Réaumur).

5110 (2075d) KSchmidt 226 – *Caroline:* v. Wolzogen.

5111 Sor 14f. – HoubenSoret 43 – Von Eckermann benutzt (GA 24, 530).

5112 (2075) Dembowski 17 – Das Datum nach der Quelle: «Dimanche soir, Maerz 23.» – In deutscher Übersetzung HoubenSoret 43f. und Bode 3, 162.

5113 HoubenSoret 45 – *gütigen Anerbieten:* im Brief Sorets an Ottilie vom gleichen Tage (ebd 44f.).

5114 (2076) Heitmüller 274f. – *Druck des Heftes von Altertum und Kunst:* gemeint ist KuA IV 2. – *Ein Zettel liegt nicht mehr da:* vgl. Nr. 5107.

5115 wie 4808 S. 113f.

5116 Vollmer 570

5117 Knittermeyer 67

5118 Euphorion 15, 486 – *letztes... Heft von Kunst und Altertum:* IV 1, 1823.

5119 (2076a) Gr 62 – Vgl. GTgb: «Canzler von Müller vom Frankfurter Äsculapsfest erzählend.» – *Reinhards Gedicht:* das «Gedicht zum Äskulapsfest entstand zur Feier von Goethes Genesung und der Geburt des Kronprinzen von Württemberg» (Gr 231).

5120 wie 4350 S. 113f. – *an einem Tisch gegessen:* vgl. GTgb 12. März: «Mittag zusammen gegessen.»

5121 Urlichs 1, 530f. – *Marienbrunnen:* Marienbader Kreuzbrunnen.

5122 Knittermeyer 67

5123 (2077) Gr 62 – Vgl. GTgb: «Canzler von Müller. Graf Reinhards Gedichte... Weber Memoiren.» – *Webersche und Campansche Memoiren über Marie Antoinette:* Joseph Webers ‹Mémoires concernant la Reine Marie-Antoinette de France› (Paris 1822), erwähnt in GTgb vom 15. bis 22. März. Jeanne Louise Henriette Campan ‹Mémoires sur la vie privée de Marie Antoinette...› (Paris 1823), erwähnt in GTgb vom 5. bis 12. März. – *Aufsätze in Kunst und Altertum:* vielmehr in Zur Morphologie II 1, 1823 (LA I 9, 288ff. und 297ff.). – *Heinrich:* vielmehr Franz Heinrich Müller, Kupferstecher und Steinzeichner (vgl. Gr 271).

5124 (2078) KSchmidt 226f. – *Tante:* Caroline v. Wolzogen. – *Pustkuchen:* F.W. Pustkuchen: Wilhelm Meisters Wanderjahre. 3 Teile. Quedlinburg und Leipzig 1821/22. – *Chancelier:* Kanzler v. Müller. – *Professor Schütz:* F.K.J. Schütz: Goethe und Pustkuchen, oder über die beiden Wanderjahre Wilhelm Meisters und ihre Verfasser, Halle 1823. – *Ich komme vom Geheimrat:* vgl. GTgb 17. März: «Frau von Wolzogen und von Schiller.»

5125 DüntzerChSchiller 536

5126 (2079) Urlichs 1, 407f.

5127 Euphorion 15, 486

5128 Gr 62

5129 JbGG 5, 246f. – Fortsetzung von Nr. 5081. Zur Datierung: in der Quelle ist der 30. März angegeben. Unsere Datierung gründet sich auf die Erwähnung des «vorgestern», d.h. am 21. März, erfolgten Besuches von Frommann.

5130 (2080) Gr 62 – *Erzählung der Flucht Louis XVI:* nach «Webers Memoiren» (2, 80ff. nach Gr 231), deren Lektüre GTgb am gleichen Tage vermerkt.

5131 (2081) Sor 15 – HoubenSoret 47 – Von Eckermann benutzt (GA 24, 530). – Vgl. GTgb: «Abends... Frau von Heygendorff, den Kranz aus der heutigen Vorstellung des Tasso bringend.» – *prologue composé par Monsieur Riemer:* vgl. Riemer an Knebel 2. April (HoubenSoret 48f.). – *Alexandrine:* Alexandra Feodorowna geb. Charlotte v. Preußen. Die Büste von Rauch (vgl. Schuchardt 2, 339 Nr. 144). – *Roi de Bavière:* der Besuch des Königs Maximilian I. Joseph von Bayern erfolgte laut GTgb am 16. Mai.

5132 (2082) Gr 63 – Vgl. GTgb: «Canzler von Müller, Gräfin Line Egloffstein... Hauptsächlich die gestrige Vorstellung von Tasso recapitulirend und beurtheilend.» – *Leonore:* die Prinzessin im ‹Tasso›. Es muß offen bleiben, ob sich auch die vorangehende Äußerung bereits auf sie bezieht.

5133 (2083) Sor 15 – HoubenSoret 47 – Vgl. GTgb: «Nach Tische Herr Soret, zwey Trauerspiele Byrons und einige nachgemachte Edelsteine bringend.»

5134 Houben 2, 271 f. – *[9. Februar]:* vgl. Nr. 5063. – *[am 26. März]:* vgl. GTgb: «Der Theatersecretär Teichmann von Berlin, referirend was er in Berlin [vielmehr Paris] gesehen und vernommen.» – *in Erfurt:* beim Fürstentag 1808. – *Zelter in einem seiner Briefe an Goethe:* von Ostern 1823 (Hecker 2, 206).

5135 Gr 63 – Vgl. GTgb: «Besuch von Herrn von Münchow... Abends ... Canzler von Müller; Privata und Publica durchgesprochen.» – *Schreibmaschine:* vgl. GTgb 13. März: «Die Maschine Briefschreibens für Blinde nach Tische studirt und eingesehen.»

5136 (2084) Gr 63 – Vgl. GTgb: «Abends Hofrath Meyer, Canzler von Müller, Herr Soret. Ottilie, mein Sohn zum Thee.» – *Sardanapals und Werners:* vgl. Anm. zu Nr. 5133. – *Geschichtliche Ableitung der Zigeuner:* «durch H.M.G. Grellmann: Historischer Versuch über die Zigeuner, Göttingen 1787; Kap. 6 (S. 327 ff.) die These, daß ‹die Zigeuner aus der niedrigsten Klasse, nämlich Pareier... sind›.» (Gr 232)

5137 (2085) Sor 15 f. – HoubenSoret 47

5138 (2086) GJb 30, 50 ff. Übersetzung aus dem Dänischen. – *zu Goethe:* vgl. GTgb 29. März: «Herr Höyen aus Dänemark.» – *Tieck, Carus...:* alle in Dresden lebend; Karl Christian Vogel v. Vogelstein; Caspar David Friedrich; Karl August Förster; Wilhelm Krause. – *Büste von Trippel:* vgl. Schulte-Strathaus Taf. 71.

5139 (2087) Sor 16 – HoubenSoret 48 – Von Eckermann benutzt (GA 24, 531) – *Journal des Modes:* nach Eckermann «französischen Modejournals». – *Neveu de Rameau:* vgl. Nr. 2023 und Anm., ferner über die Aktualität des Themas Goethes Anhang zu seiner Übersetzung ‹Nachträgliches zu Rameaus Neffe› (GA 15, 1063 ff.).

5140 Grumach 299 – *täglich ausfährt:* Spazierfahrten in GTgb am 30. und 31. März sowie am 1. und 2. April verzeichnet.

5141 KSchmidt 227 – *Großherzogin:* vgl. GTgb 2. April: «Ihro K.H. die Frau Großherzogin.»

5142 (2089) Gr 63 – Vgl. GTgb: «Gräfin Line Egloffstein; Herr Canzler von Müller, welcher länger blieb. Abends Oberbaudirector Coudray und Herr Soret.» – *bei Generals:* vgl. Anm. zu Nr. 5068. – *Salons im Park:* gemeint ist das sog. Tempelherrenhaus (Näheres vgl. Anm. Gr 232).

5143 (2088) Sor 16 f. – HoubenSoret 49 f. – Von Eckermann benutzt (GA 24, 531). – *jour de naissance:* ungenaue Angabe. Goethe war nur gelegentlich an seinem Geburtstage in Ilmenau. Am bekanntesten ist der Aufenthalt anläßlich seines letzten Geburtstages 1831, der vielleicht Soret bei der späteren Reinschrift seiner Tagebücher vor Augen schwebte. – *ignorait:* hier in der deutschen Bedeutung = wollte nicht wissen (nach Anm. in der Quelle). – *drame de Kotzebue:* die Versöhnung (nach HoubenSoret).

5144 (2090) GJb 23, 78f. – *zwei Stücke des artistischen Notizenblattes:* von Böttiger redigierte Beilage des ‹Abendblatts›. Das eine Stück enthielt einen größeren Aufsatz über KuA IV 1 (vgl. Anm. in der Quelle).

5145 (2091) Gr 63 – Vgl. GTgb: «Abends Herr Canzler von Müller. Über die modernen Spaltungen in Religionsangelegenheiten und ihre stete Wiederkehr unter wenig veränderter Form.» – *Festpredigten:* wohl zu Ostern (30. März). – *«Quilibet habet suos manes»:* jeder hat seine besonderen Plagegeister. Nach Vergil, Aeneis VI 743: «quisque suos patimur manis» («ein jeder büßt, wie es sein Dämon heischt», ed. Norden).

5146 Gr 63

5147 (2092) Sor 17 – HoubenSoret 50 – Von Eckermann benutzt (GA 24, 531f.). – *Marot:* Clément Marot (1495–1544), französischer Schriftsteller, der durch seinen leichten und anmutigen Stil, den sog. style marotique, berühmt ist. – *La Flûte enchantée:* der Textdichter von Mozarts ‹Zauberflöte› ist Schikaneder. Zu Goethes Fortsetzung vgl. Nr. 1445 und 1696 und Anm.

5148 KSchmidt 228

5149 (2093) Sor 17f. – HoubenSoret 50f. – Von Eckermann benutzt (GA 24, 532). – *Monsieur [Madame?] de Goethe:* von FBdm (Bi^2 2, 628) und HoubenSoret auf Ottilie bezogen (mit Begründung S. 745).

5150 Gr 64 – *populäre Dogmatik:* «gemeint seine 1823 in 6. Auflage erschienene Populaire und praktische Theologie» (Gr 233).

5151 DüntzerChSchiller 545 – *Cotta:* vgl. GTgb 22. April: «Früh Herr von Cotta auf seiner Durchreise nach Leipzig ...».

5152 KSchmidt 229

5153 (2095) Gr 64 – Vgl. GTgb: «Abends Gräfin Line Egloffstein, Ottilie, der Herr Canzler, Generalsuperintendent Röhr, Hofrath Meyer und Soret.» – *Berlinische Musterbilder für Industrie:* Vorbilder für Fabrikanten und Handwerker. Hrsg. v.d. Königl. technischen Deputation für Gewerbe (Ruppert Nr. 2393). In Lieferungen erschienenes Werk.

5154 (2094) Sor 18 – HoubenSoret 52 – *un petit village:* die Familie Cotta besaß seit dem 15. Jahrhundert die Dörfer Cotta und Cottendorf in Sachsen.

5155 (2096) Gr 64 – Vgl. GTgb: «Gegen Abend Herr Canzler von Müller, Professor Riemer. Mit letzterm Gespräch über die höheren Angelegenheiten der Naturforschung.» – *generatio aequivoca:* Urzeugung. – *v. Hoffs Preisschrift:* K.E.A. v. Hoff: Geschichte der durch Überlieferung nachgewiesenen natürlichen Veränderungen der Erdoberfläche. 2 Teile. Gotha 1822/24 (Ruppert Nr. 4682). Veranlaßt durch eine Preisaufgabe der Göttinger Sozietät der Wissenschaften. Vgl. Goethes Beitrag ‹Herrn von Hoffs geologisches Werk› von 1823 (GA 17, 615f.). – *unerklärbaren Phänomene:* sog. ‹Urphänomene› (vgl. Nr. 4784).

5156 (2097) Sor 18f. - HoubenSoret 54f. - Von Eckermann benutzt (GA 24, 532f.). - Vgl. GTgb: «Ungewisser Krankheitszustand der Frau Großherzogin ... Abends Hofrath Meyer, Oberbaudirector Coudray und Herr Soret.» - *par un Espagnol:* nach HoubenSoret handelt es sich um einen Globus des Nürnberger Mathematikers Johann Schöner. Bi² 5, 133 vermutet, es sei «die Weltkarte, 1527 von Ribero entworfen, gemeint». - *laisser carte blanche:* französische Redensart für ‹freie Hand lassen›. Hier also Wortspiel mit den weißen Stellen der Landkarte.

5157 (2098) Gr 64 - Vgl. GTgb: «Abends ... Herr Canzler von Müller. Untröstliches Billet von Hofrath Rehbein.» - *Isabelle:* v. Egloffstein. - *Großherzogin:* die schwer erkrankt war.

5158 Gr 64 - Vgl. GTgb: «Abends ... Canzler von Müller. Letzterer von Kriegs- und Unterhandlungsgeschichten erzählend.»

5159 (2099) Sor 19 - HoubenSoret 55f. - Von Eckermann benutzt (GA 24, 533). - Vgl. GTgb: «Abends Herr Soret, welcher zum Thee blieb.»

5160 Euphorion 15, 486f. - *Modell zu Goethens Statue:* gemeint ist das für Frankfurt bestimmte Goethe-Denkmal, dessen im Frühjahr 1823 skizzierter, später in Bronze gegossener Entwurf Goethe stehend darstellt (vgl. Schulte-Strathaus Taf. 123 und S. 66f.).

5161 (2100) Sor 19f. - HoubenSoret 56 - Von Eckermann benutzt (GA 24, 533). - Vgl. GTgb: «Abends Herr Soret, einiges Mineralogische und Geologische durchgearbeitet.» - *les petites poésies fugitives:* die 20-bändige Cottasche Ausgabe sollte ergänzt werden, u.a. um zahlreiche Gelegenheitsgedichte. Vgl. Goethe an Schultz 7. Mai 1823 (WA IV 37, 35). - *un des principaux fabricants:* Fikentscher (vgl. Nr. 5009 und Anm.)

5162 (2100a) Gr 64

5163 (2101) Gr 64 - *Hoffmanns Nachlaß:* Aus [E.T.A.] Hoffmanns Leben und Nachlaß. 2 Teile. Berlin 1823. - *Nachdruck:* mit Bezug auf K.E. Schmid: Der Büchernachdruck aus dem Gesichtspunkte des Rechts, der Moral und Politik. Jena 1823 (Ruppert Nr. 563).

5164 Heitmüller 276f. - *Esslair ... Gastrollen:* vom 25. bis 31. Mai. - *Abschluß des Kunst und Altertumshefts ingleichen des Morphologischen:* KuA IV 2 und Zur Morphologie II 1.

5165 JbSKipp 4, 33 - Vgl. GTgb: «Abends Theegesellschaft, siehe Fol. 1 des Tagebuchs.» Die Gäste sind vollständig verzeichnet. WA III 9, 320.

5166 Gr 64

5167 Gr 65

5168 Gr 65 - Vgl. GTgb: «... die Aufstellung der Bilder des Prinzen im Jägerhause ...»

5169 Grumach 299 - *Theseus:* in Racines ‹Phädra›. - *Otto v. Wittelsbach:* in Babos Ritterschauspiel. - *[Dallner]:* in Ifflands ‹Dienstpflicht›.

5170 (2102) Gr 65 - *Schillers Briefe an ihn:* erste Erwähnung der Vorarbeiten für die Briefwechselausgabe in GTgb am 28. Mai.

5171 (2103) Sor 20f. - HoubenSoret 58f. - Von Eckermann benutzt (GA 24, 533f.). - Vgl. GTgb: «Abends Herr Soret, Hofrath Meyer und Canzler von Müller. Mit ersteren Verhandlung über die Barometerstände. Auch war früher Professor Riemer dagewesen.» - *chansons de Béran-*

ger: vgl. GTgb 8. Mai: «Chansons par M.J.P. de Béranger.» – *des observations barométriques:* der Aufsatz ‹Versuch einer Witterungslehre›, handschriftlich 1825 (GA 17, 639) ist erst aus Goethes Nachlaß veröffentlicht worden.

5172 (2103a) Gr 65 – Vgl. GTgb: «Abends... Canzler von Müller blieb zuletzt; Eröffnung einiger Novissimorum.» – *Meister vom Stuhl:* in der Freimaurerloge Amalia.

5173 (2104) Sor 21 – HoubenSoret 60 – Vgl. GTgb: «Abends... Herr Soret. Über Einwirkung der Mathematik in physische Dinge.» – *que les progrès de l'humanité vont en ligne spirale:* vgl. den betreffenden Passus in der Einleitung zu den ‹Materialien zur Geschichte der Farbenlehre› (GA 16, 247).

5174 Neue Zürcher Zeitung vom 1. Januar 1926 – In deutscher Übersetzung HoubenSoret 61 ff.

5175 (2106) Sor 22 f. – HoubenSoret 64 f. – Vgl. GTgb vom 10. Juni: «Um 12 Uhr Eckermann von Hannover... Abends Hofrath Meyer und Soret.» Von diesem Tage datiert Eckermanns erster Bericht (GA 24, 37 ff.). – *un demi-pigeon rôti:* «Soret wußte jedenfalls nicht, daß darunter Käse zu verstehen ist, und schrieb ‹un demi pigeon rôti›, eine halbe gebratene Taube. In Thüringen sagt man ‹halber Truthahn›, am Niederrhein ‹halber Hahn›.» (HoubenSoret 65 Anm.)

5176 Gr 65

5177 (2108) Sor 23 – HoubenSoret 66

5178 (2109a) Gr 65 – Vgl. GTgb: «Abends Herr Canzler von Müller, Hofrath Meyer, von Froriep, Herr Soret. Zuletzt Gräfin Henckel und Frau von Pogwisch. Scherz über Naglers Verdienste.» – *contra Frau v. Pogwisch:* es handelt sich hier wohl um eine politische Meinungsverschiedenheit in preußischen Angelegenheiten. – *Camera lucida:* «helle Kammer, Vorrichtung zum Abzeichnen von Gegenständen nach der Natur.» (Gr 234)

5179 (2111) Gr 65 – Vgl. GTgb: «Abends Canzler von Müller; abermals neuere typographische Händel besprechend.» – *Vorgänge am Bundestage contra Prof. Krug:* «Fragen der Preßfreiheit, für die sich der Leipziger Universitätslehrer Wilhelm Traugott K.... verschiedentlich eingesetzt hatte, waren im Mai 1823 erneut vor dem Bundestag verhandelt worden.» (Gr 234). – *Eloge von Delambre:* «die Lobrede (Moniteur 1823 Nr. 158) auf den 1822 verstorbenen Astronomen Jean Baptiste Jos. Delambre (geb. 1749) stammt von dem französischen Mathematiker J.B.J. Baron Fourier...» (Gr ebd). – *Krankheitsanfall:* vgl. Goethe an Knebel 22. Juni (WA IV 37, 96). – *Rezension:* in der JALZ 1823 Nr. 50–56. Das rezensierte Werk: «Homer, nach Antiken gezeichnet von Heinrich Wilhelm Tischbein, mit Erläuterungen von Dr. Ludwig Schorn. Heft 7/8, Stuttgart und Tübingen 1821/22.» (Gr ebd)

5180 Heitmüller 278 f. – Das Schreiben von Riemer selber als «Quasi-Empfehlung» bezeichnet. – *Eckermann:* vgl. Anm. zu Nr. 5175. – *Redaktion des Manuskripts seiner früheren Rezensionen:* aus den ‹Frankfurter Gelehrten Anzeigen› und ‹Kunst und Altertum›, vgl. Eckermann 11. und

16. Juni 1823 (GA 24, 40ff.).

5181 (2112) Gr 65 – *Pariser Kritiker:* «der Irrenarzt Philipp Pinel ... und der Naturforscher Baron v. Cuvier ...» (Gr 235)

5182 HoubenSoret 68f. – Aus dem Französischen – Brief aus Wilhelmsthal. – *Sammlung seiner zerstreuten ... Gedichte:* vgl. Nr. 5161 und Anm. – *Fortsetzung seiner Lebensbeschreibung:* d.h. der ‹Tag- und Jahreshefte›. – *[Ein freundlich Wort ...]:* GA 1, 680.

5183 Tewes 239f. – Brief aus Jena. – *mitunter gesehen und gesprochen:* vgl. die ähnliche Formulierung Eckermanns 11. Juni 1823 (GA 24, 41).

5184 JbSKipp 4, 33 – Vgl. GTgb: «Weggefahren nach acht Uhr mit meinem Sohn von Jena ...» – *Klaproth:* Heinrich Julius K.: Asia polyglotta. Paris 1823.

5185 (2113) Grüner 130f. – Vgl. GTgb: «Um 6 Uhr Abends in Eger; in der Sonne logirt. Rath Grüner besuchte mich sogleich.» – *dem Herrn Sohne:* vgl. Augusts Brief an Grüner vom 26. Febr. (Quelle 129f.) in fast gleichem Wortlaut wie unsere Nr. 5096.

5186 Grüner 150f. – Vgl. GTgb, worin unter diesem Datum zunächst eine ausführliche Würdigung Grüners und seiner Fortschritte in der Mineralogie gebracht wird. Sodann heißt es: «Kam Herr Rath Grüner, brachte seine neuentdeckten Mineralien und besprach seinen Tauschhandel ... Nach Tische Herr Rath Grüner, seine Reisebücher und Bemerkungen mitbringend. Vorliegende Mineralien verzeichnend und andere zusagend. Ausgefahren bis auf die Höhe vor Mühlbach, daselbst merkwürdiges Quarzgestein gefunden. Abends Unterhaltung über dergleichen Gegenstände und weitere Aussicht.» – *Egerländer Kuchenquarz:* vgl. ähnlich ‹Egerer Pfannkuchen-Quarz› (Nr. 5211).

5187 (2114) Grüner 151ff. – Vgl. GTgb: «Fuhr mit Grüner aus, gegen den Siechhof. Um 7 Uhr zurück. Blieb noch einige Zeit mit ihm zusammen.»

5188 Grüner 153 – Vgl. GTgb: «Um 12 Uhr Rath Grüner. Wurde eingepackt. Grüner blieb bis zur Abfahrt, welche halb 3 Uhr erfolgte.»

5189 (2115) Der Wanderer [Tageszeitung]. Wien. Jahrg. 1864, Nr. 78 vom 18.3.1864 – Der Besuch Brauns ist in GTgb unter dem 7. Juli verzeichnet: «Braun von Braunthal, ein junger Schriftsteller von Wien, der mir schon früher nach Weimar geschrieben ... Tagebuch und Gedichte des jungen Wieners gelesen.» Der erwähnte Brief Brauns vom April (?) 1823 sowie seine schriftliche Anmeldung bei Goethe vom 7. Juli in SchrGG 18, 329ff. – *Römerfahrt:* d.h. Wallfahrt. – *Sekretär:* J.A.F. John. – *Diener:* Stadelmann. – *«Schuld»:* Anspielung auf Müllners bekanntes Schicksalsdrama ‹Die Schuld›.

5190 (2115a) SchrGG 18, 409f. – Der Anlaß des Briefes ist die Bitte um Goethes Urteil über Brauns 1826 erschienenes Trauerspiel ‹Loda. Nach Ossian› (vgl. ebd 410).

5191 (2116/2117) Grüner 154ff. – Vgl. GTgb 12. Juli: «Kam Herr Rath Grüner von Eger.» 13. Juli: «Unterhaltung mit Rath Grüner, besonders über die mitgebrachten ächt vulkanischen Producte. Umständliche Beschreibung einer Fahrt dahin, schriftlich verfaßt und nach der Landkarte durchgegangen... Rath und Räthin Grüner. Einige bedeutende Massen von zerschlagenem Bergkrystall einem Juden abgehandelt.» – *König von Westfalen [vielmehr Holland]:* Persönlichkeit fraglich. Der ehemalige König von Holland, Louis Bonaparte, jetzt Graf v. St. Leu, wird in GTgb erst am 22. Juli als ankommend erwähnt.

5192 Grüner 156 – Vgl. GTgb 14. Juli: «Grüners Relation über die geschmolzenen Erdproducte von Altalbenreuth und Booden revidirt. John fing an sie abzuschreiben.» – *Malers:* des Russen Kiprensky, der Goethe porträtierte (Schulte-Strathaus Taf. 124).

5193 (2118) wie 4925 – *[11./19. Juli]:* Datierung nach FBdm; bezieht sich jedoch nur auf den Anfang des Umgangs, der in Marienbad bis zur Abreise Ulrikes am 17. August dauerte und in Karlsbad vom 25. Aug. bis 5. Sept. fortgesetzt wurde.

5194 (2133a) aaO 3. Aufl. S. 422f.

5195 JbFDH 1902, 251ff. – *Sommer 1823:* Begegnungen mit Elsholtz sind für diese Zeit in GTgb nicht erwähnt. – *Fürsprecher eines Anliegens:* Elsholtz legt Goethe sein Lustspiel ‹Die Hofdame› zur Beurteilung vor. Vgl. Nr. 5918.

5196 (2118a) aaO 1. Teil, 13ff. – *Carl August:* der am 2. Juli kurz vor Goethe in Marienbad eingetroffen war. – *eine meiner jugendlichen Arbeiten:* ‹Die Hofdame› (vgl. Nr. 5195 und Anm.). – *Delavigne... Paria:* das lobende Urteil über die 1821 erschienene Tragödie wird durch Goethes Anhang zu dem Aufsatz ‹Die drei Paria› in KuA V 1, 1824 (GA 14, 853f.) bestätigt. – *«Dreierlei Dinge...»:* vgl. das Gedicht ‹Geständnis› im Divan (GA 3, 291).

5197 (2119) Wagner 3, 186f. – *im Jahre 1772:* vgl. Nr. 107f. und Anm. – *Philipp Heinrich Schmidt:* vielmehr Christian Heinrich Schmid. – *im Hause des Geh.Rats Goetz:* Begegnungen mit diesem in Rüdesheim sind in GTgb nur am 15. und 16. Aug. 1814 bezeugt. – *Rehberg, einem strengen Beurteiler seiner Wahlverwandtschaften:* über Rehbergs Beurteilung Goethes vgl. ausführlich GJb 6, 349ff. – *[am 21. Juli]:* vgl. GTgb: «Frau von Rehberg, Gruß vom Rhein bringend. Späterhin ihr Gemahl Geh. Cabinetsrath Rehberg aus Hannover. Nach Tisch beyde zusammen. Abends 5 Uhr mit Hofrath Rehbein spazieren, erst zur Flaschenfabrik, sodann auf den Ferdinands-Brunnen.»

5198 (2120) GJb 6, 347ff. – *Hallwachs:* in dessen Abschrift liegt dieser Brief vor. – *Die Geschichte seines Lebens... sei geschlossen:* mit Bezug auf ‹Dichtung und Wahrheit› (vgl. Nr. 5327 und Anm.). – *Camoens:* «In einem Sonette des Camoens sagt Jacob, da er Lea statt der Rahel erhalten, und von neuem sieben Jahre dienen muß: ‹Gern dient' ich länger, wäre nicht so kurz das Leben für so langes Lieben› (Übers. Storck 2, 31; A.W. Schlegel 4, 262 Böck.).» (Anm. Quelle 349). – *«statt zu sterben...»:* aus ‹Stirbt der Fuchs, so gilt der Balg› (GA 1, 17).

5199 (2121a) VarnhagenVermSchr³ 2, 343f. – *[am 23. Juli]:* vgl. GTgb: «Nach Tische zur Fürstin Hohenzollern, wo Berlinische Damen. Später bey der Quelle wo ich dieselbigen Frauenzimmer wieder antraf.» – *einen frohen Tag:* den 20. Mai 1778 (nach GTgb).

5200 (2121) GJb 22, 113ff. – Unvollständig wiederabgedruckt in: Lili Parthey, Tagebücher, Leipzig 1928, 282ff. – *agacierte:* neckte. – *Rauchs Büste:* von 1820 (Schulte-Strathaus Taf. 118). – *die Tante:* wohl die Geheimrätin Kohlrausch. – *Kopie nach Kügelgen:* gemeint ist dessen Ölgemälde von 1810 (Schulte-Strathaus Taf. 103). – *Madame Neumann:* Amalie N., geb. Morstädt, damals in Karlsruhe, die durch ihr natürliches Spiel viel Bewunderung erhielt (O.F.) – *Stichsche Geschichte:* wohl mit Bezug auf die leidenschaftliche Verehrung der schönen Auguste Stich durch den jungen Offizier von Blücher, die die Eifersucht des Gatten erregte, welcher ihn dann ein Jahr später ermordete (O.F.) – *Britannicus:* von Racine. – *Zaïre:* von Voltaire. – *Friederike:* Brion. – *Aufenthalt des Königs von Bayern in Weimar:* vgl. Nr. 5131 und Anm. – *Belagerung von Mainz:* Erwähnung gleich zu Beginn (GA 12, 426). – *Prinzessinnen:* von Bayern, erwähnt in GTgb 18. Mai 1823. – *Eugen Beauharnais:* Herzog von Leuchtenberg und Fürst von Eichstädt. – *die Herzogin:* Erwähnung der Krankheit der Großherzogin Louise Nr. 5156. – *in dem Buch Moses:* 1. Mose 5, 21–24. – *Buch der Könige:* 2. Könige 2, 11. – *«Ich bin allhier erst kurze Zeit pp.»:* Faust I Vs 1868. – *die Lili aus Ihrem Park:* Anspielung auf das Gedicht ‹Lilis Park› (GA 1, 326ff.). – *Prag:* Goethe ist nie dort gewesen, vgl. das Kapitel ‹Imaginäres Prag› bei Urzidil 335ff. – *Schilder in Karlsbad:* vgl. Nr. 4989. – *Bruder:* Gustav Parthey. – *Ägypten:* wo dieser als Archäologe war. – *Ulrike:* v. Pogwisch. – *der Papst gestorben:* Pius VII. – *Ach wie traurig:* Zitat aus ‹An Lida› (GA 1, 73).

5201 (2122) Libussa 1850, 344 – Vgl. Nr. 5003 und Anm. – *[...31. Juli 1823]:* Ankunftstag Tomascheks in Marienbad.

5202 Sydow 7, 147 – *zwei Fräulein von Levetzow:* außer Ulrike eine ihrer beiden Schwestern, wohl Amalie, die ältere.

5203 Lili Parthey: Tagebücher aus der Berliner Biedermeierzeit. Hrsg. von B. Lepsius. Leipzig 1928, 294f. – *[am 15. August]:* vgl. GTgb: «Zu Doctor Heidler, wo Madame Milder unvergleichlich sang und uns alle zum Weinen brachte.» – *die Sehnsucht:* Mignons Lied ‹Nur wer die Sehnsucht kennt› (GA 1, 343). Vielleicht in der Vertonung von Tomaschek (vgl. Nr. 5003).

5204 Sydow 7, 152f. – *[am 19. August...]:* vgl. GTgb: «Abends... Frau von Humboldt und Tochter.» – *nach Franzensbrunn:* vielmehr nach Eger. – *Alexander:* v. Humboldt.

5205 (2123/2124) aaO 2. Abt.: Leidensjahre. 1. Theil. Berlin 1862, 37ff. – *[...Friedrich Jacob Lewald.]:* nicht in GTgb erwähnt.

5206 Velhagen und Klasings Monatshefte. 44. Jahrg. 1929, 44. – *ins Stammbuch:* die Verse sind in dem Gedicht ‹Der Kölner Mummenschanz. Fastnacht 1825› (GA 1, 564) enthalten. Sie sind überliefert als ‹Stammbuchblatt für Charlotte v. Ahlefeld, geb. v. Seebach. Fastnacht 1830› (GA 2, 307). Dieses befand sich 1880 im Besitz von Frau D. Platzmann in Leipzig (WA I 5^2, 255).

5207 (2126) Grüner 162 – Vgl. GTgb: «Mittag mit Rath Grüner. Abgefahren gegen Drey. Herrlichster klarer Tag. Von ferne Localität des Meniliths. Über dem Fichtelgebirge der ganzen Reihe nach aufruhende Cumulus; ganz oben drüber ein breiter Nebelstreif, zwischen beyden die Sonne prächtig untergehend. Vertheilung des obern Nebelstreifens in die Atmosphäre.»

5208 (2127) Grüner 163 – Vgl. GTgb: «Steine von Herrn Rath Grüner. Herr von Knorring. Conversation mit ihm über hunderterley Dinge. Derselbe zu Tisch mit Rath Grüner.»

5209 (2125) Theodor von Bernhardi: Jugenderinnerungen. Leipzig 1893, 197 – In GTgb am 11., 12. und 21. Aug. als Knorring erwähnt, unter dem letzteren Datum auch Gesprächsthemen.

5210 Krisenjahre 2, 425

5211 (2128) Grüner 163f. – Vgl. GTgb: «Der junge Fikentscher mit Rath Grüner, über des Vaters Reise, den Gang ihrer Geschäfte und sonst. Nach Tische bey Rath Grüner; dort auch die ältere Schwester gefunden und begrüßt. Die seit einem Jahre angeschafften Mineralien besehen. Über dessen Tauschhandel und ernste Bemühungen in diesem Fache. Mit ihm gefahren bey schönem Sonnen-Untergang bis auf die Höhe über Mühlbach. Eine Fahrt auf morgen nach Albenreuth beschlossen.» – *seit seinem Besuche in Redtwitz:* vom 13. bis 18. Aug. 1822 (vgl. Nr. 5009f.). – *Egerer Pfannenkuchenquarz:* vgl. Nr. 5186.

5212 (2129) Grüner 165ff. – Vgl. GTgb: «Anstalten zur Abfahrt. Um 10 Uhr im Wagen. Fuhren zum Oberthor hinaus... Auf die sanfte Höhe des Rehbergs, wo gleichfalls Thonschiefer. Von da hinab in das Dorf Booden, das am Fuß eines offenbar vulkanischen Hügels liegt... Auf dem Hügel selbst... Altalbenreuth erreicht, wo sich vulkanische Spuren auf der Oberfläche finden... Halb 8 Uhr wieder in Eger... Ausgepackt. Unterhaltung mit Rath Grüner.»

5213 (2130) Grüner 167f. – Vgl. GTgb: «Rath Grüner, die gestrigen Exemplare von Booden und Altalbenreuth arrangirend... Grüners Abhandlung über die Eger-Trachten... Abends Herr Rath Grüner und Meyer.»

5214 (2131) Grüner 169 – Vgl. GTgb: «Hofrath Meyer nahm Abschied. Rath Grüner auch. Verabredung wegen des Grafen Auersperg. ¾ 7 Uhr ab von Eger.»

5215 (2133 und Anm.) wie 2257 S. 8ff. – *in unserm Haus:* dem Haus der Großeltern Brösigke. – *daß ich Goethe heiraten möchte:* Goethe selber hat brieflich bei Ulrikes Mutter um die Hand ihrer Tochter angehalten. Zur Korrektur von Ulrikes späten Erinnerungen vgl. die Darstellung bei Urzidil, hier speziell 167f. – *kurze Zeit... in Marienbad:* vielmehr über einen Monat (vgl. Nr. 5193 und Anm.). – *Karlsbad... auf einige Tage:* Goethe war dort vom 25. Aug. bis 5. Sept. – *[28. August]:* vgl. GTgb: «Man eilte, um 7 Uhr fortfahren zu können. Gegen 9 Uhr kamen wir in Elbogen an... Im weißen Roß eingekehrt, wo Stadelmann alles gestern bestellt hatte... Glasbecher mit den drey Namen und dem Datum... Nach 6 Uhr abgefahren... Glücklich zurückgekehrt bey einbrechender Nacht.» – *in den Briefen:* vgl. Goethe an Ulrike 10. Sept. 1823: «Es war ein schöner Tag des öffentlichen Geheimnisses!» (WA IV 37, 217).

5216 wie 2257 S. 6 Anm.

5217 Sydow 7, 159f. – *2000 Taler Pension:* vgl. die wohl übertriebene Summe von 10000 Talern in Ulrikes Erinnerungen (Nr. 5215).

5218 Euphorion 15, 487

5219 Vordtriede 1, 410

5220 Reiter 3, 251 – *Credat Iudaeus!:* nach Horaz, Satiren I, 5, 100: «Credat Iudaeus Apella» = Das glaube der Jude Apella, d.h.: Glaube es, wer will; ich glaube es nicht.

5221 (2132/2134) Grüner 173ff. – Vgl. GTgb 5. Sept.: «Früh alles gepackt. Kam Rath Grüners Wagen, dem die sämmtlichen Steine aufgeladen wurden; auch mein Wagen fuhr ab... Nach 5 Uhr in Hartenberg.» 6. Sept.: «Nach Tische kam Rath Grüner... Nach Tische bey'm Kaffee Rath Grüners mitgebrachte Mineralien besehen.»

5222 Grüner 178 – Vgl. GTgb: «Abschied vom Grafen und der Familie... In Eger gegen 1 Uhr.»

5223 (2135) Grüner 178f. – Vgl. GTgb: «Zu Rath Grüner... Zum Oberthor hinaus, rechts um den Wall. An der Eger hin... Mittag für mich. Rath Grüner war auf eine Pfarreinführung ausgefahren... Späterhin Rath Grüner, der von seiner Pfarreinführung erzählte, Mineralogica besprach und wie in dieser Angelegenheit fortzufahren.»

5224 Grüner 180f. – Vgl. GTgb: «Das völlige Einpacken verspätete uns, Rath Grüner war gegenwärtig. Aus Eger 9 Uhr.»

5225 aaO 14

5226 (1994a) wie 4940 S. 507 – *meine Lyrischen Blätter:* erschienen Leipzig 1821.

5227 (2008a) aaO 287f. – *Verse zu Zeichnungen Tischbeins:* der Zyklus ‹Wilhelm Tischbeins Idyllen› (GA 1, 541ff.), veröffentlicht in KuA III 3, 1822. – *den Anakreon:* die in einem Lederband mit dem Titel ‹Genius› enthaltenen zehn Aquarelle hatte Goethe bereits 1817 von Tischbein erhalten (vgl. Schuchardt 1, 292 Nr. 711). Vgl. SchrGG 25, 17.

5228 Münter 2, 119 – *marmousets en question:* die fraglichen Götzenbilder. Gemeint sind wohl die 1817 aus dem Nachlaß der Herzogin Anna Amalia für die Weimarer Bibliothek erworbenen 81 sizilianischen Marmortäfelchen (vgl. O. Lerche, Goethe und die Weimarer Bibliothek, Leipzig 1929, 41). – *Kuriositäten:* gemeint ist die Schriftenreihe ‹Curiositäten der physisch-literarisch-artistisch-historischen Vor- und Mitwelt›, Weimar 1811ff.

5229 aaO 14f.

5230 (2060) aaO 3. Aufl. Oldenburg 1882, 102f.

5231 Euphorion 15, 485

5232 Egloffstein 180 – Danksagung für das Widmungsgedicht vom 28. Dez. 1822 ‹An Julien› (Von so zarten Miniaturen...) (GA 1, 692).

5233 Johannes Falk: Geheimes Tagebuch. 1818–1826. Aus dem Nachlaß hrsg. von E. Schering unter Mitwirkung von G. Mlynek. Stuttgart 1964, 236.

5234 aaO 13 – *[... in Pößneck]:* Station auf der Durchreise 1821, 1822 und 1823, zuletzt am 12./13. Sept. 1823.

5235 (2138) aaO 23f. – Ein Besuch Goethes im Kloster Tepl ist laut

GTgb für den 9. Juli 1822 bezeugt. Urzidil 248f. setzt auch für diesen Tag (wohl unsrer Quelle folgend) die Aufführung Hummelscher Kirchenmusik an. Zweifelhaft muß aber die auf den Schauspieler La Roche zurückgehende Erzählung bleiben, da dieser erst später in nähere Beziehung zu Goethe trat.

5236 (2028) aaO S. 23

5237 (2139) Zauper 129 - Vgl. Zaupers ersten Bericht Nr. 4920 und Anm. Begegnungen fanden 1821, 1822 und zuletzt am 19./20. Juli 1823 statt.

5238 (2140) Zauper 136

5239 (2141) Zauper 143 - *Tomaschek:* vgl. Nr. 5003 und 5201.

5240 (2142) Zauper 169

5241 (2143) Zauper 193

5242 Zauper 196f. - *Eckermanns Gespräche:* die ersten beiden Teile waren 1836 erschienen. - *über Schiller:* vgl. Eckermann 18. Jan. 1825 (GA 24, 143f.). - *gemütlichen Zwiespalt:* Zwiespalt des Gemüts.

5243 (2012) Zauper 197f. - *Gloriet:* Gloriette = Gartenpavillon.

5244 Zauper 200 - *Elegie:* die sog. Marienbader Elegie, der zweite Teil der ‹Trilogie der Leidenschaft› (GA 1, 475ff.)

5245 Zauper 200f.

5246 KatSKipp 2, 10

5247 Grüner S. Vf. - Der Widmungstitel lautet: «Ihro Kaiserlichen Hoheit / der regierenden Frau Großherzogin / zu Sachsen-Weimar und Eisenach / Maria Paulowna, / geborenen Großfürstin von Rußland / ehrerbietigst unterthänigst / gewidmet.»

5248 Grüner 202f. - *Haslau:* vgl. GTgb 9. Sept. 1821: «...nach dem Mittag-Essen auf Haslau, von da zu den Egeranbrüchen.»

5249 (2044) Grüner 131ff. - in direktem Anschluß an Nr. 5185. - *Parva:* die Kleine, Bezeichnung der untersten Klasse im Gymnasium - *Alcibiades:* histor. Roman, 4 Bände, Leipzig 1781/88. - *Ruf nach Fulda:* 1805. - *Nix, nox et nebulae...:* Schnee, Nacht und Nebel und Dünnbier gibt es in Fulda - *des... Wikard Lebensgeschichte:* Adam Melchior Weickardt; vgl. Justinus Kerners Werke, hrsg. von Pissin, 1, 114 (Hinweis Pfeiffer-Belli) - *traurige Schicksale:* er starb am 20. Febr. 1807. - *Etiam nihil didicisti:* du hast auch nichts gelernt. - *in seinen... Aphorismen:* MuR 226 (GA 9, 520). - *Neckarmünde:* Neckargemünd. - *Lebensdauer:* Grüner wurde in der Tat 84 Jahre alt.

5250 Knittermeyer 70f. - *Kutscher:* Wilhelm Heinrich König. - *im Gasthof:* Goethe selber wohnte im Gartenhaus des Botan. Gartens (vgl. Nr. 5225).

5251 SchrGG 28, 74f. - Vgl. GTgb 13. Sept.: «Bey Herrn Major von Knebel zu Tische, wo ich meinen Sohn fand. Gegen Abend in den botanischen Garten. Denselben durchgegangen. Mit meinem Sohn vorläufig das Nöthige besprochen.» - *einige Verlegenheit:* wegen der Beziehung zu Ulrike v. Levetzow. - *Pereat:* «dieses Pereat war dem noch abwesenden Goethe am Abend seines Geburtstages gebracht worden, weil die Studenten ihn des Indifferentismus gegenüber einem das Singen auf den Straßen beschränkenden Erlaß des Rektors und Senats beschuldigten.» (Anm. Quelle 393).

5252 SchrGG 28, 75f.

5253 JbGG 5, 248f.

5254 JbSKipp 4, 33 – *Wein von Bremen:* zur Übersendung des sog. Rosenweins aus dem Jahre 1624 zu Goethes Geburtstag vgl. N. Meyers Brief an Kanzler v. Müller vom 14. Aug. (Kasten 312ff.)

5255 (2147) Gr 65ff. – *herrliches Festspiel:* Ludwig Robert: Zum 28. August 1823. (Zur Feyer von Goethe's 75stem Geburtstag). Veröffentlicht 1825. – *«Cain»:* von Byron. Erschienen Paris 1822 (Ruppert Nr. 1489). – *schönen Rezension:* «von Lange, JALZ 1823 Nr. 161 bis 172» (Gr 235). – *Schubarths homerische Rhapsodien:* vgl. TuJ 1821: «Schubarths Ideen über Homer [‹Ideen über Homer und sein Zeitalter›, 1821] wurden laut, seine geistreiche Behandlung, besonders die herausgehobene Begünstigung der Trojaner, erregten neues Interesse, und man fühlte sich dieser Art die Sache anzusehn geneigt.» (GA 11, 935). – *Prinzeß Julie von Hohenzollern:* vgl. Nr. 5258. – *Moores Liebe der Engel:* Thomas Moore: The Loves of the Angels. London 1823. – *bei Generals:* August und Isabella v. Egloffstein.

5256 Eduard Wedekind: Studentenleben in der Biedermeierzeit. Hrsg. von H.H. Houben. Göttingen o.J., 148ff. – *Marqueur:* Aufwärter. – *ein Mädchen von ohngefähr sechs Jahren:* er meint wohl Goethes Enkel Walther.

5257 (2149) Gr 67 – *Humboldtischen Vorlesung über Vulkane:* A. v. Humboldt: Über den Bau und die Wirkungsart der Vulcane in verschiedenen Erdstrichen. Gelesen in der öffentl. Versammlung der Königl. Akademie der Wissenschaften zu Berlin am 24. Jan. 1823. Berlin 1823 (Ruppert Nr. 4702). Vgl. Goethes Rezension in Zur Naturwissenschaft überhaupt II 1, 1823 (GA 17, 604ff.). – *treffliche Schilderung:* in seinem Brief an Goethe vom 5. Sept. (Bratranek 2, 61ff.). – *von dem er Näheres hatte wissen wollen:* vgl. Goethe an Nees 22. Aug. (WA IV 37, 186).

5258 (2148) Grumach 299f. – *[am 14. September]:* vgl. GTgb: «Müller, Geschichte seiner Reise; Einheimisches, Novissima; blieb bis Mitternacht.» – *Rehbeins Braut:* Katharina (Catty) v. Gravenegg. Über die Hochzeit in Eger vgl. Grüner 183, ferner Nr. 5296. – *den Freischützen:* Oper von C.M. v. Weber. – *Facundliches:* nach lat. facundus = beredt. – *seine Bekanntschaft:* am 27. August, vgl. GTgb: «Fürst Hohenzollern-Hechingen redete mich an; ingleichen Prinzessin Julie.»

5259 (2150) Gr 67f. – *Probedrucke:* zu Wilhelm Hensel: Die lebenden Bilder und Pantomimischen Darstellungen bei dem Festspiel Lalla Rukh, aufgeführt auf dem königlichen Schlosse in Berlin den 27. Jan. 1821...Berlin 1823 (Ruppert Nr. 2529). Zur Aufführung der «famous masquerade» vgl. Nr. 4840 und Anm. – *des Kurators:* Philipp Wilhelm v. Motz (nach Gr 236). – *meine Institute:* die der sog. Oberaufsicht über alle unmittelbaren Anstalten für Wissenschaft und Kunst unterstellten Einrichtungen. – *Werlhof-Cimmerischen:* «Julie v. W., eine Freundin der Gräfinnen Egloffstein, die Müller auf seiner Sommerreise kennen gelernt hatte; warum Werlhof/Cimmerischen nicht geklärt.» (Gr 236f.)

5260 (2151) Gr 68f. – *Originalmanuskript:* vgl. Anm. zu Nr. 5139. – *Verleger:* J.L.J. Brière. – *«Il y a peu de voix...»:* es gibt wenig Stimmen, aber viel Echo in Frankreich.

5261 (2152) Gr 69f. – Vgl. GTgb: «Abends Canzler von Müller, über Christen- und Juden-Heirathen, unerfreuliche Unterhaltung.» – *neues Juden-Gesetz:* «die neue Judenordnung erschien am 23.6.1823 im Großherzoglich Sachsen-Weimarischen Regierungsblatt» (Gr 237). – *General-Superintendent:* Röhr. – *Il vous faut de la séduction:* Sie brauchen Verführung.

5262 (2152a) Gr 69 – *Clementine:* v. Mandelsloh, geb. v. Milkau – *großes Gedicht:* Marienbader Elegie (vgl. Anm. zu Nr. 5244)

5263 Schleif 178 – Nach der Quelle an einen von Goethes Karlsbader oder Marienbader Bekannten gerichtet. – *die Haare:* vgl. Nr. 5037.

5264 (2153) Gr 70f. – *Prof. Umbreit:* Theologe, Orientalist aus Heidelberg. – *Frau v. Schlegel:* Sophie Caroline, zweite Frau von A.W. Schlegel. – *Den Divan ... fortsetzen:* dies geschah in der Tat später innerhalb der Ausgabe letzter Hand. – *Wegscheiders Dogmatik:* J.A.L. Wegscheider: Institutiones theologiae christianae dogmaticae. Halle 1815. – *Kapps Christus und Sokrates:* Ch.E. Kapp: Bruchstücke einer Theodicee. Heidelberg 1823. (Gr 238)

5265 (2154) aaO 1, 174

5266 (2156) Gr 71f. – Vgl. GTgb: «Abends ... Canzler von Müller. Gedichte vorlesend und anhörend.» – *Kupfer zu Lalla Rookh:* vgl. Nr. 5259 und Anm. – *Cuviers Lobrede auf Hauy:* Eloge historique de M. Haüy, Paris, Mus. hist. nat. Mem. X 1823, 1–35. Goethe hatte sie wohl im ‹Moniteur Universel› vom 15./16. Juni gelesen. (FBdm) – *«Le ciel...»:* der Himmel ist ganz der Geometrie unterworfen. – *vis centrifuga:* Zentrifugalkraft. – *Gedichte auf Gräfin Szymanowska ... und auf ihre Schwester:* das dritte Gedicht der ‹Trilogie der Leidenschaft› mit dem Titel ‹Aussöhnung› (GA 1, 479f.) und ‹An Fräulein Kasimira Wolowska› (ebd 686). – *Episteln an L.:* «vermutlich ein Gedicht für Line von Egloffstein» (Gr 238) – *die Tiedgenschen:* Ch.A. Tiedge: Episteln. Göttingen 1796. – *Knebels Aufreizung:* im Brief an Müller vom 23. Sept. (vgl. Gr 238). – *Wernersche Sonetts:* aus der Zeit der ‹Sonettenwut› im Winter 1807/08. – *24. Februar:* Anspielung auf Z. Werners Schicksalsdrama, aufgeführt am 24. Febr. 1810 in Weimar; vgl. Nr. 3183 und Anm. – *Gozzi ... sechsunddreißig Motive:* vgl. Nr. 6506 – *actio in distans:* Wirkung in die Ferne. Vgl. Nr. 2128 und Anm. – *a tempo:* zur rechten Zeit.

5267 (2155) Grumach 300f. – *wichtige Perspektive:* Aussicht auf den Posten einer Hofdame bei der Großherzogin Louise (den sie in der Tat 1824 erhielt). – *Wohl hat Dein Testament...:* Text abweichend von der Originalfassung (vgl. GA 1, 686). – *Tante:* Caroline Freifrau v. Egloffstein. – *Auguste:* jüngste Schwester der Gräfin Julie.

5268 (2157) Gr 72f. – Vgl. GTgb: «Abends Gräfin Lina von Egloffstein. Las derselben das Buch des Paradieses vor.» – *zwei herrliche Gedichte:* ‹Einlaß› (GA 3, 391f.); das zweite ist nicht mit Sicherheit zu bestimmen. – *Mach doch nicht:* Zitat abweichend vom Original. – *den Briten:* Thomas

Moore, Verfasser des Epos ‹Lalla Rookh›. – *Coudray:* der Carl August Anfang September auf einer Reise nach Berlin begleitet hatte (Gr 239). In GTgb ist der Besuch Coudrays und das Gesprächsthema erst am 27. Sept. erwähnt.

5269 (2158) Gr 73 – *Wiedererzählung des Abenteuers:* vgl. Nr. 5258 und Anm. – *von Petersburg her:* wo sie 1815 und 1821/22 als Hofdame Maria Paulownas gewesen war. – *jungen, trefflichen Polen:* vgl. GTgb 4. Aug.: «Nach Tische kam Herr von Petrowsky [Constantin v. Piotrowski]. Erzählung der Tragödie Luidgarda [‹Luitgarda› von Ludwig Kropinski].» – *Gedicht an die schöne Polin:* vgl. Nr. 5266 und Anm.

5270 Sor 23 – HoubenSoret 73 – Das Datum wohl nach GTgb vom 28. Sept., wo Soret erstmals wieder erwähnt wird, zu berichtigen. – *Bovy:* vgl. Schulte-Strathaus Taf. 129a und S. 69f.

5271 Gr 73f. – Vgl. GTgb: «Bey'm Großherzog zur ersten Aufwartung. Vieles Mitgebrachte besehen...»

5272 (2159) Gr 74f. – *Staatsrat Schultz:* war am Tage vorher eingetroffen, vgl. GTgb 28. Sept.: «Fuhr dem Geheime Regierungsrath Schultz entgegen...». Er blieb bis zum 9. Oktober. – *Medaillen... Auf der einen:* Schuchardt 2, 72 Nr. 182. – *«liberalitas augusta»:* Freigebigkeit des Kaisers. – *Medaillen der Päpste:* vgl. Schuchardt 2, 75 Nr. 197ff. – *schöne Gonzaga:* Paula Marchesa Trivulzio; vgl. Goethes Aufsatz ‹Restaurirtes Gemählde› (WA I 49^1, 300ff.). – *Schenkischen Terzinen:* Eduard v. Schenk: Canovas Tod. 2. Aufl. München 1823. – *Tropen:* vgl. zu diesen Nr. 4677 und Anm.

5273 JbSKipp 4, 33 – Vgl. GTgb: «... Graf Reinhard und Familie.» Sie blieben bis zum 8. Okt.

5274 (2160) Gr 75f. – Vgl. GTgb: «Mittag im Familienkreise des Grafen Geburtstag gefeyert. Abends Canzler von Müller mit geselligen Anträgen.» – *«Ewiger Thee...»:* vgl. die spätere Ausführung Grumach 80f. – *Landschafts-Zeichnungen von 1810:* vgl. TuJ 1810 (GA 11, 844) und ‹Über die Entstehung der zweiundzwanzig Blätter meiner Handzeichnungen› (GA 13, 873ff.). – Vgl. ferner Corpus VII, 170 Anm. zu Nr. 964. – *sieben Dichter:* vgl. Divan Noten und Abhandlungen (GA 3, 443ff.)

5275 (2161) Sor 24 – HoubenSoret 74

5276 (2161b) Gr 76f. – Vgl. GTgb: «Die Professoren Wilbrand und Ritgen aus Gießen. Von Henning aus Berlin. Graf Reinhard und Frauenzimmer speisten in Belvedere. Nach Tische mit Schultz, sodann Graf Reinhard und Familie, ingleichen Canzler von Müller... Bei uns zum Thee von Henning, Frau und Schwester.» – *Höhenkarte:* in J.B. Wilbrand und F.A. Ritgen: Gemälde der organischen Natur in ihrer Verbreitung auf der Erde. Gießen 1821 (Ruppert Nr. 5268). Vgl. die beiden Rezensionen Goethes (WA II 7, 101ff.). – *drei Gefangenschaften:* «1807 in Jassy, 1815 in Frankfurt; als dritte wohl gemeint die kurze Inhaftierung vor Robespierres Sturz» (Gr 240).

5277 (2162) Gr 77 – *«Die Tante»:* erschienen Frankfurt 1823.

5278 (2164) Sor 24 – HoubenSoret 75 – *médaille:* von Bovy (vgl. Nr. 5270 und Anm.)

5279 (2163) Gr 77f. – Vgl. GTgb: «Canzler von Müller wegen der Eintheilung des Tags. Graf Reinhard einige Stunden vor Tische... Die Tante, Roman von Madame Schopenhauer. Abends Graf Reinhard in kleiner Gesellschaft.» – *Negoziation:* in der ursprünglichen Fassung von Müllers Tgb heißt es: «Glückliche Negotiation früh wegen Reinhards Hierbleiben...» (Gr 77). – *Bilder des Himalaja-Gebirgs:* J.B. Fraser: Views in the Himala Mountains. London 1820. Besprochen in KuA IV 3, 1824.

5280 JbSKipp 4,33f. – *Bremenser Wein:* vgl. Nr. 5254 und Anm. – *Gedicht des Kanzlers:* ‹An Goethe und Reinhard. Zum 6. October 1823. bei Entriegelung zweihundertjährigen Rheinweins genannt «die Rose» gespendet von dem Magistrate der Freien Stadt Bremen, zu Goethe's Geburtsfeste›. Von Müller briefl. übermittelt an N. Meyer am 8. 9. (Kasten 321).

5281 (2165) Gr 78f. – *die junge Reinhard:* Sophie Caroline R. – *die hasenhaften:* ‹Hasenlust› und ‹Hasennot› (Gr 241). – *Schreckenszeit:* Näheres folgt im Anschluß hieran.

5282 (2160a) Grumach 302 – *das anliegende Gedicht:* vgl. Nr. 5280 und Anm.

5283 (2166) Gr 79 – Vgl. GTgb: «Mit Graf Reinhard nach längerem vertrauten Gespräch Belvedere besucht... Büste der Juno Ludovisi. Zu Tische Herr Canzler von Müller. Nach Tische mannigfaltige Unterhaltung.» – *Judenbrief:* «in: Blitzableiter für melancholische Gewitterschauer, Hannover 1823 S. 142 von Joh. Gg. Karl Harrys (1780–1838), Schriftsteller, Hospitalverwalter in Hannover» (Gr 242f.). – *Tischbeinische Mappe:* vgl. Schuchardt 1, 292 Nr. 710. – *Goethes Zimmer zu Rom:* Tischbeins Federzeichnung mit der Juno-Büste (vgl. Abb. 4 bei Gr neben S. 80).

5284 Grumach 302f.

5285 Egloffstein 197 – *Fräulein v. Wimpffen:* Johanna Antoinette Virginie Gräfin v. W.: nicht, wie in der Quelle S. 588 angegeben, Reinhards Nichte, sondern Freundin seiner Tochter und später seine zweite Frau. – *jungen Nicolovius:* Ferdinand N.

5286 GJb 11, 58f. – in deutscher Übersetzung Bode 3, 193ff. – *chaire fondée à Berlin:* mit Bezug auf v. Henning (vgl. Nr. 4976 und Anm.)

5287 (2166b) wie 4489 S. 293f. – Der intensive Umgang mit Schultz ist durch tägliche Eintragungen in GTgb vom 28. Sept. bis 9. Okt. bezeugt.

5288 KSchmidt 251f.

5289 (2167) Gr 79f. Vgl. GTgb: «Abends Canzler von Müller, die Reise nach Gotha, Schnepfenthal, Reinhardsbrunn mit Graf Reinhard und Familie erzählend.» – *Grimm:* «Friedrich Melchior Baron v. G. ... suchte nach der Französischen Revolution am befreundeten Gothaer Hofe Zuflucht» (Gr 243). – *Stella... früherer Schluß:* gemeint ist der nicht tragische Schluß der Fassung von 1775.

5290 Nach der Hs im Märkischen Museum, Berlin-Ost. [Druckerlaubnis mit Brief vom 23.7.1970.] – Hinweis von Dr. Friedrich Schnapp. Hamburg. – Zur Datierung vgl. GTgb 12. Okt. 1823: «Landschaftsmaler Rösel von Berlin kommend... Maler Rösel zu Tische mit Professor Riemer, beydes Landsleute und Schulfreunde.» Danach die Datierung des Briefes («vor etwa fünfzehn Jahren»). Beide Daten sind jedoch nicht gesichert. – *diesen Krimskrams:* wohl S. Rösel: ‹Kirchenfeste›.

5291 (2168) Gr 80 – *Himmel und Erde:* Heaven and earth a mystery. Paris 1823 (Ruppert Nr. 1491). – *zwei Romane:* ‹Kenilworth› (vgl. Nr. 4963 und Anm.) und ‹Der schwarze Zwerg› (vgl. GTgb 29. Aug., 1. Sept. und 3. Sept. 1823). – *«Die Rose von Jericho»:* Zürich 1819.

5292 Fahrten nach Weimar 134 – *einen Brief:* Jacob Grimms Empfehlungsbrief an Goethe vom 1. Okt. 1823 siehe Quelle 133f. – *«Dioba Jakšića»:* Grimms Übersetzung unter dem Titel ‹Erbschaftstheilung. Serbisch› abgedruckt in KuA IV 3, 1824. – *[13. Oktober]:* vgl. GTgb: «Abends Mr. Sterling und [Lücke].» Vgl. dazu die Anm. WA III 9, 383, wo bereits nach R. Steig der Bezug auf unseren Berichterstatter hergestellt wird. – *serbischen Grammatik:* in der 1. Auflage erschienen 1814, erweiterte Fassung 1818. Nach Anm. Quelle S. 158 findet sich die Rezension vermutlich in den ‹Göttingischen Gelehrten Anzeigen›.

5293 (2170) Sor 24f. – HoubenSoret 75 – Vgl. Eckermann vom gleichen Tage (GA 24, 52ff.). – Vgl. ferner GTgb: «Abends bis 11 Uhr. Dazu kam Geh. Rath von Savigny aus Berlin mit Familie. Regierungsrath Schmidt spielte auf dem Flügel.» – *ouvrage sur les poésies de Goethe:* Beyträge zur Poesie mit besonderer Hinweisung auf Goethe. Stuttgart 1824. Goethe hat das Werk vom Verfasser am 3. Okt. 1823 erhalten (Ruppert Nr. 1922). – *appareil de miroirs et de verres taillés:* vgl. GTgb 11. Okt.: «...eine Garnitur entoptischer Gläser bereitet.»

5294 (2170a) Gr 80f.

5295 (NN 2170aa) Vossische Zeitung, Berlin, Sonntagsbeilage Nr. 48 vom 27.11.1910, S. 381 – Datierung nach FBdm; es ist jedoch nicht auszuschließen, daß die Äußerung bei anderer Gelegenheit erfolgt ist.

5296 (2170b) Grüner 185

5297 (2172/2172a) Gr 81f. – Vgl. GTgb: «Professor Riemer. Canzler von Müller. Über die Anwesenheit Raupachs. Öffentliche bedenkliche Angelegenheiten. Vorläufige Entwickelung des spanischen Schicksals.» – *Fragmente der Euripideischen Niobe:* vielmehr ‹De Aeschyli Niobe dissertatio›, Leipzig 1823 (vgl. GrumachAntike 251). – *«Bakchen»:* Goethe hatte kurz vorher erhalten: Euripidis Bacchae rec. Godofredus Hermannus. Leipzig 1823 (Ruppert Nr. 1260). – *das Nicaeische Concilium:* im Jahre 325. – *Tibull:* Reinhards Übersetzung von 1783 (Ruppert Nr. 1448). – *«Ecce jacet Tibullus»:* da liegt Tibull. Vgl. Tibull I 3, 55 und Zahme Xenien III ‹An unsers himmlischen Vaters Tisch ...› (GA 1, 625). – *Beweis der Unsterblichkeit:* vgl. Zahme Xenien III ‹Du hast Unsterblichkeit im Sinn ...› (GA 1, 629). – *ihrer Schwester:* der Herzogin von Kurland, gest. 1821.

5298 Gr 82

5299 (2174) Sor 25 – HoubenSoret 76 – Vgl. GTgb: «Gegen Abend ... Herr Soret, besonders über entoptische Versuche, die er selbst angestellt, sich unterhaltend.» – *brochure de Humbert:* Jean Humbert: Discours sur l'utilité de la langue arabe ... Genève 1823 (Ruppert Nr. 760). – *Ghaseles:* vgl. Nr. 4940 und Anm. Nach dem Band ‹Ghaselen› von 1821 war 1823 ein Band ‹Neue Ghaselen› erschienen.

5300 (2175) Sor 25 – HoubenSoret 76 – Von Eckermann benutzt (GA

24, 534). – *Madam Szymanowska:* ihre Ankunft und das gemeinsame Mittagessen zusammen mit ihrer Schwester in GTgb erwähnt. Anläßlich der Abendgesellschaft vermerkt GTgb: «Unterhaltendes Flügelspiel.» – *inspiré:* das Gedicht ‹Aussöhnung› ist bereits im August in Marienbad entstanden.

5301 (2176) Gr 82 – *zu Karlsbad:* vielmehr Marienbad.

5302 Grumach 303

5303 Gr 82 – Vgl. GTgb: «Canzler von Müller mit dem neuangekommenen Engländer.»

5304 Grumach 304 – *Kaiserin-Mutter:* von Rußland, Maria Feodorowna. – *Prinzen Eduards:* Sohn von Carl Bernhard, Herzog von Sachsen-Weimar-Eisenach, nach der Geburt adoptiert von der Herzogin von Clarence, späteren Königin Adelheid von England. Zur Regierung kam aber nach dem Tode Wilhelms IV. Königin Victoria. Vgl. GTgb 23. Okt.: «War den ganzen Tag und Umgegend geschossen wegen erfreulichster Nachricht, Herzogin Bernhard habe einen Sohn in London geboren.» – *Sir Wylmsen:* möglicherweise Verwechslung mit Wemyß. Mit diesem hatte Ottilie am 24. Okt. eine sie tief beeindruckende Begegnung gehabt, über die sie ein Jahr später in ihrem Tgb vom 25. Okt. 1825 ausführlich berichtet (vgl. SchrGG 28, 119ff.). Ihre Charakteristik ist derjenigen Müllers so ähnlich, daß man annehmen kann, es handle sich um die gleiche Person. – *Alcides:* Beiname des Herkules. – *Quartett des Prinzen Louis Ferdinand:* Klavierquartett Es-dur op. 5 (Gr 245).

5305 Gr 82f. – Vgl. GTgb: «Madame Szymanowska spielte. Madame Eberwein sang, von Saiten- und Blasinstrumenten accompagnirt. Blieben bis gegen 10 Uhr.»

5306 JbSKipp 4, 34

5307 Sor 25f. – HoubenSoret 77

5308 (2179) Gr 83 – Vgl. GTgb: «Canzler von Müller wegen eines Concerts der Madame Szymanowska ...» Müllers Aufzeichnung ist demnach so zu verstehen, daß über das Konzert vom Vortage gesprochen wurde. Vgl. die ursprüngliche Fassung bei Müller: «Schnell entstandener Konzert-Plan bei Goethe ...» (Gr ebd) – *öffentliches Konzert:* vgl. Nr. 5316.

5309 Gr 83 – Vgl. die ursprüngliche Fassung: «Abends zum Tee bei Goethe, wo die Schopenhauer p. mit Karl und Cäcilie. Hartknochs Spiel, Schmidts anfängliches Widerstreben und dann eingeerntetes großes Lob.»

5310 JbSKipp 4, 34

5311 aaO 56ff. – *[wohl im Oktober 1823]:* der Besuch Raupachs ist in GTgb nicht vermerkt, wohl aber, unter dem 19. Okt., seine Anwesenheit in Weimar (vgl. Nr. 5297 und Anm.)

5312 Karl Gutzkows ausgewählte Werke. Hrsg. von H.H. Houben. Bd 12. Leipzig o.J., 215ff. – *Trauerspiele:* die beiden genannten sind 1818 bzw. 1820 erschienen. – *Petersburg:* wo Raupach bis 1822 gelebt hatte. – *Eckermann:* am 25. Oktober 1823, mit Bezug auf die ‹Erdennacht›, die am 23. Okt. in Weimar aufgeführt worden war (GA 24, 57). – *fast schon fünfzig-*

jährige: vielmehr fast schon vierzigjährige.

5313 JbSKipp 1, 126 – Riemer an diesem Tage in GTgb nicht erwähnt. Vgl. aber GTgb 29. Okt.: «Revidirte mit Riemern den Bogen K. zur Naturwissenschaft.» Zu diesem Thema vgl. ferner Nr. 5329.

5314 (2183) Grumach 304f.

5315 GKal 1935, 240 – *Sohn August:* vgl. Nr. 4968 und Anm.

5316 (2185) Gr 83f. – Vgl. GTgb: «Abends nach dem Concert Madame Szymanowska, Schwester und Herr Canzler.» – *öffentliche Konzert:* das Programm ist wiedergegeben WA III 9, 386. – *brach er... in die Worte aus:* vgl. die ursprüngliche Fassung: «Über Zerstreuung als Kennzeichen eines Mangels an tiefem Interesse für irgendetwas.»

5317 (2186) Gr 84f. – Vgl. GTgb: «Madame Szymanowska und Schwester zu Mittage. Herr Canzler von Müller... Herr Canzler kam wieder. Über seine drey letzten Gedichte gesprochen. Das Schwesternpaar nahm Abschied.» – *Hoftrauer:* «wegen des Todes der Prinzessin Katharina Amalie Augusta von Baden war Ende Oktober Hoftrauer befohlen worden» (Gr 246). – *«Comment»...:* Was... Ihre Landsleute haben so viel Mühe gehabt, die Wölfe aus ihrem Lande zu verjagen, und Sie wollen sie wieder zurückbringen?»

5318 (2186a) Bi^2 5, 140 – *die wunderschönen Stanzen:* vgl. Nr. 5266 und Anm. – *Kupferstich von David:* nicht ermittelt; vielleicht ist gemeint: Kupferstich nach Dawe (Schulte-Strathaus Taf. 116). – *Sonett:* vgl. Nr. 5325.

5319 Gr 85 – Vgl. GTgb: «Canzler von Müller. Gegen Abend befand ich mich nicht zum Besten.»

5320 Grumach 305 – *«Büchersaal»:* nicht ermittelt.

5321 Briefe von Heinrich Stieglitz an seine Braut Charlotte. Hrsg. von L. Curtze. 1. Theil. Leipzig 1859, 82ff.

5322 Tewes 131f. – *bei Goethe:* vgl. Eckermanns Bericht vom gleichen Tage (GA 24, 67ff.).

5323 (2188) Sor 26 – HoubenSoret 80 – Von Eckermann benutzt (GA 24, 534f.)

5324 Gr 85 – *Mille et une nuits:* erste europäische Übersetzung von ‹Tausend und eine Nacht› von J.-A. Galland, erstmals erschienen 1704–17.

5325 Grumach 305f. – *[27. Oktober]:* vgl. GTgb: «Besuch des französischen Gesandten, Mr. de Rumigny, und Herrn Canzler von Müllers.» – *Ihr Brief:* vom 30. Oktober (Goethe/Reinhard 306ff.). – *morphologischen Heftes:* Zur Morphologie II 1, 1823.

5326 Gr 85f. – Vgl. GTgb: «Nach Tische Herr Staatsminister von Humboldt... Abends Canzler von Müller und Hofrath Meyer. Gar manche Dinge wurden durchgesprochen.»

5327 Sydow 7, 171ff. – *Lippi:* vermutlich ‹Allegorie der Musik›, jetzt Westberlin, Stiftung staatliche Museen, Gemäldegalerie – *Fragment des Männerkopfes:* wahrscheinlicher Bezug auf Schuchardt 2, 336 Nr. 115. Vgl. Goethes Brief an Humboldt vom 8.3.1824: «Tausend Dank für die überschickte Götterstirne, die jedem Augenblick Freude und Schmerz zugleich gewährt» (WA IV 38, 72) – *Juno:* Ludovisi, vgl. Nr. 5283f. – *Alex-*

anders neuestem geognostischen Werk: A. v. Humboldt: Essai géognostique sur le gisement des roches dans les deux hémisphères. Paris 1823. (Ruppert Nr. 4705). – *Sprachabhandlung:* W. v. Humboldt: Über das vergleichende Sprachstudium in Beziehung auf die verschiedenen Epochen der Sprachentwicklung. Berlin 1821 (Ruppert Nr. 658). Lektüre in GTgb am 7. Nov. erwähnt. – *[Über die Aufgabe des Geschichtsschreibers]:* Berlin 1823. In Goethes Bücher-Vermehrungsliste im März 1822 eingetragen (WA III 8, 318). – *meine Schillerschen Briefe:* vgl. GTgb 13. und 14. Nov.; zu Goethes Urteil über Schillers Briefe an Humboldt vgl. Eckermann 14. Nov. (GA 24, 72). – *Wahrheit und Dichtung nicht weiter fortsetzen:* der 4. Teil ist erst nach Goethes Tod erschienen. – *Chronik seines ganzen Lebens:* ‹Tag- und Jahreshefte›. – *«Literaturzeitung»:* Jenaische Allgemeine Literaturzeitung. – *«Frankfurter Zeitung»:* Frankfurter gelehrte Anzeigen.

5328 Grumach 306

5329 (2189a) Gr 86 – *das Verderben der Naturforschung durch Poesie:* vgl. Nr. 5313.

5330 Sydow 7, 178

5331 (2190) Sor 26f. – HoubenSoret 81 – Von Eckermann benutzt (GA 24, 535).

5332 Sydow 7, 181ff. – *Carolinen:* v. Wolzogen. – *Den Nachmittag:* vgl. GTgb 17. Nov.: «Zu Mittag Herr von Humboldt auf einige Stunden; er las den Paria. Zu Tische für uns.» – *«Der Paria»:* die Trilogie ‹Paria› (GA 1, 468ff.) ist erschienen in KuA IV 3, 1824.

5333 (2192) Gr 86 – *Wemyß:* vgl. Nr. 5304 Anm. zu Sir Wylmsen.

5334 Egloffstein 202 – *mein Stuhl:* vgl. Nr. 5080 und Anm.

5335 Sor 27 – HoubenSoret 81f. – Von Eckermann benutzt unter dem 17. Nov. (GA 24, 535). – Zur Datumskorrektur: Soret ist in GTgb am 17. nicht, dagegen am 18. erwähnt: «Herr von Humboldt, Meyer, Canzler und Soret.»

5336 (2192a) Gr 86f.

5337 JbSKipp 4, 34

5338 Sydow 7, 185ff. – *gar nicht zu Bett gegangen:* vgl. GTgb 18. Nov.: «Blieb die Nacht sitzend im Sessel.» – *Heute früh ... eine himmlische Stunde:* vgl. GTgb 19. Nov.: «Kam Herr von Humboldt.» – *«Paria»:* vgl. Nr. 5332 und Anm. – *Buch des «Divans»:* gemeint ist das ‹Buch des Paradieses› (vgl. Nr. 5268). – *ganz von seiner Hand geschrieben:* vgl. den Faksimiledruck der Reinschrift in SchrGG 15 (Weimar 1900). – *noch niemandem ... gezeigt:* vgl. dagegen Eckermann vom 27. Okt. (GA 24, 60f.). – *vielleicht nie drucken lassen:* vgl. aber Nr. 5349 und Anm. – *der Großherzog:* vgl. GTgb 19. Nov.: «Später Ihro Königl. Hoheit der Großherzog. Um 1 Uhr beyde [Großherzog und Humboldt] nach Belvedere.»

5339 (2193a) Gr 87 – Vgl. GTgb: «Nach Tische ... Oberbaudirector Coudray, Riemer und Kanzler von Müller. Beschauten die 50 lithographischen Blätter von Isabey.» – *Isabeys ... Zeichnungen aus Italien:* Voyage en Italie par I. Isabey en 1822. Trente Dessins lithographiés par lui. Besprochen in KuA V 1, 1824.

5340 Gr 87 – Vgl. GTgb: «Ließ Blutigel setzen.»

5341 Sydow 7, 190 und 192 – *gestern morgen:* vgl. GTgb 20. Nov.: «Staatsminister von Humboldt auf einige Stunden.» – *die Nacht... im Lehnstuhl zugebracht:* vgl. GTgb 19. Nov.: «Brachte die Nacht abermals im Sessel zu.» – *Schadows Madonna:* vgl. GTgb 19. Nov.: «Waren auch die Madonna von Schadow, ingleichen mehrere Eisengüsse angekommen.»

5342 Egloffstein 202

5343 (2195) Sor 27 – HoubenSoret 82 – Soret an diesem Tage nicht als Besucher in GTgb erwähnt.

5344 (2196a) Gr 87 – Vgl. GTgb: «Nebenstehendes expedirt: Herrn Wesselhöft nach Jena Manuscript zu Kunst und Altertum... Kam Professor Riemer. Herr Canzler, Soret mich besuchend.»

5345 Sydow 7, 196f. – *[am 23. November]:* Vgl. GTgb: «Besuchte mich Herr Staatsminister von Humboldt... von Rudolstadt kommend, um Abschied zu nehmen.» – *«Tausend und eine Nacht»:* vgl. Nr. 5324 und Anm. Entleihung aus der Weimarer Bibliothek vom 22. bis 26. Nov. (Keudell Nr. 1510).

5346 Sydow 7, 201f.

5347 wie 3204 S. 166

5348 wie 3204 S. 169f. – *Paria:* vgl. Nr. 5332 und Anm.

5349 wie 3204 S. 204f. – *neue Ausgabe:* die sog. Ausgabe letzter Hand begann 1827 zu erscheinen. – *Elegie:* die ‹Trilogie der Leidenschaft› ist im 3. Bd enthalten.

5350 (2197) Gr 87f.

5351 HoubenSoret 84. Aus dem Französischen.

5352 (2198a) Gr 88 – Vgl. GTgb: «Herr Professor Zelter kam an.» Zelter blieb bis zum 13. Dezember.

5353 (2198b) Hecker 2, 258 – *«und Marmorbilder...»:* Zitat aus Mignons Lied ‹Kennst du das Land...› (GA 1, 111). – *Von einem Götterkinde... entbunden:* gemeint ist die ‹Marienbader Elegie›.

5354 Gr 88 – *«der Szymanowska Brief»:* «an Müller vom 22.11.23 aus Berlin (KMA 434, 19); sie spricht darin von einem Leiden ihrer Schwester und knüpft daran die Bemerkung, daß in der rauhen Jahreszeit, Reisen für *Kinder* nicht ratsam seien, wieviel weniger für Kranke!» (Gr 247f.)

5355 (2199) Gr 88f. – *antwortete Haydn:* ähnlich in dem von Goethe bearbeiteten Artikel Zelters ‹Joseph Haydns Schöpfung›, erschienen KuA V 3, 1826 (GA 14, 135).

5356 KSchmidt 256f. (JbGG NF 3, 304f.)

5357 (2196) Sor 27f. – HoubenSoret 85 – Von Eckermann benutzt (GA 24, 535). – *L'ouvrage de Monsieur Meyer:* der 1. Teil der ‹Geschichte der bildenden Künste bei den Griechen...› (vgl. Ruppert Nr. 2089). Lektüre in GTgb am 27. und 28. Nov. verzeichnet.

5358 Urlichs 1, 409f.

5359 Gr 89

5360 wie 4350 S. 115 – *der Arzt meines Vaters:* Rehbein.

5361 Gr 89 – Vgl. GTgb: «Herr Canzler von Müller von Jena, der Knebelschen Geburtstagsfeyer [am 30. Nov.] und sonst erzählend.»

5362 Egloffstein 202

5363 (2202) Sor 28 – HoubenSoret 85 – von Eckermann benutzt (GA 24, 536). – Vgl. GTgb: «... Herr Soret, einige Mineralien, auch eine besonders merkwürdige röthliche Farbenerde bringend.» – *Courmayeur:* am Fuße des Mont Blanc. – *Massot:* Porträtmaler aus Genf. Über die Angelegenheit schreibt Soret noch einmal ausführlich an Goethe am 7. Dez. (HoubenSoret 86f.).

5364 Gr 89

5365 (2203) Sor 28 – HoubenSoret 86 – Von Eckermann benutzt (GA 24, 536). – *Bonaparte:* die Anspielung ist ausgelöst durch die Lektüre des ‹Mémorial de Sainte-Hélène› von Las Cases, die in diesen Tagen in GTgb bezeugt ist.

5366 wie 5233 S. 241 – *Melchisedeks Reich:* nach Mos. 14, 18.

5367 Gr 89

5368 (2203a) Gr 89 – *Urteile über Lukrez:* vgl. Nr. 4838.

5369 (2203b) Gr 89 – Vgl. GTgb: «Abends Zelter, Canzler von Müller, Hofrath Meyer. Wunderlicher Zeitungsartikel wegen der Frankfurter Naturforscher in Alexandrien.» – *Pascha von Ägypten:* «Mehemed Ali (1769–1849), Vizekönig von Ägypten; im November hatte ihn die Senckenbergische Naturforschende Gesellschaft zum Ehrenmitglied ernannt; die Überreichung des Diploms, von der Goethe vermutlich in der Londoner Times gelesen hatte, hat aber nie stattgefunden, vielmehr befindet sich dieses noch heute im Besitz der Gesellschaft (vgl. R. Mertens, Eduard Rüppell, 1949, S. 31).» (Gr 248) – *Isabeys Miniatur:* vgl. Nr. 5339 und Anm.

5370 Grumach 306

5371 (2198b) Briefwechsel zwischen Goethe und Zelter. Hrsg. von F.W. Riemer. 3. Theil. Berlin 1834, 381 – *[am 13.]:* vgl. GTgb: «Um ½11 Uhr kam Zelter, um Abschied zu nehmen.»

5372 GJb 1, 344

5373 Euphorion 15, 487

5374 Knittermeyer 73

5375 Grumach 306f. – *Gedicht an Knebel:* Müllers Gedicht ‹An Knebel zum 30. November 1823 mit einem eisernen Standbilde Napoleons› (Gr 249).

5376 (2204) Gr 90 – *Berliner Blatt:* «in den Berlinischen Nachrichten von Staats- und gelehrten Sachen Nr. 149 vom 13.12.1823» (Gr 248, Zitat siehe ebd). – *Prachtwerk:* Part I. of the August ceremonial of the Royal coronation of his most excellent Majesty George the fourth. London 1823. Besprochen in KuA V 1, 1824. – *«Die Geschwister»:* zur Entstehung und Aufführung vgl. die Eintragungen in GTgb vom 26. Okt. bis 21. Nov. 1776. Zur Aufführung und zu Goethes Neigung zu Amalie Kotzebue vgl. Nr. 346 und Anm.

5377 (2205) Sor 28 – HoubenSoret 87 – *Bohême:* in der Hs irrig: Auvergne. Von HoubenSoret konjiziert, bestätigt durch Sor 164 Anm.

5378 (2206) Sor 28f. – HoubenSoret 87 – *diamants:* vgl. Nr. 5040. – *Morphologie:* Sorets ‹Catalogue raisonné des variétés d'Amphibole et de Pyroxène ...› ist erschienen in Zur Naturwissenschaft überhaupt II 2, 1824.

5379 (2207) Gr 90 – Vgl. GTgb: «Abends Herr Canzler von Müller. Die Appianischen Friese mit ihm durchgegangen.» – *Appianische Schlacht-Gemälde:* Andrea Appiani: Der Napoleonfries im Palast zu Mailand 1820. Enthält 32 Kupferstiche (Vgl. Keudell Nr. 1568). Vgl. die von Goethe und Meyer verfaßte Anzeige ‹Siegesglück Napoleons in Oberitalien›, veröffentlicht in KuA VI 3, 1832 (WA I 49^1, 411 ff.). – *Briefe an Jacobi:* veröffentlicht in: F.H. Jacobi, Werke. Bd 4 Abt. 3. Leipzig 1819 (vgl. Ruppert Nr. 970).

5380 (2208) Sor 29 – HoubenSoret 87 f. – Von Eckermann benutzt (GA 24, 536).

5381 Tewes 138 f. – *bei ihm zu Tisch:* durch Eintragungen in GTgb bestätigt.

5382 (2209) Sor 29 f. – HoubenSoret 88 – Der zweite Absatz von Eckermann benutzt unter dem 21. Dez. (GA 24, 536 f.). – Vgl. GTgb 22. Dez.: «Abends Herr Soret, der sich mit den Augiten beschäftigte. Brief von Fräulein Ulrike. Vorsatz der Frau von Pogwisch nach Berlin zu gehen. Beschleunigte Abreise deßhalb Ottiliens und der Gesellschaft.» – *partir pour Berlin:* Ottilies Abreise erfolgte nach GTgb am 27. Dez.

5383 (2209a) Gr 90 – Vgl. GTgb: «Herr Canzler von Müller. Sodann Präsident von Ziegesar.» – *Anmahnung:* wegen der Danksagung für die am 17. Sept. von Riemer und Müller überreichten Geburtstagsgeschenke (vgl. Nr. 5254 und Anm.). Vgl. Müllers Brief an N. Meyer vom gleichen Tage (Kasten 322) und Goethes Danksagungsschreiben an denselben vom 4. Jan. 1824 (WA IV 38, 9 f.). Ein Brief an Julie v. Egloffstein aus dieser Zeit ist nicht erhalten. – *Seltsamer Aufsatz:* «nicht ermittelt; vielleicht sind die bei Ruppert 3551 angeführten Nachrichten für die Aktionäre des Frankfurter Theaters gemeint» (Gr 249).

5384 (2209b) Gr 90 – Vgl. GTgb: «... Herr Canzler von Müller. Neuste Nachrichten vom Bundestag und dessen Vorschriften. Einige Gedichte vorlesend.» – *Julinde:* Müllers Gedicht ‹An Julinde/zum Christabend 1823› wiedergegeben Gr 249.

5385 Egloffstein 202 – *Die Reisenden:* Ottilie v. Goethe war mit Fräulein v. Witzleben und Clementine v. Mandelsloh am 27. Dez. nach Berlin aufgebrochen (vgl. SchrGG 28, 393 Anm.).

5386 (2210) Sor 30 ff. – HoubenSoret 89 ff. – Von Eckermann benutzt (GA 24, 537 ff.). – Vgl. GTgb: «Herr Soret. Über kirchliche Einrichtung in Genf und den benachbarten Kantonen. Über Physik und Chromatik.» – *Vuarin:* vgl. die ausführliche Anm. Sor 164 f. – *Voyage en Suisse, de 1797:* die ‹Reise in die Schweiz 1797› ist in der Bearbeitung Eckermanns erst nach Goethes Tod erschienen (GA 12, 67 ff.). – *faiseur:* zu der ungewöhnlichen Wortwahl vgl. die Fußnote Sor 31. – *brochure nouvelle sur les lois de l'optique:* von Purkinje (vgl. Nr. 4853 und Anm.). – *Neveu de Rameau:* vgl. Nr. 2021 und 2023 und Anm.

5387 Grumach 307

5388 (2211) aaO 2, 180 f. – *[am 31. Dezember 1823]:* vgl. GTgb: «Herr Genast.» – *Fleck:* spielte den Wallenstein seit der ersten Berliner Aufführung 1799 (O.F.). Zu Tiecks Wertschätzung von Fleck vgl. Nr. 1574. –

Empfehlungsbrief: vom 9. Mai 1824 (WA IV 38, 135 f.).

5389 (2212a) Gr 90 – Vgl. GTgb: «Gegen Abend... Herr Canzler von Müller. Gräfin Line Egloffstein. Frau von Pogwisch.»

5390 JbGG 5, 249 ff. – *mensis fatalis:* Unheilsmonat. – *der 24.:* Anspielung auf Z. Werners Schicksalsdrama ‹Der 24. Februar›. – *Namensschwester:* der Ottilie in den ‹Wahlverwandtschaften›. – *Paul Götze:* mehrfach erwähnt in der ‹Campagne in Frankreich›.

5391 (2215) Gr 91 – Vgl. GTgb: «Abends Herr Canzler von Müller. Das Rectorats-Jubiläum. Die katholischen Angelegenheiten von Madame Szymanowska durchgesprochen.» Am 18. Jan. 1774 hatte Carl August das Rektorat der Universität Jena übernommen (Gr 249). – *katholische Kirchen-Regulativ:* wohl im Zusammenhang mit der Scheidung von Frau Szymanowska (Gr 250). – *Voigtischer Gedichte:* wohl Müllerscher Gedichte an Ch.G. v. Voigt (vgl. Gr ebd). – *Zeunes poetische Aufforderung:* Dem deutschen Meistersänger Johann Wolfgang von Goethe zu dessen 75. Wiegenfeste von einigen seiner Verehrer, durch August Zeune, Berlin 1823 (Gr ebd). – *Empfehlungsbrief an Humboldt:* vgl. Nr. 5403 und Anm.

5392 (2212b) Gr 91 – Vgl. GTgb: «Herr Canzler von Müller zu Tische.» – *Masken-Pläne:* für die Redoute am 20. Febr.

5393 (2223) Grumach 307

5394 (2216) Gr 91 – *Moniteur:* vom 23. Okt. 1823. – *in seinem Journal:* erschienen in dem Aufsatz ‹Cain. A mystery by Lord Byron› KuA V 1, 1824 (GA 14, 792 ff.). – *accouchieren:* entbinden, Geburtshilfe leisten.

5395 (2217) Sor 35 – HoubenSoret 93 – *le Prince:* den noch nicht sechsjährigen Carl Alexander.

5396 (2218) Sor 35 – HoubenSoret 95 – Vgl. Kanzler v. Müllers Brief an Soret vom gleichen Tage mit Goethes französischer Übersetzung HoubenSoret 93 f.

5397 (2219) Gr 91 ff. – Vgl. GTgb: «Herr Canzler von Müller zu Tische. Gestriges Jubiläum. Zukünftiges. Gedicht der Studirenden.» – *[Karl Meyer?]:* zu dieser Vermutung vgl. ausführlich Gr 250, ferner Nr. 5403 und Anm. – *künftigen Jubelfeste:* 50jähriges Regierungsjubiläum Carl Augusts. – *[Michael Beer]:* vgl. GTgb 16. Jan.: «Herr Beer von Berlin, Verfasser des Paria, mir sein Stück zurücklassend. Ich las solches alsobald und es gefiel mir.» Eine Rezension von Eckermann erschien in KuA V 1, 1824 (vgl. GA 14, 853). – *antikes Schild:* vgl. Goethe an Carl August 19. Jan. (WA IV 38, 28). – *Kollektiv-Gedicht:* «hg. von C. Schüddekopf ‹Eine Tiefurter Matinee vom Hofe der Herzogin Anna Amalia aus dem Jahre 1776›, Leipzig 1911 (Gr 251). – *Dedikation:* vgl. Goethes Widmung des ‹Tiefurtianums› an den Erbgroßherzog Carl Friedrich (WA IV 38, 294). Dort auch Nennung der ‹Genossen›: Anna Amalia, Fräulein v. Göchhausen, Prinz Constantin, Graf Putbus und Knebel. – *«Alonzo et la révolution d'Espagne»:* N.A. de Salvandy: Don Alonzo ou l'Espagne. Paris 1824 (Keudell Nr. 1518). Vgl. Goethes Besprechung in KuA V 1, 1824 (GA 14, 854 ff.). – *größeres Gedicht:* vgl. Nr. 5400 und Anm. – *anonyme Verse:* Goethe beteiligte sich erst mit dem Gedicht ‹Zum 20. Februar 1824› (GA 1, 673).

5398 Grumach 307 f. – *schöne Zeichnung:* vgl. GTgb 9. Febr.: «Canzler von Müller ... Frankfurter Haus in Zeichnung bringend.»

5399 Gr 93 – Vgl. GTgb: «Herr Canzler von Müller zu Tische ... Heyrathsbegebenheiten. Herr von Staff und Gräfin [Flavia v.] Beust ... Höchstbedeutender Brief von Zeltern.» In seinem langen Brief schreibt Zelter unter dem 8. Jan. von dem Abschied der Szymanowska und sagt: «Sie ist rasend in Dich verliebt und hat Dir hundert Küsse auf meinen Mund gegeben.» (Hecker 2, 259).

5400 Grumach 308 – *Lied von Goethe:* vgl. GTgb 27. Jan.: «Das Zeunische Gedicht für Herrn Canzler.» Zu diesem Gedicht vgl. Nr. 5391 und Anm. – *Riemer:* « ‹Zur Feier des zweiten Februars 1824› ist gedruckt in: Gedichte von Fr. W. Riemer. Erstes Bändchen Jena 1826, S. 108 bis 118» (Gr 251).

5401 Gr 93 – Vgl. GTgb 29. Jan.: «Bey'm Aufstehen heftiges Erbrechen.»

5402 (2221) Sor 36 – HoubenSoret 98 – *Cain:* vgl. GTgb 31. Jan.: «... Cain von Lord Byron studirt.» – *[commenter?]:* so die Lesung von FBdm. Vgl. Nr. 5394 und Anm.

5403 Gr 93 – *Gedicht eines Studenten «Meyer»:* «als Karl Meyer auf sein Neujahrsgedicht ... keine Antwort erhielt, sandte er an Goethe am 26. Jan. zwei weitere Strophen ... die Goethe veranlassten, den jungen Dichter zu einem Besuch aufzufordern (vgl. WA IV 38, 48); dieser fand am 15.2. statt (vgl. Eckermann 15.2.1824 ...)» (Gr 251). – *Brief an Humboldt:* vom 27. Jan. (WA IV 38, 31). Vgl. Nr. 5391.

5404 Gr 93 – Vgl. GTgb: «Abends Hofrath Meyer, Canzler von Müller. Professor Riemer. Über die verschiedenen Ballgeschichten und sonstige Vorfallenheiten.»

5405 Euphorion 15, 487 – *mit einer andern Lebensepoche beschäftigt:* nach GTgb beschäftigte sich Goethe in dieser Zeit mit dem Jahre 1802 der ‹Tag- und Jahreshefte›; am 4. Febr. vermerkt er sogar: «... Schillers Briefe bis zu Ende 1802.»

5406 JbSKipp 1, 126 – Vgl. GTgb: «Mit Professor Riemer spazieren gefahren. Speiste derselbige mit uns zu Mittag ... Einige philosophische Materien durchgesprochen.» – *Köppens .... Untersuchungen:* welches der Werke Friedrich Köppens gemeint ist, ist nicht auszumachen.

5407 (2222) Gr 93 – Vgl. GTgb: «Canzler von Müller zu Tische ... Das Buch der altenglischen Waffen durchgesehen.» – *d'Agincourt:* Histoire de l'art par les monuments depuis sa décadence au 4e siècle jusqu'à son renouvellement au 16e. Paris 1812/23 (vgl. Keudell Nr. 1523). – *englisches Werk:* «A Critical Inquiry into Ancient Armour etc. London 1824, von dem englischen Juristen und Altertumssammler Sir Samuel Rush Meyrick» (Gr 252). – *Ottiliens Tagebuch:* aus Berlin. – *Hermann und Dorothea:* «Karl Töpfers Hermann und Dorothea, idyllisches Familiengemälde in vier Akten nach Goethes Gedicht ... das Ottilie in Berlin gesehen hatte ...» (Gr 252). – *Ball-Gedichts an Julie:* abgedruckt Gr ebd – *Raupachs «Freunde»:* Trauerspiel, war am 7. Febr. in Weimar gegeben worden (Gr ebd).

5408 Grumach 308 – *Meyerische Gedicht:* vgl. Nr. 5397 und Anm. – *sein Besuch:* vgl. Nr. 5403 und Anm.

5409 Gr 93 – *Panthéon des célèbres Français;* «von dem französischen Lithographen Jena Pierre Sudré» (Gr 253).

5410 (2224) Gr 93f. – *neueste Heft von Kunst und Altertum:* IV 3. – *Xenien:* das Heft enthält ‹Zahme Xenien III› (GA 1, 624 ff.). – *Nachahmung Shakespeares:* betrifft das Xenion ‹Erst singen wir...› (ebd 625f.). Vgl. DuW III 11 (GA 10, 543). – *Napoleon und Goethes Gespräch mit ihm:* vgl. Nr. 5042 und Anm. – *meine Mémoires:* diese erschienen posthum 1851 (vgl. Nr. 2748). – *aus jener Zeit:* späterer Zusatz: «Am andern Morgen bekam ich ein Billett mit den Worten: ‹Sie haben mir gestern einen Floh hinters Ohr gesetzt, der mich nicht schlafen ließ. Ich stand um fünf Uhr auf und entwarf die Skizze jener Unterredung mit Napoleon. Zur Strafe aber, daß Sie mich dazu verleitet, sekretiere ich mein Produkt.›» (Gr 94 Anm., auch abgedruckt WA IV 38, 307).

5411 HoubenSoret 100ff. Aus dem Französischen. – *getreue Übersetzung:* in Prosa, wiedergegeben HoubenSoret 101. – *Übersetzung...die Goethe selbst...verfaßt hat:* vgl. Nr. 5396 und Anm.

5412 Gr 94 – Vgl. GTgb: «...Canzler von Müller, von Gräfin Line gesendet.»

5413 Gr 94 – *Webers:* des Staats- und Kanzlei-Registrators H.E. Weber (Gr 253). – *Redoute:* Wiederholung des Maskenfestes zum Geburtstag des Erbgroßherzogs im Stadthause.

5414 Nach Hs im StA Weimar. – Vgl. GTgb: «Um 12 Uhr die jungen Herrschaften.»

5415 Gr 94 – *Generals:* August und Isabella v. Egloffstein.

5416 (2226a) Gr 94 – Vgl. GTgb: «Um 12 Uhr Frau von Spiegel und Canzler von Müller. Ingleichen Herr Soret...»

5417 (2227) Sor 36 – HoubenSoret 105f. – Vgl. GTgb: «Abends Herr Soret in seinem Maskenkleide.» – *le jour de naissance du Grand-Duc:* vielmehr des Erbgroßherzogs, dessen Geburtstag auf den 2. Febr. fiel.

5418 Grumach 308 – *Ihres letzten Briefes:* vom 18. Febr. (Goethe/Knebel 2, 335ff.). – *Xenien:* vgl. Nr. 5410 und Anm.

5419 JbSKipp 4, 35 – Zum Datum: Riemer und Müller am 24. nicht, dagegen am 25. in GTgb erwähnt. Vgl. auch Nr. 5421.

5420 Houben 1, 166 – Vgl. GTgb: «Eckermann speiste mit uns. Verschiedenes über die zu ordnenden kleinen Gedichte.» – Der 2. und 3. Absatz sind von Eckermann verwertet unter dem 28. Febr. (GA 24, 99). – *in Dresden:* dort hatte Goethe den Maler 1790 kennengelernt. – *einige Blätter von ihm:* Goethe erwarb später die von Ramberg 1827 veröffentlichten Zeichnungen zu Homers Ilias (vgl. Schuchardt 1, 219 Nr. 46 und Ruppert Nr. 1296). – *Roos:* vgl. das Gespräch über ihn, das Eckermann unter dem 26. Febr. bringt (GA 24, 95f.).

5421 (2229a) Gr 95 – *Verlags- und Nachdrucks-Quaestionen:* im Zusammenhang mit den Vorbereitungen der Ausgabe letzter Hand. – *Stanzen an Frau v. Spiegel:* ‹In das Stammbuch der Frau Hofmarschall von Spiegel. Am 25. Februar 1824› (GA 1, 689f.). Zur Entstehung vgl. die Schilderung Müllers Gr 254, ferner Eckermann unter dem 25. Febr. (GA 24, 92).

5422 Houben 1, 167f. – Vgl. GTgb: «Abends Herr Hofrath Meyer. Ingleichen Dr. Eckermann. Letzterer fragt an wegen der aus den ersten 20 Bänden herüber zu nehmenden kleinen Gedichte.» – *im Jahre 1797:* wohl im Zusammenhang mit Goethes geplanter Italien-Reise, die wegen der politischen Verhältnisse unterblieb.

5423 Houben 1, 168 – Vgl. GTgb: «Ausgefahren mit Eckermann. Speiste derselbe mit uns. Ward über die neue Ausgabe manches besprochen.» – Von Eckermann unter dem gleichen Datum verwertet (GA 24, 99f.).

5424 JbSKipp 1, 126f. – Vgl. GTgb: «Mit Professor Riemer spazieren gefahren. Speiste derselbige mit uns. Blieb bis abends. Wir besprachen die nächsten Artikel zu Kunst und Alterthum. Insonderheit bey Gelegenheit des Paria, über die in jedem geselligen Zustande sich bildende Absonderung der auf mannigfaltige Weise beschäftigten Menschen.»

5425 (2233a) Gr 95 – Vgl. GTgb: «Nach Tische Eckermann. Später Hofrath Meyer. Sodann Canzler von Müller. Litterarische und politische Gespräche.»

5426 (2233) wie 4791 S. 59ff. – *[am 5. März]:* Vgl. GTgb: «Herr Hofrath Meyer wegen ... der Rauchischen Statuen Angelegenheit.» – *Gips-Modell:* erster Entwurf zu dem für Frankfurt bestimmten Denkmal (Schulte-Strathaus Taf. 127 und S. 68f.). – *Statue oder vielmehr Gruppe:* die Beschreibung paßt auf Bettinas im Wettstreit mit Rauch gemachten Denkmalsentwurf (Schulte-Strathaus Taf. 128 und S. 69). – *Exterstein:* vgl. GTgb 5. März: «Sendung von Berlin durch Ottilien: der Externstein durch Rauch.» Vgl. Goethes Aufsatz ‹Die Externsteine› in KuA V 1, 1824 (GA 13, 973ff.). – *Fragments:* Kopf der Minerva mit einem Helm, der von dem Medusenhaupte gebildet wird (Schuchardt 2, 336 Nr. 120).

5427 (2234) Gr 95 – *Ottilie:* vgl. GTgb 4. März: «Kam Ottilie von Berlin zurück.» – *Verhältnisse zu Haeftens:* es handelt sich um eine leidenschaftliche Jugendfreundschaft (vgl. Gr 254).

5428 (2234a) Gr 95 – Vgl. GTgb: «Gegen Abend Canzler von Müller, von dem Anfang seiner Memoires erzählend.»

5429 (2235) Gr 95f. – *Iturbidens Wappen:* mexikanische Münze (vgl. Schuchardt 2, 312 Nr. 1774–76). – *Münze von Kolumbia:* vgl. ebd 313 Nr. 1778. – *Travers:* Wunderlichkeit, Verschrobenheit. Vgl. MuR 93. – *Schmidt:* Christian Friedrich S. – *Madame Milder:* Opernsängerin in Berlin. – *Alonzo:* vgl. Nr. 5397 und Anm. – *Übersetzung schwedischer Gedichte:* vgl. Goethes Aufsatz ‹Frithjofs Saga› in KuA V 1, 1824, worin eine der Romanzen, ‹Die Königswahl›, in Amalie v. Helvigs Übersetzung abgedruckt ist (GA 14, 511ff.). vgl. Nr. 5445. – *Sündflut:* gemeint ist ‹Himmel und Erde› (vgl. Nr. 5291 und Anm.). – *griechischen Angelegenheiten:* Byron nahm am griechischen Freiheitskampf teil; er fiel am 19. April.

5430 (2236) Sor 36f. – HoubenSoret 107 – *Schmeller:* die zahlreichen Porträts sind verzeichnet bei Schuchardt 1, 283ff. Nr. 535–666. – *Morphologie:* es ist wohl bereits hier die ‹Metamorphose der Pflanzen› gemeint, die Soret später übersetzt hat.

5431 (2237) Sor 37 – HoubenSoret 108 – Vgl. GTgb: «Herr Soret, einen Abdruck der Genfer Medaille bringend.» – *médaille de Bovy:* vgl. Nr. 5270 und Anm.

5432 Tewes 30f. – *Der Paria:* zu dem Aufsatz in KuA V 1, 1824, vgl. Nr. 5397 und Anm. – *schönen Anhang:* vgl. GA 14, 853f. – *französischen Paria:* Tragödie von Casimir Delavigne. – *Festgedichte:* ‹Zu Herrn Staatsrath Thaer's Jubelfest, am 14. May 1824›. Es handelt sich um das 50jährige Amtsjubiläum Thaers. – *diesen Morgen zugesendet:* vgl. GTgb 12. März: «Gedichte von Eckermann zu Thaers Fest. Eins davon an Eberwein [zur Vertonung].» – *vorgestern mittag:* vielmehr am 9. März, wo Eckermanns Anwesenheit bei Tisch in GTgb vermerkt ist. – *Nicolas Kompositionen:* nicht ermittelt.

5433 Gr 96 – Vgl. GTgb: «Canzler von Müller im Lobe des Alonzo [von Salvandy] sich ergehend.»

5434 (2238) Gr 96ff. – «*... ohne Vernunft.*»: späterer Zusatz: «Ja wir sind aus einer alten, andren Zeit her und brauchen uns ihrer nicht zu schämen.» (Gr 97). – *Parkgarten:* an der Ilm bei Goethes Gartenhaus. – *Drei Jahre:* vielmehr sechs Jahre, vom April 1776 bis Mai 1782. – *Tabarro:* ärmelloser Mantel als Kostümrequisit. – *Ilmenauer Bergbaurede:* vgl. Nr. 687 und Anm.

5435 (2238a) Gr 98 – *Gedicht über Thaer:* ‹Zu Thaers Jubelfest / dem 14. Mai 1824› (GA 1, 693f.).

5436 Nach der Hs im Besitz von A. Thiersch, München. – *Köppen:* Besuch in GTgb am 12. Febr. 1824 verzeichnet. – *Raupach:* vgl. Nr. 5311f.

5437 (2240) Sor 37 – HoubenSoret 109f. – *Schmidt:* Kaspar Friedrich Wilhelm S. Ein Vertrag mit Schmidt wurde erst am 9. Sept. 1825 geschlossen (HoubenSoret 109 Anm.).

5438 (2241) Gr 98 – *Ulrikens Zustand:* «Ulrike v. Pogwisch war beim Tanz auf der Redoute am 20. Febr. gefallen und hatte eine Gehirnerschütterung, mit zeitweiliger Geistesstörung, davongetragen.» (Gr 255). – *falschen Wanderjahre:* von Pustkuchen (vgl. Nr. 5124 und Anm.). – «*Rehbock*»: vgl. Nr. 4140. – *Faschings-Aufzug zu Köln:* eine kurze Würdigung veröffentlichte Goethe in KuA V 1, 1824 (GA 13, 979ff.). – *Graf Platen:* vgl. dessen Beschwerdebrief an Goethe vom 17. März (SchrGG 14, 260ff. und Anm. S. 377f.). Das erwähnte Spottgedicht (es waren deren zwei) stammt von Platen selbst. – *Gruithuisens... Behauptung:* in: Entdeckung vieler deutlicher Spuren der Mondbewohner, besonders eines colossalen Kunstgebäudes derselben. 1824 (vgl. Ruppert Nr. 4624). – *Unsinn:* vgl. dagegen Goethes Reaktion Gruithuisen selber gegenüber (Nr. 5721). – *D'Altons jetzigen Besuch:* dieser hatte bereits am 9. Febr. Goethe mitgeteilt, daß sein Besuch durch die Krankheit seiner Tochter vereitelt wurde (Bratranek 1, 9).

5439 Grumach 309

5440 (2242) Gr 98f. – *Schiller... an Humboldt:* unter dem 17. Febr. 1803: «Wenn Goethe noch einen Glauben an die Möglichkeit von etwas Gutem und eine Consequenz in seinem Thun hätte, so könnte hier in Weimar noch manches realisiert werden, in der Kunst überhaupt und besonders im dramatischen.» (Jonas 7, 15). Humboldt hatte Goethe Schillers Briefe an ihn zur Weitergabe an Charlotte v. Schiller übergeben (vgl. Nr. 5327).

5441 Tewes 159 – *Prager Kranz:* Der Kranz, oder: Erholungen für Geist und Herz. Prag 1821–1824.

5442 Vollmer 571

5443 (2244) Sor 37f. – HoubenSoret 110 – *manière de voir:* d.h. im Sinne seiner Farbenlehre.

5444 (2243) Gr 99 – *nach Nonnus:* vielmehr nach Straton. Goethe fand den Vers in der Schrift von Uwarow (Uvarov): Nonnos von Panopolis der Dichter. St. Petersburg 1817. (Ruppert Nr. 1315). Vgl. E. v. Welz: «Untergehend sogar ist's immer dieselbige Sonne». In: JbGG 19, 85ff. Vgl. ferner Eckermann 2. Mai 1824 (GA 24, 115) und Goethes Distichon ‹Nicht am Morgen allein...› (GA 2, 136). – *Entwurf zu dem Schmettauischen Grabmal:* dem 1806 bei Auerstädt verwundeten und in Weimar gestorbenen preußischen Generalleutnant Schmettau wurde nach einem Entwurf von Meyer auf dem Weimarer Friedhof ein Denkmal gesetzt. «Der nicht verwendete Entwurf mit der Aufschrift feriunt ruinae ist reproduziert in JALZ 1808 S. I (WA I 48 137); die Inschrift nach Horaz, Oden III 3, 7–8: si fractus inlabatur orbis, / impavidum ferient ruinae. ‹Wenn zerbrochen der Erdkreis einstürzt, werden seine Trümmer einen Unerschrockenen treffen.›» (Gr 257). – *Boisserées Einleitung:* Geschichte und Beschreibung des Doms von Köln... (Ruppert Nr. 2331); Erhalt in GTgb erst unter dem 11. April vermerkt.

5445 (2246) Gr 99ff. – Vgl. GTgb: «Herr Hofrath Meyer... Professor Riemer... Herr Canzler verschiedene französische Zeitungen bringend. Überlegung wegen des Briefs an Aubert de Vitry in Paris.» – *Rezension:* ‹Biographische Denkmale von Varnhagen von Ense›, erschienen in KuA V 1, 1824 (GA 14, 334f.). – *«Weltmärchen»:* der Ausdruck fällt in der Rezension (ebd 335). – *Schulenburgs Kupferstich:* von Goethes Vater aus Italien mitgebracht; auch darüber berichtet die Rezension. – *Monsieur Vitry:* Goethes Brief an Aubert de Vitry vom 29. März (WA IV 38, 96f.). – *der v. Helvigschen Übersetzung schwedischer Romanzen von Tegnér:* vgl. Anm. zu Nr. 5429. – *Herrn v. Haxthausen:* vgl. Nr. 4375 und Anm. – *bouffu:* bouffi = aufgeblasen. – *Kriegs-Kommission:* Eintritt Goethes nach GTgb am 5. Jan. 1779. – *Gruner:* Näheres über den Vorfall im Jahre 1782 und Goethes Verhalten Gr 258. – *Sur l'imitation:* Essai sur la nature, le but et les moyens de l'imitation dans les beaux arts. Paris 1823 (Gr ebd).

5446 (2247) Gr 102 – Vgl. GTgb: «Abends Herr Canzler von Müller. Anregung den Alonzo wieder vorzunehmen.» – *Aufsatzes über seinen Cain:* vgl. Nr. 5394 und Anm. – *Alonzo:* vgl. Nr. 5397 und Anm.

5447 Gr 102f. – Vgl. GTgb: «Gegen Abend Herr Canzler von Müller, Sendung von Bremen bringend.» – *Meyers Brief:* vgl. N. Meyer an Goethe 6. Febr. 1824 sowie an Müller vom gleichen Tage (Kasten 323f.). – *27. August:* gemeint ist Wolfs Abreise vom 28. Aug. 1816 morgens (vgl. Nr. 4366 und Anm.). – *Klingers Erklärung:* gegen die Schmähschrift ‹Goethe als Mensch und Schriftsteller› von Glover (Köchy), 2. Aufl. Halberstadt 1824 (vgl. auch Nr. 4798 und Anm.), in JALZ Intelligenzblatt Nr. 17 vom März 1824. Müller erwähnt Klingers Erklärung bereits unter dem 22. März (Gr 98). – *Huttens Schrift:* Hutten war an den sog. ‹Dunkelmännerbriefen› beteiligt.

5448 KSchmidt 262 – *Vater zu werden:* ging nicht in Erfüllung.
5449 Gr 103 – Vgl. GTgb: «Mit Herrn Canzler über Alonzo.» – *«suspendu»:* verschoben. – *Advokatentage:* «Sprechtage der Advokaten bei der Regierung?» (Gr 259).
5450 Gr 103
5451 Vollmer 571f.
5452 Gr 103 – Vgl. GTgb: «Geh. Rath Wolf kam an ... Canzler von Müller.» Wolf blieb bis zum 25. April. – *Schützische:* wohl mit Bezug auf Ch.G. Schütz.
5453 JbSKipp 4, 35
5454 (2250) Gr 104 – Vgl. GTgb: «Mittag Geh. Rath Wolf, Professor Riemer, Rehbein, Coudray und Canzler von Müller. Nach Tische Unterhaltung.» – Vgl. auch Eckermann (GA 24, 112). – *Zuschrift:* vgl. Carl August an Goethe 19. April: «Hier ein Original Brief von Körnern; wenn sein Buch [Anleitung zur Verfertigung übereinstimmender Thermometer und Barometer, Jena 1824] in demselben Styl geschrieben ist, wie der Brief, so wird es Aufsehn machen.» (Wahl 3, 132 und Anm. S. 363). – *«Zu den Kirschen ...»:* vgl. den Zweizeiler in der Abt. ‹Sprichwörtlich› (GA 1, 435). – *Fürst:* wohl der Fürst von Waldeck. – *Thümmels Reisen:* M.A. v. Thümmel: Reise in die mittäglichen Provinzen von Frankreich im Jahr 1785 bis 1786. 10 Bde. Leipzig 1791/1805.
5455 Reiter 2, 319 – *letzte Rauchische Büste:* von 1820; vgl. die ähnliche Äußerung von Caroline v. Humboldt Nr. 5204.
5456 Reiter 2, 320 – *beiden herrlichen Frauen:* Großherzogin Louise und Maria Paulowna.
5457 (2252) Gr 104 – Vgl. GTgb: «Geh. Rath Wolf beschloß heute sich in der Stille zu halten ... Abends Professor Riemer, dann Canzler von Müller. Dann Geh. Rath Wolf, welcher zuletzt blieb.» – *Oberkammerherrin:* Caroline Freifrau von und zu Egloffstein. – *remarquiert:* bemerkt.
5458 Reiter 2, 320 – *am ersten Festtage:* Ostersonntag, den 18. April.
5459 Reiter 2, 326 (JbGG NF 3, 305)
5460 (2251) Reiter 2, 329f. – *[Biographischen] Denkmals:* vgl. Nr. 5445. – *das Plutarchisch-Parallele:* der Vergleich mit Plutarch auch in Goethes Rezension in KuA V 1, 1824 (GA 14, 334). – *Übersetzungen:* von Ariost, Tasso und Dante.
5461 (2253) Gr 105 – *Raffaels Bilderbibel:* vgl. Schuchardt 1, 66 Nr. 620: «52 Bl. Die sogenannte Bibel, nach den Gemälden in den Vaticanschen Logen. Nicol. Chapron fec.» – *Taureau blanc:* «Der weiße Stier, dt. Übersetzung aus dem Syrischen, Memphis 1774.» (Gr 260). – *serbischen Lieder:* vgl. Goethes Dankbrief vom 25. April an Therese Albertine v. Jakob (WA IV 38, 119f.), die ihm Übersetzungen serbischer Volkslieder geschickt hatte. – *Mein Bild von Schmeller:* Schuchardt 1, 284 Nr. 557, abgebildet in der Quelle vor der Titelseite.
5462 (2253a) Gr 105 – Vgl. GTgb: «Gegen Abend Professor Riemer und Herr Canzler. Letzterer blieb und brachte sein Tagebuch von 1806.» Gemeint sind die ‹Erinnerungen aus den Kriegszeiten von 1806 bis 1813›. – *Kölner Maskenfeste:* vgl. Nr. 5438 und Anm. Ärger nicht zu ermitteln.

5463 Houben 2, 666 – Vgl. das von Eckermann ausgeführte Gespräch (GA 24, 551ff.). – *Theater-Katechismus:* ‹Regeln für Schauspieler› (vgl. Nr. 4444 und Anm.)

5464 aaO 18f. – *Fahrt auf dem Eise:* ‹Eislauf auf dem Schwansee in Weimar› (1823), abgebildet bei: W. Scheidig, Die Geschichte der Weimarer Malerschule 1860–1900, Weimar 1971, Abb. Nr. 2. – *[am 8. Mai 1824?]:* nach A. Bergmann, Carl Augusts Begegnungen mit Zeitgenossen, 1933, 110. Vgl. Anm. ebd S. 180: «Die Abreise des Großherzogs fand nach dem Fourierbuche am 9. Mai statt.»

5465 (2257) Sor 38 – HoubenSoret 111f. – Vgl. GTgb: «Herr Soret, Verabredung wegen der Krystalle. Aufklärung der Jenaischen oberaufsichtlichen Geschäfte.»

5466 aaO 53f. – *Gevatter Matthisson:* vgl. Anm. Quelle: «Er, vielmehr seine ‹Adelaide› [das bekannte, von Beethoven vertonte Gedicht] wurde Pathe meiner ältesten Tochter.» – *[am 15. Mai 1824]:* Matthisson nicht in GTgb erwähnt, das Datum jedoch gesichert. – *Knebels Bilde:* Schmellers Ölgemälde für die Weimarer Bibliothek (vgl. Abb. bei H. v. Maltzahn, Karl Ludwig von Knebel, Jena 1929, neben S. 192).

5467 (2258) Matthisson 7, 293f. – *eben von Jena zurückgekommen:* wo sich Goethe seit dem 12. Mai aufgehalten hatte. – *seit dem Jahre 1783:* vgl. Nr. 657 und Anm. – *Neuschwabe:* Matthisson lebte seit 1812 in Stuttgart und hielt offenbar den aus Franken stammenden Knebel auch für einen Schwaben.

5468 GJb 24, 106f. – *Latium:* Voyage sur la scène des six derniers livres de l'Enéide, suivi de quelques observations sur le Latium moderne. Genève 1805.

5469 (2259) Sor 38ff. – HoubenSoret 112f. – Vgl. GTgb: «Abends Hofrath Meyer, Herr Soret und Riemer... Ich erzählte die Geschichte von Wischma Mitra.» – *poésies serbes:* vgl. Nr. 5461 und Anm. – *Sacontala:* vgl. Nr. 4576 und Anm.

5470 DtRundschau 96, 1898, 49f. – *zum Thee einladet:* der Besuch hat tatsächlich am gleichen Tage stattgefunden, vgl. GTgb: «Früh war Fräulein Bogislawski, Hofdame der Prinzeß Wilhelm, mit Ottilien bey mir gewesen.» – *Röstell:* vgl. Anm. Quelle: «Maler in Berlin, vorzüglich als Zeichenlehrer bekannt; es scheint, daß Albertine seine Schülerin gewesen.»

5471 (2260) DtRundschau 96, 1898, 50ff. – *Castor und Pollux:* Jünglingsgruppe von Ildefonso. – *Sohn von fünf Jahren:* Wolfgang, damals knapp vierjährig. – *Übersetzungen der nordischen Romanzen:* vgl. Nr. 5429 und Anm. – *Wolffs Vorstellung des «Faust»:* wohl eine der privaten Aufführungen mit der Musik des Fürsten Radziwill. – *Improvisator:* Willem de Clercq aus Amsterdam. – *von Herder:* vgl. Nr. 4608 und Anm.

5472 KSchmidt 266

5473 (2261) Sor 40ff. – HoubenSoret 113ff. – Von Eckermann ohne Kennzeichnung unter dem 18. Mai benutzt und ausgestaltet (GA 24, 554ff.). – Vgl. GTgb 26. Mai: «Ich überdachte das gestrige Gespräch mit Soret und daraus herfließende Resultate.» – *poème anglais:* das didaktische Gedicht ‹King Coal› von John Scafe, über dessen ersten Teil ‹King Coal's

Levee, or geological etiquette› Goethe in einem damals ungedruckten Aufsatz (WA II 10, 46 ff.) berichtet. – *Lord Byron ... sa mort:* vgl. GTgb 23. Mai: «Erste Nachricht vom Tode des Lord Byron.» Dieser war am 19. April in Missolunghi gestorben. – *La Vision du Jugement:* The vision of Judgment, London 1822.

5474 Houben 1, 171 – Von Eckermann ausgestaltet (GA 24, 557f.). – Vgl. GTgb: «Eckermann kam Abschied zu nehmen.»

5475 (2263) wie 4791 S. 67f. – *Skulptur-Denkmal:* Näheres vgl. Anm. in der Quelle.

5476 (2264) wie 4791 S. 68f. – *Bemerkungen ... in betreff des Gips-Modells:* vgl. Nr. 5426. – *«Den guten Tänzern ist gut geigen»:* nach DWb sprichwörtlich.

5477 Grumach 310 – *Liebeslieder:* nicht ermittelt.

5478 (2265) Sor 43 – HoubenSoret 116f. – *des vers à cette occasion:* vgl. Nr. 5435 und Anm. – *dans cette lettre:* Zelter an Goethe 18. Mai (Hecker 2, 287).

5479 (2266) Gr 105ff. – *Stielersche Karten:* A. Stieler gab 1816/23 bei Perthes in Gotha einen Hand-Atlas heraus. – *Reise des Lieutenant Lumsden:* erschienen im Ethnographischen Archiv 24, Jena 1824, Heft 2 (vgl. Ruppert Nr. 3932). – *Branische drei Journale:* das genannte Ethnographische Archiv; Minerva, ein Journal historischen und politischen Inhalts (Ruppert Nr. 308); Miscellen aus der neuesten ausländischen Literatur (Ruppert Nr. 312). Alle in Jena erschienen. – *irgendein Schriftsteller:* nicht ermittelt; Hinweis auf ähnliche Formulierungen bei A.W. und F. Schlegel Gr 261. – *«nichts anderes»:* vgl. den fragmentarischen Aufsatz ‹Nichts anders als› von 1821 (GA 14, 313f.). – *Cicero:* Laelius VI 20 (Gr 261). – *Matthisson:* vielmehr Ültzen (vgl. Nr. 3661 und Anm.). – *Webers Vorlesung über die «Braut von Korinth»:* «in Frankfurt am 23.4.1824, gedr. in seinen [Wilhelm Ernst Webers] Vorlesungen zur Ästhetik vornehmlich in bezug auf Goethe und Schiller, Hannover 1831, S. 193ff.» (Gr 261). – *das Sujet:* zur Quellengeschichte der ‹Braut von Korinth› vgl. GJb 9, 229ff. – *Neoterpe:* Paläophron und Neoterpe (vgl. Ruppert Nr. 325). – *de credulitate schwören:* einen Überzeugungseid schwören. – *keine weitern Frankfurter:* wie den Studenten Funck (vgl. den Anfang des Gesprächs). – *Doblado:* «Schriftstellername von Joseph Blanco White ... Eine Übersetzung seiner ‹Briefe aus dem Spanischen› erschien 1824 in Hamburg.» (Gr 262)

5480 Nach der Hs im StA Weimar – *la jeune personne:* Ulrike v. Levetzow.

5481 (2267) Gr 108 – *Rousseaus Botanique:* J.J. Rousseau: La Botanique. Paris 1822. – *Jügel:* Späterer Zusatz: «Jügel wegen der Rafaelischen Tapeten» (Grumach 119). – *Byrons ... Tod:* vgl. Nr. 5473 und Anm. – *Naglers Gesandtschaftsposten:* der preuß. Staatsmann K.F.F. v. Nagler wurde 1824 zugleich Gesandter am deutschen Bundestag. – *Anstettens Brief:* J.P. v. Anstett an K.L. Graf v. Beust 5. Juni 1824. Einen Brief von Anstett hatte Goethe für seine Autographensammlung erbeten (vgl. Schreckenbach Nr. 35f.). – *wegen Ulriken:* gemeint ist wohl Ulrike v. Pogwisch (vgl. Nr. 5438 und Anm.).

5482 HoubenSoret 120 – *Gedichte des Generals Canicoff:* Soret übersendet Goethe das französisch geschriebene Gedicht ‹Le Rêve› mit einem Anhang ‹An seinen Schwager› (Quelle 119f.). – *vorgestern:* vgl. GTgb 13. Juni: «Früh war Herr Soret da gewesen.»

5483 Nach Hs im StA Weimar – *j'ai vu Goethe:* vgl. GTgb 18. Juni: «Um 12 die jungen Hoheiten ...»

5484 (2305) Sitzungsberichte der Phil.-Hist. Klasse der Kaiserlichen Akademie der Wissenschaften, Bd 103, Wien 1883, 472 – *18. Juni 1824:* vgl. GTgb: «Um 10 Uhr Herr von Jakob und Tochter.» – *Griechenliedern:* es muß offen bleiben, ob die unveröffentlichte deutsche Übersetzung von Haxthausen (vgl. Nr. 4375 und Anm.) oder, was weniger wahrscheinlich ist, die französische von Fauriel (vgl. Nr. 5647 und Anm.) gemeint ist, die in GTgb erstmals am 6. Juli 1824 erwähnt wird.

5485 Grüner 192f. – Zum Datum: eine später geschriebene Nachschrift des Briefes, den Grüner am 28. Juni erhalten hat, trägt das Datum des 23. Juni (vgl. Quelle 193).

5486 (vgl. 2271) VarnhagenVermSchr^3 2, 340 (JbGG NF 3, 305) – *[am 23. Juni]:* vgl. GTgb: «Herr Falk und Wagner von Leipzig.»

5487 Euphorion 15, 487 – *Mädchen:* Ulrike v. Levetzow. – *Frau Minnetrost:* aus dem ‹Zauberring› von Fouqué (Mitteilung von W. Pfeiffer-Belli).

5488 Vollmer 574f. – *Ein Band:* der 1. und 2. Teil des Briefwechsels zwischen Schiller und Goethe erschienen erst 1828.

5489 (vgl. 2267a/2268) wie 4791 S. 72f. – *[den 18. Juni]:* vgl. GTgb: «Hofbildhauer Rauch und Tochter kamen an. Das Modell ward ausgepackt, auch einiges andere.» Es handelt sich um die sitzende Statue Goethes (vgl. Nr. 5426 und Anm.), an deren Modell Rauch in den folgenden Tagen arbeitete und das er am 25. Juni vollendete. – *tägliches ... Beisammensein mit Goethe:* vgl. die Eintragungen in GTgb vom 18. bis 27. Juni. – *die kleine stehende Figur:* «Die eingeklammerte Stelle ist von Rauchs Hand mit Bleistift geschrieben; offenbar bei einer nach Jahren geschehenen Durchsicht des Tagebuchs; denn die fragliche Statuette ist erst 1828 entstanden.» (Anm. Quelle). – *[am 22.]:* vgl. GTgb: «Um halb 11 Uhr die Großherzogin ... Später wurde Rauch präsentirt, der ihr die Modelle vorwies.»

5490 aaO S. 74f. Anm. – *26. Juni 1824:* vgl. GTgb: «Acten wegen der Medaille geordnet. Punctation und Ankündigung concipirt.» – *6 Fuß 1⅔ Zoll:* nach F. und K. Eggers, Christian Daniel Rauch, Bd 2, 1878, 314 Anm.: 174 cm.

5491 Grumach 310

5492 Grumach 310f. – *Döring:* hatte bereits unter dem Titel ‹Lord Byron's Poesien› Übersetzungen Byronscher Gedichte veröffentlicht (vgl. Ruppert Nr. 1486). – *Rauch durch Schmeller zeichnen lassen:* am 26. Juni (vgl. GTgb).

5493 (1925b) Eggers 2, 34f. – *Externsteinen:* vgl. Nr. 5426 und Anm. – *niedergebeugte Palme:* in Goethes Beschreibung heißt es: «Ein den Leichnam herablassender Teilnehmer scheint auf einen niedrigen Baum getreten zu sein, der sich durch die Schwere des Mannes umbog...» (GA 13, 976).

5494 wie 4489 S. 316

5495 (2276) TieckBr 2, 320ff. – *[am 28. Juni]:* vgl. GTgb: «Herr von der Malsburg und ein Cadet, Garrik genannt. Das erste Stück von Lope de Vega.» – *mein Buch:* Lope de Vega: Stern, Zepter, Blume... Hrsg. von E.F.G.O. von der Malsburg. Dresden 1824 (Ruppert Nr. 1730). – *vor zwei Jahren:* er meint wohl den Besuch vom 8. Sept. 1820 (vgl. GTgb). Vgl. ferner JbGG NF 2, 228f.

5496 JbGG NF 26, 290f. – *Deinen Brief:* vom 22. Juni. «Ottilie war über Frankfurt nach Bad Ems und Schlangenbad gefahren, um dort die Bäder zu gebrauchen...» (Gr 262).

5497 (2269) Gr 108ff. Vgl. GTgb: «Briefe von Frankfurt von Reinhard, Schlosser und Eckermann. Gegen Abend Canzler von Müller, Riemer, Coudray, Meyer. Letzter um Abschied zu nehmen. Mit den ersteren die Medaille, die Ankündigung deßhalb besprochen und anderes auf's Jubiläum Bezügliches.» – *Griesens Gedicht:* ‹Nächtliche Wanderung› zu Maria Paulownas Geburtstag am 16. 2. – *Urania:* Taschenbuch auf das Jahr 1824 S. 209 (Gr 262). – *Pentazonium:* zu Coudrays Denkmalsentwurf zum Regierungsjubiläum Carl Augusts vgl. Goethes Aufsatz ‹Pentazonium Vimariense, dem dritten September 1825 gewidmet, vom Oberbaudirector Coudray gezeichnet, gestochen vom Hofkupferstecher Schwerdgeburth› (WA I 49^2, 191ff.). Abbildung vgl. BA Supplementband Taf. 164. – *«vir semisaecularis»:* Mann (Regent) eines halben Jahrhunderts. – *pares curiae:* im Sinne von entscheidungsberechtigt. – *Friedrich der Weise:* Friedrich III. von Sachsen, der 1519 die Kaiserwürde ablehnte. – *katholisches Regulativ:* über die Möglichkeit, eine Trennung im Großherzogtum Weimar als völlige Ehescheidung gleich zu achten, vgl. Gr 263. – *«Lettres Romaines»:* Tablettes Romaines cont. des faits, des anecdotes et des observations sur les moeurs etc. par un Français, Paris 1824. Verfasser: Graf Santo-Domingo. – *Schwendlerschen Benehmens:* Näheres vgl. Gr 263f. – *Spanien und die Revolution:* von Clemens Wenzel v. Hügel, Leipzig 1821 (vgl. Keudell Nr. 1436 und 1452). – *Malsburgs Übersetzung:* vgl. Nr. 5495 und Anm.

5498 Grumach 311 – *Ihre Übersetzung in Prosa:* wohl der in Nr. 5492 erwähnten Byronschen Gedichte.

5499 (2270) Grumach 311f. – *Hofanstellung:* vgl. Nr. 5267 und Anm. – *Boutade:* Grille, Laune.

5500 Grumach 312 – *Graf Sternberg:* vgl. GTgb: «Anmeldung Graf Sternbergs... Kam Herr Graf Sternberg... Mittags Herr Canzler von Müller. Oberbaudirector Coudray. Professor Riemer.»

5501 Grumach 312

5502 JbGG NF 26, 292 – *Stadelmann:* vgl. GTgb 1. Juli: «Stadelmanns Abgang. Nöthige Einrichtungen deßhalb.» Vgl. Schleif 189ff.

5503 (N 2271a) wie 4996 S. 136f. – *Belvedere:* vgl. GTgb 7. Juli: «Fuhr Graf Sternberg und Herr Canzler nach Belvedere.» – *Dornburg:* vgl. GTgb 6. Juli: «Herr Canzler von Müller ward ersucht mit Herrn Graf Sternberg nach Dornburg zu fahren... Der Graf und Canzler von Müller waren in Dornburg zum Thee geblieben und kamen erst spät in der Nacht zurück.» – *Drakendorf:* ein Besuch dort ist in GTgb unter dem 9. Juli verzeichnet.

5504 (2273) Sor 44 – HoubenSoret 125f. – Vgl. GTgb: «Herr Soret mehrere Steinarten von Dornburg und eine silberne Medaille bringend.» – *plusieurs jours:* nach GTgb vom 7. bis 10. Juli.

5505 (2273a) Grumach 313 – *Charons-Skizze:* vgl. Goethe an J.F.H. Schlosser 21. Mai (WA IV 38, 143f.) sowie GTgb vom 22. und 23. Mai. – *das herrlich gelungene Bild:* vgl. GTgb 15. Juli: «... Herr Canzler von Müller. Das gestern angelangte Porträt vorgezeigt.» 18. Juli: «Mit Herrn Canzler über das Porträt und die Maccoschen Briefe.»

5506 JbGG NF 26, 295

5507 Vordtriede 2, 459f. – *abends bei Goethe:* vgl. GTgb 27. Juli: «Abend Frau von Arnim.» – *auch gestern:* vgl. GTgb 26. Juli: «Frau von Arnim Zeichnungen vorweisend.»

5508 Vordtriede 2, 462f. – *die ausgepackte Skizze:* zu dem geplanten Goethedenkmal (vgl. Schulte-Strathaus Nr. 128). – *Pitt:* Familienspitzname für Bettinas Schwager Carl von Arnim (vgl. Ottilie v. Goethe, Tagebücher, Wien 1962ff., Bd 1, 38), der Directeur des Spectacles war (vgl. GHb²). – *Dein Schwager:* Savigny.

5509 Vordtriede 2, 474

5510 (2275) Bi² 3, 125 – *Schilderung des genußreichen Mittags:* vgl. GTgb 28. Juli: «Herr Canzler von Müller. Nachrichten von seiner Naumburger und Dresdner Reise.»

5511 Houben 1, 171 – Vgl. GTgb: «Kam Dr. Eckermann, erzählend von seiner Reise.»

5512 HoubenSoret 131. Aus dem Französischen. – *Beurlin:* als Besucher in GTgb 12. Mai erwähnt: «... Herr Beurlin ein Genfer.» – *Gespräche:* Übersetzung von ‹Conversations›, d.h. tagebuchartigen Aufzeichnungen von Gesprächen. – *Spirallinie:* vgl. Nr. 5173f.

5513 JbSKipp 1, 127 – Als mündliche Äußerung Goethes nicht gesichert; allerdings ist Riemer an diesem Tage in GTgb erwähnt.

5514 Tewes 37

5515 (2279) StG 4, 52ff. – *um 12 Uhr zu besuchen:* vgl. GTgb 18. Aug.: «Herr Gersting von Meißen, von der gegenwärtigen Beschäftigung der dortigen Fabrik.»

5516 Paul Moritz Rachel: Altdresdner Familienleben. Dresden 1915, 83f. – *nach Dresden gekommen:* im April 1813 (vgl. Nr. 3708). – *ein Napoleon:* vgl. Schuchardt 2, 339 Nr. 150.

5517 JbSKipp 4, 35f. – Vgl. GTgb: «Früh einige Freunde und Freundinnen zum Besuch. Fuhr ich mit Ottilien nach Berka.»

5518 Sor 45 – HoubenSoret 131 – *Freischütz:* vgl. GTgb: «Abends im Schauspiel: Der Freyschütz. Überraschender Bezug auf meinen Geburtstag.»

5519 GJb 6, 142

5520 JbSKipp 4, 36 – Vgl. GTgb: «Herr Wolff von Berlin... Abends und zum Nachtessen Herr Wolff, die Herren Coudray, Meyer, Riemer und Eckermann. Über Theater, besonders auch die Radziwillschen Vorstellungen von Faust. Mit Bedauern der Unterbrechung derselben.» – *Fürst Radziwill:* hatte Bühnenmusik zum Faust komponiert und Liebhaberaufführungen des Faust veranstaltet.

5521 (2281) GJb 28, 61 – *[am 13.]:* vgl. GTgb: «Herr von Martius... Derselbe fuhr nach Belvedere. Ich bereitete mich auf eine Unterhaltung vor. Er speiste bey uns, mit seiner jungen Frau und deren Tante, einer Fräulein von Stengel.» – *improvisierte Goethe:* das Gedicht nach dieser Überlieferung in die Goethe-Ausgaben aufgenommen (GA 2, 288).

5522 (2282) wie 4886 S. 330ff. – *was already printed:* war bereits gedruckt, d.h. hatte bereits veröffentlicht. – *ein sehr würdiger Geistlicher:* Hofprediger und Oberkonsistorialrat in Stuttgart. – *Empfehlungsbriefe:* einer von L. Tieck an Goethe 6. Sept. 1824 (SchrGG 13, 307). – *Raumers Hohenstaufen:* F. v. Raumer: Geschichte der Hohenstaufen und ihrer Zeit. Bd 1–4. Leipzig 1823/24 (Ruppert Nr. 3348). Vgl. Goethes Anzeige in KuA V 2, 1825 (GA 14, 343f.). – *Yngurd:* König Yngurd. Trauerspiel. Leipzig 1817. – *Wilhelm Hauffs «Memoiren des Satan»:* die ‹Mittheilungen aus den Memoiren des Satan› (Stuttgart 1826/27) enthalten im 17. Kapitel einen erfundenen Besuch bei Goethe.

5523 (2282a) Bi[1] 8, 376f. – *kleinen Liedersammlung:* von Grüneisen, erschienen Stuttgart 1823.

5524 (2283) Ralph Waldo Emerson: The Complete Works... Notes by Edward Waldo Emerson... Vol IV, Cambridge/Mass. 1903, 367f. – *[19. September 1824]:* vgl. GTgb: «Will. Emerson aus Boston, Nordamerika, in Göttingen studirend, protestantischer Theolog.»

5525 (2286) Heinrich Heine: Briefe. Hrsg. von F. Hirth. Bd 1. Mainz 1948, 150f. – *[am 2. Oktober]:* vgl. GTgb: «Heine von Göttingen.» – *selige Wolf:* F.A. Wolf war kurz nach seinem Besuch in Weimar am 8. Aug. 1824 gestorben. Heine war in Berlin sein Hörer gewesen. – *So bist du denn...:* nach Westöstlichem Divan, Buch der Betrachtungen (GA 3, 317).

5526 (2287a) wie 5525 S. 154f.

5527 aaO 107ff. – *Damayantis Hochzeit:* Anspielung auf die Episode ‹Nale und Damajanti› in dem indischen Nationalepos ‹Mahabharata›.

5528 (2287) aaO 122f. – *Faust:* daß sich Heine in jener Zeit tatsächlich mit einem Faust-Plan beschäftigte, bestätigt Eduard Wedekind in seinen Tgb-Aufzeichnungen, erstmals unter dem 20. Juni (Gespräche mit Heine, hrsg. von H.H. Houben, 2. Aufl. Potsdam 1948, 81f.).

5529 Grumach 314 – *[Reinhards Geburtstag]:* vgl. die vorjährige Geburtstagsfeier zusammen mit Reinhard (Nr. 5274 und Anm.).

5530 Gr 110 – Vgl. GTgb: «Um 11 Uhr Geh. Staatsrath Jakob von Halle, Schopenhauers... Canzler von Müller.»

5531 HoubenSoret 132 – Die Adressatin befand sich in Petersburg. – *serbische Gedichte:* vgl. Anm. zu Nr. 5461.

5532 aaO S. VIf. – *Brief an den Dichterfürsten:* L. Tieck an Goethe 5. Okt. 1824 (SchrGG 13, 308). – *[am 11. Oktober 1824]:* vgl. GTgb: «Deicks, Philologe, empfohlen von Tieck.»

5533 (2288) Gr 110f. – Vgl. GTgb: «Abends Professor Riemer das Jahr 1797 der Schillerschen Correspondenz mit mir durchgehend. Unterbrochen durch Herrn Canzler von Müller.» – *Kaiser Alexander:* Alexander I. von Rußland hatte seine Unterstützung des griechischen Freiheitskampfes gegen die Türken zurückgenommen. – *Raumers Geschichte der Hohenstaufen:* vgl. Nr. 5522 und Anm. – *Scherers Gedicht:* gemeint ist wohl der Bibliothekar B. Scherer in München.

5534 wie 4350 S. 116

5535 (2289) Gr 111 – Vgl. GTgb: «Um 12 Uhr Herr Professor Riemer, die Schillersche Correspondenz abermals mit durchzugehen... Gegen Abend Herr Canzler von Müller.»

5536 (2290) Gr 111 – *Anbringen bei der Großherzogin:* vgl. Müllers Eintrag in Tgb 14. Okt.: «Um 11 Uhr bey der Grosherzogin pcto des Standbildes Serenissimi.» (Grumach 122) – *Bilde vor der neuen Ausgabe vom Werther:* «die 1824 erschienene Jubiläumsausgabe des Werther hatte als Titelkupfer ursprünglich Goethes Porträt von Schwerdgeburth nach einer Denkmünze von Bovy gestochen; später wurde es ersetzt durch einen Kupferstich von Joh. Chr. A. Schule (1801–1875) nach Jagemanns Kreidezeichnung von 1817 (Schulte-Strathaus 114).» (Gr 264). – *alten Bilde von Kraus:* wohl das Ölgemälde von 1775/76 (Schulte-Strathaus Taf. 25).

5537 Gr 111

5538 Grumach 314 – *letzten Briefe:* vom 15. Okt. (Goethe/Knebel 2, 352f.).

5539 (2284/2285) DtRundschau 87, 1896, 37ff. – *[am 19. Oktober]:* vgl. GTgb: «Gegen Abend... Frau von Arnim, von ihren Frankfurter Expeditionen.» – *das Bürgerrecht aufgegeben:* im Nov. 1817. – *einzelne Familienglieder:* im folgenden ist von der Familie des verwitweten George Brentano die Rede, dessen Haushalt von Claudine Piantaz geführt wurde. – *Miniaturen von George:* wertvolle Sammlung von Miniaturen, nach der Quelle von Maître Foucquet. – *Rambaß:* mittelmäßiger Wein. – *Maxis:* Bergemann vermutet Lesefehler für (Adolf Bernhard) Marx (Bgm 413 Anm.). – *Ratte im Faust:* vgl. Faust I Vers 1512f. – *von seinem Monument:* gemeint ist ihr Entwurf (vgl. Nr. 5508 und Anm.). – *«mon opera sera superba!»:* meine Oper wird vorzüglich sein.

5540 (2291) Gr 111 – Vgl. GTgb: «Canzler von Müller, eine Unterredung mit Frau Großherzogin referirend.» – *Julies Ankunft:* die am 10. Nov. erfolgte. – *Morgenblatts-Aufsatz:* Goethes Beitrag zum Andenken Lord Byrons (GA 14, 796ff.). Nach der englischen Erstveröffentlichung (vgl. Hagen Nr. 729) erschienen im ‹Morgenblatt für gebildete Stände› Nr. 239 vom 5. Okt. 1824. – *Denkmünze:* zum 50. Jahrestag der Ankunft Goethes in Weimar (7. Nov. 1825) von H.F. Brandt (Schulte-Strathaus Taf. 136 und S. 72ff.). – *schönen Aufsatz:* in ‹Orpheus›, Nürnberg 1824, Heft 1 – *Harzscharrer:* einer, der mit der ‹Harzscharre›, einem krumm gebogenen Messer, Harz von den Bäumen gewinnt.

5541 (2292) Gr 111f. – *englisches Dictionnaire:* S. Johnsons Dictionary of the English Language, London 1785. – *«Dicke Bücher...»:* das Gedicht offensichtlich aus dem Gedächtnis zitiert. Die Abweichungen von der

Originalhandschrift verzeichnet WA I 5 II, 160. – *erstes Manuskript:* d.h. die erste Fassung des ‹Götz› unter dem Titel ‹Geschichte Gottfriedens von Berlichingen mit der eisernen Hand› (GA 4, 515 ff.). – *Fürstenbundes:* vgl. Nr. 4269 und Anm.

5542 (2293) Gr 112 – *Jacobis Briefe:* F.H. Jacobi's auserlesener Briefwechsel. Bd 1. Leipzig 1825 (Ruppert Nr. 144).

5543 Gr 112 – *Eschwege:* gemeint ist wohl Sophie v. Eschwege, die nach Julie v. Egloffsteins Ankunft ausscheidende Hofdame der Großherzogin Louise.

5544 (2294) Gr 112 – *einige Österreicher und Engländer:* beruht auf einer Meldung der Allgemeinen Zeitung vom 28. Okt. (vgl. Gr 266). – *Augustens Eigensinn:* wohl ausgelöst durch Reinhards Schilderung der Auguste Jacobi in seinem Brief an Goethe vom 22. Juli (Goethe/Reinhard 318).

5545 Gr 112

5546 Gr 112 – Vgl. GTgb: «Abends große Gesellschaft, die hiesigen Engländer und nächsten Freunde.»

5547 (2296a) Gr 112 – *Wachlers Literatur-Geschichte:* Ludwig Wachler: Handbuch der Geschichte der Litteratur. 2. Umarb. Th. 1–4. Frankfurt a.M. 1822–1824 (Keudell Nr. 1575). Zur ersten Ausgabe vgl. Nr. 4735 und Anm. Vgl. Goethes kurze Anzeige in KuA V 2, 1825 (GA 14, 344).

5548 (2297) Gr 112f. – Vgl. GTgb: «Abends Herr Canzler von Müller; die neue Einrichtung auf der Bibliothek zur Beschauung der Kupferwerke besprochen.» – *vom Großherzog gewünschten Benutzung:* vgl. Carl August an Goethe 16. Nov. (Wahl 3, 151) und Goethes Antwort an Carl August vom 18. Nov. (WA IV 39, 18). – *A.W. Schlegels Büchergeschenk:* Bhagavad-Gita, Bonn 1823 (Ruppert Nr. 1783). – *Konversations-Blatts:* Literarisches Conversationsblatt, Leipzig 1821/26. Vgl. Goethes Aufsatz in KuA V 2, 1825 (GA 14, 346 ff.)

5549 Gr 113 – Vgl. GTgb: «Gegen Abend Herr Knight.»

5550 (2298) Gr 113f. – Vgl. GTgb: «Gegen Abend Canzler von Müller einen Brief des Grafen Reinhards vorlegend.» – *Reinhards Brief:* vom 13. Nov. (GJb 11, 42). – *Fouché Memoiren:* Mémoires de Joseph Fouché, Paris 1824. Verfasser: Alphonse de Beauchamp. – *Manuscrit de 1813:* A.J.F. Fain: Manuscrit de 1813 contenant le précis des évènements de cette année pour servir à l'histoire de l'empereur Napoléon. Paris 1824. – *Lord Byrons... System:* die folgenden Äußerungen ausgelöst durch: Thomas Medwin, Journal of the Conversations of Lord Byron, London 1824. Goethe las das Werk in der französischen Übersetzung von A.T. Davesiès de Pontès, Paris 1825. – *Pope:* vgl. Eckermann 24. Febr. 1825 (GA 24, 149). – *Ode auf den Tod des General Moore:* nicht von Byron, sondern von Charles Wolfe. Irrtum veranlaßt durch Medwin. Vgl. Eckermann aaO (GA 24, 150). – *Ugolino:* Figur aus Dantes Inferno. – *Madame Belloc:* in ihrem Buch: Lord Byron, Paris 1824, Bd 1 S. VI. – *indische Heldengedicht:* Bhagavad-Gita.

5551 (2300) Gr 114f. – *seine neusten Romane:* vgl. Nr. 5291 und Anm. – *Schrittschuh-Almanach:* Der Eislauf oder das Schrittschuhfahren, Nürnberg 1825 (Ruppert Nr. 5397.). – *Fiesko... Ancelots Bearbeitung:* aufgeführt in Paris 1824.

5552 JbSKipp 4, 36f. – Vgl. GTgb: «Von Kassel… Färöer Lieder, mitgetheilt von Grimm dem Jüngeren.»

5553 Pollmer 339 – Zur Datierung vgl. Anm. ebd 400: «Die Äußerung über Blumenbachs Bildnis ist auf den 26. November anzusetzen.» Vgl. GTgb 25. Nov.: «Von Kassel: Göttinger Professoren… Die Professoren vom jüngsten [Grimm].»

5554 (2295) KSchmidt 270

5555 HoubenSoret 136ff. Aus dem Französischen. – *einen Beitrag von mir in seine Morphologie:* vgl. Nr. 5378 und Anm. – *einen zweiten… über Diamanten:* dieser ist nicht erschienen.

5556 Gr 115 – Vgl. GTgb: «Mittag Geh. Rath Schinkel, Geh. Rath Kerll., Dr. Waagen. Speisten zugleich mit Müller, Coudray und Meyer.»

5557 GJb 7, 219 – *[am 1. Dezember 1824]:* vgl. GTgb: «Meldeten sich Geh. Rath Schinkel und Reisegesellschaft… Sie reisten noch den Abend ab.»

5558 (2300a) Gr 115 – Vgl. GTgb: «Herr Canzler von Müller, die Colossalbüste von Dante vorlegend.» – *Lalla Rookh:* vgl. Nr. 5259 und Anm. – *Dantes Büste:* «Die aus München gekommene Büste befindet sich heute in der Landesbibliothek Weimar.» (Gr 269) – *Heines Bild:* nach Schmellers Zeichnung, vgl. Schuchardt 1, 284 Nr. 563: «Prof. Heine in Würzburg.»

5559 Tewes 169 – *Gestern abend:* vgl. Eckermann 3. Dez. (GA 24, 126ff.)

5560 (2302a) Gr 115

5561 Gr 115 – Vgl. GTgb: «Canzler von Müller wegen der Pariser Büsten.» – *aus Paris gekommene Büsten:* von Jean Jacques Flatters (vgl. Nr. 5571)

5562 Egloffstein 222f. – *[… am 8. Dezember]:* vgl. GTgb: «Aufführung der Bürger von Wien [von A. Bäuerle] mit Staberls Lustigkeiten.»

5563 HoubenSoret 138f. – *widmete sie Goethe:* vgl. GTgb 16. Dez.: «Herr Hofrath Soret, die goldne und silberne Medaille von Genf vorzeigend und manches besprechend.» Gemeint die Medaille von Bovy (Schulte-Strathaus Taf. 129a).

5564 (2303) Gr 115ff. – Vgl. GTgb: «Tausend und eine Nacht fortgelesen. Gegen Abend Herr Canzler von Müller. Sodann Herr Dr. Eckermann… Dann ward über das Byronsche Leben in Italien und Griechenland gesprochen.» – *neuen Übersetzung:* Breslau 1825. Statt Büsching ist nach Gr 269 Habicht zu setzen. – *der französischen:* vgl. Nr. 5324 und Anm. – *merkwürdige Handschriften:* «am 12.11.1824 hatte Gagern an Müller ein Verzeichnis von Autographen gesandt, aus dem Goethe für seine Sammlung auswählen sollte» (Gr 269). – *Byrons Conversations:* vgl. Nr. 5550 und Anm. – *Nur über Anschauungen:* zu diesen und den beiden folgenden Absätzen vgl. Eckermann 18. Jan. 1825 (GA 24, 139f.). – *ein Shakespearisches Lied:* ‹Was machst du mir vor Liebchens Tür› aus Hamlet IV 5. – *Taschenbuch für Österreichische Geschichte:* Taschenbuch für die vaterländische Geschichte. Hrsg. durch die Freyherren von Hormayr und von Mednyansky. 6. Jahrg. Wien 1825. Dort steht S. 282–320 der Aufsatz ‹Die Sternberge›, von Fr. Palacky als Nr. 20 einer größeren Reihe

‹Ahnentafeln›. Das Bild von dem Kupferstecher Georg Döbler. – *40 000 [?] Studenten:* FBdm liest (oder konjiziert?): 4000.

5565 Grumach 315

5566 JbGG 5, 251 f. – *am 20. Dezember:* vgl. GTgb: «Besuch Herrn Frommanns.»

5567 (2304) Gr 117 – Vgl. GTgb: «Canzler von Müller, einen Brief von der Gräfin Line und General Klinger bringend.» Danach das Datum erschlossen.

5568 JbSKipp 4, 37 – *positive Religion:* vielleicht ausgelöst durch Schellings ‹Philosophie und Religion› (Tübingen 1804), von Riemer vorher in seinem Tgb erwähnt.

5569 Petersen 159 f. – *letzte naturhistorische Heft:* das Heft II 2 von Zur Morphologie und Zur Naturwissenschaft überhaupt war in der Tat das letzte von Goethes Zeitschrift. – *D'Altons Affen:* vgl. GTgb 20. Dez.: «Die d'Altonischen Affen [in dessen vergleichender Osteologie] durchgesehen ...» – *durch Goethe erfahren:* vgl. Goethes Brief an Nees v. Esenbeck vom 17. Dez. (WA IV 39, 45). – *Aufsatz über objektive Wahrheit in der Poesie:* Lektüre und Gespräch darüber am 27. und 28. November in GTgb bezeugt. – *neugriechischen Heldenliedern:* vgl. Nr. 5588. – *serbischen Gedichte:* vgl. Nr. 5461 und Anm.

5570 Grumach 315 – *das Theater wieder einmal besucht:* am 8. Dez. (vgl. Nr. 5562).

5571 Grumach 315 – *Flatters Büsten:* von Byron und Goethe, letztere auf das Wachsrelief von Kügelgen von 1808 (Schulte-Strathaus Taf. 95) zurückgehend und als mißlungen anzusehen (vgl. ebd S. 51). – *die – offen anliegende – Antwort:* Goethe an J.J. Flatters 30. Dez. (WA IV 39, 61 f.).

5572 (2305a) Gr 117 – Vgl. GTgb: «Herr Canzler von Müller, wegen des Briefs an Flatters. Oberbaudirector Coudray, das Pentazonium bringend. Es wird angesehen und mit Riemer das Nähere besprochen.» – *Pentazonium:* vgl. Nr. 5497 und Anm.

5573 (2305d) Gr 117 – *goldne Medaille:* Goethe hatte in seinem Brief an Flatters (vgl. Anm. zu Nr. 5571) auf die Medaille von Bovy hingewiesen.

5574 (2305e) Gr 117

5575 HoubenSoret 140. Ein Stück aus der Urform von Sorets Tgb, aus dem Französischen übersetzt. – Vgl. GTgb: «Um 12 Uhr der Prinz und Herr Soret. Unterhaltung über Prellers Bild.»

5576 Egloffstein 224

5577 (2306) Gr 117 f. – Vgl. GTgb: «Oberbaudirector Coudray bringend seine verbesserte Zeichnung des Pentazonium. Unterhaltung darüber.» – *Brief von Frau v. Ringseis:* an Müller vom 31. Dez. 1824, zitiert bei Gr 270. Es geht um Goethes Wunsch, einen Abguß der Medusa Rondanini zu besitzen, der später erfüllt wurde.

5578 (NN 2307 aa) Bi^2 5, 495 – *[... am 10. Januar 1825.]:* vgl. GTgb: «Kam Eckermann mit Capitain Hutton.» Über den Besuch vgl. ausführlich Eckermann vom gleichen Tage (GA 24, 131 ff.).

5579 Gr 118 – Vgl. GTgb: «Meist im Bette geblieben wegen Übelbefinden.»

5580 Gr 118

5581 (2307a) Gr 118 – Vgl. GTgb: «Fräulein Ulrike und Adele, der Canzler und Rehbein. Theils zusammen, theils successiv.» – *mauvaise volonté:* Böswilligkeit. – *Gothaischen Kalender:* vgl. GTgb 16. Jan.: «Herr Canzler von Müller. Den Gothaischen [genealogischen] Calender besprochen...» Zur Sache vgl. den Eintrag in Müllers Tgb vom 10. Jan. (Gr 271).

5582 (2308a) Gr 118 – Vgl. GTgb: «Sendung von Serenissimo wegen Müllers... Gegen Abend... Canzler von Müller...» – *Auftrag an Goethe:* vgl. Carl August an Goethe 20. Jan. (Wahl 3, 164f.). Es geht um die Entsendung des Kupferstechers Franz Heinrich Müller zur Ausbildung nach Karlsruhe. – *Engländergeschichte:* «bezieht sich vermutlich auf Julie und Auguste v. Egloffsteins Beziehungen zu dem Engländer Kynaston.» (Gr 271).

5583 (2308b) Gr 118

5584 (2308c) Gr 118 – Vgl. GTgb: «...Hofrath Meyer, Bibliotheks- und Museumssachen verhandelnd.» – *ins Museum:* d.h. ins Jägerhaus. Zur Vorgeschichte vgl. Carl August an Goethe 23. Dez. 1823 (Wahl 3, 108) und Goethes Antwortbrief an Carl August vom 7. und 8. Jan. 1824 (ebd 110ff.).

5585 Grumach 316 – *Kunst und Altertum:* V 1.

5586 (2309) Gr 118f. – Vgl. GTgb: «Nach Tische die Sammlung der zahmen Xenien durchgegangen und deren Einschaltung in die kleinen Gedichte überlegt. Abends Herr Canzler von Müller. Mittheilung eines Briefs des Grafen Reinhard und des Jacobischen Schreibens. Gespräch über die Zeiten der neunziger Jahre.» – *Hiob... von Umbreit:* Das Buch Hiob. Übersetzung und Auslegung von Fr.W.K. Umbreit. Heidelberg 1824. Lektüre erwähnt in GTgb am 1. Jan. – *«Auch den Verdruß...»:* vgl. ‹Kein Stündchen scheide dir vergebens...› (GA 1, 646). – *Reinhards trübsinnigen... Brief:* an Müller vom 18. Jan. (ChrWGV 22, 1) mit einem Zitat aus Jacobis Auserlesenem Briefwechsel (Gr 271f.). – *Schwestern:* Jacobis Stiefschwestern Charlotte und (die jüngere) Helene.

5587 Egloffstein 225

5588 Tewes 243

5589 (2309a) Gr 120 – Vgl. GTgb: «Canzler von Müller. Jacobi's Porträt.» – *Zettel mit Denksprüchen:* sog. ‹Gedankenspähne› (vgl. Gr 272). – *Zeichnung von Jacobi:* vgl. Nr. 5591. – *Endische Sendung:* vgl. GTgb 8. Febr.: «Sendung von Serenissimo. Cölner Erzbisthum und Carneval in einem Briefe vom General Ende.»

5590 Egloffstein 225f. – HoubenSoret 143f.

5591 Grumach 316 – *Voigts Naturgeschichte:* F.S. Voigt, System der Natur und ihre Geschichte, Jena 1823. – *Kunst und Altertum:* V 2. – *Goetheschen Antworten:* Goethe an Schiller 1802. – *Schillerschen Briefe:* in KuA V 1, 1824: Schiller an Goethe. – *zweiten Teil der Briefsammlung:* F.H. Jacobi's auserlesener Briefwechsel. Bd 2. Leipzig 1827 (Ruppert Nr. 144). – *Zeichnung von Hemsterhuis:* gemeint ist wahrscheinlich einer der beiden nach der Zeichnung gefertigten Stiche, die Goethe besaß (vgl. Trunz/Loos 395f. und Abb. 21 und 22).

5592 HoubenSoret 144

5593 Egloffstein 226f. – HoubenSoret 145f. Danach das Datum. – *[13. Februar]:* vgl. GTgb: «Um 12 Uhr der Prinz; ich verhandelte mit Herrn Soret einiges Mineralogische.» – *un petit roman:* vgl. GTgb vor der obigen Eintragung: «Hofrath Meyer sendete das Nußbraune Mädchen zurück.» Wurde als Novelle in ‹Wilhelm Meisters Wanderjahre› eingefügt.

5594 Tewes 37f. – Vgl. GTgb 13. Febr.: «Mittag speiste Eckermann mit uns und eröffnete mir nach Tische seine Absichten auf Hannover.» – *Archiv-Rat Kestner:* G.H. Fr.W. Kestner, der älteste Sohn Charlottes, seit 1816 Archivrat.

5595 Gr 120

5596 (2309b) Gr 120 – Vgl. GTgb: «Abends Herr Canzler. Die Bundestagsangelegenheit besprochen. Auch die Autographa sortirt und manches davon gelesen.» – *Humboldt:* A. v. Humboldt an Goethe 3. Jan. 1810 (Schreckenbach Nr. 802). – *Nicolovius:* C.H.L. Nicolovius an Goethe 22. Dez. 1808 (ebd Nr. 1179). – *Schelling:* welcher von den drei Briefen in Goethes Sammlung (ebd Nr. 1473–1475) gemeint ist, muß offen bleiben. – *Frau v. Staël:* an Goethe 21. Mai 1808 (ebd Nr. 1608). – *«der Anblick …»:* vgl. den genauen Wortlaut bei Geiger 305. – *lud Goethen … nach Dresden ein:* vgl. GJb 8, 8.

5597 (2310a) Gr 120 – Vgl. GTgb: «Herr Canzler von Müller. Wir sprachen über die Medaillenangelegenheit.» – *Privileg gegen Nachdruck:* vgl. Nr. 5421 und Anm. – *Jubel-Medaille:* vgl. Nr. 5540 und Anm. – *Plan auf Genève:* Denkmünze für die Großherzogin Louise von Bovy (vgl. Gr Abb. 5)

5598 Egloffstein 227 – HoubenSoret 147 – *hier:* vgl. GTgb 25. Feb.: «Herr Soret die Medaillen von Genf bringend. Über die neue Angelegenheit [betr. die Medaille für die Großherzogin Louise], Gespräch und Verabredung.»

5599 (2310b) Gr 120 – *Stammbuch:* wohl das des Barons Burkana (vgl. Nr. 5603 und Anm.).

5600 (2310c) Gr 120 – Vgl. GTgb: «Abends Herr Canzler. Hofrath Meyer. Gespräch in Bezug auf die Medaille. Hofrath Meyer wies ein gezeichnetes Profil [der Großherzogin Louise] vor. Autographa wurden durchgesehen.»

5601 (2311) Gr 120

5602 (2311a) Gr 120 – Vgl. GTgb: «Canzler von Müller. Über die Graf Reinhardischen Briefe.»

5603 (2311b) Gr 120 – Vgl. GTgb: «Nach Tische Canzler von Müller. Durchgesprochen die Angelegenheit mit Flatters. Autographa betreffend.» – *Zorn über Flatters:* vgl. GTgb 11. März: «Überlegt' ich mir die Zudringlichkeit des Bildhauers Flatters zu Paris und wie derselben zu begegnen.» Vgl. ferner Nr. 5607 und Anm. – *Baron Burkana:* dessen ‹Stammbuch der Stammbücher› hatte Goethe 1814 von Antonie Brentano geschenkt bekommen; Ch.A. Vulpius hatte es 1816 in seinen ‹Curiositäten› veröffentlicht (vgl. Ruppert Nr. 47). Zu Burkana vgl. ferner GHb^2.

5604 Gr 120 – Vgl. GTgb: «Canzler von Müller, eh' er nach Hof ging. Felix hatte vorher sehr schön phantasirt.»

5605 Egloffstein 236 – HoubenSoret 148. Danach das Datum. – *déjeuner musical:* vgl. GTgb 13. März: «Nach 11 Uhr Frühstück und Concert wegen Felix Mendelssohn.» – *votre amie:* Ottilie v. Goethe.

5606 (2312) Gr 121 – Vgl. GTgb: «Herr Canzler von Müller ... Besprochen den Verdruß des Engländers mit dem Generalsuperintendenten.» – *Röhr, Fitzroy:* zwischen dem jungen Engländer und Röhrs Sohn war es zu Handgreiflichkeiten gekommen (vgl. Gr 273).

5607 Grumach 316 – *ostensibles Blatt:* Goethe an Reinhard 18. März (?) (WA IV 39, 138ff.).

5608 (2312a) Gr 121 – Vgl. GTgb: «Herr Canzler von Müller ... Nachrichten von Petersburg.» – *Pempelforter ... Briefe:* «aus P. schrieb Auguste Jacobi am 8.3. an Müller» (Gr 273).

5609 (2313) Gr 121 – *die Medaille betreffend:* es handelt sich um die Jubiläumsmedaille für Carl August von H.F. Brandt.

5610 (2315) Gr 121 – Vgl. GTgb 21 März: «Nachts brannte das Theater ab.» 22. März: «Herr Canzler von Müller, die Geschichte dieser Nacht und des Verfolgs umständlich erzählend. Für mich in Betrachtung des Nächstzubesorgenden.»

5611 (2316) Sor 47 – HoubenSoret 151 – Vgl. ebd 150f. die durch negative Beurteilung von Goethes Verhalten abweichende Urform von Sorets Tgb. Vgl. ferner die wohl von Soret ausgelöste ausführliche Darstellung bei Eckermann unter dem gleichen Datum (GA 24, 559ff.).

5612 Gr 121

5613 Gr 121

5614 JbSKipp 4, 37 – *Ließ mir Goethe absagen:* im Brief vom gleichen Tage (WA IV 39, 154).

5615 Gr 121 – *Brief von Goethe:* vom gleichen Tage (WA IV 39, 152f.). – *Vorspiel von 1807:* vielmehr ‹Paläophron und Neoterpe›. – *Gleichnisses der Ameisen:* Vers 180ff.

5616 (2317) Gr 121f. – *seine Antwort:* vom gleichen Tage (WA IV 39, 155f.).

5617 Egloffstein 231

5618 Tewes 40 – *Deutsche Bund:* vgl. dazu Houben 1, 209 Anm.: «Eckermann irrte sich: nicht der Deutsche Bund ... sondern die Einzelstaaten gaben die Privilegien ...»

5619 (2320) aaO Boston 1866, 165ff. und 190 und 192f. – Der Besuch Calverts am 27. März in GTgb vermerkt: «Herr Calvert aus Washington.» – *John Quincy Adams:* 6. Präsident der Vereinigten Staaten. – *«Characteristics»:* Sarah Austin: Characteristics of Goethe ... 3 Bde. London 1833. – *«North American Review»:* vgl. GTgb 28. März: «North American Review, mitgetheilt durch Herrn Calvert aus Washington. Dasselbe von Berlin durch Herrn von Varnhagen.» – *I repaired to Goethe's:* vgl. GTgb 29. März: «Ottilie hatte in den vordern Zimmern Theegesellschaft, von Froriepsche Familie, den Nordamerikaner und einige Engländer.»

5620 Egloffstein 231 – *Großherzogin:* vgl. GTgb 29. März: «Ihro Hoheit die Frau Großherzogin um halb 11 Uhr. Besprochen den Theaterbrand.»

5621 Grumach 317 – *Nagler:* vgl. GTgb 29. März: «Herr von Nagler, von Frankfurt her durchgehend und den Abdruck des Sessionsprotokolls vom 24. März [vgl. Ruppert Nr. 1946] überbringend, auch die ganze Angelegenheit durchsprechend.»

5622 Grumach 317 – *«Das ist das Grab...»:* vgl. Nr. 5610.

5623 JbSKipp 4, 37 – Vgl. GTgb: «...Professor Riemer. Helena mit ihm durchgegangen.» Goethe hatte am 24. Febr. die Arbeit am Faust wiederaufgenommen.

5624 Petersen 160f. – *Einschluß an Goethe:* vgl. Nees von Esenbeck an Goethe 5. März: «Euer Excellenz überreiche ich hiermit das erste Actenfascikel, das Kölner Carneval betreffend, welches ich einer Sendung an Herrn Eckermann beischließe.» (Bratranek 2, 125). – *Medaille:* nicht ermittelt.

5625 JbSKipp 4, 37 – Vgl. GTgb: «Vorbereitung zum Kinderfeste... Kamen die Kinder und suchten Eyer.»

5626 JbSKipp 4, 39 – *Rinaldo:* Sohn von Ch.A. Vulpius.

5627 (2320a) Gr 122

5628 (2321) Gr 122 – *Velocifer-Charakter:* vgl. den Ausdruck ‹velociferisch› in MuR 479 und Heckers Anm. dazu SchrGG 21, 343. – *Medaille:* gemeint ist entweder die Jubelmedaille für Carl August von Brandt oder die Gedenkmünze für Großherzogin Louise von Bovy. – *Brand-Fragmente aus Tasso:* vgl. Goethes fast gleichlautende Beilagen von Ende März zu Briefen an Zelter (WA IV 39, 157f.), Boisserée (ebd 179) und Schultz (ebd 209).

5629 Egloffstein 232f. – *«Nur frisch, Ameisen...»:* vgl. Nr. 5615 und Anm.

5630 Gr 122 – Vgl. GTgb: «Herr Canzler von Müller kurz vor Tische.»

5631 (2321a) Gr 122 – Vgl. GTgb: «Um 12 Uhr Canzler von Müller, Graf Reinhard anmeldend und einiges vorläufig besprechend. Graf Reinhard selbst... Abends... Graf Reinhard. Canzler von Müller. Professor Riemer, Hofrath Meyer. Alle außer dem letzten blieben zum Abendessen. Der Graf erzählte, wie er nach Frankreich gelangt und mit in die Revolution gezogen worden.»

5632 GJb 11, 60

5633 wie 2482 S. 513

5634 (2166a) Goethe/Reinhard 332f. – *Wolf:* vgl. den Eintrag in GTgb am 7. April, einen Tag vor Reinhards Besuch: «Abscheiden des Geh. Raths Wolf. Schilderung seines Lebens...». Wolf war am 8. Aug. 1824 in Marseille gestorben.

5635 Egloffstein 233 – HoubenSoret 154 (gekürzt). – *im Garten spazieren gegangen:* vgl. GTgb 10. April: «Bey schönem Wetter viel im Garten.» – *journal américain:* vgl. Nr. 5619 und Anm.

5636 Egloffstein 231f. – HoubenSoret 155. Danach das Datum.

5637 (2321b) Gr 122 – Vgl. GTgb: «Herr Canzler von Müller, referirend von nähern Verhältnissen des Grafen Reinhard.»

5638 Gr 123 – *Medaille:* vgl. Nr. 5628 und Anm.

5639 Grumach 318 – *d'Altons Besuch:* am 11. und 12. April in GTgb verzeichnet.

5640 Gr 123 – Vgl. GTgb: «Der Katarrh vermehrte sich, ich mußte mich ruhig halten und ging zeitig zu Bette.» – *freundliches Billett:* WA IV 39, 183f.

5641 JbSKipp 4, 39 – Vgl. GTgb: «Blieb im Bette... Gegen Abend Professor Riemer.»

5642 Gr 123

5643 Gr 123 – Vgl. GTgb: «Hofrath Rehbein und Canzler von Müller. Letzterer brachte als Geschenk die Feyer des fünfundzwanzigjährigen Regierungsfestes Ihro Majestät des Königs. Das Werk durchgesehen.» Es handelt sich wohl um die Rede auf König Maximilian I. Joseph von Bayern von J. Scherer, erschienen München 1824 (Ruppert Nr. 3387).

5644 Gr 123 – Vgl. GTgb: «Übele Nacht. Im Bette geblieben... Aderlaß um 3 Uhr Nachmittags.»

5645 JbSKipp 4, 39

5646 Egloffstein 234f. – *Felix Mendelssohn:* vgl. Nr. 5604 und Anm.

5647 (2328) wie 4497 S. 155ff. – Der Besuch bei Goethe unter dem Titel ‹Seconde visite à Goethe› zuerst veröffentlicht in ‹Le Globe› Nr. 26 vom 2. Juni 1827 (wiederabgedruckt von K. Kloocke in: JbFDH 1974, 48ff.). Die unserm Text zugrunde liegende spätere Fassung ist überarbeitet. Auszugsweise in deutscher Übersetzung bei Bode 3, 229f. – Vgl. GTgb: «Herr Cousin von Berlin kommend, einen Brief von Hegel bringend.» – *lettre de Monsieur Hegel:* vom 24. April (GJb 16, 68f.). – *il y a huit ans:* 17./18. Okt. 1817 (vgl. Nr. 4497). – *On a traduit Faust:* gemeint sein können die Übersetzungen von Stapfer und Sainte-Aulaire, auf die das ‹littéralement› jedoch nicht paßt. – *Marot:* vgl. Nr. 5147 und Anm. – *Adelchi:* vgl. Nr. 5045 und Anm. Beschäftigung damit vgl. GTgb 24. und 30. Dez. 1822 sowie 2., 3. und 8. Jan. 1823. Der Aufsatz über Adelchi wurde 1827 veröffentlicht (GA 14, 837ff.). – *Inni sacri:* Milano 1815 (Ruppert Nr. 1693). Vgl. Goethes Aufsatz in KuA II 2, 1820 (GA 14, 813f.). – *Quarterly Review:* Goethes Verteidigung gegen die englische Kritik in dem Aufsatz ‹Graf Carmagnola noch einmal› in KuA III 2, 1821 (GA 14, 826ff.). – *le comte de Carmagnola:* Il Conte di Carmagnola. Milano 1820 (Ruppert Nr. 1692). Vgl. den ausführlichen Aufsatz Goethes in KuA II 3, 1820 (GA 14, 814ff.). – *Manzoni faisait un roman:* I promessi sposi. – *une carte pour moi:* eine Visitenkarte, von der es in einer Fußnote heißt: «J'ai gardé cette carte...» – *chansons grecques de Monsieur Fauriel:* C.C. Fauriel: Chants populaires de la Grèce moderne. Paris 1824/25. Vgl. Goethe an Ottilie 11. Juli 1824 (WA IV 38, 194f.). – *Ourika:* Roman von Madame de Duras. – *Anatole:* von Madame Gay. – *Alonzo:* von Salvandy. – *Demetrius:* vgl. Nr. 3231 und Anm. – *lettre que Blücher... écrivit:* Blücher an K.A. Fürst von Hardenberg 20. Aug. 1813 (Schreckenbach Nr. 140). – *maison de campagne:* Goethes Gartenhaus an der Ilm. – *une d'elles:* Julie v. Egloffstein.

5648 HegelBr 3, 92

5649 (2327) Sor 47ff. – HoubenSoret 155ff. – Vgl. GTgb: «General Congreve. Herr David [Daniell], durch meteorologische Schriften bekannt. Herr Soret.» – *Doge de Venise:* Marino Faliero, Doge of Venice. London 1821. – *Bardes écossais:* English Bards and Scotch reviewers... Geneva 1820 (Ruppert Nr. 1488).

5650 Grumach 318 – *Heft [von Kunst und Altertum]:* V 2, 1825.

5651 aaO Bd 1, 168ff. – Dieser erste Besuch Stromeyers ist nicht in GTgb verzeichnet; fest steht, daß er im Laufe des Monats April stattgefunden hat. – *Wirtshause:* Der Weiße Schwan. – *zweiunddreißig Jahre:* vielmehr neunundzwanzig. – *Byrons Kolossalbüste:* wohl die bei Schuchardt 2, 340 Nr. 165 aufgeführte. – *Carus:* vgl. Nr. 4863. – *Gumpelino:* nicht ermittelt; möglicherweise Übername. – *Eckermann unter dem 12. März 1828:* GA 24, 689 . – *Eduard spielte:* bezeugt ist in der Agenda 1826 unter dem 13. April: «Studirender von Göttingen, Clavier spielend.» (WA III 10, 294).

5652 Tewes 41 – *Gestern nachmittag:* vgl. Eckermanns ausführliches Gespräch über das Bogenschießen unter dem 1. Mai (GA 24, 383ff.).

5653 (2329a) Gr 123

5654 (2330) aaO 78f. – *nach dem Tode ihres Begründers:* Friedrich Arnold Brockhaus war 1823 gestorben. – *[... am 5. Mai]:* vgl. GTgb: «Die Gebrüder Brockhaus von Leipzig.» – *«Literarische Conversations-Blatt»:* erschien 1821–1826. – *«Conversations-Lexikon»:* Goethe besaß die Ausgabe von 1824/29 (Ruppert Nr. 523).

5655 (2331a) Gr 123 – Vgl. GTgb: «Mittag Herr Oberbaudirector Coudray... Herr Canzler von Müller. Hofrath Meyer. Betrachtung der durch Zanoli überbrachten Cölner Carnevals-Druckschriften und Bilder.»

5656 (2332) DüntzerKnebel 2, 202 – *[am 13. Mai]:* vgl. GTgb: «Mittag Hofrath Meyer und Professor d'Alton.»

5657 (2333) aaO 79 – *am 14. Mai:* vgl. GTgb: «Die Gebrüder Brockhaus von Leipzig, mit buchhändlerischen Anträgen.» – *August von Goethe:* es wird im folgenden von einer Vereinbarung mit diesem berichtet, die dann jedoch nicht zum Zuge gekommen ist.

5658 (2334) Gr 123 – *Accouchierhauses:* Entbindungsheimes. – *Thibaut, Über Reinheit der Tonkunst:* Heidelberg 1825, vgl. Goethe an Zelter 21. Mai (WA IV 39, 198). – *Zschokkes sämtliche Schriften:* vgl. Bücher-Vermehrungsliste April 1825: «Heinrich Zschokke's Ausgewählte Schriften in 6 Bänden / Von dem Verleger Sauerländer.» (WA III 10, 297). – *Tausend und eine Nacht:* vgl. Nr. 5564 und Anm., ferner Bücher-Vermehrungsliste Mai 1825: «Tausend und Eine Nacht. Band 10. 14. 15. / Vom Verleger.» (ebd 298).

5659 Grumach 318 – *[am 21. Mai]:* vgl. GTgb: «Herr Stratford Canning von Petersburg kommend, ein höchst vorzüglicher Mann.»

5660 (2335) Gr 123ff. – Vgl. GTgb: «... Hofrath Meyer wegen der Medaille. Canzler von Müller, Nachricht von der Gemäldegallerie zu Gotha. Sonstige Verhältnisse durchgesprochen.» – *(ein Knabe mit einem Vogel):* Kopie eines unbekannten Künstlers, deren Ankauf Goethe vermittelt hatte (vgl. Bi^2 5, 150 und Gr 276). – *Jubiläums-Medaille:* für Carl August (vgl. Nr. 5609 und Anm.). – *Medaillen von Benvenuto Cellini:* vgl. Schuchardt 2, 47 Nr. 42ff. – *Hamburger Steindrücke:* «von dem Bildnismaler und Lithographen Friedrich Carl Gröger (1766–1838); Devrient, aus dem Jahre 1822, bei Schuchardt 1, 226 Nr. 136; das bei Schuchardt nicht aufgenommene Blücherporträt stammt ebenfalls von Gröger, lithographiert 1823, nach dem Gemälde von 1816.» (Gr 276). – *Mémoires sur Madame de Pompadour:* «Mém. de Mme la marquise de Pompadour, Liege 1768 oder Mém. hist. et anecd. sur la cour de France par Soulavie, 1802» (Gr ebd). – *Halb-Königin:* Gräfin Harrach, mit der sich Friedrich Wilhelm III. 1824 morganatisch vermählt hatte. – *Emanzipationsbill:* «am 18.4.1825 war ein Gesetzesvorschlag zur Emanzipation der Katholiken in Irland vom englischen Parlament verworfen worden.» (Gr ebd). – *Brownianischen... Katarrh:* vgl. TuJ 1801 (GA 11, 676). – *Reils Gutachten:* vom 13. Sept. 1805 (vgl. Gr 276). – *ägyptischen Vizekönigs:* Mehemed Ali. – *Diktator:* Napoleon I. – *meine Frau:* Joséphine de Beauharnais. – *National-Institut:* in Paris. – *Cicero... erste Rede:* pro S. Roscio Amerino. – *zwölf Tafeln:* Lex duodecim tabularum, das früheste römische Gesetzgebungswerk (ca. 451/450 v. Chr.).

5661 (2336) wie 4791 S. 108f. – *Revers... seinen Vorschlag dazu:* die endgültige Ausführung zeigt auf dem Revers innerhalb des Zodiakus den Sonnengott mit der Quadriga (vgl. Gr Abb. 5). – *zwei oder drei Worte:* DER FUNFZIGSTEN WIEDERKEHR MDCCCXXV.

5662 Petersen 161f. – Wann der erste Teil des Briefes geschrieben ist, kann nicht genau ausgemacht werden. – *D'Alton:* vgl. Nr. 5639 und 5656. – *neugriechischen Gedichte:* vgl. Nr. 5588. – *Rietz:* vielmehr Ritz, Regierungsrat in Aachen, Freund von Nees, vgl. dessen Brief an Goethe vom 14. Mai (Bratranek 2, 129). – *Aachen:* Ritz hatte Goethe durch Nees um einen Prolog zur Eröffnung des neuen Theaters in Aachen gebeten, vgl. Nees an Goethe 25. Dez. 1824 und Ritz an Nees 18. Dez. 1824 (ebd 111ff.). Vgl. Goethes zunächst ausweichende Antwort an Nees vom 10. Jan. 1825 (WA IV 39, 79). – *Biographie:* gemeint sind die ‹Tag- und Jahreshefte›. – *eines eigenen größeren Werks:* über den damaligen, mit Goethe abgesprochenen Plan einer Herausgabe der ‹Gespräche mit Goethe›, der dann aber doch nicht so bald verwirklicht wurde, vgl. Houben 1, 211ff.

5663 (2338) Gr 125 – Vgl. GTgb: «Mittag Dr. Eckermann. Lord Byrons letzte Tage von Parry. Canzler von Müller, den ich das Bild von Charon sehen ließ.» – *Skizze zum «Charon»:* Goethe hatte in KuA IV 2, 1823 auf die Möglichkeit einer bildlichen Darstellung des von ihm übersetzten neugriechischen Gedichtes ‹Charon› hingewiesen (GA 13, 957f.). Über den von Cotta im Stuttgarter Kunstblatt veranstalteten Wettbewerb und dessen Ergebnis vgl. Goethe an Schultz 31. Mai 1825, wo fünf Versuche als mißglückt bezeichnet werden, Leybold dagegen das höchste Lob erhält (WA IV 39, 208f.). – *«Die letzten Lebenstage Byrons»:* Last days of Lord Byron, London 1825. Vgl. Eckermann 11. Juni 1825 (GA 24, 160f.). – *Reinhards Brief:* vom 29. Mai (Gr 277). – *Kantate auf die Krönungsfeier:* betr. die Krönung Karls X. von Frankreich am 29. Mai; die Kantate abgedruckt Goethe/Reinhard 516.

5664 HoubenSoret 159
5665 Grumach 319
5666 Tewes 41f. – *die ersten Gespräche:* vgl. Nr. 5662 und Anm., ferner GTgb 5. Juni: «Mittag Dr. Eckermann. Über die von ihm redigirten Unterhaltungen.» – *Tee bei Goethe:* vielleicht mit Bezug auf das Konzert anläßlich Felix Mendelssohns Besuch am 20. Mai (vgl. GTgb).
5667 Österreichische Rundschau Bd 30, Heft 4, 25.2.1912, 315 – *den ihn betreffenden Artikel:* vgl. unsere Nr. 5033.
5668 (2340) Gr 125f. – Vgl. GTgb: «Abends mit dem Herrn Canzler nach Belvedere. Spazirten hinter dem Schlosse unter den Linden.» – *Türckheimischer Brief:* «nicht erhalten; vermutlich von Karl oder Caecilie v. T.» (Gr 278) – *Frau v. Fouqué:* Karoline de la Motte-Fouqué: Die beiden Freunde. Berlin 1824.
5669 (2341/2341a) Gr 126f. – Vgl. GTgb: «Abends mit Herrn Canzler von Müller nach Belvedere. Eine große Gesellschaft begrüßt. In die Orangerie.» – *Berceaux:* Bogengänge. – *Quinconces:* Kreuzpflanzungen. – *[16. Juni]:* vgl. GTgb: «früh um 8 Uhr zu Serenissimo in's römische Haus.»
5670 (2342) Gr 127 – Vgl. GTgb: «Schreiben von Berlin an Canzler von Müller, wegen dem weitern Fortschreiten der Medaille... Nach Tische... Canzler von Müller, die Medaillenangelegenheit besprochen.» – *Brief Rauchs an mich:* vom 15. Juni (Gr 278). – *Sternbilder:* für den Zodiakus der Medaille auf Carl August (vgl. Nr. 5661 und Anm.).
5671 Tewes 43
5672 (2424) Gr 127 – Vgl. GTgb: «Beschäftigung mit der Jubiläumsmedaille.» – *Reisebeschreibungen:* vgl. die von Goethe entliehenen englischen Werke Keudell Nr. 1614 bzw. 1633, 1640, 1641, 1632 (nähere Angaben Gr 278f.). – *Residenz des Königs von Audh:* Lucknow. – *Sieben Seen der persischen Sprache:* Wörterbuch der persischen Sprache, erschienen Lucknow 1822 (vgl. Gr 279). – *Tartuffe:* von Molière. Lektüre in GTgb am 18. und 19. April verzeichnet. – *kleine Verse:* der vierte Vierzeiler von ‹Ländlich› (GA 1, 550).
5673 JbSKipp 4, 39 – Vgl. GTgb 21. Juni: «Abends Professor Riemer; Entwurf der Zimmermannsrede besprochen.» – *Kranzrede:* zum Richtfest des Theaters. Vgl. GTgb 25. Juni: «War das Schauspielhaus gerichtet worden.»
5674 (2343) Grüner 200
5675 JbSKipp 4, 40 – Vgl. GTgb: «Mit Professor Riemer den zweyten Band der neuen Gedichte durchgegangen. Speiste derselbe mit uns... Nach Tische mit Professor Riemer manches besprochen.»
5676 (2344) Gr 127f. – Vgl. GTgb: «Canzler von Müller. Später Parry.» – *Nekrolog der Frau v. Krüdener:* «der Nekrolog auf die am 25.12.1824 in Rußland verstorbene Schriftstellerin und Politikerin Juliane Barbara v. K. (geb. 1764) erschien in Nr. 174 der Beilage zur Allgemeinen Zeitung vom 23.6.1825.» (Gr 279). – *Valerie:* Valérie, ou lettres de Gustave de Linar à Erneste de G. 2 Bde. Paris 1804. – *Statue:* vgl. Schuchardt 2, 338 Nr. 132. Darstellung der Parze Atropos. Gipsabguß von F. Tieck, vgl. dessen Brief an Goethe 1825 (GJb 7, 202). – *Stelle über Herders Tod:* in den

‹Biographischen Einzelnheiten› (GA 12, 624ff.). – *Parrys letzte Tage Byrons:* vgl. Nr. 5663 und Anm. – *Scheidlers methodologischer Enzyklopädie der Philosophie:* 1. Prolegomena. Jena 1825 (Ruppert Nr. 3112). – *heftigen Ausfalls:* in dem 1823 erschienenen Aufsatz ‹Bedeutende Fördernis durch ein einziges geistreiches Wort› (GA 16, 879ff.).

5677 (2345) aaO Bd 2, 606 – *einen Besuch:* vgl. GTgb 6. Juli: «Capellmeister Maria von Weber». – *Weber war… schwerer geärgert:* über den vermutlichen Grund von Goethes reservierter Haltung Weber gegenüber, nämlich daß dieser als Brillenträger vor ihm stand, vgl. K. v. Holtei: Nachlese. Erzählungen und Plaudereien. Bd 1, Breslau 1870, 8f.

5678 Tewes 44ff. – *meine Unterhaltungen mit Goethe:* vgl. Nr. 5662 und Anm. – *ein bedeutender Mann:* nicht ermittelt; allenfalls wäre an Spontini zu denken, dessen Besuch am 4. Juli in GTgb erwähnt wird. – *von meinem Buche:* den ‹Beyträgen zur Poesie mit besonderer Hinweisung auf Goethe› (Stuttgart 1824).

5679 (2430) Gr 128f. – Vgl. GTgb: «Frühstück im unteren Garten zu Ehren der Generalin Rapp… Mittags Dr. Eckermann. Nach Tische mit demselben das Verzeichniß der Densprüche. Canzler von Müller, das heutige Frühstück besprechend.» – *Lob meines Gedichtes:* ‹An Gräfin Albertine Rapp/zu Goethe's Bild/1825›, abgedruckt Gr 280. – *Stammbuchblattes für sie:* ‹An Gräfin Rapp, geb. von Rotberg/Den 7. Juli 1827 [!]› (GA 2, 296). – *Reinhards… Brief an Goethe:* ‹Kronberg, am Fuß des Taunus, den 4. Juli 1825› (Goethe/Reinhard 332ff.). – *Buchhändler-Anrede:* erschienen unter dem Titel ‹Anzeige von Goethes Sämtlichen Werken/Vollständige Ausgabe letzter Hand›, datiert 1. März 1826 (GA 14, 358ff.). – *Blatt von Cornelius zu den Nibelungen:* vgl. Schuchardt 1, 110 Nr. 50b und 50c.

5680 (2346) Gaedertz 365f. – Vgl. GTgb: «Abends Varnhagen von Ense mit Gemahlin.» – *Biographien Derfflingers und Leopolds:* im 2. Teil von Varnhagens ‹Biographischen Denkmalen›. Mit Leopold ist Leopold I. von Anhalt-Dessau, der ‹alte Dessauer›, gemeint. – *Ségurs Geschichte des Zuges nach Rußland:* Histoire de Napoléon et de la grande armée pendant l'année 1812. 2 Bde. Paris 1824. – *Hirschfelds… Buch:* Theorie der Gartenkunst. 5 Bde. Leipzig 1779/85. – *ein Faß:* vgl. die ähnliche Äußerung über Riemer (Nr. 4832).

5681 Grumach 319 – *Medaille:* für Großherzogin Luise.

5682 Vordtriede 2, 546 – *[am 14. Juli]:* vgl. GTgb: «… von Savigny und Gattin mit Legationsrath Wagner von Stuttgart.»

5683 JbSKipp 4, 40 – Vgl. GTgb: «Herr Professor Riemer. Einiges mit ihm durchgegangen. Alsdann mit ihm spazieren gefahren.»

5684 JbSKipp 4, 40 – Vgl. GTgb: «Kam Herr Canzler von Müller. Sodann Riemer und Eckermann. Mit selbigen in's Jägerhaus, das Museum zu sehen. Sodann über Oberweimar in den unteren Garten, kleine Collation und Unterhaltung. Sodann um's Webicht gefahren. Sodann im oberen Garten noch conversirt.»

5685 Grumach 319f. – *liebe Zuschrift:* vgl. Nr. 5679 und Anm. – *herrliche Stanze:* gemeint ist das Widmungsgedicht (vgl. ebd).

5686 JbSKipp 4, 40 – Vgl. GTgb: «Canzler von Müller, Hofrath Meyer, Oberbaudirector Coudray, Professor Riemer, Dr. Eckermann zu Tische.»

5687 Grumach 320 – *Medaillenmodell:* betr. die Medaille für Großherzogin Louise. – *mit der morgigen Post:* vgl. Goethe an Soret nach Wilhelmsthal 25. Juli (WA IV 39, 262f.).

5688 JbGG NF 27, 346f. – Der Briefentwurf ist in Xellers Tagebuch enthalten; der Adressat ist jedoch unbekannt. Xeller, der von Frankfurt nach Berlin reiste, war mit einem Empfehlungsschreiben von Marianne v. Willemer vom etwa 19. Juli ausgestattet (Weitz 168f.). Der Besuchstermin ergibt sich daraus, daß Xeller am 26. Juli in Leipzig und am 27. Juli in Oschatz eintraf (vgl. Quelle 347). – *Zeichnung:* des Heidelberger Schlosses.

5689 Tewes 351f. – *Diploms:* es ist nicht festzustellen, was hier gemeint ist. – *[am 19. Juli]:* vgl. Nr. 5684 und Anm. – *Diesen Abend um 8:* vgl. GTgb 28. Juli: «Um 8 Uhr Dr. Eckermann, durchgesprochen mit ihm die nächsten Recensionen kleiner Poesien.» – *gestern eine Tischgesellschaft:* vgl. GTgb 27. Juli: «Mittag derselbe [Professor Riemer], Oberbaudirector Coudray, Capellmeister Hummel. Dieser spielte nach Tische.»

5690 JbSKipp 4, 40 – Vgl. GTgb: «Gegen Abend mit Professor Riemer in den untern Garten. Er las seinen Prolog und Gedichte zu den bevorstehenden Feyerlichkeiten.»

5691 (2346a) Grüner 201

5692 JbSKipp 4, 41 – Vgl. GTgb: «Gegen Abend Professor Riemer. Fuhr mit demselben nach Belvedere.»

5693 (2347) Grüner 202

5694 JbSKipp 4, 41 – Vgl. GTgb: «Professor Riemer... Er las... mir und Ottilien das Gedicht zum Pentazonium vor.»

5695 Tewes 46f. und 50 – *Vor einigen Abenden:* letzte Erwähnung Eckermanns in GTgb am 13. Aug. – *Gestern abend... Diesen Mittag...:* nach GTgb war Eckermann am 18. Aug. abends bei ihm und am 19. zusammen mit Meyer mittags. Zumindest der Schluß des Briefes muß also am 19. geschrieben sein.

5696 JbSKipp 4, 41 – Vgl. GTgb: «Gegen Abend Professor Riemer, seinen Prolog vorweisend. Sodann an dem Jahre 1805 weiter gearbeitet.» – *Geschichte von Helmstedt:* gemeint ist die ausführliche Schilderung des Besuches bei Beireis in TuJ 1805 (GA 11, 760ff.)

5697 (2348) Sor 50 – HoubenSoret 169 – Vgl. GTgb: «Abends Herr Soret. Beredung wegen der Genfer Medaille. Sonstiges über den bisherigen Aufenthalt in Wilhelmsthal.»

5698 (2349) Sor 50 – HoubenSoret 170f. – Vgl. GTgb: «Hofrath Soret überbrachte das Bild der Großfürstin Alexandra.»

5699 Grumach 320 – *Oper Semiramis:* von Rossini.

5700 Grumach 320

5701 (2251) Grüner 205 – Vgl. GTgb: «Abends kam Rath Grüner von Eger an.»

5702 (2352/2355) Grüner 205ff. – Vgl. GTgb 2. Sept: «Abends durch die Stadt und Umgegend gefahren.» – *Großulare:* recte Grossulare = gelblich-grüne Granate. – *Stadelmann:* war damals nicht mehr Diener bei Goethe.

5703 JbGG 11, 312f. – *[3. September 1825]:* zu diesem und den folgenden Berichten vgl. GTgb: «Früh 6 Uhr zu Serenissimo in's römische Haus. Aufwartung der ersten und nächsten Personen. Musik, gegen 8 Uhr zurück. Vorbereitung auf den Abend. Mittag Hofrath Meyer und Nicolovius. Nach Tische fernere Anstalten. Abends von 9 Uhr kamen Gäste. Nach und nach sehr viele. Blieben bis Mitternacht.»

5704 JbSKipp 4, 41

5705 Nach der Hs im Besitz von A. Thiersch, München.

5706 (2354) [Friedrich Wilhelm Gubitz] Berühmte Schriftsteller der Deutschen. Bd 1. Berlin 1854, 46. – *in Tiefurt vorgesungen:* die Verse waren von Goethe mit Bleistift auf eine Forsttafel beim Förster Slevoigt in Waldeck aufgeschrieben (vgl. WA I 5^2, 360 und GA 2, 88).

5707 (2353) aaO 22

5708 aaO Nr. 178/179 – Verfasser nicht ermittelt.

5709 (2350) wie 5706 S. 41ff. – *«Haec otia fecit.»:* Nach Vergil, Eclogen I 6: deus nobis haec otia fecit (ein Gott hat mir diese Muße geschaffen), sprichwörtlich für die von einem Mäzen gewährte Geborgenheit (s. GrumachAntike 359). – *der große Stern:* des Falkenordens.

5710 JbSKipp 4, 324f. – Der Text ist der in Nr. 5719 genannten Festschrift, und zwar der 1. Abteilung, entnommen. Die 2. Abteilung in Goethes Bibliothek (vgl. Ruppert Nr. 3609).

5711 Allgemeine Konservative Monatsschrift. Jahrg. 54, 1897, 243 – *sei der Großherzog gekommen:* vielmehr der Erbgroßherzog.

5712 (2356/2357) Grüner 210ff. – Vgl. GTgb 4. Sept.: «Mittag Herr Rath Grüner und [Alfred] Nicolovius... Gegen Abend...Rath Grüner und Nicolovius aus dem Schauspiel. Relation der Vorstellung.» – *Münzen aller Päpste:* vgl. Nr. 5272 und Anm. – *im Druck erschienen:* in der Festschrift ‹Weimars Jubelfest am 3. September 1825› (vgl. Nr. 5710 und Anm.). – *Altarblatt von Cranach:* vgl. Nr. 3093 und Anm. – *«Die beiden Briten»:* Lustspiel in drei Akten aus dem Französischen [des Merville] von Carl Blum. – *und «Die Humoristenstreiche»:* vielmehr wohl: ‹Humoristische Studien› nach dem Französischen [des Andrieux] von Carl Lebrun (O.F.).

5713 (2358) Grüner 214f. – *einem Maler:* Schmeller (vgl. Schuchardt 1, 284 Nr. 543).

5714 (2359/2360) Grüner 215ff. – Vgl. GTgb: «Unterhaltung mit Herrn Rath Grüner, über den gestrigen Abend, auch über mitzutheilende Mineralien.» – *im Gartenhause:* gemeint ist das Häuschen in Goethes Hausgarten. – *Schlacht Konstantins:* von Raffael (vgl. Schuchardt 1, 66 Nr. 616ff.).

5715 Die Schaubühne. Bd 36. 1950, 105 – *den andern Tag zu Tisch geladen:* Vgl. GTgb 8. Sept.: «Blieb im Bette. Madame Wolff mit einer Begleiterin speiste Mittags mit der Familie, auch Professor Riemer mit Frau.»

5716 (2360) Grüner 218f. – Vgl. GTgb: «Gegen Abend waren successiv bey mir Hofrath Meyer, Rath Grüner und Ulrike.»

5717 (2360) Grüner 219ff. – *der Maler:* vgl. Nr. 5713 und Anm. – *Prinzessin von Oldenburg:* vgl. Nr. 4930 (S. 310) und Anm. – *Inquisition:* gerichtliche Untersuchung. – *Constituta:* Verfügung, Verfahrensverlauf.

5718 (2360) Grüner 222f. – Vgl. GTgb: «Rath Grüner packte die ihm verehrte Mineralien und sonst verehrte Gegenstände zusammen. Ich besorgte das ihm unmittelbar Andringende… Abends nahm Rath Grüner Abschied.» – *Stadelmann:* vgl. Nr. 5702 und Anm. – *zur Abfahrt bereit:* vgl. dagegen GTgb 11. Sept.: «Rath Grüner war um 4 Uhr abgereist.»

5719 Tewes 51f. – *Beschreibung und Redaktion:* vgl. Nr. 5710 und Anm. Über Eckermanns Belastung mit dieser Arbeit, einem «der fürchterlichsten Bücher, die je in die Presse gelangten», vgl. Houben 1, 231f. – *Kritische Einleitung:* nicht erschienen.

5720 Grumach 321f. – *[am 24. September]:* vielmehr am 25., vgl. GTgb: «Canzler von Müller und Professor [Eichhoff] von Paris.» Vgl. ferner Nr. 7510.

5721 (2365) Archiv für die gesammte Naturlehre… hrsg. von K.W.G. Kestner. Bd 8. Nürnberg 1826, 60ff. – *[29. September 1825]:* vgl. GTgb: «Herr Professor Gruithuisen. Speiste derselbe mit uns zu Mittag.» – *den andern Tag:* vgl. GTgb 30. Sept.: «Gegen 2 Uhr Professor Gruithuisen und Frau und Kind. Speisten mit uns… Der erste wies die Specialzeichnungen mehrerer Mondsflecken vor.» – *Entdeckungen auf der Mondfläche:* vgl. Nr. 5438 und Anm.

5722 (2361) aaO 75f. – *Goethe… an Carus:* 22. Jan. 1825 (WA IV 39, 88f.)

5723 (vgl. 2362) Archiv 11, 388f. – Die Zitate aus Poerios Briefen sind im italienischen Urtext in den Anmerkungen wiedergegeben. – *2. Oktober 1825:* vgl. GTgb: «Mit Empfehlungen des Grafen Bombelles Herr Poerio aus Neapel.» – *am 4.:* vgl. GTgb: «Poerio von Neapel.» – *Empfehlungsbriefe Goethes an Blumenbach und Sartorius:* vgl. GTgb 20. Okt. und WA IV 40, 104ff. – *Manzonis Ode «Der fünfte Mai»:* vgl. Nr. 5006 und Anm. – *seine Tragödie ‹Der Graf Carmagnola› gelobt:* vgl. Nr. 5647 und Anm. – *Verse der Aufmunterung:* ‹An Lord Byron› (GA 1, 680).

5724 JbSKipp 4, 308f. – *[am 5. Oktober]:* vgl. GTgb: «Herr und Frau Rehberg von Hannover und zwey Töchter.»

5725 Grumach 322 – *Prof. von Hennings:* laut GTgb am 29. Sept. – *zweier Brasilianer:* laut GTgb am 1. Okt. – *Florentiners:* Poerio.

5726 (2363) GJb 23, 93 – *Amalthea:* Amalthea, oder Museum der Kunstmythologie und bildenden Alterthumskunde. Bd 3. Leipzig 1825. – *das Käuzchen mit den Mäusen:* Das Käuzchen der Mäusetöchter. Aufsatz von Böttiger mit einer nach Anregung Rauchs veranstalteten Zeichnung. – *Silenuslampe:* Die Silenuslampe in 2 antiken Vorstellungen in Bronze. Von Böttiger (nebst einer Tafel).

5727 JbSKipp 4, 42 – Das Datum wohl zu berichtigen nach GTgb 16. Okt.: «Serenissimus und der Prinz von Hessen-Barchfeld kamen und blieben einige Stunden… Mittag Professor Riemer.» – *Medaille auf Goethes Jubiläum:* vgl. Nr. 5540 und Anm.

5728 Grumach 322 – *zu Berlin:* von H.F. Brandt.

5729 Grumach 322f. – *Wielandschen Originalbriefe:* vgl. Nr. 323 – *11. Juni 1826:* Nach der Ernennung zum Geheimen Legationsrat, vgl. Nr. 396ff. – *dies inchoatus pro completo:* der angefangene Tag anstelle des vollendeten. – *Brief...an Schönborn:* vgl. Nr. 317 und Anm.

5730 Grumach 323f.

5731 (2366) aaO 314ff. – *d'Altonschen Briefes:* vom 6. Okt. (Bratranek 1, 20ff.). – *um zwölf Uhr bei ihm:* vgl. GTgb 6. Nov.: «Förster, Mahler, eine Zeichnung vorweisend, in Bonn aufgeführt.» – *des Corneliusschen «Faust»:* vgl. Nr. 4166 und Anm. – *von Retzsch:* vgl. Nr. 3966 und Anm. – *von Delacroix:* wohl Anachronismus, die Zeichnungen von D. sind erst 1828 erschienen (GoedGrundr IV/3, 767). – *«Nibelungen»:* vgl. Nr. 5679 und Anm. – *Zeichnung von Leybold:* vgl. Nr. 5663 und Anm.

5732 (2367) wie 5706 S. 48 und 60f. – *Hoftrauer:* um den am 13. Okt. 1825 gestorbenen König Maximilian I. von Bayern. – *Wiedersehens nach länger als funfzig Jahren:* schon 1814 und 1815 hatten Begegnungen in Frankfurt stattgefunden. – *«Ist uns Jugendmut entrissen...»:* da nur hier überliefert, wird Goethes Autorschaft als zweifelhaft angesehen (vgl. WA I 5^2, 232).

5733 (2368) aaO 318f.

5734 JbSKipp 4, 42 – Über die Feierlichkeit auf der Bibliothek vgl. die bei Bradish 323ff. abgedruckten Dokumente: ‹Aufzeichnungen über die Feier des 50jährigen Dienstjubiläums Goethes› (Schreiben Riemers an Carl August mit Protokoll von Th. Kräuter als Anlage), ‹Kantate zu Goethes fünfzigjährigem Dienstjubiläum, gedichtet von Kanzler von Müller, komponiert von Kapellmeister Hummel›, ‹Rede des Kanzlers von Müller bei der Feier von Goethes fünfzigjährigem Dienstjubiläum›, ‹Gedicht zur Denkmünze auf Goethes fünfzigjähriges Dienstjubiläum› (von Kanzler v. Müller), ‹Rede des Professors Riemer zu Goethes fünfzigjährigem Dienstjubiläum› und zwei weitere Berichte.

5735 Nach der Hs im StA Weimar.

5736 GJb 1, 344f. – *großherzogliches Handschreiben:* das von Fritsch entworfene Schreiben Carl Augusts an Goethe vom 7. Nov. (Wahl 3, 204f.; vgl. Anm. ebd 392f.). – *Zeremonie auf der Bibliothek:* Verzeichnung der Teilnehmer in Kräuters Protokoll (Bradish 324ff.). – *zwei Briefe:* gemeint ist der Brief von Goethes Eltern an Schönborn (vgl. Nr. 5729 und Anm.)

5737 Houben 1, 222ff. – *neuer Abdruck der Iphigenie:* vgl. Hagen Nr. 180. – *ein Gemälde:* von Schmeller (vgl. Nr. 5739 S. 848 oben). – *Prolog:* von Kanzler v. Müller.

5738 Tewes 53f. – *Die Zeitungen:* vgl. GoedGrundr^3 IV/2, 251 Nr. 44.

5739 JbGG 11, 323ff. – Der Adressat weilte seit August 1824 in Stuttgart. – *Briefe Wielands an Jacobi:* vgl. Nr. 323. – *in Straßburg Doktor:* vielmehr Lizenziat beider Rechte. – *«Titus»:* von Mozart. – *«Bundeslied»:* ‹In allen guten Stunden...» (GA 1, 83f.). – *Trauer um ihre Mutter:* Marianne Jagemann, geb. Spörer, war am 10. Sept. 1825 gestorben. – *seine Medaille:* die von Bovy (1824).

5740 Literarisches Conversations-Blatt, Leipzig, Nr. 286 und 287 vom 13. und 14. Dez. 1825. Ohne Kürzungen wiedergegeben bei Amelung 3, 73 ff. - *Wo wohnt Cornelia?...:* Tasso Vs. 3155 (GA 6, 305). - *Sie wollte nicht mein Blut...:* Iphigenie Vs. 427 f. (ebd 160). - *reitend:* recte rettend. - *Exegit monumentum aere perennius:* Errichtet hat er sich ein Denkmal, dauerhafter als Erz; nach Horaz, Carm. III 30, 1 - *Protokoll über den ganzen Bibliothekactus:* gemeint ist wohl das Programm, das von Th. Kräuter abgefaßte Protokoll ist erst am folgenden Tage von Riemer dem Großherzog überreicht worden (vgl. Bradish 323 ff.). - *(Pentazonium):* vgl. Nr. 5497 und Anm. - *Prolog:* vgl. Nr. 5737 und Anm. - *Gedichte des Dr. Eckermanns:* «das beste dieser Gelegenheitsgedichte Eckermanns ist das ‹nach Aufführung Seiner Iphigenie› am 7. November; es fehlt in der spätern Sammlung.» (Houben 1, 230). Zum Einzeldruck vgl. GoedGrundr[3] IV/2, 250 Nr. 34.

5741 Nach Hs im Besitz von A. Thiersch, München.

5742 aaO 11 f.

5743 JbSKipp 4, 42 - Vgl. GTgb: «Große Gesellschaft zu Mittage.»

5744 (2369) aaO 321 ff. - *Cornelius... ‹Faust›:* vgl. Nr. 4166 und Anm. - *Zeuxis und Apelles:* über beide handelt Meyer in seiner ‹Geschichte der Kunst› (SchrGG 60, 50 ff.). - *«Mich ergreift...»:* ‹Tischlied› (GA 1, 86). Zur Entstehung (22. Febr. 1802) vgl. TuJ 1802 (GA 11, 703). - *Lied an den Erbprinzen:* ‹Dem Erbprinzen von Weimar, als er nach Paris reiste/In einem freundschaftlichen Zirkel gesungen› (So bringet denn die letzte volle Schale...). - *Cornelius ist fortgezogen:* er wurde 1825 zum Direktor der Akademie in München berufen. - *Paste mit einer Minerva:* Zuckerpaste. Über deren Herstellung vgl. Femmel/Heres 277 Anm. zu Nr. 514.

5745 (2370) aaO 328 ff. - *13. November:* vgl. GTgb: «Zu Mittag Oberbaudirector Coudray und Maler Förster. Letzterer wies die kleine Zeichnung des Bonnischen Bildes, die Theologie darstellend, vor. Auch einige Porträte.» - *‹Die Kunst ist eine Fabel.›:* mündlich? Verwandte Formulierungen Schillers vgl. DWb s. v. Fabel - *‹Schule von Athen, die Disputa, der Parnaß›:* von Raffael (vgl. Schuchardt 1, 65 f. Nr. 611, 612 f. und 619.) - *wie ich es... beschrieben:* S. 286 f. der Quelle, danach die Anm.

5746 (2372) Grumach 324

5747 (2370/2371) aaO 331 ff. - *[am 14. November]:* vgl. GTgb: «Zu Mittag Maler Förster seine Zeichnungen abermals vorweisend. Er hatte die Kinder abgebildet.» - *Radierungen nach Zeichnungen von Carstens:* von den Handzeichnungen, die Goethe von Carstens besessen hat (Schuchardt 1, 260 f. Nr. 283–296), ist nur eine (Nr. 286a) als Kopie bezeichnet. - *am 14. [15.?]:* am 15. Nov. ist Förster nicht in GTgb erwähnt. - *Papier-Ausschneidereien:* vgl. Nr. 4960 (S. 358 oben).

5748 Gr 129 - Vgl. GTgb: «Canzler von Müller die nächsten Geschäfte, auch das Verlagsgeschäft besprechend.»

5749 Grumach 324 - *Schreiben des Großherzogs:* vgl. Nr. 5736 und Anm. - *Ihre edlen, herzlichen Zeilen:* aus Paris vom 7. Nov. (Goethe/Reinhard 334 f.). - *Festhaltung in Frankfurt:* als französischer Gesandter am Deutschen Bundestag.

5750 Grumach 324f.

5751 Die Neue Zeitung Nr. 195 vom 28.8.1949 – Zum Datum des Briefes vgl. die Angabe über die Heimkehr gegen Ende des Briefes. – *Es mochte wohl 9 Uhr sein:* vgl. GTgb 28. Aug.: «War der junge Nicolovius angekommen.» – *«Vetter Nicolovius»:* er war Goethes Großneffe. – *fünfunddreißig Privilegien:* der Einzelstaaten des Deutschen Bundes. – *Besuch eines Malers:* Schmeller (vgl. Schuchardt 1, 284 Nr. 546). – *Johann Georg Schlossers Bruder:* Hieronymus Peter. – *seinem Sekretär:* Johann Christian Schuchardt. – *Drei Monate… bei Goethe:* häufige Erwähnungen in GTgb, die letzte am 17. Nov. – *Da druckte Cotta… den Faust nach:* die neue Auflage von 1825 (Hagen Nr. 320). Vgl. Goethe an Cotta 20. Nov. (WA IV 40, 135)

5752 aaO 296f. – *den Einfluß öffentlich zu bekennen:* in ‹Dichtung und Wahrheit›, zuerst im 8. Buch (GA 10, 372f.) und an späteren Stellen.

5753 (2596) WA I 1, 389 – *«Im Sommer»:* Das Gedicht («Wie Feld und Au…») ist noch in der Ausgabe letzter Hand enthalten, von der WA jedoch ausgeschaltet worden (vgl. WA I 1, 388). Es ist nicht auszuschließen, daß das von A. Nicolovius Berichtete einem späteren Besuche zuzuordnen ist. – *Suum cuique!:* Jedem das Seine!

5754 (2181) aaO Bd 2, 134 – *Verhältnisse Stolbergs… Voß gegenüber:* vgl. Nr. 4744 und Anm.

5755 (2182) aaO Bd 2, 197 – *«Wie der Mensch von uns scheidet…»:* so nicht bekannt; vielleicht mit Bezug auf ‹Achilleis› 517ff.

5756 aaO Bd 1, 139 – Vgl. Stromeyers Bericht über seinen eigenen Besuch 1825 (Nr. 5651).

5757 (2280) GJb 19, 59

5758 Nach der Hs im Besitz von A. Thiersch, München – *hieher gekommen:* über Louise Seidlers Ankunft Anfang Okt. 1823 vgl. Nr. 5682. – *Goethes Abneigung gegen ihre Malerei:* am 10. August hatte Wilhelmine Günther an Amalie Thiersch über Louise Seidler geschrieben: «Göthes fortwährendes Misfallen an ihrer Manier scheint sie doch aufmerksam gemacht zu haben und ohne es zu gestehen, glaube ich, nimmt sie Rücksicht darauf, und bestrebt sich ihren Gemälden bey aller Feinheit und Zartheit mehr Kraft und Leben zu geben.» (ungedruckt). Vgl. ferner Nr. 5762. – *Professor Müller:* Johann Christian Ernst M. Sein Tod erfolgte laut GTgb am 29. Okt. 1824.

5759 (2305b) Bi^2 5, 147 – *Hefte von Kunst und Altertum:* entweder IV 3 oder V 1.

5760 (2337) aaO 3. Teil, 346ff. – *[1824?]:* zur Datierung vgl. Bi^2 5, 150: «In der ersten Aufl. der Gespräche VIII, 400 war die Vermutung ausgesprochen, daß dies Gespräch in das Jahr 1824 zu setzen sei, weil das Heft mit G.s Aufsatz über die Externsteine (Kunst und Altertum V 1) in diesem Jahr erschienen. Diese Vermutung geht aber fehl, da das erwähnte Schreiben des Papstes vom 9. April 1825 datiert ist.» Demgegenüber ist darauf hinzuweisen, daß Goethe von dem Aufsatz in KuA V 1 als von einem zukünftigen spricht. – *Externsteinen:* vgl. Nr. 5426 und Anm. – *Antikaglien-Sammlung:* «Altertümer, alte Kunstgegenstände, worunter auch Gemmen sein konnten.» (Femmel/Heres 275 Anm. zu Nr. 505). – *Hosenknopf* *des Marschalls Augereau:* von Dorow anläßlich seines Besuches bei Goethe am 5. Okt. 1811 erwähnt (vgl. Nr. 3552).

5761 (2594) 2. Teil S. 342ff. – *Kronzprinzen von Bayern:* später (seit Okt. 1825) König Ludwig I. – *Rezatkreis:* nach den beiden Quellflüssen der Rednitz, der fränkischen und der schwäbischen Rezat, benannter Landkreis.

5762 Nach Hs im Besitz von A. Thiersch, München – *Verhältnis zwischen Louise Seidler und Goethe:* im Gegensatz zu dieser positiven Äußerung heißt es im Brief von Wilhelmine Günther an Amalie Thiersch vom 25. März 1828 über Louise Seidler: «Sie hat ohnedem hier, viel zu leiden, weil Göthe fortwährend unzufrieden mit der Art ihrer Malerey ist, und weil sich nach seinem Urtheil unser ganzes Publikum richtet.» (ungedruckt).

5763 Tewes 54 – *[Beschreibung des Jubelfestes vom 3. September]:* vgl. Nr. 5710 und 5719 und Anm.

5764 (2305c) Grumach 325 – *Faurielsche Sammlung:* vgl. Nr. 5647 und Anm. – *Hochzeitsgedicht:* Dem Passavant- und Schübelerischen Brautpaare/die Geschwister des Bräutigams/zum 25. Juli 1774 (GA 2, 222f.). Das Originalkonzept des Goetheschen Gelegenheitsgedichts war den Brautleuten zur goldenen Hochzeit am 25. Juli 1824 überreicht worden. – *wird Ihnen ehestens selbst danken:* Goethe an F. Schlosser 12. Dez. (WA IV 40, 170).

5765 (2375) Gr 129 – Vgl. GTgb: «Wegen eines Schreibens des Professor Rauch in Berlin war Canzler von Müller um 5 Uhr gekommen.» – *Neufertigung auch seines Kopfes:* über die Gründe, die zur Ablehnung der Brandtschen Denkmünze von 1825 und zu deren Neufassung von 1826 führten, vgl. P. v. Bojanowski: Goethes Jubiläums-Medaille. In: GJb 20, 221ff. Die beiden Fassungen der Denkmünze abgebildet bei Schulte-Strathaus Taf. 136. – *Rauchs seltsamer Brief:* vom 30. Nov. (K. Eggers, Rauch und Goethe, Berlin 1889, 130ff.).

5766 (2376) Gr 129 – Vgl. GTgb: «Herr Canzler von Müller und Hofrath Meyer. Das von Serenissimo übersandte Modell, die von Berlin eingeschickten Bleymodelle und überhaupt das ganze Geschäft besprechend.» – *Modelle von Angelika:* zu der Denkmünze von Angelika Facius (Schulte-Strathaus Taf. 134). – *Berliner Briefen und Bleiabdrücken:* wegen der Neufassung der Brandtschen Denkmünze.

5767 (2377) Gr 129 – Vgl. GTgb: «Abends Canzler von Müller und Hofrath Meyer. Berichtigung der Sendung nach Berlin wegen der Medaille. Expedition derselben.» – *Instruktion für Brandt:* Abdruck des Konzepts WA IV 40, 414.

5768 (2377a) Gr 129 – *Darmstädter Bildes:* nicht ermittelt. – *Hahnischen Anerbietungen:* das Verlagsrecht von Goethes Ausgabe letzter Hand betreffend.

5769 Gr 129

5770 Grumach 326 – *[am 18. Dezember]:* vgl. GTgb: «... Frl. Tarnow, welche von Dresden nach Frankfurt ging.»

5771 (2377b) Gr 129 – Vgl. GTgb: «Canzler von Müller... Madame

Wolff auf ihrer Durchreise nach dem Elsaß. Dieselbe ... zu Tische, auch Canzler von Müller ... Berliner Theatergeschichten und Publikums-Anecdoten.»

5772 (2377c) Gr 130 – *Berliner Medaille:* vgl. Nr. 5765 und Anm. – *Briefe an Brandt und Rauch:* von Goethe und Müller gemeinsam, das Konzept abgedruckt WA IV 40, 420f.

5773 Grumach 327 – *Medusa Rond[an]ini:* vgl. GTgb 21. Dez.: «Ankunft des Medusenkopfs von München.» Nachgewiesen bei Schuchardt 2, 337 Nr. 123.

5774 (2377d) Gr 130 – *Wielands Brief:* vgl. Nr. 5729 und Anm.

5775 (2379) Gr 130 – Vgl. GTgb: «Abends Canzler von Müller. Schwankende Nachrichten wegen der Succession in Rußland.» – *Konstantins Entsetzung:* Verzicht des Großfürsten Konstantin auf die Thronfolge nach dem Tode Kaiser Alexanders von Rußland. – *Bei Reinhard ... verklagt:* wegen des Kanzlers ‹Schnellthätigkeit›, die den direkten Kontakt vermindere, aber wegen der Erfolge auch gelobt wird; vgl. den Anfang von Goethes Brief an Reinhard vom 26. Dez. (WA IV 40, 197f.)

5776 (2380) Gr 130 – *Neujahrs-Tag:* vgl. GTgb 30. Dez. 1778: «Nachm. nach Apolda mit Seckend. gefahren. War die Jagd Parthie vergnügt. Nachts bis halb 1. mit S. die Neuiahrsw. geschmiedet.» – *launigen Denkblätter:* Veröffentlichung der 22 ‹Neujahrs-Possen› in GJb 25, 53ff. – *«Der Kauz ...»:* ‹An Fräulein von Göchhausen› (GA 2, 575).

5777 (2382) aaO 2, 211 – *[am 31. Dezember]:* vgl. GTgb: «Herr Genast ...»

5778 Houben 1, 247 – Vgl. GTgb: «Zwey Berliner Reisende, Dr. Gans und Herr Hotho, aus London und Paris kommend ... Mittag Dr. Eckermann.»

5779 (2381) aaO 307f. – *anderthalb Jahr früher:* d.h. vor dem Besuch im August 1827 (vgl. Nr. 6035, 6040 und 6044).

5780 (2383) Gr 131 – Vgl. GTgb: «Abends Herr Canzler von Müller. Das Zusammendrucken der auf mein Jubiläum eingekommenen Blätter und Gedichte.» – *Dankesbriefe nach Jena:* an den Senat und die vier Fakultäten der Universität (WA IV 40, 153ff.) Der Abdruck erfolgte in der Festschrift ‹Goethe's goldner Jubeltag. Siebenter November 1825›, erschienen Weimar 1826 (Ruppert Nr. 1939). – *Fritschens Logenrede:* zum Regierungsjubiläum Carl Augusts (vgl. Nr. 5785 und Anm.)

5781 Houben 1, 248 – Vgl. GTgb: «Dr. Eckermann. Manches durchgesprochen.» – *Bethmann:* vgl. GTgb 6. Dez. 1825: «In dem Rauchschen Brief war gleichfalls Nachricht enthalten, daß Herr von Bethmann den Contract wegen der zu fertigenden Statue unterzeichnet habe.» Es handelt sich um den Plan eines Goethe-Denkmals in Frankfurt, den S.M. Bethmann tatkräftig unterstützte.

5782 (2384) Gr 131

5783 Houben 1, 248 – Vgl. GTgb: «Abends Dr. Eckermann, ihm die Einleitung zur Meteorologie dictirt ...» – *Wetter diktiert:* d.h. den Anfang des ‹Versuchs einer Witterungslehre› (GA 17, 639ff.). – *Der Morgendämmerung entgegengehen ...:* freies und ungenaues Zitat aus Goethes Brief an

Carus und d'Alton vom 7. Jan. 1826: «Wenn ich das neuste Vorschreiten der Naturwissenschaften betrachte, so komm ich mir vor wie ein Wandrer, der in der Morgendämmerung gegen Osten ging, das heranwachsende Licht mit Freuden anschaute und die Erscheinung des großen Feuerballens mit Sehnsucht erwartete, aber doch bey dem Hervortreten desselben die Augen wegwenden mußte, welche den gewünschten gehofften Glanz nicht ertragen konnten.» (WA IV 40, 228). Von Eckermann verwendet unter dem 1. Febr. 1827 (GA 24, 238).

5784 Grumach 327f. – *Ihren Brief:* vom 7. Jan. 1826 (Goethe/Reinhard 339ff.). – *er habe mich... verklagt:* vgl. Nr. 5775 und Anm. – *Gagerns National-Geschichte:* H.Ch.E. v. Gagern: Nationalgeschichte der Deutschen. 2 Bde. Frankfurt a.M. 1825/26.

5785 (2385) Gr 131 – *eingeschaltete Stelle:* von Goethe am 7. Jan. an Fritsch gesandt (WA IV 40, 231f.). Die Logenrede gedruckt in den ‹Freymaurer-Analecten› H. 3, Weimar 1825 (Ruppert Nr. 3168). – *Von Reinhards schöner Begegnung:* in dem zur vorigen Nr. genannten Brief. – *Isidor und Olyn:* Die Leibeigenen, oder Isidor und Olga. Trauerspiel. Leipzig 1826.

5786 Houben 1, 248 – *Rezension der Euryanthe:* vgl. Zelters Bericht über die Berliner Aufführung im Brief an Goethe vom 24. Dez. 1825 (Hecker 2, 392). Mit der Rezension ist wohl Goethes Hinweis auf die «Berlinischen Nachrichten, bey Haude und Spener Nr. 304» im Brief an Zelter vom 30. Dez. 1825 (WA IV 40, 220) gemeint.

5787 JbSKipp 4, 42

5788 (2386) aaO 1. Theil S. LXXXIIIf. – *[18. Januar 1826]:* vgl. GTgb: «Improvisator Wolff, von Hamburg gebürtig, über Berlin, Braunschweig und Wolfenbüttel hierher kommend.»

5789 HoubenSoret 178. Aus dem Französischen.

5790 (2386a) Gr 131

5791 (2387) aaO 1. Theil S. LXXXIVff. – *Montezuma:* Moctezuma II., letzter Herrscher der Azteken. – *[28. Januar 1826]:* vgl. GTgb: «Hört ich um 12 Uhr den Improvisator Wolff. Speiste auf meinem Zimmer, er mit den Kindern.» – *freundlich entließ:* Wolff verweist im folgenden auf Eckermanns Gespräch mit Goethe über ihn (am 29. Jan., GA 24, 170ff.)

5792 Grumach 328

5793 JbSKipp 4, 43 – Vgl. GTgb: «Abends 6 Uhr Professor Riemer. Über das Naturell und die Verdienste des Improvisators.»

5794 GeigerWeimar 344 – *Cotta:* vgl. Goethes Brief an diesen vom 3. Febr. (WA IV 40, 282f.). – *Ankündigung:* vgl. Nr. 5679 und Anm.

5795 HoubenSoret 182f. Aus dem Französischen. – *von der–––:* wohl zu ergänzen: von der er zu wenig versteht. – *J'attrapais...:* Lafontaine, Fabeln. – *einen Architekten oder Philologen:* Coudray und Riemer. – *eine einzige Person:* Eckermann.

5796 (vgl. 2389) Archiv 11, 392f. – Das Zitat aus Poerios Tgb ist im italienischen Urtext in der Anm. wiedergegeben. – *verso sciolto:* reimloser Vers. – *Tragödie... von Herrn Tedaldi-Fores:* Beatrice Tenda. Tragedia istorica. Mailand 1825 (Ruppert Nr. 1712).

5797 (vgl. 2390) Archiv 11, 393 – Das Zitat aus Poerios Brief ist im italienischen Urtext in der Anm. wiedergegeben. – Vgl. GTgb: «Abends…Gesellschaft bey meinen Kindern… Die Herren Lawrence und Poerio tragen gleichfalls zur Unterhaltung bey.»

5798 Archiv 11, 394 – Das Zitat aus Poerios Brief ist im italienischen Urtext in der Anm. wiedergegeben.

5799 JbSKipp 4, 44 – *Billett von Goethe:* vom 13. Febr. (WA IV 40, 295). – *Lebensbeschreibung:* Tag- und Jahreshefte.

5800 Houben 1, 261 – *[am 4. März]:* vgl. GTgb: «Abends in der Vorstellung von Iphigenie.»

5801 aaO 63. Stück Sp. 511f.

5802 JbSKipp 4, 44 – Vgl. GTgb: «Professor Riemer…Canzler von Müller mit dem Fremden, welcher ein treffliches anatomisches Werk vorwies. Kamen Serenissimus, beschauten dasselbe und besprachen anderes.» – *der Italiener:* nicht ermittelt. – *Mascagni:* Paolo M.: Anatomia universa 44 tabulis aeneis juxta archetypum hominis adulti accuratissime repraesentata. Pisa 1823ff.

5803 JbSKipp 4, 44 – Vgl. GTgb: «Im unteren Garten… Kam Professor Riemer. Weltgeschichtliche Vergleichung des Kampfes zwischen Herrschenwollenden und nicht Dienenwollenden…»

5804 (2392) Sor 51 – HoubenSoret 184f. – *Müller:* vgl. Anm. HoubenSoret: «Sorets Manuskript hatte hier erst eine Lücke; später setzte er den Namen Müller hinein mit Fragezeichen und Klammer.» Aus dem folgenden Kontext ergibt sich jedoch mit Sicherheit, daß nicht J. v. Müller, sondern Gagern gemeint ist. Zu dessen ‹Nationalgeschichte der Deutschen› vgl. Nr. 5784 und Anm. Von Luden ist ‹Die Geschichte des deutschen Volks› (Gotha 1825ff.) gemeint. – *Prince de Nassau:* seit 1815 Wilhelm I., König der Niederlande.

5804a (2881) Johann Peter Eckermann: Goethes Faust am Hofe des Kaisers. Hrsg. von F. Tewes. Berlin 1901. S. XIIIf. – *(am 12. März 1826?):* vgl. GTgb: «Abends Dr. Eckermann. Einiges im neuen Faust vorgelesen.»

5805 Fahrten nach Weimar 43 – Vgl. GTgb: «Herr A. Turgeneff, Russisch Kaiserl. Etatsrath und Staatssecretärs-Gehülfe.» Diese Angaben nach Turgenjews an Goethe gerichtetem Billett (WA III 10, 334).

5806 HoubenSoret 185 – Vgl. GTgb: «Ihro Königliche Hoheit der Großherzog. Der kleine Prinz und Hofrath Soret.»

5807 HoubenSoret 185 – Vgl. GTgb: «Nachricht von der Krankheit des Hofrath Meyers in Erfurt. Unterredung deßhalb mit Herrn Hofrath Soret. Hierauf mit Herrn Hofrath [Friedrich Wilhelm] Schwabe, welcher mit Schuchardt nach Erfurt fuhr… Beruhigendes Billet des Herrn Soret nach Rückkunft des Hofrath Schwabe von Erfurt.» – *Kaiserlichen Hoheit:* Maria Paulowna.

5808 Boisserée 1, 470f. – *dem seligen Falk:* dieser war am 14. Febr. gestorben.

5809 Houben 1, 258f. – *Schreiben vom 21.:* Fouqué an Goethe, Berlin, 20. März 1826 (SchrGG 14, 245ff.). Vgl. GTgb 23. März: «Brief von Herrn von Fouqué. Abends denselben mit Dr. Eckermann besprochen.»

5810 Grumach 328 – *alle Donnerstags abend:* z.B. am 16. März, wo in GTgb neun Herren genannt werden.

5811 (2393) StG 3, 54ff.

5812 Walter Krebs: Friedrich von Matthisson. Berlin 1912, 180 Anm. 2. – *[26. März]:* vgl. GTgb: «Herr Matthisson, eine Stelle aus Faust vorlesend.» – *«Homme du Nord»:* L'Homme du midi et L'homme du nord, ou l'influence du climat. Genf, Paris 1824. (Ruppert Nr. 4116).

5813 (2398a, recte 2394a) Bi^2 5, 152

5814 (2394) Matthisson 8, 19f. – *vor zwei Jahren:* vgl. Nr. 5467f. – *«Wir müssen säuberlich verfahren…»:* Anklang an 2. Sam. 18, 5.

5815 Tewes 57 – *[dem 26. März]:* vgl. Eckermann unter diesem Datum (GA 24, 177f.)

5816 (2396) GJb 26, 200f. – *«Mitternachtsblatt»:* Mitternachtblatt für gebildete Stände. Hrsg. von A. Müllner. Seit 1826 erscheinend. – *umständliche Geschichte des deutschen Theaters:* eine solche ist nicht erschienen. Sollten die ‹Tag- und Jahreshefte› gemeint sein, so ist dort lediglich Anfang des Jahres 1814 von Müllner die Rede (GA 11, 864).

5817 Grumach 328f. – *«Catholique»:* vgl. Nr. 5829 und Anm. – *Konversations-Blatt:* Literarisches Conversations-Blatt, Leipzig. – *droits de l'aînesse:* droits d'aînesse = Erstgeburtsrechte. – *Substitutionen:* Rechte, einen Nacherben zu bestimmen. Nach Bode 3, 250 vielleicht mit Bezug auf die Vorgänge in Rußland nach dem Tode Kaiser Alexanders.

5818 (2397) KSchmidt 278f.

5819 aaO 16ff. – *«schwankenden Gestalten»:* Zitat aus dem 1. Vs. der Zueignung zum Faust. – *30. März 1826:* vgl. GTgb: «Einladungen auf heut Abend. Dr. Eckermann wegen des jungen Musicus… Abends große Gesellschaft… Der Frankfurter Pianospieler gab angenehme Unterhaltung.» – *Zeichnungen… die Schwerdgeburth gestochen:* Radirte Blätter nach Handzeichnungen von Goethe, hrsg. von C.A. Schwerdgeburth. Weimar o.J. [1821] – *Dr. H. Schütz:* wohl der Badeinspektor und Organist von Berka. – *Haase:* recte Hase. – *Namens des Autors:* Christopher Marlowe. – *Prinzen von Gotha:* August Emil Leopold und sein zwei Jahre jüngerer Bruder Friedrich IV., ersterer Herzog von Sachsen-Gotha und Altenburg bis 1822, der zweite bis 1825. Im folgenden muß also der erstere gemeint sein. Die gleiche Anekdote bei Eckermann unter dem 26. Sept. 1827 (GA 24, 647). – *Orte unweit Jena:* wohl Drakendorf. – *Präsident von Ziegesar:* August Freiherr v. Z. (gest. 1813). – *kleinen Gespräche mit Goethe:* vom Vortage.

5820 Pollmer 356 – Zum Datum vgl. GTgb 5. April: «Nachricht vom Tode Vossens [am 29. März].»

5821 Tewes 58 – *[am 28.]:* vgl. GTgb 27./28. April: «Befand mich des Nachts nicht wohl und blieb/28. im Bette. Ottilie verunglückte bey'm Reiten.»

5822 Grumach 329

5823 (2399) DüntzerStein 2, 511

5824 (2400) Gr 131 – Vgl. GTgb: «Abends Herr Canzler von Müller und Oberbaudirector Coudray.» – *«Charinomos»:* Carl Seidel: Charinomos. Beiträge zur allgemeinen Theorie und Geschichte der schönen Künste. Bd 1. Magdeburg 1825 (Ruppert Nr. 3208). – *bosselt:* konjiziert aus: boselt (Grumach 144). Gr 284 erklärt bosseln: kleinere Kunstarbeiten verrichten. Diese Erklärung überzeugt nicht. – *Globisten:* Mitarbeiter der Zeitschrift ‹Le Globe›. Vgl. Goethes Äußerung zu Eckermann unter dem 1. Juni (GA 24, 178). – *Cousin:* vielleicht mit Bezug auf dessen ‹Préface des Fragmens philosophiques›, Paris 1826 (Ruppert 3040), in GTgb am 14. April erwähnt. – *Kupferstecher Schütz:* vgl. Nr. 5857 und Anm. – *Schwerdgeburths Komposition:* vgl. Schulte-Strathaus Taf. 133 und S. 71. C.A.H. Burkhardt, in seiner Ausgabe ‹Goethes Unterhaltungen mit dem Kanzler Friedrich von Müller› (3. Aufl. Stuttgart und Berlin o.J.) berichtet in einer Anm. zu dieser Stelle (S. 139): «Als Schwerdgeburth die Komposition Goethen überreichte, sprach sich dieser wohlwollend aus und sagte sehr bezeichnend: Sie haben mich zu hoch gestellt. Übrigens bemerkte dem Herausgeber vor vielen Jahren Professor Schwerdgeburth: Ich bin froh, daß dieses Machwerk verschwunden ist. Ich weiß von der Existenz des Bildes nichts. Die Idee war eine gut gemeinte, aber eine verunglückte und meinen Kräften nicht angemessen. Meyer sprach, als die Umrisse auf der Leinwand standen, sich mit großen Zufriedenheit über die Leistung und wünschte, daß das Bild in großen Umrissen gegeben werden sollte. Aber Schwerdgeburth wollte zu dem Jubelfeste nichts Unfertiges darbieten.» – *Ressource-Haus:* vgl. GTgb 14. Mai: «Oberbaudirector Coudray, Risse zu dem neuen Hause der Erholung.» – *perturbieren:* aus der Fassung bringen.

5825 Grumach 329

5826 JbFDH 1902, 256f. – Zu dem vorangegangenen Briefwechsel zwischen Goethe und Elsholtz, dessen Lustspiel ‹Die Hofdame› betreffend, vgl. Quelle 249ff.

5827 (2402) F-R 427f. (= edWeitz 2, 59f.) – Vgl. GTgb: «Sulpiz Boisserée meldete sich. Wir brachten einen Theil des Morgens zusammen zu. Er speiste mit uns. Nach Tische Canzler von Müller... Durchsprach den Abend mit Boisserée.» – *etwas schwach...:* etwas schwach dann und wann, auch fehlt (edWeitz). – *Freundschaftlichkeit...:* statt der Auslassungszeichen Punkt (edWeitz).

5828 (2403) Gr 132f.

5829 (2404) F-R 428 (= edWeitz 2, 60) – Vgl. GTgb: «Von 10 Uhr an Unterhaltung mit Boisserée, über Graf Reinhard, Carové, Eckstein und sonstige allgemeine und besondere Verhältnisse... Mittag für mich: Vorn am Tische waren Dr. Boisserée, Canzler von Müller, von Froriep, Oberbaudirector Coudray und Professor Riemer... Blieb für mich, die Verhältnisse mit Boisserée durchdenkend... Nachher Dr. Boisserée; viele litterarische, Hof- und politische Verhältnisse durchgesprochen, besonders viel Pariser Persönlichkeiten.» – *Le Catholique:* 1826 von Baron F. v. Eckstein gegründete Zeitschrift. – *der Katholik:* Görres war 1827 Mitarbeiter an dieser Zeitschrift. – *sein neuestes Produkt:* seine neueste Production (ed Weitz). – *Von der alleinseligmachenden Kirche:* Über alleinseligmachende Kirche. 2 Bde. Frankfurt/M. 1826. – *Reimarus-Teetisch:* vgl. Nr. 4222f. – *mit Halb-Menschen:* mit halben Menschen (edWeitz).

5830 (2405) F-R 428f. (= edWeitz 2, 61) – Vgl. GTgb: «Besprach ... mit Dr. Boisserée das Nächste was auf die Ausgabe meiner Werke Bezug hat ... Ich blieb gegen Abend allein, legte mich zeitig zu Bette.» – *Schmeller:* zu dem Porträt vgl. Schuchardt 1, 284 Nr. 562. – *Ombres chinoises:* Schattenspiele. – *Goethe ließ mir sagen:* Goethe läßt mir sagen (edWeitz).

5831 (2406) F-R 430 (= edWeitz 2, 62f.) – Vgl. GTgb: «Herr Boisserée beschaute die Porträte von Gérard. Bemerkung über diesen Künstler, über die vorliegenden Nachbildungen, auch über dessen sorgsamen, zwischen den Partheyen sich hinhaltenden Charakter.» – *müssen wir auf...:* müssen wir auf dieser sauberen Gesellschaft verweilen.» – Gespräch über die Verhältnisse mit Cotta (edWeitz). – *die elenden Proben-Anzeigen:* die elende Probe der Anzeige (edWeitz). Gemeint ist die Anzeige der Ausgabe letzter Hand (vgl. Nr. 5679 und Anm.).

5832 (2407) F-R 430f. (= edWeitz 2, 63f.) – Vgl. GTgb: «Einige Unterhaltung mit Herrn Boisserée.» – *Gérards Porträts:* Collection des portraits historiques (gestochen von P. Adam). – *Brøndsteds Werk:* Reisen und Untersuchungen in Griechenland... Bd 1. Paris 1826 (Ruppert Nr. 2016). – *Arnika hat ihm geholfen:* vgl. Nr. 5087. – *Kreuz-Brunnen:* vgl. Nr. 5090 und Anm.

5833 (2408) F-R 431f. (= edWeitz 2, 64f.). – Vgl. GTgb: «Mittag speiste Herr Boisserée mit mir auf dem Zimmer.» – *(Bryophyllum):* vgl. Goethes Beiträge ‹Bryophyllum calycinum› (WA II 6, 336ff.). – *Stuttgarter Schändlichkeit:* im Zusammenhang mit einem möglichen Ankauf der Boisseréeschen Bildersammlung – *Pentazonium:* vgl. Nr. 5497 und Anm. – *ein architektonischer Panegyrikus:* ein architectonisches Panegyricum (edWeitz). – *Tagebuch des Herzogs Bernhard:* von seiner amerikanischen Reise 1825/26. – *für den Herzog:* vielmehr für Frau v. Stein.

5834 (2409) F-R 432 (= edWeitz 2, 65f.) – Vgl. GTgb: «Einiges mit Boisserée. Um halb 11 Uhr Ihro Königliche Hoheit die Frau Großherzogin, welcher Dr. Boisserée die älteren und neueren Steindrücke vorwies und sowohl über die Kunstgeschichte als über die Technik der Lithographie manches bemerkte... Mittag für mich. Dr. Boisserée speiste bey Schopenhauers.» – *Sterbender:* Sterbendes (edWeitz). – *von leiblichen und geistigen Schmerzen:* von leiblichem und geistigem Schmerz (edWeitz). – *«Pandurang Hari»:* William B. Hockley, Pandurang Hari, or Memoirs of a Hindu anonym, London 1826. – *meinen Artikel...:* Meyers Artikel über unsere Lithographien in ‹Kunst und Alterthum› (edWeitz).

5835 (2410) F-R 432 (= edWeitz 2, 66) – Vgl. GTgb: «Mittag Sulpiz Boisserée und die Familie... Nach dem dritten Act von Tell Dr. Boisserée, welcher bis 10 Uhr blieb. Den neuangekommenen Abdruck der Anzeige besprochen.» – *der Alte und Kanzler Müller:* der alberne Kanzler Müller (edWeitz). – *Staats-Rat Kunth:* ehemaliger Erzieher der Brüder Humboldt. – *Geld-Geschäft:* Geld-Geschäfte (edWeitz). – *dieser weiß:* dieser wisse (edWeitz). – *Dr. Wagener als Tell nach dem dritten Akt:* Dr. Wagner [!] als Tell. nach dem 3. Akt (edWeitz).

5836 Tewes 59

5837 (2411) F-R 433 (= edWeitz 2, 66f.) – Vgl. GTgb: «Dr. Sulpiz Boisserée. Über einen Aufsatz im Globe... Mittag für mich. Boisserée und mein Sohn speisten bey Coudray... Dr. Boisserée. Vielfache Gespräche über nähere und fernere Gegenstände.»

5838 F-R 433 (= edWeitz 2, 67) - Vgl. GTgb: «Unterhaltung mit Dr. Sulpiz Boisserée.»

5839 (2412/2413) KSchmidt 283f. - *[am 27. vormittags]:* vgl. GTgb: «Frau von Wolzogen besuchte mich.»

5840 (2413a) F-R 433 (= edWeitz 2, 67) - Vgl. GTgb: «Unterhaltung mit Dr. Sulpiz Boisserée... Nach Tische Dr. Boisserée die Mantegna's gezeigt. Auch die Bolognesische Schule. Mein Sohn fuhr mit ihm nach Tiefurt... Dr. Boisserée kam zurück. Wir sprachen noch manches Litterarische und Politische durch.» - *Mittag beim Alten...:* Mittag 2 Uhr beim Alten - Nach Tisch (edWeitz).

5841 (2413b) Gr 133 - *Brandtische Medaille:* vgl. Nr. 5765 und Anm.

5842 (2413c) F-R 433 (= edWeitz 2, 67f.) - Vgl. GTgb: «Mittag mit Herrn Dr. Boisserée und Ulriken. Abends... Herr Dr. Boisserée las die Übersetzung aus den Bacchä des Euripides. Manches über Paris.» - *Du Cerceau [?], Maria:* Düsseldorfer Maria (edWeitz). - *Stück aus den Bacche[n]:* eine Übersetzungsprobe erschien später in dem Aufsatz ‹Die Bacchantinnen des Euripides›, KuA VI 1, 1827 (GA 14, 706ff.).

5843 Gr 133

5844 F-R 433 (= edWeitz 2, 68) - Vgl. GTgb: «Dr. Boisserée die Recension der Übersetzung meiner dramatischen Werke im Globe. Besuchten mich Serenissimus. Die entoptischen Farbenversuche mit Herrn Dr. Boisserée durchgegangen. Mittag Sulpiz Boisserée und Ulrike. Nach Tische über Malerey, ältere, neuere, auch über die Freskomalerey der Corneliusischen Schule zu Bonn und Coblenz, auch anderwärts. Wiederholung und Vermannigfaltigung der entoptischen Versuche.» - *Globe, Rezension seiner Werke:* vgl. Goethes Aufsatz ‹Oeuvres dramatiques de Goethe›, erschienen KuA V 3, 1826, und VI 1, 1827 (GA 14, 869ff.). - *Das Christentum...:* dieser Satz in Anführungszeichen (edWeitz). - *Cornelius' Nibelungen:* Zyklus von Zeichnungen zum Nibelungenlied, die auch in Stichen erschienen. Nach GTgb Beschäftigung damit am 3., 4. und 8. Juli 1825 - *in Bonn:* von Bonn (edWeitz). Ernst Förster war an den Fresken der Aula in Bonn beteiligt.

5845 (2414) F-R 435f. (= edWeitz 2, 70f.) - Vgl. GTgb: «Kam Herr Boisserée aus dem römischen Hause, wo er einer Conferenz über die Jubiläumsmedaille beygewohnt hatte. Wir beschauten das Portefeuille Deutsche Kupferstiche und sonstiges. Er war nach Hof eingeladen... Abends Herr Canzler von Müller... Herr Dr. Sulpiz. Blieb bis spät.» - *von Julio Roman:* nach Julio Roman (edWeitz). - *Kreuzigung:* Schuchardt 1, 77 Nr. 739. - *von einem andern...:* von einer anderen rein realistischen Art (ed Weitz). - *Kerker mit nackten Gefangenen:* Schuchardt 1, 79 Nr. 754. - *vor der Abreise:* von der Abreise (edWeitz). - *die Zeit abgelaufen:* die Zeit zu Ende gelaufen (edWeitz).

5846 Gr 133 - *Juno:* Büste der Juno Ludovisi.

5847 (2415) F-R 436 (= edWeitz 2, 71) - Vgl. GTgb: «Dr. Sulpiz mit Serenissimus im Jägerhause... Mit Boisserée die Römische Schule durchgesehen. Mit Boisserée gespeist...» – *von älteren Italienern:* von älteren Italiener (edWeitz). – *Die Kaiserin Elisabeth...:* dieser Satz als Randnotiz am Ende der Eintragung (edWeitz). Es handelt sich um die Witwe von Zar Alexander I. – *ihm nicht:* ihnen nicht (edWeitz). – *Dampfschiffahrt und muß:* Dampfschiffahrt. Ich muß (edWeitz). Zu der Dampferfahrt Ende Okt./Anfang Nov. 1824 vgl. die Notizen Boisserées (edWeitz 26* ff.).

5848 Gr 133 – *Malvirade:* vgl. Reinhards Empfehlungsbrief an Goethe vom 30. Mai (Goethe/Reinhard 353).

5849 F-R 436 (= edWeitz 2, 71f.) – Vgl. GTgb: «Früh nach Belvedere gefahren. Der Hoheit aufgewartet... Nebenstehendes besorgt und Herrn Boisserée übergeben: Drey Silbermedaillen an Herrn Cotta. Drey Bronzemedaillen und eine goldne für Boisserée zusammengepackt und letzterem übergeben. – Derselbe zu Mittag... Abends mit demselben mehrmals unterbrochene Unterhaltung. Nach dem Schauspiel hatte mein Sohn eine Anzahl Freunde geladen.» – *Kondolenz:* Maria Pawlowna war die Schwägerin der verstorbenen Kaiserin Elisabeth. – *Gesundheit des Alten:* die Gesundheiten des Alten (edWeitz).

5850 F-R 436 (= edWeitz 2, 72) – Vgl. GTgb: «Herr Boisserée war abgereist.»

5851 (2416/2418/2419) Boisserée 1, 481

5852 JbGG 5, 254 – *testimonia auctorum:* Zeugnisse anderer Autoren, Erwähnungen des Autors bei anderen Autoren; in älteren Klassikerausgaben neben Lebenszeugnissen und Urteilen über den Autor gerne zitiert.

5853 (2420) aaO 27ff. – Vgl. das Gespräch über Preller bei Eckermann unter dem 5. Juni (GA 24, 596ff.), das möglicherweise auf ein Gespräch Eckermanns mit Preller zurückgeht (vgl. E. Castle, Anmerkungen und Register zu Eckermanns Gesprächen mit Goethe, Berlin o.J., 267f.). – *[am 4. Juni]:* vgl. GTgb: «Der Maler Preller nahm Abschied.»

5854 (2422) Gr 133 – Vgl. GTgb: «Gegen Abend Herr Canzler von Müller, Nachrichten von München bringend.» – *Elsholtz und seine «Hofdame»:* vgl. Nr. 5826 und Anm.

5855 JbFDH 1912, 259 – *Ihre Zuschrift... beantworten:* Goethe hatte bereits am 9. Juni an Elsholtz geschrieben (Quelle 257f.). – *öffentlich zu sprechen:* das ist nicht erfolgt.

5856 (2422a) Gr 134 – Vgl. GTgb: «Die Kinder brachten einen Kranz und das alte Decret vom 11. Juni 1776 [Bradish 193f.]... Nach Tische Herr Canzler, die nächsten Vorgänge und Angelegenheiten besprechend.» – *Danz' Kirchengeschichte:* J.T.L. Danz: Lehrbuch der neueren christlichen Kirchengeschichte. Jena 1826 (Ruppert Nr. 2647). – *Woodstock:* «der Roman erschien 1826 in Leipzig in deutscher Übersetzung.» (Gr 285)

5857 Grumach 330 – *[am 7. Juni]:* vgl. GTgb: «Der junge Schütz von Bückeburg hier bei Schwerdgeburth in der Lehre.»

5858 Gr 134 – Vgl. GTgb: «Herr Professor Rauch ließ sich anmelden... Kam derselbe, erzählte viel von München und Paris. Kam Herr Canzler von Müller, die Jubiläumsmedaille zu besprechen.» – *Ariad-*

ne: «vermutlich ist der Renaissancenachguß der Schlafenden Ariadne (W. Müller, Römische Mitteilungen 53, 1938, 164ff.) gemeint, den Rauch in Paris gesehen haben kann.» (Gr 286), weitere Vermutung: «Danneckers Ariadne auf dem Panther» in Frankfurt (Gr², 336); oder vielmehr nach O.F.: ‹Ariane› von Thomas Corneille, die während Rauchs Besuch in Paris aufgeführt wurde.

5859 Grumach 330

5860 (2423) Gr 134f. – *«Fiedlers Porträt»:* Brustbild des Künstlers (vgl. Schuchardt 1, 329 Nr. 14). – *nicht mit angezeigt:* in der Geschenkliste der Festschrift ‹Goethes goldner Jubeltag› (vgl. Nr. 5780 und Anm.). – *Pestalozzis Selbstgeständnissen:* « ‹Schwanengesang›, Stuttgart 1826, S. 96ff.» (Gr 286).

5861 GJb 1, 347 – *Rehbeins Tode:* am 30. Dez. 1825. – *Brief von Goethe an mich:* vom 2. Juni (WA IV 41, 46f.). – *mein Porträt:* Schuchardt 1, 284 Nr. 549. Vgl. GTgb 21. Juni: «Schmeller hatte das Bild von Oberconsistorialdirector Peucer gebracht.»

5862 Gr 135 – Vgl. GTgb: «Herr Canzler von Müller. Vorzeigung verschiedener Kunstblätter.» – *Hochzeit der Maria:* nicht ermittelt.

5863 (2425) Archiv 11, 394 – *[... am 22. Juni]:* vgl. GTgb: «Herr Poërio von Göttingen kommend, nach Berlin und weiter wieder nach Hause reisend.»

5864 (2426/2427) Gr 135f. – Vgl. GTgb: «Mittag Hofmedicus Vogel. Professor Riemer. Blieben nach Tisch. Gegen Abend Musik im Garten. Kam Herr Canzler von Müller und Oberbaudirector Coudray.» – *Preziosa:* von P.A. Wolff. – *Salvandys Diatriben:* die Streitschrift «Le ministère et la France. Paris 1824 (Gr 287).» – *Langbeinischen Gedichte:* A.F.E. Langbein: Sämtliche Gedichte. Stuttgart 1838. Bd 5. S. 377ff. (FBdm). – *Journal des Débats:* französ. Tageszeitung, gegründet 1789. Die erwähnte Behauptung steht in einer Rezension vom 28. Dez. 1824 (von Vitet), in der jedoch nicht von Rousseau, sondern von Rossini (‹Othello›) die Rede ist (O.F.) – *[Ottos Brautfahrt]:* erwähnt in GTgb am 22. Juni.

5865 (2428) aaO 1. Theil S. 62 – *bei ihm zu erscheinen:* vgl. Nr. 6244.

5866 (2429a) Gr 136 – Vgl. GTgb: «Nach Tische im Garten... Canzler von Müller. Über Monomanie und den Conflict der strengen und nachsichtigen Criminaljustiz.» – *Woodstock:* vgl. Nr. 5856 und Anm. – *Gagernschen Brief:* vom 20. Juni (Gr 287).

5867 Grumach 330 – *Avocat général:* Staatsanwalt.

5868 Montagsblatt. Wissenschaftliche Beilage der Magdeburgischen Zeitung. 69. Jahrg. Nr. 41 vom 10.10.1927, 339. Neuveröffentlichung mit Genehmigung des StA Magdeburg. – Vgl. GTgb 30. Juni: «Ein junger Bergstudirender vom Harzgebirge, von Freyberg kommend. Unterhaltung über Mohs und dessen Crystallographie, die der junge Mann gehört hatte.» Die Identität des Verfassers konnte nicht ermittelt werden. – *zwei bronzene Athleten:* die Jünglingsgruppe von Ildefonso.

5869 Gr 136 – *Woodstock:* vgl. Nr. 5856 und Anm.

5870 Petersen 168 – *Verlobung:* am 29. Mai. Die Hochzeit fand am 11. Okt. 1826 statt. – *seinen Bruder:* Friedrich. Zu Goethes Waffensegen vgl.

Nr. 3704. – *Zelter ist hier:* seit dem 7. Juli, vgl. GTgb: «Herr Professor Zelter und Mademoiselle Doris kommen an.»

5871 Tewes 60ff. – *[am 14. Juli]:* vgl. GTgb: «Abends kam Dr. Eckermann. Erzählte von Hamburg, Stade und den dortigen Anschwemmungen, Einrichtungen, Ansiedelungen.» – *[16. Juli]... seine Helena gelesen:* vgl. GTgb: «Dr. Eckermann las die Helena hinaus.» Die Helena wurde, als ‹Zwischenspiel zu Faust›, in Bd 4 der Ausgabe letzter Hand 1827 veröffentlicht. – *Zelter nahm... Abschied:* vgl. GTgb 19. Juli: «Zelter, Eckermann. Gespräch über das neuere Verhältniß der Franzosen, der ausländischen Litteraturen. Beide speisten mit uns. Zelters nahmen Abschied.» – *Frau und Herrn Professor Melos:* in deren Pension von Ausländern gab Eckermann englische Stunden.

5872 (2431) GJb 26, 202 – *‹Mitternachtsblatt›:* vgl. Nr. 5816 und Anm.

5873 JbSKipp 4, 45 – Vgl. GTgb: «Mittag Genast Vater und Sohn, Professor Riemer, Eckermann. Nach Tische einige musikalische Unterhaltung.»

5874 JbSKipp 1, 127

5875 (2441a) GJb 24, 96 – *[... am 2. August]:* vgl. GTgb: «Emil Herder, mit Frau, einer gebornen Huber, auch Schwägerin von Petersburg.» – *Vergangenheit:* sie denkt dabei wohl an ihren eigenen Besuch 1783 (vgl. Nr. 661).

5876 GJb 24, 96

5877 (2434a) Ri 2, 721f. – Vgl. GTgb: «Abends mit Professor Riemer, die Zeltersche Correspondenz durchgegangen.» – *Brief an Goethe:* offensichtlich der vom 14./15. Nov. 1812, in welchem Zelter von dem Selbstmord seines Stiefsohns berichtet (Hecker 1, 333ff.). – *badinierten wir:* redeten wir scherzhaft.

5878 SchrGG 28, 148 – *in einer Nacht:* vom 4. auf den 5. August, vgl. GTgb 5. Aug.: «War durch eine Verkältung mein Sohn sehr krank geworden... Rath Vogel consultirt...»

5879 Houben 2, 778 – *Herrn Nicolovius:* vgl. das Konzept von Goethes Brief an Alfred N. vom gleichen Tage (WA IV 41, 119f.).

5880 Ludwig Bäte: Goethe und die Osnabrücker. Berlin 1970, 60 – *[am 15. August]:* vgl. GTgb: «Professor Abeken, Bruder des Oldenburgischen, in Berlin angestellt, von einer Gesundheitsreise kommend.»

5881 JbSKipp 4, 45 – Vgl. GTgb: «Um 5 Uhr mit Professor Riemer spazieren gefahren. Zu Hause sodann die Zelterschen Briefe durchgesehen, 1804 durch.»

5882 (2434b) aaO New York 1929, 432f. – *[... am 19. August 1826.]:* vgl. GTgb: «Herr Dwight aus den vereinigten Staaten mit Professor Hoffmann besuchten mich.»

5883 (2436) Wilhelm Müller: Diary and Letters. Edited by P.S. Allen and J.T. Hatfield. Chicago 1903, 162ff. – *[24. August]:* vgl. GTgb: «... Hofrath Müller, Bibliothekar in Dessau.»

5884 (2437) wie 5883 S. 116f. – *quondam meminisse iuvabit:* etwas, woran man sich (einst) mit Freuden erinnern wird; nach Vergil, Aeneis I 203 (Aeneas zu seinen Leidensgefährten). – *im neuesten Hefte seiner Zeitschrift:*

KuA V 3, 1826. Gemeint ist der Aufsatz ‹Shakspear als Theaterdirektor› (= Shakespeare und kein Ende III, GA 14, 764ff.).

5885 Knittermeyer 91 – *in Jena:* der Aufenthalt unterblieb.

5886 JbSKipp 4, 45f. – Vgl. GTgb: «Um 8 Uhr Musik. Sodann mehrere Besuche bis Mittag.»

5887 (2592) aaO 100f. – Zur Verwechslung der Personen vgl. Bi² 5, 161 Anm.: «Nach Mitteilung der Frau Ida Freiligrath geb. Melos steht in der Quelle dieses Gesprächs irrtümlich ihr Vorname, anstatt dessen ihrer Schwester.» – *«Uf'm Bergli bin i gesässe»:* Schweizer Lied (GA 1, 106f.).

5888 (2438) aaO Vol. 2. Dublin 1832, 418ff. – Vgl. J. Hennig: Zu George Downes' Bericht über seinen Besuch in Weimar 1826. In: Germanisch-Romanische Monatsschrift NF Bd 18, 1968, 450ff. – *[31. August 1826]:* vgl. GTgb: «Herr [Lücke], ein irländischer Reisender, Brief und einige Mineralien von Herrn von Giesecke bringend.» Nach Oscar Fambach ist Downes' Bericht in deutscher Übersetzung im ‹Berliner Conversations-Blatt› 1828, Nr. 9, veröffentlicht (JbFDH 1969, 225). – *a distinguished countryman of his own:* der in GTgb genannte Giesecke, eigentl. Karl Ludwig Metzler. – *the wife of the Baron von A[rnim]:* vgl. GTgb 31. Aug.: «Mittag Frau von Arnim.»

5889 (2438) aaO Vol. 2, 421ff. – *[2. September]:* vgl. GTgb: «Gegen Abend das irländische Ehepaar und größere Gesellschaft.»

5890 JbSKipp 4, 46 – Vgl. GTgb: «Demoiselle Sontag mit Begleiterin… Um 6 Uhr mit den Enkeln in's Schauspielhaus. Demoiselle Sontag sang unvergleichlich… Demoiselle Sontag kam später. Um Mitternacht ging man auseinander.»

5891 aaO 114. Stück S. 456. – Der Text beruht auf einem Korrespondenzbericht in den ‹Berlinischen Nachrichten von Staats- und gelehrten Sachen› Nr. 211 vom 9. Sept. 1826. – Der Berichterstatter ist nach O.F. Friedrich Schulz.

5892 Grumach 331 – *Geburtsfeste des Großherzogs:* am 3. Sept.

5893 Grumach 331

5894 (2442) Hans von Bülow: Briefe. Bd 1. 2. Aufl. Leipzig 1899, 425 – - *über die Sontag:* diese befremdliche Äußerung über die von Goethe geschätzte Sängerin steht im Gegensatz zu den übrigen Zeugnissen, besonders zu der zu Nr. 5890 zitierten Tgb-Stelle. Der Ärger über den «Ungeschmack des Publikums» könnte allenfalls durch die von Kanzler Müller unter dem 23. Aug. 1827 (Nr. 6025) überlieferte Äußerung gestützt werden.

5895 (1435) Oehlke 20f. – Die (nicht gesicherte) Datierung im Anschluß an Bgm 402. Die Stelle steht im Anschluß an die Dankesbekundung gegenüber dem Kanzler v. Müller, der Bettina ihre Briefe an Goethe auf ihre Bitte hin überliefert hatte.

5896 SchrGG 28, 349 – Der Brief dürfte kurz vor dem folgenden an Kanzler von Müller geschrieben sein. Dort wird auf Bettinas Brief an Ottilie angespielt.

5897 SchrGG 14, 282 – Bettina hat sich nochmals am 18. Nov. 1832 beschwörend an Müller wegen der Rückgabe ihrer Briefe gewandt (ebd 289).

5898 wie 4287 S. 267

5899 (2439) aaO 3. Theil, 13ff. – *am 15. September 1826:* vgl. GTgb: «Abends Fürst Pückler von Muskau. Besondere Unterhaltung über sein angelegtes Bad.» – *sittlich:* so im Originaltext; die Konjektur ‹stattlich› (Bi^2 3, 286; Amelung 3, 110) nicht auszuschließen. – *M[uskau]:* das Besitztum Pücklers in Schlesien mit dem von ihm angelegten berühmten englischen Park. – *öffentlich ausgesprochen:* gemeint ist wohl ‹Goethes Beitrag zum Andenken Lord Byrons› (vgl. Nr. 5540 und Anm.). – *Radziwill:* vgl. Nr. 5520 und Anm. – *Es ist doch schön ...:* ungenaues Zitat aus dem ‹Prolog im Himmel› zu Faust I Vs. 352f.

5900 JbSKipp 4, 46 – Vgl. GTgb 14. Sept.: «Das Bild von Düsseldorf war angekommen und auf die Bibliothek geschafft... Nachher auf die Bibliothek, wo mein Porträt von Kolbe ausgepackt wurde.» 15. Sept.: «Herr Professor Riemer. Gespräche über das Kolbische Porträt. Urtheile der Herrschaften und des Publikums.» Es handelt sich um das 1822 begonnene und 1826 fertiggestellte große Ölgemälde von Heinrich Kolbe (Schulte-Strathaus Taf. 121). – *Lobpreisung des Kanzlers:* vgl. Müllers Brief an F. Schlosser vom (ca. 5.) Okt. 1826 (Grumach 332).

5901 (2443) KSchmidt 296 – Vgl. GTgb 17. Sept.: «Verabredung mit meinem Sohn wegen des heutigen Actes... [Nachmittags] Mein Sohn erzählte von der würdig und heilig vollbrachten Function.» Vgl. ‹August von Goethe's Rede bei Niederlegung des Schiller'schen Schädels auf der Großherzoglichen Bibliothek in Weimar› (WA I 42^2, 75ff.).

5902 JbSKipp 4, 46

5903 Tewes 63f. – Der Brief trägt das Datum: 18. Sept. 1826. Zur Datumskorrektur vgl. Quelle S. 369 Anm. – *Aufsatz von mir:* Über Goethe's Recensionen für die Frankfurter gelehrten Anzeigen von 1772 und 1773. In: KuA V 3, 1826. Vgl. Eckermann unter dem 11. Juni 1823 (GA 24, 40) sowie die Aug./Sept. 1823 zu datierende Notiz (ebd 44). – *Mein Gedicht:* unter dem Titel ‹Tisch-Lied› in Eckermanns ‹Gedichten› gedruckt. – *ein sehr interessanter Däne:* vgl. GTgb 18. Sept.: «Dr. Eckermann brachte einen gereisten Dänen Namens..., welcher vier in Kupfer gestochene Porträts seiner Landsleute verehrte.» – *zwei jungen Freunden:* nicht ermittelt.

5904 (2444) aaO 2. Aufl. Bd 1, 270f. – *[18. September 1826]:* vgl. GTgb: «Der Geburtstag von Wolf wurde gefeiert... Viele Knaben im Garten machten großen Lärm.»

5905 Knittermeyer 91 – *wichtige Angelegenheit:* Reinigung von Schillers Schädel. Schröter und Färber hielten sich zu diesem Zweck vom 24. bis 28. Sept. in Weimar auf (vgl. GTgb).

5906 (2445) Boisserée 1, 488f. – Der Brief ist in der Quelle irrtümlich 1825 datiert. Der Vergleich mit einer Kopie des Originals, das sich im Historischen Archiv der Stadt Köln befindet (Hinweis von H.-J. Weitz), hat keine wesentlichen Abweichungen ergeben. – *Tod des hiesigen Bibliothekars Güldenapfel:* vgl. GTgb 21. Sept.: «Nachricht von dem Tode des Professor Güldenapfels.» – *[23. September]:* vgl. GTgb: «Herr Canzler von Müller und Herr Schorn.» – *Ausstellung Eurer Bilder:* recte: Aufstellung. Die Boisseréesche Gemäldesammlung befand sich damals in Stuttgart. –

Elginschen Marmoren: vgl. Goethes Berichte ‹Elgin Marbles› und ‹Elginische Marmore› von 1817 (GA 13, 733f.). – *Carstensschen Handzeichnungen:* die sich zum Teil in Weimar befanden (vgl. Nr. 6043), auch in Goethes Besitz (vgl. Schuchardt 1, 260f. Nr. 283–296). – *sie haben ja dort Mosen und die Propheten:* nach Luk. 16, 29. – *Leybolds Zeichnung:* zum ‹Charon› (vgl. Nr. 5663 und Anm.)

5907 JbSKipp 4, 47 – Das Datum in der Quelle fälschlich 27. Sept. Korrigiert nach GTgb 29. Sept.: «Abends großer Thee. Professor von Jakob und Tochter aus Halle. Grillparzer von Wien.» – *Schlegel:* Friedrich S., der in Wien lebte.

5908 (2446) wie 1137 S. 185ff. – *Zeit seines Briefwechsels mit Lord Byron:* Irrtum, letzterer war bereits 1824 gestorben.

5909 Grumach 332 – *Diesen Mittag:* vgl. GTgb 1. Okt.: «Mittag große Gesellschaft. Herr Grillparzer und an ihm theilnehmende Freunde.»

5910 (2447) wie 1137 S. 187ff. – *der verhängnisvolle Tag:* d.h. der schicksalhafte Tag. – *Goethes Schwiegertochter:* die später lange in Wien lebte.

5911 (2448) wie 1137 S. 191ff. – *Sappho:* das Trauerspiel war in Wien 1819 erschienen. – *ich wurde gezeichnet:* vgl. GTgb 2. Okt.: «Herr Grillparzer gezeichnet von Schmeller.» (Schuchardt 1, 285 Nr. 580)

5912 GJb 1, 347f. – *Henderson:* nicht in GTgb erwähnt. – *Lord Byrons Porträt:* die Sendung des Bildes erwähnt in Goethes Brief an W. Scott vom 12. Jan. 1827 (WA IV 42, 13).

5913 (2449) wie 1137 S. 195 – *[3. Oktober]:* vgl. GTgb: «...Grillparzer ...Abschied nehmend. Man giebt ihm zu Ehren ein Mittagessen auf dem Schießhause. Mein Sohn wird auch dabey seyn.»

5914 (2449a) Grillparzers Werke. Hrsg. von A. Sauer. 3. Abt. Bd 1. Wien und Leipzig 1913, 346f.

5915 (105a) Europa 1872 Sp. 358f.

5916 Euphorion 15, 487f. – *[am 4. Oktober]:* vgl. GTgb: «Frau von Wolzogen und Fräulein von Schiller.» – *Aufbewahren von Schillers Schädel auf der Bibliothek:* vgl. Nr. 5901 und 5905 und Anm.

5917 Tewes 179 – *Ihre Berlinischen Festgedichte:* zur Feier von Goethes Geburtstag in der Berliner Mittwochsgesellschaft.

5918 (2450) JbFDH 1902, 260f. – Von Elsholtz zuerst in etwas abweichender Fassung veröffentlicht in: Schauspiele. Erster Theil. Zweite vermehrte und mit Goethe's Briefen über «Die Hofdame» versehene Ausgabe. Leipzig 1835. S. XXII. – Zum Vorgang vgl. Nr. 5826 und Anm. und Nr. 5855. – *[wohl am 27. Oktober 1826]:* vgl. GTgb: «Herr von Elsholtz wegen seines Lustspiels: Die Hofdame.»

5919 (2591) GJb 5, 311f. – Der Bericht steht zu Beginn des zweiten Semesters des 10. Jahrgangs der Zeitschrift «Eos», die seit dem 5. Jahrgang von Elsholtz herausgegeben wurde.

5920 Rübezahl. Der Schlesischen Provinzialblätter 76. Jahrg. Der Neuen Folge 11. Jahrg. 1872. S. 446f. Wiederabgedruckt in: JbGG NF 2, 300ff. Vgl. dazu die Ergänzung Nr. 7512a. – *[am 30. Oktober]:* vgl. GTgb: «Zwey junge Maler von Berlin, Hildebrandt und Hübner.» – *Bettina v. Arnim:* ihr Brief an Goethe, datiert vor dem 26. Oktober 1826, bei Bgm 362ff.

5921 Grumach 333 – *Jubelmedaille:* die verbesserte Fassung der Brandtschen Medaille war Goethe am Jahrestage des Jubiläums, dem 7. Nov., von Carl August übersandt worden (vgl. GTgb).

5922 (2452) Kretschman 64f. – *[am 11. November]:* vgl. GTgb: «Besuch von Fräulein von Pappenheim.» – *von Bettina gezeichneten Statue:* Schulte-Strathaus Taf. 128.

5923 Grumach 333 – *Brief aus Vevey:* vom 2. Okt. (Goethe/Reinhard 358ff.). – *des edlen Manzoni Villa:* in der Nähe von Mailand. – *Schillersfeier:* am 17. Sept. (vgl. Nr. 5901). – *Oberbaudirektor Coudray:* vgl. GTgb 19. Nov.: «Oberbaudirector Coudray war zurückgekommen... Gegen Abend Oberbaudirector Coudray, Relation seines Aufenthalts in Paris.» – *Cuvier... dessen Tochter:* vgl. Goethes Brief an Clémentine de Cuvier Ende Aug./Anfang Sept. 1826 (WA IV 41, 135f.). Ihren Brief an Goethe vom 16. Okt. (GJb 23, 60ff.) hatte Coudray überbracht.

5924 Grumach 333f. – *[11.–13. Dezember]:* vgl. die Erwähnungen in GTgb.

5925 Sydow 7, 300f. – Vgl. GTgb 23. Dez.: «Früh dem Herrn von Humboldt entgegen gefahren bis Umpferstedt. Brachte ihn bis an den Erbprinzen... Sodann besuchte mich Herr von Humboldt. Blieb zu Tische... Auch nach kurzer Abwesenheit die Herren von Humboldt und Müller wieder zurück, bey'm Thee verweilend.»

5926 Sydow 7, 301ff. – *[am 24. Dezember]:* vgl. GTgb: «Herr von Humboldt den Anfang der Helena gelesen. Zusammen spazieren gefahren. Mittag zu vieren. Gegen Abend Herr von Humboldt. Abends Bescherung im Hause.» – *Gestern und heute:* vgl. GTgb 25. Dez.: «Herr von Humboldt, in der Helena fortgefahren. Zusammen spazieren gefahren gegen Umpferstedt. Mittag zu vieren.»

5927 Sydow 7, 306f. – *seine «Helena» ganz durchgelesen:* vgl. GTgb 26. Dez.: «Herr Minister von Humboldt. Die Helena ausgelesen. Mit demselben spazieren gefahren.» – *jetzt allein gedruckt:* vgl. Nr. 5871 und Anm. – *Lord Byron:* in der Gestalt des Euphorion.

5928 Bode 3, 266f. – Der Brief ist frühestens auf den 26. Dez. zu datieren.

5929 Sydow 7, 308 – Vgl. GTgb 27. Dez.: «Herr von Humboldt saß zum Porträtiren. Wir fuhren zusammen spazieren gegen Erfurt zu, Gespräch über indische Philosophie und Poesie.» Die Zeichnung von Schmeller bei Schuchardt 1, 285 Nr. 589.

5930 Sydow 7, 309ff. – Vgl. GTgb 29. Dez.: «Abends Herr Canzler von Müller, Herr von Humboldt, Herr Professor Riemer. Beyde letztere blieben. Exuvien von Schiller und Betrachtungen darüber.» – *den Tag verreist:* nach GTgb war Goethe am 17. Okt. nach Berka gefahren.

5931 Sydow 7, 316 – *am Neujahrstag:* vgl. GTgb 1. Jan. 1827: «Nach Tische... Herr von Humboldt Abschied nehmend.»

5932 Sydow 7, 319f. – *[am 4. Januar]:* vgl. GTgb: «Herr Minister von Humboldt auf seiner Durchreise sprachen eine Stunde ein.»

5933 Bode 3, 274

5934 (2464) JbFDH 1902, 264 – *an die Antwort erinnern:* auf Elsholtz'

Brief an Goethe vom 6. Dez. 1826 (Quelle 263f.). Zur Sache vgl. ferner Nr. 5918 und Anm.

5935 aaO 125 – *[am 10. Januar 1827]:* vgl. GTgb: «Herr Geheime Hofrath Luden besuchte mich, welcher gegenwärtig hier in landschaftlichen Angelegenheiten sich aufhält.»

5936 Euphorion 15, 388

5937 Grumach 334

5938 Grumach 334 – *ausführlichere Mitteilung:* Goethe schickte erst am 12. März «längst Geschriebenes» mit einer Fortsetzung ab (WA IV 42, 81ff.). – *Einzugs von Henri IV:* vgl. GTgb 5. Jan.: «Einzug Heinrichs IV. in Paris. Gestern angekommen, heute betrachtet.» Der Kupferstich von François Gérard bei Schuchardt 1, 200 Nr. 58. – *zierliches Dankschreiben:* vgl. GTgb ebd: «Entwurf eines Schreibens an Baron Gérard.» 6. Jan.: «Concepte an Walter Scott und Baron Gérard revidirt.» Abgeschickt wurde das französisch abgefaßte Schreiben erst am (20.?) April 1827 (WA IV 42, 147f.). – *Blatt an letzteren:* Goethe an Walter Scott 12. Jan. 1827 (ebd 13ff.).

5939 Tewes 67 – *die glücklichsten Abende:* vgl. die ausführlichen Gespräche, die Eckermann unter dem 18. und 21. Jan. überliefert hat (GA 24, 210ff.).

5940 HoubenSoret 194 – *«Helena»:* vgl. GTgb 26. Jan.: «Herrn v. Cotta, Manuscript der Helena, nach Stuttgart.» Der Brief an Cotta WA IV 42, 25ff. «... Goethe mag Ottilie die Urschrift zur Lektüre gegeben haben, mit der Erlaubnis, auch Soret sie lesen zu lassen.» (Anm. in der Quelle).

5941 Tewes 68f. – *Die Lüneburger wissen nichts:* vgl. Johanna Bertram an Eckermann 30. Jan.: «In Lüneburg hörte ich auch schon, daß Göthe schon oft junge Dichter, die er gerne hätte leiden mögen um sich gehabt und zu seinen Zwecken gebraucht habe, er sich aber nie dankbar genug dafür erwiesen hätte.» (ebd 68)

5942 Houben 2, 778 – Vgl. GTgb: «Abends Dr. Eckermann. Mit demselben die Farbenlehre den ersten Abschnitt geendigt.»

5943 aaO 24f. – *am folgenden Morgen:* vgl. GTgb 11. Febr.: «Stammbuch an Hiller.» – *Ein Talent...:* GA 2, 294. – *Welch ein glänzendes Geleite!:* ebd.

5944 Houben 1, 274 – Keine Entsprechung zu dem von Eckermann unter diesem Datum veröffentlichten Gespräch (GA 24, 240). – *Vogels Talent:* des Dresdner Malers Vogel v. Vogelstein.

5945 Houben 1, 274 – Vgl. GTgb: «Ich bereitete einiges für Eckermann, die prismatischen Versuche betreffend. Derselbe speiste Mittag bey uns. Ich zeigte ihm vorher die prismatischen subjectiven Versuche. Nach Tische, die Pompejanischen Gemälde besehen und besprochen.» – *akzessibel:* zugänglich.

5946 Houben 1, 274 – Keine Entsprechung zu dem von Eckermann unter diesem Datum veröffentlichten Gespräch (GA 24, 599f.)

5947 Houben 1, 274 – Vgl. GTgb: «Regisseur Wagener und Demoiselle Sutorius... [Nachmittags] Oberbaudirector Coudray, Dr. Eckermann. Beyde sehr zufrieden mit der Erscheinung der Demoiselle Sutorius.»

5948 (2477) aaO 5, 70 – *Verwechslung:* wohl dadurch entstanden, daß der Schauspieler W. Krüger Goethe tatsächlich am 23. März besucht hat (vgl. Nr. 5955). – *Königstädter Repertoire!:* Repertoire des Königstädtischen Theaters in Berlin. Zwei Aufführungen der ‹Mitschuldigen› mit der Sutorius als Sophie sind nachweisbar: 26. Nov. und 26. Dez. 1824 (O.F.).

5949 (2479) Gr 136 – *Akademie:* Universität Jena. – *Kassation:* «Carl August kassierte das Doktordiplom des aus Weimar stammenden Jenaer Medizinstudenten Heinr. Gustaf Adolf Schenk, als dieser in Weimar durch das Landesexamen gefallen war.» (Gr 287) – *Hagen:* nicht ermittelt. – *Vogel:* der Dresdner Maler Vogel von Vogelstein (vgl. Nr. 5944).

5950 Gr 136

5951 Grumach 335 f. – *Nouvelle Héloïse:* von Rousseau. – *«Les deux cousines»:* vgl. Müller an Reinhard 15. (18.) Jan. 1827: «Der aus dem Chinesischen von Abel-Rémusat übersetzte Roman ‹Les deux cousines› [Kiao-Li oder Die beiden Basen, Stuttgart 1827] hat hier großen Beifall gefunden ...» (Quelle 334). – *«Die (Braut)Werbung»:* Chinese Courtship, in verse by P.P. Thoms 1824 (Quelle 335). – *Solgers Nachlaß:* Nachgelassene Schriften und Briefwechsel. 2 Bde. Leipzig 1826. – *über die Wahlverwandtschaften:* wiederabgedruckt in: Goethe im Urteil seiner Kritiker. Hrsg. von K.R. Mandelkow. Bd 1. München 1975. S. 257 ff. – *Jacobis Briefwechsel:* vgl. Nr. 5542 und Anm. Bd 2. Leipzig 1827 (Ruppert Nr. 144). – *Stapfers Übersetzung:* Œuvres dramatiques de J.W. Goethe ... 4 Bde. Paris 1821/25. – *Kunst und Altertum:* VI 1, 1827. – *einen angefangenen an Sie:* vgl. Nr. 5938 und Anm.

5952 (2479a) Gr 136 f. – Vgl. GTgb: «Herr Canzler von Müller, verschiedene Briefe mittheilend, auch über andere innere und äußere Verhältnisse sprechend.» – *Beyfus:* August B.: Sibyllinische Blätter der neuesten Zeit. Heft 1. Berlin 1826 (Ruppert Nr. 837).

5953 HoubenSoret 195. Aus dem Französischen. – *[Konversations-] Lexikon:* vgl. Nr. 5654 und Anm. – *über sie:* so in der Quelle; muß lauten: über Sie.

5954 JbSKipp 4, 47 – Vgl. GTgb: «An Frau Professor Riemer einige Stickmuster.» – *Gedichtchen:* An Frau Hofrätin Riemer mit Stickmustern/Den 20. März 1827 (GA 2, 294).

5955 Bühne und Welt. VIII. Jahrg. I. Halbjahr. Okt. 1905 – März 1906. (Bd XV der gesamten Reihe.) S. 60 – *ich habe Goethen gesehen:* vgl. GTgb 23. März: «Der Berliner Schauspieler Krüger brachte einen Brief von Zeltern.» Zelters Brief vom 14. März (Hecker 2, 499 f.). – *schon früher geschrieben:* am 12. März (ebd 499). – *Wollfs:* recte Wolffs.

5956 Adelheid v. Schorn: Das nachklassische Weimar ... Weimar 1911, 76 – *Karlsbader Elegie:* vielmehr Marienbader Elegie. – *Vorrede zu der Ausgabe von Manzonis Dichtungen:* «Teilnahme Goethes an Manzoni.» Vorrede zu der Ausgabe der ‹Opere poetiche› bei Frommann in Jena 1827 (GA 14, 812 ff.)

5957 (2482) aaO 114

5958 Grumach 336 – *Reinhards Übersetzung:* Lektüre in GTgb am 26. und 27. März bezeugt.

5959 Tewes 70f. – *meine Konversationen:* vgl. Nr. 5662 und Anm. – *erster Lieferung:* d.h. der ersten 10 Bände der Ausgabe letzter Hand, erschienen 1827.

5960 JbSKipp 1, 128 – Vgl. GTgb: «Spazieren gefahren mit Professor Riemer. Mittag speiste derselbe mit.»

5961 (2498) Nouvelles annales des voyages et des sciences géographiques... Deuxième Série. Tome VI. Paris 1827. S. 232ff. – Von FBdm in Bi^2 noch irrtümlich J.-J. Ampère zugeschrieben. Nach Kenntnisnahme der deutschen Übersetzung in den ‹Blättern für literarische Unterhaltung› Nr. 32 vom 8. Febr. 1828 S. 126f. (wiederabgedruckt von Bode in StG 8, 1912, 211ff.) geändert in «ein reisender Franzose». Zur Frage der Verfasserschaft vgl. O. Fambach in: JbFDH 1969, 225f. Weitere Ermittlungen von O.F. haben dann zur eindeutigen Identifizierung des Verfassers geführt, es ist der Historiker, Musik- und Kunstschriftsteller (auch Mitarbeiter des ‹Globe›) Ludovic Vitet. Vgl. O. Fambach: Das Repertorium des Stadttheaters zu Leipzig 1817–1828. Bonn 1980. S. 122. Vitet reiste zusammen mit seiner Frau. – *Monsieur Duval:* vgl. Goethes Aufsatz ‹Le Tasse› in KuA VI 1, 1827 (GA 14, 891ff.). – *La Mère au Bal et la Fille à la Maison:* von M.E.G.M. Théaulon de Lambert (O.F.) – *rédacteur des articles Musique:* d.i. Vitet selber (vgl. GTgb 25. Aug. 1828).

5962 (2486) André-Marie Ampère et Jean-Jacques Ampère: Correspondance et Souvenirs... Tome premier. Paris 1875, 440ff. J.J. Ampères Vater ist der berühmte Mathematiker und Physiker André Marie Ampère. – *j'ai vu Goethe:* vgl. GTgb 22. April: «Herr Jean Jacques Ampère Sohn, empfohlen von d'Alton.» – *mes deux premiers articles sur lui:* erschienen in ‹Le Globe› 1826 Nr. 55 und 64, auszugsweise in deutscher Übersetzung veröffentlicht in KuA V 3, 1826, und VI 1, 1827 (GA 14, 870ff.). Vgl. auch Goethe an Reinhard 12. Mai 1826 (WA IV 41, 29f.). – *son appareil:* die «kleine Maschine des magnetischen Rundstabes» (Goethe an Soret 16. April, WA IV 42, 144). – *lettre charmante:* vgl. Nr. 5923 und Anm.

5963 (2487) wie 5962 S. 443f. – *Albert:* Stapfer.

5964 Revue de littérature comparée. 12e année. Paris 1932. S. 211f. – *la seconde visite de Cousin:* im April 1825 (vgl. Nr. 5647). – *la première:* im Okt. 1817 (vgl. Nr. 4497). – *médaille:* von Bovy (1824). – *le numéro prochain:* KuA VI 1, 1827 (vgl. Nr. 5962 und Anm.). – *un article sur la Mythologie et la Sorcellerie:* mit der Überschrift ‹aus dem Französischen des Globe› (GA 14, 886ff.). – *Duvergier:* fraglich. Der Aufsatz in ‹Le Globe› ist betitelt ‹Du Robin des Bois› und unterzeichnet mit O. (WA I 41^2, 530). – *sur le Tasse:* vgl. Nr. 5961 und Anm.

5965 Versteigerungskatalog Stargardt Nr. 588, 1969, 32 Nr. 115. – *[am 24. April]:* Besuch in GTgb nicht vermerkt; nach der Quelle soll dieser am «Vortage» stattgefunden haben.

5966 JbSKipp 4, 309ff. – Der Briefempfänger nach KatSKipp 2, 51 Nr. 4335. – *vom alten Zelter:* Brief vom 15. April (Hecker 2, 514f.). – *Porträts, darunter Zelter:* wohl von Schmeller (Schuchardt 1, 287 Nr. 637). – *Gemälde von Kolbe:* Schulte-Strathaus Taf. 121.

5967 (2494) aaO 4, 385ff. – *ein paar Herren:* vgl. GTgb: «Mittag die

Herrn Göttling und Weller, auch Herr von Holtei... Zu Mittag ward viel über Paris, besonders das dortige Theater besprochen. Über Personen, welche Herr von Holtei näher gesehen.»

5968 (2494a) Karl von Holtei: Nachlese. Bd 1. Breslau 1870. S. 3ff. und 11ff. – *Friedrich:* Goethes Diener Gottlieb Friedrich Krause. – *den guten Weber:* vgl. Nr. 5677 und Anm.

5969 (2495) BerFDH NF Bd 13, 1897, 62. – Über Oppenheims Besuche vgl. seine Tgb-Notizen Nr. 5984.

5970 (2488) wie 5962 S. 445f. – *[... am 6. Mai]:* vgl. GTgb: «Mittag Herr Ampère und Dr. Eckermann.»

5971 (2489) wie 5962 S. 447f. – Dieser Brief zuerst veröffentlicht von Ampère in ‹Le Globe› 1827 Nr. 21 vom 22. Mai 1827. Wiederabgedruckt von K. Kloocke in JbFDH 1974, 31f. Über die Folgen dieser ‹Indiskretion› vgl. ebd 32ff. und unsere Nr. 5982. – *Athalie... Bérénice:* von Racine. – *lord Byron:* vgl. Nr. 5927 und Anm.

5972 wie 5964 S. 213ff. – *Votre cousin Fritz:* aus Bern, erwähnt in GTgb am 3. und 4. Mai. – *ses traductions de différents articles du Globe:* Zusammenstellung von Goethes Beiträgen zur Zeitschrift ‹Le Globe› GA 14, 865ff. – *Monsieur Dubois:* Chefredakteur des ‹Globe›. – *les deux derniers numéros de son journal:* KuA V 3, 1826 und VI 1, 1827.

5973 wie 5968 S. 21 – *vor kleinstem Zuhörerkreise vorzulesen:* davon ist sonst nichts bekannt.

5974 aaO 24 – *[am 9. Mai 1827]:* vgl. GTgb: «Der Vater des Clavierspielers Hiller von Leipzig kommend.»

5975 Tewes 71f. – *großes Mittagessen:* am 4. Mai, vgl. GTgb: «Mittags Gäste. Die Herren von Groß, von Waldungen, Ampère, Stapfer, Riemer und Eckermann... Nach Tische mit den Herren im Garten. Abends spazieren gefahren mit Eckermann.»

5976 Grumach 336f. – *[am 7. Mai]:* vgl. GTgb: «Der Graf Capo d'Istrias... Auch Herr Canzler von Müller.»

5977 Grumach 337 – *gestern eine Abendstunde:* vgl. GTgb 10. Mai: «Herr Canzler von Müller. Berger von Straßburg.» – *[von J.E. Quinet]:* erschienen Straßburg-Paris 1827.

5978 Frankfurter Zeitung vom 28.8.1933 – *14. [Mai]:* vgl. GTgb: «Der Maler Baehr und ein Geselle.» – *das Gartenhaus:* das Goethe seit dem 12. Mai bewohnte. – *sechsjähriger Knabe:* der Enkel Wolfgang.

5979 (2567) aaO 133f.

5980 (2497) aaO 4, 392ff. – *[am 15. Mai 1827]:* vgl. GTgb: «Gegen Abend Herr Holtei...»

5981 (2499) wie 5962 S. 449f. – *[16. Mai]:* vgl. GTgb: «Gegen Abend Herr Ampère.» – *roman de Monsieur Abel Rémusat:* «Les deux cousines», Übersetzung aus dem Chinesischen (vgl. Nr. 5951 und Anm.)

5982 Le Globe. Tome V. N. 51. Paris, 31.7.1827 – Vollständiger Wiederabdruck des Briefs ‹A l'éditeur du Globe› von K. Kloocke in JbFDH 1974, 35ff. Über den Zusammenhang mit dem vorher in ‹Le Globe› veröffentlichten Brief Ampères (vgl. Nr. 5971) vgl. ebd 34f.

5983 wie 5968 S. 21ff. – *«Übermütig sieht's nicht aus etc.»:* GA 1, 549f.

und 2, 149. – *dem Dränger:* August v. Goethe.

5984 BerFDH NF Bd 13, 1897, 63ff. – *4. Mai:* Meyers Empfehlungsschreiben vgl. SchrGG 35, 122. – *5. Mai:* vgl. Nr. 5969. – *Den 10. Mai:* vgl. GTgb: «Maler Oppenheim.» – *21. Mai:* wohl keine Begegnung mit Goethe an diesem Tage. – *Goetheschen Saal:* nicht ermittelt; sicher nicht mit Bezug auf Goethes Gartenhaus. – *Prinz von Preußen... mit seiner Braut:* Prinz Carl von Preußen und Prinzessin Maria von Sachsen-Weimar. – *Wolf:* Bekannter Oppenheims aus Berlin; nicht ermittelt. – *Gedichtchen:* nicht bekannt. – *Geheimrat Matheus [?]:* vielleicht der Geh. Generalpostamtsarchivar Hofrat W.H. Matthias.

5985 (2501) wie 5984 S. 67f. – *Gräfin v. Egloffstein:* Julie.

5986 Briefe der Frau Jeanette Strauß-Wohl an Börne. Eingel. und erl. von E. Mentzel. Berlin 1907, 135.

5987 (2500) GJb 27, 275 – *Goethe, zu Fuß:* vgl. GTgb 22. Mai: «Zu Fuße ins Webicht, wo ich von der Prinzeß Marie Abschied nahm.» – *wenige Tage vorher:* nach GTgb am 17. Mai. – *Abschiedsgedicht:* wohl Irrtum, vgl. Nr. 6042.

5988 JbGG 11, 316

5989 Versteigerungskatalog Stargardt Nr. 593, 1970, 155 – *[am 26. Mai]:* vgl. GTgb: «Der Pianospieler Hiller Abschied nehmend...»

5990 Grumach 338 – *Velin-Taschen-Ausgabe:* von der Ausgabe letzter Hand erschien neben der Taschen-Ausgabe eine Großoktav-Ausgabe. – *kritischen Tabelle:* ‹Würdigungstabelle poetischer Produktionen der letzten Zeit› innerhalb des Aufsatzes ‹Neueste deutsche Poesie› (GA 14, 376f.). – *«Froh und jung...»:* ungenau zitiert aus ‹Zahme Xenien› V (GA 1, 661).

5991 Hesperus Nr. 156 vom 30.6.1827 S. 623 – *29. Mai 1827:* vgl. GTgb: «Abends Herr Haug mit Herrn von Froriep.» – Ein anderes (inhaltsloseres) Gedicht von Haug mit Bezug auf seinen Besuch, überschrieben ‹Göthe› und datiert ‹Weimar, 29. Mai 1827›, wurde bereits in Stephan Schützes ‹Journal des Luxus und der Moden› Nr. 73 am 19. Juni 1827 veröffentlicht (O.F.), vgl. Nr. 6005 und Anm.

5992 Tewes 72f. – *Bibliotheksgeschäft:* über die Widerstände gegen Eckermanns Beschäftigung bei der Bibliothek vgl. Kräuters Brief an Riemer (wohl nach dem 5. Mai 1827) Nr. 7512b. – *Goethe übertrug es mir in seinem Garten:* vgl. GTgb 30.(!) Mai: «Im Garten spazieren... Dr. Eckermann, mit dem ich wegen des biographischen Catalogs Abrede pflegte, und ihm sodann das Nöthige übergab.» – *ein Diner angeordnet:* jedenfalls nicht bei Goethe. – *vier Stunden lang am Tisch:* vgl. ebenfalls GTgb 30. Mai: «Mittag Dr. Eckermann. Wurde die Angelegenheit des Catalogs so wie anderes Ästhetisches und Philosophisches durchgesprochen.»

5993 (2502) aaO 2, 238f. – Zur Datierung: in GTgb ist Genasts Besuch um diese Zeit nicht erwähnt. Nach Ermittlungen von O.F. fällt Genasts Aufenthalt in Weimar in die Zeit vom 28. Mai bis 1. Juni. Für den Besuch bei Goethe ist das angegebene Datum das wahrscheinlichste. Mit der Angabe, er habe ihn «fast zwei Jahre nicht gesehen», spielt Genast offenbar auf seinen Besuch am 31. Dez. 1825 (vgl. Nr. 5777) an. Er übersieht dabei den Besuch zusammen mit seinem Vater bei Goethe zu Tisch am 30. Juli 1826, der sowohl in GTgb als auch in Riemers Tgb bezeugt ist (vgl. Nr. 5873 und Anm.). Es spricht sehr viel dafür, daß *dieser* Besuch hier gemeint ist und dessen Verlegung in das Jahr 1827 auf einer Erinnerungstrübung beruht, vor allem auch im Hinblick auf die Erzählungen aus Breslau, von denen Genast im vorangehenden Kapitel berichtet und die im Zusammenhang mit seinem dortigen Gastspiel im Mai 1826 stehen. – *Ferdinand von L[üttwitz]:* vgl. Nr. 1771 und Anm. – *das Selbstgespräch in und unter dem Bett:* Quelle S. 214ff. – *Lied der Parzen:* Iphigenie IV 5 Vers 1726ff.

5994 Fahrten nach Weimar 143 – Das genaue Datum des Besuchs ist nicht feststellbar. Goethe erwähnt Milutinowitsch in seinem Aufsatz ‹Das Neueste serbischer Literatur› in KuA VI 1, 1827 (GA 14, 550f.), der wiederum auf einem Briefe Gerhards an Goethe vom Dez. 1826 beruht.

5995 SteinAufz 16f. – *ein langes Schreiben:* nicht bekannt; vgl. dagegen Goethes Brief an C.G. Hase, den Advokaten von Fritz v. Stein, vom 12. März 1827 (WA IV 42, 85f.). Zum Thema vgl. weiter den Brief Carls v. Stein an seinen Bruder Fritz vom 5. April 1827 (Bode 3, 278). – *Mein Bruder:* zu den Verhandlungen zwischen Goethe und Fritz v. Stein (nur um Goethes Skizzen) vgl. des letzteren Brief vom 2. Jan. 1828 (WA IV 43, 417) und Goethes Antwort vom 19. Jan. 1828 (ebd 252). – *sendete ich Goethen:* vgl. GTgb vom 6. Mai 1827: «Schickte Herr von Stein die früheren Zeichnungen.» – *[... 2. Juni 1827]:* vgl. GTgb: «Abends Herr Landdrost von Stein.»

5996 Grumach 339 – *aus seinem Garten vertrieben:* vgl. GTgb 8. Juni: «Um 1 Uhr in die Stadt.»

5997 Nach Hs im Besitz von A. Thiersch, München – *umgearbeitete Übersetzung des Ariost:* Lodovico Ariosto's Rasender Roland in der Übersetzung von J.D. Gries ist 1827/28 in neuer Bearbeitung erschienen (vgl. Ruppert Nr. 1662). – *[am 30. Mai]:* vgl. GTgb: «Serenissimus kamen vor Ihro Abreise einiges zu besprechen.» – *[am 2. Juni]:* vgl. Goethe an J.D. Gries (WA IV 42, 202ff.)

5998 Amelung 3, 126f. – Der Besuch – fraglich, ob am Tage des Briefdatums erfolgt – nicht in GTgb bezeugt. – *Zusammenkunft in Pyrmont:* im Jahre 1801 (vgl. Nr. 1693).

5999 (2434) Lewinsky 2, 160 – *[am 15. Juni 1827]:* vgl. GTgb: «Um 12 Uhr der junge Moltke, welcher Abschied nahm nach Wien gehend.» – *unserm kleinen Molke:* so nannte Goethe ihn (vgl. Nr. 3366).

6000 Nach der Hs im StA Weimar – Vgl. GTgb: «... das junge Fürstliche Paar ...»

6001 (2503) Graf Kaspar von Sternberg: Ausgewählte Werke. Bd 1. Briefwechsel zwischen J.W. v. Goethe und Kaspar Graf v. Sternberg. Hrsg. von A. Sauer. Prag 1902. S. 244f. – *mit gewohnter Freundlichkeit aufgenommen:* vgl. GTgb 11. Juni: «Graf Sternberg kam an und meldete sich selbst. Vielfache Unterhaltung, blieb bis gegen 10 Uhr.» – *Monatblatt:* Monatschrift der Gesellschaft des vaterländischen Museums in Böhmen. Jahrg. 1–3. Prag 1827/1829 (Ruppert Nr. 503). – *im ersten Heft des sechsten Bandes über Kunst und Altertum p. 197:* in dem Aufsatz ‹Böhmische

Poesie› (GA 14, 554). – *[am 12. Juni]:* vgl. GTgb: «Kunst und Alterthum an Grafen Sternberg. Erhielt dagegen die Monatsschrift des vaterländischen Museums. Erhielt von der Bibliothek die Chronik des Hagek. Machte mich mit beyden bekannt.» Zur Entleihung von Hájeks ‹Böhmischer Chronik› (Prag 1596) vgl. Keudell Nr. 1816. – *Wenn mit jugendlichen Scharen:* ‹An den Grafen Kaspar Sternberg› (GA 2, 295).

6002 Matthisson 8, 122 – *am ersten Ostertage des vorigen Jahres:* vgl. Nr. 5812 ff.

6003 Bode 3, 284 f. – *große Soiree:* vgl. GTgb 15. Juni: «Abends großer Thee, wobey Herr Matthisson und der durchreisende Engländer erschienen. Ersterer sprach mit Antheil von Helena…»

6004 (2504/N 2503a) wie 4996 S. 150 – *[am 16. Juni 1827]:* vgl. GTgb: «Mit dem Herren Grafen Sternberg nach Tiefurt gefahren.» – *[am 18. Juni]:* vgl. GTgb: «Mit Herrn Grafen Sternberg auf die Bibliothek und das dortige Cabinet.»

6005 (2506) Gr 137 – Vgl. GTgb: «Herr Canzler von Müller über die nächsten Vorfallenheiten sich besprechend.» Vgl. ferner Eckermann unter dem gleichen Datum (GA 24, 249 ff.) und die folgende Nr. 6006. – *Galls Verlangen:* vgl. GTgb 16. Okt. 1807: «Dr. Gall kam nach Tische wieder, wo wir über seine Lehre bis gegen Abend sprachen; da ich mich für ihn abgießen ließ.» – *Briefes an Gries:* vom 2. Juni (vgl. Nr. 5997 und Anm.). – *Stammbuch-Inschriften:* zum Stammbucheintrag für Walther v. Goethe vgl. Gr 288. – *Schützens Plattheit gegen Haug:* vgl. Anm. zu Nr. 5991. Zu dem genannten Gedicht Haugs im ‹Journal des Luxus und der Moden› merkt der Herausgeber (Stephan Schütze) an: «Dieser treffliche Mensch und Freund, der nur als Epigrammendichter Spitzen hat, aber im geselligen Umgang der einfachste, gemüthvollste Mann ist, war auf seiner Rückreise von Berlin in die Heimath, einige Tage hier bei uns. Man hat sich bestrebt, ihm seinen Aufenthalt in unserer Mitte möglichst angenehm zu machen.» – *«Platitüde in Ampères Brief»:* vgl. GTgb 5. Juni: «In Verlegenheit über Ampères ungeschickten Brief.» Es handelt sich um die Veröffentlichung von Ampères Brief an Madame Récamier (vgl. Nr. 5971 und Anm.). – *Goethes Gedicht an seines Enkels Walther Geburtstag im Jahr 1818:* ‹Wiegenlied dem jungen Mineralogen Walter von Goethe› (GA 1, 697 f.).

6006 Houben 1, 278 ff. – Die Aufzeichnung ist von «Der Familientisch zu fünf Couverts» (S. 145) bis «den Nagel auf den Kopf.» (S. 149) mit drei Auslassungen unter dem Datum des 20. Juni von Eckermann in die Gespräche aufgenommen worden (GA 24, 249 ff.). Weggelassen wurde also der eigentliche persönliche Anlaß der Aufzeichnung, der «Zwist mit Goethes Sohn», wie es bei Houben in der Überschrift dieses Kapitels heißt. – *Aushängebogen:* die ‹Iphigenie› erschien 1827 innerhalb des 9. Bandes der Ausgabe letzter Hand. – *er ist wieder abgereist:* am 19. Juni, vgl. GTgb: «Herr Graf Sternberg war morgens abgereist». – *Flora subterranea:* Versuch einer geognostisch-botanischen Darstellung der Flora der Vorwelt (vgl. Ruppert Nr. 5159). – *Frömmler der deutschen Freireichsstädte:* Mit Bleistift verbessert: «einiger norddeutscher Städte.» (Anm. Quelle

281) – *wer ihn erschlage:* vgl. 1. Mos. 4, 15. – *Versen von Goethe:* ‹Bildnis der Prinzessin Marie von Weimar› (GA 2, 150). – *Porträts ... vom Grafen Sternberg ... von Hamann:* Schuchardt 1, 339 Nr. 106 und 108 (letzteres abgebildet bei Trunz/Loos Taf. 13). – *Sterbeszene:* Jungfrau von Orleans III, 6. – *und gab es ihm zu:* hierauf folgt Houben 1, 292: «Damit brechen diese Blätter aus Eckermanns Tagebuch ab. Ihr Nachspiel bildet ein Brieflein des schwer Gekränkten und doch bald wieder Versöhnten an Goethe vom 27. Juni; es beginnt mit der Erklärung: «Excellenz! ich zweifle ob ich es wagen darf heute zu Tisch zu kommen, indem ich noch nicht so glücklich gewesen mich mit Ihrem Herrn Sohn zu versöhnen. Ich bin ihm jedoch längst wieder gut und hoffe auch daß dieses Mißverhältnis sich bald wieder ausgleichen werde.» GTgb verzeichnet noch am gleichen Tage: «Mittag Dr. Eckermann ...»

6007 Kasten 355f. – Nach WA IV 42, 381 ist dieser Brief von Goethe selbst in Augusts Namen verfaßt; er wäre demnach zu streichen. Zu dem Ring mit dem Onyx (Achatonyx, vgl. Schuchardt 2, 6 Nr. 28), der Goethe zum Geburtstag am 28. Aug. verehrt wurde, vgl. das von N. Meyer beigefügte Gedicht (Quelle 358) und dessen Bearbeitung durch Goethe (ebd 455).

6008 (2508a) Gr 137f. – Vgl. GTgb: «Herr Canzler von Müller Nachricht einer Sendung von Mayland bringend.» Thematisch ähnlich, bis zu wörtlicher Übereinstimmung, berichtet Eckermann unter dem 9. Juli (GA 24, 259), was durch GTgb vom gleichen Tage gestützt wird: «Gegen Abend Herr Canzler von Müller und Dr. Eckermann. Mancherley besonders über die neuen französischen Zustände.» Dieser Sachverhalt spricht dafür, daß der Bericht auf den 9. Juli zu datieren ist.

6009 (2398/2398a) Die Gartenlaube 1876, 239 und 241 – *[am 13. April 1826?]:* vgl. unter diesem Datum in den Agenda von 1826 den Eintrag: «Engländer Swift.» (WA III 10, 293) – *«tel père, tel fils»:* wie der Vater so der Sohn. – *[am 16. Juli 1827]:* vgl. GTgb: «Herr Swift Abschied zu nehmen.» – *sein Bild:* Kupferstich von Schwerdgeburth nach Bovys Medaille von 1824 (vgl. Schulte-Strathaus S. 69). – *Was verkürzt mir die Zeit?:* aus dem ‹Divan› (GA 3, 316f.)

6010 (2511) Gr 138f. – Vgl. GTgb: «Manzonis Roman angefangen. Abends mit Ottilien und Walther in den untern Garten. Kam Herr Canzler von Müller. Ging mit uns nach Hause und theilte verschiedenes Bedeutende mit.» – *Holteischen Gedichtes zur Büste:* ‹An Goethe. Bei Übersendung der Büste von Louise von Holtei» (JbGG 4, 172f.). Vgl. GTgb 17. Juli: «Die Büste der Madame Holtei ward ausgepackt.» Die Büste der 1825 verstorbenen Louise v. Holtei wird in Goethes Besitz nachgewiesen bei Schuchardt 2, 339 Nr. 162. – *Sposi promessi:* I promessi sposi. Mailand 1825/26 (Ruppert Nr. 1696). – *Olympiens Niederschreibung des Helenen-Eindrucks:* Aufzeichnung von Henriette v. Beaulieu-Marconnay (GJb 12, 150). – *Schillers Bild:* «von Siegfried Detlev Bendixen ... nach dem 1794 entstandenen Gemälde von Ludovika Simanowitz ...» (Gr 290). – *letzte Chor:* Faust II Vers 9992ff. – *Immermanns Rezension:* der Verfasser ist nicht Immermann, sondern H.G. Hotho, vgl. Katharina Mommsen,

Kleists Kampf mit Goethe, Heidelberg 1974, 194f. – *eklektische Philosophen:* vgl. MuR 648: «Eine eklektische Philosophie kann es nicht geben, wohl aber eklektische Philosophen.»

6011 Grumach 339 – *Ihres Schreibens an ihn:* vom 26. Mai (Goethe/Reinhard 369ff.)

6012 (2510) Dembowski 27f.

6013 MatthissonNachl 1, 9f. – *[am 28. Juli]:* vgl. GTgb: «Mittag Gäste: von Matthisson, von Müller, Vogel und Eckermann. Blieben einige Zeit nach Tische.»

6014 (2516) Gr 139 – Zur Datierung vgl. GTgb 2. Aug.: «Herr Canzler von Müller, Pölchau von Berlin. Gespräch über Verdienste des Musiklehrer Laugier.» Das Datum Müllers dürfte demnach entsprechend zu ändern sein. – *Musiklehre:* J.B. Logier: A System of the Science of Music. London 1827. Deutsch von A.B. Marx. Berlin 1827.

6015 Gr 139 – Vgl. GTgb: «Herr Canzler von Müller mit Herrn von Löw, Enkel der Frau von Diede.» – *Akzessisten-Confluxus:* «Zusammenströmen von Gerichtsanwärtern» (Gr 291).

6016 (2517) Gr 139 – Vgl. GTgb: «Blieb ich im Bette... Später Oberbaudirector Coudray, zuletzt Herr Canzler.» – *Turgenjew:* Alexander T. hielt sich vom 6. bis 8. August in Weimar auf, vgl. GTgb 6. Aug.: «Russischer Staatsrath Turgenjeff.» Vgl. ferner Fahrten nach Weimar 45ff.

6017 (2518) Gr 139 – *präskribieren:* verjähren.

6018 Gr 139f.

6019 Gr 140 – Vgl. GTgb: «Herr Canzler von Müller. Nachher Dr. Eckermann. Letzterer zeigte gar schön, wie er die Farbenangelegenheit geistreich behandelt.»

6020 (2519) Gr 140 – Diese Aufzeichnung auf einem neuen Blatt (vgl. Grumach 155 Anm.); wohl zum 13. Aug. gehörig, vgl. GTgb: «Herr Canzler von Müller. Der Tod des Ministers Canning beschäftigte das ganze Publicum wie billig.» – *Cannings Tod:* der englische Staatsmann starb am 8. Aug. – *Bernhards Reise:* des Prinzen Bernhard Reise durch Nordamerika 1825/26, gedruckt Weimar 1828 (Ruppert Nr. 4098).

6021 Gr 140

6022 Grumach 340 – *Thorwaldsens Christus:* in der Frauenkirche zu Kopenhagen. – *in unserer Mitte zu begrüßen:* vgl. Nr. 6094 und Anm.

6023 (2564) Frommann 52 – *[am 22. August]:* vgl. GTgb: «Herr Frommann jun. mit einem Freunde, Advokaten Stüve aus Oldenburg.»

6024 Nach der Hs im StA Weimar – Vgl. GTgb: «Frau Erbgroßherzogin und Prinzeß Auguste, Abschied nehmend vor Ihro Abreise ins Carlsbad. Dazu Herr Erbgroßherzog.»

6025 (2520) Gr 140ff. – Vgl. GTgb: «Jenaische Tagebücher vorgenommen... Die Stammbücher nach Belvedere an Hofrath Meyer adressirt. Mittag Töpfer, Landesdirections-Rath. Nach Tische Canzler von Müller. Wurden die Jenaischen Tagebücher produzirt. Letzterer fuhr mit ums Webicht.» – *Tagebücher der jenaischen Bibliotheksmänner:* vgl. Nr. 4832 (Bd 3^1, 233). – *Goethes Gedicht auf sie:* ‹An die Sängerin Henriette Sontag/Juli 1826› (GA 2, 292). – *nur durch ein zweites:* «Scheint nicht zu

Stande gekommen zu sein.» (Gräf 3. 2. 2., 708 Anm.). – *Inschriften in ... Stammbuch:* nicht bekannt. – *Zelters ... Bild von Begas:* vgl. GTgb 13. Aug.: «Kam das angekündigte Porträt von Begas an, glücklich in der Hauptsache.» Es hängt noch heute im Goethehaus in Weimar. – *Ekendahl:* mit Bezug auf dessen ‹Geschichte des Schwedischen Volks und Reichs› (1827/28), die Goethe am 14. Juni erhalten hatte (vgl. Ruppert Nr. 3450). – *menschlichen Zustände:* Späterer Zusatz: «Immer sei sie gegen ihn dieselbe, gerade da wieder anknüpfend, wo sie zuletzt mit ihm zu irgendeinem Punkte gelangt sei.» (Gr 142 Anm.). – *Dupin:* mit Bezug auf dessen ‹Voyages dans la Grande-Bretagne ... Paris 1826/27 (vgl. Ruppert Nr. 4069).

6026 (2522) Gr 142 – Vgl. GTgb: «Besuch von Herrn Dr. Parthey. Laugiers Porträt von Herrn Georg Pölchau. Mittag die Herren von Conta, Meyer, Vogel, Parthey und Eckermann. Wurde viel von und über Dr. Parthey's Reisen von Ägypten und Syrien gesprochen.»

6027 (2521) aaO 2. Aufl. S. 41 ff. – *Paul:* Reisebegleiter Partheys bei seinem ersten verfehlten Besuch (vgl. Nr. 4554 und Anm.). – *Brief von Zelter:* vom 14. August (Hecker 2, 549). – *Carovés Fall:* vgl. ebenfalls den früheren Bericht (Nr. 4554). – *kürzlich erst sich verheiratet:* diese irrtümliche Angabe (Knebel ist seit dreißig Jahren verheiratet) beruht offenbar auf der Tatsache, daß der jüngere Sohn Bernhard erst 1813 geboren ist.

6028 (2527) Gr 142 – Vgl. GTgb: «Musik. Glückwünschende. Dazu der König von Bayern und Großherzog. Mittag blos Frauenzimmer als Gäste. Die Männer hatten Tafel auf dem Stadthause. Vorher Canzler und Professor Riemer die Gesänge überbringend. Gegen Abend Oberbaudirector Coudray, Canzler von Müller, Verabredung wegen morgen.» – *Ankunft des Königs von Bayern:* vgl. Müllers Zeilen an Goethe vom gleichen Tage: «Glück auf, mein verehrter Freund! Schöner konnte der Tag nicht bestrahlt werden, als durch die Ankunft des Königs von Baiern, der diese Nacht eintraf! Ich eile Sie zu praepariren.» (Grumach 340) – *Gesang der Ilme:* Gedicht Riemers, von Henriette Eberwein gesungen, gedruckt: J.B. Rousseau, Göthes Ehrentempel, Bd 2, Hamm 1828, 144 f. – *Berliner Jahrbüchern:* Jahrbücher für wissenschaftliche Kritik. Hrsg. von der Societät für wissenschaftliche Kritik zu Berlin. Jahrg. 1827 ff.

6029 aaO Nr. 175

6030 aaO Nr. 190

6031 aaO übersetzt von J. Frese. Bd 2. Berlin 1857, 357.

6032 (2523) TieckBr 4, 33 f.

6033 Braunschweigisches Magazin. Bd 32. 1926. Sp. 50 f. – *Cadeau:* Geschenk. – *Zeichnung:* auf der Titelseite Sp. 49 f. wiedergegeben.

6034 (2528) Originalien aus dem Gebiete der Wahrheit, Kunst, Laune und Phantasie. Hrsg. von G. Lotz, 16. Jahrg., Nr. 84 und 86, Hamburg 1832. Sp. 681 f. – *Gerbers Tonkünstler-Lexikon:* E.L. Gerber: Neues historisch-biographisches Lexikon der Tonkünstler. 4 Bde. Leipzig 1812/14. – *am 30. [vielmehr 28.] August 1827:* Datumskorrektur nach FBdm. – *folgendes Schreiben:* WA IV 43, 55 – *Sendung an Hofrat Dr. Schütte:* das Gedicht ‹Wenn am Tag Zenit und Ferne› (GA 2, 144 f.) nach WA

IV 43, 324. Die Handschrift ist datiert: 28. August 1827 (WA I 5^2, 95).

6035 (2525) aaO 306ff. – *denselben Morgen ... angekommen:* vielmehr in der vorangehenden Nacht. – *die Jahrbücher:* vgl. Nr. 6028 und Anm. – *vor anderthalb Jahren:* vgl. Nr. 5779.

6036 (2526) aaO 53ff.

6037 Kretschman 67f.

6038 (2524) Deutsche Reden... Hrsg. von Th. Flathe. Bd 1. Leipzig 1893, 135f.

6039 GeigerWeimar 345ff. – *Generalsuperintendenten:* Röhr. – *Reinhard:* Verwechslung mit Töpfer?

6040 (2529) aaO 314ff. – *[29. August]:* vgl. GTgb: «Mittag mehrere von den Freunden, welche das Fest veranstaltet. Zugleich die beiden Berliner Dr. Parthey und Professor Gans.» – *Generalpostmeister von Nagler:* vgl. Nr. 5621 und Anm.

6041 (2530) aaO 65ff. – *Neigung zu einer jungen Schauspielerin:* der damals siebzehnjährigen Auguste Kladzig. – *des neuen Alexander:* Napoleons.

6042 (2532) Gr 142ff. – Vgl. GTgb: «Mittag Canzler von Müller und Dr. Parthey.» – *Pascha von Ägypten:* Mehemed Ali. – *aus Frankfurt:* von Willemers; vgl. Marianne an Goethe 26. Aug. (Weitz 184) – *«C'en est le chemin»:* das ist der Weg dahin. – *Madame Ridel:* in der späteren Fassung: «Über des Königs Abschiedsworte an die junge Mad. Ridel, «Gesunde Kinder, leichte Wochen», wurde viel gestritten.» (Gr 144 Anm.) – *Tod Caesars:* vgl. Nr. 2748 (Bd 2, 335). – *Niederschreibung meiner Erinnerungen:* vgl. Nr. 5410 und Anm. – *Aus Norden:* in dem Brief von Karl Iken vom 25. Aug. (JbGG 21, 175ff.). – *über die Elegie:* «Die ‹Trilogie der Leidenschaft› muß jeden Leser von unverdorbenem Herzen bis zu Thränen rühren; wie die Worte mit Perlschrift gedruckt sind, so sind sie auch wie mit perlenden Thränen geschrieben – aber helle, reine, klare Thränen.» (ebd 180) – *des Großherzogs Äußerung:* vgl. Müllers Tgb vom 13. Aug.: «... beym Grosherzog... ‹Die Helena verstehe ich nicht, ich finde gar keinen Styl darinn, aber man darf das gar nicht sagen, es giebt Leute, die sie für ein Meisterwerk halten.› » (Grumach 156).

6043 (2531) aaO 69ff. – *aus Goethes Jugendzeit:* wohl das bekannte Ölgemälde von G.M. Kraus oder die Ölskizze dazu; vgl. Schulte-Strathaus Tafel 25 und Anm. – *beim Lachen unschön:* im folgenden Kontext Zitat des Zahmen Xenions ‹Ich neide nichts...› (GA 1, 635).

6044 (2533) aaO 316ff. – *[31. August 1827]:* vgl. GTgb: «Mittags die Sonnabends-Gäste und Professor Gans. Derselbe blieb nach Tische.» – *Canning:* vgl. Nr. 6020 und Anm. – *ein Engländer:* Charles Des Voeux; dessen Tasso-Übersetzung ist 1827 in London erschienen (Ruppert Nr. 1901). Vgl. Goethe an Zelter 23./29. März 1827 (WA IV 42, 103ff.).

6045 (2534) Zeitschrift für die Geschichte der Juden in Deutschland. Bd 1. 1887. S. 359. – *[Anfang September]:* vielmehr am 31. Aug., vgl. Goethe an Zelter 1. Sept.: «... dein erklärendes Briefchen durch die artige Jüdin [erhielt ich] erst gestern.»

6046 Gr 145 – *Schießhaus:* wo Silbergewinne ausgestellt waren (vgl. Gr

294 Anm.). – *Elegie:* ‹Im August 1827› (vgl. Gr ebd); in Nr. 6060 ‹Pempelforter Elegie› genannt.

6047 Gr 145 – Vgl. GTgb: «Zum Besuch Herr Graf Beust von Bonn, Herr Canzler von Müller, Herr Präsident von Motz und Herr von der Capellen, ehemaliger Gouverneur von Batavien. Interessante Gespräche über ... Batavien, Java überhaupt und die Inseln.»

6048 Fahrten nach Weimar 30 – Vgl. GTgb: «... von Reutern und Joukoffsky, dazu Herr von Schweitzer, Hofrath Meyer.» – *Hund:* Windspiel, Gipsabguß nach einer antiken Vorlage.

6049 Tewes 74

6050 (2535) Gr 145 – Vgl. GTgb: «Die Zeichnungen des Herrn von Reutern durchgesehen. Derselbe mit Herrn Joukoffsky, Belobung seiner besondern Kunstfertigkeiten ... Nach Tisch fortgesetzte Unterhaltung. Wiederholung der von Reuternschen Zeichnungen ...». Gemeint sind wohl die 10 Radierungen Schuchardt 1, 135 Nr. 308. – *Voigt:* wohl Friedrich Siegmund V.

6051 Fahrten nach Weimar 30

6052 (2536) Gr 145f.

6053 Fahrten nach Weimar 30 – Vgl. GTgb: «Herr von Reutern und Joukoffsky, commentirendes Gespräch über Helena ... Abends ... im Garten. Sodann die Herren von Reutern und Joukoffsky nochmals. Beide verehrten schöne Zeichnungen. Erhielten Medaillen dagegen.» Vgl. dazu Quelle 147 Anm.: «Reuterns Geschenk, die getuschte Federzeichnung ‹Eichen von Willingshausen›, hängt heute noch in Goethes Wohnung (kleines Eßzimmer); Shukowski schenkte dem Dichter ein Deckfarbengemälde, eine Kopie eines unbekannten Künstlers nach C.G. Carus ...». Zu Shukowskis Geschenk vgl. Nr. 6336. – *keine Kopien:* nach Quelle ebd. Anm.: im Original deutsch (wohl auf den ganzen Satz bezüglich).

6054 Fahrten nach Weimar 33f. – *Bruder Andrej:* um diesen frühverstorbenen Bruder hatte sich in Moskau ein Goethekreis gebildet (nach Quelle 147 Anm.).

6055 Amelung 3, 133f. – Zuerst veröffentlicht: K.W. Müller, Goethe's letzte literarische Tätigkeit, Verhältnis zum Ausland und Scheiden, Jena 1832, 76f. Nach Fahrten nach Weimar 147 Anm. handelt es sich um Shukowskis deutsche Prosaübersetzung des im Original russischen Gedichtes.

6056 (2539) Der Volksgarten. 1864. S. 550f. – *7. September 1827:* vgl. GTgb: «Der Maler Zahn, sich mit Pompejischen Zeichnungen meldend.» – *Juno Ludovisi ... aus Rom mitgebracht:* Goethe hatte die Büste vielmehr am 7. Okt. 1823 erhalten (vgl. Nr. 5283 und Anm.). – *Hochzeit der Psyche:* vgl. Nr. 1788 und Anm. – *Briefwechsel zwischen Goethe und dem Großherzog:* 2 Bde. Weimar 1863. – *der Großherzog:* an diesem Tage nicht in GTgb erwähnt. – *Schwerdgeburth:* vgl. Abb. in: Goethe und seine Welt, Leipzig 1932, 217.

6057 (2537) Gr 146 – Vgl. GTgb: «Mittag Herr Hofrath Meyer. Herr Canzler und Herr von Reutern.» – *Shukowskis herrliches Gedicht:* Nr. 6055. – *Des Königs Gedicht:* « ‹Nachruf an Weimar. Am 31. August 1827›, gedr. in König Ludwigs Gedichten Bd 2, 67, auch Allgemeine Zeitung 1827 Nr. 280.» (Gr 294) – *Graf Loeben:* Gedicht zum 28. Aug. 1815 (JbGG 15, 71 ff.). Vgl. Goethes Gedicht zu Loebens Geburtstag am 18. Aug. 1818 (GA 2, 278) und nach dessen Tode am 3. April 1825 (ebd). – *Gedichts ... an den König:* vgl. Nr. 6060 und Anm.

6058 Reutern 51 f. – *4.–7. September:* Reutern ist an jedem dieser Tage in GTgb erwähnt. – *äußerte sich Goethe:* am 5. Sept. (vgl. Anm. zu Nr. 6050).

6059 Vossische Zeitung. Sonntagsbeilage Nr. 40. 1884. Berlin, 5.10.1884. – Der zweite im Titel genannte Besuch bezieht sich auf unsere Nr. 6307, die dort nach anderer Quelle wiedergegeben ist. – *8. September 1827:* vgl. GTgb: «Zurück in den Garten. Besuchte mich ... Referendar bey dem Stadtgericht in Berlin.» – *einen Diener:* G.F. Krause. – *vier Jahre zuvor:* vielmehr am 26. Juni 1811 (vgl. Nr. 3473). – *Herr von Löwe:* vielmehr Löwen.

6060 (2540) Gr 147 – *«Dem Könige die Muse»:* gedruckt KuA VI 2, 1828, 217 ff. Müller befolgte Goethes Ratschläge. Es entstand eine Gedichtfolge, die auch einen Abschnitt ‹Brückenau› enthält (ebd 219 ff.). Goethe hat das Gedicht im gleichen Heft von KuA kommentiert: ‹Zum nähern Verständnis des Gedichts «Dem Könige die Muse»› (GA 14, 384 ff.). – *Griechenland ... verteilt:* Anspielung auf Fausts Rede im Helena-Akt (Faust II Vs. 9466 ff.). – *Pempelforter Elegie:* vgl. Nr. 6046 und Anm. – *[A. Nicolovius]: Über Goethe:* Leipzig 1828 (Ruppert Nr. 1944). Vgl. Goethes Briefe an A. Nicolovius vom 18. Sept. (WA IV 43, 65 f.) und 2. Okt. (ebd 95 f.)

6061 (2541) Gr 147 – Vgl. GTgb: «Canzler von Müller. Differenz wegen der Antwort an des Königs von Bayern Majestät.» Vgl. den Ausschnitt aus Müllers Brief an König Ludwig I. von Bayern vom gleichen Tage. (Grumach 341).

6062 (2543) Gr 147

6063 Gr 147 – Vgl. GTgb: «Mittag Maler Zahn, Coudray, von Müller und Eckermann.»

6064 (2544) Gr 147 ff. – Vgl. GTgb: «Um 11 Uhr im Armbrustschießhaus, die Kaufmannische Büste Ihro Hoheit des Großherzogs zu sehen. Es war ein artiges Fest bereitet; die Schützen schossen nach der Scheibe, es war Musik und eine anständige Speisetafel. Gebeten waren die nächsten Hausfreunde. Mittag mehrere derselben zu Tische.» – *Impromptu:* Einfall aus dem Stegreif. – *Ludens Geschichte:* Allgemeine Geschichte der Völker und Staaten. Teil 2 und 3. Jena 1824 (Ruppert Nr. 3290). – *in Walthers Stammbuch:* der genaue Wortlaut Jean Pauls GA 2, 288. Dort auch Goethes Gedicht für den Enkel vom April 1825. – *aus dem Griechischen:* «Alexis bei Athenaios X 449d.» (Gr 295) – *Rätsel:* das erste der ‹Zwei griechischen Rätsel›, ebenfalls von 1825, beginnend: «Nicht sterblich, nicht unsterblich ...» (GA 2, 339). Lösung: der Schlaf.

6065 GeigerWeimar 347 – *(déjeuner dinatoire):* ein das Mittagsmahl ersetzendes Frühstück. – *Schützenhauptmann:* Tietzmann. – *bei Goethe zu Gast:* laut GTgb am 19. Sept.

6066 aaO S. 12 und 16 – *Dorus:* nicht ermittelt. – *Goethocorax:* so viel wie einer, der Goethe nachbetet.

6067 (2547) Sor 53 f. – HoubenSoret 209 – Vgl. GTgb: «Um 12 Uhr mit Wölfchen nach Belvedere. Im Garten spaziert... Den aus der Stadt zurückkommenden Prinzen begrüßt. Mit Herrn Soret auf sein Zimmer. Er verehrte mir verschiedene Mineralien.» – *Musée Rath:* in Genf. – *Ces bonnes gens...:* «Dieser Satz steht nicht in Anführungszeichen, ist aber jedenfalls von Goethe gesprochen. Zu dieser Anekdote schrieb Soret für Eckermann an den Rand: ‹à supprimer› (Fortlassen!).» (HoubenSoret 109 Anm.).

6068 (2548/2542) Der Volksgarten. 1864. S. 551 ff. – *[8. bis 15. September 1827]:* Zahn ist in diesen Tagen sechsmal in GTgb erwähnt. – *traf er mit der Armbrust das Zentrum:* wohl Erfindung des Berichterstatters. – *Eine Welt zwar bist du...:* Schlußverse der 1. Röm. Elegie (GA 1, 163). – *die Römerin:* Faustina.

6069 (2545) Bi[1] 10, 151 – *[am 15. September 1827]:* vgl. GTgb: «Besuch von Munk, einem jungen Orientalisten von Berlin, der nach Bonn und Paris geht.»

6070 (2545a) GJb 17, 251

6071 (2546) Gr 149 – Vgl. GTgb: «Bey Tisch Herr Frommann. Prof. Heinroth von Leipzig. Rath Vogel. Professor Riemer. Maler Zahn... Er nahm Abschied... Mit Herrn Canzler ums Webicht gefahren.» – *Carlyles Aufsatz:* erschienen in ‹German Romance›, Edinburgh 1827 (Ruppert Nr. 814). – *«Schwänchen»:* vgl. Nr. 4173 und Anm. – *«Meine Lehre...»:* vgl. Wanderjahre II 8: «Mag man doch immer Fehler begehen, bauen darf man keine.» (GA 8, 273). – *Student aus Berlin:* Salomon Munk.

6072 wie 4287 S. 267 – *[... 19.]*September 1827: vgl. GTgb: «Um 10 Uhr Varnhagen von Ense.» – *Über Bettinen:* vgl. die von Kanzler Müller überlieferte Äußerung Nr. 6077.

6073 (2549) Gr 149 – Vgl. GTgb: «...Herr Canzler von Müller mit Perofsky.»

6074 Rivista europea 1875. S. 34 – *[19. September 1827?]:* der junge Tolstoj ist in GTgb nicht erwähnt. Nach dessen eigener Angabe muß er bei diesem Besuch 9 oder 10 Jahre alt gewesen sein.

6075 (2550) Gr 150 – *Sposi promessi:* von Manzoni. – *mit der fremden Sprache einlassen:* späterer Zusatz: «Man muß bis an das Unübersetzbare herangehen, denn darin liegt eben der Wert und der Charakter einer jeden Sprache.» (Gr ebd Anm.). Vgl. MuR 1056. – *Reinhards Reise:* nach Norwegen.

6076 (2550a) aaO London and Bombay 1898, 45 f. – *complete translation:* Neugriechische Volkslieder. 2 Bde. Leipzig 1825. – *«Die schöne Müllerin»:* bekannt durch Schuberts Vertonung. – *[21. September 1827]:* vgl. GTgb: «Hofrath Müller und Frau, von einer Rheinreise nach Dessau, ihrem Wohnort, zurückkehrend.» – *«Prophete rechts...»:* Schlußverse des Gedichts ‹Zwischen Lavater und Basedow› (GA 1, 451). – *Stinkschwamm:* DuW 14 (GA 10, 675).

6077 (2551) Gr 150 f. – Vgl. GTgb: «Um 6 Uhr Herr Canzler von Müller.» – *Gurli-Maske:* vgl. Nr. 1749: ein naives, verzogenes indisches Prinzeßchen in Kotzebues Lustspiel ‹Die Indianer in England›. – *lebhaft auffassen müssen:* späterer Zusatz: «Solche problematische Charaktere interessieren mich aber immer umsomehr, je schwieriger es mir wird, sie zu erklären und zu entziffern.» (Gr 150 Anm.). – *Echappée:* Ausflug (aufs Land).

6078 JbGG 9, 247 – *[am 27. September]:* vgl. GTgb: «Mit Herrn Geheimen Rath Streckfuß um 12 Uhr spazieren gefahren. Mit demselben über manches conversirt. Speiste derselbe mit uns, auch Professor Riemer. Nach Tische Doctor Eckermann, der mit jenen weg ging.» Vgl. ferner Eckermann vom gleichen Tage (GA 24, 649).

6079 JbGG 9, 247 Anm.

6080 Dembowsky 28

6081 aaO 21. Jahrg. S. 1015 – Der Beitrag ist nicht gezeichnet. – *[am 28. September]:* vgl. GTgb: «Reisende aus Wien.»

6082 (2555a) Gr 151 – Vgl. GTgb: «Abends Herr Canzler von Müller, mit ihm das Gedicht an den König von Bayern besprochen. Sodann zwey Engländerinnen.» – *Gedicht an den König:* vgl. Nr. 6060 und Anm. – *veränderte Begräbnisidee:* «bezieht sich wohl auf die Beisetzung von Schillers Gebeinen in der Fürstengruft...» (Gr 296).

6083 Gr 151 – Vgl. GTgb: «Zu Tische Herr Canzler und Dr. v. Ekendahl.»

6084 Gr 151 – Vgl. GTgb: «Zeitig nach Jena gefahren.»

6084a Briefwechsel zwischen Goethe und Johann Wolfgang Döbereiner. Hrsg. und erl. von J. Schiff. Weimar 1914. S. XXXIIIf. – *[am 8. Oktober]:* vgl. GTgb: «Zu Hofrath Döbereiner, welcher wie die übrigen uns gar freundlich empfing.»

6085 (2558a) Gr 151 – Vgl. GTgb: «Nach Tische Herr Canzler von Müller.» – *Münchner Vorhaben:* «Müller reiste am 11. Oktober nach München.» (Gr 297)

6086 Grumach 342

6087 Kasten 363f. – Der Berichterstatter ist Nicolaus Meyers zweiter Sohn, geboren 1811. – *11. Oktober 1827:* vgl. GTgb: «Der junge Meyer von Minden war angekommen.» – *12. Oktober:* vgl. GTgb: «Mittag Prof. Zelter, der junge Meyer, Schuchardt und Eckermann.»

6088 Kasten 364f. – Vgl. GTgb: «Mittag Herr Professor Zelter, Riemer, Vogel, der junge Meyer. Mit letzterem nach Tische Verhandlung wegen seiner nächsten Zustände in Berlin.» – *Schmeller:* bei Schuchardt 284 Nr. 553 ist der ältere Bruder Wolfgang verzeichnet (Verwechslung?). – *Majolika...eine herrliche Sammlung:* vgl. Schuchardt 2, 347ff. – *[11. Oktober]:* vgl. GTgb: «Abends um 5 Uhr Herr Ernst Fleischer das Dedications-Exemplar des Parnasso Italiano bringend.» Parnasso Italiano, hrsg. von C.H.A. Wagner, Leipzig 1826 (nicht bei Ruppert). – *des dritten Teils seines Fausts:* wohl nachdem ‹Helena› als zweiter Teil angesehen wurde.

6089 HegelBr 3, 204ff. – Goethe empfing mich: vgl. GTgb 16. Okt.: «Gegen Abend Herr Professor Hegel, gleichfalls Riemer. Kamen Serenissimus. Manigfaltige Unterhaltung.» – *zum Mittagessen zu Goethe:* vgl. GTgb 17. Okt.: «Speisten mit uns die Herren Zelter, Hegel, Vogel und

Eckermann. Herr Professor Hegel berichtete von den Pariser religiösen, philosophischen, literarischen Dingen, deren Zusammenhang und Einwirkung auf einander.» Die von Frankl überlieferte hier von FBdm eingeordnete Geschichte (Bi^2 3, 476f. Nr. 2559) ist schon wegen Ottiliens Abwesenheit zu dieser Zeit in den Bereich der Fabel zu verweisen und wurde nicht aufgenommen. – *kordat:* herzlich. – *noch morgen:* vgl. GTgb 18. Okt.: «Mittag die Herren Zelter und Hegel. Dieselben Abends...».

6090 HegelBr 3, 221

6091 Heinrich Abeken. Ein schlichtes Leben in bewegter Zeit, aus Briefen zusammengestellt. 2. Aufl. Berlin 1898. S. 19.

6092 Sor 54 – HoubenSoret 210 – Vgl. GTgb: «Abends Tenorist Rost, der mehrere Zelterische Lieder vortrug.»

6093 Tewes 354ff. – *nach Berka:* am 24. September. – *nach dem Ettersberge:* am 26. September. – *nach Jena:* am 7./8. Oktober.

6094 GJb 11, 60f. – *am 21. und 22. Oktober:* vgl. GTgb 21. Okt.: «Graf Reinhard, Gemahlin und Sohn.». 22. Okt.: «Zu Mittag Herr Graf Reinhard, Gemahlin und Sohn...» – *Pustkuchen:* Verfasser der «falschen Wanderjahre» (vgl. Nr. 5124 und Anm.). Der 4. und 5. Teil sind 1827 und 1828 erschienen.

6095 (NN 2560a) Diary of a Tour in Sweden, Norway, and Russia, in 1827, with Letters. By the Marchioness of Westminster. London 1879, 284. – Vgl. GTgb: «Lord und Lady Belgrave, von Petersburg über Berlin kommend.» – *my brother Francis:* wohl Lord Gower, dessen Besuch GTgb am 21. Juli 1826 verzeichnet.

6096 (2563) ChrWGV 1, 30f. – *[am 30. Oktober 1827]:* vgl. GTgb 29. Okt.: «Mittags, eine Enkelin war angekommen.» 30. Okt.: «Besuchte Ottilien.»

6097 Werner 112ff. – Vgl. GTgb 2. Nov.: «Von Leonhard und Paulus Sendungen von Heidelberg, überbracht von Demoiselle Pardois... Mittag Demoiselle Pardois und Schwester. Alfred Nicolovius. Erzählungen von Heidelberg. Herrn Thibauts Singverein. Befinden der Paulusischen Familie, auch von Herrn von Leonhard.» – *der «kleinen Paulus»:* vgl. die «kleine Frau» in dem Bericht von H.E.G. Paulus Nr. 974. – *Thibauts Singverein:* in dem vor allem ältere Musik, aber auch das Volkslied gepflegt wurde.

6098 Berliner Conversations-Blatt... Nr. 233 vom 24.11.1827. S. 931 – *[1. bis 3. November]:* an diesen Tagen in GTgb erwähnt. – *mit einem neuen Hefte:* Kunst und Altertum VI 2. – *Autobiographie:* wohl der ‹Zweite Römische Aufenthalt›, der 1829 als Bd 29 der Ausgabe letzter Hand erschien.

6099 HoubenSoret 215. Aus dem Französischen. – *[am 16. November]:* vgl. GTgb: «Abends Hofrath Soret, dazu Landesdirections-Rath Töpfer, die Verzeichnisse der Ortschaften und Schulkinder bringend. Merkwürdiges Resultat einiger von Herrn Soret gemachter Berechnungen, mancherley Scherze darüber.» – *Weinhold:* Von der Übervölkerung in Mitteleuropa und deren Folgen auf die Staaten und ihre Civilisation. Halle 1827. – *[...Karte vom Kulturzustand Frankreichs]:* Ch. Dupin: Le petit

Producteur français. T. 1–5. Paris 1827 (Ruppert Nr. 2938).

6100 (2562) GJb 7, 231 ff. – *mit der meinigen:* vgl. Ruppert Nr. 2636. – *Brief von Knebel:* wohl der vom 16. November (Goethe/Knebel 2, 382 f.). – *[am 18. November 1827]:* vgl. GTgb: «Dr. Stickel von Jena, seine Dissertation vorlegend.»

6101 JbSKipp 4, 47 – Vgl. GTgb: «Taufaktus der Enkelin. Große Gesellschaft. Nachher Frühstück.»

6102 Sor 54 – HoubenSoret 212 f. – *Henri Nicolovius:* vgl. GTgb 2. Dez.: «Mittag Landesdirections-Rath Töpfer, Assessor Heinrich Nicolovius.»

6103 JbSKipp 4, 47 f. – Riemer an diesem Tage nicht in GTgb erwähnt, dagegen am 11. Dez.: «Abends Herr Professor Riemer.» – *Kupferstichs von Dorigny:* ‹Petrus auf dem Meere wandelnd› von Giovanni Lanfranco (Schuchardt 1, 41 Nr. 380). – *heiligen Antonius:* es dürfte sich vielmehr um den heiligen Franz von Paula handeln.

6104 Grumach 343 – *ausgeschmückt von Goethe:* mit dem Zweizeiler ‹Was hieße wohl die Natur ergründen? …› (GA 2, 186) – *Herrn Vater:* Ernst Wilhelm v. M. – *Blatt für Ihre liebe Frau Gemahlin:* ‹Wenn Phöbus Rosse …› (WA I 5^2, 174). Vgl. Nr. 7081. – *kleine Schrift über die Karlsbader Mineralien:* von Goethe genehmigter Sonderdruck des Aufsatzes ‹Zur Kenntnis der böhmischen Gebirge›, erschienen Karlsbad 1827 (Hagen Nr. 308). – *Äquatorgedicht:* Unter dem Äquator, gedr. Charitas, Regensburg 1834 S. 236 (Quelle Anm.). – *über die tiefe Stille in den Urwäldern:* auf dem Amazonenstrom ebd S. 233? (Quelle Anm.). – *zwei Steindrucke von Porträts des Königs:* vgl. Schuchardt 1, 141 Nr. 363 ff.

6105 wie 5956 S. 77 – *Er wird Ihnen dies … selbst aussprechen:* Goethes Brief ist erst am 24. März 1828 geschrieben (WA IV 44, 38 ff.).

6106 Grumach 344 – *nach München gemeldet:* im Brief vom 27. Okt. 1827 (WA IV 43, 129 f.). – *das Zusammensein mit Ihrem Herrn Vater:* vgl. Nr. 6094 und Anm. – *zweite Lieferung:* Bd 6–10 der Ausgabe letzter Hand. – *Mag man tausendfach bezeichnen …:* 2. Strophe des Widmungsgedichts ‹Dem Großherzog Carl August / zu Neujahr 1828›, ungenau zitiert (GA 2, 299).

6107 (2570) aaO Vol. II. London 1828, 674 ff. – *[2. Januar 1828]:* vgl. GTgb: «Meldete sich A.B. Granville. M.D. De la societé Royale de London et de l'academie Imperiale des sciences de Petersbourgh. Medecin de S.A.R. le Duc de Clarence, Grand Admiral d'Angleterre. – *Faustus … translation:* von Lord Gower. 2. ed. 2 Bde. London 1825 (Ruppert Nr. 1824). – *translation of … the Tasso:* vgl. Nr. 6044 und Anm. – *Mr. A. …:* nicht ermittelt; vielleicht Anfangsbuchstabe fiktiv.

6108 (2571) Sor 57 – HoubenSoret 221

6109 wie 5956 S. 77 – *Dialoge über die Glyptothek:* Beschreibung der Glyptothek Sr. Majestät des Königs Ludwig I. von Bayern, Architekton … von Klenze. Verzeichniß der Bildwerke u. Gemälde v. Ludwig Schorn, München 1830 (Ruppert 2193).

6110 Sor 57 f. – HoubenSoret 221 (mit einem im Mskr. gestrichenen Passus).

6111 aaO 5, 54f. – *Doch schlug es Börne aus:* vgl. Börnes eigene Darstellung in seinem Tgb vom 10. Febr.: «Holtei drang sehr in mich, morgen zu Goethe zu gehen; es werde ihn sehr freuen. Doch habe ich es abgelehnt.» (Bode 3, 298).

6112 Grumach 344 – *[8. Februar]:* vgl. GTgb: «War Abends Vorlesung von Faust.» 9. Febr.: «Mein Sohn sprach mit vielem Lob von der gestrigen Vorlesung.»

6113 Grumach 344f. – *ein Gedicht:* vgl. Nr. 6060 und Anm. – *das königliche Gedicht:* vgl. Nr. 6057 und Anm. – *Sardanapal:* von Byron. – *Graf Carmagnola:* von Manzoni. – *plastisches Gedicht:* ‹Die ersten Erzeugnisse der Stotternheimer Saline / überreicht zum 30. Januar 1828› (GA 3, 757ff.).

6114 JbSKipp 1, 128 – Riemers Anwesenheit an diesem Tage nicht in GTgb bezeugt.

6115 Tewes 78 – *gestern bei ihm zu Tisch:* vgl. GTgb 20. Febr.: «Zu Tische mit Eckermann allein.»

6116 (2575) KnebelNachl 1, 227f.

6117 (2573) aaO 5, 68f. – *[26. Februar 1828]:* vgl. GTgb: «... Hofrath Meyer. Nachher mit demselben spazieren gefahren. Auf dem Rückwege von Belvedere Herrn von Holtei mitgenommen.» – *Königstädter Personal:* Personal des Berliner Königstädtischen Theaters. – *«Auguste Sutorius»;* vgl. Nr. 5947f.

6118 Tewes 80f. – *[25. Februar]:* vgl. GTgb: «Mittags mit Eckermann allein.» – *Wanderjahre:* die neue Fassung erschien 1829 als Bd 21–23 der Ausgabe letzter Hand. – *[27. Februar]:* vgl. GTgb: «Mit Dr. Eckermann spazieren gefahren, eine Zeitlang im untern Garten. Wir besprachen die verabredeten Angelegenheiten und beförderten sie bedeutend. Derselbe speiste mit mir...»

6119 (2577) Gr 151ff. – Vgl. GTgb: «Später Herr Canzler. Lebhaft scherzhafte Unterhaltung im Geschmack von Jarno und Consorten.» – *Wellingtons Omnipotenz:* W. hatte im Januar 1828 die Bildung eines neuen Ministeriums übernommen, in welchem er die Stelle des Schatzkanzlers versah. – *Plutonisten:* in dem Streit um die Gesteinsbildung der Erde bekannte sich Goethe zu den Neptunisten; vgl.: «... ich kann nicht aus meinem Neptunismus heraus» (Nr. 4166, Bd 2, 1029). – *Xenien:* vgl. Zahme Xenien VI: «Wie man die Könige verletzt...» (GA 1, 665). – *Memoiren:* Fragmente aus meinem Leben und meiner Zeit. Bd 1. Braunschweig 1827 (Ruppert Nr. 266). – *[am 1. März]:* vgl. GTgb: «Wit genannt von Dörring. Früher angemeldet, angenommen um 12 Uhr.»

6120 Varnhagen/Rahel 6, 331 – *Wit-Dörring:* Variante des in Nr. 6119 Berichteten. Vgl. ferner die von Soret überlieferte Version in Nr. 6510.

6121 Sor 58 – HoubenSoret 224 – Vgl. GTgb: «Mittags die Herren von Müller, Helbig, Vogel, Riemer, Eckermann, von Holtei, von Conta. Blieben lange unter guten lebhaften Gesprächen.» – *Schlegel:* wohl Friedrich S.

6122 Houben 2, 661 – Die Tgb-Stelle von Eckermann zitiert im Brief an Heinrich Laube vom 5. März 1844. Dort auch Hinweis auf das auf dieser kurzen Notiz beruhende ausführliche Gespräch (GA 24, 671ff.). – Vgl. GTgb: «Abends Dr. Eckermann. Einige Hausgeschichten. Auch Literarisches.»

6123 (2576) HoubenSchopenhauer 359f. – *herausgeben wollte:* ein größeres Fragment der Erinnerungen erschien in den von Holtei redigierten ‹Monatlichen Beiträgen zur Geschichte dramatischer Kunst und Literatur› Bd 3, Mai und Juni 1828. Vollständige Veröffentlichung erst 1915 (Quelle 363). – *«Stella»:* gemeint ist wohl Amalie v. Voigt, die allerdings unter dem Namen ‹Cäcilie› (der verlassenen Frau in ‹Stella›) schrieb. – *zum Sterben in sie verliebt:* vgl. das Widmungsgedicht ‹An Mademoiselle Karoline Schulze / Mai 1767› (GA 2, 206). – *Weißeschen Trauerspiel:* Romeo und Julia. Leipzig 1768.

6124 (2580) Sor 58f. – HoubenSoret 224f. – *Voigt, était mort:* 1819 (vgl. Nr. 4661). – *le Faust français:* vgl. die folgende Nr.

6125 Grumach 345 – *[am 5. März]:* vgl. GTgb: «Graf Caraman, französischer Gesandter an den Sächsischen Höfen, und Herr Canzler, einen Brief vom Grafen Reinhard bringend.» – *Goethes Faust ... von Paris:* vgl. GTgb 22. März: «Kam die Prachtausgabe von Faust von Paris ... Abends betrachtete ich die Übersetzung von Faust und die lithographirten Bilder. Nahm auch die kleine Übersetzung von Gérard dazu.» Es handelt sich um die Übersetzung von A. Stapfer mit Lithographien von E. Delacroix, Paris 1828 (Ruppert Nr. 1826) sowie um die Übersetzung von Lebrunie, genannt Gérard de Nerval, ebenfalls Paris 1828. – *dritte Lieferung von Goethes Werken:* Bd 11–15 der Ausgabe letzter Hand. – *Oktav-Ausgabe:* die parallel zur sog. Taschenausgabe erscheinende Ausgabe in größerem Format.

6126 Carl Augusts Begegnungen mit Zeitgenossen ... Gesammelt und hrsg. von A. Bergmann. Weimar 1933, 127f.

6127 wie 6126 S. 128

6128 wie 6126 S. 129 – *Dieser schreibt:* an H. Müller am 5. März (WA IV 44, 8ff.).

6129 wie 2126 S. 130f. – *22. April:* vgl. GTgb: «Geheime Hofrath Helbig wegen einiger Geschäfte.»

6130 (2538) Deutsche Rundschau. Bd 120, 1904, 282 – *Abschiedsworte an Goethe:* Nr. 6055. – *«Nachruf an Weimar»:* vgl. Nr. 6057 und Anm. – *das anliegende Gedicht:* vgl. Nr. 6060 und Anm.

6131 Nach Fotokopie der Hs im Besitz von Dr. G. Schulz, Bremen. Gedruckt: Jahrbuch der Wittheit zu Bremen. Bd 15. 1971. S. 190. Der Brief ist aus Weimar datiert. – *Huldigungsgedicht:* in rhythmischer Prosa, beginnend: «Wie glücklich war ich, der ich gewürdigt ward, zu schauen in unverlöschlicher Heiterkeit den Dichterjüngling, den man mir fälschlich Dichtergreis genannt hat.» (Nach Auskunft von Dr. G. Schulz.) – *[am 27. und 28. April]:* an beiden Tagen in GTgb erwähnt.

6132 GJb 25, 243f. *[27. April]:* vgl. GTgb: «Zu Tische waren gegenwärtig Herr Peucer, Dr. Iken von Bremen, Riemer, Meyer, Eckermann, Töpfer.» – *Am folgenden Abende:* vgl. GTgb 28. April: «... im untersten Garten ... Gegen Abend Herr Canzler, Dr. Iken, Nicolovius, Coudray.»

6133 GJb 1, 348f. – *«Über Goethe»:* vgl. Nr. 6060 und Anm.

6134 (2580b) Bertram. Romantisches Drama von Maturin... Freie metrische Übersetzung von Carl Iken... 2. verm. Ausgabe. Bremen 1830. S. XXIIf. – *ihm längst eingesandte Verdeutschung:* Bertram oder die Burg von Sanct Aldobrand. Trauerspiel in 5 Aufzügen. Aus d. Engl. übers. v. C.L.J. Iken. Bremen 1817 (Ruppert Nr. 1512). Zu Goethes Interesse an dem Stück vgl. ferner Nr. 4731 und Anm.

6135 (2580a) Andreas Oppermann: Ernst Rietschel. Leipzig 1863, 83f. – *Dürer-Festes [am 6. April]:* Feier des 300. Todestages Dürers in Nürnberg. Rietschel hatte als Vertreter Rauchs an der Grundsteinlegung des Dürer-Denkmals teilgenommen.

6136 wie 6126 S. 133 – Vgl. GTgb: «Herr Geheime Hofrath Helbig, wegen verschiedener Geschäfte und Angelegenheiten.»

6137 Grumach 346f.

6138 wie 6126 S. 133

6139 wie 6126 S. 134

6140 wie 6126 S. 135 – Vgl. GTgb: «Herr Geheime Hofrath Helbig wegen der Medaille nach Paris.»

6141 (2581) Sor 59 – HoubenSoret 227. – Von Eckermann benutzt (GA 24, 691). – Vgl. GTgb: «Hofrath Soret. Wir holten Professor Riemer ab und fuhren ums Webicht spazieren. Heitere Erinnerung ehemaliger poetischer Scherze.» – *pièces... que je garde en magasin:* die gegen Kotzebue u.a. gerichteten Invektiven sind erst aus Goethes Nachlaß veröffentlicht.

6142 Tewes 82f. – *[18. Mai]:* vgl. GTgb: «Um 9 Uhr mit Dr. Eckermann und den Enkeln nach Berka gefahren.»

6143 wie 6126 S. 139 – Vgl. GTgb: «Geheime Hofrath Helbig, wegen der englischen Vasen.» – *«Oberon»:* nach GTgb hat auch Goethe die Aufführung von Webers Oper am 21. Mai besucht.

6144 JbSKipp 4, 48f. – Vgl. GTgb: «Mit Professor Riemer spazieren gefahren. Denselben mit nach Hause genommen. Er speiste mit.»

6145 (2581a) Grumach 276 – Vgl. GTgb 23. Mai: «Herr Canzler von Müller brachte einen merkwürdigen naturphilosophischen Aufsatz aus der brieflichen Verlassenschaft der Frau Herzogin Amalie. Frage: ob er von mir verfaßt sey?» – 24. Mai: «Ich diktirte Bemerkungen über den gestrigen Aufsatz...» – Goethes ‹Erläuterung zu dem aphoristischen Aufsatz Die Natur›, datiert 24. Mai 1828 (GA 16, 925f.), im Anschluß an den Aufsatz selbst (ebd 921ff.). Zur Verfasserschaft vgl. Nr. 6151 und Anm. – *Tiefurter Journal:* der Aufsatz ist zuerst im 32. Stück des Tiefurter Journals 1783 erschienen. – *drucken lassen:* in der Ausgabe letzter Hand, allerdings erst nach Goethes Tod in Bd 50 1833. – *Komparativ... Superlativ:* ähnlich in Goethes genannten ‹Erläuterungen›.

6146 (3110/2582) Gr 153f. – *Phädra quasi korrigiert:* vgl. Gr 298. – *Auftrag an Stieler:* der am 25. Mai in Weimar eingetroffen war, vgl. GTgb: «Hofmaler Stieler von München kommt an.» – *Nachmittags... bei Goethe:* vgl. GTgb 27. Mai: «Nach Tische Herr Canzler von Müller und Stieler. Blieben Ihro Königliche Hoheit den Großherzog erwartend bis Abends nach 7 Uhr.»

6147 JbSKipp 4, 49 – Vgl. GTgb: «Professor Riemer... Er und Dr. Eckermann speisten mit uns. Das Stielerische Porträt wurde mit Aufmerksamkeit betrachtet.»

6148 wie 6126 S. 141 – Vgl. GTgb: «Herr Stieler... Kamen Serenissimus und besprachen sich über manches. Nahmen Abschied nach Berlin gehend.»

6149 Lewinsky 1, 292ff. – *28. Mai 1828:* vgl. GTgb: «Abends focht die Mayländerin im Theater.» – *das Hausgesinde:* nach Dorvigny in der Bearbeitung von Koller, Komödie in 2 Akten. – *Legate:* Ligade.

6150 wie 6126 S. 141

6151 (2581a) Grumach 276 – *per traducem:* durch einen Vermittler. – *Die Handschrift ist Seidels:* dies wird bestätigt WA II 11, 330. – *daß der Aufsatz von Seidels Hand und Auffassung herrühre:* im Brief an Knebel vom 3. März 1783 leugnet Goethe seine Verfasserschaft (WA IV 6, 134). Charlotte v. Stein nennt im Brief an Knebel vom 28. März 1783 Tobler als Verfasser (ebd 440). Dieser gilt überwiegend heute noch dafür.

6152 JbSKipp 4, 49 – Vgl. GTgb: «Blieb bis halb Eins bey Herrn Stieler, welcher zu malen fortfuhr. Blieb derselbe zu Tische. Speiste mit Oberbaudirector Coudray, Hofrath Voigt von Jena, Vogel, Riemer und Eckermann.» – *sein Gemälde:* begonnen am 27. Mai.

6153 (2583) aaO 5, 90f. – *Erfolg der «Leonore»:* Gedruckt Berlin 1829. Der ‹Erfolg› bezieht sich wohl auf die Aufführung in Berlin. – *Tieck und Goethe selbst:* Aufführung des Faust in Tiecks Bearbeitung in Dresden am 28. Aug. 1829. Über die Weimarer Faust-Aufführung am gleichen Tage vgl. Holtei Nr. 6417.

6154 Grumach 347

6155 (2584) Sor 59ff. – HoubenSoret 228f. – Von Eckermann benutzt (GA 24, 691f.). – Vgl. GTgb: «Mit Ottilien nach Belvedere gefahren. Herrn Soret begegnet, welcher herein ritt und mit uns speiste. Nach Tische Rath Töpfer, Canzler von Müller.» – *Le portrait... était achevé:* das Porträt war noch keineswegs vollendet; die Sitzungen waren nur seit dem 3. Juni (vgl. GTgb) unterbrochen.

6156 Zeitschrift des Vereins für thüringische Geschichte und Altertumskunde. N.F. Bd 5. Der ganzen Folge 13. Bd. Jena 1887, 54 – *[14. Juni]:* vgl. GTgb: «... Demoiselle Seebeck, bey Frau Gräfin Rapp angestellt. Zwey englische Damen... mit einem Vetter, an Ottilien adressirt.» – *vor neun Jahren:* im Juli 1819 (vgl. Nr. 4712).

6157 JbSKipp 4, 49f. – *Serenissimus sei mit Tod abgegangen:* Carl August starb am 14. Juni gegen 9 Uhr abends. – *Oberon:* vgl. Nr. 6143 und Anm.

6158 (2590) DtRundschau. Jahrg. 28. Bd 109. 1901, 240f. – Vgl. GTgb: «... die Tyroler sangen bey Tische. Die Nachricht von dem Tode des Großherzogs störte das Fest. Minister von Gersdorff und Geheimer Legationsrath Conta, die neue Verpflichtung aufnehmend.» Die Tiroler Sänger waren Franz, Balthasar und Anton Leo (O.F.).

6159 (NN 2590a) Grumach 348 – *der bittere, furchtbare Auftrag:* Müller ist erst am 17. Juni in GTgb erwähnt: «Herr Canzler von Müller über das Nächst vergangene und Zunächstbevorstehende... Gegen Abend Canzler von Müller.» Demnach kann er nicht als erster Goethe von Carl Augusts Tod in Kenntnis gesetzt haben. Vgl. auch die Version in Nr. 6166.

6160 Grumach 347f. – *der Ort... dicht bei Torgau:* Schloß Graditz. – *casu eveniente:* im eintretenden Falle.

6161 wie 6156 S. 54ff. – *Boisserée:* Brief an Goethe aus München vom 17. Mai (Boisserée 2, 509f.). – *seine Braut:* Mathilde Rapp. – *Weiß:* der Mineraloge Christian Samuel W. – *Am andern Tage:* wohl am 17. Juli, wo Stieler in GTgb erwähnt ist. – *Tieck:* der nach GTgb am 8. und 9. Juni bei Goethe war.

6162 Goethes drei letzte Lebenstage. Die Handschrift eines Augenzeugen. Hrsg. von Karl Holsten. Heidelberg 1889, 12. – *[am 19. Juni 1828?]:* vgl. GTgb: «Abends Oberbaudirector Coudray, den intentionirten Katafalk vorzeigend.»

6163 SchrGG 28, 192f. – Ottilie befand sich in Karlsbad. – *Großmama:* Ottilie Gräfin Henckel v. Donnersmarck.

6164 SchrGG 28, 194

6165 Grumach 348 – *Nekrolog:* vgl. Goethes lobende Äußerung über Müllers Nekrolog im Brief an Ottilie vom gleichen Tage (WA IV 44, 151). – *Billett von Goethe:* ebenfalls vom gleichen Tage (ebd 153).

6166 Nach Manuskript FBdm («nach brieflicher Mitteilung»). – Unsichere Überlieferung.

6167 (2435) wie 6034 Sp. 665f. – *Universitätsfreund Goethes:* in Leipzig. – *influieren:* Einfluß nehmen. – *Span'sches hast du mir gesandt:* ‹An Johann Daniel Wagner / Weimar, den 7. September 1827› (GA 2, 297).

6168 (2441) aaO 63ff. – *Gastrollen, welche:* lies: welches. – *Zwei Tage nachher:* wohl Mitte Aug. 1826 (vgl. WA IV 41, 124). – *Rede des Hamlet an die Schauspieler:* Hamlet III 2. – *einige Tage später:* am 6. Sept. 1826. – *«Der Barbier von Sevilla»:* vgl. Nr. 5891f. – *den Standhaften Prinzen:* von Calderon.

6169 (2459) aaO 99f.

6170 (2433/2434) Lewinsky 2, 157ff. – *Melchthal:* in Schillers ‹Wilhelm Tell›. – *[vielmehr 24. Mai]:* korrigiert nach O.F. – *Szene aus meiner Kindheit:* Nr. 3366. – *5. Juli 1826:* vielmehr Juni.

6171 Souvenirs du Chevalier de Cussy... Publiés par Le Cte Marc de Germiny. Tome second. Paris 1909, 23f. – *ministre des affaires étrangères:* wohl Staatsminister v. Gersdorff. – *sa petite maison:* das Gartenhaus.

6172 wie 5968 S. 52 – *«Alexander und Darius» von Fr[iedrich] v. Uechtritz:* am 16. Aug. und 15. Nov. 1826 in GTgb erwähnt.

6173 aaO (als Handschrift gedruckt) S. 42. Gerhardt war seit 1861 in Jena. – *«sie... liefen und heulten davon»:* in der 1. Fassung des ‹Götz› 5. Akt (GA 4, 609), auch in den Gedichten als ‹Zigeunerlied› (GA 1, 108). Zum Sprachlichen vgl. Goethes Brief an Göttling vom 8.10.1825 (WA IV 40, 382) auf dessen Anfrage: «die davonheulenden Wölfe werden Sie dem Oberdeutschen und Dichter freundlich verzeihen.»

6174 (2593) aaO 101f. – *Ein anderes Mal:* vgl. Nr. 5887.

6175 (2460) Kletke 184ff. – *[1826?]:* zur Datierung vgl. Bi^2 5, 155. – *Lessing:* Karl Friedrich L. (vgl. die ähnliche Darstellung von Förster Nr.

6890). – *‹der freundlichen Gewohnheit des Daseins›:* aus ‹Egmont› 5. Akt (GA 6, 97). – *Friedhof Ruysdaels:* ‹Der Judenfriedhof›.

6176 (2461) Kletke 220

6177 aaO 79 – *Johann Christian Mämpel:* in GTgb erwähnt am 1. Juli 1825 und 5. Nov. 1826. Goethes Einführungen zu ‹Der junge Feldjäger› und ‹Des jungen Feldjägers Kriegskamerad›, beides erschienen 1826, GA 14, 520ff.

6178 Nach der Hs im StA Weimar – *Biographischen Denkmale:* Teil 4. Berlin 1826 (vgl. Ruppert Nr. 13).

6179 (2601b) Leipziger Tageblatt 16.8.1899

6180 (2569) Kretschman 65f.

6181 JbSKipp 4, 306ff. – *ersten Medaille:* Schuchardt 2, 177 Nr. 1408. – *den damals... anwesenden Professor Posch:* in GTgb erwähnt am 19., 25. und 27. Febr. 1827 (Arbeit an Goethes Relief Schulte-Strathaus Taf. 150). Angelika Facius reiste Ende März 1827 nach Berlin.

6182 aaO 16 und 23 – *«Briefen an eine Ungenannte»:* Nr. 5819.

6183 JbSKipp 4, 309

6184 Bamberg 514

6185 aaO 28 – *Theaterleiter in Leipzig:* vgl. O. Fambach: Das Repertorium des Stadttheaters zu Leipzig 1817–1828. Bonn 1980.

6186 (2566) Kletke 37f. – *eine ähnliche Szene:* vgl. die Abbildung in: Goethe und seine Welt. Hrsg. von H. Wahl und A. Kippenberg. Leipzig 1932. S. 228. Vgl. ferner Eckermanns Beschreibung des Bildes vom 29. Nov. 1826 (GA 24, 184).

6187 (2597) Kletke 216 – *«ein guter Mensch...»:* Faust I Vs. 328f. (GA 5, 151). – *im Greisenalter werden wir Mystiker:* vgl. MuR 806.

6188 aaO 5, 55ff. – *[1827]:* am 5. Mai (vgl. Nr. 5967). – *Schreiben an Professor Zelter:* vom 28. Febr. 1828 (WA IV 43, 291). – *öffentlichen Auftreten:* Anfang des Jahres 1828. – *«Briefen aus und nach Grafenort»:* Altona 1841.

6189 (2572) aaO 5, 75f. Anm. – *ich soll morgen die... «Helena» vorlesen:* vgl. Nr. 6113.

6190 (2574) aaO 5, 73 Anm. – *«Egmont»... Bearbeitung:* vgl. Nr. 1151 und Anm.

6191 (2598) wie 5968 S. 14f. – *Mittagessen bei Goethe:* Nr. 5967. – *an einem größeren Diner:* vielleicht am 8. März 1828 (vgl. Nr. 6121 und Anm.). – *cara memoria!:* seligen Angedenkens!

6192 aaO 2. Theil S. 192ff. – *Stelle aus dem Prolog oder Chor zu Heinrich V.:* Vers 11ff. – *Historia Histrionica:* Historica Histrionica, an historical account of the english stage. London 1699. Das im folgenden Referierte im englischen Originaltext in Anm. der Quelle.

6193 (2600) StG 4, 16ff. – *«Wilhelm Meisters Wanderjahre»:* zur Umarbeitung vgl. Nr. 6118 und Anm. – *Fahrt von Jena nach Weimar:* am 1. Mai 1808 (vgl. Nr. 2684).

6194 (2601a) aaO 67f. – Springer besuchte Schuchardt im Sommer 1866.

6195 (2601) aaO 62ff. – *Goethes Verhältnis zu Zelter... der Briefwechsel:* hrsg. von Riemer, Berlin 1833/34.

6196 (2599) aaO 89f. – Nicht näher datierbarer anekdotischer Bericht.

6197 Kretschman 66f. – *Anna Jameson:* ihre Briefe an Ottilie, hrsg. von G.H. Needler, Oxford 1939.

6198 Sor 205

6199 JbSKipp 4, 56f.

6200 JbSKipp 4, 50

6201 Tewes 83 – *berühmter Maler aus München:* Stieler, mit dem Eckermann sich befreundete (vgl. Nr. 6207).

6202 (2602) Karl von Holtei: Vierzig Jahre. Bd 5. Breslau 1845, 96f. – *Holteis Bühnenbearbeitung des Faust:* vgl. Nr. 6153.

6203 Egon Caesar Conte Corti: Ludwig I. von Bayern. München 1937, 335

6204 Grumach 349 – *Schwesternpaar:* Caroline und Julie v. Egloffstein.

6205 (2603) Heuermann 175ff. – *des mitgeteilten Briefes:* von Abeken an Goethe 21. Aug. 1825 (Quelle 171ff.). – *meinen Neffen:* Heinrich Abeken. – *Um zwei Uhr:* vgl. GTgb 5. Juli: «Mittag Professor Abeken und Neffe[,] Stielers und Oberbaudirector Coudray.» – *vor achtundzwanzig Jahren:* über die erste Begegnung Anfang 1800 vgl. Nr. 1555. – *Vogelsche Bild:* von 1824 (Schulte-Strathaus Taf. 126). – *Biographie meines Bruders Ludwig:* Zur Erinnerung an Wilhelm Ludwig Abeken. o.O. 1827 (Ruppert Nr. 14). – *vor zwei Jahren:* vgl. Nr. 5880. – *Generalbeichte:* entstanden Anfang 1802 (GA 1, 89f.). – *Biographie... von dem Engländer Carlyle:* The Life of Friedrich Schiller. London 1825 (Ruppert Nr. 221). – *seinen Schwiegervater:* in der Schrift ‹De vita et moribus Agricolae›. – *Danneckers Christus:* von 1824. – *Farbenlehre:* im Didaktischen Teil § 172 (GA 16, 67f.). – *Danovius:* vgl. Anm. zu Nr. 623: Danows Tod. – *Schreiben an Herrn von Beulwitz:* an F.A. v. Beulwitz 18. Juli 1828 (WA IV 44, 205ff.). – *in den an Zelter gerichteten:* Goethe hat vier Briefe von Dornburg aus an Zelter geschrieben. – *«Goethe in Dornburg» von Sckell:* vgl. Nr. 6210 und 6224f.

6206 (2585/2587/2588/2586) Abendblatt zur Neuen Münchener Zeitung Nr. 145 vom 19.6.1858 und Nr. 146 vom 21.6.1858 – *Briefe...aus Weimar geschrieben:* der erste am 20. Nov. 1828 (WA IV 45, 61ff.). – *Faust von Cornelius:* vgl. Nr. 4166 und Anm. – *Retzsch:* vgl. Nr. 3966 und Anm. – *die Farbenlehre:* Gespräche über ‹Chromatika› in GTgb bezeugt.

6207 JbSKipp 4, 311 – *Deine Gespräche:* die beiden ersten Bände von Eckermanns ‹Gesprächen mit Goethe in den letzten Jahren seines Lebens› sind 1836 erschienen.

6208 JbSKipp 4, 50 – Vgl. GTgb: «Nach 6 Uhr auf Jena... Um 4 Uhr weggefahren. Um 6 Uhr in Dornburg angekommen.»

6209 Bamberg 539 – *Eindruck des Verlustes:* der Großherzog von Mecklenburg-Strelitz hatte am 8. Juli an Caroline v. Heygendorf geschrieben: «Wie hält sich denn Goethe? Ich zittere für den Eindruck, den dieser Schlag auf ihn gemacht hat, und wage noch nicht, an ihn zu schreiben.» (Quelle 536).

6210 (2604) aaO Jena und Leipzig, S. 17ff. – *Stohmannschen Schlößchen:* dieses hatte Carl August 1824 von seinem letzten Besitzer erworben. –

Goethes Sekretär: J.A.F. John.

6211 Grumach 349 – *Er schreibt oft:* besonders am 10. und 11. Juli sind mehrere Briefe nach Weimar abgegangen, darunter auch einer an Müller (WA IV 44, 189f.). – *Nekrolog:* vgl. Nr. 6165 und Anm. – *Aufsatz [die Natur]:* vgl. Nr. 6145 und 6151 und Anm.

6212 (2607) KSchmidt 342 – *[am 21. Juli]:* vgl. GTgb: «Gegen Abend Frau von Wolzogen, Fräulein Schiller und Herr von Gleichen.»

6213 Grumach 350 – *[am 24. Juli]:* vgl. GTgb: «Nach Tische... Später Herr Canzler von Müller, die Novissima mittheilend.»

6214 (2374) Nachträge zu Shakspeare's Werken, übersetzt von Ernst Ortlepp. Bd 1. Stuttgart 1840. S. VI. – *[am 29. Juli 1828]:* vgl. GTgb: «Besuchte mich ein junger Mann Namens Ortlepp aus Schkölen, dessen Geisteszustand ich bedauern mußte. Er zeigte schon früher ein gewisses poetisches Talent, hat sich aber in die ästhetisch-sentimentalen Grillen so verfilzt, daß er gar kein Verhältniß zur Außenwelt finden kann. Er ist schon 28 Jahre alt und gab mir zu peinlichen Betrachtungen Anlaß.» – *Gedicht von der Libelle:* ‹Die Freuden› (GA 1, 45). – *vom Fischer und der Nixe:* ‹Der Fischer› (GA 1, 116f.). – *von dem Buhlen und dem Mädel:* ‹Der untreue Knabe› (GA 1, 114f.) – *«Bilde, Künstler...»:* Motto zur Abteilung ‹Kunst› der Gedichte (GA 1, 375).

6215 (2611) Frommann 53 – *Dahlmanns Leben:* A. Springer: Friedrich Christoph Dahlmann. 2 Bde. 1870/72. – *[am 2. August]:* vgl. GTgb: «Gegen Abend Besuch von Jena. Frau von Löw und Tochter. Die Familie Frommann. Madame Bohn und Dr. Gries. Welche nach einigen Stunden munterer Unterhaltung zurückfuhren. Frau von Löw nahm Empfehlungen mit an Herrn Grafen Sternberg, zu welchem sie reiste.» – *in der Italienischen Reise... bei Florenz:* Verwechslung mit der Darstellung der Begegnung in Rom (vgl. die folgende Nr. und Anm.). – *Eckzimmer des mittleren... Schlößchens:* gemeint ist das als Jagdschloß errichtete Rokokoschlößchen.

6216 (2612) GJb 2, 320ff. – *die etrurischen Vasen zu Ehren gebracht:* in dem Werk: Collections of engravings from ancient vases... in possession of W. Hamilton, with remarks on each vase by the collector, published by W. Tischbein. 4 Bde. Neapel 1791ff. – *das Konzert... bei Rezzonico:* geschildert in ItR im Bericht aus Rom vom Februar 1788 (GA 11, 574f.). Die Begegnung mit ‹der Löw Eltern›, dem Ehepaar Diede, wird angezweifelt von V. Valentin in Festschrift 1899, 34. – *einem Briefe Göttlings aus Neapel:* vgl. GTgb 20. Juli: «Ein Brief von Göttling aus Neapel war höchst erfreulich und belehrend.» Der 12 Druckseiten lange Brief ist datiert vom 24. Juni (Briefwechsel zwischen Goethe und K. Göttling in den Jahren 1824–1831. Hrsg. von K. Fischer. 2. Ausg. Heidelberg 1889, 41ff.) – *Salzbohrversuchen:* vgl. Nr. 6113 und Anm. – *Saline bei Bufleben:* vgl. GTgb 22. Mai: «...Betrachtung des vom Salinen-Director Glenck zu Buffleben erbohrten Steinsalzes.» – *Tante Betty:* Wesselhöft.

6217 JbGG 9, 285ff. – *Akquisition:* das Stohmannsche Schlößchen betreffend (vgl. Nr. 6210 und Anm.). – *kaiserliche Pfalz:* das älteste, noch aus dem Mittelalter stammende, der Dornburger Schlösser. – *Sternberg; kürz-*

lich einen Brief von ihm: vom 5. Juli (Briefwechsel zwischen J.W. v. Goethe und Kaspar Graf v. Sternberg. Hrsg. von A. Sauer. Prag 1902, 165 f.) – *daß der Kollege weg gewesen:* Sternberg hatte 1821 Goethe in Marienbad verfehlt. – *Er hätte es mit dem Großherzog kurz gemacht:* bei einer Aufführung in der Singakademie anläßlich seines Besuches in Berlin (vgl. Zelter an Goethe 7. und 11. Juni, Hecker 3, 41 und 43). – *Panhuys Baum:* vgl. GTgb 18. Juli 1825: «Sendung des indischen Baums durch Frau von Panckoucke [recte: Panhuys].» Es handelt sich um eine Zeichnung nach der Natur. – *das ist mein lieber Sohn:* Matth. 3, 17. – *daß er seinen Urlaub überschritte:* Goethe, als Göttlings Vorgesetzter, hatte diesem den erforderlichen Urlaub für die italienische Reise gewährt. – *Titel von Bibliothekarius:* Göttling war Universitätsprofessor und Universitätsbibliothekar in Personalunion. In seinem Brief aus Rom vom 17. April hatte Göttling Goethe mitgeteilt, daß er sich «bibliotecario dell'università di Jena» nenne, da der Bibliothekar in Italien mehr gelte als der Professor (vgl. den zu Nr. 6216 genannten Briefwechsel S. 38). – *In Syrakus... die Inschriften:* bezieht sich wiederum auf den Brief aus Neapel (ebd S. 51 f.). – *gemeinschaftlich eine Idylle wollen herausgeben:* über den Plan vgl. ItR, Rom, 20. Nov. 1786 (GA 11, 152). – *das Titelblatt:* wiedergegeben in SchrGG 5 vor S. 73. – *Ähnlichkeit mit dem Esel:* vgl. Goethes Gedicht an Tischbein ‹Statt den Menschen in den Tieren...› (GA 1, 372). – *Stolpern fördert:* vgl. Nr. 7249. – *Sorets Journal von Wilhelmsthal:* vgl. Sorets Briefe an Goethe aus Wilhelmsthal nach dem Tode Carl Augusts (HoubenSoret 230 ff.). – *Wolf:* wohl F.A. Wolf. – *Hätte ich ihn nicht Einmal sehen wollen:* mit Bezug auf Wit-Dörring (vgl. Nr. 6120). – *So viel Mühe gibt Gott:* vgl. die von Riemer überlieferten ‹Brocardica› Nr. 7127.

6218 Tewes 85 – *[10. August]:* vgl. GTgb: «Kam Dr. Eckermann mit den Enkeln, die sich sehr anmuthig erwiesen.»

6219 Grumach 351 – *Extrakt eines seiner neusten Briefe:* vom 7. Aug. (WA IV 44, 249 ff.). – *Sir Clara und Lady Clara:* der Besuch ist am 13. Aug. in GTgb erwähnt. – *zwei metaphysischen Aufsätze:* Aus dem Bereich der Naturwissenschaft, darunter jedenfalls ‹Die Natur›; vgl. Nr. 6151 und Anm. – *transpirierte:* durchsickerte.

6220 wie 4998 S. 93 f. – *[am 20. August]:* vgl. GTgb: «Wollte etwas arbeiten, ward aber wieder unterbrochen, durch den Besuch der Herren Berzelius, Mitscherlich und Rose, welche vor der Berliner Zusammenkunft eine Reise an den Rhein zu machen gedenken.» – *1822 in Eger:* vgl. Nr. 4997 f.

6221 HoubenSoret 268 – *[am 21. August]:* «Erwartete den Erbprinzen, der mit denen Herren Soret und Schmidt um Mittag ankam... Wir speisten zusammen. Sie hatten einige artige Geschenke mitgebracht. Nach 5 Uhr fuhren Sie wieder ab.»

6222 (2614) aaO 66 f. – *[am 1. September]:* vgl. GTgb: «Meldete sich Doctor Kraukling von Dresden, mit einem Schreiben von Eckermann. Ich sprach ihn um 4 Uhr. Er brachte verschiedenes Interessante mit; war auch ein sinniger, wohldenkender, unterrichteter, den neusten literarischen Zuständen wohl geeigneter Mann.» – *die von Neureuther... entworfenen*

Randzeichnungen: vgl. GTgb 31. Aug.: «Betrachtete sorgfältig die Sendung von Cornelius und Neureuther...». Die Veröffentlichung unter dem Titel ‹Randzeichnungen zu Goethe's Balladen und Romanzen› erfolgte 1829/30 (Ruppert Nr. 2463). – *an... Dr. Weller einen Brief:* vom 1. Sept. (WA IV 44, 305).

6223 (2615) GJb 7, 276f. – *4. September 1828:* vgl. GTgb: «Kam Dr. Weller und ein Studiosus Schuchardt aus Jena. Brachten Briefe und Packete, welche durchgesehen, gesondert, geordnet und überdacht wurden. Speiste mit benannten beyden Personen.» – *von einem Buche... das ein Engländer über die Geschichte der Weine geschrieben habe:* FBdm vermutet: Kecht, Verbesserter praktischer Weinbau. Oder: Schouws, Pflanzengeographie (Ruppert Nr. 4338). Die Lektüre von beiden Werken während des Dornburger Aufenthalts in GTgb bezeugt (Kecht 3. Aug.–7. Sept., Schouws 7. Aug. 1828). – *Artischocken aus Frankfurt geschickt:* von Willemers, vgl. Marianne an Goethe 26. Aug. (Weitz 184). – *diktiert er... seinem Schreiber:* J.A.F. John.

6224 (2605/2608/2606/2615b/2609/2613a/2612a/2615a) aaO 19ff. – *[am 27. Juli]:* vgl. GTgb: «Kamen Ottilie, die beyden Kinder und Eckermann.» – *[am 7. August]:* vgl. GTgb: «Sechs Engländer von Naumburg kommend...» – *am letzten Tage seines Hierseins:* Goethe fuhr am 11. Sept. bereits um ½ 10 Uhr ohne Schwiegertochter und Enkel von Dornburg ab. – *solchen Kindern ist das Reich Gottes!:* vgl. Matth. 19, 14. – *[21. August]:* vgl. Nr. 6221 und Anm. – *[am 10. August?]:* vgl. GTgb: «Ein vergoldeter Gipsabguß des Stücks gediegenen Goldes, das 1826 am Ural gefunden wurde; ein freundliches Andenken von Geheimen Rath Loder aus Moskau...» – *[am 2. August]:* vgl. GTgb: «Früh nach 6 Uhr mit Herrn Dr. Stichling abgefahren nach Großheringen, wo wir bey dem Schulmeister Franke in seinem neuen Gebäude absteigen, da der Schulze Pietzel zu uns kam, ein gar wackerer Mann, der seiner Gemeinde gut vorsteht.» – *[am 20. Juli?]:* vgl. GTgb: «Ich fuhr mit meinem Sohn nach Jena.» Die genannten Personen sind in GTgb nicht verzeichnet, auch nicht eine andere Fahrt nach Jena. Es muß sich hier um eine Verwechslung handeln. – *[am 9. September]:* vgl. GTgb: «Fuhr mit Dr. Stichling den Weg nach Camburg, wo sich anmuthige Aussichten vorwärts und rückwärts zeigten.» – *am 12. [vielmehr 11.]:* vgl. GTgb: «Abgefahren um halb 10 Uhr... Gegen 2 Uhr in Weimar.»

6225 aaO 45ff. – *Goethes Sohn und der Landesdirektionsrath Töpfer:* gemeint ist deren Besuch am 27. Aug. Vgl. GTgb: «Kam noch spät mein Sohn mit Landesdirections-Rath Töpfer.»

6226 Corona. 2. Jahr. 5. Heft. März 1932. S. 619ff. – Mit einigen Kürzungen wiederabgedruckt in: Goethe und Dornburg. Unter Zugrundelegung eines nachgelassenen Manuskripts von Dr. Carl Riemann bearb. von Dr. Leo Hartmann. Jena 1866. S. 97ff. – *Kaiserschloß:* vgl. Anm. Nr. 6217 zu ‹kaiserliche Pfalz›. – *Weinrebe:* vgl. Eckermann nach dem 15. Juni 1828: «Fast den ganzen Tag bin ich sodann im Freien und halte geistige Zwiesprache mit den Ranken der Weinrebe, die mir gute Gedanken sagen und wovon ich Euch wunderliche Dinge mitteilen könnte.» (GA 24, 275).

– *mit freundlicher Teilnahme:* vgl. GTgb 15. Juli: «Ließ die in die Wochen gekommene Frau Stichling begrüßen.» Vgl. auch Goethes Brief an Ulrike v. Pogwisch vom 18. Juli (WA IV 44, 204). – *[27. Juli]:* vgl. GTgb: «Landesdirections-Rath Töpfer, verschiedene Personen angekündigt, welche zur Stichlingischen Taufe gekommen waren, darauf Weyland der Jüngere von Paris kommend... Geheime Cammerrath Kruse... Wir fanden diese Gesellschaft nachher auf der Terrasse, besahen mit ihnen das neue Schloß und schieden sodann.» – *[am 1. August]:* vgl. GTgb: «Sprach mit Frau Dr. Stichling und ihrer Gesellschaft, die das neu geborene Kind trugen.» – *Urenkelin Wielands... Enkelin Herders:* die erste Frau des Großvaters, des Kammerrats Stichling, war eine Tochter Wielands; die zweite Frau, die Mutter der hier genannten Tante Marie, war eine Tochter Herders. – *Bignonia:* als «sonst ausländische Pflanzenart» im Brief an F.A. v. Beulwitz vom 18. Juli erwähnt (WA IV 44, 207f.). Vgl. auch den Aufsatz ‹Bignonia radicans› (WA III 6, 340ff.). – *[am 7. September]:* vgl. GTgb: «Um 4 Uhr fuhr ich mit Dr. Stichling ins Thal hinab, über Dorndorf erst den Weg nach Golmsdorf; gingen dann auf die Höhe durch Äcker und Weinberge bis an das Thal, wo man Jena sieht. Der Adjunct von Dorndorf, ein gar hübscher Geistlicher, ging mit uns... wir verfügten uns alsdenn wieder herunter, der Geistliche zeigte uns den Anfang einer sehr reinlichen Bienenanstalt. Vermeldete auch einiges über die neusten Ansichten und Hypothesen.» – *[am 14. August]:* vgl. GTgb: «Abends bey Dr. Stichling. Gar gebildete anmuthige Personen.» Der Besuch fand also mehr als drei Wochen vor der Fahrt zu Klopffleisch statt. – *[am 9. September]:* an diesem Tage fand die Fahrt in Richtung Camburg statt (vgl. Nr. 6224 und Anm.) Hier liegt eine Verwechslung mit der oben geschilderten Fahrt zu Klopffleisch am 7. September vor. – *Einladung zum Diner... für den 28. August:* vgl. GTgb: «Kam Inspector Götze von Jena glückwünschend. Auch Doctor Stichling... Auch waren schöne reife Früchte, besonders auch bewundernswürdige Blumen, sehr schöne Georginen und dergleichen zu Kränzen gebunden und einzeln angekommen ... Speiste mit mir Dr. Stichling, Weller und Schuchardt.» Vgl. ferner Goethe an Ottilie 28. Aug.: «Frau Dr. Stichling hatte durch ihren Mann einen allerliebsten Kranz gesendet; sie selbst war durch ein kleines, das Gesicht entstellendes Übel abgehalten.» (WA IV 44, 293f.). – *[am 10. September]:* vgl. GTgb: «Abends bey Dr. Stichling, wo er und der Cantor auf dem Flügel sich gar löblich hören ließen.» – *Sinfonie Heroica von Beethoven:* dessen 3. Symphonie.

6227 aaO 8

6228 JbSKipp 4, 51 – *Wolffs Krankheit, Tod und Begräbnis:* auf der Rückreise von Ems war P.A. Wolff am 14. Aug. in Weimar eingetroffen. Er ist am 28. Aug. gestorben und am 31. Aug. beerdigt worden.

6229 JbSKipp 4, 51

6230 (2617) Kretschman 129 – *langen Brief:* es handelt sich wohl um das kurze, aber sehr persönlich gehaltene Schreiben aus Wilhelmsthal vom 4. August (JbGG 23, 43). – *[am 16. September]:* vgl. GTgb: «Halb 11 Uhr Königliche Hoheit die Frau Großherzogin Mutter.»

6231 JbSKipp 4, 51f. – Vgl. GTgb: «Professor Riemer… Alsdann einiges Botanische.» – *Averierenwollen:* Bewahrheitenwollen.

6232 JbSKipp 4, 52 – Vgl. GTgb: «Riemer blieb des Abends.»

6233 JbSKipp 4, 52 – Vgl. GTgb: «Nach Tische modellirte Herr Rauch und wurde vieles besprochen. Abends Thee.» – Es handelt sich um die bekannte Statuette (Schulte-Strathaus Taf. 155).

6234 JbSKipp 4, 52 – Vgl. GTgb: «Mittag Oberbaudirector Coudray, Hofrath Meyer und Professor Riemer. Abends große Theegesellschaft.» – *Rauchs:* Rauch war mit seiner Tochter Agnes gekommen.

6235 JbSKipp 4, 52 – *trefflich im Habitus:* die «vollendetste Naturwahrheit in der ganzen Haltung und Stellung» hebt Riemer auch in seinen ‹Mitteilungen über Goethe› hervor (vgl. Nr. 7095).

6236 (2618) Eggers 2, 333 – *bei anregender Unterhaltung:* vgl. GTgb 23. Sept.: «Vielfache Unterhaltung über Kunst und Kunstwerke. Berliner Verhältnisse, so wie über die dortigen fortschreitenden Arbeiten.» – 24. Sept.: «Den Morgen meist mit Herrn Professor Rauch zugebracht, welcher am Standbild modellirte und mancherley von den Berliner Kunstleistungen erzählend mittheilte.»

6237 aaO 186 – *«Genaues Maß Goethes…»:* dieses wurde von dem Hofbildhauer Kaufmann, dem das Formen der Statuette übertragen war, verglichen und führte, da Goethe die Darstellung für zu korpulent hielt, zu einer «Emendation», die dieser in seinem Brief an Rauch vom 26. März 1829 rechtfertigte (WA IV 45, 207).

6238 wie 4791 S. 225

6239 George Eliot's Life… Arranged and edited by her husband J.W. Cross. Vol. I. Edinburgh and London 1910, 291f.

6240 Johanna Schopenhauer: Briefe an Karl von Holtei. Leipzig 1870. S. 11

6241 (2619) Sor 61 – HoubenSoret 274 – Von Eckermann benutzt (GA 24, 692). – Vgl. GTgb: «Um 11 Uhr in den untern Garten… Nach Tische Herr Hofrath Soret. Einiges bezüglich auf unsere botanischen Arbeiten… Wir gingen zusammen nach Hause, wo er abgerufen ward.»

6242 JbSKipp 4, 52 – Vgl. GTgb: «Anmeldung des Herrn und Frau von Cotta. Einladung desselben auf den Mittag. Kamen gegen 2 Uhr. Dazu Coudray, Riemer und Eckermann. Ward viel von der Berliner Feyerlichkeit und den dortigen Zusammenkünften erzählt.»

6243 JbSKipp 4, 52f. – Vgl. GTgb: «Herr Macco, Historienmaler des Königs in Bayern, meldete sich und ward auf heute Abend eingeladen… Abends Hofmaler Macco und Professor Rösel, auch die Hausfreunde.» – *à la Dürer:* vgl. Nr. 6246 und Anm.

6244 (2620) aaO 1. Theil. S. 65 und 76ff. – Die Anwesenheit von H. Koenig ist nicht in GTgb bezeugt. – *der andere mir unbekannt:* der Maler Macco. – *Oppenheimer:* der Maler Moritz Oppenheim. Die Skizzen hat Goethe erst am 11. Okt. bekommen (vgl. Nr. 6260 und Anm.).

6245 (2620a) Grumach 352 – *Büste Ihrer gnädigen Kaiserin:* Alexandra Feodorowna von Rußland.

6246 SchrGG 28, 223 – Vgl. GTgb: «Die verwittwete Großherzogin, derselben vorgewiesen die Neureutherischen Zeichnungen.» – *Albrecht Dürer... Gebetbuch:* vgl. Nr. 2642 und Anm.

6247 JbSKipp 4, 53 – Vgl. GTgb: «Professor Riemer, Professor Rösel. Beide blieben zu Tische. Riemern hatte ich die Neureutherischen Arabesken vorgelegt.»

6248 (2623) Sor 62 – HoubenSoret 275 – Von Eckermann benutzt (GA 24, 692). Ein eigener Bericht von Eckermann findet sich fälschlich unter dem Datum des 7. Okt. (ebd 284 ff.). – Vgl. GTgb: «Herr von Martius nach 10 Uhr... zu Tische... Später Herr Soret. Das Gespräch war sehr aufgeweckt, indem die sämmtlichen Probleme der Geologie so wie der organischen Physiologie scherzhaft und paradox zur Sprache kamen.»

6249 JbSKipp 1, 128 f. – Vgl. GTgb: «Abends Professor Riemer. Unterhaltung über Bibliotheksangelegenheiten, in Bezug auf die Absichten der Frau Großherzogin.» – *eine schottische Ballade:* es handelt sich wohl um eine Stegreifübersetzung. Vgl. GTgb 8. Okt.: «Leben von Burns und schottische Balladen.»

6250 JbSKipp 4, 53 – Vgl. GTgb: «Mittag die Tieckische Familie. Die Professoren Riemer und Göttling.»

6251 Sor 62 – HoubenSoret 276 – Vgl. Eckermanns Bericht (GA 24, 287 f.)

6252 Houben 1, 375

6253 (2625) Kretschman 303 f. – *«The fair maid of Perth»:* ‹St. Valentine's Day, or the Fair Maid of Perth›, erschienen Edinburgh 1828. Lektüre in GTgb am 18. Aug. sowie 14. bis 16. Sept. erwähnt.

6254 (2627) Kretschman 304 f. – *[am 9. Oktober]:* vgl. GTgb: «Abends Tiecks Vorlesung und Abendessen bey meiner Tochter.» Vgl. auch Eckermanns Bericht (GA 24, 290 ff.).

6255 (2628) wie 6240 S. 33 f. – *«Jery und Bätely»:* nach GTgb am 8. Juni.

6256 (2645) Johannes Müller: Handbuch der Physiologie des Menschen für Vorlesungen. Bd 2. Coblenz 1840. S. 567. – *[am 10. Oktober]:* vgl. GTgb: «Um 12 Uhr Professor Johannes Müller von Bonn. Sein Werkchen über die phantastischen Gesichtserscheinungen [Ruppert Nr. 4900] vorlegend, worüber denn weiter gesprochen wurde.»

6257 JbSKipp 4, 54 – Vgl. den Bericht von Eckermann (GA 24, 292).

6258 HoubenSoret 276 ff. Aus dem Französischen. – *Übersetzung... der «Metamorphose der Pflanzen»:* der deutsch-französische Paralleldruck ist erst 1831 erschienen (Hagen Nr. 214).

6259 (2629) Im Neuen Reich 1876. Bd 2. S. 908 f. – *11. Oktober:* vgl. GTgb: «Consistorialrath und Dr. Wiggers aus Rostock mit Frau und 2 Söhnen, deren ältester nach Schulpforte bestimmt ist.»

6260 (2631) BerFDH NF 13, 71 f. – *[...am 11. Oktober]:* vgl. GTgb: «Umrisse von Moritz Oppenheim zu Hermann und Dorothea. Durch Herrn Canzler von Müller.» Die Umrisse sind in Frankfurt a.M. 1828 erschienen.

6261 JbSKipp 4, 54

6262 (2632) Sor 63 – HoubenSoret 279 f. – Von Eckermann benutzt (GA 24, 693). – Vgl. GTgb: «Später Herr Soret... Lasen einige Lieder von Béranger.»

6263 Tewes 86f. – *Herr v. Cotta war hier:* am 27. Sept. (vgl. Nr. 6242 und Anm.).

6264 (2882/2883) Frankfurter Zeitung Nr. 188 vom 9.7.1899 – *[am 27. Oktober 1828]:* vgl. GTgb: «Architekt Wolf von Kassel nach Berlin gehend.» – *[... in «Kunst und Altertum»]:* vgl. 5497 und Anm. Die Anzeige ist in KuA VI, 2 erschienen. – *Literaturblatt:* vielmehr ‹Berliner Kunstblatt›. – *[28. Oktober]:* vgl. GTgb: «Mittag zu Tische Coudray, Meyer, Riemer und Architekt Wolf.» – *im Cottaschen Kunstblatt:* seit 1819 Beilage zum ‹Morgenblatt für gebildete Stände›. – *des Mollerschen Theaters:* in Darmstadt.

6265 JbSKipp 1, 129 – Riemer an diesem Tage nicht in GTgb erwähnt.

6266 Beilage zur Allgemeinen Zeitung 1905 Nr. 75 vom 30. März. – *die lange, stämmige Figur:* gemeint ist Vers 62 des Gedichtes ‹Ilmenau›: «Die markige Gestalt aus altem Heldenstamme.» (GA 1, 360). Nach einer Tradition, die auf Eckermanns Gespräch vom 23. Okt. 1828 (GA 24, 700) zurückgeht, wird die Stelle von den Kommentaren (noch BA 1, 884) auf Knebel bezogen. Dagegen bezieht Grumach in Übereinstimmung mit unserer Quelle die Stelle auf den Prinzen Ludwig von Hessen-Darmstadt, der am 20. Juli 1776 in GTgb in Ilmenau erwähnt wird (BuG 1, 441f., dazu Reg. S. 501). Auf diese Zeit bezieht sich das in dem Gedicht ‹Ilmenau› geschilderte Geschehen (vgl. Nr. 409 und Anm.).

6267 Grumach 353 – *unwohl:* vgl. die entsprechenden Vermerke in GTgb vom 30. Okt. bis 1. Nov.

6268 (2636) Sor 63f. – HoubenSoret 281 – Vgl. GTgb: «Mittag die Kinder. War Mittagstafel der Freunde im Erbprinzen. Kam Herr Soret.» – *l'anniversaire de son jubilé:* d.h. des Tages seiner Ankunft in Weimar. – *tome XV:* die ‹Novelle› ist erstmals in Bd 15 der Ausgabe letzter Hand (1828) erschienen.

6269 aaO 2, 631 – Was Riemer hier berichtet, beruht zum Teil auf Goethes eigenen Äußerungen in TuJ 1797 (GA 11, 664); im Anschluß an unsern Ausschnitt zitiert Riemer Goethe wörtlich.

6270 JbGG 9, 276 – Vgl. GTgb: «[Vormittags] Nachher Dr. Ilmoni aus Finland.» – *Porträt [von Kügelgen]:* von 1810 (Schulte-Strathaus Taf. 102f.). – *Brand der Stadt Åbo:* Åbo, die frühere Hauptstadt Finnlands, war 1827 durch eine Feuersbrunst schwer heimgesucht worden (Anm. Quelle). – *ein vornehmer Besuch:* in GTgb nicht genannt (allenfalls wäre möglich, daß die Großherzogin Luise, die vor Ilmoni Goethen besucht hatte, inzwischen bei Ottilie v. Goethe gewesen und dann nochmals zu Goethe zurückgekehrt wäre). (Anm. ebd)

6271 Grumach 353 – *[am 16. November]:* vgl. GTgb: ‹Bedeutendes Schreiben des Grafen Reinhard an Müller.» – *Schilderung des Faust:* vgl. ChrWGV 23, 35 (so Quelle).

6272 Tewes 88f.

6273 (2639/2640) Faust von Goethe ... hrsg. von K.J. Schröer. 1. Theil. 2. Aufl. Heilbronn 1886. S. XCVf. – *Darstellung in Braunschweig:* am 19. Jan. 1829 erfolgte die Uraufführung von Faust I durch Klingemann in Braunschweig. – *den Gedanken anregte:* vgl. auch Holteis früheren Plan einer Faust-Aufführung (Nr. 6153). – *[am 23. November 1828?]:* vgl. GTgb: «Nach Tische Ottilie, die Theaterangelegenheiten vortragend. Nachher mein Sohn ...»

6274 (2641) Sor 64f. – HoubenSoret 283f. Von Eckermann benutzt (GA 24, 705). – Vgl. GTgb: «Gegen Abend ... Herr Soret. Scherz über die verzuckerten Cedraten, daraus entstandenes kleines Gedicht.» Es handelt sich um kandierte Zitrusfrüchte. – *Glücklich Land ...:* An die Damen Duval zu Cartigny bei Genf / Weimar, den 3. Dezember 1828 (GA 2, 301). – *à imprimer Götz:* vgl. Nr. 2489 und Anm. – *correspondance avec mes parents:* Brief vom 5. Dez. (GallatiSoret 37). – *Machinka:* Marie Duval, vgl. die folgende Nr.

6275 GJb 23, 210ff. – *des vers imprimés avec sa signature:* solche unterschriebene Einzeldrucke von Gedichten verwendete Goethe häufig; vgl. GWb ‹Dankblättchen› und ‹Danksagungsgedichte› – *portrait gravé:* von Schwerdgeburth (vgl. Schulte-Strathaus S. 69). – *ce qu'il a écrit:* gemeint ist der Aufsatz ‹Manzoni's Roman: Die Verlobten› in KuA VI 2, 1828, der jedoch nicht von Goethe stammt. – *trois traductions allemandes:* in dem genannten Aufsatz werden zwei Übersetzungen, von C. v. Bülow und Daniel Leßmann, erwähnt. Mit beiden hat sich auch Goethe beschäftigt.

6276 Grumach 354 – *Abschluß der Wanderjahre:* vgl. GTgb 20. Dez.: «Den ersten Theil der Wanderjahre zum Abschluß revidirt.»

6277 (2643) Sor 65 – HoubenSoret 287 – Vgl. GTgb: «Herr Soret mit dem Prinzen. Besprach ich mit ersterem die Angelegenheit, deren die Frau Großherzogin erwähnt hatte.» – *le plan d'une espèce d'école de cadets:* Auch diese Denkschrift ist erhalten: «Quelques notes sur les modifications à apporter dans le régime d'éducation du Prince Charles Alexandre, Novembre 1828», worin auch (S. 17ff.) der Plan mit einer Art Kadettenschule behandelt ist. (HoubenSoret ebd Anm.)

6278 Durylin 360f. Aus dem Russischen übersetzt von M. v. Propper. – *[am 22. Dezember?]:* vgl. GTgb: «Der Graf Wielhorski.» Dieser war am 19. Dez. aus Petersburg gekommen, um Maria Pawlowna über das am 5. Nov. erfolgte Ableben der Kaiserinmutter näher zu informieren (M. v. Propper).

6279 HoubenSoret 290f. Aus dem Französischen. – *Übersetzung der Metamorphose der Pflanzen:* vgl. Nr. 6258 und Anm. – *Lob, das Herr de Candolle ihm spendet:* in seiner ‹Organographie végétale›, Bd 2, Paris 1827 (vgl. Schmid Nr. 1653). – *[am 2. Januar]:* vgl. GTgb: «Herr Hofrath Soret, freundliche Briefe von Genf mittheilend.» – *einige Kapitel der de Candolleschen «Organographie» übersetzt:* unter dem Titel ‹Von dem Gesetzlichen der Pflanzenbildung. Aus dem Französischen›, erst 1892 aus dem Nachlaß veröffentlicht (WA II 7, 151ff.).

6280 (2648) Sor 67 – HoubenSoret 292 – Vgl. GTgb: «Herr Hofrath Soret, einen Brief von Genf bringend, wegen der neuen Rückseite zu Bovy's Medaille sich berathend.» Vgl. Schulte-Strathaus Taf. 129b.

6281 Nach Hs im StA Weimar – Vgl. GTgb: «Frau Großherzogin und Demoiselle Mazelet. Legte die Risse Kirchners vor und ward über die Angelegenheit ferner gesprochen.» – *jeune Kirchner:* vgl. das Konzept einer

Quittung über die Ausbildungshilfe für Carl Georg K. vom 5. Febr. (WA IV 45, 384).

6282 (2649) JbSKipp 4 108 ff. – *jeden Mittag:* vom 25. bis 30. Jan. ist Eckermann täglich als Mittagsgast in GTgb erwähnt. – *der Faust in Braunschweig:* vgl. Nr. 6273 und Anm. – *Euphrosyne:* Christiane Becker-Neumann. Zu ihrem Andenken hat Goethe das Gedicht ‹Euphrosyne› (GA 1, 196 ff.) geschrieben.

6283 JbSKipp 4, 114 – *Gedichte zu einem Musenalmanach:* es handelt sich um den von A. Wendt herausgegebenen ‹Musenalmanach auf das Jahr 1830›, in welchem Goethe nur mit seinem Gedicht ‹Die ersten Erzeugnisse der Stotternheimer Saline› vertreten ist, Eckermann dagegen mit keinem Beitrag.

6284 Nach Hs im StA Weimar – Vgl. GTgb: «Das Mundum wegen der abgebrochenen Fortsetzungen bey Artaria berichtigt. Um 12 Uhr Frau Großherzogin. Derselben die Angelegenheit vorgelegt und die Beystimmung erhalten.» Vgl. ferner die Briefe Goethes an H. Meyer vom 6. und 10. Febr. (WA IV 45, 150 und 153 f.).

6285 (2650) Goethe/Rochlitz 466 – *[Relation von dem Kayserlichen Hofe zu Wien, 1705]:* vgl. Goethes Begleitzeilen an Rochlitz vom 30. Jan. 1829 (WA IV 45, 147). Der Verfasser ist Casimir Freschot, der Übersetzer Eucherius Gottlieb Rinck (ebd 383). Lektüre in GTgb erwähnt am 6. Jan. – *Schilderungen der Kaiserstadt:* Rochlitz hatte Goethe am 13.9.28 sein neues Buch ‹Für ruhige Stunden› überschickt (Ruppert 1101); 1822 hatte er Beethoven in Wien besucht (vgl. GTgb 2.3.28).

6286 (2659) wie 6240 S. 46 f. – *Erscheinung Ihres Melodramas «Faust»:* – über die Berliner Aufführungen von Holteis Melodrama ‹Doktor Johannes Faust› vgl. Zelter an Goethe 21./23. Jan. (Hecker 3, 111 f.). – *[am 16. Februar]:* vgl. GTgb: «Mittag Fräulein Adele.» – *ein Brief:* von Samuel Rösel an Zelter vom 30. Jan., übersandt an Goethe mit Brief vom 31. Jan./14. Febr. (Hecker 3, 121 ff.).

6287 (2651) Wissenschaftliche Beilage der Leipziger Zeitung Nr. 33 vom 24.4.1879 – *[...am 17. Februar]:* vgl. GTgb: «[Vormittags] Nachher Herr von Lützerode und Gemahlin.» – *Ihre Übersetzung des Dante:* Dante's Göttliche Comoedie. Hölle. (Übers.: Philalethes [d.i. König Johann von Sachsen].) [Nur] (1.–10. Gesang.) [Dresden 1828.] (Ruppert Nr. 1674). – *nur angefangen:* vgl. GTgb 6. Aug.: «Prinz Johann, Übersetzung der ersten Gesänge des Dante.»

6288 Varnhagen/Rahel 6, 273 f. – Brief aus Kassel.

6289 (2666) JbFDH 1902, 265 – *seine Briefe an Sie:* vgl. Nr. 5826 und Anm. – *«Hofdame»:* in der ersten Ausgabe hat Elsholtz Goethes Wunsch respektiert. Erst 1835 in der ‹Zweiten vermehrten und mit Goethes Briefen über ‹Die Hofdame› versehenen Ausgabe› des ersten Bandes seiner Schauspiele hat er die Korrespondenz verwertet.

6290 (2667) Sor 67 f. – HoubenSoret 302 f.

6291 (2668) Sor 68 – HoubenSoret 303 – Vgl. Soret an Goethe 15. März (HoubenSoret 302). Demnach muß der Besuch bei Meyer und der Bericht darüber bei Goethe bereits an diesem Tage stattgefunden haben.

6292 (2669) Sor 68f. – HoubenSoret 304f. – Vgl. GTgb: «Herr Soret die Tyroler Mineralien ansehend... Um 12 Uhr der Prinz mit Herrn Soret. Wir besahen einige Mineralien aus dem Zillerthal und kauften einiges.»

6293 JbSKipp 4, 118 – *Mantegna:* vgl. GTgb 20. März: «Mittag Dr. Eckermann, zeigte ihm das Stück von Mantegna's Triumphzug mit dem Elephanten...». Vgl. ferner die Eintragungen vom 22.–26. März.

6294 (2671a) wie 6287 – *neueren Gedichte:* Goethe besaß eine ‹Auswahl aus den Gedichten des Prinzen von Sachsen› (Ruppert Nr. 976).

6295 Frese 116

6296 Houben 1, 422 – Vgl. das ausgeführte Gespräch (GA 24, 354ff.). – Vgl. GTgb: «Mittag Dr. Eckermann. Ich fuhr in Betrachtung der alten römischen Papiere fort... Schreiben an Ihro Majestät [König Ludwig I. von Bayern].»

6297 Houben 1, 422 – Vgl. das ausgeführte Gespräch (GA 24, 361ff.). – Vgl. GTgb: «Nach Tische blieb Dr. Eckermann.»

6298 Houben 1, 423 – Vgl. das ausgeführte Gespräch (GA 24, 363ff.). – Vgl. GTgb: «Schuchardt copirte Auszüge aus den italiänischen Briefen. John mundirte den Brief an den König von Bayern.»

6299 Houben 1, 423 – Vgl. das ausgeführte Gespräch (GA 24, 366f.). – Vgl. GTgb: «Mittag Hofrath Meyer und Dr. Eckermann; nochmalige Durchsicht der Leipziger Kupfer- und Zeichnungs-Sendung.»

6300 (2682) ChrWGV 1888, 6 – *[am 14.]:* vgl. GTgb: «Herr von Gagern und Sohn.» – *sein Bildnis:* die Zeichnung von Schmeller von 1825 (vgl. Schulte-Strathaus Taf. 131). – *einen geschickten Zeichner:* Schmeller (vgl. Schuchardt 1, 287 Nr. 632).

6301 GJb 11, 61 – *sa soeur:* Sophie Caroline Diemer. – *[8. bis 14. April]:* Graf Reinhard d.j. in GTgb erwähnt am 8., 11. und 14. April.

6302 Houben 1, 424 – Vgl. das ausgeführte Gespräch (GA 24, 367ff.).

6303 Houben 1, 424 – Vgl. das ausgeführte Gespräch (GA 24, 370). – *Zelters Brief über Griepenkerl:* dem Brief vom 6./11. April hatte Zelter einen Antwortbrief an Griepenkerl beigefügt (Hecker 3, 141f.). Goethe besaß dessen ‹Lehrbuch der Ästhetik› von 1826 (Ruppert Nr. 3196), das er jedoch nicht schätzte. – *Histoire du jongleur:* nicht ermittelt.

6304 Nach der Hs im StA Weimar – Vgl. GTgb: «Halb zwölf Uhr die Frau Großfürstin...» – *Gewerk-Schule:* für die ‹Freie Gewerkschule› in Weimar tauchen in GTgb auch die Ausdrücke ‹Baugewerk-Schule› und ‹Gewerbschule› auf (seit dem 13. Febr. 1829).

6305 Houben 1, 424 – *Griepenkerl:* vgl. Goethes Brief an Zelter vom 28. April, wo er jenen als «thörichten Ästhetiker» apostrophiert (WA IV 45, 257). – *Würste:* Anspielung auf Braunschweig, wo sich Griepenkerl befand.

6306 Houben 1, 424f. – Vgl. GTgb: «...Hofrath Meyer...blieb zu Tische; mit Eckermann.» – *Roter Rock mit silbernen Knöpfen:* mit Bezug auf Kniep (vgl. Nr. 6068). – *Gastmahl:* in Neapel Juni 1787, vgl. ItR (GA 11, 395).

6307 (2684) Generalanzeiger für Stralsund, Neu-Vorpommern und Rügen. 2. Jahrg. 1864. Nr. 43f. – *[18. April]:* vgl. GTgb: «Cammergerichts-

Referendar Schnitter aus Berlin.» – *Büste der Sontag:* von L. Wichmann 1825 (Schuchardt 2, 340 Nr. 170). – *mit der älteren Herzogin:* gemeint ist die Prinzessin Marie.

6308 Houben 1, 425f. – Vgl. GTgb: «Schreiben an Dr. Ernst Meyer nach Königsberg concipirt... Mittag Dr. Eckermann.» – *Brief von Ernst Meyer:* vom 8. April (GJb 5, 149ff.). Goethes Antwort vom 23. April (WA IV 45, 248ff.). – *Geschichte einer Idee wie sie unmöglich:* vgl. die Formulierung in dem genannten Brief Goethes: «...daß man nämlich die Art und Weise, wie eine in's Leben tretende Idee fortgewirkt habe, eigentlich historisch nicht werde darstellen können...» (ebd 249). – *Petersburger Aufgaben:* über die physikalische Preisaufgabe der Petersburger Akademie vgl. Goethes Brief an Ch.L.F. Schultz vom 29. Juni (WA IV 45, 312f.). – *Briefe aus Rom:* für den ‹Zweiten Römischen Aufenthalt› in ItR.

6309 Ri 2, 723 – *Aberglaube:* vgl. MuR 171 (gedruckt KuA IV 2, 1823).

6310 Houben 1, 426 – Vgl. GTgb: «Mittag Geh. Rath von Müller, von seiner Dresdner Reise erzählend. Später Dr. Eckermann...»

6311 (2647) JbSKipp 4, 122f. – *mein letztes Gedicht:* die Neckerei auf den Weimarer weiblichen Adel ist wohl das Gedicht ‹Die Ahnen› (Gedichte 1838, S. 82). (ebd 183 Anm.).

6312 Houben 1, 427 – Vgl. GTgb: «[Vormittags] Herr Cammerherr Leopold von Buch.» – *Wolff vorzüglich:* vielleicht auf die erste Weimarer Tasso-Aufführung vom 16. Febr. 1807 bezüglich (vgl. Nr. 2400). – *Gespräch über Mineralogie vermieden:* wegen Differenzen über die Gesteinsbildung; Goethe bezeichnete v. Buch als ‹Ultra-Vulkanisten› (WA II 10, 263). – *Daß ein Stück Zucker lebendig:* vgl. Nr. 7210. – *Wassernot von Danzig:* vgl. Goethes Brief an E. Meyer vom gleichen Tage (WA IV 45, 252).

6313 Houben 1, 427f. – *Kontroversen bei der Fahrt über den Tiber:* ItR, Rom, November 1787 (GA 11, 488). – *Petersburger Akademie:* vgl. Nr. 6308 und Anm. – *ajournieren:* vertagen. – *Cornelius, Eroberung von Troja:* vgl. Schuchardt 1, 110 Nr. 50e.

6314 Houben 1, 428f. – Vgl. GTgb: «Mittag Dr. Eckermann. Nach Tische Zeichnungen und Kupfer geordnet. Indische Schauspiele nach dem Engländer Wilson.» Es handelt sich um: Theater der Hindu's. Aus d. engl. Übertragung d. Sanscrit-Orig. v. H[orace] Wilson metr. übers. [v. O.L.B. Wolff]. Th. 1. Weimar 1828 (Ruppert Nr. 1792). – *Komposition des Faust:* Huit Scènes de Faust, tragédie de Goethe, traduites par Gérard [de Nerval], composées par Hector Berlioz, œuvre 1. – *nebst Brief:* vom 10. April (GJb 12, 99f.).

6315 Houben 1, 379f. – *bald nach Ihrem Briefe:* vom 23. März, in welchem Hiller die Sendung von Berlioz ankündigt (Houben 1, 377). – *suchte die Noten mit den Augen zu lesen:* vgl. Goethe an Zelter 11. Juni, wo er über «die im Anschauen so wunderlichen Noten-Figuren» spricht (WA IV 45, 288). – *Er wird Herrn B. gewiß antworten:* die Antwort ist nicht erfolgt (vgl. GJb 12, 128f.)

6316 Houben 1, 429f. Vgl. GTgb: «Lebensgeschichte des standhaften Prinzen Fernando. Gries Calderon 7. Band: Die Locken Absalons... Mittag Dr. Eckermann. Nach Tische Fräulein Ulrike, Gespräch über die neueren Theater-Exhibitionen, den Vampyr und Sonstiges.» Bd 7 von Calderons ‹Schauspielen›, übersetzt von J.D. Gries, ist in Berlin 1829 erschienen (Ruppert Nr. 1721). – *Petri Fischzug:* vgl. Schuchardt 1, 63 Nr. 590. – *Die Schlacht des Konstantin:* vgl. ebd 1, 66 Nr. 616ff. – *Bild von Grünler:* Ehregott G. hat Goethe 1829 porträtiert (Schulte-Strathaus Taf. 157). – *Vampir:* Oper von Marschner.

6317 Houben 1, 430 – Vgl. GTgb: «Einzelnes zum zweyten römischen Aufenthalt... Mittag Dr. Eckermann... Abends... Crescimbeni in Bezug auf Arcadia.» Zur Aufnahme Goethes in die Gesellschaft ‹Arcadia› vgl. Nr. 823 und Anm. – *Leonore:* wohl Holteis ‹Lenore› (vgl. Nr. 6153).

6318 Houben 1, 431 – Vgl. GTgb: «Mittag Dr. Eckermann. Nach Tische Herr Hofrath Soret, brachte die französische Übersetzung der Metamorphose der Pflanzen.» – *1790. Priorität:* 1790 ist der Erstdruck der ‹Metamorphose der Pflanzen› erschienen. Priorität bezieht sich auf den Prioritätsstreit zwischen Goethe und Oken, die Wirbeltheorie des Schädels betreffend. – *Scherz, List und Rache:* vgl. ItR, Rom November 1787 (GA 11, 482).

6319 Houben 1, 431 – Vgl. GTgb: «Madame Wolff und Tochter zu Tische.»

6320 Houben 1, 432 – Vgl. GTgb: «Mittag Dr. Eckermann... Die Bestrafung des Ananias von Marc Anton nach einer Zeichnung Raphaels mit dem Kupfer Dorigny's nach dem Carton verglichen.» Vgl. Schuchardt 1, 63 Nr. 591 und 246 Nr. 131. – *Papst:* Pius VIII. – *Heiliger Neri:* vgl. den Abschnitt ‹Philipp Neri, der humoristische Heilige› in ItR (GA 11, 509ff.).

6321 Grumach 355 – *Auch Goethe hat sich daran erbaut:* vgl. GTgb 27. April: «Geh. Rath von Müller, Graf Reinhard'sche Angelegenheiten.» – *Bourrienne:* laut GTgb begann Goethe am 4. April die Lektüre von Bourriennes ‹Mémoires sur Napoléon›.

6322 Houben 1, 433 – Vgl. GTgb: «Nach Tische Ottilie mit Dr. Eckermann sich streitend über die gestrige Vorstellung der Madame Wolff.» Nach O. Fambach in DtVjs 48, 1974, 385 trat Anna Amalie Wolff als Elisabeth in ‹Kenilworth› nach Scott bearbeitet von Lembert auf. – *Arcadia:* vgl. GTgb 29. April: «Meine Aufnahme in die Arcadia und eine Einleitung dictirt.»

6323 (2694) Staats-Anzeiger für Württemberg Nr. 235. Stuttgart, 5.10.1864. S. 2086f. – *Zeitschrift «Ausland»:* seit 1828 bei Cotta in Stuttgart erscheinend. – *[4. Mai 1829]:* vgl. GTgb: «Besuch von zwey Stuttgartern: Dr. Notter und Wolff.» – *Aurikeln im vollsten Flor:* vgl. GTgb 5. Mai: «Um 12 Uhr nach Belvedere gefahren, um die Aurikelflor zu sehen...»

6324 Fahrten nach Weimar 48 – *Graf Platen... Undankbarkeit gegen Knebel:* vgl. Nr. 5438 und Anm. – *Bei Goethe:* vgl. GTgb: «Russischer Staatsrath Tourgéneff aus England und Schottland zurückkehrend und von den vielen Personen sprechend, die er kennen gelernt; er war schon vor einigen Jahren mit Herrn Joukowsky bey uns gewesen.» – *W. Scott... «Geschichte Napoleons»:* The Life of Napoleon Buonaparte. Edinburgh 1827 (Ruppert Nr. 192). Vgl. Goethes Aufsatz ‹Walter Scott, Leben

Napoleons› (GA 14, 924ff.). – *verschl[afen?]:* im Original deutsch, aber unvollständig; Ergänzung durch M. v. Propper. – *Vollständiges:* besser: Zusammenfassendes (nach M. v. Propper). – *die Engländer:* unter dem 3. Mai berichtet Turgenjew von einem Besuch bei Maria Pawlowna und schreibt: «Sie erzählte, Goethe nehme an, W. Scott habe seine ‹Geschichte Napoleons› im Auftrag der englischen Regierung geschrieben...»

6325 Fahrten nach Weimar 50 – *In Weimar:* Turgenjew blieb zehn Tage in Weimar. Er vermerkt am 11. Mai in seinem Tagebuch: «Von Goethe verabschiedet».

6326 Durylin 307. Aus dem Russischen übersetzt von M. v. Propper. – *im Globe seinen Aufsatz über Weimar:* vgl. Nr. 5971 und Anm.

6327 Houben 1, 433f.

6328 Houben 1, 434 – Vgl. GTgb: «...Mittag Dr. Eckermann, nach Tische die Claude Lorrains von Gmelin gestochen durchgesehen.» – *Meyers Herkules beim Admet:* Hercules läßt sich im Trauerhause des Admet bewirthen (Schuchardt 1, 277 Nr. 460). – *Claude Lorrain:* die Stiche von Gmelin Schuchardt 1, 203f. Nr. 95ff.

6329 Houben 1, 434 – *Eine Königin als Elisabeth:* Amalie Wolff in ‹Kenilworth›; vgl. Nr. 6322 und Anm. – *Poussin:* wohl die beiden Landschaften Schuchardt 1, 208 Nr. 136f.

6330 Houben 1, 435 – *gestern abend im Theater:* vgl. GTgb 6. Mai: «Abends in's Schauspiel, ohne sonderliche Erbauung.» Es gab ‹Der Kammerdiener›, Posse von Leitershofen [P.A. Wolff], mit Anna Amalie Wolff, und ‹List und Phlegma›, Vaudevilleposse frei nach Patrat bearbeitet von Louis Angely (O.F.).

6331 Houben 1, 435

6332 Houben 1, 436 – Vgl. GTgb: «Betrachtung des von Bendorf angekommenen Modells des Monuments von Igel... zu Tische Dr. Eckermann; die Wanderjahre weiter besprochen.» Zu dem Modell vgl. Goethes Vorwort zu: Das römische Denkmal in Igel... beschrieben und durch Zeichnungen erläutert von Karl Osterwald. Koblenz 1829 (GA 13, 1033ff.). Darin Zitat der beiden Stellen über das Monument von Igel in der ‹Campagne in Frankreich›.

6333 Houben 1, 437 – Vgl. GTgb: «Vorarbeiten zu dem Schreiben über das Monument von Igel... Mittag Hofrath Meyer; demselben das Monument von Igel vorgewiesen und eine Recension desselben besprochen; blieb mit Dr. Eckermann zu Tische...» – *Ausgelassenen Brief:* wohl den von Wilhelm an Natalie (WA I, 25^2, 58ff.) oder einen anderen aus der Erstfassung der ‹Wanderjahre› in der zweiten Fassung eliminierten Brief.

6334 (2685) Fahrten nach Weimar 57f. – Dort als Quellenangabe Bi^2 4, 114f. Der Text ist jedoch gegenüber Bi verändert, die Übersetzung offenbar verbessert. – *[am 12. Mai]:* vgl. GTgb: «Um 1 Uhr Fürstin Wolkonsky mit zwey jungen Russen, eingeführt vom Geh. Rath von Müller.» – *Übersetzer des Werther:* die Übersetzung ist in Moskau 1828/29 erschienen (M. v. Propper). – *Profil in der kleinen Einzelausgabe des Werther:* vgl. Nr. 5536 und Anm. – *Porträt von Kiprenski:* vgl. Nr. 5192 und Anm. – *drei... Bü-*

sten: wohl die von Trippel 1787/88 (Schulte-Strathaus Taf. 70), Klauer um 1790 (ebd Taf. 75) und Rauch 1820 (ebd Taf. 118).

6335 Fahrten nach Weimar 58f. nach JbGG NF 2, 1937, 185f. – *Goethe interessiert sich für alles...:* diese Äußerung als «informatorisch unverwertbares literarisches Kuriosum» von M. v. Propper in JbGG NF 12, 1950, 231 eingestuft.

6336 JbGG NF 12, 228f. mit einigen nachträglichen Verbesserungen der Übersetzung von M. v. Propper – *Bild, das eine Harfe darstellt:* Deckfarbengemälde, eine Kopie eines unbekannten Künstlers nach C.G. Carus. Abgebildet im JbGG NF 2, 1937, neben S. 161. – *Idee... der «Helena» entnommen:* vgl. die Regieanweisung nach Euphorions Verschwinden (GA 5, 455). – *seine Zeitschrift:* KuA VI 2 vor 1828 erschienen, VI 3 wurde erst 1832 nach Goethes Tod herausgegeben.

6337 JbGG NF 2, 192ff. (teilweise in neuer, verbesserter Übersetzung von M. v. Propper wiedergegeben in JbGG NF 12, 229f.) – *Verfasser einer Analyse der «Helena»:* vgl. JbGG 3, 1916, 179ff. – *Mignons Empfindung:* Anspielung auf den Vers «Und Marmorbilder stehn und sehn mich an» in Mignons Lied ‹Kennst du das Land...› (GA 1, 111). – *sein kleiner Enkel:* Walther.

6338 Nordische Blumen. Almanach 1830, 216ff. – Übersetzung aus dem Russischen von M. v. Propper.

6339 Houben 1, 437 – Vgl. GTgb: «Mittags Dr. Eckermann; die Motive der Wanderjahre weiter besprochen.»

6340 Houben 1, 437 – *Brief von Schultz:* vom 6. Mai (Briefwechsel zwischen Goethe und Staatsrath Schultz, hrsg. von H. Düntzer, Leipzig 1853, 363).

6341 Houben 1, 437 – *Neris Brief an den Papst und dessen Antwort:* ‹Memorial des Philipp Neri an Clemens VIII.› und ‹Eigenhändige Resolution des Papsts, unter das Memorial geschrieben› in ItR (GA 11, 522f.).

6342 Die Schaubühne. Bd 36. 1950, 112 – Vgl. GTgb: «Mittag Madame Wolff und Tochter... Nach Tische Fürst Elim.»

6343 (2690) Phönix. 3. Jahrg. 2. Halbjahr. Frankfurt 1836, 974 – Der andere S. 973 wiedergegebene Besuch ist bereits von FBdm, da «zu novellenhaft ausgeschmückt», nicht aufgenommen. – *[Carl Künzel]:* der in der Quelle nicht genannte Besucher von FBdm auf «Metzler aus London» (vgl. GTgb 17. Mai) bezogen. Da Carl Künzel als Autographensammler, besonders von Schilleriana, bekannt ist, erscheint der Bezug auf ihn wahrscheinlicher (O.F.).

6344 (2691) Gr 154f. – *Aufgeben seines Journals Kunst und Alterthum:* vgl. Nr. 6336 und Anm. – *Helena Fourment von Rubens:* die Lithographie von Flachenecker nicht bei Schuchardt, dagegen eine Radierung nach Rubens ‹Die Frau von Rubens mit Hut und Feder darauf› von Tassaert ebd 1, 180 Nr. 354. – *Oppenheims häßliche Susanne:* lithographiert von F.C. Vogel, ebd 1, 133 Nr. 293. – *Rauchischen Basreliefs der Blücher-Statue:* zwei Reliefs vom Fußgestell zu Blüchers Standbild in Berlin (vgl. ebd 2, 338 Nr. 139).

6345 Houben 1, 439 – Vgl. GTgb: «Mittags zu Hause mit Eckermann.

Wurden die Wanderjahre besprochen. Auch Hofrath Meyers kleine Schriften.» – *des Königs Gedichte:* Bd 1 der Gedichte Ludwigs I. von Bayern ist 1829 erschienen. Vgl. auch Goethes Äußerung über des Königs Gedichte in Eckermanns ‹Gesprächen› am 8. April (GA 24, 350). – *Poussin Testament:* Testament des Endamidas von Corinth (Schuchardt 1, 208 Nr. 133 f.). – *Sebastian Bourdon:* wohl die 6 Blätter Landschaften (ebd 1, 198 Nr. 38).

6346 (2692) Gr 155 – *Sternbergs Kommen:* erfolgte erst im Juli 1830 (vgl. Nr. 6599). – *zehnjähriges Schweigen:* bezieht sich nicht auf den Briefwechsel mit Rochlitz, sondern auf dessen in Aussicht gestellten Besuch. – *Von Cottas Zögern sprechend:* in der späteren Fassung: «Als wir auf Cotta und seine ewigen Zögerungen bey der Herausgabe der Goetheschen Werke kamen, brach er heftig aus:» (Grumach 176). – *Sternberg:* der im Aug./Okt. 1828 schwer erkrankt war. – *Impropriëtät:* Unangemessenheit. Vgl. das Gespräch über die «Proprietät» der Tropen Nr. 4677. – *Achtundsiebzigjähriger:* vielmehr Achtundsechzigjähriger.

6347 (2693) Goethe/Rochlitz 466 f. – *«Pfingsten, das fröhliche Fest»:* Anfang des ‹Reineke Fuchs›, ungenau zitiert. – *letzte Zuschrift:* vom 7. März. – *Wien-Büchlein:* vgl. Nr. 6285 und Anm.

6348 Grumach 356 – *gestern:* vgl. GTgb 22. Mai: «Ich fuhr in den untern Garten… Fräulein Jacobi speiste zu Mittag mit mir. Abends zurück.» – *Revue française:* vgl. GTgb 25. Mai: «Revue Française zwey Stücke von 1829 kommen an.»

6349 Nach der Hs im StA Weimar – *le trousseau d'Auguste:* im Hinblick auf die bevorstehende Vermählung der Prinzessin Augusta mit Prinz Wilhelm von Preußen. – *papiers de Monsieur Schwendler:* im Zusammenhang mit Maria Pawlownas Engagement für die Armenbetreuung (vgl. Soret an Dumont 11. Jan. 1829, HoubenSoret 291 f.)

6350 (2693a) TieckBr 1, 259 – *neue Calderonband:* vgl. Nr. 6316 und Anm.

6351 Werner 122 f. – Vgl. GTgb: «Mittag… Nachher Mamsell Bardua und Wester [recte: Schwester] nach Paris reisend.» – *nach Unkel am Rhein überzusiedeln:* über die wohl hauptsächlich ökonomischen Gründe für den Wegzug aus Weimar vgl. J.D. Gries an H. Abeken 12. Juni (Houben Schopenhauer 407 f.). – *nach Paris zu gehen?!:* über den dortigen Aufenthalt vgl. Quelle 123 ff.

6352 JbSKipp 4, 56 – *Schiller… Rezension… von Bürger:* Über Bürgers Gedichte, erschienen in der ALZ vom 15. und 17. Jan. 1791.

6353 Nach Abschrift aus Nachlaß FBdm – *[10. Juni]:* vgl. GTgb: «Zu Mittagstisch Frau von Bardeleben, Wittwe Solger und Demoiselle Seidler.» – *Mandelsloh [Bardeleben]:* die Konjektur ist zurückzunehmen: Frau v. Bardeleben war die Reisegefährtin von Frau Solger; Clementine v. Mandelsloh, die mit Ottilie befreundet war, dürfte außerdem mit anwesend gewesen sein.

6354 Tewes 184 f. – *Brief… von Herrn Stieglitz:* vom 8. Juni. Am gleichen Tage hat Stieglitz an Zelter geschrieben, welchen Brief dieser seinem Brief an Goethe vom 12. Juni/5. Juli beigefügt hat (Hecker 3, 169). – *Salz-*

gedicht: ‹Die ersten Erzeugnisse der Stotternheimer Saline› (vgl. Nr. 6283 und Anm.). – *Ins Teufels Namen...:* ‹Auf das Septemberheft des Neuen Teutschen Merkur von 1802 geschrieben› (GA 2, 419); ungenau zitiert.

6355 Grumach 356 – *Ihr herrlicher Brief an Goethe:* vom 4. Juni (Goethe/Reinhard 385 ff.). – *Er wird Ihnen das selbst sagen:* vgl. Goethe an Reinhard 18. Juni (WA IV 45, 292 ff.).

6356 (2695) wie 4576 S. 258 ff. – *[am 23. Juni]:* vgl. GTgb: «Um 6 Uhr Herr Hofrath Rochlitz. Wir fuhren zusammen spazieren und speisten zusammen.» – *eine wilde Unschuld:* mit Bezug auf Christiane.

6357 (2696) wie 4576 S. 261 f. – *Gestern mittag:* vgl. GTgb 24. Juni: «Herr von Müller und Hofrath Rochlitz. Letzterer, Professor Riemer und Eckermann speisten mit mir. Nach Tische Hofrath Meyer; wir beschauten die mitgebrachten Zeichnungen des Herrn Rochlitz mit vielem Antheil. Herr Canzler von Müller denselben nach Belvedere abholend.»

6358 (2697) wie 4576 S. 262 f. – *Der gestrige Tag:* vgl. GTgb 25. Juni: «Um 12 Uhr Herr Hofrath Rochlitz. Über Verschiedenes die neuere deutsche Litteratur betreffend. Auch über die Wanderjahre. Er fuhr gegen 2 Uhr zu Froriep.» – *Sonntag:* 28. Juni.

6359 JbSKipp 4, 133 – *einen schönen Mittag bei Goethe:* vgl. GTgb 26. Juni: «Mittag Herr und Frau Geh. Rath von Müller, Frl. Jacobi, Hofrath Rochlitz, Dr. Eckermann, Capellmeister Hummel. Man blieb unter mancherley Gesprächen zusammen. Hummel phantasirte vortrefflich. Das Bild der Frau von Heygendorf war angekommen und ward aufgestellt.» Vgl. die Abb. bei Bamberg neben S. 576. – *im Oberon gewesen:* nach GTgb am 8. Juni.

6360 ChrWGV 37, 24 f. – *Die acht Tage:* der Anfang des Briefes ähnlich wie der an Böttiger vom 22. Sept. (GJb 1, 352).

6361 ChrWGV 37, 25 – *Belege aus früher Zeit:* gemeint sind Goethes Singspielversuche, z.B. ‹Scherz, List und Rache› (vgl. Nr. 6318 und Anm.)

6362 (2698) Jahrbücher der Literatur. Bd 60. Wien 1832. S. 239 – *die Bemerkung:* das folgende fast wörtlich nach der angegebenen Schrift S. 5 f. – *«einen großen Euphemismus»:* ebenfalls nach K.W. Müller zitiert.

6363 Norman 2, 2 – *[... am 30. Juni]:* vgl. GTgb: «Es besuchte mich ein Engländer Chambers Hall...»

6364 (2699) Redelia Brisbane: Albert Brisbane... Boston 1893, 79 f. – *[30. Juni 1829]:* vgl. GTgb: «Später der Amerikaner Albert Brisbane, welcher, mit der neuen französischen Philosophie bekannt, sich geistreich darüber unterhielt.» – *[Charles Read]:* vgl. GTgb: «... Chambers Halle, welcher mir Radirungen von David Charles Read vorlegte, einem englischen in Rembrandts Geschmack arbeitenden Maler, besonders landschaftlich...»

6365 (2699a) wie 6135 S. 97 f. – *[1. Juli 1829]:* vgl. GTgb: «Professor Rauch mit seinem Gehülfen Ritschel... Mehrere Zeichnungen besehen... Mittag jene beyde, Hofrath Meyer, Coudray, Riemer... Mein Sohn fuhr mit Rauch in den unteren Garten... Abends kamen wir zum Thee zusammen...» – *daß sie ihm zu dick erschiene:* vgl. Nr. 6237 und Anm.

6366 Goethes Briefwechsel mit Thomas Carlyle. Dachau 1913. S. 65

6367 Amelung 3, 172 – Caroline v. Egloffstein ist am 2. Juli in GTgb als anwesend erwähnt.

6368 (2701) Bi² 4, 132f. – *[11. Juli 1829]:* vgl. GTgb: «Besuch von dem Musikmeister Xaver Schnyder von Wartensee, einiges von Frankfurt bringend, anderes erzählend... Abends zum Thee... der Schweizer Musicus von Wartensee.» – *Jugendfreundin:* wohl Charlotte v. Stein.

6369 (2702) Europa 1853, 340 – *meine Komposition:* über Goethes Auftrag an Eberwein vgl. August v. Goethes Brief an Holtei von 1828, zitiert Nr. 6153. – *[am 19. Juli 1829?]:* vgl. GTgb: «Musikdirector Eberwein, wegen der ersten Scene von Faust und deren Composition sich besprechend.» – *einige Zusätze:* vgl. die ausführliche Darstellung mit Wiedergabe des Textes der Zusätze bei Gräf 2, 2, 498f.

6370 Grumach 357

6371 HoubenSoret 319. Aus dem Französischen. – *«Bibliothèque universelle»:* von M.A. Pictet als «Bibliothèque britannique» 1796 in Genf begründet, seit 1816 unter dem Titel «Bibliothèque universelle». – *[am 22. Juli]:* vgl. GTgb: «Mittags allein, lesend in der Bibliothèque universelle. Herr Hofrath Soret, besprechend die verschiedenen Mineralien, die er gesendet hatte.» – *Übersetzung der Metamorphose:* Essai sur la métamorphose des plantes, par J.W. de Goethe... Trad. de l'allemand...par Frédéric de Gingins – Lassaraz. Genf 1829 (Ruppert Nr. 1908) – *unsere Arbeit:* vgl. Nr. 6258 und Anm.

6372 (3035) Kretschman 38 – *[...am 22. Juli 1829]:* vgl. GTgb: «Abends Herr und Frau Varnhagen...»

6373 HoubenSoret 320f. – Der Brief ist nach Dessau gerichtet.

6374 Nach Fotokopie der Hs aus dem Besitz von Frau Karoline Cauer, Berlin – *[25. Juli]:* vgl. GTgb: «Besuchte mich Herr Ludwig Cauer, Director einer Erziehungsanstalt zu Charlottenburg, empfohlen von Zelter.» Vgl. Zelter an Goethe 24. Juli (Hecker 3, 177). – *[Erziehungs-]Anstalt:* Zelter spricht in dem angegebenen Brief von «einer hiesigen beliebten Erziehungsanstalt, die sich seit 15 Jahren immer mehr gehoben». Vgl. auch die Erwähnung bei R. v. Beyer Nr. 4759.

6375 JbSKipp 4, 56 – Vgl. GTgb: «Gegen Abend Professor Wolff mit [Dr. Adolph Wagner] von Leipzig...Hinzu Herr Cammerdirector Stichling, Ottilie, Frau Rath Vulpius und Frau Professor Riemer. War Professor Riemer schon früher angekommen. Blieben bis 8 Uhr.»

6376 (NN 2702a) The Poetical Works of Thomas Campbell. With notes...by...W.A. Hill. London 1851. S. LXVIII. – *am 30. Juli 1829:* vgl. GTgb: «Abends ein Engländer J. Guillemard. Ein feiner umschriebener reinlicher Mann in den Sechzigern.» – *vivida vis:* lebensvolle Kraft.

6377 (2703) Norman 2, 2ff. – Vgl. GTgb: «Der lang erwartete Herr Robinson und Hofrath Voigt. Umständliches Gespräch über die Stellung der deutschen Litteratur in den drey Reichen [Großbritannien] ...Abends um 6 Uhr genannte beyde Herren. Fortgesetztes Gespräch von heute früh.» – *Mr. Hall:* vgl. Nr. 6363. – *Vision of Judgment:* gegen Southeys gleichnamiges Gedicht gerichtete Verssatire in Stanzen. – *the King:* Georg

III. – *Flaxman's lectures:* John Flaxman: Lectures on sculpture. London 1829 (Ruppert Nr. 2383). – *Flaxman's Homer:* Goethe besaß: John Flaxman: Die Iliade des Homer. [Leipzig 1804] (Ruppert Nr. 2449). – *twelve years!:* bezieht sich auf Robinsons Besuch in Jena, von dem Knebel am 30. August 1818 an Goethe nach Karlsbad berichtet (Goethe/Knebel 2, 248f.). Vgl. dagegen «nine years» (Nr. 6389). – *Zueignung:* ‹Der Morgen kam...› (GA 1, 9). – *Ultramontanism:* streng päpstliche Gesinnung.

6378 (2704a) Norman 2, 4 Anm.

6379 (2703a) Norman 2, 16ff. – *last year:* vielmehr in diesem Jahr, nämlich am 31. Jan. (GJb 11, 115f.). – *27 yerars ago:* vgl. Robinsons Bericht an seinen Bruder Thomas über seinen Besuch bei Goethe im Nov. 1801 (Nr. 1718). – *Messrs. Hall:* vgl. Nr. 6363. – *«Art»:* wohl ‹Kunst und Altertum›.

6380 (2713) wie 4886 S. 338ff. – *ersten Besuche:* bei welchem keine Begegnung mit Goethe stattgefunden hatte. – *[am 12. August]:* vgl. GTgb: «Alexis, der Berliner, von Paris kommend und manches erzählend.» – *das große blaue Auge:* Anspielung auf den Besuch vom 13. Sept. 1824 Nr. 5522 («das klare, große Auge»). – *Herbstreise nach Skandinavien:* Herbstreise durch Scandinavien. 2 Bde. Berlin 1828.

6381 (vgl. 1616 nach Ri 1, 404f.) JbSKipp 4, 57

6382 (2710) GJb 13, 87ff. – *[9. bis 12. August]:* in GTgb täglich ausführliche Erwähnungen Stackelbergs. – *Kanzler Müller:* bezieht sich wohl auf den 10. Aug., vgl. GTgb: «Kam Geh. Rath von Müller, Abschied zu nehmen. Besprach sich mit Baron Stackelberg über Italien, Rom, Bequemlichkeiten und Angelegenheiten.» – *decontenancieren:* aus der Fassung bringen. – *Manuskript seiner Italischen Reise:* der ‹Zweite Römische Aufenthalt› erschien 1829 als Bd 29 der Ausgabe letzter Hand. – *[Jenny v. Pappenheim]:* am 11. und 12. Aug. in GTgb erwähnt. – *nach Belvedere gefahren:* nach GTgb am 12. Aug. – *meinen Apollotempel:* O.M. v. Stackelberg: Der Apollotempel zu Bassae in Arcadien und die daselbst ausgegrabenen Bildwerke... Rom 1826. Von Goethe entliehen vom 10. bis 20. Aug. (Keudell Nr. 2027). – *den Phigalischen Fries:* 1811 von Stackelberg entdeckt. Vgl. auch Nr. 4524 und Anm. – *einige antike Fragmente:* vgl. GTgb 9. Aug.: «Nach Tische besahen wir die Probedrücke der merkwürdigen Zeichnung nach den Gräbern von Corneto; merkwürdige kleine Kunstwerke von gebranntem Thon, colorirt, gleichfalls sehr sorgfältig abgebildet.» Vgl. ferner Goethes aus dem Nachlaß veröffentlichten Aufsatz ‹Zwei antike weibliche Figuren› (GA 13, 1076f.). – *Ich zeichnete sein Landhäuschen an der Ilm:* vgl. GTgb 12. Aug.: «Baron Stackelberg, der meinen Garten gezeichnet hatte, auf einen Augenblick.» – *Raoul-Rochettischen Streit:* Auseinandersetzung Stackelbergs mit dem französischen Archäologen Raoul-Rochette. – *Meine Broschüre:* die darauf bezügliche Schrift: Quelques Mots sur une diatribe anonyme intitulée: De quelques voyages récens dans la Grèce à l'occasion de l'expédition scientifique de la Morée et insérée dans l'Universel des 6 Janvier et 26 mars 1829. Paris 1829 (Ruppert Nr. 2127).

6383 (2711/2712) GJb 13, 90f. – *Albunea:* Quelle bei Tibur und weissagende Quellnymphe. Von Creuzer in seiner ‹Symbolik und Mythologie› behandelt. – *Creuzers Werke:* die ‹Symbolik und Mythologie der alten Völker, besonders der Griechen› besaß Goethe in der 1. Aufl. von 1810/12 und in der 2. von 1819/21 (Ruppert Nr. 1962f.).

6384 HoubenSoret 322 – *[13. August]:* vgl. GTgb «Die Frau Großherzogin gab ein kleines Frühstück im Stern. Um 12 Uhr Herr Soret und der Prinz Abschied nehmend. Sie gehen auf einige Zeit nach Jena.»

6385 (2704) Norman 2, 7f. – Vgl. GTgb: «Um 11 Uhr Ottilie, wegen Herrn Robinson verabredend... Ottilie und Herr Robinson kamen zum Thee. Fuhren um 8 Uhr weg.» – *Carveval in Rome:* ‹Das Römische Carneval› war 1789 erstmals erschienen (vgl. Nr. 948 und Anm.) und bildete jetzt Bestandteil des ‹Zweiten Römischen Aufenthalts›, den Goethe Robinson im Manuskript zu lesen gegeben hatte (vgl. Nr. 6382 und Anm.). – *he collected all the papers of the day:* gemeint sind die in 3 Faszikeln aufbewahrten Schriftstücke von der Reise in die Schweiz 1797 (WA I 34^2, 61 ff.). – *my first introduction to him:* vgl. Nr. 6379 und Anm. – *dedication of Sardanapalus:* Goethe hatte die Handschrift Byrons mit der von ihm verfaßten Widmung für ‹Sardanapolis› von Rehbein lithographieren lassen. Vgl. das Faksimile in Houbens Ausgabe von Eckermanns Gesprächen, 24. Aufl., Wiesbaden 1949, neben S. 136. Vgl. ferner Nr. 7346. – *Deformed Transformed:* ‹Der verwechselte Wechselbalg›; ausführliche Beschäftigung damit bezeugt GTgb 8. Nov. 1826: «gelesen und studiert». – *my Schadow's bust of Wieland:* nach Robinsons Tagebuch erworben am 3. Dez. 1818 (Quelle S. 8 Anm.)

6386 (2704b) Norman 2, 8f. Anm. – *Lord Leveson Gower's translation of Faust:* vgl. Nr. 6107 und Anm. – *«Sorrows of Werther»:* unter diesem Titel sind verschiedene englische Übersetzungen erschienen. – *the Life by Moore:* Letters and journals; with notices of his life by Thomas Moore. Goethe besaß die Einzelausgabe in 2 Bänden London 1830 (Ruppert Nr. 49). – *nulla vestigium retrorsum:* «Von da (führen) keinerlei Spuren zurück.»: Anspielung auf Horaz, Ep. I 1, 75: «...quia vestigia terrent/omnia te adversum spectantia, nulla retrorsum». Der Berichterstatter gibt fehlerhaft wieder; es müßte ‹nullum vestigium› oder besser ‹nulla vestigia› heißen.

6387 (2705) Norman 2, 10 – Vgl. GTgb: «Herr Robinson auf einen Augenblick, sich wegen des Mittags entschuldigend... [Nachmittags]... Robinson und Ottilie. Sodann Professor Riemer. Jene beyden Ersten fuhren auf's Schießhaus...» – *pretty verses:* nach FBdm in: The Living Poets of England. Paris 1827. Bd 2, 465 (Bi^2 5, 169). – *King Cole's Levee:* von John Scafe (vgl. Nr. 5473 und Anm.). – *[13. August]:* es folgt Wiederholung der Tgb-Eintragung von diesem Tage in leicht veränderter Fassung. – *I am today to sit to some one:* Schmeller sollte ihn für Goethes Sammlung porträtieren (vgl. Schuchardt 1, 286 Nr. 615).

6388 (2804b) Norman 2, 10 Anm.

6389 Norman 2, 18f. – *«ein verrückter Engel»:* dieser bereits in Robinsons Tgb vom 2. Aug. wiedergegebene Ausdruck (vgl. Nr. 6377) taucht noch einmal in den ‹Reminiscences› auf (Quelle 2, 12 Anm.). – *Frau von Goethe received us... both:* über seinen und F.S. Voigts Empfang durch Ottilie vgl. Nr. 6377, wo es allerdings «twelve years» (vgl. Anm.) statt «nine years» heißt. – *When he travelled into Italy:* Verwechslung mit der Reise in die Schweiz 1797 (vgl. Nr. 6385 und Anm.).

6390 (2706) Norman 2, 11 – Vgl. GTgb: «Abends Herr Robinson. Wir lasen die Vision des Todtengerichts von Byron. Er blieb bis 8 Uhr.» – *Vision of Judgment:* worüber am 2. Aug. bereits gesprochen war (vgl. Nr. 6377 und Anm.). – *the last two lines:* sie lauten: «It seem'd the mockery of hell to fold / The rottenness of eighty years in gold.» (Anm. Quelle) Anspielung auf das hohe Alter von König Georg III. – *the introduction of Southey:* der verspottete Dichter tritt gegen Schluß der Satire selber auf.

6391 (2704b) Norman 2, 11 Anm. – *«Ich bin des trockenen Zeugs...»:* Faust I Vers 2009f., ungenau zitiert. – *Byron's verses on George the Fourth:* in Strophe XII und XIII von ‹Vision of Judgment›, als «Erbe» von Georg III. wohl besonders mit Bezug auf das unvergleichliche Wortspiel mit «save» in den beiden ersten Versen von XIII.

6392 Norman 2, 19

6393 (2707) Norman 2, 12 – Vgl. GTgb: «Gegen Abend Ottilie, Herr Robinson und Walther. Wir lasen Himmel und Erde oder die Sündfluth von Lord Byron. Ich las nachher den 13. und 14. Gesang des Don Juan, nicht ohne erneute Bewunderung des außerordentlichen Dichtergeistes.» – *Mr. Schmeller:* vgl. Nr. 6387 und Anm. – *Heaven and Earth:* von Byron.

6394 (2708) Norman 2, 13 – Vgl. GTgb: «Frühstück in der Stadt. Frau von Wahl und Tochter. Zwey Italiäner, einer aus Como, einer aus Brescia, Herr Robinson und Graf Hohenthal... Um 5 Uhr spazieren gefahren. Später im Garten Herr Robinson, lasen Lord Byrons Himmel und Erde ferner.» – *a profile:* das Profilbild war für Knebel, mit dem Robinson befreundet war, bestimmt. Vgl. Goethe an Ottilie 20. Aug. (WA IV 46, 52f.), ferner Knebel an Goethe 28. Aug. (Goethe/Knebel 2, 390). – *a couple of medals of the Grand Duke:* die Jubiläumsmedaillen von 1825 für Carl August.

6395 (2704b) Norman 2, 13 Anm. – Das hier Berichtete bezieht sich wohl auf den 16. und 17. Aug.

6396 (2709) Norman 2, 13f. – Vgl. GTgb: «[Nachmittags] Zurück in den untern Garten. Kam Herr Robinson. Wir lasen Samson von Milton. Wurde manches Englische und Deutschlitterarische besprochen.» – *his residence in Rome:* der ‹Zweite Römische Aufenthalt›, erschienen 1829. – *his earlier Italian tour:* die 1816/17 erschienenen beiden ersten Teile der ‹Italienischen Reise›. – *down to the year 1826:* es können nur die ‹Tag- und Jahreshefte› gemeint sein, die allerdings mit dem Jahre 1822 abbrechen. – *Samson Agonistes:* Drama von John Milton, erschienen 1671.

6397 (2704b) Norman 2, 14 Anm.

6398 Norman 2, 20

6399 Zwei Polen in Weimar. (1829.) ...aus polnischen Briefen übersetzt und eingeleitet von F.Th. Bratranek. Wien 1870, 50f. – *Adam [Mickiewicz]:* den Besuch des polnischen Dichters hatte Zelter unter Berufung auf die Empfehlung von Frau Szymanowska Goethe bereits am 12. Juni angekündigt (Hecker 3, 167).

6400 (2714) wie 6399 S. 51ff. – *Gestern:* vgl. GTgb 19. Aug.:

«[Vormittags im Gartenhaus] Hierauf die beyden Polen... Hineingefahren... Zu Tische die beyden Polen, Fräulein Egloffstein und Vogels.» – *im Stammbuche der Frau S[zymanowska]:* in das Goethe das Gedicht ‹Die Leidenschaft bringt Leiden!...› (GA 1, 688f.) eingetragen hatte. – *Augenbrauen [Augen, braun,]:* Konjcktur, nachdem FBdm erwogen hatte, ‹Augenbrauen› in ‹Augen› zu ändern. – *Wallenrod:* Konrad Wallenrod, Poem in sechs Gesängen, erschienen 1828. – *Fräulein Karoline Janisch:* recte Karoline v. Jaenisch, vgl. ihren Brief an Ottilie v. Goethe vom 15./27. Okt. 1829 (Fahrten nach Weimar 79). – *«Mazeppa»:* Verserzählung, erschienen 1819. – *Enkelin Schillers:* vielmehr die jüngere Tochter Schillers, Emilie, seit 1828 Freifrau von Gleichen-Rußwurm. – *la petite-fille:* demnach auf einem Mißverständnis beruhend. – *nach beiden Seiten hinführen:* besser: nach beiden Seiten hin führen.

6401 (2716) wie 6399 S. 61ff. und 69ff. – *David d'Angers und Victor Pavie:* David wird am 23. Aug. erstmals in GTgb erwähnt. Über seinen und Pavies Aufenthalt vgl. Nr. 6431ff. – *zu einem offiziellen Abende geladen:* vgl. GTgb 24. Aug.: «Abends Thee, mehrere Damen, die polnischen, französischen und englischen Fremden.» – *das Modell irgend eines Monumentes:* dessen zu Igel (vgl. Nr. 6332 und Anm.)

6402 (2717) Ad. Quetelet: Sciences mathématiques et physiques au commencement du XIXe siècle. Bruxelles 1867, 657f. Erstdruck: Correspondance mathématique et physique. Publiée par A. Quetelet. Tome VI. Bruxelles 1830. S. 168f. – *[25. August 1829]:* vgl. GTgb: «Besuch von Herrn A. Quetelet, Directeur de l'observatoire de Bruxelles.» – *de m'offrir... le jardin:* vgl. GTgb 27. Aug.: «Herr Quetelet und Frau fuhren in den untern Garten mit Schuchardt, magnetische Experimente zum Zweck habend.» – *un ouvrage:* wohl das in Nr. 6419 genannte Heft ‹Zur Naturwissenschaft überhaupt...›, das den Aufsatz ‹Entoptische Farben› enthält.

6403 (2718) wie 6399 S. 72ff. – *Indian:* Truthahn. – *auf dem heutigen Mittagstische:* GTgb verzeichnet am 25. Aug. nur: «Mit der Familie gespeist.»

6404 (2720) wie 6399 S. 81f. – *Ballabend:* vgl. GTgb 27. Aug.: «Abends Thee, viele Einheimische und die Fremden.»

6405 aaO 125f. und 132 – *unterließ ich meinen Besuch bei Goethe:* dies steht im Widerspruch zu der Eintragung in GTgb vom 21. Febr. 1829: «Geh. Hofrath Luden, welcher als landschaftlicher Deputirter sich hier befindet.»

6406 (2719) aaO 5, 136ff.

6407 (2720a) GJb 23, 225 – *ma soeur:* Markgräfin Amalie von Baden.

6408 JbSKipp 4, 57 – Vgl. GTgb: «Zum Geburtstag Besuche und Geschenke. Der Niobe Sohn, gesendet von Ihro Majestät dem König von Bayern. War von Oberbaudirector Coudray gar gut aufgestellt.» Zur ‹Figur des Knienden Niobiden in der Glyptothek zu München› vgl. Schuchardt 2, 334 Nr. 94.

6409 (2722) Eduard von Simson. Erinnerungen aus seinem Leben, zusammengestellt von B. v. Simson. Leipzig 1900, 28ff. – *Seit sechs Wochen... nicht gesehen:* vgl. dagegen Nr. 6400 (S. 465). – *meinen Brief:* offenbar überbrachte Simson Zelters Brief an Goethe vom 23./25. Aug. (Hecker 3, 187ff.).

6410 (2721) wie 6399 S. 93ff. – *Brief des König-Dichters:* Ludwigs I. Brief an Goethe vom 17. Aug. (GJb 23, 51f.). – *Herr Victor:* Pavie.

6411 Grumach 366 – *ihre Schwester:* Caecilie v. Türckheim, geb. Gräfin v. Waldner-Freundstein. – *ihr Sohn:* Ferdinand v. Türckheim. – *Schwager:* August Müller, des Kanzlers Bruder.

6412 Nach der Hs im Besitz von A. Thiersch, München.

6413 GJb 1, 349f.

6414 (2730) aaO Nr. 69 S. 9 – *Frank [Karl Eberwein?]:* die Vermutung, daß Karl Eberwein gemeint sein könnte, muß zurückgenommen werden. Es muß sich vielmehr um den Nr. 6406 und 6420 erwähnten Freund Holteis, Hermann Frank, handeln. – *Leibrock:* die folgende Anekdote leicht abweichend bei: K. Escher, Die Lustigen von Weimar, 1925, 65.

6415 (2724/2723) wie 6399 S. 101f. und 107f. – *Faust:* vgl. GTgb 29. Aug.: «Aufführung von Faust im Theater.» Die erste Weimarer Aufführung fand mit der Musik von Eberwein statt. Die Besetzung siehe Gräf 2, 2, 475. – Goethe wohnte der Vorstellung nicht bei. Die anschließende Soirée in GTgb nicht erwähnt. – *David:* vgl. GTgb 29. Aug.: «Herr David arbeitete an der Büste fort.» – *ein kleines Männchen:* Schmeller. – *ein Billett:* Goethes an Mickiewicz, datiert 30. Aug.(!) (WA IV 50, 57). – *sein Porträt zu malen:* vgl. Schuchardt 1, 286 Nr. 623 («Micklowitzch»!). Abb. Fahrten nach Weimar neben S. 80. – *Herrn Quetelet:* vgl. GTgb 29. Aug.: «Herr Director Quetelet und Frau.»

6416 HoubenSoret 332 – *[30. August]:* vgl. GTgb: «Herr Soret mit dem Prinzen und einem jungen Verwandten.» – *Dr. Starke:* wohl Johann Christian Stark d.J. – *nach Jena zu flüchten:* vgl. Nr. 6384.

6417 (2725) aaO 5, 141f. – *[am 30. August 1829]:* vgl. GTgb: «Speiste mit Eckermann auf dem Zimmer. Holtei mit der Familie.»

6418 wie 6402 S. 659f. – *Tieck:* Irrtum. Die Weimarer Bühnenbearbeitung stammt nach dem Zeugnis Eberweins von Durand und Riemer (vgl. Nr. 7517a). – *la journée qui suivit…:* vgl. GTgb 30. Aug.: «Herr Professor Quetelet Experimente der Oscillation der Magnetnadel vorzeigend, dagegen ich ihm verschiedenes Chromatische vorlegte.»

6419 (2727) wie 6402 S. 661ff. – *congrès scientifique… à Heidelberg:* vgl. GTgb 30. Aug.: «Gegen Abend Herr Quetelet und Frau, wegen der Heidelberger Zusammenkunft vertrauliche Äußerungen.» – *Zur Naturwissenschaft überhaupt…:* nach dem Erscheinungsjahr muß es sich um das Heft I 3 handeln. – *Chaque jour…:* freie Übersetzung des Vierzeilers ‹Liegt dir Gestern klar und offen…› aus den ‹Zahmen Xenien› (GA 1, 646) nach Übs von Maucroux mit der Abweichung ‹Profitons› statt ‹Jouissons› (vgl. GJb 11, 141f.).

6420 (2726) wie 6409 S. 39ff. – Vgl. GTgb: «Herr David fuhr fort an seiner Arbeit… Abends Thee. Frau von Staff, Frau von Parry. Die Polen nahmen Abschied. Einige junge empfohlene Deutsche.» – *Kleidung… von Freitag:* vgl. die Beschreibung in Nr. 6409. – *Anschlagzettel des «Faust»:* d.h. von der am 28. Aug. aufgeführten Bühnenbearbeitung von Tieck. –

Rochlitz: der Goethe am 29. Aug. über die Leipziger Faust-Aufführung berichtet hatte (Goethe/Rochlitz 327 ff.). – *Detractions:* Amalia Opie: Detraction displayed. London 1828. Mit handschriftl. Widmung (Ruppert Nr. 1516). – *Paste Rossinis:* vgl. Schuchardt 2, 342 Nr. 240). – *älteren Gedichte:* nach Anm. Quelle ‹sah gemalt, in Gold und Rahmen …› (GA 1, 694 f.).

6421 wie 6409 S. 42 f. – *die Seebach:* Marie Seebach am Königstädter Theater, Berlin.

6422 (2726a) wie 6409 S. 14 – *«Hermann von Löbeneck»:* 3 Bde. Leipzig 1805/06.

6423 (2728) wie 6399 S. 145 ff. – *sichtlich früher geschriebene Verse:* der Zweizeiler ‹An den Dichter Adam Mickiewicz / mit einer angeschriebenen Feder / 1829› (GA 2, 306) ist ausdrücklich für diesen verfaßt. – *Diese Richtung ist gewiß…:* aus den ‹Neugriechischen Liebe-Skolien› mit veränderter Schlußzeile (vgl. GA 1, 597).

6424 (2729) A. Mickiewicz: Mélanges posthumes. Première série. Paris 1872, 212.

6425 Houben 1, 446 f. – *in Erinnerung geblieben ist…:* es folgt das Gespräch über Unsterblichkeit und über den praktischen Verstand der Engländer, das Eckermann auf den 1. Sept. 1829 datiert hat (GA 24, 370 f.). Houben (1, 447 f.) bezweifelt die Richtigkeit dieses Datums und vermutet, daß das Gespräch in den letzten Monaten des Jahres 1829 stattgefunden habe. Damit wird auch das von uns vermutete Datum zweifelhaft, wenn auch Eckermanns Anwesenheit an diesem Tage in GTgb bezeugt ist. – *von einem interessanten Fremden:* nicht ermittelt. – *[Auguste Jacobi?]:* auch sie ist am 1. Sept., jedoch auch in der Folgezeit mehrfach in GTgb erwähnt.

6426 GJb 28, 254 – Franz Toldy ist der Schriftstellername des Ungarn Franz Joseph Schedel. – *[am 4. September]:* vgl. GTgb: «Früh hatten mich besucht: Herr Professor Dr. Hecker aus Berlin, Dr. Schedel aus Pesth, beydes Mediciner.» – *Zusendung meines Handbuches:* F. Toldy: Handbuch der ungrischen Poesie … 2 Bde. Pesth und Wien 1828 (Ruppert Nr. 1761). Wiedergabe des Begleitbriefes vom 9. Aug. 1828 in der Quelle S. 257 f.

6427 GJb 28, 253 – *(in bona signif[icatione]):* in guter Bedeutung, hier etwa: mit ungeheuchelter Freundlichkeit.

6428 Sor 69 – HoubenSoret 333 – Vgl. GTgb: «Herr David arbeitete an dem Profilbilde. Die Erfurter Gießer an der Form der großen Büste … Herr Soret und der Prinz kamen dazu.» – *son profil:* Schulte-Strathaus Taf. 159. – *la tête colossale:* ebd Taf. 158.

6429 HoubenSoret 333

6430 (2735a) KSchmidt 352 – *ersten Teil des Lebens [Schillers]:* die beiden Teile von ‹Schillers Leben› von Caroline v. Wolzogen sind mit der Jahreszahl 1830 erschienen.

6431 (2715/2735) aaO Tome premier. Paris 1878, 217 ff., 221, 224, 230, 234 f. und 293 f. (teilweise auf Victor Pavie basierend, vgl. Nr. 6436; um Doppelzitierung zu vermeiden, wurde in dem vorliegenden Stück auf alle wörtlichen Entsprechungen verzichtet). – *Français lui-même:* vielmehr französischer Abstammung. – *[23. August]:* vgl. GTgb: «Meldete sich Bildhauer David von Paris, empfehlende Briefe, manches Buch und Heft mitbringend, auch den Antrag machte, meine Büste zu fertigen, welches ad referendum genommen wurde.» – *les médaillons:* Goethe bekam später eine große Anzahl von Gipsmedaillons mit Porträtköpfen berühmter Personen von David d'Angers (vgl. Nr. 6525 und Anm.), darunter auch die genannten. Hier dürfte es sich dagegen um Bronze-Medaillons handeln (vgl. Nr. 6436). – *[9. September]:* vgl. GTgb: «Herr David und Victor Pavie, Abschied zu nehmen. Medaillon verehrt zum Abschiede.» – *un dessin:* Corpus I Nr. 162.

6432 (vgl. 2733/2735) Souvenirs de David d'Angers sur ses contemporains. Extraits de ses carnets de notes autographes. Par le Docteur Léon Cerf. Paris 1928, 30 ff. – *deux grands dessins faits d'après le Thésée:* wohl die beiden Kreidezeichnungen (nach antiken Plastiken) einer Medusenmaske und eines Dionysos (von Goethe als Herkules bezeichnet), die im oberen Treppenhaus hängen. – *ce beau groupe:* ‹Tauschwestern›, von Goethe als Parzen bezeichnet, Kreidezeichnung von Thomas Landseer nach Plastik vom Ostgiebel des Parthenon. – *Castor et Pollux:* vgl. Nr. 5471 und Anm. – *peintures de Raphaël:* vgl. Nr. 1788 und Anm. – *Herder... portrait... de Begas:* wohl Verwechslung mit dem Zelter-Porträt von B. – *un portrait dessiné:* vielleicht das Brustbild Wielands (Schuchardt 1, 337 Nr. 80). – *les portraits de son père et de sa mère:* wohl Irrtum; vielleicht Verwechslung mit dem Ölbild ‹Johann Georg von Sachsen mit Gemahlin› im Urbinozimmer. – *La Princesse:* gemeint ist zweifellos Maria Pawlowna. – *Monsieur Beyle:* Stendhal. – Es dürfte sich um Goethes ‹Italienische Reise› handeln, die 1816 als 2. Abteilung von ‹Aus meinem Leben› erschien, und um ‹Rome, Naples et Florence› (1817) von Stendhal; Lektüre Jan./Febr. 1826 in GTgb bezeugt. – *Guizot:* dessen Vorlesungen, erschienen unter dem Titel ‹Cours d'histoire moderne›, werden in den ersten Monaten von 1829 wiederholt in GTgb als Lektüre verzeichnet. – *Atala:* von Chateaubriand, erschienen 1801. – *Paul et Virginie:* von Bernardin de Saint-Pierre, erschienen 1788. – *Lady Morgan:* vgl. Nr. 4978 und Anm. – *la Mort d'Abel:* Die ersten Dramen von Lemercier, die die Gesetze der französischen Dramaturgie durchbrachen, wie ‹Le Lévite d'Ephraim› oder ‹Agamemnon›, fanden allgemein größeren Beifall als die späteren (Brockhaus⁹). – *mes petits Contes:* wohl die Novellen, die in die ‹Wanderjahre› aufgenommen wurden. – *Clara Gazul:* Pseudonym von Mérimée (vgl. Nr. 5962). – *Mémoires de Saint-Simon:* die Erstausgabe der berühmten Memoiren erschien in 21 Bänden in Paris 1829/30. Lektüre in GTgb seit dem 25. Juli bezeugt. – *J'ai vu Lavater:* dieser und der folgende Satz, trotz der fehlenden Anführungszeichen, wohl als Äußerung von Goethe aufzufassen. – *le système de Cuvier:* auf dem Gebiet der vergleichenden Anatomie. – *un dessin de Jules Romain:* Unter den vielen Zeichnungen Giulio Romanos in Goethes Besitz (Schuchardt 1, 77 ff.) dieses Thema nicht nachweisbar.

6433 wie 6432 S. 50 – *Lesson[?]:* bereits in der Quelle nicht ermittelt.

6434 wie 6432 S. 104

6435 (2734) Catalogue de la précieuse collection d'autographes composante le cabinet de M. Alfred Bovet. Série VII–X. Paris 1885, 574.

6435a (NN 2735a) Feuilleton des Affiches d'Angers. No 21. 18 octobre 1829, 82f. – *Victor Hugo ... dans Cromwell:* Versdrama, erschienen 1827. – *Faust ... à Francfort:* dort sind zu Goethes 80. Geburtstag einige Szenen aus dem ‹Faust› aufgeführt worden.

6436 Victor Pavie: Oeuvres choisies. Premier volume. Paris 1887, 47–53, 64–68, 71–75, 93–99 – *L'Aurore de Meyer:* gemeint ist das Gemälde ‹Iris›. – *En Deus, ecce Deus!:* Seht, ein Gott; wahrlich ein Gott! – *médaillons de bronze:* vgl. Nr. 6431 und Anm. – *médailler de la Renaissance:* der Münzsammlungsschrank war 1827 von Goethe angeschafft worden. – *Pisanello:* vgl. Schuchardt 2, 37 ff. unter Victor Pisano. – *l'inauguration du chantier:* am 26. Aug. begann David nach GTgb an der Büste zu arbeiten. – *la seconde séance:* nach GTgb am 27. Aug. – *Cousin:* Anspielung auf dessen Besuch von 1825 (vgl. Nr. 5647). – *Faust illustré:* vgl. Nr. 6125 und Anm. – *Retzsch:* vgl. Nr. 3966 und Anm. – *compagne:* so in der Quelle; muß heißen: campagne. – *à l'université d'Iéna:* Goethe hat Galls Vorlesungen in Halle und Jena gehört (vgl. Nr. 2141). – *à midi:* der Empfang am 28. August fand am Vormittag statt. – *un faune aux pieds de chèvre:* vielmehr die Figur des Niobiden (vgl. Nr. 6408 und Anm.). – *Le thé du soir:* gemeint ist der Empfang am 27. Aug. abends. – *un jeune dessinateur:* Schmeller; Davids Porträt vgl. Schuchardt 1, 286 Nr. 622. – *un paysage du poète:* vgl. Nr. 6431 und Anm.

6437 HoubenSoret 334 – *Gestern:* vgl. GTgb 10. Sept.: «Gegen 9 Uhr abgefahren. Den jungen Erbgroßherzog im Jenaischen Garten besucht. Daselbst verweilt. Zu Mittage gespeist mit Herrn von Ziegesar und Dr. Huschke. Um 5 Uhr abgefahren.» Vgl. Carl Alexanders Bericht Nr. 7346.

6438 HegelBr 3, 278 – *[am 11. September]:* vgl. GTgb: «Herr Professor Hegel von Berlin ... Gegen Abend Professor Hegel nochmals.» – *kordater:* herzlicher.

6439 HoubenSoret 336 – *[13. September]:* vgl. GTgb: «Der Erbprinz und Herr Soret. Besahen die Sammlung der Fossilien.»

6440 SchrGG 44, 288 – Vgl. GTgb: «Herr Professor Zelter meldete seine Ankunft mit Herrn Ternite. Ich speiste für mich. Er kam nachher. Wir unterhielten uns von dem zunächst Interessanten. Abends großer Thee.»

6441 SchrGG 44, 288f. – Vgl. GTgb: «Unterhaltung mit Professor Zelter ... Mittag die Herren Zelter und Ternite. Von des Letzteren Verhältnissen zu Ihro Majestät dem König von Preußen. Zeigte denselben vor und nach Tische Zeichnungen und Kupfer. Abends großer Thee.» – *Partitur des Goethischen «Faust»:* Reflexionen darüber mit negativem Akzent in Zelters Tgb unter dem 17. Sept. (Quelle S. 289f.).

6442 SchrGG 44, 289 – Vgl. GTgb: «Anstalten zur Spazierfahrt mit den Herren Zelter und Ternite. Um halb 9 Uhr abgefahren, um [Lücke] in Kötschau. Um 12 Uhr in Dornburg. Die Terrassen durchgegangen. Im Schlößchen gewesen. Die Wappen des Saales durchgesehen. Zu Mittag gespeist. Um ¼ 5 Uhr abgefahren über Jena, um 9 Uhr in Weimar. Der Morgen war trocken, obgleich windig. Abends fing es zu regnen an und fuhr so fort.»

6443 (2737) aaO 42f. – *Goethe hielt Wort:* vgl. den Schluß von Nr. 6224.

6444 SchrGG 44, 290 – Vgl. GTgb: «Frau Großherzogin-Mutter. Vorher Zelter, welcher alsdann auch erschien. Mittag derselbe und Herr Ternite. Nach Tische einige Zeichnungen gesehen. Die beyden Herren wurden abgeholt durch Töpfer und Waldungen in's Armbrustschießhaus. Ich benutzte ihre Abwesenheit zu mancherley Geschäften. Dieselben kamen zurück. Dann Oberbaudirector Coudray und Eckermann. Blieben bis 9 Uhr.»

6445 SchrGG 44, 291 – Vgl. GTgb: «Mittag Varnhagens, Frau von Zielinska mit den ersteren reisend.»

6446 (2763) Gaedertz 367 – Vgl. GTgb 18. Sept.: «Abends Anmeldung von Varnhagen von Ense und Gesellschaft.» 19. Sept.: «Schöner holzgeschnitzter Becher, mitgebracht von genannten Reisenden. Einladung derselben auf den Mittag.» – *was er von Brillen … geäußert:* vgl. z.B. das Gedicht ‹Feindseliger Blick› (GA 1, 559).

6447 Vordtriede 2, 844

6448 (3036) Houben 1, 365 Anm. – Varnhagen hatte gegenüber Heinrichshofen, dem Verleger des dritten Eckermann-Bandes, seiner Verwunderung darüber Ausdruck gegeben, daß er gar nicht in den Gesprächen vorkomme. Eckermann begründet dies in dem Brief, dem unser Abschnitt entnommen ist, damit, daß er es vergessen habe, sich das Datum zu notieren. Varnhagen schildert daraufhin in einem Brief an Heinrichshofen vom 2. Sept. 1848 seinen Besuch auf Grund seiner Tgb-Notizen (Nr. 6446) und fügt dem noch hinzu: «Frau von Zielinski machte auch den angenehmsten Eindruck auf ihn [Goethe], und er sandte ihr später zur Bekleidung der Wände eines neuerbauten Gartenhauses, Schößlinge der Tapetenrose, welche wir an seinem Hause im Park bewundert hatten.» (Quelle S. 366 Anm.).

6449 HoubenSoret 338 – *Zeichnungen des Herrn von Stackelberg:* wohl die ‹Costumes et usages des peuples de la Grèce moderne› (Schuchardt 1, 218 Nr. 21). – *Ihres Besuches:* dieser erfolgte nach GTgb noch am gleichen Tage.

6450 SchrGG 44, 292 – Vgl. GTgb: «Herr Krüger und Gattin und Herr La Roche … Professor Zelter besah die Neureutherischen Randzeichnungen. Zu Tische Herr Capellmeister Hummel.» Der Berliner Schauspieler Georg Wilhelm Krüger hatte nach GTgb am Abend vorher in den ‹Räubern› gastiert.

6451 SchrGG 44, 292f. – Vgl. GTgb: «Professor Zelter … Reiste gegen Abend ab auf Jena.»

6452 MatthissonNachl 1, 90

6453 MatthissonNachl 1, 91 – Matthisson an diesem Tage in GTgb erwähnt. – *Kopie eines Gemäldes aus Pompeji:* Schuchardt 1, 330 Nr. 24.

6454 Grumach 366f. – Vgl. GTgb: «Vorbereitung zur Abfahrt. Nach Bergern gefahren in anderthalb Stunden, bey einigem Aufenthalt unterwegs. Frau von Müller angetroffen und Fräulein Jacobi. Spazierte im Garten. Alsdann zusammen gespeist. Wölfchen betrug sich sehr artig, welchem Frau von Müller allerley Späßchen vorwies und bereitete. Gegen 5

Uhr zurück.» – *Deine Reisebeschreibung:* Müller machte von August bis November eine Reise durch Italien. Am 11. Okt. bedankt sich Goethe für die verschiedenen Briefe, die ihm Müller von der Reise geschrieben hat (WA IV 46, 98). – *Benner:* Korb.

6455 MatthissonNachl 1, 100f. – *einen Künstler:* Schmeller (Schuchardt 1, 284 Nr. 552). – *Paganini:* vgl. GTgb 29. Sept.: «... Abends spät Herr Paganini mit einem Begleiter und kleinen Knaben. Eine wundersame Erscheinung für den Augenblick. In Absicht wiederzukehren.»

6456 (2738) GJb 7, 234f. – *[am 30. September]:* vgl. GTgb: «[Vormittags] Dr. Stickel, der sich in Jena aufgehalten, nach Paris gehend, Orientalist. Von China bis Palästina... Der Orientalist von heute früh ein chinesisches Manuscript vorweisend. Er wollte den Titel: Geschichte berühmter Feldherrn, herausgelesen haben. Ich tadelte ihn, daß er es in Papier gerollt vorlegte, anstatt daß er es in einer Decke von Pappe wohl verwahrt hätte. Zum Custoden wird einer vielleicht geboren, schwerlich als Custode.» – *wieder von Goethe empfangen:* vgl. Nr. 6100. – *Gottes ist der Orient!...:* erstes der ‹Talismane› überschriebenen 5 Gedichte (GA 3, 290).

6457 (vgl. 2741) Beilage zur Allgemeinen Zeitung Nr. 39. München, 17.2.1896 – Erstveröffentlichung im polnischen Original im ‹Przyjaciel ludu› (Volksfreund) 1839 Nr. 35f. Deutsche Übersetzung in GJb 7, 220ff. (vgl. Anm. ebd). Unser Text nach einer verbesserten Übersetzung von Alfred Szczapanski. – *Ankunft... des Grafen Reinhard:* in GTgb erwähnt am 1. Okt. – *[am 2. Oktober]:* vgl. GTgb: «Um 7 Uhr kamen zum Thee: Le Comte Batowsky und A. Koźmian.»

6458 (2824a) wie 6457 – Erstveröffentlichung im polnischen Original Posen 1867. – *Werk Schlegels über Dramaturgie:* wohl A.W. Schlegels Vorlesungen ‹Über dramatische Kunst und Litteratur›, Heidelberg 1809/11 (Ruppert Nr. 2538).

6459 Grumach 367 – *den Reinhard sein Geburtstag:* vgl. GTgb 2. Okt.: «Das Geburtstagsgeschenk an den Grafen Reinhard durch die Kinder abgesendet... Sonstige Vorbereitungen auf den Mittag. Die Treppe wurde mit Kränzen verziert. Gegen 2 Uhr kamen die Gäste. Musik. Interessante Unterhaltung über die gegenwärtigen Gesinnungen der französischen Regierenden und Regierten. Man blieb nach Tische noch einige Weile zusammen. Um 7 Uhr... Graf Reinhard und die Seinigen kamen gleichfalls. Man setzte litterarische und politische Gespräche des Mittags fort und schied nach 9 Uhr.»

6460 GJb 11, 62 – *il y a six ans:* vgl. Nr. 5274.

6461 (2742) GJb 17, 65ff. – *Rätin Schlosser:* Sophie Sch. geb. Dufay, Frau von Fritz Schlosser. – *[3. Oktober]:* vgl. GTgb: «Herr von Löw von Heidelberg.» – *seinen Kollegen:* beide waren Lehrer der Rechte (Löw damals noch Privatdozent) an der Universität. – *Von Schlosser... das neueste Buch:* Durchstrichen: «die Universalgeschichte». Gemeint ist offenbar die universalhistorische Übersicht der Geschichte der alten Welt und ihrer Cultur, die von 1826 an erschien (Anm. Quelle). – *von den theologischen Streitigkeiten der jüngsten Zeit:* Statt der letzten Worte hieß es ursprünglich: «von dem Streit zwischen Voß und Creuzern...» (Anm. Quelle). –

Gedicht «Katechisation»: GA 1, 448. – *Stolberg:* Friedrich Leopold. – *von seiner Schwester:* Auguste Louise Gräfin v. Bernstorff. – *das Schlossersche Ehepaar:* Fritz und Sophie Schlosser. – *Wohnort (in der Nähe von Heidelberg):* Stift Neuburg. – *Bigottismus:* Schlossers waren 1814 zur katholischen Kirche übergetreten. – *von ihrem letzten Aufenthalt bei ihm:* vom 16. bis 21. Okt. 1820 (nach GTgb). – *Nachträge liefern:* gemeint ist der ‹Zweite Römische Aufenthalt›, der 1829 als Bd 29 der Ausgabe letzter Hand erschien. – *«ist fortzusetzen»:* so schließt der Abdruck des 1. Aktes von Faust II nach Vers 6036 in Bd 12 der Ausgabe letzter Hand, erschienen 1828. – *Grafen Sternberg:* Bei Gelegenheit der Versammlung der Naturforscher zu Heidelberg, die er besuchte, wird H. v. Löw ihn gesehen und gesprochen haben (Anm. Quelle). – *Naturforscherversammlung:* die Versammlung zu Heidelberg fand vom 18. September an statt (Anm. Quelle).

6462 GJb 11, 50 – *[5. Oktober]:* vgl. GTgb: «Herr Graf Reinhard. Schmeller zeichnete denselben.»

6463 (2740) GJb 11, 62 – *les mémoires de Saint-Simon:* vgl. Nr. 6432 und Anm.

6464 MatthissonNachl 1, 104 – Vgl. GTgb: «Abends großer Thee. Vielerley Bekanntschaften.»

6465 Nach der Hs im StA Weimar – Vgl. GTgb: «Frau Großherzogin und Demoiselle Mazelet.»

6466 MatthissonNachl 1, 106

6467 (2561) Zeitung des Vereins deutscher Eisenbahnverwaltungen. Leipzig, 18.2.1865. S. 48f. – *[... am 12. Oktober 1829]:* vgl. GTgb: «Herr Stumpff aus London sendet eine vorläufige Gabe, um sein Daseyn anzukündigen... nach Tische... Besuchte mich alsdann Herr Stumpff. Erzählte von einer Maschine Fournire zu schneiden, welche er in der Ruhl durch seine Verwandten errichtet, die er zu besuchen gehe, ingleichen von einer ähnlichen Maschine Elfenbein zu schneiden für die Pianoforte-Arbeiter.» – *zweiten Besuch:* der erste fand nach GTgb am 30. Okt. und 1. Nov. 1824 statt. – *‹Der Kampf der Elemente›:* wiedergegeben in der Quelle S. 85 mit Goethes Änderungen, in welcher Form es 1831 in Ottilies Zeitschrift ‹Chaos› (Nr. 5, S. 20) ohne Angabe des Verfassers abgedruckt ist. – *einen Maler:* Schmeller (vgl. Schuchardt 1, 286 Nr. 608).

6468 GJb 1, 352f. – *[am 14. Oktober]:* vgl. GTgb: «...ein junger Murray, Sohn des Londoner Buchhändler John Murray.»

6469 (2743) Murray's Magazine. Nov. 1889. London. S. 625f. – *casts of the Elgin Marbles:* hier muß ein Irrtum vorliegen; Goethe besaß trotz seines großen Interesses für die sog. Elgin Marbles (vgl. Nr. 5906 und Anm.) keine Abgüsse davon. – *Byron's unpublished dedication of Werner:* auch hier muß es sich um eine Erinnerungstrübung handeln. Unveröffentlicht war bisher Byrons Widmung des ‹Marino Faliero› an Goethe. Murray übersandte sie Goethe mit dem Hinweis darauf, daß sie im Oktober 1829 darüber gesprochen hatten, im Januar 1830 (GJb 20, 31ff.).

6470 Nach Hs im StA Weimar – Vgl. GTgb: «Frau Großherzogin mit Demoiselle Mazelet.»

6471 (2744) Houben 1, 400f. – *erzählte mir:* wohl am 15. Nov., vgl. GTgb: «Dr. Eckermann speiste mit mir.» – *Herrnhutisches Gedicht:* ‹Meiner Tochter Christiane Gregorin zu ihrem eilften Geburtstage den 13. October 1771, aus Bethlehem [in USA] nach Herrnhut›, wiederabgedruckt WA I 5^2, 140ff. Goethe hatte das Gedicht am 23. Sept. an Varnhagen geschickt (WA IV 46, 83). – *vor vielen Jahren:* 1808. – *Item Klapperschlangen und der Art Geschwänz:* wörtliches Zitat aus dem genannten Gedicht. – *Geburtstag einer holden … Dame:* der 21. Juni, Geburtstag der Sylvie v. Ziegesar (vgl. Nr. 2706). – *[«Nicht am Susquehanna … »]:* ‹An Silvie von Ziegesar› (GA 2, 254ff.). – *Beurteilung der Jean Paulschen Briefe:* wohl mit Bezug auf die ‹Briefe an Fr.H. Jacobi›, welche 1828 erschienen waren.

6472 JbSKipp 4, 140 – Vor dem Datum steht: «Sonntag abend». Demnach ist es zu korrigieren: 22. November. Vgl. GTgb an diesem Tage: «Mittag Dr. Eckermann und Wölfchen.» – *von der Oper:* vgl. GTgb 21. Nov.: «Abends die Stumme von Portici [von Auber]. Mein Sohn referirte im Zwischenact.»

6473 (2746) Grumach 357 – Das Datum ist zu korrigieren: 22. Dezember. Vgl. die folgende Anm. – *beiliegendes Blatt:* Goethes Brief an Müller vom 22. Dezember. – *[Historia naturalis palmarum]:* München 1823/30. – *siebenten Lieferung:* Bd 31 bis 35 der Ausgabe letzter Hand.

6474 Nach Abschrift der Hs, zur Verfügung gestellt von M. v. Propper. – Zuerst veröffentlicht von S.N. Durylin 1932. Darauf basierend die irrige Sacherläuterung, die M. v. Propper 1973 dem Herausgeber gegenüber richtiggestellt hat. Der Irrtum ist entstanden durch Fehlübersetzung der Goetheschen Tgb-Notiz vom 3. Dez., durch die gleichzeitig der Besuch Maria Paulownas bei Goethe bestätigt wird: «Frau Großherzogin um 12 Uhr mit Demoiselle Mazelet. Des Kaisers Nicolaus Befinden.» («Aufenthalt» statt «Befinden».) Zar Nikolaus I. war keineswegs in Weimar; die allgemeine Teilnahme des Hofes und auch Goethes galt vielmehr dem gebesserten Gesundheitszustand des Zaren.

6475 (2745) JbSKipp 4, 150 – *den Stern gesehen:* gemeint ist die Venus, über die GTgb unter dem 14. Dez. einen längeren Passus aus den ‹Berliner Nachrichten› vom 10. Dez. zitiert. Danach soll die Venus am 26. Dez. «ihre sogenannte größte östliche Ausweichung erreichen» und erst am 13. Jan. «in ihrem höchsten Glanze am Himmel prangen». Vgl. Nr. 6486.

6476 (2748) wie 511 S. 260f. – *Brief des Großherzogs an Sie [vom Mai 1801]:* abgedruckt in der Quelle zu Nr. 511, Bd 1, 450ff. – *in Weimar aufgeführt:* die erste Aufführung fand am 23. April 1803 statt.

6477 Houben 1, 451 – Undatierte Tgb-Notiz, nach der Quelle unter Eintragungen vom 3. bis 20. Jan. stehend. Unser Datum nach dem ausgeführten Gespräch bei Eckermann (GA 24, 376f.). Vgl. GTgb 20. Dez.: «Mittag Dr. Eckermann.»

6478 JbSKipp 4, 153 – *von Goethe:* vgl. GTgb 27. Dez.: «Mittag Dr. Eckermann. Theilte ihm etwas Faustisches mit.» Nach dem ausgeführten Gespräch unter diesem Datum habe Goethe Eckermann die Szene von der Ausgabe des Papiergeldes vorgelesen (GA 24, 380).

6479 Houben 1, 448 - Vgl. GTgb: «Mittag Dr. Eckermann. Er hatte sein Gedicht für [den König von] Bayern vollendet und theilte solches mit.» - Ein Besuch der Frau von Schwendler mit einem Brief des Königs, der ein Schiller-Verehrer war, ist in GTgb am 9. Nov. 1829 bezeugt.

6480 Houben 1, 448 - Vgl. GTgb: «Mittag Dr. Eckermann. Unterhaltung wegen seines Gedichtes.»

6481 Tewes 94 - *Gedicht von sechzehn Seiten:* für den König von Bayern.

6482 (2755) JbSKipp 4, 159f.

6483 JbSKipp 4, 160

6484 Houben 1, 449 - Vgl. GTgb: «Mittag Dr. Eckermann.» Das Gespräch unter dem gleichen Datum von Eckermann ausgeführt (GA 24, 384ff.).

6485 (2757) Gr 155ff. - Vgl. GTgb: «Gegen Abend Herr Canzler von Müller.» - *«Gute Menschen!...»:* vgl. Nr. 7194. - *Brief an den König von Bayern:* geschrieben am 17. und 27. Dez. 1829, abgesandt am 12. Jan. (WA IV 50, 59ff.) - *ennuyieren:* vgl. Nr. 6524. - *Orléans:* Philipp II., Herzog von Orléans. - *Krummacherscher Predigten:* F.W. Krummacher: Blicke ins Reich der Gnade. Elberfeld 1828. - *Aufsatz darüber:* erschienen in Röhrs ‹Kritischer Prediger-Bibliothek› 1830 (Ruppert Nr. 1856) (GA 14, 390ff.). - *Das zweite Gedicht «An Ihn»:* in der Nr. 18 der Zeitschrift ‹Chaos› sind zwei Gedichte ‹An ihn. Antwort› abgedruckt. Das zweite (‹Wie wir selbst uns Räthsel bleiben...›) stammt von Auguste Jacobi, die bereits in Nr. 13 ein Gedicht ‹An Ihn› veröffentlicht hatte. - *Pisaner Exkurs:* ist nicht im ‹Chaos› erschienen. - *Maskenzug:* zum Geburtstag Carl Friedrichs am 2. Februar. Vgl. Goethe an Carl Friedrich 11. Jan. (WA IV 46, 206f.).

6486 Houben 1, 449 - Vgl. GTgb: «Mittag Dr. Eckermann. Monita zum Bande 32.» - *Venus:* vgl. Nr. 6475 und Anm.

6487 Nach Hs im Besitz von A. Thiersch, München - *[am 15. Januar]:* vgl. GTgb: «Um 12 Uhr Friedrich Frommann und Braut.»

6488 Houben 1, 450 - Vgl. GTgb: «Mittag Dr. Eckermann. Einige Vorlesung. Unterhaltung darüber.» - *Zelters Brief:* wohl der vom 13./14. Jan. (Hecker 3, 240f.)

6489 (2758) Sor 71f. - HoubenSoret 348ff. - Der dritte Absatz von Eckermann für seine ‹Gespräche› benutzt (GA 24, 708). - Vgl. GTgb: «Gegen Abend Hofrath Soret. Einiges wegen seiner Übersetzung der Metamorphose besprochen.» - *Plaudereien von Lavater:* ‹Lavaters Ausplauderungen› (vgl. Abbildung HoubenSoret neben S. 352). - *les manuscrits Dumont:* Soret beschäftigte sich mit dem Nachlaß seines 1829 verstorbenen Onkels Dumont. - *mémoires de Talleyrand:* vgl. Nr. 2749 und 2761. Die Veröffentlichung von Talleyrands Memoiren erfolgte erst später. - *quelques notes rapides:* vgl. Nr. 2748, 5042 und 5410 sowie Anm.

6490 Houben 1, 451 - Vgl. GTgb: «Mittag Dr. Eckermann. Demselben einiges mitgetheilt...»

6491 (2759) Sor 72ff. - HoubenSoret 351ff. - Urfassung des Tgb in deutscher Übersetzung ebd 350f. - Der dritte Absatz von Eckermann benutzt (GA 24, 708 f.). – *Madame la Princesse Augusta:* seit Juni 1829 die Gemahlin des Prinzen Wilhelm von Preußen. – *Haugwitz est mon cadet:* er ist drei Jahre jünger als Goethe. – *les voyages de Montaigne:* Journal du voyage de Michel Montaigne en Italie par la Suisse et l'Allemagne. Paris 1774. – *l'histoire de Napoléon par Walter Scott:* vgl. Nr. 6324 und Anm. – *Bignon:* von dessen ‹Histoire de France› war 1829 der 1. Bd erschienen. Beginn der Lektüre in GTgb am 20. Jan. bezeugt.

6492 Houben 1, 453 – Vgl. das ausgeführte Gespräch (GA 24, 386 ff.), wo alle Stichworte ausführlich zur Verwendung kommen. – *Stotternheimer Salzbohrer:* der Salinendirektor Glenck. – *am zweiten Bande der Annalen:* d.h. an Bd 32 der Ausgabe letzter Hand, der die ‹Tag- und Jahreshefte› von 1807 bis 1822 enthält.

6493 (2761) Sor 74 f. HoubenSoret 355 f. – Urfassung des Tgb in deutscher Übersetzung ebd 353 ff. – Von Eckermann benutzt (GA 24, 709). – Vgl. GTgb: «Abends Herr Soret, mir seine Arbeiten über Herrn Dumonts nachgelassene Werke vorlegend; eine Arbeit, die ohne tiefempfundene Pietät für den Verstorbenen nicht hätte geleistet werden können.» – *la date de la mort de mon oncle:* 30. Sept. 1829.

6494 (2763) Gr 157 – Vgl. GTgb: «Herr Canzler von Müller mancherley ... erzählend.» – *Großherzogin-Mutter:* deren Gesundheitszustand sich, nachdem sie sich bei einem Sturz das Schlüsselbein gebrochen hatte (vgl. GTgb 11. Dez. 1829), laufend verschlechtert hatte. – *Politik-Haustafel:* vgl. GTgb 25. Jan.: «Das Jahr 1828 und 29. Nach Herrn von Gagerns Rubriken in Parallel gestellt.» Die Tabellen von 1828–1830 gedruckt WA I 53, 416 f. – *face machen:* die Stirn bieten. – *Venus:* vgl. Nr. 6475 und Anm. sowie Nr. 6486.

6495 (2764) Sor 75 ff. – HoubenSoret 359 ff. – Urfassung des Tgb in deutscher Übersetzung ebd 358 f. – *le volume des Mémoires:* d.h. der ‹Tag- und Jahreshefte›, wohl der Nr. 6492 genannte Bd 2.

6496 (2765) Sor 77 ff. – HoubenSoret 362 ff. – Urfassung eines Fragments des Tgb in deutscher Übersetzung ebd 362. – *Bibliothèque universelle:* Bd 40, Abt. ‹Sciences et arts›, S. 262. Zur Übersetzung der ‹Metamorphose› von Gingins-Lassaraz vgl. Nr. 6371 und Anm. – *Eisenschmidt:* vgl. in dessen Erinnerungen den Abschnitt ‹Mitarbeiter Sorets› (Anfang 1830) in: JbGG 11, 314 f.

6497 (2767) Sor 79 ff. HoubenSoret 365 ff. – Von Eckermann benutzt (GA 24, 711 f.) – Vgl. GTgb: «Prinz Carl und Hofrath Soret. Letzterem legte ich die Druckbogen zur Metamorphose vor.» – *le Carnaval Romain:* gemeint dürfte die Ausgabe von 1789 mit Zeichnungen von G. Schütz, radiert von G.M. Kraus, sein (vgl. Nr. 948 und Anm.). – *Götz:* vgl. die ausführliche Schilderung von der Entstehung des ‹Götz› in DuW 13 (GA 10, 623 ff.). – *à Stuttgart:* an den Verleger Cotta. – *un avocat:* vgl. Nr. 1200 und Anm. – *en caractères latins:* der Druck erfolgte tatsächlich in lateinischen Lettern.

6498 Houben 1, 461 – In die ‹Gespräche› fast wörtlich übernommen (GA 24, 390). – Vgl. GTgb: «Mittag Dr. Eckermann. Der Engländer [vielmehr Irländer] Seymour hatte meine Biographie zu übersetzen angefangen. Es wurden einige Hefte vorgelegt, die sich, soweit man eine fremde Sprache beurtheilen kann, gut lesen ließen.» – *Milton... Simson:* Goethe war durch Robinson mit Miltons ‹Samson Agonistes› bekanntgemacht worden (vgl. Nr. 6396ff.) Goethes eigene Lektüre ist in GTgb erst im Nov. 1830 bezeugt.

6499 (2769) Sor 81 ff. – HoubenSoret 368 ff. – Von Eckermann benutzt (GA 24, 713 ff.) – Vgl. GTgb: «Französische Tagesblätter. Betrachtung inwiefern der Le Globe und Le Temps nebeneinander bestehen und wie sich ihre Vorzüge gegeneinander verhalten.» – *un ou deux mois de plus:* vielmehr anderthalb Jahre.

6500 HoubenSoret 371 f. – Vgl. GTgb 4. Febr.: «Interessante Mittheilung von Herrn Soret.» – *in getreuer Abschrift wiederzugeben...:* das folgende vgl. Quelle 372. Dort noch folgender Zusatz: «[Auf der Abschrift, die Soret von diesem Brief zurückbehielt, machte er noch folgende Notizen, die sich zweifellos auf das Gespräch vom 3. Februar beziehen:] Man[uskripte Dumonts.] Merkwürdig, daß ich in meinem Alter noch auf diese Dinge gebracht werden soll. – Über Cotta. Artikel des ‹Temps›. – Aussprache über Cuvier: er kaut immer dieselben Ideen wieder, die alle dreißig oder vierzig Jahre als neu auftauchen, zur Verzweiflung der Alten und zur Erbauung der Jungen.»

6501 Houben 1, 463f. – Der Schlußabschnitt über Mozart in die ‹Gespräche› mit Korrektur der Altersangaben übernommen (GA 24, 390). – Vgl. GTgb: «Mittag Dr. Eckermann und Wölfchen. Wiederholung der Geschichte des Festes.» Am 2. Febr. hatte zum Geburtstag des Großherzogs ein großer Maskenball im Schloß stattgefunden, an dem Goethes Enkel als Klingsohrs Knappen teilgenommen hatten. – *Mozart:* der Besuch des Konzerts der Mozartschen Geschwister in Frankfurt ist durch eine Eintragung im Haushaltungsbuch von Goethes Vater vom 25. Aug. 1763 bezeugt: «Pro Mus. conc. duor. infant. 4 [fl.] 7 [cr.]»

6502 (2770) Gr 157f. – Vgl. GTgb: «Herr Canzler von Müller. Dazu Ottilie. Unterhaltung über das letzte große Maskenfest.» – *Aufzug von 1810:* gemeint ist der Aufzug ‹Die romantische Poesie› vom 2. Febr. (vgl. Nr. 3120). – *im Hiob:* 9, 11, ungenau zitiert. – *Motto meiner Morphologie:* GA 17, 11. – *den Maskenzug vorzuführen:* die Masken stellten sich ihr am 7. Febr. vor (vgl. Anm. zur folgenden Nr.). – *neues Werk:* B.H.C. Lommatzsch: Die Weisheit des Empedocles nach ihren Quellen... Berlin 1830 (Ruppert Nr. 1254).

6503 Houben 1, 467 – Mit Weglassung des dritten Absatzes fast wörtlich in die ‹Gespräche› übernommen (GA 24, 391). – Vgl. GTgb: «Mittag Dr. Eckermann. Aufmunterung desselben zu Fortsetzung und Vollendung seines poetischen Geschäftes... Mein Sohn mit den Kindern präsentirte sich zur Maskerade gehend, welche sich auf dem Hinweg zum Schloß der Frau Großherzogin-Mutter im Fürstenhause vorstellten.» – *Fürst Primas [v. Dalberg]:* wohl veranlaßt durch das Tischgespräch bei Ottilie am Tage, von dem Eckermann berichtet (GA 24, 715 f.). – *an der Tafel der Kaiserin von Östreich:* in Teplitz zwischen 15. Juli und 5. Aug. 1812. – *des Desobligeanten:* des Unhöflichen, Unfreundlichen.

6504 (2774) Sor 84f. – HoubenSoret 373 – Von Eckermann benutzt (GA 24, 716).

6505 (2773) Gr 158 – *Seherin von Prevorst:* von Justinus Kerner, Stuttgart 1829. – *1774:* vielmehr 1773. – *«...zu Frankfurt.»:* späterer Zusatz: «Und seit jener ersten Bekanntschaft blieb ich ihr treu ergeben; nie hat der geringste Mißklang stattgefunden.»

6506 (2776) Sor 85ff. – HoubenSoret 374ff. – Von Eckermann benutzt (GA 24, 716ff.), vgl. außerdem sein eigenes Gespräch unter dem gleichen Datum (ebd 393f.). – Vgl. GTgb: «Mittag Dr. Eckermann und Wölfchen. Verscheiden der Frau Großherzogin gegen 2 Uhr... Später Herr Soret...» – *la grande nuit viendra:* vgl. den Zweizeiler im ‹Buch der Sprüche› des ‹Divan›: Noch ist es Tag, da rühre sich der Mann, / Die Nacht tritt ein, wo niemand wirken kann.» (GA 3, 335). – *Ninon:* de Lenclos. – *la lettre...du Roi de Bavière:* vom 7. Febr. (GJb 23, 53). – *Gozzi... trentesix situations tragiques possibles:* vgl. Nr. 5266. – *Gustave Vasa:* vielmehr ‹Gustave-Adolphe ou la bataille de Lutzen›, Tragödie von Emile-Lucien Arnault. – *Le Temps:* über den «Unterschied der ästhetischen Urtheile des Temps und des Globe» vgl. die Notiz in GTgb 11. Febr. – *Brighella:* Charaktermaske der Commedia dell'arte. Vgl. den Bericht in ItR, Venedig, 16. Okt. 1786 (GA 11, 103). – *Grimm:* der seit 1748 in Paris lebende Baron Grimm. – *l'allumette:* gemeint ist ein brennendes Zündhölzchen. – *Goethe raconte fort bien l'anecdote:* zu diesem Absatz am Rande Sorets Bemerkung für Eckermann: «à supprimer», was dieser befolgt hat.

6507 Sor 239f.

6508 (2777a) Gr 158f.

6509 (2777) Kretschman 130

6510 (2778) Sor 90f. – HoubenSoret 381f. – Von Eckermann benutzt (GA 24, 720f.) – Vgl. GTgb: «Herr Hofrath Soret, mit einer freundlichen Botschaft von der Frau Großherzogin.» – *Wit:* über den Besuch von Wit-Dörring vgl. Nr. 6119f.

6511 (2779) Gr 159 – Vgl. GTgb: «Abends Herr Canzler von Müller. Sodann Coudray, die Zeichnungen des errichteten Katafalks vorlegend.» – *Skelett von Silber:* Petronius, Satiren 34, 8.

6512 (2779a) aaO 6

6513 (2781) Sor 91f. – HoubenSoret 383f. – Vgl. GTgb: «Mittag Dr. Eckermann... Dazu kam Herr Hofrath Soret, einiges im Auftrag Ihro Kaiserlichen Hoheit überbringend und vermeldend... Abends... Friedrich war im Fürstenhause gewesen. Referirte von dem Anstand der Ausstellung der Fürstlichen Leiche.» – *une lettre...à Son Altesse Impériale:* an Maria Pawlowna 16. Febr. (WA IV 46, 245f.)

6514 (2782) Gr 159f. – Vgl. GTgb: «Die Bestattung war morgens früh 4 Uhr vor sich gegangen. Friedrich erzählte davon... Gegen Abend Herr Canzler von Müller, von der Function des heutigen Morgens erzählend, auch einen biographischen Aufsatz der Heimgegangenen besprechend... Gleich nach Tische Frau von Gerstenbergk.» – *Nekrolog-Vorhaben:* «Müllers Nekrolog der Großherzogin Luise erschien in der Allgemeinen Zeitung 1830 Nr. 90/2.» (Gr 301) – *Verbrennen:* gemeint ist wohl das große Autodafé von 1797 (vgl. Nr. 1389). – *antecedents:* frühere Lebensumstände. – *Aggregat:* Anhäufung einzelner Teile.

6515 Rohmann 273 – *[am 19. Februar]:* vgl. GTgb: «Ihro Kaiserliche Hoheit die Frau Großherzogin.»

6516 (2784) Gr 160 – Vgl. GTgb: «...[nachmittags] Herr von Müller, welchem den Münchner Kupferstich vorwies. Er brachte einen sehr einsichtigen Aufsatz gegen die Franzosen zu Gunsten der Königl. Bayerischen Dichtungen. Besprach einiges von dem Unternommenen zum Andenken der Höchstseligen Frau Großherzogin.» – *Kupferstich:* vgl. GTgb 20. Febr.: «Angekommener Kupferstich nach Cornelius, Orpheus vor Pluto im Höllenreiche vorstellend, eröffnet und studirt.» Nachweis bei Schuchardt 1, 110 Nr. 50. Vgl. Eckermann unter dem 24. Febr. (GA 24, 397 f.). – *Labordes Zeichnungen:* Voyage de l'Arabie Petrée par Léon de Laborde et Linant... Paris 1830 (Ruppert Nr. 4091). Erwähnt in GTgb am 18. und 19. Febr. – *Demoiselle Lorch:* Kammerfrau. – *das Falkische Gedicht:* «entstanden während der tödlichen Erkrankung der Großherzogin im Frühjahr 1823» (Gr 302); Falk war 1826 gestorben.

6517 (2786) Sor 94 f. – HoubenSoret 386 – *rétention:* wohl als Folge eines Prostataleidens.

6518 Tewes 95

6519 (2787) Sor 93 f. – HoubenSoret 386 f. – *il y a longtemps:* wann die Äußerung Goethes stattgefunden hat, läßt sich nicht mit Bestimmtheit sagen. Bei HoubenSoret 387 wird ein Zusammenhang mit Tgb-Eintragungen Goethes vom 22. April und 6. Juni 1829 vermutet.

6520 (2789) Gr 161 – *Herzogin-Mutter:* Anna Amalia. – *[Henriette v. Wolfskeel]:* damals Hofdame bei Anna Amalia.

6521 JbSKipp 4, 166 – *mit Goethe:* vgl. GTgb: «Mit Eckermann spazieren gefahren.» Ferner Eckermanns Gespräch (GA 24, 399).

6522 (2791) Sor 202 ff. – HoubenSoret 388 f. – Von Eckermann unter Einbeziehung des folgenden Stückes benutzt (GA 24, 721 ff.). – *[5. März 1830]:* vgl. GTgb: «Hofrath Soret, muntere Unterhaltung.» – *[Friederike Elisabeth Cäcilie v. Türckheim]:* die Enkelin Lilis hielt sich im Winter 1829/30 in Weimar auf. Offenbar bezieht sich der Eintrag in GTgb vom 20. Nov. 1829 («Herr von Türckheim und Tochter...») auf sie. Auch Ottilie bestätigt in einem Brief an Abeken vom 4. Juli 1861, daß Goethe sie gesehen habe (vgl. Nr. 7256). – *la continuation des Mémoires:* über die Schwierigkeit, den 4. Bd von DuW zu schreiben, vgl. bereits die Äußerung gegenüber Boisserée vom 3. Okt. 1815 (Nr. 4260). – *il va paraître:* der Band ist erst nach Goethes Tod erschienen. – *à surmonter.* *: zur Anm. vgl. Goethes eigene Darstellung in DuW 19 (GA 10, 829).

6523 (2792) Sor 94 f. – HoubenSoret 389 f.

6524 (2793) Sor 95 ff. – HoubenSoret 390 ff. – von Eckermann benutzt (GA 24, 723 ff.). – In HoubenSoret steht dieses Stück in unmittelbarem Anschluß an das vorangehende unter dem 5. März. Die Eckermannsche Datierung auf den 6. März wird als willkürlich bezeichnet. In GTgb wird Soret am 6. März in der Tat nicht erwähnt. – *Mémoires de Saint-Simon:* vgl.

bereits die Äußerung gegenüber Müller am 11. Jan. (Nr. 6485). – *un personnage trop taré:* der Herzog von Orléans. – *ma pièce pour la Grande-Duchesse Louise:* in Heft Nr. 24 des ‹Chaos›, das dem Gedenken an die verstorbene Großherzogin-Mutter gewidmet ist, findet sich von Soret ein Gedicht, beginnend «La mort qui toujours plane au-dessus de nos têtes...» – *pasquilles... lancées contre les papes:* vgl. Sorets Beitrag zu dieser Sammlung im Brief an Goethe vom 13. März (HoubenSoret 396f.).

6525 Houben 1, 471ff. – Großenteils fast wörtlich in die ‹Gespräche› übernommen (GA 24, 399ff.). – Vgl. GTgb: «Eröffnung der von Paris angekommenen Kiste. Die große Sammlung der Medaillons von Herrn David ausgepackt, in Schubladen geordnet, nicht weniger die angekommenen Bücher durchgesehen. Mittag Dr. Eckermann. Mit demselben das Nothwendigste wegen der letzten Sendung besprochen.» – *von ihm die Ruhe und von Byron die Kühnheit:* vgl. ähnlich Nr. 6534. – *mein Gedicht zum Andenken der Herzogin-Mutter:* ‹Dem Andenken der Unvergeßlichen›, gedruckt in dem zu Nr. 6524 genannten Heft des ‹Chaos›. Vgl. dazu HoubenSoret 469. – *das Diderotsche Manuskript:* ‹Le Neveu de Rameau›. Vgl. Nr. 5139 und Anm. sowie Nr. 5260. – *Redaktion des 38. und 39. Bandes:* der ‹Ausgabe letzter Hand›, enthaltend kleinere Schriften zur bildenden Kunst und Literatur. – *Basreliefs von siebenunddreißig berühmten Personen:* vgl. Schuchardt 2, 340ff. Nr. 171ff.; da dort 95 Gipsmedaillons von David d'Angers aufgeführt sind, dürfte dabei der Zuwachs der zweiten Sendung vom April 1831 (vgl. Nr. 6817 und 6820) mit inbegriffen sein. – *Mérimée:* aaO Nr. 261. – *Victor Hugo, Alfred de Vigny, Emile Deschamps:* aaO Nr. 205, 230, 179. – *Demoiselle Gay, Madame Tastu:* aaO Nr. 213, 234. – *Fabvier:* aaO Nr. 220. – *Gedichte von Emile Deschamps:* Verwechslung mit den ‹Etudes françaises› (vgl. Nr. 6527 und Anm.)? – *Blatt mit dem Hute Napoleons:* vgl. Abb. in: J.P. Eckermann, Gespräche mit Goethe, hrsg. von H.H. Houben, 24. Aufl., Wiesbaden 1949, neben S. 344.

6526 (2795) Gr 161 – Vgl. GTgb: «Herr Canzler von Müller, Schreiben des Herrn Grafen Reinhard mittheilend und Sonstiges. Herr Oberbaudirector Coudray.» – *An Reinhard:* Goethe schrieb ihm am 11. März (WA IV 46, 268f.). – *Von der Jacobi:* vgl. Goethes Charakteristik von Auguste Jacobi in dem genannten Brief an Reinhard.

6527 (2796) Sor 98f. – HoubenSoret 394f. – Diese Aufzeichnung Sorets und die vom 14. März von Eckermann benutzt und mit eigenen Erinnerungen angereichert, datiert unter dem 14. März (GA 24, 725ff.). – *avec l'ex dono auctoris:* mit eigenhändiger Widmung des Verfassers – *Camille Deschamps:* vielmehr Emile D.: Etudes françaises et étrangères. 4. éd. Paris 1829 (Ruppert Nr. 1575). – *une traduction italienne:* von Alessandro Poerio. Die ersten 9 Strophen sind in der Zeitschrift ‹Chaos› Nr. 39 und 46 abgedruckt. – *Musenalmanach:* für das Jahr 1798.

6528 Houben 1, 475 – Vgl. GTgb: «Dr. Eckermann zu Tische.» – *spanische Fliege:* Pflaster, vgl. Nr. 1216 und Anm.

6529 (2799) Sor 99ff. – HoubenSoret 398ff. Vgl. GTgb: «Herr Hofrath Soret und der Prinz. Ersterem zeigte ich die durch ... angekommenen

Werke.» – *Femme guillotinée:* Jules Janin: L'Âne mort et la femme guillotinée. Paris 1829. Über die Lektüre und deren Eindruck berichtet Goethe ausführlich in GTgb 24. März. – *le Tasse à Berlin:* Tasso wurde am Nationaltheater in Berlin vom 25. Nov. 1811 (Erstaufführung) bis zum 31. Mai 1885 77mal gegeben. – *Jery et Bätely, transportée sur la scène française:* Unter dem Titel ‹La Tyrolienne› (jedoch mit Hinweis auf Goethe) als Gemeinschaftsproduktion von Théaulon, Adolphe (Leuven) und Charles (Livry) ab 7. Juli 1829 am Pariser Vorstadttheater Nouveauté aufgeführt (Hinweis O.F.), vgl. nochmalige Erwähnung Nr. 6960.

6530 (2798) Gr 161 f.

6531 (2800) Sor 101 ff. – HoubenSoret 400 ff. – Der dritte Absatz von Eckermann unter dem gleichen Datum benutzt (GA 24, 734 ff.). – Vgl. GTgb: «Abends Herr Soret. Erklärte ihm die oberaufsichtlichen Verhältnisse in Jena und hier.» – *professeur Zahn:* dessen Besuche am 13., 14. und 15. März in GTgb erwähnt. – *il m'a raconté de nouveau:* die folgende Geschichte, die sich im November 1818 zugetragen hat (vgl. TuJ 1818, GA 11, 901 ff.), hat Goethe möglicherweise Soret schon einmal, am 10. Mai 1824, erzählt (vgl. Nr. 5465). – *les ducs de Saxe:* die Erhalter der Jenaer Bibliothek. – *Madame la Belette:* in Lafontaines Fabel ‹Le chat, la Belette, et le petit Lapin›. – *non obstantibus quibuscumque:* da niemand Widerspruch erhebt. – *dans l'annuaire:* in dem jährlich erscheinenden Staatshandbuch (HoubenSoret 402).

6532 Houben 1, 479 – *die Jäger von Iffland:* Schauspiel, bereits in der Zeit von Goethes Theaterleitung 1791 bis 1816 häufig aufgeführt.

6533 Houben 1, 479 f. Fast wörtlich in die ‹Gespräche› übernommen (vgl. GA 24, 401 f.). Auch die folgende Entwicklung eines Zyklus zwölf biblischer Figuren (ebd 402 f.) ist nach Angabe der Quelle «von unbedeutenden Varianten abgesehen» bereits in Eckermanns Tgb enthalten. – Vgl. GTgb: «Verabredung wegen einer Reise meines Sohns... Nach Tische Dr. Eckermann.» – *Christus mit zwölf Aposteln:* vgl. Goethes Aufsatz ‹Christus nebst zwölf alt- und neutestamentlichen Figuren den Bildhauern vorgeschlagen› (GA 13, 106 f.).

6534 Tewes 95 f.

6535 (2801) Der Volksgarten 1864 S. 553 – *[vom 13. bis 16.]:* vgl. Nr. 6531 und Anm. Der Abschiedsbesuch fand nach GTgb am 16. März statt. – *Maler Schmeller:* vgl. GTgb 14. März: «Nach Tische Schmeller, Verabredung wegen des Zahnischen Porträts. Man wies die Schmellerischen Porträte vor.» 16. März: «...brachte...Schmeller das Porträt von Zahn.» Verzeichnet bei Schuchardt 1, 287 Nr. 629.

6536 (2804) Sor 104 ff. – HoubenSoret 403 ff. und 402 f. – Von Eckermann mit Ausnahme der drei letzten Absätze benutzt und auf den 17. März datiert (GA 24, 737 ff.). – Vgl. GTgb: «Herr Hofrath Soret. Herr Professor Riemer.» – *Gemma von Art:* Tragödie von dem Schweizer Volksschriftsteller Thomas Bornhauser. Vgl. die Charakteristik in GTgb unter dem 21. März. – *Sömmerring:* starb am 2. März. – *courage pour vivre plus longtemps:* vgl. den ähnlichen Gedankengang über den Tod als einen «Akt von Selbständigkeit» im Gespräch mit Falk nach dem Tode Wielands (Nr. 3677, Bd 2, 770f.). – *Bentham... mon aîné:* vgl. Nr. 6499 und Anm. – *trente-neuf articles:* der anglikanischen Kirche. – *l'article 13:* von den Werken der Rechtfertigung. Von Eckermann geändert in «Artikel neun», der von der Erbsünde handelt (GA 24, 739). – *soixante mille livres:* «über die enorme Besoldung der englischen Geistlichkeit» vgl. Nr. 6498. – *morceau dithyrambique sur la descente de Jésus-Christ aux enfers:* ‹Poetische Gedanken über die Höllenfahrt Jesu Christi› (GA 2, 83ff.). – *cela me rappelle:* vgl. Riemers Darstellung Nr. 1664 und Anm. – *gazette littéraire qui se publiait à Francfort:* gemeint ist die Frankfurter Wochenschrift ‹Die Sichtbaren› hrsg. von Bayrhofer, 12. Stück, 1766 (vgl. Hagen Nr. 515). – *Lord Bristol:* vgl. Nr. 3940 und Anm. – *son abbé:* wohl der in GTgb vom 10. Juni 1797 genannte Kaplan Lowell. – *Une autre fois:* die folgende Anekdote berichtet Goethe in ItR unter dem 6. Okt. 1786 (GA 11, 88).

6537 (2805) Gr 162 – Goethes Ausspruch benutzt ein bekanntes Sprichwort.

6538 (2806a) Gr 162 – *Nekrolog auf die Herzogin-Mutter:* vgl. Nr. 6514 und Anm., ferner GTgb 22. März: «Herrn von Müllers Gedächtniß der hingegangenen Frau Großherzogin. Sehr wohl gerathen.»

6539 (2807) Gr 162 – Vgl. GTgb: «... Herr Canzler, manches Vorliegende, besonders seine sehr wohlgerathene Trauerrede auf die Höchstselige Herzogin.» – *Zeitungen:* vgl. Eckermann unter dem 21. Febr. (GA 24, 396) und Nr. 6524. – *«Qu'en dit Monsieur Goethe?»:* von Kanzler Müller zitiert (vgl. Nr. 2748, Bd 2, 336) sowie in Goethes eigenem Bericht (GA 12, 639).

6540 (2809) Bi^2 4, 252f. – Vgl. GTgb: «Herr Harisson aus Virginien, empfohlen von Herzog Bernhard. Frau Großherzogin, Demoiselle Mazelet.» – *Mr. Jefferson's university:* die unter der Präsidentschaft von Jefferson gegründete Universität in Charlottesville. – *Everett:* von den beiden Brüdern hat Edward E. Goethe am 25.10.1816 besucht (vgl. Nr. 4382ff.). FBdm vermutet, daß Goethe von Alexander H. Everett dessen Werke ‹Europa› und ‹Amerika›, die 1823 und 1828 auch in deutscher Übersetzung erschienen waren, gekannt habe.

6541 (2810) Gr 162ff. – Vgl. GTgb: «Schmeller, Durands Porträt bringend... Fuhr allein in den untern Garten. Dr. Eckermann kam nach und speiste mit. Um halb 6 Uhr nach Hause. Geh. Rath von Müller und Oberbaudirector Coudray.» – *Durands Porträt von Schmeller:* vgl. Schuchardt 1, 286 Nr. 625. – *Morgue:* öffentliches Leichenschauhaus in Paris. – *Primaten:* «die Häupter der angesehensten griechischen Sippen, deren Widerstand gegen den ‹russischen Prokonsul› schließlich zur Ermordung von Capo d'Istrias führte» (Gr 303f.). – *«L'âne et la femme guillotinée»:* vgl. Nr. 6529 und Anm. – *«Palingénésie sociale»:* Pierre Simon Ballanche: Essais de palingénésie sociale. Paris 1827/29 (Ruppert Nr. 3021). – *Ideen p.:* Ideen zur Philosophie der Geschichte der Menschheit. – *Lob des... jungen Kirchners:* vgl. GTgb 29. März: «Kirchner, von Paris über London und Brüssel zurückkehrend, von Aufenthalt und Reise vorläufig Nachricht gebend.» – *«Metamorphose des Tierreichs»:* ‹Metamorphose der Tiere› Vs. 46ff. – *Hernani:* Drama von Victor Hugo (vgl. Ruppert Nr. 1591). – *Gustav*

Adolf: von Arnault (vgl. Nr. 6506 und Anm. zu ‹Gustave Vasa›). – *Christine:* «gemeint ist wahrscheinlich das... historische Drama von Arnault: Cathérine de Médicis (Ruppert Nr. 1549)» Gr 304. O.F. hält dies für fraglich und glaubt, daß eines der zahlreichen Stücke über Christine von Schweden gemeint sei. – *Paul und Virginie:* von Bernardin de Saint-Pierre. – *Atala:* von Chateaubriand.

6542 Grumach 358

6543 (2811) Sor 112f. – HoubenSoret 411f. – Von Eckermann mit Ausnahme des letzten Absatzes benutzt (GA 4, 743f.) – Vgl. GTgb: «Nach Tische Gräfin Line Egloffstein und Hofrath Soret, wozu Wölfchen kam.» – *la seconde rencontre:* am 22. Juni 1810 (vgl. Nr. 3254 und Anm.) – *la nouvelle édition française:* es dürfte sich wohl um die französische Ausgabe von 1821 handeln, die eine Rückübersetzung der Goetheschen Übersetzung ist (vgl. Ruppert Nr. 1577f.)

6544 (2813) Sor 113ff. – HoubenSoret 412ff. – Von Eckermann benutzt und mit Ergänzungen versehen, besonders Goethes Brillenfeindschaft betreffend (GA 24, 745ff.). – Vgl. GTgb: «Herr Hofrath Soret seinen Vetter anmeldend. Speiste derselbe mit mir. Zeigte ihm nach Tische das Schatzkästchen der russischen Mineralien.» – *à demain:* der Besuch fand nach GTgb erst am 8. April statt. – *l'élégie de [Madame de] Bechtolsheim:* erschienen in der Beilage zu der in der Anm. zu Nr. 6524 genannten Nr. 24 des ‹Chaos›. – *une cassette en maroquin rouge:* mit einer Sendung sibirischer Mineralien von Loder hatte Goethe ein «Prachtkästchen» mit Halbedelsteinen bekommen, vgl. dessen Brief an J.C. v. Loder vom 22. Febr. 1829 (WA IV 45, 173ff.).

6545 (2814) Gr 164

6546 (2815) Gr 164f. – Vgl. GTgb: «Färber verschiedenes vortragend, wurden ihm verschiedene Aufträge gegeben... [Nachmittags] Herr Geh. Rath von Müller.» – *Herzog von Sachsen:* wohl Prinz Ludwig Ernst von Gotha.

6547 GJb 1, 353 – *[am 10. April]:* vgl. GTgb: «Herr Stromeyer. Herr Genast und Madame Devrient. Letztere sang.»

6548 (2816) Sor 116 – HoubenSoret 416 – Von Eckermann benutzt (GA 24, 748) – *[12. April]:* vgl. GTgb: «... der Graf Basile Kotschoubey und Mr. J. Joyeux.»

6549 WA IV 47, 394 – Brief aus La Spezia.

6550 (2817a) Kretschman 93f. – *[am 22. April 1830]:* vgl. GTgb: «Mein Sohn hatte Abschied genommen und war mit Eckermann verreist.»

6551 (2818) Sor 116f. – HoubenSoret 417f. – Von Eckermann unter dem 22. April teilweise benutzt (GA 24, 748f.). – Vgl. GTgb: «Mittag Hofrath Soret und Ottilie... Nach Tische Herr von Henning.» – *le jeune Henning:* wohl L.D. v. Hennings Sohn. – *Hernani:* von Victor Hugo (vgl. Nr. 6541). Vgl. GTgb 17. Mai «Hernani zu lesen angefangen.»

6552 (2819) aaO 2, 280ff. – Genast übersieht in seinem Bericht, daß die Schröder-Devrient bereits am 10. April zusammen mit ihm bei Goethe war und vorgesungen hat (vgl. Nr. 6547 und Anm.). – *[24. April 1830]:* vgl. GTgb: «Madame Devrient und Genast. Letztere accompagnirte, Erstere sang den Erlkönig von Schubert.» Vgl. die Äußerung Goethes Quandt gegenüber (Nr. 6562).

6553 (2820) Gr 165ff. – *von Rauchs zu hoffendem Besuch:* dieser fand nicht statt. – *Grimms Korrespondenz:* F.M. Grimm: Correspondance littéraire, philosophique et critique. Paris 1812. – *Auf meine Bemerkung...:* in der späteren Überarbeitung hat Müller hier präzisiert: «Wir kamen auf Reiseproiecte und Industrielle – Unternehmungen zu sprechen, die er alle verwarf.» (Grumach 189) – *Über-Hegel:* nicht ermittelt. Mit großer Wahrscheinlichkeit mit Bezug auf das in Goethes Bibliothek befindliche anonyme Werk: ‹Über die Hegelsche Lehre oder: Absolutes Wissen und moderner Pantheismus›. Leipzig 1829 (Ruppert 3094). – *Rochlitz:* im Brief vom 11.–31. März 1830 (Briefwechsel S. 361). – *gleich geantwortet:* am 6. April (WA IV 47, 7f.).

6554 (2821) Lewinsky 2, 160ff. – *[am 30. April 1830]:* vgl. GTgb: «Herr Moltke und Sohn mit einem Baßsänger von Magdeburg, welcher den König von Thule nach Zelters Composition vortrug.» – *«Als Noah aus dem Kasten kam.»:* August Kopisch, Weinlieder, Historie von Noah, Melodie (1827) von Karl Gottlieb Reisiger. Es heißt richtig: «Als Noah aus dem Kasten war...» – *«Hans Adam war ein Erdenkloß –»:* ‹Erschaffen und Beleben› (GA 3, 292f.).

6555 (2823) Gr 167 – Zur Datierung: das Stück ist überschrieben «Im Mai». Für den 7. Mai spricht der Eintrag in GTgb: «Herr Canzler von Müller. Das Gespräch kam auf die Streitigkeiten Cuviers mit St. Hilaire und überhaupt auf den Unterschied der stationären und progressiven Naturbetrachtung.» Über den Akademiestreit, an dem Goethe großen Anteil nahm, vgl. Nr. 6603 und Anm.

6556 (2824) wie 6457 – *[am 8. Mai]:* vgl. GTgb: «Der Pole Kozmian. Unterhaltung von französischer neuster Litteratur.» Dieser Tag war jedoch ein Samstag. – *vor einem Jahre:* am 2. Okt. 1829 (vgl. Nr. 6457f.). – *Neophyten:* Neulingen. – *Leben des Königs Kasimir:* gemeint ist Kasimir I. (1016–1058). – *Bildern Ary Scheffers:* vgl. O. Heuer: Ary Scheffer, der Maler der Marguerite, und seine Lieblingsdichter. In: JbFDH 1907, 207ff.

6557 wie 6457, vgl. auch zu Nr. 6458

6558 (2825) Sor 117ff. – HoubenSoret 421ff. – Die beiden letzten Absätze von Eckermann benutzt (GA 24, 749). – Vgl. GTgb: «Mittags Herr Oberbaudirector Coudray, Hofrath Soret, und Ottilie.» – *l'Impératrice mère:* Kaiserin Maria Feodorowna von Rußland. Die folgende Anekdote bezieht sich wohl auf deren Besuch in Weimar vom 23. Nov. bis 21. Dez. 1818. – *Haumann:* vgl. GTgb 8. Mai: «Der Brüsseler Advokat Haumann, zur Benthamischen Lehre geneigt.» – *ce n'est pas son genre:* in der Übersetzung HoubenSoret 423 mißverstanden und irrtümlich auf Haumann bezogen; gemeint ist: «das [nämlich Wortspiele] ist nicht sein [Goethes] Metier.» – *un petit Moïse en bronze:* vgl. Nr. 3666 und Anm.

6559 (2825a) Sor 237 – HoubenSoret 423f.

6560 (2826) Sor 120 – HoubenSoret 425

6561 Gr 167 – Vgl. GTgb: «Zu Mittag Herr von Quandt, von Müller, Meyer, Coudray, Vogel und Riemer. Blieben bis gegen Abend.»

6562 (2429) Europa 1870 Sp. 628 ff. – *[am 16. Mai 1830]:* vgl. GTgb: «Besuch von Herrn von Quandt.» – *Romanze:* Schuberts ‹Erlkönig› (vgl. Nr. 6552). – *Grafen L.:* Loeben? (nach FBdm).

6563 Grumach 358 – *Rom:* wo sie sich seit Anfang Jan. aufhält.

6564 Pädagogische Blätter für Lehrerbildung und Lehrerbildungsanstalten. Bd 27. Gotha 1898. S. 305 f. – Vgl. GTgb: «Schulrath ... von Königsberg.»

6565 (2827) Felix Mendelssohn Bartholdy: Reisebriefe. Hrsg. von P. Mendelssohn Bartholdy. Leipzig 1861, 2 ff. – *an einen hiesigen Maler einen Brief:* an Schmeller 24. Mai (WA IV 47, 71). – *(fast im biblischen Sinne):* vgl. Hiob 3, 22: «die sich fast freuen und sind fröhlich» (in der originalen Übersetzung Luthers). – *[am 21. Mai]:* vgl. GTgb: «Mittag Felix Mendelssohn und Fräulein Ulrike. Spielte derselbe nachher auf dem Flügel, die Musik wurde bey der Theegesellschaft fortgeführt.» – *Brief von Zelter:* vom 10. Mai (Hecker 3, 294 f.). – *Räuberbraut von Ries:* Oper, erschienen 1828. – *auf den heutigen Tag:* vgl. GTgb 24. Mai: «Felix Mendelssohn gab einige musikalische historische Exhibitionen auf dem Piano. Mittags Felix Mendelssohn ... Abends Gesellschaft, wobey Felix auf dem Piano spielte.» – *drei Walliser oder Walliserinnen:* für das Album von drei jungen Engländerinnen komponierte Klavierstücke; später unter dem Titel ‹Drei Phantasien› als op. 16 erschienen. – *Schottland:* das Mendelssohn auf seiner England-Reise 1829 besucht hatte.

6566 Gr 167

6567 (2828) wie 6565 S. 7 ff. – *Konzertstück:* das Konzertstück für Klavier und Orchester f-moll op. 79. – *Aufforderung:* Aufforderung zum Tanz. – *Polonaise in C:* wohl die Polacca brillante E-dur op. 72. – *Schottische Sonate:* Sonate écossaise fis-moll op. 28. – *mein Porträt:* von Schmeller (Schuchardt 1, 287 Nr. 631). – *c-Moll-Symphonie:* 5. Symphonie op. 67. – *Hernani:* von Victor Hugo. – *Lamartines Elegien:* Lektüre von Lamartines Gedichten am 1. Aug. 1829 in GTgb bezeugt. Entleihung von 3 Bden Lamartine aus der Weimarer Bibliothek 1.–18. Aug. 29 (Keudell Nr. 2024 ff.)

6568 Reutern 60 – *[am 19. Mai 1830]:* vgl. GTgb: «Herr von Reutern nach Livland gehend. Wir besprachen seine farbigen Zeichnungen.» – *Aquarellen:* vgl. Nr. 6050 und Anm. – *Arabeske:* eine «Arabeske auf Goldgrund, die als Titelblatt zu einer Sammlung seiner [v. Reuterns] Bilder gedacht war» (WA I 5^2, 107). In den in der Mitte frei gelassenen Raum sollte Goethe einige Zeilen einschreiben. – *[am 26. Mai]:* vgl. GTgb: «Herr von Reutern Abschied nehmend.» – *um ein ... Wort darin einzutragen:* vgl. ‹Inschrift / auf eine von vorzüglichen Miniatur-Bildern umgebene Tafel, Lebensereignisse und Zustände eines werten Freundes, Baron von Reutern, vorstellend, von demselben mit größtem Talent und bewundernswürdiger Sorgfalt ausgeführt / April 1831› (GA 2, 152). – *in einem kleinen Aufsatze:* nicht bekannt, wohl nicht entstanden.

6569 Gr 167 – Vgl. GTgb: «Abends Herr Oberbaudirector Coudray und Geh. Rath von Müller. Felix spielte einiges.»

6570 (2830) wie 6565 S. 11 f. – *[wohl am 31. Mai]:* vgl. GTgb: «Herr Professor Göttling. Derselbe speiste Mittags mit. Ingleichen Felix ... Felix trug bedeutende Stücke, ältere, neuere, auch von ihm selbst componirte vor.» – *[1. Juni]:* vgl. GTgb: «Mittags Felix Mendelssohn. Erinnerung an alte Zeiten. Spielte nach Tische treffliche Dinge ... [Abends] Felix trug wieder treffliche Musik vor.» – *Stummen von Portici:* Oper von Auber, am 31. Mai 1830 in Weimar aufgeführt. – *der zweite Band seines Lebens:* vielmehr der *vierte* Band von DuW.

6571 (2832) aaO 37ff. – *Waverley:* erschienen 1814. – *als ich in Lauchstädt Theaterdirektor war:* gemeint sind die Gastspiele des Weimarer Theaters in Lauchstädt unter Goethes Theaterleitung. Schillers ‹Räuber› sind von 1793 bis 1811 häufig in Lauchstädt aufgeführt worden. – *in Korrespondenz:* zu den Bemühungen, Schuckmann in Weimarische Dienste zu ziehen, vgl. Goethes Briefe an diesen vom 25. Nov. 1790, 14. Mai 1791 und 12. Juni 1791 (WA IV 9, 236ff. und 257ff. und 273f.). – *Schiller erst einmal in Weimar:* 1787. – *wie Jean Paul später kam:* 1796.

6572 Gr 168 – Vgl. GTgb: «Herr Geh. Rath von Müller. Professor Riemer. Frau von Motz von Hanau. Herr von Motz, nicht ihr Gemahl, sondern Sohn des Ministers. Frau von Groß und ... Ein Franzose.»

6573 (2830) wie 6565 S. 12f. – Unmittelbar anschließend an Nr. 6570 (Brief aus München) – *[2. Juni]:* vgl. GTgb: «Empfehlungskarten nach München für Felix ... Felix dankend für das mitgetheilte alte eigenhändige Manuscript.» – *Fidelio:* Oper von Beethoven, über deren Aufführung Mendelssohn dann kritisch berichtet. – *Adrian von Ostade:* wohl ‹Das Tischgebet› (Schuchardt 1, 174 Nr. 291). – *[am 3. Juni]:* vgl. GTgb: «Felix Mendelssohn nahm Abschied und fuhr mit Ottilien und den Kindern nach Jena.»

6574 (2831) Hensel 1, 318f. – *Hensel:* Wilhelm H., seit Okt. 1829 Gatte Fanny Mendelssohns.

6575 wie 6565 S. 154 – *ein trotzig und verzagt Ding:* nach Jer. 17, 9.

6576 (2828a) wie 4956, S. 41

6577 (2828b/2834/2833) Kretschman 103ff. – *Goethes David:* vgl. Nr. 5029 und Anm.

6578 Nach der Hs im StA Weimar – Vgl. GTgb: «Ihro Königliche Hoheit die Frau Großherzogin.»

6579 (2836) aaO 34f. – *[am 3. Juni 1830]:* vgl. GTgb: «Herr von Conta mit Herrn Oberbergrath Schwedes aus Cassel.» – *im südlichen Frankreich:* vielmehr in der Champagne; zum folgenden vgl. die Schilderung in der ‹Campagne› unter dem 4. Okt. (GA 12, 312).

6580 (2837) Gr 168f. – Vgl. GTgb: «Herr Canzler von Müller ... über litterarische Gespräche in Belvedere sich erklärend. Ich überlegte bey mir die letzten Aufträge Ihro Kaiserlichen Hoheit wegen Einrichtung eines gesellschaftlichen Instituts.» – *Mailänder Briefe:* vgl. GTgb 2. Juni: «Augusts Tagebuch aus Mayland lebhaft und gut.» – *Tobiase:* gemeint ist: Bilder wie der ‹Abschied des jungen Tobias› von K. Peschel, den die Großherzogin Luise als Aktionärin des Sächsischen Kunstvereins gewonnen hatte (vgl. Gr 306f.). – *Fischblase:* vgl. das Buch Tobias 6, 10 (die Galle vom Fisch als Heilmittel gegen den Star). – *Müfflings Gedicht:* « ‹An Sultan Mahmud› ... es wurde nicht in das ‹Chaos› ... aufgenommen» (Gr 307).

6581 Nach der Hs im StA Weimar – Vgl. GTgb: «Um 12 Uhr Ihro Kaiserliche Hoheit die Frau Großherzogin.»

6582 (2838) Gr 169f. – *Borromäischen See:* Lago Maggiore. – *Eckermann:* vgl. die ähnliche Äußerung gegenüber diesem unter dem 7. März (Nr. 6525). – *«Glaubensbekenntnis eines Denkgläubigen»:* ‹Glaubensbekenntnis eines denkgläubigen Christen› von Aleithezetetes, 1830 erschienen und in Röhrs Kritischer Predigerbibliothek 1830 S. 497 besprochen. Der Verfasser ist nicht ermittelt. – *Er tadelte nur den Leichtsinn:* vgl. die Schilderung in DuW 6 (GA 10, 250).

6583 Gr 170 – Vgl. GTgb: «Hofrath Meyer brachte einen vortrefflichen Aufsatz... Geh. Rath von Müller dazu. Ich zog mich zurück...»

6584 (vgl. 2885) aaO in deutscher Übersetzung im ‹Morgenblatt für gebildete Stände› vom 9. April 1832 erschienen. Danach der Text bei Bi^2 4, 308, jedoch fälschlich auf V. Cousin bezogen. – *[15. Juni 1830]:* «Schreiben von Victor Cousin, einen Herrn Girardin einführend. Ottilie sprach ihn zuerst... Abends Thee bey meiner Tochter. Herr Girardin...»

6585 aaO S. 134f.

6586 Allgemeine Musikzeitung. Jahrg. 54. 1927. Berlin. Nr. 37 vom 16.9.1927. S. 936f. – Der Briefempfänger ist Gustav Nicolai (nach F. Schnapp). – Vgl. GTgb: «Herr Ritter Spontini durchreisend. Brachte seine Composition von: Kennst Du das Land.» – *Athenierinnen:* vgl. Nr. 6803 und die von Goethe an Spontini am 20. Febr. 1832 gesandten Bemerkungen über den Inhalt der Oper nach dem Textbuch von Jouy (GA 14, 143ff.).

6587 (2839a) Gr 170

6588 Gr 170 – *Goethe wird unwohl:* vgl. GTgb 22. Juni: «Früh aufgestanden. Bald wieder niedergelegt. Hofrath Vogel abgewartet. Nochmals vereitelter Versuch aufzustehen.»

6589 Gr 170 – Vgl. GTgb: «Entschloß mich im Bette zu bleiben... Nachmittag Herr Geh. Rath von Müller, welcher mit Ottilien das Weitere beredete und derselben, da ich früh die mir angeordnete Deputation nicht annehmen können, ein bedeutendes Pergament, einzelne kleinere Blätter desselben Inhalts und ein Gedicht übergab, welches alles dieselbe mir noch am Abend zustellte.» – *Rede auf Goethe:* ‹Bei Goethes maurerischem Jubelfeste. Gesprochen in der «Johannis-Loge» zu Weimar 1830› (Goethes Persönlichkeit. Drei Reden des Kanzlers Friedrich v. Müller. Hrsg. von W. Bode. Berlin 1901, 11ff.). Am 23. Juni 1780 war Goethe Mitglied der Loge Amalia geworden (vgl. BuG 1, 245 und unsere Nr. 572). Zur 50-Jahrfeier wurde ihm ein Diplom zur Ehrenmitgliedschaft überreicht (vgl. Gr 307). Vgl. ferner GTgb vom 24. Juni: «Das gestern eingetretene Jubiläum meiner Freymaurerschaft ward heute in der Johannisloge gefeyert.» – *seines schönen Gedichts:* ‹Dem würdigen Brüderfeste. Johanni 1830› (GA 2, 320).

6590 JbSKipp 4, 59 – Vgl. GTgb: «Holteis waren in der Nacht angelangt... Mittags speisten bey derselben [Ottilie] Herr und Frau von Holtei und die Herren Riemer, Vogel und von Gerstenbergk... Ich versuchte wieder ins's Leben zu treten. Verfügte mich aber bald wieder zur Ruhe.»

6591 aaO 5, 180f.

6592 (2840) Kretschman 66 – *[27. Juni 1830]:* vgl. GTgb: «Ein Engländer..., welcher ein ganz artiger junger Mann schien, nachher aber bey meiner Schwiegertochter eine wunderliche Scene machte.»

6593 (2841) Gr 170 – Vgl. Müllers Tgb: «Abends eine Stunde resp. mit Vogel bey Goethe...» (Grumach 193). – *Feier der Augsburgschen Konfession:* die 300-Jahrfeier der ‹Confessio Augustana› wurde in Weimar vom 25. auf den 27. Juni verlegt, wohl weil dies ein Sonntag war.

6594 (2842) Gr 171 – *Varnhagen:* in: Denkwürdigkeiten des Philosophen und Arztes Johann Benjamin Erhard. Hrsg. v. K.A. Varnhagen von Ense. Stuttgart und Tübingen 1830 (Ruppert Nr. 81). – *Elsholtzens Hofdame:* in: Franz v. Elsholtz: Schauspiele. Bd 1. Stuttgart und Tübingen 1830 (Ruppert Nr. 886). – *Aufbau des Klosters im Park:* vgl. Nr. 577 und Anm. – *Seckendorfischen Gedichtes:* das kleine ‹Dramolet› ist wiedergegeben in Goethes Aufsatz ‹Das Luisenfest› (GA 12, 612ff.), mit welchem sich Goethe laut GTgb am 29. Juni beschäftigte. – *Bonnet:* wohl mit Bezug auf dessen ‹Contemplation de la nature› (1764), vgl. Nr. 7116. – *neues Trauerspiel:* ‹Irène› 1778 (Gr 308). – *das Beste... zu sekretieren:* gemeint ist vor allem Faust II. – *Freitagsabend-Gesellschaft:* vgl. Nr. 1039 und Anm. – *Vorlesung des Staatsrats... Hufeland:* der Vorgang ist von Goethe dargestellt in TuJ 1796 (GA 11, 662f.).

6595 GJb 7, 219f. – *Blatt des Markgrafensteines:* Zelter schickte mit Brief vom 15. Juni an Goethe ein für F.S. Voigt bestimmtes «littographiertes Blatt des Markgrafensteines» (Hecker 3, 297). Über den Granitfelsen bei Fürstenwalde an der Spree hatte Goethe bereits 1828 in KuA VI 2 einen kleinen Aufsatz veröffentlicht (GA 13, 1030f.). – *[am 30. Juni]:* vgl. GTgb: «Hofrath Voigt meldete sich und wurde zu Tisch eingeladen... Mittag Hofrath Voigt. Interessante Gespräche über wissenschaftliche Arbeiten und Zustände, ingleichen über academische und Kabale.»

6596 (2844) Ri 2, 723f. – Vgl. GTgb 2. Juli: «Abends Professor Riemer. Mit demselben das Kurzvorherstehende verhandelt.» – *fait mache:* Gebrauch mache. – *durchsehe:* durchschaue. – *Vinculum:* Band. – *die Gebirge aus der Erde emporquetschen:* gemeint sind die Vulkanisten; vgl. auch die Schilderung der Gebirgsentstehung in der Klassischen Walpurgisnacht Faust II Vers 7523. Goethe hatte diese gerade abgeschlossen.

6597 (2845) Gr 171f. – Vgl. GTgb: «Herr Geh. Rath von Müller, der die Metamorphose der Pflanzen zur Sprache brachte.» – *Rede am Johannisfest:* vgl. Nr. 6589 und Anm. – *Handzeichnung von Louis Carraci:* vielmehr Annibale Carraci. Vgl. Schuchardt 1, XV: «St. Diego zeigt seinem Oberen das in Rosen verwandelte Brod, welches er ohne dessen Vorwissen den Armen geben wollte.» Die Zeichnung ist jedoch kein Original von Carraci, «höchstens Podesta's Vorzeichnung für seinen Stich» (WA III 13, 287). – *«Âne mort...»:* vgl. Nr. 6529 und Anm. – *Geschichte seines botanischen Studiums:* vgl. Nr. 4417 und Anm. Erweiterte Fassung des Aufsatzes unter dem Titel ‹Der Verfasser teilt die Geschichte seiner botanischen Studien mit› für die Neuausgabe der ‹Metamorphose der Pflanze› (GA 17, 62ff.). – *Diemarische Fall:* vgl. dazu Reinhards Brief an Goethe vom 15. Juli 1830;

darin deutet er an, daß er die Trennung der an sich glücklichen Ehe seiner Tochter Sophie v. Diemar aus wirtschaftlichen Gründen durchsetzen will (Goethe/Reinhard 410f.).

6598 (2839) Sor 120 - HoubenSoret 438f. - Vgl. GTgb: «... [nachmittags] Herr Hofrath Soret, von seiner Reise mit dem Prinzen Carl nähere Nachricht gebend.» - *auteurs romantiques:* d.h. die französischen Romantiker.

6599 (NN 2845a) wie 4996 S. 163 - *[15. bis 19. Juli 1830]:* Sternberg ist an jedem dieser Tage in GTgb erwähnt.

6600 (2847) Sor 121 - HoubenSoret 441 - Der Tag des Datums ist erschlossen: vgl. HoubenSoret 715. - *société de lecture:* vgl. Maria Pawlownas Tgb-Eintragungen vom 3. und 7. Juni (Nr. 6578 und 6581). - *l'exécution du projet:* die Lesegesellschaft wurde am 15. Nov. im Fürstenhaus eröffnet.

6601 Goethe/Rochlitz 468

6602 (2846) Neue Jahrbücher für Pädagogik. Jahrg. 8. 1905. S. 125f. - *Am 30. Juli 1830:* vgl. GTgb: «Hernach [nach 12 Uhr] Herr Hofrath Vogel mit Professor ...» - *[Catalogus artificum ...]:* vgl. Ruppert Nr. 2126. - *Graf Caylus:* Goethe hatte dessen ‹Recueil d'antiquités, égyptiennes, etrusques, grecques et romaines› (Paris 1752/1767) 1803/04 aus der Weimarer Bibliothek entliehen (Keudell Nr. 324). - *bei den Proceribus:* bei den Vornehmsten. - *Plinius:* Nat. Hist. XXXV 97 (GrumachAntike 652). - *das kleine Buch des Aristoteles:* die Poetik. - *der Alte:* Epiktet, Ench. 5 (ebd 953). Das ganze Zitat von Goethe als Motto zur ‹Metamorphose der Pflanzen› verwendet (WA II 6, 24). - *Winkler:* unter dem Pseudonym Theodor Hell schreibend.

6603 (2848) Sor 121f. - HoubenSoret 441f. - Von Eckermann benutzt und erweitert (GA 24, 749ff.). - *Nouvelles inquiétantes:* von der Julirevolution. - *querelle entre Cuvier et Geoffroy:* über den Pariser Akademiestreit vgl. Goethes Brief an Soret vom 11. Aug. (WA IV 47, 176). Danach ist bezweifelt worden, daß das Gespräch an diesem Tage und in dieser Form stattgefunden habe. Bei HoubenSoret 726ff. findet man eine ausführliche Auseinandersetzung mit dieser Frage, welche die Glaubwürdigkeit von Sorets Aufzeichnung bestätigt. - *la rédaction d'un travail:* vgl. Goethes Aufsatz ‹Principes de philosophie zoologique ...› (GA 17, 380ff.).

6604 Nach der Hs im StA Weimar - Vgl. GTgb: «Frau Großherzogin Kaiserliche Hoheit. Äußere und innere Zustände besprochen.»

6605 (2849) Sor 122 - HoubenSoret 451 - Von Eckermann benutzt (GA 24, 751).

6606 (2860) aaO 95ff. - *[am 21. August 1830]:* vgl. GTgb: «Später [nachmittags] ein Schweizer Theolog, Decan im Bezirk von Basel, reisend, zu eigener Beruhigung den Zustand der Theologie in Deutschland kennen zu lernen. Merkwürdige Mittheilung über Elberfeld und das Wupperthal.» - *curiositatis causa:* aus Neugier - *dem ... dezidierten Nichtchristen:* so nennt sich Goethe selber in seinem Brief an Lavater vom 29. Juli 1782 (WA IV 6, 20). - *de belles et bonnes choses:* schöne und gute Dinge.

6607 (2851) Karl von Hase: Annalen meines Lebens. Hrsg. von K.A. v. Hase. Leipzig 1891 (= Gesammelte Werke. Bd 11. 2. Abt.) S. 4f. – Vgl. GTgb 22. Aug.: «Professor Hase von Jena.» – *Baiersche:* gemeint ist wohl: Bayrische.

6608 Nach der Hs im StA Weimar – Vgl. GTgb: «Um halb 1 Uhr Ihro Kaiserliche Hoheit die Frau Großherzogin.» – *la mise en accusation des ministres:* nach der Abdankung Karls X. fand ein Prozeß gegen Minister seines Kabinetts statt.

6609 JbSKipp 4, 59f. – *Musenalmanach von Wendt für 1830:* der einige Beiträge Goethes enthält (vgl. Hagen Nr. 774). – *Lichtschirm:* vgl. dazu Nr. 7076 und Anm. – *27. August:* vgl. GTgb: «Gegen Abend Professor Riemer. Brachte ein merkwürdiges Transparent und zwey Exemplare des Wendtischen Taschenbuchs.» – *Reimer:* der Inhaber der Weidmannischen Buchhandlung in Leipzig, in welcher der Almanach erschienen ist.

6610 JbSKipp 4, 60 – Vgl. GTgb: «... viele freundschaftliche Besuche. Gegen zwey Uhr unsre gnädigsten Herrschaften. Mittag Fräulein Ulrike, Alwine Frommann und Familie... Gegen Abend Oberbaudirector Coudray, den silbernen Becher wieder bringend und von dem Fest auf dem Stadthaus Nachricht gebend.»

6611 (2852) Lewinsky 1, 294f. – *den umgearbeiteten «Götz von Berlichingen»:* es handelt sich um die vierte Bühnenbearbeitung des ‹Götz›, beruhend auf der Fassung von 1804 (WA I 13^1, 185ff.). Vgl. dazu auch Nr. 6614.

6612 JbSKipp 4, 312f. – Zum Briefdatum: die erschlossene Jahreszahl ergibt sich aus der Tatsache, daß sich Eckermann damals in Italien befand. – *Maruschel:* Marie Melos.

6613 wie 4026 S. 160 – *Abzuge der Schopenhauer:* vgl. Nr. 6351 und Anm.

6614 (2853) aaO 2, 287f. – *im Jahre 1809:* am 23. und 26. Dez. 1809 wurde die dritte Bühnenbearbeitung des ‹Götz› in zwei Teilen aufgeführt.

6615 (2855) Gr 172 – Vgl. GTgb: «Abends die Herren Deinhardstein, Röhr, von Müller, Riemer, die beyden Frauenzimmer.» – *puncto ultimae voluntatis:* wegen seines letzten Willens. – *[S. tor Hardt]:* vgl. Ruppert Nr. 1490f.

6616 (2854) aaO 88ff. – *ob er das Buch besitze:* er hatte es 1828 mit Widmung des Übersetzers vom August dieses Jahres bekommen.

6617 aaO 94f. – *[am 1. September 1830]:* vgl. GTgb: «Mittag Geh. Rath Schweitzer. Professor Deinhardstein von Wien. Hofrath Meyer, Hofrath Vogel, von Froriep und Sohn, Dr. Schütze und Landesdirectionsrath Töpfer.»

6618 Gr 172 – Vgl. GTgb: «Abends Geh. Rath von Müller, welcher den anmuthigen Vorgang bey dem Gastmahl im Schießhaus erzählte.»

6619 (2850) Goethe/Rochlitz 468

6620 (2856) GJb 13, 112 – Der Brief ist undatiert; das Gespräch könnte am 5. Sept. stattgefunden haben, vgl. GTgb: «Mittheilungen des Herrn Staatsministers von Gersdorff über die Novissima.»

6621 Kretschman 58f. – *lange politische Berichte:* vom 29. Aug. bis 13.

Sept. (vgl. GJb 13, 99ff.). Zu dem «Pariser Erdbeben» vgl. Goethe an Zelter 5. Okt. (WA IV 47, 276).

6622 (2857) Egloffstein 360 – *Briefe eines Verstorbenen:* Beginn der Lektüre nach GTgb am 22. Aug.

6623 (2861) Kretschman 69f. – *Separat-Abdruck seiner «Iphigenie»:* von 1825 (vgl. Nr. 5737 und Anm.). Das Widmungsexemplar heute im Besitz des Freien Deutschen Hochstifts, Frankfurt a.M., vgl. JbFDH 1974, 408.

6624 (2861) aaO 27. Tsd. Stuttgart 1910, 424

6625 (2862) Gr 172 – Vgl. GTgb: «Mittag Herr Canzler von Müller. Öffentliche und Privat-Angelegenheiten durchgesprochen.» Die Äußerung über Zelter wird bestätigt durch Goethes Brief an diesen vom 5. Okt.: «Ich verglich dich neulich, in guter Gesellschaft, einer wohleingerichteten Mühle, die zu dem Umschwung ihres Räderwerks Wasser braucht und, damit ihre Steine sich nicht selbst aufreiben, Weizen die Fülle nöthig hat.» (WA IV 47, 274).

6626 (2859) Ri 2, 680 und PollmerUnters 110 – Vgl. GTgb 10. Sept.: «Abends Professor Riemer, die Aufsätze über die französischen Angelegenheiten durchgesprochen.»

6627 (2858) Goethe/Rochlitz 469f. – *Rezension auf Goethe:* in Bd 50 der Wiener ‹Jahrbücher der Literatur› über die ‹Wanderjahre› und den ‹Zweiten römischen Aufenthalt› (vgl. Anm. ebd).

6628 (2863) Sor 122f. – HoubenSoret 465f. – Vgl. GTgb: «Herr Hofrath Soret kam nach seiner Rückkunft von Belvedere. Ihro Kaiserliche Hoheit waren hereingezogen.» – *Les petits troubles d'Iéna:* vgl. die Eintragungen in GTgb vom 17. bis 21. Sept. («von Jenaischen Unfertigkeiten»).

6629 Gr 173

6630 Gr 173 – Vgl. GTgb: «Um 12 Uhr der französische Gesandte Graf Bouillé mit Herrn Geh. Rath von Müller. Interessantes Gespräch.»

6631 Grumach 360

6632 Gr 173 – *noch etwas unwohl:* vgl. den Eintrag in GTgb am 25. Sept.

6633 (2866) Sor 123 – HoubenSoret 468f. – *une lettre de Goethe:* vom 30. Sept. (WA IV 47, 257) Vgl. Sorets Antwort vom gleichen Tage (HoubenSoret 468). – *monstruosités végétales:* vgl. GTgb 30. Sept.: «...eine merkwürdige, in Wurzeln und Knollen ausgewachsene Kohlrübe.»

6634 Gr 173 – Vgl. GTgb: «Zu Tische... Herr Canzler von Müller speiste mir, erzählte die revolutionären Albernheiten dieser Tage.»

6635 (2867) aaO 43f. – *[...am 5. Oktober]:* vgl. GTgb: «Abgefahren nach Dornburg um 7 Uhr bey schönem Wetter. Um halb 11 Uhr angekommen.» – *drei Herren aus Petersburg:* nicht ermittelt, vielleicht Erinnerungstäuschung Sckells.

6636 JbSKipp 4, 60f. – *annuente eo:* mit seiner Zustimmung.

6637 Gr 173 – Vgl. GTgb: «Ich suchte mich durch Ruhe herzustellen.»

6638 (2868) Sor 123f. – HoubenSoret 471 – Von Eckermann benutzt (GA 24, 751f.) – Vgl. GTgb: «Hofrath Soret wegen des Manuscripts.»

6639 (2868a) Gr 173 – Vgl. GTgb: «Nachher [nachmittags] Herr Canzler, über einen Brief des Herrn Grafen Reinhard sich zu besprechen.» – *Reinhards Mission:* als französischer Gesandter in Dresden.

6640 Gr 173 – Vgl. GTgb: «Herr Geh. Rath von Müller. Alsdann Hofrath Vogel und Oberbaudirector Coudray, welcher eine Geschäftsreise in's Oberland gemacht hatte, auch in Geis bey den geistlichen Herren eingesprochen hatte. Über die verschiedenen Wünsche und Beschwerden dortiger Gegend. Verhältniß zu Bayern und sonst.»

6641 (NN 2868b) aaO Vol. I. London 1910, 176 Anm. – *[... 19. Oktober 1830]:* vgl. GTgb: «Mr. Hardwich, eingeführt durch Herrn Beuth.»

6642 (2870) The Letters and Private Papers of William Makepeace Thackeray. Collected and edited by G.N. Ray. Vol. I. London 1945, 130 – In deutscher Übersetzung bei Bode 3, 363. – Zum Besuchsdatum: der junge Thackeray ist nirgends in GTgb erwähnt. Auch der Besuch des Großherzogs ist für den 20. Oktober nicht bezeugt.

6643 (2869) wie 6642 S. 443 ff. – Erstdruck in der Goethe-Biographie des Adressaten: The Life and Works of Goethe. 2nd ed. Vol. II. Leipzig 1858, 385 ff. – *to make caricatures:* darauf bezieht sich wohl die Eintragung in GTgb unter dem 8. Okt.: «Mittag mit der Familie. Die artigen Zeichnungen eines Engländers kamen zur Sprache.» – *an artist settled in Weimar:* Schmeller. – *as in Rauch's statuette:* so hat Thackeray, wohl während seines Weimarer Aufenthalts im Winter 1830/31, Goethe gezeichnet (Schulte-Strathaus Taf. 163). – *Melmoth the Wanderer:* von Charles Robert Maturin (1820). – *Vidi tantum:* Aus dem autobiographischen Gedicht des Ovid: Tristia IV 10, 51: «Vergilium vidi tantum» (= den Vergil habe ich nur zu Gesicht bekommen); Hinweis Ernst Zinn – *caricature of Mr. Rogers:* von Daniel Maclise, erschienen im September-Heft 1830 von Fraser's Magazine. – *«They would make me look like that»:* in der Tat erschien im März-Heft 1832 von Fraser's Magazine ein mißlungenes Goethe-Porträt von dem gleichen Maclise (vgl. Schulte-Strathaus 86 und Anm. Quelle).

6644 (2871) Sor 124 ff. – HoubenSoret 473 ff. – Von Eckermann frei benutzt (GA 24, 752 f.). – *cette conversation:* über die ‹Société St. Simonienne› hat Goethe sich ferner laut GTgb am 31. Okt. mit dem Kanzler Müller unterhalten. – *petit mémoire:* vgl. Soret an Goethe 17. Febr. 1831 (HoubenSoret 510 f.).

6645 (2872) Euphorion 12, 802 – *nulles Werk aus dem Englischen:* Thomas Carlyle Leben Schillers, aus dem Englischen [übersetzt von Marie v. Teubern]; eingeleitet durch Goethe. Frankfurt a.M. 1830 (Ruppert Nr. 773). – Goethes Einleitung GA 14, 933 ff. – *Dörings Leben:* vgl. Nr. 4964 und Anm. – *[am 29. Oktober?]:* an diesem Tage ist von Caroline v. Wolzogen selber eine Begegnung mit Goethe bezeugt (vgl. Nr. 6666).

6646 JbSKipp 4, 61 – Letzte Erwähnungen Riemers in GTgb am 31. Okt., 1. und 3. Nov. – *nach ihm genieren:* vielleicht verlesen für: gerieren.

6647 SchrGG 28, 284 f.

6648 Gr 173

6649 (2874a) Gr 173 – Vgl. GTgb: «Gegen Abend Herr Geh. Rath von Müller und Hofrath Vogel, mir mit möglichster Schonung das in der Nacht vom 26. bis 27. October erfolgte Ableben meines Sohns in Rom zur Kenntniß zu bringen ...» – *Kestner von Rom:* August Kestners Brief an

Kanzler Müller vom 28. Okt. gedruckt JbGG NF 18, 1956, 184f.

6650 JbSKipp 4, 61

6651 Grumach 361

6652 Egloffstein 368 – *die sinnlichen Dichtungen:* gemeint sind wohl vor allem die ‹Römischen Elegien›. – *von einem Sterbenden:* gemeint ist wohl: von einem Sterblichen (vgl. Nr. 6664 und 6709).

6653 (2877) Archiv 3, 486 – *unterbrach er ihn mit den Worten:* der folgende geschraubte Ausspruch Goethes von K.-H. Hahn mit Recht angezweifelt (JbGG NF 18, 181).

6654 (2876) wie 6240 S. 68f. – Brief aus Köln. – *Pasquale:* komische Charakterrolle im italienischen Theater.

6655 (2874b) Kretschman 81

6656 (2878) Deutsche Rundschau Jahrg. 28. Bd 109. 1901, 241

6657 Gr 173 – Vgl. GTgb: «Abends Herr Canzler von Müller, Hofrath Vogel und Professor Riemer.»

6658 JbSKipp 4, 61

6659 JbSKipp 4, 61 – Vgl. GTgb: «Gegen Abend Hofrath Vogel, Geh. Rath von Müller. Später Professor Riemer...»

6660 wie 6202 S. 207 – Vgl. Bode 3, 364, wo Gille als mutmaßlicher Schreiber des von Holtei zitierten Briefes angegeben wird. Er wird am 14. Nov. in GTgb erwähnt.

6661 Weitz 463f. – *[13. November]:* vgl. GTgb: «Herr Generalsuperintendent Röhr... Mittag die Familie, Hofrath Vogel, Fräulein von Pogwisch und Alwine.»

6662 Nach der Hs im Besitz von A. Thiersch, München.

6663 (2892) Gr 173 – Vgl. GTgb: «Abends...Geh. Rath von Müller. Das nächste Geschäftliche besprochen.» – *Kestners Brief:* vgl. Nr. 6649 und Anm.

6664 (2875) Goethe/Rochlitz 470f. – *«non ignoravi, me mortalem genuisse»:* ich habe nicht vergessen, daß ich einen Sterblichen gezeugt habe. Zitat aus Cicero, Tusc. 3, 30 und 3, 58. Vgl. die deutsche Fassung bei C. Vogel Nr. 6709.

6665 JbGG NF 18, 187f. – Korrektur des Briefdatums nach den Angaben, die mit «gestern» bezeichnet sind. – *Ihr zweiter:* A. Kestners Brief an Müller vom 2. Nov. (Quelle 186f.). – *zum erstenmal wieder spazieren:* Goethe war nach GTgb bereits am 13. und ist dann wieder am 15. Nov. mit Ottilie spazieren gefahren. – *Besuch des Großherzogs und der Großherzogin:* nach GTgb am 15. bzw. 14. Nov. – *Herrn v. Platner:* Ernst Platner, sächsischer Geschäftsträger in Rom, hatte Augusts Nachlaß in Verwahrung genommen. – *Doktor Riccardio:* seinem zweiten Brief an Müller hatte A. Kestner den «Bericht des Arztes Dottore Riccardi über die Section und den Gang der Krankheit» beigefügt. – *Meyer aus Dresden:* ein junger Maler, von Kestner in seinem zweiten Brief irrtümlich Müller genannt.

6666 (2873) KSchmidt 367f. – *von seinen Briefen:* vgl. GTgb 29. Okt.: «Schreiben von meinem Sohn aus Neapel.»

6667 wie Nr. 6226 S. 632 – *Dein Vater:* Carl Gustav Stichling. Sein Besuch ist in GTgb nicht nachweisbar. – *Schwägerin Caroline:* Kruse.

6668 Bamberg 543f.

6669 Bamberg 575 – *es blieb unvollendet:* vgl. dagegen Nr. 6359 und Anm. Vgl. ferner Nr. 6676.

6670 Deutschland. Weimarische Landeszeitung. Nr. 127. 7. Mai 1905.

6671 aaO 70 – *Professor Grünler:* zu dessen Goethe-Porträt vgl. Nr. 6316 und Anm. – *[Ende 1828]:* zur Entstehung des Porträts vgl. Schulte-Strathaus S. 82.

6672 (2644) Abendzeitung Dresden und Leipzig. 1840. Nr. 229. 23.9.1840. Sp. 1830ff. – *(seit 1813):* in GTgb ist Maltitz am 3. Mai 1813 erwähnt. – *In Karlsbad:* 1807, vgl. Nr. 2508. – *Zeilen an den heiligen Nepomuk:* ‹St. Nepomuks Vorabend›, datiert Karlsbad, den 15. Mai 1820 (GA 1, 492). – *«Trauerspiel in Tirol»:* erschienen Hamburg 1828. – *«Elpenor»:* vgl. Nr. 2300 und Anm. – *Bettinas Briefe:* der ‹Briefwechsel mit einem Kinde›.

6673 (2884) Evangelische Kirchenzeitung. Berlin. Nr. 9. 30.1.1856. Sp. 84. – Heinrich Leo war 1828 Professor in Jena. Goethe besaß seine ‹Vorlesungen über die Geschichte des Jüdischen Staates›, Berlin 1828 (Ruppert Nr. 3301). Lektüre in GTgb bezeugt 3. bis 6. Jan. 1828.

6674 (2601c) Kretschman 113f.

6675 Kretschman 138f. – *den Griesbachschen Garten:* den sog. Prinzessinnen-Garten, der in großherzoglichen Besitz überging.

6676 (2646) wie 6409 S. 37

6677 VarnhagenVermSchr^3 2, 251 (JbGG NF 3, 307) – *die Gedichte des Königs Ludwig von Bayern:* vgl. 6345 und Anm. – *[... am 5. August.]:* vgl. GTgb: «Die Recensionen des Schillerischen Briefwechsels und der Gedichte des Königs von Bayern in den Berliner Jahrbüchern gelesen.» Die letztere Rezension ist in den ‹Berliner Jahrbüchern für wissenschaftliche Kritik› in den Juninummern 103 und 104 des Jahrgangs 1829 erschienen (JbGG NF 3, 307).

6678 Vordtriede 2, 828 – *das Gartenhaus bewohnt:* er weilte dort vom 13. Juli bis 25. Aug. 1829. – *de basse extraction:* von niedriger Herkunft.

6679 aaO Nr. 165 S. 651f. – Nach Hinweis von F. Schnapp käme als Verfasser Willibald Alexis in Frage, der Mitarbeiter am Berliner Conversations-Blatt war. Vgl. dessen Bericht Nr. 6380. – *Anruf an Werthers Schatten:* ‹An Werther› (GA 1, 473); die beiden Schlußverse der ersten Strophe ungenau zitiert. – *seinen Faust in Szene setzen:* vgl. Nr. 6415 und Anm.

6680 (2702) Europa 1853, 340 – *in acht Abteilungen:* vgl. Gräf 2, 2, 487ff.

6681 wie 6273 S. XCVIIff.

6682 Deutsche Allgemeine Zeitung vom 1.4.1932

6683 Schleif 216f.

6684 Nach Abschrift aus Nachlaß FBdm – *August 1829[?]:* eine Begegnung zu dieser Zeit ist nicht nachweisbar, jedoch auch nicht auszuschließen. – *in meinem ... Büchlein:* Botanik für Damen ... Leipzig 1828. – *freundlich erwähnte:* in dem Abschnitt ‹Wirkung dieser Schrift› (WA II 6, 268ff.). – *Friedrich August II.:* König von Sachsen 1836–54. – *Friedrich Au-*

gust I., der Gerechte: König von Sachsen 1806–1827.

6685 (2739) Sor 69 – HoubenSoret 331 – *Chaos:* die Zeitschrift erschien vom 1. Sept. 1829 bis Aug. 1831. F. Förster erzählt in seinen Erinnerungen: «Wegen des wirren Durcheinander der ersten, im Manuscript Goethe vorgelegten Aufsätze, und wegen der Betheiligung von Mitarbeitern der verschiedensten europäischen und außereuropäischen Blätter hatte der Dichter, als man ihn bat, dem Kindlein einen Namen zu geben, es ‹Chaos› getauft.» (Kletke 176).

6686 (2739a) Kretschman 109 – *Beiträge [für die Zeitschrift «Chaos»]:* vgl. Hagen Nr. 757, 763 und 775.

6687 (2738a) GJb 7, 233f. – *Datum:* der Bericht steht zwischen denen, die in Nr. 6100 und Nr. 6456 wiedergegeben sind.

6688 (2687) Kletke 188 – *Herbst 1829[?]:* die Datierung dieses und des folgenden Stücks bereits von FBdm angezweifelt (vgl. Bi^2 4, 119 Anm.). Vgl. den Anfang von Nr. 6888: «Ich fand Goethe an den Augen leidend...» – *das Auge ‹sonnenhaft›:* in der Einleitung zum Didaktischen Teil der Farbenlehre (GA 16, 20).

6689 (2688/2689) Kletke 188ff. – *Übersetzung meines Faust:* hier liegt offensichtlich eine Verwechslung der Faust-Übersetzung von Lord Gower (vgl. Nr. 6107 und Anm.) mit der Übersetzung des ‹Tasso› von Charles Des Voeux vor; vgl. den ganz ähnlichen Bericht von E. Gans (Nr. 6044 und Anm.). Demnach scheint zumindest *dieser* Teil des Gesprächs in das Jahr 1827 zu gehören. – *französischen Übersetzung:* von A. Stapfer mit Illustrationen von Delacroix (vgl. Nr. 6125 und Anm. sowie Nr. 6186). – *Eröffnungsszene:* diese fehlt tatsächlich in Gowers Übersetzung (vgl. Nr. 6386). – *«Es war ein König in Thule»:* nach FBdm kommt der Übersetzungsfehler bei Gower nicht vor (Bi^2 5, 166). – *‹Sur la littérature allemande›:* vielmehr ‹De l'Allemagne›. – *‹Nachbarin, Euer Fläschchen›:* «in Historic Survey of German Poetry by Wm. Taylor of Norwich (London 1830) III, 335, heißt die Übersetzung ‹Neighbour, your dram-bottle›, was Carlyle in der Edinb. Review, März 1831 geißelte.» (Bi^2 5, 166) – *«Zu den Geliebten...»:* «Der Druckfehler in Vers 10: ‹mich trennt das Meer von *dem* Geliebten› steht nicht in einer Cottaschen Ausgabe, sondern in dem zur Feier des 7. November 1825 veranstalteten Privatdruck der Iphigenie.» (Bi^2 4, 122 Anm.) – *Auffassung eines Franzosen:* Delacroix (siehe oben). – *Cornelius' Zeichnungen zum Faust:* vgl. Nr. 4166 und Anm.

6690 (2664/2665) Hans von Perthaler's auserlesene Schriften... hrsg. ...von A. Mayr. Bd 1. Wien 1883, 32ff. – *im Jahre 1829:* bezeugt ist in GTgb lediglich ein Besuch am 9. März: «Demoiselle Caroline Perthaler, sehr geschickte Pianistin, ließ sich bey mir hören.» – *Medaillen:* die im folgenden beschriebenen vgl. Schulte-Strathaus Nr. 136b und 129a. – *seinen Garten:* die folgende Charakteristik kann sich allenfalls auf Belvedere beziehen.

6691 aaO 76f. – Zu den früheren Besuchen Lecerfs vgl. Nr. 5722. – *«Das stehende Theater zu Neuabdera»:* Verfasser nicht ermittelt.

6692 (2753) Der Volksgarten. 1864. S. 553. – Anschluß an Nr. 6068. – *mein Werk:* Die schönsten Ornamente und merkwürdigsten Gemälde aus

Pompej, Herculanum und Stabiae... Berlin 1828/29 (Ruppert Nr. 2140). – *Kunst und Altertum:* VI 2, 1828 (GA 13, 1014 f.). – *in den Wiener Jahrbüchern:* der Literatur 1830 (ebd 1047 ff.).

6693 Euphorion 45, 1950, 447 – *die «Korssunschen Türme [Türen]...»:* vgl. Friedrich Adelung: Die Korssùnschen Thüren an der Kathedralkirche zur heil. Sophia in Nowgorod. Berlin 1823 (Ruppert Nr. 2378). Vgl. GTgb 24. Nov. 1823.

6694 wie 1355 S. 101 – Antwort auf Körners Brief vom 30. März, wo von Kants «Aversion gegen das Bier» die Rede ist. Bereits 1823 mokierte Humboldt sich über Goethes Biertrinken (vgl. Nr. 5332).

6695 (2891) wie 652 S. 331

6696 (2843) Herbert Maxwell: The Honourable Sir Charles Murray. Edinburgh and London 1898, 73 ff. In deutscher Übersetzung GJb 20, 270 ff. Vgl. die Erinnerung an diesen Besuch in Ottilies Tgb vom 1. Dez. 1859 (Nr. 7521). – *[Juni 1830]:* Datierung von FBdm übernommen (vgl. Bi^2 5, 175 Anm.). – *bust of Byron:* Schuchardt 2, 340 Nr. 165. – *«Liegt dir Gestern klar und offen...»:* aus den ‹Zahmen Xenien› (GA 1, 646).

6697 aaO (briefliche Mitteilung) – *[im Juni 1830]:* vgl. GTgb 14. Juni: «Cauer, Bildhauer, welcher d'Altons Büste geleistet hatte und nun Herrn von Froriep schilderte.» 21. Juni: «Um 1 Uhr mit Ottilien zu Frorieps gefahren. Die wohlgerathene Büste des Herrn Obermedicinalraths von Froriep von Cauern besehn und belobt.» Nach Mitteilung von Frau Karoline Cauer, Berlin, werden die Besuche im Goetheschen Hause in den Tagebüchern Emil Cauers erwähnt. Es ergeben sich jedoch für Goethe selber keine charakteristischen Hinweise, die sich für eine Veröffentlichung eignen würden.

6698 aaO 2, 285 – *[wohl im August 1830]:* nach seinen Gastspielen in Breslau und Leipzig. – *seinem alten... Verleger:* Cotta.

6699 Schleif 154 – Der Brief ist ausgelöst durch Geists Besuch bei Goethe am Vortage (vgl. GTgb). – *im vorigen Jahr:* letzte Erwähnung Geists in GTgb am 6. März 1830.

6700 (2864) Vierteljahrsschrift für Geschichte und Heimatskunde der Grafschaft Glatz. 8. Jahrg. 1888/89. Habelschwerdt. S. 189 f. – *das Steinland:* Goethe kannte die Grafschaft Glatz von seinem Aufenthalt in Schlesien im August 1790 her (vgl. Nr. 1013).

6701 (2686) Kletke 220 und 222 und 224 ff. – *1830[?]:* die Angabe kann nicht stimmen, da Eckermann im *Sommer* dieses Jahres, wovon hier die Rede ist, noch in Italien war. Vielleicht handelt es sich um Försters letzten Besuch in Weimar im Aug. 1831 (vgl. Nr. 6888 ff.). – *sein Lieblingsthema:* von Eckermanns Vogelliebhaberei handelt das ‹ornithologische› Gespräch vom 26. Sept. 1827 (GA 24, 641 ff.). – *Direktor der Akademie in Tharandt:* Heinrich Cotta, Gründer und Direktor der Staatlichen Forstakademie. – *‹Neues unter der Sonne...›:* nach Pred. Salom. 1, 9. – *der Hund... ein... Gastrollen-Spieler:* Anspielung auf das Theaterstück ‹Der Hund des Aubry› (vgl. Nr. 4403 und Anm.). – *ich erzählte:* die folgende Taubengeschichte wurde im Hinblick auf Goethes Antwort ausführlich, nur mit einigen Kürzungen, wiedergegeben.

6702 (2852a) aaO 7 – [um 1830]: am 6. Juni berichtet Müller z.B. von einem Gespräch über das einstige Weimar (vgl. Nr. 6580).

6703 JbGG 11, 314 – *[um 1830]:* zur Datierung vgl. ebd 321. – *Bilder zum Homer:* wohl die Kupferstiche von John Flaxman (vgl. Nr. 6377 und Anm.)

6704 (2880/2879) aaO 5, 76f.

6705 (2967) aaO 5, 82ff. – *die Nacht vor meiner Abreise:* nach W. Bode, Goethes Sohn, Berlin 1918, 356, wäre dies Anfang April 1828 anzusetzen.

6706 (2893) Gr 174 – Vgl. GTgb: «Mittag Herr Canzler von Müller, die neusten französischen Verhandlungen beredend, nach seinem glücklichen Gedächtniß vollständig, mir höchst willkommen, da ich wieder eine Pause in dem Zeitungsleben eintreten ließ.»

6707 (2893a) Grumach 276ff. – *zum förmlichen Aufsatz:* vgl. Nr. 6753 und Anm. – *deren Hofmeister:* Wilhelm Rothe.

6708 Gr 174 – Vgl. GTgb 21. Nov.: «Besuch von Herrn Geh. Rath von Müller.»

6709 JbGG 4, 254f. – *[... am 22. November?]:* an diesem Tage ist Vogel das letztemal vor dem Briefdatum in GTgb erwähnt. – *«Ich weiß, daß ...»:* in lateinischer Fassung von Kanzler Müller überliefert (vgl. Nr. 6664 und Anm.).

6710 (vgl. 2895) Tewes 103f. – Von Eckermann in den ‹Gesprächen› benutzt (GA 24, 435f.). – *hinunter zu Goethe:* vgl. GTgb 23. Nov.: «Dr. Eckermann war angekommen. Verschiedenes mit ihm durchgesprochen.» – *zwei angefangene Briefe:* einen davon, wohl Ende Okt. geschrieben, zitiert Eckermann in den ‹Gesprächen› (GA 24, 431f.). Das Konzept davon ist erhalten (WA IV 47, 434f.). – *nach Northeim:* wo er sich mit seiner Braut getroffen hatte. – *Angelegenheit mit dem Prinzen:* die Fortsetzung seines Unterrichts betreffend, wovon er in seinem Brief aus Northeim an Goethe vom 6. Nov., zitiert in den ‹Gesprächen›, spricht (GA 24, 433). – *Diesen Mittag:* vgl. GTgb 24. Nov.: «Mittag Dr. Eckermann.» – *von den Konversationen:* in den ‹Gesprächen› heißt es noch vor der Rückkehr nach Weimar: «Die baldige Herausgabe meiner Konversationen hatte Goethe nicht gebilligt ...»

6711 Egloffstein 369ff. – *Dein herrliches Schreiben:* vom 9. Nov. aus Rom. Nach der Quelle nicht erhalten. – *die Büste bei Thorwaldsen verfertigen lassen:* der Grabstein Augusts auf dem protestantischen Friedhof in Rom ist mit einem von Thorwaldsen modellierten Reliefbildnis des Verstorbenen geschmückt (vgl. JbGG 17, 115); vielleicht dachte man zunächst an eine andere Gestaltung des Grabmals, oder es bestand damals schon der Plan Thorwaldsens, eine Büste Augusts nach der Totenmaske anzufertigen (vgl. WA IV 49, 302).

6712 (2896) Gr 174 – Vgl. GTgb: «Abends Oberbaudirector Coudray. Geh. Rath von Müller, Ottilie.»

6713 (2897) Tewes 105 – *Mittags ... zu Tisch:* vgl. GTgb 25. Nov.: «War zu Tische Dr. Eckermann.» – *dortigen englischen Konsul:* Charles Sterling, mit dessen Sohn Ottilie befreundet war.

6714 JbSKipp 4, 62 – Vgl. GTgb 25. Nov.: «Um 9 Uhr zu Bette ...

Schlief ein, wurde aber nach 10 Uhr durch einen Bluthusten wieder aufgeweckt. Wurde Hofrath Vogel gerufen, welcher sogleich zur Ader ließ. Worauf sich's besserte.» 26. Nov.: «Den ganzen Tag ging es leidlich bis Abends von 5–6 Uhr, wo der Anfall wiederholte.»

6715 Gr 174

6716 (2874b) Kretschman 81f.

6717 Gr 174 – Vgl. GTgb: «Den ganzen Tag ging es gut.»

6718 Goethe/Rochlitz 472f. – Auszugsweise gedruckt in den ‹Berlinischen Nachrichten von Staats- und gelehrten Sachen› Nr. 281 vom 2. Dez. 1830 (Hinweis von O.F.).

6719 (2900) aaO 12f. Anm.

6720 JbGG 4, 255f. – *Briefes [vom 25. November]:* unsere Nr. 6709. – *sieben Stunden geschlafen:* vgl. GTgb 29. Nov.: «Die Nacht ziemlich gut geschlafen.»

6721 Gr 174

6722 Insel-Almanach 1964, 28 und 30f. – *Fortsetzung seiner Lebens-Annalen:* gemeint ist der 4. Teil von DuW.

6723 JbSKipp 4, 62 – *Schickte mir Goethe:* vgl. Goethe an Riemer 30. Nov. (WA IV 48, 25).

6724 Tewes 106 – Von Eckermann in den ‹Gesprächen› benutzt; dort auch Abdruck des Billetts (GA 24, 436).

6725 Goethe/Rochlitz 473f.

6726 Egloffstein 372f.

6727 (2894/2877) Archiv 3, 486f. – *am 7. November:* vgl. GTgb: «Brief von August ...» – *die Großherzogin:* vgl. GTgb 25. Nov.: «Ihro Kaiserliche Hoheit die Frau Großherzogin.» – *Dr. Eckermann:* vgl. ebd: «War zu Tische Dr. Eckermann.» – *hatte ihm seine Schwiegertochter vorgelesen:* vgl. ebd: «... Ottilie, vorgelesen.» – *Arzt und Chirurg:* Vogel und Volgstädt. – *meine Aufwartung:* vgl. GTgb 4. Dez.: «Secretär Kräuter wegen der nächsten Verhältnisse.»

6728 Gr 174

6729 Egloffstein 373 – Brief nach Rom. – *Tempel der Vesta:* vgl. Schuchardt 1, 263 Nr. 308.

6730 SchrGG 28, 295 – *lese ich ihm etwas vor:* vgl. z.B. GTgb 10. Dez.: «... Ottilie. Las den ersten Band des Schillerischen Lebens von Frau von Wolzogen bis zu Ende.»

6731 Gr 174 – Vgl. GTgb: «Ihro Excellenz Graf Reinhard mit Herrn Geh. Rath von Müller; die neusten Weltangelegenheiten wurden confidentiell besprochen.» Zu Reinhard vgl. Nr. 6639 und Anm.

6732 GJb 11, 63 – *[... vom 11. bis 13. Dezember 1830]:* tägliche Erwähnung Reinhards in GTgb.

6733 (2898b) Gr 174 – *Scherze über die Attachés:* wohl mit Bezug auf den am 12. und 13. Dez. in GTgb erwähnten Attaché Sieyès.

6734 JbSKipp 4, 62 – Nach seiner Krankheit arbeitete Goethe seit dem 7. Dez. wieder intensiv mit Riemer zusammen.

6735 Tewes 108f. – *mein Gedicht:* vgl. Nr. 6481 und Anm.

6736 (2898c) Gr 174

6737 (2899) Gr 174 – *Cornelius' Zeichnungen zu Dante:* Umrisse zu Dante's Paradies. Leipzig 1830 (Ruppert Nr. 2447). – *Salzburger radierte Blätter:* Ludwig Richter: Malerische Ansichten aus den Umgebungen von Salzburg. Leipzig 1830 (Ruppert Nr. 2468).

6738 Tewes 109f. – *Leseinstitut:* das Lesemuseum wurde am 25. April 1831 feierlich eröffnet (WA III 13, 292 Anm.).

6739 (2901) Sor 126 – HoubenSoret 488 – *une lettre à Goethe:* vom 21. Dez. (HoubenSoret 487f.). – *notre double perte:* Sorets Vater war am 30. Nov. 1830 gestorben.

6740 (2902a) JbSKipp 4, 169 – *gestern abend:* vgl. GTgb: «Abends kleine Gesellschaft. Herr Devrient las aus Shakespeare, Kaufmann von Venedig und Heinrich IV.»

6741 Egloffstein 377

6742 (2902b) Gr 174 – Vgl. GTgb: «Herr Geh. Rath von Müller das Concept auf das vorliegende Geschäft überbringend, solches vorlesend und besprechend.»

6743 Gr 174 – Vgl. GTgb: «Um 12 Uhr Cailloué mit Herrn Geh. Rath von Müller. Jener ist ein Rechtsgelehrter, welcher Rußland und Preußen bereist hat in Bezug auf Gesetze und Justizwesen.» – *Tribunaux de conscience:* Gewissenstribunale. – *Ministerprozeß:* in Paris.

6744 (2903) Sor 126 – HoubenSoret 489 – Vgl. GTgb: «Herr Hofrath Soret. Brachte einiges von Genf. Einen sehr geistreichen, fratzenhaften Roman in Carricaturen. Auch Gedichte eines jüngeren neuen Poeten.» – *Faustus:* so fälschlich in der Quelle; muß heißen: Festus. Es handelt sich um ‹Die Abenteuer des Dr. Festus›. Vgl. auch Nr. 6758. – *les poésies d'Olivier:* die ‹Poèmes suisses› von Juste-Daniel Olivier waren gerade (1830) erschienen.

6745 Gr 175 – Vgl. GTgb: «Nähere Betrachtung der Verordnungen für die Zukunft.»

6746 Gr 175

6747 Nach Hs im Besitz von A. Thiersch, München.

6748 (2905a) Gr 175 – *Rouge et Noir:* Le Rouge et le Noir. Paris 1831. Lektüre in GTgb vom 15. bis 21. Dez. 1830 bezeugt. – *Zeichnungs-Sammlung:* von R. Töpffer (vgl. Nr. 6744).

6749 JbSKipp 1, 129f. – Vgl. GTgb: «... Professor Riemer... Speisten zusammen und besprachen Allgemeines und Besonderes.»

6750 (2906) Sor 127 – HoubenSoret 494 – Von Eckermann benutzt und ausgebaut (GA 24, 754). – Soret war an diesem Tage wegen Krankheit nicht anwesend; dagegen ist Eckermanns Anwesenheit in GTgb bezeugt. – *deux cahiers de Töpffer:* ‹Die Abenteuer des Doktors Cryptogame› (vgl. Nr. 6758); vgl. Sorets Briefe an Goethe vom 3. und 4. Januar (HoubenSoret 492f.). – *Rabelais:* diesen Vergleich hatte Soret bereits in seinem Brief an Goethe vom 21. Nov. 1830 ausgesprochen (ebd 483).

6751 (2907) Gr 175f. – Vgl. GTgb: «Demonology fortgelesen. Abends Herr Canzler mit dem Concept des Documentes. Theilte demselbigen einige eingegangene Briefe mit.» – *Sternbergs schöne Beschreibung:* im Brief an Goethe vom 29. Okt. (Briefwechsel zwischen Goethe und Sternberg, hrsg. von A. Sauer, Prag 1902, 208ff.). – *Scotts Briefe:* Letters on Demonology and Witchcraft. London 1830. – *Niebuhrs gehaltvoller Brief:* vom 17. Dez. 1830 (GJb 8, 99f.). – *Römischen Geschichte:* 2. völlig umgearbeitete Ausgabe. Berlin 1830 (Ruppert Nr. 3304). – *Barbarei:* vgl. Eckermann 22. März (GA 24, 487). – *Kondolenzbrief:* nicht erhalten (Gr 310 Anm.). – *dessen Dankbrief an Vogel:* fraglich, ob «dessen» auf Goethe oder Massow zu beziehen. In letzterem Falle müßte es sich um eine Beilage zu dem Brief an Goethe handeln. Goethe notiert am 12. Jan. im Tgb: «Herrn Hofrath Vogel. Antwort an den Handelsmann nach Calbe.» *Dieser* Brief kann hier eigentlich noch nicht gemeint sein. – *Zehn neue Bände:* die Bände 41–50, die jedoch nach Goethes Tod erschienen. – *«Aussteuer»:* Schauspiel von Iffland.

6752 GJb 1, 353f. – *am bestimmten Tag:* donnerstags. – *[am 20. Dezember 1830]:* vgl. GTgb: «Herr Devrient und Frau ...» – *[am 23. Dezember]:* vgl. Nr. 6740 und Anm.

6753 Gr 176 – Vgl. GTgb: «Ausfertigung des Documents. Um 12 Uhr Regierungs-Deputation in der Person des Regierungsrath Schmidt und Secretär Schnaubert. Beobachtete Formalitäten.» Das Testament ist datiert: Weimar, den 6. Januar 1831 (GA 12, 769ff.)

6754 Wolfgang Vulpius: Walther Wolfgang von Goethe und der Nachlaß seines Großvaters. Weimar 1962. S. 114.

6755 Egloffstein 379

6756 (2908) Gr 176 – *Goethes Anliegen:* vgl. § 4 des Testaments (GA 12, 770). – *Kölner Gemmen:* Sammlung der prächtigen Edelgesteine, womit der Kasten der dreyen heiligen Weisen Königen in der hohen Erz-Domkirche zu Köln ausgezieret ist... Bonn 1781 (Ruppert Nr. 2391). – *englischen Reisebuchs:* Thomas Roscoe: The Tourist in Italy. Illustrated from Drawings by S. Prout. London 1831.

6757 (2906) Sor 127 – HoubenSoret 500 – *des notes sur les dessins de Töpffer:* in KuA VI 3 erschien nach Goethes Tod 1832 ein Aufsatz von Soret und Eckermann ‹Über die Feder-Zeichnungen von Töpfer›.

6758 HoubenSoret 506ff. – *«Cryptogame»:* vgl. Nr. 6750 und Anm. – *[am 27. Dezember]:* vgl. Nr. 6744 und Anm. – *damit zurechtkommen...:* hier folgt der Absatz aus Goethes Brief, beginnend: «Die wunderlichen Büchlein kommen auch dankbar zurück.» (WA IV 48, 81).

6759 (2909) Sor 127f. – HoubenSoret 502 – Von Eckermann benutzt (GA 24, 754f.). – Vgl. GTgb: «Oberbaudirector Coudray... die Menzelischen Risse mit mir beschauend, wozu Hofrath Soret sich gesellte.» – Gemeint sind die ‹Façaden zu Stadt- und Landhäusern› von Menzel d. Ä. (WA III 15^1, 29). – *ce beau coup de tête:* Karl X. hatte durch seine reaktionäre Herrschaft die Revolution von 1830 ausgelöst. – *du Rouge et du Noir:* vgl. Nr. 6748 und Anm.

6760 (2909a) Gr 176 – *17. Januar:* vgl. GTgb: «... Herr Geh. Rath von Müller, ein Festgedicht für Madame Mara sollicitirend. Ich schrieb solches vor Schlafengehen, da ein glückliches Motiv in der Vergangenheit gefunden war.» – *18. Januar:* vgl. GTgb: «Mundum des Gedichtes durch John in Duplo... Herrn Geh. Rath von Müller, das Gedicht für Madame

Mara.» Das Gedicht ‹An Madame Mara zum frohen Jahresfeste / Weimar 1831› (GA 2, 309).

6761 Nach der Hs im StA Weimar – Vgl. GTgb: «Ihro Kaiserliche Hoheit die Frau Großherzogin.» – *les troubles de Göttingen:* Unruhen an der Universität.

6762 Gr 177 – Vgl. GTgb: «Herr Canzler von Müller, freundlich Abschied zu nehmen.»

6763 (2910) Sor 128 – HoubenSoret 504 – Von Eckermann benutzt und ausgebaut (GA 24, 755). – Vgl. GTgb: «Um 12 Uhr der Prinz. Die Kinder zeigten ihre Weihnachten und Walther seine Taschenspielerkünste vor. Mittag Dr. Eckermann.»

6764 Goethe/Rochlitz 474f. – *Brief an Goethe vom 19. Dezember:* Quelle 376ff. – *zwei Gedichte:* außer dem in Nr. 6760 und Anm. genannten das Gedicht ‹Der Demoiselle Schmehling nach Aufführung der Hassischen Sta. Elena al Calvario› (GA 2, 313). – *in Leipzig:* die damalige Demoiselle Schmehling war zu Goethes Studentenzeit Opernsängerin in Leipzig.

6765 (2910a) Gr 177 – Vgl. GTgb: «Herr Canzler von Müller, einige allgemeine Staatsverhältnisse, auch öconomische besonders.» – *Inventarisierung:* vgl. Nr. 6820 und Anm.

6766 Houben 1, 522f. – Vgl. das ausgeführte Gespräch unter dem 9. Februar (GA 24, 442f.) und GTgb von diesem Tage: «Mittag Dr. Eckermann.» – *Vicar of Wakefield:* von Goldsmith. – *hat Voß viel daran gekünstelt:* nach den Erstveröffentlichungen der drei Idyllen 1783/84 erschien ‹Luise› stark erweitert 1795 und öfter, in vollendeter Ausgabe 1807, in der Ausgabe letzter Hand 1823.

6767 Gr 177 – Vgl. GTgb: «Abends Herr Canzler von Müller. Las derselbe G.F. Jägers naturgeschichtliche Vorlesung vor, von geistreichem und vergnüglichem Inhalt.»

6768 Houben 1, 525ff. – Vgl. das ausgeführte Gespräch (GA 24, 443f.), ferner das Gespräch vom 25. Dez. 1825, in welchem die Stelle über Platen verwertet worden ist (ebd 168f.). Vgl. ferner die Anm. Quelle 526f. – Vgl. GTgb: «Schöns Theater-Costumes, gar löblich. Ein Philolog, der doch einmal der Aufführung des Stücks zu Leibe geht und die Rhythmik den Capellmeistern überläßt. Mittag Dr. Eckermann... Fortgesetzte Betrachtung der griechischen Theater-Costumes.» Es handelt sich um: F.G. Schöne: De personarum in Euripidis Bacchabus habitu scenico commentatio. Leipzig 1831 (Ruppert Nr. 1264). – *Spruch des Apostels:* Paulus in 1. Kor. 13, 1. – *Gedichte von Platen:* in Goethes Bibliothek befindet sich die Ausgabe von 1828 unaufgeschnitten (Ruppert Nr. 1082). – *die schöne Jenny:* v. Pappenheim. – *Wer keinen Namen...:* Faust II Vers 9181f.

6769 (2904) KSchmidt 375 – *[...am 13. Februar]:* vgl. GTgb: «Mehrere Fremde und Einheimische, deren Besuche bisher abgelehnt worden.» Dazu Agenda vom gleichen Tage, wo u.a. Caroline v. Wolzogen aufgeführt wird (WA III 13, 265).

6770 Houben 1, 529 – Vgl. das ausgeführte Gespräch unter dem gleichen Datum, wo dieser Satz fehlt (GA 24, 445ff.).

6771 JbSKipp 4, 62f. – Zur Datierung vgl. GTgb 18. Febr.: «Abends Professor Riemer. Wir gingen einige Botanica durch ...». Möglicherweise ist das Gespräch auf *diesen* Tag anzusetzen.

6772 (2917) Sor 128f. – HoubenSoret 510 – Vgl. GTgb: «Nach Tische Herr Hofrath Soret, die botanischen Arbeiten anknüpfend.»

6773 Houben 1, 532 – Vgl. das ausgeführte Gespräch unter dem gleichen Datum (GA 24, 451ff.). – Vgl. GTgb: «Mittag Dr. Eckermann. Carlsbader Aufenthalt von 1807 besprochen.» – *Goethes Aufenthalt in Karlsbad 1807:* Beschäftigung Eckermanns mit Goethes Tagebuch von 1807 seit dem 25. Jan. in GTgb bezeugt.

6774 Gr 177

6775 Houben 1, 533f. – Vgl. das ausgeführte Gespräch (GA 24, 455f.). – Vgl. GTgb: «Hofrath Vogel und Eckermann zu Mittag. Kamen bedeutende praktische Fragen zur Auflösung.»

6776 Houben 1, 536f. – Vgl. das ausgeführte Gespräch (GA 24, 459ff.). – *Schellings Rede:* ‹Rede an die Studierenden der Ludwig-Maximilians-Universität in der Aula academica am Abend des 30. Dezember 1830›.

6777 (2924a) Gr 177

6778 Houben 1, 538f. – Vgl. das ausgeführte Gespräch (GA 24, 462f.). – Vgl. GTgb: «Um 12 Uhr spazieren gefahren mit Wolf. Mittags Dr. Eckermann.»

6779 Sor 129 – HoubenSoret 513 – Vgl. GTgb: «Ich ließ zur Ader in Gegenwart des Hofraths Vogel... Gegen Abend Hofrath Soret.»

6780 (3046) Gr 177f. – *Prof. Kunzens Vorlesungen:* «der Weimarer Gymnasiallehrer Karl Ludwig Albrecht Kunze (1815–1890) hielt physikalische Vorlesungen im Saal der Bürgerschule» (Gr 311 Anm.). – *Wahrheiten widersprechen... den Sinnen:* ähnlich bei Eckermann unter dem 24. Febr. (GA 24, 463). – *der große Komet:* der Halleysche Komet mit einer Umlaufzeit von 76 Jahren. – *an Schrön... geschrieben:* am 12. Febr. (WA IV 48, 119).

6781 JbSKipp 4, 171 – *bedeutendes Manuskript:* den 4. Teil von DuW; diesen hatte er nach seinem Tgb am Tage vorher erhalten (Houben 1, 541).

6782 JbSKipp 4, 171 – *diesen Mittag:* vgl. GTgb 2. März: «Mittag Dr. Eckermann. Unterhaltung über den 4. Band meiner Biographie, den er gelesen und studirt hatte.»

6783 (2930) aaO 2, 293 – *nach mehreren Tagen:* der Besuch in GTgb nicht verzeichnet.

6784 Grumach 361 – *[Verlobung]:* mit Amalie v. Lerchenfeld.

6785 Gr 178

6786 Houben 1, 545 – Vgl. das ausgeführte Gespräch (GA 24, 470f.). – Vgl. GTgb: «Mittag Dr. Eckermann. Wir besprachen die geniale Fratze von Hanswursts Hochzeit. Über den 4. Theil der Biographie wurde gleichfalls einiges verhandelt.» – *[... «Hanswursts Hochzeit»]:* GA 4, 247ff.

6787 Houben 1, 546 – Von Eckermann im 3. Teil der ‹Gespräche› unter dem 31. Dez. 1823 benutzt (GA 24, 540). Begründung bei Houben ebd – *Heinrich Füeßli:* nach Schuchardt 1, 264 Nr. 318 enthielt das genannte Portefeuille 23 Blatt verschiedener Zeichnungen von Joh. Heinrich und Rudolph Füßli.

6788 (2933) Sor 192f. – HoubenSoret 517ff. – Von Eckermann teilweise benutzt (GA 24, 755f.). – Vgl. GTgb: «Um 11 Uhr Herr Hofrath Soret. Botanica verhandelt. Um 1 Uhr derselbe noch einmal in Auftrag Ihro Kaiserlichen Hoheit.» – *l'article Vaucher:* über dessen ‹Histoire physiologique des plantes d'Europe...›, Genf 1830 (WA II 6, 275ff.). – *Spindler:* Romanschriftsteller. – *Prince de Barchfeld:* Prinz Ludwig von Hessen-Philippsthal-Barchfeld.

6789 (2936) Sor 130f. – HoubenSoret 519f. – Vgl. GTgb: «Hofrath Soret, wegen einiger theatralischen Angelegenheiten.»

6790 (2926) KSchmidt 375f. – *Poesie des Sohnes:* August v. Goethe hatte unter dem Pseudonym Adoro einige Gedichte in der Zeitschrift ‹Chaos› veröffentlicht. – *keine Freude daran:* d.h. an einer Unterhaltung über seinen Sohn.

6791 Goethe/Rochlitz 476f. – *einen eignen Brief:* ein solcher scheint nicht geschrieben worden zu sein. – *Verse an die Mara:* vgl. Nr. 6764 und Anm. – *Hofrat Meyerschen Kritik:* Kritische Anzeige neuer und neuester Kupferstiche mit historischer Einleitung. Jahrbücher der Literatur, Anzeigeblatt für Wissenschaft und Kunst. Wien 1830. Goethes Anteilnahme an diesem «vortrefflichen Aufsatz» vom 9. Juni bis 26. Sept. 1830 (Absendung) durchgehend in GTgb bezeugt. – *Goethes eigne Analyse:* vgl. Nr. 6692 und Anm.

6792 Gr 178

6793 Gr 178 – Vgl. GTgb: «Herr Oberbaudirector Coudray... Geh. Rath von Müller.»

6794 (2941) GJb 7, 237ff. – *am 22. März 1831:* vgl. GTgb: «Um 12 Uhr Professor Stickel von Jena. Unterhaltung über Orientalisches. Pariser Persönlichkeiten. Anderes in Bezug auf meinen Divan.» – Eckermann berichtet unter dem falschen Datum des 21. März, Goethe habe ihm «von einem jungen Professor der orientalischen Sprache und Literatur in Jena» erzählt (GA 24, 486). – *zum letztenmal bei Goethe:* in GTgb ist noch ein Besuch Stickels am 13. Sept. 1831 verzeichnet. – *Arabisch:* Beschäftigung damit erst 1815 bezeugt (vgl. Nr. 4256). – *Übersetzung des arabischen Heldengedichtes:* in den ‹Noten und Abhandlungen› (GA 3, 418ff.). Im folgenden werden die Strophen 1 und 14 bis 16 zitiert.

6795 Nach der Hs im StA Weimar – Vgl. GTgb: «Um 12 Uhr Ihro Kaiserliche Hoheit.» Folgt lobende Äußerung über die Aktivitäten «dieser Dame». – *la gazette littéraire de Iéna:* die Jenaische Allgemeine Literatur-Zeitung.

6796 Houben 1, 555f. – Vgl. das ausgeführte Gespräch (GA 24, 488).

6797 Houben 1, 558 – Vgl. das ausgeführte Gespräch (GA 24, 490f.). – *Gretchen:* gemeint ist die Episode im 5. Buch DuW.

6798 Houben 559 – Vgl. das ausgeführte Gespräch (GA 24, 491f.). – *dunkele Zeit, Berlin:* vgl. Nr. 6800.

6799 (2947) Gr 178 – Vgl. GTgb 29. März: «Geh. Rath von Müller, hatte die Gefälligkeit mir die neusten Ereignisse und Lecture-Interessen zu erzählen.»

6800 Houben 1, 560f. – Vgl. das ausgeführte Gespräch (GA 24, 492f.).

– Vgl. GTgb: «Mittag Dr. Eckermann und Wölfchen. Wir besprachen den 3. Band zur Biographie. Einiges zum 4. Bande.» – *das Dämonische:* vgl. die Ausführungen darüber im 20. Buch von DuW (GA 10, 839ff.).

6801 (2949) Sor 131 – HoubenSoret 527 – Von Eckermann benutzt und durch einen einleitenden Absatz ergänzt (GA 24, 756f.). – Vgl. GTgb: «Um 12 Uhr Ihro Kaiserliche Hoheit.»

6802 Nach der Hs im StA Weimar

6803 (2950) Gr 178f. – Vgl. GTgb: «Gegen Abend Herr von Conta. Canzler von Müller. Serenissimus. Herr von Spontini von Paris kommend, von seiner neuen Oper, die er mit Jouy vornimmt, unterrichtend. Die Einsendung des Textes versprechend.» – *«Les Athéniennes»:* vgl. Nr. 6586 und Anm. – *Walter Scotts Napoleon:* vgl. Nr. 6324 und Anm. – *Klingers Tod:* am 9. März. – *gewannen den Preis:* «in einem von Sophie Ackermann und F.L. Schröder 1775 veranstalteten Preisausschreiben» (Gr 312). – *‹Weltmann und Dichter›:* Leipzig 1798. – *Kadetten-Institut:* Klinger wurde 1799 Direktor des Kadettencorps in Petersburg.

6804 Houben 1, 563 – Vgl. das ausgeführte Gespräch (GA 24, 494ff.). – Vgl. GTgb: «Herrn von Reuterns Portefeuille eröffnet. Die gewünschte Inschrift überlegt... Die Inschrift für Herrn von Reutern näher bestimmt. Mittag Dr. Eckermann. Zeigte demselben die Inschrift vor, und wir wurden über die Behandlung einig.» – *Jean Paul:* Wahrheit aus Jean Paul's Leben. 8 Bde Breslau 1826/33. – *Rahmen mit seiner Schrift:* vgl. Nr. 6568 und Anm.

6805 JbSKipp 1, 130 – *Klippern gehört zum Handwerk!:* altes Sprichwort. – *Kristallographie:* vgl. Nr. 6865.

6806 JbSKipp 1, 130 – *Rochefoucaulds Maximen:* La Rochefoucauld: Réflexions ou sentences et maximes morales. Paris 1665. – *N.N.:* gemeint sein dürfte wohl Luden, der Anfang 1818 ein kompromittierendes Schreiben Kotzebues in seiner Zeitschrift ‹Nemesis› veröffentlichte. Goethe legte ein Faszikel ‹Luden contra Kotzebue› an (vgl. WA III 6, 310f.).

6807 Houben 1, 564 – Vgl. GTgb: «Man konnte einige Zeit im Garten zubringen.» Es war Ostersonntag.

6808 Nach der Hs im StA Weimar – *[... am 4. April]:* vgl. GTgb: «Ihro Kaiserliche Hoheit um 12 Uhr mit Demoiselle Mazelet.»

6809 Houben 1, 566 – Vgl. das ausgeführte Gespräch (GA 24, 496f.)

6810 Houben 1, 569 – Vgl. GTgb: «In den untern Garten gefahren. Daselbst für mich gespeist und das Nothwendigste durchgedacht.»

6811 Houben 1, 573 – *zu Tisch:* in GTgb nicht bezeugt.

6812 Houben 1, 573 – Vgl. GTgb: «Um 12 Uhr spazieren gefahren. Speiste mit Dr. Eckermann daselbst [im untern Garten].» – *Brief von Hanchen[?]:* wohl der Brief von Johanne Bertram vom 6. April (Tewes 116f.). – *Eins ist not:* nach Lukas 10, 42.

6813 Gr 179 – Vgl. GTgb: «Geh. Rath von Müller. Serenissimus.» – *Ehemaliges Schmidtisches Liebhaber-Theater:* «vermutlich eine bürgerliche Privatbühne in Weimar» (Gr 312).

6814 Houben 1, 573 – *Porträt der Schwendler:* wohl von Schmeller (vgl. Schuchardt 1, 285 Nr. 583).

6815 JbGG 12, 222f. – Zu dem Besuch vgl. GTgb 13. April: «Junge Leute von Berlin, zwey Herren Schede, ein Mitschke und ein Meyer, empfohlen von Zelter und Tieck.» – *die Briefe etc. an Goethe:* darunter den von Zelter vom 6. April, der den Besuch von Hermann Schede, dem älteren Bruder des Berichterstatters, ankündigt (Hecker 3, 402). – *Berliner Witze:* vgl. Nr. 6890. – *in seiner Italienreise:* vgl. ItR Rom, 6. Jan. 1787 (GA 11, 168). Den in Weimar befindlichen Abguß der Juno Ludovisi hatte Goethe allerdings erst 1823 von Staatsrat Schultz erhalten. – *Komtessen Haeseler:* Bertha und Marie v. Haeseler. – *affable:* leutselig.

6816 Houben 1, 574

6817 Houben 1, 574 – Vgl. GTgb: «Kam ein Kistchen mit Kunstsachen von David aus Paris ... Speiste sie [Ottilie], Hofrath Vogel und Dr. Eckermann mit mir.» – *Gipsbilder von David:* vgl. Nr. 6525 und Anm.

6818 Houben 1, 574 – Vgl. GTgb: «Ein Geistlicher aus der Schweiz. Mittags Dr. Eckermann und Wölfchen.» Daraus geht hervor, daß Eckermann bei dem Besuch von J.J. Schmied (vgl. die folgende Nr.) nicht zugegen war und hier Goethes Urteil über den Besucher referiert.

6819 (2954) Bi[1] 8, 77ff. – In redigierter Fassung zuerst gedruckt in: Jahrbücher der Stadt St. Gallen. 1831. Von Peter Ehrenzeller. Zweiten Bandes viertes Heft. 1832. S. 96. – *die größte Glocke:* die 275 Zentner schwere Glocke Maria gloria aus dem Jahre 1497 im Dom zu Erfurt.

6820 (2955) Gr 179 – Vgl. GTgb: «Geh. Rath von Müller, Familienverhältnisse im juristischen Sinne durchsprechend.» – *Glückliche Verhandlung:* um zu verhindern, daß Ottilie die Schulden Augusts übernehmen muß (vgl. Gr 312 Anm.). – *Juliens Mannequin:* vgl. die folgende Nr. und Anm. – *Geistreicher Brief der Frau v. Beaulieu:* vom 17. April (Egloffstein 393f.).

6821 Egloffstein 394f. – *Deinen Mannequin nicht gleich mitnehmen:* die Gliederpuppe für Zeichenübungen, die Julie von Carl August geschenkt bekommen hatte, sollte vorübergehend zu Julie nach Marienrode gebracht werden. Die folgende Darstellung von Goethes Verhalten dürfte zumindest übertrieben sein, denn dieser hatte bereits am 18. April in der fraglichen Angelegenheit verbindlich an Frau v. Beaulieu geschrieben (WA IV 48, 178f.).

6822 Nach der Hs im Besitz von A. Thiersch, München.

6823 (2955a) Gr 179 – Vgl. GTgb: «Schreiben von Rochlitz war angekommen ... Abends Herr Canzler von Müller, wegen des Rochlitzischen Gesuchs.» – *Rochlitzens Ordenswunsch:* im Brief an Rochlitz vom 22. April verspricht Goethe, das Anliegen in die Wege zu leiten (WA IV 48, 180).

6824 (2956) Gr 179f. – Vgl. GTgb: «Herr Geh. Rath Schweitzer. Herr Geh. Rath von Müller. Serenissimus ...» – *Franz Tettau:* Franz v. T., schwachsinniger Stiefbruder von Caroline Freifrau v. Egloffstein (vgl. Egloffstein 78). – *bon sens:* gesunder Menschenverstand. – *hingerichteten Rebellen:* vgl. den Bericht im 4. Buch von DuW (GA 10, 165).

6825 Gr 180 – *«Einladung»:* gemeint ist das ‹Parabel› überschriebene Gedicht «Ich trat in meine Gartentür ...» (GA 2, 158f.). Vgl. GTgb 21.

April: «Die unschätzbare Zeichnung von Neureuther mit einem Briefe desselben war angekommen, Großformat, colorirt. Der Gartenbesitzer und seine Freunde. Parabel.» – *Museums-Feierlichkeiten:* nach Eröffnung des Lesemuseums am 25. April (vgl. Anm. zu Nr. 6738). Vgl. Goethes kleinen Aufsatz ‹Epochen geselliger Bildung›, den er zu diesem Zwecke verfaßt hat und der in KuA VI 3 veröffentlicht ist (GA 14, 959f.).

6826 Nach der Hs im StA Weimar – Vgl. GTgb: «Um 12 Uhr Ihro Kaiserliche Hoheit und Mademoiselle Mazelet. Bedeutende Unterhaltung. Blieben bis gegen 2 Uhr.» – *événements de Pologne:* die polnische Revolution von 1830/31, ausgelöst durch die Pariser Julirevolution.

6827 Houben 1, 574f. – *Torlen:* auch Dorlen, thüringischer Ausdruck für bestimmte Kreisel (vgl. DWb). Vgl. GTgb 2. Mai: «Nach Tische die Dorl-Versuche wiederholt und besprochen.»

6828 Houben 1, 576 – Vgl. das ausgeführte Gespräch (GA 24, 497), wo kein Name genannt, sondern von einem «bekannten Schriftsteller» gesprochen wird. Über den handschriftlichen Befund vgl. Quelle aaO: «Der nun folgende Name ist von Eckermann sogar im Manuskript ausradiert; so viel aber scheint noch erkennbar, daß Börne hier geschrieben stand.» Der Bezug auf Börne darf als gesichert angesehen werden.

6829 (2957a) Gr 180 – Vgl. GTgb: «Mittag Herr Geh. Rath von Müller; die bißherigen Ereignisse und Vorkommenheiten durchgesprochen.» – *par impromptu:* einem augenblicklichen Einfall folgend. – *Rochlitzens Wunsche:* vgl. Nr. 6823 und Anm. – *Ottiliens Erbteilungs-Protestationen:* vgl. Nr. 6820 und Anm. Es ging um eine «nochmalige Änderung der Nachlaßaufteilung» (vgl. Gr 313 Anm.).

6830 (2957b) Gr 180 – Vgl. GTgb: «Herr von Müller, über die Rochlitzische Angelegenheit. Ottilie speiste bey demselben mit Graf Reinhard und Gemahlin. Dieselbigen und sonstige Freunde waren Abends bey uns zum Thee.»

6831 (2958) Gr 180 – Vgl. GTgb: «Graf Reinhard mit Canzler von Müller. Gespräch über die Dresdner Verhältnisse und Ereignisse, sodann auch über den Zollverband mit Preußen ... Später [abends] der Herr Graf und Canzler von Müller. Ersterer erzählte von Charakteren aus seinem diplomatischen Lebenslaufe.» – *Museums-Heftes:* Zur Einweihungsfeier des Museums zu Weimar am zweiten und dritten Mai 1831. Weimar 1831 (Ruppert Nr. 3888). – *preußische Zollsystem:* vgl.: Ministerial-Bekanntmachung [über den Beitritt des Großherzogthums Sachsen-Weimar-Eisenach zum Zollverband der östlichen Provinzen Preußens]. (Dat. Weimar 11. April 1831.) (Ruppert Nr. 3743) – *Generalin:* Isabella Freifrau von und zu Egloffstein. – *Kerner:* J.G. Kerner war Privatsekretär Reinhards. – *Seherin von Prevorst:* vgl. Nr. 6505 und Anm.

6832 (2961) Sor 131f. – HoubenSoret 535f. – *Eckermann ... l'éditeur de ses œuvres:* vgl. Eckermanns Gespräch vom 15. Mai (GA 24, 498ff.). – *trois ou quatre volumes:* die Bände 44 bis 46 der Ausgabe letzter Hand, welche Goethes Schriften zu Kunst, Theater und Literatur enthalten. – *les poésies inédites:* Bd 47. – *le journal de la vie:* der vierte Teil von DuW in Bd 48. – *quinze à vingt volumes:* der Nachlaßteil der Ausgabe letzter Hand umfaßt insgesamt 20 Bände. – *lettres de Zelter et de Goethe:* vgl. Nr. 6195 und Anm.

6833 (2959) Gr 180 – Vgl. GTgb: «Mittag Graf und Gräfin Reinhard, Fräulein Ulrike und Geh. Rath von Müller. Bedeutende Unterhaltung über Öffentliches sowohl als Besonderes.» *Virginie:* 2. Frau Reinhards.

6834 (2886) GJb 18, 159 – *[... vom 7. bis 9. Mai 1831?]:* bei Reinhards letztem Besuch.

6835 (2966) aaO 5, 220 f. – *an eine Freundin:* gemeint ist Adele Schopenhauer. Das erste Zitat ist aus Goethes Brief an sie vom 14. Dez. 1830 (WA IV 48, 43 f.), der letzte Satz des zweiten aus dem Brief vom 10. Jan. 1831 (ebd 78 f.). – *[am 10. Mai 1831]:* vgl. GTgb: «Um 12 Uhr Herr Holtei und Frau.»

6836 Gr 180 – Vgl. GTgb: «... Herr von Müller theilte einen Brief von Rochlitz mit ... Mit Ottilien vorher [vor dem Mittagessen] in den untern Garten. Herr Geh. Rath von Müller kam hinab ... Wir fuhren zusammen herauf. Besprachen sodann die Rochlitzische Angelegenheit. Auch sein allenfallsiges Hierherkommen.» – *An Rochlitz:* vgl. GTgb 10. Mai: «Des Herrn Staatsministers von Fritsch für Herrn Rochlitz günstiges Handschreiben ... Herr Hofrath Rochlitz, Leipzig.» Es muß offen bleiben, ob Müller *diesen* Brief Goethes, der offenbar nicht erhalten ist, oder einen eigenen Brief an Rochlitz meint. Zur Angelegenheit vgl. Nr. 6823 und Anm.

6837 (2961a) Gr 181 – *Spukgeschichten:* vgl. Jenny v. Pappenheims Bericht Nr. 7265.

6838 Gr 181 – Vgl. GTgb: «... Abends ... Befand mich nicht wohl.»

6839 (2878) DtRundschau. Jahrg. 28. Bd 109. 1901, 241 – *[am 17. Mai 1831]:* vgl. Nr. 6856 und Anm.

6840 Gr 181 – Vgl. GTgb: «Nach Tische Herr Geh. Rath von Müller.» Müllers Tgb-Notiz soll wohl besagen, daß Goethe nicht ansprechbar war.

6841 (2961b) Gr 181

6842 (2962) Gr 181 – Vgl. GTgb: «Herr Hofrath Meyer und Geh. Rath von Müller. Letzterer blieb bis 8 Uhr.» – *Beginn einer neuen Weimarischen Periode:* bezieht sich auf die ersten zehn Weimarer Jahre Goethes.

6843 (2963) Goethe/Rochlitz 477 – *Donnerstags:* 26. Mai. Goethe vermerkt Rochlitz' Ankunft am 27. Mai.

6844 Gr 181 – Vgl. GTgb: «Bis 12 Uhr im Bett gelegen. Mittags allein gespeist.»

6845 Gr 181 – Vgl. GTgb: «Schlaflose Nacht. Den ganzen Vormittag still zugebracht.»

6846 Gr 181

6847 Gr 181 – Vgl. GTgb: «Um 1 Uhr Herr Geh. Rath von Müller.»

6848 Gr 181 – *Rochlitzens Vorhaben:* worüber möglicherweise am Tage vorher – vgl. GTgb 1. Juni: «Um 12 Uhr Herr Hofrath Rochlitz» – gesprochen worden ist.

6849 (2969a) Gr 181 – Vgl. GTgb: «Später [nachmittags] Canzler von Müller. Über die letzten Tage des Rochlitzischen Aufenthaltes in Weimar.» Während dieses Aufenthalts hatten Goethe und Rochlitz vorwiegend brieflich miteinander verkehrt (vgl. Goethe/Rochlitz 282 ff.). – *«Les* *deux rencontres»:* Les deux rencontres en un an. Paris 1831.

6850 (2970) Sor 132 - HoubenSoret 546

6851 Gr 181

6852 (2971) Sor 132 - HoubenSoret 548 - Vgl. GTgb: «Nebenstehendes: Herrn Hofrath Soret nach Belvedere, den letzten Aushängebogen und Mirabeau's eigenhändige Blättchen an Dumont. - Herr Hofrath Soret, welcher die Sendung im Thore selbst im Empfang genommen hatte... Er richtete einiges aus von Serenissima. Auch zeigt' ich ihm vor die Ordnung, welche Herrn Duvals Abdrücke zierlich aufstellt.» - *commission de Son Altesse Impériale:* es handelt sich um die Rückgabe von Kupferstichheften des Dresdner Kunstvereins, vgl. Sorets Brief an Kanzler Müller vom 4. April 1832 (HoubenSoret 648). - *Il m'a demandé:* in dem in GTgb genannten Brief vom gleichen Tage (WA IV 48, 235). - *François:* Duval.

6853 (2984a) GJb 23, 10 - *[am 14. Juni]:* vgl. GTgb: «Die Abdrücke des Herrn Legationsraths Kestner in Rom, überbracht durch Preller, geben Gelegenheit zu vieler Betrachtung über die natürliche Heiterkeit der antiken Kunst.» - *Ihre schönen Sachen:* d.h. eine Sammlung «mit 146 Gypsabdrücken von meistens kleineren antiken geschnittenen Steinen» (Schuchardt 2, 344 Nr. 276).

6854 Nach der Hs im StA Weimar - *Victor Hugo, Notre Dame de Paris:* erschienen Paris 1831. Am 14. Juni übersendet Soret im Auftrage Maria Pawlownas Goethe den ersten Band des Romans (HoubenSoret 549). Lektüre in GTgb am 14. und 15. Juni bezeugt.

6855 (2972) Gr 181 - Vgl. GTgb: «Geh. Rath von Müller. Er billigte mein Anerbieten, dem Museum das Zedlerische Lexicon zu übergeben, und besprach anderes in's Allgemeine und Besondere bezüglich.»

6856 (3002) aaO 88ff. - *[am 17. Mai]:* vgl. GTgb: «Der junge Maler Preller zeigte sich. Kranken Ansehens, durch den widerwärtigen Schnurrbart noch unglücklicher aussehend.» Folgt weitere Reflexion, die Goethes Aversion gegen «so fratzenhaftes Äußeres» zum Ausdruck bringt. - *Augusts Porträt:* vielleicht in W. Bode, Goethes Sohn, Berlin 1918, Abbildung neben S. 394 (Thorwaldsen? Preller?). - *[am 18. Juni]:* vgl. GTgb: «Der Maler Preller seine Skizzen und Entwürfe vorzeigend.»

6857 (2973) Sor 133 - HoubenSoret 531f. - Vgl. Goethes Brief vom gleichen Tage an Soret (WA IV 48, 249f.).

6858 (2989) aaO 2, 294f. - *Kaspar, Lysiart, Pizarro:* in Webers ‹Freischütz› und ‹Euryanthe› sowie in Beethovens ‹Fidelio›. - *[am 20. Juni 1831?]:* das Datum nach dem auf der Kreidezeichnung von Schmeller (Schuchardt 1, 287 Nr. 649) angegebenen: «J Schmeller pinx. 20 Juny 1831.» (O.F.)

6859 Nach der Hs im StA Weimar - Vgl. GTgb: «Um 12 Uhr Kaiserliche Hoheit und Demoiselle Mazelet.» - *deuxième volume:* vgl. GTgb 20. Juni: «Den 2. Theil von Notre-Dame de Paris angefangen. Verdruß an den Gliedermännern, die der Verfasser für Menschen giebt... uns aber in Verzweiflung setzt.» - *littérature désespérée:* vgl. den Ausdruck «Literatur der Verzweiflung» im Brief an Zelter vom 28. Juni (WA IV 48, 260).

6860 Nach Abschrift der Hs im Besitz von Dr. Bellermann, Berlin – *[... 26.] Juni [1831]:* vgl. GTgb: «Professor Schultze. Sein Lehrbuch der vergleichenden Anatomie und einige sonstige Programme... Obgedachte Schriften des Herrn Schultze näher betrachtet». – *auf den kleineren Universitäten:* Schultze lehrte an der Universität Greifswald. – *Handbuch der vergleichenden Anatomie:* Systematisches Lehrbuch der vergleichenden Anatomie... Berlin 1828 (Ruppert Nr. 5091). – *[Geschichte meines botanischen Studiums]:* über Batsch vgl. GA 17, 70f.

6861 (2976) Sor 133 – HoubenSoret 554 – Von Eckermann benutzt (GA 24, 759f.). – Vgl. GTgb: «Mittag Dr. Eckermann. Nach Tische Hofrath Soret.» – *L'Ane mort...:* vgl. Nr. 6529 und Anm.

6862 (2978) Ri 2, 724f. – Vgl. GTgb 1. Juli: «Abends Professor Riemer...»

6863 (2979) Gr 182 – Vgl. GTgb: «Herr Geh. Rath von Müller, encyclopädisch alles Vorgefallene geneigt referirend.» – *Herculeum speciosum:* Bärenklau. Vgl. GTgb 30. Mai: «Im Garten, das unglaubliche Wachsthum des Heracleum speciosum angesehen.» Ferner weitere Erwähnungen in GTgb, z.B. am 7. Juli.

6864 Ri 2, 725 – Vgl. GTgb 5. Juli: «Abends Professor Riemer...».

6865 (2980) Sor 133f. – HoubenSoret 558 – *la cristallographie:* vgl. Nr. 6805. – *son article:* der Aufsatz über die Spiraltendenz, der am Schluß der zweisprachigen Ausgabe der ‹Metamorphose› erschienen ist (WA II 7, 342ff.), in erweiterter Fassung in der Ausgabe letzter Hand (GA 17, 153ff.). Vgl. die Erwähnung von Martius ebd.

6866 (2981) Sor 134 – HoubenSoret 559 – Von Eckermann benutzt (GA 24, 760). – Vgl. GTgb: «Gegen 12 Uhr Ihro Majestät der König von Würtemberg mit einem Adjutanten. Hofrath Soret und der Erbgroßherzog.»

6867 (2982) Sor 134 – HoubenSoret 559 – Von Eckermann benutzt (GA 24, 760f.). – *commission:* vgl. Sorets Brief an Goethe vom 16. Juli (HoubenSoret 559).

6868 JbSKipp 4, 64 – Vgl. GTgb: «Um 5 Uhr der kunstreiche Professor von Seelus, zeigte mir und den Meinigen die kunstreich skelettirten Blätter und andere dergleichen Merkwürdigkeiten vor. Dazu kam Professor Riemer, mit welchem noch anderes besprach.»

6869 HoubenSoret 561

6870 (2983) Sor 134f. – HoubenSoret 564f. – Von Eckermann benutzt und um die von Soret unter dem 14. Febr. 1830 wiedergegebene Anekdote (Nr. 6506) ergänzt (GA 24, 761f.). – *Monsieur Meyer:* der sich zur Kur in Karlsbad aufhielt. – *une visite à Madame de Recke:* vgl. Nr. 4532 und Anm.

6871 JbSKipp 4, 64 – Vgl. GTgb: «Um 5 Uhr spazieren gefahren mit Professor Riemer. Begegnet dem Staatsrath Schultz und Professor Zelter. Kehrten um und brachten, nachdem die Herren sich im Schwane eingerichtet, den Abend miteinander zu.»

6872 SchrGG 44, 297f.

6873 JbSKipp 1, 130

6874 SchrGG 44, 298 – Vgl. GTgb: «Ich sprach die Berliner Freunde einen Augenblick, eh' sie mit Ottilien nach Tiefurt fuhren... Mittag Professor Zelter, Staatsrath Schultz, Vogel, Eckermann und Ottilie. Die beyden ersten blieben zum Thee. Wurden alte Verhältnisse und Mittheilungen wieder angeknüpft.»

6875 SchrGG 28, 343 – *sie ist gut...:* dies wohl Zelters Urteil.

6876 Gr 182 – *seltsamer Brief von ihm:* an Müller vom gleichen Tage (WA IV 49, 29f.), in welchem es um die Wahrung der Eigentumsrechte an der Büste trotz deren Aufstellung in der Bibliothek (vgl. Nr. 6895) geht.

6877 (2985) Sor 135 – HoubenSoret 567 – Von Eckermann benutzt (GA 24, 763). – *«La Nature...»:* vgl. die von Soret veröffentlichte Fassung dieses Ausspruchs in der ‹Notice sur Goethe› (Sor 238).

6878 (2986) Bi^2 4, 381ff. – *die heutige Begegnung:* vgl. GTgb: «Hofrath Förster von Berlin. Mittags mit demselben, Ottilien und Eckermann zu Tische. Dessen merkwürdige Erzählung von einem in höchstem Grade musikalisch gebornen Knaben.» – *...steins Briefe:* die gemeinte Persönlichkeit konnte nicht ermittelt werden. – *Gespräch über neuere Kunst:* von hier an bis zum Schluß von Förster in seiner Veröffentlichung ‹Goethes dreiundachtzigster Geburtstag› benutzt (vgl. Nr. 6890). – *Cousin:* dessen Anwesenheit in Weimar durch Notiz in GTgb vom 31. Mai bezeugt. – *der selige Körner:* der am 13. Mai in Berlin verstorbene Ch.G. Körner. – *Briefwechsel mit Schiller:* Schillers Briefwechsel mit Körner wurde 1847 veröffentlicht. – *meine Locken... durchzukämmen:* vgl. F. Försters Darstellung nach Marie Körners Mitteilung Nr. 24.

6879 (2987) GJb 6, 172f. – *6. August [1831]:* an diesem Tage keine Erwähnung des Besuchs in GTgb, dagegen am 21. Okt. – *Schwerdgeburth:* dessen Arbeit an dem Porträt (Schulte-Strathaus Taf. 164 und 165) in GTgb erst am 23. Dez. erwähnt wird. Über die Entstehung vgl. den Bericht von K.W. Müller Nr. 7078.

6880 Gr 182 – Vgl. GTgb: «Ich fuhr mit ihm [Meyer] und Ottilien in den untern Garten. Ihro Kaiserliche Hoheit fuhren vorbey und hielten einen Augenblick an.»

6881 Gr 182 – Vgl. GTgb: «Herr Oberbaudirector Coudray. Fuhr mit demselben auf die Bibliothek, die aufgestellte Büste von David besehend... Zu Mittag Herr Geh. Rath von Müller, Coudray und Ottilie. Nach Tische in den untern Garten, blieb daselbst bis Abends nach 7 Uhr. Große Theegesellschaft.»

6882 Nach der Hs im StA Weimar – Vgl. GTgb: «Ihro Kaiserliche Hoheit die Frau Großherzogin, Demoiselle Mazelet.»

6883 aaO 2, 619 – *[am 15. August 1831?]:* vgl. GTgb: «Ich hatte diese Tage her des Boccaz Genealogiae Deorum, auch den vorgebundenen goldenen Esel des Apulejus [der die berühmte Episode ‹Amor und Psyche› enthält] gelesen.» Vgl. auch Nr. 4571.

6884 (3037) Journal and Proceedings of the Royal Society of New South Wales. Vol. XVI. Sydney 1883, 170 – *[17. August 1831?]:* vgl. GTgb: «Generalsuperintendent Röhr mit einem in Deutschland der Sprache wegen sich aufhaltenden Engländer.» – *New Holland:* ursprünglicher Name für den von den Holländern entdeckten Teil Australiens.

6885 (2988) Gr 182 – Vgl. GTgb: «Herr Hofrath Meyer brachte den Aufsatz über die Kestnerischen geschnittenen Steine.» – *Müllers Zeichnung:* gemeint möglicherweise: Zeichnungen (vgl. Grumach 205). Um welche Zeichnung(en) F.H. Müllers es sich handelt, konnte nicht ermittelt werden. – *Hufelands Griechen-Kollekte:* «mit Strauß, Ritschl und Streckfuß befürwortete Hufeland eine Subskription zur Unterstützung notleidender Griechen» (Gr 314). – *Petschafts aus England:* vgl. Goethes Dankgedicht ‹An die fünfzehn Freunde in England› (GA 2, 312), entstanden 18./19.Aug.

6886 Nach der Hs im StA Weimar – Vgl. GTgb: «Um Zwölf Kaiserliche Hoheit und Demoiselle Mazelet. Der prägnante Augenblick wird beherzigt.»

6887 Gr 182 – Vgl. GTgb: «Kam Hofrath Förster mit Familie. Speiste derselbe mit uns. Der musikalische Knabe spielte bedeutend auf dem Flügel. Nach Tische Geh. Rath von Müller...»

6888 (2565) Kletke 186ff. – *griechische Tempel bei Mondbeleuchtung:* vgl. eine ähnliche Aquarellzeichnung Corpus IVa 24 (Hinweis Corpus VII S. 214). – *Komposition Schuberts:* als op. 1 bereits 1815 veröffentlicht. – *Leonhard Klein:* vielmehr Bernhard Klein.

6889 (2993) Kletke 216ff. – *Berliner Conversationsblatt:* das Förster in Verbindung mit W. Alexis von 1827 bis 1830 redigiert hatte.

6890 (2991/2992) Ost und West 1837, 21f. und 25ff. – *«Briefen eines Lebenden»:* erschienen Berlin 1831, als Gegenstück zu Pückler-Muskaus «Briefen eines Verstorbenen». – *Übersetzung des Faust:* wohl Irrtum (vgl. Nr. 6689 und Anm.). – *König von Thule:* vgl. die ähnliche Darstellung Nr. 6689 und Anm. – *moros:* grämlich. – *Klosterbruder:* Wackenroders ‹Herzensergießungen eines kunstliebenden Klosterbruders› (1797). – *Lessing:* vgl. Nr. 6175. – *Friedrich:* Caspar David F. – *märkischen Rübchen:* sog. Teltower Rübchen. – *«Berliner Witzen»:* vgl. Nr. 6815. – *Puppentheater:* vgl. Nr. 11 und Anm. – *Schauspieler Wolff:* P.A. Wolff war bereits 1828 gestorben; also muß bei früherer Gelegenheit über ihn gesprochen worden sein. – *der standhafte Prinz:* Titelfigur in dem gleichnamigen Drama von Calderon. – *diese Verse:* das aus 6 Strophen bestehende Festgedicht, beginnend «Festlich geht ein Tag uns auf...», ist im folgenden wiedergegeben. Es ist abgedruckt im ‹Freimüthigen› Nr. 176 vom 9. Sept. 1831 S. 704.

6891 JbSKipp 4, 312

6892 Schleif 216 – Vgl. GTgb 26. Aug.: «Wolkiger regenloser Tag. Früh halb Sieben aus Weimar. Nach 12 Uhr in Stadtilm. Daselbst zu Mittage. Um 3 Uhr ab, nach Sechs in Ilmenau. Die Kinder waren munter und befriedigten überall ihre Neugierde.» 27. Aug.: «Ganz heiterer Himmel wie selten in diesem Sommer... Früh halb 5 Uhr aufgestanden. Mit den Kindern gefrühstückt. Sodann Rentamtmann Mahr. Friedrich ging mit den Kindern durch die Gebirge auf den Gickelhahn.»

6893 wie 6754 S. 19 – *das zweite Ständchen:* vgl. GTgb: «In der Nacht brachten die Bergleute ein Ständchen.»

6894 Goethe/Rochlitz 478 – *von wo er mir gestern... schrieb:* vgl. den kurzen Brief vom 29. Aug. (WA IV 49, 51f.).

6895 Egloffstein 405 – *Aufstellung seiner... Marmorbüste von David:* es handelt sich um die feierliche Enthüllung der bereits früher aufgestellten Büste (vgl. Nr. 6881 und Anm.). – *Monument für August:* zu dem Grabstein für August in Rom vgl. GTgb 17. und 18. Juli 1831 und den Brief an Kestner vom 29. Juli 1831 (WA IV 23f. und Anm. 301f.); vgl. auch Nr. 6711 und Anm.

6895a JbGG NF 2, 65 – *die inliegenden Zeilen:* das unter der Überschrift ‹Geognostischer Dank› in der Zeitschrift ‹Chaos› 1831 zuerst veröffentlichte Gedicht, beginnend: «Haslaus Gründe, Felsensteile...» (GA 2, 313). Der Dank bezieht sich auf einen seltenen Aplomgranaten, den die Briefempfängerin in der Nähe von Franzensbad gefunden und durch F.A. v. Fritsch Goethe übersandt hatte.

6896 (2994/2995/2996) Weimarer Sonntagsblatt 1855 Nr. 29 vom 15.7.1855 S. 123f. – *im Gasthofe zum Löwen:* vgl. den Abschnitt ‹Das Goethe-Zimmer im goldenen Löwen› in: R. Springer. Die klassischen Stätten von Jena und Ilmenau, Berlin 1869, 23ff. – *Also fuhren wir...:* vgl. GTgb 27. Aug.: «Ich fuhr mit Herrn Mahr auch dahin [auf den Gickelhahn]. Die alte Inschrift ward recognoscirt: Über allen Gipfeln ist Ruh pp. Den 7. September 1783. Das Gabelbacher Haus besehen. Die Chaussée mit Bewunderung bis zum Auerhahn befahren. Um 2 Uhr waren wir zurück. Zu Mittag blieb derselbe zu Tische.» – *mit meinem Bedienten:* Philipp Seidel. – *D. 7. September 1783:* dieses (auch in GTgb bezeugte) Datum ist zu berichtigen: 1780. – *Am 28. August:* vgl. GTgb: «Früh nach Fünf aufgestiegen... Der Stadtmusicus brachte ein Ständchen. Fünfzehn Frauenzimmerchen in weißen Kleidern ein Gedicht und Kranz auf einem Kissen bringend. Herr von Fritsch, welcher gestern Abend angekommen war.» – *Mittags... bei dem Herrn Geh. Rath v. Fritsch:* vgl. dagegen GTgb: «Zu Mittag Herr von Fritsch, Mahr, die Kinder. Nach Tische die Herren Justizamtmann Schwabe, Superintendent Schmidt, Burgmeister Conta.» – *[... am 29. August]:* vgl. GTgb: «Nach Tische besucht' ich den alten gleichzeitigen Hofcommissär Hetzer.» Eine frühere Begegnung mit Hetzer ist während eines Aufenthaltes in Ilmenau in GTgb am 31. Aug. 1813 bezeugt. – *nach Elgersburg:* der Ausflug fand nach GTgb bereits am Vormittag des 28. Aug. statt: «Gegen 8 Uhr fuhren alle in zwey Chaisen nach Elgersburg... Die Kinder besahen die Porzellanfabrik. Wir fuhren auf die Massenmühle, welche zwischen Felsen ein allerliebstes Bildchen macht.» – *in seinem Wilhelm Meister:* gemeint ist der ‹Dialog› zwischen einem Bauer und einem Bergmann in Lj II 4 (GA 7, 101). – *sein Freund v. Knebel:* vgl. GTgb 27. Aug.: «Ich war zu Haus geblieben und las in Herzogs altdeutscher Litteratur und von Knebels Übersetzung des Lucrez neue Ausgabe.» 28. Aug.: «Ich setzte obige Lectüre mit manchem Kopfschütteln fort.» Gemeint ist Karl Herzogs ‹Geschichte der deutschen Nationallitteratur› und die zweite vermehrte und verbesserte Auflage von des Lucrez ‹Von der Natur der Dinge›, Leipzig 1831 (Ruppert Nr. 1406). – *vor sechshundert Jahren:* bezieht sich natürlich auf die Lektüre von Herzog. – *die erste Idee zur Iphigenie auf Tauris:* wahrscheinlich Anfang Mai 1776 (vgl.

Gräf 2, 3, 159 f. Anm.). – *[am 31. August]:* vgl. GTgb: «Früh halb 7 Uhr aus Ilmenau.»

6897 aaO 103

6898 N.P. Koljuponow: Biographie Alexander Iwanowitsch Koscheljows. Bd 2. Moskau 1892 (russ.). S. 7. Übersetzung von M. v. Propper. – Vgl. GTgb: «Um 12 Uhr Herr Alexander Koscheleff.» – *Shukowski:* dessen letzter Besuch in Weimar vom 4. bis 6. Sept. 1827 (vgl. Nr. 6048 ff.). – *Sprichwort:* nach Matth. 13, 57. Die geläufige deutsche Fassung: «Der Prophet gilt nichts in seinem Vaterlande.»

6899 (2997) Bi² 4, 393 f. (nach: Leipziger Zeitung. Nr. 195. Erste Beilage. 1896). – Fahrten nach Weimar 67. – Nach M. v. Propper sind die ‹Aufzeichnungen› dieser und der Nr. 6902 erst 1870 niedergeschrieben worden. – *Shukowski:* der Klammerzusatz offenbar vom Übersetzer bzw. Herausgeber.

6900 JbSKipp 1, 130 f. – (1. Absatz) und 4, 65 (2. Absatz). – Vgl. GTgb: «Mittags Professor Riemer. Demselben manches bißher Eingekommene vorgezeigt und durchgesprochen.» – *Petschaft:* vgl. Nr. 6885 und Anm. – *Desperation:* Verzweiflung. – *das kleine Medaillon:* Wohl das ovale kleine Bronze-Relief (Schuchardt 2, 21 Nr. 10); vgl. auch GTgb 3. Sept. 31: «die angenehmen Sendungen von Rösel vorzeigend».

6901 GJb 8, 101 – *[am 4. September]:* vgl. GTgb: «Abends Frau von Savigny, von Bardeleben, Jenny von Pappenheim, Sohn von Frau von Savigny, ein junger Guaita.» – *Niebuhrs Geschichte:* gemeint ist dessen ‹Römische Geschichte› (vgl. Nr. 6751 und Anm.). Im Brief an Savigny vom 21. Okt. lehnt Goethe es ab, etwas über Niebuhr zu schreiben (WA IV 49, 121 f.). – *der dritte Band:* erschien 1832.

6902 (2998) Fahrten nach Weimar 67 f. – *[5. September 1831]:* keine Erwähnung des Besuchs in GTgb, auch nicht einer Abendgesellschaft. Der Kanzler v. Müller war seit dem 1. Sept. (vgl. GTgb) von Weimar abwesend. Offensichtlich hat der Berichterstatter in diesen späten Aufzeichnungen seine negativen und positiven Eindrücke *eines* Besuches bei Goethe auf zwei Tage verteilt.

6903 Nach Hs im StA Weimar – Vgl. GTgb: «Um 12 Uhr Ihro Kaiserliche Hoheit und Mademoiselle Mazelet. Die nächsten großen Ereignisse besprochen.» – *la prise de Varsovie:* nach Niederwerfung des polnischen Aufstandes Einnahme von Warschau durch die russischen Truppen am 8. September.

6904 Sor 135 f. – HoubenSoret 577 f. – Vgl. GTgb: «Geh. Rath Walther von München, zutrauliche und bedeutende Unterhaltung. Ihro Hoheit Prinz Carl, Hofrath Soret.» – *le choléra:* die Cholera dehnte sich im Frühjahr und Sommer 1831 von Osten nach Westen aus.

6905 Sor 238 f. – HoubenSoret 578

6906 Egloffstein 406 f. – *Das eigenhändige Billett:* offenbar nicht erhalten. – *meines letzten Aufenthaltes in Weimar:* offenbar im Frühjahr 1831, vgl. die Erwähnung des Schmeller-Porträts in den Briefen an Kanzler v. Müller und Frau von Beaulieu vom 17. und 18. April (WA IV 48, 178 f.). – *von Herrn Schmeller zeichnen lassen:* vgl. Schuchardt 1, 287 Nr. 645. –

Mannequin: vgl. Nr. 6821 und Anm.

6907 (vgl. 2999) aaO Bd 1, 27 ff. – *1. Oktober:* vgl. GTgb: «Ein sehr geschicktes Frauenzimmerchen. Pianoforte spielend, von ihrem Vater angeführt, hatte sich bey mir hören lassen. Es waren neuere Pariser Compositionen, große Fertigkeit des Vortrags verlangend, aber immer heiter, so daß man gerne folgte.» – *Herz:* Henri H., deutscher Abstammung, in Paris lebend, war damals der gefeiertste Pianist und Klavierkomponist der Welt. – *«... vergißt man die Komposition.»:* in seinem Brief an Zelter vom 5. Okt. bittet er diesen um Aufklärung über «dergleichen» Kompositionen (WA IV 49, 105).

6908 aaO Bd 1, 29 – Das Zitat aus dem Tgb von Friedrich Wieck. – *9. Oktober [1831]:* vgl. GTgb: «Um 12 Uhr Concert. Clara Wieck, ihr Vater und ein Violinspieler, ließen sich hören, einzeln und zusammen. Gegenwärtig waren die nächsten der Familie ...» – *Götze:* Johann Nikolaus Konrad G., Violinvirtuose und Musikdirektor in Weimar. – *«‹als sechs Knaben zusammen.›»:* es folgt in der Quelle: «Am 11. Oktober schickte Goethe sodann durch Coudray für Clara sein Brustbild in Bronze und ein Blatt mit den Worten:

‹Zu freundlichem Erinnern des 9. October 1831.
Weimar. J.W. Goethe.›

Ein zweites Blatt für den Vater lautete:

‹Für meisterlich musikalische Unterhaltung verpflichtet.
Weimar, d. 9. October. J.W. Goethe.›

Das Brustbild befand sich in einer Kapsel; darum ein Papier geschlagen, mit der Überschrift von Goethe's Hand:

‹Der kunstreichen Clara Wieck.›»

6909 aaO Bd 1, 410

6910 Berthold Litzmann: Clara Schumann. Bd 3. Leipzig 1908, 503 – *(einen Streicher):* Goethe besaß den Streicherschen Flügel seit 1821 (vgl. Nr. 4950).

6911 Egloffstein 409 – *Création:* das englischsprachige Konkurrenzunternehmen zum ‹Chaos›, die Zeitschrift ‹Creation› des Iren Goff, brachte es auf 6 Nummern (GHb² Spalte 1614). Wiederabdruck, wie auch der drei Nrn der französischsprachigen ‹Création› von Soret im Anhang der Faksimileausgabe des ‹Chaos›, Bern 1936.

6912 Egloffstein 410 f. – HoubenSoret 586 f.

6913 JbSKipp 4, 65 – Vgl. GTgb: «Schreiben an den Hofrath Riemer, Glück wünschend ... Abends Professor Riemer.»

6914 Nach der Hs im StA Weimar – Vgl. GTgb: «Um 12 Uhr Ihro Kaiserliche Hoheit mit Demoiselle Mazelet. Über das Schicksal, welches Riemern betroffen. Manches andere Äußere und Innere.» – *Moore:* Thomas Moore: Memoirs of Lord Edward Fitzgerald. 2 Bde. London 1831.

6915 JbSKipp 4, 66 – Vgl. GTgb: «Abends ... Geh. Rath Schweitzer, die morgende Ausstellung in Belvedere ankündigend und dazu einladend. Um 6 Uhr Hofrath Riemer. Einiges mit ihm durchgegangen. Schöne allgemein sprachliche Bemerkung.»

6916 (3000) Sor 136 – HoubenSoret 588. – Von Eckermann benutzt

(GA 24, 763). – Vgl. GTgb: «Um 11 Uhr nach Belvedere. Zur Ausstellung des landwirtschaftlichen Vereins, wo bedeutende Vegetation mancher Art, auch meinen Speculationen förderlich vor Augen lagen.»

6917 Nach der Hs im StA Weimar – Vgl. GTgb: «Um 12 Uhr Ihro Kaiserliche Hoheit und Demoiselle Mazelet.» – *Eckermann:* dieser fuhr am 28. Okt. nach Northeim, um sich dort trauen zu lassen.

6918 Egloffstein 412 – HoubenSoret 590 – *choléra:* vgl. Nr. 6904 und Anm. – *la Création de Goff:* vgl. Nr. 6911 und Anm. – *la mienne:* auch Soret hatte eine französischsprachige Zeitschrift mit dem Titel ‹Création› ins Leben gerufen, die es jedoch nur auf drei Nummern brachte (vgl. GHb² Spalte 1614).

6919 Nach der Hs im StA Weimar – Vgl. GTgb: «Um 12 Uhr Ihro Kaiserliche Hoheit und Demoiselle Mazelet. Die holländischen Angelegenheiten kamen bedeutend zur Sprache.» – *procès des Ministres français:* vgl. Nr. 6743.

6920 JbSKipp 4, 66 – Vgl. GTgb: «Ihro Hoheit der Großherzog. Professor Riemer gegenwärtig, und kamen mancherley Psychologica und Mythologica zur Sprache.»

6921 (3001) Ri 2, 641 f. – Vgl. die leicht abweichende Fassung in Riemers Tgb (JbSKipp 4, 66). – Vgl. GTgb: «Um 11 Uhr Hofrath Riemer.»

6922 (3004) Sor 136 – HoubenSoret 591 – Vgl. GTgb: «Mit Walther gespeist.» – *(Les Pêcheurs):* vgl. GTgb 6. Nov.: «Abends bey Ottilien, wo das Singspiel Die Fischerin, componirt von Max Eberwein in Rudolstadt, mit sehr geschmackvoll zur Decoration arrangirten Zimmern, von den Kindern unter sorgfältiger Anleitung des Herrn Eberwein aufgeführt wurde.» – *à quatre heures:* der Textbefund scheint hier korrupt zu sein. Möglicherweise ist zu lesen: «le quatre». Entsprechend die deutsche Fassung bei HoubenSoret: «das Stückchen, das sie am 4. gespielt haben». – *la représentation … à Tiefurt:* am 22. Juli 1782 (vgl. Nr. 632 und Anm.). – *un secrétaire du Consistoire:* H.F.W. Seidler.

6923 Egloffstein 414 – vgl. HoubenSoret 594 – *Erna:* lt. Quelle Reg. S. 605 «Gespielin der Goetheschen Kinder, nicht näher festzustellen». – *représentée à la grande édification des spectateurs:* wohl am 4. Nov. (vgl. Anm. zur vorigen Nr.).

6924 SchrGG 28, 318

6925 SchrGG 28, 318 – Vgl. GTgb: «Später Ottilie, welche vom Catarrh gehindert nicht auf den Bällen gewesen war, doch manches daher zu erzählen wußte.»

6926 SchrGG 28, 320 – Vgl. GTgb: «Abends Ottilie. Agesilaus geendigt. Alexandern angefangen.» – *«Marchmont Papers»:* sind die Geschichte dieser Familie von Rose (Anm. Quelle S. 419). – *Agesilaus … Alexander:* Vitae aus dem Plutarch, der in dieser Zeit wieder Goethes Lektüre war.

6927 (3005) Sor 137 – HoubenSoret 595 – Vgl. GTgb: «Mittag Dr. Eckermann …» – *Minuit:* veröffentlicht in der Beilage zu Nr. 13 des ‹Chaos›. – *mes feuilles de la Création:* vgl. Nr. 6918 und Anm. – *à mettre en ordre la trilogie:* über die an verschiedenen Stellen veröffentlichten Teile von Sorets Trilogie vgl. HoubenSoret 595 Anm.

6928 Egloffstein 461f. – *une réponse:* Goethes Brief an Soret vom 25. Nov. (WA IV 49, 154f.).

6929 (3006) Sor 137f. – HoubenSoret 599f. – Vgl. GTgb: «Um 12 Uhr Herr Erbgroßherzog, Herr Hofrath Soret. Ich zeigte ihnen die neapolitanischen Gouachen. Mit Herrn Hofrath Soret Gespräch über seine schätzbaren Gedichte.» – *mes poésies du Jeune homme et de la Meunière:* ‹Der Junggesell und der Mühlbach›, ‹Der Müllerin Verrat› und ‹Der Müllerin Reue› (GA 1, 130ff.). – *Les Passions:* ‹Trilogie der Leidenschaft› (GA 1, 473ff.).

6930 Sor 138 – HoubenSoret 605f. – Von Eckermann unter dem gleichen Datum benutzt und ausgebaut (GA 24, 763ff.). – Vgl. GTgb 30. Nov.: «Mittags Dr. Eckermann. Fortgesetzte gestrige Unterhaltung.» – *la trilogie du Paria:* ‹Paria› (GA 1, 468ff.).

6931 (3008) Sor 139ff. – HoubenSoret 608ff. – Auch ein Teil dieser Aufzeichnungen von Eckermann unter dem 1. Dez. benutzt (vgl. Anm. zur vorigen Nr.). – *Marion Delorme:* Lektüre in GTgb am 30. Nov. bezeugt. – *le Gentilhomme et la Meunière:* ‹Der Edelknabe und die Müllerin› (GA 1, 129f.).

6932 Egloffstein 419 – HoubenSoret 611

6933 Nach der Hs im StA Weimar – Vgl. GTgb: «Um 12 Uhr Ihro Kaiserliche Hoheit, Frau Großherzogin, Mademoiselle Mazelet.»

6934 Egloffstein 420 – *Deine Skizzen:* wovon hier und im folgenden die Rede ist, konnte nicht ermittelt werden. – *Karnation:* Fleischton (auf Gemälden).

6935 Nach der Hs im StA Weimar – *[...am 29. Dezember.]:* vgl. GTgb: «Um zwölf Kaiserliche Hoheit Frau Großherzogin und Mademoiselle Mazelet.»

6936 (3039) Gr 182f. – *Raumers Untergang Polens:* Polens Untergang. Leipzig 1832. – *Münze Alexanders von Medici:* vgl. Schuchardt 2, 113 Nr. 988. – *Insel Nerita:* «die am 18. Juli 1831 im Zuge postvulkanischer Tätigkeit im Bereich der Insel Pantelleria entstandene Insel wurde bald wieder von den Wellen überspült; das Gemälde befindet sich noch heute in Goethes Kunstsammlungen (Inv.-Nr. 2445).» (Gr 315). – *österreichischen Magnaten:* «In Goethes Sammlung von Gedankenspänen ... findet sich unter der Rubrik ‹Anekdoten› folgende eigenhändige Notiz: ‹Graf W., der kein Werk eines Autors kauft als bis der tot ist, weil man die Werke sonst nicht beisammen haben kann.» (Gr 315). Vgl. ferner die von Luden überlieferte Anekdote in Nr. 2260 (Bd 2 S. 83f.).

6937 Nach der Hs im StA Weimar – Vgl. GTgb: «Um zwölf Uhr Ihro Kaiserliche Hoheit. Bedeutendes Innere und Äußere.»

6938 JbSKipp 1, 131 – Wohl nicht als mündliche Äußerung Goethes (allenfalls als Selbstzitat) aufzufassen. Vgl.: «Der Alte verliert eins der größten Menschenrechte, er wird nicht mehr von seines Gleichen beurtheilt.» (WA I 42^2, 161; MuR 371; zuerst veröffentlicht KuA V, 3, 1826).

6939 (3041) Sor 143f. – HoubenSoret 617 – Von Eckermann benutzt (GA 24, 766). – Die Zeichnungen von Töpffer hatte Soret am 3. Januar an Goethe geschickt (HoubenSoret 612f.), der am gleichen Tage kurz darauf antwortete (WA I 49, 188). Besuche Eckermanns sind in GTgb am 3., 4., 5. und 6. Jan. bezeugt.

6940 Egloffstein 420f. – *une lettre fort amicale:* der in der Anm. zur vorigen Nr. genannte Brief vom 3. Jan.

6941 Gr 183 – Vgl. GTgb: «Mittag Hofrath Meyer... Gegen Abend Geh. Rath von Müller...»

6942 JbSKipp 4, 67f. – Vgl. GTgb 13. Jan.: «Sodann Professor Riemer. Lasen einiges in den letzten Bänden der Briefe des Verstorbenen.» – *Briefen eines Verstorbenen [von Fürst Pückler]:* 4 Bde. Stuttgart 1831. Vom Verfasser erhalten am 4. Dez. 1831 (vgl. Ruppert Nr. 3962).

6943 Gr 183 – Vgl. GTgb: «Mittags mit der Familie und Doris Zelter... Nach Tische... Geh. Rath von Müller.» Doris Zelter war bereits seit dem 10. Jan. in Weimar (vgl. GTgb).

6944 Gr 184

6945 Nach der Hs im StA Weimar – Vgl. GTgb: «Um 12 Uhr Frau Großherzogin und Demoiselle Mazelet. Zeigte die Schmellerischen Porträte vor.» – *la liste des portraits:* vgl. Schuchardt 1, 283 Nr. 535ff.

6946 Gr 184 – Vgl. GTgb: «Abends Herr Canzler.»

6947 (2984) GJb 23, 12 – *gleich nach dessen Empfang:* ein genauer Zeitpunkt läßt sich nicht angeben; für die Einordnung von FBdm unter dem 31. Juli (im Mskr.) ist kein Anhaltspunkt erkennbar.

6948 Gr 184 – Vgl. GTgb: «Geh. Rath von Müller, Hofrath Meyer, Oberbaudirector Coudray. Letzterer erzählte die Feyerlichkeit zum Geburtstage der Madame Genast.» Eduard Genasts Frau Christina geb. Böhler ist am 31. Jan. 1798 geboren. Wahrscheinlich feierte sie, nach Art der Schauspielerinnen, ihren 30. Geburtstag einen Tag vor ihrem eigentlichen vierunddreißigsten (O.F.).

6949 Nach Abschrift aus dem Nachlaß FBdm – *[29. Januar]:* vgl. GTgb: «Mittag... Doris Zelter war von Jena zurückgekommen.» – *Abreise:* sie blieb bis 18. Februar.

6950 (3042) Sor 144 – HoubenSoret 625 – Vgl. GTgb: «Um 12 Uhr Herr Hofrath Soret und Prinz Carl, welcher mir ein schön geschnittenes Glas verehrte.» Ferner GTgb 9. Febr.: «Herr Soret, [Korrektur WA III 13, 315] graphische Darstellung der zu- und abnehmenden Correspondenzen.» Soret scheint demnach zwei Besuche in einem zusammengefaßt zu haben. – *Sévigné:* Mdame de S.

6951 HoubenSoret 627 – *Jacob:* eine der Figuren in den Zeichnungen Töpffers. – *Festus... Cryptogame:* vgl. Nr. 6744 und Anm. sowie Nr. 6750 und Anm. – *haben das so ausgedrückt...:* die Auslassung im Text so in der Quelle.

6952 Gr 184 – Vgl. GTgb: «Nachher [nachmittags] Geh. Rath Müller und Hofrath Meyer.» – *Deinhardsteinschen Anträgen:* vgl. Meyer an Goethe 3. März (SchrGG 35, 231f.).

6953 Nach der Hs im StA Weimar – Vgl. GTgb: «Ihro Kaiserliche Hoheit Frau Großherzogin und Demoiselle Mazelet.» – *Raumer:* vgl. Nr. 3936 und Anm.

6954 (3045) Sor 144ff. – HoubenSoret 628ff. – Von Eckermann benutzt (GA 24, 766ff.). – Vgl. GTgb: «...Dr. Eckermann. Mit demselben nachher die Dorlversuche erneut. Sodann Hofrat Soret.» – *Le portrait... que je lui avais envoyé:* vgl. Soret an Goethe 14. Febr. (HoubenSoret 627f.). – *Mémoires:* P.L.E. Dumont: Souvenirs sur Mirabeau. Paris 1832. – *le génie de la récolte:* der geniale Sammler (so HoubenSoret 630, von Robinet de Cléry – Sor 183 Anm. – als exakte Übersetzung gutgeheißen).

6955 Sor 234ff. – HoubenSoret 632f. – *l'éditeur:* Jacques L. Derval, Herausgeber von Dumonts ‹Souvenirs sur Mirabeau›. – *le jour même:* vielmehr am folgenden Tage (vgl. die Bemerkung im drittletzten Absatz der vorigen Nr.).

6956 (3043) GJb 12, 133 – *17. Februar:* vgl. GTgb: «Dann [nachmittags] Herr Frommann junior.»

6957 (1967) aaO 150 – Das Stück beruht zweifellos auf dem Brief F.J. Frommanns der vorigen Nr. und besitzt keinen eigenen dokumentarischen Wert.

6958 (3044) Frommann 53f. – *Künstler:* welcher Künstler (wohl Maler) gemeint ist, ist nicht auszumachen.

6959 (3303/3075) Otto Roquette: Friedrich Preller. Frankfurt a.M. 1883. S. 96 – *[am 26. Februar]:* vgl. GTgb: «Um 1 Uhr Maler Preller, die älteren großen Kupferstiche von Nicolas Poussin vorzeigend.»

6960 (3047) Sor 148f. – HoubenSoret 634ff. – Vgl. GTgb: «Sodann [nachmittags] Herr Hofrath Soret.» – *ma trilogie:* vgl. Nr. 6927 und Anm. – *Jery et Bätely... sur la scène française:* vgl. Nr. 6529 und Anm. – *la Peau de chagrin:* erschienen Paris 1831. Lektüre in GTgb am 10. und 11. Okt. 1831 bezeugt.

6961 (3016) Sor 337 – HoubenSoret 634f.

6962 Archiv 15, 286 – *choléra:* vgl. Nr. 6904 und Anm.

6963 (3050) aaO 8f. – Die Berichte K.W. Müllers sind nicht als unmittelbare Zeugnisse zu bewerten: sie beruhen, wie im Titel zum Ausdruck gebracht wird, auf den «Mittheilungen seiner Freunde». M. war von 1824 bis 1833 Kollaborator am Gymnasium zu Weimar. – *Phaethon:* über Goethes Beschäftigung mit dem Fragment vgl. Nr. 5041 und Anm. – *am dritten März:* vgl. GTgb: «Mittags... Göttling.» – *seine Ausgabe der Iphigenia:* Euripidis Iphigenia in Aulide. Rec. Godofredus Hermannus. Leipzig 1831 (Ruppert Nr. 1261). – *tenuem spiritum...:* der den feinen Geist griechischer Muse den Deutschen zeigt (nach Horaz Carmina II 16). Die gedruckte Widmung lautet wörtlich: «Goethio Taurica Iphigenia spiritum Graiae tenuem camenae Germanis monstratori d. G.H.» – *die Bacchen:* vgl. Nr. 5297 und Anm.

6964 [Eloi Jourdain] Charles Sainte-Foi. Souvenirs de jeunesse, 1828–1835. Paris 1911, 311ff. – *[3. März 1832]:* vgl. GTgb: «Um 1 Uhr zwey Franzosen, bißher in München studirend, jetzt nach Berlin gehend, von Boisserée's empfohlen, auf die theologisch-philosophisch-symbolische Seite sich hinneigend.» – *les chefs-d'œuvre de l'antiquité:* die genannten Werke besaß Goethe nicht.

6964a aaO Nr. 64 Sp. 510f. – Auf diesen Bericht eines «Unbekannten» weist K.W. Müller in seiner Schrift ‹Goethes letzte literarische Tätigkeit› (vgl. Nr. 6963) in einer Fußnote S. 3 hin. Er ist unterzeichnet: «... er.» Es dürfte keinem Zweifel unterliegen, daß Müller selber der Verfasser ist, wenn auch ein Besuch von ihm in der fraglichen Zeit nicht in GTgb bezeugt ist.

6965 Nach der Hs im StA Weimar – Vgl. GTgb: «Um 12 Uhr die Frau Großherzogin und Demoiselle Mazelet.» – *Mémoires de Louis XVIII:* vgl. GTgb 1.März: «... Demoiselle Mazelet... schickte mir die Memoiren von Ludwig XVIII.» Lektüre noch am gleichen Tage in GTgb bezeugt. – *Salvandy:* Seize mois, ou la révolution et les révolutionnaires. Paris 1831.

6966 JbSKipp 4, 68 – Vgl. GTgb: «Hofrath Riemer; mit demselben die Zahnische Angelegenheit durchgearbeitet. Ihm die Durchzeichnungen vorgewiesen. Zu Mittag derselbe.» Vgl. Nr. 6971.

6967 (3052) Unserer lieben Mutter Besuch bei Goethen. Aus einem Briefe von Pauline Hase geb. Härtel an ihre Schwester Elwine Härtel... Leipzig 1889. (Als Handschrift gedruckt.) S. 3ff. – *[10. März]:* vgl. GTgb: «Zwey Frauenzimmer, Frau Professor Hase von Jena, Frau Professor Weiße von Leipzig. – *Grimmern... Alfreden:* aus dem Bekannten- und Verwandtenkreis, nicht näher ermittelt. – *von Allwinen:* Frommann. – *Carl:* Carl August Hase, der Mann der Berichterstatterin. – *Sonntag:* muß Sonnabend heißen; denn Mozarts Oper ‹Don Juan› wurde laut GTgb an diesem Tage gegeben. – *die junge Froriep:* Robert Frorieps Frau Wilhelmine geb. Ammermüller. – *die lieben Vernünftigen in Leipzig:* wohl die Angehörigen der Berichterstatterin.

6968 (3053) wie 6967 S. 8

6969 (3054) Schüddekopf 94f. – *10.[?] März [1832]:* hier dürfte ein Versehen vorliegen; denn Coudray wird erst am 11. März in GTgb erwähnt, allerdings in einem Zusammenhang, der bei Coudray selbst nicht bezeugt ist: «Oberbaudirector Coudray, an den pompejanischen Sendungen sich erfreuend.» – *Gewerkschule:* zu diesem Thema vgl. GTgb 24. und 26. Febr. sowie 1. und 2. März.

6970 Schüddekopf 73 – *Die Tochter:* Ottilie v. Goethe. – *[am 12. März]:* vgl. GTgb: «Fräulein Seidler um 1 Uhr, vorzeigend einige hübsche Entwürfe zu Bildern, die sie zu unternehmen gedenkt.»

6971 (3056) Schüddekopf 95ff. – *12. [März 1832]:* vgl. GTgb: «Mittag Herr Oberbaudirector Coudray, die neapolitanische Sendung nochmals durchmusternd. Von Arnim. Eckermann... Nach Tische... Herr Canzler von Müller.» – *Straßen-Ansicht in Kurhessen:* in Schlüchtern (vgl. Nr. 4143 und Anm.). – *Sonnen-Untergang:* G. Femmel (Corpus 7, 221) hält Bezug auf die Zeichnung der neapolitanischen Küste Corpus IVa Nr. 21 für möglich. – *«Ja, auch im Scheiden groß!»:* vgl. die von Kanzler Müller unter dem 27. März 1824 überlieferte Äußerung (Nr. 5444 und Anm.). – *Zahn:* dessen Brief an Goethe aus Neapel vom 18. Febr. zuerst bei K.W. Müller (Quelle zu Nr. 6963 S. 12ff., wiederveröffentlicht von J. Göres in: Düsseldorfer Hefte 14. Jahr Nr. 16, 1969, 8ff. Vgl. ferner Goethes Antwort an Zahn vom 10. März (WA IV 49, 260ff.). – *Mosaik-Gemäldes:* vgl. Bernhard Andreae: Goethes Interpretation des Alexander-Mosaiks. In: JbSKipp NF 3, 1974, 41ff. Dort auch Abb. (Taf. 17f.).

6972 (3056a) Gr 184

6973 JbSKipp 4, 68 - Vgl. GTgb: «Um 6 Uhr Hofrath Riemer. Mancherley Concepte mit ihm durchgegangen.» - *Zahn:* wohl Verwechslung mit Mahr, vgl. den Brief an ihn vom 15. März (WA IV 49, 278f.) - *Humboldt:* der Brief an Humboldt, Goethes letzter Brief überhaupt, ist am 17. März abgegangen (ebd 281ff.).

6974 (3057) Bi[1] 10, 200ff. - *um 12 Uhr:* vgl. GTgb 14. März: «Um 12 Uhr Maler Carl Werner mit seinem Vater, jener nicht ohne Verdienst, Enkel der Schauspielerin Neumann.» - *Sonnabend:* 17. März.

6975 GJb 12, 133 - *einige Maler:* gemeint sind wohl Preller und Matthaey.

6976 Nach der Hs im StA Weimar - Vgl. GTgb: «Ihro Kaiserliche Hoheit die Frau Großherzogin und Demoiselle Mazelet.» - *une anecdote:* vgl. die von Soret unter dem 19. März 1830 überlieferte Äußerung Goethes (Nr. 6536 S. 595 von Band III/2).

6977 Dembowski 33f.

6978 Der Volksgarten 1864, 553f. - *in dem erwähnten Briefe:* vgl. Nr. 6971 und Anm.

6979 (3058) Bi[1] 10, 204 - Das Briefdatum dürfte frühestens auf den 16. März anzusetzen sein. - *[15. März]:* vgl. GTgb: «Mittags mit von Arnim und Hofrath Meyer. Betrachteten die Bilder von Werner.»

6980 aaO 174f. - *10. März 1832:* vgl. GTgb: «Ein junger von Arnim.» - *von des Vaters vorzeitigem Ende:* Achim v. Arnim war am 21. Jan. 1831 gestorben. - *Vom 10. bis 15. März:* täglich bezeugt in GTgb.

6981 aaO 20f. - *Salvandys Schrift:* vgl. Nr. 6965 und Anm.

6982 Die letzten Augenblicke Goethes in der Aufzeichnung des Dieners Krause. Erste Veröffentlichung der Heinrich-Stichel-Gesellschaft, zum 22. März 1928. (Faksimile). - Die ‹Richtigstellungen› des Dieners Krause sind wohl mit der Verärgerung darüber zu erklären, daß sich ein Außenstehender wie K.W. Müller als erster mit einer Veröffentlichung über Goethes letzte Lebenstage und Tod zu Wort gemeldet hat.

6983 Gr 184 - Vgl. GTgb: «Den ganzen Tag wegen Unwohlseyns im Bette zugebracht.» Letzte Tgb-Eintragung Goethes.

6984 JbSKipp 1, 317 - *und fuhr... spazieren:* diese Behauptung wird in der Anm. zur nächsten Nr. durch den Hinweis auf GTgb widerlegt, in welchem am 14. März vermerkt ist: «Spazieren gefahren.»

6985 aaO 21f.

6986 wie 6982

6987 (3059) Bi[1] 10, 204f.

6988 JbSKipp 4, 68

6989 (3060/3123/vgl. 3061) aaO 4ff. - *[November] 1830:* vgl. Nr. 6714ff. - *Spazierfahrt:* vgl. Nr. 6984 und Anm. - *epigastrische Gegend:* Oberbauchgegend, Magengrube.

6990 Alere flammam. Georg Minde-Pouet zum fünfzigsten Geburtstage gewidmet... Leipzig 1921, 154

6991 aaO 9f. - *turgide:* gedunsen. - *Goldschwefel:* Antimonpentasulfid.

6992 Schüddekopf 97

6993 (3063) aaO 10f.
6994 wie 6990 S. 154
6995 Schüddekopf 97f. – *Zahns Begleitungs-Schreiben:* vgl. Nr. 6971 und Anm. – *Geburtstagsfeier:* in der zu Nr. 6971 genannten Veröffentlichung von K.W. Müller S. 12f.
6996 (3064) aaO 11f. – *«doch zwischen heut...»:* die beiden ersten Verse des Vierzeilers ‹Zwischen heut und morgen...› in der Abteilung ‹Sprichwörtlich› (GA 1, 418).
6997 aaO 12ff. – *[Angelika Facius]:* vgl. Schüddekopf 165 Anm.: «Die letzte Autorisation Goethes über hundert Taler als ‹Beitrag für den Unterhalt der D^lle^ Angelica Facius zu Berlin auf das Jahr 1832›, von Goethe eigenhändig vollzogen ‹48 Stunden vor seinem Ableben, nämlich den 20. März 1832 Vormittag› nach einer Notiz Kräuters, befindet sich jetzt als Depositum der großherzoglichen Bibliothek im Goethe-Schiller-Archiv.»
6998 Gr 184
6999 wie 6990 S. 151
7000 JbGG 14, 210f.
7001 JbSKipp 4, 68
7002 Egloffstein 431f.
7003 Schüddekopf 98
7004 (3065) aaO 15ff. – *Liquor Ammonii anisatus:* ammoniakhaltiges Arzneimittel. – *Meerrettichzüge:* Meerrettichzugpflaster. – *Remuneration:* für Angelika Facius (vgl. Nr. 6997 und Anm.)
7005 wie 6990 S. 151
7006 wie 6990 S. 154
7007 JbSKipp 10, 217
7008 JbGG 14, 211f.
7009 Goethe/Rochlitz 479f. – *Salvandys Seize mois ou la Révolution:* vgl. Nr. 6965 und Anm. – *«Der versiegelte Bürgermeister»:* von Raupach (vgl Nr. 7013)
7010 JbGG 14, 212f. – *Lavements:* Klistiere.
7011 JbSKipp 4, 68
7012 Schleif 217 – Unser Text schließt unmittelbar an Nr. 6883 an.
7013 (3067) aaO 23ff. – *Gräfin von Vaudreuil:* vgl. Schüddekopf 165 Anm.: «Das Portrait der Gräfin Louise von Vaudreuil, von H. Müller in bunter Kreide gemalt, befindet sich im Goethe-National-Museum und ist in einer Radierung reproduziert in den Erinnerungen der Baronin Jenny von Gustedt, hrsg. von Lily v. Kretschman, Braunschweig 1892, S. 168.»
7014 aaO 18ff. – *Decocto-Infusums:* Absudaufgusses. – *«Mehr Licht»:* diese Kurzfassung der berühmten ‹letzten Worte› dürfte auf unsern Gewährsmann C. Vogel zurückzuführen sein (Veröffentlichung 1833!), der sie, wie der Kontext ausweist, nicht einmal selber gehört hat. Glaubwürdiger ist die Fassung, die Coudray (Nr. 7016) und, ihm folgend, K.W. Müller (Nr. 7018) sowie der Kanzler v. Müller (Nr. 7031) überliefert haben, wenn auch der Diener Krause bestreitet, daß dies die letzten Worte waren (Nr. 7019). Zur Frage, welches Goethes letzte Worte waren, vgl. Schüddekopf 26ff.

7015 (vgl. 3066) Schüddekopf 20ff.

7016 (vgl. 3066) Schüddekopf 98ff. – Die Kürzungen in dieser Nr. betreffen Passagen, die mit denen der vorigen Nr. übereinstimmen.

7017 JbSKipp 1, 320 – Aus einem «Brief über Goethes Krankheit und Tod, den Vogel auf Veranlassung von Karl Wilhelm Müller an diesen für sein Buch ‹Goethe's letzte literarische Thätigkeit. Verhältniß zum Ausland und Scheiden usw. (Jena 1832)› geschrieben hatte» (Quelle S. 317).

7018 (3069) aaO 26ff. – *forderte er ein Manuskript von Kotzebue:* dies nur von K.W. Müller überliefert; vgl. die ‹Berichtigung› des Dieners Krause in der folgenden Nr. – *Bearbeitung von Kotzebues Schutzgeist:* vgl. Nr. 4393 und Anm.

7019 wie 6982 – *[pot de chambre]:* dieses Wort ist auch bei Goethe in der Form ‹Pot schamber› nachweisbar (WA I 38, 487).

7020 JbSKipp 4, 68 – *mortalis esse desiit!:* er hat aufgehört, ein Sterblicher zu sein (formelhafter Euphemismus).

7021 JbSKipp 10, 227 – *an seinem Bilde:* zur Entstehung des letzten Goethe-Porträts vgl. Schwerdgeburths Bericht an K.W. Müller Nr. 7078.

7022 Carl Gille: Goethe-Erinnerungen. Nach seinem im August 1899 erfolgten Ableben neu hrsg. von A. Gille. Ilmenau 1916. S. 6f. – *Couverture:* Decke.

7023 aaO 24

7024 wie 6990 S. 154

7025 JbGG 14, 213 – *Stick- und Schlagflusse:* in der Todesanzeige im ‹Weimarischen Wochenblatt› Nr. 25 vom 27. März heißt es, daß Goethe «am Stickfluß, in Folge eines zurückgeworfenen Katharralfiebers» gestorben sei (Wiederabdruck bei Veil S. 24). Anders in der von Ottilie gedruckten Karte, wo von einem «nervös gewordenen Katarrhalfieber» die Rede ist (Wiederabdruck bei Schüddekopf neben S. 28). Über Goethes Todeskrankheit, die mit einem «Herzschlag durch Herzkranzgefäßverschluß» endete, vgl. Veil S. 18ff.

7026 Goethe/Rochlitz 480f.

7027 Ottilie von Goethe: Tagebücher und Briefe von und an Ottilie v. Goethe. Hrsg. und eingel. von H. Bluhm. Sonderband. Wien 1964, 27f. – Ähnlich schreibt Henriette v. Pogwisch am 24. März an Sophie Schlosser (Schüddekopf 79). – *Zwei Stunden vor seinem Ende:* dürfte übertrieben sein.

7028 Nach der Hs im StA Weimar – *notre bon Meyer:* er starb am 14. Okt. 1832.

7029 (3068) Schüddekopf 71ff. – *Spazierfahrt:* vgl. Nr. 6984 und Anm. – *Er sprach viel…:* die folgende Darstellung des letzten Abends und des Todesmorgens, offensichtlich auf Ottilie zurückgehend, dürfte übertrieben sein. – *«Gib mir Dein liebes Pfötchen»:* ähnlich bei Soret in der folgenden Nr. – *neben dem Großherzog Carl August:* vielmehr neben Schiller.

7030 Deutsche Rundschau. Bd 230. 1932, 157ff. – Vgl. Sorets Darstellung von Goethes Todeskrankheit in der ‹Notice sur Goethe› (Sor 241ff.), in deutscher Übersetzung HoubenSoret 641ff. – *au prochain numéro:* d.h. in seinem nächsten Brief. Er pflegte diese zu numerieren. –

quelques-unes de ses paroles: die von Soret überlieferten ipsissima verba Goethes sind, wie er selber betont, aus zweiter Hand, was ihren dokumentarischen Wert mindert.

7031 JbGG 14, 215

7032 Briefwechsel zwischen Goethe und Marianne von Willemer. Hrsg. von Th. Creizenach. 2. Aufl. Stuttgart 1878. S. 327f. – Ähnlich schreibt Eckermann an Ch.F.L. Schultz am 24. März (Schüddekopf 75f.). – *Spazierfahrt:* vgl. Nr. 6984 und Anm.

7033 wie 6959 S. 95f. – *das von Herrn Coudray Mitgeteilte:* Die Aufzeichnungen Coudrays ‹Goethes letzte Lebenstage und Tod betreffende Notizen› wurden erst später veröffentlicht; vgl. Quelle zu 6162 und Schüddekopf. – *kleine Zeichnung:* auf dem Briefbogen. Abgebildet bei Franz Rademacher, Goethes letztes Bildnis, Krefeld 1949, Taf. 4. Vgl. ebd. S. 28f. über diese «Wiederholung seines idealisierten Goethebildnisses», dem wiederum die am 26. März angefertigte Originalzeichnung zugrunde lag (vgl. deren Wiedergabe im Lichtdruck ebd S. 7). Der Zusatz in unserm Text ist dementsprechend zu berichtigen.

7034 JbSKipp 10, 186f. – Der Bericht ist von Franz Rademacher (vgl. Anm. zu Nr. 7033 S. 39ff.) überzeugend als Fälschung entlarvt und dementsprechend aus unsrer Sammlung auszuschalten. «Bei der Zeichnung Matthaeys [Abbildung ebd Taf. 9] handelt es sich um ein eindeutiges Plagiat an Preller...» (ebd S. 41). – *Marie:* die Sängerin Marie Schmidt, Berichterstatterin von Nr. 7039.

7035 Grumach 364f. – *Es wird die Spur...:* Faust II Vers 11583f. (ungenau zitiert).

7036 Schüddekopf 33ff. und Holsten (vgl. Quelle zu Nr. 6162) 12ff. – *öffentliche Blätter:* z.B. die ‹Weimarische Zeitung› vom 7. April (wiederabgedruckt bei Bradish 356ff., speziell 366ff.).

7037 wie 6990 S. 152f. – *«Laß fahren dahin»:* ‹Zur Logenfeier des 3. Septembers 1825›, Zwischengesang (GA 1, 505). Komponiert von Zelter. – *Gesang von Riemer:* «Ruhe sanft in heil'gem Frieden...», wiedergegeben bei Schüddekopf 40. Komponiert von Hummel.

7038 wie 6990 S. 155 – *Spiegel:* der Oberhofmarschall im Wagen des Großherzogs. – *Bielke:* der Oberstallmeister im Wagen der Großherzogin.

7039 JbGG NF 19, 231f. – *Carl Hille:* muß heißen: Gille. Daß dieser mit Ehrenwache bei dem Toten gehalten hat, wird durch ihn selber bezeugt (vgl. Nr. 7047). – *Petrarch:* Petrarca (vgl. Nr. 7047).

7040 Rohmann 280ff. – *was der Kanzler Müller sagte:* wiedergegeben in dem Bericht der ‹Weimarischen Zeitung› vom 7. April (vgl. Bradish 370).

7041 GJb 12, 134ff. – *Des Todes Bild etc.:* «Des Todes rührendes Bild...», Hermann und Dorothea 9. Gesang Vers 46ff.

7042 JbGG 14, 214ff. – *«C'est honorer...»:* Das heißt uns selber ehren mehr noch als ihn. – *mit den beiden Vulpiusischen Frauen:* der Mutter und der Frau von Rinaldo Vulpius. – *Obermarschall:* Spiegel. – *Oberstallmeister:* Bielke. – *des russischen und französischen Gesandten:* Wassili Graf Santi und Graf Alfred Vaudreuil.

7043 JbGG 14, 224 – *«Laßt fahren hin das Allzuflüchtige»:* vgl. Nr. 7037 und Anm.

7044 Wilhelm Buchner: Ferdinand Freiligrath. Bd 1. Lahr 1882, 366.

7045 JbSKipp 10, 218ff.

7046 aaO 2, 296ff.

7047 wie 7022 S. 7f. – *bekannte Zeichnung Fr. Prellers:* vgl. Nr. 7033 und Anm. – *Informator:* Hauslehrer Rothe. – *Zeltersches Lied... Hummelsche Komposition:* vgl. Nr. 7037 und Anm. Letzterer liegt ein Text von Riemer zugrunde.

7048 Schüddekopf 107ff. – Zuerst veröffentlicht in: Magazin für christliche Prediger. Hrsg. von Dr. Johann Friedrich Röhr. Bd 5, I. Hannover und Leipzig 1832. S. 240ff. – Einen befremdlichen Kommentar zu seiner Trauerrede liefert Röhr in seinem Brief vom 29. März an seinen Freund Reil, dem er die Rede im Druck übersendet (Bode 3, 403f.). Es heißt dort u.a.: «Urteilen Sie aber gnädig und mild über mein Gesagtes, denn ich hatte dazu nur ein paar Stunden Zeit, indem der Abgeschiedene sich selbst zwar, nicht aber mir zur bequemen Stunde starb... Ich selbst bin über seinen sittlichen Wert mit möglichstem Glimpf hinweggegangen und habe mich damit begnügt, ihn mit seinem eigenen Fette zu beträufeln. Wer die nicht-gesprochenen Worte aus den gesprochenen herauszulesen versteht, wird nicht im Zweifel sein, was ich meinte.» Der Bi² 4, 449 wiedergegebene Bericht über einen Besuch Röhrs während Goethes letzter Krankheit ist unglaubwürdig. – *«Seine Werke folgen ihm nach!»:* nach Offenbarung 14, 13. – *«Wenn der Mensch»...:* Maximen und Reflexionen Nr. 98 (GA 9, 508). – *Wir leiden alle am Leben...:* Zitat aus den ‹Kleinen Biographien zur Trauerloge› (WA I 36, 363). – *«Wem viel gegeben ist...»:* frei nach Lukas 12, 48.

7049 (NN 3038a) aaO (anonym erschienen) Vol. I. London 1836, 276f. – *his portrait by Kolbe:* Schulte-Strathaus Taf. 121.

7050 aaO 1, 79

7051 (1617) aaO 1, 405

7052 aaO 2, 631 – *Hymnus auf Apollo:* ‹Auf die Geburt des Apollo› (GA 2, 328f.), erschienen im 9. Stück des 3. Bandes von Schillers ‹Horen› 1795. Riemer bezweifelt die Autorschaft Goethes, und der Hymnus ist nicht in die Ausgabe letzter Hand aufgenommen worden.

7053 GJb 7, 158 – *[Theodor Voigt]:* Sohn von F.S. Voigt, Kaufmann in Frankfurt a.M.

7054 GJb 10, 163 – *Eos:* vielmehr ‹Eros›. Poetisches Taschenbuch [Gedichtsammlung] von N. Meyer. Lemgo 1831.

7055 ChrWGV 1887, 31

7056 GJb 32, 41

7057 (3140) aaO 12

7058 (3141) aaO 4 Anm.

7059 (3138) Die Heimat 1882, 767

7060 Basler Studentenschaft. Juli 1949. S. 134 – Zur Datierung: diese beruht auf der Erwähnung von «Augst und seinem Schicksal». Ob damit jedoch Goethes Sohn gemeint ist, kann nicht mit Sicherheit behauptet werden. – *meinem Hausherrn:* wohl der, bei dem der Berichterstatter in Weimar gewohnt hat. – *Durchzug der Kosaken:* nach dem Einmarsch der Verbündeten in die Schweiz, während der Napoleonkriege (21.12.1813)? – *passus:* wohl im Sinne von Übergang.

7061 (2924b) GJb 13, 113 – Anm. zu einem Brief Goethes an Gersdorff vom 18. Sept. 1830. Die Datierung des Gespräches ist der Quelle entnommen.

7062 (3150) aaO 46

7063 (2822) Uhde 1875, 339 – *Mein neues Bild:* vgl. Goethes Empfehlung in seinem Brief an Quandt vom 6. Mai 1831 (WA IV 48, 194).

7064 wie 4497 S. 164 – Ein Besuch Cousins bei Goethe im Juli 1831 ist nicht bezeugt. Dagegen ist Cousin nachweislich Ende Mai 1831 in Weimar gewesen (vgl. GTgb 31. Mai 1831 und Tgb-Notiz des Kanzlers von Müller vom gleichen Tage, WA III 13, 294). Goethe war in dieser Zeit unwohl (vgl. Nr. 6844–6848). Ein kurzer Besuch Cousins bei Goethe ist nicht auszuschließen.

7065 Houben 1, 588 f. – Datierung nach der Quelle.

7066 Beilage zur Allgemeinen Zeitung 1905 Nr. 74 vom 29. März S. 586 – *Deycks... Schrift:* F. Deycks: Goethe's Faust. Andeutungen über Sinn und Zusammenhang des ersten und zweiten Theiles der Tragödie. Koblenz 1834.

7067 (2891a) Kunst und Altertum VI, 3, 626

7068 (3104/2820a) aaO 45 – *Plutarch:* vgl. die bei GrumachAntike 859 ff. zusammengestellten Zeugnisse aus GTgb. – *«Literatur der Verzweiflung»:* im Brief an Zelter vom 28. Juni 1831 (WA IV 48, 260).

7069 Uhde 1875, 351

7070 JbSKipp 10, 204 ff. – Zur Bewertung der Erinnerungen Matthaeys, die dieser als fast Sechzigjähriger niedergeschrieben hat, vgl. Quelle 198 f. Über die dort ausgesprochenen Zweifel an der Richtigkeit der Wiedergabe von Goethes Worten hinaus erscheint der Bericht auch in der Wiedergabe mancher Fakten unglaubwürdig. – *keine Beziehungen zu Goethe:* «Das ist ein Irrtum Matthaeys. Goethe kannte L. seit vielen Jahren, wie seine Briefe an ihn und viele Tagebuchnotizen erweisen.» (Anm. Quelle). – *Ihres Oheims:* es dürfte der Historienmaler Friedrich Matthäi gemeint sein. – *das vor zwei Jahren gesandte Manuskript:* Matthaey hatte Goethe mit Brief vom 3. Febr. 1829 seine Gedichte übersandt (Quelle S. 199 ff.). – *sein Urteil:* Goethe Antwortbrief ist offensichtlich nicht erhalten; doch hat ihn Matthaey in seinen Erinnerungen mitgeteilt (vgl. Quelle S. 204). – *Bilde Schwerdgeburths:* Schulte-Strathaus Taf. 165. – *Aufruf an Deutschlands Jugend:* «Gemeint ist das Gedicht ‹Schwerterruf› ...» (Anm. Quelle). – *‹Der Sensenträger›:* «Es ist ein Wechselgesang zwischen Weib, Mann, Jüngling, Mädchen und Greis ...» (Anm. Quelle). – *Häuschen des hohen ‹Gabelbach›:* gemeint ist das Jagdhaus bei Ilmenau. – *‹Deutsche Lieder›:* erschienen Winterthur 1847. Die beiden Gedichte heißen ‹Deutsches Becherlied› und ‹Der Morgen› (Quelle S. 210). – *‹Van Dycks Landleben› [von Friedrich Kind]:* erschienen Leipzig 1817. – *sein kleines Taschenbuch:* wohl Beckers ‹Taschenbuch zum geselligen Vergnügen›, das

Kind 1815–1830 herausgab. – *Uechtritz:* «Matthaey meint wohl Adam Gottlob Öhlenschläger.» (Anm. Quelle).

7071 J.G. Lockhart: The Life of Sir Walter Scott. Vol. 10. Edinburgh 1903. S. 173 – Das Gespräch des Autors mit Scott hat am 1. Mai 1832 stattgefunden. – *in correspondence with him:* vgl. Goethe an Scott [16. Jan. 1827] (WA IV 42, 13ff.) und Scott an Goethe 9. Juli 1827 und 11. Sept. 1828 (JbGG 3, 170ff.).

7072 Tewes 201 – *[Bilder des Orients]:* Stieglitz hatte Goethe die Bände 1 und 2 seiner Gedichte (Leipzig 1831) geschickt (Ruppert Nr. 1161). Die Bände sind allerdings unaufgeschnitten.

7073 aaO 321f.

7074 JbSKipp 4, 66 – *La nature est une redite perpétuelle:* Die Natur ist eine ständige Wiederholung. – *eines Franzosen:* nicht ermittelt. – *neuen Abdruck de Morphologie:* es dürfte die zweisprachige Ausgabe der ‹Metamorphose der Pflanzen› von 1831 gemeint sein.

7075 Pollmer 358

7076 JbSKipp 5, 29 – *Regenbogen:* vgl. ‹Briefwechsel über den Regenbogen› mit Boisserée Jan./Febr. 1832 (GA 16, 830ff.). – *Eckermann:* vgl. dessen Hinweis im Anschluß an das Gespräch vom 21. Dez. 1831 (GA 24, 507). – *Apparat:* vgl. Quelle S. 64 Anm. – *unsern Lichtschirm:* wohl der in Nr. 6609 erwähnte.

7077 JbSKipp 10, 222ff. – Zur Entstehung von Schwerdgeburths Zeichnung (Schulte-Strathaus Taf. 164) vgl. Nr. 6879 und 7021, ferner GTgb 11. und 23. Dez. 1831 sowie 24. Jan. 1832.

7078 JbFDH 1916/1925, 180ff. – Von K.W. Müller benutzt in seiner Schrift ‹Goethe's letzte literarische Thätigkeit...› (Jena 1832) S. 17f. – *Goethes Bild... in Kupfer:* Schulte-Strathaus Taf. 165. – *zu seiner Porträt-Sammlung... das meinige:* Schwerdgeburth-Porträt von Schmeller: vgl. Schuchardt 1, 288 Nr. 657. – *ein lateinisches W:* vgl. die Berichte über Goethes Todestag Nr. 7014f. (und öfter).

7079 (3030) GJb 6, 80f. – *Cour d'amour:* vgl. Nr. 1711. – *zu seinen Feinden gesellt:* gemeint ist Kotzebue, an dessen geplanter Schiller-Feier Henriette teilnehmen wollte (vgl. Nr. 1753).

7080 Schleif 155 – *Monstrositäten:* mehrfach in GTgb bezeugt, so 1830 am 19. und 20. Januar sowie am 6. März und 1831 am 21. Juni und 7. Juli. Über Geists naturhistorische Betätigung vgl. Günther Schmid: Ein Blumengedicht von Goethes ‹wackerem Spiritus›. In: JbGG NF 4, 1939, 91ff.

7081 (3077) Grumach 365 – *«Wenn Phöbus Rosse...»:* vgl. Nr. 6104 und Anm. Das Original ist entwendet und durch eine Abschrift ersetzt worden (WA I 5², 174). – *[«Es gilt wohl nur ein redliches Bemühen... »]:* die zweite Strophe des Sonetts ‹Natur und Kunst sie scheinen sich zu fliehen...› (GA 2, 141). Zur Handschrift vgl. WA I 5², 89. – *man muß immer tun, was man nicht lassen kann:* im Anklang an Lessing, Emilia Galotti II 3: «Tu, was du nicht lassen kannst!»

dtv

Goethes Gespräche
Biedermannsche Ausgabe

Band V

Goethes Gespräche
Biedermannsche Ausgabe

Fünf Bände in sechs Teilbänden
Ergänzt und herausgegeben
von Wolfgang Herwig

Goethes Gespräche

Eine Sammlung zeitgenössischer Berichte
aus seinem Umgang
Auf Grund der Ausgabe und des Nachlasses
von Flodoard Freiherrn von Biedermann
Ergänzt und herausgegeben
von Wolfgang Herwig

Band 5
Nachklang/Nachträge/Register

Deutscher Taschenbuch Verlag

Diese Taschenbuchausgabe ist band- und textidentisch
mit der im Artemis Verlag, Zürich,
von 1965 bis 1987 erschienenen Ausgabe.

November 1998
Deutscher Taschenbuch Verlag GmbH & Co. KG,
München

Umschlagkonzept: Balk & Brumshagen
Gesamtherstellung: C. H. Beck'sche Buchdruckerei,
Nördlingen
Printed in Germany · ISBN 3-423-59039-4

INHALT DES FÜNFTEN BANDES

XVI

NACHKLANG

7082 *R. Froriep an Ottilie v. Goethe* *25. März 1832*

...wenn wir andern gleich unendlich viel durch diesen Schlag verlieren, so ist das doch gar kein Vergleich mit Ihnen und Ihrem Verlust, - ich weiß dies gewiß zu ermessen, da ich weiß und mit Freude und Bewunderung gesehen habe, wie Sie Ihr ganzes Wesen und Leben dahin konzentrierten, den Abend des Lebens Ihres Vaters zu erheitern und zu verschönern. Einige Beruhigung, einiger Trost, wenn davon jetzt die Rede sein kann, muß es Ihnen schon jetzt, und wird es Ihnen besonders später gewähren, daß Ihnen dies so sehr gelungen ist und so gelungen ist, daß er es selbst so heiteren Sinnes und voll Freundlichkeit anerkannte und so oft aussprach; er fühlte recht wohl, daß Sie Ihren Vater in ihm sahen, während so viele andre ihm sich bloß als Deutschlands Goethe näherten, - Sie gewährten ihm, was das Herz bedurfte - und wahrlich, sein Leben mußte so heiter schließen, damit es ein Ganzes in sich ausmache, - dies dankt er Ihnen, dies danken wir Ihnen, und dies müssen Sie sich selbst danken.

7083 *C. G. Carus an Ottilie v. Goethe* *29. März 1832*

Möge das Bewußtsein, einem Manne, in welchem wir die volle und reine Entwicklung der Idee der Menschheit bis zu ihrem äußersten Schlußstein bewunderten, die letzten Lebenstage und Stunden durch die treueste Teilnahme und Pflege versüßt zu haben, den großen Schmerz seines Verlusts eingermaßen lindern.

7084 *Nees von Esenbeck an Ottilie v. Goethe* *9. April 1832*

Goethes Persönlichkeit ging mir über alles; ich hätte mit Freuden alle seine Werke vergehen sehen können, hätte ich dadurch ihm den Preis der Unsterblichkeit erwerben sehen, nicht etwa dem Jüngling, oder dem reifen und kräftigen Mann, sondern auch nur dem herrlichen Greis in seiner harmonischen Lebensreife; ihn las und lese ich zunächst in seinen Werken, und dann erst erfreut mich an seiner persönlichen Erscheinung, ihm zur Seite, der Genius der Kunst; so ist und bleibt mir also auch sein Tod eine mehr lebendige Wunde als vielen, die, ihm vielleicht persönlich näher als ich, doch leichter durch das unsterbliche Leben seines Genius getröstet werden können. Wie nun mein durch Natur und Schicksal vielfältig bewegter und unheiterer Lebensweg ihm, dem Klaren, wohl öfters unerfreulich gewesen, das ist ein Schatten, der auf der Erinnerung meines teuersten Verhältnisses liegt und den kein Licht wiederkehrender Tage von nun an verscheuchen kann.

7085 *F. Preller an A. Kestner* *29. November 1832*

Was Sie mir über die kleine Skizze unseres verewigten Goethe schreiben, ist mir höchst erfreulich insofern, als es Ihnen nämlich das teure liebe Bild des Verstorbenen wieder lebendig vor die Seele bringt, und doch auch noch manchem andern Verehrer, der ihn vielleicht in der letzten Zeit nicht kannte, eine schwache Idee seiner Person geben kann. Es zu radieren, glaube ich, würde den Nachgelaßnen nicht zu Wunsche sein, da es schon mehreren andern, die einen gleichen Zweck hatten, abgeschlagen wurde, und zwar deswegen, wie man sagt, weil sich der Hochselige noch bei Lebzeiten dagegen erklärt haben soll.

7086 *Louise Seidler an eine Freundin*

Du wirst mir noch näher kommen, wenn Du diesen edlen, klaren, einfachen und doch so tiefen Geist lieben wirst; Du wirst Dich dann auch mit mir freuen und ihn unbeschreiblich lieb haben, daß er meine Jugend so bereicherte, mein künstlerisches Leben förderte auf jegliche Art, wie denn sein gutes Herz nie genug erkannt worden ist. Ich liebte und beweinte ihn wie einen Vater, der er mir bis zu seinem Ende war, und den man nur näher kennen mußte, um auch sein edles, großes Herz lieben zu lernen.

7087 *C. W. Hufeland: Nachschrift zu C. Vogels Schrift «Die letzte Krankheit Goethes»* *1833*

Ich rechne es zu den größten Vorzügen meines Lebens und zu den schönsten Seiten desselben, daß es mir vergönnt war, diesem großen Geiste, diesem Heros der teutschen Geisterwelt eine lange Reihe von Jahren hindurch persönlich nahe zu stehen und sie mit ihm zu verleben, so daß ich ihn als einen wesentlichen Bestandteil meines eignen Lebens betrachten kann. Als Knabe und Jüngling schon sah ich ihn im Jahre 1776 in Weimar erscheinen in voller Kraft und Blüte der Jugend und des anfangenden Mannesalters. Nie werde ich den Eindruck vergessen, den er als *Orestes* im griechischen Kostüm in der Darstellung seiner *Iphigenia* machte; man glaubte einen Apollo zu sehen. Noch nie erblickte man eine solche Vereinigung physischer und und geistiger Vollkommenheit und Schönheit in einem Manne, als damals an Goethe. – Unglaublich war der mächtige Einfluß, den er damals auf gänzliche Umgestaltung der kleinen Weimarschen Welt hatte. – Nachher hatte ich das Glück zehn Jahre lang (von 1783 bis 1793) als Arzt und Freund seines nähern Umganges zu genießen. Zwar gab er dem Arzte wenig zu tun, seine Gesundheit war in der Regel, wenige von Einfluß der Atmosphäre herrührende rheumatische und katarrhalische Beschwerden, und besonders die schon damals vorhandene Disposition zu katarrhalischer Angina abgerechnet, vortrefflich; aber desto lieber unterhielt er sich mit dem Arzte als Naturforscher, und so genoß ich bei ihm manche Stunden der interessantesten Mitteilung, Belehrung, und geistiger Erweckung.

Was seine physische Natur betrifft, so kann ich nur das, was der geistreiche Verfasser dieser ihres Gegenstandes so würdigen Schilderung gesagt hat, bekräftigen. Es ist mir nie ein Mensch vorgekommen, welcher zu gleicher Zeit körperlich und geistig in so hohem Grade vom Himmel begabt gewesen wäre, und auf diese Weise in der Tat das Bild des vollkommensten Menschen darstellte. Aber nicht bloß die Kraft war zu bewundern, die bei ihm in so außerordentlichem Grade Leib und Seele erfüllte, sondern mehr noch das herrliche Gleichgewicht, was sich sowohl über die physischen als geistigen Funktionen ausbreitete, und die schöne Eintracht, in welcher beides vereinigt war, so daß keines, wie so oft geschieht, auf Kosten des andern lebte, oder es störete.

Man kann mit Wahrheit sagen, daß dieses hauptsächlich seinen Geist auszeichnete, daß alle Geisteskräfte in gleich hohem Grade und in der schönsten Harmonie vorhanden waren, und daß selbst die bei ihm so lebendige, so schöpferische Phantasie durch die Herrschaft des Verstandes gemäßigt und gezügelt wurde. Und eben dies gilt von dem Physischen; kein System, keine Funktion hatte das Übergewicht; alle wirkten gleichsam zusammen zur Erhaltung eines schönen Gleichgewichts. – Aber *Produktivität* war der Grundcharakter sowohl im Geistigen als Physischen, und im letztern zeigte sie sich durch eine reiche Nutrition, äußerst schnelle und reichliche Sanguifikation und Reproduktion, kritische Selbsthülfe bei Krankheiten, und eine Fülle von Blutleben. Daher auch noch im hohen Alter die Blutkrisen und das Bedürfnis des Aderlasses.

Solche Erscheinungen gehören zu den seltensten Geschenken des Himmels. Es ist Freude zu sehen, daß die Entstehung so vollkommner Menschennatur auch noch in unsern Zeiten möglich ist, die so manche für eine Periode der Abnahme des Menschengeschlechts halten.

7088 C. Vogel: Die letzte Krankheit Goethes 1833

Goethe war groß und von starkem, regelmäßigem Knochenbau; nur die untern Gliedmaßen hätten, um eines schönen Verhältnisses zum Rumpfe willen, ein Geringes länger sein dürfen. Wahrscheinlich trug dieser Mangel dazu bei, daß Goethen, wie er in «Dichtung und Wahrheit aus meinem Leben» erzählt, das Schließen zu Pferde weniger gelingen wollte, als seinen Mitscholaren auf der Reitbahn. Noch in den letzten Jahren hielt er sich mit etwas vorragendem Unterleibe und rückwärts gezogenen Schultern sehr gerade, ja etwas steif, und schob dies auf die von ihm, behufs besserer Ausdehnung der Brust, frühzeitig angenommene und auch andern zu gleichem Zwecke häufig empfohlene Gewohnheit, die Hände möglichst viel hinter dem Rücken vereinigt zu tragen. Seine Brust war breit und hoch gewölbt, der Atem meistens ruhig und kräftig, dann und wann mit Seufzern untermischt; der Puls weich, mäßig voll, im Verhältnis zum Alter immer frequent, etwa wie bei einem Manne von vierzig Jahren. Nur bei dem mehr erwähnten Lungenblutsturze zeigte sein Puls eine wahre Holzhärte und schlug kaum fünfzig Mal in der Minute, bis etwa auch zwei Pfund Blut durch Aderlässe entzogen worden waren, nachdem schon zuvor das bis zum Ersticken stromweise aus den geborstenen bedeutenden Blutgefäßen durch den Mund fließende Blut ein tiefes und weites Waschbecken halb angefüllt hatte. Die Venen bildeten an den Unterschenkeln nicht sehr bedeutende Varikositäten und schimmerten überall durch die an allen in der Regel bekleideten Teilen des Körpers bis an den Tod ungemein feine, weiche, weiße, zu vermehrter Transpiration, sowie auch zu Hautkrisen noch in hohen Jahren sehr geneigte Haut deutlich durch. Das greise Haupt war mit seideweichem grauem, täglich sorgfältig gekräuseltem Haar dicht besetzt. Der Hals fiel durch bedeutende Torosität auf. Den ganzen Körper, mit Ausnahme des Kopfes, bekleidete reichliches Fleisch. Gesicht, Geruch, Geschmack und Gefühl blieben bis zum Tode sehr fein und scharf; das Gehör sagte dagegen immer mehr ab, und besonders bei trübem, naßkaltem Wetter mußte man oft sehr laut sprechen, wenn man von Goethe gehörig verstanden sein wollte. Die Geistesverrichtungen, mit Ausnahme des Erinnerungsvermögens, zeigten sich noch kräftig. Die früher so große Beweglichkeit der Gedanken nahm, wie die Leichtigkeit der Muskelaktionen, von Jahr zu Jahr sehr merklich ab. Es wurde Goethen, der, von seiner frühen Jugend abgesehen, vielleicht jederzeit zur Bedächtigkeit und Umständlichkeit neigte, im höhern Alter ungemein schwer, Entschlüsse zu fassen. Er selbst war der Meinung, diese Eigentümlichkeit, welche er geradezu als Schwäche ansprach, rühre daher, daß er niemals in seinem Leben rasch zu handeln genötigt gewesen sei, und er pries den Stand eines praktischen Arztes gelegentlich auch deshalb, weil dem Arzte nie erlaubt sei, seine Resolutionen zu vertagen. Auf der andern Seite übertraf ihn aber wohl nicht leicht jemand an Beharrlichkeit und selbst Kühnheit im Ausführen des einmal Beschlossenen, wobei er, als Geschäftsmann, die päpstliche Kommissorialformel: *non obstantibus quibuscunque* gern im Munde führte, und vorkommenden Falles darnach zu verfahren liebte. Waren schnelle Entschließungen nicht zu umgehen, häuften sich gar die Veranlassungen dazu in kurzer Zeit zusammen, so machte ihn das leicht grämlich. Dies war besonders der Fall, als er nach dem Ableben seines einzigen Sohnes die längst entwohnte Verwaltung seiner weitläufigen Privatangelegenheiten von neuem übernehmen mußte. Arbeiten gingen ihm nicht mehr recht geläufig von der Hand. Er klagte in spätern Jahren nicht selten, daß er sich selbst zu solchen Geschäften, die ihm ehemals ein Spiel gewesen, jetzt häufig zwingen müsse. Nur der Sommer 1831 machte hierin eine Ausnahme, und Goethe versicherte damals oft, er habe sich zur Geistestätigkeit, zumal in produktiver Hinsicht, seit dreißig Jahren nicht so aufgelegt gefunden. Rühmte Goethe seine Produktivität, so machte mich das stets besorgt, weil die vermehrte Produktivität seines Geistes gewöhnlich mit einer krankhaften Affektion seiner produktiven Organe endigte. Dies war so sehr in der Ordnung, daß mich schon im Anfange meiner Bekanntschaft mit Goethe dessen Sohn darauf aufmerksam machte, wie, soweit seine Erinnerung reiche, sein Vater nach längerem geistigen Produzieren noch jedesmal eine bedeutende Krankheit davon getragen habe.

Goethes Phantasie blieb bis zum letzten Moment empfänglich und wirksam. Das Schöne und Heitere machte sein, das ganze Leben hindurch mit unablässigem Streben enwickeltes, eigenstes Element aus; ihn verstimmte alles Häßliche und Düstere. «Es verdirbt mir die Phantasie auf lange Zeit», pflegte er bei Ablehnung solcher Gegenstände entschuldigend zu äußern. Seinem Schönheitssinn Widerstrebendes vermochte er nur dann aufmerksam ins Auge zu fassen, wenn er davon für den in ihm noch regeren Trieb zur Bereicherung seines Wissens Befriedigung erwartete. Durch sein Naturell gezwungen, sich in die ihm bekannt werdenden Zustände anderer lebhaft und oft zu großem, eigenem Nachteil zu versetzen, strebte er vorsichtig und fortwährend, unerfreuliche Nachrichten von sich abzuhalten.

Der zweiundachtzigjährige Greis erfreute sich bis an seinen Tod eines nur selten gestörten nächtlichen Schlafes. Gewöhnlich schlummerte er den Tag über einigemal auf kurze Zeit und dann abends von neun Uhr an, ohne leicht vor fünf Uhr Morgens wieder munter zu werden. Brütete sein Geist über sehr interessanten Aufgaben, so erwachte Goethe in der Nacht wohl auf eine oder zwei Stunden und führte während der Zeit die Reihe seiner Ideen weiter fort. Bei solcher Veranlassung nächtlichen Wachens beklagte er sich nicht; wurde aber seine Nachtruhe ohne ähnlichen Vorteil unterbrochen, so machte ihn das sehr ungehalten, und er verlangte am nächsten Morgen Abhülfe. Meistens war Stuhlverstopfung die Ursache, und eine geringe Dosis Rhabarbertinktur stellte die Ordnung wieder her. Nur selten verschrieb ich zu diesem Zwecke einen Gran Bilsenkrautextrakt, ein Mittel, dem Goethe sehr zugetan war, weil es ihm jedesmal erquicklichen Schlaf mit ergötzlichen, im Gedächtnis auch noch nach dem Erwachen zurückbleibenden Träumen verschaffte.

In frühern Jahren trank Goethe viel Wein und andere geistige Getränke. Als ich ihn kennen lernte, war er in Genüssen dieser Art schon sehr mäßig, ja man könnte behaupten, zu furchtsam. So versagte er sich zum Beispiel ohne alle Not die Befriedigung eines abends um 6 Uhr – zu welcher Zeit er früher viele Jahre hindurch im Theater stets Punsch getrunken hatte – nicht selten wiederkehrenden, manchmal sehr lebhaften Verlangens nach diesem Getränk; so wagte er ferner aus ganz unbegründeter Furcht in den allerletzten Jahren nicht mehr, Champagner auch nur zu kosten, obschon er denselben sehr liebte. Oft mit ihm allein zu Tische, habe ich – was das Trinken anbelangt – den Kampf zwischen Appetit und Besorgnis ohne Ausnahme für die letztere siegreich ausfallen sehen, obgleich ich mich selbst meistens mit auf die Seite des Appetits schlug. Einen Tag, wie den andern, begnügte sich Goethe bei dem Frühstück mit einem Glase Madeira, und bei dem Mittagessen mit einer gewöhnlichen Flasche leichten Würzburger Tischwein. Nur selten nahm er auch wohl noch ein ganz kleines Gläschen *Tinto di Rota* zum Nachtisch. Kaffee und zwar mit Milch trank er nur zum Frühstück. Nach der Mahlzeit genossen, verursachte ihm derselbe von Jugend an Beängstigungen. Bier und andere Getränke, dann und wann ein Glas Wasser ausgenommen, habe ich Goethe, wenn er sich wohl befand, in den letzten fünf Jahren seines Lebens niemals trinken sehen.

Einer gleichen Abstinenz befliß er sich weder hinsichtlich der Auswahl noch hinsichtlich der Menge der von ihm genossenen Speisen. In der Tat aß Goethe sehr viel, und selbst dann, wenn er sich über Mangel an Appetit ernstlich beklagte, häufig doch noch weit mehr, als andere, jüngere, gesunde Personen. Er liebte vorzugsweise Fische, Fleisch, Mehlspeisen, Kuchen und Süßigkeiten. Diätfehler begangen zu haben, räumte er niemals ein, wie häufig er sich derselben auch schuldig machte. Seine Unenthaltsamkeit im Essen bewirkte natürlich nicht gar selten Indigestionen. Dem häufig überfüllten Unterleibe kam man täglich durch Pillen aus *Asa foetida*, Rhabarber und Jalappenseife und durch Klistiere zu Hülfe; nach den Umständen wurden zuweilen auch noch etliche Teelöffel weinige Rhabarbertinktur oder auch eine Portion Bittersalz notwendig. Jeden Druck auf den Unterleib vermied Goethe sorgsam, und trug zu diesem Ende nicht nur sehr weite Kleidungsstücke, sondern er bediente sich stets eines, durch mehrere Kissen erhöhten Sitzes, auf welchem er mit rückwärts gebogenem Oberleibe Platz nehmen konnte. Einen sehr großen Teil des Tages verbrachte er entweder im Zimmer umhergehend und dann gewöhnlich diktierend, oder er beschäftigte sich auf andere Weise im Stehen.

Merkwürdig war – neben der Richtigkeit seines unter gesunden und krankhaften Verhältnissen sehr feinen Instinkts –, in wie ungemein kleinen Gaben alle Mittel auf Goethes Organisation ihre gehörige Wirkung ausübten. Ein Teelöffel voll Rhabarbertinktur verursachte stets mit Sicherheit einen, auch wohl zwei Stuhlgänge. Zwei Quentchen Bittersalz führten immer schnell sechs bis acht Mal ab. Dabei wirkten alle Mittel auf seinen Organismus wahrhaft paradigmatisch, so normal, wie ich bei andern Individuen aus höhern Ständen nur selten beobachtet habe. Deshalb, und weil Goethe niemals Krankheitszustände darbot, welche nicht einfache Arzneimittel jederzeit mit größter Bestimmtheit angezeigt hätten, war derselbe meist leicht zu heilen. Und selbst in der letzten tödlich ausgelaufenen Krankheit zeigte sich die Vortrefflichkeit seiner Organisation in dem so sanften und natürlichen Sterben, bei welchem die Kunst nur durch Abhaltung äußerer Störungen des Auflösungsprozesses wirksam zu werden brauchte.

Krankheit hielt Goethe für das größte irdische Übel. Kranke durften auf sein tätiges Mitleiden vorzugsweise mit Sicherheit rechnen. Vor dem Tode hatte er eigentlich keine Furcht, wohl aber vor einem qualvollen Sterben. Das Leben liebte er; – und schmückte es sich nicht für ihn mit allen seinen Reizen?

Schmerzen waren ihm unter allen körperlichen Leiden am peinlichsten, nächst ihnen affizierten ihn am mächtigsten entstellende Übel. Im Preisen der Schmerzlosigkeit wetteiferte er mit Epikur, und häufig rühmte er als ein gewiß von vielen beneidetes Glück, daß er niemals an Zahn- oder Kopfweh gelitten habe. Seine Zähne hatten sich bis in das höchste Alter in gutem Zustande erhalten.

Wie sein Freund Schiller die Ausdünstungen faulender Äpfel, so liebte Goethe eingeschlossene Zimmerluft. (Ich habe dies von Goethe selbst. Eines Tages will er Schiller besuchen, findet ihn nicht zu Hause und setzt sich, in Erwartung von dessen Rückkehr, an den Schreibtisch. Da wird ihm zuerst ein eigner Geruch lästig, und bald befällt ihn Betäubung, welche sich schnell bis zur Bewußtlosigkeit steigert und nicht eher wieder verschwindet, bis man ihn an die freie Luft gebracht hat. Als Ursache dieses Unwohlseins wird dann bald eine große Anzahl faulender Äpfel entdeckt, die Schiller aus Wohlgefallen an der sich aus ihnen entwickelnden Luft in den Fächern zu beiden Seiten seines Arbeitstisches angehäuft hatte. – Mir ist in meiner Praxis ein ähnlicher Fall von Betäubung durch Äpfeldunst vorgekommen.) Nur mit großer Mühe konnte man ihn bewegen, ein Fenster öffnen zu lassen, damit sich die Luft in seinem Schlaf- und Arbeitszimmer erneuere. Gegen üble Gerüche war er nicht besonders empfindlich, wohl aber gegen die geringste Unordnung in dem Arrangement seiner Stube. So war ihm zum Beispiel aufs äußerste zuwider, wenn ein Buch, eine Lage Papier und dergleichen mit seinen Rändern den benachbarten Rändern des Tisches nicht parallel lag. Als eine wenig bekannte Eigenheit Goethes erwähne ich hier noch, daß ihm sehr unangenehm war, wenn jemand in seiner Gegenwart das Licht putzte. Niemand konnte ihm diese Operation zu Danke machen.

Licht und Wärme waren für ihn die unentbehrlichsten Lebensreize; bei hohem Barometerstande befand er sich am wohlsten. Den Winter detestierte er und behauptete oft scherzend, man würde sich im Spätsommer aufhängen, wenn man sich da von der Abscheulichkeit des Winters eine rechte Vorstellung zu machen imstande wäre.

Während der sechs Jahre, da mir die Fürsorge für Goethes Gesundheit oblag, habe ich denselben nur an zwei Krankheiten behandelt, von welchen er nicht bereits in jüngern Jahren und zum Teil zu öftern Malen heimgesucht worden war. Diese zwei Übel bestanden in einem am rechten untern Augenlide beginnenden, durch den mehrjährigen Gebrauch einer feinen Zinksalbe immer in Schranken gehaltenen *Ektropium senile* und in einer kirschkerngroßen Wucherung mehrerer Schleimbälge der Stirnhaut, entstanden infolge des durch einen fast fortwährend getragenen Augenschirm von schlechter Beschaffenheit bewirkten Drucks. Dieser Auswuchs war mir lange verborgen geblieben, da ich Goethen meistens nur mit dem die Exkreszenz verdeckenden Schirme sah. Später war es mir nicht möglich, die Vertauschung des untauglichen Schirmes mit einem zweckmäßigern durchzusetzen. Ich suchte deshalb den Druck mittelst einer Leinwandkompresse wenigstens zu verringern. Dabei und bei der gleichzeitigen Anwendung von Mandelöl-Einreibungen verlor sich die kleine, stets schmerzlose Deformität in wenigen Wochen. Außer diesen beiden findet man alle mir vorgekommenen Krankheiten Goethes von ihm selbst in seiner Lebensbeschreibung mehr oder minder ausführlich berücksichtigt. Auch ist dort ihr Ursprung meistens deutlich nachgewiesen. Indigestionen abgerechnet, litt Goethe am häufigsten an Lungenkatarrhen und an Zapfenbräunen.

Goethe hatte infolge seiner durchaus produktiven Tendenz in jedem Lebensalter viel Blut erzeugt. Früher war jedoch die Blutbereitung mit der Blutkonsumation in einem ziemlich günstigen Verhältnisse geblieben. In den letztern Lebensjahren jedoch entstanden aus beinahe gänzlichem Mangel an körperlicher Bewegung bei fortwährend reichlich zuströmender Nahrung Vollblütigkeiten, welche starke künstliche Blutentleerungen, Aderlässe, von Zeit zu Zeit dringend erheischten.

Wenn Goethe sich in den sechs letzten Jahren seines Lebens auffallend viel gesünder befand, als selbst eine kurze Zeit vorher, so rührte dies zum großen Teile gewiß mit daher, daß es mir bald gelang, seinem unangemeßnen, eigenmächtigen Medizinieren ein Ende zu machen. Ungeachtet vieler Einsicht in die Wirkungsart der Heilmittel, konnte sich Goethe doch immer nur sehr schwer entschließen, von dem Gebrauche eines seinem Gefühle besonders wohltätig gewesenen Medikamentes wieder abzulassen. So war ihm zum Beispiel der Kreuzbrunnen einige Mal vortrefflich bekommen, und nun trank er, noch als ich sein Arzt wurde, jahraus, jahrein und Tag für Tag Kreuzbrunnen und zwar jedes Jahr über vierhundert Flaschen...

Über seine Gesundheitsumstände sprach sich Goethe gegen andere, als den Arzt, nicht gern aus. Eine spezielle Nachfrage nach seinem Befinden, aus bloßer Teilnahme, konnte ihn, vornehmlich wenn er sich wirklich in dem

Augenblick nicht ganz wohl fühlte, leicht verdrießlich machen. Oft äußerte er launig, es sei geradezu unverschämt, einen Menschen zu fragen, wie er sich befinde, wenn man weder die Macht noch die Lust habe, ihm zu helfen. Noch unerträglicher waren ihm die gewöhnlichen Beileidsbezeigungen, zumal wenn sie umständlich und jammerhaltig ausfielen. «An eigner Angst und Sorge hat man in solchen Fällen schon genug, dazu aber noch die Wehklage zu dulden, ist mir wenigstens ganz unmöglich», fuhr er dann wohl heraus, sobald die ihn belästigende Person nicht mehr zugegen war.

Die Heilkunst und ihre echten Jünger schätzte Goethe ungemein hoch. Er liebte es, medizinische Themata zum Gegenstand seiner Unterhaltung zu wählen. In seinen Tagebüchern findet man den Inhalt ihn besonders interessierender medizinischer Unterredungen, die ich mit ihm hatte, nicht selten angemerkt. Er war ein sehr dankbarer und folgsamer Kranker. Gern ließ er sich in seinen Krankheiten den physiologischen Zusammenhang der Symptome und den Heilplan auseinandersetzen. Dies war auch bei seinen bedeutenden Einsichten in die Gesetze der Organisation weder besonders schwierig, noch übte es auf die Kur einen hemmenden Einfluß. Die Prognose eigner Übel ließ er unberührt, weil ihm einleuchtete, daß Aufrichtigkeit in diesem Punkte vom Arzte nicht immer füglich gewährt werden könne und dürfe, Konsultationen mehrerer Ärzte betrachtete er mit mißtrauischen Blicken und dachte darüber ungefähr wie Molière.

Die Gabe, seine Empfindungen dem Arzte zu beschreiben, hat wohl nicht leicht ein Kranker in höherem Grade besessen, als Goethe. Nur hinsichtlich eines einzigen Zustandes kam hierin eine beständige Ausnahme vor. War nämlich die Gabe irgend eines sogenannten Reizmittels etwas zu stark gegriffen worden – wie das im Anfange meiner Bekanntschaft mit ihm, ehe ich mich von seiner ganz ungewöhnlichen Empfänglichkeit überzeugt hatte, einigemal geschah –, so pflegte er die dadurch erregte Empfindung mit den Worten zu bezeichnen: «Es ist ein

Stillstand in meinen Funktionen eingetreten.» Er vermochte niemals diesen Zustand deutlicher mitzuteilen.

Im Begriff zu schließen, wüßte ich dem Vorwurf des Ungenügenden der vorstehenden Andeutungen nicht angemessener zu begegnen, als mit eignen Worten dessen, den ich von einer noch weniger bekannten Seite hier zu schildern versuchte:

«Alles Bestreben, einen Gegenstand zu fassen, verwirrt sich in der Entfernung vom Gegenstande und macht, wenn man zur Klarheit vorzudringen sucht, die Unzulänglichkeit der Erinnerungen fühlbar.»

7089 *C. Vogel: Goethe in amtlichen Verhältnissen* 1834

Das Mechanische der Geschäfts-Behandlung war ihm weniger geläufig, da er die niedern Dienstes-Stufen übersprungen hatte, auf welchen man sich strenger an die bestehenden Reglements gebunden sieht. So war denn auch er, der so sehr liebte, über alle Vorkommnisse, selbst seines Privatlebens, Akten zu führen, doch nichts weniger als das, was man einen rechten Aktenmann zu nennen pflegt. Ungeachtet Goethes übrigens ausgezeichneten Ordnungsliebe, befanden sich in der Tat seine, wenn auch höchstsauber gehaltenen Akten niemals im Zustande bequemer Brauchbarkeit. Auf sein früher sehr treues Gedächtnis bauend und stets konsequent nach einmal angenommenen Grundsätzen handelnd, hatte er sich nicht gewöhnt, die Vorakten zu Rate zu ziehen, deren Beschaffenheit ihm denn also meistens unbekannt blieb. In der Mehrzahl der Fälle lief dies auch, bei der Eigentümlichkeit seines Wirkungskreises, ohne erheblichen Nachteil ab; nur in den letzten Jahren kamen einander nicht ganz entsprechende Verfügungen hin und wieder vor. Gegen dergleichen Vergeßlichkeiten bedurfte er um so mehr geeigneter Hülfsmittel, als auch seine Abhängigkeit von seiner zufälligen Stimmung mit den Jahren immer zunahm und ihn, je später je mehr, unfähig machte, sich den fortwährend auf ihn einströmenden, verschiedenartigsten Angelegenheiten in jedem Augenblicke nach Erfordernis zu widmen...

Sobald irgend etwas bei ihm einging, wodurch ein Handeln von seiner Seite auch nur vielleicht veranlaßt werden konnte, bemerkte er es, oft bloß mit einem Worte, auf einem Bogen Papier, *Agenda* überschrieben, der sich stets auf einem der Pulte in seinem Arbeitszimmer befand. Das nämliche geschah mit allem andern, was er nicht aus dem Andenken zu verlieren wünschte, zum Beispiel mit einzelnen Gedanken. War eine Sache erledigt, so wurde sie – nicht selten mit roter Dinte, der er sich überhaupt viel, auch zum Korrigieren der Konzepte, ja selbst, wenn er die rote Feder einmal in der Hand hatte, zu Unterschriften bediente – auf diesem Blatte gelöscht und als ein vollbrachtes Tagewerk in das Tagebuch eingezeichnet...

In späteren Jahren pflegte Goethe fast alles, was er selbst resolvierte, auch selbst zu konzipieren. Mit sehr seltenen Ausnahmen diktierte er die Konzepte; in früheren Zeiten entwarf er solche und selbst unbedenkliche Aufsätze, zum Beispiel ein kurzes öffentliches «Avertissement» wegen Verpachtung eines Gartens, nicht selten eigenhändig.

Wie er den Sekretär machte, so scheute er sich auch nicht, nach Umständen den Botenmeister, den Bauaufseher und jede andere Rolle zu spielen, auf welcher die Ausführung einer für ihn bedeutenden Angelegenheit im Augenblick vorzüglich beruhte. Es schmeichelte ihm, wenn auch diese seine subalterne Vielseitigkeit bemerkt wurde, und er wußte sie gelegentlich, besonders gegen nachlässige Untergebene, geltend zu machen.

Der Ansicht, daß, «wer seine Leidenschaften, Neigungen, Wünsche, Vorsätze, Pläne nicht zu verbergen weiß, in der Welt zu nichts komme», und vielfältig belehrt, daß man die Herumträgerei als eine kleine Zerstreuung betrachte, die man nur andern übel zu nehmen brauche, vermied er, besonders auch in amtlichen Verhältnissen, sorgfältig, daß jemand, den es nicht unmittelbar anging, von einem Geschäft nähere Kenntnis erlangte. Am geheimnisvollsten betrieb er die Kassen-Angelegenheiten und Personalien. Hinsichtlich der letztern suchte seine Diskretion ihresgleichen. Man wird sich hiernach selbst sagen können, wie sehr Goethe allem unangenehmen Aufsehen auch in amtlichen Beziehungen feind sein mußte.

Bekanntlich huldigte er dem, wie er behauptete, auf Erfahrung gestützen Aberglauben, daß man ein Unternehmen nicht aussprechen dürfe, wenn es gelingen solle. Außerdem war er sich indessen auch reellerer Vorteile des Geheimnisses bewußt, als deren einen vorzüglichsten in amtlichen Verhältnissen er die Möglichkeit ansah, sich selbst reformieren zu können, ohne sich kompromittieren zu müssen. Das strenge Geheimhalten seines amtlichen Wirkens brachte für ihn aber auch den Nachteil mit sich, oft auf einen bloßen Verdacht hin verurteilt zu werden, wie auf einen zuverlässigen Beweis. Langjährige Erfahrung hatte in ihm die Überzeugung hervorgebracht, es bleibe nichts geheim, was seinen Gang durch die Kanzleien nehme. Um den «Kanzleikla[t]sch», wie er ihn nannte, zu vermeiden, verhandelte er bedenkliche Angelegenheiten am liebsten mündlich.

7090 C. Vogel: Goethe in amtlichen Verhältnissen 1834

Goethe zeigte in amtlichen Verhältnissen eine große Festigkeit und Beharrlichkeit...

Die Schwäche, welche nichts abzuschlagen vermag und Verlegenheit auf der einen, Verdruß und Mißtrauen auf der andern Seite in ihrem Gefolge hat, kannte er nicht. «Ich halte es doch länger aus», meinte er, «die Leute anzuhören, als sie, mich zu drängen; merken sie nur erst, daß sie einem auf solche Weise etwas abzwingen können, so ist man ewig belagert.» Er bewilligte stets auf der Stelle, was ihm billig schien, und versagte in gleicher Weise, beides immer in den der Sachlage nach möglichst angenehmen Formen. Doch hinderte ihn die Rücksicht auf Höflichkeit niemals, besonders auch persönlich sehr entschieden seine einmal ausgesprochene Ansicht geltend zu machen, und er vermochte im letztern Falle eine Haltung anzunehmen, welche, freundlich imponierend, einen Gedanken an Widerrede und Entgegnung nicht leicht aufkeimen ließ.

Im allgemeinen wußte er meistens seine Absicht zu erreichen, zuweilen durch unermüdetes Wiederholen seiner Wünsche, zuweilen und wohl wissend, «daß mit diplomatisch-klugen Schritten alles zu beseitigen sei», durch die feinste Schlauheit. Zu nicht geringer Hülfe diente ihm dabei sein großes Ansehen und die Pietät, welche nur wenige ihm versagen mochten.

Man hat Goethe, als Staatsbeamten, einzelne Handlungen zur Sünde anrechnen wollen, die man vielleicht ebenso leicht als Tugenden geltend machen könnte. Über den moralischen Wert einer Tat ohne genauste Kenntnis aller dabei vorgewesenen Umstände abzuurteilen, bleibt immer mindestens gewagt, und bei Goethes Zurückhaltung möchten sich wenige Personen einer solchen genügenden Wissenschaft mit Grund rühmen können. Wohl aber darf hier versichert werden, daß er im amtlichen, wie im Privatleben, höchst rechtlich dachte und verfuhr. Niemanden, der die Welt und Goethes individuelle Stellung in derselben einigermaßen zu würdigen versteht, wird es wunder nehmen, daß dessen ungeachtet in seinem Wirkungskreise nicht überall einzig und allein die *merita causae* den endlichen Sieg davon trugen.

Was man auch dagegen vorbringen mag, Goethe war durchaus fern von verwerflichem Eigennutz. Den bedeutenden Aufwand seines öftern, zuweilen langwierigen, dienstlichen Aufenthalts in Jena trug er stets aus eignen Mitteln. Viele Jahre ließ er alle bei seinem Departement vorkommenden Schreibereien auf eigne Kosten durch seinen Privatschreiber versehen, und fast sämtliche ihm untergeben gewesene Anstalten haben erhebliche Denkmäler seiner Freigebigkeit aufzuweisen.

Gegen alle, die mit ihm in Berührung kamen, war er, besonders «in der mildern Sonne seiner letzten Jahre», ungemein höflich, freundlich, anerkennend, dankbar. Natürlich fehlte ihm dabei auch die schöne Tugend der Pietät nicht...

Goethe war seiner Natur nach bedächtig. Ausbrüche eines tätig frohen Übermuts in amtlichen Verhältnissen kamen auch in frühern Jahren nur selten vor...

Sein Entschluss, sein Tun wurde bedingt durch die ihm eingeborne Nötigung, jedes Vorkommnis, das ihn interessierte, einem allgemeinen Begriffe unterzuordnen, dasselbe «zurecht zu legen», wie er sich in seinen Selbstbekenntnissen ausdrückt. Um zu verhüten, daß nicht zu viele Anregungen auf ihn eindrängen und ihn verwirrten, mußte er sich isolieren... Traf aber eine Veranlassung mit günstiger Stimmung bei ihm zusammen, so beleuchteten die Blitze seines Geistes auch das ihm an sich Fremdartigste mit genialer Klarheit.

Da diese Stimmung seiner Willkür nicht untertan war, vermißte man natürlich öfters an ihm Gewandtheit und Entschlossenheit. Sollte er sich im ungelegenen Momente bestimmen, so machte ihn das verdrießlich, grämlich; häuften sich die Anmutungen, so versetzten sie ihn in einen ihm höchst widerwärtigen Gemütszustand. In dieser Beschränkung seines freien Willens lag wohl auch der Grund, dass Goethe sich nicht auf die Dauer und zu eigner Zufriedenheit solchen Geschäftskreisen gewachsen fühlte, welche eine unvorherzusehende Mannigfaltigkeit schleunig abzumachender Sachen in sich schließen. Denn so wenig er jederzeit imstande war, selbst nur einige Verse in ein Stammbuch zu dichten, so wenig war ihm gegeben, selbst unbedeutende Geschäfte in jedem Moment zu erledigen. Der Entschluß, «der das Mögliche beherzt sogleich beim Schopfe faßt», fehlte ihm, und er war keineswegs geeignet, sich unvorbereitet und kühn in die Arme einer nicht vorherberechneten Zukunft zu werfen. Nur seltene Ausnahmen kommen vor, wo Goethe Kühnheit und raschen Entschluß an den Tag legte. Die Erinnerung an diese Fälle war ihm stets angenehm, und er selbst erwähnte ihrer gern und selbstgefällig. Bei der Oberaufsicht ereigneten sich dergleichen Überrumpelungen nicht leicht, meistens konnten die eingegangenen Sachen auf die ihnen günstige Stimmung warten, und deshalb war hier seine Geschäftsführung von ausgezeichnetem Erfolge.

Indessen glaube man nicht, daß, wenn Goethe zuweilen untätig blieb, wo man vielleicht sogar kräftige Handlungen von ihm erwartete, er solche stets nur aus Unentschlossenheit unterlassen habe. Oft hielt ihn in solchen Fällen die Überzeugung zurück, daß jedes Einschreiten von seiner Seite die in Rede stehende Angelegenheit nicht verbessern, sondern wohl eher verschlimmern werde, oft erkannte er deren Unausführbarkeit überhaupt, und vor jedem von ihm als vergeblich erkannten Streben hütete er sich sorgfältigst.

Für jedes Geschäft entwarf er einen Plan und setzte diesen, wenn er irgend von Umfang, schriftlich auf. Er ging hierbei mit sorgfältigster und weisester Überlegung zu Werke, und nicht selten durfte ein solcher Plan für eine im voraus geschriebene Geschichte des fraglichen Geschäfts gelten. Dabei beruhigte er sich jedoch nicht, vielmehr hielt er dafür: «Weil jedes Geschäft seinen eignen Rat mit sich bringt, so ist es Pflicht, auch im Gange desselben es noch einmal von vorn durchzudenken und zu überlegen, ob nicht Umstände eingetreten, welche rätlich machen, daß man den ersten Plan eingermaßen abändere, um zu seinem Zweck, auf eine neue erprobtere Weise, zu gelangen.»

Überall, wo es irgend nötig, nahm Goethe persönlich Anteil an der Ausführung beschlossener Einrichtungen und Veränderungen, «um unauflösliche Zweifel der Untergebenen durch Entschluß und Tat auf der Stelle zu beseitigen».

Für so vorteilhaft er provisorische Anstellungen, vornehmlich subalterner Beamten, ansah, so sehr mißbilligte er im allgemeinen provisorisch gegebene Gesetze und Anordnungen...

Wenn, nach eignem Geständnisse, in frühern Jahren ein unbedingtes Streben, alle Begrenzungen zu durchbrechen, in ihm bemerkbar war, so lernte er, je später desto mehr, gesetzliche Schranken achten, sich von jeder Einmischung in fremde Wirkungskreise fern halten; er duldete aber ebensowenig das Eindrängen in seinen eignen...

«In keinem Geschäft ist man vor allen Mißverständnissen und Mißgriffen sicher, man kann sich nicht schnell genug darüber hinausheben».

Noli turbare circulos meos! blieb eine beständige Hauptmaxime Goethes.

7091 *C. Vogel: Goethe in amtlichen Verhältnissen* 1834

Man hat Goethe häufig vorgeworfen, er erschwere ohne Not die öffentliche Benutzung der seiner Oberleitung anvertrauten Anstalten. Die Leidenschaft hat meistens bei diesen Vorwürfen mehr gewirkt, als das Gewissen, und die Mehrzahl der hierher gehörigen Klagen rühren von Personen her, die sich zu ihrem ewigen Ärger von Goethes Ansehen in gemessenen Schranken gehalten und von seinem Wissen und Ruhme niedergedrückt fühlten. Derartige Beschwerden wären nicht aufgelebt, hätte Goethe nicht verschmäht, durch Nachgiebigkeit gegen die Verkehrtheiten vieler, mit denen er in Berührung kam, ihren Anfeindungen zuvor zu kommen...

Goethe war kein Anhänger jener furchtsamen Politik, welche nur zu oft Unentschlossenheit für Klugheit und Unbeständigkeit für Gewandtheit ausgeben möchte und übrigens Philosoph genug, um sich durch unbillige Urteile in seinem Tun nicht stören zu lassen. Allerdings begünstigte er wirklich gern und oft, selbst zuvorkommend, ohne erst eine direkte Aufforderung abzuwarten, jeden einzelnen, sowie jede Gesellschaft, wenn er die Überzeugung hegen durfte, daß die Gestattung einer freieren Benutzung der vorhandenen Mittel zur vollständigern, sichrern, oder bequemern Erreichung eines löblichen Zweckes wesentlich beitragen könne. Und wenn man erwägt, daß er die Meinung hegte, das Absurde erfülle eigentlich die Welt, so wird man den Vorschub, den Goethe dem Publikum in Benutzung der ihm untergebenen Anstalten leistete, um so höher anschlagen müssen.

7092 *C. Vogel: Goethe in amtlichen Verhältnissen* 1834

Jeder Vorsteher ähnlicher Anstalten weiß aus eigner Erfahrung, welch ungereimte, unziemliche, ja unverschämte Anforderungen und zwar gewöhnlich von Leuten gemacht werden, die zu einer besondern Berücksichtigung sich ganz und gar nicht empfehlen. Wollte man solchen auch nur einigermaßen nachgeben, so würde es bald mit aller Ordnung und Aufbewahrung ein Ende haben. Und doch ist Konservation der ihm anvertrauten Schätze unerläßliche, ja vorzüglichste Obliegenheit eines jeden, dem die Leitung öffentlicher Sammlungen anvertraut ist. Goethe mag vielleicht hier und da, doch gewiß nur selten und mehr in frühern Zeiten, da die unter seiner Leitung stehenden Institute mehr noch den Charakter fürstlicher Privat-Anstalten an sich trugen, in der Rücksichtnahme auf Erhaltung der Sammlungen etwas zu weit gegangen sein. Indessen ist einmal nicht alles, was in dieser Hinsicht als gegen ihn sprechende Tatsache angeführt wird, erwiesen, und dann auch nicht immer ganz allein auf seine Rechnung zu setzen. Es ist aktenmäßig, daß sich untergeordnete Angestellte seines Namens eigenmächtig bedient haben, um zudringlichen Zumutungen bequemer ausweichen zu können.

Goethes Forderung, von allem einigermaßen Erheblichen, was in seinem Wirkungskreise vorfiel, unterrichtet zu sein, und die beschränkten Vollmachten, welche er manchen seiner Untergebenen, zum Teil auf unmittelbaren Befehl des Großherzogs, erteilt hatte, die diesen also nicht selten die sofortige Bewilligung, selbst billiger Gesuche, unmöglich machte, verknüpfte die Benutzung der Anstalten dann und wann mit Unbequemlichkeiten. Wendete man sich in solchen Fällen auf geeignete Weise, unmittelbar an Goethe, so räumte er jederzeit die Schwierigkeiten, so viel er vermochte, aus dem Wege. Er handelte hierbei, wie überall, nach ganz festen Grundsätzen und ließ sich dabei nicht leicht eine Inkonsequenz zu schulden kommen, nur mußte das Gesuch bescheidentlich angebracht werden. Zudringliche Anmaßung wurde sicher abgeführt. Vor allem wurde sein Widerstreben leicht aufgeregt durch ein Benehmen, welches die Prätention einer Art von Gleichstellung mit ihm durchscheinen ließ, ein Benehmen, das er vornehmlich bei mit Beifall gekrönten jungen Dichtern wahrgenommen haben wollte...

Dem müßigen Gaffen tat Goethe freilich nirgends Vorschub; doch traf er bei der Bibliothek zu Weimar von freien Stücken die Einrichtung, daß die vorzüglichsten Bilderwerke von allgemeinem Interesse in einem eignen Zimmer zu jedermanns bequemer Beschauung mit steter Abwechslung ausgelegt wurden.

Die Anschuldigungen Goethes wegen Ungefälligkeit in Gestattung der Benutzung der Sammlungen sind besonders mit dadurch entstanden, daß er das Verleihen von Kupferwerken, wohlverstanden zu Zwecken, die ihm frivol schienen, sehr beschränkte. Welcher Bibliothekar, überhaupt welcher Einsichtige wird ihm hierin unrecht geben?...

Weiter gefiel diesem und jenem nicht, daß Goethe von den einmal bestehenden Gesetzen und Maximen nicht leicht abwich und sich keine Ausnahmen erlaubte. Sehr viele Menschen lassen sich Willkür lieber gefallen, als strenges und konsequentes Handhaben von Gesetzen und Grundsätzen, weil sie im erstern Falle die Hoffnung hegen dürfen, daß auch einmal zu ihren Gunsten Willkür geübt werden könne, dagegen sie von der Gesetzlichkeit wenig Ersprießliches für ihre Absichten voraussehen.

Ferner verübelte man es Goethe vielfach, daß er unberufene Eindringlinge in seine Verwaltung jederzeit abwies. Dergleichen Eimischung wurde vorzugsweise hinsichtlich der Bibliotheken versucht, wo man bald gerade, bald krumme Wege einzuschlagen wußte, um seine Privat-Interessen auf öffentliche Kosten fördern zu lassen. Hatte man einen solchen Nebenweg betreten, so bemühte sich Goethe desto beharrlicher, ihn für immer abzugraben je sicherer er zum Ziele führte.

Im allgemeinen wird man die Ansicht, welche ihn hierbei leitete, als richtig anerkennen. Die Fonds der beiden Bibliotheken, ganz besonders der akademischen zu Jena, sind nämlich im Verhältnis gegen die ungeheure Regsamkeit der Schriftsteller so schwach, daß aus ihnen nur mit Not das Bedürfnis der Bibliothekars bestritten werden kann. Nun ist aber dieses Bedürfnis offenbar das zuerst zu befriedigende, denn auf einer öffentlichen Bibliothek soll man wenigstens sichre Nachweisung finden können, ob und was für Werke in einem in Frage stehenden Zweige der Literatur existieren. Goethe hatte, nach vielseitiger Überlegung mit Sachverständigen, hinsichtlich der zu bewirkenden Bücher-Anschaffungen einen festen Plan angenommen, und es konnte ihn natürlich nicht angenehm berühren, denselben immer wieder bedroht sehen und die vorhandenen geringen Mittel auf unangemessene Weise zersplittern zu sollen.

Endlich verzieh man von einer gewissen Seite her nicht, daß Goethe die unmittelbar bei jedem einzelnen Institute Angestellten hinsichtlich der Benutzung dieser besondern Anstalt bevorzugte, obgleich dies in der Natur der Sache lag und füglich und billigerweise nicht einmal anders sein konnte. Wie wenig ihm aber verborgen blieb, daß mancher seiner Untergebenen seine günstige dienstliche Stellung zu tadelnswerter Ausschließung andrer mißbrauchte, und wie sehr er dergleichen Ungebühr zu begegnen fortwährend bemüht war, beweisen viele Aktenstücke. Zu diesem Zwecke beantragte er höchsten Orts die dermalen schon bei dem mineralogisch-zoologischen Kabinett ins Leben gerufene Einrichtung, nach welcher die Direktoren der Sammlungen zu Jena, soweit es angeht, nicht mehr aus der Anzahl derjenigen akademischen Dozenten gewählt werden sollen, welche der Sammlungen zu ihren Vorlesungen hauptsächlich bedürfen.

Wie Goethe alles Mißwollende, Verneinende, Herabziehende durchaus zu entfernen suchte, so war er auch jedem Mißbrauche der Anstalten, selbst nur einem mutmaßlich möglichen, feind und suchte ihm zuvorzukommen.

7093 C. Vogel: Goethe in amtlichen Verhältnissen 1834

Goethe selbst, der an der Ernennung des «geschäftsgewandtern» Voigt zum Mitgliede des Ministeriums den regsten Anteil gehabt, erbat sich denselben auch zum Kollegen bei seinem speziellen Departement. Oftmals versicherte Goethe, nie einen geübteren Aktenleser, als Voigt, kennen gelernt zu haben, so wie Herder der geübteste Bücherleser gewesen sei, der ihm jemals vorgekommen...

Goethe behielt Voigt bis an sein eigenes Lebensende im liebevollsten Andenken. Jeder der irgend seines nähern Umgangs genoß, wird dies bezeugen. Auch seine gedruckten Werke enthalten davon mannigfache Beweise. Er ließ selbst später nicht leicht eine Gelegenheit ungenutzt vorüber, sich über Voigts hohe Verdienste und freundliches Verhältnis zu ihm dankbar auszusprechen.

7094 C. Vogel: Goethe in amtlichen Verhältnissen 1834

Er liebte an ihnen [seinen Untergebenen] Frohsinn und forderte Gehorsam und Respekt. Sein Benehmen gegen dieselben war wohlwollend, gütig, väterlich. Nur notgedrungen verhandelte er mit ihnen in den strengern Geschäftsformen, und dies umso seltener, je älter er wurde.

Wer unter ihnen sich einmal seiner Achtung und seines Vertrauens erfreute, dessen Tätigkeit regte er nicht leicht durch Befehle an; auch auf jüngere Beamte suchte er hauptsächlich durch Belebung ihres Sinnes für die Geschäfte, sowie dadurch zu wirken, daß er ihnen Liebe zu seiner Person einflößte. Auch war ihre große Mehrzahl an ihn nicht bloß mit Paradebanden gefesselt, wie die gewöhnlichste Politik gegen einflußreiche Vorgesetzte erzeugt.

Innerhalb gewisser Grenzen ließ er seinen Untergebenen in der Regel freien Spielraum, und sobald er ihnen einmal sein Vertrauen geschenkt hatte, sogar dann, wenn ihr Verfahren mit seinen eignen Ansichten nicht ganz übereinstimmte...

Von allen irgend erheblichen Vorfällen verlangte er baldigen und ausführlichen Bericht und schritt zuweilen in Angelegenheiten ein, wo, und auf eine Art, wie man es am wenigsten vermutet hätte. Für die Direktoren der Anstalten konzipierte er zum Beispiel Antwortschreiben selbst, die sie auf an sie ergangene Anfragen, oft anscheinend unbedeutenden, ja wohl gar die Oberaufsicht kaum berührenden Inhalts, in ihrem eignen Namen abgehen lassen mußten, und die so verfaßt waren, daß die Einwirkung Goethes, wenn sie nicht etwa aus dem Stil hervorleuchtete, ganz verborgen blieb. Kam seine Ansicht mit der eines Untergebenen in Kollision, so wußte er, was und wie es geschehen sollte, sehr bestimmt zu befehlen. Jedoch geschah dies bloß in Angelegenheiten, in denen er sich gegründeter Sachkenntnis bewußt war. Dagegen ließ er sich von Kundigen solcher Fächer, die ihm mehr oder weniger fremd geblieben, selbst von Handwerkern, leicht umstimmen, vorausgesetzt, daß er ihnen überhaupt Tüchtigkeit und Redlichkeit zutraute.

In einem obern Gelaß der akademischen Bibliothek zu Jena sollte eine Flügeltür angebracht werden. Die Mauer wurde an den Seiten der bisher einfachen Tür durchbrochen. Bald zeigte sich ein eiserner Widerhaken, zweieinhalb Zoll stark, unter dem Estrich quer durch den ganzen Saal hinlaufend. Die Arbeiter stutzten. Der Anker lag dicht neben der Tür und stand der Erweiterung im Wege. Goethe selbst wurde bedenklich. Ein erfahrner Maurermeister riet, den Anker auf die Seite zu biegen und so für die Tür Raum zu gewinnen. Der Rat schien die Festigkeit des ganzen Gebäudes zu gefährden. Der wackere Handwerksmeister unterstützte seine Meinung durch Anführung ähnlicher Fälle aus seiner Erfahrung und vornehmlich durch die Behauptung, man werde in geringer Entfernung noch mehrere dergleichen Anker im Boden entdecken können, welche das Gebäude, das auch ohne Anker fest genug stehe, vor aller Gefahr sicherten. Bei genauer Untersuchung fanden sich wirklich noch sechs bis acht ähnliche Anker; der Handwerker sprach zuversichtlich. «Nun, wenn ihr verwogen seid», rief Goethe, «so will ich nicht furchtsam scheinen!» Und so ward denn zur Ausführung des gewagten Unternehmens geschritten.

Am folgenden Morgen um fünf Uhr kam der Schmied mit Kohlen und Werkzeug. Unter den Anker ward eine große Eisenplatte geschoben, ein Viereck von Backsteinen rings herum gelegt und mit Kohlen gefüllt, diese zündete man an und erhielt sie mittelst eines Blasebalgs eine Stunde lang glühend. Wasser stand in vielen Eimern bereit. Man wachte sorgfältig, daß nicht etwa ein Funken das Holzwerk oder die benachbarten Bücher angriff. Nach Verlauf einer Stunde zwang man den glühenden Anker mit dem Hammer und durch Ziehen mit Ketten auf die Seite und erreichte die Absicht vollkommen.

Im Grunde hatte Goethe bei seinem Departement die Hand gern stets überall im Spiele, wie man zu sagen pflegt...

Auch lag in dieser Neigung wohl mit der Grund, weshalb Goethe im ganzen so selten allgemeine Vorschriften, Instruktionen und Reglements erteilte. Auf der andern Seite wußte er aber ebenfalls, daß nicht gerade die Menge der Gesetze ihre Beobachtung sichert, und baute gern auf den Eifer, die Einsicht, das Gewissen seiner Untergebenen und darauf, daß sie ihren wahren Vorteil schon selbst verstehen würden.

Die rein wissenschaftliche Ausbeutung der Anstalten überließ er ihren Vorständen ohne amtliche Einmischung, indessen wußte das persönliche Interesse, das er bald an diesem, bald an jenem Zweige der Wissenschaften nahm, sich doch auch bei den unter ihm stehenden Instituten auf eine freundlich eindringliche Weise geltend zu machen. «Er ließ auch hier nicht ab, Gemütsfreunde heranzuziehen», so daß die Vorsteher manche Arbeit wohl nur ihm zu Gefallen unternahmen. Was aber die eigentliche Administration betraf, da regte sich in ihm beständig die Erinnerung an das ehemalige Römische Reich, und er besorgte, daß, wie dort die Fürsten, hier die verschiedenen Angestellten keine Gelegenheit, dem Oberhaupt einen Teil seiner Macht abzugewinnen, unbenutzt vorübergehen lassen dürften.

Personen, die er für Ruhestörer irgend einer Art hielt, mochte er nicht in seinem Wirkungskreise dulden.

7095 Riemer: Mitteilungen über Goethe 1841

Wirklich erklärt Goethes Persönlichkeit alles, was man in seinen Schriften und in seinem Leben Eigentümliches und

Besonderes wahrnimmt. Man muß ihn gesehen und gehört haben, um sowohl den Adel seiner Seele, die Tiefe und Innigkeit seines Gemüts, die Liebe, Güte, Milde, Sanftmut, Schonung und Duldsamkeit seiner Natur zu empfinden, als den guten Humor, den heitern Scherz, die feine Ironie und das gutmütige Sich-selbst-zum-besten-haben darin wieder zu erkennen; und sogar Tadel und Rüge, wenn auch zuweilen heftig, nur gerecht, nicht grämlich zu finden.

Man mußte ihn sehen, um gleich die mächtige, aber zusammengefaßte, sich selbst beherrschende Natur zu ahnden, die einen unendlichen Schatz, einen unerschöpflichen Reichtum von Gedanken und Gefühlen, Wahrnehmungen und Lebenserfahrungen bescheiden und anspruchslos verwahrte, einen Schatz, der in hundertfacher Gestalt und Weise durch die Zeit offenbart werden sollte, und den achtzig Jahre des Lebens nicht erschöpften, weil er immer neuen Zuwachs aus sich selbst erhielt...

Man mußte die Augen sehen, aus deren sanftem, mildem Ernst die Liebe, die Gunst, das Wohlwollen hervorleuchtete, mit der er Natur und Menschen aufzufassen und darzustellen vermochte; man mußte die treuherzige Gutmütigkeit wahrnehmen, womit er ein solches Vertrauen einflößte, daß man ihm Schwächen und Eigenheiten des Herzens sowohl als Bedrängnisse des Lebens gern bekennen mochte; man mußte die teilnehmende Beruhigung erfahren, die aus dem lieblichsten Munde hervorging, der sich nur öffnete, um mit weisem Zuspruch jeden auf die eigenen Heilkräfte aufmerksam zu machen und dadurch Trost, Erquickung, Heiterkeit und Freude einem jeden an sich selbst zu verschaffen, nie aber in harten Vorwurf, bittren Spott und herben Tadel sich ausließ; aus einem Munde, sage ich, den nichts entstellte, kein Lachen, kein Weinen, kein Verdruß und Ärger, und den sogar Schelten und Zorn nicht verunstaltete: einem so wundersam geformten Organ, daß es einen bildenden Künstler zur Verzweiflung bringen konnte, wenn er es darstellen sollte, und das an sich schon den Beruf, die Sprache der Musen und Grazien zu reden, beurkundete.

Man mußte ferner ihn sehen, wie er strack und fest auf seinen Füßen stand, wie er einherging ernsten und sichern Schrittes und doch gewandten Körpers. Eine frühe Gymnastik: Tanzen, Fechten, Schlittschuhlaufen, Reiten, sogar Kurier- und Parforceritte, hatten ihm diese Beweglichkeit und Gewandtheit mitgeteilt; die ihn auf den schlimmsten Pfaden keinen Fehltritt tun ließ, nicht in Gefahr des Ausgleitens, des Fallens brachte, daß er über Glatteis, schmale Stege, schroffe Fels- und Fußsteige leicht und sicher hinauskam. Wie er als Jüngling in Felsklüften und Steingeröllen mit seinem fürstlichen Freunde herumklettert, Turmhöhen und Alpenklippen mit Gemsenfreche erklimmt, so ist ihm, bereits ein Mann, bei seinen geologischen Forschungen fünfzig Jahre hindurch «kein Berg zu hoch, kein Schacht zu tief, kein Stollen zu niedrig, und keine Höhle labyrinthisch genug.»

Wenn er in den letztern Jahren seines langen Lebens nicht mehr die Raschheit eines jugendlichen Ganges zeigte, so trägt das vorgerückte Alter nicht allein die Schuld; sie fällt auch zum Teil auf den mindern Gebrauch von mannigfacher Bewegung, zum Teil aber auf die Mittel, welche, zur Abwendung eines Lebensgefahr drohenden Übels angewendet, seine Füße fesselten, und ihm unwillkürlich einen mehr schiebenden als gehobenen Schritt abnötigten.

Gleichwohl hielt er sich immer strack und gerade, mit zurückgezogenen Schultern, eine Haltung, die ihm von früh an habituell geworden, und die er auch jungen Leuten, zumal Schauspielern, anempfahl, und welche sich bei keinem mit besserem sichtlichern Erfolg bewährte, als bei seinem eignen Sohn, der durch fortgesetzte Übung und Aufmerksamkeit auf sich zu einer solchen Repräsentation gelangte, daß seine Brust, ohne die Surrogate der Kunst, eine Breite und Ausbildung gewann, welche sie den antiken Musterbildern eines Antinous oder Meleager nicht ungleich erscheinen ließ, und der sonoren Stimme des jungen Mannes eine solche Resonanz gab, daß sie den größten gefüllten Raum noch allvernehmbar durchdringen konnte.

Daß dazu die Haltung der Hände auf dem Rücken sehr vieles beitrage, ist eine zu bekannte Erfahrung, als daß ich sie erwähnen würde, wenn ich nicht hinzuzusetzen hätte, daß Goethe diese Stellung in Momenten ruhiger Unterhaltung, wenn sie stehend geführt wurde, sehr gern annahm; welche jedoch, nach seiner bescheidenen Erklärung, eigentlich nur den Fürsten am besten kleide, weil sie ein vollkommenes Sicherheitsgefühl ausspreche, und ebenso Vertrauen bezeige als hervorrufe, indem sie den sich Nähernden ebenfall ruhigen, unbefangenen Zutritt gestatte.

In dieser charakteristischen Angewohnheit, die, wie gesagt, zum Habitus geworden, hat ihn Rauch vortrefflich dargestellt, in einem kleinen Standbilde, welches, wenn auch nicht die vollkommenste schärfste Ähnlichkeit in den Gesichtszügen, doch die vollendetste Naturwahrheit in der ganzen Haltung und Stellung vergegenwärtigt...

Ebenso hätte einer meiner Vorgänger [C. Vogel], indem er die Statur Goethes beschreibt, sich anschaulicher ausdrücken können, wenn er, eingedenk der homerischen Andeutung von des Odysseus und Menelaos Leibesgestalten und ihrem Verhalten zueinander im Stehen und Sitzen, gesagt hätte, daß Goethe sich im Sitzen imposanter ausgenommen, wodurch sein Oberleib als länger bezeichnet wird.

Dafür läßt er ihn zu Pferde nicht *gut schließen*, wodurch er als Reiter in einem Nachteil erscheint, der nach den eben erwähnten Kurier- und Parforceritten nicht wohl gedenkbar ist, auch nicht durch Zeugnisse zu konstatieren, da ihn die letzten zwanzig Jahre niemand zu Pferde gesehen hat, und der Bemerker am wenigsten.

Eine Persönlichkeit wie Goethes ist *mir* zum wenigsten unter deutschen Gelehrten und Dichtern noch nicht vorgekommen. Ihre Anziehungskraft lag nicht allein in der Ahndung von seinem geistigen Vermögen, seinem Wissen und Können, nicht nur in der Anmut und Liebenswürdigkeit seiner Sitten, sondern darin, daß man hier einen vollkommenen *Menschen*, einen nach allen Seiten hin selbst bewußten und gebildeten, mit einem Worte emanzipierten Menschen vor sich sah, dem man vertrauensvoll sich hingeben mochte, weil ihm kein menschliches Gefühl und Geschick fremd sein konnte, und dessen geistiges Übergewicht niemanden beschämte noch kränkte, weil es mit Milde und Menschenfreundlichkeit gepaart sich zum Gleichgewicht neigte.

Wie viele haben ihm nicht die geheimsten Konfessionen gemacht! Er pflegte sich auch wohl im Scherz den Großpönitentiarius zu nennen. Und er war es auch in mehr als einem Sinne: denn man konnte ihm nichts offenbaren, was er nicht schon a priori gekannt und gewußt hätte; auch war er verschwiegener als der Beichtstuhl, zum großen Ärger aller *Ubiquisten*, die gern etwas aus ihm herausgelockt hätten.

7096 Riemer: Mitteilungen über Goethe 1841

«Lass dich biegen, aber nur nicht knacken,» hatte er [Goethe] schon zu Klinger gesagt in den 70ger Jahren.

7097 Riemer: Mitteilungen über Goethe 1841

Goethe nannte es gegen mich die lächerlichste Prätension, allen gefallen zu wollen; wie er denn auch recht gut und von selbst wußte, was er könne und nicht könne.

7098 Riemer: Mitteilungen über Goethe 1841

Wie oft habe ich ihm Tränen ins Auge kommen sehn, bei großen, edlen, rührenden Zügen und Motiven aus der Geschichte, aus der Kunst, aus dem Leben der Menschen, mochte er nun sie selbst erzählen, oder von andern vortragen hören.

7099 Riemer: Mitteilungen über Goethe 1841

Und so hat er väterlich es an Mitgefühl, Trost, Rat, Hülfe niemals fehlen lassen bei dem, der dessen bedürftig und wert war. Ich selbst bin dankbarer Zeuge, wie er aus Verwickelungen, in welche uns Leidenschaft, Leichtsinn und Weltunkunde hinreißen, ohne Vorwürfe, Tadel und Umstände auf das leiseste herauszuhelfen, und für die Folge zu witzigen wußte...

Dieses Zartgefühl offenbarte sich unter anderm in der Teilnahme an den Mißgeschicken, Leiden und Trauerfällen seiner Freunde. Mitleid, Zuspruch, Trost und Hülfe waren jederzeit rege für sie, von der ersten Jugend an, bis in sein spätestes Alter...

Er selbst war und erschien daher als der beste Trost, wenn man ihn nur ansah und bedachte, aus was für Betrübnissen er sich gerettet, worüber alles er sich zufrieden gegeben und fortwährend zu geben hatte und gab: denn auf *Entsagung* war er früh schon gefaßt und lernte sie täglich mehr ein.

7100 Riemer: Mitteilungen über Goethe 1841

... er suchte die göttliche Ruhe in sich herzustellen, und so ging sie aus seinem Herzen in die Schöpfungen seines Geistes über.

Wie sehr sie gleichwohl nur in der *dichterischen* Stimmung den reinen unbewegten Spiegel bildete, in welchen die Welt mit ihren Objekten sich einstrahlte, in dem Treiben und Toben des Lebens aber zu schwanken und ihr Gleichgewicht zu verlieren drohte, und daher der Sicherstellung bedurfte, zeigte die ihm fast zur Gewohnheit gewordene Ermahnung: «*ruhig, ruhig!* nur *Ruhe* !» die er andern zurief, oft wenn sie *noch* oder *schon* ruhig waren, so daß sie zugleich die lautgewordene innerliche Selbstaufforderung zu gelassenem und besonnenem Verfahren zu sein schien...

Es musste auch ruhig um ihn her sein, sollte er beobachten, bedenken, entscheiden, einen Entschluß fassen, eine Auskunft treffen. Er suchte darum allein zu sein, entließ entweder die Umstehenden oder entfernte sich selbst auf kurze Zeit.

So, hier, in der Einsamkeit, stellte sein Gemüt, sein Geist sich augenblicklich oder nach geringer Frist wieder her, wenn er, durch etwas Unerwartetes betroffen, nicht sogleich imstande war, das Gehörige zu entgegnen.

7101 Riemer: Mitteilungen über Goethe 1841

Er hat mich bei seinen literarischen Arbeiten zur Hand gehabt, aber auf eine ehrenvolle Art; er hat meine Bildung befördert, er hat mir Ideen gegeben, meine geistige Existenz erhöht, und mir in der Erinnerung an ihn einen Schatz von Empfindungen, Gefühlen und Gedanken zurückgelassen, der bis an das Ende meines Lebens auszureichen und es zu erheitern verspricht. *Quanto minus est cum reliquis versari quam Tui meminisse*, kann auch ich sagen: denn ihn *so* gekannt zu haben, wie ich es *mir* gestehen darf, ist allein schon ein Glück...

7102 Riemer: Mitteilungen über Goethe 1841

Er bediente sich zwar einer Lorgnette, aber nur im Theater in seiner etwas entfernten Loge; ebenso in einer Bildergalerie, und außerdem in seinem Zimmer, um von weitem etwas auf der Straße zu erkennen.

7103 Riemer: Mitteilungen über Goethe 1841

Ja, er hatte sogar keine *Gewohnheit*, wie er sagt : «Viele *Gewohnheiten* dürfe man haben, aber *keine Gewohnheit*», das heißt, man dürfe sich an nichts so gewöhnen, daß es zur andern Natur würde. Daher wechselte er zuweilen zum Beispiel in seiner Diät mit Speisen und Getränken, um sie nicht zu einem unerläßlichen Bedürfnis und sich nicht davon abhängig zu machen.

Außer physischen Aversionen und Antipathien gegen gewisse Speisen, die ihn sogar krankhaft affizierten, wie Knoblauch, oder auch bloßen Apprehensionen gegen einige doldentragende Pflanzen, wie Petersilie, Kümmel und dergleichen, und manchmal organischer Disposition zu gewaltigem, fortwährenden Niesen, wüßte ich mich keiner besondern Eigenheit seiner Natur zu erinnern.

7104 *Riemer: Mitteilungen über Goethe* 1841

[Über Goethes «Liebe zum Geheimnis».] Bei seinen poetischen Konzeptionen war eine solche Heimlichkeit für ein Gemüt wie das seinige, das die poetische Gabe als ein Geschenk Gottes und der Natur ansah, so folgerichtig als schicklich...Ohne Superstition pflegte Goethe bei solchen poetischen Problemen immer zu sagen: «wenn es glückt, gerät, wenn es gelingt, wenn es einer trifft»; und er selbst sah seine herrlichsten Sachen nur als etwas ihm *Gelungenes* an...

Wenn also Goethe das Geheimnis liebte, so geschah es nur *se defendendo* , nicht *offendendo* , wie er sich auszudrücken pflegte...

7105 *Riemer: Mitteilungen über Goethe* 1841

... in seiner *gutmütigen,* von den Gegnern sogar anerkannten Natur lag es, dergleichen Unbilden, von Menschen ihm angetan, ebenso zu übertragen – oder zu *übernuppen,* wie er zu sagen liebte – wie die Unbilden der Witterung, wie andere Kalamitäten, welche Natur und Schicksal über uns verhängen...

7106 *Riemer: Mitteilungen über Goethe* 1841

Nichts aber regte ihn innerlich stärker auf als die Selbstgefälligkeit, womit eingebildete, obschon übrigens talentvolle Personen, bei Betrachtung eines Kunstwerkes oder sonst einer vortrefflichen Arbeit, diese dadurch zu loben meinten, daß sie ausriefen: das sehe ganz so aus, als wenn *sie* es gemacht hätten; oder das könnten sie wohl *auch* gemacht haben. Da wurde denn hinterher, im Kreise der Vertrauten, eine solche Person mit einem Frankfurter Provinzialismus ein *Schnudelputz* genannt...

7107 *Riemer: Mitteilungen über Goethe* 1841

[Über Goethes Ironie.] Es haben mir mehrere Konfession darüber gemacht, und dabei die Meinung geäußert, daß Goethe nur dann mit seiner wahren Gesinnung herausginge, wenn man ihn bös machte. Aber er wurde nur bös

– oder wie er dann selbst zu sagen pflegte – «er müsse grob werden» –, wenn man aus Geistlosigkeit ihn nicht verstehen konnte, oder zudringlich ihn quästionierte zu sagen, *was* und *wie* er eigentlich gemeint habe.

7108 *Riemer: Mitteilungen über Goethe* 1841

Goethe war... so entfernt von aller Ostentation, daß er im Gegenteil zu wenig auf seine Sachen gab, und sie ihn nach einiger Zeit schon nicht mehr interessierten, ja ihm sogar aus dem Gedächtnis kamen und er, zufällig sie wiederlesend, verwundert war, daß er imstande gewesen, so etwas schreiben zu können. Denn es waren nach seinem Vergleich ebenso viele Häutungen seines Wesens, abgelegte Schlangenhäute, «Stücke seiner ehemaligen Garderobe» (nach mündlicher Äußerung), und insofern ihm mehr von historischem Interesse als von lebendig gegenwärtigem.

7109 *Riemer: Mitteilungen über Goethe* 1841

«Wer mit zweiundzwanzig Jahren den *Werther* schrieb» – hörte ich ihn öfters sagen, wenn er zu verstehen geben wollte, daß er «eben doch *keine Katze* sei», daß es was heißen wolle, in solchen Jahren ein solches Buch zu schreiben und dabei doch achtzig Jahre und darüber alt zu werden.

7110 *Riemer: Mitteilungen über Goethe* 1841

[Über «Die natürliche Tochter»]. So viel ist gewiß – da Goethe es mir selbst gestand –, daß ihm die Fortsetzung derselben «durch die niederträchtige Kritik eines Dyck verleidet worden».

7111 *Riemer: Mitteilungen über Goethe* 1841

Daher pflegte er zu sagen: «Tugenden müsse man aufsuchen, Fehler verstünden sich von selbst.»

7112 *Riemer: Mitteilungen über Goethe* 1841

So urteilte er auch nicht über seine *Freunde* und die Personen, die er liebte. «Ich denke nicht über sie», sagte er, wenn man ihm von ihren Eigenheiten und Sonderbarkeiten etwas vorreden wollte.

7113 *Riemer: Mitteilungen über Goethe* *1841*

Dergleichen gelegentlich überbrachte Mitteilungen [d.h. Vorschläge Riemers] beachtete er sehr und wußte sie augenblicklich oder später in seinen Nutzen zu verwenden; wie er mich denn einmal höchlich überraschte durch den zu einer Parabel «*Pfaffenspiel* !» verarbeiteten Stoff, den ich aus meinen Kinderjahren ihm mitgeteilt hatte, ohne die Akkomodation, die er davon machen würde, im geringsten zu ahnden. Mehrere dergleichen Fälle könnte ich anführen, lasse es aber bei diesem als einem der prägnantesten bewenden.

7114 *Riemer: Mitteilungen über Goethe* *1841*

[Über Goethe als Gastgeber.] Goethe lernte seine Menschen kennen, traf auf schon bekannte Phänomene, oder entdeckte neue Modifikationen. Zuweilen wohl, wenn ihn gerade der Schalk drückte und ein guter Einfall sich Luft machen wollte, nahm er einen Vertrauten beim Arm, ihn beiseite ziehend in ein anderes Zimmer oder an ein entferntes Fenster, und brachte seine Bemerkung mit ernsthafter Miene und der leiser gesprochenen Eingangsformel: «Lieber N.N., wissen Sie wohl wie mir das vorkommt?», «Haben Sie wohl bemerkt usw.» wie eine Karabinade an, und zog sich ebenso rasch und unbefangen wieder zurück.

7115 *Riemer: Mitteilungen über Goethe* *1841*

[Zu Goethes Äusserung über den Maler Kniep in der «Italienischen Reise»: «Er wird seine Bleistifte manchmal spitzen, und ich sehe nicht, wie er fertig werden will.»] Goethe erzählte mir öfter von dieser Gewohnheit des Künstlers, worüber er manchmal von dem Zweck abgekommen sei und die Zeit vertan habe.

7116 Riemer: Mitteilungen über Goethe 1841

Gewöhnlich war es ihm daher zu sagen: Er habe wieder einmal «gemühet»; oder auch: «solche Mühe hat Gott dem Menschen gegeben»; desgleichen: «das Leben sei ein Mühen. Wohl dem, der nicht *müde* werde!» Es geschah aber mit gutem Humor und Selbstironie.

7117 Riemer: Mitteilungen über Goethe 1841

[Nach Goethes Übernahme der Theaterleitung 1791.] Einer Unzahl italienischer und französischer Opern wurden deutsche Texte untergelegt, andere zu besserer Singbarkeit umgeschrieben, wobei der Theaterdichter Vulpius lebhaft eingriff. Goethe selbst verbesserte viele Texte, unter andern in den *Theatralischen Abenteuern* , der *Heimlichen Heirat;* und die Oper *Circe* bearbeitete er ganz neu. Aus allen diesen pflegte Goethe bei gutem Humor und schicklichem Anlaß ganze Strophen herzurezitieren, oder mit Anschlagen eines einzelnen Verses auf die Ähnlichkeit oder Gleichheit des Verhältnisses, von dem eben die Rede war, scherzhaft anzuspielen.

7118 Riemer: Mitteilungen über Goethe 1841

[Über Schiller.] «Er stellte eine Sache gleich auf den Kopf» – sagte mir Goethe einmal, als davon die Rede war, daß man gewisse Dinge nicht von ihm [Schiller] habe verlangen dürfen.

7119 Riemer: Mitteilungen über Goethe 1841

Goethe mußte [im Gegensatz zu Schiller] alles motivieren, und es hätte – wie er einmal zu mir sagte – in einem seiner Stücke oder Romane nicht von einem Stückchen Kreide oder dergleichen Rede und Forderung sein können, ohne daß er es nicht schon früher, unvermerkt und als hätte es nichts auf sich, beigebracht oder angemeldet haben würde.

7120 Riemer: Mitteilungen über Goethe 1841

[Über die «Weissagungen des Bakis».] Goethe hatte dabei, wie er mir sagte, die Absicht, auf jeden Tag im Jahre ein solches Distichon zu machen, damit es eine Art von *Stechbüchlein* , in der Weise der ehemaligen *Spruchkästlein* , würde, wic man sonst sich der Bibel, des Gesangbuches etc. dazu bediente, aus einem zufällig aufgeschlagenen Vers ein gutes oder schlimmes Omen, Bestätigung oder Abmahnung und dergleichen herzunehmen...

7121 Riemer: Mitteilungen über Goethe 1841

[Über Goethes Ballade «Die wandelnde Glocke».]
Diese naiv-anmutige Dichtung ist ein Beleg zu Goethes oft besprochener Gabe, Ereignisse, Vorfälle, Anekdoten des Tags zu benutzen und sie in seine Dichtungen zu verweben, oder zu einem selbstständigen Poem auszubilden. Das Ganze beruht auf einem Scherz und Spaß, den sein Sohn und ich gemeinsam mit einem kleinen Knaben zu treiben liebten, der des Sonntags vor der Kirchzeit uns besuchend, bei beginnendem Geläute, besonders der durchschlagenden großen Glocke, sich einigermaßen zu fürchten schien. Nun machten wir ihm weis, die Glocke steige auch wohl von ihrem Stuhle herab, käme über Markt und Straße hergewackelt und könne sich leicht über ihn herstülpen, wenn er sich draußen blicken lasse. Diese wakkelnde einbeinige Bewegung bildete der humor- und scherzreiche August mit einem aufgespannten Regenschirm dem Kinde vor und brachte es dadurch wo nicht zum Glauben, doch zur Vorstellung einer Möglichkeit der Sache. Wir erzählten Goethen davon, der aus dieser Posse weiter nichts zu machen schien. Nach langen Jahren überraschte er mich durch Zusendung jenes Gedichts, das aus einer *kindischen Fabelei* eine lehrreiche *Kinderfabel* entwickelte. Es war im Jahr 1813, seiner *Hegire* von Weimar nach Teplitz, wo er auch den *Getreuen Eckart* und den *Totentanz* dichtete.

7122 Riemer: Mitteilungen über Goethe 1841

Elisene, Prinzessin, die sich verheimlicht, und Christus, der sich nicht gleich als Gottes Sohn offenbart, war eine von den mehreren Legenden, die Goethe bearbeiten wollte, und von der er mir manchmal erzählte.

7123 *Riemer: Mitteilungen über Goethe* 1841

[Goethe über den Maler Zucchi, dem Gatten der Angelika Kauffmann:] «Zucchis Methode, seine Kompositionen mit Effekt und zugleich kunstgemäß darzustellen, war ein *tertium* zwischen beiden. So besonders in der Perspektive.»

7124 *Riemer: Mitteilungen über Goethe* 1841

[Goethe über Giordano Bruno:] «Seine Schriften sind nicht zusammen zu haben, selbst nicht in Göttingen, weil er sie einzeln auf seinen Reisen, in Städten, wo er hinkam, wie Programme drucken ließ. Gibt unter andern auch Gemälde an, welche Künstler machen sollten; zum Beispiel die Trinitas. Nach ihm ist eine symbolische Medaille geprägt worden, die Trinitas vorstellend, als Vernunft, Verstand und Macht;

die Vernunft als ausdenkend in der Pallas.
der Verstand als Einrichtung im Vulkan und Mars,
und die Macht als Ausführung in Jove.»

7125 *Riemer: Mitteilungen über Goethe* 1841

[Goethe:] «Was Friedrich II. so durchgreifend, imposant, gewinnend machte, hatte er doch von den Franzosen gelernt.»

7126 *Riemer: Briefe von und an Goethe* 1846

«Es muß nicht gleich alles zum Handwerk werden, was unserm Dasein zur Zierde gereichen soll», – sagte Goethe zu einem jungen Theologen, der viel Talent zum Zeichnen besaß und deswegen sein Studium aufgeben und sich der Kunst widmen wollte.

7127 *Riemer: Briefe von und an Goethe* 1846

Brocardica

Unter die biblischen Sprüche, die Goethen als fleißigem Leser der Heiligen Schrift aus seiner Jugend noch immer gegenwärtig und geläufig waren, gehört der seinem Aufsatze «Israel in der Wüste» als Textwort vorgesetzte:

«Da kam ein neuer König auf in Ägypten, der wußte nichts von Joseph.» (2. Mos. 1,8)

Goethe machte auch im Leben vielfältig Anwendung davon, besonders wenn das gänzliche Nichtwissen seiner Zeit von dem, was vor ihr gewesen oder geschehen war, sich kundgab. Dies war häufig genug der Fall, da die Nachkommen gewöhnlich denken, mit ihnen fange die Welt und das Leben erst an, oder wie er es ausdrückte: «Ihr Tauftag solle der Schöpfungstag sein.»...

«Also muß man des Todes Bitterkeit vertreiben», war auch eines seiner biblischen Sprüchwörter, nicht gerade bei wahrscheinlicher Todesgefahr... Er brauchte den Spruch auch wohl nur von einer Diversion, die man sich bei unangenehmen, widerwärtigen Dingen zu machen habe, um über sie hinauszukommen.

Höchst sprechend für seinen mitteilenden Charakter, den auch Schiller an ihm gefunden hatte, indem er ihn den *Kommunikabelsten* aller Menschen nannte, war auch der oft vorkommende Vergleich mit der *Frau im Evangelio* und ihrem gefundenen Groschen. Wie diese ihre Freunde und Nachbarn von ihrem Glücksfunde sogleich in Kenntnis setzt, damit sie an ihrer Freude teilnehmen, so erging es ihm bei jeder neuen wissenschaftlichen Entdeckung, bei glücklicher Lösung eines Problems und endlicher Gewahrwerdung eines ihm lange verborgen gebliebenen Naturgesetzes. Er mußte sie sogleich seinen Freunden mitteilen. Herder, Schiller, Knebel und Meyer waren immer die ersten, denen er davon Nachricht gab und sie zur Mitfreude aufforderte. Aber auch jüngere Freunde und Vertraute wurden zur Teilnahme aufgerufen; denn wie er leibliche Kost und Speise gern reichlich mitzuteilen liebte, so auch geistige noch mehr, als der «*Kommunikabelste*».

«Solche Mühe hat Gott dem Menschen gegeben», war bis an das Ende seines Lebens ein mehr heiter als ernst angewendetes Bibelwort, und wahrlich, niemand hat mehr im ganzen Leben sich *abgemüht* als eben er. Doch der Ton, womit er es auszusprechen pflegte, indem er auf dem ü aushielt, es auch mit müde, ermüdigt, mühselig in Verbindung brachte, zeigt, daß es keine sentimentale noch hypochondrische Stimmung war, die es ihm eingab, sondern jene ironische, die er in den Briefen an Zelter definiert und die es ihm möglich machte, solche Mühe so lange auszuhalten...

Goethe brauchte im gewöhnlichen Gespräch und unter Freunden viele aus fremden Sprachen entlehnte und angewöhnte Worte und Wendungen, teils in den Grundsprachen, teils in Nachbildungen, zum Beispiel aus dem Italienischen, wie «*dice bene*» für: wohl gesprochen! oder: Sie haben recht! «Es torniert etwas nicht *a conto*», *non torna a conto* für: es kommt nichts dabei heraus. «Das wär' oder gäb' ein *precipizio*», wofür man im Deutschen auch sagt: «das wär' ein Untergang, für Lärm, Skandal und dergleichen» *Spregiudicato*, ohne Vorurteil, und besonders auch das Trostwort bei Sachen, die zugrunde gehen oder nicht zu halten sind, worüber man sich also zufrieden geben müsse: «*periamo noi, periano anche i bicchieri*», welches er in Rom von einem kleinen italienischen Mädchen gehört hatte und es den Weisheitsspruch desselben nennt.

Aus dem Französischen war ihm sehr geläufig zu sagen: «das ist ein Meer auszutrinken», *c'est une mer à boire*, für: das ist zu weitläufig, zu umständlich, zu schwierig, und besonders die ganze französische Phrase: «*ce sont les suites inévitables de la guerre*», die man, besonders in der Epoche von 1806, so oft von den Franzosen hören mußte, wenn sie Klagen und Gegenvorstellungen abzufertigen suchten...

Goethe sprach öfter von einem *taedium vitae*, das den Menschen ergreife und ihn zum Selbstmorde veranlasse, und zwar aus fremder und eigner Erfahrung, die ihn den Werther zu schreiben antrieb; desgleichen bei dem häuslichen Unheil, das Zeltern betraf und ihm zum Trost und Ersatz diese brüderliche Freundschaft von seiten Goethes einbrachte...

Die *lateinische* Sprache gewährte ihm besonders ausdrucksvolle und bezügliche Spruchformeln, wie *difficilia quae pulchra*, oder *ars est de difficili et bono*, oder *sustine et abstine*, das er selbst tatkräftig durch ein ganzes Leben hindurch ausführte, so wie er das *decet imperatorem stantem mori* auf das gefaßte und standhafte Benehmen hoher Personen in einem die Existenz bedrohenden Falle zu beziehen wußte...

«*Ihm seine Träume erzählen und auslegen*» war auch eine gewöhnliche Redensart, wenn ihm das, was er bereits selbst, aber nur dunkel gedacht, von andern klar gemacht wurde...

«Der Mensch ist *brevis aevi*», liebte Goethe besonders oft zu sagen, wenn er überhaupt auf das Unvollendete, Unzulängliche, Unerreichte im menschlichen Leben, Tun und Treiben hindeuten wollte, aber zugleich auch auf sein eigenes Streben, nur bald mit etwas fertig zu werden, nicht erst lange Entwürfe auszuspinnen, etwas ohne Aufschub zu genießen, «daß schöne Stunden im Fluge genossen werden müssen» – auch selbst «Begeisterung keine Heringsware sei, die man einpökelt auf viele Jahre». Oft verband er damit die Worte des persischen Gesandten: «*Der Mensch lebe nur fünf Tage*» und «*Gott sei barmherzig*». Mit diesen *Fünf* zielt er auf das, was bereits Saadi einem Herrscher und Befehlshaber einschärft, jede Stunde der Herrschaft Gottes zu betrachten, eingedenk zu sein des Wechsels der Zeit und die Übertragung der Herrschaft von Gott auf den Menschen zu erwägen, auf daß er sein Herz nicht hänge an diese *fünf Tage* Frist auf Erden etc.

Da für Goethe, bei solcher Gesinnung, die Zeit «*Etwas*» war, «*Leben*» und «*selbst ein Element*», und daß nichts höher zu schätzen sei als der Wert des Tages; daß es besser sei, das geringste Ding von der Welt zu tun als eine halbe Stunde für gering zu halten so mußte das *Amici fures temporis* auch eines seiner Brocardica sein, zu dessen Ausdruck ihm leider oft genug Einheimische wie Fremde, besonders Individuen von außerordentlicher Schwatzhaftigkeit, Druckserei und Sitzvermögen, Gelegenheit gaben. Manche Äusserung gegen Zelter über Fremde, die nichts bringen und nichts mitnehmen, ist daraus erklärbar.

Eine der häufigsten Anwendungen, bald in vollem, bald in halbem Scherz, erfuhr das Basedowsche Witzwort *Ergo bibamus*, ja es ward zu einem *terminus technicus* gestempelt und als ein Substantiv gebraucht nicht nur für *Gelegenheit*, *Anlaß*, *Grund* zu Lust und Vergnügen, sondern auch zur Persiflage einer seltsamen Folgerung.

Als Goethe diese Konklusion, die nach Basedows Behauptung zu jeder Prämisse passen sollte, zum ersten Mal beim Diktieren der Farbenlehre, und zwar in der Polemik gegen Newton, erwähnte und sie zugleich auf die wunderliche Schlußart desselben applizierte, erlaubte ich mir die Bemerkung: es wäre dies ja der natürlichste, ungesuchteste Refrain zu einem Trinkliede selbst; man müsse nur die schlagenden Motive zu den Prämissen aussuchen, aus denen jene Konklusion folge. «Nun, versuchen Sie's einmal!» erwiderte er; was ich denn auch bald darauf tat, und ihm schien der Versuch nicht übel. Einige Zeit nachher (1810) machte er selbst das vortreffliche *Ergo bibamus* für Zelters Liedertafel...

Eine scherzhafte Anwendung von Klopstocks Sentenz: einige Tugenden würden *belohnt* und andere *verziehen*, war ihm gleichfalls sehr gewöhnlich. So spielt er darauf an in einem Briefe an Schiller, wo er die ernsten und nach seinem Begriff guten Aufsätze in den Propyläen – die übrigens wenig Absatz fanden – zum Troste des Buchhändlers mit etwas *würzen* will, damit sie, wo nicht *belohnt*, doch wenigstens *vergeben* werden...

Am liebenswürdigsten erschien er, wenn er aus seinen eigenen Gedichten einzelne Verse oder ganze Stellen bald mit einem besondere Wichtigkeit ausdrückenden Lehrton, bald mit einem achselzuckendes Bedauern oder auch behagliches Zugeben andeutenden Konversationston, als wie im Augenblick erst improvisiert, vorbrachte. Zum Beispiel aus dem *Reinecke Fuchs:* «Und so ist es beschaffen» etc. oder: «handelt einer mit Honig, er leckt zuweilen die Finger», oder: «wir hätten ein halb Dutzend verzehrt, wofern sie zu haben gewesen», bei Genuß eines Lieblingsgerichts, wie etwa Tauben.

Der Wirt aus den Mitschuldigen mit seinem «Minister möcht'ich sein und jeglicher Kurier ging' bei mir aus und ein» wurde vorgeführt, wenn es galt, die unschuldige Neugier eines oder des andern gegenwärtigen jungen Frauenzimmers zu persiflieren.

So schonte er auch sich selbst nicht, wenn die Seinigen ihn an dies und jenes erinnern mußten, indem er zugab, «ja, so sind die Herrn von Stande, ich bin auch zuweilen so», oder auch: «Meint ihr denn, daß die Barone freien so wie die Plebejer?» Beides aus einer von seinen Lieblingsopern: *Il matrimonio segreto.*

Junge Schauspielerinnen, die zu einer neuen oder größern Rolle auch neues und reiches Kostüm zu haben wünschten und ihm deshalb oft mit Bitten zusetzten, imitierte er parodierend mit der Arie einer Actrice aus den Theatralischen Abenteuern: «Atlas-Kleider muß ich haben mit der schönsten Stickerei» etc. Indem er sich so als einen italienischen Impresario ansah, spielte er die Rolle desselben weiter mit den Worten: «In die Logen tret' ich höflich, grüße diesen, grüße jenen», denn alle diese und andere italienische Opern hatte er früher aufs Theater gebracht und deren Texte verbessert.

Von den nach seiner Art parabolisch ausgedrückten heitern Einfällen sei noch einer und der andere erwähnt. Zum Beispiel: «Jeder Mensch habe nur ein Nösel von Höflichkeit und dieses sei bald verbraucht.»...

Die Unterhaltungen mit Goethe sowohl bei Tische als in den Arbeitsstunden bezogen sich, außer den vorliegenden Gegenständen, häufig auf Sprachen, alte wie moderne. Aus dem Griechischen teilte ich manche *Gnome* oder sonst ein *Apophthegma* mit, das uns zu vielen Gedanken und allerlei Anwendungen Anlaß gab; unter andern auch ein Distichon aus der Anthologie, welches sich über die Eitelkeit, Nichtigkeit und Lächerlichkeit der Welt und der menschlichen Dinge ausläßt: ein antikes Salomonisches *vanitatum vanitas* und welches ungefähr also lautet:

Πάντα γἔλως‘ καὶ πάντα κόνις, καὶ πάντα τὸ μηδέν,
Πάντα γὰρ ἔξ ἀλόγων ἔστι τὰ γεινόμενα,

«Alles nur Poss und alles nur Dreck, und alles ein Garnichts:
Alles aus Unvernunft ist ja nur, was da geschieht.»

Dieses gefiel ihm so besonders, daß er bei Expektorationen über den Lauf der Welt darauf anzuspielen und mit den ersten Silben πάντα γέλως nur anzuschlagen liebte wie ein Stichwort...

Dergleichen Akkommodationen fremder wie eigener Einfälle ließen sich noch mehrere anführen, da Goethe sich in dieser Art des parabolischen Witzes auszeichnete; allein es möchte des Guten doch zu viel werden, und ein Witz, der erst eines Kommentars bedarf, verliert den größten Teil seines flüchtigen Salzes, das nur im Augenblicke wirkt.

7128 Riemer: Aus dem Nachlaß

[Goethe?:] «Schöne Melodie und Gesang von einem schlechten Text tut nichts zur Sache.

Es ist besser, die Worte nicht zu verstehen, weil man aus den Gebärden mehr herausholt, als die Worte geben können. Die Wichtigkeit des Inhalts, des Gegenstandes wird uns durch leidenschaftliche Gebärden aufgeprägt, auch der Stumpfeste muß denken, daß es der Mühe wert sei, sich zu ereifern.

Nicht outriert. Alle Elemente des Gefühls, Ausdrucks sind darin, die bei uns auch, aber einzeln vorkommen, aber verbunden zu einem Ganzen.

Das französische Theater, die Acteurs gehen nur wenig über die französische Wirklichkeit hinaus, es ist nur taktmäßiger. Der gemeinste Soldat würde so agieren, so sprechen, nur nicht durchweg mit dieser Gemessenheit, die keineswegs steif und hölzern.

Das französische Theater stellt seinen Gegensatz in französischer Form, das deutsche den seinigen in seiner Form [dar]. Das deutsche stellt leidenschaftliche Gegenstände mit seiner Ruhe vor, das französische gesetzte mit seiner Heftigkeit.»

7129 Riemer: Aus dem Nachlaß

[Goethe:] «Alle Kunst gefällt nur, wenn sie den Charakter der Leichtigkeit hat.

Sie muß wie improvisiert erscheinen.

Daher legten sich die Alten so sehr auf die Redekunst, und sie mußte aussehen, als wenn sie auf der Stelle entstanden wäre.

Unsere jahrelang ausgearbeiteten und gefeilten Reden sind nichts.»

7130 *Riemer: Aus dem Nachlaß*

Auf meine Bemerkung, daß die Alten sagten: das Rechte sei nur eins, das Irrige mannigfach, bemerkte Goethe: das Besondere sei die Lüge, das Wahre das Allgemeine!

7131 *Riemer: Aus dem Nachlaß*

[Aus und nach einem Gespräch mit Goethe:] «Nicht einmal die Poesie des christlichen Gesangbuches ist für alle und jede; wie sollte die profane Poesie für einen jeden sein? Wielands Dichtungen sind nicht allen Leuten, Kindern und Weibern zu empfehlen. Das tut aber dem Dichter keinen Eintrag. Dieser kann sich in seinem Wesen nicht genieren. Die polizeiliche Einschränkung kommt andern Volks- und Hausvorstehern zu.»

7132 *Riemer: Aus dem Nachlaß*

[Goethe:] «Die Liebe ist eine Konservationsbrille, aber nur für den Gegenstand, den man damit betrachtet, nicht für uns.

Sonst sieht man doch mit der Brille schärfer und deutlicher; mit dieser Brille aber verschwindet aller Mangel und Fehler, und lauter Dinge, die nicht da sind, wenn man die bloßen Augen braucht, kommen erst hier zum Vorschein.

Zwar kommen auch Mängel und Fehler zum Vorschein, nämlich Tugenden und Eigenschaften, welche fehlen, sobald man den Gegenstand mit bloßen Augen sieht.»

7133 *Riemer: Aus dem Nachlaß*

Goethe hatte eine schöne Stimme. Diese Stimme wußte sich vom leisesten Gefühlston bis zur Donnerstimme zu erheben, wenn er im Affekt, im Zorn oder in leidenschaftlicher Aufregung war.

Beim Deklamieren habe ich nie gehört, daß er in die Fehler auch berühmter Vorleser gefallen wäre, die Frauenzimmerstimmen so nachzuahmen, daß sie einen karikierten widerwärtigen Ausdruck erhielten.

Von sogenanntem Dialekt war nichts in seiner Aussprache, wiewohl oberdeutsche Worte und Wortformen genug im Gespräch sowie in seinen frühern poetischen Schriften vorkommen.

Er sprach das Deutsch, wie es in guter, gebildeter Gesellschaft gesprochen wird, doch ohne die Affektation eines Sprachmeisters oder Sprachkünstlers.

Strenger hielt er auf genaue Aussprache von Vokalen und Konsonanten im feierlichen Vortrag von Versen und Reden, sowohl selbst sie beobachtend als fordernd von andern, namentlich von den Schauspielern und jungen Leuten, die ihm dergleichen vortrugen. Besonders drang er auf die deutliche Aussprache von *Namen* und mit großem Recht.

Ebenso war ihm das Murmeln zuwider, zumal an Schauspielern. Und in späterer Zeit, wo sein Gehör abnahm, ganz unerträglich, so daß er lauter zu sprechen durch Bitte oder Hinneigen des Ohrs anmahnte. Zwar verfiel er zuweilen selbst in jenes gerügte Murmeln, es geschah aber mehr, um das Unbedeutende, was er nur zu erwidern wußte oder eben nur wollte, nicht gar zu merklich zu machen; oder auch, um eine schalkhafte Bemerkung nicht gerade ganz zu unterdrücken.

7134 Riemer: Aus dem Nachlaß

Goethe war mit großem Gedächtnis begabt. Nicht allein, daß er seine eigenen Sachen aus dem Gedächtnis rezitieren konnte, auch frühere und frühste, er hatte ein großes Sachgedächtnis, wenn er auch Namen und Jahreszahlen in spätren Jahren verwechselte oder falsch angab.

7135 Riemer: Aus dem Nachlaß

Goethes Rezitation oder Deklamation war ganz eigner Art, aber gewiß eine natürliche, durch sein Individuum und die vorzutragende Sache motiviert.

Ohne vielleicht etwas von den Ansichten der Alten über Deklamation zu wissen, war sie nicht ohne *Gesten* und *Mienen*. Bewegungen der rechten Hand.

7136 *Riemer: Aus dem Nachlaß*

Übrigens las Goethe den Frauen lieber vor als den Männern, teils weil sie aufmerksamer und teilnehmender zuhören als die Männer, die öfters nicht einmal einen andern vorlesen hören können, sondern lieber selbst lesen möchten; teils weil die Verschiedenheit des Geschlechts auch einen andern Eindruck vermuten läßt.

7137 *Riemer: Aus dem Nachlaß*

«*De legibus nostris, neque ut sint, neque ut non sint, habes dicere*», pflegte Goethe von unsern vielen und darum wenig beobachteten Verordnungen zu sagen, des Protagoras Worte *de Diis* (bei Cicero *de Nat.Deor.lib.I*) parodierend.

7138 *Riemer: Aus dem Nachlaß*

[Goethe:] «Mathematische Tendenz der Franzosen, überall Gleichungen zu suchen und zu verlangen (auch im Verständlichen, den Übersetzungen aus einer Sprache in die andre); da ja das Leben in dem *Bruche* besteht, der überall der Gleichung sich entzieht.»

7139 *Riemer: Aus dem Nachlaß*

[Goethe:] «Alle Kultur, von welcher Art sie sei, kann immer als unnütz angesehen werden, mit dem kurz vorhergehenden Zustande verglichen.»

7140 *Riemer: Aus dem Nachlaß*

[Goethe:] «Man kann auch an der Gewohnheit sterben. Alexander und Titus starben an der Gewohnheit zu baden. Jenem vermehrte das Bad sein Fieber, dieser konnte nicht essen, wenn er nicht zuvor gebadet.»

7141 *Riemer: Aus dem Nachlaß*

[Goethe:] «Mensch eine Doppelnatur, deren beide Seiten

gleiche Rechte haben und sich im Gleichgewicht halten sollten. Nun verdammt man die eine und begreift nicht, daß man dadurch der andern die Mittel nimmt, zu wirken, ja zu sein.»

7142 *Riemer: Aus dem Nachlaß*

Goethe pflegte zu sagen: es sei schade, daß man das Leben nicht zweimal leben könne.

Auch von seinem Schreiber Geist führte er das Beispiel an, daß dieser, wenn er etwas nicht recht gemacht und darüber zurechtgewiesen, sich damit ausgeredet: Er habe es erst einmal gemacht.

7143 *Riemer: Aus dem Nachlaß*

In den Gleichnissen steckt nach Goethe (aus einem Gespräch mit ihm) die Kultur oder Lebenserfahrung, die sittliche, die imaginierte, die künstlerische, die zivile usw. Das Gleichnis macht eigentlich den Dichter, das heißt sein Subjekt, das andre ist faktisch, das heißt ist Objekt.

7144 *Riemer: Aus dem Nachlaß*

Goethe sprach einmal zu mir von der Vernunft, daß sie am wenigsten Freiheit gewähre, oder daß die Vernünftigen am wenigsten frei wären.

7145 *Riemer: Aus dem Nachlaß*

[Goethe?:] In eine Dichtung einen Sinn hineinlegen! Als wäre von einem Bonbon die Rede, das in die bunte Schale, mit *rebus* verziert, eingewickelt, allein verspeist wird.

7146 *Riemer: Aus dem Nachlaß*

[Goethe:] «Der beste Diener ist der größte Schelm.»

7147 *Riemer: Aus dem Nachlaß*

[Goethe:] «Der Sänger liebt das Tragende; daher die larmoyanten Poesien.»

7148 *Riemer: Aus dem Nachlaß*

[Goethe:] «Musik verträgt wie die Feuerwerke nur ein leichtes Gerüst, an dem sie abbrennt.»

7149 *Riemer: Aus dem Nachlaß*

[Goethe:] «Die Welt kann nur durch die gefördert werden, die sich ihr entgegensetzen. Wer sich ihr akkomodiert, ist für alles tüchtige Leisten verloren. Die Nachgiebigkeit gegen sie macht untätig. Sie paralysiert den, der ihre Meinung, ihre Urteile respektiert.»

7150 *Riemer: Aus dem Nachlaß*

[Goethe:] «Franzosen sind in ihrer Tragödie bloß pragmatisch. Es ist nichts als Reflexion über das Geschehene, was die Personen des Stückes sagen; es ist keine Handlung drin.»

7151 *Riemer: Aus dem Nachlaß*

[Goethe:] «Den Kreuzzügen verdanken wir doch Beschützung und Erhaltung der gebildeten europäischen Zustände gegen das Zudringen der östlichen Völker.»

7152 *Riemer: Aus dem Nachlaß*

[Goethe?:] «Wieviel Silber der Rechtschaffenheit ich unter dieses mein Kupfer noch drunter tun will, daß es im Handel und Wandel noch gilt, das ist meine Sache und geht niemand als mich und Gott an.»

7153 *Riemer: Aus dem Nachlaß*

[Goethe:] «In der *Natur* ist alles, was der Mensch hat, und noch ein Inkommensurables, ein x, was *er* nicht hat; der *Mensch,* hat alles, was die Natur hat, und noch ein Inkommensurables, was *sie* nicht hat; kommen nun alle beide zusammen, so muß etwas ganz Vortreffliches entstehen.»

7154 *Riemer: Aus dem Nachlaß*

[Goethe:] «Unvollständigkeit aller Erfahrungswissenschaften, insonderheit der Geschichte. Wie wenig ist, was überhaupt von den einzelnen Personen der Geschichte gewußt wird. Und wie wenig ist das, was in einzelnen Büchern überliefert wird. Die Individualität der Person erscheint nie, sondern ein Abstraktum mit Wunderlichkeiten.»

7155 *Riemer: Aus dem Nachlaß*

[Aussprüche Riemers, von Goethe gebilligt.]

Die Weiber muten an,
die Männer muten zu.

Die Männer hassen einander wegen der Meinung.
Die Frauen wegen der Erscheinung.

7156 *Riemer* *4. Mai 1832*

Hätte ich vorhersehen können, daß ich ihn überleben würde, niemals würde ich aus seinem Hause gegangen sein, ich würde mich nicht für mich etabliert haben, wie man zu sagen pflegt: er müßte mich denn selbst entlassen haben. Das würde er aber nicht: denn schon damals entbehrte er mich ungern und hätte gern meinen Entschluß rückgängig gemacht, es war aber zu spät. Er fühlte wohl den Vorteil, den es ihm gewährte, einen Menschen um sich zu haben, dem er vertrauen konnte, der expedit genug war, alle seine Gedanken und Worte schnell in die Feder zu fassen, der ihm das Mechanische der Schriftstellerei und des Autorwesens abgenommen hätte. Wieviel mehr wäre fortgesetzt, wieder aufgenommen, von Frischem begonnen worden, wenn er diese Bequemlichkeit fortwährend gleichmäßig genossen! Zwar hat es ihm nicht an Händen und in der letzten Zeit auch nicht an einem Kopfe gefehlt, der, fähig und willig in seine Ideen einzugehen, ihm willkommene und bedeutende Dienste leistete [Ekkermann]; indes war dies doch ziemlich spät, und zehn bis zwölf Jahre, gerade die produktivsten, sind ohne solche unmittelbare Anregung und Aufforderung, wie sie ein stetes Zusammenleben gibt, unvollkommen genützt dahingegangen. Doch seien wir zufrieden, daß alles noch so gekommen und geworden ist. Das Mögliche ist freilich vieles, das Wirkliche freilich nur eins, und dessen müssen wir uns als eines Vorhandenen erfreuen und mit Dank genießen.

7157 *Riemer* *20. Oktober 1832*

Ich erinnere mich, daß ich eines Abends mich mit Goethe

über den lateinischen Euphemismus Ad plures ire unterhielt, indem ich auseinandersetzte, wie richtig er sei, indem die Mehrzahl ohne Zweifel die der Verstorbenen sei... Goethe pflegte auch bei sonst ihm apprehensiven Dingen, wie namentlich Tod und Sterben, doch mit einer Art von Humor davon zu sprechen oder sprechen zu lassen: wie eben an jenem Abend; und er hatte nicht nötig, sich gegen mich zu genieren, wenn man etwa denken sollte, er hätte sich gegen mich verstellt und mit innerlichem Unbehagen die Sache nur geschehen lassen.

7158 Riemer *24. Mai 1833*

Goethe hatte einen besondern und großen Glauben an sich, wie ihn alle großen Männer und Frauen, die etwas in der Welt wirkten, gehabt haben und noch haben, das heißt nicht bloß die Vorstellung, daß sie etwas Besonderes wären, sondern auch, daß die Natur oder Gott etwas Besonderes mit ihnen gewollt, ihnen mehr und größere Eigenschaften oder Vorzüge mitgeteilt habe, die er (Goethe) wenigstens auch dankbar erkannte und es gelegentlich auch ausspricht. Zumal nannte er sein Dichtertalent eine Gottesgabe, die ihm zu Ehre und Glück für ihn und andere mitgeteilt sei, und die er zweckmässig zu verwenden habe. Aus dieser geglaubten und sentierten Begünstigung der Natur und Gottes für ihn erklärt sich denn auch das Fiducit, die Zuversicht, die er auf gewisse Ahndungen, Voraussehungen, Prophezeiungen, die er hatte oder machte, zu setzen pflegte, im geheimen wenigstens, ohne sich deren zu berühmen, außer etwa, wenn sie genau in Erfüllung gingen.

7159 Riemer *12. Oktober 1833*

Goethe pflegte sich über den Großherzog niemals zu äußern, wenigstens niemals direkt mißbilligend, sondern die Differenz mit ihm in der Art anzudeuten, daß er jenem eine absolute, aber ihrer unbewußte Natur beilegte, die mit einer ihr eigenen Energie handele, und was dabei herauskomme, müsse man eben gelten oder doch geschehen lassen (weil man's doch nicht hindern könne). Das Jagemannsche Verhältnis wirkte indes nicht nur hinderlich, sondern auch kränkend für Goethes Gefühl und Kunsteinsicht, und hier entfuhren ihm in Vertrauen auf die Diskretion seiner Umgebung manchmal einige empfindliche und ärgerliche Bemerkungen über die Jagemann. In späterer Zeit, nachdem er längst vom Theater geschieden, ja nachdem der Großherzog bereits gestorben war, erinnere ich mich, daß er eines Abends in vertraulicher Plauderei und ohne alle Ranküne unter anderm bemerkte, des Großherzogs Fehler sei gewesen, daß er sich in eine Liaison mit einer Person unter seinem Stande eingelassen habe. Er hätte, wie früher, mit Prinzessinnen zu tun haben sollen. Goethe drückte sich darüber energisch aus, wie es seine Art war gegen Vertraute, man könnte sagen: mit stoischer Derbheit.

7160 Riemer: Aus dem Nachlaß

[Einfälle von Goethe:] Das Unrechte ist nur ein Notbehelf, damit die Zeit ausgefüllt werde, weil man das Rechte noch nicht hat.

Gotische Architektur = Filigranarbeit...

Die Liebe erregt bloß die Individualität des andern.

Glaube an Menschheit. Aus der Rezension von den Wahlv[erwandtschaften] in der J[enaischen Allgemeinen] L[iteratur-]Z[eitung], wo der Rezensent einen Zufall nennt als empirisches Wort für etwas, was nur die Götter aussprechen.

Geist Gablidon, der sich selbst malt. Graf Thun.

7161 Riemer: Aus dem Nachlaß

[Goethe:] Die große allgemeine Vernunft, die sich der Welt mitgeteilt, erhält sie im Gleichgewicht, im Bestand; sonst stürzte alles über einen Haufen und fräße sich selbst auf.

7162 Riemer: Aus dem Nachlaß

Goethe bemerkte, daß er nichts so hasse, als Horatius' ars poetica, weil sie so viel dumme Nachbeterei und Kritikerei aufgebracht. Ich setzte noch Aristoteles' Poetik dazu. Beide haben dem Unverstand unverständige Waffen in die Hände gegeben, womit sie unverständig fackeln.

7163 Riemer: Aus dem Nachlaß

Goethe bemerkte bei Gelegenheit von Aristophanes' Wolken und deren Übersetzung, und dem Bevorworten der Ausleger: man könne auch sagen wie jener Mathematiker: mais que c'est que ça prouve? vis-à-vis von Sokrates und der Philosophie.

7164 Riemer: Aus dem Nachlaß

[Goethe:] «Auch in der Poesie, besonders in der dramatischen Kunst, bleibt ein Bruch. Es ist die Frage nur, wo man ihn hinwerfen will, ob in die Prologe, Monologe, technische Behelfe, Nebenpersonen, Konfidenten und dergleichen, ob man es für den Verstand oder die Einbildungskraft tun will: poetischer oder prosaischer. Die Forderungen von Wahrscheinlichkeit und Illusion gehen alle vom Verstande aus. Die Phantasie verlangt keine, sie macht sie sich selbst oder bringt sie mit.»

7165 Riemer: Aus dem Nachlaß

Goethes geistreiche Erklärung des Gryllus. Er sieht es an als entstanden aus dem Versuch des Künstlers, von allem Bedeutenden, was er machen kann (und der Kopf ist doch an Tieren und Menschen das Bedeutendste, worauf es am meisten ankömmt), eine Probe zu liefern und diese in einen künstlerischen, kunstgemäßen Zusammenhang zu bringen.

7166 Riemer: Aus dem Nachlaß

[Goethe?:] «Da die Rede die Sinne und das innere Vorstellungsvermögen vertreten muß, so muß sie auch zu diesen reden und der Ausdruck sinnlich und repräsentativ sein.»

7167 Riemer: Aus dem Nachlaß

[Goethe?:] «Ein Landschaftsmaler und überhaupt ein Maler hat zu bedenken, daß es ein Raum ist, den er verzieren soll. Roux et socii wissen das nicht, daher sieht ihre Sache auch nach nichts aus.»

«Ein Gegenstand wird sogleich ein anderer, sobald er durch die Phantasie des Menschen als Medium durchgegangen.» In Asch bemerkt, als Goethe das hölzerne Gebäude und seinen Anhang zeichnete.

[Goethe?:] «Wenn der Mensch sich in irgendwas dem Schöpfer gleichstellen kann, so ist es der Künstler, indem er den Gegenstand nochmals erzeugt und sich mit ihm identifiziert.

Die holländischen Landschaften sind erst was durch die Phantasie des Künstlers und des Beschauers. Es wird gleichsam vorausgesetzt, daß da nichts zu sein brauchte, wo er (der Künstler) ein Etwas hingesetzt.»

7168 *Riemer: Aus dem Nachlaß*

[Riemer?:] «Lob und Tadel gegen einen Autor, eine Produktion halten sich die Waage, indem sie zugleich sind. Dasselbe Werk wird verbotenus durch alle hindurch gelobt, und ebenso die Reihe durch getadelt. Es ist nichts, was gelobt würde, ohne zugleich von andern getadelt zu werden, und umgekehrt, und so neutralisieren sich die Wirkungen.» «Ja», bemerkt Goethe, «man kann sagen, daß gerade das Individuelle, das, wodurch er der Autor ist, das punctum saliens, wenn es unverdeckt erscheint, getadelt wird.»

7169 *Riemer: Aus dem Nachlaß*

Die Franzosen haben den größten Einfluß auf Goethes poetisches Schicksal gehabt, zuerst durch die französische Revolution, dann durch das Kaiserreich, und ihn gewissermaßen paralysiert, wie er selbst gesteht.

7170 *Riemer: Aus dem Nachlaß*

[Goethe:] «In der romantischen Poesie bezieht sich Galanterie auf das Verhältnis von Gott-Vater zur Maria, und Rittertum auf die Passionen Christi.»

7171 *Riemer: Aus dem Nachlaß*

[Goethe?:] «Wenn einer von recht gutem alten Adel sein will, so darf er mit seinen Ahnen auch nicht gar zu weit zurückgehen, zum Beispiel nicht bis zu Adam, denn dann wird er schon wieder schlecht.»

7172 *Riemer: Aus dem Nachlaß*

[Goethe?:] «Die Gesellschaft (Status socialis) läßt nur die Tugenden gelten, die sie fordert und hervorbringt, und alle natürlichen und angeborenen nicht.»

7173 *Riemer: Aus dem Nachlaß*

[Goethe:] «Gott sieht durch die Finger, aber nicht ewig.»

7174 *Riemer: Aus dem Nachlaß*

[Goethe:] «Es darf nur einer seinem Schicksale zu entgehen suchen, er kommt doch zuletzt darauf zurück. So Alfieri, der allen Orden und Auszeichnungen ausweichen wollte und sich zuletzt selbst den Homers-Orden erfand.»

7175 *Riemer: Aus dem Nachlaß*

[Goethe:] «Die Natur-Erscheinungen sind perceptible und imperceptible. Nur das Mechanische davon ist perceptibel.»

7176 *Riemer: Aus dem Nachlaß*

[Goethe:] «Die Argumente (pro und contra) wollen nichts heißen. Es ist die Not und die Tat.»

7177 *Riemer: Aus dem Nachlaß*

Haben die Granite (welche die Basis der Überlagen machen) unter sich einen Zusammenhang, das heißt bilden sie unter dieser Überlage ein Kontinuum, aus dem sie nur hin und wieder entblößt vorgucken?

Die Flöze und dergleichen doch nicht.

Finden sich nur in gewisser Höhe, in der und der Höhe oder Entfernung vom Centro aus gerechnet, die Flöze, Urkalke pp., oder ist dies willkürlich?

Diese Frage legte ich Goethe einmal vor, erinnere mich aber seiner Antworten nicht ganz deutlich, nur soviel, daß er doch auch, wie man jetzt zum Beispiel neulich behauptet, daß die Erde nicht hohl (keine Hohl-Kugel), sondern ein massiver Kern sei, dieser Vorstellung zugetan war.

7178 *Riemer: Aus dem Nachlaß*

«Sittenlehrige Absichten verderben die Naturkundigung.» Diese Bemerkung von Realis de Vienna (hieß eigentlich Gabriel Wagner, aus Quedlinburg gebürtig und 1696 Magister zu Hamburg, ein guter vorschreitender Kopf seiner Zeit, konnte aber nicht prosperieren, durch seine oder der andern Schuld), die ich Goethen eines Abends mitteilte, gefiel ihm so, daß er sie als Motto vor einem seiner morphologischen Aufsätze anbringen wollte.

7179 *Riemer: Aus dem Nachlaß*

«Alle Vögel, die mich hassen,
Müssen mich doch sitzen lassen.»

Dieser Stammbuchvers gefiel Goethen überaus wohl; daher er ihn auch sich angemerkt hatte und mir mitteilte. Er hat ihn auch in seiner Art nachgebraucht: Den Poeten müsse man ihm doch lassen, wenn er ihnen auch den Menschen preisgebe.

7180 *Riemer: Aus dem Nachlaß*

«Sie müssen alle wieder in die Windeln –, die wir ausgewaschen haben», pflegte Goethe zu sagen, wenn er andeuten wollte, daß die Nachkommenden dieselben Fehler, Irrtümer, Krankheiten, die wir abgelegt und bestanden, durchmachen müssen, also dieselben Erfahrungen wiederholen müssen.

7181 *Riemer: Aus dem Nachlaß*

«Die Weiber sind wie die Würfel», sagt Goethe. – Ja! Sie fallen zwar immer auf eine Seite, aber sie werfen immer eine andre Zahl.

7182 *Riemer: aus dem Nachlaß*

[Goethe:] «Umkehrung der Liebe im Alter, das heißt im reifen Alter.

In beiden Altern ist ein *Dunkles* und ein *Klares* verbunden, aber umgekehrt. Was in der Jugend dunkel ist, wirkt im Alter als klare Einsicht, und was in der Jugend klar, ist im Alter dunkel. In der Jugend ist zum Beispiel das Sinnliche viel klarer, das heißt man hat eine deutlichere Erkenntnis von dem Sinnlichschönen des geliebten Gegenstandes, und ein dunkleres Gefühl seiner geistigen, moralischen Vollkommenheiten. Im Alter ist die Erkenntnis der geistigen und moralischen Vollkommenheiten des geliebten Gegenstandes eine klare, das Gefühl der sinnlichen Reize ein dunkles oder dunkleres. Man gesteht sich's wieder. Man ist sich in der Jugend bewußter, was einem sinnlich wohlgefällt an dem andern, als im Alter, aber minder erkennt man das Geistige.»

7183 *Riemer: Aus dem Nachlaß*

[Goethe:] «Unarten des Publikums unserer Freunde und Bekannten. Sie meinen, es geschehe etwas nur darum, damit sie davon hören und reden sollten.»

7184 *Riemer: Aus dem Nachlaß*

[Goethe:] «Das Genie verlangt überall das Unbedingte oder etwas Unbedingtes.»

7185 *Riemer: Aus dem Nachlaß*

[Goethe:] «Die Menschen gestehen ja einander nicht die Existenz zu; wie sollten sie es mit den Bedingungen? Nun erlauben sie einem nicht, eitel, stolz, ehrgeizig usw. zu sein, und sind doch das alles selbst.»

7186 *Riemer: Aus dem Nachlaß*

[Goethe:] «Ein verdienstvoller Mann soll bescheiden sein – damit die Lumpe unbescheiden über ihn räsonnieren können.»

7187 Riemer: Aus dem Nachlaß

«Wenn ich die Fürsten lehrte, wie man tyrannisieren muß, so lehrte ich auch die Völker, wie man die Tyrannen vernichtet,» sagt Machiavel. Vergleiche, was ich aus einem Gespräch mit Goethe über Napoleon notiert, daß er sowohl die Fürsten als die Völker belehrt habe.

7188 Riemer: Aus dem Nachlaß

[Goethe:] «Das monarchische und das demokratische Prinzip sind wie das gute und böse Prinzip, wie Gott und Teufel, die auch nicht miteinander fertig werden können und einer den andern gewähren lassen.»

7189 Riemer: Aus dem Nachlaß

Über konstitutionelle Verfassung. [Goethe?:] «Wie wenn sich die Glieder des Leibes versammeln wollten und beratschlagen, was eines jeden Bestes oder Interesse erheischte? wo es denn sehr eigensüchtig zugehen würde, indem jedes nur an sich dächte und nicht an das andre.»

7190 Riemer: Aus dem Nachlaß

[Goethe:] «Die Benennung *Philister* soll davon herkommen: Ein gewaltiger Raufbold unter den Studenten in Jena wurde einmal von den Gnoten fürchterlich zusammengeprügelt, wovon er sogar starb. Der Prediger wählte zum Leichentext: Philister über dir, Simson. Seitdem hieß, was nicht Student ist, Philister.»

7191 Riemer: Mitteilungen über Goethe *1841*

[Über Falk und sein Erziehungsinstitut.] Im übrigen ahmte er dabei nur den barmherzigen Schuster in Rom nach, wie ihn Goethe beschreibt, und wahrscheinlich nach dessen mündlicher Tradition: denn Goethe erzählte öfters die Geschichte dieses ebenso weltklugen als frommen Waisenvaters lange zuvor, ehe er sie weiter ausgeführt seiner Italienischen Reise einverleibte.

7192 *F. v. Müller: Goethe in seiner praktischen Wirksamkeit* *1832*

Die Fähigkeit, vom Besondern schnell zum Allgemeinen aufzusteigen, das scheinbar Getrennte zu verknüpfen und für jede abweichende Erscheinung die befriedigende Formel der Gesetzmäßigkeit aufzufinden, hat nicht leicht ein Sterblicher in höherm Grade besessen. Daher denn auch bei jedem Naturstudium ihm leicht und ungezwungen ein *aperçu* entgegenkam – oder, wie er es ausdrückte, das Gewahrwerden einer großen Maxime eintrat, die ihr Licht urplötzlich über seine Forschungen ausgoß.

«Ich lasse», hörte ich ihn einst sagen, «die Gegenstände ruhig auf mich einwirken, beobachte dann diese Wirkung und bemühe mich, sie treu und unverfälscht wiederzugeben; dies ist das ganze Geheimnis, was man Genialität zu nennen beliebt.»

7193 *F. v. Müller: Goethe in seiner praktischen Wirksamkeit* *1832*

Gerade die tiefe Bedeutung, die er in jeder politischen Erscheinung wahrnahm, der hohe Ernst, mit welchem er von Regierenden und Regierten ein verständiges, wohlwollendes Auffassen und Üben ihrer Rechte und Pflichten forderte, von jedem frechen, verwirrten, haltungslosen Treiben sich abwandte, gerade diese edelste politische Sinnesweise war es, die ihm ein nichtiges Radotieren oder leidenschafliches Parteistreben so widerwärtig, so verhaßt machte.

Davon Notiz nehmen zu müssen, konnte ihn zuweilen wahrhaft unglücklich machen, und das Wichtige, Große, Folgenreiche frivol und leichtsinnig behandelt zu sehen, fast zur Verzweiflung bringen...

«Ihr Jüngern» – pflegte er zu sagen – «stellt euch wohl leicht wieder her, wenn irgend eine tragische Explosion euch momentan verwundet; wir alten Herren aber haben alle Ursache, uns vor Eindrücken zu hüten, die übermächtig auf uns einwirken und eine folgerechte Tätigkeit nur nutzlos unterbrechen.»

7194 *F. v. Müller: Goethe in seiner praktischen Wirksamkeit* 1832

Wie viele hochachtbare Männer, die jetzt in weitesten, ehrenvollen Kreisen wirken, haben bei ihren frühern Bestrebungen sein erfrischendes Wohlwollen, seine belehrende und belebende Ermunterung und Förderung erfahren!

Entschieden aber zog er sich zurück, sobald er ein vages, willkürliches Umhertappen, ein abenteuerliches, schrankenloses Wollen bemerkte, wo denn der Ausspruch: «Gute Menschen, ihnen ist nicht zu helfen!» seine Resignation auf gedeihliche Einwirkung lakonisch genug bezeichnete.

7195 *F. v. Müller: Goethe in seiner praktischen Wirksamkeit* 1832

«Es gibt nur zwei Wege – hörte ich ihn oftmals behaupten –, ein bedeutendes Ziel zu erreichen und Großes zu leisten: Gewalt und Folge. Jene wird leicht verhaßt, reizt zu Gegenwirkung auf und ist überhaupt nur wenigen Begünstigten verliehen; Folge aber, beharrliche, strenge, kann auch vom Kleinsten angewendet werden und wird selten ihr Ziel verfehlen, da ihre stille Macht im Laufe der Zeit unaufhaltsam wächst. Wo ich nun nicht mit Folge wirken, fortgesetzt Einfluß üben *kann*, ist es geratener, gar nicht wirken zu *wollen*, indem man außerdem nur den natürlichen Entwicklungsgang der Dinge, der in sich selbst Heilmittel mit sich führt, stört, ohne für die bessere Richtung Gewähr leisten zu können.»

7196 *F. v. Müller: Goethe in seiner praktischen Wirksamkeit* 1832

Die Zeit war ihm das kostbarste Element, er wußte sie wie keiner zu nutzen, wahrhaft auszubeuten und mitten im Andrang zahlloser Einzelheiten Sammlung genug zu gewinnen, um den Faden tiefster Forschung oder dichterischer Schöpfungen festzuhalten.

Hat er doch einst, als der Besuch eines erhabenen Königs

ihn beglückte, sich mitten aus den anziehendsten Gesprächen auf einige Minuten abgeschlichen, um schnell für seinen Faust eine eben in ihm aufgetauchte Idee niederzuschreiben.

«Der Tag ist grenzenlos lang, wer ihn nur zu schätzen und zu nutzen weiß», hörte man ihn oftmals sagen.

7197 F. v. Müller: Goethe in seiner praktischen Wirksamkeit *1832*

Dem Gegenstande, der ihn beschäftigte, gehörte er jedesmal ganz an, identifizierte sich mit ihm nach allen Seiten, und wußte, während er irgend eine wichtige Aufgabe sich gesetzt, alles seinem Ideengang Fremdartige standhaft abzulehnen.

«In den hundert Dingen, die mich interessieren – äußert er – konstituiert sich immer eins in der Mitte als Hauptplanet, und das übrige Quodlibet meines Lebens treibt sich indessen in vielseitiger Mondgestalt umher, bis es einem und dem andern auch gelingt, gleichfalls in die Mitte zu rücken.»

7198 F. v. Müller: Goethe in seiner praktischen Wirksamkeit *1832*

Ich erinnere mich noch lebhaft der naiven Verwunderung eines wackern französischen Geistlichen aus Paris, der nur den großen Dichter zu besuchen geglaubt hatte, als Goethe im Laufe des Gesprächs ihm unvermutet die französische Kirchengeschichte der letzten drei Jahrhunderte in großartigen Umrissen aufrollte und mit den Lichtblitzen seiner Bemerkungen erhellte.

Mit demselben Interesse, mit welchem er sich ein andermal die Schlacht von Trafalgar von einem britischen Seemann bis ins kleinste Detail erzählen ließ, verfolgte er die einzelnen Aufrisse und Baupläne, die man ihm bei jeder neuen vaterländischen Anlage, mochte sie eine Chaussee, Kirche, Schule, oder auch nur ein Torhaus betreffen, vorzulegen durchaus nicht ermangeln durfte.

7199 *F. v. Müller: Goethe in seiner praktischen Wirksamkeit* 1832

Denn ihm war es Bedürfnis, von jedem noch so heterogenen Zustande einen deutlichen Begriff zu gewinnen und die unglaubliche Fertigkeit, mit der er jedes Ereignis, jeden perönlichen Zustand in einen *Begriff* zu verwandeln wußte, ist wohl als das Hauptfundament seiner praktischen Lebensweisheit anzusehen, hat sicher am meisten beigetragen, ihn, den von Natur so Leidenschaftlichen, so leicht und tief Erregbaren, unter allen Katastrophen des Geschicks im ruhigen Gleichgewicht zu erhalten. Indem er stets das Geschehene, Einzelne sofort an einen höhern allgemeinen Gesichtspunkt knüpfte, in irgend eine erschöpfend[e] Formel aufzulösen suchte, streifte er ihm das Befremdliche oder persönlich Verletzende ab und vermochte nun, es in der Form naturmäßiger Gesetzlichkeit ruhig zu betrachten, ja als ein Geschichtliches, gleichsam nur zur Erweiterung seiner Begriffe Erscheinendes, zu neutralisieren. Wie oft hörte ich ihn äußern:

«Das mag nun werden, wie es will, den Begriff davon habe ich weg, es ist ein wunderlicher komplizierter Zustand, aber er ist mir nun doch völlig klar.»

7200 *F. v. Müller: Goethe in seiner ethischen Eigentümlichkeit* 1832

Über seine Gegner in der literarischen Welt, wie *früher* im Staatsdienste – denn man darf wohl behaupten, daß er in spätern Jahren darin keinen einzigen, sondern nur allenthalben tätige, anhängliche Förderer seiner Zwecke gefunden –, konnte er sich wohl oft heftig, ja leidenschaftlich herauslassen, nie aber hat er, auch nicht am Feinde, das Achtungswerte, Verdienstliche, Talentvolle verkannt, nie kleinlichem Neide oder hämischer Verketzerungssucht sich hingegeben.

Wie oft hörte ich ihn, wenn das Gespräch auf Männer fiel, die in frühern Jahren ihm geradezu entgegengewirkt oder durch bittere Urteile ihn gekränkt hatten, das Eigentümliche ihres Charakters, und wie sie demgemäß ihm und seinen damaligen Richtungen notwendig abhold sein mußten, mit höchster Milde auseinandersetzen und jedes ihrer Verdienste unbefangen hervorheben!

7201 *F. v. Müller: Goethe in seiner ethischen Eigentümlichkeit* *1832*

Klar und deutlich bezeichnete er in wenigen, aber gemessenen Worten das Ziel, die Aufgabe, erweckte mit kurzen, prägnanten Andeutungen das Bild der geforderten Leistung in der Phantasie des Untergebenen und wußte selbst durch Aufzählung der Schwierigkeiten den Mut des Unternehmens zu steigern. Jede, auch die unwichtigere Aufgabe stellte er als eine *höchste* dar, damit selbst im kleinsten Detail etwas Bedeutendes erstrebt, etwas Volltüchtiges geleistet werde; nichts war seinem Blicke zu gering, es zu beachten; was er auch vornahm, er legte das ganze Gewicht seiner Persönlichkeit hinein. Ein Unbedeutendes kannte er nicht, weil seine Behandlungsweise, der Sinn, den er hinein trug, es alsobald zum Bedeutenden umschuf. Das Kuvertieren eines Briefes, das Einpacken einer Zeichnung wurde von ihm stets mit derselben besonnenen Genauigkeit und Zierlichkeit besorgt, wie der Abschluß des wichtigsten Geschäfts oder die Revision gehaltreichster Entwürfe. Daher ihm denn nicht leicht eine Mitteilung größern Beifall abgewann, als da ich ihm einst erzählte, Graf Capo d'Istrias habe mir bei seiner Abreise nach Griechenland gesagt:

«Ich folge dem Rufe des Schicksals, obgleich zweifelnd am Gelingen meines Unternehmens. Denn nicht was der Mensch *erreicht*, sondern was und *wie* er *strebt*, verdient Achtung, gewährt Beruhigung.

Und wäre es meine Aufgabe, diese Streusandbüchse, die eben vor mir steht, immerfort auszuschütten und wieder zu füllen, – ich würde es mit unermüdeter Geduld und genauester Sorgfalt tun.»

7202 *F. v. Müller: Goethe in seiner ethischen Eigentümlichkeit* *1832*

Das Geheimnis hatte überhaupt stets für Goethe einen ganz besondern Reiz, nicht nur aus dem poetischen Gesichtspunkte, sondern auch vorzüglich darum, weil es vor Entweihung würdiger Vorsätze und Bestrebungen sichert, ihr Gelingen erleichtert und die Willenskräfte der Verbündeten steigert...

Aus jener Liebe zum Geheimnis entsprang nicht minder seine vorherrschende Neigung zum *Rätselhaften,* die nicht selten den Genuß seiner schriftstellerischen Leistungen erschwert.

Diese Neigung bildete sich in ihm zur überlegten Maxime aus; ich hörte ihn oft behaupten: ein Kunstwerk, besonders ein Gedicht, das nichts zu erraten übrig ließe, sei kein wahres, vollwürdiges; seine höchste Bestimmung bleibe immer: zum Nachdenken aufzuregen, und nur dadurch könne es dem Beschauer oder Leser recht lieb werden, wenn es ihn zwinge, nach eigner Sinnesweise es sich auszulegen und gleichsam ergänzend nachzuschaffen.

7203 *F. v. Müller: Goethe in seiner ethischen Eigentümlichkeit* *1832*

Die Anmut seiner Tischreden, wo jeder kleine Anlaß Funken des Witzes, sinnvolle Anspielungen oder die kernhaftesten Urteile und Aussprüche hervorrief, übertraf vielleicht noch der Zauber, den er in guten Stunden harmlosen Zwiegesprächs übte, wenn er die Schätze seiner Erfahrungen aufschloß, oder interessante Begebenheiten des Tages mit dem milden Lichte erhabener, ruhiger Weisheit beleuchtete, oder auch über die tiefsten sittlichen und künstlerischen Probleme mit genialer Klarheit und Einfachheit sich herausließ. Nicht schon in der ersten Stunde solchen Zusammenseins durfte man hoffen, dieser geistigen Blitze und wohltuenden Gemütsausströmung froh zu werden; wie alles sich bei ihm folgerecht entwickelte und jedes sprunghafte Hervortreten oder absichtliche Ausforschen ihm verhaßt war: so bedurfte es auch erst längern, ungestörten Gesprächs und zufälliger Anlässe, um die ganze Fülle seiner Liebenswürdigkeit zu entfalten; war aber ein solcher köstlicher Moment eingetreten, so schien sein ganzes Wesen verklärt, seine Brust gleichsam freier, ja die Person, zu der er sprach, ihm so viel lieber geworden, und er suchte und sann dann rings umher, wie er den befreundeten Genossen solcher traulichen Stunde noch mit einem sichtbaren Zeichen der Liebe und des Wohlwollens entlassen könnte.

7204 F. v. Müller *24. Februar 1824*

Herrliches Nachmittagswetter. Spaziergang mit Falk. Merkwürdige Verteidigung des Großherzogs durch Goethe, als im Jahre 1807 die Franzosen seine Preußomanie tadelten. Kräftige und treffende Urteile über Goethe und Herder.

Ersterer stehe immer nahe am Göttlichen, wage aber nicht, die schmale papierene Scheidewand, die ihn davon noch trenne, einzustoßen. Es fehle ihm Demut, er sei zu sehr im bloßen Wissen befangen, doch ehre er höchlich auch gläubigere Individualitäten. Merkwürdige Äusserungen Goethes an Wielands Begräbnistage. Annahme von unzerstörlichen Monaden.

7205 C. G. Carus an J. G. Regis *11. Mai 1832*

[Gespräch mit dem Kanzler von Müller über Goethe.] Unter andern kamen wir auch auf Goethes Ansichten von der Dämonologie im reinern Sinne zu sprechen, in dem Sinne, wo Dämon mit Urbild – Idee – Gottesgedanke zusammenfällt. – Da hatte er sich einmal spät abends darüber ausgesprochen, gesagt, wie es so veschiedene Dämonen gebe, deren einige höhern Ranges – Urgeister – , welchen die kleinen Dämonen manches in den Weg zu legen suchten, die aber trotz allem doch wieder durchdrängen und gewissermaßen schon in ihrem Menschendasein sich von unverwüstlicher Natur zeigten. – Dann wie es gar wohl in der Macht des den göttlichen Funken in sich bewahrenden und erhaltenden Dämon stehe, zur eigentlichen individuellen Unsterblichkeit sich hindurch zu arbeiten, da der getrübte und schwache allmählich wie ein Licht verlösche; und dergleichen tiefsinnige Betrachtungen mehr. – Endlich aber war er in tiefer Nacht vom Tisch aufgestanden, sagend: «Es ist unrecht, daß ich mich über diese Dinge hier so ausspreche, darüber spreche ich eigentlich nur mit Gott!»

7206 *F. v. Müller: Johann Stephan Schütze*

... jene poetische Heiterkeit war so sehr sein Lebenselement, daß er drei kleine Bändchen «Heitere Stunden» herausgab und sie Goethen zu seinem goldnen Jubelfeste (siebenten November 1825)widmete...
Goethe, der ein so reines, in sich beschlossenes Naturell höchlich zu schätzen wußte, äußerte oftmals sein Bedauern, daß Schütze sich nur selten, und fast immer nur auf bestimmte Einladung, bei ihm sehen ließ. Es war dies eine Folge teils seiner schüchternen Bescheidenheit, teils seines Grundsatzes, sich im Bewußtsein seiner allzu reizbaren Empfindlichkeit von großen überwältigenden Eindrükken möglichst fern zu halten, um sich die Freiheit stiller Betrachtung und Würdigung um so sicherer zu bewahren. Aber alljährlich an Goethes Geburtsfeste trat er mit einem jener gemütvollen Lieder hervor, in welche sein ganzes Herz überströmte und mit welchen er so lange glückliche Jahre hindurch die öffentliche Feier dieses unvergeßlichen Tages geschmückt hat.

7207 *Varnhagen: Tagebuch* *26. Juli 1846*

Geh. Rat von Müller sagte, Goethe habe beim Schreiben weder Sand noch Löschblatt leiden können, im Winter hielt er die nasse Schrift an den Ofen, im Sommer ans Fenster, und in keinem Falle, meinte er, dürfe man so übereilt sein, um nicht mit Gelassenheit eine Minute abzuwarten, während deren alles trockne. Recht Goethisch!

7208 *Eckermann: Aufzeichnung aus dem Nachlaß*

Im Jahre 1823 kam ich nach Weimar. Nicht um diese Stadt zu meinem Wohnort zu wählen, sondern bloß um einen Besuch bei Goethe zu machen und dann in mein Vaterland zurückzukehren. – Es schien aber von dem Lenker meines Lebens anders beschlossen zu sein.

Goethes Persönlichkeit übte auf mich eine so anziehende Gewalt aus, daß ich seinem Wunsche, hier zu bleiben und an seiner literarischen Tätgkeit teilzunehmen, nicht wiederstehen konnte. Er war damals im Begriff eine um *zwanzig Bände vermehrte* neue Ausgabe seiner Werke herauszugeben. Vom zweiten Teile des Faust waren erst wenige Fragmente vorhanden, vom vierten Bande von Wahrheit und Dichtung nur das Schema und nur sehr wenig Ausgeführtes. Dagegen führte er mich an einen Haufen starker Konvolute von allerlei Manuskripten. «Sie sehen hier», sagte er, «eine Masse ungeordneter, teils auch nicht ganz vollendeter Gedichte, Xenien, Aphorismen, sowie Pakete von Aufsätzen und Abhandlungen über die verschiedenartigsten Erscheinungen deutscher und ausländischer Literatur, Gegenstände der Kunst, und alle Zweige der Naturwissenschaft, worin ich ein halbes Leben mich bemüht habe. – Unter allen diesen Papieren das Brauchbare vom Unbrauchbaren zu sondern, das Problematische und nicht ganz Vollendete mit mir zu besprechen, das entschieden Fertige abschreiben zu lassen, und alles nach inneren Bezügen nach und nach zu ordnen und zu Bänden zusammenzustellen, ist eine Arbeit, die eine jahrelange Tätigkeit in Anspruch nehmen wird. – Wollte ich mich selbst damit befassen, so würde ich bei meinem hohen Alter weiter nichts tun können. Wollten Sie aber mir diese Arbeit abnehmen, so wäre ich eine große Last und Sorge los, und ich könnte mich mit allen noch übrigen Kräften auf die Hervorbringung von neuen Dingen wenden, und vor allen den Faust und Wahrheit und Dichtung fertig machen.»

Ich war damals in meinem dreißigsten Jahre. Meine erste Schrift: Beiträge zur Poesie war soeben im Cottaschen Verlag erschienen und erlebte das Glück einer rühmlichen Anerkennung in allen ersten literarischen Blättern. Ich war voll von neuen schriftstellerischen Vorsätzen, ich fühlte in mir Trieb und Kraft, mich nach allen Seiten hin zu versuchen und mir einen Namen zu machen; allein ich unterdrückte meine liebsten Wünsche, indem ich mir sagte, daß, wenn ich Goethe durch die Übernahme jener Arbeiten frei mache und in den Stand setze, noch viel Großes hervorzubringen, ich nicht allein die letzten Lebensjahre des hohen Mannes verschönern, sondern auch der deutschen Literatur einen größeren Dienst leisten würde, als durch eigene Arbeit.

Ich willigte also in Goethes Vorschläge und übernahm die Reinigung und Zusammenstellung seiner gedachten Papiere, welches Geschäft, einige Pausen abgerechnet, meine Tätigkeit während sechs Jahre in Anspruch nahm.

Die Liebe zu meiner Heimat und ein sehnliches Verlangen, dahin zurückzukehren, war indes oft zu nicht geringer Qual in mir lebendig gewesen, allein ich suchte mich zu beschwichtigen, indem ich die Überzeugung in mir weckte, daß ich hier in besonderem Grade nützlich sei, und ich tröstete mich mit dem Wahlspruch: *Wo ich wirke,* ist mein Vaterland.

7209 Eckermann: Gespräche mit Goethe über den zweiten Teil des Faust

Einleitendes.

Der zweite Teil von Goethes Faust ist meistens zu einer Zeit geschrieben, in der ich selber in Weimar anwesend war und im täglichen Verkehr mit Goethe mich sehr wohl als Augenzeuge betrachten darf. Die Periode des Niederschreibens dieser Dichtung fällt hauptsächlich in das Jahr 1823, in welchem ich nach Weimar kam, und setzt sich fort bis in den März 1832, wo der Faust abgeschlossen dalag und Goethe ihn als vollendet ansehen konnte. Es war das letzte Werk, was Goethe geschrieben und das den Stempel der hohen Weisheit seines Alters trägt. Die Anfänge gehen noch bis zu Schillers Zeiten zurück, und Goethe rühmte noch spät, daß ihm das Glück zuteil geworden, eine große Stelle der Helena Schillern noch vorlesen zu können.

Sowie nun Goethe das Glück anerkannte, seine Dichtung Schillern vorlesen zu können, so wird es in noch erhöhtem Grade bei Schillern und jedem anderen der Fall gewesen sein, denn Goethe war der Mann dazu, sich als Vorlesender bewundern zu lassen, besonders in Dingen wie der Faust, welches als ein Stück seiner eigenen Seele zu betrachten ist. Schon der Ton seiner Stimme war im hohen Grade merkwürdig; bald wie ein Gelispel, bald wie das Rollen eines Donners, durch alle denkbaren Naturlaute gehend, und dann wieder ging sie plötzlich zu ganz anderen Dingen über, wie zum Beispiel bei dem Schnarchen der Greise [Schnarren der Greife], welches er genau nachzuahmen versuchte, wobei gewöhnlich lauter garstige Töne zum Vorschein kamen, die gequetscht und mit sichtbarer Anstrengung aus der Kehle sich vernehmen ließen; und da war es wiederum, wo er sich groß zeigte, wenn er in dem Ton der griechischen Tragödie mächtig erschütternde Dinge hervorbrachte. Am liebsten hörte man ihn jedoch, wenn seine Stimme, durch keine Leidenschaftlichkeit gehoben, im ruhigen Gang der Rede dahin rollte, wie zum Beispiel in der Helena, wo das Geschrei der Kraniche zur Sprache kam, deren Getön von hoher Luft herab den zuhörenden Wanderer hinaufzublicken anlockt.

So wie der Klang der Stimme eines Menschen zu seinen vorzüglichen Eigentümlichkeiten zu zählen ist, so ist seine Handschrift nicht weniger merkwürdig und zu beachten. Den ersten Teil des Faust schrieb Goethe, wie er mir vor Jahren erzählte, auf Postpapier; und zwar hütete er sich, darin die geringste Korrektur zu machen, so daß das Manuskript als ein Muster von Reinheit anzusehen war. Diese saubere Handschrift Goethes hat sich sein Lebelang erhalten. Ohne Pedanterie, ohne steif zu erscheinen, wie bei einem, der nach Akkuratesse strebt, und dann diesem Ziel ein solches Gepräge aufdrückt, daß man es jedem Worte ansieht: es ist darauf abgesehen, eine große Nettigkeit und Sauberkeit zu zeigen und, so wie man zu sagen pflegt, stets im Sonntags-Anzug einher zu gehen, weit entfernt von diesem, bewegte sich seine Handschrift durchaus frei und ungezwungen.

7210 *Eckermann: Aufzeichnung*

Goethe war von je von der Ansicht durchdrungen, daß in der Natur nichts tot sei. Auch in diesem Stück Zucker ist Leben, sagte er mir einst.

7211 *Eckermann an H. Laube* *5. März 1844*

Noch eins muß ich berühren. Ich sehe, daß man mich in Ihrem Kreise als Goethes *Sekretär* bezeichnet hat. Hieran ist kein wahres Wort. Es ist so wenig Goethen als mir je eingefallen, sein Sekretär zu sein. Ich war ebensowenig Goethes Sekretär, als Shelley der Sekretär von Lord Byron war. Solange ich in Weimar lebte und in das Goethesche Haus Zutritt hatte, hieß Goethes Sekretär John. Es war dies ein schönschreibender junger Mann, dem Goethe diktierte und der das durch Riemers Hilfe korrigierte Manuskript ins reine schrieb. Mein Verhältnis zu Goethe war eigentümlicher Art und sehr zarter Natur. Es war das des Schülers zum Meister, das des Sohnes zum Vater, das des Bildungs-Bedürftigen zum Bildungs-Reichen. Ich sah ihn oft nur alle acht Tage, wo ich ihn in den Abendstunden besuchte; oft auch jeden Tag, wo ich mittags mit ihm, bald in größerer Gesellschaft, bald tête-à-tête zu Tisch zu sein das Glück hatte. Doch fehlte es unserm Verhältnis auch nicht an einem praktischen Mittelpunkt. Ich nahm mich der Redaktion seiner älteren Papiere an, ich assistierte ihn bei der im Jahre 1826 begonnenen Herausgabe seiner Werke in vierzig Bänden; auch nahm ich teil an «Kunst und Altertum», wozu ich ihm einige Beiträge gab. Er dankte mir seinerseits dadurch, daß er mich in seine Kreise zog und an den geistigen und leiblichen Genüssen eines höheren Daseins teilnehmen ließ. – Da ich aber kein Vermögen besaß, um die Kosten meines hiesigen Aufenthaltes zu bestreiten, so half ich mir anfänglich dadurch, daß ich junge Engländer in deutscher Literatur unterrichtete, bis ich im Jahre 1829 als Lehrer des Erbgroßherzogs für das Fach der englischen Sprache und Literatur angestellt wurde.

Was nun meine «Gespräche mit Goethe» betrifft, so war

dieser literarische Vorsatz ein Hauptpunkt, der mich so lange in Weimar fesselte. Ich zeigte Goethen bald davon einige Proben und besprach mit ihm die fernere Behandlung. Er schien in hohem Grade zufrieden. «Sie werden etwas Dauerhaftes machen», sagte er, «und die Literatur wird es Ihnen Dank wissen. Der hiesige Aufenthalt ist, wie ich merke, zwar nicht ganz nach Ihrem Sinn, doch haben Sie es noch ein wenig leichter als Châteaubriand, der sich die Mühe nahm und nach Amerika ging, um ein gutes Buch zu machen.»

7212 *Eckermann: Stichworte zum dritten Band der Gespräche*

Gespräche mit Goethe

Werther, Brandraketen.

Schillers Apprehension vor Besuchen.

Hegels Philosophie und Schüler.

Der Mensch von der Nachtseite (Carus).

Gilblas, Waverley und Wilhelm Meister.

Proserpina, Verbindung des zweiten und dritten Akts.

Raupach, was die Berliner an ihm haben.

Zauberflöte, nur einmal in der Welt.

Don Juan, Finale des ersten Akts.

Nichts Paradoxes.

Nachtwandlerisches Produzieren, nicht den Mut gehabt, ein schiefliegendes Blatt gerade zu legen, aus Furcht, die Geister zu verscheuchen. Schreibe nachts im Dunkeln. Schiefertafel. Ledernes Wams.

Benehmen gegen Untergebene. Das vermeiden, was uns an Großen mißfällt. Bibliotheksdiener. Das Gesicht ihm zugewendet, bis er hinaus ist.

Vorsatz, die ersten Jahre seines Hierseins auszuführen. Deshalb in den Annalen nur angedeutet. Jetzt nach des Großherzogs Tode kann er viel freier reden. Eine ganz neue Art der Behandlung schwebe ihm dabei vor.

Die Griechen. Daß ein so vorzüglicher Mensch wie Byron daran hat zugrunde gehen müssen.

Auch im Zucker Leben.

Meyer nicht zum zweiten Mal wieder. Großherzog sich schon wieder untergetan.

Jean Pauls Tochter.

Moritz. Dichten. Geduld.

Voltaire. Sinneswerkzeug. Große – Zeichen des Talents.

7213 *Eckermann: Notiz*

Von Raupachs spätern Sachen hatte Goethe eine sehr gute Meinung, und er sagte oft, daß er dem Berliner Theater zu einem so produktiven Talent wie Raupach Glück wünsche. Er pflegte zu sagen: Die Berliner wissen gar nicht, was sie an einem so produktiven Talent wie Raupach eigentlich besitzen.

7214 *Eckermann: Notiz*

[Goethe:] «Die Engländer haben über uns manche Avantagen. allein wir Deutsche haben über sie die sehr bedeutende, daß wir im Jahre zweiundfünfzig Tage mehr haben. Wenn ihnen erst einmal aufgeht, was für ein ungeheurer Vorteil durch nützliche und gottgefällige Beschäftigung während der jährlichen zweiundfünfzig Sonntage zu gewinnen ist, so sind sie vollends die Herren.»

7215 *Eckermann: Fragmentarische Notiz*

[Beginn mitten in einer Rede Eckermanns.] «... aber sie würden äußerlich doch immer einiges Ansehen haben. Dieses finde ich an unsern neuesten poetischen Kritikern bestätigt. Sie sprechen gut, aber das sind nicht sie, sondern es ist das philosophische Jahrhundert, welches ihnen Worte geliehen hat. Sie scheinen höhere Kultur zu besitzen, allein sie besitzen sie nur in der Rede. Hätten sie sie auch im *Innern*, so würde es in der *praktischen Anwendung* sichtbar werden; sie würden das Gute vom Schlechten zu unterscheiden wissen und würden das Hohe nicht herabziehen, um es dem Mittelmäßigen zum Schemel der Füße dienen zu lassen.»

«Sie haben sehr recht», sagte Goethe, «diese Leute besitzen keine höhere Kultur, als dasjenige ist, was sie selber loben. Überhaupt schneidet sich jeder solche ästhetische Maßstäbe, bei denen er selber nicht zu kurz kommt und die also nicht größer sind als das, was er allenfalls selber kann. Man behandelt das Mittelmäßige mit Neigung, weil es das Niveau ist, auf welchem man selber steht. Daher kommt nun das gegenseitige Hätscheln und Tragen und Bekomplimentieren der kleinen Literatoren, das ich nun seit sechzig Jahren mit ansehe. Man tut immer am besten, sich nicht darein zu mischen, sondern nur selber immer etwas Gutes zu machen und sich von seinem eigenen Standpunkt nicht verrücken zu lassen.»

«Es ist nur traurig», sagte ich, «wenn man sieht, was solche Kritiker für Schaden anrichten, indem sie dem Publikum das Schlechte anpreisen und vorführen, dagegen das Gute ignorieren und seine Wirkung hemmen, ja, es gerne vernichten möchten, wann sie nur könnten.»

«Sie hassen mich alle, wie sie sind», sagte Goethe, «und ich bin ihnen allen im Wege, aber ich will ihnen zum Trotz noch eine Weile fortleben und fortdichten. Ich hoffe noch einiges Gute hervorzubringen, und sie werden doch wenigstens leiden müssen, daß es da ist.»

7216 Soret: Notice sur Goethe *1832*

Il avait une antipathie prononcée pour les récits qui se rapportaient aux événements du jour ou aux personnes encore existantes. «Il faut se placer à une certaine distance des objets pour les bien juger, disait-il, et pour apprécier les rapports qui les lient. En parler lorsqu'on les touche, c'est courir le risque d'en parler en aveugle, car on est hors d'état de mesurer leurs véritables proportions. Je laisse ces choses à ceux qui viendront après moi.»

7217 Soret: Notice sur Goethe *1832*

Il aurait pu se révéler plus positivement si le mystère n'avait pas été pour lui l'objet d'une sorte de culte ou le résultat d'un système qu'il avait embrassé. «Je ne veux me révéler, aurait-il dit, qu'à ceux qui peuvent me comprendre et ceux-ci peuvent me deviner à demi-mot.»

7218 *Soret: Tagebuch* *2. Oktober 1853*

Le soir, Monsieur de Maltitz est venu; toute la conversation a roulé sur des sujets littéraires, en particulier des souvenirs relatifs à Goethe; j'ai à consigner une nouvelle parole de ce grand génie rapportée par le Chancelier Müller qui les recueillait avec soin*:

«*De quel droit vous plaignez-vous*, s'ecrie Goethe, *l'histoire devrait toujours se considérer comme fort honorée lorsqu'un poète veut bien s'occuper d'elle!*»

* On critiquait devant lui l'inexactitude historique de la *Jeanne-d'Arc*, de Schiller.

7219 *Falk: Goethe aus näherem persönlichen Umgange dargestellt* *1832*

Von Goethes Vielseitigkeit (Objektivität) sowohl in Kunst als in treuer Auffassung der Charaktere und aller Gegenstände überhaupt ist häufig... die Rede gewesen. Ein ganz eigentümlicher Vorzug seines Genies ist es ohne Zweifel, daß er sich gleichsam in den Gegenstand, auf dessen Betrachtung er sich in diesem oder jenem Zeitpunkte beschränkt, mag es nun ein Mensch, ein Tier, ein Vogel oder eine Pflanze sein, sinnig verliert, ja sich gewissermaßen in denselben träumend verwandelt. Man darf nicht in Abrede stellen, daß Goethes Größe als Naturforscher und Dichter, sein Stil, seine Denkart, seine Darstellung, seine Originalität, fast möcht' ich sagen die ganze Schwäche sowie die ganze Stärke seines sittlichen Wesens, auf dem Wege einer solchen objektiven Entwicklung zu suchen ist. Wie oft hörte ich ihn, wenn er sich irgend einer Betrachtung dieser Art hingeben wollte, mit Ernst seine Freunde ersuchen, ihn ja mit den Gedanken anderer über diesen Gegenstand zu verschonen, weil es eine strenge, ja unabweichliche Maxime bei ihm war, in solcher Stimmung allen fremden Einflüssen zu wehren. Erst dann, wenn er seine eigne Kraft an einem solchen Objekt durchversucht, sich gleichsam ihm gegenübergestellt und allein mit ihm gesprochen hatte, ging er auch auf fremde Vorstellungen ein; ja es ergetzte ihn sogar, zu wissen, was andere lange vor ihm über diesen nämlichen Gegenstand gedacht, getan oder geschrieben hatten. Er berichtigte sich sodann redlich in diesem oder jenem Stücke, sowie es ihn auf der andern Seite kindlich freute, wenn er sah, daß er hier oder da in seinem rein originellen Bestreben den Erscheinungen eine neue Seite abgewonnen hatte.

7220 *Falk: Goethe aus näherm persönlichen Umgange dargestellt* 1832

Goethe war geboren, sich den Dingen, nicht aber die Dinge sich anzueignen...

Somit war Goethe, und zwar eben durch den eigensten Vorzug seiner Natur, selbst mit seiner Zeit in einen heftigen Widerspruch geraten. Goethe wollte *betrachten*, seine Zeit wollte *handeln* und jeden, auch den seichtesten Beweggrund, der sich ihr zu solchem Vorhaben darbot, in sich aufnehmen. Darum sagte er einmal zu mir: «Religion und Politik sind ein trübes Element für die Kunst; ich habe sie mir immer, soweit als möglich, vom Leibe gehalten.» Nur eine Partei war es, für die er sich unter diesen Umständen erklärte, nämlich diejenige, in deren Gefolge eine, wenn auch nur mutmaßliche Ruhe zu hoffen war, gleichviel alsdann, auf welchem Wege sie gefunden wurde.

7221 *Falk: Goethe aus näherm persönlichen Umgange dargestellt* 1832

Merkwürdig ist mir immer ein Wort, das Goethe einmal im Gespräch über unsern gemeinschaftlichen, edeln Freund, den Maler und Kunstkenner Meyer, sagte, und das man vielleicht mit noch größerm Rechte auf ihn selber anwenden könnte: «Wir alle», hub er an, «so viel wir unser sind, Wieland, Herder, Schiller, haben uns von der Welt doch irgend etwas und von irgend einer Seite weismachen lassen, und ebendeshalb können wir auch noch einmal wiederkommen, sie wird es wenigstens nicht übel nehmen. Dergleichen aber konnte *ich* an Meyer, solange ich ihn kenne, niemals wahrnehmen. Er ist so klar und in allen Stücken so ruhig, so grundverständig, sieht, was er sieht, so durch und durch, so ohne alle Beimischung irgend einer Leidenschaft oder eines trüben Parteigeistes, daß das Zuunterst (*dessous*) der Karten, was die Natur hier mit uns spielt, ihm unmöglich verborgen bleiben konnte. Ebendeshalb aber ist auch für seinen Geist an keine Wiederkunft hiesigen Ortes zu denken; denn die Natur liebt es nun einmal nicht, daß man ihr gleichsam unaufgefordert so tief in die Karten blickt, und wenn auch deshalb von Zeit zu Zeit einer kommt, der ihr eins und das andere von ihren Geheimnissen ablauscht, so sind auch wieder schon zehn andere da, die es geschäftig zudecken.

7222 Falk: Goethe aus näherm perönlichen Umgange dargestellt *1832*

Das Mögliche, Gutes und Böses, wie es im Reiche der Erfahrung nach allen Richtungen geleistet wird, läßt er, mit großer Duldung, ja Anerkennung, gewähren. Ängstlich angelernt ist ihm selbst die Tugend zuwider, und fast möchte ich behaupten, daß ein halbweg tüchtiger Charakter, sobald ihm nur irgend eine wahrhafte Naturanlage zur Basis dient, sich, in seinen Augen, einer größern Nachsicht erfreuen kann, als ein Wesen, das in keinem Momente seines Lebens wahr ist, das sich selbst überall auf das unlieblichste zwingt und eben dadurch andern im Umgange einen unerfreulichen Zwang auflegt. «O», seufzte er bei solchen Gelegenheiten, «wenn sie doch nur das Herz hätten, einen einzigen dummen Streich zu machen, so wäre die Sache abgetan, und sie würden doch wenigstens, frei von Heuchelei und Verstellung, ihrem eignen, natürlichen Boden wiedergegeben! Wo das geschieht, darf man doch alle Mal für die Keime des Guten, die man der Natur anvertraut, einer fröhlichen Hoffnung Raum geben; auf dem Grunde aber, wo sie jetzt stehen, wächst gar nichts!» – «Süße Puppe!» war in solchen Fällen sein Lieblingswort; so wie der Ausdruck: «Es ist eine Natur!» in Goethes Munde für ein bedeutsames Lob galt.

7223 *Falk: Goethe aus näherm persönlichen Umgange dargestellt* *1832*

Wie er selbst einmal im Gespräche mit mir sehr schön bemerkte, «in der Reihe so mannigfaltiger Produkte, wodurch die schaffenden Kräfte der Natur sichtbar würden, sei der Mensch gleichsam das erste Gespräch, das die Natur mit Gott halte», ebenso könnte man von ihm selbst sagen, daß bei seinem eigensinnigen Beharren im Reiche der Erfahrung er gleichsam das letzte Produkt der plastischen Natur darstelle, das mit ihren Geheimnissen zugleich die zwei Richtungen ausplaudere, die von Ewigkeit in ihr verborgen liegen, und die trotz allen scheinbaren Gegensätzen doch erst beide zusammengenommen die eine wahrhafte, ganze und vollständige Welt und Natur ausmachen...

7224 *Falk: Goethe aus näherm persönlichen Umgange dargestellt* *1832*

Treu der Natur hingegeben, wie Goethe war, liebte er es auch, mit geheimnisvollen Einleitungen und Andeutungen über ihr Wirken und ihre Produkte zu sprechen. So führte er mich einst zu seiner Naturaliensammlung und sagte sodann, indem er mir ein Stück Granit in die Hand gab, das sich durch höchst seltsame Übergänge auszeichnete: «Da nehmen Sie den alten Stein zum Andenken von mir! Wenn ich je ein älteres Gesetz in der Natur auffinde, als das ist, welches sich in diesem Produkte darlegt, so will ich Ihnen auch ein Exemplar davon verehren und dieses hier zurücknehmen. Bis jetzt kenne ich keins; bezweifle auch sehr, daß mir je etwas ähnliches, geschweige denn etwas besseres von dieser Art zu Gesicht kommen wird. Betrachten Sie mir ja fleißig diese Übergänge, worauf am Ende alles in der Natur ankommt! Etwas, wie Sie sehen ist da, was einander aufsucht, durchdringt und, wenn es eins ist, wieder einem Dritten die Entstehung gibt. Glauben Sie nur, hier ist ein Stück von der ältesten Urkunde des Menschengeschlechts. Den Zusammenhang aber müssen Sie selbst entdecken. Wer es nicht findet, dem hilft es auch nichts, wenn man es ihm sagt. Unsere Naturforscher lieben ein wenig das Ausführliche. Sie zählen uns den ganzen Bestand der Welt in lauter besondern Teilen zu und haben glücklich für jeden besondern Teil auch einen besondern Namen. Das ist Tonerde! Das ist Kieselerde! Das ist dies, und das ist das! Was bin ich nun aber dadurch gebessert, wenn ich auch alle diese Benennungen innehabe? Mir fällt immer, wenn ich dergleichen höre, die alte Leseart aus Faust ein:

Encheiresin naturae nennt's die Chemie,
Bohrt sich selber Esel und weiß nicht wie!

Was helfen mir denn die Teile? was ihre Namen? Wissen will ich, was jeden einzelnen Teil im Universum so hoch *begeistigt**, daß er den andern aufsucht, ihm entweder dient oder ihn beherrscht, je nachdem das allen ein- und aufgeborene Vernunftgesetz in einem höhern oder geringern Grade den zu dieser, jenen zu jener Rolle befähigt. Aber gerade in diesen Punkten herrscht überall das tiefste Stillschweigen.»

* Man vergleiche das von Goethe mit mir bei Gelegenheit von Wielands Tode gehaltene Gespräch und besonders das, was er dort über die Monaden, oder die letzten einfachsten Bestandteile aller Wesen in der Natur, so lehrreich auseinandersetzt.

7225 Falk: Goethe aus näherm persönlichen Umgange dargestellt *1832*

Ein treuer Beobachter der Natur, wie Goethe überall ist, macht es ihm keine geringe Freude, wenn er unter seinen Münzen auf ein Gesicht stößt, dessen Züge dem Inhalte einzelner Handlungen, wie sie uns die Geschichte von diesen oder jenen Personen meldet, gleichsam zur Auslegung dienen.

Bei seiner Naturaliensammlung ging er ebenso zu Werke. Wie er die Natur gleichsam auf der Tat ertappen möchte, auf diesen Punkt waren von jeher alle seine Betrachtungen, alle seine Beschauungen derselben gerichtet. Der kleinste Gegenstand konnte ihm von dieser Seite merkwürdig werden. Vollends organische Überbleibsel aus einer zum Teil untergegangenen Vorwelt!

Wer sich bei ihm für immer empfehlen wollte, brauchte ihm nur eins dergleichen von seinen Reisen mitzubringen. Die Pratze eines Seebären oder Bibers, der Zahn eines Löwen, das seltsam geringelte Horn einer Gemse, eines Steinbocks, oder irgend einer andern, von dem jetzigen Zustande zum Teil oder ganz abweichenden Bildung konnte ihn Tage, ja Wochen lang durch wiederholte Betrachtung glückselig machen. Es war nicht anders in dem Augenblicke, wo er eines solchen Schatzes teilhaftig wurde, als ob er einen Brief von einem Freunde aus einem ganz entfernten Weltteile erhalten hätte; er eilte sodann in der Freude seines Herzens, mit der größten Liebenswürdigkeit den Inhalt desselben, auf den er sich trefflich verstand, auch andern mitzuteilen. Zugleich stellte er den Grundsatz auf: daß die Natur gelegentlich, und gleichsam wider Willen, manches von ihren Geheimnissen ausplaudere. Gesagt sei alles irgend einmal, nur nicht auf der nämlichen Stelle, wo wir es vermuteten; wir müssen es eben hier und da aus allen Winkeln, wo sie es habe fallen lassen, zusammensuchen. Daher das Rätselhafte, Sibyllinische, Unzusammenhängende in unserer Naturbetrachtung. Sie sei ein Buch von dem ungeheuersten, seltsamsten Inhalte, wovon man aber annehmen könne, daß gar viele Blätter desselben auf dem Jupiter, auf dem Uranus und andern Planeten zerstreut umherlägen. Zu einem Ganzen zu gelangen sei schwer, wo nicht völlig unmöglich. An dieser Aufgabe müßten eben darum alle Systeme scheitern.

7226 Falk: Goethe aus näherm persönlichen Umgange dargestellt *1832*

Wie Goethe... alles An- und Eingelernte nicht liebte, so behauptete er auch, alle Philosophie müsse geliebt und gelebt werden, wenn sie für das Leben Bedeutsamkeit gewinnen wolle. «Lebt man denn aber überhaupt noch in diesem Zeitalter?» fügte er hinzu; «der Stoiker, der Platoniker, der Epikuräer, jeder muß auf seine Weise mit der Welt fertig werden; das ist ja eben die Aufgabe des Lebens, die keinem, zu welcher Schule er sich auch zähle, erlassen wird. Die Philosophen können uns ihrerseits nichts als *Lebensformen* darbieten. Wie diese nun für uns passen, ob wir, unserer Natur oder unsern Anlagen nach, ihnen den erfoderlichen Gehalt zu geben imstande sind, das ist unsere Sache. Wir müssen uns prüfen und alles, was wir von außen in uns hereinnehmen, wie Nahrungsmittel, auf das sorgsamste untersuchen; sonst gehen entweder wir an der Philosophie oder die Philosophie geht an uns zugrunde. Die strenge Mäßigkeit, zum Beispiel Kants, foderte eine Philosophie, die diesen seinen angeborenen Neigungen gemäß war. Leset sein Leben, und ihr werdet bald finden, wie artig er seinem Stoizismus, der eigentlich mit den gesellschaftlichen Verhältnissen einen schneidenden Gegensatz bildete, die Schärfe nahm, ihn zurechtlegte und mit der Welt ins Gleichgewicht setzte. Jedes Individuum hat vermittelst seiner Neigungen ein Recht zu Grundsätzen, die es als Individuum nicht aufheben. Hier oder nirgend wird wohl der Ursprung aller Philosophie zu suchen sein. Zeno und die Stoiker waren längst in Rom vorhanden, eh' ihre Schriften dahin kamen. Dieselbe rauhe Denkart der Römer, die ihnen zu großen Helden- und Waffentaten den Weg bahnte und sie allen Schmerz, jede Aufopferung verachten lehrte, mußte auch Grundsätzen, die gleich verwandte Foderungen an die Natur des Menschen aufstellten, bei ihnen ein geneigtes und williges Gehör verschaffen. Es gelingt jedem Systeme, sogar dem Zynismus, sobald nur der rechte Held darin auftritt, mit der Welt fertig zu werden. Nur das Angelernte der menschlichen Natur scheitert meist am Widerspruche; das ihr Angeborene weiß sich überall Eingang zu verschaffen und besiegt sogar nicht selten mit dem glücklichsten Erfolge seinen Gegensatz. Es ist sonach kein Wunder, daß die zarte Natur von Wieland sich der aristippischen Philosophie zuneigt, sowie auf der andern Seite seine so entschiedene Abneigung gegen Diogenes und allen Zynismus aus der nämlichen Ursache sich sehr befriedigend erklären läßt.

Ein Sinn, mit dem die Zierlichkeit aller Formen, wie bei Wieland, geboren ist, kann unmöglich an einer beständigen Verletzung derselben als System Wohlgefallen finden. Erst müssen wir im Einklange mit uns selbst sein, ehe wir Disharmonien, die von außen auf uns zudringen, wo nicht zu heben, doch wenigstens eingermaßen auszugleichen imstande sind.

Ich behaupte, daß sogar Eklektiker in der Philosophie geboren werden; und wo der Eklektizismus aus der innern Natur des Menschen hervorgeht, ist er ebenfalls gut, und ich werde ihm nie einen Vorwurf machen. Wie oft gibt es Menschen, die, ihren angeborenen Neigungen nach, halb Stoiker und halb Epikuräer sind! Es wird mich daher auch keineswegs befremden, wenn diese die Grundsätze beider Systeme in sich aufnehmen, ja sie miteinander möglichst zu vereinigen suchen. Etwas anderes ist diejenige Geistlosigkeit, die, aus Mangel an aller eigenen innern Bestimmung, wie Dohlen, alles zu Neste trägt, was ihr von irgend einer Seite zufällig dargeboten wird, und sich ebendadurch als ein ursprünglich Totes außer aller Beziehung mit einem lebensvollen Ganzen setzt. Alle diese Philosophien taugen in der Welt nichts; denn weil sie aus keinen Resultaten hervorgehen, so führen sie auch zu keinem Resultate.

Von der Popularphilosophie bin ich ebenso wenig ein Liebhaber. Es gibt ein Mysterium so gut in der Philosophie wie in der Religion. Damit soll man das Volk billig verschonen, am wenigsten aber dasselbe in Untersuchung solcher Stoffe gleichsam mit Gewalt hereinziehen. Epikur sagt irgendwo: das ist recht, eben weil sich das Volk daran ärgert. Noch läßt sich das Ende von jenen unerfreulichen Geistesverirrungen schwerlich ab- und voraussehen, die seit der Reformation dadurch bei uns entstanden, daß man die Mysterien derselben dem Volke preisgab und sie ebendadurch der Spitzfündigkeit aller einseitigen Verstandesurteile bloßstellte. Das Maß des gemeinen Menschenverstandes ist wahrlich nicht so groß, daß man ihm eine solche ungeheure Aufgabe zumuten könnte, es zum

Schiedsrichter in solchen Dingen zu erwählen. Die Mysterien, besonders die Dogmen der christlichen Religion, eignen sich zu Gegenständen der tiefsten Philosophie, und nur eine positive Einkleidung ist es, die sie von diesen unterscheidet. Deshalb wird auch häufig genug, je nachdem man seinen Standpunkt nimmt, die Theologie eine verirrte Metaphysik, oder Metaphysik eine verirrte platonische Theologie genannt. Beide aber stehen zu hoch, als daß der Verstand in seiner gewöhnlichen Sphäre ihr Kleinod zu erlangen sich schmeicheln dürfte. Die Aufklärung desselben beschränkt sich zuvörderst auf einen sehr engen praktischen Wirkungskreis.

Das Volk aber begnügt sich meist damit, einigen recht lauten Vorsprechern das, was es von ihnen gehört hat, ebenso laut wieder nachzusprechen. Dadurch werden dann freilich die seltsamsten Erscheinungen herbeigeführt, und die Anmaßungen nehmen kein Ende. Ein aufgeklärter, ziemlich roher Mensch verspottet oft in seiner Seichtigkeit einen Gegenstand, vor dem sich ein Jacobi, ein Kant, die man billig zu den ersten Zierden der Nation rechnet, mit Ehrfurcht verneigen würde. Die *Resultate* der Philosophie, der Politik und der Religion sollen billig dem Volke zugute kommen; das Volk selbst aber soll man weder zu Philosophen, noch zu Priestern, noch zu Politikern erheben wollen. Es taugt nichts! Gewiß, suchte man, was geliebt, gelebt und gelehrt werden soll, besser im Protestantismus auseinanderzuhalten, legte man sich über die Mysterien ein unverbrüchliches, ehrerbietiges Stillschweigen auf, ohne die Dogmen mit verdrießlicher Anmaßung, nach dieser oder jener Linie verkünstelt, irgend jemanden wider Willen aufzunötigen, oder sie wohl gar durch unzeitigen Spott oder vorwitziges Ableugnen bei der Menge zu entehren und in Gefahr zu bringen, so wollte ich selbst der erste sein, der die Kirche meiner Religionsverwandten mit ehrlichem Herzen besuchte und sich dem allgemeinen, praktischen Bekenntnis eines Glaubens, der sich unmittelbar an das Tätige knüpfte, mit vergnüglicher Erbauung unterordnete.»

7227 *Falk: Goethe aus näherm persönlichen Umgange dargestellt* *1832*

Ein andermal verglich er die Professoren und ihre mit Zitaten und Noten überfüllten Abhandlungen, wo sie rechts und links abschweifen und die Hauptsache vergessen machen, mit Zughunden, die, wenn sie kaum ein paarmal angezogen hätten, auch schon wieder ein Bein zu allerlei bedenklichen Verrichtungen aufhüben, so daß man mit den Bestien gar nicht vom Flecke komme, sondern über Wegstunden tagelang zubringe.

7228 *Falk: Goethe aus näherm persönlichen Umgange dargestellt* *1832*

«Da sitzt das Ungetüm mit langen Ärmeln da und bohrt mir Esel, daß ich noch so ein alter Narr bin und mich über die Welt ärgere – als ob ich nicht wüßte, wie es mit ihr bestellt, und daß alles in und auf ihr mit D. versiegelt ist!» Mit diesen Worten empfing mich Goethe, als ich eines Nachmittags im August in seinen Garten trat und ihn in einer weißen Sommerweste unter den grünen Bäumen auf einem schattigen Rasenplätzchen sitzen fand. Es war Freitag; Sonnabend sollte Theater sein, und eben hatte ein Schauspieler, der spielen sollte, abgesagt, wodurch denn freilich das ganze morgende Stück zerrissen wurde. Die späte Meldung war's besonders, die Goethe verdroß, dem nun freilich die Sache mit derselben Hast über den Hals kam, wie sie sich der Schauspieler von dem seinen herunterschaffte. Wie bekannt, muß nämlich jede Direktion dafür sorgen, erstlich, daß regelmäßig gespielt, und sodann, daß das Publikum womöglich mit lauter vortrefflichen Sachen unterhalten wird.

«Solche Avanien», hub Goethe an, indem er noch immer etwas grimmig ein Glas roten Wein einschenkte und mich zugleich nötigte, neben ihm auf einem Gartensitze Platz zu nehmen, «muß ich mir nun von Leuten gefallen lassen, die, wenn sie zu dem einen Tore von Weimar hereinkommen, sich schon wieder nach dem andern umsehen, wo sie wieder herauswollen. Dafür bin ich nun fünfzig Jahre ein beliebter Schriftsteller der Nation gewesen, die Ihr die deutsche zu nennen beliebt; habe zwanzig oder dreißig Jahre als Geheimerat zu Weimar Sitz und Stimme gehabt, um mir am Ende solche Gesellen über den Kopf wachsen zu lassen. Zum Teufel auch! Daß ich noch in meinem Alter eine solche Tragikomödie spielen und darin die Hauptperson abgeben sollte, hätte ich mir zeitlebens nicht träumen lassen! Ihr werdet mir freilich sagen, daß es mit dem ganzen Theaterwesen im Grunde nichts als D–ck ist – denn Ihr habt tief genug hinter den Vorhang geblickt – und daß ich daher wohl tun würde, den ganzen Bettel sobald als möglich fahren zu lassen; aber ich werde Euch zur Antwort geben: die Schanze, die ein tüchtiger General verteidigt, ist auch D–ck, aber er darf sie doch nicht schimpflich im Stiche lassen, wenn er nicht seine eigne Ehre in den D–ck treten will. Deshalb aber wollen wir ihm keine besondere Prädilektion für den D–ck beilegen; und so hoff' ich denn, werdet Ihr mich auch in diesem Punkte freisprechen!»

«Die gerechtere Nachwelt», nahm ich das Wort – aber Goethe, ohne abzuwarten, was ich eigentlich von der Nachwelt sagen wollte, entgegnete mir mit ungemeiner Hastigkeit: «Ich will nichts davon hören, weder von dem Publikum, noch von der Nachwelt, noch von der Gerechtigkeit, wie sie es nennen, die sie einst meinem Bestreben widerfahren lassen. Ich verwünsche den 'Tasso', bloß deshalb, weil man sagt, daß er auf die Nachwelt kommen wird; ich verwünsche die 'Iphigenie', mit einem Worte, ich verwünsche alles, was diesem Publikum irgend an mir gefällt. Ich weiß, daß es dem Tag, und daß der Tag ihm angehört; aber ich will nun einmal nicht für den Tag leben. Ebendeshalb soll mir auch dieser Kotzebue vom Leibe bleiben, weil ich fest entschlossen bin, auch nicht eine Stunde mit Menschen zu verlieren, von denen ich weiß, daß sie nicht zu mir, und daß ich nicht zu ihnen gehöre. Ja, wenn ich es nur je dahin noch bringen könnte, daß ich ein Werk verfaßte – aber ich bin zu alt dazu – daß die Deutschen mich so ein fünfzig oder hundert Jahre hintereinander recht gründlich verwünschten und aller Orten und Enden mir nichts als Übels nachsagten; das sollte mich außer Maßen ergetzen. Es müßte ein prächtiges Produkt sein, was solche Effekte bei einem von Natur völlig gleichgültigen Publikum wie das unsere hervorbrächte. Es ist doch wenigstens Charakter im Haß, und wenn wir nur erst wieder anfingen und in irgend etwas, sei es, was es wolle, einen gründlichen Charakter bezeigten, so wären wir auch wieder halb auf dem Wege, ein Volk zu werden. Im Grunde verstehen die meisten unter uns weder zu hassen, noch zu lieben. Sie mögen mich nicht! Das matte Wort! Ich mag sie auch nicht! Ich habe es ihnen nie recht zu Danke gemacht! Vollends, wenn mein Walpurgissack nach meinem Tode sich einmal eröffnen und alle bis dahin verschlossenen, stygischen Plagegeister, wie sie mich geplagt, so auch zur Plage für andere wieder loslassen sollte; oder wenn sie in der Fortsetzung von 'Faust' etwa zufällig an die Stelle kämen, wo der Teufel selbst Gnad' und Erbarmen vor Gott findet; das, denke ich doch, vergeben sie mir sobald nicht! Dreißig Jahre haben sie sich nun fast mit den Besenstielen des Blocksberges und den Katzengesprächen in der Hexenküche, die im 'Faust' vorkommen, herumgeplagt, und es hat mit dem Interpretieren und dem Allegorisieren dieses dramatisch-humoristischen Unsinns nie so recht fortgewollt. Wahrlich, man sollte sich in seiner Jugend öfter den Spaß machen und ihnen solche Brokken, wie den Brocken, hinwerfen. Nahm doch selbst die geistreiche Frau v. Staël es übel, daß ich in dem Engelgesang, Gott Vater gegenüber, den Teufel so gutmütig gehalten hätte; sie wollte ihn durchaus grimmiger. Was soll es nun werden, wenn sie ihm auf einer noch höhern Staffel und vielleicht gar einmal im Himmel wieder begegnet?» «Um Verzeihung», nahm ich hier das Wort; «Sie sprachen vorhin von einem Walpurgissack? Es ist das erste Wort, was ich heute darüber aus Ihrem Munde höre. Darf ich wissen, was es mit demselben eigentlich für ein Bewenden hat?» – «Der Walpurgissack», gab mir hierauf Goethe mit dem angenommenen feierlichen Ernste eines Höllenrichters zur Antwort, «ist eine Art von infernalischem Schlauch, Behältnis, Sack, oder wie Ihr's sonst nennen wollt, ursprünglich zur Aufnahme einiger Gedichte bestimmt, die auf Hexenszenen im 'Faust', wo nicht auf den Blocksberg selbst, einen nähern Bezug hatten. Nach diesem, wie es zu gehen pflegt, erweiterte sich diese Bestimmung ungefähr, sowie die Hölle auch von Anfang herein nur Einen Aufenthalt hatte, späterhin aber die Limbusse und das Fegefeuer als Unterabteilungen in sich aufnahm. Jedes Papier, das in meinen Walpurgissack herunterfällt, fällt in die Hölle; und aus der Hölle, wie Ihr wißt, gibt es keine Erlösung. Ja, wenn es mir einmal einfällt, wozu ich eben heute nicht übel gelaunt bin, und ich nehme mich selbst beim Schopf und werfe mich in den Walpurgissack: bei meinem Eid, was da unten steckt, das steckt unten, und kommt nicht wieder an den Tag, und wenn ich es selbst wäre! So streng, sollt Ihr wissen, halte ich über meinen Walpurgissack und die höllische Konstitution, die ich ihm gegeben habe. Es brennt da unten ein unverlöschliches Fegefeuer, was, wenn es um sich greift, weder Freund noch Feind verschont. Ich wenigstens will niemand raten, ihm allzunahe zu kommen. Ich fürchte mich selbst davor!»

7229 Falk: Goethe aus näherm persönlichen Umgange dargestellt *1832*

Eine Probe aus diesem Walpurgissacke und zugleich des Goetheschen Humors sei die in dem gedruckten «Faust» unterdrückte Szene, welche hier mitgeteilt worden soll.

Es wird nämlich dem Faust, weil er die ganze Welt kennen lernen will, vom Mephistopheles unter anderm auch der Antrag gemacht, beim Kaiser um eine Audienz nachzusuchen. Es ist gerade Krönungszeit. Faust und Mephistopheles kommen glücklich nach Frankfurt. Nun sollen sie gemeldet werden. Faust will nicht daran, weil er nicht weiß was er dem Kaiser sagen, oder wovon er sich mit ihm unterhalten soll. Mephistopheles aber heißt ihn gutes Mutes sein; er wolle ihm schon zu gehöriger Zeit an die

Hand gehn, ihn, wo die Unterhaltung stocke, unterstützen und, im Fall es gar nicht fort wolle, mit dem Gespräche zugleich auch seine Person übernehmen, so daß der Kaiser gar nicht inne zu werden brauche, mit wem er eigentlich gesprochen oder nicht gesprochen habe. So läßt sich denn Faust zuletzt den Vorschlag gefallen. Beide gehen ins Audienzzimmer und werden auch wirklich vorgelassen. Faust seinerseits, um sich dieser Gnade wert zu machen, nimmt alles, was irgend von Geist und Kenntnis in seinem Kopfe ist, zusammen und spricht von den erhabensten Gegenständen. Sein Feuer indessen wärmt nur ihn; den Kaiser selbst läßt es kalt. Er gähnt einmal über das andere und steht sogar auf dem Punkte, die ganze Unterhaltung abzubrechen. Dies wird Mephistopheles noch zur rechten Zeit gewahr und kommt dem armen Faust versprochnermaßen zu Hülfe. Er nimmt zu dem Ende dessen Gestalt an und steht mit Mantel, Koller und Kragen, den Degen an seiner Seite, leibhaftig wie Faust vor dem Kaiser da. Nun setzt er das Gespräch genau da fort, wo Faust geendigt hatte; nur mit einem ganz andern und weit glänzendern Erfolge. Er räsonniert nämlich, schwadroniert und radotiert so links und rechts, so kreuz und quer, so in die Welt hinein und aus der Welt heraus, daß der Kaiser vor Erstaunen ganz außer sich gerät und die umstehenden Herren von seinem Hofe versichert, das sei ein grundgelehrter Mann, dem möchte er wohl tage- und wochenlang zuhören, ohne jemals müde zu werden. Anfangs sei es ihm freilich nicht recht vonstatten gegangen, aber nach diesem, und wie er gehörig in Fluß gekommen, da lasse sich kaum etwas Prächtigeres denken, als die Art, wie er alles so kurz, und doch zugleich so zierlich und gründlich vortrage. Er als Kaiser müsse bekennen, einen solchen Schatz von Gedanken, Menschenkenntnis und tiefen Erfahrungen nie in einer Person, selbst nicht bei den weisesten von seinen Räten, vereinigt gefunden zu haben.

Ob der Kaiser mit diesem Lobe zugleich den Vorschlag verbindet, daß Faust-Mephistopheles in seine Dienste treten oder die Stelle eines dirigierenden Ministers annehmen soll, ist mir unbekannt. Wahrscheinlich aber hat Faust einen solchen Antrag aus guten Gründen abgelehnt.

7230 *Falk: Goethe aus näherm persönlichen Umgange dargestellt* 1832

Da der Widerspruch zwischen ihm und Herder ein wesentlicher war, so seltene Naturen beide auch waren, so war ebendeshalb an keine Ausgleichung zu denken...Er bedauerte, wurde etwa bei solchen Gelegenheiten Herders erwähnt, dessen nordische Einsamkeit, und daß er jene heitern anmutigen Spiele der Kunst in den gewitterschweren Dunstkreis der Politik und des Lebens mit aller Gewalt herabnötigen wollte. Beides, wie er bedächtig sogleich hinzusetzte, seien zwei für sich und in sich völlig abgeschlossene Kreise; man müsse sie notwendig auseinanderhalten, jeden für sich und Gott für uns alle gewähren lassen.

7231 *Falk: Aus dem Nachlaß*

Als jemand in einer Gesellschaft erzählte, der Werther sei neuerdings wieder ins Französische übersetzt, sagte Goethe: ich hätte nicht gedacht, daß der junge Mensch so lange leben würde.

7232 *Falk: Aus dem Nachlaß*

[Goethe:] Ich habe Ries Papier unnütz verschrieben, wie viel Zeit habe ich mit zwecklosen Versuchen verloren. Die Mitschuldigen sind aus dieser ganz frühen Periode. Den Götz vom Berlichingen sowie den Werther wollt' ich ebenfalls verbrennen, als mir einer meiner Freunde sagte: so laß doch einmal nur etwas dergleichen drucken! Was ist es denn mehr, es wird Lärm machen, man wird daran herum mäkeln, und Du wirst Mut erhalten. So hab' ich auch viel in Hexametern geschrieben, was ich deshalb vernichtete, weil es nach der Vossischen Neuerung in den Versarten weder stehen noch gehen wollte. – Ich fordere nicht, daß jemand ein Kantianer oder Fichteaner werden soll, sondern, daß er nur den Ernst, der in Kants Kritik, in Fichtens Idealismus und Schellings Ursachen zur Erklärung der Naturphilosophie ist, zu ehren weiß.

Aus einer Rezension kann man meistens mehr sehen, wo das Individuum steht, das sie gemacht, als wo der Künstler, auf den sie gerichtet ist.

Wo hat denn nun Kant wohl mit Ernst ausgesprochen, was ein Kunstwerk ist und was es sein soll? Ihm verdanken wir die Befreiung von der Sulzerischen Seichtigkeit, die zu meiner Zeit alles galt.

Es ist mit einem Gedicht wie mit einem Kinde, man macht es nur einmal. Wenn der Tristram Shandysche Spaß, wenn man es zum zweiten Mal macht, wenn man die Uhr aufzieht, so wird es schlecht. Das Gedicht wird schlecht, weil ich daran gehen muß, denn das Gedicht, woran ich morgen arbeite, ist nicht mehr das Gedicht, das ich gestern entwarf.

7233 Falk: Aus dem Nachlaß

Ich sprach mit ihm [Goethe] von der ἁμαρτία μεγάλη, Es sind das zwei Klippen. Schiller ist hart darum herumgelaufen. Macht meist den Helden zu schuldig; so gehörte seine Tat mehr vor das Tribunal der Justiz als vor das des Parterres. Macht man ihn zu unschuldig, so tut er zu wenig Böses, so erscheint er als ein schwaches Spiel des Schicksals.

– Die Leiden des Wallenstein – Sie haben ein großes Wort ausgesprochen, die möglichste Annäherung ist das Höchste.

7234 Falk: Aus dem Nachlaß

Außer den Mitschuldigen, sagte mir Goethe, daß er noch eins liegen habe von denen, die aus seiner früheren Epoche nicht verbrannt waren.

7235 Falk: Aus dem Nachlaß

[Goethe:] Das Eine ist nur die Erscheinung von außen, die immer bedingt ist. Die Kritiker nehmen es als immer fertig, ja, man macht etwas fertig, weil es fertig werden muß; aber sehr wenig Werke sind eigentlich fertig geworden, das meiste aus einem Gang entstanden. Von der frühesten Zeit an, daß ich gearbeitet habe, habe ich immer darnach gestrebt, daß alles, das ich machte, ein für sich geschlossenes Etwas wäre, nichts von einem anderen enthielte, wie eine eigene Organisation sich fortbewegte. Dadurch sind, wenn Sie wollen, meine Werke weniger, als sie sein könnten, auch sie erhalten, auch eben drum ihre Beschränkung, ihre Individualität. Schillers Sinn hingegen geht ins Allgemeine, ins Ideale, sowie der meine ins Individuelle, und es ist nur zu bewundern, wie er nur bei dieser entschiedenen Neigung nicht ganz ins Formlose ausartet. Die Liebe, die Verkörperung seiner Begriffe, siegt doch ob, wie sich das in seinen frühen und späten Werken zeigt.

7236 Falk: Aus dem Nachlaß

[Goethe:] Das Umschmelzen der Mitteldinten, daß der Begriff nicht zu strenge dasteht, wäre allerdings zu wünschen, und das alles das kommt bei den Alten eben daher, weil sie nicht aus dem Begriff, sondern nur am Sehen in Natur handelten, weil sie nicht wußten, was sie taten.

7237 Falk: Aus dem Nachlaß

Die Rezension im Meister, sagte er [Goethe], ich wollte wohl den Herren sagen, die sich mit der Kritik darum herumkröpeln, wie so ein Ding entstanden ist. Sie nehmen es nur immer fertig. Die Rezensionen von Wallenstein fand er unendlich gemein. Es ist ein ungleichbares Mißverständnis zwischen den Dichtern und Prosaikern, und die letzten haben denn auch so manches für sich.

7238 Falk: Aus dem Nachlaß

Ich redete mit ihm [Goethe] über den Einwurf der Kritik, warum er die alte Zeit zu einem Manne und die junge zu einem Weibe gemacht habe? Die junge will ja der alten Zeit eben nichts verdanken, keinen Vater anerkennen.

Dadurch, daß sie den Menschen an sich selbst zurückweist, hat die neuere Philosophie ein unendlich großes Verdienst.

7239 *Falk: Aus dem Nachlaß*

Goethe ließ sich den Wilhelm Meister wieder vorlesen. Ja, sagte er, wenn das Ding nur noch in meinen Händen wäre; so ließe sich schon dies und das machen. Aber die, die sich darum herumrüpeln mit der Kritik, ich will ihnen am besten sagen, wie so ein Ding fertig wird. Man hat bei so einem Werk bald so eine, bald eine andere Stimmung, und diese geht dann über. Zu dem ganzen Menschen gehört viel. Wir müssen also, soviel an uns ist, dazu beitragen, die einzelnen Stücke festzuhalten.

7240 *Falk: Aus dem Nachlaß*

[Goethe:] Kant ist eigentlich seiner Natur nach gar kein Dichter, und doch, wer hat am ersten über Dichter das ausgesprochen, was uns jetzt so große Dienste leistet?

Er hat den Wilhelm Meister seitdem nicht wieder in der Hand gehabt und ließ ihn sich bei Gelegenheit der Rezension vorlesen. Wenn das vermaledeite Ding nur noch in meinen Händen wär – unausgleichbare Mißverständnisse –

Schiller ist nur einmal gewesen in dieser Verbindung und kommt auch nicht wieder, dieser gradlinigte, ungestörte Mann.

7241 *R. Springer: Goethes letzter Sekretär* 1885

[Gespräch mit J. Ch. Schuchardt im Sommer 1866.] Vom Jahre 1791, wo Meyer nach Weimar übersiedelte, um dort die Stelle eines Professors der Zeichenschule einzunehmen, stand er bis zu seinem Tode in der seelenvollsten Übereinstimmung mit Goethe, wie kein anderer, selbst nicht Schiller.

«Er war», erzählte Schuchardt, «bescheiden, einfach und gemütvoll. Nach fünfzigjährigem [?] Zusammenleben mit ihm gestand Goethe, unter allen, die sich tätig an seiner Seite erhielten, sei Meyer der Vorzüglichste; dabei stimmten sie – wie erwähnt – in vielen Dingen nicht unmittelbar, sondern erst nach einem Wortgefecht überein.»...

«In Meyern liegt eine Kunsteinsicht von ganzen Jahrtausenden», sagte Goethe; «seine griechische Kunstgeschichte ist ein unschätzbares Werk.»

«Wenn er stirbt», sprach er, als der Freund erkrankte, «so verliere ich einen Schatz, den wiederzufinden ich fürs ganze Leben verzweifle.»

«Wenn Meyer krank war», sagte Schuchardt, «so entband mich Goethe von allen Arbeiten, damit ich seinem Freunde beständig zur Seite sein konnte. Die beiden Alten hatten sich zuletzt so ineinander verschmolzen, daß einer ohne den andern nicht mehr leben konnte. Oft saßen sie stundenlang nebeneinander, ohne ein Wort zu sprechen, schon von ihrem Beisammensein befriedigt. Bei Goethes Tode sagte seine Schwiegertochter vorher, daß es nun auch mit Meyer nicht mehr lange dauern würde, und er starb noch in demselben Jahre.»

7242 R. Springer: Goethes letzter Sekretär 1885

[Gespräch mit J. Ch. Schuchardt im Sommer 1866.] Ich brachte einiges zur Erinnerung, was ich irgendwo über die Kindheit der Enkel Goethes und über ihr herzliches Verhältnis zum Großvater gelesen hatte. Der Walther, meinte ich, müsse der «Käferknabe» gewesen sein, der dem Alten beim Frühstück auf dem Rücken krabbelte, den er, wenn er ihn bei der Arbeit störte, hinausbringen und, wenn er vor der Türe weinte, wieder zu einer andern hereinholen ließ. «O nein», entgegnete Schuchardt lachend, «der Walther flennte nicht und kam auch von selber zu einer andern Tür wieder herein, wenn er aus der einen hinausgewiesen worden war.» Beide Enkel, Wolfgang wie Walther, rühmte Schuchardt als überaus geistig befähigt und, was er besonders hervorhob, als höchst brave Männer. Wolfgang, der sich in Wien aufhalte, sei körperlich leidend. Meine Frage, ob sie in den Gesichtszügen Ähnlichheit mit dem Großvater hätten, bejahte Schuchardt: Beide hätten im Profil die charakteristischen Umrisse von Goethes Antlitz.

7243 *Abeken: Tagebuchnotiz*

Ich habe so oft über Goethes ministerielles Wesen, eine angenommene Grandezza klagen hören. Die mag er angenommen haben, wo sie am Orte war, oder wenn er überlaufen ward, wenn unangenehme Personen sich ihm aufdrängten. Ich bin doch öfters in seiner Nähe gewesen. In der Gesellschaft, an seinem oder an anderer Tischen, oder wenn ich allein bei ihm, war keine Spur von ministeriellem Wesen zu finden; im ganzen war seine Erscheinung äußerst einfach, wahrhaft human. Man empfand sich in der Nähe eines großen Menschen, aber eines *Menschen*, und keineswegs fühlte man sich gedrückt, wenn man den Druck nicht mitbrachte.

7244 *Abeken: Tagebuchnotiz*

Goethe kam mir oft als ein Mensch vor, der hoch über seiner Zeit und den Menschen stand, sich dessen bewußt war, und doch gern es sich selbst verhehlt hätte.

7245 *Abeken: Tagebuchnotiz*

Wenn man Goethe im Leben beachtete – man fühlte immer die Wahrheit, die er gegen Lavater ausspricht: «Die großen Menschen sind immer die bescheidensten gewesen.» Seit mir das Verständnis des W. Meister einigermaßen aufgegangen ist, habe ich in dem Oheim der Schönen Seele Goethe gefunden; und darum ist mir das Ende des sechsten Buches unschätzbar. Nachdem die Schöne Seele den großen Sinn des Oheims geschildert, fährt sie fort: «Und bei dem allen schienen der Wirt und die Seinigen so natürlich; es war keine Spur von Steifheit noch von leerem Zeremoniell zu bemerken.» Da steht mir Goethe leibhaftig vor Augen.

7246 *F. J. Frommann: Das Frommannsche Haus* *1872*

Bei seinen oft monatelangen Aufenthalten hier [in Jena] kam er gern abends zur Teestunde, wenn er wußte, daß er die Eltern allein und im kleinen vertrauten Kreise fand, wobei es ihm am wohlsten war und er gern aus sich herausging. War er verstimmt, so ließ man ihn zufrieden und wartete, wenn auch mit einiger Beklommenheit, bis er sich zurechtgefunden hatte. War er aber aufgelegt oder wurde er's, so war es eine Lust, ihm zuzuhören, er mochte nun über Bedeutendes oder Unbedeutendes sprechen. Allem wußte er einen Reiz zu geben und eine interessante Seite abzugewinnen. Der Genuß am Lesen seiner Schriften reicht lange nicht an den seiner mündlichen Unterhaltung. Er war Meister im Erzählen; es ging aus einem Gusse, und die ausdrucksvollen Bewegungen der Hände und der Glanz der Augen erhöhten den Reiz seiner Rede. So ist mir unvergeßlich, wie er einmal die heitre Geschichte aus dem Feldzuge in der Champagne zum besten gab, ehe sie gedruckt war: wo er am Ende eines feindlichen Dorfes mit seinem Reitknecht einen noch ungeplünderten Keller entdeckt, sich im Hause niederläßt und unter seinem großen Reitermantel eine Batterie Weinflaschen anlegt, als die andern nachkommen, die Flasche kreisen läßt, immer eine frische aus dem Versteck hervorholt und sich an dem allgemeinen Erstaunen ergötzt, daß die vermeinte *eine* Flasche nicht leer wird. Ein andres Mal entwickelte er die Fabel des Textes zum Don Juan und zeigte, wie sie durch das katholische Dogma von den sieben Todsünden bedingt sei, die der Held des Stücks vor den Augen der Zuschauer sämtlich begehen müsse, damit ja kein Zweifel bleibe, daß er die Hölle vollauf verdient habe, in die ihn die Teufel schleppen. Dadurch ist auch das Gastmahl gegen Ende des Stücks gerechtfertigt, denn zu den katholischen Todsünden gehört la gola, die Schlemmerei. – Ein andres Mal waren wir in Weimar gewesen und hatten die erste Aufführung des «Bildes» von Houwald gesehen. Da ließ er sich die Fabel des Stücks erzählen und wußte mit der feinsten Ironie durch Fragen und Zwischenreden die Mängel hervorzuheben, zum Beispiel: «Also, sie lieben sich übers Kreuz.» – Noch früher traf er einmal meine Mutter allein und brach noch in der Türe, indem er die Arme ausbreitete, in die Worte aus: «Ach, wenn doch der gute T. (ein damals auftauchender begabter Dichter, den auch er schätzte) nicht so breit wäre!». In der Zeit nach 1815, als die vaterländische Begeisterung in politische Erregtheit überzugehn anfing, spielte auch ein Mann, dessen Stärke die Politik nicht war und den Goethe ohnehin nicht liebte, eine gewisse Rolle und hatte großen Anhang unter der Jugend. Von dem äußerte Goethe, wenn er sich nun im Spiegel ansähe, müßte er doch zu sich selber sagen: «Ei, du X., was bist du doch für ein großer Mann geworden.»

7247 F. J. Frommann: Das Frommannsche Haus 1872

Bei seiner großen Gerechtigkeit und Milde in Beurteilung andrer, bei seiner Kunst und seiner Beflissenheit, aus jedem das Beste, was er in sich hatte, hervorzuholen und vom Geringsten etwas zu lernen, war er der damaligen Jugend keineswegs feindselig gesinnt, sagt er doch selbst: «Wahrlich, sie wäre unerträglich, wär ich nicht auch unerträglich gewesen.» So sagte er einmal, als sich jemand über eine Dummheit, die ein andrer gemacht oder ausgesprochen hatte, ereiferte, lächelnd: «Kinderchen, ihr müßt lernen, mit Vergnügen irren sehen.» Das wollte nun den Zuhörern nicht in den Sinn, und als es ihm später meine Mutter einmal vorrückte, meinte er: «Habe ich das gesagt? Da bin ich sehr weise gewesen.»

7248 F. J. Frommann: Das Frommannsche Haus 1872

Zum Schlusse muß ich noch seiner großen Humanität gegen alle erwähnen, die in seinem Dienste standen oder bezahlte Hülfe leisteten, wie Handwerker, Künstler usw. So ließ er sich von einem gescheuten Lehrlinge, der ihm die Korrekturbogen brachte, den Mechanismus des Satzes erklären und sah ängstlich darauf, wenn er Änderungen zu machen hatte, daß sie nicht mehr Raum einnahmen als das Gestrichne, um nicht mehr Mühe zu machen, als unbedingt nötig war. Denselben Lehrling ließ er nach Vollendung eines Werkes nach Weimar kommen, dort herumführen, die Merkwürdigkeiten zeigen und bewirten. Dafür hingen diese Leute aber auch mit solcher Verehrung und

Liebe an ihm, daß sie für ihn durchs Feuer gegangen wären, seine Interessen ganz wie die ihrigen betrachteten. Sein letzter Kutscher Barth, wenn er unter den geschlagnen Steinen an der Landstraße etwas Auffälliges bemerkte, hielt an, wendete sich zurück und sagte: «Herr geheeme Rat, ich globe, da is was für uns.»

7249 K. Th, Gaedertz: Bei Goethe zu Gaste 1900

Gelegentlich zitiert Allwine [Frommann] drastische Aussprüche des Dichterfürsten. «Hier ein Nachtrag zu dem 'grob sein', ein Lieblingssprüchwort Goethes: 'Wer sich grün macht, den fressen die Ziegen.' Dies und 'Stolpern fördert' hat er uns in Dornburg einmal höchst launig ausgelegt.» ... «Schluß des Streites mit Wolf. Goethe: 'Der Kerl hätte es am liebsten, der Mond wäre ein Eierkuchen, da könnte er ihn fressen.'»

7250 K. Th. Gaedertz: Bei Goethe zu Gaste 1900

Gern dachte sie [Allwina Frommann] an jene schönen Zeiten, «wo Goethe lange und doch himmlisch kurze Abende bei uns saß, besonders unter der Messe, wenn ich mit der Mutter allein war, wo er oft von sechs bis zehn fast unausgesetzt allein sprach. Was konnten wir ihm geben, als leises Verstehen, tiefste Ergebenheit und festes Schweigen, worauf er bauen konnte»...

... [Allwina] erzählt ... daß er im Hinblick auf ihre vergeblichen Bemühungen, die französische Sprache zu erlernen, den Ausspruch tat, nur die Liebe zu einem Franzosen könne ihre Zunge lösen.

7251 Varnhagen: Tagebuch 2. Oktober 1853

Allwina Frommann, die, ich weiß nicht aus welchem Anlaß, allerlei von Goethen erzählte, und das war das Beste vom ganzen Abend. Sie sagte unter anderm, man habe es Goethen immer angesehen, wie schwer es ihm wurde, ja wirklich weh tat, wenn er genötigt war zu tadeln, zu verwerfen; dagegen leuchteten seine Augen freundlich, wenn er irgend tüchtigen Sinn, frischen Geist, oder irgend Geschicklichkeit und Talent wahrnahm, das Kleinste wußte er in dieser Richtung anzuerkennen, zu ermutigen, zu fördern. Da sieht man den ganzen Goethe! Ich forderte Allwinen dringend auf, alle ihre Erinnerungen von ihm niederzuschreiben, und wo sie dessen eigne Worte nicht mehr wisse, wenigstens den Sinn oder Eindruck wiederzugeben.

7252 O. L. B. Wolff: Das Büchlein von Goethe 1832

Im geselligen Kreise konnte er in früheren Jahren, wenn er eben bei Laune war, ausgelassen lustig sein und verschmähte selbst den derbsten Spaß nicht, wie überhaupt seiner Natur alles Derbe sehr zusagte. In späterer Zeit war er heiter und mitteilend, vorzüglich bei Tische, und hatte es gern, wenn man ihm viel erzählte. – Er pflegte dann gewöhnlich am Schlusse eines solches Mahles auszurufen: «Wir haben heute viel gelebt!» – Bei den größeren Soirees in seinem Hause, während seiner letzten Lebensjahre, pflegte er nach seiner Bequemlichkeit auf- und abzuschreiten, zu kommen und zu gehen, und sich bald mit diesem, bald mit jenem in ein behagliches Gespräch über gleichgültige Gegenstände einzulassen.

7253 St. Schütze: Die Abendgesellschaften der Hofrätin Schopenhauer 1840

Hauptgegenstand der Betrachtung blieb in diesem Kreise immer Goethe, und gewiß werden es die meisten Leser gern sehen, wenn ich bei ihm noch besonders verweile. Doch dürfen sie nicht zu viel erwarten. Es ist nicht meine Absicht, hier ein vollständiges Bild von ihm zu entwerfen, wie es mir nach fünfundzwanzigjährigem Verkehr mit ihm vielleicht möglich wäre, sondern nur einzelne Züge von ihm anzuführen, wie sie eben in dieser Gesellschaft zum Vorschein kamen.

Das Merkwürdigste war, ihn fast jedesmal in einer anderen Stimmung zu sehen, so daß, wer ihn mit einem Male zu fassen glaubte, sich das nächste Mal gewiß gestehen mußte, daß er ihm wieder entschlüpft sei. Man hatte bald einen sanft-ruhigen, bald einen verdrießlich-abschreckenden (auch Kummer drückte sich bei ihm gewöhnlich durch Verdrießlichkeit aus), bald einen sich absondernden, schweigsamen, bald einen beredten, ja redseligen, bald einen episch-ruhigen, bald – wiewohl seltener – einen feurig-aufgeregten, begeisterten, bald einen ironisch-scherzenden, schalkhaft-neckenden, bald einen zornig-scheltenden, bald sogar einen übermütigen Goethe vor sich. Wenn uns ein solcher Wechsel bei ihm in Verwunderung setzt, rührt es nur daher, daß wir die menschliche Natur überhaupt zu wenig kennen. Diese große Verschiedenheit oder Menge von Stimmungen war bei Goethe etwas ganz Natürliches, ja Notwendiges, denn wie hätte er bei seiner Richtung auf Universalität in so vielerlei Verhältnisse und Gemütsverfassungen sich mit Leichtigkeit versenken können, wenn seiner Phantasie nicht auch eine große Schmiegsamkeit des Gefühlssystems wäre beigegeben worden, ein wandelbares Mitempfinden, das bei aller *Ruhe* und *Freiheit* doch zum Medium des Auffassens und zur Grundlage einer neuen Schöpfung dienen muß. Eine solche innerliche Beweglichkeit ist aber auch im gewöhnlichen Leben nachwirkend. Goethe übte gewiß eine Herrschaft über sich, wie leicht niemand; dennoch drang ein Nachhall der letzten Stunde oder Laune des Augenblicks oftmals durch die feste Haltung hindurch, und als Gast, ohne besondere Verpflichtung, ließ er sich hier weit freier gehen als zu Hause, wenn er selbst Gäste empfing. – Es konnte einem ganz ängstlich zumute werden, wenn er verstimmt in die Gesellschaft trat und aus einem Winkel in den andern ging. Wenn er schwieg, wußte man nicht, wer nun reden sollte, wenn nicht etwa Bertuch mit einer Erzählung aushalf. Unter diesen Umständen und da er ohnehin sich gern gegen die Außenwelt verwahrte, muß man es der Wirtin als einen klugen Einfall nachrühmen – wenn es nicht vielleicht auf Meyers Rat geschah –, daß sie nicht weit von der Türe einen Tisch mit Apparat zum Zeichnen aufgestellt hatte, woran er sich nach Belieben setzen konnte, wenn er eben nicht zum Reden aufgelegt war. Hier brachte er viele Landschaften zustande, die, wenn wirkliche Maler auch nichts Besonderes daran fanden, für die Wirtin doch immer ein sehr ehrenwertes Andenken blieben.

Umso liebenswürdiger war er aber, wenn er geselligaufgelegt in einem kleinen Kreise ein leichtes Wechselgespräch unterhielt, worin einer um den andern sein Scherflein beisteuerte. Gewöhnlicherweise warf er weder mit Witz noch Ideen um sich, ja, er vermied diese sogar; sondern er gefiel sich meist im Ton einer heitern Ironie, die etwas zu loben schien, dessen Unhaltbarkeit sich so von selbst ergeben mußte. So wurde der Tadel zu einem anmutigen Ergötzen, und das Unvollkommene wieder zum Genuß. Schnelle Kreuz- und Quersprünge konnte er in der Unterhaltung nicht leiden. Ich lief öfters damit an, von Einfällen des Augenblicks verleitet, und ich hatte dann immer zu bemerken, daß er sich mit der Hand über das Gesicht fuhr. –

Noch mehr liebte er, etwas ruhig durchzusprechen, wobei andere oft nur beipflichtend und fragend beförderlich waren, während *er* eigentlich das Gespräch führte und fortsetzte. Höher noch stieg seine Liebenswürdigkeit, wenn er ganz und gar einer epischen Stimmung sich hingab, wenn er zum Beispiel ein römisches Karneval beschrieb oder sonst etwas von Italien erzählte. Hier konnte man stundenlang ihm zuhören und die ganze übrige Gesellschaft darüber vergessen. Die Ruhe, die Klarheit, die Lebendigkeit, der ans Komische hinstreifende halb feierliche Ton, womit er schilderte, und alles deutlich vor Augen stellte, flößte mit dem Reize der Unterhaltung zugleich ein großes Behagen, ein heiteres Wohlgefallen am Leben ein, wodurch der Blick sich erweiterte und das Herz von einer schönern Welt Besitz nahm. Man erkannte darin das Ziel der Goetheschen Muse, schon dieses Leben in ein anmutiges Eden zu verwandeln und den bestmöglichsten Gebrauch desselben zur Aufgabe unserer Weisheit zu machen ...

Nicht am Großen allein, an jeder neuen Erscheinung

von nur einiger Bedeutung nahm er den wärmsten Anteil, sobald in der Kunst nur die *Natur*, sei es einfach oder durch künstliche Formen, siegreich hindurch drang, und wenn irgend etwas Aufsehen machte, ließ er sich davon erzählen, wobei er fast immer auf seiten des Volks war, dessen Stimme er gern für ein Zeugnis der unbewußten Natur nahm. Er haßte die Kritiker, die an den Fehlern haften und in der Negation sich herumdrehen. Von *ihm* konnte man lernen zu *genießen*. Er hielt sich an das *Schöne* eines Kunstwerkes und sagte dann wohl bei einer Eigenheit: «Das muß man nun dem Künstler zugeben, er will seine Freiheit, will auch seinen Spaß haben.» Wenn nur etwas Freude machte, ging seine Nachsicht sehr weit. Sprach man zum Beispiel von ergötzlichen Scherzen in Claurenschen Lustspielen, so ließ er seine Weise und das aus dem Leben Dargestellte gern gelten: «Es käme wohl nur darauf an», sagte er, « es mehr zu *heben*.» Dies war ein Lieblingsausdruck von ihm, womit er zugleich seine eigene Art des Idealisierens bezeichnete. Recht tolles Treiben in den Weimarischen Volksstücken ergötzte ihn vorzugsweise, und der Ausspruch: Es ist etwas *Verruchtes*! war für diesen Fall in seinem Munde für ein Lob zu achten. Er fügte dann auch wohl hinzu: um zu einer solchen Komik zu gelangen, müsse man von etwas Absurdem ausgehen. –

Mit Vergnügen sah man ihn in größerer Bewegung, wenn eben etwas Neues, wie zum Beispiel zur Zeit die erste Sammlung von Volksliedern oder das Nibelungenlied oder die Alemannischen Gedichte seine Phantasie ergriffen hatte, und, geschah es dann, daß er in der ersten Aufregung im Lobe etwas übertrieb, wer hätte ihm das übel deuten sollen! Es war so rein-menschlich und so poetisch zugleich. Er kam auch bald wieder in sein voriges Gleichgewicht zurück. Ein Übel entsprang indes gar oft daraus für einseitige Verehrer und Bewunderer des Schönen. Sie beriefen sich nun alle auf Goethe, als ob er sich gerade für dieses oder jenes, wie wenn es das Einzige oder Höchste wäre, erklärt hätte; jede Partei zählte ihn zu den Ihrigen und machte ihn zu ihrem Anwalt oder gar zum Oberhaupt. Goethe aber blieb an keiner Sache haften; mit allseitiger Empfänglichkeit wanderte er durch eine große Mannigfaltigkeit von bedeutenden Erscheinungen, und mit Recht konnte er daher von sich sagen: «Wenn die Leute glauben, ich wäre noch in Weimar, dann bin ich schon in Erfurt.»

Man muß überhaupt nicht glauben, daß Goethe in seinen Ansichten immer fest und entschieden gewesen wäre. Nein! das aber sicherte grade seine Freiheit für die Erkenntnis so verschiedener Dinge, daß er sich immer das Weitere vorbehielt, jedes Ding immer wieder, so oder anders, in Betrachtung zog, und das, was ihm für den Augenblick gewiß schien, immer wieder einer neuen Prüfung unterwarf. Sein Zweifeln und Annehmen ging oft bis in das Sonderbare. So sagte er einmal zu mir: «Ich weiß doch nicht, ob nicht die Franzosen (mit ihren klassischen Trauerspielen) auf dem rechten Wege waren.» Er sprach vielleicht in seinem eigenen Interesse, da er selbst durch seine ruhig-epische Natur die Richtung bekommen hatte, daß er die handelnden Personen in seinen Dramen ohne viel Geräusch ihr Inneres, was allerdings immer die Hauptsache bleibt, in ausführlichen Reden gegen- und nebeneinander sich aussprechen ließ. Daß er auf diese Weise keine theatralische Wirkung hervorbringen konnte, fühlte er nachher gar wohl, und sagte: «Ich habe *gegen* das Theater geschrieben.» So erwähnte er gelegentlich auch als eines Vorteils der besondern Kraft, die bei Shakespeare in Sprüngen und plötzlichen Übergängen läge. – Ein andermal äußerte er gegen mich: «Es kam doch wohl auf Richelieu an, der französischen Kunst und Literatur eine andere Wendung zu geben.» Ich entgegnete: «Sollte so etwas wohl von einem einzelnen Menschen abhangen?» Da sah er mich mit großen Augen an und sagte nach einer starren Pause: «Legen Sie mir Münzen aus allen Zeiten vor, ich will sagen, aus welchem Jahrhunderte sie sind.» Mir war, als ob sein Geist plötzlich in einer furchtbaren Glorie hervorträte, da ich ihn so sein ganzes Selbstgefühl, ohne Hehl die Kraft seines Genies aussprechen hörte. – Über Shakespeare, bei dem manche alles als klug berechnete Kunst bewundern, war seine Meinung: daß er mit genialem Natur-Instinkt gearbeitet, sich gleichsam einen Rahmen gezogen und da mit dreister Hand seine Figuren hineingezeichnet habe. In Calderon sah er schon mehr einen künstlichen Dichter. Über Werke der bildenden Kunst äußerte er sich indes viel häufiger, als über Werke der *Poesie*. Mit dieser war er vermählt, jene blieb immerfort seine Geliebte. – Außerdem lag die weite Natur und das ganze Leben zur Betrachtung vor ihm. Zu welchem unbemerkten Punkt in der Erscheinung man sich auch im Gespräche verirren mochte, man traf ihn dort. Ich erwähnte einmal das Belauschen der Stille bei dem allmählichen Verhallen des Tages. Da hatte er schon längst an einem schwülen Sommerabende draußen auf dem Hügel gesessen und auf die Töne hingehorcht, die mit leisem Atem bis zur schweigsamen Mitternacht in der Luft sich begegnen. – Ein andermal fragte er mich, ob mir auch das Glück zuteil geworden, zuweilen im Traume zu fliegen, und *wie* das geschehe; er möchte gern in der Art und Weise auf etwas Allgemeineres kommen. Er fliege im Zimmer oder in einem Saale immer oben im Kreise herum. Ich erwiderte: mein Fliegen sei unstet, bald niedriger, bald höher, wohl bis auf das Dach. – Still für mich erkannte ich in seiner Art zu fliegen wieder den Charakter der ruhig epischen Beschaulichkeit, aber laut gegen ihn hätte ich doch diese Bemerkung nicht machen mögen.

Goethe liebte bei aller Natürlichkeit – in Verbindung mit dem Plastischen – doch das Förmliche und Feierliche ein wenig. Zum Teil rührte dies vielleicht auch von der strengern Sitte der alten Zeit her. Wenn er eintrat, schritt er, ohne rechts oder links zu schauen, mit steifer Haltung durch alle Personen hindurch geradesweges auf die Wirtin zu, machte ihr sein ernstes Kompliment und verneigte sich dann mit einer sanften Verbeugung gegen die Übrigen im Kreise herum. Mit kurzen, schnell wechselnden Reden über etwas leicht hinzugleiten, war ihm nicht eigen; eher tat er etwas mit der Milde eines halb ausgesprochenen

Wortes ab. Sonst sprach er in der Regel etwas langsam, nach den tiefern Tönen zu, mit einer bequemen Würde, die den Gegenstand von sich entfernt hält und auch gegen persönliche Annäherung sich verwahrt. Dies Entfernthalten drückte sich auch praktisch häufig in den Worten aus: Das ist nun so! – oder: Das wird sich machen lassen!

7254 F. Förster: *Aus dem Nachlaß* 1873

Zur Feier des 70. Geburtstages Goethes hatte der Staatsrat Schultz in seinem in Schönhausen bei Berlin gelegenen Landhause die näheren Freunde und Freundinnen des Dichters zu einem festlichen Mittagsmahle versammelt. Reden, Toaste und Gesänge fehlten nicht, und meine Frau trug ein von mir gedichtetes Lied: «Der Musen und Grazien der Mark Glückwunsch» vor. – Als bei einem späteren Besuche in Weimar Goethe meiner Frau Freundliches über ihren Gesang sagte, erwiderte sie ihm, die sich gegen Befreundete, und dazu durfte sie Goethe mit Zuversicht zählen, ungezwungene und anmutige Scherze erlaubte, daß sie von seiner gütigen Gesinnung überrascht sei, da sie ja in Berlin zu Haus gehöre, wo die Musen und Grazien der Mark sich aber nicht rühmen könnten, in besonderer Gunst bei ihm zu stehen. – Goethe nahm den Scherz wohl auf und erwiderte ihn mit der Versicherung, daß er von seinem Unglauben bekehrt worden sei, seitdem ihm eine der Musen und Grazien in Person und zwar beides in *einer* erschienen sei. Die Zeiten, meinte er, seien längst vorüber, wo Nicolai mit Biester und Gedike als die Alleinherrscher im Reiche des guten Geschmacks in Berlin dominierten. «Aber ich bin ja», fiel ihm meine Frau in die Rede, «eine Tochter Gedikes, habe also auch etwas von jener gefährlichen Erbschaft angetreten.» Goethe, ohne im geringsten in Verlegenheit gebracht zu sein, entgegnete, ihre beiden Hände fassend und ihr freundlich in die Augen sehend: «wie er nicht geglaubt hätte, daß es ihm beschieden sein werde, in seinen alten Tagen noch einmal in die schönste Ausgabe von Gedikes Lesebuch einen ihn über so manches Wissenswerte aufklärenden Blick tun zu dürfen.»

Gegen mich sich wendend, erinnerte Goethe daran, er habe vom Staatsrat Schultz erfahren, daß ich bei einer ihm zu Ehren auf Schultzes Landhause veranstalteten Festlichkeit ein Gedicht vorgetragen habe: «Die neuen Musen und Grazien in der Mark». «Lassen Sie es doch von Freund Zelter in Musik setzen, und singen Sie mir es bei einem nächsten Besuche vor; er ist den jüngern Musen diese Genugtuung schuldig, da sich die alten dieser Begünstigung zu erfreuen gehabt.» –

Goethe hatte sich in die Sofaecke zurückgezogen, um nicht von dem Lampenschein geblendet zu werden, gegen welchen er sich außerdem durch einen grünen Schirm zu schützen suchte. Meine Frau sang den «König in Thule», «Meine Ruh ist hin», dann später: «O neige, du Schmerzensreiche» usw. Nach einigen freundlichen, « dem seelenvollen und innig leidenschaftlichen» Vortrage der Sängerin gespendeten Worten, sprach er sich anerkennend und eingehend über die Kompositionen des Fürsten Radziwill aus, die ihm ja auch, und zwar vorzüglich die Chöre, von unserm gemeinschaftlichen Freunde Zelter als vorzüglich gelungen gerühmt worden seien. Nur damit erklärte er sich nicht einverstanden, daß der Komponist auch die Selbstgespräche Fausts, welche sich wohl ohne musikalische Beihülfe zur Geltung bringen würden, mit Musik ausgestattet habe, wodurch das Drama den zwitterhaften Charakter des Melodramas erhalte, welches weder Schauspiel noch Oper, nicht Fisch, nicht Fleisch sei. In dieser Meinung wurde er noch durch die Mitteilung bestärkt, daß, wenn der Fürst die Monologe, welche er sicherer als irgend ein Schauspieler, auch mit Verständnis und tiefgefühlter Empfindung spreche und sich selbst auf dem Cello begleite, das Gedicht zur vollen Geltung gelange; wenn aber der Schauspieler die Rolle spreche, Musik und Rede oft auseinander gerieten, wodurch Zögerung und Fortschreiten an unrechter Stelle unvermeidlich würden. So angemessen der Stimmung die musikalische Begleitung zu Fausts Monolog: «Verlassen hab' ich Feld und Auen» usw. sei, so störe es jedenfalls, daß der Sprechende als abhängig, oft an unpassenden Stellen unterbrochen und aufgehalten von der musikalischen Begleitung erscheint. Er sei immer der Meinung gewesen, daß die bezeichneten Stellen keiner musikalischen Beihülfe bedürften, worin er vollkommen dem geistreichen Coleridge zustimme:

«An orphic tale indeed,
A tale divine of high and passionate thoughts,
To their own music chaunted.»
«Der Faust, ein orphisches Gedicht fürwahr,
Ein göttliches, voll hoher, leidenschaftlicher Gedanken
Ertönend zu der eigenen Musik.»

Als von einer der anwesenden Damen bemerkt wurde, daß die Musik Beethovens zu Egmonts Monolog im Kerker und zur Erscheinung Clärchens als Traumbild von unbeschreiblich rührender Wirkung sei, sagte Goethe: «Nun, da möcht' ich doch auf den bedeutenden Unterschied der Situation der beiden Szenen aufmerksam machen. Faust kehrt von dem Spaziergange zurück; in ernste Betrachtungen versenkt, verweist er den knurrenden Pudel, der ihn stört, zur Ruh und begibt sich dann daran, mit Sinnen und Nachdenken sich das Verständnis über die schwerste Stelle des Evangeliums zu erschließen. Dies alles scheint mir zur musikalischen Begleitung nicht geeignet. Da ist es doch etwas anderes, wenn Egmont den langentbehrten Schlaf herbeiwünscht.» Mit einem Ausdrucke tiefempfundenster Wehmut, die uns alle zu Tränen rührte, rezitierte Goethe die Worte: «Süßer Schlaf! Du kommst wie ein reines Glück ungebeten, unerfleht am willigsten. Du lösest die Knoten der strengen Gedanken, verwischest alle Bilder der Freude und des Schmerzes; ungehindert fließt der Kreis innerer Harmonien, und eingehüllt in gefälligen Wahnsinn, versinken wir und hören auf zu sein.» – «Hier hab' ich ausdrücklich angegeben, daß Musik seinen Schlummer begleiten soll, sanft während der Erscheinung des Traumbildes, das verschwindet, als die Trommeln der Wache ertönen, welche Egmont zum Blutgerüst begleiten soll. Hierbei ist allerdings die musikalische Begleitung angezeigt, und Beethoven ist mit bewundernswertem Genie in meine Intentionen eingegangen.»

An einem der folgenden Tage, an welchem wir wieder eine Einladung zu Frau von Goethe in den Garten erhalten hatten, fand auch Goethe sich ein und brachte das Gespräch wieder auf die Kompositionen des Fürsten Radziwill, teils um meiner Frau, welche von den Verehrerinnen des fürstlichen Komponisten nicht der geringsten eine war, etwas Freundliches über ihren Gesang zu sagen, teils – und vielleicht mehr noch – um sie wegen ihrer Schwärmerei für ihre geliebte Vaterstadt Berlin mit dem ihm eigenen liebenswürdigen Humor zu necken, sagte er: «Berlin mag sich, seitdem ich dort war, und das ist schon lange her, sehr verändert und verschönert haben; allein zwei Dinge würde ich dort gewiß, ebenso wie vordem, alltäglich wiederfinden: unter den Linden Staubwolken und am Himmel Regenwolken.» – «Was die Staubwolken betrifft», entgegnete Laura, «so wissen wir uns zu helfen, entweder wir machen uns nichts aus dem Staube, oder» – «wir machen uns aus dem Staube», unterbrach sie Goethe. – «Dies letztere Mittel», fügte Frau Ottilie hinzu, «würde sich doch wohl am meisten empfehlen». – «Und was die Regenwolken betrifft», nahm Laura ihre Rede wieder auf, «so würden Sie bei unserm Freund Zelter und auch sonst überall den Himmel voller Geigen finden, und das Cello des Fürsten Radziwill würde sich gewiß Ihres Beifalls erfreuen.» – Meine Frau erging sich aufs neue in lebhafter Schilderung des fürstlichen Komponisten und Virtuosen und fügte dann hinzu: «Wir wollen es schon noch durchsetzen, daß Exzellenz nach Berlin kommen, ich habe mit Doris und Rosamunde [Zelters Töchtern] eine kleine Verschwörung gemacht.» – «Und wollen Sie mir davon nicht vorher einen kleinen Wink geben?» fragte Goethe. – «Nicht alles, aber etwas will ich davon verraten. Wir halten die in Aussicht gestellte Sendung der delikaten Teltower Rübchen zurück und liefern sie nur aus, wenn Sie sie selbst abholen.» – «Da seht ihr guten Kinder nun», sagte Goethe, zu den andern Damen gewendet, «wie gefährlich die lieben Berlinerinnen uns sind. Wenn es ihnen mit ihrem *Lockvogel* auf dem Cello nicht gelingt, so halten sie eine *Lockspeise* bereit, so daß wir am Ende doch wohl anbeißen.»

Wie angelegentlich aber auch meine Frau bei wiederholter Anwesenheit in Weimar ihre und der Freunde, namentlich des Fürsten Radziwill und Zelters, Wünsche und Hoffnungen, den in Aussicht gestellten Besuch Goethes in Berlin betreffend, diesem ans Herz legte, immer wußte er mit irgend einem halb im Ernst, halb im Scherz gemeinten Vorwande auszuweichen.

7255 F. Förster: Aus dem Nachlaß 1873

Durch ein so unerwartetes Geschenk von dem von uns so hoch verehrten Dichter [das Widmungsgedicht «An Friedrich Förster» vom 27. September 1820] fühlten meine Frau und ich uns veranlaßt, unsern Dank im nächstfolgenden Jahre persönlich auszusprechen. Zelter hatte wieder für Gruß und Empfehlung bestens gesorgt und eine Rolle noch ungedruckter Kompositionen Goethescher Lieder meiner Frau mitgegeben, um sie dem Dichter vorzusingen, was auch an verschiedenen Abenden zu seiner großen Zufriedenheit bei ihm und bei seiner Schwiegertochter, der von ihm zärtlich geliebten muntern und geistvollen Ottilie ausgeführt wurde. – Am liebenswürdigsten und am heitergeselligsten war Goethe am Mittagstische, wo jedoch die Eingeladenen nie die Zahl der Musen überschritten. Vor ihm stand eine Flasche alten Rheinweins, welche er ganz allein zu leeren pflegte; wir andern hatten uns aus den vor uns aufgestellten Flaschen nach Belieben zu versorgen. Auf den Küchenzettel, den er für gewöhnlich selbst angab, hatte die Anwesenheit von Gästen einen besonderen Einfluß. Es gab außer der Suppe gewöhnlich drei, höchstens vier Schüsseln: Fleisch mit Gemüse (er aß sehr gern ein nach italienischer Kochkunst bereitetes *stuffato*), dann gab es Fisch (Forellen liebte er zumeist), Braten (zumeist Geflügel oder Wild) und, wie er erklärte, wegen der Damen, eine Mehlspeise (Karlsbader *Strudel*), wohlschmeckender, wenn auch nicht wohltätiger als der dortige *Sprudel.* Er selbst zog der süßen Speise ein Stück englischen oder Schweizer Käse vor. Das Zerlegen des Bratens, selbst wenn es ein schwieriges Wildziemer war, besorgte er eigenhändig, legte auch wohl einer begünstigten Tischgenossin ein ausgesuchtes Stück oder die zierlichste der Forellen vor. – Vorherrschend war an dem Mittagstische bei dem alten Herrn – wir hatten ja damals seinen siebenzigsten Geburtstag festlich begangen – der ausgezeichnet gute Humor und die scherzhaften Neckereien mit seiner Schwiegertochter; doch nahm die Unterhaltung zuweilen auch eine ernste Richtung. Von dem einen wie von dem andern sind Erinnerungen in den Tafeln meines Gedächtnisses aufgezeichnet. Als einmal gegen das Ende der Mahlzeit der Wunsch ausgesprochen wurde, eine Spazierfahrt zu machen, brachten die einen Belvedere, die andern Tiefurt, noch andere Ettersburg und andere schön gelegene Orte in Vorschlag. Den nach so verschiedenen Himmelsgegenden hinstrebenden Geistern rief Goethe mit erhobener Stimme in gebieterischer Haltung zu:

«Verteilet Euch nach allen Regionen
Von diesem heil'gen Schmaus!»

und meinte, solches Gebot könne hier wohl Anwendung und Beachtung finden. Ottilie erklärte sich damit einverstanden und fügte hinzu: es sei ihr sehr lieb, doch endlich einmal über jenes geheimnisvolle Gedicht, über welches sie sich vergeblich den Kopf zerbrochen, von dem Dichter Aufschluß erhalten zu haben. «Also Du selbst, lieber Vater, bist der Allgebietende, welcher an die ihm dienenden Geister diesen Zuruf ergehen läßt, und so werden wir denn heute auch erfahren, weshalb jenes Gedicht die Überschrift 'Weltseele' führt.» – «Das nehm' ich an», erwiderte Goethe, «daß *ich* den Aufruf ergehen lasse, und somit seid *Ihr* es, an die ich mich wende, und mögt Ihr Euch nun als Cherubim, Äone oder dergleichen weltschöpferische Urgeister bezeugen und nach vollbrachtem Werke, worauf wir doch wohl mehr als sechs Tage zubringen dürften, vom All ins All zurückkehren: dann werdet Ihr wohl inne geworden sein, was unter der Weltseele gemeint ist.» – Uns allen eine gesegnete Mahlzeit wünschend, zog sich Goethe mit einer verbindlichen Handbewegung und dem entschuldigenden Worte: «am siebenten Tage ruhte er» in sein Zimmer zum Mittagsschläfchen zurück. – «Da sind wir nun», bemerkte Frau von Goethe, nachdem sich der Papa entfernt hatte, «so klug wie vorher; schon einige Mal habe ich es versucht, ihn zu veranlassen, über jenes wundersame Gedicht und dessen Überschrift uns Aufklärung zu geben, allein ich erhielt immer ausweichende Antworten.»

7256 *Ottilie v. Goethe an Abeken* *4. Juli 1861*

Ich habe fünfzehn Jahre mit meinem Schwiegervater zusammengelebt, mit einem jungen, warmen – törichten Herzen, mit einer großen Dosis Phantasie und ebensoviel Unvernunft, und nie habe ich auch nur einmal gefunden, er sei kalt oder gar herzlos; und welche Ansprüche macht man doch in der Jugend nicht nur an das Gefühl, sondern selbst an die äußeren Zeichen davon, aber er stellte sich immer auf den Standpunkt des andern, und so war er mild verstehend, und bei Irrtümern erbarmend. Wie treu war er seinen Erinnerungen, wie davon beschäftigt und ergriffen, als er eine Enkelin von Lili gesehen und von einer Dame, die den früheren weimarischen Kreisen angehörte und, ich weiß nicht wo, Lili später gesehen, Nachrichten, ja gleichsam einen Dank von ihr brachte...

Unendlich interessiert hat mich, und ich danke Ihnen besonders, daß Sie es so hervorgehoben, ich meine die Stelle, wo der Vater sich über Möser mit so viel Wärme ausspricht, und dies eigentlich, wie Sie wohl mit Recht behaupten, den Ausschlag gab, ihn nicht nur als Mann des Gedankens, sondern als Mann des deutschen Staates und des deutschen Volkes zu bezeichnen. Der Vater war ein Mann des Volkes, das weiß der, der in Weimar auf keine Schule, auf keine Anstalt irgend einer Art, die dem Volk im allgemeinen zugute kömmt, stoßen kann, ohne in ihrem ersten Ursprung den Namen des Vaters nennen zu hören, – das weiß der, der ihn einmal, nicht nur mit Leuten in untergeordneter Stellung reden, nein zuhören sah, mit dem lebendigsten Interesse in alles eingehend. Auf unsren Spazierfahrten habe ich das oft erlebt, und ich muß ehrlich gestehen zu meiner Langenweile.

... Ein Hauptzug meines Vaters war, daß er ganz neidlos, auch nicht einmal vorübergehend, nie sah ich eine Spur davon, nur reine Freude und Anerkennung empfand er, wo ihm Großartiges entgegentrat, ja die Tränen traten ihm vor Bewunderung in die Augen. So habe ich ihn auch von Christus sprechen sehen, – wollen Sie es Andacht nennen, Verehrung, Anbetung, ich kann hinzufügen: wenigstens hat wohl niemand je der Erfüllung seiner Lehre mehr nachgestrebt, wie war sein Handeln echt christlich, fromm und mild, vergebend, wohltätig, stets für andre wirkend, dem Höchsten nachstrebend.

7257 Ottilie v. Goethe an Direktor Gruer

So ... paßt auch auf mich die Anekdote, die mein Schwiegervater öfters erzählte, daß man einen Herrn gefragt, auf was er sammle, worauf er erwiderte: ich beschränke mich eben auf alles!

7258 L. A. Frankl: Wahrheit aus Goethes Leben 1882

[Nach Mitteilungen von Ottilie v. Goethe.] Als einmal von der stolzen ministeriellen Haltung Goethes die Rede war, die er fremden Besuchern gegenüber, die ihn neugierig zu verehren kamen, beobachtete, erklärte sie aufs bestimmteste, daß, so unglaublich es bei einem Manne von so großer Repräsentation und so gewandten Lebensformen war, daß Goethe aus wirklicher Verlegenheit so tat und hinter einer als hochmütig erscheinenden Haltung seine Befangenheit zu verbergen suchte. «Goethe war», schloß sie ihre Mitteilung, «wahrhaft bescheiden und innerlichst demütig.»

7259 R. Lehmann: Erinnerungen eines Künstlers 1896

Im Jahre 1854 machte ich die Bekanntschaft von Ottilie, Goethes oft genannte Schwiegertochter, der Zeugin seiner letzten Augenblicke. Sie war mit ihrer Schwester Fräulein Ulrike von Pogwisch gekommen, den Winter in Rom zuzubringen...

Als Eigenart ihres Schwiegervaters erwähnte Frau Ottilie, daß er nicht leiden konnte, daß Damen abends in seiner Gegenwart sich mit Handarbeiten beschäftigten.

7260 *O. Mejer: Wolf Goethe* 1889

Sie [Ottilie v. Goethe] hat mir einmal vom «Vater», so nannte sie Goethe, wenn sie von ihm sprach, erzählt, er habe verstanden, geringe Leute, denen man etwa begegnete, ohne weiteres zu offensten Mitteilungen zu veranlassen, weil er in aufrichtiger Freundlichkeit an ihren Angelegenheiten Anteil genommen und sie habe empfinden lassen, daß er frage, um zu wissen. Sie verstand ihn darin, denn es war ihr eigener Fall: der Gefragte fühlte den Sonnenschein des Wohlwollens, in welchem er antwortete. Als mich mein Reisebericht von selbst auf Goethe führte, lobte sie Eckermanns eben erschienene Gespräche als erstes ihn wahrhaft darstellendes Buch. Sie erzählte von seiner Art, sich zu bewegen, zu reden: oft habe man ihn laut mit sich selbst sprechen hören, oft ihn sagen hören: «stille, stille.» ... So sei er auch einmal, erzählte sie, auf die Herrlichkeit Christi zu reden gekommen, und habe sie immer ernster, immer feuriger, mit immer wachsender Rührung gepriesen, bis er in einen Tränenstrom ausbrechend hinausgegangen sei.

7261 *Fritz Homeyer: Ein Leben für das Buch* 1961

Es war im Frühjahr 1924 ... Ich wurde nach Steglitz hinausgebeten und von einer Dame um ein Urteil über ihre Klassiker- und Romantiker-Ausgaben befragt. Die Besitzerin war eine gebildete und kultivierte Witwe ... Mein Eingehen auf ihre Bücherlieblinge, zu deren Verkauf ich ihr nicht raten konnte, erwarb mir das Vertrauen der Besitzerin. So brachte sie schließlich – vielleicht um mich für meinen, kaufmännisch gesehen, resultatlos verlaufenen Besuch zu entschädigen – ungedruckte Goethebriefe aus ihrem Familienbesitz ans Licht, in denen zum Beispiel Ottilie beschreibt, wie Großvater Goethe das aus Berlin von einer Großnichte für die Enkel gesandte Weihnachtspaket geöffnet habe. Die Spielsachen daraus gäbe er auch den Enkeln von Zeit zu Zeit zum Spielen, aber die Berliner Leckereien verzehre der alte Herr höchstselber. Dieses allzu menschliche Kompliment für den Berliner Zuckerbäkker hatte die Familie bisher der Öffentlichkeit vorenthalten. Da die Besitzerin sah, mit welcher tiefen Freude ich diese kleinen Schätze einer großen Vergangenheit genoß, griff sie noch einmal in die Truhe und reichte mir eine, von Frau Ajas eigener Hand, fein gestrickte weißseidene Schlafmütze, den Rand mit grünen Efeublättern bestickt. Die letzte Gabe der sorgenden Mutter für den großen Sohn.

7262 Jenny v. Pappenheim: Erinnerungen

Die Geselligkeit in Goethes Haus war ein vielfaches Kommen und Gehen; wenn es ihm lästig wurde, gab er oft auf Wochen den Befehl, keine Fremden mehr zu melden, und der Fall ist vorgekommen, daß Amerikaner ihn nicht anders sehen konnten, als wenn er im langen Rock oder grauen Mantel zur Spazierfahrt vor der Haustür in den Fensterwagen stieg. Der beste und liebenswürdigste Blitzableiter war Ottilie, der er namentlich die an ihn empfohlenen Engländer zuschickte, die den Weg in die einfachen, aber geistig durchleuchteten Dachstuben häufig fanden. Hatten sich die Visitenkarten sehr angehäuft, so vermochte sie ihn zu einer Abendgesellschaft, wo er sich vorher sehr nach den Herzensangelegenheiten seiner Gäste erkundigte und ihr die eigentlich überflüssige Empfehlung machte: daß ihm (oder ihr) sein Glück begegne. Da sah man denn hoch, groß, etwas steif den Dichterfürsten die Gäste empfangen. Das Aldobrandinizimmer barg den Kreis der Mütter und Tanten und, da Goethe bei solchen Zwangsgelegenheiten selbst wenig sprach, oft eine große Portion Langerweile; das Urbinozimmer daneben wußte davon nichts, da war für «die Begegnungen des Glücks» gesorgt...

Er lud gern zu Tisch ein, wo sein Sohn, Ottilie, Ulrike, die Enkel und der Hauslehrer die Tischgäste waren. Man aß nach damaliger Zeit gut, nach jetziger einfach; erst in den letzten Jahren hatte er einen Koch, vorher Haushälterinnen, mit denen er die Wirtschaft führte ohne Ottiliens Hülfe. Er hatte kein Vertrauen in ihre wirtschaftlichen Talente und sagte wohl scherzend: «Ich hatte mir so eine kochverständige Tochter gewünscht, und nun schickt mir der liebe Gott eine Thekla und Jungfrau von Orleans ins Haus.» – Die Unterhaltung war bei diesen kleinen Anlässen stets sehr animiert. Sie drehte sich immer um Gegenstände der Kunst und Wissenschaft. Seine Augen schleuderten Blitze, sobald irgend eine Klatscherei zum Vorschein kam. Bei einer solchen Gelegenheit wurde er einmal sehr derb, er rief mit dröhnender Stimme: «Euren Schmutz kehrt bei euch zusammen, aber bringt ihn nicht mir ins Haus.»

7263 Jenny v. Pappenheim: Erinnerungen

Unvergeßlich ist mir die liebste Erinnerung an Goethe: Ich war mit Ottilie an einem schönen Frühlingstage zu Fuß nach Tiefurt gegangen; lange hatten wir auf dem stillen friedlichen Platz neben dem Pavillon gesessen; der Blick nach der mit alten schönen Bäumen bewachsenen Anhöhe war wohltuend und regte zu vertraulichem Gespräche an. Der Vormittag war verstrichen, und wir gingen durch den Park nach der oberen Chaussee; dort hielt ein Wagen, Goethe stieg aus, umfaßte jede von uns mit einem Arm und führte uns zurück nach der Ilm, lebhaft von Tiefurts Glanzzeit und der Herzogin Amalia erzählend. An einem länglich viereckigen Platz, von alten Bäumen umgeben, blieb er stehen, es war der Teeplatz der edlen Fürstin; etwas weiter zeigte er uns die Stellen, für die er «Die Fischerin» geschrieben hatte und wo sie aufgeführt worden war. So weich und mild sah ich ihn nie, der ganze Tag war so harmonisch, – langsam stiegen wir den Berg hinauf, wo der Wagen hielt, und fuhren zusammen nach

Weimar zurück. Vor Goethes Haustür stand ein kleiner Knabe, der Pfefferkuchen feilbot; Goethe nahm ein Herz, über dem zwei Täubchen einträchtig saßen, schenkte es mir und lud mich noch zu Mittag ein, was Friedrich rasch meinen Eltern kundtun mußte. Nach Tisch holte er seinen «Faust», an dessen zweitem Teil er noch arbeitete und aus dem er Ottilie oft vorlas. Jetzt durfte ich ihm lauschen, ich hätte es ewig tun mögen, nie den «Platz zu seinen Füßen» zu verlassen brauchen. Es dämmerte, als ich gehen mußte. Die Hand, die er mir reichte, zog ich dankbar und ehrfurchtsvoll an die Lippen. Er sah wohl, welch einen Eindruck ich mit mir nahm, und sagte noch, als ich mit Ottilien an der Tür stand: «Ja, ja, Kind, da habe ich viel hineingeheimnist.»

Mit Julie Egloffstein, Adele Schopenhauer und anderen kam ich oft zu ihm, aber keine Erinnerung war mir lieber als jene. Das Pfefferkuchenherz behielt ich, bis es in Staub zerfiel, die Erinnerung wird niemals zerfallen.

An einer Scharaden-Aufführung im Aldobrandinizimmer nahm ich teil, wobei ich, in orientalischem Kostüm, eine Szene aus dem «Standhaften Prinzen» darzustellen hatte; auch einer Vorlesung des «Tasso» durch Schauspieler wohnte ich bei; anmutig war eine Stunde in Goethes Hausgarten, wo ich mit Ottilie einem Menschenschädel, den wir am Zaun gefunden hatten, würdigere Ruhe unter einem Baum bereitete. Goethe hatte uns von seinem Arbeitszimmer im sonnigen Garten gesehen, kam herunter und sagte: «Ihr Frauenzimmerchen verklärt auch noch den Tod.» Wir hofften den Gedanken gedichtet zu bekommen, aber es blieb bei der schönen Prosa.

Ein andermal überfielen wir, eine Schar übermütiger Mädchen, den Dichter zur Abendzeit in seinem Gartenhaus. Wir kamen von Tiefurt und brachten ihm eine Menge Frühlingsblumen. Dabei hatte eine von uns das Unglück, den Gipsabguß einer Venus umzustoßen. Wir wurden blaß vor Schreck, einen Zornausbruch erwartend; die Sünderin selbst brach in Tränen aus. Ein sonniges Leuchten flog jedoch über seine Züge, er drohte mit dem

Finger und meinte: «Ei, ei, wer wird um die tote weinen, wo Venus so viel lebende Vertreterinnen hat.»

Oft sah ich ihn zwischen seiner Malvenallee im Parkgarten auf und nieder gehen; er mochte wohl an seine Farbenlehre denken, da ihn die vielfarbigen besonders erfreuten.

7264 *Jenny v. Pappenheim: Erinnerungen*

Als er einst in seinem Parkgarten bei einem starken Gewitter zwei Tischler sah, die aus Schreck über einen heftigen Donnerschlag eine Bank fallen ließen, hob er die Hand und sagte: «Ei, wer wird sich fürchten, wenn Gott der Herr spricht.»

7265 *Jenny v. Pappenheim: Erinnerungen*

Ebenso ging es mir bei dem Mittagsspuk im Parkgarten, den August und Ottilie, Walther und Wolf Goethe empfunden hatten und der nach Goethes Tod besonders auffällig gewesen sein soll. Ich war lange dort und empfand nichts von der mir beschriebenen unheimlichen Stille, die ein entsetzliches Angstgefühl verursachen sollte. Goethe selbst war es, der mir bei einem Besuch im Gartenhaus den Ursprung des Spukes folgendermaßen erzählte: «Ich habe eine unsichtbare Bedienung, die den Vorplatz immer rein gefegt hält. Es war wohl Traum, aber ganz wie Wirklichkeit, daß ich einst in meiner oberen Schlafstube, deren Tür nach der Treppe zu auf war, in der ersten Tagesfrühe eine alte Frau sah, die ein junges Mädchen unterstützte. Sie wandte sich zu mir und sagte: ‹Seit fünfundzwanzig Jahren wohnen wir hier, mit der Bedingung, vor Tagesanbruch fort zu sein; nun ist sie ohnmächtig, und ich kann nicht gehen› Als ich genauer hinsah, war sie verschwunden.»

7266 *Jenny v. Pappenheim: Erinnerungen*

...auch zu Hause machten sie [August und Ottilie v. Goethe] den Eindruck eines einigen Paares, sobald die Kinder bei ihnen waren. In der Erfindung immer neuer Spiele für sie war August unerschöpflich; sie zogen ihn –

wie oft! – von seinen Kneipereien ab, die seiner an und für sich schwankenden Gesundheit schadeten. Aber auch die Freude an seinen Söhnen verbitterte ihm sein Mißtrauen. Ich stand einmal mit ihm am Fenster des Eßzimmers kurz vor Tisch. Im Garten ging Goethe auf und nieder; seine Enkel kamen hinuntergelaufen, um ihn zu holen. Jubelnd umschlangen sie den Großvater, erzählten, lachten, spielten; er freute sich sichtlich ihrer lieblichen Gegenwart, und ich sah mit Vergnügen zu. Da fiel mein Blick auf August: er starrte mit zusammengekniffenen Lippen, blaß und schwer atmend, auf dasselbe Bild, sein Aussehen sagte mehr als Worte.

7267 Jenny v. Pappenheim: Erinnerungen

[Gespräch über Gott mit Emma v. Froriep.] «Du weißt», unterbrach ich sie, «daß ich Gott im Goetheschen Sinn verstehe.»

«Verstehst du ihn? Ich nicht!»

«Auch weiß ich, daß Goethe einst sagte: Es ist ganz einerlei, was für einen Begriff man mit dem Namen Gott verbindet, wenn man nur göttlich, das heißt gut handelt!»

7268 Jenny v. Pappenheim: Erinnerungen

[Schilderungen eines Tages mit Emma v. Froriep.] Der ruhige Schritt unserer blonden, freundlichen Jungfer mahnte uns an die Essenszeit; ihr strahlender Blick galt heute ihren Küchenerfolgen, die unsere vollste Anerkennung fanden. Hastiges Klopfen störte unsere sehr materiellen Freuden, und auf unser «Herein» flogen zwei Knaben lachend auf uns zu. «Wolf – Walther!» riefen wir wie aus einem Munde, und nun überstürzten beide sich im Erzählen, wie es gekommen war, daß der Großvater sie im eigenen Wagen hier hergeschickt habe.

«Ich habe ihm gestern vorgespielt.»

«Ich habe einen guten Aufsatz geschrieben.»

Es gab viel zu fragen und zu erzählen, dazwischen wurde unserer Erdbeerspeise tapfer zugesprochen. Wolf berichtete von den Stadtneuigkeiten, von dem Großvater, der sich wieder einmal mit Tante Ulrike gezankt habe. Er ging, nach Art desselben, langsam, die Hände auf dem Rücken, den Oberkörper etwas geneigt, den Kopf gehoben, die weit offenen Augen auf uns gerichtet, im Zimmer auf und nieder, dabei sagte er mit grollender Stimme: «Frauenzimmerchen, Frauenzimmerchen, ihr treibt's mir bald zu arg.» Ich mußte lachen, ermahnte aber doch meinen jungen Freund, des Großvaters nicht etwa zu spotten. «Zu spotten?!» rief er, «Du glaubst, ich könnte das? Ist er nicht unser liebster, bester, einzigster Großvater?»

7269 *Jenny v. Pappenheim: Erinnerungen*

[Nach der Lektüre von «Schillers Leben» von Caroline v. Wolzogen.] Mir fällt dabei ein, was Goethe zu Ottilie sagte, als sie meinte, Schiller langweile sie oft: «Ihr seid viel zu armselig und irdisch für ihn!»

7270 *Jenny v. Pappenheim: Eine Erinnerung*

Ich war ein Kind. Allsonntäglich ging ich zur Kirche, allabendlich faltete ich die Hände zum Gebet, jeden Morgen galt mein erster Gruß dem lieben Heiland. Da sah ich Goethe, er streichelte mir das Haar, er lächelte freundlich und schenkte mir ein Körbchen Erdbeeren, das er gerade einem armen, zerlumpten Mädchen abgekauft hatte, für mehr Geld, als es verlangte, wie ich deutlich bemerkte. Von nun an wurde jeder Tag mir zum Fest, an dem ich ihm begegnete; ich sah ihn überall: im Park, im Wald, auf der Straße, zu Haus, nur in der Kirche nicht.

«Warum geht der Herr Geheimrat nicht in die Kirche?» frug ich.

«Er ist kein Christ!»

Ich erschrak tödlich. Wie konnte das sein? Wie konnte er lächeln, wie konnten die Leute ihn grüßen, wie konnte er leben und war doch kein Christ?

Ich wuchs heran. Da hörte ich, daß einer armen, fleißigen Familie das Haus abgebrannt war; ich ging hin, um ihr mit meinen schwachen Kräften beizustehen, und fand sie glücklich und zufrieden in einem neuen Heim: «Der Herr Geheimrat hat uns schon geholfen.»

7271 *Louise Seidler: Erinnerungen*

Ich habe schon erwähnt, daß ich Goethe in seinem Urbinozimmer malte. Neben dem Baroccio, von welchem es den Namen hatte, hingen noch mehrere Ölgemälde, teils Originale, teils Kopien, meist von italienischen oder älteren deutschen Künstlern. Auch eine leicht kolorierte, sehr schöne Federzeichnung Domenichinos, einen mythologischen Gegenstand darstellend, und (wenn ich nicht irre) ein Kupferstich von Heinrich Wilhelm Tischbein: «Götz mit dem gefangenen Weislingen», sowie noch andere schätzbare Bilder schmückten die Wände. An das Urbinozimmer stieß der Empfangssalon, ganz einfach und schlicht möbliert. Goethe sprach sich selbst gelegentlich gegen mich darüber aus, wie sehr er die Möbelwut haßte. Als er mich einst zum Niederlassen auf dem Sofa nötigte, welches mit gestickten Kissen – schönen Andenken fleißiger Hände – ganz belegt war, sagte er zu mir: «Setzen wir uns, wenn wir vor lauter Bequemlichkeit noch einen Platz finden können!» Über dem Sofa hing eine sehr schön in Wasserfarben ausgeführte Kopie von Meyers Hand: «Die Aldobrandinische Hochzeit», ohne Rahmen, mit einem grünseidenen Vorhange verwahrt; in der Größe des Originals. Auch ein Flügel fehlte nicht. Im Nebenzimmer standen nahe beim Fenster die Ludovisische Juno und der Jupiter des Phidias, beide kolossal. An den Wänden sah man die ganze Geschichte der Psyche von Raffael, aus der Villa Farnesina, ausgezeichnet aquarelliert; über dem Kamin hing eine treffliche alte Kopie nach Tizian, die sogenannte «irdische und himmlische Liebe», gegen das Original (in der Villa Borghese zu Rom) etwas verkleinert. Durch das geschilderte Zimmer kam man in ein mittelgroßes blaues Gemach, welches ganz mit Gipsen, vorzüglich Büsten, angefüllt war; aus diesem gelangte man auf einen von wildem Wein und Efeu grün umrankten Balkon, von dem eine kleine Treppe in den Garten hinabführte, wo Goethe, die Mütze mit breitem Schirme auf dem Haupte, gern verweilte und Blumen und Bäumen eingehende Sorge widmete.

Die große Haustreppe war breit und herrschaftlich; auf dem ersten Treppenabsatze standen Abgüsse des antiken Windhundes aus dem Vatikan, des Adoranten und noch eines dritten Bildwerks. An der Mauer befand sich ein großer Plan von Rom. Neben der in die Zimmer des ersten Stocks führenden Tür stand der Gipsabguß eines antiken Kandelabers, und auf der Schwelle las man den Zuruf: «*Salve*!» in Holz eingelegt. Vom zweiten Treppenabsatze führte eine Seitentür, über welcher eine Minervabüste stand, zu einer schmäleren Treppe, mittels deren man zu Goethes Studierzimmer gelangte. In einem kleinen Vorgemach standen Naturalienschränke, später auch eine alte, große Familienuhr, welche sich einst zu Frankfurt in Goethes Elternhause befunden; der feinsinnige Großherzog Georg von Mecklenburg-Strelitz hatte die zarte Aufmerksamkeit gehabt, sie ankaufen und am Morgen des 28. August 1828, als an Goethes Geburtstage, heimlich in dessen Hause aufstellen zu lassen, so daß der greise Dichter durch den ihm in der Erinnerung gebliebenen, wohlbekannten Klang des Schlagwerks sich auf die rührendste Weise in seine Jugendzeit zurückversetzt sah. – Goethes Studierzimmer hatte die Sonnenseite; niedrige Fenster gingen nach dem Garten. In der Mitte des Gemachs sah man einen großen, schlichten, mit hellgrauer Ölfarbe angestrichenen Tisch und ebensolche Stühle; einer derselben, auf dem Goethe zu sitzen pflegte, war durch ein Polster erhöht. Auch ein Stehpult erblickte man in dem Zimmer; aber kein Sofa, keine moderne Bequemlichkeit. Hier diktierte der Dichter, sitzend oder auf- und abwandelnd, die Hände auf dem Rücken. An dieses Studierzimmer, wo Goethe während der letzten Jahre seines Lebens die Abende zubrachte, stieß das kleine Schlafkabinett; es hatte ein Fenster mit grünen wollenen Vorhängen; das schmale Bett und ein großer Lehnstuhl, in welchem er 1832 verschied, füllten beinahe den ganzen Raum aus.

Dies alles ist genau so, wie es vormals war, erhalten und wird von Goethes Enkeln sorgfältig gehütet; nur höchst selten, bei besonders festlichen Gelegenheiten, werden diese heiligen Räume gezeigt. Schon bei Lebzeiten des Dichters hatten wenige Zutritt in dieselben; sein Studierzimmer war beinahe für jedermann verschlossen. Ich war so glücklich, eine Ausnahme zu machen; wenn ich etwas Besonderes mit dem Dichter zu sprechen hatte, zum Beispiel über den sächsischen Kunstverein, für welchen ich seine Teilnahme gewonnen hatte, so durfte ich ihn in seinem Arbeitskabinett aufsuchen. In seinen großen weißwollenen Schlafrock gehüllt, war er dort am behaglichsten; ich konnte ihm vertrauensvoll nahen, ihm Pläne und Wünsche mitteilen, und väterlich wohlwollend, versagte er mir niemals seinen getreuen Rat.

7272 Louise Seidler: Erinnerungen

[Über die Gräfinnen Caroline und Julie v. Egloffstein.] Von diesen Schwestern und der schönen Frau von Spiegel in Weimar soll Goethe, im Vergleich zu dem späteren Geschlechte, gesagt haben: «Gebt mir solche Gestalten, und ich schreibe Euch einen zweiten Tasso!»

7273 F. Wehl: Zeit und Menschen 1889

Goethe, von der etwas frommen Julie von Egloffstein gefragt, ob er denn auch zuweilen in der Bibel lese, antwortete lächelnd: «Oh ja, meine Tochter, aber anders, als Ihr!»

7274 Abeken: Goethe in den Jahren 1771 bis 1775 1865

Ich habe es aus dem Munde einer wohlunterrichteten Freundin Goethes, daß dieser einmal einer andern höchstverehrten Freundin lebhaft zürnte, als sie in der Weise des gemeinen Nationalismus von Personen der Heiligen Schrift gesprochen hatte.

7275 K. A. v. Reichlin-Meldegg: H. E. G. Paulus 1853

Kein Denker stand in Geist und Gemüt vor Paulus' Augen über Goethe. Jede Stunde, die er mit diesem lebte, jedes

Wort, das dieser sprach, war ihm heilig. «Es kommt keiner mehr, wie Goethe. Ich habe keinen, wie Goethe, kennen gelernt. Er war ganz anders, als wir andern. Bei ihm konnte ich mir denken, was das sein muß, was man Inspiration nennt. Wir andern mussten es suchen; er hatte es schon, und hatte mehr, als wir, wenn wir lange gesucht hatten» – pflegte er oft zu sagen.

7276 H. E. G. Paulus: Goethe und Paulus 1849

Auch auf die psychologisch-historischen Resultate meiner orientalisch-theologischen Studien achtete er als auf Früchte genauer altertümlicher Lokal- und Zeitkenntnisse, wie ein Brief an Schiller dies bezeichnete, teilnehmend. Hatte er doch selbst einst Hebräisch gelernt, und in den als mosaisch überlieferten fünf vordersten Bibelschriften manches einer geschichtlich forschenden Sachkritik, wie sie damals, auch nach Richard Simon, noch höchst selten war, unterworfen. Überhaupt hatte Goethe aus der väterlich strengen Jugendbildung mehr dergleichen Vorübungen auch klassischer Sprachkenntnisse in sich verschlossen, welche, wer ihn als Hof- und Staatsmann sah, nicht leicht in dieser gelehrten Weise voraussetzen konnte. Meist denkt man *bloß an den Dichter*. Meist vergegenwärtigt man sich zu wenig, was in diesem *umfassenden Genius immer vereint* hervortrat, da in demselben tagtäglich der tief beschauende und selbst sehr gerne zeichnende Künstler, der ins Altertum zurückblickende Sprachgelehrte, der Beobachter fortschreitender Literatur mit dem tätigen Geschäftsmann und dem für höhere Staatsaufgaben umsichtigen Ratgeber schnell wechselnd zusammenwirkte, und uns doch in fünfundfünfzig Bänden eine Sammlung treffend ausgesprochener Gedanken hinterließ, die von seinem Geschäftsleben meistens unabhängig so hervorgedrungen waren, daß sie kaum je besser zu sagen gewesen wären.

7277 H. E. G. Paulus: Goethe und Paulus 1849

Für meine Neigung, das *Wesentliche der Personen*, den Charakter als Gemütsrichtung zu beobachten, *hatte ich bei Goethe vieljährige Gelegenheit.*

Von manchem, was leicht mißverstanden werden konnte, sprach er nicht gerne, selbst nicht in engern Kreisen. Wer ihn handeln sah, hatte mehr, als Worte. Sonst lenkte er die Unterhaltung stundenlang mit Laune und Gemütlichkeit, wie er wollte.

Man hat ihm zum Vorwurfe gemacht, daß er von vielen das anwendbar Gute für seine Zwecke zu benützen und gleichsam auszuschöpfen gewohnt war. Freilich ist es die alltägliche Erfahrung, daß, wenn einer die guten Eigenschaften eines andern aufgezählt hat, doch alsdann auch ein bedenkliches «Aber» folgt, damit nicht etwa die Schattenseite vergessen werden möchte. An Goethe bemerkte ich *als Regel* das *Umgekehrte.* Sein Scharfblick erfaßte das *Gute,* wofür einer anwendbar, und *davon* allein sprach er dann so, *daß er den Schein nicht scheute,* wie wenn er *das übrige nicht beobachtete,* was doch, auch wenn er es nicht von Amts wegen zeigen mußte, zugleich ohne Zweifel geschah. Das anwendbar Gefundene machte er lieber bald für sich, bald nach andern Beziehungen geltend, immer aber mit *williger Anerkennung des Ursprungs.* Zugleich war er wechselseitig dagegen *von dem Seinigen mitteilend, fördernd, berichtigend.* Mit einem Worte zu sagen: *Er war im Wesentlichen freisinnig gegen Oben und Unten.*

7278 H. E. G. Paulus: Goethe und Paulus 1849

Zu den Besprechungen mit mir über den *Bibelinhalt,* besonders über die Fragen, worin das Religiöse des *Judentums vor Christus* bestand, und wodurch das *Urchristentum* sich über das *Judentum* so erhob, daß es eine allgemeine, eine Weltreligion werden konnte, war Goethe durch meinen synoptischen Kommentar der drei ersten Evangelien veranlaßt, welcher in den vor jedem Abschnitte vorangehenden Inhaltsanzeigen das rein historisch nachweisbare Resultat allgemein verständlich anzugeben versucht...

Schade, daß Goethe *keinen Antrieb hatte,* tiefer in die Lösung von Unglaublichkeiten einzugehen, welche meist mit der Nachweisung endigen können, daß das Nichtglauben derselben nicht den Bibeltext, sondern nur die Auslegungen treffe...

Goethe interessierte sich für die Erklärbarkeit der in den Evangelien als Wunder erzählten Erfolge, weil durch eine Erklärung der Wunder als Tatsachen in einem etwas minder gewöhnlichen und doch natürlichen Zusammenhange von Ursachen und Wirkungen *der Zweifel gegen die Möglichkeiten einer, so weit die Evangelien reichen, glaubhaften Geschichte des Urchristentums schwindet.*

7279 *G. Eilers: Meine Wanderung durchs Leben* *1858*

Wenn ich alles zusammennehme, was mir über seine religiöse Stimmung in den letzten Jahren seines Lebens mitgeteilt worden ist, wozu auch die mir näher bekannt gewordene Tatsache gehört, daß er einen vieljährigen Freund zur Buße ermahnte und veranlaßte, seine wilde Ehe in eine christlich eingesegnete zu verwandeln : so möchte ich fast glauben, es sei ihm gegangen wie dem hochbejahrten Kephalos beim Plato. «Wenn einer so weit ist», sprach dieser zum Sokrates, «daß er bald zu sterben glaubt, so kommt ihn Furcht und Sorge an über etwas, das ihn vorher nicht kümmert...»

7280 *Caroline v. Wolzogen: Bemerkung*

Wir sprachen heute bei Tisch mit Goethe über den «Faust». Das Schema trat klar zutage, die Einzelheiten zurück, die mich bisher gestört hatten, alles klar zu erfassen. Das Wesen des mittelalterlichen Mysteriums enthüllte sich vor meiner Seele.

7281 *Caroline v. Wolzogen: Niederschrift*

Goethe schaut alle menschlichen Existenzen mehr als Naturprodukte an, als selbst befestigte und gebildete Charaktere. Deshalb seiner Gestalten unerreichte Wahrheit. So schaute er auch sich selbst an – tolerant gegen seine Schwächen wie gegen die andrer, wenn sie ihm nicht unbequem waren. Sein inniges Lieben alles Schönen stammt daher. Inniges Empfinden Gottes in den Naturgestalten in ihrer Harmonie im ganzen. Feststehen in Individualität ist Schönheit, so empfand er sie im mutigen Ertragen des Unglücks. Über seines Freundes Meyers edle Ruhe, als er bei der Plünderung Anno 6 seine Portefeuilles mit all seinen italienischen Studien verlor, sprach er mit hoher Achtung.

7282 *Caroline v. Wolzogen an E. v. Schiller 3. März 1836*

Kant kann man nicht genug lesen. Er gibt Antwort auf alle Fragen der Menschheit. Er war Deines *Vaters* Religion, sagte mir Goethe einmal, und nicht mit Unrecht.

7283 *Caroline v. Wolzogen an A. v. Humboldt 18. November 1836*

Ich entsinne mich eines Gesprächs mit Goethe, wo ich ihm sagte, daß Bonnets *Contemplations de la nature,* die er immer sehr empfahl, in meiner Jugend wohltätig auf mich gewirkt, und ich gewünscht, er möchte ein Buch im selben Sinn schreiben, wo alle Fortschritte des Naturstudiums unsrer Zeit benutzt wären, sagte er mir: «Ja, wenn ich gescheit gewesen wäre, hätte ich dies getan.»

7284 *H. G. Gräf: Goethe und Schiller in Briefen von Heinrich Voß 1896*

Hier fügt sich am schicklichsten eine Bemerkung ein, die Voß in viel späterer Zeit (3. Februar 1820) macht, bei Gelegenheit einer ausdrucksvollen, kritisierenden Gebärde seines Vaters: «Schade, daß man dergleichen nicht gut drucken kann, so wenig als Goethes Mienenrezensionen, von denen mir noch viele vorschweben...»

7285 *Bettina an C. Brentano (Entwurf) 1835*

Du fragst ferner warnend, wie ich mit dem Schluß von Goethes Faust zufrieden sei. «Die Leute sagen, Goethe habe das Kreuz verabscheut?» ... Was wissen diese Leute von seiner Vermittlung mit Gott? – Ich hätte alle Menschen belehren können, denn ich hab' mit Goethe auch über das Höchste gesprochen ... aber dieses gerade ist das heilige Geheimnis ... sein letztes Gespräch mit mir war über den Himmel ... vieles hat er durch mich vernommen, was ihm heilig ... war.

7286 *F. J. H. Schlosser: Aufzeichnung*

Goethe sagte mir einmal, und zwar in der Zeit, als ich noch nicht katholisch geworden: wie durch eine geheimnisvolle Macht finde er sich immer von neuem hingezogen zu jenen echt katholischen Naturen, die, befriedigt im festen und treuen Glauben und Hoffen, mit sich und anderen in Frieden leben, und Gutes tun aus keinen anderen Rücksichten, als weil es sich von selbst versteht und Gott es so will. Vor solchen Naturen habe er dauernde Ehrfurcht, und er habe diese fast zum ersten Male in seinem Leben gegen die Fürstin Gallitzin und ihrem Kreise von Freunden empfunden. «Mich interessiert alles», fügte der Dichter hinzu, «was an diese seltene Frau und an ihre Freunde, zu denen ich vor allen auch Friedrich von Stolberg rechne, erinnert.»

7287 *Heinrich Laube: Reisenovellen* 1847

... halten wir uns an einen Mann, der mehr denn einmal in ausführlichen und intimen Gesprächen mit Goethe verkehrt hatte. Einige Stücke vom Tagebuche desselben liegen zur Mitteilung vor, ich gebe sie wörtlich und ohne Zusatz. Die Gespräche sind nicht immer ausgeführt, oft sind nur die Themata mit einzelnen Worten angedeutet:

«Patriotismus – Sinn dafür – Individualität – doch so sehr deutsch –

Die Ehe – die drei Weiber im Meister, welche gar nicht dafür taugen. –

Goethe: es war nie meine Art, gegen Institute zu eifern, das schien mir stets Überhebung, und es mag sein, daß ich zu früh höflich wurde, kurz, es war nicht meine Art, ich habe deshalb immer nur ein entferntes Ende der Stange leise berührt.

G. Sie fragen, ob ich mit ausgebildeter Absicht – ? ich desavouiere mich nicht gerne ganz – mit ausgebildeter Absicht? Nein – ohne sie? Nein. Ich habe nie mehr gewollt, als anregen; wenn der Schriftsteller mehr will, so kommen die Sachen an die Regierungskanzlei, und er verliert nicht nur die Äpfel, sondern den Korb dazu...

G. Die Romantik? Wer sich befähigt und berufen fühlt, der möge das Ungewöhnliche erfinden, und ungewöhnlich färben, es wird manchen herausheben aus seinem gedrückten Zustande. Nur verbinde sich nicht die Prätension mit dieser Willkür, die freie Kunst darf nie an andere Prätensionen machen – darin lag das Fehlerhafte der sogenannten Romantiker, besonders Tiecks, der für romantische Possen eine Anstellung bei der Nation haben möchte. Wir sind der Nation gegenüber alle Dilettanten, die kein Entreegeld verlangen dürfen. Dies Unromantische der Romantik hat sie sehr zurückgebracht. –

G. In Karlsbad hat einmal einer von mir gesagt, ich sei ein gesetzter Dichter; er wollte damit ausdrücken, ich bliebe beim Dichten doch nebenher ein bürgerlich vernünftiger Mann – der eine hielt das für Lob, der andere für Tadel; ich kann nichts darüber sagen, denn es ist dies eben mein Ich, worüber *andern* das Urteil zusteht. Wenn ich für mich nicht recht zu haben dächte, so wäre ich anders, wenigstens ein wenig anders, denn seine Ursprünglichkeit ändert jedermann sehr wenig.

G. Ob ich viel auf Änderung ausgegangen sei? Nein, nur auf Bildung. Jede Farbe kann zu einer gefälligen Darstellung gebildet werden; ich bin niemals rot gewesen wie Lord Byron, mein Kolorit von Hause aus war immer sanfterer Art, etwa ein artiges Blau; ich hätte mich zerstört, wäre mir das Bestreben geworden, durchaus rot zu sein.

G. Ob ich nicht zu weit gegangen sei mit der Art, mich zurückzuziehen, mit der abweisenden Lebensart, was man in einer Art auch Bildung nennen dürfe? Ob ich nicht eben dadurch manches verletzt, oder gar zerstört habe? Das kann wohl sein; wo es so viel Unzureichendes gibt, wie in dieser Welt, wird nichts ohne Opfer erreicht, man hat nur die Wahl zwischen großen und kleinen. Ich tat nur, wie ich konnte, und da ich immer sah, daß die geringsten Erfolge und die größten Nachteile da entstanden, wo der Mensch sich selbst überbot und verlor, so drängte ich oft gewaltsam alles darauf hin, mich selbst vor dem tausendfachen Zudrange der Welt und deren Anmutung zu retten. Da ich nun einmal zur ganzen Nation sprach, so hoffte ich dadurch im ganzen mehr zu retten, als wenn ich dem Einzelnen stets zu Willen gewesen wäre. Jede Bildung ist ein Gefängnis, an dessen Eisengitter Vorübergehende Ärgernis nehmen, an dessen Mauern sie sich stoßen können; der sich Bildende, darin Eingesperrte, stößt sich selbst, aber das Resultat ist eine wirklich gewonnene Freiheit. Bei einem gewissenhaften Schriftsteller der Nation leiden die nächsten Umgebungen am meisten, sie leiden für den etwaigen Gewinn der Nation, man opfert auch hier das Kleinere für das Größere. Ich habe oft den Privatmann beneidet, daß er seinen Umgebungen alle Opfer, alle Hingebung widmen kann, daß er seine Bildung stündlich zeigen darf; er sieht den Lohn nahe, er wird immer schnell bezahlt, wenn auch nur durch sich selbst. Ich habe die Größe mit Mühe erlernet, die Größe, in weiten National- oder Epochenkreisen das Genüge für meine Wirksamkeit zu suchen, oft in Symptomen zu erkennen, wo der nächste Freund mir die Zurechnung versagt, sie für Eitelkeit ausgegeben hatte.

G. Allerdings gehören meine Briefe in diesen Gedankenkreis. Wolf hat mir's vorgeworfen, Schiller, daß ich sie karg abspeiste. Wer sich in Briefe hingeben will – der Glückliche –, der gibt die Sammlung auf, welche dem Nationalschriftsteller nötig ist. Das Wort an den Einzelnen mag erleichtern und schön sein, aber der Nachdruck, wenn es still in uns ausgetragen ist wie das Kind der Mutter, die Peripherie desselben, die es am öffentlichen Orte gewinnen kann, geht verloren.

G. Sie werfen mir den Schluß des Meister vor, nennen die Einhüllung in den geheimen Bund und das dahin Gehörige wohlfeil und einen Mangel der Lösung im vollen Sonnenscheine. Lieber Freund, erst haben sie ein Hochwichtiges darin gefunden, daß eitel Mesalliancen zum Vorschein kommen und die mittlere Welt sich in die höhere eindränge, und nun vermissen sie für ein solches Buch den vollen Sonnenschein. Ein solcher hätte erschreckend beleidigt, die Seele des Buchs aber ist eine höfliche Andeutung, mehr lag nicht in meinem Charakter und in meiner Fähigkeit, und das Zusammengehn dieser beiden macht allein eine wohltätige Romanerscheinung. Überbietet man eins oder das andere, so entsteht die Gewaltsamkeit, und der poetische Eindruck wird durch die Entrüstung zerstört, welche dadurch bei einer großen Klasse von Lesern hervorgerufen wird. Darin versehen es diese begabten jungen Franzosen, und es überhebt sich ihrer deshalb sogar unser unschöpferischer Pedant. Wünschen darf man zu einem Buche, aber man muß nicht zum Wegwünschen genötigt sein, aus welchem Wort das Verwünschen entstanden ist. Der Roman soll erscheinen, wie die Landschaft erscheint, ohne Leidenschaft, auch in jener verbergen sich dunkle Partien. Daß man für jenen geheimnisvollen Bund etwas Leichteres, Gefälligeres, oder, wie Sie sich ausdrückten, Natürlicheres habe erfinden können, glaube ich wohl; es lag eben nichts solches in meiner schaffenden Kraft zur Hand, es bot sich mir jenes, und dem Schöpfer einer so breiten Welt muß man zutraun, daß er, alle Rücksichten erwägend, passender wählt, als der besuchende Leser. Freilich sieht der Leser oft glücklicher, er ist frei, betrachtet ein Bild unbefangen; aber Freund, wenn man sich darauf einlassen will, so wird am Ende alle Neigung, aller Mut zum Hervorbringen verleidet. Haben wir eine eigne Welt gemacht, so muß es uns doch auch fürs erste zustehn, die Gesetze darin zu machen; wer so viel anderes über ein Buch weiß, der sollte sich nicht über dem Buch ausgeben, sondern selbst ein anderes schreiben. Die eigensinnig fordernde Kritik hab' ich mir stets vom Leibe gehalten; wer mich nicht mag, dem kann ich nichts geben, mit dem ist es bald ein klares Verhältnis; wer mich aber durchaus anders will, als ich bin, der versucht es, mich unter freundlichen Worten zu erwürgen, der ist mein schlimmster Feind, weil er spricht, als ob er mein Freund wäre. Und diese weichliche Freundesfeindschaft quält manchen armen Autor bei uns zu Tode. Ein ähnliches Verhältnis ward es zwischen mir und den Herren von Schlegel samt deren Kreuzfahrerheere, sie spannen mich ein mit Lob und Litanei, die mir nicht zukamen, und mit freundlicher Bußauflegung, die mir ebenfalls nicht zukam; sie wollten mich mir selbst entwenden, ich wäre in dieser lobesamen Kritik erstickt, hätte ich nicht plötzlich beide Arme gebraucht. – Endlich aber, um dies Thema zu erledigen, war damals die Zeit der geheimen Bündnisse, alles war darauf gestellt, so geriet es einem denn auch wohl in den Roman, als etwas, was ganz in Herkommen und Ordnung sei.»

7288 H. Laube: Reisenovellen *1847*

Von den kräftigen Äußerungen Goethes, die er im Familienleben oft von sich gab, erzählt Holtei gern folgendes:

Man sprach von dem düstern Hange zur Frömmigkeit, von den Pietisten, die so viel Sünde und Gefährliches in der Welt sehen, und die Freude mit bedenklichem Kopfschütteln aufnehmen, man sprach hin und her, und konnte sich nicht darein finden, da setzte der alte Herr das Glas fest auf den Tisch und sprach in seiner nachdrücklichen Art: «Diese Frommen sind alle verschnitten, wenn sie fromm werden; der Werner und wie sie weiter heißen, dachten nicht daran, solange sie auf dem Zeuge waren. Da kroch zum Beispiele der Brentano beim Hause der Sophie Mereau am Spalier in die Höhe, damit es fein hitzig aussähe mit der Liebe – 's war eitel Komödie, und sah schlimm genug dahinter aus. Die Welt ist ja nicht gemacht, damit sie zugeschlossen werde. Folgt, Kinder, Eurer gesunden Neigung, und sprecht mit dem persischen Dichter: ‹Kaiser, Du mußt die Welt mit meinen, nicht mit Deinen Augen ansehen, wenn sie Dir so gefallen soll, wie mir.› Danken wir Gott, daß wir so glückliche Augen haben, und lassen wir uns nichts vormachen.»

7289 K. v. Holtei: Vierzig Jahre *1845*

Ich habe bei weitem nicht alles gelesen, was nach Goethes Tode von verschiedenen mehr oder minder berufenen

Schriftstellern als lebendiges Wort seines Mundes gesammelt und der Öffentlichkeit übergeben worden ist. Ich kann also auch keineswegs verbürgen, daß nicht schon andere etwas von dem wenigen hätten drucken lassen, was, in meinen Augen aufbewahrungswürdig, hier folgen soll. Ich habe nichts, das ich von ihm erzähle, durch Dritte vernommen, sondern lediglich von seinen Lippen. Warum aber könnt' er nicht zweimal und noch öfter dasselbe gesagt haben? Gewiß hat er es getan. – – –

Man hatte die Schriftstellerin Sophie Mereau, nachherige Brentano, genannt. Goethe lobte sie sehr bedingt und gedachte sogleich ihres Gatten. Ja, sagte er, spöttisch lächelnd, der *Brentano,* das war auch so einer, der gern für einen ganzen Kerl gegolten hätte. Er stieg vor Sophiens Wohnung am Weinspalier bis ans Fenster hinauf, bei nächtlicher Weile, um die Leute glauben zu machen, es wäre viel dahinter. Aber es war und wurde nichts! Zuletzt warf er sich in die Frömmigkeit. Wie denn überhaupt alle die von Natur Verschnittenen nachher gern überfromm werden, wenn sie endlich eingesehen haben, daß sie anderswo zu kurz kamen und daß es mit dem Leben nicht geht. Da lob' ich mir meine alten, ehemaligen Kapuziner: die fraßen Stockfisch und – – – in einer Nacht. So war auch der *Werner;* ein schönes Talent. Ich habe mich seiner von Herzen angenommen und ihn redlich zu fördern gesucht, auf alle Weise! Aber wie er nachher aus Italien zurückkam, da las er uns gleich am ersten Abend ein Sonett vor, worin er den aufgehenden Mond mit einer Hostie verglich. Da hatt' ich genug und ließ ihn laufen. –

Es war von *Fouqué* die Rede. Goethe wurde warm in Lobpreisungen der «Undine». Das ist ein anmutiges Büchlein und trifft so recht den Ton, der einem wohltut. Später wollt' es dem armen Fouqué mit nichts mehr so gut gelingen. Und das merkte er nicht. Aber es ist nicht anders. Der liebe Gott gibt dem Dichter einen Metallstab mit, zu seinem Bedarf. Von außen sieht solches Ding aus wie ein Goldbarre. Bei manchen ist es auch Gold, mindestens ein tüchtiges Stück lang.

Bei vielen ist es das liebe, reine Kupfer, nur an den Polen des Stabes etwas Gold. Da bröckelt nun der Anfänger los, gibt aus, wird stolz, weil sein Gold im Kurse gilt, und wähnt, das müsse so fort gehn. So bröckelt er immer lustig weiter. Hernach, wenn er schon längst beim Kupfer ist, wundert er sich, daß die dummen Leute es nicht mehr für Gold annehmen wollen. –

Von *Jean Paul:* Wie ihm die Phantasie ausging und ihm nichts Großes mehr einfallen wollte, da quält' er sich um Kleinigkeiten ab und trieb Wortklauberei. So hatt' er seine ewige Angst und seinen Ärger wegen der «s» des Genitivs. Mir, der ich selten selbst geschrieben, was ich zum Druck beförderte, und, weil ich diktiere, mich dazu verschiedener Hände bedienen mußte, war die konsequente Rechtschreibung immer ziemlich gleichgültig. Wie dieses oder jenes Wort geschrieben wird, darauf kommt es doch eigentlich nicht an; sondern darauf, daß die Leser verstehen, was man damit sagen wollte! Und das haben die lieben Deutschen bei mir doch manchmal getan. –

Von *Tieck:* Als er sie vollendet hatte, las er mir im alten Schlosse in Jena seine «Genoveva» vor. Nachdem er geendet, meint' ich, wir hätten zehn Uhr; es war aber schon tief in der Nacht, ohne daß ich's gewahr geworden. Das will aber schon etwas sagen, mir so drei Stunden aus meinem Leben weggelesen zu haben. –

Von der Bibliothek in Jena: Es war eine Lebensaufgabe unseres Großherzogs, die Universitäts-Bibliothek mit – (ich bin nicht mehr imstande zu sagen, mit welcher? – H.) – zu verbinden. Dazu fehlte im bisherigen Lokale der Raum, und wir wollten den daran grenzenden anatomischen Saal dafür haben. Dagegen erhob sich großer Protest und veranlaßte langes Hin- und Herschreiben, wobei mir die Zeit lang wurde. Ich bestellte mir also Maurer und Handlanger und ließ ohne weiteres durchbrechen. Nun hatten gerade die Herren vom Senate eine Sitzung, um sich über diese Angelegenheit zu beraten, und als sie das Spektakel in der Mauer vernahmen, hielten sie erschreckt inne und erhuben lauschend ihre Köpfe. Da stürzte der

Pedell in die Sitzung und schrie: «Hochweise Herren, Er kommt schon von der andern Seite herein!» Die Stadtmauer, welche sich vor den Fenstern des Gemachs hinzog, wo die Manuskripte aufbewahrt werden, hab' ich, weil sie weder Licht noch Luft zuließ und die Pergamente modrig wurden und beschlugen, gleichfalls *ex propriis* niederreißen lassen. Nachher, als es geschehen, war es gut.

Wir waren eines Tages vorzugsweise vergnügt bei Tische, und auch die ernsteren Genossen wurden gesprächig. Da rollte ein Wagen dumpf und langsam über den Platz vor Goethes Hause. Ein Wagen auf dem ‹Plan› ist an und für sich nichts Gewöhnliches, und dieser rollte gar ungewöhnlich. Goethe sah, daß ich aufmerksam hinhorchte, und zum Präsidenten von Schwendler, welcher an seiner Rechten saß, gewendet, sprach er: «Es war einmal ein Römer, – zwar weiß ich in diesem Augenblicke nicht, wie der verdammte Kerl hieß, und es ist auch nichts daran gelegen, – der pflegte, wenn er seine Gäste gut traktieret hatte, plötzlich und unerwartet ein künstlich zusammengefügtes Totengerippe quer über der Tafel vor ihnen aufzurollen, um sie daran zu mahnen, daß auch sie, samt allen Delikatessen, die sie bei ihm gefressen, zu Staub und Moder werden müßten. Da ich nun auf dergleichen Moral-Predigten nicht verfallen bin, so sorgt hier unser Herr Polizeidirektor dafür und läßt den Leichenwagen, der sonst einen andern Weg verfolgte, jetzt bei uns vorbeifahren. Und weil die guten Leute es lieben, sich um die Stunde begraben zu lassen, wo ich speise, so ist das in seiner Art immer ein sehr hübsches *memento mori!* –»

«Es war einmal in dem kleinen Landstädtchen Weisseritz ein braver Prediger, der wohl andere Geschäfte haben mochte, als für jeden Sonntag eine neue Predigt zu machen. Er fand es angemessen, jahraus, jahrein dieselbe zu halten, die er denn auch sehr brav vortrug und an der sich seine Kirchkinder stets erbauten. Nun wollte der Himmel, daß ein Teil des Städtchens und mit diesem das Haus des Herrn in Flammen aufgehen sollte; so daß am nächsten Sonntage die Gemeinde genötigt war, sich in einer großen

Scheune zu versammeln. Das Außerordentliche dieser Versammlung regte unsern Pastor auf, und er hielt sich verpflichtet, diesmal aus dem alten Geleise zu biegen und eine neue, auf diesen feierlich-traurigen Tag eigens geschriebene Predigt zu halten. Er fing mit tiefer Rührung an: ‹So lasset uns heute, meine andächtigen Zuhörer, miteinander betrachten das durch Gottes unerforschlichen Ratschluß in die Asche gelegte Weisseritz!› Greise, Männer, Weiber und Kinder sahen sich fragend an und harrten, hoch erstaunt, der Dinge, die da kommen sollten? Aber unser Pastor fühlte sich unfähig, seinen alten Grundsätzen treulos zu werden, und mit frommer Zuversicht fuhr er fort: ‹Im ersten Teile werden wir hören, wie die Sadduzäer ihn verführen wollten, und im zweiten, wie er ihnen das Maul stopfte!› Worauf sich denn die Gemeinde sogleich wieder beruhigte. –»

«Als Seine Majestät Friedrich Wilhelm der Dritte vor Jahren bei unserer ‹Herrschaft› in Weimar zum Besuche anwesend waren, hatte sich eine Menge Volk aus der Umgegend eingefunden, welches, ihn womöglich zu sehen, das Schloß umstand. Ich, der ich in jener Zeit bei ‹extravaganten› Gelegenheiten noch zu Hofe ging, begegnete auf dem Heimwege einen alten thüringschen Leineweber, welcher früher, wo ich eine kleine ländliche Besitzung gehabt, dort mein Nachbar gewesen war. Nun, mein Alter, sprach ich ihn an, Ihr seid denn auch hereingekommen, den König zu sehn? Ja, Herr Geheemerat, antwortete der Weber, aber das iss ja nischt! Ich dachte, 's sollte der alte Fritze sein.»

«Exzellenz Gräfin Henckel hatte einen Ball gegeben, bei welchem Jung-Alt-England natürlich wieder obenauf gewesen war, und sich zum Teil recht unnütz gemacht hatte. Sämtliche Herren waren indigniert, sämtliche Damen entschuldigten vermittelnd; wie immer, mit vorherrschendem Geiste, aber auch mit unverkennbarem Partei-Geist, Goethes Schwiegertochter, die ihrer Parteilichkeit gar nicht Hehl haben wollte und sich selbst den britischen Konsul in Weimar zu nennen pflegte. Mich liebten die

Antianglomanen als Tirailleur vorauszuschicken, wenn es galt, irgend ein Mittags- oder Tee-Tisch-Gefecht gegen die englische Kolonie zu unternehmen. Ich war denn auch beim Diner nach jenem Balle redlich vorangegangen und hatte durch mein kühnes Beispiel zur Nachfolge ermutigt. Hofrat Vogel, des alten Großherzogs und Goethes Hausarzt wie Freund, mein biedrer, trefflicher Landsmann, stürzte sich nach mir ins Treffen, er zitierte, als Beleg für meine allgemein gehaltene Anklage, das besondere Beispiel, wie einige Söhne Albions sich in den Tanzpausen der Länge lang auf den Sofas herumgerekelt, während ihre Tänzerinnen vor ihnen gestanden. Das schien freilich sehr schlagend. Aber Frau Ottilie ließ sich nicht irre machen. Schon längst, erwiderte sie, hab' ich's der Großmama gesagt, daß die Kanapees in den Ecken des Saales völlig unbrauchbar sind, sie stecken so tief in der Mauer, und sind so breit, daß, um einigermaßen bequem zu sitzen, man unwillkürlich in eine liegende Stellung kommt.

Nun, ich weiß doch nicht, entgegnete Vogel sehr bescheiden, ich habe mit Frau von X. – (nebenbei erwähnt: eine recht häßliche Dame!) – dort gesessen, und – ...... Und, unterbrach ihn Goethe, Ihr bekamt keine Lust, Euch zu legen? O Ihr guten Kinder!»

7290 L. A. Frankl: Wahrheit aus Goethes Leben 1882

Karl von Holtei teilte uns folgende humoristische Szene mit, die er persönlich bei Goethe erlebt hat: Er speiste an einem heißen Sommertage mit ihm allein. Der Rheinwein machte nicht minder heiß, und Goethe legte seinen Rock ab und saß der Olympier in Hemdärmeln da. Plötzlich kommt ein Diener meldend herein: «Seine Hoheit der Großherzog kommt durch den Garten!» Goethe springt auf: «Dem muß ich ehrerbietigst entgegengehen!», und seinen Gast allein lassend, eilt er hinaus, der Diener ihm nach mit dem abgelegten Rocke. Goethe eilt durch einen Gartengang, während der Großherzog einen anderen gewählt hatte. Der Diener erreicht endlich den fortstürmenden Dichter und hält ihm den Rock entgegen. Goethe erkannte sofort die komische Situation und sagte ganz ernsthaft: «Merk Dir das, Halunke! So muß ein Diener alles vergessen, wenn der Herr kommt, um Befehle zu erteilen!»

7291 *Varnhagen von Ense: Denkwürdigkeiten* *1837*

Er [Goethe] warf einmal in einer kleinen Gesellschaft mit guter Laune die Frage auf – wie er wohl öfters zu tun pflegte –, was doch wohl am Menschen eigentlich das Beste sei? Manche gaben mancherlei an. Endlich nannte einer die Dankbarkeit, und unterstützte seine Meinung mit ziemlich platten Gründen. Da hielt sich Goethe nicht länger: «O Philisterpack!» rief er aus, und langsam und mit Nachdruck und Wegwerfung setzte er hinzu: «Die Dankbarkeit ist ein Laster, das man ertragen muß!»

7292 *H. Pröhle: F. L. Jahns Leben* *1855*

Aus früherer Zeit schon erzählte man sich in Jena noch eine boshafte Bemerkung Goethes, der Jahn mit einem Knaben verglichen haben sollte, welcher sich, um noch einmal Lärm zu machen, auf eine Ochsenblase setze.

7293 *George Eliot: Recollections* *1854*

We were invited to meet Waagen, whom we found a very intelligent and amusing man. He told us a story about Goethe, who said of some one, "I thank thee, Almighty God, that Thou hast produced no second edition of this man!" and an amusing judgment passed on Goethe himself, that he was «kein dummer Mann!» Also a story of a lady who went to see him as an intellectual adorer, and began to spout to him as his masterpiece, «Fest gemauert in der Erden,» etc.

7294 *Großherzog Georg von Mecklenburg-Strelitz an Caroline v. Heygendorf* *20. September 1842*

Bei solchen Erscheinungen fällt mir immer unser nie genug zu preisender Goethe ein, der mir in ähnlichen Fällen so oft sagte: «Glauben Sie mir, das kommt alles davon her, daß das Denken so schwer ist».

7295 *Großherzog Georg von Mecklenburg-Strelitz an Caroline v. Heygendorf* *3. Februar 1846*

Was Sie über Goethe sagen, begreife ich und sehe ein, daß es gar nicht anders sein konnte. Auch stört es mich gar nicht in dem Bilde, das ich von dem herrlichen Mann zurückbehalten habe, einmal, weil ich ihn selbst in seinen verdrießlichen und steifen Momenten gesehen habe, in denen er wirklich wie ein Nußknacker war, andrerseits, weil sich sehr viel zu seiner Entschuldigung anführen läßt, und endlich, weil ich ihn als den interessantesten und liebenswürdigsten Menschen im Gedächtnis trage, der mir je vorgekommen ist, und seine Schattenseiten gern in Kauf nehme.

7296 *L. Tieck an F. v. Raumer* *6. Juni 1830*

Goethe sagte mir so oft ein großes Wort: Nur *wer mich liebt, soll mich tadeln.*

7297 *Zelter an Goethe* *8. Juni 1827*

Bachs Urelement ist die Einsamkeit, wie Du ihn sogar anerkanntest, indem Du einst sagtest: «Ich lege mich ins Bett und lasse mir von unserm Bürgermeisterorganisten in Berka Sebastiana spielen.» So ist er, er will belauscht sein.

7298 *H. v. Friesen: Ludwig Tieck* *1871*

In dieser Hinsicht ist mir eine Äußerung Goethes, welche ich von S. Boisserée vernommen habe, von besonderer Wichtigkeit gewesen. Als Goethe, von vielen Fremden umgeben, das jüngste Gericht von M[ichel-]Angelo in der Sixtina zu Rom zum ersten Male gesehen hatte, war er seiner Umgebung zu still und zu schweigsam. Da man ihn aber aufforderte, eine Meinung zu äußern, antwortete er: Was wollt ihr, daß ich sagen soll? Erst muß es Platz werden in meinem Innern, damit ich das große Kunstwerk ganz in mich aufnehmen kann, ehe ich ein Urteil auszusprechen vermag.

7299 *A. W. Schlegel an Auguste de Staël 28. Oktober 1822*

Goethe me dit un jour: «Tout véritable ouvrage de l'art, naît avec son cadre.»

7300 *K. W. Göttling: Oratio in solemni renunciatione creati novi rectoris magnificentissimi Caroli Alexandri 1853*

Nam quod Goethius solebat dicere, ipsam universitatum dignitatem publicam, metiendam quodammodo esse dignitate locorum, quibus asserventur thesauri ad docendum discendumque parati, rectissime dictum esse videtur.

7301 *S. Naylor: Vorwort zu «Reynard the Fox» 1845*

Many years have elapsed since first the great Bard [Goethe] recommended to my notice, during a sojourn at Weimar, the earlier edition of this favourite epic [das mittelniederdeutsche Original des «Reineke Fuchs»], of which (he observed) he had found but few of my countrymen who had heard.

7302 *E. Genast: Aus dem Tagebuche eines alten Schauspielers 1866*

[Über Heinrich Laube 1847.] So war in einem Zeitraum von siebzehn Jahren aus dem talentvollen, geistreichen Jüngling ein tatkräftiger, bedeutender Mann geworden, dessen Namen man in Deutschland schon damals mit Achtung nannte. Mir fiel bei dieser Gelegenheit ein Ausspruch Goethes ein: «Es ist erfreulich, wenn man in seiner Jugend ein Lorbeerreis hat keimen sehen und findet es in späteren Jahren als kräftigen Stamm wieder, unter dessen Schattendach sich behaglich ruhen läßt.»

7303 *Dekamerone vom Burgtheater 1880*

Carl v. La Roche erzählt: ... [folgt Bericht über die Zeit der französischen Besetzung von Danzig (1812 bis 1814), während welcher er als Schauspieler beim französischen Publikum und besonders bei dem aus dem Elsaß stammenden General Rapp so beliebt war, daß letzterer ihn aufforderte, nach Paris zu kommen, was La Roche jedoch ablehnte.] Als ich nach Jahren dem Weimarschen Hoftheater angehörte, erzählte ich einmal diese Episode aus meinem Leben meinem hohen Gönner und Meister Goethe; sie schien ihn zu interessieren, er legte die Hand auf meine Schulter und sprach: «Du hast recht getan, mein Junge, ein Deutscher zu bleiben, Du wirst auch in Deutschland Deinen Weg machen», und – seine Voraussage ist eingetroffen, *nie* habe ich zu bereuen gehabt, ein Deutscher geblieben zu sein...

7304 Varnhagen an Rahel 11. Januar 1814

In Schleswig besuchte ich ... eine andere Schriftstellerin, Charlotte von Ahlefeld, geb. Seebach, die in Weimar durch die Herzogin gewissermaßen erzogen worden ist, Goethe, Schiller, Herder genau gekannt hat, eine Freundin der Frau von Wolzogen, eine Hauptverehrerin von Goethe... Die gute Frau sprach mit Innigkeit von Goethe, über den ich ihr einige Worte aus Deinem Briefe nebst der Geschichte mit Colloredo vorlas. Sie sagte unter anderen, niemand habe in den trübseligsten Augenblicken sie so übermächtig beruhigt und durch oft wenig gesprochene Worte getröstet wie Goethe, den sie hoch über Schiller stellte ohne literarische Anmaßung, bloß menschlich.

7305 Graf Reinhard an F. v. Müller 26. Juni 1835

So wie er [Goethe] mich erst angezogen, dann an sich hinaufgezogen, dann mit Vorliebe, mit Treue, mit Nachsicht, mich geduldet, gehalten, gehoben hat, so ist mir von keinem andern Menschen geschehn.

7306 Charlotte v. Kalb an Varnhagen 18. Februar 1833

Der wohlgefälligste Teil seiner Wanderjahre sind mir seine Reisen; in besseren Stunden hat [hatte?] er jene trauliche Gemütlichkeit, die wir in diesen bemerken, meist aber war das Saitenspiel anderen verhüllt. In Weimar war mir immer zumute, als wäre ich im schweren Nebel nach Ungewittern. Bei Herder fand ich unbefangener seelische Mitteilung; er wußte wohl: es ist nicht die Feder und der

Schreibtisch, das Leben will uns, und wir wollen das Leben!

7307 *Conta an?* *(etwa 1832)*

Als ich gegen Goethes noch lebenden ältesten Freund (von achtundvierzig Jahren her), den Hofrat Meyer, Goethe als den glücklichsten Sterblichen pries, der wohl je gelebt habe, leugnete er das und behauptete, das Unangenehme, das Goethe, oft durch eigene Schuld, zu tragen gehabt, wiege reichlich auf, was ihm Erfreuliches begegnet sei, und gerade das Übermaß von Lob, welches ihm erteilt worden, habe ihm die bittersten Kränkungen bereitet, indem es die Gegner zu desto bittererm Tadel aufgefordert habe. Scheinbar sei zwar Goethe gegen alles ihm von außen kommende Mißbeliebige unempfindlich gewesen, aber nur scheinbar; in der Tat habe er um so tiefer gefühlt. Verschiedene Beispiele, die wir hierauf gemeinschaftlich sammelten, scheinen auch diese Behauptung allerdings zu bestätigen.

7308 *E. M. Arndt: Erinnerungen aus dem äußeren Leben 1840*

Ich weiß nicht, ob das viele und leichte Lachen ein niedriges Gemüt verrät, wie man im Jesus Sirach liest; aber das scheine ich zu wissen, daß ein erhabenes Gemüt in der Regel kaum lächelt, wo die meisten lachen. Ich habe Goethens Gesicht oft darauf angesehen: ich glaube, das hat auch nur lächeln können.

7309 *Knebel: Über Goethe*

Kunst und Wissenschaft war sein Element. Diese erhoben ihn. Mit Recht ist er durch diese verehrt...

– Goethe war Egoist im höchsten Grad: – aber er mußte es sein, denn er wußte, welchen Schatz er zu verwahren hatte. – Wo es auf *Kunst* und *Wissenschaft* ankam, suchte er alles sich anzueignen.

7310 *Graf Sternberg: Materialien zu meiner Biographie*

[Über die Versammlung der Naturforscher in Wien 1832.] Das wissenschaftliche Band ist geschlossen und wird hoffentlich gute Früchte bringen; aber der verehrte Freund, mit welchem ich diesen Plan mehrmals besprochen, der einen so lebhaften Anteil an dieser Vereinigung genommen, Goethe, war nicht mehr unter uns. Ehrenvoll wurde auch sein Name, mit Cuvier vereinigt, von den Naturforschern ausgesprochen, als sie den ausgezeichneten Vorangegangenen ein Lebehoch in die unbekannte Natur nachriefen. – Hoch wird er im Andenken aller leben, die mit ihm lebten und nach ihm leben werden, die Lücke wird aber so bald nicht ausgefüllt sein; für mich bleibt sie unausfüllbar.

7311 L. A. Frankl: Graf Caspar Sternberg und Goethe 1886

[Graf Sternberg über Goethe im Gespräch mit Frankl im September 1837.] «Ja, *meinen* Goethe haben sie viel angefeindet als Naturforscher, und sie haben da ganz jene Bescheidenheit vergessen, welche dem Genie gegenüber gebührt. Ich würde mich getrauen, den paradoxen Satz zu verteidigen, daß Goethes Geist eigentlich zum Naturforschen angewiesen war: Goethes Geist zergliederte im Werther die Liebe, im Wilhelm Meister das ganze Leben, in den Dramen Geschichte und Leben. Überall Systematik, Ordnung, Logik in Vers und Prosa, selten ein lyrischer Sprung, wie das die Ästhetiker nennen. Er arbeitet durch den Schacht der Gefühle zur Klarheit hinaus. Daher die Erscheinung, daß er den Leser so bewältigt, weil er fast mathematisch alles beweist; da hängt Glied an Glied fest, und aus der Kette ist kein Entrinnen möglich. Diese Eigenschaften sind aber alle die des Naturforschers. Ich verehre Goethe als Dichter, *doch scheint es mir eine Ablenkung seines Geistes,* der wir freilich mehr danken, als dem geradesten Gange manches selbst ausgezeichneten Geistes, daß er dichtete, während er zum Forschen am organisiertesten war. Kraft seiner Gewaltigkeit hätte er die entgegengesetztesten Bahnen selbst mit Glück betreten. Und – beweist er meine Ansicht nicht durch sein Leben selbst? Er kehrte zurück zu dem, was er verlassen hatte. Im letzten Dritteile seines Lebens forschte er der Natur nach, und wie einst die Liebe, das Leben, oder die Geschichte, so wurde jetzt die Farbe, die Pflanze, oder ein Knochen das Objekt.»

7312 *Mélange from the Journal and Notes of an Employé 1837*
Goethe disliked, in his later years, any inquiries from strangers as to the meaning of particular passages in his works. Questions were generally put less through indiscretion than with a view to flatter him by the querist's extensive acquaintance with his writings. In most cases, he answered in a wellbred way, that he believed he had a meaning at the time, but did not recollect what it was. In two or three instances, however, I remember his being visibly irritated by it; and poor Des V[œux] (whose early death deprived both literature and diplomacy of a growing ornament) told me he had witnessed some indignant outbursts at the infliction. The truth is, Goethe was fond of leading the conversation; and it was not until 1824 that there were any characteristics of senility in his discourse. Even after that, there were bright coruscations at no long interval. His fine perception of what his auditors wished to arrive at was, at all times, remarkable; and the most delicate hint was sure to be followed by a cordial und glowing exposition. The work he felt really embarrassed about was his *Werther*. He generally *insinuated* that it was written as a subdued sarcasm upon the sentimental novels of his early life. Those who knew him best doubt the sincerity of this explanation. I pleased the great man, by observing that he must have written it in the same feeling that induced Fielding to compose *Joseph Andrews,* in ridicule of Richardson's *Pamela.* A silly and conceited young lord, who had drawn down the ire of the poet by an impertinent air of condescension towards him, received some epigrammatic hits that a man of common understanding would have writhed under. They were, however, so far beyond *his* comprehension, that it was like attempting to drown a duck by pouring water down its back; and the author of *Faust* was evidently mortified at his wit not

entering the shallow cellules of this particular lordling's head.

> «Rien de plus triste qu'un bon mot,
> Qui se perd dans l'oreille d'un sot»

(especially when the *bon mot* is at the expense of the *sot* himself).

7313 *G. Ch. Müller: Zwei Bücher vom Wahren und Gewissen* *1822*

Die Natur, als solche, bietet nichts dar, was auf ein *sittliches* Dasein und Wirken hinweist, nur Äußerungen der Macht, der Güte und Weisheit. Auch das Menschenherz, das nur dem natürlichen Zuge folgt, und darin oft die größte Schuldlosigkeit und Gutmütigkeit offenbaren kann, tut Gutes und Böses auf natürliche Weise, wie jedes andere Tier, wenn nicht das *sittliche Gefühl* in ihm lebendig gemacht, und die *Idee des Rechten und Guten* in ihm zum Bewußtsein kommt und zur Willensleitung in Wirksamkeit gesetzt wird.

[Anmerkung:] Was in solcher Lage der Mensch tut, und wohin er durch das natürliche Triebwerk eines zwar unverdorbenen, aber nicht sittlich geschützten Herzens geleitet wird, das hat *Goethe* in dem meisterhaften, aber sehr verkannten und übel angewandten Werke *von den Wahlverwandtschaften* dargestellt. Er selbst hat mir dies in einer mir unvergeßlichen Unterredung als den *Schlüssel* zu dem Buche genannt – und nun wird alles klar darin, und niemand wird, was darin vorgeht, als *Moral* annehmen, und für sein eigenes Leben anwenden wollen, wenn er den Schlüssel hat, den der unsterbliche Verfasser leider in petto behielt.

7314 *Alfred Bock: Tagebuch* *7. April 1920*

[Generalmusikdirektor Michael] Balling erzählt von seinen Londoner Eindrücken (er war jahrelang Dirigent in Manchester). Alexandrina von Mecklenburg, die er in Windsor traf, erzählte ihm von ihrem Besuch bei Goethe, der damals Siebziger war. Sie harren seiner im Empfangszimmer, erwarten einen Mann von hoher Gestalt, stattdessen erscheint der Dichter als ein Mann von nur mittlerer Größe. Die Augen aber mit ihrem wunderbaren Glanz faszinieren dermaßen, daß man wie berückt, wie geblendet stand. Mit einem Mal wuchs Goethe, da er zu sprechen begann, in die Höhe. Die Frankfurter Mundart verleugnete sich nicht.

7315 F. Schmidt: Goethe und seine Ahnen in der Kyffhäuserlandschaft 1927

Obgleich in Goethes Schriften und Tagebüchern nichts erwähnt wird, ist doch nach den Erzählungen eines Zeitgenossen bekannt, daß Goethe zweimal ... in Artern gewesen, wohin ihn die Poststraße auf dem Wege von Weimar nach Allstedt führte. Der damalige Apotheker Gottfried Poppe (geb. 1777, gest. 1843) erzählte seinem Sohne, dem Rentier Gustav Poppe, geb. 13. 8. 1818, gest. 25. 4. 1906, daß um 1810 Goethe von Weimar aus zweimal in Artern im Gasthofe «zur Krone» gewesen sei, wo er sich in Gegenwart Poppes eingehend nach seinen Vorfahren und Seitenverwandten erkundigt habe. Da damals nur ein Beutler Göthe in Artern wohnhaft war, der aber erst seit Menschengedenken dahin eingezogen war, so sah man von diesem ab und bestellte den damals in Artern wohnenden Färber Friedrich August Köthe (!), von dessen Vater und Großvater man wußte, daß sie sämtlich in Artern gewohnt hatten, in den Gasthof, weil man glaubte, in ihm einen Verwandten zu finden. Als aber dieser Mann, der ohnedies etwas konfus war, ihm natürlicherweise nichts mitteilen konnte, wurde Goethes weiteres Bemühen auf den damaligen Stadtrat gelenkt. Der damalige Bürgermeister Mahler war aber ein alter Jurist, der für dergleichen Dinge keinen Sinn hatte, und nach Poppes Mitteilung den Dichter sehr kurz abgefertigt hat mit den Worten: «Es ist nichts da, es ist alles im großen Brande 1683 verbrannt!» Gottfried Poppe und der damalige Superintendent Schiller wurden aber dadurch angeregt, weitere Nachforschungen in dieser Angelegenheit anzustellen. Trotz der Geheimtuerei, mit der man damals die Akten des Rathauses hütete, waren die Bemühungen doch von einem gewissen Erfolge gekrönt (es waren jedenfalls um 1810 noch mehr Nachrichten als heute vorhanden, da um 1830 eine Menge Akten kassiert wurden), so daß bei einem späteren Aufenthalte Goethes in Artern ihm die Mitteilung gemacht werden konnte, daß die Tradition ein Haus bezeichne, worin seine Vorfahren gewohnt haben sollten (was allerdings nicht das wahre Stammhaus war). Daß Goethe in Weimar ein Interesse für den Stammort Artern und für seine Verwandten in hiesiger Gegend bewahrt hat, geht aus der Erzählung eines Maurers aus Artern hervor, der in Goethes Hause in Weimar gearbeitet und den Goethe zufällig bei der Arbeit nach seiner Heimat gefragt hat. Als dieser Artern nannte, habe Goethe geäußert, daß er in dortiger Gegend und zwar in Voigtstedt auch noch Verwandte haben müsse. Vielleicht hatte er diese Nachrichten aus den Kirchenbüchern erhalten...

Einer Episode wollen wir noch gedenken, die uns zeigt, daß Goethe auch sonst noch durch Artern gekommen ist. In den Jahren 1815 oder 1816 kam der Großherzog von Weimar mit Gefolge mittelst Extrapost durch Artern nach dem weimarschen Städtchen Allstedt. Dem Posthalter Steinert in Artern war aufgegeben, noch für zwei Pferde zu sorgen, da der Geheime Rat Goethe noch kommen werde. Steinert kannte Goethe durch den Pastor Zinserling in Kalbsrieth und den Pachter des früher von Kalbschen Gutes daselbst. Beide waren mit dem «Erlkönig» mit der Schubertschen Begleitung durch den dasigen Kantor bekannt gemacht. Durch den Pastor und Pachter angereizt, hatte Steinert «Werthers Leiden» von Goethe gelesen und mochte gern den Dichter kennen lernen oder gar mit ihm sprechen. Nachdem Steinert alle ankommenden Wagenlenker angehalten hatte, die Goethe nicht anders als «unsern Hofnarren» bezeichneten, kam endlich der große Dichter in Artern an. Um mit ihm sprechen zu können, setzte sich Steinert auf den Bock zum Postillion. Aber Goethe redete kein Wort, trotz mehrfacher, von seiten Steinerts gegebener Veranlassung. Als jedoch die Kutsche über die Helme bei der Überfahrt an der Kurtsgehofener Mühle fuhr, bat Steinert um die Erlaubnis, halten zu dürfen, da die Pferde zu gern Helmewasser tränken. Goethe stieg auch aus und besah die mitten im Grünen liegende Mühle, dabei ausrufend: «Das wäre eine gute Skizze!» Leider wußte Steinert mit dem Wort »Skizze» nichts anzufangen und mußte so die gute Gelegenheit zu einer Unterhaltung mit Goethe unbenutzt verstreichen lassen. Steinert war jedoch erst seit dem 1. Oktober 1822 in dieser Stellung; daher müßte die Fahrt wohl erst 1822 stattgefunden haben.

7316 K. W. Müller: Goethes letzte literarische Tätigkeit 1832

Mit Napoleon und andern großen Männern aller Jahrhunderte und Völker hatte er den Glauben an ein Vorhereintreten kleinerer Unglücksfälle vor einem größern gemein... Ja, er ging, durch diesen Glauben geführt, zuweilen bis in das scheinbar Kleinliche. In seiner Stube hing ein gewöhnlicher Wandkalender, welcher durch ein Futteral von Pappendeckel gegen Verunreinigung geschützt war. Er würde großen Anstand genommen haben, an einem Tage, dessen Stelle auf diesem Kalender beschmutzt war, etwas Bedeutendes anzufangen. Als einen Unglückstag für Weimar sah er auch den 22. März an, an welchem nicht nur im Jahr 1819 der wirkliche Geheimerat von Voigt, sein vieljähriger Freund, gestorben, sondern auch im Jahr 1825 das Theater abgebrannt war.

7317 G. F. Krause: Aufzeichnungen

[Bemerkungen zu. K. W. Müller.] S.20. So er keine Dintefleckeu leiden konnte, ist ganz richtig, aber vom Aberglauben hat sich Goethe auch nicht das Geringste merken lassen, und da ich das Futteral habe selbst machen lassen, so weiß ich auch warum. Wie kann überhaupt so ein Müller, der nicht einmal ohne Brille ein Korn Weizen erkennen kann, so etwas sagen, den Goethe nicht einmal vor die Tür gelassen hatte, viel weniger in sein Zimmer.

7318 G. F. Krause: Bericht

Goethe liebte sehr die geschlossene Zimmerluft. Nur mit vieler Mühe konnte man die Fenster öffnen, hätte ich beim Bettmachen das Fenster aufgelassen und er bekam ein Bedürfnis, in die Schlafkammer zu gehn, so war es ihn gar nicht angenehm, das Fenster offen zu finden. An allerunangenehmsten war ihn der Tabaks-Geruch, so weiß ich als eines Tags, als Goethe den Kutscher verlangte, es war nämlich einigemal vorgekommen, daß Goethe mir Briefe oder sonst Aufträge an den Kutscher gegeben hatte, und dieser hatte es nicht zugleich besorgt, und Goethe fragte nach Antwort, so sagte der Kutscher, um es nicht auf sich kommen zu lassen, Friedrich hat mir's noch nicht gegeben, so bat ich Goethe darum, es selbst an ihnen zu geben, derselbe war im Schwan, und ich holte ihn, er war kaum nauf, so schellte Goethe sehr ängstlich, als ich nauf komme, so liegt Goethe ganz ohnmächtig auf dem Bette und konnte sich lange nicht wieder erholen: der Kutscher durfte lange nicht wieder zu ihn und später nicht so nahe vor ihn treten. So weiß ich auch, als der Kutscher im Hofe rauchte und Goethe aus seinen Fenster sah, ihn auf der Stelle durch seinen Sohn auf die Hauptwache setzen ließ.

7319 F. Schubart: Erinnerungen

In der Mitte des großen Hausgartens (in Weimar) stand ein schöner schattiger Birnbaum, unter welchem eine Bank angebracht war. Da saß der Dichter oft stundenlang in denkender Ruhe, und ich erinnere mich nicht ihn dort jemals mit einem Buch in der Hand gesehen zu haben. Merkwürdig war das häusliche Kostüm, in welchem er überhaupt im Garten erschien, und die Erklärung dieser Äußerlichkeit kann selbst zur Beleuchtung seines häuslichen Sinnes mit beitragen. Es war ein langer bequemer Hausrock, wie ihn die Rauchsche Statuette von ihm zeigt, aber von völlig weißer Farbe. Konnte man sich über die Wahl dieser Farbe zu einem Hauskleide wundern, so erklärte sich dieselbe eben nur durch häusliche Sparsamkeit. Bei den großen Maskenzügen, die einmal bei einer Redoute auf dem Stadthause veranstaltet worden waren, und an welche noch eine Gruppe kleiner Gedichte in seinen Werken erinnert, war Goethe als Templer erschienen und hatte als solcher einen großen weißen Mantel getragen, in welchem ich ihn schon auf jener Redoute gesehen hatte. Dieses zu künstlerischem Zwecke angeschaffte Kleid wollte er dann nicht unbenutzt lassen und ließ es, ohne Abänderung der Farbe, zu einem Hausrocke umwandeln.

7320 A. Pollmer: Aus dem Nachlaß F. Th. Kräuters 1922

[Wünsche und Bemerkungen zu Heinrich Dörings Goethebuch von 1828.] Anhangsweise und verkürzt verwendete Döring längere Ausführungen über Goethes «Schönheitssinn im Einzelnen». Derlei Beobachtungen lagen auch in Kräuters Sphäre, sie sind der einzige Bestandteil der handschriftlichen Hefte, der auf ihn selbst als Verfasser zurückweisen könnte: «Noch erwähne eines Punktes, der bei der Charakteristik Goethes ein sehr Wesentliches umfaßt. Wie erst Goethe mit einem Gegenstande sich befreunden kann, der sich unter seiner Hand abrundet, ja zum Bilde gestaltet, so waltet auch in ihm, was die Welt weniger von ihm weiß, dieser Schönheitssinn im kleinen, ja in Kleinigkeiten. Ein Buch akkurat mit einem Umschlag zu versehen, ein Päckchen zierlich und dauerhaft zu emballieren, einen Brief vorteilhaft zu brechen, einen Kupferstich zierlich und sicher anzufassen, ein Buch in seine Reihe wieder einzustellen, daß es nicht zu tief hineingeschoben sei oder gar auf dem Kopfe stehe, dieses versteht niemand besser wie Goethe, und einer, der um ihn herum zu sein Gelegenheit hat, lernt Ordnung und Akkuratesse, wenn sie ihm noch fehlt. So kann er auf keinen unbeschnittenen Bogen Papier schreiben, so ärgert es ihn, wenn man das Licht zu tief abputzt, weil es nicht allein dunkel brennt, sondern auch den überflüssigen Saft von sich geben muß ... »

7321 A. Pollmer: Aus dem Nachlaß F. Th. Kräuters 1922

[Wünsche und Bemerkungen zu Heinrich Dörings Goethebuch von 1828.] In den Einzelbemerkungen vermochte

Riemer zur Jugendgeschichte Goethes nichts Wesentliches beizubringen. Nur bei der Erwähnung der Niederschrift des «Joseph» fügte er hinzu: «Bemerke aus eigner Erfahrung, daß Goethe fast nie *Verse* seinen Sekretären diktiert, er schreibt sie selbst, am liebsten mit Bleistift, nieder.»

7322 W. H. Koller: Faust Papers 1835

Goethe or the *old gentleman,* as the students used to call him, spent the greater part of the year 1820 at Jena, in the beautiful Griesbachian Garden, devoting himself with eagerness to his favourite studies of natural philosophy ...

Goethe frequented few parties at Jena, and was fond of exercise in his Garden. He was at home to any one during a certain hour of the day, but persons who intruded for the mere sake of idle curiosity, found him invariably *brusque* and haughty, whilst others will gratefully remember the kind reception and patriarchal advice which they received from the illustrious Poet. No doubt an Aristophanic smile would some times overcome Goethe, when te *Ranae* of Jena were strutting about the streets in their fancy dress, with a velvet bonnet and ostrich feathers, carrying swords and daggers with them in a time of profound peace, and wearing a kind of shibolet round their neck, suspended by the black, red, and gold ribbon. But the noble Bard never forgot that he was himself once a youth, he felt the deepest emotion, when on the evening of the anniversary of his birth-day, the students were mustering upwards of three hundred, under his windows, all provided with flambeaus, an singing their hymn:

«*Sind wir vereint zur guten Stunde.* »

He waved thanks with his handkerchief, and the «*Greis*» (I beg to introduce this expressive word for the circumstantial «old man» into the English language) was so overcome by his feelings as to be almost unable to reply to the Deputation congratulating him upon entering the seventysecond year of his glorious life. Whoever recollects how seldom Goethe has evinced similar emotions, will not blame me for this long digression. He possessed at the period, when I had the honour of being introduced to him by a countryman of mine and his most intimate friend, *Meyer,* (vulgo *Kunst-Meyer*), the stately figure of a *Jupiter tonans* in repose; the fire, flashing from his eye, penetrated my inmost soul, leaving behind an indelible impression; his voice was as rich and full a base as that of a man of thirty; his conversation, even about every-day business, in such a chosen language, so sonorous, and so melodious, notwithstanding a slight tinge of the southern accent, the few gestures by which his words were accompanied, were in such good taste, that I thought I was in the presence of *the old Marchese,* whom he describes in *Meister's Apprentissage.*

When I visited his study at Weimar, a few months after his death, I found it consisting of two small rooms, with no more comforts than those of a Jena student. Every thing remained in the same order, or rather disorder, as he had left it: an old fashioned writing-desk, with a small part of his library, a large table of deal, rather fit for a workshop than for a Poet's sanctuary, an optical apparatus, coloured glasses, and prisma's were the furniture, which adorned the study of a man, who distinguished himself equally by his elegant and courtly manners, as by his writings. It reminded me very much of *Faust's Cell.* Discovering in some corner a parcel with raw silk, of various colours, and supposing it had served him in some experiments on optics, I was informed of my error by Mr. *Kräuter,* his faithful amanuensis for the last eighteen years, and now the keeper of his various collections. Goethe was often surprised by the youngest of his grandchildren, a lively prattling girl, and would never send her away, though it sometimes happened, that he was otherwise engaged. In order to give her in the mean while some occupation, he wished her to arrange this silk according to the different colours, which seldom failed to produce the desired effect of keeping the young lady quiet.

7323 B. v. Beskau: Aufzeichnungen

[Über seinen Besuch im Goethehause 1834.] Übrigens war

Goethe, wie manche geniale Menschen, niemals weniger allein, als wenn er einsam war. Eine Person, die mehrere Jahre nach seinem Diktat geschrieben hat und also oft tête-à-tête mit ihm gewesen ist, hat mir erzählt, daß, wenn sie an die Tür geklopft habe, um hineinzugehen, so habe sie oft ein lautes Sprechen im Zimmer, ein Gehen und Lärmen in der Kammer gehört, als wenn mehrere Personen dort wären, obgleich der Dichter ganz allein war. So ging er auch während des Diktierens auf und nieder und machte mit der Hand Zeichen in der Luft und sprach ununterbrochen Sätze und Wendungen, die nicht zu dem Thema gehörten, über das er diktierte, die ihm aber seine lebhafte Einbildungskraft unaufhörlich schuf. Die Zeichen, die Goethe wenige Augenblicke vor seinem Tode mit der Hand in der Luft machte, und über die wir in den Zeitungen gelesen haben, daß sie wahrscheinlich etwas ausdrücken sollten, was er sagen wollte, nachdem er die Sprache verloren hatte, glaubte der erwähnte Mann, seien nur solche ihm übliche Bewegungen gewesen, wie man sie oft, wenn er seinen Gedanken freien Lauf gelassen, gesehen hätte.

7324 Th. Kräuter: Mitteilungen

Selbst immer in gerader Haltung und die Hände auf dem Rücken, ersuchte Goethe auch seine Bekannten, diese seiner Meinung nach heilsame Stellung anzunehmen. Ihr werdet mir, äußerte er, noch im Grabe dafür dankbar sein.

7325 A. Stahr: Weimar und Jena *1871*

Von Goethes imposantem Äußern erzählte er [Th. Kräuter] folgende Anekdote. Es war eines Frühling-Morgens beim Diktieren, als Goethe plötzlich innehaltend sagte: «Es ist doch eigentlich unrecht, lieber Kräuter, daß ich so gar nicht mehr in die Natur hinaus komme, das Wetter ist so schön, wir wollen hinaus gehen, und draußen ein Stück weiter arbeiten.» Damit gab er dem Sekretär allerhand Papiere und Bücher, und beide machten sich auf den Weg, um durch den Park nach dem Garten am Stern zu gehen.

Goethe, damals schon ein Siebziger, im langen blauen Oberrocke, ein blaues Mützchen auf dem Haupte, die Hände auf den Rücken gelegt, wie er aus Gesundheitsrücksicht immer zu tun pflegte, schritt heiter stattlich daher. Auf dem breiten Wege des Parks begegnet ihnen ein alter Bauer, der in seiner Jacke mit vielen Knöpfen, langem Rock und Dreimaster, den Wanderstab lang aus der Hand hervorstehend, auf die beiden zukommt. Wie der Mann die stattliche hochaufrechte Greisengestalt erblickt, stutzt er, bleibt mitten im Wege stehen, stemmt den Stock auf die Erde, legt beide Hände und das Kinn darauf und betrachtet sich in dieser wunderlichen Stellung den heranschreitenden Goethe so starr und bezaubert, daß Goethe und sein Begleiter sich trennen und jeder seitwärts vorbeigehen mußten, weil der Alte sich nicht aus seiner Stellung rührte. Es war seiner Tracht nach ein Mann aus einer entfernteren Landesgegend, der Goethe nie zuvor gesehen, und das Ganze eine Bestätigung des Napoleonschen: *Voilà un homme!*

7326 K. Gutzkow: Lebenserinnerungen

[Besuch in Weimar im Herbst 1837. Gutzkow läßt sich von Th. Kräuter das Goethehaus zeigen.] Goethes Zeichnungen charakterisierten seinen Sinn für das Alltägliche, Gewöhnliche. Eine Zeichnung stellte Schillers Gartenhaus in Jena vor. Der Führer plauderte eine Goethesche Äußerung aus, die sehr im Kontrast zu dem Freundschaftston in den sechs Bänden des Goethe-Schillerschen Briefwechsels steht, Goethe hätte gesagt, der Riß zu diesem Hause sei «Schillers bestes Werk» gewesen.

7327 H. Laube: Reisenovellen 1847

Beim Diktieren ging er [Goethe] meist umher, oder saß mit aufgelegten Armen am Tische; es ging sehr fließend, rasch und oft viele Stunden lang, so daß der Sekretär ein anstrengendes Geschäft hatte, und seiner Versicherung nach oft die Finger nicht mehr fühlte.

7328 *L. Melzer: Tagebuch* *4. August 1838*

Unser erster Ausgang war nach Goethes Hause, wo uns sein Sekretär Kaiser [Kräuter] herumführte. Wie der große Dichter all seine Umgebung zauberisch an sich gefesselt hat, so auch diesen Famulus, der recht mit Lust und recht lebendig das Tun und Treiben seines Meisters beschrieb. Er rühmte, wie Goethe so immer den besten Ausdruck für den Gedanken getroffen; wie es ihm selbst nie möglich gewesen, einen besseren zu finden, wenn er sich auch stundenlang darum bemüht habe. Oft, sagte er, habe ein Satz, den Goethe ihm diktiert, ihn dergestalt ergriffen, daß er die Feder weglegen mußte, und er sei dann nicht eher wieder zu sich gekommen, bis Goethe abgelenkt und ihn an etwas anderes erinnert hätte.

Ich hatte mir Goethes Haus ganz anders vorgestellt, als wir es fanden. Alle Zimmer, die wir sahen, sind klein, niedrig und einfach, altmodisch möbliert. Man hat dem großen Manne so oft seine Rücksicht aufs Äußere, seine Vorliebe für fürstliche Umgebung, seine Teilnahmlosigkeit für die vaterländischen Regungen im Befreiungskriege vorgeworfen, der Dichter von Hermann und Dorothea hatte aber gewiß ein Gefühl fürs Vaterland, und wer von jenen Vorurteilen ganz geheilt sein will, der besuche das einfache Asyl des Dichterfürsten, und lerne hier erkennen, wie ihm die Umgebung nie mehr, als Kleid, als Schale des süßen Kernes gewesen, wie er sie aber als solche höchst wert gehalten hat.

7329 *E. Lieberkühn: Die Herzogin Anna Amalia* *1848*

Selbst Goethe, der Vertraute der Amalia und jener Zeit, aufgefordert von einem ihm näher Stehenden [Kräuter], die Amalia und ihre Zeit in einer Schrift zu schildern, erklärte, das sei leichter gesagt, als getan. «Ich wüßte nicht», sagte er, «wie ich diese Zeit beschreiben sollte, ich müßte es denn in der Form eines Märchens tun, in dem die Amalia als allmächtige Fee alles belebt und schafft.»

7330 *H. Döring: Schiller und Goethe* 1852

Viele Plage machte ihm [Goethe] einst die leere Geschwätzigkeit eines Barbiers, der während des Rasierens unerschöpflich war im Lobe des Werther und des Götz von Berlichingen. Als jener Mann einige Tage später wieder erschien, nahm ihm Goethe die dargebotene Serviette aus der Hand, hing sich dieselbe um und sagte ernst: «Man enthalte sich aller überflüssigen Reden.»

7331 *A. Schopenhauer an A. L. v. Doß* 10. *Mai* 1852

Sie wissen, daß ich auf solche Fragen keine Antwort habe, es also machen müßte wie Goethe, den ein Student ebenfalls mehr gefragt hatte, als er zu sagen wußte, und dem er dann ins Stammbuch schrieb: «Der liebe Gott hat die Nüsse wohl geschaffen; er hat sie aber nicht auch geknackt.»

7332 *F. Th. Vischer: Die Literatur über Goethes Faust* 1839

Diese geckenhafte Sprache [im zweiten Teil des Faust] erinnert mich immer an einen Auftritt, den mir ein Bekannter von seinem Aufenthalte im Weimar erzählte. Er saß im Theater, wo eben ein unbedeutendes Stück aufgeführt wurde. Bei den mattesten Stellen, bei den gewöhnlichsten Effekten und kleinsten Künsten einer ganz gewöhnlichen, aber hübschen Schauspielerin ließ sich in der Loge neben ihm unaufhörlich ein Klatschen und lautes Beifallrufen vernehmen: «Nee, es is doch allerliebst! Vortrefflich, scharmant!» «Aber wer ist denn der unerträgliche Mensch daneben?» fragte er endlich ziemlich laut. «Was fällt Ihnen ein, schweigen Sie doch, es ist Goethe!»

7333 *O. L. B. Wolff: Das Büchlein von Goethe* 1832

Zu Goethes Geburtstagsfeier wurden ihm gewöhnlich von den Weimarischen Poeten viele Gedichte, natürlich voll Lobeserhebungen, überreicht. Unter diesen war einmal eins, in welchem er ziemlich unumwunden mit dem lieben Gott verglichen und ihm dieselbe Schöpfungskraft angewiesen wurde. – Da sagte der alte Dichterfürst, wie ihn seine Verehrer gern nannten: «Die andern werfen mir doch nur Bonbons an den Kopf, der Y. nimmt gleich die ganzen Zuckerhüte.»

7333a O. L. B. Wolff: Allgemeine Geschichte des Romans *1841*

Ein Freund von mir begleitete einmal Goethen auf einem Spaziergange. Unterweges stießen sie auf einen armen Knaben, der am Wege saß, den Kopf mit den Händen und die Arme auf die Kniee stützend und so in das Blaue hineinstarrend. Junge, was machst du da? Worauf wartest du? rief Goethes Begleiter. – Worauf sollte er warten, mein Freund? nahm Goethe das Wort. Er wartet auf menschliche Schicksale.

7334 E. Stengel: Zwölf Briefe Goethes an F. S. Voigt in Jena *1886*

Über den Verkehr Goethes in Voigts Hause teilt mir Theodor Voigt noch folgendes mit: «Wenn Goethe sich in Jena aufhielt, kam er oft zu meinen Eltern, Frommanns oder Knebels, um ein Teestündchen zu verschwatzen. Wußte man, daß er kam, dann wurden gewöhnlich rasch noch einige intime Freunde, wie die obengenannten, auch wohl Frau v. Wolzogen gebeten. In diesen kleinen Vereinigungen wurden auch zuweilen Gedichtchen gemacht, die wohl meist der Welt vorenthalten blieben. Alles drehte sich hier natürlich um Goethe.» Auch eine drollige Anekdote, die ich denselben Mitteilungen entnehme, finde hier ein Plätzchen. Sie ist, soweit mir bekannt, noch nirgends mitgeteilt. «Einmal erzählte der alte Herr uns, er habe heute den Besuch eines recht hübschen Mädchens gehabt, das ihm ein gar sonderbares Anliegen vorgetragen habe. Dieses Mädchen und deren Schwester, die ich beide gut kannte – sie wohnten uns schräg gegenüber nach dem Graben zu –, waren die Töchter eines alten Sonderlings Dr. Hogel (Philosoph). In den zwanziger Jahren starb ihr Vater, die Mädchen bewohnten aber nach wie vor das Haus desselben, bei welchem früher auch Studenten und unter diesen wohl auch Ungarn gewohnt hatten. Die

Mädchen hatten wenig oder gar keinen Umgang in der Stadt. Eines Tags also, so erzählte uns Goethe, habe eine der beiden um Einlaß bei ihm gebeten, indem sie schüchtern einen Brief überreicht und um einen gütigen Rat vom gescheitesten Mann des Landes gebeten habe. Der Brief wäre von einem ungarischen Geistlichen gekommen, welcher darin geschrieben: vor zwölf oder fünfzehn Jahren habe er im Hause des Herrn Dr. Hogel gewohnt und schon damals Fräulein Hogel fest in sein Herz geschlossen, allein er habe ihr nicht eher näher treten wollen, bis er eine gute Stellung erlangt hätte. Jetzt sei er nun wohlbestallter Geistlicher, und wenn sie sich seiner noch erinnere, so hielte er hiermit um ihre Hand an. Fräulein Hogel konnte sich beim besten Willen nicht auf diesen Verehrer besinnen. Er, Goethe, habe ihr aber gesagt, der Brief gefiele ihm wohl, und wenn sie jemand so viele Jahre in seinem Herzen herumgetragen habe, so würde sie sich sicher ganz behaglich darin finden. Sie solle nur getrost zu den Verwandten nach Wien reisen, woselbst die Hochzeit stattfinden sollte. Wirklich tat sie, wie ihr geraten, und längere Zeit nachher soll ein Dankschreiben gekommen sein, mit der Bemerkung, daß sie glücklich verheiratet und ihre Schwester auch bei ihr sei.»

7335 B. Suphan: Goethe und Carl Friedrich v. Conta 1901

«Seit den gemeinsam in Karlsbad verlebten Wochen» – schreibt Herr Dr. v. Conta – «verkehrte mein Vater auch vielfach im Goethischen Hause und nahm öfters an Diners und Abendgesellschaften teil. In den letzteren beschränkte man sich selten auf Konversation; öfters wurde musiziert, mit verteilten Rollen vorgelesen, gelegentlich wurden wohl auch lebende Bilder gestellt oder kleine Stücke aufgeführt. Bei letzteren Gelegenheiten haben auch meine beiden älteren Brüder, Bernhard und Richard, als sechs- bis achtjährige Kinder mehrmals mitgewirkt. So hatte der eine bei einem zu Schluß gestellten lebenden Bilde als Amor mit Köcher, Pfeil und Bogen auf einer Säule Platz zu nehmen. Nachdem der Vorhang zugezogen war und die andern Mitwirkenden sich entfernt hatten, sah sich der verlassene Liebesgott vergebens nach einem Retter um; bei seiner Unruhe geriet die Säule ins Wanken und fiel um, glücklicherweise nach dem Vorhang zu, wo der Kleine auf sein Geschrei, noch ohne Schaden genommen zu haben, wieder auf die Füße gesetzt wurde. Goethe nahm ihn sogleich bei der Hand und suchte ihn zu beruhigen: ‘Nun, mein lieber Kleiner, wirst du wohl rechten Hunger und Durst haben.’ Aber Amor hatte sich schon gefaßt und erwiderte artig: ‘Ach nein! denn wo man so viel Schönes sieht und hört, wird man schon davon satt!’ Aus den Erzählungen meines Vaters erinnere ich mich einiger Beispiele, wie Goethe in diesen Gesellschaften zu scherzen liebte. So hatte er einmal gehört, wie eine Dame ihre Nachbarin um eine Stecknadel bat. Er nahm sogleich eine und bot sie ihr mit den Worten dar: ‘Mein liebes Fräulein, darf *ich* Ihnen vielleicht mit dieser Nadel unter die Arme greifen?’ Als man darüber lachte, fuhr er fort: ‘Ja, unsere liebe deutsche Sprache hat gar schöne Ausdrucksweisen.’ Ein anderes Mal wurde von einer jungen Dame ein Lied sehr undeutlich gesungen. Nachdem sie geendet, sagte Goethe: ‘Das Lied war recht hübsch, doch möchte ich nun auch gern wissen, in welcher Sprache der Text abgefaßt war.’ ‘Es war ja von Ihnen!’ erwiderte das Fräulein, worauf Goethe sagte: ‘So? das habe ich *nicht* bemerkt.’»

7336 J. Schwabe: Harmlose Geschichten 1890

An einem Winternachmittage stand Goethe am Fenster und schaute zu, wie mehrere Knaben sich auf dem vor seinem Hause befindlichen freien Platze mit ihren Handschlitten herumtummelten. Da stand plötzlich der von der weimarischen Jugend gefürchtete Gendarm Sprung mitten unter ihnen, gebot ein donnerndes Halt, nahm den Knaben ihre vier Schlitten ab und transportierte dieselben nach der Polizei. In der nächsten Viertelstunde erschien Goethes Diener daselbst mit einem Billett, welches die Bitte enthielt, die konfiszierten Schlitten wieder frei zu geben. Natürlich wurde diesem Wunsche des Herrn Ministers sofort Folge geleistet.

7337 *W. Buchner: Ferdinand Freiligrath* *1882*

Als Jugendgespielen der Enkel des Dichters, Wolfgang und Walther, waren die drei Töchter des Melosschen Hauses gar vielfach in Goethes Hause, wie die beiden Knaben fast täglich zu ihnen herüber kamen. Goethe selbst, bis an sein Lebensende ein Kinderfreund, war allezeit gar liebevoll gegen seine Enkel und deren Gespielinnen; wenn ihm das kleine Volk über seinem Haupte zu viel Lärm machte, so schickte er ihnen als einzige Mahnung zur Ruhe eine Schachtel voll köstlicher Frankfurter Süßigkeiten, um welche sie Lotto spielen möchten; öfter auch warf er die Süßigkeiten den Kindern aus den Fenstern seines Arbeitszimmers in den Garten hinab, wobei Ida die bevorzugte war. Oder er stand, in seinen langen grauen Hausrock gekleidet, die Arme auf dem Rücken, im Garten und sah den spielenden Kindern zu, wobei, schreibt Frau [Ida] Freiligrath, «die Enkel gar manchmal, wenn unsere Bälle höher flogen, oder unsere Reifen einen schöneren Bogen beschrieben, einen kleinen Tadel erhielten, wie: Ei, die Mädchen beschämen Euch! Die Mädchen machen's besser! Wolfgang lief sehr viel ungeniert beim Apapa ein und aus, und ich, als damals unzertrennliche Gefährtin, mit ihm, doch nie schien dieser über die Störung ungehalten oder ungeduldig, und immer hatte er ein paar freundliche Worte für uns. Einmal, es ist mir unvergeßlich und auch unerklärlich, gab er uns Geld und den Auftrag, von den längsten der Zwiebelrespen, die wir finden könnten, einzukaufen und ihm zu bringen. Es war Zwiebelmarkt und eine ungeheure Menge dieser beliebten Südfrucht vor Goethes Hause ausgeboten. Wir durchliefen die Reihen der ländlichen Verkäufer und Verkäuferinnen und wählten die schönsten und längsten Zwiebelrespen, beluden uns damit und schleppten sie zu Goethe, der uns nun befahl, sie an einer Schnur über seinem Schreibtisch zu befestigen. Das machte uns großes Vergnügen, und ich sehe noch in der Erinnerung die langen Dinger dichtgereiht über dem Schreibtische hangen. Ich frage mich noch heute manchmal, was wohl Goethe zu dem eigentümlichen Verlangen bewog. Liebte er den herzhaften Zwiebelduft, oder wollte er nur unsern jugendlichen Tatendurst auf ein angemessenes Feld lenken? Ein andermal, als Goethe in unserer Gegenwart seinen Rock wechselte, und ich mich bemühte, ihm dabei behülflich zu sein, erhielt ich das Kompliment: Von so schönen Händen bin ich lange nicht bedient worden.»

«Aber unser Hauptvergnügen bestand im Theaterspielen. Walther war ein leidenschaftlicher Theaterfreund, und wir kamen fast nie zusammen, ohne daß etwas aufgeführt wurde. Walther war Schauspieler, Dirigent, Dekorateur und Orchester, alles in einer Person. Wir hatten fortwährend Rollen einzustudieren; und unser gestrenger Dirigent verstand har keinen Spaß darin. Er nahm die Sache so ernst wie ein richtiger Künstler, der er auch seiner ganzen Anlage nach war. Das Memorieren, die Proben und Aufführungen bildeten eine fast stehende Rubrik in unserer täglichen Beschäftigung. Kotzebue, Houwald, Iffland, Frau von Genlis, Florian (denn es wurde auch französisch gespielt) und andere lieferten die Stücke. Aber auch Aufführungen von größeren Prätensionen fanden häufig statt; Die Laune des Verliebten, Die Fischerin, Jery und Bätely und andere kleine Sachen von Goethe wurden öfters in Gegenwart des alten Herrn und eines erlesenen Publikums mit Aufwand aller unserer Kräfte glänzend dargestellt. Scharaden und lebende Bilder kamen auch öfters an die Reihe, zuweilen in großem Stil und in den Gemächern Goethes, wo dann der Hof und die ganze Hofgesellschaft Zuschauer waren und La Roche die Leitung übernahm. Bei einer solchen Gala-Vorstellung, bei welcher die Elite der Damenwelt Weimars mitwirkte, hatte ich einmal die Ehre, Mignon darzustellen, wußte aber nicht, was es alles bedeutete, nur die großen goldenen Flügel imponierten mir gewaltig. So machte sich auch in den Vergnügungen der Jugend ein gewisser Ernst und ein künstlerisches Streben geltend, wie das so in der weimarischen Luft lag.»

7338 Dresdner Anzeiger *1900*

Generalmajor Leonhard Freiherr von und zu Egloffstein wurde als Kadett Goethe vorgestellt. Der Knabe war damals von sehr kleiner Statur: der Olympier wünschte dem Pygmäen damals scherzend, er möge Generalfeldmarschall werden.

7339 Cäcilie v. Kauffberg: Erinnerungen

Als mein Vater [Dr. Carl Vogel] von Liegnitz aus einem Ruf als Leibarzt des Herzogs Carl August und dessen Gemahlin Louise folgte und wir nach Weimar zogen, wurde mein Vater zu gleicher Zeit Arzt bei Goethe. Dadurch entspann sich ein lebhafter Verkehr zwischen dem Goetheschen Hause und unserer Familie. Goethe lebte damals mit seiner Schwiegertochter und seinen drei Enkeln: Wolfgang, Walther und Alma, zusammen.

Wenn meine Eltern bei Goethes zu Mittag aßen, wurde ich, als Gespielin der kleinen Alma, mit eingeladen, und wir Kinder aßen zusammen an einem Katzentisch. Zu dieser Zeit wurde ich auch öfters zu Goethe geschickt, um ihm ein Körbchen feines Backwerk zu bringen. Bei dieser Gelegenheit begleitete mich zuweilen mein jüngerer Bruder Georg. Goethe, der große Kinderfreund, empfing uns stets auf das liebevollste, schenkte uns Bonbons und unterhielt sich mit uns kleinen Leuten. Zum Schluß führte er uns jedesmal vor ein großes Bild im Vorzimmer und sagte: Na, Kinderchen, seht euch einmal das an! Dabei zog er einen seidenen Vorhang zurück, damit wir die «Götter Griechenlands» betrachten sollten. Dafür waren wir aber gar nicht dankbar, sondern fanden dies durch die ofte Wiederholung recht langweilig, – Diese kleinen Erlebnisse fallen in die letzten Lebensjahre der großen Dichters ...

Alma v. Goethe wuchs heran zu einem liebenswürdigen jungen Mädchen, welches die großen, schönen, sprechenden Augen ihres Großvaters geerbt hatte ... Wir gingen damals zusammen auf unsere ersten Bälle, und im Sommer waren wir viel in dem von Goethe einst so sehr geliebten Garten (in der Nähe des Parkes) und in dem darin befindlichen Gartenhause ...

In unsrer Phantasie malten wir uns aus, wie uns wohl sein möchte, wenn uns dort auch etwas Geisterhaftes begegnen würde, wie Almas Großvater es dereinst beschrieben, daß gerade um die Mittagsstunde ein schönes, phantastisch gekleidetes Landmädchen zur Schwelle des Gartenhauses ihm entgegen geschwebt wäre.

7340 E. v. Bodenhausen an seine Frau 11. September 1902

[Über eine Begegnung mit dem Fürsten Philipp zu Eulenburg.] Darauf erzählte Eulenburg von zwei Menschen, die ihn, Goethe, gesehen. Gräfin Potoczka, Hofdame der Königin Therese von Bayern, die mit dieser in Weimar Goethe aufgesucht; er sei zur Tür hereingekommen, habe den Mantel über die linke Schulter geworfen, den Kopf zurück, so habe er in theatralischer Pose wortlos dagestanden. Ob er sich über die Königin hat lustig machen wollen? Oder war es wirklich eine, dann aber wirklich fürchterliche Eitelkeitspose? Die Gräfin habe immer nur von ihm gesprochen als: der widerliche Mensch. Der andere war der Graf Werthern, der ihn als Kind in Weimar erlebt. Sie hatten ihn immer den alten Munsche genannt. Beim Eiersuchen bei den jungen Goethes habe ihm Goethe, als er gerade ein Ei gegessen, auf den Kopf geklopft und gesagt: «So ist's recht, immer gleich fressen.»

7341 C. Gille: Goethe-Erinnerungen 1899

Am 8. Oktober des Jahres 1813 wurde ich in Weimar als Sohn eines höheren Staatsbeamten geboren und daselbst erzogen. Schon in den ersten Jahren meiner Kindheit hörte ich von meinen Eltern oft und mit besonderer Ehrfurcht den Namen Goethe als denjenigen eines weltberühmten Mannes nennen. Als Gymnasiast lernte ich dann auch einige seiner Gedichte kennen. Ganz besonderes Interesse für den Dichter erweckte bei uns Schülern aber erst die

Aufführung von *«Götz von Berlichingen»*. So oft ich daher «den Alten mit den großen Augen» in seinem halb geschlossenen Wagen, in welchem er, in einen Mantel gehüllt und eine Schirmmütze auf dem Kopfe, meist allein saß, begegnete, zog ich voll Ehrfurcht meine Kopfbedekkung und schaute dem Dahinfahrenden lange nach.

Eines Tages sah ich Goethe auch in Gemeinschaft mit dem Großherzog Carl August und, irre ich nicht, mit dem König von Bayern (es könnte aber auch der Münchener Hofmaler Stieler gewesen sein, der Goethe damals porträtierte) in ein Gespräch verwickelt vor dem Schießhause stehen. Ich konnte ihn aus unmittelbarer Nähe betrachten, und seine imposante, wenn auch nicht gerade übergroße Erscheinung, den herrlichen Kopf stolz emporgerichtet und beide Hände auf dem Rücken zusammengelegt, ist mir in unauslöschlicher Erinnerung geblieben. In gleicher Haltung habe ich Goethe auch bei späteren Begegnungen fast immer gesehen, und stets von neuem machte mir seine Erscheinung denselben tiefen Eindruck.

Mein Vater und Goethes 1830 in Rom verschiedener Sohn August waren sehr befreundet, und letzterer verkehrte vielfach in unserem Hause. Auf diese Weise kam mein Vater auch mit der Goetheschen Familie in nähere Beziehung. Er war öfters als Tischgast anwesend, und Goethe dokumentierte seine freundlichen Gesinnungen auf mancherlei Weise ...

Bei Rückgabe interessanter Bücher und Bildwerke, mit denen Goethe meinen Vater öfter erfreute und welche ich in späteren Jahren stets zu besorgen hatte, geschah es wiederholt, daß Goethe mich zu sich ins Zimmer kommen ließ, um mir Grüße an die Eltern aufzutragen. Auch der Frage: *«Was treibt Ihr jetzt auf dem Gymnasio?»*, welche Goethe an mich richtete und die ich respektvoll gebührend beantwortete, erinnere ich mich noch ganz besonders.

Einst in Goethes Arbeitszimmer eintretend, sah ich den mir später sehr nahe bekannt gewordenen Dr. Eckermann und den Schreiber Stadelmann sitzen, dem Goethe, die Hände auf dem Rücken, mit gehobenem Haupte im Zimmer auf- und abgehend, diktierte. Ein anderes Mal stand Goethe mit einem in verschiedenen Farben schillernden Riechfläschchen, welches Napoleon I. darstellte und welches er lange besichtigte, am Fenster; er rief mich hinzu und machte mich, den damals schon Achtzehnjährigen, auf die Regenbogenfarben aufmerksam. Das Fläschchen steht noch heut' auf einem Pult des Arbeitszimmers.

Bemerken möchte ich noch, daß ich stets ohne Brille, welche mir ärztlich verordnet war, vor Goethe erschien, weil er dieselbe absolut nicht leiden konnte.

7342 W. Bode: Letzte Bekannte Goethes 1905

Karl Hummel, 1821 geboren als Sohn des Musikers J. N. Hummel, war als Maler ein Schüler Prellers, er war Spielkamerad von Goethes Enkeln und hat in den Jahren 1828–32 Goethe oft gesehen.

Der Hummels Hause recht nahe Klostergarten Goethes war ein herrlicher Platz zum Spielen und Schwätzen. Allerdings durfte der Opapa nicht gestört werden, dessen Arbeitsstube ja nach dem Garten hinaus lag, aber Kinder vergessen das gern, und so hatte denn auch wohl Karl Hummel zuweilen die Ehre, von Goethe zur Mäßigung im Schreien und Rufen ermahnt zu werden. Stark schelten hat er ihn aber nie gehört; es genügte, wenn der Greis das Fenster öffnete oder die Treppe an der Gartentür herunterstieg; dann stoben die Buben hinter die geschnittenen Buchenhecken, die sich so schön zum Verstecken eigneten.

Hummel erinnert sich der Erscheinung Goethes noch deutlich: langer, staubfarbener Rock, langsame Bewegungen, große eindringende Augen. Einmal redete ihn der Alte an: Nun, nun, du hast die Welt gesehen! und diese Worte behielt der Knabe im Gedächtnis. Er hatte in der Tat schon als Zehnjähriger die Welt gesehen, denn er war im Reisewagen und zu Schiff mit seinem Vater, der Konzerte gab, bis nach Paris und London gekommen.

Die Frau des Malers Hummel war erst fünf Jahre alt, als Goethe starb, sie hat im Hause der Frau v. Pogwisch mit

Walther Goethe einmal lebende Bilder gestellt, als Klärchen und Egmont. Bei dieser Gelegenheit nahm der alte Dichter das hübsche Püppchen auf den Schoß und herzte es. Das Kind behielt das im Gedächtnis.

Frau Hummels Schwester, Frau Charlotte Hardtmuth hat an Goethe noch deutlichere Erinnerungen, da sie, 1821 geboren, bei seinem Tode elf Jahre alt war. Auch sie wurde als Kind zu lebenden Bildern verwandt, zum Beispiel hatte sie die Leonore von Este darzustellen. Und in ihrem Gedächtnis ist ein kindliches Theaterspiel lebendig geblieben. Ottilie v. Goethe veranstaltete eine Nachfeier von des Dichters letztem Geburtstage, als dieser von Ilmenau zurückgekehrt war, und auch sie liebte es, die Kinder herauszuputzen und agieren zu lassen. Bei dieser Gelegenheit mußten Walther Goethe und Charlotte Voelkel eine Szene Cleanth und Cephise darstellen. Walther war ein alter Herr in weißer Perücke, und auch das kleine Mädchen stellte eine alte Dame vor; sie trug – das vergißt ja eine Dame auch in vierundsiebzig Jahren nicht – ein rosa Kleid, weiße Perücke, goldene Kette und Uhr, auf die sie nicht wenig stolz war. Walther hatte ihr eine Liebeserklärung zu machen, und da er schon als Knabe viel Talent zum Komiker hatte, wurde das Pärchen sehr beklatscht und viel herausgerufen. Goethe gab der Cephise eine Orange, eine damals in Deutschland noch recht seltene Frucht, und sie mußte sich zu ihm setzen, während noch die Fischerin aufgeführt wurde. Tags darauf ließ Goethe die kleinen Künstler mit Schokolade regalieren, und als sie eben am Tische saßen, rief Wolfgang: Großpapa kommt, und schon stand er in der Tür. – Ich fühle noch heute seine Erscheinung wie ein glänzend Licht, bezeugt die Greisin, und der Löffel mit Schlagsahne fiel mir aus der Hand. Goethe sprach mit jedem, dann sagte er freundlich Adieu, Wolfgang nahm einen Leuchter und begleitete ihn hinaus. Die Kinder saßen in feierlicher Stille, bis Wolf zurückkam. Eindruck machte es damals der kleinen Charlotte Voelkel auch noch, daß der runde Tisch, an dem sie Schokolade tranken, nur mit zwei gewöhnlichen Talglichtern spärlich erleuchtet wurde; bei den damals für reich geltenden Goethes hatte sie Feineres erwartet.

Im nächsten Jahre sah sie Goethe als Leiche, aufgebahrt im hintern Teile des Hausflurs, nach dem Garten zu. Zunächst fielen ihr die übereinandergekreuzten, sehr feinen Hände der Leiche auf, viel mehr aber empfand sie dann den großen Frieden und zugleich die hohe Majestät, die vom Antlitz des lorbeergekrönten toten Dichters ausstrahlten. Sie hat später oft gesagt, daß diese erste Leiche, die sie gesehen, ihr auf Lebenszeit jede Scheu vor dem Tode genommen habe.

7343 E. Redslob: Garten der Erinnerung 1928

[Über Charlotte Hardtmuth geb. Voelkel.] Deutlich war ihr das Bild, wie sie einst bei einer Gesellschaft der Enkel im Haus am Frauenplan den Dichter gesehen. Die Kinder waren zur Belohnung für ihre Mitwirkung bei einer sehr geglückten Aufführung von Goethes «Fischerin» zum Schokoladetrinken eingeladen worden. Als sie schon eine Zeitlang in dem von Talgkerzen schwach erhellten Zimmer saßen, tat sich plötzlich die schmale Tür auf, und Goethe stand wie in einem Leuchten vor den Kindern. Er sei nicht groß gewesen im Vergleich zu anderen Erwachsenen, aber in der Erinnerung erscheine er über alle erhoben durch seine Haltung und den Blick der mächtigen Augen.

Einmal hat sie mit Walther ein kleines Theaterstück – sie sagte «Dramolett» – mit Namen Adin und Saphise vor Goethe aufgeführt, da habe er sie auf seinen Schoß genommen, geherzt und geküßt und ihr als Belohnung eine große Orange geschenkt. Fast vorwurfsvoll erzählte sie von dieser Frucht: «Damals hatte eine Orange etwas Märchenhaftes für ein Kind und war eine besondere Seltenheit. Sie machte mir auch viel mehr Eindruck als der feierliche alte Herr, der trotz seiner Freundlichkeit nun so unnahbar neben mir saß, so ganz geheimnisvoll.»

Auch von Goethes letzten Tagen wußte sie zu erzählen,

denn allein mit den Enkeln hat sie als Kind von kaum mehr als elf Jahren lange Stunden in dem kleinen Parterrezimmer an seinem Totenbett zur Trauerwache gestanden. Unvergeßlich sei ihr der Anblick, obwohl sie damals es nur gesehen, viel später erst in sich begriffen habe. Die Schönheit der Hände sei im Flackern der Kerzen so lebendig gewesen und edel, daß sie, die im Verlaufe eines langen Lebens an so vielen Betten Sterbender gestanden hat, in dieser Nacht jede Scheu vor dem Tode verlor. «Gleich heiligen Symbolen unermüdlichen Schaffens lagen sie nun ausruhend still übereinander.»

7344 G. v. Pappenheim: Erlebnisse in kurhessischen und russischen Diensten *1892*

Goethe war der Pate des Karl Wolfgang von Heygendorf, welcher am 25. Dezember 1806 geboren wurde.

Über seine Jugend und Beziehungen zu Goethe berichtet er folgendes: Goethe hat sich mehr oder weniger für mich interessiert, dies habe ich meinen Eltern, besonders meinem Vater, zu verdanken. Den Namen Wolfgang habe ich von Goethe. Schon in meinem siebten Jahr verließ ich das Haus meiner Mutter, um bei dem Schuldirektor Sicker in Hildburghausen in Pension zu treten ... Nach beiläufig zwei Jahren kehrte ich nach Weimar zurück, und Goethe ließ meinen jüngeren Bruder [August Gottlieb Theodor] und mich zu sich kommen, um sich selbst von den Fortschritten zu überzeugen, die wir in *litteris* machten. Es mag im Jahre 1815 gewesen sein, als ich dem Erziehungs-Institute des Herrn von Fellenberg in Hofwyl bei Bern übergeben wurde, wo ich beiläufig vier Jahr zubrachte und dann nach Weimar zurückkehrte.

Um diese Zeit war es, wo ich die erste Bekanntschaft der geb. Jenny von Pappenheim und der damaligen jungen Damen in Weimar machte. Dieselbe war damals wunderschön und engelgut. Von Goethe kann ich noch sagen, daß er mir einige Verse in ein sogenanntes Stammbuch schrieb.

Sie lauten:

Was das Weiber-Herz erfreue,
In der klein und großen Welt?
Ganz gewiß es ist das Neue,
Das dem Auge wohlgefällt;
Doch viel werter ist die Treue,
Die auch in der Früchte-Zeit
Uns mit Blüten noch erfreut. –

Als er mir das schrieb, war ich im Begriff, ins hiesige [Dresdner] Kadettenhaus einzutreten, um Soldat zu werden, und war sechzehn Jahre alt.

7345 *A. B. v. Heygendorf an W. v. Biedermann*

Mein Vater [Karl Wolfgang v. Heygendorf] teilte mir mit, daß Goethe ihn und seinen Bruder [August Gottlob Theodor] in Begleitung ihres gemeinsamen Hofmeisters öfters habe zu sich kommen lassen, und auf die Erzählungen über das Tun und Treiben der Knaben öfters gesagt habe: «Das ist recht! Das ist brav!»

7346 *Großherzog Carl Alexander: Erinnerungen* *1899*

Am 28. August dieses Jahres sind 150 Jahre verflossen seit Goethes Geburt. Ich will gern an diesen Gedenktag, diejenigen Erinnerungen anknüpfen, die ich von jenem größten unserer deutschen Dichter habe und die für mich so teuere Bilder der Vergangenheit sind.

Sie sind nur Erinnerungen, wie ein Kind sie haben kann, denn ich war noch ein Knabe, als Goethe starb. Sein ältester Enkel, Walther von Goethe, war mir mein liebster Spielgefährte, ihn sah ich am meisten, und der Verkehr mit ihm und seinem Bruder vermittelte von Zeit zu Zeit meine Begegnung mit ihrem Großvater, dem Staatsminister und Geheimrat von Goethe.

So sehe ich ihn noch deutlich vor mir, als er mit meinem Erzieher, Herrn Soret, in dem Zimmer aufrechtstehend sprach, wo die Aldobrandinische Hochzeit hängt, während ich mit seinen Enkeln an einem Tisch in dem Urbino-Zimmer daneben spielte. Ein anderes Mal sah ich Goethe in den Gemächern meiner Mutter in dem Zedernzimmer neben der großen Vase von violettem Jaspis stehen, die sich damals vor dem mittelsten Fenster dieses Raumes befand.

Es war das erste Mal, glaube ich, daß mir sein Anblick einen tiefen Eindruck machte. Er war aber auch dazu angetan, um in der Erinnerung aller derer zu bleiben, die ihn gesehen haben. Etwas über Mittelgröße, schien er größer als er war, weil er sich sehr gerade hielt. Seine Bewegungen waren gemessen, seine Haltung sehr vornehm, aber nicht steif, die Züge bis ins hohe Alter sehr edel, der Mund sehr schön geschnitten, die Augen merkwürdig groß, die Pupillen braun. Sie schienen Blitze zu strahlen, wenn er sprach, nie habe ich bei einem menschlichen Wesen, welchen Geschlechtes es auch war, solche Augen wieder gesehen. Sein Organ war sehr angenehm. So sehe ich ihn noch, so glaube ich ihn noch zu hören, jene Vase bewundernd, im schwarzen Frack, den Stern des Falkenordens auf der Brust, was ihm sehr gut stand.

Meine Kindheitserinnerungen führen mich ein andermal, ich glaube in Begleitung meiner Frau Mutter oder meiner Frau Großmutter, ins Empfangszimmer des Goetheschen Hauses. Ich spielte mit den Enkeln, und da alle Zimmer offen waren, so trieben unsere Spiele uns bin ins Alkovenzimmer, wo an diesem Tage eine Menge Bilder an den Wänden angelehnt waren, unter anderen ein Bildnis der heiligen Elisabeth, das jetzt im Urbino-Zimmer hängt. Daß wir jenen Raum in die Arena unserer Spiele zogen, schien Goethe zu inkommodieren, denn er eilte von Zeit zu Zeit in den Raum, um nachzusehen, daß wir die vorhandenen Schätze nicht berührten.

Einer späteren Zeit gehört ein Besuch an, den ich mit meinen Schwestern im Goetheschen Hause machte. Es war die Zeit, wo in England jene Bücher Mode waren, die den Titel Keepsake trugen und vortreffliche Stahlstiche brachten. Einer derselben, eine Landschaft vorstellend, wurde von meiner jüngsten Schwester, der Kaiserin, sehr bewundert, und Goethe bemerkte, daß man in dieser Landschaft spazieren gehen könne.

In jener Zeit mag es gewesen sein, daß mein Erzieher Soret mich eines Tages zu Goethe führte, der uns in seinem Arbeitszimmer empfing. Sehr gleichmäßig freundlich und gütig war Goethe unausgesetzt für mich; er bewies es auch heute, indem er aus dem neben dem Ofen stehenden Schreibtisch zwei Bücher herausholte, die er mir zeigte, das eine in ein indisches Tuch eingeschlagen. Es war «Sardanapal», den Goethe kurz vorher von seinem Verfasser, Lord Byron, erhalten haben mochte und der die demütigstolze Widmung enthält:

«To his liege-lord.»

Das andere Buch war das Manuskript zu Götz von Berlichingen. Soret machte mich darauf aufmerksam, daß es keine Korrektur enthalte, so umfangreich es auch sei.

Einen anderen Besuch machte ich mit Soret an Goethe in seinem Gartenhause im Park. Er empfing uns in den Räumen des Erdgeschosses. Er sagte mir damals, daß im Park zu Weimar Bäume seien, an denen ein Maler sein Meisterstück machen könne.

Nach dem Tode meines Großvaters, des Großherzogs Carl August, verbrachte Goethe einen Sommer in Dornburg. Dort habe ich ihn abermals mit Soret besucht und bei ihm zu Mittag gespeist in dem Eckzimmer seiner Wohnung, die auf der Rückseite des sogenannten Stohmannschen Schlosses, nach dem Garten zu, liegt. Ich erinnere mich, daß auf dem Eßtisch in der Mitte als Tischschmuck die jetzt im National-Museum befindliche Nachbildung des großen Goldklumpens stand, der in Sibirien gefunden worden war. Wer ihn Goethe geschenkt hat, weiß ich nicht.

Am Ende seines Aufenthaltes in Dornburg besuchte mich Goethe in Jena und aß bei mir zu Mittag in dem oberen Saale des meiner Frau Mutter gehörenden Hauses in dem Prinzessinnengarten, wo ich damals wohnte. Bei dieser Gelegenheit zeigte ich ihm ein Buch, und er fragte mich sogleich in echt Frankfurter Sprechweise: Sind auch

«Bilderchen» darin? Herr Soret zeigte ihm ein gemaltes Bildnis eines seiner Vettern, eines gewissen Termin [Théremin].

Das Bild war gut gemalt und ähnlich, gefiel aber Goethe nicht sonderlich, weil die Augen Brillen trugen. Das aber war ihm unangenehm, weil es nach seiner Ansicht den Blick verdeckte.

Dies sind meine Erinnerungen an Goethe. Untrennbar von ihm ist und bleibt die Verehrung, die von meiner frühesten Kindheit an an die Erinnerung an ihn für mich sich heftet. Sie wurde genährt durch alle, mit denen ich in Berührung kam, besonders durch meine Mutter, die ihn aufs höchste schätzte.

Ich war bei ihr in jenem Zedern-Zimmer, als ihr die Nachricht von dem Hinscheiden Goethes überbracht wurde. Sie brach in Tränen aus. Noch sehe ich sie in diesem Anblick. Soret brachte mich kurz darauf in das Sterbezimmer Goethes. Er lag in seinem Bett, unverändert in seiner Schönheit, wie er unverändert bleibt und bleiben wird in dem Reiche der Bildung.

XVII

NACHTRÄGE

7347 *K. A. von Hase: Unsre Hauschronik* *1898*

Eleonore, eine geborene Walburg, war schön und geistreich, wenn auch ohne tiefere Bildung. Von ihrem Elternhaus, dem «Goldnen Apfel» auf dem Brühl [in Leipzig], hieß sie als Kind das schöne Apfellorchen. Ihre nächste Freundin war Käthchen Schönkopf, die aus Goethes Leipziger Zeit [1765/68] bekannt ist. Von diesem urteilte sie später: «Ach geht mir doch mit Euerm Goethe, das war ein Mosjö Luftikus.»

7348 *A. Meyer: Briefe eines jungen Reisenden* *1777*

[Frankfurt, 26. Januar 1771.] Was wir uns vom *** vorgestellt haben, trifft bei ihm ein. Mich dünkt, er hat von allem etwas, was einen Mann nach der heutigen Welt ausmacht. Etwas Liebenswürdiges in Ansehung seiner Person, etwas Freigeistisches nach seinem Herzen; und obgleich seine Miene ein bißchen suffisant oder unbesorgt zu sein scheint: so haben seine Manieren doch etwas sehr Anziehendes fürs Frauenzimmer. Aber die Frankfurter Damen wissen seinen schönen Geist auch so hoch zu schätzen, daß sie glauben, wie um ein paar Worte willen, im Konzert, in der Komödie, zu rechter Zeit in G.. [Goethes?] Ohr geflistert, die Welt sie auch schon für weibliche Genies halten müsse.

7349 *J. M. R. Lenz: Menalk und Mopsus* *1775*

[Anmerkung zu 'Albertiner' in Vers 16 : «Gerächt war Adam; denn schon damals hatten / Die Albertiner all in ihm den Sitz.»] So pflegt Herr Goethe scherzweise alle kalte und doch dabei eifersüchtige Ehemänner zu nennen. Und nach der Orthodoxie steckte in Adam das ganze menschliche Geschlecht.

7350 *A. M. Sprickmann an seinen Sohn Bernhard 28. Juni 1800*

In Garbenheim habe ich einmal mit Lotte [Kestner geb. Buff] ein Kind aus der Taufe gehoben; die Eltern wohnten am Kirchhofe; es waren Leute, zu welchen Goethe [im Sommer 1772] oft einkehrte; einst lag er mit Lotte und

Albert am Ufer der Lahn: Lotte klagte über Durst: Goethe entfernte sich unbemerkt, und kam dann auf einmal mit einem großen Milchtopf auf dem Kopfe wieder zu ihnen. Den Topf hatte er von den Leuten geholt, von denen ich rede ...

7351 *Sophie v. La Roche: Rosaliens Briefe* *1781*

An den Ruinen des Stammhauses [Burg Nassau] sind Rosenstöcke gepflanzt – darüber sagte ein geistvoller Mann [Goethe am 29. Juni 1774 ?]: – – «Es dünke ihn, den Grabhügel eines alten Edlen von Deutschland durch würdige Enkel mit Blumen bestreut zu sehen.»

7352 *H. Ch. Boie an Lenz* *22. März 1776*

Goethe las mir in Frankfurt vor zwei Jahren [15./17. Oktober 1774] Verse an Ihren Badewirt vor, die mir sehr gefielen, und die Sie mir schicken müssen, wenn Sie sie noch haben.

7353 *Gräfin Henriette Bernstorff an Friedrich Stolberg* *6. Juni 1775*

Mein Mann ... umarmt Dich aufs zärtlichste, und wir beide – soll ich ihn wie Goethe Christel nennen? – meinen Bruder [Christian].

7354 *Merck an Lenz* *8. März 1776*

[Mit Bezug auf die Frankfurter Zeit 1773/75.] Selbst Goethe malt oft mit Wasserfarbe Geschichte der Menschheit, wenigstens an manchen Stellen, um sein Faszikel voll zu machen. Das weiß er auch selbst, und ich hab's ihm auch gesagt. Mit ihm hab' ich oft Ihre Liebes-Gedichte gelesen, und gefunden was das ist, wahre Leidenschaft.

7355 *F. L. Stolberg an Luise v. Gramm* *27. November 1775*

Hier [in Weimar] hab ich die Freude gehabt, Goethe wieder zu finden, welchen der Herzog invitiert hat, einige Zeit hier zu sein.

Gestern abend noch hab ich ihn gesehen, gleich nach

unserer Ankunft, heut und morgen ist er mit dem Herzog auf der Jagd.

7355a F. L. Stolberg an Lavater 27. November 1775
Goethe reitet und jagt, einen Augenblick hab ich ihn gestern gesehn, heut und morgen gar nicht.

7356 F. L. Stolberg an Lenz 3. Februar 1776
In Deutschland ist mir in Weimar [Ende November/ Anfang Dezember 1775] vorzüglich wohl worden. Der Herzog ist ein herrlicher Junge, beide Herzoginnen, Mutter und Frau, sind zween Engel. Unser lieber Wolf [Goethe] lebt dort herrlich und in Freuden, weil von allen geliebt, ist sogar ein Herzens-Freund von Wieland.

Ich hätte wohl die erste Umarmung sehen mögen, mir kamen sie zuweilen vor wie der Herkules in der Alceste und der Herkules in Wolfs Farce.

7357 Graf Goertz an seine Frau 2. April 1776
[Leipzig] À 3 h et demi j'étais déjà ici, où je ne veux voir personne logeant avec l' *auteur* de nos peines [Goethe] sous le même toit. Je ne puis rien apprendre de lui sinon que depuis 9 h du matin jusqu'à 11 et plus tard du soir il n'est jamais à la maison et que les matins depuis 8 à 9 cela ne se désemplit pas d'étudiants pour lui faire écrire dans leur Stammbaum [!]. Hohenthal prétend qu'il fait comme chez nous. On ne sait pas, quand il veut partir d'ici ni où il ira en partant. Son domestique il l'a renvoyé depuis dimanche.

7358 Lenz an Lavater 14. April 1776
Ich bin hier [in Weimar] verschlungen vom angenehmen Strudel des Hofes, der mich fast nicht zu Gedanken kommen läßt, weil ich den ganzen Tag oben beim Herzog bin. Aber mein Herz bleibt immer dasselbe und kann seine Richtungen nicht ändern. Das sage auch Pfenningern, den Wieland und Goethe sehr lieben und ich unendlich wert halte. Dein Abraham ist sehr gnädig aufgenommen wor-

den. Herzog und Herzogin sind wirklich Engel, mehr hindert mich die Fülle meiner Wertachtung zu sagen. Goethe ist wirklich Mignon hier und ganz glücklich und ganz unglücklich.

7359 *Charlotte v. Stein an Frau v. Döring* *10. Mai 1776*

Goethe cause ici un grand bouleversement; s'il sait y remettre ordre, tant mieux pour son génie. Il est sûr, qu'il y va de bonne intention; cependant trop de jeunesse et peu d'expérience – mais attendons la fin.

7360 *Lenz an Zimmermann* *(Ende Mai 1776)*

Wieland, Goethe und ich leben in einer seligen Gemeinschaft, erstere beide morgens in ihren Gärten, ich auf der Wiese, wo die Soldaten exerzieren, nachmittags treffen wir uns oben beim Herzog, der mit einer auserlesenen Gesellschaft guter Leute an seinem Hofe, die alle (so wie auch wir) eine besondere Art Kleidung tragen und er die *Weltgeister* nennt, seine meisten und angenehmsten Abende zubringt. Goethe ist unser Hauptmann.

7361 *Lenz an Henriette v. Oberkirch* *(Anfang Juli 1776)*

Mon ami Goethe dans son nouvel emploi se trouve tellement surchargé d'occupations qu'il ne peut pas même profiter de la manière gracieuse dont vous vous êtes ressouvenue de lui. Il vous en fait ses très humbles compliments en attendant qu'il soit d'humeur de vous communiquer quelque nouvelle production de sa veine.

7361a *Ph. Seidel an Lenz* *Juli 1776*

Der Herr Geh. Legations-Rat läßt Sie vielmals grüßen und wünscht, daß Ihnen Ihre Rhabarbera wohl bekommen möge. Auch schickt er Ihnen hier zwei versiegelte Bouteillen Wein, und Sie möchten nur fleißig zeichnen.

7362 *Lenz an G. K. Pfeffel*
(Ende November/Anfang Dezember 1776)

Ich bin der Jahreszeit ungeachtet noch immer auf dem Lande, weil man mich in Weimar nicht brauchen kann.

Neulich glaubte sich ein Franzose, der sich einen Zögling des großen Voltaire sagte, seiner Sache schon gewiß, als er mit einem großen Empfehlungsschreiben vom Prinzen *** aus Berlin, einem Verwandten unsers Hauses, worin derselbe den Geheimen Legationsrat Goethe den deutschen Shakespeare und den deutschen Voltaire nannte und gegenwärtigen Fremden wegen seiner guten Sitten und Talente und Verse empfahl, sich meinem Freunde Goethe vorstellen ließ. Weil unsere Einrichtungen aber nicht für Fremde sind, mußte der Zögling des großen Voltaire mit Schimpf und Schande abziehn. Ich bitte diese Geschichte bekannt zu machen.

Meine wärmste Empfehlung Ihrem Freunde Lerse, dessen wir uns mit Goethe oft erinnert haben.

7363 Ph. Seidel an J. A. Wolf *15. September 1777*

Von Eisenach aus habe ich Dir geschrieben, aber noch nicht von der Wartenburg. Vorgestern sind wir mit Sack und Pack herauf gezogen, und wohnen nun ganz ordentlich oben. Da ich so gut ein Feldteufel bin als mein Herr, also ist gar keine Frage, ob ich mich hier gut befinde ... Es ist ein herrlich Leben, das ich jetzt führe, und wenn ich einmal böse Tage habe, darf ich mir's nicht verdrießen lassen. Alle Sonntag ist Tanz hier oben, und ich mache immer tapfer mit, so knollig die Figuren sind, die da erscheinen.

7364 J. E. Biester an Bürger *6. März 1778*

... ich habe Bekanntschaft mit André gemacht. Er war Kaufmann in Offenbach, hat da noch eine Fabrike, war ein Freund Goethens ... Natürlich kam unser Gespräch bald auf Dich; er trug mir auf, Dich recht sehr zu grüßen, und Dich zu fragen, ob Du die Komposition der Lenore nicht erhalten hättest, die er Goethen gegeben hätte, damit er sie Dir schicke.

7365 *Carl August an Ludwig von Hessen-Darmstadt*
30. April 1780

[Nach Besuch der Messe in Leipzig mit Goethe waren sie auf der Rückfahrt nach Weimar in der Nacht vom 25. auf den 26. April in einen schweren Sturm geraten.] Goethe und ich genossen ihn aus der ersten Hand, wir fuhren eben von Leipzig zurück, wo ich den Fürsten von Dessau ein Rendezvous gegeben hatte, und beinah acht Stund mußten wir es in einer Halbchaise aushalten.

7366 *Carl August an Merck* *26. August 1780*

Goethe läßt den Everding, Everding, Everding erinnern.

7367 *Herzog Carl Eugen von Württemberg: Reisetagebuch* *15. Februar 1783*

[Jena.] Ich hatte [nach Besuch verschiedener Vorlesungen am Vormittag] noch Zeit, nach Stuttgart zu schreiben, auf welches der Herzog von Weimar in Begleitung des Oberstallmeisters von Stein, des Kammerherrn von Wedels und des Geheimbden Rats Goethe ankam; man besprach sich einige Zeit und ginge alsdann zum Mittagessen, wozu die Professores, die den Morgen gelesen hatten, gezogen wurden. Das Mittagsmahl dauerte nicht sehr lange, nach welchem und den Kaffee der Herzog und ich in die Vorlesungen, die Gräfin [Franziska von Hohenheim] aber in Begleitung des Geh.-Rat Goethe in das Naturalien-Kabinett ginge.

7368 *Sophie v. Schardt an Knebel* *26. Mai 1784*

Goethe läßt mir und Schardt die Erlaubnis, in seinem Garten während seiner Abwesenheit zu leben, sein Geist wird die Stätte nicht verlassen, und ich freue mich gar sehr auf diesen Aufenthalt in dem freundlichen Tal ... Wir haben diese Zeit her fast jeden Abend im freundschaftlichen Kreise auf Goethens Altan gesessen, wo es uns jedesmal wohl gewesen ist.

7369 *F. H. Jacobi an Fürstin Gallitzin* *15. Oktober 1784*

[Mit Bezug auf seinen Besuch in Weimar 18./29. September.] Ich mußte am Dienstage, in der Gefahr, die Post zu versäumen, die letzten Seiten meines Briefes an Sie so eilfertig schreiben, daß ich darüber den einliegenden Gewährschein platt vergaß. Ich nahm ein Bergteil für mich; und da ich die Freude sah, die Goethe darüber hatte, so sagte ich ihm, ich wollte auch noch eins für Sie nehmen, Sie hätten zu Hofgeismar davon gesprochen. Der Zuschuß für den nächsten Februar ist schon mit entrichtet. Nun sind noch 5 Taler im Februar 86 zu entrichten; hernach soll kein Zuschuß mehr erfordert werden, sondern die Ausbeute zuverlässig alle Unkosten wenigstens bestreiten. Die Gefahr, die wir laufen, ist also sehr gering, und Goethes Vergnügen, daß wir Anteil an der Sache nehmen, und er unsre Namen gelegentlich dabei erblickt, sehr groß.

7370 *Bertuch an Göschen* *5. Juni 1786*

Ich erfuhr von Himburg in der Messe, daß er eine neue Auflage von Goethens Schriften vorhabe, machte ihm die Hölle darüber ein bißchen heiß, so daß er mir sagte, er wolle an Goethe schreiben, und ihn nun um den *rechtmäßigen* Verlag seiner Werke bitten. Ich kam zurück, erzählte dies Goethe, der, wie ich wußte, schon seit etlichen Jahren an der ersten eigenhändigen Ausgabe seiner Werke arbeitet, und dazu noch wenigstens drei Bände *ungedruckte* liegen hat; und er ärgerte sich so darüber, daß er schwur, Himburg solle sie nicht haben, und er wolle seine Ausgabe jetzt ohne Zeitverlust veranstalten. Kurz, das Resultat unsers Gesprächs war, daß er mir die Herausgabe seiner Werke, und die ganze Besorgung des Verlags davon übertrug.

7371 *Salomon Gessner an seinen Sohn* *6. Januar 1788*

Ich habe soeben von ** [Karl Philipp Moritz?] einen sehr sonderbaren Brief gesehen; stolz auf *** [Goethes?] Freundschaft, wirft er sich, ohne Denken und Untersuchen, in seine ausschweifende Sinnesart, und läßt sich durch sein originell und hoch tönendes Geschwätz betäuben. *** hat, wie er selbst sagt, ihn die große Maxime gelehrt, das Urteil der Welt zu verachten, und nur sein eigen Gefühl über den Wert seiner Werke zum Richter zu machen. Was für Unsinn, welch rasender Stolz, die ganze Welt unter sich herunter zu setzen, als wenn alles Tollhäusler wären, nur sie selbst nicht!

7372 *Fritz v. Stein an seinen Bruder Carl* *27. Juni 1788*

Vorgestern vor acht Tagen in der Nacht ist der Geheimrat [Goethe] angekommen, den folgenden Morgen früh um 6 ließ er mich rufen, und da habe ich mich so gefreut, ihn wiederzusehn, daß ich ihm kein Wort sagen konnte.

7373 *C. Hoyer an A. Graff* *9. Juli 1788*

... hier [in Weimar] hab ich Wieland kennen lernen und den große Kunstgesetzgeber Goethe, der in meinen Augen ein Narr ist ...

7374 *F. Schubart: Erinnerungen an Goethe*

Über diese Stunde, in welcher der junge Dichter dieses weibliche Wesen (Christiane) zum ersten Mal sah [Juni/Juli 1788] hat Frau v. Goethe selbst einem meiner Freunde, dem jüngst verstorbenen preußischen Geheimen Hofrat John, früheren Sekretär Goethes, folgendes erzählt, was hier aus dessen Munde getreu wiedergegeben wird.

Es war damals an dem weimarischen Hofe ein Prinz von Hessen-Darmstadt zum Besuche anwesend, und Goethe erhielt den Auftrag, diesen fürstlichen Gast bei der Besichtigung der Merkwürdigkeiten und öffentlichen Anstalten Weimars zu begleiten. So kam er mit demselben auch in das in jener Zeit berühmte und blühende Bertuchische Industrie-Comptoir. In diesem Institute wurde eine große Anzahl junger Mädchen aus guten Familien der Stadt mit verschiedenen Kunstarbeiten beschäftigt, wie denn das bekannte bändereiche Bilderbuch, dessen Kolorierung mit dem Pinsel ausgeführt wurde, vielen jungfräulichen Händen Beschäftigung und Erwerb darbot. In einem Saale dieses großen Bertuchischen Hauses war auch eine Gesellschaft junger Mädchen vereinigt, welche sich der Anfertigung künstlicher Blumen widmeten und dabei unter der Aufsicht und Leitung einer älteren Gouvernante standen. In diesen Saal trat nun auch der Prinz von Hessen-Darmstadt unter Goethes Begleitung. Das äußere Ansehen und die persönliche Haltung dieser jungen kunstfertigen Mädchengesellschaft konnte nun dem Dichter zugleich als ein Abbild des innerlich verkümmerten Gesellschaftslebens erscheinen, von welchem er sich in seinem Werther so kräftig abgewendet hatte. Es waren hagere Gestalten und blasse Gesichter mit dem Ausdruck der herrschenden Sentimentalität, und in ihrem Benehmen entsprachen diese Blumenkünstlerinnen den steifen und leblosen Nachahmungen der Natur, welche unter ihren Händen entstanden. Nur Mademoiselle Vulpius (die nachmalige Frau v. Goethe) saß als Ausnahme unter ihnen, in voller Gesundheit und in natürlicher frischer Jugendblüte. Der fremde Prinz, der auch diesen Teil des Institutes genau in Augenschein nehmen wollte, verweilte einige Zeit in dem Saal und schenkte den Arbeiten der jungen Künstlerinnen, zu welchen sie sich wieder niedersetzen mußten, eine längere Aufmerksamkeit. Den Arbeitstisch umwandernd, richtete er an mehrere derselben Fragen, welche ihm im Tone der Zeit mit ehrfurchtsvoller Zierlichkeit beantwortet wurden. Als er aber an Mademoiselle Vulpius kam, und an sie die Worte richtete: «Und Sie, mein Kind, was machen Sie?», da trat aus der körperlichen Naturfrische auch das innerliche Naturkind in voller Kraft heraus. Den Blumenstrauß, der unter ihren Händen erblühte, dem hohen Herrn vorhaltend, antwortete sie im derben weimarischen Dialekt: «Na, das sähe Sie doch wohl, daß es Vergißmeinnicht seind?» Natürlich war das ein harter Bruch in den zierlichen Anstand der ganzen jungfräulichen Szene, und ebenso natürlich war der auflodernde Zorn der Gouvernante, den diese jedoch mit aller möglichen Mäßigung des Anstandes in einem derben Verweis gegen sie ausließ. Um aber den begangenen großen Fehler gegen den Prinzen wieder gut zu machen und den reinen sentimentalen Ton der Gesellschaft wieder herzustellen, schloß sie ihre Zornrede mit dem Vorwurf an das junge Mädchen, daß sie die schönste Gelegenheit zu einer sinnreichen gereimten Antwort versäumt habe, welche hätte lauten müssen:

Das ist das Blümlein, welches spricht:
O gnäd'ger Prinz, vergiß uns nicht!

Bei dieser Szene also sah Goethe seine nachherige Gattin zum ersten Male.

7375 Riemer: Mitteilungen über Goethe 1841

[Über Christiane Vulpius.] Goethes Bekanntwerden und nachheriges Zusammenleben mit diesem Frauenzimmer schildert einer der neuesten Berichterstatter, wahrscheinlich aus weiblicher Nachrede, gehässig und falsch. Nicht sogleich als Goethe aus Italien gekommen war, lernte er das Mädchen kennen, noch weniger war es der Fall, daß seine Freunde sie ihm zugeführt hätten; sondern auf einem Spaziergang im Park [am 12. Juli 1788], bei Überreichung einer Bittschrift für ihren Vater.

7376 J. K. W. Voigt an A. Werner 7. Oktober 1789

Goethe hat mir gesagt, daß er Ihre Theorie über die Basalte so ziemlich gefaßt hätte und ihr seinen Beifall nicht versagen könnte. Sobald er hierher [nach Ilmenau] kömmt, soll eine förmliche Session deshalb gehalten werden. Er hofft, beide Ideen zu vereinigen, und ich hoffe es nun selbst auch.

7377 J. G. v. Salis-Seewis
an F. W. Gotter 5. Mai 1790

Manches friedliche Alptal, manche romantische Wildnis und die Eigenheiten des von der Natur so reichlich geschmückten Veltlins verdienen noch die Aufmerksamkeit eines Reisenden ... Herr v. Goethe kam auf seiner letzten Reise nach Italien durch unsere Gegenden, und er gestund mir [wohl bei Salis' Besuch in Weimar im Februar 1790], daß sie ihm äußerst merkwürdig vorgekommen. Ich berufe mich auf fremde Zeugnisse von solchen Kennern – des Großen und Schönen.

7378 St. Schütze: Tagebuch 15. Juni 1832

Bei Tische ist nur immer von Goethen die Rede: wie er auch Courage gehabt, tollkühn gewesen. Riemer: wie er in Breslau [August/September 1790] bei einer Feuersbrunst hat kommandieren wollen.

7378a Fürstin Gallitzin an F. L. Stolberg Dezember 1792

Ich hätte Ihnen vieles noch zu sagen über vier mir äußerst interessante Tage, die Goethe unter meinem Dache zugebracht hat [6./10. Dezember]. Ich kann aber der Kürze der Zeit wegen kein Wort hinzufügen.

7379 F. H. Jacobi an Goethe 7. April 1793

Wunderdinge haben wir von Dohm gehört, wie Du die Prinzessin [Fürstin Gallitzin] erbaut hast [6./10. Dezember 1792] unter andern mit einer Erzählung von der Feier des Fronleichnamsfestes in Rom, die so andächtig war, daß einige der Zuhörer leise fragten: Ob dann Goethe katholisch sei.

7380 Fürstin Gallitzin an Goethe 20. Januar 1794

... Ich überschicke Ihnen sein [Overbergs] nun fertiges und sogar *in Berlin* approbiertes Land-Schulbuch – mit Ihrem *reinen kindlich unbefangenen* Gefühl für *jedes Schöne* in seiner Art, welches unsre katholische Professoren mich ins Ohr fragen machte (ist Er denn katholisch), als Sie hier die Fronleichnams-Feier zu Rom so rührend und erhaben ohne alles Darneben-Schielen – uns darstellten, wird auch dieses Buch einen Wert in Ihren Augen haben.

7381 C. Schlüter an seinen Sohn Christoph Bernhard (1822/23)

In Münster war er [Goethe] bei der Fürstin Gallitzin [6./10. Dezember 1792], wo er mit außerordentlicher

Liebe behandelt wurde. Auch hat er keinen Aufenthalt mit solcher Liebe beschrieben wie diesen. Ich habe dieser Tage mit den Professoren Katerkamp und Kistemaker darüber gesprochen, welche damals mit Goethe mehrmals bei der Fürstin gespeiset haben, er hat immer die ganze Tafel auf das brillanteste unterhalten, vorzüglich über die römischen Prozessionen und Kirchenfeste, wodurch er den Professor Kistemaker zu der Frage an die Fürstin veranlaßte, ob denn Goethe katholisch wäre! Seine Beschreibung des Karnevals von Venedig und der Art, wie dort die Prozesse vor Gericht plädiert wurden, hat den allgemeinsten Beifall gefunden.

7382 B. Overberg an Goethe 26. Dezember 1796

Seitdem ich die Ehre hatte, Euer Hoch-Wohlgeboren in Gesellschaft der Fürstin [Gallitzin] von Münster nach Telgte zu begleiten [10. Dezember 1792], ist selten ein Tag vergangen an dem ich mich Ihrer nicht erinnerte ...

7383 E. M. Arndt: Meine Wanderungen und Wandelungen mit dem Reichsfreiherrn Heinrich Karl Friedrich von Stein 1858

In meinen Studentenjahren [1793/94] in Jena hatte ich ihn [Goethe] dort und auch in Weimar nur immer äußerlich gesehen, zum ersten Mal auf der Geleitsbrücke in Jena, wo der schöne stattliche Mann in einem grünen Jägerrock einherschritt. Ich war ja damals ein unbedeutender Jüngling, konnte mich weder als Graf noch als Baron einem berühmten Manne nicht aufdringen, war auch in meinem Sinn in meinen Jenaer Tagen beide zu einsam und in mir geschlossen und zu stolz, mich vor Höheren zu verneigen oder sie durch meine Kühnheit zu belästigen.

7384 F. v. Müller an Goethe 28. Mai 1827

[Über den Musikhistoriker Georg Pölchau aus Berlin.] Mit Zelter seit lange, früher, als er zu Hamburg wohnte, mit Reinhard, Klopstock, Sieveking, Claudius, Jacobi p. sehr bekannt, erinnert er sich insbesondere mit großer Wärme des Jahres 1794, wo er zu Jena bei Hufeland, dem Juristen, Euer Exzellenz öfters zu sehen die Ehre gehabt.

7385 *Horn an Rahel Levin (wohl August/September 1795)*

[Über seine Begegnung mit Goethe in Karlsbad.] Wenn es uns auch gleichgültig ist, die Meinung der Menge von uns zu erfahren, so ist es uns desto interessanter, die Meinung eines liebenswürdigen und geliebten Menschen zu hören; hier ist sie! – Ich sagte – ich weiß nicht mehr was, und wüßte ich es auch, wär's doch hier unbedeutend –, darauf antwortete Goethe [mit Bezug auf Rahel]: «Ja, es ist ein liebevolles Mädchen; sie ist stark in jeder ihrer Empfindungen, und doch leicht in jeder Äußerung; jenes gibt ihr eine hohe Bedeutung, dies macht sie angenehm; jenes macht, daß wir an ihr die große Originalität bewundern, und dies, daß diese Originalität liebenswürdig wird, daß sie uns gefällt. Es ist nicht zu leugnen, es gibt viele wenigstens original scheinende Menschen in der Welt; aber was sichert uns dafür, daß es nicht bloßer Schein ist? daß das, was wir für Eingebungen eines höheren Geistes zu halten geneigt sind, nicht bloß Wirkung einer vorübergehenden Laune ist? – Nicht so ist es bei ihr; – sie ist, soweit ich sie kenne, in jedem Augenblicke sich gleich, immer in einer eigenen Art bewegt, und doch ruhig, – kurz, sie ist, was ich eine schöne Seele nennen möchte; man fühlt sich, je näher man sie kennen lernt, desto mehr angezogen, und lieblich gehalten.» – Dies war's, was ich Ihnen so gern selbst sagen wollte; nehmen Sie es, wie es ist; ich habe seine Worte, wo mein Gedächtnis mich nicht verließ, beibehalten. – Meinen schönsten Wert habe ich hingegeben; ich muß, wenn es mir möglich ist, noch einmal zu Goethe nach Weimar, um Worte köstlichen Sinnes zu sammeln, um die Weisheit in ihrer liebenswürdigsten Gestalt noch viel aus seinem Munde zu hören. Wie hat sich meine Meinung von ihm geändert, seit ich im Karlsbad war; schon *deswegen* ist es mir lieb, da gewesen zu sein. – Wir sprachen weiter, und kamen auf Ihre große Liebe zu ihm als Dichter: «Es ist mir doppelt lieb», sagte er, «denn es ist bei ihr keine allgemeine Idee; sie hat sich jedes Einzelne deutlich gemacht. Eine allgemeine Idee beweist größtenteils, daß wir unsre Würdigung des Dichters aus der Meinung anderer nehmen;

haben wir uns aber jedes Einzelne deutlich gemacht, so zeigt das natürlich, daß wir *selbst* rein empfunden und deutlich gedacht haben.»

7385a E. Genast: Aus dem Tagebuche eines alten Schauspielers *1862*

[Nach A. Genast.] Im Jahre 1796 endlich berief Goethe Iffland zu einem Gastspiel nach Weimar. Zu diesem Zweck hatte Schiller die Redaktion des «Egmont» übernommen. Vor Beginn des Gastspiels [d.h. vor dem 28. März] war eine Leseprobe des «Egmont», welche fünf Stunden dauerte und die Goethe mit einer Anrede eröffnete, die dem Sinne nach Folgendes sagte: «Es wird bald ein Meister unter uns stehen, den ich hauptsächlich berufen habe, um Euch durch ihn zu beweisen, wie gut Kunst und Natur sich vereinen lassen. Lauscht seiner Darstellung mit aller Aufmerksamkeit; aber seid nicht schüchtern als *Mitwirkende*, zeigt ihm, daß unser Streben ebenfalls ein hohes, edles ist, und seine Zufriedenheit wird uns nicht fehlen.» Nun las er jedem Schauspieler einige Stellen der darzustellenden Rolle vor, um durch Ton und Haltung den Charakter anzudeuten, wie er ihn aufgefaßt wünsche. Die Becker-Neumann und Vohs als Klärchen und Brakkenburg trafen schon im Lesen das Richtige und waren in der Darstellung selbst ausgezeichnet. Beck als Vansen war trefflich. Goethe las den Egmont, und abgesehen davon, daß sein Vortrag etwas zu markiert war, habe ich nie den Egmont so *darstellen* sehen, wie er ihn *las*; Iffland [bei der Aufführung am 25. April] stand weit hinter der Auffassung Goethes zurück. Noch am nächsten verkörperte in späterer Zeit Oels Goethes Intention.

7386 W. v. Humboldt an C. G. v. Brinckmann
13. Februar 1797

[Jena] Mit Goethe hatte ich gestern ein langes Gespräch über *Metra*, wo er allen Vossischen Regeln gräßlich das Urteil sprach. Ich bewundre diese Größe, aber es bringt mich nur dahin, daß ich gleich, wie ich zu Hause komme, wieder zur Buße den Voß lese und die Rute küsse, die einen züchtigt. Wahr aber ist es, daß der Sprache mit einer Prosodie, die so wenig auf sie und ganz auf die Alten berechnet ist, als die Vossische, nicht gedient sein kann. Goethe bemerkte mit Recht: wie Voß wohl den homerischen Hexameter goutieren kann, da für sein Ohr die *Position* und alle Regeln dieser Art nicht gelten, und also eine Menge Trochäen hintereinanderherhinken. Goethes Hauptbuch ist jetzt der Hermann *de metris*, der das Epitheton des Dunkeln wohl auch mit mir teilen kann. doch scheint er ihn vorzüglich als eine Autorität zu *Lizenzen* zu gebrauchen. Ich studiere jetzt diesen Hermann. Ich bin in den Hauptpunkten mit ihm uneins, aber das Buch ist ein Meisterwerk.

7387 W. v. Humboldt an C. G. v. Brinckmann 27. März 1797

Goethe ist noch hier [in Jena], er hat hier sein episches Gedicht [Hermann und Dorothea] beendigt, das unendlich schön ist, und dessen Ende noch den Anfang selbst übertrifft. Auch mit dem Versbau hat er sich viel Mühe gegeben, und mich oft konsultiert. Ich habe ihm meinen Rat ganz offen erteilt, und nicht wenig Verse hat er wirklich geändert. Allein sollte auch alles durchaus fehlerfrei sein, so wird der große Reichtum und die Kraft des Rhythmus ihm nie recht eigen sein, wenigstens nie so prävalierend als in Voß. Gerade aber dies liegt in seiner ungeheuren Superiorität über diesen, und dagegen darf dieser und schwerlich sonst jemand sich in Absicht des Periodenbaus mit ihm messen.

7388 Sophie v. La Roche an Gräfin Elise zu Solms-Laubach 10. Oktober 1797

Ich weiß nicht, wo ich den Herrn Grafen von Assenheim zu suchen habe, aber ich möchte ihn gar zu gern über die Revolution in Weimar sprechen, wo Goethe, Bertuch, Wieland und Herder über ein paar emigrierte Familien eifersüchtig wurden und Weimar zu quittieren wünschten, weil der Hof diese Unglücklichen aufnahm und sie mit

Achtung behandelte. Goethe habe ich [am 11. August in Offenbach] gesehen und seine Verwandlung angestaunt. Oft und auch da erinnerte ich mich an den Ausspruch einer artigen Französin über David Hume, welcher bei dem Dinner gar nichts Besonderes sagte und sie doch viele Gäste auf seine Konversation eingeladen hatte. So erklärte sie das Schweigen: «Cet homme a mis tout son esprit dans ces livres.» Muß man bei Weimars großen Geistern nicht sagen, ihre Edelmütigkeit, ihre Seelengröße, Weisheit und Güte ist nur in ihren Schriften?

7389 J. L. Geist

[Mit Bezug auf Goethes Besuch des Rheinfalls bei Schaffhausen am 18. September 1797.]

Geschichtliches

Im Jahr Siebzehn-Hundert-Neunzig und Sieben
Saß, wie mir ist im Gedächtnis geblieben,
Ein ehrlicher Schweizer in samt'nem Rock
Am Rheinfall auf einem hölzernen Block.
Goethe, der hier war, das Wunder zu schauen,
Sprach mit dem Schweizer in vollem Vertrauen:
«Hör, lieber Alter! das sage ich Dir,
Halt gut in Ordnung den Rheinfall mir!? – »

7390 J. F. Abegg: Reisetagebuch 2./3. und 6. Mai 1798

[2. Mai. Besuch bei Fichte in Jena.] Auf der Promenade sprachen wir auch von Herder, Goethe und Böttiger. Er bedauerte, daß ich [beim Aufenthalt in Weimar am 1. Mai] keinen gesprochen, besonders, da Böttiger so sehr gefällig sei. Ich machte kurz und gut meinen Plan, morgen früh wieder über Weimar zu fahren, da es nur eine Meile um ist nach Leipzig, und ihn um eine Adresse an Goethe zu bitten. Gesagt getan, und er sagte es mit Vergnügen zu. «Goethe», sagte er, «ist zwar hier viel angenehmer als in Weimar, wo er steifer ist. Hier in unser Professor-Kränzgen geht er jedes Mal, wenn er hier ist; heute ist keines, sonst wollte ich Sie einführen; und unter vier Augen und bei guter Gesellschaft ist er ein trefflicher Gesellschafter.» Ich sagte: «In Weimar mag er freilich vielseitigeren Umgang haben als hier.» «Ich dächte, daß er doch auch bei uns hier einige Stunden besser zubringen könnte als bei den faden Leuten, die großenteils um ihn sind. Freilich tadelt man an ihm den Stolz, womit er manche Freunde und Bekannte oft behandelt. Bürger kam einmal zu Goethe, wollte ihn umarmen, Goethe war aber und blieb zurückhaltend. Bürger ärgerte dieses entsetzlich, und er machte ein Epigramm, das Nicolai nun hat abdrucken lassen. Aber die Sache war diese: Bürger wollte, wie Goethe wußte, in Jena etabliert werden, und dies sollte Goethe auswirken. Dieser wollte aber den Bürger dort nicht haben, und nun betrug er sich kalt, damit dieser den Antrag nicht machen sollte. Ich», fuhr er fort, «hätte freilich zu Bürger gesagt: Herzensfreund, ich kann dir in diesem Falle nicht helfen, und hätte nicht auf die erzählte Weise gehandelt.» – «Unstreitig», setzte ich hinzu, «hat Goethe die Maxime des Hofmanns befolgt, und Sie hätten die Maxime des Ehrlichen befolgt.» ...

[3. Mai. Abegg hatte von Fichte ein Empfehlungsschreiben sowie den zweiten Teil seines «Naturrechts» für Goethe erhalten.] Ich fuhr mit unendlicher Freude hierher nach Weimar, weil ich nun hoffen konnte, den Mann des Himmels und der Erde persönlich kennen zu lernen. Ich wurde gleich vorgelassen, und nach einem sehr wohlwollenden Empfang führte er mich in einen Zirkel, der täglich des Morgens bei ihm sich versammelte. Er fragte mich, ob ich Fichte schon lange kenne, lobte den Fichte, doch, deuchte mir, wie der Vornehmere lobt. Erkundigte sich nach der Absicht meiner Reise, wünschte mir Glück, daß ich durch meinen Bruder eine so interessante Reise machen könnte. Dann fragte er mich, welche Männer ich in Jena kennen gelernt habe. Ich nannte sie ihm. «Den Justiz-Rat Hufeland und D. Paulus», sagte er, «will ich Sie nachher kennen lehren.» Bald darauf präsentierte er mich dem Justiz-Rat Hufeland, einem Manne, der auf den ersten Blick die feinste Kultur, Gewandtheit und Welt verrät ...

Nun kam auch Paulus, auch mit diesem machte mich Goethe alsogleich bekannt. Ein schwächlicher Mann mit einem schönen großen braunen Auge ... Er machte mich aufmerksam auf alles, was in Goethes Haus um mich her war. Das Lokale von unten herauf bis in den größeren Assembleensaal ist äußerst geschmackvoll. In dem Zimmer linker Hand sind prachtvolle Gemälde, unter anderem eins, das eine römische Hochzeit vorstellt und zu Rom gefunden worden ist. Auf der vorderen Seite ist ein kleineres Zimmer, wo ein Fortepiano stand, und aus diesem kommt man in einen niedlichen Garten, und aus dessen Türe tritt man in den Park.

Goethe ist einer der schönsten Männer, die ich je gesehen habe. Fast einen halben Kopf größer als ich, sehr gut gewachsen, angenehm dick, und sein Auge ist in der Wirklichkeit nicht so grell als in dem Kupferstich. Ruhe, Selbständigkeit und eine gewisse vornehme Behaglichkeit wird durch sein ganzes Betragen ausgedrückt. Mit keinem von der Gesellschaft unterhielt er sich besonders lange. Er ging aus einem Zimmer ins andere, und machte bald diesem, bald jenem ein freundlich Gesicht. Gegen 11 Uhr kam Iffland auch, der erstaunlich viel dicker geworden ist. Diesen nahm er bei der Hand und führte ihn einige Male auf und ab. Um Iffland stellte sich Justizrat Hufeland und noch ein Unbekannter, der ziemlich genienmäßig aussah und sehr laut tat. Ich stellte mich auch dazu. Iffland sprach sehr interessant von sich und seinem Spiel ...

Auch kamen Hofrätin Schiller; Schiller habe, sagte sie, den Katarrh, und könne nicht ausgehen. Sie scheint eine sehr artige, gebildete Frau zu sein. Goethe sprach sehr vertraut mit ihr. «Ihr führt mir aber eine wunderliche Haushaltung», sagte er, und noch mehr in diesem Tone, das ich nicht verstehen konnte. – Jedem Ankommenden wurde Schokolade angeboten, und gegen 11½ Uhr wurde die ganze Gesellschaft in ein prachtvoll verziertes Zimmer geführt, um hier etwas zu genießen. Es standen mit Kunst rangiert allerlei Speisen, Krebse, Zunge etc., und dazu wurde feinster Wein präsentiert. Mich zogen die Gemälde mehr als alles an. Einige, besonders von Angelika Kauffmann, unter anderem die Szene aus der Iphigenie, wo Orest in hellem Wahnsinn die kommende Schwester und Frau begrüßt. «Seid Ihr auch schon herabgekommen?» –

Nun sammelte man sich wieder in den übrigen Zimmern, und einer um den anderen ging stille fort. Ich ging nun zu Goethe, dankte ihm mit kurzen Worten, denn was sollte ich sagen, und was konnte ich sagen, und er entließ mich mit vielem Wohlwollen. D. Paulus sagte mir, daß er mich im Schauspiel vielleicht noch sprechen würde, und so ging ich nach Haus, nachdem ich von 10½ bis 12¾ Uhr einige der fröhlichsten und für mich ewig denkwürdigen Stunden zugebracht hatte, und pries mein Geschick und Fichte, die mir es verschafft hatten. – Noch muß ich bemerken, daß auch in einem Zimmer, wo das Fortepiano stand, gesungen und gespielt wurde. Seinen Knaben, der etwa 10 Jahre alt sein mag, sah ich auch. Er gleicht ihm in äußerer Bildung in der Tat sehr viel. Mit der Schwester des Schauspieldichters Vulpius hat er ihn erzeugt, die auch noch um ihn ist. –

Es war die Rede von Vorfällen beim Weimarer Theater, an welchem viele lebhaften Anteil nahmen, aber Goethe schien es alles gleichgültig anzuhören. Überhaupt behauptet er Nüchternheit und Erhabenheit, die nur dem vollendetsten Hofmanne möglich sind. Dieser scheint er aber neben seinen anderen unerreichbaren Vorzügen auch zu sein ...

[6. Mai. Besuch bei Jean Paul in Leipzig.] Ich dachte an Goethe ... und leitete das Gespräch auf ihn. Er sei so vornehm, sagte ich, eine kalte Erhabenheit stoße zurück. – «Das ist ihm nicht natürlich», sagte er, «er tut es, um sich in der Höhe zu halten.» – «Doch finde ich», sagte ich, «in seinen Schriften dasjenige, was ich mir unter *Griechheit* gedenke, am vollkommensten.» – «Richtig! Goethe kann aber jetzt nichts anderes mehr sein! Maß zu halten in allem, damit die Schönheit nicht leide, dies ist und war Griechheit. Aber darum sind sie nicht das Höchste. Ich bin gewiß, daß die Griechen manche Arbeit von Goethe mit

Entzücken lesen würden, und von Shakespeare: wir sind in vielem weiter denn sie.»

7391 *G. Merkel: Darstellungen und Charakteristiken* 1840

Ich brachte meine Verstimmung gegen Goethe mit, als ich einige Monate später nach Weimar zog, und sie wurde durch das, was ich von seinem Verfahren in literarischen und nicht literarischen Rücksichten hörte, nicht geändert. So verlebte ich einen großen Teil von drei Jahren dort, ohne einen Versuch, ihm näher zu kommen. Er schien schon damals meine Abneigung zu erwidern, wie aus manchen kleinen Kränkungen hervorging. Als z.B. Iffland nach Weimar kam, wurde Morgenstern, der bei mir wohnte, zu einem großen Dejeuner eingeladen, das Goethe Iffland gab, und an dem fast ganz Weimar Teil nahm; ich erhielt keine Einladung. Ich tröstete mich leicht durch den Gedanken, daß ich ohnehin nicht hingegangen wäre, aber ich sollte noch eine Art Satisfaktion erhalten. Kaum war Morgenstern fortgegangen, als der rühmlich bekannte Schauspieler Graff zu mir eintrat, ein ernster Mann, von achtungswertem Charakter. Wie! rief ich ihm entgegen; Ihre ganze Gesellschaft ist bei Goethe versammelt, und Sie sind nicht da? – «Nein!» antwortete er. «Da der Herr Geheimerat sonst außer dem Theater keine Notiz von uns nimmt, so mag ich die Ehre, die man mir um Iffland's willen zu erzeigen geruht, auch nicht.» – Sie sind ein braver Mann, und Ihr Selbstgefühl ist gerecht, sagte ich, indem ich ihm die Hand schüttelte.

In kleinen Städtchen wird alles bekannt. Goethe erfuhr Graff's Besuch an jenem Morgen bei mir, vielleicht auch meine Äußerung und beschuldigte mich nachher einmal, ich machte ihm die Schauspieler aufsässig. Die Anschuldigung war durchaus unwahr. Ich war zwar zum Theater abonniert, aber, außer mit Graff, mit keinem Gliede der Bühne bekannt, und auch diesen sah ich selten.

Da ich späterhin als Kritiker auftrat und mit freier Unbefangenheit auch über seine Schriften urteilte, zürnte er heftig, und sein Zorn wurde Erbitterung, als ich mich mit

Kotzebue, den er verfolgte, zur Herausgabe des Freimütigen verband. So lange ich in Deutschland war, tat mir das keinen Schaden, wohl aber sehr großen, als ich dasselbe 1806 verlassen hatte, und seit die Bewunderung für ihn eine Art Aberglaube wurde. Alle Halbköpfe, über die ich einmal gelacht hatte, verbanden sich gegen mich, um meinen Namen beim Publikum verhaßt zu machen, und hatten immer dabei Goethe selbst oder das Berufen auf ihn zum Rückenhalt. Zwanzigmal hab' ich den Vorwurf gehört: «Selbst Goethe hat er getadelt oder angegriffen». Nun freilich ging meine Bewunderung des großen *Dichters* nie bis zur Stupidität, ihn für unfehlbar zu halten, und was ich tadelhaft fand, darüber sprach ich sehr offen.

7392 Böttiger an J. v. Müller *20. Mai 1798*

Goethe sammelte diesen Winter an seinen geologischen und botanischen Bemerkungen über die Schweiz, dichtete für den neuen Musenalmanach und half das neue Werk von seinem getreuen Achates, Meyer, über die Kunst genialisch ausstatten.

7393 Sophie v. La Roche an
Gräfin Elise zu Solms-Laubach *20. Juli 1799*

Doch habe ich schon bei der verwittibten Herzogin auf ihrem Landgut [Tiefurt], so nicht weit von hier ist, gespeist [am 17. Juli] ... Goethe war mit uns, mit all seiner Kraft und Herrlichkeit immer ein wunder- und sonderbarer Mensch, bei welchem [ich] am Freitag speisen und seine vortrefflichen Kunstsachen sehen werde.

7394 L. Angiolini: Reiseerinnerungen

[Über seinen Besuch bei Goethe in Weimar am 12. August 1799.] Goethe ist aus Frankfurt am Main; er lebt seit vielen Jahren hier am Hofe und führt den Titel eines Geheimen Rates. Er hat die Leitung alles dessen, was Kunst und Wissenschaft betrifft, und genießt die Achtung und das Vertrauen des Herzogs, der ihn auch in anderen wichtigen Angelegenheiten um Rat fragt. Er ist der Verfasser vieler mit Recht berühmten Werke. Eines seiner ersten ist «Die Leiden des jungen Werther» *(Le passioni del giovine Werter)*. Er hat noch andere und vorzüglichere Werke verfaßt, von denen ich jedoch nichts weiß, da sie meines Wissens noch nicht übersetzt sind. Ich vermute, daß sie, wie jenes, einen leidenschaftlichen melancholischen Charakter tragen, wie auch seine Gesichtszüge ihn ausdrücken. Er ist unverheiratet, doch hat er einen Sohn, den ihm ein Mädchen geboren, das, obgleich häßlich, möglicherweise von ihm geliebt war. Er ist fünfzig Jahre alt, von kräftiger Gesundheit und blühendem Aussehen. Jetzt gibt er eine Zeitschrift über die schönen Künste heraus, für die er sich leidenschaftlich interessiert, nachdem er zwei Jahre in Italien zugebracht hat.

7394a Charlotte v. Stein an Knebel 16. Oktober 1819

Vom Goethe wurde mir gestern ein tour de force erzählt, das beinahe unglaublich ist, ich weiß aber nicht in welchem Jahr. Er habe sich ein paarmal über die Stirne gefahren, die Hände gerieben, in der Stube auf und ab gegangen, und so von vier Uhr nachmittags bis abends um zehn Uhr eine ganze Tragödie von fünf Akten seinem Schreiber aus dem Kopf fertig diktiert, es sei aber nur einmal gegeben worden; was für ein Stück soll ich noch erfahren.

7395 Falk an W. Körte 16. März 1801

Oft hab' ich in den vergangenen Jahren darüber nachgedacht, aus welchem Grunde es zwischen uns beiden, dem Herrn Geheimen Rat und mir, noch zu keinem rechten Verhältnis kommen wollte (Du verzeihst, daß ich die beiden so in einem Atem nenne; ich bin mir bewußt, um wie viele Ellen mich der Dichter, der den Götz und den Werther verfaßt hat, überragt). Allerdings gehöre ich nicht zu den jungen Leuten, die mit eingezogenem Atem den Worten des Meisters lauschen, als ob er wie die delphische Pythia Orakelsprüche von sich gäbe. Du kennst mich ja. Ich bin ein vorwitziges Danziger Kind und widerspreche offen, falls ich anderer Meinung bin. Auch einem Goethe.

So kommt es vor, daß ich persifliere, wo er lobt, und vice versa. Kein Wunder, daß es manchmal Streit zwischen uns gibt, und auch ernstere Zerwürfnisse.

Ich schreibe «gibt» und benutze die Gegenwartsform. Mir lacht das Glück, daß ich das tun darf. Denn seit einiger Zeit ist das Eis gebrochen, und die Kurve unserer Zusammenkünfte ist im Steigen. Schon spotten einige erbärmliche Kreaturen darüber, daß «ich zu Goethes Füßen sitze». Nun, ich gönne ihnen den Spott und denke an den Lieblingsspruch meiner braven Mutter: Besser Neider als Bemitleider. So sind wir gestern abend wie auch vor vierzehn Tagen zur Teegesellschaft in Goethes behaglichem Hause am Frauenplan gewesen, zusammen mit Hofrat Schiller, Kraus, Bertuch sowie anderen Weimarer Nobilitäten. Gestern sogar mit Damen. Und meine Caroline war aufs neue entzückt von dem verführerischen Charme des Hausherrn.

Ja, lieber Freund, ich lerne Goethen sowohl in größerem Kreise wie vor allem im traulichen tête-à-tête immer mehr verehren und bewundern. Dieser Mann beherbergt eine Welt in seinem Busen. Nur wer ihn aus der Nähe kennen darf, entdeckt, was für Gegensätze, was für Spannungen in ihm auf- und abwogen. Auf der einen Seite sein hochfliegendes künstlerisches und sittliches Streben. Das ist der Dichter, der die Iphigenie, den Tasso, den Doktor Faust (leider erst in dem Fragment) geschaffen hat. Jedoch auf der anderen Seite: was für eine sarkastische Laune, was für Satire, was für ein Humor! Nicht wahr, Du merkst, daß ich hierbei an Faustens Reisebegleiter, den Mephistopheles denke. Aber was das Erstaunenswerte an ihm ist, was mich schon bei meinem ersten Besuche vor sieben Jahren an ihm überrascht hat: Goethe hat gar nichts von dem an sich, was man sich so gemeinhin bei uns Deutschen unter einem Dichter vorstellt, nichts Weichliches, Gefühlvolles, Schwächliches. Viemehr ist er ein fester, kerniger Mann, der die Tat, das Handeln liebt. Wenn der große Brite Shakespeare in seinem Hamlet (Du kennst ja die Tragödie genauer als ich) uns aufzeigt, daß durch das Denken die

Tat gelähmt wird: bei Goethe sind diese beiden entgegengesetzten Seelenkräfte in der glücklichsten Harmonie vereint. Und Du, lieber Freund, verstehst das Glück, einem solchen Manne nahe stehn zu können, wie es empfindet Dein Johannes Falk

7396 *J.L. Geist an Christiane Vulpius* *6. Juni 1801*

Soeben [6 Uhr abends] sind wir glücklich und gesund hier [in Göttingen] angelangt, und finde es nun für meine Schuldigkeit, Ihnen doch eine kleine Skizze von unserer Reise zu geben.

Am 5. Juni kamen wir zeitig in Erfurt an und hielten Mittag in Gräfentonna, einem artigen Gothaischen Dorfe, von da gingen wir durch Langensalza und kamen bei guter Tageszeit noch in Mühlhausen an, der Herr Geheimde Rat und Augustchen (welche auf das herzlichste grüßen) gingen sogleich miteinander ein wenig spazieren, und als dieselben zurück ins Wirtshaus kamen, so sagte ich Augustchen, daß sich auch ein Trupp Schauspieler hier aufhielte, und selbst diesen Abend das Stück: *Die neuen Arkadier* aufgeführt würde, sobald er das von mir gehört hatte so konnte er nicht einmal, vor Begierde, diese Gesellschaft zu sehen, diesen Abend ruhig essen, und nachdem es der Herr Geheimde Rat erlaubt hatten, so gingen wir beide, diesem Spiel mit beizuwohnen, aber dem Himmel sei's geklagt, wie erbärmlich und elend fanden wir alles ...

Heute, als den 6. Juni, gingen wir früh 5 Uhr wieder von Mühlhausen weg und kamen über Dingelstädt und hielten Mittag in Heiligenstadt, von hier durch einige unbedeutende Dörfer, bis wir endlich glücklich und gut Göttingen erreichten, unser Logis ist in der Krone. Der Fuhrmann hat uns sehr gut gefahren, und der Herr Geh. Rat sind sehr zufrieden mit ihm.

7397 *Louise Wiedemann: Selbstbiographische Aufzeichnungen*

[Über ihren und ihrer Schwester Caroline Schlegel Aufenthalt in Jena im Jahre 1801.] Der Herbst und Wiedemanns Rückkehr kamen nun immer näher. Vorher ward mir aber noch ein sehr angenehmer Genuß. Schlegel kam auch zurück und bald nach ihm die gefeirte, auch von ihm besungne Unzelmann. Diese gab [im September] in Weimar drei Wochen Vorstellungen, und wir alle, auch Schelling, ging mit hinüber, und wir hatten eine Wohnung in der Vorstadt. Mit der Unzelmann waren wir viel. Öfter sah und sprach man Goethe, der begegnend immer stille stand und sprach. Ich sehe ihn noch, auf uns zu kommend mit seinen gemeßnen Gang und seinen schönen Auge. Wohl mag mit Wahrheit Wieland von ihm gedichtet haben, wie er ihn einmal in dem Kreise der Herzogin Amalie besungen hat: Ein schöner Hexenmeister es war mit einen blauen Augenpaar, gleich mächtig zu – ? und das Entzükken war das Ende. Ich habe nur dies noch in Sinn. Wir waren auch einen Abend [22. September] mit der Unzelmann zu einen Tee bei Goethe, wo alles Glänzende und Ausgezeichnete der damaligen Zeit war. Der feiste Böttiger nicht zu vergessen, sich fast zu den Füßen der Frau v. Imhoff werfend. Er im gestreiften Seide-Röckchen – und Konsistorialrat.

7398 Böttiger an J. v. Hammer *4. Juni 1802*

Goethe beschäftigt sich sehr mit transcendentaler Physik u. Schelling [Lücke durch abgerissenes Siegel] und protegiert die Gebrüder Schlegel nicht ohne Nachteil seines eigen [Lücke].

7399 K. F. v. Müffling
an W. C. F. v. Dörnberg *6. November 1802*

Meines Auftrages gemäß mußte ich mich beim Herzog von Weimar melden. Ich ging daher gleich nach meiner Ankunft allhier [Erfurt] nach Weimar, und der Herzog behielt mich vier Tage dort. Ich habe Wieland und Schiller gesehen, mit Goethe einigemal am Hof gegessen und dabei seine persönliche Bekanntschaft gemacht, vorzüglich hat mich aber die Bekanntschaft des Fräulein von Imhoff, der liebenswürdigen Dichterin der «Schwestern von Lesbos», interessiert. Goethe hat in seiner ersten Bekanntschaft etwas sehr Unangenehmes. Er ist steif wie eine Drahtpuppe, und was er spricht, ist kalt und höfisch. Die Imhoff sagte mir, er wäre zu oft gemißbraucht worden, sie hätte viele Beweise seines schönen und tieffühlenden Herzens, aber sie müßte gestehen, daß er ihr am Hofe auch nicht angenehm wäre.

7400 *L. H. von Jakob: Selbstbiographie*

[Jakob ist Herausgeber der 'Annalen der Philosophie und des philosophischen Geistes', Halle und Leipzig]

Da die Annalen das System der Fichteschen und Schellingschen Schule angriffen, und den anmaßenden Ton, womit diese Herren auftraten, rügten, so war es sehr natürlich, daß Herr Fichte, Schelling und deren Anhänger meine Feinde wurden ... die Rezension über die Horen, worin die anmaßende Ankündigung dieses Journals mit den kleinlichen Resultaten, die es liefert, verglichen wird ...

Ich bin von keiner dieser Rezensionen der Verfasser, außer von der Rezension der Schellingschen Schrift. Da aber die, denen sie wehe tat, die Verfasser nicht kannten, so ließen sie ihren ganzen Ärger an dem Redakteur aus. Die Horen mußten schon im zweiten Jahre geschlossen werden [Irrtum Jakobs! mit Ablauf des dritten Jahres]. So wenig gefielen sie dem Publikum. Da aber die Herausgeber Schiller und Goethe die Abnahme des Debits ihres Journals mehr den öffentlichen nachteiligen Beurteilungen, als ihrer eigenen schlechten Redaktion zuschrieben, so wurden sie böse, und ließen ihre üble Laune auch gegen mich, in einigen mehr groben als witzigen Ausfällen in den famösen Xenien aus. Als Herr von Goethe bei seiner Anwesenheit in Halle hörte, wie wenig er in diesen Xenien meinen wahren Charakter getroffen, besuchte er mich und suchte durch Höflichkeitsbezeugungen und Äußerungen von Achtung seinen Fehler wieder gut zu machen. Der Verfasser jener sehr wahren und gründlichen Rezension der Horen war der jetzt verstorbene Mackensen in Kiel.

7401 *Falk an Christina von Reitzenstein* *2. August 1811*

Wie oft habe ich Herder über den Goethe'schen Lieblingsausdruck «Das macht sich so» grimmig gesehen. Es macht sich nichts, meine Freunde, der Mensch macht und an ihm ist es zu handeln, weil es noch Tag ist! Wie hasse ich die gleichgültigen, lieblosen Redensarten, die der Egoismus erfunden hat: «Tue du und verlaß dich nicht darauf, was andere tun werden, aus Scham darüber, daß du so faul bist». Dagegen tadelte Goethe an Herder: er ziehe das Gemüt aus der Kunst, wo es hingehöre, in das Leben, wo es nicht hingehöre; man müßte das Rohe mit allen Zumutungen von Gemüt verschonen, die Kunst aber als ein anmutiges Spiel auf sich selbst beruhen lassen.

«Wohlan denn», sagte Herder, der diese Einwendung kannte, «so seid ihr denn auch keine heilig begeisterten Seher, Dichter, sondern Spieler, wie alle andern, und es ist weiter kein Unterschied zwischen denen, die Verse, und denen, die Tafelmusik machen: Komödianten, Gaukler sind sie alle!»

7402 *B. Constant an die Gräfin von Nassau 23. Januar 1804*

Weimar est de beaucoup la ville d'Allemagne la plus intéressante par la réunion des gens de lettres qui s'y trouvent rassemblés. L'auteur de *Werther* et celui d'*Agathon,* c'est-à-dire Goethe et Wieland vous sont sûrement connus de réputation et probablement même le dernier par la traduction de son ouvrage. Ce sont des hommes de prodigieusement d'esprit, surtout Goethe, mais qu'il est impossible de rencontrer dans le monde, et que leur mauvaise santé, qu'un mauvais régime rend encore plus faible, confine souvent chez eux d'une manière impénétrable. J'ai pourtant joui quelquefois de leur société, et je remporterai d'ici des souvenirs assez curieux.

7403 *E. Genast: Aus dem Tagebuche eines alten Schauspielers* *1862*

Goethe liebte Kinderkomödien. Er hatte schon im Jahre 1805 [vielmehr am 30. Januar 1804] sich eine solche zu seinem eigenen Amüsement vorspielen lassen, und zwar: [«Der Stammbaum», Fortsetzung von] «Die beiden Billets», worin meine Schwester den Jörgen, Heinrich Bekker, ein Sohn des Regisseurs Becker, den Schnaps und Corona Becker, Tochter der unvergeßlichen Neumann [Euphrosyne], das Röschen spielte. Er ergötzte sich schon bei der Probe [am 29. Januar], die er selbst abhielt, an dem Ernst der Kinder, mit welchem diese die Sache behandelten. Die Vorstellung, zu welcher eine kleine Gesellschaft von seiten Goethes als Publikum eingeladen worden war, fand bei vollständiger Beleuchtung des Theaters statt. Vor der Vorstellung wurde Tee herumgereicht, nach derselben Punsch. Den Kindern ward reicher Beifall gespendet, am Schlusse wurden sie gerufen, und Goethe rief: «Man reiche ihnen als Lohn ein Glas Punsch!»

7404 B. Constant an C. Hochet (3. März?) 1804

Goethe est un homme d'une grande finesse d'esprit, quelquefois de beaucoup de grâce, toujours d'une nouveauté étonnante dans les idées, et d'une précision parfaite dans les expressions, même en français.

7405 Frau von Staël an Böttiger (24. Februar 1804)

Vous êtes en vérité mille fois trop bon, my dear Sir. J'ai parlé ce soir à Goethe qui m'a dit qu'il parlerait à Kirms, mais je vois bien que je ne verrai pas le pauvre Jules César. S'il faut renoncer, tout à fait renoncer à cet espoir, après m'être bien affligé de cette perte, je serai reconnaissante de Don Carlos.

7406 Frau von Staël an J.-M. de Gérando 26. Februar (1804)

J'ai beaucoup vu Schiller et Goethe ici; Goethe est en conversation un homme extraordinairement remarquable. On me dit que Camille Jordan lui-même ne l'a pas vu dans sa belle humeur; en ce cas il ne peut le connaître ...

7407 *Frau von Staël: Carnets de voyage*

[Notizen über ihren Aufenthalt in Weimar vom 14. Dezember 1803 bis zum 29. Februar 1804.] Visite chez Goethe sur la traduction du Pêcheur.

Grande différence entre les Français et les Allemands: les premiers, poésie de réflexion; les autres, poésie de situation; les premiers pensent à l'effet, le dirigent; les autres se mettent dans la chose et dramatisent tout en laissant aux lecteurs la vie à dévouvrir ...

L'architecture est de la musique gelée, fixée ...

Il y a une telle unité dans les arts et les sentiments que Goethe me disait: «Si j'avais la tête de Jupiter Olympien chez moi, je sens que j'en deviendrais meilleur.» ...

Le Pêcheur. J'avais mis «la mer» dans les traductions, et Goethe m'a fait mettre «le fleuve», disant avec raison que toute l'ordonnance de son tableau serait gâtée si le pauvre pêcheur etait placé à côté de la mer. Il me disait que les Français dans leur poésie aiment l'immense qui est le contraire du naïf, du naturel, du caractérisé ...

Goethe disait que la vie active dessèche le cœur et la vie passive rend hypocondre; l'un croit que le bien n'existe pas, l'autre qu'il en a manqué les moyens.

Goethe disait que la poétique de la poésie étant arbitraire, il fallait la fixer par la poétique des arts plastiques. Je lui disais que, dans les arts, je sentais le mérite de l'expression, mais non celui de la proportion. Il convenait que la littérature allemande n'était pas classique; elle ne se perfectionne pas, elle avance. Voss est classique, Goethe ne l'est pas. Genre de mérite qu'il faut pour être classique. Les Anglais et les Allemands ne l'ont pas.

Goethe, en comparant la sculpture avec l'art dramatique, disait: «Le sculpteur amène sa statue jusque sur le seuil de la vie; elle n'a plus que le pied à lever pour y entrer.»

7408 *K. A. Böttiger an L. v. Seckendorff* *4. Mai 1804*

Wie wunderbar sieht es in diesem Augenblick in Weimar aus. Goethe ist zum Redakteur einer Literaturzeitung herabgesunken, die im Zorn geboren mit unglaublicher Anstrengung gegen den nach Halle verpflanzten Koloß ankämpft und durch Voßens in Jena eingreifende Mithilfe wirklich bisher manches Vortreffliche geliefert hat. Aber darüber ist Jena ganz ruiniert und wenigstens auf einige Jahre verödet.

7409 H. K. A. Eichstädt
an A. W. Schlegel *20. Juli 1804*

Vossens Zeitmessung erwarten wir zuerst von Ihnen. Die Übersetzungen des Sophokles sind Ihnen nach Goethens Willen wieder abgenommen worden: sie waren auch kaum *Ihrer* Kritik würdig ...

Goethe ist wohl, und Voß jetzt bei ihm in Weimar. Heut empfing [ich] von dem ersten das Programm zum 3ten Quartal unserer A[llgemeinen]L[iteratur]Z.[eitung] *Über Majolika Gefäße.*

7410 F. v. Sonnenberg an Frau v. A. *4. August 1804*

Über Schiller, Goethe und Voß und Wieland sollt' ich Ihnen doch auch etwas sagen, nicht wahr? Aber, Freundin, Sie haben sie ja – gelesen, und etwas Neues weiß ich nicht hinzusetzen. Also bloß historisch. Ich habe mit Schiller und Goethe einige Stunden, gewiß einige der schönsten meines Lebens, und mit Wieland einige romantische Tage gelebt, und mit Voß – einen Pfannkuchen und Salat verzehrt.

7411 Riemer *27. September 1804*

[Goethe:] «Der Mensch kann keine Stufe der Bildung überspringen. Dieser Sprung rächt sich.»

«Auch das Toben und Ausschäumen ist nötig, damit der Wein sich abkläre.»

(Sollten sich unsre Pädagogen und Schullehrer gesagt sein lassen. R.)

7412 Maria Pawlowna an ihre Mutter *26. November 1804*

Ce matin, chère Maman ... à onze heures, je suis allée dans la salle de comédie, pour y voir l'exposition des dessins.

Chaque année, on destine ici un prix pour cet effet, et on donne un programme. Cette fois-ci c'était *le Déluge*. Il y en a quelques-uns qui ont fort bien réussi, mais surtout j'ai été frappée et enchantée des dessins de Carstens, dont le Duc a fait depuis peu l'acquisition, après sa mort. C'est une richesse d'idées et de composition admirable. J'ai beaucoup d'obligation à Monsieur Goethe de m'avoir fait voir ses dessins, surtout de la manière dont il me les a fait voir et expliqués avec une facilité extrême et l'érudition qui lui est innée, pour ainsi dire; il m'a beaucoup invitée à venir chez lui, voir différents porte-feuilles et autres choses, je m'y rendrai à la fin de cette semaine avec bien de plaisir.

7413 Maria Pawlowna an ihre Mutter 30. November 1804

Hier, chère Maman, après voir envoyé ma lettre à la poste, je me suis rendue chez la Duchesse, d'où nous sommes allées ensemble chez Goethe. La maison, quoique très ancienne, est cependant bien arrangée. Les chambres ne sont point grandes, mais elles sont remplies par quantité de choses intéressantes. L'escalier de la maison m'a fait grand plaisir à voir, c'est Meyer qui l'a arrangé, et il faut convenir qu'il en a tiré tout le parti possible. Il y avait quelques dames chez Goethe, il nous a fait voir un porte-feuille de dessins de plusieurs maîtres, il y en a de fort curieux. J'avoue que c'est un grand plaisir pour moi que de voir des dessins, je les préfère une fois aux gravures.

7414 Herzog Peter Friedrich Ludwig von Oldenburg an L. B. Trede 2. Dezember 1804

Voß war krank in Jena, sonst hätte ich ihn in Weimar gesehn, sein Sohn ist so menschenscheu, daß er weder zu mir noch zu Graf Holmer, seinen Jugend-Freund, hat kommen mögen. Goethe und Schiller habe ich gesehn und gesprochen, allein unter uns, ich habe mehre Gelehrte von manchen Schrot und Korn gesehn, aber noch keine Frau von neunzehn Jahren, die strenge wie ein Stoiker über ihre Pflichten denkt, und in die Menschen hineingucket als durchs Schlüsselloch. [Gemeint ist wohl Maria Pawlowna.]

7415 *Prinz Eugen von Württemberg: Memoiren*

[Über seinen Besuch in Weimar Ende 1804.] Goethe, außer dem hochgefeierten Talent auch Welt- und Hofmann, der durch seinen Geist und Witz in allen Gesellschaften glänzte, imponierte mir, dem Jünglinge, dabei mehr, als er mich durch seine Persönlichkeit anzog.

7416 *Maria Pawlowna an ihre Mutter* *4. Januar 1805*

Après le dîner j'ai lu, et à 6 heures et demi, le Duc, Madame de Stein, Monsieur et Madame Schiller, Goethe et Wieland sont venus chez moi, pour entendre un fameux déclamateur ou lecteur comme on veut, appellé Texier, nouvellement arrivé ici ... Après que la société se fut retirée, je ne pouvais concevoir ce qu'était devenu le Duc, je suis allée dans mon salon et je l'y ai trouvé causant avec Goethe, alors il m'a paru plus honnête d'inviter ce dernier à souper, ce qui a été fait aussitôt, et il a été sur son beau disert et très aimable pendant le souper et après. Je me suis couchée ce jour-là, à force d'amabilité, à 11 heures passées, ce qui est assez extraordinaire.

7417 *Maria Pawlowna an ihre Mutter* *11. Januar 1805*

J'oubliais de vous dire, chère Maman, que le matin j'avais été chez Goethe comme je crois vous l'avoir annoncé par ma lettre d'hier. Ce buste de Minerve est beau. Il m'a fait voir plusieurs dessins, et ensuite il nous a lu quelques-unes des poésies que je ne connaissais pas et qui sont charmantes. Il lit fort bien; on prétend qu'il lisait mieux encore du temps qu'il avait la voix plus sonore.

7418 *Maria Pawlowna an ihre Mutter* *26. Januar 1805*

Ce soir, Maman, Goethe sera des nôtres, et je m'en réjouis, car il y a déjà quelque temps qu'il m'a promis de me lire quelques-uns de ses ouvrages. Vous ne sauriez croire, Maman, comme il est intéressant, quand une fois il veut bien se mettre en train de parler, ce qui n'arrive pas toujours. Mais en vérité, chère Maman, j'ai eu jusqu'à présent ce bonheur, il est toujours infiniment gracieux envers moi, et fort causant: On s'instruit en l'écoutant, car il est furieusement savant; que ce qu'il dit coule de source! Je vous jure, Maman, que chaque fois que je l'entends raisonner je pense à vous, et je me dis: sûrement ma bonne Mère aurait du plaisir à l'entendre.

7419 *Maria Pawlowna an ihre Mutter* *8. Februar 1805*

Goethe a été à toute extrémité hier soir, son obstination à ne pas se faire saigner, lui coûtera peut-être la vie. C'est une perte irréparable pour Weimar, et quant à moi je le regretterai beaucoup, je n'ai jamais vu d'homme comme lui d'un esprit du genre du sien et de connaissances aussi étendues.

7420 *Maria Pawlowna an ihre Mutter* *19. Februar 1805*

[Nach der ersten Lektüre des «Werther».] Je suis bien aise, chère Maman, que vous ne me désaprouviez pas de l'avoir lu. Et pourtant, jamais je n'ai le courage d'en parler à l'auteur. En général avec Goethe, que j'ai pourtant grand plaisir à voir, je me borne au silence le plus profond, mais j'ouvre mes oreilles autant que je peux pour ne rien perdre de ce qu'il dit. Sa conversation est aussi intéressante qu'instructive, il imprime à tout ce qu'il dit une énergie, qui n'appartient qu'à lui seul. Il se rétablit à vue d'œil à présent.

7421 *Maria Pawlowna an ihre Mutter* *26. Februar 1805*

Chère Maman, quant aux savants, ils sont eux-mêmes si complètement embarrassés, les braves gens, que c'est drôle. En général, ils n'ont pas sacrifié aux graces. Le vieux Wieland porte une calotte, qui me l'a fait prendre pour un juif la première fois que je l'ai vu, Goethe tient son chapeau tout droit, comme un pot-à-fleur à côté de son corps, et Schiller, qui a une très belle physionomie, quoique très souffrante, a l'air de chanceler, très souvent. Le croiriez vous, chère Maman, ces trois individus ne sont guère visibles, les trois quart[s] du temps, ils sont, ou malades ou bien chacun a sa manière de rester un certain temps, qu'il a choisi, chez soi; mais dès qu'on leur parle, c'est autre chose.

7422 Riemer *1. März 1805*

[Goethe:] «Alle Farbe ist dunkler als das Licht. Die Farbe erscheint nur gegen ein Helles. Die Farbe ist insofern ein διαφανον, Die Farbe, physisch, ist insofern auch ein ἀραιον. Darauf beruht das Lasieren. Ohne Lasur würden wir malen wie ein zerbrochner Topf, Erde auf Erde, da jetzt ein Helleres durchscheint.»

7423 Maria Pawlowna an ihre Mutter *2. April 1805*

J'ai rencontré Goethe au jardin, et je l'ai trouvé fort changé, je dois l'avouer. Je crois qu'il sera obligé d'aller à quelque bain cet été.

7424 Maria Pawlowna an ihre Mutter *5. April 1805*

Hier Goethe est retombé malade avec une extrême violence, il y a fort à craindre que ces fréquentes rechutes ne l'enlèvent. Il a changé et vieilli d'une manière frappante.

7425 Maria Pawlowna an ihre Mutter *27. April 1805*

Ce matin, à onze heures, Goethe doit venir chez nous. Il se remet, mais avec peine, il a demandé à me voir. Je suis fort aise, chère Maman, que vous soyez contente de ce que je ne lui parle pas de ses ouvrages. Non, jamais je n'aurai ce courage, ils ont fait trop de bruit dans le monde, ils ont trop fait de mal et de bien, et surtout ce Werther, est très épineux ... ce qu'il dit pour justifier le suicide est plausible, mais, mon Dieu, les sentiments de religion qu'on a au fond du cœur, détruisent bien facilement ces raisonnements: d'ailleurs Goethe a une espèce d'énergie, quelque chose de si décidé, de [si] fort et de si pénétrant quand il parle; avec cela il est si vif qu'en vérité, Maman, il y a peu de personnes qui me décomposent comme lui; j'aime à l'entendre, c'est celui des trois [Goethe, Schiller, Wieland] qui me plaît le mieux en société, et surtout en conversation; mais d'abord l'idée de sa science, et puis un je ne sais quel air énergique qu'il possède, m'embarrassant à mort quand il me parle, et en général, quand je le vois, je suis fort aise de l'écouter sans dire un mot. J'ai déjà préparé une merveilleuse matière de conversation pour lui, mon cabinet d'histoire naturelle est là-haut chez le Prince [Carl Friedrich], et je lui proposerai de l'examiner; je suis bien aise de m'en être avisée.

7426 Maria Pawlowna an ihre Mutter 28. April 1805

Hier, Goethe a donc été chez nous: le cabinet d'histoire naturelle a fourni en grande partie à la conversation; il m'a demandé aussi à voir mes diamants, il prétend que c'est aussi en admirateur de la nature. Il est bien, mais je crains beaucoup qu'il ne soit pas encore tout-à-fait rétabli; et d'ailleurs la pente naturelle de son esprit mène à la tristesse et c'est très remarquable. Entr'autre le Prince lui parlait du Docteur Gall qui fourrage on peut dire les suffrages de tout Berlin, et lui dit qu'on prétendait que sa nouvelle doctrine allait au matérialisme. Monseigneur, lui dit Goethe, comme Prince même, il est de votre justice de distinguer les interprétations malignes qu'on déduit d'une proposition, d'avec la proposition même. Oh, oh! pensais-je en moi-même, voilà qui est pour Werther; et je me suis dit, je le dirai à Maman.

7427 Soret: Tagebuch 25. September 1853

Goethe fils a raconté à Monsieur de Maltitz que lors de la mort de Schiller [9. Mai 1805], c'est lui qui est entré dans le cabinet de son père pour l'annoncer; Goethe ne l'a pas laissé achever: «*Laisse-moi seul,* a-t-il dit, *ferme soigneusement la porte, celle de mon existence est close désormais.*» (Die Türe meines Lebens ist geschlossen.)

7428 J. M. Färber an seinen Bruder David 10. Mai 1805

Nur in der größten Eile setze ich mich an Freund Rudolph seinen Schreibtisch, um Dir die höchst traurige Nachricht wegen des schnellen Todesfall des Herrn Hofrat von Schiller mitzuteilen, welche große Sensation dieses verursacht, kannst Du Dir leicht vorstellen, zumal bei seinen Freund Goethe, welcher bei Nachricht von seinem Tode ganz außer sich war.

7429 *G. v. Loeper an W. v. Biedermann* *9. Februar 1875*

Nach meinen Privatforschungen in Helmstedt kann ich Ihnen noch Folgendes Authentisches mitteilen, das in keinem Buche steht. Goethe und Wolf logierten im Erbprinzen nah am Markt; das Hauptfest ihnen zu Ehren fand statt im Juliceum, in dessen großen Sälen (?) die Universitätslehrer und viele Studenten, daran Teil nahmen. Wolf besuchte mehrere Collegien u. a. Schulzes über Logik. Gleich nach ihrer Abreise kam Gall nach Helmstedt.

7430 *Maria Pawlowna an ihre Mutter* *15. September 1805*

[Über eine aus Anlaß des Regierungsantritts Pauls I. in Petersburg geprägte Goldmünze.] J'ai remis à Goethe la médaille, et en vérité, chère Maman, il a eu peine à exprimer sa reconnaissance et sa joie. Vous les avez rendus bien heureux, lui et Wieland.

7431 *Maria Pawlowna an ihre Mutter* *14. November 1805*

[Ihr Bruder, Alexander I., war vom 6. bis 10. November in Weimar gewesen.] Vous ai-je dit, chère et bonne Maman, combien mon frère a été aimable ici avec tout le monde? Wieland et Goethe lui ont été présentés, il en a fort goûté l'un et l'autre, et l'un et l'autre ont été enthousiasmés de lui.

7432 *Riemer an Knebel* *5. März 1806*

Unser Geh. Rat ist jetzt wieder hergestellt. Es war sein gewöhnlicher periodischer Anfall, der diesmal etwas heftiger war als bisher; doch nicht in dem Grade, wie voriges Jahr. Vielleicht – und Gott gebe es! – daß der Sommer seine wankende Gesundheit befestigt.

7433 *Maria Pawlowna an ihre Mutter* *19. März 1806*

Ce matin après la messe j'ai été chez Goethe, il va assez bien.

7434 *Riemer: Aus dem Nachlaß* *9. April 1806*

Über Tische.
Durch den isländischen Kristall gesehen.
Man unterscheidet:
1. epoptische Farben,
2. physiologische,
3. prismatische.
Oft sind alle drei beieinander.
Mir hat es gedäucht, daß die Farben von den übereinander geschobenen Scheinbildern entstehen, die gleichsam wie ein Spiel Karten, die man hinwirft, übereinander liegen.

7435 *Maria Pawlowna an ihre Mutter* *23. April 1806*

(Nach dem Tode ihres sechseinhalb Monate alten ersten Kindes am 20. April.] ... j'ai été chez Goethe ce matin, mais je ne puis encore parvenir à fixer mes idées: elles cernent toujours la perte.

7436 *Maria Pawlowna an ihre Mutter* *26. April 1806*

Je crains terriblement de revoir les endroits où j'allais auparavant et que je n'ai pas revus depuis. Je ne saurais dire combien je souffre en me retraçant mon bonheur d'alors: l'autre jour chez Goethe, j'ai cru n'y pas tenir.

7437 *Maria Pawlowna an ihre Mutter* *6. Mai 1806*

Pour ne pas vous parler de ce qui me regarde, je vous dirai, Maman, que la Princesse Dolgorouky, voulant faire la connaissance de Goethe, le Duc nous a invités à sa maison de jardin pour le thé. Voilà tout ce que je peux dire d'intéressant.

7438 *Knebel: Tagebuch* *25. August 1806*

[Jena.] Morgens bei Goethe. Optische Sachen.

7439 *Riemer: Aus dem Nachlaß* *31. August 1806*

[Jena.] Abends um 7 nach einem Besuch mit Goethe bei Dr. Seebeck im Garten.

Das rote Licht ist wärmer als das violette.

Ich glaube, zur Wärme gehört eine Solideszenz.

Das Trübe ist ein Schritt zur Solideszenz.

Die rote Farbe entsteht durch eine starke Trübe.

Das Violette aber ist nur die leichtübertrübte, wenig erhellte Finsternis.

Und aus dem Grunde ist das violette Licht weniger warm.

Die Wärme nimmt der Farbe etwas von ihrer Durchsichtigkeit.

Das sieht man auch an der Luft in Italien, die von Wärme, kann man sagen, getrübt ist; es sind in Wärme aufgelöste Dünste, welche diese blaue Trübe hervorbringen.

Um 9 Uhr.

Da das Rote durch eine starke Trübe entsteht, so ist es gleichsam konsolidierter und darum wärmer als das Gelbe.

Das Blaue müßte nun noch kälter sein als das Violette; doch nein, da das Blaue übertrübte Dunkelheit ist, so hat es mehr Solideszenz, in welcher sich die Wärme mehr offenbart. Das Violette ist überlichtete Dunkelheit und folglich, als ἀραιοτερον, kälter. Exper[iment?]. Nach Steffens korrespondieren Wärme und Schwere.

7440 *Riemer: Aus dem Nachlaß* *3. September 1806*

Vor Tische. Bei den physiologischen Farben tritt das Auge an die Stelle bald des Lichts, bald der Finsternis, das heißt es wirkt bald als Licht, bald als Finsternis.

Wird ihm das Licht und was davon herkommt von außen geboten, so erwidert es ihm von innen das Dunkle; wird ihm die Dunkelheit und was davon herkommt gebracht, so stellt es diesem das Licht entgegen.

Die gelbe Farbe kommt vom Licht: das Auge setzt ihr die vom Dunkeln sich herschreibende Violette entgegen.

Die blaue Farbe kommt vom Dunkeln, das Auge setzt ihr die von Licht kommende Gelbe (Orange) entgegen.

Schon wenn bloß mit Hell und Dunkel, Weiß und

Schwarz operiert wird, sieht man, daß das Auge zum Exempel das schwarze undurchsichtige Fensterkreuz in einen lichten durchsichtigen Schemen verwandelt, die durchsichtigen hellen Fensterscheiben aber in dunkle undurchsichtige Räume.

Nun ist ein *gelbes* Objekt anzusehn wie ein helles. Ein *blaues* dagegen wie ein dunkles.

Das Auge wandelt also das helle (gelbe) Objekt in ein dunkles (violettes) und ein dunkles (blaues) in ein helles (gelbes/oranges).

Das Rote partizipiert ebenso viel vom Dunkeln als vom Hellen; und so setzt das Auge ihm gleichfalls ein Kompositum entgegen, das auch aus Gegensätzen komperiert ist.

rot = { orange ╲╱ gelb } = grün
      { violett ╱╲ blau }

Das Rote erscheint, wenn das starke Gelb (Orange) mit einem *durchsichtigen* Dunkel sich mischt. (Man sehe die Sonne durch angeraucht Glas.)

Das Violett ist gleich einem durchsichtigen Dunkel.

Weil das Rote aus durchsichtigen Farben komperiert ist, so ist es schöner als das Grüne, das es nur zur Hälfte, und beide Ingredienzien an sich schwächer sind (weniger energisch).

Das äußere Objekt wird im Auge zu einem Scheinbild, zu einem Schemen. Ist das Objekt dunkel oder kommt von ihm her, so ist der Schemen hell; ist das Objekt licht oder kommt von ihm her, so ist der Schemen dunkel.

In dem Maße nun, als sich die Objekte gegen das Licht verhalten, in dem Maße verhalten sich die Schemen, welche das Auge entgegensetzt, zur Dunkelheit.

Denn wenn das höchste Licht *(weiß)* zu seinem Gegensatz die Finsternis *(schwarz)* hat, so muß ein geschwächtes Licht (gelb) eine geschwächte Finsternis haben (das ist violett), und eine Erscheinung, die aus vermitteltem Licht und Finsternis herkommt, wie das Rot ist, muß einen Gegensatz haben, der aus Licht und Finsternis ebenfalls vermittelt ist, nämlich *grün.*

Ob nun gleich die Farben durch die Trübe aus Licht und

Finsternis vermittelt werden, so kann diese Theorie doch nicht so unmittelbar auf die physiologischen Farben angewandt werden, daß man das Trübe in dem Schemen des Objekts zu finden glaubte, indem dies zu mechanisch verfahren wäre. Das Auge wirkt ja als ein Lebendiges und behandelt sich chemisch.

Was der Opal und das Glas, welches gelb und violett erscheint, ausübt, indem wir es nach Licht und Finsternis wenden, dasselbe übt das Auge gegen sich selbst aus, indem es bei Erzeugung des violetten Schemens nach innen, bei Erzeugung des blauen nach außen schaut. Ohngefähr wie das Auge sich selbst sieht, wenn man es seitwärts drückt. Die physiologischen Farben des Auges entstehen aber durch eine Wendung des Blicks.

7441 *Riemer: Aus dem Nachlaß* *3. September 1806*

Nach Tisch.

Noch wäre ein Versuch anzustellen in Absicht auf die farbigen Bilder, welche man in eine Camera obscura fallen ließe, und zwar auf helle, dunkle oder bunte Unterlagen, um zu sehen, inwiefern diese Bilder in Absicht auf die Farbe alteriert würden und ob sie als Trüben anzusprechen und demgemäß zu operieren wären.

Ebenso meinte Goethe, daß man diese Bilder zum Exempel eines blauen Himmel und eines gelbroten Hauses zugleich auf Phosphor (innerhalb der Camera) wirken ließe.

Diese Wirkung müßte schneller und wirksamer sein, wenn der Versuch mit den Bildern farbiger Gläser, die außer der Camera obscura sich befänden und die noch als Bilder in dieselbe gelangten mit starker Erhellung [vielleicht Transparenz].

7442 *Maria Pawlowna an ihre Mutter* *8. September 1806*

C'est Goethe à qui la cure de Carlsbad eut fait du bien, il a raminci et rajeuni, et m'a en général extrêmement surprise quand je l'ai revu; c'est le matin, où la Duchesse et moi avons été voir *par patriotisme* une exposition des ouvrages des jeunes élèves de l'école de dessin ici, il y en a eu de fort jolis: en général il paraît que cet institut est bien, mais on a le désagrément qu'aussitôt [qu'] un sujet s'est véritablement distingué et avancé dans l'art, alors il quitte et s'en va.

7443 *Maria Pawlowna an ihre Mutter* *9. September 1806*

... j'ai été à Tiefurt ... j'y ai trouvé Wieland et Goethe qui tous deux étaient fort bien disposés et de belle humeur. Je sais que Goethe a vu *krassáviza* [«die Schöne», Spitzname von Maria Antonowna Naryschkina, der Geliebten Alexanders I.] à Carlsbad, et qu'il l'a trouvée charmante et superbe pour la figure.

7444 *Knebel: Tagebuch* *29. September 1806*

[Jena.] Morgens in der Optischen Kammer auf dem Schlosse, mit Seebeck, Goethe, Schelver ... Abends letztere hier mit Goethe zum Essen.

7445 *Riemer: Aus dem Nachlaß* *2. November (1806?)*

Admonenda.

An das Gleichnis vom Koch mit der Katzenpastete zu einer Parabel.

Vom Zurlehregehen bei Newton.

7446 *Riemer: Aus dem Nachlaß* *2. November (1806?)*

Sie haben seit zwölf Jahren ihn [Goethe] heimlich benutzt, ohne ihn zu erwähnen.

Er sieht also nicht ein, warum er's verschweigen sollte, was sie von ihm haben, zum Exempel Herr Himly (mit Ironie) treffe artig mit seinen Ideen überein.

Licht in die chinesische Laterne schaffen. Bei den physiologischen Farben.

Blumenbach.

7447 *Bettina an Savigny* *Juni 1807*

Bei Goethe war ich! Das hat Dir Meline erzählt; das ist alles gut, aber Alter, ich muß bei Dir sein, auf Deinem

Schoß sitzen, Du mußt mich herzlich umarmen, wenn ich so weich werden soll, Dir alles zu sagen, ich trage einen Ring von Goethe am Finger, der ist mir sehr lieb. Ich sag Dir, Du bist recht gut, Du bist der Beste, aber erinnere Dich, wie oft mir nicht wohl war bei Dir, daß ich wild und traurig wurde im Gemüt, daß ich so recht fühlte, ich wußte nicht, wo aus noch ein im Leben. All das war verschwunden bei Goethe, und doch hatte ich mich davor am meisten gefürchtet. Er kam auf mich zu, gleich im ersten Augenblick, küßte mich auf die Stirn und behandelte mich wie eine lang verheißene Freude, die nun endlich erscheint. Auch war er mir gar nicht fremd; wie zwei Prinzen, die miteinander auf einer einsamen Insel erzogen sind, die an dem Ufer des Meeres ihren künftigen Lebensplan miteinander ersonnen haben, so war ich mit ihm, er selbst würdigte mich mit jedem Worte, was er gegen mich aussprach, und ich durfte die Wahrheit meines Gefühls nur ausdrücken, um ihn zu erfreuen. Nun denk Dir, er sagte mir, ich sollte bei ihm bleiben so lange, bis wir uns ausgeschwätzt hätten, und das dauert lange, setzte er hinzu, er wollte mich lesen lehren und meine übrige Studien dirigieren. Das durfte ich aber alles nicht annehmen; Du weißt ja, wie alles zusammenhängt.

7448 Bettina an Clemens Brentano vor Mitte Juli 1807

Und jetzt war ich in Weimar, in Wielands mir ganz lächerlichem Revier, ein Gemach voll Nachtlampen und Nachtmützen und er selbst im Schlafrock, ruft aus, als er mich sieht: O wunderbare Erscheinung! Sie haben sich darauf eingerichtet, sagte ich ihm – mit dem Schlafornat; ich scherzte und lachte noch ein bißchen, begehrte ihm ein klein Zettelchen für Goethe, und wandelte meines Pfads. In der Tat, lange könnte ich es nie bei ihm aushalten, und wär es auch nur wegen der alten Luft, die bei ihm herrscht.

Aber jetzt kommen wir zu Goethe. Ei, preise mich glücklich, guter Clemens, nur erst einmal auf die Treppe, die zwei freundliche Marmorbilder, die Dir entgegen winken, und so still und würdig ist das Haus. –

Ich wartete in einem Zimmer, das voll kleiner Holzschnitte und Zeichnungen hängt, ich blieb bei einer Madonna in Holzschnitt stehen, und dachte so in meinem Sinn, was Goethe wohl gedacht haben mochte, daß er es so schön eingerahmt hatte. Indem trat er herein, grüßt mich, führt mich auf sein Zimmer. Nachdem ich saß, rückt er sich einen Stuhl herbei. Nun, da sind wir ja, jetzt wollen [wir] schwätzen, bis Nacht ist, er sprach mir viel von Arnim, den hat er wirklich lieb, auch über Dich sagte er mir mancherlei Gutes und Schönes, was mir sehr lieb ist, er ist doch sehr gerecht und mild und auch nachsichtig, er hat eigentlich den wahren Respekt vor der menschlichen Natur. Wer vor ihm steht ohne Prätension, mit aufrichtiger Liebe, dem muß es wohlgehen bei ihm. Ich plauderte alles, was mir auf die Zunge kam, und er war damit zufrieden, ich sagte ihm, daß ich seine Lebensgeschichte schreiben wollte, dies freut ihn, er eiferte mich ordentlich dazu an. Er war so ehrend in allem, was er sprach, ich konnte nicht begreifen, wie ihm alles so ernst war, was wir gegenseitig sprachen, ich fragte ihn darum, es ist einmal nichts anders und kann nicht anders sein, sagte er, nicht alle Menschen haben ein Recht auf mein Herz. –

Lieber Clemens, wer ihn einmal gesehen hat wie ich und ihn nicht liebt wie ich, der ist seinen Anblick nicht wert, und wenn die ganze Welt ihn nicht erkennt, so will die Bettine Jubel rufen über seine Herrlichkeit. Und Arnim, der ihn auch liebt, ohne viel zu spintisieren, der soll die Fahne schwingen. Als ich wegging, steckte er mir einen Ring an den Finger, und erinnerte mich nochmals an seine Biographie. Sein Leben will ich nicht schreiben, das kann ich nicht, aber den Duft seines Lebens will ich erschwingen und auffassen, und zum ewigen Andenken seiner bewahren. Ach, lieber Clemens, was mir so wohl gefiel – ich war so ruhig bei ihm, er war mit mir wie mit einem Jugendgespielen.

7449 *Elisa von der Recke an Fürstin Luise von Anhalt-Dessau* *28. Juli 1807*

[Karlsbad.] Goethe sehe ich bisweilen am Brunnen und auf Spaziergängen, aber kein Gespräch knüpft sich unter uns an. Goethe hat mich auch mit seinem Besuche beehrt, aber seit zweiundzwanzig Jahren, daß wir uns kennen, blieben wir uns fremde ...

Goethe will sich in Karlsbad ansiedeln, er ist im Begriff, den Goldenen Brunnen an [der] sächsischen Saale zu verlassen.

7450 *Maria Pawlowna an ihre Mutter* *27. September 1807*

Hier on a donné ici un drame de Goethe, *Tasso,* que je ne connaissais point encore, on l'a fort bien joué, et la pièce en elle-même est fort belle: je pense qu'il va paraître une édition de ses œuvres, si cela est vraiment le cas, je prendrai la liberté de vous l'envoyer à mesure qu'elle paraîtra. J'ai trouvé Goethe fort maigri et changé à son retour de Carlsbad.

7451 *Maria Pawlowna an ihre Mutter* *29. September 1807*

La santé du Duc se rétablit, grâce à Dieu: nous avons passé la soirée chez lui, et je vous supplie, chère Maman, de deviner qui est-ce qui a fait le thé – – – – C'est Goethe luimême: quand il l'a proposé, pour la curiosité du fait je lui ai demandé une tasse, et je lui dois cette justice de dire qu'il s'en acquittait comme quelqu'un qui en a l'habitude.

7452 *Maria Pawlowna an ihre Mutter* *23. Dezember 1807*

Chère Maman, ayant le bonheur de vous écrire aujourd'hui même une plus longue lettre, je ne dis rien que peu de choses ici, ma bonne Maman, me sentant singulièrement bête, quoique rentrant d'un déjeuner spirituel de chez Goethe; je vous en parlerai aussi plus au long. Je me porte à merveille, chère Maman, et j'ai vraiment beaucoup de forces pour mon état, dont je dois remercier le Ciel: on dit que cela pronostique un garçon, je dis sur cela comme sur autre chose, amen.

[Einige Stunden später, am Abend desselben Tages.] Ce matin, chère Maman, j'ai eu le bonheur de vous dire que j'ai été d'un déjeuner spirituel chez Goethe; Monsieur Werner auteur de la fameuse pièce de *Luther* ou bien *Die Weihe der Kraft* (comprenez-vous ce terme, chère Maman, par hasard?) y était, et nous a lu quelques-uns de ses sonnets qui sont fort jolis, et me plaisent plus que son *Martin Luther.* où il y a des choses par trop rebutantes à mon goût: ce Monsieur Werner paraît intéressant quoique furieusement exalté, quand il a commencé à lire, il y a mis une emphase et tant d'expression que j'ai failli mourir de rire, et que j'ai fait l'impossible pour ne pas perdre contenance sous son nez.

7453 Maria Pawlowna an ihre Mutter 30. Dezember 1807

... ce matin, je compte aussi me promener mais moins qu'hier, car je ne pourrai le faire qu'à l'issue d'un déjeuner chez Goethe, où je suis invitée: j'appelle cela un déjeuner spirituel, car Werner, dont j'ai eu le bonheur de vous parler dernièrement, doit y lire une de ses productions.

7454 Maria Pawlowna an ihre Mutter 31. Dezember 1807

Chère Maman! Je n'ai pu vous dire hier que j'avais assisté à un *déjeuner spirituel* chez Goethe hier matin: le Seigneur Werner a lu le premier acte d'un de ses drames, *Das Kreuz an der Ostsee,* qui est intéressant comme un tableau succint des mœurs des habitants de la Prusse au treizième siècle, mais il y a des moments prodigieusement d'exaltation et il s'est démené comme un fou pendant la lecture, si bien, chère Maman, que je n'y tenais plus: à force de se trémousser, il a fait tomber une des bougies de la table qui était devant lui, cet accident m'a rendu le plus grand service, m'ayant réveillée d'un assoupissement contre lequel je luttais avec peine.

7455 Maria Pawlowna an ihre Mutter 30. März 1808

Chère Maman! Je reviens de chez Goethe, où la séance a duré si longtemps que j'ai à peine, avant le dîner, le temps de finir celle-ci.

7456 *Knebel: Tagebuch* *28. April 1808*

Abends Goethe hier. Vorlesung gehalten. Seebecks, Frommanns, Professor Voigt hier, nebst Meyer.

7457 *Alfred Bock: Tagebuch* *8. August 1922*

8. August 1922 fand ich eine Aufzeichnung aus vergangenen Tagen, die ich mit Bewegung las. Weimar 1904 ... Von Weimar reiste ich nach Göttingen, eine alte Dame aufzusuchen, deren Vater zur Zeit des Fürstenkongresses in Erfurt [1808] dort einen Gasthof besaß. Sie sah als fünfjähriges Kind Goethe [29. September/4. Oktober], der bei ihrem Vater wohnte und das Wirtstöchterchen tätschelte. Die Dame war sechsundneunzig Jahre alt. Ihr Gehör war schlecht, sonst war sie noch sehr beweglich und geistesfrisch.

7458 *Hans Graf v. Schlitz:*
Memoiren eines deutschen Staatsmannes *1833*

[Über den Erfurter Kongreß. 1808] ... dann folgten der Feste manche, wo unter andern Wieland dem Napoleon als Gegenstande seiner Weissagungen und Stephanie von Baden dem Kaiser Alexander huldigte, wo ein russischer General, als er Goethe mit dem großen Annenorden [den er am 15. Oktober erhalten hatte] geschmückt erblickte, gegen S[chlitz] sich äußerte, nun werde dieses Ehrenzeichen bald – die Bedienten – schmücken.

7459 *Maria Pawolowna an ihre Mutter* *24. Oktober 1809*

Golowkin ... désire faire la connaissance de Goethe, et j'ai invité ce dernier pour passer la soirée chez moi, mais le nombre en est extrêmement restreint pour être plus à notre aise, je désire de tout mon cœur seulement que Goethe soit bien disposé.

7460 *Maria Pawlowna an ihre Mutter* *17. November 1809*

Ce soir j'ai vu Goethe chez la Duchesse: qui était très aimable et nous a fait lecture de quelques-unes de ses nouvelles compositions qui sont très agréables.

7460 a *Riemer: Mitteilungen über Goethe* *1841*

Seine Farbenlehre in einen Roman zu bringen, tat ich Goethen den Vorschlag (1810, den 17. Januar), um sie mehr zu popularisieren und sie besonders den Frauen zugänglicher zu machen, in einer Art etwa wie Fontenelle sein *Entretien sur la pluralité des mondes.* Der Einfall mißfiel ihm keineswegs; aber wo sollte Zeit, Muße und Lust herkommen zur Ausübung einer zugleich wissenschaftlichen und ästhetischen Aufgabe, die den tiefsten Frieden verlangte ...

7461 *Maria Pawlowna an ihre Mutter* *3. Februar 1810*

La redoute d'hier a merveilleusement réussi, Goethe avait arrangé une espèce de quadrille en costumes Allemands du vieux temps, la plus belle chose possible, il a fait à cette occasion de très beaux vers, enfin c'était délicat.

7462 *Maria Pawlowna an ihre Mutter* *17. Februar 1810*

... notre bal-masqué d'hier qui était délicieux et charmant, a duré jusqu'à quatre heures après minuit ... il y avait une quadrille de différentes nations russes que Goethe avait arrangé et qui était la plus belle chose du monde.

7463 *Maria Pawlowna an ihre Mutter* *24. Februar 1810*

... quant à l'Académie de Chant de Goethe, dont je ne crois pas encore [avoir] eu le bonheur de vous entretenir, chère Maman, elle a fort bien réussi, surtout quand on pense que ce n'est qu'un jeu. C'est étonnant comme Goethe s'en occupe et s'en amuse.

7464 *Maria Pawlowna an ihre Mutter* *6. März 1810*

Ce soir Goethe veut nous lire quelque chose, il part sous peu pour aller à Iéna, c'est là qu'il travaille de préférence.

7465 *Maria Pawlowna an ihre Mutter* *7. März 1810*

Chère et bonne Maman! La lecture d'hier consistait en une pièce du théâtre espagnol, pièce très singulière et dans un genre vraiment extraordinaire; Goethe était de très belle humeur et bien disposé.

7466 *Riemer: Aus dem Nachlaß* *18./20. April 1810*

Katzenpastete.

Dieses parabolische Gedicht, das den künstlich aufgestutzten Irrtum Newtons persifliert, diktierte mir Goethe zuerst den 18. April 1810 und sandte es den 20. April an den Hofrat Sartorius nach Göttingen.

7467 *P. A. Wolff an H. Blümner* *4. Oktober 1810*

Gestern ist Goethe gesund und munter [in Weimar] angekommen, und hat mir gleich angekündigt, mich an den standhaften Krieger und Romeo und Julia zu halten, in ersterm habe ich ich gar keine Lust mehr.

7468 *Falk: Aus dem Nachlaß* *3. November 1810*

Goethe behauptete, es sei schon einmal dagewesen, daß ein großer Mathematiker in einen ungeheuren Irrtum verfallen, nämlich Tycho de Brahe, dessen *Weltsystem*, obgleich mathematisch ungenau berechnet, allen Glauben zu versagen zu unsern Zeiten niemand Anstand nimmt. Auch er ging wie Newton von völlig falschen Prämissen aus.

7468a *Arnim an Bettina* *2. Mai 1818*

Ich habe in diesen Tagen so viel verunglückte Liederansätze aus meinen Reisejahren vernichtet, daß ich mit den Papierspänen einen Abtritt vergiften könnte ... Entweder Goethe hat nie in solcher Kunstirre sich befunden, oder er hat es wenigstens sehr gut versteckt, freilich sagt er, daß er dreimal seine Manuskripte mit dem Feuer gereinigt habe.

7469 *Caroline v. Wolzogen*
an Caroline v. Humboldt *4. Oktober 1811*

Goethe zieht sich sehr zurück; die alberne Frau gewinnt immer mehr über ihn, ihn von der Gesellschaft abzuschneiden und in ihre Komödiantenwirtschaft zu ziehen. Ich fürchte, diese Schwäche nimmt mit dem Alter zu. Er ist sehr mit seinem Leben beschäftigt. Deinen Auftrag wegen der Eybenberg habe ich ihm ebendeswegen nicht ausgerichtet, da er ihr doch wohl nichts helfen wird und ich seine Laune nicht trüben wollte.

7470 *P. A. Wolff an H. Blümner* *26. Dezember 1811*

Goethe hat die ganz aufgegebene Idee mit Romeo und Julia wieder ergriffen und, um sich uns gefällig zu zeigen, das Stück selbst bearbeitet, und es ist herrlich, so vortrefflich geworden, daß ich ihm nichts an die Seite zu setzen weiß. Seit drei Wochen arbeitet er ununterbrochen daran, und es ist beinahe ein ganz neues Stück geworden. Ich schreibe eben den ersten Akt ins reine, und er arbeitet noch an der letzten Hälfte des fünften. Ich kann Ihnen nicht sagen, wie ungemein viel Freude uns diese Rollen machen, und mit welcher Lust und Begierde wir uns damit beschäftigen. Dabei hat Goethe auf eine äußerst zarte Art mir es zu insinuieren gewußt, daß er es mir zuliebe tut, und wir sind uns auf manche Weise näher gekommen als je.

7471 *Ch. C. J. v. Bunsen:*
Hippolytus und seine Zeit *1852*

Goethe hat gesagt, wie der Verfasser 1811 zu Weimar hörte: «Eine neuere Sprache zu erlernen, sei, wie wenn man eine gangbare Münze auf der Straße aufhöbe; eine alte aber sich zu eigen machen, sei, als suche man nach einer alten Münze, die gleichsam in der Absicht, sie zu verstecken, unter den aufgehäuften Trümmern eines Hauses begraben liegt, auf das spätere Zeiten sich ihre Wohnungen gebaut haben, nachdem sie das alte Gebäude niedergebrannt.»

7471a *Ch. K. J. v. Bunsen an Schopenhauer* *26. März 1857*

Ich habe nie vergessen, daß Sie der erste waren, welcher den ganz unbekannten Jüngling bei der Hand nahm und ihn in der freundlichsten und gütigsten Weise ins Leben, nach Weimar, in Ihr Haus und zu Goethe führte.

7472 *P. A. Wolff an H. Blümner* *23. März 1812*

Ich habe mich ganz der Malerei ergeben, und da wir nichts Neues einstudieren, bring' ich den ganzen Tag mit Zeichnen hin; ich hatte früher es schon ziemlich weit gebracht, und hoffe in einigen Wochen wieder so weit zu sein, als ich ehmals war, und sowie Frühling unsere Gegend wieder belebt, zeichne ich nach der Natur. Goethe animiert mich sehr dazu, und ich habe auch hierin einen guten Lehrer an ihm. Wir haben jetzt das Glück, sehr oft mit ihm zusammen zu sein, er scheint uns sehr ins Herz geschlossen zu haben, und da er seit einiger Zeit wenig Umgang mit seinen sonstigen Bekannten hier pflegt, schenkt er uns die schönen Stunden seiner Gesellschaft, er besucht uns in unsrer Wohnung, wir haben vorige Woche [am 15. März] einen herrlichen Abend mit ihm verlebt, ich habe ihn nicht bald so liebenswürdig gesehen. – Diese Stunden gehen in der Anschauung seiner herrlichen Kunstsammlungen hin, die durch seine Erklärung und Urteile doppelten Reiz gewinnen. Ich kann Ihnen nicht beschreiben, welche Schätze bei ihm aufgehäuft sind, die er in frühern Jahren emsig gesammelt, und späterhin von Künstlern aller Art bei ihm niedergelegt worden; jeder, der sich in irgend einem Fache fühlte, hat auf seinem Altar geopfert, und was hat er selbst geleistet in der Malerei! Seine Reisen durch die Schweiz, Italien, Sizilien in den reinsten Umrissen finden Sie frisch und sauber erhalten in seinem Portefeuille. Wie gern teilte ich mit Ihnen diese Stunden, sie sind beneidenswert. –

7473 F. L. Stolberg an Goethe (Juni/Juli 1812)

Du hattest die Güte, liebster Goethe, mir eine kleine Abhandlung über eine Aristophanische Komödie senden zu wollen. χαιρειν,

7474 Charlotte v. Schiller an Knebel Juli 1812

Von Goethe habe ich einen Brief [aus Karlsbad] gelesen an Frau von Stein. Den 26. Juni war er recht krank. Mit Stolberg, schreibt mir meine Mutter, wäre er sehr freundlich gewesen. Auch die Gräfin Fritsch schreibt, daß Stolberg geweint habe beim Abschied von ihm. Ich habe immer gern, wenn die alten Freunde sich wiedererkennen.

7475 *Caroline v. Wolzogen an Caroline v. Humboldt* *28. September 1812*

Goethens Leben hast Du doch gelesen? Es ist von so grosser Klarheit, über viele Dinge das Feinste und Tiefste ausgesprochen, die große Masse von Leben, die darein gewebt ist und die in seiner Individualität so schön erscheint, daß ich's für sehr gelungen halte. Er hat Lust, alles im Heiteren zu halten, was ich doch eigentlich nicht möchte; ich wünschte, er spräche auch die Tiefe der Leidenschaft aus: doch nach der Stellung, die er einmal angenommen, zweifle ich. Er ist nicht wohl, und sein Übel hält ihn meist zu Hause. Mit großem Anteil spricht er von der Kaiserin [Maria Ludovica], und sie ist mir lebendig geworden in seiner Ansicht.

7476 *Maria Pawlowna an ihre Mutter* *23. Oktober 1812*

Notre soirée d'hier s'est passée assez agréablement: Goethe était des nôtres, il semblait assez bien disposé; je ne lui ai point encore remis la médaille que vous aviez daignée me confier le printemps passé, chère Maman, parce qu'au premier lieu il était absent et n'est revenu que depuis un mois; en second lieu, parce qu'il m'a dit que le second volume de sa propre histoire allait paraître, et que je présume qu'ayant pris la liberté de vous faire hommage du premier tome, le deuxième suivra, ce qui me fournira la plus belle occasion du monde de lui remettre le souvenir dont vous l'avez honoré.

7477 *E. Redslob: Garten der Erinnerung* *1928*

[Nach Erzählung seines Großonkels, des Baurats Botz in Jena.] Goethe hatte eines Tages [am 30. Oktober 1812?] die Kommission in den Kurpark [von Berka] geführt, um die Heilquelle wieder ausfindig zu machen, da der Zufluß für das Badehaus nach einem Wolkenbruch spurlos verschwunden war. Da standen nun die Herren, mein Urgroßvater seinen kleinen Sohn an der Hand, an einem Morast, und Goethe erklärte, hier röche man ganz deutlich das schwefelhaltige Wasser, und hier sei der Ursprung zu fassen. Als man ihm nicht gleich glauben wollte, machte er eine gereizte Bemerkung, daß die Wolken, die aus der Pfeife des Wildmeisters kämen, den Schwefelgeruch übertrumpften, stieß mit seinem Spazierstock in den Sumpf und meinte, daran könne man deutlich riechen, daß er recht habe. Und nun ging der Stock – entscheidender Augenblick in der Geschichte des Bades Berka – von Nase zu Nase. Nur das Söhnchen Botz stand enttäuscht zwischen den Herren, da es ausgelassen worden war. Schließlich zupfte es Goethe am Rockschoß und sagte: «Auch mal riechen!» Da wurde allen die Komik der Szene klar, daß sie ein schallendes Gelächter anhoben. Nur Goethe wurde böse, fuhr dem Jungen mit seinem Stock gröblich unter die kleine Nase und sagte: «Na, da riech, du Bengel!»

Mein Großonkel hat ihm das nie verziehen. Sobald das Gespräch auf Goethe gekommen war, pflegte er zum Schluß den Zusatz zu machen: «Schade ist nur, daß er es nicht verstanden hat, auf Kinder einzugehen, und das ist bei einem Dichter ein doppelt spürbarer Mangel.»

7478 P. A. Wolff an H. Blümner 29. November 1812

Einen großen Teil meiner Zeit habe ich mit Goethes Faust zugebracht. Goethe hatte mir die Kommission gegeben, ihm einen Vorschlag zu tun, unter welcher Gestalt sich die vorhandenen Szenen in Verbindung auf der Bühne darstellen ließen, da habe ich mir nun lange den Kopf zerbrochen; aber ich werde es doch dahin bringen, daß wir den Faust diesen Winter aufführen. Sie werden selbst leicht einsehen, daß es eine Riesenarbeit ist, denn bei jeder Szene gibt es etwas zu überwinden, und die mechanischen und optischen Erfindungen, so dazu erfordert werden, sind beschwerlich und unentbehrlich, demungeachtet habe ich ihm einen Plan, mit dem er zufrieden war, vorgelegt, und er arbeitet nun an der Ausführung. – Er war nicht dazu zu bringen, es selbst vom Anfange zu übernehmen. Er sagte: Legen Sie mir nur etwas vor die Augen, wie Sie es wünschen und glauben, daß es möglich ist, und falle es auch noch so toll aus, wenn ich nur etwas vor mir habe, ich will dann schon daran bessern.

7479 *Maria Pawlowna an ihre Mutter* *29. November 1812*

Goethe étant revenu de Iéna malade, je n'ai pu lui remettre moi-même la médaille mais la lui ai fait porter par Monsieur d'Ende; il en est très reconnaissant et me charge, chère Maman, de le mettre mille fois à vos pieds.

7480 *Maria Pawlowna an ihre Mutter* *16. Dezember 1812*

[Nachschrift zu einem Brief, in dem mitgeteilt wird, daß der geschlagene, über Weimar nach Paris eilende Napoleon der Großfürstin Grüße ausrichten ließ.] J'ai oublié de dire que Goethe et Wieland ont eu aussi des compliments de Napoléon.

7481 *Fouqué an J. E. Hitzig* *20. Dezember 1813*

Zudem auch kommst Du gewiß zu Weihnachten, oder spätestens zu Neujahr, und dann erzählen wir uns mündlich vom Goetheschen Hofe, wo ich [etwa zwischen 23. und 26. Oktober] – im voraus sei es gesagt – beinahe so freundlich aufgenommen ward, als jüngst der Herzog von Weimar in Frankfurt. *Ad vocem* Goethe: er hat mir den Roman des Königs von Holland, *Marie ou les peines de l'amour,* ausnehmend und zwar so gelobt, daß er mir eine lebhafte Begier darnach erweckt hat. Schaffe mir ihn doch ja baldmöglichst.

7482 *Fouqué an J. E. Hitzig* *3. März 1814*

Ist der dritte Teil von Goethes Leben noch nicht heraus? Schon bei meiner erstern Anwesenheit in Weimar [etwa zwischen 23. und 26. Oktober 1813] kündigte mir der alte Herr dessen Erscheinen als ganz nahe an. Schaffe mir doch, was er mir sehr empfohlen, den Roman des Königs Louis von Holland: *Marie ou les peines de l'amour.*

7483 *Caroline v. Wolzogen*
an Caroline v. Humboldt *7. Dezember 1813*

Goethe unterliegt der momentanen Not und weiß nicht, wie er sich mit der Zeit vereinen soll. Ja, sie ist auch nur mit dem glühenden Herzen zu fassen, dem eine Ewigkeit in eigener Tiefe aufgeht. Wie anders fühlte Schiller, daß nur in der Freiheit das Leben in allen Gestalten Würde und Wert hat. Dies alles unter uns, denn immer liebt man Goethe zu sehr, um sich's selbst zu gestehen, wo es ihm eigentlich fehlt.

7484 Maria Pawlowna an ihre Mutter 26. Dezember 1813

Pour ce matin, j'ai été à la messe ... je me suis promenée avec Goethe, qui était fort gentil.

7485 Schopenhauer: Lebenslauf 1819

So vollendete ich dort [in Rudolstadt] meine Dissertation über die vierfache Wurzel des Satzes vom zureichenden Grunde ...

Mit hereinbrechendem Winter, der mir in meinem ländlich abgesonderten Zufluchtsort, welcher zudem damals Militär hatte, gar zu traurig erschien, wandte ich mich wieder nach Weimar, wo ich den ganzen Winter [1813/14] zubrachte. Damals aber, zum Troste in solchen Leiden, ward mir zuteil, was ich zu den erfreulichsten und glücklichsten Ereignissen meines Lebens zähle: denn jener in Wahrheit hohe Schmuck unseres Jahrhunderts und der deutschen Nation, der große Goethe, dessen Namen alle Zeiten im Munde führen werden, würdigte mich seiner Freundschaft und seines vertrauten Umgangs. Bis dahin nämlich war ich ihm bloß von Ansehen bekannt und pflegte er mich nicht anzureden; nachdem er aber in meiner Abhandlung geblättert hatte, kam er aus eignem Antriebe mir entgegen und fragte, ob ich seine Farbenlehre studieren wolle, indem er versprach, mir mit allen dazu dienenden Hülfsmitteln und Erläuterungen Beistand zu leisten, so daß dieser Gegenstand den Winter über unseren öfteren Unterhaltungen, möge ich nun seinen Sätzen Zustimmung geben oder opponieren, Stoff bieten könne. Wenige Tage darauf schickte er mir seinen eigenen Apparat und die zur Herstellung der Farbenerscheinungen nötigen Instrumente, und später zeigte er mir selbst die schwierigeren Experimente, hocherfreut, daß mein von keinerlei vorgefaßten Meinungen geblendeter Sinn die Wahrheit seiner Lehre anerkannte, welcher freilich bis auf den heutigen Tag, aus Ursachen, deren Erörterung nicht hierher gehört, Zustimmung und schuldige Anerkennung von den meisten versagt werden. Als der große Mann sodann den ganzen Winter hindurch mich häufiger kommen ließ, blieb die Unterhaltung keineswegs auf Fragen, welche die Farbenlehre betrafen, beschränkt, sondern unsere Gespräche wurden auf alle möglichen philosophischen Gegenstände gelenkt und spannen sich viele Stunden lang fort. Aus diesem vertrauten Umgange habe ich überaus großen, unglaublichen Nutzen gezogen.

7486 Riemer 11. April 1814

(Ostermontag) Kam Herr Wolff und meldete, daß Nachricht herein sei, Napoleon sei abgesetzt, und so gut wie Friede. Wurde wie am Sonnabend fürchterlich geschossen. Zu Goethe, den Brief an Fürst Radziwill geschrieben.

7487 Maria Pawlowna an ihre Mutter 9. Mai 1814

[Mit dem dritten Teil von «Dichtung und Wahrheit».] Voici un livre que Goethe m'a chargée de mettre à vos pieds.

7488 F. H. Ch. Schwarz an L. Creuzer 28./30. September 1814

Daß Goethe hier [in Heidelberg] ist, magst Du nur unsern Reisenden sagen, damit sie bei der Freude ihrer Reise nicht übermütig werden, sondern denken, was sie doch hier versäumen; ja setze nur kühnlich hinzu, es sei nicht Seine Exzellenz hier, sondern Goethe, der alte, jugendlich freie und gemütliche Goethe. So sah ich ihn und hörte ihn schon an einigen Orten, unter andern vorgestern abend auf der Krappfabrik, wo er die Gemälde betrachtete, aber bis spät blieb, und sich ganz behaglich zu befinden schien. Er wohnt bei Boisserée, sieht von Morgen bis Abend Gemälde, so recht mit Verstand, findet mehr, als er erwartet hatte, ist schon in Begeisterung geraten, sagt: «Was kann man da nun machen – man muß nur bekennen, die Sache ist da, es ist ein Factum etc.», doch da muß man Bertram hören, wenn er Goethes Äußerungen referiert; Bertram sagte uns: «Es gibt noch mehrere geistreiche Männer wie er, aber er ist ein außerordentlicher Mensch.» Auch scheint er sich hier ganz wohl zu fühlen, wozu denn die herrlichen Septembertage helfen. Wie lange er hier bleibt, ist noch ungewiß, «aber», sagte er, «man muß hierher wallfahrten, die Pfingsten müssen wir wieder kommen.» – Das kannst Du unsern Reisenden wenigstens auf ihrem Rückwege zum Trost sagen ...

[30. September.] Gestern war ich bei einer stattlichen Mittagsmahlzeit, welche Thibaut Seiner Exzellenz dem Heros der deutschen Literatur gab. Es war eine interessante Unterhaltung, und mir war der große Gewinn geworden, neben Goethe zu sitzen und über manches mit ihm zu sprechen, das mir ungemein angenehm war. So zum Beispiel bestätigte er mir das, was ich bei seinem Meister immer empfunden hatte, daß er in dem Hintergrund noch einen höheren Sinn verberge. Es machte ihm Freude, daß dieses bemerkt worden, und er setzte noch hinzu, er habe seinen Freunden gesagt, daß er es mache, wie man Kindern Eier in den Buchsbaum lege – darüber und über dergleichen mehr wußte er ungemein gemütlich und dann wieder scherzhaft zu sprechen.

7488a H. Voß an Ch. v. Truchseß 30. Oktober 1814

Du forderst einen Jubelbrief über Goethe; aber den kann ich nun nicht mehr schreiben, da die Jubelperiode vorüber ist, und der Jubelsenior fern. Das hätte unter seinen Augen geschehen müssen. Goethe ist vierzehn volle Tage bei uns gewesen, und hat bei den Brüdern Boisserée, eigentlich wohl bei ihren Gemälden gewohnt. Sein erster Besuch war bei meinen Eltern, und er kam so freundlich und zutraulich, wie in den ersten Jenaer Zeiten. Am folgenden Tage gingen die Schmausereien an, und wenn so was im Gang ist, hört es nicht auf. Auch wir Professoren, nebst einem Anhange von Beamten, Ärzten u.s.w. gaben ihm einen gemeinschaftlichen Schmaus im Carlsberge. So hat ihn denn jeder nach Herzenslust sehn können, genossen haben ihn nur wenige; denn beim Essen und Trinken, besonders wo Gaffer herumstehn, ist Goethe ein Mann wie unser eins. Nur zweimal kam ich dazu, ein trauliches Wort mit ihm zu sprechen, und sah zu meiner Freude, daß er mir und meinem Treiben noch hold ist. Besonders herzlich war er gegen mich, als ich ihm am Tage vor seiner Abreise einen Morgenbesuch machte. Wir sprachen viel über Calderon. Auch er ist entzückt von Gries' Übersetzung; auch er bewundert mehr das wollüstige Farbenspiel, als die Charakteristik Calderons, in der er weit unter Shakespeare stehe. In den Intriguenstücken sei er besonders Meister, und hier müsse der Deutsche noch recht bei ihm in die Schule gehn.

Daß die Heidelberger über Goethe entzückt sind, versteht sich. Alt und Jung preiset seine Leutseligkeit, und jeder verwahrt sorgfältig die ihm zugeworfenen Geistesbrocken, wenn sie auch noch so mager sind. Sogar mein College M[ose]r, der aus einem deutschen Barbier ein lateinischer Professor der Medizin geworden, ist seines Gespräches gewürdigt. «Wir haben über den Faust gesprochen», sagte er mir; «und ich mit ihm über die Feldmäuse», antwortete ich ganz ernsthaft. Ein Anderer, ein Mann von Geschmack und ästhetischer Bildung, fing an über den Barbarismus zu radotieren, womit die Handschuchsheimer den schönen Heiligenberg niedergeholzt hätten. «Beruhigen Sie sich», sagte Goethe, «in einigen Jahren ist er wieder grün, und dann hat Ihr Ärger volle 22 Jahre Ruhe, denn so lange muß er nach forstlichen Regeln schon grün bleiben.» Der Philister kuckte Goethen an, und schien an seinem Geschmacke ganz irre zu werden. – Daß Goethe sich mit manchen zu seiner Gemütsergötzung unterhalten hat, ahndet mancher nicht; andere dienten dazu, seinen Schatz von Menschenkenntnis zu erweitern, oder seine Phantasie mit irgend einer Personage für ein zukünftiges Fastnachtsspiel zu bereichern.

7489 Pauline Servière an Goethe 27. Dezember 1814

Neue Situationen, so reizend sie sein mögen, haben immer etwas sehr Gefährliches; wenn, wie Sie uns einst [September/Oktober 1814?] selbst eingestanden, schwache Augenblicke so recht für den Menschen gemacht sind – Gott sei Dank – , ich bin in schweren Siegen über mich selbst schon ziemlich geübt, und widerstehe der Sehnsucht, Ihnen den Jubel zu schildern, den Ihr huldreicher Brief bei uns veranlaßte. Genug. Es war – ein wenig toll.

7490 E. v. Groote an S. Boisserée 19. November 1814

Schenkendorf hat mir recht mit Feuer und Liebe die Bekehrung Goethes vor Euern Bildern [Ende September, Anfang Oktober in Heidelberg] geschildert, und die kann ich mir denken, so als wäre ich dabei gewesen. Welch ein Wunder! welch eine Erscheinung! Ist es nicht, als ob zu den drei Heidenkönigen an die Krippe des Heilands noch ein vierter hintrete und auch sein Geschenk hinbrächte, und vor dem neugeborenen Kinde (in dem laufenden Jahre ward es doch wahrhaft neugeboren!) auch niederkniete, und opferte, und glaubte, und das Evangelium dann unter seine Brüder fern und immer ferner verpflanzte. – «Was wir gebaut in unserer Kraft, können wir, wenn wir Besseres fühlen, auch in eigener Kraft wieder zerstören»; und so sollen also die Propyläen sinken und mit ihnen die Götterbilder in den Elegien, und wer weiß, ob statt der Iphigenie nicht noch eine große, herrliche, christliche Heldin Goethen den Kranz der Unsterblichkeit aufsetzen soll!

7491 Großherzog Georg Friedrich Carl Joseph von Mecklenburg-Strelitz an Goethe 18. Juli 1828

[Der Großherzog hatte die Standuhr aus Goethes Vaterhaus gekauft, um sie ihm zum Geburtstag darzubringen. In seinem Briefe heißt es, es läge ihm fern, Goethe über den Tod Carl Augusts trösten zu wollen;] daß aber der stets rege Wunsch, Sie eine, wenn auch nur unbedeutende Blume auf Ihrem Wege finden zu lassen, jetzt inniger mein Herz erfüllt als je, das werden Sie eben so gut begreifen als freundlich beherzigen, und somit hätten Sie denn darüber Aufschluß, was die Erscheinung der alten, auch mir so teuern, Uhr eigentlich sagen will, welche, wenn es meiner

Absicht gemäß geht, die erste Stunde des 28. Augusts Ihnen anzeigen soll ... In einer unvergeßlichen Stunde sagten Sie mir einst [am 17. August 1815?], was Sie empfunden, als Sie, nach langer Abwesenheit von Frankfurt, und nachdem Ihr väterliches Haus schon lange verkauft war, vor dieses Haus in stiller Nacht hintraten, und dort plötzlich der wohlbekannte Ton von wohlbekanntem Flecke die eilfte Stunde Ihnen anzeigte. Diese köstliche Erinnerung, verbunden mit den eigenen teuern Erinnerungen, die jenes Haus mir gewährt, erhoben den an sich so unbedeutenden Gegenstand zum Kleinod in meiner Seele.

7492 Zelter: Tagebuch 5. Juli 1816

Früh halb fünf Uhr von hier [Halle] über Lauchstädt, Naumburg und Kösen nach Weimar ... Im «Elephanten» abgetreten. Zu Geh. Rat von Goethe.

7493 Zelter: Tagebuch 6. Juli 1816

Morgens zu Goethe, mit demselben im Park. Caspari angetroffen. Mittags mit Meyer und dem Bademeister Organisten Schütz aus Berka bei Goethe zu Tisch. Dem letztern die sechs Fugen von Carl Philipp Emanuel Bach versprochen. Nachmittags mit Goethe nach Belvedere in die Orangerie und die Pflanzenhäuser besehn. Nachher zu Riemer. Gestörtes Verhältnis. Abends Kunst-Meyer bei Goethe zu Tische. Gedichte aus den Jahren 1803 und 1804.

7494 Zelter: Tagebuch 7. Juli 1816

Morgens zu Kapellmeister Müller; fünfzehn Singstücke von diesem geliehen. Nachher zu Goethe. Mit diesem gefahren nach dem Schützenhause, und dann bei Goethe zu Mittag. Zwölf Stücke von den Müllerschen Musiken bei Goethe gelassen auf weitere Ordre.

7495 Zelter: Tagebuch 28. September 1816

Erfurt ab früh 7 Uhr. Mittags 12 Uhr in Weimar. Mittags mit Professor Wilken bei Goethe. Vorher bei Professor

Riemer. Abends Schauspiel: «Rosamunde» von Körner (sehr gut gegeben).

7496 *Zelter: Tagebuch* *29. September 1816*

Ich zog aus dem «Elephanten» gegen 11 Uhr in Goethes Haus. Eberweins Besuch. Lichtensteins Brief über den Tod meines Clärchen und des alten treuen Patzig. Mittags mit Goethe allein. Nachmittags Spazierfahrt nach Belvedere. Abends mit Goethe zu Hause. Professor Meyer und Oberbaudirektor Coudray blieben zum Abendessen.

7497 *J. Schiff: Einleitung zum Briefwechsel zwischen Goethe und J. W. Döbereiner* *1914*

Döbereiner war zu Ende des Jahres 1816 ... durch Überanstrengung krank und infolgedessen schwermütig geworden. Seine Gattin wandte sich, Hilfe suchend, an Goethe. Dieser veranlaßte für den allgemein beliebten Universitätslehrer eine glänzende Geburtstagsfeier [am 13. Dezember], bei der die Studierenden ihm einen Fackelzug brachten, ja, er verfaßte ein passendes Gedicht, das eines der Kinder bei dem Feste aufsagen sollte ...

Tatsächlich soll die freudige Überraschung auf Döbereiners Gemütszustand höchst günstig eingewirkt haben.

7498 *Ch. A. Vulpius an J. M. Färber* *23. März 1817*

Die Abreise des Herrn Staats-Ministers v. Goethe von hier nach Jena ist uns allen unerwartet und unvorhergesehen gewesen, so wie seine Ankunft in Jena es auch Ihnen wird gewesen sein. Es ist nur gut, daß er noch etwas Holz angetroffen hat! Sorgen Sie aber ja dafür, daß wieder welches angefahren wird, denn erstens weiß man nicht, wie lange er in Jena bleiben wird; zweitens fänd' ich keines, wenn ich nach Jena käme ... Lassen Sie bald etwas von sich und den Wirkungen des Daseins des Herrn Ministers in Jena hören.

7499 *Ch. W. v. Schütz: Goethes Faust und der Protestantismus* *1844*

Da finde ich denn, daß Goethe [im «Faust»] Ideen entfaltet und veranschaulicht, deren er längst empfänglich gewesen scheint, die längst als eigene veröffentlicht ich ihm im Jahre 1817 als festeste Überzeugung bezeichnen konnte ...

Ich hatte, in Schlegels Deutschem Museum, vom christlich abendländischen Ackerbau behauptet: daß in ihm sich die Einwirkung römisch-katholischer Kirchlichkeit und Lehre lebendig verkörpert manifestiere. Das gehe hervor nicht bloß aus der Beachtung des Mysteriums der heiligen Trinität bei der Dreifeldereinteilung, gegenüber der hebräischen siebenfeldrigen - auch die zweite das Irdische betreffende Tafel des Dekalog enthält sieben Gesetze –, sondern bestätige sich auch im merkwürdigen Zusammenfallen gewisser heiliger Kalendertage mit einzelnen besonders wichtigen ackerbaulichen Verrichtungen. Diese Äußerung war zu früh geschehen. Ich hatte vor der rechten Zeit prophetisch, wenigstens mystisch gesprochen. Da ging mir es denn in Deutschland wie so manchem in Athen. Ich ward parodiert, ward zur Karikatur gemacht ...

Dem entgegen hatten meine Andeutungen über den christlichen, das heißt christkatholischen Ackerbau ganz besonderen Anklang bei Goethe gefunden. Als dem längst Verehrten mich zum ersten Male zu näheren mir das Glück in dem eben bemerkten Jahre [am 20. Mai in Jena] ward, da dachte ich nichts weniger, als daß die Unterredung sich auf den deutschen Ackerbau richten werde. Gerade dies geschah. Von Poesie und Kunst war kaum die Rede; vielmehr ergriff Goethe einen zufälligen Anlaß, um die Unterhaltung auf das agronomische Thema zu lenken. Es geschah mit aller jener Behutsamkeit und taubenschlauen Umsicht, bei welcher der von ganz Europas Aufmerksamkeit schon sehr umgebene Mann sich selbst, seine eigene geheime Meinung, durchaus nicht verriet. Auch gegen mich knöpfte der Außerordentliche sich wohlbedachtigst zu, um nicht erraten zu werden, sprach daher nur die Frage aus: ob ich wirklich die Wiederherstellung des alten frommen Ackerbaues nach seiner früheren Pietät für möglich halte. Es war mir nur die eine Antwort offen: wie dies wohl mein Fall sein müsse, da es mir Grundgedanke sei, der seinen Einfluß mit ausdehne auf mein sonstiges Tun und Treiben, daß, wenn der Ackerbau als die Grundlage des tätigen Lebens modernisiert und dereligionisiert würde, alle übrigen Wirksamkeiten und Zustände nachfolgen müßten. Zu meiner nicht geringen Freude ward, wenigstens einer Beziehung nach, mir beigepflichtet. Goethe sprach das bedeutsame Wort aus: weit besser würde man verfahren, wenn statt der Konstitutionsversuche man die alte Unschuld und Frommheit im Ackerbau zu erhalten und zu verjüngen sich bemühen wollte. Mehr noch als dieses übertraf es alle meine Erwartungen, daß der Dichter des Faust allein nur gewisse Andeutungen über die Organisierung des Ackerbaues im Geiste der christlichen Religion und Kirche nicht verspottet, sondern sie ernster Prüfung insofern gewürdigt hatte, als sich gewisse Eigentümlichkeiten desselben bis auf die Zeiten des heiligen Bonifacius zurückgeführt und sich aus Anordnungen dieses Verbreiters des Christentums in Deutschland abgeleitet fanden. Da dieser Bekehrer hauptsächlich in Thüringen wirksam gewesen war, so hatte Goethe Anlaß genommen, sich Lage der Felder und anderes zu betrachten, wodurch meine Angaben sich bestätigt zeigten. Mir ward daduch die Möglichkeit, den zweiten Teil der Tragödie Faust gleich nach dem Erscheinen anders zu nehmen und zu fassen als die meisten Leser. Ich besaß für tieferes Verständnis schon Schlüssel und Faden.

7500 Ch. E. L. Dürre: Aufzeichnungen 1881

[Über seine Studentenzeit in Jena 1816/18.] Wir hatten ... unter uns Studenten einen Männergesangverein gegründet, der wohl auch einige gemütliche Quartettsachen, hauptsächlich aber die in den Freiheitskriegen entstandenen Vaterlandslieder sang, unter ihnen besonders die von

Carl Maria von Weber gesetzten Körnerschen Gesänge. An der Spitze stand als der Leiter des Gesanges ein gewisser Karl aus dem Meiningischen ... die übrigen Teilnehmer waren großenteils ehemalige Freiwillige; unter ihnen auch der damals schon stark harthörige Student, spätere stocktaube Professor Scheidler. Es war, wenn ich nicht irre, der Sohn einer Sängerin aus Gotha, der Bruder einer Harfenistin, der Frau des bekannten Komponisten Spohr. Wegen dieser Verwandtschaft war der gut Klavier spielende Scheidler ... auch Goethe bekannt. Da in den Studentenkonzerten neben instrumentalen Aufführungen ... mehrmals Männerchöre gesungen wurden, so hatte auch der in Jena damals wohnhafte Goethe davon gehört und wünschte einige solche Körnersche Lieder zu hören. Man lud deshalb in das Haus des Buchhändlers Frommann die Hauptsänger zu einer Abendunterhaltung ein.

Es war im Sommer 1817 [am 1. Juli] ...

Vor dem Gesange in Frommanns Hause, der von dem halbtauben Übersetzer des Tasso, von Dr. Gries, begleitet, aber nicht von unserm ganzen Chor ausgeführt wurde, ging Goethe, mit dem jungen Scheidler plaudernd, im Garten spazieren. Ich schloß mich ihnen an, obschon ich früher die Gelegenheit, Goethe bei Überbringung des Turnbuches von Jahn kennen zu lernen, unbenutzt gelassen. Jetzt, da ich Goethe fast täglich gesehen und respektvoll gegrüßt hatte, war mir's sehr willkommen, den Herrn Geheimrat ungeniert sprechen zu hören. Es handelte sich hier um eine mir immer im Gedächtnis bleibende Naturschilderung, wie er eine ähnliche meinem Freunde Jonas, dem Schüler Schleiermachers und Prediger in Berlin, über die Gegend um Jena gemacht hatte. Jonas war von dieser Gruppierung aller Einzelheiten zu einem charakteristischen Landschaftsbilde so ergriffen, daß er schweigend neben dem Dichterkönig stand, aber hörend und mit vollem Herzen das Geschilderte erfassend. So entzückt war ich gerade nicht (!), aber ich lauschte dennoch mit großer Andacht auf die einfachen Worte des von mir später so hoch verehrten Mannes.

Unsern Gesang hörte Goethe aus dem Nebenzimmer, wie man uns gesagt hat, mit Vergnügen an. War ihm doch ein solcher Verein und mit solchen Liedern etwas durchaus Neues. Als er aber die Teller zu einem kleinen Imbiß klappern hörte, verließ er ganz still und heimlich sein Gemach und die Gesellschaft, wie er denn jeder Audienz, wie man damals erzählte, immer das ministerielle Maß anzulegen gewußt hat. Das war ihm auch nicht zu verdenken.

7501 *L. Kalisch: Ein merkwürdiges Künstlerleben* 1868

[Besuch bei dem Bauchredner und Schauspieler Alexandre Vattemare in Paris, der Proben aus seiner umfangreichen Autographensammlung vorgeführt.] Er öffnete eine der Mappen, und ich sah sogleich folgende Zeilen von Goethe:

«Herrn Alexander wüßte nicht entschiedener meinen Beifall auszusprechen, als durch die Erklärung: daß ich allen denen ihm schon erteilten Zeugnissen mit Vergnügen beistimme. Zu empfehlen weiß er sich selbst.
J. W. v. Goethe»

Diese Zeilen waren von Jena, 8. [vielmehr 30.] Juni 1818, datiert.

Ich bewunderte auf diesem Blatte den Abdruck eines Siegels, einen prachtvollen antiken Kopf darstellend.

«An dieses Siegel knüpft sich eine interessante Erinnerung», sagte Vattemare. «Man hat von vielen Seiten behauptet, Goethe sei kalt und steif gewesen. Es war natürlich, daß er sich gegen diejenigen zugeknöpft zeigte, die ihn aus bloßer Neugierde besuchten. Gegen mich war er die Liebenswürdigkeit selbst. Ich hatte ihm einige Proben meines Talentes gegeben, und er schien mit mir sehr zufrieden. Als ich ihm meinen Wunsch zu erkennen gab, eine Handschrift von ihm zu besitzen, ging er sogleich an den Schreibtisch. Er hatte mir die Zeilen bereits eingehändigt, als er sie wieder zurückforderte und, das Siegel aus einer Schublade nehmend, sagte: ‘Ich habe soeben dieses Siegel zum Geschenk erhalten, wir wollen nun sehen, wie sich der Abdruck auf dem Papier ausnimmt.’

Wir betrachteten beide den Abdruck mit Wohlgefallen, und der alte Goethe wünschte mir dann mit einem Lächeln, das ich niemals vergessen werde, und in den liebenswürdigsten Ausdrücken viel Glück auf meinen Irrfahrten.»

«Sprach er französisch mit Ihnen?» fragte ich.

«Ja, und er drückte sich mit Bequemlichkeit im Französischen aus; er unterbrach jedoch mehrere Male das Französische durch deutsche Sätze, da er wußte, daß ich deutsch ziemlich gut sprach und sehr gut verstand ...»

7502 B. v. Beskow: Wandererinnerungen 1834

Als der Verfasser das Glück hatte, Goethe in Weimar zu besuchen [am 20. November 1819], kam die Rede auch einmal auf Sergel. Der große Kunstkenner hatte nur eine der Arbeiten des schwedischen Künstlers gesehen, nämlich seinen *Faun,* war aber der Meinung, nach diesem Stück Grund zu dem Urteil zu haben, daß wenige oder vielleicht keiner unter den modernen Bildhauern sich mehr dem Stil der Alten näherte als Sergel.

7503 F. N. König an seine Frau 27. Februar 1820

Ich kann Dir nicht genug sagen, wie lieb mir der Aufenthalt in Weimar geworden ist ... Goethe habe ich [am 26. Februar] eine eigene Vorstellung [Vorzeigung der «Transparent-Gemälde»] gegeben, da er nicht wohl ist, und das Geschwärm nicht vertragen kann. Er war ungemein wohl zufrieden; es kann dies für die Zukunft von großen Folgen sein.

7504 G. Ch. Sartorius: Lebenserinnerungen 1926

[Anläßlich von Höhenmessungen im Landesteil Eisenach.] Bei dieser Gelegenheit sammlete ich gleichzeitig alle in Eisenach vorkommende Mineralien – daraus entstand eine kleine Broschüre «Geognostische Beobachtungen und Erfahrungen, vorzüglich in Hinsicht des Basaltes nebst Angabe mehrerer Höhenbestimmungen der vorzüglichsten Orte im Eisenacher Kreis. Eisenach 1821», welches der Großherzog erlaubte, daß ich ihm solches dedizieren dürfte. Als ich ihm die Sammlung und die Broschüre hier überreichte, erbot er sich mir, einen Sohn etwas lernen zu lassen, ich präsentierte ihm meinen größten, und er befahl, daß ich mit demselben und der Sammlung nach Weimar kommen sollte – als ich nach Weimar kam, hatte er bestimmt, daß die Sammlung im Museo zu Jena aufgestellt werden sollte – Er selbsten fuhr nach Jena und nahm mich mit sich – in Jena hatte er [am 10. Oktober 1821] eine kleine Anzahl Professoren zur Tafel einladen lassen, und es wurde, sozusagen, ein trauliches wissenschaftliches Mahl gehalten – Goethe, der dabei war, dankte mir im Namen der Gesellschaft und sagte: daß, wenn man mir Ehre als Mitstifter der Mineralogischen Sozietät erzeigen könnte, man es gern tun würde.

7505 Adolphe Pictet de Rochemont an seine Schwester
4. Januar 1822

J'ai dit à ma mère dans ma dernière lettre, datée de Weimar, que je te gardais Goethe; je vais te le raconter ainsi que Weimar en général. J'avais deux lettres à remettre à Goethe; une de Jules Pictet qui lui envoyait en hommage son *Lac de Genêve,* et une de M. Cotta que vous devez avoir vu à Genêve. Je lui écrivis le petit billet d'usage pour lui demander son heure; il me fit dire de venir chez lui à deux heures [31. Dezember 1821]. Je fis ma toilette et au moment désigné je me mis en marche et je m'en allai *cœur battant* droit à la maison de Goethe. Il me serait difficile de décrire tout ce qui se passait en moi pendant la route. Je cherchais à me faire d'avance une idée de l'homme que j'allais voir; tous ses ouvrages, ses chefs-d'œuvre poétiques se présentaient en masse à mon imagination, et faisaient un chaos d'idées et d'images qui m'empêchait d'arriver à rien de fixe. Enfin j'arrive, j'entre, et je vois enfin ce Goethe dont la renommée remplit l'univers. Goethe est un vieillard de 73 ans, mais il est encore très vigoureux et très bien portant. Je n'ai pas encore su me faire une idée bien nette de sa physionomie; tu seras étonnée quand je te dirai qu'il ressemble un peu à M. Beau, notre curé; idéalise le visage de M. Beau, (tu me diras peut-être que cela est bien difficile) et tu auras quelque chose d'approchant de la physionomie de Goethe. J'avais cru d'avance que je serais fort intimidé de sa présence; point du tout, je me mis tout de suite à mon aise avec lui, et nous causâmes pendant une heure de toute sorte de choses. Nous parlâmes de littérature allemande et française et du rapport actuel de ces deux littératures, des essais de traductions ou d'imitations faits jusqu'à présent, etc. etc. Toutes les fois que j'amenais la conversation sur ses ouvrages, il parlait vite d'autre chose. Au bout d'une heure je le quittai en lui demandant la permission de le revoir si je repassais par Weimar à mon retour. En sortant de chez lui je n'étais pas transporté et enthousiasmé, comme je le fus en sortant de chez Schelling. Goethe a quelque chose de froid, de renfermé, et même quelque chose de raide et d'embarrassé, qui l'empêche absolument de se livrer en conversation; il se tient toujours *sur son réservoir,* comme disait Madame ....

Il ne lui est pas échappé une seule saillie pendant toute notre conversation; peut-être trouvait-il aussi que je n'en valais pas la peine, et je le comprends. Il doit être tellement accoutumé à recevoir des gens qui viennent le voir comme une bête curiseuse, pour pouvoir dire: j'ai vu Goethe, qu'il doit réserver son esprit et son abandon pour ses amis et ses connaissances. On dit que dans l'intimité il est extrêmement aimable, et qu'alors il cause tant qu'on veut et sur tous les sujets. Mlle Sylvestre, institutrice des princesses de Weimar, que j'ai vue ensuite et qui par parenthèse est fort agréable, m'a dit: nous ne connaissons point ici le *grand Goethe,* mais le *bon Goethe;* quand il est avec nous, il redevient enfant; il s'amuse de nos jeux, il joue lui-même avec nous; il plante, il arrose des fleurs, il nous aide dans nos petits travaux de jardin, il est délicieux. –

J'espère bien si je retourne à Weimar le voir de plus près, et apprendre mieux à le connaître ... J'ai été le même jour au théâtre de Weimar, autrefois si fameux, mais il a bien perdu depuis que Schiller est mort et que Goethe ne s'en occupe plus. On jouait ce soir-là deux petites comédies assez insignifiantes. J'ai eu plus de vrai plaisir à visiter la modeste habitation qu'occupait autrefois Schiller; c'est une petite maison à contrevents verts; j'en ai fait le tour avec un sentiment vraiment religieux. On ne peut pas faire un pas dans cette petite ville de Weimar, sans entendre des noms qui rappellent de grands souvenirs; il semble qu'on est entouré des ombres de Schiller, de Herder, de Wieland, de Klopstock. C'est une belle chose que cette protection accordée aux grands hommes par un petit prince d'Allemagne.

7506 L. v. Henning an F. Förster 8. Oktober 1822

... unser teurer, väterlicher Meister [Goethe] hatte mich so freundlich aufgefordert, ihn vor meiner Rückkehr hier [in Weimar] noch aufzusuchen, daß ich es nicht hätte über das Herz bringen können, diese Aufforderung unbefolgt zu lassen und den geraden Weg nach Berlin einzuschlagen ... gestern nachmittag gegen vier Uhr bin ich wieder hier eingetroffen; Du wirst Dir vorstellen, daß ich nicht versäumt habe, unsern lieben Alten aufzusuchen, der mich auch wieder, wie das vorige Mal, auf das freundlichste empfangen und mir Vorwürfe darüber gemacht hat, daß ich so lange ausgeblieben sei. Ich hörte, daß die Mendelssohnsche Familie, gleichfalls auf der Rückreise nach Berlin begriffen, den Nachmittag dagewesen sei, und fand im Gesellschaftszimmer außer der jungen Frau von Goethe und ihrer Schwester auch noch den Hofrat Meyer und Fräulein Adele Schopenhauer, die zwar nicht hübsch, ja sogar häßlich, aber doch übrigens um sehr vieles besser als ihr wohlweiser Herr Bruder ist. Den größern Teil des Abends habe ich mit dem alten Herrn und mit Meyer in anmutigem und heiterm Gespräch zugebracht; ein bißchen stimmten denn die jungen Damen das Lob von Berlin an, und Du wirst es mir gern glauben, daß ich mit meiner Stimme dabei nicht zurückgeblieben bin. Der väterliche Alte ließ uns munter gewähren und gab uns die gewünschte Aussicht, daß er, vornehmlich durch Meyers günstigen Bericht in seinem alten Vorhaben bestärkt, sich nächstens selbst auf den Weg machen und, was ich am alleranmutigsten finde, in *Potsdam* sein Hauptquartier aufschlagen werde. Ein eifrigerer Lobredner dieser königlichen Stadt, als ich, hätte wohl nicht leicht zugegen sein können, und so wird es am Ende vielleicht dennoch nicht ohne Segen bleiben, daß ich mich gewöhnt habe, jene Gegend mit so großer Vorliebe zu betrachten ... Gestern abend bin ich ziemlich spät nach Hause gekommen, und heute gegen Mittag gedenke ich von hier wieder aufzubrechen. Gar gern hätte ich Goethes wohlwollende Aufforderung, heute noch den ganzen Tag hier zu bleiben, befolgt; allein man erwartet mich diesen Abend in Neuhausen ... Ich will diesen Morgen noch einige hiesige Freunde, namentlich Thon und Froriep, aufsuchen, und dann um 10 Uhr soll ich zu unserm Dichter kommen, um seinen Segen zur Reise zu empfangen.

7507 Eckermann: Notiz

[Goethe?:] «Selbst das genaueste Studium der Schriften des Altertums hat im allgemeinen auf den persönlichen Charakter und den Geschmack wenig Einfluß. Wenn das wäre, so müßten ja alle Philologen und Theologen die vortrefflichsten Menschen sein. Dies ist aber keineswegs der Fall, und es sind solche Kenner griechischer und lateinischer Schriften des Altertums eben tüchtige Leute oder auch elende Wichte oder auch Lumpe wie andere auch, je nach den guten oder schlechten Eigenschaften, die Gott in ihre Natur gelegt oder die sie von Vater und Mutter mitbrachten.

Hiermit aber will ich nicht sagen, daß das Studium der Schriften des Altertums für die Bildung eines Charakters überall ohne Wirkung wäre. Ein Lump bleibt freilich ein Lump, und eine kleinliche Natur wird durch einen selbst täglichen Verkehr mit der Großheit antiker Gesinnung um keinen Zoll größer werden. Allein ein edler Mensch, in dessen Seele Gott die Fähigkeit künftiger Charaktergröße gelegt, wird durch die Bekanntschaft und den vertraulichen Umgang mit den erhabenen Naturen griechischer und römischer Vorzeit sich auf das herrlichste entwickeln und mit jedem Tag zusehends zu ähnlicher Größe heranwachsen.»

7508 F. v. Müller: Aufzeichnung

Vor einigen Jahren [im Januar 1821] schrieb Goethe in das Album der Frau von Spiegel: «Ein Freund bittet ihm diese beiden Seiten offen zu halten. G.»

Das Buch kam ihm nicht wieder zu Gesicht, und auch die Inhaberin hielten tausend zufällige Umstände von ihm entfernt. Endlich, nach glücklicher Genesung von seiner letzten schweren Krankheit, fügte es sich günstig, daß Goethe ein in jenes Album eingezeichnetes Gedicht eines jungen Dichters zu lesen begehrte, worauf Frau von Spiegel Gelegenheit nahm, ihm dasselbe bei einem Morgenbesuche [am 22. Februar 1824] vorzulegen. Die Erinnerung an seine noch unerfüllte Zusage und an frühere schöne Tage und Stunden des gemeinsam heitersten Zusammenwirkens zu einem glänzenden Maskenfeste im Jahre 1810 trat in jugendlicher Frische vor seine Seele. Frau von Spiegel hatte damals die Prinzessin von Byzanz aufs reizendste dargestellt und zwei der schönsten Stanzen in Goethes damaligen Maskengedicht veranlaßt. An diesen unvergeßlichen Eindruck knüpfte sich jetzt im Gemüte des Dichters die Freude des Wiedersehens nach so manchen wechselvollen Tagen, und so wurden alsbald die beiden offen erhaltenen Seiten des Albums mit nachstehenden Zeilen seiner Hand aufs bedeutungsreichste beschrieben:

Seit jener Zeile bis zum heut'gen Tage ...

7509 Varnhagen an V. Cousin 1. Oktober 1825

Nous avons passé une demi-journée délicieuse à Weimar chez Goethe [8. Juli], où a été beaucoup question de vous, de votre aventure, de vos travaux. L'inspiré vieillard a vivement exprimé ses regrets de n'avoir joui que très peu de votre entretien, et dans un temps où il se sentait très indisposé.

7510 *F. v. Müller an V. Cousin* *26. September 1825*

Monsieur Eichhoff a paru très enchanté de son entretien avec Goethe [am 25. September], qui, à la vérité, était d'une cordialité parfaite et d'excellente humeur ce jour-là. Il a de même passé une soirée chez Madame de Goethe, qui lui a adressé nombre de questions sur votre compte, et qui ne cesse de regretter de ne point vous avoir vu une seconde fois chez elle.

Mille remercîments pour l'intéressant cadeau que vous m'avez fait de l'excellent discours de Monsieur Royer-Collard, et de votre prospectus, qui nous promet un ouvrage des plus marquants. Je n'ai pas manqué de le communiquer à Goethe, qui l'a accueilli avec le plus vif intérêt ...

Désirant beaucoup vous pouvoir présenter aussi quelque nouveauté de Weimar, je vous envoie les trois petites, mais bien intéressantes poésies de Goethe, par rapport au Jubilée de notre Prince [«Zur Logenfeier des dritten Septembers 1825»] ...

Je pense que la profondeur des idées, qui sont renfermées dans la seconde de ces poésies, ne pourrait trouver un plus digne appréciateur que vous, Monsieur, le zélé admirateur de Platon et de Hegel ...

N'oubliez pas, Monsieur, je vous en prie aussi de la part de Madame de Goethe, de nous faire jouir de la traduction du «Faust» de Monsieur Stapfer, aussitôt qu'elle paraîtra.

7511 *R. Zoozmann: Kurzangebundene Geschichten um Goethe* *1932*

Wie Goethe sprach

Franz Ziegler, seinerzeit ein geschätzter Novellist, hat Goethe um 1825 herum als Student besucht, und erzählte darüber in anregender Weise. Wenn er sprach – es geschah in der vielbesuchten Bierstube von Schubert gegenüber dem Berliner Schauspielhaus in der Charlottenstraße anfangs der siebziger Jahre –, so schwieg die ganze Tafelrunde, zu der die damals bemerkenswertesten Leute Berlins gehörten ... Ziegler gab oft aus seinem bewegten Leben die interessantesten Dinge zum besten, in denen er manchmal nach Goethes Rezept Dichtung und Wahrheit mischte.

Franz Ziegler hatte also Mitte der zwanziger Jahre als Student von Jena aus einige seiner Skizzen und Gedichte an Goethe geschickt. Wie groß war sein Erstaunen, als er von Eckermann nicht nur die Empfangsanzeige, sondern auch eine freundliche Einladung in Goethes Haus nach Weimar erhielt: «Exzellenz würde sich freuen, die Bekanntschaft des talentvollen jungen Mannes zu machen.» – Ziegler erzählte nun der aufhorchenden Tafelrunde in seiner ergötzlichen Art, wie er den Mut faßte, seine Ankunft anzuzeigen, vorher schlaflose Nächte verbrachte, wie er den Weg zu Fuß machte, das Goethesche Haus bei seiner Ankunft schüchtern umkreiste und sich am Abend ausgiebig festkneipte, ungezählte Reden vorbereitend, die er dem Dichterfürsten halten wollte. So stellte er sich klopfenden Herzens am nächsten Vormittag zur bestimmten Stunde ein. Der Diener öffnete die Tür, durch die Ziegler in Goethes Arbeitszimmer wie ein Heiligtum eintrat. «Mir war Hören und Sehen vor Aufregung vergangen (erzählte er nach dem Bericht eines Mitgliedes der Schubertschen Tafelrunde) – aber mein frommer Schauder hielt nicht lange an. Ich fühlte mich von Anfang an recht gemütlich beim Herrn ‹Geheimbderath Göthen›. Ich weiß gar nicht, durch welche Schilderungen ich dazu gekommen war, mir den Dichter als gewaltigen Recken vorzustellen. Ein behäbiger dicklicher Herr von mittlerer Größe trat mir entgegen und reichte mir liebenswürdig die Hand. Goethe war ein sogenannter Sitzriese – wie Homer den Odysseus schildert. Der Oberkörper mit der breiten Brust war zu hoch im Verhältnis zu den kurzen Beinen. Er wirkte also nur groß, wenn er saß – klein im Stehen. Aber die von vollem, weißem Haar umwallte Stirn war geradezu wundervoll. Und dieses Auge! Ich habe nie ein schöneres Auge gesehen. Aber jetzt öffnete er den Mund, und ich sah schadhafte, bräunliche, schiefstehende Zähne - ganz menschlich ... Und nun sprach er: es war das unverfälschteste Frankfortsch, er sprach genau wie unser Oppehoim. Auf Anhieb begriff ich jetzt die Reime, die mich immer beunruhigt hatten: Ach neiche, Du Schmerzensreiche!»

7512 F. v. Müller an V. Cousin 30. Mai 1826

Je profite, Monsieur, du voyage d'un de mes amis, de Monsieur le Président Weyland, à Paris, pour vous faire parvenir ces lignes, une petite pièce que je viens de faire paraître sur le Jubilée de Goethe, et un exemplaire de la nouvelle édition de son Iphigénie, qui a été distribuée à cette fête vraiment nationale. Le vif intérèt que vous avez voué à tout ce qui se rapporte à notre révéré patriarche, me promet d'avance que vous voudrez bien regarder cet envoi comme une preuve de la confiance avec laquelle nous vous comptons parmi les nôtres, et du désir qui en résulte de vous voir associé à nos plus chers souvenirs.

Veuillez m'excuser, Monsieur, si la perspective de profiter du voyage de Monsieur Weyland m'a fait retarder ma réponse à votre aimable lettre du 6 avril, et l'expression de ma reconnaissance pour un témoignage aussi flatteur de votre souvenir, que m'a été votre excellente Préface [des Fragments philosophiques].

Non seulement moi, mais aussi Monsieur de Goethe et Monsieur de Gersdorff l'ont lue et relue avec le plus grand intérêt, et elle nous a préparés à étudier, avec d'autant plus de succès, vos Fragments philosophiques, ouvrage qui marquera certainement pour toujours dans la littérature philosophique de votre nation ...

Vous apprendrez sans doute avec plaisir, Monsieur, que le Globe est devenu la lecture favorisée de Monsieur de Goethe, et qu'il ne cesse de me répéter que son estime pour les auteurs s'accroît par chaque nouvelle feuille. Il y trouve une marche si ferme et conséquente, un tact si pur et délicat, des principes si sains et si justes, qu'il croit pouvoir présager, avec raison, que, si ce journal se tient fidèlement dans la ligne qu'il paraît s'être tracée, une nouvelle ère de la critique française datera de son apparition ...

Je laisse à Monsieur Weyland le soin de vous entretenir en détail de tout ce qui peut vous intéresser à Weimar, et nommément du malheureux accident, qui est arrivé à Madame de Goethe, mais qui, grâce au ciel, ne lui laissera point d'autres traces qu'une très petite marque sur le front.

7512a *Rudolf Hübner: Ein Künstlerbesuch bei Goethe im Jahre 1826*

So mag Julius Hübner diese unvergeßliche Begegnung oft genug erzählt haben, und so ließ er die Erzählung drucken [vgl unsere Nr 5920]. Aber wie es so leicht zu geschehen pflegt: mit der Zeit hatten sich die Eindrücke ein wenig verschoben, und schließlich hatte das Erinnerungsbild eine Gestalt angenommen, die nicht mehr ganz mit der Wirklichkeit übereinstimmte. Das stellte sich heraus, als er sein Schriftchen dem alten Jugendfreund und Reisegefährten Theodor Hildebrandt sandte, der damals als ein durch lange Krankheit gebrochener Mann in seiner Vaterstadt Stettin lebte. Hildebrandt dankte ihm herzlich, bemerkte aber dabei, daß, wenn er eine Kritik machen müßte, er alles auführlicher wünschte, z. B. was uns Goethe über die Künste sagte: «rechte Künstler und Handwerker zu sein und uns nicht viel in gelehrte Bücher zu vertiefen» (womit er Ernst Förster meinte), und wie er uns Peter Vischer mit dem Schurzfell nannte. Auch wäre zu erwähnen gewesen, wie Du Goethe die Zeichnung zum Rasenden Roland gegeben, wozu Hübner hinzufügt, das hätte er allerdings auf den Wunsch Bettinas getan und zu bemerken vergessen.

Dann aber schickte ihm Hildebrandt etwas später ein Blättchen, das er in seiner Brieftasche aufbewahrt hatte. Darauf hatte Hübner damals unter dem frischen Eindruck des Erlebnisses den Anfang eines Berichts über den Besuch niedergeschrieben. Und hier heißt es nun folgendermaßen:

'Hinter Kösen erhebt sich so ein Sturm, der uns den

Staub in die Augen bläst, daß wir in Eckartsberga einen Wagen nehmen müssen, der uns bis Weimar bringt'. (Soweit Hildebrandt.) 'Wir warten am Morgen noch peinlich auf unsere Sachen, die mit der Post ankommen sollen, und gehen alsbald zu Dr. Eckermann, der uns sehr artig und freundlich empfängt und unsere Briefe an Goethe und unsere Meldung bei ihm übernimmt. Kurze Zeit darauf erscheint er im Elephanten und bestimmt uns die Zeit von halb zwei Uhr zur Audienz; schon hierin liegt für uns eine Auszeichnung, weil es eigentlich außer der gewöhnlichen Sprechzeit Goethes ist. Wir sehen uns noch unterdeß den Cranach an [das Altargemälde in der Herderkirche], und es naht nun die bedeutsame Stunde; wir rüsten uns und ziehen mit Gaben beladen wie die heiligen drei Könige, Hildebrandt mit seinem Paket, ich mit meiner Zeichnung (Roland) nach seiner Wohnung. Es empfängt uns bald sein geweihter Flur, mit Bratengeruch erfüllt. Vergebens spähen wir nach Bedienten, endlich gelingt es mir, in der Küche ein wunderhübsches Mädchen aufzuspüren, die sehr eilig uns ihr folgen heißt. Durch ein wunderliches Mißverständnis führt sie uns erst hinauf zu dem jungen Herrn von Goethe, und wir hören draußen vor der Tür stehend, wie er sich verleugnen läßt. Dieses ist uns sehr egal und sogar lieb; wir gehen, nachdem wir die nette Iris bedeutet haben, mit ihr ein Stockwerk tiefer und treten in ein Zimmer ein, um Goethe zu erwarten, der aber in demselben Moment, für uns überraschend, uns im Rücken, zur Tür hereintritt. Wir wundern uns, und welch ein Anblick! Nicht unrecht vergleicht ihn Freund Hildebrandt mit dem gealterten Löwen! Ewig unvergeßlicher Anblick des Mannes, der seine Zeit schuf, die Hülle des göttlichen Geistes zu sehen, der eine ganze Welt von Gedanken hervorrief! Mögen uns unauslöschlich die Züge des gottbegabten Dichters bleiben! Wir unterhalten uns ... '

'Hier hört', so fügt Hübner auf dem Blatt, auf dem er sich die alte gleichzeitige Notiz abgeschrieben und das er in sein Handexemplar des Schriftchens eingeklebt hat, 'die Aufzeichnung auf. Ich habe mit Erstaunen gesehen, wie mir das Faktum doch im Laufe der Jahre sich zu einem Mythus gestaltet hat, den ich für unumstößlich hielt! März 1873. Julius Hübner'.

7512b Kräuter an Riemer (Entwurf)
ohne Datum (wohl nach dem 5. Mai 1827)

Verehrter Herr Bibliothekar!
Euer Wohlgeboren ... in einem Augenblick mein Herz auszuschütten, wo solches mit Kummer und banger Besorgnis mehr und mehr belastet ... Seit zweiundzwanzig Jahren (vom Jahr 1805 an) gehöre ich Großherzoglicher Bibliothek, wo ich von der Pike zu dienen begann; im Jahr 1813 erhielt ich erst den Akzeß und zwei Jahre später geruhten Seine Exzellenz der Herr Staatsminister von Goethe, mir meinen jetzigen Charakter beizulegen ... Vor einigen Tagen haben Herr Staatsminister von Goethe mir mündlich zu eröffnen geruht, daß Hochdieselben gesonnen wären, den Doktor Eckermann zu unserer Beihilfe auf Großherzoglicher Bibliothek Beschäftigung zu geben ... lege über diesen Punkt unbefangen meine vertrautesten Gedanken und Gefühle vor ... [es sind] alle unsere Kräfte in Anspruch genommen, den vernachlässigten Katalog zu ergänzen ... Selbst wenn er bloß zum Abschreiben hier angestellt werden sollte, würde er uns keinen Nutzen bringen ... da wir nicht so schnell Zettel einlegen können. als er [Kanzlist Franke] sie abschreibt.

7513 M. Rapp: Das goldne Alter der deutschen Poesie 1861

[Kurze Übersicht über Goethes Leben und Werke.] 1827 ... In diesem Sommer hab' ich Goethe in seinem Garten bei Weimar meine Aufwartung gemacht, was zwar kein Ereignis in Goethes Leben, einigermaßen aber in dem meinigen ist.

7514 M. Rapp: Das goldne Alter der deutschen Poesie 1861

[Über Goethes Sprache.] Als ich bei Goethe war und ihn mit Feuer von seinem venezianischen Aufenthalt sprechen hörte, nannte er die Zeit *sheniâlisch;* ich glaubte ins vorige Jahrhundert zurückzuhören, denn so sagen wir nicht mehr; der ganze Frankfurter aber stand vor mir, als ich ihn das Wort *fichûren* aussprechen hörte.

7515 *M. Rapp: Das goldne Alter der deutschen Poesie 1861*

Naturen von so gesunder Sinnlichkeit wie Goethe leben ihr glücklichstes Leben in der Jugend, daher bei Goethe die Klagen über das Alter sehr offen und aufrichtig sind ... Als ich Goethe gegenüber stand, machte er mir den Eindruck eines alten Mannes, der nicht alt sein will, folglich im Widerspruch mit sich selbst ist, und das war peinlich zu beobachten; ich beneidete den Mann um sein Alter, er mich, wie jeden, um meine Jugend, und prahlte vor mir mit seinem scharfen Gesicht in die Ferne, um mich zu beschämen, denn ich – hatte eine Brille auf der Nase. Man hatte mich davor gewarnt, ich aber sagte zu mir: Gehst du zu Goethe, um ihn *nicht* zu sehen, so bist du ein Narr. Und zum Glück hatte ich das gut gemacht; denn durch diesen Umstand war der alte Herr irritiert, und ich hörte ihn nun gegen eine halbe Stunde in größter Heftigkeit perorieren, so daß mir noch heute der Eindruck so lebendig ist, als wär' ich gestern bei ihm gewesen.

7516 *Berlinische Nachrichten* *26. Januar 1830*

Folgende, der Breslauer Zeitung entnommene, Mitteilung enthält das Wahre einer Begebenheit, welche von mehrern Blättern unrichtig und entstellt erzählt wird: Vor drei Jahren reiste die Ehegattin eines in Liegnitz wohnenden Bürgers, eine sehr achtbare und verständige Frau, nach Thüringen, um ihre in einer dortigen Stadt verheiratete Tochter zu besuchen. Nach einem mehrwöchentlichen Aufenthalte kehrte sie über Weimar, wo sie einige Verwandte besitzt, in ihre Heimat zurück. In letzterer Stadt wurde der Wunsch in ihr rege, Herrn v. Goethe zu sehen, und sie ging deshalb in sein Haus, um die Erfüllung dieses Wunsches zu versuchen. Der sie meldende Bediente wies sie in den Garten, in welchen die Fenster des untern Erdgeschosses des Goethischen Gartenhauses gehen. Kaum war sie hier eingetreten, als der Dichter an einem Fenster erschien, sich auf das freundlichste und wohlwollendste nach den Verhältnissen der Reisenden erkundigte, die ihm offen erklärte, sie habe zwar seine Schriften nicht gelesen, doch ihn als einen großen Mann verehrt und stets gewünscht, ihn von Angesicht zu Angesicht kennen zu lernen. Dies Glück sei ihr nun heute geworden und werde sie diesen Tag nie vergessen. Die innige Rührung der Frau, als sie dies sagte, war unverkennbar, und auch auf Goethe schien das Ungewöhnliche des Falles Eindruck zu machen. Ebenso wohlwollend, wie er sie empfangen, verließ er sie, und sein Diener händigte ihr beim Abschiede mehrere kleine Kupferstiche des berühmten Dichters, unter denen sich auch einige Exemplare des mit seinem Faksimile versehenen Bildes sowie sämtliche ihm zu seinem Jubiläum gewidmeten Gedichte befanden, alle eigenhändig von Goethe unterschrieben. «Wenn Sie wieder nach Weimar kommen», sagte er zu der Reisenden, «so besuchen Sie mich wieder» – und die Frau hielt Wort. Vor einem Jahre [am 20. Oktober 1828?] machte sie, ebenfalls in Familienangelegenheiten eine Reise nach Thüringen und besuchte den großen Dichter abermals. Gleicher freundlicher Empfang wie das erste Mal wurde ihr in seinem Hause zuteil. Er gewährte ihr auf seinem Zimmer eine längere Unterhaltung, als die brave Frau hoffen konnte. Als sie nun, auf das innigste bewegt, dem edlen Greise sich empfahl, drückte er ihr die Hand, und übergab ihr ein in einer hölzernen Kapsel verschlossenes Exemplar der auf sein Jubiläum geprägten vortrefflichen Medaille, indem er mit Herzlichkeit und Güte sagte: «Nehmen Sie dies zum Andenken von mir, es hat für Sie vielleicht einigen Wert.»

7516a Der Freimütige *2. Januar 1830*

(Göthe und die Metzgerfrau.) Eine Metzgerfrau aus einem kleinen Orte in Schlesien, hatte ihre in Coburg verheiratete Schwester besucht. Dort erfährt sie gelegentlich, daß der große Dichter Göthe nicht weit davon, in Weimar verweile. Sie hatte ihr Leben hindurch seine Werke gele-

sen, ohne von seiner Person mehr zu wissen, als von den Verfassern der Gesangbuchlieder, die sie sonntäglich mit Andacht sang. Sie wußte kaum, ob er noch lebe. Die Möglichkeit ihn zu sehen, treibt sie zu einem schnellen Entschluß. Sie, die in ihrer Heimat kaum mit höhern und gebildetern je gesprochen, als ihren Gevattern, dem Prediger und dem Steuerbeamten, macht sich zu Fuß, ihren Mundvorrat in der Tasche, nach Weimar auf den Weg. Man zeigt ihr das Haus, zitternd tritt sie ein, und trägt ihre Bitte dem Kammerdiener vor, ihr ein Plätzchen im Garten anzuweisen, wo sie den gnädigen Herrn bloß einmal *sehen* könne. Der Diener erklärt der bestäubten Bäuerin, daß sein Herr nicht mehr Minister sei und nichts zu vergeben habe. Aber sie besteht so ängstlich darauf den großen Dichter zu sehen, daß der Verwunderte sie seinem Herrn meldet. Göthe ist nicht allein an dem Busch vorübergegangen, hinter dem sich die Schüchterne verborgen, sondern hat sie hervorgezogen und ist mit ihr eine Stunde im Garten spazieren gegangen. Er hat nachher versichert, selten bei einem Besucher solche Belesenheit in seinen Schriften, eine so richtige, natürliche Auffassung und so innige Liebe für seine Poesie gefunden zu haben, als bei der armen schlesischen Bürgersfrau. Es ist zweifelhaft, ob beim Abschiede sie mehr gerührt war, als der Greis ihr seine Jubiläumsmedaille einhändigte, oder Göthe, denn solche Anerkennung wird selten einem Dichter.

7517 A. v. Goethe an F. v. Luck 29. Januar 1829

Ew. Hochwohlgeboren
darf wohl aufrichtig versichern, daß ich oft gewünscht habe, ein natürliches Talent oder äußere Umstände hätten mich zum Sekretär meines Vaters bestimmt; denn besonders in den letzten Jahren, wo sich zu allen früheren Tätigkeiten und Geschäften immer neue Obliegenheiten hinzudrangen und zuletzt auf eine Weise häuften, daß es unmöglich wird, ihnen genugzutun, da hat sich jener Wunsch dringend aber- und abermals hervorgetan ...

In dem gegenwärtigen Falle ... kann ich seinen Auftrag

getrost übernehmen und versichern, daß das übersendete Werk [Th. Katerkamp, Denkwürdigkeiten aus dem Leben der Fürstin Amalia von Gallitzin, 1828] eine große, ja vielleicht allzu große Teilnahme bei ihm erregt hat. Unaufgefordert werden Sie, verehrter Mann, sich den Zustand vergegenwärtigen, in welchen das Ableben unsres unvergeßlichen Fürsten ihn versetzen mußte. Deshalb ich denn auch keine weitern Worte verliere. Desto empfindlicher aber wird ihm nunmehr jeder neue Verlust oder die Erinnerung an frühere, weil das veränderliche und unsichere Weltwesen nur immer vergänglicher und flüchtiger zu werden scheint.

Wenden sie dieses nun, hochgeschätzter Mann, auf das fragliche Werk an und geben solches dem hochwürdigen Herrn Verfasser mit den treusten Grüßen zu erkennen. Das schmerzlichste Gefühl konnte nicht außenbleiben, das derjenige empfinden müßte, der eine Frau von solcher Anmut und Tugend, reinem Wohlwollen und ungeheuchelter Frömmigkeit im Leben so lange bewundert, und nun von ihr als einer nur vorübergegangenen und zwar so klar und eindringend mußte reden hören.

7518 Maria Pawlowna: Tagebuch *12. November 1829*

... il[Goethe] a parlé politique, sur la difficulté de prendre et de garder Constantinople, et a ajouté que depuis trente ans il n'avait pas été aussi content de ce qui était arrivé qu'il l'était maintenant de la manière dont la paix d'Adrianople fut conclue après cette campagne aussi brillante et heureuse.

7519 Der Komet *10. Februar 1830*

[Korrespondenznachricht aus Weimar, den 8. Januar 1830.] Von Gelehrten sprechend, kann ich nicht ermangeln, Ihnen, verehrtester Kometenlenker, eine Geschichte mitzuteilen, welche für die literarische Welt von großem Betrübnis gewesen wäre. Der «Feuertod» bedrohte unsern Goethe, und das wäre doch schrecklicher gewesen, als sich selbst zu überleben? Doch die Vorsehung, die über alles wacht, beschützte auch ihn, den erhabenen Greis. – Goethe, der Schöpfer so vieles Schönen und Großen, wäre beinahe vor mehreren Wochen lebendig verbrannt, wenn nicht ein *Deus ex machina* in Gestalt eines Livrée-Bedienten dazu gekommen wäre. – In seinem Lieblingszimmer, wo eine nicht unbedeutende Kupferstichsammlung sich vorfindet, hatte sich durch unterirdische Heizung ein Balken entzündet, der zu nahe an der Feuerung in der Mauer lag, mithin den Augen einer hiesigen Ober-Bau- und Feuer-Kommission (Leute ohne Brille, das Gegenteil von unsern Gelehrten, Goethe allein ausgenommen) entgangen war. Der Balken war so weit verkohlt, daß er glühte und, durch die Zimmerluft angeweht, brannte, und Rauch und Flammen schon die Wände jenes Zimmers küßten. Ein Diener kam durch Zufall in dieses Zimmer, welches einige Tage unbesucht geblieben war, und beugte so einem Unglücke vor. Wäre dieser Engel von bärtigem Bedienten nicht in jene Stube gekommen, so wäre dieselbe Nacht (den 9. Dezember) [vielmehr den 10. auf 11. Dezember 1829] ganz sicherlich das Feuer auf schreckliche Weise ausgebrochen, und Goethe, der in den angrenzenden Gemächern schläft, fast unrettbar verloren gewesen.

7520 F. Mendelssohn an Zelter *22. Juni 1830*

[Über seinen Besuch in Weimar vom 21. Mai bis 3. Juni.] Oft habe ich des Vormittags dem Goethe vorspielen müssen; er wollte einen Begriff davon haben, wie die Musik sich fortgebildet habe, und verlangte deshalb von den verschiedenen Komponisten, wie sie einander folgten, etwas zu hören. An den Beethoven wollte er nicht gern heran; ich konnte es ihm aber nicht ersparen, da er hören wollte, wo es jetzt «mit den Tönen sich hingewendet habe», und spielte ihm das erste Stück der C-moll-Symphonie, das ihm auch sehr gefiel. Über die Ouvertüre von Seb. Bach aus D-dur mit den Trompeten, die ich ihm auf dem Klavier spielte, so gut ich konnte und wußte, hatte er eine große Freude; «im Anfange gehe es so pompös und vornehm zu, man sehe ordentlich die Reihe geputzter Leute, die von einer großen Treppe herunterstiegen», – auch die Inventionen und vieles aus dem «Wohltemperierten Klavier» habe ich ihm gespielt. – Eines Mittags meinte er, ob ich nicht das Handwerk grüßen wolle und zu dem Organisten gehen, damit er mich die Orgel in der Stadtkirche sehen und hören ließe. Das tat ich denn und habe mich recht über das Instrument gefreut. Man sagte mir, daß auch Sie ein Gutachten über die Reparatur abgegeben hätten, und es ist damit besser geglückt, als mit irgend einer andern reparierten Orgel, die ich kenne ... Der Organist, nachdem er mir gesagt hatte, ich möge wählen, ob er mir was Gelehrtes oder was für die Leute vorspielen sollte (denn für die Leute müsse man nur schlechte, leichte Sachen komponieren), gab denn auf mein Bitten was Gelehrtes; es war aber nicht viel an dem Dinge; er modulierte hin und her, bis man schwindlig wurde, und es wollte nicht neu werden; er machte eine Menge Eintritte, und es wollte keine Fuge werden. Als ich ihm was spielen sollte, ließ ich die D-moll-Toccata von Sebastian los und meinte, das sei gelehrt und zugleich auch für die Leute, das heißt für gewisse; aber siehe, kaum hatte ich angefangen, so schickte der Superintendent seinen Bedienten und ließ sagen: man möchte gleich mit dem Orgelspiel aufhören, da es Wochentag sei, und der Lärm ihn im Studieren störe. Über die Geschichte hat sich Goethe sehr erbaut.

7521 *Ottilie v. Goethe: Tagebuch* *1. Dezember 1859*

... ein Billett an Frau von Savigny, die mich zum Diner mit dem englischen Gesandten Sir Charles Murray geladen. Es ist derselbe Murray der mit Douglas [Juni 1830] in Weimar war, und beide mit einem artigen Billett von Murray ihre Pässe dem Papa sandten. Murray schrieb dazu, sie hätten gar keine Empfehlungsbriefe mit, und also keine andere Art, sich zu legitimieren, als ihre Pässe. Wenn der Papa sie nicht sehen wollte, so bäten sie nur, daß er es ihnen nicht durch den Bedienten sagen ließ, sondern eine Zeile schriebe, damit sie dann dies Blatt in ihrer Familie forterben ließen. Wenigstens hätten sie nicht in Weimar sein wollen ohne den Versuch zu machen, ihn zu sehen. Als der Papa die Pässe erhielt, machte er sich den Spaß, sie mir heraufzuschicken mit der Bemerkung, die Pässe wären zum Visieren für den englischen Konsul geschickt. Abends mußte ich auf seinen Befehl einige liebenswürdige junge Mädchen einladen, aber er war sehr unzufrieden, als der schweigsame Freund von Murray, Douglas, uns besser gefiel.

7522 Erinnerungen einer Großmutter (mitgeteilt von Reinhold Bürgel, Nordhausen) Deutsche Zeitung, Berlin (ohne Datum)(?)

[Die Berichterstatterin, Amalie Näther, war Kammerzofe bei Ottilie von Goethe wohl 1821–1828]

1) Frau von Goethe hatte einen Klingelzug gestickt, welcher zum nahe bevorstehenden Geburtstage des alten Herrn in der Stille angebracht werden sollte. Die gnädige Frau gab mir irgend einen Auftrag bei ihm auszurichten und sagte noch: Sehen Sie sich bei der Gelegenheit um, ob es möglich sein wird, den Klingelzug früh morgens heimlich anzubringen. Während ich bei Exzellenz auf Antwort wartete, merkte er, daß ich nach dem alten Klingelzug blickte und fragte mich: Gefällt er dir? Ach nein, sagte ich, er ist schon so alt. Aber bequem, entgegnete er, daß sich ja niemand daran vergreift! Er hatte offenbar schon eine Ahnung von der bevorstehenden Erneuerung. Zum Geburtstage war aber doch der neue anstatt des alten Klingelzuges angebracht. Nachdem die Familienglieder gratuliert hatten, brachte auch ich meinen Glückwunsch an. Exzellenz sagte: ich danke dir für deinen Wunsch. Was ist das aber mit diesem Ding? Ich habe doch gesagt, es soll sich niemand an dem alten vergreifen! Exzellenz sind wohl böse, erwiderte ich. Ja, wenn ich nur könnte, entgegnete er; ja, geh' nur hin, er soll daran bleiben.

2) Zum siebenundsiebzigsten Geburtstage schickte jemand von Frankfurt eine alte Wanduhr, welche Goethes Eltern besessen hatten. Am Vorabend wurde sie aufgestellt. Am andern Morgen um acht Uhr ließ der Sohn sie schlagen. Der alte Herr lag noch im Bett, war aber wach

und rief: O Gott, was ist das? Die Uhr meiner Eltern! Wer ist es, der mir diese Freude bereitet?

3) Zum Regierungsjubiläum Carl Augusts wurde Goethes Haus vom Hofgärtner Baumann aus Jena mit Kränzen und Girlanden dekoriert, zu deren Herstellung man drei Tage gebraucht hatte. Abends war festliches Souper, zu welchem für die fürstlichen Personen und die vornehmen Gäste im langen Saale gedeckt war. Auch in allen übrigen Zimmern waren Tafeln mit Speisen und Getränken besetzt. Jedermann ohne Unterschied hatte Zutritt, und der alte Herr ging von einem Zimmer zum andern, nötigte die Schüchternen zum Zulangen und forderte sie wiederholt auf: Wollen wir nicht auf das Wohl des Jubilars anstoßen? Erst gegen zwei Uhr entfernten sich die Hoheiten und gaben damit das Zeichen zum Schluß der Feier.

Am folgenden Tag trug mir Frau von Goethe auf: Gehen Sie zum Vater und bitten Sie ihn, daß er mir von John oder von Herrn Sekretär Schuchardt ein paar Federn schneiden läßt. Als ich meine Bitte vorgetragen hatte, sagte Exzellenz: Herr Baumann hat mir gesagt, Du hättest vom Kranzbinden wehe Hände bekommen. Da muß etwas zur Heilung aufgelegt werden. Hier schenke ich dir mein Bild. Ich besah es, legte es aber aufs Pult und sprach: Ich mag es nicht, es ist häßlich! – Was, rief Exzellenz, ich wäre häßlich! – Nein, antwortete ich, Exzellenz nicht, aber das Bild! Da fing er an laut zu lachen und auch Schuchardt und John konnten das Lachen nicht unterdrücken. Ich aber war so erschrocken, daß ich hinauseilen wollte; da rief Goethe: Kind, du hast ja die Federn vergessen! Als ich umkehrte, reichte er mir eine mit seinem Bild gezierte Tasse und fragte: Gefällt dir dieser Kopf? – Ach ja, Exzellenz, das ist gut getroffen! rief ich. Nun gut, sagte er, wenn es dir gefällt, so wirst du es wohl behalten. Ich ergriff seine Hand, um sie dankend zu küssen, er aber nahm mich beim Kopf und küßte mich auf die Stirn.

4) Der alte Herr schlief gern in den Morgen hinein, und Carl August überraschte ihn oft im Bett. Eines Morgens, als ich durch die Hausflur ging, trat der Großherzog eben

ein. Der Diener wollte ihn melden, aber Königliche Hoheit sagte: Du bleibst, ich finde den Weg allein! Einen Augenblick später ging ich mit dem Stubenmädchen auch hinauf, da hörten wir, wie der Großherzog in Goethes Zimmer eintretend ausrief: Guten Morgen, altes Kamel, liegst du noch in der Sauen? Beide lachten, dann sagte Exzellenz: Soll dir Stadelmann ein Pfeifchen stopfen? Nein, sagte Carl August, ich mache es selbst. – Der Großherzog rauchte sehr stark, Goethe bekanntlich gar nicht.

5) Unser alter Herr war nicht frei von Aberglauben. Eines Mittags kam der Diener in meine Stube, in der sich auch die Enkel aufhielten, mit dem Befehl, es sollte sogleich eins von den Kindern hinunterkommen, der Herr will nicht, daß dreizehn Personen bei Tische sitzen. Der Herr Generalsuperintendent Röhr habe eben absagen lassen.

6) Vor der Abreise der Prinzessin Marie zur Vermählung mit dem Prinzen Karl von Preußen (22. Mai 1827) schmückte ich mit drei jungen Mädchen das Innere des Reisewagens und wollte dazu auch gern ein Gedicht haben; als ich mich deshalb an meine gnädige Frau wandte, sagte sie: Bitten Sie nur den Vater darum, der wird Ihnen schon eines geben. Ich trug dem alten Herrn meine Bitte vor, aber er rief: Nein, nein, nichts da! So etwas verstehe ich nicht. – Ich klagte es der gnädigen Frau, sie aber tröstete mich: Warten Sie nur, ich will versuchen, ob ich etwas zustande bringe. Bald darauf brachte sie mir folgenden Vers:

Die Liebe folgt dir nach an jeden Ort,
Und treu verfolgend führt sie deine Schritte,
Mit stillen Tränen zieht sie mit dir fort
Mit Jubel grüßt sie dich in Preußens Mitte.

Ich dachte: das zeigst du dem alten Herrn, damit er sieht, daß andere auch etwas können. Ich ging also zu ihm hin: Exzellenz erlauben wohl, daß ich Ihnen etwas zeige. Er las den Vers und sagte, offenbar erfreut: Ei sieh mal, das ist ja ganz hübsch! Bei Tisch werde ich deiner gnädigen Frau mein Kompliment machen.

7) Zuweilen hörte der alte Herr gern Quartettmusik in seiner Wohnung. Einst hatten sich deshalb die Herrn Musiker, unter ihnen der Kammermusikus Haase, welcher Cello spielte, eingefunden, und Goethes Diener beauftragte den Kutscher König, aus Haases Wohnung das Cello zu holen. Nun muß ich bemerken, daß in Weimar ein Rat Schellhorn (ein Name der ähnlich wie Cello klang) wohnte. Nach einer Weile kam der Kutscher zurück und meldete: Ich soll ein schön Kumpelment an Herrn Geheimrat sage, und Herr Schellhorn wüßte nischt von en Haasen. Der Diener ging hinein und bat Exzellenz zu erlauben, daß König die Antwort ihm selbst ausrichte. Als Goethe diese vernommen hatte, lachte er hellauf und sagte: Du sollst mir künftig alle meine Kommissionen ausrichten. Nun gehe aber in Herrn Haases Wohnung und hole das Cello! Hast du mich verstanden?

8) Wie sich der alte Herr zuweilen auch um hauswirtschaftliche Dinge bemühte, davon folgendes Beispiel. Zur Zeit der Weinlese sagte Frau von Goethe zu mir: Sie sollen für den Vater Weintrauben kaufen; ich habe ihm gesagt, daß Sie das gut verstehen. Der alte Herr gab mir das nötige Geld dazu, und als ich den eingekauften Traubenvorrat abgeliefert hatte und das Zimmer verlassen wollte, sagte er: Bleibe noch da, Kind, du hast noch mehr zu tun. John soll im Bibliothekszimmer eine Leine ziehen, du aber bindest an jede Traube ein Fädchen, an jeden Abschnitt wird etwas Siegellack getupft. Dann werden die Trauben an der Leine aufgehängt und wir haben noch zu Weihnachten frische Trauben. Dies Verfahren wurde fortgesetzt, solange es noch Trauben gab.

9) Im Winter 1827 strömten eine Anzahl fürstlicher Herrschaften in Weimar zusammen, aus München die bayrische Königsfamilie, aus Berlin der Kronprinz und die Prinzen Wilhelm und Karl, außer ihnen auch viele vornehme Engländer. Da wurden den hohen Gästen zu Ehren mancherlei Festlichkeiten veranstaltet, unter andern auch eine große Schlittenfahrt nach der Ettersburg, und zwar sollte die abendliche Rückfahrt mit glänzender Fak-

kelbeleuchtung stattfinden. Da man von der Mansardenwohnung der jungen Goethefamilie aus die ganze Gegend bis zum Ettersbergwalde überschauen konnte, sagte der alte Herr zu seinem Diener: Gehe hinauf und melde mir, wenn du die ersten Fackeln siehst, damit ich auch etwas von dem Schauspiel habe. Als er dann nach Beendigung desselben herabging, sagte er: Die Jugend ist doch schön! Ich möchte wohl noch einmal zwanzig Jahre jünger sein.

10) Der Bruder [vielmehr Neffe] des Herrn Rat Schlosser in Frankfurt, des Schwagers Goethes, war Doktor in Paris, verheiratete sich dort und wurde katholisch. Als er auf längere Zeit nach Frankfurt kam, brachte er es dahin, daß Schlossers und noch einige Verwandte zur katholischen Kirche übertraten. Als es der alte Herr erfuhr, war er außer sich vor Empörung. Er hatte sonst fast jedes Jahr seine Vaterstadt besucht, erklärte aber nun, daß von seiner Familie niemand wieder dahin kommen werde.

Als später Goethes Schwiegertochter längere Zeit leidend war, empfahl ihr der Hausarzt, Hofrat Rehbein, eine Kur in Bad Ems. Allein sie lehnte dies ab; denn sie meinte, es täte ihr zu leid, dahin zu gehen, ohne auf der Hinoder Rückreise die Verwandten in dem nahen Frankfurt zu besuchen. Als Rehbein einige Zeit darauf bei Goethe zu Tische war, sagte er zu Frau von Goethe: Ottilie, du siehst heute sehr leidend aus. Ja, lieber Hofrat, erwiderte sie, ich habe heute heftige Schmerzen. So folge doch und gehe nach Ems, mahnte der Arzt. Nein entgegnete sie, Sie kennen ja meine Bedingung. Da reichte ihr der alte Herr die Hand und sagte: Reise mit Gott, und bringe meine Vergebung.

Der Anmeldung von Frankfurt folgte schnell die freudige Einladung von dort, und am 16. Juni [18.6.1824] reisten wir von Weimar ab. Am dritten Tage kamen wir unter großer Freude von beiden Seiten in Frankfurt an. Vierzehn Tage später reisten wir, von Schlossers bis Mainz begleitet, ab. Wir fuhren denn mit dem Marktschiffe (Dampfschiffe gab es damals noch nicht) nach Bingen und Rüdesheim. Unter Führung der Schiffersleute besuchten wir die Rochuskapelle und den Niederwald und fuhren dann weiter nach Ehrenbreitstein. Auf der Fahrt erzählte die Frau des Schiffers, daß sonst ein Herr Goethe aus Weimar alljährlich in diese Gegend gekommen wäre. Da hätte ihn ihr Mann in die Berge geführt, wo er Steine gesammelt hätte. Das wäre für ihren Mann eine gute Gelegenheit gewesen, einen schönen Kreuzer Geld zu verdienen. Der Herr wäre auch sonst so gut und freundlich gewesen, daß sie ihn recht lieb gehabt hätten. Er wäre aber auch sehr gescheit gewesen. Als nämlich unser gräflicher Rat bei der Rochuskapelle eine schöne Rede hielt, hielt der Herr Goethe auch eine Rede, die aber noch viel schöner war, und er war doch nur ein Lutheraner. In Ehrenbreitstein angekommen, beauftragte mich Frau von Goethe, den Leuten ein Trinkgeld zu geben, weil sie den Vater so lieb hätten; verbot mir aber, ihren Namen zu nennen. Ich dachte aber, du wirst ihnen doch die Freude machen und ihnen sagen, wen sie gefahren haben. Als ich bei der Überreichung des Trinkgeldes ihnen verriet, daß die Dame die Schwiegertochter des Herrn von Goethe wäre, waren sie hocherfreut und baten dringend, den Herrn nach unserer Heimkehr herzlich von ihnen zu grüßen, und drückten zugleich den Wunsch aus, daß er wenn möglich noch einmal an den Rhein kommen möge.

Nach unserer Heimkehr fragte mich Exzellenz: Nun, mein Kind, hast du dich in Frankfurt und am Rhein auch ordentlich umgesehen? Ich erzählte ihm das Zusammentreffen mit den Schiffern: Ihre Exzellenz hätten die Freude dieser Leute sehen sollen, als ich ihnen verriet, wen sie gefahren hatten! Da ergriff er meine beiden Hände und sagte: Du hast ganz recht getan, ich danke dir dafür!

11) Der alte Herr war gegen jedermann ohne Unterschied freundlich; nur einmal habe ich ihn böse gesehen. In einem Haus an der Ackerwand, hinter Goethes Hausgarten, war Feuer ausgebrochen. Da lief die junge Waschfrau, welche gerade in Goethes Hause beschäftigt war, zur Gartentür hinaus, um das Schauspiel mit anzusehen. Aber der alte Herr rief zum Fenster hinaus: Willst du wohl da-

bleiben, du kleine sakramentische Ratte! Überall muß das neugierige Volk dabei sein, und das Maul aufsperren.

12) Als ich wegen meiner bevorstehenden Verheiratung von der Familie Abschied nahm, schenkte mir der alte Herr eine Medaille, die auf der einen Seite sein Portrait, auf der andern den preußischen Adler zeigt. (Es war eine Kopie der goldenen Medaille, welche er zu seinem Jubiläum vom König von Preußen erhalten hatte.) Dann sagte er: Leb' wohl, mein Kind, du warst so lange in unserm Hause, es gehe dir, wie Gott will! Denke immer, du gehörst zu uns!

13) Nach meiner Verheiratung frug er zu Weihnachten die Enkel: Wollt ihr der Frau B. nichts zu Weihnachten schicken? Als sie riefen: Großpapa, wir schenken ihr ein Stammbuch, sagte er: Bringt es mir, ich werde mich hineinschreiben. Er schrieb:

In Wunsch und Hoffnung, es möge der Frau Besitzerin alles Glück und Heil gedeihen!
Weimar 1828
unterzeichnet

Johann Wolfgang v. Goethe

KOMMENTAR

Zu Aufbau und Siglen vgl Band IV, S.V ff

7082 SchrGG 28, 326 f

7083 SchrGG 28, 331 f

7084 SchrGG 28, 339

7085 (3076) GJb 23, 18 – *kleine Skizze:* vgl Nr 7033 und Anm – *zu radieren:* zum Zwecke der Vervielfältigung. Vgl hierzu F. Rademacher (Anm zu 7033) 30 ff

7086 wie 5956 S. 104 – Der Brief ist in der Quelle nicht datiert, vorausgehend wird aus einem Brief vom 5.2.1860 zitiert.

7087 (NN 3150 f.) Carl Vogel : Die letzte Krankheit Goethe's ... Berlin 1833, 37 ff – *als Orestes:* in der Liebhaberaufführung der «Iphigenie» am 6. April 1779 (vgl Nr 495a). – *Nutrition:* Ernährung. – *Sanguifikation:* Bluterzeugung.

7088 (3124/3125/3126/3127) aaO 22 ff – *das Schließen zu Pferde:* vgl DuW 4 (GA 10, 164). – *bei dem ... Lungenblutsturze:* in der Nacht vom 25. zum 26. Nov. 1830 (vgl Nr 6714). – *Torosität:* Muskelstärke. – *non obstantibus quibuscunque:* da niemand Widerspruch erhebt. – *Tinto di Rota:* südspanischer Rotwein. – *Jalappenseife:* Abführmittel aus einem tropischen Windengewächs. – *Seine Zähne ... in gutem Zustande erhalten:* Dies entspricht, zumindest für die Frontzähne, nicht der Wahrheit und zeigt die starke Stilisierung des Berichts. – *Ich habe dies von Goethe selbst:* dieser Bericht ganz ähnlich wie der von Eckermann im 3. Teil der Gespräche unter dem 7. Okt. 1827 (GA 24, 652 f). – *das Licht putzte:* vgl Nr 2553 und 4900.– *Ektropium senile:* Auswärtskehrung des Augenlids. – *Zapfenbräunen:* Halsentzündungen. – *der Kreuzbrunnen:* aus Marienbad, angeblich besonders wirksam bei Goethes schwerer Erkrankung im Febr./März 1823. – *«Alles Bestreben, einen Gegenstand zu fassen ... »:* Zitat aus TuJ 1794 (GA 11, 643).

7089 aaO 34 ff – *«wer seine Leidenschaften ... »:* DuW 6. Buch (GA 10, 261). – *Aberglauben ... :* zitiert nach TuJ 1801 (GA 11, 678).

7090 (3118/3120/3121/3122) aaO 51 ff – *«Ich halte es doch länger aus ... »:* mündliche Äußerung? – *«daß mit diplomatisch-klugen Schritten ... »:* TuJ 1802 (GA 11, 701). – *merita causae:* Hauptpunkte einer Sache. – *«in der mildern Sonne seiner letzten Jahre»:* wohl Anspielung auf Faust I 1455: «Mildere Sonnen / Scheinen darein». – *«zurecht zu legen»:* mehrfach in DuW, z.B. 12. Buch (GA 10, 598). – *Der Entschluß ... :* Faust I Vers 227 f (GA 5, 148). – *«Weil jedes Geschäft ... »:* mündliche Äußerung? – *«um unauflösliche Zweifel ... »:* nach TuJ 1802 frei zitiert (GA 11, 707). – *«In keinem Geschäft ... »:* mündliche Äußerung? – *Noli turbare circulos meos!:* Störe meine Kreise nicht! Dem Archimedes zugeschriebener Ausspruch.

7091 aaO 125 f – *das Absurde erfülle eigentlich die Welt:* nach DuW 15 (GA 10, 719).

7092 aaO 140 ff

7093 aaO 261 f – *des «geschäftsgewandtern» Voigt:* vgl TuJ 1794 (GA 11, 640).

7094 aaO 322 ff – *verwogen:* alte Form von 'verwegen', bei Goethe auch sonst belegt. – *«Er ließ auch hier nicht ab ... »:* TuJ 1794 (GA 11, 638).

7095 (3113) Ri 1, 41 ff – *«kein Berg zu hoch ... »:* 'Bildung des Erdkörpers ... ' (GA 17, 580). – *[C. Vogel]:* vgl Nr 7088. – *der homerischen Andeutung:* Ilias III, 210 f – *der Bemerker am wenigsten:* «ich noch zuletzt in Dux 1811 [vielmehr 1810, vgl Nr 3265], wie früher vor 1806.» (Zusatz Pollmer 58)– *Ubiquisten:* Allgegenwärtigen, z.B. Böttiger, der «Freund Ubique» (Goethe an Schiller, 25. Juli 1798, WA IV 13, 226).

7096 Ri 1, 63 Anm – Bei BuG 1, 457 datiert: Juni/Sept. 1776 (letzte Begegnungen mit Klinger während dessen Besuch in Weimar). Die Äußerung könnte jedoch auch in der Zeit des ersten freundschaftlichen Umgangs mit Klinger in Frankfurt 1774 gefallen sein.

7097 (1608) Ri 1, 67

7098 Ri 1, 79

7099 Ri 1, 80 und 83

7100 (1609) Ri 1, 87 f – *«Ruhig, ruhig, nur Ruhe!»:* an anderer Stelle (Ri 1, 269) heißt es : «So war denn Ungeduld oder Heftigkeit in seiner Gegenwart zu zeigen nicht das Mittel sich bei ihm zu empfehlen. Sein gewöhnlicher Zuruf, wenn nichts andres, war dann: Nur ruhig, Kinder, ruhig!»

7101 Ri 1, 212 – *Quanto minus est ... :* «Wieviel weniger bedeutet es, mit allen übrigen umzugehen, als Deiner zu gedenken». Der Ausspruch ließ sich nicht als Zitat ermitteln. Er erinnert an Goethes Formulierung und Gedicht nach dem Tod von Christiane, vgl Nr 4346.

7102 Ri 1, 233

7103 Ri 1, 234 f – *«Viele Gewohnheiten ... »:* aus der Abteilung 'Sprichwörtlich' (GA 1, 436).

7104 (3115) Ri 1, 241 ff – *se defendendo. nicht offendendo:* um sich zu verteidigen, nicht um zu verletzen.

7105 (3116) Ri 1, 255 – *übertragen:* ertragen, hinnehmen.

7106 (1611) Ri 1, 270 – *Schnudelputz:* in der Form 'Schnudelbutz' im Ekelnamen-Verzeichnis von 'Hanswursts Hochzeit' (GA 4, 252). Eigentliche Bedeutung: «Rotznase» (DjG^3 5, 438). Von Riemer im Plural «Schnudelputzer» übernommen im Brief an F.J. Frommann vom 18. Sept. 1811 (Heitmüller 194).

7107 Ri 1, 276 f – *quästionierte:* ausfragte

7108 Ri 1, 303 f – *abgelegte Schlangenhäute:* vgl Zahme Xenien: «Sie zerren an der Schlangenhaut, / Die jüngst ich abgelegt.» (GA 1, 661).

7109 (1612) Ri 1, 306

7110 (1613) Ri 1, 308 – Nach O.F. zu datieren: nach dem 29. Sept. 1807. Vgl GTgb von diesem Tage: «Morgens Wolff wegen einiger Theaterangelegenheiten, welcher die Beurtheilung der Weimarischen Hofschauspieler in Dycks Bibliothek der redenden und bildenden Künste 4. Bandes 1. Stück mitbrachte.» Die «niederträchtige Kritik» findet sich dort (S. 46 – 100) in dem 'Zweiten Schreiben über einige Vorstellungen der Weimarischen Hofschauspieler'. Die 'Natürliche Tochter' war am 28. Aug. 1807 in Leipzig gegeben worden.

7111 (3117) Ri 1, 309 – Der Ausspruch berührt sich mit dem Schluß der 'Kleinen Biographien zur Trauerloge' (WA I 36, 363).

7112 (1614) Ri 1, 310

7113 Ri 1, 397 f – *«Pfaffenspiel»:* 'Parabel' (GA 1, 405 f), entstanden 23. Febr. 1813.

7114 (1618) Ri 1, 410 – *Karabinade:* Stichelei.

7115 (1619) Ri 2, 263 – *in der «Italienischen Reise»:* Taormina, 8. Mai 1787 (GA 11, 325).

7116 Ri 2, 285 Anm – *«solche Mühe hat Gott dem Menschen gegeben»:* nach Pred. 1. 13. Vgl auch Nr 7127.

7117 Ri 2, 327 – *in den Theatralischen Abenteuern, der Heimlichen Heirat:* beide von Cimarosa. – *Circe:* von Anfossi (vgl Nr 3744 und Anm).

7118 Ri 2, 480

7119 (1621) Ri 2, 497 f Anm

7120 Ri 2, 528

7121 Ri 2, 576 f – *«Die wandelnde Glocke»:* GA 1, 142 (entstanden 22. Mai 1813).– *mit einem kleinen Knaben:* wohl Rinaldo Vulpius (nach Pollmer Unters 102). – *Hegire von Weimar nach Teplitz:* 'Flucht', d.h. wegen der Kriegsunruhen vorzeitige Abreise ins Bad. Die beiden im folgenden genannten Balladen sind im April 1813 entstanden.

7122 (1623) Ri 2, 624 – *Elisene:* Riemer vermutet, daß der Stoff aus der spanischen Literatur stammt.

7123 (1626) Ri 2, 677 – Über Zucchi vgl Italienische Reise, Rom, 15. Febr. 1787 (GA 11, 184).

7124 (1627) JbGG NF 32, 1970, 285 f. Erweiterte Fassung von Ri 2, 679 f

7125 Ri 2, 692 – *Friedrich II.:* von Preußen.

7126 Aphor 360 – Undatiert; eingeordnet nach dem 22. Dez. 1830. Nach PollmerUnters 133 kann diese Äußerung «aus späterer Erinnerung niedergeschrieben sein». Der junge Theologe ist nicht ermittelt.

7127 (1584 / 1585 / 1586 / 1587 / 1588 / 1589 / 1590 / 1591 /1592 / 1593 / 1594 / 1595/1596) Aphor 368 ff – *Brocardica:* nach Riemers eigener Erklärung im Vorwort (Quelle 365 f) «in einem weiteren Sinne» gebraucht, «wonach es überhaupt auch treffende Sentenzen, sowohl in ernster als in witziger Beziehung anwendbar, bezeichnen soll und demnach auch spöttische Repliken in sich begreift». – *«Israel in der Wüste»:* in den 'Noten und Abhandlungen zum Divan' (GA 3, 504 ff). – *«Ihr Tauftag solle der Schöpfungstag sein.»:* 2. Vers des Vierzeilers aus 'Sprichwörtlich': «Das junge Volk, es bildet sich ein, / Sein Tauftag sollte der Schöpfungstag sein ... » (GA 1, 426) – *«Also muss man des Todes Bitterkeit vertreiben»:* 1. Sam. 15, 32. – *Frau im Evangelio:* Luk. 15, 8 f. – *«Solche Mühe hat Gott dem Menschen gegeben»:* vgl Nr 7116 und Anm. – *in den Briefen an Zelter:* am 21.5.28 (WA IV 44, 102, 5) schreibt Goethe an Zelter über sich, daß er «sich durch Thätigkeit gegen das zu Thuende wehrt und fast abmüdet». – *precipizio:* Absturz. – *«periamo noi, periano anche i bicchieri»:* «wir gehen unter – sollen auch die Gläser zugrunde gehen»; Goethe gedenkt «jenes Weisheitsspruches des kleinen italiänischen Mädchens» im Brief an Meyer vom 10.4.1813 (WA IV 47, 12). – *«ce sont les suites ... »:* das sind die unvermeidlichen Folgen des Krieges. – *taedium vitae:* Lebensüberdruß, Weltschmerz. – *bei dem häuslichen Unheil:* dem Selbstmord von Zelters Stiefsohn (vgl Nr 3661 und Anm). – *difficilia* *quae pulchra:* schwer ist, was schön ist. – *ars est de difficili et bono:* Kunst besteht aus Schwierigem und Gutem. Vgl «Die Kunst beschäftigt sich mit dem Schweren und Guten.» (MuR 54) – *sustine et abstine:* halte stand, und enthalte dich! – *decet imperatorem stantem mori:* dem Herrscher steht es an, stehend zu sterben (nach Sueton, Divus Vespasianus, cap. 24). – *«Ihm seine Träume erzählen und auslegen»:* vgl Goethe an Schiller 26. April 1797 (WA IV 12, 100). – *brevis aevi:* von kurzer Lebensdauer. – *«daß schöne Stunden ... »:* vgl Goethe an Zelter 28. Aug. 1816 (WA IV 27, 149). – *«Begeisterung keine Heringsware ... »:* Schlußverse von 'Frisches Ei, gutes Ei' (GA 1, 459) – *Worte des persischen Gesandten:* gemeint ist Mirza Abul Hassan Chan, Gesandter in St. Petersburg (in den 'Noten und Abhandlungen zum Divan' mehrfach erwähnt). – *«selbst ein Element»:* MuR 202. – *Amici fures temporis:* Freunde (sind) Diebe der Zeit. – *Ergo bibamus:* laßt uns denn trinken! – *in der Polemik gegen Newton:* vgl Nr 2348 und Anm – *ihm schien der Versuch nicht übel:* vgl Nr 3102 und Anm – *das vortreffliche Ergo bibamus:* GA 1, 101 f. – *Klopstocks Sentenz:* Messias VII, 421. – *in einem Briefe an Schiller:* vom 9. Mai 1798 (WA IV 13, 139 f). – *«Und so ist es beschaffen»:* Reineke Fuchs XII 379 – *«handelt einer mit Honig ... »:* ebd. VIII 94. – *«wir hätten ein halb Dutzend ... »:* ebd. VII 218 f. – *«Minister möcht' ich sein ... »:* Die Mitschuldigen II, 2 (GA 4, 87). – *Il matrimonio segreto:* von Cimarosa. – *aus den Theatralischen Abenteuern:* von demselben. – *vanitatum vanitas:* alles ist eitel! – *Akkomodationen:* Anwendungen.

7128 (1597) DtRevue 11/2, 164 – In einer Abschrift Keils steht zwischen dem 4. und 5. noch folgender Absatz: «Das Ensemble der Bewegungen, zumal in diesem Stück, bei den mannigfaltig, aber doch uniform gekleideten Männern, war äußerst würdig und imposant.» (JbGG NF 32, 282). Es ist nicht bekannt, worauf sich diese Äußerung bezieht.

7129 (1629) DtRev 11/2, 171

7130 (1604) DtRev 11/2, 171

7131 (1605) DtRev 11/2, 171 f – Der in eckigen Klammern stehende Zusatz nach einer Abschrift von Keil (vgl JbGG NF 32, 282).

7132 (1606) DtRev 11/2, 172 – Der erste Satz von Riemer veröffentlicht Aphor 287. Dort eingeordnet vor dem 16. Aug. 1805. Das folgende möglicherweise Reflexion Riemers.

7133 Insel-Almanach 1918, 61 f

7134 Insel-Almanach 1918, 63

7135 Insel-Almanach 1918, 63

7136 Insel-Almanach 1918, 63

7137 Pollmer 338 – *«De legibus nostris ... »:* «Über unsere Gesetze vermag ich nichts zu sagen, weder wie sie sein mögen, noch wie sie nicht sein mögen.» vgl Cicero, De natura deorum (1, 63): «de divis neque, ut sint, neque, ut non sint, habeo dicere»

7138 Pollmer 338

7139 Pollmer 339

7140 Pollmer 339

7141 Pollmer 339

7142 Pollmer 340 – *Schreiber Geist:* von 1795 bis 1804 in Goethes Dienst.

7143 Pollmer 340
7144 Pollmer 340
7145 Pollmer 340 – *rebus:* Zeichen-, Bilderrätsel.
7146 Pollmer 340
7147 Pollmer 341
7148 Pollmer 341
7149 Pollmer 341
7150 Pollmer 341
7151 Pollmer 341
7152 Pollmer 341 – *daß es im Handel und Wandel noch gilt:* gemeint ist natürlich als Silber; vgl das ähnlich gebrauchte Bild der Mischung von Münzsilber im 2. Auftritt des 'Prologs zu den neuesten Offenbarungen Gottes' (GA 4, 231 f).
7153 Pollmer 341
7154 Pollmer 341 f
7155 PollmerUnters 78 – Mit dem Zusatz: «R appr. G.»
7156 JbSKipp 5, 31 f – *niemals würde ich aus seinem Hause gegangen sein:* Anspielung auf die langjährige Hausgenossenschaft, die 1812 nach Riemers Ernennung zum Gymnasialprofessor beendet wurde. – *meinen Entschluß rückgängig gemacht:* vgl Goethes Brief an Riemer vom 8. Nov. 1813 (WA IV 24, 27 f). – *expedit:* wendig.
7157 JbSKipp 5, 34 f – *apprehensiv:* Mißbehagen erregend, von Goethe nach 1800 häufig gebraucht, vgl GWb I Sp 778 f – *Ad plures ire:* «zu den Vielen gehen»; soviel wie: sterben, vgl Plautus, Trinummus II, II, 14.
7158 JbSKipp 5, 36 f – *sentierten:* empfundenen.
7159 JbSKipp 5, 38 – *Großherzog:* Carl August.
7160 JbSKipp 9, 297 f – Hs. im Goethe-Museum Düsseldorf. Auf demselben Blatt finden sich noch zwei «Einfälle», die Riemer selber in Aphor veröffentlicht hat (vgl Nr 3902 und 3290). – *Rezension:* von Ferdinand Delbrück in der JALZ vom 18./19. Jan. 1810, wieder abgedruckt bei Fambach Goethe 148 ff. Der Rezensent operiert laufend mit den Wörtern 'zufällig' und 'Zufall'. – *Geist Gablidon:* Lavater verfaßte ein Protokoll «Über den Spiritus Familiaris Gablidone». Dieser erschien angeblich dem Grafen Thun. Vgl dazu Goethes Brief an Lavater vom 17.11.1781 und die Anm HA, Goethes Briefe in 4 Bdn, Bd 1 (1962), S. 709.
7161 wie 792 S. 155
7162 JbGG NF 32, 282 – Beschäftigung mit der Ars poetica des Horaz verzeichnet GTgb am 31. Aug. und 1. Sept. 1806, wohin diese Äußerung gehören könnte.
7163 JbGG NF 32, 282 f – Vgl GTgb 21. Juli 1810: «Nach Tische Geheimer Rath Wolf. Vorlesung der Wolken des Aristophanes.» (Vgl auch Nr 3224.) F.A. Wolfs metrische Übersetzung der 'Wolken' erschien 1811 in Berlin. Die Übersetzung von Friedrich Gottlieb Welcker, erschienen Gießen 1810, erwähnt GTgb am 27. Okt. 1810. Die Äußerung könnte also um diese Zeit anzusetzen sein.
7164 JbGG NF 32, 283
7165 JbGG NF 32, 284 – *Gryllus:* mißgestaltetes Ungetüm, Karikatur des Altertums, vgl dazu die Abbildung der in Goethes Besitz befindlichen,

einen Gryllus mit Adler-, Löwen- und Widderkopf darstellenden Gemme bei Femmel / Heres Nr 29 [31] wie auch Nr 30 [32] und die Hinweise S. 313 ebd.

7166 JbGG NF 32, 284

7167 JbGG NF 32, 284 – *In Asch bemerkt:* vielleicht am 6. Aug. 1806, vgl Corpus VII, 124. Bei der Zeichnung könnte es sich handeln um Corpus IV B Nr 151.

7168 JbGG NF 32, 285 – *verbotenus:* wortwörtlich.

7169 JbGG NF 32, 285

7170 JbGG NF 32, 285

7171 JbGG NF 32, 285

7172 JbGG NF 32, 285

7173 JbGG NF 32, 286

7174 JbGG NF 32, 286 – *Alfieri:* Am Schluß seiner Autobiographie, die Goethe in der französischen Ausgabe 'Vie de Victor Alfieri, écrite par lui-même' (2 Bde, Paris 1809), kannte, schildert Alfieri (II, 291 f), wie er den Orden Homers erfindet und sich selbst zum Ritter desselben ernennt.

7175 JbGG NF 32, 286 – *perceptible:* wahrnehmbar.

7176 JbGG NF 32, 286

7177 JbGG NF 32, 286 f

7178 JbGG NF 32, 287 – Das Zitat offensichtlich aus J. H. Campes 'Wörterbuch der Deutschen Sprache', 4. Teil, Braunschweig 1810, S. 454, Stichwort 'Sittenlehrig'.

7179 JbGG NF 32, 287 – *Den Poeten müsse man ... :* «Den Dichter könnt ihr mir nicht nehmen, / Den Menschen geb ich euch preis ... » aus den 'Zahmen Xenien' (GA 2, 397)

7180 JbGG NF 32, 288

7181 JbGG NF 32, 288

7182 JbGG NF 32, 288

7183 JbGG NF 32, 288

7184 JbGG NF 32, 289

7185 JbGG NF 32, 289

7186 JbGG NF 32, 289 – Vgl dagegen aus dem Gedicht 'Rechenschaft' die Verse: «Nur die Lumpe sind bescheiden, / Brave freuen sich der Tat.» (GA 1, 100)

7187 JbGG NF 32, 289 f – *Gespräch mit Goethe über Napoleon:* anderweitig bei Riemer nicht nachweisbar.

7188 JbGG NF 32, 290

7189 JbGG NF 32, 290 – *Glieder des Leibes:* vgl die ähnliche Verwendung dieses Bildes in Nr 2544.

7190 JbGG NF 32, 290 – *Gnoten:* 'Knoten' oder 'Gnoten' wurden in der Studentensprache ursprünglich die Handwerksgesellen genannt (vgl DWb). – *Philister über dir, Simson:* Richter 16, 9.

7191 (3111) Ri 1, 29 – *den barmherzigen Schuster in Rom:* vgl Italienische Reise, Bericht März 1788 (GA 11, 586 f)

7192 (3099) aaO 15 f

7193 (3100) aaO 27 f – *fast zur Verzweiflung bringen ... :* hier folgt unsere Nr 1924, worauf sich die folgende Äußerung mit bezieht.

7194 (3107) aaO 31 f – *«Gute Menschen, ihnen ist nicht zu helfen!»:* vgl Nr 6485.

7195 (3101) aaO 32 f

7196 (3108) aaO 33 – *Besuch eines erhabenen Königs:* Ludwigs I. von Bayern am 28./29. Aug. 1827.

7197 (3102) aaO 35

7198 (3109) aaO 39 f

7199 (3103) aaO 41 f

7200 aaO 12 f

7201 (3105) aaO 14 f – *bei seiner Abreise nach Griechenland:* wohl 1827 zur Übernahme der Präsidentschaft. – *Und wäre es meine Aufgabe ... :* in Bi² 4, 477 irrig als Äußerung Goethes wiedergegeben.

7202 (3106) aaO 17 und 19

7203 aaO 20 f

7204 Gr 94 f – *Verteidigung des Großherzogs durch Goethe:* vgl Nr 2691. – *Äußerungen Goethes an Wielands Begräbnistage:* vgl Nr 3677.

7205 Nach der Hs. im Goethe-Museum Düsseldorf – Der Brief von Carus selber verwertet in 'Goethe. Zu dessen näherem Verständnis' (Leipzig 1843) sowie in seinen 'Lebenserinnerungen und Denkwürdigkeiten' (Leipzig 1865/66). Vgl auch GKal 1931, 201 ff, (Auszug aus der ersteren Veröffentlichung). – Der Besuch des Kanzlers von Müller in Dresden muß kurz zuvor erfolgt sein. – *Dämonologie:* Das Gesprächsthema dürfte im Zusammenhang stehen mit der Ankündigung von Falks 1832 postum erscheinendem Buch «Goethe aus näherem persönlichem Umgange dargestellt» durch Müller. In Carus' Brief wird kurz vorher aus den Gesprächen mit Müller berichtet: «Auch bin ich dadurch sehr begierig auf das Buch Falk's über Goethe geworden, in welchem nach Müllers Zeugnis viel Wichtiges niedergelegt sein soll», (vgl Nr 3677 und Anm und Nr 7204).

7206 Nach der Hs. im Goethe-Museum Düsseldorf – *«Heitere Stunden»:* Th. 1–3. Dresden 1821/23 (Ruppert Nr 1143; dort auch Wiedergabe der handschriftlichen Widmung Schützes).

7207 Varnhagen Tgb 3, 409 (JbGG NF 3, 312)

7208 Tewes 253 f – *führte er mich an einen Haufen starker Konvolute :* nach Houben 1, 145 f, am 19. Okt. 1823 oder bei einem der vorhergehenden Besuche. – *Beiträge zur Poesie: vgl Nr* 5293 und Anm.

7209 (3011) wie 5804a S. X ff – *eine große Stelle der Helena Schillern noch vorlesen:* vgl Nr 1590. – *[Schnarren der Greife]:* gemeint ist wohl die Vorlesung am 17. Jan. 1830 (vgl Nr 6488). – *das Geschrei der Kraniche:* Faust II Vers 8765 f.

7210 (3132) wie 5804a S. XIII Anm – *Auch in diesem Stück Zucker ist Leben:* vgl Nr 6312.

7211 Houben 2, 658 f – Veröffentlicht in: Zeitung für die elegante Welt Nr 15 vom 15. April 1844. – *Goethes Sekretär:* «Wohl nicht in gewöhnlicher Bedeutung des Wortes.» (Anm Laubes) – *«Gespräche mit Goethe»:* deren erste beide Teile 1836 erschienen sind. – *Châteaubriand:* wohl Anspielung auf den nach seinem Aufenthalt in Amerika geschriebenen Roman 'Atala ou les amours de deux sauvages dans le désert' (Paris 1801).

7212 Houben 2, 686 f – Von den Stichworten ist nur ein Teil verwertet worden; diese werden hier nachgewiesen. – *Werther, Brandraketen:* vgl unter dem 2. Jan. 1824 (GA 24, 545). – *Schillers Apprehension vor Besuchen:* vgl unter dem 7. Okt. 1827 (ebd 657). – *Hegels Philosophie:* vgl unter dem 18. Okt. 1827 (ebd 669 f). – *(Carus):* mit Bezug auf Carus' 'Vorlesungen über Psychologie' (Leipzig 1831), die Goethe besaß (Ruppert Nr 3159). Vgl GTgb 3. Jan. 1832: «Im Stillen großes Bedenken über Carus' Psychologie von der Nachtseite.» – *Gil Blas:* von Lesage. – *Waverley:* von Scott. – *Proserpina:* Aufnahme des Monodramas in den 'Triumph der Empfindsamkeit'. – *Raupach:* vgl Nr 7213. – *Don Juan, Finale des ersten Akts:* erwähnt unter dem 6. April 1825 (GA 24, 572). – *Nachtwandlerisches Produzieren:* vgl unter dem 14. März 1830 (ebd 726), jedoch unter Zuhilfenahme dessen, was Soret unter dem 8. März 1830 berichtet (Nr 6527). – *Ledernes Wams:* wohl mit Bezug auf Petrarca (vgl Nr 4173, Bd 2, 1043). – *Byron:* vgl unter dem 11. März 1828 (GA 24, 681). – *Auch im Zucker Leben:* vgl Nr 6312 und 7210. – *Jean Pauls Tochter:* Emma Förster geb. Richter, die nach GTgb am 12. Mai 1829 mit ihrem Mann Ernst Förster in Weimar war.

7213 Houben 2, 688

7214 Houben 2, 777 f

7215 Houben 2, 779 f – Vgl dazu ebd 778 f: «Einige Anklänge daran finden sich in den 'Gesprächen' vom 15. Oktober 1825, 23. März 1829, 14. März 1830 und 18. März 1831, aber unter keinem dieser Daten ist es mit einiger Wahrscheinlichkeit unterzubringen.»

7216 (3015) Sor 215 f

7217 Sor 217

7218 Un Genevois à la cour de Weimar. Journal inédit de Frédéric Soret. Paris o.J., 83

7219 aaO 8 f – *Wie oft hörte ich ihn ... :* vgl hierzu die Anm von F. Rochlitz in den 'Jahrbüchern der Literatur' Bd 60, 1832, 226: «Auch der Ref[erent] hat dies nicht selten von ihm gehört. «Die *Sache!* die *Sache!* wie ist die?»

7220 aaO 12 f

7221 (3090) aaO 19 f

7222 aaO 21 f

7223 (3091) aaO 22 f. – *«... der Mensch ... das erste Gespräch, das die Natur mit Gott halte»:* vgl Nr 3677, Bd 2, 777.

7224 (3092) aaO 26 ff – *ein Stück von der ältesten Urkunde des Menschengeschlechts:* Anspielung auf Herders 'Älteste Urkunde des Menschengeschlechts' (1774/76) – *die alte Lesart aus Faust:* Urfaust Vers 371 f (GA 5, 19). Dort heißt es jedoch: «Bohrt sich selbst einen Esel ... » – *Encheiresin naturae:* Handgriff der Natur. – *das von Goethe mit mir bei Gelegenheit von Wielands Tode gehaltene Gespräch:* Nr. 3677.

7225 (3093/3094) aaO 48 f

7226 (3095) aaO 79 ff. – *aristippischen Philosophie:* wohl im Hinblick auf Wielands 'Aristipp und einige seiner Zeitgenossen' (1800/01). – *Zynismus:* gemeint ist die Philosophenschule der Kyniker. – *Epikur sagt irgendwo:* Am nächsten kommt dem Ausspruch Fragment 122 (Epicuro, Opere, ed. Graziano Arrighetti, Torino 1960, 437 = fr 187 Usener): «Niemals habe ich danach getrachtet, der Menge zu gefallen; was nämlich jener gefiel, das war nicht das, was ich gelernt hatte, und das, was ich wußte, das lag ihrer Fassungskraft fern.» (Übs E. Zinn); der Ausspruch wird auch von Seneca, Epistolae Morales, Brief 29, 10, und von Lucrez, De rerum naturae, I, 943 ff ähnlich wiederholt und war in diesen lateinischen Fassungen weithin bekannt.

7227 (3096) aaO 88

7228 (3097) aaO 88ff – Die Glaubwürdigkeit des Gespräches, die man in Zweifel gezogen hatte, wird inzwischen höher angesetzt. Vgl E. Grumach in: JbGG NF 14/15, 1952/53, 78; ferner A. Henkel, Das Ärgernis Faust, in: Versuche zu Goethe, Festschrift für Erich Heller, Heidelberg 1976,289 und 303 Anm – Zur Datierung: Gräf 2,2,224f hält den 21. Juni 1816 für möglich; A. Schöne, Götterzeichen Liebeszauber Satanskult, München 1982, 109f, datiert (bei hoher Bewertung der Glaubwürdigkeit) die erste Niederschrift auf 1808. – *Avanien:* Beleidigungen. – *Dreißig Jahre:* die 'Hexenküche' ist erstmals im 'Fragment' 1790 veröffentlicht, die 'Walpurgisnacht' 1808 in 'Der Tragödie erster Theil'. – *Frau von Staël ... Engelgesang:* Vgl Gräf2,2,226 Anm, wo Vermutungen darüber geäußert werden, gegen wen Frau v. Staël dieses Urteil über den 1808 erschienenen 'Prolog im Himmel' gefällt haben könnte – *Walpurgissack:* Gräf 2,2,227 Anm meint, daß wir uns diesen «als einen langen, großen Briefumschlag, etwa von der Gestalt eines Actencouverts, zu denken haben». – *einiger Gedichte ... jedes Papier:* es dürften die 'Invektiven' gemeint sein, die erst nach Goethes Tode veröffentlicht wurden. – *die Limbusse:* Vorhöllen.

7229 aaO 94ff – Vgl die Gemeinsamkeiten von Falks Bericht mit dem Faust-Paralipomenon, das ursprünglich für das 18. Buch von 'Dichtung und Wahrheit' bestimmt war (GA 5,557 ff). Es muß offen bleiben, ob hier ein Gespräch oder die Kenntnis jenes Paralipomenons zugrunde liegt (vgl Gräf 2,2,239 Anm).

7230 aaO 146f

7231 Witte 139 – BuG 5,215 datiert (nach Angabe einer Hs) auf 1801.

7232 Witte 139f – BuG 5,109 datiert 'Januar (od 11.2.)' 1801, wohl nach der Erwähnung von Rezensionen in der ALZ vom Januar 1801 (vgl unsere Nr 7237); außerdem schließen aufgrund einer Neulesung der Hs im GSA die bei uns nach der gedruckten Quelle getrennt dargebotenen Nrn 7233–7240 direkt in einem Stück aneinander in der Reihenfolge: 7232/35/36/37/38/33/34/39/40; relevante Abweichungen und Zusätze durch die Neulesung in BuG werden im folgenden jeweils einzeln angegeben. – *Rieß:* Ries ist ein altes Papiermaß, hier vielleicht Plural gemeint. – *einer meiner Freunde:* die Quelle vermutet mit Recht: Merck. – *der Sulzerischen Seichtigkeit:* mit Bezug auf J. G. Sulzers 'Allgemeine Theorie der schönen Künste' (2. Aufl. 1792/99). – *Wo hat denn nun Kant:* Wer hat denn vor Kant (BuG 5,109) – *der Tristram Shandysche Spaß:* in Sternes Roman spielt die Frage nach dem Aufziehen der Uhr im Moment der Zeugung des Helden eine Rolle.

7233 Witte 140 – ἁμαρτὶα μεγαλη: schwere Verfehlung, steht bei Aristoteles im Gegensatz zu μοχϑηρια, sittliche Verworfenheit (Ars poetica 1453 A15–16) ; in BuG 5,110 folgt hier: '(in der Gebrechlichkeit großer Naturen des Aristoteles)' – *Macht meist:* 'Macht mann' (BuG 5,110) – *Parterres:* 'Parterrs (Maria) '(BuG 5,110); gemeint ist wohl 'Maria Stuart'.

7234 Witte 140 – *noch eins:* ob damit 'Die Laune des Verliebten' (zuerst gedruckt 1806) gemeint ist, wie in der Quelle vermutet wird, kann bezweifelt werden. Das Stück wurde bereits am 20. Mai 1779 in Ettersburg aufgeführt (vgl Nr 500). – *verbrannt waren:* BuG 5,110 folgen hier die Verse:
Seine Seel war just im Wandern
Allzuhäufig floß sein Blut
Und sein Weib nahm einen andern
Und das war gut –
Ihre Zugehörigkeit ist nicht sicher, ebensowenig konnte ermittelt werden, worauf sie sich beziehen. Vielleicht wäre an die im Brief an Cornelia erwähnte 'Opera comique': La Sposa rapita zu denken (vgl DjG³ 1,115,35).

7235 Witte 140f – *das meiste aus einem Gang:* das heißt aus einem Guß (BuG 5,110).

7236 Witte 141 – *Umschmelzen:* Verschmelzen (BuG 5,110)

7237 Witte 141 – *Rezension im Meister:* gemeint ist: Rezension von 'Wilhelm Meister'; sie ist von L. F. Huber in der ALZ Januar 1801 (abgedruckt Fambach/Goethe 62–69; vgl auch Nr 7239f) – *herumkröpeln:* sich mühsam herumbewegen (das Wort ist bei Goethe belegt) – *Rezension vom Wallenstein:* auch in der ALZ Januar 1801, von unbekanntem Verfasser.

7238 Witte 141f – *Einwurf der Kritik:* wohl mündliche Kritik an 'Paläophron und Neoterpe', welches Stück am 31. Oktober 1800 zum Geburtstag von Anna Amalia aufgeführt worden war – *Manne:* Oheim (BuG 5,111).

7239 Witte 142

7240 Witte 142 – *Er hat den Wilhelm ... :* gemeint ist Goethe (vgl Nr 7237 und Anm) – *ungestörte Mann:* nach BuG 5,111 folgen in der Hs weitere Notizen:
Die untern Falten könten ruhiger fallen.
Der Jaloux sans amour ist eine Hauptrolle des Molé. Eben so le Bourru bienfaisant. Den Meister sollten junge Schauspieler ohne Unterlaß studiren, wie junge Dichter den Molière. Die Kunst mit den dernieres ressources fein haus zu halten – Ein Dichter und ein Musicus, beyde so ziemlich vis-à-vis de rien.

7241 Robert Springer: Essays zur Kritik und Philosophie und zur Goethe-Literatur. Minden 1885, 212 f – *seine griechische Kunstgeschichte:* vgl Nr 5357 und Anm

7242 wie 7241 S. 210 – *«Käferknabe»:* nicht als authentischer Ausdruck Goethes nachzuweisen; wohl Anspielung auf ‹kleines Käferchen› vgl Nr 7058.

7243 Heuermann 217 – Abeken hatte Goethe von 1808 bis 1828 mehrfach gesehen.

7244 Heuermann 217

7245 Heuermann 217 f – *gegen Lavater:* der folgende Ausspruch ist in dieser Form bei Goethe nicht nachweisbar. Vielleicht meint Abeken die Stelle bei Eckermann unter dem 5. April 1830, wo es heißt: «... vielmehr finden wir, daß alle geistig wie körperlich durchaus naturkräftig ausgestatteten Menschen in der Regel die bescheidensten sind ... » (GA 24, 746). – *«Und bei dem allem ... »:* GA 7, 432.

7246 (1952) Frommann 49 ff – *Geschichte aus dem Feldzuge in der Champagne:* 'Campagne in Frankreich', 19. September (GA 12, 282). – *Fabel des Textes zum Don Juan:* da Pontes Libretto zu Mozarts 'Don Giovanni'. – *la gola:* wörtlich: die Kehle. – *erste Aufführung des «Bildes» von Houwald:* das Trauerspiel hatte Houwald Ende März 1820 an Goethe geschickt, worauf ihm dieser am 18. April antwortet, daß er «aller Einwirkung auf das hiesige Theater entsagt». Da Houwald das Stück dann direkt an das Weimarische Theater sendet (vgl WA IV, 32, 249 f und 391), können wir uns der Datierung bei Zellweker (seine Nr 311) «wohl 7.9.1820» anschließen. – *der gute T.:* die Vermutung von FBdm, daß es sich um Tieck handelt (Bi^2 2, 521), muß bezweifelt werden. – *ein Mann, dessen Stärke die Politik nicht war:* FBdm vermutet Fries (vgl Nr 4539 und Anm), merkt aber an, daß Loeper an Oken denkt.

7247 (1954/1953) Frommann 51

7248 Frommann 54 – *Barth:* war von 1816 bis 1822 in Goethes Diensten. Sein letzter Kutscher war Wilhelm Heinrich König.

7249 (2887) Gaedertz 56 – *'Stolpern fördert':* vgl Nr 6217. – *Schluß des Streites mit Wolf:* vgl dazu Frommann S. 53: «War es Goethen recht wohl im engen Kreise oder wurde er durch irgend etwas ins Feuer gebracht, so fehlten bei ihm auch Kraftausdrücke nicht, wie einmal in der Zeit bald nach 1806, wo er mit F.A. Wolf und Zacharias Werner bei uns war. Dieser hatte eben ein, vielleicht schwülstiges, Gedicht an den Mond vorgetragen, nun fiel Wolf nicht bloß über ihn, sondern auch über den Mond in cynischen Ausdrücken her, was Goethe doppelt verdrießen mochte, denn er wußte Werners Talent zu schätzen, wenn er ihm auch zu 'abstrus' war, und die Erscheinungen der Natur waren ihm heilig; er wendete sich also gegen Wolf: 'nicht wahr, wenn der Mond ein Eierkuchen wäre, den du fressen könntest, dann wär er dir recht?'. Auf die Unstimmigkeiten dieses Berichts, z.B. daß F.A. Wolf bei der Vorlesung des Wernerschen Sonetts nicht zugegen war, hat bereits FBdm hingewiesen (Bi^2 5, 177). Ein Zusammenhang des Goetheschen Ausspruchs mit Z. Werners Sonett, in welchem der Mond mit einer (auch eßbaren) Hostie verglichen wird, ist jedoch nicht von der Hand zu weisen. F.A. Wolf war vom 12. bis 16. April 1807 in Weimar.

7250 (2888) Gaedertz 37 f – *unter der Messe:* d.h. wenn der Vater auf der Leipziger Messe war.

7251 (1956) VarnhagenTgb 10, 287 f

7252 (3133) aaO 56 f

7253 (1569) Weimars Album 190 ff – Über den Anfang der Gesellschaften am 12. Nov. 1806 vgl Nr 2315. Sie zogen sich bis 1814 hin. – *Tisch mit Apparat zum Zeichnen:* vgl Nr 2410. – *in Claurenschen Lustspielen:* die Lustspiele von H. Clauren (Pseudonym für C.G.S. Heun) sind in 2 Bänden Dresden 1817 erschienen. Aufführungen in Weimar 1818, 1820, 1821, 1824 usw. (nach O.F.). – *in den Weimarischen Volksstücken:* gemeint sind wohl die in Weimar aufgeführten Volksstücke. – *die erste Sammlung von Volksliedern:* der 1. Band von Arnims und Brentanos Sammlung 'Des Knaben Wunderhorn' ist 1806 erschienen. – *Nibelungenlied:* vgl Nr 2053 und Anm – *die Alemannischen Gedichte:* von J.P. Hebel (vgl Nr 2032).

7254 (1950) Kletke 201 ff – Wie auch bei andern Berichten F. Försters ist die genauere Datierung der Besuche schwer auszumachen; auch ist damit zu rechnen, daß Besuche aus verschiedenen Zeiten durcheinandergemengt sind. Zu den thematischen Bezügen vgl Nr 4901 f – *bei einem späteren Besuche:* Sept. 1820 oder Sept. 1824? – *«Der Musen und Grazien der Mark Glückwunsch»:* mit Anspielung auf Goethes Gedicht 'Musen und Grazien in der Mark' (GA 1, 102 ff). – *«König in Thule»:* es handelt sich hier und im folgenden um Kompositionen aus dem 'Faust' von dem Fürsten Radziwill. Vgl Zelter an Goethe 2.6.1812 (mit Bezug auf die Aufführung vom 24.5.1819). – *daß Musik seinen Schlummer begleiten soll:* vgl die Regieanweisung: «Er entschläft, die Musik begleitet seinen Schlummer.» (GA 6, 100).

7255 (1949) Kletke 170 ff – *[das Widmungsgedicht ...]:* vgl Nr 3704 und Anm – *im nächstfolgenden Jahre:* zu dieser Angabe vgl Nr 4901 und Anm – *stuffato:* recte stufato = Schmorbraten. – *«Verteilet Euch nach allen Regionen ... »:* Anfang des Gedichts 'Weltseele', (GA 1, 90). – *Mittagsschläfchen:* diese Gepflogenheit Goethes sonst nicht belegt.

7256 (3078) Heuermann 263 ff – Der Brief ist die Antwort auf die Übersendung von Abekens 1861 erschienenem Buch 'Goethe in den Jahren 1771 bis 1775'. – *Enkelin von Lili:* Friederike Elisabeth Cäcilie v. Türckheim, vgl Nr 6522 und Anm – *von einer Dame:* Henriette v. Beaulieu-Marconnay, vgl Nr 312 – *über Möser:* Abeken folgt in seinem Buch (s. oben S. 312 ff) Goethes würdigender Darstellung Mösers in DuW (GA 10, 651 ff) und zitiert auch aus dessen dort erwähntem Brief an Mösers Tochter, Frau v. Voigts vom 28. Dez. 1774 (WA IV, 2, 222 f)

7257 (3135) Bi^2 4, 485 nach: List u. Franke, Katalog Nr 364. Autographen. Leipzig 1904.

7258 (3079) Die Heimat 1882, 767

7259 aaO 257 f

7260 (3081) aaO 9 f – *Eckermanns eben erschienene Gespräche:* 1836.

7261 aaO 107 f – *Großnichte:* eine der Töchter von Goethes Nichte Marie Anna Louise Nicolovius geb. Schlosser.

7262 (3137/3136/1969) Kretschman 71 f – *Hauslehrer:* Rothe. – *Thekla:* in Schillers 'Wallenstein'.

7263 (3031) Kretschman 73 ff – *«Die Fischerin» ... aufgeführt:* vgl Nr 632 und Anm – *Friedrich:* der Diener Krause. – *«Platz zu seinen Füßen»:* nach Luk. 10, 39. – *«Standhaften Prinzen»:* von Calderon.

7264 (3032) Kretschman 83 f

7265 (2968) Kretschman 85 – *Mittagsspuk im Parkgarten:* vgl Nr 6837.

7266 Kretschman 91

7267 (3082) Kretschman 180 f

7268 (3139/3033) Kretschman 183 f

7269 (3129) Kretschman 361 – *«Schillers Leben» von Caroline v. Wolzogen:* vgl Nr 6430.

7270 (3083) Kretschman 504 f

7271 (1379) Uhde 52 ff – *daß ich Goethe ... malte:* im Nov. 1811 (vgl Nr 3560 f und Anm) – *Baroccio:* Porträt des Francesco Maria II. della Rovere, Herzogs von Urbino. – *Federzeichnung Domenichinos:* «Der heilige Nilus treibt Dämonen aus». Aquarell von Heinrich Meyer (1815) als Kopie nach Domenichino (1581 – 1641); vgl Schuchardt 1, 334 Nr 52. Heute im Deckenzimmer. – *Kupferstich von Heinrich Wilhelm Tischbein:* Schuchardt 1, 143 Nr 379. Heute im Großen Sammlungszimmer. – *Jupiter des Phidias:* vielmehr Zeus von Otricoli. – *Geschichte der Psyche von Raffael:* zehn kolorierte Stiche von N. Dorigny (Schuchardt 1, 337 Nr 85–94). – *Kopie nach Tizian:* Schuchardt 1, 326 Nr 3. – *Familienuhr:* von Carl Hof in Frankfurt gearbeitet, nach dem Tod von Goethes Mutter (1808) versteigert und vom Großherzog von Mecklenburg erworben. Vgl Nr 7491

7272 Uhde 67 (JbGG NF 3, 311)

7273 (3080) aaO Bd 1, Altona 1889, 174 – Überlieferung zweifelhaft.

7274 aaO 2. Aufl. S. 41 Anm

7275 (3084) Reichlin-Meldegg 2, 293

7276 (3084) Reichlin-Meldegg 2, 293 f – *Brief an Schiller:* vom 19. Febr. 1802 (WA IV 16, 43). – *in fünfundfünfzig Bänden:* von der Ausgabe letzter Hand sind bis 1833 55 Bände erschienen. Die letzten fünf Bände erschienen 1842.

7277 (3087) Reichlin-Meldegg 2, 295 f – Unmittelbar anschließend an Nr 1643.

7278 (3088) Reichlin-Meldegg 2, 301 f – *meinen synoptischen Kommentar der drei ersten Evangelien:* Philologisch-Kritischer und historischer Commentar über das Neue Testament. 4 Bde. Lübeck 1800/04.

7279 (3089) aaO 3. Theil, Leipzig 1858, 369 f – *einen vieljährigen Freund:* die Vermutung von FBdm, daß es sich um Knebel handeln könnte (Bi^2 4, 465), ist falsch; es dürfte vielmehr Willemer gemeint sein. – *beim Plato:* im «Staat» (330d)

7280 JbGG 16, 211 – Zu unserm Text heißt es in der Quelle: «Die Bemerkung ist ohne näheres Datum in den zwanziger Jahren des vorigen Jahrhunderts niedergeschrieben ... »

7281 (3089a) Bi^2 5, 183 f

7282 (3130) KSchmidt 441

7283 (3146) Zwei Briefe von Karoline von Wolzogen an Alexander von Humboldt. Halle 1905, 6 – *Bonnets Contemplations de la nature:* erschienen 1764. Wie schon in einer Anm der Quelle bemerkt, scheint hier ein Mißverständnis vorzuliegen. An andern Stellen spricht Goethe über Bonnet und dessen vereinfachende Betrachtungsweise ironisch. Vgl 'Campagne in Frankreich' (GA 12, 373 f), 'Der Verfasser teilt die Geschichte seiner botanischen Studien mit' (GA 17, 93) und unsere Nr 6594.

7284 HVoss 32 Anm

7285 Katalog Henrici 149, S. 56 f. – (Versteigerung 23.3.1929, Berlin) – *das Kreuz verabscheut:* Es gibt tatsächlich mehrere blasphemische Äußerungen Goethes über das Kreuz, z.B. Venezianische Epigramme 66 (GA 1, 235) wie überhaupt eine Ablehnung des Zurschaustellens von Christi Leiden, z.B. Wanderjahre II 2 (GA 8, 179 ff) – *letztes Gespräch:* die letzten Begegnungen Bettinas mit Goethe fanden vom 27. August – 11. Sept. 1826 in Weimar statt; in GTgb ist ihre Anwesenheit mehrfach notiert, ebenso Gespräche mit Eckermann über sie, doch keine Gesprächsthemen mit ihr persönlich.

7286 Trunz/Loos 160; das Stück wurde zuerst mitgeteilt in der von

Schlosser begründeten Zeitschrift «Der Katholik» 52, 1872 I 558 in einem anonymen Aufsatz: Neue Mittheilungen über die Fürstin Gallitzin und den Grafen ... Stolberg. – zur Datierung: Anm Quelle S. 404 f vermutet bei Gelegenheit der Begegnung im Sommer 1814 in Frankfurt (kurz vor Konversion Schlossers in Wien). Dies sei wahrscheinlicher als 1801 während Schlossers Studium in Jena bei Gelegenheit der Konversion von Friedrich Stolberg.

7287 (1957/1958/1959/1960/1961/1962/1963/1964) Laube 35 ff – Wer Laubes Gewährsmann ist, wissen wir nicht. Ob die auf WBdm zurückgehende, von FBdm aufgenommene Vermutung, daß es sich um F.A. Wolf handeln könnte, richtig ist, muß bezweifelt werden, sowohl wegen Duktus und Inhalt der Aufzeichnung als auch wegen des notierten Ausspruchs: «Wolf hat mir's vorgeworfen». Der Kreis der Personen, die in Frage kommen könnten, ist groß, da der Schlesier Laube viel herumkam, außer in Halle auch in Breslau, Naumburg, Berlin sich aufhielt, auch z.B. nach 1836 in einer Art Festungshaft auf dem Schlosse des Fürsten Pückler-Muskau lebte, von dessen erstem Besuch keine ausführlichen Aufzeichnungen überliefert sind (vgl Nr 3971). – Zur Datierung: als terminus ad quem dürfte 1821 anzusetzen sein, das Jahr, in welchem die erste Fassung von 'Wilhelm Meisters Wanderjahren' erschienen ist. Wenn hier vom 'Meister' gesprochen wird, so sind damit eindeutig *nur* die'Lehrjahre' gemeint.

7288 (3020) Laube 8 – Der letzte Besuch Hoiteis bei Goethe war 1831 (vgl Nr 6835): dies wäre demnach als terminus ad quem anzusetzen. – Zu der Äußerung über Brentano vgl die von Holtei selber wiedergegebene Fassung in der folgenden Nr.

7289 (3019/3021/3022/3023/3024/3025/3026/3027) wie 6202 S. 58ff – *Sonett ... worin er den aufgehenden Mond mit einer Hostie verglich:* vgl Nr 2878 ff – *«Undine»:* vgl Nr 3686 und Anm – *las er mir ... seine «Genoveva» vor:* vgl Nr 1537 ff – *Bibliothek in Jena:* die Geschichte hat sich im November 1818 zugetragen; Soret hat sie am 15. März 1830 von Goethe gehört (vgl Nr 6531 und Anm) – *ex propriis:* eigenmächtig. – *ein Römer:* Trimalchio. Vgl die von Kanzler Müller überlieferte Fassung dieser Geschichte (Nr 6511 und Anm). – *Friedrich Wilhelm der Dritte:* war Ende Juni/Anfang Juli 1799 in Weimar (vgl Nr 1514). – *eine kleine ländliche Besitzung:* das Gut Oberrossla. – *den britischen Konsul in Weimar:* dies als Ausdruck Goethes überliefert von A.E. Kozmian (vgl Nr 6458 und auch Nr 7421). – *Tirailleur:* Plänkler.

7290 (3028) Die Heimat 1882, 768 – Bericht mit anekdotischem Charakter, Datierung unsicher.

7291 (3029) wie 4427 Bd 1, Mannheim 1837, 498 – Es ist fraglich, ob es sich hier um einen Bericht aus erster oder zweiter Hand handelt. Varnhagens letzter Besuch bei Goethe war am 19. Sept. 1829.

7292 (2143a) aaO S. 205 – Die Äußerung über den sog. Turnvater Jahn dürfte in die Zeit vor 1819 fallen, in welchem Jahre dieser als Demagog verhaftet wurde.

7293 wie 6239 S. 289 – Die Aufzeichnung bezieht sich auf einen Aufenthalt in Berlin – *Waagen:* der 1824 in Weimar war (vgl Nr 5556). – *Goethe,* *who said of some one ... :* gemeint ist die Äußerung über Böttiger (vgl Nr 2256). – *a story of a lady:* Madame Du Titre (vgl Nr 4886).

7294 Bamberg 562 – *solchen Erscheinungen:* gemeint sind Widersprüche im Wesen hochdenkender Menschen wie König Ludwig I. von Bayern. – *das Denken so schwer:* ähnlich von Eckermann H. Meyer in den Mund gelegt (GA 24, 765).

7295 Bamberg 583 – *Was Sie über Goethe sagen:* Frau von Heygendorf hatte einen Teil ihrer Memoiren (s. Quelle) zur Kenntnisnahme überschickt. Wahrscheinlich bezieht sich die Äußerung auf Details der Darstellung von Goethes Theaterleitung.

7296 Friedrich von Raumer: Lebenserinnerungen und Briefwechsel. 2. Theil. Leipzig 1861, 316 f (JbGG NF 3, 312)

7297 Hecker 2, 524 – *Bürgermeisterorganisten:* der Badeinspektor Johann Heinrich Schütz; Zelter hörte ihn zusammen mit Goethe im Juni 1814 in Berka; vgl dazu Zelters ähnlichen Bericht Nr 3963.

7298 Hermann Freiherr von Friesen: Ludwig Tieck, Erinnerungen eines alten Freundes aus den Jahren 1825 – 1842, Bd. 1, Wien 1871, 47 (Hinweis Hans-J. Weitz)

7299 Krisenjahre 2, 404 – *cadre:* Rahmen, hier Anlage, Idee eines Werkes

7300 Caroli Guilelmi Goettlingii Opuscula academica. Leipzig 1869, 113 – *Nam quod:* Wenn Goethe zu sagen pflegte, das allgemeine Ansehen von Universitäten bemesse sich irgendwie nach dem Ansehen der Stätten, an denen die zum Lehren und Lernen gesammelten Schätze ihre Pflege fänden, so hat er den Nagel auf den Kopf getroffen.

7301 (3013) Reynard the Fox: a renowned apologue of the Middle Age, reproduced in rhyme [by Samuel Naylor]. London 1845, 6 – Der Besuch eines Engländers Naylor (in der Schreibung: Neyler) ist in Goethes Agenda unter dem 13. Febr. 1831 verzeichnet (WA III 13, 265).

7302 aaO 4, 58 (JbGG 3, 309)

7303 aaO 2. Aufl. Wien, Pest, Leipzig 1880, 3 u. 9 f – Zur Datierung: terminus a quo 1823, wo La Roche in Weimar debütierte.

7304 Varnhagen/Rahel 3, 280 f – *Schleswig:* die Weimarer Dichterin lebte seit ihrer Verheiratung mit dem schleswig-holsteinischen Gutsbesitzer Johann Rudolf von Ahlefeld dort, seit 1807 von ihm getrennt. – *Geschichte mit Colloredo:* gemeint ist wohl dessen Einquartierung bei Goethe im Oktober 1813; vgl Nr 3770 und 3777.

7305 GJb 11, 54

7306 wie 614 S. 512

7307 (3148) DtRundschau Jahrg. 28. Bd 109. 1901, 240

7308 aaO 2. Aufl., Leipzig 1840, 52 – über Arndts Begegnungen mit Goethe vgl Nr 3708 und Anm und Nr 4158 ff – *Jesus Sirach:* Sir. 21, 29. – *das hat auch nur lächeln können:* herzhaftes Lachen ist von Goethe mehrfach bezeugt.

7309 (3145) KnebelNachl 3, 478

7310 (N 3150e) wie 4996 S. 170

7311 Die Gegenwart. Bd 30. Nr 35 vom 28.8.1886. S. 132 f

7312 (3150a) Fraser's Magazine. Vol. 15. London. May 1837, 641 –

Verfasser nicht ermittelt. – *Werther:* das im folgenden darüber Gesagte erscheint wenig glaubwürdig.

7313 aaO Leipzig 1822, 212 f – eine Begegnung mit Georg Christian Müller ist nicht in GTgb vermerkt oder durch Br bestätigt; von ihm erschienen mehrere Veröffentlichungen, auch Predigten von 1801 – 1822 in Leipzig.

7314 Alfred Bock: Tagebücher. Ausgewählt und mit einem Nachwort versehen von Werner Bock. Heidelberg/Darmstadt 1959, 19. – Die Tagebücher von Alfred Bock enthalten weitere Zeugnisse für seine große Verehrung gegenüber Goethe. – *in Windsor traf:* wohl vielmehr in Schwerin, wo Balling 1886 – 92 in der Hofkapelle war; Dirigent in England war er erst nach dem Tode der Großherzogin (geb. Prinzessin von Preußen), ihr Besuch ist in GTgb nicht bezeugt.

7315 aaO 50 ff – Erweiterte Neuausgabe von: Friedrich Schmidt, Goethes Vorfahren in Berka, Sangerhausen und Artern und des Dichters Beziehungen zu Artern, Allstedt, Tilleda und dem Kyffhäuser. Sangerhausen 1900. – *Artern:* wird in GTgb nicht erwähnt, dagegen war Goethe zwischen 1776 und 1805 mehrfach in Allstedt (vgl GHb^2). – *Beutler:* Hersteller von Taschen und Beuteln.

7316 aaO 20 – die Berichte von K. W. Müller sind alle aus zweiter Hand, vgl auch die Glosse von Goethes Diener dazu in der folgenden Nr – *22. März:* es wird hier auf Goethes Todestag angespielt.

7317 wie 6982

7318 Schleif 217 – *Kutscher:* W. H. König; zur Frage, ob und warum er in Arrest kam, vgl weiter Quelle S. 268 f Anm 20, auch zu Goethes Abneigung gegen Tabak.

7319 (3147) Archiv 4, 458 – *Goethe als Templer:* auf dem Maskenzug von 1810 (vgl Nr 3121 und 3127).

7320 JbSKipp 2, 227 f – *Dörings Goethebuch:* Der Jenaer Schriftsteller hatte 'J. W. v. Goethe's Leben' (GoedGrundr Abt 2 S. 158 Nr 13) wie seine vorhergehende Veröffentlichung 'Schillers Leben' (1822) als Supplementband der 'Werke' angelegt.

7321 JbSKipp 2, 228

7322 (3142/3143/3144/) aaO London 1835, 86 ff

7323 GJb 32, 41 – *eine Person:* Kräuter?

7324 (3017) Bi^2 4, 415 (nach 'Frankfurter Nachrichten' 1891 – ohne nähere Angabe!) – Kräuters Mitteilung an den Schweden Tersmeden.

7325 (3018) aaO 2. Aufl. Bd 1, 269 f

7326 wie 5312 Bd 11, Leipzig o.J., 193. – *Goethesche Äusserung:* dass Kräuter auch sonst Aussprüche Goethes im Gedächtnis behielt, zeigt der Entwurf eines Schreibens an die Landesregierung vom 26. März 1840 (nach der Hs im GMD): Der verewigte Herr Geheimrat von Goethe gab mir einmal folgende Lehre: «drückende Verhältnisse, die man umzugestalten unfähig ist, muss man zu überleben suchen, um sie zu überwinden».

7327 Laube 7

7328 Zeitschrift für Bücherfreunde. N.F. 12. Jahrg. 1920/21. S. 45

7329 Minerva. Ein Journal für Geschichte, Politik und Gegenwart. Von D. Friedrich Bran. Bd 1. Jena 1848. S. 414.

7330 aaO 202 f – ein etwas anekdotenhafter Bericht des Jenaer Schriftstellers.

7331 wie 4028 S. 357 – in der Form 'Gott giebt die Nüsse, aber er beißt sie nicht auf' in KatSKipp 1, 4 Nr 13, datiert 9.10.11; es handelt sich um ein altes deutsches Sprichwort, dessen sich Goethe mehrfach bedient hat.

7332 Hallische Jahrbücher 1839 Sp 86 f

7333 (3034) aaO 61 – FBdm wollte in seinem MS diesen anekdotischen Bericht als 'unwahr' ausscheiden.

7333a aaO 306 f

7334 (2889) GJb 7, 157 f – Die 'Anekdote' dürfte etwa Ende der zwanziger Jahre anzusetzen sein.

7335 (2890) GJb 22, 72 – *in Karlsbad:* 1820 (vgl Nr 4768 ff). Dieses Jahr wäre demnach als terminus a quo anzusetzen. – *Dr. v. Conta:* Alfred, der jüngste Sohn C.F.v. Contas.

7336 aaO 102

7337 (2137) wie 7044 S. 364 ff – Zur Datierung: als terminus a quo dürfte etwa 1823 anzusetzen sein. – *die drei Töchter des Melosschen Hauses:* Ida, Marie und Luise. – *Zwiebelrespen:* «In Thüringen werden zur Herbstzeit die Zwiebeln in langen guirlandenartigen Wülsten oder Zöpfen, Respen genannt, zusammengebunden und zum Wintergebrauch in den Speisekammern aufgehängt.» (Anm Quelle)

7338 (3150 b) Bi^2 5, 185 nach 'Dresdner Anzeiger' 1900; die Quelle datiert: um 1830 – Der Generalmajor Egloffstein ist 1815 geboren.

7339 ChrWGV 23, 1909, 47 f – *Als ... wir nach Weimar zogen:* 1826. – *«Götter Griechenlands»:* gemeint ist die 'Aldobrandinische Hochzeit'. – *etwas Geisterhaftes:* vgl Nr 7265

7340 Eberhard von Bodenhausen. Ein Leben für Kunst und Wirtschaft. Hrsg. von Dora Freifrau von Bodenhausen – Degener. Düsseldorf-Köln 1955, 168. – (Hinweis Ernst Zinn) *Therese von Bayern:* die Königin von Bayern war nach GTgb am 17. Sept. 1831 bei Goethe, ein Besuch, der auch in GTgb besonders steif und pompös verzeichnet ist.

7341 wie 7022 S. 3 ff

7342 (3150 d) Bi^2 5, 185 f nach: Frankfurter Zeitung 1905. Nr 185. 1. Morgenblatt vom 6.7.1905 – *Klostergarten Goethes:* gemeint ist der Garten an Goethes Haus am Frauenplan. – *Leonore von Este:* aus Goethes 'Tasso'. – *Nachfeier von des Dichters letztem Geburtstage:* da im folgenden von einer Kinderaufführung von Goethes 'Fischerin' die Rede ist, so kann nur diejenige vom 6. Nov. 1831 gemeint sein (vgl Nr 6922 und Anm)

7343 aaO 63 f – Die Goethe-Erinnerungen sind nach einem Vermerk in der Quelle S. 5 im Jahre 1916 geschrieben. – *Adin und Saphise:* wohl verderbt aus 'Cleanth und Cephise' (vgl vorige Nr).

7344 (1972c) G. Frhr. v. Pappenheim: Erlebnisse in kurhessischen und russischen Diensten und Erinnerungen an die Gesellschaft in Weimar aus der Goethezeit des Frhrn. Alfred Otto Rabe v. Pappenheim. Ein Vortrag. Marburg 1892, 41 f – *Karl Wolfgang von Heygendorf:* Sohn von Carl August und Caroline Jagemann. – *[August Gottlob Theodor]:* geboren 1810. – *in litteris:* in den Wissenschaften. – *Was das Weiber-Herz erfreue ... :*1. Strophe des Gedichts 'Antworten bei einem gesellschaftlichen Fragespiel' (GA 1, 29) mit teilweise abweichendem Text.

7345 (1972d) Bi[1] 9/1, 113 – *«Das ist recht! Das ist brav!»:* nach den Erinnerungen der Caroline Jagemann überliefert in der Form: «Das ist ja gut und schön» (Bamberg 519).

7346 (3149) GJb 23, 63 ff – *So sehe ich ihn noch deutlich vor mir:* bei Houben Soret 176 Ende 1825 eingeordnet. – *Bildnis der heiligen Elisabeth:* «Von Overbeck; August von Goethe hatte es seinem Vater 1814 aus Frankfurt mitgebracht.» (Anm Quelle) Vgl Schuchardt 1, 330 Nr 25 (?). – *Keepsake:* eine Art Almanach, Taschenbuch. – *In jener Zeit mag es gewesen sein:* nach Houben Soret 367 auf den 31. Jan. 1830 datiert. Vgl Nr 6497. – *Widmung:* vgl Nr 6385 und Anm – *Einen anderen Besuch:* nach HoubenSoret 318 auf den 13. Juli 1829 datiert. – *Dort habe ich ihn ... besucht:* nach HoubenSoret 267 auf den 21. Aug. 1828 datiert. – *Nachbildung des großen Goldklumpens:* den Goethe von J.Ch. Loder aus Moskau bekommen hatte, vgl seinen Brief an diesen vom 2. Jan. 1829 (WA IV 45, 103 f). – *besuchte mich Goethe in Jena:* wie bei HoubenSoret 334 nachgewiesen, fand dieser Besuch ein Jahr später, am 10. Sept. 1829, statt. Vgl Nr 6437 und Anm.

7347 aaO in Geschichte der Familie Hase in vier Jahrhunderten. Leipzig 1898, S. 202 f

7348 [Andreas Meyer] Briefe eines jungen Reisenden durch Liefland, Kurland und Deutschland an seinen Freund Herrn Hofrath K ... in Liefland. Zweyter Theil. Erlangen 1777. S. 74 – Goethe war zur Zeit der Abfassung des Briefes in Straßburg. Der Bezug auf ihn ist nicht gesichert, jedoch möglich, da Meyer vor Frankfurt in Straßburg war.

7349 Titel/Haug 1, 177 (Erstdruck Rheinischer Most, Erster Herbst 1775 S. 150). – Hinweis H.-J. Weitz. – *Menalk und Mopsus:* die Satire, angeblich eine 'Ekloge' nach Vergil, ist gegen Wieland gerichtet. – *Albertiner:* Es besteht ein Zusammenhang mit der Namengebung Albert für Lottes Verlobten im Werther.

7350 Trunz/Loos 106 – *Albert:* gemeint ist natürlich Kestner.

7351 wie 153 Bd 2, 245 (Hinweis von H.-J. Weitz)

7352 Freye/Stammler 1, 212 – *Verse an Ihren Badewirth:* Nach Anm Quelle S. 320 erschienen sie «dann in Voß' Almanach auf 1778».

7353 (98) J.H. Hennes, Aus Friedrich Leopold v. Stolberg's Jugendjahren, 1876, 54 (DjG 5, 266)

7354 Freye/Stammler 1, 193

7355 Behrens 63

7355a Behrens 62

7356 Freye/Stammler 1, 173 – *in Weimar:* vom 26. November bis 3. Dezember 1775. – *Wolfs Farce:* 'Götter, Helden und Wieland'.

7357 Festschrift Dobenecker 421 – *[Goethe]:* er war vom 25. März bis 4. April in Leipzig.

7358 Freye/Stammler 1, 228 – *Mignon:* Günstling, Favorit; seit dem Ende des 17. Jahrhunderts in dieser Bedeutung aus dem Französischen übernommen.

7359 Herder Nachl 2, 374 f – als Adressat war von der Quelle Zimmermann vermutet worden, da dieser den Brief in seinem Schreiben vom

19.6.1776 an Herder zitiert; dies wurde korrigiert nach 'Goethes Briefe an Charlotte von Stein.' Hrsg. J. Petersen. Bd 1/2 Leipzig 1923, 533 und Anm S. 656.

7360 Freye/Stammler 1, 266

7361 Freye/Stammler 2, 9 - Brief aus Berka.

7361a Freye/Stammler 2, 12 f - *Rhabarbera wohl bekommen:* anscheinend hatte Lenz mit einem Rhabarber-Essen, das Goethe schlecht bekam, zu tun; vgl GTgb 17.7.1776 «nach Berka, Lenz ... ,» 18.7. «Nach Stadt Ilm ... Diarreh die Nacht durch» 19.7. - «Rhabarber! Dummheit!»

7362 Freye-Stammler 2,53 - *Ende November:* der Brief hat nur eine Empfangsnotiz: «4. Xber 76». - *Franzose ... Prinzen:* nicht bekannt.

7363 Schleif 40 f

7364 (183a) Strodtmann 2,242 f. - *André:* dieser war von 1777 - 1784 Musikdirektor in Berlin, wo ihn Goethe nach GTbg am 17. Mai 1778 auch besuchte. - *Komposition der Lenore:* entstand schon 1774/75, vgl DuW über das gemeinsame Rezitieren und Vortragen (GA 10, 755).

7365 JbFDH 1971, 508 - vgl GTgb April 1780: «in der Stürmischen Nacht vom 25 auf d. 26. zurück.»

7366 (215c) Wagner 1, 258 - *Everding:* Allaert van Everdingen war «für Goethes eigene Landschaftsauffassung und -zeichenkunst vorbildlich» (GHb² Sp 2237), seine Sammlung von Radierungen von E. zeichnet sich durch Vollständigkeit und Güte aus (Schuchardt 1,155-158).

7367 [Herzog Carl Eugen von Württemberg] Tagbücher seiner Rayßen ... in den Jahren 1783-1791 vom Herzog Carl Eugen selbsten geschrieben ... Hrsg. von R. Uhland. Tübingen 1969, 79 (Hinweis von Martin Müller).

7368 (243a) Bi² 5, 23 (nach der Hs)

7369 Trunz/Loos 23 - *Bergteil:* Kux (Gewerkschaftsanteil) des Ilmenauer Bergwerks, wo im Februar 1783 mit den Arbeiten am Schacht begonnen worden war.

7370 AA Erg Bd 2¹ 4 f - *Himburg:* mehrere Auflagen des Nachdruckes «Goethens Schriften» waren 1775-1779 erschienen - *Besorgung des Verlags:* der Vertrag kam mit Göschen zustande (Hagen S. 9).

7371 Salomon Gessners Briefwechsel mit seinem Sohn. Bern und Zürich 1801. S. 298 f. (Hinweis von Horst Umbach) - *an seinen Sohn:* Conrad Gessner hält sich 1787/88 in Rom auf; am 26. November 1787 hatte ihn der Vater gefragt: «Bleibt Moritz noch in Rom, und was macht er da? Ist Göthe noch da?» (Quelle S. 279 - die einzige Stelle, wo Goethes Name genannt wird). Es erscheint nicht unwahrscheinlich, daß in unserem späteren Brief mit ** Moritz und mit *** Goethe bezeichnet ist.

7372 JbFDH 1963, 568 - Goethe war am 18. Juni in Weimar angekommen, das Wiedersehen muß also am 19. stattgefunden haben.

7373 JbFDH 1963, 575

7374 Archiv 4, 454 f - anekdotisch ausgeschmückter Bericht, er wurde erst 1875 aus dem Nachlaß veröffentlicht (vgl Goed Grundr Abt 2, 682 unter R. Boxberger).

7375 Ri 1, 356 f - *[am 12. Juli 1788]:* Datierung folgt BuG 3,219.

7376 JbGG NF 27, 128 - *Basalte:* die Frage nach dem Ursprung des Basalts, ob Eruptiv- oder Sedimentgestein, spielt in der Auseinandersetzung zwischen 'Neptunisten' (Werner) und 'Vulkanisten' (unter andern sein Schüler Voigt) eine große Rolle. Zur Beschäftigung Goethes mit dem Basalt und der Entwicklung seiner Vorstellungen darüber vgl GWb II Sp 73 ff s.v. 'Basalt'.

7377 J.A. Stargardt Katalog 577, 1966. S. 76 (Auktion am 29./30. November 1966 in Marburg – Hinweis O.F) – *Reise nach Italien:* vielmehr auf der Rückreise von Italien Mai/Juni 1788. – *Salis' Besuch:* vgl Nr 1001.

7378 wie 6990 S. 161 – *Feuersbrunst:* vgl Paralipomena zu DuW: «Brand in der Nicolai Vorstadt. Abenteuer dabey.» (WA I 53, 387, 19 f)

7378a Trunz/Loos 80

7379 Trunz/Loos 84 – ... *katholisch sei:* diesen Ausspruch hat Goethe dann in die 'Campagne in Frankreich' aufgenommen (GA 12, 405).

7380 Trunz/Loos 91

7381 Trunz/Loos 446 – *des Karnevals in Venedig:* gemeint ist der römische Karneval; nur die öffentlichen Gerichtssitzungen beobachtete Goethe in Venedig.

7382 Trunz/Loos 98 f

7383 aaO 165

7384 Grumach 338

7385 Rahel. Ein Buch des Andenkens für ihre Freunde. Erster Theil. Berlin 1834, 158 Anm – *Horn:* Der in Nr 1232 als Gesprächspartner Goethes (über Rahel) zitierte Begleiter David Veits meldet sich hier Rahel gegenüber selbst zu Wort.

7385a aaO 1, 96 f – *Im Jahre 1796:* Ifflands Gastspiel in Weimar begann am 28. März und schloß (mit 'Egmont') am 25. April (vgl Nr 1280a).

7386 wie 4390 S. 97 – *Hermann:* vgl GTgb 14.1.1797: «Früh Hermann de Metris. Böttiger wegen des epischen Gedichts.»

7387 wie 4390 S. 99

7388 Kurt Kampf: Sophie La Roche. Ihre Briefe an die Gräfin Elise zu Solms-Laubach 1787–1807. Hrsg. vom Offenbacher Geschichtsverein. [Offenbach] 1965, 72 – *emigrierte Familien:* die hier gegebene Darstellung dürfte sehr übertrieben sein, wenngleich die Beurteilung der (besonders seit 1795) zahlreichen Emigrierten in Weimar kontrovers war (vgl GHb² Sp 2159 ff). – *am 11. August:* vgl GTgb «dann nach Offenbach zu la Roche».

7389 Schleif 137 f – die Quelle bemerkt hier über Goethes Diener Geist, der Goethe auf der Reise in die Schweiz 1797 begleitete und dabei eifrig Tagebuch führte: «Der alte Schweizer im Samtrock am Rheinfall verführte ihn sogar dazu, den Pegasus zu besteigen.»

7390 Johann Friedrich Abegg: Reisetagebuch von 1798. Erstausgabe. Hrsg. von Walter und Jolanda Abegg in Zusammenarbeit mit Zwi Batscha. Frankfurt am Main 1976, 53 f, 61 ff und 85 f (Ersatz für Nr 1442) – *Bürger kam einmal zu Goethe:* vgl: Nr 962 und Anm – *durch meinen Bruder ... Reise:* der ältere Bruder Georg Philipp, Reeder in Königsberg, hatte A. zu sich eingeladen. – *Zirkel ... täglich des Morgens:* Zu Ehren Ifflands gab Goethe täglich ein 'Frühstück', wie es in GTgb genannt wird. – *römische Hochzeit:* die Aldobrandinische Hochzeit, gemalt von Heinrich Meyer.

7391 aaO 2, 101 ff – *Verstimmung gegen Goethe:* vgl Nr 1313.

7392 Maurer-Constant 1, 285 – *das neue Werk ... ausstatten:* Gemeint ist wohl die Zusammenarbeit an der – allerdings von Goethe begründeten – Zeitschrift 'Propyläen', in der viele Aufsätze Meyers erschienen.

7393 wie 7388 S. 83 f – *Goethe war mit uns:* vgl GTgb 17.7.: «Abends in Tiefurth». – *speisen:* vgl GTgb 25.7.: «Frau von la Roche und andere Freunde zu Tische.»

7394 Euphorion 9, 418 f – Der Besuch ist in GTgb notiert. – *Zeitschrift über die schönen Künste:* die 'Propyläen'.

7394a (272b) Düntzer Knebel 2, 177 – *was für ein Stück:* mit Recht bezieht BuG 5, 62 (abweichend von Bi^2) auf 'Paläophron und Neoterpe', das am 31. Oktober 1800 in Weimar aufgeführt wurde (vgl Nr 1594). In BuG 5, 63 werden noch zwei weitere Zeugnisse (aus der Zeit nach Goethes Tod) für diese in Weimar tradierte Entstehungsgeschichte gebracht.

7395 Ernst Schering. Johannes Falk, Leben und Wirken im Umbruch der Zeiten. Mit einer Auswahl aus ... seinem Nachlaß. Stuttgart 1961, 85ff – *gestern und vor vierzehn Tagen:* am 1. März verzeichnet GTgb «Abends Theegesellschaft» und Falk unter den Gästen, am 15.3.: «Hr. und Fr. Falk».

7396 WA IV 15, 354 f (vgl Schleif 144) – *Die neuen Arkadier:* von Schikaneder, in der Bearbeitung von Vulpius, erstmals am 2.2.1796 in Weimar aufgeführt, daher Christiane bekannt. Es folgt in der Quelle eine drollige Schilderung der Aufführung.

7397 Erinnerungen von Luise Wiedemann geb. Michaelis, der Schwester Carolinens. Hrsg. von J. Steinberger. Göttingen 1929, 39 f – *Ein schöner Hexenmeister:* vgl Nr 352. – *zu Tee bei Goethe:* nach GTgb am 22. September.

7398 ChrWGV 36, 37

7399 Weniger 63 f

7400 Fambach 2, 167 Anm (nach der Hs). – *besuchte er mich:* nach GTgb am 7. Mai 1803.

7401 wie 7395 S. 77 f (Witte 136f). – *Herder grimmig gesehen:* Herder starb am 18. Dezember 1803, die Äußerung muß in den zehn Jahren der Entfremdung vorher gefallen sein.

7402 Benjamin Constant: Journal intime et lettres à sa famille et à ses amis, précédés d'une introduction par D. Melegari. Paris 1928, 377 f – *Gräfin von Nassau:* Sie ist die Tante von Constant.

7403 (1370) aaO 1 43 f. – *Stammbaum:* von Anton Wall (wie 'Die beiden Billets'). – *Probe:* vgl GTgb 29.1.1804: «Abends Probe mit den Kindern vom Stammbaum, wozu Serenissimus und Hr. Hofr. v. Müller kamen.»

7404 wie 7402 S. 77 – Zum Datum: Die Quelle datiert 10. März, geändert nach einer Angabe des Briefes über Madame de Staëls Abreise.

7405 Zeitschrift für französische Sprache und Literatur. Bd 78. 1968, 212 f – (Hinweis von Kurt Kloocke) – *Jules César:* weder Julius Cäsar von Shakespeare noch der als Ersatz gewünschte Don Carlos von Schiller gelangten zur Aufführung.

7406 Comtesse Jean de Pange: Mme de Staël et la découverte de l'Allemagne. Paris 1929, 53 (Hinweis Kurt Kloocke) – *Camille Jordan:* kam als Emigrant nach Weimar und unterrichtete in der Erziehungsanstalt von Mournier in Belvedere.

7407 Simone Balayé: Les carnets de voyage de Madame de Staël. Genève 1971, 76 ff und 80 und 83 f – *Pêcheur:* Zur Übersetzung des Gedichts 'Der Fischer' durch Frau von Staël vgl Nr 1895 und 1913.

7408 Neue Heidelberger Jahrbücher XVIII, 16

7409 Krisenjahre 1, 124. – *Zeitmessung:* J. H. Voß: Zeitmessung der Deutschen Sprache, Königsberg 1802. – *Sophokles:* Trauerspiel übersetzt von F. Ast, Leipzig 1804, rezensiert von H. Voß d.J. in der JALZ 1804, Nr 256 f.; vgl auch Nr 2008 und 2020. – *Über Majolika Gefäße:* Aufsatz von Heinrich Meyer, als Extra Beilage zum 3. Quartal 1804, ausgegeben im August.

7410 Morgenblatt für gebildete Stände. Nr. 224 vom 18.9.1807 (Hinweis O.F) – *Frau v.A.:* nach BuG 5, 508 Amalie Fürstin Gallitzin.

7411 JbGG NF 32, 268

7412 Nach Hs. im StA Weimar

7413 Nach Hs. im StA Weimar

7414 Oldenburger Jahrbuch. Bd 58. 1959. Teil I. S. 41

7415 Weniger 113 f

7416 Nach Hs. im StA Weimar – vgl GTgb 3.1.1805: «Abend bey der Erbprinzess Hoheit, Französische Lektüre Texier.»

7417 Nach Hs. im StA Weimar

7418 Nach Hs. im StA Weimar – *savant; que:* hier und im folgenden ist die Zeichensetzung wegen inkorrektem Satzbau geändert. BuG 5, 543 liest: savant, et ce qu'il dit loua [?] de science [?].

7419 Nach Hs. im StA Weimar

7420 Nach Hs. im StA Weimar

7421 Nach Hs. im StA Weimar

7422 JbGG NF 32, 268 f – *Lasieren:* vgl dazu § 910 des Didaktischen Teils der Farbenlehre: «Man kann eine Farbe dadurch für's Auge mischen, sie steigern, ihr einen sogenannten Ton geben.»

7423 Nach Hs. im StA Weimar – *bain:* Thermalbad.

7424 Nach Hs. im StA Weimar

7425 Nach Hs. im StA Weimar

7426 Nach Hs. im StA Weimar

7427 wie 7218 S. 74

7428 Knittermeyer 2

7429 FBdmMs – *in Helmstedt:* zu Goethes Aufenthalt dort vom 16.–19. August 1805 vgl Nr 2157 f

7430 Nach Hs. im StA Weimar

7431 Nach Hs. im StA Weimar – *Alexander I. ... in Weimar:* vgl Nr 2177 und Anm

7432 JdFDH 1969, 441 – *periodischer Anfall:* vgl Nr 2215.

7433 Nach Hs. im StA Weimar

7434 LA II 4, 105 f – *Kristall ... Farben:* vgl GTgb: «Objective Prism. Versuche Mit Riemer Doppelspat und dessen Eigenschaften»; vgl weiter §§ 47–61 Farbenlehre, Didaktischer Teil.

7435 Nach Hs. im StA Weimar – *[Nach dem Tode ...]:* der kleine Prinz Paul Alexander Carl Constantin Friedrich August (25. September 1805 – 10. April 1806), war ganz unerwartet nach einer kurzen Krankheit gestorben. – *cernent:* inkorrekte metaphorische Verwendung für : umkreisen.

7436 Nach Hs. im StA Weimar – *l'autre jour:* vgl GTgb 24.4.: Bey der Hoheit.

7437 Nach Hs. im StA Weimar – *nous a invités:* wohl am 3.5.; vgl GTgb: «Bey dem Erbprinzen».

7438 LA II 4, 111 – vgl GTgb: «Major von Knebel und Dr. Seebeck, Optische Versuche, besonders die paroptischen Farben betreffend.»

7439 LA II 4, 112

7440 LA II 4, 113 f – Anm der Quelle: «Dieses ausführliche Gespräch ... beschäftigt sich mit der Konstruktion des Farbenkreises aus physiologischen Farben.»

7441 LA II 4, 114

7442 Nach Hs. im StA Weimar – *le matin:* vgl GTgb: «Um 10 Uhr auf die Ausstellung, wohin die sämmtlichen fürstlichen Damen kamen.» – *sujet:* Schüler

7443 Nach Hs. im StA Weimar – *krassaviza:* im Original in kyrillischer Schrift.

7444 LA II 4, 116 – Vgl GTgb: «Bey Knebel mit Voigt dem j. farbige Schatten.» Goethe ist seit dem 26. September in Jena.

7445 LA II 4, 119 – zur Datierung (nach der Quelle) vgl GTgb 2.11.1806: «Schemata zu den chemischen Farben» – *Katzenpastete:* in dem am 18. April 1810 niedergeschriebenen Gedicht (GA 1, 399) werden Naturforschung und Meßkunst einander gegenübergestellt und Newtons Lehre mit einem gefälschten Braten verglichen; vgl auch Nr 2226 und 7466.

7446 LA II 4, 119 – *Himly:* der Mediziner Karl H. war von 1801 bis 1803 als Universitätslehrer in Jena. Er veröffentlichte mehrere Werke über Ophthalmologie, zuletzt 1806 eine Einleitung in die Augenheilkunde bei Frommann in Jena. – *Blumenbach:* sein Handbuch der vergleichenden Anatomie war 1805 erschienen (Ruppert 4394).

7447 Die Andacht zum Menschenbild, Unbekannte Briefe von Bettine Brentano, Jena 1942, 64 – *Bei Goethe war ich:* am 23. April 1807, vgl die weiteren Berichte Bettines (Nr 2438 – 2447 und Anm)

7448 Bettine von Arnim, Werke und Briefe. Hrsg. von Joachim Müller. Frechen/Köln 1961, Bd 5, 175 f – zur Datierung: nach Quelle zu 7447, S. 63 soll dieser Brief aus Cassel die erste Schilderung der Begegnung in Weimar sein und müßte also Ende April / Anfang Mai geschrieben sein.

7449 J.A. Stargardt: Katalog Nr 588. 1969, 66 (Auktion 18./19.2.1969) – *in Karlsbad ansiedeln:* dieselbe Behauptung schon Nr 2507. – *Goldenen Brunnen:* Gasthaus in Karlsbad.

7450 Nach Hs. im StA Weimar – *Tasso:* die 6. Aufführung in Weimar am 26.9.1807 mit Wolff als Tasso – *J'ai trouvé Goethe:* die Begegnung fand nach GTgb am 25.9. statt.

7451 Nach Hs. im StA Weimar

7452 Nach Hs. im StA Weimar – *mon état:* Schwangerschaft. – *Ce matin:* vgl GTgb «Um 10 Uhr kamen Durchlaucht die Herzogin, die Hoheit ... Wurde Werner präsentirt und las einige Sonette vor.»

7453 Nach Hs. im StA Weimar – *déjeuner spirituel:* vgl GTgb: «Früh die

Damen. Werner las den Vorbericht und 1. Act des Kreuzes an der Ostsee vor.»

7454 nach Hs. im StA Weimar – *prodigieusement:* es fehlt wahrscheinlich ein Wort.

7455 Nach Hs. im StA Weimar – Vgl GTgb: «Die Damen. Der standhafte Prinz 1. Act. Einige vierstimmige Gesänge.» – *celle-ci:* es scheint das Bezugswort zu fehlen, etwa 'lettre'.

7456 LA II 4, 173 –*Vorlesung:* vgl GTgb: «Abends bey Knebel. St Joseph II. Die neue Melusine.» Goethe war vom 23. April bis 1. Mai mit Meyer in Jena.

7457 wie 7314 S. 70 f – *Gasthof:* Name nicht ermittelt, Kanzler Müller spricht von «bequeme Wohnung in der Nähe des Herzogs» (vgl Nr 2748)

7458 aaO (anonym erschienen) S. 256

7459 nach Hs. im StA Weimar – *Golowkin:* vgl GTgb vom gleichen Tage: «Abends ... zur Hoheit, wo Graf Golowkin war, welcher die verunglückte Reise nach China mitgemacht hatte.» Goethe hatte den russischen Diplomaten bereits 1806 in Karlsbad kennengelernt.

7460 Nach Hs. im StA Weimar – *lecture:* nach GTgb die neue Melusine.

7460a Ri 2. 628 – *in einen Roman:* vgl GTgb: «Vorschlag die Chromatik in einen Roman zu verwandeln» – *Fontenelle:* Lektüre dieses Werkes des Neffen von Corneille am 6.1.1810 in GTgb bezeugt.

7461 Nach Hs. im StA Weimar – *redoute:* Goethes Maskenzug «Die romantische Poesie» (GA 3, 704) vgl Nr 3120 f

7462 Nach Hs. im StA Weimar – *bal-masqué:* Maskenzug russischer Nationen zum 16. Februar 1810 (GA 3, 713). Der 16. Februar war der Geburtstag von Maria Pawlowna. Vgl Nr 3129 und Anm

7463 Nach Hs. im StA Weimar – *l'Académie de Chant:* Es handelt sich um die seit längerem von Goethe an den Sonntagen fast regelmäßig veranstaltete Matinée in seinem Hause.

7464 Nach Hs. im StA Weimar – *lire:* GTgb notiert: «Abends zu Durchlaucht der Herzogin. Die Brücke von Mantible 1. Akt» (von Calderon). – *à Jéna:* am 12. März.

7465 Nach Hs. im StA Weimar

7466 LA II 4, 199 – Goethe ist noch mit Riemer in Jena; vgl Nr 7445 und Anm

7467 Abend-Zeitung auf das Jahr 1830. Bd 2, 38 – Hinweis von O.F. – *Gestern ... :* vielmehr am 2. Oktober von der Reise nach Dresden. Das Gespräch fand jedoch offensichtlich am 3. Oktober statt, an dem GTgb notiert: «Um 11 Uhr Besuch des Theaterpersonals.» – *Romeo und Julia:* vgl Nr 7470.

7468 LA II 4, 226 f – Das Gespräch wird durch GTgb gesichert: «Mittags Legationsrath Falk zu Tische.»

7468a Vordtriede 1, 114 f – *sagt er:* wohl bei Gelegenheit des Besuches der Arnims in Weimar vom 25. August bis 21. September 1811.

7469 Euphorion 15, 482

7470 wie 7467 S. 38

7471 aaO Bd 1, Leipzig 1852, 277: dieser 1. Bd ist eine Übersetzung aus dem Englischen durch Lic. Rauh, wie Bunsen selbst angibt. – *1811 zu Wei-*

mar: damals studierte B. in Göttingen und war ein Tischgenosse Arthur Schopenhauers, der von Herbst 1809 bis Herbst 1811 ebenfalls in Göttingen studierte. Schopenhauer nahm B. auf einer Ferienreise mit nach Weimar und führte ihn in die Abendgesellschaft seiner Mutter ein, wo er Goethe begegnet sein dürfte. – *Sprache zu erlernen:* ein ähnliches Bild für die unterschiedliche Schwierigkeit des Erlernens alter und neuer Sprachen vgl Nr 2350 (Johanna Schopenhauer an ihren Sohn).

7471a wie 4646 S. 375

7472 wie 7467 S. 39 – *sehr oft mit ihm zusammen:* gesellschaftliches Beisammensein mit Wolffs verzeichnet GTgb am 3., 15. und 22. März, am 15. spezifiziert «Landsch[aft] mit Wolf».

7473 Trunz/Loos 124 – nach Vermutung der ausführlich begründeten Anm der Quelle (S. 368) handelt es sich hier um ein Billet nach einem Gespräch während des gemeinsamen Aufenthaltes in Karlsbad 1812. – *Komödie:* die Acharner, ediert, übersetzt und kommentiert von FA Wolf, die Goethe im April 1812 vor der Abreise von Wolf erhielt und sehr schätzte.

7474 DüntzerChSchiller 83

7475 Euphorion 15, 482

7476 Nach Hs. im StA Weimar – *Goethe:* vgl GTgb 22.10.: «Abends bey Ihro Hoheit. Zweyter Band der Biographie an Frau von der Recke nach Löbichau.»

7477 aaO 38 f – *Bengel:* vgl die mildere Darstellung Nr 3650; allgemein wird sonst gerade Goethes Verständnis für Kinder hervorgehoben.

7478 wie 7467 S. 39

7479 Nach Hs. im StA Weimar – *de Jéna:* am 24. November. – *médaille:* vgl Nr 7476.

7480 Nach Hs. im StA Weimar

7481 Nach Abschrift der Hs. in der Bayerischen Staatsbibliothek München (Hinweis und Abschrift von Dr. Schnapp) – *vom Goetheschen Hofe ... aufgenommen:* vgl den ausführlichen Bericht Fouqués Nr 3770 – *Marie ...* : vgl Nr 3839 und Anm

7482 wie 7481 – *dritte Teil von Goethes Leben:* vgl Nr 7487.

7483 Euphorion 15, 483 – *wo es ihm ... fehlt:* gemeint ist der Patriotismus. Im vorhergehenden Brief vom 11. November (ebd) hatte sie auf Humboldts Bericht (unsere Nr 3777) angespielt, über das Weitertragen des Ordens der 'Ehrenlegion' durch Goethe nach Napoleons Niederlage.

7484 Nach der Hs. im StA Weimar

7485 wie 4646 S. 164 f – *Lebenslauf:* Es handelt sich hier um die ausführlichere deutsche Fassung 'Lebenslauf des Doctors der Philosophie Arthur Schopenhauer'; vgl Nr 4031 'Vitae Curriculum'.

7486 JbSKipp 3, 61 – *fürchterlich geschossen:* gemeint ist, wie in GTgb für Ostersamstag 9.4. vermerkt: «Freudenschießen den ganzen Tag.»

7487 Nach Hs. im StA Weimar

7488 Nach der Hs. in der Öffentlichen Bibliothek der Universität Basel. Zuerst gedruckt (kürzer und fehlerhaft): Jahrbuch der Hessischen Kirchengeschichtlichen Vereinigung. Bd. 18. Darmstadt 1967. S. 104 f – (Hinweis von H.-J. Weitz).

7488a (1653) H. Voss: Briefe an Ch. von Truchsess, hrsg. von A. Voss. Heidelberg 1834, 60 ff. Der Brief ist teilweise in Gräfs Bearbeitung (unsere Nr 4076) verwendet.

7489 Nach Abschrift der Hs. im Goethe- und Schiller-Archiv Weimar. Zur Verfügung gestellt von Hans-J. Weitz. Publikationsgenehmigung durch Hans Wahl 1947. *–einst:* nach GTgb traf Goethe Pauline S. sowohl in Winkel am Rhein (6. und 8.9.1814) wie auch in Frankfurt (13.10.1814). – *Brief bei uns:* Goethes Brief vom 22.12.1814 war an Pauline und Charlotte S. gerichtet (WA IV 25, 108 f).

7490 Boisserée 1. 239 f

7491 WA IV 44, 481 f (Anm zu Goethes Brief an den Großherzog vom 3.9.1828) – *[am 17. August 1815?]:* vgl GTgb [Frankfurt]: «Mittag bei Erb Gr. Herzog von Mecklenburg und Fr. v. Berg.» – *wohlbekannte Ton:* so auch im Brief an Christiane vom 29.7.1814 (WA IV 25, 5).

7492 SchrGG 44, 264

7493 SchrGG 44, 264 f – *Gedichte...:* GTgb verzeichnet 'Paralipomena'.

7494 SchrGG 44, 265

7495 SchrGG 44, 281 *–Rosamunde:* nach GTgb war Goethe mit Zelter und Wilken im Theater; vgl auch Nr 4373.

7496 SchrGG 44, 281 – *Tod meines Clärchens:* die Nachricht vom Tod der jüngsten Tochter Zelters war kurz vorher nach Weimar gekommen, Goethe hatte Zelter in sein Haus geladen, um sie ihm schonend mitzuteilen.

7497 wie 6084a S. XXXII f – *Gedicht:* 'Dem Professor Döbereiner' (GA 2, 283); nach Anm Quelle «ist es zweifelhaft, ob das Gedicht 1816 oder 1817 verfaßt worden ist ... Da aber Döbereiner jedenfalls 1816 erkrankt war, auch in dem Briefe an Goethe vom 25. Nov. 1816 ... von 'trüben Lebensmomenten' spricht, so erscheint diese Jahreszahl als wahrscheinlicher.»

7498 Knittermeyer 15 – *unerwartet:* Aus Ärger über die Aufführung des 'Hund von Aubry', der zur endgültigen Niederlegung der Theaterleitung führte; vgl Nr 4403 ff

7499 aaO Manuscript für Katholiken und Freunde, Bamberg 1844, 28 ff – (Hinweis von Dr. Helmut Sembdner, Stuttgart) – Datierung nach GTgb 20.5.1817: «Herr von Schütz von Ziebingen».

7500 Dr. Chr. Eduard L. Dürre: Aufzeichnungen, Tagebücher und Briefe aus einem deutschen Turner- und Lehrerleben. Hrsg. von Dr. E.F. Dürre. Leipzig 1881, 207 ff – (Hinweis Dr. F. Schnapp, Hamburg) – *Scheidler ... Goethe bekannt:* Begegnung (bei Frommanns) in GTgb am 2.4.1817 erwähnt. – *[am 1. Juli]:* vgl GTgb: «Noch kurze Zeit bei Frommanns, wo Gesang und Abendessen war.» – *verdenken:* es folgen noch einige anekdotische Berichte vom Hörensagen.

7501 Die Gartenlaube 1868 Nr 27 S. 425. (Hinweis Oskar Fambach) – *Zeilen vonGoethe:* gedruckt WA IV 29, 222. – *Proben meines Talents:* nach GTgb am 29.6.: «Nach Tische Alexander und seine Künste.» Am 30.6. ist kein Besuch verzeichnet, man muß aber nach dem Briefdatum annehmen, daß er an diesem Tage stattgefunden hat.

7502 Bernh. v. Beskow: Wandrings Minnen II 1854, 248 Anm. Aus dem Schwedischen übersetzt von W. Friese, Tübingen. (Hinweis von Dr. F. Schnapp)

7503 Berner Taschenbuch auf das Jahr 1882, 192 f (Hinweis H.-J. Weitz) – *eigene Vorstellung:* vgl GTgb vom 26.2.1820: «Mittag die transparenten Schweizerlandschaften». – *Folgen:* in KuA II 3 erfolgte eine Besprechung durch Heinrich Meyer.

7504 aaO 18 – *Broschüre:* vgl Ruppert 5044. – *wissenschaftliches Mahl:* Teilnehmer in GTgb unter dem 10.10.1821 verzeichnet.

7505 Nach der Hs. in der Bibliothèque publique et universitaire, Genf. (Hinweis Kurt Kloocke, Tübingen). – Der Besuch ist in GTgb am 31.12.1821 verzeichnet: «Herr Pictet de Rochemont von Genf nach Berlin gehend» – *de le revoir:* Ein Besuch auf der Rückreise ist nicht bezeugt.

7506 Nach der Hs. wie 5020 – *gestern nachmittag:* vgl GTgb vom 7.10.: «Kam Herr von Henning, Blieb zu Tische. Chromatica besprochen» – *Segen zur Reise:* vgl GTgb: «Von Henning, Abschied nehmend und das Nächste besprechend.»

7507 Houben 2, 675 f – zur Datierung: Die Quelle vermutet 19.11.1823 im Anschluß an Eckermanns Aufzeichnung in den 'Gesprächen mit Goethe' unter diesem Datum (GA 24, 76): «über Zauper und die sehr ungleichen Wirkungen, die aus dem Studium der Literatur der Alten hervorgehen.» Vgl dagegen die spätere Verwendung der undatierten Notiz in Teil 3 der 'Gespräche' unter dem 1.4.1827 (GA 24, 616 f). Hier legt Eckermann den ersten Absatz sich selbst, den zweiten Goethe in den Mund. Die Quelle sieht jedoch «offenbar durchaus Goethesche Äußerungen».

7508 Grumach 275 – *Zeilen seiner Hand:* «In das Stammbuch der Frau Hofmarschall von Spiegel. Am 25. Februar 1824» (GA 1, 689 f); vgl auch Eckermann unter demselben Tage (GA 24, 92).

7509 J. Barthélemy – Saint Hilaire: M. Victor Cousin. Tome premier. Paris 1895, 152. (Hinweis von Kurt Kloocke) – *chez Goethe:* vgl GTgb 8.7.1825: «Abends Varnhagen von Ense mit Gemahlin». – *votre entretien:* nach GTgb am 28.4.1825.

7510 wie 7509 S. 154 ff – *une soirée chez Madame de Goethe:* wohl am 24.9.; vgl GTgb: «Die Kinder hatten große Gesellschaft in den vorderen Zimmern.» – *Royer-Collard:* Dieser wird am 24.4.1825 (Tag von Cousins Besuch) in GTgb erwähnt: «es ward von Royer-Collards Rede gesprochen.» – *votre prospectus:* wohl Ankündigung von «Préface des Fragments Philosophique» 1826 (Ruppert Nr 3040) – *la seconde de ces poésies:* Zwischengesang ('Lasst fahren hin ... ') (GA 1, 505).

7511 Allgemeine Thüringische Landeszeitung. Deutschland. 22. März 1932. S. 23 – *Franz Ziegler:* der Besuch war nicht zu ermitteln. – *als Student:* er studierte 'die Rechte' in Halle nach 1820. – *unverfälschteste Frankfortsch:* in dem Zeitungsaufsatz zu Goethes einhundertstem Todestag folgen noch zwei Spekulationen über evtl. Auswirkungen des Frankfurtischen auch in Faust II: Vers 6813/14 und den Schlußversen: 'Das Unzulängliche – Hier wirds Erreichnis [!]'.

7512 wie 7509 S. 179 ff – *une petite pièce:* vgl Nr 5740. – *la nouvelle édition de son Iphigenie:* vgl Hagen Nr 180.

7512a JbGG NF 2, 302 f – *Peter Vischer im Schurzfell:* vielleicht mit Bezug auf das Figürchen in Goethes Sammlung (Schuchardt 2, 337 Nr 130).

7512b nach Hs. im GMD – *vor einigen Tagen:* vgl GTgb 5. Mai 1827: «Kräuter wegen der neuern Bibliotheks – Angelegenheiten»; vgl dazu auch Nr 5992 und Anm.

7513 aaO Bd 1, 189. (Hinweis Ernst Zinn). – *1827 ... Aufwartung:* sonst nicht bezeugt.

7514 aaO Bd 1, 212

7515 aaO Bd 1, 326 f

7516 Berlinische Nachrichten von Staats- und gelehrten Sachen [Haude und Spener] Nr 21 vom 26.1.1830 – *achtbare ... Frau:* in der Schilderung des ersten Besuchs (1826/27?) ist vielleicht die Keimzelle der weitverbreiteten Madame–Du Titre–Anekdote zu sehen; vgl Nr 4886 und Anm und Nr 7293. – *[am 20. Oktober 1828?]:* vgl. GTgb: «Die Matrone von Liegnitz sprach ich kurze Zeit.»; die Angabe der Anm WA III 11, 351, welche diese Eintragung in GTgb «jedenfalls» auf die Gräfin Harrach bezieht, ist mit Sicherheit falsch. Vgl O. Fambach DtVjs 48, 384.

7516a aaO – *Metzgerfrau ... aus Schlesien:* Hier wohl eine der 'entstellten' (so Nr 7516) Versionen der Begegnung Goethes mit der einfachen Frau.

7517 WA IV 45, 379 ff – *Sekretär meines Vaters:* Friedrich von Luck hatte, nachdem er auf seine Sendung an Goethe vom September 1828 keine Antwort erhalten hatte, am 27.12.1828 an August von Goethe geschrieben – *übersendete Werk:* Die Lektüre von Katerkamps Denkwürdigkeiten ist in GTgb nicht belegt. – *Erinnerung an frühere [Verluste]:* Fürstin Gallitzin war bereits 1806 gestorben.

7518 Nach der Hs. im StA Weimar – *Adrianople:* der Friede vom 14. September 1829 beendete mit relativ maßvollen Bedingungen den russisch-türkischen Krieg und gab großen Teilen Griechenlands die Unabhängigkeit.

7519 Der Komet. 1. Jahrg. Nr 23. 10. Febr. 1830. Sp. 182 – (Hinweis Oskar Fambach) – *[... 10. auf 11. Dezember]:* vgl GTgb vom 11.12.1829: «In dem großen Zimmer fanden sich unter dem Ofen die Balken angebrannt. Gestern abend war noch keine Spur von Rauch oder sonstigem Geruch gewesen.»

7520 Felix Mendelssohn Bartholdy: Reisebriefe. Faksimiledruck nach der Ausgabe von 1862 durch mehrere Briefe ergänzt ... Hrsg. und mit Nachwort versehen von Paul Hübner. Bonn [1947]. S. 381 f – *Komponisten ... wie sie einander folgten:* vgl GTgb vom 24. Mai 1830: «Felix Mendelssohn gab einige musikalische historische Exhibitionen auf dem Piano»; vgl ferner Nr 6567. – *Superintendent:* Röhr.

7521 Ottilie von Goethe: Tagebücher. Hrsg. von Heinz Blum. Bern/ Frankfurt/M./Las Vegas 1962 ff, Bd 5, 423 – *[Juni 1830]:* vgl Nr 6696 und Anm

7522 FBdmMs (der angegebene Abdruck in 'Deutsche Zeitung, Berlin' ließ sich wegen unvollständiger Angaben nicht ermitteln, vielleicht war er auch nur geplant); wahrscheinlich ist der Bearbeiter der Aufzeichnungen identisch mit dem von FBdm angegebenen Übermittler Reinhold Bürgel. Von ihm befindet sich in FBdmMs folgender Hinweis in Abschrift

FBdm-s: «Die nachfolgenden Erinnerungen einer Großmutter, die als junges Mädchen während der zwanziger Jahre des vorigen Jahrhunderts als Kammerzofe in der Familie des jungen Herrn von Goethe lebte, sind von der betreffenden Dame in sehr knapper, skizzenhafter, für den Druck nicht bestimmter Form zu Papier gebracht worden und haben die hier gegebene Darstellung erst von befreundeter Hand erhalten; doch muß ausdrücklich bemerkt werden, daß an dem Tatsächlichen nichts geändert worden ist und die kurzen Gespräche und Äußerungen wortgetreu wiedergegeben sind. Nordhausen Reinhold Bürgel». – In FBdmMs war der Bericht als 12 aufeinanderfolgende Nummern am Ende des Jahres 1828 eingeordnet und wurde wegen Fragen der Glaubwürdigkeit und in Hoffnung auf Ermittlung der Quelle zunächst vom Herausgeber nicht berücksichtigt. – *Amalie Näther:* die Identität ist gesichert durch SchrGG 28,392, in den Briefen von Ottilie und August wird die Zofe mehrfach erwähnt. – *1) ... Klingelzug:* 1824 feierte Goethe seinen Geburtstag nach mehreren Jahren wieder in Weimar, dies Jahr wäre wahrscheinlicher als eines der folgenden mit mehr öffentlicher Feier. – *2) ... Wanduhr:* es handelt sich um die Standuhr, die der Großherzog von Mecklenburg-Strelitz vielmehr zum 79. Geburtstag 1828 Goethe übersandte, vgl Nr 7491. – *3) ... Regierungsjubiläum:* am 3. September 1825, vgl Nr 5708 ff – *mit seinem Bild gezierte Tasse:* es müßte sich um eine Serienfertigung der Goethe-Tasse von Sebbers handeln (Schulte-Strathaus 143). Die Tasse entstand allerdings erst 1826; der Umtausch des ‘häßlichen’ Bildes müßte also später stattgefunden haben. – *4) ... schlief gern in den Morgen:* so pauschal sicher nicht richtig, gelegentlich vermerkt GTgb ausdrücklich ‘spät aufgestanden’ (z.B. 10.11.1823). – *... dir Stadelmann:* dieser war bis zum Sommer 1824 in Goethes Dienst. Goethe duzte den Großherzog nicht. – *5) ... Aberglauben:* Hier wohl mehr Rücksicht auf gesellschaftsüblichen Aberglauben. – *6) ... Gedicht:* daß Goethe «beim Abschied der Prinzeß Marie nichts hervorbringen können», sagt er selbst, vgl Nr 6042; vielleicht liegt bei dem Nr 5987 fälschlich erwähnten ‘Abschiedsgedicht’ eine Verwechslung mit dem hier zitierten von Ottilie vor. – *7) ... Haase:* in GTgb nur einmal am 23. Juli 1821 erwähnt mit ‘abends Musik’. – *Kutscher König:* seit 1823 in Goethes Dienst. – *9) .. die bayrische Königsfamilie:* König Ludwig I von Bayern (allein) war erst zu Goethes Geburtstag in Weimar und nicht zusammen mit den drei Prinzen aus Berlin. – *große Schlittenfahrt:*vgl GTgb 31. Januar 1827: ‘große Schlittenfahrt’; die Erwartung der Rückkehr des ‘großen Zuges’ schildert auch Eckermann (GA 24 229 und 231), der allerdings angibt, daß die Fahrt nach Belvedere ging. – *10) ... Schlosser:* die beiden konvertierten Brüder Christian und Fritz Schlosser – ihn und seine Frau besuchte Ottilie – sind die Söhne des Bruders von Goethes längst verstorbenem Schwager. Ihr Übertritt zum Katholizismus (schon 1812 und 1814) hatte an den guten Beziehungen zu Goethe nichts geändert, der sie noch 1815 besuchte und 1820 in Weimar empfing, und auch im Mai 1824 noch Briefe wechselte. Die Schwierigkeiten müssen in anderen Gründen liegen als in den hier aus Ottiliens Sicht aufgezeigten; vielleicht in finanziellen, wie sie August anführt bei Ablehnung eines erneuten Aufenthalts in Frankfurt bei der Rückreise Ottilies. – *reisten wir:* die Mitreise von Amalie Näther bezeugen

Ottiliens Briefe (SchrGG 28, 103). – *Rochuskapelle:* Goethe besuchte sie zweimal 1814: am 16. August zum Rochusfest von Wiesbaden aus und am 5. September auf der hier erwähnten Exkursion von Winkel aus, bei der auch mineralogische Interessen zum Zuge kamen (vgl GTgb). – *12) .. Medaille:* den Adler auf der Rückseite (wenn auch nicht den preußischen) zeigt nicht die Medaille von König und Loos von 1826 (Schulte-Strathaus 140), sondern die von Bovy von 1824 (Schulte-Strathaus 129).

VERZEICHNIS DER BERICHTERSTATTER ZU «NACHKLANG» UND «NACHTRÄGE»

In diesem Register sind die Namen der Berichterstatter mit Verweisung auf die *Nummern* der zugehörigen Stücke erfaßt. In den Fällen, wo der Berichterstatter nicht mit dem Quellenautor identisch ist, der Bericht also aus zweiter Hand stammt, werden beide Namen aufgeführt. Unmittelbar an den Namen anschließend folgen die Berichte aus Tagebüchern, Erinnerungswerken und sonstigen Schriften, sodann die Briefstellen mit Angabe der Empfänger

GESAMTREGISTER

ZUR BENÜTZUNG DES GESAMTREGISTERS

Das *Gesamtregister* berücksichtigt die Vorkommen der Stichworte in den Textbänden I II III/1 III/2 und V.

Es ist *in drei Teile gegliedert* (Personen- und Figurennamen / Orte und Titel von Zeitschriften / Goethes Werke), um innerhalb des einzelnen Registers eine größere Homogenität und Übersichtlichkeit zu erreichen.

Die *Verweise* bestehen für die Bände I–III/2 aus Band-Nummer und Seitenzahlen, für Band V aus Band-Nummer und Nummer des Gesprächstextes.

Die *Erwähnung* von Personen und anderen Stichworten *im Kommentar* und anderen Herausgebertexten wird nur in Ausnahmefällen berücksichtigt.

Die Reihenfolge der *Stichworte* ist alphabetisch, wobei die Umlaute Ä Ö Ü (wie schon in den bisherigen Registern der Ausgabe) mit Ae Oe Ue gleichbehandelt werden.

Mit einem * bei der Stellenangabe wird darauf hingewiesen, daß das Stichwort im Text in stark verschlüsselter Form vorkommt, oder/und im Kommentar Erläuterungen gegeben werden.

Der Verweis *Anm* bezieht sich auf den nach Textnummern geordneten Kommentar (bis Nummer 7081 in Band IV, ab Nr 7082 in diesem Band V enthalten).

Zu sonstigen *Siglen und Abkürzungen* vgl. das Verzeichnis Band IV Seite VII ff, bzw. die Vorbemerkung zu den einzelnen Registern.

PERSONEN- UND FIGURENNAMEN

Es bedeutet: B Berichterstatter
E Briefempfänger
Reg Register der Berichterstatter (enthalten in den Bänden **I II III/2 V**)

Bei gleichen Familiennamen unterbricht die Familienzugehörigkeit die Anordnung nach der alphabetischen Reihenfolge der Vornamen.

ORTE / TITEL VON ZEITSCHRIFTEN

Neben den eigentlichen *Ortsnamen* enthält dieses Register auch *andere geographische Namen* und verwandte Begriffe (z.B. Gewässer, Berge, Länder, Völker).

Zu den *Zeitschriften* können weitere Hinweise unter den Namen ihrer *Herausgeber* im Personen-Register zu finden sein.

GOETHES WERKE

Gedichte werden im Anschluß an dieses Stichwort gebucht, in der Regel nach den Überschriften unter Beifügung der Anfänge.

NUMMERN-KONKORDANZ BI^2/HE

Es bedeutet:

Bi^2	Goethes Gespräche. Gesamtausgabe. Neu hrsg. von Flodoard Freiherr von Biedermann. Leipzig 1909–11	
He	Die vorliegende neue Gesamtausgabe von Goethes Gesprächen. Hg. von Wolfgang Herwig. Zürich 1965–87	
E	Eckermann, Gespräche mit Goethe, die im Ganzen nicht in diese Ausgabe aufgenommen wurden.	
=	Doublette innerhalb von Bi^2.	
~	Text nach erheblich abweichender, verbesserter Quelle.	
[ ]	Berichtigung falscher Zahlen in Bi^2.	
–	in He weggelassenes Gespräch.	
*	noch zu streichende Stücke in He.	

Die Begründung für das Weglassen von Nrn aus Bi^2 wird im Anhang gegeben.

Die weiteren Siglen und Abkürzungen sind im Verzeichnis Band IV Seite VII ff aufgeführt.

Bi^2	He	Bi^2	He	Bi^2	He
1	4	21	60	36	109
2	6	22	58	37	118
3	7	23	61	37a	110
4	8	24	62	37b	83
4a	9	25	68	37c	131
5	12	26	68	38	135
6	14	27	64	39	136
7	18	27a	65	39a	139
8	19	27b	66	40	143
9	21	27c	67	41	145
10	23	28	75	42	146
11	24	29	79	42a	147
12	25	29a	77	43	148
13	35	30	80	43a	150
14	36	31	82	44	154
15	43	31a	84	44a	155
16	46	32	91	45	156
17	53	33	101	46	157
18	54	33a	106	47	158
19	55	34	108	47a	159
20	57	35	107	47b	161

Bi^2	He
47c	160
48	164
48a	–
48b	–
48c	–
49	162
50	166
51	167
52	170
53	171
54	173
55	174
55a	175
56	176
57	177
57a	178
58	179
59	180
59a	181
60	182
61	185
62	188
63	186
64	–
65	187
66	189
67	188
68	191/190
69	244
70	206
70a	202
71	192
72	194
73	198
74	209
74a	213
75	215
76	216
76a	–
77	199
78	201
79	227
80	196
81	152
82	221
83	222
84	208

Bi^2	He
85	225
86	229
87	233
88	234
89	235
90	237
91	246
92	247
93	248
94	249
95	253
96	256
97	294/304
97a	295
98	7353
99	257
99a	290
100	265
101	264
102	271
103	272
104	273
105	277
106	261
107	269
107a	–
108	284
109	242
110	296
110a	298
110b	299
111	301
112	302
113	309
114	308
115	305
116	306
117	310
118	312
119	–
119a	313
120	–
120a	317
121	809
122	89
123	320
124	245

Bi^2	He
125	376
125a	319
126	17
127	324
127a	344
128	323
129	326
130	335
131	329
132	332
133	334
134	333
135	341
136	347
136Anm	562
137	339
137a	350
138	356
139	358
139a	–
140	363
141	369
142	370
143	372
144	378
145	380
145a	388
146	385
147	392
148	393
149	394
149a	397
150	399
151	400
152	401
153	406
154	405
154a	408
155	409
156	412
157	413
158	414
158a	–
158b	417
159	419
160	425
161	426

Bi^{2}	He	Bi^{2}	He	Bi^{2}	He
162	427	199	524	233	653
162a	421	200	525	NN233a	654
N162b	425	201	535	234	657
163	430	202	536	235	662
164	776	202a	544	236	663
165	435	203	546	236a	664
166	411	204	547	236b	665
166a	436	205	555	237	666
167	446	206	552	237a	672
168	418	207	560	N237aa	668
169	440	207a	563	238	–
170	442	208	564	238a	681
171	444	209	569	239	677
171a	443	210	566	239a	679
172	445	211	567	240	683
173	482	212	566	241	697
174	447	213	574	242	685
175	675	214	573	242a	692
176	449	214a	571	243	696
177	451	214b	575	243a	7368
178	456	215	581	244	698
179	459	215a	579	245	699
180	461	215b	580	245a	702
180a	–	215c	7366	245b	702
181	463	216	583	246	709
182	464	217	586	247	710
N182a	–	218	588	248	711
183	472	219	592	249	712
183a	7364	219a	593	250	713
184	480	220	593	251	717
185	477	221	601	252	694
186	476	222	603	253	726
187	479	222a	611	253a	729
187a	–	223	438	254	730
188	578	224	613	254a	733
189	484	225	615	255	735
190	486	226	618	256	736
191	492	227	619	257	737/738
192	501	227a	617	258	739
193	496	227b	622	258a	755
194	503	228	624	N258aa	750
195	505	N228a	634	N258ab	749
196	510	N228b	643	N258ac	751
197	509	229	650	258b	731
197a	512	230	651	N258c	754
197b	508	231	682	259	757
198	521	232	652/775	260	760

Bi²	He	Bi²	He	Bi²	He
261	762	301a	888	341	954
262	764	302	891	342	953
263	765	303	895	343	956
264	763	304	897	344	955
265	766	305	912	345	955
266	767	306	905	345a	–
N266a	371	307	898	345b	–
267	770	308	899	346	960
268	1625	309	900	347	961
269	795	310	904	348	958
270	799	311	906	349	965
271	804	312	907	350	966
272	806	313	909	351	967
272a	806	314	909	352	970
272b	7394a	315	901	353	962
272c	–	316	912	353a	975
273	803	316a	910	354	980
274	812	316b	912	355	983
275	811	317	913	356	985
276	823	318	920	357	986
277	829	318a	911	358	951
278	831	319	923	358a	987
279	838	320	926	358b	989
280	841	321	927	359	1001
281	844	322	917	359a	1002
281a	842	323	919	360	1005
282	845	324	920	361	1005
283	847	325	892	361a	1004
284	848	326	929	361b	997
285	–	327	932	361c	1009
286	872	327a	928	362	1011
287	873	328	925	363	1291
288	874	329	936	364	1014
289	875	330	932	365	1015
290	876	N330a	941	365a	1017
291	877	331	942	366	1020
292	879	332	942	367	1022
293	879	333	937	367a	1023
294	878	334	943	368	1024
295	879	335	943	369	1026
296	881	336	945	370	1025
297	890	337	948	370a	1027
298	883	N337a	949	370b	1028
299	884	338	947	370c	1030
299a	889	339	939	371	1033
300	882	N339a	950	372	1036
301	886	340	957	373	1037

Bi^2	He
373a	1038
374	1039
374a	1040
375	1042
375a	1041
376	1120
377	1044
378	1046
378a	1047
378b	1048
379	1043
380	1049
381	1052
382	–
382a	–
382b	–
382c	–
382d	–
382d	–
382f	–
382g	–
382h	–
382i	–
383	1064
384	1065
385	1073
386	1074
387	1069
388	1071
389	1070
390	1076
390a	1077
391	1079
392	–
393	1080
393a	1082
393b	1083
393c	1084
393d	1085
N393e	1087
394	–
394a	–
395	1093
396	1094
397	1095
398	1096
399	1098

Bi^2	He
400	1100
401	1099
401a	1103
402	1102
403	1104
403a	–
403b	–
404	1189
405	1112
406	1106
407	1106
407a	1108
408	1109
409	1110/1130
410	1116
411	1117
412	1118
413	1128
414	1129
415	1136
416	1136
417	1137
418	–
419	1139
419a	1140
420	1142
420a	1143
421	1144
422 ~	1144
422a	1145
423	1147
424	1148
425	1149
426	1151
427	1155
428	1156
429	1157
430	1159
431	1159
432	1160
433	1161
434	1162
435	1163
435a	1164
435b	1165
435c	1166
436	1168

Bi^2	He
437	1169
438	1175
439	1176
440	1184
440a	1179
441	1180
442	1181
443	1188
444	1187
445	1192
446	1197
447	1198
448	1200
449	1207
450	1202
451	1210
452	1211
453	1203
454	1201
455	1218
456	1219
457	1212
457a	1204
N457b	1206
458	1222
459	1223
460	1223
461	1224
462	1225
463	1226
464	1228
465	1231
465a	1232
466	1232
467	1230
468	1238
469	1240
469a	1243
470	1247
471	1248
472	1250
473	1252
473a	1191
473b	1251
474	1258
475	1259
475a	1260

Bi²	He	Bi²	He	Bi²	He
476	1261	514	1370	549	1459
477	1262	515	1371	550	1460
477a	1296	516	1372	551	1464
478	1264	517	1373	552	1646
479	1266	518	1376	552a	1464
479a	1265	518a	1378	552b	1467
479b	1267	518b	1375	553	1466
480	1272	519	1379	554	1466
481	1276	520	1381	555	1465
482	1288	521	1384	556	1465
483	1292	522	1645	557	1469
484	1286	522a	1324	558	1471
485	1281	523	1389	559	1476
486	1295	524	1392	560	1486
487	1300	525	1393	561	1483
487a	1298	526	1395	562	1482
488	1303	527	1402	563	1484
488a	1305	528	1403	563a	1373
489	–	529	1404	564	1484
490	1306	530	1405	565	1489
491	1308	531	1406	566	1487
492	1318	532	1412	N566a	1490
493	1319	532a	1413	567	1494
494	1309	532b	1415	568	1499
495	1310	532c	1419	569	1500
496	1323	533	1420	570	1608
496a	1311	534	1421	570a	1502
497	1314	534a	1418	571	1504
498	1313	535	1424	572	1508
498a	1317	536	1417	573	1510
499	1322	537	1425	574	–
500	1315	538	1357	574a	1641
501	1329	538a	1427	575	1512
501a	1312	539	1428	575a	1513
502	1333	540	1353	576	1515
503	1337	N540a	1442	577	1524
504	1338	541	1433	578	1533
505	1339	542	1437	579	1537
506	1343	542a	1438	580	1538
507	1342	542b	1445	581	1540
508	1334	543	1446	581a	1548
509	1344	544	1448	581b	1550
509a	1363	N544a	1452	582	1555
510	1364	545	1449	583	1553
511	1365	546	1447	584	1554
512	1368	547	1457	585	1556
513	1369	548	1453	585a	1558

Bi²	He	Bi²	He	Bi²	He
585b	1557	618d	1622	654	1747
585c	1563	619	1650	655	1748
586	1564	620	1657	656	1748
587	1568	621	1658	657	1749
588	1570	621a	1659	658	1747
589	1560	621b	1660	659	1753
590	1574	622	1668	659a	1751
590a	1575	623	1669	660	1756
590b	1577	624	1670	661	1758
591	1578	625	1665	662	1759
591a	1637	626	1666	663	1763
592	1579	627	1673	664	1765
592a	1581	628	1671	665	1766
593	1583	628a	1671	666	1768
593a	1582	629	1674	667	1769
594	1584	629a	1672	668	1767
595	1586	630	1675	669	2087
595a	1585	630a	1676	670	1770
595b	1587	631	1677	671	1771
596	1573	632	1679	672	1771
597	1588	633	1681	673	1773
598	1589	634	1682	674	1780
599	1593	634a	1738	675	1781
600	1594	634b	1678	675a	1783
N600a	1595	635	1698	676	1786
601	1598	636	1699	677	1788
602	1597	637	1700	678	1793
603	1601	638	1703	679	1793
604	1600	639	1711	680	1801
604a	1599	640	1713	681	1798
605	1603	641	1714	682	1833
606	1604	641a	1715	682a	1834
607	1605	642	1723	683	1787
608	1609	643	1724	684	1790
609	1610	643a	–	685	1799
610	1606	644	1723	686	1807
611	1607	645	1722	686a	1805
612	1529	646	2102	687	1800
613	1638/1639	647	1728	688	1801
614	1640	648	1727	689	1808
615	–	648a	1736	690	2089
616	4448	648b	1738	690a	2093
617	1643	649	1739	691	1815
618	1648	650	1742	691a	1814
618a	1629	651	1730	692	1819
618b	1631	652	1745	692a ~	1802
618c	1618	653	1747	693	1831

Bi²	He
694	1835
695	1832
696	1837
697	~ 1839/1840
697a	1838
697b	1841
698	~ 1844
699	1848
700	1849
700a	1851
701	1852
702	1853
703	1855
703a	1857
703b	1861
704	–
705	–
706	–
707	2076*
708	–
709	–
710	–
711	–
712	–
713	–
714	–
715	–
716	1865
717	1866
717a	1868
718	1867
719	1864
720	1880
721	1874
722	1875
723	1877
724	1882
725	1881
726	1883
727	2101
728	–
729	1886
730	1896
731	1870
732	1891
733	1890
734	1897

Bi²	He
735	1898
736	3573
737	1899
738	= 1606(Bi²)
738a	1856
739	1901
739a	1902
740	1903
741	1909
742	1909
743	1910
744	1915
745	1911
746	1912
747	1915
748	~ 1909
749	1909
750	1915
751	1916
752	1917
753	1915
754	1915/1918
755	1909
756	1920
756a	1922
757	1927
758	1895
759	1928
760	1930
761	–
762	1936
763	1938
763a	1935
764	1939
765	1943/1944
766	1946
767	1908
768	1949/1962
769	1950
770	1953
771	1953/1954
	1955/1956
	1957
772	1956
773	1955
773a	1940
773b	1951

Bi²	He
774	1954
775	1955
776	1981
777	1937
777a	1959
778	1960
779	1962
780	1965
781	1964
782	1966/1967
782a	1970
783	1973
784	1972
784a	1974
784b	1977
785	–
786	1991
786a	1988
787	1986
788	1990
789	1987
790	2000
790a	3535
790b	2002
791	2005
792	2007
793	2008
794	2009/2013
795	2008
796	2012
797	2013
798	~ 1990
799	2016
800	2017
801	2020
801a	2022
802	2021
803	2023
804	2077
804a	2027
805	2025
806	2032
807	2034
808	2033
809	2029
810	2031
811	2038

Bi²	He
811a	2039
812	2044/2031
812a	2045*
812b	2046
813	2049
814	2058
815	2059
816	2060
816a	2055
816b	2065
817	2069
818	2070
819	2047
820	2073/2103
	2108
820a	2043/2108
821	2074
822	2106
823	2105
823a	2107
824	2113
825	2436
825a	2075
825b	2081
826	2078
827	2079
828	2099
829	2014
830	2082
831	2109
832	2111
833	2114
833a	2793
834	2114
835	2126
836	2131
837	2132
838	2137
839	2140
840	2143
841	2155
842	2156
843	2168
844	2150
844a	2154
845	2172
846	2161/2163

Bi²	He
846a	2162
847	2172
848	2183
848a	2174
849	2176
850	2102
850a	2178
851	2182
851a	2189
852	2184
853	2181
854	2188
855	1834
855a	2792
856	~2782
856a	2194
857	2196
858	2201
859	2203
860	2205
861	2205
862	2206
862a	2216
863	2223
863a	2218
863b	2221
863c	2227
864	2228
865	2232
866	2238
867	2239/2241
	2244
867a	2167
868	2247
869	–
869a	2243
869b	2243
869c	2246
870	2250
871	2256
872	2257
872a	2261
872b	2261
873	2260
874	2264
875	2265
876	2269

Bi²	He
877	2272
878	2280/2805
888a[878]a	2275
879	2300
880	–
880a	–
881	2282
882	2281
883	2283
884	2284
885	2285
886	2286
887	2287/2290
888	~2340
889	2288
890	2290
890a	2291
890b	2289
890c	–
891	2293
892	2287
893	–
894	2800
895	2801
896	2306
897	2307
898	2308
899	2309
900	2310
901	2311
902	2312
903	2313
904	2314
905	2318
906	2317
907	~2321
908	2320
909	2304
910	2305
911	2323
912	2271
913	2330
914	2322
915	2325
916	2327
917	2326
918	2329

Bi²	He	Bi²	He	Bi²	He
919	2332	964a	2395	1004	2481
920	2339	965	2397	1005	2478
921	2341	965a	2398	1006	2485
922	2342	966	2406	1007	2486
923	2333	967	2395	1008	2487
924	2334	968	2408	1008(Anm)	2488
925	2343	969	2409	1009	2489
926	2344	970	2413	1010	2490
927	2345	971	2414	1011	2492
928	2346	972	2415	1012	2494
929	2347	972a	2418	1013	2495
930	2350	973	2417	1014	2493
931	2351	974	2419	1015	2499
932	2353	975	2361/2422	1016	2500
933	2354	976	2423	1016a	2501
934	2355	977	2463	1017	2498
935	2356	978	2429	1018	2502
936	2368	978a	2434	1019	2504
937	2357	979	2440/2443	1020	2505
938	2359		2444	1021	2506
939~	2809	980	2449	1022	2521
940	2362	981	–	1023	2510
941	3335	981a	2453	1024	2511
942	2829	982	2454	1025	2515
943	2784	983	2450	1026	2518
944	2369	984	2455	1027	2524
945	2786	985	2456	1028	2517
946	2787	986	2457	1029	2522
947	2788	987	2460	1030	2527
948	2370	987a	2277	1031	2519
949	2373	988	2461/2458	1032	2516
950	2375	989	2462	1033	2525
951	2380	990	2464	1034	2526
952	2377	991	2466	1035	2529
952a	2378	992	2465	1036	2531*
953	2380	993	2470	1036a	2530
954	2381	994	2468	1037	2532
955	2383	995	2469	1038	2536
956	2384	996	2811	1039	2538
957	2385	997	2472	1039a	2541
958	2386	998	2473	1039b	2539
959	2387	999	2474	1040	2542
960	2388	1000	2477	1041	2543
961	2389	1001	2484	1041a	2549
962	2393	1001(Anm)	2483	1041b	2546
963	2396	1002	2479*	1041c	2548
964	2394	1003	2480*	1042	2550

Bi²	He	Bi²	He	Bi²	He
1043	2551	1066	2636	1088	2723
1043a	2552	1066a	2635	1088a	2724
1043a[1043b]	2547	1066b	2637	1088b	2727
1043b[1043c]	2554	1066c	2638	1089	2729
1044	2544	1067	2642	1090	2730
1045	2570	1068	2643	1090a	2730
1046	2572	1068a	2648	1091	2731
1046a	2596	1068b	2649	1092	2733
1047	2573	1068c	2650	1093	2728
1048	2574	1068d	2653	1094	2810
1048a	2576	1068e	2654	1095	2738
1049	2577	1068f	2660	1095a	2740
1050	2583	1069	2658	1095b	2741
1051	2578	1070	2661	1096	2739
1052	2580	1071	2662	1096a	2744
1052a	2584	1072	2663	1097	2748/2754
1052b	2798	1073	2676	1098	2748
1053	2585	1073a	2665	1099	2750
1054	2586	1074	2668	1100	2749
1055	2588	1075	2666	1101	2756
1056	2589	1076	2670	1102	2760
1057	2590	1077	2671	1103	2761
1058	2592	1078	2674	1104	2762
1058a	2591	1078a	2680	1104a	2766
1058b	2593	1078b	2682	1105	2767
1058c	2595	1078c	2683	1106	2768
1058d	2601	1079	2678	1106a	2770
1058e	2604	1080	2677	1107	2774
1058f	2605	1080a	2686	1108	2776
1059	4909	1080b	2687	1109	2777
1060	2523/3918	1080c	2690	1110	2779
1060a	1945	1081	2691	1110a	2778
1061	2610	1081a	2694	1111	2780
1061a	2611	1081b	2693	1112	2151
1061b	2612	1081c	2692	1113	2421
1062	2613	1081d	2696	1114	2794
1062a	2614	1081e	2697	1115	2795
1062b	2615	1082	2698	1116	–
1062c	2616	1082a	2699	1116a	–
1062d	2619	1083	2700	1117	2802
1063	2626	1083a	2701	1117a	2818
1063a	2622	1083b	2708	1117b	2820
1064	2624	1084	2709	1118	2821
1065	2625	1085	2712	1119	2822
1065a	2629	1086	2716	1120	2823
1065b	2631	1087	2718	1121	2824
1065c	2632	1087a	2720	1122	2830

Bi²	He	Bi²	He	Bi²	He
1123	2832	1153	2916	1185b	2983
1124	2833	1153a	2917	1186	2984
1125	2834	1154	2919	1186a	2994
1125a	2835	1155	2920	1187	2985
1126	2839	1156	2923	1188	2987
1126a	2841	1157	2922	1189	2989
1127	2845	1158	2924	1190	2988
1127a	2844	1159	2921	1190a	2995
1128	2837	1159a	2925	1191	2993
1128a	2847	1160	2926	1192	2996
1128b	2849	1161	2927	1192a	2998
1129	2850	1162	2928	1193	2997
1130	2851	1163	2930	1194	3000
1131	2852	1164	2931	1195	3000
1132	2853	1165	2933	1196	3001
1133	2854	1166	2934	1197	2990
1134	2855	1166a	2935	1198	2991
1135	2857	1166b	2936	1199	3003
1136	2836	1166c	2938	1200	3005
1137	2858	1167	2942	1201	3004
1137a	2859	1168	2946	1201a	3007
1138	2860	1169	2949	1202	3008
1139	2868	1170	2950	1203	3009
NN1139a	2862	1170a	2954	1204	3575
1140	2874	1170b	2956	1205	3010
1140a	2876	1171	2960	1206	3016
1141	2879	1171a	2961	1207	3018
1141a	2878	1172	2965	1208	3019
1142	–	1173	2964	1209~	3020
1143	2883	1174	2964	1210	3022
1144	2900	1175	2966	1211	3023
1145	2886	1176	2968	1212	3025
1145a	2888	1177	2970	1213	3027
1145b	2894	1178	2971	1214	3031
1146	2895	1179	2972	1215	–
1146a	3357	1180	2977	1216	3034
1146b	2889	1181	2973	1217	3013
1147	3357	1182	2974	1218	3014
1148	2899	1182a	2962	1218a	3033
1148a	2896	1183	2979	1218b	3035
1149	2901	1184	2980	1218c	3036
1150	3349	1184a	2963	1218d	3037
1150a	3341	1184b	2967	1219	3038
1150b	2906	1184c	2975	1219a	3039
1151	2907	1184d	2981	1219b	3040
1152	2913	1185	2992	1220	3041
1152a	2915	1185a	2982	1221	3042

Bi^2	He	Bi^2	He	Bi^2	He
1221a	3046	1254	3101	1288	3173
1221b	3044	1254a	3102	1289	3174
1222	3047	1254b	3103	1290	3175
1223	3050	1254c	–	1291	3176
1224	3053	1254d	3117	1292	3178
1225	3052	1255	3105	1293	3184
1225a	3056	1256	3106	1294	3191
1225b	3057	1257	3107	1295	3190
1225c	3351	1258	3109	1295a	3186
1226	3058	1259	3113	1295b	3188
1227	3059	1260	3113	1296	3180
1227a	3061	1261	3114	1297	3189
1227b	3062	1262	3111	1298	3199
1228	3063	1263	3112	1299	3206
1229	3064	1263a	3116	1300	3209
1229a	3067	1264	–	1301	3208
1230	3065	1264a	3123	1302	3210
1231	3066	1265	3133	1303	3231
1232	3068	1266	3128	1304	3211
1233	3070	1266a	3128	1305	3213
1233a	3073	1267	3156	1306	3214
1233b	3074	1268	3342	1307	3216
1233c	3076	1269	3135	1308	3217
1233d	3077	1270	3110	1309	3219
1234	3084	1271	3152	1310	3220
1235	3078	1271a	3136	1310a	3226
1235a	3081	1271b	3138	1311	3221
1236	3082/3082a	1272	3143	1312	3222
1237	3086	1272a	3142	1313	3222
1238	~3093	1273	3146	1314	3229
1239	3086	1274	3403	1315	3230
1239a	3083	1275	3148	1316	3227
1240	3085	1276	3149	1317	3235
1241	3087	1277	3154	1318	3237
1242	3088	1277a	3157	1319	3239
1243	3092	1278	3158	1320	3247
1244	~3092	1279	3160	1321	3247
1245	3094	1280	3183	1322	3248
1245a	3091	1281	3194	1323	3249
1246	3095	1282	3163	1324	3253
1247	3099*	1282a	3164	1325	3253
1248	3285	1283	3166	1326	3253
1249	3354	1284	3167	1327	3253
1250	3355	1285	3169	1328	3254
1251	3356	1286	3170	1329	3255
1252	3032	1286a	3171	1330	3258
1253	3151	1287	3172	1331	3260

Bi²	He	Bi²	He	Bi²	He
1332	3262	1371	3359	1411	3459
1333	3263	1372	3339	1412	3460*
1334	3266	1373	3338	1413	3477
1335	3274	1374	3370	1414	3468
1335a	3272	1375	3358	1415	3478
1336	3273	1376	3155	1416	3479
1337	3282	1377	–	1417	3475
1338	3279	1378	3134	1418	3481
1339	3284	1379	7271	1419	3487
1339a	3278	1380	3197	1420	3491
1340	3290	1380a	3282	1421	3492
1341	3287	NN1380b	3409	1422	3494
1341a	3289	1381	3384	1423	3499
1342	3291	1381a	3378	1423a	3500
1343	3292	1381b	3381	1424	3501
1344	3302	1382	2812	1425	3504/3503
1344a	3297	1383	3380	1426	3509
1345	3300	1383a	3395	1427	3511
1346	3301	1384	3392	1427a	3512
1347	3303	1385	3400	1428	3495
1348	3304	1386	3402	1429	3513
1349	3306	1387	3405	NN1429a	3514
1350	3307	1388	3410	1430	3515
1351	3308	1389	3411	1431	3516
1351a	3311	1390	3413	1432	3517
1352	3313	1391	3420	1433	3519
1353	3312	1392	3418	1433a	3534
1354	3316	1393	3412	1434	3520
1355	3318	1394	3426	1435	5895
1355a	3319	1395	3427	1436	3525
NN1355b	3323	1396	3430	NN1436a	3528
1356	3314	1397	3431	1437	2557
1357	3315	1398	3433	1438	3535
1358	3325	1399	3432	1439	3529
1359	3327	1400	3437	1440	3543
1360	3328	1401	3439	NN1440a	3544
1361	3228	1402	3441	1441	3547
1362	3329	1403	3443	1442	3550
1363	3330	1404	3441	1443	3552/3551
1364	3331	1405	3444	1444	3556
1365	3368	1406	3452	1445	3557
1366	3309	1406a	3447	1446	3557
1367	3345	1406b	3454	1447	3561
1368	3344	1407	3461	1447a	3560
1369	2390/2410	1408	3456	1447b	3508
1370	7403/3367	1409	3457	1448	3563
	/3121	1410	3458	1449	–

Bi^2	He
1450	3518
1451	3564
1452	3569
1453	3570
1454	3571
1455	3559
1456	4008
1457	3581
1458	3580
1459	3580
1460	3585
1461	3582
1462	3587
1463	3590
1464	~3591
1465	3602
1466	3603
1466a	3604
1466b	3609
1466c	3608
1467	3610
1468	3613
1469	3622
1470	3623
1471	3615
1471a	3618
1471b	3619
1471c	~3620
1472	3614
1473	–
1474	3624
1475	3629
1476	–
1477	–
1477a	4595
1478	3643
1478a	3644
1479	3646
1480	3647
1481	–
1482	3654
1483	3653
1483a	3653
1484	3658
1485	–
1486	3661
NN1486a	3664
NN1486b	3669
1487	3666
1487a	3673
1488	–
1489	3676
1490	3677
1491	3679
1492	3681
1493	3686
1494	3700
1495	3703
1496	3705
1496a	3704
1497	3706
1498	3708
1499	3711
1500	3709
1501	3713
1501a	3712
1502	3277
1503	3724
1504	3725
1505	3729
1506	3727
1507	3730
1507a	2508
1508	3733
1509	3734
1510	3735
1511	3736
1512	3752
1512a	–
1512b	3761
1512c	3776
1513	3782
1513a	3777
1513b	3778
1513c	3779
1514	3774
1515	3770
NN1515a	3783/3785
1516	–
NN1516a	4029
NN1516b	4031
1517	3795
1518	3799
1519	–
1520	–
1521	3803
1522	3805
1523	3810
1524	3809
1525	3815
1526	3819
1526a	3771
1527	3825
1528	3826
1529	3827
1530	3834
1531	3837
1532	3835
1533	3836
1534	3839
1535	3989
1536	4019
1556a [1536a]	3869
1537	3852
1537a	3856
1538	3871
1539	3879
1540	3880
1541	3881
1542	4427
1542a	3891
1543	3896
1544	=1314(Bi^2)
1545	3897
1546	3898
1547	3899
1548	3900
1549	3901
1550	3902
1551	=1361(Bi^2)
1552	4134
1553	3906
1553a	3908
1553b	3889
1554	3912
1555	3919
1556	3921
1557	3925
1558	3927
1559	3937
1560	3938

Bi^2	He
1561	3940
1562	3930
1563	3949
1564	3954
1565	3962
1566	3975
1567	3968
NN1567a	3976
1558	3984
1568a	4050
1569	2315/2365
	2367/2420
	2426/2607
	2669/2803
	2825/3607
	3874/7253
1570	2932
1570a	4016
1571	4036
1572~	4030
1573	4037
1574	4038
1575	3924
1576	4039
1577	4041
1578	4464
1579	4034
1580	4040
1581	4042
1582	4043
1583	4035
1584	7127
1585	7127
1586	7127
1587	7127
1588	7127
1589	7127
1590	7127
1591	7127
1592	7127
1593	7127
1594	7127
1595	7127
1596	7127
1597	7128
1598	3988
1599	3992

Bi^2	He
1600	3993
1601	3994
1602	3995
1603	3996
1604	7130
1605	7131
1606~	7132
1607	3997
1608	7097
1609	7100
1610	4900
1611	7106
1612	7109
1613	7110
1614	7112
1615	2587
1616~	6381
1617	7051
1618	7114
1619	7115
1620	–
1621	7119
1622	3305
1623	7122
1624	–
1625	2783
1626	7123
1627~	7124
1628=	819(Bi^2)
1629	7129
1630	3791
1631	–
1631a	4026
1632	4010
1633	4007
1634	–
1634a	3694
1635	3366
1636	4024
1637	–
1638	4045/4942
1639	4046
1640	4047
1641	4027
1642	4053
1643	4054/4155
1644	4055

Bi^2	He
1645	4057
1646	4056
1647	4061
1647a	4087
1647b	4086
1647c	4081/4082
	4083
1648	4073
1649	4257
1650	4068
1651	4071
1651a	4074
1652	4072
1652a	4063
1652b	4064
1653	4076/
	7488a
1654	4080
1655	4079
1656	4092
1657	4093
1658	4094
1659	4095
1660	4097
1661	3967
N1661a	4108
1662	4110
1663	4111
1664	4112
1665	4114
1666	4118
1667	4119
1668	–
1669	4429
1670	4402
1671	4122
1671a	4125
1672	4442
1673	4130
1674	4133
1675	4135
1676	4020
1677	4138
1678	4139
1678a	–
1679	4140
1680	4152

Bi^2	He
1680a	4154
1681	4159
1682	4160
1683	4162
1684	4166
1685	4167
1686	4168
1687	4168/4169
1688	4171
1689	4171/4172
1690	4173
1691	4175
1692	4176
1693	4177
1694	4182
1695	4195
1696	4200
1697	4258/4201
1698	4202
1699	4203
1700	4208
1700a	4258
1701	4219
1702	4220
1703	4221
1704	4222
1705	4224
1706	4226
1707	4227
1708	4227
1709	4228
1710	4229
1711	4217
1712	4232
1713	4234
1714	4236
1715	4237
1716	4240
1717	4247
1718	4249
1719	4252
1720	4260
1721	4261
1722	4265
1723	4262
1724	4266
1725	4253
1726	4267
1727	4256
1728	4258
1729	4070
1730	4244
1731	4245
1732	4269
1733	4270
1734	4276
1734a	4286
1735	4283
1736	4304
1736a	4296
1737	4307
1738	4302
1739	4332/4470
1740	4331
1741	4345
1741a	4347
1742	4353
1743	4349
1744	4354
1744a	–
1745	4357
1746	4358
1747	4361
1748	4365
1748a	4367
1749	–
1750	4371
1751	4372
1751a	4370
1752	4373
1753	4374
1754	4368/4461
1754a	4377
1755	4382
1755a	4385
1755b	4387
1756	4388
1756a	4389
1757	4401
1758	4391
1758a	4396
1758b	4397
1758c	4400
1759	–
1760	4392
1761	4406
1762	4487
1763	4408
1764	4407
1765	4412
1766	4412
1767	–
1768	4421
1769	4463
1770	1280/1544/4454
1771	3814
1772	3651
1773	3867
1774	1804
1775	4455
1776	4456
1777	4457
1778	4451
1779	1046a
1780	4449
1781	4450
1782	2797
1783	4395
1784	3594
1785	4435
1785a	–
1786	4436
1787	4003
1788	4424
1789	4437
1790	4438
1791	= 1669(Bi^2)
1792	4285
1793	4432
1794	–
1795	4440
1796	4439
1797	4423
1798	4468
1799	4476
1800	4425
1801	–
1802	–
1803	4480
1804	4870

Bi^2	He	Bi^2	He	Bi^2	He
NN1804a	4486	1838	4561	1869	4667
1805	4489	1839	4569	1870	4668
1805a	4490	1839a	4566	1170a [1870a]	4671
1806	–	1840	4568	1870b	4672
1807	4482	1841	–	1870c	4673
1808	4872	1841a	4573	1871	4674
1809	4508	1842	4576	1872	4677
1809a	4492	1843	4578	1872a	4676
1810	4493	1843a	4581	1873	4677
1811	4494	1844	4580	1874	4680
1812	4497	1845	4713	1875	4681
1812a	4498	1845a	4714	1876	4682
1812b	4499	1846	4584	1877	4688
1812c	4500	1846a	4586	1878	4689
1813	4509	1847	4585	1879	4690
1814	4495	1847a	4589	1879a	4691
1815	4502	1848	4592	1880	4692
1816	4519	1848a	4591	1880a	4694
1817	4505	1849	4600	1880b	4697
1818	4869	1850	4601	1880c	4698
1819	4513	1851	4605	1880d	4699
1820	4511	1851a	4619	1881	4700
1821	4512	1852	4620	1882	4702
1822	4514	1852a	4622	1882a	4705
1822a	4515	1852b	4625	1883	4703
1823	–	1853	4626	1884	4704
1824	4518	1854	4627	1885	4706
1825	4588	1855	4629	1886	4710
1826	4871	1856	4630	1887	4719
1827	4745	1857	4646	1888	4720
1828	–	1857a	4878	1889	4721
1829	–	1857b	4637	1890	4722/4723
1829a	4530	1857c	4639	1891	4728
NN1829a	4520	1858	4641	1891a	4727
1829b	4527	1858a	4640	1891b	4729
1830	4532	1859	4642	1892	4731
1830a	4538	1860	4643	1892a	4732
1831	4539	1861	4645	1893	4734
1832	4540	1862	4650	1893a	4735
1832a	4541	1863	4651	1894	4737
1832b	4547	1864	4652	1895	4738
1833	4543	1865	4654	1896	1429
1834	4544	1865a	4656	1897	4885
1835	4679	1866	4657	1898	=2282(Bi^2)
1836	4555	1867	4659	1898a	4743
1836a	4554	1868	4660	1898b	4744
1837	4560	1868a	4666	1898c	4746

Bi²	He
1899	4750
1900	4749
1901	4752
1902	4756
1903	4757
1904	4761
1905	4889
1906	4765
NN1906a	4767
1907	4768
1908	4770
NN1908a	4771
1909	4773
1910	4774
1911	4775
1912	4776
1913	4778
1914	4777
1915	4779
1916	4780
1917	4781
1917a	4782
1918	4783
1919	4784
1919a	4789
1920	4787
1920a	4795
1921	4796
1922	4796
1923	4797
1923a	–
1924	4798
1925	~4791/4793
1925a	4794*
1925b	5493
1926	4802
1927	4806
1928	4804
1928a	4805
1929	4808
1930	4807
1931	4808
1931a	4814
1932	4809
1932a	4894
1933	4820
1934	4819
1934a	4823
1934b	4829
1935	4844
1935a	4827
1935b	4830
1936	4832
1937	4833
1937a	4835
1938	4836
1939	4838
1940	4840
1941	4843
1941a	4845
1942	4853
1943	–
1944	4855
1945	4857
1946	4861
1947	4863
1947a	4859
1947b	4860
1948	4865
1949	7255
1950	7254
1951	4908
1952	7246
1953	7247
1954	7247
1955	4868
1956	7151
1957	7287
1958	7287
1959	7287
1960	7287
1961	7287
1962	7287
1963	7287
1964	7287
1965	4890
1966	4891
1967	6957
1968	4910
1969	7262
1970	4877
1971	4903
1972	4897
1972a	4902
1972b	4571
1972c	7344
1972d	7345
1972e	4884
1973	4913
1974	4914
1975	4915
1975a	4917
1976	4924
1977	4925
1977a	4926
1978	4918
1978a	4919
1978a[1978b]	4922
1979	4927
1980	4928
1981	4929
1982	4929
1983	4930
1984	4931
1985	4932
1986	4933
1987	4934
1988	4935
1989	4936
1990	4936
1991	4937
1992	4938
1993	4939
1994	4940
1994a	5226
1995	4941
1995a	4947
1996	4954
1997	4948
1998	4950
1999	4958
2000	4954
2000a	4953
2001	4952/4956
2001a	4957
2002	4963
2003	4964
2003a	4965
2004	4967
2005	4974
2006	4975

Bi^2	He
2007	4976
2007a	4977
2008	4978
2008a	5227
2009	4980
2010	4984
2010a	4985
2011	4982
2012	5243
2013	4996
2014	4988
2015	4989
2016	4990
2017	4991
2017a	4991
2018	4992
2019	4993
2020	4994
2020a	4998
2021	4995
2022	4999
2023	5000
2024	5001
2025	5001
2026	5003
2027	5002
2028	5236
2029	5004
2030 ~	5005
2031	5006
2032	5007
2033	5007
2034	5008
2035	5009
2036	5010
2037	5011
2038	5012
2039	5013
2040	5014
2041	5015
2042	5016
2043	5017
2044	5249
2045	5020
2046	5021
2047	5022
2048	5029
2049	5030
2050	5032
2050a	5033
2051	5034
2052	5040
2053	5041
2054	5042
2055 ~	5046
2056	5045
2057	5048
2057a	5050
2058	5052
2058a	5053
2059	5051
2060	5230
2060a	5054
2060b	5055
2060c	5056
2060d	5057
2061	5061
2061a	5108
2062	5108
2063	5067
2064	5108
2065	5108
2065a	5071
2066	5108
2066a	–
2067	5080
2068	5079
2069	5086
2070	5108
2071	5087
2072	5108
2073	5108
2074	5098
2074a	5108
2075	5112
2075a	5105
2075b	5107
2075c	5108
2075d	5110
2076	5114
2076a	5119
2077	5123
2078	5124
2079	5126
2080	5130
2081	5131
2082	5132
2083	5133
2084	5136
2085	5137
2086	5138
2086a	5063
2087	5139
2088	5143
2089	5142
2090	5144
2091	5145
2092	5147
2093	5149
2094	5154
2095	5153
2096	5155
2097	5156
2098	5157
2099	5159
2100	5161
2100a	5162
2101	5163
2102	5170
2103	5171
2103a	5172
2104	5173
2105	E
2106	5175
2107	E
2108	5177
2109	E
2109a	5178
2110	E
2111	5179
2112	5181
2113	5185
2114	5187
2115	5189
2115a	5190
2116	5191
2117	5191
2118	5193
2118a	5196
2119	5197
2120	5198

Bi²	He
2121	5200
2121a	5199
2122	5201
2123	5205
2124	5205
2125	5209
2126	5207
2127	5208
2128	5211
2129	5212
2130	5213
2131	5214
2132	5221
2133	5215
2133a	5194
2134	5221
2135	5223
2136	–
2137	7337
2138	5235
2139	5237
2140	5238
2141	5239
2142	5240
2143	5241
2143a	7292
2143b	4895
2144	5258
2145	E
2146	E
2147	5255
2148	5258
2149	5257
2150	5259
2151	5260
2152	5261
2152a	5262
2153	5264
2154	5265
2155	5267
2156	5266
2157	5268
2158	5269
2159	5272
2160	5274
2160a	5282
2161	5275

Bi²	He
2161a	E
2161b	5276
2162	5277
2163	5279
2164	5278
2165	5281
2166	5283
2166a	5634
2166b	5287
2167	5289
2168	5291
2169	E
2170	5293
2170a	5294
NN2170aa	5295
2170b	5296
2171	E
2172	5297
2172a	5297
2173	E
2174	5299
2175	5300
2176	5301
2177	E
2178	E
2179	5308
2180	E
2181	5754
2182	5755
2183	5314
2184	E
2185	5316
2186	5317
2186a	5318
2187	E
2188	5323
2189	E
2189a	5329
2190	5331
2191	E
2192	5333
2192a	5336
2193	E
2193a	5339
2194	E
2195	5343
2196	5357

Bi²	He
2196a	5344
2197	5350
2198	E
2198a	5352
2198b	5353/5371
2199	5355
2200	E
2201	E
2202	5363
2203	5365
2203a	5368
2203b	5369
2204	5376
2205	5377
2206	5378
2207	5379
2208	5380
2209	5382
2209a	5383
2209b	5384
2210	5386
2211	5388
2212	E
2212a	5389
2212b	5392
2213	E
2214	E
2215	5391
2216	5394
2217	5395
2218	5396
2219	5397
2220	E
2221	5402
2222	5407
2223	5393
2224	5410
2225	E
2226	E
2226a	5416
2227	5417
2228	E
2229	E
2229a	5421
2230	E
2231	E
2232	E

Bi²	He
2233	5426
2233a	5425
2234	5427
2234a	5428
2235	5429
2236	5430
2237	5431
2238	5434
2238a	5435
2239	E
2240	5437
2241	5438
2242	5440
2243	5444
2244	5443
2245	E
2246	5445
2247	5446/5447
2248	E
2249	E
2250	5454
2251	5460
2252	5457
2253	5461
2253a	5462
2254	E
2255	E
2256	E
2257	5465
2258	5467
2259	5469
2260	5471
2261	5473
2261a	E
2262	E
2263	5475
2264	5476
2265	5478
2266	5479
2267	5481
2267a	5489
2268	5489
2269	5497
2270	5499
2271	5486
N2271a	5503
2272	–

Bi²	He
2273	5504
2273a	5505
2274	–
2275	5510
2276	5495
2277	E
2278	E
2279	5515
2280	5757
2281	5521
2282	5522
2282a	5523
2283	5524
2284	5539
2285	5539
2286	5525
2287	5528
2287a	5526
2288	5533
2289	5535
2290	5536
2291	5540
2292	5541
2293	5542
2294	5544
2295	5554
2296	E
2296a	5547
2297	5548
2298	5550
2299	E
2300	5551
2300a	5558
2301	E
2302	E
2302a	5560
2303	5564
2304	5567
2305	5484
2305a	5572
2305b	5759
2305c	5764
2305d	5573
2305e	5574
2306	5577
2307	E
2307a	5581

Bi²	He
2307aa	5578
2308	E
2308a	5582
2308b	5583
2308c	5584
2309	5586
2309a	5589
2309b	5596
2310	E
2310A	5597
2310b	5599
2310c	5600
2311	5601
2311a	5602
2311b	5603
3212	5606
2312a	5608
2313	5609
2314	E
2315	5610
2316	5611
2317	5616
2318	E
2319	E
2320	5619
2320a	5627
2321	5628
2321a	5631
2321b	5637
2322	E
2323	E
2324	E
2325	E
2326	E
2327	5649
2328	5647
2329	E
2329a	5653
2330	5654
2331	E
2331a	5655
2332	5656
2333	5657
2334	5658
2335	5660
2336	5661
2337	5760

Bi^2	He
2338	5663
2339	E
2340	5668
2341	5669
2341a	5669
2342	5670
2343	5674
2344	5676
2345	5677
2345a	–
2346	5680
2346a	5691
2347	5693
2348	5697
2349	5698
2350	5709
2351	5701
2352	5702
2353	5707
2354	5706
2355	5702
2356	5712
2357	5712
2358	5713
2359	5714
2360	5714/5716
	5717/5718
2361	5722
2362 ~	5723
2363	5726
2364	E
2365	5721
2366	5731
2367	5732
2368	5733
2369	5744
2370	5745/5747
2371	5747
2372	5746
2373	–
2374	6214
2375	5765
2376	5766
2377	5767
2377a	5768
2377b	5771
2377c	5772
2377d	5774
2378	E
2379	5775
2380	5776
2381	5779
2382	5777
2383	5780
2384	5782
2385	5785
2386	5788
2386a	5790
2387	5791
2388	E
2389 ~	5796
2390	5797
2391	E
2392	5804
2393	5811
2394	5814
2398a [2394a]	5813
2395	E
2396	5816
2397	5818
2398	6009
2398a	6009
2399	5823
2400	5824
2401	E
2402	5827
2403	5828
2404	5829
2405	5830
2406	5831
2407	5832
2408	5833
2409	5834
2410	5835
2411	5837
2412	5839
2413	5839
2413a	5840
2413b	5841
2413c	5842
2414	5845
2415	5847
2416	5851
2417	E
2418	5851
2419	5851
2420	5853
2421	E
2422	5854
2422a	5856
2423	5860
2424	5672
2425	5863
2426	5864
2427	5864
2428	5865
2429	6562
2429a	5866
2330	5679
2431	5872
2432	E
2433	6170
2434	6170/5999
2434a	5877
2434b	5882
2435	6167
2436	5883
2437	5884
2438	5888/5889
2439	5899
2440	E
2441	6168
2441a	5875
2442	5894
2443	5901
2444	5904
2445	5906
2446	5908
2447	5910
2448	5911
2449	5913
2449a	5914
2450	5918
2451	E
2452	5922
2453	E
2454	E
2455	E
2456	E
2457	E
2458	E

Bi^2	He
2459	6169
2460	6175
2461	6176
2462	E
2463	E
2464	5934
2465	–
2466	E
2467	E
2468	E
2469	E
2470	E
2471	E
2472	E
2473	E
2474	E
2475	E
2476	E
2477	5948
2478	E
2479	5949
2479a	5952
2480	E
2481	E
2482	5957
2483	E
2484	E
2485	E
2486	5962
2487	5963
2488	5970
2489	5971
2490	E
2491	E
2492	E
2493	E
2494	5967
2494a	5968
2495	5969
2496	E
2497	5980
2498	5961
2499	5981
2500	5987
2501	5985
2502	5993
2503	6001

Bi^2	He
N2503a	6004
2504	6004
2505	E
2506	6005
2507	E
2508	E
2508a	6008
2509	E
2510	6012
2511	6010
2512	E
2513	E
2514	E
2515	E
2516	6014
2517	6016
2518	6017
2519	6020
2520	6025
2521	6027
2522	6026
2523	6032
2524	6038
2525	6035
2526	6036
2527	6028
2528	6034
2529	6040
2530	6041
2531	6043
2532	6042
2533	6044
2534	6045
2535	6050
2536	6052
2537	6057
2538	6130
2539	6056
2540	6060
2541	6061
2542	6068
2543	6062
2544	6064
2545	6069
2545a	6070
2546	6071
2547	6067

Bi^2	He
2548	6068
2549	6073
2550	6075
2550a	6076
2551	6077
2552	E
2553	E
2554	E
2555	–
2555a	6082
2556	E
2557	E
2558	E
2558a	6085
2559	–
2560	E
NN2560a	6095
2561	6467
2561a	4711
2562	6100
2563	6096
2564	6023
2565	6888
2566	6186
2567	5979
2568	–
2569	6180
2570	6107
2571	6108
2572	6189
2573	6117
2574	6190
2575	6116
2576	6123
2577	6119
2578	E
2579	E
2580	6124
2580a	6135
2580b	6134
2581	6141
2581a	6145/6151
2582	6146
2583	6153
2584	6155
2585	6206
2586	6206

Bi²	He
2587	6206
2588	6206
2589	E
2590	6158
NN2590a	6159
2591	5919
2592	5887
2593	6174
2594	5761
2595	6192
2596	5753
2597	6187
2598	6191
2599	6196
2600	6193
2601	6195
2601a	6194
2601b	6179
2601c	6674
2602	6202
2603	6205
2604	6210
2605	6224
2606	6224
2607	6212
2608	6224
2609	6224
2610	E
2611	6215
2612	6216
2612a	6224
2613	–
2513a	6224
2614	6222
2615	6223
2615a	6224
2615b	6224
2616	E
2617	6230
2618	6236
2619	6241
2620	6244
2620a	6245
2621	E
2622	E
2623	6248
2624	E
2625	6253
2626	E
2627	6254
2628	6255
2628a	E
2629	6259
2630	E
2631	6260
2632	6262
2633	E
2634	E
2635	E
2636	6268
2637	E
2638	–
2639	6273
2640	6273
2641	6274
2642	E
2643	6277
2644	6672
2645	6256
2646	6676
2647	6311
2648	6280
2649	6282
2650	6285
2651	6287
2652	E
2653	E
2654	E
2655	E
2656	E
2657	E
2658	E
2659	6286
2660	E
2661	E
2662	E
2663	E
2664	6690
2665	6690
2666	6289
2667	6290
2668	6291
2669	6292
2670	E
2671	E
2671a	6294
2672	E
2673	E
2674	E
2675	E
2676	E
2677	E
2678	E
2679	E
2680	E
2681	E
2682	6300
2682a	E
2683	E
2684	6307
2685	6334
2686	6701
2687	6688
2688	6689
2689	6689
2690	6343
2691	6344
2692	6346
2693	6347
2693a	6350
2694	6323
2695	6356
2696	6357
2697	6358
2698	6362
2699	6364
2699a	6365
2700	–
2701	6368
2702	6680/6369
NN2702a	6376
2703	6377
2703a	6379
2704	6385
2704a	6378
2704b	6386/6388
	6391/6395
	6397
2705	6387
2706	6390
2707	6393

Bi²	He	Bi²	He	Bi²	He
2708	6394	2747	E	2792	6523
2709	6396	2748	6476	2793	6524
2709a	–	2749	E	2794	E
2710	6382	2750	E	2795	6526
2711	6383	2751	E	2796	6527
2712	6383	2752	E	2797	E
2713	6380	2753	6692	2798	6530
2714	6400	2754	E	2799	6529
2715	6431	2755	6482	2800	6531
2716	6401	2756	E	2800a	E
2717	6402	2757	6485	2801	6535
2718	6403	2758	6489	2802	E
2719	6406	2759	6491	2803	E
2720	6404	2760	E	2804	6536
2720a	6407	2761	6493	2805	6537
2721	6410	2762	E	2806	E
2722	6409	2763	6494	2806a	6538
2723	6415	2764	6495	2807	6539
2724	6415	2765	6496	2808	E
2725	6417	2766	E	2809	6540
2726	6420	2767	6497	2810	6541
2726a	6422	2768	E	2811	6543
2727	6419	2769	6499	2812	E
2728	6423	2770	6502	2813	6544
2728a	–	2771	E	2814	6545
2729	6424	2772	E	2815	6546
2730	6414	2773	6505	2816	6548
2731	E	2774	6504	2817	E
[2732]	Nr fehlt	2775	E	2817a	6550
2733	~6432	2776	6506	2818	6551
2734	6435	2777	6509	2819	6552
2735	~6432/6431	2777a	6508	2820	6553
2735a	6430	2778	6510	2820a	7068
NN2735a	6435a	2779	6511	2821	6554
2736	6446	2779a	6512	2822	7063
2737	6443	2780	E	2823	6555
2738	6456	2781	6513	2824	6556
2738a	6687	2782	6514	2824a	6458
2739	6685	2783	E	2825	6558
2739a	6686	2784	6516	2825a	6559
2740	6463	2785	E	2826	6560
2741	~6457	2786	6517	2827	6565
2742	6461	2787	6519	2828	6567
2743	6469	2788	E	2828a	6576
2744	6471	2789	6520	2828b	6577
2745	6475	2790	E	2829	–
2746	6473	2791	6522	2830	6570/6573

Bi²	He
2831	6574
2832	6571
2833	6577
2834	6577
2835	–
2836	6579
2837	6580
2838	6582
2839	6598
2839a	6587
2840	6592
2841	6593
2842	6594
2843	6696
2844	6596
2845	6597
N2845a	6599
2846	6602
2847	6600
2848	6603
2848a	E
2849	6605
2850	6619
2851	6607
2852	6611
2852a	6702
2853	6614
2854	6616
2855	6615
2856	6620
2856a	–
2857	6622
2858	6627
2859	6626
2860	6606
2861	6623/6624
2862	6625
2863	6628
2864	6700
2865	–
2866	6633
2867	6635
2868	6638
2868a	6639
NN2868b	6641
2869	6643
2870	6642
2871	6644
2872	6645
2873	6666
2874	–
2874a	6649
2874b	6655/6716
2875	6664
2876	6654
2877	6653/6727
2878	6656/6839
2879	6704
2880	6704
2881	5804a
2882	6264
2883	6264
2884	6673
2885	6584
2886	6834
2887	7249
2888	7250
2889	7334
2890	7335
2891	6695
2891a	7067
2892	6663
2893	6706
2893a	6707
2894	6727
2895	~6710
2896	6712
2897	6713
2898	E
2898a	–
2898b	6733
2898c	6736
2899	6737
2900	6719
2901	6739
2902	–
2902a	6740
2902b	6742
2903	6744
2904	6769
2905	E
2905a	6748
2906	6750/6757
2907	6751
2908	6756
2909	6759
2909a	6760
2910	6763
2910a	6765
2911	E
2912	E
2913	E
2914	E
2915	E
2916	E
2917	6772
2918	E
2919	E
2920	E
2921	E
2922	E
2923	E
2924	E
2924a	6777
2924b	7061
2925	E
2926	6790
2927	E
2928	E
2929	E
2930	6783
2931	E
2932	E
2933	6788
2934	E
2935	E
2936	6789
2937	E
2938	E
2939	E
2940	E
2941	6794
2942	E
2943	E
2944	E
2945	E
2946	E
2947	6799
2948	E
2949	6801
2950	6803

Bi^2	He
2951	E
2952	E
2953	691
2954	6819
2955	6820
2955a	6823
2956	6824
2957	E
2957a	6829
2957b	6830
2958	6831
2959	6833
2960	E
2961	6832
2961a	6837
2961b	6841
2962	6842
2963	6843
2964	E
2965	E
2966	6835
2967	6705
2968	7265
2969	E
2969a	6849
2970	6850
2971	6852
2972	6855
2973	6857
2974	E
2975	–
2976	6861
2976a	E
2977	–
2978	6862
2979	6863
2980	6865
2981	6866
2982	6867
2983	6870
2984	6947
2984a	6853
2985	6877
2986	6878
2987	6879
2988	6885
2989	6858
2990	E
2991	6890
2992	6890
2993	6889
2994	6896
2995	6896
2996	6896
2997	6899
2998	6902
2999	–
3000	6916
3001	6921
3002	6856
3003	6959
3004	6922
3005	6927
3006	6929
3007	E
3008	6931
3009	E
3010	–
3011	7209
3012	–
3013	7301
3014	–
3015	7216
3016	6961
3017	7324
3018	7325
3019	7289
3020	7288
3021	7289
3022	7289
3023	7289
3024	7289
3025	7289
3026	7289
3027	7289
3028	7290
3029	7291
3030	7079
3031	7263
3032	7264
3033	7268
3034	7333
3035	6372
3036	6448
3037	6884
3038	–
NN3038a	7049
3039	6936
3040	–
3041	6939
3042	6950
3043	6956
3044	6958
3045	6954
3046	6980
3047	6960
3048	–
3049	E
3050	6963
3051	E
3052	6967
3053	6968
3054	6969
3055	E
3056	6971
3056a	6972
3057	6974
3058	6979
3059	6987
3060	6989
3061	~6989
3062	–
3063	6993
3064	6996
3065	7004
3066	~7015/7016
3066a	–
3067	7013
3067a	–
3068	7029
3069	7018
3070	–
3071	–
3072	–
3073	–
3074	–
3074a	–
3075	=3003(Bi^2)
3076	7085
3077	7081
3078	7256

Bi^2	He
3079	7258
3080	7273
3081	7260
3082	7267
3083	7270
3084	7275/7276
3085 = 617(Bi^2)	
3086 = 617(Bi^2)	
3087	7277
3088	7278
3089	7279
3089a	7281
3090	7221
3091	7223
3092	7224
3093	7225
3094	7225
3095	7226
3096	7227
3097	7228
3098	402
3099	7192
3100	7193
3101	7195
3102	7197
3103	7199
3104	7068
3105	7201
3106	7202
3107	7194
3108	7196
3109	7198
3110	6146
3111	7191
3112	1902
3113	7095
3114 = 1256(Bi^2)	
3115	7104
3116	7105
3117	7111
3117a = 1310(Bi^2)	
3118	7090
3119	–
3120	7090
3121	7090
3122	7090
3123	6989
3124	7088
3125	7088
3126	7088
3127	7088
3128	–
3129	7269
3130	7282
3131	3894
3132	7210
3133	7252
3134	7333
3135	7257
3136	7262
3137	7262
3138	7059
3139	7268
3140	7057
3141	7058
3142	7322
3143	7322
3144	7322
3145	7309
3146	7283
3147	7319
3148	7307
3149	7346
3150	7062
3150a	7312
3150b	7338
3150c	–
3150d	7342
N3150e	7310
NN3150f	7087

BEGRÜNDUNG DER WEGLASSUNGEN

Folgende Nummern von Bi^2 wurden nicht mehr in diese Ausgabe aufgenommen:

48a F.H. Jacobi, 1774: keine Begegnung.
48b J.G. Schlosser, Frühjahr 1774: keine Begegnung, enthält Wertung.
48c J.G. Schlosser, Frühjahr 1774: keine Begegnung, enthält Meinung.
64 Nach Lavater, 21. Juli 1774: anekdotisch, vgl Anm 186.
76a H. Ch: Boie, Oktober 1774: keine Begegnung.
107a H.G. Bretschneider, Oktober 1775: unzuverlässig, vgl DjG 2, 555.
119 H.G. Bretschneider, Herbst 1775: Klatsch vom Hörensagen.
120 Überlieferung Passavant, 29. Oktober: beruht auf DuW.
139a Wieland, Januar 1776: unergiebig.
158a Wieland, September 1776: unergiebig.
180a Merck, 1777: kein Gespräch und unerheblich.
N 182a Merck, Dezember 1777: betrifft nicht G. sondern seine Eltern, das Referierte ist Äußerung Wielands, vgl Kraft 166 Anm 688.
187a H. Laube, Berlin 1778: apokryph und nicht zutreffend, das Etablissement der Mdm Schuwitz existierte damals noch nicht, vgl Pniower S. 88f.
238 Frau v. Branconi, September 1783: nach Brief an Frau v. Stein 11.–14. September 1783 (WA IV 9, 196).
272c E. v. Wolzogen, 1780: anekdotischer Bericht vom Hörensagen.
285 J. v. Unger, Rom April 1788: erfunden oder bezieht sich auf den schwedischen Bildhauer Eric Göthe, vgl Bi^2 5, 25 und BuG 3, 517, zuletzt Neue Zürcher Zeitung 26.8.1973.
345a Merck, 1789: keine Begegnung.
345b Carl August 1789: kein Gespräch.
382–382i Preußischer Artillerieoffizier 1792: Fälschung, vgl Max v. Propper JbGG NF 31, 179ff.
392 Marquis v. B. 1792/93: wohl Erfindung, vgl Bi^2 5, 221, außerdem unerheblich.
394/94a Fälschung, vgl zu Nr 382.
403a Herder an Gleim, Dezember 1793: keine Begegnung, unerheblich.
403b Ch.L. Schübler, 1793 (nach Schiller): keine Begegnung.
418 Reichlin Meldegg, 1794 (nach H.E.G. Paulus): aus Brief an Schiller vom 19.3.1802)
489 Schiller an Zelter, August 1796: nach Brief an Schiller 22.6.1796.
574 Schiller an Cotta, 1799: kein Gespräch, die «Konferenzen» erfolgten schriftlich.
615 Iffland, 1794/1800: Zitat aus Werther (GA 4, 303).
643a Dorothea Veit an Tieck 16.12.1801: betr Brief G-s an Tieck 17.12.1801.
704 Riemer, Oktober 1803: aus Brief an Kayser 3.9.1786 (WA IV 50, 131).
705 Riemer, Oktober 1803: aus Brief an Herder 31.10.1788.

706 Riemer, Oktober 1803: aus Brief an Meyer 20.5.1796.

707 Riemer, Oktober 1803: aus GTgb 25.5.1797 (He 2076 ist deshalb zu streichen).

708 Riemer, Oktober 1803: aus Brief an Schiller 17.5.1797.

709 Riemer, Oktober 1803: aus Brief an Schiller 21.6.1797.

710 Riemer, Oktober 1803: aus Brief an Knebel 10.8.1797.

711 Riemer, Oktober 1803: aus Brief an Knebel 10.8.1797.

712 Riemer, Oktober 1803: aus Brief an Knebel 2.1.1798.

713 Riemer, Oktober 1803: aus Brief an Knebel 12.1.1798.

714 Riemer, Oktober 1803: aus Brief an Knebel 12.1.1798.

715 Riemer, Oktober 1803: aus Brief an Knebel 28.11.1802.

728 K.F. Fröhlich, Dezember 1803: erdichteter Besuch, vgl SchrGG 4, 285 und Anm S. 395, sowie Pf-B S. 972f und BuG 5, 691.

761 F.W. Gubitz, Februar 1804: erfundenes Gespräch, vgl W. Scheidig, Goethes Preisaufgaben, S. 421, vgl weiter BuG 5, 694.

785 Nach Steinschen Papieren, Juni 1804: beruht auf Brief an Frau v. Stein Juni [1804] (WA IV 17, 141).

812a Schiller an Göschen Februar 1805: beruht auf Brief an Schiller vom 24.2.1805 (He 2045 ist deshalb zu streichen).

869 Oehlenschläger, 1806: von FBdm gestrichen, da in angegebener Quelle nicht auffindbar.

880/80a Preußischer Artillerieoffizier, Oktober 1806: Fälschung, vgl Nr 382.

890c Graf Baudissin, Oktober 1806: Klatsch.

893 Reinbeck, Oktober 1806: Anekdote.

981 Bettina an G-s Mutter, September 1807: erfunden, eine Gesellschaft bei Wieland fand nicht statt.

1002 Riemer, Juni 1807: aus Brief an Meyer 30.6.1807 (He 2479 ist daher zu streichen).

1003 Riemer, Juni 1807: aus Brief an Meyer 9.7.1807 (He 2480 ist daher zu streichen).

1036 Riemer, August 1807: aus Brief an Reinhard 28.8.07 (He 2531 ist daher zu streichen).

1116/16a Mdm Du Titre, 1798–1808: Anekdote, ersetzt durch He 4886.

1142 Döring, 1808: Wanderanekdote, ersetzt durch He 3119.

1215 Riemer, September 1809: aus Brief an Voigt 26.6.1809.

1247 Riemer, Dezember 1809: aus Brief an Reinhard 31.12.1809 (He 3099 ist daher zu streichen).

1254c W. v. Humboldt, Januar 1810: Zitat aus (nicht erhaltenem) Brief G-s an Humboldt.

1264 Knebel an seine Schwester Henriette, 30.1.1810: zitiert aus Brief an Knebel 10.1.1810.

1377 Görres, 1809: FBdm Ms gestrichen, ersetzt durch He 1626.

1412 Riemer, Juni 1811: aus Brief an Reinhard 8.6.1811 (He 3460 ist daher zu streichen).

1449 Riemer, 1811: aus Brief an Reinhard 31.12.1809.

1473 Friedrich Stolberg, Juni 1812: bezieht sich nicht auf ein Gespräch, gehört ins Jahr 1810 (vgl Bi^2 5, 291 und WA IV 21, 414f).

1476 F. Schubart, Sommer 1812: unglaubwürdig nach FBdm Ms.

1477 A. Frankl, September 1812: Anekdote.

1481 Riemer, November 1812: aus Brief an Reinhard 14.11.1812.

1485 Riemer, Dezember 1812: aus Brief an Zelter 12.12.1812.

1488 Riemer, Januar 1813: aus Brief an Reinhard 25.1.1813.
1512a Voigt an Böttiger September 1813: zitiert aus Brief an Voigt 18.9.1813.
1516 Nach A. Schopenhauer November 1813: ersetzt durch 4028f.
1519 Preußischer Artillerieoffizier November 1813: Fälschung, vgl Nr 382.
1520 Preußischer Artillerieoffizier, November 1813: Fälschung, vgl Nr 382
1620 Riemer, 1803/14: kein Gespräch, allgemeiner Arbeitsbericht.
1624 Riemer 1803/14: aus GTgb 9.10.1830.
1631 Riemer, 1803/14: aus Brief an Meyer 21.7.1813.
1634 F.G. Hand März 1813: nur deutsche Übersetzung von 1634a = He 3694.
1637 Unbekannt, Juli 1814: Anekdote, vgl He Nr 3777 und Anm.
1668 Gries an Ungenannt, Januar 1815: aus Brief an Knebel 24.11.1813.
1678a K. Klüpfel, Mai 1815: sekundär nach Bi² Nr 1678.
1744a W. Grimm an G., Juni 1816: unerheblich, vgl Anm He 4354.
1749 Riemer, August 1816: aus Brief an Zelter 28.8.1816.
1759 Riemer, März 1817: aus Brief an Knebel 14.3.1807.
1767 Riemer an ?, April 1817: Fälschung, Interpolation, ersetzt durch 4417.
1785a Holtei, 1817: kein Gespräch oder Begegnung, sondern Reflexion.
1794 Unbekannt, 1814/1817: aus Brief an Chr. Schlosser 19.2.1815.
1801 Riemer, Juli 1817: aus Brief an Carl August 3.4.1818.
1802 Riemer, Juli 1817: aus Brief an Carl August 3.4.1818.
1806 Riemer, August 1817: aus Brief an Knebel 22.8.1817.
1823 Riemer, Dezember 1817: aus Brief an Knebel 12.2.1817.
1828 Gries an Abeken, o. D.: ersetzt und enthalten in He 4467.
1829 Riemer, Februar 1818: aus Brief an Zelter 16.2.1816.
1841 Riemer, Juni 1818: aus Brief an Voigt 19.6.1818.
1923a Schneller an Prokesch, 1820: keine Begegnung oder Gespräch, FBdm Ms vermutet «wohl auf eine briefliche Äußerung G-s sich beziehend».
1925a Rauch, August 1820: vgl Brief an Boisserée 1.9.1820. (He 4794 ist daher zu streichen).
1943 Smirnow, Mai 1821: Fälschung (nach Max v. Propper) Bi² 5, 122: «nicht möglich, auf die Quelle dieses Gesprächs zurückzugehen».
2066a OLB Wolf, Februar 1823: sekundär gegenüber Bi² 2066 und 2067.
2136 Riemer, o. D.: nach Wilhelm Meisters Wanderjahre I 11 (GA 8, 154).
2272 Riemer, Juli 1824: aus Brief an Ottilie v. G. 11.7.1824.
2274 Riemer, Juli 1824: aus Brief an Langermann 2.10.1824 und Schriften zur Literatur, Einzelnes (WA 41², 168).
2345a Frau v. Stein, Juli 1825: keine Begegnung.
2373 OLB Wolf, o. D.: anekdotisch.
2465 Charlotte v. Ahlefeld, Januar 1827: bezieht sich nicht auf G., sondern auf Knebel (vgl Grumach JbGG NF 16, 342f).
2555 Riemer, September 1827: aus Brief an Nees von Esenbeck 20.9.1822.
2559 Ottilie v. G. (nach Frankl) Oktober 1827: Anekdote, Ottilie

war beim ersten Mittagessen nicht anwesend, beim nächsten Besuch am 11.9.1829 fuhr sie vor dem Essen mit Hegel spazieren.

2568 Riemer, 1827: aus Brief an L. Grustner 30.3.1827.

2613 Riemer, August 1828: aus Brief an Ottilie v. G. 18.8.1828.

2638 Riemer, November 1828: nach PollmerUnters 118 keine Äußerung G-s, sondern Gesprächsergebnis einer ganzen Tischrunde ohne G. (vgl GTgb vom 22.11.1828).

2700 Riemer, Juli 1829: nach GTgb 6.7.1829.

2709a Robinson an Freunde, August 1829: unbedeutend, ersetzt durch He 6398

2728a Odyniec, 31. August 1829: französische Fassung des polnischen Textes, identisch mit 2728 (deutsche Übs.).

2829 Nach F. Mendelssohn-Bartholdy, Juni 1830: nach Brief an F. Mendelssohn 9.9.1831.

2835 Nach F. Mendelssohn-Bartholdy, Juni 1830: nach Brief an Zelter 28.6.1831.

2856a Müller, 1830: aus Briefen an Zelter 15.2. und 15.10.1830.

2865 Riemer, Oktober 1830: nach GTgb 1.10.1830.

2874 Riemer, November 1830: aus Brief an Marianne von Willemer 9.11.1830.

2898a Müller, 12. Dezember 1830: unerheblich gegenüber GTgb.

2902 Riemer, 22. Dezember 1830: aus Brief an Knebel 22.12.1830.

2975 Kurtzmann (Über V. Pol), Juni 1831: unglaubwürdig, vgl Mickiewicz-Blätter, 1971, S. 89ff.

2977 Riemer, Juni 1831: aus Brief an Humboldt 17.3.1832.

2999 F. Wieck, Oktober 1831: unbedeutende Kurzform der Tagebucheintragung, ersetzt durch 6907.

3010 Stroganoff, 1825/30: Fälschung, vgl Max v. Propper JbWGV 1974 S. 5ff.

3012 Riemer, zeitl. unbest.: aus Briefen, an Boisserée 8.9.1831, an Schubarth 3.11.1820, für den letzten Absatz über Tizian vgl He 3906 und Anm.

3014 Mellish, zeitl. unbest.: Anekdote.

3038 Ungenannt, Ende 1830: erfunden, vgl F. Hirth GJb 34, 216ff.

3040 KW Müller, 1831/32: sekundär, ersetzt durch He 7078.

3048 Lyser, Februar 1832: erfunden, vgl F. Hirth GJb 34, 216ff.

3062 Röhr, 17. März 1832: anekdotischer Bericht.

3066a Amalie v. Stein, 21. März 1832: sekundär, vgl He 7016.

3067a Johanna Schopenhauer, März 1832: vom Hörensagen, anekdotisch.

3070 Amalie v. Stein, 22. März 1832: sekundär, überholt.

3971 Conta, 22. März 1832: sekundär, überholt.

3072 Carl v. Stein, 22. März: sekundär, überholt.

3073 Müller, 22. März 1832: ersetzt durch He 7031.

3074 Pauline Hase, 22. März 1832: sekundär, überholt.

3074a Jenny v. Pappenheim, 22. März 1832: sekundär, idealistische Deutung, vgl Zellweker 213.

3119 Vogel, undat.: aus Brief an Zelter 17.4.1815.

3128 Charlotte v. Schiller, undat.: bezieht sich nicht auf mündliche Äußerung G-s, sondern auf Verse zum Maskenzug.

3150c Rochlitz, 1813: verwendet als Anm zu He 7219.

NACHWORT

Dieser Band enthält, wie in dem kurzen, voläufigen Nachwort in Band III/2 bereits angekündigt, noch zwei Abteilungen mit Gesprächstexten, die vom Herausgeber nach den im Vorwort dargestellten editorischen Prinzipien bearbeitet wurden.

Der schon von Flodoard von Biedermann Nachklang genannte Schlußabschnitt mit nicht sicher datierbaren oder (aus einem längeren Umgang mit Goethe) zusammenfassenden Berichten hat einen besonders starken Zuwachs an Neuem gegenüber der zweiten Auflage erfahren. Um die eigentlich beliebige Anordnung innerhalb dieser Abteilung etwas sinnvoll zu machen, folgen den noch direkt an Goethes Tod anknüpfenden Äußerungen wie Kondolenzbriefen und Arztberichten die Mitteilungen von Vertrauten, nach Personen geordnet, in der Reihenfolge Vogel, Riemer, Müller, Eckermann, Soret, dann Falk usw, gegen den Schluß stehen die Mitteilungen von Berichterstattern, die bei Goethes Tod noch Kinder waren.

Die letzte Abteilung Nachträge enthält in chronologischer Abfolge Texte, die erst nach dem Erscheinen des entsprechenden Textbandes ediert oder aufgefunden wurden, häufig durch Hinweise interessierter Leser und Benutzer unserer Ausgabe. Auch einiges Wenige, das zunächst wegen Fragen der Glaubwürdigkeit oder Bewertung zurückgestellt worden war, wurde nun doch noch eingereiht (z.B. Nr. 7353 oder 7522). Grundsätzlich wurden hier jedoch Texte, die bei Grumach, «Begegnungen und Gespräche», in den bisher erschienenen fünf Bänden gebracht werden und in unserer Ausgabe fehlen, nicht einfach in die Nachträge übernommen, aus Gründen der Fairneß. Natürlich wurden bereits für die Edition vom Herausgeber vorgesehene und bearbeitete Texte nicht wieder ausgeschieden, weil sie in einem später erscheinenden Band von «Begegnungen und Gespräche» abgedruckt wurden, so daß geringe Überschneidungen möglich sind. Außerdem wurde das «Nachsammeln» 1982 mit der Erkrankung des Herausgebers eingestellt.

Für die Gesamtregister wurden manche guten Ansätze der zweiten Auflage von Goethes Gesprächen übernommen, z.B. daß schon auf den ersten Blick zu erkennen ist, ob eine Person nur als anteilnehmen-

der Briefempfänger, als Berichterstatter oder als Verfasser eines Werkes gebucht wird. Ebenso wurde die Trennung des Registers in verschiedene Abteilungen beibehalten. Allerdings unterscheidet sich diese Aufgliederung: Personen und geographische Begriffe wurden getrennt, auf ein «Sachregister» wurde auf Wunsch des Verlages wegen der bekannten Problematik der Ausgrenzung und aus Raumgründen verzichtet. Für das Personenregister wurde sehr viel aus dem von Dr. Martin Müller bearbeiteten Registerband der Artemis-Gedenkausgabe übernommen.

Das Register wurde nicht mit Computer erstellt, sondern beruht auf Exzerption in Handarbeit, überwiegend parallel mit der Kommentararbeit, um falsche Zuordnungen möglichst auszuschließen. Wir hoffen, daß das Register nicht nur zum Auffinden von Belegstellen dient, sondern auch als Orientierungshilfe und zum Blättern anreizt, etwa um sich einen Überblick zu verschaffen über verlorene oder geplante und nicht in Angriff genommene Werke oder über dichtende Frauen in Goethes Umkreis. Das Personenregister ist zugleich als Ergänzung des Kommentars geplant und gestaltet.

Die Nummernkonkordanz *wurde bereits von Flodoard von Biedermann für die dritte Ausgabe von Goethes Gesprächen vorgesehen, außerdem mehrfach beim Herausgeber von wissenschaftlichen Benutzern der Ausgabe ausdrücklich erbeten. Sie ermöglicht zugleich einen Überblick und eine Begründung für das Weglassen von Texten der zweiten Ausgabe. Auf eine Einbeziehung auch der ersten Auflage der Gespräche wurde nach reiflicher Erwägung verzichtet.*

Mit Band V ist die Neuausgabe von «Goethes Gesprächen» nunmehr abgeschlossen, mit einigen Jahren Verzögerung gegenüber der ursprünglichen Planung. Leider hat eine schwere Krankheit, die kurz vor Beendigung der Arbeiten am Kommentar zum Ausbruch kam, den Herausgeber verhindert, die Bände IV und V selbst zum Druck zu begleiten und ihnen die letzte Feile, Ausarbeitung und Abrundung angedeihen zu lassen. Auf Drängen des Verlages und mit Einverständnis meines Mannes war ich als seine Frau und Kollegin schließlich dazu bereit, dies als Stellvertreterin für ihn zu tun. Die fast tägliche Zusammenarbeit am Kommentar in den letzten Jahren, wobei ich insbesondere die Vorarbeiten für das Register übernommen hatte, ließ dies möglich erscheinen. Allerdings lebte ich dabei immer in der Hoffnung, daß der Gesundungsprozeß bei meinem Mann schneller fortschreiten würde und ich wieder ins zweite Glied zurücktreten könnte. Diese Arbeit war für mich doch mit starken Skrupeln, oder, um ein Goethesches Wort zu gebrauchen, mit Apprehension behaftet. Auch war ich nicht so wie mein Mann mit der Materie vertraut und verwachsen, daß nicht, bei allem Bemühen, mir manches, was ich tat, unvollkommen erscheinen sollte. Doch immer besser, als wenn das Werk ein Torso geblieben wäre.

Deshalb muß hier an erster Stelle dem drängenden Verleger, Herrn Dr. Bruno Mariacher, Dank gesagt werden, der mit Einsatz von erheblicher Energie und Entschlossenheit und dem Angebot von Hilfen von seiten des Verlags den endlichen Abschluß der Ausgabe durchsetzte. Er war ja auch seinerzeit der einzige Verleger, der den Mut hatte, die dritte Auflage der Biedermannschen Sammlung «Goethes Gespräche» tatkräftig an die Hand zu nehmen und der Odyssee des hinterlassenen Manuskriptes von Flodoard von Biedermann (vom Herausgeber im Jahrbuch «Goethe» 25 [1963], Seite 351ff dargestellt) ein Ende zu bereiten.

Ebenso verpflichtet, wenn auch in ganz anderer Weise, ist die Ausgabe Herrn Dr. Martin Müller vom Artemis Verlag für sein Interesse und sein Entgegenkommen, weit über das sonst beim Verlag Übliche hinaus. Insbesondere wäre es wohl kaum möglich gewesen, ohne seine ständige Hilfsbereitschaft, seine immer positive Einstellung und Freundlichkeit die Bände IV und V in dieser Zeitspanne fertigzustellen. Er betreute die für den Druck notwendige Erstellung des schwierigen Typoskripts für den ganzen Kommentar (Band IV und V) und für das Register der Werke Goethes und beteiligte sich intensiv und sachkundig-aufmerksam am Korrekturlesen. Er wußte bei Schwierigkeiten immer einen Ausweg oder einen Ratschlag.

Dank zu sagen ist weiter zwei profunden Goethekennern, welche die Arbeit des Herausgebers von den Anfängen an mit freundschaftlicher Anteilnahme begleiteten, als immer bereite Ansprechpartner für alle auftretenden Fragen. Frau Prof. Effi Biedrzynski (Stuttgart), bekannt als langjährige Herausgeberin des Goethe-Kalenders des Artemis Verlages, war nicht nur immer aufgeschlossen und kooperativ dem Herausgeber gegenüber, sondern leistete auch konkrete Hilfe durch Mitlesen der Korrekturen der Textbände. Herr Dr.h.c. Oscar Fambach (Düsseldorf/Tübingen), unermüdlicher und, man darf wohl sagen, mit dem Herausgeber befreundeter Mitstreiter in Sachen Akri-

bie, ließ seine sichere Kenntnis des Theaters der Goethezeit, bis zu seinem Tode 1986, der Ausgabe zugute kommen.

Ferner möchte ich allen danken, die meinem Mann und mir technische Hilfe geleistet haben.

Gertrud Herwig

Herausgeber und Verlag danken folgenden Personen und Institutionen für Auskünfte und Mithilfe, für Hinweise, Überlassung von Quellen sowie für Benutzungs- und Publikationserlaubnis:

Dr. Walter Abegg (Zürich); Karin Ammer (Hamburg); Dr. Ilse-Maria Barth (Ulm); Dr. Jürgen Behrens (Frankfurt/Main); Dr. Bellermann (Berlin); Prof. Eduard Berend (Marbach); Dr. Fritz von Bergmann (Berlin); Ellen Freifrau von Biedermann (Ascona); Prof. Liselotte Blumenthal (Weimar/Leipzig); Prof. Peter Boerner (Madison, Wisconsin/Bloomington, Indiana); Prof. Wolfgang Brückner (Frankfurt); Prof. Karl Bulling (Jena); Karoline Cauer (Berlin); Dr. Christa Dill (Berlin); Dr. Wilhelm Dobbek (Weimar); Prof. Wolf von Engelhardt (Tübingen); Dr. Gerhard Femmel (Weimar); Dr. Hans Rudolf Frank (Wuppertal); Elisabeth Friedrichs (Tübingen); Prof. Wilhelm Friese (Tübingen) (besonders für Mithilfe bei Übersetzungen aus den skandinavischen Sprachen); Prof. Konrad Gaiser (Tübingen); Prof. Walter Gerstenberg (Tübingen); Dr. Cordula Gigon (Muri/Bern); Prof. Dr. Jörn Göres (Düsseldorf); Walther Gose (Tübingen); Peter Griesinger (Biberach); Dr. Renate Grumach (Berlin); Georg Günther (Berlin); Bertold Hack (Königstein/Taunus); Prof. Karl-Heinz Hahn (Weimar); Prof. Käte Hamburger (Stuttgart); Dr. Axel von Harnack (Tübingen); Georg von Hase (Jena); Dr. Eberhard Haufe (Weimar); Dr. Dr.h.c. John Hennig (Wehr/Basel); Dr. Otto Kapp (Prag); Elsa Karras-von Biedermann (Bad Berleburg); Eckart Kissling (Kusterdingen/Stuttgart); Prof. Kurt Klooke (Tübingen) (besonders für Mithilfe bei der Normalisierung der französischen Texte von Maria Paulowna und für Texthinweise und Funde in Genfer Archiven); Dr. Werner Kratsch (Tübingen); Dr. Irmgard Kräupl (Düsseldorf); Michael Otto Krieg (Wien); Prof. Dorothea Kuhn (Marbach); Arnold

Landwehr (Holm/Holstein); Dr. Gustav Lohmann (Hamburg); Dr. Detlev Lüders (Frankfurt); Dr. Dieter Lutz (München); Dr. Bernd Mahl (Tübingen); Dr. Hans-Joachim Mähl (Hamburg); Dr. Wilfried Malsch (Houston/Texas); Dr. Hellmuth von Maltzahn (Düsseldorf); Prof. Katharina Mommsen und Prof. Momme Mommsen (Stanford/Calif.); Mireille Nicklaus-Dubucq (Bühl/Tübingen); Oswalt von Nostitz (Brüssel); Prof. Norbert Oellers (Bonn); Dr. Wolfgang Pfeiffer-Belli (Laubach/Hessen); Dr. Adalbert Plott (Leipzig); Maximilian von Propper (Hamburg) (für die Bereitstellung von Ergebnissen und Material aus dem speziellen Forschungsgebiet: «Goethe und die Russen» sowie für Veröffentlichungen zur Entlarvung von Fälschungen [vgl. Konkordanz, Anh.]); Dr. Paul Raabe (Marbach); Dr. Hans Heinrich Reuter (Weimar); Prof. Arnold Rickert (Bielefeld); Dr. Siegfried Scheibe (Berlin); Dr. Franz Schmidt (Weimar); Dr. Friedrich Schnapp (Hamburg/Escheburg); Barbara Schnyder-Seidel (Zollikon); Angelika Schöningk (München); Dr. Günter Schulz (Bremen); Stéphanie Gräfin Schweinitz (Hamburg); Dr. Helmut Sembdner (Stuttgart); Adolf Thiersch (München) (besonders für umfangreiches, unveröffentlichtes Briefmaterial aus dem Nachlaß der aus Gotha stammenden Großmutter, Amalie Thiersch, geb. Löffler, vor allem die Briefe ihrer in Weimar lebenden Schwester, Wilhelmine Günther [vgl. Register der Personennamen]); Prof. Erich Trunz (Kiel); Horst Umbach (Hamburg); Dr. Rose Unterberger (Tübingen); Dr. Caroline Vollmann (Tübingen); Prof. Bruno Wachsmuth (Berlin); Dora Wahl (Landshut); Dr. Hans-Joachim Weitz (Bensheim) (besonders für Hinweise auf noch nicht erfaßte Texte); Dr. Kurt Wiesemeyer (Nürnberg); Prof. Dr. Bernhard Zeller (Marbach); Prof. Ernst Zinn (Tübingen) (besonders für Identifizierung bzw. Übersetzung von Zitaten antiker Autoren sowie manchen Quellenhinweis); Dr. Gert Zischka (Schwarzenbruck/Nürnberg).

Archiv für Postgeschichte der Oberpostdirektion München; Bayrische Staatsbibliothek (München); British Museum, Library (London); Det Kongelige Bibliotek (Kopenhagen); Freies Deutsches Hochstift (Frankfurt/Main); Fürstlich Ysenburg- und Büdingische Rentkammer (Büdingen); Goethe-Museum (Düsseldorf); Goethe- und Schiller-Archiv der Nationalen Forschungs- und Gedenkstätten in Wei-

mar; Hauptarchiv beim Ministerrat der UdSSR (Moskau); Institut für Zeitungswissenschaft (München); Ministère de l'éducation nationale (Paris); National Library of Ireland (Dublin); Öffentliche Bibliothek der Universität Basel, Handschriftenabteilung; Die Österreichische Nationalbibliothek (Wien); Sächsisches Landeshauptarchiv Dresden; Senat der Freien Hansestadt Hamburg, Staatsarchiv; Schiller-Nationalmusem/Deutsches Literaturarchiv (Marbach); Staatsarchiv/Stadtarchiv (Magdeburg); Staatsarchiv Weimar; Staatsbibliothek Preußischer Kulturbesitz (Marburg); Stadt- und Universitätsbibliothek Frankfurt/Main; Stiftung Preußischer Kulturbesitz (damals Tübingen); Thüringische Landesbibliothek (Weimar); Universitätsbibliotheken: Erlangen/Freiburg/Heidelberg/Jena/Köln; Yale University, Library; Zentralbibliothek Zürich.

ERRATA

Band I Seite

388 o	sichte : suchte
495 o	die Freiherrn : des Freiherrn
542	(Kopfleiste) 1792 : 1793
545 m	französischen : französische
630 u	(Nr) 1276 : 1267
693 m	Dr. Paulus : D. Paulus
725 u	Gening : Gerning
819 u	fity : fifty
820 u	fitfy-two : fifty-two
861 m	Wärme war : Wärme wahr
872 o	Bothe : Bode
945 m	decsribe : describe
959 m	Sonn, : Sonn- Stunden- : Stunden,
1022	Metzger Johann David : Johann Ulrich
1024	(Schiller an Huber) 1276 : 1267

Band II Seite

38 u	Der Vorschlag : [Der Vorschlag
69	(B Nr 2227) Voigt d.J. : Voigt d.Ä.
73 o	[Arndt] : [Arendt]
188 m	erhält : er hält
264 m	am 3. : [am 3.
278 o	Freeseschen : Freseschen
1090 o	manuisses : mansisses
1221 u	Boisserée...Sulpiz und Melchior : ...Sulpiz Melchior
1229	(s.v.) Voigt Ch.G.d.J. : Nr 2227 4295 4296 sind vielmehr dem Vater, Ch.G.Voigt d.Ä. zuzuordnen

Band III^{1} *Seite*

117	(Datum von Nr 4696) 20. Mai: 2.Mai
131 o	Gespräch : Gespräche
242 u	sager : sages aftes : after
249 m	ver-üünftig : ver-nünftig
453	(Berichterstatter Nr 5093) Rehberg : Rehbein
853 u	reitend : rettend

Band III^{2} *Seite*

77 u	Ausstellung : Aufstellung
159 u	zweiten Tei : zweiten Teil
282 u	welche ich : welches ich
297 u	Nicht war : Nicht wahr
442 m	Lehn-dienst : Lehndienst
530 o	Zutand : Zustand
536 u	Kampf des Elemte: ...der Elemente
540 m	dem Besuche : der Gesundung
740 o	docteur Faustus : ... Festus
862 o	Samlung : Sammlung
901 u	il a cencore : ...encore
944 m	perpetuelle : perpétuelle
966 m	Weisselhöft Robert : Wesselhöft Robert

Band IV Seite

XIV m	Kretschmann : Kretschman
XIX u	Tagebücher : Tagebücher. Hrsg. von Kurt Wolff.

41/42 (es fehlt die erste Zeile von Nr 391:) 391 GJb 5, 201f – Salis hatte vorher schon G.

73 (Nr 766) connaît pas : connaît point

139 (Nr 1548 ist zu ergänzen:) – Kalkül: das Urteil stammt nach BuG 5,678 von Schiller

(Nr 1553 ist zu ergänzen:) die G. in den Mund gelegte Äußerung referiert vielleicht nur frei nach G-s Brief vom 30.1.1800

233 (Nr 2789 u) WA I,3,422 : WA III,3,422

385 (Nr 4886 ist zu ergänzen:) vgl. weiter Nr 7293 und 7516f

438 (Nr 5508) Dein Schwager: Savigny: ist zu streichen

516 (Nr 6385) «Sardanopolis»... lassen : ...lassen (vgl. GHb^2 Sp 1524)